RUSSELL NORMAN CHAMPLIN

NOVO DICIONÁRIO BÍBLICO

COMPLETO
PRÁTICO
EXEGÉTICO
INDISPENSÁVEL

hagnos

Champlin

© 2018 por Russell Norman Champlin

Revisão
Priscila Porcher
Raquel Fleischner

Capa
Maquanaria Studio

Diagramação
Sonia Peticov

Editor
Juan Carlos Martinez

Coordenador de produção
Mauro W. Terrengui

1ª edição – fevereiro de 2018

Impressão e acabamento
Imprensa da Fé

Todos os direitos desta edição reservados à
EDITORA HAGNOS
Av. Jacinto Júlio, 27
São Paulo – SP – 04815-160 Tel/Fax: (11) 5668-5668
hagnos@hagnos.com.br – www.hagnos.com.br

Dados Internacionais de Catalogação na Publicação (CIP)
(Câmara Brasileira do Livro, SP, Brasil)

Champlin, Russell Norman

Novo dicionário bíblico Champlin: ampliado e atualizado / Russel Norman Champlin. — São Paulo: Hagnos, 2018.

ISBN 978-85-7742-215-9

1. Bíblia – Dicionário 2. Cristianismo I. Título.

07-1761   CDD-220.3

Índice para catálogo sistemático:
1. Bíblia — Dicionário 220.3

AALAR

No livro apócrifo de 1Esdras 5.36, um lugar de onde vieram alguns judeus que se diziam sacerdotes, embora não pudessem provar sua linhagem, em razão do que também não podiam oficiar. Alguns têm identificado esse lugar com Imer de Ed 2.59 e Ne 7.61.

AARÁ

No hebraico, **"após o irmão"**. Um filho de Benjamim (ver 1Cr 8.1). Em outros trechos bíblicos é chamado Ei (Gn 46.21), Airã (Nm 26.38) e Aer (1Cr 7.12). (UN Z)

AARÃO

1. Significado do nome. Não há certeza quanto ao que esse nome quer dizer. Pelo menos desde os dias de Jerônimo, pensava-se que vem de um vocábulo hebraico que significa *monte de força*. Outros, porém, têm conjecturado *montanhista ou iluminador*. Visto que a própria Bíblia não nos dá explicação sobre o sentido desse nome, nenhum sentido especial tem sido vinculado ao mesmo. Somente Aarão, irmão de Moisés, tem esse nome na Bíblia inteira.

2. Família. Aarão foi o filho mais velho do levita Anrão e de Joquebede (Êx 6.20; Nm 26.59). Era irmão de Moisés e Miriã, sendo três anos mais velho do que o legislador (Êx 7.7). Conjecturas situam seu nascimento em torno do ano 1725 a.C., que foi o ano anterior ao decreto de Faraó acerca da eliminação dos meninos hebreus. Os trechos de Êx 6.16-20 e 1Cr 6.1-3 indicam que Aarão estava na terceira geração depois de Levi, pelo que teríamos Levi, Coate, Anrão, Aarão, embora as genealogias com frequência fossem apenas representativas, e não completas. Seja como for, Aarão era levita por parte de seu pai e de sua mãe (Nm 26.29). A esposa de Aarão foi Eliseba, irmã de Naassom, aparentemente o príncipe de Judá, que foi ancestral de Davi (Êx 6.23; Rt 4.20; 1Cr 2.10; Mt 1.4). Aarão e Eliseba tiveram quatro filhos: Nadabe, Abiú, Eleazar e Itamar. Os dois mais velhos foram mortos pelo fogo caído do céu por motivo de um ato de sacrilégio (Lv 10.1 ss.). A classe dos sumos sacerdotes deriva-se dos outros dois filhos, em Israel (1Cr 24.1 ss.).

3. Nomeação divina. Moisés foi nomeado por Deus para tirar o povo de Israel do Egito. Deus também nomeou Aarão para ser assistente e porta-voz de Moisés, por ser mais eloquente do que este (Êx 4.14-16; 7.1). O hebraico aqui é pitoresco. De Moisés é dito que ele era "pesado de boca e pesado de língua". E sobre Aarão declara-se: "Certamente ele pode falar".

Moisés foi instruído a deixar Midiã (onde estivera durante 40 anos, aproximadamente de 1688 a 1648 a.C., preparando-se no deserto para a sua missão), a fim de retornar ao Egito. Encontrou-se com Aarão, no monte Horebe, pois para ali fora mandado por divina orientação (Êx 4.29-31). No dia seguinte, apresentaram-se ao Faraó, e o grande drama teve início.

4. Resistência de Faraó. Faraó não deu crédito à mensagem, nem se deixou assustar por Moisés e Aarão, como embaixadores divinos. A princípio expulsou-os de sua presença com opróbrio, intensificou os labores dos israelitas, para não serem infectados pelo desejo de liberdade. Então os dois irmãos enfrentaram a oposição do próprio povo de Israel, porquanto aumentara muito o peso das cargas e da opressão contra eles. Porém, os dois irmãos mantiveram-se firmes, reiterando o propósito divino, encorajando o povo a suportar a servidão e a buscar a liberdade (Êx 5).

Novos encontros com Faraó ocorreram, envolvendo espantosos milagres. Em todas essas entrevistas, Aarão usou sua eloquência em favor dos escravizados hebreus (Êx 6—9). Mas Faraó, pensando no trabalho escravo sobre o qual se alicerçava a economia egípcia, não tinha intenção de dar crédito à mensagem dos "fanáticos" irmãos.

Ouvimos em seguida sobre Aarão quando o êxodo já era um sucesso. A narrativa de Êx 17.8 ss descreve o ataque dos amalequitas contra Israel. Ele e Hur seguraram as mãos de Moisés, a fim de que Israel prevalecesse em batalha.

Aarão, seus filhos sobreviventes e os setenta anciãos tiveram permissão de ver a glória do Senhor de longe, enquanto só Moisés pôde contemplá-la de perto (Êx 24.1,9,10). Isso, naturalmente, juntamente com o incidente do bezerro de ouro, demonstra a inferioridade da espiritualidade e da missão de Aarão, em contraste com a de Moisés.

5. Sacerdócio. Moisés recebeu as tábuas da lei no monte Sinai. Foi nessa ocasião que Aarão e os anciãos de Israel viram de longe a glória do Senhor (Êx 24.1-11). Foi então que o sacerdócio foi estabelecido. Aarão e seus *filhos* receberam esse ofício, e, subsequentemente, a tribo inteira à qual pertencia Aarão, a tribo de Levi, tornou-se a casta sacerdotal e erudita (Lv 8). O trecho de Salmo 133.2 traz o nome de Aarão como o primeiro sacerdote a ser designado.

6. A impaciência produziu um lapso. Moisés demorou-se por quarenta dias no monte. O povo se impacientou e exigiu que Aarão fabricasse deuses para eles adorarem, porque haviam desistido de Moisés (Êx 32.1 ss.). Foram dissolvidos todos os tipos de objetos de ouro. Usando o material, Aarão fabricou um infame bezerro de ouro. O bezerro provavelmente representava o deus-boi, Ápis, de Mênfis, cuja adoração era comum no Egito inteiro. Tão pusilânime quanto o povo, Aarão proclamou o absurdo de que aquele era o deus que tirara Israel do Egito. O incidente inteiro exibe a natureza primitiva da fé hebreia nesse estágio da história. Moisés foi informado acerca do lapso do povo (Êx 32.7). Imediatamente Moisés desceu o monte, trazendo consigo as tábuas da lei. Ao aproximar-se do acampamento, ele jogou as tábuas no solo, quebrando-as. Moisés exigiu arrependimento, e foi atendido.

7. Arrependimento e consagração. A princípio, Aarão buscou justificar-se de seu lapso, mas então reconheceu a necessidade de arrependimento. Como sempre, Deus usou homens imperfeitos, pecaminosos mas perdoados, a fim de ajudarem na realização de sua obra. O tabernáculo foi erigido e as instituições foram estabelecidas. Aarão e seus filhos foram consagrados com óleo santo, e foram investidos com as vestes sagradas (Êx 40; Lv 8). Porém, nem bem as cerimônias foram instituídas, os dois filhos mais velhos de Aarão ousaram queimar incenso no tabernáculo com fogo estranho (Lv 10.1-11). Por causa do sacrilégio, foram mortos pelo fogo divino. Assim Aarão perdeu seus dois filhos mais velhos. Mas sofreu a perda com magnanimidade.

8. Longa fidelidade. Aarão aplicou-se aos seus deveres por quase 40 anos. Sim, teve problemas de ciúmes com Moisés, seu superior. Ele e sua irmã, Miriã, apoiando-se no fato de que Moisés casara-se em segundas núpcias com uma mulher cuxita, puseram em dúvida a autoridade do legislador. O provável problema de Miriã é que ela temia a perda de seu lugar de honra, agora que outra mulher fora trazida para o acampamento, e provavelmente estaria mais próxima de Moisés do que ela. Miriã foi castigada com lepra temporária, o que devolveu o bom senso a Aarão. Ele buscou e obteve o perdão para ambos (Nm 12).

9. Moisés e Aarão sob ataque. O trecho de Números 16 mostra como Moisés e Aarão foram os alvos da rebelião encabeçada por Coré, Datã e Abirão. A praga enviada por Deus demonstrou o desprazer divino ante o incidente. A revolta envolvia a autoridade sacerdotal exercida por Aarão e seus filhos, e também a autoridade civil investida em Moisés. Coré, da tribo de Levi, e Datã e Abirão, da tribo de Rúben, queriam modificações radicais que resultariam na exaltação deles, quando poderiam exercer autoridade. A luta pelo poder terminou mediante a praga, que Aarão (por ordens de Moisés) fez cessar, quando encheu um incensário com fogo tirado do altar, correu e "pôs-se em pé entre os mortos e os vivos" (Nm 16.48). O incidente inteiro demonstrou ao povo que a autoridade constituída permaneceria. Foi dado um sinal adicional. Entre as varas dos diferentes filhos de Israel, somente a de Aarão floresceu (Nm 17.8). Essa vara foi guardada na arca como testemunho contra qualquer rebelião futura. (Nm 17.10).

10. Fracasso. Aarão não recebeu permissão para entrar na Terra Prometida, em face de sua incredulidade (compartilhada por Moisés), manifestada quando a rocha foi ferida, em Meribá (Nm 20.8-13).

11. Morte. Pouco depois desse fracasso, Aarão morreu, com 123 anos (Nm 33.38). Por ordem de Deus, Aarão, seu filho Eleazar e Moisés subiram ao topo do monte Hor, à vista de todo o povo. Ali as vestes pontificiais foram transferidas para Eleazar, e pouco depois, Aarão morreu (Nm 20.23-29). Seu filho e seu irmão sepultaram-no em uma caverna da montanha. (Ver as notas sobre *Hor, monte*). Houve lamentação por trinta dias por Aarão. Até hoje, no monte Abe, os judeus organizam uma cerimônia, relembrando a morte de Aarão. Os árabes apontam para o local tradicional de seu sepulcro, que seria em Petra. Naturalmente, a localização exata é desconhecida.

12. Descendentes. O trecho de Josué 21.4,10,13 chama-os de "os filhos de Aarão". Eles formavam o sacerdócio em geral. Seus descendentes diretos foram os sumos sacerdotes, ofício limitado ao primogênito na sucessão. Nos dias de Davi, seus descendentes formavam um grupo muito numeroso (1Cr 12.27).

13. Caráter e lições espirituais de Aarão. Ele foi um homem eloquente, espiritualmente forte a longo prazo, mas com alguns lapsos sérios. Sua devoção era séria, embora ocasionalmente fosse vitimado por alguma súbita tentação.

14. Símbolo. Seu sumo sacerdócio foi designado para ser "sombra das realidades celestes", para conduzir a comunidade religiosa para coisas "melhores", quando um outro Sacerdote, da ordem de Melquisedeque, haveria de aparecer, suplantando todos os sacerdócios anteriores. Esse Sacerdote foi Jesus Cristo (Hb 6.20 e 7). **Como tipo de Cristo. 1.** Como sumo sacerdote, oferecendo holocaustos, Hb 8.1 ss. **2.** Como o sacerdote que oferecia expiação ao entrar no Santo dos Santos, Hb 9; Jo. 17.3. **3.** Ao ser ungido, passou a atuar como intercessor. Sua unção prefigurou o poder do Espírito Santo na vida de Cristo, e subsequentemente, na vida de seus irmãos, Rm 8.14. **4.** Ele transportava todos os nomes das tribos de Israel em seu peito e em seus ombros, assim representando a todos eles. Cristo é o Salvador universal (Ef 1.10,23; Jo 3.16; 12.32). **5.** Ele foi o mediador das mensagens divinas, utilizando-se dos místicos Urim e Tumim. Cristo é o nosso Mediador (Hb 8.6 ss.; 9.15; 1Tm 2.5). (FA S Z)

AARÃO, A VARA DE

A vara de Aarão floresceu para vindicar a autoridade que recebera de Deus para ser o sumo sacerdote (Nm 17.8). Um dos eventos mais importantes dos 40 anos de peregrinação de Israel pelo deserto (Nm 15.19), foi quando Coré e seus companheiros desafiaram a autoridade civil de Moisés e a posição sumo sacerdotal de Aarão (Nm 16 e 17). Moisés requereu que as varas dos príncipes das tribos fossem postas "perante o Senhor na tenda do testemunho" (Nm 17.7). No dia seguinte, a vara de Aarão havia florescido, mas as demais varas continuavam comuns. Esse era todo o testemunho necessário quanto à autoridade de Aarão. Então a vara foi posta diante da arca, no Santo dos Santos, para servir de contínua afirmação da instituição ordenada por Deus, em contradistinção às pretensões espirituais espúrias. Nos dias de Salomão, esse costume continuava sendo observado. Somente as tábuas da lei estavam dentro da arca (1Rs 8.9). É possível que posteriormente a própria vara tenha sido posta dentro da arca, conforme Hebreus 9.4 talvez indique.

É provável que a vara em discussão fosse uma vara de pastor, que Moisés tivera, por ocasião de sua comissão (Êx 4.2), e que se transformou em serpente. Isso serviu de sinal da autoridade de Moisés ao próprio Moisés, a Aarão, ao povo de Israel e ao Faraó.

Referências e Ideias: 1. A vara era *de Deus* (Êx 4.20; 17.9). **2.** A vara era de Moisés (Êx 4.17). **3.** A vara era de Aarão (Êx 7.14-20). **4.** A vara era usada, sendo estendida (Êx 8.5; 9.22,23). **5.** Tornou-se vara de provocação quando Moisés, que meramente deveria *falar à rocha* (Nm 20.8), a fim de obter água, feriu a rocha por duas vezes (Nm 20.11). Esse ato de presunção, que envolveu Moisés e Aarão, foi severamente punido, sendo essa uma das razões por que nenhum deles teve a permissão de entrar na Terra Prometida (Nm 20.12). **6.** Com o nome de "vara de Deus", representava a autoridade divina investida em homens. Todo verdadeiro homem de Deus possui sua própria vara especial de ação. Algo é investido nele que pode transmitir o poder do Senhor aos homens, para benefício deles. (FA S UN Z)

AAREL

No hebraico significa **"irmão de Raquel"**. A LXX diz "irmão de Recabe". Era filho de Harum, da tribo de Judá (ver 1Cr 4.8). (S)

AARONITAS

Eram os levitas da família de Aarão; os sacerdotes que serviam ao santuário (Nm 4.5 ss.). Em Israel, o sacerdócio estava limitado aos filhos de Aarão (Êx 28.1; Lv 1.3). Os dois filhos mais velhos de Aarão foram eliminados por pecado de sacrilégio (Lv 10), pelo que todos os sacerdotes legítimos descendiam dos dois irmãos mais novos, Eleazar e Itamar. Nos dias de Davi, a tribo era muito numerosa, e ele a dividiu em 24 turnos (1Cr 24.1-6), dezesseis da linhagem de Eleazar e oito da linhagem de Itamar. Após o exílio babilônico, cerca de quatro mil sacerdotes retornaram em companhia de Zorobabel, cerca de um décimo do total original. As reivindicações de outros ao sacerdócio foram repelidas (Ed 2.62 ss.), demonstrando que deviam conservar cuidadosos registros genealógicos, para garantir a pureza. Um sacerdote não podia ter qualquer defeito físico, pelo que, nem todos os descendentes de Aarão estavam qualificados para ocupar o ofício sacerdotal. (ND S Z)

AASBAI

No hebraico, **"florescência"**, embora outros interpretem como *refugiei-me em Yahweh*. Era um maacatita, pai de Elifelete, um dos homens poderosos de Davi (ver 2Sm 23 e 24). Em 1Crônicas 11.35,36, em vez de Aasbai, lemos "Ur, Héfer". Parece ter havido uma corrupção textual em um desses dois lugares. (S)

AAVA

No hebraico, **"água"**, nome de um rio ou canal onde os exilados judeus reuniram sua segunda caravana, sob a liderança de Esdras, quando voltavam a Jerusalém (ver Ed 8.21,31). Com base em Ed 8.15, parece que recebeu o nome devido a uma cidade com o mesmo apelativo: *Ajuntei-os perto do rio que corre para Aava...* Porém, nenhuma cidade com esse nome foi encontrada pelos arqueólogos. Os eruditos têm conjeturado que o rio Aava, ou Pelegue-Ava, é o Palacopas, um ribeiro que corre para o sul da Babilônia. Outros identificam-no com o rio Is de Herd. i:179, um rio que atravessava ao meio de uma aldeia do mesmo nome, atualmente chamada Hit. Porém, nada se sabe sobre essas questões com qualquer grau de certeza. (S Z)

AB

Vem de uma forma hebraica *Tisha b'Ab*. Um dia festivo dos judeus em memória à queda de Jerusalém e à destruição do templo pelos romanos em 70 d.C. Além do jejum, havia a abstenção de todas as atividades recreacionais e as observâncias religiosas nas sinagogas assumiam um aspecto austero com a remoção de todos os ornamentos. Eram lidas as Lamentações. Ver o artigo sobre as *Festas dos Judeus*. (E)

AB

Significa **"pai"**. Usado em nomes hebraicos compostos, como Abner, "pai da luz", Abiézer, "pai da ajuda". Algumas vezes era usado em nomes femininos, como Abigail, "pai da alegria" (1Sm 25.14). Nesse caso, a ideia de "pai" tem o sentido de autor, causa ou fonte originária. (E Z)

ABÃ

No hebraico quer dizer **"irmão de um inteligente"**. Era filho de Abisur, da tribo de Judá (1Cr 2.29). Foi o primeiro dos dois filhos de Abisur e Abiail a ser chamado por nome. O outro era Molide. Viveu em cerca de 1471 a.C. Nada mais se sabe acerca dele. (S)

ABAGTA

Um dos sete eunucos da corte persa de Assuero (Et 1.10), acerca de quem nada se sabe além do que está implícito nesse versículo. (UN)

ABANA

Nome de um dos rios aludidos por Naamã (2Rs 5.12), no qual poderia ter sido imerso em seu próprio país, e não em Israel, a fim de ficar curado de sua lepra. Uma variante no texto hebraico diz *Amana*. Esse é o nome da serra de onde desce o rio, e pode ter sido o nome original do rio, ou pode ser uma variante do nome, visto que o "b" e o "m" com frequência são intercambiáveis nos idiomas orientais. A Septuaginta diz "Abana".

Há várias conjeturas sobre a identidade do atual rio que na antiguidade era chamado *Abana*. A mais comum é o *Barada*. Nasce nos montes de Antilíbano, e cruza a moderna cidade de Damasco. Oitenta quilômetros abaixo de Damasco, o rio desemboca em um lago raso. Podemos justificar Naamã por sua preferência, devido ao fato de que o Barado é constante e abundante em seu fluxo (a palavra Amana significa "perene"), ajudando a tornar as cercanias de Damasco uma das mais belas do mundo. Em comparação, os rios de Israel são pequenos, —e muitas vezes secam. Os gregos chamavam aquele rio de "correnteza dourada", porquanto transformava em verdadeiro oásis uma Damasco que de outro modo seria árida. (F A UM Z)

ABARIM

Forma plural do termo hebraico que significa "do outro lado" ou "além". Refere-se à cadeia montanhosa a sudeste do mar Morto. Pisga, o pico mais alto do monte Nebo, faz parte dessa cadeia (Dt 3.27; 32.49). Houve tempo em que Israel acampou no local (Nm 33.47, 48). A cadeia de Abrarim dá frente para o mar Morto 1.200 metros abaixo. Foi do monte Pisga que Moisés contemplou a Terra Prometida, imediatamente antes de sua morte. Nos tempos antigos, a cadeia se localizava no que se chamava Moabe, defronte de Jericó. (Comparar Nm 27.12; 33.47,48; Dt 3.27). (ID UN Z)

ABATER

Verbo que no hebraico significa **"fugir"**, **"diminuir"**. Usado em Dt 34.7 acerca das energias físicas de Moisés, as quais, apesar de seus 120 anos de idade, não se tinham "abatido". O mesmo termo é usado em relação ao rebaixamento das águas do dilúvio (Gn 8.8), e em relação à ira dos efraimitas contra Gideão (Jz 8.3).

ABATTACHIM

Termo hebraico que figura apenas em Números 11.5, onde os israelitas murmuradores disseram: "Lembramo-nos dos peixes que no Egito comíamos de graça; dos pepinos, dos melões..." Essa última palavra é que no hebraico é abattachim. No árabe, a palavra que significa "melão" é similar ao termo hebraico. Portanto, parece quase certo que a tradução tradicional dessa palavra é correta. (IB S)

ABDA

Vem de um termo hebraico que significa **"servo"**, **"escravo"** ou "adorado" de Deus. **1**. Pai de Adonirão, que foi um oficial que recolhia tributos, sob Salomão, 1Rs 4.6. **2**. Filho de Samua (Ne 11.17), chamado Obadias em 1Cr 9.16 (444 a.C.). A palavra pode ser uma forma abreviada de Obadias, a fim de eliminar a pronunciação do nome divino Yah. (FA UN)

ABDEEL

No hebraico, disciplinado por Deus ou anelante por Deus. Vem do árabe, milagre de Deus (q?), mencionado nas genealogias de Abraão (ver Gn 25.13; 1Cr 1.29) como o terceiro dos doze filhos de Ismael, neto de Abraão e Hagar, a egípcia. Nos registros assírios de Tiglate-Pileser os descendentes de Abdeel são chamados Idibi ilu, uma tribo de beduínos arameus. (S Z)

ABDI

Vem de uma palavra hebraica que significa **"meu servo"**, como nome de três pessoas no Antigo Testamento: **1**. Um levita que merarita que viveu nos dias de Davi, ancestral de Etã, o cantor (1Cr 6.44). **2**. Pai de Quis, um merarita, durante o reinado de Ezequias (2Cr 29.12). **3**. Um dos filhos de Elão, que divorciou-se de sua esposa estrangeira, após o retorno do exílio babilônico (Ed 10.26), em 459 a.C.

ABDIAS

Forma latina de Obadias, em algumas versões, no livro apócrifo de 2Ed 1.39.

ABDIEL

Vem de um vocábulo hebraico que significa servo de Deus (El). Era filho de Gemi e pai de Ai, um dos principais residentes gaditas em Gileade (1Cr 5.15), entre 1093-782 a.C. Seu filho, Selemias, foi um dos nomeados para deterem Jeremias e Baruque, o escriba (Jr 36.26), antes de 606 a.C. (FA S UN)

ABDON

Vem de uma palavra hebraica que significa "servo". Vários indivíduos e um lugar são assim designados. **1**. Um filho de Hilel, da tribo de Efraim, o décimo segundo juiz de Israel. Sucedeu a Elom e governou Israel por oito anos (1233-1225 a.C.). Sua administração foi pacífica. Tudo quanto sabemos sobre ele é que tinha catorze filhos e trinta sobrinhos, montados em jumentinhos, um sinal da importância deles (Jz 12.13-15). Morreu em 1225 a.C. Provavelmente é o Bedam de 1Sm 12.11, mas que em nossa versão portuguesa diz-se "Baraque". Josefo escreveu sobre ele: "Está registrado que ele foi feliz com seus filhos; pois os negócios públicos eram tão seguros e pacíficos, que ele não teve oportunidade de realizar atos gloriosos" (Ant. v. 7,15). Pratim, onde ele vivia, tem sido identificada com a moderna Ferata, a dez quilômetros a oeste de Siquém de Nablus. **2**. Primogênito de Jeiel e Maaca, da tribo de Benjamim, residente de Jerusalém (1Cr 8.30 e 9.36), onde temos a genealogia de Saul. **3**. Filho de Mica, contemporâneo de Josias (2Cr 34.20), 628 a.C. Em 2Reis 22.12 ele é chamado Acbor. **4**. Filho de Sasaque e chefe benjamita de Jerusalém (1Cr 8.23), 624 a.C. **5**. Uma importante cidade da tribo de Aser, dada aos levitas da família de Gérson (Js 21.30; 1Cr 6.74). Em alguns manuscritos, o mesmo lugar é mencionado em Js 19.29, talvez idêntico a Hebrom. Talvez ocupasse o sítio da moderna Khirbet Abdah, a 24 quilômetros ao sul de Tiro. (FA S)

ABE

Esse era o nome do quinto mês eclesiástico e do décimo primeiro mês civil do povo hebreu. A própria palavra não aparece nas Escrituras, sendo substituída pelo termo "quinto" mês (Nm 33.38). O termo é de origem caldaica, tendo sido introduzido no vocabulário hebreu após o cativeiro babilônico. Começava com a lua nova e corresponde mais ou menos aos nossos meses de julho e agosto. Quanto a detalhes, ver *Calendário*. (E S)

ABEDE-NEGO

Vem de um nome caldaico que provavelmente significa **"servo de Nego (Nebo)"**, com quem alguns eruditos identificam Mercúrio, intérprete ou mensageiro dos deuses. Outros sugerem que o nome vem de Arad-Ishtar, que significa "servo de Istar" (segundo diz o ISBE). Esse foi o nome dado por um oficial do rei da Babilônia a Azarias, um dos três companheiros de Daniel. Juntamente com seus dois amigos, Sadraque e Mesaque, foi miraculosamente livrado da fornalha, onde foram lançados por terem se recusado a adorar a estátua de ouro que Nabucodonosor mandara erigir na planície de Dura (Dn 3). A identificação desse homem com Esdras é improvável, visto que este último era sacerdote da tribo de Levi (Ed 7.5), ao passo que Azarias era de sangue real, e portanto, da tribo de Judá (Dn 1.3-6). Viveu em cerca de 600 a.C. Antes de sua grande provação, foi oficial de uma província babilônica. Foi deposto por haver-se recusado a participar da idolatria, e depois passou por seu grande teste. (S UN Z)

ABEL

Vem de um termo hebraico que significa respiração. Mas a etimologia é incerta, e outros sentidos têm sido sugeridos, como "vapor", "fragilidade" e "filho". É possível que esse nome esteja associado ao termo acadiano *aplu*, "filho", ou ao sumeriano *ibila*, "filho".

1. História da família. Era o segundo filho de Adão e Eva, talvez gêmeo de Caim (Gn 4.1,2). Foi instruído na adoração ao Criador e trabalhava como pastor. Seu irmão, Caim, era agricultor. Devido a essas circunstâncias, Abel ofereceu em sacrifício um animal, ao passo que Caim trouxe os frutos da terra (Gn 4.3-5). O trecho de Hebreus 11.4 mostra que Deus agradou-se do sacrifício de Abel, mas não do de Caim. Despertou-se-lhe a inveja, e segundo diz o texto samaritano, ele convidou Abel para o campo, onde o matou. O texto hebraico disponível silencia sobre o convite, embora registre o homicídio. Seja como for, é certo que o ato foi premeditado.

2. Tradição judaica. Segundo esta, Abel foi morto na planície de Damasco, e seu túmulo é ali mostrado aos turistas, perto da vila de Sinie ou Sineiah, acerca de dezenove quilômetros a noroeste de Damasco, na estrada para Baalbeque, embora tudo isso não passe de fantasia.

3. Interpretações simbólicas baseadas no nome "Abel". *a. Se seu sentido é "filho"*, então o nome simplesmente assinala o fato de seu nascimento. Visto que Caim significa "possessão", esse foi o nome do primogênito, porque ele foi uma possessão significativa para seus pais. *b. Se seu sentido é "fraqueza", "vaidade" ou "lamentação"*, seu nome predizia seu fim súbito e triste, tendo nele o primeiro quadro de um justo sob perseguição, fisicamente impotente perante um poder físico superior.

4. Um nome de fé. O trecho de Hebreus 11.4 elogia Abel por sua fé, do que resultou um sacrifício superior. Seu nome figura no início da grande lista dos fiéis, tendo sido ele elogiado pelo próprio Senhor Jesus (Mt 23.35). Presume-se que ele obedeceu a alguma ordem específica, acerca do sacrifício, que Caim ignorou, embora isso não seja declarado no Antigo Testamento.

5. Simbolismo. Abel tornou-se um tipo de Cristo, porquanto ofereceu um sacrifício cruento, superior (Hb 9.26; 10.12). Ele tipifica Cristo como o Messias e Servo sofredor, o Cordeiro de Deus (Jo 1.29; Is 53.7). Ele testifica sobre a necessidade de um sacrifício de sangue (Hb 9.22; 11.4).

6. Nos escritos dos pais da igreja. Crisóstomo chamou-o de tipo do Cordeiro de Deus, gravemente injustiçado, em vista de sua inocência (*Ad Stagir* ii.5). Agostinho chamou-o de "peregrino", porquanto foi morto antes de poder residir em qualquer cidade terrena, pelo que aguardava uma cidade celeste, onde pudesse habitar em justiça (*De Civitate Dei*, xv.1). Caim, por sua vez, fundou uma cidade terrena e ali habitou em meio à iniquidade. Irineu observou sobre como Abel mostrou que os justos sofrem nas mãos dos ímpios e como as virtudes dos justos são assim magnificadas. (*Contra Haeres*. iii.23)

7. Jesus referiu-se a Abel como o primeiro mártir (Mt 23.35), conceito esse que teve prosseguimento na igreja primitiva. Evidentemente, Jesus o considerava um personagem histórico. O sangue de Abel é contrastado com o sangue de Cristo, em Hb 12.24. (IB ND S Z)

ABEL

Vem de um termo hebraico que significa prado ou lugar de relva. É usado como prefixo nos nomes de vários lugares, por exemplo Abel-Sitim (prado das acácias), em Nm 23.49; e o trecho de 1Samuel 6.18 tem "o grande prado" (que em nossa versão portuguesa se traduz por "a grande pedra", seguindo a Septuaginta). Esse prado ou essa pedra estava localizada perto de Bete-Semes, onde os filisteus puseram a arca, quando a devolveram a Israel. (S Z)

ABEL-BETE-MAACÁ

Vem do hebraico e significa **"prado da casa da opressão"** (ver 2Sm 20.14,15; 1Rs 15.20; 2Rs 15.29). Era uma localidade ao norte da Palestina, que modernamente se identifica com Abi-el-Qamh. Nos tempos antigos deve ter sido um lugar importante, próspero e fortificado, porquanto foi chamado de "uma mãe em Israel" (2Sm 20.19). Foi assediado por Joabe, Ben-Hadade e Tiglate-Pileser (2Sm 20.14; 1Rs 15.20; 2Rs 15.29). Seba estabeleceu-se ali, quando se revoltou contra Davi. Oitenta anos mais tarde, Ben-Hadade invadiu o lugar, e após duzentos anos, Tiglate-Pileser o conquistou, e enviou seus habitantes como cativos para a Assíria (2Rs 15.29).

Descobertas arqueológicas têm aumentado nossos conhecimentos sobre o local. Uma coleção de textos de maldições, chamados Textos de Execração, pertencente ao século IX a.C., compostos no Egito, incluem uma alusão a esse lugar, juntamente com Ijom, Lais e Hazor. figura na lista composta por Tutmés III sobre 119 aldeias cananeias, como a de número 92, soletrada i-b-r. Um texto fragmentar no tablete de Ninrode (deixado por Tiglate-Pileser) dá um relato sobre sua invasão nesse lugar, paralelo à narrativa de 2Rs 15.29. Tal destruição foi apenas uma dentre uma longa série de conquistas. Abi foi declarada como cidade da fronteira entre Bete-omri (Israel) e Bete-Hazel (Aram, Damasco). (Ver evidências das inscrições na obra do Dr. J. Wiseman, Iraq, xvii, 1956, 117 ss.). (N D S Z)

ABEL-MEOLÁ

Vem do hebraico e tem o sentido de **"prado da dança"**, supostamente uma aldeia próxima do rio Jordão,— cerca de dezesseis quilômetros (no dizer de Eusébio) ao sul de Bete-Seã ou Citópolis (1Rs 4.12). Alguns conjecturam que provavelmente não distava muito de onde desemboca o Wady el-Maleh, no vale do Jordão ou Aulon, onde está localizado o moderno Tell Abu Sifri, a oeste do Jordão, a meio caminho entre o mar da Galileia e o mar Morto. Um outro sítio possível é o Tell el-Mazlub, no Wadi el-Jabis (no dizer de AASOR xxv-xxviii, 1951, p. 216). É melhor conhecida devido à sua conexão com a vitória de Gideão sobre os midianitas (Jz 7.22), e também como o local onde nasceu Eliseu (1Rs 19.16). Durante o reinado de Salomão, Abel-Meolá é mencionada como pertencente à área de Baaná (1Rs 4.12), um dos doze oficiais administradores dos distritos governamentais de Salomão.

ABEL-MIZRAIM

No hebraico significa **"prado do Egito"**. Localização desconhecida. Esse era o nome da eira onde parou o cortejo de Jacó a caminho de Hebrom. Ali foram levados a efeito sete dias de lamentação (Gn 50.10,11). A palavra hebraica "ebel" significa "luto", pelo que, o nome poderia ser chamado de "prado do luto". O texto de Gênesis, acima mencionado, nos leva a entender que assim deveríamos interpretar o nome, embora haja um óbvio jogo de palavras aqui devido à similaridade dos vocábulos "abel" (prado) e "ebel" (luto). O sentido real era "prado", mas o jogo de palavras faz o sentido ser "luto", devido às circunstâncias históricas envolvidas. O local era chamado de eira de Atade, antes de os cananeus lhe darem o nome acima discutido. Ficava "além do Jordão", o que podia significar "na região de". Portanto, podia ficar no lado oriental ou ocidental do rio Jordão. (S Z)

ABEL-NAIM

Nome alternativo de Abel-Bete-Maacá, encontrado em 2Cr 16.4, em relação às conquistas militares de Ben-Hadade. (FA)

ABEL-QUERAMIM

Vem de uma expressão hebraica que significa **"prados"** ou **"vinhedos"**. Alguns eruditos pensam que seria uma aldeia amonita, cerca de dez quilômetros de Filadélfia ou Rabvate Amom, de acordo com Eusébio. Na época, o lugar ainda tinha vinhedos. Ver Onomasticon 32.15,16. Jefté perseguiu os amonitas até essa aldeia. Portanto, foi uma das vinte cidades amonitas que Jefté conquistou. Não se sabe o seu local exato. Ver Jz 11.33.

ABEL-SITIM

No hebraico temos as palavras que significam **"prado"** e **"acácias"**. Era o nome de uma aldeia nas planícies de Moabe, no lado oriental do Jordão onde, entre essa e Bete-Jesimote, houve o último acampamento dos israelitas naquela margem do rio Jordão (Nm 33.49), antes de terem-no cruzado para entrar em Canaã. Os espias foram enviados daquele lugar (Js 2.1). Mais comumente era denominada apenas Sitim (Nm 25.1; Js 2.11; Mq 6.5). Eusébio afirma que ficava próxima ao monte Peor. No tempo de Josefo era conhecida como Abila, a sessenta estádios do Jordão (Ant. iv.81; v.1,1). O local é lembrado como o sítio onde Israel foi severamente punido, por ter sido seduzido a adorar Baal-Peor, quando se associaram aos moabitas e amonitas. Provavelmente é o moderno Tell Kefrein, a leste de Jericó, doze a catorze quilômetros a leste do rio Jordão (Buhl, Geography, p. 116, 265). Até hoje as acácias ladeiam os terraços verdes do Jordão. Também têm sido aventadas outras localizações possíveis, como Tell el-Hammam e Wadi es-Sant (J.A. Bewer, Joel, ICC, 1912, p. 142).

O trecho de Joel 3.18 fala sobre as águas vivificadoras que a região receberá no dia do Senhor. Essa é uma predição sobre as bênçãos e a prosperidade da era do reino, após a grande restauração de Israel. (FA ND S)

ABELHA

A palavra hebraica para abelha significa **"ordeira"**, podendo ser achada em Dt 1.44; Jz 14.8; Sl 118.12 e Is 7.18. De acordo com a lei, era um inseto imundo (ver Lv 11.23). O nome científico da família é apidae, e a abelha melífera é a apis mellifica. Todas as espécies são aladas, alimentando-se quase exclusivamente de néctar e de pólen das flores, em cuja atividade elas transportam o pólen fertilizador. A maioria das espécies compõe-se de indivíduos solitários, mas a abelha melífera forma uma sociedade altamente organizada. A abelha era a origem do elemento açucarador até o século XVIII, continuando a sê-lo até hoje, em muitos lugares. As passagens bíblicas sobre as abelhas sugerem o seguinte: **1**. Em Juízes 14.8, lê-se que as abelhas ocuparam a carcaça de um leão que Sansão havia matado, o que deu origem à ideia equivocada de que as abelhas eram geradas dos corpos mortos dos animais. Porém, tudo quanto está envolvido no episódio é o fato de que as abelhas usaram parte da estrutura óssea do leão morto, como o crânio, como lugar para construírem uma colmeia. **2**. Usualmente, porém, as abelhas buscam localizações naturais, como fendas nas rochas ou cavidades nos troncos das árvores. (Ver Dt 32.13; Sl 81.16). **3**. As abelhas abundam no deserto da Judeia (ver Mt 3.4). **4**. Elas representam grande fúria, como se fosse o ataque de um numeroso inimigo (ver Dt 1.44 e Sl 118.12). **5**. O mel de abelhas era muito procurado como alimento (ver Pv 24.13; 25.16,17). **6**. A vida das abelhas e o mel por elas produzido proveem várias lições morais: **a**. A mensagem espiritual pode ser doce, mas também pode tornar-se amarga, quando rejeitada (ver Ez 3.1-3). **b**. As leis do Senhor são grandemente desejáveis, tão doces quanto o mel. **c**. As palavras agradáveis são como um favo de mel, uma doçura para a alma, e para a saúde da mesma (ver Pv 16.24). **d**. Assoviando, o Senhor convoca as abelhas para julgar, um símbolo de inimigos invasores (ver Is 7.18). É corrente que alguns habitantes da Palestina podiam chamar as abelhas pelo assobio e é provável que isso esteja por detrás dessa ideia do versículo. **e**. As abelhas simbolizam a indústria e a frutificação, o que explica o nome feminino Débora, que significa abelha, quando as mulheres tinham tais qualidades (ver Gn 35.8; Jz 4). (FA HA UN Z)

ABENÇOAR

Vem do termo grego *eulogeo*, cujo sentido básico é de prosperidade e bondade, envolvendo a adoração a Deus como um ser bom, recebendo dele favores e benfeitorias; salienta as ideias de falar bem, de louvar, de exaltar, em face dos benefícios recebidos.

1. Quando o homem bendiz. **a**. Ele louva ou exalta Deus (ver Sl 104.1). **b**. agradece pelas misericórdias recebidas (ver Sl 16.7); **c**. deseja e invoca a felicidade para outras pessoas (ver Gn 49); **d**. Ora para que a bondade de Deus seja conferida a outras pessoas (ver Nm 6.23,24); **e**. dá valor aos benefícios espirituais recebidos (ver Is 65.16; Jr 4.2); **f**. Expressa isso em uma saudação, desejando a outras pessoas paz e prosperidade (ver Sl 129.8); **g**. Ora em favor e fala favoravelmente acerca de outras pessoas (ver Lc 6.28); **h**. Mas tudo isso pode ser pervertido, pois um homem pode imaginar-se espiritualmente abençoado ao prosperar materialmente, ainda que possa ser espiritualmente pobre e materialmente rico (ver Dt 29.19).

2. Quando Deus abençoa. **a**. Os que são abençoados recebem o favor divino (ver Gn 24.48); **b**. Deus anuncia seu favor e o confere (ver Gn 27—29), através de líderes religiosos, como o chefe de uma família, ou os líderes do povo (ver Nm 6.22-27), ou através de um rei (ver 2Sm 6.18), ou através de pactos firmados (ver Dt 28.3-6).

3. Esse conceito era expresso através do vocábulo grego *makarios*. Este indicava a felicidade dos deuses, dentro da literatura pagã, bem como a felicidade daqueles que haviam sido beneficiados mediante dons e avanços espirituais. Ver o artigo sobre as bem-aventuranças, quanto a maiores detalhes.

4. Responsabilidade de quem é abençoado. As bem-aventuranças, no Novo Testamento, antecedem a chamada à obediência, a qual é desenvolvida nas muitas injunções do Sermão do monte (Mt 5 e 6). Paulo iniciava suas epístolas com uma bênção, a qual armava o palco para instruções sobre as responsabilidades espirituais e morais. (Ver Ef 1.3-14).

ABES

No hebraico é um metal, **"estanho"**, que alternativamente pode ser soletrado *ebez*. O nome designava uma aldeia de Issacar, supostamente perto da fronteira mencionada entre Quisiom e Remete (Js 19.20). O território de Issacar ocupava a maior parte da fértil planície de Esdrelom. Desconhece-se a localização exata de Ebes. (S)

ABI

No hebraico, **"pai de"**, que forma a primeira parte de diversos nomes próprios hebreus. O termo é usado exclusivamente para denotar o pai natural de alguém. Pode funcionar como sujeito, com alguma indicação explanatória, como "pai da abundância" (Abiatar), ou "Jah é pai" (Abias). Abi era a mãe do rei Ezequias (2Rs 18.2) mas ela também é chamada de Abia (2Cr 29.1). O nome do pai dela era Zacarias, talvez aquele que Isaías tomou como testemunha (Is 8.2). (S Z)

ABIAIL

No hebraico, **"pai da luz"** ou **"esplendor"**. Há aqui uma variante que envolve uma letra, fazendo a palavra significar "pai da força". A diferença é entre Abiail e Abicail. Talvez Abiail envolva um erro pré-massorético, visto que uma nota naquele texto confirma a variante. **1.** mãe de Maalate, esposa de Reoboão, rei de Judá. Ela é chamada filha de Jerimote, filho de Davi (2Cr 11.18), 972 a.C. Porém, visto que Davi já reinava há mais de oitenta anos antes do casamento dela, sem dúvida devemos entender que ela era apenas descendente de Eliabe. Uma ambiguidade no texto de 2Crônicas 11.18 tem levado alguns eruditos a verem essa mulher como a segunda esposa de Reoboão. O vs. 19, entretanto, parece indicar que ele só teve uma esposa. **2.** Abiail, filho de Huri, um dos chefes de família da tribo de Gade, que se estabeleceu em Basã (1Cr 5.14), entre 1093-782 a.C. **3.** Pai de Zuriel, que foi o pai da tribo levítica de Merari (Nm 3.25). **4.** Pai da rainha Ester e irmão de Mordecai (Et 2.15), 538 a.C. **5.** Esposa de Abisur e mãe de Abã e Molide (1Cr 2.29), consideravelmente antes de 1612 a.C.

ABI-ALBOM

No hebraico quer dizer **"valente"**, **"pai da força"**. Um dos heróis de Davi (2Sm 23.31). Em uma passagem paralela ele é chamado Abiel (1Cr 11.32). Provavelmente era natural de Bete-Arabá, uma aldeia fronteiriça entre Judá e Benjamim (Js 15.6,61; 18.22). (FA S)

ABIAS

No hebraico significa **"de quem Deus é pai"**. Há versões que registram diversas variantes de seu nome, embora nossa versão portuguesa sempre registre o nome nessa forma. Essas variantes são: Abijam, 1Rs 15.1 e Ne 10.7. Abiah, em 1Sm 8.2. Abia em 1Cr 3.10; Mt 1.7; Lc 1.5. **1.** Filho de Bequer, um dos filhos de Benjamim (1Cr 7.8), após 1856 a.C. **2.** Filha de Maquir e esposa de Hezrom (1Cr 7.8), cerca de 1612 a.C. **3.** Segundo filho de Samuel (1Sm 8.2; 1Cr 6.28), cerca de 1093 a.C. **4.** Filho de Jeroboão, primeiro rei de Israel. Foi afetado por perigosa enfermidade. Sua mãe disfarçou-se e visitou o profeta Aías, para saber se ele se recuperaria ou não. Aías disse que ele morreria, e que seria a única pessoa da família que teria um sepultamento honroso, sendo lamentado em Israel (1Rs 14.1-18). A razão do disfarce é que Deus havia rejeitado abertamente Jeroboão. Seja como for, o disfarce foi inútil, porque o profeta soube da visita antes que a mesma ocorresse, por advertência divina. Em toda a casa de Jeroboão, somente Abias tinha alguma coisa que o Senhor Deus de Israel aprovou (1Rs 14.13). Cerca de 930 a.C. **5.** Descendente de Eleazar, filho de Aarão. Foi cabeça do oitavo turno dos 24 turnos sacerdotais (1Cr 24.10; Lc 1.5). Cerca de 1014 a.C. **6.** Em nossa versão portuguesa, esse personagem é chamado de "Abião", em 1Reis 14.31, mas "Abias", em 1Reis 15.1. A primeira dessas formas significa "pai do mar" ou "pai do ocidente", ou ainda "marinheiro". Era filho de Reoboão e neto de Salomão, e foi o segundo rei de Judá (1Cr 3.10). Sucedeu a seu pai antes de 918 a.C. e reinou apenas por três anos de acordo com alguns eruditos, entre 913 e 911 a.C. Lemos que ele andou em todos os pecados de seu pai (1Rs 15.3), e que fez guerra contra Jeroboão, rei de Israel. Porém, em 2Crônicas 13, ele é apresentado como alguém que zelava pela honra de Deus e pelo sacerdócio levítico. Os dois relatos parecem contraditórios. Talvez isso se deva às observações e opiniões de diferentes autores ou então o seu reinado foi marcado, de modo geral, por várias formas de iniquidade, embora também assinalado por alguns breves períodos de piedade. Seu melhor momento foi quando da derrota de Jeroboão. Ele condenou o norte por sua apostasia e declarou que o próprio Deus defenderia a causa de Judá, como seu grande "Capitão". A despeito da vantagem de dois para um, favorável ao norte, Abias saiu-se vitorioso e capturou Betel, Jesana e Efrom (2Cr 13.19). Ele considerava a separação entre o norte e o sul como um ato de rebelião, e o seu conflito com o norte teve o propósito de reunificar os dois reinos. ***Dificuldade vinculada à maternidade.*** Há uma dificuldade relativa à mãe de Abias. Em 1Rs 15.2 lemos *sua mãe Maacá, filha de Abisalão*. Mas em 2Cr 13.2, lemos: *Era o nome de sua mãe Micaías, filha de Uriel de Gibeá*. Maacá e Micaías eram variações do mesmo nome. E Abisalão provavelmente é o mesmo Absalão, filho de Davi. A palavra hebraica *ban*, traduzida por "filha", é aplicada na Bíblia não somente à filha de um homem, mas também a uma sobrinha, neta ou bisneta. Portanto, é provável que Uriel de Gibeá tenha se casado com Tamar, a linda filha de Absalão (2Sm 14.27), da qual teve como filha Maacá, que era assim filha de Uriel e neta de Absalão. Abias acumulou um total de catorze esposas, que lhe deram um total de 22 filhos e dezesseis filhas (2Cr 13.21). **7.** Filha de Zacarias, esposa de Acaz e mãe de Ezequias, rei de Judá (2Cr 29.1). Também era chamada Abi (sobre quem, ver as notas), segundo lemos em 2Rs 18.2. **8.** Um dos sacerdotes que provavelmente assinou o pacto feito com Neemias (Ne 10.7), em 410 a.C. Provavelmente retornou com Zorobabel da Babilônia embora na época já fosse muito idoso (Ne 12.4), em 536 a.C. Tinha um filho chamado Zicri (Ne 12.17). **9.** Alguns eruditos propõem um outro Abias diferente do anterior, e que retornou da Babilônia com Zorobabel (Ne 12.4). Na lista cronológica dos sacerdotes, que aparece em Ne 12.10-21, Zicri é alistado como o descendente seguinte a governar a casa de Abias (12.17).

ABIASATE

No hebraico significa **"pai da colheita"**, o mais jovem dos três filhos do levita Coré (Êx 6.24), após 1740 a.C. O termo pode aplicar-se a uma divisão dos levitas, descendentes de Coré. Em 1Crônicas 9.19, Abiasafe é alistado entre os porteiros, embora seja incerta a identificação dos dois. Entre os descendentes notáveis figurava o profeta Samuel, filho de Elcana (1Sm 1.1), e o cantor Haman. (ND Z)

ABIATAR

No hebraico, **"pai da abundância"**. O homem desse nome foi o décimo terceiro sumo sacerdote dos judeus, e o quarto descendente de Eli. Quando o sumo sacerdote Abimeleque, pai de Abiatar, foi morto com os sacerdotes, em Nobe, por suspeita de parcialidade para com o fugitivo Davi, Abiatar escapou ao massacre, levando consigo a porção mais essencial das vestes sacerdotais.

1. Como sumo sacerdote. Davi o acolheu bem e o nomeou sacerdote de seu grupo, durante o seu período de exílio. Com frequência era o mediador das mensagens divinas a Davi. Ao tornar-se rei de Judá, Davi nomeou Abiatar sumo sacerdote. Saul havia nomeado Zadoque como sumo sacerdote. A nomeação de Abiatar foi feita em harmonia com a divina sentença de deposição, decretada através de Samuel, sobre a casa de Eli (1Sm 2.30-36). Quando Davi tornou-se rei de todo o povo de Israel, ele não tinha base para desmerecer Zadoque. Por essa razão, permitiu que ambos, Abiatar e Zadoque, funcionassem como sumo sacerdotes (1Rs 4.4). Não somos informados como os deveres sumo sacerdotais foram divididos entre os dois.

2. Deposição. Abiatar tentou impedir Salomão de ficar com o trono de Davi, preferindo apoiar Adonias. Se não fossem os favores prestados a Davi, Abiatar poderia ter sido executado. Salomão meramente removeu-o do ofício sumo sacerdotal, banindo-o para Anatote (1Rs 2.26,27). Assim, a sucessão sumo sacerdotal foi confinada a Zadoque, da linhagem do filho mais velho de Aarão. Desse modo chegou ao fim o domínio da casa de Eli, sendo assim cumprida a profecia de 1Sm 2.31-35.

3. Aparente discrepância. Em Marcos 2.26 são descritas circunstâncias que teriam ocorrido nos dias de Abiatar, sumo sacerdote, mas que com base em 1Samuel 21.1, teriam realmente ocorrido quando seu pai, Abimeleque, era o sumo sacerdote. Numerosas soluções têm sido oferecidas para essa dificuldade. Alguns sugerem: "...nos dias de Abiatar, que depois foi o sumo sacerdote". Mas isso abre uma outra dificuldade, originada da precisa referência oposta (2Sm 8.17; 1Cr 18.16; 24.3,6,31): ... *Abimeleque, filho de Abiatar...*, como a pessoa que era sumo sacerdote, juntamente com Zadoque, e que foi deposta por Salomão; ao passo que a história descreve essa personagem como Abiatar, filho de Abimeleque. Uma sugestão que poderia remover todas essas dificuldades — embora dificilmente possa ser considerada plenamente satisfatória — é que tanto o pai quanto o filho tinham os dois nomes, Abimeleque e Abiatar, podendo ser chamados por um ou por outro desses nomes. Embora não fosse incomum que os judeus tivessem dois nomes, também não era incomum que um pai e seu filho tivessem o mesmo nome. Frente a tais dificuldades, alguns intérpretes têm pensado ser melhor deixar de lado a passagem de Mc 2.26, conforme foi explicado acima, concluindo que as outras discrepâncias surgiram devido a alguma fácil e óbvia transposição de palavras, por parte dos copistas, perpetrada posteriormente. Os intérpretes, que supõem que nenhum equívoco de cópia desse tipo poderia ter ocorrido, tentam promover a harmonia a qualquer preço, embora sacrificando a verdade da questão. A espiritualidade e a fé não são promovidas por esquemas dessa ordem. (ND S Z)

ABIDA

No hebraico, **"pai do julgamento"**, ou **"juiz"**. Era filho de Gideoni, príncipe de Benjamim (Nm 1.11; 2.22; 10.25), 1210 a.C. Por ocasião da inauguração do tabernáculo, sua contribuição caiu no nono dia (Nm 7.60-65). Representou sua tribo como recenseador.

ABIDE

No hebraico significa **"espiga"**. Esse era o mês da colheita do grão, ou o mês em que o cereal amadurecia. Correspondia mais ou menos aos nossos meses de março e abril, durante o tempo em que se observava a Páscoa. Aparentemente, a palavra vem do termo cananeu mais antigo para o mês de nisã (Êx 13.4; 23.15; Dt 16.1). Era costumeiro dar nomes aos meses do ano através da observação das funções da natureza. Vários nomes cananeus aparecem entre as inscrições fenícias, embora o nome abibe até agora não tenha sido encontrado. Ver o artigo sobre o calendário. (FA ND)

ABIEL

No hebraico significa **"pai da força"** ou **"aquele cujo pai é Deus"**. **1**. Pai de Quis, cujo filho Saul foi o primeiro rei de Israel, e de Ner (1Cr 8.33; 9.39), cujo filho, Abner, foi capitão do exército de seu primo, Saul (1Sm 9.1; 14.51), 1093 a.C. Alguns supõem que Jeiel, em 1Cr 8.29; 9.35, pai de Ner, seja o mesmo Abiel. Nesse caso, Abiel foi avô de Quis, e bisavô de Saul. Um elo na genealogia pode estar faltando, o que era ocorrência comum. **2**. Abiel, um arbatita, um dos trinta mais distintos elementos da guarda pessoal de Davi (1Cr 11.32), cerca de 1000 a.C. Também era chamado Abi Albom (2Sm 23.31), nome que tem o mesmo sentido. (S Z)

ABIÉZER

No hebraico significa **"pai da ajuda"**, ajudador. **1**. O segundo dos três filhos de Hamolequete, irmão de Gileade, neto de Manassés (Nm 26.30; 1Cr 7.18), 1170 a.C. Tornou-se o fundador do clã ao qual pertencia Gideão, que era conhecido por seu nome, os abiezritas (Jz 6.34; 8.2; Js 17.2). Nos dias de Gideão, o clã tinha por sede Ofra, a oeste do rio Jordão (Jz 6.11,24). O nome Jezer (Nm 26.30) é uma contração. Foi em Ofra que o anjo do Senhor apareceu a Gideão, e desse distrito ele convocou seus primeiros soldados, a fim de combater contra os midianitas (Jz 6.34). Esse ato provocou a inveja de Efraim. Gideão, porém, abrandou-o, preferindo um provérbio: *Não são porventura os rabiscos de Efraim melhores do que a vindima de Abiézer?* (Jz 8.2). O clã de Gideão aparentemente era um dos mais pobres de Manassés (Jz 6.15). **2**. Um nativo de Anatote, um dos trinta principais heróis de Davi (2Sm 23.27; 1Cr 11.28). Anatote ficava a três quilômetros e pouco, ao norte de Jerusalém. Abiézer comandava o exército de Davi no nono mês (1Cr 27.12). Certo número de comandantes se intercambiavam na liderança, em base mensal. (MD S)

ABIEZRITAS

No hebraico significa **"pai dos ezritas"**, uma designação antiga dos descendentes de Abiézer (Jz 6.2,4; 8.32). (S)

ABIGAIL

No hebraico quer dizer **"pai da alegria"** ou **"exultação"**. **1**. Esposa de um próspero criador de ovelhas, Nabal, que habitava em Maom, no distrito de Carmelo, a oeste do mar Morto (1Sm 25.3; 27.3), 1000 a.C. Era conhecida por sua beleza física. Mostrou-se pronta e discreta nas medidas que tomou para afastar a indignação de Davi, violentamente exaltado pelo tratamento insultante que seus mensageiros receberam da parte de Nabal, quando buscavam provisões. Apressadamente ela preparou um suprimento liberal de provisões, de que as tropas de Davi muito necessitavam, e saiu ao encontro dele com uns poucos servos à sua frente. Davi estava a caminho para exterminar Nabal e tudo quanto ele tinha. A ação de Abigail abrandou a ira de Davi, ao ponto de ele ver que estava exagerando, e que poderia ter cometido grande injustiça. A beleza e a prudência de Abigail impressionaram de tal modo Davi que, não muito tempo depois, quando Nabal faleceu, ele mandou buscá-la para ser sua esposa (1Sm 25.14-42). Dali por diante ela tornou-se sua companheira inseparável em todas as coisas, boas e más (1Sm 27.3; 30.5; 2Sm 2.2). Acredita-se que eles tiveram dois filhos, Quileabe e Daniel, mas alguns estudiosos creem que o Quileabe (2Sm 3.2) é o mesmo Daniel de 1Cr 3.1. **2**. Filha de Naás (Jessé) (filha de Naás, 2Sm 17.25, ou de Jessé, 1Cr 2.13-16), irmã de Davi, esposa de Jeter ou Itra, um ismaelita, e mãe de Amasa, 1008 a.C. Provavelmente era meia-irmã de Davi. Se Naás não é o mesmo Jessé, é possível que Jessé tenha se casado com a viúva de Naás. A maioria dos críticos modernos acredita que "Naás" é um erro escribal em lugar de Jessé. Pelo menos é certo que essa Abigail e Davi tiveram a mesma mãe (se não o mesmo pai). O filho de Abigail, Amasa, por algum tempo foi o comandante do exército de Davi (2Sm 20.4). (UM Z)

ABI-JONAS

No livro apócrifo de Eclesiástico 12.5, ele figura como personagem cujo nome significa "desejo". Ou então é alusão à "abionote", pequena fruta silvestre, da família do morango. Presumivelmente consumida como condimento e estimulante, ou seja, como afrodisíaco.

ABIMAEL

No hebraico quer dizer **"o pai é Deus"**, ou então **"pai de Mael"**. Foi um dos filhos de Joctã, na Arábia (Gn 10.28; 1Cr 1.22), algum tempo depois de 2414 a.C. Foi o nono descendente de Joctã, descendente de Sem, ao qual se atribui a fundação de uma tribo árabe. (S Z)

ABIMELEQUE

No hebraico, **"pai do rei"**, ou, talvez, "pai real" (Maleque é pai). Nome usado para indicar várias pessoas na Bíblia. **1**. Nome do rei filisteu de Gerar, nos dias de Abraão (cerca de 2200 a.C.), referido em Gênesis 21.1 ss. Porém, talvez se tratasse de um título distintivo para os governantes filisteus, como Faraó, no Egito, e não um nome pessoal. Esse homem, apaixonando-se pela esposa de Abraão (pois este dissera que Sara era sua irmã), resolveu tomá-la como esposa. Essa circunstância mostra-nos o grande poder dos antigos reis, que podiam fazer o que quisessem e com quem quisessem, incluindo as mulheres locais e as mulheres que porventura passassem pelo seu território. Ver esse costume implicado nos trechos de Gênesis 12.15 e Ester 2.3. Mas Deus advertiu Abimeleque, e fez o que Abraão deveria ter feito, mostrando que, algumas vezes, a proteção divina é dada quando não a merecemos. Por qual motivo Sara não disse alguma coisa? A resposta é "por temor". O rei local podia fazer o que lhe agradasse com as mulheres de seu reino, mesmo que alguma mulher estivesse ali como estrangeira, casada ou solteira. Provavelmente Abraão apelou para uma mentira a fim de preservar a própria vida, dispondo-se a permitir que Sara fosse tomada pelo rei, se isso fosse necessário. Deus, revelando que Abraão era seu profeta, exigiu respeito da parte de Abimeleque; e este, além de devolvê-la ao marido, enviou-lhe presentes. Contudo aproveitou o ensejo para repreender Abraão com observações sarcásticas (Gn 20.14,16). Por duas vezes Sara escapou de fazer parte de haréns reais. Alguns anos depois, os servos dos dois homens discordaram por causa de alguns poços, tendo sido firmado um pacto à beira do poço chamado Beerseba (fonte de sete ou do juramento), a fim de pôr fim ao conflito. (Ver Gn 21.22-24). **2**. Incidente similar ocorreu cerca de um século mais tarde, entre Isaque e um outro Abimeleque, de Gerar (Gn 26.1-11). Isaque disse que Rebeca era sua irmã, e a história se repetiu, incluindo até mesmo a intervenção divina. Novamente houve uma disputa por causa de poços, cujo resultado foi um acordo (ver Gn 26.17-32). Nesse relato, bem como naquele relativo a Abraão, aparece o nome Picol (Gn 21.22 e 26.26). Por causa dessas similaridades, alguns eruditos têm pensado que as duas narrativas na realidade são duas versões do mesmo incidente, aplicadas a dois personagens diferentes. Não há uma maneira clara de resolver o problema. Abimeleque, apesar de ser inimigo natural de Isaque, procurou cultivar a sua amizade, por ver como Deus o fazia prosperar. (Ver Gn 26.8-31). **3**. Rei de Siquém, filho de Gideão por meio de uma concubina (ver Jz 8.31). Isso envolveu um casamento matrilinear, segundo o qual a esposa vive na casa de seus pais, e os filhos ficam pertencendo ao clã materno. Após o falecimento de Gideão, esse homem procurou tornar-se rei, primeiro através dos chefes de seu clã, e mais tarde por aclamação popular. A fim de consolidar a sua autoridade, matou os setenta filhos de seu pai. Jotão, único sobrevivente do massacre, postou-se no monte Gerizim, com seus seguidores armados, e pronunciou sua famosa fábula de rei-espinheiro, que não tinha capacidade para governar. A fábula também predizia a destruição mútua de Abimeleque e de seus súditos. (Ver Jz 9.7-11). Após três anos, houve uma revolta contra o cruel Abimeleque, tendo sido preparada uma emboscada para matá-lo, quando retornasse a Siquém. Mas o rei descobriu o conluio, e foi capaz de frustrar os sequemitas, destruindo a cidade de Siquém. Em um ataque contra Tebes, cidade que distava cerca de 21 quilômetros de Siquém, para o nordeste, uma mulher, do alto da torre, deixou cair a pedra superior de um moinho em sua cabeça, deixando-o moribundo. A fim de que sua morte não fosse atribuída a uma mulher, ele rogou a seu armeiro que o matasse à espada, o que foi feito. (Ver Jz 9.54). **4**. Um sumo sacerdote dos dias de Davi (1Cr 18.16), embora tenhamos ali um erro escribal em lugar de Aimeleque, filho de Abiatar, conforme se vê em 2Sm 8.17; 1Cr 24.6, a Septuaginta e doze manuscritos de 1Cr 18.16 (ND UN VT Z).

ABINADABE

No hebraico, **"pai da generosidade"**, nome dado a diversas figuras bíblicas. **1**. Um dos oito filhos de Jessé, e um dos três que seguiram Saul, na guerra contra os filisteus (1Sm 17.13). O incidente do desafio de Golias contra as tropas de Israel envolve o seu nome. **2**. Um dos filhos de Saul que foi morto quando da batalha de Gilboa (1Sm 31.2), em 1001 a.C. (Ver também 1Sm 31.2; 1Cr 8.33; 9.39; 10.2). **3**. Um levita de Quiriate-Jearim, em cuja casa, localizada em uma colina, foi depositada a arca da aliança, depois que os filisteus a devolveram. Foi entregue aos cuidados de seu filho, Eleazar, tendo ficado ali por 70 anos, até que foi removida por Davi em cerca de 1030 a.C. (1Sm 7.1,2; 2Sm 6.3,4; 1Cr 13.7). **4**. Pai de um dos doze oficiais nomeados por Salomão para proverem mantimentos, alternadamente, para o rei e sua corte (1Rs 5.1,2), em cerca de 1170 a.C. (DE S)

ABINOÃO

No hebraico, **"pai da agradabilidade"** ou **"pai da graça"**, genitor de Baraque, o juiz (Jz 4.6, 12; 5.1, 12), após 1170 a.C. Ele é mencionado na narrativa referente à vitória de Baraque sobre os cananeus, sob Jabim e Sísera, bem como no cântico de Débora e Baraque. (S Z)

ABIQUEILA Ver Queila (Abiqueila).

ABIRÃO

No hebraico, **"pai da altura"**, ou **"exaltado"**. Dois homens recebem esse nome, nas páginas da Bíblia: **1**. Um dos chefes de família da tribo de Rúbem, o qual, juntamente com Natã e Om, pertencentes à mesma tribo, uniram-se a Coré, da tribo de Levi, em conspiração contra Aarão e Moisés (Nm 16.1-7; 26.9; Dt 11.6; Sl 106.17), em cerca de 1620 a.C. A terra os engoliu vivos. **2**. Filho mais velho de Hiel, de Betel (1Rs 16.34). Hiel reconstruiu Jericó durante o reinado de Acabe. A obra incluiu o lançamento dos alicerces, o que, em vários lugares da Palestina, era realizado em meio ao holocausto de crianças, embora não haja evidências absolutas do que sucedeu no caso relacionado a Hiel e Abirão. O trecho de 1Reis 16.34 atribui a morte dos filhos de Hiel ao cumprimento da maldição de Josué, embora alguns interpretem que, na ocasião, Hiel sacrificou Abirão. O ponto continua em disputa.

ABISAGUE

Uma bela e jovem mulher sunamita, da tribo de Issacar, que foi escolhida pelos assessores de Davi para fazer parte do harém real a fim de ministrar pessoalmente a ele, em sua idade avançada. Parece que poderia ser encontrada outra solução de manter o idoso monarca aquecido, em vez de submeter a jovem àquela absurda situação. Mas, na época, as mulheres não tinham direitos reconhecidos, e coisas assim ridículas continuamente aconteciam com elas (1Rs. 1.3,15). Após a morte de Davi, Adonias, filho mais velho dele, tentou obter permissão para casar-se com a mulher, mas Salomão mandou executá-lo, supondo que a tentativa fazia parte de um plano para 'Adonias apossar-se do trono (ver 1Rs 1.1-4; 2.13-25). Além disso, havia a questão da propriedade do possível casamento, porquanto a mulher fora esposa de seu pai, embora o matrimônio nunca se tivesse consumado. (DE FA S UN Z)

ABISAI

No hebraico quer dizer **"pai dos presentes"** ou, como alguns preferem, **"pai de Jessé"**, embora o sentido do nome seja incerto. Era o filho mais velho de Zeruia, irmã de Davi, e irmão de Joabe e Asael (1Cr 2.16). Foi um daqueles que se devotaram fielmente a Davi, durante sua peregrinação, quando era perseguido por Saul, antes de tornar-se rei. Abisai apresentou-se voluntariamente para ir com Davi ao centro do exército de Saul, que dormia. Poderia ter matado Saul, se não tivesse sido restringido por Davi. Foi uma das duas pessoas que se atreveu a tanto (ver 1Sm 26.5-9). Quando Davi fugia de Absalão, para o outro lado do Jordão, novamente Abisai acompanhou o rei, tendo-lhe sido confiado o comando de uma das três divisões do exército que esmagou com êxito os rebeldes (ver 1Sm 18.2). Posteriormente foi enviado pelo rei contra Seba, filho de Bicri (2Sm 20.6-10), em cerca de 1049 a.C.

Quando Davi envelheceu, Abisai o salvou de morrer na batalha contra os filisteus, ao enfrentar o gigante Isbi-Benobe, que foi morto por Abisai. Ficou célebre devido a outros feitos de heroísmo, como quando enfrentou trezentos homens e os matou com sua lança. Sua história envolve violência e matança, e os homens louvam os homens por causa desses feitos.

Sua posição exata, entre os heróis de Davi, não é clara. Aparentemente, ele não fazia parte dos três maiores (ver 2Sm 23.8,9,11), mas parece ter sido um dos mais proeminentes entre os demais heróis de Davi. As variantes textuais em 2Sm 23.18,19 e 1Cr 11.20,21 obscurecem o problema, o qual não se reveste de grande importância. Também são desconhecidas as circunstâncias de sua morte, antes da luta entre Adonias e Salomão, visto que ele não é mencionado como partidário de um ou de outro. (FA S UN Z)

ABISALÃO

Avô de Maacá, esposa de Reoboão. A palavra "filha", em 1Rs 15.2, provavelmente significa "neta", e a palavra "mãe" (ali e em 1Rs 15.10) significa "avó". (Z)

ABISUA

No hebraico, significa **"pai da segurança"**, nome de dois personagens bíblicos: **1**. Filho de Fineias e quarto sumo sacerdote dos judeus (1Cr 6.4,5,50). Não se sabe exatamente quando ele começou a oficiar, mas isso evidentemente incluiu o período de servidão a Eglom, de Moabe. Alguns sugerem 1352-1302 a.C. como suas datas, mas outros falam em 1513-1463 a.C. Foi bisneto de Aarão. Foi chamado Abiézer por Josefo, Ant. v.12,5 **2**. Um dos filhos de Bela, primogênito de Benjamim (1Cr 8.4), após 1856 a.C. Alguns o identificam com Jeremote, em 1Cr 7.7. (DE FA S UN)

ABISUM

No livro apócrifo de 1Esdras 1.2, figura como forma variante de Abisua, filho de Finces e pai de Bocas. (S Z)

ABISUR

No hebraico, **"meu pai é um muro"**, um dos dois filhos de Samai, na lista genealógica de Jeremeel, da tribo de Judá. Sua esposa era Abiail. 1Crônicas 2.28,29. (FA S Z)

ABITAL

No hebraico, significa **"pai do orvalho"**, isto é, frescor. Foi a quinta esposa de Davi (ver 2Sm 3.4; 1Cr 3.3), 1052 a.C. Era a mãe de Sefatias.

ABITUBE

No hebraico, **"pai da bondade"**. Foi um benjamita, um dos dois filhos de Saaraim, de sua primeira esposa, Husim, uma moabita. Ele é incluído na genealogia de Benjamim (1Cr 8.11).

ABIÚ

No hebraico, **"de quem Deus é pai"**. Foi o segundo dos filhos de Aarão e Eliseba (Êx 6.23; Nm 3.2; 26.60; 1Cr 6.3; 24.1). Juntamente com seus irmãos Nadabe, Eleazar e Itamar, Abiú foi separado e consagrado para o sacerdócio (Êx 28.1). **1. Estabelecimento da adoração cerimonial**. Quando do estabelecimento da adoração cerimonial, as vítimas colocadas sobre o grande altar de bronze eram consumidas por fogo descido do céu. Foram dadas ordens para que esse fogo fosse mantido aceso, e que o incenso diariamente oferecido fosse queimado em incensários cheios de brasas tiradas do grande altar. **2. Negligência fatal**. Certo dia, Nadabe e Abiú olvidaram essa regra e ofereceram incenso em incensários cheios de fogo "estranho", isto é, fogo comum, e não daquele que fora mantido no fogo divino. Por causa disso foram instantaneamente mortos pelo fogo (relâmpago?) e assim foram violentamente tirados do ofício sacerdotal. Então foram retirados e sepultados com as vestes que traziam no momento, fora do acampamento (Lv 10.1-11). Ver também Nm 3.4; 26.61; 1Cr 24.2. Sem dúvida esse foi um aviso severo para mostrar que a adoração instituída deveria ser cumprida exatamente conforme as instruções baixadas, incluindo os menores detalhes. **3. O vinho proibido**. Pouco depois do incidente acima descrito, houve a proibição do uso de vinho pelos sacerdotes que tivessem de entrar no tabernáculo. Com base nessa circunstância, podemos depreender que Nadabe e Abiú estavam embriagados quando ofereceram o fogo "estranho". Não estavam impelidos pela presença do Espírito, mas pela força do vinho. Um dos símbolos do Espírito é o vinho. **4. A linhagem sacerdotal** continua através dos outros irmãos. Nem Nadabe e nem Abiú tinham filhos (Nm 3.4; 1Cr 24.2), pelo que, a sucessão sacerdotal continuou através de seus irmãos mais novos. **5. Simbolismo envolvido**. O ofício e o sacrifício único é indispensável a Cristo (cf. Hb 7.22 ss.; 8.6; 9.28). (ID ND S)

ABIÚDE

No hebraico, **"pai de renome"** ou **"pai da majestade"**. **1**. Um dos dois filhos de Bela, filho de Benjamim (1Cr 8.3), talvez também conhecido como Aiúde (1Cr 8.7), depois de 1856 a.C. **2**. Trineto de Zorobabel e pai de Eliaquim, na linhagem paterna de Jesus, em Mt 1.13. Provavelmente deve ser identificado com Jodá, filho de Joanã e pai de José, na linhagem materna de Jesus (Lc 3.26, se é que podemos fazer distinção entre a linhagem paterna e a linha materna de Jesus). Ele também pode ser identificado com Obadias, filho de Arná e pai de Secanias mencionados em 1Cr 3.21, antes de 410 a.C.(NDSZ)

ABLUÇÃO

Na religião judaica havia quatro tipos de lavagem cerimonial. **1**. A lavagem das mãos, não explicitamente requerida no AT, embora inferida com base em Levítico 15.11. Nos dias do NT, a prática torna-se generalizada e séria (Mc 7.3; Mt 15.2). A lavagem dos pés era uma prática similar. Há notas completas no NTI, sobre a lavagem das mãos em Mt 15.2 e sobre a lavagem dos pés em Jo 13.5. **2**. A segunda era a lavagem dos pés e das mãos, em preparação para o serviço sacerdotal (Êx 30.19; 40.31). O tabernáculo e o templo tinham uma bacia para esse fim. **3**. A terceira é a imersão do corpo inteiro, que simboliza a purificação do homem inteiro, a fim de poder participar plenamente da adoração ao Senhor. Notemos os casos do sumo sacerdote, no dia da expiação (Lv 16.24), de Aarão e seus filhos (Lv 8.6) e dos leprosos ou daqueles que se tivessem maculado por causa de contatos proibidos (Lv 14.8; 15.5-10; Nm 19.19). Os prosélitos tinham que passar por essa ablução. Provavelmente, ela participa do pano de fundo do batismo cristão. 4. Também havia a lavagem de vasos, casas, vestes e outros itens usados para propósitos religiosos. Ver notas completas em Mc 7.4, no NTI. Ver Lv 14.52; 15.6-8; Êx 19.14.

Simbolismo. A preocupação com a pureza apropriada (santidade), de modo a estar isento de poluções do mundo, e assim poder aproximar-se do Deus Santo. No cristianismo, tudo isso é substituído por um coração limpo. Sem a santificação, ninguém verá a Deus (Hb 12.14). Como é óbvio, abusava-se das abluções na prática antiga, quando os homens substituíam a substância da fé religiosa por alguma forma de sinal ou ato externo. Alguns queixavam-se de que muitos rabinos tinham trocado o santuário pela cozinha, tão intenso era o espírito de lavagens e tantas eram as coisas que precisavam ser lavadas. (B IB NTI)

ABNER

No hebraico, **"pai da luz"** ou **"iluminador"**. Filho de Ner, irmão de Quis, pai de Saul, e portanto, primo deste último. Tornou-se o comandante em chefe do exército de Saul (1Sm 17.55; 20.25; 1Cr 26.28) em cerca de 1030 a.C. **1. Associação com Saul**. Foi o comandante militar durante o reinado deste. Após a morte de Saul, defendeu a causa periclitante da casa de Saul. Tirou vantagem dos sentimentos contra Judá e contra Davi como rei, para promover seu próprio nome. **2**. Não se candidatou ao trono, mas tomou Isbosete, filho sobrevivente de Saul, de pouca capacidade mental, para sentá-lo ao trono. Todas as tribos (excetuando apenas Judá) reconheceram-no como rei. Essa circunstância prosseguiu por algum tempo. Abner encontrou-se com Joabe, general de Davi, e lutou contra ele, em Gibeão, em uma das diversas batalhas em que os partidos contendores se mediram. **3**. Em Gibeão, Abner foi derrotado e fugiu. Mas foi perseguido por Asael, irmão de Joabe, e o matou (2Sm 2.8-32). Isso deixou Abner como o único membro da casa de Saul que tinha capacidade de liderança. Uma discussão com Isbosete deixou-o indignado, e ele se dispôs a bandear-se para a causa de Davi. **4**. Davi recebeu-o respeitosamente, e resolveu torná-lo chefe de seu exército. Mas Joabe, indignado diante da ameaça ao seu poder, vingou a morte de seu irmão, Asael. Então convidou Abner a um encontro amigável, mas matou-o à espada. Davi ordenou grande lamentação por Abner, o qual recebeu honras fúnebres (2Sm 4.12). Todavia, Joabe, o vingador do sangue, escapou à punição (2Sm 3.6-39). **5**. O lamento de Davi, registrado em 2Samuel 3.33, é significativo: "Teria de morrer Abner como se fora um perverso? As tuas mãos não estavam atadas, Nem os teus pés carregados de grilhões; Caíste como os que caem diante dos filhos da maldade."

Abner foi sepultado em Hebrom, com a reputação de um herói e homem de caráter, tendo sido lamentado pelos poderosos. Os matadores são os heróis dos homens. (UN S Z)

ABÓBADA CELESTE

No hebraico temos uma palavra que significa faixa ou cúpula, mas que também pode indicar as algemas dos prisioneiros (ver Is 58.6), um bando de homens (2Sm 2.25) ou a cúpula dos céus. Em Amós 9.6 indica os aposentos celestes — em português, *suas* (de Deus) *câmaras no céu*.

ABOBOREIRA

Ver o artigo geral sobre o reino vegetal. No hebraico, a palavra em foco é *qiqayon* (ver Jn 4.6-10), uma planta de crescimento muito rápido. Na Septuaginta é usada a abóbora, *curcubita pepo*, que faz parte da família das colocíntidas. A planta era nativa da área do mar Cáspio. Foi introduzida na Assíria em alguma data desconhecida, mas antes da época de Jonas. Alguns pensam que a espécie vegetal em foco, no caso de Jonas seria a *greco-egípcia* kihi, nome hebraico similar ao daquele que é usado no livro de Jonas. Essa seria a mamona, chamada também de *palma christi*. Seu nome científico é *Ricinus communis*. Essa também é uma planta de desenvolvimento rápido, capaz de atingir a altura de três metros. No relato de Jonas, porém, nenhuma explicação natural pode explicar a rapidez do crescimento daquela planta, pelo que preferimos pensar em um sinal divino.

A *colocíntida*, no hebraico, *paqquah* ("que abre-se pelo meio") (ver 2Rs 4.39), foi a planta ingerida pelos filhos dos profetas. Essa planta produz um fruto que se assemelha à laranja, quanto ao tamanho e ao formato, embora tenha casca dura e uma polpa amarela, com manchas verdes e brancas. Assemelha-se um tanto ao melão, e pertence à mesma família. Tal planta era comum na Palestina. Também produzia uma substância usada como medicamento e catártico. Trata-se de uma erva ereta, com caule e ramos quebradiços.

Lição espiritual da planta de Jonas. Sua presença alegrou Jonas, devido à sombra projetada pela mesma. Mas seu desaparecimento deixou-o irritado, visto que sua preciosa sombra lhe fora tirada. O contexto também sugere que Jonas teve dó da planta, por causa de sua breve vida e súbita morte. Seja como for, a planta era muito importante para ele, embora fosse apenas uma planta. No entanto, entristeceu-se porque Deus poupara Nínive e sua multidão de habitantes, dos quais Deus se condoera. Essa é uma excelente lição. Deus tem mais misericórdia dos homens do que os homens têm dos seus semelhantes. Podemos esperar mais da misericórdia de Deus do que a maioria dos homens espera. Essa é uma porção que nunca se ausenta da mensagem do evangelho, posto que é quase totalmente ignorada. Ver o artigo sobre a restauração. (ID ND S)

ABOMINAÇÃO

Quatro vocábulos hebraicos são assim traduzidos, e no NT grego, *bdelugma* é o veículo desse conceito.

Usos populares, não religiosos. Os israelitas tinham aversão a certas pessoas e as excluíam de sua comunidade. Por sua vez, os egípcios tinham os israelitas como abomináveis. (Dt 23.7). Uma pessoa podia ser rejeitada por causa de alguma enfermidade (Sl 88.8) ou aflição (Jó 19.19). Certos animais ou alimentos em potencial eram evitados (Ez 8.10; Is 66.17). Acima de tudo, era repelida a idolatria pagã. Assim, os termos hebraicos envolvidos refletiam tais usos, como *shegez* (carnes de animais proibidos); *shiggaz* (ódio à idolatria); *piggul* (repugnância à carne sacrificial estragada). A mais comum dessas palavras, *to'ebah*, era usada para indicar qualquer tipo de abominação.

A abominação da idolatria. A idolatria repele a ordem própria das coisas e perverte a ideia da divindade, substituindo-a por uma variedade qualquer das simulações humanas, deixando de lado a adoração ao Deus único. Ver Dt 17.4,5; 2Rs 23.13; Dn 9.27; 11.31; 12.11. A idolatria não apenas penetra a ideia de divindade, mas também é uma irresponsabilidade moral, porque, através dela, o homem é iludido acerca de por quem ele tem responsabilidade. Outrossim, a prática da idolatria tem produzido muitas práticas desumanas, violentas e corruptas. A queixa de Jeremias (7.1-15) leva em conta as implicações morais da idolatria. Ezequiel lamentou a corrupção da vida nacional por causa das práticas idólatras (7.3 ss.; 20.4 ss.). As coisas especificamente mencionadas, nessa conexão, são o homossexualismo, o orgulho, a mentira, a violência contra os inocentes, o testemunho falso, a discórdia etc., coisas essas que só deviam ser esperadas da parte dos pagãos, mas que também apareciam na vida dos chamados justos. (Ver Lv 18.23). Os trechos de Deuteronômio 12.31 condenam o sacrifício de crianças; 3.28-32, a desonestidade nos negócios; 6.16-19, a altivez, a mentira, o falso testemunho e a perturbação da ordem; 15.26, os pensamentos malignos; 17.15, a inversão da justiça. Em suma, todas as práticas estranhas à boa ética são abomináveis. (B WZ)

ABOMINÁVEL DA DESOLAÇÃO

Essa expressão se acha em Mt 24.15 e Mc 13.14. Sua origem está em Dn 11.31 e 12.11. Poderia ser traduzida por "abominação que desola". Essas palavras foram aplicadas a Antíoco Epifânio que erigiu um altar a Zeus, no altar de Yahweh. O relato encontra-se no livro apócrifo de 1Macabeus 1.54-64, e também em Antiguidades xii 5.4, de Josefo. Em cerca de 170 a.C., esse monarca selêucida perpetrou o que se considerou atrocidades contra os judeus e sua religião, mediante a poluição do templo de Jerusalém. Porém ele serviu apenas de tipo simbólico do grande anticristo que virá e que é um dos temas do NT (2Ts 2.3. Ver a nota detalhada sobre o anticristo). O futuro anticristo aparecerá e assumirá o controle do templo, proclamar-se-á Deus, realizará muitas maravilhas falsas, controlará o mundo inteiro, afinal, por breve período. Ele será tão intensamente iníquo que só se poderá comparar ao próprio Satanás. Alguns acreditam que houve personagens de menor envergadura e que serviam de material para o conceito da abominação da desolação. Alguns acreditam que Marcos liga isso às circunstâncias da guerra dos judeus contra Roma. É verdade que ao tempo da destruição de Jerusalém, os romanos ofereceram sacrifícios às suas insígnias, postas diante da porta oriental do templo. Mas isso serviu de mero símbolo da blasfêmia maior que ainda jaz no futuro. Israel, afinal, lhe fará oposição e muito sofrerá por causa disso. Entretanto, o anticristo assumirá o controle do templo e obrigará o povo a adorá-lo ali, como se fosse Deus. Essa ação é justamente o "abominável da desolação". Fala de grande apostasia, a idolatria máxima.

Satanás será adorado em um homem, porque o anticristo será o filho do diabo, fazendo parte da trindade maligna (Satanás, o anticristo e o falso profeta). Essa será a idolatria máxima que Deus abominará. A tradição profética assegura-nos que chegará o tempo quando o mal predominará violentamente sobre o mundo, quando o Espírito Santo se ausentará, exceto dos corações de um pequeno remanescente. O anticristo encabeçará essa revolta. Ver o artigo "Tradição Profética e a Nossa Época". (AI B NTI RO Z)

ABORTO

É a perda ou a expulsão, do ventre materno, de um feto vivo antes que haja alcançado seu estado de viabilidade. Muitos abortos ocorrem espontaneamente, enquanto outros são deliberadamente induzidos. Esse último tipo de aborto constitui o ponto focal de um debate ético e teológico contemporâneo.

Tradicionalmente, a opinião cristã tem sido de forte resistência ao término deliberado de qualquer gravidez. Tertuliano foi uma autoridade típica dentre as que denunciaram o aborto como "precipitação de assassinato", porque, quanto ao feto, "ele também é um homem, que está por ser um deles" (*Apologia* 9). Agostinho assumiu uma linha um pouco mais leve, posicionando um ponto crítico, o do "despertar da alma" (60 a 80 dias após a concepção), antes do qual o aborto teria um caráter criminoso, embora sem ser considerado um pecado capital. Essa abordagem dualista, no entanto, acha-se amplamente desacreditada.

A principal base teológica para um posicionamento estritamente antiaborto é a convicção de que cada ser humano é feito à imagem de Deus desde a sua concepção (*cf.* Gn 1.27). A retirada da vida, tal qual sua doação, é uma prerrogativa de Deus, e do homem se requer um mandato especial para poder acabar com a existência física de qualquer ser humano. A permissão para matar é concedida nas Escrituras em circunstâncias cuidadosamente definidas, como restrita resposta à injustiça (mais especificamente, assassinato e guerra, *cf.* Gn 9.6; 1Rs 2.5-6); mas nenhum feto, evidentemente, terá feito coisa alguma que justifique sua execução por uma pena de morte. O aborto, portanto, moralmente é considerado mau.

O suporte bíblico para essa conclusão é frequentemente encontrado nas alusões do Antigo Testamento à vida antes do nascimento (p.ex, Sl 139-13.17; Jr 1.5; Ec 11.5) e no uso que o NT faz da palavra grega *brephos* para descrever tanto o feto como a criança (Lc 1.41; 2.12). Tais referências presumem a continuidade de uma pessoa em qualquer desses aspectos do nascimento.

A posição rígida **antiaborto tem sido desafiada de três modos**. *Primeiro*, a igreja Católica Romana (que, de outro modo, é implacavelmente contra o aborto) permite que uma gravidez possa ser interrompida, sob o preceito ético de "duplo efeito", quando um procedimento médico visando a salvar a vida da gestante (como, por exemplo, uma quimioterapia, no caso de câncer) possa resultar na morte do feto. Em *segundo* lugar, alguns teólogos protestantes argumentam que o feto é mais um potencial de pessoa do que propriamente uma pessoa real em potencial. Muito embora o feto exija cuidados e respeito em qualquer estágio de sua existência, argumentam eles, sua reivindicação de vida deverá ser proporcional ao seu estágio de desenvolvimento. Por mais plausível que essa teoria possa parecer, no entanto, não se coaduna facilmente com a ênfase bíblica sobre a continuação da personalidade, além de não ser, de modo algum, de fácil aplicação na prática. Em *terceiro* lugar, e de maneira mais radical, afirmam os cristãos situacionistas que somente o amor deverá ditar a decisão de aborto, ou não, em cada caso particular. A compaixão pela mulher (se sua vida ou saúde estiver ameaçada), ou pela criança ainda não nascida (se provavelmente estiver para nascer deformada ou defeituosa), poderá ditar o final antecipado da gravidez. Além disso, alegam eles, já que o amor deve sempre ditar a escolha de máximo benefício para o maior número de pessoas possível, o aborto pode ser indicado também quando o bebê não seja desejado pela família, ou pela sociedade, ou ainda, desse mesmo modo, por um mundo superpovoado como é o atual.

A ética situacional tem estado sob pesado fogo de artilharia por parte dos cristãos que preferem a autoridade das Escrituras. Em nenhum lugar, a Bíblia ensina que o amor substitui o princípio divino ou cancela a lei divina. Tampouco oferece suporte à suposição utilitária de que as melhores ações devem ser tomadas pela contagem de votos.

No entanto, a ênfase dos situacionistas sobre a compaixão é um lembrete salutar e bíblico de que aos que se opõem ao aborto em princípio cumpre encontrar também alternativas práticas e amorosas para as mulheres com gravidez indesejável (*cf*. Tg 2.14-17).

(**D. H. Field**, B.A., diretor de ministério e vocação, Church Pastoral Aid Society, Warwick; ex-vice-reitor do Oak Hill College, Londres, Inglaterra.)

BIBLIOGRAFIA. R. F. R. Gardner, *Abortion* (Exeter, 1972); O. M. D. O'Donovan, *The Christian and the Unborn Child* (Bramcote, Nottingham, 1973); M. Potts, P. Diggory, J. Peel, *Abortion* (Cambridge, 1977); M. J. Gorman, *Abortion and the Early Church* (Downers Grove, IL, 1982).

ABORTO OCULTO

No hebraico temos uma palavra que vem do verbo "cair", e que significa "aborto"; no grego temos uma palavra, *éktroma*, "aborto". A palavra hebraica ocorre por três vezes, em Jó 3.16; em Sl 58.8 e em Ec 6.3, referindo-se ao feto que sai sem vida do útero materno. O mesmo pensamento reaparece em Nm

ABRAÃO

12.12, onde o hebraico tem outro termo, embora a nossa versão portuguesa também a traduza por "aborto", e onde a LXX também a traduz por *éktroma*. O apelo de Aarão em favor de sua irmã Miriã, era que ela não ficasse com a aparência de um aborto, por causa da lepra, isto é, como se ela tivesse saído do ventre de sua mãe com parte de suas carnes consumidas.

A referência figurada a um aborto, com a qual Paulo diminuiu a sua própria importância como apóstolo, aparece em 1Co 15.8, como o último dos apóstolos a quem o Senhor ressurreto aparecera; aponta para o atraso com que ele foi chamado ao apostolado, de modo súbito e inesperado. Era como se seu apostolado se devesse a um "nascimento monstruoso". Outros estudiosos preferem esquecer o atraso de sua chamada, em relação aos outros apóstolos, salientando mais o fato de que Paulo assim se considerava devido à sua indignidade ao ofício, em face de ter perseguido a igreja de Deus. Paulo sentia que o elevadíssimo privilégio de ver o Cristo ressurreto tornava-o mais indigno ainda. E assim, tudo quanto ele era e realizava, foi por ele atribuído não a si mesmo, mas à graça divina (ver 1Co 15.10).

ABRAÃO

No hebraico significa **"pai de uma multidão"**, o fundador da nação hebreia. Até Gênesis 17.4,5, ele é chamado de Abrão, "pai da elevação" ou "pai exaltado", embora o sentido desse nome seja incerto. O nome mais longo evidentemente foi adotado por causa da promessa de sua numerosa posteridade.

1. Fontes informativas. A narrativa veterotestamentária, em Gênesis 11.26—25.18, é primária e importantíssima. Mas muitas descobertas arqueológicas têm aumentado nosso conhecimento sobre a época e o mundo de Abraão.

2. História primitiva. Era nativo da Caldeia. Por meio de Eber, estava na nona geração depois de Sem, filho de Noé. Seu pai foi Terá, que teve dois outros filhos, Naor e Harã. Harã morreu cedo, deixando seu filho Ló, que se apegou a seu tio Abraão. Harã também deixou duas filhas, uma das quais, Sara, tornou-se esposa de Abraão. Lemos, em Gênesis 20.12, que Abraão chamou Sara de "irmã", filha de seu pai, mas não de sua mãe. Mas alguns eruditos compreendem que o hebraico diz que Harã era meio-irmão de Abraão e, nesse caso, Sara era sobrinha de Abraão. De acordo com um hebraico elementar, isso poderia ser indicado chamando-a "irmã" de Abraão. Mas o ponto é disputado.

Abrão nasceu em cerca de 2333, em Ur dos caldeus (Gn 11.28), mas todas essas datas antigas são questionáveis e incertas. Nada sabemos sobre a sua vida, senão quando ele já tinha 70 anos de idade. Há tradições que procuram preencher os claros, mas muito provavelmente sem base nos fatos. Terá é apresentado como um idólatra e fabricante de ídolos.

3. Ur dos caldeus (ver o artigo a respeito). A arqueologia moderna usualmente identifica essa cidade com a atual Tell el-Muquyyar, a 15 quilômetros a oeste de Nasireyeh, à beira do Eufrates, no sul do Iraque. Terá viajou por cerca de mil quilômetros de Ur até Harã, localizada à beira do rio Balique, tributário do Eufrates, onde se estabeleceu (Gn 11.26-32). Há lendas que dizem que Abraão, desgostoso com a idolatria de seu povo, foi perseguido por Ninrode e foi lançado em uma fornalha acesa, embora tivesse sido livrado da morte por um milagre. Alguns acreditavam que Abraão trouxera a astronomia (astrologia) da Caldeia para o ocidente, tendo ensinado essa ciência aos egípcios (Josefo, Ant. i.8), mas nada se sabe quanto à exatidão desses relatos, e o próprio Josefo duvidava da maioria deles.

4. Chamada de Abraão. Abraão tinha 60 anos de idade quando sua família deixou Ur e foi para Harã. Não sabemos dizer o motivo da imigração, embora Josefo (Ant. i.6,5) tenha dito que a razão foi a tristeza de Terá ante a morte de seu filho Harã. Mas o trecho do livro apócrifo de Judite 5.6-8 afirma que o motivo foi a revolta contra a idolatria. Outros supõem que a mudança de lugar teve razões econômicas, a fim de buscar algum lugar mais próspero.

Com a idade de 75 anos, Abraão, sua esposa Sara e seu sobrinho Ló, com suas possessões, em resposta à chamada divina, partiram para a terra de Canaã, cerca de 650 quilômetros de Harã. Durante a jornada, pernoitaram em Siquém e Betel. (Ver Gn 12.1 quanto à chamada de Abraão por parte do Senhor). A princípio ele se estabeleceu no Neguebe, mas, devido a um período de escassez, continuou viagem até o Egito. Devido à sua beleza física, Sara atraiu a atenção do Faraó. Mas a providência divina interveio mediante pragas, impedindo qualquer consternação. Após a crise, Abraão retornou ao Neguebe (ver Gn 12.1-20). Posteriormente, mudaram-se para as vizinhanças de Betel. E a prosperidade ditou que Abraão e Ló deveriam dividir suas possessões, tornando-se independentes um do outro. Abraão permitiu que Ló escolhesse seu território, e este escolheu o vale do Jordão e a cidade de Sodoma. Abraão estabeleceu-se na área de Hebrom. Invasores vindos do norte arrebataram cativos a Ló e aos reis do vale do Jordão. Abraão combateu-os, havendo grande matança e, dos despojos, deu dízimos a Melquisedeque, sacerdote do Deus Altíssimo e rei de Salém (Gn 14.1-24).

5. O herdeiro. Não tendo filhos, Abraão nomeou Eliézer, de Damasco, como seu herdeiro. Mas Deus lhe prometeu, mediante pacto, um filho e a posse da terra (Gn 15.1-21). Passaram-se dez anos, sem o nascimento de um filho. Então Sara deu Hagar como concubina a Abraão. E assim nasceu Ismael. Porém, com o tempo, mãe e filho foram rejeitados e enviados ao deserto. Abrão tornou-se Abraão (pai das multidões), como sinal da certeza do nascimento de um filho e herdeiro. A circuncisão foi instituída como sinal do pacto (ver Gn 17.10-14). Entrementes, Ló caiu em dificuldades e em pecado, e o anjo advertiu-o de que Sodoma e Gomorra seriam destruídas, o que não demorou a cumprir-se. Na fuga, a mulher de Ló foi castigada por sua teimosia, e foi transformada em estátua de sal. Mediante incesto com seu pai (inconsciente este do que estava sucedendo), suas filhas engravidaram. E nasceram Moabe e Amom, cujos descendentes tornaram-se os moabitas e os amonitas. (Ver Gn 19.24-38).

Várias vicissitudes, incluindo o incidente em que Abimeleque quisera tomar Sara como sua mulher (ver Gn 20.1 ss.), não puderam impedir o cumprimento da promessa. E assim, através da intervenção divina, Isaque nasceu, quando Sara estava com 100 anos de idade (Gn 20.1-18). Nesse ínterim, divinamente preservado, Ismael migrou para o deserto de Parã, onde haveria de tornar-se pai de uma grande nação, de acordo com uma promessa divina.

O incidente que envolveu a tentativa de Abimeleque tomar Sara como sua esposa é muito revelador quanto aos costumes da época. Um rei local tinha autoridade para dispor das vidas a seu talante, incluindo as mulheres casadas ou solteiras, e até mesmo aquelas que meramente passassem pelos seus domínios. Provavelmente, Abraão disse que Sara era sua irmã, por ter temido que poderia ser morto se o rei soubesse que ela era sua mulher, e quisesse tê-la. Portanto Abraão arriscou-se a deixar Sara terminar no harém do rei, a fim de continuar vivo. A intervenção divina deu solução à crise. Algumas vezes, é disso que precisamos.

6. A prova da fé. Deus, segundo Abraão tinha a certeza, requereu a imolação de Isaque quando este estava com cerca de 20 anos de idade. Sem dúvida, ainda havia sacrifícios humanos na época, ou Abraão não teria dado ouvidos ao impulso interior para realizar tal sacrifício. O fato de que Isaque era herdeiro único tornou extremamente difícil a decisão. A fé de Abraão mostrou ser profunda (ver Hb 11.17-19) confiando denodadamente na provisão divina (ver Gn 22.7,8). Isaque foi poupado da morte por intervenção divina. Os eruditos e críticos da Bíblia têm discutido desde há muito sobre essa narrativa. Orígenes e outros dos primeiros pais da igreja viam no relato sentidos místicos e alegóricos importantes, embora defendendo a ideia de que Deus jamais ordenaria, realmente, um sacrifício humano, embora se tratasse apenas de uma prova da fé. Sem dúvida eles estavam com razão em sua contenção. O patriarca agiu de boa-fé, crendo que o sacrifício humano estava sendo requerido da parte dele. Porém, cumpre-nos supor que ele deve ter chegado a algum mal-entendido sobre a questão. Seu "pano de fundo" cultural e religioso deve ter confundido sua mente de algum modo. Nosso conceito de Deus avançou além do de Abraão, por essa altura de sua vida.

7. Sara faleceu em Quiriate-Arba, com 126 anos de idade, e foi sepultada na caverna do campo de Macpela (ver Gn 23.1 ss.). O local, na área de Hebrom, tornou-se o local de sepultamento da família.

8. Com 40 anos de idade, Isaque obteve noiva na Mesopotâmia, por intermédio do servo Eliézer, que conseguiu Rebeca, filha de Naor, para ser esposa do filho de Abraão.

9. Abraão faleceu com a idade de 175 anos, tendo sido sepultado por seus filhos Isaque e Ismael, na caverna de Macpela (ver Gn 24.1; 25.18).

10. Caráter de Abraão. A despeito de suas falhas e de alguns deslizes notáveis, Abraão tem sido reconhecido como um dos maiores líderes espirituais da humanidade, como homem de fé inabalável, por muitas religiões subsequentes, como a judaica, a cristã e a islâmica. Ele desfrutava de íntima comunhão mística com Deus (Gn 18.33; 24.40), sendo esse um dos segredos de sua grandeza. Sua fé era exemplificada na sua decidida obediência a Deus. Para onde quer que Deus o chamasse, ele ia: *a*. O incidente de Ur (Gn 11.31; 15.7). *b*. A partida de Harã (Gn 12.1,4). *c*. Aceitou uma vida seminômade mesmo na terra de Canaã (Gn 13.15; 15.18). *d*. Sacrifício de Isaque e confiança na sua ressurreição (Gn 22.12,18; Hb 11.9). Os cuidados de Abraão por sua família eram notáveis (Gn 17.19). E ele era generoso e hospitaleiro (Gn 18.2-8; 21.8; 13.8; 14.23).

11. Abraão como tipo. *a*. Tornou-se pai da raça espiritual, representando um aspecto da missão de Cristo como Cabeça da raça e Restaurador de todas as coisas (ver Ef 1.10). *b*. Sua vida de peregrinações simboliza o tipo de vida que a inquirição espiritual requer de nossa parte. *c*. Sua incontável posteridade simboliza as famílias que pertencem a Cristo. *d*. O incidente com Isaque é retrato da ressurreição, da vida dentre a morte. *e*. A expulsão de Hagar representa a rejeição divina dos não herdeiros, aqueles que estão sob a lei e não entram no estado da graça, por meio de Cristo (Gl 4.24,25). *f*. Seu pacto é tipo do pacto entre Deus e os homens, por intermédio de Cristo. *g*. Ele representa os verdadeiros crentes, que abandonam a idolatria e seguem Deus, quando chamados.

12. A arqueologia e Abraão. As descobertas arqueológicas têm mostrado que a vida e os tempos de Abraão, segundo o registro do livro de Gênesis, concordam com o conhecimento recentemente adquirido sobre o segundo milênio a.C., principalmente o século XIX a.C. Têm sido encontrados muitos nomes de pessoas e de coisas que correspondem ao registro do livro de Gênesis. As informações de que dispomos sobre as leis e os costumes de então confirmam e nos fazem entender melhor os relatos de Gênesis. Essas descobertas desencorajam o ponto de vista de que Abraão personifica alguma tribo ou antiga deidade tribal, ou é apenas uma personagem mística de alguma antiga saga tribal.

Descobertas arqueológicas específicas: *a*. Escavações feitas em Nuzu, à margem do rio Tigre, revelaram informações sobre leis de herança e outros costumes da época de Abraão, justificando assim a preocupação de Abraão com a questão. Um homem podia adotar um servo ou escravo, ou qualquer outra pessoa, para ser seu herdeiro, cumprindo assim todos os deveres relativos à família e à tribo. E isso explica o caso de Eliézer (Gn 15.2-4). *b*. Um herdeiro podia ser obtido através de uma concubina ou esposa-escrava, o que explica o caso de Hagar e Ismael (Gn 16). *c*. A circuncisão (ver o artigo) era uma prática comum da época, e Abraão tornou-a como sinal do pacto, provavelmente devido à sua associação com a geração. *d*. A concubina não podia tomar o lugar da esposa na casa; mas a esposa também não podia expulsá-la. Isso explica a relutância de Abraão em expulsar Hagar. Só uma ordem divina foi capaz de demovê-la (ver Gn 21.12-21). *e*. O código legal hitita (descoberto na antiga capital hitita de Bogascoi, na Ásia Menor) lança luz sobre a compra do campo para sepultamento, feita por Abraão. Segundo essas leis, certas obrigações feudais estavam incluídas quando era vendido um terreno inteiro, o que não sucedia quando somente uma parte do terreno trocava de dono. Embora Abraão quisesse comprar somente a caverna, as estipulações de Efrom foram a venda da propriedade inteira, e assim, é provável que ele tivesse transferido para Abraão certas responsabilidades feudais. As árvores da propriedade eram indicadas no documento de venda, conforme usualmente se fazia nos documentos hititas. (Ver Gn 23.17 ss.). *f*. *Canaã*. Após a morte de Terá, Abraão partiu de Harã e foi para a terra de Canaã (ver Gn 12.4,5). A região montanhosa era pouco ocupada por uma população rarefeita, na Idade Média do Bronze (2000-1500 a.C.), pelo que as descrições de Gênesis, que fazem os patriarcas percorrerem as colinas da Palestina central e as terras secas do sul (havendo muito espaço e pouca gente para opor-se a eles), são corretas. As cidades que são mencionadas como lugares habitados nos tempos dos patriarcas, como Mispa, Gibeá, Siquém, Betel, Dotã, Gerar, Jerusalém (Salém), Beerseba etc., foram todas encontradas mediante as escavações, e suas antigas histórias têm sido confirmadas. *g*. O local de Nuzu, perto da moderna Quircuque, foi escavado entre 1925 e 1941. Data do século XV a.C. Milhares de tabletes têm sido desenterrados ilustrando leis do matrimônio (ver Gn 16.1-16), da primogenitura (ver Gn 25.27-34), dos terafins (ver Gn 31.34), e muitas outras práticas, costumes e leis. Descobertas similares têm sido feitas em Mari, um local próximo da moderna Abou Kemal, no médio Eufrates. Foi encontrado o nome Abraão, embora não especificamente relacionado ao personagem da Bíblia.

13. Abraão e o Antigo Testamento. Além das narrativas de Gênesis, há alusões a Abraão em vários trechos do resto do Antigo Testamento: no pacto mencionado por Moisés (Dt 1.8; 6.10; 9.5), Canaã era a terra dada a Israel dentro do pacto firmado com Abraão (Dt 34.4); o povo de Israel descendia de Abraão, o amigo de Deus (2Cr 20.7). O Deus de Israel era o Deus de Abraão (1Rs 18.36). A proteção e a misericórdia divinas derivavam-se do pacto com Abraão (2Rs 13.23); os salmos mencionam Abraão em várias conexões (Sl 47.9; 105.6,9,42); Abraão também é mencionado em trechos como Is 29.22; 41.8; 51.2; 63.16. Abraão é mencionado como pai da nação de Israel em Jr 33.26; Ez 33.24; Mq 7.20. Os livros apócrifos do Antigo Testamento (ver o artigo a respeito) dão prosseguimento a esse uso, enfatizando o fato de que Abraão foi grande profeta e também o homem do pacto com Deus. Ver Eclesiástico 44.19,21. Outro tanto diz a literatura rabínica, como Bereshith Rabba, Pirque Aboth 5.4, e também Josefo, em Ant. 1.7-8. Várias lendas figuram no livro apócrifo de Judite e nas obras de Josefo, apresentando-o como astrônomo de primeira grandeza (um astrólogo?), que teria compartilhado de sua sabedoria com reis do oriente e do ocidente.

14. Abraão e o Novo Testamento. Jesus aparece como filho de Abraão, em Mt 1.1; e ser alguém descendente de Abraão é reconhecido como fator significativo, embora isso não envolva direitos religiosos automáticos, sem a correspondente espiritualidade (Mt 1.2,17; 3.9; 8.11; 22.32; Mc 12.26; Jo 8.33-58). Abraão figura com proeminência na pregação dos apóstolos (At 3.13,25; 7.2-32; 13.26). Nos escritos de Paulo, Abraão ilustra o modo da justificação (Rm 4.1-6). Na epístola aos Gálatas, a descendência espiritual de Abraão é a igreja. Na epístola aos

Hebreus, Abraão é o grande herói da fé (11.8 ss.), bem como o ancestral do sacerdócio levítico (7.5). (AM CG KK UN S Z)

ABRÃO

No hebraico significa **"pai das alturas"**, ou **"pai elevado"**, o nome original de Abraão (ver Gn 17.5).

ABRON

Rio mencionado no livro apócrifo de Judite, o qual alguns identificam com o Habor de 2Rs 17.6 e 18.11, ou com o Abdom de Js 21.30 e 1Cr 6.74. Porém, a palavra pode ser uma corruptela para a palavra hebraica que significa "além do rio", lida como se fora um nome próprio.

ABSALÃO

No hebraico quer dizer **"o pai é da paz"**; terceiro filho de Davi e seu único filho com Maacá, filha de Talmai, rei de Gesur (2Sm 3.3), nascido em 1000 a.C. Era admirado por sua beleza sem defeito, distinguido por sua longa e vasta cabeleira. O peso inconveniente da mesma, cerca de 2 kg., compelia-o a cortá-la anualmente. Os registros a respeito variam. A Septuaginta fala em cerca de 1,1 kg.

A poligamia produziu seus frutos fatais, engendrando o ciúme entre as famílias das várias esposas, cada qual com seu próprio lar (2Sm 13.8; 14.24). A lassidão sexual fomentou a paixão de Davi, que terminou em adultério e homicídio, além de muitos vexames sofridos. Absalão foi apenas uma dimensão dessa história.

1. A narrativa de Tamar. Com Maacá, Davi teve uma filha, Tamar, que se tornou uma bela mulher. Foi estuprada pelo filho mais velho de Davi, Amom (2Sm 13.1,20), em cerca de 1050 a.C. Absalão, seu irmão, conservou-a reclusa em sua casa e planejou vingar-se. Esperou por dois anos inteiros, e então convidou todos os filhos de Davi para a festa da tosquia das ovelhas, em Baal-Hazor, perto de Efraim. Davi também foi convidado, mas não aceitou o convite, embora os demais convidados tivessem atendido. Houve comidas e bebidas, e os servos de Absalão, segundo orientações prévias, no momento em que menos se esperava, assassinaram Amom. Os restantes fugiram para Jerusalém e contaram o ocorrido a Davi, para sua grande consternação. Então Absalão foi para Gesur e ali permaneceu por três anos com seu avô, o rei Talmai (Ver 2Sm 13.30-38).

2. A volta a Jerusalém. Absalão continuava muito amado por seu pai, e desejava poder voltar. Através da mediação de Joabe, Davi o chamou de volta. Porém, durante mais dois anos, não foi admitido à presença do rei. Finalmente, a reconciliação foi completa (ver 2Sm 14.21-33), em 1036 a.C.

3. Ambições de Absalão. Ele começou a traçar planos mais ousados. Amom, o irmão mais velho, estava morto. Restava ainda Quileabe. Mas somente Absalão era de nobre nascimento, por meio de sua mãe, filha de um rei. Parece que seu irmão mais velho morreu cedo, pois após 2Samuel 3.3 não há mais menção a seu respeito. Portanto, ali estava Absalão, o filho restante mais velho, e o pai ficando cada vez mais idoso. Todavia, se assim quisesse fazê-lo, o rei poderia rejeitar Absalão e escolher um dos filhos mais jovens. Tal direito foi eventualmente exercido por Davi, e Salomão veio a tornar-se rei, embora não fosse ele o herdeiro presuntivo, por questão de idade. O trecho de 2Samuel 7.12 havia predito que o rei seria sucedido por um filho que, na época da profecia, ainda não havia nascido. Muitos sabiam disso, talvez incluindo o próprio Absalão. Ele agiu astutamente, furtando a lealdade de muitos para a sua causa (ver 2Sm 15.6), insinuando que dispensaria a justiça melhor do que o seu pai estava fazendo (ver 2Sm 15.2-4).

4. A revolta. A campanha de Absalão foi ganhando vulto. Quatro anos depois de seu retorno de Gesur a Jerusalém, ele estava preparado para dar seu golpe. Retirou-se para uma antiga capital de Davi, Hebrom, e ali declarou-se rei. Contava com maciço apoio popular, pelo que, Davi deixou Jerusalém e foi para Maanaim, do outro lado do Jordão (2Sm 15.7-18), para proteger-se e para planejar a resistência.

5. Triunfo de Davi em Jerusalém. Absalão, ouvindo dizer que Davi abandonara Jerusalém, para ali se dirigiu e apossou-se do poder, sem qualquer oposição. Aitofel, ex-conselheiro de Davi, ajudava Absalão. A sabedoria desse homem era tão grande que suas opiniões eram tidas como oráculos, em Jerusalém (ver 2Sm 15.30,31). Isso fortaleceu ainda mais a causa de Absalão. Davi enviou Husai, para tentar fazer virar a maré. Aitofel aconselhou Absalão a perseguir imediatamente Davi, antes que este tivesse tempo de recuperar-se do golpe recebido (ver 2Sm 17.1,2), mas Husai, procurando ganhar tempo, persuadiu Absalão a não arriscar uma possível derrota, e reunir forças de todo o Israel tão superiores que garantissem a vitória. Fatalmente para Absalão, ele ouviu esse conselho. Entrementes, Davi reuniu suas forças. Davi conseguiu reunir uma força poderosa, três divisões comandadas por Joabe, Abisai e Itai (ver 2Sm 18.2).

6. A batalha. Joabe era o comandante em chefe. Sua tática foi a de atrair o adversário para os bosques para então cercá-lo. Isso foi feito, e os homens de Absalão foram destruídos facilmente, vinte mil deles, enquanto os demais fugiram. Isso teve lugar na floresta de Esfriam (2Sm 18.3-6).

7. Morte de Absalão. Este montou em uma mula ligeira, mas enquanto fugia, os galhos de uma árvore enroscaram-se em seus longos cabelos e ele ficou suspenso no ar. Davi havia ordenado que não o matassem, mas Joabe apressou-se até o lugar e o transpassou com três dardos. Seu corpo foi arriado e lançado em uma cova, com um montão de pedras por cima (2Sm 18.7-17) em cerca de 967 a.C.

8. A tristeza de Davi. O amor do rei por seu filho Absalão não se abatera, e a notícia da morte de Absalão causou amarga tristeza a Davi (2Sm 18.24-33). Seu lamento era: "Meu filho Absalão, meu filho, meu filho Absalão. Quem me dera que eu morrera por ti. Absalão, meu filho, meu filho" Essas palavras têm sido aproveitadas na composição de um breve mas lindo hino. Davi parece ter sido um pai amoroso, mas fraco, com seus favoritos, o que talvez tivesse sido um fator no desvio de Absalão. (FA S UN Z)

ABSALÃO, O EMBAIXADOR

Um embaixador no exército de Jônatas Macabeu, pai de Matatias e de Jônatas (1Macabeus 11.9,70; 13.11; 2Macabeus 11.17). Alguns não identificam como uma só as duas pessoas desse nome, em 1 e 2Macabeus. (Z)

ABSINTO

No hebraico temos essa palavra, e também no grego. A palavra hebraica é usada por oito vezes (ver Dt 29.18; Pv 5.4; Jr 9.15; 23.15; Lm 3.15,19; Am 5.7 e 6.12). E a palavra grega, *ápsinthos*, de onde se deriva nossa palavra portuguesa, *não bebível*, é usada por duas vezes, em Apocalipse 8.11. Apesar do sentido da palavra grega, o absinto tornou-se um dos mais populares aperitivos na França, embora de gosto realmente intragável para os iniciantes. Esse aperitivo é feito com base na planta *Artemesia absinthium* que é uma espécie de vegetal perene, tipo herbáceo. Produz pequenas flores amarelas, em grande quantidade. A bebida alcoólica é atualmente manufaturada na Jordânia.

É provável que essa bebida fosse conhecida desde os dias do Antigo Testamento, pois Jeremias queixou-se: *Fartou-me de amarguras, saciou-me de absinto* (Lm 3.15). Por outro lado, por mais de uma vez as Escrituras aludem ao gosto amargo e desagradável do absinto: *...mas o fim dela é amargoso como o absinto...* (Pv 5.4); e também: *...não haja entre vós raiz que produza erva venenosa e amarga* (Dt 29.18), onde o original hebraico diz "absinto", e nossa versão portuguesa diz "amarga".

Como se vê, o absinto tornou-se símbolo para descrever os sentimentos negativos de tristeza, calamidade e mesmo crueldade.

Na Palestina há duas outras espécies de vegetais similares, a *Artemesia herba-alba*, que tem um odor de cânfora e é extremamente amarga ao paladar, e a *Artemesia judaica*. Esta última espécie era e continua sendo usada, em alguns lugares, para repelir traças e larvas de moscas de peças feitas de lã. As plantas, uma vez secas, são colocadas entre as peças de lã.

É interessante observar que a LXX traduz a palavra hebraica em foco de várias maneiras, mas nunca por seu equivalente grego. E também que há espécies da planta que são usadas para a manufatura de anti-helmínticos.

No Novo Testamento e na Septuaginta, palavra grega que indica uma planta de gosto proverbialmente amarga, a fim de denotar aflição ou amargura moral (Dt 29.18; Pv 4.5; Jr 9.15). O nome é dado à estrela fatal de Apocalipse 8.10,11. O nome do gênero vegetal é artemísia, havendo certa variedade da espécie. (S)

ABSTINÊNCIA

Ver também *proibição* e *temperança*. A abstinência é a renúncia voluntária de certos alimentos, bebidas alcoólicas, prazeres carnais, atos egoístas, e atos duvidosos que podem ofender o próximo.

Israel. Essa nação cultivava a abstinência, cujas leis incluíam várias proibições acerca de alimentos. Ver Levíticos 11—15. Com o desenvolvimento do judaísmo a lista chegou a aproximar-se do ascetismo. Certos grupos, como os essênios, adicionaram mais itens, tornando-se francamente ascéticos.

A vida de Jesus foi um testemunho contra o ascetismo, pois ele não se retirou do mundo e da vida social, aceitou a hospitalidade oferecida por pecadores e transformou a água em vinho (Jo 2.5). E os seus inimigos chamaram-no de beberrão e glutão (Mt 11.19).

O Novo Testamento. Os crentes abstêm-se das concupiscências carnais (1Pe 2.11), da impureza e imoralidade (Cl 3.5), da cobiça (Cl 3.5). Para agradar os judeus, mas não com base em algum princípio moral absoluto, os primitivos cristãos se abstinham de animais sufocados, bem como da carne com sangue (At 15.2-29). Os princípios morais requerem a abstinência de bebidas alcoólicas (Gl 5.21), bem como de todas as formas conhecidas de mal (Sl 119.101). Esse princípio envolve ações duvidosas que possam ofender o próximo, ainda que não sejam ofensivas à própria pessoa (1Co 7.5). O jejum é um bom exercício espiritual, se não for levado ao exagero (Mt 6.16-18). O ascetismo é condenado (Cl 2.20-23; 1Tm 4.1-3), conforme essas referências o demonstram.

O ascetismo, e não apenas o vício, pode originar-se da influência demoníaca. Ver completas explicações sobre esses versículos, no NTI. (H NTI S).

ABUNDÂNCIA

Em Gênesis 49.26, *bênçãos*; em 1Rs 10.13 e Et 1.7, *generosidade*; em Sl 116.12, *benefícios*. O salmista louvou a Deus pela generosidade do Senhor pela abundância das coisas que ele dá, material e espiritualmente falando (ver Sl 13.6; 65.11; 116.7,12). A generosidade divina inspira-nos confiança (ver Sl 142.7), e o salmista orou a respeito disso (ver Sl 119.17). Lemos em Gênesis 49.26: *As bênçãos de teu pai excederão as bênçãos de meus pais até o cimo dos montes eternos...* Aos crentes, Deus dará uma abundância maior e eterna.

O Novo Testamento ensina que, no campo espiritual, aqueles que semearem com abundância colherão com abundância (ver 2Co 9.6). Mas também há a promessa de um abundante suprimento de bens materiais, a fim de podermos labutar espiritualmente, sem o empecilho da pobreza e suas restrições (ver 2Co 9.8). Oxalá seja essa a nossa sorte! A abundância é prova do amor que Deus nos tem. E quando compartilhamos de nossa abundância com outras pessoas, estamos apenas cumprindo a lei do amor, prova da espiritualidade (ver 1Jo 4.7).

ABUNDÂNCIA, GENEROSIDADE

A palavra hebraica que mais corresponde à ideia por detrás dessas palavras portuguesas é *shoa*, "magnânimo", que figura somente em Isaías 32.5 e Jó 34.19. Palavras afins são *chesed* "generosidade" e *tob* ou *tub*, "bondade". *Chesed* figura por 94 vezes (por exemplo: Êx 34.6; Sl 33.5). *Tob* figura por mais de 560 vezes (por exemplo: Êx 18.9; Sl 16.2; Jr 2.7; 33.9; Zc 9.17 etc.).

Conceitos Básicos. *a*. Generosidade, sobretudo da parte de Deus, porquanto toda a abundância começa com o Senhor (Sl 13.6; 65.11; 116.7,12; 142.7). *b*. Os homens deveriam orar para que a abundância divina lhes fosse conferida (Sl 119.17). *c*. A abundância de bênçãos é prometida àqueles que se mostram generosos com os pobres (Pv 22.9). *d*. A bênção divina é eterna e abundante, conforme se vê na vida de José, dentro da bênção proferida por Jacó: *As bênçãos de teu pai excederão às bênçãos de meus pais até o cimo dos montes eternos; estejam elas sobre a cabeça de José, e sobre o alto da cabeça do que foi distinguido entre seus irmãos* (Gn 49.26). *e*. O rei Salomão, o mais rico de todos os monarcas hebreus, deixou a rainha de Sabá admirada com sua generosidade e abundância (1Rs 10.13), e ele obteve suas riquezas buscando, em primeiro lugar, a sabedoria, para que o primeiro lugar fosse dado às coisas mais importantes. Com isso concorda o princípio exarado em Mt 6.33: *...buscai, pois, em primeiro lugar, o seu reino e a sua justiça, e todas estas cousas vos serão acrescentadas*. *f*. Paulo levantou uma abundante oferta para os pobres de Jerusalém, enviada pelas igrejas gentílicas, como sinal de fraternidade e comunicação com suas necessidades (2Co 9.11). *g*. A generosidade é um princípio geral espiritual de que aqueles que semeiam pouco também colhem pouco, e que aqueles que semeiam abundantemente também colhem com abundância (2Co 9.6), e isso aplica-se tanto às questões financeiras como a tudo em que pomos a mão. (HA ID NTI Z)

ABUTRE

Essa ave aparece em quinto lugar entre as aves declaradas imundas (ver Dt 14.13). No entanto, algumas traduções (como nossa versão portuguesa), preferem traduzir o termo hebraico envolvido por "falcão". O pássaro em questão é dotado de grandes asas, capaz de voar bem alto, sendo espécie tanto residente na Palestina como migratória. O falcão é ave com boa variedade de cores, desde escuras até pálidas, passando pela cor de mel. Qualquer ave de rapina, mui naturalmente, era proibida pela lei mosaica como alimento humano. As aves de rapina são transmissoras de enfermidades, devido a seus hábitos alimentares. (ID Z)

ACÃ

No hebraico, **"perturbador"** (Js 7.1). Era filho de Carmi, da tribo de Judá. Recebe o nome de Acar, em 1Cr 2.7, onde é apodado de "o perturbador de Israel".

1. O pecado de Acã. Por causa de um único ato impensado, ele obteve uma lamentável notoriedade. Jericó e tudo quanto nela estava, exceptuando Raabe e seus familiares, foram destinados à total destruição. Tudo teve de ser queimado, e todo o metal foi dedicado a Deus (ver Dt 7.16,23-26 e Js 6.17-19). Após a queda de Jericó (em cerca de 1400 a.C.), essa maldição foi rigidamente cumprida, exceptuando o ato de Acã. Ele preservou para si mesmo uma boa capa babilônica, duzentos siclos de prata e uma barra de ouro do peso de cinquenta siclos. (Ver Js 7.21).

2. Castigo contra o pecado. Ai havia sido visitada por espias que disseram que esta poderia ser facilmente conquistada. Mas três mil homens não foram capazes do feito. Josué indagou do Senhor a razão da derrota, e foi-lhe revelado que alguém havia pecado. Foram lançadas sortes para descobrir o ofensor, e Acã foi detectado. Os intérpretes sentem dificuldades em explicar o uso de um aparente jogo de azar, pelo qual

Acã foi descoberto. Mas outros têm afirmado que não houve envolvimento de qualquer chance, pois o Senhor estava interessado pela questão. Ainda outros salientam o baixo nível de espiritualidade requerido por tal, embora observem que o primeiro capítulo de Atos também envolve esquema idêntico, se é que isso nos ajuda em alguma coisa. Ver o artigo sobre a adivinhação. Seja como for, Acã, seus familiares e suas possessões foram levados ao vale de Acor (tribulação), onde as pessoas foram apedrejadas e queimadas (ver Js 7.25). Dessa circunstância surge o outro problema principal, a saber, se tal castigo foi próprio. Alguns intérpretes supõem que a família de Acã tinha consciência de seu pecado e o promoveu, pelo que mereceram o que receberam. Outros apenas frisam que se tratava de uma era brutal, e que aqueles que queimaram e destruíram tudo, em Jericó, não hesitaram em matar alguns parentes de Acã, mesmo que eles, como indivíduos, talvez fossem inocentes. Outros afirmam que, de modo geral, a iniquidade de Canaã estava agora tão cheia que o juízo lhes sobreveio de modo geral (ver Gn 15.16). Ainda outros pensam que é ridículo tentar justificar cada ato de violência, só porque está narrado na Bíblia, lançando a culpa sobre Deus. É inútil apontar para Deuteronômio 24.16, que proíbe que os filhos sejam mortos por causa dos pecados de seus pais, porquanto isso seria considerado um caso de "culpa por convivência", um justo castigo contra o próprio Acã. De qualquer modo, a vida humana era e continua sendo barata. Intérpretes como Orígenes, que encontravam problemas morais em narrativas assim, simplesmente as alegorizavam para descobrir sentidos espirituais; e não reputavam instrutivo o evento literal, e nem característico das coisas boas que Deus faz. Ver o artigo sobre Interpretação Alegórica. (S UN Z)

ACA

No hebraico, **"torcido"**. Um dos filhos de Eser, filho de Seir, descendente de Esaú (ver Gn 36.27). Em 1Crônicas 1.42 ele é chamado Jaacã. (S Z)

ACABE

No hebraico, **"irmão do pai"**.

1. Filho de Onri e sexto rei de Israel. Reinou por 21 anos, entre 918 e 897 a.C., aproximadamente. Foi um dos reis mais fracos e corruptos de Israel. Parece ter tido bons sentimentos e disposições, mas facilmente desviava-se para o mal. Sua história aparece principalmente em 1Reis 16—22. A narrativa mostra que a debilidade, por parte de alguma alta autoridade, pode produzir tanto o mal quanto a impiedade direta. Foi influenciado por sua associação com os fenícios, e vários erros por ele cometidos podem ser atribuídos a esse fato. *a. Influência fenícia*. Havia laços comerciais, provenientes do tempo de Davi e Salomão. Tais associações, após a divisão de Israel em dois reinos, tiveram fim em Judá, mas permaneceram fortes no norte, em Israel. *b. Jezabel*, sua esposa, era filha de Etbaal, rei de Tiro. Era mulher enérgica, mas ímpia e pagã, e conseguiu dominar completamente Acabe. Por meio da influência dela, pois, foi estabelecido o culto aos deuses fenícios, sobretudo o deus sol, Baal, no reino do norte. *c*. Antes disso houvera incidências de idolatria em Israel, mas agora caíram por terra todas as restrições. O rei erigiu um templo em Samaria, levantou uma imagem e consagrou um trecho arborizado a Baal. Muitos sacerdotes de Baal eram mantidos, ao ponto de a idolatria tornar-se a religião predominante em Israel. Tão poderoso foi o movimento que parecia que a antiga fé dos judeus se perderia para sempre. *d. Elias* (ver o artigo) era o homem certo para enfrentar a emergência. Ele se opôs vigorosamente à idolatria e à autoridade real que lhe dava o apoio. Foi autor de predições e milagres que visavam a fazer o povo voltar-se de novo para o Senhor. *e. O caso de Nabote*. Perto do palácio de Acabe, em Jezreel, havia um cidadão chamado Nabote, cuja vinha Acabe desejava. Acabe tentou convencer Nabote a vendê-la, mas este recusou-se devido a direitos de herança de sua família (por lei divina). Jezabel tomou a questão nas mãos, quando viu o desapontamento de Acabe, pressionando os anciãos da cidade e subornando falsas testemunhas contra Nabote, que foi assassinado por alegadas blasfêmia e traição. Acabe tomou posse da vinha, mas, em sua volta para casa, Elias saiu ao encontro dele e predisse que cães lamberiam o seu sangue no lugar onde havia sido lambido o sangue de Nabote; que Jezabel seria comida por cães, perto das muralhas de Jezreel, e que o resto da família teria seus cadáveres devorados pelos cães da cidade, ou pelas feras e aves. Acabe ficou aterrorizado e arrependeu-se, e a execução plena da profecia foi adiada até depois de sua morte, no reinado de Jeorão, seu filho (ver 1Rs 21). *f. Morte de Acabe*. Ele morreu de ferimentos recebidos em batalha contra os sírios, algo que fora predito por Micaías, embora o rei não tivesse crido na predição. Militarmente, ele fora bem-sucedido mantendo seu governo e autoridade, o que é indicado pela Pedra Moabita, linhas sétima e oitava, onde somos informados de que Onri e seu filho, Acabe, governaram a terra de Medeba (conquistada por Onri), durante 40 anos. Porém, quando Acabe envolveu-se em guerra contra os sírios, Moabe se rebelou. *g. Cumprimento da profecia de Elias*. Acabe foi morto por um homem que atirou sua flecha ao acaso. Conseguiu manter-se de pé em seu carro de guerra, e morreu à tardinha, e seu exército dispersou-se. (ver 1Rs 22). Ao ser trazido para ser sepultado em Samaria, os cães lamberam o seu sangue, enquanto um servo lavava o seu carro de guerra. *h. Acabe e a arqueologia*. O nome dele aparece com preeminência nos monumentos assírios do grande conquistador Salmaneser III (859-824 a.C.). A inscrição Monolítica, atualmente no Museu Britânico, narra o choque entre os exércitos assírios, em 853 a.C., com uma coalizão de reis sírios em Carcar, ao norte de Hamate, uma fortaleza que guardava os acessos para toda a baixa Síria. Essa inscrição mostra que Acabe conseguiu sustar com sucesso o avanço assírio. Acabe lançou dois mil homens nessa batalha, mais que qualquer outro. Ultrapassado somente pelo Estado damasceno, ele mostrou ser a força militar mais poderosa na Síria central e inferior, nos meados do século IX a.C. *i*. O aspecto mais triste da história de Acabe é o seu fracasso espiritual, tendo-se oposto abertamente a Elias, por influência de sua esposa. O pecado dele afetou negativamente gerações sucessivas, o que foi condenado por Os 1.4 e Mq 6.16. *j*. Surpreendentemente, nosso Senhor descendia de Acabe e Jezabel! Ver Mt 1.8,9. O Uzias ali mencionado é o mesmo Uzias ou Amazias, filho de Joás, neto de Atália e bisneto de Acabe e Jezabel.

2. Acabe, filho de Colias. Esse homem foi um falso profeta, autonomeado, que falava em nome de Deus entre os exilados na Babilônia, pouco depois que Jeconias (Jeoiaquim) foi levado para o exílio, no fim do reinado de Judá (598/597 a.C.), cerca de onze anos mais tarde. Ele é mencionado em Jr 29.21-23. Ele e um certo Zedequias foram culpados de grosseira imoralidade. Foi predito que ele seria morto na presença daquele a quem enganara, e que, no futuro, se tornaria um dito popular: *...o Senhor te faça como Zedequias e como Acabe, os quais o rei da Babilônia assou no fogo* (Jr 29.21,22). Tal dito popular tornou-se uma maldição comum. *O código de Hamurabi*, um antigo monarca babilônio, prescrevia a pena de morte contra o adultério. Portanto, isso foi parte do julgamento decretado contra Acabe. Acabe e Zedequias são identificados como os dois anciãos malignos da narrativa apócrifa de Susana. (ND S UN Z)

ACÁCIA

No hebraico temos uma palavra cujas letras transliteradas para as letras latinas dariam *sitã*. Da árvore desse nome é que se tirava a madeira de acácia, mencionada por 26 vezes no Antigo Testamento, principalmente no livro de Êxodo.

Entretanto, O trecho de Isaías 41.19 menciona a árvore propriamente dita. A forma plural da palavra hebraica daria algo como *sitim*. Foi de uma localidade com esse nome que Josué enviou os espias, pois sem dúvida ali havia uma floresta de acácias (ver Js 2.1).

Há duas espécies dessa árvore, a *Acacia seyal* e a *Acacia tortilis*. São as únicas árvores que se desenvolvem bem nas regiões áridas. A *tortilis* é maior e também mais comum do que a outra. Sua madeira de cor marrom tem grão fino, sendo muito usada no fabrico de móveis. Essa madeira foi própria para a fabricação da arca da aliança, do altar e das mesas do tabernáculo. Os egípcios, que foram os primeiros a chamar a espécie de tal nome, usavam a sua madeira no fabrico de navios, móveis e imagens de escultura, pois, apesar de leve, tal madeira é dura e incorruptível. A abundância da espécie no vale do Jordão explica topônimos como Sitim (Js 2.1; 3.1 etc.), Bete-Sita (Jz 7.22) e Abel-Sitim (Nm 33.49).

Outras Variedades. Um arbusto do qual há certa variedade de espécies. **a. A acácia nilótica**, que pode ser vista em abundância ao redor do mar Vermelho, onde é chamada de espinheiro. É referida no livro de Êxodo como *sarça*. **b**. Nos trechos de Êx 25.5,10; 13.23; 26.15; 16.26; Dt 10.3; Js 2.1; 3.1,18; Is 41.19 e Mq 6.5. Temos a *acácia tortilis*, chamada *sitim*. Trata-se de uma madeira dura, de cor amarronzada, usada para o fabrico de móveis até os tempos modernos. Nos tempos antigos, tal como hoje, a planta era abundante. **c. A acácia arábica**, que talvez seja a espécie referida em Êx 3, e que produz a goma-arábica. Essa árvore não era nativa no norte da Palestina e nem é especificamente mencionada na Bíblia. **d. A acácia catechu**, de onde talvez fosse extraída a *hena*, referida em Ct 1.14 e 4.13. Era misturada à cânfora, formando uma pasta. (ID UN Z)

ACADE

No hebraico significa **"fortaleza"**, antiquíssimo centro do poder imperial semita, fundado por Ninrode (Gn 10.10). Essa cidade deve ser identificada com Agrade, que Sargão I trouxe à fama como capital de seu império semita, e que dominou o mundo mesopotâmico em cerca de 2360-2180 a.C. Ficava à beira do rio Eufrates, a pouca distância da moderna Bagdá. A *região* derivou o nome de sua capital, incluindo a planície aluvial sem pedras do sul da Babilônia e do norte da Suméria. A expressão "terra de Sinear", onde se desenvolveu o primeiro poder imperial do mundo, incluía as cidades de Babel, Ereque (Uruque), Acade e Calné. Os habitantes originais da região provavelmente foram sumerianos não semitas, mas de origem camita (ver Gn 10.8-10), inventores da escrita cuneiforme, precursores culturais dos posteriores conquistadores semitas da Babilônia. Esse império perdurou por dois séculos, considerado pelos babilônios como um império ideal, representante de uma espécie de idade áurea. O termo Acade veio a ser aplicado a todo o norte da Babilônia, a fim de contrastar com a Suméria, o sul da Babilônia. *Acadiano* é atualmente usado como termo para referir-se à mais antiga língua escrita, utilizada durante o reinado de Sargão de Acade, chamado "acadiano antigo". Essa palavra também designa os idiomas semíticos assírio e babilônio. (ND S UN Z)

AÇAFRÃO

O termo aparece somente em Cantares 4.14, como uma das especiarias ali exaltadas. Talvez fosse o *crocus* da Índia, de cuja planta se fabricava um pó aromático, usado para dar certo gosto aos alimentos. Esse pó era extraído do *Crocus sativus*. Eram necessárias mais de quatro mil flores da planta para produzir cerca de um quarto de quilo desse pó.

As flores eram colhidas quando elas começavam a abrir-se, e os pistilos das mesmas eram cuidadosamente removidos. Então os mesmos eram ressecados em um forno portátil, a fim de que se evaporasse a umidade.

Nos países de clima quente, os estigmas podiam ser ressecados ao sol. E o pó daí resultante era usado para dar sabor a bolos, assados e molhos. Era planta nativa da Palestina, pelo que era conhecida por Salomão, que escreveu o único livro da Bíblia onde ela é mencionada. (ID Z)

ACAMPAMENTO. Ver o artigo sobre *Exército*.

1. O livro de Números descreve os acampamentos dos israelitas, durante o êxodo. O povo se punha em ordem ao redor do tabernáculo, em seus quatro lados (ver Nm 2.2). O tabernáculo, pois, ficava cercado pelas doze tribos, que formavam os lados externos de um retângulo. No oriente ficavam Judá, Issacar e Zebulom. Ao sul ficavam Rúben, Simeão e Gade. Ao norte ficavam Dã, Aser e Naftali. No ocidente ficavam Efriam, Manassés e Benjamim. Dentro dessa formação, e ao redor do tabernáculo, ficavam os levitas e os transportadores de bagagens, bem como os currais de animais domésticos. **2. Uso militar**. Não era seguida pelos militares qualquer formação única. Proteções naturais como colinas, vales e rios podiam ser utilizados como proteções, determinando a formação. Linhas de defesa eram estabelecidas (ver 1Sm 17.20; 26.5). Sentinelas eram estacionados.(ver Jz 7.19). Quando arrebentava alguma batalha, alguns ficavam para trás, para guardar o acampamento. **3. No Novo Testamento**. Os romanos tinham barracas e quartéis (ver At 21.34,37; 22.24; 23.10,16,32). Arraiais específicos eram usados (ver Hb 11.34. Ver também Hb 13.11,13 e Ap 20.9). **4**. Espiritualmente falando, há um acampamento dos soldados espirituais, os quais acampam em um território hostil, e cuja segurança e sucesso dependem da estrita obediência ao comandante em chefe.

Essa expressão refere-se ao acampamento que Israel tinha na noite antes da destruição do exército egípcio no mar Vermelho, localizado entre Migdol e o mar, de acordo com Êxodo 14.2. Isso sucedeu na vizinhança de Baal-Zefom e Pi-Hairote; ambas as localidades são descritas em artigos separados nesta obra. A localização exata depende da interpretação sobre a rota exata do *êxodo* (ver o artigo a respeito). Se os hebreus seguiram uma rota para o norte, o acampamento então ficava às margens do lago Sirbonis; se seguiram uma rota para o sul, então ficava às margens do atual mar Vermelho. E se seguiram uma rota central, então o acampamento ficava entre esse lago e o mar Vermelho.

ACAR

Variante do nome Acã, que é dado em 1Crônicas 2.7.

ACAZ

No hebraico significa **"possuidor"**. É forma abreviada de Jeoacaz, *possuído por Yahweh*. Trata-se do mesmo Acazias, com mera transposição de letras. Sua história aparece em 2Rs 16.1-20 e 2Cr 27.9. Ele envolveu-se em desastrosas aventuras religiosas, militares e diplomáticas. Foi o décimo terceiro monarca judeu da linhagem de Davi. Reinou por dezesseis anos (735-719 a.C.).

1. Família. Casou-se com Abia, filha de Zacarias, a qual foi mãe de Ezequias, um dos melhores reis de Judá. Seu avô e seu bisavô também foram monarcas dignos.

2. Reinado. Acaz tornou-se rei aos 20 anos de idade. Há um problema acerca das datas de seu reinado. (Em 2Cr 28.1 e 2Rs 16.2, aparentemente ele faleceu com 36 anos). Mas, em 2Crônicas 29.1, seu filho Ezequias subiu ao trono com 26 anos, quando da morte de Acaz, o que faria Acaz ter apenas 11 anos quando do nascimento de seu filho, Ezequias. Na Septuaginta, a idade de Acaz seria de 20 anos (em 2Rs 16.2), mas, (em 2Cr 29.1), sua idade aparece como 25 anos. Os manuscritos variam e confundem mais ainda o quadro. É verdade que, nos países orientais, casavam-se adolescentes ainda bem jovens, e geravam filhos. Porém, parece mais provável que alguma

ACAZ

corrupção textual tenha entrado na história, e não que Acaz tornara-se pai aos 11 anos de idade.

3. Idolatria. Acaz entregou-se à mais abominável idolatria. Um de seus filhos foi sacrificado ao ídolo Moloque. Ele mesmo ordenou ativamente sacrifícios e observâncias pagãs em lugares altos, colinas e bosques. Sacrificava aos ídolos da Síria, que ele supunha serem a causa de suas calamidades. Quebrou os vasos sagrados do templo e erigiu ídolos em toda a terra. Foi um dos mais corruptos reis da história de Judá, acerca de ritos pagãos, ao mesmo tempo em que desrespeitava o antigo culto de Israel. Finalmente, fechou o templo de Jerusalém.

4. Guerras. Como de costume, houve então muitas guerras. No mundo temos a história do homem, o selvagem, o caçador implacável, o destruidor. Os comentadores procuram desculpar muito dessa selvageria, diminuindo o efeito dos atos bárbaros, ou mesmo lançando toda a culpa sobre Deus, como se ele fosse o grande Chefe da horda de assassinos. Mas, a mente espiritual sente-se repelida ante a ideia que Deus é o líder de tribos selvagens. Perto do fim do reinado do pai de Acaz, os sírios, sob Rezim, e os israelitas, sob Peca, começaram a assediar Judá. Pensavam que Acaz era um rei fraco, e resolveram derrubá-lo do trono, fazendo de Tabeel o seu testa de ferro em Judá. A invasão veio, o povo ficou aterrorizado, mas o profeta Isaías garantiu a Acaz que Judá reteria sua independência. A invasão foi derrotada, embora as tribulações de Acaz tivessem continuado. Rezim atacou novamente, e Peca matou 120 mil homens do exército de Acaz em um único dia, levando dozentos mil prisioneiros, incluindo seu filho, Maasseias. Mas o profeta Oded interveio, e vários líderes persuadiram as tropas a soltar os prisioneiros. Soltos, estes voltaram a Judá. Mas então os idumeus do sul atacaram o país e levaram muitos como escravos. No oeste, os filisteus invadiram e tomaram Bete-Semes, Aijalom, Gederote, Socó, Timnate e Ginzo, povoando essas localidades com sua própria gente.

5. Acaz torna-se um rei vassalo. Desesperado, Acaz voltou-se para impiedade ainda maior, profanou a adoração tradicional, substituindo-a pela idolatria, e transformou tudo em um verdadeiro caos. Tornou-se vassalo de Tiglate-Pileser, rei da Assíria, a implorar o seu socorro contra os seus inimigos. Tiglate-Pileser derrotou os sírios, mas impôs pesado tributo a Acaz, deixando-o desesperado em outro sentido. Foi a Damasco congratular-se com o rei assírio, e ali observou um altar pagão, do qual gostou. Ordenou que fosse feita uma réplica do mesmo, e o pôs no templo, no lugar do altar de bronze. Esse altar pagão, pois, tornou-se o centro da adoração. Esse culto envolvia a adoração às estrelas e aos planetas, o sacrifício infantil e a feitiçaria (ver 2Cr 28.22-25; Is 8.19). O nome de Acaz, portanto, ficou ligado à adoração ao sol, e as abominações pagãs prosseguiram até um século mais tarde (ver 2Rs 23.11).

6. Sua morte. Acaz morreu no décimo sexto ano de seu reinado, e sepultaram-no em Jerusalém, embora não nos túmulos reais (ver 1Rs 15.36; 16.2; 2Cr 28 e Is 7).

7. Arqueologia. O nome de Acaz ocorre em uma inscrição do famoso imperador assírio, Tiglate-Pileser III (744-727 a.C.), chamado *Pul* (Pulu). Acaz é mencionado como quem pagava tributos à Assíria sob a forma de ouro, prata, chumbo, ferro, estanho, peças de lã colorida, linho e toda espécie de objetos valiosos, produtos do mar e da terra, cavalos reais, mulas e tesouros. (DE FA ND S UN Z)

ACAZ

Bisneto de Jônatas, filho do rei Saul, um dos quatro filhos de Mica. Foi pai de Jeoada ou Jaerá (ver 1Cr 8.35,36 e 9.42), acerca de quem nada se sabe. (S)

ACAZIAS

No hebraico, **"a quem Yahweh sustenta"** (1Rs 22.40,41 tem uma forma mais longa do nome; e 2Rs 16.2, uma forma mais breve). Foi filho e sucessor de Acabe, como rei de Israel. Foi o oitavo rei de Israel. Reinou apenas por dois anos (cerca de 853-852 a.C.). Jezabel exerceu sua péssima influência sobre ele, tal como influenciara seu pai, tendo seguido toda espécie de coisas malignas. **1. Revolta**. Por ocasião da morte de Acabe, os moabitas revoltaram-se e recusaram-se a pagar tributo a Israel, o qual consistia de cem mil ovelhas e de um igual número de carneiros (ver 2Rs 1.1 e 3.4,5). **2. Acazias e Josafá**, rei de Judá. Esses dois monarcas tentaram reavivar o tráfego marítimo por via do mar Vermelho, mas o projeto terminou em nada (ver 2Cr 20.35,37). **3. Acazias e o oráculo**. Acazias caiu pelas grades de um quarto elevado em seu palácio, e quis saber se teria chances de recuperação. Então enviou alguém para consultar o oráculo de Baal-Zebube, deus de Ecrom. Mas Elias saiu ao encontro do grupo, enviando-os de volta, a fim de informarem ao rei que ele não mais recuperaria a saúde (ver 2Rs 1.4). Assim sucedeu, e Acazias foi substituído no trono por seu irmão, Jeorão (ver 2Rs 1.17; 2Cr 20.35). (S UN)

ACAZIAS

Foi sobrinho do Acazias anterior. Foi o oitavo rei da linhagem de Davi, tendo reinado em Judá por menos de um ano, em 842 a.C. em 2Crônicas 21.17 e 25.23, ele é chamado de Jeoacaz. Continuou refletindo a péssima influência da ímpia Jezabel, voltando-se para todas as formas de mal, no breve período de seu reinado. Era filho de Jeorão e Atalia, sendo esta filha de Acabe e Jezabel (ver 2Rs 8.24-27). A família inteira era corrupta, e sua mãe influenciou-o a participar da idolatria. *Ele também andou no caminho da casa de Acabe porque sua mãe foi quem o aconselhou a proceder iniquamente* (2Cr 22.3). Uniu-se a seu tio, Jeorão, de Israel, em uma expedição contra Hazael, rei da Síria, na tentativa de recuperar Ramote-Gileade (ver 2Rs 8.27,28). Esse Jeorão era filho de Josafá, rei de Judá (872-849 a.C.). Casou-se com Atalia, filha de Acabe e Jezabel. Portanto, houve o envolvimento de dois homens com o nome de Jeorão, pai e tio de Acazias (ver o artigo sobre Jeorão). Foram bem-sucedidos na campanha, mas Jeorão foi mortalmente ferido e retirou-se para Jezreel (cidade ao sul do lago Quinerete, dentro do território israelita), a fim de recuperar-se. Depois disso, Acazias foi visitar Jeorão. Os dois reis saíram em seus carros de guerra ao encontro de Jeú. Jeorão recebeu uma flechada que lhe atravessou o coração, e Acazias, ao tentar escapar, foi alcançado e gravemente ferido. Atingiu Megido, onde faleceu. Seu corpo foi levado a Jerusalém, para ser sepultado. O Senhor escolheu Jeú para destruir a casa de Acabe. (ver 2Rs 8.26,27). O julgamento divino, pois, estava sendo imposto. Jeú havia sido ungido rei antes disso, pelo que, seu ato fez parte da consolidação de seu reino. (DE ND S UN Z)

ACBOR

No hebraico, **"rato"**, **"roedor"**, designado no Antigo Testamento. **1**. O pai de Baal-Hanã, rei dos idumeus (Gn 36.38,39; 1Cr 1.49). **2**. Um oficial de Josias (2Rs 22.12,14; Jr 26.22) chamado Abdom, em 2Cr 34.20 (cerca de 624 a.C.). Era filho de Micaías (2Rs 22.12), e pai de Elnatã (Jr 26.22). Josias ordenou que ele fosse com outros consultar a profetisa Hulda, acerca do recém-descoberto livro da lei. (S)

ACEITAÇÃO

Termo que significa que uma pessoa ou ato é aprovado ou bem recebido por outrem. A palavra também é usada para indicar a aceitação de um conceito ou verdade por meio da fé. Nesse contexto, a teologia medieval distinguia três facetas na fé: **1**. *Notitia*, entendimento. **2**. *Assensus*, assentimento. **3**. *Fiducia*, confiança. As duas primeiras indicam o assentimento da pessoa à verdade revelada, e a terceira indica seu ato final de fé, na qual ela aceita o que a igreja ensina, por haver crido que o revelador é o próprio Deus. Tal fato significa que há um ato de submissão à autoridade da igreja e à plena aceitação da revelação. No que tange a Cristo, a pessoa aceita-o como Salvador e Senhor com base em seu assentimento, que termina no ato de outorga. Muitos objetam ao ato cego de submissão à igreja, insistindo que se trata antes de um relacionamento direto com Cristo. Essa era a posição de Lutero. O fundamentalismo com frequência tem ressaltado a necessidade da "doutrina correta", ao ponto em que o assentimento às proposições doutrinárias corretas, evidenciado por meio de uma confissão pública, com frequência substitui qualquer outorga real à pessoa de Cristo.

A aceitação a Deus. Sob o antigo pacto, isso era simbolicamente representado na realização das exigências rituais e cerimoniais (Lv 22.20), bem como nas qualidades morais e éticas, como a guarda da lei (Pv 21.3), o que é salientado nos escritos dos profetas (Is 1.12-15; Jr 6.20; Mq 5.21-24).

No Novo Testamento, a aceitação alicerça-se sobre a obra remidora de Cristo (Ef 1.6; 1Pe 2.5), que se dá segundo a graça de Deus (Ef 2.8,9), mas também é algo que deve ser operante na vida, ou será em vão (Fp 2.12,13). A verdadeira aceitação a Deus manifesta-se mediante uma vida dedicada, que envolve renúncia e sacrifício (Rm 12.1,2). A verdadeira aceitação imita a do Filho pelo Pai (Mt 3.17). Aquele que é aceito faz coisas aceitáveis especialmente cumprindo a lei do amor (Fp 4.18; Hb 13.15,16; Gl 5.22). Aquele que é recebido por Deus também aceita outros, embora estes se mostrem deficientes em sua fé e em sua prática religiosa (Ef 4.32; 5.2; Rm 14.1,2; 15.7).

Paul Tillich e os teólogos-filósofos existencialistas usam o termo *aceitação* para indicar "nós" aceitamos, a saber, as ideias essenciais do credo, a liberdade humana, a busca pelo fugidio absoluto, que nunca pode ser apreendido, embora continuamente buscado. Buscamos corajosamente, e essa coragem vence o estado natural do homem, caracterizado por desesperança e dúvida, embora não de forma total. Porém mesmo na dúvida somos aceitos pela graça de Deus. Mediante a coragem, vencemos a alienação. (B C E Z. Ver o NTI em Ef 1.6. Ver o artigo sobre o Existencialismo).

Na filosofia, a *aceitação* indica que uma pessoa aceitou uma ideia ou teoria. Na filosofia da ciência essa aceitação é sempre provisória, porque nunca se obtém toda a evidência. Cria-se um conflito com as certezas diárias que se repetem continuamente em nosso mundo, e também com as tecnologias que parecem atingir elevado grau de exatidão. Na filosofia, a aceitação pode ser tida como completa se os meios de conhecimento não são empíricos, por serem intuitivos, racionais ou místicos. Todavia, muitos negam a validade ou a absoluta validade desses meios de conhecimento. Ver os artigos sobre o *Empirismo*, o *Racionalismo*, a *Intuição* e o *Misticismo*. (E F)

ACESSO

O termo grego assim traduzido é *prosagoge*, figurando em três lugares do NT (Rm 5.2; Ef 2.18 e 3.12). A forma verbal significa "trazer à frente", "aproximar" (*prosago*), podendo ser encontrada em seis lugares (Mt 18.24; Lc 9.41; At 12.6; 16.20; 27.27 e 1Pe 3.18). Só Pedro usa o termo (verbalmente) com significado teológico, e o conceito neotestamentário reside no substantivo. A noção geral, na literatura sagrada e profana, onde se encontra esse vocábulo, é que alguém é introduzido à presença de alguma autoridade ou poder superior. Mediante a sua identificação com Cristo, os filhos de Deus têm acesso ao Pai.

Os monarcas orientais ou os altos oficiais contavam com alguém cuja função consistia em trazer pessoas à sua presença, se tinham direitos ou negócios legítimos para obterem tal acesso. Também nos aproximamos da Presença real e obtemos esse direito, por meio da missão de Cristo, e por termos nos tornado filhos, tal como ele é o Filho. Deus é o rei da criação inteira (Sl 29.10; 47.7; 96.10), não sendo coisa de somenos importância ter direito de acesso a ele. Não há tal acesso sem a santificação (Hb 12.14). A própria salvação é o processo e a substância desse acesso. Quanto a notas mais completas, ver *acesso* em Rm 5.2, no NTI, e ver *salvação*, em Hb 2.3. Ver também o artigo nesta obra, sobre a *salvação*. O ofício mediatário de Cristo provê acesso diário, enquanto aguardamos sua fruição futura (Rm 8.26,27). As operações do Espírito preparam a alma humana para aproximar-se de Deus, tanto agora como no futuro (Ef 2.18). Esse acesso é obtido conforme vamos sendo transformados à imagem do Filho (2Co 3.18), sendo esse um processo eterno. Portanto, o acesso não consiste meramente em nos aproximarmos do Senhor, onde ele se encontra, em alguma bem-aventurança futura, mas consiste em nos transformarmos em filhos participantes da natureza divina (2Pe 1.4). Destarte, tornamo-nos membros da família divina pelo que temos acesso ao Pai.

Natureza desse acesso. 1. é um dom de Deus (Sl 65.11). **2.** através de Cristo (Jo 10.7,8). **3.** através do Espírito Santo (Ef 2.18). **4.** condicionado à reconciliação (Cl 1.21,22); **5.** garante todas as bênçãos espirituais (Hb 4.16); **6.** tem aspectos presentes e futuros (Hb 10.17); **7.** mediado através da filiação (Jo 1.12; Rm 8.15-17); **8.** resulta na filiação a Deus (Jo 6.25,26; 2Co 3.18; 2Pe 1.4). (B NTI S W Z)

ACIFA. Uma forma de Hacufa.

ACMETA. Ver *Ecbatana*.

ACO

Uma cidade da costa mediterrânea, a 49 km ao sul de Tiro, e a 16 km do monte Carmelo (Jz 1.31). Os antigos gregos e romanos conheciam-na pelo nome de Ptolemaida, por causa de Ptolomeu, rei do Egito, que a reconstruiu em 100 a.C. Na Idade Média tornou-se conhecida como Acra, e depois, Santa Joana d'Acra. Paulo visitou o local (ver At 21.7).

O porto ali existente é o melhor de toda a costa marítima da Palestina, circundado por montanhas. Esta cidade era um importante centro populacional dos tempos do Antigo Testamento, por ser o único porto natural em toda a costa sul da Fenícia. Diversas rotas vinculavam-na ao território da Galileia, ao lago da Galileia, ao vale do rio Jordão e a outros pontos geográficos mais além. A localidade foi distribuída entre a tribo de Aser, ainda que nunca tenha sido conquistada, tendo permanecido uma localidade fenícia durante todo o período do Antigo Testamento. O trecho de Juízes 1.31 é a única referência a essa cidade no Antigo Testamento, embora fosse frequentemente mencionada na literatura extrabíblica e figure nas listas topográficas dos séculos XV a XIII a.C., bem como nos famosos tabletes de Amarna.

Nos dias de *hegemonia assíria*, Senaqueribe, rei da Assíria, mencionou essa cidade como parte integrante do reino de Tiro e Sidom. Passou sucessivamente pelo domínio dos ptolomeus, assírios, babilônios, persas e romanos (Estrabão xvi.2.25). Nos tempos da dominação romana, a cidade foi feita uma colônia e o imperador Cláudio estabeleceu ali uma divisão de seu exército. Ao tempo da revolta e da guerra dos judeus contra os romanos, no ano de 70 d.C., cerca de dois mil judeus foram mortos ali. Após o período romano seu antigo nome foi restaurado. Já nos tempos das cruzadas, ficou famosa sob o nome Santa Joana d'Arc. Nos tempos modernos, essa cidade perdeu muito de sua antiga proeminência, tendo sido sobrepujada por Haifa, situada diretamente do outro lado da baía. (ND S UN Z)

AÇOITE

O objeto e a ação de açoitar envolvem três termos hebraicos e cinco termos gregos. Açoitar era uma forma comum de castigo entre os povos antigos, embora quase todas as menções ao ato de açoitar, no Antigo Testamento, sejam metafóricas. Assim, a

ACOMODAÇÃO

figura é usada acerca da língua (Jó 5.21) que ataca subitamente (ver Jó 9.23, onde nossa versão portuguesa diz "flagelo"), acerca do juízo divino (Is 28.15,18). Lê-se em Isaías 10.26 que nosso Deus tem um açoite, e também que as nações cananeias poderiam tornar-se um flagelo nas ilhargas de Israel (Js 23.13).

As únicas referências ao açoite como um instrumento de castigo são 1Rs 12.11,14 e 2Crônicas 10.11,14, trecho quase idêntico ao outro. Mas não é claro se a palavra "escorpiões", que ocorre nessas passagens como um sinônimo de "açoite", é apenas um símbolo vívido do mesmo objeto, ou um açoite munido com pontas de metal, correspondente ao *scorpio* dos romanos. A lei mosaica permitia que, em tribunal, uma pessoa considerada culpada fosse castigada com açoites. A sentença era executada na presença do juiz, com a pessoa prostrada. O número de golpes sem dúvida era proporcional à gravidade da ofensa, embora não pudesse exceder a quarenta (ver Dt 25.1-3). Posteriormente, os judeus passaram a usar um açoite com três línguas, mas nunca ultrapassaram o limite, sempre cessando em 39, para compensar qualquer erro possível na contagem (2Co 11.24). As autoridades locais das sinagogas e os membros do Sinédrio administravam o castigo de açoites por motivo de ofensas contra a lei (ver Mt 10.17). Parece que, com base em Dt 22.18 e Josefo (ver *Anti.* IV.viii.23), a difamação era uma das ofensas castigadas dessa forma, mas não há registro de outros crimes pelos quais uma pessoa pudesse ser assim punida. A *Mishnah Mokkah* 11.12 descreve o método empregado. Após ter averiguado que o réu estava em boas condições físicas, suas mãos eram atadas a um poste, enquanto que suas costas e seu peito eram desnudados. Treze golpes eram aplicados no peito, e treze sobre cada ombro. Se a vítima morresse, nenhuma acusação era feita aos que tinham aplicado o castigo. A lei romana porciana proibia o castigo de açoites contra qualquer cidadão romano (ver At 22.25), mas os escravos e os que não eram cidadãos romanos podiam ser interrogados com o uso desse método de castigo (ver At 22.24).

Os romanos habitualmente usavam um tipo de açoite munido de pedacinhos de metal ou de osso nas pontas; mas a palavra grega *rabdizein* (ver At 16.22 e 2Co 11.25) indica que as varas dos lictores foram usadas nas ocasiões mencionadas. Usualmente, os crucificados eram então castigados com açoites, de acordo com o que diz Lívio 33,36, mas aparentemente tal castigo foi aplicado a Jesus de modo inverso, isto é, antes de ser ele crucificado. Isso assim sucedeu porque Pilatos julgava que o castigo de açoites satisfaria aos judeus, e que Jesus não teria de ser crucificado (ver Lc 23.16,22; Jo 19.1).

Resta ser dito que alguns estudiosos pensam que entre os judeus não havia o castigo com açoites, mas tão somente com varas, sobretudo com base no que se lê em Pv 10.13, e que os romanos foram os introdutores do castigo com açoites, pelo menos nas páginas sagradas. (ND UN)

ACOMODAÇÃO

1. Descrição de Deus e das entidades espirituais. São usados termos antropomórficos, mas isso exige interpretação. Deus não é semelhante ao homem, mas certas características humanas podem dizer-nos algo sobre a pessoa de Deus. Quanto mais primitiva for a teologia, mais antropomórfica ela será. Acomodamos nossa linguagem para descrever Deus. **2.** Descrições da natureza. Dizemos que o sol se levanta e se *põe*, embora saibamos que os movimentos do globo terrestre é que dão essa impressão. Acomodamos nossa linguagem às aparências. **3.** Usamos acomodação de linguagem quando não sentimos estar justificada a interpretação literal da Bíblia ou de outros livros, como se dá com os símbolos apocalípticos. Também podemos falar sobre o grande exemplo deixado pelo sacrifício de Abraão quando ele ofereceu Isaque, sem aprovar o sacrifício de crianças. Podemos negar que Deus ordenaria tal coisa, acomodando a verdade à narrativa, negando que a mesma deva ser literalmente compreendida. Alegorias e parábolas são meios de acomodar a linguagem literal a fim de explicar alguma verdade. **4.** Significações duplas. Se trechos proféticos têm um duplo significado, então o texto é acomodado (alterado) para ensinar tal coisa. **5.** A Bíblia usa termos e ideias pagãs dando-lhes um colorido judaico ou cristão, como na doutrina do Logos (Jo 1.1) e as antigas cosmologias (Gn 1 quanto à história da criação). Pelo menos em parte, a angelologia é uma acomodação às religiões orientais, que exerceram influência sobre o pensamento hebreu. Aquilo que é acomodado não é necessariamente falso, e então recebe foros de verdade mediante a acomodação. A ideia tomada por empréstimo talvez já contenha a sua verdade, embora obscura e parcial. A acomodação, pois, pode aclarar a verdade. **6**. O uso de textos do AT e do NT com frequência exibe acomodação, porque os versículos podem ser usados com sentidos diferentes ou modificados, não inerentes aos trechos citados do AT. Alguns veem acomodação em Mt 2.17,18 citando Jr 31.15-17. **7**. Em sentido geral, a revelação por si mesma é uma acomodação, porque o grande Deus transmite suas mensagens ao minúsculo homem. Ninguém pode entender Deus e os seus mistérios (Rm 11.33 ss.). Em consequência, o conhecimento transmitido ao homem deve vir mediante veículos e símbolos apropriados ao seu estágio intelectual e ao seu estado espiritual. Isso não quer dizer que não possuímos a verdade, mas significa que vemos a verdade através de um espelho fosco, que distorce e obscurece, conforme Paulo assevera em 1Co 13.12. Isso visa a eliminar o orgulho humano no tocante ao conhecimento e à verdade. Todos estamos nos estágios iniciais da inquirição pela verdade, sem importar onde nos encontramos em relação uns aos outros. **8**. Na filosofia. Aprendemos que toda a verdade é emblemática, porque nada conhecemos de modo completo e preciso. Os meios de conhecimento das coisas, como o empirismo, o racionalismo, a intuição e o misticismo são todos meios parabólicos de busca da verdade. Em outras palavras, fornecem-nos uma visão simbólica da verdade, e jamais algo como descrições completas. **9**. Para ilustrar o sexto ponto, textos neotestamentários usam referências ao Antigo Testamento, com acomodações. (Compare estes textos apenas alguns dentre muitos outros possíveis: Gn 15.5, em Rm 4.18. Gn 15.6, em Rm 4.3. Gl 3.6 e Tg 2.23. Gn 18.10, em Rm 9.9. Êx 9.16, em Rm 9.17; Lv 11.45, em 1Pe 1.16; Js 1.5, em Hb 13.5; 1Sm 21.6, em Mt 12.3,4; Mc 2.25,26 e Lc 7.3,4; 1Rs 14.14,18, em Rm 11.3,4; Sl 19.4, em Rm 10.18. Sl 34.12-16, em 1Pe 3.10-12; Sl 78.3, em Mt 13.35; Pv 10.12, em 1Pe 4.8. Is 52.7 e Na 1.15, em Rm 10.15; Is 52.11,12, em 2Co 6.17; Jr 31.15, em Mt 2.17,18; Hc 2.4, em Rm 1.17; Jl 2.32, em Rm 10.13; Ml 1.2,3, em Rm 9.13).

Naturalmente, alguns intérpretes procuram eliminar a teoria da acomodação, no tocante a muitas dessas referências, especialmente quando estão envolvidos elementos proféticos. (B S Z)

ACOR

No hebraico significa **"tribulação"**. Era um vale entre Jericó e Ai, que recebeu esse nome por causa da derrota dos israelitas ante o pecado de Acã (ver Js 7.24). Ver sobre *Acã*. O local é atualmente identificado com o Wadi Daber e com o Wadi Mulelik. O nome do vale tornou-se proverbial (ver Os 2.15), e Oseias acrescenta *E lhe darei… O vale de Acor por porta de esperança* (Os 2.15, indicando que a disciplina e o juízo podem resultar em esperança). (S UN Z)

AÇOR

Ver Dt 14.13; Is 34.15 e Lv, 11.14. A ave em foco é um gavião ou um falcão. Duas espécies de falcão existem na Palestina, o vermelho e o negro, o qual é levemente menor que o primeiro. O falcão pode ser distinguido de outras aves de rapina por sua longa cauda em tesoura. Alimentam-se os falcões de grande variedade de animais, desde insetos, peixes, ratos, pequenas aves, ou carniça. Há gravuras desse pássaro na escrita hieroglífica. A ave em questão provavelmente pertence à classe dos falcões (ver Lv 11.14). Em nossa versão portuguesa, essa ave não aparece na lista de Levítico 11, mas figura na lista de Deuteronômio 14 (ver vs. 13). Nessa última referência talvez haja, no hebraico, um erro textual, em lugar de "ave de rapina". A raiz da palavra hebraica significa "voar rapidamente" ou "dardejar no ar". O açor era uma ave considerada imunda, ou seja, não era própria para consumo humano. (ID S)

ACRA
No grego, **"cidadela"**, termo usado para indicar o lugar elevado ao norte do templo, onde foi construída uma cidadela por Antíoco Epifânio, para dominar o lugar santo. Tornou-se a acrópole de Jerusalém. Josefo descreveu o lugar como semicircular, dizendo que quando Simão Macabeu conseguiu expulsar dali a guarnição síria, não somente demoliu a cidadela mas nivelou até mesmo a colina, para que nenhum local dali por diante fosse mais alto ou tão alto quanto o local onde estava o templo. O povo havia sofrido tanto por causa daquela guarnição que voluntariamente trabalhou, dia e noite, durante três anos, nessa grande obra de remoção (ver Josefo, *Ant.* xiii:6,6; *Bel. Jd* v.4,1). Posteriormente, o palácio de Helene foi construído no local, que reteve seu antigo nome.

ACRABATENA
1. Um distrito da toparquia da Judeia, que ia desde Siquém (não Nablua) a Jericó, inclinando-se para o leste. Tinha cerca de dezenove quilômetros de comprimento. Não é mencionado no Antigo Testamento mas ocorre em Josefo (*Bell. Jd* ii.l2,4. iii. 3-5). Distava nove milhas romanas a leste de Neápolis, na estrada para Jericó. **2.** Um distrito da Judeia que jazia próximo à extremidade sul do mar Morto, ocupado pelos idumeus durante o cativeiro, e mais tarde conhecido como Idumeia. É mencionado em 1Macabeus 5.3; Josefo, *Ant.* xii.8.1. Supõe-se que seu nome derivava do Maalh Akrabbim ou *Barranco dos Escorpiões*, mencionado em Nm 34.4 e Js 15.3, como extremidade sul do território de Judá. (S)

ACRABATENE. Ver *Acrabim*.

ACRABIM
No hebraico, **"escorpiões"** (Js 15.3; 34.4). Um passo entre as montanhas no lado sul do mar Morto (Nm 34.4; Js 15.3 e Jz 1.36), identificado com o moderno Nqb es-Safa, embora outros o identifiquem com Umm el-'Aqarab, no lado ocidental do mesmo. Nesse lugar, Judas Macabeu derrotou os idumeus (ver 1Macabeus 5.3). O lugar ficava na fronteira entre a Judeia e a Idumeia. Josefo parece referir-se ao lugar situando-o a sudeste de Siquém (ver Guerras, II.xii.4, IV.ix.9). Mas talvez ele tenha aludido a um lugar diferente. A cadeia montanhosa veio a ser conhecida como montanhas de Edom. (S Z)

ACRE
No hebraico, **jugo**, a área de terra que uma junta de bois podia arar em um dia, pelo que é uma medida de superfície dos hebreus (ver 1Sm 14.14; Is 5.10). Ver *pesos e medidas*. (UN)

ACRISOLAR, REFINAR
No hebraico há duas palavras com inflexão como verbos finitos e particípios. E há muitas palavras gregas diferentes na LXX, com o sentido de testar, refinar, acrisolar, purificar etc. No NT temos o verbo *puróo*, usado apenas em Apocalipse 1.15 e 3.18. Indica o processo de eliminação de impurezas, especialmente no caso de metais. Normalmente, uma dessas palavras hebraicas é usada em alusão a metais, mas em Jó 36.27, ela é usada em alusão à chuva ("destilar", em nossa Bíblia portuguesa), e, em Isaías 25.6, é usada em alusão ao vinho ("clarificar", em nossa Bíblia portuguesa). Visto que o sentido básico desse verbo é destilar, compreende-se seu uso em relação a líquidos. A outra palavra hebraica é usada exclusivamente acerca de metais, exceto quando usada em sentido figurado. O processo de refinação era bastante simples. Aquecia-se o minério ao ponto de dissolver-se, e então extraía-se o metal. Este era refinado ou por aquecimento *até* o estado líquido, quando então era retirada a impureza da superfície, ou mediante assopro. Naturalmente, o ouro ou a prata refinados eram mais preciosos e caros. O altar do incenso era feito de ouro refinado (1Cr 28.18), e a igreja de Laodiceia foi aconselhada a comprar desse tipo de ouro (Ap 3.18). A Bíblia nos dá algumas indicações sobre o processo. O Salmo 12.6 menciona a fornalha de refino. Isaías 1.25 refere-se a potassa química, e Jeremias 6.29 fala sobre o fole, usado no processo.

O processo de refinação ilustra a maneira de Deus tratar seu povo. Ele é o refinador, e eles são o metal. Isaías disse, figuradamente: *Eis que te acrisolei, mas disso não resultou prata; provei-te na fornalha da aflição* (48.10; cf. 1.25). Malaquias usa ambas as palavras hebraicas: *Assentar-se-á como derretedor e purificador de prata; purificará os filhos de Levi, e os refinará como ouro e como prata...* O salmista orou para que nele fosse efetuado esse processo, quando disse: *...sonda-me o coração e os pensamentos* (Sl 26.2).

ACSA
No hebraico, **"amuleto"**, filha de Calebe, oferecida em casamento a qualquer um que liderasse o ataque à cidade de Debir e a tomasse. O prêmio foi ganho por seu sobrinho, Otniel. Quando a noiva era conduzida com as cerimônias usuais ao seu futuro lar, ela desmontou do jumento e implorou a seu pai doar-lhe fontes de água nas terras que seriam suas. Um pedido, naquele instante, seria difícil de repelir, e ela obteve o que queria. Recebeu várias fontes situadas perto de Debir (ver Js 15.16-19; Jz 1.9-15). (S UN Z)

ACSAFE
No hebraico, **"feitiçaria"** ou **"encantamento"**. Cidade real dos cananeus (ver Js 11.1) a qual muitos supõem ser a mesma Aczibe, ambas no território da tribo de Aser. Porém, a consideração cuidadosa de Josué 19.25 e 29 parece indicar que eram lugares diferentes. A arqueologia a tem identificado com Tell Kisan, cerca de dez quilômetros a sudeste de Aco. É mencionada nos Textos de Execração do Egito, dos séculos XIX e XVIII a.C., na lista de lugares conquistados por Tutmés III (1490-1436 a.C.), em Karnak, bem como nas cartas de Tell el-Amarna, do século XIV a.C., e em uma carta egípcia do século XIII a.C., o papiro Anastasi. (FA S UN Z)

ACUA. Forma alternativa de Acube.

ACUBE. Forma variante de Babuebuque, em manuscritos gregos.

ACUBE
No hebraico, **"insidioso"**. Uma forma abreviada de Jacó. **1.** Filho de Elioenai, da família de Davi (1Cr 3.24). **2.** Um porteiro do templo de Salomão (1Cr 9.17). **3.** Uma família de servos que servia no templo (Ed 2.45; 1Esdras 5.28). **4.** Um sacerdote empregado por Esdras para ajudar o povo a compreender a lei (Ne 8.7). (ND S)

AÇUDE DE HASSELÃ. Ver *Poço do Aqueduto*.

ACZIBE
Devemos considerar uma palavra hebraica grafada de várias maneiras, que tem o sentido de **"enganador"**,

"desapontador". **1**. Uma aldeia de Aser, na costa do mar Mediterrâneo, a 32 km de Acre. Nos dias do Novo Testamento chamava-se Ecdipa. Modernamente chama-se Ez-Zib. (Ver Js 19.29 e Jz 1.31). **2**. Uma aldeia nas terras baixas de Judá, a sudoeste de Adulão, identificada com a moderna Tell el-Beida. Em Gênesis 39.5 nossa versão grafa Quezibe. Em Josué 15.44 e Miqueias 1.14, Aczibe. As traduções variam na forma da palavra. **3**. Homens de Cozeba, que pertenciam aos descendentes de Selá, filho de Judá (ver 1Cr 4.22). **4**. Em 1Esdras 5.31, Caseba, uma família de serviçais do templo, que retornaram da Babilônia após o exílio. (Z)

ADA
No hebraico, **"adorno"** ou **"beleza"**. Há duas delas no Antigo Testamento: **1**. A primeira esposa de Lameque, mãe de Jabel e Jubal (ver Gn 4.19-21) diante de quem Lameque recitou seu poema de autoexaltação. **2**. Uma das esposas de Esaú, filha de Elom, o heteu (ver Gn 36.4), chamada Basemate, em Gênesis 26.34. Ela é a primeira esposa de Esaú mencionada por nome, embora fosse sua terceira esposa. Mas alguns supõem que havia duas esposas com o mesmo nome, talvez ambas filhas de Elom. Porém, isso é apenas conjectura. Nenhuma solução da aparente discrepância foi encontrada, e nem a questão é importante. O casamento de Esaú e Ada introduziu sangue cananeu, e chegou a influenciar a vida dos israelitas. Essa mulher foi antepassada de seis tribos idumeias (ver Gn 36.2-4,15,16). (FA S UN Z)

ADADA
Seu sentido no hebraico é incerto, talvez **"festividade"** ou **"fronteira"**, uma cidade de Judá na fronteira sudeste perto de Edom (ver Js 15.22). A localização é desconhecida, embora tenha sido sugerida Khirbet 'Ar 'arah, cerca de dezesseis quilômetros a sudeste de Berseba. Outros identificam-na com Aroer, em Judá. A ordem das palavras, no livro de Josué, sugere que esse lugar ficaria na região de Arade e Aroer. (Z)

ADAGA
Essa palavra indica qualquer instrumento agudo, mas, especialmente, uma arma de guerra (ver Jz 3.16,21,22). Ver o artigo geral sobre *Armas, Armadura*.

ADAÍAS
No hebraico, **"Yahweh adornou"** ou **"agradável a Yahweh"**, nome de várias pessoas no Antigo Testamento: **1**. Avô materno do rei Josias (ver 2Rs 22.1). **2**. Um levita da família de Gérson, talvez o mesmo que Ido, que nasceu em cerca de 632 a.C. (ver 1Cr 6.20,21,41). **3**. Filho de Bani, um israelita que se divorciou de sua esposa gentia, depois do cativeiro (ver Ed 10.29). **4**. Outro descendente de Bani, culpado da mesma ofensa (ver Ed 10.39). **5**. Um dos benjamitas, residente em Jerusalém antes do cativeiro (ver 1Cr 8.21), em cerca de 586 a.C. **6**. Pai de Maaseias, um dos capitães de cem, que apoiou Jeoiada (ver 2Cr 23.1). **7**. Filho de Joiaribe, pai de Hazaías, da tribo de Judá (ver Ne 11.5), cuja posteridade, em parte, veio a residir em Jerusalém, após o cativeiro (cerca de 445 a.C.). **8**. Um sacerdote, filho de Jeroão, o qual, após o retorno da Babilônia, foi empregado na obra do santuário (ver 1Cr 9.12 e Ne 11.12). (FA S UN)

ADÁLIA
Termo hebraico, mas de origem persa, de sentido desconhecido, um dos dez filhos de Hamã, o inimigo dos judeus. Foi executado pelos judeus sob o edito real em Susã (ver Et 9.8), em cerca de 447 a.C. (S)

ADAM. Variante de Adom.

ADAMA
No hebraico, terra, cidade fortificada de Naftali (ver Js 19.36). Era uma das dezenove cidades fortificadas. Não se conhece com certeza a sua localização, mas parece que ficava ao norte do mar da Galileia. Não são muito prováveis as identificações com Adami-Neguebe, e como o local onde se encontram os rios Jaboque e Jordão. (S UN Z)

ADAMATA
No hebraico, terreno(?), escuro, um dos sete príncipes da Pérsia e da Média, "que se avistavam pessoalmente com o rei, e se assentavam como principais no reino" (Et 1.14). A rainha Vasti foi banida por Assuero, devido ao conselho que ele deu, em cerca de 519 a.C. (S Z)

ADAMI-NEGUEBE
No hebraico, **"terras vermelhas do passo"**, ou **"fortaleza do passo"**, ou mesmo **"terreno do passo"** (ver Js 19.33). Era um lugar perto da fronteira de Naftali, provavelmente identificável com Khirbet Damiyeh, uma localidade da Idade do Bronze, a oito quilômetros a sudoeste de Tiberíades, no lado ocidental do mar da Galileia. Ficava na rota de caravanas da área leste da Galileia para a planície de Aco. (UN Z)

ADÃO
Biblicamente falando, é o primeiro homem e pai da raça humana. O termo deriva-se do hebraico *adamah*, **"terra"**, a substância da qual foi formado o corpo físico de Adão. Adão representa, na teologia judaica, a fonte primária de toda a vida humana. Simbolicamente, ele é tratado nessa teologia como a unidade básica e a igualdade de toda a humanidade. Ele representa a propensão humana para a fraqueza e o pecado, embora originalmente o homem tivesse sido dotado de virtude. Ver os artigos sobre a *queda do homem* e o *pecado original*. O termo "adão" aparece por 560 vezes no AT, para indicar homem ou humanidade, mas no começo do livro de Gênesis indica o primeiro homem, e é um nome próprio.

VÁRIAS INTERPRETAÇÕES ACERCA DE ADÃO
1. Bíblico-literal. Adão foi um homem real, de fato, o primeiro homem, não somente da atual raça humana, mas em sentido absoluto. Ele veio à existência por um ato especial da criação, e não mediante algum processo evolutivo. A mulher foi literalmente formada de uma costela extraída do homem. A queda no pecado sucedeu tal como é historiado, mediante a tentação de uma serpente capaz de falar, acerca de um fruto proibido. Em suma, tudo quanto é dito no começo do livro de Gênesis deve ser compreendido literalmente, e não como parabólico ou simbólico em qualquer sentido. Mediante cálculos derivados de Gênesis, por meio das genealogias, a Terra deve ser vista como tendo menos de sete mil anos de idade, e todas as descobertas geológicas, embora pareçam antiquíssimas, de alguma maneira devem ser encaixadas dentro desse espaço de tempo. Embora não seja um livro científico, a Bíblia não incorre em erros científicos.

O Novo Testamento obviamente aceita que Adão foi uma personagem histórica, não devendo ser entendido como um símbolo da humanidade. Ver Lucas 3.38, onde a genealogia de Jesus retrocede até Adão. Falando sobre a queda, o trecho de 1Timóteo 2.13,14 não mostra indícios de que se tencionava uma alegoria. Judas 1.14 faz Enoque ser o sétimo depois de Adão, sem qualquer tentativa de afirmar qualquer coisa que não seja evidente fato histórico. Paulo estabelece o contraste entre o primeiro e o último Adão (Rm 5.12-21; 1Co 15.22-45, vinculando a origem do pecado ao primeiro Adão, e da redenção, ao último Adão). O último Adão é uma pessoa histórica indiscutível, ficando implícito que isso se dá também com o primeiro.

2. Bíblico-literário modificado. Adão foi um personagem histórico, literal, mas as genealogias dos hebreus com frequência são incompletas, tornando-se símbolos de descendência, e não de declarações exatas. Biblicamente, não há como reconstituir a cronologia. Outrossim, tendo sido Adão o primeiro homem da presente raça (*homo sapiens*), pode ter havido raças pré-adâmicas de criaturas similares ao homem. As descobertas científicas podem estar desenterrando tais raças, e longas eras podem ter-se escoado antes da criação, conforme as conhecemos atualmente. Ademais, há um grande hiato de tempo entre Gênesis 1.1 e Gênesis 1.2. Houve uma criação original que entrou em caos. E então houve uma recriação, quando apareceu a atual raça humana. Essa linhagem humana começou com a figura literal de Adão, pelo que ele é o primeiro homem da narrativa bíblica; mas pode ter havido numerosas outras eras e raças sobre as quais nada sabemos, por não serem espiritualmente importantes para nós. O hiato entre Gênesis 1.1 e Gênesis 1.2 abre espaço para todas as descobertas geológicas e paleontológicas que não possam ser racionalmente encaixadas dentro de menos de sete mil anos.

3. Líbero-radical. As narrativas bíblicas sobre Adão, a criação, a queda etc., não têm qualquer valor histórico, sendo frontalmente contraditas por tudo quanto a ciência tem sido capaz de produzir. Essas narrativas são meros mitos, e bastante crus. Para começar, o homem foi apenas uma estátua de argila, e a mulher foi formada de uma costela mostrando quão destituído de imaginação foi o autor do livro de Gênesis, que expôs descrições das origens realmente cruas. Outrossim, temos em Gênesis 1 a teoria astronômica da *cúpula invertida*. Segundo a teologia hebraica, o "firmamento" era uma tampa firme, sólida e semiesférica, que tampava a Terra em seu interior. Em outras palavras, era uma espécie de cúpula que encobria a Terra. As estrelas não seriam corpos luminosos separados, mas apenas perfurações que permitiam que a luz celeste chegasse à Terra. Quem investigar a cosmologia dos hebreus descobrirá que eles não formavam ideias aceitáveis para a astronomia moderna. A serpente que andava e falava é outro elemento cru e sem imaginação da narrativa do autor. Precisamos lembrar que a teologia hebreia original não representava essa serpente como Satanás. Isso foi uma associação posterior. Além disso, é um toque estranho, dentro dessa narrativa, fazer com que algo tão crítico como a queda e o destino humano dependam do ato de comer certo fruto no jardim do Éden. Por certo, o caos da degradação humana deve ter tido uma origem bem diferente disso, que não passa de uma invenção simplista e sem sofisticação.

Finalmente, devemos lembrar que as declarações de que a Bíblia não contém erro alicerçam-se sobre o dogma humano e levaram séculos para se desenvolver. A própria Bíblia não reivindica isso para si mesma. Em consequência, ao negarmos elementos fantásticos da Bíblia, estamos meramente repelindo os dogmas humanos, e não o que a Bíblia diz por si mesma. O livro de Gênesis, pelo menos em suas porções iniciais, onde encontramos questões sobre origens remotas, foi composto para responder indagações que intrigavam mentes primitivas, e vários mitos foram compilados para dar essas respostas. O homem primitivo pergunta: "Por que o homem é tão pecaminoso? Por que ele sofre? Por que a mulher sofre dores durante o parto? Por que crescem as ervas daninhas? De onde vem tanto caos? O primeiro capítulo de Gênesis sonda esses mistérios, embora de forma bastante primitiva e mal informada.

4. Abordagem líbero-neo-ortodoxa. Se não podemos afirmar que Gênesis 1 é um verdadeiro registro histórico dos primórdios humanos, podemos afirmar que é importante a teologia contida em seus *símbolos*. Não precisamos da história para formarmos teologia. A ciência demole as narrativas antigas do ponto de vista histórico. Apesar de que algumas coisas na história são importantes para o cristianismo, como a vida de Jesus, a sua morte e ressurreição (coisas que podem ser aceitas como históricas e literais), outras coisas, como as que dizem respeito a origens absolutas, não são expostas em termos históricos literais nos documentos sagrados. De fato, simplesmente desconhecemos como as coisas começaram e como o homem caiu, ou como a mulher veio à existência, se seu começo diferiu do começo do homem. E nem é moral e espiritualmente importante que saibamos dessas coisas. Cremos que tudo teve origem em Deus, e que ele efetuou um ato especial de criação para trazer o homem à existência; mas poderia ter instituído um processo evolutivo que envolvesse esse propósito. O que sabemos é que o homem está aqui, e é um ser decaído. Mediante a narrativa de Gênesis, podemos obter discernimentos quanto à condição espiritual do homem.

Os trechos neotestamentários que dão apoio ao Adão histórico fazem-no porque era nisso que os autores sagrados acreditavam. Mas, supor que eles tivessem de estar certos em tudo não passaria de dogmas humanos que precisavam de séculos para se desenvolver. Os próprios autores não reivindicaram inerrância, e mesmo que o tivessem feito, não poderiam comprová-la. Aquele que precisa apelar para o mito da inerrância é um infante espiritual que precisa de *mamadeira* adredemente preparada. A espiritualidade não se parece com isso. De fato, a espiritualidade (em seu aspecto de conhecimento) é uma aventura, uma inquirição. Existem grandes verdades subjacentes como Deus, a existência e a sobrevivência da alma, e muitos detalhes dotados de base histórica. Porém, é vão tentar encaixar historicamente e sem erros tudo quanto encontramos na Bíblia.

Consideremos também este pequeno exemplar da teologia hebreia: o autor de Gênesis 1 e 2 não tencionava descrever o começo da alma humana; o "sopro divino" no barro, que animou o homem, de acordo com o pensamento hebreu, não tinha a intenção de colocá-lo em um elemento imaterial e eterno. Embora o Pentateuco fale sobre Deus e os anjos, ali não há qualquer explicação sobre a alma humana. Assim, a narrativa de Gênesis não pretende dizer-nos de onde veio a *alma;* e a alma é o homem real, e o seu corpo é apenas um veículo temporário. Portanto, desse ângulo, não temos qualquer relato sobre como começou *o homem real*. Somente no tempo dos Salmos e dos Profetas é que a teologia hebreia incluiu a alma. Ela já fazia parte de outras antigas religiões e filosofias, por longo tempo, antes de entrar no pensamento dos hebreus. Em razão disso, devemos ser cautelosos quanto aos relatos antigos, porque, espiritualmente falando, há muita coisa a ser dita sobre o homem que não foi incluída ali, sem importar se consideramos essas narrativas historicamente verazes ou não.

Não obstante, a teologia é um negócio sério, e a representação simbólica em Gênesis faz parte disso.

Acima das controvérsias. Ignorando por ora as controvérsias que cercam a história de Adão, devemos observar importantes ensinos contidos nessa narrativa: **1**. *Originalmente* o homem era um ser elevado, de grande inteligência e de notáveis qualidades espirituais. A origem do homem, o verdadeiro homem, o espírito, não se encontra no reino animal. Ele traz a "imagem de Deus". Inferiores são outros pontos de vista do homem, como o humanismo e o marxismo; o homem não é um produto natural, e nem apenas economicamente formado. Em sua origem há o toque divino. **2**. Por ter a imagem de Deus, o homem, finalmente, através da redenção, terá a semelhança divina, a sua natureza essencial, embora em escala finita (2Pe 1.4). **3**. Isso resulta da missão do *último Adão* (ver o artigo seguinte), que se identifica com toda a humanidade. (Rm 5.12 ss.; 1Co 15.45-47). **4**. O que é físico serviu de veículo, mas o homem realmente não pertence ao terreno físico. Os pais alexandrinos, seguindo ideias platônicas, supunham que o verdadeiro homem pertencia a uma criação espiritual anterior e antiquíssima, e que a sua união eventual com o corpo físico, e sua história subsequente representam estágios da história humana, mas não a sua substância. Com ou sem esses ensinos, precisamos reconhecer que o homem é um ser espiritual cujo destino não está (finalmente) relacionado à esfera terrestre. Sua porção espiritual é transcendental. Quanto à origem da alma, ver o artigo sobre *a alma*. **5**. A intervenção divina na história humana, ou *teísmo*, em contraste com o *deísmo*: o teísmo (ver o artigo) ensina que Deus se interessa pelo homem e intervém em sua história, recompensando ou punindo, guiando e cuidando. Neste mundo operam propósito e desígnio; o deísmo (ver o artigo) apesar de admitir alguma força criadora, pessoal ou impessoal, acredita que a mesma esteja divorciada da criação, deixando que as leis naturais a governassem. Portanto, essa força não faria qualquer intervenção, nem se importaria e nem castigaria ou puniria o homem. A narrativa bíblica põe-se inteiramente ao lado do teísmo. **6**. Contra um Universo mecânico e materialista: Deus e o espírito estavam presentes desde o começo. Ver o artigo sobre *o materialismo*. **7**. O conhecimento espiritual é oferecido ao homem, conforme é simbolicamente representado pela árvore do conhecimento. Deus transmite, e o homem pode aprender. Ver o artigo sobre *o misticismo*. **8**. Pecaminosidade: o homem e a mulher viram que estavam nus, quando pecaram. Na humanidade há delito e desgraça, e isso requer redenção. Ver o artigo sobre esse assunto e sobre *a salvação*. **9**. Há a vida eterna. Isso é representado pela árvore da vida. Ver o artigo sobre *a vida eterna*. **10**. A confusão causada pelo pecado: quanto caos foi provocado pelo pecado! Ver o artigo sobre *o pecado*. **11**. O princípio maligno: o mal também é pessoal, e não apenas circunstancial. Existem seres malignos que impedem e destroem. Ver os artigos sobre *Satanás e os demônios*. A serpente (ver o artigo) representa essas forças negativas. **12**. A penalidade: Adão e Eva foram expulsos por causa do pecado. Ver o artigo sobre o *julgamento*. (*B EB JB NTI S V W WHZ*)

ADÃO, CIDADE DE

Cidade a alguma distância a leste do rio Jordão, diante ou abaixo da qual cessou o fluxo das águas daquele rio, permitindo a passagem dos israelitas por seu canal. Ficava localizada onde deságua no Jordão o segundo maior rio da Transjordânia, o Jaboque. Ver Josué 3.9-17. Esse nome também se encontra na inscrição do Faraó Sisaque, onde ele descreve suas invasões na Palestina, no quinto ano de Reoboão, filho de Salomão. Essa inscrição foi preservada no templo de Amom, em Carnaque. O nome moderno do lugar é Tell ed-Damiyeh. O nome dessa antiga cidade, Adão (vermelho), provavelmente deriva-se da cor da argila da região. (S Z)

ADAR

No acadiano, **"escuro"** ou **"nebuloso"**, um nome posterior do décimo segundo mês do ano judaico tomado por empréstimo dos judeus, quando exilados na Babilônia. Esse mês ia da lua nova de fevereiro à lua nova de março. Quando necessário, por causa do ano lunar, era usado um segundo mês de Adar, intercalado. (Ver Ez 3.7,13; 6.15; 8.12; 9.1,15-21). As importantes comemorações desse mês eram as seguintes: **1**. A morte de Moisés, no sétimo dia, que era relembrada com um jejum (ver Dt 34.5,6), embora as autoridades discordem quanto a essa data. Josefo, *Ant.*, diz que essa comemoração ocorria no primeiro dia desse mês. As referências talmúdicas dão apoio ao sétimo dia. **2**. Hilel e Shammai, uma comemoração no nono dia, relembrava a separação dessas duas escolas teológicas dos judeus, o que ocorreu poucos anos antes do nascimento de Cristo. **3**. O jejum de Ester, no décimo terceiro dia, por três dias (ver Et 4.16), e que incluía a preparação para a festividade seguinte, a festa de Purim. **4**. Uma festividade em memória da derrota e morte de Nicanor (ver 2Macabeus 15.36). **5**. A festa de *Purim* (ver o artigo a respeito), nos dias 14 e 15 desse mês. Ver sobre *Calendário*.

ADAR

No hebraico, **"eira"**, **"lugar espaçoso"**. **1**. Filho de Bela e neto de Benjamim (ver 1Cr 8.3). Também foi chamado Arde, em Gênesis 46.21 e Números 26.40. **2**. Cidade fortificada na fronteira sul de Judá, perto de Cades-Barneia, que talvez possa ser identificada com Khirbet el-qudeirat, a oito quilômetros a noroeste de Cades-Barneia. (FA Z)

ADASA

Cidade que não é mencionada no Antigo Testamento, embora aludida em 1Macabeus 7.45,46 e em Josefo *Ant.* xii.10.5, localizada entre Bete-Horom e Jerusalém, provavelmente a moderna Khirbet 'Addaseh, a onze quilômetros de Bete-Horom. Ali, Judas Macabeu, com três mil homens, derrotou o exército sírio comandado por Nicanor, o que é comemorado no décimo terceiro dia do mês de Adar (ver 1Macabeus 7.49).

ADIÇÕES A ESTER. Ver *Ester, Adições a*.

ADIDA

Forma grega que na Vulgata é Addus. Uma cidade fortificada da tribo de Judá. Em 1Macabeusabeus 12.38 ficamos sabendo que Simão Macabeu fortificou o lugar. Eusébio diz que o nome que se dava nesse tempo ao território aberto perto de Eleuterópolis era Sefelá. Adida, em Sefelá, provavelmente é o mesmo local mencionado em 1Macabeus 13.13. A cidade estava situada em uma colina, acima das planícies da Judeia, em uma estrada que levava a Jerusalém. Talvez seja a Hadida do Antigo Testamento. Simão Macabeu usou o local em sua luta contra Tripom (ver 1Macabeus 13.13), e foi ali que Aretas, rei da Arábia, derrotou Alexandre Janeu em batalha (ver Josefo, *Ant. xiii.15,2*). (S)

ADIEL

No hebraico significa **"ornamento de Deus"**. **1**. Um dos chefes da tribo de Simeão, que aparentemente conquistou a terra de Gedor (ver 1Cr 4.36). **2**. Um sacerdote, filho de Jazera e pai de Maasai. Seu filho ajudou na reconstrução do templo, após o cativeiro (ver 1Cr 9.12), em cerca de 536 a.C. 3. Pai de Azmavete, tesoureiro de Davi (ver 1Cr 27.25). (UN S)

ADIM

No hebraico, **"efeminado"**. **1**. Cabeça de uma das famílias israelitas, cujos descendentes retornaram com Zorobabel da Babilônia a Jerusalém, em cerca de 536 a.C. O número deles era de 454, de acordo com Ed 2.15, mas Neemias 7.20 fala em 655 descendentes. Ocorreu aqui algum erro de transcrição. A diferença de 54 para 55 pode ser explicada pelo próprio autor, no segundo caso. **2. Um homem que assinou o pacto feito por Neemias com o povo**, após terem retornado a Jerusalém (ver Ne 10.16), em cerca de 445 a.C. (S)

ADINA

No hebraico, **"magro"**, **"delicado"**. Era filho de Siza, um rubenita, capitão de trinta de seus companheiros de tribo, um dos guerreiros de Davi (ver 1Cr 11.42), em cerca de 1000 a.C. (S Z)

ADINU. Forma alternativa de Adim.

ADINUS. Forma alternativa de Jamim.

ADITAIM

Seu sentido no hebraico é incerto. Uma cidade de Judá (ver Js 15.36), de localização desconhecida. Posteriormente, o nome parece haver sido mudado para Hadide (*Cadide*) e para Adida. (S)

ADITUM

No grego vem de *a*, "não" e *dein*, "entrar". Indicava algum santuário secreto em certos lugares de adoração, na antiguidade. Apontava para algum lugar inacessível ou impenetrável, como era o caso do Santo dos Santos do templo de Jerusalém. Metaforicamente, a palavra tem sido usada para indicar o coração ou a consciência do ser humano, ou, algumas vezes, o significado profundo e espiritual da palavra de Deus. (S)

ADIVINHAÇÃO

I. A Prática da Adivinhação nas Escrituras. O AT condena todas essas práticas entre os povos pagãos (Lv 19.26; Dt 18.9-14; 2Rs 17.17 e 21.6). Porém, é fato fácil de ser demonstrado que o próprio povo de Israel muito se envolveu com tais práticas, e que frequentemente o fez sem qualquer censura. Abaixo oferecemos um sumário sobre a questão, mostrando os oito métodos geralmente empregados nas páginas das Escrituras ou na cultura judaica:

1. Rabdomancia (ver Ez 21.21). Varetas ou flechas eram atiradas para o ar, e os presságios eram deduzidos das posições em que esses objetos caíam. Talvez a passagem de Os 4.12 seja uma referência a isso.

2. Hepatoscopia (ver Ez 21.21). Esse método de adivinhação consistia no exame do fígado ou outras entranhas dos animais sacrificados. Sentidos prováveis eram atribuídos aos diversos sinais desses órgãos, mais ou menos semelhantes ao que fazem os quiromantes, ao examinarem as marcas das palmas das mãos de seus fregueses.

3. Terafins. Eram imagens de antepassados mortos. (Ver 1Sm 15.23; Ez 21.21 e Zc 10.2). Alguns estudiosos acreditam que esse método representava alguma forma remota de espiritismo.

4. Necromancia. Era a consulta aos mortos, isto é, aos espíritos desencarnados de tais indivíduos. (Ver Dt 18.11; 1Sm 28.7; 2Rs 21.6; Is 8.19,20). Essa prática era estritamente condenada pela lei mosaica. (Ver Lv 18.31 e 20.6). Supunha-se que o chamado *médium* ou intermediário possuía um espírito familiar, ou, usando termos modernos, um *controle*. O vocábulo "necromante" é utilizado em Deuteronômio 18.11, e significa, literalmente, "aquele que interroga os mortos". Não há razão alguma em supormos que o AT queria dar a entender que essa prática é impossível; e as pesquisas modernas parecem indicar que, pelo menos em alguns casos, se obtêm contatos genuínos, e que mensagens genuínas são transmitidas assim. Porém, de mistura com essa prática sem dúvida alguma surgem formas frequentes de demonismo, quando espíritos malignos fingem ser seres humanos já falecidos. Outrossim, a maioria dos espíritos de mortos que podem entrar em contato com os vivos são os de natureza *maligna e inferior*.

Regressam os Espíritos dos Mortos? ***a***. A doutrina judaica condenava o contato com os espíritos dos mortos, mas não considerava isso algo impossível. ***b***. A doutrina judaica comumente associava os demônios aos espíritos humanos desencarnados depravados e aviltados. Essa ideia foi seguida por muitos dos primeiros pais da igreja. O mais provável é que entre os demônios havia tanto anjos decaídos como espíritos humanos desencarnados aviltados, além de outros tipos de seres espirituais, sobre os quais não temos nenhum conhecimento maior. ***c***. Não há razão para dúvidas de que, em tempos modernos, os chamados "médiuns" sejam capazes de entrar em contato com certa variedade de espíritos. (Ver notas em 1Pe 4.6 no NTI sobre como os "destinos eternos" não serão determinados enquanto não houver a segunda vinda de Cristo). Apesar de poder haver tais contatos — em meio a muita fraude — isso não é desejável, a menos que Deus, por alguma razão específica, envie um desses espíritos em missão, para dar alguma mensagem. Consideramos que esses casos são raríssimos, e que não devem ser buscados abertamente pelos vivos. ***d***. Ver no NTI as notas completas sobre os *demônios*, em Marcos 5.2; sobre a "possessão demoníaca", em Mateus 8.28; sobre *Satanás*, em Lucas 10.18.

5. Astrologia. Tal prática tira as suas conclusões mediante as posições dos astros celestes, como o sol, a lua, os planetas e as constelações em relação ao zodíaco (que é o cinturão imaginário, no firmamento que se estende por oito graus, de ambos os lados da vereda aparentemente seguida pelo sol, incluindo tanto a lua como os principais planetas. Tal campo está dividido em doze partes iguais, também chamadas *signos*, cada uma das quais recebeu o nome de alguma constelação) e em relação uns aos outros desses corpos celestes. A Bíblia, a despeito de não condenar abertamente tais especulações, despreza-as, entretanto, conforme vemos em Isaías 47.13 e Jeremias 10.2.

A história sobre os *magos ou astrólogos* que vieram do oriente, a fim de apresentarem os seus presentes ao menino Jesus, era geralmente interpretada pelos pais da igreja como uma admissão de que havia tais estudos em tempos antigos e que Cristo foi a perfeita revelação de Deus que eliminou tais ciências, porquanto tais homens prostraram-se ante a face de Cristo. (Ver Mateus 2.1-12 quanto a essa narrativa e sua devida interpretação).

Três Variedades de Astrologia. ***a***. Há quem pense que os planetas e as estrelas, ao emanarem energia, produzem efeitos, negativos ou positivos, sobre os homens, os quais, afinal de contas, são campos de energia eletromagnética. Naturalmente, o sol e a lua produzem tais efeitos, mas é difícil crer que a débil energia dos planetas também os produza. ***b***. Outros creem numa forma de astrologia que operaria segundo o princípio da "coincidência cheia de significado". Isso daria a entender que Deus, em um desígnio total fantástico, teria equiparado as experiências de cada ser humano com os movimentos dos planetas, da lua e do sol. Essa teoria nega, essencialmente, que os corpos celestes realmente influenciem os homens por meio de emanações de energia. Contudo, pensa-se que as posições e os movimentos de tais corpos coincidem com os eventos das vidas humanas, e isso por um desígnio divino. A vida de um ser humano, por conseguinte, poderia ser lida nas estrelas, por aqueles que possuem o conhecimento apropriado. ***c***. Também existe uma astrologia cristã. Alguns têm afirmado serem capazes de encontrar, em vários aspectos do zodíaco, várias afirmações e ilustrações acerca da glória de Cristo. Em outras palavras, cada sinal desvendaria algo distinto a respeito dele. As vidas dos homens, envolvidas nele como estão, naturalmente também seriam exibidas através daqueles signos.

6. Hidromancia. Esse método de adivinhação pode assumir diversas formas. Uma delas consiste em encher uma taça ou copo com água, procurando produzir com tal objeto um transe passageiro. Nesse estado mental podem-se obter informações, ou da parte de algum ser superior, que então poderia penetrar na mente e influenciá-la, ou da parte da porção subconsciente da mente do próprio adivinho, naqueles casos em que as pessoas possuem poderes telepáticos e de clarividência, de que ordinariamente não dispõem os homens, embora o conhecimento assim obtido possa ser transmitido a um indivíduo em estado de sonho. Trata-se, realmente, de uma forma de adivinhação com *bola de cristal*, que é apenas a sua forma moderna, embora alguns desses adivinhos prefiram usar a água. Alguns indivíduos podem até mesmo produzir tais efeitos contemplando alguma superfície plana e polida, como a superfície de uma mesa ou de outro objeto polido. A única referência bíblica insofismável a respeito desse método aparece no trecho de Gn 44.5, onde se lê que José afirmou que usava o seu cálice de prata com tal propósito. Os intérpretes têm feito muitas contorções para negar que José realmente usava tal método de adivinhações, mas tal esforço é desnecessário, pois os servos de José meramente repetiram o que ele ordenou que se dissesse. No entanto, isso é tentar fazer as culturas antigas e suas práticas se adaptarem *ao ideal cristão* conforme esse ideal é contemplado pela igreja cristã moderna. Sabemos que José era possuidor de dons psíquicos, conforme os seus sonhos, interpretações de sonhos e predições indicam claramente; e não há razão real para duvidarmos de que ele usasse um ou mais métodos antigos para provocar seu discernimento sobre tais questões. Além disso, o mal consiste na *fonte informativa* espiritual com a qual ele entraria em contato, e não no próprio método usado. Se porventura ele entrava em contato meramente com o nível subconsciente de sua própria mente, dificilmente se poderia dizer que ele entrava em contato com alguma fonte maligna; porém, se ele se deixava arrastar por transes profundos (o que não é usual no método da "bola de cristal"), então sua mente subconsciente poderia ficar aberta ante os poderes malignos; e isso é que seria perigoso.

Por essa mesma razão, não é sábio que indivíduo algum, exceto sob a observação e as recomendações médicas mais estritas possíveis, submeta-se *ao hipnotismo*, porquanto isso franqueia a mente subconsciente para alguém de fora, sendo exercidas possíveis influências malignas, além de ficar debilitado o poder da vontade do indivíduo. Essa prática também cria a dependência psicológica, por parte do hipnotizado, ao hipnotizador, o que é um grande mal. Casos de possessão demoníaca se têm verificado em resultado direto do hipnotismo, porquanto a mente do indivíduo hipnotizado é enfraquecida pela influência externa.

Deveríamos ainda *advertir* neste ponto, que muito daquilo que passa por manifestações espirituais, no seio da igreja evangélica, como o falar em línguas, os pronunciamentos proféticos, as visões etc., pode nada ser além do produto da mente subconsciente de alguns indivíduos, da influência telepática exercida por terceiros ou por alguma entidade espiritual, quer um espírito humano terreno, quer um espírito humano desencarnado, quer da parte de algum outro ser espiritual qualquer. E tudo isso mediante a entrada do indivíduo em uma forma de transe hipnótico superficial ou profundo. Tais manifestações podem ser induzidas pelo próprio indivíduo ou por outros, os quais, sincera mas ignorantemente, buscam os dons espirituais ou o contato especial com o Espírito Santo. Esse contato espiritual, necessário é que se diga, pode ser real, mas não com o Espírito Santo. Esses são os casos de mistificação. Isso não significa, entretanto, que não existam manifestações genuínas do Espírito Santo.

No que diz respeito à adivinhação por bola de cristal, alguns estudiosos acreditam que *Balaão* pode ter-se utilizado de suas capacidades de clarividência através desse método. (Ver Nm 24.1).

7. Sonhos. Muitas são as instâncias de sonhos reveladores, tanto no Antigo como no Novo Testamentos, que foram dados por Deus como meios para guiar os homens. O caso de José é uma ilustração que nos vem dos tempos anteriores à lei mosaica; o caso de Daniel é um exemplo do tempo dos profetas. (Ver Gn 35.40,41 e Dn 2.4,7). No NT diversos exemplos de sonhos místicos são historiados. (Ver Mt 1.20; 2.12,13,19,22 e At 2.17, onde os sonhos são definidamente declarados como meios de comunicação entre Deus e os homens, como cumprimento de parte de uma profecia que aparece em Jl 2.28). O trecho de Zacarias 10.2 mostra-nos que os falsos profetas geralmente dependem muito de sonhos falsos e mentirosos.

Os estudos modernos sobre o fenômeno dos sonhos têm mostrado que os sonhos comuns geralmente *combinam o passado, o presente e o futuro* dos indivíduos, essencialmente com o propósito de *resolver problemas*. É óbvio, pois, que a mente subconsciente tem a capacidade de atuar como um computador, recolhendo dados das experiências passadas e presentes, e até mesmo dos acontecimentos futuros, que se sabe fazer parte da experiência necessária do indivíduo, fazendo juízos com base em tais informes; e então, mediante um sonho, fornece orientação à pessoa. Através desses estudos se tem verificado positivamente que todas as mentes humanas têm consciência, em nível profundo, de acontecimentos futuros, sobretudo no que tange ao próprio indivíduo, sendo uma das funções *da psique* humana.

Não existe experiência psíquica mais comum que a do sonho de conhecimento prévio. Tal sonho é uma função da personalidade humana, que fornece orientação ao indivíduo, ou que tem por finalidade prepará-lo psicologicamente para alguma ocorrência acerca da qual a mente subconsciente foi adredemente avisada. A maioria dos sonhos não é lembrada, após o despertar, e somente os mais vívidos é que são relembrados. Alguns estudos têm indicado que *todos* os principais acontecimentos, e talvez até mesmo todos os acontecimentos, são primeiramente sonhados. Dessa forma, pois, parece que a função inteira dos sonhos é de servir de dom de Deus aos homens, ajudando-os em suas existências terrenas de maneira mais ordeira.

Com base em tudo aquilo que já sabemos ou que estamos aprendendo concernente aos sonhos, não nos devemos surpreender que Deus use de tais recursos para comunicar-se com os homens. Afinal de contas, o homem é um ser espiritual, apesar de temporariamente viver preso a um corpo físico, porém, possui faculdades espirituais inegáveis. Se porventura encontrássemos algum meio de fazer as nossas horas de sono se voltarem para Deus, como também nossas horas despertas, sem dúvida muito proveito espiritual tiraríamos disso.

8. Sortes. (Quanto a informações sobre esse método de adivinhação, ver as notas expositivas sob ponto II).

O único uso que se faz no NT do termo *adivinhação* aparece no trecho de Atos 16.16, onde é contada a história de uma jovem que era possuída por um espírito adivinhador. Tal caso possivelmente pode ser classificado sob o ponto número (4), que aparece acima. O famoso délfico ficava no distrito de Pito (na Grécia central). De Pito é que nos veio o termo *pitonisa*, termo esse que indica as mulheres que adivinham as coisas. Tal termo era evidentemente utilizado de forma irrestrita, para indicar qualquer pessoa sobrenaturalmente inspirada, como sucedia às sacerdotisas de Delfos.

II. COMO ILUSTRADA EM AT 1.26. *Então deitaram sortes a respeito deles e caiu a sorte sobre Matias, e por voto comum foi ele contado com os onze apóstolos.*

Esta história nos faz lembrar das práticas do AT. Por essa época a igreja primitiva ainda não usava da imposição de mãos, mas de uma espécie de cerimônia que provavelmente vinha desde os tempos de Moisés. O método de "lançar sortes" consistia em colocar pedras ou tabuinhas, com nomes escritos, em um vaso, o qual era sacudido até que uma delas caísse. Aquele cujo nome estivesse nessa pedra ou tabuinha era considerado como a pessoa escolhida por Deus, porquanto pensava-se que, de algum modo, o Senhor Deus é quem causara aquela ação particular. Não obstante, alguns estudiosos têm pensado que tudo quanto se fazia em tais casos era "tomar um voto", o que seria uma antiga expressão idiomática acerca do lançamento de sortes. No entanto, a maioria dos intérpretes tem-se manifestado contrariamente a essa noção, a qual, provavelmente, apareceu como tentativa de "limpar" o texto sagrado, posto que muitos cristãos modernos pensam que esse tipo de ação é muito estranha, por ser uma forma antiga de adivinhação.

"Interpretada à luz da oração que se fez, Atos 1.24, bem como pela palavra 'caiu', que aqui aparece, parece não restarem dúvidas de que a passagem fala sobre lançamento de 'sortes', e não sobre 'votos'." (E.H. Plumptre, *in loc.*).

A *literatura antiga* revela-nos que essas práticas eram extremamente comuns em outras culturas da época, como, por exemplo, entre os gregos. A bem conhecida história do estratagema de Cresponto, na divisão do território, após a invasão dos dóricos (Sófocles, *Aías*, 1285) é um exemplo disso. A passagem de Pv 16.33 reflete tanto essa prática como também a confiança em que Deus se utilizava desses meios para revelar a sua vontade: "A sorte se lança do vaso, mas do Senhor procede toda a sua disposição". Isso pode refletir um tipo de diferente modo de proceder, em que se punham várias sortes dentro de um vaso, quando estas eram retiradas, as primeiras a saírem eram as favorecidas, sem importar quais decisões estavam sendo tomadas.

No tocante a essa passagem, John Gill diz o seguinte (*in loc.*): "...lançadas em seu colo, nas vestes de um homem, no seu seio, em seu chapéu, capa, urna ou o que quer que tivesse no colo, de onde eram retiradas. Essa prática era usada na escolha de líderes, tanto civis como eclesiásticos, nas divisões de heranças e na determinação de casos duvidosos; também no estabelecimento de contendas e para pôr fim aos conflitos e desentendimentos, o que, de outro modo, não se poderia conseguir... o juízo que se deveria fazer mediante essa prática, acerca de pessoas ou de coisas... era assim dirigido por Deus, de tal modo que (a sorte) caía sobre a pessoa certa, ou então ficava conhecido aqui o que era o motivo da dúvida... Isso deveríamos atribuir não ao acaso cego ou à sorte, ou à influência das estrelas, ou a qualquer ser criado invisível, anjo ou demônio, e, sim, somente ao próprio Senhor. Pois não existe aquilo que se convencionou chamar de *sorte*, e nem acontecimentos fortuitos; tais ocorrências, ainda aquelas que parecem mais fortuitas ou contingentes, são todas dispostas, ordenadas e governadas pela vontade soberana de Deus". (Isso dizia John Gill referindo-se ao trecho de Pv 16.31. Ver também o uso dessa prática por parte de Aarão, em Lv 16.8. Ver também Nm 34.13; 1Cr 24.6; Jo 1.17 e Lc 1.9, referências bíblicas essas que mostram que a ordem particular do serviço prestado pelos sacerdotes, isto é, quando e como haveriam de servir em suas várias capacidades no templo, era determinada por alguma forma de *sorte*, quando se empregavam diversos sistemas possíveis conforme fica subentendido nas notas expositivas acima).

Outras alusões antigas a essa prática, fora da cultura hebraica, são as seguintes: Lívio xxiii.3. Sófocles, Aías, 1285. Josefo menciona igualmente tal prática, no trecho de *Antiq. vi.* 5, havendo referências à mesma nos antiquíssimos escritos de Homero.

Recair sobre Matias. Sem importar qual método de lançamento de sortes foi usado, o resultado é que Matias foi considerado *apóstolo* por escolha divina, porquanto se aceitou o fato de que Deus havia dirigido o salto da sorte para fora do vaso ou urna; ou que, no caso da mesma haver sido retirada com a mão, de algum recipiente, que Deus orientara a mão para que retirasse o nome escolhido pelo Senhor. Desse modo Matias tomou lugar junto com os outros onze apóstolos, no ofício apostólico.

Com base nessa circunstância ficamos sabendo da grande fé dos apóstolos na providência divina, e que eles não criam que as coisas acontecem por acaso.

Ver o artigo separado sobre *astrologia*. Ver também o artigo sobre os *sonhos*.

III. COMENTÁRIOS, CRÍTICAS E OBSERVAÇÕES. 1. O fato de que os sonhos regularmente preveem o futuro mostra-nos que o homem comum recebeu de Deus a capacidade de prever o futuro. Portanto, é absurda a ideia de alguns, de que há algo de errado ou mesmo demoníaco nos sonhos. Como no caso de tudo o mais, essa capacidade, ou a tentativa de desenvolvê-la abusivamente, pode tornar-se prejudicial, quando a utilizamos com finalidades erradas. **2.** As capacidades psíquicas, por si mesmas, não são boas e nem más. Os estudos feitos em laboratórios têm demonstrado que todas as pessoas são psíquicas. De fato, muito provavelmente é essa capacidade, posta em uso diariamente, que permite a manipulação de nossos corpos. Em outras palavras, o controle da mente sobre a matéria é a essência mesma da interação entre o corpo e o espírito. A força psíquica é usada como um instrumento pelo espírito, a fim de controlar o seu veículo físico, o corpo. Porém, quando as habilidades psíquicas são usadas abusivamente, no interesse próprio, ou para influenciar outras pessoas para o mal, ou para prover meios para algum espírito estranho, ou para forçar sobre nós influências diversas, então tais capacidades tornam-se um instrumento maligno. Mas somente em tais casos. **3.** A Bíblia pronuncia-se contrária à adivinhação (ver Dt 18.10-12), quando esta é abusiva. Pois há provas óbvias de que os hebreus usavam formas de adivinhação, como também o fizeram os apóstolos em At 1.26. Uma questão tão séria como a questão de substituir Judas Iscariotes no apostolado foi resolvida mediante o lançamento de sortes. Pode-se presumir que os pagãos regularmente abusam da adivinhação, pelo que buscar a ajuda psíquica de pessoas incrédulas, devido a essa circunstância, não é apenas uma medida inútil, mas até mesmo pode ser prejudicial. Além disso, os poderes demoníacos, que atuam sobre os incrédulos, são reais, e precisam ser evitados pelo crente. **4.** O simples ato de tentar obter discernimento psíquico acerca dos problemas, sem importar se isso envolve ou não conhecimento quanto ao futuro, dificilmente pode ser algo errado, porque isso é o que os nossos sonhos fazem regularmente. Os estudos mostram que quase tudo quanto fazemos, dotado de qualquer importância, além de muitas coisas totalmente triviais, é prevista pelos nossos sonhos. O truque consiste em lembrar os sonhos, pois apesar de podermos ter mais de vinte sonhos a *cada noite*, talvez possamos relembrar apenas quatro ou cinco deles por semana. Não há que duvidar que os sonhos fazem parte de uma herança dada por Deus, para nossa orientação. Os sonhos de cunho moral castigam-nos e nos fornecem instruções espirituais. Os sonhos espirituais revelam-nos mistérios. Os sonhos psicossomáticos advertem-nos de coisas que adoecem o corpo. Os estudos feitos no campo dos sonhos mostram que há um intercâmbio telepático regular entre as pessoas que se tornam íntimas, e muitos sonhos são compartilhados de forma literal ou simbólica. Isso simplesmente faz parte dos sonhos. Portanto dificilmente pode ser errado enviar e receber impulsos psíquicos ou telepáticos. Isso sucede conosco o tempo todo, se estivermos despertos ou dormindo. Não obstante, a mão do mal intromete-se em tudo, até mesmo em nosso comer e beber, quando nos tornamos gulosos ou bebemos coisas prejudiciais à saúde. **5.** O crente espiritual, conduzido pelo Espírito, recebe orientação de alguma fonte mais elevada do que aquela sobre a qual serve à adivinhação comum. Essa fonte mais elevada é a que os crentes deveriam desenvolver. Os demais fenômenos, mesmo quando não forem malignos em si mesmos, serão apenas uma curiosidade para nós, mais do que qualquer coisa. E quando tais fenômenos forem decididamente perversos, devem ser evitados por nós, para que os espíritos malignos não tenham oportunidade para atacar-nos. Já temos problemas suficientes, em nós mesmos, não havendo necessidade alguma de convidar poderes estranhos para nos afetarem a vida. **6.** *Os extremos usualmente são absurdos.* Afirmar que toda e qualquer adivinhação, excetuando aquela praticada por Israel e pela igreja primitiva, é demoníaca, ou má em si mesma, de forma automática, é uma posição extremada, manifestamente absurda. Dizer que a adivinhação não passa de um *jogo*, também é um absurdo. Supor que não pode haver a intervenção da malignidade de poderes sinistros nessa prática, é outro absurdo. De fato, a adivinhação pode ser tudo isso: demoníaca, má por si mesma, indiferente (isto é, nem boa e nem má), dotada apenas de discernimento psíquico, ou então boa, ou mesmo apenas um jogo que diverte as pessoas. (IB ID NTI SH)

Ver informações sobre assuntos relacionados no *artigo* sobre a *Parapsicologia*.

ADLAI

No hebraico, **"Yahweh é justo"**. Era pai de Safate, e cuidava dos rebanhos reais ao tempo de Davi (ver 1Cr 27.29), depois de 1000 a.C. (UN)

ADMÃ

No hebraico, **"terra vermelha"**, uma das cidades do vale de Sidim (ver Gn 10.19), que tinha seu próprio rei, Sinabe (ver Gn 14.2). A cidade foi destruída juntamente com Sodoma e Gomorra (ver Gn 19.24; Dt 29.23; Os 11.8). Alguns identificam esse lugar com Adão, em Js 3.16. (UN)

ADNA

No hebraico, **"prazer"**. No Antigo Testamento há quatro homens com esse nome: **1**. Um israelita descendente da família de Paate-Moabe, que se divorciou de sua mulher gentia, após o cativeiro (ver Ed 10.30). **2**. Um sumo sacerdote, filho de Harim, contemporâneo de Joiaquim (ver Ne 12.15), em cerca de 536 a.C. **3**. Um dos principais homens da tribo de Manassés, que aliou-se a Davi em Ziclague (ver 1Cr 12.20), antes de 1000 a.C. 4. Um guerreiro da tribo de Judá e capitão sob Josafá (ver 1Cr 17.14), em cerca de 836 a.C. (UN S Z)

ADOCIANISMO

Termo mais comumente aplicado à ideia de que Jesus era meramente um homem comum, mas de virtude ou proximidade com Deus, incomuns a quem Deus "adotou" em filiação divina. Essa elevação excepcional, que no adocianismo primitivo estava geralmente associada ao evento do batismo de Cristo, implica, no entanto, somente uma atividade divina especial sobre Jesus, ou nele, e não a presença individual em sua pessoa de um segundo membro da Trindade, sob o nome próprio de Verbo (Logos) ou Filho.

Embora seja escasso o material primitivo relativo ao adocianismo, tudo indica que o movimento passou a ser proeminente a partir do ensino de Teodoto, mercador de couro e erudito que vivia em Roma por volta do ano 190. Ele ensinava que o "Espírito" ou "Cristo" desceu sobre Jesus no batismo, induzindo poderes miraculosos em alguém que, embora supremamente virtuoso, era apenas um homem comum. Teodoto causou indignação aos seus críticos por definir Jesus como um "mero homem" (*psilos anthrōpos* — daí o rótulo de psilantropismo), termo destacado, na própria definição dos adocianistas da sua prévia falta de fé, como uma negação não de Deus, mas de um homem. De acordo com Hipólito, Teodoto "estava determinado a negar a divindade de Cristo". Artemon, convertido em Roma ao ensino de Teodoto, procurou estabelecer a origem histórica do adocianismo; a significativa resposta de um contemporâneo, sustentada por alguns eruditos como de Hipólito, foi a de demonstrar que todos e cada um dos primitivos apologistas cristãos "proclamam Cristo tanto sendo Deus como homem".

O mais famoso herdeiro da primitiva tradição do adocianismo foi Paulo de Samósata, o qual, segundo a maior parte dos testemunhos primitivos, está ligado firmemente ao ensino de Artemon. Paulo de Samósata foi condenado por suas ideias no Sínodo de Antioquia (268 d.C.). Não se possui nenhum registro contemporâneo de sua doutrina, mas não há dúvida de que ele é tido como tendo ensinado que Jesus era "por natureza um homem comum" (*koinou tēn physin anthrōpou*). No século seguinte, foi acusado por Eusébio, historiador da igreja, de sustentar uma ideia aviltante de Cristo e, desse modo, negar "seu Deus e seu Senhor". Esse seu aviltamento, alegava Eusébio, suprimia o reconhecimento de que o Filho de Deus desceu do céu, confessando, pelo contrário, que Jesus tinha vindo "de baixo".

As cristologias modernas algumas vezes se defendem, com alguma propriedade, da suspeição de adocianismo, por negarem, conscientemente, certos aspectos insustentáveis do movimento de adocianismo original, tais como a interpretação de uma presença divina não pessoal em Jesus, omissão da iniciativa divina nas realizações humanas e a falta de clareza quanto à distinção, no NT, entre a filiação de Cristo e a correlata adoção divina dos crentes. Esses aspectos duvidosos eram, no entanto, pelo menos no entender dos críticos do movimento, de certo modo secundários, em relação à identidade expressa inadequadamente pelo adocianismo do Jesus nascido de Maria. Seu erro característico foi, de fato, negar a origem e a identidade divinas de Jesus, considerando-o mero homem, erro combatido depois pelo título *Theotokos* (portadora de Deus) conferido a Maria. Adocianismo (ou adotianismo) é, tecnicamente, o título também para um movimento menos conhecido na igreja da Espanha, no século VIII, condenado por fazer a humanidade de Cristo participante de sua dignidade como Filho somente por adoção.

BIBLIOGRAFIA. Grillmeier, *Christ in Christian Tradition*, vol. 1: *From the Apostolic Age to Chaldecon AD 451* (London, 1975); J. N. D. Kelly, *Early Christian Doctrines* (London, 1977).

ADOM

No hebraico, **"poderoso"**. Lugar mencionado em Neemias 7.71, de onde vieram certos israelitas da Babilônia que não puderam provar, pelas genealogias, que eram israelitas e pertenciam à classe sacerdotal. (S)

ADONAI

No hebraico, **"Senhor"**, **"mestre"**. Antiga forma plural do substantivo *adon* usada como o *pluralis excellentiae* (para dignificar um singular), como nome de Deus. Uma forma similar é usada sobre homens, como no caso de José, em Gênesis 42.30,33. Por motivo de respeito, os judeus evitavam pronunciar o nome divino, Yahweh. Assim, misturavam as consoantes desse nome com as vogais de Adonai, produzindo o nome Jeová. Portanto, dizer *Jeová* era evitar a pronunciação do nome de Deus. O nome de Deus era por demais sagrado para ser proferido. Contrastemos isso com certos cristãos modernos que dizem "ó Senhor, ó Senhor" a cada três linhas, em seus diálogos, atribuindo a ele tudo quanto creem, pensam ou fazem. Certamente isso exibe falta de respeito, ainda que tal hábito vise a mostrar piedade. A linguagem frívola pode tentar ocultar a superficialidade. (PAY S)

ADONIAS

No hebraico, **"Yahweh é meu Senhor"**. Nome de várias pessoas no Antigo Testamento. **1**. Quarto filho de Davi, por meio de Hagite. Adonias nasceu depois que seu pai se tornara rei, embora ainda estivesse reinando somente sobre Judá (ver 2Sm 3.4). Depois da morte de seus irmãos Amom e Absalão, ele poderia ter-se tornado rei. Mas foi preterido em favor de Salomão, que nasceu quando Davi era rei de todo o Israel. Não se deixando abalar pelo trágico exemplo de revolta de Absalão, ele resolveu que seria o rei. Assumiu a posição de herdeiro presuntivo, e em vista da avançada idade de Davi, em breve poderia ser o rei. Não se revoltou abertamente contra seu pai, mas esperou até que Davi aparentemente chegasse ao fim. Então convocou vários homens influentes, que lhe apoiavam a causa, e proclamou-se rei. Deram-lhe apoio homens como Joabe, chefe do exército de Davi, e Abiatar, sumo sacerdote, ambos os quais sempre estiveram ao lado de Davi, sem se importar com o que lhe sucedesse. Isso mostra a força do princípio de hereditariedade entre os antigos hebreus. O conluio foi frustrado por Davi, que prontamente proclamou que Salomão seria o rei, guindando-o ao exercício da autoridade. Quando Adonias percebeu que havia fracassado, buscou abrigo diante do altar, de onde recusou-se a sair, até receber a promessa de perdão por parte do rei Salomão. Esse lhe foi concedido, mas com o aviso de que ele não mais entrasse em conluios. Então veio o seu segundo grande erro. Procurou obter permissão para casar-se com a virgem e jovem última esposa de Davi, Abisague (ver o artigo acerca dela). Mas isso foi interpretado como outra tentativa para tentar subir ao trono. Salomão ordenou imediatamente a sua execução (ver 1Rs 2.23-25) em cerca de 960 a.C. (FA S Z). **2**. Um dos levitas enviados por Josafá para ensinar a lei ao povo, nas cidades de Judá (ver 2Cr 17.8). **3**. Um daqueles que assinaram o pacto, no tempo de Esdras. (ver Ne 10.16). Tem sido identificado com o Adonicão de Esdras 2.13. (FA S Z)

ADONI-BEZEQUE

No hebraico, **"Senhor de Bezeque"**. Bezeque era uma aldeia cananeia. Eusébio situou-a a 27 quilômetros a leste de Neápolis em Siquém. A pequena extensão dos reinos na Palestina e ao derredor, ao tempo da invasão dos hebreus, é demonstrada pelo fato de que o rei de Bezeque, Adoni-Bezeque, havia subjugado setenta desses reinos, embora ele mesmo tivesse um reino minúsculo. A crueldade das lutas entre as tribos é demonstrada por seu costume de decepar os polegares das mãos e os dedões dos pés de todos os prisioneiros, obrigando-os a viver juntando o alimento sob as mesas de seus captores. Esse costume provavelmente era seguido por outros chefes da época. Essas conquistas faziam de Adoni-Bezeque um peixe grande entre as piabas. Como cabeça dos cananeus e perizeus, ele lutou contra as tribos invasoras de Israel. Seu exército foi derrotado e ele foi aprisionado. Então foram decepados os seus polegares e os dedos grandes dos pés, uma aplicação da *lei de talião*. Portanto, os israelitas não eram menos bárbaros que seus contemporâneos. Basta-nos ler os registros. Adoni-Bezeque foi levado a Jerusalém, onde morreu dos ferimentos recebidos. (Ver Jz i:5.7). (FA S)

ADONI-ZEDEQUE

No hebraico, **"senhor da justiça"**, **"rei de Zedeque"** ou **"senhor justo"**. Foi um rei cananeu de Jerusalém, no tempo em que os israelitas invadiram a Palestina. A similaridade do nome dele ao de Melquisedeque (um rei ainda mais antigo de Jerusalém), sugere que *Zedeque* talvez fosse um antigo nome de Jerusalém. Seja como for, Adoni-Zedeque foi o primeiro dos príncipes nativos a oferecer considerável resistência à invasão israelita, sob as ordens de Josué (ver Js 10.13). Ao ouvir sobre a queda de Ai e a liga entre os gibeonitas e Israel, ele entrou em coalizão com outros quatro reis amorreus, ao sul e a oeste de Jerusalém, com o propósito específico de punir os habitantes de Gibeom. Seus aliados eram os reis de Hebrom, Jarmute, Laquis e Eglom. Não combateram os israelitas invasores diretamente, mas assediaram os gibeonitas, a fim de desencorajar outros a entrarem em aliança com Israel, mostrando o que sucederia aos tais. Josué ouviu falar [so]bre a batalha e marchou a noite inteira desde Gilgal, caindo [ines]peradamente sobre o inimigo e pondo-o imediatamente [em fu]ga.

[Perseguição ao inimigo]. A caçada foi longa, assinalada [pela f]amosa ordem de Josué para que o sol parasse, e também [pela tr]emenda saraiva que atingiu os fugitivos. Os cinco reis refugiaram-se em uma caverna, em Maquedá, mas foram descobertos. Os chefes hebreus puseram então os pés sobre os pescoços dos reis prostrados, um antigo sinal de triunfo, acerca do que há muita evidência arqueológica. Então os reis foram executados, e seus corpos foram pendurados em árvores até a noite, pois a lei proibia exposição mais longa dos mortos (ver Dt 21.23). Seus corpos foram arriados e lançados na caverna, e a boca da caverna foi entulhada com grandes pedras, as quais ali permaneceram por muito tempo (ver Js 10.1-27). Aquela era uma guerra de extermínio, e os judeus nem eram melhores e nem piores que as selvagens tribos da época. (DE HA ND

ADONICÃO

No hebraico significa **"estabelecido pelo Senhor"**, ou então **"meu Senhor ergueu-se"**. Era nome de uma das famílias que retornaram do exílio (ver Ed 2.13 e Ne 7.18). Adonicão tinha 666 descendentes, embora o livro de Neemias fale em 667 descendentes. Nessas duas listas, que envolvem 153 dados numéricos cada, há diferença em 29 desses dados, dos quais treze casos envolvem diferença de um número apenas. Alguns dizem que o próprio Adonicão foi adicionado à lista em Neem, perfazendo a diferença; mas isso é apenas uma entre as várias conjecturas que explicam discrepâncias, as quais não se revestem de grande importância, mesmo que sejam reais. Mais tarde, três de seus descendentes imediatos, com sessenta seguidores do sexo masculino, vieram com Esdras (ver Ed 8.13), em cerca de 458 a.C. Parece que ele é o mesmo Adonias de Neemias 10.16. (UN Z)

ADONIRÃO (HADORÃO, ADORÃO)

No hebraico, **"senhor da altura"** ou **"senhor exaltado"**. É nome de pelo menos duas personagens da Bíblia. Os comentadores não concordam acerca da questão. O nome é exibido em forma contraída, Adorão, em 2Samuel 20.24 e 1Reis 12.18, ou Hadorão, em 2Crônicas 10.18. Se se tratava da mesma pessoa, viveu em cerca de 930 a.C. **1**. Adonirão ou Hadorão, filho de Toi, rei de Hamate, que foi enviado por seu pai para congratular-se com Davi por sua vitória sobre o inimigo comum, Hadadezer, rei da Síria (ver 1Cr 18.10). É chamado Jorão, em 2Samuel 8.10. **2**. Uma pessoa, ou pessoas em esse nome aparece no departamento de trabalhos forçados de Salomão. A prolongada duração do serviço pode significar que mais de uma pessoa ocupou o ofício, ambas com o mesmo nome. Contudo, o ponto é disputado. Ele é identificado como o oficial que, no final do reinado de Davi e no começo do reinado de Reboão, ocupava esse ofício, e tinha uma forma contraída desse nome, Adorão (ver 2Sm 20.24 e 1Rs 12.18). Ele é chamado filho de Abda e superintendente de trinta mil homens de Israel, servindo em três turnos de dez mil homens cada, que iam ao Líbano atrás de cedro e cipreste (ver 1Rs 5.8,13,14). Talvez Davi tivesse estabelecido o sistema como meio de recolher impostos ou dívidas, ou o próprio trabalho forçado fosse uma forma de taxação. O sistema cananeu da época incluía a prática, conforme testificam os textos administrativos ugaríticos (Ras Shamra). É possível que Davi tenha copiado a ideia de seus vizinhos pagãos. Muitos tinham objeção ao sistema, e quando Reboão recusou-se a descontinuá-lo, as tribos do norte separaram-se de Judá e Benjamim (ver 1Rs 12.1-16; 2Cr 10.1-11). Insensatamente, procurando preservar o sistema, Reboão enviou o grande símbolo do sistema, Adorão, para impor a cobrança de tributo; mas Adorão foi prontamente morto por apedrejamento (ver 1Rs 12.18 e 2Cr 10.18). (FA S UN Z)

ADOR (ADORA)

Cidade da Iduméia capturada por Hircano (Josefo, *Ant.* xiii.9,1). Também é mencionada em 1Macabeus 13.20. (Z)

ADORAÇÃO

Observações. A Palavra. Palavra latina composta, de *ad*, "à" e *os, oris*, "boca". Literalmente, pois, adorar é "aplicar a mão à boca", ou seja, "beijar a mão"; ou então é a combinação de *ad* e *orare*, "falar", "adorar", embora a palavra-raiz seja "boca". **1**. Envolve a reação religiosa, a oração, o rogo, a adoração, a homenagem prestada a Deus ou a algum ser ou pessoa superior. Em sentido estrito, somente Deus é objeto de nossa adoração. Mas, em sentido secundário, um profundo afeto por outro ser humano pode ser chamado de adoração, sem que isso infrinja o nosso amor a Deus. Amar outrem é amar Deus, pois todo amor origina-se em Deus. **2**. A reação da adoração é uma estrada com direção dupla: é inspirada por Deus, mas o homem corresponde. Alguma coisa existe no próprio homem que busca uma Ideia Suprema que possa exigir seu amor e adoração, porquanto a queda no pecado não obliterou esse algo, embora o tenha debilitado. Quando Deus fala por meio de Cristo, esse sentimento interior é levado à sua plena fruição. Quando os homens buscam a Beleza Suprema, encontram em outras pessoas e objetos algo da beleza de Deus, a ser buscada e cultivada. Devemos buscar o Senhor enquanto ele puder ser achado, mas Deus também buscou o homem por meio de Cristo.

Atos e objetos. Atos físicos que exibem adoração. Inclinar a cabeça (Êx 34.8), ajoelhar-se (1Rs 8.54), prostrar-se (Gn 17.3; Ap 1.17). Esses atos mostram o estado da alma, diante do poder de Deus.

Deus é o objeto da adoração. Os Salmos 94, 95-100 ilustram esse princípio com muitas referências. Deus é adorado em vista de sua majestade, poder, santidade, bondade, retidão e providência em favor dos homens. O termo latino *adorare* contém as ideias de orar, de rogar, de venerar, de homenagear. Esses são os atos envolvidos na adoração. Em sentido amplo, pode-se expressar uma queda de admiração no tocante a algo, incluindo outra pessoa, sendo essa uma forma legítima de veneração, mas que ainda não envolve adoração. Nesse último sentido, alguns sentiram que os santos podiam ser venerados; mas isso logo envolveu abusos, e os homens passaram a adorar os santos. É muito difícil ver como imagens e relíquias podem ser veneradas em qualquer sentido, sem que ocorra a idolatria. A adoração a objetos materiais é severamente proibida na Bíblia (Êx 20.1-6; Is 44.12-20).

O Novo Testamento atesta sobre a justiça da adoração a Cristo, em primeiro lugar como o Messias de Deus, e então como o Filho de Deus. Jesus foi adorado quando de seu nascimento (Mt 2.11), durante seu ministério (Mt 8.2;9.18), após a sua ressurreição (Mt 28.8,17). Homens (Jo 9.38), anjos (Hb 1.6) e mesmo demônios (Mc 5.6) ocuparam-se nessa adoração. Essa atitude emocional é também uma atitude da alma. Os homens correspondem à graça divina, e suas almas são transformadas nessa reação favorável. (B E Z)

Elementos Necessários. Há vários elementos necessários à verdadeira adoração: **1**. Um despertamento íntimo, no indivíduo e na coletividade, que crie o desejo de buscar e adorar Deus. **2**. A convicção de que a própria vida requer adoração a Deus, sendo produzida profunda insatisfação pelo tipo de vida que a omite. **3**. Associação com outras pessoas de iguais atitudes mentais, para que possa existir uma comunidade que adora. **4**. Confissão e arrependimento de pecados. **5**. Reiterada outorga a Deus, para que sejam renovados o espírito e a essência da adoração. **6**. A disposição para enfrentar os aspectos negativos do próprio indivíduo e da coletividade, no esforço de tentar obter reformas, visando ao bem geral. **7**. A tentativa de buscar uma condição ideal, para o indivíduo e para a coletividade, em que cada pessoa procura aprimorar a si mesma e a sua função. **8**. Os elementos de oração, louvor, ação de graças, meditação e adoração devem fazer-se todos presentes. Desse modo, o caminho é largamente aberto até a presença de Deus, podendo ser exercido controle sobre cada indivíduo e sobre a comunidade adoradora inteira.

Adorar e Venerar. A igreja Católica Romana faz muita questão de distinguir entre "adorar" e "venerar", afirmando que os seus adeptos não adoram, mas somente veneram as imagens de escultura. Mas isso é fugir da questão, pois as Escrituras não nos ordenam que veneremos as imagens de escultura. Na realidade, para todos os efeitos práticos, "adorar" e "venerar" são sinônimos perfeitos. Quem adora, venera; e quem venera, adora.

Na linguagem religiosa, o termo é usado para indicar a devoção, o serviço e a honra que prestamos a Deus, em público ou individualmente. Os templos evangélicos são lugares de adoração, e as formas de culto divino, seguidas pelas diversas denominações cristãs, são formas de adoração. O verbo "adorar" pode ser usado tanto transitivamente, "adorar Deus", como intransitivamente, "participar da adoração".

Visto que a adoração inclui todos os seus elementos constitutivos, por exemplo, louvor, oração e pregação, e visto que também envolve várias questões associadas, como templos, música, hinos, o número de vocábulos hebraicos e gregos envolvidos nesse ato é muito elevado e diversificado. Nosso estudo estará alicerçado sobre o exame de cinco termos gregos básicos, embora devamos mencionar ao menos o sentido de certas palavras hebraicas mais importantes, como "prostrar-se", "fazer um ídolo", "servir", "inclinar-se". No hebraico, a primeira dessas palavras é usada por cerca de 172 vezes nos vários livros do Antigo Testamento.

ADORAÇÃO AO SOL

A adoração ao sol é uma antiga prática da humanidade. Evidências desse tipo de adoração podem ser encontradas em muitas culturas, incluindo as da Índia, da Grécia, dos maias e dos incas da América Central e do Sul. Reveste-se de particular importância a prática na Babilônia e no Egito antigos.

Na Babilônia e na Assíria, locais especiais, como Sopara e Larsa, eram dedicados à adoração ao sol. Na Fenícia, o Baal solar chamava-se Baal-Hamom. Além disso, o deus Sames era um deus-do-sol.

No delta do Egito, em On (Heliópolis), estava centralizada a adoração ao sol entre os egípcios. Desde os tempos remotos, os egípcios adoravam a Rá, nome geral que eles davam ao deus-sol. Mais especificamente, ele era chamado de Atom ou Amom, e os seus sacerdotes controlavam o mundo religioso egípcio. Durante o reinado de Amenotepe IV, foi feita uma tentativa para estabelecer a adoração ao disco solar como o único deus do Egito, com o nome de Aton. Mas tal reforma só perdurou durante o período de vida desse Faraó, o qual chegou ao extremo de edificar a sua própria cidade capital, para servir de centro dessa forma de idolatria.

As Escrituras proíbem claramente tal forma de adoração. A adoração ao sol e a imagens do sol (que até mereceram um vocábulo próprio no hebraico) é proibida pela lei de Deus (ver Dt 17.3). Deus adverte que ele destruirá os adoradores e as próprias imagens do sol (ver Dt 4.19 e Lv 26.30), e conforme se vê na primeira referência dada neste parágrafo, a pena imposta aos adoradores do sol era a morte por apedrejamento, se para tanto houvesse duas ou três testemunhas.

Nos dias que se seguiram ao reino dividido, essas práticas idólatras foram seguidas por alguns dos reis de Judá e Israel. Manassés, filho de Ezequias, erigiu altares dedicados ao exército do céu e foi culpado dessa forma de idolatria, chegando a instalá-la na própria casa do Senhor (ver 2Rs 21.3-5). Algu... dos reis de Judá dedicaram cavalos e carruagens à adora... ao sol, ao qual também queimaram incenso (ver 2Rs 23.5...

Entre os povos vizinhos a Israel, os árabes do sul e o... nícios consideravam o sol como uma divindade fem... ao passo que os egípcios, sumérios e acádios, como...

divindade masculina. Mas os heteus tanto tinham um deus-sol quanto uma deusa-sol. Para os babilônios, o deus-sol, considerado inferior à deusa lunar, Sin, era a luz do mundo, do qual dependiam a vida e a boa ordem do universo. E, como vencedor da noite e da morte, para eles essa divindade era o herói por excelência. E, em face da penetração de sua luz por toda a parte, eles também o consideravam o legislador supremo e o juiz onisciente, o qual aplicaria bênção ou castigo aos homens, conforme suas ações. Na Babilônia, o santuário central do deus-sol ficava em Sipar, onde era adorado juntamente com Aia, a "esposa". Alguns estudiosos pensam que é devido à influência dessas ideias, cultivadas por povos com os quais os israelitas estavam tão ligados, que o autor do Salmo 19 comparou o sol nascente a um esposo que sai de seu aposento e, qual atleta, percorre heroicamente o seu curso (vs. 6 e 7). E nos vs. 8-13 do mesmo Salmo, onde a lei do Senhor é exaltada, o sol é lembrado como símbolo do direito e da lei.

O profeta Jeremias revela-nos que os reis de Judá amavam, serviam e adoravam o sol, (ver Jr 8.2). Ezequiel nos oferece um quadro muito descritivo dos adoradores do sol, na casa do Senhor, de rostos voltados para o oriente, prostrados diante do sol (ver Ez 8.16).

Como é natural, houve em Israel reações contra essa invasão idólatra. Assim, Asa (ver 2Cr 14.5) e Josias (ver 2Cr 34.4,7) procuraram eliminar tal forma de adoração, derrubando os altares dedicados ao sol nas cidades de todo o Israel. Contudo, por ocasião da queda de Jerusalém, diante dos babilônios, tal prática prosseguia (ver Jr 19.13; Ez 6.4,6). (E a ID)

ADORAIM

No hebraico significa **"duas colinas"** ou **"duas habitações"**. Era uma aldeia no sul de Judá, enumerada juntamente com Hebrom e Maressa, como uma das cidades fortificadas por Reoboão (ver 2Cr 11.5-9). Nos livros apócrifos aparece com o nome de *Adora* (ver 1Macabeus 13.20), como também em outra literatura (Josefo, *Ant.* 8.10, 1, xiii.6,4,15,4. *Bel. Jd* 1.2,6,8.4). Josefo usualmente ligava o lugar com Maressa, como cidades idumeias. Foi capturada por Hircano e reconstruída por Gabínio (Js *Ant.* xiii.9,1; xiv.5,3). Depois de Josefo, nenhuma outra menção foi feita da cidade, embora tenha sido descoberta pela arqueologia, em tempos modernos. Gabínio transformou-a em um de seus distritos administrativos (Js *Bel. Jd* I.xiii.4,5). No Livro dos Jubileus 38.9 ss., lê-se que Esaú foi morto ali, por forças de Jacó, onde o nome dado é Adurã. Segundo esse livro, Esaú foi sepultado ali. (S UN Z)

ADRAMELEQUE

No hebraico, **"esplendor do rei"**, isto é, de Moloque. **1.** Um ídolo mencionado em 2Reis 17.31, juntamente com Anameleque, como um dos ídolos cuja adoração os habitantes de Sefarvaim estabeleceram em Samaria, quando para ali foram transferidos pelo rei da Assíria, e ao qual adoravam mediante o sacrifício de seus filhos na fogueira. Isso constitui tudo quanto sabemos com certeza sobre esse ídolo. O nome pode significar *Hadade é rei*, um nome confirmado pela arqueologia em Tell Halaf. A forma variante, Anameleque, pode estar relacionada ao deus sumério-acadiano Anu, conforme diz Albright em *Archaeology and the Religion of Israel*, p. 162-164. Por detrás do ídolo uma divindade era adorada, mas não há unanimidade de opinião quanto à divindade assim indiretamente adorada. Alguns têm sugerido algum corpo celeste, misturando a questão com a astrologia. **2.** Outros identificam esse ídolo como parte da adoração a Moloque, baseados no fato de que o sacrifício de crianças na fogueira e a significação geral do nome são a mesma coisa em ambos os casos. Porém, outros pensam que Saturno ou rei, seriam o "deus" adorado através desse ídolo. O elemento *melek*, do nome Adrameleque, pode aludir ao deus Atar-Vênus. Atar tem sido encontrado pelos arqueólogos em Hará e na Síria. Todas essas muitas conjecturas não solucionam o problema, embora saibamos que estamos tratando com algum tipo de divindade pagã, a qual os assírios transplantaram para Samaria após 722 a.C. **3.** Um homem tinha esse nome, filho de Senaqueribe, rei da Assíria. O rei estava habitando em Nínive, após sua desastrosa expedição contra Ezequias. Enquanto adorava no templo de Nisroque, seu deus, Senaqueribe foi assassinado por seus dois filhos, Adremeleque e Sareza, em cerca de 681 a.C. Após o homicídio, os dois irmãos fugiram para a Armênia. (ver 2Rs 19.36,37 e Is 37.38). (S Z)

ADRIEL

No hebraico significa **"rebanho de Deus"**, ou **"Deus é o meu socorro"**. Era o nome do filho de Barzilai, que viveu no vale do Jordão, não longe do sul de Belém, a pessoa a quem Saul deu sua filha Merabe em casamento, embora originalmente ela tivesse sido prometida a Davi (ver 1Sm 18.19). Dessa união nasceram cinco filhos. Esses estavam entre os sete descendentes de Saul que Davi entregou aos gibeonitas (ver 2Sm 21.8), para vingarem-se das crueldades perpetradas por Saul contra eles. Em 2Samuel 21.8, o nome *Mical* aparece como a mãe dos filhos de Adriel. Mas sabe-se que ela não teve filhos (ver 2Sm 6.23). O artigo sobre Mical inclui uma tentativa de explicação sobre esse erro aparente. (DE ND UN)

ADULÃO

No hebraico significa **"refúgio"**. Era uma antiga cidade cananeia. (Ver Gn 38.1,12,20), na região plana da tribo de Judá (ver Js 15.35). Era uma das cidades reais dos cananeus (ver Js 12.15). Foi uma das aldeias fortificadas por Reoboão (ver 2Cr 11.7; Mq 1.15), sendo mencionada após o exílio babilônico (ver Ne 40.30 e 2Macabeus 12.38). Eusébio e Jerônimo afirmam que ela ficava a leste de Eleuterópolis, mas eles seguiram a Septuaginta, que a confunde com Eglom. Eram lugares diferentes, com reis distintos, nos dias de Josué (ver Js 12.12,15). Adulão era uma das cidades do vale ou da planície entre a região montanhosa de Judá e o mar Mediterrâneo. A julgar pela lista onde seu nome aparece, talvez ficasse próxima da cidade filisteia de Gate. O local é identificado com o moderno Tell esh-esheikh Madhkur, perto de Khirbet 'ele el-Ma, a meio caminho entre Laquis e Jerusalém.

A caverna de Adulão. Saindo da cidade de Gate (ver 1Sm 22.1), Davi retirou-se para uma caverna quando fugia de Saul. Mas nenhum trecho bíblico liga essa caverna com a cidade, e nem foi encontrada qualquer caverna nas proximidades capaz de ocultar quatrocentos homens. É possível que a caverna de Adulão ficasse no ermo montanhoso a oeste de Judá, na direção do mar Morto, onde existem cavernas. O esconderijo de Davi ficava nessa região. Uma caverna nessa região parece mais certa, em face do fato de que Davi chamou para ali os seus pais e eles viviam em Belém. Mas alguns eruditos defendem a área perto da cidade de Adulão. Foram encontradas algumas cavernas a meio caminho entre Socó e Queila, a dezesseis quilômetros a noroeste de Hebrom, que poderiam ter servido como refúgio e fortaleza de Davi. Ao que parece, essa caverna não ficava distante do lugar onde Davi entrou em luta com Golias. Mas, acerca de tudo isso, não temos certeza de nada. (Ver 1Sm 22.1; 2Sm 23.13-17; 1Cr 11.16-19. (FA S Z)

ADULTÉRIO

No Antigo Testamento. Contato sexual de uma mulher casada ou comprometida com alguém que não seja seu marido ou noivo. Ou de um homem casado com uma mulher que não seja sua esposa. Todavia, o concubinato era extremamente comum no Antigo Testamento, pelo que, um homem casado podia ter muitas mulheres, contanto que não fossem casadas, e

ADULTÉRIO

se houvesse contratos apropriados, sob forma escrita, estipulando as condições segundo as quais o relacionamento deveria ocorrer. Outrossim, a poligamia era uma prática comum. A poliandria (vários maridos para uma só mulher), todavia, nunca foi reconhecida na lei e nos costumes dos judeus. Os versículos que proíbem o adultério (incluem Êx.20.14; Lv 18.20; Mt 19.3-12; Gl 5.19-21. O sétimo mandamento proíbe o adultério).

Base original da monogamia. O trecho de Mateus 19.4-8 registra as declarações de Jesus em favor da monogamia e contra o divórcio. Ele alicerçou o seu ensino na narrativa da criação do homem. Podemos supor, pois, que, apesar da permissividade do Antigo Testamento em relação ao concubinato e à poligamia (para os homens somente, como é natural), a monogamia é o ideal espiritual.

Por que o adultério é proibido? A fim de preservar a santidade do lar (Êx 20.14; Dt 5.18). Também está envolvida a questão da herança da família e a preservação da pureza tribal. Finalmente, o próprio ato era considerado um crime sério, um ato de contaminação (Lv 18.20). Por esse motivo, era imposta a pena de morte, envolvendo a execução de ambos os culpados (Êx 20.14; Lv 20.1 ss.). Injunções similares podem ser achadas no código babilônico de Hamurabi (129), e, opcionalmente, na primitiva lei romana (Dion. Hal. *Antiguidades Romanas*). A pena de morte mostra que as sociedades antigas encaravam o adultério não meramente como um ato privado errado, mas que ameaçava o arcabouço do lar e da sociedade. O fato de que o homem e a mulher tornam-se *uma carne* no matrimônio (Gn 2.24; Ef 5.31,32) sugere uma comunicação mística de energias vitais físicas e espirituais, e isso deve acontecer somente entre duas pessoas. Quanto a notas sobre esse conceito, ver NTI na referência de Efésios. No adultério, o indivíduo é furtado de sua identidade, e a união mística de seres é perturbada, talvez assemelhando-se ao homicídio, embora certamente com menores consequências morais.

Severidade do Novo Testamento. Jesus transferiu a questão do adultério ao campo dos pensamentos e emoções. O homem que deseja uma mulher já se tornou culpado (Mt 5.28). Portanto, a moralidade estrita envolve as intenções, as palavras e os pensamentos do indivíduo, e não apenas os seus atos. E assim, todos os homens e mulheres caem sob a condenação, no espírito do sétimo mandamento, e ninguém pode jactar-se de sua santidade quanto a esse preceito.

Uso metafórico. A idolatria e a infidelidade a Deus, sob qualquer forma, é adultério espiritual (Jr 3). Paulo dá a isso um colorido cristão, pois o homem pode cometer adultério contra Cristo (1Co 6.9-20). O Espírito residente no crente faz de seu corpo um templo. Assim, qualquer mácula do corpo é uma forma de infidelidade contra o Espírito ali residente, uma execração desse templo. Visto que o Espírito habita no crente, e entre os crentes como uma coletividade, quando um membro peca, todos os demais membros são envolvidos quanto ao resultado disso (1Co 5.6; 12.27; Ef 5.28-31). A união sexual não envolve somente o uso do indivíduo faz — afeta a substância daquilo que ele é (1Co 6.16). Todos os pecados sexuais são proibidos no Novo Testamento, e não apenas o adultério (1Co 6.9; Gl 5.19).

Em outras sociedades, antigas e modernas. O código babilônico de Hamurabi **(128)** mostra-nos que pelo menos alguns povos antigos, além dos hebreus, encaravam desaprovadoramente o adultério. Nas sociedades grega e romana o adultério era tratado com severidade, posto que nem sempre de forma coerente. Na sociedade grega, um homem não podia divorciar-se de sua esposa, somente por esse motivo. O sexo antes do casamento era geralmente tolerado, não sendo reputado um erro grave. Nos ritos de fertilidade entre os egípcios, babilônios, gregos e romanos praticamente não havia regras, e parece que se isso fosse feito como parte de crenças e práticas religiosas, muitas coisas que não eram permissíveis na vida diária comum seriam permitidas. Essas práticas, por via de Canaã, penetraram na vida israelita (Am 2.7 ss.; Mq 1.7; 1Rs 14.24). O homossexualismo com frequência fazia parte dos cultos antigos.

As religiões de todos os povos consideram que os atos sexuais praticados entre pessoas não casadas são errados, exceto nas sociedades onde a poligamia continua sendo praticada. A maioria dos países europeus, bem como os Estados Unidos da América, permitem o divórcio em razão de adultério. Nesse último país, desde 1955, o adultério não está incluído no código criminal, embora continue sendo motivo comum para o divórcio. Ali ninguém é preso por causa de um romance com uma mulher que não seja sua esposa.

A lei do amor. O adultério pode ser perdoado por meio de arrependimento. Disse Jesus: *Nem eu tampouco te condeno; vai, e não peques mais* (Jo 8.11). Ver os artigos sobre o *divórcio, a fornicação, a monogamia, o matrimônio e a inseminação artificial*.

Comentários adicionais, considerando 1Coríntios 6.18.
Fugi da prostituição. Qualquer outro pecado que o homem comete, é fora do corpo; mas o que se prostitui peca contra o seu próprio corpo.

Não convém que enfrentemos frontalmente esse pecado, oferecendo-lhe resistência através da força de vontade. Nosso plano de batalha, nesse caso, consiste em fugir. E nessa fuga, que fujamos para os braços de Cristo, desenvolvendo nele as virtudes morais positivas (ver Gl 5.22,23), as quais nos protegerão dessa forma de pecados. A alma remida que permanece em comunhão com Cristo, através de seu Espírito, mediante a meditação, o estudo das Escrituras, a oração, e, idealmente, mediante as experiências místicas reais, perderá seu apetite pelas concupiscências carnais.

Paulo já havia declarado algo similar, com o mesmo sentido básico, na passagem de Romanos 13.14: ... *mas revesti-vos do Senhor Jesus Cristo, e nada disponhais para a carne, no tocante às suas concupiscências*. Assim sendo, não devemos frequentar aqueles lugares, ler aquelas coisas, ter contato com aquelas pessoas, que formariam provisões para as ações sensuais. Pelo contrário, "revistamo-nos do Senhor Jesus Cristo". Que seja ele o nosso revestimento espiritual. Que ele nos cubra e proteja com o seu sangue.

Com esses pensamentos podemos comparar o ensinamento de Jesus Cristo sobre *o adultério visual* (ver Mt 5.28). E também podemos confrontar a admoestação e censura de Simão Pedro, que diz: ... *tendo olhos cheios de adultério e insaciáveis no pecado, engodando almas inconstantes...* (2Pe 2.14). Existem homens que vivem em estado permanente de concupiscência, em razão do que vivem procurando sempre alguém com quem adulterar. Seus olhos percorrem a terra, procurando quem queira pecar com eles — e a vitalidade de seus seres é desperdiçada nessa pervertida atividade. Conforme a tradução inglesa de Williams (aqui vertida para o português), os olhos dessas pessoas são "insaciáveis pelo pecado". Jamais ficam satisfeitas, sempre precisando de quem queira compartilhar de sua sensualidade. Tornaram-se escravos completos do sexo. Tais indivíduos, em vez de fugirem dessa forma de pecado, buscam situações favoráveis para o pecado, sempre fazendo coisas que provocam o seu apetite. Tais homens não passam de escravos e somente a ajuda "vinda do alto" poderá salvá-los.

Sófocles, no diálogo de autoria de Platão, intitulado *República* **(329)**, ao ser interrogado sobre como vinha manuseando as questões do "amor", retrucou: "Mui alegremente tenho 'escapado' do mesmo, e sinto como se tivesse escapado de um senhor louco e furioso". Sim, o sexo pervertido pode ser uma entidade assim, e feliz é aquele que consegue escapar do mesmo.

"Pecar 'contra o corpo' é defraudá-lo da parte que o mesmo tem com Cristo, é cortá-lo de seu destino eterno. Esse é o efeito da fornicação em um grau sem-par... Aquilo que o apóstolo

Paulo assevera sobre a fornicação, nega a respeito de qualquer outro pecado". (Robertson e Plummer, *in loc.*)

... *fora*..., nesse caso, é palavra que significa algo como "sem efeito sobre o destino do corpo" (novamente falando apenas em sentido relativo). Por essa razão é que Alford (*in loc.*) comenta a respeito dessa questão como segue: "A assertiva do apóstolo é estritamente veraz. O alcoolismo e a glutonaria são pecados feitos no corpo e através do corpo, sendo praticados mediante o abuso do mesmo, porém, são coisas *introduzidas de fora*, erradas em seu *efeito*, cujo efeito é dever de cada indivíduo prever e evitar. Mas a fornicação é a 'alienação daquele corpo que pertence ao Senhor, fazendo do mesmo, corpo de uma prostituta'; não é um 'efeito' sobre o corpo deles, com base na participação de coisas vindas de fora, mas antes, uma 'contradição da verdade' do corpo, proveniente 'de dentro' de si mesmo".

É bem provável que Paulo concordasse com essa opinião de Alford. O que é inegável é que Paulo não subscreveria aquela filosofia que afirma que todos os pecados são igualmente maus, não havendo qualquer gradação de pecado. (AL IB LAN NTI RO)

ADUMIM

No hebraico significa **"rochas vermelhas"**, ou talvez **"lugar sangrento"**, um passo a cerca de dez quilômetros a sudoeste de Jericó, uma rota comercial desde tempos remotos, desde o vale do Jordão, nas vizinhanças de Jericó, até a região montanhosa, incluindo Jerusalém. Fazia parte da fronteira norte de Judá (ver Js 15.7), sendo usada como ponto de referência no estabelecimento da localização de Gelilote, na fronteira sul de Benjamim (ver Js 18.17). Era um caminho perigoso por causa dos frequentes assaltos, de cujo fator (conforme Jerônimo e outros conjecturaram) talvez se derivasse o seu nome. O caminho era, notoriamente, perigoso fazendo parte da cena da história do bom samaritano, em Lc 10.30. Jerônimo informa-nos que um fortim ou guarnição era mantido nas vizinhanças, para proteger os viajantes. Atualmente há uma hospedaria onde antes estivera o fortim, e cujo nome é Hospedaria do Bom Samaritano. O nome árabe do passo é Talat ed-Damm, que significa "subida de sangue". Mas a alusão mais provável é devido às formações de rocha vermelha, e não ao tratamento sanguinário dado aos viajantes, durante muitos séculos, naquele lugar. (FA S Z)

ADUS

Um homem cujos descendentes retornaram com Zorobabel, da Babilônia (ver o livro apócrifo de 1Esdras 5.34). Seu nome é omitido nas listas paralelas de Esdras 3 e Neemias 7.

ADVENTISMO DO SÉTIMO DIA

A igreja Adventista do Sétimo Dia teve início oficialmente em 1863, quando se realizou sua primeira Conferência Geral, nos Estados Unidos. William Miller (1782-1849), estudioso leigo da Bíblia (mais tarde, pregador batista), predisse que Cristo retornaria à terra a qualquer instante entre 21 de março de 1843 e 21 de março de 1844. Um dos seguidores de Miller adiou a segunda data, depois, para 22 de outubro de 1844. Um "grande desapontamento" ocorreu, no entanto, quando Cristo não retornou à terra naquele dia.

Os três grupos sucessores dos "mileritas" se uniriam, mais tarde, para formar uma igreja Adventista do Sétimo Dia. O primeiro deles era o grupo alinhado em torno de Hiram Edson (1806-1882), que, na manhã seguinte ao "grande desapontamento", teve uma visão de Cristo entrando em um santuário celestial — que ele interpretou — como o significado real da profecia de Miller; o segundo era o grupo que seguia Joseph Bates (1792-1872), capitão da Marinha americana aposentado, que por meio de estudo individual da Bíblia se tornou convencido de que o sétimo dia era o próprio *Sabbath* dos judeus; o terceiro, o grupo dos seguidores de Ellen G. White (1827-1915), que começou a ter visões, firmando vários dos ensinamentos que seriam adotados posteriormente pelos adventistas, e que foi reconhecida como dotada de dom profético.

As primeiras sedes centrais da igreja Adventista do Sétimo Dia foram em Battle Creek, Michigan, sendo transferida, em 1903, para Takoma Park, subúrbio de Washington, DC. O total de membros no mundo, em 2016, era calculado em 17.592.397 (segundo o site: www.adventistas.org). Quatro entre cada cinco adventistas do sétimo dia residem fora dos Estados Unidos. Os adventistas sustentam um ambicioso programa missionário e são muito ativos em empreendimentos educacionais e médicos.

A denominação compartilha com os demais grupos evangélicos doutrinas como as da Trindade, da divindade de Cristo, da obra expiatória de Cristo e de sua segunda vinda. Mas os adventistas sustentam também doutrinas que os colocam à parte da cristandade evangélica. Uma delas é o ensino de que o dia próprio de descanso para o cristão é o sábado, o sétimo dia semanal dos judeus. Outra é a doutrina do chamado "julgamento investigativo" — ou seja, de que após a morte de cada pessoa é realizada uma investigação de sua vida para determinar e revelar se será considerada digna de participar da primeira ressurreição (a ressurreição dos crentes). Ensina-se, além disso, que a igreja Adventista do Sétimo Dia é a igreja remanescente, a saber, o último remanescente do povo que guarda os mandamentos de Deus. Uma das marcas da igreja remanescente, dizem os adventistas, seria o dom de profecia que foi dado a Ellen G. White, sendo seus ensinos considerados fundamentais na teologia adventista. Observam, ainda, normas de alimentação natural, sendo os adventistas mais conservadores, quase sempre, vegetarianos.

O Adventismo do Sétimo Dia pode ser considerado um ramo do cristianismo evangélico? Isso ainda não está bem definido. A alegação adventista de ser sua igreja a única remanescente implica que todos os outros cristãos estão vivendo sob algum grau de trevas. Ellen G. White disse, certa vez, que a observância do sábado como sétimo dia distinguia os súditos leais de Deus dos transgressores. Muitos adventistas, hoje, gostariam de ser considerados cristãos evangélicos, e, em anos recentes, tem havido considerável discussão interna sobre questões doutrinárias centrais. Mas a doutrina da igreja remanescente, que permanece como um ensino oficial adventista, parece tornar difícil, senão impossível, sua identificação com as principais correntes evangélicas.

(**A. A. Hoekema**) (falecido), A.B., A.M. D.D., Th.D., ex-professor emérito de Teologia Sistemática do Calvin Theological Seminary, Grand Rapids, EUA.)

BIBLIOGRAFIA. *Seventh-day Adventists Answer Questions on Doctrine* (Hagerstown, MD, 1957); D. M. Canright, *Seventy-day Adventism Renounced* (1889; reimpr. Grand Rapids, MI, 1961); J. Craven, The Wall of Adventism, *CT* 28 (1984), p. 20-25; A. A. Hoekema, *The Four Major Cults* (Exeter, 1963); G. Land, (ed.), *Adventism in America: A History* (Grand Rapids, MI, 1986); G. J. Paxton, *The Shaking of Adventism — A documental account of the crisis among Adventists over the doctrine of justification by faith* (Grand Rapids, MI, 1978).

ADVERSÁRIO

De modo geral, um inimigo de qualquer categoria, como em Naum 1.2, que diz: ... *O Senhor toma vingança contra os seus adversários...* Especificamente, indica alguém que se opõe injustamente a outrem. Assim, Penina é intitulada adversária de Ana (ver 1Sm 1.6). No Antigo Testamento, algumas vezes, a palavra *adversário* é tradução do vocábulo que basicamente significa "amarrar" ou "esforçar-se". O trecho de 2Crônicas 19.8 traduz a palavra que significa alguém que tem uma *causa judicial* em andamento contra outrem.

Um dos nomes de Satanás. Ele é o oponente e *o acusador*, o inimigo por excelência daqueles que prestam lealdade a Deus. Ver Jó 1 e Zacarias 3. Seu intuito é destruir. Grande é a cooperação que ele recebe daqueles que são destruidores. É como um leão que ruge, querendo devorar (1Pe 5.8), e nós lhe devemos resistir (vs. 9). O termo grego usado nesse trecho é *antídikos*, usado por cinco vezes no Novo Testamento, para indicar vários tipos de adversários. A própria palavra envolve a ideia de adversário, acusador, inimigo, oponente. O acusador é o contrário do advogado, que é Cristo. Em sentido moral, a história do homem é a história de como ele tem prestado lealdade a Deus ou ao diabo, para seu benefício ou para sua perdição. Essa oposição é variadamente pintada no Novo Testamento. Satanás primeiramente testou Jesus (Mt 4.10). Ele é o líder da oposição ao reino do Senhor (Mt 12.26), e é o responsável pela queda e pelo pecado (Mt 16.23; At 5.3), podendo causar enfermidades (Lc 13.16), a fim de assediar aqueles a quem se opõe. E é o responsável pela tentação e pelas possessões demoníacas (Mt 7.22; 12.24). A personalidade humana está sujeita às suas invasões (Jz 6.34). A libertação vem através da resistência e da lealdade a Deus (1Pe 5.9). (A SM W)

AER
No hebraico, **"outro"**, ou **"depois"**. Era descendente de Benjamim (1Cr 7.12). É identificado com Ará (ver 1Cr 8.1) ou Airã (ver Nm 26.38).

AESORA (ESORA)
Uma aldeia nas fronteiras da Samaria, alistada juntamente com Bete-Horom, Jericó, e outras. Não se conhece a sua localização, mas alguns a identificam com Hazor (ver Js 11.1,10; Jz 4.2,17 e Ne 11.33). (Z)

AFARSAQUITAS
O vocábulo aparece em Esdras 4.9; 5.6 e 6.6. Trata-se do nome do povo ao qual pertenciam alguns dos colonos que os assírios enviaram para a Samaria. Têm sido identificados com os paratacenes da Média, referidos pelos geógrafos gregos (ver Estrabão 11.522 xv. 732; Plínio xvi.29). A época do estabelecimento deles em Samaria foi entre 669 e 626 a.C. (FA ID S)

AFARSITAS
Aparecem em Esdras 4.9, provavelmente um povo persa, uma tribo transferida para a Samaria pelos assírios, em cerca de 464-424 a.C. (KEI)

AFECA
No hebraico, **"fortaleza"**. Uma cidade na região montanhosa da Judeia, perto de Bete-Tapua (Js 15.53). Tem sido identificada com a moderna Khirbet ed-darrame, ou Khirbet Kanaan, mas que outros estudiosos preferem considerar de localização desconhecida. (ND Z)

AFEQUE
No hebraico, **"força"**. Designa uma cidadela ou cidade fortificada. Quatro cidades do Antigo Testamento são assim chamadas: **1**. Uma cidade no território de Aser (ver Js 12.18; 13.4; 19.30). Em Jz 1.31 aparece como uma das cidades cujos habitantes, os membros da tribo de Aser, não conseguiram desapossar dos moradores, pelo que, esses povos habitaram entre os aseritas. Comumente é identificada com Tell Kurdaneh, a cerca de dez quilômetros a sudeste de Aco, ao norte de Beirute. **2**. Um lugar localizado na fronteira norte do território cananeu, com os *amorreus* (ver Js 13.4). Ver o artigo sobre os *amorreus*. As referências bíblicas dizem respeito às terras que não foram ocupadas, ao norte. Com frequência tem sido identificada com Afqa, antiga Afaca, a cerca de 37 km ao norte de Beirute. Nos tempos antigos, foi o centro do culto de Astarte-Adonis. **3**. Uma importante cidade, uma das diversas que havia na planície de Sarom. Seu rei foi morto por Josué, durante a conquista de Canaã (ver Js 12.18). Foi o lugar de onde partiram as forças filisteias que capturaram a arca e destruíram Silo, em cerca de 1050 a.C. (ver 1Sm 4.1). Foi ali, igualmente, que os filisteus reuniram suas forças, quando estavam em campanha contra Saul, o que resultou na morte dele (ver 1Sm 29.1). O lugar foi capturado na segunda campanha de Amenhotepe II, do Egito, contra as planícies de Sarom e Jezreel (em cerca de 1440 a.C.). Fez parte da província de Samaria durante o reinado de Esar-Hadom (681-669 a.C.). Posteriormente, o local foi ocupado pela cidade de *Antípatris* (ver o artigo a respeito). Tem sido identificada com a moderna Ras el-'Ain, nas cabeceiras do Nahr el-'Auga, a cerca de 18 km a nordeste de Jopa. **4**. Uma cidade ao norte da Transjordânia, distrito de Basã, na estrada de Damasco a Bete-Sean, atravessando o vale de Jezreel. Ficava localizada cerca de seis quilômetros a leste do mar da Galileia. Era uma cidade forte de Bete-Sean. Foi perto dali que Ben-Hadade, o rei sírio, foi derrotado por Acabe, de Israel. Ben-Hadade fugiu para a própria cidade e pediu clemência da parte de Acabe (ver 1Rs 20.26-34). Joás derrotou Ben-Hadade, filho de Hazarel, da Síria, nesse lugar, conforme predissera o moribundo Eliseu (ver 2Rs 13.14-25). Tem sido identificada com Fiq ou Afiq, na cabeceira do Wadi Fiq, a leste do mar da Galileia. (AH ID ND WRI)

AFEREMA
Um dos três distritos tirados de Samaria e adicionados à Judeia pelo rei da Síria, Demétrio Nicator (ver Josefo, *Anti*. xiii. iv.9. 1Macabeus 10.38). Ficava perto de Betel, representando a forma aramaica de um lugar chamado Efraim. Nos tempos modernos, o local é identificado com et-Taiyibeh. (Z)

AFERRA
Chefe de uma família de servos de Salomão que retornou do cativeiro com Zorobabel (ver 1Esdras 5.34). O nome não aparece nos paralelos de Esdras 2.57 e Neemias 7.59. (Z)

AFIA
No hebraico, **"soprado"**, isto é, **"refrescado"**. Um benjamita que foi um dos antepassados de Saul (ver 1Sm 9.1). (S)

AFINIDADE (RELATIVA AO MATRIMÔNIO)
Uma afinidade é um relacionamento criado por casamento, e não por *consanguinidade* (vide). **1**. Nos tempos antigos, como no livro de Gênesis, encontramos casamentos de um homem com sua irmã ou meia-irmã, como os casos de Caim e Abel, e Abraão. A prática era comum no Egito, e a literatura antiga nos revela que era generalizada em muitas sociedades antigas. **2. Graus de afinidade e regulamentação** (ver Lv 18.7 ss. quanto às leis judaicas sobre a questão, em um período posterior). *a*. Um homem não podia casar-se com a viúva de seu pai (nem com sua madrasta). *b*. Nem podia casar-se com a filha da esposa de seu pai, por outro marido. *c*. Nem com a viúva de seu tio paterno. *d*. Nem com a viúva de seu irmão, se este tivesse tido filhos com ela. Em caso contrário, um homem solteiro deveria casar-se com a viúva de seu irmão, a fim de gerar filhos que continuassem a família. Era a chamada lei do levirato. **3. Em relação aos casamentos polígamos**. *a*. Um homem não podia casar-se com uma mulher e com sua filha, ao mesmo tempo. *b*. Nem podia casar-se com duas irmãs ao mesmo tempo, a fim de evitar a inevitável competição e ciúmes. Porém, o casamento com a irmã de uma esposa falecida era aceitável. (S)

AFO
Epíteto aplicado a Jônatas, quinto filho de Matatias (ver 1Macabeus 2.5). O sentido do apelido é desconhecido, embora alguns suponham que signifique *desmantelador*, que poderia

ter sido obtido pelo fato de que Jônatas enganou a tribo de Jambri, que havia assassinado seu irmão, João (ver 1Macabeus 9.37-41). (Z)

ÁFRICA

Um dos sete continentes. O nome não aparece na Bíblia, embora esta aluda a certas áreas que pertencem à moderna África.

1. Antigas designações. Os gregos chamavam esse continente de *Libya*, mas não sabemos quanto eles conheciam da verdadeira extensão desse continente. Heródoto, no século V a.C., pensava que o mesmo estava cercado de água (*Hist*. iv.42).

2. Antigo Testamento. Israel preocupava-se muito com o Egito, e este fazia parte da África (ver o artigo sobre o *Egito*). Israel passou ali por muitas tribulações, mas permaneceu um terno sentimento pelo Egito, após o êxodo, pois, apesar de todas as desvantagens, o Egito fora a sua pátria. Há profecias que dizem que o Egito compartilhará com Israel do conhecimento e da adoração do Senhor (ver Is 19). Diversos outros povos africanos são mencionados no Antigo Testamento, como Lubim, Pute, Cuxe (Etiópia), cujas designações apontam para terras além do Egito. Há ali comentários sobre a pigmentação da pele e o tipo físico daqueles habitantes (ver Jr 13.23; Is 45.14; e talvez Is 18.2,7). Esperava-se que os juízos divinos cairiam sobre tais povos, e que Israel obtivesse eventualmente a supremacia sobre eles (ver Is 43.4; Ez 30.4 ss.; Is 45.14). E também foi antecipado que tais povos terminariam recebendo os benefícios de Deus (Ver Sl 87.4; 68.31). Alguns intérpretes pensam que a maldição de Cão (ver Gn 9.25) foi o que fez os africanos tornarem-se negros, sujeitos à servidão a outros povos. Mas muitos eruditos modernos objetam a esse tipo de interpretação, que dá sanção bíblica aos preconceitos e aos abusos raciais.

3. No Novo Testamento. Jesus foi hospitaleiramente recebido na África (ver Mt 2.13 ss.). Simão, que ajudou a transportar a cruz, era de Cirenaica, e seus filhos aparentemente eram discípulos cristãos bem conhecidos (Mc 15.21). Judeus, egípcios e cirênios participaram do Pentecoste (ver At. 2.10). O eloquente Apolo era um judeu alexandrino (ver At. 18.24). Alguns dos obreiros no começo da missão entre os gentios eram convertidos cirênios (ver At 9.20 ss.). A tradição afirma que Marcos foi missionário pioneiro em Alexandria (Eusébio, *HE*, ii.16). O evangelho entrou na África mediante um eunuco etíope (ver At 8.26 ss.). Algumas das mais fortes igrejas cristãs encontravam-se na África do Norte e no Egito, no fim do século II d.C. (GRO NE Z)

AGAGITA

Um termo usado em Ester 3.1 e 9.24 para descrever Hamã. Talvez se tratasse de um termo geral para indicar um inimigo, ou uma figura de linguagem: o que Agague (ver o artigo) fora para Saul, Hamã foi para Mordecai, isto é, um inimigo mortal. Josefo (*Ant. xi. 6,5*) explica que era um sinônimo de Amaleque (ver também Esth. iii.1,10; viii.3,5). (S)

AGAGUE

No hebraico significa **"chama"**, embora outros prefiram o sentido de *alto ou guerreiro*. Nome de dois reis dos amalequitas (embora pudesse ser um título como era o caso dos Faraós do Egito). Ver Números 24.7; 1Samuel 15.8,9,20,32. Agague viveu em torno de 1020 a.C. **1**. A primeira das referências dá a entender que o rei dos amalequitas era um grande monarca, e que o seu povo era mais importante do que comumente se supõe. Ver o artigo sobre os *amalequitas*. **2**. As últimas referências dizem respeito ao rei amalequita cuja vida foi poupada por Saul, contrariamente ao solene voto de total destruição, por causa de sua firme resistência à entrada de Israel na região (ver Êx 17.10; Nm 14.45). Samuel, ouvindo que Agague fora poupado, ordenou que ele fosse trazido e o despedaçou. Isso foi um ato de vingança, porquanto fora dito: "Assim como a tua espada desfilhou mulheres, assim desfilhada ficará tua mãe entre as mulheres" (1Sm 15.33). Aparentemente Agague adquirira uma notoriedade infame em seu tratamento aos prisioneiros, incluindo aqueles de Israel. (N D S)

AGAR. Ver *Hagar.*

AGARENES. Em Bar. 3.23, uma forma de Hagar.

ÁGATA

No hebraico, o sentido é desconhecido. Na Sept. temos *achátes*, na Vulgata Latina, *achates*, pedra preciosa e ornamental, usada entre outras no peitoral do sumo sacerdote (ver Êx 28.19; 29.12). Era uma variedade da calcedônia, similar ao jaspe. Sílica muito refinada (dióxido de sílica), com camadas distintas e alternadas principalmente de branco, azul e marrom claro. A maioria das ágatas ocorrem em cavidades nas lavas antigas, podendo ser encontradas em muitos países. As camadas sucessivas são mais ou menos paralelas às paredes da cavidade, resultantes da reação da gelatina de sílica, coagulada com água, levando sílica em solução, e reagindo com a rocha ferrosa adjacente. A formação pode assumir muitas combinações diversas, dando à pedra uma variedade quase infinita, o que explica sua grande beleza. Os trechos bíblicos onde a pedra é mencionada mostram que ela era usada para gravação. Muitas ágatas antigas gravadas podem ser encontradas em museus e coleções. (Ver Êx 28.19; Is 54.12; Ez 26.17). As duas últimas referências envolvem um termo hebraico diferente do da primeira. Talvez se trate de uma pedra diferente, possívelmente o rubi. (S UN Z)

AGÊ

No hebraico significa **"fugitivo"**. Era pai de Samá, um dos homens poderosos de Davi (ver 2Sm 23.11). Era hararita. (Z)

AGEU

"Por meio de cinco discursos, datados entre os meses sexto e nono de 520 a.C., Ageu exortou Zorobabel, o governador, e Josué, o sumo sacerdote, bem como os líderes da comunidade judaica, a assumir seus deveres em favor da reconstrução do templo, e também exortou os sacerdotes a purificar a adoração cúltica. Esses projetos gêmeos foram, antes de tudo, passos práticos que visavam a unificação da vida despedaçada da comunidade judaica. Mas Ageu via também essas coisas como preparações necessárias para a era messiânica"

(*Oxford Annotated Bible*, na introdução ao livro).

O primeiro livro profético de tempos pós-exílicos foi o de Ageu, que registra quatro discursos dirigidos aos judeus que retornaram do exílio a Jerusalém, entre agosto e dezembro de 520 a.C. A comunidade, com dezoito anos de existência, estava desencorajada devido ao fracasso nas colheitas, à seca e à hostilidade das populações vizinhas, a ponto de que já se dispunha a retornar à Babilônia. Ageu repreendeu-os por terem deixado o templo semidestruído. Após terem iniciado uma pequena estrutura, Ageu falou novamente, convocando o povo a construir um edifício ainda mais glorioso que o de Salomão. Ele também queria restaurar a monarquia, tendo Zorobabel como monarca. Ageu foi diferente dos outros profetas reformadores anteriores ao exílio, por ser mais sacerdotal em caráter, salientando a adoração no templo e os rituais, como a chave para maior prosperidade. Ageu foi um dos chamados doze profetas menores, e o primeiro dentre os três que profetizaram após o retorno dos judeus do *cativeiro babilônico* (ver no *Dicionário* o artigo a respeito). Esses profetas são chamados *menores* não por haverem sido menos importantes do que os profetas *maiores*, mas apenas porque os livros que escreveram são *menos volumosos*.

I. AUTOR. A palavra Ageu parece ter-se derivado do termo hebraico que significa festividade, provavelmente porque seu nascimento coincidiu com uma das festas judaicas ou festividades (ver o artigo a respeito). Coisa alguma nos é informada sobre seu passado, família, genealogia etc. Desconhecemos totalmente o lugar e a época de seu nascimento e até mesmo os principais acontecimentos de sua vida. Mas sabemos que ele começou a profetizar no segundo ano de Dario Histaspes (ver Ag 1.1), e, juntamente com o profeta Zacarias, salientou fortemente o reinício da construção do templo, tendo obtido a permissão e a assistência do rei (ver Ez 5.1 e 6.14). O povo judeu, animado por esses líderes, completou a construção no sexto ano do reinado de Dario I (520 a.C.). Podemos inferir, pelas circunstâncias, que Ageu era homem dotado de elevados propósitos, que exercia grande influência e cultivava profunda espiritualidade. Presumivelmente, foi um dos exilados que retornaram a Jerusalém, embora isso não seja dito em parte alguma da Bíblia.

II. Pano de Fundo Histórico. A declaração introdutória fornece essa informação.

III. Data. É possível determinarmos precisamente a data desse livro, porque as profecias teriam ocorrido durante o reinado de Dario I (522-486 a.C.). A primeira ocorreu no primeiro dia do sexto mês, no começo da atividade profética de Ageu, a saber, em agosto e setembro de 520 a.C. Então, a sua quarta profecia sucedeu no nono dia do quarto mês, isto é, novembro e dezembro de 520 a.C., imediatamente depois que Zacarias deu início ao seu ministério.

IV. Lugar de Origem. Os exilados retornaram da Babilônia e estabeleceram-se na área de Jerusalém. As profecias estão associadas ao lugar do templo arruinado. Isso significa que a própria cidade de Jerusalém, ou algum lugar das proximidades, foi onde o livro foi escrito.

V. Destino. Está em questão uma área muito restrita. Em primeiro lugar, houve o encorajamento para reconstruir o templo (ver Ag 2.1-9). Os sacerdotes foram incluídos no terceiro discurso. O encorajamento dado a Zorobabel, governador civil da Judeia, no quarto oráculo (Ag 2.20-23), alude à mesma localização geral. Todas as referências, pois, apresentam a Judeia e, especificamente, Jerusalém, como os locais para onde as mensagens foram enviadas.

VI. Propósito. O alvo era encorajar os desanimados repatriados a reconstruir o templo, restabelecendo a autoridade civil e religiosa da nação, e reconhecendo a vida comunitária, após o padrão do Estado judaico original. Israel não tinha por intuito ser apenas um ajuntamento de pessoas em certo lugar, para então surgir um governante que organizasse as coisas. Antes, Israel deveria ser uma teocracia e uma fraternidade, com propósito e serviço espirituais. Não bastava os israelitas serem libertados do cativeiro. A restauração geral de Israel, em todos os seus aspectos, era algo necessário. Deus os escolhera como um povo, e deles era exigido que correspondessem a essa responsabilidade.

VII. Canonicidade. Esse livro foi o primeiro dos três livros proféticos pós-exílicos (Ageu, Zacarias e Malaquias). Todos esses livros tratam da questão da restauração de Israel após o cativeiro babilônico. Desde o começo, Ageu foi um livro aceito, tendo sido contado entre os doze profetas menores. Esdras atestou a validade e a importância da profecia de Ageu (ver Ed 5.1 e 6.14), o que sem dúvida aumentou o prestígio do livro entre o povo. Na maioria dos antigos catálogos, Ageu não é mencionado por nome, mas sempre houve a referência aos doze profetas menores, que necessariamente incluíam o seu livro. Nos tempos do Novo Testamento, temos a citação em Hebreus 12.26 (ver Ag 2.6-8,22). Josefo chamou Ageu e Zacarias (ver Anti. xi.4,5, par. 557) de "os profetas". Ver no *Dicionário* o artigo geral sobre o *Cânon do Antigo Testamento*.

VIII. Texto. De modo geral, o texto do livro está em boa ordem, como se dá com o texto massorético em geral. Ver no *Dicionário* o artigo sobre a *Massora*. Entretanto, há algumas corrupções em Ageu 1.7,9,10,12; 2.6,15,17 e uma possível deslocação de texto em Ageu 2.15-18. A Septuaginta tem uma adição em Ageu 2.9, que ajuda a reconstituir o texto hebraico.

IX. Unidade. Alguns estudiosos têm dividido o livro em duas partes, escritas por dois autores distintos. Em primeiro lugar, há uma porção narrativa, não profética; em segundo lugar, há os oráculos. O primeiro escritor poderia ter incorporado em seu livro as profecias do segundo. O fato de que as profecias foram redigidas na terceira pessoa talvez apoie essa teoria. Por que o profeta não usou o "eu", ao entregar suas próprias profecias? O autor diz "o profeta Ageu", ao referir-se às profecias dadas, como se estivesse designando uma pessoa distinta de si mesmo (Ver Ag 1.1 e 2.1,10). O autor evidentemente estava bem familiarizado com os eventos profetizados, mas isso poderia mostrar apenas que ele era um contemporâneo, e não que foi ele mesmo quem recebeu as profecias. Portanto, ele pode ter sido o porta-voz da mensagem, embora não o seu autor. Outrossim, as profecias são resumos extremamente reticentes, e não extensos discursos proféticos, o que poderia apontar para o trabalho de um redator ou editor. Não há como solucionar a questão com algum grau de certeza; mas ela não se reveste de grande importância real. Se um autor qualquer incorporou fielmente em sua obra os oráculos de um profeta, o resultado poderia ser corretamente chamado pelo nome do profeta, e seria uma profecia genuína desse mesmo profeta.

X. Conteúdo

1. Ageu 1.1-11. Sexto mês, primeiro dia. Primeiro oráculo. É mencionada a negligência do povo. Eles não haviam construído o templo (ver Ed 3.4), enquanto concentravam os esforços em suas próprias residências (ver Ag 1.4). Os desastres por eles sofridos, a seca e a ausência de colheita eram lembretes de Deus de que eles deveriam pôr em primeiro lugar as coisas principais.

2. Ageu 2.1-9. Sétimo mês, vigésimo primeiro dia. O futuro templo seria maior que o de Salomão. Os próprios gentios contribuiriam para torná-lo assim. A profecia talvez inclua o templo de Herodes, que foi maior que o de Salomão; e, espiritualmente falando, poderia referir-se ao novo templo formado por judeus e gentios, encarnado na igreja, na era do evangelho (ver Ef 2.17-22). Seja como for, o futuro referente ao templo e ao seu sentido espiritual é grande, e isso deveria encorajar-nos a fazer investimentos nessa realização.

3. Ageu 2.10-19. Nono mês, vigésimo quarto dia. A lei ritual nos fornece uma lição. Se um homem estivesse transportando a carne dos sacrifícios e se suas roupas tocassem em algo, a coisa tocada nem por isso se tornaria santa. Mas as vestes de um homem que estivesse ritualmente impuro contaminariam tudo aquilo em que tocassem. Portanto, a imundícia contamina. As ruínas do templo eram imundas e contaminavam a nação judaica. Somente se o novo templo substituísse o antigo, mediante reconstrução, a nação poderia ficar isenta da imundícia que lhes servia de obstáculo e contra eles atraía o juízo divino. Finalmente, o reavivamento resultou no lançamento de um novo alicerce (ver Ed 3.10), em 536 a.C. e isso foi feito segundo a filosofia do profeta.

4. Ageu 2.20-23. Nono mês, vigésimo quarto dia. Aparece uma promessa, feita a Zorobabel, de que ele seria mantido em segurança, a despeito das perturbações que agitavam o império persa.

XI. Perspectiva Teológica. **1**. A prosperidade material não serve de sinal seguro de prosperidade espiritual; mas, quando se põem as coisas principais em primeiro lugar (primeiro as coisas espirituais, e só então as materiais), isso resulta em bênçãos de todas as modalidades. Isso se coaduna com a mensagem de Jesus em Mt 6.33 (ver Ag 1.1-11). **2**. Os reveses na vida de um crente podem ser devidos a questões espirituais às quais não atendemos (ver Ag 1.6 ss.). **3**. O ritual é importante, se dele participarmos com a correta atitude espiritual. Dentro do contexto judaico, essa é uma questão importante, porque ali o ritual continuava sendo um importante indicador do destaque que se dava às questões religiosas (ver Ag 2.12 ss.). **4**. Em seu terceiro oráculo, o profeta salientou quão penetrante é o mal, ainda mais que o bem. Por esse motivo, deve ser evitado (ver Ag 2.12 ss.). **5**. Se um homem recebe de Deus uma missão, o Senhor cuidará para que ele seja protegido, até cumprir a sua missão, o que não é um pequeno consolo (ver Ag 2.21 ss.).

XII. Bibliografia. G I IB ID

AGNOSTICISMO

Termo cunhado por T. H. Huxley (1825-95) para expressar a perspectiva de que a evidência da existência de Deus é contrabalançada pela evidência contra ela e que, assim, a única posição consistente em relação à questão é não julgar. À medida que o agnosticismo se fundamenta na ética da crença que exige que se acredite apenas no que apresenta evidência suficiente, a posição agnóstica foi desafiada de forma interessante por William James (1842-1910), que argumentava ser racional acreditar sem evidência suficiente quando a escolha envolvida era "viva, poderosa e coerciva".

O agnosticismo, se não no nome, é, de fato, uma consequência dos argumentos de Kant a respeito do conhecimento humano estar preso às categorias de tempo e de espaço. Deus, que está além do tempo e do espaço, é o incognoscível. É mais um agnosticismo a respeito de Deus que sobre a questão de se ele existe ou não. Mais recentemente, esse debate mais antigo a respeito do limite do conhecimento humano foi suplantado pelas declarações inspiradas pelo positivismo de que a própria linguagem utilizada para falar de Deus, do ponto de vista cognitivo, é sem sentido, pois não é verificável (veja Positivismo lógico).

O agnosticismo sempre foi um elemento na teologia que quer observar os limites da revelação divina e evitar a especulação, além de reconhecer que falar de Deus contém elementos analógicos.

AGOSTINHO (354-430)

O maior teólogo entre os pais latinos e um dos maiores de todos os tempos. Sua influência dominou o cristianismo medieval no Ocidente (onde se tornou um dos quatro "Doutores da igreja") e proporcionou o mais poderoso estímulo não bíblico para a Reforma. Tanto para católicos quanto para protestantes, permanece como uma grande fonte teológica.

Vida. Agostinho nasceu em Tagaste, no norte da África sob governo romano (atual Souk Ahras, na Argélia), filho de Patrícius, que mais tarde se tornaria cristão, e da piedosa Mônica, que o levou a ser catecúmeno ainda na infância. Suas Confissões (espécie de autobiografia espiritual e intelectual) são a principal fonte para se conhecer seu desenvolvimento. Durante sua formação, local e, depois, em Cartago, sua conexão com o cristianismo era tênue. Distinguiu-se, nos estudos, em literatura e retórica, mas nunca dominou o grego. Sua leitura de Hortensius (373), obra perdida de Cícero, inflamou-o com ardente amor pela sabedoria divina (filosofia), pelo que se voltou para o maniqueísmo, deprezando a leitura das Escrituras. Enquanto ensinava retórica na África e em Roma (383) e Milão (384), permaneceu adepto do maniqueísmo, a despeito do crescente desencanto com suas pretensões intelectuais.

Foi em Milão que se converteu. Sua conversão (386) e batismo (Páscoa de 387) resultaram das persistentes orações de sua mãe, Mônica, da pregação do bispo Ambrósio (que lhe mostrou como interpretar a Bíblia espiritualmente ou alegoricamente e cuja sabedoria o impressionou profundamente), dos escritos neoplatônicos de Plotino e Porfírio (que completaram sua libertação das algemas do maniqueísmo) e do impacto do movimento ascético do Oriente. Seu ideal era agora a busca contemplativa da verdade pelos caminhos gêmeos da razão e da fé, e ele os palmilhou tanto em retiro antes de seu batismo como em uma comunidade ascética após voltar a Tagaste.

Seus escritos desse período, parcialmente dirigidos contra o maniqueísmo, mostram quão profundamente o neoplatonismo (ver Platonismo) o influenciou. Diversos deles são diálogos no estilo de Platão. Agostinho esperava confiantemente que a filosofia platônica pudesse revelar os tesouros da fé da igreja (cf. Religião verdadeira, 389-391). Para defender a posição da fé e da autoridade na religião, contra as objeções dos maniqueístas, argumentou que a fé deve preceder o entendimento (cf. Is 7.9, LXX), mas possui as próprias bases em que se apoia — bases que ele encontrou nas realizações morais e numéricas da igreja mundial (cf. O proveito de crer, 391-392). Contra o determinismo maniqueísta, insistiu em que o pecado culpável procede somente do abuso do livre-arbítrio (cf. Livre-arbítrio, 391-395). Contra o dualismo maniqueísta, enfatizou a bondade da criação e adaptou a abordagem neoplatônica do mal, vendo-o como ausência do bem, carente de realidade substancial. Seu platonismo cristão nutria alta estima pelo potencial moral e espiritual do homem.

Em 391, Agostinho foi recrutado para o ministério da igreja em Hipona (atual Annaba). Logo se tornava bispo de sua congregação (396), fazendo da casa do bispo um seminário asceta com cabido. As necessidades da igreja passaram a determinar cada vez mais sua produção teológica. Dedicou-se intensamente ao estudo das Escrituras, especialmente em Paulo, sob o incentivo de Ticônio (c. 370-390), donatista não conformista de quem Agostinho aprendeu sobre diversos pontos significativos. A exposição à realidade pastoral também prontamente minou seu otimismo humanista, conduzindo a uma consciência mais profunda da fraqueza e da perversidade humanas. Fruto dessa mudança é a análise perscrutadora de sua própria pecaminosidade nas Confissões (397-401). Outra decorrência foi Para Simplício, sobre questões diversas (396), em que mostra haver Romanos 9.10-29 o convencido das inter-relações básicas entre eleição, graça, fé e livre-arbítrio, que mais tarde defenderia contra os pelagianos. Somente nessa subsequente controvérsia, percebeu ele que Romanos 7.7-25 deveria se referir ao cristão, e não a uma pessoa sob a lei anterior à graça, como argumenta em Simplício.

Em Hipona, Agostinho continuou a refutar os erros maniqueístas. Defendendo o AT das críticas destes, apresentou a argumentação cristã mais substancial, até época, sobre a questão das guerras justas (em Contra Fausto, 397-398). Mas os adversários donatistas da igreja passaram a se tornar sua principal preocupação, oferecendo ele, então, importante contribuição para as doutrinas ocidentais sobre a igreja e os sacramentos (cf. especialmente Contra a carta de Parmenas, 440; Batismo, contra os donatistas, 400-401; Contra as cartas de Petílio, 401-405; e A unidade da igreja Católica, 405). Os ensinos de Agostinho se basearam em Ticônio e em Optato de Milevis (c. 365-385), o único prior católico da África que era crítico do donatismo com consistência teológica.

Donatismo. Às argumentações exclusivas do donatismo, Agostinho opôs tanto a universalidade (ou catolicidade) da igreja, conforme predito nas Escrituras, quanto o seu caráter misto, ou seja, o de conter o joio e o trigo, juntos, até o juízo final. A busca por uma comunidade pura estava condenada a falhar (porque somente Deus conhece quem são os seus), sendo contrária às Escrituras. A santidade da igreja não é a de seus membros, mas, sim, a de Cristo, seu cabeça, e só seria realizada escatologicamente. Agostinho enfatiza a ligação entre Cristo e seu corpo de tal modo que poderia deles dizer serem "um Cristo amando a si mesmo", ou até "uma única pessoa" compactada pelo amor ou pelo Espírito (que Agostinho identificou intimamente — ver abaixo).

Visto que o cisma é, acima de tudo, uma ofensa ao amor, os cismáticos não possuem o Espírito de amor. Embora professem a fé católica e administrem os sacramentos, estes permanecem sem proveito para eles até que entrem para o rebanho católico, que é a única esfera do Espírito. Todavia, reforçando o abandono, ocorrido no século IV, da posição africana original (*cf.* Cipriano), Agostinho argumenta que os sacramentos cismáticos ou heréticos são válidos (mas não regulares), porque a validade deles não depende da dignidade do ministro humano, mas de Cristo, que é o verdadeiro ministro dos sacramentos. Agostinho pode, assim, aceitar os donatistas na igreja sem exigir deles o (re)batismo ou a (re)ordenação, mas é bastante sutil sua distinção entre a validade sacramental (dependente de Cristo) e o proveito sacramental (dependente do Espírito). Era a própria doutrina da igreja que realmente precisava de desenvolvimento para poder acomodar os cismas ortodoxos como o donatismo. A distinção artificial feita por Agostinho ajudou a apadrinhar a infeliz noção do "caráter" indelével dos sacramentos, sem considerar seu relacionamento com a comunidade eclesiástica.

Agostinho ofereceu também uma justificação teológica à coerção dos hereges e cismáticos (*Epístola* 93, 408; *Epístola* 185, 417). As ameaças e sanções deveriam ser essencialmente corretivas (e, assim, nunca poderiam incluir a pena de morte), mediante serviço especial à religião por cristãos exercendo uma tarefa de natureza secular. Agostinho adotou basicamente essa diretriz por motivos pragmáticos, mas a defendeu com o uso dúbio das Escrituras (incluindo textos como Lc 14.23) e em termos de como Deus lidava com a humanidade recalcitrante — por meio de rigorosa disciplina de sua severidade benevolente. Nesse contexto foi que Agostinho proferiu seu ditado frequentemente citado de modo errôneo: Ame, e faça o que quiser — por ele emitido em favor de um castigo corretivo de caráter paternal.

Pelagianismo. O legado mais influente de Agostinho ao protestantismo foi a sua obra antipelagiana (411-430). Desde o primeiro de seus muitos escritos (*Os méritos e a remissão dos pecados e o batismo infantil*, 411-412), ele uniu diversas ênfases dos pelagianos em uma única heresia. A controvérsia se desenvolveu em três fases: contra Celéstio e Pelágio (411-418: *O Espírito e a letra*; *Natureza e Graça*, *A perfeição da justiça humana*, *A Graça de Cristo e o pecado original*, *Epístola* 194); contra Juliano (419-430: *Casamento e concupiscência*, *Contra duas cartas dos pelagianos*, *Contra Juliano*, *Obra inacabada contra Juliano*); e contra os monges, chamados "semipelagianos", da África e da Gália (427-430: *Graça e livre-arbítrio*, *Correção e graça*, *Epístola* 217, *A predestinação dos santos*, *O dom da perseverança*).

O longo conflito testemunhou a edificação, por Agostinho, de uma fortaleza teológica inexpugnável e tremenda, como jamais tinha havido. Seu material de construção incluiu: uma elevada visão das perfeições de Adão e Eva e, em decorrência disso, as desatrosas consequências da queda; a insistência em que, havendo todos pecado "em Adão" (no que Agostinho usou da interpretação incorreta de Rm 5.12 nas *Ambrosiaster*), acham-se todos presos aos castigos decorrentes desse pecado — morte espiritual, culpa e a desordem doentia da natureza humana; concupiscência, da qual nenhum ato sexual da humanidade decaída está isento (mesmo no casamento cristão), por ser o próprio meio de transmissão do pecado original de pais para filhos; a impossibilidade de haver mesmo que seja o surgimento de fé sem o dom da graça preveniente, mediante cujo poder a vontade é capacitada a se voltar para Deus; a estrita limitação dessa graça a quem for batizado, de modo que uma criança que venha a morrer sem estar batizada já se acha condenada ao inferno — a não ser, talvez, em virtude de um maior alcance de indulgência pela graça ou relativamente a um número fixo de eleitos que recebem a graça tão somente pela misericórdia livre e soberana de Deus, estando o resto da humanidade entregue aos seus justos merecimentos (Agostinho raramente fala de uma predestinação divina para a condenação paralelamente à predestinação para a salvação); a negação de que Deus deseja que todas as pessoas sejam salvas e a disjunção de eleição e batismo, pois nem todos os batizados pertencem aos eleitos; a infalibilidade da redenção eterna dos eleitos, em quem a graça de Deus opera irresistivelmente (mas não coercitivamente) e que recebem o dom da perseverança; e a apelação definitiva à inescrutabilidade dos juízos de Deus quando meros homens se atrevem a questioná-los.

A igreja, tanto no Ocidente quanto no Oriente, repudiou as crenças pelagianas básicas, mas não canonizou a visão total da refutação de Agostinho, fosse na mesma época, fosse mais tarde, no Segundo Concílio de Orange (529). No próprio pensamento de Agostinho, identifica-se indubitável avanço em alguns pontos importantes, especialmente quanto à natureza e à transmissão do pecado original, em comparação com a abordagem voluntarista do pecado em sua obra *Livre-arbítrio* (391-395). Tem sido frequentemente levantada a questão (p.ex: por Harnack) de se as doutrinas institucionais da igreja e do batismo contidas em seus escritos antidonatistas podem sobreviver ante a pesada carga antipelagiana do seu conceito de *certus numerus* de eleitos. Dogmaticamente, a falha deve estar na desconexão entre o Deus amoroso que elege alguns e o Deus justo que condena o restante. Todavia, em suas obras menos controversas (p.ex: *O Espírito e a letra*), a teologia de Agostinho oferece uma exposição do incomparável evangelho paulino pregado na igreja primitiva.

Trindade. Em seu longo labor da obra *Da Trindade* (399-410), Agostinho entregou-se à busca do entendimento da fé, livre das pressões de controvérsia. O resultado é um respeitável exercício em teologia dogmática, bem como uma investigação profundamente contemplativa. Ele dedica excepcional importância à ideia da plena igualdade das três pessoas divinas, que diferem somente em suas relações mútuas. Começa não com o Pai como a fonte da divindade, mas com o próprio Deus, de quem fala como tendo mais "essência" do que "substância" (para evitar implicações derivadas das categorias aristotélicas). Rejeita qualquer sugestão de que a essência única de Deus e das três pessoas exista em níveis diferentes, referindo-se em termos como "pessoa" e "hipóstase" para a própria essência divina em suas relações internas. A inseparabilidade das obras da Trindade o conduz à sugestão de que algumas das teofanias do AT podem ter sido mais do Pai ou do Espírito do que do Filho.

Como alternativa quanto a "proceder" em relação à diferença do Espírito (como tendo sido "gerado" do Filho), Agostinho contempla o Espírito como "dom" e "amor". Na qualidade de vínculo de comunhão entre Pai e Filho, o Espírito é seu amor mútuo, assim como o dom de Deus que une o povo de Deus. Agostinho liga, assim, a Trindade e a igreja. O espírito é, sem ambiguidade, o Espírito de ambos, do Pai e do Filho, de forma que Agostinho é um claro adepto do *filioque*.

Uma vez que o ser humano foi feito à imagem de toda a Trindade, Agostinho procura na criação do homem padrões de relacionamento que ajudem o entendimento das relações trinitárias. Com a ajuda de ideias neoplatônicas, encontra a mais sugestiva analogia na autorrelação da mente ou alma na memória (conhecimento latente de si mesma), no entendimento (compreensão ativa de si mesma) e na vontade ou no amor (ativando tal autoconhecimento). O modelo da mente seria mais próximo ainda disso, lembrando, conhecendo e amando o próprio Deus. Como imagem de Deus, o ser humano é chamado a se tornar mais semelhante a Deus. A contemplação das imagens da Trindade no homem serve, portanto, para conformá-lo à imagem divina. A teologia, a adoração e a santidade têm aqui um frutífero ponto de encontro.

Cidade de Deus. A obra *Cidade de Deus* também ocupou Agostinho por muitos anos (413-426). Oferece uma cristalização de grande alcance de seu pensamento sobre a história e a sociedade. O interesse dominante dessa obra é a história da salvação, baseada na concepção cristã comum dos sete dias-eras do mundo. A era da igreja é no sexto dia, anterior ao sábado eterno. É o milênio de Apocalipse 20. Abandonando decisivamente o quiliasmo (milenarismo) do cristianismo primitivo, que havia sustentado em determinada época, Agostinho vê agora o período total entre a encarnação e a parúsia como homogêneo. Rejeita a teologia de Eusébio do Império Romano cristão como nova fase nos propósitos de Deus. A cidade de Deus, consistentemente, despreza a importância da história secular, mesmo a de Roma sob governantes cristãos. Pagãos e cristãos têm investido igualmente muito capital religioso nela. A existência da cidade de Deus sobre a terra é definitivamente independente do Estado ou da sociedade. Todas as instituições humanas são essencialmente ambíguas na visão de Agostinho, de forma que a cidade de Deus não pode ser identificada *simpliciter* com a igreja tanto quanto a cidade do diabo o seria com Roma, porque somente Deus conhece os amores, de Deus ou do próprio ego, que nos torna cidadãos de uma cidade ou de outra.

A noção de Agostinho do papel do governo é minimalista: ele existe para refrear os excessos do pecado, embora os governantes cristãos, como cristãos, tenham o dever de promover a igreja. Está muito longe, também, de sugerir qualquer espécie de poder eclesiástico teocrático (como teoristas medievais erroneamente o entenderam). Como bom cristão platonista e teólogo bíblico, ele projeta a sólida realidade para além deste mundo, para o céu e para o futuro.

(**D. F. Wright**, M.A., reitor da Faculdade de Teologia e catedrático de História Eclesiástica do New College, Universidade de Edimburgo, Escócia.)

BIBLIOGRAFIA. A edição mais útil de obras (em andamento), *Bibliothèque Augustinienne* (Paris, 1947ss); P. Brown, *Augustine of Hippo* (London, 1967), com tabelas cronológicas e detalhes de obras, sobre os quais veja também B. Altaner, *Patrology* (New York, 1960); literatura atual é revista em *Revue des études augustiniennes*.

G. Bonner, *St. Augustine of Hippo* (London, 21986); H. Chadwick, *Augustine* (Oxford, 1986); H. A. Deane, *The Political and Social Ideas of St. Augustine* (New York & London, 1963); G. R. Evans, *Augustine on Evil* (Cambridge, 1982); E. Gilson, *The Christian Philosophy of St. Augustine* (London, 1961); S. J. Grabowski, *The Church: An Introduction to the Theology of St. Augustine* (St. Louis, 1957); A. Harnack, *History of Dogma*, vol. 5 (London, 1898); R. A. Markus, in: CHLGEMP, p. 341-419; idem, *Saeculum: History and Society in the Theology of St. Augustine* (Cambridge, 1970); J. B. Mozley, *A Treatise on the Augustinian Doctrine of Predestination* (London, 31883); J. J. O'Meara, *The Young Augustine* (London, 1954); A. Pincherle, *La formazione teologica di Sant'Agostino* (Roma, 1947); E. TeSelle, *Augustine the Theologian* (New York, 1970); G. G. Willis, *St. Augustine and the Donatist Controversy* (London, 1950).

AGOSTINIANISMO

A influência de Agostinho tem sido tão grande no cristianismo ocidental que o presente levantamento só pôde ser seletivo, concentrando-se principalmente em suas "doutrinas da graça" (antipelagianas), às quais o agostinianismo, como um sistema teológico, mais comumente se refere.

A reação crítica aos escritos de Agostinho começou ainda em vida, com os pelagianos e semipelagianos. O resultado dessa controvérsia foi a canonização do cerne do ensino de Agostinho nos séculos V e VI, tendo confirmado o papa Bonifácio II, em 531, os decretos do Segundo Concílio de Orange.

Legado. Agostinho já desfrutava, porém, de elevada estima. Cesário de Arles (m. 542), que geralmente mostra ter sido mais do que simples adaptador de Agostinho, assim como outros pais da igreja posteriores, como Gregório, o Grande e Isidoro de Sevilha (c. 560-636), tratam-no com respeitosa admiração. Muitos sumários e florilégios de seus escritos foram produzidos, como, por exemplo, por Próspero de Aquitânia (m. 463), Eugípio, um abade das proximidades de Nápolis (m. 535), Beda (m. 735) e Floro de Lião (m. c. 860). Na Renascença carolíngia, da qual uma das inspirações era a obra de Agostinho voltada para a cultura e a educação, *Da doutrina cristã*, fizeram muito uso de suas ideias as homilias de Paul Deacon (m. c. 800) e outras e os comentários bíblicos e compilações teológicas de Alcuin (m. 804), Walafrid Strabo (m. 849), Rabanus Maurus (m. 856) e muitos outros.

No século IX, Gottschalk foi um expoente da controvérsia ao agostinianismo, em particular, quanto à dupla predestinação e ao supralapsarianismo. Entre seus oponentes, estava o neoplatônico Eriugena, que devia muito a um outro lado de Agostinho, embora entre os que o sustentavam estivesse Ratramnus, cuja visão mais espiritual da eucaristia dirigia-se contra o ensino "realista" de Pascásio Radberto. Ambos foram capazes de apelar para Agostinho — aspecto muito comum das disputas eucarísticas tardias.

Tanto Anselmo, pioneiro da abordagem da nova escolástica em teologia, como Bernardo, um de seus críticos mais incisivos, muito ficaram devendo a Agostinho. A correlação da fé com a razão (ver Fé e Razão) feita por Agostinho parecia uma justificação feita sob medida para o escolasticismo, enquanto a espiritualidade de Bernardo e sua obra *Graça e livre-arbítrio* usaram Agostinho com efeito totalmente diverso. Apesar de o escolasticismo substituir Platão por Aristóteles como apoio filosófico à teologia, Agostinho permaneceu sendo a autoridade predominante, nada menos que em Pedro Lombardo e Tomás de Aquino; mas a tendência dos escolásticos foi a de se inclinar cada vez mais para explanações da relação entre livre-arbítrio e mérito humano e a graça divina, que eram, na verdade, semipelagianas.

Os franciscanos, em particular, concederam um lugar de destaque a Agostinho em seus estudos teológicos. Boaventura, por exemplo, era mais platonista do que aristoteliano, expondo uma teoria da iluminação não diferente da de Agostinho. Duns Scotus assimilou também motivos agostinianos em sua ênfase sobre a liberdade de Deus e sobre vontade e amor.

O legado de Agostinho foi reconhecido, igualmente, por movimentos monásticos, que ganharam sua denominação em razão da obediência ao regulamento ou à regra agostiniana (que passou a ganhar influência somente no século XI, sendo até hoje discutida a autenticidade de suas diferentes versões). Confrarias de cônegos, ou padres, agostinianos (regulares) foram criadas durante a reforma gregoriana, no século XI, reunindo seus participantes não em uma única ordem, mas em congregações separadas. Entre essas, a dos vitorinos, em Paris, que se constituiria destacada escola cultora do pensamento e da espiritualidade de Agostinho. Já a de Windesheim, nos séculos XIV e XV, contaria com os principais representantes monásticos do movimento de renovação conhecido como *Devotio Moderna*, em cujas fileiras pontificavam Geert de Groote (1340-1384), fundador dos Irmãos da Vida Comum, e Thomas à Kempis (ver Espiritualidade). Erasmo, altamente influenciado pela agitação que alimentou a Reforma em diversos pontos, foi também, por algum tempo, padre agostiniano.

No século XIII, formava-se uma ordem de monges ou frades agostinianos. Originariamente eremitas, logo se tornaram mendicantes. Gregório de Rimini, dirigente da ordem, era um teólogo agostiniano assumido. Os estudiosos têm analisado com interesse a força e a importância que exerceu um agostinianismo renovado entre os agostinianos em meio aos séculos imediatamente precedentes à Reforma. Algumas dessas congregações de frades agostinianos, mais tarde, aderiram à Reforma (tornaram-se congregações de estritos "observantes" do Regulamento), incluindo a confraria alemã, de que Lutero fazia parte, em Erfurt, em 1505. Seu vigário geral era John Staupitz (1460/1469-1529), predecessor de Lutero como professor

AGRICULTOR

de Bíblia em Wittenberg. Era um expoente inflexível da doutrina da eleição, ensinada por Agostinho, que a ela correlacionou um pacto unilateral, pelo qual Deus designou Cristo como mediador da justificação para os eleitos. Staupitz enfatizava o louvor a Deus, entusiasmado pela dependência total do homem à eleição e justificação divinas e por sua certeza de poder contar com a presença pessoal do Cristo ressurreto. A influência de Staupitz sobre Lutero foi significativa em uma época dramática para este, apontando-lhe o amor de Deus na cruz e dando a interpretação de suas tentações como um sinal de sua eleição divina. Carlstadt (c. 1450-1541), colega de Lutero e seu crítico radical, dedicou seu comentário sobre a obra de Agostinho *O Espírito e a letra* a Staupitz, embora tenha sido Lutero que o trouxe de volta ao estudo de Agostinho.

Os reformadores protestantes. Todos os reformadores de caráter dominador como que se assentaram aos pés de Agostinho. Eles beneficiaram-se da redescoberta da antiguidade cristã pela Renascença. Diversas novas edições de Agostinho foram impressas, notadamente por Erasmo. Por causa de sua lealdade a Agostinho, o protesto da Reforma foi dirigido contra a preponderância, na teologia medieval do final daquele período, de uma ou outra forma de equivalência do semipelagianismo. Os nominalistas, tais como Guilherme de Occam e Gabriel Biel, ensinavam que fazer o que estava no poder natural de uma pessoa (*facere quod in se est*) representava a primeira infusão da graça procedente de Deus (*meritum de congruo*). O inglês Thomas Bradwardine se opôs fortemente ao semipelagianismo de Occam com um agostinianismo relativamente extremo.

Os reformadores realçaram diferentes pontos em Agostinho. Calvino sistematizou mais plenamente sua doutrina da predestinação, enquanto Lutero foi atraído por sua inflexível descrição da humanidade decaída, provavelmente indo além da narrativa de Agostinho sobre a servidão da vontade. Em alguns elementos, como livre-arbítrio e pecado original, outros reformadores também favoreceram formulações divergentes, mas o cerne do agostinianismo foi, por toda parte, o coração do evangelho protestante.

Catolicismo romano. Roma, porém, não poderia permitir que os protestantes fossem considerados os verdadeiros intérpretes de Agostinho. Os dois séculos seguintes à Reforma foram marcados por controvérsias no catolicismo a respeito da importância dos ensinos de Agostinho. De forma concentrada, foi sendo descoberto continuamente o espectro de um criptoprotestantismo se infiltrando no rebanho católico. Michel Baius (De Bay, 1513-1589), teólogo de Louvain, Bélgica, que alegava ter lido setenta vezes as obras antipelagianas (!), teve condenadas, em 1567, por bula papal, muitas das proposições de seus escritos. Baius, sem dúvida, esposava uma versão mais pronunciada do agostinianismo que o catolicismo da Contrarreforma poderia tolerar. Isso se tornou evidente na adoção oficial pela, então, nova Ordem Jesuíta das opiniões molinistas, substancialmente semipelagianas. Dominicanos que acusavam os jesuítas de pelagianismo foram, por sua vez, acusados de calvinismo. Uma disposição papal de 1607, no entanto, permitiu essas duas principais correntes de ensino. A controvérsia irrompeu renovada um século depois, em torno de Henri Noris (1631-1704), eremita agostiniano, autor de uma história erudita do pelagianismo e defesa do agostinianismo contra o molinismo. O resultado foi mais uma autorização de adoção de sistemas diferentes de pensamento na igreja. Na prática, o molinismo semipelagiano dos jesuítas se tornou amplamente predominante.

O ano de 1640 viu a publicação de uma obra póstuma chamada *Augustinus*, escrita por Cornelius Jansen (1585-1638), holandês que lecionava em Louvain. Essa obra deflagrou um conflito bastante intenso, especialmente na França, onde o convento cisterciense de Port-Royal, com dois estabelecimentos, em Paris e próximo dali, tornou-se o quartel-general do jansenismo, sob a liderança de St. Cyran (Jean Duvergier de Hauranne, 1581-1643, abade de St. Cyran), Antoine Arnauld (1612-1694) e sua irmã Jacqueline Angélique (1591-1661), abadessa de Port-Royal. Eles receberam apoio dos dominicanos, de Pascal e de outros, simpáticos a um movimento que se pretendia também favorável à renovação da piedade e da devoção. O alvo principal dos jansenistas era a teologia dos jesuítas, especialmente o molinismo. Em 1653, o papa Inocêncio X condenou cinco proposições, supostamente extraídas do livro de Jansen, que afirmavam o seguinte: os mandamentos de Deus não podem ser cumpridos sem a graça; a graça é irresistível; o homem decaído é livre da coerção, mas não da necessidade; o erro dos semipelagianos era a negação da irresistibilidade da graça; é semipelagiano dizer que Cristo morreu por todos os membros da raça humana. Os jansenistas contestaram essa apresentação do ensino de Jansen, e a disputa continuou. Em 1713, uma condenação papal mais abrangente foi feita a uma obra escrita pelo francês Pasquier Quesnel (1634-1719), da congregação da Oratória. Port-Royal foi fechada em 1709, mas os jansenistas holandeses formaram um bispado independente, que tem sobrevivido como parte da Veterocatólica igreja.

Essa longa controvérsia estimulou o extensivo estudo de Agostinho e dos episódios pelagianos. Um de seus frutos foi a edição de suas obras, considerada ainda a mais completa, feita pelos beneditinos mauristas (1679-1700). Concordâncias com os jansenistas são observadas entre os mauristas.

Desde o século XVIII, a teologia agostiniana tem sido uma questão menos controversa para os católicos. O estudo de suas obras continuou a aumentar com o advento de diversos periódicos e centros de pesquisa, especialmente o Institut des Études Augustiniennes [Instituto de Estudos Agostinianos], em Paris. Na teologia construtiva, outros aspectos de seu pensamento têm despertado, de modo crescente, interesse mais intenso do que toda a sua obra antipelagiana.

Protestantismo. No protestantismo, o legado do agostinianismo antipelagiano tem sido grandemente considerado segundo as tradições luterana e reformada. O dualismo platônico é tido por teólogos da tradição de Barth como a maior falha estrutural no ensino de Agostinho. Eles também o culpam pela preocupação ocidental maior com a antropologia do que com a cristologia. O "realismo cristão" de Reinhold Niebuhr muito deve, explicitamente, a Agostinho, sendo sua obra *Natureza e destino do homem*, em geral, considerada como a *Cidade de Deus* da atualidade.

(**D. F. Wright**, M.A., reitor da Faculdade de Teologia e catedrático de História Eclesiástica do New College, Universidade de Edimburgo, Escócia.)

BIBLIOGRAFIA. N. J. Abercrombie, *The Origins of Jansenism* (Oxford, 1936); J. Cadier, "S. Augustin et le Réforme", *Rech. august*. 1. (1958), p. 357-371; L. Cristiani, "Luther et S. Augustin", in *Augustinus Magister*, vol. 2 (Paris, 1954), p. 1029-1035; H. De Lubac, *Augustinisme et théologie moderne* (Paris, 1963); A. Hamel, *Der Junge Luther und Augustin*, 2 vols. (Gutersloh, 1934-1935); H. Marrou, *St. Augustine and His Influence Through the Ages* (London, 1957); H. A. Oberman, *Masters of the Reformation* (Cambridge, 1981), cap. 6, The Augustine Renaissance in the Later Middle Ages; A. Sedgwick, *Jansenism in Seventeenth-Century France* (Charlottesville, VA, 1977); L. Smits, *S. Augustin dans l'oeuvre de Jean Calvin*, 2 vols. (Assen, 1957-1958); D. C. Steinmetz, *Misericordia Dei: The Theology of Johannes von Staupitz in Its Late Medieval Setting* (Leiden, 1968); D. Trapp, "Augustinian Theology of the Fourteenth Century", *Augustiniana* 6 (1956), p. 146-274.

AGRICULTOR

Vários nomes são dados na Bíblia ao indivíduo que trabalhava no solo, ou que se ocupava das lides próprias do campo:

agricultor, viticultor, lavrador jardineiro etc. (ver Jo 15.1 e Mt 21.33 ss.). O termo hebraico *ikkar* (na LXX, *georgós*) era usado para indicar quem cultivasse o solo e colhesse o fruto da terra. (Ver Jr 14.4). Ele é chamado "lavrador" em Jr 51.23 e em Amós 5.16. No Novo Testamento, o termo grego *georgós* é usado para indicar a mesma profissão (ver 2Tm 2.6 e Tg 5.7). Jesus contou uma parábola que envolvia lavradores, em Mt 21.33 ss. e paralelos, pois era atividade bem conhecida, a fim de indicar os que labutam no reino de Deus.

Uso metafórico. Os obreiros do evangelho são colavradores, que procuram obter uma respeitável produção no campo espiritual (ver 1Co 3.6 ss.). A propagação e cultivo da mensagem espiritual assemelha-se ao trabalho dos semeadores (Mt 13.3), conforme se vê nas parábolas relativas à semeadura. O abuso no trabalho espiritual é ilustrado na parábola dos lavradores maus (ver Mt 21.33 ss.; Mc 12.1 ss.; Lc 20.9 ss.). O homem que aguarda com paciência a concretização dos propósitos de Deus, especialmente a vinda de Cristo ou *parousia* (ver o artigo a respeito), assemelha-se ao lavrador que planta e espera pacientemente o tempo da colheita (ver Tg 5.7,8). O lavrador que trabalha arduamente tem o direito de compartilhar do fruto de seu labor. E outro tanto se dá no caso do obreiro espiritual. Este último não perderá a sua recompensa (ver 2Tm 2.6). Todos os aspectos de nossa vida e bem-estar espiritual resultam de nossa união com a vinha, na qualidade de ramos (Jo 15). Quanto a detalhes sobre esses assuntos, ver a exposição no NTI. (ID NTI Z)

AGRICULTURA

A arqueologia tem demonstrado que a Palestina foi uma das primeiras áreas agrícolas de que se tem notícia. Desde cerca de 7500 a.C. há evidências de uma agricultura razoavelmente boa ali. O vale do Jordão, com seus tributários e as áreas adjacentes, eram áreas intensamente cultivadas. A agricultura de Israel estava intimamente relacionada aos antigos povos do Médio Oriente. Planeavam-se mais cereais comuns no crescente fértil. E também havia animais domésticos, leite e lã.

1. Antes do dilúvio. A história primitiva de Caim e Abel (ver Gn 4.2,3) mostra que desde o começo do relato bíblico, a agricultura foi uma atividade básica. Porém, acerca do tempo antes do dilúvio, pouquíssimo se sabe sobre a questão. Há evidências de que Noé e seus filhos ocupavam-se em atividades agrícolas (ver Gn 9.20), e descobertas feitas em Canaã mostram que até onde nossa história pode recuar, aquela região do mundo já era cultivada.

2. No Egito. O Egito era um país agrícola, enquanto que os hebreus eram essencialmente pastores. As primeiras lições de agricultura, os hebreus aprenderam dos egípcios.

3. Ao entrarem na terra prometida. Israel invadiu uma terra já cultivada, e continuou a prática, após ter-se apossado dela.

4. Evidências extrabíblicas. A maioria dos arqueólogos, antropólogos e estudiosos da pré-história acredita que a princípio o homem foi caçador, recolhendo alimentos naturalmente supridos pela terra, sem qualquer cultivo humano. Esses estudiosos afirmam que há cerca de dez mil anos (8000 a.C.) o homem começou a plantar e a criar, no que se chama de Idade Neolítica. Mas outros eruditos creem que a agricultura foi a principal ocupação humana desde o princípio. Outros expõem seus argumentos e escassas descobertas em favor da ideia do homem como caçador, como pastor e então como agricultor. O fato de que não se chega a um acordo sobre a questão, mostra que nenhum dos lados conta com provas conclusivas. Os fatos são muito escassos em relação aos primeiros séculos da história humana. Também é possível que em algumas áreas primeiro tenha havido a agricultura, e que em outras tenha havido primeiro a caça ou a criação de gado. Seja como for, assim que começamos a examinar os registros bíblicos, vemos a agricultura desde o começo. Temos de considerar ainda a questão das civilizações pré-bíblicas; se nossa raça atual é um acontecimento comparativamente recente, ao mesmo tempo o passado remoto esconde de nós muitas e talvez grandes civilizações pré-bíblicas. Há evidências de mais de quatrocentos grandes cataclismos, como o dilúvio de Noé, provocados pela mudança de posição dos polos, com a consequente destruição de quase tudo que havia na superfície da terra. O registro referente a Adão, assim sendo, falaria sobre o penúltimo cataclismo universal. E a história do dilúvio aparentemente é um registro da última vez em que um desses grandes cataclismos teve lugar. Mas, que dizer sobre os outros quatrocentos episódios? Parece seguro afirmar que nossa história é apenas uma *história moderna*, em comparação com as imensas eras em que criaturas similares ao homem viveram na terra. Portanto, em termos absolutos, é muito dúbio o debate sobre o princípio do homem, se como agricultor, como caçador ou como pastor, e qual era a ordem dessas atividades. No Oriente (vale do Eufrates), sob certo tipo de terreno, foi encontrada uma camada de *vidro verde*. Que estranho! Pois o vidro é manufaturado pelo homem, e não um produto natural. Também lembramo-nos que nos desertos da porção ocidental dos Estados Unidos da América, onde foram efetuados os primeiros testes atômicos acima do solo, na área de uma das explosões apareceu uma camada de vidro verde, criado sobre a superfície da areia. E então os homens descobriram outras dessas camadas de vidro verde em lugares muito distantes, no tempo e no espaço, da moderna nação norte-americana! Pense sobre isso, irmão! Alguns eruditos bíblicos creem em raças pré-adâmicas, supondo que todas elas perderam-se entre Gênesis 1.1 e Gênesis 1.2, e que a nova raça humana, encabeçada por Adão, é uma ocorrência recente, uma autêntica história moderna. Cabe confessarmos que conhecemos muito pouco. Nosso conhecimento é parcial e localizado, e grandes mistérios envolvem nossa existência. Os homens gostam de conhecer superficialmente as coisas, impondo ridículas restrições sobre como e o quê pode ser sabido. Destarte eles se sentem mentalmente tranquilos, com um falso senso de sabedoria. Porém, os limites que eles estabelecem são apenas os limites de suas próprias mentes, e não os limites da verdade.

5. As estações do ano. As estações e as condições de clima são questões fundamentais para a agricultura. Na Palestina, as variações de chuva e de luz solar confinam-se à porção final do outono e ao inverno. No resto do ano o céu fica praticamente sem nuvens, e a chuva é muito rara. As chuvas de outono usualmente começam perto do fim de outubro, no começo de novembro. As chuvas continuam durante os meses de novembro e dezembro. Continuam caindo algumas chuvas até março, mas, depois disso, a chuva é muito rara. O inverno não é rigoroso, pelo que as atividades agrícolas nunca cessam completamente. A neve cai nos lugares mais elevados, ou mesmo em lugares mais baixos, embora não fique muito tempo na superfície. Nas planícies e nos vales o calor do verão é opressivo, mas não nos lugares mais elevados. No outono, os poços estão quase vazios, e o terreno fica estorricado, excetuando áreas artificialmente irrigadas. A colheita da cevada se faz pouco antes da do trigo, que se faz no começo de maio, embora em alguns lugares se faça no fim de maio. A colheita da uva se faz em setembro, embora as primícias das uvas já estejam maduras em julho. Os métodos modernos têm modificado muitas coisas, mas o que dizemos aqui representa condições que prevalecem até hoje.

6. O solo e seu uso. Trechos do solo eram marcados e divididos para plantios específicos (ver 1Sm 14.14 e Is 28.25), cercados e protegidos dos animais (ver Is 5.5 e Nm 22.24). O solo era fertilizado com estrume (ver 2Rs 9.30 e Sl 83.10). Carcaças e sangue de animais, como também sal para promover a putrefação da escória, eram usados (ver 2Rs 9.37; Sl 83.10; Mt 5.13; Lc 14.34,35). O solo podia ser enriquecido com cinzas (ver Is 61.3). Eram feitos terraços para conservar espaço e impedir a erosão do solo. Ele era quebrado, por animais, de maneira crua. Atrás vinham homens com enxadas para quebrar ainda mais os torrões (ver Is 28.24). Em seguida era plantada a semente.

7. As espécies. As principais colheitas eram a do trigo e a do centeio. O milho era *desconhecido* na Palestina. Outras colheitas incluíam a espelta, o painço, a lentilha, o linho, o pepino, o melão, o feijão, o cominho e o funcho. Desconhecia-se o feno, e a cevada com palha moída era dada como alimento aos animais (ver Gn 24.25,32; Jz 19.10 ss.). A semeadura começava após a festa dos Tabernáculos (fim de outubro ou começo de novembro),quando as chuvas de outono estavam chegando. Os frutos do verão (painço, feijões etc.) eram plantados em janeiro e fevereiro. A colheita da cevada dava início à colheita do ano (ver 2Sm 21.9), cerca de duas semanas antes da colheita do trigo. As lentilhas eram colhidas mais ou menos no tempo da cevada. O linho e o algodão (ver 1Cr 4.21) aparentemente eram cultivados. Linho e lã podiam ser encontrados em todas as casas (ver Os 2.9 e Pv 31.13).

8. Semeadura. As pinturas egípcias mostram que o semeador acompanhava o arado e lançava a semente. Ele levava uma cesta com a semente. Também havia o método em que a semente era espalhada frouxamente por sobre a superfície da terra (ver Mt 13.3-8). Sempre que as condições o permitiam, a semeadura era feita sem se passar antes o arado (ver Dt 11.10).

9. A colheita. Conforme já dissemos, a cevada, as lentilhas e o trigo eram colhidos desde o começo de maio até o fim de junho. A colheita era assinalada por muita celebração e ação de graças. O cereal era cortado com a foice (ver Dt 16.9), embora também existisse o método de puxar a planta com suas raízes. Quando cortado, o cereal era arrumado em feixes e colocado em montões (Ct 7.2 e Rt 3.7). Havia eiras para a separação entre o grão e a palha. Usualmente as eiras eram em algum terreno elevado, de chão bem batido. Faziam passar bois por sobre os grãos para quebrar as cascas com seus cascos (ver Os 10.1). Pequenos vagões com rodas cilíndricas baixas também eram usados (ver Is 28.27; 41.15). O peneiramento era feito com uma pá larga ou com um tridente de madeira, com os dentes curvos. A massa da palha era lançada no ar, o vento soprava a palha e o grão caía no chão.

10. Leis. Ver o artigo sobre *lei agrária*. Além das que já foram mencionadas ali, havia também o descanso sabático (ver Lv 19.3). O solo era deixado sem cultivo durante os anos sabáticos e de jubileu (ver Lv 25.3 ss. e 25.11). Um boi e um jumento não podiam ser postos na mesma canga (ver Dt 22.10), pois um era considerado animal limpo e o outro era considerado imundo, pela lei cerimonial. Sementes de diferentes espécies também não podiam ser misturadas (ver Lv 19.19 e Dt 22.9). Não podia ser usada a semente que tivesse se umedecido com a carcaça de um animal imundo (ver Lv 11.37,38). As extremidades de um campo semeado não podiam ser colhidas, deixando para os pobres virem respigar (ver Lv 19.9; Dt 24.19). Uma pessoa que passasse pelo caminho em meio a um campo plantado podia colher espigas (ver Mt 12.1 e Lc 61.1). As primícias de todos os tipos de plantio pertenciam a Deus, doador da produção da terra, para sustento da tribo sacerdotal. O fruto dos pomares não podia ser usado durante os três primeiros anos de produção; o quarto ano era doado a Deus; somente do quinto ano em diante pertencia aos homens (ver Lv 19.23).

11. A metáfora agrícola. (Ver o artigo separado intitulado *Agricultura, Metáfora de*). Essa atividade natural prestava-se a diversas aplicações espirituais, como aquelas empregadas nas Escrituras e nos escritos dos filósofos morais. (G I IB S TCH UN WI WRI Z)

ÁGUA

I. CONSIDERAÇÕES GERAIS. Tanto no hebraico como no grego temos a considerar apenas uma palavra. No grego é *údor*, um líquido composto de hidrogênio e oxigênio (H2 O), convertível em vapor d'água quando aquecido convenientemente, ou em gelo, se sua temperatura cair a 0º centígrado ou menos. A maior parte da água existente deriva-se diretamente dos oceanos. Mediante evaporação, condensa-se sob a forma de nuvens e precipita-se como chuva, neve, cerração etc., caindo sobre a superfície do solo, onde origina rios, lagos ou águas subterrâneas (lençóis freáticos). Essas águas subterrâneas reaparecem na superfície como fontes, ou então retornam ao mar.

Naturalmente, a água potável arrasta consigo várias impurezas, em variados graus. No processo da evaporação, os sais dissolvidos nas águas oceânicas são deixados para trás, mas a água da chuva adquire traços de sais de amônia e de vários gases do ar. Nas regiões montanhosas, a água dos rios e lagos é relativamente pura, mas à medida que a água avança ela vai dissolvendo sais e apanhando minerais ou matéria vegetal em pequenas quantidades. Quando uma corrente de água termina em algum lago fechado, como é o caso do mar Morto, a proporção de sais vai aumentando progressivamente, conforme ocorre a evaporação. As águas subterrâneas, por serem filtradas pelas rochas, geralmente são claras e limpas de matéria em suspensão. Por outro lado, em sua passagem pelas camadas rochosas, essas águas podem conter quantidades consideráveis de sais minerais, particularmente nas regiões de pedra calcária, onde se formam soluções próprias de cavernas. Alguns sais minerais, particularmente os sais de magnésio, tornam a água imprópria para o consumo humano ou dos animais. Na maioria dos casos, tais águas têm um gosto amargo. Mas outras águas subterrâneas contêm bem pouca matéria dissolvida (ver Tg 3.12).

Visto que a água é essencial para a existência humana, bem como para os animais e as plantas (ver Is 1.30; 55.10), as antigas civilizações desenvolviam-se em lugares onde havia chuva suficiente para servir aos animais e às plantas, bem como aos seres humanos; ou onde havia rios como o Eufrates, o Tigre e o Nilo, que eram rios perenes. Quando os homens concentravam-se em áreas distantes dos rios, eles dependiam muito da água subterrânea disponível, em cujo caso as fontes naturais (cf. Dt 8.7), que davam origem a correntes e riachos, eram importantes (cf. Gn 26.18) e até mesmo vitais para os criadores de gado. Cidades como Jerusalém e Jericó precisavam de suprimento suficiente de água, como uma das principais considerações, inclusive para efeito de defesa. Jerusalém, que a Bíblia descreve como a mais significativa cidade do mundo (ver Sl 87.2-5), por ser também a habitação de Deus (1Rs 8.13). A existência da fonte de Giom, nas adjacências do vale do Cedrom (ver 2Cr 32.30; Is 7.3), era um fator vital.

O suprimento de água sempre foi o fulcro da contenda, por toda a história do Oriente Próximo, entre os agricultores e os criadores de gado (ver Gn 4.2). Ante o aumento progressivo da agricultura, os nômades daquela região eram forçados a abandonar territórios dotados de bom suprimento de água. Como uma espécie de revide, os nômades geralmente atacam as populações fixas, procurando destruir quaisquer arranjos hidráulicos das mesmas. E os criadores de gado geralmente lutam uns contra os outros, pela posse das fontes e poços (ver Gn 26.20).

Não é de surpreender que *água e pão* são as grandes necessidades da existência humana (ver 1Sm 25.11; 1Rs 18.4). E a doação ou a possessão dessas coisas era considerado algo de magna importância (ver Dt 23.4. Mt 10.42). A provisão de água é mesmo considerada uma provisão divina. As bênçãos divinas são aludidas em termos de água (ver Is 44.3; Jo 4.13), e tanto a escassez como o desejo de vida espiritual são descritos em termos de sede de água (ver Am 8.11; Mt 5.6). Tanto o costume de transportar água até a residência (ver Mc 14.13) como a maneira como a água era sorvida (ver Jz 7.5,6) eram usados como sinais. E o costume de lavar os pés dos visitantes (ver Gn 43.24) foi usado por Jesus como meio de ensinar certa lição (ver Jo 13.5-9), ou como um indicador das atitudes das pessoas (ver Lc 7.37,38,44). O emprego da água nos ritos aparece tanto no Antigo Testamento (por exemplo, Êx 29.4; Lv 15.12) como no Novo Testamento (por exemplo, Mc 1.5,9).

Na narrativa bíblica, não somente as águas continentais, mas também os mares adjacentes são importantes. Grande parte da chuva que caía na terra santa era água que se evaporava do mar Mediterrâneo, o qual desempenhava importante papel no comércio (por exemplo, dos fenícios) e no transporte (ver At 27). Para Israel, o mar Vermelho e o golfo de Áqaba também proviam meios de acesso para o comércio (ver 1Rs 9.26), sobretudo com a Arábia, com o nordeste e o leste da África, e talvez, até com a Índia. E também lhes provia certos recursos naturais, como as pérolas, a oníquia etc.

II. Chuva, Evaporação e Infiltração.
Os ventos ocidentais prevalecentes (ver 1Rs 18.42-45) sobre o Mediterrâneo oriental transportam a umidade que se precipita quando o ar é forçado a subir para as terras altas da Judeia e da porção oriental do vale do Jordão. A maior parte dessa precipitação ocorre sob a forma de chuvas sobre as terras altas, havendo também algum granizo. Essa precipitação geralmente acontece de outubro a maio, com máximas de dezembro a março. A precipitação média anual é acima de 1000 mm nas terras altas a sudeste de Damasco, e acima de 500 mm sobre o Líbano, certas porções da Síria e Israel, e porções limitadas do Jordão. Mas essa média está sujeita a grandes variações. Assim, a média anual de chuvas, em Jerusalém, de 1850 a 1960, foi de 620 mm, com um máximo de 1090 mm e com um mínimo de 210 mm. Boa parte do leste do Jordão e do leste da Síria conta com uma precipitação inferior a 200 mm anuais. Para o sul a precipitação anual ainda é inferior a isso, apesar das elevações maiores das terras altas do Jordão, em comparação com a região mais ao norte. Isso resulta do fato de que os ventos sopram principalmente do sul, provenientes do seco continente norte-africano, onde, nas regiões desérticas, a água se deposita apenas como orvalho matinal (ver Êx 16.13). A precipitação de chuvas, na porção sul do vale do Jordão e na região adjacente ao mar Morto, também é bem baixa.

Uma boa porcentagem da chuva evapora-se, causando uma taxa de umidade, na margem esquerda do Jordão, da ordem de 75% no inverno, e de 53% no verão. Em certa região do norte do rio Jordão, onde a precipitação anual é de 415 mm, a taxa de umidade chega a 81%. Mas 90% da água desaparece no sistema de drenagem da superfície, e 10% infiltra-se no solo. Em outras regiões, com taxas pluviais comparavelmente moderadas, de 5 a 15%, ou tanto quanto 15% das chuvas se infiltra, aumentando os depósitos vitais de águas subterrâneas (cf. Dt 11.11). Mas, nas regiões onde o índice pluviométrico é menor que 200 mm., há pouca ou nenhuma infiltração direta, exceto quando há alguma súbita enchente, nos *wadis* que atravessam os lençóis freáticos.

III. Água subterrânea.
O aproveitamento de águas subterrâneas, incluindo a emergência da água como fontes e poços, quase sempre depende inteiramente de fatores geológicos. Esses fatores incluem a porosidade e a permeabilidade das camadas do solo e as formações que transmitem água ou não, a inclinação das camadas e a existência de características estruturais como dobras e falhas. Grande parte da água que se infiltra no solo e nas rochas superficiais aloja-se em alguma zona onde as rochas ficam saturadas de água. A superfície superior dessa zona saturada é chamada de mesa de água, e sua altura, em qualquer lugar, depende do nível em que a água permanece em algum poço das proximidades.

Há dois grupos principais de águas subterrâneas na terra santa, as águas subterrâneas das seções permeáveis das regiões montanhosas onde há dobras e falhas, e aquelas que se ajuntam nos sedimentos das principais planícies. Nas regiões montanhosas, como as da Judeia, Samaria e Galileia, as águas subterrâneas geralmente depositam-se em profundidades consideráveis, abaixo da superfície do solo, embora a mesa de água ondule. Onde essa mesa encontra a superfície, nos vales entre terrenos mais elevados, a água emerge na forma de fontes (ver Dt 8.7). Muitas dessas fontes ocorrem onde há uma junção inclinada de camadas porosas e não porosas à superfície ou onde há uma junção com falha, entre dois tipos de camadas assim. Essas fontes geralmente são perenes, formando por sua vez riachos (ver 2Sm 17.20). Nas vertentes dos vales também há fontes, onde a mesa de água chega até a superfície. Mas as variações pluviométricas, bem como os longos períodos de seca, causam variações no nível da mesa de água, o que faz com que certas fontes deixem de jorrar água, durante certos períodos (ver 2Rs 2.19). Outras fontes intermitentes só fluem nas faldas dos vales após uma infiltração anormal, depois de prolongadas chuvas, o que faz com que a mesa de água eleve-se acima do normal, até chegar à superfície. E onde a elevação do terreno não é grande como nas colinas da Judeia, diminui a profundidade do lençol de água, e esta pode ser aproveitada em fontes relativamente rasas. Em alguns casos, as águas subterrâneas podem percorrer dezenas de quilômetros antes de aflorarem nas fontes. Esse é o caso de alguns raros e isolados lugares servidos por água subterrânea no deserto do sul da Judeia, entre o mar Morto e o golfo de Áqaba.

IV. Sistema de drenagem do rio Jordão.
O rio Jordão, seus tributários, o lago de Tiberíades e o mar Morto constituem os principais elementos do sistema de drenagem superficial da terra santa. O rio Jordão tem dois braços originários principais. Um deles fica perto de Banias (Cesareia de Filipe. Ver Mt 16.13), na base sul da cadeia do monte Hermom, na Síria, onde o riacho Banias sai de uma caverna, e o outro em uma fonte em Tell el-Kadi (no território de Dã). Dois córregos mais longos, embora com menos água, também formam as cabeceiras do rio Jordão, o Hasbani, que ocupa a continuação norte do vale do Jordão talvez devido a algum antigo terremoto, e o Bareighit. Esses quatro riachos juntam-se abaixo do Banias, e fluem para o lago Hulete, atualmente drenado (Merom? de Js 11.5), que se formou quando rochas vulcânicas barraram o rio. A partir dali forma-se um rio encachoeirado, abaixo do nível do mar, e nos quinze quilômetros até o lago de Tiberíades, o rio baixa 180 m de nível. Em suas margens oriental e ocidental ficam, respectivamente, as cidades de Betsaida (ver Mc 6.45) e Cafarnaum (ver Jo 6.17), na altura de sua entrada no lago.

O lago de Tiberíades, que tem dezenove quilômetros de comprimento e em alguns pontos até onze quilômetros de largura, também deve sua existência ao represamento do rio Jordão por meio de rochas vulcânicas, havendo fontes termais contendo cloretos e sulfetos perto de suas margens. Seu antigo nome veterotestamentário, mar de Quinerete, resulta do seu formato de harpa, quando visto do alto. Nomes que lhe são dados no Novo Testamento são lago de Genesaré (ver Lc 5.1) e mar de Tiberíades (ver Jo 6.1). Cerca de três quartas partes da água que chega ao lago vêm do rio Jordão, e um quarto vem das fontes, das águas subterrâneas, da chuva e das inundações nos *wadis*. A água desse lago é morna, variando de 12,5° a 30° centígrados. Entre fevereiro e agosto há plâncton abundante no lago, e também muito peixe. Isso permitia a grande indústria pesqueira que ali se desenvolvia, nos dias do Novo Testamento (ver Jo 21.3). Ventos fortes e secos, que sopram do leste, afetam o lago durante o inverno causando tufões de inverno, e também vendavais súbitos durante o verão, em resultado do vento que sopra do oeste (ver Mc 4.37).

O rio Jordão, ao sul do lago de Tiberíades, torna-se barrento e serpeia por mais de 290 km, para atravessar apenas 97 km de deserto, ao mesmo tempo em que o fundo de seu leito baixa apenas 275 m. Nos períodos de enchente, o rio transborda por suas várzeas, mas no verão, em alguns lugares, ele atinge menos de 30 m de largura e menos de 90 cm de profundidade.

ÁGUA AMARGA

Por mais de uma vez, suas águas já foram represadas por rochas que caem perto de Adão, a cerca de 38 quilômetros ao norte de sua entrada no mar Morto. Provavelmente isso se deve aos abalos sísmicos comuns ao longo do vale em que corre o rio Jordão, o que também poderia explicar a passagem em seco dos israelitas, sob o comando de Josué (ver Js 3.16). A planície do Jordão foi escolhida por Ló devido à sua abundância de água (ver Gn 13.10,11). Esse rio desempenhou um importante papel nas vidas de Elias (ver 2Rs 2.6) e Eliseu (ver 2Rs 6.2). Suas águas barrentas pareceram repugnantes a Naamã, o general sírio leproso, que provinha de um distrito dotado de rios de águas claras (ver 2Rs 5.12). Entretanto, devido à sua associação com Jesus, incluindo o seu batismo, perto de Betabara (ver Mc 1.9), e o batismo de João (ver Mc 1.5), o rio Jordão tornou-se símbolo de purificação e pureza.

O mar Morto, que também é chamado de "mar Salgado" (Gn 14.3. Js 3.16), é alimentado principalmente pelas águas do rio Jordão, que lhe fornece cerca de três quartos da água. O mar Morto não tem saída e está situado na porção mais profunda do vale do Jordão. Tem cerca de 71 km de norte a sul, com uma largura média de treze quilômetros. A península de Lisã projeta-se de sua margem oriental, dividindo o lago em uma bacia rasa ao sul, e em uma bacia funda, ao norte, as quais formam cerca de três quartas partes de sua área total de 142 km. Há evidências que sugerem que a última enchente da bacia sul teve lugar 1500 anos atrás, e que era local seco nos tempos bíblicos. A temperatura da água varia entre 19-23° centígrados, em dezembro e janeiro, e 34-36° centígrados, em julho e agosto. O recorde da temperatura máxima está registrado em 38°. A gravidade específica de suas águas é de 1,206 g/cm, em comparação com 1,0 g/cm de água pura, e sua salinidade média é de 31,5 por cento, a maior do mundo.

V. Uso da Água. Havia o uso profano e o uso religioso.

1. Uso profano. A água era a bebida mais comum mas também era tomada misturada com um pouco de vinagre (ver Rt 2.14) ou com um pouco de vinho (ver 2Macabeus 15.39). A água que manava da fonte era mais apreciada do que a água parada, de poço. Às mulheres cabia a tarefa de buscar água para casa (ver Gn 24.11,15; 1Sm 9.11; Jo 4.7). Josué encarregou os gibeonitas de buscarem água para o santuário (ver Js 9.21,23,27), de acordo com Dt 29.10.

2. Uso religioso. Lavar o corpo como ato religioso aparece pela primeira vez na história de Jacó (ver Gn 35.2). Israel recebeu ordem de preparar-se para o encontro com Yahweh, mediante a lavagem (ver Êx 19.10). Outro tanto foi ordenado a Aarão e seus filhos, para sua consagração sacerdotal (ver Êx 29.4; Lv 8.6). A lavagem do corpo ou de partes do corpo fazia parte das prescrições legais dos sacerdotes, ao executarem seu ofício (ver Êx 30.17-21; 40.31ss. e Nm 19.7). Também servia para todos que tivessem contraído alguma impureza cerimonial (ver Lv 14).

Roupas e outros objetos também eram lavados, devido à impureza cerimonial (ver Lv 11-15). Às vezes, bastava a aspersão de água para um objeto tornar-se cerimonialmente puro (ver Nm 19). Além disso, certas porções dos animais sacrificados eram lavadas (ver Lv 1.9-13; 8.21; 9.14). O derramamento de água diante de Yahweh, em 1Samuel 7.6, foi apenas um ato simbólico, pois a água nunca fez parte integrante de qualquer holocausto.

No decurso dos séculos, os judeus acrescentaram muitos detalhes aos rituais de purificação dos preceitos levíticos (ver Mc 7.3 ss.), e os fariseus observavam escrupulosamente essas prescrições. O lava-pés, que até então era um simples sinal de hospitalidade e que geralmente era efetuado pelos servos, na Última Ceia adquiriu um novo sentido, ensinando a humildade e a igualdade entre os crentes (ver Jo 13.1-17). Interessante é o uso de água amargosa na prova de infidelidade, no caso de uma mulher suspeita de adultério (ver Nm 5.12-31).

Após o cativeiro babilônico, a água adquiriu papel de destaque na celebração da festa dos Tabernáculos. Um sacerdote tirava água do poço de Siloé, com um jarro de ouro, de capacidade de cerca de litro e meio. A água era solenemente transportada para o templo e derramada sobre o altar dos holocaustos, juntamente com a libação de vinho. Antes mesmo do ministério de João Batista, já era costumeiro imergir pessoas em água, se quisessem tornar-se prosélitos do judaísmo. O batismo cristão, porém, é administrado por motivos bem diferentes, simbolizando a lavagem da regeneração, que é aplicada pelo Espírito ao coração penitente, bem como a integração do batizando na comunidade cristã.

VI. Uso metafórico da água. Esse uso da água é muito frequente nas Escrituras. O Senhor chama a si mesmo de *manancial de águas vivas* (Jr 2.13; 17.13). E Jesus classificou-se também como tal (ver Jo 7.37-39; 4.10-13 ss.). A *água*, prometida por Jesus, representa a *vida sobrenatural*. Nessas imagens, Jesus dava continuação às do Antigo Testamento, onde as bênçãos divinas (ver Sl 1.3; 17.8; 23.2 etc.), e mais ainda os bens messiânicos (ver Is 11.3-9; 32.2-20; 41.18, 43.19 etc.) são descritos em termos de águas abundantes, ou em termos de águas que transmitem vida e fertilidade. É natural representar o desejo pelas bênçãos divinas como uma sede ou anelo (ver Sl 63.2; 143.6). Em Provérbios 5.15, *beber água da própria cisterna* significa não ter relações sexuais com mulher alheia. Água corrente é símbolo daquilo que passa e não volta mais (ver Jó 11.16). Idêntico sentido tem a metáfora da água derramada, que não mais pode ser recolhida (ver 2Sm 14.14; Sl 58.8). Nos períodos chuvosos, os córregos podiam transbordar e ameaçar as propriedades. Por isso, a água às vezes simboliza um inimigo poderoso, que já se aproxima (ver Jr 47.2; Is 8.7,8; 17.12; 28.2-17), ou então algum perigo iminente (ver Sl 88.17,81; Os 5.10). (HA IB LAN NTI)

ÁGUA AMARGA

Essa era uma bebida que continha água santa, pó extraído do soalho do Tabernáculo e tinta de uma maldição escrita. Era preparada por um sacerdote, que a dava de beber a uma mulher suspeita de adultério por seu marido. (Ver Nm 5.11-31). O propósito era fazer a mulher passar por uma prova ou teste. A arqueologia não tem descoberto evidências do uso desse rito, exceto entre os hebreus, embora os povos primitivos tenham inventado outros tipos de provas para tais mulheres. A inocência ou culpa da mulher presumivelmente era estabelecida pela reação dela à bebida. Se ela sofresse fortes dores e distorções no baixo abdômen, era considerada culpada; em caso contrário, era declarada inocente.

O rito. O marido que suspeitasse de sua mulher trazia-a à presença do sacerdote, trazendo também uma oferta de manjares. Ela era posta "diante do Senhor", segurando a oferta. Seus cabelos eram soltos. O sacerdote preparava a mistura. A tinta usada era a mesma que servira para escrever uma maldição. A tinta era dissolvida em água. A mulher era então forçada a beber a poção. Alguns supõem que a reação violenta de algumas mulheres devia-se à mistura da tinta, e não ao adultério. Mas outros veem em tudo uma intervenção divina. Assim, ela adoecia porque Deus a tornava doente. Mas há aqueles que preferem uma explicação psicológica, uma espécie de sugestão induzida. A mulher, sentindo-se culpada, sofria uma reação intestinal. Nesse caso, no rito encontramos uma espécie de antigo teste de detecção de mentira, que também funciona com base no princípio da mente que produz efeitos sobre o corpo. Prefiro pessoalmente essa última explicação. A ciência tem demonstrado amplamente o poder da mente para afetar o corpo. Por exemplo, alguns prisioneiros eram postos em uma cela, sendo-lhes dito que recentemente morrera ali um homem de varíola, embora isso não fosse verdade.

Assim, em pouco tempo, os prisioneiros manifestavam todos os sintomas da enfermidade, embora não estivesse presente qualquer agente bacteriológico. A medicina psicossomática oferece intermináveis ilustrações do fato.

Duração. Há referências literárias que demonstram que esse rito continuou sendo efetuado até o início da era cristã. Josefo menciona o mesmo (ver *Anti*. III.xi.6). A *Mishna* mostra que a prática sofreu algumas modificações, como pôr a mulher na porta Oriental do templo, vestida de negro e com os seios aparecendo (1.5,6). O livro apócrifo, *Proto-evangelho* contém a fantasia de que tanto Maria quanto José foram submetidos ao teste (parte 16), e que naturalmente, eles foram aprovados. O rabino Johannan ben Zakkai (século 1 d.C.) declarou que a prática foi abolida finalmente, porque o adultério tornou-se extremamente comum. (I IB ID)

ÁGUA DE IMPUREZA OU ÁGUA PURIFICADORA

A *água purificadora* (ver Nm 19.9,13,20,21 e 31.23) era um agente de purificação, usado para pessoas ou coisas que tivessem sido contaminadas mediante o contato com corpos mortos, ou por outras razões.

As cinzas de uma novilha vermelha eram adicionadas à "água corrente", que era então aplicada ao objeto contaminado. O animal usado para tal cerimônia precisava ser uma novilha de cor marrom-avermelhada, sem qualquer defeito físico, que nunca fora atrelada a jugo. A novilha era queimada "fora do acampamento", por inteira, incluindo seu sangue, com a exceção de uma pequena porção do sangue que era usado para aspersão, diante da tenda, uma vez reduzido a cinzas. Isso distinguia tal cerimônia dos sacrifícios rituais levíticos. Um pedaço de madeira de cedro e um molho de hissopo, amarrado com um pano de cor escarlate, eram queimados juntamente com a novilha.

As cinzas eram conservadas "fora do acampamento, em um lugar limpo", até serem misturadas com água de fonte, para uso nas cerimônias específicas de purificação. Essa "água purificadora" era aplicada à pessoa ou objeto contaminados, mediante aspersão, com um ramo de hissopo. A cerimônia era efetuada no terceiro e no sétimo dia depois que a pessoa era considerada limpa, tendo-se banhado e lavado as suas vestes, dando-lhe assim o direito de ser restaurada ao convívio comunitário, que antes a excluíra. O episódio relatado em Nm 31.13 diz respeito a objetos contaminados, que haviam sido tomados em batalha.

Os judeus, nos dias de Jesus, haviam legislado extensamente sobre essa questão. Basta dizer que quando foi preparada a coleção da Mishnah, o livro maior dedicava-se às leis da purificação, com trinta capítulos dedicados somente à descrição da purificação de vasos.

Em Jo 2.1-11 vemos que os judeus tinham seis grandes jarras de água, usadas para cerimônias de purificação, quando do casamento em Caná. Em Jo 3.25 lemos sobre uma controvérsia entre os discípulos de Jesus e os judeus. Para todo judeu a questão revestia-se de imensa importância. Um judeu sentia que precisava manter-se cerimonialmente puro, se tivesse de ser justo e quisesse merecer a aprovação de Deus.

O Senhor Jesus, porém, desprezou todas essas leis relativas à purificação, sobretudo no tocante aos preceitos adicionados ao código levítico, e que formavam a "tradição dos anciãos" (ver Mt 15.2 e Mc 7.3-13). Jesus ensinava que não havia impureza cerimonial, mas apenas moral e espiritual. Esse ensino foi absorvido pelos seus apóstolos. Paulo não considerava nada impuro por si mesmo (ver Rm 14.14-20; Tt 1.15). Apesar disso, é ensino bíblico que ninguém deve violar os escrúpulos de sua própria consciência, ou a consciência de um irmão na fé, pondo uma pedra de tropeço em seu caminho. A suprema lei cristã é o amor, e não o cerimonialismo. Ao submeter-se ao voto de purificação, em Jerusalém, Paulo estabeleceu exemplo sobre esse princípio (ver At 21.26).

ÁGUAS DE MEGIDO

No cântico de vitória de Débora, em Juízes 5.19, é empregada essa expressão, provavelmente alusiva ao *wadi* que drenava a região por detrás de Megido. Entre esse local e as colunas mais ao sul, acampou Tutmés III. Dali ele lançou o ataque contra Megido. A passagem bíblica sugere que em vez de dividirem os despojos, o que teriam feito se estivessem no lado sul do vale de Jezreel, os reis cananeus foram varridos pela torrente de Quisom (ver o artigo a respeito), que ficava no centro da planície. (Z)

ÁGUAS DE MEROM

A palavra hebraica envolvida significa **"altura"** ou **"águas superiores"**. De acordo com alguns estudiosos, era uma massa de água em forma triangular, com cerca de quase 7,5 km de extensão e 800 m. de largura. Fica a 82,5 m abaixo do nível do mar Mediterrâneo. O Jordão atravessa essa massa de água, sendo esse o local onde Josué obteve grande vitória sobre os cananeus (ver Js 11.5-7). Fica localizada na porção superior das colinas de Naftali, onde começam as vertentes do Hermom, que alcançam 3.050 m de altura. Trata-se do lago que Josefo chamou de Semeconitis (ver *Ant*. v.5 ,1. *Guerras* iii.10,7). Na Bíblia esse lago só é mencionado no livro de Josué. Ao que parece, modernamente é o lago de Hulleh. Alguns estudiosos identificam a Mermo dos tempos bíblicos com a atual aldeia de Merom, à base do Jebal Jermak, a oeste de Safede, onde há uma importante fonte.

Tutmés III (cerca de 1480 a.C.) referiu-se a *Mrm,* que talvez fosse a mesma localidade bíblica que estamos considerando. Ainda outros estudiosos pensam que Merom seja a atual Kirbet el-Bijar, perto de Marun er-Ras, onde há muitas fontes. Todas essas propostas de identificações envolvem problemas, tanto aquelas feitas na antiguidade como as de nossos dias. Entretanto, a fixação da cidade de Merom, nas vizinhanças do Jebel Marun, harmoniza-se muito bem com todas as fontes informativas que mencionam essa cidade, oferecendo uma razoável explicação topográfica para aquela batalha ganha por Josué. Ficava situada na estrada principal que partia de Aco, via Gate. Era um local apropriado para o encontro de aliados que viessem da planície de Aco e de Hazor. Sua localização fica a curta distância do lago de Quinerete, mais para o noroeste. Seja como for, em resultado da vitória obtida por Josué, os israelitas foram capazes de conquistar as cidades cujos reis caíram em Merom. E nenhuma dessas cidades aparece na lista de aldeias não conquistadas, no primeiro capítulo do livro de Juízes (ver Jz 1.27-36). Todas essas aldeias, exceturando Merom, figuram entre as aldeias atribuídas às tribos do norte, no livro de Josué. (UN Z)

ÁGUIA

As palavras hebraica e grega envolvidas são traduzidas como *águia* e como *abutre,* em diferentes traduções. A águia encabeça a lista de aves consideradas imundas, pela lei levítica (ver Lv 11.13 ss.), talvez por causa de seu grande tamanho e aspecto impressionante. Por ser uma ave de rapina, a águia era repulsiva aos hebreus, embora vários trechos bíblicos demonstrem admiração, conforme se lê em Êx 19.4: *... vos levei sobre asas de águias...*, ou como em Jr 49.22: *Eis que como águia subirá...*, ou como Pv 23.5: *... como a águia que voa pelos céus.* Neste último trecho, o rápido voo da águia representa como as riquezas podem desaparecer facilmente, não devendo tornar-se o alvo principal na vida de alguém. O trecho de Êxodo 19.4 também encerra uma alusão figurada, falando sobre a proteção de Deus, que se assemelha a uma águia que pode sustentar outros em suas imensas asas.

Há várias espécies desse pássaro na Palestina, distinguidas por seu tamanho, coragem, poderes de voo e capacidade de ataque. As espécies maiores têm uma envergadura de asas com 2,10 m. Ou mais, com um comprimento de corpo de cerca

ÁGUIA MARINHA

de 1,05 m. Todavia, há referências bíblicas que claramente apontam para o abutre, como se vê em Mt 24.28. Essas aves de rapina atingem grande altura em seu voo, mantendo-se bem afastadas umas das outras. Quando alguma delas baixa subitamente o voo, isso serve de sinal de que há algo de interesse para elas no solo, e as demais rapidamente juntam-se, para o banquete. Esse é um hábito observado em várias espécies. O grifo, que é um abutre, talvez esteja em foco em Miqueias 1.16. A cabeça dessa ave é coberta por uma pele enrugada clara, que pode ser vista a grande distância. Nesse trecho, lê-se sobre a "calva" da águia.

Outros usos simbólicos, além daqueles sugeridos acima: **1**. Reis conquistadores, como os da Assíria, Babilônia e Egito, que se lançam à matança e ao saque (ver Ez 17.3,7; Os 8.1). **2**. Os exércitos dos caldeus, que agiam como se dotados de asas de águias, pois atacavam e matavam com grande rapidez (ver Jr 4.13; Lm 4.19; Dn 7.4). **3**. Os exércitos romanos também são comparados às águias por motivos similares (ver Mt 24.28; Lc 17.37). **4**. Os idumeus, que faziam fortificações em rochas inacessíveis em seu país, protegendo-se assim de qualquer possível derrota (ver Jr 49.16 e Ob 4). **5**. Como sinal de lamentação pela destruição iminente, foi recomendado a Israel que se fizesse calva como a águia (ver Mq 1.16). Todavia, nesse trecho está em foco uma espécie de abutre. Um antigo provérbio, preservado no Talmude, refere-se à águia como ave que, da Palestina, era capaz de divisar uma carcaça na distante Babilônia, ou vice-versa. (ID S Z)

ÁGUIA MARINHA

É mencionada em Levítico 11.13 e Deuteronômio 14.12. Era uma ave de grande porte, que alguns estudiosos pensam pertencer à espécie do abutre. Mas outros pensam em uma espécie que se alimentava de peixes. Como o peixe não é abundante na Palestina, essa espécie era um tanto rara. Além disso, tal ave, por ser ictiófaga, deveria pertencer à espécie dos gaviões. Isso explica a versão portuguesa "águia marinha".

AGUILHÕES

Vem de um termo hebraico que significa **"aprender"** ou **"ensinar"**, bem como de um vocábulo grego que significa "ferrão", um instrumento aguçado e pontudo. O aguilhão era usado para guiar bois. Tinha um longo cabo, usualmente com uma ponta aguçada em uma das extremidades. Além de ser usado para tanger animais de grande porte, era usado como uma arma, conforme se vê em Juízes 3.31, onde lemos que Sangar, filho de Anate, feriu seiscentos filisteus "com uma aguilhada de bois". Algumas vezes, o aguilhão tinha uma ponta de ferro, que também podia ser usada para limpar arados. Metaforicamente, a palavra fala de encorajamento e repreensão (ver Ec 12.11). O único uso da palavra, no Novo Testamento, aparece em At 26.14, onde o aguilhão refere-se à divina repreensão e orientação, contra o que Saulo lutava, em sua louca perseguição contra os cristãos. Embora convencido de que estava fazendo a vontade de Deus com grande zelo, na verdade ele estava se comportando como um boi recalcitrante, resistindo aos planos reais de Deus para ele, o que certamente é comum à experiência da maioria das pessoas.

AGULHA

Essa palavra encontra-se na Bíblia somente em um provérbio de Jesus: *E ainda vos digo que é mais fácil um camelo passar pelo fundo de uma agulha, do que entrar um rico no reino de Deus* (Mt 19.24). Certa variante textual diz "corda", em vez de camelo, mas isso, embora pareça interessante, conta com menor apoio textual. Ver a exposição desse versículo, no NTI. O sentido geral é que as riquezas atraem a atenção de seu possuidor de tal maneira que torna difícil apreciar as realidades da vida espiritual. Portanto, tal indivíduo está negligenciando o que realmente importa na vida, o bem-estar espiritual. O quinto capítulo do livro de Tiago desenvolve o tema dos aspectos prejudiciais das riquezas materiais.

Trabalho com agulhas. A arte de costurar e de bordar foi uma das primeiras realizações humanas. O trecho de Gênesis 3.7 fala em costura de folhas, para a confecção de aventais que encobriam a nudez de Adão e Eva. As primeiras agulhas eram feitas de osso, tendo sido encontradas agulhas pertencentes ao sexto milênio a.C. em Israel, em tempos posteriores, as agulhas passaram a ser fabricadas de bronze, e tinham uma perfuração ou um pequeno gancho para formar o buraco da agulha. Os arqueólogos têm descoberto agulhas feitas de outros materiais, como ferro, marfim etc., e de variados tamanhos, desde 12 mm. até 13,5 cm. Bordadeiras habilidosas são mencionadas em Êxodo 36.37 e 39.29. Homens envolviam-se nesse tipo de trabalho (ver Êx 35.34,35). O apóstolo Paulo era fabricante de tendas, o que envolvia o trabalho de costurar (ver At 18.3). Ver os artigos sobre *Buraco da Agulha e Bordado*. (NTI Z)

AGUR

No hebraico significa **"colhedor"** ou **"mercenário"**. Era filho de Jaque e foi o autor das declarações contidas em Provérbi 30. O título descreve-o como compositor de preceitos entregues por "Agur, filho de Jaque", aos seus amigos "Itiel e Ucal". Além disso, só há conjecturas sobre essas pessoas. Alguns supõem que o verdadeiro autor foi Salomão, embora ninguém explique por qual razão ele teria escrito sob um pseudônimo. A Vulgata Latina, em Provérbios 31.1 diz: *Verba Congregantis filli Vomentis*, o que faz de Agur irmão de Lemuel (ver o artigo). (Z)

AI

No hebraico, **"montão"** ou **"ruína"**. Uma cidade dos cananeus, associada a Betel, Jericó e Jerusalém, que estabelece sua localização naquela área (ver Gn 12.8; 13.3; Js 7.2-5; 8.1-29; 10.1,2; 12.9; Ed 2.28; Ne 7.32; Jr 49.3). Ela é mais lembrada por ter sido capturada e destruída por Josué (ver Js 7.2-5 e 8.1-29). Mais tarde foi reconstruída, e foi mencionada por Isaías (10.28). No tempo de Eusébio e Jerônimo suas ruínas aparentemente ainda eram conhecidas. Atualmente, o local é EtTell Kisa, cerca de três quilômetros de Tell Beitin (Betel). Joseph A. Callaway, arqueólogo, pensa que essa é a única conclusão satisfatória com base em um estudo dos antigos nomes envolvidos, da topografia e do óbvio íntimo relacionamento que tinha com Betel, Jerusalém e Jericó. Seus estudos e escavações têm sido feitos desde 1964. Antes disso houve escavações nessa área, em 1928 (John Garstang), 1933-1935 (Judith Marquet Krause). As escavações mostram que houve uma ocupação pré-urbana de Ai desde 3200 a.C., e que no período de 3000-2500 a.C. houve ali uma próspera população, na chamada Idade do Bronze Primitiva. Evidências arqueológicas mostram que Ai foi atacada por duas vezes em sua história, deixando traços óbvios. Os artefatos encontrados mostram forte influência egípcia, podendo ser identificada com a Palestina egípcia da era das pirâmides. Ainda não foram encontradas evidências arqueológicas sobre a própria Ai, mas sabemos que naquela época havia ali apenas um minúsculo povoado (ver Js 7.3). Alguns têm conjecturado que a Ai dos dias de Josué não era exatamente no local antigo, mas nas proximidades, e que o nome foi transferido para esse novo local. Isso explicaria as evidências diretas de Ai no tocante a Josué. A transferência do nome de uma cidade arruinada ou abandonada, para um novo local, era um fenômeno comum na Palestina. (FK ND S UN)

AI

Tradução portuguesa de sete interjeições hebraicas e de uma grega. Algumas delas usadas apenas por uma vez, conforme se vê em Salmo 120.5; Ezequiel 2.10 e 30.2. Duas das interjeições hebraicas são usadas por 22 e por 36 vezes, respectivamente, a primeira como simples interjeição de tristeza (ver, para exemplificar Nm 21.29; 1Sm 4.7,8; Is 3.9-11; Jr 4.13; 48.46; Lm 5.16; Ez 16.23; Os 7.13), e a segunda como interjeição de tristeza, de advertência ou de exortação (ver, para exemplificar, Is 5.8,11,18,20,21,22; Jr 22.13; Ez 13.3; Am 5.18; Mq 2.1; Na 3.1; Hc 2.6; Sf 2.5; Zc 11.17). A palavra grega *ouat* é usada por 28 vezes, de Mt 11.21 a Ap 12.12.

Quando essa interjeição era usada, Deus não estava pronunciando um juízo final, mas descrevendo a miserável condição daqueles que estavam sendo descritos. Viviam em um paraíso de tolos, inconscientes do terrível destino que os esperava. Jesus, em Lucas 6.24-26, mostrou que a miséria de certos homens jaz no fato de que eles são dotados de mente materialista, cegos quanto às suas necessidades espirituais, estando satisfeitos, mas não demonstravam simpatia para com o próximo e vivendo na impenitência, embora desfrutando de certa popularidade. O zelo hipócrita, a falta de proporções quanto aos valores espirituais, o amor à aclamação popular, e a autocomplascência dos fariseus e escribas, também os tornava pessoas dignas de lamentação (ver Mt 23.13-33; Lc 11.42-52). No tocante aos habitantes impenitentes de Corazim e Betsaida, os *ais* proferidos por Jesus contra eles deviam-se à indiferença deles para com a pregação e as evidências comprobatórias, na forma de milagres, de Jesus, com a consequente inexorável condenação que os aguardava (ver Mt 11.21).

Paulo sabia que sua situação espiritual se tornaria digna de lamentação se ele negligenciasse o anúncio do evangelho (ver 1Co 9.16). Por isso mesmo, empenhava-se em fazer a boa mensagem ser ouvida onde quer que lhe fosse dada oportunidade. Cumpre-nos aceitar esse cuidado (ver 2Tm 4.1-5).

A queda da Babilônia também é anunciada no Apocalipse em meio a *ais* (ver Ap 18.10-16). E as várias tremendas pragas e desastres destrutivos que acompanharão o juízo final também são expressos por "ais", emitidos pelo Espírito de Deus (ver Ap 9.12 e 11.14).

AI (DE MOABE)

Uma cidade moabita de localização desconhecida (ver Jr 49.3). Mas alguns identificam-na com a mesma cidade referida acima.

AÍ

No hebraico, **"irmão"** ou **"meu irmão"**. **1**. Forma usada em nomes compostos, a fim de significar "irmão" ou "meu irmão", como Joai, "Yahweh é irmão" ou Aimeleque, "irmão do rei". **2**. Um certo Aí era membro da tribo de Gade (ver 1Cr 5.15). Um outro desse nome era membro da tribo de Aser (ver 1Cr 7.34), embora algumas traduções, nessa segunda instância, entendam isso como "seu irmão". (S Z)

AIA

Uma cidade do território da tribo de Efraim (ver 1Cr 7.28). Em algumas versões aparece como Gaza ou Aza. De fato, alguns manuscritos hebraicos dizem ali Gaza. Se a forma está correta, ainda assim não deve ser confundida com a Gaza dos filisteus, bem mais ao sul do que aquela. Alguns estudiosos sugerem sua identificação com a "Aia" de Neemias 11.31 fazendo os dois nomes se referirem a uma só cidade. Mas, em Neemias a menção é a uma cidade benjamita, e não efraimita. (Z)

AIA

Outra forma alternativa de Ai (ver o artigo). Essa forma encontra-se em Neemias 11.31.

AIÃ

No hebraico, **"falcão"** ou **"grito do falcão"**. Há dois homens com esse nome no Antigo Testamento: **1**. O filho de Zibeão, filho de Seir, o horita (cerca de 1500 a.C.), antepassado de um clã de Edom (ver Gn 36.24 e 1Cr 1.40). **2**. Pai de Rispa. Rispa era concubina de Saul. Dois incidentes que a envolvem se destacam. Isbosete, filho de Saul, acusou Abner de ter tido um caso amoroso com ela (ver 2Sm 3.7), o que Abner repeliu irada e sarcasticamente. E Isbosete calou-se — porque o temia. Mais tarde, quando houve escassez de alimentos, Davi procurou saber do Senhor a razão para a mesma. A resposta do Senhor foi que o ato de Saul, matando os gibeonitas, precisava ser vingado. Para tanto, sete de seus filhos foram enforcados. Entre os mesmos, havia dois filhos de Rispa, Armoni e Mefibosete.

AIÃ

No hebraico, **"fraternal"**. Era membro da tribo de Manassés, filho de Semida (ver 1Cr 7.19), cerca de 1856 a.C. (S)

AIÃO

No hebraico significa **"irmão da mãe"**. Foi um dos heróis de Davi, um dos trinta mais valentes (ver 2Sm 23.33). Era filho de Sarar (2Sm 23.33) ou Sacar (1Cr.11.35). Alguns estudiosos supõem que esse nome é uma variante de Aquiabe, que significa *irmão do pai*. (S UN)

AÍAS

No hebraico, **"meu irmão é Yahweh"**, ou **"irmão de Yahweh"**. Forma abreviada de Aimeleque. Várias pessoas recebem esse nome no Antigo Testamento: **1**. Aías, um profeta que residia em Siló nos tempos de Salomão e Jeroboão. Parece que ele registrou algumas das transações do primeiro desses reis: ver 2Crônicas 9.29. Sua tarefa foi de anunciar a separação das dez tribos (Israel) da casa de Davi (duas tribos: Judá e Benjamim), bem como a fundação da dinastia de Jeroboão. E, após muitos anos, anunciou a queda de Jeroboão (ver 1Rs 11.29-39 e 14.2-18). Protestou contra a idolatria que se tornara parte do reinado de Salomão e dividiu simbolicamente as suas vestes em doze pedaços, dez dos quais deu a Jeroboão (um oficial secundário do governo de Salomão). Predisse que esses dez lhe seriam sujeitos. A fim de escapar da ira de Salomão, fugiu para o Egito. Após a morte de Salomão, tudo isso teve cumprimento. Reoboão provocou a divisão do reino. Jeroboão tornou-se rei de Israel, ocupando o trono de 933 a 901 a.C. Jeroboão, porém, conduziu Israel à idolatria, e foi denunciado por Aías, que predisse a morte de seu filho e a extinção de sua casa, bem como o futuro cativeiro de Israel (ver 1Rs 14.6-10). A profecia de Aías, o silonita, foi uma das fontes informativas usadas na história de Salomão (ver 2Cr 9.29). O último dos filhos de Jerameel a ser chamado por nome (ver 1Cr 2.25), em cerca de 1600 a.C. Era irmão de Calebe, de Judá. Alguns manuscritos da Septuaginta e da versão siríaca dizem "seu irmão", em vez do nome pessoal, Aías. **2**. Filho de Aitube, sumo sacerdote durante o reinado de Saul (ver 1Sm 14.3,18), que alguns pensam ser o mesmo que Aimeleque. Era descendente de Eli por meio da linhagem de Fineias (ver 1Sm 14.3). Seu nome era uma forma abreviada de Aimeleque, o que, por sua vez, tem sido confundido com Abimeleque. Aías (ou Aimeleque), pai de Abiatar, serviu como sacerdote em Nobe, usou a estola sacerdotal e foi encarregado da arca de Deus, tendo consultado os oráculos em favor de Saul (ver 1Sm 14.18). Foi ele quem ofereceu a Davi os pães da proposição, quando ele e seus homens tiveram fome enquanto fugiam de Saul (ver 1Sm 21.1-10). **3**. Um dos príncipes de Salomão (ver 1Rs 4.3), filho de Sisa ou Eliorefe. Ambos os irmãos eram escribas de Salomão. **4**. Pai de Baasa, rei de Israel (ver 1Rs 15.27,33) em cerca de 953 a.C. Conspirou contra Nadabe, filho de Jeroboão, e governou em seu lugar. Pertencia à tribo de Issacar. **5**. Um dos heróis de Davi (ver 1Cr 11.36), em cerca de 1050 a.C. Era pelonita e um dos trinta principais heróis de Davi, a elite militar. Ver também 2Sm 23.34. **6**. Um levita durante o reinado de Davi (ver 1Cr 26.20), em cerca de 1015 a.C. Governava

AIATE

os tesouros da casa de Deus. A Septuaginta e muitos eruditos traduzem essa palavra, nesse trecho, como "irmão deles", em vez de um nome próprio. **7**. Um dos líderes de Israel, que se uniu em pacto com Neemias (ver Ne 10.25), em cerca de 445 a.C. **8**. Um descendente de Benjamim (1Cr 8.7), um dos filhos de Eúde. O *International Critical Commentary* supõe que os três nomes, Naamã, Aías e Gera, formariam uma ditografia (ver 1Cr 8.4). Os nomes Aías (vs. 7), Aoá (vs. 4) e Eí (Gn 46.21) são variações escribais de um texto que originalmente dizia Airã (ver Nm 26.38). **9**. Pai de Aitube, antepassado de Esdras (2Esdras 1.1 ss.). (FA UN Z)

AIATE

Forma alternativa de *Ai* (ver o artigo). Essa forma encontra-se em Isaías 10.28.

AIÇÃO

No hebraico significa **"meu irmão levantou-te"** ou **"irmão do inimigo"**. Um dos quatro homens de distinção a quem Josias enviou para consultar a profetisa Hulda, a respeito da lei (ver 2Rs 22.12-14). Ele e seus familiares foram poupados pela proteção conferida ao profeta Jeremias (ver Jr 26.24 e 39.4), o qual, de outro modo, poderia ter morrido. Era pai de Gedalias, a quem Nabucodonosor tornou governador da terra, após a destruição de Jerusalém. (FA S Z)

AIESER

No hebraico, **"irmão é ajuda"**. É o nome de duas pessoas do Antigo Testamento: **1**. Filho de Amisadai, o qual, no tempo de Moisés, representava a tribo de Dã, o que fez em certo número de importantes ocasiões (ver Nm 1.12; 2.25; 7.66,71; 10.25). Saiu do Egito à testa de 72 mil homens. **2**. Um homem mencionado em 1Cr 12.3, chefe danita que se aliou a Davi, quando se escondia em Ziclague, para não ser morto por Saul. Era um exímio arqueiro. (UN Z)

AIJALOM

No hebraico, **"lugar de veados"** ou **"carvalhos"**. Havia duas cidades com esse mesmo nome: **1**. Uma cidade e um vale na tribo de Dã (ver Js 19.42), que foi dada aos levitas (ver Js 21.24; 1Cr 6.69), não distante de Bete-Semes (ver 2Cr 28.18). Foi um dos lugares fortificados por Reoboão (ver 2Cr 11.10). Estava entre os fortes que os filisteus tomaram de Acaz (ver 2Cr 28.18). O nome aparece pela primeira vez na Bíblia no discurso de Josué, após a derrota dos amorreus: *Sol, detém-te em Gibeom, e tu, lua, no vale de Aijalom* (Js 10.12). Veio a tornar-se uma cidade de refúgio (ver Js 21.24). Quando da divisão da terra, os danitas não conquistaram a cidade (ver Jz 1.35), mas Saul e Jônatas obtiveram grandes vitórias nas proximidades da mesma (ver 1Sm 14.31). Mais tarde foi habitada por efraimitas (1Cr 6.69), e mais tarde ainda, por benjamitas (1Cr 8.13). Quando Israel e Judá se dividiram, ela ficou com Judá. Então Reoboão tornou-a uma fortaleza (ver 2Cr 11.10). No reinado de Acaz, foi capturada pelos filisteus (ver 2Cr 28.18). **2**. Uma cidade no território da tribo de Zebulom (ver Jz 12.12). O juiz Elom foi ali sepultado. A localização moderna é desconhecida. (AH ND UN S)

AIJELETE (HASH-SHAHAR)

Ver *instrumentos musicais*. A palavra ocorre no título do Salmo 22, no hebraico. Pode indicar a melodia com que esse salmo era cantado. Em nossa Bíblia portuguesa, essa melodia aparece com o nome de Corça da Manhã, no título desse salmo.

AILUDE

Desconhece-se seu sentido em hebraico, mas talvez signifique **"irmão do nascido"**, ou **"irmão do Lídio"**. **1**. Pai de Josafá, cronista e escrivão do reino, nos governos de Davi e Salomão (ver 2Sm 8.16; 20.24; 2Rs 4.3). **2**. Pai de Baana, um dos oficiais de Salomão (ver 1Rs 4.12). Mas alguns estudiosos pensam que "1" e "2" são a mesma pessoa.

AIM

No hebraico, **"fonte"**. Há duas cidades com esse nome no Antigo Testamento: **1**. Uma aldeia na extremidade nordeste de Canaã, assim chamada devido a uma fonte existente no local. O trecho de Números 34.11 mostra que ficava perto de Ribla (mas não a Ribla dos orontes). Os textos da Vulgata e dos rabinos dizem *Dafne*, em lugar de Aim, mas aquela ficava próxima do lago Hulé. Josefo (*Guerras* iv.3) estava familiarizado com o lugar. Este era um marco fronteiriço natural na Palestina oriental. Alguns a têm identificado com a 'Ain el-'Azy, um dos braços formadores do orontes, que é uma poderosa fonte de água potável. **2**. Uma cidade que a princípio foi dada à tribo de Judá (ver Js 15.32), e que mais tarde foi dada a Simeão (ver Js 19.7 e 1Cr 4.32). Era uma das cidades dos levitas (ver Js 21.16). Em 1Crônicas 6.59, o nome de Aim é mudado para Asã. Ficava localizada a nordeste de Canaã, entre Ribla e o mar da Galileia. Em Josué e 1Crônicas 4.32, as cidades de Aim e Rimom aparecem como cidades separadas. Alguns estudiosos, porém, preferem entender que havia uma única cidade, com o nome de *Aim-Rimom*. **3**. A mesma palavra significa a décima sexta letra do alfabeto hebraico, assim chamada porque seu traçado se parece com um olho. Também figura no alfabeto de Ugarite. Na Septuaginta, foi usada a letra grega *gama* para transliterá-la, conforme se vê nos nomes próprios locativos Gomorra e Gaza, que no hebraico começam com a letra *aim*.

AIMÃ

No hebraico, **"irmão de um presente"**, **"liberal"** ou **"meu irmão é fortuna"**. **1**. Um dos três famosos gigantes anaquins que habitavam em Hebrom, avistados pelos espias e por Calebe (ver Nm 13.22), em cerca de 1600 a.C. Posteriormente, os gigantes foram exterminados por Josué (ver Js 11.21), ou foram mortos pela tribo de Judá (ver Jz 1.10). **2**. Um dos porteiros levitas do templo, após o exílio. (Ver 1Cr 9.17). (FA UN S)

AIMAÁS

No hebraico, **"meu irmão é ira"**, ou **"irascível"**. É o nome de várias pessoas no Antigo Testamento: **1**. Pai da esposa de Saul, Ainoã (ver 1Sm 14.50). **2**. Filho e sucessor de Sadoque, foi sumo sacerdote juntamente com ele, durante o reinado de Davi, e talvez tenha sido o único sumo sacerdote nos dias de Salomão. Sua história cabe mais no tempo de Davi, a quem prestou um importante serviço, quando da revolta de Absalão. Na ausência de Davi em Jerusalém, os sumos sacerdotes Sadoque e Abiatar ali ficaram para cuidar dos negócios do reino. Mas seus filhos, Aimaás e Jônatas, ocultaram-se fora da cidade, prontos a levar a Davi qualquer informação importante acerca das atividades de Absalão. Foi assim que Husai, tendo transmitido aos sacerdotes o resultado do conselho de guerra, em que seu conselho foi preferido ao de Aitofel, enviou uma menina (para evitar suspeitas) a Aimaás e Jônatas, para que ales levassem a notícia a Davi. Mas isso foi detectado, e os mensageiros foram perseguidos. Refugiaram-se em um poço vazio, e a dona da casa escondeu-os cobrindo o poço e disfarçando-o com grama seca. E disse aos perseguidores que os mensageiros haviam passado por ali com grande pressa. Desse modo, puderam continuar e transmitir a mensagem a Davi (ver 2Sm 15.27-36; 17.17-20). Aimaás tornou-se conhecido por ser um corredor veloz, o que demonstrou ainda em uma outra ocasião, quando convenceu Joabe a permitir-lhe levar notícias a Davi. Um outro homem, Cusi, estava a caminho, embora Aimaás tivesse corrido mais do que ele, chegando primeiro para dar as notícias. A notícia envolvia a vitória do exército de Davi sobre o de Absalão, e a morte deste último. Mas o mensageiro não falou sobre a morte de

Absalão, respeitando os sentimentos de Davi. Alguns duvidam que ele tivesse substituído Sadoque como sumo sacerdote, visto que ele não aparece entre os oficiais de Salomão (ver 1Rs 4.2), e por parecer que Azarias é que preenchia essa função. **3**. Genro de Salomão, que casou-se com a filha deste, Basemate, e foi um dos doze oficiais do rei encarregados de prover o alimento para a casa real financiado pelo oitavo distrito, o de Naftali (ver 1Rs 4.15). Viveu em cerca de 950 a.C. (FA S UN Z)

AIMELEQUE

No hebraico significa **"irmão do rei"** ou **"amigo do rei"**. Nome aplicado a três personagens do Antigo Testamento: **1**. Um outro nome para Aías. Ele é a terceira pessoa desse nome que é discutida. **2**. Um heteu que seguia Davi enquanto ele estava fugitivo no deserto, escondendo-se de Saul (ver 1Sm 26.6). **3**. Um filho de Abiatar também atendia por esse nome (ver 2Sm 8.17; 1Cr 18.16). Era neto do primeiro Aimeleque, acima. Alguns supõem que o pai e o filho de Abiatar não teriam o mesmo nome; mas a verdade é que esse era um fenômeno comum. Outros supõem que o texto deveria dizer "Abiatar, filho de Aimeleque", e não "Aimeleque, filho de Abiatar", tornando assim esse homem idêntico ao primeiro homem. Entretanto, não há necessidade desse esquema. (ALB UN)

AIMOTE

No hebraico quer dizer **meu irmão é morte**, ou **destrutivo**. Era levita, descendente de Coate (ver 1Cr 6.25). Elcana, pai de Samuel, descendia dele. Em 1Crônicas 6.26 é chamado Naate.

AINADABE

No hebraico, **"irmão é nobre"** ou **"irmão liberal"**. Um dos doze oficiais que, nos doze distritos em que o país foi dividido, conseguia suprimentos para a mesa real em regime mensal. O distrito de Ainadabe era constituído da metade sul da região além do Jordão (ver 1Rs 4.14), no sul de Gileade. E sua sede ficava em Maanaim. (S Z)

AIN FESHKA

Um oásis a três quilômetros ao sul de Khirbet Qumran, na costa ocidental do mar Morto. Esse lugar pode ter sido o centro agrícola das seitas de Qumran. Ver sobre *Qumran*. Essa comunidade produzia certa variedade de legumes, e contava com um curtume que provavelmente incluía a produção de pergaminho. (Z)

AIN KARIM

Uma aldeia cerca de seis quilômetros a oeste de Jerusalém, onde, segundo a tradição, viviam Zacarias e Isabel, pais de João Batista (ver Lc 1.24,39). Maria, mãe de Jesus, foi ali visitar sua prima. (DAL Z)

AINOÃ

No hebraico, **"irmão da graça"** ou **"irmão é deleite"**. Era nome de duas mulheres referidas no Antigo Testamento. **1**. Uma mulher de Jezreel, uma das esposas de Davi, mãe de Amom. Ela foi levada cativa pelos amalequitas, quando eles assaltaram Ziclague, mas foi resgatada por Davi (ver 1Sm 25.43; 27.3; 2Sm 2.2 e 3.2). Após a morte de Saul, Ainoã e Abigail subiram a Hebrom com Davi, e ali Ainoã deu à luz o primeiro filho de Davi, Amom (ver 1Sm 15.43; 27.3; 1Cr 3.1). Abigail foi a mãe do segundo filho de Davi. **2**. Filha de Aimaás, esposa de Saul (ver 1Sm 14.50). (S Z)

AIO. Ver sobre *Gula*.

AIO

No hebraico, **"fraternal"**. Há três pessoas com esse nome no Antigo Testamento: **1**. Um dos filhos de Abinadabe, o qual, com seu irmão Uzá, guiou a carruagem nova em que a arca foi posta, quando da primeira tentativa de Davi de removê-la para Jerusalém. Aio foi na frente, para guiar os bois, enquanto Uzá caminhava ao lado da carruagem (ver 2Sm 6.3,4). Assim a arca foi removida da casa de Abinadabe e voltou a Jerusalém. **2**. Um benjamita, filho de Elpaal (ver 1Cr 8.14). **3**. Um filho de Jeiel, irmão de Quis, e pai de Saul (ver 1Cr 8.31 e 9.37). (UN)

AIRA

No hebraico significa **"irmão do mal"**, ou, talvez, **"sem sorte"**. Era chefe da tribo de Naftali, quando os israelitas deixaram o Egito (ver Nm 1.15 e 2.29). Foi nomeado um dos assessores de Moisés para fazer o recenseamento do povo. Fez sua contribuição para o culto sagrado no décimo segundo dia das ofertas (ver Nm 7.78,83; 10.27), em cerca de 1440 a.C. (UN Z)

AIRÃ (AIRAMITAS)

No hebraico, **"irmão exaltado"**. **1**. O terceiro dos filhos de Benjamim (ver Nm 26.38). Na lista de 1Crônicas 8.1, o terceiro nome, Aará, provavelmente é uma forma variante (ou corrupta) de Airão, o que talvez seja o mesmo caso de Aer, em 1Crônicas 7.12. A genealogia de Benjamim, em Gênesis 46.21, diz Eí, que pode ser uma forma abreviada de Airã. Nessa lista aparecem dez filhos, mas alguns desses nomes podem aludir a descendentes mais remotos, em outras listas. **2**. Um rei fenício de Gebal (mais tarde, Biblos). Seu magnificante sarcófago foi descoberto, e nele há inscrições que representam um elo no desenvolvimento do alfabeto fenício. Esse sarcófago e as joias de Airã estão atualmente no Museu Nacional de Beirute. Os eruditos não identificam esse homem com o Hirão de Tiro, aliado de Salomão, embora os nomes sejam evidentemente idênticos. Talvez fossem contemporâneos. (S UN Z)

AIRAMITAS

A família ou os descendentes de Airã (ver Nm 26.38).

AISAAR

No hebraico, **"irmão da alvorada"**. Era benjamita e filho de Bilã, neto de Benjamim (ver 1Cr 7.10), em cerca de 1658 a.C. (S)

AISAMAQUE

No hebraico, **"irmão de ajuda, socorro"**. Pai de Aoliabe, o danita, um dos famosos artífices que construíram e adornaram o tabernáculo. Ver Êxodo 31.6; 35.34. Viveu antes de 1657 a.C.

AISAR

No hebraico, **"irmão da canção"**. Era o mordomo da casa de Salomão (ver 1Rs 4.6).

AITOFEL

No hebraico significa **"irmão da insensatez"**, ou **"tolo"**. Foi um homem que, no tempo de Davi, tornou-se conhecido por todo o Israel por causa de sua sabedoria secular. Sua sabedoria era tão grande que seus conselhos eram considerados oráculos (ver 2Sm 16.23). O verdadeiro nome desse homem pode ter sido Aifelete (irmão do livramento), cujas letras foram transpostas para que o seu nome significasse *tolo*. Os escribas poderiam ter feito isso para assinalar a sua insensatez ao ter participado da revolta de Absalão contra Davi.

1. Sabedoria política. Ele é mencionado no Antigo Testamento como homem dotado de grande sagacidade política. Fazia parte do grupo de conselheiros de Davi; mas estava em Giló, seu lugar nativo, quando Absalão proclamou sua revolta e convocou-o para vir a Jerusalém.

2. Defecção. Supomos que Aitofel tenha pesado as possibilidades do caso, tendo calculado que Absalão seria o vencedor. Portanto, resolveu dar apoio à rebelião (ver 2Sm 15.12). Davi ficou alarmado diante da defecção, e orou para que Deus transformasse o sábio conselho de Aitofel em insensatez. A fim de ajudar nesse propósito, enviou Husai a Absalão, para que ele fingisse estar-se aliando àquele, a fim de enfraquecer a influência de Aitofel. Talvez o trecho de Salmo 55.12-14 contenha um lamento de Davi, diante da traição de Aitofel, sendo ele ali chamado de "meu igual, meu companheiro e meu íntimo amigo", mas então em liga com o adversário. Aitofel aconselhou Absalão a apossar-se do harém de Davi, e isso pôs fim a toda possibilidade de reconciliação (ver 2Sm 16.20-23). E é provável que a medida tivesse precisamente essa finalidade. Também aconselhou Absalão a perseguir e a eliminar Davi e suas, tropas sem a menor demora, antes que tivessem a oportunidade de se reorganizarem. Mas Husai, tendo desempenhado bem o seu papel, convenceu Absalão a esperar e ser cauteloso. Isso deu a Davi o tempo necessário para organizar o contra-ataque.

3. Suicídio. Quando Aitofel viu que seu conselho fora rejeitado, desistiu de seguir Absalão, como uma causa perdida, e imediatamente retornou à sua casa, em Giló, pôs em ordem os seus negócios e suicidou-se. Não há como duvidar que, em sua sabedoria, ele viu que Davi sairia vencedor, sendo ele deixado na ridícula posição de haver promovido uma causa errada e perdida. Foi sepultado no sepulcro de seu pai (ver 2Sm 17.23) em cerca de 967 a.C. Esse é o único caso de suicídio registrado no Antigo Testamento, a menos que consideremos como tais os atos de desespero de Sansão e Saul. Ver o artigo sobre o *suicídio*. É curioso que seu filho, Eliã, tenha permanecido fiel a Davi, porquanto foi um de seus trinta valentes guerreiros (ver 2Sm 23.34). (FA ND S UN Z)

AITUBE
No hebraico, **"irmão da bondade"**. É nome de várias pessoas do Antigo Testamento: **1**. Filho de Fineias, neto do sumo sacerdote Eli. Seu pai, Fineias, foi morto quando a arca de Deus foi tomada pelos filisteus. Sucedeu a seu avô como sumo sacerdote (em cerca de 1141 a.C.), e por sua vez, foi sucedido por seu filho, Aías (ver 1Sm 14.3), em cerca de 1093 a.C. Ele é chamado de Aimeleque, o sacerdote, em 1Samuel 22.9,11,20. **2**. Nome do pai de Sadoque. Sadoque foi feito sumo sacerdote após a morte de Abimeleque (ver 2Sm 8.17 e 1Cr 6.8). Portanto, ocupava esse ofício nos dias de Davi. Em 1Crônicas 9.11, Aitube é chamado avô de Sadoque. Essas confusões eram provocadas nas listas genealógicas do Antigo Testamento porque os escribas tinham o hábito de deixar de fora, propositalmente, certos nomes, preferindo dar listas representativas, e não listas completas; e também pelo fato de que o termo "pai de" pode referir-se a algum antepassado mais distante, ao mesmo tempo que "filho de" pode ter a força de "descendente". Esses termos eram usados como expressões de ligação, não exprimindo necessariamente relacionamentos exatos. Não há qualquer evidência em prol da conjectura de que Aitube tivesse chegado a ser sumo sacerdote. **3**. Um outro Aitube era descendente ou filho de Amarias, pai de um outro Sadoque. Estava na sétima geração de Aitube alistado sob o segundo número acima, em 1Crônicas 6.1; Esdras 8.2; 2Esdras 1.1 e Esdras 7.2. **4**. Um antepassado de Judite (ver Jz 8.1). (S UN Z)

AÍUDE
No hebraico quer dizer **"irmão é majestade"**, ou **"irmão de um famoso"**. É o nome de dois personagens do Antigo Testamento: **1**. Um príncipe da tribo de Aser, o qual, juntamente com outros cabeças de tribos, cooperou com Josué e Eleazar na divisão da terra prometida (ver Nm 34.27), em cerca de 1172 a.C. **2**. Um dos filhos de Eúde, da tribo de Benjamim (ver 1Cr 8.7). O texto não é claro (talvez tenha sido corrompido), e ele poderia ser identificado como filho de Gera ou de Heglã. (UN Z)

ALABE
No hebraico, **"gordura"**, **"fértil"**. Uma cidade de Aser identificada com a moderna Khirbet el-Mahalib, na Galileia superior, a pouco mais de seis quilômetros a nordeste de Tiro (ver Jz 1.31).

ALAI
No hebraico, **"oxalá!"** **1**. Filha de Sesã, a quem ele deu por mulher a seu escravo egípcio, Jará. Ela pertencia à tribo de Judá (ver 1Cr 2.31,34). **2**. O pai de Zabade, um dos homens poderosos de Davi (1Cr 11.41), em cerca de 1046 a.C. (UN Z)

ALAMELEQUE
No hebraico, **"carvalho do rei"**, uma cidade no território de Aser, identificada com Wady-el-Malek, a dez quilômetros de terra adentro de Haifa, embora não haja certeza quanto à sua localização. (Ver Js 19.26). (S Z)

ÁLAMO
Essa árvore é mencionada apenas por duas vezes na Bíblia (ver Gn 30.37 e Os 4.13, embora nesta última referência a nossa versão portuguesa diga "choupos"). Na primeira referência há menção à utilidade de sua madeira; e, na segunda, são mencionadas as ofertas feitas debaixo de suas sombras. Cientificamente, a árvore é chamada *Populus elba*, podendo atingir uma altura de 18 m. Produz boa sombra, devido à sua densa folhagem. As folhas são de cor cinza brilhante, brancas por baixo, o que explica o termo álamo prateado. Durante a primavera, os botões que produzem as folhas emitem um odor fragrante. Bosques de álamos eram usados na adoração pagã, e evidentemente essa adoração incluía a queima de incenso debaixo das árvores (ver Is 65.3, segundo a tradução de Moffatt). Jacó utilizou-se de varas de álamo para tentar influenciar as ovelhas a produzirem crias de determinado colorido. Naturalmente, nisso há certa dose de superstição e, se algo influenciou tal colorido, além dos fatores genéticos, temos de pensar em Deus, e não em varas de álamo. (ID Z)

ALAMOTE
No hebraico, **"virgens"**. Nossa versão portuguesa traduz a palavra como "voz de soprano", em Salmo 46 e 1Crônicas 15.20. Ou era um instrumento musical ou era uma melodia. Ver sobre *instrumentos musicais*. Ver os artigos sobre *Estética* e *Música*.

ÁLCIMO
Forma grega de Eliaquim e Joaquim (nomes com frequência intercambiados). Foi sumo sacerdote em Jerusalém entre 163 e 161 a.C. É mencionado em 1Macabeus 7.4-50; 9.1-57; 2Macabeus 14.1-27 e em Josefo, *Anti*. xii.7. Consideremos alguns pontos a seu respeito: **1**. Descendia de Aarão, mas não era da casta sacerdotal. Foi expulso do ofício por judeus de Jerusalém. **2**. Fez oposição a Judas Macabeu, e liderou um grupo de homens perversos para aliar-se ao rei Demétrio. Acusou falsamente Judas e seus irmãos de terem assassinado todos os amigos de Demétrio. **3**. Demétrio enviou Baquides com Álcimo para vingar-se. Baquides fingiu ser portador de uma missão pacífica, mas Judas percebeu a fraude. Cerca de sessenta homens, envolvidos no engano, foram mortos. **4**. Álcimo tentou ser nomeado sumo sacerdote, e obteve algum apoio; mas, ao fracassar em seu propósito, retornou a Demétrio. **5**. Nicanor foi enviado para destruir Israel, e também tentou enganar Judas. Quase conseguiu seu intuito, mas Judas percebeu o logro e houve uma batalha. Nicanor foi morto com cinco mil de seus homens. **6**. Então Demétrio enviou Baquides e Álcimo com um poderoso exército. O exército de Judas abandonou-o, e ele foi morto. Seu irmão Jônatas tornou-se seu sucessor. **7**. Jônatas e suas forças foram obrigadas a deixar Jerusalém, e Álcimo tornou-se o sumo sacerdote. Ordenou que o átrio interior do santuário fosse derrubado e destruiu as obras dos profetas. Ele foi afetado por uma praga, ficou paralítico e morreu entre agonias. Então houve paz na terra. **8**. 2Macabeus pinta

Nicanor como mais amigável a Judas do que se vê em 1Macabeus; e Josefo diz que Álcimo morreu antes de Judas ser morto. Portanto, há alguns problemas com a antiga narrativa. Josefo também menciona seguidores de Álcimo, chamando-os de renegados, além de haver atribuído a enfermidade de Álcimo ao juízo divino. (Z)

ALDRAVA

Três palavras hebraicas são assim traduzidas, referindo-se à maçaneta do ferrolho (ver Ct 5.5), à alça de um vaso de barro (ver Is 45.9), e ao cabo de um machado (ver Dt 19.5). A forma verbal da palavra é traduzida em nossa versão portuguesa por "manejar", em 2Crônicas 25.5, e por "levar", em Juízes 5.14. (S Z).

ALEFE

1. Primeira letra do alfabeto hebraico, correspondente ao ALFA grego e ao *a* do idioma português e das línguas modernas. Porém, no hebraico, alefe é uma consoante, sendo transliterada em português pelo *apóstrofo* ('). Encabeça cada um dos oito primeiros versos do Salmo 119. **2.** Esse símbolo é usado para indicar o *Codex Sinaiticus*, um manuscrito bíblico do século IV d.C., encontrado por Tischendorf, em Sinae, e atualmente no Museu Britânico. Ver o artigo sobre *manuscritos*. (ME Z)

ALELUIA

1. A palavra. Vem dos termos hebraicos *halal*, "louvor", e *Yah*, uma forma abreviada de "Yahweh", Senhor. Portanto, significava **"louvor ao Senhor"**. No hebraico, a palavra era hifenizada de tal modo que os dois elementos sempre apareciam distintos. Em outros idiomas, porém, tornou-se um nome composto, incluído no grego da Septuaginta. Atualmente, a expressão tornou-se universal. Encontra-se no começo e no fim de vários dos salmos, tendo-se tornado um convite padrão para se louvar a Deus na adoração do templo.

2. Seu uso nos Salmos. Esse uso divide-se em dois grupos: ***a.*** Salmo 104 e 115 (no fim); 106 (no começo e no fim). Esse último uso parece parte da doxologia do quarto livro do saltério. ***b.*** Salmos 111—118 (no começo); 115—117 (no fim). Na Septuaginta, há uma repetição no fim do Salmo 113 e no começo do Salmo 114, que assim completa a série. E, provavelmente, isso está correto. ***c.*** Salmo 135 (no começo), mas a Septuaginta põe o vocábulo no começo do Salmo 136. ***d.*** Salmo 146-160 (no começo de cada um). Portanto, a palavra "Aleluia" é usada nos Salmos por um total de quinze vezes.

3. No Novo Testamento. Em Apocalipse 19.1,3,4,6 há uma convocação para louvor e adoração por meio de "Aleluia", agora transformada em uma exclamação cristã, com o uso da mesma fórmula. Portanto, o uso desse vocábulo está limitado aos Salmos e ao livro de Apocalipse. E, neste último, o louvor envolve um coro celestial.

4. Usos festivos. Esse termo passou a ser usado como uma expressão de louvor, nas festividades da Páscoa, do Pentecoste e dos Tabernáculos. Os Salmos 105 e 106 eram usados nessas festas. O grupo dos Salmos 113— 118 passou a ser conhecido como o *Hallel Egípcio*, devido à sua associação com o livramento de Israel da servidão egípcia. Esses salmos eram usados por ocasião das três principais festividades, e por ocasião da dedicação do templo. Por ocasião da Páscoa, eram entoados os Salmos 113 e 114, antes da refeição pascal, e os Salmos 115 a 118, após a mesma, conforme foi observado por Jesus e seus discípulos, na última Ceia (ver Mt 26.30).

5. Usos modernos do vocábulo. Além do uso popular dessa expressão, na igreja cristã, como uma expressão de louvor, a palavra é usada para designar o sábado antes do domingo da ressurreição. Além disso também é usada por alguns para aludir ao próprio domingo da ressurreição. (AM AU ID NTI)

Ver o artigo sobre *o Hallel*, relacionado a este assunto.

ALEMA

Uma cidade de Gileade, além do Jordão, uma dentre meia dúzia de cidades onde os gentios aprisionaram os judeus (ver 1Macabeus 5.24-26). Judas Macabeu foi ali, libertou os judeus e executou os cidadãos (1Macabeus 5.28-44). O lugar tem sido identificado com Alma, na planície do Haurã, talvez sendo a mesma Helã referida em 2Samuel 10.16, embora não haja certeza quanto a esse particular. (S Z)

ALÉM DO JORDÃO

As palavras hebraicas envolvidas poderiam indicar perto, ou do outro lado do Jordão, ou mesmo nas margens do Jordão ou no cruzamento do Jordão. Porém, o sentido mais comum é *Jordânia*, ou seja, a região do Jordão. A expressão ocorre por cerca de 33 vezes no AT, usualmente referindo-se ao território a leste daquele rio, embora nem sempre. Os trechos de Gênesis 50.10,11; Deuteronômio 3.20,25; 11.30; Josué 9.1 e 1Reis 4.21 parecem requerer a ideia da margem ocidental. Portanto, o termo pode aludir a qualquer das duas margens do rio, dependendo da perspectiva do escritor, no momento. Os trechos de Josué 5.1 e 12.7 referem-se especificamente à margem ocidental do rio. A referência em Mateus 4.15 designa a Pereia, um novo lugar onde Jesus levaria a efeito um ministério evangelístico, e ali está em foco a margem oriental. (HA UN Z)

ALÉM DO RIO

O rio em foco é o Eufrates. Essa expressão ocorre por cerca de vinte vezes no AT Pode estar em pauta qualquer das duas margens do rio. Lemos que os sírios estavam localizados *além do rio* (ver 2Sm 10.16; 1Cr 19.16), havendo ali alusão à margem oriental. Outro tanto era dito a respeito dos assírios (ver Is 7.20), e Josué faz alusão idêntica, em Josué 24.3,14,15. Portanto, o reino de Salomão incluía a região deste lado do rio, ou seja, o lado ocidental do Eufrates (ver 1Rs 4.21). No período persa, o termo aludia ao lado ocidental, tendo-se tornado uma expressão fixa, designativa daquele território. (Ver Ez 4.10,11,16,17,20; 5.3,6; 6.8,13; 7.21; Ne 2.7;9; 3.7). (Z)

ALEMETE

No hebraico, **"cobertura"**, **"ocultamento"**. Nome de duas pessoas e de um lugar no Antigo Testamento. **1.** Filho de Jeoada, ou Jará, um benjamita, descendente de Jônatas, filho de Saul (1Cr 8.36; 9.42). **2.** Um benjamita, filho de Bequer. E o último dentre nove filhos nomeados. Viveu em 1856 a.C. **3.** Cidade levítica de Benjamim, 1Crônicas 6.60. Em Josué 21.18 é denominada Almom. (FA S UN)

ALEXANDRE JANEU. Ver *Janeu, Alexandre*, e também *Hasmoneanos*.

ALFABETO (ESCRITA)

Deriva-se essa palavra do grego *alfabetos*, passando pelo latim. Esse nome vem das duas primeiras letras do alfabeto grego, *alfa* e *beta*. Têm-se encontrado obras escritas no Oriente Próximo datadas de pelo menos 3.100 a.C. No segundo milênio a.C., várias experiências levaram ao desenvolvimento de um alfabeto. O alfabeto é uma coleção de letras (símbolos) para representar sons ou fonemas, e portanto, palavras. Isso nos fornece *a fala escrita*. As culturas atuais mais avançadas têm esse modo de expressão escrita, embora os símbolos chineses e japoneses não sigam o desenvolvimento comum, pois a escrita deles é mais ideográfica.

1. O termo alfabeto. Esse termo, que vem do latim *alphabetu*, foi pela primeira vez usado pelos eruditos cristãos Tertuliano e Jerônimo. A maioria dos nomes das letras do alfabeto grego tem origem semítica, embora não haja uma exata correspondência de uso.

ALFABETO (ESCRITA)

2. Escrita pré-alfabética. Primeiramente apareceram os auxílios mnemônicos ou de memória, como varetas com nós, cordões com nós; em seguida, vieram os símbolos iconográficos, geométricos, com figuras de animais e de objetos naturais, que datam de até 20.000 a.C., encontrados nas paredes de muitas cavernas. Esses símbolos comunicavam uma forma de escrita pré-alfabética. Em seguida apareceu uma série de quadros para comunicar uma mensagem, resultando nas escritas cuneiformes, nos hieróglifos egípcios e nas escritas maia e asteca, que já eram parcialmente fonéticas.

Escrita fonética. Um exemplo dessa forma escrita encontra-se na escrita linear minoana B, de cerca de 1.500 a.C. (e, nos idiomas modernos, no japonês e no coreano). Cada elemento corresponde a um fonema ou som específico. Os *sinais* individuais representam sílabas e vogais. Os menores elementos das palavras que são capazes de serem isolados e pronunciados.

3. Escritas alfabéticas. Esse é o último e mais desenvolvido estágio da escrita, e também o mais eficiente. Cada símbolo individual representa *fonemas* (sons consoantes e vogais), como os tijolos que formam uma parede. A história do alfabeto é muito complexa, mas os historiadores da linguagem concordam que todos os alfabetos existentes podem ser explicados por um único (mas contínuo) desenvolvimento histórico, que retrocede ao fim do segundo milênio a.C.

4. Origem do alfabeto. Muita discussão envolve esse problema, com sugestões de que as origens podem ser encontradas nos hieróglifos egípcios, na escrita cuneiforme ou nas escritas cretense e fenícia. A maior parte das evidências gira em torno da terra santa e regiões circunvizinhas, com datas entre 1.700 e 1.300 a.C. Partindo dali, muitos têm conjecturado como o alfabeto teve seu início. As inscrições paleo-sinaíticas fornecem-nos alguma indicação sobre a possível origem do alfabeto, o que representa um passo intermediário entre os hieróglifos egípcios e o alfabeto norte-semítico. Outros, entretanto, têm pensado que a escrita pseudo-hieroglífica de Biblos seja o protótipo do alfabeto. Essa ideia fundamenta-se sobre inscrições em bronze e em pedra (século XV a.C. Ou antes), encontradas em 1929, no local do antigo porto de Biblos. Porém, surgiu uma terceira teoria por causa do descobrimento de milhares de tabletes de argila, desenterrados em Ras Shamra (antiga Ugarite), na Síria, na costa do mar Mediterrâneo. Esses tabletes contêm um alfabeto cuneiforme de trinta letras, em uso entre os séculos XV e XIII a.C. Todavia, alguns objetam a isso, dizendo que essa forma de escrita dependia do alfabeto norte-semítico, que já era usado na região; e novas descobertas e estudos parecem confirmar isso. Portanto, esses tabletes representam um estágio posterior de escrita, por meio de um alfabeto, e não a origem real do alfabeto. A solução do quebra-cabeça pode provir da Palestina, onde, desde 1929, diversas inscrições da Idade do Bronze Média e Posterior (conhecidas como canaanita antiga) têm sido descobertas. Podem ser divididas em três grupos, entre os séculos XVII e XIII a.C., correspondentes aos períodos bíblicos dos patriarcas, de Josué e dos Juízes.

Parece que a conjectura mais provavelmente correta é que a origem do alfabeto pode ser encontrada no alfabeto norte-semítico ou no seu protótipo. Os hieróglifos egípcios, as escritas cuneiformes e outras exerceram influência sobre esse protótipo. Porém, qualquer das teorias propostas deixa sem solução grandes problemas, especialmente no que tange ao inter-relacionamento entre as antigas formas de linguagem escrita.

5. Ilustrações de princípios. Falamos aqui sobre o desenvolvimento das letras. Usando o antigo hebraico como exemplo, temos *oyod* = y, com a figura de uma *mão*; *mem* = m, com a figura de *água corrente*, *num* = n, com a figura de *um peixe*; *alef* = uma consoante glotal suave, com a figura de um *boi*; *gimel* = g, com a figura de um *bumerangue*.

6. Principais ramos alfabéticos. Em cerca de 1000 a.C., já existiam quatro ramos principais do alfabeto semítico original. Havia o sul-semítico, o cananeu, o aramaico e o grego. Cada um desses ramos contava com seus sub-ramos. O hebraico pertencia ao ramo cananeu (fenício).

7. Alfabeto dos hebreus. O primitivo alfabeto dos hebreus era um sub-ramo do alfabeto cananeu, tendo florescido no período pré-exílico (1000 a 500 a.C.), embora continuasse em uso até o século III a.C. Moedas judaicas do período dos macabeus têm inscrições que se derivam desse ramo. O alfabeto quadrado hebraico deriva-se do ramo aramaico norte-semítico, o alfabeto que deu origem ao hebraico moderno. Pode ser seguido até o século III a.C. Com algumas modificações, era usado nos rolos bíblicos antes da era cristã, sendo essencialmente preservado na Bíblia impressa. A moderna forma hebraica manuscrita é mais cursiva, tendo muitas variedades locais.

8. O ramo aramaico. Os arameus originalmente eram nômades semitas, acerca de quem primeiramente ouvimos na Assíria, no século XII a.C. Esses povos foram derrubados pelos assírios no século IX a.C. A língua aramaica e sua forma escrita tornou-se a *língua franca* do Oriente Próximo, perto do final do século VII a.C. Subsequentemente, tornou-se um idioma em que foram escritas pequenas porções das Escrituras, originadora do hebraico quadrado, protótipo do hebraico moderno. Tornou-se o protótipo dos alfabetos de idiomas semíticos e não semíticos, como o árabe, o sírio-nestoriano, e certos idiomas asiáticos na Índia, no Irã, no Iraque e em certas regiões da Rússia, além de muitas outras. O aramaico era a língua falada pelos judeus nos dias de Jesus.

9. O alfabeto grego. A escrita hieroglífica *linear B* de Cnossus e Micenas sugere que o grego pode ter sido escrito de maneira diferente do que o foi mais tarde. E, nesse caso, essa forma mais antiga perdeu-se por ocasião da queda desses reinos (cerca de 1150 a.C.). Seja como for, o alfabeto grego (inscrições que datam do século VI a.C.) teve origem semítica. Isso se comprova pelos nomes das letras que não têm sentido no grego, e sim, nos idiomas semíticos. Ademais, o alfabeto grego original segue a mesma ordem das letras que se vê no norte-semítico, com um sinal adicional no fim. Além disso, o formato das letras é bastante similar tanto no norte-semítico quanto no grego. Uma prova adicional da origem semítica do alfabeto grego é o fato de que, originalmente, a escrita se processava da direita para a esquerda, conforme se vê até hoje nas línguas semíticas. Finalmente, a maioria dos sinais gregos equivale em som aos seus equivalentes semíticos. As diferenças existentes envolvem fonemas semíticos que não existem no grego, deixando alguns sinais sem função no grego (a saber, *alefe, he, ayin e yod*). Por outro lado, algumas vogais gregas têm sons que não são usados nas línguas semíticas.

Do alfabeto grego surgiram os alfabetos de vários idiomas como o cóptico, o etrusco, o latim e o gótico (dezenove ou vinte do grego, e cinco ou seis do latim). O alfabeto cirílico, do qual procedem o russo moderno, o búlgaro e outras línguas eslavas, tem sua base no grego. Desses alfabetos fundamentais desenvolveram-se os outros alfabetos europeus.

O alfabeto grego ocupa uma posição ímpar na história da escrita. Embora os gregos não tivessem inventado o alfabeto, transformaram a escrita semítica consonantal em um alfabeto moderno, conferindo-lhe simetria e arte. O alfabeto latino desenvolveu-se do grego, por meio do etrusco; e o latim, adotado como língua oficial pela igreja Católica Romana, tornou-se o idioma comum do mundo intelectual europeu. Várias formas da escrita latina tornaram-se a base dos estilos incorporados nos idiomas ocidentais modernos.

10. A invenção da imprensa. No tempo da invenção da impressão, em 1450 d.C., dois estilos principais do alfabeto latino posterior dominavam: as letras negras (também chamadas estilo gótico ou estilo alemão — este último erroneamente assim chamado) e a forma mais arredondada (atualmente chamada tipo romano), a *littera antiqua*. A forma romana era a mais popular e espalhou-se pelo mundo. Essa foi a forma que se tornou mais usada do que qualquer outra.

O alfabeto foi uma das mais úteis invenções humanas, a fonte mais fundamental de toda cultura e ciência. Tornou-se o veículo de todo o conhecimento reduzido à forma escrita, incluindo o conhecimento espiritual. (ALL AM DIR ND Z)

ALHOS SILVESTRES

Esses alhos são mencionados em Números 11.5, juntamente com pepinos, melões, cebolas e alhos. Esse tipo de alho é um vegetal bulboso, similar à cebola, cultivado no Egito desde os tempos mais remotos. Eram comidos crus, com pão, ou então eram usados como condimento. Depois que saíram do Egito, os israelitas sentiram a falta desse alimento.

Os alhos silvestres têm sido cultivados pelo mundo todo para servirem como parte da alimentação, e também com finalidades medicinais. Há duas espécies, *o allium porrum* e o *trigonella foenumgracum*. Ambas as variedades existiam no Egito. Continua sendo um alimento popular, até hoje, entre os egípcios e israelitas. (S Z)

ALIANÇAS. Ver também sobre *Pactos*.

Consideremos os pontos a seguir: **1. Usos bíblicos**. Em Gênesis 14.3, *entrar em liga com*. Em 2Crônicas 20.36, *combinar, ter afinidade com*, como no caso de um casamento. Em Gênesis 15.18 e 21.27, *estabelecer um pacto*. **2. Natureza das alianças**. Um acordo, usualmente sobre questões políticas e militares; uma aliança envolvia questões pessoais e religiosas. Todavia, não há uma clara distinção entre essas duas modalidades. **3. Interdito mosaico**. Moisés baixou uma lei que proibia o povo de Israel de entrar em pacto com as nações pagãs, sem dúvida a fim de que os israelitas não fossem encorajados a adquirir os hábitos idólatras de tais povos, deixando assim de ser um povo especial e separado. (ver Êx 34.15 ss. e Dt 7.3 ss.). **4. Alianças na antiguidade**. No Antigo Testamento encontramos as seguintes: De Abraão com três chefes dos amorreus (Gn 14.12); mais tarde, com Abimeleque, rei de Gerar (Gn 21.22-34). Isaque entrou em aliança com Abimeleque, o que deu nome ao poço de Beerseba (Gn 26.26-33). Jacó e Labão entraram em aliança, sendo estabelecida a fronteira de Galeede, entre Israel e a Síria (Gn 31.44-54). Moisés estabeleceu aliança com os queneus, quando se casou com uma mulher quenita (Êx 18; Nm 10.29 ss. e Jz 1.16 e 4.11). Josué entrou em aliança com seis tribos cananeias (Js 9.1 ss.) e mais tarde, enganado por um artifício, entrou em aliança com os gibeonitas (Js 9). Davi, exilado em aliança com o rei Aquis, mediante a qual a cidade de Ziclague tornou-se sua (1Sm 27.5-12); mais tarde, Davi entrou em aliança com Abner, em consequência da qual todas as tribos submeteram-se a Davi (2Sm 3.12-21); e finalmente, Davi entrou em aliança com seus vizinhos, Hirão, rei de Tiro, e Toi, rei de Hamate (2Sm 5.11 e 8.9-12). **5. Resultados**. De modo geral, a sabedoria da proibição mosaica ficou confirmada, pois muitos danos foram sofridos por Israel, devido às alianças formadas. Além das alianças militares, consideremos as alianças por casamento, formados por Salomão, que tão prejudiciais foram para o espírito religioso de Israel (ver 1Rs 11.1-8). Os profetas com frequência alçaram a voz em protesto contra as alianças (ver 1Rs 20.38; 2Cr 16.7; 19.2; 25.7 e Is 7.17). **6. Alianças por casamento**. Usualmente essa espécie de aliança era feita por motivos políticos, a fim de fomentar boas relações com vizinhos potencialmente perigosos. Davi tinha vinte ou mais esposas e concubinas, duas das quais envolviam alianças dessa ordem (ver 2Sm 3.2-5; 5.13-16). Salomão entrou em muitas dessas alianças (ver 1Rs 3.1; 9.16 e 11.1). Onri e Etbaal formaram aliança entre Israel e a Fenícia, ratificando-a com o casamento de Acabe com Jezabel (ver 1Rs 16.23-31), com os mais desastrosos resultados. **7. Princípio espiritual envolvido**. Paulo estabelece diretrizes para associações íntimas dos crentes, em 2Coríntios 6.14, as quais proíbem-nos de estabelecer "jugos desiguais" com os incrédulos. Assim, ele estabeleceu o princípio espiritual como guia para todas as associações íntimas que poderiam comprometer nossa vida espiritual. (FA RV U UN Z)

ALIMENTOS. Ver, também, *Limpo e Imundo*.

São substâncias físicas, vegetais ou animais, que podem ser consumidas pelo homem e pelos animais, sustentando-lhes as energias físicas. Metaforicamente, estão em pauta aqueles elementos espirituais que sustentam a causa e produzem o desenvolvimento espiritual.

I. TEMPOS PRIMITIVOS. Os alimentos são limitados principalmente por razões geográficas, podendo ser de natureza vegetal ou animal. As culturas mais abastadas dispõem de uma dieta mais rica, mediante a manipulação local e as importações. Nos tempos primitivos, os homens alimentavam-se do que podiam colher, como raízes, legumes, frutas, castanhas, e mediante a caça de animais selvagens. Somente após o dilúvio a Bíblia menciona especificamente o uso da carne de animais na alimentação humana (ver Gn 9.3), embora isso se deva mais provavelmente à ausência de menção, e não a um reflexo da realidade das coisas. O trecho de Gênesis 7.8, com sua divisão de animais limpos e imundos, por certo sugere que o consumo de carne é de data antiquíssima.

II. ERA PATRIARCAL. Nesse período, eram consumidas as carnes de animais selvagens e domesticados. A agricultura foi desenvolvendo-se com o cultivo do feijão, das ervilhas, dos cereais, da lentilha etc. Também havia castanhas, mel e especiarias (ver Gn 43.11). O pão era, talvez, o alimento mais comum.

III. OUTRAS CULTURAS. **1**. As pinturas murais egípcias mostram que a dieta dos egípcios era variada. O quadragésimo capítulo de Gênesis mostra que a família real era servida por profissionais. Havia copeiros, padeiros e cozinheiros. Os egípcios consumiam aves, peixes, carnes, vinhos, temperos e acepipes importados. Homens e mulheres frequentavam banquetes usando vestes suntuosas para a ocasião. As pinturas existentes na cidade de Aquenaton (edificada em cerca de 1387—1366 a.C.) exibem o rei e sua princesa, Nefertiti, e três filhas, banqueteando-se em um espaçoso salão, decorado com grinaldas e servido por escravos. Penas de avestruz eram usadas como leques, havia luzes coloridas e cadeiras almofadadas. **2**. Entre os habitantes da Mesopotâmia era costume consumir feijão, lentilha, ervilha, cebolas, pepinos, abóboras, trigo, cevada e outros cereais. Também havia grande variedade de frutas, incluindo as tâmaras. Um selo cilíndrico de lápis-lazúli, atualmente no museu da Universidade da Pennsylvania (de cerca de 3000 a.C.) retrata um banquete da rainha Shubade, com pratos raros por todo o lado, e escravos que ventilavam o ambiente com leques. Também havia música ao vivo.

IV. ISRAEL E A LEI MOSAICA. No Egito, os filhos de Israel comiam bem, conforme se lê em Êx 16.3: ... *quando estávamos sentados junto às panelas de carne, e comíamos pão a fartar!* No deserto, os israelitas lembravam com saudade o peixe, os pepinos, os melões, os alhos-porós, os alhos, as cebolas e outros acepipes (ver Nm 11.5). Com a lei mosaica apareceram certas restrições, mas o próprio fato de que tantas coisas puderam ser vedadas, em contraste com a grande variedade de alimentos permitidos, serve para mostrar que a dieta dos antigos era variada.

1. Proibições. Os animais foram classificados na lei levítica como limpos e imundos, isto é, próprios e impróprios para o consumo humano. Os quadrúpedes que não ruminam e que não têm os cascos das patas divididos, foram proibidos (ver Lv 11.4-8; Dt 14.7,8). Os peixes lisos, isto é, sem escamas, como as enguias, para exemplificar, também foram proibidos (ver

Lv 11.9-12). Toda ave de rapina, bem como aquelas que se alimentam de carniça, foram vedadas (ver Lv 11.13-19). Outro tanto se dava com serpentes, insetos e algumas variedades de gafanhotos. Todo sangue era absolutamente proibido para o consumo humano (ver Lv 3.17; 7.26; Dt 12.16,23). A mesma coisa se pode dizer com relação às porções gordas dos animais sacrificados, e a qualquer coisa consagrada aos ídolos (ver Lv 3.17; Êx 34.15). Além disso, por óbvias razões sanitárias, a carne do gado que morrera por si mesmo, ou que fora despedaçada pelas feras, não podia ser consumida (ver Êx 22.31; Lv 11.39 ss.). Também não era permitido cozinhar alimentos na água onde tivesse caído o corpo morto de algum inseto (ver Lv 11.33,34). Alimentos sólidos e líquidos, preservados em receptáculos descobertos, na tenda de algum moribundo ou de algum morto, não podiam ser utilizados. A proibição acerca do cozimento de um cabrito, no leite de sua mãe (ver Êx 23.19), surgiu porque os cananeus usavam tal prática em seus ritos sagrados, pelo que era considerada uma abominação pagã. Essa informação foi descoberta nos tabletes de Ras Shamra. A reverência ao ancestral Jacó aparentemente não permitia que seus descendentes usassem na alimentação o nervo do quadril, na articulação da coxa (ver Gn 32.32).

2. Alimentos permitidos. Eram permitidos carnes e legumes, bem como muitos condimentos. Os alimentos de origem animal incluíam carnes de carneiro, de boi, de cabras, de veado, de antílope, de corço, além de grande variedade de aves. Muitas variedades de peixes eram pescadas no lago de Genesaré (ver Jo 21.11), e também havia peixes trazidos do mar por comerciantes fenícios (ver Ne 13.16). Gafanhotos eram consumidos pelos pobres (ver Lv 11.22 e Mt 3.4).

3. Preparação dos alimentos. Muitos povos primitivos ingerem seu alimento com pouca ou nenhuma preparação prévia, até mesmo em nossos dias. O trecho de Mateus 12.1 mostra que as pessoas nos dias de Jesus, às vezes, ingeriam o cereal tirado diretamente da espiga. Desde os tempos pré-históricos, o fogo vem sendo usado para cozinhar, assar e tostar. A invenção do moinho possibilitou o surgimento da farinha de trigo e de outros cereais, pelo que pães e bolos passaram a ser feitos, às vezes, com cereais misturados. Ver o artigo sobre o pão. Com base em Gênesis 25.29,34, ficamos sabendo que sopas eram preparadas desde os tempos mais remotos. Legumes, ervas e carnes eram cozidos em panelas (ver 2Rs 4.38; Nm 11.8 e Jz 6.19). O espeto era usado no preparo de carnes assadas, desde os tempos mais antigos (conforme se vê nos escritos homéricos), e essa prática já existia em Israel, embora a cozedura e o frigir também fossem comuns (ver 1Sm 2.15). Os animais mortos eram cozidos imediatamente, para evitar que a carne se estragasse. O leite era usado como um agente. Os gafanhotos eram tostados, mas não antes de lhes serem extraídos os intestinos, as asas e os pés. Eram tostados ou cozidos e também preservados em vasos, em uma solução salina. Mulheres e escravos cozinhavam e serviam os alimentos, mas ao chefe da casa cabia abater os animais (ver Gn 18.2-6; Jz 6.19). As pessoas de classe elevada contavam com cozinheiros profissionais, e também com padeiros, copeiros etc. (ver 2Sm 9.23 ss.).

4. Refeições. Os israelitas contavam com um simples quebra-jejum, além de duas refeições mais substânciais, uma delas ao meio-dia (ver Gn 18.1 e 43.16), e a outra, que era a refeição principal, às seis ou sete horas da noite (ver Gn 19.1 ss.; Rt 3.7). As mãos eram bem lavadas, primeiramente por motivo de exigência cerimonial, que fazia parte dos requisitos religiosos, e em segundo lugar, como meio de higiene. Ver sobre *Lavagens*. Eram oferecidas orações de agradecimento às refeições (ver 1Sm 9.13). Nos tempos mais remotos, as pessoas sentavam-se à mesa (ver Gn 27.19; Jz 19.6; 1Rs 13.19). Os gregos e os romanos introduziram a prática de comer reclinados em divãs ou colchões. O alimento era levado à boca com a mão direita (ver Rt 2.14; Pv 26.15 e Jo 13.6).

5. Preço dos alimentos. Pouco se sabe exatamente sobre esses preços, embora saibamos que um alqueire de farinha de trigo e dois de cevada eram vendidos por um ciclo (ver 2Rs 7.1,16). Dois pardais eram vendidos por um asse (ver Mt 10.29). No livro de Apocalipse, uma medida de trigo valerá um denário (salário de um dia de trabalho), e três medidas de cevada terão o mesmo valor. No trecho de Mateus 20.1-16 aprendemos que um denário era um bom salário por um dia de trabalho, o que nos dá alguma base para julgar o preço dos alimentos. Essa referência no Apocalipse, entretanto, mostra-nos preços em tempos de necessidade e inflação. Tremenda será realmente a inflação, quando um dia inteiro de trabalho puder comprar somente menos de 900 g de trigo. Ver o artigo sobre *Dinheiro*, para efeito de comparação.

6. Alimentos oferecidos aos ídolos. Nos templos pagãos, as carnes dos sacrifícios eram oferecidas aos deuses, e mais tarde essas carnes eram vendidas nos mercados. Surgiu então o problema, se os cristãos poderiam ou não adquirir tais carnes. Talvez a questão também envolvesse o caso em que uma festa fosse oferecida no próprio templo, quando as carnes eram oferecidas a alguma divindade. Um crente poderia estar presente em tais festas, contanto que dissesse em seu coração: "Os ídolos nada são, e estou aqui apenas em um evento social." Seja como for, a ingestão de tais alimentos foi proibida pelo decreto apostólico registrado em Atos 15.29. Mas Paulo, comentando que um ídolo nada significa, e que nenhum alimento nos melhora ou nos piora espiritualmente, deixou a ingestão de qualquer alimento ao encargo da consciência de cada um, contanto que, no processo, a consciência fraca de algum irmão não fosse ofendida (ver 1Co 10.25; Rm 14.13 ss. e 1Co 8.1-13). O trecho de Apocalipse 2.14 mostra que a questão continuou em vigor por muito tempo, e que a atitude mais liberal de Paulo não era considerada por muitos cristãos como a norma a ser seguida. Ali, a ingestão de carnes sacrificadas a ídolos é severamente criticada.

7. Usos metafóricos. *a*. Uma pessoa pode dilapidar seu dinheiro com acepipes que não satisfazem a alma (ver Is 55.1 ss.). *b*. Jesus é o pão da vida, é o nosso sustento espiritual (ver Jo 6). *c*. Israel comeu o maná, no deserto, porque a provisão divina para as nossas necessidades espirituais, que é o próprio Jesus, é o maná dos crentes (ver Jo 6). *d*. Jesus alimentava-se cumprindo a vontade do Pai e realizando a sua missão (ver Jo 4.34), e feliz é o crente que segue o seu exemplo. *e*. O crente recém-convertido deve ser como uma criança infante, faminta pelo leite espiritual, o que aponta para a fome da alma acerca das realidades espirituais. *f*. Não obstante, os crentes que, após algum tempo no caminho da fé, continuam alimentando-se só de leite, podem ser classificados como crentes infantis. O alimento sólido, que é o avanço nas questões espirituais, deveria ser nosso alvo da vida cristã (ver 1Co 3.2 e Hb 5.14). *g*. Os poderes conservantes do sal representam a capacidade que os discípulos de Cristo têm de influenciar este mundo, mediante o qual eles cumprem a vontade de Deus em suas vidas (ver Mt 5.13 e Mc 9.50). *h*. O poder que o sal tem de transmitir sabor representa o uso próprio da linguagem, no trecho de Colossenses 4.6. *i*. Também devemos considerar a árvore da vida e seus frutos, bem como suas folhas, que servirão para curar as nações, segundo se vê em Apocalipse 2.7 e 22.2. *j*. Várias realizações do Espírito Santo, na vida do crente, são chamadas fruto do Espírito (ver Gl 5.22,23). Devemos pensar, nesse caso, em virtudes morais e espirituais, bem como em realizações espirituais. No NTI, nessas referências, damos notas que muito acrescentam quanto aos detalhes sobre essas questões.

ALJAVA

Palavra que aparece pela primeira vez na Bíblia, em Gn 27.3. Era um receptáculo para flechas geralmente feito de couro, pendurado ao ombro do caçador ou soldado. Jó 39.23 e Isaías 22.6 aludem à aljava em conexão com outros equipamentos militares.

As outras quatro ocorrências do termo são metafóricas. Salmo 127.5 fala da família de um homem como sua aljava, e de seus filhos, como as flechas. O profeta, uma flecha de Deus, está oculto em sua aljava, de acordo com Isaías 49.2. Visto que um assassino usa as suas flechas, Jeremias equipara a aljava a um túmulo aberto (Jr 5.16). E, em Lamentações 3.13, *as flechas da sua aljava* é tradução do hebraico, que diz, literalmente: "os filhos da sua aljava", referindo-se ao golpe mortal desfechado pelo inimigo.

ALMA

Ver o artigo sobre a *Imortalidade da Alma* que inclui tratados de outros escritores sobre o assunto. Ver o artigo sobre o *Problema Corpo-Mente*. Os artigos sobre a *Imortalidade da Alma* incluem um incompleto do ponto de vista científico, intitulado *Abordagem Científica à Crença na Alma e na sua Sobrevivência ante a Morte Física*. Ver o artigo sobre *Experiências Perto da Morte*. Ver o artigo sobre a *Reencarnação*.

Temos bom ânimo, mas desejamos antes estar ausentes deste corpo para estarmos presentes com o Senhor (2Co 5.8).

I. A Origem da Alma

1. O criacionismo. A ideia de que Deus cria uma nova alma, quando da concepção de cada corpo físico. É a noção teológica mais comum, e algumas vezes o trecho de Gênesis 2.7 é empregado em apoio a essa ideia. Porém, a teologia dos hebreus não contemplava uma entidade separada imaterial, como a vida da carne. Isso é de desenvolvimento posterior que mui provavelmente foi tomado por empréstimo de outras culturas. O trecho de Gênesis 2.7 significa somente que havia uma forma animal dotada de animação. Que Deus tenha tido a necessidade de criar uma alma para cada nova concepção, faz dele um ser extremamente ocupado, em uma única tarefa, ainda que não possamos dizer que tal tarefa seja impossível para ele. Porém, pelo menos para este autor, a razão é contrária a esse pensamento, embora seja o ponto de vista mais comum, hoje em dia, no cristianismo. A teologia também é contra esta teoria. Como podemos reconciliar esta ideia com a doutrina do pecado original? Parece que uma alma criada diretamente por Deus não pode ser inerentemente pecaminosa. Ou podemos supor que Deus cria almas pecaminosas?

2. O traducionismo. Os estoicos, e mais tarde Agostinho, defendiam essa teoria, a qual supõe que homem e mulher, como seres físico-espirituais que são naturalmente, e sem qualquer intervenção direta e contínua da parte de Deus, produzem seres que são tanto físicos como espirituais — os seus filhos. E isso significa que tanto a "alma" como o espírito seriam produtos da "procriação". Essa ideia é razoável, não se poderia negar que é um grande mistério o fato de como o "espírito" pode ser produzido por meios naturais. Porém, também não sabemos ainda como o "corpo físico" pode ser produzido por meios naturais. Tanto uma como a outra coisa são misteriosas. Se os progenitores, que são tanto físicos como espirituais, podem produzir um corpo físico, mediante um processo tão misterioso e estupendo, quem pode negar que também possam produzir o "espírito"?

3. A fulguração. Em uma teoria não muito bem definida, Leibniz supôs que Deus fez o mundo e tudo quanto nele existe, não por "criação" direta, proveniente do nada, e, sim, por "fulguração", ou seja, por fagulhas de seu próprio ser, que teriam se projetado a fim de formar o mundo físico, com a inclusão do "espírito", segundo o mesmo é conhecido por nós, tanto no nível humano como no angelical, isto é, tudo quanto não é o próprio Deus, mas antes, é parte de sua "criação". Haveria um "ponto no tempo" em que tudo isso teria começado, mas não a criação proveniente do nada. Como esta ideia pode evitar o *panteísmo*, Leibniz não esclareceu, mas somente disse que se trata de um "mistério". De alguma maneira, nesse processo de fulguração, aquilo que era projetado do ser divino não retinha a própria natureza do seu ser, pelo que não temos um mundo panteísta, que compartilhe de idêntica natureza do poder emanador. Podemos ousar dizer, porém, que essa ideia é uma ficção filosófica.

4. A eternidade. Platão e outros filósofos antigos e modernos têm especulado que a "substância da alma" é eterna, proveniente de Deus e a ele semelhante em sua natureza. Não obstante, a *individualização* dessa substância, para formar um "ser" espiritual, distinto de Deus, teria tido lugar em algum tempo remoto da eternidade passada. Assim sendo, a alma, o homem real, seria preexistente. Na qualidade de um poder espiritual preexistente e muito elevado, o homem caiu no pecado, e essa queda, eventualmente, levou-o a assumir obrigatoriamente uma forma física como veículo, a fim de manifestar-se nesta dimensão terrena inferior. Ora, o que é físico sempre será mortal, pelo que, o homem passou a ser classificado como um ser mortal. O ponto todo da vida é o bem dessa alma imortal, do ser espiritual, levando-o a retornar ao mundo celeste de onde decaiu. A união com um corpo físico, portanto, é quase um acidente dentro da filosofia platônica, e certamente degradante para o próprio espírito (ou alma). Para Platão, o corpo é considerado a "prisão" da alma. Pitágoras chamava o corpo de *sepulcro* da alma, expressando idêntica atitude.

5. A preexistência. Para diversos teólogos cristãos, como Justino Mártir, Clemente e Orígenes, a alma seria parte da criação angelical, não tendo substância diversa da dos anjos, quanto à sua natureza básica. Os anjos e os homens caíram no pecado, e, nessa queda, os homens finalmente assumiram corpo físico, o que é sinal evidente da degradação e descendência da alma. Mas, em seu retorno para Deus, o homem se libertará finalmente do corpo físico, e habitará nos mundos da imortalidade. Essa ideia também era a mais comum entre os hebreus, depois que a teologia judaica abandonou a sua errônea doutrina da "inexistência da alma", que é o ponto de vista dominante no Pentateuco, onde somente leves indícios da crença no após-vida podem ser percebidos. A natureza humana de Jesus incluía a alma, segundo quase todos os teólogos afiançam. Porém, a sua alma humana não seria decaída. Através dessa teoria, essa alma humana também foi preexistente, como todas as almas humanas o seriam. Não tendo caído no pecado, a alma humana de Jesus teria retido o seu poder semelhante ao dos anjos, e isso explicaria as obras e as palavras de Jesus, até mesmo em sua encarnação e humilhação. A alma de Jesus fundiu-se ao *Logos eterno*, formando uma única pessoa e isso para todo o sempre. Isso constituiria um profundíssimo mistério, que não admite racionalização humana.

Essa ideia da preexistência da alma tem ocupado grande lugar na história da igreja; e a despeito de atualmente ser defendida por uma exígua minoria, tem ocupado uma grande posição na história da igreja, como já dissemos, merecendo cuidadosa consideração. Existem boas evidências, fornecidas pela ciência moderna, em favor da inteligência da alma de um indivíduo de natureza não comunitária, o que indica que um indivíduo qualquer, agora visto em um corpo físico, é antiquíssimo, tendo conhecido a vida em outros níveis da existência, e, talvez, neste nível de existência.

Os pais alexandrinos acreditaram na preexistência da alma sem reencarnação na vida física da terra, com a exceção de casos especiais. Outros fazem da reencarnação uma doutrina paralela com a ideia da preexistência.

Vários poetas têm louvado o seu valor, conforme esta bela seção do problema de Wordsworth, intitulado "Subentendidos da Imortalidade".

Nosso nascimento é apenas um sono e esquecimento:
    A alma que se eleva conosco, nossa estrela da vida,
    Tem tido algures o seu lugar,
    E vem de longe:
    Não totalmente olvidada,
    E nem em completa nudez,

ALMA

Mas arrastando nuvens de glória.
É que procedemos
De Deus, que é o nosso lar.

Para o autor deste artigo esta ideia é a mais provável das possibilidades.

6. Emanação desde a eternidade. Trata-se de um ponto de vista panteísta sobre a alma. Temos aqui uma variação da quarta posição, que faz da alma uma simples emanação do espírito universal, divino, ou seja, da mente divina, e não diferente quanto à sua natureza, ainda que tenha adquirido uma forma diferente. Mas, de acordo com esse sistema, tudo quanto existe tem a natureza divina, porque tudo seria Deus, e Deus seria tudo; Deus é a cabeça da existência e o mundo ou a existência seria o corpo de Deus. O *destino*, de conformidade com esse sistema, consiste na reabsorção de tudo pela mente divina, com a perda total da distinção pessoal.

II. A NATUREZA DA ALMA. 1. A palavra *alma* é aqui usada como sinônimo de "espírito", como em quase todas as suas ocorrências neste dicionário. Haveria a emanação da mente ou espírito divino. Uma forma especial de *imaterialidade* está em foco, isto é, uma imaterialidade que participa da divindade. Trata-se de uma ideia exaltadíssima, não havendo maneira para descrevermos o que nela está envolvido. Contudo, por enquanto nem ao menos fazemos boa ideia do que significa a materialidade; e quanto menos, qualquer forma de imaterialidade. Mas pelo menos podemos dizer que a alma, sob qualquer descrição de imaterialidade, não consiste em partículas "atômicas". **2.** A *ideia platônica* sobre a alma afirma que a alma é uma individualização operada por Deus, mas fazendo parte de sua natureza. Assim sendo, a alma participaria das qualidades dos "universais", tais como a imaterialidade, a eternidade, o absoluto, a perfeição, não pertencendo nem ao tempo e nem ao mundo dos universais, o mundo eterno. **3.** O ponto de vista *alexandrino* sobre a alma, estipulado pelos pais da igreja, Justino Mártir, Clemente e Orígenes, diz que a alma é de natureza equivalente à dos anjos, sem qualquer diferenciação real. Seria "espírito", e, por conseguinte, seria imaterial; e teria elevados poderes, não menores que os dos anjos. Essa "alma" não seria divina, conforme se dá no caso da primeira posição, porquanto seria separada da divindade. Todavia, pertenceria a uma elevadíssima natureza. Essa natureza teria sido prejudicada e degradada quando da queda. Esta é igualmente a posição tomada pelo autor deste artigo. **4.** *Alguns estudiosos pensam que a alma seria uma substância semifísica* ou mesmo "física", com modificações de natureza para nós desconhecida. Poderia ser uma "substância mais rarefeita" que a do corpo, embora continuasse sendo física. E podemos supor que isso também significa que se comporia de partículas "atômicas". Os estoicos mantinham esse ponto de vista, como também o fazem os "mórmons", entre os cristãos da atualidade. Os estoicos pensavam que se alguém tivesse de ser morto esmagado debaixo de uma pedra, seria melhor que o fosse com uma pedra pequena, porquanto se uma pedra grande caísse sobre uma pessoa, prendendo-a debaixo da mesma, a alma talvez não pudesse escapar dali. **5.** O homem seria constituído de corpo, alma e espírito. A alma seria a sede emocional do homem, ou de sua porção intelectual, o que significa que talvez seja sinônimo de "mente". Já o "espírito" designaria o homem essencial em sua inteligência, a porção do homem que sobrevive. Neste ponto usamos a palavra "espírito" conforme o vocábulo "alma" vem sendo empregado por todo este artigo. O termo "espírito", aqui empregado, pode ser definido de qualquer das maneiras descritas acimam. (Quanto ao problema "dicotomia-tricotomia", ver as notas expositivas sobre os trechos de Romanos 11.3; Hebreus 4.12 e 1Tessalonicenses 5.23, no NTI). **6.** Alguns estudiosos pensam que a "alma" indica tão somente o corpo animado, não dando a entender qualquer entidade separada. Essa é a antiga posição dos hebreus, a posição refletida pelo Pentateuco, e que foi aceita pelos Adventistas do Sétimo Dia, entre os cristãos modernos. **7.** Para outros, a alma não seria substancial, mas antes, se assemelharia à ideia dos "fantasmas". Essa é a antiga ideia entre os judeus e gregos, anterior a Platão, e que pode ser percebida facilmente nos escritos de Homero, em que a alma aparece como uma espécie de forma sem substância, fugidia, destituída de memória, representada nos desenhos antigos como uma pequena ave a esvoaçar. Havia na personalidade humana um fantasma, sem memória, não sendo a personalidade essencial, embora podendo ser identificada com a "dupla" personalidade. Seria, assim, uma energia mental, que pelo menos em alguns casos poderia sobreviver ao corpo, embora eventualmente venha a dissipar-se. Evidentemente alguma comunicação com ela seria possível, mas sempre em um baixo nível intelectual; e ninguém aprenderia alguma coisa de grande significado, da parte dessas entidades. Especulamos, portanto, que o homem é uma *trindade*, isto é, se compõe de três complexos distintos de energia: o físico (o corpo), o semifísico (o fantasma, a dupla personalidade, a mente), e o espiritual (o espírito, ou alma). Apesar de tudo que possamos dizer acerca da "natureza" da alma, na realidade não podemos apresentar qualquer descrição sobre a sua "substância"; e isso porque, no momento, o máximo que podemos asseverar é que ela é "imaterial", não estando sujeita às leis que governam a matéria, conforme as conhecemos no momento.

III. O DESTINO DA ALMA. O que aqui dizemos dependerá de nossas crenças religiosas e filosóficas. Por essa razão, existem quase tantos "destinos" quantos são os pensadores, ainda que as diferenças sejam leves, em alguns casos.

1. A mais antiga ideia entre os hebreus é que não existe alma, e, portanto, também não há destino. O destino humano, entretanto, estaria reservado para quando da ressurreição do corpo. A crença na ressurreição, não nos olvidemos, é um pensamento hebreu posterior, não se alicerçando sobre o Pentateuco. Esse destino variaria desde os prazeres sensuais sem-fim, conforme se vê em certas religiões orientais, até prazeres sensuais moderados, com a ênfase sobre os valores espirituais, conforme se verifica no antigo pensamento dos hebreus.

2. A alma-fantasma. Nos escritos de Homero, como também no pensamento posterior dos hebreus, a alma aparecia como uma forma sem substância, sem memória e sem inteligência essencial, pelo que, também não haveria qualquer verdadeiro destino pessoal.

3. Também há aqueles que creem em transmigração da alma, em reencarnação. Em sua busca pela perfeição, a alma teria de atravessar muitos estados intermediários, em cada um dos quais aprenderia determinadas lições. Mas seria eterna, pelo que também não se desintegraria, embora seja confinada à necessidade de passar por vidas repetidas, em corpos físicos. A "transmigração" é um termo geral, o qual pode significar a habitação em um corpo humano ou em um corpo animal. Porém, quando esse termo é contrastado com a ideia da *reencarnação*, então sempre significa a habitação em um corpo "animal", ao passo que a reencarnação usada sem outros qualificativos significa quase sempre a habitação em um corpo "humano". Uma vez tendo atingido um grau suficiente de perfeição, a alma escaparia à dimensão física e entraria no terreno espiritual. Ali chegando, a alma faria progresso muito mais rápido na direção de Deus. A teologia dos hebreus, uma vez aceita a ideia da existência da alma, quase sempre aceitou a ideia da reencarnação, sendo isso especialmente verdadeiro entre os rabinos cabalistas. As escolas dos fariseus ensinavam tal conceito, como também o faziam pelo menos alguns dentre os essênios. A crença na reencarnação fala apenas sobre destinos *intermediários*, e não sobre o destino final das almas. O destino final seria determinado pela experiência religiosa do indivíduo, para além da consideração de reencarnação; porquanto, em qualquer sistema, isso é apenas *um meio* para o fim, e não o próprio fim.

4. Reabsorção. Essa palavra expressa a tendência, verificada nas religiões orientais, para pensar que a alma encontra o seu destino mais elevado na reabsorção pela mente ou espírito divino. E isso importaria na perda da identidade pessoal. Não é muito claro se alguns admitem que, nessa reabsorção, o "ego", se transmuta no *superego*, o que significaria que a consciência humana passa a assumir a consciência divina. Platão defendia a individualidade temporária da alma, uma vez que ela ascendesse às regiões celestes, com a eventual absorção no espírito divino. Mas, uma vez mais, não sabemos se ele entendia que isso significa que o "ego" passa a ser o "superego", com uma correspondente consciência. A filosofia idealista germânica, conforme aparece nos escritos de Hegel e de Fichte, imaginava essa espécie de reabsorção. O destino da alma, segundo esse ponto de vista, é extremamente elevado, embora lhe falte o interesse da individualidade. Eriugena, um filósofo teólogo da metade da Idade Média, igualmente aceitava essa ideia da reabsorção, embora pareça ter procurado preservar também a ideia de individualidade, de conformidade com o pensamento cristão ordinário. Acreditava ele que todos os homens seriam redimidos a fim de participar na vida do "Logos", e que os eleitos seriam elevados à divindade de Deus Pai.

No caso da religião hindu, o retorno da alma individual (atmã) ao Bramá, algumas vezes é referido de tal maneira a dar a ideia da retenção da individualidade; existem trechos nos Upanishads e na Vedante que parecem indicar exatamente essa ideia. Entretanto, a interpretação predominante parece ser que a individualidade, agora mesmo, é apenas uma ilusão, para nada dizermos sobre o tempo em que a alma retornar completamente ao Bramá. Através das experiências místicas, nesta vida terrena, haveria uma união de êxtase com a divindade; mas a verdadeira união teria de esperar até que nos víssemos libertos da carne.

Os místicos cristãos têm falado bastante em tais termos; e provavelmente alguns deles tenham esperado uma verdadeira reabsorção, embora isso seja contrário à corrente principal do pensamento cristão. (Assim podemos depreender nos escritos de Royce, Eckhart, Sta. Teresa e Jacó Boehme). O pensamento dessa completa união com a divindade tem penetrado em alguns hinos, como naquele de autoria de George Matheson: "Dou-te de volta a vida que possuo, para que em tuas profundezas oceânicas ela flua mais rica, mais plena". Porém, não é muito provável que esses autores tenham tido o intuito de ensinar a perda da individualidade, ao usarem tais expressões.

5. A imortalidade cristã. No conceito bíblico e cristão esta é sempre individual, importando em consciência pessoal. Saberei que eu sou eu, o mesmo ser que fui, ainda que então me encontrarei em estado exaltado. A imortalidade, dentro do conceito paulino, é sempre vinculada ao corpo ressurreto, como veículo da alma remida; mas esse corpo é também chamado de "espiritual", não sendo material e nem formado por partículas atômicas. (Ver no NTI as notas expositivas completas sobre a natureza do "corpo ressurreto, em 1Co 15.20 *ss*. e nos versículos 35 e 40). A alma atingirá um elevado estado de glorificação quando receber o seu novo veículo mediante o qual a completa personalidade humana será restaurada, ainda que em termos totalmente não corporais. O padrão da natureza desse corpo novo é o próprio Senhor Jesus Cristo, porquanto haveremos de ser transformados conforme a sua imagem (ver Rm 8.29), e por isso compartilharemos de sua própria divindade (ver 2Pe 1.4). Uma vez que nos tornemos seres elevados acima dos anjos, dotados de maior poder, inteligência e perfeição do que eles, seremos instrumentos capazes de feitos notáveis. Tal é o esboço da matéria. Em conexão com a ideia do destino da alma, além das referências que já foram dadas, ver os artigos sobre *vida eterna, galardões* e *coroas*.

IV. PROVAS DA EXISTÊNCIA E SOBREVIVÊNCIA DA ALMA. Os artigos existentes na introdução ao NTI, que versam sobre a "imortalidade da alma", fornecem um estudo mais completo sobre o presente tópico. Algumas das provas principais são alistadas aqui, em forma de esboço:

1. O *consensus gentium*, ou seja, a "opinião popular". Todas as culturas humanas incluem a crença na existência da alma e sua sobrevivência. Para não crer nisso, é mister que o indivíduo seja treinado a não crer. Por razão e intuição, o homem reconhece certas verdades básicas, tais como a existência de Deus e da alma, a necessidade de justiça, a necessidade de galardão e castigo, enfim, a garantia de um universo "moral". É verdade que muitas crenças quase universais, como a ideia de uma "terra chata", do "giro do sol em torno da terra" etc., são incorretas. Não obstante, tais tipos de verdades não podem ser reputadas como aquelas que a intuição e a razão (conferidas como dom de Deus) dariam aos homens. Por outro lado, os dons da razão e da intuição, implantados no homem pelo Espírito, poderiam ser instrumentos para o reconhecimento de Deus e da alma humana, sem a necessidade de qualquer revelação divina. O primeiro capítulo da epístola aos Romanos dá apoio a essa forma de ideia, embora não exatamente sob os mesmos termos. Mediante essa forma de raciocínio, a verdade pode ser *a priori*, isto é, anterior a quaisquer experiências empíricas, verificada pela razão pura ou pela intuição.

2. O desejo universal. Pode-se supor que o desejo universal de sobreviver à morte física é mais do que um anelo caprichoso; antes, na realidade, resulta da consciência íntima de que a imortalidade é um fato. A maneira de consubstanciar tal crença é essencialmente a mesma que a do primeiro caso.

3. Os argumentos platônicos com base na razão pura (argumentos *a priori*). Consideremos os três seguintes subpontos: *a*. A geração dos opostos. (Argumento acerca dos contrários). O dia segue-se à noite; — a morte segue-se ao nascimento, e é lógico assumir que a vida se siga à morte. Podemos descobrir várias analogias na natureza, que talvez indiquem essa verdade, tal como no caso das estações do ano. *b*. A alma é o "princípio vivo", sendo "simples", e não complexa; por conseguinte, não estaria sujeita à dissolução, tal como sucede ao corpo, que é extremamente complexo. Uma alma "morta", pois, é uma contradição de termos. O homem participa do "princípio vivo", por meio da alma, que é a sua manifestação terrena, embora a própria alma seja eterna em sua substância, proveniente que é do mundo eterno. *c*. A preexistência e as reminiscências: a alma, sendo eterna em sua substância, antiquíssima em sua individualização, é preexistente. Portanto, também é pós-existente, porquanto não depende do corpo quanto à sua origem, e nem dele depende para a sua continuidade. E certos estudos feitos no terreno da parapsicologia parecem indicar a verdade da preexistência da alma.

4. A bondade de Deus. É ilógico supormos que um Deus bondoso e sábio criaria um ser tão complexo como é o homem, a fim de permitir-lhe tão breve duração de existência, para logo em seguida deixá-lo ser reduzido ao nada, à extinção.

5. A probabilidade teísta. Não é provável que Deus criasse um ser vivo como é o homem, para em seguida permitir que ele seja reduzido ao nada, sendo um ser tão complexo, conhecedor do bem e do mal, aspirante às realidades celestiais. A probabilidade simples, inteiramente à parte de Deus, mostra-nos que não é provável que um ser tão complexo como é o homem, com tantos refinamentos em sua natureza, pudesse existir somente por um pouco de tempo. O homem é superior ao tempo, o que significa que sobreviverá ao mesmo.

6. A evolução. O processo da evolução, se o admitirmos como verdadeiro, criou, como sua maior realização, uma alma que sobrevive à morte física.

7. A revelação. Diversos profetas, de inúmeras religiões no decorrer dos séculos, mediante visões, sonhos ou revelações místicas, conferidas por seres de outros mundos, ou por Deus, afirmam a realidade da imortalidade da alma. Temos

ALMODÁ

confiança nos místicos e naquilo que têm dito, o que é pelo menos parcialmente confirmado pelas provas empíricas das tradições proféticas. Em outras palavras, pode-se mostrar que a profecia é verídica, através de provas empíricas. Os místicos deram-nos a profecia. E eles também afirmam a veracidade da imortalidade de Deus, da justiça final, dos galardões, do castigo final e de outros temas importantíssimos. Inclinamo-nos a crer neles porque têm um registro convincente de veracidade em muitas coisas, se não mesmo acerca de tudo. Para os crentes, existem documentos, tanto no Antigo como no Novo Testamentos, que contêm essas revelações. Os **trechos bíblicos** que subentendem ou ensinam claramente a existência da alma e sua sobrevivência ante a morte física são os seguintes: **a**. No AT: Sl 86.13; Pv 15.24; Ez 26.20; 32.21; Is 14.9,10; Ec 12.7 e Jó 32.8. **b**. No NT: Mt 10.28; 17.1-4; Mc 8.36,37; Lc 16.19-31; 23.43; At 7.59; Fp 1.21-23; 2Co 5.8; 12.1-4; Hb 12.23; 1Pe 3.18-20; 4.6; Ap 6.9,10 e 20.4.

8. Os efeitos da fé. O impacto prático da fé sobre a sociedade: uma crença tão bela e tão poderosa na sociedade, sobre o que tantas pessoas alicerçam a sua vida, fazendo com que a vida "visível" se fundamente sobre a "invisível", deve ser verdadeira, porquanto o erro dificilmente poderia produzir benefícios e efeitos de âmbito tão mundial.

9. O argumento moral de Emanuel Kant. A imortalidade da alma deve ser uma verdade, porque é evidente que a justiça não se concretiza neste mundo. Assim, pois, deve haver uma esfera de seres vivos, os mesmos seres que um dia viveram à face da terra, onde impera a justiça, onde os galardões e as punições são aplicados. Se isso não é uma verdade, então este mundo é apenas um caos. Nossa rejeição ao conceito do caos requer, por semelhante modo, a aceitação da fé na imortalidade da alma. Esse argumento moral também prova a existência de Deus, porquanto deve haver um juiz capaz de exercer justiça. E esse juiz só pode ser um ser que esteja conforme o conceito de Deus — nenhum outro ser poderia ter estatura suficiente para ocupar-se com êxito dessa tarefa.

10. Argumentos empíricos ou científicos. É facilmente possível que, dentro da nossa própria geração, a ciência chegue a provar a existência da alma e a sua sobrevivência ante a morte física. A imortalidade é outra questão, que está além do campo de investigação da ciência, visto que a imortalidade implica uma existência "para sempre", aquela forma de vida que não está sujeita à dissolução. Mesmo que a ciência pudesse confirmar continuamente a existência de uma alma, em forma desencorporada, por cem anos, ainda assim se poderia dizer que o período de existência de uma alma é de cem anos e um dia; e, "teoricamente", ninguém poderia negar essa possibilidade, embora pudesse duvidar do cálculo. A sobrevivência da alma ante a morte física poderia vir a ser eventualmente comprovada pela ciência: mas a imortalidade permanecerá para sempre além do escopo da investigação científica, o que requer a renovação contínua de informes e de uma avaliação que leve em conta qualquer novo fator que porventura surja. De um ponto de vista teórico, o corpo pode durar 70 anos, e a alma pode durar dois mil anos. Mas a ciência dificilmente poderá falar em "para sempre", porquanto a "eternidade" não está sujeita à percepção dos sentidos, que serve de base para todas as investigações científicas.

Ver o artigo intitulado *Abordagem Científica à Crença na Alma e em sua Sobrevivência ante a Morte Física*, entre os artigos sobre a *Imortalidade da Alma*.

A ciência está às vésperas de demonstrar a existência e a sobrevivência da alma; e isso é tremendamente importante, tanto para os crentes como para os incrédulos. Se pudesse demonstrar essa verdade, e viesse ela a ser aceita por toda a comunidade científica em geral, o impacto seria tão grande que levaria o mundo inteiro a reviver o seu interesse pelos princípios religiosos, os quais sempre têm confirmado essa verdade.

As grandes inquirições sobre o *destino da alma*, sobre as "regiões espirituais da existência" se tornariam importantíssimas para todos os homens, necessariamente; porquanto assim estaríamos investigando sobre o que acontecerá "conosco".

V. O Problema Antropológico. O que é o homem? Será ele apenas uma forma de energia, a energia física, e, portanto, sujeita à dissolução final? (Assim pensa o materialismo). Será o homem formado de dois complexos de energia que agem entre si — a alma com o corpo? (Essa é a posição do *interacionismo*). Será ele composto de três formas de energia, uma material, outra semimaterial, e outra ainda espiritual, em que a energia espiritual pertence ao mundo eterno, e não a este mundo, o que significa que o verdadeiro homem é transcendental? (Essa é a posição do *substancialismo*).

Ver sobre *Problema Corpo-Mente* e também *Imortalidade, Afirmações Teológicas*.

ALMODÁ

No hebraico talvez signifique **"agitador"**. Foi o filho mais velho de Joctã (Gn 10.26; 1Cr 1.20). Aparentemente ele vivia no sul da península da Arábia, mas nada se sabe com certeza quanto a isso. A Septuaginta, em Gênesis 10.26, diz Elmodá (Deus é amigo). Somos informados de que ele foi o fundador de uma tribo árabe, de localização incerta. (S UN)

ALMOM-DIBLATAIM

No hebraico, **"Almom do duplo bolo de figos"**. Foi a quinquagésima primeira estação onde os israelitas estacionaram a caminho entre o monte Hor e as planícies de Moabe (ver Nm 33.46,47), identificada com Bete-Diblataim (Jr 48.22), cuja localização exata, porém, é desconhecida. Alguns têm sugerido Deleiiat el-Gharbiyeh, uma aldeia que domina três estradas, a seis quilômetros de Libe, como sua moderna localização. (S UN Z)

ALNATAN

No hebraico, **"Deus deu"**. Foi um dos principais líderes do retorno da Babilônia a Israel (ver 1Ed 8.44). Ele solicitou que fossem enviados sacerdotes que servissem na casa do Senhor. (S Z)

ALOÉS

Trata-se do *lignum aloes* ou do *aloe succotrina*. Uma planta mencionada tanto no Antigo quanto no Novo Testamentos. A árvore era altamente valorizada, havendo diversas espécies que cresciam sem cultivo na Índia, na China e na Arábia. O material era usado como incenso ou como perfume. (Ver Nm 24.6; Sl 45.8; Pv 7.17; Ct 4.14 e Jo 19.39). Da flor nasce um fruto semelhante a uma ervilha grande, branca e vermelha. Um suco é extraído das folhas e guardado em frascos. Na antiguidade esse suco era muito dispendioso, e valia mais do que o ouro quanto ao peso (ver Nm 24.6). Um perfume era fabricado do óleo, que se concentrava na forma de resina, dentro do tronco. A substância era usada como repelente de insetos e também para perfumar leitos e vestes.

Alguns identificam essa espécie com a *Aquilaria agallochum*. O mais provável é que várias espécies de vegetais estivessem em foco. Os egípcios usavam o material em seus embalsamamentos, misturando-o com mirra, salpicando a mistura entre as tiras de pano. (ver Jo 19.39 no NTI quanto a detalhes a esse respeito). Nicodemos usou cerca de 34 kg (cem libras romanas) para embalsamar o corpo de Jesus. O material era importado, o que significa que o ato envolveu grande dispêndio de dinheiro. (FA ND NTI S Z)

ALOM

Vem do hebraico e significa **"carvalho"**. A Vulgata Latina diz *Quercus*. **1**. Como designação de um carvalho, ver Gênesis

35.8; Js 19.32; Is 2.13; 6.13 etc. Na Síria os carvalhos não são comuns senão nas colinas. Notemos, porém, a expressão "carvalhos de Basã" (Is 2.13; Ez 27.6; Zc 11.2), que mostram que eles eram comuns naquela região. Densas florestas de carvalhos existiam nas regiões de Basã e Gileade. **2**. Uma cidade na fronteira da Naftali, entre Helefe e Zaanim (ver Js 19.33), embora alguns pensem que se tratava apenas de um marco de fronteira, vinculado a algum carvalho, e não de uma cidade (que é o parecer de nossa versão portuguesa, onde se lê: "do carvalho em Zaanim"). **3**. Filho de Jedaías e pai de Sifi (1Cr 4.37). Era um chefe simeonita, da família que expulsou os camitas do vale de Gedor. (S UN)

ALOM-BACUTE

No hebraico esse nome significa **"carvalho do pranto"**, a árvore sob a qual foi sepultada Débora, enfermeira de Raquel (ver Gn 35.8). Aparentemente, Débora, a juíza, não está em vista, embora presumivelmente ela fosse a pessoa que mais apropriadamente seria honrada por um memorial dessa natureza. Mas, a serva de Raquel e Jacó os serviu com dedicação, tendo sido afetuosamente lembrada dessa maneira. (UN Z)

ALTAR

Lugar de se entrar em contato com o poder divino ou com os mortos, por meio de um *sacrifício* (ver o artigo) e de *oferendas* (ver o artigo). As religiões primitivas supunham que o altar de uma divindade seria o lugar onde ela manifestava a sua presença. O altar (do latim, *altas*, estrutura elevada), presumivelmente chamava a atenção do poder invocado. Oferendas eram postas nessas estruturas a fim de aplacar ou solicitar o favor do deus do altar.

I. Altares pagãos. Eram de muitos tipos, formatos e dimensões. Na Idade do Bronze Antiga, alguns altares eram de meras pedras arrumadas. Na Idade do Bronze Moderna, alguns altares eram retangulares, feitos de tijolos ou de pedras, erguidos com cimento de argila. Alguns altares eram estruturas imensas, e outros eram pequenos. Montões de pedras também serviam de altares, entre os povos pagãos.

II. Semitas. Eram similares aos altares acima descritos, em diferentes épocas. Altares foram edificados por Noé (Gn 8.20), Abraão, em Siquém (Gn 12.7), Isaque, em Beerseba (Gn 26.25), Jacó, em Siquém (Gn 33.20) e em Betel (Gn 35.7), Moisés, em Refidim (Êx 17.15) e Horebe (Êx 24.4). Na cultura semita, os altares usualmente eram erigidos com propósitos sacrificiais, mas não exclusivamente. Muitos eram feitos de rocha natural, com canais para que escorresse o sangue; ou eram montes de terra ou rochas escavadas, com valetas ao redor, com o mesmo propósito. Cria-se que o sangue derramado sobre o altar estava carregado com o poder da divindade, sendo assim útil para vários ritos de purificação e busca de poder.

III. Altar do tabernáculo. Na verdade, dois eram os altares do tabernáculo. Um deles, que ficava na metade oriental do átrio, era de "bronze" (influência fenícia, dizem alguns), recoberto de madeira de acácia (Êx 27.1-8). As suas dimensões eram 2,5 m x 2,5 m x 1,5 m. Era o altar dos holocaustos. Tinha chifres que se projetavam nas pontas, bem como argolas e varas para ser transportado. Não havia topo, e talvez contasse com uma armação gradeada de metal, cheia de terra, o que explica como era resistente ao fogo ali posto. O segundo desses altares era menor, com 0,5 m x 0,5 x 1,0 m de madeira de acácia recoberto de ouro (Êx 30.1-10). Tinha quatro chifres e uma borda de ouro, bem como argolas e varas para ser transportado. Era o altar do incenso, símbolo de nossas orações e intercessões (Lv 16.12).

IV. Dos templos. No átrio exterior (Jr 36.10) do templo de Salomão, em Jerusalém, estava localizado um vasto altar de bronze, com 4,5 m de altura e 9,0 m de comprimento. Era uma réplica em tamanho grande do altar do tabernáculo, ao qual se obtinha acesso por um lance de escadas. O interior oco do mesmo era cheio de pedras e terra, e o resplendor do mesmo podia ser visto do átrio abaixo (2Cr 4.1). Orações eram feitas diante desse altar, e sacrifícios eram ali oferecidos. Existiu por quase três séculos. Acaz (735-717 a.C.) removeu esse altar para o lado norte, pondo um altar seu no local original. O novo altar tornou-se o centro das atividades. Talvez o altar original tenha sido finalmente restaurado ao seu lugar (2Cr 33.16), como parte das reformas. Todavia, parece que o altar de Salomão, ou suas partes essenciais de metal foram removidas por Nabucodonosor para a Babilônia (Jr 52.17-20). O segundo templo tinha seus altares, provavelmente dois, segundo certa tradição. Antíoco Epifânio levou um altar de incenso, todo de ouro, no ano de 169 a.C. (1Macabeus 1.21). Dois anos mais tarde ele profanou o altar dos holocaustos (1Macabeus 1.54). Posteriormente, os Macabeus restauraram ambos os altares (1Macabeus 4.44-49). Não se sabe qual a disposição exata dos altares no templo de Salomão, que substituiu o templo mais antigo. Apenas sabe-se que o altar dos holocaustos era uma pilha de pedras não lavradas, ao qual se obtinha acesso por meio de uma rampa, e não por meio de degraus.

V. No Novo Testamento. A fé do NT eliminou o judaísmo suntuoso e complexo. Templos humildes substituíram o templo de Jerusalém e seus móveis. No início, os templos cristãos eram apenas as residências dos crentes. Tudo quanto fazia parte do judaísmo, passou então a ser considerado típico das realidades espirituais. O batismo reteve certos aspectos da imersão judaica de prosélitos, e de conceitos de purificação inerentes às abluções. A Ceia do Senhor reteve as ideias de sacrifício, expiação e comunhão. Mas agora — o altar — é a alma do crente, onde a adoração a Deus é levada a efeito. Conforme diz um hino: "Meu coração é o altar, e teu amor é o fogo".

O uso literal que se faz da palavra "altar", no Novo Testamento, alude ao altar do templo de Jerusalém, figurando por oito vezes nos Evangelhos: Mateus 5.23,24. 23.18-20. Lucas 11.51. Ou alude a vários altares (Rm 11.3, 1Co 9.13; 10.18; Hb 7.13; Tg 2.21). O vocábulo é usado em sentido figurado, em Apocalipse 6.9; 8.3,5; 9.13 etc. O altar pagão mencionado no sermão feito no Areópago (no grego, *homhs*), é mencionado em Atos 17.22,23. Trazia a inscrição: "Ao Deus Desconhecido". Ver a passagem no NTI, onde há uma completa exposição. Uma outra referência pagã é ao altar de Pérgamo, em Apocalipse 2.13, o trono de Satanás. Foi um dos mais famosos altares do mundo antigo. Ver o artigo sobre *Pérgamo, altar de*. Foi descoberto em 1871 e levado para a Alemanha, onde foi reconstruído e agora está no Museu de Berlim. Ver também no NTI, o trecho de Apocalipse 2.13, quanto a notas completas.

1. Simbolismo do altar. Trata-se do lugar onde podemos nos aproximar de Deus, mediante sacrifício e oração; lugar onde Deus vem ao encontro das necessidades humanas, conforme as exigências por ele estabelecidas. O altar fala da "comunicação" entre Deus e os homens; esse é o lugar onde um homem pode encontrar-se com o poder divino. O altar é igualmente o lugar onde o homem pode trazer seus dons a Deus, onde pode prestar serviço e lealdade.

2. Em Hebreus 13.10. **Um entendimento cristão**. *Temos um altar, do qual não têm direito de comer os que servem ao tabernáculo*.

Um altar. Essa palavra indica tudo quanto Cristo fez em sua vida, em sua expiação e em seu ofício medianeiro. Nada de específico é indicado, como a cruz, a mesa da Ceia do Senhor, ou o próprio Cristo. Antes, o autor sagrado junta todas as ideias de acesso e aproximação a Deus, que fazem parte da expiação, do perdão, da aceitação e da filiação, e se refere a elas sob o símbolo de um "altar", porquanto esse era o símbolo da aproximação de Deus, por parte de homens pecaminosos. O autor sagrado era dono de uma mentalidade mística, e não sacramentalista; portanto, dificilmente ele podia ter a eucaristia ou Ceia do Senhor em vista, porquanto isso também é apenas símbolo da comunhão com Cristo, e não um meio mágico para a mesma. Se qualquer coisa específica está em foco, na palavra "altar", então só pode ser o "santuário celestial", onde Cristo entrou, a fim de oferecer o seu sangue expiatório, obtendo assim acesso até a presença mesma de Deus Pai. (Ver Hb 6.20 e 9.12). Torna-se imediatamente evidente que o altar cristão não é de natureza a precisar de refeições sacrificiais, e nem é acompanhado por práticas cerimoniais. Ultrapassou e substituiu tudo isso.

Esse altar é o mesmo que se encontrava no antigo tabernáculo. O altar não era o ofertante, e muito menos ainda a vítima. Era o lugar onde a vítima era apresentada e morta. Em parte alguma Cristo é chamado de *altar* e nem a cruz recebe tal nome. De fato, o décimo primeiro versículo, o principal ponto da passagem, não dá apoio a tal ideia.

Do qual não têm direito. Aqueles que repeliam a provisão de acesso em Cristo, retornando aos antigos caminhos, rejeitavam o altar de Deus, pelo que também não tinham mais direito a ele, ou aqueles que nunca se tinham aproximado de Cristo, mas antes, permaneciam nos antigos caminhos, por se recusarem a reconhecer o novo caminho de acesso a Deus, automaticamente se tinham eliminado de seus benefícios, condenando a si mesmos às futilidades do antigo caminho. As palavras *que ministram* apontam para os que se apegavam às normas legalistas e cerimoniais, e não meramente para os sacerdotes, que realmente efetuavam os ritos.

VI. Culto Verdadeiro. O coração humano se deleita em cerimônias externas e em ritos elaborados. É relativamente fácil levar um cordeiro a um templo, fazer uma peregrinação a Meca ou a Roma, frequentar um culto na igreja, revestir-se dos paramentos externos da religião. Essas coisas nos confortam com o pensamento agradável de que, pelo menos, fizemos coisas que agradam a Deus. Mas o verdadeiro culto é o sacrifício (dedicação) absoluto do próprio ser. (Ver Rm 12.1-2). (AL I IB LAN NTI)

ALTAR DE INCENSO

Esse altar era um dos móveis que havia no tabernáculo, no deserto. (Ver Êx 30.1-11). Tinha cerca de meio metro de lado e um metro de altura, com pontas em forma de chifres, nos quatro cantos. Era feito de madeira de acácia e recoberto de ouro. (Ver Êx 37.25-38). A fim de ser transportado, esse altar contava com argolas por onde eram passadas as varas. O sumo sacerdote queimava incenso sobre o mesmo pela manhã e à tardinha, todos os dias. Como é evidente, esse altar é chamado de "altar de ouro", em Êx 39.38, sendo assim distinguido do outro altar, maior e de bronze, que ficava no meio do átrio descoberto. Ver o artigo geral sobre o *altar*. A posição do altar de incenso, dentro do tabernáculo, parece ter sido dentro do santuário, diante da arca da aliança (ver Êx 40.5 e Lv 16.11-14), onde o sumo sacerdote aspergia sangue uma vez por ano (ver Êx 30.10). No templo de Salomão, o altar de ouro ficava dentro do Lugar Santo (ver 1Rs 6.20,22). Mas, no terceiro templo, parece ter sido posto do lado de fora do véu, embora ainda dentro do santuário (ver Lc 1.10). O trecho de Hebreus 9.3 parece dizer que esse altar ficava dentro do Santo dos Santos, embora os intérpretes tenham disputado sobre a questão da sua posição exata. (Ver as notas sobre essa questão no NTI, em Hb 9.3). Como é óbvio, se esse altar ficasse no Santo dos Santos, nenhum sacerdote poderia ter queimado incenso sobre o mesmo a cada manhã e cada fim de tarde, pois ali somente o sumo sacerdote entrava, e isso apenas uma vez por ano, no dia da expiação. Naturalmente, é possível que, com a passagem do tempo, a posição desse altar fosse sendo modificada, como também as suas funções.

Uso metafórico. Esse altar era o lugar das orações de intercessão, do acesso a Deus por meio da oração, os mesmos sentidos que são atribuídos ao próprio *incenso*. Ver o artigo sobre esse assunto, bem como os trechos de Salmo 141.2; Malaquias 1.11; Atos 10.4 e Apocalipse 4.8; 8.4. (ID NTI Z)

ALTAR DE JOSUÉ

Um antigo altar recentemente descoberto, feito de pedra, com cerca de 34 séculos de antiguidade, foi desenterrado em Israel, em um monte na margem ocidental do Jordão, onde a Bíblia diz que Josué erigiu um altar, após haver introduzido os filhos de Israel na Terra Prometida. O arqueólogo israelense, Adam Zartal, descreveu o achado à *Associated Press*, afirmando que a estrutura de pedra de 9,15 m X 7 m, foi identificada pela presença de ossos de ovelhas, cinzas e uma substância escura, talvez sangue coagulado. A descoberta foi feita em 21 de outubro de 1983. A Universidade de Haifa confirmou a autenticidade da descoberta. Evidentemente, trata-se de um dos mais antigos altares encontrados em solo israelense, e talvez seja mesmo o altar de Josué. Disse o professor Benjamim Mazar, da Universidade Hebraica, e um dos mais respeitados arqueólogos de Israel: "O monte Ebal é bem conhecido através de todos os relatos sobre a ocupação do povo israelita na antiga terra de Israel, e ali temos encontrado restos arqueológicos que servem de testemunho da santidade daquele antigo local". Porém, segundo Mazar frisou, maiores pesquisas ainda são necessárias. A cerâmica encontrada no local tem sido datada pelo método do carbono-14, como pertencente ao século XII a.C. (Ver Js 8.30,31 e Dt 27.5).

ALTAR DO TESTEMUNHO

Está em foco um altar erigido na margem ocidental do rio Jordão pelas tribos de Rúben, Gade e Manassés, que se estabeleceram no lado oriental desse rio. A finalidade do altar foi dar testemunho do fato de que eles, bem como as tribos do lado ocidental do rio, *tinham parte no Senhor* (Js 22.21-34). Isso causou pequena comoção entre aquelas tribos e as demais tribos de Israel, até que a questão foi devidamente justificada.

ALTAR GRANDE E VISTOSO

No hebraico, *ed*, que significa **"testemunho"**. Tratava-se de um altar erigido pelos rubenitas, gaditas e pela meia tribo de Manassés, que se estabeleceram no lado leste do rio Jordão. Esse altar prestava testemunho da lealdade daqueles israelitas a Yahweh (Ver Js 22.34).

AL-TASCHITH

No hebraico, **"não destruas"**, ou **"não corrompas"**. É título que aparece nos Salmos 52,59 e 75, embora nossa versão portuguesa não o inclua no título do primeiro desses salmos. Talvez as palavras sejam o começo de um cântico entoado por ocasião da vindima, conforme é sugerido em Isaías 65.8. (S Z)

ALTÍSSIMO

No hebraico, **"Elyon, o Altíssimo"**. Acredita-se que esse é um dos mais antigos nomes hebraicos de Deus. Melquisedeque era sacerdote de El Elyon, e não de Yahweh (ver o artigo a respeito). O título "Altíssimo" é usado no livro de Salmos por 21 vezes (para exemplificar, Sl 7.17; 9.2; 18.13). Aparece por três vezes no livro de Daniel (ver Dn 7.22,25,27). No Novo Testamento, os demônios chamaram Jesus de Filho do Altíssimo (ver Mt 5.7 e Lc 8.28).

ALUS

No hebraico talvez signifique **"desolação"**. Foi um dos lugares onde os israelitas descansaram, a caminho do monte Sinai (ver Nm 33.13,14). Ficava entre Dofka e Refidim. A cronologia judaica *Seder olam Rabba*, c. 5. par. 27, afirma que ficava a dezenove quilômetros da primeira dessas estações, e a treze quilômetros da segunda. Como interpretação do trecho de

Êxodo 16.1, alguns supõem que o sábado foi pela primeira vez instituído e observado ali. Desconhece-se o local moderno. (S)

ALVÃ
No hebraico, **"alto"**, **"sublime"**. Foi um chefe de Edom, filho de Sobal, um descendente de Seir (ver Gn 36.23; 1Cr 1.51), c. 1907-1760 a.C. Talvez o nome deva ser identificado com Aliã, em 1Crônicas 1.40. (Z)

ALVO
Tradução de uma palavra hebraica que aparece uma única vez, em Jó 16.12, onde aquele servo de Deus diz: *Em paz eu vivia, porém ele* (Deus) *me quebrantou; pegou-me pelo pescoço, e me despedaçou. Pôs-me por seu alvo...*

ALVORADA
Ver Jó 38.12 e Juízes 19.25, para indicar a alvorada literal. Em Isaías 8.19,20, o termo é usado como símbolo de veracidade e discernimento. Em Lucas 1.78, a expressão "o sol nascente" indica a vinda do Messias. Simbolicamente, a alvorada representa o começo de algo novo, de renovação da esperança, que ultrapassa aquilo que é velho. Também pode ser um símbolo imaginário da juventude, diante da qual se desenrola o dia inteiro da experiência da terra. (TO Z)

AMA
A palavra pode indicar uma mulher que amamenta uma criança, embora também possa significar "governanta". A filha de Faraó aceitou a sugestão de Miriã de ser encontrada uma mulher hebreia para amamentar o infante Moisés (ver Êx 2.7). Noemi tomou a seus cuidados seu neto infante (ver Rt 4.16).

A ama que substituísse a mãe de uma criança, nesse mister da amamentação, adquiria certo prestígio na família, mesmo depois que a criança não mais precisasse ser amamentada. Esse costume vem desde os tempos mais remotos. Há duas ou três gerações era costumeiro haver a *mãe-preta*, uma escrava africana que ajudava a amamentar um filho do senhor branco e a quem a criança se apegava emocionalmente, para nunca mais esquecê-la. O pai deste tradutor falava de vez em quando na sua "mãe-preta". Rebeca fez-se acompanhar por uma ama. Quando sua ama faleceu, o acontecimento foi considerado suficientemente importante para ficar registrado nas Escrituras. (Ver Gn 35.8). Além disso, o local onde Débora, ama de Rebeca, faleceu foi chamado Alom-Bacute, isto é, "carvalho do pranto", porquanto ela foi sepultada ao pé de um carvalho.

Uso metafórico. Diz Isaías 49.23: *Reis serão os teus aios, e rainhas as tuas amas...* Isso alude às bênçãos divinas especiais sobre Israel, de acordo com o discernimento do profeta. Paulo diz que Deus agiu como uma ama para Israel, enquanto esse povo vagueava pelo deserto (ver At 13.18). E, em 1Tessalonicenses 2.7, Paulo se compara com uma "ama", em relação a seus convertidos, face ao gentil tratamento que lhes dispensava. (NTI S Z)

AMÃ
No hebraico, **"côvado"**. Era uma colina próxima de Gia, em Benjamim, no deserto de Gibeom, onde Joabe e Abisai cessaram a perseguição a Abner depois que suas forças o derrotaram na batalha de Gibeom (ver 2Sm 2.24-32). Seguiu-se um período de trégua, e as duas forças armadas retornaram aos seus lares. O local é desconhecido. (S Z)

AMÃ
No hebraico, **"lugar de reunião"**. Uma cidade próxima de Sema e Moladá, no território sul da tribo de Judá (ver Js 15.26). Talvez ficasse situada no território posteriormente dado à tribo de Simeão (ver Js 19.1-9). O local é atualmente desconhecido. (S UN)

Em Tobias 14.2 e em 1Esdras 10.7; 12.6; 13.3,12; 14.17 e 16.10,17, esse nome aparece como a forma grega do nome Hamã. (Ver sobre *Hamã*)

AMADE
No hebraico, **"povo durável"**. Era uma aldeia ou território na fronteira de Aser, próximo de Alameleque (ver Js 19.26). Alguns identificam-na com Shefa Omar ou Shefa Amar, uma cidade-mercado a leste de Haifa. Mas o local é considerado desconhecido. (S Z)

AMAL
No hebraico, **"labutador"**. Um aserita, o último nomeado dos quatro filhos de Helém (ver 1Cr 7.35), cerca de 1658—1600 a.C.

AMALEQUE
No hebraico, **"habitante do vale"**. Filho de Elifaz e sua concubina, Timna, e neto de Esaú. Sucedeu Gaetã no governo de Edom, ao sul de Judá (ver Gn 36.12,16 e 1Cr 1.36). Há uma referência aos amalequitas, em Gn 14.7, onde Quedorlaomer (c. 1900 a.C.) e seus associados subjugaram os amalequitas, entre outros povos. Essa referência pode ser um anacronismo, embora seja possível que algum outro Amaleque (desconhecido) esteja em foco. Ou esse termo pode ter sido usado para identificar a terra que mais tarde tornou-se a pátria dos descendentes amalequitas de Esaú. Em Números 24.20, Balaão refere-se a Amaleque como "o primeiro das nações", mas que seria destruído. Isso não é uma alusão a tempos mais primitivos, mas apenas uma declaração de que os amalequitas seriam a primeira entre as nações a atacar Israel, quando do êxodo do Egito (ver Êx 17.8; Nm 14.45). Os edomitas apossaram-se do território dos horeus. Nos tempos de Ezequias, os últimos redutos amalequitas em Edom foram dispersos pelos simeonitas (ver 1Cr 4.42,43). (FA S UN Z)

AMALEQUITAS
No hebraico, **"habitantes do vale"**. Filo interpretava como *povo que lambe*. Nome de um povo que habitava a região ao sul da Palestina, entre a Iduméia e o Egito, bem como a leste do mar Morto e do monte Seir. De acordo com Josefo, os amalequitas habitavam Gobolites e Petra, e eram a nação mais aguerrida daquelas regiões. Ele assevera que ocupavam desde Pelúsio, no Egito, até o mar Vermelho. Ocupavam aquela porção de Israel que coube à tribo de Efraim. A primeira menção aos amalequitas se faz em Gênesis 14.7. Também exerciam influência para o norte, no território dos filisteus e na região de Efraim, conforme se aprende em Juízes 12.15. Os trechos de 1Samuel 27.5-7 e 30.1 mostram que eles lançavam ataques contra aldeias da Filístia, como Ziclague, a poucos quilômetros ao norte de Beerseba, e que Aquis dera a Davi.

1. Os primeiros atacantes. Depois que Israel iniciou o êxodo, os amalequitas foram os primeiros adversários atacantes (ver Êx 17.8-13). Alguns têm sugerido que é improvável que em um período de tempo tão curto os descendentes do neto de Esaú pudessem ser suficientemente numerosos e poderosos ao ponto de formarem um exército capaz de desfechar esse ataque. Porém, mais ou menos no mesmo período, a tribo de Efraim crescera de tal modo que pôde lançar em armas 40.500 homens, e Manassés, 32.200. O ataque foi lançado contra a parte mais fraca das hostes de Israel, quando estavam cansados e desanimados (ver Dt 25.17,18), porquanto a guerra nunca poupa os fracos e os inocentes. No Pentateuco os amalequitas são frequentemente mencionados em conjunto com os moabitas e amonitas. (Ver Jz 3.13). E também são mencionados junto com os midianitas (Jz 6.3). Eram tão numerosos como gafanhotos, possuidores de inúmeros camelos, numerosos como a areia do mar. Em 1Samuel 15.6 também são mencionados paralelamente aos queneus. Israel venceu a batalha, mas com muitas perdas de vidas. Uma vez instalado em sua terra, o povo de Israel deveria exterminar os amalequitas (ver Dt 25.19).

2. Próximo encontro armado. Os espias enviados para investigar a terra trouxeram relatório de que o inimigo ao norte de Cades-Barneia, no deserto de Parã e ao sul de Canaã, que incluía os amalequitas, era por demais forte e numeroso para ser derrotado pelos israelitas. Calebe e Josué protestaram contra esse parecer, mas a palavra deles não prevaleceu. Os israelitas rebelaram-se. Deus retirou deles a sua bênção. Mais tarde, os israelitas atacaram os amalequitas por sua própria iniciativa e foram derrotados (ver Nm 14.39-45; Js 12.14 e 15.30). Os amalequitas mereciam o temor que infundiam, porquanto eram assassinos e assaltantes, desde o começo de sua história.

3. No tempo dos Juízes. Os amalequitas continuamente atacavam Israel com estocadas. Associaram-se então aos queneus (1Sm 15.5,6), aos moabitas, amonitas e midianitas, todos eles ocupados em atividades pilhadoras (ver Jz 3.12-14). Ver também Juízes 5.14, que sugere que havia contínuas batalhas entre os israelitas e os amalequitas. O trecho de Juízes 6.3,4 mostra a extensão desses ataques e suas consequências. De algumas vezes, Israel saía-se vencedor; de outras vezes, perdedor. Era uma guerra tribal sem qualquer trégua, desde o começo até o fim da história deles.

4. Nos dias de Saul. Saul, disposto a vingar-se, atacou o território dos midianitas com um exército de 210 mil homens, destruindo o inimigo com grande matança, embora o rei deles, Agague, fosse preservado com vida (ver 1Sm 15.1 ss.). A vida desse rei foi poupada contrariamente à ordem divina de que os amalequitas fossem totalmente extintos, e ali mesmo Saul foi rejeitado como rei de Israel (ver 1Sm 15.10-23). Agague foi despedaçado pelo próprio profeta Samuel (ver 1Sm 15.24-33).

5. Nos dias de Davi. O conflito com os amalequitas prosseguiu. Durante cerca de 20 anos eles foram atacados por Davi (ver 1Sm 27.8), quando ele residia entre os filisteus, deixando para trás um rastro de sangue e destruição. Mas os amalequitas, em represália, não muito depois incendiaram Ziclaque (ver 1Sm 30). Porém, exatamente quando celebravam a vitória, banqueteando-se, bebendo e dançando, Davi os apanhou de surpresa. Matou todos, excetuando quatrocentos homens que conseguiram fugir em lombo de camelo (ver 1Sm 30.17). Portanto, o morticínio prosseguiu, aqui ou acolá, de um ou de outro lado da refrega, sendo surpreendente que alguém tenha sobrevivido às matanças. Essas são as atitudes dos homens que não dão lugar a Deus em suas vidas.

6. Nos dias de Ezequias, rei de Judá. Quinhentos homens dentre os descendentes de Simeão foram ao monte Seir e liquidaram o remanescente dos amalequitas, aparentemente o pequeno número que escapara das outras matanças. (Ver 1Cr 4.43). Depois disso, as Escrituras nunca mais mencionam os amalequitas. Talvez tivessem sido totalmente exterminados como nação. Na península do Sinai há maciças construções de pedras que têm entre 2 m e 2,5 m de comprimento. Alguns acreditam que são restos de construções das tribos amalequitas. (BA S SMI Z)

AMANA

No hebraico significa **"fixo"**, dando a entender um pacto. O cume montanhoso mencionado em Cantares 4.8, na cadeia do Antilíbano, perto do rio que também se chamava Amana, como forma variante de Abana (conforme diz a nossa versão portuguesa, em 2Rs 5.12). Parece que o nome do cume deriva-se do nome do rio. (S UN)

AMANTE

Palavra que no hebraico significa **"concubina"**. Em Ezequiel 23.20, a palavra refere-se a um amante do sexo masculino, mas nos outros trechos alude a uma mulher (ver, por exemplo, Gn 22.24; Jz 8.31 etc.). O termo hebraico aparece por 37 vezes no Antigo Testamento. Em Daniel 5.2,3,23, embora nossa versão portuguesa e outras também digam "concubina", temos uma palavra hebraica diferente, que significa "jovem cantora". (Z)

AMARGO

Ver Êx 1.14 e Jr 9.15. A palavra é usada literal e simbolicamente, a fim de indicar aflição e miséria. A amarga servidão de Israel, no Egito, é representada por ervas amargosas. **1**. Há o dia de amarguras (ver Am 8.10). **2**. Os caldeus foram chamados de "nação amarga e impetuosa" (Hc1.6). A *força* deles importava em miséria amarga para outros povos. **3**. Há o fel de amargura, em Atos 8.3, que denota um estado de extrema perversão, prejudicial ao próximo e ao próprio indivíduo. **4**. Em Hebreus 12.15 lemos sobre uma "raiz de amargura", que indica pessoas ímpias que ensinam doutrinas contrárias à verdade ou então qualquer pecado perigoso, que leve à apostasia. **5**. O teste da água amarga tinha por intuito descobrir casos ocultos de adultério, ou era usado para aliviar os ciúmes de um marido cheio de suspeitas (ver Nm 5.18-27). **6**. Condições morais más são como uvas amargas (Dt 32.32). **7**. O julgamento divino é amargo (ver Jr 4.18; Am 8.12 e Ap 8.11). (I IB ID NTI S)

AMARIAS

No hebraico significa **"palavra de Yahweh"**. É nome de várias pessoas do Antigo Testamento: **1**. Um levita da linhagem de Eleazar, filho de Meraiote e avô de Sadoque, o sacerdote (ver 1Cr 6.7,52). Era pai de Aitube, pai de Sadoque, cerca de 1015 a.C. **2**. Um levita da linhagem de Coate, nos dias de Davi (ver 1Cr 23.19 e 24.23). Cerca de 1015 a.C. **3**. Um levita da linhagem de Eleazar, filho de Azarias. Ministrou no templo de Salomão (ver 1Cr 6.11; Ez 7.3 e Ed 8.2), como sumo sacerdote. **4**. Sumo sacerdote durante o reinado de Josafá (ver 2Cr 19.11). Não somos informados sobre o nome de seu pai (cerca de 912-895 a.C.). **5**. Filho de Sefatias de Judá, um antepassado de Ataías (ver Ne 11.4). Descendia de Peres, filho de Judá, e talvez fosse o mesmo Inri, referido em 1Crônicas 9.4. Cerca de 465 a.C. **6**. Um levita que viveu durante o reinado de Ezequias (ver 2Cr 31.15), que ajudou na distribuição das ofertas entre as cidades sacerdotais, em cerca de 430 a.C. **7**. Homem da tribo de Judá, filho de Bani, que se casou com uma mulher estrangeira (ver Ez 10.42), em cerca de 465 a.C. **8**. Um sacerdote que regressou a Jerusalém com sua família e assinou o pacto junto com Neemias (ver Ne 10.3 e 12.2). Foi pai de Joanã, sacerdote do tempo de Joaquim (ver Ne 12.13). Alguns o identificam com Imer (ver 1Cr 24.14 e Ed 2.37; 10.20; 1Esdras 5.24). Cerca de 430 a.C. **9**. Antepassado do profeta Sofonias, filho de Ezequias (talvez rei). Ver Sofonias 1.1. Cerca de 630 a.C. Talvez tivesse sido o avô de Sofonias. (S UN Z)

AMARNA, TELL EL. Ver sobre *Tell el-Amarna*.

AMASA

No hebraico, **"carga"** ou **"carregador de carga"**. Nome de duas pessoas no Antigo Testamento: **1**. Amasa, capitão do exército israelita, nomeado por Absalão quando tentou destronar Davi. Era filho de Jeter ou Itra e Abigail, irmã de Davi, pelo que era primo de Absalão (ver 2Sm 17.25; 1Cr 2.17 e 1Rs 2.5,32). Também era primo de Joabe, cuja mãe, Zeruia, também era irmã de Davi (ver 1Cr 2.16,17). Quando o conflito ocorreu, Amasa foi derrotado por Joabe. Após a eliminação dos partidários de Absalão, Davi, desgostoso com Joabe por ter matado Absalão contra as suas ordens, ofereceu a Amasa o perdão e o comando do exército, em substituição a Joabe, cuja insolência o tornara insuportável (ver 2Sm 19.13). Quando Seba, filho de Bicri, revoltou-se, Davi ordenou a Amasa que reunisse todo o Judá para atacar àquele; mas Amasa procrastinou.

Então Davi ordenou que Abisai cumprisse a ordem. Joabe, com seus homens, o acompanhou. Ao atingirem a grande pedra em Gibeom, Amasa veio com suas forças para unir-se a eles. Joabe, incendiado pelo ciúme, tomou Amasa pela barba e disse: "Vais bem, meu irmão?", como se fosse saudá-lo com um ósculo, mas em vez disso, matou-o à espada (ver 2Sm 20.4-14). Não sofreu qualquer castigo por causa disso, e liderou as forças combinadas, levando-as à vitória sobre Seba. Em meio a tantas mortes, o que significava mais uma? **2**. Um chefe efraimita que, tal como outros, resistiu com veemência à retenção de prisioneiros que Peca, rei de Israel, levara cativos, em uma bem-sucedida campanha com Acaz, rei de Judá (ver 2Cr 27.12), em cerca de 741 a.C. Era filho de Hadlai (ver 2Cr 28.8-15). Uniu-se ao profeta Odede na advertência contra o ato de conservar escravizados os prisioneiros, e então providenciou para que retornassem a Jericó. (S UN Z)

AMASAI

No hebraico, **"carregador de cargas"**. Foi nome de várias pessoas no Antigo Testamento: **1**. Um coatita, pai de Maate, um antepassado de Samuel (ver 1Cr 6.25,35; 2Cr 19.11), cerca de 1410-1045 a.C. **2**. O principal capitão dos homens das tribos de Judá e Benjamim que se aliaram a Davi, em Ziclague (ver 1Cr 12.18), em cerca de 1061 a.C. Foi um dos trinta homens da elite de Davi, poderosos guerreiros. Alguns o identificam com Amasa, o chefe militar nomeado por Absalão (ver 2Sm 17.25). Mas outros o identificam com Abisai, irmão de Joabe (ver 1Cr 11.20). O problema envolvido nessas identificações permanece porque nenhum desses três nomes (Amasai, Amasa ou Abisai) aparece nas listas dos trinta heróis, conforme se lê em 2Sm 23 e 1Cr 11. **3**. Um sacerdote que ajudou no transporte da arca à casa de Obede-Edom (ver 1Cr 15.24), em cerca de 1043 a.C. **4**. Um outro coatita, pai de um diferente Maate, no reinado de Ezequias (ver 2Cr 19.12), e talvez da mesma família. Certamente não há qualquer possibilidade de identificação com o primeiro desta lista, a despeito das semelhanças de nomes envolvidos. (FA S Z)

AMASIAS

No hebraico, **"Yahweh tem força"**. Foi filho de Zicri, da tribo de Judá. Foi chefe do exército de Josafá (ver 2Cr 17.16), em cerca de 440 a.C. (UN)

AMASIS

Supõe-se ter sido o Faraó cuja residência em Taínes é mencionada em Jeremias 43.9, e que reinou entre 569 e 525 a.C. (S)

AMASSAI

Provavelmente um erro textual em lugar de Amasai. Foi filho de Azareel, um valente sacerdote do tempo de Neemias (Ne 11.13), talvez o mesmo Masai de 1Cr 9.12. Cerca de 445 a.C. (S)

AMAZIAS

No hebraico quer dizer **"força de Yahweh"**, nome de quatro pessoas no Antigo Testamento: **1. Filho e sucessor de Joás**. Foi o nono rei de Judá, tendo subido ao trono com a idade de 25 anos. Reinou por 29 anos (ver 2Rs 14.1,2; 2Cr 25.1), cerca de 800-771 a.C. A informação dada em 2Reis 14.2 parece ser contradita por 2Reis 14.17: *Amazias... viveu quinze anos depois da morte de Jeoás*, o que poderia significar que ele não era a autoridade executiva real de seu reino. Nenhuma solução convincente tem sido encontrada para esse problema; e outros informes sobre outros reis também envolvem problemas. Amazias começou seu reinado executando aqueles que haviam assassinado seu pai, embora tivesse poupado os filhos dos homicidas (ver Dt 24.16). No décimo segundo ano de seu reinado tentou recuperar Edom, que se revoltara durante o reinado de Jeorão. Organizou um exército de trezentos mil homens e também contratou cem mil mercenários (primeira menção de tal força armada na história de Israel). Porém, despediu os mercenários, em vista da ordem dada por um profeta. Regressando à terra deles, eles saquearam várias cidades de Judá para mostrarem seu descontentamento por haverem sido dispensados. Amazias obteve grande vitória, tendo sido mortos dez mil edomitas, além do que outros dez mil foram despedaçados e lançados abaixo das rochas de Sela. Ele tomou muito despojo, incluindo os ídolos de monte Seir; e então caiu no erro de lhes prestar culto. Por causa disso, os desastres tiveram início. Desafiou o mais poderoso, Jeoás, rei de Israel (ver 2Rs 14.7-19) e subsequentemente, perdeu seu reinado e seu povo ficou sujeito a Israel (ver 2Rs 14.8-14; 2Cr 15.17-24). Permaneceu no trono, mas durante quinze anos não foi o verdadeiro mandatário da nação. Então ele foi vítimado por uma intriga da corte, foi perseguido até Laquis, e ali foi assassinado. Seu corpo foi transportado de volta a Jerusalém, e foi sepultado nos túmulos reais, fora do monte Sião (ver 2Rs 14.3-20 e 2Cr 25.2-28). **2. Pai de Joás**. Posteriormente, Joás tornou-se um dos chefes simeonitas que expulsaram os amalequitas do vale de Gedor, no tempo de Ezequias (ver 1Cr 4.34), em cerca de 726 a.C. Acerca do pai de Joás, nada se sabe dizer. **3. Um levita, filho de Merari** (1Cr 6.45). Era cantor e estava a serviço do tabernáculo que havia defronte da área onde mais tarde Salomão edificou o templo, antes de 1000 a.C. **4. Um sacerdote dos bezerros de ouro** em Betel, no tempo de Jeroboão II, cerca de 786-746 a.C. Sentiu-se perturbado com as profecias condenatórias de Amós, e exortou-o a ir para o reino de Judá para profetizar ali. Amós o pôs no seu devido lugar, falando sobre a grande degradação que sua família sofreria quando do vindouro cativeiro do reino do norte (ver Am 7.10-17). Cerca de 770 a.C. (ND UN Z)

ÂMBAR

Uma resina vegetal fóssil, amarela e translúcida que, por meio da perda de substâncias voláteis, oxidação e polimerização, atinge um estado estável. O período de sepultamento necessário para que esse estado seja atingido pode alcançar milhões de anos; e, visto que um *fóssil* implica uma vida pré-histórica, a resina deve ter sido exudada por alguma árvore, pelo menos antes de qualquer história conhecida. O âmbar aparece como módulos irregulares ou sob a forma de gotas, em todos os tons amarelos, com algumas manchas alaranjadas, marrons, e, mais raramente, vermelhas (ver Ez 1.4 onde algumas traduções preferem dizer "metal brilhante", como nossa versão portuguesa, *bronze ou metal amarelo*). Há variedades em coloração, de translúcidas a transparentes. O material é muito valorizado para o fabrico de joias, e isso desde tempos pré-históricos. Na passagem de Ezequiel referida acima, o termo hebraico *chasmal*, "âmbar", provavelmente indicava um metal (metal polido), e não a resina fóssil. Em Ez 1.4,27 e 8.2, a glória divina e o resplendor estão em pauta. A palavra grega ali usada, *elektron*, pode referir-se à resina ou a uma liga de ouro ou prata, que os mineralogistas modernos chamam de *electrum*. Não se sabe com certeza se os hebreus estavam familiarizados com a substância fóssil. A palavra traduzida *âmbar* era usada para designar a cor amarela brilhante (característica do âmbar). Ver também Apocalipse 1.15 e Ezequiel 8.27. (FA UN Z)

AMÉM (Amém, amém: ver *Em verdade, em verdade*)

Vem de um adjetivo hebraico que significa "verdadeiro, certo, digno de confiança", ou de uma forma adverbial com o sentido de "é digno de confiança ou veraz". O verbo correlato, *amam*, significa "sustentar", "apoiar". O uso do "amém" como uma explicação, significa "certamente", "assim seja", "na verdade". Ver Salmo 41.13; 72.19; 89.52; 106; 48; 1Crônicas 16.36 e Neemias 8.6. O trecho de Isaías 65.16 faz de Yahweh o Deus do Amém, isto é, aquele que fala com verdade, em quem todos podem confiar.

No Novo Testamento, o uso grego emprega o vocábulo para indicar "verdadeiramente", "de fato", "assim seja", "isso mesmo". O termo tornou-se comum nas orações, nas doxologias, nas respostas congregacionais, nas exclamações de aprovação. Nos Evangelhos sinópticos, a palavra é dita por Jesus por 54 vezes. Só o Evangelho de João contém 25 repetições do termo, sempre em forma dupla, *amém, amém*, para ênfase especial. Algumas ocorrências do termo aparecem em: João 1.51; 3.3; 5.19,24,25; 12.24; 14.12. Paulo também usou-o, como se vê em Romanos 15.3; 16.27; 1Coríntios 16.24; Gálatas 6.18; Efésios 3.21. Em doxologias, ver Hebreus 13.21; 1Pedro 4.11; 5.11; 2Pedro 3.18; Judas 25. No Apocalipse, a palavra aparece por nove vezes, e a mais importante delas é quando figura como nome próprio de Cristo, o Amém, em Apocalipse 5.14. Em Cristo culmina a certeza da mensagem espiritual. (A B S W)

AMÊNDOAS

No hebraico, a palavra significa, aparentemente, **"despertada"**, porque florescia bem cedo no ano. (Ver Gn 43.11; Nm 17.8; Ec 12.5; Jr 1.11). Trata-se da *Prunus Amygdalus communis*, que é seu nome científico. Uma árvore nativa da Síria e da Palestina. Por causa de sua inflorescência, é altamente ornamental. Talvez tenha sido introduzida no Egito quando José era o governador da terra. Na Palestina, ela floresce já no mês de janeiro. As flores são róseas e algumas vezes, brancas, o que explica a sua analogia com um ancião encanecido (ver Ec 12.5). Sua beleza tem inspirado a decoração em trabalhos de entalhe, onde a amêndoa é retratada. Também parece ter sido a origem de um óleo valioso.

Símbolo espiritual. O trecho de Jeremias 1.11,12 menciona a amêndoa em conexão com a ideia de que Deus cumpre prontamente as suas promessas. (ND S Z)

AMENDOEIRA

Trata-se de um arbusto baixo, abundantemente encontrado ao longo das costas do Mediterrâneo, o qual produz uma flor usada como especiaria desde tempos remotos. As referências clássicas mostram que a florescência (ou a baga que a produz) era usada como afrodisíaco e condimento. Provavelmente, a planta é a *Capparis spinosa*. Ela é mencionada somente em Eclesiástico 12.5, onde está em foco a intensificação do desejo sexual, declinando à medida que a pessoa avança em idade. O processo de envelhecimento leva, finalmente, ao rompimento do fio de prata (o que produz a morte). Ver o artigo sobre *o fio de prata*, o filamento de energia que liga a alma ao corpo, como se fora uma espécie de cordão umbilical. À medida que a pessoa se aproxima desse momento, suas energias declinam-se, e ela pode tentar reverter alguns aspectos do envelhecimento mediante o uso de medicamentos ou tonificantes, como é o caso do emprego da amendoeira. (G I IB LAN)

AMI

No hebraico, **"meu povo"**. Nome simbólico aplicado a Israel, em contraste com lo-Ami, *não meu povo*. O povo tornou-se de Deus por meio da reconciliação. Oseias deu esse nome ao seu terceiro filho de Gômer (ver Os 1.9,10 e 2.1), dando assim a entender que Deus pode rejeitar um povo que antes era considerado seu, por motivo do pecado. Todavia, isso foi pronunciado acerca de Israel, tendo em vista uma futura restauração que reverteria a situação. No evangelho, os gentios, que antes não eram povo de Deus, poderiam tornar-se povo de Deus mediante a conversão, segundo vemos em Romanos 9.25,26, onde Paulo cita essa profecia de Oseias. (Ver também 1Pe 2.10). (ID S UN Z)

AMI (AMOM)

Antepassado de um dos servos de Salomão (ver Ed 2.57). Chamado Amom em Neemias 7.59, e que algumas traduções dão como Alom.

AMIDIANOS

Uma família que retornou do cativeiro babilônico com Zorobabel (ver 1Esdras 5.20). Esse nome não está contido no paralelo do sétimo capítulo do livro de Neemias. (Z)

AMIEL

No hebraico significa **"povo de Deus"**. Nome dado a várias pessoas no Antigo Testamento. **1**. Filho de Gemali, um dos doze espias enviados por Moisés para explorarem a terra de Canaã (ver Nm 13.12). **2**. Pai de Maquir (2Sm 9.4,5 e 17.27). Foi em sua casa que Mefibosete se escondeu de Davi. Mais tarde, Maquir tornou-se amigo de Davi. **3**. Pai de Bete-Sua, esposa de Urias (e depois de Davi). Ver 1Crônicas 3.5. Em 2Samuel 11.3 ele é chamado Eliã. **4**. O sexto filho de Gemali, um dos porteiros do templo (ver 1Cr 26.5).

AMIGO, AMIZADE

Amigo é uma pessoa com quem temos associação amigável, nos vários tipos de relacionamento humano: **1**. Um companheiro fiel ou vizinho ajudador (ver Gn 38.20; Jr 6.21 e Lc 11.5-8). **2**. Um aderente político (ver 1Sm 3.26; 2Sm 3.8). **3**. Uma pessoa amada (ver Dt 13.6). **4**. Alguém fiel em seus relacionamentos (ver Sl 35.14; Pv 17.17). Também há falsos amigos (ver Pv 18.14), aqueles que traem a amizade (ver Jó 6.14,27); aqueles que são egoístas (ver Pv 19.4,6 ss.).

A amizade com Cristo. Aqueles que se dedicam à observância dos mandamentos de Cristo são seus amigos (ver Mt 12.46-50 e Jo 15.14). Eles *o* amam e promovem a honra de seu nome. *A amizade prejudicial* é a amizade com o mundo (ver Tg 4.4; Mt 6.24; Lc 16.13; 1Jo 2.15 ss.) *As amizades especiais*, que envolvem um forte sentimento de amor, conforme a amizade de Davi e Jônatas (ver 1Sm 18.1-4 e 19.1-7). *A forma mais elevada de amizade*, a amizade com Deus (ver 2Cr 20.7. Is 41.8; Tg 2.23), é exemplificada no caso de Abraão, conforme se vê na referência de Tiago. *O amigo do noivo* era João Batista (ver Jo 3.29). Alguns pensam que isso representa a classe dos remidos (como Israel), que não fazem parte da igreja cristã. (I ID LAN NTI)

AMINADABE

No hebraico, **"meu parente é generoso"** ou **"nobre"**. Nome de várias pessoas no Antigo Testamento: **1**. Filho de Arão, pai de Naasom (Mt 1.4). Em Lucas 3.33, encontramos a seguinte ordem de nomes: *Aminadabe, filho de Admim, Admim, filho de Arni, Arni, filho de Esrom...* Naasom era príncipe da tribo de Judá por ocasião do primeiro recenseamento de Israel, no segundo ano após o êxodo (ver Nm 1.7 e 2.3), antes de 1210 a.C. Era pai de Eliseba, esposa de Aarão (ver Êx 6.23). Foi ascendente de Davi, da quarta geração de Judá, e antepassado de Jesus Cristo. Pouco se sabe sobre ele; mas o casamento de sua filha com Aarão assinala a mais antiga instância de aliança entre a linhagem real de Davi e a linhagem sacerdotal de Aarão. O nome Nadabe, dado ao filho mais velho de Aarão, provavelmente visava a honrar seu avô, Aminadabe. **2**. Um levita que ajudou a transportar a arca de volta a Jerusalém, nos dias de Davi (ver 1Cr 15.10,11). Era um dos filhos de Uziel. Foi um dos 112 homens nomeados por Davi para executarem a tarefa. **3**. Na Septuaginta, em Ester 2.15 e 9.29, Aminadabe é chamado pai de Ester. Mas o texto judaico tradicional (massorético) diz Abiad, que é o texto preferido. Massorético é adjetivo que se deriva de "massoretas", compiladores e comentadores da Bíblia hebraica, que produziram um texto padronizado do Antigo Testamento. Ver o artigo sobre o *texto massorético*. **4**. De acordo com 1Crônicas 6.22, Aminadabe figura como filho de Coré, descendente de Levi; mas isso não pode ser o texto correto, pois Aminadabe aparece como o sogro de Aarão, em Êx 6.23. Na lista paralela de 1Crônicas 6, aparece o nome Jizar (vs. 38 ss.), o que concorda com a genealogia dada em Êxodo

6.18,22. Os manuscritos A e L da Septuaginta trazem o texto correto, Jizar, em 1Crônicas 6.22. (ICC ND UN Z)

AMINADIBE
Forma variante de Aminadabe, uma pessoa mencionada em Cantares 6.12, cujo carro aparece como veloz — tudo segundo algumas versões. Mas a passagem é obscura, talvez tenha sofrido alguma corrupção, pelo que, outras versões preferem a tradução que se vê em nossa versão portuguesa: *no carro de meu nobre povo* ou *no carro ao lado de meu príncipe*, deixando de lado a ideia de velocidade. Nesse caso, a palavra hebraica não é lida como um nome próprio. (ND UN Z)

AMISADAI
No hebraico, **"Shaddai é meu parente"**. Pai de Aieser, um danita, líder durante a jornada pelo deserto (ver Nm 1.12; 2.25; 7.55,71 e 10.25). (UN Z)

AMITAI
No hebraico significa **"fiel"**. Era pai do profeta Jonas (ver 2Rs 14.25 e Jn 1.1), o qual era natural de Gate-Hefer, no território de Zebulom. (S)

AMIÚDE
No hebraico, **"meu parente é glorioso"**. Esse é o nome de várias pessoas no Antigo Testamento: **1**. Um efraimita, pai de Elisama. Elisama foi nomeado chefe da tribo na época do êxodo (ver Nm 1.10; 2.18; 7.48,53; 10.22; 1Cr 7.26). Antes de 1210 a.C. **2**. Pai de Samuel, que posteriormente foi o chefe simeonita nomeado para fazer parte da comissão que fez a divisão da Terra Prometida (ver Nm 34.20), antes de 1452 a.C. **3**. Membro da tribo de Naftali, cujo filho, Pedael, príncipe daquela tribo, foi nomeado para ajudar na divisão da terra (ver Nm 34.28), antes de 1452 a.C. **4**. Pai de Talmai, rei de Gesur. Após ter assassinado seu meio-irmão Amom, Absalão fugiu para a companhia de Talmai (ver 2Sm 13.37). Antes de 1030 a.C. **5**. Filho de Onri, da tribo de Judá, e descendente de Peres. Foi pai de Utai, tendo sido este último um dos primeiros a residir em Jerusalém, após o retorno da Babilônia (ver 1Cr 9.4). Antes de 536 a.C.

AMIZADABE
No hebraico, **"o parente concedeu"**. Era filho de Benaia, que fazia parte da guarda pessoal de Davi, e capitão dos trinta mais valentes guerreiros. Ele servia como líder da divisão, no terceiro mês do ano (ver 1Cr 27.6). Cerca de 1000 a.C. (UN Z)

AMNOM
No hebraico significa **"fiel"**. É o nome de duas pessoas no Antigo Testamento. **1**. O filho mais velho de Davi e Ainoã, a jezreelita (ver 2Sm 3.2 e 1Cr 3.1). Ele nasceu em Herom, em cerca de 1056 a.C. Estuprou sua própria meia-irmã Tamar, e dois anos depois foi assassinado por Absalão, irmão de Tamar, por causa desse ato. Ver a narrativa em 2Samuel 13. **2**. Um filho de Simão (ver 1Cr 4.20), descendente de Judá. (S)

AMOM
No hebraico, **"construtor"** (ver Jr 46.25). Mas outros pensam que o vocábulo significa *verdadeiro* ou *fiel*. **1**. Nome de uma divindade egípcia, associada por antigos escritores a Zeus ou Júpiter. Sua primitiva sede de adoração parece ter sido Meroe. Dali seu culto mudou-se para Tebas, e então propagou-se para o oásis de Siwah e Dodona (ver Heródoto ii.54). Em todos esses lugares, os oráculos dessa divindade eram celebrados. Porém, o verdadeiro centro de sua adoração era Tebas. Nos monumentos egípcios, esse deus é apresentado como um homem sentado, com cabeça de carneiro, ou então como um carneiro. Parece ter sido, basicamente, uma divindade da fertilidade. Quando Tebas tornou-se a capital do Egito, Amom foi vinculado a Rá, o deus-sol. **2**. Governador da cidade de Samaria, no tempo de Acabe (ver 1Rs 22.26 e 2Cr 8.25), em cerca de 900 a.C. Nessa passagem, lemos que Acabe ordenou que Micaías, o profeta, fosse levado a Amom para ser encarcerado. **3**. Filho de Manassés, e décimo quinto rei de Judá, que começou a reinar em 644 a.C. e que governou por dois anos. Ele restaurou a idolatria e reergueu os ídolos que Manassés havia derrubado. Foi assassinado em uma conspiração na corte, e então os homicidas foram executados pelo povo. Seu filho, Josias, tornou-se rei, quando estava apenas com 8 anos de idade (ver 2Rs 21.18-26 e 2Cr 33.21-25). **4**. Filho de Manassés, e um dos antepassados de Cristo (ver Mt 1.10). (S UN)

AMOM (AMONITAS)
Descendentes de Amom, filho mais novo de Ló (ver Gn 19.38) e da sua filha mais jovem. Originalmente os amonitas ocupavam uma faixa de terras a leste dos amorreus, vivendo separados dos moabitas pelo rio Arnon.

1. O nome Amom. A filha mais jovem de Ló deu à luz um filho de seu próprio pai, chamando-o Ben-Ami, cuja tradução não é certa. Alguns dizem que significa "filho de meu povo", outros pensam que significa "filho de meu tio paterno (ou clã paterno)". Ainda outros supõem que significa "filho de meu próprio pai", em consonância com o incidente envolvido. O nome isolado não aparece em nenhum outro trecho bíblico, embora apareçam seus compostos, como "lo-Ami" (*não meu -povo*, na profecia de Os 1.9). Outras formas compostas são Amiel, Amiúde, Amiur, Amizadabe e Aminadabe (ver os artigos respectivos), além de outros.

2. Localização. Os amonitas tomaram um território antes ocupado por uma raça de gigantes (ver Dt 2.20). Aos israelitas, ao atingirem as fronteiras da Terra Prometida, foi ordenado que não molestassem os filhos de Amom, por serem descendentes de Ló. Todavia, os amonitas não demonstraram hospitalidade para com os israelitas, pelo que, foram proibidos de entrar na congregação do Senhor, isto é, de serem membros da comunidade civil dos israelitas, até a *décima geração*, o que alguns entendiam como uma proibição perpétua (ver Ne 13.1).

3. Hostilidade contra Israel. Em Juízes 3.13 lemos que esse povo mostrou-se hostil para com Israel. Uniram-se em ataque combinado a Israel com outros adversários do povo de Deus. Cerca de 140 anos mais tarde, lemos que os israelitas caíram na idolatria, servindo aos deuses de várias nações, incluindo os deuses amonitas. Os amonitas foram hostis a Israel tanto antes (ver 1Sm 11.11) quanto depois do cativeiro (ver Ne 4.3; Judite 5-7 e 1Macabeus 7.30-43), o que prosseguiu até que os romanos engoliram todas as facções em litígio, incluindo os judeus. No tempo de Justino Mártir (cerca de 150 d.C.), os amonitas continuavam sendo um povo numeroso; mas, pela época de Orígenes (cerca de 186-254 d.C.), eles já se tinham amalgamado com os árabes. Quanto a atos específicos de hostilidade, ver estas referências: Juízes 3.13; 11.12; 1Samuel 11.11; 2Samuel 10.4,19; 12.26-31 e 2Crônicas 20.25.

4. O cativeiro de Israel. Quando Israel foi levado cativo, os amonitas tomaram posse das cidades pertencentes à tribo de Gade (ver Jr 49.1), e rejubilaram-se diante do infortúnio dos israelitas (ver Ez 25.3,6). Após o cativeiro, a antiga hostilidade prosseguiu (ver Ne 4.3,7,8).

5. Outros pontos de interesse. Os amonitas eram governados por um rei (ver 1Sm 12.12). A divindade nacional era Moloque (ver 1Rs 11.7. Chamado Milcom, em 1Rs 11.5 e 33). A capital deles era Rabá (Rabate Amom). Posteriormente, essa cidade tomou o nome de Filadélfia, em honra a Ptolomeu Filadelfo. Atualmente chama-se Amam. A língua deles era semítica. Atualmente todas aquelas regiões foram arabizadas, e fala-se o árabe. Salomão casou-se com mulheres amonitas. A mãe de Reoboão era Naama, mulher amonita (ver 1Rs 14.31),

AMOQUE

um mau exemplo seguido por Israel (ver Ne 13.23). Condenação e destruição estão prometidas aos amonitas, devido à hostilidade deles para com Israel — atualmente os amonitas fazem parte da liga árabe, cujo propósito declarado é expulsar Israel da Palestina — e por causa de sua impiedade (ver Ez 25.5,10 e Sf 2.9). Essas predições se têm cumprido parcialmente, considerando-se que a raça amonita desapareceu misturada com outras raças semitas. A arqueologia tem descoberto extensas ruínas, principalmente de origem romana, no local moderno de Amam. (GL HAR S UN Z)

AMOQUE

No hebraico quer dizer **"profundo"**. Era ancestral de Héber, um sacerdote do tempo de Joiaquim (ver Ne 12.20). Amoque foi um dos sacerdotes que retornou do exílio com Zorobabel (ver Ne 12.7). (Z)

AMOR

Discussão Preliminar. Tradução do termo hebraico *aheb*, palavra de larga conotação. Outros vocábulos também eram usados no Antigo Testamento, com sentidos variados, associados a amor, desejo, amante etc. No NT, temos *ágape* (agapao), comum na Septuaginta, e *phileo*, sinônimo de *agapao*. *Agapao* aparece por 142 vezes no Novo Testamento; *ágape*, por 116 vezes, e *phileo*, por 25 vezes. *Agapao* tem todo o alcance possível de significado que a nossa palavra *amor* exibe; e mediante o uso dessa palavra, não se pode estabelecer a diferença entre o amor divino e o amor humano, em contraste com *phileo*. A suposta diferença entre essas duas palavras torna-se nula quando simplesmente tomamos um léxico e lemos as referências onde figuram os dois termos. Ver o artigo sobre *ágape*, como ilustração desse fato, e quanto a outras informações. A mudança de uma para outra palavra, em João 21, é simples questão estilística, não envolvendo qualquer sentido oculto. *Eros*, com frequência usada para indicar o amor apaixonado e sexual, não se encontra no Novo Testamento. Também pode ser usado para indicar o amor nobre e espiritual, embora envolvendo, em muitos casos pelo menos, um sentido menos nobre do que aqueles achados no caso de *agapao* e *phileo*. Nas Escrituras, o amor aparece tanto como um atributo de Deus, como uma virtude humana moral, pelo que o assunto do amor pertence tanto à *teologia* quanto à *ética*. O amor é fundamental à verdadeira religião e à filosofia moral, e de fato, até na maior parte das filosofias pessimistas, como na de Schopenhauer, onde é encarado favoravelmente sob o título de *simpatia*. O amor é uma parte importante e mesmo dominante da fé judaico-cristã, básica ao evangelho. (ver Jo 3.16). É um elemento essencial em todo o relacionamento humano. Portanto, tanto mais atônitos ficamos em face do fato de que quase todos os credos denominacionais evangélicos deixam-no totalmente de lado, ao alistarem seus itens de crença (ver o artigo sobre Credos). Paulo declara que o amor é a maior de todas as graças cristãs (ver 1Co 13.13, onde aparece a exposição do NTI, quanto a muitos dos atributos e características do amor). Nos escritos de Paulo, também é o solo de onde brotam todas as outras virtudes (ver Gl 5.22,23). Trata-se da marca distintiva de que alguém é filho de Deus (ver Mt 5.44 ss.). É um pré-requisito absoluto para que alguém seja uma pessoa espiritual, um bom cidadão, um bom vizinho, um bom marido, esposa ou pai, ou qualquer outra coisa que envolva boas qualidades divinas ou humanas.

I. Tipos de amor. 1. Há o amor de Deus (Jo 3.16), o qual é a fonte de todo outro amor, até mesmo aquele manifestado pelos incrédulos. O Espírito de Deus, atuando no mundo, impede-o de transformar-se em floresta completa, porquanto propaga ao redor o seu amor, e muitas pessoas fazem o que fazem por motivos puramente altruístas. **2**. Há o amor de Cristo pelo homem, o qual é uma extensão do amor de Deus; e, em sua essência é a mesma coisa. (Ver 2Co 5.14 e as notas expositivas no NTI sobre esse amor, que nos constrange a atitudes que expressam o cristianismo). **3**. Há o amor do indivíduo por si mesmo, num afeto inteiramente egoísta, pois só se preocupa consigo mesmo. **4**. Há o amor de um homem por outro ser humano. Quando alguém ama outrem, deseja para o próximo o que deseja para si mesmo, ou transfere o cuidado por si mesmo para outra pessoa, desejando o seu bem-estar, tal como deseja o seu próprio bem-estar. Pode-se imaginar (quase) qualquer homem a amar um filho ou filha predileta. Por causa de seus cuidados por seu filho, ele fará sacrifícios e procurará protegê-lo. Pensará em como suprir as suas necessidades, e desejará a felicidade de seu filho. Em outras palavras, fará em prol de outra pessoa (sem importar quão mau seja, quanto a outras questões) aquilo que faria por si mesmo. O amor-próprio é fácil, não é muito difícil a transferência desse amor pelo menos a uma outra pessoa. Mas aqueles que amam verdadeiramente são os que descobriram como transferir o amor-próprio para um grande número de pessoas. Aqueles que assim fazem são a isso impelidos pelo Espírito de Deus, sem importar se são ou não discípulos de Cristo, no sentido tradicional. **5**. Há o amor dirigido a Cristo, o Filho de Deus, ou então a Deus Pai, o que se verifica quando amamos os nossos semelhantes. (Ver as notas expositivas sobre esse conceito no NTI em Mt 25.35 e ss.). **6**. Há o amor do homem a Cristo ou a Deus Pai diretamente expresso. Essa modalidade de amor requer um senso altamente desenvolvido, e normalmente se expressa por meios místicos, mediante a ascensão da alma, que passa a contemplar a Deus. Certamente essa foi a forma de amor que o escritor sagrado tinha em mente, em João 4.7-21, embora o contexto contemple muitos resultados "diários" e "práticos" da mesma, como o evangelismo dos perdidos, a vida santa, a lealdade a Cristo e as ações de caridade em favor do próximo.

Cristo como uma figura distante. Os crentes de Éfeso (Ap 2) reduziram Cristo a uma figura distante, a despeito de continuarem a fazer prodígios espirituais e apesar de seu poder no Espírito. Quantas pessoas hoje em dia, quando pregam, somente atacam várias formas de males, como o mundanismo, o modernismo, o comunismo, embora suas mensagens reflitam pouquíssimo do amor conquistador de Cristo. Tornaram-se polemistas profissionais, mas pouco ou nada sabem do amor construtivo. Perderam a visão do Cristo, em meio à batalha.

Há um caminho melhor do que esse. É o caminho do amor. O amor, à semelhança da morte, transforma tudo quanto toca. Os homens são atraídos pelo amor. As coisas semelhantes se atraem mutuamente. Os homens amam quando são amados. E odeiam quando são odiados.

> Pois limites de pedra não podem conter ao amor, e o que o amor pode fazer, isso ousa tentar.
>
> (*Romeu e Julieta*, Shakespeare)

II. O Amor de Deus pelo Mundo, a Base do Evangelho. 1. Este mundo não é o mundo dos eleitos — mas sim, de *todos os* indivíduos do mundo, de *todas* as épocas, sem exceção alguma. **2**. Deus, sendo um ser inteligente, tem consciência da existência deste mundo e ama todos os homens que nele habitam. De alguma maneira, posto que indefinida, exceto conforme entendemos as pessoas, Deus possui qualidades emocionais. O seu amor é a mais alta forma de amor, a mais pura, ao ponto de ser chamado de *amor*, conforme lemos no trecho de 1João 4.8. Esse princípio de amor, que faz com que Deus tenha o destino perfeito do homem, a sua felicidade e a sua utilidade perfeita e cumprimento da existência, sempre perante os seus olhos, e que é a força central motivadora de todas as suas ações para com os homens, também é compartilhado pelo homem, para ser exercido em direção aos seus semelhantes. A passagem de 1João 4.16 expressa essa ideia, como também o faz o Sermão do monte (Mt 5.7 e 22.38,39). Esse amor de Deus pelos homens deve ser recíproco — dos homens por Deus, e, em seguida, por todos os homens. O amor, por conseguinte, é a força dinâmica de toda a criação, bem como a origem de toda autêntica bondade, porquanto a lei inteira se alicerça no amor, conforme também nos ensina o trecho de Mateus 22.40, declaração essa confirmada por Paulo, em Romanos 13.9. A grandeza do amor de Deus impeliu o apóstolo Paulo a escrever o seu soneto imortal, o qual lemos no décimo terceiro capítulo de sua primeira epístola aos Coríntios; e nenhuma literatura superior a essa, sobre a questão, foi jamais escrita. E ainda que esse apóstolo nada mais houvesse deixado escrito, isso bastaria para assegurar-lhe o lugar de um dos maiores autores do mundo.

III. O Amor de Deus pelo Filho e na Família Divina.

O amor de Deus Pai por Deus Filho é mencionado e enfatizado em João 10.17; 14.31; 15.9;17.23,24,26. Fica entendido que esse amor é mútuo. João 14.21 destaca o amor mútuo no seio da família de Deus. Este evangelho apresenta o amor como um autêntico requisito para que a obediência seja aceitável, além de ser um grande *motivo* para agirmos corretamente, diante de Deus.

IV. Deus é Amor (1Jo 4.8). Implicações desta grande declaração

: Isso é o que ensinam as Escrituras. Essa é uma das grandes afirmativas das Escrituras, que quase todas as crianças de Escola Dominical conhecem. Certamente é uma das mais bem conhecidas declarações da primeira epístola de João. O amor, naturalmente, é um *atributo* de Deus; mas permeia todas as coisas, de tal modo que é legítima a declaração que "Deus é amor". Por igual modo se diz que "Deus é luz" (1Jo 1.5) e "Deus é Espírito" (Jo 4.24). Com idêntica propriedade poder-se-ia dizer que "Deus é Justiça", "Deus é Bondade" e "Deus é verdade", ficando assim personificados e elevados os seus atributos infinitos. Platão, ao descrever a realidade última, expressou-se desse modo. Assim sendo, as "ideias" finais (formas espirituais finais, copiadas e imitadas por tudo quanto existe no plano terrestre) seriam a "Bondade", a "Beleza" e a "Justiça". Em última análise, Deus é essas coisas. No nível terrestre, vê-se apenas imitações das "ideias divinas", as quais representam a realidade espiritual final. As Escrituras Sagradas, entretanto, preferem dizer que "Deus é Amor", porquanto todas as demais qualidades são atributos baseados no amor divino. Portanto, a "bondade" de Deus se baseia no seu amor; ele expressa bondade porque ama. E a sua justiça, embora se mostre severa em certas ocasiões, se baseia no amor. Pois até mesmo os juízos de Deus são medidas pelas quais ele mostra ao homem o erro de seus distorcidos caminhos, levando-o a pagar dívidas necessárias, levando-o a reconhecer a verdade e a justiça. Além disso, o amor de Deus se expressa através da "beleza". O plano de Deus, relativo à redenção humana, reveste-se de beleza esplendorosa. É a beleza do evangelho que atrai tantas pessoas, e não a sua lógica, as suas ameaças e as suas promessas.

Deus, como amor, é contrastado com outras noções religiosas, conforme se vê nos pontos abaixo: **1**. Os antigos gregos imaginavam deuses tão *imperfeitos* como eles mesmos, e em doses sobre-humanas. Seus deuses eram supremamente invejosos, desprezíveis, destruidores, vingativos e odiosos. Estavam envolvidos em todas as formas de "concupiscência", mas em doses sobre-humanas. Quão impuro e destruidor era Zeus, com sua resmungadora esposa Hera, que sempre procurava levá-lo a fazer algo que ele não queria fazer. Quão *licencioso* era Zeus, embora ninguém pudesse chamá-lo à ordem! Em contraste com esse horrendo quadro de Zeus, destaca-se o Deus do NT — caracterizado pela pureza, pelo amor, pela bondade, pela justiça. **2**. Além disso, Aristóteles fazia de Deus um Impulsionador Inabalável. Para ele a deidade seria pensamento puro, a contemplar-se a si mesmo, porque nada haveria digno de contemplação fora dele. Ele não tinha amor pelo universo, e, na realidade, nem tinha consciência dele, porquanto nem merecia ser conhecido por ele — não amaria o seu universo, mas moveria todas as coisas, sendo amado. O NT, entretanto, nega tais conceitos. Antes, ali se ensina que Deus contempla seu universo e é levado a amá-lo; seu amor ativo faz o mundo prosseguir. **3**. Os gnósticos pensavam que Deus seria um ser totalmente *transcendental*. Ele tinha contato com seus universos somente através de uma longa linhagem de sombrias emanações angelicais ou mediadores, como eram os "aeons". Deus seria elevado por demais para ter qualquer contato direto com este mundo, ou mesmo para ao menos interessar-se pela sua criação. O "deísmo" deles fazia de Deus um ser intocável, inatingível para qualquer ser mortal. **4**. Pontos de vista religiosos modernos, que exageram a vontade divina ou seu senso de vingança às expensas de seu amor, também contradizem o quadro que o NT faz dele. Aqueles que creem em "reprovação ativa" e em amor limitado (Deus amaria não ao mundo, mas exclusivamente aos "eleitos"), na realidade não acreditam que Deus seja amor. Aqueles que veem apenas retribuição e vingança no julgamento divino, ignorando passagens como o primeiro capítulo da epístola aos Efésios e as passagens de 1Pedro 3.18-20 e 4.6, ou então pervertendo-as, na realidade não podem dizer que "Deus é amor". Até mesmo o juízo de Deus é uma medida de seu amor, porque o juízo opera através do amor. Primeiramente mostra ao homem quanto "custa" o erro de seu caminho; em seguida, mostra ao homem o próprio erro; e em seguida modifica a mente do homem acerca de Cristo, de tal modo que até aqueles "debaixo da terra" (ver Fp 2.10, que fala sobre o "hades", lugar da prisão e do juízo de almas perdidas) eventualmente virão a inclinar-se diante de "Jesus" (Salvador) e Cristo, que é o Senhor. Deus dá a todos uma vida espiritual (ver 1Pe 4.6), embora não seja o mesmo tipo de vida dos eleitos. Chegam a ter utilidade e propósito em Cristo, porquanto o mistério da vontade de Deus é que, eventualmente, o Cristo seja "tudo para todos", conforme se aprende em Efésios 1.23. Os demais não chegarão a compartilhar da própria natureza de Deus (ver 2Pe 1.4), conforme sucederá aos eleitos, mas acharão em Cristo o propósito e alvo da existência. O próprio julgamento será um meio para ensinar-lhes essa lição. Assim, pois, o "juízo" serve de avaliação do amor de Deus, e não algo contrário ao mesmo. O julgamento é um dedo da mão do amor de Deus. Ver o artigo sobre *Julgamento*. Ver o artigo sobre os *Atributos* de Deus.

V. O Amor é a Prova da Espiritualidade.

1. Sabemos que o amor é a maior de todas as virtudes cristãs, mais importante que a fé ou a esperança (ver 1Co 13.12). **2**. Sabemos que o amor é o solo mesmo onde brotam e se desenvolvem todas as demais virtudes espirituais (ver Gl 5.22,23). **3**. Porém, o que talvez nos surpreenda é que não terá havido o novo nascimento, sob hipótese alguma, sem que o amor haja sido implantado na alma. A alma egoísta não pode ser uma alma regenerada. 1João 4.7 declara — ousadamente — que o amor é produto do próprio novo nascimento. Deus é amor, e o amor vem da parte de Deus. Aquele que nasceu de Deus recebeu o implante da natureza altruísta. Tal indivíduo automaticamente amará seu próximo, embora isso sempre deva ser fortalecido e incrementado, conforme a alma se vai tornando mais espiritual . **4**. Portanto, afirmamos que o amor é a prova mesma da espiritualidade de uma pessoa. Trata-se da maior das virtudes espirituais, o solo onde todas as outras virtudes têm de medrar. Assim sendo, realmente é de estranhar que alguns pensem que o conflito e o ódio sejam a prova de sua espiritualidade! **5**. Fomos aceitos no "Amado" (ver Ef 1.6), e assim, no seio da família divina, existe uma comunhão de amor. Essa participação no espírito de amor deve necessariamente caracterizar qualquer verdadeiro filho de Deus. Aquele que odeia pertence ao diabo. **6**. *Nossa espiritualidade imita Deus, o Pai*. Deus é amor. Ele é a origem de todo o pensamento e ação altruísta. Os filhos de Deus serão inspirados tanto por seu exemplo como através do cultivo do amor na alma, uma

AMOR

realização do Espírito. **7.** A prática da lei do amor é um dos meios de desenvolvimento espiritual. De cada vez que fazemos o bem para alguma outra pessoa, impelidos por motivos puros, o nível da nossa espiritualidade se eleva. Outros meios de crescimento espiritual são o estudo dos livros sagrados, a oração, a meditação, a santificação e o emprego dos dons espirituais, que nos ajudam a cumprir nossas respectivas missões.

VI. O Amor é a Cultivação, o Fruto do Espírito Santo.
1. Gl 5.22, o amor é o primeiro fruto do Espírito na alma e na vida de uma pessoa, e torna-se o solo no qual todos os demais frutos crescem. **2.** Como produto supremo do Espírito, o amor torna-se a força por detrás de todos os *dons espirituais*, sendo maior que qualquer um deles, isoladamente ou em conjunto (ver 1Co 13). Sem o amor nada somos. **3.** Deus nos confere o seu amor, pela operação do Espírito na alma. O amor é uma planta tenra da qual o Espírito cuida. Se o amor estiver ausente, é porque o Espírito não habita em nós.

VII. O Amor como Altruísmo, em Cumprimento da Lei.
1. Capacidade de olvidar-se de si mesmo no serviço ao próximo. Isso é amar Cristo, Mateus 25.31 e ss. **2.** O amor não consiste em mera emoção. É uma qualidade da alma, mediante a qual o indivíduo sente ser natural servir ao próximo, tal como sempre quererá servir a si mesmo. Essa qualidade da alma é produzida pela influência transformadora do Espírito, segundo se vê em Gálatas 5.22. **3.** O amor consiste no interesse por nossos semelhantes, tal como aquele que temos naturalmente por nós mesmos. Trata-se de um altruísmo puro, a negação do próprio "eu" visando ao bem-estar alheio. Consiste em desejar as vantagens e a prosperidade física e espiritual, em favor dos outros, como naturalmente anelamos para nós mesmos. Esse amor ao próximo é, ao mesmo tempo, amor a Cristo, conforme aprendemos no vigésimo quinto capítulo do Evangelho de Mateus (ver Mt 25.31 e ss.). Poucas almas podem amar diretamente Deus, e somente quando a alma já ascendeu o suficiente na direção de Deus é que esse amor pode ocorrer, na forma de contemplação. Porém, parte dessa ascensão consiste no amor por aqueles para quem Deus outorgou a vida eterna. Assim sendo, é impossível amar Deus e odiar um ser humano (ver 1Jo 4.7). Só ama verdadeiramente aquele que nasceu de Deus, porquanto o "amor cristão" é uma qualidade eminentemente espiritual. (ver 1Jo 4.7). Outrossim, aquele que não ama também não conhece Deus (ver 1Jo 4.8), porque Deus é a própria essência do amor, sendo altruísmo puro. Por semelhante modo, não amar é andar nas trevas (ver 1Jo 2.11). O amor é o caminho mais rápido de retorno ao Senhor Deus, porquanto é a virtude moral suprema que precisamos possuir a fim de compartilhar de sua imagem moral, permitindo que todas as demais virtudes possam ser bem mais facilmente adquiridas. Somente quando já somos possuidores da natureza moral divina é que podemos possuir a natureza metafísica, que está destinada aos remidos, a saber, a própria natureza de Jesus Cristo, o Filho de Deus. Somente então é que nos tornamos verdadeiros filhos de Deus, juntamente com o Filho de Deus, dentro da família divina, participantes da natureza divina. (Ver 2Pe 1.4). "... segundo J.R. Seeley expressou o conceito, Cristo adicionou um novo hemisfério ao mundo moral". (*Ecce Homo*, p. 201 e 202. Ver o capítulo inteiro sobre a 'Moralidade Positiva'). Paralelamente à moralidade negativa, e acima dela, ele estabeleceu a moralidade positiva. Alguém poderia guardar com perfeição os Dez Mandamentos e, no entanto, estar longe de praticar o verdadeiro cristianismo. Para nós não existem Dez Mandamentos, e, sim onze. O décimo primeiro consiste em: *Amarás*. Nessa pequena palavra, *amor*, no dizer de Cristo, está sumariado o dever inteiro de um homem. Em tudo isso Cristo manifesta muito mais originalidade do que percebemos. Assim também é que T.R. Glover, na obra *Influence of Christ in the Ancient World*, um excelente estudo acerca do cristianismo e dos seus rivais mais próximos, declara: "As filosofias epicúrea e estoica haviam posto grande ênfase na 'imperturbabilidade' e 'liberdade' de toda emoção, o que, em cada caso, é essencialmente um cânon muito egoísta da vida. Esse autor admite que no caso do estoicismo isso era sempre modificado pela memória do descanso do cosmos. Todavia, *Liberdade das emoções*? A palavra grega era e continua sendo, nesse caso, *apatia*. 'Não me ponho ao lado', disse o gentil Plutarco, 'daqueles que entoam hinos à selvagem e dura apatia". (Cambridge, *University of Cambridge Press*, 1929, p. 76 e 77). Não era esse o ideal de Cristo. Tal como o seu Mestre, o crente deve expor-se a 'sentir o que os miseráveis sentem'.

Para sermos justos para com os antigos, deveríamos acrescentar neste ponto que, tanto na moral de Sócrates, em sua busca pelas definições universais acerca das questões éticas, fundamentadas em sua confiança de que todo o princípio ético é eterno e imutável, contido na mente universal, como também na moral de Platão, em seus universais e em suas "realidades últimas", que seriam eternos, perfeitos e imutáveis, que também incluem princípios éticos e que, em seu diálogo sobre as "Leis", são identificados com "Deus", há uma aproximação bem delicada do ideal do amor cristão.

Tennyson escreveu:

Se por acaso amo a algum outro
………
Não devo ter cuidado com tudo quanto penso,
Sim, até mesmo daquilo que como e bebo,
Se por acaso amo a algum outro?

Nessas linhas transparece a percepção do poeta de que *nenhum indivíduo vive isolado* dos outros, somente para si mesmo, porquanto nenhuma pessoa é uma ilha.

"Amor é uma disposição de caráter que leva a pessoa a considerar seus semelhantes *com estima, respeito, justiça e compaixão*. Amor cristão é, obviamente, esse sentimento inspirado e exemplificado por Cristo, e praticado pelos seus servos, em seu nome. O amor permeia e rege todo o evangelho. Foi por amor que Deus enviou Jesus ao mundo (Jo 3.16); o amor é o resumo da lei de Deus (Mt 22.34-40). O amor é a finalidade dos mandamentos (1Tm 1.5). O amor se constitui num mandamento específico de Jesus para com seus discípulos, João 15.12. O amor é uma das evidências da regeneração. O amor é, em resumo, a essência do cristianismo. Por isso mesmo é necessário que cada servo de Jesus faça uma reavaliação de seu procedimento, para que verifique quanto tem obedecido ao Senhor no tocante à prática do amor em sua vida".

(Delcyr de Souza Lima, *Pontos Salientes*, 1970, Casa Publicadora Batista, Rio de Janeiro, GB).

A mensagem de 1João é: *o amor é a prova da espiritualidade*.

Não há nunca amor perfeito
Sem tortura e sem cuidado.
Amar é ter Deus no peito,
outra vez crucificado.

(Augusto Gil, Porto, Portugal, 1873-1929)

Agora, pois, permanecem a fé, a esperança e o amor, estes três; porém, o maior destes é o amor (1Co 13.13).

VIII. Citações que Ilustram a Nobreza do Amor
O Matrimônio de Mentes Verazes

Que ao matrimônio de mentes verazes
Não admitia eu empecilhos. Amor não é amor
Se se altera quando encontra alterações,
ou se se inclina para remover o removedor.
Oh, não! Mas é um alvo sempre fixo
Que encara tempestades e nunca se abala:
É a estrela de toda barca ao léu
Cujo valor desconhece, embora sua altura seja tomada.
O amor não é escravo do tempo, embora lábios e faces rosadas
Apareçam dentro da encurvada foice;
O amor não se altera com as horas e as semanas,
Mas resiste até mesmo à beira da condenação:

Se isso labora em erro e for provado contra mim
Nunca escrevi, e nenhum homem jamais ensinou.
(William Shakespeare, 1565—1616)
O amor altera e enobrece as coisas:
Deus seja louvado, a pior de suas criaturas
Jacta de dois lados na alma, uma para enfrentar o mundo,
E outra para mostrar a uma mulher, quando a ama.
(Robert Browning)
Ai! o amor das mulheres! sabe-se
Que é coisa amável e temível.
(Lord Byron)
Os estoicos definem o amor como a tentativa de formar uma amizade inspirada pela beleza.
(Cícero, *Turculanae Disputationes*)
Todos nós nascemos para amar... Esse é o princípio da existência e sua única finalidade.
(Benjamim Disraeli, *Sybil*)
O amor concede em um momento
O que o trabalho não poderia obter em uma era.
(Goethe, *Torquato Tasso*)
Se queres ser amado, ama.
(Hecato, *Fragmentos*, 550 a.C.)
O amor é a prova da *espiritualidade: Amados, amemo-nos uns aos outros porque o amor é de Deus; e todo o que ama é nascido de Deus e conhece Deus.* (1Jo 4.7). *Deus é amor.* (1Jo 4.8)
O amor é o símbolo da eternidade. Apaga todo o senso de tempo, destruindo toda a memória de um começo e todo o temor de um fim.
(Madame de Stael, *Corinne*)
Amor é felicidade trêmula.
...
O amor apaixonado é uma sede insaciável.
...
O amor, como a morte, muda tudo.
O químico que pode extrair de seu próprio coração os elementos de compaixão, de respeito, de anelo, de paciência, de lamento, de surpresa e de perdão, compondo-os em um só, pode criar aquele átomo que se chama Amor.
(The Spiritual Sayings of Kahlil Gibran)
Ninguém tem maior amor do que este: de dar alguém a própria vida em favor dos seus amigos. (Jo 15.13). *No amor não existe medo; antes, o perfeito amor lança fora o medo.* (1Jo 4.18).
... aonde quer que fores, irei eu, e onde quer que pousares, ali pousarei eu. O teu povo é o meu povo, o teu Deus é o meu Deus (Rt 1.16). *As muitas águas não poderiam apagar o amor nem os rios afogá-lo...* (Ct 8.7).
(B IB NTI RO S UN Z)

AMOREIRAS

A palavra hebraica aparece em quatro trechos: 2Samuel 5.23,24 e 1Cr 14.14,15. Provavelmente está em vista a *Populus euphratica*, uma espécie vegetal abundante no vale do Jordão, e que também pode ser a mesma espécie chamada "salgueiro", em Salmo 137.2, em cujas árvores os judeus dependuravam suas harpas, na tristeza decorrente do cativeiro. A árvore pertence à mesma família do algodoeiro. Os bichos-da-seda alimentam-se das folhas de uma espécie de amoreira, a *Morus alba*. E a *Morus nigra*, uma amora preta, produz um fruto comestível. É possível que a amoreira, mencionada por Jesus em Lucas 17.6, seja a amora branca. No hebraico, a palavra *baka* significa "choro", indicando gotas que destilavam, o que leva alguns estudiosos a pensar que não está em foco a moderna amoreira, embora a referência em Lucas seja a amoreira genuína. No livro apócrifo de 1Macabeus 6.24 há uma referência a essa árvore. (UN Z)

AMORREUS

1. Nome. No acadiano, *amurru*. Traduzia o sumério *martu*, que parece significar "ocidental". Mas, se isso corresponde à realidade, por que esse povo chamava a si mesmo desse modo? Alguns têm sugerido "habitantes dos cumes", que parece mais provável como um nome, embora conte com menos apoio do que a primeira possibilidade. A conclusão é que a origem e o significado desse nome permanecem na dúvida.

2. Lugar. Os amorreus ocupavam um território bastante pequeno, começando da metade do mar Morto para o norte, para o leste do mar Morto passando por cima do mesmo, ao longo da margem oriental do rio Jordão. Mas, quando os israelitas entraram na Terra Prometida, os amorreus aparentemente ocupavam ambas as margens do Jordão, acima do mar Morto.

3. O povo. Eles eram cananeus, e aparentemente a mais poderosa das tribos cananeias. O trecho de Gênesis 14.7 é a primeira referência bíblica a eles, localizando-os no deserto da Judeia, não longe do mar Morto, em um local posteriormente denominado En-Gedi. Seu território posterior, porém, estendia-se até o outro lado do mar Morto. Nas promessas feitas a Abraão (ver Gn 15.16,21), os amorreus foram especificamente mencionados como um dos povos cujo território seria dado à posteridade de Abraão. Quando Israel ocupou a terra, os territórios a leste do mar Morto, que antes eram dos amorreus, ficaram com as tribos de Rúben, Gade e a meia tribo de Manassés.

Referências extrabíblicas. Os amorreus eram tão proeminentes entre os cananeus que o nome deles podia ser usado para indicar todos os cananeus (ver Js 24.8). Nas cartas de Tel-el-Amarna o nome *Amurri* inclui a Palestina-Fenícia. Os registros mostram que Sargão, o Grande, de Acade, enviou pelo menos duas expedições à terra de *Amurru*, e esse vocábulo envolvia o que agora faz parte da Síria. Outras evidências mostram que porções da Mesopotâmia também eram chamadas por esse nome, e o próprio rei Hamurabi da Babilônia (cerca de 1792-1750 a.C.) foi chamado de amorreu. No quinto ano de Ibbi-Sin de Ur (2025 a.C.), os amorreus penetraram profundamente na Suméria, isolando Nipur e Isin, no norte da capital de Ur, que ficava no *sul*. O poder deles propagou-se por toda aquela região, com a deterioração do poder de Ur. Em cerca de 1895 a.C., um chefe amorreu de nome Sumabum começou a reinar sobre a Babilônia. Em cerca de 1814 a.C., um amorreu chamado Shamshi-Adad começou a reinar na Assíria. Veio assim a controlar um reino que se ampliava desde o leste do rio Tigre até bem dentro da Síria, no oeste. Seu filho, Iasmaque-Adade, governou a cidade de Mari por dezessete anos (1796-1780 a.C.), o que foi a idade áurea dos amorreus. Pode-se ver através desses detalhes que os amorreus da Bíblia representavam apenas uma parcela pequena do que fora antes um vasto império.

4. As conquistas israelitas. No tempo da invasão israelita da Palestina, os reis amorreus Seom, de Hesbom, e Ogue, rei de Basã, governavam a maior parte da Transjordânia (ver Js 12.1-6; Jz 1.36). A conquista desses dois reinos foi o primeiro estágio da possessão da Terra Prometida. Gade, Rúben e a meia tribo de Manassés ocuparam a terra deles, que mais tarde foi uma das doze regiões que davam sustento à corte de Salomão (ver 1Rs 7.7). Os habitantes de Ai eram chamados amorreus, e houve tempo em que Jerusalém, Hebrom, Jarmute, Laquis e Eglon eram fortalezas dos amorreus que Israel foi forçado a vencer (ver Js 10.1-27).

5. A absorção. Os amorreus foram reduzidos à servidão e foram sendo gradualmente absorvidos (ver 1Rs 9.20). Deixaram de existir como uma nação mas a sua memória permaneceu na idolatria, a qual era comparada à de Acabe e Manassés, que adotavam costumes pagãos (ver 1Rs 21.26 e 2Rs 21.11).

6. Idioma. A maior parte do nosso conhecimento da língua dos amorreus deriva-se dos tabletes de Mari, que chegam a milhares. Mari (Tell Hariri) era uma das capitais dos amorreus. Esses tabletes estão atualmente no Museu de Louvre, em Paris. Escavações começaram nesse antigo local dos amorreus em 1933. Os tabletes, cerca de vinte em número, dão todos os tipos de informação sobre aqueles antigos povos e também iluminam aspectos da vida patriarcal da Palestina. Esses tabletes mostram que a língua dos amorreus pertencia ao ramo ocidental da família semítica de idiomas, aparentada do ugarítico, do cananeu, do hebraico e do árabe. A língua dos amorreus era a mãe da língua aramaica. O Antigo Testamento contém algumas palavras diretamente tomadas por empréstimo da língua que aparece nos textos de Mari.

7. O deus Amurru. No século XVIII a.C., Degã era a principal divindade dos amorreus, e o deus Tesube prevalecia no reino de Amurru, da época de Amarna (1400-1200 a.C.). O nome *Amurru* (no sumério, *Mar-tu*) também tem sido encontrado na Assíria e na Babilônia. Amurru-Martu era o filho do deus-firmamento An. Amurru era um típico deus das tempestades, violento, destruidor de cidades, provocador de confusão, uma espécie de Zeus secundário. Naturalmente, a idolatria fazia parte desse culto, não havendo apenas uma divindade. Baal e Astarte eram outros bem conhecidos deuses dos amorreus (ver Js 24.15 e Jz 6.10). Tais divindades exerceram uma influência corruptora sobre os israelitas. (AM CL ND OP UN Z)

AMÓS. Ver sobre *Autoria*, item três do artigo sobre o livro *Amós*.

AMÓS

No hebraico, **"forte"**. Era o pai do profeta Isaías e irmão de Amazias, rei de Judá (ver 2Rs 19.2; 20.1,2; 2Cr 26.22; 27.20,32; Is 1.1; 2.1; 13.1; 20.2 e 37.2). Todavia, alguns dos primeiros escritores cristãos confundiram-no com o profeta Amós, como Clemente de Alexandria (*Strom.* 1.21; sec. 111). (S)

AMÓS, LIVRO DE

Introdução. Amós foi um dos doze profetas menores, sendo nativo de Tecoa, cidade dez quilômetros ao sul de Belém. Era pastor, mas foi chamado por Deus a fim de profetizar nos dias dos reis Uzias, de Judá, e Jeroboão, de Israel, em cerca de 786—746 a.C. Os *profetas menores* não são aqueles que se revestem de menor importância, como alguns poderiam entender a expressão, mas, sim, aqueles que *escreveram menos*. A vida tranquila de Amós foi perturbada por uma série de visões que o levaram à conclusão hesitante de que Israel estava prestes a ser aniquiladoa como nação, a despeito de afirmar-se sob a perpétua proteção de Deus. Yahweh, que lhe deu a mensagem, é visto como o Criador e Soberano de toda a natureza, bem como o Justo Juiz da história, na qual intervém assim como faz em relação à vida humana. Isso expõe um ponto de vista *teísta*, e não *deísta*, de Deus. Ver no *Dicionário* os artigos sobre esses termos. O teísmo ensina que Deus não somente criou, mas também está interessado e intervém em sua criação, recompensando ou punindo. Por sua vez, o deísmo ensina que o Criador, ou alguma força cósmica que origem às coisas, abandonou a criação ao controle das leis naturais.

I. Pano de Fundo. Uzias, de Judá, e Jeroboão II, de Israel (ambos reinaram no mesmo período), desfrutaram de paz e prosperidade. Os inimigos militares estavam quietos ou haviam sido esmagados. A Assíria havia derrotado a Síria, permitindo que Jeroboão II ampliasse suas fronteiras (ver 2Rs 14.25). O comércio trouxe novo surto de riquezas. Tanto Judá (ao sul) quanto Israel (ao norte) cresceram, e o reino de Israel combinado com o de Judá chegou a ter quase as mesmas dimensões que tivera na época de Davi e Salomão, a época áurea de Israel. Embora a Assíria estivesse se tornando uma ameaça militar, sob o governo de Tiglate-Pileser III (745—727 a.C.), qualquer ameaça vinda daquela direção parecia remota àqueles que descansavam na prosperidade de Israel.

Sucedeu que a prosperidade material, como é usual, provocou suas corrupções sociais e religiosas. A vida fácil estava debilitando moralmente o povo (ver Am 2.6-8; 5.11,12). Amós sentiu ser necessário denunciar a vida de luxo, a idolatria e a depravação moral do povo, advertindo sobre julgamento e cativeiro final. A adoração do Baal dos cananeus foi incorporada ao culto de Israel, e a arqueologia tem demonstrado que a religião cananeia contemporânea do profeta era a mais corrupta que havia no Oriente Próximo. A prostituição ritual fazia parte desse culto. Alcoolismo, violência, grosseira sensualidade e idolatria eram fatores constantes. Israel participava dessa corrupção (ver Am 4.4,5 e 5.5), corrompendo totalmente o ideal do *monoteísmo* (ver no *Dicionário* o artigo a respeito). A degradação geral degenerou para a injustiça judicial, em que os ricos exploravam os pobres, produzindo um virtual estado escravocrata.

A arqueologia tem trazido a lume evidências da extensão da prosperidade comercial nessa época, em Samaria, riquezas que se espalhavam para outras partes de Israel. As ostraca samaritanas, atribuídas ao reinado de Jeroboão II, 63 casos inscritos à tinta, recuperados em 1910, encontrados pela expedição Harvard à Samaria, em ruínas a oeste do local do palácio real, contêm detalhes sobre comércio, impostos e itens luxuosos, e sobre o vinho e o azeite. O selo de jaspe de Sema, servo de Jeroboão, descoberto em Megido, em 1904, ilustra as realizações artísticas do povo daquela época. Seus leitos eram decorados com engastes de mármores, com representações de lírios, veados, leões, esfinges e figuras humanas aladas. Foi um período de vida ociosa, riqueza, arte e lassidão moral. Em outras palavras, Israel se tornara uma nação doente, como sucede à maioria das sociedades abastadas. A opressão contra os pobres era intensa (ver Am 2.6 ss.), os faminos permaneciam à míngua (ver Am 6.3-6), a justiça se vendia a quem subornasse mais (ver Am 2.6 e 8.6), os agiotas exploravam suas vítimas (ver Am 5.11 ss.; 8.4-6). A religião não era negligenciada, mas havia sido pervertida (ver Am 3.4; 4.4 e 7.9). O julgamento divino era iminente.

II. Data. Corria o segundo quartel do século VIII a.C., durante os reinados de Uzias, rei de Judá (779-740 a.C.) e Jeroboão, rei de Israel (Samaria) (783-743 a.C.). Esses dois reis reinaram ao mesmo tempo pelo espaço de trinta anos, de 779 a 743 a.C. Durante parte desse tempo, Amós profetizou e escreveu o seu livro. Foi-lhe ordenado que retornasse à sua terra natal de Judá, pois tinha pregado em Israel durante algum tempo (ver Am 7.10-13), e isso pôs fim à sua carreira como profeta de Yahweh. Não há como determinar a data exata da escrita de seu livro, embora o período geral seja óbvio.

III. Autoria e Unidade

1. O Homem Amós. Nasceu em Tecoa, aldeia dez quilômetros ao sul de Belém. Era pastor, sem treinamento teológico, acerca de quem nada sabemos até o momento de sua chamada. Também trabalhava como cultivador de sicômoros (ver Am 7.14). Migrava em certo período do ano para o território mais fértil de Efraim, onde trabalhava com os sicômoros. Portanto, era um *leigo* humilde e seminômade, e não um membro da classe profética (ver 1Rs 22.6 ss.), tendo-se recusado a ser chamado de profeta, embora admitisse ter sido forçado a entrar no ministério profético, por comissão divina. Em uma série de visões, provavelmente no fim da primavera ou no verão de 751 ou 750 a.C. (ver Am 7.1-9 e 8.1-3), ele recebeu sua espantosa mensagem concernente à iminente destruição e deportação do povo de Israel. Foi acusado de conspiração contra Jeroboão e ameaçado por Amazias, sumo sacerdote de Betel. Após ter cumprido sua missão, Amós retornou a Judá. Permanecem desconhecidos o tempo e a maneira de sua morte, bem como quaisquer detalhes subsequentes de sua vida.

2. A Escrita. Como é óbvio, a mensagem de Amós foi genuinamente preservada no livro intitulado por seu nome. Mas o texto hebraico não indica que o próprio Amós tenha escrito o livro. Alguns supõem que as profecias de Amós existiam a princípio como tradição oral, posteriormente reduzida à forma escrita por uma ou mais pessoas. Contra isso argumenta-se que a notável rigidez do texto hebraico do livro, além de sua evidente unidade, sugere, se não mesmo prova, que Amós ou um amanuense de sua escolha tenha escrito o livro. Naturalmente, não há como provar coisa alguma no tocante a isso. O Evangelho de Marcos poderia ser intitulado Evangelho de Pedro, visto que preserva, essencialmente, suas memórias (embora, como é óbvio, tenha havido outras fontes informativas). Isso é verdade, embora o próprio Pedro não tenha escrito o Evangelho de Marcos. Por igual modo, o livro de Amós pode com razão ser chamado "livro de Amós", porquanto preserva a mensagem desse profeta, mesmo que não tenha sido propriedade literária de sua pena.

3. Unidade. O vocábulo *unidade* é usado para destacar se a matéria do livro em pauta vem de um mesmo período, por um único autor, ou se representa uma compilação e obra de um editor (ou editores, em diferentes períodos). Alguns problemas sugeridos: ***a***. Alguns estudiosos propõem que as visões (ver Am 7.1-9; 8.1-3 e 9.1-4) pertencem a um período anterior à missão de Amós em Israel, e que já existiam como um documento separado antes do terremoto (ver Am 1.1), o que serviu para salientar a mensagem condenatória dessas visões. A isso, presumivelmente, foi adicionado o trecho de Amós 8.4-14 algum tempo mais tarde. ***b***. Em seguida, os capítulos primeiro a sexto são encarados como uma unidade separada, coligida no final do ministério de Amós em Israel. Então, presumivelmente esses dois documentos foram unidos nos dias do exílio ou após o exílio. ***c***. A essa combinação, foram acrescentados alguns comentários editoriais. Dois documentos separados seriam sugeridos na terminologia *de* Amós 1.1, *Palavras que, em visão, vieram a Amós...* e em Amós 7.1, *Isto me fez ver o Senhor...*, onde a palavra "visão" não é diretamente usada. ***d***. Outros estudiosos aceitam o livro como essencialmente uno, embora supondo que tenha havido pequenas adições, sugerindo como tais os trechos de Amós 1.9,10,11,12 e 2.4,5, além das três doxologias em 4.13; 5.8 e 9.5,6, e a passagem messiânico-milenial de 9.11-15. Outros retrucam que essas supostas adições são fragmentos de imaginações dos eruditos, que entendem mal a história do desenvolvimento da religião de Israel. Conceitos posteriores, segundo alguns, poderiam ter existido em uma época anterior à que geralmente se supõe. Contra a dupla divisão do livro, alguns argumentam que um exame cuidadoso do livro revela não haver diferença real entre essas duas porções, quanto ao conteúdo ou à natureza teológica, e que dividir o livro em "palavras" (primeira seção) e "visões" (segunda seção) é um artificialismo que não resiste à investigação séria. A conclusão disso tudo é que o livro é essencialmente uma unidade homogênea, com algumas possíveis adições editoriais, feitas ou pelo escriba original, ou por algum editor posterior. E, contrariando o argumento de que houve adições teológicas pertencentes a uma data posterior (o que teria ocorrido em Amós 4.13; 5.8 e 9.5,6), alguns salientam que as supostas ideias posteriores, ali contidas, já se encontram firmemente arraigadas na lei mosaica. (Ideias envolvidas: Deus como Criador, desconhecido, majestático; o controlador de toda a natureza, misterioso em sua atuação, imanente na natureza, causa de tudo quanto acontece. Esses conceitos são expressos em forma poética exaltada, mas todos eles podem ser vistos nas mais antigas Escrituras Sagradas, pelo que não refletem necessariamente uma época posterior à de Amós.)

IV. Lugar de Origem e Destino. Conforme já dissemos, Amós era de Tecoa, dezesseis quilômetros ao sul de Jerusalém, atualmente representada pelas ruínas de um local de cinco acres de área, em Khirbet Taqu'a. Amós foi para Samaria e profetizou em Betel, de onde foi expulso. Então voltou para sua casa. É impossível dizermos onde Amós escreveu seu livro, ou se escreveu porções dele em diversos lugares (ver Am 1.1 e 7.12,14,15). Embora tivesse profetizado no reino do norte (Israel), suas profecias foram endereçadas a todo o povo israelita, do norte e do sul, de Israel e Judá (ver Am 1.1 e 2.4), incluindo uma denúncia contra todas as nações que se recusam a adorar a Deus de maneira certa e corrompem seus caminhos (ver Am 1.3,6,9,11 e 2.1,4,6).

V. Canonicidade e Texto. Amós aparece como o terceiro entre os doze profetas menores. Mas, cronologicamente, ele foi um dos primeiros profetas escritores. O livro é amplamente confirmado por autoridades judaicas e cristãs, como Filo, Josefo, o Talmude e, naturalmente, catálogos do cristianismo antigo, desde os primórdios cristãos. Nos dias de Jesus, os fariseus aceitavam os Salmos e os Profetas como livros canônicos, juntamente com o Pentateuco; mas os saduceus aceitavam somente o Pentateuco como canônico. Os judeus da dispersão aceitavam os escritos apócrifos, representados na Septuaginta, tradução da Bíblia hebraica para o grego. (Ver no *Dicionário* o artigo sobre os *Livros Apócrifos*.) O Novo Testamento cita e faz alusão a esses livros, e podemos supor que os cristãos primitivos (pelo menos muitos deles) defendessem o cânon representado pela Septuaginta. Seja como for, Amós era livro canônico na situação cristã-judaica, com a única exceção dos saduceus. Ver no *Dicionário* o artigo sobre *o cânon*.

O texto hebraico do livro de Amós acha-se em boas condições, embora alguns eruditos vejam problemas nos trechos de 2.7; 3.13; 5.6,26; 7.2 e 8.1, onde sugerem textos variantes e emendas. A versão da Septuaginta, além de outras versões antigas, parece ter sido traduzida de um texto relacionado ao *texto massorético* (ver no *Dicionário* o artigo a respeito). Os fragmentos do livro de Amós, encontrado nas cavernas de Qumran, não apresentam diferenças importantes em relação ao texto tradicional, embora a Septuaginta algumas vezes exponha o texto correto, e não esse texto.

VI. Mensagem e Conteúdo

1. O Conceito de Deus. Amós tinha um elevado conceito de Deus. Deus é o Criador (4.13), além de ser o sustentador da criação (4.8; 9.6). Deus julga e castiga o pecado sob a forma de fome (ver 4.6-11), ou confere a abundância (9.13). Deus controla o destino dos povos (1.5). Ele é o Juiz e o determinador das leis morais, considerando os homens responsáveis por seus atos (1.3—2.3).

2. A Lei Moral. Amós deixou claro que nenhuma formalidade, rito, cerimônia, festividade ou nenhum outro fator, pode substituir a moralidade e a piedade básicas. Se os homens não seguirem as implicações dessa verdade, terão de enfrentar o julgamento (ver 5.27). Deus ameaça os ímpios (9.1) e denuncia a injustiça social (ver 2.6-8; 4.1 ss. e 6.1 ss.).

3. Arrependimento. Esse é o objetivo colimado das profecias condenatórias (ver 5.4,11,15,24).

4. O Julgamento Não é a Palavra Final. O profeta encerra com uma promessa de dias mais brilhantes (ver Am 9.11-15), dizendo que essa será a obra divina no futuro. Ver Rm 11.26. Contudo, a profecia de Amós foi rejeitada. E suas ameaças tiveram cumprimento, cerca de cinquenta anos depois.

Esboço do Conteúdo:

I. Juízos Proferidos contra Várias Nações: Damasco, Filístia, Fenícia, Edom, Amom, Moabe (1.1—2.3), Israel (2.6-16) e Judá (2.4,5)

II. Acusação de Deus contra a Família de Jacó (3.1—9.10)
  1. Três sermões de denúncia (3.1—6.15)
  2. Cinco visões simbólicas (7.1—9.10)

III. A Futura Bênção do Reino Dada a Israel (9.11-15)
  1. O reinado do Messias (9.11,12)
  2. A prosperidade do milênio (9.13)
  3. A nação judaica restaurada (9.14,15)

VII. Amós e o Novo Testamento. Estêvão, em seu discurso diante do Sinédrio (ver At 7.42,43), citou o trecho de Amós 5.25-27. Tiago, falando diante do concílio de Jerusalém (ver At 15.16), citou o trecho de Amós 9.11. Essa circunstância demonstra naturalmente que Amós, um livro do Antigo

Testamento, era considerado autorizado, por judeus e cristãos do século I d.C.

VIII. BIBLIOGRAFIA. AM CRI HAR I ND UN Z

AMULETO

Provavelmente vem do vocábulo árabe que significa **"pendente"**, ou **"levar"** (ver Is 3.20). Desde os dias mais remotos, os orientais criam na influência das estrelas, na bruxaria, nos encantamentos, nos poderes sobrenaturais que se ocultam em certos lugares e que podem ser influenciados para ajudar ou prejudicar outras pessoas, curar enfermidades e proteger do mal. Em relação a tais coisas, quase todos os povos antigos usavam *amuletos* (ver Plínio, *hist. Nat. xxx.* 15). Com frequência eram inscritos com sentenças sagradas, orações ou encantamentos, com o propósito de curar enfermidades, proteger contra qualquer dano, físico ou espiritual etc., conforme sugerimos acima. O trecho de Isaías 3.20, em uma lista de joias e enfeites condenados, inclui a palavra, usando o termo que literalmente significa *sussurro, encantamento*, e também o silvo de uma serpente, enfim, tudo o que sugere a prática dos encantadores de serpentes. Comparar com Salmo 58.5; Eclesiástes 10.11 e Jeremias 8.17.

Os amuletos tinham muitos formatos e eram feitos dos mais diferentes materiais. A arqueologia tem desenterrado inúmeras espécimes. Eram joias lapidadas, talhadas e inscritas com fórmulas mágicas; pedras, discos lunares associados à adoração de Astarte ou Istar; conchas furadas, origem dos camafeus; pérolas, dentes, brincos, anéis etc. Embora a prática fosse condenada, os hebreus não resistiam e usavam amuletos. A multidão reunida diante do Sinai tinha joias e pendentes suficientes para prover a Aarão o material necessário para fabricar o bezerro de ouro. Judas Macabeu ficou horrorizado quando encontrou amuletos sob as túnicas dos soldados mortos em batalha, os quais evidentemente não cumpriram o seu papel (ver 2Macabeus 12.40). É possível que as *filactérias*, pequenas caixas contendo citações extraídas da lei (especialmente trechos de Êx 13.1-16 e Dt 6.4-9; 11.18), usadas no antebraço ou na testa, fossem usadas como amuletos para todos os intuitos e propósitos. A palavra filactéria (no grego, *fulakterion*) (ver Mt 23.5) significa "salvaguarda", e a conexão com a filosofia dos amuletos é óbvia. Os tufos de tecidos, com cordões vermelhos, que eram usados nos quatro cantos das vestes (ver Nm 15.37-41 e Mt 23.5), bem como as sinetas que decoravam as vestes do sumo sacerdote, provavelmente tinham o intuito de funcionar como amuletos.

Muitos crentes do primeiro século cristão usavam amuletos assinalados com a figura de um peixe, um símbolo de Cristo e do cristianismo; ou então um pentângulo, que consistia de três triângulos em intersecção, com as linhas arranjadas de tal modo que apontavam para os lugares onde o Salvador fora ferido. Mais tarde, fitas com sentenças extraídas das Escrituras eram penduradas no pescoço. O concílio de Trulo ordenou que os fabricantes de amuletos fossem excomungados, o que foi uma medida contra tais superstições.

Agostinho falou severamente contra os brincos, usados como amuletos, em seus dias (ver *Epíst.* 75, *ad Pos.*). A prática persistiu até os tempos modernos. O reformador Calvino escarneceu dos alegados fragmentos da cruz e de inúmeros cravos que supostamente foram tirados da cruz de Cristo, considerando as relíquias dos santos e mártires, embora não fossem amuletos propriamente ditos, como artigos de superstição. (AM S UN Z)

ANA

No hebraico, **"graça"**. Nome de várias pessoas na Bíblia. **1. A esposa de Tobias** (ver Tobias 1.9). **2. Uma idosa viúva**, filha de Fanuel, da tribo de Aser. Ela casara-se cedo, mas, após sete anos de casamento, seu marido falecera. Seguiu-se uma longa viuvez, na qual ela demonstrou grande piedade, servindo no templo de manhã e à tarde. Embora a sua tribo tivesse sido levada pelo cativeiro assírio, e nunca houvesse retornado oficialmente, genealogias foram preservadas e devolvidas à Terra Prometida, de tal modo que se conhecia a linhagem a que pertencia aquela mulher. Ana tinha 84 anos de idade quando o infante Jesus foi levado ao templo, ou o grego pode querer dizer que ela já vivia como viúva fazia 84 anos. Se esta alternativa é a verdadeira, então ela deveria ter bem mais de 100 anos quando viu Jesus. Se ela se casou com 15 anos (comum em Israel), esteve casada por sete anos, — e agora era viúva há 84 anos, isso lhe daria 106 anos de idade, por ocasião da visita do infante Jesus ao templo. Jesus foi trazido ao templo por sua mãe. Tomando Jesus nos braços, Simeão, impulsionado pelo Espírito de Deus, proferiu sua ação de graças. Então Ana irrompeu em louvores (ver Lc 2.36-38). O Messias foi reconhecido. **3. Nome da mãe de Maria** e avó materna de Jesus, de acordo com o apócrifo *Protevangelium de Tiago*. (Ver o artigo a respeito). As lendas relatam que durante muitos anos Ana foi estéril, mas que ela e seu marido, Joaquim, receberam a promessa de que a situação se reverteria, em resposta às suas orações. Isso sucedeu quando Maria nasceu, tendo sido dedicada ao Senhor por toda a sua vida. Aos três anos de idade, Maria foi levada ao templo por Ana, e ali permaneceu, alimentada pelos anjos, até a idade de 12 anos. Ornatos posteriores fazem Ana tornar-se mãe de duas outras meninas, ambas também chamadas Maria, que se tornaram esposas de Alfeu e Zebedeu. **4. Uma forma variante de Hana** (ver 1Sm 1.2). Ana é a forma que aparece ali, em nossa versão portuguesa. *Ver o artigo que segue.*

ANA

No hebraico significa **"graça"**, **"favor"**. Era esposa de Elcana, um levita de Efrata, e mãe de Samuel. (Ver 1Sm 1 e 2).

1. Como esposa sem filhos. Visto que Ana não tinha filhos, Penina (a outra esposa de Elcana) tornou-se arrogante e insultuosa, multiplicando o opróbrio de Ana entre as mulheres, pois uma esposa sem filhos era considerada uma desgraça em Israel. O fato de que ela era a esposa favorita de Elcana não a ajudava muito, e o favoritismo provavelmente só servia para agravar a atitude de Penina.

2. Oração para resolver o problema. Ana orou durante um ano inteiro a respeito da questão, prometendo ao Senhor que se lhe fosse dada uma criança, esta seria dedicada a Deus. A família vivia perto de Ramataim-Zofim, e como era requerido pela lei, eles faziam uma viagem anual a Siló, lugar onde estava o altar de Yahweh. As mulheres não tinham obrigação de fazer-se presentes, mas muitas delas o faziam, por motivo de piedade. Ana também fazia as viagens, embora evitasse as cerimônias. De certa feita, ela foi e ali fez o seu voto. Ela orava em voz baixa (aparentemente os votos eram feitos em voz alta), e o sacerdote Eli pensou que ela estivesse embriagada. Porém, ela explicou o que estava fazendo. Algo lhe segredava que Deus ouvira a sua oração, porque ela retornou de coração alegre.

3. Nascimento de Samuel. Antes do fim daquele ano, Ana tornou-se mãe de um menino, destinado a ser o profeta Samuel. Desde seu nascimento, ele foi posto sob os votos do nazireado, aos quais sua mãe o dedicou, cumprindo a sua parte na promessa feita. Isso sucedeu em cerca de 1171 a.C.

4. Outra viagem a Siló. Ana não retornou ali enquanto Samuel não atingiu idade suficiente para seguir sozinho a sua vida. Ele foi entregue ao sumo sacerdote, e seu aprendizado teve início. Ela lembrou ao sacerdote de que estava cumprindo o seu voto (ver 1Sm 1.27). Seu regozijo posteriormente produziu um alegre cântico, que tornou-se um notável espécime de antiga poesia lírica (ver 1Sm 3.1-10). Esse cântico foi repetido, em suas formas essenciais, pela virgem Maria, em ocasião similar (ver Lc 1.46 ss.).

5. O poder de Deus. Basta que alguém faça o inesperado para que esse acontecimento inesperado resulte em uma fruição especial na vida desse alguém. Ana não apenas obteve um filho, mas um profeta e sacerdote de grande estatura espiritual.

6. Depois disso, Ana continuou a fazer uma viagem anual a Siló, trazendo a Samuel novas vestes, em cada ocasião. A bênção do Senhor continuou sobre ela, e ela teve outros três filhos e duas filhas. (ID S)

ANÁ

No hebraico significa **"resposta"**. É nome de duas pessoas no Antigo Testamento: **1**. Ou um filho ou uma filha de Zibeão, e também pai ou mãe de Oolibama, uma das esposas de Esaú (ver Gn 36.2,14,18,25; 1Cr 1.40 ss.). O livro de Gênesis diz que tal pessoa era heveia, que pode significar um heveu. O trecho de Gênesis 36.24 diz que ele era o Aná que achou as fontes termais no deserto, e que algumas traduções dizem *mulas*, em vez de fontes termais. As traduções também variam quanto ao gênero dessa pessoa, embora não fosse provável que uma mulher pudesse cumprir as funções descritas no Antigo Testamento acerca de tal pessoa. **2**. Filho de Seir, o horeu, e um dos cabeças de uma tribo (ver Gn 36.29 e 1Cr 1.38). Alguns identificam essa pessoa com a anterior; outros conjecturam que a diferença quanto ao gênero, nas versões antigas (refletida nas traduções modernas), deve-se ao fato de que duas pessoas diferentes e muito próximas uma da outra eram indicadas pelo mesmo nome. Mas nada se sabe com certeza a esse respeito. (ND S UN Z)

ANÃ

No hebraico, **"nuvem"**. Há dois homens com esse nome, no Antigo Testamento: **1**. Um chefe israelita que assinou o pacto sagrado por ocasião do retorno da Babilônia (ver Ne 10.26), em cerca de 445-450 a.C. **2**. Um homem que retornou do exílio, e que 1Esdras 5.30 chama de Hana e também Hanã (ver Ez 2.46 e Ne 7.49). (S Z)

ANAARATE

No hebraico, **"garganta"**. Uma cidade de Issacar (ver Js 19.19), provavelmente na porção norte daquele território, localizada no vale de Jezreel (ver Js 19.19). Tem sido identificada com a moderna En-Na'urah, a três quilômetros de En-Dor. (S Z)

ANABE

No hebraico, **"cidade da uva"**. Era uma das cidades da região montanhosa de Judá, de onde Josué expulsou os anaquins (ver Js 11.21 e 15.13,14). O local ficava a sudoeste de Debir, estando localizado no sítio da moderna Khirbet 'Anab, perto da aldeia de'Anab (antiga Debir), a sudoeste de Hebrom, a 21 quilômetros para sudoeste. (S UN Z)

ANAEL

Irmão de Tobitas e pai de Aicar, que era o tesoureiro, copeiro e guardador do sinete de Senaqueribe, rei da Assíria (ver Tb 1.21,22). (Z)

ANAÍAS

No hebraico, **"Yahweh respondeu"**. Nome de duas pessoas no Antigo Testamento: **1**. Um levita que se postou à mão direita de Esdras enquanto este lia a lei ao povo e que provavelmente o ajudou na tarefa (ver Ne 8.4; 1Esdras 9.43). **2**. Um dos chefes do povo que se aliou a Neemias em um pacto sagrado (ver Ne 10.22), em cerca de 445 a.C.

ANAMELEQUE

No hebraico, **"rocha do rei"** (ver 2Rs 17.31), mencionado juntamente com Adrameleque, como uma divindade em honra da qual os habitantes de Sefarvaim, que colonizaram a Samaria, queimavam seus filhos em sacrifício. Alguns eruditos preferem soletrar o nome como *Anu-Melque*, porquanto Anu era o deus-firmamento da Babilônia. O nome Anu-Melque indica que Anu era adorado com os ritos do deus Moloque.

ANAMIM

No hebraico, **"homens das rochas"**. Consideremos estes dois pontos: **1**. Segundo filho de Mizraim (ver Gn 10.13), acerca de quem nada se sabe. **2**. Uma tribo relacionada aos egípcios, cujos progenitores são mencionados em Gn 10.13. De acordo com alguns estudiosos, estavam localizados no Alto Egito, no moderno grande oásis de Chargeh. Mas outros localizam-nos na Cirenaica. (UN Z)

ANANIAS

No hebraico, **"protegido por Yahweh"**. É o nome de muitas pessoas no Antigo Testamento: Há a forma hebraica do nome, *Ananiah:* **1**. Pai de Maaseias e avô de Azarias, que ajudou a reconstruir as muralhas de Jerusalém, após o cativeiro (ver Ne 3.23), em cerca de 446 a.C. **2**. Uma cidade da tribo de Benjamim, localizada entre Nob e Hazor (ver Ne 11.32), que talvez deva ser identificada com a moderna el'Aziriyeh (Betânia), quanto à sua localização. (S Z)

Há a forma grega do nome, *Ananias*: **1**. Algumas traduções usam essa forma em lugar de Hananias, como nome de um dos três companheiros de Daniel (ver Dn 1.6). **2**. Forma usada em lugar de Anias, em 1Esdras 5.16, cabeça de uma família que retornou do cativeiro em companhia de Zorobabel. **3**. Forma usada em lugar de Hanani, filho de Imer, em 1Esdras 9.21 e Ed 10.20. Um sacerdote que despediu sua esposa estrangeira, terminado o cativeiro. **4**. Forma usada em lugar de Hananiah, filho de Bebai, em 1Esdras 9.29 e Ez 10.28. Era levita e estava casado com uma mulher estrangeira. **5**. O pai de Azarias (ver Tobias 5.12). Rafael, o anjo, identificou-se como filho de Ananias, parente de Tobias. **6**. Um personagem do Novo Testamento, esposo de Safira, membro da igreja apostólica de Jerusalém. Tornou-se culpado por enganar a igreja no tocante à soma mediante a qual vendera uma propriedade sua, com o propósito de dar o dízimo aos pobres, por meio dos apóstolos. (Ver At. 5.1-10 quanto à história). Uma vez feita a venda, ele e sua esposa guardaram uma parte do dinheiro, em ato de pura cobiça, ou por temerem sofrer necessidades mais tarde, e apresentaram sua dádiva como correspondente à quantia total, a fim de obter glória e elogios da parte da comunidade cristã. Ver At 4.32-37 para notar como a igreja cristã da época estava ocupada nesse tipo de projeto, que visava a aliviar os pobres. O pecado não consistiu em reter uma parte (o que tinham plena liberdade de fazer) mas em enganar a igreja quanto aos motivos que tinham. Pedro interrogou-os em separado e apanhou-os na mentira. Primeiramente, Ananias caiu fulminando, e sua esposa, indagada mais tarde, teve igual sorte. A narrativa ilustra o incomum poder dos *apóstolos* (ver o artigo acerca deles) bem como a seriedade de tratarmos com honestidade as questões religiosas. Não há qualquer indício no relato de que Pedro tenha apelado para qualquer ato de violência pessoal. O incidente é apresentado como um juízo divino, conforme frequentemente se vê nas narrativas do Antigo Testamento. Há algumas instâncias similares na igreja cristã moderna, onde a intervenção divina põe fim a algum cristão ofensor. Compare essa narrativa com outra parecida, em 1Coríntios 5.1, onde há a ameaça de morte pelo poder divino, pronunciada contra um ofensor moral. **7**. Um crente de Damasco (ver At 9.10-17 e 22.12). Sua reputação era grande entre os crentes, e o Senhor apareceu-lhe em uma visão, ordenando-lhe que fosse à rua chamada Direita, procurar por Saulo de Tarso na casa de Judas. Saulo estava orando, após sua conversão, e buscando orientação. Ananias quase não podia crer que a mensagem recebida era autêntica, pois sabia que Saulo muito havia perseguido os cristãos. Mas, certo de que recebia uma ordem do Senhor, realizou sua tarefa, e foi instrumento usado na

ANÃO

recuperação da vista de Saulo. *Paulo,* agora preparado para a sua missão, foi imerso nas águas e começou a pregar que Jesus era o Cristo. A tradição representa Ananias como um dos setenta discípulos (ver Lc 10), o primeiro que pregou o evangelho em Damasco, e que posteriormente tornou-se bispo naquele lugar. Os judeus, irados diante de seu sucesso, agarraram-no até morrer, no mesmo local onde sua igreja se reunia. Visto que muitas dessas histórias são lendárias, não se sabe o quanto da narrativa é veraz, ou ao menos se o incidente aconteceu.

8. Um sumo sacerdote, filho de Nebedeu, no tempo do procurador Tibério Alexandre. Foi nomeado sumo sacerdote em 48 d.C. por Herodes, rei de Calcis (ver Josefo, *Anti.* XX.v.5). Quadrato, legado da Síria, enviou-o a Roma em 52 d.C., para responder a acusações de crueldade, mas foi inocentado por Cláudio, por influência de Agripa, o Jovem (ver Josefo, *Anti.* XX.x1.2.3). Permaneceu no ofício sumo sacerdotal até 58 d.C. Era um saduceu orgulhoso, rico e inescrupuloso (ver Josefo, *Anti.* XX.ix.2), que cooperava com assassinos para realizar os seus propósitos. Colaborou com os romanos a fim de fomentar seus próprios interesses, e por esse motivo era odiado pelos judeus nacionalistas. Quando rebentou a guerra entre Israel e Roma, em 66 d.C., foi caçado e morto por assassinos (ver Josefo, *Guerras* II.xvii.9). Os historiadores consideram-no o mais indigno de todos os ocupantes da cadeira sumo sacerdotal.

No Novo Testamento, foi perante ele que Paulo foi levado, durante o governo do procurador Félix, depois que o apóstolo foi preso em Jerusalém (ver At 22.30—23.5). Paulo afirmou que havia vivido diante de Deus com boa consciência, e Ananias, ofendido, ordenou que ele fosse espancado na boca. Então Paulo chamou-o de *parede branqueada* (At 23.3), não sabendo que ele era o sumo sacerdote. Posteriormente, Ananias apareceu em pessoa para reforçar as acusações contra Paulo, em Cesareia. Esse julgamento foi efetuado diante de Félix (ver At 24.1). (ND S UN Z)

ANÃO

A única referência bíblica a esse defeito do nanismo aparece em Lv 21.20, onde vários defeitos físicos são declarados motivos desqualificadores na descendência de Aarão, para alguém servir como sacerdote. A própria palavra, que no hebraico significa basicamente *mirrado,* também é usada para descrever gado ou espigas de trigo (ver Gn 41.3-7), o maná que era minúsculo (ver Êx 16.14), a poeira (ver Is 29.5) ou um sussurro (ver 1Rs 19.12). A proibição bíblica a respeito do nanismo pode referir-se a pessoas doentias, extenuadas, não estando em foco nos anões literais, embora muitas traduções prefiram sempre usar o termo *anão.* A Septuaginta e a Vulgata traduzem o termo por "olho defeituoso", mas quase certamente tal tradução é incorreta. Seja como for, no Oriente Próximo, na antiguidade, pensava-se que os anões eram possuidores de poderes mágicos especiais, e isso seria razão suficiente para desqualificar os anões para o sacerdócio, à parte de qualquer outro problema físico. (ID ND Z)

ANAQUE (ANAQUIM)

No hebraico, **"pescoço longo"**. Anaque foi o progenitor de uma raça de gigantes chamados *anaquins*. Era um povo nômade que habitava ao sul de Canaã, antes da chegada dos israelitas. (Ver Nm 13.33; Dt 9.2; Js 15.13,14; 21.1; Jz 1.20). O lugar de origem de Anaque ou era a cidade de Arba (ver Js 15.13) ou a cidade de Hebrom (= Quiriate-Arba), mais provavelmente esta última, conforme Números 13.22 parece indicar, e onde os cabeças de Herom declaradamente eram descendentes de Anaque. O trecho de Deuteronômio 9.1,2 situa essa raça na Cisjordânia, de modo geral. Calebe expulsou-os dali, e foram habitar em Gaza, Gate e Asdode, na Filístia. Ver Josué 11.22. Os espias enviados para explorar a terra desanimaram quando viram esses gigantes (ver Dt 1.28), mas, finalmente, guerras sangrentas e muitas perdas de vidas os forçaram a sair da região. Eram tão altos e tão poderosos fisicamente que o nome deles tornou-se proverbial. Os israelitas perguntaram: "Quem poderá resistir aos filhos de Anaque?" (Dt 9.2). Ver também Deuteronômio 1.28. 2.10,21. Textos de execração dos séculos XIX e XVIII a.C., encontrados no Egito, provavelmente aludem a esses povos, sob o título de Iy-canaq, cujos três príncipes tinham nomes semíticos. (FA ND S UN Z)

ANÁS

Forma contraída de Ananias (no hebraico, **"protegido por Yahweh"**). Foi sumo sacerdote dos judeus (ver Lc 3.2; Jo 18.13,24; At. 4.6). Em Lucas ele é mencionado como sumo sacerdote juntamente com Caifás, seu genro. No tempo de Cristo, o ofício sumo sacerdotal tornara-se extremamente instável, porquanto eram nomeados e destituídos sumos sacerdotes ao sabor do capricho das autoridades romanas. Assim sucedeu que, embora removido do ofício, Anás reteve grande autoridade, quando seus filhos e seu genro, *Caifás* (ver o artigo a seu respeito), tornaram-se sumos sacerdotes. Anos após haver sido deposto, continuava grande a sua autoridade, pois em Atos 4.6 ele é o primeiro nome a aparecer na lista de líderes sacerdotais. No trecho de João 18.19,22, ele é o sumo sacerdote em questão, embora Caifás esteja em foco nos vss. 13 e 24.

Anás era filho de Sete, nomeado sumo sacerdote por Quirínio, governador da Síria, mas deposto por Valério Gratus. No Antigo Testamento, esse ofício era vitalício, e um novo sumo sacerdote só podia ser nomeado em face da morte do anterior. Porém, a ocupação romana alterou essa norma. Como sumo sacerdote oficial, Anás governou de 6 a 25 d.C.

Ele é referido em conexão com o ministério de João Batista (ver Lc 3.2). Quando Jesus foi aprisionado, foi levado diante desse homem (ver Jo 18.13). Foi ele quem interrogou Jesus acerca de seus discípulos e de seu ensino, e quem também deu ordem a um dos soldados para que batesse em Jesus com a mão (ver Jo 18.19-22). Após ter sido interrogado, Jesus foi enviado amarrado para Caifás. Semanas mais tarde, esteve presente à reunião do Sinédrio quando Pedro e João defenderam-se acerca da pregação da nova fé (ver At 4.6).

O fato de ser ele chamado de sumo sacerdote tem deixado alguns comentadores perplexos, posto que Caifás, seu genro, nos Evangelhos, é apresentado como o sumo sacerdote. Com base no trecho de Lucas 3.2, ficamos sabendo que Anás e Caifás eram reputados, ambos, como sumos sacerdotes que atuavam ao mesmo tempo; e este versículo do livro de Atos (4.6) informa-nos que Anás ainda era considerado pelos judeus como o líder incontestes, embora deposto pelos romanos, tendo sido substituído no ofício por seu próprio genro, Caifás. Todavia, os judeus não reconheceram como legítima essa substituição vitalícia, isto é, o cargo era ocupado pelo mesmo indivíduo enquanto vivesse. No ano em que o Senhor Jesus foi crucificado, no entanto, José Caifás já era o presidente oficial do sinédrio, bem como o sumo sacerdote legal, por nomeação dos romanos. O historiador judeu Josefo (Antiq. xviii. 2,1) revela-nos como o ofício sumo sacerdotal caíra em desordem. E esse mesmo escritor presta-nos a seguinte informação: Anás foi nomeado como sumo sacerdote com a idade de 37 anos, no ano 7 d.C., por Quirínio, governador da Síria. Tendo sido deposto, foi substituído por Ismael, em 14 d.C. Seguiram-se mais duas modificações antes que seu genro, José Caifás, tivesse subido a essa posição. Caifás permaneceu no ofício até o ano 37 d.C., ao passo que Anás continuou a ser uma espécie de sumo sacerdote *"de jure"* (por direito, segundo a opinião e a lei do povo judeu), embora Caifás fosse o sumo sacerdote "de fato", ainda que, segundo o ponto de vista dos romanos, Caifás fosse o sumo sacerdote "de jure". A verdade, entretanto, é que para todos os efeitos práticos, Anás ainda retinha grande dose de autoridade, e Caifás sempre parecia relutante em tomar qualquer decisão importante, sem primeiramente consultá-lo. No devido tempo, diversos filhos de Anás ocuparam, sucessivamente, o ofício sumo sacerdotal.

O ofício sumo sacerdotal propriamente dito se tornara corrupto, por ter-se transformado em motivo de jogo político, sendo comprado e vendido a dinheiro. Caifás sucedera a Simeão bem Camhith no ofício, mas sua permanência no posto sumo sacerdotal foi de curta duração. Simeão bem Camhith substituíra Ismael bem Phabi. Todos esses sumos sacerdotes foram nomeados por Valério Gratus, governador romano. Josefo (ver Antiq. xx.10) mostra-nos que, além de Caifás, houve um total de 28 sacerdotes, em um período de 107 anos. (FA ND NTI Z)

ANASIB

Em algumas traduções aparece como Sanasib, progenitor de uma família de sacerdotes que voltou do cativeiro com Zorobabel, 1Esdras 5.24, cujo nome não aparece nas listas em Esdras 5.24 e Neemias 7.38.

ANATE

No hebraico significa **"resposta"**, isto é, à oração. **1**. Esse era o nome do pai de Sangar, que foi o terceiro juiz de Israel, após a morte de Josué (ver Jz 3.31), em cerca de 1250 a.C. **2**. Anate era o nome de uma deusa guerreira em Ugarite, considerada irmã ou esposa de Baal. Essa deusa atualmente é bem conhecida devido à literatura épica religiosa, descoberta em Ras Shamra (antiga Ugarite). Era patrocinadora do sexo e da guerra. Deve ser identificada com a *rainha do céu*, à qual os judeus ofereciam incenso nos dias de Jeremias (ver Jr 44.19). Figurinhas sensuais, representando-a, têm sido encontradas em vários locais da Palestina em níveis que datam do terceiro e do segundo milênios a.C. As degradadas religiões da Palestina pagã degradaram Israel, despertando a indignação e as denúncias dos profetas do Senhor. (ALB UN)

ANATOTE

No hebraico, **"resposta"**, isto é, às orações. Nome usado para pessoas e para designar um lugar, no Antigo Testamento: **1**. Um dos líderes de Israel que assinou o pacto estabelecido por Neemias, após o retorno do cativeiro babilônico (ver Ne 10.19), em cerca de 445 a.C. **2**. O oitavo dos nove filhos de Bequer, filho de Benjamim (ver 1Cr 7.8), em cerca de 445 a.C. **3**. Uma das cidades pertencentes aos sacerdotes, na tribo de Benjamim, e que era cidade de refúgio (ver o artigo a respeito; ver Josué 21.18; Jeremias 1.1; 2Samuel 23.27; Esdras 2.23 e Neemias 7.27). É melhor conhecida como terra natal e residência usual do profeta Jeremias (ver Jr 1.1;11.21-23 e 29.27). No tempo de Jerônimo, parece que tinha o nome de Jeremias. Ele a situava a três milhas romanas ao norte de Jerusalém (ver *Comment*. Em Jr 1.1), que corresponde aos vinte estádios de Josefo (ver *Anti*. x.7,3). Nos dias veterotestamentários, o nome talvez fosse uma forma plural de Anate, uma deusa dos cananeus, sugerindo que fora um centro da adoração a essa divindade. Isaías refere-se a Anatote como um dos lugares no caminho trilhado por exércitos invasores. Ocorre em um jogo de palavras em conjunção com a palavra *responder*, que tem som semelhante, em Is aí10.30. Após o cativeiro babilônico, 128 homens daquele lugar retornaram um grupo, na companhia de Zorobabel (ver Ed 2.23). Alguns supõem que a moderna cidade de Anata, a cinco quilômetros ao norte de Jerusalém, seja o mesmo lugar. Mas outros preferem pensar em Ras el-Harrubeh, perto dessa aldeia, como a sua verdadeira localização. Escavações feitas na região têm mostrado que vem sendo habitada desde tempos antigos. Abiézer, um dos guerreiros de Davi (ver 2Sm 23.27), e Jeú, que veio unir-se a Davi em Ziclague (ver 1Cr 12.3), eram anatotitas. Originalmente era uma cidade murada, uma fortaleza; mas atualmente é uma aldeia pobre e minúscula. (BL FA S UN Z)

ANCIÃO DE DIAS

Nome dado a Deus em uma visão de Daniel (7.9,13,22), o único trecho da Bíblia onde se acha essa designação. A palavra tem sua raiz no árabe, no acadiano e no siríaco (aramaico não bíblico), com o sentido de "avanço", de onde vem a ideia de *dias* que avançam na marcha ininterrupta do tempo. A figura simbólica é a de um homem idoso, cujos dias já avançaram extraordinariamente; mas o Deus eterno é o verdadeiro *ancião de dias*. Por meio de Cristo, compartilhamos da eternidade, mediante a nossa participação em sua natureza (ver 2Pe 1.4), possuidores que somos da vida eterna (ver Jo 3.15; Tt 1.2 e 1Jo 2.25), a mais profunda e ampla de todas as doutrinas da Bíblia. No livro de Daniel, o termo enfatiza a eternidade de Deus e do seu reino, em contraste com os quatro sucessivos reinos temporais (simbolizados pelas quatro feras). Portanto, a eternidade do mundo espiritual é ressaltada em contraste com este mundo temporal e físico. A grandiosidade resplandece no mundo celestial, o desespero caracteriza este mundo terreno, a não ser quando Deus faz o que é temporal redundar na vida eterna. (I Y Z)

ANCIÃO NO ANTIGO E NOVO TESTAMENTOS

Discussão Preliminar. De modo geral, *ancião* é uma palavra que se refere aos líderes de um grupo ou comunidade, presumindo-se que os mesmos tenham idade avançada e sejam dotados de caráter maduro. No Antigo Testamento, o termo se aplicava a vários ofícios. Era o caso de Eliézer, o "mais antigo servo" de Abraão, em Gênesis 24.2; certos oficiais da casa de Faraó, em Gênesis 50.7; os principais servos de Davi, em 2Samuel 12.17; e os *anciãos de Gebal* (ver Ez 27.9). No Egito mui provavelmente os anciãos eram funcionários do estado, pelo que o termo aplicava-se ali aos líderes e chefes políticos. Isso também sucedia entre os israelitas, moabitas e midianitas (ver Nm 22.7). Não há que duvidar que o direito de primogenitura, bem como a capacidade de chefe da família, influenciaram tal uso, porquanto presumia-se que a idade tinha algo a ver com o amadurecimento e a sabedoria, o que se refletia em boa variedade de costumes. Os líderes das tribos naturalmente vinham dentre os anciãos pertencentes a essas tribos. Moisés e Aarão, ao chegarem ao Egito, reuniram os anciãos de Israel e anunciaram ao povo a comissão divina que haviam recebido, para liderarem o povo, tirando-o do Egito (ver Êx 3.16,18, 4.29). Os anciãos do povo acompanharam Moisés na primeira entrevista deste com o Faraó (ver Êx 31.9). Moisés também se comunicava com o povo por meio dos anciãos (ver Êx 19.7 e Dt 31.9). Setenta anciãos de Israel acompanharam Moisés até o monte (Êx 24.1). Esses anciãos também tinham o título de "príncipes". De acordo com a legislação mosaica, esses anciãos tinham seus respectivos deveres e poderes (ver Dt 19.12 e 21.3). Era responsabilidade deles governarem e cuidarem para que a lei fosse cumprida (ver Js 20.4; Jz 8.16 e Rt 4.2). Nos salmos, os anciãos são aludidos como uma classe distinta de autoridade (ver Sl 107.32. Ver também Lm 2.10 e Ez 14.1). Após o exílio, eles receberam uma autoridade muito significativa.

Em cada sinagoga, havia um grupo governante de anciãos, de número variado, dependendo do número dos membros da congregação. Era dentre esses anciãos, finalmente, que se formava o superior tribunal, o Sinédrio (ver o artigo).

Nos arquivos de Mari, do século XVIII a.C., e até mesmo na correspondência real da dinastia de Sargão, no século VIII a.C., os anciãos aparecem como representantes do povo e defensores dos interesses populares, embora antes disso eles não tivessem quaisquer funções administrativas. No império hitita, entretanto, eles controlavam as questões municipais. Tais costumes eram praticamente universais entre os povos antigos, e os israelitas não eram exceção. Mas, no caso de Israel, esse costume era associado às questões religiosas, visto que Israel era uma teocracia.

No Novo Testamento. Dentro do contexto judaico, nos dias neotestamentários, encontramos os anciãos associados aos principais sacerdotes (ver Mt 21.23) e aos escribas (ver Mt 16.21), bem como ao concílio (ver Mt 26.29). Esses anciãos sempre exerciam alguma atividade, provavelmente porque seus membros acabavam tornando-se membros de alguma dessas três categorias. Lucas alude ao grupo inteiro dos anciãos, usando o termo grego coletivo *presbutérion* (ver Lc 22.66; At 22.5), como também Paulo em 1Timóteo 4.14, embora o apóstolo, nesse caso estivesse falando ao grupo de pastores de alguma igreja cristã local. No tocante aos anciãos ou pastores da igreja cristã, não contamos com qualquer informação específica acerca da sua origem, mas tão somente que os títulos "ancião", "bispo = supervisor" e "pastor" são intercambiados (ver, para exemplificar, At 20.28). A importância dos anciãos cristãos aumentou quando a igreja se dispersou. Esses anciãos eram líderes, pastores, mestres supervisores, enfim, autoridades cristãs (ver At 15.22,23; Ef 4.11; At 20.28; Hb 13.7 e 1Ts 5.12).

No decorrer dos séculos, alguns anciãos passaram a receber o título de "bispos = supervisores", por exercerem autoridade sobre certas áreas, e não meramente dentro de alguma igreja local. As epístolas pastorais parecem indicar esta possibilidade. Mas no restante do NT, um homem é um "ancião", devido à sua experiência e maturidade espiritual; era também um "bispo" porque supervisionava alguma congregação local; e era também um "pastor" porque cuidava das ovelhas espirituais do rebanho. Muitas igrejas pentecostais de nossos dias distinguem entre "pastor" e "ancião". Isso também é um erro, porque as mesmas qualificações e deveres são dados na Bíblia a um e a outro. O mais estranho nessas igrejas, porém, é que eles não têm uma classe de oficiais chamados "bispos". Se queriam fazer distinção entre títulos, então deveriam ter três títulos para indicar três funções. Conforme funcionam as igrejas pentecostais, porém, os "anciãos" não encontram funções específicas nas Escrituras, como um ofício separado dos pastores, e isso os deixa muito confusos quanto à utilidade e serviço deles dentro das igrejas.

ANDAR

Esse verbo é tradução de cerca de sete vocábulos hebraicos no Antigo Testamento, e de cinco palavras gregas, algumas das quais raramente usadas. Naturalmente, há um sentido literal e sentidos figurados da ação. Os sentidos figurados podem ser antropomórficos, como quando se lê que Deus andava pelo jardim do Éden na viração do dia (ver Gn 3.8), ou metafóricos, quando se lê sobre a maneira de andar do coração (ver Jó 31.7), da língua dos ímpios (ver Sl 73.9), do trajeto das pestes (ver Sl 91.6) ou do curso da lua (ver Jó 31.26). O uso metafórico mais comum dessa ação representa a conduta do homem, bem como a atitude de Deus para com essa maneira de andar. Por exemplo, ver Levítico 26.23,24: *Se... porém, andardes contrariamente comigo, eu também serei contrário a vós outros...*

Mais raramente, o termo pode ser usado com um sentido mais limitado, referindo-se às leis e preceitos para observância por parte dos homens (ver At 21.21). E no Evangelho de João tem o sentido de atividade incansável (ver Jo 11.9), ou mesmo de aparição em público (ver Jo 7.1).

Quando Jesus curava alguém da paralisia, restaurando-lhe a capacidade de andar, não o fazia somente para que a pessoa readquirisse sua movimentação, mas para ensinar que há necessidade de uma renovação interna, que capacite o pecador a prosseguir caminho, uma vez arrependido (ver Mc 2.9: *Qual é mais fácil, dizer ao paralítico: Estão perdoados os teus pecados, ou dizer: Levanta-te, toma o teu leito, e anda?*). No caso de Pedro, ao imitar Jesus, que caminhava por sobre as águas, continuar andando ou afundar era questão de fé. Quando a atenção de Pedro desviou-se de Jesus para a força das ondas, e ele começou a afundar e recorreu a Jesus, este lhe perguntou: *Homem de pequena fé, por que duvidaste?* (Mt 14.31).

O ato do batismo cristão indica que o crente deixou de andar pelo caminho da autossuficiência pecaminosa e passou a andar pelo novo *caminho* (ver Rm 6.4), da mesma maneira que, após sua ressurreição, Jesus estava andando em uma nova maneira de viver. Assim, o crente é exortado a "andar no Espírito" (Gl 5.16), e não mais a andar segundo a carne. O "andar dignamente" (ver Rm 13.13) é melhor compreendido quando contrastado com o andar indigno de quem vive em orgias e bebedices, imoralidades e dissoluções, contendas e ciúmes. A ideia de progressão espiritual também é retratada pelo ato de andar. Promete Jesus, àqueles que não se macularem, não acompanhando o exemplo de outros, os quais abandonavam a integridade cristã: *... andarão de branco junto comigo, pois são dignos*. No céu não haverá estagnação, mas a progressão espiritual será perene.

Essas e outras ideias proveitosas estão ligadas metaforicamente ao ato de andar. O estudioso da Bíblia muito aproveitará se meditar sobre as passagens que usam dessa metáfora.

ANDORINHA

Ver o artigo geral sobre *Aves da Bíblia*. Nas traduções, há duas palavras hebraicas, *agur* e *sus* (ver Is 38.14 e Jr 8.7) que foram intercambiadas. Esses termos hebraicos indicam, respectivamente, *grou e andorinha*. Ambas são aves migratórias. Neste artigo, interessa-nos a segunda delas. No hebraico, *sus* significa *rápida*. Há espécies migratórias e espécies residentes de andorinhas. Quando elas eram abundantes na Palestina, os habitantes usavam-nas como alimento. E os hebreus também tiveram permissão de consumi-las em sua dieta. Há traduções que usam somente a palavra "grou" para ambas essas passagens; outras que usam somente a palavra "andorinha", em ambas. Nossa versão portuguesa as distingue.

Temos a considerar duas palavras hebraicas, uma delas usada em Salmo 84.3 e Provérbios 26.2, e a outra usada em Isaías 38.14 e Jeremias 8.7. Alguns estudiosos opinam que a primeira dessas palavras seria a verdadeira andorinha, ao passo que a outra seria o grou. Driver (PEQ, 1955, p. 131) vê uma clara distinção entre uma espécie e outra; mas a verdade é que essa diferenciação não é tão simples como pode parecer à primeira vista. Esses pássaros pertencem a espécies totalmente diferentes, embora com hábitos similares. Ambas as espécies buscam o seu alimento no ar, onde passam a maior parte das horas do dia, pois são quase incapazes de tocar no solo, e fazem os seus ninhos em construções feitas pelo homem. A Palestina conta com seis membros da família das andorinhas (Hirundinidae). Dois desses membros são residentes, e os outros são migratórios. Mas o caso é que os escritores antigos dificilmente distinguiam entre essas duas espécies com precisão. No hebraico, a palavra traduzida por "andorinha", em Salmo 84.3 e Provérbios 26.2, também significa "liberdade" (em letras latinas, essa palavra hebraica daria algo como *derôr*). Alguns têm sugerido que essa é uma palavra mais geral, que inclui todos os pássaros insetívoros, que se alimentam enquanto voam. Por esse motivo, tanto uma espécie quanto a outra se ajustariam aos contextos de Salmo 84.3 e Provérbios 26.2, o que talvez explique por que nossa versão portuguesa traduz duas palavras hebraicas diferentes por uma só, "andorinha". (Z)

ANEL

Palavra que aparece tanto no Antigo quanto no Novo Testamento. No grego é *daktidios*, palavra que se origina do termo grego que significa "dedo". Anéis eram usados desde a antiguidade mais remota, conforme os arqueólogos têm descoberto entre os assírios, os babilônios e os egípcios. Provavelmente, os patriarcas do povo de Israel também os usavam. Usualmente os anéis eram confeccionados em ouro ou prata, embora também houvesse anéis de bronze. Os anéis de selar, sua forma mais primitiva, podem ter sido usados a princípio como substitutos do cordão de pôr no pescoço, onde ficava pendurado o selo (ver Gn 38.18). Os egípcios que usavam muitos anéis, usavam-nos nos dedos. Posteriormente, os israelitas usavam o anel de selar em algum dedo da mão direita (ver Jr 22.24). Os selos, esculpidos em uma chapa no anel, representavam certa variedade de emblemas como um leão, um touro, um escaravelho, um crocodilo, além de vários emblemas reais. O anel de selar era usado para selar (equivalente à moderna assinatura) vários acordos, especialmente no caso de contratos matrimoniais. Era um objeto especialmente importante para a realeza, a nobreza e para indivíduos de alta posição social (ver Tg 2.2). O Faraó deu um desses anéis de selar a José, como símbolo de autoridade (ver Gn 41.42). Por semelhante modo, Assuero deu a Hamã o seu anel de selar, para que este confirmasse com o mesmo o decreto real (ver Et 3.10,12). O filho pródigo, da parábola de Jesus, recebeu um anel de seu pai, como símbolo de dignidade (Lc 15.22).

Além de anéis, mulheres e crianças também usavam brincos que eram pendurados nas orelhas (ver Gn 35.4; Êx 32.2), conforme se tem descoberto em Gezer, Megido e Taanaque. Argolas para o nariz também eram bastante populares entre os adornos femininos (ver Gn 24.22,47; Is 3.21). Os anéis são mencionados por mais de quarenta vezes, dentre os objetos de uso religioso, em Êxodo 25.39. E lemos que Moisés baixou instruções quanto ao uso dos mesmos na arca, nas cortinas do tabernáculo, no peitoral e na estola sacerdotal do sumo sacerdote, e nos altares do incenso e das ofertas queimadas. Anéis também eram usados como uma espécie de artigo de trocas ou escambo.

ANÉM

No hebraico, **"duas fontes"**. Uma cidade de Issacar, dada aos levitas (ver 1Cr 6.73). No trecho paralelo Josué 19.21, essa cidade é chamada En-Ganim, isto é, "fonte dos jardins". O lugar era bem servido de água, tendo sido identificado com Anea, do século IV d.C. Tinha bons banhos e distava quinze milhas romanas de Cesareia, para oeste. Eusébio, porém, identificou-a com Aner. Alguns arqueólogos a têm identificado com a moderna Khirbet 'Anim, a três quilômetros a nordeste de Alã, ou com a própria Olá, a treze quilômetros a sudeste do monte Tabor. (ND S UN Z)

ANER

No hebraico, **"jovem"**. **1**. Aner, Escol e Maare eram três cananeus (amorreus) que uniram suas forças às de Abraão, na perseguição aos reis Quedorlaomer, Anrafel e seus aliados, que haviam pilhado Sodoma e levado Ló, sobrinho de Abraão, como prisioneiro (ver Gn 14.13,24). Também é possível que Aner fosse o nome de um lugar, visto que Manre também é nome antigo de Hebrom (ver Gn 23.19), e Escol é o nome de um vale perto de Hebrom (ver Nm 13.23). Terminada a tarefa, Abraão ignorou os despojos. Mas aqueles que o ajudaram compartilharam dos mesmos. Uma décima parte (o dízimo) foi dado a Melquisedeque, rei de Salém. (Ver o artigo sobre *Melquisedeque*, o tempo era 2060 a.C.). **2**. Uma cidade de refúgio, no território de Manassés (ver 1Cr 6.70), de localização desconhecida. (ND S UN Z)

ANGLICANISMO

Nome dado a uma forma de cristianismo, que teve início na Inglaterra, País de Gales e Irlanda, sob influência da Reforma do século XVI, sendo depois transposta também, por emigrantes e missionários, para as possessões britânicas no exterior e para outros lugares. Seu grande arquiteto foi Thomas Cranmer (1489-1556), arcebispo de Cantuária desde 1532, que muito deveu aos reformadores europeus que o precederam (tanto luteranos quanto suíços ou reformados), mas cuja própria erudição e independência de pensamento deu à Reforma inglesa seu caráter distinto (ver Reformadores Ingleses).

Do mesmo modo que Lutero, Cranmer agiu com base no princípio, um tanto cauteloso, de mudar o que (à luz da Bíblia) precisava mudar, mas sem começar de novo. Garantiu os direitos de edição da tradução da Bíblia em inglês (obra de William Tyndale, c. 1494-1536, e Miles Coverdale, 1488-1568); criou a liturgia inglesa do *Livro de oração comum* (revisão de grande repercussão da liturgia Sarum latina, no vernáculo); esboçou a confissão de fé anglicana (os chamados 39 Artigos, vazados em sua forma atual em 1571); deu apoio ao rompimento com o papado e a supressão dos monastérios (embora a iniciativa se devesse ao rei Henrique VIII e seus ministros), mas permitiu que a igreja da Inglaterra preservasse sua identidade, com sua membresia, seus lugares de adoração e muitos de seus padrões de vida prosseguindo substancialmente sem mudança. A igreja da Inglaterra permaneceu litúrgica na adoração, paroquial na organização e episcopal na supervisão, ministrando batismo infantil e sendo religião oficial em suas relações com o Estado. A descrição do anglicanismo como "catolicismo reformado" não é, portanto, imprópria, se corretamente entendida. O anglicanismo permaneceu "católico", *i.e.*, tradicional em muitas de suas práticas, embora reformado em sua teologia. Isso, todavia, não o torna singular na cristandade, como a escola anglo-católica afirma e o Concílio Vaticano II admitiu (*Decreto sobre Ecumenismo*, 13), pois o mesmo poderia ser dito do luteranismo, embora as práticas "católicas"' mantidas pelo luteranismo sejam de algum modo diferentes.

Os 39 Artigos são principalmente baseados na Confissão de Augsburgo, mas os artigos referentes a sacramentos são menos luteranos e mais suíços, e os oito finais, sobre questões da ordem eclesiástica (ver Governo de igreja) e das relações entre igreja e Estado são, sob vários aspectos, particularmente ingleses. Embora o clero anglicano tenha, historicamente, aceitado todos os artigos, e em muitos países ainda o faça, o documento não influenciou o pensamento teológico no mesmo grau com que outras confissões dessa natureza o fizeram.

O *Livro de oração comum* de Cranmer, contudo, que inclui os três credos cristãos e expressa a mesma diretriz dos Artigos, embora de maneira devocional, tem exercido maior influência do que qualquer outra liturgia das igrejas da Europa e, especialmente em sua forma de 1662, foi até pouco tempo a força unificadora mais poderosa do anglicanismo.

Desde o século XVI, várias escolas de pensamento surgiram entre os anglicanos — puritanos, laudianos, latitudinários, evangelicalistas, tractarianos (anglo-católicos), liberais —, representando maior ou menor lealdade ao protestantismo anglicano histórico. As três últimas ainda desfrutam de bastante destaque nos dias de hoje, tendo sua ênfase principal, respectivamente, nas Escrituras, na tradição e na razão (ver Hooker), com base na Reforma anglicana, mas guardando a supremacia das Escrituras.

O episcopado anglicano foi originalmente norma local, sem excluir, todavia, o fato de os protestantes vindos de fora, de ordenação presbiteriana, serem admitidos na vida anglicana sem necessidade de nova ordenação. Em 1662, como reação à abolição do episcopado por presbiterianos e congregacionais na Comunidade Britânica, essa permissão foi retirada, decisão que desde então colocou os anglicanos sob a imputação de negarem a validade das ordens não episcopais, embora só a escola tractariana realmente o faça.

A Comunhão Anglicana é atualmente uma união mundial de igrejas autogovernadas (e centrada principalmente no Reino Unido, na Australásia, África e América do Norte), dando primazia de honra, mas não de jurisdição, ao arcebispo de Cantuária. Somente a igreja da Inglaterra é ainda oficial, ligada ao Estado. Assim, só na Inglaterra, o arcebispo de Cantuária está subordinado ao governante supremo da igreja, o rei (ou rainha) da Inglaterra, muito embora durante o período colonial todos os arcebispos anglicanos e bispos do exterior também o estivessem. Hoje, o monarca exerce essa autoridade, principalmente, mediante o primeiro-ministro.

ANIÃO

Exceto por essa ligação histórica e afetiva com Cantuária, que ganhou expressão na conferência de bispos de Lambeth, com dez anos de duração, está se tornando cada vez mais difícil mencionar fatores em comum que possam manter unidas todas as igrejas anglicanas. Em 1888, a Conferência de Lambeth emitiu uma declaração de quatro pontos, que listava esses fatores naquela ocasião, e conhecidos, desde então, como Quadrilátero de Lambeth. Eram eles os seguintes: **1**. a supremacia e suficiência das Escrituras; **2**. o Credo Apostólico como símbolo batismal (não mais hoje) em muitos lugares, e o Credo de Niceia como suficiente profissão de fé cristã; **3**. os dois sacramentos dominicais; **4**. o episcopado histórico. Isso já revelava o absurdo de não serem incluídos fatores que não fossem *absolutamente* universais, notadamente os 39 Artigos (superficialmente revisados nos Estados Unidos), o Credo de Atanásio (descartado nos Estados Unidos) e o *Livro de oração* de 1662 (revisado em alguns países). No entanto, a recente adoção de liturgias revisadas, não baseadas de forma alguma no *Livro de oração* e diferindo de país para país, tem enfraquecido muito mais seriamente o vínculo litúrgico anglicano. Além disso, a ordenação (ver Ministério) de mulheres (ver Teologia Feminista) para o presbiterato em alguns países, mas não em todos, tem colocado barreiras no reconhecimento mútuo dos ministros anglicanos em âmbito mundial. Os 39 Artigos são hoje considerados superados em vários países e até descartados em um ou dois. Tais situações têm prejudicado as ligações com Cantuária, sendo essencial, antes de tudo, enfatizar atualmente os fatores que *a maioria* das igrejas anglicanas ainda tem em comum se se pretende que sobreviva qualquer coesão ou qualquer característica distintiva anglicana.

(**R. T. Beckwith**, M.A., D.D., ex-bibliotecário da Latimer House, Oxford, Inglaterra.)

BIBLIOGRAFIA. C. S. Carter, *The English Church and the Reformation* (London, 1912); idem, *The Anglican Via Media* (London, 1927); R. Hooker, *Of the Laws of Ecclesiastical Polity* (ver Hooker); S. C. Neill, *Anglicanism* (Harmondsworth, 1960); S. W. Sykes, *The Integrity of Anglicanism* (London, 1978); W. H. Griffith Thomas, *The Principles of Theology* (London, 1930); A. T. P. Williams, *The Anglican Tradition in the Life of England* (London, 1947).

ANIÃO

No hebraico, **"lamento do povo"**. Foi o quarto filho de Semida, o manassita (ver 1Cr 7.19).

ANIAS

Foi chefe de uma família que totalizava 101 pessoas, e que retornara da Babilônia, após o cativeiro, com Zorobabel (ver 1Esdras 5.16). Seu nome é omitido nos paralelos de Esdras 2.3 ss. e Neemias 7.8 ss. (S Z)

ANIM

No hebraico significa **"fontes"**. Era uma cidade localizada na região montanhosa de Judá (ver Js 15.50), aparentemente localizada perto de Estemo, mais para o noroeste. Tem sido identificada com Khirbet Ghuwein et Tahta, a quase dezoito quilômetros ao sul de Hebrom. É mencionada nas cartas de Amarna com o nome de Hawini. (SZ)

ANIMAIS, NO ANTIGO E NO NOVO TESTAMENTOS

Termos usados. Animais, aves, alma vivente, criatura (ver Lv 11.46). Eles são divididos em quatro classes: **1**. Besta-fera, que são os grandes animais terrestres (ver Lv 5.2); **2**. Aquáticos (ver Lv 11.9,10); **3**. Aves (ver Lv 11.13); **4**. Insetos, roedores e répteis (ver Lv 11.20,29,41).

Animais limpos e imundos. Eram classificações cerimoniais religiosas. Os limpos eram aqueles cuja carne podia ser comida; e os imundos, o contrário (ver Lv 11 e Dt 14.1-20). No Novo Testamento, foram removidas as proibições atinentes a animais limpos e imundos (ver 1Tm 4.4).

Uso metafórico. A suspensão da proibição acerca de animais imundos tornou-se um veículo de uma importante verdade. Pedro, em sua visão relatada em Atos 10.9, recebeu ordem para comer animais imundos. Ele protestou, porquanto sempre observara os preceitos levíticos quanto à questão. Mas então foi informado de que Deus *havia purificado* aqueles animais, não havendo mais animais *imundos*. Porém, a questão toda precisava ser entendida metafórica ou espiritualmente. Os *gentios*, antes considerados imundos por Israel, agora com essa propriedade podiam ser evangelizados, tornando-se membros com todos os direitos da igreja em formação. Posteriormente seria revelado que a igreja seria composta principalmente por gentios, e que a igreja seria o novo Israel, um conceito inteiramente novo. A missão da igreja entre os gentios começara antes mesmo de Pedro ter recebido aquela visão; mas logo começaria a pleno vapor, e Pedro participaria ativamente da missão, embora, no começo, seu ministério envolvesse principalmente os judeus. Há algo de significativo no fato de que Pedro (segundo diz a tradição bem confirmada) morreu em Roma, terminando assim os seus dias em meio à missão entre os gentios. Ver as notas expositivas no NTI em Atos 9.15, quanto a detalhes sobre tudo isso.

Sacrifícios de animais. Os animais que podiam ser sacrificados na adoração divina eram o boi, a vaca, a novilha, o touro (ver Lv 22.24), o bode, a cabra, o cabrito, o carneiro, a ovelha, o cordeiro. Ver notas completas e detalhadas no artigo sobre os *sacrifícios*.

Proibições que persistiram. No princípio do cristianismo, foram suspensas as proibições concernentes aos animais (ver Rm 14; Cl 2.16; Tt 1.15 e 1Tm 4.4). Na prática, entretanto, o concílio apostólico de Jerusalém achou de bom alvitre proibir os gentios de comerem carne de animais sufocados (ainda com seu sangue, portanto) e de usar o sangue dos animais como alimento. O concílio também recomendou a abstinência da idolatria e da imoralidade. (Ver At 15.20). Essa foi uma medida tomada para manter a concórdia no seio da igreja. Se os convertidos fizessem essas coisas (acerca dos animais proibidos), os cristãos judeus da igreja ficariam revoltados. Assim, se não era classificada como errada em si mesma a ingestão de sangue e de carne de animais sufocados, seria errado ofender os irmãos que se revoltassem contra tais práticas, por causa de uma observância da vida inteira, com base naquelas provisões veterotestamentárias. Quanto aos direitos dos animais e às questões morais nisso envolvidas, ver o artigo seguinte. (DE NTI MC S UN Z)

ANIMAL CEVADO

Trata-se de um animal ainda jovem, como o bezerro, o cordeiro ou o cabrito, engordado para o abate. Várias palavras hebraicas são usadas para indicar essa ideia. No Novo Testamento, em Mateus 22.4, temos a palavra grega *sitistós*, *novilha cevada*. Quanto ao Antigo Testamento, ver Salmo 66.15; Is 5.17. 2Samuel 6.13; 1Reis 1.9,19 e 1Samuel 15.9. Nessa última referência, embora nossa versão portuguesa diga "os animais gordos", o original diz "de segunda categoria", provavelmente por aludir à qualidade inferior, e não por serem animais cevados. Cevavam-se animais destinados ao consumo durante festas especiais. Como é evidente, os animais cevados tinham fortes implicações econômicas, porque os animais assim engordados eram valiosos na venda.

Uso metafórico. Depois do sangue, fonte da vida física, a gordura era tida como sinal de saúde e vigor. É por isso que encontramos expressões bíblicas como "gordura da terra", "gordura do trigo", "gordura do azeite" e "gordura do vinho". Ver o artigo sobre gordura. Daí, o termo adquiriu conotações de riqueza e abundância espiritual. A expressão "fartura da terra", em Gênesis 45.18 e outros trechos, no hebraico diz "gordura da terra". Alude aos espécimes mais seletos de qualquer produção. Em Lucas 15.12 ss. temos a parábola do filho perdido (filho pródigo), e ali o "novilho cevado" simboliza a alegria e as festas vinculadas à sua restauração espiritual. (ID NTI UN Z)

ANIMISMO

Termo introduzido na discussão a respeito da origem e natureza da religião pelo antropólogo E. B. Tylor (1832-1917). Ele o usou como sinônimo de religião, que definiu como "a crença em seres espirituais". Essa crença teria surgido, segundo Tylor, quando o homem primitivo, na tentativa de explicar fenômenos como o sono, a morte, os sonhos e as visões, chegou à conclusão de que possuía uma alma espectral, ou espiritual, à parte. Sua imaginação o levou, assim, a atribuir alma similar aos animais, às plantas e até mesmo aos objetos inanimados.

De acordo com Tylor, foi a partir desse raciocínio e mediante uma influência cultural genérica, que todas as formas de religião se desenvolveram. Como positivista, ele acreditava também que o animismo, ou a "filosofia espiritualística", tendo por base um falso processo de raciocínio, estava destinado a desaparecer diante da forte torrente da "filosofia materialista".

Apesar de sua grande influência no decorrer de meio século, sua teoria viria a ser superada, por se basear na falha pressuposição de que os chamados "primitivos contemporâneos" seriam "sobreviventes" de um período primitivo verdadeiro na evolução humana. Todavia, sua influência se torna evidente no sentido de que, p.ex., as teorias do monoteísmo primitivo de Lang (1844-1912) e de Schmidt (1868-1954), o pré-animismo de Marett (1866-1943) e a teoria social de Durkheim foram todas formuladas como alternativas a ela. Além disso, a despeito do fato de a teoria haver sido suplantada, o termo "animismo" pode ser usado com proveito para descrever uma religião caracterizada pela crença em uma multiplicidade de espíritos.

(**D. A. Hughes**, B.A., B.D., Ph.D., consultor de Educação Teológica do Tear Fund; ex-catedrático de Estudos Religiosos da Polytechnic of Wales, País de Gales.)

BIBLIOGRAFIA. E. Durkheim, *The Elementary Forms of the Religious Life* (London, 1915); E. E. Evans Pritchard, *Theories of Primitive Religion* (Oxford, 1965); A. Lang, *The Making of Religion* (London, 1898); R. R. Marett, *The Threshold of Religion* (London 21914); W. Schmidt, *The Origin and Growth of Religion* (London, 1931); E. B. Tylor, *Primitive Culture* (London, 1871); idem, in: *Mind* 2 (1877), p. 141-156.

ANIUTE

Levita que ajudou Esdras a ensinar a lei ao povo (ver 1Esdras 9.48). Também era chamado Anus. Em Neemias 8.7, seu nome aparece como *Bani*. (Z)

ANJO.

Ver o artigo separado sobre *Anjo da Guarda*.

I. A PALAVRA E SEUS USOS. Grego *ággelos* e hebraico *matakh* significam **"mensageiro"**. Diversos usos: o profeta (Hc 1.13), um sacerdote (ver Ml 2.7), ou os seres celestiais (ver Sl 29.1 e 89.6) podem ter esse título. Um uso mais amplo ainda inclui também a coluna de nuvem (ver Êx 14.19), a pestilência (ver 2Sm 24.16,17), os ventos (ver Sl 104.4) e as pragas (ver Sl 78.49). Paulo chamou seu *espinho na carne de anjo*, isto é, *mensageiro de Satanás* (2Cr 12.7 e Gl 4.13,14). *Pastores* da igreja, Apocalipse 2.1,8,12, *et al.*

II. ANGELOLOGIA E ORIGENS. Os anjos são referidos na Bíblia de Gênesis ao Apocalipse, desde "os carvalhais de Manre" (Gn 13.18) até a "ilha chamada Patmos" (Ap 1.9). As mais antigas evidências arqueológicas em favor da crença na existência dos anjos vêm de Ur-Namus, de cerca de 2250 a.C., onde anjos são vistos a adejar por sobre a cabeça do rei, enquanto este orava. Visto que Abraão chegou àquela região pouco depois disso, é possível que ele estivesse familiarizado com a angelologia desde a juventude. Como é óbvio, a angelologia estava misturada a todas as formas mitológicas possíveis, religiões e superstições primitivas, sendo crença generalizada entre todas as religiões da antiguidade. Que nem todos os conceitos acerca dos anjos correspondem à realidade, é algo óbvio, mas isso não significa que tais seres (dotados de impressionantes atributos) não existam. Durante o cativeiro babilônico, a angelologia recebeu maior atenção da parte dos judeus. O zoroastrismo (cerca de 1000 a.C.) sem dúvida muito contribuiu para a angelologia dos hebreus, mas a sua crença na existência desses seres antecede por muitos séculos ao zoroastrismo. Parece que quase todos os povos têm acreditado em seres espirituais que poderíamos chamar de "anjos", embora seus idiomas não tenham algum vocábulo que possamos traduzir em português dessa maneira ("mensageiro", ou algo similar). O Novo Testamento se inicia com anjos ocupados em serviço ativo e jamais põe em dúvida a sua existência.

O Anjo do Senhor. Em trechos bíblicos como Êxdo 23.21 (onde o Anjo do Senhor parece dotado de autoridade para perdoar a transgressão; e o nome de Deus estava sobre ele) e Juízes 2.1, encontramos uma manifestação especial de Deus — talvez uma manifestação do Logos pré-encarnado, conforme creem alguns intérpretes. Nesse caso, esses trechos são paralelos de Apocalipse 1.1. Acerca disso, entretanto, não podemos ter certeza. (Ver também Gn 16.7 ss.; 21.17; 22.11,15 ss.; 24.7,40; 31.11-13; 32.24-30; Êx 3.6; 13.21,22; 14.19; Nm 22.22; Js 5.14; 6.2; Jz 2.1-5; 1Cr 21.15,18,27 e Ez 1.10-13).

Origem da doutrina. É óbvio que tanto no Antigo como no Novo Testamentos há uma angelologia bastante elaborada. Mas muitos eruditos insistem que as culturas não hebreias tinham crenças acerca de poderosos seres espirituais (anjos), antes dos tempos veterotestamentários. Talvez se possa achar a origem dessa doutrina na experiência humana, à parte dos Livros Sagrados. Há evidências que nos autorizam a crer na interferência, serviço e interesse, de natureza positiva ou negativa, de seres espirituais. Usualmente são invisíveis, podendo ser detectados por pessoas sensíveis, tanto quanto à sua presença como quanto à sua atuação. Porém, as angelologias formais parecem ter-se desenvolvido inicialmente na religião persa. A fé dos hebreus fez pelo menos alguns empréstimos daquela origem, e o cristianismo preservou as ideias essenciais da angelologia dos hebreus. O judaísmo desenvolveu um sistema elaborado, imaginando que há quatro (ou sete) anjos principais, ou "arcanjos", cada um dos quais tem miríades de assessores, com vários graus de inteligência e poder. Os anjos teriam funções que variam desde o serviço imediato diante do trono de Deus, até os mais variados serviços na esfera terrestre, envolvendo nações, comunidades ou indivíduos. Os anjos são os mediadores da mensagem divina, segundo o trecho de Deuteronômio 33.2 ss., que era entendido pelos intérpretes rabínicos. Essa ideia foi adotada pelo autor da epístola aos Hebreus, conforme nos mostra Hebreus 2.2. Josefo, Ant. 15, cap. 15.3 confirmando o ponto de vista. E Gálatas 3.19 mostra que a lei foi "mediada" pelos anjos. Todavia, em Cristo, temos uma mensagem do Filho (Hb 2.3), que é superior à mediação angelical.

Os anjos também estarão envolvidos no julgamento (Mc 8.38; 13.27), e se fazem presentes tanto no nascimento de Cristo (Lc 2.13 ss.) como por ocasião de sua futura parousia (ver o artigo a respeito). Também estiveram presentes quando da ascensão de Cristo (Mt 24.31). Podemos entender que eles acompanhavam Jesus Cristo bem de perto, e que fazem o mesmo, posto que secundariamente, com os homens que compartilham a missão salvadora do Redentor.

III. NATUREZA DOS ANJOS. Somos informados de que eles são seres espirituais criados (Hb 1.14). Orígenes supunha que não há diferença entre o espírito humano e os anjos, exceto quanto ao grau de queda. Os demônios seriam espíritos caídos em grande escala, e os homens, em menor grau. Os santos anjos não participaram da revolta, e assim retiveram seu estado

ANJOS

original, embora não fossem retratados como todos iguais. Paulo os concebia arranjados em muitas ordens, com diferentes poderes, como se vê em Efésios 1.21. Ver notas completas sobre a questão, no NTI.

Anjos guardiães. Os trechos de Mateus 26.53; Hebreus 12.22; Apocalipse 5.11; Salmo 68.17 indicam que eles são muito numerosos. Outras passagens indicam que eles observam os homens, prestando serviços em prol de nações, comunidades e indivíduos. (Ver Hb 1.14; Mt 18.10; Sl 9.1; Dn 10.13; 12.1; Js 5.14). Os trechos bíblicos que dão apoio à doutrina dos *anjos guardiães* são Jó 33.23; Daniel 10.13 (acerca de nações); Mateus 18.10 (onde ver notas completas, no NTI); Hebreus 1.14 e Apocalipse 1.20. Uma antiga doutrina judaica ensina que o anjo guardião tem a semelhança ou aparência daquele a quem guarda, o que talvez seja refletido em Atos 12.15. Essa ideia pode estar ligada à noção oriental do *eu-superior* ou *super-eu* do indivíduo. Presumivelmente, a alma não é o elemento superior do indivíduo, mas sim um instrumento do *eu-superior*, que é a verdadeira entidade. Esse *super-eu* é o homem em sua forma mais elevada, um poderosíssimo ser espiritual. Nesse caso, o anjo guardião seria o próprio homem, e a alma seria seu instrumento, tal como o corpo é o instrumento da alma. Há muitos mistérios, e talvez o que aqui dizemos perscrute um tanto esses mistérios, sem desvendá-los. Se esse conceito é veraz, então o indivíduo é seu próprio anjo guardião, ou pelo menos, poderia ser, embora esse anjo exista em uma outra dimensão de seu próprio ser. Isso não negaria a existência de outros espíritos elevados, que poderiam interessar-se em nossas vidas e aos quais poderíamos chamar de "anjos". O trecho de Mateus 18.10 mostra que esse anjo guardião tem acesso a Deus, um pensamento solene, porque faz Deus chegar bem perto de nós. Tal noção ensina o *teísmo* (ver o artigo), e não o *deísmo* (ver o artigo). O teísmo ensina que Deus não somente criou, mas também interessa-se por sua criação, continuando a intervir, recompensar, punir e guiar a mesma. O deísmo ensina que a força criadora (pessoal ou impessoal) abandonou o universo, deixando que as leis naturais o governassem. Portanto, Deus é transcendental, sem qualquer contato imediato com os homens e suas vidas.

IV. Anjos caídos. Em tempos remotos, houve rebelião entre os seres espirituais, nos lugares elevados. (Ver Jó 4.18; Mt 25.41; 2Pe 2.4; Ap 12.9). O mais elevado dos anjos (Satanás, ver artigo a respeito) encabeçou essa rebelião. Sem dúvida, alguns *demônios* (ver o artigo) são anjos caídos, mas muitos deles são débeis demais para serem tanto. Por certo há muitas ordens de seres angelicais, algumas boas e outras más, outras boas e más (como no caso dos homens), algumas dotadas de grande poder, e outras de poder inferior ao dos homens, algumas elementares, talvez similares aos animais irracionais, e outras com inteligências ainda inferiores aos irracionais. Os espíritos demoníacos poderiam assaltar vindos de vários níveis, o que explicaria a grande diferença entre um poder demoníaco (e sua possessão) e outro. A redenção evidentemente inclui anjos, de tal modo que o caso dos anjos caídos não é irreversível. (Ver Ef 1.10,23; Cl 1.16). O triunfo de Cristo inclui a derrota dos anjos caídos. (Ver Cl 2.15).

V. Adoração aos anjos. O respeito aos anjos era profundo no judaísmo, ao ponto de ver um anjo ser considerado como experiência tão grande quanto ver o próprio Deus. (Ver Gn 16.13; 31.13; Êx 3.4; Jz 6.14; 13.22). Talvez certos desses casos fossem *teofanias* (ver o artigo), ou seja, Deus manifestando-se de alguma forma visível. A teologia judaica posterior encarava os anjos como mediadores entre Deus e os homens (Ez 40.3; Zc 3), e a posição tão elevada naturalmente fez com que alguns os adorassem. A adoração aos anjos penetrou na cristandade (ver Cl 2.18; ver notas completas a respeito, no NTI). As seitas gnósticas incorporaram essa prática (ver o artigo sobre o *gnosticismo*). Todavia, a prática não era aceitável para os verdadeiros cristãos (Ap 19.10). Todavia, no século II d.C., Justino Mártir informa-nos que os cristãos veneravam a hoste dos anjos bons. Após o século IV d.C., o culto aos anjos tornou-se generalizado, sendo honrado especialmente o arcanjo Miguel. Os anjos figuram com destaque na arte e no culto dos cristãos medievais. Os líderes protestantes desencorajaram a prática, e os liberais relegaram os anjos ao domínio da fantasia religiosa e poética.

VI. Homens e anjos. Os textos de Efésios 1.10 e Colossenses 1.16 mostram que a redenção não excluiu os anjos, embora não saibamos comparar o grau de redenção deles com a redenção humana. Sabemos que a redenção humana, em seu estágio final, envolve a participação na natureza divina (2Pe 1.4; ver notas completas no NTI), levando-os acima do estado atual dos anjos. O trecho de Hebreus 1.14 certamente mostra a subordinação dos anjos aos homens que são herdeiros da salvação.

VII. Os anjos e a espiritualidade. É lógico supor que alguns entre os melhores homens têm o poder que demonstram por contarem com a proximidade de seus anjos guardiães. Desse modo, os homens entram em contato com o ser divino, outros seres espirituais servindo de mediadores entre ele e nós. Também é provável que a iluminação ou revelação espiritual seja mediada pelos anjos. Não há como duvidar de que eles não guardam apenas os homens. Deve haver uma intercomunicação de espíritos e de mensagens espirituais. É provável que *uma parte* da espiritualidade consista no desenvolvimento humano, que o capacita a entrar em comunicação mais livre com o poder espiritual a ele determinado. O poder que alguns manifestam de curar, expulsar demônios, ensinar de modo convincente, pode dever-se ao poder angelical que os acompanha.

VIII. O erro da demitização. Muitos liberais e céticos, que não têm acompanhado de perto as manifestações espirituais que se conhecem em nossos dias, supõem que os milagres, os espíritos angelicais e outros, os mundos espirituais etc., são invenções de imaginações muito religiosas. Porém, aqueles que estudam as manifestações espirituais de nossa época sabem da existência de uma poderosa realidade imaterial, que inclui seres imateriais. Os milagres de Saba Sai Baba, o santo homem hindu, provam isso. Ele tem sido observado de perto ao criar e transformar a matéria, a curar qualquer tipo de enfermidade, a ressuscitar os mortos; e as pesquisas dos céticos têm-nos convencido de que Sai Baba não é uma fraude. Fenômenos similares ocorrem em outras religiões, incluindo o aspecto evangélico do cristianismo. Apesar de que o milagre, o sinal, o poder nunca são provas de doutrina correta, servem para demonstrar a realidade do mundo espiritual e a importância da espiritualidade. Podemos afirmar com confiança que Jesus fez o que os Evangelhos dizem que ele fez; muitos de seus milagres são reproduzidos hoje em dia, exatamente como ele disse que sucederia. O mundo físico é apenas o véu que encobre as realidades espirituais, havendo imensas fronteiras espirituais que ainda precisam ser conquistadas.

IX. Inexatidão do termo anjo. É provável que os mundos espirituais sejam povoados por muitos tipos e gradações de seres. Não há razão para supormos que só existe variedade no nosso mundo físico. É difícil supormos que as dimensões espirituais tenham menos seres que a dimensão física. Portanto, visto que falamos em seres dotados de alta inteligência, que têm interesses e missões espirituais, alguns dos quais entram em vários tipos de contato com os homens, então podemos usar o termo "anjo" como uma espécie de chavão. Porém, cumpre-nos entender que há uma vasta realidade por detrás dessa palavra simples, que ultrapassa toda a nossa imaginação.

X. Ofícios e poderes especiais. **1**. Alguns supõem, logicamente, que os anjos têm poderes criativos, podendo estar envolvidos em alguns aspectos da criação, no passado ou no presente. Isso parece lógico, posto que o próprio homem aparentemente é capaz de transformar a energia em matéria. **2**. Elementos na adoração e no culto divinos (Ap 4).

3. Mediadores da mensagem divina, da lei e de muitas comunicações pessoais que visam a prestar orientação aos homens. (Gn 18.9 ss.; Jz 13.2-24; Lc 1.13,30; Gl 3.19). Na qualidade de transmissores da mensagem divina, os anjos também estão provavelmente envolvidos na iluminação de homens que buscam uma maior espiritualidade. Nisso, eles ajudam o homem a desenvolver-se espiritualmente, como mestres ou guias. (Gn 24.7,40; Êx 14.19). **4**. Envolvimento na missão de Cristo, em seu nascimento, morte e ascensão, e no futuro, em sua segunda vinda. Ver as referências dadas na discussão anterior. Esse envolvimento inclui o julgamento. (Ver Ap 20.1-4; Lc 9.26). **5**. Guardar e proteger. Ver as notas sobre os *anjos guardiães*, no NTI, em Mateus 18.10, bem como a discussão e as referências anteriores. As instâncias bíblicas incluem a experiência de Jacó (Gn 32.4 ss.) além de muitas outras (ver Êx 14.19 ss.; Nm 22; Js 5.14; Dn 3.28; 6.22; Sl 91.11; Dn 10.13; 11.1; Ap 2.3). Essas referências mostram que essa proteção e orientação é dada a indivíduos, igrejas e nações. **6**. Muitos atos de ministração física e espiritual. (Ver Hb 1.14; Gn 21.17 ss.; Mc 1.13 ss.; Mt 28.2; At 5.19; 12.6-11). **7**. Um ministério prestado ao Senhor nos lugares celestiais, conforme se vê com abundância no Apocalipse. (Ver Ap 4). (B C R S Z)

XI. Tarefas dos Anjos. Estas são variadas, a saber: **1**. Anunciar e avisar de antemão (ver Gn 18.9 ss. Jz 13.2-24; Lc 1.13,30; 2.8-15; Ap 1-22). **2**. Guiar e instruir (ver Gn 24.7,20; 28.12-15; Êx 14.19; 23.20; Nm 20.16; At 7.38,53; Gl 3.19). Os anjos também interpretam visões (ver Zc 1.9,19; Dn 7.16 e Ap 17.7). **3**. Guardar e defender, o que explica os anjos guardiães e seus serviços (ver Sl 34.7; Gn 32.24 ss.; Êx 14.19 ss.; Nm 22.2Rs 6.17; 1Cr 12.22; Dn 3.28; 6.22; Sl 91.11; Dn 10.13—11.1; Mt 18.10 (ver nota no NTI) e Ap 2 e 3 (onde a igreja é assessorada, guiada, guardada e instruída por agentes angelicais especiais). Ver a afirmação de Jesus de que os anjos poderiam entrar em ação em sua defesa, em Mateus 26.53. **4**. Ministrar aos necessitados. (Ver Gn 21.17 ss.; Êx 3.7; 1Rs 19.5-7; Mc 1.13; Lc 22.43; Mt 28.2; At 5.19 e 12.6-11). **5**. Dar aos homens dons espirituais e ajudá-los nessa utilização (ver 1Co 12.14). Visto que tais dons, quando genuínos, são originários do Espírito Santo; visto que há um envolvimento angelical que inclui a instrução (ver o ponto b); é possível que os dons possam ser mediados por poderes angelicais, tal como se deu no caso da lei (ver Gl 3.19). Esse conceito também parece plausível quando consideramos que os anjos muito se esmeram no serviço em favor dos crentes individuais (ver Hb 1.14); e isso sugere que todos os aspectos da vida dos crentes podem estar envolvidos nesse ministério. Outrossim, muitas religiões além da cristã têm atribuído aos anjos as funções de guias e instrutores espirituais, possibilitando aos homens cumprirem suas respectivas missões. **6**. Ajudar os homens a atingirem seu destino. Isso é declarado em Hebreus 1.14. Aqueles que receberem tal ministério herdarão a vida eterna. Antes disso, porém, aquilo que um homem tiver de fazer, a espiritualidade que ele tiver de atingir e as tarefas que ele tiver de cumprir, será com a ajuda dos anjos. Naturalmente, os anjos são agentes de Deus, e não poderes independentes. **7**. Assessorar no julgamento, tanto o temporal quanto o escatológico, ver At 12.23; Mt 16.27; 25.31; Lc 9.26; 12.8,9; Mc 13.27; os eleitos serão recolhidos pelos anjos; os anjos estarão envolvidos, de alguma maneira, na *parousia* (ver o artigo a respeito). **8**. Os anjos estão ativos na adoração celeste, servindo tanto agora quanto no estado eterno (ver Ap 19.1-3; Lc 2.13 ss.).

O Ministério dos Anjos. Rejeito a ideia que diz que nossos anjos guardiães apenas *protegem-nos*. O trecho de Hebreus 1.14 mostra que o ministério deles atua dentro do contexto espiritual. Também rejeito a noção de que os anjos têm algo a ver com a nossa salvação, como se fossem mediadores; mas creio que eles agem ajudando-nos a crescer espiritualmente. Anjos foram usados como mediadores na outorga da lei, e a lei serviu de aio para conduzir-nos a Cristo (ver Gl 3.19,24). Quando Jesus foi tentado, foi ajudado por anjos, a fim de que não viesse a falhar naquela sua hora de provação (Mt 4.11). Os anjos executam a vontade de Deus (Sl 103.20) e até mesmo guiam na carreira das nações (Dn 10.12,13,21; 12.1). É difícil supormos que isso se relaciona apenas com questões físicas, materiais. Declara sobre isso a obra *Strong's Theology*: "Não poderíamos admitir que os anjos bons influenciam as questões das nações, a fim de contrabalançarem o mal e ajudarem os bons?" (volume 11, p. 451). Muitos intérpretes acreditam que os *anjos* das sete igrejas referidas no Apocalipse eram apenas *isso*, os anjos guardiães daquelas igrejas locais, os poderes que havia por detrás dos pastores daquelas igrejas. Nesse caso, o bem-estar espiritual daquelas comunidades cristãs era influenciado por esses anjos. O trecho de 1Coríntios 11.30 diz que os anjos interessam-se pela ordem e pela adoração nas igrejas locais. Essas são questões que influenciam a nossa espiritualidade. Alford opina, acerca dos sete anjos das igrejas do Apocalipse, que eles eram **seres sobre-humanos**, nomeados para guardar e representar aquelas igrejas. A leitura daquelas cartas demonstra que o ponto em foco era o *desenvolvimento espiritual*, e não se alguma carruagem poderia atropelar e ferir alguém, em alguma das ruas de Éfeso. "Assim como aos espíritos malignos foi permitido atuarem mais ativamente quando o cristianismo começou a atrair os homens, assim também os anjos bons podiam ser mais frequentemente reconhecidos como os *executores dos propósitos divinos*" (Strong, idem, p. 453). Além disso, ouçamos o seguinte: "Assim como os anjos maus tentam os homens, assim também é *provável* que os anjos bons atraiam *os homens* para a *santidade*" (Strong, idem, p. 453). Em seguida, ele passa a dizer: "Recentes pesquisas desvendam possibilidades quase ilimitadas para outras mentes serem influenciadas através da sugestão. Superficiais fenômenos físicos, como o odor de uma violeta, ou como a visão de uma pétala de rosa, em uma página amassada de um livro, podem dar início a uma série inteira de pensamentos que podem mudar o rumo inteiro de uma vida. Uma palavra ou um olhar pode exercer grande fascínio sobre nós. Fisher, em seu livro, *Nature and Method of Revelation* (p. 276), afirma: "Os fatos do hipnotismo ilustram a possibilidade de uma mente cair sob uma estranha escravidão a outra mente". Ora, se *outros homens* podem nos influenciar tão poderosamente, então *é perfeitamente possível* que os espíritos que não estão sujeitos às limitações da carne possam influenciar-nos ainda mais" (*idem*, p. 453 e 454).

Strong prossegue, referindo-se à naturalidade dos fenômenos psíquicos, após o que assevera: "A nossa natureza humana é mais ampla e mais susceptível às influências espirituais do que comumente temos acreditado". Em seguida, ele aborda a questão dos anjos malignos, que atraem os homens a pensamentos e atos maus, da mesma forma que se espera que os anjos bons façam o contrário. Strong foi um teólogo e educador batista, e a sua obra, durante muitas décadas, tem sido utilizada como um compêndio padrão de teologia sistemática. Não penso que eu precise de qualquer autoridade maior que essa. Ademais, as Escrituras falam por si mesmas.

Por conseguinte, sinto-me perfeitamente justificado ao afirmar que os poderes angelicais podem participar do nosso crescimento espiritual, chegando mesmo a inspirar algum ocasional sermão, quando o pregador eleva-se acima de seu "eu" normal (muitas vezes enfadonho).

A Evolução da Vereda Espiritual

1. Materialismo. Com ou sem a crença em um Ser Supremo (essa crença pode ser meramente teórica, sem qualquer utilidade na vida diária), os homens podem atirar-se ao materialismo. Então a vida é vivida egoisticamente. A alma não volve os olhos para cima, para seu futuro estágio eterno. A vida diária não é influenciada por essa visão do alto.

2. Superstição. Nesse segundo estágio, os homens chegam a *reconhecer* algo dos poderes sobre-humanos e espirituais, mas aí todo conceito das coisas continua distorcido. As crenças religiosas podem ser até prejudiciais como na prática do sacrifício humano. Os supersticiosos deixam-se levar por toda forma de mitos e imaginações, mas, pelo menos, já chegaram a perceber que *existem* poderes espirituais.

3. Fundamentalismo. Nesse nível, as revelações divinas, presenciadas em Livros Sagrados, são altamente reverenciadas, porém, a letra é posta acima do Espírito. Ver o artigo sobre *Bibliolatria*. Crenças e credos rígidos cristalizam e entravam o desenvolvimento espiritual. Credos tornam-se motivos fortes de divisão. A arrogância e o gosto pela polêmica são proeminentes nesse estágio. No caso de muitos, o amor é apenas uma questão "da boca para fora". Textos de prova resolvem tudo. Tradições são ensinadas como se fossem a própria verdade. Porções dos Livros Sagrados são distorcidas no esforço de se obter uma teologia sistemática infalível, que se torna mais importante que a própria verdade. Algumas pessoas, neste estágio, são capazes de atingir um bom grau de piedade e espiritualidade pessoais. Muitos, porém, substituem a espiritualidade pela mera aderência a algum credo.

4. Filosofia. Nesse nível do avanço, os homens já começam a pensar por si mesmos, e não são apenas "mata-borrões" que somente absorvem ideias alheias. Surge uma espécie de despertamento, após todo o *sono dogmático* do passado. A tolerância torna-se a linha mestra principal das atitudes e ações. A lei do amor começa a adquirir importância. As antigas verdades passam a ser entendidas de uma nova maneira, e novas verdades são descobertas e incorporadas. Os credos deixam de ser examinados e seguidos cegamente, conforme sucedera no estágio fundamentalista. É abandonado o *anti-intelectualismo* (vide).

5. Perseguição e Perseverança. A alma começa a ter fome e sede de justiça e verdade. Sente-se aflita, impelida a uma inquirição espiritual mais *intensa*. Alguns experimentam, nesse estágio, uma *reconversão*. O estudo torna-se mais importante; a meditação é praticada; a iluminação é procurada; a compaixão e a simpatia substituem a antiga hostilidade. Os homens avançam para além da tolerância.

6. A Vereda Mística. A alma segue Deus bem de perto; experiências conferem a iluminação. *A Presença Divina* torna-se uma realidade na vida. *A* união com Deus é desejada e procurada. O amor é supremo. Ver sobre *Misticismo* e *Cristo-Misticismo*.

7. O estágio final é, realmente, o processo da eterna *glorificação* (vide). Ver *Visão Beatífica* e *Transformação Segundo a Imagem de Cristo*.

BIBLIOGRAFIA. A GOT IR ID LAN NTI RO

ANJO DA GUARDA

Ver o artigo geral sobre os *Anjos*. Parte dessa doutrina, é antiquíssima, é o conceito de que cada pessoa tem um guia espiritual, ajudador, que cuida de sua vida, oferecendo proteção e instrução. O trecho de Hebreus 1.14 mostra que um dos propósitos desse ministério é que as pessoas cheguem à salvação. Nesse caso, o anjo guardião é muito mais do que um simples protetor. O livro de Daniel reflete a antiga crença de que as nações também contam com guardiães, e mencionou Miguel como o poder angelical interessado pelo destino de Israel. (Ver Dn 10.13,21; 12.1 e 10.20, onde aprendemos que até as demais nações têm um anjo guardião). Isso ensina-nos que as nações, e não apenas indivíduos isolados, têm um destino a cumprir. Elas podem falhar em seu destino, tal como pode suceder a indivíduos. Além disso, a humanidade, considerada como um todo, tem um destino, como uma entidade física, inteiramente à parte do destino espiritual dos indivíduos. Devemo-nos lembrar que a vida na terra é uma escola para o nosso treinamento espiritual, revestindo-se de grande importância por esse motivo. Além disso, como uma entidade física, a humanidade tem um destino importante, distinto do destino espiritual das almas. Aparentemente, faz parte do destino físico dos homens explorarem e habitarem outros lugares, dentro do sistema solar e mesmo além. Quando o homem olhar na direção do céu, obterá uma nova perspectiva de seu elevado destino, através da lição objetiva da conquista do espaço. Além disso, aquilo que fazemos neste mundo é importante, ao aprendermos a amar e a servir aos nossos semelhantes. O homem, pois, tem um duplo destino. Um deles é físico, e o outro é espiritual. Esses dois destinos estão relacionados entre si, mas a vida física não é mera preparação para a outra vida. Se isso é verdade, devemos afirmar que qualquer homem que cumpre bem o seu papel, em qualquer profissão que seguir, está servindo à vontade de Deus. Como é óbvio, os ministros do evangelho não são os únicos que servem a Deus. Podemos afirmar que um cientista, por estar fazendo avançar a causa do destino físico relativo ao nosso planeta, também está servindo a Deus. Esse também tem um destino espiritual a preencher, embora, no momento, concentre-se específica e principalmente em um trabalho físico importante para si mesmo e para os outros homens. Posteriormente, ele haverá de ocupar-se de aspectos de sua tarefa espiritual (não terrena). Ambos os aspectos são importantes, e ambos são maneiras de servir a Deus. O *conhecimento* adquirido em todos os ramos, e a respeito de todas as coisas, compõe a ciência divina, pelo que promover o conhecimento, de qualquer variedade (se não for inerentemente mau), é promover o conhecimento de Deus. Pois, afinal de contas, há somente uma grande verdade. Além disso, precisamos considerar a prática da lei do amor. E, se pudermos cumpri-la corretamente neste mundo, então teremos aprendido tal coisa. Qualquer serviço humanitário, portanto, serve à vontade de Deus, mesmo que não esteja ligado a qualquer organização ou empreendimento religioso. Orfanatos, hospitais, escolas e oranizações semelhantes servem a Deus, e não apenas igrejas. O ministério dos anjos envolve todas essas atividades, e não meramente as atividades espirituais. Um guia angelical podia inspirar um cientista a descobrir um medicamento. Tal guia pode levar alguém para trabalhar em uma escola ou hospital, ou mesmo para ser um político! A perspectiva de Deus acerca das coisas sempre é mais ampla do que a nossa, sendo errado alguém desprezar outrem, somente por ser, digamos, um professor de escola pública de ensino médio, e não pastor de uma igreja evangélica.

Um ponto de vista oriental. No hinduísmo, os anjos guardiães são vistos como a porção superior do próprio ser do indivíduo, sendo chamado de *super-eu* (ou *sobre-ser*). Nesse caso, a alma é o instrumento de um elevado poder (a real entidade do ser), tal como o corpo é o instrumento da alma. A natureza humana é misteriosa, não podendo ser solucionada a sua complexidade mediante o mero uso de termos simples como *dicotomia* ou *tricotomia*. O conceito do *super-eu* não elimina o ministério dos anjos (como entidades espirituais *separadas*), mas antes, aumenta o nosso conhecimento sobre a estatura do homem, o qual, conforme a Bíblia ensina, foi criado pouco inferior aos anjos. Ver o artigo sobre o *super-eu* (*sobre-ser*). (EP HUS NTI)

ANO. Ver *Calendário*.

ANO ECLESIÁSTICO. Ver o artigo sobre *Calendário Eclesiástico*.

ANO NOVO. Ver *Festas (Festividades) Judaicas*.

ANO SABÁTICO

No hebraico consiste em uma única palavra. O ano sabático era o ano final em um ciclo de sete anos, dentro do calendário hebreu. Naquele ano os campos eram deixados sem cultivo, para a terra descansar, para se cuidar dos pobres e dos animais, para remissão das dívidas e para os escravos israelitas saírem forros, isto é, livres. O ano após sete anos sabáticos era conhecido como ano do jubileu, em que o solo recebia mais um período anual de descanso, e no qual também havia a liberação de escravos israelitas e a reversão das propriedades, na forma de terras, aos proprietários originais ou seus herdeiros.

O livro do pacto refere-se ao ano sabático meramente como o sétimo (ver Êx 21.2; 23.11; cf. Ne 10.31). Todos os escravos hebreus automaticamente eram deixados em liberdade (ver Êx 21.2). Mas isso talvez signifique apenas que um israelita só podia servir como escravo a outro israelita pelo espaço de seis anos, e que no ano seguinte ele seria colocado em liberdade, não importando se esse ano coincidisse ou não com o ano sabático.

No código sacerdotal, o sétimo ano é designado como *sábado de descanso solene para a terra, um sábado ao Senhor* (Lv 25.4). Um israelita, naquele ano, não podia semear seu campo e nem podar seu vinhedo (ver Lv 25.4). Também não podia fazer qualquer espécie de colheita; mas tudo quanto a terra produzisse naturalmente destinava-se ao consumo dos pobres e dos animais, tanto domésticos quanto selvagens (ver Lv 25.5-7). Havia um paralelo bem próximo entre os regulamentos referentes ao ano sabático e os regulamentos referentes ao sábado semanal (ver Lv 25.2-7; Êx 20.8-11 e Dt 5.12-15).

O mesmo código também provia a observância especial do sétimo ano, dentro de uma série de sete anos sabáticos (ver Lv 25.8,9), bem como a observância do quinquagésimo ano como o ano do jubileu, no qual a terra também ficava sem cultivo, e no qual todas as propriedades voltavam aos seus proprietários originais e todos os escravos hebreus eram libertados (ver Lv 25.10-55). As únicas propriedades isentas dessa lei eram aquelas casas que ficavam dentro de cidades muradas que não fossem resgatadas no espaço de um ano (ver Lv 25.29-31), bem como aquelas pertencentes aos levitas (ver Lv 25.32-34).

No código deuteronômico, o ano sabático é chamado de "sétimo ano" ou "ano da remissão" (ver Dt 15.9). Ali há instruções quanto ao cancelamento de todas as dívidas que um israelita devesse a outro, no final do ano sabático (ver Dt 15.1-3), juntamente com um aviso contra a má vontade em fazer empréstimos a alguma pessoa pobre, em vista da proximidade do ano sabático (ver Dt 15.7-11). A instrução sobre a alforria de escravos hebreus também aparece nesse código (ver Dt 15.12-15). Algo que só aparece nesse código é a leitura da lei por ocasião da festa dos Tabernáculos, durante o ano sabático (ver Dt 31.10-13).

Não se sabe quão escrupulosamente os israelitas observavam os anos sabáticos, mas o trecho de 2Crônicas 36.21 subentende que eles não os observavam. E foi por isso que o povo de Israel foi para o cativeiro, ... *até que a terra se agradasse dos seus sábados*... (cf. também Lv 26.34). O ajuntamento dos exilados que retornaram, a fim de ouvir a leitura da lei, por parte de Esdras, sem dúvida se deu por ocasião do cumprimento do pacto deuteronômico (ver Ne 8.1-8), ou seja, no ano sabático. Uma das reformas instituídas por Neemias foi a execução ou a observância do ano sabático (ver Ne 10.31).

Há provas extrabíblicas de que os judeus observaram o ano sabático após o exílio babilônico. Tanto os livros dos Macabeus quanto Josefo narram que o suprimento de alimentos da guarnição de Betezur logo se acabou, causando a rendição daquela guarnição, porque o fato ocorreu em um ano sabático (1Macabeus 6.49-54. Ant. XIII.8.1. Guerras 1.2.4). E Josefo também relata que durante o governo de João Hircano os judeus não empreenderam nenhuma guerra agressiva por causa do ano sabático (Josefo, Anti. XIII.8.1; Guerras 1.2.4). E também relatou o mesmo escritor que Júlio César isentou os judeus de pagarem o tributo anual nos anos sabáticos, visto que os judeus não cultivavam seus campos e nem colhiam suas frutas (Anti. XIV.10.6). No livro de Jubileus lemos que Enoque "recontou os sábados de anos" (4.18). No entanto, a literatura judaica posterior, devido ao seu silêncio sobre essa observância, mostra-nos que a prática foi sendo gradualmente abandonada pelos judeus, tornando-se antiprática, sem sentido e obsoleta na própria Palestina. Os judeus da "diáspora" jamais observaram o ano sabático. (AM JE S)

ANRAFEL

No hebraico tem sentido incerto. Foi rei de Sinear, as terras baixas de aluvião do sul da Babilônia. Fazia parte da liga de quatro reis (Arioque, Tidal, Quedorlaomer e Anrafel), que combateu contra um grupo de reis palestinos (de Sodoma, Gomorra, Admá, Zeboim e Bela). Os primeiros derrotaram estes últimos (ver Gn 14.1-11). O cabeça da liga oriental era Quedorlaomer, rei de Elão. Anrafel tem sido identificado com Hamurabi, da Babilônia; e Tidal com Tudalia I, de Hati. Mas tudo isso sem muitas evidências, pois as evidências linguísticas e cronológicas laboram contra tais identificações. (UN Z)

ANRÃO

No hebraico, **"o povo"** ou **"o parente é exaltado"**. Nome de três pessoas no Antigo Testamento: **1**. O primeiro dos filhos de Coate, um levita que se casou com a irmã de seu pai, Joquebede, e que teve com ela Miriã, Aarão e Moisés (ver Êx 6.18,20; Nm 3.19 e 26.59). Os anrameus eram seus descendentes, encarregados de deveres especiais no tabernáculo, no deserto. Anrão morreu com a idade de 137 anos, provavelmente antes do êxodo. **2**. Filho de Disom, descendente de Esaú (ver 1Cr 1.41). Em Gênesis 35.26 ele é chamado Hendã, que é uma forma mais correta. **3**. Filho de Bani, que casou-se com uma mulher estrangeira no tempo de Esdras (Ed 10.34; 1Esdras 9.34). Separou-se dela, de acordo com as ordens dadas pelos líderes espirituais, em cerca de 456 a.C.

ANTEDILUVIANOS

Esse termo refere-se às pessoas que viveram antes do dilúvio de Noé. Biblicamente falando, o período é coberto de Gênesis 1.1 (criação) a Gênesis 7 (que história o dilúvio).

I. Datas e controvérsias. Têm sido feitas tentativas de calcular quando ocorreu a criação, mediante a adição dos anos dados nas genealogias o que também nos diria quando Adão veio à existência e quanto tempo se passou entre Adão e Noé. Essas manipulações resultam em 4000 a.C. (grosso modo), como a data da criação; e 2450 a.C. (grosso modo), como o tempo do dilúvio, o que sugere 1.600 anos como o intervalo entre Adão e Noé. Alguns intérpretes continuam a insistir sobre esses números; outros, supondo que as várias genealogias dos antediluvianos (havendo dez desses patriarcas no quinto capítulo de Gênesis) são apenas representativas, talvez até mesmo um simples esboço dos povos e raças que então existiam, afirmam que atribuir datas entre Adão e Noé é tarefa simplesmente impossível. Isso não seria contrário à maneira como as genealogias dos hebreus foram manuseadas. Por outra parte, mesmo que tivessem sido dados apenas dez nomes para representar gerações, o que envolveria um período dez vezes mais longo do que aquele que resulta da contagem dos anos indicados nas genealogias, isso não nos ajudaria a explicar os milhões de anos (e, de fato, bilhões) que a ciência postula como a idade da terra e nem a prolongada jornada de criaturas humanoides à face da terra.

II. Outras considerações. **1**. Alguns intérpretes veem um grande e indefinido intervalo de tempo entre Gênesis 1.1 e Gênesis 1.2, supondo que a criação descrita detalhadamente, no primeiro capítulo de Gênesis, seja uma reforma, e não a criação original. A criação original seria relegada a Gênesis 1.1. Em seguida, esses intérpretes supõem que possam ter ocorrido todas as variedades de coisas pré-adâmicas naquele intervalo, inclusive qualquer número de raças de homens pré-adâmicas, pertencentes ou não à espécie *homo sapiens*. Além disso, a data da criação original poderia ser recuada quanto queira fazê-lo qualquer ciência existente ou que venha a existir — bilhões de anos, se for o caso.

Mas, é então que a questão se levanta: o autor da narrativa da criação, no primeiro e no segundo capítulo de Gênesis, previa uma coisa dessa natureza? Isso pode ser respondido de diversas maneiras: *a*. Não, ele não previa. Portanto, a teoria inteira deve ser condenada. Ou então *b*. Não, ele não previa. Mas isso não labora em coisa alguma contra a veracidade da questão. Deus pode não se ter interessado em revelar-nos qualquer narrativa pré-adâmica, por não nos ser aplicável em qualquer sentido, exceto para nos satisfazer a curiosidade. Ou ainda: *c*. Não, ele não previa. E a teoria não corresponde à realidade dos fatos, inteiramente à parte do que o autor sagrado tencionou dizer. Ou mesmo: *d*. Sim, o autor tencionava que entendêssemos ter havido um imenso intervalo de tempo entre Gênesis 1.1 e Gênesis 1.2, embora não se tivesse preocupado em entrar nos detalhes da questão, por não ser de interesse vital para nós. Ou, finalmente: *e*. A discussão inteira é absurda, porque a narrativa da criação, em Gênesis, é apenas uma dentre muitas lendas antigas que procuram adivinhar como as coisas tiveram início. Por esse motivo, a narrativa não é, de fato, uma fonte informativa sobre a criação, mas tão somente uma lenda religiosa dotada de valores morais, religiosos e simbólicos, mas sem nenhum valor no que tange à investigação científica. Os intérpretes têm assumido todas essas posições.

2. Uma espécie de reconciliação. Inteiramente à parte do que o autor de Gênesis pode ter querido dizer, podemos examinar o problema por um outro ângulo. Sim, há evidências científicas válidas em prol da vasta antiguidade da criação. Nossos telescópios são capazes de capturar luz que tem percorrido o universo durante pelo menos dezesseis bilhões de anos. É questão de simples cálculo matemático descobrir isso, uma vez que seja localizada uma fonte luminosa e a sua distância determinada. Conhecendo-se a distância da fonte luminosa e a velocidade da luz, o *tempo* que tem sido necessário para que a luz chegue à terra pode ser facilmente calculado. Contra isso, alguns têm afirmado que a luz realmente tem menos de seis mil anos, porque "Deus a criou já no caminho". Tal declaração é tão absurda que chego a corar de vergonha quando a repito. A idade dos meteoritos, pelo método do radiocarbono, sugere que o sistema solar tem 4.700.000.000 anos. As medidas dos remanescentes do desgaste radioativo no solo e na poeira trazida à terra, da lua, nos fornecem dados idênticos. Fósseis de micro-organismos unicelulares encontrados na praia do lago Superior (na América do Norte), em rochas pré-cambrianas (medidos pelo método do radiocarbono), aparentemente têm 1.900.000 anos. Dizer que Deus criou todas essas coisas já velhas na aparência, e em decadência, é opinião por demais absurda para ser considerada.

A verdade é que a ciência vai descobrindo mais fatos, quanto mais antiga reconhecemos ser a criação. Consideremos também isto: as reversões magnéticas das rochas sugerem que a posição dos polos foi modificada pelo menos por quatrocentas vezes. Na história recente, isso tem acontecido a cada poucos milhares de anos. Alguns cientistas acreditam (juntamente com teólogos e místicos) que uma outra dessas alterações está sendo esperada para nossos próprios dias, no primeiro quartel do século XXI. Cada alteração dessa, devido ao deslizamento da crosta terrestre, produz grandes inundações e explosões vulcânicas de incalculável potência. Naturalmente, cada alteração dessas é acompanhada pela quase destruição de todos os seres vivos. Se calcularmos as datas gerais (de conformidade com alguns eruditos) da última e da penúltima dessas mudanças de polos, chegaremos perto da cronologia bíblica de Adão e Noé. Essa circunstância levanta a interessante possibilidade de que as narrativas bíblicas desses dois homens representam as duas últimas modificações nos polos, pelo que seriam novos *começos*, e não começos absolutos. Nesse caso, Adão seria uma espécie de Noé, representando o reinício da raça, conforme atualmente a conhecemos. Naturalmente, isso não satisfaria uma estrita e literal interpretação do registro de Gênesis. Mas uma interpretação um tanto mais liberal talvez nos aproxime mais da verdade dos fatos, mesmo que outras pessoas nos julguem hereges. Importantes hereges sempre conseguiram fazer avançar a verdade. Pensemos sobre Jesus, Paulo e Lutero. Porém, ser um herege também não é garantia da posse de verdades mais profundas. Uma coisa, entretanto, é certa — a verdade deve ser buscada. Não podemos solucionar todos os nossos problemas de conhecimento simplesmente voltando-nos para algum *texto de prova* para extrair dali a interpretação que satisfaça nossas exigências de conforto mental. Apesar da verdade algumas vezes vir à tona subitamente, na forma de um pacote feito, com maior frequência assemelha-se a uma mina, que precisamos cavar para descobrir.

3. A arqueologia e as medições por radiocarbono. De modo geral, a arqueologia tem mostrado que estamos tratando com os *começos*, nas terras bíblicas. Em outras palavras, descobrimos um homem primitivo, um caçador, um nômade a recolher seu alimento, um pastor, um guerreiro, um lavrador — mas tudo em estágio primitivo. Um fator importante é que descobrimos o desenvolvimento do *alfabeto* (ver o artigo a respeito), que arma o palco (ou a possibilidade) para o desenvolvimento do conhecimento humano em todos os campos, mediante a linguagem escrita. Isso concorda com a narrativa bíblica sobre os começos; ocasionalmente, porém, a arqueologia topa com algo que parece completamente fora de lugar, que sugere a existência, em milênios passados e perdidos, de civilizações mais adiantadas. Há fortes evidências em favor do uso da eletricidade, de aviões e do poder atômico por parte de alguns povos antigos. (Ver os últimos cinco parágrafos deste artigo). A cada vez que algo é descoberto e que dá a entender isso, os estudiosos, da Bíblia ou seculares, estipulam alguma explicação alternativa, embora inadequada para explicar as evidências. O moderno líder espiritual, Aaron Abrahamsen, foi usado pela Universidade de Arizona para descobrir locais arqueológicos por meio do conhecimento intuitivo e psíquico, e muitos locais têm sido assim descobertos. Ele foi capaz de dizer a profundidade em que seria encontrada alguma civilização perdida, e sua taxa de sucesso era de mais de 90%. De certa feita, ele ajudou os pesquisadores a encontrarem uma civilização com "150 mil anos de idade que nada tem a ver com os índios", no deserto norte-americano do oeste. Isso falaria sobre raças pré-adâmicas sobre as quais não temos praticamente nenhuma informação, e sobre as quais a arqueologia tem pouquíssimo a dizer.

As misturas e as não misturas. É verdade que animais pré-históricos, como os dinossauros, têm sido encontrados de mistura com restos humanos, no mesmo conglomerado. Isso parece dizer que esses presumíveis antiquíssimos animais conviveram com o homem, ao mesmo tempo em que a ciência afirma que devemos falar em milhões de anos ao nos referirmos aos dinossauros, quando o homem ainda não existia. Portanto, temos em uma mesma mistura coisas aparentemente não homogêneas, provenientes de diferentes épocas. Tal fato não constitui problema, porém, quando consideramos o seguinte: quando ocorrem as grandes mudanças polares e a crosta terrestre desliza, é perfeitamente possível que coisas de diferentes épocas se misturem no mesmo conglomerado, embora pertencentes a épocas vastamente separadas entre si. Mas, em outros lugares, não ocorrem essas misturas e, em consequência, escavando de camada em camada, vamos descobrindo diferentes eras, representadas na *não mistura*.

Nada há de estranho no fato da existência de misturas e de não misturas, quando olhamos para a questão do ponto de vista das alterações polares.

A medição por radiocarbono. Os métodos de medição do tempo por radiocarbono e pelo argônio de potássio estão entre os mais fidedignos métodos de medição de datas. Esses métodos obtêm uma precisão com margem de erro de apenas 2 a 5%. Isso tem sido provado reiteradamente com a medição de antigos artefatos, ossos etc., mediante a comparação com datas históricas *conhecidas* por outros métodos, como os registros históricos. A medição radiocarbônica é digna de confiança quando são datadas matérias orgânicas, ou seja, exorganismos vivos, que viveram há cerca de quarenta ou cinquenta mil anos. A precisão diminui à media que recuamos no tempo, porque a radioatividade diminui à medida que o tempo passa. Mas, quando isso sucede, o processo faz as coisas parecerem mais novas, e não mais antigas. O fato é que ambos os processos têm datado inúmeras coisas que antecedem, *por vastas eras*, os quatro mil anos antes de Cristo conferidos a Adão, se contarmos para trás o tempo referido nas genealogias. Temos de enfrentar esses fatos e descobrir a verdade. Se Adão representa um novo começo, após uma mudança polar, e não um começo absoluto da espécie humana, ou se ele foi uma criação especial de uma nova raça, tendo cessado de existir espécies humanas mais antigas (e parece que a primeira alternativa é preferível), então podemos admitir as evidências recolhidas pela ciência, sem termos de rejeitar o relato a respeito de Adão como um mito. Seja como for, muitos eruditos bíblicos de grande reputação, que se apegam aos pontos essenciais da fé cristã, têm abandonado inteiramente o método genealógico, reconhecendo a grande antiguidade da terra. Como prova disso, precisamos ler apenas a *Zondervan Pictorial Encyclopedia of the Bible*, sob o título *Antediluvianos*. Essa obra conclui acerca do método de medição do tempo: "O peso das evidências, de acordo com as interpretações anteriores dos informes disponíveis, claramente indica que a história de Gênesis sobre os antediluvianos não fornece a cronologia de um número específico de anos, de Adão a Noé. Torna-se claro, pois, que não temos datas sobre quando viveram Noé e Adão".

Alguns estudiosos têm sugerido que as descrições sobre os patriarcas bíblicos na verdade são registros dos movimentos e das atividades de tribos inteiras. Termos como "filho" e "gerou" podem ser usados genérica ou metaforicamente, para mostrar as relações entre grupos étnicos, e não a sucessão de pais para filhos reais, dentro desses grupos. Naturalmente, tais considerações não afetam a questão dos povos pré-adâmicos.

4. A arqueologia e as informações sobre os antediluvianos. Muitas informações têm sido recolhidas por meio da arqueologia e da antropologia, acerca dos povos antigos. Podem ser encontrados detalhes em artigos neste dicionário que abordam pessoas e locais específicos, associados àqueles tempos antigos.

5. Algumas evidências de avançadas civilizações pré-adâmicas. Isso pode ser ilustrado através das citações seguintes:

"Quando explodiu a primeira bomba atômica no Novo México, o deserto tornou-se um vidro fundido verde, no local da explosão. Esse fato, de acordo com a revista *Free World*, ofereceu aos arqueólogos uma pista. Eles tinham escavado no antigo vale do rio Eufrates, e haviam desenterrado uma camada de cultura agrária, com oito mil anos de antiguidade, uma camada de cultura de criação de gado, mais antiga ainda, e uma ainda mais antiga cultura de homens das cavernas. Recentemente, eles atingiram uma outra camada — de vidro verde fundido. Pense só nisso, irmão" (*New York Herald Tribune*, 16 de fevereiro de 1947).

"Pedacinhos de vidro verde, talvez fundidos em antigas fogueiras, é uma coisa; mas *áreas* inteiras de vidro verde já é algo inteiramente diferente. E esse não é o único local onde tal coisa tem sido encontrada. Há também áreas similares na costa ocidental da Escócia e em outros lugares, onde apenas um lado foi fundido como se atingido por algum intenso calor, vindo do alto. Os relâmpagos ocasionalmente fundem a areia, mas sempre seguindo o modelo de uma raiz. Portanto, o que produziu uma *camada inteira* de vidro verde, em diversos lugares da Mesopotâmia?" (*Pursuit*, janeiro de 1970, Ian Sanderson).

Nas antigas lendas encontramos declarações que subentendem uma tecnologia avançadíssima, que se perdeu.

"O antiquíssimo texto indiano *Mahabharata* menciona um relâmpago com ponta de ferro que foi enviado contra uma cidade inimiga. O mesmo *explodiu*, de acordo com o relato, com a luz de dez mil sóis, e com a força destruidora de dez mil vendavais. A quilômetros dali, elefantes foram derrubados por terra. Uma nuvem em forma de *guarda-chuva* elevou-se no céu. A cidade inimiga, bem como o seu exército, foram inteiramente destruídos. Os sobreviventes da conflagração foram instruídos a se lavarem em um rio próximo, lavando bem suas armaduras. Os cabelos caíam das cabeças das vítimas, a carne embranquecia e os objetos de argila se partiam sozinhos, depois que a poeira se depositou". (*The Sost outpost of Atlantis*, Richard Wingate).

Há muitos mistérios, e quanto mais diligentemente buscarmos a verdade, com mente aberta, mais a verdade será descoberta. (JG ST TC WEB WHI Z)

ANTICRISTO

O termo (gr. *antichristos*) é usado na Bíblia somente em 1João 2.18,22; 4.3; 2João 7. Como usado ali, indica provavelmente um oponente de Cristo, mais do que propriamente (como o gr. *anti* poderia também significar) alguém que reivindique falsamente ser o Cristo. Muitos intérpretes posteriores, no entanto, consideraram essa última possibilidade, vendo o anticristo como um falso Cristo (*cf.* Mc 13.22), além de oponente deste.

Primeira João 2.18 indica que o conceito de anticristo, senão o termo, já era bem conhecido. A apocalíptica judaica desenvolvera a expectativa de uma personificação humana derradeira do mal, um governante político que se apresentaria como divino e lideraria as nações pagãs em um ataque final ao povo de Deus. Essa figura foi moldada especialmente sobre as descrições feitas por Daniel de Antíoco Epifânio, que estabeleceu a *abominação da desolação* (ou "do assolamento") no templo (Dn 8.9-12,23-25; 11.21-45; *cf.* Mc 13.14). A expectativa judaica, às vezes, incluía também a ideia de um falso profeta nos últimos dias, que realizaria milagres e enganaria as nações (*cf.* Mc 13.22).

Os escritores do NT partilharam da expectativa judaica de um crescendo do mal no período final da história humana, levando à sua derrota final e ao estabelecimento do reino universal de Deus. Tomaram ambos os tipos da figura do anticristo — do rei que reivindica para si adoração divina e do falso profeta enganador —, interpretando-os de modos diversos. Em 2Tessalonicenses 2.3-12, o homem do pecado é uma figura ainda futura, que se estabelecerá no lugar de Deus e seduzirá o mundo, levando-o a crer em suas mentiras. Em Apocalipse 13, as duas bestas representam, respectivamente, o anticristo político e o falso profeta (*cf.* Ap 16.13), sendo usadas para destacar o caráter antidivino e anticristão do Império Romano da época (*cf.* Ap 17) e seu culto e adoração a César. Nas epístolas de João, os hereges que negam a realidade da encarnação são "muitos anticristos" (1Jo 2.18), *i.e.*, falsos profetas, voltados para o engano. Outras passagens do NT advertem sobre o surgimento de falsos mestres na igreja nos últimos dias (At 20.30; 1Tm 4.1-3; 2Pe 2.1; Jd 18).

No decurso da história cristã, as figuras do anticristo da profecia bíblica têm sido interpretadas, principalmente, de três modos diferentes.

Nos períodos patrístico e medieval, era comum a ideia de um anticristo individual futuro, tendo sido desenvolvida uma narrativa detalhada de sua carreira. Essa ideia foi rejeitada pelos reformadores protestantes, vindo a se tornar popular no protestantismo somente no século XIX, quando foi revivida uma interpretação futurista do Apocalipse. Indivíduos como Napoleão III e Mussolini têm sido, por vezes, identificados como o anticristo, algumas vezes por meio de interpretações do número da besta (Ap 13.18).

O segundo modo foi a ideia que os protestantes do século XVI desenvolveram, de que as principais narrativas bíblicas do anticristo se refeririam a uma entidade histórica específica, e não a um homem individual. Identificaram o anticristo, assim, com uma sucessão institucional de homens durante muitos séculos: o papado católico. Essa visão permaneceu como a visão protestante predominante a respeito do anticristo até o século XIX.

O terceiro modo em que o anticristo tem sido entendido é mais o de um princípio de oposição a Cristo que continuamente aparece na história da humanidade sob a forma de indivíduos ou movimentos que se colocam contra Deus e que perseguem ou enganam seu povo. Essa ideia é compatível, naturalmente, com a expectativa da personificação final do princípio do anticristo no futuro.

(**R. J. Bauckman**, M.A., Ph.D., professor de Novo Testamento da Universidade de St. Andrews, Escócia.)

BIBLIOGRAFIA. R. Bauckham, *Tudor Apocalypse* (Appleford, 1978); W. Bousset, *The Antichrist Legend* (London, 1896); D. Brady, *The Contribution of British Writers between 1560 and 1830 to the Interpretation of Revelation 13.16-18* (Tubingen, 1983); R. K. Emmerson, *Antichrist in the Middle Ages* (Manchester, 1981); D. Ford, *The Abomination of Desolation in Biblical Eschatology* (Lanham, MD, 1979); C. Hill, *Antichrist in Seventeenth-Century England* (London, 1971).

ANTIGO TESTAMENTO

Cada livro do Antigo Testamento tem seu próprio artigo. Portanto, somente aquelas coisas que dizem respeito ao Antigo Testamento como um todo, além de um breve sumário de cada livro, são aqui consideradas.

I. DESIGNAÇÃO E COLEÇÃO DOS LIVROS. A palavra "Bíblia" vem do grego bíblia, forma plural de *bíblion*, "livro". Essa palavra, por sua vez, derivou-se da palavra que significa "papiro". A letra final *a*, da palavra bíblia, é um plural grego, que não deve ser confundido com o feminino singular latino. A palavra "Testamento" vem da LXX, *diatheke*, que pode significar ou "pacto" ou "testamento", embora o primeiro seja um nome mais apropriado, o que daria em resultado Antigo Pacto e novo pacto.

O Antigo Testamento consiste em 39 livros, cerca de oito treze avos do volume inteiro da Bíblia. Os 39 livros do cânon protestante são idênticos ao cânon hebreu da Palestina. O Antigo Testamento impresso pela igreja Católica Romana adiciona onze dos catorze livros apócrifos da versão da LXX, a Bíblia grega dos judeus das áreas fora da Palestina. Ver o artigo sobre a *Septuaginta* (*LXX*). Ver também o artigo sobre o *Cânon*.

II. ORIGEM E PRESERVAÇÃO. Todos os livros, de qualquer natureza, têm um pano de fundo terreno, próprio do seu meio ambiente, cultural, histórico e humano. Qualquer interpretação das Escrituras, portanto, deve levar em conta esses elementos. Ver o artigo sobre *Crítica da Bíblia*. Todavia, alguns livros têm-se distinguido, além disso, como dotados do poder e da inspiração de Deus. Esses são os livros da Bíblia. Ver o artigo sobre *Inspiração*. Ora, se há uma inspiração divina, há também uma autoridade especial (ver o artigo a respeito). Os trechos de 2Timóteo 3.16 e 2Pedro 1.20,21 declaram a inspiração do Antigo Testamento. E dentro dos próprios livros do Antigo Testamento encontramos com frequência a frase: *Assim diz o Senhor*. Essa é a base da mensagem dos profetas, que foram apenas agentes de Deus. A consciência de que dispunham de algo ímpar, levou Israel a preservar suas Escrituras com cuidado e diligência. Os escritos inspirados requerem leitores iluminados, sujeitos à orientação do Espírito. No mínimo, requerem uma leitura cuidadosa e uma avaliação justa, mesmo da parte daqueles que duvidam de sua autoridade. Livros que têm resistido ao teste de muitos séculos de exame não podem ser tratados superficialmente. Somente o valor intrínseco pode garantir tão extraordinária preservação como se dá com a Bíblia.

III. PRINCIPAIS DIVISÕES. **1. O Pentateuco**: Gênesis, Êxodo, Levítico, Números e Deuteronômio. **2. Livros Históricos**: Josué, Juízes, Rute, 1 e 2Samuel, 1 e 2Reis, 1 e 2Crônicas, Esdras, Neemias e Ester. **3. Livros Poéticos**: Jó, Salmos, Provérbios, Eclesiastes, Cantares de Salomão. **4. Profetas Maiores**: Isaías, Jeremias, Lamentações, Ezequiel e Daniel. e. Profetas Menores: Oseias, Joel, Amós, Obadias, Jonas, Miqueias, Naum, Habacuque, Sofonias, Ageu, Zacarias e Malaquias.

Uma divisão ainda mais simples: A Lei, os Profetas e os Salmos (ver Lc 24.44).

Outros escritos judaicos. Os livros apócrifos e pseudepígrafos são citados ocasionalmente no Novo Testamento, o que seria natural esperarmos, visto que os livros apócrifos faziam parte da LXX, e os livros pseudepígrafos eram largamente usados como fontes informativas, nas seções proféticas, porquanto ali a tradição apocalíptica dos judeus tem o seu desenvolvimento. Quanto ao valor e extensão do uso dessas obras, nas comunidades judaica e cristã, ver os artigos sobre cada uma delas.

IV. VALOR. Consideremos as minúsculas dimensões de Israel, no entanto, daquela pequena nação originaram-se documentos universais e imortais, que contêm uma literatura verdadeiramente grandiosa e importante. Trata-se de um daqueles documentos que satisfazem ao anelo do coração humano; em caso contrário, eles jamais teriam exercido tamanha influência. Chegamos mesmo a aludir à nossa cultura como cultura judaico-cristã; e, à base dessa cultura, encontramos o Antigo e o Novo Testamentos.

V. RELAÇÃO COM O NOVO TESTAMENTO. A igreja cristã, em quase sua inteireza, tem considerado o Antigo Testamento como autoritário. Jesus ensinou que Moisés, os profetas e os salmos testificam a respeito dele (ver Lc 24.44). No Novo Testamento aparecem entre 150 e 300 citações diretas, extraídas do Antigo Testamento, e há muitas alusões, sem citação direta. Incluindo as alusões, o número de trechos citados, direta ou indiretamente, chega a cerca de mil. Ver o artigo *Citações no Novo Testamento*. Os autores sagrados, quase todos eles judeus, utilizaram-se do Antigo Testamento como base autoritária para o Novo. E, como é óbvio, muitas ideias são passadas diretamente de um para o outro Testamento. Temas fundamentais vinculam entre si no Antigo e no Novo Testamentos: o ponto de vista monoteísta de Deus; o tema da redenção (ver Gn 3.15); a expectação messiânica (ver Ml 3.1-3); o princípio do pacto; o homem como uma raça decaída no pecado; a orientação da providência divina sobre a história da humanidade; e finalmente, a tradição profética. O Antigo Testamento sustenta uma relação vital, preparatória e inseparável, para com o Novo Testamento. O Novo Testamento está contido no Antigo Testamento, e este desdobra-se no Novo Testamento. As expressões "Antigo Testamento" e "Novo Testamento" foram popularizadas pelos pais latinos da igreja. Os dois Testamentos foram intitulados "Antigo" e "Novo" a fim de que fossem distinguidas as Escrituras cristãs das Escrituras judaicas. Mas há declarações específicas, no Novo Testamento, que afirmam a inspiração divina do Antigo Testamento (ver 2Tm 3.16 e 2Pe 1.20, 21) . Muitas personagens e coisas que figuram no Antigo Testamento são tipos de Cristo e, em determinados aspectos, do cristianismo neotestamentário. A epístola aos Hebreus é a declaração clássica a esse respeito. Até mesmo os eventos históricos do Antigo Testamento têm aplicação a Cristo e à sua igreja, como a travessia do mar Vermelho (ver 1Co 10.1,2), a conquista de Canaã, sob a liderança de Josué, o descanso espiritual no qual entramos mediante a fé (ver Hb 3.4), a chamada de Israel para fora do Egito, o retorno de Jesus do Egito à Palestina, após a morte de Herodes (ver Mt 2.15) etc. Acrescentam-se a isso as inúmeras profecias do Antigo Testamento que foram cumpridas em Cristo, o que faz de Jesus a pessoa que une os dois pactos entre si. No NTI, nas notas sobre Atos 3.22, são alistadas essas profecias, com as referências correspondentes. Além disso, precisamos levar em conta a prova histórica da unidade dos dois Testamentos. Poderia ser considerado mero acaso histórico o fato de que, durante muitos séculos, o Antigo e Novo Testamentos têm sido impressos e encadernados juntos, formando um único grande livro, a *Bíblia*?

VI. BREVE PESQUISA DO CONTEÚDO DOS LIVROS

1. O Pentateuco: *a. Gênesis*. Ali aparecem, pela primeira vez, os títulos descritivos de Deus: El, Adonai e Yahweh. Esse é o verdadeiro Deus, o Criador. Nele todas as coisas têm a sua origem. O homem foi criado por Deus e caiu no pecado. O perdão foi prometido, e teve início o tema messiânico da redenção, logo após a queda. Deus enviou o juízo do dilúvio, uma das grandes catástrofes que se abateu sobre o mundo, dentre muitas outras que não estão registradas nas páginas da Bíblia, mas cujo fim assinalou um novo começo para a humanidade, com os descendentes dos três filhos de Noé: Sem, Cão e Jafé. Abraão foi chamado de descendente de Sem. Com os descendentes de Abraão, Deus formou a nação de Israel, um dos veículos da redenção. Os primeiros descendentes de Abraão, isto é, Isaque, Jacó e seus doze filhos, são chamados de "os patriarcas". Todavia, os descendentes de Abraão terminaram escravizados no Egito. Ali, José foi a grande luz da espiritualidade, tendo salvo a sua gente da inanição. *b. Êxodo*. Moisés, descendente de Abraão através de Levi, foi preparado para libertar o povo de Israel da servidão egípcia. Após o êxodo, Moisés foi usado por Deus para produzir uma nova expressão espiritual de grande magnitude: a lei mosaica. Israel apostatou, mas retornou ao Senhor. O sábado foi ordenado, o tabernáculo e suas formas próprias de adoração foram instituídos. *c. Levítico*. Esse livro descreve os muitos regulamentos cerimoniais que governam todos os aspectos da vida religiosa e civil dos israelitas. Ali aparecem seis tipos de sacrifícios cruentos, os quais retratam diversos aspectos da expiação. Também preceitua-se ali sobre animais limpos e imundos, sobre a santidade cerimonial em todos os níveis da vida, sobre a celebração do sábado, da Páscoa, dos pães asmos, do Pentecostes, da festa das Trombetas e da festa dos Tabernáculos. O vigésimo sexto capítulo desse livro prediz o cativeiro assírio e o babilônico, mas sobretudo este último, porque fala no retorno, embora sem designá-lo especificamente por nome. *d. Números*. Temos ali as jornadas de Israel desde o monte Sinai até às fronteiras de Canaã, em Cades-Barneia. Temos ali o relato dos castigos motivados pela incredulidade; os 40 anos de vagueação pelo deserto; a chegada às planícies de Moabe; os encontros com Balaque e Balaão; o recenseamento no começo do relato, e outro no fim (ver Lv 26), quando então havia seiscentos mil homens em armas; o estabelecimento dos levitas como uma casta sacerdotal; os espias enviados a Canaã; as queixas e rebeldias contra Moisés; a conquista da Transjordânia; e, finalmente, como os israelitas em Moabe foram induzidos a cair em idolatria. *e. Deuteronômio*. Temos ali as instruções finais dadas por Moisés: a reiteração da lei (de onde vem o nome do livro = "segundo livro da lei"); diversas novas provisões, para quando Israel se estabelecesse em Canaã; a leitura pública do pacto; a invocação de testemunhas para que qualquer causa tivesse validade; cópias da lei que tiveram de ser guardadas na arca da aliança; e as admoestações finais a Israel, para que fosse leal ao pacto.

2. Livros Históricos. *a. Josué*. A conquista da Terra Prometida é o tema principal desse livro; o cumprimento das promessas terrenas feitas a Abraão; a incomum dedicação e espírito decidido de Josué; as vitórias e os retrocessos da conquista; o estabelecimento das cidades de refúgio; a distribuição do território entre as dez tribos que ficaram na margem direita do rio Jordão; as cidades para os levitas; o desafio de Josué ao povo, para que renovasse sua lealdade a Yahweh. *b. Juízes*. As gerações subsequentes não completaram a conquista da Terra Prometida; fracassos morais e religiosos devido ao contato com povos pagãos; o estabelecimento de juízes para governar e libertar o povo de Israel; numerosos conflitos com povos vizinhos, com vitórias e derrotas; a tendência de cada qual fazer o que lhe parecia melhor; tempos violentos, quando ninguém tinha a sua vida segura. O bárbaro assassinato da concubina do levita, em Gibeá, o que o levou à punição armada contra a tribo de Benjamim, da qual quase resultou a extinção dessa tribo. *c. Rute*. Uma terna e romântica narrativa, durante o tempo dos juízes, que envolveu a moabita Rute e sua sogra israelita, Noemi. Tendo voltado a Belém, Noemi, não abandonada por sua nora viúva, Rute, atraiu para Rute o favor de Boaz, rico solteirão e primo de Noemi. Noemi reivindicou-o como seu parente-remidor, e Rute casou-se com ele, tornando-se uma das ancestrais do futuro rei Davi e, consequentemente, de Jesus de Nazaré. *d. 1 e 2Samuel*. Dias finais do sumo sacerdote Eli, tutor do menino Samuel, que fora dado por sua mãe ao serviço do Senhor; os filisteus derrotam Israel em Silo, e tomam a arca da aliança; uma praga força os filisteus a devolverem a arca. Samuel derrota os filisteus e coroa Saul como rei. Saul entra em inúmeras batalhas, com vitórias e derrotas. Davi desafia e derrota o herói dos filisteus, o gigante Golias. Tendo desobedecido a Deus, Saul é rejeitado. Muitas vicissitudes, através de mais de uma dezena de anos, levam Davi ao trono, depois de ele ter sido forçado ao exílio. Davi expressa o desejo de edificar um templo em honra ao Senhor. As muitas conquistas militares bem-sucedidas de Davi. Revolta de Absalão, filho de Davi; a morte violenta de Absalão. Os trinta grandes heróis de Davi. O recenseamento ordenado por Davi é desaprovado e julgado por Deus. *e. 1 e 2Reis*. Tem prosseguimento a narrativa da monarquia hebreia, desde Salomão até Zedequias. 1Reis termina com a morte de Acabe (835 a.C.). Salomão, como rei, com seus pontos fortes e fracos levanta o templo. Fama e riquezas de Salomão; sua grosseira poligamia; ocorre a separação permanente entre Israel, ao norte, e Judá, ao sul. Relatos dos ministérios de Elias e Eliseu. As intermináveis lutas de Israel e Judá, em conflito com povos vizinhos, com vitórias e derrotas. Os cativeiros assírio e babilônico. O retorno dos judeus à Terra Prometida. As descobertas arqueológicas têm confirmado a existência de mais de cinquenta dos reis de Israel e Judá. *f. 1 e 2Crônicas*. A história de Israel é revisada, do ponto de vista de sua relação de pacto nacional com Deus; o sacerdócio divinamente determinado; a teocracia de Davi. Esses livros não tratam sobre Israel, o reino do norte, porquanto esse representa um cisma. Ênfase sobre a rica herança espiritual dos judeus. Elevados momentos de fé, confiança e vitórias de reis como Reoboão, Asa, Josafá. Também trágicos lapsos de fé e obediência, como o adultério e homicídio praticados por Davi, a grosseira poligamia de Salomão e sua permissividade quanto à idolatria. Finalmente, o cativeiro babilônico de Judá e a soltura dos judeus do cativeiro, por ordens de Ciro, imperador da Pérsia. *g. Esdras*. Retorna à Palestina, em 537 a.C.; na primeira vez leva 42 mil judeus, vindos da Babilônia. Esses fundam o segundo reino, lançam os alicerces do templo e reiniciam as atividades religiosas dos judeus. Algumas décadas mais tarde, Esdras vem da Babilônia à Palestina, com a aprovação do imperador, a fim de ajudar na restauração espiritual da pequena e desencorajada província de Judá (457 a.C.). Esdras leva os judeus a se desfazerem de suas esposas estrangeiras e dá início a uma restauração geral da lei, dos costumes e da religião. **h. Neemias**. Ele era o copeiro do imperador persa, relatando-nos como foi autorizado a servir como governador de Judá (a partir de 446 a.C.). Liderou no reerguimento das muralhas de Jerusalém e restaurou seus compatriotas a uma postura decente de defesa e autorrespeito, diante dos povos vizinhos hostis. Várias dificuldades foram enfrentadas e ultrapassadas. Neemias promoveu um reavivamento, por ocasião da festa dos Tabernáculos, e os judeus adquiriram um novo interesse pelas Escrituras e pelas tradições de sua nação. Esdras determinou a expulsão de certos estrangeiros que viviam em aposentos do templo, e insistiu sobre o pagamento de dízimos, para sustento dos ministros do templo. O sábado passou a ser novamente respeitado, e os judeus divorciaram-se de suas mulheres estrangeiras. **i. Ester**. Nesse livro relata-se o livramento da nação judaica, na Pérsia, do genocídio arquitetado por Hamã, primeiro-ministro do imperador, que odiava os judeus. Hamã ignorava que a bela e jovem rainha de Xerxes (Assuero), de nome Ester, era prima de Mordecai. Mordecai era o judeu que recusara prestar homenagem a Hamã, o que deu início ao drama inteiro. Sem ter sido convidada à presença do imperador, Ester arriscou sua vida, intercedendo em favor de sua gente. A forca preparada para Mordecai, em vez disso, foi usada para execução de Hamã. Essa vitória é celebrada pelos judeus mediante a festa de Purim (ver o artigo a respeito).

3. Livros Poéticos: **a. Jó**. Se o relato é real, então tudo ocorreu no norte da Arábia. Mas a ausência de qualquer genealogia indica, para alguns, que o livro é uma espécie de romance filosófico, criado com o propósito de ensinar lições morais e espirituais, especialmente no que tange ao problema do mal. Por que o justo sofre? Satanás é retratado como um espírito dotado do poder de provocar toda a espécie de males contra os homens. Podemos aceitar essa exposição se supusermos que Deus permite os acontecimentos tendo em vista o nosso bem, e também se lembrarmos que os judeus não sabiam explicar devidamente as causas, tendendo por esquecer-se de que há uma primeira causa (Deus), e muitas causas secundárias, que podem operar e realmente operam de modo independente de Deus. Para alguns, é motivo de perturbação saber que Deus deu ouvidos a Satanás, permitindo que um homem inocente sofresse sob instigação do diabo. Mas isso exprime uma antiga teologia que não resiste ao teste da veracidade. Ou, alternadamente, Deus pode permitir que o crente sofra injustamente, a fim de acrisolá-lo, extraindo a escória e deixando sua fé mais pura — exatamente o que sucedeu a Jó. Apesar desse senão, o livro aborda o tema do mal e do sofrimento com grande maestria, e isso em meio à mais excelente poesia do tipo hebraico.

É interessante como alguns estudiosos ficam desapontados diante do final da história, pois tudo terminou tão bem para Jó, ao passo que a vida humana, mais frequentemente, termina em tragédia. De fato, as tragédias gregas, nas quais o herói sofre perdas variadas e irreparáveis, são mais fiéis à realidade humana. Por causa desse "fim" benigno alguns têm suposto que o final do livro de Jó não é autêntico quanto aos fatos, embora não haja a menor evidência textual para tal ideia. Nem sempre as tragédias terminam tragicamente. Apesar de sua vida terrena ter terminado tragicamente, houve uma reversão mais do que compensadora, mediante sua gloriosa ressurreição, e Jesus recomendou aos seus seguidores: ... *tende bom ânimo, eu venci o mundo* (Jo 16.33). Essa é a lição do livro de Jó. **b. Salmos**. Em sua maior parte, os 150 salmos são orações ou cânticos de louvor e petição, que refletem as experiências diárias, com as suas muitas alegrias, tristezas, perigos e aspirações tanto terrenas quanto espirituais. Dentre esses salmos, 73 são atribuídos a Davi. Mas como alguns salmos são anônimos, é possível que também tenham sido de sua autoria. Além dos salmos de natureza pessoal e humana, há aqueles de natureza teológica, reveladores da pessoa e do poder de Deus, tanto em si mesmo como no seu relacionamento com os homens. No Novo Testamento, o livro de Salmos é o mais citado de todos os livros do Antigo Testamento, e muitos deles têm um pronunciado caráter messiânico. Dez dos salmos são atribuídos aos filhos de Coré (Sl 42, 44—49, 84, 87 e 88), e doze a Asafe (Sl 50, 73—83); o Salmo 90 é atribuído a Moisés; o Salmo 127, a Salomão; o Salmo 83, a Hamã; e o Salmo 89, a Etã. Salmos anônimos, entre outros, são os de números 103, 104 e 119. Alguns dos salmos eram usados na liturgia veterotestamentária, e muitos deles exprimem a personalidade de Israel como uma corporação, e não apenas as emoções de alguns salmistas individuais. **c. Provérbios**. Essa é uma grande coletânea de máximas vigorosas, de encorajamentos positivos e de advertências, por detrás da qual brilha a famosa sabedoria de Salomão, o qual falou sobre todas as situações imagináveis da vida diária. Alguns temas dizem respeito aos pais, outros à fidelidade aos votos conjugais, à honestidade nos contratos, aos sábios, aos insensatos, aos ímpios, aos presunçosos, aos bondosos e virtuosos, e outros são advertências acerca de vários vícios. **d. Eclesiastes**. O filósofo Salomão fala do ponto de vista humano sobre a futilidade de todo esforço e empenho humanos, porquanto, à parte da providência e da orientação divinas, tudo resulta em nada. Alguns pensam que o livro teve dois autores, um dos quais totalmente negativo, que não acredita na existência da alma, ao passo que o outro seria mais esperançoso, crendo na existência e valor da alma. Mas, na conclusão, o livro termina em tom positivo, demonstrando que a finalidade da existência humana é caminhar pela senda do dever: temer a Deus e guardar os seus mandamentos. **e. Cantares de Salomão**. Esse é o livro poético que mais tem suscitado debates. Alguns pensam que ele não deveria fazer parte do cânon do Antigo Testamento. As interpretações do livro são duas: ele exprime o puro amor conjugal, segundo foi ordenado por Deus na criação, ou então simboliza o amor de Cristo por sua noiva celestial, a igreja. Todos admitem que até o esboço do livro é difícil de ser acompanhado. Porém, homens e mulheres de ilibada santidade têm encontrado nesse livro um deleite espiritual dos mais profundos. Somente as mentes de forte pendor ascético, que imaginam que o amor marital é condenável, voltam-se contra o livro como indigno de fazer parte da Bíblia.

4. Profetas Maiores: São assim chamados porque seus livros são mais volumosos que os dos chamados "profetas menores", nada tendo a ver com a importância relativa daqueles em relação a estes últimos. **a. Isaías**: Livro volumoso de 66 capítulos, com muitas declarações proféticas, incluindo muitas excelentes predições e descrições messiânicas. Tanto é assim que alguns o têm chamado de "Evangelho segundo Isaías". Reflete um período, na história de Israel, entre 739 e 680 a.C. Isaías era membro da família real judaica. Viveu em uma época de degeneração, pelo que Deus o levantou como seu profeta. Houve a degeneração de Acaz, o reavivamento encabeçado por Ezequias, e a tremenda apostasia de Manassés. Isaías fala sobre a salvação oferecida por Deus e sobre o prometido Messias, o Deus encarnado. Yahweh não podia tolerar as condições em que vivia seu povo de Israel, e baixou instruções através de Isaías. Ali é predito o cativeiro babilônico, e também a subsequente restauração. Dali, a visão profética salta para a era da instauração do reino, que ainda jaz no futuro. O Servo de Yahweh é a grande figura messiânica, nascido virginalmente, o Emanuel ou Deus-homem, que ofereceria a sua vida como expiação pelos nossos pecados. O Emanuel obteria completa vitória livrando os remanescentes de seu povo de todos os inimigos internos e externos. A visão de Isaías é muito ampla, abrangendo até mesmo o estado eterno futuro, quando bons e maus estarão definitivamente separados, cada qual no seu respectivo destino. **b. Jeremias**. Um sacerdote e profeta desde a juventude, até a queda de Jerusalém diante dos caldeus, em 587 a.C., e daí até a migração de alguns sobreviventes judeus para o Egito, poucos anos mais tarde. Jeremias foi comissionado por Deus para denunciar a idolatria, a imoralidade e a autocomplacência em que Israel se atolara. Jeremias recomendava que os judeus se submetessem ao governo de Nabucodonosor, a quem Deus apontara como instrumento de disciplina; recomendava também que evitassem alianças com o Egito, na tentativa de escaparem do merecido castigo. Todas as classes sociais haviam-se corrompido, e o juízo divino era inevitável. Mas, após 70 anos de cativeiro, os judeus retornariam à sua terra, e eventualmente seriam libertados pelo Messias, descendente de Davi, o qual, nesse livro, é chamado de Renovo Justo. E os gentios também seriam julgados, no devido tempo, porquanto Deus é o Juiz de todos os homens, em todos os lugares. Muito sofreu Jeremias por sua fidelidade a Deus, tendo sido considerado por muitos judeus como um traidor. Mas Jeremias, mediante a proteção divina, sobreviveu a tudo e teve a tristeza de contemplar o cumprimento de suas predições de castigo contra Judá e Jerusalém. **c. Lamentações**. Nesse pequeno livro, Jeremias exprime a sua angústia ante a total depravação de seu povo, a perda de sua honra e privilégios, de sua liberdade e de suas possessões materiais. Mas, em contraste com isso, ele experimentou a alegria de contemplar a santidade e o eterno amor de Deus. *Grande é a tua fidelidade* (Lm 3.23). **d. Ezequiel**. Também era sacerdote, como Jeremias. Viu a glória de Deus, ao iniciar o seu ministério profético (592 a.C.), e evidentemente prosseguiu profetizando entre seus companheiros de cativeiro, na Babilônia. Os primeiros 24 capítulos antecipam a queda de Jerusalém diante dos caldeus, um juízo divino contra a idolatria e todos os tipos de pecados e lapsos. Judá contava então com o exemplo negativo de Israel, o reino do norte, que fora levado cativo pelos assírios. Os capítulos 25 a 32 encerram predições contra a Fenícia, o Egito e outros países vizinhos; os capítulos 33 a 39 predizem a restauração e a renovação espiritual de Israel. Talvez o quadro ali descrito retrate as condições do milênio; ou então um estado ideal, segundo outros estudiosos. O verdadeiro Pastor haverá de levantar-se, no futuro, derrotando as forças de Gogue, Magogue, Ros etc. Então ressuscitarão os ossos secos. Os capítulos de 40 até o fim, falam sobre o templo durante o milênio (ver o artigo a respeito), com o tipo de adoração que ali haverá. A Terra Prometida desfrutará de grande prosperidade, dotada de uma população numerosa. **e. Daniel**. O livro foi escrito quando seu autor vivia em cativeiro, na Babilônia, juntamente com todo o povo de Judá. Daniel e três amigos seus, igualmente príncipes da casa real de Judá, obtêm elevadas posições no governo da Babilônia. Perigos criados por circunstâncias adversas são revertidos mediante revelações dadas a Daniel. Este interpretou o sonho profético de Nabucodonosor, sobre quatro grandes impérios mundiais em sucessão: a Babilônia, a Média-Pérsia, a Grécia e Roma. Os três amigos de Daniel são miraculosamente salvos da fornalha ardente, onde haviam sido lançados por se recusarem a adorar uma estátua levantada pelo imperador. Por não ter deixado de orar a Deus, durante um período proibido de trinta dias, quando todas as orações só podiam ser dirigidas ao imperador, Daniel foi lançado na cova dos leões, mas sua vida foi miraculosamente preservada. Tempos depois, Daniel interpretou a terrível mensagem de julgamento divino contra Belsazar, a qual se cumpriu naquele mesmo dia. Os últimos seis capítulos do livro contêm predições concernentes aos futuros impérios mundiais, especialmente aquele envolvido no reinado de Antíoco Epifânio (ver o artigo a respeito), que foi um tipo do anticristo. Certas porções do livro — caps. 2 a 7 — foram escritas em aramaico. E o resto em hebraico. Daniel foi o inspirador da tradição profética judaica posterior, incluindo os livros pseudepígrafos e o Apocalipse de João, no Novo Testamento. É um dos livros mais importantes do ponto de vista escatológico. O Apocalipse de João completa aquilo que Daniel teve de "selar", isto é, de ocultar (ver Dn 12.9).

5. Profetas Menores: **a. Oseias**. Ele pertencia ao reino do norte, e ali profetizou, entre 755 e 720 a.C., antes da queda de Samaria, que ocorreu em 722 a.C. A esposa de Oseias era uma mulher adúltera. E isso proveu a ilustração espiritual de Israel como esposa adúltera de Yahweh. Os nomes dos três filhos do profeta tipificavam condições proféticas: *i. Jezreel*, a destruição da dinastia de Jeú; *ii. Lo-Ruama*, que não haveria restauração nacional das dez tribos do norte; e *iii. Lo-Ami*, que a nação do norte não seria restaurada à relação de pacto com Deus. Há muitas denúncias contra todos os tipos de pecados e crimes. Não obstante, o amor de Yahweh por Israel continuaria, e haveria um remanescente, composto por crentes verdadeiros, que herdariam as promessas do Senhor. **b. Joel**. Um livro composto em cerca de 830 a.C., o que faz de Joel o primeiro dos profetas "escritores". Seu livro abrange tudo quanto os demais profetas disseram, embora sem entrar em detalhes, os quais foram explorados pelos demais profetas escritores. No tempo da composição do livro, o rei Joás era ainda menor de idade. Os adversários de Judá eram os fenícios, os filisteus, os idumeus e os egípcios (ver Jl 3.4,19). Uma praga de gafanhotos retrata uma futura invasão dos assírios e caldeus. Somente o arrependimento poderia fazer a maré invasora virar. Deus é capaz de derrotar os inimigos e de derramar o seu Espírito (ver Jl 2.28-32). No dia de Pentecostes, segundo se vê em Atos 2.17, essa predição teve cumprimento parcial; e no futuro teremos o cumprimento cabal da mesma. O julgamento divino foi predito contra os opressores de Israel. Haverá triunfo e paz, afinal, durante o milênio (ver o artigo a respeito). **c. Amós**. Amós não era profeta e nem filho de profeta, mas apenas um humilde pastor. Não obstante, o Espírito tornou-se um profeta que se opôs à classe sacerdotal, que estava abusando de seus deveres. E isso quase causou a morte de Amós. Ele enviou advertências ao reino do norte (cerca de 760-755 a.C.), e declarou também iminente o julgamento divino contra Damasco, Tiro, Gaza e Edom. Judá foi denunciado por estar dando ouvidos a falsos mestres. Todos os tipos de vícios e exploração ao próximo foram denunciados. Foi predita uma destruição geral, através de vários meios, embora seguida por promessas da futura glória do milênio (ver o artigo). O trecho de Amós 7.10-17 registra um choque ocorrido entre Amós e o sacerdote do santuário real de Betel, chamado Amazias. **d. Obadias**. Livro que tem um único capítulo escrito em cerca de 841 a.C., durante o reinado de Jeorão, quando os filisteus e árabes invasores aparentemente foram ajudados pelos idumeus, na pilhagem de Jerusalém. Edom foi denunciado, e um severo julgamento foi proferido, devido aos abusos cometidos contra Israel. **e. Jonas**. Foi um profeta desobediente a princípio, não querendo entregar uma mensagem divina de juízo contra Nínive. Para fugir do compromisso, tomou um navio para Társis, porto ocidental do Mediterrâneo. O navio foi vítimado por um imenso temporal. Os marinheiros lançaram-no fora, na tentativa de aplacar a ira divina. Uma baleia engoliu o profeta, e mais tarde vomitou-o. Então Jonas resolveu ir pregar em Nínive. Sua mensagem era simples, mas Deus a usou para fazer os ninivitas se arrependerem. A cidade não foi destruída e Jonas entristeceu-se diante do fato. Então Deus precisou ensinar ao profeta uma lição de compaixão, fazendo uma planta crescer e morrer em seguida, para mostrar a Jonas que assim como ele se indignara diante da perda da planta, Deus também não tinha prazer na morte do ímpio. **f. Miqueias**. Profeta contemporâneo de Isaías, no século VII a.C. Ele foi enviado para anunciar o juízo de Deus contra os reinos do norte e do sul, Israel e Judá, em face de sua idolatria, pecados e muitos lapsos. Os assírios seriam usados como látego. Todas as classes sociais se tinham corrompido, havendo exploração do próximo e pecados morais por todos os

ANTILÍBANO

lados; e fatalmente sobreviria o juízo. Haveria o exílio, a restauração e o futuro reino messiânico (ver as notas sobre o *Milênio*). A vida religiosa depende da fidelidade e da santidade, e o povo de Israel precisava aprender essa lição. **g. Naum.** Um profeta que atuou em cerca de 650-625 a.C., proclamando a vingança de Deus contra a brutalidade de Nínive, capital da Assíria. Ele descreveu, antecipando, como os caldeus e medos derrubariam a Assíria. Deus afirmava que haveria a restauração de Israel, sob a condição de arrependimento. **h. Habacuque.** Esse profeta entregou sua mensagem em cerca de 607 a.C., no intervalo entre as batalhas de Megido (609 a.C.) e de Carquemis (605 a.C.). O livro é uma espécie de diálogo entre o profeta e o Senhor, a respeito de sua maneira de tratar Israel. O profeta fazia perguntas, e Deus dava as respostas. Os caldeus castigariam o pérfido Israel, mas os justos continuariam a rejubilar-se em Deus, embora perdendo suas possessões materiais anteriores e seus luxos. **i. Sofonias.** Sua mensagem foi entregue no começo do reinado de Josias (cerca de 625 a.C.), predizendo o futuro Dia de Yahweh. A ainda recente invasão dos citas, que devastaram o Oriente Próximo e Médio, em cerca de 630 a.C., serviu de exemplo do que poderia acontecer. Os juízos divinos atingiriam Israel e seus vizinhos. Mas a era do reino seria dada ao remanescente justo. Israel e os povos gentílicos aprenderão a falar a mesma linguagem de fé (ver Sf 3.9, 10). **j. Ageu.** Após o retorno de Judá do cativeiro babilônico, Ageu exortou o povo a reconstruir o templo. Este seria mais humilde, mas haveria de renovar as esperanças. A grande esperança prometida seria o Messias, que haveria de chegar ao seu templo. Portanto, o povo deveria mostrar-se zeloso quanto à reconstrução do templo. E, no espaço de três anos (em 516 a.C.), o novo templo foi dedicado ao Senhor. **k. Zacarias.** Esse profeta ajudou Ageu em seus esforços (a começar em 519 a.C.). O livro encerra oito visões, cujo intuito era encorajar o povo de Deus mostrando a intervenção divina e o julgamento do Senhor contra os opressores de Israel, a Assíria, a Babilônia, a Grécia e Roma. Jerusalém seria reconstruída e prosperaria, sendo remida de seus erros e servindo como testemunha aos gentios. No livro há várias profecias messiânicas, como a da entrada triunfal de Jesus em Jerusalém (ver Zc 9.9,10), inaugurando assim o propósito remidor de Deus. Israel haveria de receber seu Bom Pastor, em substituição aos pastores falsos, e também haveria de converter-se a Cristo, a quem seus antepassados haviam transpassado (ver Zc 2.10). Portanto, o livro tem um decidido lado escatológico. A idolatria seria removida e os inimigos de Israel seriam derrotados. Jerusalém, embora cercada pelos exércitos do mundo, em situação desesperadora seria miraculosamente livrada, dando início assim ao período do reino milenar de Cristo, o qual haverá de exercer domínio sobre o mundo inteiro (ver o artigo sobre o *Milênio*). **l. Malaquias.** Esse foi o último profeta escritor de Judá, a menos que empresremos algum valor aos livros apócrifos e pseudepígrafos. O uso da pseudepígrafa, pelo vidente João, parece indicar que ele pensava que ali havia material inspirado, ou pelo menos utilizável, por conter informações precisas. Seja como for, Malaquias é o último profeta escritor do período do Antigo Testamento. Sua data é de cerca de 435 a.C. Ele convocou Judá a voltar à piedade. Sacerdotes negligentes haviam corrompido a adoração no templo, e pecados de todas as variedades corrompiam o povo. Esposas estrangeiras precisavam ser repelidas, e o povo precisava voltar a pagar seus dízimos. São preditos no livro tanto o ministério de Jesus Cristo como o de seu precursor, João Batista. O juízo seria executado e a justiça seria restaurada.

O estudo apresentado é abreviado propositalmente, tencionando apenas dar um esboço geral do Antigo Testamento. O leitor deveria examinar os artigos sobre cada um dos livros do Antigo Testamento. Ver também sobre a *Bíblia*. (E IB ID JE UN VT Z)

ANTIGO TESTAMENTO

Uso pelos Cristãos Primitivos. Ver *Uso do Antigo Testamento pelos Cristãos Primitivos.*

ANTILÍBANO

Cadeia montanhosa a leste da cadeia do Líbano, mais ou menos da mesma altura e comprimento. O cume mais ao sul é o monte Hermom, que se eleva a mais de 2.700 m. Nas Escrituras temos os nomes de Siriom (Sl 29.6), Senir (Dt 3.9) e *Líbano, para o nascente do sol* (Js 13.5), para indicar seus picos. O termo Líbano talvez designe ambas as cadeias, embora, algumas vezes, o Senir não inclua o monte Hermom (ver 1Cr 5.23 e Ct 4.8). As duas cadeias montanhosas proveem os mananciais principais do Jordão e de outros rios da região. A forma latina é *Antilibanus*, conforme se vê na Vulgata Latina, para indicar a mesma cadeia. No latim, *lebanus* significa branco. (Z)

ANTÍLOPE

Essa palavra aparece, em algumas traduções, em Deuteronômio 14.5 e Isaías 51.20, ao passo que outras traduções falam no boi selvagem. Na nomenclatura científica, o termo *antílope* a princípio era usado como designação de uma única espécie. Gradualmente, porém, veio a indicar uma família mais genérica, envolvendo muitas espécies. O único antílope distinguido das gazelas, que parece ter sido nativo da Palestina, é o órix (ver o artigo a respeito). Esse animal caracteriza-se por ter chifres longos, finos e em forma de cone. Ele é branco, com um conspícuo tufo de pelos sob a garganta. Seu *hábitat* é o Alto Egito, a Arábia e a Síria. Os Targuns traduzem a palavra hebraica como *boi selvagem*. Mas o órix ou bubale, o *antílope bubalis*, provavelmente está em foco. l (ID S)

ANTÍOCO

No grego, **"opositor"**. Foi nome de treze reis da dinastia selêucida, de 280 d.C. em diante. Após a morte de Alexandre, o Grande, em 323 a.C., seu vasto império desmembrou-se. Seleuco, um dos menos importantes generais de Alexandre, assumiu o controle das satrapias do Oriente. Após a batalha de Ipsus, em 301 a.C., ele fundou o porto de Selêucia, na Piéria (ver At 13.4), para servir sua própria capital ocidental, Antioquia. E o domínio dos selêucidas mais tarde ampliou-se por quase toda a Ásia Menor. Na dinastia, muitos dos monarcas tiveram o nome de Seleuco ou Antíoco; governaram seu império sediado na Síria durante dois séculos e meio, até serem destronados pelos romanos.

A REGIÃO. Ásia Menor e Síria, o mais ocidental dos domínios orientais de Alexandre, uma dinastia helenista, tendo como capital Antioquia sobre o Orontes (ver o artigo a respeito). Selêucia (ver o artigo), à margem do Tigre, era uma segunda capital, que administrava as províncias orientais.

OS REIS

1. Antíoco I (Soter) 324-261 a.C. Era filho de Seleuco I (ver sobre Seleuco). Foi cogovernante com seu pai de 293 a 292 a.C., mas tornou-se rei único em 281 a.C. Defendeu o império da invasão dos gauleses, de onde adquiriu o seu título de Soter (Salvador). Construiu uma grande quantidade de cidades, helenizando-as e fazendo Antioquia ser a sua capital. Perdeu, porém, os importantes distritos da Ásia Menor e da Síria para Ptolomeu II Filadelfo (ver sobre Ptolomeu). Mal começa a reinar quando quatro reis da Ásia Menor recuperaram sua independência, a saber, os reis do Ponto, da Bitínia, da Capadócia e de Pérgamo. Então os gauleses que devastavam a Grécia, a Macedônia e a Trácia também invadiram a Ásia Menor. Mataram Antíoco I. (216 a.C.) e se estabeleceram na região que veio a chamar-se Galácia.

2. Antíoco II (Theos), 286-246 a.C. Segundo filho de Antíoco I. Durante seu reinado, os partas, sob Arsaces (250 a.C.) revoltaram-se. Imediatamente após isso houve uma revolta em Báctria. Durante trinta anos, os partas continuaram a expandir-se às expensas da monarquia síria. Por outro lado, ele atacou Ptolomeu II Filadelfo, recuperando grande parte do que Antíoco I havia perdido. Essa batalha é chamada de Segunda Guerra Síria. Um brilhante golpe político ocorreu quando Ptolomeu convenceu Antíoco a casar-se com sua filha, Berenice (Antíoco, para tal, divorciou-se de sua esposa Laodice), ficando entendido que o reino eventualmente ficaria na posse do filho de Berenice. Esse casamento resultou em paz. Antíoco e Ptolomeu faleceram ambos em 246 a.C., e os seus respectivos filhos não levaram avante a amizade que seus pais haviam mantido.

3. Antíoco III (o Grande), 242-187 a.C., segundo filho de Seleuco e neto de Antíoco II e Laodice. Sucedeu a seu irmão mais velho, Seleuco III Soter, que foi assassinado em 223 a.C. O reino que ele recebeu estava fragmentado (a Báctria e a Pártia se separaram). Outras ameaças surgiram na Média-Pérsia e na Ásia Menor. Portanto, seu trabalho consistiu em consolidar-se e em expandir-se novamente. O rei atacou Ptolomeu IV, em 221 a.C., teve de retirar-se, mas fê-lo novamente, dessa vez com maior sucesso, empurrando os egípcios para o sul e capturando Selêucia (perto de Antioquia). Em 218 a.C., ele capturou Tiro e Ptolemaida, além de várias cidades no interior do continente. Porém, na Cele-Síria e na Fenícia, foi totalmente derrotado por Ptolomeu IV. Então dirigiu suas forças contra o oriente (212-206 a.C.), adquirindo a Armênia e recuperando a Pártia e a Báctria. Foi por causa dessas muitas vitórias militares e aquisições de território que ele foi chamado de "o Grande". O império sírio ficou ao encargo de seu filho, Seleuco IV (Filopator), 187-176 a.C., acerca de quem se sabe bem pouca coisa. Esse homem aparece no trecho de Daniel 11.20 como um "exator", isto é, cobrador de impostos.

4. Antíoco IV (Epifânio). Seleuco IV foi assassinado por um de seus cortesãos e, assim, seu irmão, Antíoco Epifânio apressou-se a ocupar o trono vago, embora o herdeiro natural, Demétrio, filho de Seleuco, estivesse vivo e estivesse hospedado em Roma. O trecho de Daniel 11.21 indica que ele obteve o reino com lisonjas e intrigas. Foi um bom político. Esse foi o rei selêucida que obteve tão má reputação por causa de sua interferência no estado e na adoração dos judeus, ao ponto de tornar-se um antigo tipo do futuro *anticristo*. Era o filho menor de Antíoco lll e Laodice. Subiu ao trono em 175 a.C. Até 170 ou 169 a.C., reinou juntamente com seu sobrinho Antíoco, o filho infante de Seleuco, que na ausência de Antíoco Epifânio foi assassinado por Andrônico. Este, por sua vez, também tirou a vida de Onias III, o sumo sacerdote judeu ilegalmente deposto (ver 2Macabeus 4.32-38). Antíoco Epifânio tentou incorporar os judeus em seu programa de helenização, proibindo a adoração e os costumes religiosos deles, sob pena de morte. Contaminou o templo de Jerusalém com um holocausto idólatra, chegando ao extremo de oferecer uma porca como oferta sobre o altar, o insulto final aos judeus. Sua opressão contra o judaísmo reflete-se em Daniel 7.8,25; 8.11-14,24-26; 9.27; 11.31-36. Seguiu-se a isso a revolta dos judeus, e Antíoco foi militarmente derrotado pelos Macabeus. Antíoco Epifânio foi morto em uma campanha militar na Média, em 164 a.C.

O templo de Jerusalém foi purificado e redecorado, em dezembro de 165 a.C., um evento comemorado pelos judeus na festa de *Hanukkah* (ver o artigo a respeito). Ver também sobre Judas Macabeu e sobre Macabeus, Livros dos.

5. Antíoco V (Eupator), 173-162 a.C. Substituiu seu pai, Antíoco Epifânio, com 9 anos de idade (Apiano, *As Guerras Sírias* 66). Em seu leito de morte, Antíoco nomeou Filipe como guardião de seu filho, bem como regente até que o menino pudesse reinar. O título dado ao menino, *Eupator*, e que significa nascido de pai nobre, não é algo com o que os judeus pudessem concordar facilmente. Judas Macabeu atacou Acra; e Lísias, com o rei menino, retirou-se para o sul, e finalmente derrotou Judas em Bete-Zacarias, a sudoeste de Jerusalém. Então Lísias cercou Jerusalém. Mas, ouvindo que Filipe marchava da Pérsia para a Síria, a fim de reivindicar o trono para si mesmo, Lísias procurou entrar em uma aliança com Judas. Garantia a liberdade religiosa dos judeus e não derrubava as muralhas de Jerusalém (ver 1Macabeus 6.55-63). Lísias partiu para Antioquia e derrotou Filipe. Porém, em 162 a.C., Demétrio I Soter, filho de Seleuco IV e sobrinho de Antíoco IV, primo de Antíoco V, escapou de Roma, onde era conservado como hóspede, e matou tanto Lísias quanto o rei menino (ver 1Macabeus 7.1-4. 2Macabeus 14.1. Josefo, *Anti*. xii. 10.1; Políbio xxxi.11; Apiano, *As Guerras Sírias* 46,47,67 e Lívio, *Epítome* 46).

6. Antíoco Vl (Epifânio Dionísio), 148-142 a.C. Era filho de Alexandre Balas e Cleópatra Teia, filha de Ptolomeu VI. Ver sobre Cleópatra. Demétrio II Nicator assassinou Alexandre Balas em 145 a.C. e tomou a Síria. Era jovem e inexperiente e fez muitas concessões a Jônatas, o sumo sacerdote dos judeus. Suas muitas falhas fizeram um general de seu exército, Diódoto Trifo, apossar-se do trono, que então foi dado por esse general a Antíoco VI, em 145 a.C. Jônatas pôs-se ao lado de Trifo. Por causa disso, obteve muitos favores. No entanto, Trifo tinha ciúmes dos sucessos militares de Jônatas e, mediante engano, fê-lo prisioneiro e, finalmente, executou-o (ver 1Macabeus 11.1—13.31; Josefo, *Anti*. xiii. 4.4-7.1, partes 109219).

7. Antíoco VII (chamado Sidetes). Filho de Demétrio I Soter. Depôs Trifo em 138 a.C. e governou até 129 a.C. Por decreto, permitiu que os judeus cunhassem suas próprias moedas, para que assim evitassem a idolatria que as mesmas fomentavam (ver 1Macabeus 15.1-9); mas invadiu e subjugou a Judeia, em 134 a.C., embora concedendo liberdade religiosa aos judeus.

8. Antíoco VIII (Gripo, *nariz de gancho*). Era sobrinho de Sidetes, tendo governado de 123 a 113 a.C. Foi derrubado por Antíoco IX Filopater, filho da mãe de Gripo, Cleópatra Teia, e de Sidetes. Mas Gripo retornou em 111 a.C. e recuperou tudo quanto havia perdido, exceutuando a Cele-Síria. Morreu em 96 a.C., assassinado por Haráclio, um ministro do rei (ver Josefo, *Anti*. xiii. 13,4, par. 365). Sucedeu-o seu irmão mais velho, Seleuco Vl Epifânio Nicator.

9. Antíoco IX (Ciziceno), embora recebesse o título de Filopater nas moedas. Reinou de 113 a 95 a.C. Era o segundo filho de Antíoco VII e Cleópatra, filha de Ptolomeu Filemetor. Foi criado em Cízico, na Ásia Menor, o que explica seu sobrenome. Em 116 a.C. derrotou seu meio-irmão e primo, Antíoco VIII, e tornou-se o único monarca (113-111 a.C.). Mas Antíoco VIII posteriormente obteve uma vitória, pelo que Antíoco IX reteve consigo apenas a Cele-Síria. Antíoco VIII foi capturado e morto, sendo substituído no trono por seu sobrinho, Seleuco VI Epifantes Nicator (ver Josefo, *Anti*. xiii. 13.4, par. 366).

10. Antíoco X (Eusebes = piedoso). Reinou entre 94 e 83 a.C. Os quatro filhos de Antíoco VIII (Gripo) tentaram derrubá-lo do trono, mas sem sucesso. Após conquistar a Mesopotâmia, Tigranes, rei da Armênia, obteve o controle sobre a Síria, em 83 a.C., e governou mediante um vice-rei até que foi derrotado pelos romanos, em 69 a.C. (ver Josefo, *Anti*. xiii.13.4 partes 366-371; Apiano, *As Guerras Sírias* 48). Conflitos internos debilitaram a dinastia selêucida, beneficiando os romanos. Isso também tornou possível a Alexandre Janeu (ver os Hasmoneanos) conquistar quase toda a terra de Israel. Antíoco X morreu em 83 a.C., embora os relatos a esse respeito em muito variem. (Ver Apiano, *As Guerras Sírias* 49 e 69; Josefo, *Anti*. xiii. 13.4, parte 371).

11. Antíoco XIII (Asiático). Reinou de 69 a 65 a.C. Era filho de Antíoco X e Selene, filha de Ptolomeu Fiscom. Quando Lúculo, de Roma, derrotou Tigranes, da Armênia, em 69 a.C., entregou a Síria a Antíoco XIII. Em 65 a.C., Filipe, neto de Antíoco VIII, tentou derrubá-lo, mas sem êxito. Antíoco XIII apelou para os romanos. Em vez de ajudá-lo, Pompeu fez da Síria uma província romana, o que assinalou o fim da dinastia selêucida. (Ver Apiano, *As Guerras Sírias* 49, 70. Plutarco, *Pompeu*, 39. Estrabão x1. 1a).

12. Outro Antíoco, pai de Numênio (ver o artigo a seu respeito), mencionado em 1Macabeus 12.16; 14.22; Josefo, *Anti.* xiii.5,8, parte 169; xiv. 8,5, parte 146).

13. Outro Antíoco, também chamado Epifânio, filho de Antíoco IV, de Comagena. Estava noivo de Drusila, filha mais jovem de Agripa I (ver o artigo a seu respeito), mas o casamento nunca foi realizado embora tivesse prometido a Agripa que abraçaria o judaísmo, que era uma das condições estipuladas. Entretanto, mais tarde mudou de plano, o que deu fim à possibilidade de tal casamento. (Ver Josefo. *Anti. xix.9.1*, parte 355; xx.7.1 parte 139). (BEV DAN RU Z)

ANTÍOCO EPIFÂNIO

Um rei selêucida (175-163 a.C.). Os selêucidas eram membros da dinastia que governou a Síria desde 312 a.C., até a conquista romana, em 64 a.C., derivando seu nome de Seleuco Nicator, general macedônio de Alexandre, o Grande, fundador da dinastia. *Antíoco* tentou incorporar os judeus em seu programa de helenização, proibindo o culto e os costumes religiosos deles, sob pena de morte. Conspurcou o templo com a idolatria, em 167 a.C., e ofereceu uma porca sobre o altar. Sua opressão contra o judaísmo se reflete em Daniel 7.8,25; 8.11-14,24-26; 9.27; 11.31-36. Foi militarmente derrotado pelos Macabeus. O templo foi purificado e redecorado, em dezembro de 165 a.C., um evento comemorado na festa do *Hanakkah* (ver o artigo). Ver também *Judas Macabeu* e *Macabeus, Livros dos*. (E WA Z)

ANTOTIAS

No hebraico, **"pertencente a Anatote"**. Era filho de Sasaque, na genealogia de Benjamim (ver 1Cr 8.24).

ANTROPOCENTRISMO

Vem dos termos gregos *anthropos*, "homem" e *kentron*, "centro". É o ponto de vista de que o homem é ou deve considerar-se centro de toda a realidade. A famosa afirmativa de Protágoras: "O homem é a medida de todas as coisas" reflete essa ideia. Pode significar: **1.** O homem individualmente como centro; ou **2.** O homem, coletivamente, como centro. Mais provavelmente, a primeira alternativa. Protágoras usou aquela expressão no sentido ético. O homem é o padrão de suas próprias ações. O homem criou uma ética egoísta, relativa e individualista. Os padrões morais do homem servem aos seus interesses próprios. A teoria de Protágoras visava a evitar "as regras ditadas pelas autoridades".

Alguns filósofos e teólogos têm pensado que o homem é um microcosmo, reflexo do macrocosmo (vide), isto é, ele é reflexo da realidade inteira, ou seja, nele podem ser descobertos os princípios essenciais da natureza, da ética e da espiritualidade.

A maioria das religiões faz do homem o centro das atenções de Deus. E esse, sem dúvida, é o ponto de vista do Novo Testamento, onde os temas dominantes são a redenção do homem e sua glória futura. Tudo o mais quanto Deus estiver fazendo, permanece desconhecido para nós, visto que o volume sagrado essencialmente nada nos revela a esse respeito. É lógico supormos que há vastas atividades divinas que nada têm a ver com o homem, as quais envolvem tipos inimagináveis de seres, em inúmeras esferas da existência. Como comparar o homem a esses seres, agora e na vida vindoura, é um mistério que nem podemos começar a investigar no presente. (P)

ANTROPOLOGIA

A questão da natureza do homem é assunto que seria de se esperar poder considerar independentemente, sem referência a quaisquer outros elementos da doutrina cristã, nem mesmo à fé. Afinal de contas, sabemos o que significa fazer parte da humanidade, porque somos humanos; então, já que nós mesmos, no caso, não somos apenas os inquiridores, mas também o objeto real da inquirição, deveríamos, então, estar qualificados para formular uma antropologia válida. Essa suposição, no entanto, não é verdadeira. Tem havido sempre uma considerável quantidade de antropologias rivais, entre as quais podemos escolher à vontade, cada qual desenvolvendo um entendimento próprio, conforme os dogmas da posição filosófica ou religiosa de seus proponentes. Como em qualquer outra condição, o que cremos a respeito da natureza humana é determinado pelo que acreditamos a respeito de questões mais fundamentais do que essa.

As referências bíblicas à natureza humana devem ser consideradas como dentro do contexto geral de nosso lugar na criação e nossa posição perante Deus. Biblicamente, a questão antropológica não pode ser respondida sem referência a esse contexto teológico da criação; os seres humanos são, basicamente, criaturas de Deus. Não somos emanações emergentes do próprio Ser de Deus, mas uma parte da ordem criada total, inteiramente distinta de Deus. Mas a raça humana tampouco evoluiu como produto de um processo independente de seleção e desenvolvimento "natural"; é, ao contrário, descrita na Bíblia como criação especial e direta de Deus.

Gênesis 2.7 se refere a Deus formando Adão "do pó da terra" e soprando em suas narinas o fôlego da vida, de forma que o homem se tornasse "um ser vivente". A palavra "ser" é a tradução do hebraico *nepeš*, que, embora frequentemente traduzido por "alma", não deve ser interpretado no sentido sugerido pelo pensamento helenista (ver Platonismo; Alma, Origem da); deve, isso sim, ser entendido em seu próprio contexto do AT, ou seja, indicativo de homem e mulher como seres vivos ou pessoas em relacionamento com Deus e com outras pessoas. A LXX traduz essa palavra do hebraico com a palavra grega *psychē*, o que explica o hábito de se interpretar esse conceito do AT à luz do uso grego de *psychē*. Todavia, é certamente mais apropriado entender o uso de *psychē* (tanto na LXX quanto no NT) à luz do uso que o AT faz de *nepeš*. Em conformidade com Gênesis 2, qualquer concepção de alma como uma parte separada (e separável), ou divisão, de nosso ser pareceria inválida. Assim também a conhecida questão sobre se a natureza humana é de um ser bipartite ou tripartite tem toda a indicação de ser de uma irrelevância indevidamente fundamentada e inútil. A pessoa humana é uma "alma" em virtude de ser um "corpo" tornado vivo pelo "sopro" (ou "Espírito") de Deus.

Além do mais, o fato de Adão ter-se tornado vivo pelo sopro de Deus implica que sua vida como "alma" nunca foi independente da vontade de Deus e de seu Espírito (Gn 6.3; Ec 12.7; Mt 10.28). A questão sobre se Adão foi criado mortal ou imortal antes da queda pode desviar-se ao seguir o pressuposto de Platão de que haja alguma forma de imortalidade independente da vontade de Deus. A vida humana nunca pode ser concebida em termos de uma imortalidade independente, uma vez que a vida jamais é independente da vontade e do Espírito de Deus. Antes da queda, Adão era "efetivamente imortal" e, como tal, existia em um relacionamento ininterrupto com Deus, no qual sua vida era constantemente mantida pela vontade e pelo Espírito de Deus. Em consequência da queda, a morte foi pronunciada como juízo de Deus sobre Adão, uma vez que se rompeu o relacionamento que era a base dessa "imortalidade efetiva". Essa ruptura do relacionamento espiritual constitui a "morte espiritual", que caracteriza a totalidade da existência humana sem Cristo (Rm 7.9; Ef 2.1ss).

Do mesmo modo, a esperança bíblica para a vida além da morte é expressa principalmente em termos de ressurreição do corpo. Nem as referências à existência sombria do Sheol, nem as passagens que poderiam ser interpretadas como sugerindo alguma forma de existência consciente contínua antes da ressurreição final (ver Estado Intermediário) proporcionam base suficiente para manter o conceito grego de uma imortalidade independente da alma. O testemunho dos Evangelhos sobre os aparecimentos da ressurreição de Jesus sugere que a ressurreição futura do corpo deverá existir como um fenômeno físico, com continuidade física. Paulo, todavia, se refere ao corpo dessa ressurreição, em 1Coríntios 15.44ss, como um "corpo espiritual" (*sōma pneumatikon*) em contraste com o "corpo natural" (*sōma psychikon*), sugerindo, portanto, um grau de descontinuidade física tanto quanto de continuidade. Uma decorrência prática dessa referência à descontinuidade física, e mais ainda o fato de que a ressurreição final deve ser considerada um ato criador de Deus, e não mera "reconstituição", é de que não há como existir algum argumento dogmático rígido a favor da prática de sepultamento em detrimento da cremação.

Tal como no caso das palavras bíblicas tradicionalmente traduzidas por "alma" (*nepeš*; *psychē*), as palavras hebraica e grega usadas para expressar o ser físico, emocional e psicológico são um campo minado para o intérprete. A dificuldade resulta do fato de, frequentemente, poder ser usada uma única palavra em nossos idiomas para traduzir tanto uma palavra hebraica como uma grega com significados e referências distintos (p.ex: tanto o heb. *bāśār* quanto o gr. *sarx* são comumente traduzidos por "carne", embora as palavras pareçam ter conotações totalmente diferentes). No entanto, o efeito combinado de tais palavras é descrever a pessoa humana como criatura de Deus, existindo perante Deus como sujeito pensante e de decisão, com necessidades e desejos emocionais, físicos e sexuais. Homens e mulheres são capazes de autoexpressão por meio da criatividade na arte e de relacionamento humano, mas continuamente dependentes da providência de Deus para comer, vestir e o próprio sopro da vida.

Definir teologicamente a natureza do homem como criatura de Deus seria totalmente inadequado em si mesmo se não se reconhecesse que ele ocupa um lugar singular na criação. A determinação de Deus, na criação, para a espécie humana é que deveríamos reinar: encher a terra e subjugá-la, dominar sobre os peixes do mar, sobre as aves do céu e sobre todos os animais que se movem pela terra (Gn 1.28). Todavia, justamente porque não possuímos vida alguma independentemente da vontade e do Espírito de Deus, também não possuímos nenhuma autoridade independente: a autoridade do homem na criação é uma autoridade delegada de mordomia; somos responsáveis por nossos atos perante Deus. Nesse sentido, a queda de Adão pode ser interpretada não somente como desobediência e rebelião, mas também como a avidez de autonomia moral e autoridade independente. Nessa vindicação enganosa por uma independência, a raça humana caiu de seu destino, divinamente determinado, na criação. Por causa do pecado de Adão, a terra é amaldiçoada, e ele só poderá comer dela mediante *o suor do seu rosto* (Gn 3.17-19), estando a própria criação sujeita à vaidade, ou inutilidade (Rm 8.20).

A determinação de Deus para a humanidade governar é expressa em Salmo 8 sob a forma de uma pergunta: *Que é o homem?* (Sl 8.4). A pergunta é repetida de várias formas em outros lugares no AT (Jó 7.17; 15.14; Sl 144.3), mas só é respondida, finalmente, no NT, referindo-se a Cristo: é ele *aquele que por um pouco foi feito menor que os anjos e que agora é coroado de honra e de glória por ter sofrido a morte* (Hb 2.6-9). Enfim, a resposta à pergunta antropológica: "Que é o homem?", pode ser discernida somente em Cristo. Tal como não há nenhum conhecimento autêntico de Deus independentemente de sua autorrevelação em Jesus Cristo, também não pode haver conhecimento autêntico da natureza humana independentemente dessa revelação.

Uma recente abordagem teológica começa pela definição da humanidade de Jesus e continua com a definição de sua divindade (*i.e.*, cristologia de baixo para cima). Isso é assumir enganosamente a premissa de que se pode dispor de uma compreensão independentemente válida da natureza humana como ponto de partida cristológico. Somente em Jesus a vontade e o propósito eternos do Pai são ao mesmo tempo revelados e cumpridos; os que nele são escolhidos o são *antes da fundação do mundo* (Ef 1.14ss). Além do mais, somente na cruz de Jesus estão reveladas a profundeza, a totalidade e as consequências da queda da humanidade segundo a vontade e o propósito eternos de Deus. É nesse sentido que Karl Barth fala de Jesus como a revelação tanto do homem real que somos quanto do verdadeiro homem que não somos. A pessoa de Jesus Cristo é a única fonte determinante de uma antropologia teológica válida; a meta e a natureza autênticas da vida humana têm de ser discernidas primariamente nele e só secundariamente em nós.

O homem e a mulher foram originalmente criados à "imagem de Deus". A identidade exata dessa "imagem" tem sido questão constante de debate na história do pensamento e da doutrina cristãos. Calvino sustentava que a verdadeira natureza dessa "imagem" é revelada somente em sua renovação mediante Cristo (*cf.* 2Co 4.4; Cl 1.15). Além do mais, se Deus é em si mesmo quem ele é em sua revelação, então a pessoa e a obra de Cristo não constituem apenas a revelação temporal da relação interior de Pai, Filho e Espírito na eternidade, mas também a revelação e o cumprimento do propósito eterno desse Deus triúno de eleger homens e mulheres para o relacionamento consigo mesmo por meio de um pacto, mediante a graça.

A questão teológica da antropologia não terá sido respondida adequadamente até que essa determinação divina do relacionamento por um pacto tenha sido reconhecida. Talvez a "imagem de Deus" não deva ser pensada em termos estáticos ou individualistas, mas em termos dinâmicos dessa ligação; homens e mulheres são chamados em Cristo para ser a "imagem" da relação interior eterna da Trindade (Jo 17.21-23). Talvez Barth esteja correto quando sugere que, já que o homem foi criado à imagem de Deus como "macho e fêmea" (Gn 1.27), o relacionamento por pacto entre marido e mulher pode ser também um reflexo dessa imagem divina (ver Sexualidade). Certamente, não pode haver doutrina adequada da natureza humana sem o reconhecimento de que somos criados à imagem de Deus como macho e fêmea; não o em uma falsa uniformidade em que essa distinção criada seja obscurecida, nem sob pressão de oposição ou desigualdade, nem em um isolamento individualista — mas em igualdade de condições e complementaridade e na unidade de relação (ver Teologia Feminista).

Em outras palavras: não pode haver nenhuma antropologia adequada sem referência a uma doutrina adequada e inteiramente trinitariana da natureza de Deus.

(**J. E. Colwell**, B.D., Ph.D., Teologia Sistemática do *Spurgeon's College*, Londres, Inglaterra.)

BIBLIOGRAFIA. Karl Barth, *CD*, III. 2; Louis Berkhof, *Systematic Theology* (London, 1958); G. C. Berkouwer, *Man: The Image of God* (Grand Rapids, MI, 1962); Calvino, *Institutes*, I.xv; II.i.v; W. Eichrodt, *Man in the Old Testament* (TI, London, 1951); Bruce Milne, *Know the Truth: A Handbook of Christian Belief* (Leicester, 1982); H. W. Wolff, *The Anthropology of the Old Testament* (TI, Philadelphia, 1983).

ANTROPOMORFISMO

Vem do grego, *anthropómosphos*, **"de forma humana"**. Atribuição de qualidades humanas ao ser divino ou a ideia de que Deus ou os deuses têm alguma espécie de formato, similar à anatomia humana.

A tendência para expressar ideias acerca de Deus sob formas humanas, física, mental, moral ou espiritual, é tendência da maioria das religiões, sendo quase impossível de ser evitada, devido às restrições da linguagem humana. Não há entre os homens uma linguagem puramente divina, pelo que não há como falar sobre Deus sem usar termos antropomórficos. Essa circunstância envolve uma severa limitação em nosso

ANTROPOPATISMO

entendimento e em nossos discursos sobre Deus, refletindo nossas atuais limitações no campo do conhecimento e do entendimento espiritual.

Antigo Testamento. Ali Deus é apresentado sob forma humana (Êx 15.3; Nm 12.8) com pés (Gn 3.8; Êx 24.10), mãos (Êx 24.11; Js 4.24), boca (Nm 12.8; Jr 7.13), coração (Os 11.8). Além dessas formas, atribuímos a Deus qualidades e emoções humanas (Gn 2.2; 6.6; Êx 20.5; Os 11.8). O homem foi criado à imagem de Deus (Gn 1.27), e os teólogos usualmente são cuidadosos. ao declarar que se trata de uma imagem "moral e espiritual", e não física. Mas mesmo assim, nossa compreensão de Deus fica severamente limitada, pois, no sentido estrito, quem pode comparar o homem a Deus?

Extremos pagãos. Se o Antigo Testamento sofre com o antropomorfismo, outras culturas são completamente derrotadas pelo mesmo. O politeísmo dos gregos e de outros povos pagãos é prova disso. Xenófanes (cerca de 570-480 a.C.) queixou-se de que os homens criaram deuses à imagem deles. Os deuses do Olimpo não eram muito superiores aos heróis da ficção moderna. Paulo sentia-se aflito diante dos excessos da cultura pagã, quanto à idolatria (At 17). Xenófanes supunha que, se os bois e os leões tivessem conceitos de divindade, certamente a representariam sob a forma de bois e leões. Para nós é igualmente precário imaginarmos Deus como um grande papa, um bispo supremo, um superpastor, que naturalmente creia e pense como tais indivíduos costumam fazer. Porém, o que é mais comum do que isso nas modernas igrejas cristãs? O livro de J.B. Phillips, "Your God is too Small", é uma queixa moderna contra tal noção.

Extremos filosóficos. A fim de evitar o antropomorfismo trivial que, de fato, pode degradar em muito o nosso conceito de Deus, os filósofos têm falado sobre Deus em termos do infinito, o absoluto, o espírito absoluto, a alma do universo etc. E assim eles têm criado modos de pensar sobre Deus que servem para obscurecer o quadro mediante termos abstratos. Com frequência, Deus é personalizado por essas formas de descrição. Deus é transformado em uma mera força cósmica. Corremos o risco de pensar que Deus é totalmente diferente de nós, negando assim o conceito de que, de algum modo, o homem foi criado à imagem de Deus. Porém, a própria Bíblia declara que nossos pensamentos não são como os pensamentos de Deus, estabelecendo assim uma radical diferença espiritual e intelectual entre o homem e Deus. (Is 55.8).

No Novo Testamento. Persistem ali expressões antropomórficas (Rm 1.18 ss.; 5.12; 1Co 1.25; Hb 3.15; 6.17; 10.31). Contudo, as realidades espirituais *não* são vistas *diretamente*, mas imperfeitamente, no reflexo de algum antigo espelho fosco, de metal polido (1Co 13.2). Deus não habita em templos materiais (At 17.24), uma declaração que procura evitar o conceito antropomórfico.

Deus aproxima-se do homem em Cristo. Cristo é a suprema imagem de Deus (2Co 4.4), e tomou forma humana (Fp 2.7). Seremos transformados à imagem de Cristo (Rm 8.29). Desse modo, o distante Deus é aproximado de nós (Ef 2.18), e finalmente, compartilharemos de sua natureza (2Pe 1.4). A visão plena de Deus é gradualmente revelada, e vai-se expandindo (1Cr 13.8; 2Ts 1.7). Mas só completará na eternidade, falando-se em termos relativos, porque Deus, em sua natureza total, jamais poderá ser absolutamente compreendido por ninguém que seja menor que ele mesmo. Não obstante, jamais haverá qualquer estagnação em nossa busca pelo conhecimento de Deus. Nossa necessidade de empregar termos antropomórficos demonstra nosso atual baixo estágio no campo do conhecimento e da espiritualidade. (B E R)

ANTROPOPATISMO

Vem do grego *anthropos*, "homem", e *pathein*, "sofrer". Atribuição de sentimentos humanos a qualquer coisa não humana, como objetos inanimados, animais, poderes da natureza, seres espirituais e Deus. Como é óbvio, algumas criaturas vivas não humanas têm sentimentos e emoções, embora seja difícil determinar quanto elas se aproximam dos humanos. Portanto, em alguns casos literalmente e em outros potencialmente, temos uma "falácia patética", isto é, uma errônea atribuição de emoções, sentimentos e sofrimentos humanos a coisas não humanas. Quando dizemos que Deus se "ira", e portanto, "castiga" e "destrói", estamos praticando a *falácia patética*, a menos que qualifiquemos tal uso com explicações. Parece pelo menos razoável supor-se que Deus não se ira no mesmo sentido em que o fazem os homens.

O termo foi cunhado por Jozo Ruskin (1819-1900), tal como a expressão "falácia patética". Ele objetava a atribuição feita pelos poetas de emoções, simpatias e aversões humanas à natureza, em vista dos acontecimentos. Deu-se ao trabalho de descobrir numerosos exemplos da falácia nos escritos de Shelley e Tennyson, parecendo não poder entender que o espírito poético naturalmente usa esse tipo de metáforas. Naturalmente, há aqueles que defendem a tese de que a natureza é uma presença viva, e não inanimada. E nesse caso, a própria natureza teria alguma forma de sentimento. Nesse caso, estaríamos diante de profundos mistérios.

Emoções humanas são atribuídas a Deus, na Bíblia: Gn 6.6; 8.21; 11.5-6; Pv 24.8; Zc 1.2; Ef 4.30; Rm 1.18; Cl 3.6; Hb 3.11. (E P S WA)

ANUBE

No hebraico, **"confederado"**, **"ligado a"**. Era Filho de Coz, descendente de Judá por meio de Assur, pai de Tecoa (ver 1Cr 4.8), depois de 1618 a.C. (S)

ANZI

No hebraico, **"forte"** ou **"minha força"**. Nome de duas pessoas no Antigo Testamento: **1**. Um antepassado de Etã, um cantor merarita do templo (1Cr 6.46). **2**. Filho de Zacarias, um antepassado de Adaías, um sacerdote do segundo templo (ver Ne 11.12).

ANZOL

Ver o artigo geral sobre *peixes e pesca*. Em Isaías 19.8, lemos sobre *os pescadores... que lançam anzol ao rio*. E em Jó 41.1, lemos: *Podes tu com anzol apanhar o crocodilo...?* E em Habacuque 1.5, *a todos levanta o inimigo como o anzol...* E em Amós 4.2: *... vos levarão com anzóis e os vossos restantes com fisga de pesca*. Isso fala sobre as ações dos homens que oprimem e matam. Todos esses versículos têm uma linguagem figurada, embora também mostrem (além das lições espirituais) que a pesca com o uso do anzol era uma antiga prática. Em Mateus 17.27, lemos: *... vai ao mar, lança o anzol, e o primeiro peixe que fisgar, tira-o...* Desse modo, Jesus e Pedro pagaram o imposto. Ali a referência ao anzol é literal, sendo a única referência neotestamentária à pesca com o emprego de um anzol. A pesca com anzol incluía a colocação de um chamariz no mesmo, mas também usava-se o método simples de se arrastar um anzol dentro da água, na esperança de apanhar algum peixe, em lugares onde eles formavam cardumes. A pesca com anzol podia apanhar uma cobra, em vez de um peixe, sendo provavelmente essa a ideia por detrás de Lucas 11.11, que fala na remota possibilidade de um pai dar uma cobra a seu filho em lugar do peixe por ele pedido. (IB ID LAN NTI)

AOÃ

No hebraico, **"fraternal"**. Filho de Bela, filho de Benjamim (1Cr 8.4). É chamado Aías no sétimo versículo desse mesmo capítulo. Pode ter sido o mesmo Iri, de 1Crônicas 7.7. Esse nome pode ter sido um erro escribal em lugar de Aías. (FA S)

AOI

Os tradutores variam entre *filho de Aois* (2Sm 23.9), *filho de um aoíta* e *o aoíta*. Em 1Crônicas 11.12 encontramos *o aoíta*. Eleazar, um dos heróis de Davi, é declarado neto de Aoi, exceto se, conforme dizem algumas traduções, ele simplesmente foi um aoíta. (UN Z)

AOÍTA

Um nome de família dos descendentes de Aoá. Esse nome é aplicado a Dodô (ver 1Cr 11.12) ou Dodai, segundo dizem algumas versões em 2Samuel 23.9, embora nossa versão portuguesa também diga "Dodô", Eleazar (2Sm 23.9), Zalmom (2Sm 23.28) e Ilai (1Cr 11.29). Todos eles foram heróis militares da época de Davi. Dodai foi um dos capitães de Salomão (ver 1Cr 27.4). (S)

AOLIABE

No hebraico, **"tenda de seu pai"**. Foi um habilidoso artífice da tribo de Dã, nomeado juntamente com Bezaleel para construir o tabernáculo (ver Êx 35.34). Ele era filho de Aisamaque. Cerca de 1440 a.C. (S UN)

AOLIBÃ

Trata-se de um nome simbólico, dado por Ezequiel à cidade de Jerusalém, por terem os seus habitantes se envolvido na idolatria da Babilônia. Nome similar foi dado à cidade de Samaria, e pelo mesmo motivo, embora através da influência assíria. Por essa razão Samaria é então chamada de irmã de Jerusalém. Essas irmãs são consideradas esposas de Yahweh, mas culpadas de infidelidade conjugal (ver Ez 23.1-48).Ver também sobre *Oolá*, o nome aplicado à cidade de Samaria, nesse mesmo trecho bíblico. A palavra *oolibó* significa "minha tenda está nela" (isto é, em Jerusalém), sugerindo que Jerusalém abandonara essa habitação divina para casar-se com outrem. Todavia, alguns estudiosos pensam que esses nomes envolvem prostitutas bem conhecidas na época de Ezequiel, embora nada saibamos atualmente sobre elas. (G IB)

APAGADORES

Precisamos considerar duas palavras hebraicas, uma das quais significa, literalmente, **"tomadores"**, e a outra **"podar"**. Eram instrumentos feitos de ouro (ver Êx 37.23) ou de bronze (ver 2Rs 25.14), usados para a manutenção de chamas e lâmpadas no tabernáculo e no templo. Entre os eruditos há pouca concórdia quanto à função exata desses instrumentos. E a LXX não nos fornece grande esclarecimento. Ali a primeira dessas palavras (em Êx 37.23; Nm 4.9; 2Cr 4.22; Is 6.6) é traduzida por *labídas* "agarrador", mas por duas vezes (em Êx 25.38 e 1Rs 7.49) é traduzida por *eparustrídes*, "escumadeira". A outra palavra hebraica é traduzida na LXX por duas vezes (em 1Rs 7.50 e 2Rs 12.13) por *eloi*, "unhas ornamentais", e por três vezes (em 2Rs 25.14; 2Cr 4.22; Jr 52.18) por phiálas, "taça rasa".

Em Êxodo 25.38; 37.23, a primeira dessas palavras hebraicas aparece juntamente com outra palavra hebraica que significa "receptáculo" ou "travessa", mas que nossa versão portuguesa traduz por "apagadores". A primeira delas está intimamente ligada ao candeeiro de ouro. Em face do trecho de Isaías 6.6, onde esse instrumento é traduzido por "tenaz" na versão portuguesa, vemos que o mesmo foi usado para tirar uma brasa acesa do altar, aparentemente o segundo daqueles dois termos hebraicos deriva-se de um verbo que significa "podar". E isso, por sua vez, indica que era um instrumento usado para espevitar ou tirar o carvão do pavio das lâmpadas. Não obstante, o contexto da passagem não nos fornece qualquer indício de tal ação. Em adição a isso, conforme já vimos acima, a tradução da LXX nunca traduz o termo por qualquer coisa que ao menos remotamente dê a entender a ação de espevitar. A questão, pois, precisa permanecer na semiobscuridade, até que novas investigações consigam trazer à tona maiores subsídios. (IB S)

APAIM

No hebraico, **"ventas"**. Filho de Nadabe (1400 a.C.), descendente de Jerameel, fundador de uma importante família da tribo de Judá; ver 1Crônicas 2.30,31. (ID S)

APEDREJAMENTO

No hebraico há duas palavras a serem consideradas, e no grego também. No hebraico, uma das palavras significa "matar por apedrejamento", e a outra "dar a morte por apedrejamento". No grego temos *litházdo* e *katalitházdo*. A primeira significa "apedrejar", e a segunda "apedrejar até a morte". Todas essas palavras indicavam o ato de apedrejar alguém até a morte, como ato de castigo capital.

A forma mais comum de punição capital, prescrita pela lei bíblica, era o apedrejamento. Geralmente era executado fora dos muros das cidades (ver Lv 24.23; Nm 15.35,36; 1Rs 21.13). As testemunhas de acusação (a lei requeria um mínimo de duas, Dt 17.6) colocavam as mãos sobre a cabeça do ofensor (ver Lv 24.14), transferindo assim a culpa da comunidade para o ofensor. As testemunhas jogavam as primeiras pedras, e os demais faziam o resto (ver Dt 17.7). Tudo era feito com o intuito de expurgar da comunidade o mal ou males praticados (ver Dt 22.21).

Havia dez formas de ofensa punidas por apedrejamento: **1**. a adoração a deuses falsos ou aos astros (Dt 17.2-7); **2**. indução à adoração de deuses falsos (Dt 13.6-11); **3**. blasfêmia (Lv 24.14-23; 1Rs 21.10-15); **4**. sacrifício de crianças a Moloque (Lv 20.2-5); **5**. adivinhação por meio de espíritos (Lv 20.27); **6**. quebra do sábado (Nm 15.32-36); **7**. adultério (Dt 22.21-24). **8**. desobediência filial (Dt 21.18-21); **9**. quebra de pactos públicos (Js 7.25; também havia o castigo da fogueira, em tais casos); **10**. homicídio por meio de um boi (Êx 21.28-32). Esse último caso é o único que envolve um animal, embora o trecho de Êxodo 19.13 ameace tanto o homem como o seu animal com apedrejamento, se qualquer um deles tocasse no monte Sinai. Finalmente, embora o apedrejamento não seja mencionado, talvez esteja implícito, quando a pena de morte é prescrita para o caso de um profeta que profetize em nome de alguma outra divindade (ver Dt 13.1-5).

A grande abundância de pedras na Palestina fazia do apedrejamento a mais comum das punições capitais. Também era uma maneira conveniente de exprimir ira ou ódio. O Senhor Jesus foi várias vezes ameaçado de apedrejamento, com base em trechos bíblicos como Êxodo 17.4; Números 14.10 e 1Samuel 30.6, o que também aconteceu com Paulo, conforme se vê em João 10.31-33; 11.8; Atos 14.5,19. Algumas vezes, o apedrejamento chegava mesmo a ser executado, como se deu com Adorão (1Rs 12.18), Zacarias (2Cr 24.21) e Estêvão (At 7.58,59). (ND Z)

ÁPIS

Um deus-boi egípcio, um touro negro com manchas brancas distintivas, cuja adoração estava ligada a vários outros deuses. Em Mênfis, no Egito, o boi (Apis) era considerado o corpo do deus Ptah. Quando o deus-boi morria, era enterrado com elaborado cerimonial. Corpos embalsamados de bois, descobertos no cemitério Apis, pertenciam ao período do Último Império até a época dos Ptolomeus. Ver o artigo sobre *Egito, Religiões do*. (E MER)

APOCALIPSE

No grego, **"revelação"**. Palavra derivada do grego *apokalypsis*. No latim é *revelatio*, que significa revelar, expor à vista, e metaforicamente, descobrir uma verdade que se achar oculta. No Antigo Testamento não se encontra a palavra revelação; porém, emprega-se, com frequência o verbo revelar no sentido de descobrir segredos, Provérbios 11.13. Deus revela a sua vontade aos homens, Deuteronômio 29.29; Isaías 22.14; Daniel 2.19,22,28; Amós 3.7. No Novo Testamento, a palavra revelação serve para falar-nos do modo pelo qual Deus nos deu a conhecer, por meio de Cristo e o seu Santo Espírito, as verdades divinas, antes completamente ignoradas, Romanos 16.25; 1Coríntios 14.26; 2Coríntios 12.1; Gálatas 1.12; Apocalipse 1.1, para fazer conhecida a vontade de Deus em referência ao seu reino, Gálatas 2.2, e para a manifestação do justo juízo de Deus, Romanos 2.5; 1Pedro 1.13. Em sentido teológico, a palavra revelação significa a comunicação da verdade que Deus faz ao homem, por meio de seus agentes sobrenaturais.

APOCALIPSE, LIVRO DO

O Apocalipse de João é o último livro do Novo Testamento, também denominado *Revelação*. Recebeu esse nome por ser com ele que o livro começa, e tem por fim descobrir as coisas que cedo deviam acontecer, reveladas por Deus a Jesus Cristo, e que este enviou por seu anjo a seu servo João, para serem comunicadas às sete igrejas da província romana da Ásia, estabelecidas nas seguintes cidades: Éfeso, Esmirna, Pérgamo, Tiatira, Sardes, Filadélfia e Laodiceia, Apocalipse 1.1-3,4,11. O número sete teve a preferência por ser o número sagrado que indica perfeição, indicando desse modo que o livro realmente se destinava a toda a igreja. O autor chama-se simplesmente João à maneira dos antigos profetas hebreus, Isaías 1.1; Joel 1.1; Amós 1.1 etc., como se observa nos caps. 1.1,4,9; 22.8. Revela que as visões contidas no livro ele as teve quando se achava preso na ilha de Patmos, por causa da palavra de Deus e do testemunho de Jesus, 1.9. Essa ilha encontra-se ao sul da costa da Ásia Menor. Para ela havia sido desterrado o apóstolo, pelo fato de ser cristão. Foi em um período em que os imperadores romanos perseguiam a igreja de Jesus. A visão inicial apresenta Cristo exaltado, em um quadro simbólico, no meio de sete candeeiros de ouro que representam as sete igrejas, 10.20. Cristo dá mensagens ao seu servo para serem mandadas às sete igrejas, e em seguida vem uma série de outras visões. Essa revelação se deu no dia do Senhor que, segundo entendemos, era o primeiro dia da semana. As visões descritas nesse livro são maravilhosamente simbólicas. A maior parte das figuras e muito da sua linguagem encontram-se nos profetas do Antigo Testamento, particularmente em Daniel e em Ezequiel, que lhe servem de comentário. Examinando mais de perto esse livro, vemos que a introdução, 1.1-3, e as saudações, 4-8, consistem de sete divisões principais que vão até 22.7, depois das quais encerra-se com um epílogo, 8-21.

Essas divisões constituem, de fato, sete vistas vistas de vistas, subdivididas geralmente em sete partes. Cada série começa com uma visão, que apresenta em globo a ideia da série inteira, e que depois é acompanhada, na maioria dos casos, por outras tantas representações quantos os elementos de que ela se compõe. Essas visões não devem ser entendidas como representando acontecimentos que se sucederiam uns aos outros na história em ordem cronológica, e, sim, como quadros simbólicos representando certas verdades religiosas, ou princípios que a igreja teria de realizar no decorrer dos tempos. Todo o conteúdo destina-se a confortar a igreja dos conflitos que teria de encontrar e prepará-la para a Segunda Vinda de seu Senhor, 1.7,8; 22.7,10,17,20. As sete séries que se descobrem na análise do livro são as seguintes: **1**. Visão de Cristo glorificado no meio da sua igreja, seguida das sete mensagens dirigidas às sete igrejas da Ásia, 1.9 até 3.22. O assunto principal consiste em instruir, admoestar e animar a igreja nas suas condições atuais. **2**. Visão em que aparece Deus, presidindo os destinos do universo, adorado por toda a criação; e em que se vê o Cordeiro de Deus, tendo em suas mãos o livro dos sete selos que encerra os decretos divinos, 4 e 5, seguindo-a a abertura dos selos, em que aparecem as sete visões nas quais se revelam os propósitos divinos, desde a manifestação do Verbo da Vida até o Juízo final, 6.1 até 8.1. Entre o sexto e o sétimo selo, é introduzido um episódio que mostra a segurança do povo de Deus no meio das grandes calamidades que hão de vir sobre o mundo, 7. **3**. A visão das trombetas, 8.2 até 11.19. Começa com o aparecimento de um anjo, oferecendo a Deus as orações dos santos, 8.2-6. Segue-se o toque das trombetas. Cada uma delas anuncia a destruição do mundo pecador, terminando ainda com o julgamento final. Entre a sexta e a sétima trombeta, é introduzido também um episódio, descrevendo a segurança da igreja, como testemunha de Jesus, 10.1 até 11.14. A ideia central parece uma resposta às orações dos santos pedindo vingança; Deus mostra-lhes a desolação que virá sobre todo o mundo, no qual a igreja tem de dar o seu testemunho. **4**. A visão em que aparece a igreja na figura de uma mulher que dá à luz um filho, contra quem se lança o dragão, que é Satanás, e lhe faz guerra, 12; seguida de uma visão de animais de que Satanás se serve como seus agentes, 13; vem ainda a visão da igreja militante 14.1-5; e das conquistas do Evangelho de Cristo, 6-20. Bem pode ser chamada essa visão a do grande conflito entre a igreja e o mundo. **5**. A visão dos sete cálices, contendo as últimas pragas, ou juízos de Deus, 15 e 16. A visão inicial, 15, descreve o triunfo que os santos hão de alcançar, ao passo que os sete cálices representam as sete formas de juízos que virão sobre o mundo dos ímpios, 16. **6**. A visão da grande prostituta, Babilônia, 17, e da vitória de Cristo sobre ela e sobre os inimigos a ela associados, terminando com o juízo final, 18.1 até 20.15. Entre a sexta e a sétima cena desse grande triunfo aparece ainda um episódio, 20.1-10, descrevendo provavelmente a completa segurança e garantia espiritual do povo de Deus, durante o período da prolongada batalha. Alguns doutores fazem com que a divisão entre a sexta e a sétima série das visões se estenda até o 19.11. **7**. Visão da igreja ideal, a esposa de Cristo, ou a Nova Jerusalém, 21.1-8, e descrição de sua glória final, 21.9 até o 22.7. Prevalece uma convicção geral, tanto entre os críticos quanto entre os que estudam a Bíblia por devoção, que o Apocalipse é um livro cujo conteúdo revela unidade, facilmente reconhecida. A unidade de sua estrutura manifesta-se em toda a sua contextura, consistindo de sete grupos de sete episódios, e na semelhança de sua construção gramatical e uniformidade de linguagem. O autor do livro era judeu-cristão, dotado de espírito observador, era familiarizado com as lições do Antigo Testamento e com as formas literárias nele contidas, e de rara habilidade para moldar as profecias características de Daniel e Ezequiel, de modo a descrever o conflito da igreja e sua glória final (veja *Daniel e Ezequiel*). João era o nome do autor do livro, 1.1,4,9; 22.8. O apóstolo e discípulo amado de Jesus, afirma-o a tradição mais antiga, confirmada pelo testemunho de Justino Mártir, na metade do segundo século, por Melito e Ireneu da mesma época. É também confirmada pela comparação do livro com o Evangelho que traz o seu nome e com a sua primeira epístola. Em todos os três livros existem doutrinas em comum e muitas peculiaridades de linguagem. Apesar disto, o Apocalipse foi escrito com menos uniformidade de linguagem do que o Evangelho e a sua Primeira Epístola, por causa, sem dúvida, da natureza do assunto que obrigava o escritor a empregar expressões fora do comum, e também porque tinha de repetir e combinar as palavras dos antigos profetas. Alguns doutores, tanto antigos quanto modernos, como Dionísio de Alexandria, d.C. 247-265, são de opinião que o Apocalipse e o Evangelho não foram escritos pela mesma pessoa. O exame de ambos, bem como a tradição unânime da igreja, não julgam necessária essa distinção quanto à autoria sob que existia conflito entre os dois escritos que colocavam em dúvida a sua origem.

Tem-se procurado provar que o Apocalipse se originou na mitologia dos babilônios, principalmente os caps. 12 e 13, e as passagens a eles relacionadas. A isto opomos as seguintes considerações: **1**. Ignoram os defensores de tal opinião qual seja o sentido claro desses dois capítulos, que inquestionavelmente descrevem o conflito da igreja com o poder espiritual de Satanás, 12.3-17, em união com as forças do mundo, 13.1-10, e com a falsa profecia, que à semelhança de Elias, fazia até descer fogo do céu, e se aparentava ao cordeiro, 13.11-17. **2**. Não tomaram na devida consideração, o simbolismo que a natureza oferece, fornecendo imagens aos poetas de todas as raças, que os habilita a produzir, sem depender uns dos outros. **3**. Emprestam aos mitos da Babilônia, pormenores que não encontram apoio nas descobertas arqueológicas. **4**. Fecham os olhos para não verem que o autor tinha à mão, abundante cópia de imagens nas Escrituras hebraicas, contidas em Gênesis 3 e Daniel 7, e que em Jeremias 51.1-12, encontrara amplo colorido para pintar a cena descrita no cap. 17. Com respeito à data do Apocalipse, existem duas opiniões. Segundo uns, deveria ter sido escrito um ou dois anos antes da queda de Jerusalém, no ano 70, isto é, antes de rebentar a tremenda perseguição de Nero contra os cristãos. Assim sendo, é de presumir que os terrores produzidos pela tomada da cidade santa e as crueldades de Nero tenham fornecido elementos à imaginação do vidente para as descrições do seu quadro. A maioria dos críticos racionalistas aceita essa data para verem no Apocalipse apenas vaticínios humanos, sugeridos pelas calamidades que afligiam a humanidade naqueles tempos. A opinião tradicional, pela voz de Ireneu, d.C. 175-200, diz que o Apocalipse foi escrito no fim do reinado de Domiciano, ano 96. Existem provas mais abundantes dando a prisão do apóstolo na ilha de Patmos, ordenada por Domiciano e seu regresso a Éfeso depois da morte desse tirano. Não se deve supor que um testemunho tão unânime e pormenorizado quanto o que a tradição fornece não seja digno de fé. As condições em que se achavam as sete igrejas, igualmente, se acomodam mais com a segunda data do que com a primeira.

O estilo não exige que o Apocalipse precedesse a data do evangelho nem as razões em favor da primeira data satisfazem aos que acreditam na inspiração do livro. São inumeráveis as interpretações dadas ao Apocalipse, que se pode reduzir a quatro classes principais: **1**. A interpretação pretérita, considerando a obra como descrevendo os fatos que ocorreram por ocasião de ser ela escrita. Esta opinião destrói o caráter profético do livro, e por isso é rejeitada. **2**. A interpretação futurista, que observa no livro predições sobre acontecimentos ainda não realizados. Ela apresenta uma dificuldade: é que toda a profecia, e particularmente essa, liga-se intimamente com a situação da igreja e do profeta a que ela foi dirigida. **3**. Interpretação histórico-profética, que observa nas revelações o cenário dos acontecimentos sucessivos que se desdobram na história da igreja. A dificuldade que se descobre neste modo de explicar o livro é que poucos expositores podem concordar com os pormenores proféticos e com a exatidão de seu cumprimento, e que não levam em conta a feição contemporânea das sete séries das visões. **4**. A interpretação simbólica e espiritual que considera as visões como figuras representativas de algumas verdades, ou de certos princípios, destinados a ter lugar na história da igreja, com o fim de animar e confortar a igreja de Cristo até que ele volte, cheio de glória para o julgamento final. Apesar de nenhum dos expositores estar convencido da exatidão de suas ideias referentes ao conjunto da Revelação, esse último método de interpretação tem a vantagem de dirigir a atenção dos leitores a certas verdades de grande valor e importância, sob a forma de figuras, fazendo com que o livro mais misterioso das Escrituras seja praticamente proveitoso.

APOCALÍPTICOS, LIVROS (LITERATURA APOCALÍPTICA)

O Termo. O vocábulo grego *apokaluptein* significa "descobrir", "desvendar". Um tipo de pensamento que floresceu no judaísmo posterior e no cristianismo antigo foi designado por esse nome (165 a.C.—120 d.C.). Os livros apocalípticos foram escritos a fim de descrever eventos futuros preditos, que poriam fim ao domínio do mal no mundo, de maneira extremamente abrupta. Alguns deles descrevem esse fim como absoluto, com o holocausto de tudo, com a completa destruição do mundo; mas outros falam em uma grande purificação, por meio do fogo. Os justos haveriam de levantar-se para viver em um mundo renovado, em uma era áurea.

Propósito. O propósito psicológico dessas obras era o de ajudar os judeus (e também os cristãos) a resistirem a tiranos terrenos e a nações abusivas, já que assim era oferecida uma solução rápida para momentosos problemas, mediante a intervenção divina. Julgava-se que os poderes políticos, como em Roma, além de outros estados estrangeiros, eram controlados por forças demoníacas — o que explicaria a malignidade dos mesmos. Mas Deus haveria de prevalecer, finalmente. Os livros apocalípticos caracteristicamente encaravam o fim como próximo, porquanto o espírito humano se impacientava debaixo das perseguições. Esses livros ofereciam "um salto" por cima das condições organizadas atuais. Tal salto se daria rápida e prontamente, e a glória da vitória sobre as forças malignas não tardaria a estabelecer-se.

I. O QUE É UM APOCALIPSE? Toda a literatura apocalíptica é escatológica. Em outras palavras, aborda a questão dos "tempos do fim", o término do mundo segundo o conhecemos, o começo de um novo ciclo, ou em alguns casos, o estado eterno. Nem toda a literatura escatológica, porém, é apocalíptica. Pode-se falar, por exemplo, sobre a *alma* e seu destino, e isso nos levaria a tratar de certo aspecto do ensinamento escatológico normal, mas, ao mesmo tempo, nada de distintamente apocalíptico estará sendo envolvido nesse ensino. Os escritos que têm chegado até nós, que são chamados "apocalípticos", possuem características distintivas, o que é salientado na discussão que se segue. De modo bem geral, pode-se afirmar que essa forma literária trata da escatologia, pois visa a dizer-nos as condições que haverá nos últimos tempos, nos tempos futuros remotos, mas sua apresentação fala daqueles acontecimentos futuros que terão lugar durante dias angustiosos, em que uma antiga era passará em meio a tempestades e agonias, iniciando-se uma era inteiramente nova, através das mais severas dores de parto. Mas isso não é uma característica normal e necessária dos escritos escatológicos.

No que concerne à atividade literária judaico-cristã, pode-se identificar o período dos escritos apocalípticos entre 165 a.C. e 120 d.C. Essa literatura antecipa o fim de um ciclo histórico, o ciclo judaico, o que se daria em meio a dores severas, antes do nascimento da era cristã. Os "apocalipses" cristãos refletem o desapontamento dos discípulos de Cristo por não se ter materializado o reino de Deus em sua própria época. E esse desapontamento foi apenas natural, e se pensou que os acontecimentos que sempre foram tomados como necessários na inauguração do reino deveriam ser transferidos para outra época, o tempo da "volta" de Jesus Cristo, não mais sendo atribuídos ao seu "primeiro advento". Isso preencheu um vácuo psicológico, pois manteve os homens na "esperança" do estabelecimento do reino. No entanto, não há razão para crermos, meramente porque esse tipo de literatura cumpre uma necessidade psicológica, que as profecias contidas em nossos apocalipses bíblicos (os livros de Daniel e de Apocalipse) não sejam válidas.

Os apocalipses judaicos foram escritos na época de Antíoco Epifânio e posteriormente, acompanhando as perseguições que houve naquele período histórico. Essa literatura apocalíptica teve a finalidade de dar aos homens a "esperança quanto ao futuro", estando eles a passar por um presente dificílimo. Essa esperança contemplava particularmente o livramento através do vindouro Messias, bem como através do estabelecimento de seu reino. Pode-se ver facilmente que, tal como no caso dos apocalipses cristãos, a literatura apocalíptica judaica conservava a necessidade psicológica de "saltar por cima" de um presente difícil, a fim de levar os homens a terem esperança e fé firme de que se cumpriria uma nova era de vitória e realizações espirituais, embora isso não dispensasse grande agonia. Também é verdade que, apesar de a atividade da literatura apocalíptica nunca se ter tornado uma questão central no judaísmo, e apesar de que a maioria dos rabinos judeus a ignoravam essencialmente, contudo, esses escritos serviram ao seu propósito; e embora nunca tivessem ganho posição canônica, não há razão para supormos que não há ali certo discernimento quanto ao futuro misticamente intuitivo, apesar de não ser diretamente inspirado pelo Espírito do Senhor.

Em contraste com isso, o espírito apocalíptico dominava a igreja primitiva. O fato de que o reino de Deus não se materializou então, deu, aos primeiros discípulos de Cristo, a ardente esperança de que a "breve" e mesmo "iminente" segunda volta de Cristo (a "parousia" dos escritos neotestamentários) haveria de desfazer o erro de sua "rejeição", cumprindo todas as expectações da humanidade acerca de uma era melhor. Mas essa era melhor não haverá de iniciar-se senão através da morte agonizante e terrível da antiga era, e a literatura apocalíptica é essencialmente a descrição dessa morte febricitante, com descrições adicionais do glorioso nascimento da nova era, que se seguirá.

A literatura apocalíptica, pois, tem um *propósito presente*. Os fiéis necessitam de força espiritual para passar pelas aflições, desapontamentos e pressões desta era ímpia em que vivemos. Serão mais capazes disso se puderem antever a vitória, a qual, finalmente, reverterá os terrores do momento presente. Os escritos apocalípticos prometem que os adversários de Deus não escaparão ao juízo por causa daquilo que fizeram, por seus feitos ímpios que praticaram. Além disso promete que aquilo contra o que os perversos têm-se oposto, o governo de Deus sobre a terra, eventualmente se cumprirá, a despeito deles. Outrossim, promete que até mesmo muitos daqueles que se têm oposto a isso, através dos juízos haverão de reconhecer a mão de Deus na história, acolhendo a seu Cristo como Senhor deles.

II. Características. Há algumas características distintivas da literatura apocalíptica. O termo grego *apokalupto* significa "desvendar", "revelar". O *apokalupsis*, pois, é uma "revelação", ou "desvendamento"; é uma "visão profética". Consideremos os pontos seguintes a esse respeito:

1. Os livros apocalípticos são sempre reveladores. Há ali atividade mística, revelações, sonhos, visões, viagens celestiais em espírito, tudo o que transcende à era presente, pelos poderes da alma humana, com ou sem a ajuda divina. Cremos que até mesmo os apocalipses não canônicos envolvem algumas experiências místicas válidas, ou seja, algum discernimento válido quanto às questões espirituais, incluindo revelações sobre as condições futuras. Os dois livros apocalípticos da Bíblia, Daniel e Apocalipse, certamente contêm o esboço dos acontecimentos futuros, a maioria dos quais tem sido confirmada pela atividade profética dos místicos atuais. Em outras palavras, as profecias de nossos dias concordam com as previsões bíblicas, de modo a narrar acontecimentos paralelos. Ver o artigo *Tradição Profética e a Nossa Época*, que apresenta uma discussão geral sobre essa questão.

2. São imitativos e pseudopreditivos. Apesar de haver discernimento espiritual certamente "válido", porquanto os poderes de pré-conhecimento dos homens funcionam, quase sempre, com resultados que podem ser medidos, esses livros apocalípticos tendem por ser imitativos. O livro de Daniel servia de arquétipo original. Nesses escritos há "invenções" que não refletem qualquer atividade mística genuína, pois as "profecias de condenação", com subidas aos céus e descidas ao inferno, se tornaram artifícios literários, que visavam a ensinar verdades espirituais, apresentando advertências e encorajamentos necessários. Portanto, apesar de algumas previsões válidas estarem contidas nos apocalipses não canônicos, mais frequentemente do que nunca, as profecias são pseudopreditivas; e essas previsões tornam-se "meios" de ensino — em vez de serem tentativas sérias de predizer o futuro.

3. Empregam verdades místicas e simbólicas, em vez de verdades físicas e literais. A fé religiosa pode ser ensinada com habilidade, sem base nos acontecimentos históricos reais, passados ou em antecipação ao futuro. O meio de transmitir a verdade, dentro do misticismo, é o símbolo. Um símbolo pode ser válido, sem importar que por detrás dele haja ou não algum acontecimento físico e literal. As parábolas de Jesus (pelo menos algumas delas) não tinham o intuito de relacionarem-se com qualquer acontecimento real; antes, eram "boas narrativas" sobre as verdades eternas, que eram assim vividamente ilustradas. Assim sendo, um profeta podia falar sobre a descida ao inferno por parte de Enoque, e assim ensinar uma verdade acerca do estado das almas perdidas, sem isso significar que Enoque tenha, realmente, feito tal viagem. Até mesmo nos apocalipses canônicos, as "visões" com frequência não apresentam objetos "reais" ou "físicos". Tomemos, por exemplo, o caso da imagem com os dez dedos formados de ferro e barro. Isso simboliza os reinos e federações do mundo, embora não seja uma verdade literal. Algumas obras apocalípticas chegam a extremos bizarros ao pintarem condições e expectações espirituais. Alguns dos intérpretes mais inclinados pela interpretação literal do Apocalipse de João procuram tornar literais esses simbolismos. Assim, os "gafanhotos" e "escorpiões", que são animais simbólicos do nono capítulo do livro de Apocalipse, seriam insetos literais que atacam os homens como praga. Porém, não são eles mais literais do que os "cavaleiros" do sexto capítulo do mesmo livro. Todas essas coisas simbolizam os terríveis julgamentos e as condições imediatamente antes da "parousia" ou segundo advento de Cristo. A tentativa de emprestar um caráter literal a esses símbolos redunda em fracasso, além de impedir o entendimento da própria natureza mística dessas visões. Até mesmo os sonhos ordinários nos falam por meio de "símbolos". Por exemplo, uma "criança" simboliza o trabalho realizado por algum obreiro do evangelho, pois esse trabalho, em certo sentido, é sua "criança". A água é símbolo da "fonte da vida"; sonhar com a "morte" indica o "fim" de algum aspecto da vida de uma pessoa, ou alguma mudança drástica, muito mais do que o falecimento—literal da mesma. Naturalmente, visões e sonhos algumas vezes falam de acontecimentos literais, mas é um erro interpretar os mesmos literalmente, "todas as vezes que se puder". Essa atitude mais provavelmente nos desviará da verdade, em vez de aproximar-nos da mesma, pois é algo basicamente contraditório à própria natureza do misticismo.

4. Os livros apocalípticos com frequência são pseudônimos. Isso significa que "em honra" a alguma antiga personalidade famosa, um livro foi escrito por outrem, aproveitando-se do prestígio do nome daquela personalidade, a fim de perpetuar sua tradição. Assim é que o livro de Enoque, escrito no segundo século a.C., não foi escrito por Enoque, mas em sua memória. Nesse caso, não poderia haver qualquer tentativa séria, da parte do seu autor, de fazer passar seu livro como se realmente tivesse sido escrito por Enoque. É que os antigos não viam nada de errado nesta prática, sem importar o propósito com que isso fosse feito. Entre os livros apócrifos do Antigo e do Novo Testamentos, bem como entre seus livros pseudepígrafos, há mais de cem livros que certamente não foram escritos pelos indivíduos aos quais são atribuídos. Sem importar o que nós, como modernos, possamos pensar da prática, isso em nada altera a atitude dos antigos acerca da mesma. Em nosso NT, por exemplo, é possível que o livro de Judas seja uma pseudepígrafe. (Quanto a notas sobre isso, ver o artigo sobre o *Apocalipse*, sob o título "Autoria"). No entanto, os dois livros apocalípticos bíblicos — Daniel e Apocalipse — não pertencem a essa natureza. Não obstante, o "João" do livro de Apocalipse não é o mesmo apóstolo João, e, sim, o "ancião", ou talvez um bem conhecido "vidente" crente que habitava na Ásia Menor.

5. Os livros apocalípticos são altamente dualistas. Em primeiro lugar, retratam a criação como algo envolvido em "uma luta de morte" entre duas forças — uma boa e outra má. Outrossim, essas forças são "cósmicas", e não meramente humanas. A humanidade ver-se-á envolvida no conflito entre Deus e Satanás, entre os anjos e os demônios, entre a razão absoluta e o erro absoluto. Os homens poderão ser vitoriosos ou derrotados, dependendo do lado que tomarem. O pecado, por conseguinte, nunca será questão apenas humana. Trata-se da lealdade ao erro absoluto, da aprovação conferida a Satanás e às suas obras más.

A oposição das duas grandes forças cósmicas naturalmente envolve a oposição entre duas eras distintas. Assim é que a "era presente" é dominada por Satanás, ao passo que a "era vindoura" será governada por Deus, mediante o seu Messias. A era presente envolve pecado e degradação, com a consequente perdição das almas; e a era vindoura envolve o domínio da justiça e do bem-estar espiritual.

Essas forças opostas naturalmente geraram o conceito dos "dois mundos". Há um presente mundo, que é terreno e pervertido. Trata-se de algo físico e temporal, sem quaisquer valores absolutos. Mas também há o "mundo de amanhã", que até mesmo agora existe nas esferas invisíveis da realidade última. Este é um mundo de domínio espiritual, de santidade, de paz e de bem-estar espiritual. O "outro mundo", finalmente, virá a exercer controle sobre este mundo terreno, e esse é um dos aspectos do conflito entre o bem e o mal que atualmente começa a concretizar-se.

Existem, pois, duas "forças cósmicas" que se opõem, duas *eras* contrastantes que se digladiam, dois "mundos" contrastantes que se combatem. Os homens, necessariamente, "tomam partido" tornando-se associados e prestando lealdade a um lado ou outro desses contrastes. As obras apocalípticas, portanto, apresentam aos homens o desafio de escolherem Deus e o seu caminho, o seu mundo, a sua era, rejeitando, ao mesmo tempo, o que Satanás tem a oferecer-lhes.

6. Os livros apocalípticos são deterministas. Isso significa que a vitória eventual do mundo vindouro sobre o mundo presente — o triunfo do bem sobre o mal — é algo que foi determinado pela mão de Deus. O triunfo de Deus é inevitável, embora pareça demorar-se por tempo excessivamente longo. Os livros apocalípticos, por conseguinte, expõem uma espécie de filosofia da história. Dizem-nos eles a natureza geral do que sucede e do que deverá acontecer. Apesar de que há caos, devido ao pecado, somos assegurados de que o processo histórico está do lado do bem e de Deus, e que nada pode alterar isso, pois a vontade de Deus é Todo-poderosa. O seu propósito talvez precise de longo tempo para materializar-se, mas tudo está determinado. Há um horário divino predeterminado e o fim do domínio de Satanás ocorrerá súbita e dramaticamente. A própria história é a crônica da luta entre Deus e Satanás, e de como os seres inteligentes serão envolvidos até o fim da mesma. Mas a história, apesar de envolver muitos elementos de sofrimento e caos, finalmente está determinada para que sirva às finalidades divinas.

7. Os livros apocalípticos, ao mesmo tempo, são altamente pessimistas e otimistas. Expõem um quadro horrendamente negativo do que haverá de suceder a este mundo, o que envolverá a intensa depravação dos homens. Ao mesmo tempo, porém, uma vez que este mundo seja apropriadamente julgado, deverá vir à existência um novo mundo de resplendente beleza e de incrível progresso. Do lado "pessimista", os livros apocalípticos são "cataclísmicos". Os eventos que porão fim ao presente mundo mau serão radicais, como se fora o decepar de um tumor canceroso. Os acontecimentos que darão início à nova era também serão cataclísmicos. As mudanças se produzem mediante acontecimentos bons ou maus, mas sempre repentinos, e não mediante algum processo gradual. As grandes alterações na história resultam de intervenções divinas.

8. Os livros apocalípticos são intensamente éticos. Isso significa que esses livros convocam os homens a abandonar o pecado, o qual necessariamente produzirá acontecimentos cataclísmicos. Apesar de tudo estar adredemente determinado, nada podendo derrotar facilmente o pecado, Satanás e seu sistema, contudo, serão preservados, entre esses terríveis acontecimentos, os homens que mantiverem confiança em Deus e em seu Messias. Caso contrário haverão de participar imediatamente da glória de Deus mediante o martírio; ou então haverão de ser gentilmente conduzidos à sua presença, uma vez que tiverem sofrido como os homens terão de sofrer durante aquelas horas fatais. As advertências ali dadas, pois, visam a *"converter"* os homens, da maldade e da perversidade, e não são meras predições de uma condenação inevitável.

III. LITERATURA APOCALÍPTICA

Antigo Testamento. A transição da literatura profética para a apocalíptica ocorreu em vários livros proféticos do Antigo Testamento, conforme se vê em Isaías 24-27; Ezequiel 38-39; Joel 2-3; Zacarias 12-14. O livro de Daniel, produzido durante a crise dos Macabeus, é a obra mais importante dessa classe, pertencente ao Antigo Testamento. 2Esdras, entre os livros apócrifos, também é uma obra apocalíptica. Ver o artigo sobre *os Livros Apócrifos*. Vários desses livros contêm porções apocalípticas.

1Enoque. Essa obra era atribuída a Enoque, o qual, após viver 375 anos, já *não era*, porque Deus o tomou para si (Gn 5.21-24). Esse livro na verdade é uma série de livros, provenientes dos séculos II e I a.C. Acredita-se que a porção mais antiga sejam os caps. 83—90, de natureza totalmente apocalíptica. Consiste em visões dadas em forma de sonhos, sobre o curso inteiro da história, desde o princípio até o presumível fim. Os caps. 1—36 têm sido chamados de *Dante judaico,* visto que descrevem as jornadas de Enoque através do submundo e dos lugares celestiais. A história da descida de Cristo ao hades (1Pe 3.18—4.6) tem um fraseado evidentemente alicerçado em Enoque, mostrando que o autor sagrado tinha conhecimento desse livro, e que aprovava a ideia geral das missões misericordiosas ao hades. Os caps. 37—71 contêm as parábolas ou símiles de Enoque, retratando: ***a.*** O Julgamento dos ímpios; ***b.*** a sorte dos incrédulos; ***c.*** a bem-aventurança dos santos. Os caps. 72—82 são descrições astronômicas, e os caps. 91—108 formam uma coletânea de exortações religiosas. Por causa da história do pensamento religioso, ali contida, 1Enoque é considerado o mais importante de todos os escritos não canônicos. Provavelmente havia um original aramaico, o qual foi preservado em uma tradição etíope e em alguns fragmentos gregos.

Assunção de Moisés. Havia um original aramaico escrito na Palestina durante os dias de Jesus. Supostamente apresenta as instruções finais de Moisés, antes de seu corpo ser assunto ao céu. Expõe um quadro profético da história e do futuro de Israel, começando pelos dias de Moisés e estendendo-se até o estabelecimento do reino de Deus. Aparentemente o autor foi um fariseu que aproveitou o ensejo para protestar contra a secularização do seu grupo. Essa obra atualmente só é conhecida em um fragmento latino, embora haja algumas alusões à mesma no Novo Testamento, em Judas e 2Pedro.

2Enoque. Um outro título desse livro é *Livro dos Segredos de Enoque.* Foi originalmente escrito em grego, por um judeu alexandrino, na primeira metade do século I d.C. Sobrevive em uma versão eslavônica, pelo que é conhecido como Enoque Eslavônico. Descreve como o patriarca Enoque subiu aos céus — dez céus — em vista do que foi capacitado a deixar instruções espirituais aos seus filhos. *O* livro ensina a preexistência da alma, de acordo com ideias platônicas e neoplatônicas, muito em voga em Alexandria. Os chamados pais alexandrinos da igreja, Clemente, Orígenes e outros, ensinavam essa doutrina. Ver o artigo sobre a *alma*, sob o título *origens* quanto às várias ideias concernentes a essa questão.

2Baruque. Originalmente produzido em grego, mas com frequência chamado Apocalipse Siríaco de Baruque, por ter sido descoberta uma excelente cópia do livro nesse idioma, em 1866. A obra contém pontos de vista conflitantes e variações de estilo, sugerindo que a obra se compõe de vários autores. O presumível autor do livro foi o amanuense de Jeremias; mas, na realidade, foi escrito em cerca de 70 d.C., Descreve o tempo da queda de Jerusalém, em 586 a.C.; mas, na forma em que atualmente o livro existe, a obra só foi terminada quando da queda de Jerusalém em 70 d.C. Trata das misérias e perseguições dos judeus, do pecado original do homem, da justiça divina e da vinda do Messias e seu reino messiânico. As porções finais do livro parecem ter sido influenciadas pelos escritos de Paulo.

3Baruque. Essa obra também se intitula Apocalipse Grego de Baruque, visto que foi originalmente escrita em grego. Foi escrita no começo do século II d.C. Aparentemente, o autor tinha conhecimento de 2Enoque e de 2Baruque. Novamente, o alegado autor foi o amanuense de Jeremias, que descreveu a ascensão de Jeremias através de cinco céus. O livro descreve a mediação dos anjos, que expõem os méritos humanos diante do arcanjo Miguel, para sua consideração. São dadas ideias adicionais sobre a queda de Adão. Algumas dessas ideias influenciaram a teologia cristã de data posterior.

Novo Testamento: Generalizara-se o uso de livros apocalípticos do Antigo Testamento, os quais inspiraram vários autores da era cristã a continuarem essa forma de literatura. No próprio Novo Testamento, diversos trechos podem ser classificados como apocalípticos, como Marcos 13, Mateus 24 e 2Tessalonicenses Além disso, o Apocalipse de João, livro canônico do Novo Testamento, é a mais completa expressão dessa atividade no Novo Testamento, sendo também o maior de todos os apocalipses. Cita continuamente o Antigo Testamento, e contém muitas passagens que refletem a literatura apocalíptica veterotestamentária, descrita acima. Ver a Introdução ao Apocalipse, no NTI, sob as seções I a IV, no tocante a uma plena demonstração do fato.

APOLINARISMO

A heresia das naturezas misturadas em um só Cristo, chamada apolinarismo, de Apolinário, bispo de Laodiceia, na Síria (361-390), foi menos infame que outras. Apolinário, amigo de Atanásio e defensor do *homoousion* (ver Trindade), escreveu "inumeráveis volumes sobre as Escrituras" (Jerônimo) e "encheu o mundo com seus livros" (Basílio) sobre assuntos teológicos e apologéticos. Da maioria deles restou, no entanto, somente fragmentos e citações de outros escritores. Algumas de suas obras apareceram sob outras autorias, p.ex: a *Detalhada confissão de fé*, atribuída a Gregório Taumaturgo; um sermão, *Esse Cristo é um*, sobre a encarnação do Verbo de Deus, e um credo endereçado ao imperador Joviano, atribuídos a Atanásio; *Sobre a união do corpo com a divindade em Cristo*, *Sobre fé e encarnação* e uma carta a Dionísio de Roma, atribuídos ao papa Júlio I.

O contexto da cristologia de Apolinário é o da Escola de Alexandria, de Atanásio e Cirilo, forte na afirmação da divindade de Cristo e união das duas naturezas em sua pessoa encarnada. A partir dessas pressuposições, Apolinário atacou a cristologia dualística da Escola de Antioquia. Sua visão era totalmente soteriológica. Um Cristo que fosse menos que inteiramente divino não poderia salvar. A morte de um mero homem não teria nenhuma eficácia redentora. Mas sendo Cristo totalmente divino, sua natureza humana deveria ser, de alguma forma, "absorvida" por sua divindade, tornando-se, assim, o objeto correto da adoração. A salvação consistiria na participação do homem na carne deificada na eucaristia. Pela deificação do elemento humano, mediante a união com o Logos divino, Cristo tornara-se moralmente imutável.

Apolinário, de modo negativo, rejeita assim qualquer mera justaposição das duas naturezas em Cristo. Escreve a Joviano, afirmando: "Não há duas naturezas (em Cristo), uma para ser adorada e outra, não. Há somente uma natureza (*mia physis*) no Verbo de Deus encarnado". As Escrituras apresentam Cristo como um ser, como a encarnação de um único princípio ativo, o Logos divino. De modo positivo, no entanto, ele creditou a Cristo uma "nova natureza", resultando em que, na constituição de sua pessoa, é "uma nova criação e uma mistura maravilhosa, Deus e homem tendo se constituído em uma só carne". Mas como o divino e o humano poderiam se amalgamar em uma tal absoluta unidade? Um meio poderoso para Apolinário foi o de eximir Cristo da possibilidade de pecar. Para a psicologia, a mente humana foi concebida como autodeterminante, sendo impelida por sua própria vontade e sendo, assim, lugar de origem das más escolhas. Apolinário eliminou esse elemento de sua estrutura da pessoa de Cristo. "Se com a divindade, que em si mesma é mente, havia em Cristo também uma mente humana, o propósito primeiro da encarnação, que é a destruição do pecado, nele não se realiza" (*Apodeixis*, fragmento, 74). A pessoa de Cristo é, portanto, uma "comistura" do Logos com uma "natureza humana resumida": "um meio-termo entre Deus e o homem, nem totalmente homem nem totalmente Deus, mas uma combinação de Deus e homem" (*Syllogysmoi*, fragmento, 113). O despojamento do humano na encarnação é contrabalançado do fim divino por uma *kenosis* (ver Kenoticismo). Porque o Logos que em sua ilimitação permeia toda a existência deve ser submetido à autolimitação na carne humana.

Apolinário foi criticado por Gregório de Nissa por repudiar as experiências inteiramente humanas de Cristo, de que os evangelhos e a epístola aos Hebreus dão ampla prova. A salvação plena do homem exige a identificação plena de Cristo com ele em todos os elementos de sua composição. O apolinarismo foi sucessivamente condenado pelos concílios de Roma (377), Alexandria (378), Antioquia (379) e, por fim, de Constantinopla (381).

(**H. D. McDonald**, B.A., B.D., Ph.D., D.D., ex-vice-reitor e catedrático de Filosofia da Religião e Teologia Histórica do London Bible College, Londres, Inglaterra.)

BIBLIOGRAFIA. J. N. D. Kelly, *Early Christian Doctrines* (London, 51977); H. Lietzmann, *Apollinarius von Laodicea und seine Schule* (Tubingen, 1904; A. G. McGiffert, *A History of Christian Thought* (New York & London, 1932), vol. 1; Jaroslav Pelikan, *The Christian Tradition*, vol. 1: *The Emergence of the Catholic Tradition* (100-600) (Chicago, 1971); C. E. Raven, *Apollinarianism* (Cambridge, 1923).

APOLÔNIO

Nos livros apócrifos do Antigo Testamento há três homens com esse nome. **1**. Um general a quem Antíoco Epifânio enviou à Judeia para conquistar Jerusalém, mas que finalmente foi derrotado e morto por Judas Macabeu (ver 1Macabeus 3.10,11), em cerca de 166 a.C. No grego ele chamava-se Misarques (ver 2Macabeus 5.24). **2**. Um governador da Celesíria, general de Demétrio Nicanor, derrotado por Jônatas em favor de Alexandre Balas (ver 1Macabeus 10.69-76), em cerca de 148 a.C. **3**. Filho de Geneu, um dos governadores a quem Lísias deixara na Judeia, após o tratado estabelecido entre os judeus e o jovem rei Antíoco Eupator, e que conseguiu compelir os judeus a romperem o pacto (ver 2Macabeus 12.2). (S)

APOSENTO

Há uma boa variedade de palavras hebraicas e gregas, variadamente traduzidas, como "aposento", "câmara", "cenáculo" etc.; o que dizemos abaixo transmite boa ideia a respeito: **1**. As câmaras usadas em conexão com o templo, onde eram conservadas as ofertas (Ed 8.29; Ne 10.37-39, para exemplificar; palavra hebraica usada por 47 vezes). Mas essa palavra indica outros tipos de aposento, como certas salas do templo de Ezequiel (ver Ez 40—46). Essas salas eram ocupadas pelos serviçais do templo, ao cumprirem os seus deveres. **2**. Quarto. Temos nesse caso uma saleta particular (ver Gn 43.21), um lugar de proteção, reclusão e meditação (ver Is 26.20), e também a "recâmara" de um noivo (ver Ct 1.4). Mas essa palavra hebraica também é traduzida por "sala de verão", em Juízes 3.20. Essa palavra hebraica aparece por 34 vezes no Antigo Testamento. **3**. Uma outra palavra hebraica, que nossa versão portuguesa também traduz por "câmara", é usada por doze vezes, em Ezequiel 40.7-36. Alguns estudiosos pensam que a palavra hebraica significa "lugar separado". **4**. "Câmaras laterais" é tradução da palavra hebraica que aparece por 42 vezes, sobretudo no caso de Ezequiel 41.5-26. Mas a palavra é traduzida em português de outras maneiras também. **5**. Uma palavra usada apenas por três vezes no hebraico figura em 1Reis 6.5,6,10. Mas nossa versão portuguesa omite a palavra na tradução nos versículos 6 e 10 e, no quinto versículo, a traduz por "câmaras laterais", expressão que já fora usada para traduzir a palavra hebraica anterior. **6**. Uma palavra traduzida por "sala", em 2Samuel 18.33, e por "morada", em Salmo 104.3,13, é usada por dezessete vezes no Antigo Testamento. Uma boa tradução seria "quarto elevado" ou "quarto de primeiro andar". **7**. Uma palavra grega usada por quatro vezes é *tameion*, "despensa" (ver Mt 6.6; 24.26; Lc 12.3,24). **8**. Outra palavra grega, usada também por quatro vezes, é *uperôon*, sempre no livro de Atos (ver 1.13; 9.37,39 e 20.8), traduzida por "cenáculo". Em nossa versão portuguesa quer dizer "quarto elevado".

AQUEDUTOS ANTIGOS

Consideremos estes pontos a respeito: **1**. Senaqueribe, de Nínive (em cerca de 700 a.C.), construiu o primeiro aqueduto de que se tem notícia na história. Ele construiu um grande canal de irrigação através de um tributário do Atrus-Gomel perto da moderna Jerwan. Esse canal foi posto em uma ponte com 30 m de comprimento, com cerca de 10 m de altura, feito com cubos de meio metro fechados com argamassa. **2**. Ezequias construiu um túnel, chamado Siloé (cerca de 650 a.C.), que era um aqueduto. **3**. Polícrates de Samos (século II a.C.) construiu eficientes aquedutos. **4**. Os aquedutos eram uma das especializações dos romanos. Suas grandiosas obras nesse campo podem ser encontradas em todos os lugares onde dominaram. Eles elevavam seus aquedutos de concreto, com um telhado encimando os mesmos, em uma fileira de elevadas colunas de pedra ou de tijolos. Algumas vezes, por sobre alguma depressão ou ravina, eles construíam arcos sobre arcos. Em Segóvia, em Tarragona e em Esmirna veem-se duas ou três fileiras de arcos superpostos. O aqueduto de Nemauso (moderna Pont du Gard at Nimes) tinha três dessas arcadas. Mas também havia aquedutos de superfície e aquedutos subterrâneos. De um total de 418 km de aquedutos construídos pelos romanos, 48 km consistem em aquedutos elevados. A *Aqua Appia* foi construída por Ápio Cláudio Caecus, o mesmo que construiu a Via Apia. Era um aqueduto subterrâneo, levando água do Anio, a 16 km de Roma. Parece ter sido a primeira dessas construções feitas pelos romanos. Há estimativas que dizem que cerca de 750 milhões de litros de água eram trazidos a Roma diariamente, por meio de aquedutos, para suprir as necessidades de cerca de um milhão de pessoas. Vários escritores queixaram-se do elevado custo de tais construções (ver Plínio, *Ep.* 10.37). Na Palestina, um aqueduto usado para suprir Cesareia de água deixou alguns traços, o que também se dá com o aqueduto que Pilatos construiu em Jerusalém. Ele usou parte do *corbã* (ver o artigo a respeito), um fundo financeiro dos judeus, o que lhe causou dificuldades com os judeus (ver Josefo, *Guerras* II.ix.4). (CA Z)

AQUIS

No hebraico, **"o El dá"**, talvez também chamado Abimeleque, no título do Salmo 134. Foi o rei filisteu de Gate, onde Davi se refugiou por duas vezes enquanto fugia de Saul (ver 1Sm 21.10-15; 27.1-3). Da primeira vez, Davi correu perigo, pois não havia sido amigável com os filisteus. Para escapar do perigo, fingiu-se insano e foi para Adulão. Da segunda vez, Davi bem recebido. Davi recebeu a cidade de Ziclague (na fronteira Israel-Filístia), para nela habitar, garantindo a Aquis que embora assediasse cidades, só era hostil a Judá (ver 1Sm 27.2-12). Após a morte de Samuel, quando os filisteus reuniram um exército para atacar Israel, Aquis convocou a ajuda de Davi, mas os homens de Aquis objetaram, e Davi e seus homens foram enviados de volta (ver 1Sm 28.1,2; 29.2-9).

Outros grandes homens que se fingiram loucos para escapar ao perigo foram Ulisses (Cic. *Off.* iii.26), Higino (f:95, *Schol.* ad *Lycophr.* 818), o astrônomo Metom (Aelian, *Hist.* xiii:12), L. Junius Brutus (Liv. 1.56; Dion. *Hal.* iv. 68), e o rei árabe Baca (Schultens, *Anth. Vet. Hamasa*, par. 535). (ND S UN Z)

AR

No grego, *aer*. Designava a atmosfera, em contraste com o éter, ou pura região do firmamento (ver At 22.23; 1Ts 4.17 e Ap 9.2; 16.17).

Usos Espirituais e Simbólicos: **1**. O céu, de onde desce o julgamento (ver 2Rs 1.10, *desça fogo do céu*; no hebraico temos *desça fogo do ar*). As pestilências também viriam dali (ver Dt 27.22), como também camadas de ar quente, que destroem as colheitas (ver 1Rs 8.37). **2**. Figuradamente, "bater no ar" ou "falar com o ar" significa agir e falar sem juízo ou compreensão (ver 1Co 9.26; 14.9). **3. As potestades do ar**. A expressão, que se acha em Efésios 2.2, indica as várias hierarquias de poderes satânicos, invisíveis para os homens, que existem em grandes números e em muitas esferas, incluindo aquelas próximas da superfície da terra. Satanás é o príncipe dessas potestades ou poderes. No dizer de Efésios 6.12, há ... *dominadores deste mundo tenebroso... as forças espirituais do mal, nas regiões celestes...* contra os quais lutamos. Alguns estudiosos veem aqui referências à antiga astrologia, pensando que a mesma é pelo menos aludida envolvendo os poderes demoníacos que controlam os ventos, as tempestades etc. (ver Jó. 1.7). Talvez o uso que Paulo faz da expressão seja uma acomodação a antigas ideias. Nesse caso, ele usou as palavras, mas de modo algum em sentido astrológico. Os antigos acreditavam em muitas esferas satânicas de poderes espirituais, algumas das quais invadiriam o nosso mundo e causariam dificuldades. Paulo certamente compartilhava desse ponto de vista, conforme nos mostram esses trechos da epístola aos Efésios. Ver o artigo sobre *Satanás*. Quanto a mais detalhes sobre as potestades do ar, ver o NTI em Efésios 2.2 e 6.12. (NTI S Z)

AR

No hebraico o seu sentido é incerto, embora talvez signifique **"cidade"**. Era a principal cidade de Moabe (ver Nm 21.28; Dt 2.9,18,29), perto do rio Arnom (Nm 21.13-15). Ficava localizada a leste do mar Morto. A Septuaginta usa o nome *Seir* para indicar o lugar. Os trechos de Nm 21.15 e Dt 2.9,28 usam a palavra como uma espécie de paralelo da própria Moabe, o que significa que a palavra *Ar* talvez fosse usada como outro nome para *Moabe*. O rei Seom aparentemente a incendiou (ver Nm 21.38), e Isaías predisse sua ruína (ver Is 15.1). Seu nome grego era Areópolis. Ver as declarações de Isaías 17.17.

Quando Israel apossou-se da terra santa, foi proibido de ocupar essa área, porquanto não figurava como parte da terra dada por Deus, visto que pertencia aos descendentes de Ló, por decreto divino (ver Dt 2.9,18,29). O antigo local não é conhecido com certeza atualmente, embora el-Misna seja uma sugestão plausível. (FA ND S Z)

ARA

No hebraico, **"caminhante"**. Nome de três pessoas do Antigo Testamento e de um lugar. **1**. Um dos três filhos de Ula, da tribo de Aser (ver 1Cr 7.39), em cerca de 1500 a.C. **2**. Um antepassado da família que retornou do exílio com Zorobabel (ver Êx 2.5; Ne 7.10; 1Esdras 5.10), em cerca de 536 a.C. Acerca de quantos retornaram, esse número varia. **3**. Um judeu, cujo filho, Secanias, foi sogro de Tobias (ver Ne 7.18), em cerca de 536 a.C. **4**. Em Josué 13.4, a nossa versão portuguesa diz "Meara", que corresponde a uma expressão hebraica "Ara". Esse lugar tem sido identificado com a moderna Khirbet 'Arah. (ID S Z)

ARÃ

Embora em português se escreva sob a mesma forma que no verbete acima, em hebraico significa **"cabra selvagem"**. O homem desse nome era membro de um clã dos horeus, filho de Disã e irmão de Uz (ver Gn 36.28 e 1Cr 1.43), em cerca de 1963 a.C. Alguns supõem que há uma conexão entre esse nome e um certo Orém, referido em 1Crônicas 2.25.

ARÃ (ARAMEUS)

No hebraico, provavelmente **"elevado"** ou **"exaltado"**. A palavra tem um sentido amplo, pelo que se refere a várias coisas.

1. Um povo. A palavra refere-se aos *arameus* (ver o artigo a respeito), um povo semítico que vivia nas regiões da Mesopotâmia e da Síria, em várias tribos. Por essa razão, nossa versão portuguesa quase sempre diz "sírios", excetuando em 1Crônicas 2.23, onde diz "Arã". (Ver 2Sm 8.5,6; 1Rs 20.20,21; 1Cr 2.23; 19.10,12; Am 1.5; 9.7; Is 7.2,4,5,8; 9.12; 17.3; Jr 35.11; Ez 16.57 e 27.16). O nome "Arã" aparece pela primeira vez no século XXIII a.C., em inscrições cuneiformes de Acade. Desde o terceiro milênio a.C., há evidências arqueológicas em relação a nômades chamados Sutú, mencionados nas cartas de Amarna juntamente com os Ahlamú. Estes últimos são mencionados em alusão ao rei da Babilônia. A presença deles é confirmada na Assíria, em Nipur, em Dilmum e em Salmaneser (1274-1245 a.C.). Aparentemente há alguma conexão entre os Sutú e os Aramu, os Kalju e os Ahlamú, embora não se possa determinar a precisa relação entre eles.

2. Os arameus na história do Antigo Testamento: *a*. **Listas do Antigo Testamento**. O trecho de Gênesis 10 alista Arã como filho de Sem e pai de Uz Hul, Geter e Más. A porção noroeste da Mesopotâmia é chamada na Bíblia pelo nome de Arã-Naaraim (Gn 24.10) e Padã-Arã (ver Gn 25.20; 28.5). Os patriarcas são associados aos arameus (ver Gn 24.3-10; 25.20,27,43 e Dt 26.5). *b*. Por volta do século XI, os arameus tinham conseguido estabelecer um pequeno reino de vários estados, tendo atingido certa importância com o incompleto declínio da Assíria. Adade-apal-idina (1067—1046 a.C.), um arameu, foi levado ao trono da Babilônia pelos assírios, talvez esperando cessar, com essa providência, o avanço dos arameus na direção do sul do Iraque. Os arameus também expandiram-se para o ocidente, e ali organizaram, na Cilícia, o estado de Samal. Vários outros estados foram formados, alguns deles nas fronteiras de Israel. Sabemos acerca de dois desses, Zobá e Damasco, nas páginas da Bíblia. Davi conquistou ambos; quando Israel se dividiu em dois, eles obtiveram a sua independência. Saul, Davi e Salomão combateram arameus, visto que eles ocupavam a distante fronteira norte de Israel. Havia os Estados de Arã-Zorá (do Sl 60, que nossa versão portuguesa diz "sírios de Zobá"), Bete-Reobe (2Sm 10.6, que nossa versão portuguesa diz "sírios de Reobe"), Arã Naaraim (título do Sl 60, que nossa versão portuguesa diz "sírios da Mesopotâmia"), e Gesur (1Cr 2.23). O reino-estado de Damasco era o mais importante deles.

Após o declínio do império de Salomão, as hostilidades entre Israel e esses povos continuaram por mais 150 anos. Ben-Hadade I, de Damasco, consolidou a força deles e por duas vezes tentou dominar Israel, mas sem obter sucesso. Em seguida, estabeleceu um pacto com Acabe, que se uniu à coalizão antiassíria, unindo doze reinos daquela área. Quando a tarefa imediata estava realizada e a Assíria foi derrotada, a aliança não se manteve, e Ben-Hadade novamente atacou Israel; mas novamente foi derrotado pelas forças combinadas de Israel e Judá, em Ramote de Gileade, em 852 a.C. (ver 1Rs 22.1-35).

Seguiram-se vários ataques assírios contra os arameus, com bons resultados. Disso seguiu-se um grande declínio do reino de Damasco e de suas forças, daí resultando que Damasco eventualmente tornou-se uma província assíria, em 732 a.C. Hana, após uma última tentativa de rebelião, foi derrotado por Sargão II, em 705 a.C. Israel caiu perante os assírios não muito tempo depois, em 721 a.C.

3. O idioma aramaico. Os arameus não contribuíram com qualquer coisa de especial para a civilização do Oriente Próximo, excetuando seu idioma. Esse idioma tem tido uma contínua tradição, até os nossos dias. Ver o artigo sobre o idioma aramaico. (BN ID UN (1957) Z)

ARÃ, O POVO E A TERRA

Ver o artigo geral sobre *Arã (Arameus)* e sobre *Arã, Terra dos Arameus*, abaixo. Algumas vezes, esse termo é usado para designar tanto a terra quanto o povo, como um nome composto. Ver Juízes 10.6 e Isaías 7.1.

ARÃ, TERRA DOS ARAMEUS

Ver o artigo anterior, sobre os *Arameus*. O termo *Arã* refere-se à terra dos arameus, e como tal é indefinido. Mas, pelas referências bíblicas, parece que a terra começa a nordeste de Israel, incluindo o que atualmente é Damasco e uma grande porção da atual Síria, prolongando-se pelo vale dos altos rios Tigre e Eufrates. No tempo dos patriarcas, o termo aplicava-se mais particularmente à região da Mesopotâmia. No tempo da monarquia, referia-se a Damasco e à área circundante. No Antigo Testamento, o termo é usado em nomes compostos como Arã-Bete-Reobe, Arã-Damasco, Arã-Maaca, Arã-Naaraim, Arã-Zobá e Padã-Arã. (Ver Nm 23.7; 2Sm 15.8; Os 12.12). (ID ND Z)

ARÃ, VÁRIOS POVOS

1. Um dos cinco filhos de Sem. Era pai de Uz, Hul, Geter e Más, na lista das nações, em Gênesis 10.22,23. Ver também 1Crônicas 1.17. Portanto, ele foi o progenitor de um dos povos semitas. **2**. Filho de Quemuel, filho de Naor, irmão ou sobrinho (conforme dizem alguns) de Abraão (ver Gn 22.21), em cerca de 1838 a.C. **3**. Um dos três filhos de Semer, da tribo de Judá, na genealogia de Aser (1Cr 7.34). Ver também Mateus 1.13; Lucas 3.33, a genealogia de Jesus. (ID BN UN (157) Z)

ARABÁ

No hebraico, **"ermo"**, **"de deserto"**. A Arabá estende-se por mais de 320 km e ocupa partes de três regiões geográficas: *a*. O vale do Jordão; *b*. a região do mar Morto; *c*. a área do sul do mar Morto, até o golfo de Ácaba.

Usos da palavra. 1. Significado da raiz. "Seco" ou "queimado", e, portanto, um termo que descreve lugares desolados ou desertos (ver Jó 24.5; 39.6; 33.9; 35.1,6; Jr 51.43). **2. Usado com o artigo**, vem a significar uma região específica, conforme mostramos acima. No Velho Testamento, quando usada dessa maneira, está associada ao lago de Tiberíades (ver Dt 2.7; Js 11.2; 12.3), e até o mar Vermelho e Elate, ao sul (ver Dt 1.1; 3.8). O mar Morto é chamado mar de Arabá, em Josué 3.16; 12.3; Deuteronômio 4.49; 2Reis 14.25. **3. No plural**. A palavra hebraica *Araboth*, sem o artigo, refere-se às terras desoladas dentro da Arabá propriamente dita, especialmente em redor de Jericó (ver Js 4.10; 2Rs 25.5; Jr 39.5), e no deserto de Moabe. Esse território, mediante o uso dessa palavra, é distinguido das terras cultivadas e do platô acima do vale chamado

Sede-Moabe (ver Nm 22.1; 26.3,63; 31.12). **4. Bete-Arabá** (que significa "casa de Arabá") refere-se a um povoado localizado perto de Ain El-Charba, em Josué 15.6,61 e 18.22.

Detalhes de Arabá. **1. A região** fica abaixo do nível do mar na maior parte de sua extensão, a começar com cerca de 209 m de altitude e descendo até 394 m abaixo do mar Morto. O local é o lugar mais baixo que há na face da terra. **2**. É o famoso local de Khirbet Qumran, onde foram encontrados os manuscritos do mar Morto. **3. Geologia**. Geologicamente, Arabá é parte de uma enorme falha na crosta da terra, que se estende desde o norte da Síria, na direção sul, entre as montanhas do Líbano e do Antilíbano. Em certo ponto, pode-se notar que houve uma falha (subida ou descida na superfície) da camada geológica, entre seiscentos e mil metros, sendo que a camada separada é visível dos lados opostos de Arabá. Alguma força gigantesca causou isso, talvez um ou mais gigantescos terremotos. **4. Comércio e riquezas**. A porção da Arabá ao norte do mar Morto era atravessada por várias estradas, especialmente no norte, onde ficava o território de Manassés, em ambos os lados do rio Jordão. O território tornou-se comercialmente importante por causa disso, bem como por seu porto, Eziom-Geber, a porta de entrada principal para a terra de Canaã. Por ali movimentavam-se as caravanas e os negociantes em direção à Arábia, da Índia ou da África. Não há potencial agrícola na área, embora haja depósitos de ferro e cobre por ali. Provavelmente foi por causa desse fato que diz o trecho de Deuteronômio 8.9: ... *terra cujas pedras são ferro, e de cujos montes cavarás o cobre*. Têm sido encontradas ruínas de diversas refinarias. Havia minas ali desde os dias de Abraão. Salomão edificou uma fundição de cobre e um centro manufatureiro em Eziom-Geber, o maior centro já encontrado nas cercanias. **5. Pontos históricos de interesse**. A parte sul da Arabá figura nas vagueações de Israel, antes mesmo de o povo de Deus entrar na Terra Prometida. Parece que jornadearam de Cades-Barneia na direção de Eziom-Geber, atravessando uma porção considerável da Arabá. As estações no deserto, alistadas em Números 33.37-49, referem-se a uma rota direta através de Edom e Moabe, ficando implícito que o povo de Israel atravessou Arabá cerca de 32 km ao sul do mar Morto. Os homens de Israel corromperam-se com as mulheres moabitas em Abel-Sitim (ver Nm 25), uma parte de Arabá. Abner fugiu e cruzou uma parte da Arabá (ver 1Sm 2.29). Os assassinos de Isbosete atravessaram uma parte da Arabá a fim de trazerem a cabeça da vítima a Davi, em Hebrom (ver 2Sm 4.7). Zedequias, antes de ser levado para a Babilônia, fugiu em direção a Arabá, tendo partido de Jerusalém (ver 2Rs 25.4 e Jr 39.4). O trecho de Ezequiel 47.1-12 prediz que haverá tempo quando um rio fluirá através da Arabá, tornando a região produtiva. Comparar Joel 3.18 com Zacarias 14.8. (BAL GL ND Z)

ÁRABE

No hebraico, **"emboscada"** ou **"corto"**. Uma cidade na região montanhosa de Judá, perto de Hebrom (ver Js 15.52). Tem sido tentativamente identificada com Khirbet er-Rabiyeh, ruínas existentes a leste de Dumá. (S UN)

ARÁBIA (ÁRABES)

No hebraico, **"de deserto"**. Palavra usada para designar uma grande península no sudoeste da Ásia. Trata-se da maior península do mundo, que consiste em uma área desértica com cerca de um terço da área do Brasil. Essa área é mais ou menos retangular em sua forma.

Nos tempos antigos se distinguiam três Arábias, a saber: a Arábia *Pétrea*, que se limitava com parte do Egito, ao norte, com a Judeia e parte da Síria, ao sul com o mar Vermelho, e a oriente, com a Arábia Félix. A segunda era designada pelo nome de Arábia *Deserta, e* se limitava, ao norte com uma parte da Mesopotâmia, a leste, com Babilônia, ao sul, com a Arábia Félix, e a oeste, com a Síria e a Arábia Pétrea. A terceira era conhecida por *Arábia Félix*, limitando-se ao norte com as fronteiras sulistas das Arábias Pétrea e Deserta e com a porção mais sulina do golfo persa. (Ptolomeu, Geografia 1.5, caps. 17 e 19, e 1.6, cap. 7). Havia judeus que habitavam em diversas dessas regiões onde se falava o árabe.

Por conseguinte, Lucas, em Atos 2.11, fornece-nos uma descrição, em pinceladas gerais, do mundo antigo que ele conhecia, ou, conforme ele diz no quinto versículo deste mesmo capítulo, ... *todas as nações debaixo do céu...* Com isso ele mostrou que muitos povos, dessas tão diversas regiões, ou, tinham subido a Jerusalém, para se fazerem presentes à festa do Pentecoste, ou então eram residentes em Jerusalém, embora tivessem vindo originalmente desses países. Eram judeus de raça e religião, ou então eram convertidos à fé judaica, apesar de descendentes de povos gentílicos. Como um agrupamento humano, representavam muitas nacionalidades, idiomas e grupos étnicos.

I. RESTRIÇÕES BÍBLICAS. Na Bíblia, a palavra não denota a península inteira entre o mar Vermelho e o golfo Pérsico, mas apenas a porção norte dessa península, ladeando a Palestina (ver Is 21.13; Jr 25.24 e Ez 27.21). Portanto, a palavra *árabe* (ver Is 13.20) denota um habitante dos prados e desertos do norte. Porém, nos livros posteriores do Antigo Testamento — ver 2Crônicas 21.16 e Neemias 2.19 — bem como no Novo Testamento — ver Atos 2.11; Gálatas 1.17; 4.25 — o nome parece ter um sentido mais amplo. Na epístola aos Gálatas a referência provável é ao reino nabateano ao sul de Damasco. Paulo segue a geografia de sua época, ao incluir o monte Sinai na Arábia (ver Gl 4.25). O reino de Sabá, no sul da Arábia, é chamado *reino do sul*, em Mateus 12.42 e Lucas 11.31.

II. DIMENSÕES E LOCALIZAÇÕES MODERNAS. A Arábia está limitada a oeste pelo mar Vermelho, ao sul, pelo golfo de Áden e pelo oceano Índico, a leste, pelo golfo de Omã e pelo golfo Pérsico, e ao norte pelo deserto da Síria. Portanto, a Arábia está cercada por três lados de água, e os árabes a chamam de Jazirat al-'Arab, *ilha dos árabes*. No país que atualmente se chama Arábia, a área forma quase um retângulo, com 2.333 km no sentido do maior comprimento, e com 2.011 km no sentido da largura, ou seja, um terço da área do Brasil.

Os modernos estados árabes. Há a Arábia Saudita que ocupa a maior parte da península, especialmente nas suas partes noroeste e central, e que é riquíssima em petróleo; há o Iemem (na esquina sudoeste); há o Iemem do Sul, Muscate e Omã, ao sul; e há Qatar Kuwait e outras nações dirigidas por xeques, no leste. Algumas áreas no noroeste, que já foram parte da antiga Arábia, agora pertencem à Síria, à Jordânia e a Israel.

III. DIVISÕES ANTIGAS. Arábia Petra (na parte noroeste); a Arábia Félix ou Iemem (na parte sul) e a Arábia Deserta (a parte norte).

IV. RICA EM MINERAIS. **1**. Ouro (ver 1Rs 10.2,10,11,22; 2Cr 9.1,9); ouro de Ofir (ver 1Rs 9.28; Jó. 22.24; Is 13.13); em Sabá (ver Sl 72.15; Is 60.6); em Ramá (ver Ez 27.22); em Parvaim (ver 2Cr 3.6). **2**. *Prata* (ver 1Rs 10.22; 2Cr 9.14,21). **3**. *Pedras preciosas* (ver Ez 27.22) **4**. *Coral* (ver Jó 28.18; Lm 4.7). **5**. *Pérolas* (ver 28.18; Mt 7.6; 13.45; 1Tm 2.9; Ap 17.4 e 18.12). **6**. Aristéas diz-nos que a península da Arábia era rica em cobre e em ferro e que ali havia uma intensa mineração.

V. ESBOÇO DA HISTÓRIA DA ARÁBIA

1. História secular. No segundo milênio a.C., chegaram tribos de fala semítica nessa área, vindas do norte, tendo-se estabelecido nas regiões atualmente ocupadas pelo moderno Iemem e pelo Áden ocidental. Foi assim que veio à existência o reino de *Sabá* (ver sobre esse reino). A área tornou-se rica por causa de seu comércio. Em investigações arqueológicas têm sido encontradas inscrições provenientes do século VIII a.C. O reino dos sabeus pagava tributo a Tiglate-Pileser III (740 a.C.), rei da Assíria (ver o artigo a seu respeito), o que nos mostra a razão de sua contínua prosperidade. Em cerca de 400 a.C., chegou à proeminência o reino de Maim, ocupando grande parte do reino de Sabá. Foi fundada uma monarquia em Catabã. Em seguida, os quatro reinos de Sabá, Maim, Catabã e Hadramaúte flutuaram em poder relativo, até que a área inteira ficou sob o domínio dos himiaritas. Espalharam-se colônias até Omã e norte da Arábia, tendo sido encontradas inscrições que ilustram a vida deles. Na última porção do século IV a.C., o reino árabe dos nabateus, que falava o aramaico, prosperou como um estado dado ao comércio. Isso continuou até bem dentro do período romano. A capital deles era *Petra* (ver o artigo). Para o sul, durante esse mesmo tempo, o reino lianita de Dedã se formou (ver sobre Dedã). No primeiro século a.C. formou-se um outro estado árabe, com sua capital em Palmira (ver sobre Tadmor). E na era cristã, esse lugar ultrapassou em muito a Petra como centro comercial, chegando a rivalizar até mesmo com Roma.

2. Em relação ao Antigo Testamento. A Arábia é alistada na tabela de nações, em Gênesis 10, onde são mencionados os descendentes de Joctã (ver o artigo) e de Cus (ver o artigo). Tribos do norte da Arábia descendiam de Abraão, através de Quetura e Hagar (ver Gn 15). No tempo de Jacó, temos dois grupos de descendentes de Abraão, os ismaelitas (ver sobre Ismael) e os midianitas (ver o artigo a respeito). Eram caravaneiros (ver Gn 37.25,26). Ver o artigo sobre os *nômades*. A Arábia era importante para Salomão, por causa de relações comerciais, mormente no tocante ao porto de Eziom-Geber, no mar Vermelho, salientada no relato da visita da rainha de Sabá (ver 1Rs 9.26-28). Tributo era recebido da Arábia (ver 2Cr 9.14). Josafá, de Judá (no século IX a.C.), em 2Crônicas 17.11, recebia tributo dos árabes. Seu sucessor, Jeorão, sofreu um ataque da parte dos árabes, e sua esposa e seus filhos foram aprisionados (ver 2Cr 21.16,17), tendo-lhe restado somente Acazias, o mais jovem (ver 2Cr 22.1). No século VIII a.C., Uzias reverteu a situação e reconquistou Elate (ver 2Rs 14.22). Os reis do sul da Arábia eram conhecidos por Joel (ver Jl 3.8). Ezequias fez negociações com esses povos (ver Is 13.20 e 21.13). Alguns árabes serviram como mercenários na defesa de Jerusalém contra Senaqueribe. Nos dias finais do reino de Judá, os árabes estavam alcançando posição importante como negociantes (ver Jr 25.23,24; Ez 28). Gesém, o árabe, tentou impedir Neemias de reconstruir as muralhas de Jerusalém (ver Ne 2.19 e 6.1), provavelmente porque temia rivais nos negócios. O reino nabateano elevou-se à posição de proeminência, e quando os trechos de 1Macabeus 5.39 e ll Macabeus 5.8 falam sobre os *Árabes*, referem-se aos nabateus.

3. Em relação ao Novo Testamento. O trecho de Gálatas 1.17 provavelmente refere-se ao reino dos nabateus, ao sul de Damasco. Paulo segue antigas referências geográficas quando ele situa o Sinai na Arábia (ver Gl 4.25). O reino de Sabá, no sul da Arábia, é chamado de "sul", em Mateus 12.42 e Lucas 11.31. A rainha "do sul" condenara aqueles que tiveram a oportunidade de ouvir a mensagem espiritual, mas a rejeitaram, porquanto ela veio dos "confins da terra" (a Arábia) a fim de ouvir a sabedoria de Salomão, mas Jesus, que era o grande Mensageiro da mensagem espiritual, era maior que Salomão, e foi rejeitado pelos judeus.

VI. Características da cultura árabe, segundo os indícios do Antigo Testamento e da arqueologia. Os árabes viviam em tendas (ver Sl 8.6; 120.5). Usavam camelos para os transportes (ver Gn 37.25). Eram negociantes que mercadejavam com muitos produtos, como especiarias, ouro, pedras preciosas (ver 1Rs 10.2). Vendiam cabras e ovelhas (ver Ez 27.20-22). Transportavam mercadorias da África para a Índia e para as terras ao redor do Mediterrâneo (ver 1Rs 10.2). Vendiam cabras e ovelhas (ver Ez 27.20-22). Transportavam mercadorias da África para a Índia e para as Terras ao redor do Mediterrâneo (ver 1Rs 10.22). Negociavam com escravos (ver Jl 3.8). Aparavam as pontas dos cabelos e deixavam um topete, conforme fazem os beduínos até hoje. Os midianitas usavam brincos de ouro (ver Jz 8.24). Penduravam correntes nos pescoços de seus camelos, conforme fazem alguns beduínos até hoje (ver Jz 8.21). Dentre eles surgiram homens dotados de grande sabedoria, como atestam as declarações de Agus e Lemuel, declarações proverbiais típicas do norte da Arábia, algumas das quais foram preservadas nos dois últimos capítulos do livro canônico de Provérbios. Os filhos de Hagar (os ismaelitas) eram chamados "buscadores da sabedoria" (ver Bar. 3.23). Escavações recentes têm descoberto vários monumentos impressionantes, como o templo sabeu do deus-lua Iluncu, em Maribe, grandes represas, canais de irrigação, estátuas em pedra e bronze e excelente trabalho de joalheria. Nos monumentos de pedra do sul da Arábia, milhares de inscrições memoriais, históricas e religiosas, foram esculpidas. Os nabateus erigiam túmulos espetaculares e templos no estilo greco-romano. Produziam excelente faiança.

VII. A religião árabe. Os mais antigos árabes eram politeístas. Usavam a palavra II (similar ao El dos hebreus) em combinações, para designar os seus deuses. Uma importante divindade era o deus-lua, chamado Iluncu, um deus dos sabeus. Além disso havia o deus Wadd, dos mineanos, o deus Amm dos catabanianos, e o deus Sin dos hadramautianos. A esposa do deus-lua era Sansi, a deusa-sol, e eles tinham um filho, Atitar, a estrela da manhã. No século VII a.C. havia outros deuses como Atarcuruma, Atarsamaim, e talvez a deusa Alilate de Her. 1. 131. No século V a.C., o nome *hanilat* aparece em uma incrição do Quedar. O Talmude babilônico (Taanith 5b) diz que os habitantes de Quedar adoravam a água, o que talvez seja uma alusão às fontes sagradas, e não à água como uma substância. Os nabateus tinham o deus Dushara, o deus supremo, Alate, a deusa-mãe, e Gade, o deus da sorte. Inscrições safaíticas trazem os nomes Dusara, Alate, Gad-' Avidh e Ba' alsamin. Os deuses pagãos dos árabes incluem al-Lat, al-Uza e Maná, três filhas de Alá, o deus supremo (ver o Alcorão 53.19,20). Os árabes temiam um demônio chamado Jinn (ver Alcorão 72).

Os ritos e as práticas religiosas dos antigos árabes eram similares às que prevaleciam entre os hebreus, incluindo a prática da circuncisão, os sacrifícios de animais, a adivinhação para determinar a vontade divina, com frequência mediante o lançamento de sortes (comparar *o Urim e o Tumim* dos hebreus, ver o artigo a respeito). Eles usavam incenso e tinham sacerdotes.

Os árabes modernos, naturalmente, são monoteístas estritos, adorando a Alá, o único e supremo Deus. (Ver sobre *o islamismo*). (HIT MON ND REN Z)

ARADE

No hebraico talvez signifique **"fuga"**, nome de uma cidade e de dois homens. **1**. Uma cidade que ficava no sul do território de Judá, no nordeste do Neguebe, cerca de 27 km ao sul de Hebrom. Tendo avançado pelo território de Canaã, o rei de Arade fez oposição à passagem deles. Ele os derrotou e inicialmente tomou alguns despojos; mas, então os israelitas tornaram-se donos do território (ver Nm 21.1). Há indicações de que Arade era um centro de civilização desde o século IV a.C., e mesmo desde os dias de Abraão. A arqueologia tem demonstrado que Arade era uma cidade de pedras e tijolos, fortificada quase inexpugnavelmente por volta do século X a.C. Referências bíblicas a Arade: Números 21.1; 33.40; Josué 12.14; Juízes 1.16. **2**. Um rei que combateu os israelitas perto do monte Hor, mas foi derrotado (ver Nm 21.1; 33.33,40), em cerca de 1452 a.C. Algumas traduções, entretanto, não trazem esse nome associado ao rei, mas somente ao lugar de onde ele era rei. É o que sucede à nossa versão portuguesa, que o chama de "o cananeu". **3**. Um dos filhos de Beriá, um benjamita, um vulto importante em Aijalom (ver 1Cr 8.15), em cerca de 1400 a.C. (AHGLNDSZ)

ARADO

Instrumento usado para arar o solo. Ver o artigo geral sobre a Agricultura. A forma nominal da palavra designa o instrumento. Os arados eram fabricados de diferentes formas, um deles semelhante à enxada. Isso está envolvido na expressão: *... estes converterão as suas espadas em relhas de arados, e suas lanças em podadeiras...* (Is 2.4; cf. Mq 4.3; Jl 3.10). Mas havia arados de formas mais complexas, como aqueles puxados por animais e guiados por um homem, que seguia atrás. A princípio os arados eram feitos de madeira, mas, na época de Davi, começaram a ser fabricados de metal. Acredita-se que o arado foi inventado no Egito, embora tal assertiva seja impossível de demonstrar. Em tempos posteriores, os arados da Palestina consistiam em duas barras que se cruzavam perto do solo. A barra mais próxima dos bois era presa ao jugo, e a outra barra servia de alça onde a pessoa segurava. Arados assim tão primitivos precisavam trabalhar em terra úmida (ver Jr 14.4), e a área a ser trabalhada teria de ser pequena. Os arados mais sofisticados, porém, utilizavam uma peça de metal que fazia o trabalho.

Usos metafóricos. **1**. Paz, em contraste com a guerra. A agricultura toma o lugar da guerra (ver Is 2.4). **2**. O dever de atarefar-se diligentemente no serviço cristão é simbolizado pelo homem que pega no arado e não olha para trás (ver Lc 9.62). **3**. Também é representado pelo trabalho árduo e servil, como o cativeiro (ver Os 10.11), com sua correspondente opressão psicológica. **4**. A diligência na prática do mal (ver Jó 4.8; Os 10.13). **5**. A destruição, pois Sião seria arada como um campo (ver Mq 3.12; Jr 26.18). (S UN Z)

ARADUS. Ver *Arvade*. *Aradus* é a forma grega desse nome.

ARAMAICO

Um dialeto semita do noroeste, inexatamente chamado caldaico, porquanto era falado pelos caldeus, no livro de Daniel (ver Dn 2.4 - 7.28). Porém, sabe-se atualmente que os caldeus falavam o acadiano, e assim o termo caldaico foi abandonado para indicar o aramaico.

1. Arqueologia. Os registros históricos dos assírios têm muitas referências a esse idioma, a partir do século XIV a.C. Várias inscrições monumentais têm sido encontradas em aramaico, como o selo votivo de Ben-Hadade II, estabelecido em cerca de 840 a.C., descoberto em 1941 perto de Alepo, na Síria. Outros monumentos inscritos em aramaico têm sido encontrados, pertencentes ao período persa. Nesse tempo, o aramaico tornou-se a língua franca de todo o sudoeste da Ásia, porque os negociantes a levavam por toda a parte. A partir do século VIII a.C. até o século V a.C., muitos documentos de todos os tipos, falando sobre negócios, pesos, medidas etc., têm vindo à luz, mediante as descobertas arqueológicas. Porém, a fonte informativa mais rica é a coleção de papiros encontrada em Elefantina, no Alto Egito, com data entre 500 e 400 a.C.

2. A língua dos judeus. Após o exílio, os judeus usavam a escrita aramaica para escrever em hebraico e o conhecimento e o uso do próprio aramaico aumentou. Finalmente, o aramaico suplantou o hebraico, e traduções do hebraico para o aramaico tornaram-se necessárias. A princípio, essas traduções eram feitas oralmente, nas sinagogas, mas finalmente vieram a assumir forma escrita, nos Targumim. Foi então que o aramaico tornou-se a língua comum do judaísmo pós-veterotestamentário, podendo ser visto nos comentários judaicos, como a Mishnah, a Midrash e o Talmude.

3. Parte do Antigo Testamento. Os trechos de Daniel 2.4—7.28; Esdras 4.8—6.18; 7.12-26 e Jeremias 10.11 (uma glosa?), foram escritos em aramaico.

4. O aramaico e o cristianismo. O cristianismo começou na Palestina, na época em que ali se falava o aramaico. Os gregos chamavam Arã de *Síria*, pelo que o idioma ali falado tornou-se conhecido como siríaco. Jesus e os apóstolos falavam o aramaico típico da Galileia. As igrejas cristãs da Ásia, como a igreja nestoriana, produziram muita literatura em siríaco (uma forma do aramaico), havendo muitas traduções do Novo Testamento grego para essa língua, as quais fazem parte do testemunho do texto neotestamentário. Ver o artigo sobre os *Manuscritos da Bíblia*.

5. Nos tempos modernos. O moderno aramaico ocidental é usado como língua doméstica em poucas aldeias cristãs na área do Antilíbano. O moderno siríaco oriental sobrevive sob a forma de dialetos, em poucos e pequenos centros nos montes do Curdistão e em áreas próximas, perto do lago Urmia, embora sob forte influência do árabe. Isso significa que o aramaico é uma das línguas de mais longa tradição contínua na face da terra. (BN ID UN (1957) Z)

ARANHA

Precisamos considerar duas palavras, hebraicas, uma das quais aparece em Jó 8.14 e Isaías 59.5, e é corretamente traduzida por *aranha* em nossa versão portuguesa; e a outra palavra, que figura somente em Provérbios 30.28, que nossa versão corretamente traduz por "geco", embora haja traduções que erroneamente a traduzem por "aranha". Ver *Geco*.

A aranha é o nome dado a uma classe numerosa e bem definida de artrópodes (animais com pés e com juntas), diferentes dos insetos, por terem quatro pares de pernas e serem sem asas. Todas as aranhas são possuidoras de glândulas especiais para a produção de seda. Os fios assim produzidos são usados por esses animais para fazer ninhos, casulos etc., além de teias, no caso de certas famílias de aranhas, algumas das quais tecem teias bastante complexas. É evidente que o termo hebraico em pauta alude a uma dessas espécies: Isaías 59.5: *Chocam ovos de áspide e tecem teias de aranha...*; e Jó 8.14: *... a sua confiança é teia de aranha*: A palavra aqui traduzida por "teia" é uma palavra hebraica que comumente significa "casa". Seu uso poderia alterar um tanto a metáfora, podendo aludir a diferentes espécies, uma das quais faz um ninho um tanto mais óbvio.

Em Jó 27.18 temos a frase: *Ele edifica a sua casa como a da traça, e com a choça que o vigia constrói*. Tal tradução reflete a LXX e o siríaco. Há outras traduções que consideram o texto indefinido, necessitando de reconstituição, alterando a palavra "traça" para "teia de aranha", dando a entender que o perverso é como uma aranha que espreita a sua vítima, prestes a ficar presa em sua armadilha. (Ver Traça). (ID S UN)

ARARATE

No hebraico, **"deserto"**. Nome aplicado à região entre o rio Tigre e as montanhas do Cáucaso, conhecida como Armênia, mas chamada Urarti nas inscrições assírias. O nome veio a ser aplicado à cadeia montanhosa, e especialmente ao duplo pico em forma de cone, a pouco mais de onze quilômetros separados um do outro, respectivamente com 5.182 m e 4.265 m de altura. O pico de maior altura é chamado Massis, pelos nativos, ou então Varaz-Baris. Os persas lhe dão o nome de Kuhi-Nuh, "monte de Noé". Seu cume é perpetuamente coberto de neve. Tradições nativas dizem que a arca repousou sobre sua vertente sul, mas as inscrições assírias dizem identificam um pico um tanto mais ao sul, a saber, o monte Nish'r, com 2.745 m de altura, comumente identificado com o Pir omar Gudrun. Há relatos sobre o dilúvio por todo o oriente, alguns dependentes da narrativa bíblica; outros, porém, são independentes da mesma. Outrossim, essas narrativas sobre o dilúvio são universais, e supomos que a maioria delas, sejam independentes do relato bíblico. Os sacerdotes egípcios disseram a Heródoto: "Vocês, gregos, são apenas crianças. Sabem apenas sobre um dilúvio, mas temos registros sobre muitos dilúvios". Os registros geológicos, como a reversão do magnetismo das rochas, indicam que não apenas por uma vez, mas por muitas vezes (talvez até quatrocentas vezes) os polos têm mudado de lugar, com deslizes consequentes da crosta terrestre, produzindo, obviamente, grande destruição e imensos dilúvios. Pensamos que o dilúvio de Noé foi a última dessas grandes catástrofes, e que ainda haverá outras no futuro. Ver o artigo sobre *o dilúvio*.

No oriente existem vários montes sagrados, assim feitos pelas tradições, que os identificam com o lugar onde a arca teria repousado, terminado o dilúvio. Portanto, além dos montes de Ararate, há outros picos que são assim considerados, como o Sufued Koh (monte Branco), onde os afegãos dizem que a arca descansou. O pico de Adão, na ilha de Ceilão, é outro desses lugares, sendo curioso que em Gênesis 8.4 o Pentateuco Samaritano diga *Sarandib*, nome árabe para Ceilão. Os versos sibilinos afirmam que as montanhas do Ararate ficavam na Frígia, outros situam-nas na porção oriental da cadeia montanhosa antigamente chamada Cáucaso e Imaus, que termina nos montes do Himalaia, no norte da Índia. As descrições bíblicas, porém, parecem eliminar regiões relacionadas ao Afeganistão, ao Ceilão e ao norte da Índia, embora alguns advoguem esses lugares como região onde a arca ficou, ao terminar o dilúvio.

1. Localizando o Ararate. As únicas outras passagens bíblicas (além do livro de Gênesis) onde a palavra "Ararate" ocorre são 2Reis 19.37, Isaías 37.38 e Jeremias 51.27. Nas duas primeiras, faz-se referência à terra para onde fugiram os filhos de Senaqueribe, rei da Assíria, depois que o assassinaram. Tobias 1.21 diz que eles fugiram para as "montanhas de Ararate". Isso indicaria um lugar, e não uma região dominada pela Assíria, embora não muito distante. A descrição adapta-se à antiga Armênia, que agora faz parte da Turquia moderna, em sua porção oriental. A antiga Armênia era um reino a nordeste da Ásia Menor, incluindo o leste da Turquia e da moderna Armênia, que faz parte da União de Repúblicas Socialistas Soviéticas. Se o dilúvio começou quando Noé estava em algum lugar da Mesopotâmia, então as mais elevadas montanhas das vizinhanças, quando baixaram o suficiente as águas do dilúvio, teriam sido as de Urartu (Ararate), correspondendo à informação dada acima.

2. Descrição do Ararate. O monte e seu satélite, o pequeno Ararate, mais para sudeste, são vulcões extintos, que se elevam espetacularmente em meio à planície. O Ararate é um cone irregular, com ombros proeminentes e com um profundo abismo do alto ao sopé do monte, em seu lado nordeste. Seu cume é perpetuamente recoberto de neve, mas a natureza porosa e cheia de cinzas do solo impede a formação de rios, pelo que, o monte é quase desnudo de árvores da base ao cume. É ligado ao Pequeno Ararate por uma longa cadeia de quase 13 km de extensão. Tratados de fronteira entre a Rússia e a Turquia (parte da qual era a antiga Armênia) deixaram o Ararate em território turco.

3. O reino de Ararate. "Ararate", é a forma hebraica do assírio *Urartu*, nome de um reino fundado no século IX a.C. A região continuou sendo chamada por esse nome muito tempo depois de tornar-se Armênia, nos fins do século VII a.C. O reino de *Urartu* floresceu no tempo do império assírio, nas vizinhanças do lago Vã, na Armênia. Esse reino é frequentemente mencionado nas inscrições assírias como um vizinho perturbador do norte. Sua cultura foi muito influenciada pela civilização da Mesopotâmia e, no século IX d.C., foi adotada e modificada a escrita cuneiforme para se escrever a língua urartiana, também chamada vânica e caldiana, que não deve ser confundida com o caldeu. A língua urartiana não estava relacionada à acadiana. Cerca de duzentas inscrições em urartiano têm sido encontradas pela arqueologia. Nessas inscrições, a terra é chamada de BIAI-NAE, e sua população é chamada de "filhos de Haldi", uma das principais divindades de sua religião. Exemplares de sua arte e arquitetura têm sido descobertos em Toprak Kale. A antiga capital, Tuspa, era perto do lago Vã e, nos tempos modernos, em Karmir Blur, uma aldeia próxima de Erivan, na União de Repúblicas Socialistas Soviéticas.

As inscrições de Salmaneser I mencionam Urartu pela primeira vez no século XIII a.C. O reino começou como um pequeno estado entre os lagos Vã e Urmia. Então cresceu até tornar-se uma séria ameaça à Assíria, pelo século IX a.C. em cerca de 830 a.C., Sardur I encabeçou uma dinastia ali, estabelecendo sua capital em Tuspa. Pelos fins do século VIII a.C., houve a invasão dos cimérios (ver o artigo sobre *Gômer*), e o reino de Urartu praticamente terminou. Houve um breve reavivamento em meados do século VII a.C., sendo possível que o rei Rusa II, daquela época, fosse o hospedeiro dos assassinos de Senaqueribe (ver Is 37.38). Não se sabe com certeza como terminou esse reino, mas isso parece ter ocorrido na primeira metade do século VI a.C. Antigas inscrições cuneiformes em persa antigo chamam o lugar de *Armênia*, uma designação indo-europeia, mostrando que os povos de raça jafetita provavelmente tinham tomado conta da região, pelo século VI a.C., data dessas inscrições. (AM NA ND UN WHI Z)

ARAÚNA

No hebraico, **"forte"**, **"herói"** ou **"senhor"**. Um jebuseu que vivia em Jerusalém e era dono de uma eira, onde mais tarde foi construído o templo (ver 2Cr 3.1 e 2Sm 24.16). Davi comprou a eira de Araúna por causa do anjo destruidor que fora enviado para desolar a nação, em consequência do pecado de Davi por haver feito o recenseamento do povo (devido ao orgulho). Davi queria o local a fim de erigir ali um altar, na esperança de que um holocausto fizesse cessar a praga (ver 2Sm 24.16 ss. e 1Cr 21.18 ss.).

A princípio, Araúna recusou-se a vender a sua eira, oferecendo-a gratuitamente, juntamente com bois para o sacrifício e lenha para servir de combustível. Mas Davi objetou ao presente, dizendo que não ofereceria ao Senhor aquilo que nada lhe custara. Assim sendo, Davi pagou seiscentos siclos de ouro pelo lugar e cinquenta siclos de prata pelos bois (ver 2Sm 24.24; 1Cr 21.25). Os holocaustos foram oferecidos e a praga cessou. Josefo afirma que Araúna era um bom amigo de Davi, que havia poupado a sua vida quando ele fugira de certa feita de Saul (ver Anti. vii.13, parte 9). *O* trecho de 2Samuel 24.23 tem sido interpretado por alguns como se dissesse que Araúna era rei por seus próprios direitos. (FA GoR S UN Z)

ARAUTO. Ver *Mensageiro*.

ARBA

Ancestral dos anaquins, e o maior herói da raça. Era um gigante, pai de Anaque. Foi dele que a cidade de Hebrom derivou o seu primeiro nome, Quiriate-Arba, isto é, "cidade de Arba" (ver Gn 35.27. Js 14.15; 15.13; 21.11). Arba *foi o maior homem entre os Anaquins* (Js 14.15). Fundou uma cidade que tinha o seu nome, onde mais tarde foi edificada Hebrom. Josué deu a Calebe a cidade de Hebrom como sua herança, por causa de sua confiança em que Deus o capacitaria a expulsar dali os gigantes (ver Js 14.6-15). Ver o artigo sobre Anaque (Anaquins). (FA UN Z)

ARBATA

Uma região da Palestina, de onde Simão Macabeu trouxe para Jerusalém alguns judeus que corriam o perigo de serem atacados por uma força gentílica (ver 1Macabeus 5.21 ss.). O sítio moderno é desconhecido, mas alguns têm sugerido a planície onde o Jordão despeja suas águas no lago da Galileia, a oeste de Samaria, na fronteira com a Galileia. (Z)

ARBATITA

Gentílico de quem nasceu Abi-Albom (ver 2Sm 23.31), em Bete-Arabá (Arba), também chamado Abiel, em 1Crônicas 11.32; ele era um dos trinta principais guerreiros de Davi.

ARBITA

Provavelmente um habitante ou natural de Arabe, na região montanhosa de Judá (ver Js 15.52). Era epíteto de Paarai, um dos poderosos guerreiros de Davi (ver 2Sm 23.35). A lista paralela diz *Naarai filho de Ezbai*, em 1Crônicas 11.37. (UN Z)

ÁRBITRO

No hebraico temos uma palavra usada por mais de sessenta vezes, e que tem sido traduzida de diversas maneiras, como "reprovar", "disputar", "argumentar", "convencer", "julgar". Em Jó 9.33 (onde a palavra é traduzida pelo termo português "árbitro"), o patriarca expressava o desejo de que surgisse alguém que servisse de — mediador — do conflito entre ele e Deus. Ora, esse anelo do coração humano cumpriu-se por ocasião da encarnação. Cristo é o nosso Mediador. *Porquanto há um só Deus e um só Mediador entre Deus e os homens, Cristo Jesus, homem* (1Tm 2.5).

Na Bíblia portuguesa, em Colossenses 2.18 encontramos a palavra "árbitro", dentro da expressão: *Ninguém se faça árbitro contra vós outros...* Mas ali não temos a palavra *árbitro*, no grego, que é *kpités*, usada por dezessete vezes no Novo Testamento (por exemplo, Mt 5.25; Lc 11.19; At 10.42; 2Tm 4.8; Hb 12.23; Tg 5.9). Antes, naquela expressão, na epístola aos Colossenses, encontramos o presente imperativo do verbo *katabrabeúo*, "decidir desfavoravelmente". Portanto, uma tradução mais correta da expressão seria: "Ninguém decida desfavoravelmente a vosso respeito..."

ARCABOUÇO

Várias palavras hebraicas assim traduzidas referem-se a certas porções do tabernáculo e do templo, ou às coisas que havia dentro deles: *a*. Uma trave ou armação onde ficavam suspensos o candeeiro e os vasos usados no serviço do tabernáculo, quando estavam sendo transportados (ver Nm 4.10,12). *b*. Uma braçadeira ao redor da mesa dos pães da proposição, que mantinha as pernas da mesa firmes em seu lugar (ver Êx 25.25,27; 37.12). *c*. Painéis para os suportes das bacias de lavar, no templo (ver 1Rs 7.28-36; 2Rs 16.17). *d*. A armação de madeira do tabernáculo, por cima da qual as cortinas e as cobertas de peles de animais eram estendidas (ver Êx 26.15-29; Nm 3.36). *e*. Uma referência às janelas e seu madeiramento (ver 1Rs 7.4,5; Ez 41.16). (Z)

ARCA DA ALIANÇA

A arca sagrada, tida como lugar da manifestação de Yahweh. Era chamada "arca da aliança", servindo de símbolo visível da presença de Yahweh. O vocábulo hebraico traduzido em português por "arca" significava apenas *caixa* ou *cofre*. Era transportada pelos sacerdotes em expedições militares, pois julgava-se que ela era motivo de proteção para os israelitas (Nm 10.33; Dt 1.33). Essa caixa era feita de madeira de acácia, de forma retangular, com cerca de 1,10 m de comprimento por cerca de 0,70 cm. de largura e de altura (Êx 25.10 — ver especificações e descrições da arca, nesse capítulo). Era forrada de ouro por dentro e por fora, com uma beirada de ouro. Tinha quatro pés, cada qual com uma argola de ouro (vs. 12), onde eram permanentemente inseridas varas de madeira de acácia recobertas de ouro (vss. 13-15).

Vários povos da antiguidade tiveram caixas sagradas, onde eram guardados os ídolos, símbolos dos ídolos ou outras relíquias sagradas. Naturalmente, várias nações circunvizinhas consideravam a arca como o deus de Israel, ou associada a alguma forma de idolatria física (1Sm 4.6,7). A arca foi capturada pelos filisteus na segunda batalha de Ebenezer, o que só trouxe infortúnios para eles, de tal modo que a devolveram aos israelitas (ver 1Sm 4-6). Ficou em Quiriate-Jearim até que Davi a instalou no novo santuário de Jerusalém. Subsequentemente, foi transferida para o templo de Salomão e colocada no Santo dos Santos (ver 2Sm 6 e 1Rs 8.1-11). Nela estavam guardadas as duas tábuas de pedra, onde haviam sido escritos os Dez Mandamentos, as condições do pacto divino. Daí deriva-se o nome dessa caixa: arca da aliança. Os outros objetos guardados na arca, como o vaso de ouro com maná e a vara de Aarão, que florescera (ver Hb 9.4), talvez pertencessem a uma outra época, tendo-se perdido ou perecido de alguma outra maneira, antes da construção do templo de Salomão. O trecho de 1Reis 8.9 declara que só as tábuas do decálogo eram guardadas na arca.

A tampa da arca era o propiciatório, lugar onde era aspergido o sangue no Dia da Expiação (ver Êx 25.17 e 26.34), uma das mais importantes instituições de Israel. A arca, nesse período de sua história, era vista somente pelo sumo sacerdote, e somente uma vez por ano. Sobre o propiciatório havia os querubins, um em cada extremidade. Em certo sentido, ali ficava o trono místico de Yahweh. O que sucedeu mais tarde à arca, não se sabe. A tradição afirma que não havia arca no segundo templo (*Menahot* 27b; Josefo, *Guerras*, V.5). No judaísmo há "arcas" que são caixas onde são guardados os rolos da Torah, ou lei. Seja como for, Jeremias predisse que chegariam dias quando não mais se buscaria a arca (Jr 3.16), porquanto Jerusalém inteira se tornaria o trono de Yahweh.

Símbolos espirituais envolvidos na arca. 1. Era sinal do pacto entre Deus e os homens, ratificado pelo sacrifício expiatório (Lv 16.2). Em termos cristãos, representa Cristo, o nosso sacrifício (Jo 1.29; Hb 9.24). Há um novo pacto, ou novo testamento (Hb 7.22 e 9.15). **2**. Representava a presença e proteção de Deus (Js 3.3; 4.10). Em termos cristãos, isso se concretiza em nosso favor através da missão de Cristo. A providência divina hoje é estendida em Cristo (Ef 1.7). **3. As teofanias**. Deus pode aparecer e realmente aparece ao homem, comunicando-se com ele (ver o artigo sobre o misticismo). Jeremias percebeu isso quando viu que Jerusalém inteira se tornaria o lugar da manifestação de Deus, mostrando a descontinuação da arca material. Agora Cristo é a teofania de Deus (Jo 1.14). Em Cristo há *revelação*, porque nele Deus comunica-se com os homens. No contexto do Antigo Testamento, ver Êxodo 24.22 e Números 7.89. No contexto do Novo Testamento, ver João 1.18. O fato de que Deus se revela, prova a verdade que há no *teísmo* (ver o artigo), isto é, que Deus criou, comunica-se, intervém e está interessado em sua criação. Isso contrasta com o *deísmo* (ver o artigo), ou seja, que há um Deus ou uma força cósmica criativa, mas que teria abandonado a criação, deixando-a ao encargo das leis naturais. (E FA UN WOU Z)

ARCA DE NOÉ

No hebraico temos as palavras *tebbah* e *aron*. A primeira designa a embarcação construída por Noé; e a segunda, a arca da aliança (ver o artigo anterior). Talvez a palavra original seja o termo egípcio *db't*, que significa caixa (ver Gn 6—9). No livro de Gênesis, *tebbah* designa a embarcação que Noé construiu por mandado divino, a fim de que ele e sua família fossem salvos do dilúvio. Tinha 137 m de comprimento, 23 m. de largura e 14 m de altura. Foi construída com madeira de cipreste, embora alguns estudiosos pensem no pinho ou no cedro. Havia três andares e estava dividida em compartimentos. Possuía um respiradouro e uma porta em um dos lados. Foi construída estanque interna e externamente, com o uso de piche (ver Gn 6.14—8.16). O trecho de Gênesis 6.14 tem sido interpretado como se as tábuas fossem mantidas no lugar por meio de ripas (se alguém ler *qanim* em lugar de *qinnim* — ninhos). Se assim sucedeu, então o conjunto inteiro recebeu uma cobertura de betume. No tocante aos três *andares*, alguns têm entendido que isso se refere a três camadas de tábuas, cruzando-se, formando os lados da embarcação. O respiradouro aparentemente foi feito no teto, para deixar entrar luz e ar. Aparentemente, a arca foi feita apenas para flutuar, sem qualquer meio de propulsão ou controle. Noé recebeu instruções 120 anos antes do tempo do dilúvio (ver Gn 6.3,13,14; 2Pe 2.5). É possível que o dilúvio tenha sido a última ocasião em que a posição dos polos se alterou, com o consequente desastre ecológico do dilúvio, devido às mudanças de posição na crosta terrestre. Quanto a detalhes sobre essa ideia e outras informações gerais, ver o artigo sobre o *dilúvio*.

Simbolismo da arca de Noé. Ela simboliza a segurança ante a destruição, ou a salvação em vista do julgamento, provisões da misericórdia e da graça de Deus. Assim Jesus empregou a narrativa sobre a arca, em Mateus 24.38,39; Lucas 17.27. O trecho de Hebreus 11.7 usa a arca como símbolo e exemplo de fé. A passagem de 2Pedro 2.5 usa o símbolo da mesma maneira que Jesus. Portanto, a arca é símbolo ou tipo de Cristo, o Salvador.

Sua carga. Noé e sua família, oito pessoas ao todo (ver Gn 7.7; 2Pe 2.5) e uma parte de animais imundos, além de sete pares de animais limpos, sete pares de aves e alguns pares de répteis. Alguns têm indagado, com certa razão, se uma embarcação de dimensões bastante modestas, poderia conter representantes de todas as espécies de animais da terra. Dizer tal coisa é um manifesto absurdo, pelo que devemos supor que os animais mencionados são os animais nativos da área onde Noé vivia. As pessoas que têm procurado demonstrar que a arca de Noé poderia conter todos os animais da terra, cada espécie representada aos pares, não têm noção do fantástico número de espécies de animais que existem. Um zoólogo coraria de vergonha se tivesse que declarar que uma embarcação das dimensões da arca poderia conter todas as espécies de animais. Mas, as pessoas que ignoram o fato, também não coram de vergonha.

Há evidências significativas que indicam que o dilúvio foi parcial, apesar de vasto. A China, por exemplo, permaneceu seca, o que explicaria o imenso número de chineses e outros povos amarelos, hoje em dia. Quando ocorrem os grandes cataclismos, eles rearranjam a posição dos continentes. Vastas áreas, antes ocupadas pelos homens, tornam-se fundo de oceanos, e oceanos tornam-se regiões habitadas.

Portanto, esses desastres, embora de proporções gigantescas, nunca são absolutos. Fenômenos dessa natureza são mais amplamente comentados no artigo sobre o *dilúvio*. A arca trazia uma carga simbólica, mostrando o interesse de Deus por *toda* espécie de vida. Ele desejava a preservação e a propagação de todas essas formas de vida, e não apenas da vida humana. Isso fala sobre o amor de Deus como absolutamente universal. Se Deus queria salvar meros ursos e porcos, certamente devia estar interessado por cada ser humano, sem qualquer exceção. Isso é o que afirmam os textos de 1João 2.2; João 3.16 e 1Timóteo 2.4. Alguns pontos de vista teológicos, entretanto têm preferido limitar o ilimitado, rebaixar aquilo que é moral e espiritualmente elevado, estabelecendo fronteiras naquilo que não pode ser medido. Uma desgraça! Notemos que o relato sobre a descida de Cristo ao hades, a fim de anunciar a sua mensagem aos espíritos dos mortos (ver 1Pe 3.18—4.6), é dada em conexão com a narrativa do dilúvio. Isso serve para ilustrar ainda mais a qualidade da misericórdia e do amor divinos, aumentando nossa compreensão sobre as dimensões do evangelho. Ver o artigo sobre a *Descida de Cristo ao Hades*. (AM IB ID NTI UN WHI Z)

ARCO

Um termo próprio da arquitetura (ver Ez 40.16, 22, 26, 29). Mas alguns estudiosos entendem que a palavra hebraica e *Nam* talvez signifique *vestíbulo ou pórtico*. A área coberta e semifechada diante do templo de Salomão (ver 1Rs 6.3) era assim chamada, como também dois pórticos (ver 1Rs 7.6,7). Outros pensam que essa palavra aponta para tipos de paredes laterais que se projetam, contendo janelas. Não há nenhuma palavra específica no hebraico com o sentido de *arco*. Era conhecida no Egito desde tempos remotos, e é uma palavra tomada por empréstimo pelos judeus, mas nenhum exemplo foi encontrado até hoje na Palestina ocupada por Israel. (S UN Z)

ARCO DE GUERRA. Ver sobre *Armaduras, Armas*.

ARCO-ÍRIS

Refração prismática da luz do sol, refletida nas nuvens, durante ou imediatamente após uma chuva. De um avião, essa refração é vista como círculos concêntricos, mas para quem está no solo é vista como arcos. As palavras de Gênesis 9.13 *porei nas nuvens o meu arco* sem paralelo no hebraico e no resto da Bíblia, têm sido interpretadas como o arco-íris. Os rabinos adicionaram o comentário de que o arco já existia, mas que daquela ocasião em diante passou a ser o sinal do pacto firmado com a humanidade, após o dilúvio. Todavia, há alguma evidência de que o termo acádico *gastu*, com o determinativo *kakkab*, é cognato da palavra hebraica que significa "estrela arco", nome que, na literatura, é aplicado à estrela Sírius, o que confunde um tanto a questão.

Os termos do pacto (Gn 9.8-17) e a menção do relâmpago juntamente com o termo *arco* (Lm 2.4 e Hc 3.9-11) emprestam peso ao sentido tradicional de "arco-íris". É interessante notar que o arco-íris é indicado pela mesma palavra hebraica que aponta para o arco de um guerreiro (*geset*). Se o arco de Yahweh simboliza a sua ira, o arco-íris é símbolo de sua graça. Deve haver alguma relação entre as duas ideias. O arco de Yahweh voltar-se-ia contra as águas, que haviam sido adversárias da humanidade. O arco-íris caracteriza a cena celeste (Ez 1.28), noção essa reiterada em Apocalipse 4.3 e 10.1, onde o termo grego *iris* nunca teve outro sentido além de "arco-íris".

ARCTURUS

Forma latina do grego *arktouros*, que significa **"cauda ou guarda do urso"**, podendo referir-se à constelação da Ursa Maior, ou a uma estrela que parece haver em sua cauda.

Na Bíblia, essa palavra (no hebraico *awsh*) aparece somente em Jó 38.32, onde faz parte de uma lista de constelações, juntamente com o Órion e as Plêiades. A referência é um tanto obscura, pelo que as traduções variam. A Septuaginta diz "estrela vespertina", o que é seguido pela Vulgata Latina; mas essa tradução é apenas uma tentativa. Não há maneira segura de recuperar o que Jó quis dizer, e nem de saber qual cosmologia estava sendo seguida. A melhor opinião, entretanto, parece ser a constelação da Grande Ursa, ou talvez, Aldebarã. Posteriormente desenvolveu-se uma elaborada astrologia, embora não saibamos dizer quanto, ou qual taxa de diferença havia na astrologia dos dias de Jó. A Grande Ursa gira em torno do polo, e nunca aparece abaixo da linha do horizonte. Os caldeus e os árabes desde tempos remotos davam nomes às estrelas, reunindo-as em constelações. Isso era usado para efeitos de navegação, tendo também assumido sentidos religiosos, com base na ideia de que as estrelas e constelações influenciam os homens e seus destinos. Ver sobre *astrologia*. (ID FA ND S UN)

ARDATE

Um campo onde Esdras se comunicava com Deus e recebeu uma visão (ver 1Esdras 9.26).

ARDE

No hebraico talvez signifique **"fugitivo"**. Era filho de Bela e neto de Benjamim (ver Gn 46.21 e Nm 26.40). Viveu em cerca de 1660 a.C. em Gênesis 46.21 são nomeados dez filhos de Benjamim. Em Números 26.38,39, há cinco filhos alistados e no versículo seguinte (vs. 40), Arde aparece como filho de Bela. (S Z)

ARDITAS

Pertencentes a Arde, por serem seus descendentes (Nm 26.40). (S)

ARDOM

No hebraico, **"descendente"**. Era filho de Calebe, filho de Hezrom, através de Azuba, sua mulher (ver 1Cr 2.18), em cerca de 1560 a.C. (S)

AREIA

No hebraico e no grego temos apenas uma palavra em cada idioma, para indicar *areia*. E embora as referências à areia sejam numerosas na Bíblia, a areia do Oriente Médio figura apenas por uma vez no registro sagrado — quando Moisés sepultou o egípcio que havia assassinado, na esperança de manter secreto o crime (ver Êx 2.12). Todas as outras referências são figuradas, indicando principalmente a ideia de um número incalculável.

A área geográfica onde ocorreram os acontecimentos bíblicos contém muitas regiões cobertas de areia ou de dunas. Ao saírem do Egito, e ao atravessarem o deserto do Sinai, os israelitas devem ter marchado sobre a areia durante boa parte do trajeto. Embora o deserto do Sinai seja rochoso, e não arenoso, podem ser encontrados, com bastante frequência, trechos de areia solta. E na Terra Prometida, havia e continua havendo um largo cinturão de dunas de areia costeiras, ao longo das praias do mar Mediterrâneo, no sul da Palestina. Essas dunas tendem por introduzir-se pelo continente, a menos que sejam barradas com florestas plantadas ou com capim alto. Doutra forma, haverá a invasão de uma autêntica "areia do mar".

Sem considerarmos essas areias costeiras, também deveríamos lembrar que, em um clima seco, cada rio ou torrente que lava a superfície nua da terra fica prontamente carregada de areia e entulho, os quais deposita em suas margens, nas áreas planas. Isso nos permite entender melhor a parábola de Jesus, sobre a casa edificada sobre a areia (ver Mt 7.26). É de presumir-se que tal casa tivesse sido edificada sobre esses depósitos de areia, em algum vale ao lado de um rio, onde facilmente a água chegava, por ocasião de uma enchente.

As referências à areia, como símbolo de um número incalculável, ocorrem de Gênesis 22.17 em diante. Não apenas os futuros descendentes de Abraão foram assim descritos, mas também o cereal recolhido e guardado por José, no Egito (ver Gn 41.49), e mui curiosamente, a sabedoria de Salomão e a amplitude de seus interesses (ver 1Rs 4.29). Naturalmente, em Mateus 7.26 a areia também serve de símbolo de instabilidade, por falta de alicerces.

ARELI

Filho de Gade (Gn 46.16 e Nm 26.17) antepassado dos arelitas. Cerca de 1700 a.C. Ele foi um dos sete filhos de seu pai. (UN)

ARFAXADE

1. Um dos filhos de Sem, pai de Salá. Nasceu um ano após o dilúvio, e faleceu com a idade de 438 anos (ver Gn 11.12), cerca de 2075 a.C. Foi o avô de Eber, que alguns consideravam o antepassado dos hebreus, embora a questão ainda não esteja resolvida. Alguns veem as letras finais *ksd* como sugestão aos casdim ou caldeus, mas outros identificam o nome com Arraphka, na Assíria. Uma etimologia iraniana tem sido sugerida, e isso, subsequentemente, vinculado ao Arfaxade referido em Judite 1.1. Esse homem, de acordo com aquele livro apócrifo, governou os medos. Isso favorece essa última ideia, embora muitos estudiosos não aceitem a opinião. Portanto, é possível que esse nome seja inteiramente desconhecido fora da Bíblia. **2.** Rei da Média, de acordo com Judite 1.1. Cerca de 592 a.C. Todavia, não há certeza de que a narrativa não seja fictícia.

ARGANAZ

No hebraico temos uma palavra, *shafan,* que aparece por quatro vezes no Antigo Testamento (ver Lv 11.5; Dt 14.7; Sl 104.18 e Pv 30.26). Sendo um dos animais referidos na Bíblia, e visto que os judeus não davam nomes científicos à fauna e à flora, isso torna muito difícil a sua identificação. Nossa versão portuguesa opta pelo arganaz, um dos pequenos rodentia tipo esquilo, que viviam em árvores, comuns no mundo antigo, pertencente à família dos *Gliridae;* há versões que preferem o *Hyrax,* nome científico de um animal pertencente à família dos coelhos. As descrições em Levítico 11.5 e Salmo 104.18, isto é, que ele rumina, mas não tem as unhas fendidas, e que as rochas são lugares onde se refugiam esses animais, confirmam a opinião dessas outras versões. Os animais da família do coelho não ruminam, mas movem continuamente o queixo, dando a impressão de que ruminam. Esse fato mostra que as descrições bíblicas são singelas, baseadas na observação prática, sem qualquer rigor científico.

ARGILA

Argila é um termo usado para aludir a certo grupo de minerais e rochas, essencialmente compostos de minérios de argila com tamanho de grão de até 4 mm. São silicatos de alumínio hidroso, com uma estrutura de camadas semelhante ao cristal. Aparecem em três classes gerais: **1.** kaolinita, eletricamente neutra, composta de duas camadas diferentes, usada na cerâmica, porcelana e vasos de barro. **2.** Montmorilonita, com três camadas, não neutras eletricamente, com certa quantidade de moléculas de água e íons cambiáveis nos interstícios entre as camadas, usadas nas farmácias e na cosmetologia. **3.** Ilita, própria para o fabrico de tijolos.

Referências bíblicas. A argila do oleiro (ver Is 29.16); a unção de olhos (ver Jo 9.6); o fabrico de tijolos (ver Gn 11.3). Os vários tipos de argila, acima mencionados, têm essas diversas aplicações. Uma vez misturada com água, a argila torna-se plástica, e a menos que a água seja em excesso, essa qualidade não se perde. Caso contrário, tal propriedade perde-se, e então temos o que nossa versão portuguesa chama de "tremedal de lama" (Sl 40.2). O aquecimento expulsa a água, resultando disso a dureza da argila. Então podem ser feitos do material tijolos ou cerâmica. As argilas são uma importante porção dos registros arqueológicos, preservando toda espécie de estrutura, inscrições e artefatos. Os minérios de argila formam-se mediante a alteração das rochas, devido à ação da água e das intempéries. Argila em quantidades residuais é transportada pela água, tornando-se importante elemento na fertilidade dos solos. É com base nesse fato que talvez tenha surgido a ideia de que o homem teve origem no barro (ver Jó 33.6). As mais recentes descobertas científicas sugerem que as primitivas moléculas orgânicas, que deram origem às moléculas vivas, formaram-se na superfície das camadas de argila, e não nos oceanos, conforme antes se pensava.

ARGOBE

Um distrito em Basã, a leste do lago de Genesaré, dado à meia tribo de Manassés (ver Dt 3.4,13; 1Rs 14.12; 2Rs 15.25). Mas alguns pensam que a referência de 2Reis 15.25 alude a uma pessoa, um cúmplice de Peca no assassinato de Pecaías, ou então a Arié, um príncipe de Pecaías, cuja influência Peca temia, pelo que o matou juntamente com o rei. Um texto incerto que deixa a questão em dúvida. Se essa opinião é verdadeira, então o nome Argobe servia para designar tanto uma pessoa quanto um lugar. Que era usado para indicar um lugar é evidente, com base nas outras referências. Antes da invasão israelita, a região era governada por Ogue.

Descrição. Era um planalto elevado, uma espécie de ilha, com cerca de 54 x 32 km de extensão. No trecho de Lucas 3.1, a região é chamada Traconites. Quando foi dada à meia tribo de Manassés, contava com cerca de sessenta cidades; e as descobertas arqueológicas têm confirmado a informação. Essas descobertas demonstram que havia ali uma maciça arquitetura, com paredes de 1,20 m. de espessura, pedra colocada sobre pedra, sem cimento, com enormes tábuas de rocha basáltica, portas e portões de pedra de 45 cm de espessura, com gigantescas trancas. Tudo isso dá a impressão de que se tratava de lugares habitados por uma raça de gigantes.

As sessenta cidades da área devem ser distinguidas das aldeias de Jair, que pertenciam a Gileade. O trecho de Deuteronômio 3.14 equivocadamente localiza as aldeias de Jair "em Basã", pelo que alguns estudiosos pensam que ali o texto foi corrompido por copistas, embora possa ter sido um erro do autor original, ainda que a possibilidade seja remota. (ID ND S SI Z)

ARIDAI

No hebraico o sentido da palavra é incerto. Era o nono filho de Hamã, enforcado com seu pai (ver Et 9.9), morto pelos judeus que habitavam na Babilônia. (UN)

ARIDATA

No hebraico, **"forte"**, sexto filho de Hamã, morto pelos judeus da Babilônia (ver Et 9.8), em cerca de 510 a.C. (S)

ARIÉ

No hebraico, **"leão"**, cúmplice de Peca na conspiração contra Pecaías, ou um dos príncipes de Pecaías, morto juntamente com este (ver 2Rs 15.25), em cerca de 761 a.C. (UN)

ARIEL

No hebraico, **"leão de Deus"**. No Antigo Testamento é um nome que tem vários empregos, a saber: **1**. Pode significar "semelhante a leão", um epíteto para pessoas corajosas e aguerridas, tal como entre os árabes se usa o apelido Ali (leão de Deus). (Ver 2Sm 23.20; 1Cr 11.22 quanto a esse uso). Nessa conexão há um guerreiro de Davi, que matou os filhos de um moabita. **2**. Nome de uma pessoa, um dos homens entendidos enviados a Ido, chefe do lugar chamado Casifia, juntamente com seus irmãos, servidores do templo, para que trouxessem ministros à casa de Deus (ver Ed 8.16,17). Seu nome significa "leão de El (Deus)". **3**. Sob a forma variante, "Areli", a palavra também pode significar "altar de terra". Com esse sentido, ou com o sentido de leonino, serviu como designação simbólica de Jerusalém (ver Is 29.1 e 2.7). O altar de Deus é como a sua terra. O fogo sagrado ardia ali sobre o altar. As discussões acerca do significado ali não são conclusivas, mas a maioria prefere a ideia de *terra*. (ND S UN Z)

ARIMATEIA

Arimateia foi identificado por Eusébio e Jerônimo como *Ramá ou* Ramataim, lugar do nascimento de Samuel (1Sm 1.19). Isso é mais provável do que sua identificação com Ramá, de Benjamim. Em 1Samuel 1.1, o nome é dado em sua forma completa, não contraída, Ramataim-Zofim, enquanto que na LXX ele aparece sempre sob a forma *Armathaim*; nos escritos de Josefo, como *Armatha*; e em 1Macabeus 11.34, como *ramathem*. Era uma cidade dos judeus que, no sentido mais estrito, significaria *da Judeia* (ver Lc 23.51). Alguns têm identificado a localização com a moderna Nebby Samuel, cerca de 6,5 km a noroeste de Jerusalém; todavia, sua localização exata não pode ser afirmada, sem qualquer sombra de dúvida.

Esse lugar é mencionado somente no Novo Testamento, em conexão com a história de José de Arimateia, natural daquela cidade, o qual era membro do Sinédrio. Após a crucificação, ele obteve o corpo de Jesus e o pôs em um túmulo nunca antes usado (ver Mt 27.57-60). Quanto a notas completas sobre o incidente, ver o NTI *in loc*. Ver também o artigo sobre *José de Arimateia*. (*I* IB ID NTI)

ARIOQUE

No hebraico, **"semelhante a leão"**. Mas outros estudiosos pensam que a palavra é sumeriana, com o sentido de *servo do deus-lua*. **1**. Esse era o nome de um rei de Elasar (Larsa, Senqueré, uma cidade-estado do sul da Babilônia), que estabeleceu uma aliança com Quedorlaomer, quando ele invadiu o vale do rio Jordão (ver Gn 14.1,9). A guerra teve o propósito de punir os reis de Sodoma, Gomorra, Admá, Zeboim e Bela. Os primeiros saíram-se vitoriosos, mas foram postos em fuga por Abraão, quando este foi combater contra eles, porquanto haviam levado Ló — seu sobrinho — como cativo. Alguns estudiosos ligam o nome Arioque com Warad-Sin (Eri-aku) (cerca de 1836-1824 a.C.), ou com Rim-Sin (cerca de 1824-1763 a.C.), ambos filhos de Kudur-Maduk, de Larsa, nomes comuns nos textos do segundo milênio a.C., conforme se vê nos textos de Mari (ver o artigo a respeito). Porém, isso daria a Abraão uma data mais recente. Seja como for, a cronologia da época é precária. A cidade de Elasar tem sido identificada com Ilanzura, mencionada nos textos hititas e nos arquivos de Mari, localizados entre Carquemis e Harã. Alguma confirmação para essa conjectura talvez se ache no Apócrifo do mar Morto, que diz que o reino de Arioque era *Kptwk* (talvez a Capadócia). E então, se o rei Tidal, mencionado na *Bíblia*, puder ser identificado com Tudhaliya, dois daqueles quatro reis poderiam ser nativos de Anatólia, embora tudo isso seja muito incerto. **2**. Um outro Arioque era capitão da guarda pessoal de Nabucodonosor (ver Dn 2.14,15,24). A ele foi ordenado que executasse os mágicos que não tinham podido interpretar o sonho real. Alguns supõem que o nome fosse um *título* do ofício ocupado, e não o nome pessoal do indivíduo. Isso ocorreu em cerca de 605-562 a.C. (ID ND UN Z)

ARISAI

No hebraico, **"flecha de Ária"**. Era o oitavo filho de Hamã, morto pelos judeus babilônios (ver Et 9.9), em cerca de 480 a.C. (S UN)

ARMADURA, ARMAS

Quanto a uma descrição das antigas armaduras, cujas peças principais são alistadas em Efésios 6.13 ss., ver a exposição no NTI, naquele trecho. Um item desta natureza deve figurar em um dicionário religioso, mesmo que não apareça em um dicionário bíblico, devido às suas implicações morais. Paulo empregou algumas metáforas militares, usando as peças de uma armadura antiga como símbolos de virtudes espirituais, segundo se vê na exposição em Efésios 6.13 ss. No Antigo Testamento, há menção às armaduras, usadas na vida militar, em relação a Israel e suas muitas guerras. A presença de uma matança organizada, nas páginas do Antigo Testamento, cria problemas morais ventilados *pelo pacifismo* (ver o artigo). Poderia isso ser correto, mesmo quando os homens apresentam Deus, nos próprios Livros Sagrados, como líder de atividades militares? Será correto aos governos organizarem exércitos e enviarem-nos em expedições contra países e povos, especificamente com a finalidade de provocar sofrimentos e mortes?

I. Armadura, Armas Antigas. A armadura inteira consistia em escudo, espada, lança, capacete e armadura das pernas (que cobria as coxas até os joelhos), segundo Políbio e outros escritores antigos. (Ver Thuc. iii,14; Isócr. 352 D. Heród. i.60; Platão, *Leis* vii. par. 796 B; Políbio vi. 23,2). O soldado romano mui provavelmente está em vista aqui; mas as armaduras gregas e romanas não difeririam muito entre si. Paulo era homem intensamente viajado pelo império romano, tendo sido encarcerado e solto por muitas vezes, e estaria bem familiarizado com as armaduras de seu tempo. Os museus modernos contêm exemplares dessa armadura. O apóstolo acrescenta o cinturão e a espada em sua lista; e apesar desses dois objetos realmente não fazerem parte da armadura, eram necessários para o soldado antigo, muito apropriados para o propósito de ilustrar o equipamento espiritual necessário para derrotar o mal. Abaixo oferecemos uma descrição detalhada das armaduras antigas:

Armas de Defesa: 1. *Perikephalaia* é "capacete", que protegia a cabeça. Era feito de várias formas e de vários metais e com frequência era decorado com grande variedade de figuras.

Alguns capacetes possuíam uma crista, ou como ornamento ou com a finalidade de aterrorizar, com figuras de leões, corvos, grifos etc. Este último era um animal lendário, com corpo e pernas traseiras de leão, e cabeça e asas de águia. Paulo faz o capacete representar a "salvação". **2**. *Zoma*, o "cinturão", posto em torno da cintura, útil para apertar a armadura em volta do corpo, mas também para sustentar as adagas, as espadas curtas ou quaisquer outras armas que ali pudessem ser penduradas. Paulo faz do cinturão símbolo da "verdade". **3**. *Thoraks*, o "peitoral", que consistia em duas partes, chamadas "asas". Uma delas cobria a região inteira do peito, *a*. parte frontal do tórax, protegendo os órgãos principais da vida, ali contidos. E a outra parte cobria uma parte das costas. Paulo faz isso representar a "justiça" ou "retidão". **4**. *Knemides*, as "grevas", que serviam para proteger as canelas, isto é, do joelho para baixo, e com frequência com uma extensão de couro que também protegia o pé. **5**. *Cheirides*, uma espécie de "luvas" que serviam para proteger as mãos, bem como o antebraço, até o cotovelo. **6**. *Vários tipos de escudo*, que Paulo usa como símbolo da "fé" (ver Ef 6.16). Era o *aspis* ou o *chiled*. Havia várias formas, feitas de diferentes metais. O escudo de Aquiles, que teria sido feito por Vulcano, seria circular, composto de cinco chapas de metal, sendo duas de bronze, duas de estanho e uma de ouro. Ver *Ilíada*, Upsilon, v. 270:

Cinco chapas de vários metais, vários moldes.
Compunham o escudo; de bronze cada um se dobrava para fora,
De estanho, cada um para dentro; e o do meio, de ouro.

7. *Gerron, ou "guerra"*, um pequeno escudo quadrado, que a princípio foi usado pelos persas. **8**. *Laiseion*, o escudo de forma oblonga, coberto com couros ásperos, ainda com os pelos. **9**. *Pelte*, o "escudo leve", na forma de uma lua crescente, com um pequeno ornamento similar às pétalas recurvas de uma flor *de luce* no centro de uma linha diagonal reta, que passava perto de uma das beiradas. Esse era o escudo amazônico. **10**. *Thureos, o scutum* ou "escudo oblongo", feito de madeira e recoberto de couro, mas já sem os pelos. Tinha o formato do *laiseion* (descrito acima), embora fosse muito maior. Seu nome se deriva da palavra "thura", que significa "porta", visto que se assemelhava a portas de tamanho comum, quanto à sua forma.

Nos dias de Paulo, o *aspis* e o *thureos* eram os escudos mais usados. O primeiro se destinava a soldados levemente armados, e o último para soldados pesadamente armados.

Armas de Ataque: **1**. *Egehos*, a "lança", usualmente munida de ponta de bronze ou de ferro, com uma longa haste de madeira dura, geralmente de "freixo", árvore pertencente ao grupo da oliveira, mas dotada de uma madeira dura e elástica. **2**. *Doru*, o "dardo", menor e mais leve que a "lança", que era atirado contra o inimigo ainda a distância. **3**. *Ziphos*, a "espada", que tinha várias formas e dimensões. As primeiras eram feitas de bronze, e mais tarde começaram a ser feitas de outros materiais. Todas as espadas referidas nos escritos de Homero são de bronze. Esse é o símbolo usado por Paulo para indicar a presença do Espírito Santo. **4**. *Machaira*, palavra que também significa "espada". Mas era um pouco mais curta, frequentemente usada pelos gladiadores. Contudo, esta e a palavra anterior com frequência eram usadas como sinônimas, sem diferenças apreciáveis. **5**. *Aksine*, a "acha de armas" ou "machado de guerra". **6**. *Pelekus*, a dupla "acha de armas", com uma folha afiada para cada lado. **7**. *Korune*, a maça, feita de ferro, muito usada pelos persas e gregos. **8**. *Tokson*, o "arco", completo com a "pharetta" (a aljava) e as flechas, que no grego têm o nome de "bele" (ver Ef 6.16). **9**. *Sphendone*, a "funda", muito usada pelos hebreus e muitos outros povos, com grande habilidade. **10**. *Akontion*, o "dardo", outro tipo de lança, mais leve que o "ecchos". **11**. *Belos*, "flecha".

Enquanto a crueldade não foi melhorada pela arte,
E a fúria não forneceu espada ou dardo,
Com os punhos, ou ramos, ou pedras lutavam os homens,
Essas eram as únicas armas ensinadas pela Natureza:
Mas quando chamas queimavam árvores e crestavam o solo,
Então apareceu o bronze, e foi preparado o ferro para ferir
O bronze foi usado primeiro, por ser mais fácil de trabalhar,
E visto que as veias da terra o continham em maior dose.
(Lucrécio, De Rerum Nat., lib. v. 1282)

II. A Luta: A Necessidade da Armadura. Pois não é contra carne e sangue que temos que lutar, mas sim contra os principados, contra as potestades, contra os príncipes do mundo destas trevas, contra as hostes espirituais da iniquidade nas regiões celestes; Efésios 6.2.

Nosso conflito contra o mal exige preparação, força e coragem. No grego original temos a palavra "pale", que ordinariamente indicava a "luta romana", embora também pudesse indicar um conflito qualquer. A forma verbal significa "lançar", "projetar". Tal vocábulo é usado exclusivamente aqui, em todo o NT Com o sentido de "combate", essa palavra é encontrada nos escritos de vários poetas, como Ésquilo, *Cho.* 866, e Eurípedes, *Herácl.* 159. O apóstolo Paulo provavelmente a emprega no seu sentido geral, porquanto, de outro modo, ter-se-ia desviado momentaneamente de sua metáfora de uma guerra, passando a pintar o conflito cristão contra o mal como uma luta corpo a corpo. Seja como for, é focalizada a intensidade do combate, para o que o soldado cristão deve ter a preparação e a força necessárias. A luta contra o mal, assim sendo, deve ser vista como uma batalha séria, em nada fácil. Talvez a derrota de tantos crentes, em suas vidas morais, se deva ao fato de que não levam muito a sério esse combate, mostrando-se por demais indisciplinados como soldados.

III. O Inimigo: Não Carne e Sangue. Paulo quer dar a entender aqui, simplesmente, a *natureza humana*, em contraste com *os seres espirituais*, que não possuem a matéria crassa, e portanto, não são de carne e sangue. Não há aqui qualquer pensamento da "carnalidade humana pecaminosa", ou das paixões humanas, conforme o termo "carne" algumas vezes tem. Também não se verifica qualquer contraste entre os "inimigos internos" e os "inimigos externos". Antes, o combate se dá entre *humanos e sobre-humanos*. Paulo não queria negar que a luta contra o mal é, por igual modo, a luta contra a nossa própria natureza pecaminosa, e nem que os "inimigos internos" não sejam também nossos inimigos (pois o sexto capítulo da epístola aos Romanos afirma ambas as coisas); mas neste ponto ele mostra que poderes malignos e externos tornam esse conflito tão intenso, que facilmente o crente sai perdedor na refrega, a menos que esteja equipado com o próprio poder de Deus.

A debilidade humana fica subentendida na expressão "sangue e carne", ao passo que o poder fica subentendido na menção que se segue sobre as entidades espirituais.

Principados e potestades. (Comparar com o trecho de Efésios 1.21). Referem-se particularmente a poderes angelicais santos, ao passo que aqui estão em foco seres espirituais do mal, embora de ordem superior. Tanto os seres espirituais de índole boa, como aqueles de má índole, habitam nos "lugares celestiais" (ver Ef 1.20 e 6.12), sem isso querer dizer que habitam exatamente nos mesmos lugares ou campos celestiais, pois existem muitas dessas dimensões, algumas ocupadas por seres benignos, e outras ocupadas por seres malignos, embora todos pertençam à categoria "espiritual". Supõe-se que o termo *principados* se refere às ordens angelicais superiores, que possuem autoridade sobre grandes regiões e sobre muitíssimos seres. Já o vocábulo *potestades* se referia a governantes subordinados.

Ciladas do diabo, Efésios 6.11. No grego, *ciladas* é *methodeia*, que quer dizer "astúcias", "planos","esquemas", ou, em linguagem militar, "estratagemas". Quando tal palavra se aplica a Satanás, no NT, porém, sempre indica seus maus desígnios. O comandante das forças malignas é o *diabo*, o grande mestre do engano e do engodo, que capitaneia as forças do mal contra o bem. Sendo ele o comandante das forças malignas, é óbvio que toda a armadura espiritual é necessária para o crente, com toda a oração e súplica, para que essas forças sejam derrotadas. O fato de que tantos crentes são derrotados na refrega, é prova que não se têm preocupado com a preparação para a batalha espiritual, adquirindo a armadura espiritual necessária. E nem oram com suficiente perseverança, para que o mestre supremo do mal seja vencido em suas vidas.

IV. Preparação para Batalhar. *Portanto tomai toda a armadura de Deus, para que possais resistir no dia mau, e havendo feito tudo, permanecer firmes* (Ef 6.13).

Tomai, ou seja, "estendei a mão" para a armadura posta à vossa disposição, e revesti-vos dela. Que as realidades espirituais pintadas por esta metáfora sejam postas em prática em vossas vidas, porquanto isso será vossa proteção e vitória. A ordem de Paulo é que nos apropriemos do poder espiritual a nós oferecido. Os antigos soldados, quando não eram apropriadamente disciplinados e se encontravam em condições físicas deficientes, mostravam-se menos dispostos e eram menos capazes de suportar as fadigas de seu duro serviço militar, queixando-se do peso da armadura; e alguns deles obtinham permissão para pôr de lado parte da armadura, ou mesmo toda. E muitos eram assim mortos ou feridos, por não contarem com a proteção adequada.

A colocação da armadura é, na realidade, o revestimento do Senhor Jesus Cristo por parte do crente, e isso é expresso mediante uma metáfora poética. Todas as virtudes aqui referidas pertencem supremamente ao Senhor, e são proporcionadas pelo seu Santo Espírito (ver Gl 5.22,23). Portanto, revestir-se da armadura de Cristo equivale a assumir a natureza moral de Cristo; e o revestimento de sua natureza moral envolve o sermos transformados metafisicamente através de sua natureza (ver Rm 8.29), para que participemos de sua imagem, de sua plenitude, e também da plenitude do próprio Deus Pai (ver Ef 1.23 e 3.19). Nisso é que consiste a vida cristã, verdadeiramente, o que é retratado mediante uma metáfora baseada na vida militar. E isso porque é a participação na natureza de Cristo que nos outorga verdadeira defesa contra todas as forças do mal e vitória sobre as mesmas, as quais pretendem impedir o progresso da alma de volta a Deus. (Ver o trecho de Romanos 13.12 acerca da colocação da *armadura da luz*, bem como 2Co 6.7, acerca das "armas da justiça". Ver o NTI em Rm 13.14 e Gl 3.27 quanto a notas expositivas acerca do *revestir-se de Cristo*, e finalmente, Ef 4.24, acerca do *revestir-se do novo homem*).

Toda a Armadura. Nenhuma porção da armadura pode ser omitida, pois o adversário de nossas almas sabe como tomar partido de qualquer debilidade. sendo ele profundamente maligno, aproveitar-se-á disso. Os recursos humanos, as resoluções morais, os sistemas religiosos e filosóficos, não nos servirão de ajuda em nada, porquanto somente um toque real da mão de Deus nos pode garantir a vitória nesse combate mortal. Devemos dar atenção ao fato de que em tudo isso, alguma forma de preparação espiritual autêntica, como a comunhão completa com o Espírito de Deus, é ordenada aos crentes, nos usos metafóricos que aparecem em seguida. Portanto, não basta o conselho que geralmente se dá aos novos convertidos: "Leia a sua Bíblia e ore", embora isso constitua um bom exercício; pois deve haver o contato pessoal do crente com o Senhor, a comunhão mística com ele. E o revestimento da completa armadura de Deus se faz através da busca, através dessa comunhão.

V. Peças Principais: Lições Morais e Espirituais.
A Descrição Paulina — Ef 6.14.

"A *panóplia* romana consiste primeiramente em um escudo de superfície convexa, de 0,75 cm de altura; na beirada, sua espessura é da largura de uma mão... Juntamente com o escudo há a espada; e esta o soldado leva em sua coxa direita, chamada 'espada espanhola'. Permite um golpe poderoso e profundo com ambos os fios, pois a lâmina é forte e firme. Além disso, o soldado leva dois dardos, um capacete de bronze e grevas... A maioria dos soldados também usa uma chapa de bronze, da largura de um palmo para cada lado, que colocam sobre o peito — chamam-na de 'protetor do coração'; e aqueles que valem mais de dez mil dracmas, em vez do protetor do coração usam uma cota de malhas". Políbio, *História*. Vl.23.

1. Cinturão: A verdade. Ef 6.14. *Cingindo-vos com a verdade*. Esse simbolismo se alicerça no trecho de Isaías 11.5, onde a verdade também é pintada como um cinturão que deve ser colocado. Consideremos ainda, a respeito disso, os pontos seguintes: ***a***. Talvez a alusão aqui feita seja à total verdade de Deus. ***b***. Devemos entender aqui a verdade cristã, isto é, segundo ela se encontra na pessoa de Cristo, ou seja, tudo quanto está envolvido desde a conversão, incluindo a conduta do crente, de acordo com padrões verdadeiramente bíblicos. ***c***. Alguns veem aqui a verdade como alusão particular à "fidelidade", à "lealdade" a Cristo, conforme se vê no trecho de Isaías 11.5. ***d***. A harmonia com a "revelação" divina e a lealdade à mesma, em contraste com as heresias dos gnósticos, ou com outros desvios doutrinários, ou mesmo com uma conduta incorreta, também está aqui em foco. Isso pode ser comparado com o que se lê em Efésios 4.21, acerca da "verdade em Jesus". ***e***. Há também aqueles que veem uma significação especial no cinto, associado à verdade, porque era essa a peça que ligava as diversas peças entre si; assim sendo, a verdade "... confere unidade às diferentes virtudes, bem como confere determinação e coerência ao caráter. Todas as virtudes devem ser exercidas dentro da esfera da verdade". (Vincent, *in loc.*) A referência de Paulo provavelmente é lata, incluindo várias das ideias expostas nos pontos acima, e não apenas um ou outro aspecto.

2. Couraça: Justiça. Efésios 6.14. *Vestindo-vos da couraça da justiça*. (Ver O trecho de Isaías 59.17, que também se refere ao simbolismo do "peitoral" de uma armadura). Essa referência é messiânica, com toda a probabilidade, revelando-nos a preparação moral do Messias, o qual, mediante tal preparo, derrotou seus inimigos e completou sua missão e vitória. No trecho de 1Tessalonicenses 5.8, o "peitoral" aparece composto da "fé" e do "amor", e a "fé" é também o escudo do crente.

Existiam vários tipos de *peitoral*, feitos de diferentes materiais, nas armaduras antigas. Os guerreiros levemente armados usavam um peitoral feito de linho; algumas nações bárbaras equipavam seus soldados com peitorais feitos de chifre ou osso, cortados em pedaços pequenos e pendurados como escamas, amarrados sobre um capote de couro ou de linho. Mais tarde foram introduzidas tiras flexíveis de aço, dobradas umas sobre as outras. Os lanceiros romanos usavam cotas de malha, ou armaduras flexíveis feitas de tiras de metal ligadas entre si. Virgílio menciona peitorais em que os anéis de ligação eram feitos de ouro. (*Eneida*, iii. 467). Ainda outros peitorais eram de material inteiramente rígido, ficando de pé quando postos no chão. Esse tipo de peitoral se compunha de duas partes, uma que cobria o peito e outra que cobria as costas; e essas duas metades eram ligadas entre si por tiras de couro ou tiras de metal, por cima dos ombros, amarradas na parte da frente, havendo também articulações nos lados. Esses peitorais eram fabricados de couro, de bronze, de ferro ou de outros metais. Suetônio conta-nos como Galba (imperador romano em 68-69 d.C.) foi morto pelos soldados de Oto por haver-se protegido apenas com um peitoral de linho, em vez de usar um peitoral de material mais resistente.

O peitoral protegia os órgãos vitais do tórax e a parte superior do abdômen. O que para o soldado era uma proteção extremamente importante, assim é a "justiça" ou "retidão" para o crente. (Ver o artigo sobre a *Retidão*, que é essencial à própria salvação, como decorrência da justificação). É a própria retidão de Deus que está aqui em foco; porque ninguém pode chegar à sua presença se não possuir exatamente essa modalidade de retidão. Essa justiça tanto tem um aspecto "forense", através de um decreto divino, baixado com base no sangue expiatório de Cristo, como tem um aspecto "real", mediante a santificação, o que forma em nós a natureza moral de Cristo. Assim, pois, a perfeição da natureza moral de Deus é o próprio alvo da vida cristã (ver Mt 5.48), e o processo que nos faz avançar nessa direção é o da santificação, que nos serve de proteção contra todos os males que fazem guerra contra a nossa alma. No dizer de Faucett (in loc.): "Está em pauta a própria retidão de Cristo, operada em nosso interior pelo seu Espírito". Sim, as qualidades morais da retidão estão naturalmente incluídas, porquanto essas qualidades perfazem a justiça que nos vem por intermédio da justificação, quando consideradas em seu conjunto total. E ambas essas ideias fazem parte inerente da expressão aqui usada pelo apóstolo Paulo.

3. Calçados: A Preparação do Evangelho. Ef 6.15. O calçado do crente provavelmente é sugerido pela passagem de Isaías 52.7, que diz: *Quão formosos são sobre os montes os pés do que anuncia as boas-novas, que faz ouvir a paz, que anuncia cousas boas, que faz ouvir a salvação...* É possível que o calçado romano chamado *"caligae"* seja aludido nesta passagem, indicando as sandálias romanas com solas dotadas de inúmeros cravos, formando uma camada espessa. Os pés são nosso órgão de locomoção e viagem, aquele órgão que leva o mensageiro aos lugares onde ele deve anunciar a mensagem do estabelecimento da paz com Deus, o Pai celeste, bem como do estabelecimento da concórdia com os homens. (Ver em Ef 2.14 como Cristo é a "nossa paz", através da mensagem cristã). Cristo reconciliou judeus e gentios entre si, e ambos com o Senhor Deus (ver Ef 2.15,16), tendo-nos conferido acesso perfeito a Deus Pai (ver Ef 2.17,18), tornando a comunidade dos crentes o próprio templo de Deus, onde ele habita mediante o seu Santo Espírito (ver Ef 2.21,22). Sim, temos "paz com Deus" por meio de nosso Senhor Jesus Cristo, no evangelho, onde é narrada sua história de amor remidor (ver Rm 5.1).

Ora, tendo obtido a paz com Deus, com seus semelhantes e consigo mesmo, o crente fica em repouso, em meio a este mundo perturbado, obtendo vitória sobre todos os inimigos, e até mesmo conduzindo-os aos pés do Senhor, onde também encontram paz. Dessa maneira as forças espirituais do mal são derrotadas, conforme se pode inferir do presente texto e do que é dito em Colossenses 2.15. É para ideias assim que a metáfora aqui aludida aponta.

Preparação. Para que entendamos melhor o sentido desta palavra, é mister desdobrar a explicação nos pontos dados a seguir: *a*. Na versão da Septuaginta (tradução do original hebraico do AT para o grego, completada cerca de duzentos anos antes da era cristã), a palavra aqui empregada, *etoimasia*, significa "estado de preparação" (ver Sl 9.41 e 10.17). Portanto, fica subentendida aqui a *necessidade* de nos prepararmos para a pregação do evangelho. *b*. Outros preferem traduzir esse termo grego por "equipamento". O evangelho da paz é esse equipamento, posto em nossos pés mediante o que "avançamos" batalha adentro obtendo a vitória através de suas virtudes. *c*. Esse vocábulo também pode significar "prontidão". Há certa preparação que produz a prontidão para enfrentar o inimigo, para obter a vitória espiritual e também conferi-la a outros, o que se encontra no recebimento correto do evangelho e no seu uso correto. *d*. Além disso, essa palavra também pode significar o "estabelecimento de um alicerce firme", ou uma "base firme de apoio", espiritualmente falando, o que o evangelho igualmente nos confere. Assim, pois, o crente "fica firme", tendo os seus pés "protegidos", sendo assim capaz de cumprir a sua missão. E o evangelho, que é essa proteção, confere paz tanto a ele mesmo como àqueles que dão ouvidos ao evangelho. Uma vez que os pés estão protegidos, o avanço e a atividade cristã se tornam possíveis. O crente fica "preparado em sua mente", em estado de "prontidão", por causa de seu conhecimento, de sua aceitação e de sua propagação da boa mensagem cristã. A "paz" é o objetivo colimado, e a atividade na pregação do evangelho produz esse resultado.

Naturalmente, temos aqui um paradoxo: A finalidade legítima dessa batalha é trazer a *paz*, não com os inimigos das realidades espirituais, mas com outros homens, que também estão em conflito com a impiedade existente nos "lugares celestiais". O evangelho, pois, torna-nos "prontos e dispostos" a nos atirarmos a essa batalha em prol da verdade e da retidão. Paulo aludia a tais coisas, portanto.

Dá ao Senhor o que há de melhor em ti
Dá-lhe as tuas forças e a tua juventude.
Emprega o ardor fresco e vibrante de tua alma,
Na batalha em prol da verdade.
Jesus nos deixou o exemplo,
Intrépido ele se mostrou jovem e corajoso;
Dá-lhe a tua leal devoção,
Dá-lhe o melhor que há em ti.
Dá ao Senhor o que há de melhor em ti.
Dá-lhe as tuas forças e a tua juventude.
Revestido da completa armadura da salvação,
Ajunta-te à batalha em prol da verdade.

4. Escudo: A Fé. Ef 6.16. *a*. Não está aqui em foco a "fé" como um corpo de doutrinas, como um credo (objetivo e formalizado). *b*. Mas devemos pensar aqui em "fé" como um princípio evangélico, o que consiste na "entrega" de alma aos braços de Cristo, mediante o que somos justificados. Essa é a fé que governa a vida do crente, já que vivemos "de fé em fé". A fé original, por conseguinte, opera a cada dia em novos atos de fé; mas, na realidade, tudo é a continuação da mesma atitude, pois entregamos sucessivamente nossa alma aos cuidados de Cristo, crescendo sempre na dedicação a ele. *c*. É retratado aqui muitíssimo mais que a "crença fácil" tão generalizada nas igrejas de nossos dias, porquanto não se destaca aqui a mera aceitação de algum conjunto de doutrinas, mas antes, rebrilha neste ponto uma transação entre Cristo e a alma confiante. *d*. Essa fé geral é expressa, em algumas pessoas, através do "dom da fé", algo especial, por intermédio do que empreendemos grandes realizações em favor de Cristo. Ver o artigo sobre os *Dons do Espírito* e o artigo sobre a *Fé*.

Embraçando sempre. Melhor tradução ainda dessas palavras seria, *além de todas essas coisas*, isto é, em adição àquilo que Paulo já havia ordenado.

Escudo. Segundo o original grego, temos aqui o grande escudo de forma oblonga, *thura*, por assemelhar-se muito a uma porta. Esse escudo, que era tão grande que protegia o corpo inteiro do soldado, serve de metáfora excelente para a grande proteção que nos é conferida pela fé. Normalmente esse tipo de escudo consistia em duas camadas de madeira, recobertas de lona e então de couro, embora houvesse variações em sua fabricação. Era o escudo usado pelos soldados pesadamente armados, o que está de conformidade com a metáfora geral aqui exposta pelo apóstolo dos gentios. Esse era igualmente o escudo para o qual as mães gregas apontavam e diziam a seus filhos, que partiam para a guerra: "Volta para casa e traz esse escudo contigo, ou volta nele". Isso porque tal escudo era suficientemente grande para nele ser transportado um cadáver, como se fosse uma maca. Ver o trecho de Salmo 5.12: ... *e, como escudo, o cercas da tua benevolência*. (Ver também o *Anábasis*, de Xenofonte, i.8,9, onde ele descreve que os soldados egípcios usavam escudos grandes que lhes chegavam aos pés).

Apagar todos os dardos inflamados do maligno. Essas palavras aludem aos dardos munidos de uma mecha em chamas, um método de combate que se prolonga desde os tempos antigos até os tempos modernos. (*Heródoto*, viii.52, diz, descrevendo o ataque dos persas contra uma fortaleza grega em Atenas: ... *com flechas às quais haviam sido amarradas uma mecha em chamas... atiram contra as barricadas.* Outro tanto diz Tucídides ii.75: "Os plateanos levantaram um arcabouço de madeira, que puseram no alto de sua própria muralha, defronte do cômoro... Também dependuraram cortinas de peles e de couros na parte da frente, tudo com o propósito de proteger o arcabouço de madeira e os trabalhadores, como se fosse um escudo contra os dardos inflamados").

Lívio descreve o uso de um imenso dardo, quando do cerco de Sagunto. Esse dardo era atirado mediante um conjunto de cordas retorcidas. Chamava-se *falarica*. Sua haste era feita de madeira de abeto, e sua ponta era de ferro, com quase um metro de comprimento, de modo que pudesse perfurar a armadura de qualquer soldado e atravessar-lhe o corpo. No meio era munido de uma mecha inflamada, de tal modo que ainda que o escudo aparasse tão mortífero míssil, as chamas obrigavam o soldado a desfazer-se de seu escudo, deixando-o sem defesa e vulnerável a outro ataque. (Ver *Lívio*, xxi.8).

Tochas em chamas também eram usadas, algumas vezes com piche, juntamente com os dardos inflamados, e assim, a ala inteira do exército que avançava parecia uma grande fogueira. Tais flechas em chamas, e outros mísseis similares, fazem-nos pensar sobre as tentações lançadas pelo diabo, com toda a sua fúria. Talvez tais tentações sejam aqui retratadas como algo que vem de longa distância, mas que ataca repentinamente, com todo o vigor. No dizer de Vincent (*in loc.*): "Parece haver um indício sobre sua propagação: um pecado atrai outro, que também ataca; a chama do dardo inflamado não tarda a espalhar-se. As tentações atuam sobre material susceptível. A autoconfiança é combustível fácil. A fé, porém, elimina a dependência do crente de si mesmo, retira o combustível da frente do dardo. Antes, cria a sensibilidade para as influências santas, mediante as quais a força da tentação é neutralizada. A fé chama em nosso socorro a ajuda de Deus. (Ver 1Co 10.13; Lc 22.32; Tg 1.2; 1Pe 4.12 e 2Pe 2.9)".

"O problema mais profundo criado pela pecaminosidade humana não consiste em 'que' se faz, e, sim, em 'por que' se faz. Por que o alcoólatra cede à tentação de beber? Por que o fariseu se mostrava orgulhoso? Por que todos nós somos vítimas dos 'dardos inflamados do maligno'? A resposta final não seria a falta de confiança em Deus? A moderna psicologia em profundidade pode sair aqui com o auxílio da análise cristã. O alcoolismo se pode explicar com base na insegurança, no temor e na culpa. Esse vício oferece um meio de escape às exigências da entrevista entre Deus e o homem. E o escape, por sua vez, é um sintoma de ausência de fé. É preciso coragem para nos apresentarmos à pecaminosidade humana juízo e enfrentarmos o nosso próprio 'eu'. Somente a confiança no Deus de amor — uma confiança como a que teve em seu pai o filho pródigo — pode vencer a covardia da incredulidade. E o alcoolismo é meramente uma ilustração relativamente clara de uma verdade maior. A inveja e o orgulho, por exemplo, se originam da mesma raiz de ausência de confiança. O Senhor Jesus dirigiu sua parábola sobre o fariseu e o publicano ... *a alguns que confiavam em si mesmos...* (Lc 18.9). Não há necessidade de outra comprovação mais vívida. Basta que se substitua a confiança em Deus pela confiança própria, para que o orgulho apareça como resultado necessário. Nesse caso o 'eu', julgando-se moralmente aperfeiçoado, transformou-se em um 'deus'. E esse 'deus' precisa ser protegido de todo e qualquer ataque, acima de tudo, de todo ataque contra a perda da estima própria. Daí se origina o orgulho. Mas a fé em Deus indica a rendição do próprio 'eu': "Até mesmo da parte dos aristocratas morais, isso significa que ele deve reunir-se em um coro à oração feita pelo publicano: Ó Deus, sê propício a mim, pecador". (Wedel, *in loc.*).

Prossegue esse mesmo autor: "A mesma coisa que se pode dizer acerca do orgulho, pode ser dito com relação a qualquer outro catálogo de pecados. A igreja cristã não poderia realizar um maior serviço aos homens de nosso período perturbado e desesperador, do que estender-lhes novamente a graça da 'fé'. A fé, por si mesma, é um dom. Nenhum evangelho de obras pode produzir tal resultado. A fé requer a mediação de uma estrutura de fé, a comunhão da confiança, na obediência. E é somente dentro da comunhão da fé que se pode destronar com segurança os deuses falsos do homem autônomo. Quebrar ídolos, porém, é um negócio perigoso. A fé é o tesouro supremo, confiado aos cuidados do povo de Deus, a igreja".

Sim, aprendemos que a fé é capaz de conquistar (ver 1Pe 5.9), de vencer o mundo (ver 1Jo 5.4), e até mesmo de derrotar o "príncipe deste mundo", Satanás (ver 1Jo 5.18).

Do maligno. Essas palavras podem ter um sentido impessoal, indicatórias do mal em geral; mas provavelmente, porém, devemos compreendê-las de maneira pessoal, como uma alusão a Satanás, o "maligno", o que é favorecido pelo contexto geral desta passagem. (Ver os trechos de Mt 5.3 e Jo 17.15). O nosso conflito é contra inimigos "pessoais", contra seres maldosos, e Satanás é aqui retratado como quem lança contra nós seus dardos inflamados.

Apagar. O escudo grande, usado pelos infantes gregos e romanos, apesar de fabricado de madeira, era recoberto de couro ou com uma lona grossa, que não queimava facilmente, o que significa que quaisquer dardos inflamados eram apagados. Portanto, de maneira simbólica, os assaltos inflamados de Satanás são frustrados, e o crente é protegido pela sua fé, que se alicerça em sua fidelidade ao Senhor.

Ouvi a difamação de muitos; havia terror por todos os lados
Mas confiei em ti, ó Jeová. Disse eu: Tu és o meu Deus!

5. O Capacete: Salvação. Efésios 6.17. Cumpre-nos observar aqui a modificação do verbo *tomai*, ao passo que em Efésios 6.11 é "vestindo-vos". Todas as demais peças da armadura o soldado também tomava e vestia. A armadura era posta no chão, peça por peça, e o soldado ia colocando as diversas peças de seu equipamento. Mas, agora, já protegido inteiramente por sua cota de malhas, lhe é entregue tanto o capacete como a espada, por seu escudeiro. Esse simbolismo é apropriado para mostrar a salvação e a presença inteira do Espírito Santo, conforme se entende através da teologia paulina. Pois um homem não toma e se veste dessas realidades espirituais; antes, recebe-as da parte de Deus, como se não pudesse fazê-lo com as suas próprias forças. Isso é assim porque a salvação é um *dom gratuito*, recebido da parte do Senhor Deus, e o próprio Espírito Santo é dom de Cristo, "dado" àqueles que lho pedem. O Espírito Santo é dado ao crente a fim de conferir salvação mais completa, no sentido de ser recebida mais uma bênção decorrente da expiação pelo sangue de Cristo. E a fim de cumprir isso, o Senhor também nos dá a "espada de Deus", que é a mensagem divina concernente a Cristo Jesus. E esta outorga ao soldado cristão todas as bênçãos espirituais, sendo usadas por ele para abençoar outros, já que se trata de uma arma ofensiva. Não obstante, essa *espada do Espírito* também é arma de defesa, visto que contém aqueles preceitos que preservam a experiência da salvação, ajudando-na batalha contra o mal.

A ideia de um *capacete da salvação* se alicerça em Isaías 59.17, que mui provavelmente é uma passagem messiânica, pois retrata o Messias protegido com um capacete assim, ao lançar-se em sua missão para derrotar os adversários de seu povo. O capacete protege a cabeça, e Cristo é o Cabeça. Ora, nos homens, a porção mais vulnerável e vital do corpo é exatamente a cabeça. Por conseguinte, a salvação é aquele capacete que protege o ser vital de ser desintegrado sob os efeitos condenadores do pecado. Devemos notar que, no trecho de 1Tessalonicenses 5.8, o capacete aparece como *a esperança da salvação*, o que não pinta a salvação como incerta, mas antes mostra-nos que seu cumprimento principal ainda é futuro, e, portanto, algo pelo que embalamos esperança. E isso está de acordo com o ponto de vista sobre a salvação. Ver o artigo sobre a *Salvação*.

Em que Consiste a Salvação? a. Ela começa pela justificação e pela fé (ver Rm 5.1). *b*. Ela começa quando da conversão (ver Jo 3.3). *c*. Ela começa quando do arrependimento (ver At 2.38). *d*. Ela floresce através da santificação (ver 1Ts 4.3). *e*. Alcança fruto em nosso ser transformado, segundo a imagem e natureza de Cristo, mediante as operações do Espírito (ver Rm 8.29). *f*. Ela nos conduz de um estágio de glória para outro, num processo eterno (ver 2Co 3.18). *g*. Envolve o fato de que nos tornamos coerdeiros do Filho de Deus (ver Rm 8.17). *h*. Envolve a participação na natureza divina e seus atributos (ver 2Pe 1.4 e Ef 3.19).

6. Espada do Espírito: A palavra de Deus. Ef 6.17. *Espada do Espírito...a palavra de Deus*. O Espírito Santo, em nós residente, utiliza-se da *palavra* para nossa vantagem. Não podemos ignorar aqui o fato espiritual da presença íntima do Espírito de Deus (ver Ef 2.21,22), pois é somente através do poder do Espírito Santo que a palavra de Deus nos oferece qualquer utilidade. O Espírito Santo nos dá a Palavra e a torna eficaz em nós, dando vigor ao uso que fazemos dela. Também é o Espírito do Senhor que interpreta os preceitos da mensagem de Cristo para nós, tornando-os reais em nossas vidas. Em suma, é o Espírito Santo quem torna a palavra de Deus uma força viva e vital em nossa vida diária. A Palavra é vitalizada pelo Espírito Santo. E isso é que eleva o cristianismo acima de todas as demais religiões acima de qualquer filosofia, pois não consiste apenas em "conceitos", embora também envolva esse aspecto, mas é um caminho vivo e místico, o que significa que ali temos contato genuíno com o Senhor Deus. Portanto, suas obras, em prol da vida e do poder de Deus em nós, são dadas aos crentes, no decurso da vida cristã, o que assegura o sucesso dessa vida. Por essa razão é que a Palavra é chamada de *espada do Espírito* .

A palavra de Deus. a. Essa expressão, algumas vezes, aponta para o AT, mas nunca para o Novo Testamento, porquanto a formação do cânon neotestamentário só teve lugar após estar completo, como um documento escrito. *b*. Usualmente, nas páginas do NT, essa expressão indica "a mensagem oral do evangelho" (ver 1Pe 1.25). Isso também se patenteia em Rm 10.17. *c*. A palavra de Cristo também pode indicar aquele corpo de doutrina e de conceitos que circundam a pessoa de Cristo, em seus ensinamentos, em suas instruções etc., que algumas vezes têm algo a ver com a moralidade e a conduta de nosso viver diário. *d*. Examinar as seguintes expressões paralelas: *i*. *Palavra de promessa*, em Romanos 9.9; *ii*. *Palavra de fé*, em Romanos 10.8; *iii*. *Palavra da verdade*, em Efésios 1.13; *iv*. *Palavra de Cristo*, em Colossenses 3.16; *v*. *Palavra de justiça*, em Hebreus 5.13; *vi*. *Palavra de profecia*, em 2Pedro 1.19; *vii*. *Palavra de vida*, em 1João 1.1 *e*. A Palavra é vivificada pelo Espírito, tornando-se assim uma força impulsionadora para o bem (ver Hb 4.12). A maioria dos usos neotestamentários é de natureza evangelística, tendo alguma referência ao evangelho pregado pelos apóstolos, à nova fé religiosa, a qual, posteriormente, assumiu forma escrita no NT Algo como esse uso, provavelmente é o que está em pauta no presente texto. Esse vocábulo aponta para a espiritualidade, para sua criação e desenvolvimento.

É mister esclarecer aqui que os "dois gumes" da Espada do Espírito não são a *lei* e o *evangelho*, porquanto tal interpretação é totalmente contrária à mensagem do NT Não obstante, a lei condena, e isso tem seu devido valor, para levar os homens a se entregarem a Cristo.

A ideia de que a palavra de Deus é uma *espada* foi tomada por empréstimo da interpretação rabínica. Por exemplo, o comentário dos rabinos (a *Midrash*) diz com respeito ao trecho de Salmo 45.3: *Cinge a tua espada ó herói no teu flanco, ó herói*... que: "Isso se refere a Moisés, que recebeu a Torah, que se assemelha a uma espada" (*Rabino Judá*, 150 d.C.). E acerca da *espada de dois gumes*, que figura em Salmo 149.6, o comentário rabínico diz: "Essa é a Torah, escrita e oral". E a versão da Septuaginta traduz o trecho de Isaías 11.4, que diz: ... *ferirá a terra com a vara de sua boca...*, como ... *com a espada de sua boca...* (Isso pode ser confrontado ainda com o trecho de 2Ts 2.8).

7. Oração, Arma Ofensiva, em um Uso Metafórico. Efésios 6.18. A oração é o sistema de comunicação que liga os soldados a seu Capitão. Assim, a ajuda dele é garantida. Era costume, entre os antigos gregos e romanos, depois de terem se revestido de suas armaduras, comerem juntos e precederem o ataque com uma súplica feita aos deuses, pedindo o sucesso. Esse costume se reflete em Efésios 6.18. Ver o artigo sobre *oração*.

Metáforas: *a*. *A armadura*, com todas as suas peças, simboliza os recursos espirituais, de tal modo que a pessoa possa lutar contra os adversários espirituais da alma (ver Ef 6.13). *b*. *O cinto* é a verdade do evangelho, a mensagem que vence o mal (ver Ef 6.14). *c*. *O peitoral* representa a retidão, a transformação da alma por meio da justiça de Cristo, mediante o que assumimos a sua natureza moral (ver Ef 6.14). Comparar com Isaías 59.17. Em 1Tessalonicenses 5.8, o peitoral envolveria *a fé* e o *amor*. *d*. *Os pés calçados* simbolizam o evangelho da paz, o qual, mediante nossos esforços, é transportado a todas as nações, e assim produz a paz que resulta da reconciliação com Deus (ver Ef 6.15). *e*. *O escudo* da fé representa não somente aquilo em que cremos, mas nossa ativa confiança em Cristo, dia a dia, mediante a qual nos fortalecemos e cumprimos nossa missão (ver Ef 6.16). Essa fé ajuda-nos a afastar os ataques do inimigo, que querem destruir nossa fé e nossa expressão espiritual. *f*. *O capacete* da salvação, que protege nossa parte mais vital, a cabeça (ver Ef 6.17). A salvação consiste em mais do que o perdão dos pecados e a transferência final para o céu. Envolve a transformação de nosso ser de acordo com a imagem de Cristo, incluindo, finalmente, a nossa participação na natureza divina (ver 2Pe 1.4 e 2Co 3.18). *g*. *A espada*, que é a palavra de Deus, não meramente a Palavra escrita, a Bíblia, mas a própria mensagem de Deus, de qualquer forma que ele prefira comunicá-la. E, no contexto do Novo Testamento, especificamente, a mensagem do evangelho, que salva a alma e fortalece o crente (ver Ef 6.17). *h*. *A oração* é apresentada como uma espada ofensiva, sem correspondência com qualquer peça específica de uma armadura, em Efésios 6.18. Através da oração comunicamo-nos com nosso General em meio à batalha, recebendo suas instruções e seu fortalecimento. Nos tempos modernos, a oração poderia simbolizar os *meios de comunicação*, em toda a sua complexidade. Nos tempos antigos, poderíamos pensar sobre como os soldados, antes da batalha, reuniam-se para dirigir súplicas aos deuses, para serem protegidos e obterem a vitória na batalha. Além disso, as antigas histórias retratavam a intervenção dos deuses diretamente nos campos de batalha, em resposta às preces dos soldados; e em algumas vezes, há alusão à participação direta dos deuses, nas batalhas. O Antigo Testamento refere-se a incidentes em que Deus interveio diretamente em certas batalhas, a fim de ajudar Israel. A travessia do mar Vermelho é o incidente mais notável desse tipo de intervenções. A oração traz até nós a ajuda divina de que precisamos a fim de sermos bem-sucedidos em nossa luta contra o mal, e a fim de ultrapassar os obstáculos que tentam impedir o nosso desenvolvimento espiritual. *i*. *A colocação da armadura*. A descrição paulina das várias peças de uma armadura, em Efésios 6, segue a ordem de colocação da armadura dos antigos soldados, quando se preparavam para entrar em batalha. O ato de armar-se (pôr a armadura) representa nosso uso dos vários meios de desenvolvimento espiritual, como o treinamento do intelecto através de livros sagrados e piedosos, da oração, da meditação, da santificação, da vida segundo a lei do amor e das boas obras, bem como do contato místico com o ser divino. *j*. *A flecha*. Ver o artigo separado sobre essa arma. *Nota*: As várias peças de uma armadura, a história e o emprego das mesmas e muitos outros detalhes, são discutidos no NTI, em Efésios 6.11-17. *k*. *A metáfora da batalha*. O bom crente é um soldado que sabe enfrentar as durezas da vida cristã, alguém bem disciplinado (ver 2Tm 2.3,4). Outrossim, ele foi chamado (convocado) pelo comandante supremo. Daí deriva-se sua grande responsabilidade de treinar, de preparar-se e de estar pronto para lutar o bom combate da fé, acerca do que Paulo pôde dizer que se saíra bem-sucedido (ver 2Tm 4.7). Há uma batalha sobrenatural na qual estamos empenhados, e que se impõe sobre nós, embora queiramos estar envolvidos ou não (ver Ef 6.11). Satanás encabeça a oposição, tendo ao seu dispor muitos estratagemas da astúcia, que nos poderiam derrotar, não fora a provisão divina em nosso favor. O crente carnal está perdendo batalhas dentro de si mesmo, porquanto está cheio das paixões da carne, que combatem contra a sua alma (ver 1Pe 2.11). Aqueles que foram ordenados como líderes da igreja têm a responsabilidade especial de *combater o bom combate* (ver 1Tm 1.18) guiado por uma consciência especialmente sensível, consciência essa que, por ser negligenciada por alguns, os faz naufragar (ver 1Tm 1.19). A provisão espiritual é a "armadura" de luz, porquanto procede do Pai das luzes e seu uso nos conduz à eterna iluminação (ver Rm 13.12). (AL I IB NTI YAD)

ARMEIRO

Esse era o servo que transportava armas extras para os comandantes dos exércitos. São mencionados por dezoito vezes no Antigo Testamento. (Ver Jz 9.54; 1Sm 14.7-17; 16.21; 31.4-6; 2Sm 18.15; 23.37; 1Cr 11.39). Um outro dever dos armeiros era o de matar os inimigos feridos, geralmente com cacetes. Diversos reis de Israel ordenaram que seus armeiros os matassem, quando sob circunstâncias muito adversas. (Z)

ARMINIANISMO

Jacobus Arminius (1560-1609), ou simplesmente Armínio, foi um teólogo holandês educado em Leiden, Basileia e Genebra, tendo estudado nessa última cidade sob a orientação de Beza. Retornando à Holanda, serviu como pastor em Amsterdã, antes de se tornar professor em Leiden, em 1603. Armínio questionou algumas suposições básicas da teologia reformada, dando surgimento a uma controvérsia amarga e injuriosa.

O centro da teologia de Armínio residiu em sua visão radical da predestinação. Atacou o supralapsarianismo especulativo de Beza, no tocante à sua falta de cristocentricidade, ou seja, não ser Cristo o fundamento da eleição, mas tão somente a causa subordinada de uma salvação já previamente ordenada, resultando em rompimento entre o decreto da eleição e o concernente à salvação mediante o Cristo encarnado. Essa visão cristocêntrica levou Armínio a inverter a ordem de eleição e graça. Para a ortodoxia reformada, a manifestação histórica da graça de Deus era dependente da eleição; para Armínio, ao contrário, a eleição era subsequente à graça. Deus decreta salvar todos os que se arrependem, creem e perseveram. A eleição é condicional à resposta do homem, dependente da presciência que Deus tem de sua fé e perseverança. Não há também que negar a possibilidade de um verdadeiro crente cair totalmente ou finalmente da graça. Consequentemente, não pode haver nenhuma certeza de salvação definitiva. Além disso, Deus dá graça suficiente, de modo que o homem pode crer em Cristo se assim quiser. Para isso, tem livre-arbítrio. Pode crer ou pode resistir à graça de Deus. A graça redentora é universal, e não particular; suficiente, e não irresistível; e é de livre-arbítrio a vontade do homem, e não constrangida, cooperando mais com a graça de Deus do que sendo por ela vivificada. Efetivamente, Armínio estava dizendo que Deus não escolhe ninguém, mas, em vez disso, prevê que alguns o escolherão. Era uma posição com raízes pelagianas e patrísticas gregas.

As ideias de Armínio foram desenvolvidas por seus seguidores nas cinco teses dos *Artigos remonstrantes* (1610): **1.** A predestinação está condicionada à resposta de uma pessoa, tendo por base a presciência de Deus; **2.** Cristo morreu em favor de todas as pessoas, mas somente os crentes são salvos; **3.** Uma pessoa é incapaz de crer e precisa da graça de Deus; mas **4.** essa graça é resistível; **5.** Se todos os convertidos perseverarão exige uma investigação posterior. A controvérsia daí resultante assumiu uma importância tal que agitou a nação, culminando no Sínodo de Dort (1618-1619), com a condenação dos *Artigos remonstrantes* e a demissão e o exílio dos ministros que com eles concordavam. Para os adversários dos remonstrantes, os seguidores de Armínio tinham adotado uma visão semipelagiana da graça, destruído a doutrina da certeza na salvação ao questionarem a perseverança do crente e, por meio da sua inversão da ordem da predestinação, introduzido um evangelho condicional, que ameaçava as doutrinas da expiação e da justificação.

Alguns dos temores dos contraremonstrantes, ao que parece, logo vieram a se cumprir. Simon Episcopius (1583-1643), líder remonstrante em Dort, professor em Leiden, figura proeminente por detrás dos artigos de Armínio, procedeu a desenvolvimentos posteriores que culminaram em uma teologia própria. Reiterando a doutrina da predestinação condicional, sustentou que somente o Pai detinha divindade em si mesmo, sendo o Filho e o Espírito Santo a ele subalternos, não somente em termos de geração e expiração, mas também em essência (ver Trindade). Sua ênfase estava em Cristo como exemplo com a doutrina subordinada à ética.

O compromisso com a expiação universal (ver Expiação, Extensão) levou os seguidores de Armínio a se oporem à visão da substituição penal pela expiação, sustentada pela teologia reformada, segundo a qual Cristo realmente pagou a pena de todos os pecados de todo o seu povo com a expiação, que foi, assim, eficaz. Para o arminianismo, embora se sustentasse que Cristo havia sofrido em favor de todos, ele não poderia ter pago a pena por seus pecados, já que nem todos são salvos. Sua morte simplesmente permitiria, sim, que o Pai perdoasse a todos os que se arrependessem e cressem. Ele tornara possível a salvação, mas não expiou, intrinsecamente, por qualquer pessoa em particular. Na verdade, a morte vicária de Cristo não seria essencial para a salvação em virtude da própria natureza de Deus, amoroso e justo, sendo, na verdade, o meio que Deus escolheu para nos salvar, por motivos administrativos de sua providência. O arminianista Hugo Grotius foi o primeiro a expor claramente essa teoria governamental da expiação.

A despeito de sua supressão inicial na Holanda, o arminianismo espalhou-se, infiltrando-se por todo o mundo, vindo a permear todas as igrejas protestantes. Seu crescimento foi facilitado, particularmente, pelo impacto causado por João Wesley. O arminianismo wesleyano concordava que a depravação humana era total, afetando cada aspecto do ser, realçando assim a necessidade da graça. Todavia, preservou o sinergismo (ver Vontade), mantendo estar a obra de Cristo relacionada a todos os homens, libertando a todos da culpa do primeiro pecado de Adão e concedendo graça suficiente para arrependimento e fé, fazendo com que as pessoas possam "melhorar" ou dela se apropriar. A ênfase wesleyana recai, assim, sobre a apropriação humana da graça. A possibilidade de um verdadeiro crente cair da graça, porém, foi expressamente aceita, com a conclusão de que, conquanto alguém pudesse ter certeza da presente salvação, não poderia haver certeza alguma presente de uma salvação definitiva. O mais importante teólogo wesleyano, Richard Watson (1781-1833), em sua *Theological Institutes* (1823), nem mesmo incluiu a eleição em seu índice de assuntos, considerando-a um ato temporal subsequente à administração dos meios de salvação.

Nesses últimos anos, o arminianismo tem-se mesclado com ideias batistas e dispensacionalistas, particularmente pelo seu contato com o fundamentalismo americano. Contudo, em termos estritos, conviria ser desembaraçado de tais acréscimos estranhos no que diz respeito ao enfoque de seus aspectos intrínsecos próprios: a eleição baseada na presciência, a depravação parcial, a expiação universal ineficaz, a graça universal resistível, uma visão voluntarista da fé, a cooperação (semipelagianismo) de uma pessoa com a graça de Deus e a possibilidade de o verdadeiro crente cair da graça com o concomitante enfraquecimento da certeza da salvação.

(**R. W. A. Letham**, B.A., M.A., Th.M., Ph.D., ministro da Emmanuel Orthodox Presbyterian Church, Wilmington, Delaware, EUA.)

BIBLIOGRAFIA. J. Arminius, *Works*, 3 vols. (London, 1825, 1828, 1875). C. Bangs, *Arminius* (Grand Rapids, MI, 21985); A. H. W. Harrison, *Arminianism* (London, 1937); P. K. Jewett, *Election and Predestination* (Grand Rapids, MI, 1985); J. Owen, *Works* (repr. London, 1967), vol. 10; C. H. Pinnock (ed.), *Grace Unlimited* (Minneapolis, MN, 1975); P. Schaff, *The Creeds of Christendom* (New York, 1919 edit.); C. W. Williams, *John Wesley's Theology Today* (London, 1969).

ARMON

Essa palavra não aparece na maioria das traduções da Bíblia, mas a área assim chamada é aludida sob os nomes de *Ararate* (ver o artigo a respeito) e *Mini* (ver Jr 51.27), este último lugar mencionado juntamente com Ararate e Asquinaz, como um reino chamado às armas contra a Babilônia. Alguns supõem que Mini seja uma contração para Armênia. Seriam os descendentes de Togarma ou Torgama (havendo várias maneiras de grafar o nome), filho mais jovem de Gômer, o filho de Jafé (ver Gn 10.3). Presumivelmente, os armênios descenderiam dessa linhagem, juntamente com outros povos. A Armênia dos tempos veterotestamentários era uma região montanhosa a leste da Ásia Menor, desde tempos antigos, ocupada pelo reino de Urartu (ver Ararate). Uma inscrição do fim do século VI a.C., em Behistum, mandada fazer por Dario, demonstra a transição do nome para *arminiya*, chamada *urartu*, na versão babilônica. A versão armênia de Elefantina diz 'rrt'. Algumas traduções trazem Armênia, em 2Reis 19.37, mas Ararate (derivado de Urartu), é o nome preferido. O artigo sobre Ararate fornece mais detalhes a respeito. (S UN Z)

ARMOM

No hebraico talvez signifique **"castanheira"**. Essa palavra aparece entre as varas salpicadas que Jacó pôs defronte dos bebedouros, diante das ovelhas (ver Gn 30.37). A castanheira era uma árvore bastante grande (ver Ez 31.8 e Eclesiástico 24.19). Porém, as descrições dessa árvore parecem deixar claro que se trata do plátano (*Platanus orientalis*), que aparentemente é nativo da Palestina. Outros conjecturam, embora com menos plausibilidade, que seria a faia ou o bordo. (S)

ARNÃ

No hebraico, **"forte"**, **"ágil"**. Provavelmente foi bisneto de Zorobabel, na linhagem de Davi (ver 1Cr 3.21), identificado no trecho de Lucas 3.27 pelo nome de Joanã, um antepassado de Jesus, cerca de 536 a.C. Algumas traduções refletem o texto massorético, que diz "filhos de Arnã", mas a Septuaginta diz "Zorna, seu filho". (S Z)

ARNOM

No hebraico, **"murmúrio"**. Um rio que formava a fronteira sul da Palestina Transjordaniana, separando-a da terra de Moabe (ver Nm 21.13,26; Dt 2.24; 3.8,16; Js 12.1; Is 16.2 e Jr 48.20). Também formava a fronteira sul do território de Rúben (ver Dt 3.12). Israel atravessou o Arnom na direção sul-norte, e ali conquistou territórios; mas essa conquista foi parcial e passageira. Nos tempos antigos, esse rio deve ter sido considerado importante. Ainda há traços de uma antiga estrada romana e de uma ponte. Mas o rio secou ao ponto de tornar-se um *Zwadi* (ribeiro seco), começando nas colinas do norte da Arábia e fluindo por 32 km na direção oeste, até entrar no mar Morto, diante de Engedi; chega ali através de uma garganta pedregosa e precipitada, de pedras calcárias amarelas e vermelhas. Esse nome também é aplicado ao vale ou vales conhecidos como Wady Mojib, um tipo de trincheira enorme que atravessa o platô de Moabe, cortando-o ao meio. A pedra moabita (ver o artigo a respeito) indica que os moabitas viviam ao norte do *wadi*, nos tempos de Onri, dando a entender que a ocupação da terra, pelos israelitas, foi parcial e passageira. (S UN Z)

ARODI

No hebraico, **"asno selvagem"**. Um filho de Gade (ver Nm 26.17 e Gn 46.16), em cerca de 1856 a.C. Seus descendentes eram chamados aroditas, em cerca de 1700 a.C. (ID UN)

AROER

No hebraico, **"desnudo"**. Era nome de várias cidades no Antigo Testamento. **1**. Uma cidade na margem norte do rio Arnom, e portanto, na fronteira sul do território designado às tribos de Rúben e Gade (ver Dt 2.36; Js 12.2; 13.9), mas que antes pertencia aos amorreus (ver o artigo). Antes de terem sido desapossados eles mesmos haviam deslocado os amonitas. Jeremias 48.19 menciona Aroer como uma cidade moabita. A antiga cidade estava localizada a cerca de 23 km do mar Morto, sendo conhecida como *'Ara 'ir*. Ela é mencionada na vigésima sexta linha da pedra moabita, sendo evidente que a cidade continuou nas mãos dos moabitas até o tempo em que Jeremias profetizou contra ela. Isaías condenou a cidade juntamente com Damasco e Efraim (ver Is 17.2). **2**. Uma das cidades edificadas (ou reedificadas?) pela tribo de Gade (ver Nm 32.34). Em Josué 13.25 lemos que Aroer ficava "defronte de Raba" (de Amom), o que talvez indique que ficava para leste. O local não tem sido identificado, embora alguns estudiosos pensem que se trata da mesma cidade que a de número "1", acima. **3**. Uma cidade ao sul de Judá, à qual Davi enviou presentes, após recuperar os despojos de Ziclague (ver 1Sm 30.36,38). Era uma cidade localizada no Neguebe, cerca de dezenove quilômetros a sudeste de Berseba, e que atualmente tem sido identificada com Khirbet 'Ariareh. Dois filhos de Hotão, o aroerita, estavam entre os poderosos guerreiros de Davi (ver 1Cr 11.44). (ID S Z)

AROMA

No hebraico, *reach*, **"odor"**, **"fragrância"**. Palavra que aparece por 58 vezes no Antigo Testamento (por exemplo: Gn 8.21; Êx 29.18,41; Lv 1.9,13,17; Nm 15.3; Ez 20.41). No grego, *osmé*, "odor", palavra que figura por cinco vezes no Novo Testamento: Jo 12.3; 2Co 2.14,16; Ef 5.2; Fp 4.18.

Está em foco qualquer fragrância, agradável ou desagradável, que afeta o sentido do olfato, embora a ideia de odor desagradável também possa ser transmitida pelo termo hebraico *tsachanah*, que aparece exclusivamente em Joel 2.20. As ofertas levíticas que não tinham coisa alguma a ver com o pecado eram chamadas ofertas de *aroma agradável* (por exemplo, Nm 15.3). E o incenso, igualmente, com seu perfume doce e acre, era aceitável ao Senhor (ver Ml 1.11). Figuradamente, as orações dos santos são um aroma agradável ao Senhor, como se fora incenso (Ap 5.8). Por outra parte, a hipocrisia produz mau cheiro, espiritualmente falando (ver Am 5.21; onde nossa versão portuguesa, em vez de fazer alusão ao fato de que o Senhor não queria cheirar as assembleias solenes de Israel, diz: ... *com as vossas assembleias solenes não tenho nenhum prazer*).

ARPÃO

Vem de um termo hebraico que também significa *lança e fisga*. A palavra aparece na Bíblia somente em Jó 41.7. Alguns traduziam como *ferro de fisga*, e em adição, *lanças de pescar*. Ambos os instrumentos são declarados inúteis para combater contra o leviatã, que provavelmente é uma alusão ao crocodilo (ver Jó 41.1), ou a alguma gigantesca serpente (ver Is 27.1) ou a algum monstro marinho não identificado (ver Sl 104.26). Ver o artigo sobre o *leviatã*. (Z)

ARQUEOLOGIA

Introdução: O Termo. Essa palavra compõe-se de dois vocábulos gregos, *archaios* (antigo) e *logos* (discurso, estudo), ou seja, estudo sistemático das antiguidades. É a ciência que investiga o homem e a sua cultura, desde o tempo em que ele apareceu na face da terra. Ocupava-se com aqueles remanescentes das civilizações passadas que têm sido descobertos, no sentido mais amplo, epigráfico e anepigráfico. A arqueologia geral é o estudo baseado nas escavações, deciframento e avaliação crítica dos antigos registros do passado. A arqueologia bíblica é essa ciência aplicada às questões relacionadas à Bíblia, diretamente mencionadas ou associadas ao registro bíblico.

I. Períodos Arqueológicos

1. A Idade da Pedra: ***a. Paleolítico Antigo***. Objetos de pedra têm sido encontrados na superfície, na Palestina e nas regiões elevadas da Ásia Ocidental, ao passo que no Egito têm sido encontrados instrumentos de pedra quelianos e aqueulianos, em formações geológicas, especialmente nos terraços do rio Nilo. Não há remanescentes humanos discutíveis antes desse período no Oriente Próximo. A medição da antiguidade é incerta, mas provavelmente corresponde à era geológica do Pleistoceno, talvez tão antiga quanto a segunda ou a primeira era interglacial na Europa, ou seja, mais de 200 mil anos atrás, pelo menos. Importantes remanescentes têm sido encontrados em cavernas da Palestina, datados do final desse período. ***b. Paleolítico Médio***. Temos aqui os primeiros aparecimentos do *homo sapiens* na Europa (homem Cro-magnon), e o maior desenvolvimento da pintura em cavernas no sudoeste da Europa. Houve então grande avanço nas artes e nos ofícios. Os cadáveres eram sepultados com ornamentos, e aparecem as primeiras estatuetas de nudez feminina feitas de pedra, osso ou marfim. As figuras e as pinturas em cavernas provavelmente indicam um avanço nas especulações mágicas ou religiosas, cuja natureza não podemos determinar ante as evidências de que dispomos. Esse período também é representado tanto nas cavernas palestinas como na cultura Natufiana. Esses povos floresceram cerca de oito mil anos atrás, até cerca de 6000 a.C. O homem da Palestina, nesse tempo, era de pequena estatura (entre 1,52 e 1,65 m). Havia aprendido a cultivar cereais, domesticar animais, fazer bacias e cadinhos e levantar estruturas de pedra. Nos seus rituais de sepultamento encontram-se evidências suficientes de que criam na vida após a morte física. ***c. Neolítico*** (Idade da Pedra Polida). Esse período escoou-se entre 7000 e 4500 a.C. Nesse período, na Europa, foi introduzida a agricultura, teve início a domesticação de animais (no Oriente Próximo, essas atividades tiveram começo mais cedo), foi inventada a cerâmica e apareceram instrumentos de pedra polida. No Oriente Próximo, a cerâmica se adiantou e foi iniciada a vida comunitária (na forma de povoados). Nesse período, houve construções de dimensões respeitáveis, em Jericó. Entre outros edifícios, há ali evidências de uma espécie de templo. O culto religioso, seja como for, estava evoluindo, conforme se vê em diversos tipos de figuras. Já se fazia presente a adoração aos deuses da fertilidade. Foram construídos monumentos megalíticos de sepultamento, tanto no Oriente Próximo quanto na Europa, embora o atraso cultural fosse notório na Europa.

2. Idade Calcolítica (do Cobre). Esse período compreende de 4500 a 3000 a.C. Representa uma transição de prosperidade no Oriente Próximo, quando o cobre começou a ser usado. Cerâmica bem-feita, pintada, aparece no Crescente Fértil, e foram construídos grandes edifícios públicos. Desenvolveu-se a escrita (3500 a.C.), e floresceram a agricultura e as formas religiosas externas. Templos tornaram-se centros de organizações religiosas. As pessoas interessavam-se por deuses, pela alma, pela vida após a morte física, pela santidade etc. Eram cultivados os cereais básicos e as frutas.

3. Idade do Bronze. ***a. Idade do Bronze Antiga***. As datas desse período oscilam entre 3000 e 2000 a.C. O termo é popularmente usado na arqueologia, embora alguns suponham que o bronze, no sentido moderno (liga de cobre e estanho, ou de cobre e manganês ou alumínio), ainda não existia na época. Outros eruditos, porém, insistem que o bronze, como liga de cobre e estanho, é muito antigo, e que já era usado no período chamado por esse nome. Havia minas de estanho na península da Cornualha e nas ilhas Scilly, que os fenícios obtinham e exportavam para a sua terra. Artigos de bronze eram manufaturados nas cidades púnicas (norte da África), de onde eram exportados. O bronze variava em sua composição, havendo ligas de bronze e zinco, que mais se assemelhavam ao metal amarelo. O *lustroso e fino bronze, tão precioso como o ouro* (Ed 8.27; ver também 1Esdras 8.57), pode ter pertencido a essa variedade. Minas de zinco em Laurium, na Grécia, vinham sendo exploradas desde tempos antigos. O bronze era abundante entre os hebreus e os povos vizinhos, desde tempos antiquíssimos (ver Êx 38; 2Sm 8.8; 1Cr 18.8; 22.3,14 e 29.7).

Foi por essa época que a organização dos primeiros estados começou, no Egito e na Mesopotâmia. Por esse motivo, esse período é referido como *o começo da história*. Nesse período tornou-se comum a arquitetura monumental, como no caso das pirâmides egípcias, com o aparecimento de muitas estátuas e inscrições. Também apareceram monumentos literários em forma de épicos, como as narrativas da criação e do dilúvio, na Suméria. Cidades construídas com tijolos (exemplificadas nas aldeias canaanitas) apareceram nesse período. Houve a melhoria dos instrumentos e da cerâmica de uma forma notória. Nos itens de sepultamento dos amorreus estava incluída uma modalidade distintiva de cerâmica; e as armas multiplicaram-se. Outro tanto sucedia na Fenícia. Muitas descobertas relativas aos povos cananeus têm sido feitas, incluindo a planta do templo que havia em Ai. ***b. Idade do Bronze Média***. Esse período vai de 2000 a 1500 a.C. Foi um período de atividade internacional e intelectual, com o levantamento e a queda de reinos como o Egito, a Babilônia, os hicsos, os hititas e os mitananios (horeus). Israel, por meio de Abraão e seus primeiros descendentes, emergiu como uma nação separada, nesse período. Também foi um tempo de grupos seminômades, como os habiru (entre os quais podem ter vivido os patriarcas de Israel), que se infiltraram nos vales da Palestina. Têm sido encontrados túmulos desses povos, em Jericó. As cidades de Beit Mirsim, Megido e Jericó floresceram nesse período, embora aparentemente tenham sido violentamente destruídas pelos egípcios (Tutmés III), que expulsaram dali os hicsos, em cerca de 1450 a.C. ***c. Idade do Bronze Moderna***. Período que vai de 1500 a 1200 a.C. Grandes cidades foram reocupadas, somente para serem saqueadas novamente, no século XIII a.C. Os povos vagueavam pela terra como tribos selvagens, matando e sendo mortos. Houve destruição em Hazor, Betel, Beit Mirsim (Debir?) e Laquis. Ver o registro da invasão israelita na Palestina, nos dias de Josué, para se fazer ideia dos intermináveis conflitos entre os povos. Jericó parece haver sido abandonada em cerca de 1324 a.C.

Os cananeus, na Idade do Bronze Moderna, aparentemente empregavam cinco sistemas de escrita diferentes, em diversos estágios de desenvolvimento, a saber: ***a***. Mesopotâmia (acadiano) — tabletes inscritos em cuneiforme, encontrados em Megido, Jericó, Siquém, Taanaque, Tell el-Hesi, Gezer e Hazor. Isso inclui os tabletes de Amarna, discutidos mais adiante neste artigo. ***b***. Hieróglifos egípcios, encontrados em lugares como Bete-Seã e Quinerote (ver os artigos a respeito). ***c***. Proto-hebraico, descoberto em Laquis e Hazor (ver os artigos a respeito). **d**. Alfabeto cuneiforme ugarítico, encontrado em um tablete de Bete-Semes (ver o artigo a respeito). **e**. A escrita de Biblos (ver sobre Gebal). Ver o artigo sobre *o alfabeto*, quanto a detalhes sobre essas questões. As formas religiosas dos cananeus têm sido ilustradas pelas descobertas feitas em Laquis, Megido e Siquém, onde se destacavam as adorações a Astarte e Baal (um selo cilíndrico de Betel, de cerca de 1300 a.C.).

4. Idade do Ferro. **a**. *Primeira Idade do Ferro*. Também chamada Ferro I ou Israelita 1. Cerca de 1200-900 a.C. Foi um período de convulsões internacionais. Foi então que os israelitas expandiram-se como nação, e atingiram um estado de império, sob Davi e Salomão. O ferro tornou-se um metal de uso comum. Os filisteus foram os primeiros a usar o ferro na Palestina (por exemplo, uma adaga de ferro e uma faca encontradas em um túmulo de Tel el-Far'a). Ricas e bem construídas cidades e fortalezas cananaitas resistiram por longo tempo ao assédio dos israelitas, mas estes gradualmente conquistaram a terra santa, conforme se lê no livro de Josué. No tempo dos Juízes, as evidências mostram que Israel não atingiu a mesma prosperidade dos cananaitas. As casas israelitas eram essencialmente pobres, e sua cerâmica era rude e sem sofisticação, em comparação com a dos cananaitas. Nos dias de Saul, a vida era, de maneira geral, pobre e simples, embora houvesse a importação de armas de ferro e fortificações, como as cidades muradas. Salomão levou o império israelita a uma condição de prosperidade muito maior, com o uso abundante de ferro e técnicas de construção aprimoradas. Muitos materiais eram importados, tendo servido para decorar o templo, o que assinalou um ponto culminante no desenvolvimento do culto religioso dos israelitas. Residências para os governadores distritais têm sido encontradas em meio às ruínas investigadas em Megido e Hazor. Havia imensos graneleiros para armazenar impostos, pagos na forma de grãos, em Laquis e Bete-Semes. Espaçosos estábulos, para quinhentos cavalos ou mais, foram encontrados em Megido (ver 1Rs 9.15,19). Salomão fundou muitas fundições de cobre e de ferro, conforme se encontram evidências das mesmas no Wadi que vai de Eziom-Geber ao golfo de Ácaba. Ali havia um porto movimentado, que ajudava na importação de muitas mercadorias. Um vaso, encontrado em Tel Qasileh, traz a inscrição "ouro de Ofir", o que serve de testemunho confirmatório. O declínio do poder dos filisteus permitiu que os fenícios expandissem o seu comércio, o que se refletiu nos materiais usados na construção do templo de Jerusalém. **b**. *Segunda Idade do Ferro*. Também é chamada Ferro II, Ferro Média ou Israelita II, com datas entre 900 e 600 a.C. Foi o período da monarquia dividida (Judá e Israel). Nesse período começou o cativeiro assírio, em 722 a.C., sob Sargão II. Foi um período de reforma profética para Israel, bem como tempo de grande expansão comercial para os fenícios. Também foi o tempo do soerguimento e da queda do império assírio. Inúmeras descobertas arqueológicas pertencem a esse período, algumas das quais são ilustradas sob o ponto "VI" deste artigo, sob o título "Escavações Arqueológicas na Palestina e outros Locais de Interesse Bíblico". Quarenta e um reis mencionados na Bíblia são confirmados pelas descobertas arqueológicas, o que mostra a abundância de evidências recolhidas. **c**. *Terceira Idade do Ferro*. Também é chamada *Persa ou Israelita posterior*. Flutua entre 600 e 300 a.C. Esse foi o período dos impérios neobabilônico e persa, bem como o tempo do exílio e da restauração dos judeus. Nabucodonosor II capturou Jerusalém a 16 de março de 597 a.C. Muitas cidades e fortalezas dos israelitas foram destruídas, e houve destruição generalizada nas áreas circunvizinhas. Muitas cidades jamais foram ocupadas novamente. No entulho encontrado em Laquis, 21 pedaços de cerâmica inscrita testificam sobre as ansiedades do povo, nesse tempo, em face de um inimigo brutal, que não dava tréguas. A arqueologia tem demonstrado o estado de pobreza da terra santa, durante o exílio. A reocupação da terra foi lenta, e somente no século III a.C. é que Judá fora repovoado.

5. Período Greco-Romano. Esse período vai de cerca de 300 a.C. a 300 d.C. Na terceira idade do ferro, aumentaram as influências persa e grega, sobretudo esta última. Alexandre, o Grande conquistou a Palestina (que fizera parte do império persa), em 332 a.C., o que abriu caminho para a influência helenista. Porém, em face de sua morte, seus generais dividiram os despojos, e a Palestina ficou sob o domínio de Seleuco (ver o artigo a seu respeito). Dali por diante, os monarcas selêucidas tornaram-se os governantes do que fora Israel. A revolta dos macabeus terminou essa fase (cerca de 161 a.C. em diante). A independência judaica, após muitas vicissitudes difíceis e batalhas sangrentas, finalmente foi estabelecida em 143 a.C. Porém, Roma tornou-se o novo poder dominante em Judá, em 63 a.C., quando Pompeu estabeleceu o protetorado romano sobre a Judeia. Em 40 a.C. Herodes foi nomeado rei da Judeia, e isso consagrou ali o domínio romano. Jerusalém foi destruída por duas vezes, em 70 e em 132 d.C. Então Israel foi esvaziado de judeus, o que deu início à grande dispersão, a qual só foi revertida em 1948, em nossa própria época. Há abundantes evidências arqueológicas acerca de todo esse período, incluindo o exílio, o retorno, o domínio selêucida, os macabeus, o domínio romano. Alguns itens desse período são mencionados no ponto "VI" deste artigo.

6. Período Bizantino. Esse período prolonga-se de 300 a 640 d.C., mas está fora do nosso interesse bíblico, pelo que meramente o mencionamos.

7. Período Árabe. Esse período começa em 640 d.C. Também está fora do nosso interesse bíblico.

II. MEDIÇÃO PELO CARBONO-14 E PELO ARGÔNIO DE POTÁSSIO: A Grande Antiguidade da Terra. A arqueologia tem confirmado a total impossibilidade de se tentar datar a cronologia bíblica, adicionando-se o número de anos mencionados nas genealogias do livro de Gênesis. Poucos arqueólogos de reputação apelariam para esse método; e a ideia de que a terra tem apenas seis mil anos cai em total descrédito uma vez que o assunto seja investigado. O problema da medição do tempo é abordado no artigo sobre os *Antediluvianos*, e, novamente, ainda mais pormenorizadamente, no artigo sobre *Astronomia*.

Medições pelo Carbono-14. Esse material é radioativo, uma forma instável de carbono, com o peso atômico 14. Está sendo constantemente formado nas camadas superiores de nossa atmosfera, devido ao bombardeio de átomos de nitrogênio-14 por parte de raios cósmicos ou nêutrons. Na atmosfera, o carbono-14 combina-se com o oxigênio a fim de formar o dióxido de carbono, que então se mistura com o dióxido de carbono já existente na atmosfera terrestre, o qual contém carbono com doze átomos em sua estrutura molecular. Ao chegar à atmosfera, o carbono-14 entra em todas as coisas vivas, que trocam material com a atmosfera, mediante seu processo biológico. Toda matéria viva, pois, contém uma proporção constante de carbono-14, devido ao equilíbrio entre a taxa de formação do carbono-14 e a taxa de desintegração do carbono-14 contido na atmosfera, no oceano e em todos os seres vivos. Quando algum ser vivo morre, deixa de participar das trocas com a atmosfera, e assim cessa a recepção de carbono-14. Entretanto, o carbono-14 contido por ocasião da morte continua a desintegrar-se em uma taxa constante. A meia-vida do carbono-14 é de 5.568 anos. Isso significa que a quantidade de carbono-14 por ocasião da morte é reduzida à metade nos primeiros 5.568 anos depois da morte daquele ser vivo. A quantidade restante é reduzida à metade nos 5.568 anos seguintes, e assim por diante, de tal modo que a proporção de carbono-14 restante, em um dado tempo, é proporcional ao tempo escoado desde a morte. Dessa forma, conhecendo-se a taxa de desintegração do carbono-14, é possível a determinação do tempo passado desde a morte de uma espécie que anteriormente tivera vida. Essa forma de medição alcança uma taxa de exatidão de 2 a 5%, o que se tem confirmado através de inúmeras experiências com itens cujas datas eram conhecidas por outros meios, como os registros históricos. O teste do radiocarbono é digno de confiança quando se data matéria orgânica (antes viva) com precisão até entre 40 mil e 50 mil anos. Essa taxa de precisão cai um pouco depois disso, porque quanto mais retrocedermos no tempo, menor será a radioatividade restante. Contudo, com essa queda de taxa, as coisas datadas parecem ser mais novas do que realmente o são, e não mais antigas. E a medição através de um outro processo, intitulado argônio de potássio, pode retroceder até um milhão de anos ou mais. Seja como for, até mesmo datas obtidas na faixa dos bilhões de anos não são por demais distantes.

Materiais que podem ser testados. Toda matéria que antes vivia, como lã, carvão, todos os tipos de plantas, chifres, ossos queimados, couro, pele, pelos, conchas, matéria vegetal carbonizada, excrementos e bactérias, pode ser testada.

Essa forma de medição do tempo passado foi desenvolvida no final da década de 1940, por Willard F. Libby, no *Instituto de Estudos Nucleares* da Universidade de Chicago. Isso revolucionou a medição do tempo na arqueologia.

Medição pelo Argônio de Potássio. Esse sistema pode datar coisas muito além do alcance do processo do carbono-14. Alicerça-se sobre o desgaste radioativo do potássio-40 em cálcio-40 e em argônio-40, utilizando proporções conhecidas em termos de taxas de troca conhecidas.

Muitos outros métodos. Também tem sido usada a *técnica da termoluminescência* para se medir a antiguidade da cerâmica. Quando a argila é queimada no forno, cada eléctron volta à sua posição estável e emite um fóton de luz. Se um fragmento da cerâmica é reaquecido em laboratório, pequenas fagulhas de luz são emitidas. A quantidade de termoluminescência indica quanto a radiação danificou cada eléctron. Portanto, a quantidade de termoluminescência é uma medida do tempo que se escoou desde que aquela peça de cerâmica foi cozida ao forno. O museu da Universidade da Pennsylvania tem-se utilizado desse processo e o tem aperfeiçoado. O método melhorado consiste em bombardear a cerâmica a ser analisada com raios-x, usando-se uma série de exemplares de pequenos pedaços de cerâmica, para cada medição do tempo.

Há um certo número de outros métodos de medição, alguns deles bastante exóticos. Novos conceitos e métodos de medição arqueológica estão sendo desenvolvidos. Um fato que certamente se destaca é o *acordo* bastante exato alcançado pelos vários métodos, quando empregados para se datar algum artefato específico, de que a terra certamente é muito antiga, talvez tendo 4,5 bilhões de anos. Os testes aplicados a meteoritos mostram a mesma antiguidade, tal como se dá com os materiais trazidos da lua pelos astronautas norte-americanos. Porém, a criação, fora de nosso sistema solar, é muito mais antiga. Os radiotelescópios estão atualmente captando luz que tem pelo menos dezesseis bilhões de anos de idade, e julgo que isso é apenas uma fração da idade real da criação. Quanto mais aprendemos, mais antiga ficamos sabendo ser a criação.

III. Materiais Examinados. 1. Entulho. Os antigos locais da civilização são ricos em remanescentes jogados fora, antes associados à habitação humana, como restos de alimentos, animais mortos, fragmentos de instrumentos antigos, artefatos de túmulos, material de escrita, e até mesmo grãos de pólen e itens microscópicos como bactérias. Essas coisas estão sujeitas a sistemas de medição de tempo, descritos sob o item II. **2. Remanescentes humanos**. Os túmulos e seu conteúdo, como restos mumificados, ossos, armas, objetos de arte e indústria. **3. Objetos de arte**. Trabalho artístico feito de pedra, de bronze, de prata, de ouro, de pedras preciosas, espelhos, desenhos em cavernas e outros materiais, cerâmica ornamental, murais. Todas essas coisas fornecem-nos algum discernimento quanto à vida e ao modo de pensar dos povos antigos. **4. Cerâmica**. Esse é um produto quase universal da humanidade, permeando todas as civilizações, o qual pode ser datado com grande precisão. Com frequência, fragmentos de cerâmica fornecem a data para a medição, pelo que, os arqueólogos têm o cuidado de recolher e classificar a cerâmica. Alguns exemplares são toscos, e outros são incrivelmente ornamentais, mas todas as formas têm uma história a ser contada sobre as pessoas que as fabricaram. **5. Edifícios**. O homem sempre teve a necessidade de abrigar-se a fim de proteger-se das intempéries. A maneira como ele tem feito isso revela muito sobre o seu grau de civilização. Mas também há muitas outras espécies de construções, como templos, pirâmides (e outras formas de mausoléus), acampamentos militares, estábulos, sinagogas, cabanas e mansões. **6. Inscrições**. A arte da escrita foi uma das maiores realizações humanas, que se tornou fundamental para todas as formas de conhecimento. Ver o artigo sobre o *Alfabeto*, quanto a detalhes a esse respeito. As inscrições antigas eram feitas em tabletes de argila, em pedras, em vários metais, em cerâmicas, em peles de animais, em papiros. As coisas escritas nesses diversos materiais tornam-se uma fonte de conhecimento sobre as civilizações que as produziram, com frequência conferindo algum conhecimento histórico sobre os povos envolvidos. **7. Documentos escritos**. Os documentos em papiro, provenientes do Egito, pertencem desde os tempos faraônicos até à época islâmica. Era um material durável, manufaturado de uma planta aquática, que não se estragava facilmente em lugares de clima seco. Fragmentos e rolos inteiros têm sido desenterrados de túmulos, locais sagrados, cemitérios de crocodilos (dentro de crocodilos mumificados). Também há os tabletes inscritos em cuneiforme, provenientes da Babilônia e da Assíria, as famosas cartas de Tell el Amarna, que dão muitas informações sobre a Palestina antes da invasão israelita. Há os papiros de Elefantina, que lançam luz sobre o período persa no Egito e sobre o livro de Neemias. Há muitas cartas particulares que prestam informações sobre as vidas individuais e comerciais do povo. Há os manuscritos bíblicos, do Antigo e do Novo Testamentos, como os documentos das cavernas de Qumran, descobertos em 1947, escritos em pergaminho. Ver o artigo sobre os *Manuscritos da Bíblia*. **8. Instrumentos e armas**. Havia as armas de pedra e pederneira, muito mais antigas; mais tarde, surgiram armas de bronze e ferro, artefatos que revelam as transições envolvidas na metalurgia que identificam várias épocas. Começaram então a surgir instrumentos para uso doméstico e agrícola. A combinação das duas coisas revela detalhes sobre a história pacífica e beligerante dos homens. Além disso, mostram a progressão em sua capacidade técnica. **9. Moedas**. As moedas podem traçar a história dos povos, como os reinos resultantes das invasões de Alexandre, o Grande, e períodos inteiros da história romana. A numismática é uma ciência em si mesma. Cobre muitos séculos e é importantíssima nessa questão de medição do tempo. **10. Restos botânicos**. Temos, nesse caso, grãos de pólen, fragmentos de madeira (petrificados ou não), restos queimados de antigas fogueiras, a dendrocronologia (medição do tempo mediante o exame dos anéis formados no crescimento das árvores) e restos da flora. **11. Micro-organismos em forma fóssil**. Podemos citar como exemplo os organismos encontrados na praia de Ontário do Lago Superior, em rochas pré-cambrianas, datadas por processos radioativos de um bilhão e novecentos milhões de anos de idade. **12. Objetos de culto**. Peças de escultura humana por razões religiosas, objetos usados para servir em cerimônias mágicas, efígies de deuses, seres humanos e animais, símbolos fálicos relativos aos deuses da fertilidade, um carneiro apanhado nos espinheiros pelos chifres, uma obra de arte suméria, provavelmente com sentidos religiosos, e inúmeros ídolos. **13. Trabalhos com a terra.** Incluem-se aqui as fortificações, as muralhas, os terraços, as estradas, as minas, as interferências humanas com o meio ambiente, por uma razão ou por outra, tudo o que testifica a civilização humana, conferindo-nos informações.

IV. MÉTODOS ARQUEOLÓGICOS. Como ciência que é, a arqueologia tem um sistema, que consiste nos seguintes itens: **1. Preliminares.** A localização de locais promissores, com base em estudos históricos e geológicos, com auxílio da pesquisa aérea. Em nossos tempos, até mesmo os poderes psíquicos têm sido usados, como se dá com Aron Abrahamsen, que a Universidade do Arizona tem usado com grande sucesso. **2. Organização das expedições.** Pessoas habilitadas para liderar, muitos assessores, uma tripulação de apoio — como cozinheiros, motoristas — preparação dos postos nos campos, suprimento de água, equipamento fotográfico, abrigos, armazéns, veículos de transporte. **3. A pesquisa.** Delimitação da área a ser examinada, estabelecimento do acampamento. Divisões da área a ser examinada; registro dos indícios a serem seguidos nas escavações. **4. Escavações e mapeamento.** As escavações começam com picaretas, enxadas, serras, brocas elétricas, material recolhido, classificação e armazenamento dos itens descobertos, selecionamento de material para maior análise em laboratório, exames por parte de técnicos de várias especialidades de apoio, como a química. A escavação continua em camadas que com frequência passam de uma civilização para outra, comprovadas pelos processos de medição de tempo ou pelos tipos de artefatos descobertos. As áreas escavadas são cuidadosamente mapeadas, mostrando as posições de todas as áreas examinadas. No final do projeto, as escavações são enchidas novamente com terra, plantando-se uma vegetação apropriada para o local. **5. Tratamento cuidadoso dos artefatos.** Tudo que for recolhido nas escavações é examinado por todos os métodos possíveis, se necessário; os materiais são selecionados e classificados, e tudo é registrado na história da escavação. Visto que os arqueólogos têm de tapar todas as escavações feitas, precisam incluir em seu relatório todos os detalhes, inclusive fotografias. **6. Trabalho de laboratório.** Quaisquer artefatos que exijam maior atenção são enviados ao laboratório. São feitas análises químicas ou de outra natureza. Especialistas em outros campos podem ser convocados, como historiadores, biólogos e antropólogos. **7.** Finalmente, visando à preservação e ao compartilhamento das informações obtidas, são feitos **relatórios** e são escritos *artigos* e *livros*. Esses relatórios incluem todos os detalhes dados acima, com fotografias, diagramas e suas respectivas interpretações. Esses relatórios são altamente técnicos, tirante a especialistas no campo, embora, como resultado, artigos e livros de cunho mais popular possam propagar a ideia geral das descobertas perante o público.

V. USOS DA ARQUEOLOGIA NO QUE DIZ RESPEITO À BÍBLIA
1. A fim de ilustrar a história da Bíblia. A arqueologia fornece um testemunho secundário e confirmatório a toda a história da Bíblia, desde os dias mais remotos. Importantes colaborações e fatos adicionais acerca de cada período bíblico têm sido descobertos, desde o período adâmico, passando pelo período patriarcal, cananeu, monárquico, da dupla monarquia, exílico, pós-exílico, selêucida, helenista e até o período romano. Da era dos patriarcas nos chegam descobertas em Ai, Siquém, Betel, Berseba, Gerar, Dotã e Jerusalém. Desse período nos chegam tabletes de Nuzi e de Mari. Muitos itens da Bíblia tornam-se mais claros por meio das descobertas arqueológicas: as bênçãos orais eram importantes para Isaque, Jacó e Esaú (ver Gn 27.34-41). Os tabletes de Nuzi mostram que naquele tempo as bênçãos orais eram obrigatórias, tanto quanto as decisões de um tribunal. Por que Labão foi capaz de apontar para os seus netos e dizer: *As filhas são minhas filhas, os filhos são meus filhos...* (Gn 31.43). Esses mesmos tabletes mostram que um avô exercia controle sobre seus netos. O período canaanita é bem ilustrado, tendo sido encontradas muitas ruínas de cidades em inúmeras escavações. A partir do período da monarquia, mais de quarenta reis (e as condições de Israel na época deles) têm tido suas histórias iluminadas pelas descobertas arqueológicas. Embora o Novo Testamento cubra um período histórico muito mais curto, grande tem sido a iluminação sobre as viagens de Paulo, bem como lugares, pessoas e coisas mencionados no livro de Atos.
2. Sublinhando a realidade da inspiração divina. Talvez os eruditos bíblicos tenham dado por demais atenção a esse aspecto, porquanto uma história digna de confiança pode ser escrita por um historiador respeitável, sem qualquer ajuda divina. Não obstante, a arqueologia provê evidências corroboradoras da exatidão dos relatos bíblicos, sendo esse um elemento que favorece (mesmo que não comprove) a inspiração divina. Em contraste, consideremos as narrativas do Livro de Mórmon, que afirma ser a *história* de certas tribos indígenas norte-americanas. Não há qualquer confirmação arqueológica acerca dessas alegadas tribos, e isso levanta muitas dúvidas sobre a autenticidade desse livro.
3. A arqueologia empresta interesse. A simples leitura da Bíblia pode ser vivificada mediante a referência às descobertas modernas que ilustram o texto bíblico. Isso faz a Bíblia tornar-se um livro de interessantíssima leitura. Até cerca de 1800, pouco se sabia sobre os tempos do Antigo Testamento, exceto aquilo que aparece no próprio Antigo Testamento. A situação não era tão grave no caso dos tempos neotestamentários, porque houve vários antigos historiadores seculares que comentaram sobre esses tempos. Mas a informação sobre o Antigo Testamento era praticamente inexistente. Então, começando em 1798, as ricas antiguidades do vale do Nilo foram descobertas pela expedição de Napoleão. Foi então que Paul Botta, A.H. Layard, H.C. Rawlinson e outros derramaram muita luz sobre a civilização da Assíria e da Babilônia, por meio da arqueologia. A descoberta da Pedra Moabita criou sensação entre os eruditos bíblicos, por causa de sua íntima conexão com a história do Antigo Testamento, e houve um entusiamo generalizado em favor das escavações na Palestina. Em 1901, foi encontrado o Código de Hamurabi; os papiros de Elefantina foram descobertos em 1903; os monumentos hititas de Bogazkoi foram encontrados em 1907; o túmulo de Tutancamom, em 1922; o sarcófago de Airão de Biblos, em 1923; a literatura épica religiosa de Ras Shamra, em 1929-1937; as cartas de Mari e as ostraca de Oaquis, em 1935-1939; e os manuscritos do mar Morto, em Khirbet Qumran, em 1947.
4. O valor apologético é evidente. Esse é um ponto paralelo ao segundo item, intitulado "sublinhando a realidade da inspiração divina", embora mais amplo. Os eruditos, ao tratarem com documentos inspirados ou não, interessam-se pela exatidão do registro escrito. Querem saber se os povos e as cidades sobre as quais escrevem, a uma audiência mais lata, realmente são históricos. A arqueologia, pois, confere-lhe um meio de autenticar o que afirma.
5. O valor exegético. O pregador, ao falar sobre a Bíblia, pode chamar a atenção de seus ouvintes com maior sucesso se puder falar com conhecimento sobre o seu assunto, baseado em informes extrabíblicos, que confirmam o que a Bíblia assevera. A arqueologia, além de ser ilustrativa, também é interpretativa. Muitas questões bíblicas podem ser mais acuradamente interpretadas por meio da arqueologia. Em muitos lugares, a Bíblia permanece misteriosa, não havendo iluminação por parte da arqueologia. Um pequeno exemplo pode ser visto no caso de Moisés, acerca de quem foi dito, em sua idade avançada: *... não se lhe escureceram os olhos, nem se lhe abateu o vigor* (Dt 34.7). A palavra ali traduzida por "vigor" poderia

ARQUEOLOGIA

referir-se aos *dentes* (conforme se vê na Vulgata Latina). Porém, os tabletes de Ras Shamra mostram que o vocáculo em questão tem o sentido de *vigor natural* ou *força*, o que decide a questão da interpretação. Há muitos outros casos similares. A descoberta de material helenista tem ilustrado o vocabulário do Novo Testamento (grego koiné), em contraste com o grego clássico; e isso tem determinado muitos casos de interpretação. A descoberta de antigos manuscritos tem possibilitado a compilação de um texto bíblico mais acurado do que teria sido possível há cem anos.

VI. Escavações Arqueológicas na Palestina e em Outros Locais de Interesse Bíblico

LUGAR E LOCALIZAÇÃO	DESCOBERTAS, ARQUEÓLOGOS, DATAS	REFERÊNCIAS BÍBLICAS
Abu Hawam, perto de Carmelo	R.W. Hamilton, 1932-33.	
Abu Matar, SE Berseba	Centre Nat. de Récherche, 1954, Calcolith (habitações subterrâneas). França (J. Perrot).	
Ai, Et-Tel, 2 milhas SE de Betel	Exposição Rothschild, J. Marquet-Krause, 1933-35. Proto-urbano (paredes e templos). J. Callaway, 1964.	Js 7.2; Ed 2.28
Anatote, Anata, 3 milhas NE de Jerusalém	A. Bergman, 1936, Hellen (cerâmica).	Js 21.18; 1Rs 2.26
Antioquia, sobre o Orontes, Síria, NO da Palestina	Universidade de Princeton, Baltimore Museum of Art. 1932. Acrópole, circo etc. G.E. Ederkin, fez escavações entre 1932 e 1939. Charles Morey fez escavações em 1933.	At 13.1
Antioquia da Pisídia, Ásia Menor, Pisídia	Ruínas da cidade, templos moedas, santuário do Deus, *Men*, inscrições. Francis V.J. Arudel, 1833. William Ramsey, 1910-1913, U. de Michigan. David M. Robinson fez descobertas e escreveu um relatório a respeito, em 1924.	At 13.14
Arade, em Canaã	R. Amiram, trabalhando para a Universidade Hebraica, em 1962.	Nm 21.1; 33.40; Js 12.14; Jz 1.16.
Asdode	M. Dothan, em escavações feitas entre 1962 e 1967.	Is 20.1, 1Sm 5 e Am 3.9.
Ásia Menor — Vários lugares	Sir William Mitchell Ramsay, 1885 ss. Muitas descobertas estabeleceram a reputação de Lucas como um historiador. As publicações de Ramsay foram muitas, sobre o livro de Atos e o Apocalipse, as sete igrejas do Apocalipse, Paulo como viajante e cidadão incorporou suas próprias descobertas.	O livro de Atos, o livro de Apocalipse e referências paulinas.
Asquelom, Ascalon, Sarom	J. Carstang, 1920-1922, filisteus, romano.	Jr 25.20, Am 1.8
Atenas, SE da Grécia	Locais tradicionais: Acrópole, Partenon etc. Local do julgamento de Sócrates. Theodore Shear, U. de Princeton, 1970. James Stuart, 1885, M.E.L. Mallowan escavou o *agorá*, entre 1931 e 1939.	At 17.15; 16.22 e 18.1
Athlit, SE do Carmelo	C.N. Johns, sepulcros fenícios, 1930-33.	2Rs 18.13; 19.16; 2Cr 32.1; 2.9,10; Is 36.1.
Babilônia	Hormuzd Rassam, 1878-1879. Grande quantidade de tabletes, um prisma de argila com anais de Assurbanipal e cilindros descrevendo as campanhas de Senaqueribe. Os jardins suspensos da Babilônia. Robert Koldewey, 1899. Muitas escavações e descobertas foram feitas, incluindo em Lagash (Telloh).	
Belém, 8 Km S de Jerusalém	E.W. Gardner, 1934-36, paleolítico; H. Richmond, 1935, Bizantino, igreja da Natividade.	Gn 35.19; Rt 4.19; Mt 2.1
Betânia, 2 km NE da área de Jerusalém	Túmulo de Lázaro, igreja memorial, 300 d.C.; muitos arqueólogos. Ver a lista sobre Jerusalém.	Jo 11; Mt 21.17 e 26.6
Bete-Eglaim, Tell el-Ajjul, 6 km SO de Gaza Bete-iera, Kirbet Kerak, SO da Galileia Bete-Sam, Citópolis, Tell el-Husn	Egito, F. Petrie, 1933-34, cerâmica, grande cidade hicsa, fossa, cemitério, joias; paleolítico. B. Mazar, M. Avi-Yonah. 1944-1946; 1950-1960; Calcolítico Li-Romana (campo); islamita Univ. de Pennsylvania Mus, 1921-23, calcolítico, nível XI; templos cananeus; nível VIII, 1350; nível VII, 1300; nível VI, 1150; nível V, 1000: todas as datas a.C. A. Rowe, El I, Helênica-bizantina. Ocupação egípcia.	1Sm 31.10; 2Sm 21.12
Bete-Searim, Sheick Abreik Bete-Semes — Tell er-Rumeileh, a OSO de Jerusalém	B. Mazar, N. Avigad: 1936-40 e 1955-1959; Helênica e I. Romana; Catacumbas; El Romana (cidade) D. Mackenzie, 1911-1912; cerâmica da Palestina: Pac. School of Religion e Haverford: E. Grant; Mosteiro bizantino Cinco expedições lideradas por Elihu Grant, em 1928. Muita informação foi adicionada sobre a ocupação da terra por Israel, nos séculos XII a IX a.C. Foi ajudado por G.E. Wright.	Js 21.16; 1Sm 6.15; 1Cr 6.59; 2Rs 14.11,13.

ARQUEOLOGIA

Bete-Zur (Khirbet et-Tubeiqah), na região montanhosa da Judeia.	McCornick Seminary; O.R. Sellers, W.F. Albright; 1931, 1957; hicsos; helênica (fortaleza dos macabeus).	Js 15.58; 2Cr 11.7; Ne 3.16 e 1Macabeus 4.28,29.
Bete, Beitin, NE de Rumallah Biblos, na Fenícia	Pittsburg-Xênia (hicsos), W.F. Albright e J.L. Kelso, 1934; destruições pelos israelitas; moedas romanas Maurice Dunand descobriu em Biblos (moderna Gegal), o antigo porto fenício de embarque de cedro e o túmulo do rei Airão, em 1919.	Gn 12.8; Js 7.2 At 11.19; 15.3 e 27.12.
Cafarnaum, Tell Hûm, NO da Galileia	Deutsch Orient-Gesell-Schaft Maer e Schneider, 1905-1914. Sinagoga (século III d.C.). A possível casa de Jesus, descoberta em 1983 por James F. Strange e arqueólogos franciscanos, que data de c. 60 a.C. O lugar foi marcado como importante pela contrução de uma igreja sobre a localidade, que data do 3º século d.C. Ver o artigo sobre Cafarnaum, sob o título, A casa de Pedro de Jesus.	Mt 4.18 e Mc 1.21; 2.1
Canaã: Império hitita Ásia Menor e antiga terra de Canaã	William Wright e A.H. Sayce, que descobriram e descreveram monumentos; Hugo Winckler, que descobriu milhares de tabletes em escrita cuneiforme em Bogaz-koi, capital dos hititas, na grande curva do rio Halis, a 145 km a leste de Ancara (1906-1907). O material teve seus anais, textos religiosos e mitos em caracteres sumero-acadianos recebidos dos hurrianos (horeus), e um código de leis.	
Carmelo, Wade el-Mughara e vizinhanças	D. Garrod, 1922, Paleolítico (animais); neolítico. Univ. de Califórnia Teodoro Mc Cown, cemitério. R.W. Hamilton, 1932 e 1933, trabalhou em um sítio da Segunda Idade do Bronze, ao pé do monte Carmelo na planície costeira, em Tell Abu Hawam. Aqueduto, vários edifícios, paredes, moedas. Expedição Link, 1960; Am. Philosophical Society, 1960.	Js 12.22; 1Rs 18.19
Cesareia, Palestina, NO de Samaria, Jafo de Js 19.46	Antônio Frova, em 1955, descobriu uma inscrição fragmentada de Pôncio Pilatos. Em 1956, M. Avi-Yonah, descobriu ruínas de uma sinagoga. Em 1960, arqueologia subaquática, no porto romano, por A. Negev.	At 9.43—10.33
Cesareia de Filipe, NO da Itureia	Templo de Herodes, hipódromo e acrópole, ainda não foram encontrados Aqueduto, 'fórum' de Deus olímpico, inscrição do templo de Afrodite. Muitos arqueólogos E. Gjersted, em 1927. Houve muito trabalho e muitas descobertas em Encomi, Paletos e Vouni.	Mc 8.27
Chipre, ao longo da costa da Ásia Menor e alta Palestina	Sir Arthur Evans, 1894, encontrou a escrita cretense, não decifrada até 1953.	At 4.36; 11.19,20; 13.4; 15.39 e 27.4
Cnossos, Creta	Informações sobre a civilização minoana.	At 27.7,12,13,21; Tt 1.5
Corinto, SL da Grécia	Agorá (mercado), templo de Apolo, estradas, portões etc. American School of Classical Studies, 1896 até os nossos dias.	At 18.1; 19.1 e 1Co 1.2
Debir (Quiriate-Sefer?), Tell Beit Mirsim, SO de Hebrom	Pittsburg-Xênia, 1926-32 (captura feita pelos israelitas); W.F. Albright e M.G. Kyle; cidade israelita; cubas de tingir Sir Gaston Camille Charles Maspero, 1881.	Jz 1.11, Zc 6.58
Deir-el-Bahri Dibom, Moabe	Muitos sarcófagos reais em Deir-el-Bahri, e o templo de Karnak. 1930, 1950-1957 (capital de Mesa) nabateus William Merton, em 1950-1957, com muitas descobertas.	Nm 32.3, 34; Js 13.9,17; Is 15.2; Jr 48.18,22.
Dotã, Tell Dotha, 21 km N de Samaria	Wheaton College; J.P. Free, 1953-1960; calcolítico (cidade e portão).	Gn 37.17 e 2Rs 6.13
Ebal, monte de, a margem ocidental do Jordão Ver detalhes sobre esta descoberta no artigo intitulado, Altar de Josué.	Um antiquíssimo altar, descoberto em 1983. Perntence à época de Josué (cerca de 1400 a.C.). Talvez seja o próprio altar erigido por Josué, construído depois que Israel partiu do Egito e entrou na Palestina. Adam Zartal, arqueólogo-chefe, teve confirmada a autenticidade de sua descoberta pela Universidade de Haifa.	Js 8.30,31 e Dt 27.5.
Éfeso, Ásia Menor, perto da costa ocidental	Templo de Artêmisa; J.D. Wood, 1869; David C. Hogart, Museu Britânico, 1905. Templo e relíquias. O.H. Benndord, Rudolf Heberdey, 1912; muitas ruínas; Anfiteatro, agorá e primitivas igrejas cristãs.	At 18.19, 21,24, 19.1,17,26,35; 20.16,17; Ap. 2.1
Egito	Em 1922, foi descoberto o túmulo de Tutancamom, por Howard Cartar, no Vale dos Reis. O corpo mumificado foi recuperado por inteiro.	Inumerosas referências nos livros de Gênesis, Êxodo, Deuteronômio, Josué; Mt 2.13,14; At 2.10; Ap 11.8

Giza, no Egito Papiros de Chester Beatty	Sir William Matthew Flinders Petrie, 1881. As pirâmides em Giza e Tânis. O Sr. A. Chester Beatty, colecionador norte-americano de manuscritos, residentes em Londres, adquiriu de um negociante egípcio um grupo de folhas de papiro que pertencia a uma Bíblia em grego, escrita entre os séculos II e IV a.C., no ano de 1931. Esses manuscritos contêm o Antigo e o Novo Testamentos. Consideráveis porções dos Evangelhos e das epístolas de Paulo compõem porção do Novo Testamento. Trata-se dos escritos mais antigos de Paulo, datando do começo do século III d.C. Ver sobre os *Manuscritos*.
Papiro 52	Descoberta do papiro 52, um fragmento do Evangelho de João, do século II d.C., feita em 1920. Esse é o mais antigo fragmento do Novo Testamento. Foi identificado em 1935 por C.H. Roberts. Acha-se agora na Biblioteca John Rylands, em Manchester, Inglaterra. Outros antigos fragmentos de papiro, manuscritos do Novo Testamento, sobre os quais ele escreveu são o P(52), P(32) e P(64) na *The Harvard Theological Review,* em 1953.
Saqqara, no Egito	Walter B. Emery, em Saqqara, escavou em 1927 o túmulo intacto de Hemaka, vizir de um rei da primeira dinastia. Em Armant vários templos do boi sagrado e o túmulo do Faraó Ká, em Abidos. Foi descoberto um barco funerário, talvez do Faraó Udimu, da quinta dinastia. Em 1956, mais obras em Saqqara; foi encontrado o túmulo da rainha Her-Neite, da primeira dinastia. As explorações das ruínas de Behen, no Sudão, nos anos de 1958 a 1960.
Tebas, no Egito	A.E.P.B. Wiegall, em 1895. Descobriu o templo mortuário de Tutmés III, em Tebas, túmulo do Príncipe Iuha e sua esposa, Thuyu, pais da rainha de Aquenaton. Daí seguiu-se seu livro sobre a vida e os tempos de Faraó Aquenaton, que se tornou um clássico, e muitas edições foram vistas entre 1910 e 1934.
Tell el-Amarna, no Egito	Descoberta acidental das cartas de Amarna, em 1887, por uma mulher aldeã que procurava fertilizantes naturais na região. Cerca de 350 tabletes foram achados, suprindo informação sobre o estado da Palestina e da Síria, (1400-1360 a.C.). Os tabletes iluminam a política externa do Egito e da Palestina durante o reinado do Faraó pacifista Aquinaton. As intrigas militares e os conflitos usuais com países vizinhos, as lutas pelo poder, as brutalidades e o desvario político são ali ilustrados. O conhecimento da geografia política da Palestina é aumentado. Os "habiru" que aparecem nesses textos são os hebreus, ou antes ou durante o tempo da conquista da Palestina, e mais provavelmente durante esse tempo. Laquis e Gezer estavam longe de ser destruídas, e são vistas como aliadas ativas do "habiru". O rei de Jerusalém é chamado ali de Abdi-Hepa. Mas alguns argumentam em favor da época da invasão e logo depois.
Vale dos Reis, no Egito	M. Loret, em 1898. Ele descobriu o túmulo de Amenhotepe II, filho de Tutmés III. Foi uma interessante descoberta porque o corpo do Faraó estava intacto. — Uma geração mais tarde, foi encontrado o corpo de Tutancamom, também intacto. Ver o artigo sobre os Faraós.
Eglom, Tell el-Hesi, O de Laquis (erroneamente)	F. Petrie, 1890; sequência de cerâmica; armas. F.J. Bliss, 1891-93.
Elefantina, ilha diante de Answan, no rio Nilo	Foi descoberto um papiro em aramaico do século V a.C., com grande variedade de assuntos, mas principalmente de natureza legal, em 1906. O material foi publicado por Archibald H. Sayce e Arthur Cowley. Uma expedição do museu britânico fez outra e mais importante descoberta, no local do templo judaico na ilha, com materiais publicados em 1911. Mais papiros foram encontrados, e outras publicações se seguiram. Ver o artigo sobre o *aramaico*. Esses papiros representam as ricas fontes de informação sobre aquele idioma, no período anterior a Cristo.
Ereque (moderna Warka)	W.F. Loftus, 1850, escavação em Ereque.
Eziom-Geber, Tell el-Kheleifah, Ácaba Galileia	N. Glueck, 1937-40; fortaleza de Salomão. Uma pesquisa nas sinagogas na Galileia, em 1907, por Herman Thiersch, Herman Kohl, Carl Watzinger e Ernest Sellin. A autoritária *Antike Synagogen in Galilaea* foi obra publicada em 1915. Ver o artigo sobre a *Galileia*.
Gassul, Teileilat G., 5 km L do Jordão, NE do mar Morto	Pontifical Bib. Inst., A.. Mallon, R. Koeppel, 1929-1938. Calcolítico (quatro níveis principais; cerâmica, pederneiras, machados de cobre).
Gaza; ver também *Bete-Egalim*	W.J. Phytian-Adams, 1911, 1914, 1920-1922; sondagens.
Gerasa, Jerash	Yale (1928-34); Neolítico (vila), Helênico (traços); romano (Decápolis) igreja etc. Escavações feitas por Horsfield e Crowfoot, em Gerasa (moderna Jerash), começando em 1925. Foram nove anos de labor, com muitas descobertas. Theodore D. McCown e C.S. Fisher, em 1930.
Gezer, Tell Abu Shusheh, 19 km S de Lida	R.A.S. Macalister, 1902-1905, 1907-1909; calcolítico, romano e bizantino. Yusif Kan'an, escavações e descobertas.

Gibeá, Tell el Ful, 5 km N de Jerusalém	W.F. Albright, mediante muitas descobertas, fez grandes contribuições para o nosso conhecimento sobre a Idade do Ferro, particularmente no que diz respeito à cerâmica. 1922, 1933; vila, cidadela de Saul; torre de vigia.
Gibeom, El-Jib, 15 km N de Jerusalém	Univ. Mus. Philadelphia, 1956-57; tanque e túnel, 2Sm 2.13; *Church Divinity*
Giza, ver sob Egito	School of Pacific; J.B. Pritchard; asas de jarras inscritas; adegas; helênico (moedas).
Hadera, Sarom	Hb Univ.; E.L. Sukenik, 1934-1935; Calcolítico (gassuliano); ossuários.
Hazor, Tell el Oedah, Waqqas, 8 km SO do lado Hulé	Marston, J. Garstand, 1926-27; sondagens. Hb Univ. Rothschild: 1955-58 (Y. Yadin). Cidade dos hicsos, templo, capturado pelos israelitas; portão de Salomão, destruído em cerca de 730 a.C.
Icônio (moderna Konia), na Grécia	James Mellaart, em escavações entre 1961 e 1963, fez muitas descobertas.
Jafa	Israel, P. Guy, 1950; helênico e romano, Univ. de Leeds, J. Bowman, 1955 (cidade dos macabeus; moedas).
Jebel-et-Tannur, a sudeste do mar Morto	Nelson Glueck escavou o cemitério dos nabateus, em 1937.
Jemé, 9 km a SL de Gaza (erroneamente identificada com Gerar)	W.J. Phytian-Adams, 1921-1922; sondagens; estratificação contínua. W.F. Petrie, 1926-27.
Jericó (AT), Tell es-Sultan, NE de Jerusalém	Deutshe Orient. 1869, 1907, 1909, E. Sellin, Mesolítico-neolítico; traços somente do período de Josué; Liverpool Univ. Marston.
Jericó (NT), Tulul Abu el-Alayiq, Wade Qelt, 1,5 km O de Jericó	J. Garstang, 1930-36; K. Kenyon, 1952-58. Pittsburg-Xênia. J.L. Kelso, A.H. Detweiler, 1950-1951; palácio de inverno de Herodes; edifício de Herodes Arquelau. John Garstang, em 1930, começou seis anos de trabalho ali, em pesquisas iniciadas por Sellin e Watzinger, em 1913. Kathleen Kenyon, em 1952-1957, deu prosseguimento ao trabalho. Garstang descobriu a primeira cultura urbana neolítica, tendo publicado seu livro *The Story of Jericho*, em 1948. Em uma caverna ao norte de Jericó, em 1961, foi descoberto um importante papiro proveniente de Samaria (722 a.C.). Nos anos de 1967 e 1968 foram feitas escavações ali por Kathleen Kenyon e W.G. Dever.
Jerusalém	C.Warren, 1864-1867; estruturas, Clermont-Ganeau, 1873-1874, inscrições. C. Gordon, 1881; túmulo e Calvário de Gordon. F. J. Bliss e A. C. Dickie, 1894-1897; muro sul. Parker Mission, 1909-1911; túneis, fonte da Virgem. R. Weill Rothschild, 1913-14; ofel. R.A.S. Macalister, 1923-25; 1927-28; ofel jebusita. C.N. Johns, 1934-1948; portão dos macabeus; helênico (muros). R.W. Hamilton, 1937-38; muro norte. E.L. Sukenik e M.Dothan, 1956-60; túmulos. K. Kenyon, 1961; cidade antiga. Túmulos dos reis, descobertos por F. de Saulcy, 1848. Charles Clermont-Ganneau, 1870 em diante. A pedra que proibia a entrada de gentios no templo de Jerusalém. Pére A.H. Vincente, em 1907. Descobriu o poço de Betesda e a torre de Antônia (ver os artigos a respeito). A guerra dos Seis Dias, em 1967, pôs a antiga Jerusalém e a península do Sinai sob o controle israelense. Em 1967, um excelente rolo do mar Morto chegou ao conhecimento de Y. Yadin. Era um manual de regras religiosas, notas arquiteturais sobre como o templo de Jerusalém deveria ser construído, e muitas outras normas. Em 1968, B. Mazar iníciou escavações na muralha sul do monte do templo. Em Givat Ha-Mivtar, a nordeste de Jerusalém, naquele mesmo ano, foram encontrados os ossos de Yehonhanan Ha-Gaqol, um homem que fora crucificado, fornecendo informações adicionais sobre esse brutal costume. N. Avigad, em 1969, iníciou escavações no bairro judeu da antiga cidade de Jerusalém. Veio à luz uma magnífica vila helenista. Na década de 1970 os labores continuaram na esquina sudeste das muralhas da antiga Jerusalém.
Jope	J. Kaplan, trabalhando para o Museu de Jafa, nos anos de 1948-1950, 1952 e 1955.
Khorsabad, a leste do rio Tigre	Paulo Emile Botta, 1942. Primeira da série de descobertas que deu início à assíriologia.
Koujunjik, na Babilônia	George Smith, 1874. Três mil tabletes e o avanço na assíriologia, com muitas descobertas em vários lugares na Babilônia.
Laquis, Tell ed-Duweir, O de Hebrom	J. Starkey Wellcome-Marston, 1932-38; templos, sepultamentos primitivos; cidade principal, destruída em 588 a.C.; cartas em hebraico; helênica.

Madaba, SO de Amam, Jordânia	A.H. Detweiler; túmulos; Macabeus-bizantino (mapa mosaico da Palestina, século VI d.C.).
Mâmpsis, a 40 km a leste de Berseba.	Investigada por E. Robinson, em 1838; por E.H. Palmer, em 1871; por C.L. Woolley e T.E. Lawrence, que traçaram um plano das ruínas, em 1914. Uma pesquisa completa foi feita em 1937 por G.G. Kirk e P.L.O. Guy. Foi escavada por A. Negev, entre 1965 e 1968.
Maresa, Tell Sanda, Hannah (Marisa) NO de Hebrom	R.A.S. Macalister, 1898-1900; helênico (cidade; túmulos). École Biblique, Jerusalém, 1921-24. Romano (vila).
Mari, ver sob Tell-Harari Leito do mar Mediterrâneo, ao longo das costas do monte Carmelo, entre Haifa e Dor.	Uma estrutura de pedra e madeira, de um antigo poço no leito do mar, em um local que já foi terra seca. Foi descoberto em 1985. Trata-se de um dos mais antigos poços jamais localizado. Fica situado acerca de 300 m da atual linha da praia. Objetos encontrados nas vizinhanças, como cabanas de pedra, ossos de ovelhas e peles de cabras, além de vários instrumentos, indicam um período neolítico posterior ou calcolítico anterior, 4500 a.C. Ou mesmo antes. Restos de carvalhos indicam que a ocupação estava no meio de carvalhais. O fato de que não crescem carvalhos perto do mar, por causa da atmosfera salgada, à qual eles não resistem, mostra que a área antigamente era terra firme, e que a linha da praia foi consideravelmente alterada.
Massada, a leste do deserto da Judeia	Hb Univ., M. Avi-Yonah, 1955-56; Fortaleza Herodiana Um local a 80 km ao sul de Khirbet Qumram, uma fortaleza natural utilizada por Jônatas, o sumo sacerdote, que a fortificou. Em outras épocas foi utilizada por outros, como os Herodes. O local foi intensamente pesquisado por Y. Yadin, em 1963 e 1964, que publicou um livro sobre seus estudos, intitulado *Massada* (ver o artigo a respeito).
Megido, Tell el-Mutesellim	Deutsche Orientges, 1903-05 I (níveis I-V.). Completamente desenterrada. Oriental Inst. Chicago, 1925-39. Algumas descobertas cananeias antigas. Marfins. Y. Yadin, 1960; portão. G. Shumacher, 1903. Foi descoberto o bem conhecido selo de Jeroboão. P.L.O. Guy, em 1935, descobriu os famosos marfins de Megido. C.H. Roberts também escavou na área, entre 1931 e 1933.
Mênfis a Karnak — 37 localidades	August Ferdinand François Mariette, 1850 em diante. Quinze mil monumentos. Templo de Edfu, templo de Hatsepsut, em Deir el Bahri, e templo de Abu Simbel.
Mispa, Tell en-Nashbeh, 15 km N de Jerusalém	Pacific School of Religion, W.F. Badé etc. 1926-35; sepultamentos; cerâmica filisteia; portão da cidade.
Nínive, a leste do rio Tigre Cômoros de Koujunjik e Neby Yunus	Paulo Emile Botta, 1842; M.E. Fladin, 1844; e Victor Place, 1851. Foi o início da assiriologia. M.E.L. Mallowan, trabalhou por trinta anos na região, a partir de 1931.
Nimrod (antiga Calá), a sudoeste da Babilônia	Austern Henry Layard. Os palácios de Assurbanipal, Salmaneser II, reconstruído por Tiglate-Pileser II, de Adadnirari e de Esar-Hadom. Foi encontrado no palácio real o obelisco negro de Salmaneser, 1842. E também 25 mil tabletes de argila da Biblioteca Real de Nínive. Hormuzd Rassam fez outras descobertas ali em 1843-1844, no palácio de Assurbanipal.
Nipur, na Babilônia	John P. Peters, Haynes e H.V. Hilprecht, 1888. Descobriram vinte mil tabletes em Nipur, aumentando em muito o nosso conhecimento da literatura sagrada da Babilônia.
Nuzi (Yoghlan Tepe), a 241 km ao norte de Bagdá.	As escavações começaram em 1925 e terminaram em 1931, por uma expedição conjunta da Escola Americana de Pesquisas Orientais de Bagdá e pela Universidade de Harvard. Nuzi e os cômoros adjacentes produziram mais de vinte mil tabletes de argila com escrita cuneiforme, em um dialeto babilônico. Os tabletes incluíam arquivos completos, entre os quais os de Teiptila, príncipe Silwatesup e Tulpunaia. Os tabletes comentam sobre cada faceta da vida e ilustram muitos costumes e condições sociais dos povos na época dos patriarcas, nas narrativas bíblicas. Representam civilizações dos séculos XIV e XV a.C., quando a cidade estava sob o domínio hurriano (ver *horeus*). O ND ilustra alguns dos costumes abordados, que são de interesse bíblico, em seu artigo sobre a *Arqueologia*, sob o ponto VIII, Inscrições Cuneiformes, Nuzi.
Óstia, um porto do rio Tibre, na Itália	E. Chiera identificou os hurrianos, em 1928.
Oxyhynchus, a 192 km do Cairo, para o sul	H.F. Squarciapino descobriu, em 1962, uma sinagoga do século IV d.C. Essa é a mais antiga sinagoga descoberta na parte ocidental da Europa.

ARQUEOLOGIA

Papiros de Chester Beatty e Papiro 52, ver sob Egito	Bernard Pyne Grenfell e A.S. Hunt, em 1895. Descobriu a primeira página da *Logia* de Cristo. A partir de então muitos outros manuscritos em papiro foram encontrados relacionados à *Logia* ou às Declarações de Nosso Senhor, que são declarações extracanônicas de Jesus. Ver o artigo sobre as *agrafas*, quanto a detalhes. Esses dois homens deram início à ciência da papirologia. A própria palavra foi usada pela primeira vez em 1898.
Pérsia	Inscrição de Dario I na rocha de Beistum, 1842, por Rawlinson, que assim provou o alicerce de nosso conhecimento sobre a escrita cuneiforme, e consequentemente, a história da Babilônia e da Assíria.
Petra, sudoeste do rio Jordão	Cidade antiquíssima, do século I a.C. Johan Ludwing Burckhardt, 1784-1817. Uma cidade que tem sido uma popular atração turística, mas sem referências bíblicas diretas. A tradição diz que os cristãos fugiram para esse lugar quando da aproximação das tropas romanas, e assim escaparam completamente à destruição de Jerusalém no ano 70 d.C. George L. Robison, que descobriu o "lugar alto" de Petra. Em 1963, P. Hammond Jr. descobriu ali um teatro romano.
Qalat Jarmo, no nordeste do Iraque	Descrições da pré-história relativa aos capítulos primeiro a quarto do livro de Gênesis. Obra de Robert Braidwood, 1948-1949.
Qasileh, El Khirbe a L de Tell Aviv	B. Mazar, 1948-49; destruída ao tempo de Davi; comércio com Chipre, Egito e Ofir.
Qumran, Ain Feshkha, a O do mar Morto	A narrativa da descoberta é contada no livro de John C. Trevers, T*he Untold Story of Qumran*, 1956. Muito se tem escrito sobre os manuscritos do mar Morto. Qumran tem sido amplamente identificada como parte de uma colônia de essênios. A descoberta de cerca de quinhentos documentos envolve material bíblico e secular. Cerca de cem rolos pertencem ao Antigo Testamento em hebraico (todos os livros do Antigo Testamento, pelo menos em parte, com exceção do livro de Ester). Datam de alguns poucos séculos a.C. até o século I d.C. Alguns fragmentos da Septuaginta também foram encontrados, e alguns poucos dos livros apócrifos, como Tobias, Eclesiástico, epístola de Jeremias (em grego), 1Enoque (em aramaico), e Jubileus (em hebraico). As escavações continuam até o presente. Ver o artigo sobre *Qumran.*
Quir, Haraseth, Kerak, Jordânia	Sondagem (cidade de Mesa de Moabe; restos de cruzadas).
Quis (Tell-el-Uheimir), a 13 km a leste da Babilônia	Em 1923 foram feitas descobertas que desvendaram a história da Suméria. O relatório foi feito por Stephen Langdon, *Excavations at Kish*.
Rabate-Amom, Aman, Jordânia (Filadélfia)	G.L. Harding, 1949, Paleolítico-calcolítico (túmulos; cerâmica); (túmulo hicso); helênico-romano (teatro).
Roma, Itália central, perto da costa ocidental	Locais tradicionais; Coliseu, parques, banhos, edifícios, estradas, teatros, fórum, arcos (muitos arqueólogos no decorrer dos anos). Giovanni Batista de Rossi, 1864 em diante, Catacumbas de Roma. Sete anos de escavações no cemitério sob a basílica de São Pedro, iniciados em 1950 sob a direção de Ludwing Kaas.
Roseta, Baixo Egito	Chave para o deciframento dos hieróglifos egípcios, em 1799, pelos franceses que estavam reparando fortificações ao norte da cidade de Roseta. Bossard foi o homem, mas sua identificação não é segura. A pedra foi levada para o Cairo, e atualmente acha-se no Museu Britânico.
Samaria	D.G. Lyon, C.S. Fisher e G.A. Reisner, em 1910-1911. Grandes escavações em Samaria. Essa obra bem-feita e completa assinalou um ponto nevrálgico em um melhor conhecimento arqueológico da Palestina. Ver o artigo sobre a *Samaria*. Houve quatro anos de escavações, começando em 1931, iniciados pela Universidade Hebraico-Britânico-Americana, um projeto que continuou sob a liderança de J.W. Crowfoot.
Saqquara, ver sob Egito	
Sardis	Howord C. Btler, 1910-1914, conduziu uma ótima equipe a Sardis, antiga capital da Lídia, com muitas descobertas.
Saruem, Tell el-Far'a, SL de Gaza	Egito, W.F. Petrie, 1928-30; túmulos; cerâmicas dos filisteus; hicsos; colonos fenícios; vasos persas.
Sidom	Hugo Winckler, 1903-1904. Muitas descobertas.
Siló, Khirbet Seilun, S de Samaria	Expedição Palestina Dinamarquesa, A. Schimidt, 1926-29, 1932; destruída pelos filisteus; helênico-islamita (mosaicos bizantinos).
Sinai	Constantin Tishendorf, 1859, que encontrou um manuscrito bíblico importantíssimo, o Codex Sinaiticus.

Siquém, Tell Balatah	Vinna Academy, E. Sellin, 1913-34; santuário; portão leste. Drew-McCormick, G. Writht 1956-60. As descobertas mostram que Siquém (Balata) vinha sendo ocupada até 67 d.C., quando provavelmente foi destruída por Vespasiano, que também arrasou o templo adjacente dos samaritanos, no monte Gerizim.
Sucote, Tell Deir'alla, rio Jaboque	Nederlans Inst., H. Francken, 1961.
Suméria, Baixa Babilônia	Ernest Sarzec, 1877. Descobertas que despertaram o mundo para a arqueologia suméria. O capitão Gason Cross poteriormente participou das descobertas.
Susa, na Pérsia	M. Dieulafoi, 1884. Escavação dos edifícios reais. J. de Morgan, 1897. Descobriu a estrela esculpida com o código de Hamurabi.
Tanque, Tell Ta'naque, 8 km a SL de Megido	Academia de Viena, E. Sellin, 1902-04; helênico (porto; tábuas do século XV a.C.; cidadela).
Tarso	Hetty Goldman, a começar pelo ano de 1934, fez amplos estudos, resultando na publicação de dois volumes (1950-1956), *Excavations at Gozlu Kule*.
Tebas, ver sob Egito	
Teilat-el-Ghassul, no vale do Jordão	Os jesuítas efetuaram oito campanhas nessa área, até 1938, tendo feito muitas descobertas.
Tell el-Hesi, no sudeste da Palestina	Flinders Petrie, 1890. Estabeleceu importantes princípios arqueológicos de estratigrafia, uso de cerâmica para medição do tempo, distinção de níveis de ocupação, e portanto, de variadas civilizações. F. J. Bliss, mostrou ser correta até 1500 a.C., contando para trás.
Tell Harari, perto do rio Eufrates, no sudeste da Síria.	Descobrimento de Mari (Tell Hahari), a 11 km de Abul Kemal. As escavações prolongaram-se de 1933 a 1960. Foi descoberta uma imensa quantidade de tabletes de argila — mais de vinte mil — escritos em um dialeto similar ao hebraico dos tempos dos patriarcas. Proveem muita informação da geografia, da história, dos conflitos militares, da cultura e da religião do nordeste da Mesopotâmia, ilustrando coisas do período patriarcal da história bíblica. Os materiais descobertos mencionam os incursos dos **habiru** (Hb). As mesmas escavações encontraram os templos do deus Dagom e da deusa Istar. Os tabletes foram encontrados no palácio do governante Zimri-Lim (século XVIII a.C.).
Tirza, Tell Far'a, a NE de Siquém	Ecole biblique, Jerusalém (de Vaux) 1946-47, 1950; calcolítico e proto-urbano (túmulos). Abandonada por causa de Samaria. Muros da cidade, reocupada em cerca de 700-600 a.C.
Troia, Ásia Menor	Heinrich Schliemann, 1870. Foi o primeiro a deixar claro que um cômoro é uma ruína com muitas descobertas arqueológicas possíveis.
Turim, Itália, NO Sudário de Turim	Academia Francesa de Ciências. Paul Vignon, 1930, Kurt Berna (1968)
Ur, na Caldeia	Sir Charles Leonard Woolley, em 1922. Fez escavações que marcaram época em Ur, nas ruínas das cidades de Abraão, chamadas Al-Muqayyer. O lugar já havia sido investigado em 1854 por Loftus. Woolley realizou suas escavações sistemáticas de 1922 a 1934, patrocinadas pelo Museu Britânico e pela Universidade de Pennsylvania. Inúmeras descobertas foram feitas, dadas a público em seu livro, *Ur of the Chaldees*, publicado em 1929.
Vergina, Grécia, a 64 quilômetros de Salônica, local da antiga Aegae, sede da realeza macedônica, no século IV a.C.	Os ossos de Felipe II da Macedônia foram encontrados em um esquife de ouro, obviamente em um túmulo real. A descoberta foi feita em 1977. O ferimento foi feito por uma flechada, durante o cerco de Metone, em 354 a.C., o qual é claramente visível no crânio. Entre muitos outros objetos, cinco minúsculas esculturas em marfim foram encontradas, duas das quais são de Felipe II e de Alexandre, o Grande, seu filho. As outras três evidentemente represenam a esposa de Felipe, Olímpias, e os pais de Felipe. A morte de Felipe ocorreu em Aegae, em 336 a.C. *Importância para o Novo Testamento*. Felipe unificou as cidades-estados gregas, mediante conquista militar, traçando os planos para a invasão da Pérsia. Alexandre, o Grande, seu filho, efetuou essas conquistas. Então partiu para o domínio do mundo civilizado conhecido da época, propagando a língua grega a todos os rincões do império. Esse idioma tornou-se universal, sendo essa a razão pela qual o Novo Testamento foi originalmente escrito em grego. Essa descoberta arqueológica foi uma das maiores já feitas em todos os tempos. Uma figura de cera, representando o crânio de Felipe, pode ser vista no Museu de Manchester, Inglaterra.

ARQUEUS

Uma família de cananeus (ver Gn 10.17 e 1Cr 1.15), habitantes da cidade de Arca, moderna Tell 'Arqa, cerca de 19 km a nordeste de Trípoli, na Síria. Os arqueus são mencionados na genealogia de Noé. Arca foi conquistada por Tiglate-Pileser III, em 738 a.C. O imperador Alexandre Severo nasceu nessa cidade. Esta veio a ser chamada Cesareia do Líbano. Nas inscrições assírias, a cidade é chamada Irkatah. O lugar também é mencionado em fontes egípcias (cartas de Amarna; ver o artigo sobre *Arqueologia*, VI, Escavações Arqueológicas, sob Tell-el-Amarna). (ND Z)

ARQUITAS

Uma tribo mencionada em conexão com a partilha recebida pelos descendentes de José (ver Js 16.2). Husai, o arquita, o mais famoso personagem dessa tribo, era conselheiro de Davi, e mais tarde, de Absalão (ver 2Sm 15.32; 16.16; 17.5,14; 1Cr 27.33). A tribo estava localizada na fronteira norte de Benjamim. A data de Husai é cerca de 1050 a.C. (ID S)

ARQUITETURA

I. O TERMO "arquiteto" vem do grego *architékton*, formado por *archi*, chefe; = *tékton*, "construtor", ou seja, o primeiro construtor, chefe-construtor. Portanto, a arquitetura é a construção de estruturas gerais e edificações que um chefe-construtor realiza.

II. DECLARAÇÃO GERAL. Centenas de obras arquiteturais, construídas nos tempos bíblicos, têm sido desenterradas. A beleza arquitetural, conhecida e exemplificada através dos hebreus, era tomada por empréstimo principalmente dos egípcios, babilônios, assírios, fenícios, gregos e romanos. Ao deixarem o Egito, levaram consigo conceitos arquiteturais egípcios. Entrando na Palestina, adotaram o que ali encontraram, porque o que ali existia era adaptado ao clima palestino, e os materiais de construção disponíveis não incentivavam qualquer inovação. O próprio templo de Jerusalém, o ponto culminante da arquitetura de Israel, incorporava muitas ideias acerca da estrutura e do material de templos que já existiam.

III. ARQUITETURA EGÍPCIA. Desde tempos remotos, na primeira dinastia, entre 2900 e 2700 a.C., os ancestrais de Israel contemplavam as gigantescas pirâmides, embora já tivessem séculos de antiguidade nos dias de Abraão.

Variedades de pirâmides. Da terceira à sexta dinastia, cerca de 2700 a 2000 a.C. *a*. Na terceira dinastia, a pirâmide de degraus. *b*. Na quarta dinastia, a gigantesca pirâmide de Gizé, cuja base cobre uma área de 13 acres, com 136 m de altura. Foram usados 2.300.000 blocos de duas toneladas e meia cada. Essa era a pirâmide do Faraó Kufu. *c*. Seu sucessor, Cafre, construiu uma ainda mais alta, com 147 m de altura; e ele mesmo é representado na cabeça da esfinge, que foi erigida a leste dessa pirâmide. *d*. Então houve pirâmides com textos inscritos em seus lados, na quinta e na sexta dinastias.

Outras maravilhas arquitetônicas. *a*. O templo da rainha Hatsepsute, cerca de 1500 a.C., em Deir-elBahri, perto de Tebas, uma bela estrutura de pedra calcária branca, com terraços apoiados em colunas. *b*. Dois gigantescos obeliscos da rainha Hatsepsute, em Carnaque. *c*. O templo palacial de Amom, em Carnaque (antiga Tebas), ampliado por Tutmés III (falecido em 1450 a.C.). *d*. O túmulo de seu vizir, Rekmire. *e*. Templo mortuário de Ramsés, em Tebas, um edifício estranhamente belo. *f*. Templo de Luxor, acrescentado por Ramsés mediante a construção de 134 tremendas colunas, uma parte do maior templo que já foi construído em toda a história da humanidade. *g*. Um templo completo escavado em uma rocha que contempla o rio Nilo, por Ramsés, completado por quatro estátuas desse Faraó.

4. Arquitetura na Mesopotâmia. *a*. Palácios (ver Is 39.7; 2Rs 20.18) em Ereque (Uruque, Warka; ver Gn 10.10), a 80 km a noroeste de Ur. *b*. Templos monumentais e a gigantesca torre de Eana, feita de tijolos de barro (cerca de 2500 a.C.). *c*. Uma torre-palco na Babilônia (cf. Gn 11.1-6). *d*. Em Ur, templos, palácios e um antigo zigurate (torre-palco) (cf. Gn 11.28,31. 15.7; Ne 9.7). *e*. Na Assíria, o templo do deus Assur; cidades fortificadas com muralhas, portões e marcos. *f*. Na Babilônia um espantoso número de palácios, edifícios públicos, templos e uma torre, que alguns pensam ser a torre de Babel (ver Gn 10.10; 11.9; 2Rs 17.24,30). *g*. Em Calné (Calá, Nimrude; ver Gn 10.10), a 32 km a nordeste de Nínive, palácios de reis assírios do século VIII a.C., dotados de leões ornamentais com cabeças humanas. *h*. Em Quis, a 13 km a leste da Babilônia palácio dos reis e o templo de Istar. *i*. Em Nínive, no alto rio Tigre, a norte de Assur, palácios assírios ornamentados, incluindo o palácio de Senaqueribe, cerca de 704-681 a.C., com não menos de 7 1 aposentos, três quilômetros de paredes com lajotas esculpidas. A biblioteca de Assurbanipal (669-633 a.C.). O palácio de Sargão II (721-705 a.C.), dotado de esplêndidos altos-relevos de telhas com pinturas esmaltadas. Em Mari, um gigantesco palácio dos governantes amorreus, um templo de Istar e um zigurate. Esse palácio cobria uma área de 15 acres, dispondo de inúmeros apartamentos reais, escritórios, uma escola para escribas e uma biblioteca com mais de vinte mil tabletes de argila.

Residências particulares. Essas construções variavam em seu resplendor. Desde tempos remotos, cerca de 2000 a.C., na Mesopotâmia, as casas eram construídas de pau a pique. Exemplares desse tipo de construção têm sido encontrados em Ur. Também havia residências com dois pavimentos. Algumas delas tinham vários aposentos ao redor de um pátio, munido de tanques e encanamento para recolher a água da chuva. As casas dos mais abastados eram maiores, tinham muitos aposentos, todos convenientemente dispostos, com áreas de recepção e áreas privadas.

V. ARQUITETURA PERSA. As ruínas de Persépolis, a 40 km de Parsagade, para sudoeste, proveem a mais impressionante arte e arquitetura persa. As escavações descobriram o Tacara, o palácio de Dario, o Apadana, o salão de audiências de Dario e Xerxes, o salão de cem colunas, o portão de Xerxes, com gigantescas imagens de bois a guardá-lo, conforme se via também nos palácios da Assíria, o harém de Dario e Xerxes, a residência de Xerxes (486-465 a.C.), o tesouro real com magnificentes relevos. Em Susã (na Bíblia, Susã, ver Ne 1.1; Et 1.2 e Dn 8.2), foi desenterrado o palácio de Dario, que tinha painéis de tijolos esmaltados lindamente coloridos, relevos de bois alados e grifos alados, e lanceiros da guarda real.

VI. ARQUITETURA GREGA. Atenas é a que exibe a melhor arquitetura grega, e muitas cidades gregas contam com arquitetura similar, embora em menor extensão. No século V a.C., a idade áurea dessa arquitetura, templos soberbos e outras edificações ornavam a Grécia. O templo mais importante era aquele dedicado à deusa Atena, protetora da cidade. Muitas outras estruturas eram famosas com razão, como o Partenon, o templo da Vitória Sem Asas, o Odeon (Salão de Música), o Erecteum, a Colunata de Eumenes ll, o Tesiom, o templo de Zeus e o Agorá. Em Corinto, têm sido descobertas estruturas similares, como o Teatro, o templo de Apolo, o santuário de Esculápio e a Basílica.

O estilo dórico. Típica é a coluna de estilo dórico, cuja haste aumenta o seu diâmetro em proporção quase imperceptível, até cerca de uma quarta parte de sua altura, e então diminui levemente após isso, até o cimo. Não tinha base, mas repousava imediatamente no pedestal, sendo circundada por projeções semicirculares, encontrando-se em ângulos agudos. O capitel consistia em três partes, o pescoço da coluna, uma moldura circular, e o ábaco, um ornamento quadrangular que suportava a arquitrava, uma pedra quadrangular que se apoiava nas extremidades, em duas colunas. Acima disso havia o friso, tudo encimado pelo cornicho.

O estilo jônico. Uma coluna mais alta que a dórica, com um alargamento na base, embora menor que a dórica. A extremidade superior também tinha formato diferente, e com frequência havia relevos ao longo de seu comprimento.

O estilo coríntio. Muito parecido com o jônico, mas com decoração de folhas e outras figuras, nas extremidades.

VII. ARQUITETURA ETRUSCA E ROMANA. Os etruscos (que habitavam a Itália central) apreciavam muito a decoração, e assim cobriam seus edifícios com ricos ornamentos entalhados. Não permanece até hoje qualquer um de seus templos, nem mesmo ruínas, porque a infraestrutura dos mesmos era construída de madeira. Suas construções são reconhecidas hoje em dia através de suas muralhas e de seus túmulos. Os portais de Volterra e Perúgia têm um verdadeiro arco feito de pedras em forma de cunha. Os esgotos de Roma, lançados no século VI a.C., foram uma impressionante demonstração de engenharia e arquitetura.

Os romanos preservaram o arco dos etruscos, elaborando-o para tornar-se no arco cruzado e na cúpula. Tomaram por empréstimo certas ideias dos gregos, preservando o estilo das colunas gregas. Foram os primeiros a construir edifícios de tijolos. No século III a.C. começou a construção das estradas, o que deu aos romanos tão justa fama. No século I a.C., a arquitetura romana tornou-se ornada e pomposa, exibida nos edifícios públicos e também nas residências dos ricos. O primeiro teatro de pedras foi erigido em Pompeia, em cerca de 55 a.C. César tomou sobre si a tarefa de erigir teatros, templos, anfiteatros, circos, basílicas e o famoso Fórum. Augusto terminou a maioria dessas obras e iniciou outras. Agripa construiu um magnificente Partenon. Até mesmo uma relativa cidade interiorana como Pompeia contava com luxuosos edifícios públicos. Vespasiano construiu o Coliseu, um gigantesco anfiteatro. E também havia os banhos de Tito e seu arco triunfal. O arquiteto de Trajano, Apolodoro de Damasco, ultrapassou em dimensões e esplendor tudo quanto havia antes dele, tendo levantado o Fórum Trianon, com sua gigantesca Basílica Ulpia, e a coluna de Trajano, que até hoje sobrevive.

VIII. ARQUITETURA DOS HEBREUS. Originalmente, eles eram pastores e habitavam em tendas, e não tinham arquitetura. Provavelmente, devido à influência egípcia, Israel a princípio construiu cidades. Sem dúvida, foram compelidos ao trabalho escravo, edificando alguns dos grandes monumentos do Egito. Em Canaã, os hebreus habitavam em casas de pedra (ver Lv 14.34; 1Rs 7.10), a maioria das quais provavelmente eles tomaram, não as tendo construído (ver Dt 6.10 e Nm 13.19). Também edificaram cidades fortes, com muralhas. Aparentemente não havia uma maneira sistemática de construção, embora provavelmente predominasse o estilo de cabanas de pedras e barro, com um único aposento.

No tempo dos reis. Nesse tempo, começou realmente a arquitetura dos hebreus, um povo que lutava para sobreviver e não tinha tempo para fantasias e grandiosidades arquitetônicas. Porém, uma vez que a prosperidade deles começou a acentuar-se, as edificações refletiram o aprimoramento da situação. Dos dias de Saul em diante, a arquitetura descoberta pela arqueologia consiste em maciças construções de pedra, como no caso das residências reais, que mais se assemelhavam a masmorras. Posteriormente, por haverem feito empréstimos dos estilos estrangeiros, passaram a ser construídas estruturas mais nobres entre os hebreus.

No tempo de Davi e Salomão. As conquistas militares trouxeram as riquezas, e havia mais para ser investido em edificações. O primeiro palácio de Davi, em Hebrom, provavelmente era uma casa de pedras de telhado chato, com as características de uma fortaleza. Ele também construiu para sua residência uma casa de madeira de cedro (ver 1Sm 7.2), a sudeste do que mais tarde se tornou Jerusalém. Também fortaleceu a própria cidade com muralhas maciças. A paz e a prosperidade levaram Salomão a experimentar de tudo, e a antiga ideia da construção de um templo finalmente se concretizou. Ele dependeu muito das habilidades dos fenícios, importando inúmeros conceitos e materiais para decorar o edifício. O produto final era caracteristicamente fenício, o que também já era de se esperar, visto que foi obra de um arquiteto sírio (ver 1Rs 7.13-15). Construções similares, com base em planos semelhantes, têm sido encontradas, pertencentes ao período de 1200-900 a.C., no norte da Síria e em Tell Tainat. Descrições amplas são dadas sobre *templo*, em um artigo separado, que versa sobre esse assunto.

Os impostos determinados por Davi e Salomão para financiar o extenso programa de edificações levou à construção de "cidades-armazéns". Foram construídos edifícios em Bete-Semes e Laquis, de construção bem simples, mas com paredes excepcionalmente fortes, com longos e estreitos aposentos, provavelmente para armazenar cereais. Esses aposentos tinham, inicialmente, 32 m de comprimento; e, posteriormente, 78 m de comprimento. Isso requeria residências para os encarregados, anexas aos armazéns. Em Megido e Hazor, grandes edifícios dotados de colunas foram levantados, com pátios pavimentados, que alguns estudiosos julgam ter sido estábulos, embora pudessem ser salas e escritórios para recepção ao público. Edifícios similares foram encontrados em Tanaque Eglon e Gezer. Nesses edifícios eram usadas grandes pedras, um tanto toscas nas fieiras inferiores, mas com pedras de esquina bem formadas e perfiladas. Em seguida vinham fieiras de madeira, misturadas com tijolos cozidos ao forno. Os pátios centrais, abertos e grandes, recolhiam a água da chuva em cisternas cavadas na rocha, similares àquelas encontradas em Bete-Semes, pertencentes aos séculos XIII e XIV a.C. Essas cisternas eram usadas para recolher água potável, para propósitos de lavagens e para servirem de masmorras (ver 1Rs 22.38; Jr 38.6). Algumas vezes, por baixo desses pátios centrais, profundos túneis eram cavados até a fonte mais próxima, para trazerem suprimento de água. Tais túneis têm sido encontrados em Gibeom, Gezer, Megido, Laquis e Jerusalém, demonstrando considerável técnica de engenharia. Túmulos escavados na rocha, alguns deles bastante amplos, mostram a influência egípcia.

Residências particulares. Desde tempos remotos, têm sido encontrados restos de casas próximas de Siquém (pertencentes ao século XVII a.C.). Há uma única entrada que vai dar em um pátio central, de onde há acesso para os quartos que eram usados para abrigar servos e para servir de armazéns. Esse planejamento básico parece ter sido comum em todo o antigo Oriente Próximo, para o caso de pessoas mais abastadas. As casas dos pobres eram muito austeras, tendo cobertura de palha trançada, com paredes feitas de pau a pique e vigas de madeira. As mais pobres contavam com um único aposento; mas dois aposentos eram comuns nessas casas. Por volta de 1500 a.C., tornaram-se comuns casas com um aposento maior na frente, e um aposento menor atrás; e naturalmente, os ricos sempre dispunham de muitos aposentos e de amplo espaço.

IX. NO PERÍODO INTERTESTAMENTAL. As mais impressionantes estruturas desse período podem ser representadas pelo mausoléu da família Tobiade, em Araq'el-Emir, na Jordânia. Tinha enormes pedras e colunas com capitéis coríntios ornados com frisos e figuras de leões, mostrando a influência helenista. Porém, a influência fenícia continuava presente nesse período. Foram construídas torres redondas, em Samaria. Vários monumentos exibem uma mistura de estilos, como o túmulo de Zacarias (em Jerusalém), com seu telhado piramidal egípcio, capitéis e pilastras gregas, com colunas nas esquinas, lapidadas da rocha.

X. NO NOVO TESTAMENTO. Herodes e seus sucessores mostraram-se especialmente ativos em suas obras arquitetônicas, como no caso do templo de Jerusalém (ver Lc 21.25) e de vários edifícios em Samaria e Cesareia, bem como em cidades menores. O templo de Herodes dominava Jerusalém, no que concerne à arquitetura. De fato, era um cartão de visitas da política protecionista de Herodes ao judaísmo. Começou em cerca de 19 a.C., e foi terminado após 46 anos de labor (ver Jo 2.20). O trecho de Marcos 13.1,2 refere-se às suas impressionantes pedras de construção. Era uma estrutura tripla, onde o átrio inferior formava um ótimo terraço, tendo no meio um átrio interior elevado em plataforma do qual erguia-se o santuário propriamente dito. Claustros ou pórticos parecem ter rodeado o átrio exterior, uma característica grega. Cristo ensinou ali, tal como o fizeram os seus apóstolos (ver Jo 10.23; At 3.11 e 5.12). A área descoberta foi transformada em uma feira para vender animais para os holocaustos e em um local de troca de moedas, para os peregrinos. Jesus objetou a esse espírito de comercialização (ver Jo 2.13-17), algo que sempre infesta os santuários religiosos. Quanto a detalhes sobre a aparência desse edifício, ver o NTI em suas notas em João 10.23. Também pode ser visto o artigo sobre o *templo de Jerusalém*, quanto a maiores detalhes.

As Sinagogas. A estrutura das sinagogas dependia das dimensões da congregação local, mas *a posição* da estrutura era previamente determinada. Usualmente era construída em lugares elevados, e situada de tal modo que os adoradores, ao entrarem e orarem, ficassem de rosto voltado para Jerusalém. Por dentro, a construção lembrava o tabernáculo, mesmo que não fosse duplicação real dos seus elementos. Na extremidade que dava para Jerusalém, ficava a arca, a caixa que continha os livros sagrados, e essa porção da sinagoga se tornava um santuário em miniatura. Ali ficavam os *principais assentos*, que eram disputados pelos fariseus (ver Mt 23.6). Defronte da arca ficava o candeeiro de oito ramos. Uma de suas lâmpadas ficava a arder continuamente. No meio do edifício havia uma plataforma elevada, sobre a qual várias pessoas podiam ficar em pé para fazer a leitura das Escrituras. A congregação estava dividida, os homens eram separados das mulheres, e uma repartição abaixo servia para esse propósito.

Por baixo do soalho de uma sinagoga, em Cafarnaum, pertencente ao século IV d.C., foram encontrados os remanescentes de uma edificação que podia ser a sinagoga mencionada em Lucas 7.5, que um centurião romano presenteou aos judeus. Restos de sinagogas muito antigas não têm sido encontrados devido à total destruição das construções judaicas no primeiro século da era cristã e no começo do século II d.C. (70 e 132 d.C., quando das invasões dos romanos sob Tito e Adriano).

Residências particulares. Conforme sempre sucedeu em todas as épocas, essas variavam segundo a abastança de cada um. As casas dos pobres daquela época, provavelmente, não eram muito diferentes daquelas que hoje se vê nas vilas turcas e sírias. Os pobres tinham um aposento, talvez dois (ver Lc 11.7) . Se um homem quisesse ter privacidade ao orar, tinha de ir para a sua despensa, uma estrutura muito simples para guardar legumes, cereais e frutas (ver Mt 6.6). As casas eram feitas de pau a pique, talvez com uma obra de gradil trançado e recoberta de argamassa. Isso podia ser arrombado sem muita dificuldade (ver Mt 6.19 e as notas nesse lugar, no NTI). As pessoas mais abastadas contavam com casas mais espaçosas, construídas ao redor de um pátio, com telhado plano e vários aposentos. Havia pátios elevados sobre os telhados planos, e podiam ser estendidos ali baldaquinos para que os hóspedes e os membros da família pudessem ir ali, ao refrescar do dia (ver At 10.9). Os *cenáculos* (ver At 1.13) podiam ser o andar de cima de uma casa de dois pavimentos, ou um pavimento coberto no alto do telhado plano. Algumas vezes, uma escada externa levava a tais aposentos ou construções, no telhado plano.

XI. A METÁFORA DA ARQUITETURA. Há várias dessas metáforas no Novo Testamento. Em primeiro lugar, temos a considerar o *alicerce* sobre o qual alguém edifica (ver Mt 7.24,27;

Lc 6.48; 14.29; Rm 15.20; 1Co 3.10-12; Ef 2.20; 1Tm 6.19; 2Tm 2.19; Hb 11.10). Isso simboliza como o homem sábio ou espiritual preocupa-se em ter uma sólida e fidedigna base para sua fé e vida. A própria igreja está edificada sobre o fundamento firme dos apóstolos e profetas, os líderes espirituais do Antigo e do Novo Testamentos. Naturalmente, Cristo, em certo sentido, é o *único alicerce*. Em outras palavras, ele é o único fundamento como a base da salvação do indivíduo (ver 1Co 3.10-12). Mas ele também é a pedra de esquina, que mantém unido o alicerce e garante a simetria da construção, sendo essa uma parte importantíssima do alicerce (ver 1Pe 2.7). Paulo chamou a si mesmo de "sábio construtor", que ele designou usando o vocábulo grego *architekton*. Mas, cabe dizer então um arquiteto não era aquele que planejava um edifício, e, sim, o mestre de obras, o encarregado da construção. Paulo lançava o alicerce por meio de sua prédica, e o templo cristão ia tomando forma (ver 1Co 3.10). O homem espiritual edifica com ouro, prata e pedras preciosas, materiais duradouros, que não se estragam sob os efeitos do fogo. Isso indica sua vida diária, sua espiritualidade e sua busca. O indivíduo pode construir para o tempo ou para a eternidade, pois a escolha é dele. Aqueles que edificam somente para o tempo, metaforicamente usam materiais como madeira, feno (usado na massa sobre a qual era aplicada a argamassa) e a palha, um elemento essencial no fabrico de tijolos de barro, formando um material barato, ressecado ao sol, para edificações que não tinham o propósito de ser duráveis. Espiritualmente falando, um homem pode construir como o faria um rico ou como o faria um pobre (ver 1Co 3.12 ss.). (AM BAD IB ID FRA ND UN Z)

ARREPENDIMENTO

O AT frequentemente fala em arrependimento para descrever a volta da Israel a seu Deus (p.ex: 2Cr 7.14), em resposta a uma promessa divina de restauração de felicidade para a nação. No NT, contudo, a pregação de arrependimento, grandemente exaltada, assume conteúdo específico para o indivíduo. Esse aspecto começa com a pregação de João Batista (Mt 3.5-12; Lc 3, 7.7-17). As palavras gregas usadas por todo o NT são principalmente formas relacionadas ao verbo *metanoein*, "mudar a mente de alguém". Essa breve expressão quer significar toda uma mudança radical na *disposição* do indivíduo, sendo a mudança de mente referente ao seu julgamento sobre si próprio e seu pecado, juntamente com uma avaliação das exigências de Deus a respeito de sua pessoa. A transformação aí implícita não é, portanto, uma simples questão de julgamento mental, mas, sim, de uma nova atitude religiosa e moral (a volta a *Deus*, 1Ts 1.19) e uma nova conduta (At 26.20), como a pregação de João fazia ver com toda a clareza.

Sendo o arrependimento dirigido a Deus e afirmando novos princípios de vida, é inseparável da fé, pela qual, somente, vem o conhecimento de Deus. É uma sensível distorção das Escrituras separar o arrependimento da fé, como se o primeiro fosse, em algum sentido, uma condição para ser ter a última. Isso está claro no fato de que a pregação dos apóstolos instava as pessoas, algumas vezes, a se arrependerem (At 2.38; 17.30; 26.20), mas, em outras ocasiões, a crer (At 13.38-41; 16.31). Do mesmo modo, o perdão dos pecados resulta do arrependimento e da fé (At 2.38; 3.19; 10.43). O arrependimento e a fé são assim, simplesmente, dois aspectos de uma mesma ação, muito embora, no caso da fé, é bem verdade, o NT enfatize uma conscientização de Cristo (At 20.21). Tal como a fé, o arrependimento é considerado, portanto, um dom de Deus (At 5.31; 11.15-18; 2Tm 2.25).

Pode-se observar a importância do arrependimento desde o começo da pregação apostólica e de sua posição como o primeiro princípio da mensagem cristã (Hb 6.1). Embora haja na conversão uma decisiva mudança de mente, a renovação da mente humana relativamente a Deus é um processo *contínuo* (Rm

12.2; Ef 4.23), exatamente à medida que a fé cresce. A mudança de mente e renovação da fé na vida do cristão constituem o lado ativo do processo chamado de santificação, do qual regenerar-se e resguardar-se do mal são os aspectos passivos.

Em virtude do aumento na ênfase da penitência (a tristeza pelo pecado) associada ao arrependimento, a ideia de confissão e penitência acabou por se sobrepor ao sentido de "mudança da mente de alguém". Mas foi, então, que Lutero redescobriu a palavra no grego do NT para arrependimento, *metanoein*. Substituiu, assim, a tradução predominante da Vulgata latina de "fazer penitência" e uniu o arrependimento intimamente à fé.

Não cabe a ênfase demasiada na ideia de que o arrependimento seja um ato moral, que implica o ato de se voltar a totalidade da pessoa, em espírito, mente e vontade, à aquiescência e sujeição à vontade de Deus. O arrependimento é mais, em sentido bem real, um milagre moral, um dom da graça. Os termos que costumam ser confundidos com ele, como penitência, remorso ou autopunição, não fazem jus ao verdadeiro impacto da graça a que chamamos arrependimento.

(**R. Kearsley**, B.D., Ph.D., Teologia Sistemática do Glasgow Bible College, Escócia.)

BIBLIOGRAFIA. F. Lauback & J. Goetzmann, *in NIDNTT* I, p. 353-362; J. Murray, *Redemption — Accomplished and Applied* (Edinburgh, 1973); W. Telfer, *The Forgiveness of Sins* (London, 1959).

ARROMBAMENTO. Ver *Crimes e Castigos*.

ARSA

No hebraico, "**mundano**". Foi governador de Tirza, em cuja casa Zinri assassinou Elá, rei de Israel (ver 1Rs 16.9,10). Era o mordomo de Elá, e Zinri era um dos comandantes militares do rei. O incidente aconteceu em meio a um banquete de vinho. (ID S)

ARSACES

Esse é um título (no persa antigo, "**herói**") que os reis partas adotavam (285-250 a.C.). Certo número de monarcas medo-persas também adotou esse nome. Um deles foi Mitridates I Arsaces, mencionado em 1Macabeus 14.1-3, embora isso nunca apareça nos livros canônicos da Bíblia. Apiano, o historiador romano, menciona suas batalhas, como também o faz Josefo (Anti. xiii. 186). A dinastia parta dos arsácidas tornou-se uma das maiores ameaças contra as pretensões romanas no oriente. E os dez reis de Apocalipse 17.12 provavelmente são os reis partas que Nero reencarnado traria consigo, para cometer matricídio. Na moderna interpretação profética, eles representam o reavivamento do império romano, encabeçado pelo anticristo. Ver no NTI essa referência quanto aos ensinos antigos sobre esse assunto. (NTI Z)

ARSIPURITE

Um homem cujos 112 filhos retornaram a Jerusalém com Zorobabel, após o cativeiro (ver 1Esdras 5.16). O nome não aparece nas listas paralelas de Esdras e Neemias, mas o número é idêntico ao número mencionado em relação a Jora (Ed 2.18) e Harife (Ne 7.24). (Z)

ARTAXERXES

Artaxerxes I. O seu nome deriva-se do persa, *reino de Arta*. Foi nome de três monarcas, Artaxerxes I, II e III. Evidências extrabíblicas mostram-nos quais deles estiveram envolvidos no relato bíblico. Os papiros de Elefantina mostram que, em 408 a.C., Sambalate era um homem idoso, e seu papel de governador era realmente preenchido por dois de seus filhos (Sachau, Pap. 1.29). Isso parece indicar que Artaxerxes I (464-424 a.C.), provavelmente era quem governava a Pérsia nos dias de Neemias. Isso é verdade porque Sambalate estava então no auge de seu vigor físico, não sendo ainda um homem velho. Esse Artaxerxes I era chamado Langimano. Era filho e sucessor de Xerxes I (o Assuero de Ed 4.6 e do livro de Ester). No sétimo ano de seu reinado, ele comissionou Esdras para que retornasse a Jerusalém, conferindo-lhe extensos privilégios, juntamente com aqueles que viajaram em sua companhia (ver Ed 7.1 ss.). Isso aconteceu em cerca de 457 a.C. Cerca de treze anos depois, ele deu permissão para que Neemias assumisse o controle das questões civis de Jerusalém (ver Ne 2.18). Neemias reconstruiu as muralhas e fortificações da cidade (cap. 2 de Neemias), e isso assinalou o começo das setenta semanas referidas em Daniel 9.24-27. Deveríamos observar que vários anos após os eventos registrados em Esdras 4.7-23, onde lemos que esse homem se opunha à reconstrução do templo de Jerusalém, o citado personagem mudou de parecer, tornando-se generoso para com os judeus, sobretudo no caso de Esdras e Neemias. Alguns têm pensado, por causa disso, que a Bíblia descreve duas pessoas diferentes (uma que mostrava severidade, e outra que se mostrava favorável para com os judeus), dois monarcas diversos. Mas esse ponto de vista tem sido abandonado por muitos estudiosos, embora não haja qualquer certeza quanto a esse particular.

Arcabouço Histórico

522 Dario I

Batalha de Maratona (490)	493
486 Xerxes	
	História de Ester
Batalha de Salamis (480)	
	474
465 Artaxerxes I	
424 Dario II	
404 Artaxerxes II.	

BIBLIOGRAFIA. BRI OLM UN Z

ARTE NA BÍBLIA E NAS CIVILIZAÇÕES RELACIONADAS

Ver o artigo sobre a *arte*, que inclui muitas teorias sobre a estética, bem como sobre o problema das formas de arte cultivadas na igreja, especificamente a *música*.

I. ANTES DE 3000 a.C.

1. Arte linear, isto é, desenhos afrescos que eram formados por linhas, sem qualquer tentativa de fazer representar as duas dimensões. Foi desenterrado um esplêndido exemplo disso em Teleilat Ghassul, pertencente a cerca de 3600-3400 a.C., mostrando dragões e estrelas, além de figuras geométricas. Um outro exemplo mostra um estranho pássaro, e um terceiro, uma possível cena de adoração.

2. Escultura. Provenientes de Jericó, de 6500 a.C., foram encontradas figuras de surpreendente delicadeza, com os olhos formados por conchas coloridas, para emprestar maior realismo. Exemplos de terracota pintada também datam de tempos antiquíssimos. Figurinhas bem executadas foram encontradas na Planície de Amuque, na Síria, provenientes dos tempos neolíticos.

3. Trabalho de entalhe. Em objetos como cabos de osso, de instrumentos (como uma foice), com intricadas cabeças de animais, como entre os natufianos da Palestina. Esse povo também esculpia colares de considerável arte.

4. Cerâmica. Exemplos encontrados em Jericó indicam que desde tempos remotos havia grande habilidade artística.

5. Estruturas monumentais. Os zigurates, no topo dos quais eram construídos templos (na Suméria), túmulos e várias outras estruturas (no Egito), demonstram muito gosto artístico, sobretudo da parte dos construtores egípcios, que decoravam as paredes com cenas da vida selvagem, cortejos de adoração e de batalhas.

II. DE 3000 a.C. ATÉ A ERA CRISTÃ (não hebreia)

1. Egípcia. A cultura egípcia, em redor do rio Nilo, atingiu maturidade entre 2614 e 2181 a.C. Floresceram ali todos os ramos da arte, refletidos nos túmulos, templos e pirâmides. Havia decorações em paredes exibindo toda a variedade imaginável de coisas, desde cenas de batalhas até a vida animal e vegetal e até mesmo a crença na vida após-túmulo. O corpo dos Faraós era posto em uma saleta dentro da pirâmide, supostamente para haver certeza de que ele não seria perturbado, podendo desfrutar da vida após-túmulo em paz. A escultura egípcia (feita na mais dura rocha), bem como a arquitetura eram maciças, sólidas e permanentes, servindo como obra de arte em si mesma. As formas de arte do Egito eram imitadas em outros lugares, como na Síria, sob a forma de vasos com tampa de ouro, encontrados em Biblos. Depois houve uma mudança para motivos assírios, no primeiro milênio a.C., quando a Assíria obteve a hegemonia e o poder egípcio se debilitou.

2. Hitita. (Ver o artigo sobre os hititas). Na Ásia Menor e no norte da Síria, entre 2000 e 1200 a.C. Quando esse povo obteve poder, apareceu uma arte um tanto menos egípcia quanto ao estilo.

3. Hurriana. Os hurrianos formavam um povo que vivia a leste dos hititas, cobrindo meio-círculo das montanhas do Taurus, desde Urquis, ao norte de Carquemis, até o país de Namar, em torno do lago Van, e até chegando tão ao sul quanto o alto rio Zabe. Ver o artigo sobre os *hurrianos*. Os reis hurrianos reinaram na Assíria em cerca de 2200 a 2000 a.C. O domínio deles introduziu uma cerâmica pintada em branco sobre negro. A arqueologia também tem descoberto estatuetas de cobre e de prata, ídolos com olhos engastados, os quais talvez originalmente eram folheados a ouro, tudo pertencente aos hurrianos.

4. Creta. Após o ano de 2000 a.C., importantes civilizações apareceram nas regiões ao redor do mar Egeu, incluindo a ilha de Creta, e, mais tarde, o continente grego. A primitiva arte cretense é conhecida como arte minoana, devido a Minos, um rei lendário da ilha. Houve dois períodos de grandeza, o primeiro de cerca de 1700 a 1600 a.C., e o segundo de cerca de 1600 a 1500 a.C. Então ocorreu uma misteriosa catástrofe, da qual a civilização minoana jamais se recuperou. No primeiro período, foram construídos belíssimos palácios como aquele de Cnossos, com pinturas nas paredes, objetos religiosos e uma cerâmica característica. O segundo período reflete uma raça não militarista, porque os habitantes parecem ter sido uma classe bastante hedonista de comerciantes. Então predominava a arte religiosa com deusas elegantemente trajadas, mais encantadoras do que assustadoras. Os palácios eram erigidos com colunas características, com decorações suntuosas.

5. Fenícia. Ali as formas de arte são um tanto cruas em sua maior parte, como as figuras de prata e as esculturas encontradas em Ugarite. Uma exceção é o busto do rei Yarim-lim de Alalaque (século XVIII a.C.), finamente executado em estilo sumeriano.

6. Grega. A civilização minoana caiu em cerca de 1500 a.C. e foi então que certas cidades gregas do continente atingiram um ponto de notável realização artística. Uma dessas cidades era Micenas, que deu seu nome ao período. Seus túmulos rivalizavam com os túmulos do Egito, embora construídos subterraneamente e com a forma de colmeia. Os mortos eram sepultados usando máscaras de ouro, com artefatos de ouro incrivelmente trabalhados. Desse pano de fundo surgiu a arte grega, alicerce de toda a arte ocidental. De cerca de 1100 a 700 a.C., encontramos os vasos em forma geométrica, com pinturas elaboradas. Em cerca de 700 a.C. apareceu a influência oriental, o que se refletiu no desenho dos vasos, das pinturas e dos estilos de penteados femininos, retratados nas pinturas murais da Grécia. Em cerca de 650 a.C. começou o período arcaico, com sua soberba arte representando o corpo humano. Nesse tempo, continuou sendo mantida a típica postura egípcia, com o pé esquerdo firmemente plantado diante do pé direito, os braços rígidos ao lado do corpo. Mas, quanto a outros aspectos, a escultura atingiu uma incomum perfeição, em suas representações. Em cerca de 490 a.C., as figuras começaram a ganhar movimento e graça, tendo sido abandonada a postura rígida do período anterior. As figuras femininas da arte grega, antes do século IV a.C., aparecem vestidas, mas os homens aparecem heroicamente desnudos. O estilo clássico atingiu seu ponto culminante na escultura e na arquitetura do Partenon de Atenas (cerca de 448-432 a.C.). Os templos são um exemplo de arte maciça, como as pirâmides do Egito. O Partenon apresenta truques visuais para fazê-lo parecer mais perfeito do que realmente era. Os gregos tinham observado que uma linha reta horizontal parece baixar no meio, e que uma coluna com lados retos parece estreitar-se no meio. Assim sendo, os gregos faziam linhas levemente curvas nos templos, para compensar essa ilusão visual. A base dos templos se curvavam levemente na direção do centro, e os lados das colunas tornaram-se levemente bojudos. No século IV a.C., o centro da atividade política e artística da civilização grega transferiu-se de Atenas para as cidades helenizadas da Ásia Menor. As esculturas do século IV a.C. refinaram e desenvolveram conceitos pertencentes ao período clássico de Atenas. O novo estilo atingiu o clímax no grande friso do altar de Zeus, em Pérgamo, com seus grandes e musculosos deuses e seus monstruosos gigantes, empenhados em luta violenta.

7. Romana. Os romanos herdaram formas artísticas dos etruscos e dos gregos. Os etruscos já tinham sido influenciados pelos gregos, embora tivessem seus próprios desenvolvimentos nos campos das ciências e das artes, sobretudo na engenharia, na planificação de cidades e na modelagem de metais. Apesar do fato de que a arte romana chegara a ser considerada um simples simulacro da arte grega, isso não diz toda a verdade sobre a questão. Houve algumas melhorias, embora também houvesse cópia e declínio. Os romanos desenvolveram a arquitetura com cúpulas, usando esse estilo para edifícios públicos, privados e religiosos. Eles perceberam a possibilidade arquitetural dos arcos e das cúpulas, e atingiram grandiosidade em suas construções, dando-nos um exemplo de arte maciça. Na escultura romana, é óbvia a influência grega, embora os romanos tenham criado uma expressão severa e poderosa, toda própria deles. No primeiro século a.C., os pintores romanos haviam desenvolvido um elaborado estilo de decoração mural, incorporando ilusões tridimensionais às figuras representadas. Isso era conseguido através de um sombreado sutil.

III. A ARTE EM ISRAEL. 1. A influência do segundo mandamento da lei (ver Êx 20.4-6), contra qualquer tipo de representação de figuras vivas, evitava a idolatria. Agora podemos dizer que esse mandamento não visava a proibir a arte, e, sim, o abuso de algumas formas de arte. Porém, os antigos hebreus não demonstravam paciência com esse tipo de interpretação permissiva. Para eles, aquele mandamento tinha natureza absoluta, pelo que era até uma falta de gosto fazer circular moedas estrangeiras entre os israelitas com efígies de pessoas. No entanto, havia a representação de seres angelicais, como era o caso dos querubins, no véu interior do templo de Jerusalém, e nas paredes do templo de Salomão, onde também havia a representação de palmeiras (ver 1Rs 6.29). Além disso, no propiciatório, havia as figuras de dois querubins. Contudo, devemos observar que eles não eram figuras humanas, e nada tinham a ver com os "deuses" pagãos. Portanto, devemos afirmar que o segundo mandamento da legislação mosaica influenciou de forma definida, como uma influência supressiva, certas formas de arte entre o povo de Israel, como a pintura, a escultura, o desenho de figuras humanas etc. **2. Nos primeiros tempos**. A arqueologia tem descoberto bem pouco do antigo Israel que demonstra interesse artístico entre os hebreus. Através da longa história de Israel, até o tempo da construção do templo de Jerusalém, encontramos uma população mista na Palestina, com suas muitas culturas, sendo quase impossível distinguir qualquer coisa que seja especificamente hebreia. Os israelitas apreciavam as joias finas do Egito, e fabricavam as suas próprias; havia entalhe em madeira e decoração em cerâmica. Porém, a época foi de violência contínua, em que os homens matavam e eram mortos, expulsando e sendo expulsos, e condições assim não favoreciam o cultivo das artes. **3. O templo**. Quanto à arquitetura do templo, ver o artigo sobre o *templo*. Entre as decorações do templo havia querubins (leões com cabeça humana), grifos alados, aves, répteis, touros, leões e desenhos florais e arbóreos (ver 1Rs 6.18,19). As porções de madeira entalhada, nas paredes interiores, eram ornadas com folhas de ouro, e as portas foram similarmente decoradas. Em tudo isso era forte a influência sírio-fenícia. O entalhe em madeira, recoberto de ouro, era uma das características da arte fenícia. **4. Após o templo**. Já desde os séculos XXXIV e XXXV a.C. temos exemplos de entalhe em osso e marfim, nos cabos das armas, em vasos e em figurinhas. Peças em marfim, encontradas em Samaria, pertencentes aos dias de Acabe, mostram a influência da arte fenícia, com os seus elementos egípcios, sírio-nititas e assírios. Algumas peças de marfim (potes, vasos, selos etc.) eram feitas com ornatos de ouro, lápis-lazúli, contas coloridas e vidro. Outras peças também têm figuras humanas e de animais. Não há qualquer exemplar sobrevivente da pintura hebreia, pelo que não há provas diretas de que eles pintavam paisagens em paredes adubadas, conforme faziam vários outros povos, embora tenham sido encontrados pigmentos coloridos nas escavações, apesar de sabermos que o ocre vermelho era usado para colorir as paredes e a madeira (ver Jr 22.14 e Ez 23.14). Portanto, é possível que houvesse outras formas de pintura. Poucos exemplos de escultura têm sido encontrados no período cananeu... Mas aqueles que têm sido encontrados, como a figura sentada de Baal, feita em basalto, a deusa serpente enroscada em uma estela de Beit Mirsim, e os pés muito bem esculpidos de uma estátua de Hazor (século XIII a.C.), procedem de culturas não judaicas. O segundo mandamento, que proibia a feitura de imagens em escultura, naturalmente desencorajava qualquer tipo desse labor artístico entre os hebreus. Em tempos posteriores, tal atividade continuava, mas aparentemente sem qualquer envolvimento da parte dos hebreus. *Gravações* encontradas na Palestina em cilindros, escaravelhos e selos estampam típicos temas, as figuras humanas e as de animais etc. Os hebreus sabiam trabalhar com metais, mas poucos de seus artefatos em metal têm sobrevivido. O *mar* de bronze, do templo de Salomão (para conter água), que tinha cerca de 25 toneladas, com paredes de 7,5 cm de espessura, uma taça com 5 m de diâmetro e 2,30 m de altura, e uma borda ornada, é um bom exemplo. A bacia repousava sobre as costas de doze bois moldados em separado e arranjados em quatro tríades, como suporte (ver 1Rs 7.23 ss.). Continha cerca de 38 mil litros de água. De tempos posteriores não temos quaisquer objetos de nota originados na cultura hebraica. **5. Período Macabeu-hasmoneano**. Nesse ponto da história, a influência grega e romana era grande. A base do candeeiro do templo é representada no arco de Tito, em Roma. Vemos dragões com rostos humanos, sabedores que somos que o seu protótipo, o templo de Apolo, em Didina, tinha rostos humanos. Josefo afirma que a mesa dos pães da proposição tinha típicas pernas de estilo grego, isto é, com patas de leão. As moedas do período mostram desenhos relativamente crus e toscos, incluindo rituais simbólicos, plantas e frutas, bem como imagens humanas. Algumas moedas estampam o templo com a arca da aliança em seu interior.

IV. No Novo Testamento. Nesse tempo, a arte era imitativa e comercializada, tendendo para o realismo e para a exagerada elaboração, sem grandiosidade. Estamos informados de que o templo de Herodes era ornamentado com uma videira esculpida com cachos de uvas douradas, com 1,80 m de altura, enfeitando as portas. Formas humanas foram introduzidas nas expressões artísticas da Judeia e da Palestina, incluindo representações das divindades gregas e romanas. A escola de Hilel não fazia objeção ao uso ornamental de figuras humanas, mas outras escolas rabínicas afirmavam uma estrita interpretação do segundo mandamento. Formas arquiteturais gregas começaram a ser usadas nos sepulcros. Josefo informa-nos que o pórtico real do templo de Herodes tinha colunas de estilo coríntio, que era a sua principal característica decorativa. Internamente, o templo era abundantemente decorado, com toda a espécie de desenhos. Herodes construiu numerosas outras obras arquiteturais na Judeia, conforme se vê em Cesareia, onde era forte a influência grega clássica. As referências neotestamentárias em Atos 17.24,29, a respeito do Areópago, e em Apocalipse 2.13, onde se leem as palavras onde está o *trono de Satanás* (referindo-se ao grande altar de Zeus, com forma de trono), trazem à nossa atenção formas de arte greco-helenistas.

V. Aplicações modernas. Obviamente, a religião é relacionada a diversas formas de artes. A mais importante destas é a música. O Novo Testamento recomenda a música como um meio para inspirar a espiritualidade, Colossenses 3.16. Alguns filósofos acham que a música provoca estados metafísicos e estes podem ter um efeito sobre o modo de pensar e agir de uma pessoa. A experiência humana comprova este ponto de vista. A música é mais do que variações em vibrações de ondas de som. Esta forma de arte é ao mesmo tempo a mais abstrata e poderosa. É por isso que a igreja que utiliza a música mundana nos seus cultos degrada o espírito da igreja. (FEIF ROT Z)

ARTES E OFÍCIOS

As sociedades organizadas requerem um conjunto fixo de artes e ofícios, além da agricultura. Quanto mais primitiva for uma sociedade, menor a necessidade de artes e ofícios; mas as sociedades mais avançadas e complexas têm uma imensa variedade de artes e ofícios. Estamos interessados no arcabouço bíblico. Os hebreus não eram inovadores na arquitetura, nas artes e ofícios. Eles tomavam por empréstimo e adaptavam elementos dos povos vizinhos. Assim, o trabalho em ferro foi tomado por empréstimo dos filisteus (ver 1Sm 13.20), a indústria da tinturaria, dos fenícios, que supriam os operários para projetos mais importantes, como a construção do palácio real de Davi e o templo de Jerusalém. No século I a.C., a fabricação do vidro foi importada de Tiro. Ver o artigo sobre a *arquitetura*, onde damos evidências desses empréstimos feitos pelos hebreus.

I. Materiais básicos. Geralmente, os hebreus trabalhavam com o que dispunham: argila, madeira, pedras, metais, fios para fabricação de tecidos e outros objetos feitos de pano. Em tempos mais prósperos, outros materiais eram importados, como metais, marfim, mármore, madeiras, itens esses que foram incluídos na construção do templo (ver o artigo a respeito).

II. O comércio e as guildas. Pessoas com interesses comuns reúnem-se a fim de se ajudarem mutuamente. Isso leva, finalmente, às organizações formais, como as uniões operárias e as guildas, algumas vezes chamadas *famílias*, localizadas em lugares onde cada classe de artífice podia trabalhar na esperança de sobreviver. Assim, temos os escribas em Jabez (1Cr 2.55), os obreiros em linhos, em Tell Beit Mirsim (Debir?) (1Cr 4.21), o Vale dos Artífices, em Jerusalém (1Cr 4.14 e Ne 11.35), os oleiros (Mt 27.7) e os lavandeiros (2Rs 18.1). Um membro de uma dessas guildas era chamado de "filho" daquela profissão (Ne 3.8,31 — em nossa versão, "um dos ourives" e "filho de um ourives"). Nos tempos do Novo Testamento, as guildas haviam assumido um caráter político, exercendo notável influência, conforme podemos deduzir da narrativa sobre os ourives de Éfeso (At 19.24). O trecho de 2Timóteo 4.14 fala sobre Alexandre, o *latoeiro*, podendo nós presumirmos que ele fizesse parte de uma união de trabalhadores. Ver também sobre os artífices em metal (ver 2Sm 8.10; Is 40.19 e Jr 10.9), os entalhadores de madeira (Is 44.13 e 2Rs 12.12), os pedreiros (ver 2Sm 5.11), os gravadores em pedras preciosas (ver Êx 28.9,10), e, naturalmente, os fabricantes de ídolos (ver Is 44).

III. Instrumentos básicos. Desde os tempos pré-históricos temos provas arqueológicas do fabrico de facas de pedra lascada, raspadores, ganchos de colheita, pilões e martelos de pedra. Começando em cerca de 4000 a.C., o cobre começou a ser usado na fabricação de instrumentos; o bronze começou a ser usado em cerca de 3300 a.C. O ferro começou a ser usado em cerca de 1100 a.C. Havia abundância de instrumentos (ver 1Rs 6.7). Machados de ferro eram usados para derrubar árvores. Esses machados tinham cabos de madeira (ver Dt 191.5). Havia facas para toda espécie de finalidade (ver Pv 30.14). Havia serras, furadeiras, enxadas, raspadeiras, puas, goivas, pregos etc. (ver Jr 10.3). Havia pedras de raspar, alavancas, roladoras e guinchos primitivos. Moldes de tijolos, colheres de pedreiro e picaretas têm sido encontrados, referidos nas inscrições de Siloé. Os trabalhadores em metal conheciam o malho, a bigorna, o forno, o fole, os moldes, limas, brocas, tenazes, tesouras e alicates. Os fazendeiros tinham os arados, foices, aguilhões, forcados, enxadas, pás (ver 1Sm 13.21; 1Rs 7.40,45 e Jl 3.13). As ferramentas eram afiadas na pedra ou com limas (ver 1Sm 13.21). O oleiro tinha sua roda, seu forno, torniquetes, pás, raspadeiras e sovelas. Outros artífices, como os tanoeiros, os tintureiros, os fabricantes de tendas, os montadores de joias, os gravadores, os escultores, todos tinham as suas ferramentas e instrumentos especiais, muitos dos quais têm sido encontrados pelos arqueólogos, embora alguns deles não sejam especificamente mencionados nas Escrituras.

IV. Alguns ofícios específicos

1. Os oleiros. Nas terras bíblicas, a cerâmica apareceu pela primeira vez em Jericó, em cerca de 5000 a.C. Pelo menos essas são nossas primeiras evidências arqueológicas. Vasos feitos à mão persistiram até cerca de 3000 a.C. A roda do oleiro começou a ser usada no Egito e na Suméria. O trecho de Jeremias 18.3,4 descreve a obra dos antigos oleiros. Eles pisavam na massa até que se formasse uma massa consistente e então a colocavam sobre a roda. As antigas rodas de oleiro eram feitas de madeira ou de pedra. Havia uma roda menor, posta sobre uma maior, que o oleiro fazia girar à mão (ver Jr 18.3). Os vasos eram moldados sobre a roda menor, no formato desejado (ver Is 45.9). Estes eram então alisados, esmaltados ou queimados, decorados a gosto. A cerâmica dos hebreus era essencialmente utilitária. Exemplares de vasos e fornos têm sido encontrados pelos arqueólogos. Fora de Megido foram encontrados três fornos em forma de "U" (séculos VIII e VII a.C.). Rodas de oleiros têm sido encontradas em Jericó, Megido, Gezer, Laquis, Hazor e muitos outros locais na Palestina.

Uso metafórico. A profissão dos oleiros é usada na Bíblia em sentido simbólico para indicar o poder de Deus sobre os homens e o destino deles (ver Sl 2.9; Is 29.16; Jr 19.11; Rm 9.20 ss.). E a fragilidade e dependência do ser humano, subentendidas nesse fato.

2. Os construtores. Esses incluem os pedreiros, os reboqueiros, os mestres construtores etc. Os aldeões ocupavam-se na fabricação de tijolos secos ao sol. Eles usavam esses tijolos para erguer suas moradias, e então recobriam as mesmas com adobe ou palha, sobre tábuas de madeira, formando assim uma espécie de laje. Algumas vezes, os tijolos eram cozidos ao forno. construtores, especializados ou não, eram usados nas construções públicas (ver 2Cr 34.11). Tais construções eram dirigidas por mestres construtores (ver 1Co 3.10). O local da construção era medido com o uso de um cordel (ver 2Sm 8.2 e Zc 2.1). Nos tempos helenistas, algumas vezes era usada uma vara de medir (ver Ap 11.1 e 21.15). Para tanto, era empregado um agrimensor. O mestre construtor acompanhava o progresso da obra. Entre seus métodos de verificação eram usados o prumo — uma corda com um peso na ponta, feito de pedra ou de estanho — (ver Am 7.7,8), para verificar as estruturas verticais. As obras complexas requeriam muitos operários especializados ou não, além dos pedreiros, carpinteiros, porteiros, trabalhadores em metal e decoradores. Ver o artigo sobre *Arte na Bíblia e Civilizações Relacionadas*.

Usos metafóricos: *a*. O trabalho do mestre construtor era usado para simbolizar o juízo divino (Is 28.17; Jr 31.19). Deus julga a nossa obra. *b*. A medição com o prumo era usada para simbolizar a averiguação da verdade. Coisas distorcidas são desmascaradas, mediante a comparação com a retidão de Deus (ver Is 28.17). *c*. Deus, na qualidade de Criador, é o edificador de todas as coisas (ver Hb 3.4 e 11.10). *d*. Uma construção em andamento pode simbolizar a doação de riquezas e prosperidade ao próprio filho. *e*. A construção de cidades ou famílias pode significar o aumento de seu número, de suas riquezas, honra, poder ou prazer (ver 1Cr 17.10; Sl 119.35). *f*. A edificação das muralhas de Jerusalém representa o fortalecimento e a prosperidade de Israel (ver Sl 51.18). *g*. A igreja está edificada sobre Cristo, o único alicerce espiritual, quando a questão da salvação está em pauta (ver 1Co 3.11). *h*. Entretanto, os líderes espirituais, como os apóstolos e os profetas, compõem uma espécie secundária de alicerce, sobre o qual a igreja vai sendo edificada e, nessa metáfora, Cristo é a principal pedra angular, e não o alicerce inteiro (ver Ef 2.21,22 e 1Pe 2.6). *i*. O ato geral de edificação é um símbolo da nossa edificação espiritual, porque essa, tal como o crescimento físico, depende de uma obra gradual e de aperfeiçoamento, que tem como alvo um produto terminado (ver Jd 20). *j*. Cada crente individual tem a responsabilidade de edificar bem a sua vida espiritual, e com o material de construção apropriado, porque, em caso contrário, ele sofrerá terrível perda final, embora sua alma não se perca (ver 1Co 3.12 ss.). Isso não significa, porém, que tal perda seja permanente, pois o alvo é que todos os remidos sejam conformados à imagem de Cristo (ver Rm 8.29), participando da natureza divina (ver 2Pe 1.4), através de uma glória que será atingida em degraus, mediante as transformações operadas pelo Espírito Santo (ver 2Co 3.18). Não há como esse plano divino venha a falhar, pois, nesse caso, o corpo de Cristo permaneceria imperfeito e defeituoso, o que é uma hipótese ridícula e impossível.

3. Os carpinteiros. Tanto José quanto Jesus eram carpinteiros na pequena aldeia de Nazaré, e talvez os únicos dessa profissão. Objetos feitos por Jesus eram conhecidos nos tempos de Justino Mártir, no século II d.C. Os carpinteiros eram operários especializados em madeira. Trabalhavam fazendo telhados, portas, janelas, escadas e todo o tipo de móveis, como camas, cadeiras, mesas, estrados para os pés, gabinetes etc. Mas também eram feitas tigelas, colheres e caixas. Muitos objetos assim têm sido encontrados pela arqueologia. Os carpinteiros também fabricavam tábuas (ver Is 28.27,28). Também faziam veículos como carroças, carros e embarcações (ver Ez 27.5,6). Ver o artigo sobre os *navios*. Os carpinteiros atarefavam-se nas construções públicas, conforme se vê nos casos do tabernáculo, do palácio de Davi e do templo de Salomão. O entalhe em madeira era uma especialização da carpintaria (ver Êx 31.5 e 35.33), e os carpinteiros também entalhavam osso e marfim. Os instrumentos usados por eles incluíam as lixas, as enxós, as serras, as limas, as brocas, os martelos, as sovelas, as juntas, os pregos e os formões; objetos dessa natureza têm sido encontrados em muitos lugares da Palestina.

4. Os pedreiros. A pedra era um material dispendioso demais para ser usado na maioria das residências particulares, em cuja construção eram utilizados tijolos de barro. (Ver Am

5.11). No templo de Jerusalém foram usadas pedras importadas do Líbano (ver 1Rs 6.7), visto que a pedra calcária da região era por demais macia. Os pedreiros preparavam a pedra e a utilizavam em seu trabalho, empregando muitas das mesmas ferramentas usadas pelos carpinteiros, além da picareta e da pá. Para preparar pedras nas pedreiras eram usadas cunhas de madeira, metidas entre as pedras à força. Isso lascava as pedras, com a força da pressão. As pedras eram amoldadas mediante martelos de metal (ver Jr 23.29). Os pedreiros também escavavam túmulos em cavernas naturais, ou simplesmente nas rochas (ver Is 22.16). As famílias sepultavam seus mortos nesses túmulos. A arqueologia tem encontrado muitos desses túmulos, desde Bete-Semes (século VIII a.C.), até Jerusalém e Bete-Searim (século I a.C. até o século II d.C.). Também havia silos e cisternas escavados na rocha, como em Jericó, Laquis e Megido. Além disso, eram escavados túneis de água, alguns dos quais envolviam muito trabalho humano. Nas construções eram usadas colunas de pedra algumas vezes elaboradamente decoradas, especialmente nos tempos dos Herodes. As escavações têm demonstrado que, no caso do emprego de pedras, nas construções, algumas dessas pedras eram feitas com uma precisão tal que, embora não fosse usado qualquer tipo de cimento, as pedras se encaixavam tão bem que não se podia inserir uma faca entre elas. Pertencente ao século IX a.C., em Megido, há uma dessas obras dotada de tal precisão. Marcas feitas pelos pedreiros podem ser vistas nos degraus de uma sinagoga em Cafarnaum. Os pedreiros também faziam inscrições na rocha, havendo abundantes exemplos descobertos pela arqueologia. Os operários hebreus eram habilidosos no trabalho de cortar e gravar, incluindo as pedras preciosas ornamentais (ver Êx 35.33). Algumas vezes, porém, era mister importar operários especializados, como se deu com Davi, que os contratou com Hirão (ver 2Sm 5.11 e 1Cr 14.1). Nessa obra, ninguém se igualava aos egípcios, que usavam principalmente a pedra calcária, retirada das montanhas, produzindo com ela monumentos maciços e impressionantes, até hoje existentes. Os grandes pesos envolvidos nessas gigantescas construções requeriam considerável habilidade e engenharia. Os hieróglifos egípcios eram traçados com grande habilidade, o que seria surpreendente mesmo que os egípcios contassem com ferramentas de aço temperado (o que se acredita que eles não tinham).

5. Os ferreiros. Antes da introdução do ferro, sabemos que os palestinos mineravam, fundiam e utilizavam o ouro, a prata e o cobre. Salomão dispunha de grandes minas de cobre e ferro, no local do Wadi Arabah e em Eziom-Geber, pelo que sabemos que o ferro era usado naquele tempo (1000 a.C.). Volumosos objetos de metal eram fundidos em moldes de areia, perto das minas (ver 2Cr 4.17). O processo de fundição era ajudado por foles, que forçavam ar soprado através de tubos de argila. Por essa razão, os ferreiros comumente eram apelidados de "os sopradores". O metal fundido era derramado de baldes ou de outros receptáculos em moldes de pedra ou de argila, ou era batido na bigorna (ver Is 41.7). O metal era transformado em placas ou folhas, a marteladas (ver Is 41.7). Por esse motivo, os latoeiros e os ferreiros eram também chamados "marteladores". Muitos objetos eram feitos assim, como todas as variedades de vasos e ferramentas, lâminas de arados, pontas de aguilhões, forcados, machados, alfinetes, imagens, figurinhas, facas e armas de todas as espécies (ver o artigo sobre *Armas, Armadura*). Os ferreiros trabalhavam em tempos de paz e em tempos de guerra (ver Is 2.4; Jl 3.10 e Mq 4.3). Ver o artigo sobre *Mineração e Metais*. Os trabalhadores em metal tinham o malho, a bigorna (ver Is 41.7), os foles (ver Jr 6.29) o cadinho (ver Pv 17.3), e, para peças maiores, o forno (ver Ez 22.18).

6. Os curtidores. Esses trabalhavam com couro (At 9.43), tratando das peles dos animais para fazer roupas de couro, tendas, odres, escudos, capacetes e calçados. É das mais antigas profissões. Os antigos hebreus tinham curtidores (ver Êx 25.5). Os egípcios eram habilidosos curtidores, e a literatura deles mostra como eles preparavam o couro. Havia uma preparação de três dias em que o couro era empapado com sal e farinha de trigo, a fim de ficar limpo. Um cáustico era usado para remover os pelos. Sucos de plantas acres também eram usados nesse processo. Então a pele era secada ao sol por diversos dias, sendo tratada com cascas de árvores e folhas. Eram usados óleos para amaciá-lo (ver 2Sm 1.21 e Is 21.5). Os couros mais finos eram usados no fabrico de folhas de pergaminho. Esse trabalho, embora necessário, soltava fortes maus odores, e os curtidores, nas culturas judaicas, precisavam viver fora dos muros das cidades, com frequência à beira de rios. Assim encontramos Simão, o curtidor, vivendo em Jope, perto do mar (ver At 9.43). Alguns animais, cujas peles eram tratadas, eram animais *imundos*, de acordo com a lei cerimonial judaica, o que era um outro motivo para os curtidores viverem extramuros. O couro usado no fabrico de tendas era raro (ver Êx 25.5 e Nm 4.6), mas era comumente usado para o fabrico de equipamento militar, como capacetes, aljavas, arreios de carros de guerra, fundas, escudos, paveses etc. (ver 2Sm 1.21 e Is 21.5). Sandálias feitas de peles de animais marinhos eram um luxo da época (ver Ez 16.10). Essas peles de animais marinhos eram usadas em leitos, coberturas de cadeiras e itens de decoração. Algumas vezes, essas peles eram tingidas para adquirir ainda maior beleza.

7. Os tintureiros. Israel entrou em contato com essa profissão no Egito. A maioria das culturas antigas mostra algum sinal tanto de tecelagem quanto de tinturaria. Eram tingidos tecidos e couros. As guildas comerciais especializaram-se nesse trabalho. Fragmentos de teares de madeira e tanques para mergulhar tecidos têm sido encontrados em Laquis, no sul de Judá. Pesos de argila foram descobertos em algumas das casas destruídas por Nabucodonosor. Os cananeus, antes mesmo dos dias de Abraão, já eram habilidosos trabalhadores desse ofício, conforme se vê nas descobertas feitas pela arqueologia em Tell Beit Mirsim (Quiriate-Sefer). Muitos pesos para teares foram encontrados ali, juntamente com um elaborado sistema de fabricação de tecidos. Biblos era uma cidade famosa por sua produção de papiro e de tecidos. O Egito era bem conhecido por causa de seus excelentes linhos. Conchas de murex, em Tiro, produziam tintas de cor púrpura e vermelha. Também havia vários tipos de corantes vegetais. As cascas de romãzeiras produziam tinta de cor negra; as folhas da amendoeira davam o amarelo; a potassa e a uva davam o índigo. Essa indústria tem sido confirmada pela arqueologia em textos de Ras Shamra, de cerca de 1500 a.C. Tecidos de cor púrpura foram usados no tabernáculo (ver Êx 26.31 e 28.5). No véu do templo foram usados tecidos tingidos de azul, púrpura e carmesim como variantes do mesmo corante (ver 2Cr 3.11). Os israelitas aprenderam essa indústria, de operários tírios, a pedido de Salomão (ver 2Cr 2.7). A Lídia comerciava com panos tratados em Tiatira (ver At 16.14). Os habitantes de Tell Beit Mirsim (Debir?), perto de Neguebe, devotavam-se às indústrias de tecidos e tinturaria. Pelo menos vinte plantas usadas para o fabrico de corantes têm chamado a atenção dos arqueólogos. Tanques para imergir tecidos foram desenterrados. Em alguns casos, os fios eram tingidos antes de serem tecidos; porém em outros casos, era tingido o tecido já pronto. Vários banhos eram dados, caso se desejasse maior fixação das cores.

8. Os lavadeiros. Estes ocupavam-se na lavagem e embranquecimento dos tecidos. Era necessário limpar as fibras de seus óleos ou gomas naturais, antes de serem tingidas. O pano tornava-se mais compacto por meio do encolhimento, um dos principais trabalhos dos lavadeiros. Algumas vezes, eles também faziam trabalho de tinturaria. Quem fazia esse trabalho precisava de um abundante suprimento de água, pelo que vivia em locais onde a água não faltava. Os lavadeiros pisavam no tecido, estendido por sobre pedras, a fim de realizarem o seu trabalho. Por essa razão, eram comumente apelidados de "pisadores". Em Jerusalém havia um local, fora da muralha leste, onde esse tipo de trabalho era realizado. Chamava-se "campo do lavadeiro" (2Rs 18.17; Is 7.3 e 26.2). Quando da transfiguração do Senhor Jesus, suas vestes resplandeceram com uma brancura incomum, mais do que qualquer lavadeiro seria capaz de produzir (ver Mc 9.3). A potassa era usada como agente embranquecedor, importado do Egito. Também eram usados sabões, argila branca e salitre, nos processos de embranquecimento (ver Pv 25.20 e Jr 2.22). Os álcalis, retirados de certas plantas, bem como os sabões feitos das cinzas da Salsola kali, uma planta, eram utilizados. O sabão referido no trecho de Malaquias 3.2 provavelmente era feito com cinzas de boro, visto que a nossa soda cáustica e o nitrato de sódio eram desconhecidos na Síria e na Palestina, embora tais elementos tenham sido encontrados na Babilônia.

9. Os tecelões. As donas de casa foram as primeiras tecelãs. Mais tarde, o ofício transformou-se em uma indústria. Tecidos eram feitos de linho, algodão, lã e pelos. Esses pelos eram retirados de vários animais, como a cabra e o camelo (ver Êx 35.25 ss.; 2Rs 23.7; Pv 31.13,19). Todos os tipos de objetos eram feitos de pano, como vestes, cortinas, tendas e coberturas de toda espécie. A profissão de tecelagem usualmente era ocupada por homens (ver Êx 27.16). Flores, bordados de várias cores e estampas eram entretecidos nas obras mais finas. Os filhos de Selá ocupavam-se desse mister, mesmo quando Israel ainda estava no Egito (ver 1Cr 4.21). Tecelões produziam as cortinas do tabernáculo, utilizando pelos de cabras e linho (ver Êx 26.1,7). Eles também produziam as vestes sacerdotais (ver Êx 39.1). A guilda dos tecelões existe desde os tempos do escritor ou escritores dos livros de Crônicas (ver 1Cr 6.21). Antes desse tempo, os tecidos da Babilônia eram muito prestigiados, o que se pode subentender com base em Josué 7.21, onde se lê que Acã deu grande valor a uma capa babilônica. Os egípcios eram conhecidos como produtores de excelentes tecidos de linho (ver Is 19.9). Os instrumentos usados pelos tecelões são mencionados no Antigo Testamento, como o tear ou seu eixo (ver 1Sm 17.7) e a lançadeira (Jó 7.6).

Uso metafórico. a. A força das armas, como a ponta da lança de Golias, era comparada com a haste de um tecelão (ver 1Sm 17.7 e 2Sm 21.19). **b.** A vida de um homem escoa-se mais rapidamente que a lançadeira de um tecelão (ver Jó 7.6), o que destaca a brevidade da vida física. **c.** A morte prematura é como um tecido terminado que é cortado do tear e enrolado (ver Is 38.12), mas em que as pontas dos fios continuam presas ao tear. Ver o artigo separado sobre Enrolamento de fios e Fabrico de tecidos.

Outros artigos interessantes, relacionados ao assunto de *Artes e Ofícios*, são Arte, Cosméticos e Perfumaria, Marfim, Enrolamento de Fios e Fabrico de Tecidos, e, finalmente, o Vidro. (N REIF SIN UN)

ARTÍFICE

No grego é *technites*, **"artesão"** ou **"planejador"**. Palavra que se refere a um artífice em qualquer obra em pedra, madeira, metal, pedras preciosas ou argila (ver Is 3.3 e Ap 18.22). A Bíblia alude a Tubalcaim como o primeiro artífice em metais (ver Gn 4.22). Operários especializados e artífices formavam uma porção importante na sociedade hebreia, ao tempo da deportação para a Babilônia.

Ver Neemias 3.8,32; Isaías 40.19 e 41.7, onde se lê sobre "ourives", os quais, tal como os que trabalhavam em prata, foram literalmente chamados, em hebraico, de refinadores ou purificadores, em Malaquias 3.2,3. Os ourives batiam o ouro até tomar o formato que queriam, ou então fundiam-no em um molde. Aqueles que exerciam essa profissão usualmente eram fabricantes de ídolos de ouro (ver Jr 10.9 e 51.17), o que significava que uma cobertura de ouro era posta sobre um ídolo de madeira. Eram usados cravos para manter a cobertura de ouro no lugar (ver Is 4.17). Alguns *ourives* provavelmente eram simples joalheiros (ver Ne 3.8,31,32). Ver os artigos sobre *Ouro, Artes e Ofícios*. (S Z)

ARUBOTE

Cidade ou distrito mencionado em 1Reis 4.10, uma das doze zonas administrativas de onde eram obtidas provisões para a casa de Salomão. O intendente dessa região era Ben-Hesede, um dos oficiais da corte de Salomão. O local não é conhecido, embora seja mencionado juntamente com Socó e Hefer. E sabe-se que Hefer ficava no território de Manassés. Socó tem sido identificada com o moderno Tell er-Ras ou 'Arrabeh. Portanto, Arubote não deveria ficar muito para o norte de Samaria. É possível que Árbata fosse a forma do nome dado na época dos macabeus (ver 1Macabeus 5.23).

ARUMÃ

Esse nome significa **"altura"**. Era uma cidade próxima de Siquém (ver Jz 9.41), onde foi habitar Abimeleque, filho de Gideão, depois que fora expulso de Siquém (ver Jz 9.41). (ID S)

ARVADE, ARVADITAS

No hebraico significa **"lugar de fugitivos"**. Um lugar que figura na genealogia de Noé, na linhagem de Canaã (ver Gn 10.18 e 1Cr 1.16). Era a cidade fenícia localizada mais ao norte, em uma ilha rochosa atualmente chamada Ruade. Os gregos chamavam-na Aruade, nome que aparece em 1Macabeus 15.23. Essa ilha ficava defronte da boca do rio Eleutero, ao largo da costa da Síria, diante da ilha de Chipre. Tinha três quilômetros de uma ponta de praia à outra. Estrabão refere-se à mesma como uma rocha que se eleva em meio às ondas do mar (ver xiv. par. 753). Nos tempos antigos, era densamente povoada, apesar de suas minúsculas dimensões, tendo conseguido governar as costas próximas durante séculos. É mencionada nas cartas de Amarna de números 101, 105 e 109, onde é chamada *arwada*. Nos registros históricos de Tiglate-Pileser I (1114-1076 a.C.), ela é chamada *armada*. Cenas do local aparecem em relevos assírios (nos portões de bronze de Salmaneser III, 858-824 a.C.). Algumas moedas arvaditas retratam cenas da ilha. O lugar participava plenamente das atividades marítimas fenícias, particularmente depois que Tiro e Sidom caíram nas mãos dos reis greco-sírios. (ID ND S UN Z)

ÁRVORE DA VIDA

No hebraico temos uma expressão de duas palavras. A LXX traduz por *to ksúlon tes zoes,* "a árvore da vida". Juntamente com a árvore do conhecimento do bem e do mal, a "árvore da vida" foi plantada por Deus no jardim do Éden. Deus não ordenou a Adão que ele não comesse do fruto da árvore da vida, e a tentação de serpente não envolveu a mesma. E quando Adão e Eva foram expulsos do paraíso, a razão da expulsão foi: ... *para que não estenda a mão, e tome também da árvore da vida, e coma e viva eternamente* (Gn 3.22). Dois querubins, armados de espada flamejante, guardavam a árvore da vida. No relato inicial sobre o jardim do Éden, aparentemente a participação no fruto da árvore da vida, por parte do homem, era permitida por Deus; mas, por alguma razão não explicada, ele nunca participou do mesmo. Notemos que em Gênesis 2.9,10, tanto a árvore da vida quanto um rio são mencionados, embora nada ali seja esclarecido quanto à significação de uma coisa ou de outra.

Em Ezequiel 31.1-12, novamente aparece um rio, ladeado por árvores perenemente verdes, produtoras de alimento e medicamento. No Antigo Testamento, somente no livro de Provérbios aparece novamente a expressão *árvore da vida*, isto é, em Provérbios 3.18. O *fruto do justo* é árvore da vida, como também o é o desejo cumprido (em Pv 11.30 e 13.12). E a "língua serena" participa de idêntica honraria (ver Pv 15.4). Ao que parece, o homem é vitalizado e renovado por essas coisas, embora não haja elaboração do termo, e nem haja qualquer significação cósmica, emprestada a essas árvores da vida.

No Novo Testamento, apenas o livro de Apocalipse faz alusão à árvore da vida, e em cada caso, há um significado espiritual e cósmico. Assim, em Apocalipse 2.7 é feita a promessa de que o "vencedor" haverá de participar da árvore da vida, localizada no "paraíso de Deus". O vigésimo segundo capítulo fornece-nos ainda mais detalhes. Na nova Jerusalém, manará o rio da vida, desde o trono de Deus. E em ambas as margens desse rio, a árvore da vida proverá tanto a vida quanto a cura para aqueles que ali viverem.

É verdade que os cultos pagãos antigos aproveitaram a ideia, embora distorcidamente, incluindo a *árvore da vida* em seus mitos. Os reis antigos também açambarcaram a ideia, associando sua imagem à da árvore da vida, geralmente sob a forma de um guardião e sacerdote sacramental que dispensa sua autoridade através do culto. Em um outro contexto, a árvore da vida aparece intimamente relacionada à deusa-mãe, que representava o princípio feminino da reprodução natural, quer nas plantações, quer no gado ou na família humana. Essa deusa-mãe também podia representar o trono, ou seja, aquela que dava vida e poder ao monarca.

Podemos concluir que a árvore da vida *representa* o poder doador de vida de Yahweh. O Senhor é a fonte de vida para o rei e para o povo de Israel, exatamente como o foi para Adão. Essas e outras ideias foram sintetizadas no livro de Apocalipse, a fim de exprimir a realidade da vida eterna e da felicidade celeste com Deus (ver Ap 22.1-3; cf. 2.7 e 21.6). Essa evolução de ideias sugere-nos que o livro de Gênesis não se referia somente a uma situação do passado, mas a um destino definitivo que dá uma perspectiva esperançosa, e portanto, mostra-nos qual o sentido mais profundo da existência humana. Em suma, o paraíso é perdido no Gênesis mas é totalmente recuperado no Apocalipse. E todos os demais livros da Bíblia ensinam como isso ocorre. Os homens encontram vida em Jesus Cristo: "Eu sou o caminho, e a verdade e a vida, ninguém vem ao Pai senão por mim" (Jo 14.6).

ÁRVORE DO CONHECIMENTO

A expressão, no hebraico, consiste em duas palavras, que a LXX traduz por *tó ksúlon tou eidénai*, "a árvore do Éden". A expressão completa aparece em Gênesis 2.9, "a árvore do conhecimento do bem e do mal", que designa uma das duas árvores incomuns que Deus plantou no jardim do Éden. Deus ordenou a Adão que não comesse do fruto dessa árvore, sob pena de morte (ver Gn 2.17). A tentação de Eva, por parte da serpente, concentrou-se sobre esse mandamento. Ela cedeu à tentação, diante do argumento de que ela não morreria, mas seria "como Deus", e ela não somente comeu do tal fruto, como também deu-o ao seu marido. A expressão "do bem e do mal", que indica os pontos extremos do conhecimento, denota a ideia de conhecimento total, isto é, onisciência e poder. Segundo se depreende de Gênesis 3.5 equivale a tornar-se um ser divino. Porém, ao apelar para tal fruto, buscando tornar-se divino, o homem apenas tornou-se culpado, cobrindo-se de vergonha e condenação, e foi expulso do jardim do Éden, onde comungava com Deus.

A falta de conhecimento do bem e do mal pode ser um sinal de imaturidade (ver Dt 1.39; Is 7.14-17), e no trecho de 2Samuel 19.35, aparece como um sinal da senilidade própria da idade muito avançada. A posse de conhecimento, por parte do rei, torna-o semelhante a um anjo de Deus, e de conformidade com 1Reis 3.9, conhecimento e sabedoria eram os mais almejados de todos os dons, por parte de Salomão (cf. Gn 24.50; Nm 24.13; Ec 12.14; Jr 42.6). A árvore do conhecimento simbolizava a onisciência divina.

A árvore do conhecimento do bem e do mal ensina para o homem, simbolicamente, que o ser humano não pode fazer arbitrariamente o que quiser, e nem pode estabelecer as normas do bem e do mal. No entanto, o ato de rebeldia pecaminosa de Adão, que arrastou toda a sua descendência, fez com que o homem se arrogasse a posição de modelo ou norma como se ele tivesse autonomia moral (ver Isaías 5.20; Amós 5.14,15). Essa arrogante autossuficiência é frequentemente condenada nas Escrituras, mormente nos escritos proféticos (ver Ez 28; Is 14.12 ss.; cf. Gn 11), como a característica fundamental do pecado. Portanto, profundíssimo é o ensino de Gênesis, que ensina que esse equivocado senso de autossuficiência é a raiz e a essência do pecado, ensino esse confirmado e reforçado em todos os demais livros da Bíblia.

Qual seria a árvore do conhecimento do bem e do mal? Popularmente tratar-se-ia da macieira, e a maçã simbolizaria o contato sexual. Mas isso é produto da fantasia maliciosa. As tradições judaicas pensavam na videira, na oliveira ou em uma espiga gigantesca, ao passo que os gregos pensavam na figueira. Na verdade, porém, as Escrituras não determinam a espécie da árvore. A ideia da macieira apareceu pela primeira vez entre escritores latinos, talvez devido a uma semelhança de palavras latinas (*malum* = o mal; *malus* = macieira). Se não fosse essa similaridade de palavras, no latim, não se teria vulgarizado a ideia da maçã, que é tão tola quanto outra tolice qualquer.

ÁRVORE VERDE DA TERRA NATAL

Essa árvore é a *Laurus nobilis*, também chamada *loureiro*. Trata-se de uma árvore de verde perene, que cresce até cerca de 9 m de altura, embora se conheça exemplares na Palestina com até o dobro dessa altura. Por esse motivo, a espécie pode ser chamada de árvore que se alça e se espalha, devido à grandeza de sua folhagem. Suas flores são pequenas, em branco esverdeado, e com pequenas bagas negras. As folhas são fragrantes, de cor verde escura, usadas como condimento de peixes cozidos. Os gregos empregavam os ramos para fazer coroas para militares e heróis do esporte. O trecho de Salmo 37.35 alude ao ímpio que, em seu orgulho e prepotência, expande qual cedro do Líbano. No tocante a um breve sumário de espécies de árvores encontradas na Palestina, ver sob *Árvores*. Algumas versões referem-se à árvore em questão como se fosse um cedro — como se dá com nossa versão portuguesa, que a chama de "cedro do Líbano" — mas o termo hebraico indica uma árvore *nativa* da Palestina, o que não acontece no caso do cedro.

ARZARATE

No hebraico, **"outra terra"**. Uma região além do rio Eufrates, para onde, alegadamente, os assírios levaram as dez tribos de Israel, após a destruição do reino do norte, e de onde eles haverão de retornar nos últimos dias (ver 1Esdras 13.45). Porém, o texto hebraico diz *outra terra*, o que provavelmente não deve ser entendido como um nome próprio. (Z)

ASA

Nas páginas do Antigo Testamento há dois homens com esse nome:

1. Um rei de Judá. ***a. Generalidades***. No hebraico significa *cura*, ou *médico*. Foi o terceiro rei de Judá, filho de Abias e neto de Reoboão. Começou a reinar dois anos antes da morte de Jeroboão, de Israel, e reinou durante 41 anos, cerca de 915-875 a.C. Visto que ainda era muito jovem quando subiu ao trono, e os negócios do estado eram administrados por sua mãe ou avó, Maacá (ver 1Rs 15.1,10), a qual aparece como neta de Absalão. Ela corrompeu a terra com a idolatria. ***b. Conduta religiosa***. Zelosamente, o jovem monarca desarraigou a idolatria, chegando ao extremo de depor Maacá, a rainha-mãe, por ter ela erigido um ídolo, ao qual Asa derrubou e queimou (ver 1Rs 15.13). Não obstante, os santuários das colinas (ou dos lugares altos) puderam continuar (ver 1Rs 15.11-13 e 2Cr 14.2-5). Asa renovou a adoração no templo, incluindo os ritos do altar, que aparentemente haviam sido execrados ou descontinuados (ver 2Cr 15.8). *c. Suas guerras*. Asa utilizou todos os meios disponíveis para deixar o seu reino na melhor situação militar possível. Houve paz durante os primeiros dez anos de seu reinado, e ele foi aumentando a capacidade militar do país durante esse tempo. Finalmente, conseguiu reunir uma força militar de cerca de 580 mil homens (ver 2Cr 14.6-8). No décimo primeiro ano de seu governo, atacou e derrotou as numerosas hostes do rei cuxita Zerái, que havia penetrado, através da Arábia Petrea, no vale de Zefata com um poderoso exército. Ao retornarem os judeus triunfantes, carregados com os despojos tomados, o profeta Azarias saiu ao encontro deles e declarou que a vitória fora uma provisão divina. *d. Reformas*. Encorajado por suas vitórias militares, além de todos os bens conseguidos nas mesmas, Asa aproveitou a oportunidade para eliminar os restos de idolatria que haviam sobrevivido a outros expurgos, levando o povo a renovar sua aliança com Yahweh (ver 2Cr 15.1-15). Portanto, Asa andou nos passos de seu antepassado, Davi (ver 1Rs 15.11). *e. Problemas e declínio*. No trigésimo sexto ano (alguns dizem vigésimo sexto) de seu reinado começaram as hostilidades contra Baasa, rei de Israel. Este fortificou Ramá, a fim de impedir que seus súditos passassem para o lado de Asa. Procurando confrontar essa ameaça com maior poder ainda, Asa resolveu estabelecer aliança com Ben-Hadade I, de Damasco, e conseguiu o seu apoio entregando-lhe os tesouros do templo e da casa do rei. Ben-Hadade cumpriu a sua parte no trato, invadindo e expulsando as tropas de Israel de Ramá. Asa utilizou os despojos para edificar Geba e Mispa com os mesmos. Porém, havia desperdiçado os tesouros de Judá, pelo que foi repreendido pelo profeta Hanani. Asa irritou-se diante da repreenda, e lançou-o na prisão. Aparentemente, nessa controvérsia, outras pessoas puseram-se também ao lado do profeta, de tal modo que também foram maltratadas (ver 1Rs 15.16-22 e 2Cr 16.1-10). Nos últimos três anos de sua vida, Asa foi afligido por uma grave enfermidade em seus pés (hidropisia); mas, endurecido pelos desapontamentos da vida, além de uma tola obstinação, ele não buscou a ajuda do Senhor, mas preferiu depender inteiramente dos médicos. A doença era fatal, e ele morreu, embora ainda grandemente estimado. Foi altamente honrado por ocasião de seu magnificente sepultamento (ver 1Cr 16.11-14). Seu filho, Josafá, substituiu-o no trono. Alguns estudiosos pensam que desde quatro anos antes, Josafá já era corregente com seu pai. Asa e Josafá aparecem na genealogia de Jesus, em Mateus cap. 1.

2. Asa, um levita, filho de Elcana, pai de Berequias, que posteriormente residiu em uma das vilas dos netofatitas, após o retorno da Babilônia (ver 1Cr 9.16), em cerca de 536 a.C. (ID S UN)

ASÃ

No hebraico, **"fumaça"**. Era uma cidade de Judá (ver Js 15.42). Ficava localizada a sudoeste da Sefelá (Neguebe). Eusébio afiança que, em sua época, Bete-Asã ficava a 26 km de Jerusalém, para oeste. No trecho de 1Samuel 30.30, ela é chamada *Corasã* isto é, "fornalha de fumaça". E em 1Crônicas 6.59 ela é considerada uma cidade sacerdotal. Em Josué 21.16, a palavra *Aim* aparece em lugar de Asã, cidade essa que não deve ser confundida com a Aim de Números 34.11. Essa cidade tem sido identificada com a moderna Khirbet 'Ashan, a cerca de 8 km a noroeste de Bersheba. (ID UN)

ASAEL

No hebraico, **"criatura de Deus"**. Foi nome de várias pessoas no Antigo Testamento. **1**. Filho da irmã de Davi, Zeruia, irmão de Joabe e Abisai. Tornou-se notável pela velocidade de sua corrida. Após a batalha que houve em Gibeom, ele perseguiu e alcançou Abner, o qual, com grande relutância, a fim de salvar a própria vida, matou-o com um golpe de lança, em cerca de 1055 a.C. (ver 2Sm 2.18,23; 3.27,30,33, 34; 1Cr 9.26 e 27.7). Foi um dos trinta mais valentes guerreiros de Davi, e comandou uma divisão de 24 mil homens do exército de Davi. Finalmente, Joabe matou Abner para vingar a morte de Asael (ver 2Sm 3.26). Em 1Crônicas 27.7 é declarado que Asael era o quarto dos capitães mensais de Davi. Mas Asael morreu antes de Davi tornar-se rei. Alguns veem nisso uma flagrante contradição; mas outros explicam que Asael foi assim honrado postumamente, na pessoa de seu filho, Zebadias (ver 1Cr 27.7). **2**. Um dos levitas (cerca de 909 a.C.) durante o reinado de Josafá, o qual instruiu o povo na lei de Moisés (ver 2Cr 17.8). **3**. Um levita que supervisionava o templo durante o reinado de Ezequias, cuidando das ofertas (ver 2Cr 31.13), em cerca de 727 a.C. **4**. Um sacerdote, pai de Jônatas, no tempo de Esdras (ver Ed 10.15). Em 1Esdras 9.14, ele é chamado Azael (cerca de 459 a.C.). Ajudou Esdras a exigir que os judeus se desfizessem de suas mulheres estrangeiras. (ID ND S)

ASAFE

No hebraico significa **"coletor"** ou **"recolhedor"**. Nome de várias pessoas do Antigo Testamento: **1**. Um levita, filho de Baraquias (ver 1Cr 6.39 e 15.17). Um músico consumado, nomeado por Davi para presidir o coral sagrado organizado pelo rei. Os filhos de Asafe posteriormente são mencionados como coristas do templo (ver 1Cr 25.1; 2Cr 20.14; 29.14; Ed 2.41; 3.10; Ne 6.44 e 11.22). O ofício parece ter-se tornado hereditário (ver 1Cr 25.1,2). Asafe tornou-se célebre, em tempos posteriores, como profeta e poeta (ver 2Cr 29.30 e Ne 12.4). Os títulos de doze dos Salmos trazem o seu nome (50 e 73 a 83). Devido à cronologia sugerida nos Salmos (nos tempos de Davi, mas posteriormente no tempo do exílio para a Babilônia), alguns estudiosos pensam que houve dois Asafes envolvidos: o primeiro, da época de Davi, teria composto os Salmos 50, 73, 76 e 78, e talvez 75 e 82, e o segundo, os Salmos 74, 79 e 83, que refletem as condições do exílio. Nesse caso, os dois homens pertenceriam à mesma família. **2**. Asafe, pai do cronista Joá, nos dias de Ezequias (ver 2Rs 18.18; Is 36.3,22). **3**. Um oficial de Artaxerxes Longimano, da Pérsia (465-445 a.C.). Era ele quem tomava conta das florestas do rei na Palestina (ver Ne 2.8). **4**. Asafe, em 1Crônicas 26.1, conforme se lê em algumas versões, como a nossa versão portuguesa, constitui um erro escribal. A verdadeira forma do nome é Ebiasafe (ver 1Cr 9.19), segundo se vê também em nossa versão portuguesa. **5**. Asafe, em Mateus 1.7, corresponde à melhor variante no original grego, em lugar de Asai, na genealogia de Jesus. Contudo, no Antigo Testamento encontramos *Asa* (ver o artigo a respeito). Foi o terceiro rei de Judá. (ID S UN)

ASAÍAS

No hebraico, **"realizador"**, ou, então, **"Yahweh fez"**. Nome de várias pessoas relacionadas à narrativa do Antigo Testamento: **1**. Uma das pessoas enviadas pelo rei Josias para consultar a profetisa Hulda, acerca do livro da lei encontrado no templo (ver 2Rs 22.14). Ver também 2Crônicas 34.20. **2**. Um dos principais líderes da tribo de Simeão que expulsaram os pastores camitas de Gedor (ver 1Cr 4.36,39). **3**. Um levita durante o reinado de Davi (ver 1Cr 6.30), o qual, com 120 de seus irmãos, trouxe a arca para a cidade de Davi, em cerca de 1033 a.C. (ver 1Cr 15.6,11). **4**. Um dos silonitas que retornou do cativeiro babilônico a fim de habitar em Jerusalém (ver 1Cr 9.5). Em Neemias 11.5 ele é chamado Maaseias. Cerca de 536 a.C. (ID ND)

ASCETISMO

Vem do grego *askesis*, "exercício", "prática", "treinamento". Algumas vezes era usado com o sentido de exercícios de

ASCETISMO

autonegação, de uma ou de outra forma. Os filósofos gregos aplicavam o termo à disciplina moral. Geralmente a palavra era usada para aludir aos exercícios e disciplina dos atletas, sendo natural que a ideia fosse metaforicamente aplicada aos atletas espirituais.

O *ascetismo* tem desempenhado um importante papel dentro da fé religiosa do Oriente e do Ocidente, embora exerça papel secundário dentro das escolas filosóficas. Normalmente, o conceito por trás da prática consiste em negar direitos ao corpo, ou mesmo castigá-lo, como se isso tivesse um efeito positivo em favor da alma, purificando-a de desejos carnais e liberando-a, para melhor progredir no caminho da salvação. A prática inclui o jejum, o celibato, a autoflagelação, a abstenção de alimentos e prazeres, a reclusão e a mendicância.

I. Na Filosofia. A vida ascética era praticada pelos seguidores da escola pitagoreana (ver o artigo sobre essa filosofia), e por alguns neoplatônicos, como Plotino (ver os artigos). Nesses grupos, a filosofia adquiria forte colorido religioso, e para alguns, era uma religião. Buscava-se um meio de salvação através da filosofia, sendo natural que alguns filósofos se utilizassem do ascetismo na tentativa de ajudar no avanço da alma. No cinismo (ver o artigo), isso não estava em vista. Essa escola foi uma revolta contra todas as instituições e práticas humanas, e um de seus ideais era o ascetismo usado como protesto contra os hábitos exagerados no comer, no vestir e nas condições de vida, que os cínicos consideravam fúteis. Os cínicos buscavam independência das invenções humanas, e o ascetismo era um dos meios de se obter a liberdade, o maior de todos os princípios seguidos pelos cínicos.

II. Nas Religiões Não Cristãs. No hinduísmo (ver o artigo) o terceiro e o quarto estágios da vida eram a renúncia, o abandono da família e a vida de mendicância, como meio de purificação. Buda procurou um meio-termo, evitando a posição radical do ascetismo, embora o ascetismo tivesse sido uma força poderosa para muitos de seus seguidores. Na ioga, que tem suas raízes no budismo (ver o artigo), as técnicas para disciplinamento do corpo são bastante rigorosas. Na *Natha-ioga*, essas técnicas são centradas na disciplina.

III. Na Bíblia

1. No Antigo Testamento. Para os cristãos modernos, as intermináveis normas dietéticas (Lv 11) e as práticas religiosas restritivas, embora naturais para os hebreus, seriam consideradas uma forma de ascetismo, para nada dizermos sobre pessoas que não seguem seriamente qualquer religião. Os trechos de Colossenses 2.16 e 1Timóteo 4.3,4 mostram que os gnósticos adotavam muitas dessas práticas. A tentativa de seguir vários preceitos do Antigo Testamento, segundo eram interpretados por eles, provavelmente também estava envolvida. Lê-se em 1Timóteo 4.4 que é legítima a ingestão de qualquer tipo de alimento (um ensino contrário ao gnosticismo), o que certamente foi um princípio revolucionário para a época, até onde dizia respeito à mente judaica. Outras práticas ascéticas do judaísmo eram temporárias e visavam a casos especiais, como quando o povo de Israel teve de abster-se do sexo, antes da outorga da lei (ver Êx 19.15), ou como os nazireus, que tinham de abster-se de vinho, além de observarem estritas proibições de certos alimentos (Jz 13.5). O jejum tinha suas aplicações, como ocasiões especiais no caso de indivíduos. Elias jejuou quarenta dias em sua viagem até Horebe (1Rs 19.8, como sinal de penitência e humilhação diante de Deus, Jl 2.15 ss.). Ver também 1Samuel 7.6 e 1Reis 21.9 ss., nessa conexão. Aos sacerdotes requeria-se a abstenção de vinho antes dos holocaustos (Lv 10.9; Ez 44.21).

2. No Novo Testamento. O judaísmo da época cristã havia adotado o ascetismo como norma, mais do que se vê no Antigo Testamento. A seita dos fariseus tornou-se mais radical quanto a isso, para seus seguidores e para outros (ver Mt 9.14; Lc 18.12; At 15.10). Os essênios (ver o artigo) ainda eram mais radicais, tendo adotado o celibato como um ideal. Um outro movimento asceta entre os judeus era o dos terapêutas (ver o artigo). O ascetismo radical, porém, era estranho ao judaísmo; os grupos aqui mencionados podem ser considerados exceções. Não nos devemos olvidar, porém, que os fariseus exerciam grande autoridade sobre o povo comum, e suas formas de abstinência e rigor ascético coloriam o judaísmo inteiro dos dias de Jesus.

A prática do jejum é retida no Novo Testamento (Mt 4.2. Lc 2.37; At 13.2); mas isso visava a ocasiões especiais, sendo praticado voluntariamente. Os crentes são exortados a abrirem mão de certas coisas, devido à consciência alheia (2Co 8.13; Rm 14.1 ss.). Os cristãos devem suportar as aflições com ânimo forte (Mt 10.38), quando se tornar necessário. O crente verdadeiro é um atleta espiritual, exercendo disciplina e autocontrole, para que se torne vencedor na corrida espiritual (1Co 9.24-27; 1Tm 4.7 ss.), andando no Espírito (Gl 5.25) e controlando a sua natureza pecaminosa (Gl 5.17). Porém, nas páginas do Novo Testamento sempre é evidente que meros atos externos não têm valor, se desacompanhados pela correspondente virtude no íntimo (Mt 6.2,6; 16.18; Rm 14.17).

Principal trecho do Novo Testamento sobre o ascetismo: Colossenses 2.20-23. Essa passagem descreve e combate o ascetismo gnóstico, com suas inúmeras proibições: *manuseia isto, não proves aquilo, não toques naquele outro...* Um paralelo é o trecho de 1Timóteo 4.3,4, onde somos informados de que o ascetismo dos gnósticos incluía o celibato. Também havia os gnósticos libertinos (2Tm 3.6). Era opinião dos gnósticos que qualquer coisa que tendesse por destruir o corpo era boa, visto que o corpo era material, e a matéria era tida por eles como a sede mesma do mal. Quanto mais cedo o espírito se libertasse do corpo, melhor. Os abusos contra o corpo podiam ser praticados mediante o excesso ou a abstinência, ou seja, pela licenciosidade ou pelo ascetismo.

Passagens como Mateus 5.25 ss. e Lucas 14.26 não estabelecem preceitos ascéticos como condições de entrada no reino de Deus, mas apenas mostram que a inquirição espiritual é tão séria que requer nossa atenção e sacrifícios. As formas de ascetismo dos gnósticos não eram praticadas porque as coisas evitadas eram intrinsecamente más, mas porque tais práticas fariam parte da salvação. Qualquer prática ascética deve ser moderada pelo bom senso, deve ter breve duração, e ter algum propósito específico.

IV. Tempos Pós-Apóstolos. O gnosticismo, que continuou até depois da época apostólica, em alguns segmentos, prosseguiu em seu ascetismo. Houve igualmente os montanistas e os maniqueus (ver os artigos). Esses movimentos tendiam por distorcer o conceito cristão da abnegação, ao ensinarem o desprezo pelo mundo material, o celibato e um severo moralismo, que negava o perdão para certos pecados. Na época de Agostinho, a vida monástica já adquirira considerável poder na igreja, forma essa de ascetismo que tem continuado até os nossos dias, tendo-se tornado uma prática oficial em vários ramos da cristandade oriental e ocidental. Ver o artigo sobre *Montanismo*. Inteiramente à parte dos mosteiros, a Idade Média exibiu variedades de ascetismo como a estrita observância de certos dias, ritos, jejuns, peregrinações etc. Os reformadores rejeitaram o ascetismo medieval, considerando-o uma distorção do evangelho. Em sua obra, *Liberdade do Cristão,* Lutero lançou um ataque contra o ascetismo, asseverando que o crente tem a liberdade de usufruir de todos os dons e provisões de Deus, e que a autonegação quanto a essas coisas nada tem a ver com a salvação da alma. Não foram eliminados o ascetismo espontâneo e a autonegação, embora tivessem sido regulamentados de modo a não serem vinculados à salvação da alma. Lutero definiu a questão como segue: "Todos podem usar discrição quanto aos jejuns e às vigílias, já que todos sabem que precisam controlar o corpo. Porém, aqueles que pensam que podem tornar-se piedosos através das obras, só dão valor ao jejum como uma obra, imaginando que são piedosos por muito praticarem essas coisas. No entanto, quebram suas cabeças ou arruinam seus corpos, nessas práticas ascetas" (*Werke*, Erlanger Edition, xxvii,27,190).

V. ARGUMENTOS EM PROL DO ASCETISMO. **1**. Argumento bíblico. As Escrituras encorajam a autonegação e a renúncia. Jesus é nosso modelo quanto a isso. **2**. O sacramento da penitência requer a renúncia quanto aos desejos carnais. **3**. Tomar a cruz de Cristo pode requerer uma severa autonegação. **4**. O ascetismo é teste da devoção do indivíduo a Deus. **5**. Os sofrimentos envolvidos são merecidos por causa dos nossos pecados. **6**. Os desejos da carne custam muito para serem satisfeitos. **7**. Embora alguns objetos dos desejos naturais possam ser bons, melhor ainda é a inquirição espiritual elevada. **8**. O desejo leva à frustração, e assim sendo, devem ser frustrados. **9**. O desejo merece ser aniquilado. **10**. Para alguns, o ascetismo faz parte do sistema de boas obras, mediante o que seria obtida a salvação. A severidade com o corpo presumivelmente liberta a alma para melhor ascender.

O moderno movimento evangélico não se tem libertado de práticas ascéticas. Isso assume uma forma de preocupação exagerada com o vestuário, regras excessivas acerca da maior parte dos entretenimentos, ou mesmo a abstinência de várias comidas e bebidas. Quanto a uma descrição detalhada das formas de ascetismo nos tempos neotestamentários, ver a exposição sobre Colossenses 2.20-23, no NTI, que inclui objeções à forma agnóstica, mas que podem ser aplicadas às outras variedades. (B E H LU NTI)

ASDODE (ASDODITAS)

No hebraico, **"fortaleza"** ou **"assediador"**. Era uma das cinco mais importantes cidades dos filisteus (ver 1Sm 6.17). Localizada à beira do mar Mediterrâneo ou próxima do mesmo, a oeste de Jerusalém. Estava localizada em um cume relvado, quase a meio caminho entre Gaza e Jope. O local era a sede da adoração a Dagom (ver 1Sm 5.1-5 e 1Macabeus 11.4). Foi diante do santuário dessa divindade que foi posta a arca da aliança capturada dos israelitas, e que triunfou sobre o ídolo (ver 1Sm 5.1-9). O território ao redor, incluindo o sítio da cidade, fora dado a Judá; mas muitos séculos passaram-se antes que os seus habitantes realmente fossem subjugados por Israel. Uzias edificou aldeias nesse território (ver 1Cr 26.6). Foi mencionado, para vergonha dos judeus, que após retornarem do cativeiro, eles casaram-se com mulheres de Asdode. Isso resultou no fato de que seus filhos falavam um dialeto misto (ver Ne 13.23,24). Antigamente era um lugar fortificado, na usual rota militar entre a Síria e o Egito. Sua possessão provocou guerras entre o Egito e as potências do norte. Por esse motivo, os assírios julgaram ser necessário conquistá-la, antes de invadirem o Egito (ver Is 20.1 ss.). Posteriormente, a cidade foi capturada por Psamético, após um cerco de 29 anos, o mais longo cerco que há na história (ver Heród. ii. 157). Sua destruição foi predita por vários profetas (ver Jr 25.20; Is 25.20; Is 20.1; Am 1.8; 3.9; Sf 2.4; Zc 9.6). Isso foi realizado pelos Macabeus (ver 1Macabeus 5.68; 10.77-84; 11.4). Ela foi alistada entre as cidades que Pompeu uniu à província da Síria (ver Josefo, *Anti.* XIV. 4,4; *Guerras* i.7,7). Gabínio ordenou a sua reconstrução (ver Josefo, *Anti.* Xvi. 5,3). Foi incluída nos domínios de Herodes, e foi uma das três cidades que ele doou à sua irmã Salomé (ver Josefo, *Guerras* vii.8,1). O evangelista Filipe achou-se em Asdode, depois de batizar o eunuco etíope (ver At 8.40). Mais tarde tornou-se um bispado cristão. O lugar era chamado Azoto durante o período intertestamental e depois. No século I d.C., parece ter havido uma considerável população judaica na cidade. Vespasiano, pois, colocou ali uma guarnição romana, antes da queda de Jerusalém (ver Josefo, *Guerras* iv.iii.2). Com a queda de Jerusalém, sua história passou a ser vinculada ao cristianismo. (ID PRI S SH)

ASENATE

Em egípcio, talvez **"dedica a Neite"**. A mulher desse nome era filha de Potífera, sacerdote de Om, a qual o rei do Egito deu como esposa a José. Ela se tornou mãe de Efraim e Manassés (ver Gn 41.45,50 e 46.20). Uma lenda judaica relata como, ao casar-se com José, ela renunciou ao paganismo. O nome dela é egípcio, e literalmente significa "Ela pertence a X". Por causa disso, há várias especulações acerca de qual deus seria esse "X" (ou poderia ser uma deusa, seu pai, a ti etc.). Tais nomes são bem confirmados na arqueologia, em seus achados do Reino Médio e do período dos hicsos (2100-1600 a.C.) da história do Egito. Esse período corresponde ao período patriarcal da história de Israel. (ID ND S Z)

ASER

Forma grega de Asher (Tobias 1.2; Lc 2.36 e Ap 7.6). Foi um dos filhos de Jacó e Zilpa, ama de Lia (ver Gn 30.13; 35.26; 49.20), e fundador de uma das doze tribos de Israel (ver Nm 26.44-47). Ele teve quatro filhos e uma filha (ver Gn 49.20). Nasceu em Padã-Arã, na Mesopotâmia, e era irmão (germano) de pai e mãe de Gade. Lia exclamou quando de seu nascimento: *É a minha felicidade! Porque as filhas me terão por venturosa; e lhe chamou Aser* (Gn 30.13). Em hebraico, Aser significa *felicidade*. Esse nome tem sido confirmado como um autêntico nome pessoal semítico do noroeste, em um papiro egípcio de cerca de 1750 a.C., embora ali seja o nome de uma escrava. A ideia de que as inscrições de Seti I (1313-1290 a.C.) e Ramsés II (1290-1224 a.C.) mencionam Aser como uma tribo conquistada na terra de Canaã, não é atualmente aceita largamente pelos eruditos, com base em que uma confusão de palavras deu origem a essa ideia. Portanto, não é válida a data do livro de Êxodo calculado com base na referência a Seti I.

A tribo de Aser. Quando Israel partiu do Egito, essa tribo contava com cerca de 41.500 homens, o que a tornava a nona tribo em número, apenas com Efraim, Manassés e Benjamim menores que ela. Antes da entrada na terra de Canaã, houve um aumento de 11.900 homens, somente excedido por Manassés; e assim, quando Israel entrou em Canaã, Aser já era a quinta tribo mais numerosa (ver Nm 1.40,41 e 26.47).

Herança. A herança dessa tribo ficava em uma região extremamente frutífera, na costa marítima, tendo o Líbano ao norte, o Carmelo e a tribo de Issacar, ao sul, e Zebulom e Naftali, a leste. Esses territórios incorporavam uma larga fatia da Fenícia. Estava incluída Sidom, visto que os aseritas foram repreendidos por não terem expulsado os sidonitas (Jz 1.31). Alguns estudiosos supõem mesmo que a verdade é que os cananeus permaneceram como a maioria da população da região de Aser.

A terra. O nome Aser também alude a uma parte de Canaã, onde a tribo habitava (ver Nm 1.13; 2.27; 26.44; Jz 1.31 e 1Cr 6.62,74).

Com Davi. Aser supriu guerreiros para o exército de Davi (1Cr 12.36), fazendo parte de um distrito administrativo de Salomão (ver 1Rs 4.16). Após a queda de Israel, alguns aseritas ajudaram a reavivar a Páscoa em Jerusalém, de acordo com os desejos de Ezequias (ver 2Cr 30.11). Ana, uma figura do Novo Testamento, que se regozijou ao ver o infante Jesus, pertencia à tribo de Aser (ver Lc 2.36).

A cidade de Aser. O trecho de Josué 17.7 pode referir-se a uma cidade com esse nome, talvez localizada no moderno local da vila de Teyasir, cerca de 18 km a nordeste de Siquém. Mas alguns eruditos insistem que ali há uma simples referência à tribo de Aser, e não a alguma cidade desse nome. (ID ND S UN)

ASFALTO (BETUME)

Essa substância era facilmente obtida na área do mar Morto, nos tempos antigos, a fim de ser usada como material de construção. As três referências bíblicas dão-lhe o nome de "betume" (ver Gn 6.14; Êx 2.3 e Is 34.9), indicando que era material empregado como cobertura vedante. O termo "betume" refere-se às substâncias petrolíferas que vão desde o óleo cru até formas minerais mais compactas, como o asfaltita, de cor escura, que consiste principalmente em hidrogênio e carbono, com traços de oxigênio, nitrogênio e enxofre. Os óleos com base asfáltica, nas fraturas geológicas, deixam vazar o betume natural, como o asfalto, o asfalto rochoso e outros compostos relacionados. Uma localidade bem conhecida, onde o betume pode ser obtido, é o lago de Asfalto, que cobre 114 acres da ilha de Trinidade, e ainda, um outro local é a área do mar Morto. Dessa área, desde épocas remotas, era obtido o *lacus asfaltitis*. Heródoto mencionou o material, o qual era usado à guisa de cimento para assentar tijolos na Babilônia, o que até hoje pode ser averiguado nas ruínas das muralhas da Média, próximas da Babilônia. Durante o período greco-romano, a indústria do betume era controlada pelos nabateus (ver Diod. Sículo II.48 e XIX.98-l00). Atualmente, o asfalto é usado na pavimentação de estradas e como material vedante para tetos, para piscinas e tanques, e conjugado com a borracha, para cobertura de canos, moldes e tintas. (S UN Z)

ÁSIA

Os antigos desconheciam as divisões do mundo em grandes porções, como os atuais continentes. Isso não era por outra razão, senão a que não faziam ideia das dimensões do mundo. Assim, por exemplo, a África aparece na Bíblia não como um continente, mas apenas como um dos vários lugares. Como um termo abrangente, a Ásia nunca aparece em qualquer sentido no Antigo Testamento, embora apareça nos livros dos Macabeus e no Novo Testamento. Ali o termo aplica-se àquela porção peninsular da Ásia, a qual, desde o século V a.C., vem sendo chamada de Ásia Menor. Assim, nos trechos de Atos 19.26,27; 20.4,16,18 e 27.2, é bem provável que esteja em foco a inteira antiga Ásia Menor; mas, em Atos 2.9; 6.9; 19.20,22; 2Timóteo 1.15; Apocalipse 1.4,11 está em foco a Ásia proconsular da época dos romanos. Essa incorporava as províncias da Frígia, Mísia, Cária e Lídia (ver Cícero, *Pv Flacc.* 27. E *Ep. Fam.* ii.15). Era uma das províncias romanas mais ricas, populosas e intelectualmente ativas. Era natural que Paulo e Barnabé, em sua primeira viagem missionária, tivessem ido pregar nas grandes cidades da Ásia. Aparentemente, Paulo quis repetir o feito, mas foi então que recebeu a chamada para a Macedônia (ver At 16.6 ss.). A população inteira, para todos os efeitos práticos, ouviu o evangelho (ver At 19.10); mas devemo-nos lembrar que, quanto às dimensões reais, a província não era muito grande, de acordo com os padrões modernos. As principais cidades da Ásia, nos dias do Novo Testamento, eram Éfeso, Esmirna, Pérgamo, Tiatira, Sardes, Filadélfia, Colossos, Mileto, Laodiceia e Trôade, ocupando uma porção da moderna Turquia. A Ásia do Novo Testamento envolvia cerca de uma terça parte da extremidade oeste e sudoeste da grande península que atualmente se chama Ásia Menor.

O domínio do território havia passado por muitas mãos. Mas, em cerca do século IV a.C., o reino de Pérgamo emergiu como uma poderosa entidade, provendo cerca de duzentos anos de estabilidade na área. Os governantes, da linhagem atálida, fizeram a região prosperar em meio a demonstrações de força. Ver sobre *Átalo*. Entrementes, o poder romano ampliava-se em todas as direções. Para os romanos, a Ásia Menor parecia uma terra espaçosa, avançando ameaçadoramente na direção oeste, sobre a Europa. Mas Roma lançou alguns ataques contra esse território. Então, no ano de 133 a.C., Átalo III, o último dos reis de Pérgamo, reconhecendo como a história favorecia o domínio romano, doou o seu reino ao povo romano, e assim provavelmente poupou muita violência e derramamento de sangue. Porém, ele impôs algumas exigências. Demandou que Pérgamo e outras cidades gregas de seu reino fossem isentas de taxação e tributo. Roma aceitou essas condições, pelo que a região foi transformada na província romana da Ásia. Tornou-se uma província senatorial, com um procônsul que vivia em Éfeso. Isso emprestou tranquilidade à área. No campo religioso, a religião oficial foi adotada, segundo a qual o imperador romano era adorado como uma espécie de semideus. Muitos excelentes monumentos foram erigidos, e durante duzentos anos a Ásia talvez tenha sido a mais próspera porção do império romano. (ID JON UN Z)

ASIEL

No hebraico, **"criado por Deus"**. Nome de várias pessoas mencionadas nas Escrituras: **1**. Bisneto de Jeú, um príncipe simonita que compartilhou da herança de Judá (ver 1Cr 4.35; Js 19.9), cerca de 800 a.C. **2**. Um dos cinco escritores empregados por Esdras para transcrever a lei (ver 2Esdras 14.24). **3**. Um ancestral de Tobias (1.1), da tribo de Naftali. (Z)

ASILO

Um lugar de segurança para onde podiam fugir pessoas culpadas de homicídio acidental, de acordo com a legislação mosaica. Naturalmente, houve casos em que até mesmo criminosos procuravam refugiar-se nesses lugares. Os vingadores, de acordo com as leis escritas (que estabeleciam condições), não tinham permissão de fazer execuções nesses lugares.

1. De acordo com a lei mosaica. O altar dos holocaustos e o templo de Jerusalém eram santuários. Joabe fugiu para o templo e refugiou-se junto ao altar dos holocaustos, conforme se lê em 1Reis 2.28,29,31. Mas Salomão, entendendo que ele não se afastaria de perto do altar, ordenou que o matassem ali mesmo. Moisés havia ordenado (ver Êx 21.14) que qualquer assassino (não homicida acidental) deveria ser arrastado dali. Os santuários não existiam a fim de beneficiar assassinos propositais, mas sim, para benefício dos inocentes. Tornou-se costumeiro forçar os criminosos a se afastarem do altar deixando-os sem alimentos, ou fazendo fogueiras em redor do mesmo, forçando-os assim a se afastarem.

As cidades de refúgio não tinham o propósito de substituir esses santuários, mas eram adições aos mesmos. O conceito de asilo era humanitário, embora também tivesse uma base religiosa. O derramamento não intencional do sangue de outra pessoa era considerado uma questão séria, que envolvia culpa. Isso exigia vingança, não podendo ser perdoado por via de resgate (ver Nm 35.31). Coisa alguma podia expiar o homicídio acidental, salvo a morte do sumo sacerdote vigente (ver Nm 35.25). Uma vez falecido o sumo sacerdote, então o homem que tivesse fugido para uma cidade de refúgio podia deixá-la, e ninguém tinha a permissão de tocá-lo. Naturalmente, nisso temos um excelente tipo de como qualquer pecado pode ser perdoado através da missão, da morte, da ressurreição e da contínua vida espiritual do nosso grande Sumo Sacerdote, Jesus.

2. De acordo com o paganismo. Há alguma evidência de que o templo da Misericórdia, em Atenas, servia de lugar de refúgio. Há tradições que dizem que os netos de Hércules foram os criadores dos lugares de refúgio na Grécia. Cadmo erigiu um lugar de refúgio em Tebas, e Rômulo fez a mesma coisa em Roma; Dafne, perto de Antioquia, era um lugar de refúgio bem conhecido (ver 2Macabeus 4.34). Teseu preparou um lugar de refúgio em Atenas, especialmente para os escravos e os pobres. Os templos de Apolo, em Delfos, de Juno, em Samos, de Esculápio, em Delos, e de Baco, em Éfeso, eram lugares de refúgio, havendo ainda diversos outros. A cidade inteira de Roma tornou-se um lugar de refúgio para os estrangeiros. O número de tais lugares aumentou de tal modo que o imperador Tibério foi *forçado* a cancelar tal direito, no caso de muitas cidades (ver Suetônio, *Tibério;* e Tácito *Annal.* liv.iii,cap. 6). Contudo, após a sua morte, seu decreto não foi mais observado à risca.

3. De acordo com o cristianismo. Na igreja cristã, foi incentivado o direito de asilo, de tal modo que as edificações eclesiásticas e seus altares tornaram-se lugares de asilo. Teodósio II (431 d.C.) fez dois templos, seus pátios, jardins, banheiros, celas etc., lugares de refúgio. Devido aos inevitáveis abusos, esse costume tornou-se menos proeminente. (GRE ID S UN Z)

ASIMA

No hebraico, talvez signifique **"céu"** (ver 2Rs 17.30). Era o deus dos habitantes de Hamate. O Talmude babilônico e vários outros escritores judeus dizem que essa divindade era adorada sob a forma de um bode sem pelos; mas o Talmude de Jerusalém diz cordeiro. Ainda outros referem-se a um macaco, mas a ideia do bode parece ser a preferível entre os eruditos. Não há referências extrabíblicas seguras, embora alguns associem esse deus a Aserá, uma deusa-mãe cananeia, ou ao *Semios* sírio dos papiros Elefantinos. (ND S Z)

ASNA

Cabeça de uma das famílias dos servos do templo que retornaram do cativeiro babilônico juntamente com Zorobabel (ver Ed 2.50 e 1Esdras 5.31), em cerca de 536 a.C. (UN)

ASNÃ

No hebraico significa **"fortificação"** ou **"brilhante"**. Era uma cidade de Judá (ver Js 15.33), a sudoeste de Jerusalém. Tem-se tentado identificá-la com 'Aslin', perto da beira da planície marítima de Judá. Havia uma outra cidade em Judá, do mesmo nome (ver Js 15.43), a sudoeste de Jerusalém, que talvez seja a moderna Idna, entre Hebrom e Laquis. (Z)

ASNAPAR

Um rei mencionado somente em Esdras 4.10 chamado "o grande e afamado". Assim o consideravam os homens, mas somente por ser um assassino sanguinário, como o foram quase todos os reis da antiguidade, conseguindo impor a sua vontade por onde quer que fosse. Seu nome tem sido inutilmente procurado nas inscrições assírias, tendo sido identificado com certa variedade de monarcas, como Esar-Hadom, Senaqueribe e Salmaneser. Mas, desde 1875, tem sido sugerido que esse nome é apenas a forma aramaica de Assurbanipal, da Assíria, ponto de vista esse que atualmente é quase universalmente aceito. Ver sobre *Assurbanipal*. (UN)

ASPÁLATO

Esse é o nome dado à planta **Alhagi camelorum**. Em Eclesiástico 24.14, lê-se que a planta produzia um perfume adocicado. O arbusto é espinhento e de tamanho médio. Era usado para a produção de unguentos e perfumes.

Vocábulo encontrado somente em Eclesiástico 24.15, que faz parte dos livros apócrifos do Antigo Testamento. Muitos pensam tratar-se de uma planta aromática da família do cinamono. Os antigos usavam-na no fabrico de perfumes ou de incenso, sendo mencionada em fontes extrabíblicas. Teofrato (ix. c.7) alista essa planta entre as substâncias aromáticas.

ASPATA

O terceiro dos filhos de Hamã, morto pelos judeus da Babilônia (ver Et 9.7), em cerca de 510 a.C. (S)

ASPENAZ

No hebraico talvez signifique **"narina de cavalo"**. Era o chefe dos eunucos do rei Nabucodonosor. Daniel e seus companheiros foram entregues aos seus cuidados, e ele lhes trocou os nomes (ver Dn 1.3,7), cerca de 604 a.C. A petição de Daniel, no sentido de que ele não fosse compelido a comer das provisões enviadas à mesa real, foi aceita favoravelmente, bondade essa que o profeta, agradecido, registrou em Dn 1.16. (S Y)

ÁSPIDE

No grego é *aspis*, uma serpente venenosa, uma víbora. Ver o artigo geral sobre as *víboras*, onde são relacionadas as cobras da Bíblia. (Ver Is 11.8; Sl 58.4,5 e Rm 3.13). Hoje em dia, o termo *áspide* faz parte do nome científico de uma das víboras da areia. Os detalhes dados sobre a áspide, nas páginas da Bíblia, são os seguintes: todas as referências aludem ao fato de ser ela peçonhenta. A serpente chamada por esse nome era usada por alguns para provocar o suicídio. O efeito de seu veneno era rápido, sendo do grupo neurotóxico, e não do grupo hemotóxico, o qual pode levar dias para matar. O trecho de Isaías 11.8 menciona o fato de que as serpentes habitam em covas. Salmo 58.4,5 reflete o mito de que as serpentes podem ouvir, e que os encantadores fazem seu trabalho com as cobras por meio de sons. Porém todas as serpentes são surdas, e o encantamento é produzido pelos movimentos do encantador, e não pelos sons por ele produzidos. Seja como for, a identificação de algumas espécies exatas, mediante os versículos da Bíblia, é um trabalho que envolve muita conjectura. (S Z)

ASQUELOM

No hebraico, **"ato de pesar"**. Era uma das cinco cidades dos filisteus, nas praias do mar Mediterrâneo, a 16 km ao norte de Gaza. Foi ali que Sansão matou trinta homens e tirou os despojos dos mesmos (ver Jz 14.19). Foi dada à tribo de Judá (ver Jz 1.18). Foi denunciada pelos profetas (ver Jr 25.20; Am 1.8; Sf 2.4-7 e Zc 9.5).

História. **1**. Era a sede da deusa filisteia Astarte ou Astorete (ver o artigo a respeito). **2**. É mencionada nos textos de execração da XII dinastia egípcia, no reino médio. **3**. É mencionada em duas cartas em escrita cuneiforme de Amarna, números 287 e 320. A cidade revoltou-se e livrou-se do domínio do Faraó Ramsés II. E este foi obrigado a recapturá-la. Houve uma série de choques armados com os egípcios. **4**. Foi dominada por filisteus, que eram indo-europeus, e permaneceu sob esse domínio até bem dentro do período da monarquia judaica (ver Js 13.5). **5**. Os assírios conquistaram-na em 734 a.C. **6**. A Pérsia passou a controlá-la mais tarde. **7**. Foi atacada pelos citas em 625 a.C. (ver *Heród.* 1.105). **8**. Foi helenizada, após Alexandre, o Grande. **9**. No tempo dos macabeus, residia ali uma numerosa população judaica. **10**. Foi o lugar do nascimento de Herodes, o Grande, o qual a embelezou ao tornar-se rei. **11**. Estabeleceu um acordo de paz com Roma, e foi declarada área livre. **12**. Quando da rebelião dos judeus, no ano 66 d.C., os judeus atacaram-na, mas tiveram de retroceder após um furioso assalto (ver Josefo, *Guerras* 11.18.1 e 111.2.1,2). **13**. Sua história era de guerras contínuas, ocupações e desocupações militares durante os períodos islâmico e das cruzadas.

Deve ser identificada com a moderna Asqalon. Grandes escavações arqueológicas foram efetuadas entre 1920 e 1922. (ID PEQ)

ASQUENAZ

No hebraico o sentido da palavra é desconhecido. Foi filho de Gômer e neto de Noé (ver Gn 10.3), antepassado dos povos associados a Ararate e Mini (ver Jr 51.27). Provavelmente devem ser identificados com os antigos citas (*Heród* i.103-107 e iv.1), os quais, no tempo de Jeremias, haviam-se estabelecido próximo ao lago Urmia, na região de Ararate. Nos tabletes em escrita cuneiforme há menção a uma tribo chamada *Askuza*, aliada dos Mannai em sua revolta contra a Assíria, no século VII a.C. Os citas eram aguerridos e deram muito trabalho aos assírios. O nome deles tornou-se um sinônimo de barbárie. Parece tratar-se de um povo muito disseminado pelo mundo antigo. Na Índia eles eram conhecidos como *sakas*, adversários invasores vindos do norte. As tradições judaicas afirmam que Asquenaz é o progenitor dos povos germânicos, os quais formaram países independentes no centro e no norte da Europa, na era contemporânea, embora façam parte da constituição racial de grande parte da União Soviética. Alguns estudiosos pensam que os países escandinavos, em seu nome, refletem ainda o nome de seu progenitor original. Ver Colossenses 3.11 e as notas no NTI, nesse ponto. (ID NTI UN)

ASSIR

No hebraico, **"cativo"**. Consideremos os pontos a seguir: **1.** Um levita filho de Coré (ver Êx 6.24; 1Cr 6.22), cerca de 1620 a.C. **2.** Filho de Ebiasafe e neto de um outro Assir, antepassado de Samuel (ver 1Cr 6.23), em cerca de 1740 a.C. **3.** Algumas versões dizem, em 1Crônicas 3.17, *Assir, filho de Jeconias*. Mas outras preferem — conforme vemos em nossa versão portuguesa — "Jeconias, o cativo", cerca de 588 a.C. (ID S)

ASSÍRIA

I. Nome. Devem ser comparados Assur, a principal divindade da Assíria, e Assur, o segundo filho de Sem. Portanto, a Assíria é o país ocupado pelos descendentes desse neto de Noé. (Ver Gn 10.22 e o artigo sobre *Assur*). A Assíria era o nome de um país, e depois, o de um poderoso império que dominou o mundo bíblico dos séculos IX a VII a.C. Incluía a Babilônia, o Elão, a Média, a Síria, a Palestina, a Arábia, o sul de Anatólia, a Cilícia e o Egito.

II. Lugar. Assíria era o antigo nome do distrito de ambos os lados do rio Tigre, variando em suas dimensões, dependendo da época, mas geralmente confinada à região da parte norte do moderno Iraque entre a presente fronteira Síria e o pequeno rio Zabe. A oeste, era limitada pelo platô desértico da Mesopotâmia central, e a leste pelas montanhas do Curdistão; ao norte ficava a Armênia, e ao sul a Babilônia. Em seu zênite, incluía os lugares mencionados no primeiro ponto. O âmago da região era uma planície de aluvião muito fértil, embora a maior parte consistisse em um platô desértico com serras sucessivas de pedra calcária, com vales aráveis entre as serras. O clima desse distrito era mais fresco e mais chuvoso do que o da Babilônia, com chuvas somente no inverno. Portanto, a irrigação era imprescindível para a produção de víveres suficientes. Com a passagem do tempo, o império assírio cresceu em todas as direções, mas particularmente na direção da Síria. Devido a essa extensão para o ocidente, houve uma mudança no uso do nome, de tal modo que *Síria* passou a ser o nome usado, que se derivava do antigo nome, *Assíria*.

III. Capitais. A capital original do país, de onde também se derivava o nome do país, era Assur, modernamente Qalat Sharqat. Ficava na margem ocidental do Tigre, acima da boca do Pequeno Zabe. Para o norte, cerca de 97 km dali, ficava Nínive, modernamente Kuyunjik, que foi fundada muito tempo antes da cidade de Assur, mas que finalmente tornou-se capital do novo império assírio. Entre essas duas cidades ficava Calá, moderna Nimrud, que foi capital do império durante parte dos séculos IX e VII a.C. A nordeste de Nínive ficava Dur Sharrukin, modernamente Corsabade, que foi a capital durante o reinado de Sargão II (721-705 a.C.). Importantes cidades secundárias eram Arbela, modernamente, Erbil ou Arbil, a sudoeste de Nínive; Harã, era o principal centro do poder do novo império assírio, na parte oeste da Mesopotâmia, e última capital do império, após a queda de Nínive, em 612 a.C.

IV. Língua. A Assíria e a Babilônia tiveram ambas impressionantes histórias, compartilhando de um idioma comum, conhecido como assírio-babilônico, ou acadiano.

V. Relações com a Babilônia. Uma avançada civilização se desenvolvera na Babilônia em cerca de 3000 a.C., que permaneceu o centro cultural da Mesopotâmia até o século VI a.C. A Assíria obteve o domínio militar, ocupando grande parte da mesma região, pelo que, as duas civilizações muito tinham em comum, tornando-se praticamente inseparáveis. O poder político e militar oscilava para lá e para cá entre a Assíria e a Babilônia, sobretudo no período entre 900 e 600 a.C. Foi precisamente durante esse período que a Assíria passou a atuar como opressora e invasora, nas narrativas bíblicas. A Bíblia, entretanto, sempre distingue entre a Assíria e a Babilônia.

VI. O povo. Eles pertenciam à raça semita, e aparentemente tinham vindo da Babilônia a fim de instalar-se como colonos. Não chegaram ali como uma raça pura (se é que existe tal coisa à face do planeta), mas já representavam uma mistura de sangue babilônico e sumério, os quais eram os habitantes originais da terra, até onde a nossa história é capaz de retroceder. Depois que chegaram à nova terra, ao norte da Babilônia (e não a grande distância de onde tinham partido, segundo os padrões modernos), continuou a mescla com povos provenientes de várias invasões, vindos do Elão e da Arábia. Mas, visto que em alguns lugares a mistura de sangue não foi tão intensa, eles jactavam-se de que eram de uma raça mais pura que a dos babilônios, o que é apenas uma dentre inúmeras exibições do orgulho humano. Na verdade, não há tal coisa como uma raça pura ou um idioma puro. A arqueologia tem mostrado que eles eram de estatura média europeia, de tez morena com nariz proeminente. Usavam barbas hirsutas e despenteadas. Os registros históricos mostram que eles apreciavam muito as festas, e que tinham bom humor. Na guerra, porém, demonstravam uma ferocidade que sempre caracterizou a história da humanidade. Todavia, os assírios aparentemente inclinaram-se para a brutalidade, pois a história deles abunda em violência e derramamento de sangue.

VII. Registros escritos. Os assírios não criaram um alfabeto, mas tinham um tipo de escrita em que cada sinal representava uma ideia, como o sol, uma cidade etc. Esses sinais chamam-se *ideogramas*. Além desses sinais, a língua escrita dos assírios tinha alguns sinais silábicos, representando fonemas como ab, ib, ub, ba, bi, bu. O resultado era capenga, embora fosse uma maneira viável de transmitir uma mensagem na forma escrita. Eles escreviam gravando sobre a argila ou a pedra, com um formão. A maior parte do que conhecemos sobre a Assíria nos foi transmitida através de tabletes de argila, os quais variam muito em dimensões, alguns dos quais chegam a 40 cm de comprimento. Um pequeno instrumento de metal, com ponta triangular, era usado para deixar as marcas, em forma de cunha, o que explica o nome dessa escrita, *cuneiforme*. Muitos milhares desses tabletes têm sido descobertos pelos arqueólogos, mas a grande maioria deles ainda não foi traduzida para qualquer idioma moderno. Uma vez que esses tabletes sejam traduzidos, talvez venha-se a conhecer melhor a história da Assíria do que a de qualquer outro povo antigo, com a única exceção dos hebreus. Esses tabletes nos dão as informações mais variadas sobre assuntos religiosos, políticos, pessoais, orações, recibos, notas de venda, encantamentos, listas de presságios e até mesmo gramáticas que explicam como a língua dos assírios funcionava.

Os assírios estavam mais interessados pela arte militar do que pelas belas artes ou pela literatura, pelo que a Babilônia preservou sua hegemonia cultural e religiosa, mesmo quando os assírios eram o poder dominante.

VIII. Religião. As ideias religiosas da Assíria eram provenientes da Babilônia, desde o começo até o fim de sua história. Eles criam em muitos deuses (politeísmo), mas a divindade principal era *Assur*, honrado como fundador da nação. Divindades secundárias eram Anu, Bel e Ea, que eram divindades babilônicas, adotadas por outros povos semitas. Além dessa tríade, havia o deus-lua, Sim, o deus-sol, Shamash, e a deusa da lua crescente e rainha das estrelas, Istar; também o deus do trovão, da chuva e das tempestades, Ramã. Além desses, havia divindades de terceira categoria, além de espíritos do céu, da terra e do mar. Algumas inscrições que enfatizam a posição de algum deus específico dos assírios têm sido erroneamente interpretadas como se refletissem ideias monoteístas. É possível que, em algum período histórico, o henoteísmo fosse favorecido por alguns assírios, mas o monoteísmo jamais veio à tona naquela sociedade. Os assírios ofereciam sacrifícios pela manhã e à tardinha, nos quais empregavam vinho, leite, mel e bolos. Os tabletes de argila descobertos em Nínive contêm a história da criação, a narrativa do dilúvio, a inquirição de Gilgamés pela vida eterna; a descida de Istar ao mundo dos mortos, em busca de seu marido, Tamuz, embora, contrariamente ao que alguns têm dito, jamais se encontrou qualquer texto escrito narrando a ressurreição de Tamuz. A história de Sargão de Agade, salvo por ocasião do nascimento, ao ser posto em um cesto e deixado a flutuar no rio Eufrates, é interessante. Istar o tirou da água (conforme fez a filha do Faraó com Moisés) e o criou para que fosse rei. Além disso, há a história de Etana, que fugiu para o céu montado em uma águia. Também há uma literatura de sabedoria, semelhante à que se acha no Antigo Testamento, além de hinos, provérbios, parábolas, conselhos etc.

IX. Principais descobertas arqueológicas. A Assíria originou-se de colonos da Babilônia. O trecho de Gênesis 10.11 e a arqueologia confirmam isso. Em 1820 receberam séria atenção os cômoros de Kuyunjik e Nebi Yunus, como possíveis locais da antiga cidade de Nínive. Foi desenterrado o palácio de Assurbanipal, em 1853-1854. Quatro palácios foram descobertos em Calá. Em Corsabade, em 1843, foi encontrado o palácio de Sargão. Muitas outras expedições têm sido efetuadas, e grande massa de material informativo veio a lume. Assurbanipal, o rei-sábio, criou uma biblioteca, importando ou copiando textos tanto dos arquivos reais já existentes em Nínive, Assur e Calá, quanto dos centros religiosos da Babilônia. Em 1852-1853, foram encontrados mais de 26 mil tabletes de argila fragmentados, no palácio de Assurbanipal e no templo de Nabu, nas proximidades. Esses tabletes representam cerca de dez mil textos diferentes. Esse achado forneceu grande riqueza de informações sobre a Assíria, estabelecendo a base para o estudo de seu idioma, além de proporcionar abundante informação sobre a Babilônia. Alguns desses textos contêm traduções sumerianas interlineares, o que também ajudou na compreensão desse idioma não semita, e que era preservado como língua religiosa na Assíria, tal como o latim, durante séculos, serviu de veículo na Europa e em outras regiões do mundo. Tal material atualmente é guardado no Museu Britânico.

X. História

1. Primórdios. A cerâmica foi inventada no antigo oriente no começo do sexto milênio a.C. Restos de cerâmica do período neolítico têm sido encontrados em Nínive e outros lugares da Assíria, pertencentes à primeira metade do quinto milênio a.C. Civilizações que existiram nos tempos antigos receberam modernamente nomes de acordo com os lugares onde essas descobertas arqueológicas têm sido feitas, como Hassuná, Samarrá, Halfiã e Obeidiã. Um constante avanço na técnica pode ser notado. Nisso há provas de que foram feitos empréstimos do sul (Babilônia). As descobertas arqueológicas, feitas em Assur (Tell Khuweira) e em outros lugares, mostram que a Assíria participou da primeira cultura dinástica da Babilônia do tempo dos sumérios. Mediante evidências posteriores, ficamos sabendo que a Assíria fez parte do império de Sargão, de Acade e de seu sucessor (2300-2200 a.C.). A Assíria também esteve sujeita, em parte pelo menos, aos reis babilônios da terceira dinastia de Ur (cerca de 2050-1950 a.C.). Foi descoberta uma lista de reis em Corsabade, contendo 32 nomes, dos quais os últimos dezessete são considerados históricos. Mas os próprios assírios do século VIII a.C. admitiam que eles tinham pouco conhecimento dos reis de tempos mais remotos. Há confirmações arqueológicas para vários daqueles dezessete monarcas. Os primeiros quinze da lista teriam habitado em tendas, e possuíam estranhos nomes, alguns dos quais sem dúvida são mitológicos. É curioso o fato de que o segundo desses monarcas tinha o nome de *Adão*, nome do progenitor da humanidade, segundo a tradição dos hebreus.

2. Antigo Império Assírio. Durante o reinado de Puzur Assur I, em cerca de 1950 a.C., chegamos a um terreno histórico indiscutível. Ele e seus sucessores, pelo espaço de cerca de duzentos anos, representavam a antiga história da Assíria, quando o poder dessa nação propagava-se em todas as direções. Os assírios ocuparam-se então do comércio e do escambo. Ilusama dominou a Babilônia em cerca de 1900 a.C. Seus quatro sucessores imediatos organizaram um extenso comércio com a Ásia Menor, o que é ilustrado por milhares de tabletes econômicos descobertos em Cânis (atual Kultepe) e na Capadócia. O idioma deles era o assírio antigo, uma língua não semita. Porém, entre 1950 e 1750 a.C., entraram semitas ocidentais seminômades naquela região, trazendo uma língua quase idêntica à do antigo hebraico dos patriarcas. Esses povos eram chamados *amurrum* (depois, Amurru), isto é, ocidentais, pelos babilônios e assírios. Essa palavra finalmente assumiu a forma de amorreus. Em cerca de 1748 a.C., um chefe amorreu (ver o artigo a respeito dos amorreus) tornou-se rei da Assíria, sob o nome de Samsi-Adade. Ele e seu filho, Isme-Dagã, governaram por duas gerações, quando então toda a região do Mediterrâneo até o Elão (sudoeste do Irã) esteve sob o poder assírio. Foram descobertos vários milhares de cartas em Mari, juntamente com outros documentos mostrando que o lugar estava sob a hegemonia assíria.

Seguiu-se um período de anarquia, após a morte de Isme-Dagã I, e os sete governantes seguintes foram apelidados "filhos de ninguém", na lista de Corsabade de 32 reis, mencionados acima. Nesse tempo, povos que haviam sido dominados pelos assírios, sacudiram o jugo. Os babilônios tomaram Mari. Parece que entre cerca de 1700 e 1500 a.C., pode ter havido um estado vassalo, dominado pelos horeus e indo-arianos vindos do leste e do norte. Durante esse período, houve uma interrupção nas inscrições assírias.

3. Médio Império Assírio. Começam novamente a aparecer inscrições assírias com Assurnirari I, em cerca de 1500 a.C. Há evidências de tratados feitos com os cassitas (ou cosseanos) da Babilônia, o que demonstra que a Assíria havia reconquistado a sua independência. Por esse tempo, a Assíria esteve em guerra contra o reino indo-ariano de Mitani, que ficava para oeste; mas Nínive estava subjugada pelos mitanos, sendo possível que o país inteiro estivesse sob o domínio desses indo-arianos, durante uma parte do período. Todavia, o Egito derrotou as forças mitanianas, e isso fez a Assíria mostrar-se favorável para com o Egito, enviando-lhe muitos ricos presentes. Então os hititas aplicaram o golpe de misericórdia no poder de Mitani, o que permitiu a reconstituição do império assírio, levado a efeito por Eriba-Adade (1356-1321 a.C.). Seu filho Assur-Ubalite expandiu o império, dominando a Babilônia e outras regiões. Dispomos de parte de sua correspondência com Amenotepe IV (Aquenatom), do Egito, nas cartas de Amarna. Durante os reinados de Arique-Den-Ili (1319 a.C.) e Adade-Nirari I (1307-1275 a.C.), territórios tão para oeste quanto Carquemis, perdidos desde os dias de Samis-Adade, foram recuperados. Salmaneser I (1274-1245 a.C.) fez ataques constantes contra as tribos das colinas orientais e contra os novos inimigos, Urartu e as forças hurrianas a nordeste. Seu filho, Tuculti-Ninurta I (1244-206 a.C.), deu muita atenção à Babilônia, da qual também era o rei, até ser assassinado por seu próprio filho, Assurnadinapli. Pouco depois disso, a Babilônia tornou-se independente novamente. Com Tiglate-Pileser I (cerca de 1114 a 1076 a.C.), a Assíria entrou no período do império. Ele expandiu o império assírio de maneira extraordinária; mas, nos próximos dois séculos, houve um outro período de declínio, até o governo de Assurnasirpal II (883-859 a.C.), o qual inventou uma nova forma de crueldade e barbaridade diante do que os adversários da Assíria não conseguiram resistir.

4. Novo Império Assírio (900 a 612 a.C.). Tuculti-Ninurta II (890-885 a.C.) combateu os opressores da Assíria. Seu filho, Assurnasirpal II (885-860 a.C.), mediante uma série de campanhas militares, subjugou muitos povos, como os que estavam no médio rio Eufrates, os do Líbano, os filisteus, os do norte e das colinas orientais da Babilônia. No oeste, ele entrou em conflito com Israel. Seu filho Salmaneser III (857-824 a.C.) herdou a máquina de combate e conduziu campanhas contra a Síria-Palestina, em uma das quais lutou contra Acabe, de Israel, em Carcar, sobre o rio Orontes, em 835 a.C. em outra campanha recebeu tributo de Jeú, filho de Onri, rei de Judá. Esse monarca assírio fazia alta opinião de si mesmo, dizendo que ele era "o poderoso rei, rei do universo, rei sem rival, o autocrata, o poderoso dos quatro reinos do mundo, que esmigalha os príncipes do mundo inteiro, que despedaçou todos os seus adversários como potes de barro". Apesar de tanta jactância, ele morreu em meio a revoltas que seu filho, Samsi-Adade V (823-811 a.C.) teve de enfrentar. Adade-Nirari III (810-783 a.C.) deu prosseguimento à interminável guerra, com bom êxito. Mas Salmaneser IV (782-773 a.C.), Asurdan III (772-755 a.C.) e Assur-Nirari V (754-745 a.C.) não se mostraram muito bons nas matanças (ou seus adversários lhes eram superiores), o que explica o declínio do império assírio. Mas foi então que surgiu em cena o grande guerreiro e estadista, Tiglate-Pileser III, inspirado pelos feitos do grande matador em massa, Tiglate-Pileser I, do século XI a.C. Nessa inspiração sanguinária, ele reconquistou todos os territórios, incluindo a Babilônia, onde se tornou conhecido pelo nome de Pulo (na Bíblia, Pul — Ver 2Rs 15.19). Esse homem conquistou Israel e enviou para o cativeiro uma parte de sua população. Após a sua morte, Oseias, de Israel, revoltou-se contra a Assíria. Em face disso, Salmaneser V (726-722 a.C.) atacou Samaria, capital de Israel, o reino israelita do norte. Antes da queda de Israel consumar-se, Sarruquim II, também conhecido como Sargão II (721-705 a.C.), assumiu as rédeas do poder assírio. De fato, seu reinado foi inaugurado com a queda de Israel. O ano de 722 a.C. aparece como a data do cativeiro de Israel (ver o artigo a respeito). Sargão é mencionado no Antigo Testamento somente no trecho de Isaías 20.1. Mas as escavações feitas em seu esplêndido palácio, em Dur Sarruquim ou Corsabade, com muitas descobertas, fizeram dele um dos mais bem conhecidos reis assírios. Seu filho, Senaqueribe, sucedeu-o no trono, em 704 a.C., tendo governado a Assíria até o ano de 681 a.C. As crônicas da Babilônia informam que ele foi assassinado por seu próprio filho. Seu filho mais jovem, não envolvido no assassinato, teria perseguido seus irmãos rebeldes, presumivelmente comparsas no crime, até o sul da Armênia. Senaqueribe foi um construtor, e não apenas um guerreiro, tendo construído palácios, portões e templos em Nínive. Também construiu aquedutos e represas. Prisioneiros, entre os quais havia judeus, foram forçados a ajudar nessas obras.

O filho mais novo de Senaqueribe, ao qual acabamos de fazer menção, Esar-Hadom (680-669 a.C.), subiu ao poder e tornou-se um dos maiores conquistadores assírios de todos os tempos, distinção essa nada fácil, em meio a tão grande número de sanguinários matadores. A história da Assíria fornece uma lista quase interminável de campanhas. Judá aparece entre aqueles que pagavam tributo a Esar-Hadom. A Assíria chegou a invadir o Egito, estabelecendo governadores assírios em Tebas e em Mênfis. Porém, uma vez morto Esar-Hadom, começaram as inevitáveis revoltas. O Egito libertou-se. Então coube a Assurbanipal (669-627 a.C.) recuperar o controle sobre o Egito. Esse homem também era um sábio e um humanista. (Ver o artigo sobre ele, que ilustra esse fato). As conquistas territoriais foram subsequentemente perdidas, e o poder assírio começou a declinar radicalmente. Nabopolassar, o caldeu, expulsou os assírios da Babilônia, em 625 a.C. Os babilônios aliaram-se aos medos e capturaram a cidade de Assur, em 614 a.C., e então, em julho e agosto de 612 a.C., conforme havia sido profetizado por Naum e Sofonias, Nínive caiu. As suas muralhas foram feitas em pedaços por enchentes (Na 1.8; Xenofonte, *Abanasis* iii. 4). Durante dois anos, Assur-Ubalite manteve-se em Harrã, mas nenhuma ajuda chegou da parte do Egito. O Faraó Neco marchou tarde demais, e assim a cidade foi conquistada pelos babilônios. Esse foi o fim da Assíria e o começo do Novo Império Babilônico, tendo início um novo período histórico. É admirável que uma potência importante e de tão longa duração pudesse ter sido conquistada com tanta rapidez. Mas assim o determina o destino humano, escapando dessa insegurança somente a estabilidade das realidades espirituais. (AM GA OLMS POE PRI UN Z)

ASSUERO

No hebraico, **"homem poderoso"** ou **"olho poderoso"**, equivalente ao vocábulo persa *khshayarsha*. A forma grega é Xerxes. O papiro aramaico elefantino exibe as consoantes *ksyrs* em lugar desse nome, quase igual à forma grega; e a versão babilônica de Xerxes, na inscrição de Behistun, é bem parecida com a forma hebraica. Foi *o título* de quatro monarcas medos e persas da Bíblia. **1. O pai de Dario**. Ele é incidentalmente mencionado em Daniel 9.1 como o pai de Dario, o medo. É idêntico ao Astíages da história profana, embora alguns considerem incerta essa identificação. Há quem prefira Ciaxares como a pessoa em questão. **2. O sucessor de Dario I**. É mencionado em Esdras 4.6. Xerxes I (no persa, *Khshayarsha*). Dario I (Histapes) foi o grande rei da Pérsia (cerca de 486-465 a.C.). A identificação de Assuero com Xerxes pressupõe que os vss. 6-23 do quarto capítulo de Esdras são um tanto parentéticos, provendo outra informação sobre o tópico da oposição, em um período posterior. As ruínas de Persépolis ilustram o seu reinado. Ali foi encontrada uma inscrição que alista as várias nações que ele sujeitou. Segundo o livro de Ester, ele divorciou-se de Vasti e casou-se com Ester. Isso a deixou em posição de salvar muitos judeus de um massacre que fora planejado por Hamã. Mordecai, primo mais velho de Ester, foi uma peça fundamental na questão. Quando da morte de Hamã, Mordecai assumiu a posição governamental que antes fora do morto, tornando-se um dos ministros do monarca. Xerxes é relembrado na história secular como o monarca persa que foi derrotado em Salamis, Platea e Micale pelos gregos, em 480-479 a.C. Foi assassinado em sua câmara de dormir, no ano de 465 a.C. **3**. Há um Assuero em Daniel 9.1, **pai de Dario, o medo** (ver o artigo), cuja identificação é incerta. Tem sido identificado com Gubaru (Gogrias), vice-rei da província da Babilônia no tempo de Ciro. Nesse caso, seu pai pode ter sido Ciaxares; outros identificam-no com o Astíages da história profana, ou com o próprio Ciaxares. **4**. O trecho de Tobias 14.15 ainda fala sobre um outro Assuero, mencionado em conexão com a destruição de Nínive, identificado por alguns como **Ciaxares**, conforme é mencionado por Herod. 1.106. (S UN Z)

ASSUR

No hebraico significa **"degrau"** ou **"planície plana"**, embora o sentido seja incerto. Consideremos estes pontos: **1**. O segundo dos filhos de Sem, na ordem de sua nomeação (ver Gn 10.22 e 1Cr 1.17), cerca de 2300 a.C. Seus descendentes ocuparam a região que veio a chamar-se Assíria. Os termos variam: ele e seus descendentes são chamados Assur em Gênesis 10.11 e Números 24.22-24, entre outras passagens. Assíria, em Esdras 4.2 e Salmo 83.8. Assírios, em Isaías 19.23. Assur é considerado fundador da nação assíria. O deus nacional era Assur, cujo nome ocorre em muitos nomes próprios como um elemento dos mesmos, como Assurbanipal, Esar-Hadom etc. Provavelmente esse também era o nome da capital dessa nação. **2**. A cidade de Assur, às margens do rio Tigre, modernamente Gala'at Sherqat, a 90 km ao sul de Mosul/Nínive. O nome tem origem acadiana, e significa *margem da água*. Por muito tempo foi a capital do distrito que tomou o nome de Assíria, até que foi substituída por Nínive. O local foi explorado por H. Rassam, em 1853, e por outros, posteriormente, em escavações que revelaram vários níveis de civilização. Primeiramente foi desenterrado o arcaico templo de Istar, do período de Sargão (2350 a.C. e depois); então à época dos medos e babilônios (614 a.C.). Nessa época a cidade tinha importância como centro político e religioso. Um antigo santuário, um zigurate com torres gêmeas, dedicadas a Anu e Adade, era continuamente renovado. Então Samsi-Adade I edificou um templo em honra ao deus Enlil, no mesmo local. Uma biblioteca de documentos assírios do período médio, que incluíam os textos religiosos e legais de Tiglate-Pileser I (1100 a.C.), foi descoberta, prestando-nos valiosas informações sobre esse período da história. Os sepulcros dos reis do novo império assírio e a casa das festas de Ano Novo, construída para os rituais anuais fora das muralhas da cidade principal, também foram encontrados. (ID S Z)

ASSURBANIPAL

Em assírio significa **"Assur criou um herdeiro"**. Foi rei da Assíria, coroado príncipe em maio de 672 a.C. por seu pai, Esar-Hadom, tendo-se tornado rei por direito próprio em 669 a.C. Também era chamado Asnaper ou Osnaper. Era neto de Senaqueribe (705-681 a.C.). Foi um famoso sábio e protetor da literatura e das artes. Tinha uma imensa biblioteca em Nínive, com muitos milhares de tabletes em escrita cuneiforme, dos quais a arqueologia encontrou 22 mil. Essa grande quantidade de tabletes nos tem fornecido muita informação sobre a civilização da época, sobre a Assíria e os povos vizinhos. Também falam sobre antigas versões babilônicas da criação e do dilúvio. Portanto, dessas e de outras maneiras, esses tabletes têm projetado luz sobre temas bíblicos. Assurbanipal reinou durante boa parte do longo e ímpio reinado de Manassés em Judá (687-642 a.C.). O trecho de 2Crônicas 33 relata como Manassés foi deportado para a Babilônia, pelos assírios. Isso pode ter sido decretado por Assurbanipal. A autenticidade da narrativa se demonstra pelo fato de que os reis assírios daquele período passavam uma parte de seu tempo na Babilônia.

Guerras. Os reis assírios estiveram todos envolvidos em guerras e matanças; e Assurbanipal não foi exceção à regra, apesar de seus outros interesses pacíficos, conforme dissemos acima. Logo no início de seu reinado, ele guerreou contra o Egito, tendo capturado Tebas, em 663 a.C., e tendo feito ataques contra os sírios, fenícios e árabes, a fim de manter intacto o seu domínio. Provavelmente foi ele o rei que libertou Manassés do exílio. E ele ou seu pai (ou mesmo ambos) estiveram envolvidos na deportação de Judá para a Babilônia (ver 2Cr 33.13). Em 641 a.C., ele saqueou Susa, capital do Elão (ver sobre *Susã*). Portanto, acredita-se que seja ele "o grande e afamado Asnapar", o qual, de acordo com a Bíblia, trouxe para Samaria imigrantes de Susa e de Elão (ver Ed 4.9,10). A partir de 652 a.C., Assurbanipal entrou em guerra com seu irmão gêmeo Samas-Sumukin, da Babilônia, o que fez debilitar-se o domínio assírio sobre a Palestina. Seus últimos anos de vida são obscuros. Morreu em cerca de 631 a.C.

ASSURNASIRPAL II

No acadiano, **"Assur guardou o herdeiro"**. Foi filho de Tukulti-Ninurta I e pai de Salmaneser II. Se é possível ser o mais cruel de todos, entre incríveis matanças, torturas e barbaridades, conforme vemos nos registros dos povos antigos, relatados na Bíblia, então Assurnasirpal II foi o pior. Era um conquistador violento que espalhou o terror do império assírio por todo o sudoeste da Ásia, tornando-se uma potência temida por todos. Suas datas são 883-857 a.C. Era notório por sua barbaridade, e o seu registro histórico pouco mais é do que as jactâncias de todas as incríveis desumanidades por ele praticadas. A edição final de sua conduta destruidora ficou inscrita no pavimento da entrada do templo de Ninurta, em Calá (ver Gn 10.11), que atualmente se chama cômoro de Ninrode. As escavações tiveram início em 1845, por A.H. Layard, o qual descobriu quase imediatamente o palácio desse rei e um templo próximo, onde foi descoberta uma estátua dele, metade do tamanho normal de uma pessoa. Uma inscrição nessa estátua afirmava que esse rei conquistara a região inteira desde o rio Tigre até o Grande Mar (Mediterrâneo). Além de ser um terror militar, ele esteve ocupado nas construções de grandes muralhas, templos e um palácio em Calá (ver Gn 10,11). Esse palácio era intensamente decorado com baixos-relevos e pinturas de batalhas e caçadas. Uma estela relata a fundação da cidade, em 879 a.C., quando mais de 65 mil pessoas se banquetearam por dez dias de celebração. A maioria dessa gente compunha-se de cativos de guerra, que foram usados para formar o núcleo da população. Tinha cerca do tamanho da antiga cidade de Nínive, conforme calculado em Jonas 4.11. (ID UN)

ASTAROTE, ASTARTE

Essa palavra é usada como um título, usualmente com o sentido de minha senhora ou minha deusa. Um possível plural do nome aparece nos textos de Ugarite. O nome aparece em uma inscrição de Rodes e em um tablete do norte da África. **1.** Uma deusa-mãe, consorte de Baal. Os dois usualmente eram adorados formando um par, conforme mostram as escavações em vilas cananeias. (Ver Jz 2.13 e 10.6). No tempo dos Juízes, essa combinação tornou-se uma praga para Israel, produzindo idolatria e apostasia (ver 1Sm 7.4 e 12.1), sendo essa uma das razões pelas quais Israel foi derrotado em certas ocasiões, em suas campanhas militares. O texto acadiano menciona várias *Istars*, que provavelmente eram vários cultos em diferentes lugares. Tratava-se de uma deusa da fertilidade humana, animal e das colheitas. Esse culto tinha seus aspectos obscenos, contrários à lei judaica. Na Mesopotâmia, Istar era identificada com a deusa-mãe dos sumérios, Inana. Esse nome aparece sob a forma *ttrt*, nos textos de Ugarite, e como *ytrt*, nas inscrições fenícias. Muitas figurinhas nuas de argila têm sido descobertas, pertencentes a esse culto. Seu culto prosseguiu até bem dentro da era cristã, e provavelmente só foi eliminado pela propagação do islamismo no Oriente Próximo, no início da Idade Média. **2.** A forma plural do nome, Astarote (cuja forma singular é Astorete), também se refere a vários lugares no Antigo Testamento. Uma cidade com esse nome estava localizada ao norte da Transjordânia, perto da antiga Edrei, e ao norte da vila de Jair. Essa era a pátria de Ogue, rei de Basã (ver Dt 1.4; 3.10 e Js 12.4). As cartas de Amarna mencionam o lugar em associação ao roubo de cavalos. Ali aparece com o nome de Astarte. Também é mencionado na inscrição da Pedra Moabita. O lugar é retratado em baixo-relevo em uma estela de Tiglate-Pileser III, encontrada em Ninrode. A meia tribo de Manassés recebeu a área quando da divisão da Terra Prometida. Após o cativeiro assírio, o lugar passou a ser conhecido como Carnaim. Esse nome também aparece em Gênesis 14.5. Tornou-se capital da quinta satrapia persa. A cidade teve uma longa história como um centro de adoração pagã, e foi destruída pelos macabeus, nos tempos de Judas Macabeu, em 165 a.C. (ver 1Macabeus 5.44). O local tem sido identificado com o moderno Tell Ashtarah, a 32 km a leste do mar da Galileia. **3.** Essa palavra é usada em conexão com a produtividade de ovelhas (ver Gn 31.38; 32.14 e Sl 78.71), pelo que alguns estudiosos supõem que essa deusa fosse representada por uma ovelha. Porém, visto não haver provas para essa conjectura, outros têm pensado que o termo era simplesmente usado para indicar ovelhas, como uma espécie de segundo nome, da mesma forma que El, o deus supremo, é retratado como um touro entre as vacas, pelo que

ASTARTE

podia ser chamado de touro, ou um touro podia ser chamado de El. (AH ALB)

ASTARTE

Forma grega, do hebraico Astorete. Ver sobre *Astarote*. No grego é *Astarte*, de onde se origina o termo em português. Em inglês é *Ashtoreth*, que deve ser distorção da forma grega, segundo analogia de *Bosheth*, "vergonha". Era a deusa suprema cananeia, contraparte de Baal, e conhecida entre os babilônios como *Istar* (ver o artigo), e no sul da Arábia como Athtar (uma forma masculina). Virgem perene, ela era também a mãe frutífera e criadora da vida. Os filisteus (ver o artigo sobre eles) parecem haver ressaltado o caráter belicoso de Astarte (ver 1Sm 31.10). As numerosas Astarotes representam várias formas sob as quais ela era adorada em diferentes lugares (Jz 10.6; 1Rs 11.33; 23.13). O nome dela foi dado à capital de Ogue, rei de Basã (Dt 1.4). (DE E FA VT Z)

ASTEROTE-CARNAIM

No hebraico significa **"Asterote dos dois chifres"**, ou então **"Asterote perto de Carnaim"** (dois chifres); ver Gn 14.5. Era uma cidade habitada pelos gigantes refains. Ficava cerca de 37 km a leste do mar da Galileia. A palavra "Carnaim" não aparece nas referências bíblicas como uma referência separada, embora figure como tal em 1Macabeus 5.26, onde é descrita como uma cidade grande e fortificada. Fortificada como era, a cidade era quase inexpugnável, porquanto os vales que a cercavam eram por demais estreitos. Na época de Abraão, Asterote começou a ser ultrapassada em importância por Carnaim; e, na época dos arameus e assírios, Carnaim havia substituído Asterote como capital regional. (BAL Z)

ASTORETE. Ver *Astarote*.

Astorete é a forma singular, e Astarote é a forma plural da mesma palavra.

ASTROLOGIA. Ver sobre *Adivinhação* (5).

A astrologia ocidental pode ser atribuída às teorias e práticas dos caldeus e babilônios de 2000 a.C. em diante. Em seus primórdios, a astrologia era uma tentativa para se fazer uma aplicação prática das observações e cálculos astronômicos às atividades humanas. A astrologia esteve inseparavelmente ligada à astronomia até o tempo de Kepler. De fato, a astrologia foi a mãe da astronomia, tal como a alquimia é a mãe da química. Conceitos astrológicos (astronômicos) estão alicerçados em observações da regularidade ou periodicidade dos movimentos do sol, da lua, das estrelas e dos planetas. Os povos agrícolas associavam tais movimentos às estações, aos períodos de chuva, aos ciclos de desenvolvimento das plantas. Os caldeus e babilônios, ajudados por conceitos matemáticos mais complexos do que aqueles de que os egípcios dispunham, desenvolveram uma atividade astronômica mais refinada, completa com calendários. Isso proveu a base para o avanço da astrologia e da astronomia. Os gregos e os árabes refinaram ainda mais os seus métodos. O zodíaco reflete os conceitos astrológicos posteriores dos caldeus, os quais passaram a ser representados mitologicamente por animais. Um conjunto diferente de animais caracteriza a astrologia chinesa, que se tornou a base das ideias astrológicas no Japão, na Coreia e no sudeste da Ásia. O horóscopo é um diagrama dos corpos celestes, mostrando as posições relativas do sol, da lua, das estrelas e dos planetas em um dado momento. A fim de fazer um horóscopo, o astrólogo deve saber o momento exato do nascimento de uma pessoa. Os astrólogos acreditam que cada um dos doze signos do zodíaco está associado a grupos básicos de caracteres e inclinações temperamentais e psicológicas. Através do momento do nascimento de uma pessoa, tais peculiaridades poderiam ser previstas, como principais tendências de sua vida. O quadro profético geral sobre o futuro do mundo, dado pelos astrólogos, é bastante similar ao da Bíblia ou dos modernos místicos, quando se fala apenas sobre os eventos principais, sem entrar em pormenores. A mesma coisa parece aplicar-se às vidas dos indivíduos. Porém, essas predições falham lamentavelmente quando se tenta entrar em detalhes, sem importar se são vidas de indivíduos, história de nações ou de raças humanas em geral.

O fato de que *os magos* foram capazes de detectar o nascimento do Rei de Israel, com base em observações astrológicas (ver Mt 2.1-10), mostra que, pelo menos algumas vezes, essas operações matemáticas devem ser válidas. Não há qualquer indício, na narrativa bíblica, de que aqueles homens foram divinamente orientados em seus cálculos. Tão somente eles acompanharam a *estrela*, evidentemente uma incomum combinação de planetas. Ver sobre isso no artigo intitulado *Astronomia*.

Minha avaliação. Embora superficiais, minhas observações podem ter algum valor. Se o Antigo Testamento condena a necromancia, somente degrada a astrologia. A narrativa de Mateus 2.1-10 era regularmente interpretada pelos pais da igreja com o sentido de que a antiga sabedoria inclina-se diante da sabedoria de Deus, em Cristo. Examinando-se o que realmente sucede nas predições astrológicas, podemos dizer o seguinte: *a*. Há ali verdade suficiente para que se estabeleça um esboço geral, sem detalhes, acerca dos eventos mundiais e individuais, embora o sistema fracasse se quisermos entrar em pormenores. *b*. Astrólogos individuais, à parte da massa geral, algumas vezes mostram-se bastante exatos em suas previsões, mesmo quanto a minúcias. Isso pode dever-se ao fato de que eles são psíquicos e usam as informações astrológicas como ponto de concentração, tal como outros usam bolas de cristal, cartas de baralho etc. Se isso é verdade, então suas predições são quase inteiramente psíquicas, embora o crédito seja dado à astrologia. *c*. À parte dessas pessoas psiquicamente dotadas, a astrologia não é suficientemente exata para ser atribuída ao diabo, conforme o fazem alguns religiosos, e até mesmo evangélicos. *d*. Nos casos especiais, de astrólogos realmente exatos, podemos ter simples poder psíquico humano, capaz de toda espécie de *prodígio*, pois o homem, afinal de contas, é um ser espiritual dotado de poderes psíquicos naturais, incluindo o conhecimento prévio. Ou, em outros casos, esses poderes podem proceder de entidades espirituais separadas, demoníacas ou não demoníacas. Cada caso em particular deve ser examinado em seus próprios méritos, porque o assunto é por demais complexo para admitir análises simplistas. *e*. Por conseguinte, os astrólogos dotados de grande exatidão em suas previsões podem ser: **1**. simples psíquicos humanos naturais; **2**. psíquicos inspirados por demônios; **3**. psíquicos inspirados por entidades espirituais não demoníacas. Neste último caso, quero dizer que esses indivíduos têm alguma fonte inspiradora, algum ser espiritual desconhecido, que não chamaríamos de demônio, por não estar em ligação com o diabo. Isso pressupõe uma complexidade no mundo dos espíritos, que se compõe de espíritos bons, maus e indiferentes, e *alguma* astrologia pode ser apenas preditiva, e não espiritualmente boa ou espiritualmente má. Mas a astrologia, à parte desses poucos indivíduos especiais, não é poderosa ou exata o bastante para nós atribuirmos tudo ao diabo, o qual por certo tem negócios mais importantes a dirigir do que dar aos astrólogos curiosas informações truncadas, que acertam somente em parte mas erram em muito. Isso seria uma infeliz propaganda para o Príncipe do Mal, o qual é um dos mais poderosos intelectos da criação, embora depravado no uso de seus recursos. Resta dizer que, em face dessa debilidade da astrologia, ela deve ser relegada ao seu papel de mera demonstração da curiosidade humana pelo futuro e pelo destino humano, sobretudo da parte daqueles que têm a revelação bíblica na mão e não precisam apelar para tão pobres recursos como esses.

ASTRÓLOGO

O trecho de Isaías 47.13 fala sobre os que *dissecam os céus e fitam os astros, os que em cada lua nova te predizem o que há de vir sobre ti*. Jeremias advertiu Israel a não "espantar-se" diante dos sinais dos céus, simplesmente porque as nações se "atemorizavam" (ver 10.2). Os assírios eram mestres na astrologia, e a Palestina esteve sob o domínio deles por muito tempo, razão pela qual é admirável que haja tão poucas referências à astrologia, no Antigo Testamento. O trecho de Daniel 5.11 fala em "encantadores", embora algumas versões digam ali "astrólogos". Na realidade, porém, trata-se de um termo técnico acadiano que se refere ao sacerdócio dos encantadores. Mas que a astrologia estava envolvida, não se pode duvidar.

ASTRONOMIA

Quando observamos que a astrologia começou nas teorias e práticas dos caldeus e babilônios, a partir de cerca de 2000 a.C. (ver o artigo sobre a *Astrologia*), dizemos outro tanto sobre a astronomia, porque essas duas coisas estavam inseparavelmente ligadas até o tempo de Kepler (1571-1630). A astronomia é aquele ramo da ciência que inclui o estudo do universo além da terra, e tudo quanto está contido nesse universo. O astrônomo busca compreender a natureza dos objetos observados, explicando os eventos que ele vê tomarem lugar. Muitos e grandes problemas têm deixado os homens intrigados, desde os tempos pré-históricos, no tocante a essas questões. E, a despeito do avanço do conhecimento humano, muitos mistérios permanecem. Na verdade, devido às suas próprias pesquisas, a ciência vai descobrindo novos horizontes e criando novos mistérios a cada dia.

I. As teorias geocêntrica e heliocêntrica.

Os primeiros estudos astronômicos registrados abordam o sol, os eclipses do sol e da lua e a rota seguida pelo sol no espaço. Os antigos, supondo que a terra seria o centro do universo, e que o sol estaria em movimento ao redor da terra, chegaram a crer, desde o começo, que esses astros exercem alguma influência ou controle sobre vidas humanas. Os pitagoreanos propuseram a ideia de que a terra move-se ao redor do sol, sendo esse um conceito plenamente desenvolvido por Aristarco, em cerca de 300 a.C. Essa é a teoria *heliocêntrica*. Porém, ainda durante muitos séculos a teoria geocêntrica continuou sendo a preferida pelos homens. Hiparco, um famoso astrônomo do século II a.C., aceitava a teoria geocêntrica, que o astrônomo alexandrino, Ptolomeu, refinou em cerca de 150 d.C., tornando-se essa a ideia predominante até depois de 1600 d.C., quando então prevaleceu a mescla entre ideias astrológicas e astronômicas. O ponto de vista de Ptolomeu foi desafiado seriamente, pela primeira vez, por Nicolau Copérnico, em 1543, por causa do avanço do conhecimento, que mostrava quão inviável era a teoria geocêntrica. Porém, a posição central ocupada pelo homem, tanto na teologia como nas ciências, não queria ceder terreno, e houve muitas controvérsias. Todavia, era inevitável o avanço do conhecimento, e a invenção do telescópio, posto nas mãos de Galileu, em 1608, revelou muitas coisas nunca antes observadas. Pela primeira vez, a lua foi vista como um corpo material similar à própria terra. Em 1618, João Kepler propôs as três leis dos movimentos planetários, em vista das quais as posições de Marte foram preditas com sucesso. A formulação e a prova da lei da gravidade, por Isaque Newton, um século mais tarde, removeu várias objeções à teoria heliocêntrica, incluindo uma objeção favorita, a de que uma terra em revolução viajando através do espaço não poderia reter em sua superfície os objetos ali existentes, porquanto seriam projetados no espaço. Contudo, o golpe de morte na teoria geocêntrica só ocorreu em 1727, quando James Bradley demonstrou que a aberração da luz das estrelas, a aparente mudança de direção da luz emanada pelas estrelas, resultava do movimento da terra, atravessando a linha de visão, e não de qualquer movimento que as próprias estrelas estivessem fazendo. Contudo, foi somente cem anos mais tarde que os cientistas começaram a perceber as vastas distâncias envolvidas no universo.

II. Conceito hebreu do universo e sua relação com a astronomia.

Os hebreus acreditavam que o universo fosse uma terra chata, apoiada sobre um abismo de água. Por baixo da terra estariam os pilares da terra. Nenhuma explicação era dada sobre onde esses pilares estariam fixados, com a única exceção possível do trecho de Jó 26.7. Além disso haveria um *firmamento* sólido em forma de cúpula, que se estenderia acima da terra. Este firmamento mantinha as águas acima da terra, as quais eram vistas como um grande mar nas alturas. Os corpos celestes estariam fixados nesse firmamento. Alguns diziam que as luzes das estrelas chegavam até nós através de perfurações no firmamento, permitindo assim a passagem da luz. Uma cadeia circular de montanhas, à beira da terra chata, sustentaria o firmamento por sua beirada. O Seol, lugar dos espíritos dos mortos, que se desenvolveu na ideia de um lugar de julgamento, seria apenas um lugar onde fantasmas destituídos de mente ficariam adejando. Mais tarde, o Seol foi dividido em um compartimento bom e outro mau, onde uma autêntica vida após-túmulo era experimentada pelos justos e pelos ímpios, em seus espíritos desencorporados. Abaixo do Seol estariam os pilares.

O estudo desse diagrama explica vários termos usados no Antigo Testamento, como *firmamento* (ver Gn 1.6,7,8,14,15,17,20; Sl 19.1; 150.1; Ez 1.22,23,25,26; Dn 12.3), *comportas* (ver Gn 7.11; 8.2 e Is 24.18); o *Seol* (no grego, *hades*), como algo abaixo da superfície da terra (ver Jó 33.24 e Sl 30.9). O Seol era visto como uma espécie de caverna na terra. (Ver também 2Pe 2.4). Ficaria debaixo da terra (ver Ef 4.9 e Jd 6); seria uma espécie de abismo sem fundo (ver Lc 8.31 e Ap 9.11). O anticristo, embora anteriormente lançado no abismo, teria o poder de ascender dali, por meio do poder de Satanás, a fim de cumprir sua missão final na terra (ver Ap 11.7 e 17.8). *Colunas* susteriam a terra em sua posição (ver 1Sm 2.8 e Jó 9.6). *Águas: o* firmamento teria sido posto como fundo e anteparo das águas que haveria por cima dele (ver Gn 1.6). Na criação, Deus teria separado as águas *de* cima das águas *de baixo*, mediante o *firmamento*. A narrativa do dilúvio inclui o detalhe de que as comportas do céu foram abertas, permitindo que as águas de cima do firmamento se despejassem sobre a terra. Também menciona que as águas do abismo, isto é, as de debaixo da terra, chegaram à superfície, pois a terra é ali retratada como descansando sobre um grande abismo de água (ver Gn 7.11). A expressão "todas as fontes do grande abismo" aponta para o *caos* aquático subterrâneo, sobre o qual a terra repousaria. Essa ideia também é refletida em Gênesis1.1. Esse abismo aquoso era algumas vezes retratado como que elevado acima das extremidades da terra ameaçando-a de destruição (ver Jr 5.22 e Sl 104.7-9).

Esses comentários, fiéis ao que os hebreus realmente acreditavam, naturalmente provocam todo tipo de dificuldades para aqueles que insistem em fazer da Bíblia um compêndio científico, sempre que o Livro Sagrado alude a qualquer assunto sobre o qual a ciência também se manifesta. Porém, é melhor conhecer a verdade e ensiná-la do que apoiar tradições religiosas que têm sido demonstradas como falsas e equivocadas. A *fé* dos homens espirituais não precisa de pilares de inverdade sobre os quais se possa apoiar, embora alguns insistam sobre essas coisas, por quererem obter *conforto mental*. O exame dos registros antigos mostra que os vizinhos dos hebreus compartilhavam com eles muitas de suas ideias cosmológicas, pelo que, esses conceitos não surgiram do vácuo. Os escritores sagrados usaram esses conceitos para serem entendidos por seus leitores originais, a fim de ensinar verdades *espirituais* que não dependem da geologia, da astronomia e de qualquer outra ciência humana.

Os hebreus e a astronomia. Os caldeus, os chineses e os indianos têm se interessado pela astronomia e pela astrologia desde antes de 2000 a.C. Mas os hebreus aparentemente não devotaram tempo para estudar esses assuntos. Sabemos que eles identificaram as constelações e lhes deram nomes (ver Jó 9.9; 38.31; Is 13.10 e Amós 5.8), mas o mais provável é que isso tenha sido tomado por empréstimo de seus vizinhos que tinham um ávido interesse por essas questões (ver Is 47.9; Jr 27.9 e Dn cap. 2). Provavelmente isso era verdade, considerando-se que a lei mosaica proibia toda forma de adivinhação, conforme lemos em Deuteronômio 18.10,11, o que, segundo alguns intérpretes pensam, inclui a astrologia. Por outra parte, os judeus tinham licença para se ocuparem em várias outras formas de adivinhação, o que é comentado no artigo intitulado *Adivinhação*. Em contraste com isso, "os sacerdotes caldeus estavam acostumados, desde tempos remotos, a registrar em seus tabletes de argila o aspecto dos céus e as modificações que ocorriam noite após noite, a aparência das constelações, seus brilhos comparativos, os movimentos precisos de seu surgimento e desaparecimento no horizonte, a hora em que atingem o zênite, juntamente com os movimentos mais ou menos rápidos dos planetas e seus movimentos de aproximação ou afastamento uns dos outros. Foi assim que eles descobriram a revolução e os eclipses da lua, e com frequência podiam predizer com bom êxito os eclipses do sol" (Maspero, *Dawn of Civilization*, p. 775 ss.). Se houvesse entre eles essas proibições como as que vemos em Deuteronômio 18.10,11, essa ciência não teria sido iniciada por eles. Proibições assim tinham o intuito de evitar os abusos que algumas vezes impedem atividades legítimas. Ver o artigo sobre *Astrologia*, em seus três primeiros parágrafos, quanto a meus comentários sobre esse ponto.

A adoração ao sol e às estrelas. Nos tempos de Sócrates, era uma ideia nova e revolucionária, até mesmo no caso de pessoas educadas, que a lua e as estrelas fossem similares à terra. Havia a crença generalizada de que esses astros eram entidades espirituais de alguma espécie, e a adoração aos mesmos era comum (ver Dt 4.18; 17.3). Israel chegou a envolver-se em tal prática (ver 2Rs 23.5,11 e Jr 8.2). Os céus declaram a glória de Deus (ver Sl 19.1), mas não são objetos próprios à adoração.

A significativa declaração de Jó. Não havia resposta popular à pergunta sobre onde as colunas da terra se firmavam. Jó expôs corajosamente a ideia que diz: *Ele* (Deus)... *faz pairar a terra sobre o nada* (Jó 26.7). A gravidade e o magnetismo não são *nada*. Mas pelo menos o livro de Jó demonstra uma percepção de que a terra não repousa sobre algo sólido, mas antes, permanece suspensa no espaço, de alguma maneira.

III. A IMENSA ANTIGUIDADE DA CRIAÇÃO. A grande antiguidade da criação pode ser demonstrada de várias maneiras, dentre as quais expomos algumas representativas: **1**. Os métodos de medição do tempo pelo carbono-14 e pelo argônio de potássio (juntamente com outros métodos). Uma ampla discussão sobre o assunto aparece no artigo sobre a *Arqueologia*, parte II. **2**. Evidências de civilizações pré-adâmicas. Uma completa discussão sobre isso aparece no artigo sobre os antediluvianos, partes 1, 2, 3 e 5. Há algumas evidências arqueológicas de considerável peso em favor desse conceito, além de algumas raras antigas referências literárias, as quais indicam o conhecimento e o uso da energia atômica em algum remoto período pré-adâmico. A segunda parte desse último artigo procura reconciliar a narrativa bíblica a esse tipo de informação. **3**. Evidências geológicas da reversão dos campos magnéticos do globo terrestre, encontradas nas rochas, parecem indicar que já houve cerca de quatrocentos cataclismos como aquele da época de Noé. É possível que os relatos sobre Adão e Noé coincidam com os dois últimos grandes cataclismos da terra, representando *novos começos* da humanidade. Há algumas referências literárias, como nos registros egípcios, mencionadas por Heródoto, que declaram que muitos dilúvios gigantescos já aconteceram, e não apenas um. Estes cataclismos eram acompanhados, provavelmente, pela mudança dos polos, sua verdadeira causa, com o consequente deslizamento da crosta terrestre para novas posições, criando vastas devastações e fazendo surgir novos continentes. **4**. Materiais trazidos da lua e meteoritos caídos na terra têm sido datados em até 4,5 bilhões de anos. **5**. Fósseis antiquíssimos, de micro-organismos unicelulares, têm sido encontrados nas praias do lago Superior, em Ontário, em rochas da época pré-cambriana, e têm sido datados pelo método da radioatividade, em quase dois bilhões de anos de antiguidade. **6**. Luz *proveniente do espaço*. Nossos radiotelescópios estão atualmente captando luz que precisou de dezesseis bilhões de anos para chegar à superfície da terra. Isso significa que quando essa luz partiu de sua fonte, o sistema solar nem ainda havia começado a existir, porque sua idade parece ser cerca de quatro e meio bilhões de anos. Devemos compreender que universos (completos com seus sistemas solares) estão vindo à existência e desaparecendo, continuamente. A criação não foi *um* acontecimento que sucedeu de uma vez para sempre. Antes, é um processo contínuo. Seja como for, é um simples cálculo matemático julgar a idade da luz que chega à terra, uma vez que se conheça a sua fonte. Afirmar que Deus criou essa luz já a caminho, de tal modo que ela já estava quase atingindo a terra quando sua fonte luminosa começou a existir, é ideia por demais ridícula para ser aceita como parte de qualquer busca séria do conhecimento e da verdade.

Neste ponto, ofereci apenas um esboço de informações. Ver o último parágrafo do artigo que acrescenta outros detalhes sobre a grande antiguidade da criação.

Começos. Atualmente, os homens têm consciência da luz que chega à superfície da terra após dezesseis bilhões de anos de viagem pelo espaço. Isso, entretanto, deve ser visto como uma *minúscula* fração do número real. A ciência continuará fazendo descobertas que mostrarão que a criação ainda é mais antiga. Não há como predizer até que extremo o cálculo retrocederá. A própria criação que conhecemos pode ter sido uma *recriação*, dentro de uma interminável série de recriações, cada qual envolvendo incontáveis bilhões de anos. Pode ter havido um número incalculável de *grandes explosões* de novas criações. Existimos no mais recente desses imensos e misteriosos ciclos.

IV. A VASTIDÃO DA CRIAÇÃO. A Via Láctea, que é apenas uma galáxia entre bilhões de outras, conta com um número de estrelas (semelhantes ao nosso sol) que poderia atingir os dez bilhões, se houvesse alguma maneira de contar todas elas. O nosso sistema solar pertence à Via Láctea. Porém, há inúmeros outros universos, muitas outras galáxias semelhantes à nossa Via Láctea. De fato, há bilhões de galáxias, cada qual com seus bilhões de estrelas. Quanto mais a ciência vai descobrindo, mais vasta a criação se torna conhecida. Aqueles que falam em limites, estão falando sobre os limites de suas próprias mentes, e não sobre os verdadeiros limites da criação. A Via Láctea é membro de um cacho de dezessete galáxias, que os astrônomos chamam de *grupo local*. Porém, fora do âmbito desse grupo de galáxias, bilhões de outras jazem dispersas através das profundezas do espaço. Parece que elas ocorrem em cachos, alguns dos quais contêm aproximadamente dez mil galáxias. Nos grandes espaços vazios, há algumas galáxias isoladas, e mesmo estrelas isoladas que não pertencem a qualquer conjunto estelar. As galáxias medem de dez a quarenta mil *persecs* em seu diâmetro. Um *persec* é 30,9 trilhões de quilômetros, ou seja, a distância que a luz percorre em um ano, à velocidade de trezentos mil quilômetros por segundo. Portanto, um raio de luz precisaria de 120 mil anos, a fim de atravessar algumas galáxias, de uma à outra extremidade, percorrendo mais de 1.225.000.000.000.000.000 de quilômetros. Para atravessar de uma ponta à outra da nossa humilde Via Láctea, a luz precisa apenas de sessenta mil anos-luz. As galáxias mais próximas da nossa estão cerca de um milhão de anos-luz de distância, mas outras estão muitíssimo mais distantes, afastando-se da nossa a uma incrível velocidade. Os aparelhos chamados radiotelescópios são uma das invenções mais recentes que ajudam a perscrutar o espaço. Eles estudam a radiação emitida pelos objetos celestes na faixa de rádio do espectro eletromagnético. Esses radiotelescópios têm vários formatos. Alguns se parecem com gigantescos pratos fixos no solo. Tais aparelhos têm permitido que os cientistas sondem a vastidão de nosso espaço exterior com muito mais exatidão, e a distâncias muito maiores do que era possível com os telescópios antigos, dotados de lentes.

V. A ASTRONOMIA E ALGUNS ITENS INTERESSANTES NA BÍBLIA

1. Eclipses. Alguns percebem alusão a eclipses em Isaías 13.10 e Joel 2.31, onde é dito que o sol se escurecerá e a lua não dará a sua luz. Apocalipse 6.12, que diz, *o sol se tornou negro como saco de crina, a lua como sangue*, é interpretado como tal, por alguns estudiosos. Naturalmente, o *blackout* que houve por ocasião da crucificação de Jesus, em Mateus 24.29, é incluído nessa categoria. Porém, nenhum desses casos se adapta a qualquer descrição razoável de um simples eclipse. Excetuando o caso de Mateus 24.29, aqueles outros incidentes descrevem ocorrências apocalípticas de vastos juízos sob a forma de cataclismos. Não houve nenhum eclipse registrado na época da crucificação de Jesus. O mais provável é que estejamos tratando ali da passagem de uma nuvem de poeira cósmica, que atravessou o espaço, um fenômeno relativamente comum na história da astronomia. Ver comentários completos sobre a questão no NTI, em Mateus 24.29.

2. O longo dia de Josué, bem como o relógio de sol de Acaz. Josué ordenou que o sol estacasse em seu trajeto, até ele obter uma vitória sobre os amorreus (Js 10.12-14). Há várias explicações para o fenômeno. Alguns dizem que se trata de uma mera *lenda;* outros afirmam que a terra parou temporariamente de girar em torno de seu eixo, mas isso teria envolvido um cataclismo de grande magnitude. De fato, alguns dizem que o que houve, na realidade, foi uma mudança relativamente pequena dos polos da terra; pois, quando estes mudam, a terra assume uma nova posição em relação ao sol e o horário muda, conforme as direções são alteradas, em maior ou menor grau. Essa explicação é possível, mas não lemos coisa alguma sobre algum grande cataclismo na terra nos dias de Josué. Uma outra explicação é que um outro planeta passou nas proximidades do nosso, atrasando a velocidade de rotação da terra, devido à força gravitacional. Outros tentam uma explicação mais simples, supondo ter havido uma intervenção divina que causou um *milagre de refração*. Isso significaria que a atmosfera terrestre continuou trazendo à terra a luz do sol, por meio de uma refração especial, embora o sol já tivesse mergulhado por detrás do horizonte. Essa é uma explicação *sobrenatural*, que requer o concurso da fé. Outros também se utilizam da teoria da refração a fim de explicar como o relógio de sol de Acaz retrocedeu dez graus, como sinal de que o rei Ezequias recuperaria a saúde (ver 2Rs 20.9-11 e Is 38.8), onde temos outro caso da necessidade do exercício de fé. A verdade é que não dispomos de explicações para problemas como esses.

3. Os planetas e a estrela matutina. Os antigos não tinham consciência do fato de que um planeta é um objeto celestial, tal qual a terra, que não tem sua própria luminosidade, mas que, à semelhança da lua, reflete a luz vinda do sol, parecendo brilhar. Também não sabiam que um planeta é muito menor que o sol ou alguma estrela. De fato, eles pensavam que os planetas fossem *estrelas errantes*. A palavra portuguesa *planeta* vem do vocábulo grego *planao*, que significa *vagabundar ou errar*. Os antigos pensavam que os planetas seriam diferentes somente por não manterem rotas regulares e constantes no firmamento, a cada noite, mas antes, vagueavam de uma maneira independente. Não compreendiam que isso era causado por suas órbitas em torno do sol. A *estrela matutina* não se trata de uma estrela, e, sim, de um planeta, ou melhor, de um dentre os vários planetas, como Mercúrio, Vênus, Marte, Júpiter ou Saturno, sem importar qual deles esteja em posição de ficar visível no oriente imediatamente antes do nascer do sol. (Ver Is 14.12; 2Pe 1.19; Ap 2.28 e 22.16). Algumas vezes, duas ou mais estrelas matutinas podem ser vistas no céu, embora usualmente esteja em pauta o planeta *Vênus*, a luz mais brilhante que aparece no céu, depois do sol e da lua, e que rebrilha o bastante para ser vista, algumas vezes, mesmo depois do surgimento do sol no horizonte. Cristo é chamado de estrela matutina, aquele que anuncia o raiar da esperança e que resplandece em sua glória. Ver o comentário completo, no NTI, sobre essa questão, em Apocalipse 2.28 e 22.16. Essa estrela era símbolo de vida e imortalidade, na concepção dos antigos, podendo ser essa a mensagem central tencionada naqueles trechos do Apocalipse.

4. Os meteoros. As estrelas cadentes são meteoritos, mas os antigos não tinham conhecimento desse fato. Há passagens em Apocalipse 8.10; Mateus 24.29; Marcos 13.25 e Apocalipse 9.1 e 12.4 que podem fazer alusão a meteoros, embora o mais provável seja que se relacionem a julgamentos apocalípticos, que podem envolver, ou não, meteoros. A referência em Apocalipse 8.10 provavelmente fala simbolicamente de um poderoso anjo caído, porquanto esse é o pano de fundo da metáfora literária apocalíptica dos judeus. Em Apocalipse 8.8 vemos uma grande montanha em chamas que cai no mar, sendo essa, igualmente, uma referência a um ser angelical caído.

5. A estrela de Belém. Essa estrela tem sido interpretada de muitas maneiras. Ver no NTI em Mateus 2.2. Sumariando, as interpretações são: *a*. seria uma *personalidade*, como um ser angelical. *b*. Seria um mito. *c*. Seria algum fenômeno divino especial, que não pode ser explicado pela ciência. *d*. Alguma estrela especial, um objeto real, mas preparado por Deus para essa ocasião precípua. *e*. Um cometa. *f*. Uma estrela *nova ou supernova*. Uma estrela nova é uma que já existia, mas não de maneira visível para os olhos, até tornar-se visível de repente, quando sua luminosidade aumenta cerca de dez mil vezes, devido a alguma explosão interna. Uma estrela *supernova* é a mesma coisa, somente que sua luminosidade aumenta em centenas de milhões de vezes e então vai esmaecendo gradualmente, pelo espaço de um ano ou mais. *g*. Mas a explicação favorita é a de uma *incomum conjunção de planetas*. A astronomia tem demonstrado que nos anos compatíveis com o nascimento de Cristo, houve um alinhamento ou aproximação dos planetas Vênus, Marte e Saturno, a 22 de janeiro de 12 a.C., além de um outro caso desses, envolvendo Vênus e Júpiter, a 12 de junho de 2 a.C. em favor dessa explicação temos o fato de que os *magos*, contemplando esse evento no céu, interpretaram como o nascimento do Rei de Israel. Sabemos que os magos eram *astrólogos*, atentos a fenômenos dessa natureza. A explicação dada no NTI, em Mateus 2.2, oferece mais detalhes que favoreçam essa interpretação, além de discutir os prós e os contras. De qualquer modo, essas estranhas conjunções planetárias têm ocorrido, segundo se reconhece, quando do nascimento de grandes personagens. Evidentemente, há uma espécie de inter-relação insondável e estranha entre as realidades celestes e as realidades terrestres, divinamente planejada, sem dúvida, e de tamanha magnitude que nos deixa a mente atônita.

VI. VIDA EM OUTROS PLANETAS.

Até o momento, todas as explorações feitas não têm revelado qualquer vida, conforme a conhecemos, em nosso sistema solar. Porém, visto que há muitos bilhões de galáxias, com bilhões de estrelas cada uma, é inevitável que existam incontáveis sistemas solares. Também é matematicamente provável que alguns desses sistemas ofereçam condições similares às de nosso mundo, que poderiam sustentar a vida biológica, além de *inúmeras* formas de vida que a nossa ciência nem imagina, tanto de natureza física quanto de natureza espiritual. Portanto, é justo dizer-se que a vida em outros universos não somente é possível, mas até *inevitável*. De fato, seria espantoso e ininteligível se Deus, tendo criado um universo tão incrivelmente vasto, tivesse criado vida somente à face da minúscula terra. As Escrituras ensinam que há muitas ordens de seres celestiais, que vivem em mundos de luz. Portanto, temos nisso uma afirmação bíblica de que há vida em outros lugares. Se isso é verdade no campo da vida espiritual, não há motivo para não supormos a mesma coisa no tocante à vida física. Um planeta em torno de uma estrela não pode ser visto com nossos atuais telescópios, mas há evidências de sua presença nas oscilações dessa estrela, devido à força gravitacional exercida pelos corpos em órbita, como no caso da estrela de Barnard, que dista apenas seis anos-luz de nosso globo. Essa estrela exibe minúsculas oscilações, as quais indicam a presença de um planeta de massa pouco maior que a de Júpiter. Sem dúvida, há inumeráveis milhões de tais estrelas, com seus próprios sistemas solares. Lá fora há vida, *muita vida*.

A criação de Deus é imensa e muito antiga. É impossível limitar o nosso conhecimento às genealogias de Gênesis. Cada vez que lemos sobre uma *nova descoberta* no campo da astronomia, mais ficamos convencidos de que vamos levar muitas surpresas ainda, e todas elas vão indicar tanto a imensa idade da criação como sua incrível magnitude. Considere isto: *Captado quasar a 12 bilhões de anos* luz. Cientistas norte-americanos de Pasadena, Cal., EUA, conseguiram determinar a distância do mais antigo objeto estelar de que se tem conhecimento no universo: um *quasar* de 12 bilhões de anos-luz, aproximadamente, denominado no catálogo astronômico de PKS 2000-300 e descoberto em 1971. Segundo os astrônomos, este quasar seria 1% mais antigo e estaria ligeiramente mais distante do que o OQ 172, que até agora era o quasar mais distante da terra já localizado. "Estamos esforçando a vista e olhando para o horizonte do universo", comentou o astrônomo Mike Klein, que trabalha para a Nasa e que anunciou a descoberta em Pasadena. "Este quasar é o que está mais longe de tudo o que vimos até hoje. Esta luz (que captamos) o deixou há 12 bilhões de anos e só mostra o aspecto que o quasar apresentava naquele momento". Isto significa que a lua *começou* a sua viagem muito antes de se constituir o sistema solar, há 4,6 bilhões de anos, e mesmo antes do nascimento da *Via Láctea*, há cerca de 10 bilhões de anos. Os cálculos atuais estimam que o universo nasceu há cerca de 20 bilhões de anos. O PKS 2000-300 só pode ser detectado do hemisfério sul e foi descoberto pelo radiotelescópio de Parkes, na Austrália. A primeira fonte de rádio quase estelar — definição de quasar — foi descoberta há 20 anos e consiste num centro *violentamente* ativo de galáxias. Assemelhando-se a uma estrela, ele parece emitir, porém, mais energia do que *cem milhões* de estrelas.

VII. A TEORIA DA GRANDE EXPLOSÃO E A TEOLOGIA. Ver o artigo sobre a *Criação*, VI, 8. Existem grandes ciclos cósmicos e terrestres. As grandes explosões criam os ciclos cósmicos e as mudanças dos polos criam os terrestres. Muitos ciclos terrestres existem dentro de cada ciclo cósmico e todos eles são de imensa duração. Portanto, a criação cósmica que conhecemos agora é realmente uma história recente. Também, o ciclo terrestre que envolve a *raça adâmica* é recente. Além destas histórias recentes, sabemos pouco sobre as obras da criação de Deus. Temos um *'misterium tremendum* que as teorias dos homens, suas cosmologias e teologias são infantis demais para explicar. A história de Gênesis e a ciência moderna explicam pouco sobre os vastos *mistérios* de Deus. Todas as explicações são simplesmente gritos na noite misteriosa das obras de Deus. Mas é legítimo gritar e procurar saber mais. (AB AM BOK LY UN STR Z).

ATALIA

No hebraico, **"afligida por Yahweh"**, ou então **"Yah é forte"**. Era filha de Acabe, rei de Israel, provavelmente filha de Jezabel, a idólatra esposa desse rei. Em 2Crônicas 22.3 ela também é chamada "filha de Onri", que foi o pai de Acabe, mas isso significa que ela era neta dele, um uso comum no hebraico.

Casamento. Ela tornou-se esposa de Jeorão, filho de Josafá, rei de Judá. Por esse motivo, Josafá usualmente reto em sua conduta, ligou-se à casa idólatra de Israel (reino do Norte). Essa mulher herdou a falta de escrúpulos de sua mãe, daí resultando intermináveis perturbações. Ela mostra-se ardorosa defensora do culto a Baal dos sidônios. Após oito anos, ela ficou viúva, e seu filho, Acazias subiu ao trono (ver 2Rs 8.26 e 2Cr 22.2). Dentro de menos de um ano, Jeú assassinou Acazias juntamente com Jorão, de Israel. Por essa altura dos acontecimentos, Atalia assassinou todos os seus netos exceutando Joás, o qual foi salvo porque sua tia Jeoseba (ver 2Rs 11.2 e 2Cr 22.11) o ocultou. Entrementes, Atalia foi ganhando cada vez maior autoridade, usando-a sempre para fazer o mal. Assassinou seus netos somente para usurpar para si mesma o trono de Davi. Durante seis anos governou sem que alguém lhe pudesse barrar o caminho. Então Joiada, o sumo sacerdote, agiu contra ela. Coroou o jovem Joás como rei, e com o alvoroço popular, atraiu a rainha usurpadora para vir ver o que ocorria. A multidão aprovou os atos de Joiada, e Atalia gritava: Traição! Traição! Todavia, seus gritos não conseguiram obter ajuda. Então o sumo sacerdote ordenou que os guardas a removessem do recinto sagrado e a matassem, o que foi feito (ver 2Rs 11.2; 2Cr 21.6 e 22.10-12,23).

ÁTALO

Não se sabe qual o significado desse nome. Foi o nome de vários reis de Pérgamo: **1**. Em 1Macabeus 15.22. O Átalo a quem os romanos escreveram, a respeito dos judeus, provavelmente era Átalo II Filadelfo (reinou entre 159 e 138 a.C.). Esse decreto parece pertencer ao ano 139 a.C. e não a um século mais tarde, conforme parece dever-se entender, com base em Josefo, *Anti*. 14.8.5. **2**. Átalo I e Êumenes II, irmão do primeiro, tal como Átalo II, eram bons aliados dos romanos. Eles perceberam que o poder romano inevitavelmente controlaria grandes porções do mundo conhecido, incluindo a região deles, na Ásia Menor. Mostraram-se sábios o bastante para acompanharem as tendências da história, e assim salvaram incontáveis vidas e muita tristeza. **3**. Átalo II foi um sábio governante, tendo fundado muitas cidades, incluindo Atália. **4**. O sobrinho de Átalo II, que o sucedeu no trono, foi quem doou a Roma o reino de Pérgamo o que o transformou em uma província romana. Átalo III entretanto, impôs certas condições. Ele exigiu que Pérgamo e outras cidades gregas da área ficassem isentas do pagamento de tributo. Roma aceitou as condições e a área tornou-se uma província senatorial, e um procônsul veio residir em Éfeso. Foi instituída em Pérgamo a adoração oficial ao imperador. Muitos excelentes monumentos foram edificados, e a área prosperou. Ver o artigo sobre a *Ásia*. **5**. Quando, em 153 a.C., Alexandre Balas reivindicou o trono da Síria da parte de Demétrio I, e assim estabeleceu Jônatas como sumo sacerdote dos judeus (1Macabeus 10), ele foi ativamente apoiado por Átalo II. (ID JON Z)

ATANÁSIO (c. 297-373)

Poucos pais da igreja são mais renomados do que Atanásio. Quando ele ainda muito jovem, uma terrível perseguição sobreveio à igreja, no Egito e em outros lugares. Tendo recebido sua educação formal na escola catequética de Alexandria, sua capacidade e devoção cristã chamaram a atenção do bispo Alexandre. Atanásio, como diácono, acompanhou Alexandre a Niceia, e, com a morte deste, foi sagrado bispo. Nesse cargo, serviu por quarenta e seis anos (sendo 17 deles em cinco exílios). Foi muito amado por seu povo, mas odiado e perseguido pelos adeptos do arianismo. Seus escritos revelam amplitude de caráter — rica devoção pelo Verbo que se fez carne, inflexível e bem argumentada postura contra os arianos, grande preocupação pastoral, manifestada em suas *Cartas festivas* anuais, e profundo interesse pelo monasticismo, evidente em sua obra *Vida de Antônio*. Para a fé e a teologia de Atanásio, o principal era a encarnação do Verbo de Deus, culminando com sua morte e ressurreição. Considerava a encarnação e a expiação inseparáveis. A soteriologia (ver Salvação) impregnava todo o seu pensamento, juntamente com uma adoração viva e o reconhecimento do Deus triúno (ver Trindade). Sua obra *Sobre a Encarnação*, datada de 318 por alguns e bem depois por outros, é um clássico. Atanásio esboça ali a doutrina da criação e do lugar do homem nela. O homem perdeu a vida em Deus, passando, então, a entrar cada vez mais em queda, corrupção e perda da imagem e do conhecimento de Deus. Somente seu Criador o poderia restaurar, fazendo isso ao se tornar carne, revelando a si mesmo e indo para a cruz, anteriormente um símbolo de vergonha, mas a partir de então troféu de vitória, proclamada em sua ressurreição.

Em sua obra *Contra os arianos* e em outras obras antiarianistas, a teologia e a epistemologia cristãs deram um grandioso passo à frente. As questões, como Atanásio as via, diziam respeito à verdadeira vida ou morte da igreja. Assumindo posição inflexível contra o arianismo, Atanásio reconhecia que o núcleo da fé cristã deveria estar sujeito a rigoroso questionamento. Sua própria posição teológica anterior teve de ser reavaliada, especialmente por causa de sua conscientização, então mais clara, moldada pela controvérsia ariana, do seguinte princípio: "Deus em seu ser é diferente do mundo". Em cada coisa, argumentava ele, deve-se pensar em Deus de acordo com o que realmente tenha feito e revelado. Deus não pode estar sujeito às categorias da criação ou limitado pelo entendimento finito do homem. Em vez disso, deverá se desenvolver uma verdadeira teologia, centrada em Deus, dirigida e relacionada a tudo o que ele tenha feito em criação, redenção e revelação. As conexões do pensamento deverão refletir e fazer vir à tona as conexões interiores da ação e do ser de Deus.

A obra *Sobre a encarnação* apresenta forte sentido cosmológico, tendo como principal ênfase a relação do Verbo com o mundo. Seu entendimento do Verbo é o de pertencer plenamente à divindade, e da criação, como existente pela graça, mas a maneira pela qual o Verbo é visto evoca uma perspectiva mais do mundo do que propriamente do ser interior do Deus triúno. Era esse, simplesmente, o contexto da teologia tradicional. A controvérsia com os arianistas levou Atanásio a pensar a questão por meio das relações internas do Pai e do Verbo, o Filho, assim como da relação deles com o mundo. Deus existe eternamente como Pai, Filho e Espírito Santo, total e independentemente da ordem criada, sendo as Pessoas da Trindade uma só, tanto na substância (*homoousios*) quanto na ação. Qualquer dualismo que exclua Deus de agir em seu verdadeiro ser e em seu próprio mundo, tal como implícito no arianismo, é radicalmente rejeitado.

Em sua obra *Contra os arianos*, Atanásio desenvolve, depois, seu sentido de harmonia e ordem maravilhosas, ou racionalidade criada, no mundo, racionalidade que não deve ser confundida com a racionalidade ou Verbo de Deus, embora conectada a esta e dela indicativa. Deus é conhecido, contudo, não apenas mediante a criação, mas basicamente por meio das Escrituras, e Atanásio mostra uma profunda compreensão do texto bíblico e sua hermenêutica.

Diferenças consideráveis se revelam entre o pensamento anterior e posterior de Atanásio, em seu entendimento do Deus-homem. Sua soteriologia foi inteiramente repensada e aprofundada. Proeminente, tal como antes, é a necessidade da encarnação do Verbo de Deus por causa da salvação do homem, e reforçada é a inseparabilidade da encarnação e da expiação. A reconciliação ocorre, primeiramente, na intimidade com o próprio Cristo, entre Deus e o homem, constituindo a base para a salvação do homem, seu conhecimento e recebimento do Espírito, para que o homem seja incorporado em Cristo. O Deus e o homem em Cristo devem ser entendidos em suas respectivas naturezas, nunca divorciadas, mas também não confundidas ou misturadas uma com a outra, sendo o Verbo, sempre, o centro do Verbo-homem. A conscientização real da diferença de ser entre Deus e o homem repousa, em última análise, na encarnação.

Em recente estudo sobre Atanásio é levantada a questão de se ele seria um apolinarista primitivo. Embora muitos teólogos eminentes argumentem que ele o foi, há razões convincentes em contrário que podem ser apresentadas. No que se refere ao conhecimento que o homem tem de Deus, em *Contra os arianos* Atanásio assume, novamente, mais uma perspectiva trinitária, com a encarnação voltando a se tornar o ponto central. Todo conhecimento de Deus como Pai e Criador ocorre somente no Filho e mediante ele, quando o Filho é conhecido em conformidade com sua natureza. O conhecimento que o homem tem de Deus é sempre como criatura, mas não é falso, porque Deus se acomoda ao modo de o homem melhor o conhecer. As palavras usadas a respeito de Deus devem ser entendidas à luz do seu ser e da sua natureza, e determinados termos, como "Pai" e "Filho", se aplicam com propriedade unicamente dentro da Trindade e apenas de modo secundário em relação à humanidade.

Em suas *Cartas concernentes ao Espírito Santo*, Atanásio, que enfrentava agora uma negação da divindade do Espírito, desenvolveu mais ainda seu pensamento trinitário, integrando o Espírito Santo mais plenamente em sua teologia. Suas referências anteriores ao Espírito tendiam a ser mais formais, exceto em *Contra os arianos III*, em que o seu entendimento amadurecido da pessoa e obra do Espírito emerge claramente; mas, então, nessas suas *Cartas* torna-se evidente uma rica compreensão de Deus como Pai, Filho e Espírito Santo não somente quanto às relações intratrinitárias, mas também na relação com o mundo.

Muito da teologia de Atanásio pode ser resumido na palavra *homoousion* — o Filho constitui uma única substância com o Pai. O Filho encarnado é a base de toda a revelação e expiação. Essa palavra, embora não ocorra nas Escrituras, era para ele uma indicação maravilhosa, ou uma declaração exata, possuindo um poder extraordinariamente esclarecedor e explicativo, trazendo à luz a totalidade da obra e do ser do Deus triúno. A defesa vigorosa que Atanásio faz dessa palavra apoia-se no fato de estar totalmente convencido de sua verdade.

(**J. B. Walker**, M.A., B.D., D.Phil., reitor do Queen's College, Birmingham, Inglaterra.)

BIBLIOGRAFIA. J. A. Dorner, *History of the Development of the Doctrine of the Person of Christ*, vol. I:2 (Edinburgh, 1862); G. Florovsky, *The Concept of Creation in St. Athanasius*, in SP 6 (1962), p. 36-57; T. E. Pollard, *Johannine Christology and the Early Church* (Cambridge, 1970); A. Robertson, *St Athanasius*, in NPHF 4 (1892); R. V. Sellers, *Two Ancient Christologies* (London, 1940); C. R. B. Shapland, *The Letters of Saint Athanasius Concerning the Holy Spirit* (London, 1951); T. F. Torrance, *Athanasius: A Study in the Foundations of Classical Theology*, in *Theology in Reconciliation* (London, 1975).

ATAROTE

No hebraico significa **"coroas"**. Nome de diversos lugares, no Antigo Testamento: **1**. Atarote-Bete-Joabe, da tribo de Judá (ver 1Cr 2.54), uma cidade fundada pelos descendentes de Salma. **2**. *Atarote*, uma cidade da tribo de Gade, além do Jordão (ver Nm 32.3, 34). Ficava perto de Gileade, a leste do Jordão, em uma fértil área de pastagem. Seu nome moderno é Khirbet Attarus. **3**. Uma cidade na fronteira de Efraim (ver Js 16.2,7), também chamada *Atarote-Adar*, mencionada em

Josué 16.5 e 18.13. **4**. Atarote-Sofã, na tribo de Gade, identificada por alguns com as cidades de números (2) ou (3), acima.

ATER

No hebraico significa **"fechado"** ou **"mudo"**. Nome de várias personagens do Antigo Testamento: **1**. Os filhos de Ater, entre os porteiros do templo que retornaram do exílio com Zorobabel (ver Ed 2.42; Ne 7.45), em cerca de 536 a.C. **2**. Os filhos de Ater, da família de Ezequias, que retornaram da Babilônia com Zorobabel (ver Ed 2.16; Ne 7.21 e 1Esdras 5.28). **3**. Um dos chefes do povo que assinou o pacto com Neemias (ver Ne 10.17), em cerca de 445 a.C. (S)

ATOS DE SALOMÃO

Um livro aludido em 1Reis 11.41, uma obra atualmente perdida, mas que provavelmente historiava o reinado de Salomão, com base em documentos oficiais da época. (Z)

ATOS DOS APÓSTOLOS

Quinto livro do Novo Testamento, escrito no século primeiro. Esse título não quer dizer que nele estejam narrados todos os atos dos apóstolos do Senhor. Seu objetivo é mostrar como o cristianismo se estabeleceu entre os gentios pela operação do Espírito Santo. A princípio foi Pedro e depois Paulo, que iniciaram o estabelecimento do evangelho nos países gentílicos, e a eles se incorporaram os demais apóstolos, Atos 1.23-26; 2.42; 4.33; 5.12,29; 6.2; 8.1,14; 15.6,23. O Livro é dedicado a certo Teófilo, talvez novo convertido do paganismo e pessoa de distinção. O seu autor refere-se a um prévio tratado por ele escrito a respeito da vida e ensinos de Jesus Cristo, que é claramente o terceiro Evangelho pelas seguintes razões: **1**. Foi dirigido à mesma pessoa; **2**. Contém a narração da vida e ensinos de Jesus até a sua ascensão, Lucas 24.51; **3**. Apresenta o ministério de Cristo com especial referência à sua missão universal, que naturalmente foi o ponto de vista por ele adotado; **4**. O vocabulário e o estilo em ambos os livros são notavelmente semelhantes. Ainda mais: o autor não menciona o seu nome, mas emprega o pronome da primeira pessoa do plural em certos lugares em que menciona as viagens de Paulo, Atos 15.10-15; 20.5; 21.18; 27.1; 28.16, e por esse modo se denuncia como companheiro do grande apóstolo. Quando Paulo realizava a segunda viagem a Trôade, Lucas foi seu companheiro até Filipos e de novo a ele se reuniu nessa cidade quando fez a sua terceira viagem, indo com ele a Jerusalém e acompanhando-o de Cesareia a Roma. A tradição mais antiga dos tempos pós-apostólicos dá o nome de Lucas, como o autor do terceiro eEvangelho e dos Atos Apostólicos. Essa autoria não podia ser atribuída a nenhum dos outros companheiros de Paulo. Pela leitura da epístola aos Colossenses 4.14 e Filemom 24, observa-se que Lucas esteve com Paulo em Roma. Em outras cartas escritas na ausência de Lucas, este nome não se menciona. Outro argumento em favor da autoria atribuída a Lucas é o emprego de termos médicos e os elementos clássicos que se encontram nos citados livros, bem assim o notável conhecimento do império romano, indicando tudo isto que o seu autor devia ser homem instruído como médico que era (veja Hobart, *Linguagem Médica de Lucas*). Não deve haver dúvida alguma, portanto, de que Lucas é o autor do Evangelho que tem o seu nome e do livro dos Atos dos Apóstolos. A finalidade nesse último livro já foi mencionada anteriormente. O primeiro capítulo recorda a última entrevista de Jesus com os apóstolos durante os 40 dias e bem assim a promessa do derramamento do Espírito Santo, e a ordem expressa de pregar o Evangelho até às extremidades da terra seguindo-se a ascensão e as deliberações tomadas pelos apóstolos até o dia de Pentecostes. Nos caps. 2.1 a 8.3, temos a história da igreja em Jerusalém depois do Pentecostes, nos quais se mencionam as primeiras conversões, as primeiras oposições, os primeiros

Fragmento de rolo de Atos
Davis, John D., 1854-1926, Novo Dicionário da Bíblia / [Tradução: J.R. Carvalho Braga]. — Edição ampliada e atualizada — São Paulo, SP: Hagnos, 2005.

atos de disciplina, as primeiras perseguições, a primeira organização, o primeiro martírio e finalmente, uma breve notícia de seus efeitos sobre a igreja nascente (veja 2.41-47; 4.23-27; 5.11-16,41,42; 6.7; 8.1-3). O apóstolo Pedro aparece como figura proeminente, se bem que o promártir, Estêvão, foi quem preparou a igreja para o período seguinte, o período de transição que a transformou em igreja missionária, para oferecer a salvação pela fé a todas as gentes (cap. 8.4 até cap. 12.25).

Nesse segundo período estão cinco eventos notáveis a saber: **1**. A obra de Filipe em Samaria e a conversão do varão etíope, favorito de Candace, cap. 8.4-40; **2**. A conversão de Saulo e seus primeiros trabalhos, cap. 9.1-30; **3**. O trabalho de Pedro na Síria começando com a conversão de Cornélio que levou a igreja a compreender que a salvação era partilhada pelos gentios, cap. 9.31 até 11.18; **4**. A fundação da igreja gentílica em Antioquia, novo centro de operações no mundo pagão, cap. 11.19-30; **5**. A perseguição de Herodes pela qual os judeus repudiaram definitivamente o cristianismo, cap. 12. Segue-se o estabelecimento do cristianismo nos principais centros do império romano pelo ministério do apóstolo Paulo, cap. 13 até o fim. Esse trabalho estendeu-se por três grandes viagens: a primeira a Chipre no interior da Ásia Menor, caps. 13 e 14, e dali a Jerusalém onde assistiu ao concílio que reconheceu o direito que os gentios tinham de entrar na igreja sem receberem o rito da circuncisão; a segunda, à Macedônia e Grécia, caps. 15.36 até 18.22; a terceira a Éfeso e também à Grécia caps. 18.23 a 20.3. Foi esta a última viagem a Jerusalém, caps. 20.4 até 21.26, onde foi preso, depois da sua defesa perante os judeus, Festo, Félix e Agripa. Esteve preso dois anos, em Cesareia, caps. 21.27 até 26.32, e depois apelando para César, foi enviado a Roma, caps. 27 e 28, onde pregou durante dois anos. Alguns teólogos são de parecer que o livro de Atos foi escrito no fim desses dois anos, isto é, no ano 63 d.C. Outros são de opinião que Lucas terminou a sua narrativa por ter conseguido o seu objetivo que era apresentar o apóstolo como pregador apostólico na capital do império, ou talvez porque pretendia escrever um terceiro livro descrevendo os acontecimentos posteriores. A sua verdade histórica tem sido comprovada pelas investigações modernas (veja Ramsay — *A igreja no Império Romano*). A sua harmonia com as epístolas de Paulo tem sido muito debatida, mas defendida com muito êxito. Está escrito com vigor artístico e fornece os elementos necessários para explicar o progresso do cristianismo como religião universal, durante os 33 anos decorridos desde a morte de Cristo.

ATRIBUTOS DE DEUS

Na metafísica e na teologia, um atributo é uma qualidade de uma entidade que expressa sua natureza essencial. Assim, é algo indispensável ou necessário para a integridade daquele ser. Os atributos são a *summa genera* através das quais os modos são entendidos e existem na substância. Ver os atributos tradicionais do teísmo, ponto 5, no artigo *Atributo(s)*. Ver tratamentos detalhados sobre onipresença, onipotência e onisciência, nos artigos com estes títulos.

I. ATRIBUTOS DE DEUS. O teísmo clássico vê Deus como uma pessoa transcendente e terrível, embora não apenas como uma força cósmica, que não se inter-relaciona com outros seres. Deus criou o homem a sua própria imagem (Gn 1.26, 27), intelectual e moralmente falando, e isso implica a personalidade de Deus, embora não obtenhamos grande conhecimento real através dessa afirmativa.

1. Onisciência. Como pessoa, Deus se conhece, estando cônscio de si mesmo e de sua criação. Esse conhecimento desconhece limites, restrições ou defeitos. A filosofia ensina-nos que todas as palavras *omni* são realmente negativas em seu caráter, porque não temos experiência ou conhecimento, sem importar os meios de conhecimento, sobre qualquer coisa ilimitada. Para nós, portanto, os termos iniciados com *omni* apenas exprimem um grau superlativo daquilo que sabemos apenas de forma limitada. O conhecimento de Deus estende-se para trás por todo o tempo, até quando ainda não havia tempo, todo o presente e todo o futuro possível. Aristóteles chamava Deus de "o Intelecto", e os homens de "intelectos".

2. Sensibilidade. Deus, como pessoa, tem sentimentos racionais e morais, embora não físicos, como se dá com o homem. Vários termos antropomórficos são usados para exprimir esse aspecto de Deus, como seu deleite ou sua ira, seu arrependimento ou mudança de atitude acerca de algo, seu amor, seu desprazer etc. (Gn 6.6; 1Sm 13.14; Êx 4.14; Rm 9.13).

3. Qualidades morais. Dificilmente poderíamos atribuir qualidades morais a uma força cósmica impessoal. Isso exemplifica a natureza pessoal de Deus. **a. Santidade**. Deus não peca e todas as suas virtudes são perfeitas (Is 6.3; 1Jo 1.5; Ap 6.10; 15.4). Nessa qualidade, Deus ocupa lugar *ímpar*, pois, embora outros seres também pequem, não compartilham das virtudes positivas de Deus com a mesma extensão. **b. Justiça**. Em si mesmo e em seu governo, não se acha qualquer defeito de injustiça, erro ou ação duvidosa. Ele exerce direito e autoridade absolutos sobre as suas criaturas, embora isso repouse sobre sua bondade, e não sobre o seu mero poder. Uma coisa qualquer não é justa somente porque Deus a faz; mas o que ele faz segue algum padrão de justiça, que ele estabeleceu para os homens. (1Jo 1.9; 1Co 11.31,32; Rm 2.12-16; 2Cr 19.7; Is 45.21; Ap 15.3). **c. Amor**. Esse é o único atributo moral de Deus que também lhe serve de nome (1Jo 4.8). Consiste no interesse final e em ações beneficentes baseadas nesse interesse, no que todos os homens estão envolvidos (Jo 3.16), e que serve de impulso motivador de todos os atos da providência e da missão salvadora de Cristo. Os próprios juízos divinos estão baseados no amor — tendo em vista a restauração (1Pe 4.6; Hb 12.6-8). O amor é a base de todas as demais virtudes morais, o solo onde elas medram (Gl 5.22 ss.). **d. Bondade**. Deus é benévolo tanto para os homens mortais como para as almas, e também para toda a sua criação. A *misericórdia* faz parte da bondade de Deus. Ele é o *Pai de misericórdias* (2Co 1.3), que dispensa atos de bondade a todos. A misericórdia e a bondade, tendo em vista a salvação, são manifestações fundamentais de Deus (Ef 2.4,5; Rm 9.15,18; 1Tm 1.13). Todos os dons perfeitos e bons são outorgados por Deus (Tg 1.17). **e. Veracidade**. Em Deus não há falsidade, em seu ser ou em seus atos. A revelação repousa sobre esse atributo, como reflexo do mesmo, pois, sendo ele veraz, transmite a verdade (Jo 1.18), por meio de seu Filho. Deus é veraz, e todo homem é mentiroso (Rm 3.4). Os pactos de Deus repousam sobre sua veracidade (Sl 12.6; Hb 10.23). Jamais falha, tudo quanto Deus declara (Êx 12.41). Em Cristo, Deus manifestou a verdade, pelo que, o Filho é a verdade (Jo 14.6). **f. Sabedoria**. Deus sabe o que fazer e como agir, com base em recursos ilimitados (Rm 11.33; 1Co 1.17 ss.; Ap 5.12).

4. Qualidade de Estética. Deus é beleza. O diálogo de Platão, Simpósio, expõe a verdade de que todos os objetos e entidades de beleza assim o são por refletirem a Beleza Suprema, que é Deus. Beleza fala de harmonia, graça, simetria em pessoa e em ato. Deus exemplifica essa qualidade em grau supremo. A missão de Cristo é uma bela obra, proveniente do Pai. Encontramos beleza em outras coisas e pessoas, quando elas têm qualidades que nos fazem lembrar a beleza divina. Aqueles que anunciam o evangelho realizam uma bela missão (Rm 10.15). Tudo Deus fez formoso (Ec 3.11; Sl 48.2). Sua santidade é uma bela qualidade (Sl 29.2). O Senhor é a própria beleza (Sl 27.4).

5. Vontade. Somente de uma pessoa se pode esperar a qualidade da vontade. As *palavras: ... faça-se a tua vontade, assim na terra como no céu...* (Mt 6.10), subentendem que Deus pode agir e realmente age, intervindo, recompensando, punindo e dirigindo. A vontade de Deus está detrás de seu propósito de salvar (2Pe 3.9; 1Tm 2.4). Sua vontade é absoluta, realizando aquilo que ele quer (Ef 1.11). Essa é a qualidade *onipotente* da vontade de Deus. A vontade de Deus é *livre*. É argumento falso afirmar-se que a vontade de Deus não pode ser livre, que ele *não pode* pecar, porque o pecado é a própria negação da liberdade, e não um aspecto da mesma. A vontade de Deus não faz uma coisa ser certa ou errada, arbitrariamente, conforme é sugerido pelo *voluntarismo* (ver o artigo). Antes, a vontade de Deus sempre opera segundo a justiça absoluta. Aquilo que é aprovado aos olhos de Deus deve ser bom (Mt 11.26).

II. QUALIDADES DIVINAS

1. Onipotência. O poder de Deus é ilimitado, o que é ilustrado na criação e demonstrado na sustentação da mesma (Gn 1 e 2; Cl 1.16). Ele pode cumprir todos os seus desejos (Ef 1.11; Rm 9). Ele é o *Todo-Poderoso* (Gn 17.1; Nm 24.4, 16; Sl 19.1; 2Co 6.18; Ap 1.8; 4.8; 16.7,14; 19.15 e 21.22). As objeções sofistas contidas em declarações como: "Deus pode criar um peso que ele mesmo não pode carregar", são pseudoproblemas.

2. Simplicidade. O ser divino não é composto. Deus é puro Espírito (Jo 4.24), e não espírito e matéria como os homens. Em sua essência, propriedade e modo são uma só coisa. Ele se expressa em três Pessoas, mas todas elas são da mesma substância. Seus atributos fazem parte de sua unidade e simplicidade, e esses atributos devem ser concebidos como porções destacadas de sua pessoa, mediante a abstração humana.

3. Unidade. Deus tem apenas uma substância ou essência, e seus atributos compõem a sua unidade. Ele tem uma só natureza e vontade. Não há contradições em Deus, não há conflitos. Ele é trino mas cada Pessoa é da mesma substância. Deus é singular em sua essência, em uma categoria toda própria (Dt 6.4; Is 44.6; 1Co 8.4). Por isso declara o Credo Atanasiano (ver o artigo a respeito): "Adoramos um só Deus em trindade, e trindade em unidade; nem confundindo as pessoas e nem dividindo a substância".

4. Espiritualidade. Deus é Espírito puro. Se há categorias entre os espíritos (o que é provável), então Deus é a forma mais elevada de Espírito (Jo 4.24), a origem de toda outra existência espiritual, bem como o criador de todas as coisas físicas.

5. Eternidade. Coisa alguma criou Deus. Ele sempre existiu. Outrossim, seu tipo de existência é singular, pelo que ele é contrastado com todos os tipos de existência, material ou outra qualquer. A palavra eternidade reveste-se dos aspectos de *não temporalidade* e de uma *qualidade* distintiva, e ambas essas coisas podem ser ditas acerca da essência divina. Deus é o autor do tempo, mas não está condicionado ao tempo. Ele

ÁTRIO DA GUARDA

já existia antes do tempo, e sempre existirá, porquanto ele é o autoexistente, a causa sem causa. (Gn 21.33; Sl 41.13; 90.2; Hc 1.12; Rm 1.20; 16.26; Hb 9.14).

6. Infinitude. Não há graus ou limitações nos atributos de Deus. Ele não está limitado ao tempo e ao espaço. Seu conhecimento desconhece fronteiras. Sua presença é sentida em todos os lugares. Seu poder não conhece restrições. Ele é o Absoluto. Ele é autoexistente, pelo que não depende de ninguém e de coisa alguma, quanto ao seu ser. As referências bíblicas que aludem à sua onipotência, à sua onisciência e à sua onipresença, falam sobre aspectos de sua infinitude.

7. Imutabilidade. Aristóteles concebia um Movedor inabalável que, em si mesmo não se modificaria, mas que, ao ser amado, produziria todas as alterações que ocorrem na criação. Assim, Deus não seria susceptível e nem capaz de modificações. Em seu ser não há qualquer tipo de evolução, embora suas obras estejam em um contínuo estágio de desenvolvimento. Ele preenche todas as coisas, e nele todas as coisas se completam (Ef 1.23; ver também Sl 102.24-27; Is 46.9,10; Ml 3.6). ...*em quem não pode existir variação, ou sombra de mudança* (Tg 1.17). Assim como é o Pai, é também o Filho (Hb 13.8). Embora seja imutável, Deus não é estático, pois suas obras nunca cessam, e estão sempre em mutação.

8. Onipresença ou Imensidade. O Espírito de Deus permeia tudo, e sua inteligência perscruta todas as coisas. Ele não está confinado ao espaço, mas é imanente em tudo. Ele está acima de tudo, através de tudo e em tudo (Ef 4.6). O Espírito habita nos crentes e está onipresente no mundo (Rm 8.9; Sl 139.7-12). Sua presença garante a continuação de todos os outros seres (At 17.28).

9. Soberania. Esse é um dos aspectos da onipotência de Deus, mas administrada através de sua bondade e amor, ou seja, seus atributos morais. A passagem de Romanos 9 mostra a soberania de Deus. O evangelho ensina que a mesma é administrada em bondade e amor (Ef 1.10). Isso prova que a soberania de Deus está por detrás da *unidade* que finalmente deverá caracterizar todas as coisas em torno de Cristo, além de ensinar-nos que a soberania de Deus é uma aliada da esperança e da salvação, e não uma reprovação às mesmas. O amor de Deus controlou a missão de Cristo (Jo 3.16), não havendo tal coisa como soberania sem amor. O próprio julgamento final requer o controle absoluto da parte de Deus, visando a propósitos beneficentes, e não destrutivos. (Ver 1Pe 4.6 e as notas no NTI).

10. Independência. Deus não tem causa. Ele é o autoexistente, e perpetua-se a si mesmo. Ele tem vida em si mesmo, tendo dado da mesma ao Filho; e através do Filho, aos filhos. Assim, finalmente, eles compartilharão da vida necessária e independente do Pai (Jo 5.25,26). Deus é o Ser necessário. Não pode deixar de existir. Esse é um profundo mistério. Mas as pessoas indagam: "Quem criou Deus?" Tais perguntas, porém, não podem ser formuladas, visto que ninguém pode formular uma resposta à mesma, ou iniciar uma investigação a respeito.

Conclusão. As descrições aqui oferecidas separaram os atributos de Deus com o propósito de discuti-los, embora se encontrem entretecidos nele e sejam dependentes uns dos outros. A maioria, se não mesmo todos esses atributos, são aquelas qualidades também presentes no homem, em grau muito menor. A debilidade da linguagem humana força-nos a usar uma linguagem antropomórfica. Isso, naturalmente, obscurece o quadro, pois, quando falamos sobre Deus, o mais profundo de todos os assuntos, a maior de todas as realidades, o mais misterioso de todos os seres, os nossos melhores esforços são fraquíssimos. Ver sobre *Antropomorfismo*. (B C CHA E EP R)

ÁTRIO DA GUARDA

Excetuando o trecho de Neemias 3.25, essa expressão aparece somente no livro de Jeremias. Esse *átrio* era uma área dentro do palácio onde Jeremias ficou detido (ver Jr 32.2), pelo que, era uma espécie de prisão. Ali Jeremias recebeu visitantes, e continuou efetuando negócios (ver Jr 32.8-12). Havia ali uma cisterna, dentro da qual Jeremias foi posto por cortesãos que queriam tirar-lhe a vida (ver Jr 38.6). (Z)

ÁTRIO DOS GENTIOS

Ver o artigo sobre o *templo*. O átrio dos gentios era um espaço aberto, dentro do complexo do templo construído por Herodes. Era pavimentado de mármore, sendo usado para ali serem entabulados negócios, como a venda de animais destinados aos holocaustos e o câmbio de moedas. Provavelmente foi nesse lugar que Jesus derrubou as mesas dos cambistas e expulsou os que vendiam animais (ver Mt 2.12 e Jo 2.14-17). Ver as notas no NTI sobre essa questão. Essa área não era considerada sagrada, pelo que, os gentios podiam entrar ali. Visto que suas paredes forneciam sombra, era um lugar comum de reuniões, discussões e também como passagem. As várias divisões do templo representam os variados graus de acesso a Deus. Em Jesus Cristo, o crente torna-se templo do Espírito Santo, o que significa que desfruta de acesso direto a Deus, porquanto as antigas barreiras foram derrubadas. Agora os gentios, mediante a fé, entram no Santo dos Santos do céu por meio de Cristo (ver Ef 2 e Hb 10.19 ss.).

AUTORIDADE

Definição. O termo "autoridade" vem do latim *auctoritas*, derivada de auctor, "causa", "patrocinador", "promotor", "fiador". *Auctoritas* era o termo legal romano para indicar a fiança em uma transação, a responsabilidade por um menor de idade, ou o peso de uma opinião. O senado tinha uma autoridade que não podia ser ignorada. A autoridade *pessoal* deriva-se do reconhecimento de que alguém sabe e tem realizações em um campo específico. Autoridade *oficial* é aquela dada a uma pessoa em razão de uma função ou poder que lhe tenha sido conferido por outros, de acordo com a lei, com os costumes ou com outras convenções sociais. Os *objetos* (como um livro) podem tornar-se autoritários pelo consenso de muitos. Ou podemos usar os termos autoridade *externa* ou autoridade *interna*. A externa é aquela conferida a uma pessoa que se tornou oficial nomeada por outros, como um governador, um policial, um professor etc. A interna é aquela residente em um argumento convincente ou em um importante exemplo ou em uma experiência moral ou espiritual.

I. Autoridade da Bíblia. Sua autoridade é reconhecidamente interna. A Bíblia autentica-se a si mesma. Mas, na medida em que contém provas históricas, incluindo os milagres que comprovavam a intervenção divina, ela é externamente autenticada. O poder de seus ensinamentos envolve uma autoridade interna. As realidades históricas sobre as quais ela se alicerça (como a vida de Cristo, as suas palavras, ressurreição etc.) lhe conferem uma autoridade externa ou oficial. O consenso dos crentes, através dos séculos, em favor da autoridade da Bíblia, tornou-se outro fator de autoridade externa. As declarações dos pais da igreja e dos concílios, que resultaram na canonização formal da Bíblia, formam uma autoridade oficial e externa.

Sinais de autoridade no Novo Testamento. Cristo tinha autoridade para perdoar pecados (Lc 5.24), para expelir demônios (Mc 6.7), para conferir a filiação divina (Jo 1.12), e suas obras eram autoritárias (Mt 7.29). A origem da autoridade é Deus, que enviou o Filho (Jo 3.17; 4.34; 5.23; 6.29 etc.). Para os primitivos discípulos, a ressurreição de Jesus foi a mais potente autenticação daquilo que Jesus dissera e fizera, e por conseguinte, do que estava escrito acerca dele, quanto à sua pessoa e autoridade sobre os homens. Ver o artigo sobre a *ressurreição*. Assim sendo, Jesus comissionou a outros (dando-lhes autoridade), para levarem avante a sua missão (Mt 28.18 ss.), porquanto *toda autoridade* lhe fora dada, a fim de que, por sua vez, ele desse dessa autoridade a outros, para que o representassem.

Os apóstolos possuíram extraordinária autoridade conforme transparece, claramente, — no livro de Atos (ver At 5.1 ss. quanto a um notável exemplo disso; ver também At 15, o primeiro concílio da igreja, que envolveu os apóstolos). Os trechos de João 20.21,22 e Mateus 16.17 proveem-nos textos que provam a autoridade dos apóstolos. Ademais, o próprio Novo Testamento é essencialmente um produto dos apóstolos e seus discípulos imediatos, servindo de declaração autoritária sobre quem era Jesus e qual o significado de sua vida para nós outros.

II. Autoridade Pós-Apostólica. A organização da igreja, com seus anciãos ou bispos e diáconos, foi uma tentativa de preencher o lugar deixado vago pelo desaparecimento das testemunhas oculares. Como essa vaga deve ser preenchida, tem sido uma questão crítica desde os primeiros tempos. A autoridade da Bíblia tem sido reputada válida para a maioria dos cristãos, mas os oficiais eclesiásticos tornaram-se novas autoridades oficiais. Por volta do século IV d.C., os escritores cristãos já falavam sobre os "pais" da igreja, cuja autoridade era respeitada após a dos apóstolos. Também havia os concílios eclesiásticos, que exprimiam as opiniões da hierarquia religiosa; e esses pronunciamentos tornaram-se uma outra autoridade — a autoridade da comunidade cristã. Com o advento de Constantino (300 d.C. e depois), o bispo de Roma adquiriu maior prestígio que os demais bispos, e assim surgiu o ofício papal. Sua autoridade tornou-se suprema, visto que foi criada a doutrina de que o papa é o vigário ou substituto de Cristo. Desenvolveu-se então a elaborada lei canônica, de tal modo que, pelos fins da Idade Média, a igreja contava com o apoio de um vasto e variado sistema de autoridades externas. A doutrina da *sucessão apostólica* (ver o artigo) tornou-se um aspecto importante da autoridade, segundo encarada por muitos grupos cristãos, tanto do Oriente quanto do Ocidente. Estalaram controvérsias sobre até que ponto o Novo Testamento dá apoio a essa doutrina. Mas, segundo o ponto de vista das igrejas latina e oriental, é perfeitamente legítimo haver outras autoridades (que evoluíram na igreja), em adição às Escrituras, pois a doutrina de que só as Escrituras são autoritárias repousa sobre um dogma que precisou de longo tempo para desenvolver-se. O artigo aludido presta informações mais detalhadas sobre essa questão.

III. A Reforma. Por essa altura, a ênfase foi transferida para o indivíduo e sua responsabilidade pessoal perante Deus, paralelamente à observação de que a igreja havia acumulado muitíssima bagagem, sobre o que o Novo Testamento nada diz. E parte dessa bagagem é decididamente contrária aos princípios neotestamentários. Os pronunciamentos dos pais, concílios e papas, apesar de respeitados por certos grupos protestantes, seriam apenas históricos e sugestivos, mas não obrigatórios; e algumas vezes laboram mesmo em erro grave. Se há uma autoridade interna, essa depende da consciência do indivíduo, governada e dirigida por considerações escriturísticas. Naturalmente, isso levou à divisão na igreja, pois as interpretações da Bíblia variam, não tendo ainda surgido uma denominação que siga por inteiro o Novo Testamento. E ainda que aparecesse um grupo cristão que defendesse a inteira verdade bíblica, nem por isso seria uma igreja perfeita.

IV. Problemas quanto à Autoridade da Bíblia. 1. Não solucionamos todos os problemas meramente dizendo "às Escrituras, somente". Em primeiro lugar, porque, *de fato*, o que é autoritário nesse caso é a "interpretação bíblica da minha igreja". Há muitas denominações protestantes que dizem a mesma coisa mas têm doutrinas bastante díspares. As denominações, em sua arrogância, negam essa declaração, mas sua veracidade transparece de qualquer modo. **2.** O Verbo (ou voz) de Deus é algo maior do que os livros que vieram a ser conhecidos como a Bíblia. A Bíblia é um registro escrito de certos aspectos da palavra de Deus. Se não fosse assim, teríamos de afirmar que tudo quanto Deus sabe, toda a sua verdade, está contida em um livro, o que é manifestamente absurdo. A Bíblia é a regra da verdade revelada, o padrão contra o qual toda verdade precisa ser cotejada. **3.** Assim, apesar de *não haver autoridade senão a que procede de Deus* (ver Rm 13.1), fica em aberto o debate acerca de onde e de quais maneiras, e através de quais agentes, ele distribui essa autoridade. **4.** Os pais gregos tinham a certeza de que uma melhor filosofia grega, como a de Platão, servia de mestre escola para conduzir os pagãos a Cristo, mais ou menos como o AT fazia para com os judeus. Se essa afirmativa encerra uma verdade, se Deus atuou de outros modos para atingir outros povos, então acaba de ser adicionada uma outra autoridade, reconhecida por alguns importantes indivíduos e movimentos, até mesmo dentro da igreja antiga. **5.** Alguns teólogos acreditam que a autoridade de Deus manifesta-se mormente na pessoa e missão do *Logos*, e que ele influencia religiões não cristãs, além de atuar na religião cristã. Nesse caso, o Logos não se limitaria somente às Escrituras, ou à igreja cristã, ou à autoridade dos papas e dos bispos. Naturalmente, todos esses pontos de vista são intensamente debatidos. A verdade só emerge quando nos dispomos a ouvir o debate para verificarmos se alguém não está exprimindo ideias mais de acordo com a verdade, mesmo que isso não represente a minha teologia sistemática. **6.** A igreja oriental aceitava as Escrituras, os pais da igreja e os concílios como autoridades essenciais. A igreja ocidental acrescentou a autoridade do papa, guindando-a à posição de autoridade suprema. **7.** Além disso, há a autoridade de outras disciplinas, de natureza não religiosa, como a autoridade científica. Imaginemos, por exemplo, que a ciência finalmente possa demonstrar, por meios empíricos, a existência da alma. Muito nos alegrará em ter essa confirmação de uma doutrina preciosa. Devemos estar dispostos a admitir que certas verdades, ou aspectos da verdade, podem ser-nos outorgados, podendo aprimorar nossa teologia, mesmo que os subsídios provenham de fontes de natureza inteiramente extrabíblicas. Assim, apesar desse acréscimo nunca servir de base central para a fé, verdades vitais seriam adicionadas, não obstante por autoridades secundárias. Isso exerceria certa influência sobre minha maneira de pensar e agir, mesmo que não se comparasse, em grau de importância, com as autoridades estritamente religiosas.

V. Conceito Básico Emergente de Autoridade. Neste artigo, temos considerado a autoridade vinculada à fé e à prática religiosas. Como é óbvio, há muitos outros tipos de autoridade. No tocante à autoridade que governa minha inquirição espiritual, afirmo que não posso honestamente crer ou declarar que somente *uma* autoridade pode ser suficiente. Não creio que Deus revela a si mesmo apenas de uma maneira, em um único lugar, em apenas uma denominação, ou em qualquer filosofia ou religião isolada. Consequentemente, concluo que deve haver uma *hierarquia* de autoridades, maiores e menores, cada qual contribuindo com algo para minha inquirição. Outrossim, tenho verificado que aqueles que só aceitam uma autoridade, fazem-no por terem aceitado um *dogma* que se respalda sobre essa *crença*. Por exemplo, em porção alguma da Bíblia é declarado que as Escrituras são a única voz (ou Palavra) de Deus. Portanto, se eu ignorar a filosofia que se estriba somente em uma fonte de autoridade, estarei apenas ignorando um dogma humano, e não qualquer princípio divino. Posso ter grande respeito por qualquer autoridade, sem transformá-la em um ídolo que substitua a Palavra (ou voz) de Deus, no sentido mais *lato*, do que o sentido literário é *um aspecto*.

VI. Hierarquia de Autoridades. A lista que preparei abaixo é apenas tentativa e experimental. Não procura declarar *a* verdade sobre a questão da autoridade. Apenas procura aproximar-se do assunto de forma razoável. **1.** As *Escrituras*, quando honestamente interpretadas, com mente aberta e sem servidão aos dogmas de qualquer denominação, busca a verdade, e não um lugar seguro e confortável, dentro de alguma organização religiosa. Disponho-me a tomar por empréstimo ideias de outras denominações, quando essas ideias me parecem razoáveis, dotadas de foros da verdade. Respeitarei, honrarei e utilizarei as Escrituras por causa das verdades fundamentais ali contidas, mas não farei delas, e nem de qualquer outro livro, um ídolo. Usualmente é a isso que a Bíblia é reduzida, pois as Escrituras são vistas através dos olhos do sistema doutrinário de alguma denominação ou sistema teológico. O sistema termina sendo mais respeitado que a própria Bíblia, e esta, por sua vez, sempre encerra conceitos e ensinos que entram em choque com os sistemas teológicos, incompletos e preconceituosos como são. As denominações negam isso, mas a verdade não pode ser escondida. **2.** *As interpretações dos pais e dos concílios, ou seja, o corpo de doutrinas que nos foi legado.* Embora haja muitas contradições nesse material, disponho-me a selecionar e pensar por mim mesmo, para ver quais interpretações são aproveitáveis. **3.** *As interpretações das várias denominações*, que vieram a ser o que são por terem seguido alguma filosofia da fé. Espero poder encontrar subsídios valiosos em todas as denominações, escapando assim da arrogância do denominacionalismo, não aderindo rigidamente a qualquer grupo isolado. **4.** Reconheço que o *Logos* pode manifestar-se e realmente o faz através de homens antigos e modernos, não pertencentes à igreja cristã, e que deles posso aprender lições valiosas, mesmo que não os considere minha principal fonte de conhecimento. As *sementes do Logos* foram plantadas em filosofias e religiões fora da fé cristã. O Logos é ... *a luz verdadeira, que ilumina todo homem que vem ao mundo* (Jo 1.9). Elas podem contribuir com algo de valioso, capaz de fazer-me avançar na inquirição espiritual. Confio que Deus unirá todos esses indivíduos dignos na unidade que haverá em torno de Cristo, algum tempo no futuro, posto que distante, porque nisso está envolvido *o mistério da vontade de Deus* (Ef 1.10; ver notas a respeito no NTI). Alguns deles chegaram a falar de Cristo, embora usando uma terminologia não cristã. **5.** Reconheço que outras disciplinas, como a *ciência*, em seus diversos segmentos, também podem contribuir para minha inquirição. Só há uma verdade, a verdade de Deus. O Universo físico, a natureza investigada pela ciência, são vestígios de Deus. Na pesquisa científica, os homens pensam os pensamentos de Deus após ele. Aprendemos sobre Deus por meio da natureza, segundo somos informados em Romanos 1. A ciência poderá vir a demonstrar, finalmente, a sobrevivência da alma ante a morte biológica, e através da parapsicologia e dos estudos de experiências de quase-morte (ver o artigo a respeito), poderá dizer-nos algo sobre a natureza espiritual do homem, sugerindo maneiras pelas quais ela deve ser cultivada.

Usos gerais do termo autoridade (no grego, *exousia*), no NT: ***a.*** A liberdade de escolha, o direito de agir (1Co 7.37; 8.9; At 5.4). ***b.*** A capacidade, a aptidão ou o poder de fazer algo, da parte do homem ou de Deus (Mc 1.22; At 8.19; Ap 9.19; 11.6). ***c.*** Autoridade, poder, comissão (At 26.12; Mc 11.28,29,33; Lc 20.2,8; Ap 2.26;11.6; Jo 1.12). ***d.*** Poder governante, poder oficial (Mt 8.9; Ap 17.12 ss.). ***e.*** O domínio no qual o poder é exercido (Lc 4.6; Cl 1.13). ***f.*** Os que estão investidos de autoridade, o governo (Lc 12.11; Rm 13.1,2). ***g.*** Poderes espirituais (Ef 1.21; Cl 2.10; 1Pe 3.22). ***h.*** Os meios de exercício do poder, ou os símbolos de autoridade (1Co 1.10). (A B C E H NTI R). Quanto a ideias concernentes à *inspiração* das Escrituras, ver o artigo sobre o assunto. Quanto à autoridade *dos governantes* civis, ver Romanos 13.1 ss., no NTI.

VII. Autoridade de Jesus no Novo Testamento.

Atos 4.7: ... *pondo-os no meio deles, perguntaram: Com que poder ou em nome de quem fizestes vós isto?* As palavras *fizestes isto* dizem respeito a toda a conduta recente dos apóstolos, em que o coxo de nascença foi curado e o nome de Jesus, o Cristo, foi anunciado, o que provocou não pequena comoção popular no pórtico de Salomão, dentro dos recintos do templo de Jerusalém. Durante os julgamentos, entre os judeus, os acusados e as testemunhas de defesa e de acusação se mantinham de pé, enquanto os juízes se assentavam em volta deles, formando um semicírculo.

Um Antigo Truque: **1.** Apresente suas credenciais, dizem eles. Têm suas escolas e seus métodos de credenciamento. Você já foi aprovado por eles? Caso contrário, você não poderá ser aprovado por Deus. Mas o argumento só parece convincente para eles mesmos. **2.** O credenciamento dado pelo Espírito é o único que nos deveria importar. João Batista era um ministro aprovado por Deus. Sua vida demonstrou isso, embora não estivessem os seus padrões em consonância com os padrões das autoridades religiosas de seus dias. **3.** Jesus teve a vida mais poderosa que alguém já viveu, e, no entanto, as autoridades de seus dias não aceitaram nem a ele mesmo e nem seu ministério. (ver Jo 20.31 no NTI quanto à "polêmica cristã" em prol do caráter messiânico de Jesus). **4.** É incrível que tenham surgido seitas que reivindicam uma autoridade exclusiva para si mesmas, mesmo quando não possuem qualquer base histórica na igreja cristã. **5.** As igrejas oficiais não reconhecem as credenciais de outras denominações ou indivíduos, e consideram que seus próprios ministros são os únicos que têm autoridade de batizar, distribuir a comunhão etc. Mas tudo não passa de frutos amargos do orgulho humano. **6.** Ver estas referências quanto a notas no NTI sobre a questão da *autoridade*: Mateus 21.23; João 2.18 e 5.19-47. E sobre a "autoridade da igreja", ver Mateus 16.17.

Com que poder, ou em nome de quem? É como se tivessem perguntado: Pelo poder de Deus, ou pelo poder de Satanás? Pela medicina, ou pelas artes mágicas? As autoridades religiosas já sabiam que isso tinha sido feito em nome de Jesus; mas essa pergunta foi feita como introdução formal ao processo. "Parece-nos que o concílio estava convicto de que o coxo fora miraculosamente curado; porém, é muito provável que acreditassem que o feito resultara das artes mágicas; e também por associação com os espíritos familiares (espiritismo), por meio de encantamentos e outras coisas ilegais". (Adam Clarke *in loc.*). Sabemos, alicerçados na história daquela época, que falsos profetas, feiticeiras famosas, bruxos e outros elementos deletérios da sociedade eram conduzidos à presença do sinédrio para tais julgamentos como o deste episódio, os quais eram declarados culpados ou inocentes, de conformidade com as evidências. Provavelmente as autoridades eclesiásticas dos judeus tinham a esperança de condenar os apóstolos de conformidade com as regulamentações exaradas em Deuteronômio 13.1-10, que impunha a pena de morte por apedrejamento, a todos quantos exercessem a prática das artes ocultas, não apelando para o poder do único Deus de Israel.

VIII. O Problema da Continuação da Autoridade.

1. Após a destruição de Jerusalém, e a autoridade por ela representada, no sinédrio judaico, foi necessário que a igreja cristã estabelecesse uma nova autoridade. Não houve uma só resposta imediata para essa necessidade, e, sim, uma espécie de crescimento da solução. Pedro exerceu grande autoridade em alguns círculos, conforme fica demonstrado pelas notas de Mateus 16.16-20 no NTI. **2.** Porém, a autoridade conferida a Pedro mais tarde passou a ser compartilhada pelos demais apóstolos, segundo se vê em João 20.19-23 (ver as notas no NTI quanto a explicações). **3.** Entretanto, a autoridade entra em vigor com mais poder quando se alicerça sobre uma larga base; portanto, a igreja, por si mesma (mediante o voto democrático), tornou-se uma autoridade, substituindo os sinédrios locais. (Ver Mt 18.15-18 quanto a isso). **4.** A democracia é uma base excelente para a autoridade, porquanto promove a vontade da maioria, e assim deve ser aceitável para a maioria. Portanto, há certa sabedoria na democracia. (AL DE HA IB LAN MC NTI)

AUZÃO

No hebraico, **"possessão deles"**. Era filho de Asur, descendente de Juá, pai ou fundador de Tecoa (ver 1Cr 4.6). (S)

AUZATE

No hebraico, **"possessão"**. Era amigo de Abimeleque II, de Gerar, que cuidou dele em sua visita a Isaque (ver Gn 26.26). No seu caso encontramos a primeira instância daquela personagem não oficial mas muito importante nas antigas cortes orientais, chamada *amigo ou favorito* do rei. No Brasil, Dom Pedro I teve o seu Chalaça, seu favorito. Provavelmente ele agia como conselheiro do rei. Jerônimo, seguido por vários intérpretes, pensava que Auzate era nome de um grupo de amigos ou conselheiros, e não de um indivíduo isolado. (DE S UN)

AVA

No hebraico significa **"ruína"** (ver 2Rs 17.24; 18.34; 19.13 e Is 37.13). Era a capital de um pequeno estado monárquico, conquistado pelos assírios, e de onde o rei Salmaneser enviou colonos para a Samaria. Alguns supõem que esse nome indica um rio, e não uma cidade, o mesmo rio Aava, de Esdras 8.21. A ideia de que se trata de uma cidade, porém, parece ser melhor. Nesse caso, provavelmente deve ser identificada com a cidade de Iva (ver o artigo a respeito). Todavia, o local moderno é desconhecido. Alguns identificam-no com o Tell Kafr 'Ayah, no rio Orontes, a sudoeste de Homs. (I UN)

ÁVEN

No hebraico, **"nulidade"**, **"vaidade"**, **"ídolo"**. **1.** Em Oseias 10.8, os *altos de Áven*, uma alusão a Bete-Áven. Mas também pode ser uma figura de linguagem indicando os centros idólatras de Dã e Betel, estabelecidos por Jeroboão. Outros lugares da Samaria, de natureza similar, também poderiam estar sendo aludidos por essa palavra. Alguns supõem que o nome original de Ai (ver o artigo) era Bete-Áven. Bete-Áven, pois, seria uma distorção proposital do nome familiar da cidade de Bete-El. (Ver 1Sm 13.5; 14.23; quanto à sua localização, ver o artigo a respeito). **2.** *Áven* é um elemento em nomes compostos, em Josué 7.2; 18.12; 1Samuel 13.5; Amós 1.5 etc., como substituição de uma forma cananeia anterior, em que a palavra Baal foi substituída por Bosete. Era o nome popular de Heliópolis, no Baixo Egito, dando-lhe o sentido de *cidade Ídolo*, visto que esse vocábulo significa nulidade, vaidade ou *Ídolo*. (Ver Ez 30.17). Esse lugar também se chamava On-Heliópolis. Desde o princípio da história foi conhecido como um centro da idolatria, um dos principais locais da adoração dos egípcios ao sol, onde havia um célebre templo com seu sacerdócio de eruditos. **3.** Em Amós 1.5 encontramos *Biqueate-Áven*, que alguns estudiosos pensam ser idêntica à planície de Baalbeque (ver o artigo a respeito), um antiquíssimo centro de adoração a Baal. Porém, outros associam essa designação a Awanijek, perto de Jerude, na estrada para Palmira.

AVENTAL

Nossa versão portuguesa prefere "cintas", em Gênesis 3.7, ao referir-se às toscas vestimentas que Adão e Eva fizeram com folhas de figueira. Lenços e aventais eram usados para transmitir o poder curador (ver At 19.12). Muitos operários usavam aventais para proteger suas roupas e enxugar as suas mãos. Como é evidente no caso das curas miraculosas, as pessoas traziam suas próprias roupas (o grande número delas assim o sugere). É possível que essas vestes fossem usadas para promover a fé, como o lodo que Jesus fez para ungir os olhos do cego. Porém, os estudos no campo da parapsicologia mostram que a energia curativa, que se transfere do curador para a pessoa curada, é uma energia autêntica que pode impregnar outros objetos, pelo que é possível que haja um poder curador real em uma peça de vestuário que tenha sido abençoada por um curador autêntico. É fato que a *água benta* pode fazer as plantas crescerem mais rápida e saudavelmente, por mais que isso cheire a superstição e fanatismo. Isso tem sido provado em laboratório. Além disso, pessoas psicóticas, ao abençoarem a água, são capazes de infundir uma energia negativa na mesma, de tal modo que ao ser usada essa água para regar as plantas, o crescimento das mesmas seja prejudicado. A mesma coisa acontece às simples orações, com o intuito de abençoar ou de amaldiçoar, inteiramente à parte de qualquer agente físico. Pouco sabemos acerca desses fenômenos, mas a existência dos mesmos demonstra que algo de real sucedia em Atos 19.12. Ver o artigo sobre Vestuário, no NTI.

AVES DA BÍBLIA

1. Espécies. Há muitas espécies de aves nas terras bíblicas. Os nomes que lhes são dados na Bíblia, visto não terem sido conferidos cientificamente, com frequência são inexatos e confusos. Portanto, nem sempre há certeza quanto às espécies indicadas pelos termos empregados. As condições geográficas e climáticas da Palestina, que variam desde o semitropical ao desértico, e o fato de que a Palestina está situada em uma das principais rotas migratórias de aves entre a África, a Europa e a Ásia Ocidental, contribuem para a existência de larga variedade de pássaros, residentes ou vistos ali apenas ocasionalmente. Só no século XIX foi iniciado o estudo mais preciso dos animais, e mesmo assim, só as espécies mais comuns têm sido estudadas. Os animais, ou mesmo as aves que se parecem umas com as outras, não foram distinguidas. Documentos antiquíssimos como os livros de Levítico e Deuteronômio jamais serão plenamente iluminados no tocante às alusões a animais que ali se acham. Os tradutores nunca saberão como manusear com certeza as listas de aves que ali aparecem, que incluem a gaivota (shap), o gavião (nes), a coruja (tahmas), o pelicano (salak), o açor (ra'a), a poupa (dukipet), a águia marinha (ozniyya) e o cisne (tinsemet). Em face da incerteza e confusão existentes, podemos apenas discutir e identificar tentativamente as aves mais comuns.

O termo hebraico *raham* (ver Lv 11.18 e Dt 14.17) pode ser o abutre, embora isso dependa da tradução que alguém estiver seguindo. Provavelmente é o abutre egípcio, uma ave preta e branca que se alimenta de lixo e de cadáveres de animais.

O *peres* (Lv 11.13) é o quebrantosso (literalmente o quebra-ossos), que costuma deixar cair ossos de grandes alturas, a fim de quebrá-los para poder consumi-los mais facilmente.

Águias verdadeiras, no hebraico *neser*, podem ser encontradas na Palestina. É provável que essa palavra hebraica indique genericamente as águias. Porém, o trecho de Miqueias 1.16 diz: ... *alarga a tua calva como a águia*... E essa descrição sugere o abutre grifo, que tem uma cabeça pálida e esbranquiçada, em contraste com o resto bem colorido do corpo. O termo grego *aetós*, usado em Mateus 24.28, provavelmente também aponta para a mesma ave. Ali encontramos menção à comum revoada de aves de rapina, que se juntam para o repasto de carne podre.

O *ayya* (Jó 28.7), o *daa* (Lv 11.14) e o *dayya* (Dt 14.13) provavelmente são nomes que se referem ao milhano. Há espécies negras e vermelhas.

As corujas são referidas por dezesseis vezes no Antigo Testamento, mas mediante o uso de cinco palavras hebraicas diferentes. Provavelmente várias espécies de corujas são assim distinguidas.

Aparentemente a *hasida* de Jeremias 8.7 é a cegonha, uma das aves migratórias mais notáveis que passam pelo vale do Jordão, ao norte, em março e abril. O *agur*, também chamado *sus*, igualmente é uma ave migratória (ver Is 38.14 e Jr 8.7). Provavelmente trata-se da andorinha. Várias espécies podem ser encontradas na Palestina, em certos períodos do ano.

O pardal (no hebraico, *sippor*) é uma ave comum na Palestina, idêntica à que aparece na Europa ocidental. O termo grego *struthion* provavelmente alude a certa variedade de aves pequenas, incluindo o pardal. Jesus, em Mateus 10.29, referiu-se a essa ave por ser considerada de pequeno valor pelos homens, mas que atrai a atenção favorável de nosso Pai celeste.

Nos selos do Egito e da Assíria, desde 1.500 a.C., há gravuras com galos (no grego, *alektor*). E a menção à galinha, por

Jesus, em Mt 23.37 e em Lucas 13.34 (no grego, *ornis*), mostra que a ave era natural das terras bíblicas. O galo servia de despertador natural, posto que inexato. (Ver Mt 26.74,75). É provável que a galinha fosse domesticada.

O pavão (no hebraico, talvez, *tukkiyyim*) era importado por Salomão (ver 1Rs 10.22), sendo contado entre os animais exóticos que Salomão queria ter ao seu redor, para aumentar a beleza e o interesse de seu reino. O pavão é nativo das florestas da região indo-malaia, embora chegue a outras regiões, por meios naturais ou mediante importação. Em 450 a.C. chegou a Atenas, Grécia.

A codorniz (no hebraico, *selaw*) era uma ave caçada, limpa segundo os preceitos levíticos (ver Êx 16.13). É ave migratória, seguindo uma rota semelhante à rota seguida pelos israelitas no êxodo. Serviu de alimento porque essa ave voa apenas cerca de um metro acima da superfície do solo, e em grandes revoadas.

A perdiz (no hebraico, *gore*; ver 1Sm 26.20) era caçada para servir de alimento, no Oriente Médio e no sudeste da Europa. A espécie envolvida é similar à perdiz de pernas vermelhas (A rufa).

Dois membros da família do corvo são nativos da Palestina, o corvo, propriamente dito, e a gralha (no hebraico *Oreb*; no grego, *koraks*). Essas aves alimentam-se de carne apodrecida e eram imundas, segundo a lei levítica.

A avestruz (no hebraico, *bat yaana*), em Jó 39.13-18, em algum tempo foi ave nativa do Oriente Médio. Alguns tradutores dizem "coruja", nesse trecho, mas a maioria dos estudiosos pensa que está mesmo em vista a avestruz. Em algumas versões, o termo hebraico *hasida* é traduzido por avestruz ou por cegonha, ao passo que *ayeenim*, em Lamentações 4.3, é traduzida por avestruz (conforme faz nossa versão portuguesa).

O pelicano dificilmente viveria no deserto, mas o "deserto" referido em Salmo 102.6, associado a esse pássaro, não precisa indicar um deserto de areia, mas apenas um lugar ermo. O termo hebraico ali usado tem sentido incerto. Por isso, alguns estudiosos preferem o abutre. O pelicano branco passava pelo norte do vale do Jordão, pelo que, ocasionalmente podia ser visto na Palestina. Os pelicanos são aves aquáticas que, em seu voo de migração, fazem pausas para descansar em lugares com lagos e alagadiços.

Existem várias espécies de pombas e rolas na Palestina. O termo hebraico *yona* é usado para indicar tanto uma quanto outra dessas aves, que eram usadas nos sacrifícios (ver Gn 15.9 e Lv 12.6). As aves cevadas (no hebraico, *barburim*), referidas em 1Reis 4.23, eram acepipes servidos na mesa de Salomão. Isso talvez indique a domesticação de certas aves, pelos povos do Oriente Médio e pelos israelitas.

2. Divisão Geral. No Antigo Testamento, as aves são classificadas como "limpas" e "imundas", isto é, aquelas que podiam ser consumidas pelos israelitas, e aquelas que não o podiam, de acordo com os preceitos constantes no décimo terceiro capítulo de Levítico.

3. Ninhos. São frequentes as alusões a ninhos de aves, na Bíblia. Lemos sobre ninhos no santuário (ver Sl 84.3), nas rochas (Jó 39.27), nas árvores (Sl 104.17; Jr 22.23), nas ruínas (Is 34.15), em buracos (Jr 47.28). E, no Novo Testamento, há alusões a ninhos em Mateus 8.20 e Lucas 9.58.

4. Ovos. Ver Deuteronômio 22.6 e Jó 39.14. Lucas 11.13 acrescenta que ovos eram usados na alimentação humana.

5. Migração. As referências a respeito são Cantares 2.11,12; Jeremias 8.7 e Êxodo 19.4.

6. Usos Metafóricos. *a*. As aves usadas nos sacrifícios levíticos simbolizavam o perdão dos pecados por meio de Cristo. *b*. O humilde pardal não é tão pequeno que Deus não o note; e muito mais cuida ele dos homens (ver Mt 10.29-31). *c*. Os pássaros imundos eram abomináveis a Deus, e vedados aos homens como alimento. Há coisas que os crentes precisam evitar, a fim de agradarem a Deus (ver Lv 13). *d*. Certas aves de rapina habitam em lugares desolados pela destruição, e assim retratam o vazio que predomina onde Deus julga ou onde a sua presença não é sentida (ver Is 13.21). *e*. A pomba simboliza a beleza (ver Ct 1.15 e 5.12), ou então, a tristeza (ver Is 59.11). Além disso, sua humildade e mansidão simbolizam a humildade e o caráter inofensivo dos servos de Cristo, em contraste com aqueles que são cheios de engano e malignidade (ver Mt 10.16). *f*. As aves de rapina podem simbolizar os severos julgamentos divinos (ver Mt 24.28 e Ap 19.17, 18). *g*. Em todas as culturas humanas, as aves têm sido associadas a presságios, seus voos e atos são ligados à boa sorte, ao infortúnio e às vicissitudes do destino. Alguns pensam que as aves que se aninharam nos ramos da mostarda representam os demônios, ou, pelo menos, as influências demoníacas, sob a forma de mestres falsos e suas doutrinas distorcidas, que enfeiam a árvore do reino de Deus (ver Mt 13.31,32).

AVES DE RAPINA

A Palestina conta com certa variedade de aves que caçam de dia e de noite, incluindo o corvo, a águia, o falcão, o açor, o gavião, o açor noturno, o quebrantosso, o milhano e o abutre. Alguns desses pássaros são nativos da Palestina, ao passo que outros chegam ali somente em certos períodos do ano, principalmente na primavera (ver migração de aves). Nesse caso, a parada temporária na Palestina, em seu voo para o norte, visa à alimentação. Várias espécies nem ao menos param, mas apenas sobrevoam a região, e até os naturalistas têm dificuldades em distinguir as espécies. Essas aves são carnívoras, e portanto, vedadas à alimentação, pelas leis levíticas. Algumas delas, como o falcão e o gavião, caçam pequenos animais, ao passo que as outras, como os abutres, vivem de carne putrefata. As águias alimentam-se de ambas as coisas. As leis levíticas sabiamente proibiam os israelitas de comerem tais aves, porque seus hábitos alimentares tornam-nas transmissoras de enfermidades com alto risco.

Na Palestina, há quatro espécies residentes de corujas, e quatro espécies migratórias, as quais são aves de rapina de hábitos noturnos. As corujas só se alimentam de presas vivas. Há várias espécies de corvos e gralhas na Palestina. Essas também são espécies de rapina, ainda que haja espécies essencialmente vegetarianas.

Uso metafórico. Trechos bíblicos como Mateus 24.28 e Apocalipse 19.17,18 incluem a presença de aves de rapina por ocasião dos julgamentos divinos escatológicos, os desastres do tempo do fim e da batalha do Armagedom. As aves que se alimentam de carne podem passar longos períodos em jejum, e quando têm a oportunidade de se alimentarem, têm apetites vorazes. O julgamento divino também pode demorar, mas sobrevirá, finalmente, com grande poder e violência.

AVESTRUZ

No hebraico temos uma palavra que aparece exclusivamente em Lamentações 4.3, embora uma outra palavra hebraica também tenha sido traduzida por "avestruz", apesar de mais provavelmente apontar para a coruja. Oito passagens do Antigo Testamento envolvem essa dúvida (Lv 11.16; Dt 14.15; Jó 30.29; Is 13.21; 34.13; 43.20; Jr 50.30 e Mq 1.8). A avestruz é uma ave bem conhecida, por ser a maior ave viva de nossa época. No Brasil temos uma espécie aparentada, a "ema", embora de menor porte. A avestruz encontra-se nos desertos da Arábia e da África. Tornou-se famosa por seu imenso apetite. Engole seixos de bom tamanho, pedaços de vidro e outros objetos duros, para ajudá-la na digestão no papo. A avestruz pode atingir 2,40 m de altura e pesar 140 kg. A fêmea faz um ninho raso e põe muitos ovos de cada vez, fazendo com que alguns deles terminem não sendo chocados. A maior parte desses ovos é coberta com areia. O sol esquenta os ovos durante o dia, e a mãe e o pai se revezam no choco, durante a noite. Essa ave pode correr a uma velocidade espantosa de 80 km por hora, podendo ultrapassar facilmente a velocidade de um cavalo. A ficção de que a avestruz esconde a cabeça na areia, quando se vê em perigo, não corresponde aos fatos. Esse pássaro é basicamente um vegetariano, embora possa comer insetos, gafanhotos etc. A descrição que aparece em Jó 39.14-17 mostra-nos que o autor sagrado conhecia bem a espécie. Os antigos começaram a domesticar a avestruz desde algum tempo antes de 2000 a.C. A acusação de estupidez, conforme se vê naquele trecho de Jó, provavelmente, origina-se do fato de que tal ave pode assustar-se com facilidade, até mesmo por causa de pequenos e inofensivos animais, ou então porque às vezes ela engole coisas que lhe são mortíferas. Esse pássaro era usado como alimento por vários povos, e talvez pelos próprios israelitas. Seus ovos também eram usados na alimentação, e as cascas vazias, muito duras, podendo atingir de 15 a 20 cm de comprimento, eram usadas como receptáculos. Taças ornamentais eram feitas com ovos de avestruz, as quais têm sido encontradas em sepulcros assírios desde cerca de 3000 a.C.

AVEUS

Eram os habitantes de Ava, sendo contados entre os colonos enviados pelo rei da Assíria a fim de substituir os habitantes das cidades do reino do norte, Israel, que tinham ficado despovoadas devido ao exílio (ver 2Rs 17.31). Eram idólatras, adoradores dos deuses Bibas e Tartaque. (Ver sobre *Ava*). Os aveus não devem ser confundidos com os heveus, que eram descendentes de Canaã (ver Gn 10.17), e que a versão portuguesa que usamos grafa como "aveus", em Deuteronômio 2.23.

AZA

Forma alternativa para Gaza, que em algumas versões aparece nos trechos de Deuteronômio 2.23; 1Reis 4.24 e Jeremias 25.20. Nossa versão portuguesa sempre grafa "Gaza".

AZÃ

No hebraico talvez signifique **"espinho"**. Era pai de Paltiel, príncipe da tribo de Issacar (ver Nm 34.26). Paltiel representou a tribo de Issacar, por ocasião da divisão da Terra Prometida, em cerca de 1540 a.C. (ID S)

AZAEL

Esse nome não aparece nos livros canônicos da Bíblia. Mas, em 1Esdras 9.14 e 34, aparece como apelativo de dois homens diferentes: **1**. Um judeu do tempo de Esdras, que despediu sua mulher estrangeira e seus filhos, após o cativeiro babilônico, no primeiro desses versículos. **2**. O pai de Jônatas, um dos investigadores que buscaram descobrir quais judeus se tinham casado com mulheres gentias, no segundo desses versículos. (Z)

AZAI

No hebraico, **"Yahweh agarrou"**. Foi sacerdote no tempo de Esdras (ver Ne 11.13). Provavelmente era o mesmo Jazera, que figura em 1Crônicas 9.12.

AZALIAS

No hebraico, **"Yah é nobre"**, ou então "aquele que Yahweh poupou ou separou". Era o pai de Safã, um escriba que viveu durante o reinado de Josias (ver 2Rs 22.3 e 2Cr 34.8), cerca de 625 a.C. Ele trouxe à atenção de Josias o livro da lei que o sumo sacerdote Hilquias havia encontrado no templo. (S Z)

AZANIAS

No hebraico, **"Yah é ouvinte"**. Era levita, pai de Jesua. Foi um dos que firmaram o pacto com Neemias, após o exílio na Babilônia (ver Ne 10.9). (UN)

AZARAIAS

Em 1Esdras 8.1, figura como um dos antepassados de Esdras. Uma forma variante de Azarias, nome de um grande número de pessoas, nas páginas do Antigo Testamento. (S Z)

AZAREEL

No hebraico significa **"Deus tem ajudado"**. É nome de várias pessoas do Antigo Testamento, a saber: **1**. Um coraíta que se aliou a Davi, em Ziclague (ver 1Cr 12.6), em cerca de 1000 a.C. **2**. Cabeça da décima primeira divisão dos músicos do templo (ver 1Cr 25.18), em cerca de 1000 a.C. Ele é chamado Uziel, em 1Crônicas 25.4. Nossa versão portuguesa grafa seu nome sob a forma de "Azarel". **3**. Líder da tribo de Dã, durante os dias de Davi e Salomão (ver 1Cr 27.22), em cerca de 1015 a.C. **4**. Um israelita que renunciou à sua esposa estrangeira, após o cativeiro (ver Ed 10.41), em cerca de 456 a.C. **5**. O último dos chefes dos 128 homens valorosos entre os sacerdotes, que serviam no templo (ver Ne 11.13), em cerca de 445 a.C. **6**. Um sacerdote que soprou sua trombeta, durante o cortejo efetuado quando foram dedicadas as muralhas de Jerusalém (ver Ne 12.36), e que talvez seja o mesmo homem referido no número 5, acima.

AZARIAS

No hebraico, **"aquele a quem Yahweh ajuda"**. Um nome extremamente comum nos dias do Antigo Testamento: **1**. Rei de Judá, mais frequentemente chamado Uzias (ver o artigo a respeito) (ver 2Rs 14.21; 15.1,6-8,17,23,27), em cerca de 809 a.C. **2**. Filho de Sadoque, o sumo sacerdote, nos dias de Davi, e um dos oficiais de Salomão (ver 1Rs 4.2), em cerca de 960 a.C. Talvez se trate do mesmo que abaixo é alistado como de número 5. **3**. Filho de Natã, capitão da guarda pessoal de Salomão (ver 1Rs 4.5), em cerca de 1000 a.C. **4**. Filho de Etã, dos filhos de Zera, filho de Judá e Tamar (1Cr 2.8), em cerca de 1660 a.C. **5**. Um sumo sacerdote, filho de Aimaás, neto de Sadoque (ver 1Cr 6.9), e talvez o mesmo que é alistado acima no número 2 (ver 1Rs 4.2). **6**. Filho de Joanã (781 a.C.), um sumo sacerdote (ver 1Cr 6.10). Alguns supõem ser o mesmo que Zacarias, filho de Joiada, morto em 840 a.C. (ver 2Cr 14.20-22). **7**. Filho de Jeú, descendente de Jará, o escravo de Sesã (ver 1Cr 2.38,39), em cerca de 1330 a.C. Provavelmente é um dos capitães mencionados em 2Crônicas 23.1, onde ele é chamado de "filho de Obede". **8**. Há um Azarias, filho de Hilquias, inserido em Hilquias e Saraías, durante o reinado de Josias. Não parece haver espaço cronológico para ele nesse ponto, sendo possível que a inserção tenha sido sugerida por Esdras 7.1. Foi morto por Nabucodonosor (ver 1Cr 6.13), em cerca de 641-610 a.C. **9**. Filho de Sofonias e antepassado do profeta Samuel (ver 1Cr 6.36), talvez o mesmo Uzias do vs. 24. Cerca de 1100 a.C. **10**. Homem para quem o sumo sacerdote Joiada revelou o segredo da existência do jovem príncipe Joás, e que o ajudou a elevá-lo ao trono (ver 2Cr 15.1); em cerca de 941 a.C. **11 e 12**. Nome de dois dos filhos de Josafá, rei de Judá (ver 2Cr 21.2), em 890 a.C. Nossa versão portuguesa, a fim de distingui-los, dá o nome do primeiro como "Azarias", e o segundo, "Asarias". **13**. Em 2Crônicas 22.6 parece ter havido um erro clerical. O nome Azarias aparece em lugar de Acazias. Nossa versão portuguesa corrige o erro chamando-o corretamente de "Acazias". Viveu em cerca de 885 a.C. **14**. Filho de Jeroão (ver 2Cr 26.17). Era comandante de oitenta sacerdotes, que resistiram ao rei Uzias, por ele ter querido queimar incenso na casa de Deus. Cerca de 765 a.C. **15**. Sumo sacerdote que se opôs a Uzias, rei de Judá, por ter querido oferecer incenso ao Senhor, privilégio que cabia exclusivamente aos sacerdotes (ver 2Cr 26.17), em cerca de 765 a.C. **16**. Filho de Joanã, um capitão efraimita (ver 2Cr 28.12). Fez voltar os cativos e os despojos tomados durante a invasão de Judá por parte de Peca, rei de Israel, em 726 a.C. **17**. Pai de Joel, durante o reinado de Ezequias (ver 2Cr 29.12), em cerca de 726 a.C. **18**. Filho de Jealelel, e contemporâneo do filho da personagem alistada acima (ver 2Cr 29.12), em cerca de 726 a.C. **19**. Um sumo sacerdote do tempo de Ezequias (ver 2Cr 31.10), que cooperou zelosamente com o rei, quando da purificação do templo, em cerca de 726 a.C. **20**. Filho de Maaseias, que ajudou a reparar uma porção das muralhas de

Jerusalém, no tempo de Neemias (ver Ne 3.23,24), em cerca de 445 a.C. **21**. Um dos líderes que subiu da *Babilônia* em companhia de Zorobabel (ver Ne 7.7), em cerca de 590 a.C. em Esdras 2.2 ele é chamado Seraías. **22**. Um levita que instruiu o povo na lei de Moisés nos dias de Esdras (ver Ne 8.7), em cerca de 445 a.C. **23**. Um dos sacerdotes que solenizou o pacto com Neemias (ver Ne 10.2), provavelmente o mesmo que ajudou na dedicação das muralhas de Jerusalém segundo se lê em Neemias 12.33. Cerca de 445 a.C. **24**. Nome alternativo para Jezanias (ver o artigo a respeito), e que em Jeremias 43.2 aparece com o nome de Azarias. **25**. Nome caldaico de Abede-Nego, um dos três amigos de Daniel que foram lançados na fornalha ardente (ver Dn 1.7 e 3.9), em cerca de 560 a.C.

AZARIAS (NOS LIVROS APÓCRIFOS)

Forma grega do hebraico Azariah, **"Yahweh tem ajudado"**. **1**. Um oficial do exército de Judas Macabeu (ver 1Macabeus 5.18,56,60). Quando Judas se ausentou (ver 18), ele partilhou do comando do exército judeu com Joseph ben Zacariah. Ficou inchado de orgulho e quis tornar-se famoso, convidando Górgias a combatê-lo, perto de Jamínia. Mas foi redondamente derrotado. **2**. Nome do anjo Rafael, de acordo com Tobias 5.12; 6.6,13; 7.8 e 9.2. **3**. Homem que deu apoio às reformas sob Esdras. (Ver 1Esdras 9.43). **4**. Em 1Esdras 9.21, esse nome é usado, embora seu paralelo em Esdras 10.21 tenha a forma de Uzias. **5**. Homem mencionado em 1Esdras 9.48, mas com a forma de Azarias, no paralelo de Neemias 8.7. **6**. Um homem com esse nome aparece em 2Esdras 1.1, mas em 1Crônicas 6.13 ele é chamado de Azarias. (Z)

AZARIAS, ORAÇÃO DE

Trata-se de uma adição feita ao livro de Daniel. Juntamente com o Cântico dos Três Filhos foi inserida entre Daniel 3.23 e 3.24, na versão grega do livro. De acordo com a Vulgata Latina, essa adição foi colocada após Daniel 3.24 ss., unida ao Cântico dos Três Filhos, formando uma entidade separada. A oração foi posta nos lábios de Azarias, isto é, Abede-Nego, segundo seu nome babilônico. Alegadamente, a oração teve lugar enquanto ele e seus dois companheiros estavam dentro da fornalha ardente, onde haviam sido lançados por Nabucodonosor.

Conteúdo da oração. **1**. doxologia; **2**. declaração da justiça de Deus, a que se deveu o cativeiro babilônico (vs. 3.10); **3**. um eloquente apelo para o Senhor lembrar-se de sua aliança, baseada na aceitação e não no sacrifício, que não mais podia ser realizado, em vista de um coração contrito (vss. 11-17); **4**. um voto de fidelidade e oração pedindo livramento, com a confusão lançada entre o inimigo, de tal modo que se reconhecesse que só o Senhor é Deus (vss. 18-22).

Independência. O fato de que em nenhuma porção dessa oração há registro com o teste que imediatamente antes teria de ser experimentado, parece mostrar que a composição era uma obra literária separada, independente do livro de Daniel, e que posteriormente foi inserida nesse livro canônico, no lugar onde o editor achou mais conveniente fazê-lo. Talvez as perseguições dirigidas por Antíoco Epifânio IV (168-165 a.C.) tenham-na inspirado.

Natureza judaica. Embora escrita em grego, a obra tem atitude inteiramente judaica, com vários reflexos dos Salmos (a questão do coração contrito e do espírito humilde, Sl 51.17) e do livro de Daniel (ver Dn 9.4-10). Essa similaridade ao livro de Daniel talvez tenha sido a razão pela qual a obra foi inserida finalmente no livro de Daniel.

Canonicidade. Essa oração está contida no cânon da igreja Católica Romana, que inclui a maioria dos livros apócrifos (ver o artigo a respeito), mas não faz parte do Antigo Testamento aceito pelos judeus e pelas edições protestantes da Bíblia. (CH GD J)

AZAZEL

Termo hebraico traduzido por *bode emissário* em Levítico 16.8, em nossa versão portuguesa. Há versões que apenas transliteram o nome, "Azazel". A palavra tem sido variadamente compreendida: **1**. Alguns supõem que esteja em pauta *o bode* enviado ao deserto no dia da expiação (ver o artigo). Mas o texto de Levítico 16.10 e 26 parece subentender que *o Azazel* era aquilo para *o que ou em* favor *do que* o bode era solto. **2**. Outros supõem que esse termo indique *o lugar* para onde o bode era enviado. Portanto, poderia indicar o lugar onde o bode era solto, ou o deserto para onde ele se dirigia por puro acaso. **3**. Ainda outros pensam que a palavra refere-se a um ser pessoal, como um espírito, um demônio ou o próprio Satanás. A tradição da cabala judaica diz que Israel era salvo das astúcias do diabo quando esse bode lhe era enviado. O bode levaria todas as iniquidades e as transgressões do povo. O bode, pois, atuaria como uma espécie de noiva, que Satanás aceitaria, permitindo que Israel escapasse sem ser atacado. (Ver Dt 32.17; Sl 106.37 e sobre os *sátiros*, em 2Cr 11.15). Muitos eruditos têm aceitado essa ideia, embora outros considerem-na uma interpretação improvável dentro do contexto mosaico, ainda que tenha feito parte da demonologia posterior de Israel. **4**. Outros estudiosos pensam que se trata de um *completo envio*, ou seja, a total remoção dos pecados do povo. Mas a erudição evangélica moderna tem favorecido a terceira dessas quatro interpretações. Não obstante, o trecho de Levítico 17.7 parece excluir a ideia de que o bode servia como um sacrifício oferecido a Azazel. Seja como for, é interessante observar que o livro de 1Enoque, refletindo o judaísmo posterior, faz Azazel aparecer como o chefe dos anjos rebeldes. (MIC Z)

AZAZIAS

No hebraico significa **"Yahweh é forte"**. Nome de várias pessoas do Antigo Testamento: **1**. Um levita, nomeado durante o reinado de Davi para tocar harpa no culto ligado ao transporte da arca da aliança da casa de Obede-Edom para seu devido lugar (ver 1Cr 15.21), em cerca de 1040 a.C. **2**. Pai de Oseias, príncipe da tribo de Efraim, quando Davi fez o recenseamento do povo (ver 1Cr 27.20), em cerca de 1040 a.C. **3**. Um levita que, durante o reinado de Ezequias (726 a.C.), estava encarregado de recolher os dízimos e as coisas dedicadas ao templo, sob a direção de Conanias e Simei (ver 2Cr 31.13). (S)

AZBUQUE

No hebraico significa **"forte devastação"** ou **"perdão"**. Antepassado, ou talvez pai de um certo Neemias, príncipe da metade do distrito de Bete-Zur (ver Ne 3.16), em 445 a.C. Esse Neemias não era o mesmo Neemias que foi a principal personagem do livro desse nome, embora seu contemporâneo. Ele ajudou a reconstruir a muralha de Jerusalém. (ID)

AZECA

No hebraico, **"lavrado"** ou **"brecha"**. Uma cidade na planície de Judá (ver Js 15.35; 1Sm 17.1), com aldeias ao redor (ver Ne 11.30), e que aparentemente era uma fortaleza (ver Jr 34.7). Ali foram derrotados os reis amorreus confederados, pelas tropas de Josué. Os exércitos amorreus foram destruídos por uma saraivada (ver Js 10.10,11). Após a batalha de Bete-Horom, Josué perseguiu os cananeus até esse lugar. Os filisteus acamparam-se entre Azeca e Socó, antes de Davi derrotar Golias (ver 1Sm 17.1). Foi fortificada por Reoboão (ver 2Cr 11.9), e ainda era usada como fortaleza ao tempo da invasão dos babilônios (ver Jr 34.7). Portanto, foi uma das cidades que se rendeu a Nabucodonosor, antes de este atacar Jerusalém. Após o exílio babilônico, foi um dos primeiros lugares a serem reocupados por Israel (ver Ne 11.30). É possível que a "proteção" referida em Isaías 22.8 seja uma referência a Azeca.

Essa cidade ficava localizada a 5 km ao norte de Beit Jibrin (Eleuterópolis) e a 24 km a noroeste de Hebrom. Em um platô, no alto do cômoro, permanece até hoje um resto de muralha e torres dessa antiga fortaleza. A cidade bizantina de Azeca talvez seja a atual Khirbet el 'Alami, imediatamente a leste do cômoro.

Tragédia. Na carta nº 4 de Laquis Hosaías, que era comandante de uma guarnição postada ao norte de Laquis, ele informa seu superior, Joás, em Laquis, que não mais podia ver os sinais (de fogo ou de fumaça) emitidos por Azeca, que ficava a norte do seu posto. É que a cidade havia caído! (ID S Z)

AZEITE (ÓLEOS)

Consideremos os seguintes pontos: **1. Termos**. No hebraico temos *shemen*, "graxa" ou "unguento", *yishar*, "brilhante" e "azeite claro". Está em foco o azeite de oliveira. (Ver Nm 18.12 e Dt 7.13). No aramaico temos *meshak*, "unguento" (ver Ed 6.9 e 7.22). No grego temos *elaion*, "azeite de oliveira".

2. Produtores de azeite. Vários animais, peixes e plantas, mais especificamente ainda, as azeitonas. Há doze tipos diferentes de óleos vegetais, entre os quais citamos a oliva, o rícino, o babaçu, a amêndoa etc.

3. História do uso do azeite. A origem do uso de azeite perde-se nas brumas da antiguidade. Há óleos mencionados nos registros históricos de todos os povos. Os egípcios tinham muitos tipos de óleos, de muitos produtos diferentes. Na Grécia o azeite de oliveira remonta até onde os registros recuam. Também eram usadas gorduras animais, embora o azeite de oliveira fosse o principal óleo dos antigos. Sabemos sobre o culto da oliveira em Creta, desde 2500 a.C. O cultivo da oliveira e o uso de seu azeite, com vistas a muitos propósitos, inclusive para cozinhar, era comum nas terras que margeavam o Mediterrâneo oriental, tendo chegado a Roma desde 580 a.C. Moisés chamou a Palestina de "terra de oliveiras" (ver Dt 8.8), o que significa que quando o povo de Israel ali chegou, já encontrou essa espécie vegetal.

4. Manufatura. As azeitonas eram espremidas à mão, pisadas, ou esmagadas em moinhos (ver Êx 27.20; 29.40; Lv 24.2; Nm 28.2). Ver o artigo sobre *Moinhos*, quanto a detalhes. Uma boa oliveira pode produzir nada menos de 60 litros de azeite, anualmente. As azeitonas precisavam ser esmagadas com cuidado, para que o caroço não fosse partido, o que liberaria um líquido indesejável. Para que o fruto produzisse bom óleo, a polpa deveria ser ensopada em água quente, e então ser espremida uma segunda vez. Se o processo fosse repetido, haveria mais algum azeite, embora de qualidade inferior. Então deixava-se o líquido em repouso, em uma jarra ou gamela, para que as impurezas se juntassem no fundo, por decantação. Havia prensas comerciais de grandes dimensões, como aquelas que foram encontradas em Debir e Bete-Semes, em Judá, datadas dos séculos X e VI a.C.

5. Usos do azeite. *a. Como alimento* (ver 1Rs 17.12; 2Rs 4.2). O azeite era misturado com a farinha de trigo, para o fabrico de pão (ver 1Rs 17.12), ou para o fabrico de bolos (ver Lv 2.1,4-7). Os gregos faziam a *maza*, uma espécie de mingau, do qual participava o azeite de oliveira. As azeitonas, sem qualquer preparação prévia, serviam de alimento para os antigos. Para os israelitas, a azeitona e seu azeite revestiam-se de primária importância (ver Sl 39.31; Jr 31.12; 41.8; Lc 16.6 ss.). Sua abundância era considerada um sinal de prosperidade (ver Jl 2.19). *b. Como cosmético*, para ungir a pele do corpo, os cabelos etc., ou simplesmente para efeito de beleza. (Ver Dt 28.40; 2Sm 12.20; 14.2 e Rt 3.3). *c. Para ungir os mortos*. *d. Como medicamento*. O azeite era esfregado no corpo quando a pessoa estava febril, ou era usado em banhos e na unção de ferimentos (ver Is 1.6 e Lc 10.34). Josefo fala no uso de azeite quente, em banhos, para a cura de certas enfermidades (ver *Guerras* xxxiii.5). O azeite de oliveira era usado como um rito, na unção dos enfermos, no aguardo da prometida intervenção divina (ver Tg 5.14). *e. Como sinal de hospitalidade*. Pés e mãos eram lavados e ungidos com azeite, como sinal de cortesia prestada aos visitantes (ver Sl 23.5). A negligência quanto a esses cuidados era considerada uma descortesia (ver Lc 7.46). Esse azeite usualmente era propositalmente perfumado. *f. Para efeito de iluminação*. O azeite era o combustível usado nas antigas lâmpadas, que usavam pavios de pano torcido, de algodão ou de palha (ver Mt 25.1-8 e Lc 12.35).

6. Usos religiosos. O azeite de oliveira é usado com propósitos religiosos desde a remota antiguidade. No papiro Petersburg, à deusa-cobra são prometidos nove azeites santos, para ungir a sua estátua. Na Bíblia, o azeite da unção era uma cerimônia que envolvia reis (ver 1Sm 10.1), sacerdotes (ver Lv 8.30), profetas (ver Is 61.1) e até o escudo dos guerreiros (ver 2Sm 1.21 e Is 21.5). O tabernáculo e seus móveis foram ungidos (ver Êx 30.22,23). O azeite era usado como combustível que permitia que o candeeiro permanecesse perpetuamente aceso no santuário (ver Êx 27.20). Era oferecido juntamente com o cereal (ver Lv 2.4-6), e fazia parte do dízimo (ver Dt 12.17). Também era oferecido aos ídolos (ver Is 57.9). O uso do azeite, nos sacrifícios, indicava a alegria e o júbilo, ao passo que a ausência de azeite indicava necessidade e humilhação (ver Is 61.3 e Jl 2.19).

7. Valor comercial do azeite. O azeite figurava entre os principais artigos do comércio, juntamente com os cereais e o vinho (ver Nm 18.12; Dt 7.13). Era largamente negociado (ver Ez 27.17; Lc 16.6). As riquezas de uma pessoa eram parcialmente calculadas em termos de azeite. Óleo batido (que era o melhor azeite) formava parte do pagamento anual de Salomão a Hirão, de Tiro (ver 1Rs 5.11). O azeite era um produto de valor suficiente para que Eliseu aconselhasse à viúva a pagar sua dívida mediante a venda de azeite (ver 2Rs 4.7). Era guardado nos tesouros reais juntamente com ouro, prata e especiarias (ver 2Rs 20.13), e também era usado no pagamento do tributo (ver Os 12.1). Ismael poupou as vidas de dez peregrinos vindos de Siquém, quando eles lhe ofereceram azeite, juntamente com trigo e cevada. Ostraca dos dias de Jeroboão II, encontradas em Samaria, dão testemunho do comércio do azeite. Em Apocalipse 18.12,13, o azeite é alistado entre os produtos preciosos, juntamente com o marfim, os cavalos, as especiarias, o vinho e os escravos. Havia negociantes especializados no comércio do azeite (ver Mt 25.8).

8. Usos figurados. *a*. como símbolo de abundância (ver Pv 21.17); *b*. de alegria (ver Sl 45.7); *c*. a ausência de azeite é evidência do desprezar divino (ver Jl 1.10); *d*. a sua abundância representava as bênçãos divinas (ver Jl 2.24); *e*. as palavras enganosas são comparadas ao azeite (ver Sl 55.21). *f*. O Espírito Santo e sua unção são representados pelo azeite (ver Lv 8.13; 1Sm 10.1; Is 61.1 e Mt 25.1,8,9); *g*. as palavras da mulher sedutora são comparadas ao azeite (ver Pv 5.3); *h*. as consolações do evangelho assemelham-se ao azeite (ver Is 61.3 e Hb 1.9); *i*. O azeite simbolizava a unção aprovadora de reis, profetas, e do próprio Messias (ver Hb 1.9).

9. Modernos usos religiosos. O bispo católico romano consagra três óleos santos na Terça-feira Santa: *a*. O óleo dos catecúmenos, derivado da prática do uso do óleo da unção, por ocasião do batismo, o qual é usado nos atos do batismo, consagração de igrejas, altares, ordenação de sacerdotes e coroação de monarcas católicos romanos. *b*. Na crisma é usado o azeite de oliveira misturado com bálsamo, para unção no batismo, na confirmação nas Santas Ordens, nas igrejas, nos altares, nos cálices, nos sinos e nas águas do batismo. **3**. O óleo da extrema-unção, usado nos moribundos. (E ID UN Z)

AZEITE BATIDO

Essa expressão aparece em Êxodo 27.20; 29.40; Levítico 24.2; Números 28.5 e 1Reis 5.11. Aparentemente refere-se ao azeite de oliveira obtido na primeira prensa, o qual seria de

AZEITONA

melhor qualidade, antes da adição do que era necessário para extração dos azeites de grau inferior. Ver *Oliveira* e *Azeitona*.

AZEITONA

No hebraico, *gargar*, "bago". No grego, *elaía*, "azeitona". O termo hebraico ocorre somente em Isaías 17.6. Sabe-se que a menção à azeitona é porque está dentro do contexto da "oliveira", mencionada no mesmo versículo. A alusão é à prática humanitária dos cultivadores israelitas, que deixavam alguns rabiscos para os pobres colherem. Isso o profeta aplica aos poucos remanescentes que restarão com vida, nos últimos dias, quando *a glória de Jacó será apoucada, e a gordura da sua carne desaparecerá* (Is 17.4). A palavra grega é de ocorrência mais frequente, quinze vezes (ver Mt 2.1; 24.3; 26.30; Mc 11.1; 13.3; 14.26; Lc 19.29,37; 21.37; 23.39; Jo 8.1; Rm 11.17,24; Tg 3.12; Ap 11.4). O termo grego também significa "oliveira". Em notável metáfora, Paulo compara Israel com a "boa oliveira", ao passo que os gentios convertidos são ramos de "oliveira brava" enxertados na boa oliveira. Em seguida, ele mostra quão absurdo é pensar que Deus não tem mais plano relativo a Israel, quando diz: ... *quanto mais não serão enxertados na sua própria oliveira aqueles que são ramos naturais!* (Rm 11.17,24). De fato, precisamos levar em conta o futuro papel dos judeus, nos acontecimentos escatológicos preditos nas Escrituras, ou nosso quadro escatológico ficará incompleto e distorcido. O simbolismo reaparece em Apocalipse 11.3-13, que se refere a dois futuros grandes profetas, que são chamados de ... *as duas oliveiras e dois candeeiros que se acham em pé diante do Senhor da terra.* Ver as notas expositivas completas, no NTI, sobre as duas testemunhas do Apocalipse.

Tiago, ao tratar dos pecados da língua, por causa dos quais, às vezes, de uma mesma boca procedem a bênção e a maldição, mostra o quanto a maledicência é imprópria no crente, ao perguntar, de uma forma que a resposta só pode ser negativa: *Acaso, meus irmãos, pode a figueira produzir azeitonas, ou a videira, figos?* (Tg 3.12).

AZEL

No hebraico significa **"nobre"**. Era descendente de Jônatas, filho de Eleasá (ver 1Cr 8.37 ss. e 9.43 ss.), em cerca de 860 a.C. Havia um lugar que também tinha esse nome, não muito distante de Jerusalém (ver Zc 14.5), mas cujo local é atualmente desconhecido. (Z)

AZÉM

No grego, *Aisem*. Essa palavra significa **"osso"**, **"poderoso"** e **"fortaleza"**. Algumas traduções também grafam o nome como Ezém. (Ver Js 15.29 e 1Cr 4.29). Era uma cidade no extremo sul da terra de Canaã, que a princípio foi dada à tribo de Judá (ver Js 15.29) e posteriormente à tribo de Simeão (ver Js 19.3). Tem sido identificada com a moderna El-Aujeh, a 24 km a sudoeste de Reobote e também com a Azmom de Neemias 34.4. Todavia, outros estudiosos pensam que sua localização é incerta, ao passo que ainda outros pensam que ficava a cerca de vinte quilômetros a sudeste de Berseba. (Z)

AZEPURITE

Forma alternativa de Jorá (vide).

AZETAS

Antepassado de uma família que retornou do cativeiro babilônico em companhia de Zorobabel (ver 1Esdras 5.15), mas cujo nome é omitido nas passagens canônicas paralelas de Esdras 2.16 e Neemias 7.21. (Z)

AZGADE

No hebraico significa **"forte na sorte"**, ou então, *adoração* ou *súplica*. Alguns dizem que significa *Deus é forte*. Os filhos de Azgade, em número de 1.222, retornaram da Babilônia com Zorobabel (ver Ed 2.12), em cerca de 536 a.C. em Neemias 7.17 o número deles é dado como de 2.322. Na segunda caravana, vieram com Esdras 110 homens de Azgade (ver Ed 8.12). Esses subscreveram o pacto com Neemias (ver Ne 10.15). (ID S)

AZIA. Forma alternativa de *Uzá* (vide).

AZIEL. Forma alternativa de *Azarias* (vide).

AZIEL

No hebraico significa **"Deus é poder"**. Foi um levita que tocou a harpa quando a arca da aliança foi trazida de volta a Jerusalém (ver 1Cr 15.20). É chamado Jaaziel, em 1Cr 15.18. (Z)

AZIZA

No hebraico, **"o forte"**. Homem que pertencia à família de Zatu e que se casou com uma mulher estrangeira, mas que a despediu após o cativeiro babilônico, na época de Esdras (ver Ed 10.27). Em 1Esdras 9.18 é chamado Zerdaías.

AZMAVETE

No hebraico, **"forte como a morte"**. Nome de vários personagens do Antigo Testamento: **1**. Um nativo de Baurim (ver 2Sm 23.31), provavelmente benjamita. Foi um dos trinta poderosos guerreiros de Davi. Cerca de 1050 a.C. **2**. Um descendente de Mefiboseto ou Meribaal (ver 1Cr 8.36 e 9.42). **3**. Um benjamita, pai de Jeziel e Pelete, dois arqueiros e fundibulários habilidosos. Esse homem tem sido identificado por alguns estudiosos com o de número 1. Ainda outros dizem que se trata de um lugar. (Ver 1Cr 12.3). Cerca de 1050 a.C. **4**. Encarregado dos tesouros reais sob Davi (1Cr 27.25), em cerca de 1015 a.C. **5**. Uma aldeia, provavelmente no território de Benjamim, identificada com a moderna El Hizmeh, cerca de 8 km a nordeste de Jerusalém. Ela é chamada Bete-Azmavete, em Neemias 7.28. Quarenta e dois homens retornaram com Zorobabel, vindos do cativeiro (ver Ed 2.24). O trecho de Neemias 12.29 informa-nos que esse lugar supriu alguns dos cantores para a dedicação do segundo templo. (ID S Z)

AZMOM

No hebraico, **"parecido com um osso"** ou **"fortaleza"**. Uma cidade no deserto de Maom, ao sul de Judá. Pertencia à tribo de Simeão (ver Nm 34.4 e Js 15.4). Tem sido identificada por alguns com 'Ain el-Qaseimeh, a sudoeste de Cades-Barneia. (S Z)

AZNOTE-TABOR

No hebraico, **"cumes do Tabor"**. Uma cidade ocidental do território de Naftali, entre o rio Jordão e Hucoque (ver Js 19.34), evidentemente na área do monte Tabor. Desconhece-se o local moderno. (S Z)

AZOR

No hebraico, **"ajudador"**. Era filho de Eliaquim e fez parte da genealogia de Jesus (ver Mt 1.13,14), cerca de 400 a.C. (S)

AZOTO. Forma alternativa de *Asdode* (vide).

AZRICÃO

No hebraico, **"ajuda contra o inimigo"**, ou **"a ajuda surgiu"**. Nome de várias pessoas do Antigo Testamento: **1**. Filho de Nearias, da linhagem real de Judá, descendente de Zorobabel (ver 1Cr 3.23), em cerca de 460 a.C. **2**. Filho mais velho de Azel, descendente de Saul (ver 1Cr 8.38 e 9.44), em cerca de 860 a.C. **3**. Um levita, antepassado de Semaías (ver 1Cr 8.14 e Ne 11.15), em cerca de 470 a.C. **4**. Governador do palácio de

Acaz (de Judá), morto durante a invasão de Peca, rei de Israel (ver 1Cr 28.7), em cerca de 741 a.C.

AZRIEL
No hebraico, **"ajuda de Deus"**. Nome de várias pessoas do Antigo Testamento: **1**. Chefe da casa da meia tribo de Manassés, além do Jordão (ver 1Cr 5.24,26). Juntamente com outros, ele foi levado ao cativeiro pelos assírios. **2**. Antepassado de Jerimote, um naftalita. Era chefe da tribo de Naftali, ao tempo do recenseamento feito por Davi (ver 1Cr 27.19), em cerca de 1015 a.C. **3**. Pai de Seraías, um dos oficiais de Jeoaquim (ver Jr 26.26), em cerca de 606 a.C. Foi um dos emissários enviados para deter Jeremias e Baruque. (ID)

AZUBA
No hebraico, **"ruínas"** ou **"esquecida"**. **1**. Esposa de Calebe, filho de Hezrom (ver 1Cr 2.18,19), em cerca de 1590 a.C. **2**. mãe do rei Josafá (ver 1Rs 22.42 e 2Cr 20.31), em cerca de 914 a.C.

AZUL
Ver o artigo geral sobre as *cores*. **1. Implicações espirituais**. Nos tipos simbólicos, o azul indica o que é celestial, a pureza e a humildade. Estudos sobre a aura humana mostram que esse conceito tem base nos fatos. Pessoas dotadas de elevada espiritualidade têm mais azul na sua aura; e quanto mais claro e brilhante for o azul, tanto maior será a espiritualidade. Ver o artigo sobre a *aura*. **2. A ciência** tem mostrado que as diferentes cores afetam os estados de espírito, de pensamento e do corpo. As cores podem curar, porquanto controlam vibrações de luz que produzem um efeito benéfico sobre o corpo.

3. Considerações literais. Na Palestina, essa cor era normalmente produzida pelo uso de uma ostra, encontrada nas costas da Fenícia, atualmente denominada *Helix Ianthina*. Josefo (*Anti*. iii.7, par. 7) e Filo falaram sobre essa cor como emblema do céu. Príncipes nobres (ver Ez 23.6; Ec 40.4) e os ídolos da Babilônia (ver Jr 10.9) vestiam-se de trajes azuis. Nas bordas das vestes dos hebreus havia um cordão azul (ver Nm 15.38), dando a entender sua conexão espiritual. Para usos decorativos, fios eram tingidos de azul e então eram entretecidos em pano (ver Êx 25.4; 26.1), havendo também tecidos pintados com várias cores. No Tabernáculo fez-se grande uso de cores, incluindo a cor azul, e outro tanto se verificava com as vestes sacerdotais (ver Êx 28.5,6,28) e no interior do templo (ver 2Cr 2.7,15). Em Eclesiastes 6.30, temos o sentido básico de *valor*, simbolizado pela cor azul, porquanto cordas dessa cor são comparadas à sabedoria. Nos tempos antigos, Tiro era o centro produtor de corantes (ver 2Cr 2.7,14). Nos tempos romanos, Diocleciano nomeou Doroteu como superintendente da produção de corantes. Há montões de cascas de moluscos em Sidom, revelando que naquele lugar eram fabricados os corantes. (FOR I IB)

AZUR
No hebraico, **"ajudador"**. Nome de várias personagens do Antigo Testamento: **1**. Um daqueles que assinaram o pacto com Neemias (ver Ne 10.17), em cerca de 445 a.C. Provavelmente ele é chamado pelo nome de família. **2**. Pai de Hananias, de Gibeão (ver Jr 28.1), que foi um falso profeta no tempo de Zedequias (cerca de 596 a.C.). **3**. Pai de Jaazanias (ver Ez 11.1). Jaazanias era um líder do povo, a quem o profeta Ezequiel viu em visão traçando falsos esquemas a respeito de Jerusalém, em cerca de 593 a.C. (ID S)

B

BÃ

Um nome próprio que aparece em 1Esdras 5.37, e que algumas traduções dos livros apócrifos emendam para Tobias. Um homem é chamado Bã, cujos descendentes figuram entre os exilados que retornaram da Babilônia, mas que não puderam provar que realmente pertenciam a Israel. Os trechos paralelos de Esdras 2.60 e Neemias 7.62 dizem "Tobias". (Z)

BAAL (BAALISMO)

A palavra e seu uso. Essa é a palavra hebraica que significa **"proprietário"**, **"senhor"** ou **"marido"**. É usada em 1Crônicas 5.5; 8.30 e 9.36 como um nome pessoal; e, de modo geral, designa a divindade cananeia desse nome. As identificações incluem aquelas com restrições a algum mero lugar de adoração como Baal-Peor (Nm 25.3), Baal-Gade (Js 11.7), Baal-Hermom (Jz 3.3) etc. Algumas vezes, tais combinações indicam uma característica da divindade, e não algum lugar com o qual estaria associada, como Baal-Berite (Baal do pacto, em Jz 8.33). Baal-Zebube, talvez uma corruptela de Baal-Zebul (que significa "príncipe", em 2Rs 1.2). O próprio termo sugere que a divindade era considerada *proprietária* de um determinado lugar, pelo que exercia controle ali, no tocante a certos aspectos da vida humana, mas, sobretudo, no tocante à fertilidade.

Baalismo. A adoração a Baal era, essencialmente, uma religião da natureza, cuja ênfase principal era a fertilidade. O Oriente Próximo exibiu várias formas de religião da fertilidade, e essa religião dos cananeus era a mais desenvolvida entre elas, quanto a esse aspecto. Israel deixou-se arrastar pela influência do baalismo por meio de sincretismo (os hebreus incorporaram-no, ou ao menos aspectos seus, à sua fé), tendo havido uma reação profética (os profetas que reagiram contra esses elementos corruptores).

Fontes informativas. O AT, os tabletes de Ras Shamra (ver o artigo) e Filo Bíblio.

Ideias. *El* seria o pai dos deuses, mas não teria muito contato com os homens. Aserá era a deusa-mãe. Um filho (ou neto) de destaque deles seria Baal. Sua consorte, Astarte (que no AT aparece como Astarote ou Astorete), era a deusa da fertilidade (ver o artigo sobre ela). Nos tabletes de Ras Shamra, Anate aparece como a consorte de Baal. Seu maior inimigo era Mote (a morte). O clima da Síria e da Palestina contribuía para a elaboração dessa religião. As chuvas cessam em março-abril. Só começa a chover novamente em outubro-novembro. E, durante o intervalo, pouca vegetação pode crescer. A menos que as chuvas voltem, a fome é inevitável. Assim, os cananeus personificaram as forças que fazem a vegetação voltar à vida. A razão pela qual as chuvas cessariam é que Baal seria morto em uma luta feroz contra Mote. E as chuvas retornariam porque os amigos de Baal (como o Sol — Shapsh ou Shemesh) e Astarte (fertilidade), lhe devolveriam a vida (princípio da ressurreição). A terra floresceria novamente porque Baal e Astarte copulavam. Assim temos nisso uma forma de religião que é, essencialmente, a adoração à natureza. Quando os homens perturbam os deuses ou deixam de agradá-los, há perturbações nas condições atmosféricas, ou nas vidas das famílias e das tribos.

Festividades. A fim de promover o sentimento religioso do povo e honrar os deuses, foram instituídas festas que apelavam ao impulso procriador e à licenciosidade, incluindo a prostituição masculina e feminina, que se tornou um acompanhamento indispensável nesses cultos de fertilidade. Isso prosseguia durante os períodos de festividade e fora dos mesmos.

Influência sobre Israel. Essa religião exerceu grande influência sobre Israel, especialmente no norte (Israel, em contraste com Judá), onde as ideias e as culturas pagãs tornaram-se parte, mais rapidamente da perspectiva religiosa dos israelitas. Isso provocou os protestos dos profetas. Sob tais circunstâncias foi que Elias e seus sucessores postularam a pergunta se o Deus de Israel era Yahweh ou Baal (ver 1Rs 18). Os símbolos dessa adoração foram condenados pelos profetas, incluindo a árvore ou bosque sagrado, a coluna e os terafins (imagens, que incluíam figurinhas da deusa da fertilidade, que se tornaram populares e numerosas entre os israelitas). O protesto levantado pelos profetas contra esse tipo de religião pode ter sido um dos fatores que raramente permitia que Deus fosse chamado de *Pai* e o AT não tem palavra que corresponda a *deusa*. Além disso, a expressão *filho de Deus*, aplicada ao homem, é rara no AT Tais termos poderiam ser erroneamente entendidos, em termos pagãos. No judaísmo havia o cuidado de se evitar a terminologia sexual no seio da família, porquanto isso era por demais comum nas religiões politeístas e de fertilidade, entre os vizinhos de Israel.

Fatores do vigor da religião de fertilidade. 1. Israel não expulsou os cananeus de suas terras, mas antes misturou-se com eles em casamento. **2.** Aqueles que tinham acabado de entrar na Terra Prometida tinham acabado de sair das experiências no deserto. Formas religiosas que fomentavam festividades e os prazeres sensuais eram alternativas tentadoras. Ou, pelo menos, elementos tomados por empréstimo dessas atividades sem dúvida eram muito atrativos. **3.** A lei de Israel era austera. Sempre será mais fácil seguir o curso de menor resistência. Assim, persistia por um lado a fé em Yahweh, e esta ia-se misturando com elementos cananeus. Esse processo sincretista é ilustrado em passagens como Jz 2.1-5; 2.11-13,17, 19; 3.5-7; 6.25. A mesma coisa se dava com combinações de palavras, como Jerubaal (ver Jz 7.1), Beeliada (ver 1Cr 14.7), Es-Baal e Meribe-Baal (ver 1Cr 8.33,34), que surgiram de outros nomes próprios. As ostraca de Samaria (cerca de 780 a.C.) demonstram que para cada dois nomes que envolviam o nome de Yahweh, um era uma forma qualquer composta de Baal. O trecho de 1Reis 18 mostra-nos que o baalismo tornou-se tão forte em Israel que somente sete mil deles permaneceram fiéis à antiga fé. Elias conseguiu evitar o colapso total da fé judaica. Embora continuassem havendo reformas e o protesto dos profetas (ver Os 2.16,17), parece que foi necessário o cativeiro para impor a purificação necessária.

Dois grandes mitos de Baal. Os textos de Ras Shamra contêm esses mitos, a saber: **1.** O conflito com o Príncipe do Mar e Juiz do Rio (o deus das águas obtém a ascendência e, arrogantemente, intimida os outros deuses). Baal, com a ajuda de alguns outros deuses, é capaz de derrotá-lo, confiando-o à sua devida esfera de atividade. Talvez essa luta seja simbolizada pelo leviatã da Bíblia, que poderia ser o mesmo *lotan*, a serpente enroscada, e que possivelmente é idêntica ao Príncipe do Mar. Alguns supõem que o Dia do Senhor (segundo originalmente concebido no judaísmo) poderia referir-se à vitória de Yahweh sobre as forças do caos. E esse conceito poderia depender do mito cananeu, acima descrito. **2.** Outrossim, havia o deus que morria e ressuscitava; Baal, morto por Mote, era então ressuscitado pelo deus Sol e por Astarte. Tal suposta ressurreição era acompanhada por grandes festividades de sensualismo. Apesar de que o judaísmo, como é óbvio, nunca desenvolvesse qualquer coisa similar, exceptuando casos de empréstimos diretos extraídos das religiões de seus vizinhos pagãos, alguns estudiosos supõem que o próprio conceito de ressurreição pode ter sido provocado, pelo menos em parte, por essa antiga crença. Não há como determinar até que ponto isso pode ter sido verdade. Mas a verdade do conceito da ressurreição em nada é prejudicada ainda que os povos pagãos, de maneira crua, tivessem antecipado e expressado essa ideia à sua maneira ímpia. (E ID SMIT Z)

BAAL-BERITE
No hebraico, **"Senhor do pacto"**. Era um deus cananeu, adorado pelo povo de Siquém, após a morte de Gideão (ver Jz 8.33 e 9.4). Essa adoração era promovida mediante o ídolo do deus. Abimeleque, neto de Gideão, tomou setenta peças de prata da casa desse deus a fim de contratar homens para o ajudarem em sua rebelião (ver Jz 9.4). Não se sabe como interpretar a palavra *pacto*, associada a esse deus. **1**. Poderia ser um pacto geral: a aliança entre o povo e essa divindade; ou **2**. Poderia ser um pacto particular: a divindade chamada como testemunha do pacto de Siquém com Israel. Provavelmente devemos pensar nessa segunda alternativa. (ND S Z)

BAAL-GADE
No hebraico, **"Senhor de sorte"**. Nome de uma cidade no vale do Líbano, sob o monte Hermom (ver Js 11.17; 12.7 e 13.5). Ficava localizada no extremo norte das conquistas de Josué. A localização precisa é desconhecida, mas ficava entre o monte Líbano e o monte Hermom, talvez perto da moderna aldeia de Hasbeiya. Tell Haush, a doze quilômetros ao norte de Hasbeiya, tem sido identificado como o lugar, por alguns estudiosos. Esse lugar, de fato "todo o Líbano, na direção do pôr do sol, de Baal-Gade, sob o monte Hermom, até à entrada em Hamate", não foi conquistado por Israel antes da morte de Josué. Alguns têm identificado esse lugar com Baalbeque, mas tal identificação não tem resistido à investigação. (ID S)

BAAL-HAMOM
No hebraico significa **"Baal das multidões"**. (Ver o artigo com esse título). Seja como for, era uma localidade nos montes de Efraim, perto de Samaria. Entre essa localidade e Dotã, foi sepultado o marido de Judite (ver Judite 8.3). No Antigo Testamento, o local é mencionado exclusivamente em Cantares 8.11, onde se lê que ali Salomão tinha uma vinha.

BAAL-HANÃ
No hebraico, **"Baal é gracioso"**. Foi nome de duas pessoas, no AT **1**. Um rei de Moabe que reinou após Saul (ver Gn 36.38). Talvez fosse filho de Acbor, sucessor de Saul. Foi sucedido por Hadar ou Hadade (ver Gn 37.39. Ver também 1Cr 1.49,50). **2**. Um gederita, superintendente real das oliveiras e sicômoros nas planícies baixas, sob Davi (ver 1Cr 27.28), em cerca de 1015 a.C. (S)

BAAL-HAZOR
No hebraico, **"Vila de Baal"**. Lugar onde Absalão guardava seus rebanhos e realizou sua festa de tosquia (ver 2Sm 13.23). Não é a mesma Hazor (ver Ne 11.33), atualmente Tell 'Asar. Por longo tempo, Absalão vinha planejando vingar-se de Amom, por haver desvirginado sua irmã, Tamar. A festa foi apenas um pretexto para que pudesse pôr as mãos sobre Amom. O plano deu certo. Absalão conseguiu matar Amom, e então foi esconder-se, durante algum tempo. É provável que o lugar onde a festa foi realizada fosse uma casa nas montanhas, sendo um lugar cerca de 1200 m acima do nível do mar. O lugar tem sido identificado com Jebel el-'Asur, a nordeste de et-Tayibeh, a pequena distância, e a leste da estrada para Siquém. (ID S)

BAAL-HERMOM
No hebraico, **"Senhor de Hermom"**. Tem sido identificado por alguns com Baal-Gade (ver o artigo a respeito), mas não há certeza quanto a isso. Seja como for, era um lugar onde Baal era adorado (ver o artigo a respeito), e estava localizado na Transjordânia, nas vertentes do monte Hermom. Ficava defronte da entrada para Hamate, onde habitavam os heveus (ver Jz 3.3). Essa referência nos dá a ideia de que era uma montanha a leste do Líbano, chamada por esse nome. A atual Banjas provavelmente assinala o local. (Ver Js 13.5). (ID S UN)

BAAL-MEOM
No hebraico, **"Senhor da habitação"** (ver Nm 32.38 e 1Cr 5.8). Foi uma cidade construída pelos descendentes de Rúben. Era uma das mais importantes cidades da fronteira de Moabe, juntamente com Bete-Jesimote e Quiriataim (ver Ez 25.9). Fazia parte das possessões moabitas, ao tempo de Ezequiel (ver Ez 25.9). Também era chamada pelo nome de Bete-Baal-Meom (ver Js 13.17), Bete-Meom (ver Jr 48.23), e Beom (Nm 32.3). Há uma inscrição na Pedra Moabita (ver o artigo a respeito) que diz que Mesa, rei de Moabe, edificou-a e ali construiu um reservatório. É provável que o lugar tivesse mudado de mãos com frequência, entre Israel e Moabe, por diversas vezes. Ficava localizado em Ma'in, a quase quinze quilômetros a leste do mar Morto, segundo têm descoberto os arqueólogos. (ID UN)

BAAL, MEU
No hebraico, **"meu Senhor"**. Um nome usado para indicar Deus (ver Os 2.16), embora o termo fosse tipicamente pagão, e, naturalmente, trouxesse tal conotação. O povo recebeu ordem para não usar o nome, por esse motivo. Mas a referência pode significar apenas que Deus agora seria chamado *Ishi* (marido), e não Baal, porquanto essa mudança de nome estava ensinando uma lição espiritual. Israel deveria manter um correto relacionamento com Deus, como se fosse uma esposa para com seu esposo, e não meramente o relacionamento de um servo para com o seu senhor. Todavia, o desuso do nome Baal provavelmente também serviria de medida contra o paganismo. (ID)

BAAL-PEOR
No hebraico, **"Senhor de Peor"**. Era uma divindade adorada em Moabe, quando Balaão provocou a apostasia em Israel. Isso sucedeu quando Israel estava acampado em Sitim (ver Nm 25.3 ss.). Todos os adoradores foram mortos, mediante o julgamento divino (ver Dt 4.3). Essa apostasia particular prosseguiu, sendo relembrada muito tempo mais tarde (ver Sl 106.28 e Os 9.10). Nesta última referência a adoração ao ídolo é chamada de "vergonhosa idolatria", e seus adoradores, de "abomináveis". Alguns supõem que essa forma de adoração incluía excessos sexuais e perversões. Esse deus era a divindade local do monte Peor (daí o nome), e provavelmente estava vinculado ao Baal dos fenícios. (Z)

BAAL-PERAZIM
No hebraico, **"Senhor dos calções"**. Davi dera esse nome a um lugar, onde obteve a vitória em uma batalha contra os filisteus (ver 2Sm 5.20; 1Cr 14.11 e Is 28.21). Esse nome é curioso por ser o único que se compõe com o nome Baal, acerca do qual temos informações específicas sobre como o nome foi dado. O local é atualmente desconhecido, embora dois locais, próximos de Jerusalém, tenham sido sugeridos: a moderna Sheikh Bedr, a noroeste de Jerusalém, e um lugar no vale dos Gigantes, a sudoeste de Jerusalém. No trecho de Isaías 28.21, o lugar é chamado monte Perazim. (ID S UN)

BAAL-SALISA
No hebraico, **"Senhor de Salisa"**. (Ver 2Rs 4.42). Era um lugar no distrito de Salisa (ver 1Sm 9.4). Eusébio e Jerônimo

disseram que era uma cidade a quinze milhas romanas de Dióspolis, perto do monte Efraim. Era o lugar de nascimento do homem, de nome desconhecido, que, em tempo de fome, trouxe a Eliseu vinte pães de cevada e espigas de trigo que alimentaram cem homens. A quantidade de alimento era minúscula, para tanta gente. Mas houve um milagre de multiplicação, tornando o alimento suficiente a todos, pois ainda sobrou muito alimento após todos já estarem satisfeitos. O paralelo miraculoso de Jesus, na multiplicação dos pães e dos peixes, em Mateus 14.16 e ss., é óbvio. Ambos os eventos ilustram como a provisão de Deus é surpreendente, podendo derrotar tanto a fome física quanto a fome espiritual. As pessoas sempre se surpreendem quando lhes é conferida uma provisão inesperada, e elas dizem: "Louvado seja o Senhor". Porém, em breve esquecem-se da providência divina, e tornam a surpreender-se, em futuras ocasiões. (G HA)

BAAL-TAMAR

No hebraico, **"Senhor da palma"**. Era um lugar perto de Gibeá, na tribo de Benjamim, onde as outras tribos lutaram com os benjamitas (ver Jz 20.33). Eusébio chamava-a de Betamar, o que é um intercâmbio verbal com Bete e Baal. O lugar estava associado à palmeira de Débora (ver Jz 4.5), que ficava entre Betel e Ramá, uma posição que talvez explique o nome. Israel fora à batalha para castigar o pecado de Benjamim (ver Jz 20.33). O local atualmente é desconhecido, mas ficava perto de Gibeá, que dista 6,5 km de Jerusalém. Alguns identificam as ruínas em Erhah como o local. (UN Z)

BAAL-ZEBUBE

No hebraico, **"Senhor das moscas"**. Belzebul, segundo se pensa, significa *deus do monturo*, que expressa repulsa ao príncipe de toda impureza moral. Todavia, alguns supõem que a palavra significa "senhor da habitação", onde se ocultariam maus espíritos. As variantes textuais nos manuscritos confundem o quadro. Baal-Zebube aparece no AT, e Belzebul no NT (ver 2Rs 1.2; 1.3,6; 1.16; Mt 10.25,27; Mc 3.33; Lc 11.15 ss.). Originalmente, Baal-Zebube era um deus filisteu, ao qual Acazias, filho de Acabe, rei de Israel, mandou consultar, após ter caído de seu quarto elevado, em Samaria (ver 2Rs 1.2). Acazias esperava receber algum bom presságio da parte dessa divindade, acerca de sua condição, mas foi repreendido por Elias, por tal lapso. A morte foi declarada como certa, como castigo. Não se sabe por que essa divindade era chamada *das moscas*. Alguns têm sugerido que isso se deve ao fato de que ele protegia seus adoradores das moscas. Outros pensam que significa que a sua mensagem e provisões eram rápidas, como moscas. Ou então, a quase onipresença das moscas poderia sugerir uma divindade que está em todos os lugares. A forma neotestamentária varia nos manuscritos, e muita discussão se concentra em torno de seu significado e uso. Ver o artigo separado sobre Belzebul. (I IB ID)

BAAL-ZEFOM

No hebraico, **"Senhor do Inverno"**, ou **"Senhor do norte"**. Uma cidade pertencente ao Egito localizada na fronteira do mar Vermelho. (Ver Êx 14.2 e Nm 33.7). Ali acampavam os filhos de Israel antes de atravessar o mar. Ao que parece, foram apanhados em uma armadilha, pelo que devia ser uma espécie de península. Ali postados, viram os exércitos egípcios que se aproximavam. Os filhos de Israel ficaram aterrorizados, queixando-se diante de Moisés por qual razão tinham sido apanhados em uma armadilha. Porém, Moisés exortou-os a que confiassem em Deus. Foi então que o povo de Israel atravessou o mar por terra seca; e os exércitos egípcios, tentando fazer a mesma coisa, foram afogados nas águas do mar, que retornaram ao seu devido lugar.

O próprio nome fala de um bem conhecido deus da literatura de Ugarite. Há evidências de que essa divindade estava associada ao porto egípcio de Tapanes. Posteriormente, Jeremias foi levado para esse porto, pelos judeus que fugiam de Jerusalém, pois recusavam-se a render-se a Nabucodonosor.

Não se sabe qual a localização exata de Baal-Zefom, mas supõe-se que ficava ou perto do mar Mediterrâneo, em Tapanes, a 35 km a sudeste de Rameses, ou para o sudeste daquele lugar. Tapanes é a atual Tell Defneh, na extremidade norte do istmo. (I IB SIM Z)

BAALÃ

No hebraico, **"senhora"**. Há variações desse nome como Quiriate-Jearim (ver Js 15.9), Baalim de Judá (ver 2Sm 6.2), Quiriate-Baal, em Judá (ver Js 15.60 e 18.14). **1**. A cidade de Quiriate-Jearim, a quase quinze quilômetros a oeste de Jerusalém, talvez a moderna Tell-el-Azhar. Ela é mencionada em conexão com as fronteiras do território de Judá (ver Js 15.9,10,11,29; 1Cr 13.6). **2**. Uma cidade ao sul de Judá, talvez a Baalá de Josué 19.3, ou a Bealote de Josué 15.24. Ficava na Sefelá, anteriormente parte do território de Simeão, tendo sido identificada com Khirbet el-Meshash, cidade no extremo sul de Judá (ver Js 15.29). **3**. Uma cadeia montanhosa de Ecrom a Jabneel, na fronteira norte de Judá, talvez na colina atualmente conhecida como Mughar e associada a Khirbet el-Meshash (ver Js 15.11). **4**. Baalá, uma cidade de Dã, na fronteira (ver Js 19.44), associada a Bel'ain. **5**. Uma cidade a oeste de Gezer, talvez a mesma mencionada no número anterior. O lugar foi construído por Salomão, para servir de cidade-armazém (ver 1Rs 9.18 e 2Cr 8.6). **6**. Baal, devendo ser identificada com Baalate-Beer (ver o artigo), na fronteira com Simeão (1Cr 4.33). (Z)

BAALATE. Ver *Baalá*, números 4 e 5.

BAALATE-BEER

No hebraico, **"poço santo"**, ou **"Baal do poço"**. Era uma cidade do território de Simeão, evidentemente o santuário de uma deusa. Deve ser identificada com "Ramá do Sul" (ver Js 19.8; 1Cr 4.33), a qual muitos pensam ser a mesma que a de número 6, sob o título Baalá. Não se sabe o local exato, mas pensa-se que fica no extremo sul de Neguebe, e próximo de um poço. (ID S)

BAALE-JUDÁ

No hebraico, **"Senhores de Judá"**. Uma cidade de Judá, de onde Davi trouxe a arca para Jerusalém (ver 2Sm 6.2), provavelmente a mesma Baalá de Js 15.9 e 1Cr 13.5,6. Ver o número 1 do artigo sobre Baalá (UN)

BAALINS

No hebraico, **"grande Senhor"**, sendo o plural de Baal. O termo encontra-se em Juízes 2.11; 3.7; 1Samuel 7.4; 1Reis 18.18; Jeremias 2.23; Oseias 11.2 e outros trechos. Ver o artigo sobre *Baal* (Baalismo).

BAALIS

No hebraico, **"exultação"**. Foi rei dos amonitas ao tempo do cativeiro babilônico (597 a.C.) (ver Jr 40.14). Ele enviou Ismael para matar Gedalias, que governava o remanescente dos judeus que não tinham sido levados para a Babilônia (ver Jr 40.14). Gedalias fora nomeado por Nabucodonosor. Ele não acreditou no rumor de que Baalis tinha enviado Ismael para assassiná-lo, e essa confiança decretou a sua morte. (S Z)

BAANÃ

No hebraico, **"filho de opressão"**. Nome de seis personagens do AT **1**. Um filho de Ailude, que era um dos doze oficiais que Salomão encarregara de prover alimentos para a casa real. Ele controlava os distritos de Taanaque, Medigo, Bete-Seã, perto de Zaretã, e Abel-Meolá, além de Jocmeão (ver 1Rs 4.12). **2**. Filho de Hisai, outro desses oficiais, cujo distrito era

Aser e Bealote (ver 1Rs 4.16). **3**. Pai de Sadoque, que ajudou a reparar as muralhas de Jerusalém, em 470 a.C., após o cativeiro babilônico (ver Ne 3.4). Talvez o mesmo homem de número 6, sob Baaná. Ver abaixo. **4**. Filho de Rimom, o beerotita, o qual, com seu irmão, Recabe, matou Isbosete quando este estava no leito, levando sua cabeça a Davi, em Hebrom. O propósito deles era o de forçar a união dos reinos, pois então Isbosete era rei de Israel. Baaná era o capitão chefe do rei, pelo que a ação teve elementos de traição. Davi irou-se diante do acontecido, acusando os irmãos de haverem assassinado um homem inocente, quando jazia sem defesa em sua cama. Portanto, Davi ordenou que os dois fossem mortos, e seus cadáveres foram mutilados e pendurados na forca, sobre o poço de Hebrom (ver 2Sm 4.2-12), em 992 a.C. **5**. Um netofatita, um dos guerreiros de Davi (ver 2Sm 23.29; 1Cr 11.30), pai de Helebe ou Helede. **6**. Um dos exilados que retornou em companhia de Zorobabel, do cativeiro babilônico (ver Ed 2.2 e Ne 7.7). Talvez deva ser identificado com o Baaná que ocupa o terceiro lugar nesta lista, acima. Provavelmente trata-se do mesmo indivíduo que, com Neemias e outros, selou um pacto feito na época (ver Ne 10.27). (ID S Z)

BAARA
Uma das esposas de Saaraim, um benjamita (ver 1Cr 8.8).

BAASA
O sentido desse nome é incerto no hebraico, mas talvez signifique **"mau"** ou **"ofensivo"**. Era filho de Aías, da tribo de Issacar. Foi o terceiro rei de Israel e fundador de uma dinastia (900-880 a.C.). Parece que ele não era de sangue nobre (1Rs 16.2), tendo-se levantado a uma posição de autoridade por haver assassinado a Nadabe, filho de Jeroboão I, rei de Israel. A matança envolveu a família real inteira, quando o rei estava assediando Gibetom, uma cidade dos filisteus (ver 1Rs 15.27). O extermínio dessa família cumpriu a profecia de Aías (ver 1Rs 16.5 ss.). Tendo começado entre homicídios, era apenas natural que ele desse prosseguimento aos maus atos de Jeroboão, e eventualmente foi punido por Deus. Foi avisado com antecedência sobre como as coisas se sucederiam (ver 1Rs 16.1-5), mas isso não o impediu de prosseguir em suas ações perversas. Tentou fortificar Ramá, mas foi compelido a desistir devido a um ataque armado, desfechado por Ben-Hadade. Este era o rei sírio ao qual Asa, rei de Judá, pedira para ajudá-lo contra o reino norte, de Israel (ver 1Rs 15.16-21). Romperam as hostilidades entre o sul (Judá) e o norte (Israel), durante os 24 anos do reinado de Baasa (911-888 a.C.). Seu reinado foi pontilhado de terrores, guerras e traições, e Jeú predisse o total extermínio de sua família, como castigo divino, o que de fato sucedeu (ver 1Rs 16.11).

Baasa foi o instrumento divino que impôs julgamento à casa de Jeroboão (ver 1Rs 16.29,30). Mas ele mesmo nada aprendeu desse fato. Acabou classificado entre dois outros reis especialmente malignos, a saber, Jeroboão (1Rs 14.11) e Acabe (1Rs 21.19). (BRI ED)

BAASEIAS
No hebraico, **"o Senhor é ousado"**. Contudo, alguns manuscritos dão um nome diferente, cujo sentido é *obra do Senhor*. Foi um dos antepassados de Asafe (ver 1Cr 6.40).

BABEL (TORRE E CIDADE)
No hebraico, **"porta de Deus"**. Nome de uma das principais cidades fundadas por Ninrode, em Sinear (Suméria), antiga Babilônia. O nome figura juntamente com Ereque e Acade, em Gênesis 10.10. A tradição babilônica diz-nos que foi originalmente fundada pelo deus Marduque, e que foi destruída por Sargão, em cerca de 2350 a.C. Ele levou terra do lugar a fim de fundar uma nova capital, a saber, Agade (ver o artigo sobre Acade). A história bíblica desse lugar, juntamente com sua torre, é relatada em Gênesis 11.1-11. Ali, o termo *Babel* é explicado pela etimologia popular com o sentido de *confusão* ou *mistura*. Isso é feito através de uma referência a um termo hebraico similar, *balal*, porque *babel* e essa palavra são parecidas, embora dotadas de significado diverso. Por meio dessa associação verbal, as duas palavras tornaram-se sinônimas, com o sentido de *confusão*, especificamente por causa do relato da torre de Babel, onde lemos que houve a confusão de línguas.

A expressão *torre de Babel* não se encontra no AT, mas, em Gênesis 11.4 aparece a palavra "torre". A própria torre foi feita de tijolos e asfalto, e não de pedras. É provável que a construção tivesse o intuito de ser um elevado sinal demarcatório. E visto que os antigos não faziam ideia da vastidão do espaço — pois somente na história recente da astronomia os homens chegaram a fazer boa ideia disso — talvez se pensasse que uma torre poderia atingir a habitação de um deus ou dos deuses. Contudo, a expressão "até aos céus" não indica necessariamente tal coisa. Poderia indicar apenas até bem alto no firmamento. A intenção, pois, pode ter sido simplesmente a ostentação. Eles teriam uma grande cidade, assinalada por altíssima torre que poderia ser vista de longa distância, aumentando assim o prestígio da cidade. Naturalmente, essa torre seria usada com propósitos astrológicos, ficando assim envolvida nas suas práticas religiosas. Portanto, seria um monumento da religião pagã. Alguns supõem que a construção era um *zigurate*. (Ver o artigo a respeito). Em outras palavras, um templo-torre com terraços, cada andar um tanto menor que o outro. Porém, a arqueologia não tem descoberto qualquer edifício dessa natureza antes de 4000 a.C. (a proposta data da torre de Babel), embora tais construções possam ser encontradas nas ruínas da Assíria e da Babilônia, pertencentes a datas posteriores. Por essa razão, alguns intérpretes negam que esteja em foco um zigurate, afirmando que alguma outra forma de torre deve ter sido construída. A descrição do livro de Gênesis corresponde ao que se sabe a respeito das construções usuais da Babilônia. O épico babilônico da criação, ao descrever a construção da Babilônia celestial (Tablete 6, linhas 58-61), diz: "Durante um ano inteiro eles fabricaram tijolos. Ao chegar o segundo ano, eles levantaram alto a cabeça de Esagila". Tijolos cozidos ao sol e no forno foram usados, e foi empregado asfalto como massa de ligação. A combinação de um templo torre com uma cidade era típica na construção de cidades, na Mesopotâmia. Os próprios templos eram impressionantes, tanto mais por causa de levantamento de uma elevada torre, na área do templo. Porém, essas torres sempre eram zigurates, até onde a arqueologia tem sido capaz de determinar. A palavra *Esagila*, na citação acima, era o santuário de Marduque, e significa *casa cuja cabeça foi levantada alto*. E a própria torre foi chamada *Etemenanki*, que significa *casa do alicerce do céu e da terra*.

Arqueologia. O primeiro zigurate construído na Babilônia pode ser datado em cerca de 3000 a.C., ou quando muito, na última metade do século XL a.C. O mais antigo zigurate existente é o da antiga Uruque, que a Bíblia chama de Ereque (ver Gn 10.10), moderna Warka. Mais de duas dúzias de zigurates são conhecidos pela arqueologia, todos os quais, naturalmente, vieram à existência depois do de Ereque. A construção usual tinha três andares, mas pelo menos um dos zigurates tinha sete andares. Tais construções têm sido encontradas em Borsipa, a dezesseis quilômetros a sudoeste da Babilônia, em Ur, em Uruque (na Bíblia, Ereque), e em outras cidades da Mesopotâmia. Alguns supõem que o modelo original dessas construções foi a torre de Babel, que serviu de arquétipo para todas as outras torres. Mas isso é apenas uma suposição. A arqueologia não tem encontrado quaisquer evidências desse tipo de construção em um período tão antigo como aquele proposto para a torre de Babel. Outros supõem que o julgamento divino sobre a torre foi tão completo que coisa alguma restou para ser descoberta pela arqueologia. Porém, o AT nada diz sobre tal destruição, dando a impressão de que, quando as línguas se multiplicaram, o povo simplesmente desistiu da ideia de uma grande cidade, com sua torre magnificente. Em outras palavras, o projeto foi abandonado (Ver Gn 11.8).

Os zigurates na Babilônia. Se a torre de Babel foi, realmente, um zigurate, deve ter sido projetada antes de 4000 a.C. Esse tipo de construção pode ser encontrado no terceiro milênio a.C. A restauração de um zigurate, na Babilônia, teve lugar em 681-665 a.C., por Esaradom. O zigurate reconstituído, como é óbvio, era mais antigo que o tempo desse monarca, mas por quanto tempo, não sabemos dizer coisa alguma. Heródoto (460 a.C.) viu e descreveu um zigurate construído por Nebopolassar (625-605 a.C.) e por Nabucodonosor II (605-562 a.C.). Esses reis repararam um zigurate quase destruído. Um zigurate foi demolido por Xerxes, na Babilônia, em 472 a.C.

Outros zigurates. Em Ur. Esse tinha uma base de 61 m por 43 m, cujo primeiro terraço ficava a pouco mais de 15 m de altura. Um templo dotado de torre, na cidade de Borsipa, atualmente chamada Birs-Ninrode, tem sido identificado pelas tradições judaica e árabe como a torre de Babel; mas provavelmente essa opinião não é correta. Tinha sete andares, com 43 m de altura. **Em Durkurigalzu** (moderna 'Agar Quf), a 32 km de Bagdá, para oeste, com 57 m de altura, é o mais alto zigurate que se conhece.

A confusão das línguas. Um dos grandes mistérios da origem dos idiomas. **1**. A Bíblia fornece-nos uma resposta teológica: Adão e Eva foram naturalmente criados com a capacidade de falar uma língua, uma língua adredemente preparada para eles. A grande variedade de idiomas é explicada pela mesma teologia com base no relato sobre a torre de Babel. Subitamente, por decreto e ato divinos, as pessoas começaram a falar em diversas línguas; e foi então que abandonaram o projeto de construir uma cidade com uma torre, na Babilônia. **2**. Intérpretes liberais, céticos e científicos rejeitam ambos os relatos, como sendo mitológicos, como lendas para dar resposta a questões difíceis. **3**. Uma sugestão alternativa é que assim como surgiram humanoides provenientes do reino animal inferior, assim também uma parte do processo evolutivo proveu essas criaturas com a habilidade de produzir sons que podem ser organizados em idiomas. Os substantivos teriam aparecido primeiro. As pessoas deram nomes às *coisas*. Então surgiram os verbos. As pessoas deram nomes às *ações*. Contra isso, deve-se dizer que as línguas antigas que conhecemos são extremamente complexas e matemáticas. Isso dificilmente poderia dar-se no caso de uma língua desenvolvida por esse processo ao acaso através da simples nomeação das coisas. Qual selvagem ou semisselvagem teria podido inventar o complexo sistema verbal e o sistema de casos que caracterizam muitas línguas antigas, e que funcionam com uma precisão matemática? **4**. Outros estudiosos sugerem que a complexidade das línguas deve ser explicada por um longo período de desenvolvimento, antes mesmo da raça adâmica. Isso dá a entender que Adão e seus descendentes representam um novo começo, mas não um começo absoluto. Assim, a complexidade dos idiomas tem atravessado uma história que nos é totalmente desconhecida, e que já existia (por meio de um longo desenvolvimento), quando começou a raça adâmica. Contra essa ideia podemos dizer simplesmente que não há qualquer evidência em seu favor, a menos que aceitemos as declarações dos psíquicos que sustentam tal teoria. Em seu favor, pode ser declarado que, na realidade, há evidências de raças pré-adâmicas. Ver os artigos sobre os *antediluvianos*, a *agricultura* e a *astronomia*. **5**. A resposta dos cientistas é que simplesmente não temos respostas para todas as perguntas. Portanto, as respostas dadas acima são as melhores conjecturas e mitos de que dispomos. (I IB ID ND)

BABILÔNIA

Nota: Quanto a descrições da cidade da Babilônia, ver o sétimo ponto, *cidades principais* (a).

I. Nome. O termo acadiano *babli*, *babilani* significa **"porta dos deuses"**. A palavra Babilônia era empregada para aludir à cidade que era capital da Babilônia. Ocupava o território que agora é o sul do Iraque. Por associação popular, o termo hebraico *balal* (confusão) (ver Gn 11.9), foi ligado à Babilônia como o local onde houve essa confusão, causada pela impiedade. (Ver o artigo sobre a *torre de Babel*). Porém as duas palavras ("porta dos deuses" e "confusão") não são a mesma coisa, exceto no conceito popular. Outros nomes da cidade que ora comentamos, nos textos babilônicos, são *tin tir ki*, "vida das árvores" ou "sede da vida", e *e-ki*, "lugar de canais". O termo "sesaque" que em algumas versões (mas não na nossa versão portuguesa), em Jeremias 25.26 e 51.41, é considerado por alguns como um "atbash" (ver o artigo a respeito) que envolve o nome Babel, no qual "s" = "b", pode ser uma rara ocorrência do antigo nome da cidade, *ses-ki*.

II. Localização da cidade e do país; descrição. A Babilônia ficava na terra de Sinear (ver Gn 10.10), na região que agora fica no sul do Iraque, no sudoeste da Ásia. A cidade estava localizada às margens do rio Eufrates (ver Jr 13.4,5,7 e 46.2,6). Um outro nome bíblico para ela era *a terra dos caldeus* (Jr 24.5; Ez 12.13). Na remota antiguidade, tinha o nome de Acade (ver Gn 10.10). (Ver o artigo a respeito). O território posteriormente recebeu o nome de *Caldeia*, apelativo dado à região inteira, após o surgimento da dinastia caldaica (ver o artigo a respeito, e o quarto ponto do presente artigo). Assim, os babilônios também são qualificados como caldeus (ver Ez 23.15,17,23). O país era regado pelos rios Tigre e Eufrates. A Bíblia localiza o jardim do Éden ali (ver Gn 2.14), como também a torre de Babel, e a região para onde os judeus foram exilados (ver o cativeiro babilônico).

Descrição. De acordo com os modernos padrões de dimensão dos países, a Babilônia era pequena, pois tinha apenas cerca de 13.000 quilômetros quadrados. Era limitada ao norte pela Assíria (Samarra Jebel Hamrin; como fronteira); a leste pelas colinas da Pérsia (ver o artigo sobre Elão); a oeste pelo deserto da Arábia; e ao sul pelas praias do golfo Pérsico.

A cidade. A Babilônia estava localizada às margens do rio Eufrates (ver Jr 13.4,5,7), chamado de "grande rio Eufrates", em Gênesis 15.18. Era cercada por duas muralhas. A muralha externa teria sido construída por Belus e depois foi reparada por Nabucodonosor. A cidade tinha a forma de um quadrado. A extensão da circunferência das muralhas é dada com diferenças, pelos diversos autores, de 7.250 m a 9.650 m. Tinham entre 18 m e 21 m de altura. Eram suficientemente largas, no alto, para que um carro com quatro cavalos fizesse meia-volta em cima delas. Aquelas muralhas eram uma notável defesa para a época. Não obstante, aguardava-as a destruição (ver Jr 51.58). A própria muralha seria derrubada, e a cidade seria arrasada.

III. Fundação e Pré-História. O trecho de Gênesis 10.10 informa-nos que a cidade foi fundada por Ninrode, tornando-a contemporânea de Ereque (moderna Warka) e de Acade (moderna Agade). Em comum com outras culturas, ao falar sobre sua capital ou sobre suas cidades importantes, a tradição babilônica assegura que o lugar tivera origem divina. Marduque, deus babilônico, teria sido o fundador da cidade. Porém, os próprios mitos babilônicos não exibem o nome dessa divindade senão já no século XVIII a.C. A mais antiga referência histórica é a que faz alusão a Sarcalisarri (cerca de 2250 a.C.), que nos diz como ele removeu a terra da cidade a fim de erigir Agade, um lugar próximo, que seu pai, Sargão, havia começado a construir. Essa renovada reedificação, feita por Sarcalisarri, foi efetuada a fim de preservar a santidade do local. A referência no livro de Gênesis parece indicar uma data, talvez cem anos antes disso, quando a cidade teve o seu começo.

Pré-história. O local, entretanto, vinha sendo habitado desde uma data muito mais antiga do que transparece em Gênesis 10.10. Alguns estudiosos, porém, preferindo deixar de lado a marcação de datas por genealogias, presumem que essa referência em Gênesis nos faz retroceder até 4500 a.C. Seja como for, povos chamados sumérios, antecederam os semitas, na baixa Babilônia. Há estudiosos que pensam que os sumérios seriam camitas, conforme a narrativa de Gênesis indica, no tocante aos descendentes de Ninrode. Os sumérios desenvolveram uma elevada civilização, incluindo a escrita cuneiforme. Ver o artigo sobre a *Suméria*. Tabletes de argila desse período indicam uma linguagem não semita. Alguns nomes, contudo, indicam certa influência semítica, o que dá a entender que talvez houvesse povos semitas na área, desde os tempos mais remotos. Esses povos construíam cidades-estados e eram politeístas. Mas, na Babilônia, alcançou particular proeminência a tríade formada por Anu (o firmamento), Enlil (a atmosfera e a terra) e Ea (as águas).

Obeide. Esse nome deriva-se de Tell-el-obeid, um pequeno cômoro a cerca de sete quilômetros a noroeste de Ur, sendo usado para designar a mais antiga civilização conhecida na Babilônia. Implementos encontrados em Ur e em Ereque ilustram essa civilização.

Ereque (Warka). Desde tempos tão remotos quanto o quarto milênio a.C., uma outra cultura distintiva tem sido descoberta, com o mais antigo zigurate (ver o artigo a respeito), os primeiros selos cilíndricos e o começo da escrita, como características distintivas.

Jemdet Nasr, no vale Mesopotamiano, perto da Babilônia, representa uma outra cultura, posterior (3200-3000 a.C.), com seus instrumentos de bronze, que deu origem ao surgimento de várias cidades, como Surupaque (Fara), Ewhunna (Tell Asmar) e Quis.

IV. História

1. Fundação e pré-história. Ver o terceiro ponto anterior.

2. O mais antigo período dinástico (cerca de 2800-2360 a.C.). De acordo com a lista dos reis sumérios, oito ou dez deles reinaram antes do dilúvio. Todas as coisas sucederam por divina determinação. Esses reis estiveram associados às cidades de Eridu, Badtibirra, Laraque, Sipar e Surupaque. O dirigente da última dessas cidades foi o herói sumério da história do dilúvio. Essa história é proeminente nos registros babilônicos no período de cerca de 2000 a.C. Há muitos relatos independentes sobre o dilúvio, sugerindo que Noé não foi o único que escapou desse desastre. Ver o artigo sobre o *dilúvio*.

Após o dilúvio, houve outra divina intervenção. "O reinado desceu do céu". Surgiram cidades-estados, como as de Quis, Uruque, Ur, Awan, Hamazi, Adabe, Lagase e Mari. Essas cidades-estados viviam em frequente disputa com a Babilônia, o centro das disputas. Governantes importantes foram Etana, um pastor que supostamente desceu do céu, além de doze reis, de Uruque, que teriam reinado por um total de 2310 anos, incluindo entre eles Gilgamés, um proeminente herói épico. Outro herói épico foi Aga. Esses homens podem ter sido figuras históricas, que as lendas glorificaram, de tal modo que, tal como nos relatos épicos gregos, parecem ser semideuses. O poder de Ur assinala a porção final do período dinástico. Uruque foi subjugada e Ur ganhou proeminência, através da guerra, naturalmente. A lista de reis sumérios designa quatro reis desse período, cujos reinados cobriram um período de cerca de 177 anos. Então Ur foi ferida por armas de guerra. Túmulos descobertos, pertencentes a esse período, revelam uma alta civilização. Escavações efetuadas em Lagase (uma outra dinastia do período posterior do antigo período dinástico) revelam grandes construções como templos, canais e outras edificações. O governante, Enanutum, derrotou seus vizinhos, a saber: Uma, Uruque, Ur, Quis e Mari. Sua batalha contra Uma é retratada na estela do Abutres. Porém, as guerras terminam e recomeçam, e assim, mais tarde Lagase foi derrotada por Uma. Lugalzagesi era o novo potentado de Uma. Ele também tornou-se o rei de Uruque e Ur, tendo-se firmado como a figura mais poderosa de todo aquele período. A fama e o poder sempre eram conquistados através da violência, naturalmente. E a espiritualidade do homem não tem melhorado muito desde então. O império de Lugalzagesi tornou-se uma espécie de protótipo dos grandes impérios que se sucederam naquela região, e que são tão importantes dentro da narrativa bíblica.

3. Os acadianos (2371-2191 a.C.). Os semitas aumentaram o seu domínio na Babilônia, liderados pelo poderoso Sargão. Ele teve uma história humilde, bem como uma história de arca de juncos, semelhante à história de Moisés. Construiu um extenso império, usando novas técnicas de guerra, com arco e flecha como o principal armamento. Foi capaz de derrotar Lugalzagesi, de Uma, Quis e Uruque. A palavra *acadiano* é de origem semita equivalente a Agade, a principal cidade dos povos semitas sobre os quais estamos discutindo. Sargão foi sucedido por Rimus-Manistusu e por Narã-Sin, seu filho e seu neto, respectivamente. Este último foi finalmente derrotado por uma coligação dirigida por Utuegal, de Uruque. Porém, esse governo teve natureza local, visto que Lagase reteve o seu poder, bem como diversas outras cidades. Gudeia, rei de Lagase, ampliou o seu poder e trouxe muitas riquezas, pelo que houve uma espécie de renascimento sumeriano, ou era áurea.

4. Período Neo-sumeriano e a Terceira Dinastia de Ur (2070-1960 a.C.). Gudeia foi construtor e organizador. Ele edificou um templo famoso, trazendo madeira de cedro do monte Amanus, no norte da Síria, de uma distância imensa para a época. Salomão, mil anos mais tarde, fez a mesma coisa (ver 1Rs 5.6). Gudeia foi sucedido por seu genro, e Ur, uma vez mais, tornou-se o centro do poder. Ur-Namu (2113-2096 a.C.) reconstruiu a cidadela, com seu zigurate e seus templos (ver o artigo sobre Ur). Ur ampliou o seu poder até a distante Assur e Diyala. E os governantes que vieram depois de Ur-Namu receberam poderes divinos, conforme nos mostram seus monumentos e seus selos, com uma tiara cornuda, própria da divindade. Alguns pensam que Ur-Namu teria sido também honrado dessa forma. Foi aparentemente durante essa dinastia que Abraão nasceu e mais tarde deixou a cidade. Existem muitos milhares de documentos pertencentes a esse período, confirmando-o historicamente.

5. Invasões dos Elamitas e dos Amorreus (1960-1830 a.C.). Houve períodos severos de escassez de alimentos que debilitaram o império. Vieram os seminômades dos desertos ocidentais, que invadiram a região e derrubaram o governo sumério. Esses invasores vinham do Elão (elamitas) e de Mari (amorreus). Sob Ibi-Sin, Ur foi saqueada pelos elamitas. Os amorreus se estabeleceram em Isin e Larsa. Um governante elamita, Kirikiri, estabeleceu seu poder em Esnuna. O unido império sumério foi dividido em facções. Alguns supõem que foi nessa época que Abraão foi convocado a deixar o lugar (ver Gn 11.31). A mudança das circunstâncias em Ur também modificou o destino pessoal de Abraão.

6. Antigo Período Babilônico (1830-1550 a.C.). A nova Babilônia deu crédito à sua ascensão, particularmente sob a liderança de Hamurabe (ver o artigo sobre ele). Os reinos amorreus continuaram lutando entre si. Essa instável situação deu a certo número de estados menores a oportunidade de obterem a independência. A Babilônia foi um desses estados menores. Hamurabe foi o sexto monarca da primeira dinastia da Babilônia. Suas datas são variadamente estabelecidas, como 1792-1750 a.C., 1728-1686 a.C., ou 1642-1626 a.C. Hamurabe herdou pequena região para governar, mas não tardou a ampliá-la. Tabletes de Mari mostram que Hamurabe contava com dez a quinze reis a ele subordinados, embora Rim-Sin, de Larsa, Ibalpiel, de Esnuna, Amutpeil de Qatana, e Larinlim de Yamhad também tivessem suas respectivas esferas de influência. Contudo, Hamurabe obteve uma série de vitórias, e derrotou Rim-Sin, seu rival, rei de Larsa, bem como Emutbal e Esnuna. A Assíria, bem como Mari, foram subjugadas. Finalmente, os territórios de Hamurabe espalharam-se desde o Golfo Pérsico (que na época ficava muito mais para dentro do continente) até Mari. Portanto, Hamurabe tornou-se o fundador da primeira dinastia babilônica, em seu sentido mais universal, como uma potência mundial. Parece que Hamurabe era de origem cassita (ver abaixo). Sua fama dependeu mais de suas atividades como legislador do que como conquistador militar. O artigo separado a seu respeito ilustra esse ponto. O código de Hamurabe, descoberto em Susa, em 1901, pertence ao período de cerca de 1700 a.C. Foi durante esse tempo, igualmente, que a famosa criação épica, *Enuma elish*, tomou a forma que veio a ser conhecida por nós (embora sua origem fosse ainda mais antiga). As descobertas feitas em Nuzu, um antigo centro hurriano, cerca de dezenove quilômetros a noroeste da moderna Kirkuk, têm derramado muita luz sobre esse período.

Hamurabe foi sucedido por uma longa linhagem de reis, acerca dos quais pouco se sabe. Um tablete encontrado alista cerca de cem nomes, embora seja impossível arranjá-los em ordem cronológica. Esses nomes eram todos semitas.

7. Invasão e dinastia cassita (1550-1169 a.C.). Em cerca de 1595, o hitita Mursili I assediou a cidade da Babilônia, mas os cassitas (ou cosseanos), provenientes das colinas orientais, gradualmente assumiram o controle do país. Um deles estabeleceu uma nova capital, Dur-Kurigalzu, edificada por Kurigalzu 1. Seguiu-se uma longa linha de sucessores de tal modo que, durante certo número de séculos, eles dominaram o país. Mas então Tukulti-Ninurta, rei da Assíria, invadiu e conquistou a Babilônia (entre 1260-1232), mas, após apenas sete anos, foi dali expulso.

8. Segunda Dinastia de Isin (1146-1123 a.C.). Quando terminou o predomínio cassita, pela erosão gradual provocada por vários povos invasores, surgiu uma nova dinastia na Babilônia. Esses novos monarcas eram todos babilônios nativos. Entre eles destacava-se Nabucodonosor I (1146-1123 a.C.). Ele derrotou os elamitas e os hititas, mas foi derrotado pelos assírios. Tiglate-Pileser I, da Assíria, completou a conquista da Babilônia, marchando contra o sucessor de Nabucodonosor I, Marduque-Nadin-Ahi. Entrementes, a nação judaica estava surgindo no Ocidente, e nenhuma das nações circunvizinhas (debilitadas por conflitos contínuos) pôde fazer-lhes oposição.

9. A Dominação Assíria (745-626 a.C.). Desde tão cedo quanto 1100-900 a.C., tribos aramaicas e a Assíria começaram a interferir nos negócios da Babilônia. Tiglate-Pileser II (729 a.C.), o Pul referido em 2Reis 15.19, conquistou a Babilônia. O artigo separado sobre a Assíria fornece os detalhes sobre esse império. Aqui damos apenas alguns poucos eventos importantes: Em 722 a.C. foi derrotada Samaria (Israel do norte), pelo que aí temos o cativeiro assírio de Israel. Esse cativeiro foi gradual, estendendo-se pelo espaço de 150 anos. Uma parte do mesmo ocorreu antes de 722 a.C. (ver o artigo sobre o cativeiro). Em 689 a.C., a Babilônia revoltou-se contra Senaqueribe, mas ele a saqueou e a incendiou até o rés do chão. Foi reconstruída por Esaradom e continuou fazendo parte do império assírio até 625 a.C.

10. Período Neobabilônico ou caldeu (626-539 a.C.). A 22 de novembro de 626 a.C., Nebopolassar, governador das terras do mar (golfo Pérsico), assentou-se sobre o trono da Babilônia. Ele estabeleceu a paz com os elamitas, e então, no ano seguinte, derrotou os assírios, em Salate. Juntamente com Ciaxares, rei dos medos, o rei dos caldeus destruiu Nínive em 612 a.C. Assim nascia o império neobabilônico ou caldeu. Seu filho, Nabucodonosor, derrotou Neco, do Egito, em Carquemis, em 605 a.C. Esse império, pois, passou a controlar todo o sudoeste da Ásia. Nabucodonosor (605-556 a.C.) teve um longo e brilhante reinado. Em seu tempo, ele destruiu Jerusalém (587 a.C.), e enviou Israel do sul (Judá) para o cativeiro. (Ver Jr 52.12). (Ver os artigos sobre o *cativeiro e cativeiro babilônico*). Zedequias, o rei dos judeus, foi capturado, cego e enviado para a Babilônia (ver Ez 12.13). Quanto à deportação de Judá, ver Jeremias 12.12-30 e 2Reis 25.8-12. Foi esse mesmo Nabucodonosor quem lançou os três jovens hebreus na fornalha ardente (ver Dn 3.13-25), embora tivesse se mostrado tão gentil para com Jeremias. Daniel interpretou os sonhos de Nabucodonosor. Esse monarca foi punido por um período de loucura; mas, posteriormente, foi exaltado e honrado por Deus (ver o quarto capítulo de Daniel). Transformou a cidade da Babilônia na mais esplendorosa das capitais, tornando-a no principal centro do mundo civilizado da época.

Nabucodonosor foi sucedido por seu filho, Amel-Marduque (na Bíblia, Evil-Merodaque) (ver 2Rs 25.27 e Jr 52.31). Seu reinado estendeu-se desde 562 a 650 a.C. Foi assassinado por Niriglissar (560-556), que o sucedeu. Mas Niriglissar também foi assassinado. Então um nobre babilônico, Nabonido, assumiu o governo. Apontou seu filho, Belsazar, como corregente. (Ver o artigo separado sobre *Belsazar*). Nabonido foi o último rei do império babilônico. Agora surgia no horizonte o império persa.

11. Queda da Babilônia e História Subsequente. No décimo sétimo ano do governo de Nabonido (539 a.C.), Ciro II, rei da Pérsia, capturou a Babilônia. Ele penetrou na cidade quando a população inteira, dependendo das muralhas inexpugnáveis que cercavam a cidade, entregara-se à festividade e ao deboche, durante um período de festejos. Heródoto informa-nos que Ciro havia anteriormente feito secar o Palacopas, um canal que atravessava a cidade da Babilônia, levando as águas supérfluas do Eufrates para o lago de Nitocris, a fim de desviar o rio para ali. Assim, o rio baixou de nível, e os soldados puderam penetrar na cidade através do leito quase seco do rio. O registro cilíndrico de Nabonido não menciona esse fato. Além disso, o registro cilíndrico de Ciro não menciona o feito, sendo possível que a referência de Heródoto mencione uma captura posterior da Babilônia, por Dario, em 516 a.C. Alguns eruditos, porém, preferem ficar com a posição de Heródoto, sobre essa questão, supondo que houve uma omissão de evidência nesse caso, como em outros registros também. (Ver o artigo separado sobre *Ciro*).

Após haver sido capturada, a Babilônia declinou, especialmente depois que Ciro fez de Susa a sua capital. Ele adquiriu o título de ... meu pastor... (Is 44.28; 45.1). Daniel prosperou, e aos judeus foi permitido retornarem a Jerusalém, pelo que cumpriu-se a profecia de Jeremias (ver Jr 25.12; 29.10 e 33.7-14). Em 530 a.C., Ciro foi sucedido por Cambises (ver o artigo a seu respeito). A cidade da Babilônia permaneceu sob o governo persa desde 539 até 323 a.C. A morte de Cambises deu margem a uma rebelião, e pretendentes apossaram-se do trono. Em dezembro de 522 a.C., Dario I restaurou a lei e a ordem. Durante o seu reinado (522-486 a.C.), ele permitiu que os judeus reconstruíssem o templo de Jerusalém, sob Zorobabel (ver Ed 4.5; Ag 1.1 e Zc 1.1). Monarcas persas continuaram governando a Babilônia, a saber: Xerxes (486-470 a.C.). Ver também sobre Assuero. Artaxerxes I (464-423 a.C.), Dario II (423-408 a.C.), que pode ter sido o Dario, o persa, mencionado em Neemias 12.22, a fim de ser distinguido de Dario, o medo. A Pérsia continuou dominada pela Média até o surgimento de Ciro II, o conquistador da Babilônia, que também subjugou os medos, em cerca de 549 a.C. Todavia, a Média continuou sendo uma importante província, e houve uma espécie de amálgama cultural entre os dois povos, o que explica o nome medo-persas. (Ver Dn 5.28 e Et 1.19). Ver também o artigo sobre a Média, quanto a esse tipo de relacionamento com a Pérsia.

A 1º de outubro de 331 a.C., Alexandre, o Grande (Alexandre III) foi bem acolhido pelos babilônios ao entrar, após a sua vitória sobre os medos, em Gaugamel, perto de Ebril. Dali por diante prevaleceria o império grego. Alexandre controlou a

Babilônia até o ano de 323 a.C. Ali ele efetuou algumas renovações, mas o trabalho de reconstrução cessou por ocasião de sua morte em 13 de junho de 323 a.C. Os generais de Alexandre dividiram entre si várias áreas do império grego. Os selêucidas governaram a Babilônia entre 312 e 171 a.C. Foram sucedidos pelos partas, que governaram a região de 171 a.C. a 226 d.C. Então veio à existência a dinastia sassânida, que governou a área da Babilônia, de 226 a 641 d.C. Essa foi a dinastia nacional da antiga Pérsia. *Sasã* era o avô de Ardasir I, o primeiro rei sassânida, o que explica o nome dessa dinastia. Em 641 d.C., a região caiu sob o poder dos árabes islamitas.

A cidade da Babilônia declinou durante o período helênico, tendo sido abandonada antes da época de Jesus Cristo. Após a queda de Jerusalém, no ano 70 d.C., a Babilônia contou com grande população judaica, tendo-se tornado um dos quartéis da erudição judaica. No tempo de Estrabão (faleceu em 24 d.C.) e de Diodoro Selêucia (contemporâneo de Estrabão), a cidade ficou reduzida a ruínas. Jerônimo informa-nos que sabia que nesse tempo (século IV d.C.), o local da Babilônia se reduzira a um local de caçadas dos monarcas persas, e que, a fim de preservar a caça, as muralhas eram reparadas, vez por outra.

V. Religião e Moral. Visto que a história da Babilônia é muito longa, temos uma grande variedade de crenças e instituições religiosas, que procuramos sumariar aqui.

1. Antigas divindades sumérias foram assimiladas pelos semitas, após o tempo da primeira dinastia da Babilônia (cerca de 1800 a.C.). A versão final da biblioteca de Nínive, no século VII a.C., enumerou os deuses em mais de 2.500. Mas, em qualquer período isolado, o número desses deuses sempre foi bem menor. Contudo, isso mostra quão politeísta era aquela gente.

2. O panteão e a tríada. Os deuses mais importantes eram *Anu* (o An dos sumérios), o deus do céu, cujo templo principal ficava em Uruque (ver sobre Ereque). Ele era o deus semita, El. Sua esposa era Inana ou Inim, que posteriormente foi confundida com Istar. Havia também o deus do ar, *Enlil*, que acabou amalgamado com Bel (Baal) e com Marduque (ver sobre Merodaque). Sua esposa era Ninlil ou Ninusague, posteriormente também identificada com Istar. A terceira deidade dessa tríada era *Ea* (o Enki dos sumérios, senhor das águas profundas, deus da sabedoria e gentil para com os homens). Este teria permitido que o conhecimento divino fosse transmitido aos homens através do emprego da adivinhação. Seu templo, E.abzu, ficava em Eridu, e sua esposa tinha os nomes de Damgal, Ninma ou Damkina, sendo a esposa da terra e do céu.

3. Divindades secundárias. A Istar dos semitas, que a princípio era uma divindade masculina, foi depois identificada com Inana. Daí por diante, Istar foi transformada na deusa do amor, uma heroína da guerra. Também foi considerada filha de Sin, o deus-lua dos babilônios. Era adorada em templos juntamente com a esposa de Sin, Nigal. Shamash era o deus-sol, e sua esposa, Aya, veio a ser identificada com Istar. Sumutu era o filho de Sin, e era o deus do poder, da justiça e da guerra. Tinha templos em Sipar e em Larsa. Todos os deuses principais contavam com santuários e altares separados dos templos. Adade (de origem semita) era o deus das tempestades, identificado com o deus cananeu arameu Adu ou Hadade (ver o artigo a respeito). Nergal e sua esposa, Eresquigal, governavam o submundo. Ele era o senhor das pragas, das febres e das enfermidades. Com o surgimento dos amorreus, tornou-se proeminente na Babilônia a adoração a Marduque (em sumério, amaruto, o jovem touro do sol). Foi associado ao épico da criação (*enuma elis*). Tinha cinquenta títulos diferentes. Nabu era o deus da ciência e da escrita, e tinha templos em diversas cidades. Assur tornou-se o deus nacional da Assíria. Amurru era uma deidade dos semitas ocidentais, que veio a ser identificada com Anu, Sin e Adade. Dagom também tinha origem semita, mas terminou exercendo vasta influência.

Damuzi era um deus da vegetação, que morria, mas não ressuscitava. Ninurta era deus da guerra e da caça, e era honrado tanto pelos babilônios quanto pelos assírios.

4. Alguns elementos teológicos. O sistema de deuses representava uma larga distribuição de poderes e ofícios. Havia deuses dos mundos superior e inferior, e todos os reinos estavam sujeitos às leis divinas, dentre as quais mais de cem têm sido enumeradas. Os deuses eram concebidos em termos antropomórficos. Espíritos, bons e maus, eram inúmeros, com suas respectivas áreas de influência. Os deuses eram considerados imortais e poderosos, embora finitos. As questões que surgem incluem as grandes questões da origem das coisas (criação), os fundamentos do governo do mundo, e o relacionamento desses governos aos deuses. As leis eram tidas como de origem divina. Os homens interessavam-se pela busca da imortalidade. Procuravam determinar as relações entre os homens e o mundo dos espíritos.

5. Sacerdócio. Eles tinham um elaborado sistema sacerdotal, dentro do qual o rei era o sumo pontífice. Na época dos sumérios, o templo também era o centro financeiro. Havia sacerdotisas, tanto quanto sacerdotes, acompanhadas pela promoção da adoração a vários deuses e deusas. Havia aqueles que cuidavam da liturgia e da música. Havia exorcistas que cuidavam dos maus espíritos; e havia astrólogos que procuravam obter orientação do céu, bem como todas as variedades de adivinhos, com o mesmo propósito. Os demônios eram encarados como especialistas em tipos especiais de tentações e perturbações, e havia ritos para contrabalançar essas especialidades. A medicina estava intimamente ligada à religião. Havia um elaborado sistema de sacrifícios. Havia muitas festividades e feriados religiosos. A adoração e o devido respeito aos deuses exerciam um efeito direto sobre quão bem se poderia esperar que corressem a vida nacional e a vida dos indivíduos. O dinheiro tinha de passar pelos templos, e suas muitas atividades incluíam a comum instituição pagã da prostituição sagrada, usualmente efetuada em honra a algum deus ou deusa da fertilidade. Havia todo um complexo sistema de santuários e altares, onde o povo, à parte dos templos, podia rezar, fazer promessas e buscar a orientação dos deuses.

6. Ética e moral dos babilônios. Como suplemento do que diremos aqui, ver o artigo sobre *Hamurabe*, que inclui as leis de Hamurabe, e que obviamente entram no quadro na natureza da ética e da moral da Babilônia.

Visto que a Babilônia representava a mescla de muitas culturas, a ética babilônica também representa uma longa tradição de misturas. Com frequência é impossível distinguir entre o que era de origem suméria (não semita) e o que era semita (principalmente de origem amorreia).

Filosofia da ética. O ideal baseava-se na suposta era áurea passada, quando os homens viviam em harmonia sem qualquer necessidade ou enfermidade, unidos quanto à fé religiosa e gozando de juventude eterna. A ética refletia um hedonismo moderado; mas também era uma ética *divina*, devido ao fato de que eles pensavam que a sorte de indivíduos e de nações dependia do relacionamento mantido com os deuses. Julgava-se que o universo fosse controlado pelas leis divinas (*me*), cujas principais virtudes seriam a paz, a bondade e a justiça, e cujos principais vícios seriam a falsidade, o temor e a contenda. O mal (e, portanto, o problema do mal) era discutido, concluindo-se que fazia parte de um plano divino, posto que inescrutável. Porém, o bem era preferível ao mal, porquanto teria a promessa da vitória final sobre o mal. A ordem moral fora traçada pelo deus *Du tu* (sumério), *ou Shamash* (acadiano). Esse deus era onisciente e cuidava dos praticantes do bem, mas punia os malfeitores. Os males sociais eram a opressão dos mais fracos, os juízes inescrupulosos, os subornos, os pesos adulterados, os tiranos, os ladrões e os mentirosos. A deusa Nanshe era a protetora especial dos órfãos e das viúvas, bem como dos pobres. Eram baixadas leis sociais que procuravam evitar os abusos. O rei agia como representante especial dos deuses. Ele era responsável em transmitir um bom exemplo aos seus sucessores (*Lenda Cutereana de Narã-Sin* 1.25). Havia abundante literatura com seu acúmulo de *sabedoria*, de onde todos podiam aprender, através da mediação do rei e dos sacerdotes. Essa literatura incluía ensaios, fábulas, parábolas, dilemas, contos folclóricos, disputas e diálogos morais. O provérbio era um modo favorito de instruir nas questões morais. Essa literatura inclui títulos como: *Conselhos da Sabedoria, Aviso a um Príncipe, Instrução de Surupaque* (o mais antigo deles, 2500 a.C.). Isso formava uma coletânea de material dado após o dilúvio, visando instruir a humanidade. A obra *Conselho a Shube' awelum* descrevia a conduta apropriada para com as mulheres, os pais, a escolha de uma esposa ou a seleção de bois. Observâncias religiosas eram ditadas como uma prática diária. Os *Conselhos da Sabedoria* recomendavam adoração e sacrifícios diários e a reverência que implora o favor, os sacrifícios que prolongam a vida e as orações que expiam pela culpa. O desprazer divino e o castigo divino seguiam-se aos atos maldosos. A ética sexual dependia das leis determinadas pelo estado, mais do que de princípios religiosos. Mas, visto que toda e qualquer lei era considerada divina, essas regulamentações também eram tidas como de origem divina, de origem religiosa. As leis proibiam o comportamento sexual extramarital, o adultério, a sedução e estupro. O estupro de uma donzela noiva era punido com a morte (Lei de Esnuna 26). O mesmo documento ameaçava severa punição ao estuprador de uma jovem escrava, tanto quanto de uma mulher livre. Mulheres casadas e concubinas tinham de andar veladas em público, mas uma prostituta não precisava usar o véu (ver a discussão de Paulo, em 1Co 11.5 ss., quanto à sua insistência sobre o uso do véu pelas mulheres crentes). O homossexualismo era considerado uma falta grave da decência social geral, mas não como um crime ou uma ofensa ao matrimônio. (Leis da Assíria Média, 19 e 20).

As leis eram *melhores do que* a prática diária. As leis éticas acima descritas são bastante impressionantes. Porém, sabemos, através de muitas fontes, que, na prática, os povos não se equiparavam a seus elevados ideais, como sucede em todas as culturas, e certamente até na moderna igreja evangélica. A prostituição religiosa era uma vexação moral. Contudo, essa era uma comum instituição nas antigas religiões pagãs, e um grande problema que Paulo precisou enfrentar em Corinto. Heródoto descreve a desgraça dessa prática entre os babilônios. Os templos eram ali transformados em bordéis legais e religiosos. O dinheiro assim adquirido era dedicado às deusas do templo, pagando as despesas e aumentando os fundos de construção. A Babilônia, em seu período de exaltação, tornou-se rica. E o luxo sempre promove toda a variedade de vícios. Q. Curtius, historiador romano de meados do século I d.C., queixou-se como segue: "Coisa alguma poderia ser mais corrupta do que a moral deles (dos babilônios) e coisa alguma é melhor ajustada para excitar e atrair aos prazeres sem moderação. Os ritos de hospitalidade eram poluídos pelas concupiscências mais grosseiras e desavergonhadas. O dinheiro dissolvia todos os laços, de parentesco, de respeito ou de estima. Os babilônios eram excessivamente dados ao vinho. As mulheres (que frequentavam as festividades) a princípio faziam-no com algum grau de propriedade, mas iam ficando cada vez mais degradadas... e terminavam lançando fora toda a modéstia e as próprias roupas". Foi por isso que os profetas hebreus lançaram invectivas poderosas contra tal estado de coisas. (Ver Is 14.11; 47.1; Jr 51.39 e Dn 5.1).

VI. Principais cidades da Babilônia

1. Babilônia. A história da Babilônia é, essencialmente, a história da cidade da Babilônia. Por isso, tudo que dissemos acima aplica-se, em sua maior parte, a uma e à outra.

Adicionamos aqui algumas descrições específicas da cidade da Babilônia: A cidade era tão vasta que aqueles que habitavam no centro da mesma não sabiam que seus pontos extremos haviam sido capturados (ver Jr 51.31). Heródoto diz que a circunferência da cidade media quase cem quilômetros. A cidade tinha a forma de um quadrado, cada lado com mais de 24 quilômetros. Havia terras aráveis e de pastagem suficientes para suprir as necessidades de sua população, que era de mais de um milhão de habitantes, um número imenso, para o mundo antigo. As muralhas contavam com cem portões de bronze, 25 m cada lado (ver Is 45.2). A altura dessas muralhas era de 107 m, com cerca de 27 m de espessura. Um profundo e largo fosso com água circundava as muralhas, cujas partes inferiores eram cimentadas e seguras com tijolos, mantidos no lugar com asfalto. As ruas eram traçadas formando ângulos retos, e as ruas cruzadas que levavam ao Eufrates, eram fechadas em suas extremidades por portões de bronze. O templo de Belo era um zigurate com oito torres quadradas. Os jardins suspensos formavam um quadrado com 120 m de lado, construídos em terraços. A parte mais alta continha árvores. Plataformas de madeira, que se estendiam de uma pilastra à outra, feitas de pedra, formavam pontes que uniam as duas partes da cidade. Havia 250 torres nas muralhas, guardando a cidade de qualquer inimigo que se aproximasse. Numerosos canais cruzavam a região para efeitos de drenagem e irrigação (ver Sl 137.1: *Às margens dos rios da Babilônia nós nos assentávamos e chorávamos... Nos salgueiros que lá havia pendurávamos as nossas harpas...*). Os maiores dentre esses canais eram navegados por embarcações, e estavam ligados aos rios Eufrates e Tigre.

Localização. Ficava às margens do rio Eufrates e cerca de 88 km ao sul da moderna cidade de Bagdá, e imediatamente ao norte da moderna Hila, no centro do atual Iraque.

Heródoto afirma que os gregos aprenderam dos babilônios o relógio de sol e a divisão do dia em doze partes. O primeiro eclipse do sol, que é contado na história, foi observado na Babilônia, em 19 de março de 721 a.C. A ciência da astronomia (via astrologia) deve sua origem aos caldeus, que conduziram tais observações desde os tempos mais remotos. Veja o artigo sobre *Astronomia*.

Divisões da cidade. Muitos detalhes dos distritos das cidades e seus templos têm sido descobertos pela arqueologia e nas referências literárias. Tanto quanto nós sabemos, havia 53 de tais distritos. Alguns dos nomes dados a eles eram algumas vezes usados para designar a cidade toda, como Shuanna, Shushan, Tuba, Tintir, Kullab.

A localização agora. A localização é agora ocultada por um número de elevações largamente espalhadas. A maior, Qasr, cobre a antiga cidadela; Merkes, um distrito da cidade; para o norte, Bawil, o palácio do norte e de verão de Nebuchadrezzar; Amram ibn 'Ali, o templo de Marduk; e Sahn, a localização do zigurate ou torre templo.

2. Outras cidades de importância na Babilônia. A região antigamente compreendia Sumer e Akkad. Akkad era a região norte da mais baixa planície aluvial do Tigre Eufrates, na qual estavam a Babilônia, Borsipa, Kish, Kuthah, Sippar e Agade (Acade). As principais cidades de Sumer eram Nippur, Lagash, Umma, Larsa, Erech (Uruk, Gn 10.11), Ur, a cidade de Abraão, e Eridu. As presentes localizações de Eridu, Ur e Lagash eram provavelmente em, ou muito próximo do Golfo Pérsico, em cerca de 3000 a.C. Esta fértil planície aluvial, irrigada pelos rios Tigre e Eufrates, tornou-se o berço da civilização. Nesta parte mais baixa da Mesopotâmia, a 55 milhas do sul da presente Bagdá, onde uma vez ergueu-se na Baía do Eufrates, a cidade tinha o altivo nome de *Babilu*, "portão de Deus", ou Babilônia. Embora a história do baixo vale não comece com esta cidade, Babilônia cedo tornou-se proeminente e seu nome é ligado principalmente à região a qual não é familiarmente conhecida como Babilônia.

O sentido figurativo da Babilônia. Nos escritos proféticos do AT, a ideia ligada à Babilônia é *confusão*. Veja o artigo em *Torre da Babilônia*. Esta confusão é própria do paganismo, não simplesmente de línguas. Para o uso da Babilônia no NT, veja o artigo separado em *Babilônia, Novo Testamento*.

VII. ARQUEOLOGIA. As descobertas arqueológicas na Babilônia têm sido extensas. Mais de vinte cidades diferentes foram descobertas e ilustradas com muitos artefatos. Abaixo damos um exemplo disso: **1**. *Adabe*, a 77 km a sudeste de Diwaniyah, foi descoberta a planta da cidade. **2**. Al'Ubaid, a 6,5 km a noroeste de Ur, onde foram descobertos um terraço, relevos e mosaicos. **3**. Babilônia, onde foram encontrados inúmeros edifícios, templos, lares particulares, um teatro grego, uma acrópole, os tabletes acaemenianos do norte da Babilônia, o portão de Istar etc. **4**. Borsipa, a onze quilômetros a sul-sudoeste da Babilônia, onde foram encontrados um zigurate e inscrições em cilindros; Ezida, ao norte da Babilônia, o palácio de Nebuchadrezar II, as muralhas da cidade. **5**. Der, a 26 km a sudoeste de Bagdá, onde foram descobertos tabletes e a planta da cidade. **6**. Dilbate, a 29 km a sul-sudeste de Bila, Tell Dailem, onde foram encontrados tabletes do período persa. **7**. Drehem, Tell Duraihim, a 5 km ao sul de Nipur, onde foram encontrados muitos tabletes. **8**. Dur-Kurigalzu, a 19 km a oeste de Samawa, a capital dos cassitas, onde foram encontrados um zigurate, templos, um palácio e tabletes. **9**. Ereque, a 40 km a leste de Samawa, Uruque, onde foram encontrados mosaicos, um templo e túmulos dos partas, o Anu-Antum do tempo dos selêucidas, que era um palácio parta, além de textos cuneiformes arcaicos, templos e zigurates com dezoito pisos, e em Uruque ao norte da Babilônia, templos partas. **10**. Eridu, a 39 km a sudoeste de Nasiriyah, onde foram encontrados cerâmica, instrumentos de ferro e um zigurate. **11**. Esnuna, a 88,5 km a sudeste de Bagdá, onde foram encontrados um palácio do período Isin, templos anteriores a Sargão, tabletes em escrita cuneiforme e estatuetas. **12**. Harmal, a quilômetro e meio de Bagdá, onde foram encontradas inscrições e construções de tijolos do templo da antiga Babilônia, o templo de Hani, tabletes e o código de Esuna. **13**. Jemdat Nasr, a 24 km a nordeste de Hillah, o palácio de Jemdat Nasr, cerâmica e textos arcaicos. **14**. Kish, a 16 km a nordeste de Hillah, onde foram encontrados um edifício do estilo da Babilônia do norte, um templo muito antigo, vários edifícios, tabletes, cemitérios, zigurates, palácios e templos diversos. **15**. Kutalla, a 40 km a sudoeste de Nasiriyah, onde foram encontrados edifícios e templos. **16**. Kutha, a 32 km a nordeste da Babilônia, onde foram encontrados uma necrópole e tabletes. **17**. Lagash, a 19 km a nordeste de Shatra, onde foram encontradas estátuas de Gudea, cerâmica e inscrições. **18**. Larsa, a 40 km a oeste nordeste de Nasiriyah, onde foram encontrados um zigurate, um templo, mesas, palácios e inscrições. **19**. Nipur, a quase 10 km a norte-nordeste de Afak, túmulos mais recentes. **20**. Surupaque, a 10 km a nordeste de Shatra, restos de objetos de um período anterior a Sargão. **21**. Sipar, a 29 km a sudeste de Bagdá, onde foram encontrados um zigurate, um palácio e tabletes. **22**. Umma, Tell Jokha, a 40 km a norte-noroeste de Shatra, onde foram encontrados muitos tabletes de Ur III, a planta da cidade, e edifícios. **23**. 'Uqair, Tell 'Uqair, a 38 km a nordeste da Babilônia, perto de Uruque-Jamdat Nasr, onde foram encontrados cerâmica, mosaicos e um templo edificado sobre uma plataforma. **24**. Ur, Tell Muqayyar, a mais de 22 km a oeste-sudoeste de Narisiyah, os alicerces de um zigurate, trincheiras, o templo de Eharsag, um zigurate no estilo de Ur III, do norte da Babilônia, o cemitério real, um fosso para água, templos, palácios, casa etc. **25**. Nuzi (vide), 4.000 tabletes com muita informação. (ID ND PAR SAG UN Z)

BACA

No hebraico significa "**pranto**", palavra que aparece, pela primeira vez, em Salmo 84.6, mas que nossa versão portuguesa traduz, erroneamente, por "árido": *o qual passando pelo vale árido, faz dele um manancial*. Na Bíblia, essa é a única passagem que se refere a tal vale. Mas o verbo hebraico cognato figura no Antigo Testamento por 114 vezes, sendo variadamente traduzido, como "chorar", "queixar-se", "lamentar-se" etc. Nossa versão portuguesa também labora em erro em 2Samuel 5.23,24 e 1Cr 14.14,15, onde a palavra hebraica é traduzida por "amoreira". Alguns intérpretes preferem pensar no bálsamo, no álamo, ou na faia, ao passo que outros nem aceitam que se tratasse de uma árvore. A referência, pois, permanece obscura, embora se deva pensar em alguma espécie vegetal, nessas duas referências, que exsudasse algo. Ver o artigo *Vale de Baca*.

BACA, VALE DE

Ver o artigo sobre *Baca*. Como vimos ali, a palavra "Baca" não figura na nossa versão portuguesa, a qual é traduzida pelo adjetivo "árido". Os intérpretes têm pensado que a palavra hebraica "Baca" é alusão a alguma espécie de árvore, que teria dado nome ao vale, por ser ali abundante. Porém, se tal palavra realmente significa "pranto", então não teríamos de pensar em algum vale literal, mas apenas em um estado de tristeza. Nesse caso o salmista, estando no exílio, ou, pelo menos, longe de sua pátria (dependendo das circunstâncias em que o Salmo 84 foi escrito, único lugar onde há menção a esse vale), alude à tristeza de não poder contemplar Jerusalém, o que era privilégio de outros. Mas, se realmente há referência a uma árvore, e, portanto, a um vale literal, então o mais provável é que esteja em foco o bálsamo, que exuda uma goma, o que poderia ser comparado ao "pranto". Alguns estudiosos, diante da dificuldades, preferem substituir a palavra hebraica *hibbika* pelo que diz o texto massorético, *habbaka*, que significa "fluxo". Nesse caso, teríamos uma metáfora de alegria e plenitude, porquanto estaria em pauta um vale que flui água, por ter muitas fontes, um lugar que falava em prosperidade. (ID S Z)

BACBUQUE

No hebraico "**garrafa**", especialmente uma de gargalo estreito. Era chefe de uma das famílias dos netinins, que retornaram do cativeiro babilônico (ver o artigo) em companhia de Zorobabel (ver Ed 2.51 e Ne 7.53), em cerca de 536 a.C. (S)

BACBUQUIAS

No hebraico, "**esvaziamento**" ou "**dilapidação por Yahweh**". Parece haver duas pessoas com esse nome, nas páginas do Antigo Testamento: **1**. O segundo entre vários irmãos levitas, que habitava em Jerusalém após o retorno da Babilônia (ver Ne 11.17 e 12.9). **2**. Aparentemente, na opinião de outros, o Bacbuquias referido em Neemias 12.9 seria um porteiro, também levita. Os intérpretes dizem-se capazes de encontrar dois ou três homens com esse nome; e nada de certo se sabe sobre essa questão, pois os informes bíblicos são insuficientes para lançar luz sobre a mesma. (S Z)

BACIA

Tradução de várias palavras hebraicas e gregas, a saber: **1**. *Aggan*, "bacia", usada por três vezes (ver Êx 24.6, em português, "bacia"; Is 22.24, em português, "taça"; e Ct 7.2, em português, "taça". **2**. *Kefor*, "taça", usada por seis vezes com esse sentido, e por três vezes com o sentido de "geada". Para exemplificar: 1Cr 28.17; Ed 1.10; 8.27; e, no segundo sentido: Êx 16.14; Jó. 38.29 e Sl 147.16. **3**. *Mizraq*, "bacia grande". Usada por 32 vezes. Para exemplificar: Êx 27.3; 38.3; Nm 4.14; 1Rs 7.40,45,50; Ne 7.70; Jr 52.18,19; Zc 9.15 e 14.20. **4**. *Saf*, "prato", mas também "porta". No primeiro sentido é palavra usada por sete vezes. Para exemplificar: Êx 12.22; 2Sm 17.28; Jr 52.19. **5**. No grego temos a palavra *niptér*, "*jarra*", usada no Novo Testamento por apenas uma vez, em Jo 13.5, embora seu cognato, o verbo *nípto*, "lavar", seja usado por dezessete vezes.

No tabernáculo, armado no deserto a mandado de Deus, havia uma bacia de bronze no átrio, entre o altar dos holocaustos e a tenda (ver Êx 30.17,21; 38.8 e 40.30-32), onde Aarão e seus filhos lavavam as mãos e os pés, antes de entrarem na tenda da congregação, ou quando ministravam diante do altar. O simbolismo desse objeto é patente. Jesus sumariou a questão quando disse a Pedro: *Se eu não te lavar não tens parte comigo* (Jo 13.8).

BACIA DE LAVAR

Expressão encontrada exclusivamente em Salmo 60.8 e 108.9, onde Deus afirma: *Moabe, porém, é a minha bacia de lavar*, dando a entender que Moabe era desprezível aos olhos de Deus, como uma bacia onde as mãos e os pés sujos são lavados.

BACO. Ver *Dionísio*.

BAGOAS

Eunuco encarregado dos negócios de Holofernes recebeu o encargo de convidar Judite a um banquete em companhia de Holofernes, conferindo a ela as cortesias reservadas aos convidados especiais. Foi Bagoas quem descobriu o corpo decapitado de seu senhor (ver Judite 12.11,13,15; 13.3 e 14.4). (Z)

BAINHA DA ESPADA

Ver o artigo geral sobre *Armas, Armadura*. A bainha era um receptáculo para proteger a espada ou adaga, usualmente feita de couro. Ver 1Samuel 17.51; 2Samuel 20.8; Ezequiel 21.3-5,30; Jeremias 47.6; João 18.11. O vocábulo hebraico figura por um total de sete vezes, *Taar*. No grego temos a palavra *théke*, que ocorre por apenas uma vez, em João 18.11.

BAIO. Ver *Cor, Cores*.

BAÍTE

Nome de uma cidade, em Moabe, que aparece em algumas versões em Isaías 15.2. Nossa versão portuguesa diz "templo", embora alguns estudiosos prefiram interpretar o nome como "filha".

BAITERUS

Chefe de uma família que retornou do cativeiro babilônico à Palestina (ver o artigo a respeito), em companhia de Zorobabel (ver 1Ed 5.17). O nome é omitido nos paralelos de Esdras 2.3 ss. e Neemias 7.8 ss.

BALÃ

O sentido da palavra, no hebraico, é incerto, ainda que alguns afirmem que significa "enrugado" ou "velho". Era uma cidade no território de Simeão (ver Js 19.3). Devido à similaridade de nomes dados na lista, presume-se que se trata da mesma cidade de Judá chamada Baalá em Josué 15.9 e Bila, em 1Crônicas 4.29.

BALAÃO

No hebraico, o termo tem sentido desconhecido, embora talvez signifique **"devorador"**, ainda que alguns digam que significa **"estrangeiro"**. Balaão foi um adivinho pagão que vivia em Petor, cidade da Mesopotâmia (ver Dt 23.4), pertencente aos midianitas (ver Nm 31.8).

I. Pano de fundo. Ele tinha algum conhecimento de Deus, julgando que os próprios poderes dos adivinhos, profetas e poetas derivam-se de Deus. Temia o avanço dos israelitas. Julgava que ninguém lhes poderia oferecer resistência. Eles já haviam conquistado Jericó e certas regiões dos moabitas, e os midianitas poderiam ser as próximas vítimas. A destruição ameaçava por toda a parte.

II. Confrontos. Balaque, rei de Moabe (1401 a.C.), firmou uma liga com os midianitas e enviou mensageiros a Balaão, para que ele viesse ajudá-lo com suas adivinhações (ver Nm 22.5 ss.). Balaão não se sentiu tranquilo diante do convite, e recebeu expressa proibição da parte de Deus, ao iniciar viagem (ver Nm 22.9 ss.). Portanto, sentiu que não podia amaldiçoar a Israel, e despachou os mensageiros de volta a Balaque. Porém, este enviou a Balaão uma embaixada de mensageiros ainda mais honrosos com promessas de recompensá-lo e honrá-lo. Balaão retrucou que não se deixaria tentar, mas que diria somente aquilo que Deus lhe permitisse dizer. E acompanhou os mensageiros, sob a condição de que só diria aquilo que Deus lhe permitisse dizer. A ira de Deus manifestou-se contrária a Balaão, no episódio de sua jumenta, que agiu de maneira estranha, ao sentir a presença do anjo. E a jumenta, fustigada por Balaão, falou através do poder do anjo. Ela lembrou Balaão de todo o bom serviço que lhe havia prestado e de como ela não merecia tão brutal tratamento. Foi então que Balaão divisou o anjo, armado de espada. Ao dizer que poderia voltar, recebeu ordens para seguir caminho, e assim o fez. Ao encontrar-se com Balaque, reafirmou que só diria o que lhe fosse permitido da parte do Senhor. De acordo com suas instruções, foram preparados sete altares. Por três vezes Balaão tentou falar contra o povo de Israel mas foi controlado a proferir bênçãos, e não maldições. (Ver Nm 24.17). Por esse motivo, ao invés de proferir maldições, Balaão instruiu Balaque para que pusesse tropeços no caminho do povo de Deus, por meio da corrupção e da fornicação (ver Nm 31.16). Balaão nada ganhou com sua impiedade. Houve uma batalha entre Israel e os midianitas, e Balaão foi morto durante a refrega. Todavia, Israel também recebeu o devido castigo, por ter-se deixado corromper (ver Nm 31.16). O vigésimo quinto capítulo do livro de Números mostra-nos que essa batalha redundou em graves perdas para os midianitas.

III. Uma lição. A narrativa ilustra um importante princípio espiritual, que reza: *Benditos os que te abençoarem* (ó Israel), *e malditos os que te amaldiçoarem* (Nm 24.9).

IV. Uso metafórico do episódio. O ensino de Balaão. No Novo Testamento encontram-se várias interpretações dos atos de Balaão, vinculadas a lições espirituais: **1**. O trecho de 2Pe 2.15 refere-se ao "caminho de Balaão". Trata-se da comercialização do dom profético, ou, de maneira mais geral, o dinheiro e outras vantagens materiais exageradas, adquiridos mediante a comercialização da religião. **2**. Em Apocalipse 2.14 há menção à *doutrina de Balaão*, que é a corrupção de pessoas piedosas, levando-as a abandonarem sua atitude separatista e a se degradarem na imoralidade e no mundanismo. Vê-se, assim, que é possível corromper aqueles que não podem ser amaldiçoados (ver Nm 31.15,16; 22.5; 23.8). **3**. Em Juda 11, lemos sobre o "erro de Balaão", que consiste na suposição de que Deus deve amaldiçoar o seu povo quando este pratica o que é errado. Deus julga, mas não amaldiçoa aos seus. A missão de Cristo protege as almas dos crentes, mas não é por isso que eles escapam ao castigo, quando merecido (ver Hb 12.5). **4**. A mistura do bem com o mal. A vida de Balaão sugere-nos ainda uma outra lição, que não precisa ser salientada por algum termo especial. Em um homem, mesmo que seja profeta, pode haver a mescla do bom com o ruim, com intenções nobres e atos vis, ou a mistura da verdade com ideias do paganismo. Todos nós tornamos culpados desse erro, em maior ou menor grau, pois isso faz parte daquilo que significa alguém ser um pecador. E essa mescla torna-se mais notória ainda quando envolve um presumível líder espiritual. Quanto a notas expositivas mais completas sobre "o caminho", "a doutrina" e "o erro" de Balaão, ver referências e a exposição das mesmas no NTI.

V. Detalhes dos usos metafóricos

Balaão. Sua narrativa pode ser encontrada em Números 22—24. Segundo as tradições judaicas, Balaão se tornou símbolo de todos quantos ensinavam ou encorajavam o povo de Israel a envolver-se na idolatria, o que, naturalmente, incluía os vícios pagãos que acompanhavam esse sistema, os quais eram os excessos da gula, do alcoolismo e da prostituição. (Ver Filo, *Moses* I.53-55; Josefo, *Antiq.* iv.6.6 e *Sanedrim* 106a). Balaão não foi um inimigo declarado de Deus. Professava adorar a Deus, mas traiu ao povo antigo de Deus, levando-os a aceitarem ideias e maneiras pagãs, tendo assim tentado destruir o caráter deles como um povo "separado". Os seguidores de Balaão dos tempos cristãos não possuem "integridade de alma". Podem ser indivíduos "religiosos", mas se caracterizam por defeitos vastos e sérios em sua vida espiritual, e terminam por exercer uma influência negativa sobre a maioria das pessoas, ao invés de contribuírem para a piedade.

Por não poder "amaldiçoar" ao povo de Israel, Balaão tentou corrompê-lo, e isso levando seus varões a ter relações sexuais com mulheres moabitas, assim manchando a separação deles. Assim sendo, produziu a união entre a igreja e o paganismo, exatamente o que sucedia em Pérgamo. O culto do imperador tentava os crentes a transigirem com a idolatria; mas o gnosticismo parece ter sido a principal força que buscava corromper a moral da igreja cristã. Os crentes de Pérgamo deixaram de ser "peregrinos" à face da terra. Acomodaram-se ao paganismo, até mesmo dentro dos limites da igreja. A imoralidade em seus líderes (e, por conseguinte, nos seus discípulos) era aceita como "normal" na ética cristã. Portanto, o evangelho perdeu ali o seu "imperativo moral".

No tocante a "Balaão", nas páginas do NT, examinar as notas expositivas no NTI sobre: **1**. O *caminho de Balaão*, 2Pedro 2.15. **2**. Sobre o *erro de Balaão*, Judas 11.2,3. 3. A *doutrina de Balaão*, ver Apocalipse 2.14. A atitude moral de Balaão na vida se tornou a doutrina oficial, a "ética cristã", em Pérgamo. A imoralidade tornou-se algo desejável, como se tivesse "finalidades boas" no seio da igreja cristã. Em outras palavras, a "mentalidade pagã", no tocante às questões sexuais e outras, tornou-se a mentalidade prática e a doutrina da igreja dali. Os gnósticos julgavam ser aconselhável contaminar o corpo, a fim de degradá-lo, o que ajudaria no sistema mundial, em sua tentativa de destruir a matéria. Tolamente imaginavam que anjos se punham a seu lado, sussurrando em seus ouvidos, procurando conduzi-los a todas as formas de deboche.

A armar ciladas diante dos filhos de Israel, Apocalipse 2.14. Balaão, literalmente procurou levar os israelitas a adotarem ideias pagãs, a tomarem esposas pagãs, a se envolverem na idolatria e seus vícios. Espiritualmente falando, eles estavam "caindo". O termo grego aqui usado é "skandalon", "armadilha", ou qualquer coisa que leva alguém a "tropeçar" ou "cair". O ardil de Satanás consistiu do atrativo de mulheres pagãs, dos deleites pervertidos da adoração pagã. Satanás tem suas "tentações", que agem como "armadilhas". Transformam-se então em "vícios", que são extremamente difíceis de extirpar. A mulher licenciosa tem manoplas de ferro. Suas vítimas não conseguem escapar com facilidade. O homem licencioso tem um vício de aço, que oprime o seu cérebro. Não pode ser libertado facilmente, a despeito de todas as boas influências. Esses são "ardis" das influências satânicas. Essas coisas podem cativar até mesmo aos líderes da igreja, tal como sucedeu em Pérgamo e continua a acontecer até hoje. O poder do evangelho, dessa maneira, é anulado.

... para comerem coisas sacrificadas aos ídolos, Apocalipse 2.14. Esse era um dos maiores problemas da igreja neotestamentária. Quanto a um exame completo sobre a questão, ver as notas expositivas no NTI sobre o oitavo capítulo da primeira epístola aos Coríntios. O comer de coisas sacrificadas aos ídolos é algo que pode ocorrer em mais de uma maneira. As carnes assim oferecidas podem ser vendidas nos mercados após terem servido a seus propósitos, nos templos pagãos. O crente pode adquirir dessa carne, sem sabê-lo, ou mesmo sabendo do fato. Para Paulo, essa possibilidade era uma "questão indiferente", enquanto algum irmão mais escrupuloso não fizesse objeção,

ofendendo-se porque alguém "comia" dessa carne. Todavia, outros crentes entravam em templos pagãos, convidados por seus vizinhos para alguma festividade, em honra ao deus ou deuses, patronos do templo em questão. Esses raciocinariam como segue: "Um ídolo nada é, pelo que tudo isso não passa de uma fraude; e a carne aqui oferecida à venda é tão boa como qualquer outra". Se um crente assim agisse, sua ação se tornava muito mais questionável. Além disso, Paulo relembrou aos crentes que a adoração pagã, na realidade, tem demônios por detrás da mesma. De fato, o ídolo nada é, mas é possível que, através do ídolo, algum poder espiritual negativo real esteja sendo adorado, como um "demônio". (Ver 1Co 10.20 quanto a essa crença). Era comum a *idolatria* ser vista no judaísmo como símbolo externo e físico da adoração aos demônios, em que estes recebiam homenagem dos homens. Se esse é o caso, então nenhum crente tem o direito de entrar em um templo pagão, pois, na realidade, o "ídolo nada é", mas é um meio de entrar em contato com os poderes malignos. Portanto, honrar a um ídolo, em qualquer sentido, também é honrar ao "poder espiritual por detrás do ídolo". Ver a progressão da censura neotestamentária ao "comer carnes oferecidas a ídolos". No oitavo capítulo da primeira epístola aos Coríntios, a questão é "indiferente". Mas 1Coríntios 10.25 nos fornece boa razão para condenarmos alguns aspectos dessa prática. O trecho de Romanos 14.19,22-25 é mais estrito, e Atos 15.20 é uma proibição total, o que se reitera em Apocalipse 2.14. A princípio, Paulo mostrou-se tão liberal quanto era possível ser. Mas a experiência mostrou não ser viável, nesse caso, a liberalidade. Portanto, gradualmente Paulo foi "fortalecendo" suas proibições e censuras. Finalmente, a igreja proibiu toda essa prática, provavelmente em todos os seus aspectos. Aquele que entrasse em um templo pagão, a fim de participar de uma festividade, também seria tentado a praticar algo da "prostituição sagrada", dando dinheiro às mulheres que, supostamente, serviam à divindade honrada, dinheiro esse que, subsequentemente, entrava para os cofres do templo pagão. Somos informados que em Corinto, na época do apóstolo dos gentios, havia nada menos que mil "prostitutas sagradas", envolvidas nesse nojento negócio.

... e praticarem a prostituição, Apocalipse 2.14. Tradicionalmente, a idolatria sempre esteve vinculada à prostituição. Havia "prostitutas sagradas", conforme foi descrito acima. Alguns deuses e deusas eram adorados, desavergonhadamente, em meio a orgias sexuais desenfreadas. Em 1Coríntios 6.9, podemos notar a lista dos vícios, em que se lê sobre os "fornicários" e "idólatras", nessa ordem. Várias listas de vícios do NT apresentam esses dois pecados, embora não necessariamente juntos. (Ver Ap 22.15). (Ver o artigo sobre Vícios).

A festividade deleitosa. Várias referências, nos escritos clássicos, mostram que as festas idólatras, nos templos pagãos, faziam parte importante da vida social dos antigos gregos e romanos. *Tucídides* (ii.38) mostra que tais festas (que envolviam sacrifícios), faziam parte dos entretenimentos populares. Suetônio (*Cláudio*, 33) relata como Cláudio, o imperador romano, estando certo dia no fórum, ao sentir o aroma delicioso de uma festa, que estava em preparativos no templo de Marte, deixou o tribunal e tomou lugar à mesa, ao lado dos sacerdotes, a fim de regalar-se. É claro que os crentes, muitos dos quais tinham sido criados entre tais eventos sociais, que envolviam festividades e sacrifícios, com facilidade continuariam tais práticas, embora não mais sentissem que estivessem homenageando a qualquer deidade pagã. Isso fazia parte da estrutura social da época, bem como da vida social. Aqueles que punham ponto final a todas as suas relações com os templos, não se separavam apenas religiosamente, mas até mesmo socialmente.

Em tempos de perseguição, a questão ainda se tornava mais aguda. Provar os vinhos das libações oferecidas aos deuses pagãos, ou comer das carnes a eles oferecidas, eram considerados atos de homenagem a tais divindades, em cujos templos essas festividades tinham lugar. Ao mesmo tempo, tal ação indicaria que o indivíduo renunciava ao cristianismo. (ID NTI UN)

BALADÃ
Pai de Merodaque-Baladã, rei da Babilônia (ver 2Rs 20.12 e Is 39.1).

BALANÇAS
No hebraico, temos uma palavra que sempre aparece no plural, *moznayim*, "par de balanças", que aparece por dezesseis vezes no Antigo Testamento (ver Lv 19.36; Jó. 6.2; 31.6; Sl 62.9; Pv 11.1; 16.11; 20.23; Is 40.12,15; Jr 32.10; Ez 5.1; 45.10; Dn 5.27; Os 12.7; Am 8.5 e Mq 6.11).

Os antigos hebreus tinham meios de medir os pesos, conforme somos informados em Levítico 19.36 e outros trechos. Nos primeiros tempos hebreus, o ouro e a prata eram comercializados a peso, o que requeria o uso de balanças. As balanças tinham contrapesos de valores específicos, usualmente pedras de diferentes dimensões. Naturalmente, pessoas desonestas usavam dois tipos de peso: os mais pesados, com que vendiam coisas, e os pesos mais leves, com que as compravam. Isso explica as expressões em Miqueias 6.11 e Oseias 12.7. *Poderei eu inocentar balanças falsas? E bolsas de pesos enganosos?* Os arqueólogos têm descoberto: desenhos de balanças, algumas menores e outras maiores, mas sempre seguindo o mesmo princípio, dois pratos bem equilibrados; em um deles punha-se a mercadoria a ser pesada, e no outro, os pesos. Algumas vezes, os dois pratos eram suspensos por meio de um anel, e de outras vezes, havia uma cruzeta horizontal, equilibrada no meio, em cima de um pino. Talvez seja por esse motivo que O trecho de Isaías 46.6 usa um outro termo hebraico, que significa "cana" ou "vara", embora nossa versão portuguesa também traduza esse outro vocábulo hebraico por "balanças".

No Novo Testamento temos a palavra grega *zugós*, "balança", em Mateus 11.29,30, Atos 15.10; Gálatas 5.1; 1Timóteo 6.1 e Apocalipse 6.5.

Usos simbólicos: 1. Os homens são postos na balança, quando são julgados pela lei, ou através dos juízos divinos. É assim que o verdadeiro caráter deles é desvendado (ver Dn 5.27; Jó 31.6 e Sl 62.9). **2**. O povo de Deus deve ter balanças justas, o que tipifica a honestidade moral (ver Lv 19.36; Pv 11.1). As balanças justas são consideradas "do Senhor", porque ele é quem determina a honestidade, nas consciências humanas (ver Pv 16.11). **3**. As balanças enganosas revelam uma condição degenerada e desonesta (ver Am 8.5 e Os 12.7). **4**. A balança que o cavaleiro do cavalo negro brandia, em Apocalipse 6.5, indica a escassez de alimentos que haverá quando da Grande Tribulação, conforme se vê no versículo seguinte. **5**. As nuvens postas na balança (em português, "equilíbrio das nuvens"), em Jó 37.16, evidentemente aludem à maneira como elas existem na natureza, cumprindo o propósito que Deus lhes determinou. Isso, por sua vez, significa que Deus exerce pleno controle sobre a natureza. (BAR UN WRI WRIG)

BALAQUE
Ver o artigo sobre *Balaão*, quanto a detalhes da história de sua associação com Balaão. Balaque era filho de Zipor, rei dos moabitas (ver Nm 22.2, 4). Israel obtivera grande vitória sobre os amorreus; e Balaque, tomando conhecimento disso, e julgando que também seria atacado pelos israelitas, tentou impedir o avanço do povo de Deus, solicitando os serviços de Balaão, profeta pagão famoso em seus dias, a fim de amaldiçoar a Israel (ver Nm 22.1-6). Sob instruções de Balaão, Balaque edificou três altares em diferentes lugares, com o propósito de atrair a maldição divina contra Israel. Mas disso resultaram somente bênçãos e grandes profecias preditivas. Finalmente, Balaque e suas forças foram derrotadas por Israel. No entanto, antes de ser derrotado, e seguindo instruções de Balaão, Balaque conseguiu corromper a alguns dentre o povo de Deus, mediante pecados sexuais (ver Nm 25.1 e Ap 2.14). Por causa desse incidente, o nome de Balaque veio a designar aqueles que são insensatos o bastante para tentarem distorcer a vontade de Yahweh (ver Js 24.9 e Jz 11.25). (ID UN Z)

BALAÚSTRES
No hebraico, *mesillah*, "**terraço**", "**caminho elevado**". Na LXX, *anábasis*, "subida", "escada". Está em foco um caminho elevado, acima do nível normal do terreno, por ser este lamacento ou mesmo pantanoso. O termo aparece por 27 vezes (por exemplo: Nm 20.19; Jz 20.31,32,45; 1Sm 20.12,13; 2Rs 18.17; Is 7.3; 62.10; Jr 31.21). Figuradamente, a palavra é usada para aludir à marcha dos gafanhotos, em Joel 2.8; o curso das estrelas, em Juízes 5.20; a conduta dos retos, em Provérbios 16.17; e a subida para Sião, na mente dos piedosos (Sl 84.5).

BALDE
Um receptáculo para transportar água e retirá-la do poço. Os mais antigos eram feitos, evidentemente, de couro (Is 40.15). Havia uma cruzeta, posta na boca, para mantê-lo aberto. Esses baldes continuam sendo usados, até hoje, na Palestina. O avanço obtido no uso dos metais terminou produzindo vários tipos de baldes metálicos. Metaforicamente falando, temos o balde de Deus nas nuvens, de onde ele derrama, simbolicamente, a chuva, a neve, a saraiva etc. (Nm 24.7). Essa bênção do derramamento torna o povo de Israel grande e numeroso. A própria nação de Israel é retratada como um homem que transporta dois baldes de água, transbordantes, o que se refere à abundância material.

BALEIA
Está em foco, principalmente, o animal que engoliu o profeta Jonas (ver Jn 1.17 ss.), e que nossa versão portuguesa traduz por "grande peixe". Dois pontos deveriam ser enfatizados: **1**. O elemento miraculoso é ressaltado desde o começo do relato: "Preparou o Senhor um grande peixe, para que tragasse a Jonas; e esteve Jonas três dias e três noites no ventre do peixe" (Jn 1.17) **2**. O Senhor Jesus declarou que o episódio era factual, e não fictício: *...assim como esteve Jonas três dias e três noites no ventre do grande peixe, assim o Filho do homem estará três dias e três noites no coração da terra* (Mt 12.40). No hebraico, em Jonas, a palavra significa "peixe". Em Mateus, a palavra grega significa "monstro marinho". Muita discussão tem havido sobre a natureza do animal envolvido no caso. Alguns estudiosos pensam que a tradução "peixe" não é possível e nem necessária, pois sabe-se de episódio em que homens têm sido engolidos por baleias, para serem vomitados em seguida. As baleias podem engolir até mesmo animais de maior porte e peso que um homem, como os golfinhos e focas. Todavia, o fato de que o hebraico diz "peixe" parece conclusivo, sobretudo diante do fato de que no hebraico há uma palavra especialmente reservada para indicar a baleia, a qual não é usada no episódio que vitimou Jonas. O que realmente importa no relato, todavia, não é qual animal engoliu o profeta, se um mamífero ou um peixe, e, sim, tudo que envolveu um milagre providencial de Deus, que Jesus usaria como ilustração do período em que ele jazeria sepultado, entre sua morte e ressurreição.

BALEIA DE JONAS
Mateus 12.40: Pois, como *Jonas esteve três dias e três noites no ventre do grande peixe, assim estará o Filho do homem três dias e três noites no seio da terra*.

Baleia é tradução de a.C. e KJ; AA diz *grande peixe*. A palavra se refere a um monstro marinho, um peixe enorme. Ocorrências modernas demonstram que há peixes capazes de engolir um homem inteiro.

Será possível ser engolido por uma baleia e continuar vivo para contar a história? A ciência responde *"Não"*, mas a resposta correta é "sim". Os registros oficiais do Almirantado Britânico proveem evidências documentadas sobre a espantosa aventura de James Bartley, um marinheiro britânico que foi engolido por uma baleia, e escapou com vida para contar a história! O Sr. Bartley estava fazendo sua primeira viagem (que terminou também por ser a única), como marinheiro de um navio baleeiro, cujo nome era *Estrela do Oriente,* em fevereiro do ano de 1891. Estavam a algumas centenas de quilômetros a leste das ilhas Falkland, no Atlântico Sul.

Em certo momento foi arpoada uma grande baleia, que então mergulhou às profundezas abissais. Quando ela subiu pare respirar, ocorreu que seu corpanzil esmigalhou o bote, e muitos homens caíram no mar. Dois homens não puderam ser encontrados e um deles era o Sr. Bartley. Depois de muito serem procurados, foram dados finalmente por perdidos.

Pouco antes do pôr do sol, naquele mesmo dia, a baleia moribunda flutuou até à superfície. A tripulação rapidamente prendeu uma corda na baleia e a arrastou até o navio-mãe. Posto que era tempo de verão, foi necessário despedaçar imediatamente o gigantesco animal. Em pedaços foi sendo cortada a baleia. Pouco depois das onze horas da noite, os exaustos tripulantes removeram o estômago e o enorme fígado da baleia. Esses pedaços foram levados para a coberta e notou-se que havia algum movimento no interior do estômago da baleia.

Fizeram uma grande incisão no estômago da baleia, e apareceu um pé humano. Era James Bartley, dobrado em dois, inconsciente, mas ainda vivo. Bartley soltava grunhidos incoerentes ao recuperar um pouco mais a consciência, e durante cerca de duas semanas pendeu entre a vida e a morte. Passou-se um mês inteiro antes que pudesse contar perfeitamente a história do que lhe acontecera.

Lembrava-se de que quando a baleia atingiu o bote ele foi atirado ao ar. Ao cair, foi engolfado pela gigantesca boca da baleia. Passou por fileiras de minúsculos e afiados dentes, e sentiu uma dor lancinante. Percebeu que estava escorregando por um tubo liso, e então desapareceu na escuridão. De nada mais se lembrava, senão depois de ter recuperado a consciência, uma vez libertado do estômago da baleia. Muitos médicos de vários países vieram examiná-lo. Viveu mais *dezoito anos* depois dessa experiência. Sua pele ficara com uma desnatural coloração esbranquiçada, mas não sofreu outros maus efeitos além desse. Na lápide de seu túmulo foi escrito um breve relato de sua experiência, com o acréscimo: "James Bartley 1870 a 1909, um moderno Jonas". (Extraído do livro *Stranger than Science,* por Frank Edwards, p. 11-13.)

BALSA. Ver o artigo sobre *Embarcações e Navios.*

BÁLSAMO

No hebraico temos uma palavra que indica uma goma medicinal, usada por seis vezes no Antigo Testamento (ver Gn 37.25; 43.11; Jr 8.22; 46.11; 51.8 e Ez 27.17). O "bálsamo de Gileade" aparece como tema de hinos. Talvez se trate da espécie vegetal *Commiphora opobalsamum,* que não é nativa na Palestina, embora bastante comum na Arábia. Josefo informa-nos que a rainha de Sabá trouxe sementes dessa planta e as deu a Salomão, e desde então ela passou a ser cultivada em Israel. Ao menos sabe-se com certeza que, em tempos posteriores, tornara-se uma planta comum na Palestina.

A planta que produz a goma é uma planta perenemente verdejante. Tem flores brancas, formando cachos de três flores. Dá-se um corte em seu tronco, de onde exuda a seiva. Esta transforma-se em glóbulos duros, de onde se extrai a substância. Talvez as "especiarias" referidas em 2Reis 20.13 e 1Reis 10.10 tenham em vista o mesmo produto.

O "Bdélio", aludido em Gênesis 2.12, é uma espécie diferente, que talvez seja a *Commiphora africana ou o* Bdélio índico ou africano, que originalmente se pensava ser uma pedra semipreciosa. Os eruditos não têm recebido favoravelmente a identificação do "bálsamo de Gileade" com a *Melissa officinalis,* uma erva de cheiro adocicado. A referência em Jeremias 8.22, acerca do bálsamo e do médico em Gileade, tudo associado em uma única sentença, sem dúvida indica que essa substância era considerada como dotada de valor medicinal. Isso tem levado alguns eruditos a suporem que a *Silphium terebinthinaceum* está em vista, visto que é sabido que essa espécie era usada com fins medicinais. Essa espécie produz uma resina levemente fragrante. Não era espécie nativa da Palestina, embora passasse a ser cultivada ali em data desconhecida. Os árabes lhe dão grande valor, e Josefo chega a mencioná-la. Ainda outra opinião dos especialistas favorece a *Balanites aegyptiaca.* Conforme se está vendo, a planta não tem sido inequivocamente identificada.

Em Ezequiel 27.17 encontramos uma outra palavra hebraica, mas que nossa versão portuguesa também traduz por "bálsamo", seguindo a Vulgata Latina, que a traduz por "balsamum", em acordo com várias outras autoridades antigas. Essa árvore, embora não fosse nativa da Judeia, era cultivada nos jardins próximos de Jericó, nas margens do rio Jordão, conforme nos diz Josefo (*Guerras* I.7,6). A goma por ela produzida era preciosa, e seu peso valia tanto quanto a prata em peso. Tratava-se da espécie *Salanites Aegyptiaca.* Sua resina era usada para curar ferimentos, e sob a forma de chá, para os problemas estomacais. Todavia, alguns estudiosos preferem pensar na *Pistacia lentiscus,* que cresce até cerca de 3 m de altura, produzindo flores e frutos. Os cortes feitos em seu tronco ou em seus ramos produzem uma goma chamada "mástique". Os glóbulos de resina são branco-amarelados, translúcidos, aromáticos e adstringentes.

A identificação exata das árvores, das plantas, dos animais e das aves mencionadas na Bíblia geralmente é problemática, ou mesmo impossível, conforme se vê no caso do bálsamo.
Uso simbólico do bálsamo. As misericórdias curadoras de Deus, que podem curar os males morais e espirituais de um homem, são simbolizadas pelo bálsamo. Em Jeremias 8.22 e 51.8, a misericórdia de Deus é que livrava potencialmente a nação de Israel das suas angústias. (ND Z)

BÁLSAMO (PESSOA)

Quando Esdras leu a lei diante do povo, de acordo com os livros apócrifos (ver 1Esdras 9.43), sete homens puseram-se ao seu lado direito, e Bálsamo era um deles. Em Neemias 8.4, a referência paralela, o nome é Maaseias. (Z)

BALTASAR

Essa é a forma grega de *Belsazar* (ver Dn 1.7; 2.26; 5.1; 7.1; 8.1 e Baruque 1.11). Na tradição posterior, também aparece como nome de um dos magos que visitaram o menino Jesus. A tradição também declara que eles seriam três (talvez devido às três formas diferentes de presente, ouro, incenso e mirra), embora haja tradições em que esse número varia. Ver o NTI, nas suas notas sobre Mateus 2.1, bem como o artigo deste dicionário sobre os *magos.*

BALUARTE

Cinco palavras hebraicas estão por detrás dessa ideia, a saber: **1**. *Chel,* "forte", palavra que ocorre por nove vezes (por exemplo: Is 26.1; Lm 2.8; Na 3.8). **2**. *Chelah,* "fortim", palavra que aparece por apenas uma vez, em Salmo 48.13. **3**. *Matsod,* "fortaleza", palavra que figura por apenas uma vez, com esse sentido, em Eclesiastes 9.14. **4**. *Matsor, fortaleza,* palavra que aparece por 26 vezes (por exemplo: Dt 20.20; Jr 10.17; Mq 7.12). **5**. *Pinnah,* "esquina", palavra que figura por 28 vezes (por exemplo: 2Cr 26.15; Sf 1.16; 3.6).

Todas essas palavras envolvem a ideia de lugar de difícil acesso, indicando algum lugar dotado de defesas naturais (Dt 20.20), de instalações militares, de rampa etc. (Sl 48.13), ou então, alguma fortaleza ou torre (2Cr 8.5). A ideia básica é de lugar cercado por muralhas ou defesas. No grego temos a palavra *edraíoma,* "estabilidade", usada apenas em 1Timóteo 3.15, aplicada à igreja. Nossa versão portuguesa diz ali "baluarte", onde algumas versões em outros idiomas dizem "base" ou "fundamento". O ministério da igreja de Cristo garante que os homens edificam sobre o alicerce da verdade.

BAMÃ

No hebraico significa **"lugar alto"**, exatamente conforme a palavra é traduzida na versão portuguesa, em Ezequiel 20.29, único trecho bíblico onde a palavra hebraica aparece. A etimologia da palavra é desconhecida, embora pareça estar relacionada ao ugarítico ou ao acádio que significa as "costas" de uma pessoa ou de um animal. (Ver Dt 33.29, onde aparece uma palavra hebraica similar, e que nossa versão portuguesa traduz por "alteza"). Excetuando algumas poucas referências, os lugares de adoração dos gentios (como também os de Israel, quando idólatras), localizados em lugares elevados, montes, bosques etc., são indicados por esse outro termo hebraico. A arqueologia tem comprovado a existência desses lugares altos. Uma grande plataforma oval, medindo dez metros de comprimento, oito metros de largura e seis metros de altura, foi encontrada em Megido. O alto da plataforma era atingido mediante um lance de escada, e ali eram oferecidos sacrifícios. Data do terceiro milênio a.C. Outros desses lugares altos têm sido encontrados em Nahariya, perto de Haifa (séculos XVIII ou XVII a.C.), em Malhah, a sudeste de Jerusalém (séculos VII ou VI a.C.). O trecho de Ezequiel 20.29, no original hebraico, parece conter um jogo de palavras: *Que* (mah) *propósito tem essa vinda* (mah) *a este lugar alto?* E talvez essas palavras fossem proferidas zombeteiramente. Ver também o artigo sobre *Lugares Altos.* (MCC S Z)

BAMIÃ

Uma cidade situada sobre uma colina, não mencionada na Bíblia. Segundo as tradições, embora dificilmente elas se mostrem corretas, diante dessa cidade havia um rio, que desaguava no gurjestão. A cidade não tinha jardins e nem pomares, sendo também a única cidade da região situada sobre uma colina. Teria sido a residência de Sem, filho de Noé. (S)

BAMOTE

No hebraico significa **"lugares altos de Baal"**. Era um lugar na Transjordânia, onde os israelitas fizeram uma parada (ver Nm 21.19,20). Ficava ao norte do rio Arnon. Talvez seja a mesma localidade chamada Bamote-Baal, em Josué 13.17. Era um lugar pertencente aos moabitas, e adquiriu tal nome devido à adoração idólatra que ali havia. Foi nesse local que o rei Balaque (ver o artigo a seu respeito) pediu para Balaão (ver o artigo a respeito) amaldiçoar o povo de Israel. A pedra Mesha, com inscrições que datam de cerca de 830 a.C., assevera que o rei Mesha erigiu o lugar, juntamente com outros similares, em Dibom, Bezer e Medeba. À tribo de Rúben foi dada essa cidade (ver Js 13.17), como parte de sua herança. A localização exata é desconhecida atualmente, embora seja tentativamente localizada na margem ocidental do platô da Transjordânia, ao sul do monte Nebo, perto da moderna Khirbet el-Quweiqiyeh. (AH GROL)

BANAS

Também grafado como Banuas, foi ancestral de alguns levitas que retornaram com Zorobabel do exílio babilônico (ver 1Esdras 5.26). O nome não aparece no paralelo canônico de Esdras 2.40.

BANCOS, TÁBUAS

No hebraico, *qeresh,* **"tábua"**. Essa palavra aparece por 51 vezes, a começar em Êxodo 26.15, e principalmente nesse livro da Bíblia, indicando as tábuas usadas na construção do tabernáculo no deserto. Mas, por uma vez, em Ezequiel 27.6, indica os bancos do navio simbólico que representava Tiro, onde se lê: *...os teus bancos fizeram-nos de marfim engastado em buxo da ilha dos quiteus.*

BANHO

Nas Escrituras há duas classificações gerais a respeito de banhos: **1**. Para efeito de higiene pessoal. **2**. Como ato religioso, cerimonial.

1. Lavagem do Corpo. Envolvia atos como esfregar o corpo com a ajuda de água, talvez derramada de uma jarra ou balde (Lv 15.17; Nm 19.7,8,19, onde é usada a palavra hebraica *rachats).* Outro modo era a imersão em rios, lagos ou poços. Somente as classes mais abastadas transportavam água para tomar banho (2Sm 11.2). Poços como os de Siloé e de Ezequias (Ne 3.15,16), às vezes sombreados com pórticos (Jo 5.2), proviam lugares de banhos públicos, que tão populares se tornaram nos tempos gregos e romanos. Josefo (*Guerras* 1.17,7) menciona que os soldados se banhavam. Havia as termas de Tiberíades (Eusébio, *Onomast.),* bem como as termas próximas às praias do mar Morto (Josefo, *Anti.* xviii.2; xvii.6). Também lemos acerca de banhos públicos entre os antigos egípcios. Os ricos tinham piscinas, que usavam tanto como balneário como para efeitos de recreação (Josefo, *Anti.* xvii.11; xv.3).

Não há muitas menções, no Antigo Testamento, a banhos com propósitos higiênicos, embora o calor e a poeira das terras orientais tornem os banhos tão necessários. Heródoto (11.27) conta que os sacerdotes egípcios banhavam-se nada menos de quatro vezes ao dia, embora isso incluísse abluções mais de natureza ritualista. No Antigo Testamento, um sinal de hospitalidade para com os recém-chegados era prover-lhes um banho (Gn 18.4; 19.2; 1Sm 25.41). Bate-Seba estava no banho, quando Davi a viu pela primeira vez (2Sm 11.2). As palavras de Noemi à sua nora, Rute (Rt 3.3), sugerem que era costume as pessoas banharem-se, antes de visitarem alguém de classe superior.

2. Banhos Cerimoniais e Ritualistas. O ato de lavar as mãos e os pés, antes das refeições principais, era um antigo hábito em Israel, talvez vinculado às purificações religiosas. As pessoas também se banhavam após o período de lamentação pelos mortos, porquanto isso subentendia poluição (2Sm 12.20). Os israelitas também banhavam-se antes dos cultos religiosos (Gn 35.2; Êx l9.10; Js 3.5; 1Sm 16.5). O sumo sacerdote banhou-se por ocasião de sua instauração (Lv 13.6), como também o fazia no dia da expiação, antes de oferecer o ato de propiciação (Lv 16.4,24). Servir de auxiliar do banho de outrem era considerado um ato de humilhação (1Sm 25.41). Esse costume os primitivos cristãos transferiram para o Novo Testamento, no ato do lava-pés, descrito com detalhes em João 13. Quanto às lavagens cerimoniais, ver Marcos 7.8. Acerca de como todas essas abluções foram suplantadas por princípios espirituais em Cristo, ver Hebreus 9.10. As notas, no NTI, fornecem amplas informações a respeito dessas questões.

3. Usos Simbólicos. *a.* Em face do aspecto de purificação, está em foco no batismo, em seu sentido literal e espiritual (Rm 6.3; Tt 3.5). *b.* Santificação (Mc 7.8). *c.* Lava-pés, que simboliza a igualdade entre os irmãos, a humildade e a purificação das falhas diárias. *d.* As lavagens cerimoniais do Antigo Testamento simbolizavam vários tipos de purificação, tudo o que recebeu cumprimento no ofício expiatório de Cristo, em seus vários aspectos (Hb 9.10). *e.* A vingança de Deus, pois, em algumas versões, é dito que a espada do Todo-poderoso banha-se de sangue, punindo os habitantes da terra (Is 34.6). (ED EDE ID IB NTI)

BANI

Esse nome vem de uma raiz hebraica que significa **"edificar"**. É apelativo de várias personagens do Antigo Testamento, a saber: **1**. Um dos trinta heróis guerreiros de Davi, um gadita (ver 2Sm 23.36). O paralelo, em 1Crônicas 11.38, diz "filho de Hagri", que parece envolver uma corrupção do texto. **2**. Um antepassado de Merari, um levita, através de Etã, cujo filho serviu no tabernáculo, ao tempo de Davi (ver 1Cr 6.46). **3**. Um filho de Judá, por Utai, da tribo de Perez, um daqueles que retornaram para habitar em Jerusalém, após o exílio babilônico (ver 1Cr 9.4). **4**. Antepassado de certos homens que retornaram do cativeiro babilônico em companhia de Zorobabel (ver Ed 2.10 e 1Esdras 5.12). É chamado pelo nome de Binui, em Neemias 7.15. **5**. Um ancestral de Selomite, que retornou da Babilônia juntamente com Esdras (ver Ed 8.10), conforme se vê em Esdras 8.36. **6**. Um homem cujos descendentes haviam tomado mulheres estrangeiras, estando ainda no cativeiro (ver Ed 10.29). Em 1Esdras 9.30 ele é chamado Maani. **7**. Um levita cujo filho ajudou a reparar as muralhas de Jerusalém (ver Ne 3.17). **8**. Um homem que assessorou a Esdras na explicação sobre a lei. Ele era levita (ver Ne 8.7). É chamado Aniute, em 1Esdras 9.48. **9**. Um levita que foi um dos signatários do pacto que resultou do reavivamento do interesse pelas questões espirituais, nos dias de Neemias (ver Ne 10.13). **10**. Um dos chefes do povo que também assinou o pacto, e que talvez seja a mesma pessoa que a de número 9 (ver Ne 10.14). **11**. Pai de um oficial dos levitas em Jerusalém, que pertencia aos filhos de Asafe, que eram cantores (ver Ne 11.22).

Esse nome tem sido confundido com Binui ou Buná, de tal modo que é impossível garantir-se a identificação de alguns desses personagens. (ID S)

BANQUETE

Quatro palavras hebraicas e uma grega estão envolvidas no estudo desse tema, quase sempre envolvendo a ideia básica de "beber". Em Amós 6.7 temos uma palavra que significa "grito" (de alegria ou de tristeza). Em Jó 41.6 temos uma palavra que significa "preparar". Em Cantares 2.4, a "sala de banquete" deveria ser traduzida mais apropriadamente por "sala de vinho". Em Ester 7.1, que diz *veio... Hamã para beber...*, encontramos uma palavra hebraica usada por 211 vezes exatamente com o sentido desse verbo. E uma quarta palavra hebraica é usada por 45 vezes com o sentido de "banquete" (por exemplo: Et 5.4-6,8,12,14; Dn 5.10). A palavra grega *pótos*, "bebedice", aparece somente em 1Pedro 4.3.

Ocasiões para banquetes. Podemos pensar nas festividades, religiosas ou sociais, nos aniversários (ver Gn 40.20; Mt 14.5); no desmame de um filho e herdeiro (ver Gn 21.8); nos casamentos (ver Gn 29.22; Mt 22.2-4), por ocasião da tosquia das ovelhas (ver 1Sm 25.2); e também, conforme nos parece estranho em nossa cultura, por ocasião dos sepultamentos (ver 2Sm 3.35), ainda que na oportunidade relatada, Davi se recusasse a fazê-lo.

Horário dos banquetes. Usualmente os banquetes tinham lugar no fim do dia, à noitinha, o que corresponde ao nosso jantar (ver Is 5.11). Geralmente, esses banquetes continuavam por alguns dias (ver Jz 14.12). Lembremo-nos da festa de casamento na qual Jesus se fez presente. Houve muito vinho, e a festa durou por muito tempo. Os excessos tornavam-se inevitáveis nessas oportunidades (ver Ec 10.16 e Is 5.11).

Convites. Os servos transmitiam verbalmente os convites (ver Pv 9.3; Mt 22.3). O convite de última hora também era feito (ver Mt 22.8 e Lc 14.7), restringido àqueles que tivessem manifestado sua disposição de se fazerem presentes. Nenhuma razão trivial era aceita como recusa a um convite desses. Nos Evangelhos, a questão tornou-se símbolo do convite do Senhor para que os homens recebam o reino de Deus e a salvação.

Etiqueta. Os convidados eram identificados mediante uma espécie de tabuleta ou cartão, e eram admitidos ao salão do banquete. Uma vez que todos os convidados estivessem presentes, o proprietário fechava a porta, para que ninguém mais pudesse entrar (ver Lc 13.25; Mt 25.10). Os convidados eram saudados com um ósculo, na entrada (ver Tobias 7.6; Lc 7.45), e seus pés eram lavados (ver Lc 7.44), o que era um costume generalizado no Oriente. Além disso, cabelos e barba eram ungidos (ver Sl 23.5). Os lugares eram designados aos convidados de acordo com a importância de cada um (ver 1Sm 9.22 e Lc 14.8). Algumas vezes, eram fornecidos trajes especiais para tais celebrações (ver Ec 9.8 e Ap 3.4,5).

O mestre-sala (ver Jo 2.9 e Ec 32.1) usualmente era o proprietário da casa, embora nos banquetes nas cortes reais houvesse algum oficial designado para o posto. O mestre-sala tinha autoridade de admitir quem deveria fazer-se presente, e o que os convidados deveriam fazer. Os pratos servidos durante o banquete dependiam das posses do dono da casa, pelo que um banquete podia ser simples ou muito luxuoso, com itens importados. Nunca faltava o vinho, que era servido puro, ou então misturado com água e especiarias (ver Pv 9.2; Ct 8.2). Com frequência havia bebedeiras, do que resultavam todos os tipos de excessos (ver Is 5.12 e Am 6.5).

Sentados à mesa ou reclinados? Nos primeiros tempos de Israel, costumava-se sentar à mesa. Mas o hábito de reclinar-se em divãs, dos gregos e romanos, terminou sendo adotado em Israel, em tempos posteriores. Na época de Jesus, as refeições eram tomadas em posição reclinada. Assim, na última Ceia, compreende-se como João podia estar "aconchegado" a Jesus (ver Jo 13.23), e como pôde reclinar-se *sobre o peito de Jesus* (ver Jo 13.25).

Como se levava o alimento à boca? Garfos, colheres e facas só se tornaram de uso comum já nos fins da Idade Média. Portanto, as pessoas levavam o alimento à boca com as mãos. Se o alimento era líquido, geralmente era apanhado com um pedaço de pão, no qual era ensopado. Um prato podia ser servido para diversos comensais; o que significa que todos podiam meter juntos a mão no prato, o que é refletido em João 13.26, na cena da última Ceia. Durante o banquete, circulavam servos, salpicando as cabeças dos convidados com perfumes ou óleos.

Cozinha. Ver o artigo sobre a *arte culinária*. Os alimentos eram cozidos, assados, estufados, grelhados, preparados com molhos e especiarias. Grande número de panelas e vasos era usado nessas ocasiões.

Guardanapos. Visto que as pessoas levavam à boca o alimento com a mão, esta ficava engordurada. Pedacinhos de pão eram usados para limpar as mãos dos convivas. Os mesmos tornavam-se alimentos dos cães (ver Mt 15.27 e Lc 16.21). Mas, nesse processo, os convivas eram ajudados pelos servos que circulavam entre eles. Esse humilde ofício era prestado por Eliseu a seu mestre, Elias (ver 2Rs 3.11).

Entretenimento. Nos banquetes, muitas vezes havia músicos que tocavam instrumentos, havia dançarinos, havia mímicas e os convivas apresentavam quebra-cabeças uns aos outros. O banquete platônico mostra que os filósofos também tinham suas ocasiões festivas, com comes e bebes, antes de se formar a atmosfera apropriada para os debates filosóficos. Os excessos eram frequentes em tais banquetes, embora a intenção dos convidados fosse boa. (Ver Is 28.1; Sabedoria de Salomão 2.7; 2Sm 19.35; Jz 14.12; Ne 8.10 e Lc 15.25).

Uso figurado. O banquete representa o convite de Cristo, o seu pacto, a igreja, a comunhão íntima com o Senhor. Além disso, a rejeição por parte de convidados não qualificados e a entrada no salão do banquete por meios astutos, simbolizam a necessidade das pessoas se qualificarem para o convite do evangelho. Os banquetes satisfazem certas necessidades do corpo. O banquete oferecido por Cristo satisfaz as necessidades do espírito. Um convite a um banquete precisava ser tomado a sério. O dono da casa exerce controle sobre a porta, admitindo e rejeitando a quem ele quisesse fazê-lo (ver Mt 22.3; Lc 12.25 e Jo 2.9). As vestes especiais, fornecidas aos convivas, pintam a provisão espiritual da santidade e da preparação espiritual (ver Ap

3.4,5). Os convidados eram ungidos, o que simboliza a unção do Espírito, com sua presença e suas graças (ver Sl 23.5). Havia convidados mais importantes e menos importantes. Nem toda realização espiritual está em um mesmo nível. As pessoas variam quanto à espiritualidade (ver Lc 14.8; ver também, quanto a símbolos gerais, o trecho de Cantares 2.4). O pacto do Senhor com o seu povo é simbolizado pela Ceia do Senhor (ver Mc 14.25; comparar com Ap 3.20). (ID ND S UN Z)

BANUAS
Uma forma alternativa do nome próprio *Banas* (vide).

BAQUEBACAR
Nome hebraico que significa **"diligente procurador"**. Um levita que voltou do exílio babilônico em 445 a.C., em companhia de Zorobabel. Esse nome aparece somente no trecho de 1Crônicas 9.15, embora talvez se trate da mesma personagem chamada Bacbuquias, em Neemias 11.17. (S Z)

BAR (PREFIXO)
Como prefixo, "bar" é um aramaísmo no hebraico. Seu uso, tão antigo quanto Salmo 2.12, mostra que vem de tempos remotos. Era prefixo vinculado ao nome do pai de alguém, como "Bar-Abas", que significa "filho de Abas". Ver Mateus 27.16. Com esse prefixo aramaico em Daniel 7.13, temos a expressão "Filho do homem". Tal prefixo também podia transmitir as ideias de "relacionado a" ou de "da classe de". (Z)

BARAQUE
No hebraico significa **"relâmpago"**. Era filho de Abinoão, de Quedes de Naftali (ver Jz 4.5. Ver também Js 19.37 e 21.32). Ele pertencia ao distrito que mais sofreu às mãos dos cananeus. Jabim, rei de Canaã, vinha oprimindo Israel pelo espaço de 20 anos. A profetisa Débora convocou Baraque para tentar resolver a situação. Baraque organizou um exército de dez mil homens das tribos de Naftali e Zebulom, as tribos que mais haviam sofrido sob Jabim. A ideia era marchar até o monte Tabor, com promessas de que o general de Jabim, Sísera, haveria de ser derrotado. Mas Baraque recusou-se a entrar em batalha sem a presença de Débora. Ela concordou em ir, mas advertiu-o de que ela teria o crédito pela vitória e não Baraque. Houve o choque armado. Sísera contava com um grande exército. Quando a derrota de Baraque parecia certa, subitamente os cananeus foram assaltados por um pânico estranho, irracional. Disso resultou tremenda matança. A batalha teve lugar em cerca de 1120 a.C.

Após a batalha, Baraque e Débora compuseram um cântico de vitória, em louvor a Yahweh. As tribos que ajudaram na obtenção da vitória são elogiadas, mas as tribos que se mostraram indiferentes, como as de Aser, Dã e Rúben, foram censuradas (ver Jz 4 e 5). Embora Baraque tivesse precisado da ajuda de uma mulher (e qual homem não precisa de tal ajuda, ocasionalmente?), ele obteve menção honrosa entre os heróis da fé, em Hebreus 11.32. Ver as notas adicionais a respeito de Baraque, no NTI, nesse versículo. (ID S)

BARAQUEL
No hebraico significa **"Deus abençoa"**. Era pai de Eliú, um buzita da família de Rã, os últimos dos três "amigos" que entraram em discussão com Jó. (Ver Jó 32.2, 6). (S)

BARAQUIAS
Podemos entender seu nome como "Bar Aquias", ou seja, **"filho de Aquias"**. Era pai de Zacarias, aquele que foi assassinado entre o santuário e o altar (ver Mt 23.35). No Novo Testamento não há qualquer narrativa sobre o martírio de Zacarias, filho de Baraquias. Alguns estudiosos sugerem que isso ocorreu, mas que não foi registrado. Outros eruditos sugerem que deveria ser algum outro Zacarias. Ver o artigo sobre *Zacarias*, como também os comentários sobre o problema, nas notas expositivas sobre Mt 23.35, no NTI. (NTI Z)

BARBA
No hebraico, *zaqan*, "barba", palavra usada por dezenove vezes (por exemplo: Lv 13.29,30; 1Sm 17.35; 1Cr 19.5; Sl 133.2; Jr 41.5; Ez 5.1). *Sapham*, "bigode", usada por cinco vezes (por exemplo: 2Sm 19.24), única vez em que nossa versão portuguesa traduz a palavra como "barba". Nas outras ocorrências a tradução é "bigode" (ver Lv 13.45; Ez 24.17,22 e Mq 3.7).

A maioria dos povos antigos não compreenderiam o moderno costume de raspar a barba, enquanto tão poucos deixam a barba crescer. Pois, na antiguidade, dava-se precisamente o contrário. Entre os povos semitas a barba era sinal de virilidade, de tal forma que termos cognatos para *ancião ou adulto* eram palavras verbais e nominais que dizem respeito à barba. (Ver Êx 4.29).

A arqueologia tem descoberto muitos monumentos antigos que reproduzem variadas formas de barba, que diferiam de cultura para cultura, ou mesmo dentro de uma dada cultura. Alguns usavam a barba curta e aparada, porém, outros, longa e esvoaçante. Era considerado um adorno masculino ter barba profusa. Também era sinal de honra. Se a veracidade de alguém fosse posta em dúvida, a dúvida podia ser enfrentada com as palavras: "Olhe para a barba dele!" Assim, igualmente, faziam-se juramentos pela barba. "Por minha barba juro que…", palavras que podiam ser acompanhadas pelo gesto da mão tocando a barba. O oposto também era verdadeiro. Uma censura poderia acompanhar uma declaração como esta: "Que vergonha para a sua barba!" Uma saudação podia incluir a declaração: "Que Deus preserve a sua barba!"

Tão importante era a barba, no Egito, que até mesmo mulheres, em certas festividades, relacionadas a importantes dias oficiais, usavam barbas falsas segundo se vê em estátuas e gravuras. Em Israel, assim como os cabelos de uma mulher eram a sua glória, outro tanto dava-se com a barba de um homem. Os sacerdotes eram proibidos de aparar as beiradas de suas barbas. Raspar a barba era considerado um ato de contrição, podendo retratar mudanças radicais para o pior (Is 7.20). Aos prisioneiros de guerra raspava-se a barba, em sinal de zombaria. A ausência de barba, ou barba raspada era sinal de servilismo. O rei dos amorreus lançou opróbrio sobre os embaixadores de Davi cortando pela metade as suas barbas e enviando-os de volta (2Sm 10.1-5). Muitos gregos e romanos barbeavam-se, tirando a barba totalmente; e isso, para os israelitas, era marca de paganismo, algo a ser evitado.

Uso figurado. O povo de Deus é comparado aos pelos da barba e aos cabelos de Ezequiel, dando a entender que eram muito queridos (Ez 4.1-5.4). Em Isaías 7.20, quando o Senhor ameaçou raspar as cabeças e as barbas dos homens de seu povo, isso deu a entender que grande número deles seria sujeitado a julgamento divino. (G ID S Z)

BARBEIRO
Palavra que no hebraico é usada somente por uma vez, em Ezequiel 5.1, *gallawb*. Raspar a cabeça até hoje é costume bastante comum nos países orientais. Algumas seitas religiosas da Índia distinguem-se por essa prática. Alguns deixam apenas um tufo de cabelos no alto da cabeça, ou acima de cada orelha. Na Síria, os homens de certa idade com frequência raspam a cabeça, permitindo que a barba cresça. Os jovens barbeiam o rosto e aparam bem curtos os cabelos da cabeça. O lábio superior nunca é raspado, exceto no sul da Índia, onde o ato é feito como sinal de luto. A ausência de bigodes é considerada por muita gente, na Síria, como sinal de ausência de virilidade. Portanto, ali os barbeiros têm sempre muito trabalho a fazer, e eles estabelecem suas barbearias em lugares convenientes para atrair fregueses. Na passagem de Ezequiel, o

Senhor ordenou que o profeta usasse uma espada afiada como uma navalha de barbeiro, para cortar seus cabelos e sua barba. Os cabelos assim cortados, deveriam ser usados em vários atos simbólicos dos julgamentos divinos. Na antiguidade, as navalhas eram feitas de pedra lascada, de cobre, de bronze ou de ferro. Os arqueólogos têm encontrado pinturas em túmulos, no Egito, que mostram barbeiros trabalhando. (S Z)

BARCLAY, WILLIAM (1907-1978)

Erudito bíblico escocês. Nascido em Wick e formado em Glasgow e Marburgo, ministrou na área industrial de Clydeside, sendo, em 1947, nomeado lente e, em 1964, designado professor titular de Novo Testamento na Universidade de Glasgow. Unia a erudição clássica à capacidade de se comunicar com todos os níveis sociais, fosse nos estaleiros, fosse nas salas de aula, fosse com o grande público, pela imprensa ou pela televisão. Sua série *Daily Study Bible* [*Bíblia de Estudo Diário*] (NT) vendeu cerca de 1,5 milhão de exemplares, foi traduzida para muitos idiomas, inclusive da Birmânia [atual Mianmar] e da Estônia, e lhe propiciou, posteriormente, um ministério mundial de correspondência. Teologicamente, ele se autodenominava um "liberal evangélico". Afirmava ser o único membro do corpo docente de sua faculdade de teologia que acreditava terem sido Mateus, Lucas e João que escreveram os Evangelhos a eles atribuídos. Não obstante, era um universalista, reticente quanto à inspiração das Escrituras, crítico da doutrina da expiação substitutiva e com ideias próprias a respeito do nascimento virginal e de milagres, que os conservadores consideravam heréticas ou imprecisas. Referiu-se a Bultmann, certa vez, como o pregador mais evangélico que já havia ouvido, pois todos os seus escritos visavam confrontar o indivíduo com Cristo. No contexto do marcante declínio da membresia da igreja da Escócia, Barclay deplorou o desaparecimento virtual da disciplina eclesiástica e sugeriu duas categorias de membresia: a daqueles "profundamente atraídos por Jesus Cristo" e a dos já preparados para assumir um compromisso total.

(**J. D. Douglas**, M.A., B.D., S.T.M., Ph.D., editor e escritor.)

BIBLIOGRAFIA. *Testament of Faith* (London, 1975), publicado também em inglês como *A Spiritual Autobiography* (Grand Rapids, MI, 1975).

R. D. Kernohan (ed.), *William Barclay: the Plain Uncommon Man* (London, 1980); J. Martin, *William Barclay* (Edinburgh, 1984); C. L. Rawlins, *William Barclay* (Grand Rapids, MI & Exeter, 1984).

BARCO A REMO

Ver os dois artigos sobre *Embarcações* e sobre *Navios*. Os barcos a remo eram barcos longos e baixos que enfrentavam mar alto, impulsionados por velas e remos, ou então somente por remos. Ver Isaías 33.21, onde estão em pauta navios de guerra, impulsionados por remos. A ideia ali é que o Senhor seria a defesa de Jerusalém, como se ela fosse uma grande cidade protegida por um rio, onde nenhum navio de potência hostil podia chegar. Ver também Ezequiel 27.8. O vocábulo hebraico em questão é confirmado em uma nota cananeia das cartas de Amarna, *anaya* 245.28.

BARCOS

No hebraico, **"pintor"**. Foi cabeça de uma das famílias dos netinins (ver Ed 2.53 e Ne 7.35). Alguns de seus descendentes retornaram do exílio com Zorobabel, em cerca de 536 a.C.

BARCOS (NAVIOS)

Embora os israelitas fossem um povo agrícola, não voltados para as lides marítimas como os fenícios, tinham jangadas que atravessavam o rio Jordão, embora ficassem apenas subentendidas, como em 2Samuel 19.18. Também tinham barcos de pesca usados no mar da Galileia (Mc 4.36; Jo 6.1,23). Davi precisou depender da marinha fenícia de Hirão (2Sm 5.11 ss.). Salomão teve sua marinha (1Rs 9.26). Os navios de Társis traziam ouro, marfim, símios e pavões, a fim de decorar o luxuosíssimo reino de Salomão, trazendo uma nova carga de três em três anos (2Cr 9.21).

Navios de outros povos são mencionados em Provérbios 31.14; Salmo 107.23 ss. e 104.26. Paulo usou navios mercantes para fazer viagens pelo império romano, em suas jornadas missionárias. Sabemos que os egípcios usavam navios para fazer viagens não só pelo rio Nilo, mas também pelo Mediterrâneo. O tráfico entre a Biblos da Fenícia e o Egito era feito por mar, e os navios envolvidos eram chamados "viajantes de Biblos". O papiro era transportado nesses navios, para o Egito, para a confecção de livros (rolos) de papiro. Porém, tais navios também transportavam muitas outras mercadorias. Os egípcios também tinham embarcações de fundo chato para transporte de pedras, para suas construções pesadas. Embarcações semelhantes eram usadas nos rios Tigre e Eufrates. Jangadas de madeira, postas a flutuar com a ajuda de peles infladas de ar, também eram usadas. Havia um intenso tráfico marítimo com a Índia, através do golfo Pérsico. Porém, nenhum povo se tornou tão famoso como marinheiros quanto os fenícios. Eles velejavam por todo o Mediterrâneo, havendo quem dissesse que eles chegaram às Ilhas Britânicas, propagando a sua cultura até a Espanha. Os navios antigos usavam tanto velas quanto remos, como meio de propulsão.

Origens. Até onde a arqueologia tem podido revelar, a navegação começou desde 3500 a.C. Navios com popa indentada (para que ali fosse posto um remo leme), bem como com velas quadradas, podem ser vistos nas pinturas egípcias, ou então esculpidos sobre túmulos. Mas as embarcações egípcias geralmente eram feitas de papiro ou de madeira. Porém, por altura do reino médio (2130-1780 a.C.) o Egito já contava com navios grandes, alguns com nada menos de 54 m de comprimento. Talvez esses navios fossem de origem fenícia. Nesse período, os navios eram usados no comércio com o Chipre e com as costas gregas (Nm 24.24).

Tipos de Embarcações. **a**. Havia aquelas tripuladas por marinheiros, que podiam ser grandes ou pequenas, mencionadas nos textos de Amarna com o nome de *anayi*, palavra cananeia talvez relacionada ao termo indo-europeu *naus, navis*. Ver 1Reis 9.27. **b**. Os navios de Társis eram cargueiros que levavam pesadas cargas, como minérios. Eram navios próprios para travessias pelo mar Mediterrâneo, tendo até 60 m de comprimento. (Ver Ez 27.25). Com frequência eram construídos formando esquadras (1Rs 9.26) Esses navios tinham proas redondas e fileiras de remos, tanto quanto sessenta, além de velas. Alguns navios fenícios tinham emblemas na proa, como a cabeça de um cavalo. **c**. Os navios egípcios são descritos sob *Origens*. **d**. O navio em que Jonas embarcou (Jn 1.5) era grande, dotado de tombadilho, tripulado por marinheiros e comandado por um piloto (Jn 1.6; Ez 27.8). **e**. Havia as barcaças, navios de fundo chato, usados para a travessia de rios. **f**. Havia pequenas embarcações usadas na pesca, principalmente na Galileia, tão pequenas que uma grande carga de peixe era capaz de fazê-las naufragar (Mt 4.21; Mc 1.19; Jo 21.3 ss.). Provavelmente eram impulsionadas tanto por remos quanto por velas (Mc 6.48; Jo 6.19). **g**. Havia navios usados no Mediterrâneo, de muitos tipos. Os navios longos, cujo comprimento era de cerca de oito vezes mais que a sua largura, eram capazes de transportar entre 15 e 75 toneladas, com remos e velas. Os navios menores permaneciam não muito longe das praias, exceto em condições muito favoráveis. É possível que as viagens de Paulo fossem feitas nessas embarcações costeiras. Mas, quando ele viajou para Roma, tomou um cargueiro de cereais, um navio bem maior. Estes últimos geralmente transitavam na rota entre Roma e o Egito, podendo ter uma tripulação entre duzentos e trezentos homens; Luciano (*Navigium 1 ss*) descreve um desses navios, em cerca de 150 d.C. Esses navios eram dotados de um mastro central, com várias velas, além de uma vela dianteira, posta em um mastro mais à frente, para emprestar ao navio maior manobrabilidade.

No grego essa vela chamava-se *ártemon*. Na proa havia alguma figura esculpida ou pintada, representando o nome do navio (At 28.11), e a popa usualmente era mais elevada, como o pescoço de um cisne, onde havia uma estátua da divindade patrona do porto de origem do vaso. Dois remos grandes, à popa das embarcações, serviam de lemes, podendo ser operados independentemente ou em conjunto. Usualmente as âncoras eram feitas de madeira, com pesos de pedra ou de chumbo, e três ou mais âncoras eram levadas a bordo.

Perigos das viagens marítimas. Antes de tudo, havia o grave problema da falta de uma navegação científica, de tal modo que um navio podia perder-se em alto-mar. Os antigos navios de madeira podiam desintegrar-se facilmente por ocasião das tempestades, pois, devido à falta de algum meio poderoso de propulsão, os navios ficavam ao léu sob as intempéries. Durante o inverno, quando as tempestades tornavam-se frequentes, a navegação era quase inteiramente suspensa. Isso ia desde meados de novembro a meados de fevereiro (At 20.3,6; 27.11; 1Co 16.6 ss.; 2Tm 4.21; Tt 3.12). Um mês antes disso e um mês depois disso ainda eram considerados dias perigosos para a navegação, embora houvesse quem se arriscasse (At 27.9). Quando o firmamento ficava enevoado, impedindo a visão do sol e das estrelas, a navegação ficava muito difícil, porque esses objetos celestiais serviam de pontos de referência quanto à direção em que se navegava.

Usos Metafóricos. *a*. Como um *símbolo psicológico* o navio representa a vida de uma pessoa a velejar ou singrar através das vicissitudes, sujeito às tempestades e à destruição, em busca de um destino. *b*. Um navio também pode simbolizar o corpo físico, o veículo da alma. *c*. Em Hebreus 6.19, há menção à *âncora da alma*, que fala sobre as provisões e poderes espirituais que nos são providos pelo acesso a Deus. Essa âncora representa, supremamente, a esperança da vida eterna, que se tornou uma realidade através da missão de Cristo, e que penetrou para além do véu do Santo dos Santos. *d*. O leme de um navio, embora sendo relativamente pequeno, pode fazer uma grande embarcação mudar de rumo, assemelhando-se à língua de um homem, a qual, apesar de pequena, tem enormes potencialidades para o bem ou para o mal Tiago 3.4. (HA ID ND SMITH STOR)

BARIÁ

No hebraico, **"fugitivo"**. O homem desse nome era filho de Semaías, descendente de Davi, no tempo de Salomão (1Cr 3.22), em cerca de 1058 a.C.

BARODIS

Antepassado de uma família de servos de Salomão que retornou do exílio babilônico em companhia de Zorobabel (ver 1Esdras 5.34). Seu nome não figura nas listas de Esdras 2.57 e Neemias 7.59.

BARRA

Na Bíblia portuguesa a palavra aparece como tradução de um termo hebraico, metil, que figura apenas por uma vez no Antigo Testamento, na expressão: ... *o seu arcabouço como barras de ferro* (Jó 40.18), referindo-se à fortíssima constituição do hipopótamo. Uma outra palavra hebraica, que significa, literalmente, "barra", isto é, *mot*, figura por quatro vezes no Antigo Testamento (ver Nm 13.23; traduzido por "vara" em nossa versão; Naum 1.13, traduzida por "jugo" em nossa versão; e Números 4.10,12, traduzida por "varais" em nossa versão). (Z)

BARTACO

Pai de Apame, concubina de um rei que não podemos identificar. Esse homem foi intitulado de *ilustre*, provavelmente por causa de algum elevado ofício que ocupava. Os nomes de seu pai e de sua filha sugerem uma origem persa (ver 1Esdras 4.29).

BARTH, KARL (1886-1968)

Considerado por muitos o mais importante teólogo do século XX. Sua obra, em quatro volumes, *Dogmática da igreja*, é tida como uma das maiores, senão a maior, contribuição à teologia protestante desde Schleiermacher.

Vida. Nascido em uma família de teólogos suíços, Barth estudou em Berna, Berlim, Tubingen e Marburgo, com alguns dos mais destacados professores da época, notadamente Harnack e Herrmann. Após breve período trabalhando para o jornal *Die christliche Welt* [*O mundo cristão*] e como pastor auxiliar em Genebra, foi nomeado pastor na aldeia de Safenwil, em Aargau, de 1911 a 1921. Durante o decurso de seu ministério ali, Barth foi-se tornando cada vez mais insatisfeito com sua própria formação teológica liberal. A redescoberta gradual das Escrituras como revelação o levou, a seguir, a escrever um conhecido comentário explosivo sobre Romanos. De 1921 a 1930, ensinou em Göttingen e Munster, exercendo importante papel no chamado movimento da "teologia dialética" e publicando diversos escritos, incluindo um volume, precoce, de preâmbulo à *Dogmática*. Mudando-se para Bonn, Barth começou então a escrever sua extensa obra teológica, ao mesmo tempo que se envolvia cada vez mais na oposição a Hitler, fornecendo substancial matéria teológica à sua igreja Confessante, notadamente no Sínodo de Barmen, em 1934. Isso levou à sua exoneração do ministério e designação para uma cátedra de magistério em sua cidade natal de Basileia, onde permaneceria pelo restante de sua carreira e aposentadoria e onde escreveu diversos volumes de sua obra, deixada, ao falecer, inacabada.

Para a compreensão de seu pensamento anterior, é necessário saber de sua rejeição à herança liberal recebida de seus mentores teologais. Juntamente com Edward Thurneysen (1888-1974), seu companheiro de pastorado, Barth se tornaria cada vez mais insatisfeito, com o método crítico-histórico como meio de exame das Escrituras. Insatisfação combinada com sua leitura de Kierkegaard, Nietzsche, Dostoievski e Franz Overbeck (1837-1905), a rejeição de Barth do pensamento liberal da fé cristã o conduziria a uma ênfase renovada no elemento escatológico e sobrenatural do cristianismo. Sua recusa de qualquer síntese entre a igreja e a cultura secular sofreria, depois, uma guinada decisiva, sob a influência do socialismo cristão radical de Christoph Blumhardt (1842-1919) e de pensadores como Hermann Kutter (1863-1931) e Leonhard Ragaz (1868-1945). Os frutos dessas mutações profundas no panorama teológico seriam encontrados nos sermões de Barth e em seus escritos ocasionais durante a Primeira Guerra Mundial, mas, acima de tudo, no comentário *A epístola aos Romanos*.

Comentário de Romanos. Primeiramente publicado em 1919 e, depois, completamente reescrito para uma segunda edição em 1922, o comentário de Romanos de autoria de Barth não é tanto uma exegese quanto uma reflexão sustentada e intensa sobre o que o teólogo chamaria mais tarde de "a bondade de Deus". Nesse livro, Karl Barth despeja todo o seu descontentamento com a síntese sobre Deus e o homem que encontrara no ideal religioso liberal, salientando a disjunção radical entre Deus e o homem, em que Deus se torna o inquiridor do homem, aquele que inicia uma crise na continuidade da história humana. Tanto o conteúdo como o estilo do livro são, por vezes, apocalípticos, tendo recebido forte crítica por parte da tradição acadêmica.

Não obstante, Barth, já então professor, continuou seu ataque sobre o núcleo do liberalismo. Depois da obra sobre Romanos, prosseguiu com exposições referentes a 1Coríntios 15 (1924) e Filipenses (1927); e em famoso debate público com

Harnack, em 1923, editado, criticou o método crítico-histórico (que para Harnack era a expressão da pesquisa disciplinada para uma verdade objetiva), pelo seu equívoco em tratar as Escrituras como uma revelação perturbadora. Em uma coleção anterior de ensaios, *A palavra de Deus e a palavra do homem*, Barth desenvolvera sua hostilidade à religião humana. Do mesmo modo, suas palestras da década de 1920, publicadas, mostram quão radical era sua confrontação com o que ele entendia ser uma teologia da subjetividade, assim como suas conferências sobre Schleiermacher em Göttingen, entre 1923 e 1924, e as palestras sobre ética, realizadas, pouco depois, em Munster (1928-1929).

Dogmática. Quase ao final da década de 1920, Barth inicia intensa obra, publicando em 1927, sua *Dogmática cristã em esboço*. Mais tarde, ele consideraria esse trabalho como meio caminho entre seus escritos do começo da década de 1920 e sua *Dogmática* definitiva. Muito embora mais construtiva que os escritos anteriores, ela retinha ainda vestígios do método teológico protestante liberal, que Barth finalmente corrigiu por meio de intensivo estudo de Anselmo. Foi justamente mediante sua leitura de Anselmo, parcialmente aplicada no debate com o filósofo Heinrich Scholz (1884-1956), que Barth deixou a "teologia dialética" de seu período anterior, podendo, então, ser capaz de expandir uma base mais sólida para a dogmática do que havia sido produzido tanto pelos teólogos da consciência religiosa como por sua própria rejeição, escatológica e quase sempre agressiva, da obra destes. O estudo de Barth, de 1931, sobre o procedimento teológico de Anselmo (procedimento que produziu frutos como *Fides Quaerens Intelectum* [*Fé em busca de entendimento*]) o capacitaria a esclarecer o relacionamento entre a fé e a inquirição racional de um modo melhor desenvolvido do que no debate anterior com Harnack, fornecendo os fundamentos para a *Dogmática da igreja*. Barth considerava a teologia, particularmente, como uma pesquisa moldada pelo próprio objeto que examina. A tarefa do teólogo não é tanto o de estabelecer o objeto da pesquisa (por exemplo, pela "prova", disponível naturalmente, de Deus), mas, sim, ser conduzido pela racionalidade inerente do próprio objeto. A teologia pressupõe uma ordem objetiva de existência, apreendida no Credo da igreja, que, por si só, proporciona base para o discurso racional sobre Deus. Associada à sua obra sobre o método teológico estaria a rejeição polêmica de Barth da teologia natural, em debate com um antigo companheiro de viagens, Emil Brunner, e uma série de exposições suas sobre os credos e as confissões da Reforma.

Em Bonn e, depois, na Basileia, em meio a preocupações controversas políticas e religiosas, Barth começou a trabalhar na *Dogmática*. Originalmente expressa sob a forma de palestras e, depois, revisada para publicação, a obra é, por toda a sua consistência interior, o registro de um processo de crescimento e mudança no decorrer de trinta anos. Barth não está simplesmente mapeando um sistema. Talvez o aspecto mais notável do seu trabalho seja a capacidade incansável do autor para a admiração: a *Dogmática* é, em seu todo, o registro da fascinação de Barth pelo valor, a beleza e a variedade total da verdade cristã.

O cerne dessa empreitada, tanto do modo metodológico quanto substantivo, é a cristologia. Para Barth, a cristologia não é simplesmente uma doutrina paralela a outras, mas, sim, o ponto central do qual todas as outras doutrinas cristãs provêm. O procedimento teológico de Barth assume, por isso, uma forma distinta: a doutrina cristã é construída por inferência da pessoa de Jesus Cristo, que é o *locus* de toda verdade a respeito de Deus e do homem. Isso conduz não somente ao resoluto realismo de Barth e sua hostilidade a todos os fundamentos abstratos, metafísicos e antropológicos supostos à teologia, mas também ao seu manuseio diferente da analogia. Barth, na verdade, reverte a direção usual da analogia: em vez de se mover pela analogia a partir das realidades conhecidas da criação em direção ao conhecimento do divino, Barth se movimenta a partir de Deus em Cristo como o dado fundamental em direção às afirmações concernentes à criação e à humanidade. É a profundidade que Barth faz de sua teocentricidade que torna a *Dogmática* uma das obras mais importantes da teologia protestante.

O estudo completo compreende quatro volumes, que discorrem sobre a doutrina da palavra de Deus, sobre a doutrina de Deus, sobre a doutrina da criação e (volume inacabado) sobre a doutrina da reconciliação. Um quinto volume sobre a doutrina da redenção foi projetado, mas nunca chegou a ser iniciado. Cada volume é subdividido em tomos parciais, nos quais o autor expõe e medita sobre uma série de teses, incluindo grande riqueza de discussão detalhada histórica e exegética, assim como uma abordagem das consequências éticas da discussão dogmática principal.

O primeiro volume entrelaça as doutrinas da revelação e da Trindade, propondo que a teologia surge a partir do autoposicionamento do sujeito divino. A revelação, como a autorrepetição graciosa de Deus, cria na igreja a experiência da fé, constituindo o homem como recipiente da palavra de Deus, que é a sua autorrevelação. A tarefa teológica é a do autoescrutínio da igreja contra seu objetivo referente, do qual a teologia recebe seu *status* como ciência.

Desde o princípio, o realismo teológico consistente de Barth é evidente: seu ponto de partida, totalmente diferente da herança liberal ou de seus pares existencialistas contemporâneos, é a realidade dada do Deus que se autorrevela. Isso vem à tona no segundo volume, na discussão do conhecimento de Deus, da capacidade que reside não na prontidão do homem em relação a Deus, mas na prontidão de Deus de compartilhar o conhecimento que tem de si próprio com o homem: o autoconhecimento de Deus é graciosamente reduplicado no recipiente da revelação. Barth apresenta, de fato, uma avaliação severamente negativa da teologia natural e do que entendia serem as doutrinas tradicionais da analogia. A discussão sobre o ser de Deus, nesse segundo volume, é um dos tratamentos mais importantes do tema desde Calvino. O ser de Deus é descrito como o seu ser em ação, isto é, Deus é em si mesmo ou se torna a si mesmo no ato de amor de criar comunhão com o homem em Jesus Cristo. Na verdade, Barth remodela radicalmente a doutrina de Deus por tornar central a pessoa de Cristo para a própria teologia. A condição de absoluto em Deus é, portanto, nada mais do que sua liberdade de ação por amor. Do mesmo modo, a doutrina da eleição é uma afirmação a respeito da escolha de Deus de ser ele próprio em Jesus Cristo e, assim, escolher a humanidade como sua parceira pactual, a quem é dada a tarefa de obediência à ordem divina.

A realidade do homem como parceiro de Deus é tratada em detalhes no terceiro volume. Barth recusa-se a trabalhar com a doutrina da criação como uma verdade que esteja naturalmente disponível. Em vez disso, vincula a criação à aliança: o fato de o homem ser criatura deriva de sua adoção pelo pacto de Deus com a humanidade, tornada real em Jesus Cristo, que é tanto Deus, que elege, como homem, eleito. Assim, a história humana e o ser humano, como tais, são o que são por causa da própria assunção de Deus da sua existência histórica e como criatura na encarnação. Barth expõe o tema em discussões particularmente significativas sobre a temporalidade e o pecado humanos, desenvolvendo mais uma vez de forma rigorosa o método de analogia a partir da cristologia, que passa a assumir, cada vez mais, importante papel em sua argumentação.

Quando Barth se volta para a cristologia no quarto volume, seu estilo e pensamento tornam-se gradativamente mais concretos. Ao tempo em que trabalhava nesse volume, publicou importante ensaio sobre "a humanidade de Deus", em que corrigia algo de seu pensamento "dialético" anterior, focando-o com concentração ainda maior sobre o homem Jesus como o começo e o fim dos caminhos de Deus para com o homem. Nessa última parte da *Dogmática*, seu registro se torna gradualmente narrativo no tratamento do tema cristológico da humilhação e exaltação. A seção ética do volume quatro, que nunca foi terminada — sendo partes dela publicadas como um último fragmento, *CD* IV.4, e outras, em edição póstuma, como *The Christian Life* [*A vida cristã*]) — contém uma narrativa realista da ação ética humana. Está exposta na apresentação que Barth faz do batismo com água, cujo *status* sacramental ele nega, a fim de afirmar seu próprio caráter como ato humano de resposta obediente. O quarto volume é a expressão mais madura das convicções de Barth a respeito de Jesus Cristo, o Deus-homem, fornecendo uma descrição do caráter de Deus e a origem da participação humana no pacto de Deus e na criação. Contém, ainda, muitas sugestões para a revisão de aspectos de sua teologia anterior, notadamente na narrativa interativa do relacionamento de Deus com a ordem natural.

Após a aposentadoria, Barth trabalhou um pouco mais em sua obra, ganhou um vívido interesse pelo Concílio Vaticano II e publicou alguns breves trabalhos, incluindo suas palestras finais em Basileia, sob o nome de *Evangelical Theology* [*Teologia evangélica*]. Uma avaliação plena de sua obra terá de levar em conta também seus sermões publicados enquanto em prisão política na Basileia, *Deliverance to the Captives* [*Libertação para os cativos*] e *Call for God* [*Chamado a Deus*]; suas coleções de ensaios, como *Against the Stream* [*Contra a corrente*] e *Theology and Church* [*Teologia e igreja*]; e suas reflexões sobre teólogos e filósofos do passado, em *Protestant Theology in the Nineteenth Century* [*Teologia protestante no século XIX*].

Interpretação. A obra de Barth afetou substancialmente o curso da teologia protestante na Europa e além dela. Muito embora ele tenha resistido à pressão de se tornar o centro de uma corrente de pensamento, sua obra tem sido interpretada e estendida por muitos, notadamente H. Gollwitzer (n. 1908), O. Weber (1902-1966) e E. Jungel, na Alemanha, e T. F. Torrance, na Inglaterra. A avaliação crítica de Barth frequentemente focaliza sua narrativa da relação de Deus com a criação, questionando se seu método e suas convicções teológicas fundamentais o levam a oferecer tão somente uma afirmação ambígua do valor e da realidade da ordem natural. Em termos de sua abordagem do conhecimento de Deus, Pannenberg, por exemplo, argumenta que a confiança de Barth na autoevidência do objeto da teologia o conduz a um fideísmo que se recusa a oferecer quaisquer espécies de pontes entre o conhecimento da revelação e o conhecimento do mundo dos homens. Algo relativo a esse mesmo conjunto de questões emerge nas discussões da doutrina barthiana do homem. Críticos sugerem que, por fundamentar a realidade do homem tão completamente na humanidade de Deus em Cristo, Barth deixa de dar valor real à ordem natural. Consequentemente, em suas perspectivas da liberdade humana, do pecado e da rejeição de Deus, alguns detectam a ausência de um sentido real do homem diante de Deus. Ou, mais uma vez, nas seções sobre ética da *Dogmática*, particularmente antes ao quarto volume, Barth é interpretado como tendo se fundamentado de tal modo na ação delegada do homem em Cristo que o ímpeto da obediência humana é removido e a santificação não é reconhecível como um processo humano. Os teólogos católicos, em especial, apontam um "realismo" ou "ocasionalismo" na antropologia de Barth, em que não parece colocar ênfase suficiente sobre a continuidade do homem como recipiente da graça divina. O efeito da concentração de Barth na cristologia em sua doutrina da Trindade forma outra área de discussão. Por considerar o Espírito como essencialmente uma dimensão "aplicativa" ou "subjetiva" da obra de Cristo, Barth parece deixar de realizar uma plena abordagem personalista do Espírito Santo como agente divino distinto. Isso estaria vinculado a questões mais genéricas sobre um suposto "modalismo" seu (ver Monarquianismo), sendo a sua preferência pela expressão "modo de existência", em vez de "pessoa", sugestiva de uma avaliação muito elevada da unidade divina à custa de um sentido próprio da pluralidade em Deus.

Muitas críticas a Barth são inválidas, por tratarem sua teologia demasiadamente em caráter sistemático, sem perceberem os investimentos e o saldo no conjunto de sua obra. A grande força de Barth, acima de tudo, talvez tenha sido sua capacidade de começar tudo outra vez. As diversas mudanças de posição em sua obra estão longe de ser volúveis; muito mais do que isso, fazem parte de sua reavaliação incansável do próprio pensamento, dando testemunho de seu compromisso, crucialmente interrogativo e constantemente renovado, para com a teologia. Barth nunca sossegava, e suas leituras das Escrituras, assim como dos teólogos clássicos do passado — Calvino e Schleiermacher, acima de tudo — foram constantemente submetidas à sua reavaliação e crítica. A obra de Barth não é apenas uma reafirmação convincente das principais linhas da fé cristã; constitui também uma das principais respostas críticas ao Iluminismo, com um lugar significativo na história intelectual da Europa.

(**J. B. Wesbster**, M.A., Ph.D., professor de Teologia Sistemática do Wycliffe College, Toronto, Canadá.)

BIBLIOGRAFIA. Obras selecionadas: *Gesamtausgabe* (Zurich, 1971-). Escritos acadêmicos: para uma bibliografia cronológica proveitosa, ver E. Busch, *Karl Barth* (London, 1976). Principais obras: *The Christian Life* (Edinburgh, 1981); *Church Dogmatics*, 1:1-IV:4; *Credo* (London, 1936); *Dogmatics in Outline* (London, 1949); *The Epistle to the Romans* (Oxford, 1935); *Ethics* (Edinburgh, 1981); *Evangelical Theology* (London, 1963); *Fides Quaerens Intellectum* (London, 1960); *The Humanity of God* (London, 1961); *The Knowledge of God and the Service of God* (London, 1938); *Prolegomena zur christlichen Dogmatik* (Munchen, 1928); *Protestant Theology in the Nineteenth Century* (London, 1972); *The Resurrection of the Dead* (London, 1933); *Theology and Church* (London, 1962); *The Theology of Schleiermacher* (Edinburgh, 1982); *The Word of God and the Word of Man* (London, 1928).

Ver bibliografia em M. Kwiran, *An Index of Literature on Barth, Bonhoeffer and Bultmann* (*Sonderheft to Theologische Zeitschrift*, 1977). Ver especialmente: H. U. von Balthasar, *The Theology of Karl Barth* (New York, 1971); G. C. Berkouwer, *The Triumph of Grace in the Theology of Karl Barth* (London & Grand Rapids, MI, 1956); G. W. Bromiley, *An Introduction to the Theology of Karl Barth* (Edinburgh, 1980); C. Brown, *Karl Barth and the Christian Message* (London, 1967); C. Gunton, *Becoming and Being* (Oxford, 1978); E. Jungel, *Barth-Studien* (Gutersloh, 1982); idem, *The Doctrine of the Trinity* (Edinburgh, 1976); idem, *Karl Barth: A Theological Legacy* (Edinburgh, 1987); H. Kung, *Justification* (London, 1964); K. Runia, *Karl Barth's Doctrine of Holy Scripture* (Grand Rapids, MI, 1962); S. W. Sykes (ed.), *Karl Barth* (Oxford, 1979); J. Thompson, *Christ in Perspective* (Edinburgh, 1978); T. F. Torrance, *Karl Barth* (London, 1962); R. E. Willis, *The Ethics of Karl Barth* (Leiden, 1971).

BARUQUE

No hebraico, **"bendito"**. Foi nome de vários personagens bíblicos: **1**. Um amigo fiel e amanuense do profeta Jeremias (ver Jr 32.12-16; 43.3 e 51.51). Pertencia à nobreza da tribo de Judá, filho de Nerias e irmão de Seraías, camareiro-mor de Zedequias (ver Jr 51.59), em cerca de 604 a.C. No quarto ano do rei Jeoaquim, Baruque começou a escrever todas as profecias entregues por Jeremias, a fim de lê-las diante do povo. Também leu essas profecias diante dos conselheiros do rei. O rei sentiu-se muito desgostoso diante do que ouviu, e, apanhando o rolo, cortou-o em pedaços e jogou-os no fogo. Em seguida, ordenou que Jeremias e Baruque fossem detidos, mas eles se ocultaram, e escaparam à detenção. Foi produzida uma outra cópia das profecias, sendo adicionada a predição da ruína de Jeoaquim e sua casa (ver Jr 36.27-32). O próprio Baruque sentiu-se aterrorizado por causa das profecias, mas recebeu a promessa de que seria livrado das calamidades preditas contra Judá e Jerusalém. No quarto ano do rei Zedequias, em 595 a.C., segundo se supõe, Baruque teria acompanhado Seraías à Babilônia, o lugar por ele denunciado. O rolo onde estava registrada a profecia foi atado a uma pedra e lançado no rio, dando a entender a ruína da Babilônia (ver Jr 51.61). Essa informação também é dada no livro de Baruque. Durante o cerco de Jerusalém (587 a.C.), Jeremias comprou um terreno de Hanameel, seu primo, deixando o título com Baruque (ver Jr 32.12). Baruque foi acusado de influenciar Jeremias a tomar o partido dos caldeus (ver Jr 43.3), e foi lançado na prisão em companhia do profeta. Ficou ali até a cidade ser capturada (ver Josefo, Anti. x. 9,1). Por permissão de Nabucodonosor, foi residir com Jeremias em Mispa, mas depois foi forçado por outros judeus, revoltados, a ir para o Egito (ver Jr 43.6). Nada mais diz a Bíblia a respeito de Baruque, embora a tradição afirme que, após a morte de Jeremias, ele foi para a Babilônia, onde faleceu, doze anos após a destruição de Jerusalém. Josefo (Anti. x.11) menciona a grande habilidade de Baruque no idioma hebraico, afirmando também que Nabucodonosor o tratou com respeito. **2**. Filho de Zabai, que ajudou Neemias a reconstruir as muralhas de Jerusalém (ver Ne 3.10). **3**. Um homem que após sua assinatura no pacto de Neemias (ver Ne 10.6). **4**. Um filho de Cl-Hoze, descendente de Judá através de Perez (ver Ne 11.5).

Existem duas obras apócrifas que supostamente foram escritas pelo primeiro desses quatro homens de nome Baruque. (ID ND S UN Z)

BARUQUE, LIVRO DE (APÓCRIFO)

Ver o artigo geral sobre os *Livros Apócrifos*. Na LXX, o livro de Baruque aparece após o livro de Jeremias. Juntamente com o livro de Lamentações, esse livro aparece ali como um suplemento do livro de Jeremias, embora não figure na Bíblia hebraica.

1. Canonicidade. O livro de Baruque é o único dos livros deuterocanônicos a figurar no catálogo do célebre quinquagésimo nono Cânon do Concílio de Laodiceia. É citado pelos pais Irineu, Cipriano, Clemente de Alexandria, Eusébio, Ambrósio, Agostinho, Crisóstomo, Basílio, Epifânio e outros. Tão grande uso testifica o grande prestígio do livro. Alguns estudiosos supõem que esse livro figurava em outros catálogos antigos, como parte da literatura de Jeremias, pois os compiladores simplesmente nunca mencionavam o livro de Baruque como independente do livro de Jeremias. Finalmente, foi citado como um livro separado, pelo Concílio de Florença; e, ainda mais tarde, pelo Concílio de Trento, que o tornou parte integrante da Bíblia de edição católica romana. Não obstante, tem havido opositores à sua canonicidade desde o princípio, e no próprio Concílio de Trento houve quem dissentisse de sua inclusão no cânon do Antigo Testamento. Jerônimo não considerava bem o livro, tachando-o de espúrio e pseudepígrafo. Juntamente com o resto dos livros apócrifos, nunca participou dos cânones protestantes. Ver o artigo sobre *o Cânon*.

2. Autor. O livro apresenta-se como de autoria de Baruque, filho de Nerias, o amanuense do profeta Jeremias (ver Jr 32.12-16 e 43.3). Ver o artigo sobre *Baruque*. Visto que o livro consiste em quatro composições distintas, dificilmente Baruque pode ter sido o seu autor. Quando muito, foram incorporadas algumas tradições que podem ser atribuídas a Baruque. O mais provável é que seja apenas uma obra pseudepígrafa. Se o original foi escrito em grego, isso seria um argumento contra a autoria de Baruque, a menos que fosse uma tradução, o que também é possível. Alguns estudiosos pensam que o verdadeiro autor do livro foi uma pessoa desconhecida que, durante o reinado de Ptolomeu Lago, desejava confirmar a verdadeira religião dos judeus, diante de pessoas dessa raça que residiam no Egito, atribuindo suas próprias ideias a Baruque, a fim de emprestar um maior prestígio à obra. Vários eruditos pensam, contudo, que o original foi escrito em hebraico, mas nem por isso supõem que seja obra da pena de Baruque.

3. Data. Afirma-se que o livro teria sido escrito por *Baruque*, cinco anos após a queda de Jerusalém, isto é, em 581 a.C. Mas certas discrepâncias históricas, existentes no livro, mostram que sua composição é posterior a isso. Os especialistas usualmente datam o livro entre o séc. II a.C. e o séc. I d.C., embora haja poucas informações definidas para fixar qualquer data específica. A terceira seção do livro inclui material comum aos Salmos de Salomão, uma obra pseudepígrafa do século I a.C. Todavia é possível que esta última é que tenha feito citações do livro de Baruque, pelo que isso nada nos adianta quanto à data de sua composição.

4. Unidade, conteúdo e propósito. O livro parece compor-se de quatro seções diferentes, com pouca relação umas com as outras. *a*. Introdução histórica e confissão de pecado (1.1—3.8); *b*. Louvor à sabedoria, identificada com a lei mosaica (3.9—4.4); *c*. Lamentação e consolo (4.5—5.9); *d*. Uma epístola aos exilados (6.1-72). A quarta e última parte parece ser a mais antiga (cerca de 300 a.C.), ao passo que as outras porções são mais recentes, pertencentes aos séculos I e II a.C. em suas várias porções, o livro foi escrito para promover a fé judaica entre as comunidades da dispersão (ver o artigo a esse respeito). Por isso, ali há temas como o da culpa nacional de Israel, da perfeição da lei, da esperança de restauração e da renovação da glória de Jerusalém. O trecho de Baruque 3.37, onde é dito que a Sabedoria apareceu sobre a terra, parece ser uma interpolação cristã, embora possa ser uma personificação da lei, conforme se vê também em Eclesiástico 24.7-11. A terceira seção do livro parece ter tido um original grego, ao passo que as demais seções mais provavelmente foram escritas em hebraico. (AM CH JE Z)

BARUQUE II (AP SIRÍACO DE BARUQUE)

O livro foi escrito originalmente em hebraico, embora tenha chegado até nós somente através de uma tradução do siríaco. Foi compilado em cerca de 130 d.C., com base em material composto em cerca de 50-100 d.C. Expõe e defende crenças do judaísmo farisaico do período neotestamentário, e assemelha-se em alguns pontos ao livro de 4Esdras. Circulou largamente entre os primeiros cristãos. Interessante é sua assertiva de que "cada homem é o seu próprio Adão", no ponto onde o livro aborda a história da queda no pecado. Insiste sobre a justificação pelas obras, e encerra alguns curiosos paralelos com o Novo Testamento. (AM)

BARUQUE III (AP GREGO DE BARUQUE)

Foi escrito originalmente em hebraico, mas foi preservado até nós em uma tradução grega. Data do século II d.C. Inclui ideias judaicas, influenciadas pela mitologia oriental. Fala sobre os sete céus e sua angelologia é complexa. Algum editor cristão posterior acrescentou interpolações, a fim de tentar influenciar judeus a abraçarem o cristianismo. Essa obra só foi descoberta perto dos fins do século XIX. (AM)

BARZILAI

No hebraico, **"ferro"** ou **"forte"**. Foi nome de vários homens na Bíblia. **1**. Um idoso e rico gileadita de Rogelim, que se distinguiu devido à sua fidelidade a Davi, quando este fugiu para a Transjordânia, perseguido por Absalão. Enviou um suprimento liberal de alimentos para uso do rei e para aqueles que o acompanhavam (ver 2Sm 17.27 e 19.32). Após o retorno de Davi ao trono, Barzilai recusou o convite para ir residir na corte real. Entretanto, sugeriu que seu filho, Quimã, fosse em seu lugar. É que as pessoas idosas, ao sentirem que seus anos de vida aproximam-se do fim, preferem permanecer em casa. Deixam que as gerações mais jovens lancem-se a aventuras. Davi, quando fez recomendações a Salomão, pediu-lhe que mostrasse bondade para com a família de Barzilai, aceitando-os como membros da casa real (ver 1Rs 2.7). **2**. Progenitor de uma família de sacerdotes que vieram a Jerusalém, havendo retornado do exílio com Zorobabel, em 538 a.C. Todavia, sua família não conseguiu comprovar sua ascendência, pelo que foram proibidos de participar dos alimentos sagrados e considerados poluídos. Esse Barzilai adquirira o nome por meio de sua esposa, quando se casou com uma mulher que era descendente de Barzilai, o gileadita (personagem tratado acima). Essa situação de embargo teria de continuar até que um sacerdote pudesse consultar o Urim e o Tumim (ver o artigo a respeito), conforme se vê em Ed 2.16-63 e Ne 7.63,64. O livro de 1Esdras confere-lhe o nome de Jadus. **3**. Barzilai, o meolatita, sogro de Mical, filha do rei Saul (ver 2Sm 21.8,9), em cerca de 1021 a.C. Seus cinco netos foram entregues aos gibeonitas, para serem mortos em vingança contra a culpa de sangue de Saul. (S Z)

BASÃ

No hebraico, **"fértil"** ou **"frutífero"**. Era uma planície destituída de pedras, no lado oriental do alto rio Jordão, ladeando o mar da Galileia. Desconhecem-se os seus limites exatos, mas aparentemente começava no monte Hermom, no norte, Salacá, no oriente, em Gileade, no sul, e em Gesur e Maacá, no ocidente. O rio Iarmuque atravessava essa região, em sua porção sul. Incluía as regiões de Argobe (ver Dt 3.4) e Golã (ver Dt 4.43). Ficavam ali as cidades de Edrei (ver Dt 3.1), Carnaim e Astarote (ver Dt 1.4 e Js 9.10), e Salcá (ver Dt 3.10). No período helênico, ficavam ali, igualmente, as cidades de Hipos, Díon, Gamala e Selêucia. Moisés descreveu as cidades ali existentes no seu tempo como "fortificadas com altos muros, portas e ferrolhos", povoadas por gigantes (ver Dt 3.5). Ao tempo da conquista da Terra Prometida, lê-se que ali havia sessenta cidades muradas (ver Dt 3.4,5; 1Rs 4.13). Após o exílio, a região foi dividida em quatro distritos: Gaulonites ou Jaulã; Auranitis ou Haurã (ver Ez 47.16); Argobe ou Traconites e Bataneia, atualmente Ardel-Bathanhey. Todas essas províncias foram concedidas a Herodes, o Grande. E, quando de sua morte, a Bataneia tornou-se parte da tetrarquia de Filipe, segundo diz Josefo (*Guerras* ii.6 e *Anti.* xviii.4,6). Quando Filipe morreu, o território foi anexado à província da Síria, pelo imperador Tibério. Mas, em 37 d.C., o território foi concedido a Herodes Agripa, filho de Aristóbulo, pelo imperador Calígula. Então Herodes Agripa recebeu o título de rei (ver At e Josefo, *Anti* xvii.6.10). Após a sua morte, o território reverteu a Roma, mas, subsequentemente, foi concedido por Cláudio a Agripa II (ver At 25.13).

As alusões às riquezas e à fertilidade dessa terra são frequentes nas páginas do Antigo Testamento (ver Dt 32.14; Ez 39.18; Is 2.13; Zc 11.2; Ez 27.6 e Am 4.1).

A arqueologia demonstra que a área era ocupada desde o começo da era do bronze (cerca de 3200-2300 a.C.), tendo sido continuamente habitada desde então, tendo passado por todas as vicissitudes acima descritas. O antigo nome sobrevive no árabe, el-Bathaniyeh, e a cidade de Golã deu nome aos territórios de Gaulanites e Jaulã. É provável que os famosos carvalhos de Basã, em Ezequiel 27.6, ficassem na área de Jaulã, que continua sendo uma região intensamente arborizada. (AH HP WRI Z)

BASÃ HAVOTE-JAIR

Na LXX encontramos "Basã", "as vilas de Jair". A alusão é a um grupo de cidades ao norte da Transjordânia. Havia um grupo de aldeias em Basã, em Argobe, que foi conquistado por Jair, filho de Manassés (ver Nm 32.41 e Dt 3.14). Há uma narrativa acerca dos trinta filhos de Jair, um dos juízes de Israel que fundou essas cidades, segundo lemos em Juízes 10.4. Isso explica o nome que aparece na LXX, "vilas de Jair". Em 1Crônicas 2.22, o número dessas aldeias figura como de 23. O mais provável é que esse número tivesse variado, de acordo com as vicissitudes da guerra. Somente em Deuteronômio 3.14 o nome completo é dado. Nos registros assírios de Adade-Nirari (1305-1274 a.C.), os *Iauri* podem ser uma referência ao mesmo lugar. (Z)

BASEMATE

No hebraico, **"fragrante"**. É nome de várias mulheres do Antigo Testamento. **1**. Uma das esposas de Esaú (ver Gn 26.34), filha de Elom, o heteu. Portanto, Esaú ignorou o mandamento divino para que os membros da família escolhida não se casassem com cananeus. Tal casamento causou tristeza a Isaque e Rebeca. Ada, outra das esposas cananeias de Esaú, provavelmente era uma irmã de Basemate. **2**. Outra das esposas de Esaú, filha de Ismael e irmã de Nebaiote (ver Gn 36.3). Em Gênesis 28.6-9, ela é também chamada de Maalate. Esse novo casamento de Esaú ocorreu quando ele percebeu que o casamento de Jacó com uma jovem da parentela de Abraão havia agradado a Isaque, redundando em bênção para Jacó. Essa mulher tornou-se a mãe de Reuel. Seus vários filhos com Esaú tornaram-se figuras importantes em Edom. **3**. Filha de Salomão que se tornou esposa de Aimaás, um dos oficiais do governo de Salomão, cujo trabalho era prover provisões de boca para a casa do rei durante um dos meses do ano (ver 1Rs 4.15).

BASES DO SANTUÁRIO

Devido à confusão criada pelas traduções, precisamos considerar três palavras hebraicas diferentes. Uma delas, que aparece em 1Reis 7.50, indicava uma dobradiça de porta (sendo assim traduzida em nossa versão portuguesa). Muitas dobradiças inscritas têm sido encontradas nas escavações feitas na Mesopotâmia. Uma outra palavra hebraica indica o posto, ao lado da folha da porta, posta na dobradiça. E a terceira palavra, devidamente traduzida em português por "base", ligava entre si os postes das cortinas e das paredes do tabernáculo. Essa palavra hebraica é usada por 54 vezes no Antigo Testamento. Para exemplificar, Êxodo 26.19,21,25; Números 3.36,37; Cantares 5.15. Algumas dessas bases eram feitas de prata, e outras de bronze. (Ver Arquitetura).

BASTARDO

No hebraico, *mamzare*, **"poluído"**, **"misto"** (Dt 23.3 e Zc 9.6). O grego é *nothos*, "bastardo" (Hb 12.8). No Antigo Testamento, o termo é aplicado a filhos ilegítimos, dentro da proibição de entrarem na congregação, na primeira referência. Isso significa que os bastardos não tinham direitos de cidadania em Israel. Em Zacarias, a referência é à nação bastarda, a Síria, que não podia compartilhar da herança de Israel quanto à terra. No Novo Testamento, o vocábulo indica alguém "nascido fora do casamento", conforme a palavra era usada desde os tempos homéricos. Descreve aqueles que são rejeitados quanto à autoridade e à disciplina de Deus.

Origens do Problema. **1**. Filhos nascidos de prostitutas israelitas, ou devido a contatos com prostitutas estrangeiras. A prostituição era proibida na lei mosaica, mas isso não fez com que ela desaparecesse. (Lv 19.29; Dt 23.17). Os filhos de tais pessoas podiam ter pais judeus ou pais pagãos, pertencentes a países limítrofes, que residiam em Israel ou nas proximidades. **2**. Filhos ilegítimos, nascidos em Israel, devido a irregularidades sexuais, embora não filhos de prostitutas. O trecho de Juízes 11.1-7 mostra que havia crianças nessa situação em Israel, apesar da rigidez da lei mosaica.

Uso Metafórico. Aponta para os pseudocrentes, que presumivelmente têm a igreja como sua mãe, embora não na realidade. Os tais objetam à disciplina do Senhor. No grego, a palavra também era usada para indicar alguma coisa espúria, falsa.

Uso Clássico Moderno. A lei canônica da igreja Católica Romana proíbe os filhos ilegítimos de receberem ordens menores sem uma autorização do bispo. E também não podem ser admitidos às santas ordens, exceto por autorização do papa. Na igreja Anglicana, eles não podem ser admitidos às santas ordens exceto por autorização do soberano ou do arcebispo. As igrejas evangélicas ignoram a proibição, harmonizando-se muito mais com a graça de Deus e com o espírito do evangelho, embora isso se distancie das atitudes refletidas no Antigo Testamento. Muitos dos mais notáveis ministros do evangelho têm nascido como filhos ilegítimos. A condição deles não exerce qualquer efeito sobre sua eficiência e espiritualidade. Em Israel, uma das razões para a prevalência desse preceito era a proteção da herança das famílias, pelo que a medida era econômica e prática. O problema da ilegitimidade dos filhos existe até hoje, e a legislação varia de país para país. (ID S UN Z)

BATALHÃO
Palavra que aparece em algumas versões, em Mateus 27.27 e Marcos 15.16, e onde nossa versão portuguesa diz "coorte". A alusão é à coorte italiana, um grupo de soldados romanos com cerca de seiscentos homens. Ver as notas em Atos 10.1, no NTI.

BATANEA
Nome grego aplicado à Basã, nos tempos neotestamentários. Ver *Josefo*, *Vida* 11 e *Anti.* xv.10.1; xv.2.1. A LXX diz Basã.

BATE-RABIM
Esse era o nome de uma porta da cidade de Hesbom (Ct 7.4). No hebraico significa **"filha da multidão"**. No livro de Cantares de Salomão, dois poços nas proximidades simbolizavam os olhos da noiva.

BATE-SEBA
No hebraico, **"filha do juramento"**, ou então **"sétima filha"**. Em 1Crônicas 3.5, ela é chamada Bate-Sua. Era filha de Eliã ou Amiel, e esposa de Urias, guerreiro heteu ao serviço de Davi. Davi ficou fascinado ante a beleza de Bate-Seba, e não pôde resistir à tentação de seduzi-la. Obteve sucesso na sedução, o que geralmente sucedia aos reis nas sociedades primitivas. Davi chegou ao extremo de ordenar que Urias fosse deixado a combater sozinho a fim de morrer, em campo de batalha (2Sm 11). Bate-Seba ficou grávida, e, após a morte de Urias, tornou-se uma das esposas do monarca. Mas o menino que nasceu faleceu, por juízo divino (2Sm 12.15-18), o que foi profundamente lamentado por Davi. Porém, subsequentemente, houve quatro outros filhos do casamento, incluindo Salomão, que sucedeu a Davi no trono (1Cr 3.5). Quando Davi estava em seus últimos dias de vida, Adonias reivindicou para si a sucessão ao trono de Israel, mas Bate-Seba e o profeta Natã persuadiram Davi a instalar Salomão como rei (1Rs 1.5-40). Adonias pelo menos queria ficar com a bela Abisague, que fora uma das esposas de Davi, mas que permanecera virgem, como prêmio de consolação. Apresentou o pedido a Salomão por meio de Bate-Seba. Em face disso, Adonias foi executado, provavelmente porque tentou ficar com alguém que fizera parte do harém real, o que poderia ser interpretado como tentativa de obter poderes de mando. Ou talvez Salomão meramente tenha se sentido ofendido pela proposta, livrando-se assim do inconveniente representado pelo irmão mais velho. (1Rs 2.13-25). Bate-Seba é mencionada na genealogia de Jesus, em Mateus 1.6.

Nos Escritos Rabínicos. Os rabinos descreviam Bate-Seba como mulher muito bem informada, dotada de mente brilhante, de incomum beleza física. Supunham que parte da sabedoria de Salomão fora herdada e diretamente ensinada a ele, por sua mãe. (IB ID S Z)

BATE-SUA
No hebraico, **"filha de Sua"**, ou **"filha da abundância"**. É nome de duas mulheres, nas páginas do Antigo Testamento: **1.** Forma alternativa de Bate-Seba (ver o artigo a respeito). **2.** Esposa de Judá, uma mulher cananeia, mãe de Er, Onã e Selá (1Cr 2.3). Em algumas versões, no primeiro livro de Crônicas, encontramos a tradução "filha de Sua", e não Bate-Sua.

BATH KOL (QOL)
No hebraico, **"filha da voz"** (um som, um tom, uma chamada). Termo usado no Talmude, nos Targuns e por alguns escritores rabínicos, quando indicavam alguma espécie de voz, supostamente vinda de Deus ou de um de seus representantes, transmitindo aos homens alguma revelação. Seria uma forma de comunicação inferior àquela dada através dos profetas, aos quais o Espírito de Deus instruiria diretamente. Presumivelmente distinguia-se por uma notável qualidade de tom, algumas vezes comparado a um cicio ou sussurro. Esse tipo de comunicação teria sido feito a vários personagens do Antigo Testamento, como Abraão, Moisés, Davi e Nabucodonosor. O equivalente grego, no Novo Testamento, é *phone*, e não *echo*. A Midrash e o Talmude referem-se a Bath Kol como uma voz que desce do céu. O trecho de João 12.28 diz apenas "veio uma voz do céu". Ver também Apocalipse 10.4,8 e 18.4.

Possíveis incidentes do fenômeno. 1. Em muitas instâncias do Antigo Testamento, se lê que Deus falou a alguém, mas não através do ministério formal de um profeta. Isso se vê no relato sobre Adão e os primitivos patriarcas. Essa voz soaria como um trovão ou como algum outro som natural, ou então como se alguém estivesse, realmente falando. (Ver Êx 9.23; Jr 10.13 e Sl 19.3). **2.** A voz que foi ouvida por Nabucodonosor (Dn 4.31). Alguns intérpretes pensam que, nesse caso, não houve um Bath Kol. **3.** João Hircano passou por tal experiência, de acordo com Josefo (*Anti.* xiii.x.3), entre 134 e 104 a.C. A voz teria sido ouvida quando ele oferecia um sacrifício no templo. No Talmude babilônico Sotah (33a), e no Talmude de Jerusalém Sotah (ix.24b), a voz é especificamente chamada Bath Kol. **4.** A voz que foi ouvida quando do batismo de Jesus (Mt 3.17; Mc 1.11 e Lc 3.22). **5.** A voz que confortou a Jesus, quase no fim de seu ministério terreno (Jo 12.28). **6.** A voz que foi ouvida por Paulo, por ocasião de sua conversão (At 9.4 e 22.7,9). **7.** A mensagem recebida por Pedro em Jope, acerca de coisas limpas e imundas, abrindo as portas à missão gentílica da igreja primitiva (At 10.13,15). **8.** Naturalmente, o fenômeno era abusado por alguns. Muitos rabinos queriam obter orientação pessoal através dessa voz, para solucionamento de seus problemas. Mas outros rabinos opunham-se a isso, preferindo a revelação escrita, com seus muitos preceitos orientadores. (Ver Test. Doze Patriarcas, Levi 18.6 e 2Baruque 13.1).

Maimônides assumia uma posição bastante cética a respeito, dizendo que a imaginação dos homens pode produzir tal fenômeno. Além disso, há a considerar o problema das alucinações, tanto nos que são mentalmente desequilibrados como nos que sofrem de tensões severas. Essas tensões mentais podem produzir tanto impressões visuais quanto auditivas, conforme a psiquiatria tem comprovado sobejamente. A despeito disso, há poderes superiores, que ocasionalmente comunicam-se de maneira estranha, nada havendo de teórico ou impossível no fenômeno do Bath Kol.

BATISMO
A fim de oferecer uma abordagem consistente do batismo desde suas raízes bíblicas até o presente, o assunto é discorrido aqui em duas partes: teologia bíblica do batismo e reflexão sobre o batismo na teologia histórica e sistemática.

I. TEOLOGIA BÍBLICA
Natureza do rito. O batismo, como lavagem em água com significado espiritual, tem suas raízes no judaísmo do AT e

BATISMO

pré-cristão. A lei prescrevia o banho de pessoas consideradas "imundas" (ver, p.ex., Lv 14.8,9 e Lv 15). Arão e seus filhos foram lavados cerimonialmente em sua ordenação ao sacerdócio (Lv 8.5,6). No Dia da Expiação, Arão tinha de se banhar antes de entrar no Lugar Santo e novamente ao deixá-lo (Lv 16.3,4); igualmente, quem soltasse o bode expiatório no deserto teria de se banhar, assim como aquele que queimasse suas roupas (Lv 16.26-28). Esses rituais de lavagem levaram a uma aplicação simbólica de purificação espiritual na oração (p.ex., Sl 1.1,2,7-10).

Pouco antes do advento da era cristã, ocorreu uma espécie de movimento batismal no vale do Jordão, sendo seu exemplo mais marcante o da comunidade monástica de Cunrã (*cf.* Manuscritos do Mar Morto). Originária de entre sacerdotes que rejeitavam como corrupta a adoração no templo, os membros dessa comunidade enfatizavam a manutenção do ritual de pureza com banhos diários, acompanhados de atitude interior de arrependimento. É bem provável que o batismo administrado por João Batista fosse uma adaptação da prática de Cunrã. João pregava *um batismo de arrependimento para o perdão dos pecados* (Mc 1.4), como preparação para a vinda do Messias e o seu batismo com o Espírito Santo e com fogo (Mt 3.11-12). Por ser de conversão, esse batismo era aplicado *somente uma vez*, diferentemente das lavagens repetidas da comunidade de Cunrã.

Não se sabe ao certo, no entanto, se o batismo praticado em judeus prosélitos surgiu, antes, a tempo de influenciar o batismo cristão primitivo. Fazia parte do rito de iniciação dos gentios no judaísmo, que abrangia circuncisão, batismo e oferta de sacrifícios; e, como as mulheres tinham somente que ser batizadas e oferecer sacrifício, seu batismo certamente assumia, nesse caso, importância maior.

A submissão de Jesus ao batismo de João, cuja intenção era a de preparar os pecadores para a vinda do Messias, é explicável como um ato deliberado de solidariedade do Senhor para com os homens e mulheres pecadores arrependidos. Era a iniciação no processo pelo qual a soberania salvadora de Deus chegava aos homens, para se manifestar em seu ministério da palavra e de atos do reino de Deus, sua morte e ressurreição e envio do Espírito Santo. Não é de surpreender, por isso, que a comissão missionária dada pelo Senhor ressurreto incluísse a ordem de batizar (Mt 28.18-20). A expressão (batizar) "em nome de", em um contexto semítico, significa batismo "com o devido respeito a", mas aqui, especialmente, denota a base do batismo e seu propósito de ingresso da pessoa em um relacionamento em que passa a pertencer a Deus. Os leitores gregos do evangelho certamente entendiam a frase de modo muito semelhante, como que significando: "Apropriação pelo Pai, Filho e Espírito Santo, mediante o uso desse nome" (W. Heitmuller, *Im Namen Jesu*, [Em nome de Jesus], Göttingen, 1903, p. 121).

Significado do rito. No ensino apostólico sobre o batismo, o rito primariamente significa *união com Cristo*: [...] *pois os que em Cristo foram batizados, de Cristo se revestiram* (Gl 3.27). A linguagem reflete o ato de se despir para, depois, vestir-se, no batismo (*cf.* o uso da figura em Cl 3.9-14); "revestir-se de" Cristo denota receber Cristo, estar em Cristo e, assim, se tornar um com ele. No ensino de Paulo, uma vez que Cristo é o Senhor crucificado e ressuscitado, o batismo significa *união com Cristo em seus atos redentores*; o que inclui a ideia de jazer com ele em seu túmulo e ser com ele um só em sua ressurreição (Rm 6.1-5; Cl 2.11,12), participando assim da nova criação, iniciada com a sua ressurreição (2Co 5.17), antecipadamente à ressurreição para o reino final (Cl 3.1-4). O batismo significa, além disso, *união com Cristo em seu corpo, a igreja*, pois estar "em Cristo" significa ser um com todos os que estão unidos a ele (Gl 3.26-28; 1Co 12.12,13). Mais ainda, como é inconcebível a união com Cristo sem o "Espírito de Cristo", o batismo significa *renovação pelo Espírito Santo* (assim já com

Pedro na proclamação de Pentecoste, Atos 2.38; e, depois, na teologia de Paulo sobre a igreja, 1Co 12.12,13). O batismo significa também *entrada no reino de Deus*, pois a salvação de Cristo não é senão vida sob a soberania salvadora de Deus (*cf.* Mt 12.28; Jo 12.31,32; Rm 14.17; Cl 1.13,14). A conexão dessa condição com o batismo é feita em João 3.5, em que "o nascer de novo" (v. 3) é explicado como o nascimento "da água e do Espírito". Isso é mais bem entendido como uma alusão ao batismo de arrependimento, ao qual Nicodemos certamente tinha deixado de se submeter, e ao derramamento do Espírito, que deveria vir com o reino de Deus. No evangelho, esses dois aspectos se unem mediante a redenção de Cristo. O batismo em nome de Jesus, em arrependimento e fé, e a ação recriadora do Espírito e entrada no reino de Deus se tornam, assim, um só fato encadeado. Finalmente, o batismo significa *vida em obediência ao governo de Deus*, como nos indica Rmomanos 6.4, ao dizer: *Portanto, fomos sepultados com ele na morte por meio do batismo, a fim de que* [...] *também nós vivamos uma vida nova*. Isso é ilustrado de forma breve em Colossenses 3.1-17 e detalhamente explanado no ensino catequético do NT.

Tudo isso pressupõe uma das proposições fundamentais da proclamação apostólica, de que o batismo é uma corporificação tanto do evangelho como da resposta do homem a este (como é perfeitamente ilustrado em 1Pe 3.21).

Contudo, no caso de muitos cristãos batizados na infância, como pode o seu batismo se relacionar com a exposição apostólica a respeito desse sacramento? A crença tradicional de que tudo aqui se encaixa perfeitamente é questionada por teólogos sacramentais. Uma teologia do batismo infantil terá de enfatizar a função iniciatória do rito na comunidade do Espírito, respeitando tanto a redenção consumada de Cristo quanto o alvo de apropriação dessa redenção pela fé e consagração ao serviço de Cristo. Qualquer que seja a idade do batizando, o batismo significa graça e chamado para crescimento em Cristo por toda a vida com vistas à ressurreição no último dia.

(**G. R. Beasley-Murray**, M.A., Ph.D., D.D., ex-professor titular de Novo Testamento no Southern *Baptist Theological Seminary*, Kentucky, EUA.)

BIBLIOGRAFIA. *Baptism, Eucarist and Ministry* (Geneva, 1982); M. Thurian (ed.), *Ecumenical Perspectives on Baptism, Eucarist and Ministry* (Geneva, 1983); M. Thurian & G. Wainwright (eds.), *Baptism and Eucarist, Ecumenical Convergence in Celebration* (Geneva, 1984).

K. Barth, *Baptism as the Foundation of the Christian Life*, CD, IV.4; G. R. Beasley-Murray, *Baptism in the New Testament* (London, 1963); D. Bridge & D. Phypers, *The Water that Divides* (Leicester, 1977); G. W. Bromiley, *Baptism and the Anglican Reformers* (London, 1953); N. Clark, *An Approach to the Theology of the Sacraments* (London, 1956); Oscar Culmann, *Baptism in the New Testament* (London, 1951); W. F. Flemington, *The New Testament Doctrine of Baptism* (1948); P. T. Forsyth, *The Church and the Sacraments* (London, 21947); J. Jeremias, *Infant Baptism in the First Four Centuries* (London, 1960); P. K. Jewett, *Infant Baptism and the Covenant of Grace* (Grand Rapids, MI, 1978); G. W. H. Lampe, *The Seal of the Spirit*, 21967); E. Schlink, *The Doctrine of Baptism* (St Louis, 1972); R. Schnakenburg, *Baptism in the Thought of St. Paul* (Oxford, 1964); G. Wainwright, *Christian Initiation* (London, 1969); R. E. O. White, *The Biblical Doctrine of Initiation* (London, 1960).

II. TEOLOGIA HISTÓRICA E SISTEMÁTICA. As referências mais antigas pós-NT vêm da *Didaquê* (c. 100; ver Pais Apostólicos). Justino (ver Apologistas) descreveu o batismo como um renascimento na água e, depois, como uma "iluminação", termo técnico usado para o batismo por volta do século IV.

Orígenes via no batismo a ligação tipológica entre o AT, culminando no batismo de Jesus feito por João, e o batismo escatológico inaugurador da nova era. O batismo teria derivado seu significado das realidades espirituais e, comunicando a graça de Cristo, prefiguraria o estágio final de batismo, a ressurreição dos mortos.

Tertuliano indicava a conexão do Espírito Santo com a água do batismo, preparando assim o terreno para a bênção da água batismal. Em meio à perseguição à igreja no século III, não seria de surpreender a descrição do martírio como o batismo de sangue, que admitia o mártir diretamente na igreja triunfante. Advogava o adiamento do batismo, até que os então batizandos ainda crianças pudessem vir a tomar sua própria decisão, para não acontecer de prejudicarem o futuro espiritual de seus padrinhos. A visão de Tertuliano, Cipriano e outros de que o batismo cismático era inválido não sobreviveu no Ocidente além do século III, exceto no donatismo.

Agostinho enfatizava o aspecto objetivo do batismo e que, por ser Cristo o ministro real do batismo, a validade do sacramento não seria afetada pelo seu agente humano. Ele tinha absoluta convicção de ser o batismo indispensável à salvação. Em sua disputa com Pelágio, justificou o batismo infantil, desenvolvendo a ligação entre o sacramento e o pecado original. Não sugeriu que a criança tivesse fé, mas, sim, afirmou que a fé da igreja era benéfica a ela, sendo essa uma postura clássica que tem permanecido como justificativa do batismo infantil. A criança, pelo batismo, seria incorporada à igreja, compartilhando desse modo a fé da igreja, de que agora fazia parte. Os padrinhos, ao se tornarem responsáveis pelo batizando, não o faziam meramente em favor próprio nem simplesmente como menos representantes da criança, mas como agentes da totalidade da igreja, da qual eram os instrumentos de apresentação da criança para o batismo.

Para os catecúmenos adultos, no entanto, havia a exigência de uma necessária preparação cuidadosa para o batismo. Por volta do século IV, as classes de preparação catequética requeriam uma frequência regular por parte dos discípulos, com reuniões diárias durante a Quaresma. Palestras doutrinárias proferidas, nessa época, por homens como Ambrósio de Milão, Cirilo de Jerusalém (c. 315-386), João Crisóstomo (c. 344/354-407) e Teodoro de Mopsuéstia (c. 350-428) permanecem disponíveis para nosso conhecimento. Antes dessas aulas, o exorcismo era uma prática regular e elemento comum no rito batismal. Registros destacam que no batismo os batizandos compartilhavam a redenção, a morte e a ressurreição de Cristo por uma real confissão de fé, colocando-se, assim, em submissão ao Senhor crucificado e ressuscitado. Efetuava o batismo, desse modo, o renascimento do batizando, que era revestido da roupa nova da imortalidade e sobre quem se conferia um selo indissolúvel. O pecado praticado pelo cristão batizado era considerado extremamente grave, fazendo assim muitos seguirem o exemplo de Constantino, adiando seu batismo para o leito de morte (o chamado "batismo clínico"). Um pré-requisito para o batismo era a renúncia a Satanás e a profissão de fé em Cristo, uso que permanece em muitas confissões ainda hoje.

Os teólogos escolásticos definiam o batismo como um sacramento de fé, um sinal sagrado que abrangia a totalidade da obra da redenção, representando a santificação do batizando por meio da paixão de Cristo, a graça do Senhor e a consumação escatológica. Contudo, Cristo permanecia Senhor de seus dons, podendo escolher salvar uma alma sem o sacramento do batismo. Tomás de Aquino ensinava que, embora o batismo removesse a culpa do pecado original, a qualquer momento o pecado poderia se manifestar novamente. Já para Pedro Lombardo, o batismo enfraquecia o desejo de pecar.

O Concílio de Trento cristalizou o ensino pré-Reforma que enfatizava a eficácia do batismo infantil, mas destacou a necessidade de o candidato adulto se achegar ao batismo com sinceridade. Reafirmou, ainda, que a graça batismal poderia ser perdida por causa de pecado grave.

Lutero, embora adotando muita coisa da teologia batismal católica-romana, assinalou que a água do batismo tornava-se graciosa água de vida, proporcionando um lavar regenerativo pelo poder divino intrínseco da palavra de Deus. Inicialmente, Lutero considerava o efeito do batismo dependente da fé, mas depois, modificando sua opinião, passou a enfatizar a ordem de Deus como justificação para o batismo.

A acessibilidade das Escrituras produzida pela Reforma levou grupos de anabatistas, em formação na época, a se recusarem a permitir que seus filhos fossem batizados ainda crianças e a reenfatizar o batismo somente de crentes, considerando-o como o único batismo existente no NT. Contatos com esse tipo de grupo em Amsterdã, em 1609, veio a confirmar a visão a respeito de batismo de John Smyth (1618-1652) e de Thomas Helwys (c. 1550-c. 1616), os primeiros batistas britânicos.

A tradição da igreja Reformada deu destaque à ideia de que o batismo seria o sinal do novo pacto e que, portanto, as crianças deveriam ser admitidas à nova aliança tão cedo possível, quanto os meninos judeus eram admitidos à antiga aliança mediante a circuncisão. O batismo fortaleceria a fé, daria aos pais a certeza de que seus filhos estavam incorporados ao novo pacto e, à criança o direito à aliança, mesmo sem ter ainda consciência disso, tornando-se rica fonte de bênçãos e consolação à medida que a criança crescia.

Barth introduziu a questão do batismo na esfera do debate ecumênico, advogando a extinção do batismo infantil em favor unicamente do batismo dos crentes, mas sem nenhum rebatismo. Assumindo a ideia de Cristo como o ministro principal do batismo, enfatizou que o batizando seria "a segunda personagem mais importante no ato". Palavras e ações de Cristo no batismo tinham um propósito cognitivo, assegurando ao crente sua salvação e recebendo seu penhor de serviço obediente ao Senhor. Como a natureza, o poder e o significado do batismo são dependentes de Cristo, ele não pode ser anulado pela imperfeição humana. Tanto a exegese do NT quanto o ato sacramental requereriam do batizando um desejo e uma disposição responsáveis de receber a promessa da graça a ele conferida e a assumir a promessa de lealdade ao serviço a Deus por gratidão, dele exigido.

O Concílio Vaticano II (ver Concílios; Teologia Católica Romana) ocupou tempo considerável na abordagem da questão do batismo e da restauração do catecumenato, reafirmando que o batismo de adultos deveria ser visto como rito definitivo de iniciação e procurando restaurá-lo em sua condição de Páscoa. Essa restauração tem sido bem recebida em congregações missionárias, mas seus benefícios plenos ainda não foram de todo considerados por ordens tradicionais.

O documento de Lima do Conselho Mundial de Igrejas (*Batismo, eucaristia e ministério*, Genebra, 1982) afirma que o batismo "é uma participação na morte e ressurreição de Cristo, uma lavagem do pecado, um novo nascimento, uma iluminação feita por Cristo, um revestimento de Cristo, uma renovação pelo Espírito, a experiência da salvação do dilúvio, um êxodo da escravidão e uma libertação para uma nova humanidade, em que são ultrapassadas as barreiras divisórias". Refere-se ainda ao batismo como "sinal e selo de nosso discipulado em comum" e que, desse modo, constitui um vínculo básico de unidade. O pensamento atual a respeito do batismo o tem visto, não poucas vezes, como uma ordenança válida para todo o povo de Deus. Uma vez que o ministério do cristão está centrado na obra reconciliadora de Cristo, o batismo torna-se a comissão de nos engajarmos nesse ministério.

(**R. F. G. Burnish**, J.P., B.A., M.Th., Ph.D., organizador de área do Centro-Sul da Inglaterra da The Leprosy Mission, Peterborough.)

BIBLIOGRAFIA. K. Aland, *Did the Early Church Batptize Infants?* (London, 1963); R. F. G. Burnish, *The Meaning of Baptism* (London, 1985); J. D. C. Fisher, *Christian Initiation:*

Baptism in the Medieval West (London, 1965); J. Jeremias, *Infant Baptism in the First Four Centuries* (London, 1959); Murphy Center for Liturgical Research, *Made, not Born* (Notre Dame, IN, 1976); B. Neunheuser, *Baptism and Confirmation* (Westminster, MD, 1964); H. M. Riley, *Christian Initiation* (Washington, 1974); E. C. Whitaker, *Documents of the Baptismal Liturgy* (London, 1960).

BATISMO JUDAICO

A forma nominal *baptismós* é usada no original grego, em Hebreus 9.10, para indicar as muitas "abluções" dos judeus, em suas cerimônias religiosas. Todavia, tais abluções nada têm a ver com o batismo cristão. Antes, os judeus batizavam os gentios que tinham se convertido ao judaísmo, aos quais chamavam de "prosélitos". Duas coisas eram exigidas dos gentios prosélitos. Em primeiro lugar, precisavam receber o sinal do pacto abraâmico, a circuncisão. Isso simbolizava a remoção da carne ímpia. Em segundo lugar, precisavam ser batizados. Os convertidos imergiam-se totalmente na água, indicando que estavam passando por uma completa purificação dos pecados próprios do paganismo. Enquanto os gentios faziam isso, dois judeus ficavam do lado de fora do recinto fechado por cortinas, onde o batismo estava tendo lugar, recitando passagens da Torá (lei ou Pentateuco). Isso significava que aqueles gentios estavam se submetendo aos preceitos da lei mosaica como novo padrão de sua conduta. A partir daquele instante, quem assim fizesse tornava-se parte da comunidade judaica, apesar do fato de que não era descendente direto de Abraão. (AM)

BATO. Ver *Pesos e Medidas*.

BAVAI

No hebraico, **"desejador"**. Nome de um levita, filho de Henadade, governador de metade da cidade de Queila. Bavai ajudou na reconstrução das muralhas de Jerusalém. após o exílio (Ne 3.18). Ele é chamado Binui, no v. 24 do mesmo capítulo. Talvez o nome Bavai seja uma forma corrompida de Binui.

BAXTER, RICHARD (1615-1691)

Importante clérigo puritano inglês. Em 1641-1642 e 1647-1661 (tendo sido capelão do Exército do Parlamento, 1642-1647), Baxter exerceu em Kidderminster, Worcestershire, o mais próspero pastorado puritano jamais registrado, convertendo quase a totalidade daquela cidade. Sob a estrutura da igreja estabelecida por Cromwell (que propiciava independência), formou uma associação interdenominacional de pastores de Worcestershire, comprometida com a prática da evangelização congregacional, catequizando famílias inteiras e mantendo a disciplina eclesiástica paroquial, tendo ministros como membros na corte do consistório informal. Na Restauração, Baxter recebeu o bispado de Hereford, mas declinou do cargo. Na Conferência de Savoy, em 1661, advogou, sem sucesso, a forma não prelatícia e sinodal de episcopado, esboçada por seu falecido amigo arcebispo Ussher (1581-1656), bem como uma revisão puritana do *Livro de oração*. Após as deposições de 1662, Baxter passou a viver nos arredores de Londres, como reconhecido líder dos depostos, e a escrever muito, tornando-se o mais fecundo autor de obras dentre todos os teólogos britânicos.

Sua fértil produção inclui três livretes: *A Christian Directory* [*Orientador cristão*] (1673), que sumariza, em muitas palavras, toda a teologia "prática", "experimental" e "casuística" dos puritanos (*i.e.*, ensino ético e devocional); *Catholick Theology* [*Teologia católica*] (1675), obra, como indica o subtítulo, "clara, pura e amena, para a pacificação dos contendores de palavras", abrangendo as visões sobre a graça segundo as perspectivas calvinista, arminiana, luterana e católica-romana (dominicana e jesuíta), em um esforço de acomodação ecumênica; e *Methodus Theologiae Christianae* [*Método de teologia cristã*] (1681), análise em estilo ramista da verdade cristã, em latim, tricotomizando-a, em vez de a dicotomizar, como o fizeram Ramus e outros puritanos. Outros três livros referenciais seus são: *The Saints' Everlasting Rest* [*O descanso eterno dos santos*] (1650), clássico de 800 páginas que estabeleceu Baxter como o supremo autor devocional do puritanismo; o apaixonado *Reformed Pastor* [*O pastor reformado*] (1656) (não significando "reformado", no caso, propriamente, calvinista, mas, sim, "revivificado"), trabalho que o bispo Hensley Henson, da Broad Church (facção liberal da igreja Anglicana), descreveu, em 1925, como "o melhor manual dos deveres do clérigo em língua inglesa"; e o eletrizante *Call to the Unconverted* [*Chamado ao não convertido*] (1658), livro de bolso pioneiro em evangelização, que vendeu dezenas de milhares de exemplares na época. A crônica bem elaborada que Baxter fez de sua vida e época, *Reliquiae Baxterianae* [*Relíquias baxterianas*] (1696), é, também, uma obra interessante, fonte básica e confiável para a história da igreja no século XVII.

Chamado indevidamente de presbiteriano, Baxter foi um hesitante não conformista que favorecia a monarquia, as igrejas nacionais, a liturgia e o episcopado. Ele poderia até aceitar a nada simpática revisão do *Livro de oração* de 1662; mas o Ato de Uniformidade, daquele ano, exigia a renúncia do juramento dos ideais puritanos de reforma como condição de participação em cargos na igreja da Inglaterra restaurada, e Baxter simplesmente se recusava a aceitar isso.

O evangelho de Baxter apresenta a morte de Cristo como um ato de redenção universal, penal e vicário, embora não estritamente substitutivo, em virtude do qual Deus decretou uma nova lei, oferecendo anistia aos transgressores penitentes da antiga lei. O arrependimento e a fé, formas de obediência à nova lei, constituem a justiça salvadora individual, a que a vocação eficaz induz e a graça preservadora sustém. Chamado de "neonomianismo", esse esquema é substancialmente amiraldista, acrescido do ensino arminiano da "nova lei". Sua evidente tendência legalista, não reconhecida por Baxter, foi muito criticada na própria época. Baxter abordou também a razoabilidade do cristianismo, com base em sua coerência com a teologia natural, método que se tornou impraticável por produzir unitarismo entre seus seguidores presbiterianos ingleses após a sua morte.

(**J. I. Packer**, M.A., D.Phil., professor de Teologia do Regent College, Vancouver, Canadá.)

BIBLIOGRAFIA. *Practical Works*, ed. W. Orme, 23 vols. (London, 1830).

C. F. Allison, *The Rise of Moralism* (London, 1966); W. M. Lamont, *Richard Baxter and the Millennium* (London, 1979); Hugh Martin, *Puritanism and Richard Baxter* (London, 1946); G. F. Nuttall, *Richard Baxter* (London, 1965); F. J. Powicke, *A Life of the Reverend Richard Baxter* (London, 1924); idem, *The Reverend Richard Baxter Under the Cross* (London, 1927).

BAZAR

No hebraico, *chuts*, **"rua"**, **"lado de fora"**. É palavra usada por 176 vezes, sozinha ou em combinação com prefixos. Em 1Reis 20.34, a nossa versão portuguesa diz "bazar", como tradução dessa palavra. Nos países do Oriente Próximo e Médio, os bazares eram armados em plena via pública, nas ruas ou nas praças. Ben-Hadade permitiu que Acabe tivesse bazares em Damasco, em retribuição ao fato de que o pai de Ben-Hadade tivera bazares em Samaria. (Z)

BAZLITE

No hebraico, **"petição"** ou **"nudez"**. Era cabeça de uma família cujos descendentes retornaram do cativeiro babilônico em companhia de Zorobabel, junto com os servidores do templo (Ne 7.54), em cerca de 536 a.C. em Esdras 2.52, temos uma forma variante do nome, "Bazlute". Não se sabe qual é a forma correta. (S Z)

BDÉLIO

Termo que no hebraico é *bedolach*, e que aparece somente por duas vezes: Genesis 2.12 e Numeros 11.7. Na primeira referência aparece como uma das riquezas da terra de Havilá, na segunda, como descrição da aparência do maná. O bdélio é uma resina gomosa aromática, da espécie *Commiphora*. Extraída da de uma árvore similar à mirra. Era muito apreciado pelos povos antigos, para ser usado na arte do perfumista. Assemelha-se à mirra tanto quanto à cor e a seu gosto amargo. Por ser uma verdadeira goma, está relacionada aos açúcares e é solúvel em água. (S UN Z)

BEALIAS

No hebraico, **"Yahweh é Senhor"**. Foi um guerreiro ambidestro, da tribo de Benjamim, que deu apoio à causa de Davi (1Cr 12.5), em cerca de 1054 a.C.

BEALOTE

No hebraico, **"cidadãos"** (?); ou então, através do grego, **"possuidoras"** ou **"senhoras"**. Era nome de uma cidade no extremo sul do território de Judá (ver Js 15.24), que talvez deva ser identificada com a Baal aludida em 1Crônicas 4.33 ou com a Baalate-Beer, que era a Ramá do Neguebe (Js 19.8). Alguns estudiosos também pensam em Alote, referida em 1Reis 4.16, como uma possível identificação. Um distrito que, juntamente com Aser, fazia parte do distrito do nono oficial de Salomão (ver 1Rs 4.16). Havia doze intendentes que forneciam mantimentos ao rei e à casa real (ID).

BEBAI

No hebraico, **"paternal"**. Na Bíblia devemos pensar em três homens com esse nome; a saber: **1**. O cabeça de uma das famílias que retornou com Zorobabel, após o cativeiro (ver o artigo) (Ed 2.11; Ne 7.16). Dentre essa família, outras 28 pessoas retornaram do exílio com Esdras. (Ed 8.11). Alguns deles haviam-se casado com mulheres estrangeiras, das quais tiveram de divorciar-se (Ed 10.28). Alguns estudiosos, porém, pensam que devemos pensar, nesse caso, em um outro Bebai, líder dos 28 homens que vieram com Esdras. **2**. Um homem que assinou o pacto referido no décimo capítulo do livro de Neemias (Ne 10.15), em cerca de 445 a.C. No livro de Judite (15.4), há menção a uma cidade chamada Bebai, até hoje não identificada, cujos habitantes perseguiram as forças assírias em fuga, após a morte de Holofernes. (ID S)

BEBEDICE. Ver os artigos sobre *Alcoolismo* e *Bebidas Fortes*.

BEBIDA, BEBER

Consideremos estes pontos a respeito:

1. O uso de bebidas alcoólicas. Ver o artigo sobre o *alcoolismo*. No hebraico temos a palavra *shekar* usada por 23 vezes (por exemplo: Lv 10.9; Nm 6.3; Pv 20.1; Is 5.11; 56.12; Mq 2.11). No grego, temos as seguintes palavras a considerar: ***a***. Síkera (usada por uma vez, em Lc 1.15), "cerveja de cevada". ***b***. *Óksos* (usada por cinco vezes: Mt 27.48; Mc 15.36; Lc 23.36; Jo 19.29,30), "vinho azedo" ou "vinagre". ***c***. *Oinos* "vinho" (usado por 35 vezes: Mt 9.17; 27.34; Mc 2.22; 15.23; Lc 1.15; 5.37,38; 7.33; 10.34; Jo 2.3,9,10; 4.46; Rm 14.21; Ef 5.18; 1Tm 3.8; 5.23; Tt 2.3; Ap 6.6; 14.8,10; 16.19; 17.2; 18.3,13; 19.15). ***d***. *Gleucos* "vinho novo doce" (usado apenas em At 2.13).

Os hebreus faziam seu vinho de uva, de romã (Ct 8.2) e de outras frutas. Além disso, vários cereais eram empregados para a produção de certo tipo de cerveja. Havia também a cidra ou vinho de maçã. Vinho de mel era preparado com vinho misturado com mel e pimenta. No Egito, também fabricava-se vinho de tâmaras. Plínio informa-nos que, em sua época, se fazia vinho de figos, de espelta e de alfarrobeira. Os antigos árabes usavam passas de uvas para fabricar uma bebida fortemente alcoólica, sendo possível que os judeus conhecessem tal tipo de bebida. Ver o artigo sobre *o Vinho*. Os judeus, como muitos povos antigos e modernos, eram um povo que costumava beber vinho; porém, a moderação em sua ingestão sempre foi preceituada. Esse conceito passou para as páginas do Novo Testamento. Assim, lemos Paulo recomendando a Timóteo que usasse um pouco de vinho, para ajudá-lo em seus problemas estomacais (1Tm 5.23). Os líderes da igreja cristã precisavam dar exemplo de moderação na ingestão do vinho, um item que aparece entre as qualificações essenciais aos pastores (1Tm 3.3,8). Não obstante, o Novo Testamento sempre se volta contra as ideias ascéticas (vide), conforme se vê, por exemplo, em Colossenses 2.16 ss.

Fala a Ciência. Sabe-se atualmente que qualquer dose de álcool, posta a circular na corrente sanguínea, mata células do cérebro. Isso significa que o consumo de qualquer quantidade de bebida alcoólica é um assalto contra o próprio cérebro de quem o bebe. Visto que isso é verdade, então, com base em 1Coríntios 3.16,17, é errado consumir qualquer quantidade de bebidas alcoólicas. Observemos, pois, que a ciência é capaz de melhorar os princípios éticos, acima daquilo que é antecipado pela fé religiosa!

2. Outros usos de bebidas nas Escrituras. ***a***. A ingestão de qualquer líquido (1Co 10.31), o que, como todas as atividades humanas, pode redundar na glória de Deus. ***b***. Como *símbolo* da expressão espiritual da fé de alguém em Deus (Is 32.6; Jo 6.54,55; 7.37; 1Co 10.4). ***c***. Beber metaforicamente do sangue de Cristo, equivale a alimentar-se espiritualmente e participar de seu ser, compartilhando da sua natureza (Jo. 6.54). Naturalmente, há nisso uma certa alusão à Ceia do Senhor (vide), mas, o que está em pauta é aquilo que é simbolizado pelo rito, e não o rito propriamente dito. Ver o artigo sobre o conceito de *comer a carne e beber o sangue de Cristo*, que participa dos vários sentidos vinculados a essa passagem. Ver também sobre a *transubstânciação* e sobre *Jesus como o Pão da Vida*. ***d***. A aceitação simbólica da vontade do Pai, por parte do Filho (Jo 18.11). ***e***. A participação da *Ceia do Senhor* (vide) Mt 26.27; 1Co 10.21; 11.25, que inclui as ideias de participação espiritual em suas virtudes e em sua natureza, como quem festeja em sua *memória*. ***f***. O recebimento da ira e do julgamento de Deus é como sorver uma bebida (Jó 21.20; Sl 75.8; Ap 14.10). ***g***. Participação simbólica em toda a espécie de mal, por parte dos pecadores (Jó 15.16; Pv 4.17; 26.6). ***h***. Beber sangue simboliza provocar matança entre os inimigos (Ez 39.18). ***i***. O processo mediante o qual a terra é regada pelas chuvas que caem do céu é retratado pela ideia de beber (Hb 6.7). (LAN NTI S UN Z)

BEBIDA FORTE

Várias palavras hebraicas e gregas precisam ser consideradas: **1**. Uma palavra hebraica indica o suco fermentado da uva, sendo geralmente traduzida por "vinho". Essa palavra é usada por 141 vezes no Antigo Testamento, com cognatos nas línguas dos povos que viviam ao redor da Palestina, embora talvez não de origem semita. O seu equivalente grego é οἶνος, "vinho". (Ver Gn 9.21; Êx 29.40; Nm 6.3; Zc 10.7 etc.). **2**. Uma outra palavra hebraica é usada por 38 vezes no Antigo Testamento, também traduzida por "vinho" ou "vinho novo", esta última sendo a sua verdadeira tradução. As alusões da palavra indicam que essa bebida era tóxica quando ingerida em grande quantidade. Oseias 4.11 diz que tanto o "vinho" quanto o "mosto" (outra tradução para essa palavra) "tiram entendimento" (cf. Jz 9.13; At 2.13). A LXX também traduziu essa palavra por οἶνος. **3**. Outra palavra hebraica deriva-se de uma raiz que significa "fermentar". Essa é a forma poética para indicar "vinho", no hebraico (ver Dt 32.14), aparecendo também como seu cognato aramaico (ver Ed 6.9; 7.22; Dn 5.1,2,4,23). **4**. Um sinônimo poético da segunda dessas palavras deriva-se da raiz que significa "esmagar". É usado apenas por cinco vezes na Bíblia, em (Ct 8.2; Is 49.26; Jl 1.5; 3.18 e Am 9.13). **5**. Uma quinta palavra hebraica usualmente é traduzida por "bebida forte", proveniente de uma raiz que significa "ficar embriagado". Essa palavra era usada para denotar qualquer bebida alcoólica feita de fruto ou cereal, embora originalmente incluísse o vinho (ver Nm 28.7; cf. 28.14). Em Isaías 5.11, essa palavra é usada como paralelo da primeira delas, como alusão a bebidas alcoólicas em geral. Mas nossa versão portuguesa, nesse versículo, só faz alusão ao vinho. Com o tempo, essa quinta palavra veio a indicar somente bebidas intoxicantes não feitas com base na uva. Sacerdotes e nazireus não podiam consumir vinho e bebida forte (ver Lv 10.9; Nm 6.3. cf. Jz 13.4,7,14; e também Lc 1.15, "οἶνος kai síkera"). Em Provérbios 20.1, lê-se que o vinho é "escarnecedor" e que a bebida forte é "alvoroçadora" (cf. Pv 31.4,6). Quando Eli acusou Ana de estar embriagada, ela retrucou: *Não bebi nem vinho nem bebida forte; porém venho derramar a minha alma perante o Senhor* (1Sm 1.15).

Vinho misturado. No período do Antigo Testamento, o vinho era tomado puro porque diluí-lo com água era considerado indesejável. O vinho diluído com água tornou-se símbolo de adultério espiritual (ver Is 1.22). Nos tempos romanos algumas vezes o vinho era misturado com água, porque alguns criam que isso melhorava a qualidade do vinho (ver 2Macabeus 15.39). O vinho vermelho geralmente era considerado melhor e mais forte que o vinho branco (ver Sl 75.8; Pv 23.31). Os vinhos do Líbano (ver Os 14.7) e os de Hebrom (ver Ez 27.18) provavelmente eram vinhos brancos. As vinhas de Hebrom eram famosas por seus imensos cachos de uvas (ver Nm 13.23). Samaria era um centro de viticultura (ver Jr 31.5; Mq 1.6), e os efraimitas tinham a má reputação de serem grandes bebedores de vinhos (ver Is 28.1).

Também há menção ao "vinho aromático", em Cantares 8.2. Eram vinhos preparados com diferentes espécies de ervas, seguindo o costume de povos não israelitas do Oriente Próximo, e muito mais embriagadores que o vinho regular. Esse fato fazia esse tipo de vinho muito popular nos banquetes e ocasiões festivas (ver Pv 9.2,5). A Bíblia proíbe claramente o uso desse tipo de bebida alcoólica (ver Pv 23.29,30; em português, "bebida misturada").

Quando o vinho era misturado com mirra, era usado como um anestésico. Foi esse tipo de bebida que ofereceram a Jesus, quando de sua crucificação (ver Mt 27.34; Mc 15.23). Os rabinos, em seus escritos, referem-se a várias misturas de vinhos. Havia uma mistura de vinho velho com água cristalina e bálsamo, usada especialmente após o banho. Havia também um vinho de uvas passas e um vinho misturado com um molho de azeite e (garum?). Uma mistura popular era a de vinho com mel e pimenta. E havia muitas outras formas de mistura com vinho. Um bom vinagre era feito misturando-se cevada ao vinho.

Atitude da Bíblia para com o uso do vinho. A atitude refletida por toda a Bíblia, quanto ao uso do vinho como uma bebida, é muito bem expressa por Ben Siraque: "O vinho bebido com moderação e no tempo certo produz alegria no coração e ânimo mental" (Eclesiástico 31.28,29). Todos os israelitas consumiam regularmente o vinho, exceto no caso dos sacerdotes que ministravam no santuário, os nazireus e os recabitas. Mas a Bíblia constantemente denuncia a incontinência no uso do vinho, pois o *excesso* era considerado pecaminoso (ver Pv 20.1; 23.29-35; Is 5.11,22; 28.7,8; Os 4.11). Paulo recomendava moderação no uso do vinho (ver 1Co 8.7-13 e Rm 14.13-21).

Todavia, o vinho também é elogiado na Bíblia. Ver Juízes 9.13: *Deixaria eu o meu vinho, que agrada a Deus e aos homens...?* (Cf. Sl l04.15; Ec 10.19). *Metaforicamente*, o vinho representa a essência da bondade. Algumas vezes os israelitas acompanhavam com cânticos a ingestão de vinho (ver Is 24.9). A boa esposa é comparada a uma "videira frutífera" (Sl 128.3). Israel é comparado a uma vinha que Deus trouxe do Egito e plantou na terra prometida, onde "deitou profundas raízes e encheu a terra" (Sl 80.8-11). A prosperidade algumas vezes é simbolizada pela abundância de vinho, como quando Jacó abençoou a Judá (ver Gn 49.11). Os tempos de paz e de prosperidade são descritos como segue, em 1Reis 4.25: *Judá e Israel habitavam confiados, cada um debaixo da sua videira, e debaixo da sua figueira...* Isaías utiliza-se do vinho como figura das bênçãos espirituais (ver Is 55.1,2).

Ao que tudo indica na Bíblia, o uso moderado de vinho não é repreensível (ver Et 1.10; Sl 104.15; Ec 10.19; Zc 10.7). As referências bíblicas ao vinho mostram que a ingestão dessa bebida fazia parte da dieta regular dos israelitas (ver Gn 14.18; Jz 19.19; 1Sm 16.20; 2Cr 11.11). Se a mera ingestão de vinho fosse pecaminosa, Jesus não teria transformado água em vinho no casamento em Caná da Galileia (ver Jo 2.1-11), e nem Paulo teria recomendado a Timóteo: *Não continues a beber somente água; usa um pouco de vinho, por causa do teu estômago e das tuas frequentes enfermidades* (1Tm 5.23). O que as Escrituras condenam não é o uso e, sim, o *abuso de bebidas alcoólicas*. *E não vos embriagueis com vinho, no qual há dissolução, mas enchei-vos do Espírito* (Ef 5.18). Os crentes não devem assemelhar-se aos incrédulos, muitos dos quais tornam-se viciados no álcool, como em vários outros vícios (ver 1Pe 4.3). Por isso mesmo, os líderes cristãos são exortados à temperança (ver 1Tm 3.3,8). Há somente uma ocasião em que Paulo veda totalmente o uso do vinho ao crente, isto é, se chegar a ser pedra de tropeço a algum irmão (ver Rm 14.21).

A viticultura na Palestina. A produção de vinhos era importante no Oriente Próximo, sendo descrita na Bíblia com muitas referências. (Ver Gn 40.11; Dt 18.4; Js 9.4; 1Cr 27.27; Ez 17.5-10). A viticultura era considerada tão importante em Israel que os proprietários de vinhas eram isentados do serviço militar, no tempo da colheita da uva, no mês de setembro (Jr 25.30; 48.33). A vindima, ou colheita da uva, é referida em conexão com a Festa dos Tabernáculos (ver Dt 16.13). Os pobres podiam ficar com as uvas que caíssem ao chão, como também podiam fazê-lo com todas as outras colheitas. No ano sabático, as vinhas não recebiam cultivo, tal qual sucedia a qualquer outro tipo de plantação. O vinho, enquanto fermentava, era sujeito a muitos cuidados. Um deles consistia em derramar o vinho de um receptáculo para outro, para evitar qualquer engrossamento indesejável. Jeremias 48.11 faz alusão a esse costume. Uma vez que o vinho estivesse refinado e pronto para ser guardado por longos períodos de tempo, era colocado em jarras forradas com betume postas então em "adegas" (ver 1Cr 27.27). Vinho não fermentado, ou suco de uva, na opinião de alguns especialistas no assunto, era impossível de ser guardado por qualquer período de tempo, na Palestina antiga. Portanto, o vinho referido no Antigo e no Novo Testamentos tinha certa dosagem alcoólica. A preservação do suco de uva é um processo moderno.

Usos do vinho no mundo bíblico. Por todo o Oriente Médio e Próximo o vinho era usado nas libações aos deuses pagãos. Os hebreus foram constantemente advertidos pelos profetas de Deus a não se deixarem envolver nesses sacrifícios (ver Dt 32.37,38; Is 57.6; 65.11; Jr 7.18; 19.13). As libações que faziam parte dos sacrifícios levíticos eram de vinho (ver Êx 29.40; Lv 23.13; Nm 15.7,10; 28.14). Os adoradores, quando ofereciam sacrifícios, geralmente levavam vinho, entre outros requisitos, (ver 1Sm 1.24; 10.3,8). Havia certo suprimento de vinho guardado no templo, para propósitos de sacrifícios (ver 1Cr 9.29).

Além disso, o vinho era usado como medicamento, para revivificar os que desmaiassem (ver 2Sm 16.2), ou como sedativo, "aos amargurados de espírito" (Pv 31.6). Os rabinos tinham um ditado que dizia: "O vinho é o melhor dos medicamentos; quando falta o vinho, tornam-se necessárias as drogas". O vinho era até mesmo derramado sobre os ferimentos, como se vê no caso do homem vítimado pelos assaltantes, em Lucas 10.34. Finalmente, o vinho era um importante artigo comercial e também era doado como presente. Davi recebeu de Abigail "dois odres de vinho" (1Sm 25.18), e Ziba lhe deu "um odre de vinho" (2Sm 16.1). Quando Salomão edificou o templo de Jerusalém, pagou a Hirão, entre outras coisas, "vinte mil batos de vinho" (2Cr 2.10), pela madeira do Líbano e pela ajuda dos operários de Hirão.

Nos tempos modernos, a viticultura tem-se tornado a mais importante atividade agrícola em Israel. (I ID LAN UN)

BECA. Ver *Pesos e Medidas*.

BECORATE

No hebraico, **"primogênito"**. Era filho de Afia ou Abia, neto de Bequer, um antepassado de Saul (1Sm 9.1). Cerca de 1225 a.C.

BEDÃ

No hebraico, **"filho de julgamento"**, embora outros estudiosos prefiram dizer que o significado do nome é incerto. Era filho de Ulão, descendente de Manassés (1Cr 7.17). Seu nome aparece entre os juízes, em 1Samuel 12.11, à margem, embora nada se saiba sobre isso em qualquer trecho da Bíblia. Na LXX e na versão Peshita, aparece ali o nome Baraque (ver o artigo). Alguns eruditos pensam que o nome é a forma abreviada de Abdom (ver o artigo), filho de Hilel, que julgou Israel por oito anos, em Piratom (Jz 12.13). Há outras identificações ainda menos prováveis. Os estudiosos confessam que não há como estabelecer uma identificação indiscutível. (S Z)

BEDADE

No hebraico, **"sozinho"**. Um rei idumeu, pai de Hadade (Gn 36.35 e 1Cr 1.46), que reinou em Edom antes que houvesse rei em Israel. Cerca de 1500 a.C.

BEDIAS

No hebraico, **"servo de Yahweh"**, um homem da família de Bani, que se casara com uma mulher estrangeira, estando no cativeiro, na Babilônia (Ed 10.35), em cerca de 458 a.C.

BEELIADA

No hebraico, **"o Senhor sabe"**, ou **"conhecido por Baal"**. Foi um dos filhos de Davi, nascido em Jerusalém (1Cr 14.7). Posteriormente, seu nome foi mudado para Eliada, que no hebraico significa "Deus sabe", quando o nome de Baal passou a ser evitado, devido à sua conexão com a idolatria (2Sm 5.16), em cerca de l045 a.C. (S)

BEEMOTE

Essa palavra transliterada do hebraico, e que é apenas a forma plural de *behamah*, "fera", não figura em nossa versão portuguesa. Mas em Jó 40.15 está em foco algum animal, que nossa versão confiantemente traduz por "hipopótamo". Nesse caso, o plural deve ter um uso intensivo. Na verdade, a passagem em Jó é figurada, e a única coisa que se pode dizer com certeza é que está em foco algum animal aquático, poderoso (vs. 23), que come erva (vs. 15).

O hipopótamo era conhecido nos tempos bíblicos, e os registros antigos mostram cenas de caça a esse animal por meio de arpões e ganchos munidos de farpa (Diod. *Siculus* 37.35). Sabemos que o hipopótamo tem seu *habitat* na África, e que, em tempos antigos, existia no Egito e nos rios que desembocam no Mediterrâneo oriental. Há evidências de que havia hipopótamos no rio Orontes, na Síria, em cerca de 1500 a.C., porém, pelo século XII d.C., o hipopótamo foi extinto na Síria. Embora seu nome signifique, no grego, "cavalo do rio", o hipopótamo é mais aparentado ao porco. Seu casco é dividido, mas não rumina, embora dotado de um complexo estômago com três câmaras, para digerir as massas de alimento vegetal que ele devora. (BOD WOD)

BEER

No hebraico, **"poço"**. Um nome próprio que denota duas localidades no Antigo Testamento: **1**. Um lugar em Moabe, onde Israel acampou (Nm 21.16), do outro lado do ribeiro de Arnom. O lugar era assim chamado porque havia um poço naquele local, escavado pelos príncipes do povo. Ali Deus deu ao povo de Israel água abundante, para deleite deles. O local tem sido identificado com Beer-Elim, "poço dos heróis", referido em Isaías 15.8. **2**. Uma aldeia da tribo de Judá, para onde Jotão fugiu, após haver enunciado a parábola em que denunciava seu irmão Abimeleque, por haver este se apossado sanguinariamente do poder (Jz 9.21). O local é desconhecido, mas muitos supõem que ficava perto do monte Gerizim. (ID)

BEER-ELIM

No hebraico, **"poço dos heróis"**, que figura somente em Isaías 15.8. Talvez se trate de outro nome do mesmo lugar chamado Beer (vide), referido em Números 21.16,18, como uma das cidades moabitas.

BEER-LAAI-ROI

No hebraico, **"poço do Vivo que me vê"**. Um poço localizado entre Cades e Berede (Gn 16.14), onde o anjo do Senhor apareceu a Hagar, quando ela fugia de Sara, sua patroa. Ver o artigo sobre Hagar. Os arqueólogos têm identificado tentativamente esse poço a dezenove quilômetros a noroeste de Ain Kadis, em 'Ain el-Muweileh, cuja pronúncia árabe assemelha-se um pouco ao nome original e tem o mesmo significado.

BEERA

No hebraico, **"o poço"**. Foi chefe guerreiro da tribo de Aser (1Cr 7.37), filho de Zofa. Cerca de 1570 a.C. em nossa versão portuguesa aparece um outro *Beera* em 1Crônicas 5.6, embora o hebraico grafe o nome deste de modo levemente diferente do daquele. Este último foi um dos chefes do clã da tribo de Rúben, que foi levado ao exílio por Tiglate-Pileser, rei da Assíria, em cerca de 740 a.C. Os estudiosos afiançam que seu nome significa "expositor", embora outros discordem da interpretação.

BEERI

No hebraico, **"fonte"** ou **"ilustre"**. Há duas pessoas com esse nome: **1**. Um heteu, pai de Judite, uma das esposas de Esaú (Gn 26.34) em cerca de 1963 a.C. Com toda a probabilidade, Judite é a mesma Aolibama de Gn 36.2. Isso faria de Beeri e Anaque a mesma pessoa. **2**. Pai do profeta Oseias (Os 1.1), em cerca de 800 a.C. (S)

BEEROTE-BENE-JACÃ

No hebraico, **"poços dos filhos de Jacã"**. Alguns estudiosos opinam que se trata do mesmo lugar chamado algures de Beer (vide). Mas outros negam essa identificação. Seja como for, foi uma das quatro cidades envolvidas no tratado com os gibeonitas (Js 9.17), que uma confederação dos heveus, por meio de engano, estabeleceu com Josué (Js 9.17). Posteriormente, tornou-se cidade pertencente à tribo de Benjamim (Js 18.25; 2Sm 4.2). Após o exílio, foi repovoada (Ed 2.25).

Um dos trinta principais guerreiros de Davi era natural dali, de nome Naarai, que foi armeiro de Joabe (2Sm 23.27; 1Cr 11.39). Atualmente, o lugar é de localização desconhecida, embora alguns o identifiquem com a moderna el-Bireh, a treze quilômetros ao norte de Jerusalém. Porém, várias outras identificações, antigas e modernas, têm sido propostas, sem que se chegue a uma certeza indiscutível.

Em Números 33.31,32, esse nome reaparece, sob a forma Bene-Jaacã, como localidade onde os israelitas passaram por duas vezes, em suas andanças pelo deserto, com seus acampamentos de número 27 e 33, em sua jornada do Egito à terra de Canaã. Provavelmente ficava no vale de Arabá, um lugar distinto daquele acima mencionado. O local mencionado em Números tem sido identificado com a moderna Birein. (SI UN)

BEESTERÁ

No hebraico, **"em Astarte"**. Essa cidade pertencia à meia tribo de Manassés, que habitava na Transjordânia, e que foi dada aos levitas (Js 21.27). Na lista paralela de 1Crônicas 6.71, o nome Astarote aparece, porquanto Beesterá é apenas uma forma contraída de Bete-Astarote, "casa de Astarte".

BEIJO

Ninguém sabe quando os homens começaram a beijar, mas podemos estar certos de que o costume nunca terminará. Há o beijo casto, como de uma mãe em seu filhinho, ou de uma criança em outra. Há o beijo de saudação, especialmente nos tempos antigos, que tem reflexos até nas Escrituras (ver Gn 29.11; 1Co 16.20b). E há também o beijo sensual. O beijo boca a boca é perigoso, por causa da contaminação que pode transmitir. Ver o artigo sobre *Boca*, quanto a evidências sobre a questão. Pelo menos na Bíblia, o beijo é tão antigo quanto a própria história. E, visto que alguns animais têm uma espécie de beijo, podemos especular que o beijo deve ser tão antigo quanto os próprios corpos físicos.

1. Modo de beijar. O beijo é uma carícia que consiste em pressionar os lábios e sugar de leve sobre outros lábios, rosto, barba, testa, mão, pé etc. Mas, de algumas outras vezes, as pessoas soltam beijos no ar, o que não requer qualquer contato físico. Também são beijados objetos, como sinal de alegria ou afeto. Algumas pessoas chegam a beijar animais!

2. Sua significação. As ações com frequência falam mais alto que as palavras. Assim, o ósculo é usado para expressar afeto, respeito, homenagem, saudação, despedida, gesto cerimonial, sinal de intuito pacífico, sinal de respeito religioso, ou mesmo intuito sedutor. Naturalmente, há também o beijo romântico, que Hollywood se encarregou de popularizar.

3. Alusões bíblicas ao beijo. O beijo era usado, nos dias patriarcais, como uma saudação (Gn 29.13), ou como sinal de afeto (Gn 27.26,27). Também era sinal de amizade, quando se saudava alguém na chegada ou na partida (2Sm 20.9; Tobias 7.6; 10.12; Lc 7.45; 15.20; At 20.37; Mt 26.48). O beijo, com parecer fatal, também era usado em conexão com as práticas idólatras, como quando se osculava a um ídolo, a um altar, ou se lançava beijos aos corpos celestes, que eram venerados (1Rs 19.18; Os 13.2; Tácito, *Hist*. iii.24,3; Luciano, De *Salt.*, *c.* 17; Plínio, *Hist. Nat*. xxviii,5). Em Salmo 2.12; 1Samuel 10.1 e Xenofonte *Cyrop.*, encontramos menção ao beijo de homenagem. Xenofonte informa-nos que era um costume dos persas. Beijar os pés de alguém era sinal de obediência e sujeição. Isso pode ser comparado ao beija-pé dado por alguns no papa e em outras altas figuras da hierarquia da igreja Católica Romana. De algumas vezes, a marca deixada pelo pé no chão, recebia o beijo, e não o pé propriamente dito, o que era um ato de supremo respeito, como se o pé de uma pessoa não pudesse ser osculado devido à elevada posição que ela ocupava. Ver Isaías 49.23; Miqueias 7.17; Salmo 77.9. Dion Cass. Iix,27; Sêneca, *De Benef.* ii.12. Entre os judeus, posteriormente as instruções rabínicas limitaram o beijo a somente três categorias: o beijo de reverência, o beijo de recebimento e o beijo de despedida, *Breschith Rabba*, comentando sobre Gênesis 29.11. Nas páginas da Bíblia, o beijo se dava entre pessoas do mesmo sexo e entre pessoas de sexos diferentes, Gênesis 29.13; 45.15; 19.11; 1Samuel 10.1 e 20.41.

4. O ósculo santo do Novo Testamento. (Ver At 20.37; Rm 16.16; 1Co 16.20; 2Co 13.12; 1Ts 5.26; 1Pe 5.14). Já aprendemos que o beijo era uma maneira de as pessoas exprimirem afeto, saudação ou despedida. Esse costume era praticado e mesmo recomendado nos dias do Novo Testamento, sendo ainda usual em alguns países do mundo, como na América Latina, incluindo o Brasil. Mas alguns povos veem com muito maus olhos o ósculo entre homem e homem, embora ali, ocasionalmente, se veja um homem beijar uma mulher nas saudações ou nas despedidas. Quanto ao ósculo santo, recomendado no Novo Testamento, era apenas natural que a igreja cristã primitiva incorporasse o que já era um costume social em suas congregações, onde irmãos e irmãs na fé formam uma família, algumas vezes com laços de afeto mais íntimos que as famílias de autênticos laços de sangue. O ósculo santo, em algumas denominações evangélicas, tornou-se parte da liturgia, primariamente como uma forma solene de saudação ou de despedida, e como se fosse até uma das ordenanças da igreja. Na antiguidade, o ósculo santo tornou-se parte integrante da Ceia do Senhor, embora o próprio Novo Testamento não faça tal conexão. Geralmente, o ósculo santo era dado no final da cerimônia. Justino Mártir, *Apol. 1*, op. 65, mostra-nos que, em seus dias, o ato de beijar fazia parte da cerimônia que circundava a celebração da Ceia do Senhor. As *Constituições Apostólicas* fornecem-nos a mesma informação (século III d.C.). Na Igreja Ortodoxa oriental, o ósculo santo é dado nos dias de festividade religiosa. Em outros lugares, mais recentemente, pessoas recém-batizadas eram osculadas, como também o eram os convertidos, por ocasião de sua profissão de fé. Os candidatos a ordenação ministerial eram osculados, como também os cadáveres dos líderes! O concílio de Auxerre, em 578 d.C., proibiu essa última prática, pelo que podemos agradecer! O ósculo de paz era um costume comum na igreja, até durante a Idade Média. Tertuliano, em 150 d.C., refere-se a esse "beijo, de paz"; e Clemente de Alexandria alude ao *ósculo místico* (século III d.C.). Não há que duvidar que esses ósculos ocorriam tanto entre pessoas do mesmo sexo como entre pessoas de ambos os sexos. Mas também é quase certo que o ósculo sempre era aplicado na testa ou em uma das mãos, e jamais sobre os lábios. Vários grupos evangélicos de hoje em dia, como a Igreja Ortodoxa oriental, em suas festas religiosas, os Dunkers (batistas alemães), e alguns grupos evangélicos, como certos grupos de "restauração", retêm essa prática como parte da liturgia e como um ato comum de despedida ou acolhida. Em alguns lugares, em vez de serem osculadas as pessoas, era passada entre os circunstantes uma tabuinha, onde eram aplicados os ósculos, como ato meramente simbólico. Sem dúvida isso passou a ser usual devido aos abusos a que a prática se sujeita. Pensemos na teoria das infecções por germes patogênicos, e sobre essas tabuinhas! E, naturalmente, as pessoas de fortes tendências religiosas continuam a beijar os ídolos, os altares, as relíquias e também o dedão do pé do papa e dos bispos!

Costumes sociais. Alguns insistem que as referências ao ósculo santo, no Novo Testamento, fazem o mesmo tornar-se obrigatório; mas outras pessoas simplesmente não podem aceitar tal posição por causa de costumes sociais ou do senso de propriedade. Na Índia, há o costume de dois homens darem-se as mãos, quando são muito amigos. Se mulheres fazem isso, em outras culturas, nada se repara. Mas por outro lado, se dois homens se dão as mãos imediatamente surgem dúvidas quanto a seus motivos. O espírito inglês-norte-americano jamais permitiria que homens se beijassem; mas, em outros países, como na Rússia, por exemplo, isso é praticado sem qualquer escrúpulo. Tudo depende dos costumes vigentes. Por outro lado, um norte-americano, quando saúda a uma mulher que não seja sua esposa, com um aperto de mão, fá-lo com vigor, pois um aperto de mão mais suave seria olhado com desprezo. No Brasil, porém, dá-se precisamente o contrário. Sei de um missionário norte-americano que foi envolvido em um escândalo porque continuou a praticar em um país estrangeiro, onde foi trabalhar no evangelho, o tipo de aperto de mão norte-americano em relação às mulheres. As referências neotestamentárias mostram que o ósculo santo era um costume generalizado entre os cristãos primitivos, podendo até mesmo ser interpretado como obrigatório, mediante o estudo dos vários trechos bíblicos que aludem à questão. Por outra parte, temos ali um costume tipicamente oriental, com o qual alguns povos modernos não se sentem à vontade. As pessoas que não se sentem bem em oscular outras pessoas, sobretudo no caso de homens com homens, naturalmente, continuarão a prática do aperto de mãos, como substituto. (G LAN NTI WAR).

BEIRA DO RIO

São as margens delimitadoras da largura de um rio. Moisés foi salvo por sua mãe ao ser posto dentro de uma cestinha calafetada, à beira do rio Nilo (ver Êx 2.3). O rio Jordão transbordava de suas margens durante a primavera (ver Js 3.15 e 4.18). *Uso figurado:* Ezequiel 47.7,12 refere-se às ribanceiras do rio, onde havia certa variedade de árvores, de frutos e folhas igualmente úteis. A Assíria é retratada como um rio que transborda de suas margens e se precipita contra Israel, para destruí-lo como um dilúvio (ver Is 8.7). (ID S)

BEL

Cognato hebraico do semita ocidental Baal, que significa **"senhor"** ou **"proprietário"**. O equivalente sumério era *En*, um dos títulos de Enlil, deus do vento e das tempestades, um dos participantes originais da triada suméria de divindades. Com o tempo, o deus Marduque obteve ascendência, e Bel tornou-se um título de honra que lhe era dado, ao passo que o deus Enlil deixou de ser importante. Na Bíblia, Merodaque é mencionado somente em Jeremias 50.2; Bel aparece em Isaías 46.1; Jeremias 50.2; 51.44, e também na epístola de Jeremias 6.41, obra apócrifa, como parte do nome Belsazar. (Z)

Heródoto (i:181-183) refere-se a um templo em forma de pirâmide, em honra a Bel, construído na Babilônia. Os sacrifícios ali oferecidos consistiam em gado adulto e suas crias. De acordo com o livro apócrifo "Bel e o Dragão", foi a imagem de Bel (Merodaque) que Daniel e seus companheiros se recusaram a adorar. (ID S Z)

BELÁ

No hebraico, **"devorado"** ou **"destruição"**. É nome de uma localidade e de várias pessoas, referidas no Antigo Testamento: **1**. Um lugar onde reinava Zoar (Gn 14.2,8). **2**. O filho de Beor que reinou sobre Edom, em cerca de 1618 a.C., na cidade de Dinabá, oito gerações antes de Saul (Gn 26.32,33; 1Cr 1.43). Em português, o nome dele é grafado como Bela, sem acento agudo na sílaba final. **3**. O filho de Azaz, um rubenita (1Cr 5.8). Seu nome também é grafado como Bela. **4**. Filho mais velho de Benjamim, cabeça da família dos belaítas, dentre a qual Eúde foi o mais notável, em cerca de 1700 a.C. (Gn 46.21; Nm 26.38). Essa última referência fala sobre os belaítas.

BELÉM

No hebraico, **"casa do pão"** (isto é, do alimento). Alguns estudiosos pensam que a terminação da palavra (no hebraico, *lehem*) alude a uma divindade assíria chamada Lakmu. Nesse caso, o significado do nome seria "casa de Lakmu". Porém, não há a mínima evidência de que tal divindade tivesse sido adorada na área em questão. Há duas aldeias chamadas por esse nome nas páginas do Antigo Testamento, e atualmente têm o nome árabe de *Bayt Lahm*, com sentido idêntico ao hebraico. **1**. Uma cidade na Palestina, perto de onde Jacó sepultou Raquel, e que na época era conhecida como Efrata (Gn 35.19; 48.7), razão pela qual também é denominada Belém Efrata, em Miqueias 5.2. Outros nomes que lhe foram aplicados são: Belém de Judá (1Sm 17.12); Belém da Judeia (Mt 2.1); e *cidade de Davi, chamada Belém* (Lc 2.4; cf. Jo 7.42). O antigo nome, Efrata, continuou a ser-lhe dado por muito tempo depois que Israel ocupara o território (Rt 1.2; 4.11; 1Sm 17.12; Sl 132.6). A cidade dá frente para a estrada principal para Hebrom e o Egito, estando situada em uma cadeia de pedra calcária, na região montanhosa da Judeia. Após a conquista, a cidade foi outorgada à tribo de Judá (Jz 17.7). Ibsã, que era de Belém, julgou Israel após Jefté (Jz 12.8). Elimeleque, marido de Noemi e sogro de Rute, também era belemita (Rt 1.12), o que também sucedia a Boaz (Rt 2.1,4,11). E, naturalmente, Davi era natural de Belém, onde também foi ungido por Samuel para ser o futuro rei de Israel (1Sm 16.1 ss.). Por isso, compreendemos o motivo pelo qual Davi anelava por água dali, quando estava no exílio (2Sm 23.15 ss.). A fonte de onde a água lhe foi trazida aparentemente existe até hoje, juntamente com outras, no lado norte da aldeia. Belém atingiu seu ponto culminante na história quando Jesus Cristo ali nasceu (Mt 2.1). Herodes ordenou que todos os meninos de Belém e dos arredores, de 2 anos de idade para baixo, fossem mortos, conforme estava predito nas Escrituras, em uma tentativa satânica de destruir o Rei quando ainda infante. O relato sobre os magos também gira em torno de Belém. O imperador romano Adriano mandou devastar o lugar, no século II d.C., para tentar abafar um levante dos judeus. Isso assinalou o começo do grande exílio dos judeus, que foi revertido somente a partir de 1948, com a formação do Estado de Israel. Os turistas em Belém costumam visitar a gruta da Natividade, a igreja da Natividade, mandada erigir por Helena, mãe do imperador Constantino, uma edificação que presumivelmente assinala o local do nascimento de Jesus. Além disso, o tradicional túmulo de Raquel pode ser visto ali, tal como os campos dos pastores. Ver o artigo geral sobre Arqueologia. Atualmente, Belém é um dos principais lugares de peregrinação do mundo, sagrado tanto para os judeus quanto para os cristãos. (AM AH ALB KO) **2**. Belém no território de Zebulom (Js 19.15), mencionada juntamente com Idala. Essa tem sido identificada com a moderna Beit Lahm, a onze quilômetros a nordeste de Nazaré. Provavelmente era a terra natal de Ibsã, um dos primeiros juízes de Israel (Js 12.8,10), onde também ele foi sepultado. A arqueologia tem descoberto ruínas que indicam que, em tempos passados, deve ter sido lugar de alguma importância.

BELEMITA

Um habitante de Belém de Judá (ver o artigo) (1Sm 16.1; Rt 1.1,2; 1Sm 17.12).

BEL E O DRAGÃO

Três trechos diferentes foram adicionados ao livro canônico de Daniel, e esse é um deles. Essas adições aparecem na tradução grega, mas não no original hebraico. Os outros dois trechos são Susana e o Cântico dos Três Mancebos. O concílio de Trento, da igreja Católica Romana, reconheceu esses livros como inspirados, pelo que se tornaram parte dos livros apócrifos do Antigo Testamento (ver o artigo), em 1545-1563. Alguns poucos dos antigos pais da igreja, como Orígenes, defendiam o direito desse livro em fazer parte do cânon, mas os protestantes, seguindo o cânon hebraico, têm-no rejeitado coerentemente, junto com todos os livros não reconhecidos pelos judeus. Ver o artigo sobre o *cânon*.

1. Textos. Em grego encontramos dois textos básicos: *a*. um manuscrito da LXX, o códice Chisianus, do século IX d.C.; *b*. O texto de Teodoreto, representado em vários manuscritos, principalmente B A Q Gamma e Delta. E há também o texto siríaco, um manuscrito do século VIII d.C., feito sobre uma *Hexapla* de Orígenes, col. 6, que segue bem de perto a versão da LXX.

2. Versões. *a*. As versões gregas, segundo dissemos acima. *b*. Teodoreto, segundo dissemos acima. Ele preparou o seu texto entre 100 e 130 d.C., e Bel e o Dragão faz parte desse texto. *c*. A versão siríaca é representada por duas versões diferentes: a sírio-a xapla e a Peshita, que mistura o texto da LXX e o de Teodoreto. *d*. A versão latina, no latim antigo, que se aproxima do texto de Teodoreto e da Vulgata, alicerçada principalmente sobre a tradução de Jerônimo. *e*. A versão aramaica, uma versão das Crônicas de Yerahmeel, que alguns estudiosos pensam representar o texto original.

3. Língua Original. Há evidências linguísticas nos manuscritos existentes, como hebraísmos, traduções equivocadas em outras versões, com base no mal-entendido quanto às palavras hebraicas, que parecem apontar para um original em hebraico e aramaico. Todavia, os primeiros pais da igreja nunca mencionaram um original hebraico. Como não há manuscritos mais antigos, escritos em hebraico, a maioria dos eruditos antigos, como muitos de nossa época, pensam que o livro foi originalmente escrito em grego. Mas, o peso maior das opiniões favorece um original hebraico.

4. Autor, Lugar e Data. O lugar depende do idioma original. Se esse idioma é o hebraico, então devemos pensar na Palestina; se é o grego, então devemos pensar no Mediterrâneo oriental. Seu autor é absolutamente desconhecido e a data de sua composição é incerta, embora muitos falem no século II a.C.

5. Propósito Principal. O autor procura divertir o leitor, embora se mostre sério em sua denúncia contra a idolatria. Como um propósito secundário, o autor exalta o trabalho de detetive, efetuado por Daniel.

6. Conteúdo Acerca de Bel. A narrativa é simples. O rei adorava o ídolo Bel na Babilônia, mas Daniel recusou-se a fazê-lo. O rei relembrou Daniel acerca de como o Ídolo comia diariamente as quatro (LXX) ou quarenta (Teodoreto) ovelhas, a ele oferecidas, juntamente com certos líquidos: azeite (LXX), mais vinho (Teodoreto). Daniel sabia que em tudo isso havia um engodo, pelo que o rei exigiu dos sacerdotes que provassem a contenção. Foram providas as ofertas. Foi descoberto que os sacerdotes tinham um alçapão secreto, por meio do qual vinham e levavam as ofertas ali postas. Daniel e seus servos espalharam cinzas no caminho que levava ao alçapão. Pela manhã, as ofertas haviam desaparecido — e o rei regozijou-se. Mas Daniel mostrou as pisadas nas cinzas. E assim, os sacerdotes tiveram de confessar o truque. Em face disso, tanto Bel como o seu templo foram destruídos, e o Deus Criador foi vindicado.

Acerca do Dragão. Um grande dragão era adorado na Babilônia. Esse dragão tinha o costume de comer e beber. Daniel declarou que era capaz de matar o dragão sem usar a espada. O rei deu-lhe permissão para fazer a tentativa. Daniel fez um preparado com piche, gordura e cabelos, cozendo tudo e fazendo bolos com a mistura. O horrível alimento foi demais para o dragão, pois, ao ingeri-lo, explodiu pelo meio. Então o povo ameaçou matar o rei, por haver permitido que o dragão fosse tratado daquela maneira. E assim Daniel foi lançado em uma cova com sete leões. Esses leões costumavam ser bem alimentados com os corpos de pessoas condenadas à morte ou com ovelhas. Porém, quando Daniel foi posto ali, os leões passaram fome. No sexto dia, Habacuque foi trazido da Palestina por um anjo, até à Babilônia, trazendo alimentos para Daniel. Assim, Daniel banqueteou-se, ao passo que os leões passaram fome. Habacuque voltou à sua pátria e Daniel foi solto. Então o rei lançou na cova os opositores de Daniel e os leões tiveram o seu banquete. (CH J JE)

BELEZA

Na Bíblia não há qualquer filosofia estética de belo. Porém, a apreciação natural da beleza é referida por muitas vezes. Em primeiro lugar, o próprio Deus declarou sua criação "boa". *Viu Deus tudo quanto fizera e eis que era muito bom. Houve tarde e manhã o sexto dia* (Gn 1.31). Ver também quanto à devida apreciação da beleza, em Salmo 8; 18.1-6; 29; 65.9-13; 104; 147.8-18. O que as Escrituras exaltam, acima da beleza física, é a beleza moral. *Enganosa é a graça e vã a formosura, mas a mulher que teme ao Senhor, essa será louvada* (Pv 31.30).

1. Na Filosofia. Os filósofos aludem à excelência estética, que desperta nas pessoas sensíveis um dos mais puros prazeres. De acordo com Platão, a beleza é uma propriedade intrínseca dos objetos, mensurável em termos de exemplo, pureza, integridade, harmonia e proporções ou perfeição. De acordo com a sua filosofia, somente Deus, em última análise, pode ser chamado Belo. As pessoas e os objetos apenas exibem aspectos do belo, porquanto se aproximam do ideal de Deus, de alguma maneira. Para outros filósofos, a beleza é algo *subjetivo*, ou seja, impressiona o senso estético de quem a contempla. Um objeto ou pessoa pode despertar essa percepção do espírito. Naturalmente, os filósofos analíticos salientam que um termo tão geral e vasto como "beleza" não pode ser definido com facilidade, mas tão somente pode ser sujeito a uma série de descrições, o que corresponde à realidade dos fatos. Ver o artigo sobre a arte, quanto aos muitos conceitos filosóficos a respeito, onde está incluída a ideia da beleza.

2. No Antigo Israel. Para eles, por mais humilde que fosse, não havia lugar como o próprio lar. Mas, nos tempos antigos, a Terra Prometida era, realmente, bela. As mudanças ocorridas desde então modificaram o aspecto da Palestina para pior, transformando-a em um lugar desértico. Tito destruiu as florestas em redor de Jerusalém, a fim de construir máquinas de guerra, durante o cerco da cidade, no ano 70 d.C. Ver a apreciação da beleza da terra santa, em Jeremias 3.19; Lamentações 2.15; Esdras 7.27, que são trechos que se referem à terra, à cidade de Jerusalém, ao povo de Israel e ao templo.

3. Referência a Terras Não Judaicas. O Egito foi comparado a lindos ramos do cedro do Líbano, belo em sua grandiosidade (Ez 31.3,7,9). O rei de Tiro, em seu resplendor, é descrito mediante os termos mais gloriosos (Ez 28.12). Após ser julgada pelo castigo divino, Samaria é comparada a uma flor que fenece (Is 28.1,4).

4. As Pessoas. Certas mulheres são declaradas bonitas. Os cosméticos destacavam a beleza feminina corrigindo imperfeições naturais (Is 3.18-24; Ez 10.9-14). Mulheres que o Antigo Testamento declara como belas são: Sara, Rebeca, Raquel, Abigail, Abisague, Bate-Seba e Ester. Homens bonitos são José, Moisés na infância, Davi, Jônatas e Absalão.

5. Deus. A presença e a glória de Deus envolvem a mais pura beleza (Êx 16.7,10; 24.16; 40.34; Lv 9.6; Nm 14.10; Js 7.19). Deus é como um lindo diadema para o seu povo (Is 28.5). O Messias é um belo rei (Is 33.17). Porém, em sua humilhação, a beleza do Messias foi ocultada (Is 53.2). O livro do Apocalipse encerra muitas descrições de coisas belas pertencentes a Deus, embora não tente qualquer descrição antropomórfica do próprio Deus. Apesar de que tal conceito não é filosoficamente declarado, é óbvio que toda a beleza tem sua origem em Deus, visto ser ele o Criador e planejador de todas as coisas.

6. Será glorioso o estado final dos remidos, que Deus está preparando. Lemos em Apocalipse 21.2: *Vi também a cidade santa, a nova Jerusalém, que descia do céu, da parte de Deus, ornada como noiva, adornada para o seu esposo*. Paulo também declara que a Noiva de Cristo, a igreja, é adornada e gloriosa, sem qualquer distorção como mácula ou ruga, mas *santa e sem defeito* (Ef 5.27). (EP F MONT Z)

BELIAL

No hebraico, **"indignidade"** ou **"iniquidade"**. A palavra tornou-se associada a palavras como filho, filha ou filhas *de Belial*. Isso indicava uma "pessoa indigna", embora a expressão possa assumir o sentido mais forte de "agente de Satanás".

No Novo Testamento aparece a forma alternativa Beliar. Os habitantes de Gibeá, que abusaram da esposa do levita, foram chamados "filhos de Belial" (Jz 19.22). No Antigo Testamento, não há qualquer indicação de que a palavra era usada como nome próprio, retendo assim seu sentido simples de pessoa ímpia. (Ver 1Sm 1.16; Dt 17.4; Pv 19.28; Jz 19.22; Sl 18.4).

Nos escritos judaicos posteriores, tal como nos livros apocalípticos judaicos de Jubileus, Ascensão de Isaías e os oráculos Sibilinos, a palavra torna-se um nome próprio, que alude a Satanás. O uso neotestamentário envolve esse desenvolvimento. (Ver 2Co 6.15). Ali, nos melhores manuscritos do Novo Testamento, o nome é soletrado como *Beliar*. Alguns intérpretes supõem que desde o trecho de Naum 1.15 a palavra já aparece personificada. Além disso, de acordo com alguns estudiosos, Beliar, no Novo Testamento, torna-se um sinônimo de Beelzebube (ver o artigo). Nos escritos pseudepígrafos, o nome é usado para indicar o anticristo, o principal agente humano de Satanás. O termo "homem da iniquidade" (o anticristo), usado em 2Tessalonicenses 2.3, poderia ter esse título por detrás do mesmo, embora sob forma traduzida. (E IB K NTI)

BELSAZAR

O termo hebraico deriva-se do vocábulo babilônico *Bel-sar-usur*, **"o deus Bel protegeu o rei"**. Era filho de Nabonido e seu corregente (556-539 a.C.), o rei caldeu ao tempo da captura da cidade da Babilônia por Dario, o medo, em 539 a.C. (Dn 5.30; 7.1). Em Daniel 5.11,18 Nabucodonosor é chamado de seu pai, mas isso significa apenas que ele pertencia à linhagem de Nabucodonosor, atribuição comum nas antigas genealogias. Seu pai, Nabonido, tornou Belsazar corregente e comandante do exército em cerca de 550 a.C., enquanto Nabonido se ausentava para Teimã, na Arábia central. Belsazar governou por cerca de dez anos, até à volta de seu pai, em 542 a.C. É possível que o rei cujo nome não é dado, que morreu quando a cidade caiu diante de Ugbaru, governador de Gutium, e líder do exército persa, tenha sido esse homem (Dn 5.30). Mediante um decreto de Belsazar, Daniel tornou-se o terceiro maior mandatário do reino, quando o profeta interpretou corretamente o escrito na parede, durante um banquete real. Se Belsazar era o segundo homem do reino e o primeiro sendo seu pai ausente, Nabonido, isso explica por que razão Daniel é chamado de terceiro. As crônicas de Nabunaide, dos séculos VII, IX, X e XI confirmam detalhes acerca de Daniel, referindo-se à corregência de Belsazar e à ausência de Nabonido. Daniel estava com a razão, ao apresentar Belsazar como o último rei da Babilônia. (DOU UN)

BELTESSAZAR

No hebraico significa **"príncipe de Bel"** ou **"líder do senhor"**. Porém, alguns estudiosos preferem pensar em um sentido como "Bel protege a sua vida", o que representaria o babilônico *balatusu-usur*. Foi um nome babilônico dado a Daniel, na corte de Nabucodonosor (Dn 1.7; 2.26; 4.8,9; 18.19 etc.). O nome não aparece fora do livro de Daniel.

BELTÉTMO

No livro apócrifo de 1Esdras 2.16,26, aparece como nome de um oficial de Artaxerxes, na Palestina. Na verdade, porém, não é um nome próprio, mas é a transliteração para o grego do título aramaico do ofício ocupado por Reum. Em 1Esdras 2.17, esse nome é traduzido por "comandante", ou então por "cronista", de acordo com outras versões.

BEM (PREFIXO)

No hebraico, **"filho de"**. Era prefixo usado para indicar linhagem, e não apenas filiação direta. Podem ser distinguidos os seguintes usos: **1**. Filiação real, o que representa o uso mais frequente. **2**. Relação de homem ou mulher para com os seus pais (Gn 3.16). **3**. Relação de descendência, sem importar quão remota. **4**. O estado próprio da juventude (Pv 7.7). **5**. Participação em uma profissão ou guilda, como na expressão "filho de profeta" (Am 7.14). **6**. Cria de algum animal (Jó 39.4). **7**. Um rebento de planta que medra (Gn 49.22). **8**. Metaforicamente, indicando objetos inanimados, como "filhos da chama", que significa "fagulhas" (Jó 5.7). **9**. Um uso adjetivado para indicar alguma característica notável de alguma pessoa, como quando os ímpios são chamados de "filhos da maldade", em 2Samuel 3.34. **10**. Indicação da idade de uma pessoa, como filho de quinhentos anos, o que significa quinhentos anos de idade (Gn 5.32). (Z)

BEN-ABINADABE

No hebraico, **"filho de Abinadabe"**. Foi um oficial sob Salomão, cuja responsabilidade era prover os alimentos da casa real, um mês a cada ano. O seu distrito ficava em Dor (1Rs 4.11). Houve pelo menos três Abinadabes durante o período do governo de Salomão, um deles sendo um filho de Jessé (1Cr 2.13), e um outro filho de Saul (1Cr 8.33).

BEN-AMI

No hebraico, **"filho do meu povo"**. Foi o progenitor dos amonitas (Gn 19.38), filho de Ló com uma de suas filhas, conforme se vê na narrativa do décimo nono capítulo de Gênesis. Ló havia fugido de Sodoma. As filhas de Ló estavam preocupadas com o futuro da linhagem de seu pai, pois dificilmente elas poderiam casar-se naqueles ermos. Embriagaram o pai e promoveram relações incestuosas com ele, uma a cada noite. O filho que nasceu da mais velha recebeu o nome de Moabe; o filho da mais nova foi chamado Ben-Ami. As nações daí resultantes, Moabe e Amom, tornaram-se motivos de contínua irritação para o povo de Israel. Alguns intérpretes têm imaginado que a história foi criada a fim de conferir uma reputação má àqueles tradicionais adversários de Israel, mas tal conjectura não pode ser provada. As hostilidades que posteriormente surgiram envolveram direitos de terras, e não foram causa de supostas origens degradadas. (ID)

BEN-DEQUER

Nome alistado em 1Reis 4.9, entre outras onze pessoas, indicando um oficial responsável pelo provimento dos alimentos da casa real de Salomão. Ele estava encarregado do segundo distrito, que correspondia, a grosso modo, ao território de Dã.

BEN-GEBER

No hebraico, **"filho de Geber"** ou **"filho do forte"**. Foi um dos doze oficiais administrativos de Salomão. Cuidava do sexto distrito, ao norte da Transjordânia, cuja capital era Ramote-Gileade (1Rs 4.13). Alguns têm equiparado Geber, filho de Uri (1Rs 4.19) com Ben-Geber (1Rs 4.13), como se fossem variantes do mesmo nome, visto que ambos aparecem como prefeitos de Gileade. Porém, a LXX, o manuscrito B e o códice Lagardiano (vs. 19) frisam "território de Gade", e não de Gileade. Cinco dos doze nomes alistados, são conhecidos apenas através do patronímico de "filho de" alguma pessoa. Paralelos existentes nos textos de Ugarite, também empregam somente uma designação patronímica. Com base em tais evidências, alguns estudiosos supõem que as duas pessoas de nomes tão parecidos não devem ser identificadas uma com a outra. (Z)

BEN-HADADE

No hebraico, **"filho de Hadade"**. Foi apelativo de três reis da Síria, em Damasco. O nome "Hadade" está relacionado ao deus sírio Adade, idêntico ao deus chamado Rimom, na Assíria.

1. Ben-Hadade I. Rei da Síria. Fez pacto com Asa, rei de Judá, para invadir Israel, o reino do norte. Isso compeliria Baasa, rei de Israel, que invadiria Judá, a retornar à sua capital, para defender o seu reino da invasão síria (1Rs 15.18-20; 2Cr 16.2-4), em cerca de 907 a.C. Ver o artigo sobre *Asa*. Asa obteve bom êxito no plano, mas foi repreendido pelo profeta (2Cr 16.7-10), de nome Hanani, por haver entrado em aliança com um monarca pagão.

Ben-Hadade fez significativas incursões no território do reino do norte, Israel. Asa foi responsável pelo fortalecimento de Ben-Hadade, o qual foi responsável, pelo menos em parte, por muitos pontos débeis do reino do norte. Contudo, do ponto de vista moral, Deus tinha tudo sob seu controle, e o episódio contribuiu para o desdobramento do plano de Deus relativo às nações.

2. Ben-Hadade II, presumivelmente filho do anterior e rei da Síria. Tempos atrás, os eruditos distinguiam quase unanimemente entre Ben-Hadade I, filho de Tabrimom, filho de Heziom, contemporâneo de Asa e Baasa (1Rs 15.18) e Ben-Hadade II, contemporâneo de Elias e Eliseu. Somente alguns julgavam que se tratasse do mesmo indivíduo. Porém, as evidências fornecidas pela estela de Ben-Hadade I sugerem poderosamente a identidade dos dois (ver *Bulletin of Am. Schools*, nº 83, p. 10-12). O reajuste da cronologia dos reis de Israel também sugere que uma única pessoa deve ter estado envolvida nos acontecimentos historiados. Apesar disso, muitos eruditos continuam distinguindo as duas personagens.

A história inicial de Ben-Hadade II está envolvida com a história de Acabe, rei de Israel. Esses dois monarcas viveram em contínua hostilidade mútua. Acabe terminou levando vantagem, podendo então ter imposto a sua vitória. Em lugar disso, estabeleceu um acordo de paz com Ben-Hadade II, em cerca de 900 a.C. Esse tratado foi observado por cerca de doze anos. Mas então Ben-Hadade declarou guerra contra Jeorão, filho de Acabe, e invadiu Israel. Todavia, os planos do rei sírio foram frustrados por Eliseu, o profeta (2Rs 6.8), em cerca de 893 a.C. Alguns anos mais tarde, Ben-Hadade renovou as hostilidades e cercou Jeorão em sua capital, Samaria. Ben-Hadade reduziu Israel a quase nada; mas então, conforme Eliseu havia predito, o cerco foi inexplicavelmente levantado. No ano seguinte, Ben-Hadade enviou Hazael com presentes a Eliseu, a fim de consultá-lo sobre a enfermidade que o monarca sírio contraíra. Eliseu respondeu que a enfermidade não era mortal, mas que, não obstante, seu período de vida era curto. Poucos dias mais tarde, Hazael sufocou o rei sírio em seu leito, com um cobertor molhado em água, e apossou-se do trono sírio. Medidas políticas! (ver 2Rs 8.7-15).

3. Ben-Hadade III (II, se é que os dois primeiros Ben-Hadades foram o mesmo indivíduo). Era filho de Hazael, mencionado no segundo ponto, que assassinara Ben-Hadade I (ou II). Foi derrotado por três vezes por Jeoás, rei de Israel, que recuperou todos os territórios que haviam sido perdidos para os sírios na Transjordânia (2Rs 13.3,34,35). As Escrituras declaram que essa contínua hostilidade era punição divina contra Israel, porque o rei e o povo seguiam os caminhos iníquos de reis anteriores (2Rs 13.2,3). Todavia, Deus mostrou-se misericordioso, provendo vitória, a fim de que Israel pudesse escapar dos ataques de Ben-Hadade (2Rs 13.5). A providência divina incluiu as derrotas dos sírios por Adade-Nirari III, rei assírio que se lançou contra Damasco. Em Amós 1.4 e Jeremias 49.27, também é declarado que a derrota de Ben-Hadade se devia a falhas morais e lapsos espirituais de sua parte. (BRUC UN)

BEN-HESEDE
No hebraico, **"filho de Hesede"**, ou **"filho da gentileza"**, um dos doze oficiais de distritos de Salomão. A seu encargo ficava o terceiro distrito administrativo, a parte ocidental da tribo de Manassés (1Rs 4.10).

BEN-HINOM, VALE DE. Ver *Hinom, Vale de*.

BEN-HUR
No hebraico, **"filho de Hurs"** ou **"filho de nobres"**. Um dos doze oficiais administrativos dos distritos criados por Salomão. Ele administrava o território de Efraim (1Rs 4.8).

BENAIA
No hebraico, **"Yahweh edifica"**. Era nome bastante comum entre os levitas, razão pela qual é o nome próprio de vários personagens do Antigo Testamento: **1**. Filho de Joiada, de Cabzeel, um dos heróis de Davi, cujo total era de trinta (2Sm 23.20,21). Benaia serviu corretamente a Davi e permaneceu fiel a ele até o fim, pelo que foi honrado ao ser escolhido para fazer os arranjos para a proclamação de Salomão como rei (2Sm 1.32-40). Sob Salomão ele se tornou o comandante do exército (2Sm 2.35; 4.4), em substituição a Joabe. **2**. Benaia de Piratom, outro dos trinta heróis de Davi (2Sm 23.30), comandante de 24 mil homens. **3**. Um governante alistado na genealogia da casa de Simeão (1Cr 4.36). **4**. Um levita da segunda ordem de cantores e harpistas, sob Etã (1Cr 15.18). Davi desenvolveu a expressão musical dos sacerdotes mediante inovação, e esse homem esteve envolvido nesse esforço. **5**. Um sacerdote que tinha por tarefa tocar a trombeta, diante da arca da aliança (1Cr 15.24). **6**. Pai de Joiada, sucessor de Aitofel (1Cr 20.14). **7**. Avô de Jaaziel, da casa de Asafe (2Cr 20.24). **8**. Um supervisor da preparação das câmaras do templo no tempo de Conanias (2Cr 31.13). **9 a 12**. Quatro homens diferentes que se haviam casado com mulheres estrangeiras durante o cativeiro babilônico, e que tiveram de separar-se delas, ao retornarem à Palestina (Ed 10.25,30,35,43). **13**. O pai de Pelatias, ao qual Ezequiel viu em uma visão, de pé entre os príncipes que estavam destruindo a moral do povo com maus conselhos (Ez 11.1-4). (BRI S Z)

BÊNÇÃO
Está em foco o ato de benzer (ver o artigo) alguma pessoa ou objeto, com a finalidade de dedicar essa pessoa ou coisa. No caso de pessoas, está em foco uma intercessão em favor delas, pedindo a bênção de Deus. No caso de objetos, o ato consagra os mesmos a alguma utilidade ou roga a sua prosperidade. A palavra "bênção" vem do latim, que tem o mesmo sentido da palavra hebraica *berakah*, vocábulo que também pode significar "felicidade", além de "bênção".

No Antigo Testamento, uma bênção usualmente consistia em uma oração ou em um pronunciamento solene. Em Salmo 103 temos uma expressão pessoal de agradecimento, em face das bênçãos divinas recebidas. O Antigo Testamento encerra várias bênçãos domésticas, nas quais; o pai da família invoca a bênção divina sobre seus filhos (Gn 9.26; 27.27-29; 48.15,16). A essas bênçãos dava-se grande valor, pois as pessoas criam no Deus de Israel. Moisés proferiu uma bênção sobre o povo de Israel como um todo (Dt 28.1-14). A bênção clássica é a bênção de Aarão (Nm 6.24-26), que diz: *O Senhor te abençoe e te guarde; o Senhor faça resplandecer o seu rosto sobre ti, e tenha misericórdia de ti; o Senhor sobre ti levante o seu rosto, e te dê a paz.*

Bênçãos eram invocadas quando da adoração pública (Lv 9.22; Dt 10.8). A postura física dos invocantes usualmente incluía o gesto das mãos erguidas (Lv 9.22).

Nas páginas do Novo Testamento há bênçãos eloquentes, em Romanos 15.3; 2Coríntios 13.14; Hebreus 13.20,21; Judas 24; 1Pedro 5.14 e 3João 15, várias dentre as quais são comumente usadas nos cultos de adoração dos evangélicos. (BLA E)

BÊNÇÃO E MALDIÇÃO
Desejos, expressos mediante palavras proferidas, algumas vezes apoiadas em alguma ação, podem redundar em bênção ou infortúnio. As religiões primitivas sempre confiaram em declarações emocionalmente carregadas, como causas de bênçãos ou maldições. Há evidências de que uma maldição

proferida, quando não é injusta, pode causar a morte de outrem. Algumas vezes indagamos o que estará envolvido em fenômenos dessa ordem, se tudo não será mera coincidência ou se há algo de profundamente psicológico nos mesmos. Segundo esta última alternativa, os temores da pessoa amaldiçoada explicariam muita coisa.

Por outro lado, precisamos levar em conta o poder espiritual daquele que abençoa ou amaldiçoa. Jacó abençoou não somente seus netos, Efraim e Manassés, mas também convocou seus doze filhos para abençoar a cada um deles. E essas bênçãos têm feito sentir o seu poder entre os seus descendentes até hoje. (Gn 49.1-33). Por outra parte, há pessoas malignas, que recebem a ajuda de espíritos maus, e que evidentemente podem prejudicar ou mesmo levar outras pessoas à morte. Naturalmente, não devemos ser supersticiosos ao ponto de acreditar no que o vulgo chama de "mau olhado", e coisas similares. Mas sabe-se que há pessoas más dotadas de grande poder psíquico, que podem produzir efeitos adversos nas vidas de seus semelhantes. Todavia, quem estiver sob a proteção do Senhor, não sofrerá por causa de tais influências estranhas. *Pois contra Jacó não vale encantamento, nem adivinhação contra Israel* (Nm 23.23).

O poder espiritual de grandes homens de Deus às vezes atua de modos extraordinários. Consideremos as roupas usadas para curar enfermos, segundo se lê em Atos 19.12. Notemos que essas roupas também eram usadas para efeito de exorcismo (ver o artigo). Pouco sabemos sobre essas coisas, mas não há que duvidar que por detrás delas opera uma energia real, que talvez a ciência investigue e venha a descobrir. Vê-se, no AT, que a bênção paterna era muito valorizada (Gn 27.49). As bênçãos proferidas no leito de morte às vezes incluem predições, conforme já vimos no caso de Jacó.

Sabemos que os judeus muito temiam as maldições proferidas por esmoleres, mulheres, escravos e pessoas oprimidas, as quais nada podiam fazer senão amaldiçoar, não lhes restando outro poder. Bênçãos e maldições também eram proferidas acerca de animais e propriedades. Muitos acreditavam que uma pessoa qualificada era capaz de contrabalançar uma maldição com outra maldição, fazendo o feitiço virar contra o feiticeiro. Um bom exemplo disso é o episódio de Balaão (Nm 22—24). A maldição que os moabitas desejavam que recaísse sobre Israel, acabou ricocheteando neles. *Povo meu, lembra-te agora do que maquinou Balaque, rei de Moabe, e do que lhe respondeu Balaão, filho de Beor, e do que aconteceu desde Sitim até Gilgal; para que conheças os atos de justiça do Senhor* (Mq 6.5).

O autor deste dicionário teve um aluno de filosofia cuja irmã experimentou uma série de acontecimentos estranhos, em conexão com uma maldição. A jovem quase se casara com um homem estrangeiro, mas terminou rejeitando-o. O homem voltou à sua pátria. Um dia, a jovem recebeu um vestido de seda muito bonito, enviado por esse homem. Ela começou a usá-lo. Então uma série inexplicável de infortúnios começou a cair sobre ela e seus familiares. A jovem acabou sentindo que tudo aquilo tinha algo a ver com o presente.Ela jogou o vestido em um rio, e os infortúnios cessaram. Coincidência? Não vale a pena fazer experiências quando tratamos com possíveis forças diabólicas. Há muitas variedades de maldições, com muitos modos de operação. Um professor muito cético que conheci, um dia precisou revisar seu ceticismo, quando um conhecido dele faleceu sem razão aparente, presumivelmente vítima da maldição de uma garota que ele enganara e rejeitara, menos de duas semanas antes! Quem se arriscaria com as palavras de fogo de uma mulher rejeitada? Ele se arriscou! (E HA)

BÊNÇÃO SACERDOTAL

Estamos falando sobre a bênção que os aaronitas receberam ordem de invocar sobre o povo de Israel, em Números 6.22-27. Isso era um aspecto importante do culto no templo de Jerusalém; e até hoje, faz parte do ritual de muitas sinagogas. Antes da dispersão dos judeus, os sacerdotes de Israel se descalçavam e lavavam as mãos. De rostos voltados para a congregação, eles proferiam solenemente a bênção requerida, com as mãos erguidas. Nas sinagogas modernas, onde não há descendentes de Aarão reconhecidos, essa bênção é dada pelo rabino, terminada a função religiosa. A prática também tem sido preservada em muitas igrejas cristãs, até mesmo evangélicas. (E)

BENE

No hebraico, **"filho de"**. No trecho de 1Crônicas 15.18 aparece como um músico levita. Naquele trecho, a LXX omite o nome, e tanto a LXX quanto o texto massorético omitem-no no vigésimo versículo.

BENE-BERAQUE

No hebraico, **"filhos de Baraque"** ou **"filhos do relâmpago"** (Js 19.45). Era uma cidade no território de Dã, que tem sido identificada com a moderna el-Kheiriyeh, nos subúrbios a noroeste de Tel-Aviv. Foi uma das cidades da Palestina conquistadas por Senaqueribe.

BENE-HAIL

No hebraico, **"filho de força"**. Foi um dos príncipes enviados por Josafá para ensinar nas cidades de Judá (2Cr 17.7).

BENE-HANÃ

No hebraico, **"filho de graça"**. Era filho de Simão, da tribo de Judá (1Cr 4.20).

BENÉ-HASÉM

No hebraico, **"rico"**. Foi um gizonita, um dos trinta heróis militares de Davi (1Cr 11.34). No paralelo de 2Sm 23.32, temos Bené-Jásen.

BENE-JAACÃ

No hebraico, **"filhos de Jaacã"** ou **"filhos da inteligência"**. O nome aparece em Números 33.31; e também em Deuteronômio 10.6, sob a forma Beerote-Bene-Jaacã, que significa "poços dos filhos de Jaacã". Aparentemente, o nome originou-se em 1Crônicas 1.42. Se os filhos de Jaacã eram os mesmos nomeados entre os filhos de Seir, o horeu, em Gênesis 36.20-30, então os poços de Jaacã estariam localizados nos montes que circundam a Arabá. O povo em questão, finalmente foi expulso dali pelos idumeus (Dt 2.12).

BENÉ-JÁSEN

Um dos trinta heróis de Davi. O texto hebraico de 2Samuel 23.32 diz "filhos de Jásen", e o seu paralelo de 1Crônicas 11.34 diz "filhos de Hásem", o gizonita. A palavra "filhos" representa uma ditografia das últimas três consoantes da palavra anterior, pelo que se trata de um erro textual. A forma original, sem dúvida alguma, era Jásen ou Hasém, sem a palavra "fihos".

BENE-ZOETE

No hebraico, **"filho de Zoete"** ou **"filho do corpulento"**. Era filho ou neto de Isi, descendente de Judá através de Calebe (1Cr 4.20). Coisa alguma se sabe acerca dele, além do seu nome.

BENEVOLÊNCIA

Deriva-se do latim, *bene*, "bem", e *volens* "vontade". Significa a ideia de dar apoio aos interesses alheios, em vez de deixar-se controlar pelo egoísmo (ver o artigo). Ver sobre *o Amor*, porque esse pode ser um sinônimo. Ver também sobre *Beneficência* e *Filantropia*. Está incluída nesse conceito a ideia bíblica do coração quebrantado e do espírito contrito, que evita o orgulho e o interesse próprio exagerado (Sl 51.16,17). (HP)

BENINU
No hebraico, **"nosso filho"**. Foi um dos levitas que assinou o pacto juntamente com Esdras (Ne 10.13).

BENJAMIM
No hebraico, **"filho da mão direita"**, ou, como outros pensam, "filho do sul". É nome de vários personagens e de uma das tribos de Israel, a saber: **1. Filho caçula de Jacó**, cuja mãe foi Raquel (Gn 35.18), cerca de 1900 a.C. Raquel não resistiu ao parto e faleceu imediatamente após o nascimento de Benjamim, tendo-o chamado, no último suspiro, de Benoni, "filho de minha dor". Mas Jacó alterou-lhe o nome para Benjamim, de som similar, mas refletindo a ideia de consolo. E, se o nome realmente significa "filho da mão direita", então a ideia era que Benjamim seria o arrimo de Jacó em sua velhice. Benjamim era irmão de pai e mãe de José, mas meio-irmão dos demais filhos do patriarca. Grande foi a relutância de Jacó em permitir que Benjamim descesse ao Egito, em companhia de outros dez irmãos quando, por força das circunstâncias, tiveram de ir novamente ao Egito buscar alimentos (Gn 4.24). Jacó preferia conservá-lo em casa, em cuja atitude vemos um apego especial do patriarca por seu filho caçula, algo que geralmente sucede aos filhos mais novos. Jacó não queria que nenhum mal sucedesse também a Benjamim, conforme ele pensava que havia sucedido a José (Gn 42.4). Mas, terminou anuindo, e Benjamim também desceu com os dez irmãos ao Egito. Deus controlava o episódio inteiro, pois há coisas que não podem ser explicadas como meras coincidências. Quando José deu-se a conhecer a seus irmãos, houve muita compunção de espírito e lágrimas, mas o amor lavou uma multidão de pecados. Então José mandou buscar seu idoso pai, Jacó (Gn 45.4—46.7), com todos os seus familiares e pertences. Assim, o povo de Israel deixou de ser um pequeno clã para tornar-se um numeroso e temido povo no Egito. No relato bíblico, Israel aparece como quadro simbólico da redenção, em que uma pessoa pecadora encontra-se com seu Senhor e é chamada para fora do Egito, que representa o mundo pecaminoso. Lemos em Gênesis 46.21 que Benjamim teve dez filhos. A bênção de Jacó, em Gênesis 46.21 (ver o artigo sobre *Bênção*), garantiu uma vida frutífera para Benjamim, e os seus descendentes tornaram-se uma das doze tribos de Israel. **2. A Tribo de Benjamim**. Quando Moisés fez o recenseamento, quando da entrada do povo de Israel em Canaã, a tribo de Benjamim supria 35.400 homens na idade própria do serviço militar (Nm 1.37). Por ocasião do segundo recenseamento, esse número aumentou para 45.600 homens (Nm 26.41). Tendo Abdom como seu príncipe, a tribo de Benjamim ocupava seu lugar, juntamente com Efraim e Manassés, no lado ocidental do tabernáculo (Nm 2.18-24). Quando os espias foram pesquisar a terra de Canaã, o representante da tribo de Benjamim foi Palti (Nm 13.9). O território dado à tribo, após as bem-sucedidas conquistas militares, foi aquele entre o de Judá e o de José (Js 18.11). Lugares notáveis do território de Benjamim eram Jerusalém, Gibeom, Betel, o vale de Aijalom e as duas Bete-Horom. Houve representantes bons e maus dessa tribo, incluindo Eúde, o juiz canhoto, Saul, primeiro rei de Israel (1Sm 9.1), que ajudou a defender Israel no tempo de Débora e Baraque; também havia os maus representantes da tribo que atacaram a concubina de um levita, incidente esse que provocou uma guerra civil, no decurso da qual a tribo de Benjamim quase foi aniquilada (Jz 20.3-48). Há uma história das dez tribos perdidas de Israel. Muitos judeus dizem que só se tem conhecimento, na atualidade, da existência de israelitas descendentes de Judá, de Levi ou de Benjamim. Se isso corresponde ou não aos fatos, não sabemos dizê-lo. Mas também sabemos que houve tribos que absorveram outras, e que, por diversas oportunidades, muitos israelitas que pertenciam às tribos do norte vieram para Judá, quando da apostasia que culminou com o cativeiro assírio. A opinião da maioria dos eruditos é que, em torno de um núcleo da tribo de Judá, há descendentes de todas as demais tribos de Israel entre os modernos judeus. Mas também é fato de que a dispersão fez muitíssimos judeus, e seus descendentes, perderem totalmente a sua identidade. Isso chega a formar um capítulo importante na história do Brasil colônia, e têm sido escritas obras eruditas em torno da questão. **3**. Um bisneto de Jacó, e neto de Benjamim, também tinha esse nome (1Cr 7.10). **4**. Um homem que se casara com uma mulher estrangeira, nos dias de Esdras (Ed 10.32).

A Arqueologia e a Tribo de Benjamim. As famosas cartas de Mari, do médio rio Eufrates, encontradas em 1933, têm sido datadas como pertencentes ao século XVIII a.C.; mencionam os *Banu Yamina*, "filhos da direita", que provavelmente significa "sulistas". Esses estavam assediando a região naqueles tempos. Alguns estudiosos supõem que alguns dos antigos benjamitas estariam envolvidos naquele grupo, embora não haja qualquer registro de que a tribo de Benjamim chegou a habitar na Mesopotâmia. O mais provável é que tudo quanto temos nesse episódio seja uma coincidência verbal, porquanto em Mari também se falava uma língua semítica. Nos documentos de Mari, parece certo que "direita" significa sul, e que "esquerda" significa norte, visto que, no antigo Oriente Médio, as direções eram tomadas com a pessoa de face voltada para o leste, na direção do pôr do sol. (BRI ID NO NOT)

BENJAMIM, PORTA DE
No hebraico, **"porta da mão direita"** ou **"porta do sul"**. Uma porta de Jerusalém dos tempos pré-exílicos (Jr 37.13; 38.7). Conduzia à residência de Jeremias, em Anatote (Jr 37.12), defronte da "porta da esquina", que ficava no lado ocidental da cidade (Zc 14.10). Corresponde à "porta superior de Benjamim", que levava ao templo (Jr 20.2), construída pelo rei Jotão (2Rs 15.35). (Z)

BENJAMITA
Designação dada a qualquer descendente de Benjamim (ver 1Sm 9.21; 22.7; 1Rs 2.8; Jz 3.15; 19.16; 2Sm 20.1).

BENO
No hebraico, **"seu filho"**. Esse nome aparece somente em 1Crônicas 24.26,27, como apelativo de um dos descendentes de Merari, filho de Levi (cerca de 1014 a.C.). Parece que ele era filho de Jaazias, que era descendente de Merari. Algumas traduções tratam a palavra não como um nome próprio, e sim, como "seu filho". No entanto, o contexto parece exigir que se entenda como um nome próprio. (Z)

BENONI
Nome que Raquel deu a Benjamim, quando do nascimento deste. O nome significa "filho de minha tristeza". Mas seu pai, Jacó, deu-lhe o nome de Benjamim, que tem um sentido mais otimista. Talvez Jacó tivesse planejado que seu filho caçula seria o filho de sua "mão direita", isto é, seria o arrimo do patriarca, quando este chegasse à idade avançada. (Gn 35.18).

BEOR
No hebraico, **"tocha"**. É nome de duas personagens do Antigo Testamento: **1**. Pai de Bela, rei dos idumeus, antes que Israel se tornasse uma monarquia (Gn 36.32; 1Cr 1.43). **2**. Pai do vidente Balaão, ao qual Balaque convocou para vir amaldiçoar a Israel (Nm 22.5; 24.3; Dt 23.4; Js 13.22).

BEQUER
No hebraico, **"primogênito"**, **"jovem"** ou **"camelo novo"**. É nome de dois homens referidos no Antigo Testamento: **1**. O segundo filho de Benjamim, filho mais novo de Jacó (Gn 46.21). Descendia pois, de Raquel, que descera ao Egito com

Jacó e ali se estabelecera. Entre seus descendentes podemos enumerar Saul e Seba. Este último encabeçou uma revolta contra Davi (2Sm 20). **2**. Um dos filhos de Efraim, filho de José (Nm 26.35). Esse Bequer foi o fundador de uma família que, em Números 26.35, aparece como os "bequeritas". Em 1Crônicas 7.20, seu nome aparece com a forma de Berede.

BERA

No hebraico, **"presente"**. Era rei de Sodoma nos dias de Abraão. Pagava tributo forçado a Quedorlaomer, rei de Elão, mas depois revoltou-se, juntamente com quatro outros reis. Após várias manobras, Quedorlaomer, com mais três reis, derrotou em batalha a Bera e seus quatro aliados. No processo da luta, Ló e sua gente foram levados cativos. Tomando conhecimento do fato, Abraão reuniu 318 homens dos mais capazes, nascidos em sua casa, e perseguiu os captores de seu sobrinho Ló, libertando-o. Isso permite-nos ver que Abraão era chefe de um clã poderoso, embora tenhamos de levar em conta que os reis antigos eram mais chefes de cidades-estados do que mesmo de nações inteiras. (Gn 14.1-17).

BERACA

No hebraico, **"bênção"**. Foi um dos guerreiros, dentre a parentela de Saul. Aliou-se a Davi, durante o exílio deste em Ziclague (1Cr 12.1-3).

Há um "Vale de Beraca", que nossa versão portuguesa traduz por "Vale da Bênção". Era um vale no deserto da Judeia, a leste de Tecoa, que tem sido identificado com o moderno wadi Bereikut. Foi nesse vale que Josafá derrotou uma coligação formidável de amonitas e moabitas, com a miraculosa ajuda do Senhor (2Cr 20.1-30, esp. o vs. 26).

BERAIAS

No hebraico, **"Yahweh fez"**. Um dos chefes benjamitas, filho de Simei (1Cr 8.21), em cerca de 1340 a.C.

BEREDE

No hebraico **"saraiva"**. No Antigo Testamento, nome de um homem e de uma cidade: **1**. Um filho ou descendente de Efraim (1Cr 7.20), e talvez o mesmo que em Números 26.35 é chamado Bequer (cerca de 1856 a.C.). **2**. Uma cidade de Judá, perto de Cades (Gn 16.14), que em caldaico chamava-se Agara, e em siríaco, Gedar. Talvez se trate da mesma Arade referida em Josué 12.14, na parte sul do território de Judá. Ali Hagar parou com seu filho, Ismael, ao vir ao encontro deles o anjo, próximo ao poço de Beer-Laai-Roi. O local tem sido identificado com a moderna El-Khulassah, a dezenove quilômetros ao sul de Berseba. Mas outras identificações também têm sido propostas.

BEREQUIAS

No hebraico, **"aquele a quem Yahweh abençoou"**. É nome de sete personagens do Antigo Testamento. **1**. Um dos principais homens da tribo de Efraim, no tempo do rei Acaz (2Cr 28.12), em cerca de 750 a.C. **2**. Um dos filhos de Zorobabel, da família real de Judá (1Cr 3.20), em cerca de 597 a.C. Ele descendia de Jeconias, o rei que foi levado cativo para a Babilônia, por Nabucodonosor, em 597 a.C. **3**. O pai de Mesulão, um sacerdote que ajudou a reparar as muralhas de Jerusalém, nos dias de Neemias. Sua área de trabalho foi próxima da porta do Peixe (Ne 3.3,4), e também defronte de sua morada, nas proximidades da porta Oriental (Ne 3.30), em cerca de 520 a.C. **4**. Pai do profeta Zacarias (Zc 1.1), em cerca de 500 a.C. É possível que ninguém tivesse auxiliado tanto a Josué e Zorobabel quanto Zacarias, na tarefa de reconstruir o templo de Jerusalém, após o cativeiro babilônico (ver o artigo). **5**. Um dos porteiros que cuidava da arca da aliança ao tempo de Davi, quando este reestruturou as atividades dos levitas. Muitos dos que cuidavam da arca eram cantores ou músicos; mas os filhos de Berequias eram porteiros (1Cr 15.23). Essa função foi mantida por Salomão, após a construção do templo de Jerusalém. **6**. Genitor do levita Asafe, que retornara da Babilônia a Judá e estabelecera residência em Netofá ou em uma de suas vilas. Ele participou da reconstrução do templo e da cidade (1Cr 6.31-39 e 15.16,17). **7**. Um gersonita, e, portanto, levita, pai do cantor Asafe (1Cr 6.39), em cerca de 1043 a.C. (ID UN)

BERI

Um aserita, filho de Zofa (1Cr 7.36). Seu nome é omitido nas genealogias paralelas de Gênesis 46.17 e Números 26.44-47. Aparentemente não há qualquer conexão com os beriitas de Números 26.44, ou com os beritas de 2Samuel 20.14.

BERIAS

No hebraico, **"proeminente"**, embora alguns prefiram "mau" ou "filho do mal"; ou então algo relacionado ao termo árabe *bara'a*, "excelente". É nome de quatro pessoas mencionadas no Antigo Testamento: **1**. Nome do último dos filhos de Aser, pai de Heber e Malquiel (Gn 46.17; 1Cr 7.30). Seus descendentes são chamados de beriitas, em Números 26.44,45. **2**. Um filho de Efraim, que obteve esse nome da casa de seu pai, onde nasceu. Alguns dos filhos de Efraim foram mortos por homens de Gate, quando tentavam furtar cabeças de gado (1Cr 7.23). **3**. Um benjamita, aparentemente filho de Elpaal. Ele e seu irmão, Sema, foram os ancestrais dos habitantes de Aijalom, e expulsaram os habitantes de Gate (1Cr 8.13). **4**. Um levita, o último dos filhos de Simei a ser nomeado em 1Crônicas 23.10,11. Sua posteridade não era numerosa, tendo sido contada juntamente com a de seu irmão, Jeús.

BERIÍTAS

Descendentes de *Berias* (ver o artigo), mencionados somente em Números 26.44. Berias era filho de Aser (Gn 46.17 e Nm 26.45).

BERITAS

Um povo mencionado somente em 2Samuel 20.14, na narrativa sobre a perseguição de Seba, filho de Bicri, por parte de Joabe. Parece que eles residiam no norte da Palestina, embora alguns estudiosos localizem-nos em Biria, ao norte de Safede, a qual é então identificada com Berote, uma cidade da alta Galileia, não distante de Cadas. Ali, de acordo com Josefo (*Anti.* v.1.18), a confederação cananeia acampou em oposição a Josué. A narrativa aparece em Josué 11, onde, entretanto, lê-se que o acampamento era próximo das águas de Merom. (UN)

BERITE

No hebraico, **"aliança"**. É nome de um ídolo adorado em Siquem. Em nossa versão portuguesa, aparece como Baal-Berite em Juízes 8.33 e como El-Berite, em Juízes 9.46. Essa palavra também aparece no Antigo Testamento com o sentido de "pacto", "acordo", "confederação" etc., por cerca de 280 vezes. Envolve um dos mais importantes conceitos teológicos do Antigo Testamento. Ver sobre *Testamento*. Nesse sentido, corresponde à palavra grega *diathéke*, "acordo", "testamento". Por ocasião da instituição da Ceia, disse o Senhor Jesus: *Este é o cálice da nova aliança no meu sangue, derramado em favor de vós* (Lc 22.20).

BERITO

Antigo nome da cidade de Beirute, que, nos tempos antigos, era um dos notáveis portos da costa da Fenícia, rivalizando com Biblos, ao norte, e com Sidom e Tiro, ao sul. O lugar não é mencionado no Antigo Testamento, visto que a Berota de Ezequiel 47.16 e a Berotai de 2Samuel 8.8, não são a mesma coisa que Berito. Porém, Berito é mencionada nos registros egípcios desde o século XV a.C., nas listas de Tutmés III. Também figura nas cartas de Amarna, em cerca de 1400 a.C. Para o Egito, Berito era importante como porto exportador de cedro, e também como um posto avançado marítimo de defesa contra os hititas. Na época, a cidade estava sob controle egípcio. Operava como um porto comercial, durante todo o período da Assíria, da Babilônia, da Pérsia e dos reis selêucidas. Foi conquistada e destruída por Trífon, em suas lutas pelo trono selêucida, em cerca de 140 a.C. O representante de Augusto, Marcos Agripa, ocupou o porto de Berito em 15 a.C., transformando-o em colônia militar romana.

Herodes I adornou a cidade, onde também instaurou um tribunal que sentenciou à morte dois de seus filhos (Josefo, *Anti.* xvi.11.2). Agripa I e Agripa ll construíram teatros na cidade (Josefo, *Guerras* vii.3.1). Tito celebrou a queda de Jerusalém, bem como o aniversário natalício de Vespasiano, com jogos atléticos em Berito. As forças dos exércitos orientais, que guindaram Vespasiano ao poder, em 69 d.C., se tinham reunido em Berito (Tácito, *Hist.* 2.81). Berito tornou-se um importante local de erudição, especialmente de estudos legais. Sua antiquíssima história praticamente terminou por causa de um desastroso terremoto que a atingiu em 521 d.C. (Z)

BERKHOF, LOUIS (1873-1957)

Teólogo reformado, influente, sobretudo, pelo uso constante em seminários, faculdades e igrejas, de sua obra, continuamente reimpressa, *Sistematic Theology* [*Teologia Sistemática*], publicada inicialmente em 1932 sob o título de *Reformed Dogmatics* [*Dogmática reformada*].

Nascido na Holanda, Berkhof foi para os Estados Unidos em 1882. Graduou-se no *Calvin College* e no *Calvin Seminary*, da igreja Cristã Reformada, tendo realizado estudos posteriores no *Princeton Seminary* (1902-1904), sob orientação de B. B. Warfield e G. Vos. De 1906 a 1944, atuou em vários cargos no Calvin Seminary, ocupando, desde 1931, a presidência da instituição. Berkhof esteve sempre muito vinculado à tradição reformada holandesa, seguindo especialmente a de H. Bavinck. A força de seu *magnum opus* reside, mais do que propriamente em sua criatividade teológica, em sua apresentação, nessa tradição, com uma roupagem de língua inglesa e em sua forma de compêndio inteligível, com discussões atualizadas (p.ex: do primitivo Barth).

Bem menos conhecida é sua obra anterior, que mostra considerável interesse no desenvolvimento de uma cosmovisão reformada coerente (p.ex: *The Church and Social Problems* [*A igreja e os problemas sociais*], Grand Rapids, MI, 1913; *The Christian Laborer in the Industrial Struggle* [*O trabalhador cristão na luta pela vida na era industrial*], Grand Rapids, MI, 1916). Em 1920-1921, participou de conhecida série de conferências denominada Palestras Stone, no seminário de Princeton, discorrendo sobre "O reino de Deus na vida e no pensamento modernos", palestra publicada sob esse mesmo título em 1951.

Na ausência de um compêndio recente mais adequado de teologia reformada em inglês, sua obra de teologia sistemática continua a desfrutar da mais ampla aceitação.

(**S. B. Ferguson**, M.A., B.D., Ph.D., ministro da Tron Church, Glasgow, Escócia; ex-professor de Teologia Sistemática do *Westminster Theological Seminary*, Filadélfia, EUA.)

BIBLIOGRAFIA. James D. Bratt, *Dutch Calvinism in Modern America: A History of a Conservative Subculture* (Grand Rapids, MI, 1984); H. Zwaanstra, Louis Berkhof, *in* D. F. Wells (ed.), *Reformed Theology in America* (Grand Rapids, MI, 1985).

BERNARDO DE CLARAVAL (1090-1153)

Bernardo nasceu em Fontaines, próximo a Dijon, França, de pais nobres. Com 21 anos, ingressou na abadia então recém-fundada de Cîteaux, naquela ocasião a única abadia da nova e rigorosa ordem cisterciense. Três anos mais tarde, era designado abade de um novo mosteiro, em Claraval (Clairvaux). Sob a direção de Bernardo, o mosteiro cresceu rapidamente e ainda durante seu tempo de vida deu origem a cerca de setenta abadias cistercienses.

Bernardo tinha ido para Cîteaux a fim de fugir do mundo, mas acabou se tornando um dos líderes mais ativos e viajados da igreja do século XII. Na década de 1130, empenhar-se-ia a favor do papa Inocêncio II, em um embate contra um papa rival, Anacleto. Conseguiu garantir a vitória de Inocêncio, que, em troca, proporcionou privilégios aos cistercienses. Opôs-se, depois, ao ensino de Pedro Abelardo, conseguindo sua condenação pelo Sínodo de Sens, em 1140, e, consequentemente, pelo papa. Sua autoridade foi ampliada mais ainda quando nada menos que um de seus próprios monges, Bernardo Paganelli, tornou-se, em 1145, o papa Eugênio III.

Nos dois anos seguintes, atendendo a pedido de Eugênio, Bernardo pregou pela Europa buscando apoio para a Segunda Cruzada, que foi organizada em 1148, mas fracassou terrivelmente, causando sério golpe para ele. Sua reputação, no entanto, manteve-se elevada o suficiente para sobreviver a esse revés, não tendo jamais perdido sua popularidade.

Bernardo tem sido chamado "o último dos pais" da igreja. Foi ele o último grande representante do começo da tradição medieval da teologia monástica. Foi também brilhante escritor, conquistando o título de "melífluo" ("doce como o mel"). Pregava regularmente, e muitos de seus sermões sobreviveram. O texto de alguns deles não tem polimento, tendo-se mantido, provavelmente, tal como foram originariamente pregados. Outros apresentam uma forma literária altamente polida, destinada à leitura. Os sermões baseiam-se mais nos diversos domingos e dias santos do calendário eclesiástico. Sua correspondência foi também das mais vastas, tendo sido preservadas mais de quinhentas de suas cartas, indo das pessoais e devocionais às de cunho oficial e político. Algumas delas constituem, praticamente, verdadeiros tratados versando sobre o batismo, o ofício de bispo e contra os erros de Abelardo.

Bernardo, todavia, escreveu realmente vários tratados. Três desses são sobre o monasticismo: *Apologia*, a favor dos cistercienses contra os monges de Cluny; *A regra e a dispensação*, sobre a interpretação correta do regulamento dos beneditinos, e *Em honra à nova ordem de cavaleiros*, sobre a então nova ordem dos templários. Escreveu, ainda, uma biografia do arcebispo Malaquias de Armagh (1094-1148), que ajudou a alinhar a igreja irlandesa com as práticas da igreja romana.

Em seus primeiros anos de ministério, Bernardo escreveu um alentado tratado, *Graça e livre-arbítrio*, no qual aborda a obra da graça de Deus ante o livre-arbítrio humano em conformidade com o pensamento agostiniano. Argumenta que nossas boas obras são, ao mesmo tempo, totalmente a obra da graça de Deus (não deixando, assim, lugar para a jactância) e também inteiramente obra do nosso livre-arbítrio; e que somos *nós* que temos de realizá-las (propiciando, assim, a base para o mérito e a recompensa).

Quase ao final de sua vida, Bernardo escreveu *Consideração*, para seu ex-discípulo, o papa Eugênio III. Bernardo insta o pontífice a encontrar tempo para reflexão ou meditação em sua vida ocupada. Ele vê a posição do papa como a do "vigário ímpar de Cristo, que preside não apenas sobre um único povo, mas sobre todos", dotado de plenos poderes. Todavia, é igualmente enfático em sua oposição à tirania papal (ver Papado).

O monge ficou mais conhecido como escritor de obras de cunho espiritual. Seu livro *Amar a Deus* tem sido elogiado como "um dos mais notáveis de todos os livros medievais de misticismo". Outra obra sua de destaque é *Passos de humildade e orgulho*, baseada nos doze passos de humildade da regra monástica de Bento. Sua obra de tema espiritual mais conhecida, no entanto, é a que reúne 86 *Sermões sobre os Cantares de Salomão*, alegadamente destinada a comentar Cântico dos Cânticos 1.1—3.1, mas constituindo, na verdade, um tratado em forma de sermões sobre a vida espiritual dos monges.

(**A. N. S. Lane**, catedrático de Doutrina Cristã do London Bible College, Londres, Inglaterra.)
BIBLIOGRAFIA. Obras em *PL* 182-185. Edição crítica: J. Leclercq, H. Rochais, *et al.* (eds.), *Sancti Bernardi Opera*, 8 vols. (Roma, 1957-1977). TI de obras da série dos pais cistercienses (Kalamazoo, MI, 1970ss).
G. R. Evans, *The Mind of St Bernard of Clairvaux* (Oxford, 1983); E. Gilson, *The Mystical Theology of Saint Bernard* (London, 1940); J. Leclercq, *Bernard of Clairvaux and Cistercian Spirit* (Kalamazoo, MI, 1976); E. Vacandard, *Vie de Saint Bernard*, 2 vols. (Paris, 1895).

BERODAQUE-BALADÃ. Ver *Merodaque-Baladã*.

BEROTA
No hebraico, **"alimento"**. Palavra que aparece somente em Ezequiel 47.16, como uma das cidades fronteiriças do Israel restaurado, e, portanto, ainda futuro.

BEROTAI
No hebraico, **"cipreste de Yahweh"**. Palavra que figura apenas em 2Samuel 8.8, que alguns estudiosos pensam ser a mesma Berota (vide). Nessa referência lemos que Davi levou dali e de Betá, cidades pertencentes a Hadadezer, grande quantidade de bronze. O lugar tem sido identificado como Beirute; mas os estudiosos modernos pensam estar em pauta a cidade de Bereitan, ao norte de Damasco.

BERSEBA
No hebraico **"poço do juramento"** ou **"poço de sete"**. Uma cidade que ficava na porção sul da Palestina, que tem sido identificada com a moderna Tell es-Saba, a meio caminho entre o mar Mediterrâneo e a extremidade sul do mar Morto. O nome foi dado a esse lugar por causa do poço que foi ali cavado e devido ao acordo firmado entre Abraão e Abimeleque (Gn 21.31).
Aparentemente, era um dos lugares favoritos de Abraão, onde também ele plantou um dos bosques que chegou a ser local de um dos templos da antiguidade do povo israelita (ver Gn 21.33). Isaque habitava ali quando Esaú vendeu a Jacó o seu direito de primogenitura. Foi do acampamento que havia nas proximidades que Jacó partiu em sua viagem à Mesopotâmia. Jacó fez uma parada em Berseba a fim de oferecer um sacrifício ao Deus de seus antepassados, quando, noutra ocasião, estava a caminho do Egito (Gn 46.1). As disputas entre Jacó e Esaú tiveram lugar nessa região (Gn 28.10).
Quando da distribuição do território palestino, a região foi dada à tribo de Simeão (Js 19.2). Porém, visto que essa tribo chegou a mesclar-se tanto com a tribo de Judá (Jz 1.3), as cidades pertencentes a Simeão, incluindo Berseba, também aparecem entre as aldeias do distrito de Neguebe, pertencente a Judá (Js 15.28). Antes do estabelecimento da monarquia, Samuel deixou ali instalados os seus filhos, para atuarem como juízes (1Sm 8.2). Com o tempo, Berseba passou a indicar, proverbialmente, o extremo sul do território de Israel, dentro da expressão: "De Dã a Berseba", que indica a extensão total da terra santa (Jz 20.1; 1Sm 3.10). Isso continuava tendo aplicação durante o reinado de Saul (2Sm 3.10).
Elias fugiu para Berseba, que era uma cidade de refúgio no século VIII a.C., frequentada por gente vinda do norte de Israel (Am 5.5; 8.14). Quando os dois reinos separaram-se; no norte, Israel; no sul, Judá, a expressão "de Dã a Berseba" foi alterada para "desde Berseba até o vale de Hinom" (Ne 11.27,30). Após o exílio babilônico, foi repovoada (Ne 11.27). A arqueologia tem encontrado ali consideráveis ruínas. Há ali sete poços que podem ser facilmente distinguidos, e, nas colinas que circundam o vale, há várias ruínas. (ALB UN Z)

BESAI
No hebraico, **"conquistador"**. Aparece nas listas de Esdras (2.49), como o pai de uma família de servos do templo que voltou do exílio. Eles estavam entre aqueles que retornaram da Babilônia em companhia de Zorobabel. Ver também Neemias 7.52.

BESODIAS
No hebraico, **"íntimo de Yahweh"** ou **"no conselho secreto de Yahweh"**. Era o pai de Mesulão, um dos que ajudaram a reparar as muralhas de Jerusalém, nos dias de Neemias. (Ne 3.6).

BESOR
No hebraico, **"frio"**. Nome de um ribeiro mencionado em 1Samuel 30.9. Davi cruzou o ribeiro após ter partido de Ziclague, ao perseguir os amalequitas, um grupo de nômades das regiões do Neguebe e do Sinai, que haviam atacado Ziclague (1Sm 30.9,10,21). Nesse wadi, Davi deixou duzentos homens, exaustos demais para prosseguirem. Provavelmente trata-se do wadis Ghazzeh, o maior dentre os vários wadis a sudoeste de Ziclague, que atualmente é chamado Tell el-Khuweilfeh. (Z)

BESTA
No hebraico precisamos considerar quatro palavras, e no grego três. **1**. *Behemah*, "gado", "quadrúpede". Palavra usada por 189 vezes (por exemplo: Gn 6.7; 7.2,8; Êx 8.17; Lv 7.21; Nm 3.13. Dt 4.17; Sl 8.7; Jr 7.20; Ez 8.10; Jl 1.18; Zc 8.10; 14.15). **2**. *Beir*, "bruto", "besta". Palavra usada por seis vezes (por exemplo: Gn 45.17; Êx 22.5; Nm 20.8,11). **3**. *Chaiyah*, "criatura vivente". Palavra usada por 94 vezes com o sentido de animal. (Por exemplo: Gn 1.24; Lv 5.2; 26.22; Nm 35.3; Jó 5.22; Sl 50.10; Is 35.9; Jr 12.9; Ez 5.17; Dn 2.38; 4.12-32; Os 2.12; Sf 2.15). **4**. *Tebach*, "animal abatido". Palavra usada por onze vezes, mas com o sentido de "animal" em Provérbios 9.2. **5**. *Zoon*, "criatura viva". Palavra grega usada por 23 vezes, a começar em Hebreus 13.11, mas a maioria das vezes é usada no Apocalipse, como, por exemplo: 4.6-9; 5.6,8,11,14; 6.1-7 etc. **6**. *Ktenos*, "besta de carga". Palavra grega usada por quatro vezes. (Ver Lc 10.34; At 23.24; 1Co 15.39; Ap 18.13). **7**. *Therion*, "fera", "besta". Palavra grega usada por 46 vezes, a começar em Atos 28.5, mas a maioria das vezes no Apocalipse, como, por exemplo, 6.8; 11.7; e nos capítulos 13 a 20.10.
Distinções. **1**. Um mamífero, distinto do homem, das aves e dos répteis (Gn 1.29,30). **2**. Animais selvagens, em distinção aos animais domesticados (Lv 26.22; Is 13.21). **3**. A classe dos animais inferiores, distintos dos seres humanos (Sl 147.9; Ec 3.19; At 28.5).
Proibições Mosaicas. Os israelitas não eram vegetarianos, mas também não podiam consumir a carne de todos os animais. No décimo primeiro capítulo do livro de Levítico, os animais são distinguidos entre os que têm cascos sólidos e aqueles de cascos fendidos. Além disso, os animais são classificados em limpos e imundos, indicando, respectivamente, se podiam ou não ser usados como carnes comestíveis. A ciência tem mostrado a sabedoria de algumas dessas proibições; porém, o que realmente está envolvido são questões religiosas e cerimônias, que ensinam lições morais e espirituais. Os peixes e as aves também eram divididos em limpos e imundos.
Usos Metafóricos. **1**. As criaturas celestes (Ap 4.6; ver Ez 1). **2**. Os santos temerários são comparados com animais, por causa de sua vileza, ignorância e estupidez (Pv 30.2). **3**. Os homens em geral são chamados de "animais" devido à sua ignorância e má natureza (Ec 3.18). **4**. Contudo, animais úteis, como bois, vacas, ovelhas, cordeiros e pombas, podem servir de símbolos dos seres humanos, segundo se vê no décimo capítulo do Evangelho de João. **5**. Ursos, leões, lobos e serpentes servem como símbolos do mal (Is 11.6-8). **6**. Certos animais poderosos como a águia, o leão, o touro, o bode, o carneiro e

o leviatã (hipopótamo?) servem de símbolos de reis e governantes, os poderosos e os ricos (Ez 31.6; Dn 4.14). **7**. Homens iníquos são chamados "feras", em face de sua iniquidade e violência (1Co 15.32; 2Pe 2.12). **8**. Os maiores impérios mundiais, como a Caldeia, a Pérsia, a Grécia e Roma, são retratados por feras (Dn 7.11; 8.4; Ap 12, 13 e 18). Isso se refere a um grande poder e autoridade, posto a serviço do mal. **9**. O anticristo e seu falso profeta são apresentados como a besta saída do mar (das nações) e a besta saída da terra (Israel), respectivamente (Ap 13 e 17.3). **10**. Os vingadores contra o mal são chamados águias (Ap 19.17,18), divinamente nomeados para a tarefa. **11**. A travessia do mar Vermelho e do deserto, por parte do povo de Israel, é comparada com uma besta que atravessa um vale, de maneira fácil e segura, sob a proteção divina (Is 43.14).

Observações. Dentre todo o mundo visível, os animais terrestres são os que aparecem em mais íntima conexão com o homem, tendo sido criados, no mesmo dia (Gn 1.24). No início os animais consumiam os vegetais e serviam ao homem (Gn 1.26-30; 2.20 e seu paralelo, 1.28). O fato de que Adão recebeu o direito de dar nomes aos animais pressupõe um direito de superioridade e domínio sobre eles. Talvez por essa razão, Deus tenha resolvido que seriam destruídos juntamente com a humanidade, durante o dilúvio (Gn 7.21). A harmonia entre o homem e os animais, quebrada por causa do pecado (cf. Gn 3.15 ss.), será restabelecida por ocasião do milênio (Is 11.6-8; cf. Gn 9.2,3 e Mc 1.13).

A Bíblia não reflete qualquer hostilidade contra os animais, sendo reiterado por muitas vezes que Deus cuida deles, conforme o próprio Jesus expressou (Mt 6.26). A legislação mosaica protegia os animais, conforme se vê em Dt 22.6. (cf. Mt 16.12). Todavia, o homem pode dispor dos animais, sobretudo em sua alimentação, no caso dos animais puros, quando da vigência da legislação mosaica, e no caso de qualquer animal, na era da graça, quando não mais imperam as restrições alimentares. Certos animais, além de serem considerados puros, isto é, comestíveis, também foram declarados próprios para serem oferecidos nos sacrifícios levíticos, como, por exemplo, o boi, a ovelha, a cabra, e dentre as aves, a pomba e a rola; mas, nesse caso, os animais e as aves oferecidos não podiam ter qualquer defeito físico (Lv 3.1-6).

O conceito de que o sangue é a sede da vida biológica requeria uma maneira toda especial de abater os animais (Gn 9.4,5; Dt 15.23). Os animais de grande porte eram presos pelos caçadores (Pv 7.23; Am 3.5), mediante armadilhas (Is 51.20), laços ou redes (Pv 6.5; Os 9.8). Os pássaros eram apanhados em seus ninhos (Dt 22.6), os animais aquáticos com anzol, rede (Hc 1.15) ou arpão (Jó 40.26). A criação de gado era conhecida desde os tempos mais remotos (Gn 4.2,20; 12.16 etc.). Os animais eram empregados na tração de carros (cavalo, boi), ou para servirem de montaria (camelo, cavalo, jumento, burro). Dos animais aproveita-se muita coisa, como a carne e o couro, o leite e os pelos, os excrementos como estrume e alguns órgãos internos como medicamento, como a vesícula, o coração e os rins dos peixes. Do elefante aproveita-se o marfim.

Alguns homens estudavam os pássaros e divertiam-se com eles (Jó 40.24), observavam seus hábitos e migrações (Jr 8.7). Espantalhos eram colocados nos campos plantados para afugentar certas aves (Jr 10.5). Os homens conheciam certas enfermidades que afetavam os animais (Êx 9.2-9). Os israelitas foram proibidos da tentativa de cruzar animais diferentes (Lv 19.1-9), e sobretudo, de ter relações sexuais com eles (Êx 22.18), sendo isso considerado uma abominação (vide).

Às vezes, os animais eram usados por Deus como um castigo contra os homens, devido ao pecado (Êx 7 em diante), especialmente no caso dos animais ferozes (Lv 26.22; 2Rs 17.25). Por causa de certas características, alguns animais simbolizam certos tipos de pessoas. Por exemplo, a cerva e a camurça representam a mulher atraente (Ct 7.4). Chamar uma mulher de pomba era usar da linguagem de adulação para com ela (Ct 2.14). Muitos nomes próprios de pessoas eram apenas nomes de animais. Assim Raquel = ovelha; Débora = abelha; Zeebe = lobo; Áquila = águia. (IB ID NTI S DEB)

BETÃ

No hebraico, **"confiança"**. Trata-se de uma cidade da Síria-Zobá, conquistada por Davi de Hadadezer (2Sm 8.8). No trecho de 1Crônicas 18.8, a mesma cidade é chamada Tibate. Desconhece-se o local da mesma.

BETE

No hebraico, **"casa"**. Era a segunda letra do alfabeto hebraico. Introduz a segunda porção de Salmo 119, onde cada verso começa, no hebraico original, com essa letra. Numericamente, representava o numeral *dois*. Também pode ser encontrada em muitos nomes compostos, como "Betel", "casa de Deus". (S Z)

BETE-ANATE

No hebraico, **"casa do eco"**. Era uma cidade no território de Naftali (Js 19.38; Jz 1.33). Os habitantes originais da cidade foram escravizados pelos israelitas invasores, contrariando a ordem divina de que todos eles deveriam ser mortos. A cidade também é mencionada em diversas inscrições egípcias. Talvez seja a moderna Safed el-Battikh.

BETE-ANOTE

No hebraico, **"casa do eco"**. Era uma aldeia na região montanhosa de Judá (Js 15.59), que muitos pensam ter sido um antigo altar e santuário dos cananeus, e que também parece ter sido mencionada em várias listas egípcias de cidades da parte ocidental da Palestina. Ficava situada no distrito de Bete-Zur. Modernamente é a Khirbet Beit 'Ainum, perto de Halhul.

BETE-ARÃ

No hebraico, **"casa da montanha"**. Era uma cidade pertencente a Gade, defronte de Jericó, a pouco mais de cinco quilômetros a leste do Jordão (Js 13.27), e que talvez seja a mesma Bete-Harã mencionada em Números 32.36. Herodes trocou-lhe o nome por Julias ou Livias, em honra à esposa de Augusto. Atualmente chama-se *er Rameh*. Ver também *Bete-Harã*.

BETE-ARABÁ

No hebraico, **"casa da travessia"**. Era uma cidade na margem oriental do rio Jordão. Ver João 1.28, que fala sobre "Betânia", e que tem sido identificada como a antiga Bete-Arabá, que era onde João Batista batizava. O trecho de Josué l5.6,61 é a única passagem, em nossa Bíblia portuguesa, onde figura o nome "Bete-Arabá". Quanto a João 1.28, até mesmo manuscritos inferiores dão apoio à forma "Betânia". Ver a discussão, no NTI, sobre o problema textual envolvido. Naturalmente, essa Betânia não pode ser a mesma localidade onde habitavam Lázaro e suas irmãs, Maria e Marta, porquanto, na cidade deles não havia água em abundância. Portanto, os estudiosos opinam que deveria existir uma outra Betânia, às margens do Jordão — a que se refere o quarto Evangelho. Naturalmente, o autor desse Evangelho poderia ter incorrido em erro, por motivo de associação verbal, um erro comum entre autores e copistas. A mudança de Betânia para Betabara, no trecho de João, foi feita por Orígenes, que identificou o lugar com uma aldeia que ele conhecia, na localidade em foco. No entanto, Betabara significa "casa de Arabá", ou seja, "casa do deserto", ao passo que Bete-Arabá significa "casa de travessia". Além disso, a substituição de um nome por outro precisou ser feita com base na suposição, visto que havia um lugar com esse nome às margens do Jordão, não muito longe de Jericó, na margem ocidental desse rio (ver Js 18.18).

Provavelmente, a localidade pode ser identificada com a moderna 'Ain-el-Gharabeth, no wadi Qelt. Entretanto, nada se sabe acerca de uma Betabara nos tempos do Novo Testamento, nem mesmo como forma alternativa para Betânia. O problema permanece sem solução. Parece que Orígenes, que foi originador de muitas distorções e equívocos, repetiu nesse caso a sua fama. (NTI)

BETE-ARBEL

No hebraico, **"casa da corte de Deus"**. É cidade mencionada exclusivamente em Oseias 10.14. Aparentemente era uma fortaleza, que poderia ser a mesma Arbela, mencionada por Josefo (Anti. xii.11,1; 1Macabeus 9.2). O texto de Oseias menciona Bete-Arbel, juntamente com outras cidades, como a localidade destruída por Salmã, embora esse monarca não seja mencionado e nem identificado em qualquer porção das Escrituras. Salmaneser III (858-824 a.C.), rei da Assíria, é o mais provável candidato à vaga.

Um distrito pertencente à tribo de Zebulom, na Galileia (ver Os 10.14), ou uma cidade daquela região. Josefo (Anti. XIV. xv.4 ss.; *Guerras*, 1.xvi.2 ss.) escreveu que os assaltantes que foram mortos por Herodes, que infestavam o interior da Galileia, eram de Bete-Arbel. Eles se tinham entrincheirado em cavernas fortificadas, na baixa Galileia (*Vida*, 37). O local moderno é desconhecido, embora tenha sido identificado com Bete-Arbel em Gileade, ou com a Khirbet Irbid da Galileia, dando frente para o Wadi el-Hamam, a oeste do mar da Galileia.

BETE-ASMOTE

Também grafada como Bete-Samos, uma forma helenizada de Azmavete (ver o artigo). Essa palavra aparece somente em 1Esdras 5.18, como lugar de origem de um grupo de pessoas que retornou com Zorobabel, após o cativeiro babilônico.

BETE-ÁVEN

No hebraico, **"casa da nulidade"** (isto é, da idolatria). Uma alcunha aplicada a Betel, que lhe foi dada depois que essa cidade tornou-se a sede da adoração a bezerros de ouro. Entretanto, não muito distante, para leste, havia uma cidade que realmente tinha esse nome (ver Js 7.2; 1Sm 13.5). A existência dessa cidade deu origem ao apelido dado a Betel (ver artigo). Alguns supõem que se trata de um nome arcaico para Ai (ver o artigo); porém, não há qualquer evidência conclusiva para a suposição. Também havia um deserto com esse nome, ver Josué 18.12. (ID S)

BETE-AZMAVETE

No hebraico, **"casa da força da morte"**, forma alternativa para *Azmavete* (ver o artigo).

BETE-BAAL-AMOM

No hebraico, **"casa do senhor da habitação"**. Uma localidade atribuída à tribo de Rúben, nas planícies do Jordão (Js 13.17), anteriormente chamada Baal-Meom (Nm 32.38) ou então Beom (Nm 32.3), a qual o termo Bete veio a ser prefixado. Posteriormente, a cidade foi conquistada pelos moabitas (Js 13.17). A cidade é mencionada por Mesa, de Moabe, em sua estela, juntamente com a cidade de Bete-Diblataim (ver o artigo). O local é identificado com a moderna Ma'in, a dez quilômetros a sudoeste de Madeba.

BETE-BARA

No hebraico, **"casa do vau"**. Estava em um dos principais vaus do Jordão, talvez onde Jacó atravessou esse rio, conforme se lê em Gn 32.22. Foi bem perto dali que Gideom obteve uma grande vitória (Jz 6.24), e foi ali, igualmente, que Jefté abateu os efraimitas (Jz 12.4). Atualmente, não há qualquer localidade que corresponda ao lugar antigo. Alguns, porém, identificam-na com Bete-Arabá (vide).

BETE-BASI

Um lugar mencionado em 1Macabeus 9.62-64, fortificado por Jonatã e Simão Macabeu. A cidade resistiu ao cerco lançado por Baquides, governador helenista da região oeste do Eufrates, sob o rei Demétrio I. Essa mal-sucedida invasão (158-157 a.C.), levou a um tratado de paz com os judeus e ao triunfo de Jonatã. O local tem sido identificado com a moderna Khirbet Beit Bassa, no deserto da Judeia.

BETE-BIRI

No hebraico, **"casa do criador"** ou **"casa da cidade"**. Uma cidade de Judá (1Cr 4.31), no extremo sul de seu território. Tem sido identificada com a cidade pós-exílica de Bete-Lebaote (Js 19.6).

BETE-CAR

No hebraico, **"casa das ovelhas"**. Era uma cidade do território de Dã (1Sm 7.11), a oeste de Mispa. Foi ali que Israel alcançou uma grande vitória sobre os filisteus. Alguns identificam-na com a localidade árabe de Khirbet-heir, embora a maioria dos estudiosos negue essa possibilidade. Há alguma confusão nos manuscritos onde esse termo aparece, visto que a LXX substitui Bete-Horom, em Josué 10.10, por Baithchor. E outros manuscritos seguem o texto massorético.

BETE-DAGOM

No hebraico, **"casa de Dagom"**, ou seja, um templo edificado em honra àquele deus pagão. Há duas cidades com esse nome, mencionadas no Antigo Testamento: **1**. Uma localidade nas terras baixas de Judá, mencionada em Josué 15.41. A localização exata é desconhecida em nossos dias. Só pode ser dito que ficava nas proximidades de algum templo, ali existente, em honra a Dagom, uma divindade pagã por toda parte venerada. Ver o artigo sobre Dagom. Alguns identificam a cidade com Khirbet Degun, uma localidade romana a três quilômetros a sudoeste da moderna Beit Dagan. **2**. Uma cidade fronteiriça da tribo de Aser, a leste do monte Carmelo (Js 19.17), cuja localização é desconhecida. **3**. Um templo em Azoto (Asdode), mencionado em 1Macabeus 10.83,84. **4**. Uma fortaleza mencionada por Josefo (Anti. XII.8.1), localizada perto de Jericó.

Essas diversas referências ao nome Bete-Dagom indicam que havia muitas aldeias e vilas onde se cultuava a Dagom. Seu nome aparece pela primeira vez na Mesopotâmia, em cerca de 2500 a.C., podendo também ser achado em documentos e inscrições em Ugarite, na Fenícia, e na terra dos filisteus. (ID Z)

BETE-DIBLATAIM

No hebraico, **"casa dos círculos"** (isto é, dos bolos de figos). Era uma cidade de Moabe (Jr 48.22). O local também é mencionado na estela de Mesa (I-30), rei de Moabe, em cerca de 830 a.C. Encontra-se nas suas listas de cidades conquistadas, que chegavam a cerca de cem. Uma outra forma do nome da cidade, "posto rodoviário dos bolos de figos", fala sobre uma localização mencionada em Oseias 1.3, lugar do nascimento de Gômer, esposa do profeta Oseias (em nossa versão portuguesa, Diblaim). Tem sido identificada com a moderna Deleitat-esh-Sherqiyeh, mas sem qualquer grau de certeza.

BETE-ÉDEN

No hebraico, Bete-Éden, significa **"casa do deleite"**. Fala sobre um principado arameu, localizado na cabeceira do rio Eufrates, que deve ser identificado com a Bit-Adini das fontes assírias. Aparentemente foi um pequeno estado arameu que prosperou, mas posteriormente sucumbiu diante de potências maiores, nos séculos IX e VIII a.C. Seus habitantes foram transportados para Quir, segundo foi profetizado por Amós (Am 1.5). (Ver 2Rs 19.12 e Is 37.12).

BETE-EGLAIM

No hebraico, **"casa dos dois bezerros"**. Uma antiga cidade que não é mencionada no Antigo Testamento, mas ocorre no *Onomasticon* (48.19,20) de Eusébio. A cidade tem sido identificada com um cômoro escavado pelos arqueólogos, que se chama Tell el-Ajjul, que significa "cômoro do bezerrinho". Está situada a pouco mais de seis quilômetros a sudoeste de Gaza, ao lado norte da desembocadura do wadi Ghuzzeh, perto da costa marítima. As especulações afirmam que o local pode ter estado associado com os dois bezerros de ouro, dos dias de Jeroboão (1Rs 12.28). A localidade também tem sido identificada com Gaza, a qual, finalmente, foi abandonada por causa da malária, que era endêmica ali, e afetou os trabalhadores que ali escavavam modernamente. A cidade foi então transferida para o local da moderna Gaza, no começo da Idade do Bronze Posterior. Os arqueólogos só conseguiram trabalhar ali, depois que os pântanos da região foram drenados. As escavações descobriram belos exemplos de fortificações dos hicsos, um palácio, grande quantidade de cerâmica, armas feitas de bronze, escaravelhos, objetos talhados em ouro, prata, marfim e basalto, além de muitas edificações dos mais diversos tipos.

Quando surgiu um problema de segurança durante as escavações, por causa do descobrimento de ouro, o arqueólogo chefe, Petrie, deu um espetáculo para todos os trabalhadores verem. Exibiu engradados cheios de areia, engradados esses que deveriam estar cheios de ouro. No entanto, ele já tinha escondido o ouro.

Um outro palácio escavado representava uma era posterior à dos hicsos (ver o artigo); e uma terceira edificação aparentemente era uma fortaleza egípcia. Uma quarta edificação foi encontrada, pertencente aos séculos XVI e XIII: e ainda uma quinta, pertencente ao século X ou IX a.C.

Foram encontradas evidências da prática do consumo de carne de cavalo, sob o quarto palácio, o que se coaduna com aquilo que se sabe sobre a cultura dos hicsos. Foram encontrados restos de cavalos, burros e seres humanos, sepultados todos juntos em uma vala comum. Isso apresenta um quebra-cabeças para os estudiosos. (AH PET WRI)

BETE-EMEQUE

No hebraico, **"casa do vale"**. Uma cidade da tribo de Aser, perto de sua fronteira sudeste (Js 19.27). Talvez deva ser identificada com o moderno Tell el-Mimas, cerca de oito quilômetros a nordeste de Aco.

BETE-EQUEDE

No hebraico, **"casa da tosquia"**. Era uma localidade à margem da estrada entre Jezreel e Samaria, na qual Jeú, a caminho de Jezreel, encontrou 42 membros da família real de Judá, aos quais matou no poço do palácio (2Rs 10.12,14). Alguns eruditos põem, à margem dessa referência, "casa dos pastores amarrados", o que indica que não se sabe com certeza qual era o sentido do nome do lugar. Comumente o mesmo é identificado com Beit Kad, cerca de 26 quilômetros ao nordeste de Samaria.

BETE-EZEL

No hebraico, **"casa da raiz firme"**. Outros estudiosos preferem "casa da descida". Trata-se de uma cidade mencionada apenas em Miqueias 1.1, e que talvez não ficasse muito longe da cidade de Samaria. Alguns a identificam com Ezel ou Azel, referida em Zacarias 14.5, embora o local moderno seja desconhecido. Não obstante, há quem a identifique com Deir el-Asal, cerca de três quilômetros a leste do Tell Beit Mirsim. No texto sagrado, Azel será o lugar até onde se formará um imenso vale, quando da divisão do monte das Oliveiras em duas porções, por ocasião da segunda vinda de Cristo.

BETE-GADER

No hebraico, **"casa da fonte"**. Outros preferem pensar em "casa murada". Era uma cidade de Judá (1Cr 2.51), talvez a mesma que, em Josué 12.13, aparece com o nome de Geder. O nome aparece em uma lista de cidades pertencentes a Judá e a Simeão.

BETE-GAMUL

No hebraico, **"casa do camelo"**. Era uma cidade moabita, no tabuleiro de Moabe, e contra a qual foi proferido o juízo de Deus, por causa da maneira como seus habitantes haviam tratado Israel (Jr 48.23). Alguns pensam que o local moderno é Khirbet el-Jemeil, cerca de oito quilômetros de Aroer.

BETE-GILGAL

No hebraico, **"casa de Gilgal"** ou **"casa da recompensa"**. Esse nome aparece somente em Neemias 12.29. É provável que a cidade deva ser identificada com Gilgal (ver o artigo), cerca de 6,5 km a sudeste de Jericó. Era uma das aldeias de onde vieram cantores para celebrar a dedicação das muralhas reconstruídas nos dias de Neemias.

BETE-HANÃ. Ver *Elom*.

BETE-HAQUERÉM

No hebraico, **"casa das vinhas"**. figura nos trechos de Neemias 3.14 e Jeremias 6.1; fora da Bíblia, em 2Esdras 13.14. Era uma cidade de Benjamim, situada no topo da elevação entre Jerusalém e Tecoa, cerca de cinco quilômetros a sudeste de Belém. Seu prefeito, Malaquias, reparou a porta do Monturo, quando ajudava Neemias a reerguer as muralhas de Jerusalém, terminado o exílio babilônico. A arqueologia a tem identificado com a moderna Ain Karem. Contudo, parece ainda mais apropriada a localidade de Ramet Rahel, que fica em uma elevada colina entre Belém e Jerusalém.

BETE-HAGÃ

No hebraico, **"casa do jardim"**. Foi por esse lugar que fugiu o rei Acazias, filhos de Acabe, de Israel, quando era perseguido por Jeú. O local fica no lado sul do vale de Jezreel. Tem sido identificado com a moderna Jenin.

BETE-HARÃ

No hebraico, **"casa da altura"**. É cidade que figura apenas em Números 32.26, embora talvez seja a mesma Bete-Arã de Josué 13.27. Pertencia à tribo de Gade, na Transjordânia. Posteriormente recebeu o nome de Livias ou Júlias. Ficava defronte de Jericó. Por ocasião da conquista da terra santa pelos israelitas, foi tomada dos amorreus e transformada posteriormente em uma fortaleza, ficando com a tribo de Gade. Alguns creem que se trata da cidade síria de Bete-Aramftá, mencionada por Josefo. Seu local moderno tem sido identificado com o Tell Iktanus, a quase treze quilômetros ao nordeste da desembocadura do Jordão, ao sul do wadi Heshban.

BETE-HOGLA

No hebraico, **"casa da corvina"** ou **"casa da perdiz"**. Foi uma das catorze cidades entregues à tribo de Benjamim (Js 18.21); modernamente se chama 'Ain Hajlah, a 6,5 km a sudeste de Jericó. Ficava localizada na Arabá, na fronteira sul de Benjamim (Js 18.19) e era a fronteira norte do território de Judá (Js 15.6).

BETE-HOROM

No hebraico, **"casa das cavernas"**. Dois lugares tinham esse nome, nos dias do Antigo Testamento, a "Bete-Horom de baixo" e a "Bete-Horom de cima" (Js 16.3,5; 1Cr 7.24). Atualmente existem as aldeias de Beit 'Ur et-Tahta, (de baixo) e de Beit-'Ur el-Faqa (de cima). A de baixo fica cerca de 335 m acima do nível do mar, e a de cima fica cerca de 550 m acima do nível do mar, sendo esta última menor que a primeira. As escavações ali efetuadas mostram que sua origem remonta pelo menos ao fim da Idade do Bronze. Havia uma estrada romana ligando uma com a outra, entre Gibeom, no leste, e o vale de Aijalom e a planície costeira e oeste. Ambas ficavam na fronteira dos territórios de Benjamim e Efraim (Js 16.3-5; 18.13 ss.). Quando ocorreu a divisão dos reinos — Israel, ao norte, e Judá ao sul — elas ficaram com Israel (Js 21.22). Visto que ambas as cidades estavam localizadas em um passo montanhoso na fronteira, foram a cena de muitas batalhas sangrentas. Eram também contadas entre as cidades dos levitas. Uma famosa batalha teve lugar ali, no tempo de Josué (Js 10.6-15). Os egípcios também combateram no local (1Rs 9.17); e elas foram atacadas por mercenários efraimitas (2Cr 25.12,13). Salomão reconstruiu e fortaleceu a ambas (2Cr 8.5). Seerá, filha de Berias, reconstruiu ambas, terminado o exílio babilônico (1Cr 7.24). Sambalate era natural do lugar (Ne 2.10).

A literatura pseudepígrafa e apocalíptica menciona esses lugares em várias oportunidades (Jubileus 34.4; Judite 4.4; 1Macabeus 3.15,16; 7.39-43), onde há menção a outras batalhas sanguinolentas no local. Baquides fortificou o lugar, após uma batalha contra Jonatã Macabeu, no deserto de Tecoa.

BETE-HOROM, BATALHA DE (O DIA LONGO DE JOSUÉ)

O artigo acima, sobre as duas cidades de Bete-Horom, mostra quantas batalhas ferozes foram travadas ali, durante a longa história das mesmas. Porém, aquela que se tornou conhecida como a "batalha de Bete-Horom" foi aquela travada entre as forças israelitas de Josué e os cinco reis de Canaã, perto de Gibeom, Bete-Horom e o vale de Aijalom. A descrição desse choque aparece no décimo capítulo do livro de Josué. Jericó já havia caído, e a batalha foi apenas estratégica, visando ao controle do território. Os gibeonitas, observando o esmagador avanço dos israelitas, enganaram com truques a Josué; mas o engano não tardou a ser descoberto. Então os gibeonitas foram subjugados, embora não destruídos. Em face disso, os habitantes de Gibeom foram tidos como traidores pelos demais reis cananeus, os quais atacaram aquela cidade. Foi então que os gibeonitas apelaram para Israel, pedindo ajuda. Josué atacou-os imediatamente, e os reis cananeus e suas hordas entraram em pânico. A rota da fuga deles levou-os diretamente a Bete-Horom, quando subiam na direção do passo entre as montanhas. Uma grande saraivada caiu sobre os cananeus, o que o autor do livro de Josué atribui à intervenção divina. Mais foram os que morreram pela chuva de pedra *do que os mortos à espada pelos filhos de Israel* (Js 10.11).

O Longo Dia de Josué. A fim de que pudesse aniquilar os adversários nessa batalha, Josué ordenou que o sol estacasse em seu curso (Js 10.12). E o Senhor o atendeu, e o dia foi extraordinariamente prolongado. Há muitas interpretações acerca do fenômeno: **1.** *Explicação mitológica*. Uma grande vitória, ao ser relatada, foi emendada, incluindo os lances de saraivada e o fenômeno do longo dia. A história está recheada de lendas, e o Antigo Testamento não está isento dessas interpolações. **2.** Ou então, tudo quanto sucedeu foi que as nuvens encobriam o sol escaldante, facilitando a perseguição por parte dos exércitos de Josué. Porém, os vs. 13-15 mostram que o que esteve envolvido foi a passagem do tempo, e não apenas condições atmosféricas. **3.** O milagre teria envolvido apenas uma questão de reflexo, e não de real envolvimento da passagem do tempo. Deus causou condições atmosféricas abaixo do horizonte, capazes de refletir os raios solares sobre o território, mesmo após o pôr do sol. Tudo não teria sido causado por condições extraordinárias, mas apenas naturais. **4.** Ou então, conforme diz a Bíblia, Deus impediu a rotação da terra por algum tempo, ou fez esse movimento tornar-se bem mais lento.

Essa interpretação também tem sido sujeitada por alguns a uma adaptação natural. Esses dizem que teria havido uma leve mudança dos polos, provocando assim o prolongamento daquele dia. Sabemos que as mudanças de polo realmente ocorrem, embora muito raramente. Talvez uma mudança de polos tenha ocorrido quando do dilúvio de Noé. Porém, se isso sucedeu naquele dia de Josué, então a mudança de polo foi realmente mínima, pois, doutra sorte, teria havido destruição generalizada. Alguns estudiosos também têm dito que esse prolongamento do dia, quando da batalha de Bete-Horom, foi corrigido na época de Isaías, conforme se lê em Isaías 38.8: *Eis que farei retroceder dez graus a sombra lançada pelo sol declinante no relógio de Acaz. Assim retrocedeu o sol os dez graus que já havia declinado.* **5.** Finalmente, a questão inteira envolve um mistério sem explicação, não importando se o fenômeno foi natural ou sobrenatural. (WHI VE Z)

BETE-JESIMOTE

No hebraico, **"casa de desolação"**. Era uma cidade do território de Rúben, entre os montes de Abraim e o rio Jordão (Nm 33.49), —cerca de dezesseis quilômetros a sudeste de Jericó (Js 12.3). Posteriormente, foi conquistada pelos moabitas (Ez 25.9). O último acampamento dos israelitas, antes de haverem cruzado o Jordão, foi perto desse lugar (Nm 33.49). Tem sido identificado com o Tell el-Azeimeh, perto da extremidade nordeste do mar Morto. (GL)

BETE-LE-AFRA

No hebraico, **"casa da poeira"**, uma cidade desconhecida, mencionada exclusivamente em Miqueias 1.10. Há um jogo de palavras nesse trecho, pelo que algum lugar como Ofra ou Betel poderia estar envolvido. As identificações incluem o wadi el Ghafr, entre ed-Daweimeh e o Tell ed-Duweir e Beit-offa, a dez quilômetros a sudeste de Asdode. (SI)

BETE-LEBAOTE

No hebraico, **"casa da leoa"**. Era uma cidade de Simeão (Js 19.6), que é chamada Lebaote em Josué 15.32. Muitos pensam que esse lugar é a mesma Bete-Biri, que figura em 1Crônicas 4.31, um nome que mui provavelmente tem sido preservado no nome de Jebel el-Biri, no deserto da Judeia.

BETE-LOMOM

Assim aparece na LXX, o nome de Belém da Judeia (ver o artigo). Em 1Esdras 5.17, as pessoas que residiam na área são alistadas entre os homens da Judeia que retornaram em companhia de Zorobabel, após o exílio babilônico. Nessa conexão, ver Belém em Esdras 2.21.

BETE-MAACÁ. Ver *Abel-Bete-Maacá*.

BETE-MARCABOTE

No hebraico, **"casa das carruagens"**. Era uma cidade pertencente a Simeão (Js 19.5; 1Cr 4.31), no extremo sul de Judá. O nome pode ter-se originado do fato de que ali era uma das paradas de carruagens que transitavam entre o Egito e Jerusalém (1Rs 10.19,29; 1Cr 8.6). Tem sido identificada com a antiga Madmana e com a moderna Khirbet Umm ed-Deimineh, cerca de 24 Km a sudoeste de Hebrom, o que é também sugerido pela lista correspondente, em Josué 15.31.

BETE-MEOM

No hebraico, **"casa da habitação"**. Aparece somente em Jeremias 48.23, como uma cidade moabita, próxima de Bete-Gamul. A forma completa do nome, Bete-Baal-Meom, aparece em Josué 13.17, como cidade moabita outorgada, após a conquista, à tribo de Rúben. Ficava na margem ocidental do rio Arnom.

BETE-MILO

No hebraico, **"casa da plenitude"**. Está em foco algum cômoro, terraço, platô, ou coisa semelhante, provavelmente onde havia um fortim (Jz 9.6,20). Ficava perto de Siquém. Seus habitantes estavam entre aqueles que proclamaram Abimeleque o rei. Ver o artigo sobre *Milo*.

BETE-NIMRA

No hebraico, **"casa da água doce"**. Era uma cidade de Gade (Js 13.27). Com a forma de Ninra, a cidade é alistada em Números 32.3. Foi chamada Bete-Nabris por Eusébio, como cidade que ficava cerca de oito quilômetros ao norte de Livias. Foi edificada e fortificada pelos gaditas, tendo-se tornado lugar apropriado para a guarda de ovelhas (Js 13.27). O local é atualmente ocupado pelo Tell Bleibil, a 16 km a nordeste de Jericó, no lado norte do wadi Shaib. Posteriormente, a cidade foi transferida para cerca de quilômetro e meio para sudoeste, onde seu nome está preservado no Tell Nimrin. (GLU)

BETE-PAZES

No hebraico, **"casa da dispersão"**. Era uma cidade de Issacar (Js 19.21), próxima do monte Tabor. Sua localização moderna é desconhecida.

BETE-PELETE

No hebraico, **"casa da fuga"**. Uma cidade no extremo sul de Judá (Js 15.27), que foi outorgada àquela tribo, quando da conquista da Palestina. Terminado o exílio babilônico, foi reedificada e reocupada por Judá (Ne 11.26). Helez, o paltita, um dos trinta heróis de Davi, provavelmente era natural do lugar. Sua localização moderna é desconhecida.

BETE-PEOR

No hebraico, **"casa de Peor"** ou **"casa da abertura"** (Dt 3.29). No primeiro caso, talvez o nome se referisse a um templo dedicado a Baal-Peor. A cidade era moabita, mas foi outorgada à tribo de Rúben, tendo-se tornado famosa como santuário daquela divindade. (Dt 4.46; Js 13.20). Estava localizada na margem oriental do Jordão, defronte de Jericó, a dez quilômetros ao norte de Livias ou Bete-Harã, conforme é afirmado por Eusébio em seu *Onomasticon*. O nome Peor provavelmente significa "abertura" ou "abismo". É possível que o profeta Moisés tenha sido sepultado naquela região (Dt 34.6). Antes de entrarem na terra de Canaã, os israelitas acamparam no vale diante de Baal-Peor, enquanto Moisés avistava a Terra Prometida do alto do monte Pisga (Dt 3.29). Na ocasião alguns preceitos foram dados a Israel (Dt 4.46). O lugar tem sido identificado com a moderna Khirbet esh-Sheikh-Jayil, ao norte do monte Nebo e a oeste de Hesbom. (S UN Z)

BETE-RAFA

No hebraico, **"casa de Rafa"** ou **"casa do gigante"**. Em 1Crônicas 4.12 aparece com o nome do filho de Estom, dentro da genealogia de Judá (cerca de 618 a.C.). Em 1Crônicas 20.6,8, a palavra aparece com o artigo, e a tradução deve ser "dos gigantes", conforme, realmente, se vê na nossa versão portuguesa.

BETE-REOBE

No hebraico, **"casa de uma rua"**. Era uma cidade ou distrito dos arameus, perto de Laís (em Dã) (Jz 18.28). Havia ali um vale formando a porção superior das terras baixas de Huleh, através das quais flui o manancial central formador do rio Jordão e perto do qual ficava a cidade de Laís-Dã (que talvez seja a atual Tell el Qadi). Naquele lugar, os amonitas obtiveram mercenários para lutarem contra Davi (2Sm 10.6). Alguns identificam o local com a moderna Banias, a oito quilômetros ao nordeste de Dã; ou então com Hunin, a oeste de Banias. Porém, não há certeza quanto à questão.

BETE-SEÃ

No hebraico, **"casa da segurança"** ou **"casa do descanso"**, embora talvez haja uma alusão ao deus babilônico Shahan, ao Sha'an dos fenícios e ao deus serpente dos sumérios. Se esse era o caso, então o local era um antigo santuário dedicado a essa divindade. Seja como for, pertencia à meia tribo de Manassés (Js 17.11). Ficava na margem ocidental do Jordão, fazendo fronteira a oeste, com os montes de Gilboa. Era uma antiga fortaleza, estrategicamente colocada, que dominava o vale de Esdrelom. Tem sido identificada com a moderna Tell el-Husn, que significa "cômoro da Fortaleza". Outros pensam em uma identificação com a moderna Beisan.

A cidade foi fundada em cerca de 3000 a.C. Tutmés III conquistou-a em batalha, e, durante cerca de trezentos anos, foi uma fortaleza egípcia. Duas estelas, uma de Seti I e outra de Ramsés II, foram descobertas ali pela arqueologia. Sabemos que por ocasião da invasão da Palestina, pelos israelitas, os habitantes de Bete-Seã possuíam carros de guerra feitos de ferro (Js 17.16), e o povo de Israel não conseguiu expulsar dali os seus habitantes. No entanto, estes ficaram na obrigação de pagar tributo (Js 17.12-16). Quando da batalha de Gilboa, em cerca de 1000 a.C., o lugar aparentemente estava sob o controle dos filisteus, porquanto penduraram os ossos de Saul e de seus filhos na muralha da cidade (1Sm 31.10). O trecho de 1Crônicas 10.10 alude a um segundo templo existente em Bete-Seã, chamado "casa de Dagom", onde a cabeça de Saul ficou exposta.

A arqueologia tem feito importantes descobertas ali, como o templo de Astorete, um outro templo ao sul do mesmo, e o templo de Dagom. Ali há um elevado cômoro, que tem produzido, nas escavações, vários templos egípcios, datados desde 1413 a.C. As escavações têm descoberto muitos níveis de cidades, pertencentes a diversas épocas diferentes. Durante o período grego, a cidade passou a chamar-se Citópolis, isto é, "cidade dos citas", talvez por causa da cavalaria cita que estava associada ao lugar, e compunha parte do exército de Ptolomeu II. Caiu sob o governo dos Selêucidas no século II a.C., e passou a chamar-se Nisa. O seu antigo nome é retido no nome de uma aldeia árabe próxima ao cômoro, chamada Beisan. No tempo dos Hasmoneus, a cidade atingiu considerável prosperidade, sendo a única cidade da Decápolis no lado ocidental do rio Jordão (1Macabeus 12.40; Josefo Anti. xiv.5.3). Algumas poucas figurinhas, pertencentes à época dos citas, sugerem que havia um santuário no alto de alguma colina, durante o período de dominação persa. No terceiro nível, foi escavado um templo, provavelmente romano. Ao lado do mesmo havia uma cisterna, onde se encontrou a cabeça de uma estátua do deus Dionísio (ver o artigo). Os níveis segundo e primeiro correspondem aos períodos bizantino e árabe. No segundo nível foi encontrado o que restava de um templo cristão de forma circular, e também um mosteiro do século VI d.C. A cidade caiu diante dos árabes em 636 d.C. (ROWE TH UN)

BETE-SEMES

No hebraico, **"casa do sol"**. Foi o nome de vários lugares do Antigo Testamento, sendo lugares de considerável atividade arqueológica nos nossos tempos, a saber: **1**. Uma cidade sacerdotal (Js 21.16; 1Sm 6.15). Ficava no território da tribo de Judá, na fronteira sudeste com Dã (Js 15.10), a terra dos filisteus (1Sm 6.12). Eusébio a situava a dez milhas romanas de Eleuterópolis, na direção de quem vai para Nicópolis. Em tempos mais remotos, pertencia aos filisteus. No tempo de Acaz (1Rs 4.9; 2Cr 28.18), os filisteus a reconquistaram de Israel. Foi naquele lugar que a arca da aliança foi tomada pelos filisteus, e também foi ali que mais de cinquenta mil homens foram miraculosamente mortos, quando tentavam examinar irreverentemente o objeto sagrado (1Sm 6.19). A Ir-Semes de Josué 19.41 tem sido identificada por alguns estudiosos como Bete-Semes. O local tem sido identificado com a moderna

Ain-Shema, nas vertentes nordestinas das montanhas de Judá, onde há o Tell er-Rumeileh. O lugar foi habitado desde 2000 a.C., o que prosseguiu até 600 a.C., quando foi destruído pelo exército de Nabucodonosor II. A arqueologia tem feito ali muitas descobertas. Têm sido identificados nada menos de sete níveis de ocupação, cada qual produzindo muitos artefatos. As descobertas pertencentes à Idade do Bronze Posterior revestem-se de importância especial, no que diz respeito à história da escrita, em Canaã. Há um tablete de argila com uma inscrição enigmática, similar àquela usada para se escrever na língua de Ugarite (ver o artigo). Alguns cacos de barro representam uma forma de escrita protocananeia. Da Idade do Ferro há asas de jarras estampadas, uma das quais diz: "Pertencente a Eliaquim, mordomo de Jeoaquim". Dois exemplares desse selo foram encontrados em Tell Beit Mirsim, e um outro em Ramat Rahel. **2**. Havia uma outra cidade com esse nome, na fronteira sul do território de Issacar, entre o monte Tabor e o rio Jordão (Js 19.22), que até hoje não foi localizada. **3**. Havia uma cidade de Naftali, com suas aldeias (Js 19.38; Jz 1.33), dentre as quais estava a cidade de Bete-Anate, de onde os cananeus não foram expulsos, que também era chamada Bete-Semes. **4**. O trecho de Jeremias 43.13 atribui esse nome a uma cidade do Egito, que usualmente era chamada Heliópolis, conforme chegou seu nome até nós, através do grego; o termo grego também significa "casa do sol". (AH GRA YE)

BETE-SEMITA

Adjetivo gentílico para quem nasceu em Bete-Semes (1Sm 6.14,18).

BETE-SITA

No hebraico, **"casa da acácia"**. Foi para esse lugar que fugiu o derrotado exército midianita, diante do avanço de Gideão (Jz 7.22). Provavelmente é a atual Shattah, cerca de quatro quilômetros a leste da moderna En-Harod, na direção de Zaretã, e talvez o moderno Tell es-Sa'idihey, que fica perto do rio Jordão, a 29 km a oeste de Jerasa. Visto que Zaretã ficava perto da cidade de Adão (Js 3.16), às margens do rio Jordão, é óbvio que os homens se lançaram à travessia do rio Jordão.

BETE-TAPUA

No hebraico, **"casa das maçãs"**, uma cidade a oito quilômetros a oeste de Hebron (Js 15.33). Modernamente, Taffuh. Uma outra cidade que terminou pertencendo à tribo de Judá, também se chamava, simplesmente, Tapua (Js 12.17) (ver o artigo). Bete-Tapua estava associada a outras sete cidades da região montanhosa (1Cr 2.43). O distrito era frutífero e rico. Ficava à beira da cadeia montanhosa, dando frente para os férteis terraços mais embaixo.

BETE-TOGARMA. Ver *Togarma*.

BETE-ZACARIAS

No hebraico, **"casa de Zacarias"** ou **"casa de Yahweh lembra"**. Uma cidade cerca de 16 km a sudoeste de Jerusalém. Não é mencionada nas Escrituras. Mas, de acordo com 1Macabeus 6.32, foi ali que Judas Macabeu foi derrotado por Antíoco V Eupator, filho de Antíoco Epifânio. Antíoco viera à batalha bem preparado e equipado, acompanhado por elefantes, e os judeus, inferiozados, fugiram (Josefo, *Anfi*. xii.9,4). Tem sido identificada com a moderna Khirbet Beit Sakaria.

BETE-ZAÍTE

No hebraico, **"casa das oliveiras"**. Foi o lugar onde Baquides, um dos generais do rei Demétrio, massacrou a muitos judeus, durante a guerra dos Macabeus (1Macabeus 7.19). Baquides, fingindo-se amigável, enganou Judas, levando-o a confiar nele; e isso armou o palco para a matança de sessenta homens, e, posteriormente, de muitos outros, lançando-os em um poço. O local tem sido identificado com a moderna Beit-Zeita, cerca de seis quilômetros a sudoeste de Belém, perto de Bete-Zur.

BETE-ZUR

No hebraico, **"casa da rocha"**. Era uma cidade na região montanhosa da Judeia, fundada pelos habitantes de Meom, descendentes de Hebrom (1Cr 2.45). Era uma fortaleza colocada em posição elevada e estratégica, entre Belém e Hebrom. O local foi escavado, tendo sido encontradas ruínas da Idade do Bronze Média, de cerca do século XVI a.C. Foi uma cidade fortificada da era dos Macabeus, quando era chamada Bete-Sura. Contava com uma numerosa população durante o período dos hicsos, na porção final da Idade de Bronze Média II. Existem algumas evidências arqueológicas referentes àquele período. Existem artefatos pertencentes ao período do Bronze Posterior, bem como aos séculos XIII e XII a.C. A ocupação israelita terminou em meio a um incêndio, em meados do século XI, talvez envolvendo guarnições filisteias. Uma outra ocupação israelita teve lugar no período dos séculos X e IX a.C., incluindo a fortificação de Reoboão. Continuava ocupada nos séculos VIII e VII a.C. A invasão feita por Nabucodonosor, bem como o período persa dos dias de Neemias (Ne 3.16), também deixaram alguns itens, descobertos pelos arqueólogos. Os monarcas Ptolomeus são representados através de algumas moedas, 124 das quais pertencentes a Antíoco IV Epifânio, 18 aos Macabeus e 16 a João Hircano. O local foi abandonado cerca do ano 100 a.C. Foi ali que Judas Macabeu derrotou os gregos, dirigidos por Lísias. (SEL UN)

BETEL

No hebraico, **"casa de Deus"**. Uma cidade da antiga Palestina, a quase dezoito quilômetros ao norte de Jerusalém, que originalmente se chamava Luz. Para os antigos hebreus, tratava-se de um lugar sagrado, quase tão importante quanto Jerusalém, devido à sua íntima associação com a história dos israelitas, a começar com Abraão. Foi ali que Abraão acampou de certa feita (Gn 12.8; 13.3). Quanto ao antigo nome, Luz, que significa "amendoeira", ver Gênesis 28.19. Até hoje o local é próprio para pastorear ovelhas.

A cidade chegou a adquirir o nome de Betel, "casa de Deus", porque foi nas proximidades que Jacó sonhou com uma escada que subia da terra ao céu (Gn 28.10-22). Isso posto, veio a ser considerada uma espécie de abrigo de anjos, um lugar de comunicação entre o céu e a terra. Originalmente, era uma espécie de lugar santo dos cananeus, antes de haver sido ocupada por Israel, o que constitui uma informação interessante. A arqueologia tem demonstrado que era uma espécie de santuário ao ar livre, no período calcolítico posterior (cerca de 3200 a.C.). Uma segunda leva de ocupação pode ser datada em cerca de 2400-2200 a.C. Mas o sítio foi abandonado, e então reocupado, já no século XIX a.C. Nos séculos XVIII e XVII a.C., Betel tornou-se um forte complexo defensivo. E foi durante esse período, no começo do Período Médio do Bronze, que entraram em cena os patriarcas hebreus.

Para Jacó, Betel tornou-se um lugar especial. Ele o revisitou e ali renovou o seu pacto com Yahweh. Foi ali também que Jacó edificou um altar, e também foi ali que ele recebeu seu novo nome, Israel, que significa "dotado de poder diante de Deus".

A ausência de material pertencente à era do Bronze Posterior I sugere a destruição do local, pelos egípcios, em cerca de 1550 a.C. Foi nesse tempo que os egípcios conseguiram expulsar os hicsos do Egito e da Palestina. Porém, no período do Bronze Posterior II, isto é, nos séculos XIV e XIII a.C., Betel foi reedificada. Tornou-se então uma cidade bastante próspera, dotada de indústrias, de um sistema de esgotos e de prensas de extração de azeite de oliveira.

BETEL (DEUS PAGÃO)

Então os israelitas invadiram a área. A arqueologia tem descoberto evidências da destruição que ocorreu, no século XIII a.C. (cerca de 1240-1235 a.C.). Betel foi ocupada por Josué (Js 8.7), e outorgada à tribo de Benjamim. Após a guerra civil contra a tribo de Benjamim, Betel passou à tribo de Efraim, tendo ficado na fronteira entre Efraim e Benjamim.

Durante algum tempo, esteve ali localizada a arca da aliança, o centro da vida religiosa de Israel. Os oráculos divinos eram ali consultados (Jz 20.18). A profetisa Débora vivia perto de Betel (Jz 4.5). Foi em Betel que o profeta Samuel estabeleceu um de seus tribunais, em seus circuitos por todo o território de Israel (1Sm 7.16).

O local não é mencionado por nome nos dias de Davi e Salomão, mas a arqueologia tem mostrado que foi cidade próspera durante o período. Jeroboão fez de Betel o seu extremo sul, ao passo que Dã era o seu extremo norte. E Betel foi transformada em sede da adoração aos bezerros de ouro (1Rs 12.28-33 e 13.1). Os profetas abominavam tal associação, intitulando a cidade de Bete-Áven, *cidade de ídolos* (Am 1.5; Os 4.15 e 5.8). Foi conquistada por Abias, rei de Judá (2Cr 13.19), mas posteriormente reverteu ao reino do norte, Israel (2Rs 10.28). Quando Josias marchou para o norte, após a queda da Assíria, ele não destruiu Betel, mas apenas o templo que ali havia. No entanto, a cidade foi destruída juntamente com Jerusalém, pelos babilônios, em 587 a.C. A presença de colonos babilônios, na região de Samaria, é notada em 2Reis 17.24,30. Betel foi destruída mediante um grande incêndio, em 553 ou 521 a.C., talvez a mando de Nabonido da Babilônia, ou então pelos persas, imediatamente antes do reinado de Dario.

Após o exílio, Betel tornou-se uma pequena aldeia de mínima importância. O recenseamento da época de Esdras e Neemias mostra que sua população era diminuta (Ed 2.28). Aparece entre as duas aldeias situadas mais ao norte de Benjamim (Ne 12.31 ss.). A arqueologia também tem provado que Betel foi ocupada durante o período helênico, embora não haja referências literárias a ela, durante esse período. Os trechos de 1Macabeus 9.50 e Josefo (*Anti.* xiii.1,3) mostram que ela foi fortificada por Baquides. Era cidade florescente na época dos Macabeus. No começo da dominação romana, houve alguma destruição ali, promovida por Pompeu ou Vespasiano. Algumas construções romanas têm sido ali escavadas pelos arqueólogos. De acordo com Josefo (*Guerras* iv.9,9), Vespasiano capturou a cidade, deixando ali uma guarnição romana.

Não há qualquer alusão a Betel no Novo Testamento, mas Jesus deve ter passado pela localidade em suas viagens de Siquém a Jerusalém. Eusébio alude à localidade como uma aldeia extensa, no século IV d.C., quando então continuava sendo considerada um santuário. Foi construída uma igreja bizantina em sua extremidade oriental, talvez para assinalar o local da visão de Jacó. Uma outra igreja cristã foi erigida ali no século VI, talvez para comemorar o santuário de Abraão, que havia no lugar. Uma terceira igreja bizantina foi levantada em Betel. Em cerca de 500 d.C., foi levantada ali uma nova muralha, talvez como defesa contra os samaritanos revoltados. Interessante é que a cidade acabou desaparecendo da história, sem qualquer explicação conhecida. Perto de suas ruínas há a atual aldeia de Beitin. A história de Betel tem sido ilustrada pelas descobertas arqueológicas, que nos fazem retroceder aos tempos mais primitivos. Ver o artigo geral sobre o assunto. (ALB AM KEL UN Z)

BETEL (DEUS PAGÃO)

No hebraico, **"casa de El"**. El era uma divindade dos semitas ocidentais, o que tem sido confirmado pelo onomástico dos papiros aramaicos de Elefantina, do Egito e dos textos cuneiformes neobabilônios, que contêm cerca de quinze nomes diferentes. Quanto ao Antigo Testamento, ver Zc 7.2; Jr 48.13; Am 5.5. Na primeira dessas referências a alusão é ao templo dessa divindade, visto que a expressão encontrada no versículo seguinte é "bete Yahweh" (em nossa versão, "casa do Senhor"). Isso significa que uma tradução mais apropriada de Zacarias 7.2 diria "casa de El", em vez de Betel. Há outras combinações do nome, referindo-se àquela divindade pagã, como Bete-Eloim (cerca de cinquenta vezes), Bete-Sharezer, e também nomes babilônicos como Bitilishezibe e Bitilisharusur. A combinação bete Yahweh ocorre por cerca de 250 vezes no Novo Testamento. Mas Betel, sem qualquer combinação, não figura no Antigo Testamento hebraico, exceto quando se refere à cidade desse nome, nunca o fazendo no caso do nome daquela divindade. Os textos Elefantinos provam, acima de qualquer dúvida, que tal nome era aplicado a uma divindade. Tanto é assim que uma outra divindade desse nome era conhecida no panteão fenício de Ugarite, que dá nomes de deuses até do segundo milênio anterior à era cristã. (ALB VI Z)

BETEL, MONTE DE

Uma cadeia montanhosa que ficava ao sul da cidade de Betel (Js 16.1), que deve ser distinguida da cidade propriamente dita.

BÉTEN

No hebraico, **"ventre"** ou **"útero"**. Uma cidade pertencente à tribo de Aser (Js 19.25). Eusébio informa-nos que ficava a oito milhas romanas a leste de Acre, e que era chamada em seus dias pelos nomes de Bebeten ou Betebeten (onomástico). Tem sido identificada com a moderna El B'aneh, embora não haja certeza absoluta quanto a isso.

BETOMASTAIM

Um lugar nunca identificado, que fazia frente para a planície de Esdrelom, no lado oposto da planície, perto de Dotã (Judite 4.6). Era uma posição militar estratégica, no tocante à planície de Esdrelom. Por esse motivo, o sumo sacerdote Joaquim requereu que o local fosse bloqueado, a fim de impedir a passagem das hordas de Holofernes, o general assírio. Depois que Judite tirou a vida de Holofernes, em sua tenda, um magistrado de Betúlia (terra natal de Judite), de nome Uzias, solicitou ajuda da parte de Betomastaim (Judite 15.4), para que pudesse destruir os exércitos assírios. (Z)

BETONIM

No hebraico, **"nozes de pistácia"**. Era uma cidade do território de Gade, bem ao norte, já na fronteira com Manassés (Js 13.26), cerca de 27 km a nordeste de Jericó. A palavra aparece novamente em Gênesis 43.11, onde, em português, é corretamente traduzida.

BETUEL

No hebraico, **"residência de Deus"** ou **"residente em Deus"**. Era nome de um lugar e de um indivíduo, nas páginas do Antigo Testamento: **1**. Uma cidade pertencente à tribo de Simeão (1Cr 4.30). Essa forma do nome é preferida pelos eruditos, que supõem que o nome foi corrompido em sua forma variante, Betul (Js 19.4), ou em sua outra forma, Betel (1Sm 30.27). Alguns estudiosos identificam-na com a Khirbet el-Qaryatein, uma ruína ao sul de Hebrom. (ALBA SP) **2**. O último dos filhos de Naor, irmão de Abraão. Ele era o pai de Rebeca e de Labão (Gn 22.22,23; 24.15,24,27; 25.20; 28.2,5). Os documentos da irmandade de Nuzu (tuppi ahatuti) explicam o importante papel desempenhado pelo irmão de Rebeca, Labão, no arranjo do casamento dela, junto ao servo de Isaque, papel esse que esperaríamos que fosse desempenhado por seu pai, Betuel. Josefo (Anti. I.16,2) provavelmente estava equivocado ao dizer que o pai de Rebeca estava morto na ocasião, e que, por isso, as negociações foram dirigidas por Labão, irmão da noiva.

BETÚLIA

No hebraico, **"habitação de Yahweh"**. Uma aldeia mencionada somente no livro apócrifo de Judite (4.5; 7.1,3) e que, segundo parece, ficava perto da planície de Esdrelom, pelo lado sul, não longe de Dotaim. Essa cidade estava localizada de tal modo que o exército adversário, dirigido por Holofernes, foi impedido de penetrar na planície que levava diretamente à região montanhosa, bloqueando o acesso para a Judeia, por onde uma pessoa teria de subir a Jerusalém (Judite 4.6,7).

Essa cidade tem sido identificada com a Sheih Shibil, devido a descrição de sua localização. Do alto daquele lugar, cerca de 475 m acima do nível do mar, obtém-se uma ótima visão das colinas de Samaria e das planícies de Esdrelom. Ali foi sepultado o marido de Judite (Judite 8.3). É questão debatida se Betúlia é cidade real ou imaginária. Poderia ser um nome simbólico, porquanto o autor desse livro apócrifo estava descrevendo uma espécie de cidade ideal, fiel ao verdadeiro Deus em meio a terríveis ameaças. (SI)

BETUME

Há um termo hebraico, que aparece em Gênesis 11.3; 14.10 e Êxodo 2.3, cognato da palavra egípcia e copta, e que tem o sentido de "asfalto", "betume". No Oriente Médio, de 2500 a.C. em diante, tornou-se um artigo comerciável. Naturalmente, as ocorrências desse asfalto nativo aparecem na área da Síria-Palestina e em derredor. O material era usado para vedação e como argamassa. A tradução grega, na LXX, é *asfaltos*. Essa substância era tida pelos autores gregos, que frequentemente a descreveram o mar Morto, como "limne asfáltitis", especialmente Deodoro Sículo 19.98. E Estrabão 7.5,8. Era material extremamente abundante ao sul do mar Morto, onde antes ficavam as cidades da planície (ver Gn 18— 19.29).

BEZAI

No hebraico, **"vitória"** ou **"conquistador"**; outros também lhe dão o sentido de **"brilhante"**. Os descendentes de Bezai, em número de 323, estavam entre os que retornaram do exílio babilônico, em cerca de 536 a.C., sob Zorobabel (Ed 2.17 e Ne 7.23). Em Neemias 10.18, seu nome também aparece entre os signatários do pacto de Neemias.

BEZALEL

Nas páginas do Antigo Testamento há duas pessoas com esse nome, que, no hebraico, significa **"na sombra de Deus"**, ou seja, sob a proteção divina: **1**. Um famoso artífice, filho de Uri (Êx 3.30; 31.1-6), ao qual Yahweh encarregou da construção da arca, no deserto. A seu encargo estava todo o trabalho em metais, madeira e pedras, e ele atuou como supervisor geral da construção (Êx 31.1-5). Pertencia à tribo de Judá, descendente de Perez, através de Hezrom e Uri (1Cr 2.5; 18.20). Além de sua habilidade como artífice, o Senhor também lhe deu o impulso de ensinar a sua arte a outros (Êx 35.34). Viveu em torno de 1490 a.C. **2**. Um dos filhos de Paate-Moabe, um daqueles que se tinham casado com mulheres estrangeiras e foram obrigados a se divorciarem delas, terminado o exílio babilônico (Ed 10.30), em cerca de 458 a.C.

BEZEQUE

No hebraico, **"brecha"**, posto que alguns preferem **"brilho"**. Era nome de dois lugares, nas páginas do Antigo Testamento: **1**. Uma cidade, residência de Adoni-Bezeque (ver o artigo), pertencente a cananeus e ferezeus (Jz 1.4,5). Tem sido tentativamente identificada com a Khirbet Bezaq, perto de Gezer. **2**. Um lugar onde Saul numerou as forças de Judá e Israel, antes de sair em ajuda a Jabes-Gileade (1Sm 11.8). Tem sido identificado com a Khirbet Ibziq, a oeste do rio Jordão e a sudoeste de Jabes-Gileade.

BEZER

No hebraico, **"forte"**. Alguns pensam em **"minério"**, de ouro ou de prata. No Antigo Testamento é nome de uma pessoa e de uma cidade: **1**. Um filho de Zofa, da casa de Aser (1Cr 7.37). **2**. Uma cidade dos levitas, na região de Rúben (Js 21.36; 1Cr 6.78). Tornou-se uma das seis cidades de refúgio em Israel (Dt 4.43; Js 20.8). De acordo com a pedra de Mesa, a cidade ficava situada no território de Moabe. Talvez fosse a mesma Bozra de Moabe, em distinção à Bozra de Edom. Segundo a LXX, em Jeremias 48.24, aparece com o nome de Bosar. Foi uma das cidades fortificadas pelo rei Mesa, em cerca de 830 a.C., e talvez deva ser identificada com a moderna Umm el'Amad, a nordeste de Medega e a leste do monte Nebo.

BEZERRO. Ver *Gado*.

BEZERRO DE OURO

No hebraico, **"vitela fundida"**. Trata-se da imagem que Aarão fabricou, com as joias que os judeus lhe entregaram, para o fabrico de uma estátua. (Ver Êx 32; Dt 9.16; Ne 9.18; Sl 106.19; At 7.41). Além disso, dois bezerros de ouro foram levantados por Jeroboão I (1Rs 12.28-33; 2Reis 10.29; 17.16; Os 5.6). Os dois incidentes não tiveram relação mútua, embora ambos dissessem respeito à adoração ao touro, que Israel havia observado entre os egípcios. Ver o artigo sobre Boi *Apis*.

1. Êxodo 32 — O Caso de Aarão. É por demais cariosa para com Aarão a suposição de que ele fabricou esse ídolo a fim de exibir a força de Yahweh, porque o touro (vide) era símbolo de força para muitos povos antigos. Aarão simplesmente cedeu diante da pressão popular e resolveu agradar ao povo. Mas também é por demais severa a opinião de que Aarão fez isso de todo o coração, julgando que a estátua tivesse algum valor espiritual. Seja como for, encontramos um violento contraste: Moisés estava no monte, recebendo de Yahweh os Dez Mandamentos. Mas Aarão, no sopé do monte, fazia um bezerro de ouro. O quinto versículo parece mostrar que Aarão, de algum modo, procurou justificar o feito, como se o mesmo estivesse relacionado à adoração a Yahweh. Moisés, porém, demonstrou melhor bom senso deixando clara a enormidade do erro e fazendo o povo *ingerir* o bezerro de ouro, o qual foi moído até tornar-se pó e dissolvido na água (vs. 20). Os levitas, por ordem do Senhor, tiraram a vida a três mil pessoas (vs. 27 ss.), e a praga que veio em seguida causou ainda pior matança (vs. 35). Esse incidente ilustrou graficamente a seriedade do pecado de idolatria, como também a estupidez dos líderes espirituais quando concordaram com essa prática.

2. 1Reis 12.26-33 — O Caso de Jeroboão I. Tendo rompido com Judá e com a adoração em Jerusalém, Jeroboão instituiu dois santuários, um em Betel e outro em Dã. Talvez a fim de imitar os querubins do templo de Salomão, ele levantou dois bezerros de ouro, supondo que Yahweh haveria de manifestar a sua presença entre eles. Alguns estudiosos pensam que os bezerros visavam representar Yahweh diretamente, visto que, no Egito, era comum representar as divindades sob a figura de um touro. Alguns outros têm negado enfaticamente esse ponto, procurando mostrar que essa não era uma prática conhecida entre os povos da Síria e da Palestina, mas muitas coisas podem ter ocorrido naqueles dias sobre as quais nossa arqueologia nada sabe. O relato, mui provavelmente, não deveria ser compreendido como uma tentativa por parte do rei de Israel, de instituir uma nova religião, e sim, de mostrar que ele foi culpado de corrupção proposital, não sendo inocente em nenhum sentido. Ver 1Reis 12.28, que demonstra isso sem a menor sombra de dúvida. Jeroboão disse ao povo: "Basta de subirdes a Jerusalém; vês aqui teus deuses, ó Israel, que te fizeram subir da terra do Egito!"

Os querubins (esfinges aladas), no templo de Jerusalém, não levavam à idolatria, antes de tudo porque eram representações de poderes espirituais, e não terrenos; e, em segundo lugar, porque não tinham paralelo nas religiões pagãs dos países vizinhos, o que poderia ter corrompido os israelitas por motivo de associação. A idolatria, na moderna igreja cristã, é algo inteiramente descabido e incompreensível, considerando o enfático ensino bíblico a respeito, bem como a verdadeira adoração. Consideremos a declaração de Salmo 106.19-21: *Em Horebe fizeram um bezerro e adoraram o ídolo fundido. E assim trocaram a glória de Deus pelo simulacro de um novilho que come erva. Esqueceram-se de Deus, seu Salvador, que, no Egito, fizera cousas portentosas.* (ALB GORD)

BIATAS. Ver *Pelaías*.

BÍBLIA

Ver os artigos sobre *Antigo Testamento, Novo Testamento* e o tratamento sobre a *Bíblia* abaixo. A Bíblia como *literatura*. Ver o artigo, *Literatura, A Bíblia como*.

BÍBLIA. Há um certo número de artigos, neste dicionário, diretamente relacionados à Bíblia, mas que são apresentados em separado, sob outros títulos. Ver os seguintes:

- *Arqueologia*
- *Autoridade*
- *Bíblia, versões da*
- *Bíblia, Implicações Éticas*
- *Bíblia em Português*
- *Cânon do Antigo e do Novo Testamentos*
- *Antigo Testamento*
- *Crítica da Bíblia*
- *Dicionários Bíblicos*
- *Exegese Bíblica*
- *Historiografia Bíblica*
- *Inspiração das Escrituras*
- *Língua do Antigo Testamento*
- *Língua do Novo Testamento*
- *Livros Apócrifos, Antigo e Novo Testamentos*
- *Introdução da Bíblia*
- *Manuscritos, Antigo e Novo Testamentos*
- *Novo Testamento*
- *Pseudepígrafos, Antigo e Novo Testamentos*
- *Teologia Bíblica*

I. Os Termos. A palavra portuguesa Bíblia vem do grego, *bíblia*, que é o plural de *bíblion*, **"livro"**. Portanto, significa "livros". Essa palavra deriva-se originalmente da cidade fenícia de Biblos (no Antigo Testamento, Gebal), que era um dos antigos e importantes centros produtores de papiro, o papel antigo. Com o tempo, esse vocábulo terminou sendo usado para designar as Sagradas Escrituras. A palavra grega *bíblos* significa um livro, um escrito qualquer, tendo mesmo servido para indicar o livro da vida, como se vê em Apocalipse 3.5, isto é, um livro sagrado. Estritamente falando, *bíblos* era um livro, e *bíblion* era um livrinho.

A palavra *Bíblia*, mediante um desenvolvimento histórico divinamente dirigido, segundo cremos, veio a designar o Livro dos livros, as Escrituras Sagradas, compostas do Antigo e do Novo Testamentos, a principal fonte de ensinamentos religiosos e éticos de nossa civilização.

Por volta do século II d.C., os cristãos gregos já chamavam suas Escrituras Sagradas de *ta Bíblia, ou* seja, "os livros". Quando esse título foi então transferido para a versão latina, foi traduzido no singular, dando a entender que "o Livro" é a Bíblia. Nos livros apócrifos do Antigo Testamento, a versão LXX usa o termo grego *bibloi*, "livros", indicando os escritos sagrados. Ver também 1Macabeus 12.9. Em 1Macabeus 1.57, encontramos os livros do pacto. No prólogo do livro de Eclesiástico, as Escrituras são chamadas de a lei, os profetas e outros livros (*bíblia*). No Novo Testamento encontramos o vocábulo "Escrituras", empregado para indicar o Antigo Testamento (Mt 21.42; Mc 14.49; Rm 15.4), ou "Sagradas Escrituras" (Rm 1.2), ou *a lei e os profetas* (Mt 5.17), ou "lei" (Jo 10.34), ou *os oráculos de Deus* (Rm 3.2).

II. As Designações Antigo e Novo Testamentos. Essas expressões vêm sendo usadas desde os fins do século II d.C., para distinguir entre as Escrituras judaicas e as Escrituras cristãs. Alguns preferem a palavra "pacto" (no grego, *diatheke*), em vez de "testamento". Todavia, tornou-se generalizado o uso da palavra "testamento". Visto que os pactos dependem da morte do testador (Hb 9.1-8,16,17; 10.19-22, especialmente 9.16,17), os dois grandes pactos das Escrituras na realidade são testamentos. Ver o artigo geral sobre os pactos que fazem parte integrante do grande Pacto entre Deus e o homem. Quanto a uma completa discussão sobre o termo "pacto", onde se discute se o mesmo é melhor ou não que o termo "testamento", ver as discussões em Hebreus 9.16-18, no NTI. A palavra "testamento" entrou em uso por haver sido a tradução adotada na versão latina para o vocábulo grego *diatheke*. Daí por diante, o termo passou para muitos idiomas modernos. A palavra hebraica correspondente é *berit*, que foi traduzida por *diatheke*, tanto na LXX como, mais tarde, no Novo Testamento.

III. A Coletânea. A Bíblia é uma coletânea de sessenta e seis livros: 39 no Antigo e 27 no Novo Testamento. Foram reunidos em um só volume através do processo da canonização. Ver o artigo sobre o *cânon*, quanto a plenos detalhes sobre a questão. A LXX (tradução completada cerca de duzentos anos antes da era cristã, das Escrituras judaicas para o grego) conta com catorze livros adicionais, chamados *livros apócrifos* (ver o artigo), os quais foram aceitos pela igreja Católica Romana como parte integrante de sua Bíblia oficial, no Antigo Testamento, por ocasião do concílio de Trento (1545-1563), com a exceção de 1 e 2Esdras e a oração de Manassés.

O processo de canonização precisou de vários séculos para terminar. Várias autoridades antigas rejeitavam livros que atualmente aceitamos. Apesar disso, podemos estar certos de que o processo histórico estava sendo controlado pelo Espírito de Deus, de tal modo que a coletânea que possuímos é autoridade espiritual genuína, devendo ser tratada como tal, mesmo quando a nossa ideia de autoridade (ver o artigo) inclui mais do que documentos escritos em qualquer número.

IV. A Unidade da Coletânea. A Bíblia, naturalmente, é muito mais heterogênea do que muitas pessoas querem admitir. Alguns chegam a pensar que a reunião do Antigo e do Novo Testamentos, em um único volume, é uma perversão; mas tal opinião é exagerada. Não obstante, precisamos reconhecer que a natureza absolutamente homogênea da Bíblia, que é defendida por aqueles que têm a Bíblia como sua única regra de fé e de prática, é um conceito imposto à coletânea sagrada pela interpretação de indivíduos ou denominações. Disso resulta que se o indivíduo ou sua denominação encontram na Bíblia algum ensino com o qual não concordam, o ensino bíblico termina sendo distorcido, para concordar com os padrões denominacionais.

O primeiro problema a ser enfrentado é a rejeição de certas porções do Antigo Testamento pelo Novo Testamento. Muitas das instituições religiosas do povo israelita, como o sistema de sacrifícios, a tentativa de justificação mediante a observância da lei etc., foram suplantadas por novos conceitos, que figuram no Novo Testamento. Se não houvesse notáveis diferenças entre o antigo e o novo pactos, Paulo não teria sido perseguido e nem teria sido reputado um herege. Não podemos ocultar as diferenças. Podemos tentar explicar, dizendo que Deus guiava o processo, e que o antigo pacto mesclou-se com o novo em uma evolução histórico-teológica. Mas declarações como essa não explicam as grandes diferenças entre os dois Testamentos. Na verdade, a *mudança* faz parte da essência ou mecanismo do nosso crescimento teológico. Sem tal mudança, jamais avançaríamos em nosso conhecimento sobre as realidades divinas. Por conseguinte, onde houver mudança e transformação, esperamos também encontrar desenvolvimento, *crescimento*.

As pessoas que se opõem às mudanças, com base em dogmas supostamente imutáveis, também se opõem ao crescimento. Nada há de errado no fato de que o Novo Testamento incorpora algumas mudanças radicais de conceito. Isso pode suceder e realmente, sucederá novamente, quando nosso conhecimento de Deus passar para um nível superior. Algum dia, não sabemos quando, outras revelações nos serão confiadas, que suplantarão muito daquilo que o Novo Testamento diz — embora outras coisas sejam permanentes — da mesma maneira que o Novo Testamento suplantou o Antigo Testamento. Talvez isso venha a ocorrer quando Israel tornar-se a cabeça das nações, e nosso sistema mundial tornar se coisa do passado, quando estivermos vivendo na era do milênio. Uma das coisas que as Escrituras predizem acerca do milênio é que a lei de Deus será observada com um rigor como nem mesmo no antigo Israel se viu qualquer coisa similar. (Ver Is 51.4,5). Isso não representará um retrocesso, mas sim, um avanço. O milênio será uma excelente ocasião para novas revelações, embora eu diga isso especulativamente, e pense que tal especulação é razoável.

Naturalmente, mesmo em nossos dias alguns afirmam já ter recebido novas revelações, como os mórmons e os espíritas. Este artigo não pretende ventilar tal questão. Ver os artigos específicos sobre esses grupos, e também sobre os *Modernos Livros Apócrifos*.

No próprio Novo Testamento não encontramos uma única teologia, sempre no mesmo nível de revelação e sempre congruente. Consideremos o livro de Tiago lado a lado com a epístola paulina aos Gálatas! Sem dúvida, de um para o outro, houve evolução na exposição da verdade divina. Mas isso não nos choca, quando levamos em conta a controvérsia que houve na igreja primitiva, que é refletida no décimo quinto capítulo de Atos. Por assim dizer, Tiago representava a facção legalista da igreja, ainda sem se haver desmamado inteiramente da sinagoga, ao passo que Paulo é representante de uma nova onda de pensamento, que já se afastava radicalmente das ideias judaicas. No entanto, as ideias expostas por ambos encontram-se, lado a lado, no Novo Testamento.

A epístola a Tiago foi um dos livros disputados nos primeiros séculos da igreja cristã, exatamente em face de sua divergência em relação a Paulo. Interpretações modernas podem tentar fazê-los dizer uma mesma coisa, mas a harmonização forçada visa muito mais o nosso conforto mental. Todavia, a fé robusta não precisa de harmonização completa entre todos os escritores sagrados. Às vezes eles estavam tratando de questões multifacetadas, sem qualquer tentativa de combinar suas ideias com as de outros escritores sagrados. Por essas razões, a fé pode florescer mesmo em meio a divergên-cias, mistérios e controvérsias. Além disso, se há pontos duvidosos nos livros que foram rejeitados como parte integrante do Novo Testamento, não sou forçado a seguir tudo o que esses livros dizem, somente porque neles há coisas que me podem ser de proveito. É mesmo possível que o Espírito do Senhor tenha permitido essa diversidade, dentro de nossos documentos sagrados, com o propósito de alertar-nos para o fato de que, no estágio espiritual em que nos achamos, sempre nos veremos às voltas com divergências e questões teológicas não resolvidas. Isso equivale a dizer que ainda somos crianças espirituais, que ainda estamos mexendo com conceitos simples, que de modo algum esgotam *toda* a verdade divina. Há mistérios que Deus ainda não revelou. Isso vem sendo dito desde o Antigo Testamento: *As cousas encobertas pertencem ao Senhor nosso Deus; porém, as reveladas pertencem a nós e a nossos filhos para sempre...* (Dt 29.29).

Certamente a teologia não é simples e fácil. É fácil distorcer o que o Espírito nos diz nas Escrituras. Pedro adverte-nos acerca disso, 2Pedro 3.15-18. Portanto, concluo que a coletânea sagrada, embora não sejamos capazes de harmonizar cada particular com o resto, serve de seguro guia espiritual. Afinal, é a única revelação em forma escrita que temos da parte de Deus! Atrevo-me mesmo a dizer que as dificuldades são pseudodificuldades, motivadas pelo fato de que ainda estamos na fase da mamadeira, espiritualmente falando. Apesar disso, quando da formação do cânon, aquilo que entrava em divergência patente com o ensino bíblico, foi sendo rejeitado, e, em nossas mãos, restou uma coletânea de livros fidedignos.

A maior parte dos livros apócrifos do Novo Testamento envolve os primeiros escritos gnósticos. O gnosticismo foi um formidável adversário do cristianismo primitivo. Há livros inteiros escritos para combatê-lo (Gl, Colossenses, 1João etc.). Se o gnosticismo tivesse ganho na disputa, o cristianismo ter-se-ia transformado em mais uma das religiões misteriosas da cultura greco-romana. Ver o artigo sobre *o gnosticismo*.

Mas, a despeito de algumas divergências e pontos obscuros, há uma espécie de unidade geral que vincula entre si o Antigo e o Novo Testamentos, bem como os elementos heterogêneos do próprio Novo Testamento. O Espírito de Cristo transparece em meio a tudo, o que podemos divisar no desenvolvimento histórico-teológico que nos está conduzindo cada vez mais para perto de Deus. Nessa conexão, é significativo o fato de que tanto o Antigo quanto o Novo Testamentos foram produzidos pela fé dos hebreus, em estágios distintos de crescimento, embora haja alguma mistura com ideias helenistas, o que já ocorria no próprio judaísmo do começo da era cristã. Para exemplificar o que dizemos basta-nos pensar nos muitos temas doutrinários comuns. Também há uma ética comum, embora a ética do Novo Testamento seja mais profunda e espiritualizada que a do Antigo Testamento, pois, no novo pacto leva-se mais em conta o motivo por detrás das ações, e não apenas os atos externalizados. Um laço de união é a esperança messiânica, forte tanto no Antigo quanto no Novo Testamentos. Não fora Cristo a figura central da Bíblia! Por isso mesmo, há muitíssimas citações diretas e alusões do Antigo Testamento no Novo. Westcott e Hort, em seu Novo Testamento Grego, encontraram nada menos de 980 citações diretas (360 só no Apocalipse), algumas das quais combinando duas ou três passagens do Antigo Testamento! As alusões são simplesmente incontáveis. Ver o artigo sobre *Citações do Antigo Testamento no Novo Testamento*. Ver o artigo separado sobre *Teologia Bíblica*, que também ilustra a unidade da coletânea sagrada, do ponto de vista doutrinário.

V. LÍNGUAS. Neste *Dicionário* há artigos separados para os idiomas em que foram escritos o Antigo e o Novo Testamentos. Portanto, aqui expomos uma breve declaração. O Antigo Testamento foi escrito em hebraico, excetuando-se unicamente os trechos de Daniel 2.4—7.28; Esdras 4.8—6.18; 7.12-26 e Jeremias 10.11, que foram escritos em aramaico. O aramaico era um dialeto semita que os israelitas adquiriram como seu idioma quando estavam no exílio, e que gradualmente foi suplantando o hebraico. Por causa de algumas poucas citações em aramaico, postas nos lábios de Jesus, sabemos que ele falava o aramaico como seu idioma natural. O hebraico antigo (clássico) era um dialeto cananeu, bem próximo do fenício e do ugarítico. (Ver o artigo sobre o *Alfabeto*, que nos fornece discernimento quanto à relação entre o hebraico e línguas semíticas cognatas. Ver também sobre o *hebraico*).

O Novo Testamento foi integralmente escrito em grego, excetuando-se algumas expressões usadas por Jesus e por Paulo. Algumas poucas autoridades opinam que os Evangelhos sinópticos tinham um original em aramaico, mas tal ideia é rejeitada pela vasta maioria dos especialistas. Naturalmente, há até mesmo expressões hebreu-aramaicas (*hebraísmos*), incluídas no texto do Novo Testamento. O grego do Novo Testamento é, essencialmente, a linguagem comum que se falava por todo o império romano como língua franca, chamada grego "koiné" (comum). Esse foi o tipo de grego propagado pelas tropas de Alexandre, o Grande, durante suas conquistas, e foi herdado pelo império romano. O latim (língua do Lácio, a região em redor da capital, Roma) só conseguiu suplantar o grego, no imenso império romano, no século IV d.C. Todavia, a linguagem do Novo Testamento sofreu influências do grego do período anterior, através da Septuaginta (LXX), que é a tradução do Antigo Testamento hebraico para o grego, terminada cerca de duzentos anos antes da era cristã, além de ter sofrido influências do pano de fundo hebreu.

VI. Divisões. Entre os judeus, o Antigo Testamento era dividido como segue: **1. a Lei** (Torah) — os primeiros cinco livros, também chamados, coletivamente, de Pentateuco.

2. Os Profetas (quatro anteriores: Josué, Juízes, Samuel e Reis); (três posteriores: Isaías, Jeremias e Ezequiel); (os doze: Oseias, Joel, Amós, Obadias, Jonas, Miqueias, Naum, Habacuque, Sofonias, Ageu, Zacarias e Malaquias). Os três livros mais extensos, Isaías, Jeremias e Ezequiel, são chamados de *profetas maiores*, nos comentários bíblicos modernos, enquanto que os demais livros proféticos são chamados de *profetas menores*, meramente em vista da quantidade de material que eles contêm — e não porque sejam menos importantes do que os outros.

3. Os escritos (Kethumbim), que são os livros poéticos: Salmos, Provérbios e Jó.

4. Os Rolos: Cantares, Rute, Lamentações, Eclesiastes, Ester e Daniel. Nas edições modernas, os livros de Samuel, Reis e Crônicas são divididos em 1 e 2, cada um.

O *Novo Testamento* é o mesmo, no cânon protestante e no cânon católico. Os livros antigamente disputados (sobre os quais várias antigas autoridades do cristianismo tinham dúvidas), como Hebreus, Tiago, 2Pedro, 2 e 3João, Judas e Apocalipse, desde o século IV d.C. foram universalmente ou quase universalmente aceitos. Os mesmos nossos 27 livros do Novo Testamento nem sempre eram arrumados na mesma ordem em que aparecem em nossas Bíblias. Assim, os Evangelhos, o livro de Atos, as epístolas católicas (ou universais) e o Apocalipse eram escritos em separado. Poucos manuscritos antigos continham todos os nossos 27 livros.

VI. Usos da Bíblia
1. Como Literatura. Os dois Testamentos constituem um dos mais importantes documentos da humanidade, totalmente à parte de seu uso teológico, porque ali encontramos tesouros preciosíssimos de história, poesia e expressão devocional. Muitas universidades, ao redor do mundo, oferecem cursos de Bíblia somente do ponto de vista literário. Visto que a Bíblia é um dos alicerces da nossa moderna civilização ocidental, uma pessoa realmente educada não pode ignorar a Bíblia, ao menos como literatura. Onde fiz especialização, pós-graduada nos clássicos e em filosofia, havia um professor de filosofia contratado para ensinar assuntos relativos ao Novo Testamento, sob o ponto de vista filosófico, em face da tremenda influência que esse documento tem exercido sobre a história das ideias humanas. Algumas das traduções da Bíblia têm exercido notável influência sobre os idiomas para os quais as Escrituras foram traduzidas. A Bíblia traduzida para o alemão por Lutero padronizou os dialetos germânicos da Alemanha e produziu o alemão moderno. Também não se pode subestimar a influência da *King James Version* da Bíblia sobre o idioma inglês. A Bíblia encerra trechos de esplêndido drama, poesia, prosa histórica, filosofia, teologia e ensinamentos éticos e morais. As composições epistolares de Paulo têm poucos paralelos tão excelentes na literatura mundial.

2. Uso particular. A Bíblia é usada para dar instruções quanto à ética, a doutrina cristã, a doutrina judaica, a história (inclusive como guia das descobertas arqueológicas), e como fonte de consolo pessoal, por muitos milhões de pessoas, inteiramente à parte de escolas e igrejas. Na antiguidade, bem poucas pessoas sabiam ler, além do que os manuscritos eram raros, confinados a bibliotecas, mosteiros e igrejas. Com a invenção da imprensa, tornou-se possível o uso particular das Escrituras. Não demorou muito para que as crianças de alguns lares soubessem mais a respeito da Bíblia do que muitos padres. Os evangélicos sempre se mostraram muito dados ao estudo particular das Escrituras. A igreja Católica Romana limitava essa prática de forma drástica, temendo interpretações particulares que debilitassem a autoridade da Sé de Roma. De fato, em muitos lugares, o estudo particular da Bíblia tem sido proibido por Roma. É possível que esse tenha sido o pior erro do catolicismo romano, que tem produzido a ignorância quase total das Escrituras pelas massas católicas. As autoridades religiosas que assim prescrevem a Bíblia dos lares e das mãos de particulares devem ser responsabilizadas, pois as pessoas são adultas, não devendo ser tratadas como menores, incapazes de chegarem a conclusões próprias sobre uma questão tão importante quanto é o eterno bem-estar da alma. Todavia, o Segundo Concílio do Vaticano alterou bastante a situação e as ideias dos católicos romanos a esse respeito. A posição rígida, assumida quando do Concílio de Trento, contra o exame particular das Escrituras (ver *Trento, Concílio de*), foi abrandada. Atualmente, muitos segmentos da igreja Católica Romana promovem o estudo da Bíblia, nas igrejas e nos lares. Isso só poderá resultar em grande benefício para os milhões de pessoas envolvidas.

3. Uso Litúrgico. No judaísmo, a leitura das Escrituras, nas sinagogas e em público, era um costume generalizado. Sabemos que nos primeiros séculos do cristianismo havia um lecionário para três anos, que cobria todo o Antigo Testamento. Isso significa que o volume do Antigo Testamento era dividido de tal maneira que podia ser lido publicamente, para a congregação judaica em geral, naquele período de tempo. Um lecionário era uma seção das Escrituras, para ser lida publicamente. Visto que poucas pessoas sabiam ler, e visto que poucos eram os manuscritos existentes, o conhecimento das Escrituras precisava ser divulgado mediante leituras públicas ou mediante o aprendizado particular. Todavia, não sabemos dizer qual era a prática seguida pela primitiva igreja cristã, embora possamos ter a certeza de que se aproximava da prática judaica, incluindo trechos tanto do Antigo quanto do Novo Testamentos. Com a passagem dos séculos, surgiram os lecionários do Novo Testamento. Aqueles que chegaram até nós pertencem ao século IX d.C. Mas alguns deles contêm textos de grande antiguidade, embora tivessem sido escritos em séculos posteriores; e isso indica que a prática do uso do lecionário provavelmente é antiquíssima entre os cristãos. O texto do Novo Testamento Grego da *United Bible Societies* contém evidências de mais de cem desses manuscritos. As citações que aparecem nas obras dos primeiros pais da igreja mostram que a leitura pública de um livro servia de sinal de sua aceitação como livro autoritário entre os cristãos. Outros livros de cunho religioso que os antigos julgavam dotados de valor, eram lidos em estudos individuais, particulares. Uma dessas obras chamava-se Pastor de Hermas. Na Idade Média, parece que diminuiu sensivelmente a prática da leitura pública das Escrituras, exatamente por haver sido uma era de profundo obscurantismo, quando a prepotência papal chegou ao auge. A Renascença, iniciada no século XV, e a Reforma protestante do século XVI reacenderam a prática nobre do estudo da Bíblia, embora não por intermédio dos lecionários. Somente na igreja Católica Romana são lidos sempre os mesmos trechos criteriosamente selecionados durante a missa, destacados dentre a Bíblia. Os evangélicos preferem ter a Bíblia em casa, folheando-a à vontade, de Gênesis ao Apocalipse.

4. Uso Teológico. A Bíblia sempre foi a principal fonte de informes teológicos, tanto no judaísmo quanto no cristianismo. Uma abundante literatura, sob a forma de comentários, teologias e estudos de tópicos tem ajudado na promoção da *teologia bíblica* (ver o artigo). Alguns supõem, erroneamente, em minha opinião, que a Bíblia precisa ser a única fonte de todas as nossas ideias teológicas. Outros, mais corretamente, dão lugar a outras fontes informativas, na consciência de que nenhum livro ou coletânea de livros pode conter tudo aquilo que Deus sabe e nos comunica. Os apóstolos não citaram exclusivamente as Escrituras do Antigo Testamento, a fim de alicerçarem ou ilustrarem alguma doutrina. Citaram tanto dos chamados livros apócrifos quanto até mesmo da literatura profana, quando isso servia para ressaltar algum ponto doutrinário. Seja como for, todos os cristãos reconhecem a absoluta necessidade de um sólido conhecimento bíblico, se tivermos de organizar qualquer sistema de teologia que mereça o nome. Isso se alicerça sob a fé de que a Bíblia nos foi dada mediante inspiração divina e que ela não é apenas mais um livro entre tantos. Ver o artigo sobre *Autoridade,* que inclui a noção de autoridade bíblica. Em qualquer debate teológico cristão, a Bíblia permanece como obra central, porquanto é o padrão da doutrina revelada; contudo, não nos devemos tornar culpados de *bibliolatria* (ver o artigo), dando à Bíblia um lugar que pertence exclusivamente a Deus.

5. Uso Ético. Os hebreus destacavam-se como homens preocupados com o que era certo e com o que era errado. Estavam dispostos a sacrificar tudo nessa inquirição, sentindo-se na contínua obrigação de agradar a Deus em tudo. Dentro da história da humanidade, os hebreus foram praticamente a única nação que, como uma comunidade, estava interessada na revelação divina. Pode-se dizer que a nação de Israel era uma sociedade religiosa. Toda a cultura judaica alicerçava-se sobre a fé e a prática religiosas. Na sociedade grega, em contraste com isso, encontramos alguns poucos filósofos e legisladores preocupados e pesadamente envolvidos com as questões éticas. Todos os aspectos da vida dos hebreus eram controlados pelos preceitos da lei mosaica. O Novo Testamento aprimorou muitos dos conceitos emitidos pelo Antigo Testamento, incluindo a questão fundamental da motivação e tendo feito da lei do amor um princípio de aplicação universal no campo da ética. A igreja herdou de Israel esse profundo respeito pelas Escrituras. (AM B IB C E GRE GT H ME)

BÍBLIA EM PORTUGUÊS (HISTÓRIA DA)
I. Anos de Preparação
1. O rei de Portugal. D. Diniz (1279-1325) traduziu os vinte primeiros capítulos do livro de Gênesis usando a Vulgata Latina como base. Pode-se ver que o começo da tradução da Bíblia em português ocorreu antes da tradução da Bíblia para o inglês, por João Wycliff.

2. O rei D. João I (1385-1433) ordenou a tradução dos Evangelhos, do livro de Atos e das epístolas de Paulo. Essa obra foi realizada por "padres" católicos, que se utilizaram da Vulgata Latina como base. Desses esforços resultou uma publicação que incluía os livros mencionados e o livro de Salmos, traduzido pelo próprio rei.

3. Nos anos seguintes foram preparadas diversas traduções de porções bíblicas como os Evangelhos, traduzidos do francês pela infanta Dona Filipa, filha do infante D. Pedro e neta do rei D. João I; o Evangelho de Mateus e porções dos demais Evangelhos, pelo frei cisterciense Bernardo de Alcobaça, que se baseou na Vulgata Latina. Este último trabalho foi publicado em Lisboa, no século XV. Valentim Fernandes publicou uma harmonia dos Evangelhos em 1495. Nesse mesmo ano foi publicada uma tradução das epístolas e dos Evangelhos, feita pelo jurista Gonçalo Garcia de Santa Maria. Por ordem da rainha Leonora, dez anos mais tarde, eram traduzidos e publicados o livro de Atos e as epístolas gerais.

II. Tradução da Bíblia Completa
1. Tradução de João Ferreira de Almeida. Nasceu João Ferreira de Almeida em Torre de Tavares, Portugal, em 1628. Ao realizar sua obra de tradutor era pastor protestante. Aprendeu o hebraico e o grego e assim usou os manuscritos dessas línguas como base de sua tradução, ao contrário dos outros tradutores mencionados acima, que sempre se utilizavam da Vulgata Latina como base. Todavia, aqueles que conhecem os mss, sabem que um bom texto da Vulgata Latina (a despeito das desvantagens de usar latim em vez de grego), é superior aos manuscritos do Textus Receptus, como representante do texto original. O Textus Receptus serviu de base para a primeira tradução de Almeida. O Textus Receptus representa os manuscritos do grupo *bizantino,* o mais fraco e mais recente entre os manuscritos gregos. A Vulgata Latina representa o grupo que se intitula "ocidental", que é superior ao "bizantino". Almeida traduziu em primeiro lugar o NT, publicando-o em 1681, em Amsterdã, na Holanda. O seu título foi: "o Novo Testamento, Isto he o Novo Concerto de Nosso Fiel Senhor e *Redemptor Jesu Christo*, traduzido na Língua Portuguesa, o qual por si mesmo revela o tipo de português arcaico que foi usado. Essa tradução continha numerosos erros. O próprio Almeida compilou uma lista de dois mil erros, e Ribeiro dos Santos afirmou que encontrou um número ainda maior de erros. Muitos desses erros foram feitos pela comissão holandesa, que procurou harmonizar a tradução de Almeida com a versão holandesa de 1637. Nota-se, igualmente, que Almeida preparou uma tradução literal, e que teve cuidado demais em harmonizá-la com as versões castelhana e holandesa. Além de se ter baseado no Textus Receptus, foi influenciado pela edição de Beza, que pertence aos manuscritos "ocidentais". No artigo sobre os *Manuscritos, o* leitor encontrará explicações sobre os tipos de textos e os valores dos diversos manuscritos gregos e latinos, onde será abordada a questão dos manuscritos do NT Devemo-nos lembrar que ao tempo de Almeida, não existia 'nenhum papiro', e poucos eram os unciais (MSS em letras maiúsculas), razão pela qual foi necessário lançar mão de fontes inferiores. Por exemplo, o Textus Receptus, feito por Erasmo, em 1516, e que foi o primeiro NT impresso, teve como base principal quatro manuscritos, a saber: MS I (século X), MS 2 (século XV), MS 2 (At e Paulo, século XIII) e MS 1 (Ap, século XII). Somente o MS 1 tem algum valor, e mesmo assim Erasmo não se apoiou muito nele, por achá-lo um tanto errático. O MS 2 é, essencialmente, o Textus Receptus, pertencente, assim, ao século XV. Almeida empregou a edição de Elzevir do Textus Receptus, de 1633. E a Bíblia completa, traduzida por Almeida, só foi publicada nos primórdios do século XVIII. A despeito do texto inferior por ele usado, bem como dos muitos erros e das edições e correções, essa é a tradução que tem sido melhor aceita pelos protestantes de fala portuguesa. As edições mais modernas têm obtido notáveis progressos na melhoria do texto e da tradução em geral. Depois da *Reforma,* a tradução original de Almeida foi a décima terceira a ser feita em um idioma moderno.

2. Tradução de Antônio Pereira de Figueiredo. Antônio Pereira de Figueiredo, que preparou a primeira tradução da Bíblia inteira, baseada na Vulgata Latina, nasceu em Mação, Portugal, a 14 de fevereiro de 1725. Essa tradução consumiu dezoito anos de trabalho. Em 1896 foi publicada a primeira tradução de Figueiredo, em colunas paralelas da Vulgata Latina e da tradução em português. Essa tradução foi aprovada e usada pela igreja de Roma, e também foi aprovada pela rainha D. Maria II em 1842. Penetrou em Portugal através de publicações da Sociedade Bíblica Britânica e Estrangeira. É inegável que a linguagem de Figueiredo era superior à de Almeida, porquanto era mais culto do que este último. Naturalmente que, por haver usado a Vulgata Latina, como base, tem a desvantagem de não representar o melhor texto do NT que conhecemos hoje em dia, mediante os manuscritos unciais mais antigos e mediante os papiros, os quais Figueiredo desconhecia por só terem sido descobertos muito mais tarde. A tradução de Figueiredo, pois, saiu do prelo um século depois da de Almeida.

Em 1952 foi publicada uma nova edição pela Livraria Católica do Rio de Janeiro, com comentários baseados em vários teólogos católicos. No Brasil, a primeira tradução foi feita por frei Joaquim de Nossa senhora de Nazaré, somente do NT Foi publicada em São Luís do Maranhão, e a impressão foi feita em Portugal.

Várias traduções de porções bíblicas ou da Bíblia inteira foram feitas no século XX. Entre elas temos a tradução dos Evangelhos feita por D. Duarte Leopoldo e Silva (na forma de harmonia), Evangelhos e Atos traduzidos do francês pelo Colégio da Imaculada Conceição, em Botafogo, Rio de Janeiro, e os Evangelhos e o livro de Atos, traduzidos da Vulgata Latina, pelos padres franciscanos, em 1909.

3. Tradução do Padre Huberto Rodhen. Em 1930, o padre Huberto Rodhen traduziu o NT inteiro diretamente do grego, o primeiro tradutor católico a fazer tal tipo de tradução na história da Bíblia portuguesa. Essa tradução foi publicada pela Cruzada de Boa Imprensa, organização católica romana. A linguagem da tradução é bela, mas, infelizmente, tal como na tradução de Almeida, foram usados textos inferiores.

4. Tradução do Padre Matos Soares. Essa é a versão *mais popular* entre os católicos. Foi baseada na Vulgata Latina, e em 1932 recebeu apoio papal por meio de carta dirigida do Vaticano. Quase a metade dessa tradução contém explicações dos textos, em notas entre parênteses. Essas notas parentéticas incluem, naturalmente, dogmas da igreja Romana, da qual pertencia o tradutor.

5. Tradução Brasileira. Foi preparada sob a direção do Dr. H. C. Tucker, tendo sido concluída em 1917. Essa tradução nunca foi muito popular. Em 1956, de cada cem Bíblias vendidas pela Sociedade Bíblica do Brasil, somente oito pertenciam à Tradução Brasileira. Sua grande vantagem era ter usado manuscritos melhores do que os de Almeida, além de ter sido melhorada na ortografia portuguesa da época. A despeito desses fatos, tal tradução não é mais impressa.

6. Revisão da tradução de Almeida — Edição Revista e Atualizada. Trabalho realizado por uma comissão que agiu sob os auspícios da Sociedade Bíblica do Brasil, trabalho esse iniciado em 1945. A linguagem foi *muito melhorada*, e não restam dúvidas de que nessa revisão foram usados manuscritos gregos dos melhores, muito superiores aos do *Textus Receptus*, que Almeida tinha à sua frente para usar na tradução original que fez. Apesar disso, em diversos lugares do texto nota-se que foram *retidas palavras inferiores*, que só figuram nos manuscritos mais recentes. Por exemplo, em Mateus 6.13, ... *pois teu é o reino, o poder e a glória para sempre, Amém*; são palavras que só aparecem nos manuscritos gregos mais recentes, e em certas edições têm sido usadas sem qualquer sinal que indique que tais palavras não fazem parte do texto original. Algumas edições têm o cuidado de colocar tais palavras entre parênteses, a fim de indicar que não se baseiam em autoridade suficiente nos manuscritos gregos para serem usadas. Isso provoca grande confusão entre as edições. Os textos de João 5.4; Mateus 18.11; 21.44 e Marcos 5.3, entre outros, podem ser mencionados. Todos esses versículos contêm palavras que só aparecem em manuscritos inferiores. Não obstante, somos forçados a admitir que a base do texto grego dessa revisão é *muito superior* àquela usada por Almeida em sua tradução original.

7. Revisão da tradução de Almeida — Imprensa Bíblica Brasileira. Foi publicada como Bíblia completa em 1967, no Rio de Janeiro. Essa revisão é recente e ainda não houve tempo suficiente para se notar a reação do público brasileiro quanto à linguagem e ao estilo da tradução. Só o futuro pode aprovar ou não essa tradução e mostrar a sua aceitação entre as igrejas. Porém, *facilmente* se comprova que essa tradução está mais *bem baseada* nos manuscritos gregos do que a Almeida Revista e Atualizada. Como exemplo disso, as referências mencionadas no parágrafo anterior trazem algum sinal que mostra que se trata de palavras duvidosas, baseadas em manuscritos inferiores e não nos melhores manuscritos. Usualmente essas palavras foram deslocadas do texto e postas em nota de rodapé. Outros exemplos que indicam que essa tradução segue os melhores manuscritos são: Marcos 3.14, que elimina as palavras *aos quais deu também o nome de apóstolos*, palavras essas que procedem de manuscritos inferiores do grego. Marcos 7.16 foi um versículo eliminado. Entrou no texto de Marcos como uma *harmonia* com o texto de Mateus 11.15. Também foram eliminados os vss. 44 e 46 do nono capítulo do Evangelho de Marcos. Tudo isso serve apenas de exemplos, dentre muitos casos nos quais essa revisão segue os melhores manuscritos. O leitor poderá notar muitos outros casos, nas notas da própria revisão. Gostaríamos que sua linguagem e estilo fossem bem acolhidos pelo povo evangélico, porquanto a sua base está nos melhores manuscritos, devendo ser aceitável a qualquer pessoa que conheça o texto grego no Novo Testamento e os manuscritos que formam uma sólida base na qual se alicerçou essa revisão.

8. A Bíblia na Linguagem de Hoje (Novo Testamento). Essa publicação da *United Bible Societies* (através de seu ramo brasileiro) se baseia na segunda edição (1970) do texto grego dessa sociedade. Esse texto tem tirado proveito da *vantagem* da maior parte da pesquisa moderna, pelo que é bom representante do original. Não é diferente do texto de *Nestle* em qualquer ponto essencial, embora o "aparato crítico" que acompanha a edição de *Nestle* e a edição da United Bible Societies, em publicações técnicas, se diferencie quanto à apresentação, embora baseados nos rnesmos estudos sobre os manuscritos.

Foi propósito da United Bible Societies publicar em vários idiomas, Novos Testamentos que refletem a linguagem comum e corrente. Portanto, é de se esperar que essas publicações, apesar de serem em idiomas diversos, tenham apresentações similares. Todas as novas traduções tradicionalmente são vilipendiadas por pessoas que as ouvem pela primeira vez, estando elas afeitas a ouvir o evangelho de certo modo. Usualmente, um raciocínio mais sóbrio e a passagem do tempo suavizam o tratamento inicial duro que uma nova tradução recebe. Infelizmente, a crítica com frequência se baseia apenas na observação de que "Esta tradução é *diferente* aqui e ali", quando comparada com "esta outra tradução de que costumo usar". Raramente tais críticas se baseiam na erudição e no texto grego. Outrossim, as "formas deixadas de fora" em novas traduções normalmente são as simples excisões de adições, mudanças e harmonias feitas por escribas medievais (que distorceram o texto original), adições que não têm qualquer direito a serem reputadas originais, pois estão ausentes na maioria dos manuscritos antigos, especialmente nos papiros.

A passagem do tempo provará para nós uma avaliação adequada sobre esta nova tradução. Gostaríamos que isso se desse mediante o estudo do original, e não mediante meras comparações com as traduções já existentes.

III. A Bíblia e os Meios do Desenvolvimento Espiritual. A Bíblia, obviamente, tem um lugar entre os meios do desenvolvimento espiritual. As pessoas que usam a Bíblia constantemente para instrução, conforto e inspiração, não a consideram um livro comum. Até as pessoas religiosas mais liberais acham que, pelo menos em alguns lugares, a *palavra de Deus* é contida na Bíblia. As pessoas mais conservadoras acham que a Bíblia é a palavra de Deus escrita, e a tratam com o maior respeito. Ver o artigo sobre *Inspiração*.

Os Meios do Desenvolvimento Espiritual. a. *A leitura da Bíblia* e outros livros de natureza espiritual e inspiradora. A melhor parte da filosofia tem seu lugar como parte deste meio, se usada com a devida cautela. Os livros, de outros campos, que têm alguma relação com a vida espiritual, também têm sua importância no desenvolvimento do espírito. Este meio melhora os nossos conhecimentos, e o conhecimento tem uma poderosa influência nas nossas vidas. **b**. *A oração* e a *meditação*. A oração é o nosso meio de nos comunicarmos com o divino. A meditação é o nosso meio de escutar as instruções da *Mente Divina*. **c**. *A santificação*, sem a qual, ninguém verá a Deus, Hebreus 12.14. **d**. *O toque místico* em comunhão com o Espírito: os dons espirituais e a *iluminação*. **e**. *A prática da lei do amor* e as boas obras. Cada vez que fazemos o bem em favor de outra pessoa, melhoramos a nossa própria espiritualidade.

IV. BIBLIOGRAFIA. Enciclopédia Delta Larousse, Artigo sobre *A Bíblia*, Editora Delta, Rio de Janeiro, 1970. Mein, John, *A Bíblia e Como Chegou Até Nós*, Imprensa Bíblica Brasileira, 1972. Metzger, Bruce M. *The Text of the New Testament*, Oxford, New York, 1964.

Ver o gráfico ilustrativo ao lado.

BÍBLIA, VERSÕES DA

Versão e tradução é a mesma coisa. As versões servem a vários propósitos, a saber: **1**. Possibilitam às pessoas que não podem ler os originais tomarem conhecimento da mensagem *universal* das Escrituras Sagradas. **2**. No caso das versões antigas, encontramos testemunhos adicionais do texto original porquanto, em alguns casos, as formas ali contidas derivam-se de manuscritos mais antigos do que aqueles que chegaram até nós. No caso do Antigo Testamento, surpreendentemente há poucos manuscritos realmente antigos, e as versões antigas, como a LXX, têm sido usadas como auxílio para a confirmação de textos. Isso também sucede em parte ao Novo Testamento, embora disponhamos de muitos e antigos manuscritos gregos. **3**. As versões também são um prestimoso auxílio missionário. **4**. Algumas versões têm servido ao propósito linguístico de unificar certos idiomas, que antes existiam sob a forma de variantes dialetais. Para exemplificar, a tradução da Bíblia para o alemão, feita por Lutero, deu origem à moderna língua alemã, eliminando usos meramente locais e dando àquele idioma um caráter unificado, universal.

Infelizmente, muitas versões têm servido também para obscurecer certos pontos de doutrina. Os critérios de tradução eram deficientes em vários particulares, ou então atendiam aos interesses denominacionais. Isso tem sido remediado através das *traduções modernas*, sobre as quais falamos no décimo ponto deste artigo.

VERSÕES DO ANTIGO TESTAMENTO

1. A Septuaginta (LXX). Muitas lendas circundam a produção dessa versão. No artigo separado sobre a mesma, o leitor poderá adquirir um conhecimento geral a seu respeito. A LXX é a tradução do original hebraico do Antigo Testamento para o grego, e é a mais importante entre outras traduções similares. Foi preparada em Alexandria por diversos tradutores, que trabalharam nela entre os séculos III e I a.C. Conforme ocorre com todas as obras de vários autores, seu material difere bastante quanto ao nível linguístico e à qualidade literária. A edição de Orígenes (a *Hexapla* — ver o artigo), levou à corrupção do texto grego mediante influências do hebraico. Mais de dois mil manuscritos da LXX têm sido encontrados, redigidos desde o século II até o século XVI d.C., os quais têm sido devidamente catalogados. A descoberta dos *Manuscritos do mar Morto* (vide) mostrou aos estudiosos que aqueles manuscritos antecedem por vários séculos a todos os demais manuscritos do Antigo Testamento até então existentes, demonstrando também que a LXX preserva, em alguns casos, textos mais antigos do que se verificam nos manuscritos hebraicos que chegaram até nós. Os críticos textuais sempre suspeitaram disso. Também é interessante observar que, em certos trechos do Novo Testamento grego, há citações extraídas diretamente da LXX, e não do hebraico. Os escritores sagrados teriam consciência da antiguidade do texto hebraico por detrás dessa versão?

V. DIAGRAMA DE ILUSTRAÇÃO

AS FONTES

- OS MANUSCRITOS ORIGINAIS: século I
- Os *Manuscritos mais antigos* — os papiros: séculos II-III
- Os *Unciais mais antigos:* séculos IV-VIII
- Os *Minúsculos:* séculos IX-XVI
- O *Textus Receptus de Erasmo* (1516) e de Elzevir (1633)
- A Vulgata Latina

PORÇÕES

Os *anos de preparação:* parte de Gênesis traduzido para o português por D. Diniz, o rei (1279-1325), da Vulgata. Em 1385-1433, D. João I, rei, ordenou a tradução dos Evangelhos, Atos, cartas de Paulo. Os Evangelhos traduzidos do francês, por D. Filipa, neta do rei D. João I. Evangelho de Mateus e porções dos outros, da Vulgata, pelo Frei Cisterciense Bernardo de Alcobaça. Harmonia dos Evangelhos de Valentim Fernandes, 1495. Epístolas e Evangelhos traduzidos pelo jurista Gonçalo Garcia de Santa Maria. Atos e epístolas gerais, traduzidos por ordem da rainha Leonora, em 1505.

A BÍBLIA INTEIRA

- A *décima terceira tradução numa língua moderna*. A Bíblia inteira: tradução do grego por Almeida, princípio do século XVIII.
- *Tradução de Figueiredo*, 1896, da Vulgata Latina: Bíblia inteira.
- *Tradução do Padre Huberto Rodhen* usando o texto grego como base, 1930.
- *Tradução da Vulgata* por Padre Matos Soares, 1932.
- *Tradução Brasileira,* do grego, 1956
- *Almeida. Revista e Atualizada,* comissão da Sociedade Bíblica do Brasil, desde 1945.
- *Revisão da Almeida,* Tradução da Imprensa Bíblica Brasileira, 1967.
- *A Bíblia na Linguagem de Hoje* (Novo Testamento) Sociedade Bíblica do Brasil, 1973.

2. Latim Antigo. São versões assim chamadas para distingui-las de manuscritos posteriores, como os da Vulgata Latina. Essas versões já existiam nos fins do século II d.C. Todavia, elas não são muito importantes para o estudo do texto do Antigo Testamento porquanto chegaram até nós somente em forma muito fragmentada, e também por serem traduções feitas com base na LXX. Todavia, serviram ao propósito colimado, na época em que foram produzidas, isto é, pôr o Antigo Testamento ao alcance de quem falava e lia o latim.

3. Siríaco Peshitta. Também dedicamos um artigo separado a essa versão. Era o Antigo Testamento padrão para os cristãos sírios. Data do século II d.C. E foi traduzida do hebraico. Posteriormente foi revisada com a ajuda da LXX, e isso diminuiu bastante a sua serventia para a crítica textual.

4. Hexapla Siríaca. Foi traduzida tendo por base a edição da LXX de Orígenes. Foi preparada pelo bispo Paulo de Tela, em 617 d.C., que preservou as notas críticas do original grego de Orígenes. Desse modo, os estudiosos foram capazes de remover muito da corrupção dos manuscritos pós-orígenes da LXX. Por essa razão, esse manuscrito tem sido muito estudado no exame da LXX.

5. Copta (egípcio). Há quatro versões do Antigo Testamento nessa língua. A mais antiga é a *saídica* ou tebaica. Foi preparada no sul do Egito, no século II d.C., baseada na LXX. Ajuda os especialistas a chegarem a uma forma do texto grego mais antiga do que aquela que foi usada por Orígenes. A versão *boárica ou* menfítica foi preparada no norte do Egito, pelo menos dois séculos depois daquela. Além dessas, há as versões chamadas fayumica e akhmímica, das quais existem apenas alguns poucos fragmentos.

6. Vulgata Latina. Foi produzida por Jerônimo (ver o artigo), perto do fim do século IV d.C. Ele fez três traduções do livro de Salmos, cada uma mais fiel ao original hebraico, mas foi a segunda delas que terminou sendo oficialmente adotada. A princípio, sua tradução geral do Antigo Testamento deixou de lado os livros apócrifos, porque ele não queria que os mesmos fossem incluídos, embora ele houvesse traduzido os livros de Judite e Tobias. Todavia, os livros apócrifos terminaram sendo adicionados, tornando-se parte da Vulgata. Essa versão foi a Bíblia oficialmente aceita na Europa ocidental durante todo o decurso da Idade Média. Atualmente existem cerca de oito mil manuscritos da Vulgata. Ela dá testemunho sobre o texto hebraico massorético. Ver sobre a *Massora*.

7. Versões Menores. Incluem manuscritos gregos não pertencentes à tradição da Septuaginta, e que foram traduzidos para o gótico, o etíope e o armênio. Todas elas datam de cerca do século IV d.C.

BICRI
No hebraico, **"jovem"**. Foi um homem benjamita cujo filho, Seba, incitou um levante contra Davi, após a morte de Absalão (2Sm 20.1 ss.), em cerca de 967 a.C.

BIDCAR
No hebraico, **"servo de Kar"** ou **"filho da perfuração"**? Foi um capitão de Jeú, que antes fora seu companheiro de armas (2Rs 9.25). Ele completou a sentença contra o filho de Acabe, Jeorão, lançando seu cadáver no campo de Nabote, depois que Jeú o transpassou com um dardo, em c. de 882 a.C.

BIGVAI
No hebraico, **"feliz"** ou **"do povo"**. Há dois homens no Antigo Testamento com esse nome, a saber: **1**. O cabeça de uma família que retornou do cativeiro babilônico (ver o artigo), em companhia de Zorobabel (Ed 2.2; Ne 7.7). No dizer de Neemias 7.19, nada menos de 2.067 homens vieram com ele. Alguns homens desse mesmo clã vieram da Pérsia com Esdras (Ed 8.14; 1Esdras 5.14). **2**. Um homem que assinou, entre outros, o pacto com Neemias (Ne 10.16), e que, aparentemente, foi um dos chefes da expedição enviada sob as ordens de Zorobabel (Ed 2.2; Ne 7.7), em cerca de 410 a.C.

BILA
No hebraico, **"terna"**, embora outros pensem em **"timidez"**. É nome de uma mulher e de uma cidade, nas páginas do Antigo Testamento: **1**. Serva de Raquel, dada por ela a Jacó para que não permanecesse sem filhos, pois até ali ela era estéril. Bila tornou-se a mãe de Dã e de Naftali (Gn 30.1-8; 35.25; 46.25; 1Cr 7.13). Era apenas uma escrava que, dessa maneira, se tornou uma das matriarcas de Israel. E tudo por causa do ciúme de Raquel, porquanto sua irmã Lia já tinha vários filhos enquanto ela não tinha nenhum (Gn 29.31-35; 30.1-8). Os contratos de casamento descobertos pela arqueologia, em Nuzi, demonstram que no segundo milênio a.C., era costumeiro uma mulher estéril fazer o que Raquel fez. O fato de Raquel ter dado nome aos dois meninos assim gerados, mostra-nos que ela manteve a autoridade de mãe principal, embora não biologicamente relacionada às crianças. Posteriormente, Bila tornou-se culpada de incesto com Rúben (Gn 35.22). Cerca de 1753 a.C. **2**. Uma cidade com esse nome estava localizada no território de Simeão (1Cr 4.29). É bem provável que essa mesma cidade apareça em Josué 19.3, com o nome de Balá, e em Josué 15.29, com o nome de Baalá.

BILÃ
No hebraico, **"terno"**. Foi nome de dois homens, que aparecem no Antigo Testamento: **1**. Um horeu, chefe do monte Seir, em Edom (Gn 36.27; 1Cr 1.42). Tornou-se o progenitor de um subclã, em Edom. Cerca de 1963 a.C. **2**. Um benjamita, filho de Jediael (1Cr 7.10). Foi pai de sete filhos, os quais se tornaram cabeças de suas tribos.

BILDADE
No hebraico, **"filho da contenção"** ou **"senhor Adade"**. Foi um dos confortadores molestos de Jó e segundo de seus oponentes, dentro da vívida discussão filosófica, moral e religiosa que houve entre eles (Jó 2.11; 8.1; 18.1; 25.1). Alguns supõem que, em face de ser ele chamado de "o suíta", na primeira dessas referências, ele pode ter sido descendente de Abraão e Quetura, através de Sua (Gn 25.2), o que faria dele membro de uma tribo de nômades arameus, que vivia na região sudeste da Palestina. Entretanto, outros estudiosos insistem em que, em face da total ausência de genealogias no livro de Jó, isso significa que a obra foi uma novela religiosa e filosófica, sem pretensões históricas. Ver o artigo sobre *Jó*. As referências dadas acima mostram as intervenções de Bildade. As ideias por ele defendidas são: **1**. A justiça estava envolvida na triste condição a que Jó fora reduzido. **2**. Os filhos de Jó haviam morrido por motivo de pecado. **3**. Se Jó se arrependesse, Deus lhe devolveria a prosperidade. **4**. A história mostra que Deus castiga os ímpios, fazendo prosperar os retos. **5**. Os pecadores nada recebem nesta vida além de miséria e de desonra após a morte. **6**. Finalmente, Bildade exaltou a perfeição de Deus, em contraste com a imperfeição de todas as outras coisas. Na verdade, porém, alguns desses argumentos de Bildade não correspondem aos fatos. Assim, os justos com frequência sofrem, ao passo que os iníquos prosperam. Essa é uma das razões da complexidade do *problema do mal* (ver o artigo). O livro de Jó é um estudo sobre esse problema. (ID NTI)

BILEÃ
No hebraico, **"lugar da conquista"**. Era uma cidade do território de Manassés, na parte oriental do Jordão, dada aos levitas da família de Coate (1Cr 6.70). Em outros trechos do Antigo Testamento a cidade é chamada Ibleã (Js 17.11; Jz

1.27). Tem sido identificada com o moderno Tell Bel'ameh, que fica entre Samaria e Jezreel.

BILGA
No hebraico, **"rompimento"**. Isso seria uma alusão ao fato de que se tratava de um primogênito. Mas alguns estudiosos preferem pensar que a palavra significa "brilho". Foi nome de dois homens, nas páginas do Antigo Testamento: **1**. Um sacerdote que retornou do exílio babilônico com Zorobabel (Ne 12.5,18), e que talvez fosse o mesmo *Bilgai* que foi um dos signatários do pacto com Neemias (Ne 10.8), em cerca de 536 a.C. **2**. Um sacerdote que estava encarregado do décimo quinto turno, no serviço do templo de Jerusalém, na época de Davi (1Cr 24.14), em cerca de 1043 a.C.

BILGAI
Provavelmente trata-se do mesmo sacerdote chamado Bilga, em Neemias 12.5,18, mas cujo nome é grafado Bilgai em Neemias 10.8. Ver *Bilga*.

BILSÃ
No hebraico **"pesquisador (do Senhor?)"**. Foi um dos onze ou doze líderes judeus que retornaram do cativeiro babilônico sob a liderança de Josué e Zorobabel, em resultado do decreto de Ciro, rei da Pérsia (Ed 2.2; Ne 7.7). O seu nome aparece com a forma de Belsaro, em 1Esdras 5.8, talvez derivado do acádico, *Belshar*, "Bel é rei".

BIMAL
No hebraico, **"filho da circuncisão"**? Foi um dos três filhos de Jaflete, filho de Aser, através de Berias e Héber. Foi chefe de uma família e guerreiro da tribo de Aser (1Cr 7.33), em cerca de 1658 a.C.

BINEÃ
No hebraico, **"jorro"**, **"fonte"** ou **"vagabundo"**. Era um benjamita, filho de Moza e pai de Rafa. Era um dos descendentes do rei Saul (1Cr 8.37; 9.43). Viveu em cerca de 850 a.C.

BINUI
No hebraico, **"edifício"** ou **"família"**. Foi nome de várias personagens do Antigo Testamento: **1**. Um levita dos dias pós-exílicos, pai de Noadias (Ed 8.33; 1Esdras 8.63), que supervisionou a pesagem dos vasos de ouro e de prata que Esdras trouxera da Babilônia. Cerca de 536 a.C. **2**. Um levita, filho de Henadade, que ajudou nos reparos das muralhas de Jerusalém, sob a supervisão de Neemias (Ne 3.24; 10:9). Talvez deva ser identificado com o Binui mencionado em Neemias 12.8. Cerca de 446 a.C. **3**. O antepassado de alguns que retornaram do exílio babilônico em companhia de Zorobabel (Ne 7.15). É chamado pelo nome de Bani, em Esdras 2.10 e 1Esdras 5.12. **4**. O antepassado de alguns judeus que se tinham casado com mulheres estrangeiras, mas que tiveram de se divorciar, terminado o exílio (Ed 10.38). Talvez deva ser identificado com o Bani de Esdras 10.34 e 1Esdras 9.34. **5**. Um levita que retornou do exílio, com Zorobabel (Ne 12.8). **6**. Um dos filhos de Paate-Moabe, que se casara com uma mulher estrangeira (Ed 10.30). Ele é chamado Belnuus, em 1Esdras 9.31; e talvez seja o mesmo que o alistado como o número 4, acima.

BIRSA
No hebraico, **"grosso"** ou **"forte"**; mas outros preferem pensar no sentido "filho da iniquidade". Era o nome do rei de Gomorra, quando Quedorlaomer invadiu o lugar (Gn 14.2), em cerca de 2080 a.C. Ele é mencionado no Gênesis Apocryphon xxi.24. Birsa revoltou-se contra Quedorlaomer, rei do Elão, mas foi finalmente derrotado. Posteriormente, Abraão conseguiu derrotar as forcas de Quedorlaomer, libertando os gomorritas e seu sobrinho, Ló, que havia sido levado cativo pelos elamitas. (Gn 14.12-17).

BIRZAVITE
No hebraico, **"poço de azeitonas"** ou **"azeite de oliveira"**. Pai de Malquiel e bisneto de Aser (1Cr 7.31). É possível que a moderna cidade de Bir-Zeite, cerca de 24 km ao norte de Jerusalém, derive do nome dele, talvez por ser povoada antigamente por seus descendentes. Alguns estudiosos pensam que Birzavite era nome de uma cidade, e não nome de um homem, e que tal cidade teria sido fundada por Malquiel. A localidade tem sido identificada por alguns com Zerzeto, a aldeia onde Judas Macabeu acampou pela última vez (Josefo, *Anti*. xiii.11,1).

BISLÃO
No hebraico, **"em paz"**. Um dos oficiais do rei da Pérsia, que escreveu a Artaxerxes, solicitando-lhe que proibisse os judeus de reconstruírem o templo (Ed 4.7), em cerca de 522 a.C. Alguns estudiosos pensam que esse nome pode ter sido, originalmente, a palavra hebraica que significa "contra Jerusalém", e que posteriormente foi corrompido para que significasse "em paz".

BITIA
No hebraico, **"filha de Yahweh"**. Ao que parece, era uma das filhas de Faraó que contraiu matrimônio com Merede, descendente de Judá (1Cr 4.17). Todavia, não se sabe se o pai de Bitia era, realmente, um monarca egípcio, ou se se tratava de um judeu chamado Faraó. Cerca de 1658 a.C.

BITÍNIA
Uma província da Ásia Menor, com o mar Negro ao norte e o Bósforo e o Proponto (mar de Mármara) a oeste. Ao sul limitava-se com a Frigia e a Galácia, e a leste com a Paflagônia. Os bitínios, que eram de origem trácia, eram rudes e pouco civilizados; sua história começa no século VI a.C. Mas, em vista de sua força e unidade, conseguiram manter certa independência, enquanto os persas dominavam tudo. Outra coisa sucedeu durante o tempo dos Selêucidas. Formou-se ali uma dinastia, em 297 a.C., que perdurou por dois séculos, até que foi doada a Roma, em 74 a.C., pelo último dos reis trácios. Pompeu uniu a Bitínia com o Ponto, em 64 a.C., e fez do conjunto uma província senatorial. Plínio, o Moço, foi um legado imperial na Bitínia, de 110 a 112 d.C. Dessa época é que chegaram até nós as *Cartas* de Plínio para o imperador Trajano, as quais nos fornecem abundantes informações acerca de Bitínia, seus problemas administrativos, e as legislações anticristãs da época.

Não sabemos dizer como o cristianismo estabeleceu-se na Bitínia; mas, em 1Pedro 1.1 a Bitínia é mencionada como um dos lugares onde havia cristãos a quem Pedro se dirigia. Paulo não teve a permissão de visitar aquela área, em certa ocasião (ver At 16.7). No entanto, pode tê-lo feito em outras oportunidades, sobre o que nada se sabe. As cartas de Plínio confirmam a vigorosa natureza da igreja cristã dali, requerendo considerável atenção da parte do governo romano. (ID JON)

BITROM
No hebraico, **"quebrada"** ou **"dividida"**. Aparentemente era uma localidade em um vale que levava ao lado oriental do rio Jordão, através do qual Abner, comandante do exército de Isbosete, e seus homens, marcharam, após terem cruzado aquele rio, na direção de Maanaim. Isso depois da derrota a eles infligida por Joabe, general de Davi (2Sm 2.29). Algumas traduções dizem "depois do meio-dia", como se fosse uma designação de tempo. Nossa versão portuguesa omite toda uma frase, "e atravessou toda Bitrom", o que significa que o nome do lugar não figura na Bíblia portuguesa,

porquanto ele é mencionado somente nessa referência. Mas, se realmente tratava-se de uma cidade, coisa alguma se sabe a seu respeito em nossos dias. Porém, há estudiosos que acreditam que se trata de uma garganta existente na Arabá ou vale do Jordão.

BIZIOTIÃ
No hebraico, **"oliveiras de Yahweh"**. O nome aparece somente em Josué 15.28. Aparentemente era uma vila que ficava no sul de Judá, perto de Berseba. Contudo, a LXX diz "e suas filhas", aludindo às aldeias em redor, uma tradução possível através de uma interpretação diferente do texto hebraico.

BIZTA
No hebraico, **"eunuco"** (?), um dos quatro eunucos do harém de Xerxes ou Assuero. Esse eunuco recebeu ordens para trazer Vasti para ser admirada pelos convidados ao banquete do rei (Et 1.10). Cerca de 519 a.C.

BLASFÊMIA
Grego *blaks* (mal) + *phemi* (falar). Há quatro palavras hebraicas e uma grega, a saber: **1**. *Gadaph*, "insultar". Palavra hebraica usada por sete vezes. Por exemplo: 2Reis 19.6; Salmo 44.16; Isaías 37.6,23. **2**. *Naqab*, "transpassar". Usada por 24 vezes. Por exemplo: Levítico 24.11,16; Números 22.11,17; 24.10. **3**. *Naats*, "ferroar". Palavra usada por 26 vezes. Por exemplo: 2Samuel 12.14; Salmo 74.10,18; Números 14.11,23; Deuteronômio 31.20. **4**. *Barak*, "abençoar", quando usada negativamente. Palavra usada com o sentido de blasfemar em 1Reis 21.10,13. **5**. *Blasphemeó*, "blasfemar". Palavra usada por 56 vezes, como verbo, substantivo e adjetivo, desde Mateus 9.3 até Apocalipse 17.3.

Ideias envolvidas. De acordo com a mentalidade judaica, blasfemar era cometer uma ofensa séria, porquanto negava ou tratava levianamente a soberania de Deus, bem como a dignidade do homem como criatura de Deus. Além disso, os nomes de Deus eram revelações pessoais do Senhor. Difamar ou degradar o nome sagrado, o tetragramaton — J/YHWH — equivalia a rejeitar ou tratar desprezivelmente sua soberania, sua misericórdia e seu poder.

No grego, a palavra significa dizer coisas abusivas, sendo usada para indicar ofensas contra os homens (Ap 2.9), contra o diabo (Jd 9), contra Deus (Ez 32.12; Mt 26.65; Mc 2.7; Lc 5.21; Ap 13.5) contra os anjos, bons ou maus (2Pe 2.10,11; Jd 8), podendo também ser usada contra qualquer coisa pertencente a Deus. Ocasionalmente, significava difamação ou calúnia. Algumas das autoridades judaicas acusaram Jesus de blasfêmia, como quando ele afirmou que tinha autoridade para perdoar pecados (Mt 9.3). Provavelmente, os judeus blasfemaram o nome de Cristo sob muitas circunstâncias, como, por exemplo, aquelas que envolvem a questão do sábado ou aquelas atinentes à fonte de seu poder. O perigo maior não era a blasfêmia contra o nome de Cristo; pois tal pecado, embora sério, pode ser perdoado. Todavia, a blasfêmia contra o Espírito Santo é um pecado imperdoável. Ver o artigo sobre o *pecado imperdoável*. Ver as notas sobre Mateus 12.31, no NTI.

A lei de Moisés punia os atos de blasfêmia com a pena capital (Lv 24.10-16). Isso nos mostra a seriedade com que Deus encara esse pecado. (G ID NTI S)

BOÃ
No hebraico, **"polegar"**. Foi um rubenita, em cuja honra foi erigida uma pedra que, posteriormente, serviu de marco de fronteira entre Judá e Benjamim (Js 15.6 e 18.17). O texto sagrado, porém, não nos esclarece se esse monumento era um marco sepulcral, ou se foi levantado para comemorar algum grande feito de Boã, quando da conquista da terra de Canaã. Cerca de 714 a.C.

BOAS OBRAS
Convém-nos considerar os pontos abaixo:

I. CONSIDERAÇÕES PRÁTICAS. O homem espiritual foi criado a fim de praticar boas obras (Ef 2.10). Essas são expressões da operação da lei do amor em nós, e resultam do fato de termos nascido de Deus (1Jo 4.7,11). As boas obras, de todas as variedades, são recomendadas aos crentes (Ef 2.10; Tt 2.14). Elas resultam do uso apropriado das Escrituras (2Tm 3.17). Por intermédio delas, os homens glorificam a Deus (Mt 5.16). Há uma recompensa à espera daqueles que praticarem boas obras (1Co 3.14 e Ap 22.12). As boas obras devem ser tanto sociais quanto individuais, porquanto, quando expressamos amor, devemos fazê-lo tanto em favor de indivíduos isolados como devemos ter em mira toda a sociedade humana. Fazem bem as igrejas locais que promovem programas de bem-estar social, hospitais, orfanatos e cursos práticos de instrução, que ajudam as pessoas a obterem empregos etc. Não basta evangelizar. Nesse particular, a igreja Católica Romana tem-se mostrado mais ativa que os evangélicos, porquanto essa igreja tem promovido caridade, escolas, hospitais etc., e algumas de suas ordens religiosas existem com o propósito explícito de praticar boas obras. Precisamos dar-lhe o crédito por essas atividades. Deveríamos imitá-la, não nos mostrando tão pouco ativos nas boas obras sociais, somente porque não somos justificados pelas boas obras, mas pela fé. A epístola de Tiago, no seu segundo capítulo, instrui-nos quanto a essa questão. Os políticos que, com honestidade, e sem interesses egoístas, promovem o bem-estar social estão cumprindo a vontade de Deus, e nessa medida, são servos de Deus.

II. UM DOS ASPECTOS DO PRAGMATISMO (vide). Em certo sentido, a verdade pode ser equiparada às boas obras, porquanto a verdade é aquilo que produz benefícios e opera em benefício dos homens. Se não exagerarmos quanto a isso, não a transformando em uma teoria da verdade (ver sobre as *Teorias da verdade*), então seremos possuidores de uma compreensão útil. A *verdade* não pode jamais ser apenas um conceito. É necessário que a verdade tenha manifestações práticas. Uma dessas manifestações consiste em boas obras práticas.

III. A BOA VONTADE. Alguns filósofos pensam que a única coisa verdadeiramente boa é a vontade (Kant). Os atos bons que podemos realizar não serão tão bons se, por detrás dos mesmos, houver motivos egoístas. Além disso, quase sempre os próprios atos são corrompidos por motivos ulteriores, que geralmente assumem formas egoístas. Portanto, a bondade, quando pura e simples, reside na vontade de se fazer o bem. Seja como for, a boa vontade é a mola impulsionadora de onde fluem os atos bons. No sentido cristão, o Espírito Santo transforma-nos para que sejamos dotados de boa vontade, a fim de podermos praticar o bem.

IV. CONSIDERAÇÕES TEOLÓGICAS

1. Conflito em torno da causa da justificação. Algumas denominações cristãs e, na realidade, a maioria das religiões, misturam o que é divino com o que é humano, presumindo que a justificação vem através da combinação da fé e das boas obras. Essa era a posição dos hebreus, refletida no Antigo Testamento. Os primitivos cristãos, conforme vemos no décimo quinto capítulo do livro de Atos, tiveram de enfrentar esse ponto de vista em suas próprias fileiras, o que suscitou forte controvérsia. Além disso, o livro de Tiago reflete essa posição parecendo uma força opositora à doutrina paulina da justificação exclusivamente pela fé. Não podemos divorciar o livro de Tiago do décimo quinto capítulo do livro de Atos, interpretando-o não historicamente. A história da igreja primitiva envolve essa controvérsia, não nos devendo maravilhar que um dos livros do Novo Testamento assuma uma posição não paulina sobre a questão. Precisamos reconhecer que uma contribuição tipicamente paulina para a compreensão da doutrina cristã é o seu princípio da graça divina. Há indícios dessa doutrina fora de Paulo, mas é inútil tentar encontrar qualquer apresentação clara da mesma antes das epístolas paulinas. Não obstante, é errônea a aplicação do princípio das boas obras dentro do *sistema de merecimento humano*, segundo o qual, mediante o acúmulo de atos corretos e feitos úteis ao próximo, uma pessoa vai acumulando crédito diante de Deus até que chegue a merecer a salvação de sua alma, através de suas boas obras.

Essa foi a ideia que os reformadores combateram, e com toda a razão. Os escritos de Paulo são radicalmente contrários a tal noção. Ver Romanos 3—5, quanto a uma prolongada declaração cristã a esse respeito. Ver também Gálatas 2.16-21 e 3.1 ss. Ver o artigo sobre os *Méritos Humanos*. A posição protestante é que as boas obras são o resultado natural da conversão e da justificação, e jamais a sua causa. A ordem de coisas, em Efésios 2.8-10, serve de apoio a essa contenção. O ponto de vista paulino é que o indivíduo, por si mesmo, é incapaz de agradar a Deus, pelo que suas boas obras não lhe servem de mérito. O terceiro capítulo da epístola aos Romanos é uma extensa declaração a esse respeito. O Espírito nos foi dado mediante o ouvir com fé (Gl 3.2), e não através das obras da lei. A operação do Espírito é a nossa motivação e o nosso poder, e não a nossa tentativa, mediante as nossas próprias forças e através de nossos próprios recursos, de acumular merecimento diante de Deus. Ver o artigo sobre a *Justificação*, para uma discussão mais completa sobre esse ponto.

2. Reconciliação. Há uma maneira de reconciliar os princípios das boas obras e da fé, como porções integrais da justificação. Se considerarmos que as obras realizadas são frutos e labores do Espírito em, e através de nós, então as obras tornam-se um termo para indicar a sua obra *transformadora* em nós, juntamente com os resultados práticos dessa transformação. Isso é algo necessário à justificação, porque o termo não é apenas uma expressão verbal. Inclui aquilo que é feito na vida do crente pelo Espírito de Deus. A justificação, em uma definição mais ampla, tanto é transformação moral e espiritual quanto é santificação. Se não fosse assim, como Paulo poderia falar sobre a justificação da vida? (Romanos 5.18). Portanto, insisto aqui que a descrição paulina da justificação é mais ampla do que a definição dos reformadores a respeito. É precisamente isso que nos ensina a epístola de Tiago! Mas, segundo a definição protestante tradicional, a justificação exclui os aspectos posteriores da santificação e da transformação do caráter do crente.

A justificação não é uma categoria isolada das demais operações do Espírito. Somente como concepção mental podemos isolá-la desse modo. Na prática, as operações do Espírito em nós são reais e simultâneas; e essa realidade e simultaneidade fazem parte da justificação. Nesse sentido, a justificação depende tanto da fé quanto das obras da fé. Não obstante, essas obras não devem ser entendidas como meritórias, como se fossem fruto da bondade humana. Antes, trata-se da atuação do Espírito de Deus em nós.

3. O Acolhimento Humano. A chamada ao arrependimento mostra que o homem é capaz de arrepender-se; de outro modo, tal chamada seria uma zombaria. O homem caiu no pecado, mas continua havendo uma graça geral que o capacita a reagir favoravelmente a Deus. Se não adotarmos essa posição, perderemos inteiramente o aspecto do livre-arbítrio (vide), e tal perda é intolerável. Sem *livre-arbítrio*, não pode haver requisitos éticos, e nem responsabilidade humana. Em todos os homens resta bondade suficiente para sentirem a força de atração da bondade de Deus e corresponderem à mesma. Porém, a salvação (vide) é um ato divino, e tanto a fé quanto as obras da fé são resultantes das operações do Espírito. Contudo, o homem caracteriza-se pela inércia espiritual, e para corresponder aos reclamos do Espírito, é mister que receba o influxo da graça divina capacitadora. Desse modo o homem chega a crer e a agir em consonância com sua fé, embora suas boas obras não sejam meritórias para a salvação.

4. A Questão dos Galardões. Os galardões ou recompensas incluem *aquilo que* recebemos, mas o conceito consiste, essencialmente, *naquilo em que nos tornamos*. Se um homem vier a receber a coroa da justiça (2Tm 4.8), isso significará que ele adquiriu a natureza moral e santa de Deus. Se ele vier a receber a coroa da vida (Tg 1.12 e Ap 2.10), isso significará que ele veio a compartilhar da vida divina, da vida eterna, da vida celestial. Por toda a parte, as Escrituras são claras no sentido de que os homens serão julgados de acordo com as suas obras, recebendo essas coroas em resultado de um *desempenho* fiel, e não meramente por haver crido em certo número de doutrinas acerca de Cristo. Ver Romanos 2.6; Apocalipse 20.12. O trecho de 1Coríntios 3.10 ss., deixa claro que esse princípio aplica-se plenamente ao crente. Portanto, podemos concluir somente que a glorificação, que inclui o princípio das recompensas, dependerá das nossas obras, e não apenas da nossa fé. Ao mesmo tempo, precisamos apressar-nos a ajuntar que isso resulta das operações divinas em nós, não sendo méritos que acumulamos mediante nossos próprios esforços desassistidos. Não obstante, esse princípio mostra-nos que as obras, nesse sentido, não são meramente resultados da fé. Elas são, na sua própria essência, aquilo que o Espírito está operando em nós, em seu processo de transformação do crente. Quanto a esse aspecto, fé e obras são sinônimos. Paulo declarou sucintamente esse princípio, ao escrever: ... *desenvolvei* (efetuai) *a vossa salvação com temor e tremor; porque Deus é quem efetua em vós tanto o querer como o realizar, segundo a sua boa vontade* (Fp 2.12,13). Deveríamos notar que ambos os verbos portugueses, "desenvolver" e "efetuar", no original grego procedem da mesma raiz. Ninguém, por si mesmo, pode efetuar a sua salvação. Mas quando alguém, através do Espírito, torna-se capaz disso, então *está na* obrigação *de fazê-lo*.

5. Contra a Crença Fácil. Lamento, mas preciso falar como o estou fazendo. Na igreja Católica Romana, os sacramentos tomam conta de tudo, e obtém-se a impressão de que o homem nada mais precisa fazer, se tiver sido batizado, se assistir à missa com frequência, se participar da comunhão etc. Tal doutrina é enganadora. Nas igrejas evangélicas, por sua vez, isso tem sido substituído pela pública confissão de fé, na qual, presumivelmente, o indivíduo confessa a Cristo e dá seu assentimento diante de certo número de doutrinas acerca de sua pessoa e de sua realização, nada mais faz, e, contudo, supostamente atinge a salvação. Trata-se de uma total insensatez. Pois contradiz todos os conceitos neotestamentários que dizem respeito ao que está envolvido na salvação: a nossa *transformação* segundo a imagem e a natureza de Cristo (Rm 8.29), através da contínua operação do Espírito (2Co 3.18), mediante o *cultivo* em nós das virtudes morais e espirituais (Gl 5.22,23). Ninguém obterá alguma coroa espiritual (ver o artigo sobre as *Coroas*), a menos que seja digno (Ap 2.7), e ninguém verá o Senhor sem a santificação (Hb 12.14). Todas as promessas das sete cartas do Apocalipse foram endereçadas aos vencedores. Aos vencedores é ali prometida a árvore da vida (Ap 2.14), o escapar da segunda morte (2.11), o poder comer do maná celestial e o receber de um novo nome (2.17), o entrar no reino milenar e o receber a estrela da manhã (2.28), o andar de branco e não ter o seu nome apagado do Livro da Vida (3.5), o tornar-se uma coluna no templo celestial de Deus e ter o nome de Deus nele inscrito (3.12), e o sentar-se no trono de Deus (3.21).

6. Essas são questões sérias, e, em minha opinião, são tratadas com superficialidade tanto pela igreja Católica Romana quanto por muitas igrejas protestantes e evangélicas, embora sob diferentes ângulos. Nada é mais claro para mim do que isto: Aa confissão de um crente é a sua vida. Sem isso, não há confissão válida. (B C H NTI)

BOAZ

No hebraico, **"felicidade"** ou **"rapidez"**. É nome de uma pessoa e de um detalhe arquitetônico do templo de Salomão, a saber: **1**. Um rico belemita e parente chegado do marido falecido da moabita Rute (vide), e com quem finalmente, se casou, sob a obrigação do casamento levirato, que ele cumpriu voluntariamente, em cerca de 1360 a.C. A conduta digna de Boaz, sua sensibilidade e seu espírito bondoso, sua piedade e suas boas maneiras, são pontos ressaltados no livro de Rute, oferecendo-nos uma boa ideia de como seriam as pessoas pertencentes à classe alta de Israel. Do matrimônio nasceu Obede, que foi pai de Jessé, que foi pai de Davi. Portanto, Boaz foi um ancestral direto de Jesus. Seu nome ocorre na genealogia de Jesus, em Mateus 1.5. Apesar de ser proibido por lei que uma pessoa moabita fizesse parte do povo de Israel pelo decurso de dez gerações, Rute aceitou a religião e os costumes de Israel, ao seguir Noemi de volta à terra santa. Devido a essa circunstância, surgiu o mais bem conhecido dos versículos do livro de Rute, que diz: *Não me instes para que te deixe, e me obrigue a não seguir-te; porque aonde quer que fores, irei eu, e onde quer que pousares, ali pousarei eu; o teu povo é o meu povo, o teu Deus é o meu Deus* (Rt 1.16). Muitas declarações devotas têm sido inspiradas por esse versículo. **2**. Nome de uma das colunas de bronze postas por Salomão diante do templo de Jerusalém. Aquela que ficava no lado norte era chamada Boaz; e a que ficava no lado sul, chamava-se Jaquim. Eram adornadas com capitéis representando lírios. (1Rs 7.21 e 2Cr 3.17). (G H A ID)

BOCA

No hebraico, *peh*, palavra que aparece por cerca de 440 vezes (por exemplo: Gn 4.11; Êx 4.11; Nm 12.8; Dt 8.3; Js 1.8; Jz 7.6; 1Sm 1.12; 2Sm 1.16; Jr 7.31; Jó 3.1; Sl 5.9; 145.21; Pv 2.6; 4.5; 31.36; Is 1.20; Jr 1.9; Ez 2.8; Zc 5.8; Ml 2.6,7). No grego, *stóma*, palavra que aparece por cerca de 75 vezes, desde Mateus 4.4 até Apocalipse 19.21.

A boca é a cavidade do começo do aparelho digestivo, localizada entre os maxilares superior e inferior, que conduz diretamente à faringe (garganta). Na boca estão os dentes, as gengivas e a língua. Na boca derramam-se as secreções das glândulas salivares, a saber, as parótidas, as submaxilares e as sublinguais. Essas secreções contêm enzimas que dão início à digestão dos alimentos. Na boca também está localizado o sentido do gosto, e os dentes servem para triturar os alimentos e ajudar a impregná-los com saliva. A boca também está envolvida nos processos da respiração e da articulação da fala, da expectoração e do ato de chupar. As pessoas ficam admiradas ao serem informadas de que a boca é, sem dúvida alguma, a porção mais suja do corpo humano. Consideremos estes fatos espantosos: **1**. Não há líquido bucal que possa esterilizar a boca senão aqueles que são tão potentes que destroem os tecidos que recobrem internamente a boca. **2**. Nem o ato mais cuidadoso de escovar os dentes é capaz de realmente esterilizar a boca. **3**. Os nutrientes que colocamos na boca servem de bom meio de cultura de toda espécie de bactérias, que crescem e se reproduzem na nossa boca. **4**. A saliva tende por desencorajar a multiplicação de todas as demais bactérias, excetuando aquelas que produzem enfermidades no homem. Portanto, os germes que podem causar doenças são precisamente aqueles que são ajudados pela saliva. A mordida humana é um dos ferimentos que os médicos têm maior dificuldade em curar! Até mesmo aqueles que sabem desses fatos continuam beijando-se.

Usos Metafóricos. **1**. Ser pesado de boca significa falar com lentidão (Êx 4.1). **2**. A boca macia indica a linguagem lisonjeadora, ou seja, aquele que engana o próximo (Sl 55.21; 109.2). **3**. Falar boca a boca significa comunicar-se com outrem sem a ajuda de intérprete (Nm 12.8; 1Rs 8.15). **4**. Pôr palavras na boca de alguém significa sugerir o que esse alguém deve dizer (Et 4.15, embora a figura de linguagem não apareça em português). **5**. Estar na boca significa falar frequentemente a respeito de algo (Êx 13.9). **6**. Pôr a mão sobre a boca quer dizer guardar silêncio (Jz 18.19; Jó 21.5). **7**. Pôr um dedo sobre a boca equivale a pedir silêncio. **8**. Pedir conselho da boca do Senhor é buscar informação espiritual (Js 9.14, outra figura de linguagem que não transparece no texto português da Bíblia). **9**. Desandar a boca contra os céus é falar com extrema arrogância (Sl 73.9). **10**. A vara da boca indica a palavra de Deus (Is 11.4). **11**. A palavra "boca" algumas vezes indica aquilo que alguém diz (Nm 3.16). **12**. Toda espécie de maldade procede da boca, que é considerada a fonte de grandes males (Mt 15.18; Rm 3.14). **13**. Entre as bocas não humanas temos a boca de uma caverna (Js 10.27); a boca de um sepulcro (Sl 141.7); a boca de um saco (Gn 42.27); a boca de um poço (Gn 29.10). **14**. A ameaça de julgamento severo, por pronunciação de Deus, é uma *espada* que sai de sua boca (Ap 19.15). (AD AM BR Z)

BOCRU

No hebraico, **"primogênito"** ou **"jovem"**. Foi um dos seis filhos de Azel, descendente do rei Saul (1Cr 8.38). Cerca de 1037 a.C.

BODE EXPIATÓRIO. Ver *Azazel*.

BOIEIRO

No hebraico, *boqer*, vocábulo que aparece somente por uma vez no Antigo Testamento, em Amós 7.14. Um outro termo hebraico, *noqed*, figura por duas vezes em Amós 1.1 e 2Rs 3.14. Ainda um outro termo hebraico, *raah*, "dar o pasto", é usado por mais de 160 vezes, muitas das quais traduzidas por "boieiro" ou sinônimo (por exemplo: Gn 13.7,8; 26.20; 1Sm 21.7).

O boieiro era alguém que cuidava de bois, em contraste com o *roi*, que era quem cuidava de ovelhas. Os proprietários de rebanhos deixavam seus animais aos cuidados dos boieiros, para impedi-los de se dispersarem, para protegê-los das feras, para conduzi-los a convenientes lugares de pastagem. Usualmente, os boieiros levavam consigo uma vara dotada de ponta de ferro, o aguilhão, que podia ser usado para tanger os animais, ou como arma, se necessário fosse. Também levavam uma bolsa para provisões (ver 1Sm 17.40,43; Sl 23.4; Mq 7.14; Mt 10.10). Eles usavam uma capa, com a qual envolviam o corpo (Jr 43.12). A alimentação deles era simples e frugal (Am 7.14; Lc 15.15). Seu salário consistia nos produtos do rebanho (Gn 30.32 ss.; 1Co 9.7). A ocupação deles era considerada honrosa (Gn 47.6. 1Sm 11.15). Saul exercia esse trabalho, em seus momentos vagos (1Sm 21.7). No Egito, os irmãos de José trabalhavam nesse mister. Os boieiros de Davi eram contados entre seus principais oficiais de estado. O profeta Amós era boieiro (Am 1.1 e 7.14). O material encontrado em Ugarite mostra que aqueles que trabalhavam nos rebanhos reais ocupavam um ofício de grande prestígio. (S UN Z)

BOI SELVAGEM

No hebraico temos uma palavra usada por nove vezes (ver Nm 23.22; 24.8; Dt 33.17; Jó 39.9,10; Sl 22.21; 29.6; 92.10 e Is 34.7). Os estudiosos estão concordes que esse animal, cientificamente conhecido como *Bos Primigenius*, era um magnífico espécime, atualmente extinto, tendo sido o ancestral do moderno gado vacum. Algumas versões trazem a infeliz tradução "unicórnio", um animal imaginário dos relatos míticos.

O boi selvagem era maior que o gado domesticado de nossos dias. O touro era marrom escuro, com longos chifres voltados para frente e para cima. Nos tempos primitivos, esse animal, que em português também é conhecido por "auroque", tinha seu *habitat* em grande parte da Europa, da Ásia central e ocidental, e em certas porções do norte da África, incluindo o Egito, onde já estava se tornando raro, durante o reinado de Tutmés III (cerca de 1500 a.C.). A última menção ao mesmo, nos escritos egípcios, pertence à época de Ramsés III (1190). Os reis assírios também caçavam esse animal. Interessante é que ele sobrevivia, até poucos séculos atrás, nas porções menos habitadas da Mesopotâmia. O último espécime vivo na Europa morreu em 1627. Na Palestina, porém, já havia desaparecido desde muito antes da era cristã. O auroque era o ungulado selvagem maior e mais poderoso de todos. O trecho de Isaías 34.6,7 associa esse animal a outros animais limpos. Jó 39.9,10 faz contraste entre o boi selvagem e o boi doméstico. Temos ali apenas referências figuradas que deixam entrever que os escritores sagrados estavam familiarizados com esse animal, e que ele fazia parte da fauna das terras em derredor da Palestina, senão mesmo da Palestina propriamente dita.

BOLO DE PÃO

No hebraico, *challah*, **"bolo perfurado"**, palavra que ocorre por catorze vezes: Êxodo 29.2,23; Levíticos 2.4; 7.12,13; 8.26; 24.5; Números 6.15,19; 15.20; 2Samuel 6.19. Nossa versão portuguesa traduz a palavra por **"bolos asmos"**, **"bolo de pão"**, **"bolos"**, **"pães"**. Alguns estudiosos pensam que há aqui menção a uma espécie de bolo de uvas passas pressionadas. Ver o artigo geral sobre *pão*. Vários itens da confeitaria antiga eram chamados pães, que nós chamaríamos de *bolos*.

BOLSA

Sacolas feitas de vários materiais, como couro ou fibras trançadas, de uso bastante comum nos tempos bíblicos, para transporte de todo o tipo de objetos, como dinheiro (Is 46.6), água e vinho (caso em que eram chamadas "odres", ver Mt 9.17). Os pastores usavam seus surrões, onde transportavam as mais diversas coisas. No hebraico estão envolvidas quatro palavras diferentes: **1.** *Khawreet*, saco, (ver 2Rs 5.23; Is 3.22). **2.** *Tserore*, literalmente, *feixe* (ver 1Sm 25.29), que era uma sacola ou saquitel para transportar dinheiro em uma viagem. **3.** *Keece*, também traduzida por bolsa, em Deuteronômio 25.13; Provérbios 16.11; Isaías 46.6 e Miqueias 6.11, e que indicava uma sacola para transportar pesos. **4.** *Keli*, usada por nada menos de 285 vezes, e traduzida por "armadura", "instrumento", "joia", "arma", "vaso" etc. (Ver, para exemplificar, 1Sm 17.40 e Zc 11.15,16). Era usada pelos pastores, pelos médicos, para transportar lâmpadas etc. No Novo Testamento, temos as palavras gregas *balántion*, "bolsa", em Lucas 10.4; 12.33; 22.35,36; e *glossókomon,* originalmente uma caixa para transportar uma flauta, mas depois um "receptáculo" usado para qualquer finalidade, palavra que aparece somente em João 12.6 e 13.29. (S UN)

BOM VIZINHO

"Vizinho", significa alguém que nos é **"próximo"**. Trata-se de alguém que vive nas proximidades geográficas e que, presumivelmente, é um amigo, ou, pelo menos, conhecido que nos parece importante. A boa vizinhança fazia parte importante da fé judaica, a respeito do que muitas obrigações eram impostas ao povo de Israel (Êx 20.16,17; Lv 19.18). Nas cidades modernas, esse conceito perdeu-se quase inteiramente, de tal modo que, com frequência, nem ao menos sabemos os nomes daqueles que vivem no mesmo quarteirão, ou mesmo na casa ao lado. Brigham Young, líder pioneiro dos mórmons, baixou ordens no sentido de que nenhuma cidade grande fosse edificada no Estado de Utah, nos Estados Unidos da América do Norte. Apesar disso, *Salt Lake City*, capital daquele Estado norte-americano, atualmente é uma cidade que ultrapassou a casa do meio milhão de habitantes. Young preferia cidades pequenas e bem dispersas, visto que essas comunidades têm taxas de crimes menores, e problemas menos agudos que as cidades grandes. Isso se deve, pelo menos em parte, ao espírito de boa vizinhança, que prevalece nas comunidades menores, juntamente com a pressão imediata da boa vizinhança e da opinião pública, que se perde nas cidades grandes.

Jesus ampliou a definição de "próximo" a fim de incluir todos aqueles que precisem, porventura, de nossa ajuda (Lc 10.25-32). Ele também ensinou que a lei pode ser sumária no preceito do amor ao próximo (Lc 22.37-40), e Paulo reverberou o tema em Romanos 13.8: ... *pois quem ama ao próximo, tem cumprido a lei* Ver o artigo sobre *o Próximo.*

Um bom vizinho é alguém que observa esses princípios espirituais e éticos. Não está limitado a condições locais, raciais ou geográficas, mas deixa-se impulsionar pela compaixão e pela lei do amor (vide). Tiago chama o amor ao próximo de *lei régia* (Tg 2.8). (H I NTI)

BONHOEFFER, DIETRICH (1906-1945)

Teólogo e líder da igreja Confessante na Alemanha até seu martírio pelos nazistas, Bonhoeffer permanece como uma das vozes mais avivadoras do cristianismo contemporâneo, a despeito do caráter fragmentário e ocasional de grande parte de seus escritos.

Nascido em família de posição social destacada e educado em Berlim, Tubingen e Roma, a primeira obra teológica de Bonhoeffer, *Sanctorum Communio* [*Comunhão dos santos*], buscou estender uma ponte entre a teologia da revelação e a sociologia filosófica ao descrever o modo pelo qual o transcendente é encontrado na vida corporativa. A obra contém muitas das sementes de seus escritos posteriores famosos como acontece com outro estudo sobre o lugar da ontologia na teologia sistemática, *Act and Being* [*Agir e ser*].

Um período no *Union Theological Seminary*, em New York, levou Bonhoeffer a assumir forte reação contra a teologia liberal e confirmou sua nascente atração por Barth, naquela época começando sua vasta obra *Dogmática da igreja*. Ao retornar à Alemanha, Bonhoeffer foi ensinar em Berlim. Suas palestras, depois publicadas, *Criação e queda*, uma interpretação de Gênesis 1—3 altamente carregada de acusação, e *Cristologia* mostram muita influência de Barth.

Ao mesmo tempo, Bonhoeffer envolve-se cada vez mais no movimento ecumênico jovem e na oposição a Hitler. Na metade da década de 1930, emerge como líder da igreja Confessante, que recusa qualquer aliança entre cristianismo e nazismo. Até seu trágico fim, passa a administrar um seminário da igreja Confessante, em Finkenwalde.

Desse período de sua obra são alguns de seus escritos mais conhecidos sobre espiritualidade, notadamente *Vida em comunhão* e *O preço do discipulado*. Até sua prisão, em 1943, Bonhoeffer esteve trabalhando em sua obra *Ética*, publicada postumamente. Suas criações no cárcere, reunidas sob o título de *Cartas e escritos da prisão*, tornar-se-iam documentos teológicos dos mais influentes de nossa época, notadamente por levantar questões a respeito do relacionamento entre o cristianismo e o aparato da religião humana.

Adeptos da proposta da chamada "teologia da secularidade" buscaram um pioneiro em Bonhoeffer, mas deixaram escapar, de modo geral, as nuanças de sua obra. Por trás das *Cartas e escritos*, não há tanta confiança a respeito do poder humano quanto no abandono posterior de Bonhoeffer da perspectiva de Barth quanto à relação da revelação para com a história humana. Assim é mais do que a negação da possibilidade de toda linguagem objetiva a respeito de Deus que deveria proporcionar o ponto de partida para a avaliação das asserções fragmentárias de Bonhoeffer sobre "cristianismo sem religião" ou a "iminente era" do homem. Na verdade, Bonhoeffer procura corrigir Barth ao voltar a introduzir a ênfase na relativa autonomia da ordem natural como esfera da presença e ação de Deus. Desse modo, Bonhoeffer move em direção a uma visão teológica da responsabilidade humana, tema que ocuparia o próprio Barth em seus anos finais. A própria biografia de Bonhoeffer, da qual sua teologia é inseparável, mostra seu crescimento paralelo da consciência de responsabilidade para com a história. Ele viveu em um período altamente crucial da história política e intelectual da Europa e boa parte das tragédias da época ele condensou em sua própria vida.

(J. B. **Wesbster**, M.A., Ph.D., professor de Teologia Sistemática do Wycliffe College, Toronto, Canadá.)
BIBLIOGRAFIA. Obras: *Gesammelte Schriften*, 6 vols. (Munique, 1958-74); *Sanctorum Communio* (London, 1963); *Act and Being* (London, 1962); *Christology* (London, 1978); *The Cost of Discipleship* (London, 1959); *Creation and Fall* (London, 1959); *Ethics* (London, 1978); *Letters and Papers from Prison* (London, 21971); *Life Together* (London, 1954); *No Rusty Swords* (London, 1965); *True Patriotism* (London, 1973); *The Way to Freedom* (London, 1966).

Estudos: E. Bethge, *Dietrich Bonhoeffer* (London 1970); A. Dumas, *Dietrich Bonhoeffer, Theologian of Reality* (London, 1971); J. D. Godsey, *The Theology of Dietrich Bonhoeffer* (London, 1960); H. Ott, *Reality and Faith* (London, 1971); J. A. Phillips, *The Form of Christ in the World* (London, 1967); R. Gregor Smith (ed.), *World Come of Age* (London, 1967).

BOQUIM
No hebraico, **"pranto"**. Nome dado a um lugar, provavelmente perto de Silo, onde se encontrava o tabernáculo armado, quando um anjo do Senhor reprovou os israelitas reunidos por causa de sua desobediência, ao entrarem em liga com os habitantes da terra, e por não se terem apossado de sua herança. Isso causou profundo lamento entre o povo, o que deu nome a esse lugar (Jz 2.1,5).

BORDADOR, BORDADEIRA
No hebraico, o bordador era o *raqam*, palavra que ocorre por duas vezes: Êxodo 35.35 e 38.23. O bordado é expresso pelo termo hebraico *shabats*, "entretecer", usado por duas vezes: Êxodo 28.39 e 28.20.

As artes de bordar, costurar e outros trabalhos de agulha eram praticadas tanto entre os hebreus como entre os povos circunvizinhos (Êx 28.29,32; 35.25; Jz 5.30; Sl 45.14). Muito antes dos dias de Abraão, os cananeus bordavam finos tecidos, empregando padrões de vívidas cores. A arqueologia tem encontrado restos de equipamentos de tinturaria em Ugarite. Biblos e outras cidades costeiras da Fenícia tinham a reputação de produzir ótimos tecidos e vestes. Da concha do murex era extraído um pigmento púrpura avermelhado, além do que várias plantas produziam material que podiam ser usados como corantes. As descobertas arqueológicas em *Tell Beit Mirsim* produziram evidências de bordados muito bem feitos, tecidos tingidos e trabalho artístico com a agulha. Mantas da Mesopotâmia eram proverbiais quanto à sua beleza. Antes mesmo da época de Abraão, governantes babilônicos tinham suas próprias fábricas de produção de bordados. O Egito também produzia excelentes produtos de linho fino, desde 2900 a.C. Foi no Egito que Israel aprendeu essa arte, e algumas famílias faziam do bordado o trabalho de suas vidas inteiras (Êx 35.30,35; 1Cr 4.21). O Antigo Testamento mostra-nos que era mister uma grande habilidade na produção das vestes dos sacerdotes e sumos sacerdotes, o que incluía até mesmo o uso de fios de ouro entretecido em linho fino retorcido. O trecho de Josué 7.21 menciona vestes assírias e babilônicas. Naturalmente, esses produtos eram comercializados em alta escala (Ez 27.24).

Usos Simbólicos. O trabalho de bordador pode simbolizar o luxo e o comércio lucrativo (Sl 45.14; Ez 27.16). As vestes do sumo sacerdote, em seu material e em suas cores, também teriam sentidos simbólicos. As cortinas bordadas para o portão do átrio e para a porta do tabernáculo eram símbolos de restrição ao acesso. (Ver JE, artigo sobre *Bordado*). MIL LUT.

BORLAS
No hebraico temos duas palavras envolvidas: **1**. *Tsitsith*, "borlas", palavra usada por três vezes: Números 15.38,39. **2**. *Gedilim*, palavra usada por duas vezes: Deuteronômio 22.12 (onde nossa versão portuguesa diz "borlas") e 1Reis 7.17, (onde nossa versão portuguesa diz "ornamentos torcidos"). Ambas as traduções desta última palavra fazem sentido, pois ela significa "fio torcido". Os israelitas receberam ordens de costurar na beirada de suas vestes essas borlas, a fim de lhes servirem de lembretes dos mandamentos de Deus, aos quais deveriam obedecer. Isso lhes servia de lembrete constante, pois era algo que sempre lhes sobressaía diante dos olhos. As borlas eram feitas de linho torcido azul, costuradas em cada canto das vestes. É possível que a cor azul das mesmas simbolizasse a origem celestial dos mandamentos. Um outro lembrete eram os *tephillim, ou filactérias*, usadas sobre a testa, pelos homens judeus, quando da oração matinal. Eram pequenas caixas de pergaminho, com um trecho pequeno das Escrituras no interior. E também havia a *mezuzah*, uma pequena caixa oblonga que continha um trecho copiado das Escrituras, afixada às portas dos quartos de uma residência israelita.

Jesus e as Borlas. Um dos mais notáveis milagres de Jesus ocorreu quando a mulher hemorrágica tocou nas borlas de suas vestes, e seu fluxo de sangue estancou imediatamente (Mt 9.20). O trecho de Mateus 14.36 mostra-nos que o sentimento dela, de que seria curada, se ao menos tocasse nas borlas das vestes de Jesus, era compartilhado por outras pessoas. De fato, tantos quantos tocaram ali foram curados. Os israelitas sempre tiveram as borlas das vestes em alta conta, como símbolos de poder espiritual, ou essas crenças jamais teriam surgido.

Os Fariseus e as Borlas. O Senhor Jesus condenou a ostentação dos fariseus, que mandavam fazer grandes borlas para suas vestes, a fim de chamarem a atenção alheia (Mt 23.5). Os homens sempre gostam de receber as honras que pertencem unicamente a Deus.

Outras Referências. As borlas das vestes não tinham, necessariamente, alguma significação religiosa. Com frequência, eram apenas itens decorativos das vestes. Monumentos provenientes do Egito e do Oriente Próximo mostram que muitos tipos de borlas eram usados, alguns deles bastante elaborados. Os babilônios também decoravam suas vestes com borlas.

Os Hebreus e as Borlas, em Tempos Posteriores. Os judeus deixavam de usar esse item externo de suas vestes em tempos de perseguição, da parte dos pagãos ou dos cristãos, a fim de não serem tão facilmente identificados. Em substituição, eles usavam uma espécie de veste íntima, que lhes cobria o peito e as costas, com borlas. Os modernos judeus ortodoxos até hoje usam borlas em suas vestes. Xales de oração, com borlas costuradas a eles, também eram usados. Atualmente, o fio azul retorcido não mais é considerado necessário. (ID Z)

BORRA DE VINHO
No hebraico, *shemarim*, **"preservadores"**, palavra que aparece por cinco vezes (Is 25.6; Jr 48.11; Sf 1.12; Sl 75.8). Trata-se daquele sedimento que se ajunta no fundo dos receptáculos com o vinho. Quando o vinho juntava a borra, era considerado de qualidade superior, porquanto o vinho que juntava tais sedimentos se tornaria mais forte e concentrado.

Usos Metafóricos. **1**. A era messiânica será um tempo de bênção especial, pois então o vinho será excelente, e por longo tempo ficará com a sua borra (Is 25.6). **2**. Ficar repousando nas fezes (borra) do vinho indica aqueles que, devido a um longo período de prosperidade, chegaram a uma posição de força, e que, devido às distorções do ócio, terminam deleitando-se em ações corrompidas (Jr 48.11; Sf 1.12). **3**. Sorver o vinho até às escórias indica experimentar o castigo divino até o fim (Sl 75.8).

BOSOR
Nome de um homem e de uma cidade referida no livro apócrifo de 1Macabeus, a saber: **1**. Uma forma alternativa do nome de Beor, pai de Balaão, em 2Pedro 2.15. Essa forma aparece no original grego do Novo Testamento, sendo seguida por algumas versões. Mas nossa versão portuguesa atém-se à forma derivada

do hebraico, *Beor*. **2**. Uma cidade de Gileade cujos habitantes perseguiram seus residentes judeus, a qual, subsequentemente, foi capturada por Judas Macabeu (1Macabeus 5.26,36). Tem sido identificada com a moderna Buar el-Hariri. Houve tempo em que essa cidade ficava dentro do território de Rúben (Js 20.8).

BOSORA

Uma cidade de Gileade, identificada com a moderna Busra eski Sham, a 43 km a leste de Ramote-Gileade. Também era chamada Bozra e Bostra. Porém, não devemos confundi-la com Bosor (ver o artigo), que ficava cerca de 40 km a norte-noroeste de Bosora. Também não deve ser confundida com a Bozra de Edom. Judas Macabeu derrotou os habitantes de Bosora durante a sua campanha em Gileade, em cerca de 165-162 a.C. Houve *então* os usuais incêndios e matanças (1Macabeus 5.26,28. Josefo, *Anti*. xii.8.3). Nas cartas de Amarna (ver o artigo) encontramos o nome Busruna. Sob o nome de Bostra, a cidade tornou-se capital da Arábia romana. (Z)

BOTA

No hebraico, *seon*, **"sandália"** ou **"sapato"**, embora de forma distinta das sandálias e calçados do Oriente. Aparece somente por uma vez, em Isaías 9.5. No Novo Testamento, em Efésios 6.15, temos o verbo "calçar", *upodéomai*, que também figura em Marcos 6.9 e Atos 12.8. O trecho de Isaías provavelmente refere-se à bota militar dos assírios. Mas a alusão paulina, na epístola aos Efésios, deve ser à bota cravejada dos soldados romanos, a *caliga*, da qual Gaio César derivava seu apelido, *Calígula* (vide). Essa bota era feita de couro, com tiras de couro trançadas até à batata da perna. Os centuriões romanos tinham um calçado melhor, chamado *bardaicus calceus*, cujo nome vinha dos bardaei, uma tribo ilírica (ver Juvenal 16.13 e 3.24). Um outro nome comum para a bota, em latim, era *o calceus*, que também era usado para indicar sapatos. A Vulgata, em Efésios 6.15, diz: *et calceati pedes in praeparatione evangelii pacis*. (Z)

BOZCATE

No hebraico, **"altura"**. Uma cidade situada nas planícies de Judá (Js 15.39). Ficava no distrito de Sefelá, perto de Laquis. Era a terra natal da mãe de Josias, Jedida (2Rs 22.1).

BOZES

No hebraico, **"altura"** ou **"brilhante"**. Era nome de uma das penhas íngremes que havia no desfiladeiro de Micmás. A outra penha era chamada Sené (1Sm 14.4). Naquela área, Jônatas e seu armeiro subiram quando atacavam um posto avançado dos filisteus. O local fica perto do moderno wadi es-Suweinit, mas nenhuma identificação exata se tem podido fazer.

BOZRA

No hebraico, **"fortaleza"**, **"recinto fechado"**. Era nome de dois lugares, nas páginas do Antigo Testamento, a saber: **1**. Uma cidade de Edom, residência de Jobabe (Gn 36.33; 1Cr 1.44. Ver também Is 34.6; Jr 49.13,22; Am 1.12). Tem sido identificada com a moderna Buseireh, localizada no início do wadi Hamayideh, em uma escarpa isolada, cercada por três lados por profundos vales. Fica cerca de 48 km ao norte de Petra. Era a mais poderosa fortaleza no norte de Edom, controlando o acesso à Estrada do Rei, e portanto, à Arabá e ao porto de Elate, no mar Vermelho. É possível que tenha funcionado como capital de Edom, pelo menos em parte de sua história. Tornou-se famosa por causa de suas vestes tingidas (Is 63.1). **2**. Uma localidade de Moabe (Jr 48.24), que talvez fosse a mesma Bezer (vide). (UM Z)

BRACELETES

No hebraico encontramos várias palavras: **1**. *Etsadah*, "tira de braço", "corrente", usada apenas por duas vezes: 2Samuel 1.10 e Números 31.50. **2**. *Chach*, "gancho". Palavra usada por sete vezes. Por exemplo: Êxodo 35.22; 2Reis 19.28. Geralmente indicava um gancho para manter cativos homens ou animais (2Rs 19.28; Ez 29.4), embora em Êxodo 35.22 apareça como um ornamento. **3**. *Tsamid*, "bracelete". Palavra que aparece por sete vezes. Por exemplo: Gênesis 24.22,30,47; Ezequiel 16.11; 23.42. **4**. *Sheroth*, *"ornamentos torcidos"*. Palavra que aparece por cinco vezes. Por exemplo: Isaías 3.19.

Os braceletes eram um artigo de adorno, populares nos tempos antigos e usados por homens e mulheres igualmente (Ez 16.11). Eram fabricados de vários metais, como bronze, ferro, ouro, prata e até mesmo de vidro. A arqueologia tem trazido à luz muitos tipos de braceletes, inclusive aqueles deixados em túmulos reais, que os reis usavam com insígnias inscritas, designando a autoridade imanente em seu ofício. Alguns braceletes eram muito ornamentados com pedras preciosas incrustadas, pérolas e outras decorações.

Abraão enviou braceletes a Rebeca, através de Eleazar (Gn 24.22). Em Números 31.50 lemos que braceletes de prata e de ouro foram dissolvidos para o fabrico de vasos para o tabernáculo. Saul usava um bracelete real, quando morreu (2Sm 1.10). Também havia ornamentos que as mulheres de Israel usavam nos pés, que se assemelhavam a braceletes (Is 3.17,18,20) e dos quais o profeta zombou. O trecho de Judite 10.4 alista braceletes entre os muitos itens de enfeites que as mulheres da época costumavam usar. Ver *ornamentos*. (UN HA)

BRAÇO

Esse vocábulo é usado por 84 vezes no Antigo Testamento e por três vezes no Novo Testamento. Em alguns poucos casos refere-se a um braço humano literal (ver Jz 15.4 e 16.12); mas, com maior frequência, há um uso metafórico, que inclui as seguintes ideias: **1**. O braço desnudo e estendido, que representa atos que revelam o poder de Deus a fim de remir ou destruir (ver Êx 6.6; Is 51.9; 52.10 e Ez 20.33). **2**. Um símbolo de refúgio (ver Dt 33.27). **3**. A diminuição ou destruição de algum poder, quando então a ideia é a de quebrar o braço (ver Sl 10.15; Ez 30.21 e Jo 12.38). **4**. O fortalecimento de grandes realizações (ver Sl 18.34). **5**. Como símbolo de grande poder (ver Jó 40.9). **6**. O *braço de carne* simboliza a debilidade humana, pelo que não podemos confiar no poder humano (ver Jr 17.5). **7**. O braço mirrado indica a impotência (ver Zc 11.17). **8**. O braço simboliza proteção e preservação (ver Is 40.11 e Dt 33.27). **9**. Há também a representação de algum poder ou força impessoal, como os braços de um dilúvio (ver Dn 11.22). Há um certo paralelismo com a *mão*, especialmente com a mão direita (ver Sl 44.3). (FA ND S UN Z)

BRANCO

Tradução de várias palavras hebraicas e gregas, dentre as quais há uma mais importante no hebraico e no grego, esta última, *leukós*. No Antigo Testamento, a palavra "branco" serve para indicar a aparência natural dos objetos de cores claras, como o linho, a madrepérola e o pão branco (2Cr 5.12; Et 1.6; Gn 40.16), além de outros tipos de tecidos e materiais, como as cãs das pessoas idosas (ver Os 7.9), as cabras (ver Gn 30.35), os dentes, a lã, o leite e a lepra (ver Lv 13.3), ou o maná.

Pode-se obter um branco puro alvejando um tecido por longa exposição ao sol, ou usando fumaça de enxofre sobre o pano estendido. No mundo antigo, o trabalho dos alvejadores geralmente era entregue a pessoas do sexo masculino, por ser um trabalho árduo. O processo de alvejamento é aludido em Salmo 51.7, como símbolo de purificação do homem pecaminoso.

O branco, além de simbolizar a qualidade da inocência (ver Is 1.18) e da pureza, era também a cor das vestes dos santos, além de representar a deidade de Cristo (Mt 17.2). Era também a cor da vitória (ver Ap 6.2).

Nos dias de Jesus, os sepulcros eram caiados de branco, a fim de que os passantes, inadvertidamente, não pisassem sobre os mesmos, a fim de que evitassem a contaminação cerimonial (ver Mt 23.27), de acordo com certo preceito constante no antigo pacto (ver Nm 19.16). Ver também Cor, Cores.

BRASAS

Estão envolvidas duas palavras hebraicas e uma palavra grega, a saber: **1**. *Pecham*, que aparece por três vezes: Provérbios 26.2; Isaías 44.12 e 54.16. A LXX a traduz por *anthrakiá*. **2**. *Gacheltah*, "brasa acesa". Palavra que aparece por dezoito vezes (por exemplo: Lv 16.12; 2Sm 14.7; Jó 41.21; Sl 18.8; Is 44.19; Ez 1.13; 24.11). **3**. *Anthrakiá*, "brasas vivas", usada em João 18.18 e 21.9.

No hebraico, as palavras usadas envolvem, principalmente, carvão de madeira, pois na Palestina não havia depósitos de hulha, embora alguns disputem esse ponto. Os trechos de Isaías 44.12 e 54.16 apontam para o trabalho dos ferreiros, e Provérbios 26.21 alude a carvões não acesos ainda. Os trechos de Isaías 47.14 e João 18.18 mostram que carvões eram usados para cozinhar. Os montes do Líbano contêm algum carvão mineral, embora não haja evidências de que os hebreus chegaram algum dia a extraí-lo. O junípeiro e o buxo eram usados para fazer carvão de madeira (Sl 120.4).

Alguns estudiosos pensam que a alusão a "brasas" em Isaías 6.6 na verdade indica pedras aquecidas (Ver também 1Rs 19.6). Em Cantares 8.6 a referência é a pedras quentes, e não a brasas de carvão. No Novo Testamento, o "braseiro" aceso tinha por intuito aquecer os circunstantes.

Usos figurados. 1. O trecho de 2Samuel 14.17 refere-se à extinção da família de alguém, quando alguém apaga uma fogueira. **2**. Os "carvões", em 2Samuel 22.9; Salmo 18.8,18 podem referir-se ao processo de iluminação que procede de Deus. **3**. O "amontoar brasas vivas" sobre a cabeça de alguém, em Provérbios 25.22 e Rm 12.20, representa a vergonha e a confusão que os homens sentem quando a maldade que praticam é retribuída com o bem. **4**. Em Cantares 8.6, os carvões servem de paralelo do "ciúme", que é tão cruel quanto a sepultura.

BRASEIRO

No hebraico *esh*, **"fogo"**. Essa palavra é de ocorrência muito frequente no Antigo Testamento, por cerca de 360 vezes. Mas, com o sentido de "braseiro", nossa versão portuguesa só a traduz em Jeremias 36.22,23. Se, realmente, está em foco um braseiro, então deve ter sido um receptáculo portátil, feito de metal, onde se punham carvões acesos para aquecer um ambiente, durante os dias de inverno. Nesse caso, a casa de inverno de Jeoaquim era assim aquecida.

BRINCOS

No hebraico, *nezem*, **"argola de orelha ou de nariz"**. Essa palavra aparece por quinze vezes (para exemplificar: Gn 24.22,30,47; 35.4; Êx 32.2; Jz 8.24-26; Os 2.13).

O uso de brincos é um costume muito antigo, muito generalizado. Já desde os dias de Abraão há menção ao costume (Gn 24). Em algumas culturas, tanto homens quanto mulheres usavam brincos (Êx 32.2, onde se aprende que, desde a época de Moisés, meninos israelitas usavam brincos). O trecho de Juízes 8.24,25 mostra-nos que os ismaelitas também costumavam usar brincos. A arqueologia tem demonstrado que as estátuas gregas tinham os lóbulos das orelhas perfurados, para receberem brincos. Muitos tipos de brincos egípcios têm sido descobertos nas escavações arqueológicas. As damas egípcias usavam brincos grandes, tipo argola, feitos de ouro, de quatro a cinco centímetros de diâmetro. Alguns brincos consistiam em até seis argolas soldadas umas às outras. Alguns brincos tinham o formato de vespas, mas parece que o formato limitava-se aos membros da família real. Alguns brincos tinham formatos estilizados de diversos animais. Os antigos assírios, homens e mulheres igualmente, usavam brincos de vários formatos. Entre os hebreus, havia argolas para o nariz, muito parecidas com os brincos. A argola para o nariz está em foco em Gênesis 24.47; Provérbios 11.22; Isaías 3.21. Algumas vezes, joias eram vinculadas aos anéis, como decoração extra. Aparentemente, argolas e anéis de ouro, que os israelitas tinham em sua possessão, foram usados por Aarão para o fabrico do bezerro de ouro (Êx 32.2,3), o que nos sugere que muitas pessoas usavam prodigiosa quantidade de joias como adorno pessoal. É evidente que vários tipos de joias serviam como talismãs e amuletos, pelo que eram usados na idolatria e em práticas supersticiosas. Provavelmente assim se dava com os brincos usados pelos familiares de Jacó, que ele enterrou, juntamente com os deuses estranhos, em Betel (Gn 35.4). O Novo Testamento recomenda-nos moderação no uso de joias (1Tm 2.9, 10). (G I IB S)

BROCHE

Ver o artigo sobre *Ornamentos*. O broche era um fecho ornamental, com fivela, exercendo a função de alfinete de segurança. Alguns deles eram objetos muito dispendiosos, por serem feitos de ouro, de prata ou de bronze. Ver Êxodo 35.22. Havia broches na Palestina, desde o século X a.C., sendo usados por ambos os sexos para manterem as vestes no seu lugar. Eram fabricados com desenhos ornamentais, sendo tanto do tipo com dobradiça como do tipo de mola.

BRONZE

O bronze é uma liga feita de cobre, com algum estanho, embora as referências ao bronze, na Bíblia, possam indicar cobre puro. O bronze é menos maleável e mais duro que o cobre, embora mais apropriado para ser fundido, devido à sua maior fusibilidade, ou seja, seu mais baixo ponto de fusão. Quanto maior for a proporção de estanho, mais baixo será esse ponto de fusão. O uso do cobre remonta de cerca de 6000-5000 a.C., e o do bronze, de cerca de 3700 a.C. Esses dois metais encontram-se entre os primeiros sucessos metalúrgicos do homem. A expressão Idade do Bronze (vide) denota um período da história em que começaram a ser feitos instrumentos e armas de bronze (e de cobre), e não de pedra, madeira e osso, materiais que, antes disso, eram empregados com esse propósito.

Nas referências bíblicas, as traduções confundem o latão (vide) com o bronze, havendo a possibilidade de que, realmente, esteja em vista o cobre. (Ver Jó 28.2; Êx 26.11; 2Sm 8.8; Is 26.11; Nm 21.9; Ap 1.15; 2.18 e 9.20). Nos tempos do Antigo Testamento, Israel usava largamente o bronze. O templo de Salomão incluía vários objetos de bronze (2Rs 7.1-51), incluindo o lavatório de bronze, também chamado "mar de fundição", que repousava em sua posição sobre as costas de doze bois de bronze, no átrio do templo. Esse objeto, segundo cálculos modernos, pesaria umas trinta toneladas, tendo sido feito por artífices fenícios. O bronze servia para o fabrico de armaduras (1Sm 17.5), de algemas (Jz 16.21) e de receptáculos ocos (2Rs 25.14 e Ez 27.13), além de servir de material de construção, como portas (Sl 107.16), ornamentos (1Rs 7.14) e ídolos (Dn 5.4).

Usos figurados. 1. O bronze indica dureza e força (Lv 26.9; Dt 28.23). **2**. Também qualidades morais, como a firmeza (Jr 1.18), a obstinação (Is 48.4) etc. **3**. Um firmamento tórrido e sem chuvas (Dt 28.23), ou um solo gretado pela seca (Lv 26.19). **4**. O cativeiro (Lm 3.7). **5**. Estava associado à brutalidade, ao julgamento, ao sofrimento etc., devido à sua associação às armas de guerra e às armaduras defensivas. Por essa razão, Homero fala no "bronze sem misericórdia". Em Apocalipse 1.15 e 2.18, o bronze está ligado ao julgamento.

Pelos fins do segundo milênio a.C., o ferro começou a substituir o bronze, naqueles objetos que requeriam maior resistência; e o mundo foi passando para a Idade do Ferro. Ver o artigo sobre a Arqueologia. (AM BAR ID UNA)

BRUXARIA. Ver *Adivinhação*.

BRUXARIA E MÁGICA

A mágica e a religião sempre estiveram vinculadas bem de perto, e, na maioria dos casos, assim continua sendo até os tempos modernos. Talvez assim suceda tanto por causa da tentativa de elevar o véu que separa o homem do sobrenatural como porque o espírito humano jamais se sente satisfeito com uma perspectiva puramente materialista da existência.

Além disso, tanto a religião como as artes mágicas reivindicam para si mesmas a capacidade de obter ajuda, para o homem, da parte de poderes mais elevados ou sobrenaturais, possuindo alguma forma de credo ou ritual que leva esses poderes mais altos a notarem os homens, ajudando-os na realização de alguma coisa que porventura sintam não serem capazes de conseguir sem esse auxílio externo e sobre-humano.

Ao refletirmos, pode parecer razoável afirmar que as artes mágicas são meramente uma forma disfarçada de religião, que mantém o seu próprio credo doutrinário. Diferindo grandemente de cultura, mas ordinariamente dotadas dos elementos comuns das *divindades* e dos *espíritos* bons e maus, e sempre, de alguma crença na sobrevivência da alma, que é o estofo essencial que perfaz os alicerces doutrinários de quase todas as religiões, as artes mágicas são seguidas por muitos como sua própria religião. Isso lhes satisfaz o impulso de seguirem alguma expressão religiosa qualquer, que é perfeitamente natural para a natureza humana.

As artes mágicas são de âmbito universal. Existe a *magia branca* e a *magia negra*. Esta última emprega símbolos malignos e com frequência tenta produzir resultados maléficos através de maldições, encantamentos e bruxarias, mediante a destruição de um bonequinho que representa a vítima, e supostas alianças com os espíritos maus. Essa forma de artes mágicas pode assumir a forma de bruxaria, embora nem todas as formas de bruxaria pratiquem a magia negra — mas podem ser mais acertadamente classificadas como *magia branca*. Por sua vez a *magia branca* procura desfazer as maldições e os encantamentos por meio do uso de contra-encantamentos e encantamentos de natureza boa ou positiva, utilizando-se até mesmo de versículos e de passagens das Escrituras em suas fórmulas fundamentais. A "magia branca", por conseguinte, supostamente procura praticar o bem, e assim sendo, operaria através de espíritos ou deuses bons.

Nas páginas do AT, a palavra traduzida por *bruxa ou bruxaria* mui provavelmente se deriva de uma raiz que significa *cortar* e isso se refere ao ato de cortar as ervas usadas nos encantamentos e adivinhações. (Ver os trechos de Êx 22.18; Dt 18.10; Is 47.9,12 e Jr 22.9). Outros termos, associados às artes mágicas ou à bruxaria, significam "sussurrar" ou *encantar*, como nas passagens de Isaías 3.20 e Salmo 58.5; "encantador", como em Deuteronômio 18.11 e Isaías 42.9,12; ou *caldeu*, que pode significar a raça ou a classe dos mágicos daquela raça, segundo se lê em Daniel 2.2,4. Todavia, este último vocábulo pode significar *astrólogo*, conforme nos mostram diversas antigas inscrições babilônicas.

Nos livros do NT, a palavra grega *magos* e seus cognatos podem significar um mágico, um astrólogo. Originalmente, entretanto, se referia a um grupo racial da Idade Média, que assumiu posteriormente essa significação técnica. (Ver os trechos de At 8.9,11; 13.6,8 e Mt 2.1). O emprego desse vocábulo no Evangelho de Mateus certamente tem o sentido de *astrólogo*, e não de "mágico", conforme este último termo é atualmente compreendido. Lembremo-nos de que no passado a ciência astronômica era infante, empírica, e os seus cultores eram chamados "astrólogos", e não "astrônomos". A astrologia acredita na influência dos corpos celestes sobre a existência humana; a astronomia verifica as leis que regem os movimentos desses corpos. Há uma outra palavra, no NT, no grego *"pharmakos"*, que se deriva da ideia das poções poderosas usadas nas bruxarias, como drogas, venenos etc. (Ver Ap 9.21; 18.23; 21.8; 22.15; Gl 5.20). O vocábulo grego *ogoes*, que aparece em 2Timóteo 3.13, e que em nossa tradução portuguesa aparece como "impostores", pode significar um mágico ou encantador.

Embora as artes mágicas sejam ordinariamente condenadas no AT (ver as diversas referências dadas mais acima, que mostram a atitude negativa a respeito), há evidências de que os israelitas praticavam *certas formas* de artes mágicas; e certamente a sociedade judaica não estava inteiramente isenta disso, ainda que, algumas vezes, tais artes fossem praticadas sob a bandeira de *Yahweh*. Ornamentos eram usados como encantamentos, uma forma disfarçada, suave, de artes mágicas (ver Is 3.18-23). Esses ornamentos eram na forma de argolas de orelhas, broches com o formato de serpentes e várias outras modalidades de joias, o que, para as mulheres, não serviam de meros ornamentos, mas antes, eram encantamentos que supostamente atraíam a boa sorte, que facilitavam a concepção de filhos etc. Ou então eram objetos que as judias reputavam valiosos como preservadores contra as forças malignas, como se pudessem mantê-las à distância. O trecho de Gênesis 35.4, quase sem dúvida alguma, faz alusão a objetos dessa natureza, bem como a imagens domésticas.

A passagem mais notável à bruxaria dos hebreus aparece em Ezequiel 13.17-23, onde vemos profetisas judias a praticarem as artes mágicas a fim de preservar ou destruir indivíduos. Nisso elas eram mais *aptas* que as suas colegas pagãs. Outras formas mais inocentes de bruxaria existiam que, aparentemente, passaram sem sofrer condenação, como o uso de *encantamentos* de ervas, usados para assegurar a concepção de filhos, por parte das mulheres. (Ver Gn 30.14-18). O patriarca Jacó usou certa forma de artes mágicas quando usou varas de vários tipos, que supostamente fizeram o gado nascer com diversos sinais. Se o artifício realmente funcionou ou não, não vem ao caso. É altamente provável que Jacó pensou que tal método *daria certo*, porque, de outra forma não teria perdido tanto tempo com tal insensatez. (Ver Gn 30.37 e ss.).

É possível que o ato de Samuel, ao derramar água (ver 1Sm 7.6), tenha visado *induzir* uma tempestade, e que isso fosse uma forma qualquer de magia, embora alguns intérpretes muito se esforcem por *limpar* essas passagens de tal sentido possível, vendo nelas outros significados, a fim de evitar a ideia de que homens e mulheres de Deus aceitaram essas práticas sem qualquer censura. Outrossim, podemos observar o elevado poder que se dava, entre os israelitas, às bênçãos e às maldições, o que, sem dúvida alguma, eram um fator muito importante na sociedade hebreia. Os resultados disso são sempre apresentados como de conformidade autêntica ao tipo de bênção ou de maldição proferida, como se algum poder místico estivesse em operação por detrás da bênção ou da maldição. (Ver Gn 27.33,37; Nm 23.8,20 e 2Sm 16.10).

Na cultura egípcia, as artes mágicas, visando o bem-estar dos vivos e a segurança e o bem-estar dos mortos, eram praticadas continuamente. Várias modalidades de artes mágicas poderiam ser classificadas como "defensivas", "produtivas", "prognosticadoras", "malévolas", "fúnebres" e "operadoras de milagres". Através de tais meios supunha-se poder ajudar os homens no controle tanto de seu ambiente físico como de suas cercanias sobrenaturais, controlando tudo, desde a ação de um escorpião, de uma serpente, de animais ferozes, até as ações dos deuses ou espíritos, uma vez que essas coisas se relacionam aos homens. O futuro era adivinhado a fim de ajudar os homens a se defrontarem com ele, ou para que pudessem tomar decisões alicerçadas em um conhecimento prévio. Os mortos eram supostamente ajudados em seu voo para o grande além desconhecido.

Os praticantes das artes mágicas usualmente eram homens conhecedores de certas literaturas e de determinados ritos, e, quando em suas manifestações mais formais, eram construtores e chefes de templos.

Nem toda a arte mágica consiste em fraude ou truque. Embora seja óbvio que os efeitos de grande parte das artes mágicas, sobre as pessoas, dependem de suas próprias *reações psicológicas* a tais coisas — e as atitudes psicológicas podem ser *fortíssimas*, causando ou curando enfermidades, e possuindo até mesmo o poder de tirar a vida — não se pode negar que mais do que isso algumas vezes está envolvido nas artes mágicas. Não é mesmo impossível que *espíritos*, de uma ou de outra categoria, estejam em ligação com certos praticantes das artes mágicas, operando através destes últimos. Outrossim, é provável que alguns desses cultores da magia sejam pessoas psiquicamente dotadas, que podem exercer grande influência psíquica, de natureza boa ou má, possuindo poderes de clarividência, de telepatia ou de conhecimento anterior. É insensatez, portanto, classificar todas estas manifestações como fraudes ou truques. Os poderes daqueles que usam das artes mágicas podem ser perfeitamente reais, e incidentes tanto antigos como modernos confirmam isso. Isso não significa, entretanto, que a fraude não seja um elemento quase constante na magia.

As atitudes demonstradas como a de Robertson (em At 13.18 ss.), por conseguinte, laboram em erro, como quando ele diz: "Se alguém fica surpreendido que um homem como Sérgio Paulo tivesse sido vítimado pela influência dessa *fraude*, deveria relembrar-se do que Juvenal disse sobre o imperador Tibério, 'assentado sobre a rocha de Capri, com seu grupo de caldeus ao seu derredor'". É que o professor Robertson evidentemente supõe que as artes mágicas são sempre fraudulentas. Porém, ouso afirmar que se ele pudesse ter investigado os poderes psíquicos de Barjesus e dos *caldeus* que guiavam Tibério, teria encontrado um poder genuíno, embora *não* proveniente de Deus. Se tal poder, desses homens e de outros que lhes seguem as pisadas, é de natureza boa ou má, já é *outra* questão. Lucas informa-nos que o poder de Barjesus era usado para o *mal;* mas esse poder era autêntico, a despeito disso. Mas os homens do nosso século são de uma atitude tão materialista que até mesmo comentadores bíblicos supõem que tais práticas devem ser sempre fraudulentas, baseadas em meros truques, ao passo que a parapsicologia está atualmente conseguindo definir, em termos mais científicos, os poderes psíquicos que com frequência se encontram por detrás de tais manifestações. Ver o artigo sobre *Adivinhação*.

BRUXO. Ver *Adivinhações*.

BUGIOS

No hebraico é *koph*, e no latim é *cephus*. O termo hebraico é amplo em seu sentido, podendo designar vários tipos de símios, como macacos e o babuíno. No Antigo Testamento, a palavra aparece somente em 1Reis 10.22, onde alguma variedade de macacos constituía parte da carga importada pela frota mercante de Salomão. Provavelmente, esses animais eram trazidos do leste da África ou da Índia. Talvez esteja em foco o babuíno ou o macaco veludo, embora não possamos determinar o tipo exato envolvido nessa importação. Ao que parece, não havia babuínos nativos da Palestina, pelo menos até recentes períodos geológicos. Atualmente, o *habitat* mais próximo de qualquer espécie de macaco é a costa da Arábia, onde vive o babuíno sagrado (hamardriada). Essa espécie vivia no Egito desde os tempos mais antigos, onde também era adorado. O ídolo babuíno talvez tivesse chifres de cabras, o que também fosse aplicado às figuras de leões, cavalos e elefantes, conforme as mesmas aparecem em moedas. (S UN Z)

BULTMANN, RUDOLF (1884-1976)

Erudito e influente teólogo do NT, especialmente por meio de sua obra sobre uma interpretação existencialista da fé cristã. Após estudar em Tubingen, Berlim e Marburgo, Bultmann ensinou em Breslau e, de 1921 a 1951, foi professor de NT em Marburgo. Seu pensamento está exposto em sua obra *Theology of the New Testament* [*Teologia do Novo Testamento*], assim como em uma variedade de estudos do NT e de questões teológicas em suas várias coleções de ensaios e em seu amplo comentário do evangelho de João.

Bultmann concebeu suas proposições básicas sobre uma interpretação existencialista no início de seu desenvolvimento teológico, embora a terminologia de "querigma" e "mito" não tenha emergido senão no final da década de 1930. Para Bultmann, a interpretação do NT implica "demitização", *i.e.*, uma interpretação adequada da linguagem mitológica na qual é expressa seu querigma ou mensagem a respeito da existência humana. "Mito" é um termo flexível no uso de Bultmann, mas muito comumente denota uma linguagem de "objetificação". Tal linguagem projeta a realidade "lá fora", falando desta como um objeto essencialmente não relacionado com o autoentendimento e a existência humana. "Demitizar" os escritos bíblicos não significa eliminar sua mitologia, embora retenham material não mitológico: Bultmann criticou tal seletividade nas tentativas de alguns teólogos liberais do século XIX em querer desemaranhar os ensinos morais de Jesus de sua escatologia, por exemplo. Trata-se, mais propriamente, de um processo de interpretar a mitologia de modo consistente, em termos do entendimento da existência humana que ela enuncia. Assim, por exemplo, demitizar as narrativas da criação não é repudiá-las como inverossímeis, mas, sim, interpretá-las como expressões objetificadas do entendimento que o homem tem de si mesmo como casual.

Até certo ponto, demitizar é um exercício apologético, procurando distinguir a fé cristã de uma cosmovisão sobrenatural obsoleta, na qual a fé encontra expressão e que não está mais disponível para nós. Mas mais determinantes no pensamento de Bultmann do que tais considerações são os fatores filosóficos e teológicos. Ele absorveu muito da obra de Martin Heidegger (1899-1976) (ver Existencialismo), seu colega de Marburgo, cujo livro *Being and Time* [*O ser e o tempo*] (1927) é um dos textos fundamentais do existencialismo alemão. A análise que Heidegger faz da existência humana nesse livro o influenciou, principalmente, quanto à questão do homem como sujeito da história e cuja identidade não é a expressão de uma natureza dada antecipadamente, mas, sim, criada em atos históricos de decisão e escolha. Esse sentido do homem mais como "história" do que como "natureza", que emerge no tratamento que Bultmann dá à antropologia teológica em sua obra *Theology of the New Testament*, [*Teologia do Novo Testamento*], estaria em ligação estreita com a posterior influência da filosofia neokantiana de Marburgo de Hermann Cohen (1842-1918) e Paul Natorp (1854-1924), com seu dualismo radical de "fato" e "valor".

Essas influências filosóficas são, no entanto, absorvidas no que é essencialmente um projeto *teológico*. Por trás da demitização, acha-se uma tradição do luteranismo do século XIX, de acordo com a qual o conhecimento dos fatos objetivos constitui a "obra" humana, isto é, a tentativa de garantir o "eu" contra o encontro com Deus, mediante uma descrição codificada do ser e dos atos divinos. Na verdade, a demitização é, para Bultmann, o equivalente epistemológico da justificação pela fé: tanto as obras meritórias quanto o conhecimento objetificado de Deus são tentativas de garantir o eu contra Deus. Nesse ponto, Bultmann tem muito que ver com o teólogo luterano da virada do século Wilhelm Herrmann, que colocou ênfase na fé como um encontro com Deus no presente, mais do que um mero assentimento a realidades objetivas doutrinariamente descritas. Sob essa perspectiva, deve-se acrescentar que a atração primeira de Bultmann pela teologia dialética dos iniciantes Barth e Friedrich Gogarten (1887-1967) é prontamente compreensível, na medida em que ele, tal como Barth em *The Epistle to the Romans* [*A epístola aos Romanos*] (1919), rejeita qualquer base para a segurança humana contra a interrupção da parte de Deus.

Essa abordagem da demitização ou "desobjetificação" ajuda a contribuir para o ceticismo radical de Bultmann quanto à historicidade dos registros do NT. Juntamente com outros primeiros críticos da forma (ver Crítica Bíblica), como Martin Dibelius (1883-1947), Bultmann deduz, em *The History of the Synoptic Tradition* [História da tradição sinóptica] (1921), que os evangelhos não contêm quase nada de informação histórica autêntica a respeito de Jesus, mas, sim, material moldado e geralmente criado pelas comunidades cristãs primitivas. A teologia de Bultmann pode se permitir tal ceticismo, no entanto, exatamente porque os fatos históricos objetivos simplesmente constituem "conhecimento decorrente da carne". O conhecimento verdadeiro de Cristo é um encontro com ele, na palavra do querigma, como alguém que chama o homem para uma existência significativa. Assim, Bultmann elimina da cristologia o "Jesus da história" (ver Jesus histórico); o interesse histórico pela personalidade e pelos atos de Jesus não pode nem deve ser satisfeito, uma vez que simplesmente fornece ocasião para a evasão do homem da conclamação feita por Deus, a fim de se voltar a realidades objetivas. Do mesmo modo que Martin Kahler, cujo livro *The So-Called Historical Jesus and the Historic, Biblical Christ* [O chamado Jesus histórico e o Cristo histórico e bíblico] o influenciou profundamente, Bultmann considera ser objetivo da cristologia o "Cristo da fé", o Cristo que pode ser encontrado mais na existência do crente (ou, como protestantes mais antigos afirmariam, nos *benefícios* auferidos pelo crente) do que na observação histórica abstrata.

Conquanto a influência de Bultmann sobre o curso da teologia do século XX e sobre a interpretação bíblica tenha sido imensa, a erudição bíblica subsequente modificou muito de seu ceticismo histórico. Muitos de seus seguidores, associados à chamada "nova busca do Jesus histórico" (tais como E. Käsemann, E. Fuchs, 1903-1983, e G. Ebeling), encontraram uma âncora histórica mais forte para o querigma na história de Jesus do que Bultmann se permitiu; outros têm criticado radicalmente sua leitura do NT por refletir influências do gnosticismo e helenismo sobre o cristianismo primitivo.

Em teologia sistemática e em filosofia, Bultmann recolocou acentuadamente algumas questões fundamentais concernentes à relação da fé para com a história e a natureza da presença e ação divinas de modo que seu pensamento permanece fundamentalmente determinante para algumas reflexões teológicas contemporâneas. Ele buscou, consistentemente, construir uma teologia em que a questão de Deus e a questão da existência humana fossem inseparáveis. Mas, em razão de suas raízes históricas no luteranismo e da influência tanto da filosofia dualista quanto da existencialista, encontrou muita dificuldade em falar da transcendência de Deus e sua ação na história humana, uma vez que sempre suspeitou que tal discurso fosse objetificante. Sua teologia é considerada por muitos como carente de qualquer referência ontológica na interpretação da fé cristã, sendo desse modo radicalmente subjetiva, transformando afirmações a respeito de Deus em afirmações a respeito do homem. Conquanto isso possa ser verdadeiro em alguns dos seguidores de Bultmann, como H. Braun (n. 1903) e F. Buri (n. 1907), o próprio Bultmann, no entanto, sempre lutou pela necessidade de falar de Deus, mesmo que só de forma paradoxal. "O fato de Deus não poder ser visto ou apreendido fora da fé não significa que ele não exista fora da fé" (*Jesus Christ and Mythology* [Jesus Cristo e mitologia], p. 72).

Juntamente com seu contemporâneo mais chegado, Karl Barth, Bultmann decisivamente reformou o cenário da teologia protestante, e sua obra continua a estabelecer os termos de referência para algumas tradições teológicas.

(**J. B. Wesbster**, M.A., Ph.D., professor de Teologia Sistemática do Wycliffe College, Toronto, Canadá.)

BIBLIOGRAFIA. *Obras*: *Essays* (London, 1955); *Existence and Faith* (London, 1964); *Faith and Understanding* (London, 1969); *The Gospel of John* (Oxford, 1971); *History and Eschatology* (Edinburgh, 1957); *The History of the Synoptic Tradition* (London, 1963); *Jesus and the Word* (London, 21958); *Jesus Christ and Mythology* (London, 1960); *Primitive Christianity* (London, 1960); *Theology of the New Testament*, 2 vols. (London, 1952, 1955).

Estudos: H. R. Bartsch (ed.), *Kerygma and Myth*, 2 vols. (London, 1962, 1964); G. Ebeling, *Theology and Proclamation* (London, 1966); R. A. Johnson, *The Origins of Demythologizing* (Leiden, 1974); C. W. Kegley (ed.), *The Theology of Rudolf Bultmann* (London, 1966); J. Macquarrie, *An Existentialist Theology* (London, 1955); idem, *The Scope of Demythologizing* (London, 1960); S. M. Ogden, *Christ without Myth* (London, 1962); H. P. Owen, *Revelation and Existence* (Cardiff, 1957); R. C. Roberts, *Rudolf Bultmann's Theology* (London, 1977); J. M. Robinson, *A New Quest of the Historical Jesus* (London, 1963); W. Schmithals, *An Introduction to the Theology of Rudolf Bultmann* (London, 1968); A. C. Thiselton, *The Two Horizons* (Exeter, 1980).

BUL

Era o oitavo mês do calendário judaico, correspondente aos nossos meses de outubro e novembro (1Rs 6.38). Ver sobre *Calendário*.

BUNA

No hebraico, "**discrição**", embora outros prefiram "entendimento". Em 1Crônicas 2.25 há menção a um homem com esse nome, filho de Jerameel, da família de Perez, de Judá. Cerca de 1658 a.C.

BUNI

No hebraico, "**edificado**". Há três homens com esse nome, no Antigo Testamento: **1**. Um levita da época de Neemias (Ne 11.15), em cerca de 410 a.C. **2**. Um levita cujo descendente, Semaías, foi nomeado superintendente do templo de Jerusalém, após o retorno de Judá do exílio (Ne 11.15), em cerca de 445 a.C. Lightfoot diz que esse era o nome judaico de Nicodemos (Jo 3.1-3). **3**. Um levita que esteve presente quando da leitura pública da lei, por parte de Esdras (Ne 9.4).

BUNYAN, JOHN (1628-1688)

Pastor em Bedford e escritor, Bunyan foi bem possivelmente a figura religiosa inglesa mais influente do seu tempo. Cerca de doze anos e meio na úmida cadeia do condado de Bedford lhe propiciaram o galardão de mártir. Sua recusa corajosa em aceitar a liberdade em troca do silêncio lhe colocou na linhagem dos apóstolos. A oportunidade de provar a si mesmo lhe veio após sua conversão e chamado para o ministério, quando passou a fazer parte de uma igreja não conformista, congregacional na sua forma de governo e batista em suas ordenanças.

Bunyan era consumado calvinista em sua teologia, sendo o exemplo por excelência do casamento puritano da doutrina com a vida. Preocupava-se em apresentar a verdade de maneira experimental (*i.e.*, mediante a experiência) em suas pregações e em seus escritos. Teólogo guiado pelo Espírito Santo, tinha o dom de interpretar a verdade evangélica para multidões, aplicando, em seus muitos e variados textos e sermões, intencionalmente, as Escrituras à vida diária. Sua pregação era, assim, ao mesmo tempo bíblica e, quase sempre, de natureza terrena e, sendo centrada em Cristo, poderosa, prática e causadora de mudança de vida.

Surpreendente o talento de Bunyan com a pena: embora não tendo recebido uma educação formal, produziu nada menos que 66 obras. Seus escritos foram amplamente publicados e distribuídos em edições populares, de baixo custo, poucos exemplares dos quais restaram, porque suas obras eram lidas por todos até se desfazerem. O estilo muito humano de Bunyan e seu estilo alegórico contribuíram para a popularidade de seus livros. Os de maior sucesso foram *Grace Abounding* to the Chief of Sinners [Graça abundante para o maior dos pecadores] (1666), que narra sua própria conversão, e *Pilgrim's Progress* [O peregrino] (1682), famoso livro que descreve a batalha espiritual do crente. Não foi apenas a inigualável capacidade de expressão alegórica de Bunyan que assegurou sua popularidade, mas também sua nítida visão da condição desesperada da raça humana e da graça soberana e redentora de Deus. Para ele, justificação, regeneração, mortificação e santificação não são coisas que devam ficar arquivadas, mas são a própria substância da experiência cristã. Bunyan, o pregador, pastor, evangelista e autor nos cativa e impressiona; somos, no entanto, muito mais tocados por Bunyan, o peregrino, o homem talhado por Deus que tornou seu caminho uma porta para o céu.

(**W. N. Kerr**, B.A., B.D., Th.D., Ph.D., professor de História da igreja do Gordon-Conwell Theological Seminary, Massachusetts, EUA.)

BIBLIOGRAFIA. George Offor (ed.), *The Whole Works of John Bunyan*, 3. vols. (London, 1862); Roger Sharrock (ed.), *The Miscellaneous Works of John Bunyan* (Oxford, 1976- , a ser completada em 17 vols.); idem (ed.), *Pilgrim's Progress* (Harmondsworth, 1965).

James F. Forrest e Richard L. Greaves, *John Bunyan: A Reference Guide* (Boston, 1982); Richard L. Greaves, *An Annotated Bibliography of John Bunyan Studies* (Pittsburgh, PA, 1972).

BUQUI

No hebraico, **"dilapidador"**. Houve dois homens com esse nome, nas páginas do Antigo Testamento: **1**. Um filho de Jogli, príncipe da tribo de Dã, um dos dez homens selecionados por Moisés para distribuir a conquistada terra de Canaã entre as doze tribos (Nm 34.22). Cerca de 1618 a.C. **2**. Um filho de Abisua, pai de Uzi, da linhagem de Aarão (1Cr 6.5,51; Ed 7.4). Cerca de 1618 a.C. Não sabemos se ele chegou a tornar-se sumo sacerdote. Em 2Esdras 1.2, ele é chamado Borite.

BUQUIAS

No hebraico, **"desgastado por Yahweh"**. Foi um levita coatita, filho de Hemã. Era músico no templo de Jerusalém, e a seu cargo estava o sexto turno dos serviçais do templo (1Cr 25.4). Cerca de 1014 a.C.

BUXO

No hebraico, *teashshur*. A palavra ocorre apenas por duas vezes, em Isaías 41.19 e 60.13. Indica uma variedade do cedro. A árvore produz uma madeira dura, da qual são feitos muitos objetos, incluindo colheres e pentes. O nome científico da espécie é *Buxus Sempervirens longifolia*. A árvore pode atingir a altura de 5,60 m. As folhas são pequenas e escuras. Há flores minúsculas, esverdeadas pálidas, com estames amarelos. A espécie continua abundante nas colinas da Galileia, e era uma árvore comum nos tempos do Antigo Testamento.

BUZ, BUZITA

No hebraico, **"desprezo"**. Foi o nome de duas pessoas, no Antigo Testamento. **1**. O segundo filho de Naor e Milca (Gn 22.21), irmão de Uz. Cerca de 1880 a.C. Sua descendência provavelmente estabeleceu-se na Arábia Pétrea. Jeremias (25.3) anunciou julgamentos contra essa tribo, e o contexto sugere-nos uma localização no deserto da Arábia. **2**. Um membro da tribo de Gade (1Cr 5.14), pai de Jado. Cerca de 1093 a.C.

O pai de Eliú, Baraquel, é chamado de buzita (Jó 32.2,6).

BUZI

No hebraico, **"desprezado por Yahweh"**. Era pai do profeta Ezequiel (Ez 1.3), provavelmente um sacerdote, visto que Ezequiel também o era. Cerca de 598 a.C. Coisa alguma se sabe sobre esse homem, embora possamos supor que ele era sacerdote e/ou profeta, sendo pai de alguém que era sacerdote e profeta.

CABE. Ver sobre *Pesos e Medidas*.

CABEÇA

Há várias palavras hebraicas e uma palavra grega envolvidas neste verbete: **1**. *Gulgoleth*, "crânio". Palavra hebraica que aparece por três vezes com esse sentido: 1Crônicas 10.10. **2**. *Resh*, "cabeça". Palavra aramaica usada por treze vezes. Para exemplificar: Dn 2.28,32,38; 3.27; 7.1,6,9,15,20. **3**. *Rosh*, "cabeça". Palavra hebraica usada por quase 350 vezes com esse sentido. (Por exemplo: Gn 2.10; 3.15; Êx 6.14; 25; Lv 1.4,8; Nm 1.4,16; Dt 1.15; Js 2.19; 1Rs 2.32; 2Rs 2.3; Et 2;7; Pv 1.9; Ec 2.14; Ct 2.6.) **4**. *Kephalé*, "cabeça". Vocábulo grego que é usado por 75 vezes no Novo Testamento, desde Mateus 5.36 até Apocalipse 19.12.

Esse termo inclui tanto o crânio, que abriga o cérebro, como também o rosto. Alguns antigos reconheciam a cabeça como a sede da inteligência; mas outros pensavam que essa função era ocupada pelo coração. Ou então o coração seria a sede das emoções (Gn 3.15; Sl 3.3). Algumas vezes, a palavra "cabeça" indica a pessoa inteira (Gn 49.26; Pv 10.6). A palavra também é aplicada a animais, literalmente, como a cabeça de um novilho, nas ofertas queimadas (Lv 1.4), ou então indica o animal inteiro. Os objetos inanimados, como um portão, teriam cabeça, em sentido metafórico, segundo se vê em Salmo 24.7, *Levantai, ó portas, as vossas cabeças...* Cabeças de animais serviam de motivo de decoração, em desenhos, pinturas e peças do mobiliário.

Ferimentos e Enfermidades da Cabeça. A principal maneira de ferir a um inimigo consistia em produzir-lhe um ferimento na cabeça (Sl 68.21). A decapitação era uma forma de punição capital, sendo praticada na Assíria, na Babilônia, e em muitos outros países antigos. A lepra podia atingir uma pessoa na cabeça (Lv 13.42,44). A cabeça também estava sujeita a doenças da pele (Is 3.17), e a doenças internas (2Rs 4.29; Is 1.5). Ver o artigo geral sobre *Doenças*.

Costumes. Inclinar a cabeça diante de alguém simboliza humildade ou reverência (Gn 24.26; Êx 4.31; 43.28). Cobrir a cabeça representava tristeza (2Sm 15.30; Et 6.12). Pôr cinza ou pó sobre a cabeça indicava consternação e tristeza (Js 7.6; Jó 2.12). Impor as mãos sobre a cabeça de alguém era sinal de transmissão de alguma bênção, embora também pudesse indicar tristeza (2Sm 13.19; Jr 2.37). Os sacerdotes e os nazireus, entre os israelitas, estavam proibidos de rapar a cabeça (Lv 21.5,10; Nm 6.5). As cabeças dos inimigos, em tempos de guerra, ou dos criminosos, eram decapitadas em sinal de total vitória e escárnio (Mt 14.10; Jz 5.36; 1Sm 17.51).

Usos figurados. **1**. Jesus Cristo é o Cabeça da igreja (Ef 4.15). Há um artigo separado sobre esse assunto, intitulado *Cristo, a Cabeça; a igreja, o Corpo*. Ver também o artigo sobre o *Corpo de Cristo*. **2**. *Governantes*. (Ver 1Sm 15.17; Dn 2.38). **3**. Pessoas que ocupavam posições importantes (Is 9.14,15). **4**. A cidade principal de algum reino (Is 7.8). **5**. Deixar uma cabeça calva era julgar severamente (Is 3.24; 15.2). **6**. Levantar a cabeça era triunfar de modo jubiloso (Sl 3.3; Lc 21.28). **7**. Ungir a cabeça era consagrá-la ou mostrar respeito pela pessoa ungida (Êx 29.7; Lc 7.46). 8. Sacudir a cabeça era um gesto de zombaria, incredulidade ou consternação (Is 37.22; Sl 22.7; Jr 18.16; Mt 27.39).

CABELOS

No hebraico, temos duas palavras; no grego, também duas, a saber: **1**. *Sear*, "cabelo". Palavra que figura por 24 vezes. (Por exemplo: Lv 13.3,4,10,20,21,25,26;30-32,36,37; Nm 6.5; Jz 16.22; Ez 16.7.) **2**. *Saarah*, "cabelo". Palavra que aparece por sete vezes (Jz 20.16; 1Sm 14.45; 2Sm 14.11; 1Rs 1.52; Jó 4.15; Sl 40.12; 69.4.) **3**. *Thríks*, "cabelo". Palavra grega que ocorre por catorze vezes (Mt 3.4; 5.36; 10.30; Mc 1.6; Lc 7.38,44; 12.7; 21.18; Jo 11.2; 12.3; At 27.34; 1Pe 3.3; Ap 1.14; 9.8.) **4**. *Kóme*, "cabeleira". Palavra grega usada por 27 vezes. (Algumas referências são: Mt 9.35; 10.11; Mc 6.6,36; Lc 5.17; Jo 11.1; At 8.25).

Os cabelos são um assunto importante na Bíblia, e também na experiência humana. As mulheres estão sempre procurando ajeitar melhor os cabelos, para melhorar sua aparência, e a maioria dos homens preferiria que as mulheres deixassem seus cabelos soltos e longos. Quase todos os animais têm pelos que podem ser chamados por diferentes nomes, como lã ou penugem. O homem utiliza-se do pelo dos animais de muitas maneiras, tecendo-os ou não, para a fabricação de tecidos ou para rechear travesseiros ou colchões (Mc 1.6; 1Sm 19.13).

COSTUMES HUMANOS
1. Entre os Egípcios. Comentando sobre o assunto, Heródoto afirmou que os homens egípcios "só deixavam crescer o cabelo e a barba quando de luto, e que, em todas as outras ocasiões, raspavam-nos". Isso concorda com o trecho de Gênesis 41.14, onde vemos que José "barbeou-se" quando saiu da prisão para apresentar-se diante do Faraó. Parece que os motivos dos egípcios eram alguma mania de higiene exagerada. Lemos que os sacerdotes egípcios mostravam-se fanáticos quanto a isso, raspando todo o pelo do corpo a cada três dias. Até a cabeça das crianças era raspada, sendo deixados cachos ao redor da mesma, como decoração. Entretanto, as mulheres egípcias nunca raspavam os cabelos, nem mesmo quando de luto. Pelo menos os egípcios davam seu voto ao reconhecimento universal da beleza da cabeleira feminina.

2. Entre os Assírios e Babilônios. As esculturas e as gravuras que os arqueólogos têm achado mostram que os assírios e babilônios usavam cabelos longos, homens e mulheres. Heródoto também diz que esses povos usavam cabelos longos. Parece que eles usavam perucas para aumentar o volume dos cabelos.

3. Entre os Gregos e Romanos. Desde os tempos mais remotos os gregos, tanto homens quanto mulheres, usavam seus cabelos longos, exceto quando se lamentavam pelos mortos, quando os cabelos aparados eram um sinal de luto. Algumas vezes, os cabelos eram enrolados, formando um nó, ou então seguros com um espécie de alfinete grande. Os escravos com frequência usavam cabelos curtos e um cidadão ateniense livre jamais haveria de imitar os escravos, usando cabelos curtos. As mulheres gregas usavam cabelos longos, embelezando-os com vários penteados e enfeites, incluindo joias e alfinetes de cabelo de muitos tipos. Esses alfinetes eram feitos de ouro, de prata, de bronze, de marfim e até de pedras preciosas. Eram usados artifícios para tingir os cabelos, quando as damas se cansavam de ver seus cabelos da mesma cor todos os dias. Entre os romanos, havia paralelos desse costume. Os homens romanos, tal como os gregos, nos tempos antigos usavam cabelos longos. Ter cabelos curtos era identificar-se com os escravos, que os usavam curtos. Porém, por volta de 300 a.C., esse costume sofreu mutações, quando apareceram os primeiros barbeiros, na Sicília. Cipião teria sido o primeiro cidadão romano a barbear-se todos os dias. As barbas ficavam em moda e saíam de moda. Por volta do século II d.C., o costume era cortar os cabelos bem curtos, segundo faziam os atletas e os filósofos estoicos. Se atentarmos ao que Paulo diz, no décimo primeiro capítulo da sua primeira epístola aos

Coríntios, é quase certo que tanto os gregos quanto os romanos dos seus dias costumavam usar os cabelos curtos, no caso de homens; pois, de outra sorte, suas declarações ali não fariam sentido. (Ver Rm 11.14). Para Paulo, a própria natureza ensina que os homens deveriam usar cabelos curtos, e que as mulheres deveriam usar cabelos longos. Essa declaração seria impossível de compreender se, em sua época, os costumes fossem consideravelmente diferentes disso.

4. Entre os Hebreus. Os homens hebreus tinham grande respeito pela barba (vide), imaginando toda a espécie de virtude para a mesma. Mas a calvície chegava a ser motivo de zombarias (2Rs 2.23). Os jovens de ambos os sexos usavam longos cabelos soltos (2Sm 14.26; Ct 5.11). Os nazireus continuavam deixando seus cabelos longos (Nm 6.5). Mas parece que outros homens hebreus, quando atingiam a idade da responsabilidade, talvez aos 30 anos, costumavam cortar seus cabelos. Naturalmente, temos o relato sobre Absalão, que continuou usando cabelos longos. E, se ele assim fazia, é razoável presumir que outros também o fizessem, mesmo que isso não fosse uma regra geral (2Sm 4.26). Na época de Paulo, de acordo com 1Coríntios 11.14, o uso de cabelos curtos, por parte dos homens judeus, deve ter sido um costume universal, pois, de outra maneira, o que ele diz ali não teria o menor sentido. Mas, as mulheres judias, tal como as mulheres de outras culturas, muito se esforçavam por embelezar seus cabelos (Is 3.24). Esse tipo de atividade ocorria até mesmo entre os cristãos, e Paulo achou por bem censurar o exagero (1Tm 2.9), no que foi secundado por Pedro (1Pe 3.3). Josefo informa-nos que até mesmo homens davam-se ao trabalho de embelezar seus cabelos (Anti. iv.9,4). O trecho de Ezequiel 44.20 parece dar a entender que, de vez em quando, os homens aparavam seus cabelos com uma navalha. Surgiram certos profissionais que cuidavam dos cabelos das pessoas, como os barbeiros e as cabeleireiras (Ez 5.1).

5. Na igreja Cristã Primitiva. Paulo é quem nos fornece as linhas mestras, quanto a esse particular. As mulheres crentes devem usar cabelos longos, e os homens crentes, cabelos curtos (1Co 11). Paulo apelou para a natureza, como se esta nos desse esse tipo de instrução, não parecendo depender dos costumes sociais como diretrizes. Comentei extensamente sobre a questão, no NTI, em diversos versículos daquele capítulo de 1Coríntios. Visto que o costume social da época ditava que as mulheres honestas deviam usar cabelos longos, somente as prostitutas ou, talvez, as que se lamentassem por seus mortos contradiziam a regra geral. Nesse trecho paulino, não há como justificar cabelos curtos para as mulheres crentes. Se insistirmos que é correto que as mulheres cortem seus cabelos, então teremos de afirmar que o que Paulo ensinou sofria a influência dos costumes sociais de sua época, pelo que não seria aplicável aos nossos dias, embora tornasse a ser aplicável em alguma época futura. Outro tanto deve ser dito a respeito do uso do véu, pelas mulheres crentes. Contudo, que cada crente resolva a questão segundo a formação de sua consciência. Conheço um pregador que dividiu uma igreja local por esse motivo. Todavia, a questão não tem tanta importância assim, ainda que consideremos que essa instrução paulina seja obrigatória para todos os crentes.

6. Usos figurados. Os cabelos simbolizam a virilidade e a fertilidade. Em um sonho ou visão, os cabelos podem ter esse significado. Além disso, os cabelos são um símbolo natural da beleza feminina. No entanto, os cabelos de uma pessoa podem ser cortados sem que ela sofra muito com isso. Isso posto, os cabelos também simbolizam aquilo que tem pouco valor para uma pessoa (1Sm 14.45; 1Rs 1.52; Mt 10.30). Podemos entender muitas coisas, através das metáforas que usam os cabelos (Sl 40.12; 69.4), como uma distância minúscula (Jz 20.16); os cabelos grisalhos dão a ideia de honra ou autoridade (Pv 16.31; Ap 1.14), ou então decadência física e desintegração (Os 7.9). Cobrir a barba ou o rosto, de baixo até o nariz, é sinal de lamentação (Lv 13.45), ou então de tribulação e vergonha (Mq 3.7; Ez 24.17). O fato de que nossos cabelos estão todos contados na mente divina ilustra o valor da alma humana para o nosso Deus (Mt 10.30). Quando os cabelos ficam eriçados, isso significa medo (o que, realmente, pode suceder!) (Jó 4.15). O ato de arrancar os cabelos significa consternação e tristeza (Is 15.2). A unção dos cabelos é sinal de alegria ou respeito, quando esse ato é realizado em favor de outras pessoas (Sl 23.5; Lc 7.38,44).

7. Significação Religiosa dos Cabelos. Os povos primitivos modificavam o estilo de seu penteado em ocasiões especiais, como no período de lamentação pelos mortos, para indicar arrependimento por erros praticados etc. Os cabelos longos representam a força e a vitalidade físicas, como no caso de Sansão (Jz 16.17), bem como a dedicação a Deus, como através de um voto (Jz 13.5). Os cabelos também simbolizam as provisões de um voto feito a Deus e a sua *perpetuidade*, enquanto os cabelos permanecessem longos. Raspar os cabelos, por sua vez, indica humilhação, punição, desgraça. As ordens monásticas cristãs cortam os cabelos em sinal de iniciação. Os ascetas e eremitas hindus encontram alguma significação no arranjo ou desarranjo dos cabelos como símbolo de seu ascetismo. Entre os hindus, algumas vezes eles cortam os cabelos e oferecem-nos a alguma divindade, como um sacrifício ou símbolo do sacrifício do corpo inteiro, na busca pelas realidades espirituais. Na Grécia antiga, os cabelos eram oferecidos pelos jovens, aos deuses, em seus ritos de iniciação. (AM E FO NTI UN)

CABOM

O termo hebraico tem sido interpretado de várias maneiras, como "círculo", "montanhosa" ou "envolta". Era o nome de uma cidade na Sefelá, perto de Laquis (Js 15.40). Sua associação com Macbena (ver 1Cr 2.49), alicerça-se sobre a suposição de que ambas essas palavras procedem da mesma raiz hebraica.

CABRA

Há duas palavras hebraicas envolvidas: **1**. Ezequiel, "cabra". Palavra usada por sessenta vezes. (Por exemplo: Gn 27.9,16; Êx 12.5; 25.4; Lv 1.10; 3.12; 4.23,28; Nm 7.16; 15.24; Dt 14.4; 1Sm 19.13,16; Pv 27.27; Ct 4.1; Ez 43.22; 45.23.) **2**. *Sair*, "peludo". Aparece por 23 vezes (por exemplo: Lv 4.24; 9.15; 10.16; 16.7-10,15,18,20-22,26,27; Nm 28.22; 29.22,28,31,34,38; Ez 43.25.)

Com frequência, as Escrituras Sagradas associam a cabra à ovelha (Mt 24.32,33), embora a cabra fosse considerada menos valiosa e útil. No entanto, ambas as espécies eram usadas nos sacrifícios, e a carne e o leite de ambas eram usados pelos israelitas (Lv 3.12; 4.24; 9.15; 10.16; Nm 15.27; 28.22). Uma das primeiras referências a esse animal, nas páginas da Bíblia (Gn 37.31), refere-se a um desses animais que foi morto para manchar de sangue a túnica multicolorida de José, para dar a impressão de que ele fora morto por alguma fera. Isso mostra-nos que, desde os tempos mais remotos, esse animal era usado na Palestina. Muitos estudiosos supõem que a cabra foi o primeiro animal ruminante a ser domesticado. Há antepassados ainda selvagens, como a cabra de Bezoar ou a cabra cretense, *Capra aegragus*, que tem os pelos cor marrom avermelhado durante o verão e marrom cinza, durante o inverno. Vive desde a Índia até à ilha de Creta, embora atualmente esteja grandemente reduzida em números, em contraste com os tempos antigos. As cabras são conhecidas por seus passos firmes, mesmo sobre terreno muito acidentado. Geralmente percorrem largas áreas, buscando pasto.

Há evidências da domesticação da cabra desde a era neolítica, e seus ossos têm sido datados, pelo método do carbono, de seis a sete mil anos atrás. Houve certa variedade de cabras desde o início, mas, nos tempos modernos, o número das variedades ainda é maior. Objetos de arte antigos, encontrados no Egito, retratam a cabra.

Usos. Nos tempos bíblicos usava-se para consumo humano a carne e o leite da cabra (Jz 6.19). Contudo, era uma carne menos apreciada que a da ovelha ou a da vaca (Lc 15.29 ss.). As peles de cabras eram usadas para o fabrico de vestes, de tendas, de cortinas, de odres e de muitos itens de uso diário. O pelo da cabra era torcido e tecido. Além disso, naturalmente, o sistema de sacrifícios levíticos utilizava a cabra, conforme já notamos antes.

Destruidores. Alguns afirmam que, depois do homem, a cabra é o maior destruidor de terras da história. Na área do mar Mediterrâneo, as cabras chegam a subir em árvores baixas para comer seus brotos e raminhos. Isso é ilustrado em gravuras da mais remota antiguidade. A cabra destrói todo tipo de vegetação. Essa destruição tem sido tão intensa, em certos lugares, que, em resultado, as cabras têm morrido de inanição.

Usos figurados. No oitavo capítulo de Daniel, o bode representa o império grego (vs. 21). Em Mateus 25.32,33, ovelhas e bodes representam, respectivamente, os justos e os injustos. Nessa conexão, o bode talvez seja usado devido ao seu mau cheiro, teimosia e maus hábitos; mas, principalmente, porque era um animal considerado relativamente inútil e destruidor.

CABRA MONTÊS

No hebraico, *aggo*, palavra que aparece somente em Deuteronômio 14.5. A maioria dos eruditos confessa que o sentido da palavra é desconhecido. Há também uma outra palavra hebraica, *yeelim*, usada em 1Samuel 24.2; Jó 39.1 e Salmo 104.18, e que a nossa versão portuguesa traduz por "cabras monteses" nas duas primeiras dessas referências, e por "cabras montesinhas" na terceira delas.

É essencial distinguir entre essas duas espécies relacionadas, mas confundidas uma com a outra, conforme se vê também em nossa versão portuguesa. O íbex da Núbia (*Capra nubiana*) até hoje pode ser encontrado na porção oeste da Palestina. Em sentido estrito, a cabra montês é a *Capra aegagrus, o* principal antepassado selvático da cabra domesticada, ao passo que o íbex nunca foi domesticado. A cabra montês, em certo período, vivia até o sul da Palestina, onde têm sido encontrados restos e ossadas da mesma, em depósitos da Idade da Pedra, embora seja improvável que os israelitas tivessem-na conhecido. A maioria dos estudiosos opina que a cabra montês era o *yeel*, que identificamos acima com o íbex. Quanto ao *aggo*, temos que contentar-nos com uma espécie desconhecida, embora o trecho de Deuteronômio 14.5 mostre-nos que era um dos animais que os israelitas podiam consumir, pois era um animal limpo.

CABRIS

No livro de Judite (6.15,16; 8.10 e 10.6), um dos livros apócrifos do Antigo Testamento, ele aparece como filho de Gotoniel, um ancião, um dos três governantes de Betúlia, a quem Judite apelou, solicitando ajuda.

CABUL

A palavra, no hebraico, significa **"distrito"**. **1.** Era o nome de uma cidade na fronteira leste de Aser (Js 19.27), talvez a Chabolo que aparece em Josefo, *Vida* xliii.44. A moderna Kabul, nas colinas, cerca de catorze quilômetros e meio de Ese de Acre, é o local moderno. Porém, esse lugar nada tem a ver com a Kabura, da lista de Ramsés III, que ocupa o vigésimo terceiro lugar. Esse lugar fica um tanto mais ao sul. **2.** Um distrito ao norte da Galileia, onde havia cerca de vinte cidades, o qual Salomão cedeu a Hirão (1Rs 9.13), em pagamento parcial por havê-lo ajudado a construir o templo de Jerusalém. Hirão, entretanto, não ficou satisfeito com o pagamento, e chamou a região de *terra de Cabul,* que, provavelmente, significa, "de nada vale". É provável que Hirão, sendo um fenício, desejasse uma localização à beira-mar. Além disso, as cidades poderiam estar em mau estado, ou então faziam parte de uma região desértica. Hirão aparentemente devolveu as cidades a Salomão, e ele as reedificou. (2Cr 8.2).

CABZEEL

No hebraico, **"Deus recolhe"**. Uma cidade ao sul de Judá, lugar onde nasceu Benaia (Js 15.21; 2Sm 23.20; 1Cr 11.22). Em Neemias 11.25, esse nome aparece com a forma de Jecabzeel. Benaia (vide) foi um dos principais oficiais do governo israelita, na época de Davi e de Salomão. O lugar foi reocupado após o exílio babilônico. O local tem sido identificado com a moderna Kirbet Horah.

CAÇA

No hebraico, *tsayid*, "caça". Esse vocábulo aparece por dezenove vezes com esse sentido. Por exemplo: Gênesis 25.28; 27.5,7,19,25,31,33. Uma variante, *tsedah,* que tem o mesmo significado, aparece por nove vezes (por exemplo:, em Gn 27.3; Êx 12.39; Js 1.11; 9.11; 1Sm 22.10).

Qualquer tipo de caça é referido pelas palavras hebraicas acima, embora, usualmente, esteja em foco alguma caça da família do veado. Os hebreus não caçavam por puro esporte, conforme faziam outros povos do Oriente Próximo e Médio. Antes, abatiam predadores e animais para consumo. Contudo, houve caçadores bem conhecidos, como Ismael (Gn 21.20) e Esaú (Gn 25.27). Os israelitas caçavam vários tipos de aves, como a perdiz, e de quadrúpedes, como a gazela, a corça e o veado.

Por raras vezes o Antigo Testamento menciona essa atividade da caça. O Novo Testamento nunca a menciona. As comunidades nômades e rurais, em alguns lugares, dependiam (e continuam dependendo) muito da caça, para obter alimentos. Porém, o povo de Israel era uma nação essencialmente agrícola, que provia para suas necessidades alimentares mediante o cultivo de cereais e legumes ou mediante a criação de animais domésticos. O termo "caçador" foi aplicado a Ninrode, o fundador de Babel e de outras cidades do vale da Mesopotâmia (Gn 10.9). Os babilônios caçaram por mero esporte, capturando até mesmo leões, montados em cavalos e usando lanças. Muitos leões assim capturados tornavam-se animais de estimação ou eram usados para rechear zoológicos particulares. As referências do Antigo Testamento vinculadas à matança de animais, giram mais em torno da ideia de proteção dos rebanhos (Jz 14.5,6; 1Sm 17.34-36), nada tendo a ver com a caça como um esporte. Visto que certos animais selvagens podiam ser consumidos, de acordo com as leis dietéticas de Israel, é possível que alguma caça fosse efetuada com essa finalidade (Lv 17.13; Dt 14.5).

As armas empregadas na caça eram o arco e a flecha (Gn 27.3), as redes para apanhar aves e peixes (Pv 1.71; Ec 9.12), as armadilhas (Am 3.5), e os fossos (Sl 35.17).

A Questão Moral Envolvida na Caça. Os babilônios, os egípcios e os assírios caçavam por puro esporte. Muitas descobertas arqueológicas confirmam isso. No mundo moderno, a caça, quando é permitida, só ocorre certos períodos do ano, e está sujeita a vários regulamentos e proibições. Os homens podem ter ótimas residências, dois automóveis, dinheiro na poupança, mas eles gostam de sair à caça, ou para conseguir alimentos diferentes, ou por puro esporte, quase sempre por esta última razão. A caça pode ser justificada sobre bases morais? Ver o artigo sobre os *Animais*. Uma das razões que justificam a caça é quando uma dada região não consegue sustentar um maior número de animais selvagens do que aquele que é mantido mediante a caça e a captura, por não haver alimento necessário para tantos. Todavia, é errado matar, até mesmo animais, por simples diversão. Ensinei meus três filhos homens a não infligirem qualquer dor desnecessária, mesmo entre os animais irracionais.

CACHORRO

No hebraico, *kehleb,* que vem de um termo que significa **"uivar"**. No hebraico temos *kúon* e *kunárion*, "cão" e "cãozinho", respectivamente. O termo hebraico é usado por 31 vezes, de

Êxodo 11.7 a Jeremias 15.3. *Kúon* é termo grego usado por cinco vezes: Mt 7.5; Lc 16.21; Fp 3.2; 2Pe 2.22 (citando Pv 26.11) e Apocalipse 22.15. *Kunárion* é usado por quatro vezes: Mateus 15.26,27; Marcos 7.27,28.

Esse animal era considerado totalmente impuro para os hebreus, o que significa que, em Israel, ninguém ficava acordado à noite porque o cão do vizinho estava latindo. Na Palestina e no Egito, o cão era animal consumidor de carniça, percorrendo as aldeias e povoados brigando e rosnando por causa de qualquer alimento que encontrasse. Um cão, embora prefira a carne, come qualquer tipo de refugo, pelo que está sujeito a muitas doenças, algumas das quais ele pode transmitir ao homem. O trecho de 2Reis 9 registra como o cadáver de Jezabel foi devorado pelos cães. Na história temos provas de que, algumas vezes, os cadáveres eram lançados aos cães, para serem consumidos por eles, nas culturas antigas. No Egito, os cães eram muito apreciados. Parece evidente que o cão foi o primeiro animal a ser domesticado no Egito, onde era usado de muitos modos pelos caçadores, criadores etc., servindo como vigias e companheiros do homem. Israel, portanto, estava bem familiarizado com o cão; mas, uma vez que escaparam do Egito, os israelitas não quiseram continuar a amizade com os cães. Mas, visto que havia cães por toda a parte, os israelitas não conseguiam livrar-se deles. Restos de corpos de cães têm sido encontrados nas camadas mais inferiores de Jericó. A arqueologia tem encontrado certa variedade do *greyhound*, ou cão de corrida, que já seria domesticado desde 3000 a.C. Sabemos que em toda a Mesopotâmia, os cães eram muito estimados. Relevos provenientes da Babilônia retratam cães de diferentes raças. Os historiadores informam-nos que havia matilhas de cães que viviam perto das cidades, como se fossem lobos; de fato, cães selvagens viviam nas proximidades das cidades. Isso significa que havia muitos cães semisselvagens vivendo perto das cidades, constituindo um perigo às pessoas. Naturalmente, também havia cães que eram criados como bichos de estimação, os quais formavam uma elite entre os cães. Em Jó 30.1 há alusão ao cão que guardava as ovelhas. Isso significa que ou esse livro foi escrito antes do aparecimento do livro de Levítico, ou então que Jó não era israelita. O trecho de Isaías 56.10, ao falar sobre os cães mudos, que não sabem ladrar, sugere a existência de cães que guardavam os rebanhos, protegendo-os dos ataques dos animais ferozes. Por conseguinte, é possível que alguns israelitas criassem cães com propósitos especiais, como esse.

As cidades do Oriente Próximo e Médio até hoje são assoladas por imensas matilhas de cães que passam a noite uivando, algo que é aludido em Salmo 59.6,14. Os visitantes dos países orientais dizem-nos que essa condição é um descalabro. Ali, os cães continuam consumidores de carniça. Os árabes evitam cães soltos pelas ruas, por serem animais imundos. Ver o artigo sobre Limpo e Imundo.

Usos figurados. 1. Pessoas cruéis são chamadas "cães" (Sl 22.16,20; Jr 15.3). Estão em pauta os cães semisselvagens que havia nas proximidades das cidades antigas, mais semelhantes aos lobos, em seus hábitos. **2**. Expressões como "cão", "cabeça de cão" e "cão morto" eram usadas para indicar opróbrio ou humilhação, que as pessoas usavam contra outras ou contra si mesmas (1Sm 24.14; 2Sm 3.8; 9.8; 2Rs 8.13). **3**. Os gentios, como um povo cerimonialmente impuro que eram, são chamados "cães" (Mt 15.26,27). Temos nessa referência a história da mulher siro-fenícia. O relato mostra-nos que até mesmo pessoas humildes, consideradas impuras ou imundas, podem participar dos benefícios do evangelho. **4**. *Os falsos apóstolos* foram chamados "cães" por causa de sua impureza espiritual e ganância pelo dinheiro (Fp 3.2). **5**. Aqueles que são excluídos do reino dos céus são chamados "cães" (Ap 22.15), o que é uma referência à sua vileza espiritual, a razão mesma da exclusão deles. **6**. O próprio *Satanás* é chamado "cão", por causa de sua vileza e malignidade (Sl 22.20). **7. O Cão nos Sonhos e nas Visões. *a***. Uma pessoa fiel, em quem se pode confiar, pode ser representada como um cão. ***b***. Uma pessoa pode apresentar-se em um sonho mediante a imagem desse animal, talvez repreendendo os seus hábitos sexuais. ***c***. Um sonho com um cão que uma pessoa tinha pode representar aquele período de sua vida, nada tendo de específico com o próprio cão. ***d***. Uma caçadora, acompanhada de um cão, pode representar a Ânima, um dos arquétipos de Jung. A Ânima é a força feminina em um homem. ***e***. Um cão pode representar apetites sexuais descontrolados, ou então os aspectos não civilizados da personalidade de uma pessoa. (CHE S UN Z)

CACHORRO DE LEÃO

No hebraico precisamos considerar três palavras: **1**. *Gor*, "leãozinho". Palavra que ocorre por duas vezes: Jr 51.38 e Na 2.12. **2**. *Gur*, "leãozinho". Palavra que aparece por sete vezes: Gn 49.9; Dt 32.22; Ez 19.2,3,5; Na 2.11; Lm 4.3. **3**. *Ben*, "filho". Palavra extremamente comum, mas que, nesse sentido, ocorre somente em Jó 4.11 e 28.8.

Está em vista um filhote de leão, embora as Escrituras usem essas palavras (*gor* e *gur*) mais no sentido figurado do que no sentido literal. *O caso da palavra ben será comentado mais abaixo*. Elifaz, no livro de Jó, menciona os "leõezinhos" que teriam sido dispersos, por faltar presa ao leão velho (Jó 4.11). Interessante é observar que, quanto a *gor*, nossa versão portuguesa a traduz por "filhos da leoa", em Jó 4.11, mas por "leãozinho", em Jó 28.8.

A Babilônia haveria de rugir como os leõezinhos, por ocasião de sua destruição (Jr 51.38), e Nínive haveria de ficar desolada, onde os leões teriam capacidade de despedaçar presas suficientes para seus filhotes que viviam em covis (Na 2.11,12). Jacó profetizou: "Judá é leãozinho" (Gn 49.9). Isso equivale ao cumprimento feito por Moisés no caso de Dã (Dt 33.22); e Ezequiel reverberou isso, dizendo que os príncipes de Israel eram leõezinhos apanhados nas redes e nas armadilhas (Ez 19.2,3,5). Ver sobre *Leão*.

CACO

No hebraico, *cheres*, que significa "caco" em cinco oportunidades: Jó 2.8; Sl 22.15; Pv 26.23 e Is 45.9. Trata-se de algum pedaço de vaso de barro quebrado. Em Jó 2.8, um caco é mencionado como um objeto que aquele homem de Deus usou para raspar suas borbulhas, talvez para coçar-se ou para fazer as borbulhas estourarem e deixarem escapar o pus, embora nada haja de científico nisso que dizemos. Pedaços maiores eram usados para transportar brasas acesas, para transportar pequenas quantidades de água, ou como pesos para segurar no lugar as tampas de jarras ou panelas. Às vezes, esses fragmentos eram usados como material de escrita, em cujo caso eram chamados *ostraca*. Foi encontrado um minúsculo trecho do Novo Testamento em um caco desses; mas, afora isso, as *ostracas* têm servido de importantes evidências arqueológicas. As famosas ostracas de Laquis estavam escritas com correspondência militar entre aquela cidade e o seu posto avançado. As ostracas samaritanas aparentemente eram recibos do governo a respeito de taxas recebidas, sob a forma de produtos da terra; mas também podem ter sido recibos ordinários. Os cacos de cerâmica podem oferecer ajuda quando se trata de determinar a antiguidade de alguma coisa, às vezes melhor, que no caso de moedas antigas. Um dos usos práticos dos antigos é que eles transformavam os cacos em pó, para ser misturado com argamassa, para que a mistura fosse usada como uma espécie de material de revestimento à prova d'água, nas cisternas (vide). Ver o artigo separado sobre *Ostraca*. Ver também sobre *Olaria*.

Usos figurados. Os cacos de cerâmica podem significar qualquer coisa de pequeno valor, qualquer coisa desprezível (Is 45.9); ou alguma coisa muito seca (Sl 22.5); ou uma amizade fingida (Pv 26.23).

CADÁVER

No hebraico, *geviyyah*, **"corpo"**. O termo aparece por catorze vezes. Mas, com o sentido de *cadáver*, somente em Naum 3.3 e Salmo 110.6. E *também peger*, "carcaça", palavra usada por 22 vezes (por exemplo: 2Cr 20.24,25; Jr 31.40; 33.5; 41.9; Am 8.3).

No grego *ptôma*, "carcaça". Esse vocábulo aparece por sete vezes. (Mt 14.12; 24.28; Mc 6.29; 15.45; Ap 11.8,9).

Em português, "cadáver" indica um corpo humano sem vida. (Ver 2Rs 19.35; Is 37.36). Um cadáver insepulto significava desgraça e opróbrio, entre os antigos (Jr 16.4). Os gregos acreditavam que a alma não pode passar para o mundo dos espíritos enquanto não houver um sepultamento condigno do corpo morto. Ver o artigo sobre *Sepultamento, Costumes de*. Na antiguidade, usualmente o sepultamento se fazia, no máximo, 24 horas após a morte, pois, se não houvesse o início imediato do processo de embalsamamento, o clima muito quente precipitava sem tardança o processo de decomposição do cadáver. (Ver Mc 6.29; Mt 27.57,60).

Lição Espiritual Dada pelos Cadáveres. Quão pouca coisa é mister para reduzir o corpo humano a uma massa inerte, inútil, que começa a decompor-se. No entanto, antes dessa redução, provocada pela morte, quantos cuidados conferimos aos nossos corpos físicos! Quão prontamente desaparece aquilo que tanto valorizamos! Algumas estrelas do cinema têm segurado seus corpos em milhões de dólares. Depois, quando envelhecem, algumas delas passam a ter uma vida miserável, no olvido popular. Os seres humanos precisam aprender que a *pessoa real* é a alma eterna. As pessoas que têm passado pela experiência de quase morte (vide) afirmam que, quando da aproximação da morte, pouca atenção é dada ao corpo. Muitas vezes, as pessoas só têm uma correta perspectiva da vida quando já estão moribundas. Passamos a vida inteira pensando no corpo, a menos que, em algum ponto de nosso trajeto, mediante a conversão, venhamos a compreender o valor da vida espiritual. Infelizes e dignos de lástima são aqueles que pensam que o corpo humano é o próprio ser humano.

CADÊ

Décima oitava letra do alfabeto hebraico (vide), e que recebeu o valor numérico de noventa, nos tempos pós-bíblicos. Essa letra encabeça os versículos 137 a 144 do Salmo 119, e também dá início a cada verso ali constante.

CADEADO. Ver *Trancar* (*Cadeado, Fechadura, Pino*).

CADEIA, CADEIAS

No hebraico, *noser*, **"cadeias"**, **"laços"**. Palavra usada por onze vezes. Por exemplo: Sl 116.16; Jr 5.5; 27.2; 30.8; Na 1.13. No grego encontramos duas palavras: *álusis*, "cadeia", palavra usada por dez vezes (Mc 5.3,4; Lc 8.29; At 12.6,7; 21.33; 28.20; Ef 6.20; 2Tm 1.16; Ap 20.1), e *desmós* "algemas", palavra usada por dezoito vezes (Mt 7.35; Lc 8.29; 13.16; At 16.26; 20.23; 23.29; 26.29,31; Fp 1.7,13,14,17; Cl 4.18; 2Tm 2.9; Fm 10, 13; Hb 11.36; Jd 6).

Tanto no Antigo quanto no Novo Testamento há usos literais e metafóricos dessas palavras. **1**. Com o sentido literal de cadeias, correntes ou algemas, podemos ver At 28.20 e Lc 8.29. **2**. O trecho de Colossenses 2.19 alude aos músculos e juntas que unificam o corpo humano. **3**. O jugo dos animais, em Naum 1.13. **4. Vários usos metafóricos**: *a*. Opressão, cativeiro, aprisionamento (Na 1.13; Sl 116.16; Fp 1.7). *b*. Obrigações morais (Nm 30.5). *c*. Em Colossenses 2.19, a ideia de que o corpo místico de Cristo assemelha-se a um organismo inteiro, com suportes e ligamentos. Os antigos evidentemente pensavam que os ligamentos tinham algo a ver com a transferência de nutrientes. *d*. As cadeias do pecado, que prendem os homens ao mal (At 8.23). *e*. Na comunidade cristã há o vínculo da paz, que une as pessoas. *f*. O escrito de dívida, referido em Colossenses 2.14, cujos efeitos nos eram contrários. *g*. As justas leis de Deus, que nos restringem do mal (Jr 5.5). (FA HA S)

CADEIA (FIO) DE PRATA

Diz Eclesiastes 12.6: ... *antes que se rompa o fio de prata, e se despedace o copo de ouro, e se quebre o cântaro junto à fonte, e se desfaça a roda junto ao poço*. O autor sagrado acumula uma série de expressões poéticas que indicam a morte física. O sétimo versículo fala sobre o pó que retorna à terra e sobre o espírito que retorna a Deus. A alusão ao romper do fio de prata, conforme tem sido demonstrado por estudos sobre a natureza da morte, é mais do que meramente poética. Sabe-se atualmente que a porção não material é vinculada ao corpo físico por meio de uma espécie de filamento, com cerca de cinco centímetros de espessura, e que se assemelha a um campo de energia pulsante. Enquanto esse fio de prata não se rompe, o espírito, mesmo que saia do corpo, é capaz de retornar ao mesmo. Porém, se esse fio chegar a partir-se, então a morte torna-se permanente, e o espírito não mais pode retornar. Esse fio, segundo todas as aparências, é uma espécie de conector e comunicador de energias, entre as porções material e imaterial do corpo humano. Alguns têm chamado o fio de prata de cordão umbilical do espírito. Por ocasião da morte física, a comissão de recepção que vem acompanhar a pessoa à outra dimensão da existência, algumas vezes corta esse fio, o que nos leva a entender que a morte, na realidade, é uma espécie de nascimento em uma outra dimensão da existência. Também há outros aspectos da morte física que se assemelham a um nascimento. Ver sobre as *Experiências de Quase Morte*, quanto a uma completa descrição do que significa o processo da morte, o que inclui em quais sentidos a morte se assemelha a um nascimento. Esse fio de prata, algumas vezes, pode ser visto na experiência da *projeção da psique* (vide); enquanto o mesmo não é partido, o espírito pode retornar ao corpo sem qualquer dano. Essa experiência é uma das mais convincentes experiências, do ponto de vista empírico, da existência e da sobrevivência em potencial da alma, ante a morte física. O fato de que as experiências de quase morte também exibem uma porção imaterial, que sai da porção material, quando então, às vezes, o fio de prata torna-se visível para aquele que passa pela experiência, é um outro fator que favorece uma prova empírica da existência e da sobrevivência da alma. Ver o artigo sobre a *alma*, que inclui as diversas provas de sua existência e sobrevivência. Ver também o artigo sobre *Abordagem Científica à Crença na Alma e em sua Sobrevivência ante a Morte Física*. Os intérpretes do Antigo Testamento percebem vários sentidos no tocante ao fio de prata, julgando que se trata de uma menção à medula óssea da espinha dorsal. Não é impossível que tal coisa esteja em foco; mas também é perfeitamente possível que o autor sagrado tenha aludido ao misterioso fio de prata, conforme acabamos de explicar. É possível que ele tivesse consciência de sua existência mediante antigas narrativas de experiências de quase morte, bem como da projeção da psique. Na literatura antiga, há evidências sobre ambas essas coisas. (G I IB)

CADEIAS

No hebraico temos duas palavras muito parecidas: *aziqqim* (usada por duas vezes: Jr 40.1,4); e *ziqqim* (usada por cinco vezes, conforme se vê em Sl 149.8; Is 45.14; Na 3.10). Ambas as palavras têm o sentido de "algemas". O trecho de Jeremias 40.1,4 refere-se às cadeias com que foram atados os cativos, quando da queda de Jerusalém. Ver também Sl 149.8; Isaías 45.14; Naum 3.10 quanto a um uso similar. Um estudo sobre os monumentos assírios e egípcios revela que os prisioneiros usualmente eram amarrados com cordas, embora também fossem usadas cadeias de metal, isto é, algemas.

Usos figurados. **1**. Em Jó 38.31 a cadeia referida é a constelação das Plêiades. **2**. Qualquer coisa que cativa ou prende, no sentido figurado (Jd 6). **3**. Um símbolo de opressão ou castigo (Lm 3.7; Sl 149.8; Ez 7.23). **4**. O orgulho é como uma cadeia que mantém os homens debaixo de seu poder (Sl 73.6). **5**. Satanás será preso pela cadeia divina (Ap 20.1). **6**. A lei de Deus é uma cadeia moral e espiritual, uma obrigação e uma força restringidora (Pv 1.9). **7**. Fazer uma cadeia é preparar-se para o cativeiro e a escravidão (Ez 7.23). (G S LAN UN)

CADEIRA (ASSENTO)

Palavras Utilizadas e Detalhes. A ideia envolve duas palavras hebraicas e três palavras gregas, a saber: **1**. *Kisse*, "trono", "cadeira". Termo hebraico usado por 132 vezes (por exemplo: Jz 3.20; 1Sm 1.9; 4.13,18; 1Rs 2.19; Et 3.1; Pv 9.14). **2**. *Moshab*, "assento". Palavra hebraica usada por nove vezes com esse significado, embora não seja esse seu único sentido (por exemplo: 1Sm 20.18,25; Sl 1.1; Ez 8.3; 28.2). **3**. *Kathédra*, "cadeira", "tamborete". Palavra grega usada por três vezes (Mt 21.12; 23.2 e Mc 11.15). **4**. *Thrónos*, "trono". Palavra grega empregada por cerca de sessenta vezes, a grande maioria das quais no livro de Apocalipse, desde Mateus 5.34 até Apocalipse 22.1,3. **5**. *Bēma*, "assento de julgamento". Palavra grega usada por doze vezes (Mt 27.19; Jo 19.13; At 7.5; 12.21; 18.12,16,17; 25.6,10,17; Rm 14.10 e 2Co 5.10).

Nas páginas do Antigo Testamento, a palavra com frequência alude a qualquer assento ocupado por uma pessoa importante, sem importar se rei, ministro ou sacerdote, conforme se vê, para exemplificar, em Juízes 3.20; 1Samuel 1.9; 4.13,18; 1Reis 2.19 e Ester 3.1.

Entre os judeus, assentos considerados especialmente importantes faziam parte dos móveis das sinagogas. Jesus repreendeu os líderes religiosos de seus dias porque preferiam "o primeiro lugar nos banquetes e as primeiras cadeiras nas sinagogas" (Mt 23.6; cf. Mc 12.39; Lc 11.43; 20.46). Nas sinagogas da Palestina, os assentos mais atrás eram ocupados pelas crianças e por pessoas sem importância social. Quanto mais à frente estivesse um assento, tanto maior a importância da pessoa que o ocupava. Os assentos considerados mais honrosos eram aqueles dos anciãos, que sentavam-se voltados de frente para a congregação. Pois o homem que se assentava em um desses assentos podia ser visto por todos os circunstantes, e sua importância não podia ser perdida de vista. Em Alexandria, a principal sinagoga judaica tinha 71 desses assentos para anciãos (o que serve de testemunho sobre as dimensões daquela congregação). Esses assentos eram ocupados pelos membros do "Concílio" daquela comunidade religiosa.

Em algumas instâncias do Novo Testamento, a palavra grega *bēma* é empregada para designar um trono de julgamento (ver Mt 27.19; Jo 19.13; At 18.12,16,17; 25.6,10,17), referindo-se ao lugar ocupado por algum governador, procurador romano ou oficial que estivesse atuando como juiz. E, por duas vezes, o vocábulo é empregado para indicar Cristo sentado para julgar (Rm 14.10; 2Co 5.10), pelo que alguns têm distinguido entre o juízo exercido por Cristo e o juízo exercido por Deus, em seu trono.

A palavra grega *kathédra* era usada em sentido figurado, dando a entender, simplesmente, que o lugar havia pertencido a outrem, embora a palavra desse a entender, literalmente uma banqueta ou cadeira. Assim, os fariseus são descritos como quem se assentava na cadeira de Moisés, considerando-se ser eles os sucessores legítimos de Moisés (ver Mt 23.2). O Senhor Jesus, por sua vez, foi descrito a derrubar "as mesas dos cambistas e as cadeiras dos que vendiam pombas" (Mt 21.12).

Dessas palavras todas, a mais comum no Novo Testamento é o termo grego *thrónos*, que dá entender um assento real (ver Lc 1.52; Ap 2.13; 4.4; 11.16; 13.2;16.10). Assim, Satanás também tem um trono, os 24 anciãos ocupam 24 tronos, e o dragão entregará ao anticristo o seu próprio trono.

CADES-BARNEIA

No hebraico, a palavra *kades* significa **"consagrado"**. Está em foco uma localidade onde os israelitas acamparam por duas vezes, em sua jornada do Egito para a Palestina, através do deserto de Parã. Cades-Barneia assinalou as paradas de números dezenove e 37. O nome original do local parece ter sido Ritmá (vide). Foi chamado de Cades, quando o tabernáculo ali foi armado. Foi desse lugar que Moisés enviou mensageiros para que explorassem a Terra Prometida. Mas os israelitas ficaram assustados diante do relatório dos espias, e desejaram retornar ao Egito, chegando ao extremo de nomearem um comandante para levá-los de volta (Nm 14.4). Em resultado disso, Cades, *o santuário*, tornou-se En-Mispate, uma *fonte de julgamento*, por causa da incredulidade do povo de Israel, e em vista do que, eles foram sentenciados a vagar por um total de 40 anos pelo deserto.

1. Localização. O local tem sido identificado com 'Ain Kadeis, cerca de 43 quilômetros ao sul de Hebrom. A existência de água foi um fator determinante nessa identificação, porquanto Cades era um lugar bem servido de água, no meio do deserto, sendo essa a circunstância que permitiu que o povo permanecesse no local convenientemente.

2. Referências bíblicas. Em conexão com a marcha das tropas de Quedorlaomer (vide), rei de Elão, nos dias de Abraão (Gn 14.1-16); em conexão com a fuga de Hagar (Gn 16.7). A água figura nessa última referência. Em relação à jornada de Abraão (Gn 20.1). Alguns estudiosos supõem que a revolta de Coré teve lugar nessa localidade (Nm 16.1-21). Miriã faleceu ali (Gn 20.1), e foi ali, igualmente, que Moisés feriu a rocha, quando meramente deveria falar com ela, para obter água (Nm 20.2-11). E foi em conexão com esse acontecimento que Cades (consagrada, santuário) tomou o nome de Meribá, "contenda" (Nm 20.13).

O povo de Israel ficou em Cades-Barneia por longo tempo e, provavelmente, viveram ali como nômades (Dt 46.1). Eles passaram nada menos de 37 anos naquela área, e não avançaram um passo sequer mais perto da conquista da Terra Prometida, durante todo aquele tempo. Essa circunstância representa uma grande lição espiritual sobre a incredulidade e a preguiça espiritual, o que nos furta grandes vitórias, que estão ao nosso alcance, mas que não são apropriadas por causa de nossa falta de fé. De Cades, Moisés enviou os mensageiros ao rei de Edom, com a petição para passar o povo de Israel pelo seu território, a caminho de Canaã (Nm 20.14-21). Houve um pedido similar, dirigido ao rei de Moabe (Jz 11.16,17). (I UN)

CADES SOBRE O ORONTES

Esse é o nome de uma aldeia às margens do rio Orontes, imediatamente ao sul do lago Humus. Nesse local houve várias batalhas notáveis, incluindo aquela entre Ramsés II, do Egito, e os hititas, em 1288 a.C. No Antigo Testamento, a aldeia é mencionada como o extremo norte do território de Israel, na época de Davi (2Sm 24.6). Porém, alguns eruditos duvidam dessa identificação, por estar demais para o norte. Tem sido identificada com o moderno Tell Nebi Mend, que fica a 64 quilômetros ao sul de Hamate, e a oitenta quilômetros ao norte de Damasco.

CADIAS, CADIANSANOS

Seriam os habitantes de Cadias, exilados judeus que voltaram com Zorobabel (1Esdras 5.20). Seus nomes não aparecem nas listas paralelas dos livros canônicos de Esdras e Neemias. Alguns estudiosos vinculam-nos ao povo de Quedes (ver Js 15.23), ou então de Adasa.

CADMIEL

No hebraico, **"Deus está na vanguarda"**. É palavra usada para designar dois homens, que figuram nas páginas do

Antigo Testamento: **1.** Um levita que, com seus familiares, retornou do cativeiro babilônico (vide), em companhia de Zorobabel. Em outros trechos bíblicos ele é chamado Hodovias ou Judá (Ed 2.40; Ne 7.43; 12.8,12,24). Esteve envolvido em várias reformas que ocorreram na época. **2.** Um outro levita que ajudou a dirigir as devoções do povo judeu, depois que Esdras lhes ensinara a lei (Ne 9.4,5), o qual também assinou o pacto de Neemias. É possível que ele fosse filho do primeiro desses dois homens do mesmo nome. Cerca de 445 a.C.

CADMONEU

Esse vocábulo aparece somente em Gênesis 15.19, onde alude a uma tribo que os israelitas desapossaram. Tal palavra é um adjetivo, cujo sentido é *oriental* ou *antigo*, pelo que é possível que eles fossem os mesmos que são chamados, em Juízes 6.33, de "povos do oriente" (no hebraico, *bene-kedem*), cujo território ficava contíguo ao de Israel, na direção do nascer do sol. No livro de Gênesis, vemos que o território deles foi prometido a Abraão como uma possessão. Os hebreus e outros povos antigos designavam as direções voltando o rosto para o sol nascente. Isso significa que diante ou à frente era o oriente, atrás era o ocidente, à direita era o sul, e à esquerda era o norte. O território que ficava entre os rios Nilo e Eufrates, o deserto sírio a leste de Biblos (vide), provavelmente era a região dos cadmoneus.

CAFE

Nome da décima primeira letra do alfabeto hebraico, com o som de *k*. A palavra significa "palma da mão". A letra foi tomada por empréstimo do alfabeto grego, como *kappa*, de onde se derivou a letra *k*, latina. O valor numérico da letra era vinte (20).

Em Salmo 119.81-88, essa letra dá início a cada verso, no original hebraico. Essa letra tem sido transliterada pelo "k" ou pelo "c".

CAFTOR, CAFTORIM

Lugar de onde vieram originalmente os filisteus (Jr 47.4 e Am 9.7). Esse lugar tem sido verbalmente identificado com *Kaptara*, ou Creta, nome esse escrito em caracteres cuneiformes. As palavras que aparecem nessa referência de Amós, "e de Caftor os filisteus", atualmente, por parte de muitos estudiosos, são consideradas uma nota deslocada, realmente pertencente a Gênesis 10.14: ... *a Casluim* (donde saíram os filisteus) *e a Caftorium*, onde a frase entre parênteses, ao que parece, deveria aparecer depois da palavra "Caftorim". A identificação de Caftor com o delta do Nilo, no Egito, ou com a Capadócia, há muito tem sido abandonada. A declaração veterotestamentária que mais claramente mostra a origem dos filisteus é a que aparece em Jeremias 47.4, onde eles são declarados ... *o resto de Caftor da terra do mar* etc. O que pode ser uma alusão às costas marítimas da Palestina, embora outros estudiosos pensem que a alusão é às ilhas ou costas do Mediterrâneo. Referências bíblicas assim indiretas não podem solucionar o quebra-cabeças, e todas as identificações esbarram com problemas. A identificação com Creta também tem seus problemas, embora a própria palavra Caftor possa estar relacionada àquela ilha. Por isso, outros eruditos preferem pensar na Cilícia.

CAIADURA

Ver o artigo sobre a *Cal*. Àquele artigo adicionamos aqui as seguintes informações:

Usos do reboco. 1. A fim de renovar uma casa, cujas paredes tivessem sido infectadas pela *lepra*, era mister que um sacerdote removesse as pedras ou os tijolos da área atingida, substituísse por novas pedras ou novos tijolos, e rebocasse o reparo (Lv 14.42,48). Nesses casos, a palavra "lepra", sem dúvida, designa alguma espécie de fungo, e não a lepra que ataca os seres humanos. **2.** As palavras da lei deveriam ser inscritas sobre pedras, no monte Ebal, pedras que haviam sido adredemente preparadas para esse propósito (Dt 27.2,4; Js 8.32). Um processo similar era feito no Egito, para fazerem-se baixos relevos. As pedras eram polidas; defeitos e espaços eram preenchidos com argamassa; figuras eram desenhadas; a pedra em volta era desgastada, para que as figuras ficassem em alto-relevo. Então as pedras eram polidas para preservação. **3.** Em certos tipos de paredes rebocadas, a mão mística traçou a sua mensagem, predizendo a queda de Belsazar (Dn 5.5,24-28).

Usos figurados. O reboco serve para ocultar, disfarçar, enganar, para tornar uma superfície diferente do que ela é, realmente. É o que Jesus quis dizer com "paredes branqueadas", ao falar com certos hipócritas religiosos, os quais faziam coisas más parecerem boas, da mesma maneira que os homens caiam os sepulcros que, no entanto, estão cheios de ossos dos mortos (Mt 23.27). O reboco era largamente usado no mundo antigo. Este era produzido aquecendo-se pedras calcárias ou gesso. A simples argila misturada com palha, também formava uma espécie de reboco. O artigo sobre a *Cal* fornece maiores detalhes sobre essa questão.

CAIM

No hebraico, **"lança"** (?). Foi o filho mais velho de Adão e Eva (Gn 4.1). Tragicamente, foi o primogênito da raça humana, de acordo com a narrativa sobre a raça adâmica; e também foi o primeiro assassino e fratricida. Há algo de apropriado nas circunstâncias de que o homem de quem se diz ter sido o primeiro filho produzido pelo homem, também é descrito como o primeiro homem a ser um assassino. Essa narrativa simboliza a degeneração humana desde o princípio. Nada havia no meio ambiente de Caim que o tenha levado a matar seu irmão. O ato originou-se da maldade do íntimo. Muito erra a criminologia quando busca a causa dos crimes no meio ambiente adverso das pessoas, mas não a busca no íntimo pervertido do ser humano.

1. Nome. Não há certeza alguma quanto à origem do nome "Caim", embora pareça estar relacionado à forja de metais, como um "ferreiro"; outros preferem dar-lhe o sentido de "lança"; e, de acordo com a etimologia popular, "adquirir". Outros ainda pensam em "inveja". *Aquisição* (Gn 4.1) é a mais comum ideia entre os intérpretes.

2. O Sacrifício. Adão e Eva cultivavam o solo; Abel era pastor de ovelhas. Caim também cultivava o solo. Os irmãos trouxeram suas ofertas a Deus. Caim as trouxe do fruto de seu trabalho no solo; e elas foram rejeitadas. Abel trouxe suas ofertas do rebanho; e elas foram aceitas por Deus. A maioria dos intérpretes vê nisso um prenúncio dos sacrifícios cruentos, e naturalmente, do sacrifício de Cristo. De conformidade com isso, a oferta de Caim representa o esforço próprio, o mérito humano que parece bom a nossos olhos, mas não é aceitável diante de Deus. Isso dá a entender a necessidade da justificação (vide) mediante a fé, com base na expiação de Cristo (vide). Não estão em foco apenas as ofertas de Caim e Abel, mas as próprias pessoas deles, pois lemos: *Agradou-se o Senhor de Abel e de sua oferta; ao passo que de Caim e de sua oferta não se agradou* (Gn 4.4,5). Portanto, Deus, que lê os corações, viu as atitudes deles: a de Abel de autodesistência e confiança na expiação de outrem; a de Caim de autossuficiência e de confiança própria.

3. A Ira de Caim. A ira de Caim impeliu-o a matar. A enormidade de seu crime se vê no fato de que matou a seu próprio irmão. A ira é um dos pecados cardeais. Aparece na lista das obras da carne, na lista de Paulo, em Gálatas 5.20. A ira encontra-se na raiz de muitos atos irracionais, e quase sempre tem o egoísmo como sua base, e o ódio como sua motivação.

4. O Crime de Caim. Embora repreendido por Deus, Caim resolveu dar vazão à sua maldade mediante um ato irracional de homicídio. Desde então, os homens têm satisfeito à sua vontade tirando a vida do próximo, o que mostra a extensão da queda. Quando Deus perguntou de Caim onde estava seu irmão, Abel, Caim indagou: *Não sei; acaso sou eu tutor de meu irmão?* (Gn 4.9). Essa pergunta de Caim, famosa desde então, usada em inúmeros contextos, mostra-nos a natureza egoísta de seu ato homicida. Pois, a lei do amor leva-nos a cuidar uns dos outros, como cuidamos, cada um, de nós mesmos. Negar que eu sou guardador de meu irmão é negar a essência da lei do amor. A voz de Abel clamava do solo. Isso demonstra que os atos pecaminosos não podem ser ocultados, pois apelam a Deus, pedindo vingança.

5. O Castigo de Caim. De certo modo, Caim recebeu a primeira sentença perpétua. Ele seria objeto de ódio, e outros haveriam de querer tirar-lhe a vida. Porém, ele escaparia. Em lugar disso, foi pronunciada contra ele uma maldição divina. Ele se tornaria vagabundo e fugitivo à face da terra, pelo resto de seus dias, caçado e odiado pelos outros seres humanos.

6. A Marca de Caim. Caim seria caçado pelos outros homens. Correria o risco permanente de ser morto. Deus, entretanto, não permitiria que ele fosse executado. Para garantir isso, foi posta uma marca em Caim, como se dissesse: Vede este homem. Não o matai! Não se sabe que marca seria essa. Alguns supõem que Deus deu-lhe coloração negra à pele, pelo que a marca seria forte carga de melanina. Porém, essa interpretação, além de ser mera especulação, só serve para fomentar preconceitos raciais. Esse sinal também poderia ser uma marca tribal, alguma espécie de tatuagem ou sinal que identificasse uma pessoa dentre um grupo particular, um costume que, mais tarde, tanto se viu no Oriente Médio. Outros compreendem que *o sinal* era a promessa de Deus de que ele não seria morto, em vez de suporem alguma marca física. Não há como determinar a questão, por ausência de maiores informes bíblicos.

7. Posteriormente, Caim foi enviado à terra de Node (vagueação), onde ele edificou uma cidade e tornou-se o progenitor de uma numerosa família, que se ocupou de muitas artes e ofícios. De acordo com as tradições, os primeiros residentes em tendas, metalúrgicos e músicos vieram da linhagem de Caim. Mas outras tradições antigas dizem que os deuses foram os originadores das artes e ofícios (vide).

8. De onde Caim foi Buscar sua Esposa? Alguns críticos indagam assim, com escárnio, julgando haver encontrado uma séria discrepância no relato bíblico. É como se dissessem: se Adão e Eva geraram somente Caim, Abel e Sete, onde Caim encontrou esposa quando se retirou para a terra de Node? Esse tipo de objeção, além de exibir uma atitude cética para com os relatos sagrados, demonstra a ausência de um exame cuidadoso dos textos bíblicos por parte de tais críticos. A Bíblia não diz que Adão e Eva geraram somente aqueles três filhos homens. Caim, Abel e Sete foram apenas três dentre os muitos filhos do primeiro casal. Seus nomes são fornecidos por causa do relato expressivo que gira em torno deles, e nada mais. Lemos em Gênesis 5.4: *Depois que gerou a Sete viveu Adão oitocentos anos. E teve filhos e filhas*. Não há informação quanto ao número desses filhos e filhas, mas essa informação é suficiente para indicar que Caim levou consigo, para Node, uma de suas irmãs. E Sete, onde quer que tenha ficado, sem dúvida fez o mesmo. Não há nenhuma dificuldade para sabermos onde Caim arranjou esposa.

9. Referências Neotestamentárias a Caim. **a. *Hebreus 11.4*.** Pela fé, Abel ofereceu melhor sacrifício que o de Caim. Dentro do plano de Deus, Cristo ofereceu o sacrifício final e definitivo, que substituiu a todos os outros sacrifícios, sendo essa a mensagem central da epístola aos Hebreus. **b. *1João 3.12*** é trecho que nos relembra o crime de Caim, seu ato homicida e o fato de que suas obras eram más, e as de seu irmão Abel, boas. **c. *Judas 11*** alude ao *caminho* de Caim. Lemos ali que os mestres gnósticos seguem esse caminho. A literatura rabínica diz que o caminho de Caim caracteriza-se pela concupiscência, pela cobiça, pela autoindulgência e pela malignidade geral. Se juntarmos a isso a inveja e o ódio, parece que é isso o que tal caminho significa. Caim tornou-se um homem profundamente depravado. Ver Sabedoria de Salomão 10.3; Jubileus 4.1-5; Apocalipse de Moisés 3.2.(G I IB NTI S)

CAIM, CIDADE DE
Era uma localidade nas terras baixas de Judá, mencionada juntamente com Zanoa, Gibeá, Timna etc., formando um total de dez cidades (Js 15.55-57). Tem sido identificada com a moderna Khirbet Yakin, a quase cinco quilômetros a sudeste de Hebrom.

CAIN. Ver *Queneu*.

CAINÃ
Há dois homens com esse nome, nas páginas da Bíblia, a saber: **1**. O filho de Enos, bisneto de Adão, que nasceu quando seu pai tinha 90 anos de idade. Cainã viveu 75 anos e gerou a Maalaleel, e então viveu por mais 840 anos (Gn 5.9-14). **2**. Filho de Arfazade, filho de Sem, e pai de Salá. Seu nome não se encontra no texto hebraico do Antigo Testamento, mas aparece na LXX, em Gênesis 10.24 e 11.12, bem como em Lucas 3.36, onde o nome é encontrado na genealogia de Jesus. A informação dada por Lucas mostra-nos que o texto hebraico sofreu alguma omissão, conforme o conhecemos agora, e que Lucas pôde encontrar o nome nos registros sagrados. A cronologia da LXX, portanto, torna-se um tanto mais longa que a da Bíblia em hebraico. É possível que o nome "Cainã" tenha sido removido propositalmente do texto hebraico, a fim de fazer as gerações, de Adão a Noé, serem um número redondo, "dez". Mas outros estudiosos dizem que Cainã e Salá foram a mesma pessoa, dotada de dois nomes; e isso significaria que a adição que aparece na LXX seria um erro. O problema não encontra solução definitiva. Pelo menos é certo que o nome "Cainã", no Evangelho de Lucas, faz parte do original, ainda que tenha sido omitido em alguns manuscritos posteriores do Novo Testamento. Naturalmente, o próprio Lucas pode tê-lo registrado, por causa da influência da LXX, ao passo que poderia estar realmente ausente do texto hebraico original do Antigo Testamento.

CAIXÃO. Ver *Sepultamento, Costumes de*.

CAJADO. Ver *Vara*.

CAL
No hebraico há duas palavras que têm sido traduzidas como "cal". **1**. *Eben gir*, "pedra de cal". Essas palavras aparecem somente em Isaías 27.9. O termo aramaico *gir*, que também significa "cal", é usado em Daniel 5.5. **2**. *Sid*, "reboco", "cal". Esse termo hebraico aparece em Isaías 33.12 e Amós 2.1.

É impossível determinarmos qual a natureza exata da cal dos hebreus, ou mediante qual processo eles chegavam a produzi-la. Porém, sabe-se que o carbonato de cálcio (pedra calcária), quando aquecido, perde o seu ácido carbônico e passa para o estado de óxido de cálcio. Quando o óxido de cálcio entra em contato com a água, combina-se com a mesma, produzindo considerável calor, formando o hidrato de cálcio, mas que gradualmente adquire dióxido de carbono, que extrai do ar, até que volta a ser carbonato de cálcio. Se alguém misturar o dióxido de carbono com areia, é produzido um tipo de argamassa que, quando endurece, torna-se uma espécie de pedra artificial, bastante resistente e duradoura. O sulfato de cálcio (gesso, alabastro) contém certa quantidade de água, em uma condição conhecida como "água de cristalização". O aquecimento faz evaporar-se a água, e o resultante sulfato anídrico, quando pulverizado, torna-se gesso. Esses dois produtos têm sido usados na civilização humana desde há muito, através de vários processos.

A mistura de argila com argamassa forma uma espécie de cimento (vide) usado na colocação de tijolos. O gesso pode ser misturado com mármore pulverizado, o que produz um material duro, para ser aplicado a superfícies, capaz de ser polido. A água de cal é feita com cal e grande quantidade de água, o que é usado como pintura barata. A pedra calcária é abundante na Palestina. Geologicamente, essa pedra calcária foi formada da compactação de conchas no leito do mar, que então foi trazido à tona mediante os movimentos da crosta terrestre. A Palestina já foi o fundo do mar por mais de uma vez, o que explica a presença ali de tanta pedra calcária. A maior parte da pedra calcária visível atualmente, em ambos os lados do vale do Jordão, pertence ao período cretáceo. (BAL ND UN)

CALÁ

O significado do hebraico é incerto. Era uma cidade da Assíria, edificada por Ninrode, ou pelo povo dessa região (At 10.11). Atualmente chama-se Ninrode, estando localizada no ângulo nordeste da confluência entre os rios Zabe Superior e Tigre, cerca de 39 quilômetros ao sul de Nínive, na margem oriental do rio Tigre. Salmaneser I (cerca de 1280-1260 a.C.), rei da Assíria, foi quem tornou famoso esse lugar. A cidade havia entrado em decadência na época do rei guerreiro e conquistador, Assurnasirpal II (883-859 a.C.). Mas Salmaneser I escolheu-a como sua capital e restaurou-a. As escavações arqueológicas ali iniciadas, em 1845, bem como em diversos outros lugares, têm encontrado um magnificente palácio, de Assurnasirpal II, com colossais homens alados, com cabeça de leão, que guardavam a entrada do mesmo. Em um templo pequeno, nas proximidades, encontrou-se a estátua do rei. Muitas inscrições, relativas a seu reinado, também foram trazidas à luz. O famoso obelisco negro de Salmaneser III foi encontrado ali, em 1846, onde, entre outros cativos, é referido Jeú, rei de Israel (cerca de 842-815 a.C.), trazendo ao monarca assírio o seu tributo. Muitas antiguidades valiosas de Calá atualmente encontram-se no Museu Metropolitano de Arte da cidade de Nova Iorque, ou no Museu de Belas Artes da Universidade de Boston, nos Estados Unidos da América. (MAL)

CALAFATES

No hebraico encontramos uma expressão, *chazaq bedeq*, **"reparadores de brechas"**, somente em Ezequiel 27.9,27. Nesses versículos estão em foco os famosos construtores de navios de Gebal, na Fenícia. Os calafates eram aqueles que preenchiam as costuras entre as pranchas que formavam o casco de um navio com estopa embebida em piche, para tornar o casco à prova d'água. O retoque final consistia em pintar essas costuras com piche derretido. As rachaduras que porventura apareciam nas pranchas eram reparadas pelo mesmo processo.

CALAI

No hebraico, **"ligeiro"**, **"leve"**. Filho de Salai e um dos principais sacerdotes da época do sumo sacerdote Joaquim (Ne 12.20), em cerca de 635 a.C. Ele retornou do exílio babilônico, na leva que veio com Zorobabel.

CÁLAMO

No hebraico, *qaneh*, **"cana"**. É uma cana aromática que atinge cerca de sessenta centímetros de altura, com um colmo com juntas e gomos, que contém um cerne mole. É desse cerne mole que o aroma ou sabor se deriva. Enquanto vai crescendo, o cálamo enche o ar de fragrância suave. Quando o cerne mole é devidamente preparado, torna-se um ingrediente para perfumes doces e fortes. Várias espécies existem, e a planta é comum na Síria, no Egito, na Judeia, em Sumatra e em outros lugares. Fazia parte do comércio tírio com os gregos (Ez 47.19), e era um ingrediente usado no perfume sagrado dos judeus (Êx 30.23). (G S)

CÁLAMO AROMÁTICO

No hebraico o sentido é cana aromática, palavra também encontrada em Êxodo 30.23; Ezequiel 27.19 e Cantares 4.14. Trata-se do Andropogon aromático, uma grama que solta um forte odor quando amassada, mas que não deve ser confundida com a cana-de-açúcar. É alimento de vacas e ovelhas, mas isso faz com que a carne e o leite desses animas fiquem tintos. Também é chamada grama de gengibre, devido ao seu gosto acre. Provavelmente era importada pelos palestinos, por meio dos árabes. Alguns supõem que a rainha de Sabá trouxe esse cálamo aromático a Salomão, isto é, a "especiaria" mencionada em 1Reis 10.10, sendo isso uma possibilidade muito exequível, porquanto o cálamo aromático dava em abundância na Etiópia. (Z)

CALAMOLALUS

A palavra aparece em 1Esdras 5.22, na Septuaginta. Os manuscritos que contêm esse estranho nome, segundo se pensa, perpetraram a corrupção combinada dos nomes de Lode e Hadide, com base nas listas de nomes em Ed 2.33 e Ne 7.37.

CALÇADOS

Este verbete precisa ventilar duas palavras hebraicas e uma palavra grega, a saber: **1**. *Naal*, "sapato". Palavra hebraica que ocorre por 22 vezes (por exemplo: Êx 3.5; 12.11; Dt 25.9,10; Js 5.15; Rt 4.7,8; Sl 60.8; Is 5.27; Ez 24.17,23; Am 2.6 e 8.6). **2**. *Minal*, *"sapato"*. Palavra hebraica que aparece por apenas uma vez, isto é, em Deuteronômio 33.25. **3**. *Upódema, sandália* (literalmente, "sob os pés"). Palavra grega que aparece por dez vezes: Mt 3.11; 10.10; Mc 1.7; Lc 3.16; 10.4; 15.22; 22.35; Jo 1.27; At 7.33; 13.25.

Também precisamos considerar a expressão hebraica *serok naal*, "cordões da sandália", que aparece em Gênesis 14.23 e Isaías 5.27. Dentre as trinta ocorrências das palavras hebraicas, quase todas são traduzidas por "sandálias" em nossa versão portuguesa, pois, à mente moderna, uma sandália dá mais perfeitamente a ideia do formato de um antigo sapato do Oriente Próximo e Médio. No mínimo, consistia em uma sola chata feita de couro, madeira ou outro material, com um cordão em cada lado, a fim de segurar a sola ao pé. Naturalmente, havia formatos diversos, dependendo do uso que se queria dar ao calçado. Os pastores precisavam de uma sandália forte, porquanto geralmente caminhavam por lugares pedregosos e difíceis. As mulheres de elevada posição social, por outro lado, geralmente usavam um tipo leve de sandália, e mais ornamentada.

A significação simbólica dos calçados é um fenômeno bíblico bem confirmado. Podemos detectar pelo menos cinco usos figurados: **1**. Os cordões das sandálias geralmente indicavam algo barato, de pouco valor. Isso se devia ao fato de que tais cordões eram praticamente insignificantes. Portanto, Abraão não queria ficar com a coisa mais insignificante do rei de Sodoma (Gn 14.23). Mas também há um uso similar do próprio calçado, em Amós 2.6: ... *e condenam o necessitado por causa de um par de sandálias* (ver também Am 8.6), dando a entender que os necessitados eram vendidos por baixíssimo preço. **2**. Com base no conceito de pouco valor, a ideia de calçados retrata a parte mais humilde do corpo de uma pessoa. De conformidade com isso, João Batista afirmou-se indigno de ao menos tocar nas sandálias de Cristo (Mt 3.11; Mc 1.7; Lc 3.16; Jo 1.27; At 13.25). Até mesmo a porção mais humilde da pessoa de Jesus Cristo era por demais exaltada para ser comparada com a pessoa do seu precursor. **3**. O uso de sapatos com frequência falava sobre alguma viagem ou a preparação para alguma viagem. Por esse motivo, os israelitas deveriam consumir o cordeiro pascal, calçados e preparados para partir em seguida (Êx 12.11). Entre eles também houve a preservação miraculosa de suas sandálias, enquanto vagueavam pelo deserto (Dt 29.5). Por igual modo, os discípulos do Senhor não deveriam levar consigo o costumeiro par extra de sandálias, em suas jornadas de evangelização (Mt 10.10; Lc 10.4; 22.35). **4**. A contaminação adquirida pelos calçados, durante as jornadas pelas estradas poeirentas da época, terminou resultando em um outro símbolo. É por esse motivo que os calçados com frequência representam a contaminação espiritual. Foi precisamente por essa razão que Moisés precisou tirar as sandálias dos pés, porquanto estava em terreno santo (Êx 3.5; At 7.33). E outro tanto ocorreu com Josué (Js 5.15). **5**. Um bem proeminente uso simbólico dos calçados era a transferência de alguma propriedade ou de alguma responsabilidade. No caso de algum hebreu que se recusasse a cumprir sua responsabilidade, no casamento levirato, sua recusa era assinalada pela remoção de seu calçado (Dt 25.9,10; cf. Rt 4.7,8).

CALCANHAR

Há uma palavra hebraica e uma palavra grega envolvidas neste verbete: **1**. *Aguêb;* "calcanhar". Palavra hebraica empregada por sete vezes com esse sentido (Gn 3.15; 25.26; 49.17; Jó 18.9; Sl 41.9; 49.5; Jr 13.22). **2**. *Ptérna*, "calcanhar". Vocábulo grego usado por apenas uma vez, em João 13.18, citando Salmo 41.9.

Na Bíblia, a primeira vez em que essa palavra figura em sentido literal é no relato de Jacó que, por ocasião de seu nascimento, segurou no calcanhar de seu irmão Esaú, quando ainda no ventre de Rebeca (Gn 25.26; Os 12.3), o que provavelmente significa que isso foi um vexame para Esaú, e que os dois futuramente, entrariam em choque.

Usos figurados. **1**. A promessa da derrota final de Satanás. Pois, apesar de que ele haveria de ferir o calcanhar de Cristo (que o texto chama de "descendente da mulher"), contudo Cristo esmigalharia a cabeça da serpente, ou seja, Cristo haveria de cumprir sua missão remidora, derrotando as forças do mal. **2**. O moribundo patriarca Jacó, ao abençoar a Dã, desejou que todo aquele que lhe quisesse fazer oposição, encontrasse nele um formidável adversário, como se ele fosse uma serpente. Assim, os inimigos de Dã aparecem como um cavaleiro, cujo cavalo seria mordido nos calcanhares, fazendo com que a montaria lançasse por terra o seu cavaleiro (Gn 49.17). Isso significa que Dã conseguiria livrar-se com sucesso de todos os seus inimigos. **3**. Um dos "amigos" de Jó insinuou que este se parecia com um homem iníquo que chega à sua própria destruição quando o seu calcanhar é apanhado em uma armadilha (Jó 18.9). **4**. O salmista proclamou que um certo amigo de confiança levantaria contra ele o seu calcanhar. Naturalmente, isso é uma predição da traição de Jesus por parte de Judas Iscariotes (Jo 13.18). **5**. Na literatura profana há a história de Aquiles, cujos calcanhares eram a única porção de seu corpo que não era protegida, e quando foi ferido ali, foi derrotado. Isso simboliza alguma fraqueza de uma pessoa, que a leva à ruína, apesar de toda a sua fortaleza, quanto a outros particulares.

CALÇÕES

No hebraico, *miknesayin*, **"ceroulas"**. Essa palavra ocorre por cinco vezes (Êx 28.42; 39.28; Lv 6.10; 16.4; Êx 44.18).

Quando os sacerdotes oficiavam no altar (vide), precisavam usar uma espécie de pano que lhes envolvia os quadris e as coxas. Esse pano era de linho fino, tal como o resto das vestes sacerdotais. Não tinha o formato de ceroulas ou calções, conforme atualmente os conhecemos, mas lhes cobria o baixo tronco e as coxas. Ver o artigo geral sobre o Sumo Sacerdote, sob o subtítulo de *Vestes*.

Muitos estudiosos pensam que é melhor pensarmos apenas em um pano enrolado em torno da cintura e dos quadris, o que era uma vestimenta comum no Egito e no Oriente Médio, conforme já se discutiu em *Vestimentos*. No caso específico dessas referências, está em foco essa peça de vestuário que os sacerdotes deveriam usar quando estivessem ocupados em suas funções cerimoniais.

CALCOL

No hebraico, **"sustento"**. Foi um homem da tribo de Judá, filho dos descendentes de Zerá (1Cr 2.6). Provavelmente deve ser identificado com o Calcol, filho de Maol, um dos quatro sábios a quem Salomão ultrapassava em sabedoria (1Rs 4.31), em cerca de 1010 a.C.

CALDEIA

A Caldeia é o nome de um distrito ao sul da Babilônia, que posteriormente veio a designar a Babilônia inteira. Essa designação mais ampla entrou em uso após o império neobabilônico de Nabucodonosor II (605-562 a.C.), que se estendia desde a pequena aldeia murada de Hite, à margem direita do rio Eufrates, até o golfo Pérsico. Ver o artigo geral sobre a *Babilônia*.

1. História Primitiva. Os caldeus eram uma tribo seminômade que ocupava os desertos entre o norte da Arábia e o Golfo Pérsico. Desde bem cedo eles estabeleceram-se em Ur dos Caldeus (Gn 11.28; At 7.4). Eram um povo aparentado remotamente dos arameus. Aparentemente eram caldianos, ou habitantes de Urartu, ou seja, Ararate ou Armênia. Eles são mencionados nas inscrições babilônicas, e começam a aparecer nas crônicas assírias durante o reinado de Assurnasirpal II (883-859 a.C.), mas a existência deles como um povo retrocede até bem antes do ano 1000 a.C.

2. A Caldeia e os Babilônios. Quando Tiglate-Pileser III (745-727 a.C.) tornou-se rei da Assíria, ele conquistou a Babilônia. Os caldeus viviam perturbando o rei da Babilônia. Em 731 a.C., Ukinzer, que viera de uma das cidades da Caldeia, tornou-se rei da Babilônia. No entanto, não demorou a ser deposto por Tiglate-Pileser III (728 a.C.), o qual tornou-se rei da Babilônia, onde governou com o nome de Pul. No trono assírio, Pul foi sucedido por Salmaneser IV (726-722 a.C.). Este foi sucedido no trono da Babilônia por Merodaque-Baladã, um caldeu. Merodaque foi conquistado por Sargão, embora tivesse continuado a governar até 708 a.C., quando Sargão tornou-se rei tanto da Babilônia quanto da Assíria. Nos dias de Ezequias (702 a.C.), Merodaque-Baladã, filho de Baladã, governava a Babilônia. Não foi senão em cerca de 625 a.C. que o poder dos caldeus começou a fazer-se sentir sobre a Assíria.

3. O Império Neobabilônico. Nebopolassar revoltou-se contra a Assíria, em cerca de 625 a.C., e estabeleceu o império neobabilônico. Ele reconstruiu a cidade da Babilônia. De 625 a.C. em diante, os caldeus conseguiram obter completo controle sobre a Babilônia. No décimo quarto ano de seu reinado, isto é, em 612 a.C., juntamente com Ciaxares, o medo, e com o rei dos citas, ele capturou Nínive, deixando-a arrasada (Na 3.1-3). Em 605 a.C. Ele foi sucedido por seu filho, Nabucodonosor II. Foi na época deste que Judá e Jerusalém foram levados em cativeiro para a Babilônia e os exércitos dos caldeus dominavam o mundo civilizado então conhecido. Em seguida, Nabucodonosor fez da Babilônia a mais esplêndida cidade do mundo (Dn 4.30). Ele foi sucedido por seu filho, Evil-Merodaque (562-560 a.C.), mas este acabou sendo assassinado por seu cunhado, Neriglissar (560-558 a.C.). O monarca seguinte, LabashiMarduque, reinou apenas por três meses, e então foi sucedido pelo usurpador Nabonido. Seu filho, Belsazar (Dn 5), foi feito corregente, até à queda do império caldeu, em 538 a.C. Os historiadores consideram uma maravilha que uma região tão pequena como a Caldeia pôde ter produzido uma raça de poder suficiente para vencer e dominar o mundo daquela época.

4. Nos Dias de Daniel. O termo "caldeu", nos dias de Daniel, era usado para designar a Babilônia inteira (Dn 3.8). Lemos que Dario, o medo, governava o reino dos *caldeus* (Dn 9.1). A linguagem dos caldeus (Dn 1.4) provavelmente era um dialeto semítico, babilônico. A palavra *caldaico*, nos tempos modernos, é erroneamente aplicada para indicar a língua aramaica. A proeminência da classe dos sacerdotes, os quais, em Babilônia e outros centros, mantinham as antigas tradições da astrologia e da filosofia nas línguas babilônicas clássicas, fez com que a palavra *caldeu* viesse a ser aplicada aos sacerdotes (Dn 3.8), astrólogos e pessoas educadas (Dn 2.10; 4.7; 5.7,11).

5. Os Astrônomos-Astrólogos Caldeus. Os caldeus desenvolveram consideráveis habilidades matemáticas, astrológicas, astronômicas, e, de mistura com isso, conhecimentos sobre adivinhações e ritos religiosos. Desenvolveu-se ali uma casta de astrólogos. Ver o artigo geral sobre a *Astrologia*. Os trechos de Daniel 2.2,10 e 4.7 referem-se a essa casta, utilizando-se dos nomes de "magos", "encantadores", "feiticeiros" e "caldeus". Textos produzidos por essa gente foram preservados em aramaico, que muitos eruditos chamam, erroneamente, de *caldaico*. Após isso, o termo *caldeu* com frequência passou a ser usado como vocábulo para indicar os sacerdotes e os especialistas nas antigas artes dos caldeus, sem importar a raça a que pertenciam. Vemos isso em Heródoto i.181,183, em cerca de 450 a.C.

A Babilônia era o centro das atividades daqueles homens, a qual, por sua vez, era a capital intelectual de toda a Ásia Ocidental. Como cientistas que eram, os caldeus fundaram a ciência exata da astronomia, a qual, naturalmente, entre eles, sempre envolveu a adivinhação astrológica, pois, nos tempos antigos, a astronomia não era considerada uma ciência distinta da astrologia. Durante mais de 360 anos, eles conservaram registros astronômicos exatos e meticulosos. Um de seus mais notáveis feitos foi calcular a duração do ano solar como de 365 dias, seis horas, quinze minutos e 41 segundos, que dá uma diferença de apenas 33 minutos e seis segundos a menos do que aquilo que é determinado pelos modernos instrumentos. Por causa da óbvia erudição desses homens, a Babilônia tornou-se famosa, não somente em face de sua ciência, mas também por causa de sua adivinhação e ocultismo. É provável que os astrólogos de Mateus 2.1 (ver o artigo sobre os *Magos*) pertencessem à tradição dos caldeus, embora o termo *Oriente*, ali usado, não nos diga o local exato da proveniência deles. A Arábia, a Babilônia e outros lugares têm sido sugeridos. (ND UN WIS)

CALDEIRÃO

No hebraico temos quatro palavras: **1**. *agmon,* "caldeirão" (Jó 41.20), **2**. *dud,* "caçarola" ou "cesto" (2Cr 35.13), **3**. *sir,* "pote" (Jr 52.18,19; Ez 11.3,7,11; Êx 16.3; 2Rs 4.38-41; Zc 14.20,21 etc.), **4**. *qallachath,* "caldeirão" (1Sm 2.14 e Mq 3.3). Era um caldeirão de barro ou de metal. Vasos metálicos com vários formatos e usos têm sido encontrados pelos arqueólogos no Egito, na Babilônia, na Mesopotâmia etc. Eram empregados em usos domésticos ou com propósitos cerimoniais (1Sm 2.15; 2Cr 35.13; Jó 41.20; Jr 52.18).

CALDO

Preparo culinário feito de água com carne, algumas vezes com legumes. O caldo geralmente é ralo, para ser usado com outros alimentos. Gideão serviu um caldo ao anjo que o visitara (Jz 6.19,20). É usado figuradamente no trecho de Isaías 65.4, onde Deus acusa Israel de comer o caldo de coisas abomináveis.

CALEBE

No hebraico, **"cão"**, isto é, **"escravo"**. Há vários homens com esse nome, no Antigo Testamento: **1**. Filho de Jefoné (vide), o quenezeu, chefe de uma das famílias de Judá: **a**. Ele serviu de espia, aos 40 anos de idade (Js 14.6,7), tendo sido enviado juntamente com onze outros homens, por parte de Moisés, a fim de explorar a terra de Canaã (Nm 13.5,17-25), em cerca de 1440 a.C. **b**. Distinguiu-se por seu relatório fiel e encorajador diante do homem, instando para que os israelitas obedecessem à parte de Deus e dessem continuação à conquista. Josué concordou com ele (vide), embora os outros dez espias mostrassem um relatório negativo e desencorajador, devido ao seu temor e incredulidade. Eles viram quão poderosos eram os habitantes da Terra Prometida, antes da conquista, percebendo que a conquista militar não seria fácil. Mas, a fé de Calebe e Josué era maior que o temor deles, e queriam tentar grandes coisas; e assim, deixaram-nos como herança uma preciosa lição moral. (Ver Nm 13.30). Infelizmente, o povo de Israel tomou o partido dos covardes, e quase apedrejou os dois corajosos e fiéis espias (Nm 14.10). **c**. Moisés percebeu claramente que aqueles dois seriam os únicos, dentre os que tinham mais de 20 anos de idade, que finalmente entrariam na Terra Prometida. De fato, em uma praga por juízo divino, que ocorreu pouco depois desse episódio, todos os demais espias morreram (Nm 14.26-38). Calebe recebeu a promessa especial de que entraria na Terra Prometida, e que os seus descendentes prosperariam ali; e isso indica que a recompensa por sua fidelidade foi grande (Nm 14.25). d. Não se menciona novamente Calebe nas Escrituras, senão 45 anos mais tarde. A terra conquistada estava sendo partilhada, e ele reivindicou uma herança especial, prometida por Moisés. Isso foi cumprido por Josué. Com a idade de 85 anos, Calebe continuava vigoroso, tendo participado de diversas batalhas (Js 14.6-15; 15.4). Contudo, teve dificuldades para conquistar Debir (Quiriate-Sefer), e ofereceu uma de suas filhas, como esposa, ao homem que a conquistasse. A cidade foi conquistada por Otniel, filho de Quenaz, irmão mais jovem de Calebe; e assim Acsa, filha de Calebe, tornou-se a esposa de Otniel (Js 15.13-19). Nada mais ouviremos sobre ele, e nem como sua vida terminou. **2**. O último entre os três filhos a ser nomeado de Hezrom (1Cr 2.18), descendente de Judá (1Cr 2.9), onde ele é chamado Quelubai. Ele e sua esposa, Azuba, tiveram Jeser, Sobabe e Ardom. Depois que ela faleceu, Calebe casou-se com Efrate, e desse novo matrimônio nasceu Hur, e talvez outros. Calebe teve concubinas, e também outros filhos. **3**. Filho de Hur, neto de Calebe anterior (1Cr 2.50). Coisa alguma sabe-se sobre esse homem. **4**. Além desses três homens de nome Calebe, há um território com esse nome, naquela porção do Neguebe ocupada por Calebe e seus descendentes (1Sm 30.14), provavelmente a ser identificado com a grande bacia entre Hebrom e o antigo Carmelo de Judá. (S UN)

CALENDÁRIO JUDAICO (BÍBLICO)

Todos os calendários dos povos antigos estavam baseados em observações astronômicas, embora os sistemas daí resultantes variassem. Os modernos calendários geralmente dependem do ano solar, ou seja, o tempo em que a terra dá um giro completo em torno do sol. Como esse tempo envolve um resto em horas, minutos e segundos, nosso ano solar precisa de um ajuste de quatro em quatro anos, em que um dia é acrescentado no mês de fevereiro, e também de um outro ajuste, mais raro, para compensar a defasagem. Houve um desses ajustes no tempo do imperador Júlio César, no ano de 46 a.C., com a intercalação de 67 dias, entre os meses de novembro e dezembro. Isso deu origem ao calendário juliano. Mas, no século XVI (1582), houve um novo ajuste, começando então o calendário gregoriano, que foi adotado por países católicos e protestantes. Agora, quatro séculos e pouco depois, tem-se proposto um calendário internacional fixo, com um ano de 13 meses, de quatro semanas cada. Está predito que quando o anticristo aparecer, "cuidará em mudar os tempos e a lei" (Dn 7.25). Como se vê, a mudança de calendário requer alguma elevada autoridade.

Israel seguia e segue o sistema lunissolar, com um ano de doze meses de 29 ou trinta dias, alternadamente, e o acréscimo periódico de um mês. Todavia, ao que parece, Israel não desconhecia o ano solar. A comunidade de Qumran seguia um calendário de doze meses, de trinta dias, com um dia suplementar a cada três meses. Isso fazia com que os anos começassem sempre no mesmo dia da semana — talvez uma quarta-feira — e as próprias festas religiosas sempre caíam no mesmo dia do mês, e também no mesmo dia da semana. Há quem pense que Jesus seguia esse calendário, o que poderia explicar a diferença de data da última Ceia, entre os Evangelhos sinópticos e o de João — Jesus teria seguido esse calendário na observância da última Páscoa, ao passo que as autoridades religiosas de Jerusalém seguiam o calendário lunissolar. Todavia, isso é pura especulação, nada havendo para provar tal assertiva. O fato é que, segundo a Bíblia, o Senhor criou os corpos luminosos do firmamento para "sinais, para estações, para dias e anos" (Gn 1.14). Os que cultivam a astrologia pensam encontrar aí uma base bíblica para suas ideias, mas, na verdade, o que está envolvido é a formação de um calendário.

Para melhor entendermos o que a Bíblia ensina a respeito, dividiremos nosso estudo nestes títulos: **1**. Dias; **2**. semanas; **3**. meses; **4**. anos; **5**. ciclos; **6**. Eras.

1. Dias. A maneira de computar os dias, começou na nação judaica com base na repetida frase de Gênesis: *Houve tarde e manhã, o primeiro dia... Houve tarde e manhã, o segundo dia...* etc. (ver Gn 1.5-31). De acordo com essas palavras, a nação judaica iniciava cada dia às 18 horas (ver Dt 23.11), ao passo que para os babilônios e a maioria dos povos do Oriente Médio o dia era computado a partir do nascer do sol, às 6 horas da manhã. A demarcação entre um dia e outro, entre os israelitas, na verdade era o momento em que três estrelas da segunda magnitude tornavam-se visíveis, segundo se vê em Neemias 4.21: *Assim trabalhávamos na obra; e metade empunhava as lanças desde o raiar do dia até o sair das estrelas*. Os judeus não davam nomes aos dias da semana, mas eram designados como primeiro, segundo, terceiro etc. Os dias eram divididos em horas e vigílias, embora a divisão em horas tivesse sido adotada posteriormente, pois no começo eles falavam somente em períodos indefinidos, como "tarde", "manhã", "declinar do dia" etc. (Ver Jz 19.8). Havia aparelhos engenhosos para marcação do tempo, desde muito antes do tempo de Daniel, entre os babilônios e os egípcios. Os babilônios dividiam o dia em 24 horas, cada hora dividida em minutos, e estes em segundos. Um desses engenhos antigos aparece no trecho de Isaías 38.8 e 2Reis 20.11: *Eis que farei retroceder dez graus a sombra lançada pelo sol declinante no relógio de Acaz*. No Novo Testamento, lemos que o Senhor Jesus indagou: *Não são doze as horas do dia?* (Jo 11.9). Outro tanto se vê no relato sobre a crucificação, que menciona a terceira, a sexta e a nona horas, correspondentes às 9 horas, às 12 horas e às 15 horas, pois Marcos reflete a maneira romana de contar as horas, isto é, a partir das seis horas da manhã (ver Mc 15.25,33 ss.). Os primeiros hebreus dividiam as noites em três vigílias: a "vigília da manhã" (Êx 14.24); a "vigília média" (Jz 7.19); e o "princípio das vigílias" (Lm 2.19). Mas os romanos dividiam a noite em quatro vigílias, de onde Jesus extraiu uma analogia, em sua advertência escatológica sobre um tempo imprevisível: *... se à tarde, se à meia-noite, se ao cantar do galo, se pela manhã* (Mc 13.35).

2. Semanas. A semana de sete dias é de origem semita. Os babilônios e assírios vinculavam suas semanas ao ciclo lunar, correspondentes aos quatro ciclos da lua, a começar a cada lua nova. A semana judaica tinha origem na narrativa da criação, sem ligação aos ciclos lunares ou solares, porquanto dependia da observância do sétimo dia, ou sábado. A semana egípcia tinha dez dias. Embora Deus tivesse salientado o sétimo dia, por ocasião da criação (ver Gn 1.2,3), o registro bíblico faz silêncio quanto à observância do sábado durante o longo intervalo entre a criação e a época de Moisés. Não há registro da observância religiosa do sábado nos tempos antediluvianos ou nos dias dos patriarcas hebreus. Todavia, há indicações bíblicas indiretas de que o sábado sempre foi tido como um dia religioso importante. Na legislação mosaica, esse sábado tornou-se um dos sinais do pacto entre Deus e Israel: *Certamente guardareis os meus sábados; pois é sinal entre mim e vós nas vossas gerações...* (Êx 31.13). Em consonância com isso, Jesus, que veio para cumprir a lei, não se descuidava dessa observância, embora os judeus, de modo geral, se mostrassem bastante relapsos quanto à questão: *Indo para Nazaré, onde fora criado,* *entrou, num sábado, na sinagoga, segundo o seu costume...* (Lc 4.16). No entanto, em face dos cruciais acontecimentos ocorridos na vida de Cristo e da igreja, no primeiro dia da semana, os primitivos cristãos passaram a reunir-se no primeiro dia da semana, e não no sétimo. Por causa do dia da ressurreição de Cristo: *E muito cedo, no primeiro dia da semana, ao despontar do sol, foram ao túmulo...* (Mc 16.2 ss.). Os discípulos estavam reunidos quando Cristo lhes apareceu pela primeira vez, depois de ressurreto: *Ao cair da tarde daquele dia, o primeiro da semana, trancadas as portas da casa onde estavam os discípulos, com medo dos judeus, veio Jesus, pôs-se no meio e disse-lhes: Paz seja convosco!* (Jo 20.19). Por que foi em um primeiro dia da semana que teve início o ministério do Espírito Santo à igreja: *Ao cumprir-se o dia de Pentecoste, estavam todos reunidos no mesmo lugar...* (At 2.1 ss.). Em face desses grandes acontecimentos, os cristãos, embora ocasionalmente frequentando a sinagoga ou o templo, em dia de sábado (sobretudo quando queriam pregar aos judeus, que se reuniam nesse dia da semana), tinham no primeiro dia da semana o seu dia normal de reuniões: *No primeiro dia da semana, estando nós reunidos com o fim de partir o pão...* (At 20.7). E também: *No primeiro dia da semana cada um de vós ponha de parte, em casa, conforme a sua prosperidade, e vá juntando, para que se não façam coletas quando eu for* (1Co 16.2). Todavia, isso não significa que o domingo tenha tomado o lugar do sábado, para os cristãos. Para nós, servos de Deus, todos os dias são santos. É sinal de pouca espiritualidade quando alguém insiste em guardar dias e estações, porquanto, tudo quanto é simbolizado pelos mesmos, foi cumprido em Cristo. *... agora que conheceis a Deus, ou antes, sendo conhecidos por Deus, como estais voltando outra vez aos rudimentos fracos e pobres, aos quais de novo quereis ainda escravizar-vos? Guardais dias, e meses, e tempos e anos. Receio de vós tenha eu trabalhado em vão para convosco* (Gl 4.9-11). A lei e suas ordenanças foram canceladas no caso do crente: *... (Cristo Jesus)... aboliu na sua carne a lei dos mandamentos na forma de ordenanças* (Ef 2.15). Ora, o sábado é uma das ordenanças da lei. (Ver sobre *o dia de domingo*).

3. Meses. No hebraico, a palavra é um sinônimo para "luas". Os povos antigos mediam o tempo pelas fases da lua. Assim, o termo árabe para *lua* significa "medidora". E o deus-lua dos egípcios, era também o deus da medição. Entre os judeus de gerações posteriores, três membros do sinédrio tinham a responsabilidade de vigiar e anunciar a primeira aparição da lua nova, e então a notícia do começo de um novo mês espalhava-se pelo país através de sinais de fumaça, e, mais tarde, mediante mensageiros. O calendário constante, que dispensou essa medida, pelo menos em tese, segundo se diz, foi inaugurado pelo patriarca Hilel. Entre os israelitas, os meses eram designados com nomes tomados por empréstimo dos cananeus e fenícios. Esses nomes estavam ligados às estações do ano, segundo se vê pelos quatro nomes que sobreviveram nos antigos registros hebraicos: Abibe (Êx 13.4 e Dt 16.1), correspondente ao Nisã do calendário posterior, que significa "mês das espigas maduras"; Zive (1Rs 6.1), correspondente ao posterior mês do Iyyar, que significa "mês das flores"; Etanim (1Rs 8.2), correspondente ao posterior mês de Tisri, que significa "mês dos riachos perenes"; e Bul (1Rs 6.38), correspondente ao posterior mês de Marchesvam, que significa *chuvas*, sendo que o primeiro mês da estação chuvosa. No entanto, durante o período monárquico de Israel, o calendário foi reformado, e os antigos nomes dos meses foram substituídos por números ordinais, primeiro, segundo, terceiro etc., ao mesmo tempo em que o começo do ano foi transferido para a primavera. Isso é ilustrado em 1Reis 6.1 e 8.2. Citamos este último trecho: *Todos os homens de Israel se congregaram junto ao rei Salomão, na ocasião da festa, no mês de etanim, que é o sétimo*. Em cerca de 520 a.C., Ageu (1.1 e 2.1,10), usou apenas números ordinais para indicar os meses, sem referir-se aos

CALENDÁRIO JUDAICO (BÍBLICO)

antigos nomes dos mesmos. Zacarias, um profeta contemporâneo daquele, liga o número ordinal de certo mês ao nome babilônico do mesmo, o que se tornou prática popular após o exílio. Diz Zacarias 1.7: *Aos vinte e quatro dias do mês undécimo, que é o mês de sebate...* Todavia, esses nomes importados da Babilônia não eram usados nos registros civis e históricos dos judeus. Tais nomes tinham conotações agrícolas, ainda que vinculados a nomes de divindades pagãs da natureza, em certos casos. O chamado calendário de *Gezer*, que data do século X a.C., fornece-nos um interessante vislumbre sobre a vida agrícola da Palestina. Trata-se de uma inscrição que enumera operações agrícolas referentes a oito meses, e onde são mencionadas atividades como a semeadura, a colheita do linho, a colheita da cevada e a poda da videira.

4. Anos. O calendário judaico envolvia dois anos concorrentes, a saber: o ano religioso, que começava na primavera, com o mês de Nisã, e o ano civil, que começava no outono, com o mês de Tisri. O ano religioso foi instituído por Moisés, após o êxodo. Consiste em doze ou treze meses lunares de 29-1/2 dias cada. O ano civil é mais antigo, computado supostamente desde a criação, que tradicionalmente ocorreu no outono (3760 a.C.). Tornou-se popular a partir do século III d.C. Que o ano civil era observado pelo antigo povo de Israel torna-se evidente no preceito mosaico, que diz: *Guardarás a festa da sega dos primeiros frutos do teu trabalho, que houveres semeado no campo, e a festa da colheita, à saída do ano, quando recolheres do campo o fruto do teu trabalho* (Êx 23.16).

Os babilônios e os egípcios criaram o mês intercalado, a fim de ajustar o ano solar ao ano lunar. Os anos bissextos dos judeus, com seu ciclo de 19 anos, foram fixados, com adição de um décimo terceiro mês nos anos terceiro, sexto, nono, décimo primeiro, décimo quarto, décimo sétimo e décimo nono. E se no décimo sexto dia do mês de Nisã o sol não tivesse atingido o equinócio de inverno, o mês era declarado como o segundo mês de Adar, ao passo que o mês seguinte era declarado mês de Nisã. Conforme dissemos no começo deste artigo, grande avanço foi feito quando do calendário traçado por Júlio César, primeiro imperador romano, em 46 a.C. Mas esse ano, de 365 dias e um quarto, tinha uma defasagem de onze minutos, acima do ano solar. Por esse motivo, em 1582, o então papa Gregório XIII fez uma reforma, e o novo calendário passou a chamar-se de calendário gregoriano (sob cujo regime vivemos). Esse envolve um erro infinitesimal que se acumula para formar um dia, a cada 3.325 anos. É interessante observar que o calendário mais exato que a humanidade já criou é o dos índios maias, da América Central, que acusa um erro acumulado de um dia, a cada seis mil anos!

5. Ciclos. Em face do sétimo dia da criação, os judeus passaram a dar um elevado sentido religioso e sagrado ao número sete. Assim, as convocações solenes e as festas judaicas tinham lugar no sétimo dia, ou na sétima semana, ou no sétimo mês, ou no sétimo ano ou a cada sete vezes sete anos. A cada sete dias havia o sábado. A festa do Pentecoste caía no fim de sete semanas após a Páscoa, no primeiro dia da semana seguinte. A festa das Trombetas, que introduzia o sétimo mês, envolvia uma "assembleia solene". O ano sabático impunha um solene repouso para os proprietários de terras, para as terras aráveis e até para os animais de carga. Nesse ano também eram postos em liberdade os escravos hebreus. Os anos sabático e de jubileu eram sincronizados ao ano civil ou agrícola. O ano do jubileu, que ocorria a cada cinquenta anos, após sete vezes sete anos, tinha conotações importantíssimas na vida social judaica. (Ver Lv 25.8-17).

6. Eras. No calendário bíblico, "eras" indicam todo o tempo que vai da criação do mundo à consumação dos séculos. Há grandes acontecimentos que são marcos terminais, com o início de alguma nova fase para a humanidade. Esses marcos, em sua sequência cronológica, são: a criação, o dilúvio, a vida de Abraão, o êxodo, o exílio babilônico e o nascimento de Jesus. Em consequência, as eras bíblicas poderiam ser intituladas como: antediluviana, pós-diluviana, patriarcal, israelita, judaica e cristã. (Ver Mt 1.2-17 e Lc 3.23-37).

Astronomicamente falando, a fenomenal estrela que guiou os magos ao menino Jesus dividiu a história da humanidade em antes de Cristo (a.C.) e depois de Cristo (d.C.). Esse é o eixo em torno do qual a história humana é datada, pondo fim a uma antiga ordem de coisas e dando início a uma nova ordem. As predições bíblicas aludem a mais duras eras, a saber: ***a***. O milênio, logo após a Grande Tribulação, inaugurado pela segunda vinda de Cristo quando ele instaurar o seu reino de mil anos à face da terra; e ***b***. a era eterna, quando forem criados novos céus e nova terra. Ver acerca do *milênio* e da *era eterna*. Cf. Apocalipse 20.1-15 e 21.1-5.

7. Gráfico ilustrativo

Nomes dos Meses	Equivalentes	Festas	Estações	Tempo	Colheita
Abide ou Nisã, trinta dias. 1º mês do ano sagrado e 7º mês do ano civil	Março-abril	1. Lua Nova, Nm 10.10. Jejum por Nadabe e Abiú, (Lv 10.1,2). 10. Seleção do cordeiro pascal, (Êx 12.3); festa por Miriã, (Nm 20.1). 14. Abate do cordeiro pascal, à tarde, (Êx 12.6). Começa a Páscoa, (Nm 28.16). 15. Primeiro dia dos pães asmos, (Nm 28.17). 16. Primícias; molhos são oferecidos, (Lv 23.10). Começo da colheita; cinquenta dias para o Pentecoste, (Lv 23.6. 15 a 21). Santas convocações, (Lv 23.7). 21. Fim da Páscoa; fim dos pães asmos, (Lv 23.6). 26. Jejum pela morte de Josué.	Equinócio da primavera	Ventilado; queda das últimas chuvas, (Dt 11.14). As neves se dissolvem e os rios se enchem. O Jordão extravasa, (Js 3.15).	Cevada, maturação do trigo; aparecem as flores e hortaliças.
Zife ou Ijar, 29 dias. 2º do ano sagrado e 8º do ano civil	Abril-maio	1. Lua nova, (Nm 1.18). 6. Jejum de três dias por excessos da Páscoa. 10. Jejum pela morte de Eli e captura da arca, (1Sm 4.11 ss). 15. Segunda Páscoa, para os que não a celebraram no mês de Abide, relembrando a entrada no deserto, (Êx 16.11). 23. Festa lembrando a captura de Gaza pelos Macabeus e a purificação do templo. 27. Festa lembrando a expulsão dos galileus de Jerusalém. 28. Jejum pela morte de Samuel, (1Sm 25.1).	Verão	Ventilado; chuvas e trovoadas, com raros temporais. Céu sem nuvens. Ventos quentes do vale do Jordão.	Colheita da cevada, Rute 1.22. O trigo amadurece; abricós.

CALENDÁRIO JUDAICO (BÍBLICO)

Mês	Corresp.	Eventos	Clima	Ventos	Agricultura
Sivã, trinta dias. 3º do ano sagrado e 9º do ano civil	Maio-junho	1. Lua nova. 2. Festa do Pentecoste ou das semanas, por ser 7 dias após a Páscoa, (Lv 23.15-21). 15,16. Celebração da vitória sobre Bete-Seã, 1Macabeus 5.52; 12.40,41. 22. Jejum pelos súditos de Jeroboão que levaram primícias a Jerusalém, (1Rs 12.27). 25. Jejum em memória dos rabinos Simeão, Ismael e Canina. Festa lembrando o juízo de Alexandre em favor dos judeus. 27. Jejum relembrando a queima dos livros da lei.	Calor máximo do verão	Ventos do noroeste e leste; vento ressecante dos desertos do sul. Céu claro.	Começa a colheita: trigo; amêndoas; uvas começam a amadurecer; mel do vale do Jordão.
Tamuz, 29 dias. 4º do ano sagrado e 10º do ano civil	Junho-julho	1. Lua nova. 14. Festa comemorando a abolição de um livro dos saduceus e dos betusianos, que queriam subverter a lei oral e as tradições. 17. Jejum relembrando a quebra das tábuas da lei por Moisés, (Êx 32.19); e tomada de Jerusalém por Tito, em 70 d.C.	Calor do verão	Ventilado no norte, do oeste e do leste; calor intenso.	Colheita do trigo nas terras altas; várias frutas.
Abe, trinta dias. 5º do ano sagrado e 11º do ano civil	Julho-agosto	1. Lua nova. Jejum pela morte de Aarão. 9. Jejum em memória da declaração divina contra os murmuradores opostos à entrada em Canaã, (Nm 14.29-31). 18. Jejum por causa da lâmpada apagada, nos dias de Acaz. 21. Festa quando a madeira era empilhada no templo. 24. Festa em memória da lei, segundo a qual filhos e filhas herdavam a lei de seus pais.	Verão quente	Ventos do leste; calor intenso; céu claro.	Vindima, colheita do figo, das castanhas, azeitonas etc. Levíticos 26.5.
Elul, 29 dias. 6º do ano sagrado e 12º do ano civil	Agosto-setembro	1. Lua nova. 7. Festa da dedicação dos muros de Jerusalém, por Neemias. 17. Jejum pela morte dos espiões incrédulos, Nm 14.26. 21. Festa, oferta da madeira. 22. Festa em memória dos israelitas ímpios punidos com a morte. Durante o mês todo, soavam as trombetas, avisando sobre o ano civil próximo.		Ventos do norte e do leste. Calor intenso; relâmpagos, com pouca chuva.	Vindima; colheita do milho, do algodão; romãs amadurecem.
Etanim ou Tirsi, trinta dias. 7º do ano sagrado e 1º do ano civil	Setembro-outubro	1. Lua nova; Ano Novo; festa das Trombetas, (Lv 23.34; Nm 29.1,2). 3. Jejum pelo assassínio de Gedalias, (2Rs 25.25). O sumo sacerdote é separado para o Dia da Expiação. 7. Jejum relembrando a adoração do bezerro de ouro. 10. Dia da Expiação, (At 27.9). Único dia de jejum exigido pela lei; primeiro dia do Ano de Jubileu. 15-21. Festa dos Tabernáculos. 22. Santa convocação; ramos de palmeiras; oração pela chuva. 23. Festa pelo término da Lei; dedicação do templo de Salomão.	Semeadura; o grão germina	Ventos do nordeste.	Aração e semeadura começam assim que se iniciam as chuvas, (Pv 20.4). Colheita do algodão.
Bul ou Marcesvan, 29 dias. 8º do ano sagrado e 2º do ano civil	Outubro-novembro	1. Lua nova. 6,7. Jejum por Nabucodonosor ter cegado Ezequias, (2Rs 25.7; Jr 52.10). 17. Orações pela chuva. 19. Jejum pelas faltas durante a festa dos Tabernáculos. 23. Pedras memoriais do altar profanadas pelos gregos, 1Macabeus 4.44. 26. Festa em memória da recuperação, após o exílio, dos lugares ocupados pelos cutitas.	Outono	Ventilado de várias direções; muita chuva.	Semeadura do trigo e da cevada; vindima no norte. Colheita do arroz; figos amadurecem; frutas cítricas florescem; desaparece quase toda a vegetação.
Quisleu, trinta dias. 9º do ano sagrado e 3º do ano civil	Novembro-dezembro	1. Lua nova. 2. Jejum de três dias, se não viessem chuvas. 3. Festa em honra aos Asmoneus que derrubaram ídolos postos no templo pelos gentios. 6. Festa em memória da queima dos rolos por Jeoaquim, (Jr 36.23) 7. Festa em memória da morte de Herodes, o Grande. 14. Jejum absoluto, se não viessem chuvas. 21. Festa no monte Gerizim; o monte Gerizim é arado e semeado com joio, como os samaritanos intentaram fazer com o terreno do templo. 25. Festa da dedicação do templo, ou Luzes (oito dias), em memória da restauração do templo por Judas Macabeu.	Começa o inverno, João 10.22.	Neve nos montes; tempestades; muita chuva.	Árvores sem folhas, mas planícies e desertos reverdecem.

Tebete, 29 dias. 10º do ano sagrado e 4º do ano civil	Dezembro-janeiro	1. Lua nova. 8. Jejum porque a Lei foi traduzida para o grego. 9. Jejum geral, sem motivo específico. 10. Jejum por causa do cerco de Jerusalém por Nabucodonosor, 2Rs 25.1. 28. Festa em memória da exclusão dos saduceus do Sinédrio.	Meio-inverno	Ventos do norte, do nordeste e do noroeste. No mês mais frio, saraiva e neve, (Jl 10.11), nas terras altas, e, algumas vezes, em Jerusalém.	Rebanhos descem para os vales. Cultivo dos vales começa. Laranjas amadurecem. Regiões mais baixas reverdecem com o cereal.
Sebate, trinta dias. 11º do ano sagrado e 5º do ano civil	Janeiro-fevereiro	1. Lua nova. 2. Regozijo: Alexandre Janeu, inimigo dos fariseus, morreu. 4,5. Jejum em memória da morte dos anciãos, sucessores de Josué. 15. Começo do ano das Árvores. 22. Festa em memória da morte de Niscaleno, que ordenou a colocação de ídolos no templo, mas que morreu antes de isso ser cumprido. 29. Celebração da morte de Antíoco Epifânio.	Inverno	Ventos do noroeste, norte e nordeste. Tendência para o calor.	Amêndoas e pêssegos florescem nas áreas quentes. Laranjas são colhidas.
Adar, 29 dias. 12º do ano sagrado e 6º do ano civil.	Fevereiro-março	1. Lua nova. 7. Jejum pela morte de Moisés, (Dt 34.5). 8,9. Trombetas soam em agradecimento pelas chuvas; orações por mais chuvas. 12. Festa em memória de Holiano e Pipo, dois prosélitos que preferiram morrer a quebrar a lei. 13. Jejum de Ester, (4.6). Festa celebrando a morte de Nicanor, inimigo dos judeus 1Macabeus 7.44). 14. 1º Purim, festa menor das sortes, (Et 9.21). 15. Grande Festa de Purim. 17. Festa em comemoração aos sábios que fugiram de Alexandre Janeu. 20. Festa pelas chuvas em época de seca, nos dias de Alexandre Janeu. 23. Festa comemorativa da dedicação do templo de Zorobabel, (Ed 6.16). 28. Festa comemorativa por terem sido repelidos os decretos dos reis gregos proibindo a circuncisão.	Primavera, com resíduos do inverno.	Ventos do oeste; trovoadas, saraiva e neve nas terras altas. Começam as últimas chuvas, das quais dependem as plantações, para ser evitada a fome.	Nos vales, cultivo chega ao fim, e amadurece a cevada.

CALNÉ

1. De acordo com alguns eruditos, no hebraico significaria "forte de Anu". Anu era uma das principais divindades do panteão babilônico. O local provável é a moderna Niffer, no Talmude, Nopher. Fica cerca de cem quilômetros a sudeste da antiga cidade da Babilônia, à margem esquerda do rio Eufrates. A LXX refere-se a Calné ou Calno como o lugar onde foi edificada a torre famosa (Is 10.9). No século VIII a.C., foi conquistada por um dos reis assírios, e nunca mais reconquistou a sua prosperidade. Ela foi uma das cidades da Babilônia, fundada por Ninrode, referida em associação com Babel, Ereque e Acade (Gn 10.10). O local acima referido tem sido intensamente investigado pela arqueologia. Ver sobre Nipur. Contudo, há estudiosos que a identificam com Kulunu, uma outra antiga cidade próxima da Babilônia. Ainda outros supõem que a mesma deveria ser identificada com Hursagkalama, uma cidade gêmea de Quis. Outrossim, com base em uma compreensão diferente sobre o texto hebraico, alguns intérpretes traduzem Calné como *todas elas*, pelo que aquele versículo diria: "O princípio do seu reino foi Babel, Ereque, Acade, todas elas na terra de Sinear". Nesse caso, nunca houve uma cidade chamada Calné, e todas essas identificações, acima referidas, laboram em erro. **2.** Calne (segundo nossa versão portuguesa, sem acento agudo no *e* final) figura em Amós 6.2, juntamente com Hamate. Poderia ser Kulani, a moderna Kallanhu, cerca de dez quilômetros de Arpade. Kullani (a) é uma aldeia mencionada em documentos assírios, em associação com Arpade.

CALOR E FRIO

No trecho de Gênesis 8.22 encontramos o contraste entre a semeadura e a colheita, entre o verão e o inverno, entre o dia e a noite, entre o calor e o frio. Tudo isso fazia parte da promessa do Senhor de que não haveria de sobrevir outro período de destruição geral no mundo, por meio de um dilúvio, de tal modo que esses estados e condições contrastantes prosseguiriam até o fim dos tempos.

A Palestina é um país bem pequeno, cuja área aproxima-se da área do Estado do Rio Grande do Norte, no Nordeste brasileiro. Apesar de tão pequena, há ali tremendos contrastes de clima e temperatura. Todavia, ali o frio não perdura por longo tempo; e, apesar de cair alguma neve, o período de nevascas é bem curto. As variações climáticas devem-se aos diferentes tipos de terreno, à extensa costa marítima, à existência de montes, planícies e áreas desérticas. As antigas residências ali construídas não tinham qualquer proteção especial contra o frio, exceto no caso das casas dos mais abastados, onde havia uma espécie de forno onde era queimado carvão vegetal. Nos dias frios, as pessoas se acumulavam em torno das fogueiras de carvão, conforme se lê acerca de Pedro, no pátio da casa do sumo sacerdote (Jo 18.18). Ver o artigo sobre *o Calendário*, onde damos um gráfico que mostra que tipo de condições atmosféricas havia de mês em mês, durante os festivais e na época das diversas colheitas.

O Frio nos Sonhos e nas Visões. Pode estar em pauta alguma pessoa que quase não demonstra suas emoções; uma pessoa calculista e traiçoeira; uma pessoa sexualmente indiferente. Ficar moldando a cinzel um bloco de gelo pode significar tentar interessar uma pessoa sexualmente indiferente pelas questões sexuais. O medo também pode ser simbolizado pelo frio, se produz tremor.

O Calor nos Sonhos e nas Visões. Pode estar em foco uma advertência de esforço demasiado; ou o progresso na vida, a boa sorte, a boa produtividade etc. Calor é energia, pelo que simboliza trabalho e realização. Ou então indica uma pessoa sexualmente intensa e ativa.

CALÚNIA

Várias palavras hebraicas e várias palavras gregas estão envolvidas na compreensão desse assunto, a saber: **1**. *Dibbah*, "relatório contrário". Palavra hebraica que aparece por nove vezes (Jr 20.10; Gn 37.2; Nm 13.32; 14.37; Pv 25.10; Ez 36.3; Nm 14.36; Sl 31.13; Pv 10.18). **2**. *Rakil*, "caluniador". Palavra hebraica que se encontra por três vezes (Lv 19.16; Pv 20.19; 11.13). **3**. *Nirgan*, "sussurrador". Termo hebraico que aparece por quatro vezes: Pv 18.8; 26.20,22; 16.18. **4**. *Lashan*, "usar a língua". Palavra hebraica que figura por duas vezes: Sl 101.5 e Pv 30.10. **5**. *Katalaléo*, "difamar", "caluniar". Vocábulo grego que aparece por cinco vezes (Tg 4.11; 1Pe 2.12 e 3.16). **6**. *Pseudomartureó*, "dar falso testemunho". Palavra grega que figura por cinco vezes (Mt 19.18; Mc 10.19; 14.56,57; Lc 18.20).

Caluniar é acusar falsamente, mormente em alguma situação judicial. Também é falar contrariamente a alguém a quem Deus defende.

O caráter básico desse pecado pode ser visto no fato de que foi incluído no decálogo (Êx 20.16), como também no fato de que aparece no contexto imediato do qual Jesus Cristo citou o segundo e grande mandamento (Lv 19.15-18; cf. Mt 19.19; 22.39; Tg 2.8). Ali, o amor ao próximo é caracterizado pelo fato de que não o caluniamos, mas antes, mostramo-lhe justiça, sem qualquer parcialidade.

Que a calúnia é contra a retidão e a sabedoria de Deus é algo repetidamente frisado no livro de Provérbios (ver Pv 9.13; 10.18; 18.8; 26.20-22). Quando a calúnia atinge os mensageiros de Deus, atinge o próprio Deus, sendo punido de conformidade com isso (Nm 14.36, onde os espias falam contra os pontos positivos da Terra Prometida. Rm 3.8 onde uma falsa doutrina é imputada ao apóstolo Paulo). A calúnia consiste em fazer os padrões humanos sobreporem-se aos padrões divinos e ao julgamento divino, dando a entender até mesmo a blasfêmia (Tg 4.11). Pertence àquela categoria de pecados aos quais Deus entrega os homens (Rm 1.30, quando eles caluniam o bem e aprovam o mal; cf. 2Tm 3.3 quanto ao seu caráter escatológico).

O grande caluniador é o próprio Satanás (pois *diábolos* = acusador). Ele tentou alienar Deus de Jó, mediante falsas acusações. O livro de Apocalipse descreve Satanás como aquele que continuamente acusa aos irmãos, dia e noite (Ap 12.10). O falso testemunho deliberado contra Cristo, por ocasião de seu julgamento, precisa ser visto dentro desse contexto (Mt 26.59; cf. a ordem dada por Cristo para que os seus discípulos deem um testemunho veraz a respeito dele). É por causa de Cristo que os seus seguidores são falsamente acusados (Mt 5.11). Porém, uma vez que Deus proferiu o seu veredito acerca dos seus eleitos, justificando-os de tudo, quem ousaria acusá-los diante do Senhor? (Rm 8.33).

A calúnia é uma atitude contrária ao caráter verdadeiramente cristão, refletindo total ausência de amor ao próximo (1Pe 2.1). Em vez de caluniarmos, como crentes que somos, devemos perdoar os nossos ofensores, relembrados de como Cristo nos perdoou de tudo (Ef 4.31,32). Também devemo-nos revestir daquela nova natureza que não se caracteriza pelo espírito mentiroso, mas que se renova no conhecimento e no homem interior, de acordo com a imagem de Deus, conforme ela se acha em Cristo (Cl 3.8-10).

Ver também sobre: *verdade; os Dez Mandamentos; Justificação; e Satanás*.

CALVÍCIE

Ver também o artigo sobre os *cabelos*. Diversas palavras hebraicas são empregadas para indicar o alto da cabeça ou a calvície nas têmporas. A calvície pode ser natural ou artificial, esta última conseguida mediante o corte ou a raspagem à navalha. A calvície artificial era feita para indicar tristeza ou luto; e no caso de uma mulher, era aplicada como castigo por causa de algum lapso moral de grave natureza (ver Jr 16.6; Am 8.10; Mq 1.16 e 1Co 11.6). A proibição que se acha em Deuteronômio 14.1: ... *nem sobre a testa fareis calva por causa de algum morto* — provavelmente tinha por intuito impedir que Israel seguisse os costumes de povos pagãos, entre os quais havia esse. A calvície natural, por sua vez, não era considerada indicação de lepra ou de qualquer condição doentia, que tornasse uma pessoa cerimonialmente imunda (ver Lv 13.40 ss.). Apesar disso, a calvície era desprezada por muitos em Israel, talvez como um defeito ou como uma feiura. Por esse motivo, os calvos algumas vezes eram alvos de zombarias (ver 2Rs 2.23 e Is 3.24). Há alguma associação de palavras que indicam que a calvície era relacionada, em certos casos, à lepra, ou então a úlceras de alguma espécie. O preconceito popular contra a calvície provavelmente estava alicerçado sobre essa circunstância; e talvez fosse essa a principal razão pela qual um calvo era considerado impedido de servir como sacerdote (ver Lv 21.20; e também Mishnah tit Bechoroth vii.2). Seja como for, a calvície era considerada um defeito físico. (ID S)

CALVINO, JOÃO (1509-1564)

Teólogo da Reforma. Nascido em Noyon, Picardia, França, Calvino passou grande parte de sua idade jovem estudando em Paris, preparando-se para o sacerdócio católico. Após estudos que fez de teologia escolástica medieval, seguiu-se um período em sua vida de preparo para exercer a advocacia, o que o colocou em contato com o humanismo cristão vigente na França, por intermédio de mestres como Lefèvre d'Étaples (1455-1529) e Guillaume Dudé (1468-1540). Grandemente influenciado por seus ensinamentos, ele escreveria, como sua primeira obra, um comentário sobre a obra *De Clementia* [*Sobre a clemência*], de Sêneca.

Veio a experimentar, porém, "repentina conversão", cuja data não se sabe ao certo, disso resultando desconectar sua mente dos estudos para advogado que vinha realizando e se voltar com toda a dedicação ao estudo das Escrituras e do ensino da Reforma. Em 1536, publicava em Basileia a primeira edição de suas *Institutas da religião cristã*. Daí em diante, após curto e fracassado ministério em Genebra, viveria uma experiência enriquecedora de ensino e obra pastoral em Estrasburgo, de 1538 a 1541. Aceitando, então, um chamado para voltar a Genebra, ali permaneceu trabalhando pacientemente e lutando por muitos anos, procurando colocar em prática suas crenças a respeito do evangelho, da igreja e da sociedade.

Quando Calvino começou sua obra teológica, a Reforma estava entrando em uma segunda fase importante de seu desenvolvimento. Sob Lutero e outros, a palavra de Deus havia rompido poderosamente com as antigas formas que durante muitos séculos tinham restringido o Espírito e obscurecido a verdade. O movimento inspirara inumeráveis sermões, escritos, conferências e controvérsias, produzindo significativas mudanças na vida social e política da Europa. As pessoas haviam sido levadas a novas experiências, ideais e esperanças. A remoção das antigas restrições, contudo, fizeram surgir especulações precipitadas, que ameaçavam a dissolução dos padrões morais e da ordem social.

Em meio à confusão, Calvino assume a liderança da definição de novas formas de vida e de trabalho cristão, da igreja e da vida comunitária, que, sob o ensino recém-descoberto da Bíblia e o poder do Espírito, tornam-se relevantes para as condições da Europa de sua época. Além do mais, mostra-se capaz de ajudar seus contemporâneos a conseguir clareza de visão e ordenação no pensamento e na expressão teológicos, fornecendo-lhes uma compreensão mais firme do evangelho em sua plenitude. Ao mesmo tempo, pelo poder de sua pregação, pela clareza e simplicidade convincentes de seu ensino e por sua capacidade prática e integridade moral, que lhe deram indiscutível e definitiva liderança em sua comunidade, é visivelmente bem-sucedido em alcançar seus alvos em sua própria cidade-paróquia. Sua obra em Genebra faz crescer muitíssimo a fama amplamente espalhada, que seus escritos já lhe haviam granjeado. Sua vida e obra passam a ser, assim, ilustração bem importante e desafiadora de como nossa teologia, se saudável, deve estar relacionada à nossa situação de vida.

A teologia de Calvino é uma teologia da palavra de Deus. Ele sustentava que a revelação dada a nós por meio das Escrituras é a única fonte confiável de nosso conhecimento de Deus. Embora a natureza também revele Deus, e todos os homens e mulheres tenham um instinto natural para a religião, a perversidade humana nos impede de sermos capazes de saber aproveitar sadiamente aquilo que a natureza nos apresenta. Desse modo, devemos nos voltar para o testemunho da revelação dada por Deus a seus profetas e servos no AT e para o testemunho apostólico de Cristo no NT. As próprias Escrituras são inspiradas e, até mesmo, "ditadas" por Deus. Suas afirmativas, narrativas e verdades devem ser consideradas como dotadas de autoridade infalível.

Calvino acreditava em uma unidade básica no ensino das Escrituras, cabendo ao teólogo procurar esclarecer e dar expressão a essa unidade na composição ordenada de suas doutrinas. Como teólogo, procurava, assim, atender a todo o conteúdo da palavra escrita de Deus. Reconhecia, contudo, que as Escrituras nos foram dadas por Deus não só e simplesmente para nos presentear na atualidade com verdades e doutrinas, mas também para nos introduzir na revelação viva, da qual a palavra escrita dá testemunho. No âmago dessa revelação, sobre a qual os apóstolos e profetas escreveram, ocorrera o encontro pessoal deles com o próprio Verbo de Deus, a segunda pessoa da Trindade. Ainda que recipientes de verdades e doutrinas, no entanto, as testemunhas bíblicas também se reconheciam como simples seres humanos diante do próprio Deus, presente em amor pessoal e majestade. Calvino estava convicto de que o teólogo, em sua abordagem às Escrituras, deveria procurar se encontrar e se considerar nessa mesma posição. Deveria buscar assim, mediante as Escrituras, colocar-se em comunhão e confrontação com o próprio Senhor e, ao dar forma à sua teologia, levar em conta todos os eventos originais, nos quais e pelos quais Deus se revelou ao seu povo.

Calvino usa, por vezes, a linguagem do misticismo para descrever como a fé nos capacita, por meio da palavra e do Espírito, compreender em visão muito mais do que poderia ser compreendido imediatamente pelo nosso entendimento. Em sua abordagem às Escrituras e em sua tarefa teológica, portanto, foi parte importante a busca em oração por um entendimento mais pleno daquilo que já tivesse de algum modo compreendido e por uma comunhão mais próxima com o Deus vivo.

Calvino não tentou, desse modo, criar uma teologia sistemática sujeitando as verdades das Escrituras a qualquer princípio controlador do pensamento ou da lógica humanos. Permitiu, ao contrário, que seu próprio pensamento fosse controlado por toda a palavra que Deus havia falado em Cristo. A ordem com que era capaz de dispor seu pensamento era a mesma que detectava na revelação que se registrava em sua mente.

Calvino escreveu comentários sobre quase todos os livros da Bíblia. Esses comentários tiveram ampla aceitação e são ainda de grande uso nos estudos. Aplicou métodos da erudição humanista à Bíblia a fim de encontrar o significado exato das palavras no texto, bem como as circunstâncias históricas particularmente envolvidas na narrativa (ver Hermenêutica). Sua crença na autoridade e integridade da palavra tornava impossível, no entanto, uma abordagem crítica ao texto. Embora concordasse em que um texto pudesse ter vários sentidos, escasso foi seu uso do método alegórico de interpretação. Acreditava que Cristo esteve presente junto ao povo de Deus no AT, embora sua revelação manifesta na época tomasse formas diversas da do NT. Foi dos primeiros a reconhecer o uso da tipologia como chave para o entendimento da unidade existente entre os dois testamentos. Sua crença nessa unidade o capacitou a interpretar como um só texto a totalidade das Escrituras.

Em sua exegese e obra teológica, Calvino sempre se colocou em débito com outros eruditos. Foi especialmente influenciado por Agostinho e dedicado estudioso dos pais gregos e latinos. Ele daria expressão final à sua teologia na última edição das *Institutas*, em 1559 (a francesa, em 1560). A obra é constituída de quatro partes, seguindo até certo ponto a ordem sugerida pelo Credo Apostólico: Livro I, Deus, o Criador; Livro II, Deus, o Redentor; Livro III, O modo de recebermos a graça de Cristo; Livro IV, a igreja.

Na doutrina de Deus, Calvino evita a discussão da essência oculta de Deus (*o que* Deus é), restringindo-se ao ensino bíblico sobre a natureza de Deus (*de que espécie* ele é). O próprio Deus proclama sua "eternidade e autoexistência" ao pronunciar seu nome: *Eu Sou o que Sou*. A ênfase de Calvino é sempre sobre os atributos morais ou "poderes" de Deus. Ele vê tais qualidades devidamente listadas em dois textos específicos: Êxodo 34.6,7 e Jeremias 9.24, que se referem, principalmente, à sua misericórdia e justiça. Também em suas atividades na igreja e na administração civil, Calvino sempre procurou mostrar que Deus era tanto "um Deus justo quanto salvador", sem que um aspecto de sua bondade excluísse o outro. Discutindo a doutrina de Deus, não faz menção à "soberania de Deus", que não foi sempre (como alguns pensam) um princípio predominante de sua teologia. Para ele, a glória era um atributo especial de Deus, revelado por toda parte no mundo, brilhando em todas as suas obras redentoras, mas mais plenamente exibida na humilhação e no amor revelados na cruz. Calvino coloca a Trindade no centro de sua discussão sobre a natureza de Deus, uma vez que a revelação nos faz ingressar no cerne do mistério do próprio ser divino. Frequentemente, em sua teologia, Calvino nos lembra que Deus se revela plenamente em Cristo e que não devemos nos voltar para nenhuma outra fonte além do evangelho para o nosso conhecimento dele.

Ao discutir sobre como Deus age com sua providência, é frequente discorrer de um modo pastoral (característica de grande parte da teologia de Calvino). Garante ele que Deus está sempre atuante, sustentando e guiando a totalidade de sua criação e dirigindo todo o curso da história humana, com preocupação paternal e graciosa. A igreja e o cristão, não obstante, estão sob cuidado especial nas mãos de Deus, tal como Cristo estava. Jamais nos encontramos nas mãos do "destino" ou do acaso.

A discussão que Calvino faz da providência apresenta, no entanto, uma dificuldade quando sugere que, por um decreto de Deus desde a eternidade mais remota, os planos e a vontade das pessoas são tão governados que se movem exatamente no curso que ele já destinou. Desse modo, ao discutir a predestinação, remonta à rejeição desse decreto de Deus pelos não eleitos, o que define com a palavra latina *horribile*, ou seja, "horrível, terrível, apavorante, aterrador". Nesse ponto, muitos hoje levantariam questão, indagando se o próprio Calvino estaria sendo fiel ao impulso central de seu próprio ensino sobre Deus e se estaria fazendo justiça ou não à liberdade com que, na Bíblia, Deus parece agir e reagir em situações em desenvolvimento. Convém lembrar que Calvino revisou por diversas vezes suas *Institutas* enquanto redigia seus comentários e não considerava sua teologia como tendo alcançado finalidade definitiva.

Em sua discussão sobre a pessoa e a obra de Cristo, Calvino repetiu, concisa e acuradamente, o ensino dos pais e concílios da igreja (ver Cristologia). Enfatizou o mistério oculto na pessoa do Mediador, afirmando que "o Filho de Deus desceu do céu de tal forma que, sem deixar o céu, quis nascer do ventre de uma virgem, para vir à terra e ser pendurado em uma cruz; todavia, preencheu continuamente o mundo, exatamente do mesmo jeito que havia feito desde o começo". Contudo, algumas vezes enfatiza serem tantas as limitações e a fraqueza da humanidade de Jesus que alguns chegaram a suspeitar dele, não crendo em sua divindade. Ele compreendeu que temos de procurar compreender a pessoa de Jesus mais em termos das funções que exerceu do que em termos da essência que ocultava. Foi Calvino o primeiro teólogo a interpretar sistematicamente a obra de Cristo em termos do tríplice ofício de profeta, sacerdote e rei. Destacou o elemento penal nos sofrimentos de Cristo sobre a cruz, enfatizando também, todavia, o valor colocado por Deus sobre sua obediência constante, tanto obediência ativa como passiva, e sua autoidentificação empática para conosco em nossa humanidade. A encarnação, Calvino, criou uma "santa irmandade'" entre ele e nós, de tal modo que ele pudesse "tragar a morte e substituí-la pela vida, vencer o pecado e substituí-lo pela justiça".

Discutindo a respeito de como a queda afetou a humanidade, originalmente feita à imagem de Deus, Calvino permite-se, quanto a nós, usar a expressão "depravação total", mas no sentido de que nenhum aspecto do ser ou da atividade original do homem deixou de ser afetado pelo seu pecado. Em todas as nossas relações com os outros, diz ele, deveríamos considerar cada pessoa como estando ainda dotada da imagem divina, não importa quão baixo ela possa ter caído. Há duas esferas em que a vida humana é estabelecida por Deus — a espiritual e a temporal. A respeito dos assuntos espirituais ou celestiais, a humanidade foi destituída de todo verdadeiro conhecimento e capacidade. No tocante às atividades temporais ou terrenas, o homem natural ainda detém qualidades e habilidades admiráveis, pelas quais conduz seus múltiplos afazeres humanos. Calvino admirava, por exemplo, a luz divina que havia brilhado nos antigos legisladores pagãos na concepção dos seus códigos legislativos, reconhecendo que o homem foi capacitado por Deus, mesmo em seu estado de decaído, com brilhantes dons, que adornariam sua existência, permitindo seu conforto e um tanto de contentamento e autoexpressão artística em sua vida na terra. Ele lembra a seus leitores que, na criação, Deus proveu para o nosso uso não somente as coisas que são necessárias para sustentar nossa vida, mas também muitas outras coisas, proveitosas e belas, destinadas a nos proporcionar prazer e alegria. Uma das realizações finais de Calvino foi fundar em Genebra uma academia onde as "artes liberais e a ciência" eram ensinadas por mestres versados em estudos humanísticos. Calvino, contudo, preocupava-se com que o desenvolvimento e o uso dessas artes e ciências estivessem de acordo com a lei de Deus e que fossem especialmente usadas no serviço da palavra de Deus e na promoção de uma comunidade cristã estável.

Ele buscou dar continuidade e completar a obra começada por Lutero e outros reformadores. Repetia frequentemente as críticas feitas por seus predecessores a Roma por negar ao homem comum qualquer condição de segurança pessoal perante um Deus tão gracioso. Nove capítulos de suas *Institutas* foram dedicados somente à doutrina da justificação pela graça e à liberdade cristã que ela implicava. Todavia, influenciado pela situação prevalecente ao seu redor, passou a insistir mais fortemente do que já fizera antes sobre a importância da santificação ou do arrependimento, definindo mais claramente para sua época um novo padrão de vida cristã, que por si só pudesse formular uma resposta adequada e digna à graça de Deus e ao chamado em Cristo. Assim, na edição final (de 1559) de suas *Institutas*, precedeu os nove capítulos sobre justificação com outros nove sobre santificação e arrependimento. Enfatiza o fato de que não pode haver perdão sem arrependimento, pois ambas essas graças fluem de nossa união com Cristo, e nenhuma das duas pode ser anterior à outra. Insiste em que nada do que Cristo sofreu ou fez por nós em sua obra redentora terá valor se não estivermos unidos a ele pela fé a fim de recebermos pessoalmente dele a graça que nos quer propiciar. Ensina, enfim, que essa "união mística" entre nós e Cristo é obra do Espírito Santo.

Para Calvino, o cristão deve não só estar unido a Cristo, mas viver em conformidade com ele, em sua morte e ressurreição. Tem de ouvir a ordem imperativa de Deus: "Sejam santos, porque eu sou santo", assim como o chamado do Senhor para negar-se a si mesmo, tomar sua cruz e segui-Lo. Calvino ataca a raiz do pecado humano, que reside no amor a si mesmo, mostrando que somente a autonegação pode ser a base de um eminente amor a todas as pessoas. Insta quanto à aceitação triunfal de toda forma de sofrimento para nos conformarmos à imagem de Cristo. Cada um de nós dará expressão obediente à fé cristã ao buscar nosso chamado neste mundo. É verdade que pretendemos desfrutar dos benefícios terrenos que Deus frequentemente faz chover sobre nós, e usá-los ao buscarmos nosso caminho na vida; todavia, até mesmo desse prazer devemos procurar nos manter afastados, aspirando sempre à vida vindoura, da qual mesmo aqui e agora podemos desfrutar algum tipo de antegozo.

Foi o desejo de Calvino de ajudar o crente a viver a vida cristã em plena segurança que o levou a dar destaque à doutrina da predestinação em sua teologia. Era seu pensamento que nenhum cristão poderia ser finalmente vitorioso e se sentir confiante a menos que tivesse algum senso de sua eleição para a salvação. Acreditava que as Escrituras realmente ensinam essa doutrina e que assinalam, também que aqueles que se recusassem a crer devem estar predestinados à condenação. Os ataques aos seus escritos sobre esse assunto o forçaram a defender-se em diversos tratados sobre a matéria. Não se deve supor, no entanto, que essa fosse a doutrina central de sua teologia. É bastante significativo que, junto aos seus capítulos sobre a predestinação nas *Institutas*, Calvino tenha posto seu magnífico capítulo sobre a oração, em que somos instados a exercer nosso livre-arbítrio em intercessões junto a Deus e a procurar a resposta para as orações que fazemos.

Uma grande seção das *Institutas* trata da igreja e seu ministério. Calvino almejava que a forma de ministério na igreja, especialmente o do pastor, refletisse o próprio ministério de Cristo, de completa humildade, interesse voltado a cada indivíduo e fidelidade à verdade, exercido no poder do Espírito. Preocupava-o a instrução, a disciplina e a assistência aos pobres. Por isso, cria que, juntamente com o pastor, no ministério, Deus colocava mestres ou "doutores" (especialistas nas Escrituras e em teologia), presbíteros e diáconos. Ele encontrara, naturalmente, esses ofícios indicados nas Escrituras, mas não insistia em que cada detalhe da vida ordenada da igreja exigisse uma autorização bíblica explícita. Admirava o desenvolvimento da doutrina e liturgia durante os primeiros seis séculos de vida da igreja e não teve nenhuma hesitação em reproduzir aspectos desse desenvolvimento. Era de opinião que o "bispo" do NT e da igreja primitiva correspondia ao então pastor de uma congregação, em uma igreja verdadeiramente reformada. Todas as cerimônias eclesiásticas deveriam ser simples, claramente inteligíveis e justificáveis à luz da Bíblia. Estava convencido de que o segundo mandamento proibia não só o uso de imagens na adoração, mas também a invenção de cerimônias para simplesmente estimular a emoção religiosa. Encorajava o cântico congregacional, embora achando que os instrumentos musicais tinham um som muito incerto para constituir um acompanhamento adequado da adoração racional.

Calvino seguiu Agostinho com respeito ao sacramento, como sinal visível de uma graça invisível. Só o batismo e a ceia do Senhor (ver Eucaristia) eram sacramentos com autoridade dominical. Denunciou a doutrina da transubstanciação e a ideia de que um sacramento fosse eficaz em virtude de ser meramente apresentado como ritual. Mas rejeitou também a ideia de que o pão e o vinho fossem dados por Cristo como meros símbolos, representando seu corpo e sangue, apenas para estimular nossa memória, devoção e fé. Os sacramentos oferecem o que representam, insistia ele. Não somos ordenados simplesmente a olhar os elementos, mas, sim, a comer e a beber. Esse é um sinal de que, entre ele e nós há uma união de doação de vida (em relação ao que Calvino chega mesmo a usar a palavra "substancial"). Essa união é dada e criada quando a palavra é pregada e respondida em fé; é, também, aumentada e fortalecida quando o sacramento é recebido pela fé. Calvino rejeitou, ainda, explicações luteranas, vigentes na época, sobre o mistério da eficácia do sacramento. Ele afirmava, com frequência, que o corpo de Cristo do qual nos alimentamos permanece no céu e que nossa alma é elevada até lá pelo poder maravilhoso do Espírito para nos alimentarmos dele. Calvino insistia em que um sacramento era ineficaz independentemente da fé do recipiente. Justificava o batismo infantil por sua visão de unidade da antiga com a nova aliança, realçando ainda que a eficácia de um sacramento não precisa estar necessariamente ligada ao momento mesmo de sua administração.

O relacionamento entre a igreja e o Estado era uma questão crucial no tempo de Calvino. Seus embates em Genebra o colocaram em uma posição firme contra as tentativas da autoridade civil de interferir nas questões relativas à disciplina eclesiástica, que ele achava que devia estar inteiramente sob o controle de uma corte especificamente eclesiástica. Tinha o Estado em alta conta, salientando o dever dos cidadãos de obedecer à lei e honrar seus governantes. Enfatizava também, no entanto, o dever dos governantes de, semelhantemente aos pastores, cuidar de cada um e de todos os seus súditos. Aconselhava a obediência dos cidadãos até mesmo aos tiranos e a aceitação do sofrimento injusto como opção preferível a ter de recorrer à conspiração revolucionária. Acreditava, no entanto, que um tirano poderia vir a ser afastado pela ação deliberada de uma autoridade inferior, devidamente constituída, do mesmo Estado ou por intermédio de um agente "vingador" procedente de outro lugar, tendo sido para isso levantado e eleito por Deus.

(**R. S. Wallace**, M.A., B.Sc., Ph.D., professor emérito de Teologia Bíblica do Columbia Theological Seminary, Decatur, Geórgia, EUA.)

BIBLIOGRAFIA. *Institutes*, tr. F. L. Battles, ed. J. T. McNeill, 2 vols., London, 1961; *Commentaries* on the NT, tr. e ed. D. W. Torrance & T. F. Torrance, 12 volumes (Edinburgh, 1959-1972).

F. L. Battles (ed.), *The Piety of John Calvin* (Grand Rapids, MI, 1978); J. T. McNeill, *The History and Character of Calvinism* (New York, 1954); W. Niesel, *The Theology of Calvin* (London, 1956); T. H. L. Parker, *John Calvin* (London, 1975); H. Quistorp, *Calvin's Doctrine of the Last Things* (London, 1955); H. Y. Reyburn, *John Calvin: His Life, Letters and Work* (London, 1914); R. S. Wallace, *Calvin's Doctrine of the Word and Sacrament* (Edinburgh, 1953); idem, *Calvin's Doctrine of the Christian Life* (Edinburgh, 1957); F. Wendel, *Calvin: The Origins and Development of His Religious Thought* (London, 1963); E. D. Willis, *Calvin's Catholic Christology* (Leiden, 1966).

CAMA, LEITO

No hebraico temos de considerar cinco palavras, e no grego, quatro: **1**. *Yatsua*, "algo estendido". Palavra hebraica que figura por cinco vezes (Gn 49.4; 1Cr 5.1. Jó 17.13; Sl 63.6; 132.3). **2**. *Mittah*, "lugar de reclinar". Palavra hebraica que aparece por 29 vezes (por exemplo: Gn 47.31; Êx 8.3; 1Sm 19.13,15; 2Rs 1.4,6,16; Et 7.8; Pv 26.14; Ct 3.7; Am 6.4). **3**. *Matstsa*, "algo estendido". Palavra que é usada exclusivamente em Isaías 28.20. **4**. *Mishlcab*, "lugar para deitar". Palavra hebraica usada por quarenta e sete vezes (por exemplo: Gn 49.4; Lv 15.4,5,21-26; 2Sm 4.5; Sl 4.4. Is 57.2; Ez 23.17; Dn 2.28; 4.5-13; Mq 2.1). **5**. *Eres*, "divã". Palavra hebraica usada por dez vezes. (Por exemplo, Jó 7.13; Sl 41.3; Pv 7.16); **6**. *Kline*, "lugar de reclinar". Palavra grega usada por nove vezes (Mt 9.2,6; Mc 4.21; 7.4,30; Lc 5.18; 8.16; 17.34; Ap 2.2). **7**. *Klinidion*, "cama pequena". Palavra grega usada somente em Lucas 5.19 e 24. **8**. *Koite*, "cama". Palavra grega usada por quatro vezes (Lc 11.7; Rm 9.10. 13.13 e Hb 13.4). **9**. *Krábbatos*, "colchão". Palavra grega usada por onze vezes (Mc 2.4,9,11,12; 6.55; Jo 5.8-11; At 5.15; 9.33).

Além disso, temos de considerar o verbo grego *stronnúo*, "arrumar", que, em algumas das seis vezes em que aparece, é traduzido em português por "arrumar o leito", como em Atos 9.34.

Ver o artigo geral sobre *casa*. A maneira de se dormir nos países quentes do Oriente Próximo e Médio variava, e geralmente era diferente da maneira habitual dos países mais frios.

O Leito. Eram desconhecidos os colchões de penas e outros materiais fofos, como os vê atualmente. Os pobres e os viajantes usavam colchões bem leves, ou então enrolavam-se em suas próprias vestes externas. Por causa da importância dessa peça externa de roupa, ela não podia ser usada como garantia ou penhor (ver Êx 22.27). Às vezes, um travesseiro era apenas uma pedra coberta com algum pano dobrado (Gn 28.11). As pessoas mais abastadas tinham colchões de lã ou algodão, como também tinham cobertas feitas do mesmo material. Os cobertores eram feitos de vários materiais, como peles de animais, ou mesmo com as vestes externas. No caso de peles de animais, para que ficassem mais grossas, elas eram estufadas com palha ou lã (1Sm 19.13).

Divãs. É evidente que o formato das camas variava, mas também eram usados divãs, que serviam de leito, à noite, e de sofá, durante o dia. As diferentes palavras hebraicas usadas para indicar o leito talvez apontassem para estilos diferentes. O divã era uma plataforma pouco elevada acima do chão, sobre a qual se punham os colchões. Um divã dos grandes abrigava mais de uma pessoa. Havia divãs portáteis (1Sm 19.15; em nossa versão portuguesa, "cama"), que alguns usavam, e que também serviam de sofá durante o dia (1Sm 27.23; Am 6.4). Os ricos decoravam seus leitos e seus dormitórios com tapetes e outros ornamentos.

Camas. Já havia camas nos dias do Antigo Testamento, conforme as conhecemos na atualidade. Elas eram feitas com uma armação de madeira, com um trançado miúdo de cordas ou de tecido, para dar apoio a um colchão ou outro tipo de base, sobre a qual a pessoa dormia. Talvez isso seja mencionado em 1Samuel 19.15 e Ezequiel 23.41. Também havia uma armação leve, de madeira, com pés e um trançado de cordas, que podia ser transportada como uma cama portátil. Talvez seja isso que esteja em foco no quinto capítulo de João, transportado pelo aleijado curado por Jesus, e que no grego é um *krábbaton* (Jo 5.8,9). Naturalmente, os ricos tinham suas camas suntuosas, decoradas de joias, ouro, prata e ricas colchas.

Lugares de dormir. Os pobres tinham cabanas com um único aposento, pelo que não podiam ser feitos arranjos especiais para servirem de dormitório. A família inteira dormia em um único aposento, arranjando-se cada qual como podia. Provavelmente isso é refletido em Lucas 11.7, na parábola do amigo importuno. No outro extremo, há menção a ricos e seus dormitórios suntuosamente decorados, às vezes apenas com um casal ocupante (2Rs 11.2; 2Sm 4.7; Ec 10.20). Algumas vezes, havia dormitórios em um primeiro andar (2Rs 1.4; Sl 132.3). E os costumes antigos também incluíam a separação de homens e mulheres nos leitos e dormitórios. Algumas pessoas contavam apenas com um quartinho elevado, onde dormiam (2Rs 4.10). Salas eram usadas como se fossem dormitórios. Um dormitório era uma sala onde havia uma espécie de plataforma elevada, que às vezes ocupava metade da área da mesma, sobre a qual eram arrumados os colchões.

As armações que serviam de leito eram, às vezes, de ferro (material caríssimo, na antiguidade), ou então de ouro ou prata, com incrustações de marfim. No livro de Judite, lê-se que o leito de Holofernes tinha um dossel de púrpura trançada, com fios de ouro entretecidos e pedras preciosas incrustadas (Judite 10.21). A cama de ferro do rei Ogue era enorme (Dt 3.11), com aproximadamente 4,5 m de comprimento por 2 m de largura. Ostentação pura, ou devido ao fato de que Ogue era um dos refains, ou gigantes?

Usos. Além de servirem de lugar para dormir, era na cama que muitos israelitas meditavam (Sl 63.6). As camas também serviam de padiola (1Sm 19.15), de lugares onde eles buscavam comunhão com Deus (Dn 2.28), de móveis que serviam de sofá durante o dia. Mas também era lugar onde os malignos planejavam suas astuciosas manobras (Os 7.14; Sl 36.4).

Uso Metafórico. O leito podia representar alianças proibidas (Is 57.7,8). Ser lançado na mesma cama significa ter a mesma sorte que alguém (Ez 32.25). O julgamento contra a iniquidade e a imoralidade é retratado em Apocalipse 2.22 como ser lançado à força em uma cama. Em Jó 17.13,14 lemos acerca do ato de lançar a cama nas trevas (no hebraico, *sheol*), como sinal de julgamento sofrido. A cama "curta" de Isaías 28.20 alude a uma situação intolerável. Deus consola os enfermos em seus leitos, lugares onde eles sofrem (Sl 41.3). (IB ID G S)

CAMALEÃO

No hebraico, *koach*, que figura apenas em Levítico 11.30. Não há certeza acerca do que significa essa palavra hebraica. Alguns eruditos supõem que se trata de uma espécie de lagarto, visto que se encontra na lista dos tais, no livro de Levítico. Essa palavra hebraica tem raízes no termo "força", o que poderia apontar para a maneira como o camaleão agarra-se com força às coisas. Diz-se que é quase impossível arrancar um camaleão de um ramo ao qual ele se tenha agarrado, apenas com as mãos nuas. A despeito disso, há versões estrangeiras, como a RSV, em inglês, que diz "crocodilo terrestre". Pelo menos sabe-se que existem várias espécies de camaleão na Palestina, e ao longo da costa norte do mar Mediterrâneo. O camaleão é um animal de aparência grotesca, de aspecto feroz, dotado de olhos que enfocam em direções independentes, com pálpebras coloridas coladas sobre os mesmos, que se movem juntamente com os globos oculares. É dotado de uma língua enrolada dentro da boca, e que, ao ser lançada como um dardo, estende-se até cerca do mesmo comprimento do corpo. A cor desse animal varia de conformidade com o meio ambiente, para adaptar-se às cores do pano de fundo, facilitando assim o mimetismo do animal, quando este está à procura de insetos para alimentar-se. A Vulgata Latina identifica o animal em questão com uma espécie de toupeira. Como se nota, não há maneira segura de se saber qual espécie de animal está em vista. (WOD)

CÂMARA

No hebraico há doze palavras envolvidas, e, no grego, quatro. **1.** *Cheder*, "câmara interior". Palavra hebraica que ocorre por 22 vezes (por exemplo: Gn 43.30; Jz 3.24; 16.12; 2Sm 13.10; Sl 105.30; Pv 7.27; Jl 2.16). **2.** *Chuppah*, "cobertura". Palavra que aparece por duas vezes: Sl 19.5 e Jl 2.16. **3.** *Yatsia ou yatsua*, "câmara". Palavra usada por três vezes: 1Reis 6.5, 6.10. **4.** *Lishkah*, "abrigo". Palavra empregada por 47 vezes (por exemplo: 2Rs 23.11; 1Cr 9.26,33; Ed 8.29; 10.6; Ne 10.37-39; 13.4,5,8,9; Jr 35.2,4; Ez 40.17,18,44-46; 46.19). **5.** *Nishkah*, "abrigo". Palavra usada por três vezes: Ne 3.30; 12.4 e 13.7. **6.** *Aliyyah*, "cenáculo". Palavra que ocorre por dezesseis vezes (por exemplo: 2Sm 18.33; 2Rs 4.10,11; Sl 104.3,13; Jr 22.13,14). **7.** *Illith*, "cenáculo". Palavra que aparece por apenas uma vez, sendo aramaica, em Daniel 6.10. **8.** *Tsela*, "câmara lateral". Palavra que figura por onze vezes com esse sentido (por exemplo: 1Rs 6.5,8; Ez 41.5-9,11,26). **9.** *Ta*, "lugar separado". Palavra que aparece por doze vezes (por exemplo: Ez 40.7,10,12,13,16,21,29,33,36). **10.** *Ulam*. Em 1Reis 7.6-8, essa palavra é traduzida como Salão das Colunas. Essa palavra hebraica aparece por 34 vezes. (Ver também, para exemplificar, 1Cr 28.11; 2Cr 3.4; 8.12; Ez 8.16; 40.7,9,15,39,40,48,49; 46.8; Jl 2.17). Salomão erigiu essa estrutura, embora não se saiba dizer por que razão. Sabemos, porém, que seu Salão de Julgamento era o lugar onde ele julgava casos, como supremo juiz da nação hebreia. Não se sabe se essa estrutura estava relacionada ou não ao templo de Jerusalém. É evidente que nem todas as ocorrências dessa palavra hebraica dizem respeito ao Salão das Colunas, de Salomão. **11.** *Chatser*, "lugar fechado". Nossa versão portuguesa diz "pátio interior da casa do rei", em Ester 5.1. Sem dúvida era um lugar fechado do palácio real de Susã, a capital de inverno dos reis persas. Esse edifício era um palácio luxuoso, com material de construção importado de muitos lugares, do mais alto valor, como metais preciosos, pedras finas, marfim e ébano. Muitos artífices haviam sido empregados nessa construção. O salão de audiências do rei, onde Ester veio falar com ele, era um imenso salão com cerca de 60 m², com 36 colunas, cada qual com quase 20 m de altura, sustentando o teto. Essa palavra hebraica é usada por 140 vezes com esse sentido. (Ver, por exemplo, Êx 27.9,12,13,16-19; 35.17,18; 40.8,33; Nm 3.26,37; 1Rs 6.36). **12.** *Baith mishteh*. Em nossa versão, essa expressão é traduzida por "casa do banquete". figura apenas em Daniel 5.10. Foi o lugar onde o rei Belsazar viu o escrito na parede, pela mão misteriosa. Heródoto aludiu aos luxos da Babilônia. Havia ali três palácios reais, o mais amplo dos quais continha a sala do trono. Ver o artigo separado sobre a *Babilônia*, quanto a maiores detalhes. **13.** *Aulé*, palavra grega que significa "pátio". Ocorre por doze vezes (Mt 26.3,58,69; Mc 14.54,66; 15.16; Lc 11.21; 22.55; Jo 10.1,16; 18.15; Ap 11.2). Algumas traduções dizem "pretório", em vários desses lugares. Ver o artigo sobre o *Pretório*, onde há detalhes completos sobre a questão. **14.** Também podemos mencionar o *akroatérion*, palavra que aparece exclusivamente em Atos 25.23. No grego significa "lugar de audiência". Nossa versão portuguesa a traduz por "audiência". Está em foco o salão de audiências do procurador romano, onde Paulo compareceu à presença de Festo, e seus convidados. **15.** Ταμιεδον, "lugar separado", "despensa". Palavra grega que aparece por quatro vezes (Mt 6.6; 24.26; Lc 12.3,24). **16.** *Uperõon*, "cenáculo". Palavra grega que é usada também por quatro vezes (At 1.13; 9.37,39; 20.8).

1. Sentidos Literais. *a.* Uma "despensa", como no templo (2Cr 31.11 e Ne 10.39). *b.* Lugares onde os sacrifícios eram comidos (Ez 42.13). Tais câmaras provavelmente também serviam de residência para aqueles que se ocupavam dos deveres do templo. *c.* Uma *câmara interior,* em uma casa (Gn 43.40). *d.* Uma recâmara de noiva (Ct 1.4). *e.* Um cenáculo construído com o propósito de ter um lugar de abrigo do calor do verão, à tarde ou à noite (2Sm 18.33). *f.* Alcovas para uso dos guardas, no templo de Ezequiel (Ez 40.7). *g.* Câmaras laterais do templo (1Rs 6.5; Ez 41.5), para diversos usos. *h.* Quartos no andar superior de uma casa (2Rs 4.10), ou uma recâmara usada figuradamente, para indicar a habitação de Deus (Sl 104.3,13). *i.* Uma despensa, onde alguém poderia imaginar que o anticristo se esconderia (Mt 24.26). *j.* Um cenáculo, ou dependência feita no andar superior de uma casa, suficientemente grande para conter uma congregação (At 20.8).

2. Sentidos figurados. *a.* A habitação de Deus (Sl 104.3). *b.* Entrar no quarto simboliza entregar-se à oração privada (Is 26.20). *c.* As recâmaras do sul são as constelações ou regiões do sul, no espaço, vistas do hemisfério norte da terra (Jó 9.9). *d*. As câmaras de imagens (Ez 8.12) apareceram em uma visão do profeta, acerca de práticas idólatras de elementos importantes do povo de Israel. *e*. Em Romanos 13.13, a palavra traduzida por "impudicícias", em nossa versão portuguesa, vem, do grego, de uma raiz que significa "cama", *koité*, dando a entender o uso de uma alcova para práticas imorais. (ID IB Z)

CÂMARAS PINTADAS DE IMAGENS

Essa expressão aparece em Ezequiel 8.12, referindo se às representações pictográficas que o profeta Ezequiel viu em visão, no tocante às práticas idólatras dos israelitas. Ver todo o oitavo capítulo de Ezequiel. Foi-lhe assim mostrado por que Israel merecia o juízo divino, a saber, por causa de seu profundo envolvimento com a idolatria. Ezequiel viu espetáculos como a gigantesca estátua de Baal, com muitas pessoas em redor, munidas de muitos objetos idólatras. Também viu adoradores do sol, de costas voltadas para o templo e de rosto elevado na direção do nascer do sol. Isso simbolizava o que sucede nas práticas idólatras. Deus é abandonado pelos homens, e algo de sua criação vem tomar o lugar que a ele cabe, nos corações dos homens. Ver o artigo sobre a *Idolatria*.

CAMAREIRO

No hebraico temos uma palavra, e no grego, duas, a saber: **1**. *Saris*, "camareiro" ou "eunuco". Palavra hebraica usada por 42 vezes (por exemplo: 2Rs 23.11; Et 1.10,12,15; 2.3,14,15,21; 7.9). **2**. *Oikonómos*, *"mordomo"*, palavra grega que aparece por dez vezes (ver Lc 12.42; 16.1,38; Rm 16.23; 1Co 4.1,2; Gl 4.2; Tt 1.7; 1Pe 4.10). 3. *Epì toū koitōnos*, "encarregado da cama". Expressão grega que aparece somente em Atos 12.20, e que nossa tradução portuguesa verte por "camarista".

O termo hebraico por detrás dessa palavra é *saris*, "eunuco", pelo que, algumas vezes, é traduzido como tal. O termo grego é o *oikonómos*, "mordomo". É com base nesses dois vocábulos que encontramos os usos bíblicos. Pode indicar um eunuco empregado nos haréns dos déspotas do Oriente Próximo e Médio. Com frequência, os camareiros vinham a ocupar posições importantes, como conselheiros de reis ou oficiais (Et 1.10; Gn 39.1). Salomão parece ter-se utilizado desse tipo de oficial (1Rs 4.6; 16.9; 18.3). O dever do camareiro ou eunuco consistia em muito mais do que cuidar do harém do rei. Parece ter sido uma espécie de supervisor geral do palácio e da etiqueta real. Em alguns casos, era usado como se fosse um secretário, para selecionar aqueles a quem o rei deveria conceder entrevista, com qualquer propósito.

Nos tempos do Novo Testamento, *o oikonómos* podia ser alguém que nada tinha a ver com as funções que anteriormente cabiam aos eunucos do palácio. É provável que nem todos os *sarisim* fossem castrados ou eunucos. Em Romanos 16.23, há menção a Erasto, o qual, em algumas traduções (como a nossa versão portuguesa) aparece como camareiro, mas que, na realidade, era o tesoureiro da cidade de Corinto, sendo esta a tradução preferida para o termo grego, nesse caso. No entanto, a palavra grega envolvida é mais geral, podendo indicar um gerente de qualquer classe. O ofício de Erasto aparentemente consistia no que os latinos chamavam de *arcarius*, ou seja, magistrados inferiores, encarregados do erário público, sujeitos à supervisão do senado. *Blasto* (vide), camarista de Herodes (At 12.20; no grego *koitón*), era uma espécie de valido ou confidente do rei. Ele exercia considerável influência sobre Herodes, conforme esse trecho nos permite entrever. (I ID UN Z)

CAMAREIRO-MOR

Palavra encontrada em Jeremias 51.59. Essa tradução é uma emenda feita pela RSV, seguida por nossa versão portuguesa. Mas uma expressão similar é aplicada a Davi, em 1Crônicas 28.2, no texto hebraico (embora não figure na nossa versão portuguesa), cujo sentido mais aproximado é "príncipe tranquilo". Trata-se de um título nobiliárquico, embora tenha sido usado em várias relações semânticas com significados diferentes.

CÂMBIO, CAMBISTAS

No grego temos três palavras que precisam ser consideradas quanto a essa questão: **1**. *Kermatistés*, derivada de *kerma*, um pedaço de cobre. Essa palavra ocorre exclusivamente em João 2.14. **2**. *Kollubistés*, "cambista", que é usada em Mateus 21.12; Marcos 11.15 e João 2.15. **3**. *Trapezeítes*, "mesários" (que nossa versão portuguesa traduz por "banqueiros"), que ocorre somente em Mateus 25.27.

A profissão dos cambistas era bastante comum nos dias do Novo Testamento. Nos centros mercantis, bem como no templo de Jerusalém, sempre havia a necessidade de cambiar a moeda corrente em um país por outra. Para Jerusalém convergia dinheiro de muitas procedências. Judeus da dispersão visitavam a cidade, trazendo moeda estrangeira. A taxa do templo, porém, precisava ser paga com dinheiro judaico, e isso criava um intenso comércio cambista. Além disso, havia o problema de trocar dinheiro mais graúdo por dinheiro mais miúdo. Os cambistas lucravam cobrando uma taxa por seu serviço, e, naturalmente, também havia muita desonestidade nesse processo. Contra essa desonestidade foi que Jesus lançou o seu protesto. Outrossim, ele não concordava com o fato do recinto do templo tornar-se o local para tal comércio, em detrimento dos reais propósitos daquele logradouro. Jesus virou as mesas dos *ladrões*. (Ver Mt 21.12,13; Mc 11.15-17; Jo 2.13-16).

Todo israelita, sem importar se rico ou pobre, tinha a obrigação de pagar uma taxa ao tesouro sagrado (Êx 30.13-15). Essa taxa precisava ser paga com uma moeda judaica específica. Os registros antigos mostram que os cambistas conseguiam altas faturas com suas desonestas manipulações, ao ponto de serem contados entre os ricos. Naturalmente, na área do templo efetuavam-se outros negócios, além do câmbio de moedas. E parece que a mesma casta dos cambistas também se envolvia nesses outros negócios. E havia mais comércio, mais engano, mais desonestidade.

O termo grego *trapezeítes*, usado somente em Mateus 25.27, é uma palavra geral para indicar cambista ou banqueiro. Esse termo incluía o negócio do empréstimo a juros. Onde quer que o dinheiro seja o artigo principal, a avareza domina o ambiente. Ver o artigo separado sobre *o Dinheiro*, que é uma das raízes de todos os males. Mas outros pensam que a *falta de dinheiro* é a raiz de todos os males! (I HA UN)

CAMBISES

Esse foi o nome de dois monarcas da dinastia acamenida, da Pérsia, a saber: **1. Cambises I**. Foi o rei de Susã, a pátria ancestral dos reis acamenidas, desde cerca de 602 até 559 a.C. Era vassalo da Média; e casou-se com a filha de Astíages, rei dos medos. Seu filho foi Ciro, o Grande. **2. Cambises II**, rei da Pérsia (529-522), filho de Ciro, o Grande. Durante o reinado de Ciro, governou a Babilônia (538-530 a.C.). Após haver sucedido a seu pai, em 525, Cambises invadiu o Egito, conforme Ciro havia planejado. Derrotou o Faraó Psamético III, em Pelúsio, e capturou as cidades de Mênfis e Heliópolis, em vista do que entrou em colapso toda a resistência dos egípcios. A princípio, Cambises tratou Psamético com leniência; mas, após uma revolta dos egípcios, mandou executá-lo. Cambises teve outras notáveis aventuras militares, mas diversas de suas expedições militares foram malsucedidas. Assim, conquistou uma parte da Etiópia, — mas teve de retroceder, em vista da falta de suprimentos. Enviou uma força armada para conquistar o oásis de Amom, mas essa força militar pereceu em uma tempestade de areia. Tentou conquistar a cidade de Cartago, mas os marinheiros fenícios não quiseram combater seus parentes cartagineses.

Cambises e a Bíblia. Cambises II foi o conquistador da Babilônia, em outubro de 539 a.C., sendo mencionado tanto pela Crônica de Nabonido como pelo Cilindro de Ciro como filho de Ciro. Já foi confundido com o Assuero de Esdras 4.6; mas, atualmente, sabe-se que Assuero deve ser identificado com Xerxes. Cambises II não aparece no Antigo Testamento, exceto implicitamente, em Daniel 11.2, onde deve ser o primeiro dos três monarcas que se seguiram a Ciro. Quando Ciro faleceu, em campanha militar, Cambises tornou-se o único governante do imenso império persa. Conseguiu a posição de único governante mandando assassinar o seu irmão, Esmérdis (Bardia), e então deu início às aventuras militares acima mencionadas. Seu maior sucesso foi no Egito, onde tomou para si o nome real e o título dos reis egípcios, e passou a usar o costume real do Egito. A caminho de volta à Babilônia, em 522 a.C., recebeu a notícia de que um certo Gaumata (que afirmava ser o seu irmão assassinado) havia usurpado o trono, contando com forte apoio. Morreu perto do monte Carmelo, na Palestina, talvez por suicídio. Cambises II não tinha herdeiros, e Dario Histapes, um oficial do exército persa, sucedeu-o, matando o pseudo Esmérdis, no espaço de poucos meses, tendo então conseguido consolidar o império sob as suas ordens.

O reinado de Cambises coincidiu com o período da oposição de certos gentios à construção do segundo templo de Jerusalém (ver Ed 4.5 e Ag 1.4). Ver sobre *Ciro; Dario, o Medo e Dario*. (AM DUB OLM)

CAMBOTAS, CAMBAS

No hebraico, *gab*. Com esse sentido, a palavra é usada somente por três vezes, duas em Ezequiel 1.18, dentro da visão de Ezequiel sobre as rodas cheias de olhos (onde nossa versão portuguesa diz "cambotas") e uma em 1Reis 7.33, onde se fala sobre o mar de fundição, preparado a mando de Salomão, e onde a nossa versão portuguesa diz "cambas".

CAMELO

No hebraico, *gamal*, palavra que aparece por 54 vezes, desde Gênesis 12.16 até Zacarias 14.15. Também há menção ao dromedário, no hebraico, *achashteranim*, palavra que ocorre somente em Ester 8.10,14. No grego, *kámelos*, vocábulo que aparece por seis vezes: Mateus 3.4; 19.24; 23.24; Marcos 1.6; 10.25 e Lucas 18.25.

1. Fatos Gerais. Aquele que disse que "o camelo é um cavalo criado por uma comissão", tinha razão ao dar a entender que as comissões com frequência não executam um trabalho que um único indivíduo pode fazer melhor e com maior prontidão. Porém, estava equivocado quando, aparentemente, desvalorizou o camelo. O camelo é um dos mais úteis de todos os animais domesticados pelo homem, embora não seja um animal de bonito porte. Com exceção do elefante, é o maior dos animais usados pelo homem. Com frequência atinge a altura de 2,40 m, ou mesmo mais, e é dotado de grande força e resistência. Tem um casco espalhado, que o capacita a caminhar por cima de lugares arenosos, sem afundar na areia. Seu estômago é dotado da maravilhosa capacidade de armazenar água, pelo que é capaz de viajar durante dias, sem beber uma gota de água. Além disso, sua dieta é a mais simples possível, podendo subsistir com a erva mais amarga e daninha. Pode até mesmo triturar espinhos com seus dentes, e digeri-los. É tão alto que precisa ajoelhar-se para receber sua carga. Uma vez carregado, embora transportando um peso de até cerca de 250 kg, pode levantar-se sobre as patas e viajar durante os dias mais quentes, através dos piores desertos imagináveis. A corcova que ele tem nas costas é um armazém de gordura, uma reserva para longos períodos de jejum. O povo de Israel foi proibido de comer a carne do camelo, mas os árabes não têm tais escrúpulos. Seu couro é usado para fabricar sandálias, e seu pelo é empregado para tecer um pano grosseiro. O leite da camela, bem como os produtos derivados do mesmo, são alimentos primários da dieta dos beduínos do deserto.

2. Disposição do Camelo. O camelo é um animal muito fleumático. Troteia à velocidade de até dez quilômetros horários. Anda à velocidade de cinco quilômetros e meio. Pode galopar até dezesseis quilômetros por hora, mas não por muito tempo. O camelo é famoso por sua estupidez e obstinação. Os machos são briguentos e mordem-se selvagemente quando brigam. A gravidez das fêmeas dura quase um ano, e só nasce um camelinho de cada vez. O intervalo natural entre os nascimentos é de dois anos. Os camelos só atingem seu pleno desenvolvimento com cerca de 16 anos de idade, e seu período médio de duração de vida é de 25 anos.

3. Referências Bíblicas. A primeira menção ao camelo dá-se na época dos patriarcas, conforme se vê em Gênesis 12.16; 24.10,11,14,19 etc. Em Levítico 11.4 sua carne é proibida para consumo do povo de Israel. (Ver também Êx 9.3; Jz 6.5; 1Sm 27.9; Ed 2.67; Jó 1.3; Is 21.7; Jr 49.29; Ez 25.5; Mt 3.4; Lc 18.25).

4. Domesticação e Utilização. As evidências arqueológicas asseguram-nos que a domesticação do camelo já era generalizada tão cedo quanto 1200-1000 a.C. Porém, nos dias de Abraão, isto é, 2000 a.C., isso já teria acontecido, visto que há referências bíblicas com esse sentido. Alguns arqueólogos têm duvidado dessa informação. Mas o camelo tem sido domesticado desde os tempos mais remotos. A espécie floresceu até mesmo na América do Norte há cerca de dois milhões de anos, e mais tarde tornou-se extinta. Há evidências de que já havia a espécie na América do Sul, na Ásia e na África há cerca de dez milhões de anos. Há evidências de completa domesticação do camelo em cerca de 1800 a.C., e restos de ossadas de camelos têm sido encontrados em antigos cemitérios urbanos, em Israel, desde cerca desse tempo. A domesticação em larga escala, após o século XII a.C., expandiu enormemente o comércio através do deserto, pois para viagens por lugares áridos e quentes, não há animal que se compare em utilidade ao camelo. Continua sendo importante, com esse propósito, nos países de extensas áreas desérticas. O dromedário pode transportar até cerca de 280 kg, a uma distância de cerca de cinquenta quilômetros por dia. O mais corpulento camelo bactriano pode levar até 450 kg de carga.

5. Usos figurados na Bíblia. *a.* Os judeus são comparados a uma *veloz dromedária* no tempo do cio. A passagem de Isaías 40.6-8, que se refere a multidões de camelos chegando de todos os lugares, e O trecho de Isaías 46.20, que fala sobre os judeus serem trazidos em camelos, mulas, cavalos etc., como uma oferenda ao Senhor, vindos de todas as nações, alude à futura restauração e glória de Israel. *b.* O trecho de Mateus 19.24 diz: ... *é mais fácil passar um camelo pelo fundo de uma agulha, do que entrar um rico no reino de Deus.* Essa metáfora mostra-nos como as riquezas embotam a sensibilidade de um homem para com as coisas espirituais, dificultando-lhe entrar no reino de Deus. O provérbio original provavelmente dizia "elefante", em lugar de "camelo"; mas, na Palestina, o maior animal conhecido era o camelo. Uma variante textual diz "corda", em lugar de "camelo", mas isso não corresponde ao original. A suposta referência a uma portinhola nas muralhas de Jerusalém, através da qual um camelo só podia entrar ajoelhando-se, não é muito provável, pois não há provas de que um dia existiu ali uma porta chamada buraco de agulha. Ver o NTI em Mateus 19.24, quanto a detalhes sobre a questão. (AM ALB UN Z)

CAMINHO

Em adição ao sentido literal do termo, a Bíblia usa essa palavra também em sentido metafórico. Por esse motivo, várias palavras hebraicas e gregas estão envolvidas nesse assunto.

1. Palavras hebraicas. *a. Orach*, *"caminho* costumeiro". Termo que figura por sessenta vezes. Para exemplificar: Jó 16.22; 19.8; Sl 44.18; 142.3; Pv 1.19; 2.15; 4.14; 8.20; Is 26.7,8; 41.3.

b. *Orcha*, "caminho costumeiro". Palavra aramaica que aparece somente em Dn 4.37 e 5.23. **c**. *Derek*, "vereda". Palavra usada por quase 1.700 vezes. (Por exemplo: Gn 3.24; 6.12; Êx 4.24; 13.17; Lv 26.22; Nm 14.25; 20.17; Dt 1.2,19,22,31,33,40; 2.1,8; 3.1; Js 1.8; 2.7; Jz 2.17,19,22; 5.10; Rt 1.7; 1Sm 1.18; 6.9,12; 2Sm 2.24; 13.30,34; 1Rs 1.49; 2.2-4; 2Rs 2.23; 3.8,20; 2Cr 6.16,23,27,30,31,34; Ed 8.21,22,31; Ne 9.12,19; Jó 3.23; 4.6; 6.18; Sl 1.1,6; 2.12; 5.8; 10.5; Pv 1.15,31; 2.8,12,13,20; 3.6,17,23,31; Ec 10.3; Is 2.3; 3.12; Jr 2.17,18,23,33,36; Lm 1.4; Ez 3.18,19; 7.3-9,27; 8.5; 9.2,10; Os 2.6; Jl 2.7; Am 2.7; Jó 3.8,10; Mq 4.2; Na 1.3; Zc 1.4,6; Ml 3.1). **d**. *Magalah*, "vereda", "curso". Palavra usada por sete vezes. (Por exemplo: Pv 5.6; 2.15,18; Sl 17.5). **e**. *Nathib*, "vereda". Palavra usada por cinco vezes: Jó 18.10; Sl 78.50; Jó 28.7; 41.32; Sl 119.35. **f**. *Mesillah*, "estrada". Palavra usada por treze vezes (por exemplo: Is 59.7; Jl 2.8; Nm 20.19; Is 7.3; 11.16; Jr 31.21). **g**. *Magal*, "estrada larga (para vagões)". Palavra usada por oito vezes (por exemplo: Sl 23.3; Pv 2.9; Is 26.7). **h**. *Mishol*, "vereda estreita". Palavra usada por uma vez somente, isto é, em Números 22.24. **i**. *Nethibah*, "trilha". Palavra usada por dezenove vezes. (Para exemplificar: Jó 19.8; Sl 119.105; Pv 1.15; 3.17; Is 42.16; 43.16; Jr 6.16; Lm 3.9; Os 2.6). **j**. *Shebil*, "vereda", "avanço". Palavra usada somente por duas vezes (Sl 77.19; Jr 18.15).

Os usos metafóricos mais comuns, no Antigo Testamento, são os seguintes: *i*. Processos naturais: como o caminho do relâmpago e do trovão (Jó 28.26; 38.25), os movimentos da luz (Jó 38.19,24), a vida de uma formiga (Pv 6.6), o comportamento das águias, das serpentes, dos movimentos de uma embarcação, o namoro de um homem etc. (Pv 30.19). *ii*. A conduta moral de um homem, embora a ideia também possa ser expressa de outras maneiras, como é evidente: quanto à bondade (1Sm 12.23; Sl 1.6; 119.1; Pv 2.20; 8.20); quanto à maldade (Jz 2.19; Sl 119.101,104; Pv 4.14; Is 55.7; Ez 3.18,19); algumas vezes, sem especificação quanto ao caráter moral de uma pessoa (Gn 6.12; 2Cr 6.16,30; Jó 13.5; Sl 39.1; Pv 12.15; 16.29). Quanto às tradições boas ou más (1Sm 8.3,5; 1Rs 15.26,34; 22.52); quanto aos galardões da vida ou da morte, por causa da bondade ou da maldade praticadas (Pv 10.17; 14.12; 15.24; 16.25; Jr 21.8). *iii*. Várias facetas da vida humana, como o curso da vida de um homem (Dt 28.29; Jó 3.23; Sl 2.12; 37.5; Pv 3.6; Jr 10.23); seus planos para a sua vida (Pv 16.9; Os 10.13); seus sofrimentos e provações (Sl 142.3; Jó 23.10); o destino humano na morte (Js 23.14; 1Rs 2.2). *iv*. Em muitos casos também estão em foco os caminhos ou métodos de ação seguidos por Deus, como a sua vontade e os seus mandamentos (Dt 5.33; 8.6; 10.12; 26.17; Sl 44.18; 119.15; Is 2.3); os seus juízos (Is 26.8); os seus propósitos (Jó 36.23; Sl 77.13; 103.7; Is 55.9); o seu governo providencial (Dt 8.2; 29.2; 32.31,33; Jó 19.8; 26.14; Sl 18.30; Ez 18.25).

2. Palavras gregas. **a**. *Odós*, "caminho". Palavra usada por cem vezes, desde Mt 2.12 até Ap 16.12. **b**. *Párodos*, "passagem". Palavra usada somente em 1Co 16.7. **c**. *Poreía*, "ida". Palavra usada apenas por duas vezes: Lc 13.22 e Tg 1.11. **d**. *Trópos*, "maneira". Palavra empregada por treze vezes: Mt 23.37; Lc 13.34; At 1.11; 7.28; 15.11; 27.25; Rm 3.2; Fp 1.18; 2Ts 2.3; 3.16; 2Tm 3.8; Hb 13.5,7. **e**. *Ékbasis*, "saída". Palavra usada somente por duas vezes: 1Co 10.13 e Hb 13.7.

Além do sentido literal de "caminho", o Novo Testamento encerra os seguintes sentidos metafóricos: *i*. Acerca da conduta moral (Mt 7.13,14; 21.32; At 14.16; Rm 3.16,17; Tg 5.20; 2Pe 2.15,21). *ii*. Acerca da vontade, dos propósitos e da veracidade de Deus (Mt 22.16; Mc 12.14; At 13.10; 18.25,26; Rm 11.33; 1Co 4.17; Hb 3.10 e Ap 15.3). *iii*. No livro de Atos, a expressão "o Caminho" refere-se à fé cristã e à maneira de viver seguida pelos discípulos do Senhor, tudo o que era desprezado e até caluniado por seus adversários gratuitos (At 9.2; 19.9; 22.4,14; 24.22). *iv*. Jesus Cristo, o último e perfeito revelador, é "o Caminho" por excelência, em face do exemplo soberbo dado por sua própria pessoa e pela sua morte sacrificial. Ele é o caminho vivo e pessoal até Deus. Também estão em pauta a sua santidade e a sua salvação, pelo que ele é o Mestre, o caminho da verdade (Mt 22.16; Mc 12.14; Lc 1.79). Em si mesmo, Jesus é o único "caminho" para Deus (Jo 14.4-6). E Cristo também é aquele que abre o caminho para o Santo dos Santos celeste, onde manifesta-se a glória plena de Deus, mediante o seu sacrifício na cruz (Hb 9.8; 10.19,20).

Do Caminho. Aparentemente tornou-se costumeiro designar desse modo o cristianismo; em que é apresentado o "caminho da vida", sem dúvida uma designação antiquíssima, antes de tornar-se comum o termo *cristão*. (Ver também *vida* como termo para indicar o cristianismo, em At 5.20). A expressão "caminho", como maneira de expressar o cristianismo e o tipo de vida (talvez incluindo também a doutrina cristã, embora isso não faça parte proeminente da ideia) é usada por nada menos de seis vezes no livro de Atos, e, mui curiosamente, sempre em alguma passagem relacionada a incidentes da vida de Paulo. (Ver At 9.2; 19.9,23; 22.4; 24.14,22). É bem possível que essa designação se tenha originado no modo judaico de expressar as coisas, conforme achamos em Isaías 40.3: ... *o caminho do Senhor*...; em Salmo 1.6: ... *o caminho dos justos*..., e ... *o caminho dos ímpios* etc. Não nos devemos esquecer de que o próprio Senhor Jesus chamou-se de ... *o Caminho*... (Jo 14.6). Os índios norte-americanos chamavam o cristianismo de *estrada de Jesus*. Meyer (em At 9.2) diz a respeito disso: "Trata-se da *direção característica* da vida, determinada pela fé em Jesus Cristo".

Existem certas interpretações, alicerçadas na *fantasia*, como a de Crisóstomo, que pensam tratar-se do *caminho para os céus*; porém, esse não era o emprego original do termo, por parte dos incrédulos, quando usavam essa expressão, e nem é a ideia dominante quando usada pelos crentes, embora, teologicamente falando, seja esse um desenvolvimento natural da ideia. Não é impossível, entretanto, que tal designação se tenha originado do uso que o Senhor Jesus fez da palavra, referindo-se à sua própria pessoa, como ... *o Caminho, e a verdade e a Vida*.... Todavia, é mais provável que se tenha originado da observação feita por algum indivíduo alheio ao movimento cristão, sobre o tipo distinto de vida que os cristãos levavam, dizendo que os mesmos eram gente *do Caminho* que difere em seus costumes e ações, bem como no modo geral de vida, daquele outro "caminho" pelo qual seguem os inconversos. Os primeiros crentes, provavelmente, também se utilizavam do termo para se identificarem a si mesmos, ainda que tal expressão talvez se tenha originado da observação de pessoas estranhas ao cristianismo.

CAMINHOS DO DESENVOLVIMENTO ESPIRITUAL

Cada tarefa, para ser devidamente levada a termo, requer um modo próprio de operação. A mais nobre tarefa de todas é a do próprio desenvolvimento espiritual. Trata-se de um nobre caminho, porquanto não somente prepara o espírito para os mundos de luz, mas também envolve, necessariamente, que ajudemos a outros a atingirem o mesmo destino. Em certo sentido, cada indivíduo é uma ilha, pois cada qual é altamente responsável pelo que faz, bem como por seu futuro estado espiritual. O que cada pessoa faz agora, sempre exerce efeito sobre o futuro. Em outro sentido, porém, cada indivíduo está ligado ao continente, pelo que cada um pode ser comparado a um istmo, pois tudo quanto ele faz afeta outras vidas. O homem tem dois amplos destinos, a saber:

I. O DESTINO TERRENO. O que acontece neste mundo é importante, inteiramente à parte do futuro estado espiritual. A terra tem um destino, e não apenas os indivíduos. Há um propósito que devemos cumprir *neste* mundo. Por esse motivo, um cientista, que esteja ajudando a comunidade humana a cumprir o seu destino terreno, está cumprindo uma missão divina. Na verdade, todos os homens, os quais vivem dentro daquilo que a vontade de Deus lhes determinou, são seus ministros, conscientes ou inconscientes, sem importar o tipo de trabalho que estiverem fazendo. Temos tarefas terrenas a cumprir, que se relacionam somente a esta vida, mas que são importantes, mesmo quando não se leva em conta a preparação de nossas almas para estados mais elevados. Cada *nação* à face da terra, e não apenas indivíduos isolados, tem um propósito a cumprir na história. Quando vemos o que está acontecendo, percebemos que as nações têm características que também caracterizam os indivíduos: elas são egoístas, ateias, arrogantes e preguiçosas, ou então ambiciosas, generosas e zelosas quanto às questões religiosas. As nações, e não apenas os indivíduos, podem falhar no cumprimento do que lhes foi dado para fazerem. Os propósitos combinados das nações perfazem o propósito da *terra*, se todas elas cumprirem o seu papel. A antiga doutrina judaica dizia que cada nação tem seu guia angelical, tal como acontece a cada indivíduo; e essas forças espirituais ajudam as nações a atingirem os propósitos a que cada uma delas está destinada.

II. TAMBÉM HÁ O DESTINO ESPIRITUAL, NÃO TERRENO, DOS INDIVÍDUOS. Na igreja de Cristo, encontramos um destino comunitário, e nenhuma pessoa é remida como indivíduo isolado. A redenção também tem um aspecto comunitário. A nação de Israel também tem um destino comunitário e espiritual; e isso pode ocorrer no caso de outras nações e de outros grupos, embora as Escrituras não nos prestem informações a esse respeito. Como é óbvio, os destinos terreno e espiritual estão inter-relacionados. Ademais, mesmo quando consideramos questões meramente terrenas, vemos que as pessoas trabalham e produzem melhor se contam com guias e influências espirituais, que as inspiram.

Quais são os meios de desenvolvimento espiritual? Consideremos os *sete pontos* abaixo:

1. O treinamento do intelecto, mediante o estudo de livros espirituais, filosóficos, religiosos, e sobretudo, o estudo das Escrituras Sagradas. É proveitoso o estudo das religiões não cristãs, pois aqui ou acolá encontramos joias de grande valor, nos lugares mais inesperados. Além disso, a ignorância sobre as crenças alheias dificilmente promove a espiritualidade; a ignorância, por si só, já é prejudicial à espiritualidade.

2. O uso da oração (vide). A oração é a linha de comunicação que temos com o mundo celestial, de onde derivamos ajuda e poder espirituais.

3. O uso da meditação. A meditação é irmã gêmea da oração. Consiste em esperar receber comunicações do Ser divino, em vez de falar com o Ser divino. A igreja Ortodoxa Oriental tem-se notabilizado pelo fato de que muitos de seus vultos têm buscado iluminação espiritual através da meditação. Alguns evangélicos se têm manifestado contrariamente à meditação, mas a meditação cristocêntrica pode ser uma grande força iluminadora. O trecho de Efésios 1.17,18 refere-se, de modo bem definido, à necessidade que temos de *iluminação*. Esse é o toque místico da nossa fé religiosa. Ver o artigo sobre o *Misticismo*. Conforme esse termo é usado neste *Dicionário*, misticismo é o contato com algum poder superior a nós mesmos, sem importar se com a alma, com o homem espiritual ou com poderes divinos. Isso posto, doutrinas como a da regeneração, das operações do Espírito Santo, da iluminação diária etc., são doutrinas místicas, em consonância com essa definição.

4. A santificação. A inquirição espiritual de alguém não pode avançar grande coisa sem o concurso da santificação (vide). Sem a santificação, ninguém verá a Deus (Hb 12.14); sem a santificação, o progresso espiritual do indivíduo é tolhido.

5. As boas obras. Cada vez que alguém pratica o bem em favor de outrem, aprimora-se a qualidade espiritual de seu ser. Ver Efésios 2.10.

6. A lei do amor. Essa lei consiste em fazer pelo próximo o que gostaríamos que os outros fizessem por nós. O amor é a mais poderosa virtude de todas, o solo onde todas as demais virtudes são cultivadas. Ver Gálatas 5.22. Ver o artigo sobre o *Amor*.

7. O desenvolvimento de todas as virtudes. Ver Gálatas 5.22,23, que menciona qualidades como "amor", "alegria", "paz", "longanimidade", "benignidade", "bondade", "fidelidade", "mansidão" e "domínio próprio". Todas essas qualidades espirituais devem ser cultivadas, porquanto são necessárias ao nosso progresso espiritual.

Os Quatro Caminhos do Hinduísmo. Não prejudica ao crente examinar o que outras pessoas e religiões têm pensado. No tocante à vida espiritual, o sistema do hinduísmo tem algumas sugestões valiosas, ao menos para efeito de comparação. O hinduísmo parte da ideia de que diferentes tipos de pessoas ressaltam diferentes meios de expressão, através dos quais elas se desenvolvem espiritualmente. No hinduísmo, esses caminhos são chamados *yogas ou jugos*. Cada indivíduo se especializaria em um jugo diferente, embora, em algum grau, também utilize todos os outros jugos. Alguns gigantes espirituais são capazes de suportar mais de um jugo a cada vez. No hinduísmo, os *quatro caminhos* têm o intuito de separar-nos de pensamentos e atos egoístas, instalando em nós o senso de outra dimensão, da dimensão divina. Os sentidos nos transformariam em escravos. O corpo é nosso exigente senhor. Porém, há algo mais elevado a ser buscado.

A mente sem repouso do homem
É fortemente sacudida
Nas garras dos sentidos...
Verdadeiramente, penso
Que o vento não é tão selvagem.

(Bhagavad-Gita)

a. O Caminho do Trabalho. Algumas pessoas preferem trabalhar para o Senhor do que desfrutar de sua comunhão, conforme foi tipificado por Marta, irmã de Maria (ver Lc 10.38-42). A ideia do hinduísmo é que precisamos eliminar o egoísmo; e uma das maneiras para conseguirmos isso é dedicar-nos a alguma tarefa de modo absoluto. Se nos perdermos nesse afã, haveremos de tornar-nos menos egoístas, assim obtendo uma melhor qualidade espiritual. Os cientistas em geral, são pessoas que escolhem o caminho do trabalho.

b. O Caminho do Conhecimento. Algumas pessoas têm fome e sede de conhecimento. O caminho intelectual também pode despir-nos de muito egoísmo, melhorando a nossa qualidade espiritual. Além disso, o conhecimento é capaz de outorgar-nos horizontes espirituais mais amplos. Os intelectuais e os eruditos entram por esse caminho.

c. O Caminho do Misticismo. Alguns são místicos naturais, e sentem que o caminho do misticismo é muito recompensador. Que outros prefiram o trabalho ou as atividades intelectuais. Porém, sempre haverá um lugar para os místicos. Os profetas e santos são místicos, e devemos ser gratos por eles, porquanto eles nos têm dado os Documentos Sagrados, estabelecendo um elevado exemplo espiritual a ser seguido, sobretudo na senda da santidade.

d. O Caminho do Amor. Não existe princípio espiritual mais elevado do que a vida que segue pelo caminho do amor, segundo o qual a pessoa serve a seus semelhantes com atitude altruísta. Algumas pessoas inclinam-se, naturalmente, para esse caminho, e todos deveriam buscar esse tipo de vida. Os filantropos, os médicos, as enfermeiras, ao servirem ao próximo, geralmente sob condições desagradáveis, porque convivem com pessoas enfermas e moribundas, expressam-se através desse caminho. A igreja cristã inteira deveria ocupar-se nesse tipo de atividade, fazendo pelo próximo, o que gostariam que fizesse a eles.

O ser humano, que afastou-se para longe do Fogo Central, precisa de muitos modos de ajuda, que lhe facilitem recuperar sua glória perdida. (HUS NTI)

CAMOM

Esse era o nome de uma cidade de Gileade, onde foi sepultado o juiz Jair (Jz 10.3-5). O local é desconhecido na atualidade, embora as opiniões falem em Qamm, a sudeste do mar da Galileia, e em Qumein, a leste-nordeste de Irbide.

CAMOS

Nome da divindade nacional dos moabitas (vide), segundo se vê em 1Reis 11.7; 2Reis 23.13 e Jeremias 48.7. Monumentos arqueológicos, como a Pedra Moabita (vide), também confirmam o fato. Ocasionalmente, ele era aplacado por sacrifícios humanos (2Rs 3.27). Está escrito que Salomão erigiu um santuário em sua honra, em Jerusalém, o qual continuou de pé até à reforma de Josias (2Rs 23.13). Por causa de sua conexão com essa divindade, algumas vezes os moabitas são chamados de "povo de Camos" (Nm 21.29). Os amonitas, por igual modo, estavam envolvidos nesse culto idólatra (Jz 11.24). Os profetas mostraram-se indignados contra esse desvio para a idolatria, e Jeremias predisse que seus devotos sofreriam o cativeiro (Jr 48.7). O nome "Camos" aparece por doze vezes na Pedra Moabita. Ali aparece como um nome composto, a saber, Astar-Camos, o que sugere que ele pode ter sido um deus astral, cujo par era a deusa Istar, ou Vênus. As informações que aparecem na Pedra Moabita mostram que ele era considerado um selvagem deus da guerra. Os homens gostam de imaginar suas divindades vinculadas à guerra. Esse deus, pois, punia os homens derrotados em batalha. A tradição judaica afirma que essa divindade era adorada sob o símbolo de uma estrela negra, a qual, por sua vez, estava ligada a certas formas da idolatria dos árabes. Sua conexão com Moloque (1Rs 6.7) sugere que ele estivesse ligado à adoração ao planeta Saturno. As evidências apontam para a conclusão de que seu culto era bastante diversificado, assumindo várias formas, conforme a área em questão. (E S THO)

CAMPAINHA, SINO

No hebraico temos duas palavras, *paamom*, **"gongo"**, e *metsilloth*, **"campainha"**. A primeira palavra é usada por sete vezes (por exemplo: Êx 28.33); e a segunda por uma vez só, em Zacarias 14.20. O gongo está ligado ao címbalo. Os gongos mais antigos, descobertos pela arqueologia, eram feitos de uma placa de metal encurvado para tomar forma oval, onde a percussão era feita ao mesmo tempo, nas duas extremidades. Havia vários modelos usados pelos assírios e chineses.

Nas Escrituras. Havia pequenas campainhas de ouro, presas à borda da sobrepeliz dos trajes oficiais do sumo sacerdote dos israelitas. Essas campainhas tinham o propósito de anunciar seus movimentos ao povo, além de servirem de ornamento (Êx 28.33-35).

Além disso, pode-se ler sobre os pequenos ornamentos que as mulheres de Israel usavam no pulso e nos tornozelos, a fim de atraírem a atenção (Is 3.16-18), uma prática condenada pelo profeta.

No trecho de Zacarias 14.20, onde o original usa outra palavra, lê-se acerca das campainhas usadas pelos cavalos, quando do milênio, provavelmente feitas de peças côncavas de bronze. Talvez isso tivesse por motivo o adorno, ou então o fato das pessoas gostarem de ouvir sons agradáveis. Nessas campainhas havia esta inscrição: "Santo ao Senhor", a mesma inscrição que havia na mitra do sumo sacerdote. Isso assim sucederá porque, durante o milênio, todas as coisas serão consagradas ao Senhor, que será o Rei de toda a terra. A arqueologia tem mostrado que os antigos assírios costumavam pôr campainhas nos pescoços dos cavalos.

Sinos. O mais antigo sino do mundo, encontrado perto da cidade da Babilônia tem, calculadamente, mais de três mil anos. A literatura grega e romana fala em sinos desde Eurípedes (cerca de 484-407 a.C.). As pesquisas feitas pelos antiquários mostram que os sinos eram usados desde os tempos mais remotos. Layard, o escavador de Nínive, quando pesquisava em Ninrode, encontrou oito sinos de mão, feitos de bronze. Esta cidade foi destruída juntamente com Nínive, pelos medos, em 612 a.C. Até mesmo no Peru, nos túmulos antigos, têm sido encontrados sinos da era pré-incaica, isto é, antes de 500 a.C., quando teve início a era dos metais naquela região.

O primeiro escritor cristão a referir-se a sinos, o que fez com certa frequência, foi Gregório de Tours, em cerca de 585 d.C. Ele afirma que os sinos eram tangidos ou sacudidos, e até fala de uma corda que era usada no tanger dos sinos. Mas foi Paulinus, bispo de Nola, em Compania, na Itália, que criou o sino similar a sua forma moderna (cerca de 400 d.C.). Em 752 d.C., o papa Estêvão III erigiu um campanário com três sinos. É possível que o nome *campanário* tenha levado Walafrido Estrabão a dizer que os sinos são de origem italiana, da região de Campania, ideia em que equivocou-se, conforme temos visto. O maior sino que existe no mundo é o "Tsar Kolokol", fundido em 1733. Esse sino tem 5,80 m de altura, 6,86 m de diâmetro e pesa 193 toneladas. Nunca foi tangido. Perdeu um pedaço de 11 toneladas, em um de seus lados, devido a um incêndio que causou sua queda. Os sinos postos à maior altura são os da torre da *Metropolitan Life Insurance*, em Nova Iorque, que podem ser ouvidos à distância recorde de 45 quilômetros. Ver o artigo sobre *Instrumentos Musicais*. (ND S UN EB)

CAMPINA DO JORDÃO

No hebraico, *kikkar*, **"círculo"**, **"redondo"**. Essa palavra era usada para descrever toda espécie de coisas, como distritos, pães e pesos. É vocábulo traduzido por campina ou vale do Jordão, em Gênesis 13.10, referindo-se a uma área de formato quase oval, ao norte da bacia do mar Morto.

CAMPO

Há diversas palavras hebraicas (aramaicas) e gregas envolvidas neste verbete, a saber: **1**. *Bar*, "campo aberto". Palavra aramaica hebraica usada por oito vezes (Dn 2.38; 4.12,15,21,23,25,32). **2**. *Chuts*, "lugar ao ar livre". Palavra hebraica usada por trinta vezes com esse sentido (por exemplo: Jó 5.10; Pv 8.26; Gn 15.5; 19.17; Êx 12.56; Lv 14.8; Dt 23.10,12,13; 24.11; 1Sm 9.26; Ez 34.21). **3**. *Sadeh*, "campo", "lugar plano". Palavra hebraica usada por 306 vezes (por exemplo: Gn 2.5,19,20; 50.13; Êx 1.14; Lv 14.7,53; 17.5; Nm.16.14; Dt 5.21; 7.22; 11.15; Js 8.24; Jz 1.14; 5.4,18; Rt 2.2,3,8,9,17,22; 1Sm 4.2; 6.14,18; 2Sm 1.21; 10.8; 11.11,23; 1Rs 2.26; 2Rs 4.39; 7.12; 1Cr 1.46; 6.56; 2Cr 26.23; Ne 11.25,30; Jó 5.23; Sl 78.12,43; Pv 23.10; Ct 2.7; Is 5.8; 7.3; Jr 6.12,25; 7.20; 8.10; Ez 7.15; 16.5,7; 17.5,24; Os 2.12; Jl 1.10,11,12,19,20; Mq 1.6; 2.2,4; Zc 10.1; Ml 3.11). **4**. *Sadai*, "lugar plano". Palavra hebraica usada por treze vezes (Dt 32.13; Sl 8.7; 50.11; 80.13; 96.12; 104.11; Is 56.9; Jr 4.17; 18.14; Lm 4.9; Os 10.4; 12.11; Jl 2.22). **5**. *Shedemah*, "campo". Palavra hebraica usada por cinco vezes (Dt 32.32; 2Rs 23.4; Is 16.8; Hc 3.17). **6**. *Yegebim*, "campos cultivados". Palavra hebraica usada por apenas uma vez, em Jr 39.10. **7**. *Agrós*, "campo". Palavra grega que aparece por 36 vezes (Mt 6.28,30; 13.24,27,31,36,38,44; 19.29; 22.5; 24.18,40; 27.7,8,10 (citando Zc 11.13); Mc 5.14; 6.36,56; 10.29,30; 11.8; 13.16; 15.21; 16.12; Lc 8.34; 8.12; 12.28; 14.18; 15.15,25; 17.7,31,36; 28.26; At 4.37). **8**. *Chóra*, "espaço aberto". Palavra grega que figura por 28 vezes (Mt 2.12; 4.16; 8.28; Mc 1.5; 5.1,10; 6.55; Lc 2.8; 3.1; 8.26; 12.16; 15.13-15; 19.12; 21.21; Jo 4.35; 11.54,55; At 8.1; 10.39; 12.20; 13.49; 16.6; 18.23; 26.20; 27.27; Tg 5.4). **9**. *Chorión*, "pequeno espaço aberto". Palavra grega usada por nove vezes (Mt 26.36; Mc 14.32; Jo 4.5; At 1.18,19; 4.34; 5.3,8; 28.7).

Conforme vimos acima, a palavra hebraica mais comumente usada é *sadeh*, que também pode ser traduzida por "suavidade". Geralmente está em pauta algum terreno cultivado

CAMPO DE VIDA

A própria palavra implica uma extensão de terra que não é cercada, como se dava com as cidades. Também pode indicar pastos (Gn 29.2; 31.4; Êx 9.3), ou lugar arado (Gn 37.7; 47.24). No entanto, também é palavra usada para indicar um bosque (1Sm 24.25), o topo de um monte (Jz 9.23), uma área desértica (Gn 33.19), uma vinha (Êx 22.5; Lv 25.3,4), um lugar distante de casa (Gn 4.8; 24.63) ou um campo aberto (Lv 14.7,53; Nm 19.16). Portanto, metaforicamente falando, o termo veio a ser associado às ideias de exposição, desolação ou deserção (Jr 9.22; Ez 16.5; 32.4).

Quando um campo qualquer pertencia a alguém, usualmente a posse era assinalada com uma pedra, a qual não deveria ser removida por nenhum motivo (Dt 19.14; 27.17; Pv 22.28). Esses campos, não sendo cercados, estavam sujeitos à invasão por parte de gado perdido (Êx 22.5). Isso tornava necessário o trabalho dos pastores e boiadeiros.

Nas Escrituras há menção a vários campos específicos, como o Campo das Espadas (2Sm 2.16), o "campo do lavandeiro" (2Rs 18.17) e o "campo do oleiro" (Mt 27.7).

Expressões Utilizadas. Campo fértil, em Isaías 10.18; regozijo do pomar, em Isaías 16.10, onde, no original hebraico, aparece a palavra *karmel*, usualmente associada a algum parque ou lugar bem conservado, em distinção a algum lugar desértico.

Usos Simbólicos. Esses usos podem ocorrer na literatura, ou então em sonhos e visões, a saber: **1**. Um campo cultivado representa o trabalho ou missão de uma pessoa. **2**. Um campo a ser cultivado é uma mulher que ficará grávida, ou um projeto que alguém em breve iniciará. **3**. Um campo ou uma planície é um lugar ou circunstância caracterizada pela liberdade. **4**. Uma arte ou ciência, ou uma área qualquer de nosso aprendizado. **5**. Campos verdejantes indicam prosperidade física e espiritual, ou já possuída, ou ainda por vir a ser possuída. **6**. Um campo a ser arado representa uma tarefa a ser realizada ou uma habilidade a ser desenvolvida.

CAMPO DE VIDA. Ver *Aura Humana (Campo de Vida)*.

CAMPO DO OLEIRO. Ver *Acéldama*.

CAMPO UNIFICADO. Ver *Einstein*, ponto 4.

CAMUS, ALBERT

Suas datas foram 1913-1960. Filósofo e escritor francês, nascido na Algéria. Educou-se na Universidade de Algiers. Mudou-se para Paris, em 1940. Foi ativo na Resistência Francesa, durante a Segunda Guerra Mundial.

Ideias. **1**. Ele argumentava contra o suicídio, afirmando que se trata de uma resposta inadequada ao absurdo da vida. Ele pensava que a resposta adequada consiste em continuar a viver, desenvolvendo a própria humanidade, apesar dos absurdos da existência. **2**. O valor final da vida é a solidariedade humana, uma outra forma de AMOR (vide). Toda e qualquer modificação política deveria ter esse alvo em mente. Ele rejeitava a destruição por amor à destruição, incluindo o suicídio e o nihilismo (vide). Ele também considerava absurda a punição capital (vide).

Escritos. *The Myth of Sisyphus; Letters to a German Friend; The Rebel; Reflections on Capital Punishment.* (E EP P)

CANA

No hebraico são usadas duas palavras diferentes; no grego, *kálamos*. A cana referida em Jeremias 51.32 obviamente é um tipo especial, por ser a única vez em que uma daquelas duas palavras hebraicas é usada, a qual está vinculada à ideia de "poço", pois enfatiza o local onde medrava a cana. A outra palavra hebraica é usada em 2Reis 18.21; Is 36.6 e Ezequiel 29.6, aludindo a uma cana ou mesmo a uma trave. Outro tanto pode ser dito sobre a palavra *grega kálamos*. Por exemplo, feriram Jesus na cabeça com uma cana (Mc 15.19), e puseram uma esponja ensopada em vinagre, na ponta de uma cana, para chegá-la à boca do Senhor, na cruz (Mc 15.36). O anjo também mediu a cidade com uma cana (Ap 21.16).

A "cana gigante", *Arundo donax*, medrava no vale do Jordão e em redor do mar Morto. Crescia até a altura de 5,5 m, encimada por uma pluma branca. O caule, em sua base, podia ter um diâmetro de 8 cm. Esses caules, muito fortes, eram usados como bordões ou bengalas, o que explica a referência em Ezequiel 29.6 e 2Reis 18.21, onde o imperador Senaqueribe alude ao Egito como bordão feito de uma cana esmagada.

Se a cana usada para levar a esponja à boca de Cristo, na cruz, era a *Arundo donax*, não importa. Há quem pense em uma cana diferente, capaz de atingir uma altura de 4,5 m e que cresce bem sem irrigação.

Nos dias da Bíblia, penas eram feitas de cana. Em 3João 13 há alusão a uma pena feita de cana. Eram penas usadas para escrever sobre papiro. A tinta era fabricada com fuligem de lâmpadas e suco de fel.

Há várias outras espécies de canas e juncos na terra santa, cujo caule pode atingir até 3,60 m. O papiro (*Cypherus papyrus*) medrava no Nilo, nos alagadiços, produzindo gigantescas raízes horizontais, às vezes com 6 m de extensão. Plantas inteiras eram desenterradas, e suas raízes eram usadas para fabricar cabos de instrumentos, enquanto os caules eram usados no fabrico de sandálias, cordas, colchões e cestas. O cerne podia ser comido, cozido ou cru, ou então aproveitado para o fabrico de um tipo de papel grosseiro (ver Junco).

O fato de que o cerne do papiro podia ser comido ou transformado em papel se reflete em Ezequiel 3.3: *Filho do homem, dá de comer ao teu ventre, e enche as tuas entranhas deste rolo que eu te dou. Eu o comi, e na boca era doce como o mel.*

A palavra "cana" é usada em conexão com o ato de medir (Ez 40.3,5). Uma cana equivalia a seis côvados. Cada côvado tinha cerca de 46 cm. Em Ezequiel 40.5, cada cana media cerca de 2,75 m. O ribeiro de Caná (Js 16.8 e 17.9) ficava entre os territórios de Efraim e Manassés. "Caná" significa "cana" ou "possessão". Provavelmente o ribeiro era assim chamado devido à grande quantidade de cana que ali crescia, à beira do ribeiro.

CANÁ

O nome significa, no hebraico, **"lugar de canas"**. Designa duas coisas diferentes: **1**. Um riacho que deságua no mar Mediterrâneo, entre Cesareia e Jope, e que servia de fronteira entre Efraim e Manassés (Js 16.8; 17.19). Alguns estudiosos identificam-no com o rio *Aujeh*; e outros, com a *wadi Qana*. **2**. Nome de uma aldeia da porção norte do território de Aser (Js 19.28). Têm sido encontradas nesse local ruínas colossais e figuras de pessoas sob a forma de estátuas, que alguns eruditos pensam ser de origem fenícia. Essa aldeia assinalava o extremo norte do território de Aser. A vila chamada atualmente Qanah marca o local, cerca de dez quilômetros a sudeste de Tiro.

CANAÃ, CANANEUS. Ver o artigo separado sobre *Fenícia*.

1. O Nome. Canaã refere-se ao indivíduo e seus descendentes, mencionados em Gênesis 10.15-18. Os cananeus eram os habitantes da terra de Canaã, o nome mais antigo da Palestina. A palavra vem do hurriano, sendo uma evidente referência à cor vermelho-púrpura, que se refere a um bem conhecido item do comércio fenício. Ver abaixo. A partir do século XIV a.C., o nome Canaã passou a ser empregado para indicar a região onde habitavam os cananeus. Eram negociantes fenícios. Um de seus principais produtos era um corante vermelho púrpura derivado do molusco *Murex*, que havia nas costas da Palestina. Nas cartas de Amarna, a expressão "terra de Canaã" aplica-se às costas da Fenícia; os egípcios chamavam todos os sírios por esse nome. Pela época em que Israel deu início à sua conquista da Palestina, toda esta região era conhecida por terra de

Canaã. Algumas referências bíblicas indicam o uso mais restrito da palavra, que significa "negociante". (Ver Jó 41.6; Is 17.4; Os 12.7; Sf 1.11 e Zc 11.7,11).

2. O Território. Conforme ficou claro acima, houve uma evolução no tocante àquilo que era designado pelo nome Canaã. Em Números 34.3-12, encontramos o nome em um sentido mais lato, referindo-se à Palestina inteira, a oeste do rio Jordão. Esse território ficava localizado entre os grandes impérios antigos dos rios Tigre-Eufrates e Halis, por um lado, e do rio Nilo, por outro lado. A região formava uma espécie de ponte geográfica entre os antigos centros da civilização pagã. Os descendentes de Canaã estavam divididos em seis ou sete nações distintas, quando Israel ali entrou: os heteus, os girgaseus, os amorreus, os cananeus, os perezeus, os heveus e os jebuseus. (Ver Êx 3.17 e Dt 7.1). O termo geral, "cananeus", era usado para incluir todas essas nações. Além disso, havia diversas tribos cananeias que viviam nas fronteiras da Palestina, em seu lado norte, a saber, os arqueus, os sinitas, os arvaditas, os zemaritas e os hematitas (Gn 10.17,18). Israel não entrou em contato com essas tribos. As cartas de Amarna, do século XIV a.C., referem-se aos cananeus como um povo que ocupava todo o território sino-palestino do Egito. O papiro egípcio Anastasi IIIA, linhas 5 e 6, e IV16, linha 4, pertencente ao século XIII a.C., menciona escravos cananeus de Huru, que é a mesma coisa que a Síria-Palestina.

3. A Civilização Cananeia. As descobertas arqueológicas mostram que os cananeus eram bem desenvolvidos nas artes e nas ciências. Suas construções eram superiores às que Israel edificava na terra de Canaã, após tê-la conquistado. Eles destacavam-se na cerâmica, na música, em instrumentos musicais e na arquitetura, e seus artesãos e operários executaram grande parte do projeto e da construção do templo de Salomão, em Jerusalém (1Rs 7.13-51). A arqueologia tem desenterrado as fortificações cananeias, bem como seus palácios e templos, ou seus tesouros de arte trabalhados em ouro, marfim e alabastro. As descobertas feitas em *Ras Shamra-Ugarite*, ilustram o ponto. Todavia, a história mostra-nos que Israel entrou em contato com os cananeus quando estes já estavam em um período de declínio. As escavações feitas na Palestina, no Líbano e na Síria têm mostrado a extensão de suas realizações. As principais cidades cananeias eram *Biblos, Ugarite, Kadatu, Hamate* sobre o Orontes, certos cômoros perto de Antioquia, Mari sobre o Eufrates e Alalaque. O pano de fundo cananeu dos fenícios tem sido iluminado pelas descobertas feitas em Ugarite (*Ras Shamra*), onde milhares de tabletes de argila secos ao sol, escritos em caracteres acadianos regulares, ou na escrita cuneiforme alfabética, têm sido encontrados. Esses tabletes têm sido decifrados, o que nos tem outorgado considerável riqueza de informações. A começar pelo ano de 1890, uma série de escavações, envolvendo Bete-Seã, Jericó, Megido, Laquis, Tell el-'Ajjul, Tell Beit Mirsim, Bete-Semes, Betel, Ai, Bete-Yerah, Hazor e Siquém, nos tem dado muito conhecimento sobre a civilização da antiga terra de Canaã. Outro tanto pode ser dito no que concerne às escavações efetuadas em Betel, Dotã, Gibeom, Hazor, Jericó, Qasileh, Siquém, Tirza e outros locais em Israel e ao longo do rio Jordão, a partir do fim da Segunda Guerra Mundial. Isso tem possibilitado a reconstituição da história da área inteira da Palestina, retrocedendo por mais de mil anos antes da conquista da Terra Prometida por parte de Israel.

4. O Idioma dos Cananeus. A língua cananeia pertencia ao grupo noroeste das línguas semitas, em distinção ao grupo nordeste, chamado acádico. Também havia o grupo sudoeste (árabe do norte) e o grupo sudeste (árabe do sul). Esse idioma, no começo, era escrito com um número indeterminado de caracteres relacionados ao sistema hieroglífico do Egito. Diversas inscrições com essa forma têm sido encontradas, gravadas sobre metal ou pedra, em Biblos. Em *Ras Shamra* (Ugarite), era usado o alfabeto cuneiforme. Finalmente, o típico alfabeto semítico do noroeste substituiu todos os demais, tornando-se a forma de escrita padrão. As antigas formas escritas hebraica e fenícia estão intimamente relacionadas. O hebraico parece ser uma forma adaptada do dialeto cananeu. As origens do alfabeto proto-semítico continuam obscuras até agora. Ver sobre *Alfabeto*. Abraão encontrou o idioma hebraico já em uso na Palestina; ou ele o trouxe consigo para ali? Os patriarcas hebreus falavam um dialeto aramaico na Mesopotâmia, antes de entrarem na Palestina. Entretanto, quando entraram na Palestina, adotaram o dialeto cananeu local, que não era idêntico à fala padrão dos cananeus. O hebraico antigo, seja como for, é bem parecido com o fenício. Após cerca de 1000 a.C., o hebraico, o moabita, o fenício e o aramaico já aparecem em inscrições como línguas distintas.

5. A História dos Cananeus. No terceiro milênio a.C., havia povos que falavam línguas semíticas na Síria-Palestina, conforme se vê nas evidências extraídas das inscrições encontradas pela arqueologia. Quanto a um período anterior a esse, nada se sabe. As descobertas arqueológicas têm demonstrado, com algum detalhe, a história desses povos, até cerca de mil anos antes da conquista da Palestina por Israel (cerca de 1400 a.C.). As mais antigas cidades da Palestina sobre as quais chegamos a saber algo tinham nomes cananeus, como Megido, Bete-Seã, Bete-Yerah, Jericó. Na Síria encontramos Ugarite, Gabala, Acre ('*Irquatrum*), Tiro (*Sur*), que são nomes cananeus. Os cananeus e seus parentes próximos, os amorreus, já estavam bem estabelecidos na terra por volta de 2000 a.C., e a região foi dominada por várias cidades-estado dos cananeus e amorreus. Após o fim das invasões dos amorreus, estabeleceu-se a Idade do Bronze Médio da Palestina, que sofria influências nortistas. Ver o artigo sobre a *Arqueologia*. As invasões dos hicsos, entretanto, perturbaram um tanto esse quadro. Após a expulsão dos hicsos, o Egito dominou a área da Síria-Palestina, em cerca de 1570-1310 a.C., e, novamente, mais tarde, em 1310-1200 a.C. Nesse período, continuaram predominando as cidades-estado. No século XIV a.C., alguns estados, como Ugarite, caíram sob o controle dos heteus, que a história secular chama de hititas. Também houve as invasões dos habiru, após o que o Egito reobteve o controle, para então perdê-lo novamente, por causa das incursões dos povos do mar, isto é, os filisteus, em cerca de 1200 a.C. A começar em cerca de 1400 a.C., Israel começou a tomar conta da região da Palestina. As terras altas foram conquistadas prontamente, mas o progresso foi lento, e nunca se completou em outras áreas. Mas na própria Palestina, os cananeus, que nunca foram extintos, foram sendo gradualmente absorvidos pela civilização israelita, ao passo que outros foram confinados às regiões costeiras, naquilo que veio a tornar-se conhecido como a Fenícia. Esses cananeus restritos (fenícios) foram se tornando, crescentemente, uma potência marítima. Ver o artigo sobre os *Fenícios*.

6. A Religião dos Cananeus. O Antigo Testamento informa-nos muita coisa a respeito do *Panteão* dos cananeus. A divindade principal era *El*, a quem os outros deuses precisavam consultar sobre questões importantes. Porém, *Baal*, filho de El, tornou-se mais significativo. Ver o artigo sobre *Baal*. Essa palavra significa "senhor". Havia muitas manifestações locais de Baal, como deus da fertilidade, deus da tempestade etc. Tanto Baal quanto Dagom tinham um templo em Ugarite. *Atar* era a divindade que substituía a Baal, quando este último supostamente excursionava pelo submundo dos espíritos. Atar era filho de *Aterate*, consorte de El. Havia muitas deusas, como Anate, Aserá e Astarte (ou Astarote), deusas do sexo, da fertilidade e da guerra. Anate era uma importante deusa para a agricultura. Os deuses *Shahru* (estrela matutina) e *Yarbu* (deus-lua), bem como Resebe, deus da pestilência e da morte, também eram adorados em Canaã. Não há certeza se o deus Yahweh era conhecido ou não pelos cananeus. Milhares de

CANAÃ, A PESSOA

tabletes de argila, guardados em uma biblioteca existente entre dois templos, datados de cerca dos séculos XV e XIV a.C., descobertos em Ras Shamra, nos fornecem abundantes informações sobre a religião dos cananeus. Havia grosseira imoralidade de mistura com a adoração prestada a várias divindades da fertilidade, e os cananeus estavam maduros para o julgamento divino. É significativo que alguns dos nomes de Deus, no hebraico, têm paralelo nos nomes dos deuses cananeus, o que mostra que havia certo contato e troca de ideias ali, embora a religião cananeia e a religião hebreia tanto diferissem, mormente no tocante ao monoteísmo. Os deuses cananeus não se destacavam quanto à santidade.

Templos cananeus têm sido escavados na Síria e na Palestina, e significativos modelos têm sido encontrados em Laquis (vide), Megido, Jericó, Bete-Seãe e Hazor, pertencentes a um tempo tão remoto quanto 3000 a.C., e daí até 1900 a.C. Muitos objetos relacionados à adoração pagã têm sido desenterrados, como objetos de culto, facas, tenazes, vasos de libação e ossos de animais, o que mostra que ali se praticava o sacrifício de animais.

Em Ugarite, havia um sistema complexo de religião, talvez típico também de outras localidades. Havia um sumo sacerdote e nada menos de doze famílias de sacerdotes. O rei exercia funções sacerdotais. Havia cantores, costureiros de vestimentas, escultores e outros especialistas. Novamente, vemos considerável correspondência entre isso e a religião de Israel. Pelo menos é verdade que, quanto às questões culturais, os cananeus eram superiores aos israelitas, que muito se aproveitaram da cultura cananeia. Já vimos como Salomão dependeu desse povo quanto aos planos e à construção do templo de Jerusalém. Era tarefa dos profetas impedir pesados empréstimos e corrupções provenientes dos pagãos, mas os profetas nem sempre mostraram-se bem-sucedidos em seus esforços. A confusão entre Baal e Yahweh destruiu a distintiva fé dos hebreus. Lembremo-nos do desafio lançado por Elias: *Se o Senhor é Deus, segui-o; se é Baal, segui-o* (1Rs 18.21). (ALB ALBR AM LAM)

CANAÃ, A PESSOA

O termo hebraico parece significar **"pertencente à terra da púrpura-vermelha"**. Canaã era filho de Cão e neto de Noé. A transgressão de seu pai, Cão, relatada em Gênesis 9.22-27, na qual, segundo alguns pensam, Canaã esteve envolvido de alguma maneira, deu a Noé ocasião para proferir a condenação que sobreviria aos descendentes de Canaã. Porém, não há base nenhuma para a suposição de que os descendentes de Canaã foram amaldiçoados como uma consequência imediata da transgressão de Cão. De qualquer modo, ele foi o progenitor dos fenícios e do povo que vivia a oeste do rio Jordão, antes da conquista da região pelo povo de Israel (Gn 10.15; 1Cr 1.13).

CANA AROMÁTICA

No hebraico, a palavra *qaneh* figura por 61 vezes, mas é nos trechos de Isaías 43.24 e Jeremias 6.20 que parece estar em pauta a "cana aromática". Diz O trecho de Isaías 43.24: *Não me compraste por dinheiro cana aromática...* E Jeremias 6.20 diz: *Para que pois, me vem o incenso de Sabá e a melhor cana aromática de terras longínquas?...* A cana nativa ou selvática encontra-se espalhada por toda a Palestina, em riachos e valados. Seu nome científico é *Saccharum biflorum*, a espécie que poderia estar em pauta nesses dois trechos. No entanto, a maior parte dos estudiosos da Bíblia sente que a "cana aromática", na verdade, era a *Saccharum officinarum*, ou seja, a nossa comum cana-de-açúcar. O mais provável é que os antigos hebreus não fabricassem açúcar com base nessa cana; antes, ela era chupada ou usada em sua forma natural para adoçar bebidas e alimentos. Naturalmente, o mel era o adoçante mais comumente usado nos dias do Antigo Testamento.

Nas passagens de Josué 16.8 e 19.28, aparece o ribeiro de Caná, onde a cana nativa medrava com abundância. No hebraico, *qaneh* era a palavra genérica para indicar todas as plantas de tipo junco.

Alguns estudiosos têm pensado que a palavra "cálamo", em Cântares 4.14, na realidade seria o "nardo" (*Nardostachys jatamansi*); mas essa opinião é extremamente improvável porquanto a palavra "nardo" aparece no começo desse mesmo versículo, e isso seria uma redundância desnecessária. (Ver Cana).

CANA DE MEDIR

No hebraico, *qaneh*, **"cana"**. Palavra que ocorre por dezenove vezes. Por exemplo, 1Rs 14.15; Is 19.6; 42.3; Ez 29.6; 42.17-19. No grego *kálamos*, termo usado por doze vezes: Mt 11.7; 12.20 (citando Is 42.3); 27.29,30,48; Mc 15.19,36; Lc 7.24; 2Jo 13; Ap 11.1; 21.15,16.

A cana era uma planta útil, cujo caule era usado para servir como material de construção, material de escrita e como medida. Tanto é assim que o termo hebraico envolvido também significava "medir". Idêntico uso linguístico encontra-se nos idiomas indo-europeus, bem como no babilônio e no assírio. Um outro termo grego, *kanon*, "vara", que deu em português "cânon", que significa "medida" ou "padrão", está relacionado ao termo hebraico *qaneh*.

A cana era preparada como varas de comprimentos específicos, usadas então para fazer medições, da mesma maneira que, em nossos dias, temos réguas e metros de madeira e de outros materiais. Uma vara comum de medir era aquela com cerca de três metros. Ver os trechos de Apocalipse 11.1 e 21.15,16, que parecem ser citações do trecho de Ezequiel 40.3, segundo a Septuaginta. Ver o artigo sobre *Linha de Medir*.

CANAIS

Vem de uma palavra hebraica emprestada da palavra que significa o rio Nilo. (Ver Êx 7.19; 8.4). Esta palavra mormente significa riachos, Isaías 19.6, mas também pode ter a ideia de canais artificiais. Canais foram feitos para propósitos de irrigação. Tais canais foram uma característica comum na área do Nilo, cuja água foi utilizada pela construção de canais, para transportar suas águas para as áreas ao longo do rio. A sobrevivência em Israel teria sido muito difícil sem canais artificiais.

CANAIS DE ÁGUA

No hebraico, *rahat*, **"canal"**. Esse vocábulo aparece por quatro vezes (Gn 30.38,41; Êx 2.16 e Ct 7.5). Nas duas últimas referências, nossa versão portuguesa traduz esse vocábulo, respectivamente por "bebedouros" e "tranças". Neste último caso, acompanha uma variante na tradução, feita em certa versão estrangeira.

CANAL

Há duas palavras hebraicas envolvidas, a saber: **1**. *Aphiq*, "cavidade". Palavra usada por dezesseis vezes (por exemplo: 2Sm 22.16; Sl 18.15; Is 8.7). **2**. *Shibboleth*, "riacho". Palavra usada por três vezes com esse sentido: Isaías 27.12; Salmo 69.2,15.

A primeira dessas palavras era usada para indicar rios, canais feitos pelos homens, sistemas de irrigação, e igualmente o leito de um rio ou do mar. (Sl 18.15; Is 8.7). O trecho de Jó 40.18 tem um uso metafórico do vocábulo, referindo-se aos ossos do hipopótamo, como se fossem tubos de bronze. Jó 6.15 é passagem que alude aos ribeiros da Palestina como perigosamente instáveis. Salmo 69.2 usa esse vocábulo para indicar o ímpeto das enchentes. Em Isaías 8.7 há uma outra metáfora, que se refere ao fato de que Israel rejeitou as águas mansas de Siloé (a saber, o reino de Davi), e assim ficou exposto à enchente destruidora do Eufrates, a saber, a Assíria. Ainda um outro uso metafórico pinta os *alicerces* do mundo desnudados pelo sopro de Deus (2Sm 22.16; Sl 18.15). O significado exato desses dois versículos é controvertido. Talvez haja uma alusão aos antigos conceitos equivocados de que o mundo estaria circundado pelo oceano, cujas correntes seriam guiadas por canais ocultos. Ou então a referência poderia ser ao leito do mar Vermelho, desnudado por Deus para que o povo de Israel pudesse atravessá-lo a pé enxuto. *Canal* também traduz o hebraico *shibboleth* (vide), "riacho". Ver os artigos separados sobre *Giom* e *Warren, Canal (Escavação) de*.

CANAL SUBTERRÂNEO

Indica um conduto subterrâneo para transportar água potável desde uma nascente até alguma cidade. Há evidências arqueológicas da existência de canais subterrâneos em Jerusalém e em Megido, do período cananeu em diante. Em Jerusalém há um túnel que começa na fonte de *Giom* (vide) que transportava água para o interior da cidade. Alguns eruditos pensam que o trecho de 2Samuel 5.8 refere-se a um canal dessa natureza, o que é refletido em nossa versão portuguesa. Instalações similares também têm sido encontradas em Gibeom, Etã e Ibleã. É evidente que se uma cidade contasse com um suprimento de água garantido, poderia resistir mais facilmente ao inimigo, em tempos de assédio, conforme sucedeu à cidade de Samaria, que resistiu aos assírios por dois anos, em 722 a.C., ou como se deu com Jerusalém, que resistiu aos babilônios por um ano e meio (586 a.C.). Ver o artigo sobre *Warren, Canal (Escavação) de*.

CÂNCER. Ver sobre *Doenças e Enfermidades*.

CANDEEIRO DE OURO. Ver sobre *Menorah*.

No trecho de Êxodo 25.31-39 encontramos as orientações recebidas pelos israelitas para a fabricação desse item da tenda da congregação. Uma base suportava uma haste. Três braços curvados para cima, partiam dessa haste central; esses braços terminavam em seis receptáculos, em cada um dos quais havia uma lamparina; somando-se à lamparina no alto da haste central, havia um total de sete lamparinas. O ouro foi o material usado para a construção do candeeiro. A haste central e os braços eram decorados com desenhos em alto relevo de florescências de amendoeira. As espevitadeiras para as lamparinas também eram feitas de ouro. O trecho de Êxodo 37.17-24 adiciona uma segunda instrução concernente a essa questão, para garantir a perfeição da execução da obra. O candeeiro de ouro foi posto no Lugar Santo do tabernáculo (vide), do outro lado da mesa dos pães da proposição. Quando o templo de Jerusalém (vide), construído por Salomão, ficou pronto, para o mesmo foram preparados dez candeeiros de ouro, de acordo com as maiores dimensões dessa estrutura permanente. Mas, no segundo templo de Jerusalém, por razões desconhecidas, havia apenas um candeeiro. Antíoco Epifânio removeu esse candeeiro de seu lugar. Quando Judas Macabeu restaurou a adoração no templo, um novo candeeiro foi provido para o mesmo. Aparentemente, o mesmo formato de candeeiro havia no templo construído por Herodes.

Simbolismo do Candeeiro de Ouro. O trecho de Apocalipse 1.12-20 exibe uma aplicação direta, ao chamar as sete igrejas de sete candeeiros. Naturalmente, em sentido primário, Cristo é o candeeiro, pois ele é a luz do mundo. E o número sete indica a perfeição de seu ofício de iluminador. (Ver Jo 1.9). O material de que o candeeiro foi feito, o ouro, representa a preciosidade da estrutura da igreja, bem como a divindade de Cristo (vide). O azeite, que queimava no candeeiro, representa o Espírito Santo e seu ministério iluminador. É o Espírito Santo que nos conduz a toda a verdade (Jo 16.13). (NTI Z)

CÂNFORA

No hebraico, *kopher*, palavra que só aparece por duas vezes: Cantares 1.4 e 4.13. O termo vem do malaio *kapur*; sendo a hena ou *Lawsonia inermis*, largamente cultivada na terra santa. A cânfora é extraída de suas flores de cor creme, que dão em cachos. A planta cresce até 3 m de altura, tem folhas parecidas com as da espécie *ligustrum vulgare*, da Europa, e massas de flores muito fragrantes, brancas e amareladas. Alguns estudiosos supõem que essas flores eram usadas na antiguidade em banhos de sais. As folhas da hena eram ressecadas e pulverizadas; e uma pasta era feita desse pó. A pasta era usada para pintar as unhas das mãos e dos pés, ou mesmo as solas dos pés e as palmas das mãos. Os homens punham o pó em suas barbas, e também nas caudas dos cavalos. No Egito, a substância era usada como um cosmético de sombrear, e as mulheres de Israel imitavam esse costume. Os trechos de Cantares 1.14 e 4.13 celebram a beleza e a atração física, dizendo: *Como um racimo de flores de hena, nas vinhas de En-Gedi, é para mim o meu amado. Os teus renovos são um pomar de romãs, com frutos excelentes: a hena e o nardo...* (G HA I)

CANHESTRO

As pessoas canhestras, que o vulgo chama de **"canhotas"**, possuem a mão, o braço e o ombro esquerdos mais fortes e habilidosos que os direitos. Essa palavra é usada apenas por duas vezes na Bíblia, em ambos os casos acerca dos guerreiros da tribo de Benjamim. No hebraico é usada uma expressão, *itter yad yamim*, "amarrado da mão direita". (Ver Jz 3.15 e 20.16). Eúde, filho de Gera, era canhestro. Matou o rei de Moabe e assim libertou Israel dos moabitas. Nessa última referência encontramos a informação de que dentre os 26 mil benjamitas preparados para a guerra, setecentos eram canhestros, dotados de incrível pontaria com a funda.

CANIVETE

No hebraico, as palavras *taar sopher*, **"faca de escrivão"**, aparecem somente em Jeremias 36.23. Nossa versão portuguesa, juntamente com outras, diz ali "canivete". Está em foco uma faca usada para aguçar as penas feitas de cana, ou para cortar rolos de papiro.

CÂNON

Palavra latina que significa **"linha de medir"**, **"regra"**, **"modelo"**. O termo latino deriva-se do grego *kanon*, "regra", ou "vara". **1**. O termo é usado frouxamente para indicar qualquer regra ou padrão. **2**. Uma lista das obras de um autor qualquer, consideradas genuínas, como o cânon de Shakespeare, no pressuposto de que nem todas as obras a ele atribuídas são, realmente, de sua autoria. **3**. Uma relação oficial da igreja, contendo os nomes de santos reconhecidos ou de membros de algum de seus capítulos. **4**. Uma regra de fé ou de disciplina, especialmente se houver sido expedida por algum concílio eclesiástico (dentro da igreja Católica Romana), e ratificada pelo papa. **5**. Aquela porção da missa católica romana entre o Sanctus e a oração do Padre Nosso. Consiste em um prefácio e em uma oração de ação de graças, e então vem a oração eucarística ou de consagração. **6**. Na música, uma composição que tenha vozes ou partes, de acordo com a que cada voz ou parte, em sucessão, entoa a mesma melodia (chamada tema).

7. Lei Canônica. De conformidade com as definições mais básicas, a *lei canônica* consiste, simplesmente, no conjunto de regras da antiga igreja, com o intuito de controlar a conduta e a fé das pessoas, além de regras disciplinares para os ministros. A princípio, essas regras consistiam em pronunciamentos *ad hoc*, feitas pelos líderes e concílios da igreja antiga, a maioria com base em proposições bíblicas. Particularmente importantes, foram aquelas leis que vieram de grandes centros cristãos, como os cânones adotados em Niceia, em 325 d.C. Essas leis acumularam-se, tendo-se tornado necessário que houvesse um processo de seleção e codificação. A padronização teve lugar, no Ocidente, sob a liderança de Carlos

Magno. Graciano foi o homem que levou o processo a seu ponto culminante virtual, dentro da comunhão romana, com seu famoso *Decretum*, de 1140 d.C., que se tornou o alicerce do moderno *Corpus iuris canonici*. Esse conjunto de leis tornou-se a mais autoritária lei da igreja Católica Romana, envolvendo a autoridade das Escrituras, dos concílios e dos papas. Essas leis precisam ser distinguidas dos decretos dos bispos, das concordatas entre a igreja e os governos seculares, e das leis eclesiásticas, as quais repousam sobre os costumes. Tais leis são consideradas divinamente conferidas, pelo que são consideradas obrigatórias e imutáveis. Todavia, não há razões para que não se façam acréscimos, conforme a necessidade surgir, visto que para tanto há a autoridade dos papas e dos concílios. O corpo das leis canônicas foi publicado em 1582, por Gregório XIII, com o nome de *Corpus Iuris Canonici*. Uma nova codificação, conhecida como *Codex Iuris Canonici*, foi promulgada sob o papa Benedito XV, em 1917. As leis canônicas cobrem quatro áreas principais, a saber: ***a. Área pessoal***, que trata de leis dirigidas a indivíduos, incluindo aquelas que dizem respeito ao clero. ***b. Área material***, que são leis que dizem respeito aos sacramentos, à liturgia etc. ***c. Área judicial***, que são leis que dizem respeito ao casamento etc. ***d. Área penal***. O código inteiro incorpora leis divinas, com base nas Escrituras, embora também seja um documento eclesiástico, que reúne as tradições e leis da igreja. Trata-se de uma tentativa de codificar as regras da vida cristã, de doutrinas práticas e da disciplina.

As igrejas protestantes, naturalmente, repelem essa legislação, embora algumas delas contem com legislações similares, visto que a tendência das denominações é codificar suas crenças e práticas.

8. Os cânones do Antigo e do Novo Testamento. Esses incluem os livros considerados divinamente inspirados e autoritários para a fé e a prática dos cristãos. O cânon judaico ou hebreu consiste na Lei, Profetas e Escritos — um total de 39 livros. O cânon do Novo Testamento consiste em 27 livros. Certos segmentos da igreja também aceitam os livros apócrifos do Antigo Testamento, que consistem em outros doze livros, os quais foram incluídos na versão Septuaginta do Antigo Testamento (vide). Quanto a essas questões, ver os dois artigos separados: *Cânon do Antigo Testamento* e *Cânon do Novo Testamento*. (AM B E H P)

CÂNON DO ANTIGO TESTAMENTO

I. Um Processo Histórico. Como estudante diplomado do Novo Testamento, fiz um curso de um trimestre, na Universidade de Chicago, nos Estados Unidos da América do Norte, limitado ao cânon do Novo Testamento. Fiquei impressionado diante do fato de que o processo de canonização, de qualquer coleção de Livros Sagrados, é um processo histórico que precisa de séculos para ser completado. As evidências em favor disso são esmagadoras e irrefutáveis. Contudo, podemos assumir vários pontos de vista sobre a *natureza* desse processo.

Alguns liberais supõem que a canonização é apenas uma atividade humana, e que o resultado é apenas uma espécie de seleção de livros religiosos. O extremo oposto dessa suposição é a posição dos estudiosos extremamente conservadores, os quais pensam que esse processo histórico foi tão perfeito e exatamente guiado e inspirado pelo Espírito Santo que os livros que, finalmente, foram canonizados, foram precisamente aqueles que o Espírito de Deus queria que fizessem parte do cânon, e que os livros rejeitados foram repelidos não somente pelos homens, mas também pelo Espírito Santo. Em outras palavras, estes últimos não admitem qualquer possibilidade de erro ou de inferioridade na seleção. Entre essas duas opiniões extremas, temos a posição dos muitos eruditos conservadores que supõem que o processo de canonização foi divinamente guiado, embora também tenha havido o concurso decisivo do elemento humano. Para exemplificar, temos o caso da inclusão da epístola de Tiago, um livro especificamente escrito com o propósito de atacar a ideia paulina da justificação pela fé, refletindo, historicamente, o *legalismo cristão* (vide). Que esse legalismo foi uma realidade, vê-se obviamente no décimo quinto capítulo do livro de Atos. Diversos dos pais da igreja e dos reformadores protestantes rejeitaram a epístola de Tiago, julgando que a mesma não merecia lugar no cânon neotestamentário, exatamente por essa razão. Alguns também rejeitaram a epístola de Judas, por citar uma obra pseudepígrafa do Antigo Testamento (ver Jd 14, e o comentário no NTI, nesse versículo). Houve oito livros disputados que só foram aceitos no cânon já no século IV d.C.; mas, em algumas porções da igreja, nem mesmo então. Precisamos reconhecer esse fatos, percebendo que o processo de canonização envolveu grandemente a história e as opiniões humanas sobre o valor dos livros. O Espírito Santo não impulsionou os corações dos homens, de modo a *concordarem completamente*, *e desde o início*, sobre quais livros deveriam ser incluídos no cânon do Novo Testamento. No caso do Antigo Testamento, devemos considerar o problema inteiro dos livros apócrifos, os quais, a começar pelos judeus da dispersão, foram aceitos ou rejeitados, dependendo, essencialmente, apenas de questões geográficas. Essa disputa prolongou-se até aos dias neotestamentários, tendo sido resolvida somente na época da Reforma Protestante (embora de diferentes maneiras). O Espírito Santo nunca reuniu os homens a fim de informá-los acerca do que deveriam fazer com os livros apócrifos. Homens tomaram decisões racionais a respeito deles, e diferentes segmentos da igreja chegaram a diferentes decisões. Que os livros apócrifos revestem-se de grande valor, especialmente do ponto de vista histórico, é inegável. Mas, seriam suficientemente valiosos e dignos de serem incluídos no cânon? Os católicos romanos dizem "sim"; os protestantes dizem "não"; e os anglicanos hesitaram, antes de chegarem a qualquer decisão.

II. O Salto da Fé. Os livros apócrifos devem ser incluídos no cânon do Antigo Testamento? Indagações como essa não podem ser decididas apenas sobre bases dogmáticas, porquanto, com base em considerações dogmáticas já há preferências doutrinárias a serem levadas em conta. Ninguém pode dizer: "Este ou aquele livro é canônico, pois concorda com minha interpretação de quais doutrinas deveriam ser ensinadas". Se alguém fizer isso, já estará partindo de um pressuposto. Em outras palavras, já sabe de antemão onde quer chegar, dirigindo seus argumentos para esse ponto, desrespeitando qualquer argumentação em contrário. Por isso, o que alguém disser sobre o cânon terá de depender, *parcialmente*, de um *salto de fé*. Os estudiosos extremamente conservadores dão seu salto de fé na dependência de sua *convicção* de que não pode ter havido erro ou inferioridade envolvidos na seleção canônica final. Esses acreditam que o resultado final do processo foi predestinado de modo absoluto, desde o começo, apesar do fato de que foram necessários séculos para que esse resultado fosse obtido. Por sua vez, os intérpretes liberais em extremo partem, em seu salto de fé, da ideia de que o Espírito (se é que o Espírito existe, conforme eles pensam) não estava interessado em tal resultado, e que foram *homens*, usando todo o bom senso de que eram capazes, que fizeram uma seleção razoável de material, provendo-nos uma visão respeitável das origens judaico-cristãs de nossas crenças. Não obstante, esses extremamente liberais lamentam o que pode ter sido deixado de lado, pensando que o material rejeitado poderia fornecer-nos também uma compreensão útil sobre essas questões. Então os extremamente conservadores voltam à carga, injetando em seu princípio de canonização a noção de que os livros, tão exatamente selecionados, não podem envolver qualquer erro, sendo absolutamente autoritários, ou mesmo autoridades absolutas, conforme dizem alguns deles. Mas os extremamente liberais pensam que isso não passa de uma racionalização dogmática, partindo do pressuposto de que a seleção feita, apesar de útil, tem seus pontos positivos e negativos, suas verdades e erros, e que, em nenhum sentido pode ser considerada absoluta ou exclusivamente autoritária.

Prezados leitores, sou forçado a dizer essas coisas. Em parte alguma das *próprias Escrituras* encontramos qualquer declaração acerca de qualquer seleção canônica final. Os próprios autores sagrados não tinham consciência de que os livros que estavam produzindo algum dia seriam parte de uma coletânea reverenciada como sagrada e canônica. Isso não significa que eles não tinham consciência da inspiração divina de suas obras. Mas isso já é coisa bem diferente da formação de uma coleção de *livros* divinamente inspirados. Somente o autor do Apocalipse, em todo o Novo Testamento, antecipou uma espécie de uso canônico de seu livro (ver Ap 22.18,19). Mas, ironicamente, foi exatamente esse o livro que exigiu mais tempo para ser aprovado como canônico pela igreja universal. É uma interpretação descabida aquela que faz o trecho de Apocalipse 22.18,19 aplicar-se à inteireza do Novo Testamento, e não somente àquele *livro profético*, pois trata-se de uma referência específica ao próprio livro de Apocalipse, e não à coletânea inteira que, quando essa declaração joanina foi escrita, nem existia ainda. Portanto, voltamos a dizer que qualquer afirmação a respeito da natureza do cânon é um *dogma* humano, e não uma afirmação feita pela própria Bíblia Sagrada. No entanto, os homens fazem de seus dogmas uma parte necessária do ortodoxia, procurando assustar aos que se consideram hereges, por não concordarem com eles, acusando-os de manipularem a palavra de Deus. Naturalmente, o ponto de vista dos liberais *também* constitui o seu dogma, havendo certos fatores da verdade que eles perdem de vista, em seu salto de fé.

III. Buscando uma Posição Intermediária. Usualmente, a verdade sobre as questões debatidas jaz em algum ponto entre suas interpretações exageradas. Não afirmo que isso sempre ocorre, mas tal princípio com frequência funciona, exigindo de nós a devida atenção. Portanto, quero aplicá-lo aqui:

1. Contra os liberais extremados. Quero salientar que o curso do liberalismo está calcado sobre o *ceticismo* (vide). Quem é liberal aborda todos os problemas com certa falta de fé. Também sente-se muita insatisfeito com os muitos dogmas que estão mesclados a tantas questões religiosas, e anela por desfazer os dogmas. Ele se sente como um cruzado. Mas, idêntico sentimento é compartilhado pelos extremamente conservadores. Assim, há um inevitável choque de radicais. O extremamente liberal observa que o processo de canonização precisou de séculos para completar-se; percebe como vários livros foram disputados; nota como vários segmentos da igreja chegaram a conclusões diferentes; toma consciência de que algum *bom* material não chegou a fazer parte do cânon; e também sabe que certas obras de Paulo se perderam, e que ele supõe que eram tão boas como aquelas que foram preservadas; e, finalmente, especula que, provavelmente, havia muitos livros úteis, nos dias do Novo Testamento, que deveriam ter sido incluídos no cânon. Ele pode usar o prólogo do Evangelho de Lucas, baseando-se num argumento em prol de suas suposições e usando esse prólogo como texto de prova. Ele reúne todos esses fatores e conclui que o que sucedeu foi apenas um processo humano de seleção, e que se o fator divino estivesse envolvido na questão, não teria havido tanta contorção. Como um toque final, o extremamente liberal salienta que certos livros que finalmente entraram no cânon (como a epístola de Tiago) deixaram insatisfeitos alguns dos estudiosos mais conservadores (como Lutero). Sua fórmula está preparada. Segundo ele, o *cânon* foi produzido pela atividade humana, e a própria natureza dessa atividade obtém sucessos e sofre derrotas. Isso não significa que ele não veja valor naquilo que foi produzido. Ali há grandiosas ideias; ali há espiritualidade e instrução; ali há contribuições valiosas à literatura e à história. Deus talvez se mova em meio a tudo aquilo, e isso contribui para o bem. Mas, a última coisa que o extremamente liberal quer ser é culpado de *bibliolatria* (vide).

Minha Avaliação. Penso que os estudiosos extremamente liberais, apesar de toda boa intenção que possam ter, nos oferecem pouco demais. O que eles oferecem não é bastante para mim. Em *primeiro lugar*, quero destacar que podemos criar um bom argumento sobre como a vontade de Deus opera no e *através do processo histórico*. Que um processo qualquer precise de muito tempo em nada detrata da orientação divina, dentro desse processo. De fato, a própria inquirição espiritual está intimamente envolvida no processo histórico, sem importar se da igreja, como uma organização (com base, desde o começo na evolução espiritual judaica), ou se de indivíduos isolados. Todas as coisas de valor precisam de tempo para concretizar-se. Em *segundo lugar*, no tocante aos valores espirituais, não precisamos de perfeição. É como alguém já disse: "Não se joga fora o bebê, juntamente com a água de seu banho". Os liberais, em seu intuito de desfazer os dogmas, podem jogar fora o bebê espiritual, juntamente com a água das manipulações humanas. Eles podem aplicar um exagerado ceticismo, deixando-nos ao léu, naquele mar onde o Espírito de Deus não se move. E esse mar é totalmente estéril. Em *terceiro lugar*, é razoável supormos que visto que a literatura é a maneira mais eficaz de comunicação, Deus, ao querer comunicar-se com os homens, poderia ter usado esse método, entre outros. Penso que isso não é esperar demais. De fato, temos essa coleção de 39 livros do Antigo Testamento e 27 livros do Novo Testamento. E, se alguns segmentos da igreja querem um maior número de livros, que os obtenham. Neles, poderão buscar a comunicação divina; não havendo necessidade de serem livros perfeitos, hermeticamente selados, para transmitirem esse recado. Em *quarto lugar*, o fato de que outras sociedades têm suas coletâneas sagradas, nada diz contra a coletânea judaico-cristã. Por enquanto, que outros decidam quanto ao valor que nela encontram, porque, agora, estamos preocupados somente com o cânon da Bíblia Sagrada.

2. Contra os conservadores extremados. Em *primeiro lugar*, eles ignoram o elemento humano que, inevitavelmente, deve atuar sobre a formação de qualquer coletânea de livros sagrados. Em *segundo lugar*, sempre precisam aplicar sua fé de modo que *não pode* haver qualquer erro, quer na coletânea como um todo, quer em qualquer livro isolado dessa coletânea. Tudo isso faz parte de seu salto de fé, tornando-se um dogma duro como o diamante. É um dogma, porque as Escrituras não contêm tal ensino. Em *terceiro lugar*, mediante um raciocínio *a priori*, eles ignoram quaisquer problemas que encontrem no caminho, porquanto partem de um pressuposto. Em *quarto lugar*, eles equiparam o que chamam de ortodoxia à verdade. Mas as duas coisas nem sempre são a mesma coisa. Ademais, eles preferem sua ortodoxia particular à verdade, mesmo quando as evidências lhes são esmagadoramente contrárias. Isso é brincar com a verdade, e não inquirir pela mesma. Em *quinto lugar*, eles demonstram grande dose de imaturidade em sua maneira de pensar, porquanto não podem tratar das questões espirituais exceto com base em livros presumivelmente perfeitos em todos os aspectos. Lamento ter de usar aqui uma antiga ilustração liberal, mas é que nela há uma certa verdade. Os extremamente conservadores defendem uma teoria que se assemelha a um balão. Se alguém perfurar o balão em qualquer lugar, todo o ar ali contido escapará inevitavelmente. A *verdade*, porém, não se assemelha a um balão, que qualquer indivíduo ou sistema possa perfurar. A verdade nunca sofre coisas desse jaez. Em *sexto lugar*, embora professando-se reverenciadores do Livro Sacro, eles criam um dogma a respeito do mesmo que chega a ter aspectos irracionais. Finalmente, tal como o ceticismo é a maldição do liberalismo, assim também o *espírito contencioso* é a maldição do conservatismo extremado. Este promove campanhas em favor de dogmas sobre as Escrituras, de uma maneira quase belicosa, utilizando-se da palavra "herege" de modo ridículo e contra quem não a merece.

3. O Meio-termo. Até esse ponto de minha exposição, tenho falado sobre as filosofias que circundam o problema do cânon. Tendo dito o que penso que deve ser dito sobre isso, abordarei o aspecto histórico do processo. Primeiro a filosofia e depois a história. Portanto, quais bases filosóficas sãs devemos utilizar em nosso estudo sobre o cânon? Alisto algumas bases filosóficas óbvias: *a*. De modo geral, evitemos os dois extremos que acabamos de discutir. *b*. Tenhamos a confiança de que Deus falou através da literatura, e que os nossos Antigo e Novo Testamentos representam essa comunicação. *c*. Não façamos uma parte necessária da nossa fé que o cânon tem de incluir exatamente aqueles livros que possuímos na Bíblia, e que não pode incluir outros. Estou convicto de que a epístola a Tiago foi escrita para combater ideias de Paulo; mas ali há coisas boas que precisam ser ditas. Tenho ensinado sobre a epístola de Tiago, versículo após versículo, mas nunca deixei de ressaltar que existem considerações históricas que deveriam ser levadas em conta. O judaísmo antigo não desistiu facilmente de seu sistema de mérito através das obras, e essa ideia penetrou no cristianismo primitivo, conforme se vê em Atos 15, e conforme a história eclesiástica subsequente demonstra amplamente. Portanto, ensino a epístola de Tiago com essas qualificações, e não preciso encontrar uma perfeita harmonia entre todos os livros da Bíblia, para encontrar neles coisas boas e úteis. Se eu tivesse de escolher entre Tiago e Efésios, este último livro ganharia quilômetros à frente. Não é mister contemplarmos o Novo Testamento como se cada um de seus livros tivesse igual valor: há livros mais profundos do que outros. *d*. É de bom alvitre respeitar o que os pais da igreja e os concílios antigos disseram sobre o cânon das Escrituras. O que eles fizeram produziu um bom resultado. No entanto, eles poderiam ter chegado a outras decisões, resultando em um Novo Testamento levemente diferente, sem que isso prejudicasse em nada qualquer questão de fé e práticas cristãs. *e*. Acima de tudo, respeitemos a autoridade das Escrituras, mas não dogmatizemos a questão da autoridade (vide), afirmando que não existem outras autoridades que também deveriam influenciar naquilo em que cremos e praticamos. *f*. Finalmente, em todas as coisas, apliquemos a lei do amor naquilo que dizemos e fazemos. Palavras ásperas originam-se no ódio; e é um erro ferir a outrem em defesa de pontos de vista teológicos.

IV. BREVE DECLARAÇÃO DO PROCESSO HISTÓRICO DO CÂNON DO ANTIGO TESTAMENTO

1. A Lei. A piedade judaica supunha que Moisés era autor dos livros da lei, com a exceção única de algumas poucas passagens; e também julgava que, desde o começo, seus escritos foram respeitados como comunicações divinas. Isso nos daria uma data bem remota para a canonização da lei, isto é, cerca de 1500 a.C. Os eruditos liberais pensam que não houve qualquer processo real de canonização senão quando foi reencontrado o livro de Deuteronômio — no templo de Jerusalém, que aconteceu durante a reforma encabeçada por Josias, em 621 a.C. Esse livro ter-se-ia tornado o texto base das reformas, e, subsequentemente, o núcleo da lei judaica, de Gênesis a Deuteronômio, que atingiu seu total desenvolvimento no começo do século IV a.C. Foi por essa altura que essa coletânea foi considerada a plena expressão da vontade divina. Quando examinamos os livros do Pentateuco, no tocante à sua autoria, observamos que o livro de Gênesis, que aborda ocorrências anteriores a Moisés, não traz qualquer informação sobre seu autor. Mas os incidentes historiados em Gênesis exibem um conhecimento de causa muito grande, devendo estar baseados em documentos escritos e cuidadosamente preparados.

Portanto, embora esse livro possa ter sido escrito por Moisés, pode ter sido muito mais uma compilação de obras escritas anteriormente. Os demais livros do Pentateuco também não mostram qualquer indicação quanto ao seu autor, mas a principal personagem e autoridade é Moisés. Por mais de 75 vezes, somente no livro de Êxodo, é dito que "disse o Senhor a Moisés", o que mostra a consciência de que esses documentos estão alicerçados sobre a vontade revelada de Deus, sem importar quem tenha registrado em forma escrita as suas palavras. Além disso, foi Deus quem revelou essa vontade a Moisés. E o mesmo modo de expressão prossegue nos demais livros do Pentateuco. Poderíamos perguntar, com toda a razão, se foi Moisés quem escreveu diretamente esses livros, por qual motivo não se lê ali: "disse-me o Senhor", em vez de "disse o Senhor a Moisés"? Certamente os profetas escreveram na primeira pessoa do singular. Não obstante, duas coisas devem ser ditas por esta altura: *a*. A *canonicidade* não depende do autor envolvido; depende de quão digno de confiança é o registro e o propósito espirituais. *b*. Mesmo que Moisés não tenha escrito esses livros, na forma como eles se acham, eles se parecem com narrativas de alguma testemunha ocular da vida e da época de Moisés. Se esses livros refletem uma revelação espiritual genuína, sobre os tempos de Moisés, é totalmente imaterial se Moisés agiu como autor, compilador ou recebedor da mensagem, ou se isso foi feito por algum outro autor. A questão da autoria, com os devidos detalhes, é abordada nos artigos sobre cada livro em particular; é ali que o leitor poderá encontrar os argumentos acerca da questão.

O resto do Antigo Testamento, bem como o Novo Testamento, consideram que o Pentateuco teve Moisés como autor. Moisés é mencionado por 56 vezes no livro de Josué, e sua lei escrita é ali referida por quatro vezes, segundo se vê em Josué 1.7; 8.31,32 e 23.6. Essas alusões quase certamente garantam que o próprio Moisés escreveu ao menos o núcleo do que se encontra no Pentateuco, e que, pelo menos, ele foi o compilador de certas porções, e escritor original de outras porções. Expressões similares encontram-se em Juízes 3.4; 1Reis 2.3; 8.9; 2Reis 18.6. Naturalmente, em livros posteriores, como os de Crônicas, Esdras e Neemias, é simplesmente declarado que Moisés escreveu a lei. (Ver Ne 9.14; Ed 7.6,14 etc). O trecho de João 5.46 registra que Jesus meramente declarou que Moisés escreveu a seu respeito, e isso reflete a comum tradição, da época de Jesus, de que Moisés foi o autor do Pentateuco. Ver a seguir as referências neotestamentárias sobre essa questão.

A questão da autoria mosaica do Pentateuco é importante por ter sido ele uma grande e bem reconhecida figura espiritual, pelo que, o que ele escreveu, deve ser respeitado como divinamente inspirado. É nesse ponto que encontramos a primeira comprovação de canonicidade. Porém, essa verdade em nada se alteraria, ainda que alguma outra pessoa ou pessoas tivessem escrito o material, incorporando as experiências e revelações feitas a Moisés.

2. Os Profetas, os Anteriores e os Posteriores. As evidências históricas demonstram que os profetas anteriores, como Josué, Juízes, Samuel e Reis, bem como os profetas posteriores, como Isaías, Jeremias, Ezequiel e os doze profetas menores, eram considerados Escritores Sagrados pelo menos desde 250 a 175 a.C. Naturalmente, os eruditos conservadores supõem que os escritos dos profetas, desde perto da data de escrita de cada um deles, foram reconhecidos como mensagens espirituais, como se desde quase imediatamente tivessem recebido uma posição canônica. O raciocínio *a priori*, por detrás dessa suposição, é que um profeta distinguia-se de tal modo que os seus escritos não demoravam a assumir uma função autoritária. Os eruditos liberais, por sua parte, supõem que os livros dos profetas não foram aceitos prontamente por causa da mensagem geralmente negativa, e porque havia resistência a qualquer coisa, excetuando a autoridade de

Moisés. Historicamente, não contamos, praticamente, com qualquer evidência sobre a qual podemos basear discussões a esse respeito. Mas a experiência humana mostra que uma figura profética sempre é impressionante, e que ela logo consegue um bom grupo de seguidores. Além disso, um profeta sofre oposição daqueles que preferem o *status quo*. Portanto, se a experiência nos serve de guia sobre a questão, então podemos afirmar que, desde o começo, os profetas do Antigo Testamento tinham seguidores que os aceitavam como autoridades espirituais, ao passo que o *clero* de sua própria geração, mui provavelmente não deu valor aos escritos deles. No caso do Novo Testamento, sabemos que, desde o começo, várias das epístolas de Paulo tiveram uma virtual autoridade canônica, e que, no começo do segundo século d.C., havia um pequeno Novo Testamento, em nada considerado inferior ao Antigo Testamento. No caso de Maomé, para ilustrar o ponto, em seu próprio período de vida, seus escritos já eram considerados autoritários, pelos discípulos por ele reunidos. Não há nenhuma razão suficiente para supormos que outro tanto não sucedeu aos profetas do Antigo Testamento. Pelo menos, é verdade que suas mensagens foram transmitidas como inspiradas por Deus. Há numerosas referências como "disse o Senhor", ou como *Eis que ponho na tua boca as minhas palavras* (Jr 1.5-9). Também existem visões extáticas como as de Isaías (6.6-9), ou as de Ezequiel (3.3,4), um fenômeno comum entre os profetas, evidenciando que a tradição profética operava desde o começo.

3. Os Escritos. Essa é a terceira porção do cânon hebraico, constituída por certa variedade de livros. Esses livros são os Salmos, Provérbios, Jó e os cinco rolos: Cântico dos Cânticos, Rute, Lamentações, Eclesiastes e Ester, cada um dos quais era lido em uma das cinco grandes festas, da Páscoa à festa de Purim. Além desses, há os livros de Daniel, Esdras, Neemias, Crônicas e Eclesiastes. Dentre esses livros todos, o Cântico dos Cânticos e o Eclesiastes foram os últimos a serem aceitos como canônicos. As datas marcadas pelos estudiosos liberais ficam entre 160 e 105 a.C.

Também havia livros disputados do Antigo Testamento, o que é discutido, com a ajuda de um gráfico, no quinto ponto. Os liberais argumentam que nenhum passo consciente foi dado com vistas à formação de uma terceira divisão, até que se encerrou a segunda divisão (os profetas). Uma vez fechado o cânon, as pessoas relutariam em reabrir suas mentes à possibilidade do aparecimento de outras Escrituras. A ordem dos livros em questão é salientada como prova disso. Esdras, Neemias e Crônicas, se tivessem sido aceitos desde o começo, conforme prossegue esse raciocínio, teriam sido colocados juntamente com outros livros históricos. Antes, ficaram juntos, e isso mostra que, como uma espécie de unidade, eles apareceram posteriormente. Entretanto, não sabemos as razões da ordem dos livros do Antigo Testamento, uma vez que a cronologia histórica foi perturbada por eles, a menos que o prestígio pessoal dos autores tenha exercido algum efeito sobre esse arranjo. Alguns eruditos têm argumentado que a tradução desses livros, do hebraico para o grego, uma tradução de qualidade inferior à tradução dos livros anteriores, mostra-nos que eles eram considerados menos dignos de respeito. Porém, é possível que esses livros apenas tenham sido entregues a tradutores menos habilidosos. A maneira vaga como esse grupo de livros é referido no livro de Eclesiástico, "o resto dos livros", presumivelmente diz-nos que eles tinham menor prestígio. Contudo, isso não é mais vago do que as referências gerais que dizem "a lei e os profetas", por exemplo. É possível que Josefo tenha refletido uma antiga opinião, ao informar-nos que o cânon foi essencialmente fechado nos dias de Artaxerxes (465-425 a.C.), e que "desde aquele tempo, nenhuma alma aventurou-se a alterar uma sílaba". Ver *Contra Apionem* I.8. No mesmo contexto, Josefo menciona que alguns livros merecem menos confiança do que outros, e que a sucessão dos profetas não foi fixada com exatidão. Isso permite-nos ver que havia dúvidas e livros disputados, embora o sentido exato dessa citação seja incerto. Se pudermos tomar como padrão aquilo que sucedeu aos livros do Novo Testamento, então podemos asseverar que, excetuando o caso dos livros disputados, o poder de algum líder espiritual ou profeta já servia de garantia de que, pouco depois de seu tempo (quando a oposição à sua pessoa, por parte das autoridades religiosas, que procuravam manter o *status quo*, já havia passado), os seus escritos eram considerados autoritários.

Em certos sentidos, a discussão em nada redunda. Eu gostaria de salientar que os argumentos pró e contra não são tudo quanto importa. Os escritos que encerram alguma mensagem espiritual para nós, podem ser rejeitados e desprezados sem qualquer motivo real. Assim, Jesus e a sua mensagem foram francamente rejeitados, excetuando o caso dos livros disputados. Isso é um fato histórico. As autoridades eclesiásticas anelavam por declarar que os escritos a seu respeito não tinham qualquer valor. Todavia, isso não correspondia à realidade do caso. Por conseguinte, um profeta do Antigo Testamento e a sua mensagem podem ter sido rejeitados injustamente. A data ou antiguidade não é a única consideração que se deve levar em conta aqui. De fato, o poder e a utilidade da própria mensagem são mais importantes do que a data em que uma mensagem passou a ser aceita. Não obstante, o peso da evidência, bem como a razão, parecem favorecer a aceitação do Antigo Testamento desde os primeiros tempos, em todas as suas divisões, excetuando os livros disputados. Nosso principal problema com os Escritos Sagrados é o seu *valor intrínseco*, e não a época em que os homens resolveram aceitá-los.

V. Os Livros Disputados. Evidências Colhidas nos Catálogos Cristãos. A citação extraída acima, dos escritos de Josefo, mostra que, no tempo de Artaxerxes (465-425 a.C.), na época de Esdras, havia livros disputados do Antigo Testamento, e as pessoas não sabiam onde traçar a linha divisória no tocante à tradição profética autêntica. Com a tradução do Antigo Testamento hebraico para o grego, e com a inclusão dos livros apócrifos naquela obra (285-246 a.C.), outros livros duvidosos foram acrescentados à lista. Os livros que eram respeitados, embora não reputados tão valiosos quanto outros, eram Lamentações, Baruque, Ester, Eclesiástico, Sabedoria, Tobias, Judite e 1 e 2Macabeus. Naturalmente, as dúvidas incluíam outros livros, em menor grau, e a outros livros apócrifos, em grau maior. Se excluirmos os livros apócrifos, os livros de Cantares e Eclesiastes foram os que permaneceram na dúvida por mais tempo. Mesmo após o sínodo de Jamnia, no ano 90 d.C., alguns rabinos não queriam aceitar o livro de Ester como parte das Escrituras Sagradas, talvez porque ali não é mencionado o nome de Deus nem uma vez sequer. Ver o gráfico ilustrativo sob o ponto 12, que ilustra este problema.

VI. Os Livros Apócrifos. *O cânon palestino e o cânon alexandrino*. Existiam, realmente, estes dois cânones do AT nos tempos helenistas? Alguns eruditos negam, absolutamente, que isto seja a verdade. A argumentação deles se baseia essencialmente sobre a falta de qualquer indicação clara sobre dois cânones diferentes, em citações de pessoas daquele tempo, ou depois. Contra isto, devemos observar que a própria existência da *Septuaginta*, com seus livros extras, é prova absoluta de um cânon além daquele da Bíblia hebraica da Palestina.

O Antigo Testamento foi traduzido para o grego no reinado de Ptolomeu Filadelfo (285-246 a.C.). Ver o artigo sobre a *Septuaginta, ou LXX*, quanto a detalhes mais completos a respeito. Essa obra continha os catorze livros apócrifos do Antigo Testamento; mas, pelo menos para os judeus da dispersão, esses livros eram considerados Escrituras Sagradas. Quase a coleção inteira, através da decisão do Concílio de Trento (vide), ao tempo da Reforma Protestante, foi adotada pela igreja Católica Romana, ao passo que o cânon protestante manteve-se idêntico ao cânon palestino (ou hebraico), que consiste nos nossos 39 livros do Antigo Testamento, posto que arrumados de maneira um tanto diferente. Torna-se óbvio, pois, que, nos tempos de Jesus, havia um cânon mais amplo, aceito por muitos, que ultrapassava aos nossos 39 livros veterotestamentários. Ver o artigo geral sobre *os Livros Apócrifos*, quanto a detalhes sobre a questão, bem como quanto a uma descrição sobre a natureza dessa obra. O segundo ponto desse artigo ilustra o uso dos livros apócrifos no Novo Testamento. O terceiro ponto encerra uma discussão sobre o *cânon*, no que tange a essa obra.

VII. O Cânon do Antigo Testamento no Novo Testamento.

As muitas citações do Antigo Testamento no Novo mostram a estatura canônica daquela coletânea, nas mentes daqueles que escreveram o Novo Testamento. Há um artigo separado, intitulado *Citações no Novo Testamento*, que ilustra amplamente a questão. Vários livros do antigo pacto, a saber, Ester, Eclesiastes, Cantares de Salomão, Esdras, Neemias, Obadias, Naum e Sofonias não são citados diretamente no Novo Testamento, mas é provável que isso apenas ilustre a questão da seleção de passagens a serem usadas, nada significando contra a posição canônica dos livros assim omitidos. O termo "Escrituras" é frequentemente usado no Novo Testamento, apontando para o Antigo Testamento. (Ver Mt 26.54; Jo 5.39; At 17.2). Além disso, temos 2Timóteo 3.16, que reivindica inspiração divina para esses livros; e também 2Pedro 1.21 reflete isso. Jesus referiu-se à *lei* e ao fato de que Moisés escreveu a seu respeito. Aludiu aos *profetas*, como quem escrevera acerca dele. De fato, começando por Moisés, passou por todos os profetas, encontrando referências que prediziam o seu ministério (Lc 25.27). O trecho de Lucas 24.44 conta que quando os discípulos relataram o diálogo que tinham tido com Jesus, a caminho da aldeia de Emaús, eles incluíram Moisés, os Salmos e os Profetas como aquelas porções bíblicas que Jesus usara para mostrar-lhes o que fora previsto sobre sua pessoa. Admite-se universalmente que o cânon de 39 livros do Antigo Testamento hebraico era universalmente aceito nos dias do Novo Testamento. As únicas exceções a essa aceitação eram os saduceus, os quais, provavelmente, aceitavam somente Moisés (a lei), e os céticos, que nem ao menos se deixavam impressionar pela autoridade de Moisés. Em caso contrário, por qual razão negavam até mesmo a existência dos anjos, seres comumente mencionados no Pentateuco? (Ver Gn 16.7,9,10; 19.1; Êx 3.2; 14.19; Nm 20.16; 22.22), o que é apenas uma seleção representativa de referências aos anjos no Pentateuco. O trecho de Atos 23.8 revela-nos o que os saduceus criam quanto a certos particulares, mostrando o quão céticos eles eram. É difícil perceber como eles poderiam ter usado os Salmos e os Profetas como livros canônicos, incluindo os ensinos dos mesmos em suas doutrinas.

Os cânones dos dias de Jesus. É evidente, pois, que nos dias de Jesus, havia três cânones: **1**. O cânon dos judeus palestinos, de tendências farisaicas, seguidos pelas massas populares: os tradicionais 39 livros do Antigo Testamento hebraico. **2**. O cânon da Septuaginta (chamado "alexandrino"), que incluía os livros apócrifos, aceito pelos judeus da dispersão, isto é, judeus que falavam o grego. **3**. O cânon abreviado dos saduceus (a cujo partido pertenciam muitas autoridades judaicas, que dominavam a política da nação), que incluía somente o Pentateuco, com exclusão de todos os demais livros do Antigo Testamento. Levanta-se, portanto, a indagação: os cristãos primitivos aceitavam o cânon ampliado da Septuaginta? Ver o oitavo ponto, abaixo.

VIII. Os Livros Apócrifos e os Cristãos Primitivos.

Quando era estudante em seminário teológico, foi-me ensinado que o Novo Testamento nunca cita os livros apócrifos do Antigo Testamento. Porém, quando escrevi o *Novo Testamento Interpretado*, e tive de repassar versículo após versículo, através de todos os capítulos do Novo Testamento, fiquei surpreso ao descobrir as muitas vezes em que ali há reverberações verbais ou mesmo citações diretas dos livros apócrifos. Visto que se sabe de modo absoluto que os escritores do Novo Testamento, como um todo, usavam a versão Septuaginta em suas citações, esse fato deixa de ser surpreendente. Se alguém não aceita os livros apócrifos do Antigo Testamento como canônicos, também inclina-se a afirmar que os escritores do Novo Testamento, igualmente, não aceitavam esses livros como inspirados. É possível que alguns dos autores do Novo Testamento tivessem os livros apócrifos em menor estima, e, de fato, eles merecem menor estima. Mas o uso que deles se faz, no Novo Testamento, quase certamente indica que os autores sagrados do Novo Testamento os respeitavam, considerando-os Escrituras. As poucas vezes, falando relativamente, em que são citados podem indicar que eram menos favorecidos, sendo provável que o prestígio desses livros variasse de indivíduo para indivíduo, pelo que não podemos fazer qualquer declaração geral sobre essa questão, sem a devida qualificação. Também reconhecemos que os escritores do Novo Testamento citaram livros históricos e poetas seculares; e isso não faz desses livros obras inspiradas. Porém, fica de pé o fato de que os escritores do Novo Testamento citaram os livros apócrifos. Ver o artigo sobre os *Livros Apócrifos*, segundo ponto, quanto a ilustrações de citações dessas obras, nas páginas do Novo Testamento.

IX. Citações dos Livros Apócrifos do Antigo Testamento pelos Primeiros Pais da igreja.

Ver o *gráfico* sob ponto 12, que ilustra esta informação.

Também tem sido erroneamente afirmado que os primeiros pais da igreja não citaram os livros apócrifos como Escritura. Porém, as evidências rebatem essa afirmação. Como é óbvio, a questão era debatida, e o prestígio desses livros variava de pessoa para pessoa. Alguns (como Jerônimo) rejeitavam-nos abertamente; mas outros os aceitavam. Alguns estudiosos recentes negam que houve um cânon alexandrino (dos judeus da dispersão), presumindo que até mesmo os judeus que viviam fora da Palestina aceitavam o cânon palestino em hebraico. Mas, as citações existentes no Novo Testamento e nos escritos dos pais da igreja, refletindo a Septuaginta, mostram que tal assertiva não concorda com os fatos. O dogma mostra-se tão renitente, quanto a essa questão que, a fim dos homens livrarem-se dos livros apócrifos, alguns chegam a afirmar que a Septuaginta, em seu estado primitivo, não continha esses livros, que só mais tarde teriam sido adicionados. Mas, mesmo que isso fosse verdade, finalmente a Septuaginta chegou a incluir os livros apócrifos, e, na época de Jesus, eles se encontravam ali, sendo aceitos como parte integrante das Escrituras, o que é demonstrado pelo fato de que os escritores do Novo Testamento não titubearam em citá-los. Ver uma discussão sobre as datas dos livros apócrifos, o que dá alguma ideia acerca de quando esses livros começaram a penetrar no cânon usado pelos judeus da dispersão. Naturalmente, pode-se demonstrar facilmente que vários dos pais da igreja desprezaram ou mesmo rejeitaram os livros apócrifos. Além de Jerônimo, podemos mencionar Tertuliano e Orígenes. Mas meu gráfico, que vem abaixo, mostra que eles também citaram os livros apócrifos. Até mesmo os conservadores mais radicais admitem que esses pais citaram esses livros *de vez em quando*, e que a questão inteira está eivada de dúvidas, devido à ausência de evidências mais sólidas e definitivas. Quando imperam tais condições, os homens sempre procuram distorcer as evidências em apoio àquilo em que querem acreditar, ignorando as evidências em contrário. Uma vez mais, cumpre-me afirmar que a questão do cânon pode ser melhor examinada sob o ponto de vista do *valor intrínseco* de cada livro, e, apenas secundariamente, com base em datas e aceitação histórica. Seguindo-se o correto padrão, penso que é evidente que os livros apócrifos (como um todo), não merecem a mesma aceitação que os tradicionais 39 livros canônicos do Antigo Testamento hebraico têm alcançado.

É possível que a igreja Anglicana tenha tomado a posição correta sobre a questão, ao afirmar que esses livros canônicos são bons para servir de exemplo à vida e para instruir sobre as maneiras, mas não servem de base para nossas doutrinas. A isso podemos acrescentar a grande valia histórica de alguns dos livros apócrifos, que iluminam o período intermediário entre o Antigo e o Novo Testamentos.

X. Os Pseudepígrafos. Os pseudepígrafos do Antigo Testamento são livros ainda menos conhecidos que os livros apócrifos. Ver o artigo separado sobre *Pseudepígrafe*. Na realidade, o Novo Testamento também cita esses livros, e o esquema profético geral, conforme pode ser visto no livro canônico do Novo Testamento, o Apocalipse, muito deve a eles. Porém, dificilmente alguém ouve uma declaração como essa, na grande maioria dos seminários teológicos. A ignorância sobre esses livros, entre os evangélicos, é profunda.

XI. Cronologia de Literatura
Desenvolvimento dos Livros Apócrifos e Hagiógrafos

a.C.	Eventos Históricos	História e Lenda	Apocalipse	Sermão e Ensaio	Sabedoria	Salmos
250	Palestina sob Ptolomeus (Egito)	Aikar (?) Tobias, 220 a.C.?				
200	Palestina sob Selêucidas (Síria), 198. Antíoco IV contamina o templo, 167.	Adições a Ester. c. 181-145 a.C.				
	Judas Macabeu o purifica, 164 a.C.	Judite, 180-100		Testamento 12 Patriarcas 1Baruque, 150 a.C.	Sabedoria de Jesus Ben siraque (Eclesiástico), 180 a.C.	
150	Dinastia Hasmoneana	1Esdras, antes de 100 a.C.	1Enoque, 183-80 a.C.	Manual de Disciplina, 100 a.C.?		Cântico dos Três Jovens
63	Pompeu conquista Jerusalém, 63 a.C.	1Macabeus, 105-65 a.C.?	Guerra Filhos da Luz e Trevas	Fragmentos Sadoquitas		Cântico dos Três Jovens
50		Susana. 80-50 a.C.	Assunção de Moisés, 4 a.C.—28 d.C.	Oráculos Sibilinos III		
	Herodes, o Grande, 40 a.C.	Bel e o Dragão, 80-50 a.C. Vidas dos Profetas	Assunção de Moisés, 4 a.C.—28 d.C.	Epístola Jeremias		Salmos de Salomão
d.C. 1	Judeia sob procuradores romanos	3Macabeus, 50 a.C.-50 d.C., Martírio de Isaías Crônica de Jeremias	2Baruque / Baruque siríaco/ 2Enoque / Enoque eslavônico ou Segredos de Enoque/	Carta de Aristeias	Sabedoria de Salomão 50 a.C. — 10 d.C.	Oração de Manassés
66	Começa a guerra judaica, 66 d.C.	Vida de Adão e Eva / Ap de Moisés/	2Esdras, 88—117 d.C.		Ditos dos Pais / Pirke Abth, 10/100 d.C.?/	
100	Queda de Jerusalém, 70 d.C.		Apocalipse de Abraão 3Baruque /Baruque grego/			

XII. Catálogos Cristãos do Antigo Testamento; Livros Disputados

N.B. A lista envolve somente os *livros disputados*.

CHAVE:
* indica que o livro é expressamente reputado Escritura Sagrada
+ indica que ocupa segunda categoria
? indica que o livro é duvidoso
um espaço em branco marca o silêncio do autor sobre o livro em pauta

BIBLIOGRAFIA. CH GS HEN HRC ID J UN Z

	Lm	Bar.	Et	Ec	Sab.	Tob.	Jd	1 e 2Mac.	
I. Catálogos Conciliares									
Laodiceia 363 d.C.	*	*	*						
Cartago 397 (?)		*	*	*	*	*	*		Cânon lix
Cânones Apostólicos		*	+		*	?		*	III. Cânon xxxix (al. 47)
									lxxvi (al. 85)
II. Catálogos Privados									
a. *Escritos gregos*									
Melito c. 160 (180)	*	?	*						Ap Euséb. H. E. iv. 26
Orígenes c. 183-253	*	*	+	+	+	+	+	+	Ap Euséb. H.E. vi. 25
Atanásio 296-373	*	*	*						Ep. Fest. i.767. Ed. Ben.
Cirilo Jr 315-386			+	+	+	+	+		Cat. iv.35
Sinopse S. Escrituras			+	+	+	+	+		Credner, Zur Gresch. des Kan. 127 s.
Nicéforo, Esticomet.	*	+	+	+	+				Credner. a.a. O. pág 117 ss.
Gregório Naz. 300-391								+	Carm. xii. 31, ed. Par. 1840
Anfilóquio c. 380		?							Anf. Ed. Combef. p. 132
Epifânico c. 303-403		*	+						De Mensuris, p. 162, ed. Petav.
Leôncio c. 590									De sectis, a. ii (Gl xii:625 ss)
João Damasceno c. 750		*	+	+					De Fide orthod. iv. 17
Nicéforo Cal. c. 1330		?			?	?			Hody. p. 648
Cód. Gr. Séc. X		+	+	+	+	+			Montfaucon, Bib. Coislin, p. 193 ss.
b. *Escritos latinos*									
Hilário c. 370	*	?				?	?		Pról. in Sl 15
Jerônimo 329-420	*		*	+	+	+	+		Pról. Galea. ix; p. 547 ss., Migna
Rufino c. 380				+	+	+	+	+	Expos. Symb., p. 37 ss.
Agostinho 355-430			*	*	*	*	*	*	de Doctr. Christ. ii. 8
Cassiodoro c. 570	*		*	*	*	*	*	*	De Inst. Div. Litt. xiv
Isidoro c. 696			*	*	*	*	*	*	de Orig. vi. 1
Sacram. Gálicos									Hody. p. 654
Cod. Clarom. sec. VII			*	*	*	*	*	*	Ed. Tisch., p. 468 ss.

CANTARES DE SALOMÃO. Ver *Salomão, Cantares de*.

CÂNTARO

No hebraico, *kad*, usada catorze vezes com esse sentido (Gn 25.14-28,43,45,46; Jz 7.16,19,20; Ec 12.6). No NT, do grego *kerámion*: Marcos 14.3 e Lucas 22.10.

A palavra hebraica deriva-se de uma raiz que significa "aprofundar", relacionado ao costume de puxar água de poços, por meio de cântaros, um costume prevalente até hoje nos países do Oriente. O cântaro geralmente tinha duas asas, uma de cada lado. Odres feitos com peles de animais eram usados com idêntico propósito. Ver Gênesis 24.14-16 quanto à narrativa sobre Rebeca, e como ela foi escolhida para ser a esposa de Isaque. A narrativa envolve o uso de cântaros. A força de ataque, escolhida por Gideão, escondeu tochas dentro de cântaros, até o momento exato do ataque (Jz 7.16-20). Puxar água de um poço era um trabalho árduo, como também era penoso transportar água dos poços até às residências. Geralmente os cântaros eram levados aos ombros ou na cabeça. Em Lamentações 4.2 é empregada uma outra palavra hebraica, *nebel*, mas que a nossa versão portuguesa prefere traduzir por "objetos de barro", em vez de dar a tradução mais certa, "jarra". Nos trechos de Marcos 14.13 e Lucas 22.10 é usado o termo grego *kerámion*, de onde provém nossa moderna palavra portuguesa "cerâmica". Portanto temos nessas duas passagens uma alusão a cântaros de barro.

Usos figurados. O trecho de Eclesiastes 12.6 usa a figura de um cântaro partido para indicar a cessação da vida física. Ali também encontramos o rompimento do fio de prata, que indica a mesma coisa. Ver o artigo sobre o *Fio de Prata*. Em Lamentações 4.2, vasos de barro são contrastados com vasos de ouro: o ouro indica o real valor dos filhos de Sião, em contraste com a avaliação dos homens acerca deles, que fazia dos israelitas apenas vasos de barro. Os vasos de barro aludem à fragilidade do homem, sempre sujeito a danos e à morte. O nono capítulo da epístola aos Romanos tem a imagem do oleiro e seus vasos, ilustrando a soberania de Deus.

CÂNTICOS DOS CÂNTICOS. Ver *Salomão, Cantares de*.

CÂNTICOS DOS DEGRAUS. Ver sobre *Instrumentos Musicais*.

CÂNTICOS DOS TRÊS JOVENS

Uma das adições gregas ao livro de Daniel. Em grego, o título dessa adição é *Ymnos tōn triōn paídon*, "Hino das três crianças". Juntamente com a chamada Oração de Azarias, esse acréscimo não é propriamente um apêndice, mas uma inserção suplementar, entre Daniel 3.23 e 3.24, segundo a Septuaginta. Esses dois blocos de material acrescido, vinculados por uma curta ponte narrativa, formam um livro separado das obras apócrifas. Mas, na Vulgata Latina (tal como na Septuaginta), esse material encontra-se no terceiro capítulo do livro canônico de Daniel.

Após a chamada oração de Azarias, o editor observa que o fogo dentro do qual os três jovens haviam sido lançados continuou a ser atiçado, tornando-se tão intenso que queimou aqueles que estavam próximos da fornalha, mas que o anjo do Senhor veio proteger os três jovens (vs. 23-27). Alguns estudiosos, todavia, perguntam se essa porção da narrativa não faria parte do texto massorético. Em seguida, é dito sobre os três jovens que eles cantaram "como que a uma boca", em uma grandiosa doxologia.

Esse hino de louvor, após uma seção introdutória (vs. 29-34), gira em torno das palavras reiteradas "Bendizei ao Senhor", seguidas pelo refrão "cantai-lhe louvores, e exaltai-o para sempre", o qual ocorre em um padrão idêntico por 32 vezes em sucessão (excetuando uma leve variação no vs. 52). Isso faz-nos lembrar de um ritmo litúrgico em Salmo 136, onde o refrão reiterado é "porque a sua misericórdia dura para sempre". A ideia de que todas as várias obras do Senhor devem bendizê-lo ou louvá-lo bem pode ter-se derivado da mesma ideia, no Salmo 148. O Cântico dos Três Jovens encontrou lugar permanente na liturgia da cristandade, tendo sido também incluído no Livro de Oração Comum, onde aparece no Culto Matutino como alternativa do *te Deum*.

No Cântico (vs. 66), há referência aos nomes dos três jovens israelitas, os quais louvaram ao Senhor por haverem sido libertados de morrerem na fornalha ardente. Todavia, é provável que esse versículo tenha sido uma adição feita pelo editor, o qual foi responsável pela inserção desse material no terceiro capítulo do livro canônico de Daniel. Esse jubiloso louvor do Cântico faz notável contraste com a oração penitencial que o antecede, pelo que qualquer conexão essencial entre esses dois blocos de material parece fora de cogitação. O Cântico, tal como a Oração, foi composto independentemente, ou seja, sem qualquer vinculação com a narrativa de Daniel propriamente dita, parecendo derivar-se mais de uma época em que o povo de Israel sentia-se muito grato diante das bênçãos divinas que cumulavam a sua nação. Por essa razão, alguns eruditos têm sugerido o período da restauração dos Macabeus, embora isso não passe de mera sugestão. Se a data da composição do Cântico dos Três Jovens é desconhecida, igualmente ninguém sabe dizer quem foi o seu autor, embora não seja improvável que esse autor desconhecido tenha escrito a peça, originalmente, em hebraico.

O Cântico dos Três Jovens, antecedido pela oração de Azarias, é disponível como uma entidade separada, na coleção das obras apócrifas. O texto grego (a Septuaginta e a recensão de Teodócio concordam bem de perto um com o outro) aparece na edição comum da Septuaginta, como porção integrante do terceiro capítulo do livro de Daniel, mas também como uma das odes coligidas (edit. Alfred Rahlfs, vol. II) e que geralmente aparecem como apêndices do livro de Salmos. A igreja Católica Romana aceita o Cântico dos Três Jovens como uma porção canônica do terceiro capítulo do livro de Daniel. Ver sobre *Azarias, oração de*.

CÃO, FILHO DE NOÉ

Este artigo refere-se ao filho mais novo de Noé, aos seus descendentes e a uma cidade. **1. Cão, Filho de Noé**. No hebraico, seu nome, *ham*, significa "queimado", "moreno". Era o mais jovem dos três filhos de Noé (Gn 5.32). Já era casado na época do dilúvio. Juntamente com sua esposa, foi salvo da destruição, na arca. Terminado o dilúvio, provocou a ira de seu pai por um ato de indecência, tendo sido castigado por meio de uma predição de longo alcance (Gn 9.21 ss.). Segundo essa profecia, os descendentes de Cão seriam escravos dos descendentes de seus dois irmãos. A Bíblia atribui todos os povos atualmente existentes no mundo a esses três irmãos. Na tabela das nações, em Gênesis 10.6-10 Cão é apresentado como o antepassado dos egípcios e dos povos sob o controle egípcio, no nordeste da África, além de certas porções da Arábia e a terra de Canaã, com a exceção de Ninrode. Por causa da conexão entre o nome de Cão e a África, alguns intérpretes têm pensado que o comércio escravagista, que envolveu os africanos já nos tempos modernos, além do fato de que os povos negros têm sido, de modo geral, subservientes a outros povos, resultam da maldição lançada contra Canaã, descendente de Cão. Outros estudiosos não podem ver nenhum sentido nisso. Os intérpretes liberais supõem que a tabela das nações, no livro de Gênesis, não passa de uma criação da imaginação piedosa dos homens, sem qualquer base na antropologia científica. O adjetivo "camita" é usado pelos estudiosos modernos para referir-se a um grupo de idiomas, entre os quais destaca-se o egípcio. Segundo a moderna classificação antropológica, não há nenhuma raça reconhecida como camita. Mas isso é compreensível, porque os antropólogos não partem da Bíblia, e, sim, de certas distinções mais ou menos artificiais, como cor da pele, tipo de cabelo etc. Lembremo-nos que os três filhos de Noé eram irmãos. E as variações raciais que encontramos atualmente dependem mais de certas características que se vão acentuando, devido à seleção natural e o isolamento em que os povos viveram durante milênios. Só na nossa época de transporte rápido e fácil, quando os povos podem miscigenar-se mais prontamente, esse isolamento está desaparecendo. **2**. A palavra *Cão* também é usada para indicar os descendentes do homem desse nome (ver o primeiro ponto, acima) (1Cr 4.40; Sl 78.51; 105.23,27; 106.22). **3**. Nome de uma cidade cujos habitantes, os zuzins, foram feridos por Quedorlaomer, na época de Abraão. Em nossa versão portuguesa, o nome dessa cidade aparece como *Hã* (Gn 14.5).

CAPA BABILÔNICA

A capa que Acã furtou, por ocasião da destruição de Jericó (ver Js 7.21), segundo Josefo nos informa, era um manto real tecido com fios de ouro. Contudo não dispomos de qualquer descrição histórica exata a seu respeito. Provavelmente, era feita de tecido bordado, no que os babilônios eram famosos (ver Plínio VIII.7). A obra hebraica, Bereshith Rabba, sec. 85, fol. 75.2 diz que se tratava de uma capa púrpura, mas seu autor estava apenas conjecturando, tal como outros que comentaram sobre a questão. Seja como for, a capa envolvida deve ter-se revestido de considerável valor. Nesse caso, a ambição de Acã terminou em desastre, uma lição muito mais importante do que saber-se qual a verdadeira natureza do tecido envolvido. (S Z)

CAPACETE

Há duas palavras hebraicas e uma palavra grega envolvidas: **1**. *Koba*, "capacete". Termo hebraico que aparece por seis vezes (1Sm 17.5; 2Cr 26.14; Is 59.17; Jr 46.4; Ez 27.10 e 38.5). **2**. *Qoba*, "capacete". Vocábulo hebraico usado por duas vezes (1Sm 17.38 e Ez 23.24). **3**. *Perikefalaía*, "algo envolto na cabeça". Palavra grega empregada por duas vezes: Efésios 6.17 (citando Is 59.17) e 1Tessalonicenses 5.8.

Ver o artigo geral sobre *Armadura, Armas*, que nos confere informações gerais. O capacete era uma peça importante da armadura, visto que servia para proteger a cabeça. Os arqueólogos têm descoberto capacetes de vários materiais e estilos, em gravuras nas muralhas de Karnak, no Egito. Ali os hititas aparecem usando capacetes em forma da parte superior de um crânio humano. A armadura de Saul incluía um capacete, feito de bronze (1Sm 17.38). Golias também contava com um capacete (1Sm 17.5). O capacete era parte do equipamento comum das tropas armadas de várias nações antigas (Jr 46.4; Ez 23.24; 27.10; 38.5). Os reis providenciavam para que seus soldados tivessem capacetes (2Cr 26.14). Gravuras antigas mostram que os assírios e babilônios usavam capacetes que terminavam com uma ponta, o que contrastava com os capacetes dos sírios e dos hititas. Muitos capacetes eram feitos de couro; e, na verdade, parece que somente na época dos monarcas selêucidas os soldados começaram a usar, de modo geral, capacetes feitos de metal. No Novo Testamento encontramos menção ao capacete da salvação (Ef 6.17), bem como a esperança da salvação (1Ts 5.8). O artigo sobre *Armadura* entra em detalhes quanto aos usos metafóricos dessa palavra, conferindo informações adicionais sobre os capacetes literais.

CAPITÃO

Esse termo traduz três termos hebraicos e dois gregos, a saber: **1**. *Sar*, "cabeça", "príncipe", palavra hebraica usada por cerca de 420 vezes (por exemplo: Gn 37.36; 39.1;

Nm 31.14,38,52; 1Sm 8.12; 2Sm 2.8; 1Rs 1.19; 2Rs 1.9; 1Cr 11.6,21; 2Cr 1.2; Jr 40.7,13; 43.4,5). O paralelo grego é *chiliarchos*, um título militar (ver abaixo). Um outro paralelo grego é *stratopédarchos*, "capitão do acampamento", que aparece somente em Atos 28.16, mas que nossa versão portuguesa traduz por "o soldado". Este era comandante de um destacamento de soldados. No Antigo Testamento temos usos similiares, como capitão de cinquenta, capitão de mil, ou capitão do exército. **2.** *Qatsin*, "árbitro", palavra que aparece por doze vezes (por exemplo: Js 10.24; Jz 11.6,11), mas que pode indicar um líder civil (Is 1.10), ou militar (as duas primeiras referências). **3.** *Shalish*, "terceiro", palavra que aparece por 21 vezes (por exemplo: Êx 14.7; 15.4; 2Rs 9.25; 10.25; 15.25; 2Cr 8.9). A posição exata de tal oficial nos é obscura, mas, evidentemente, alude a uma ordem superior de militar que combatia em carros de guerra, aludindo, especificamente, àquele elemento que controlava os cavalos, ao passo que os demais homens que estavam no carro de guerra ocupavam-se mais diretamente no combate. Entretanto, há estudiosos que pensam que a referência é a uma terceira ordem de oficiais, após o rei, ou então a comandantes e de uma terça parte do exército. **4.** *Chiliárchos*, "chefe de mil", palavra que aparece por 22 vezes no Novo Testamento, de Marcos 6.21 a Apocalipse 19.18. **5.** *Strategós*, "capitão", palavra que aparece por dez vezes no Novo Testamento (Lc 22.4,52; At 4.1; 5.24,26; 16.20,22,35,36,38). Nas cinco primeiras referências a palavra é usada para indicar os "capitães do templo", que não eram oficiais militares, e sim, sacerdotes que comandavam a polícia levítica do templo. Os autores judeus chamavam-nos de "homens do monte do templo". O dever deles era comandar os guardas noturnos, garantindo que as sentinelas estavam cumprindo seus deveres. No entanto, nas referências do décimo sexto capítulo de Atos, nossa versão traduz essa palavra por "pretores" (vide), que já eram oficiais gentílicos, nada tendo a ver com o templo de Jerusalém.

Usos figurados. O próprio Deus é chamado de "príncipe do exército do Senhor", isto é, da inteira congregação de Israel (Js 5.14 e Dn 8.11). A ideia é que Deus tomava sobre si o encargo de proteger o seu povo, liderando-o em seus conflitos gerais e em suas guerras com os inimigos. Acresça-se a isso que Jesus Cristo é o *Capitão de* nossa salvação (Hb 2.10, onde já é usada outra palavra grega, com os inimigos. Acresça-se a isso que Jesus Cristo é o *capitão* de nossa salvação (Hb 2.10, onde já é usada outra palavra grega, *archegós*, "líder", palavra essa que aparece em At 3.15; 5.31; Hb 2.10 e 12.2).

CAPITÃO DO EXÉRCITO. Ver o artigo sobre *Capitão*, Usos figurados.

CAPITEL

Um capitel é um ornamento arquitetônico da parte superior de uma coluna. Os capitéis protojônicos encontrados em Megido presumivelmente foram usados no palácio de Acabe, em Samaria, segundo pensava Albright. As principais menções a capitéis (no hebraico, *kothereth*, palavra usada por 24 vezes), nas páginas da Bíblia são as das colunas Jeoaquim e Boaz, no templo de Salomão (vide). Esses capitéis tinham cinco côvados de altura (cerca de 2,2 m) (1Rs 7.16), ou então 1,3 m, de acordo com 2Reis 25.17, que fala em três côvados. É possível que esses capitéis estivessem divididos em duas porções, e que a porção inferior tivesse três côvados. Seja como for, esses capitéis tinham o formato de uma pétala de lírio, encimado por uma taça invertida, que recebia as telas que apoiavam as romãs. O trecho de Amós 9.1 encerra uma referência direta aos capitéis, como um lugar que podia ser ferido, para causar destruição e fazer os limiares do templo estremecerem. O quadro inteiro é uma referência ao julgamento divino. Em Sofonias 2.14, esse item da ornamentação arquitetônica é aludido como lugar onde as aves se alojavam. (Z)

CAPÍTULOS E VERSÍCULOS DA BÍBLIA

Na maioria dos livros da Bíblia, podemos distinguir divisões naturais, tencionadas pelos autores sagrados. Lucas, por exemplo, como é óbvio, tencionava que seu livro de Atos fosse dividido em sete partes, tendo assinalado o fim de cada uma dessas seções por uma fórmula literária. (Ver *Livro de Atos*). Antes da época de Jesus Cristo, a lei havia sido dividida em seções, para facilitar a sua leitura nas sinagogas. Cada uma dessas seções tinha um nome especial, como, por exemplo, o *arbusto*. Há uma alusão a isso, em Marcos 12.26. Esse sistema acabou envolvendo todo o Antigo Testamento, e as *Parashas* até hoje são assinaladas na Bíblia hebraica. Os primeiros manuscritos gregos do Novo Testamento também tinham divisões. Porém, foi somente no século XIII que Estêvão Langton (vide), arcebispo de Canterbury, que foi o redator da Magna Carta (vide), introduziu o sistema que agora conhecemos como capítulos da Bíblia. A Vulgata Latina foi a primeira versão da Bíblia a ser assim dividida. Os versículos foram adicionados bem mais tarde pelo impressor Estêvão, em sua edição do Novo Testamento grego, em 1551. Pouco depois disso, na Bíblia Poliglota de Antuérpia (vide), de 1569-1572, o sistema de versículos numerados foi aplicado à Bíblia inteira. Ver o artigo separado sobre a *Divisão da Bíblia em Versículos*. Esse sistema, apesar de ser de grande ajuda no estudo do texto bíblico, também ressente-se de uma falha grave. É que, com frequência, divide o fluxo das ideias, às vezes bem pelo meio. Disso é culpada tanto a divisão em capítulos como a divisão em versículos. Além disso, alguns versículos são muito breves, e outros muito longos. Nenhum critério de qualquer espécie serviu de guia ao sistema. Porém, consagrado pelo uso, é muito difícil que o sistema seja modificado, pelo menos em nossos dias (E).

CARAATALÃ

Um nome encontrado em 1Esdras 5.36, designando um líder de certa família que retornou da Babilônia em companhia de Zorobabel. Muitas variações desse nome existem nas traduções. Ver Esdras 2.29 e Neemias 7.61, quanto aos nomes dos lugares, na Babilônia, de onde Israel retornou à Palestina.

CARAVANA

No hebraico, *arach*, palavra usada por sete vezes (por exemplo: Gn 37.25 e Is 21.13), e que significa **"grupo viajante"**. Ver o artigo sobre o *Comércio*. O "caminho dos nômades", referido em Juízes 8.11, refere-se a uma rota caravaneira. Formavam-se caravanas por diversos motivos, como migração de povos, viajantes que seguiam em grupos como medida de proteção, e negociantes que andavam em grupos, pela mesma razão. As caravanas tinham seus animais de carga, líderes específicos, se necessário fosse, lugares de descanso e alojamentos em posições estratégicas. Albright demonstrou que desde tão cedo como a Idade do Bronze Médio I (2100-1800 a.C.), já existiam caravanas, e que eram empregados jumentos como bestas de carga, nessa época. As caravanas estabeleceram pontos de ocupação em suas jornadas, espalhados nas rotas comerciais pelo Neguebe e pela península do Sinai, ao longo do caminho interior de Sur (vide), e desde Berseba, passando por Cades-Barneia, até Ismailia e Suez. Os camelos mostravam-se melhores animais de carga para uso nas áreas arenosas, visto que suas patas espalhadas afundam menos facilmente na areia fofa.

Foi uma caravana de especiarias, ismaelita-midianita, que levou o jovem José, filho de Jacó, ao Egito, onde ele foi vendido como escravo (Gn 37.25,28). Os camelos também eram melhores animais para serem usados nas viagens pelo deserto, devido à sua capacidade de armazenar água em seus estômagos. Ver o artigo sobre o *Camelo*. Os servos de Abraão seguiram em lombo de camelo (Gn 24.10,56,61). Salomão fortificou Arade, a fim de proteger as rotas das caravanas, que iam buscar especiarias e incenso no sul da Arábia (1Rs 10.2,15). Plínio informa-nos que uma caravana de camelos precisava de 65 dias para ir do sul da Arábia até Gaza. Ver *História Natural* xii.32. Até hoje há caravanas de camelos, algumas delas imensas, envolvidas nas peregrinações dos islamitas. (DT Z)

CARBÚNCULO

No hebraico temos três palavras, assim traduzidas, a saber: **1.** *Bareqeth*, "pedra brilhante" (ver Êx 28.17 e 39.10). Baregath, "esmeralda" (ver Ez 28.13). **2.** *Eben eqdach*, "pedra de brilho" (Is 54.12). Os antigos carbúnculos eram, provavelmente, a granada, conforme algumas versões estrangeiras dizem, em Isaías 54.12. É possível que rubis (vide), também fossem referidos por esse termo. A palavra continua sendo aplicada à granada, usualmente escavada para permitir que a cor da pedra torne-se mais conspícua. A granada de vermelho vivo compõe-se, principalmente, de silicato de alumínio ferroso, embora também possa compor-se de silicato de magnésio alumínio. (Z)

CARCA

No hebraico, **"solo"**, **"soalho"**. Nome de um lugar localizado entre os mares Mediterrâneo e Morto (Js 15.3), que veio a pertencer a Judá, na sua fronteira sul. A localização é desconhecida na atualidade.

CARCAÇA

No hebraico, precisamos considerar quatro palavras, e no grego, uma: **1.** *Ceviyah*, "corpo", palavra usada por nove vezes (por exemplo: Jz 14.8,9). **2.** *Mappeleth*, "coisa caída", palavra usada por quatro vezes (para exemplificar: Jz 14.8). **3.** *Nebelah*, "carcaça", palavra empregada por 46 vezes (por exemplo: Lv 5.2; 11.8,11,24-40; Dt 28.26; 1Rs 13.24-30). **4.** *Peger*, "coisa exaurida", palavra que ocorre por 22 vezes (para exemplificar: Gn 15.11; Nm 14.29,32,33; Is 14.19; Na 3.3). **5.** *Ptoma*, "coisa caída", palavra grega usada por sete vezes: Mt 14.12; 24.28; Mc 6.29; 15.45; Ap 11.8,9. Essas palavras aludem tanto a cadáveres humanos quanto a carcaças de animais. (Ver Js 8.29; Is 14.19 e Hb 3.17). As leis cerimoniais mosaicas a respeito de corpos mortos indicavam os seguintes pontos: **1.** Um corpo morto, em uma casa ou tenda, fazia o lugar tornar-se cerimonialmente imundo. Em outras palavras, uma pessoa não podia participar da adoração ou dos ritos religiosos, enquanto essa condição persistisse. Além disso, qualquer vaso ou receptáculo aberto ficava imundo, enquanto o período de imundície perdurasse, o qual era de sete dias (Nm 19.16,18; 31.19). **2.** O contato, em qualquer lugar, com um cadáver ou carcaça, fazia a pessoa tornar-se imunda até o cair da noite (Lv 11.39). Ver o artigo sobre a *Imundícia Cerimonial*.

Outras Ideias. **1**. As pessoas sentem um horror natural pelos cadáveres ou carcaças, o que se expressa, por muitas vezes, sob a forma de desdém (Is 34.3): *Os seus mortos serão lançados fora, dos seus cadáveres subirá o mau cheiro, e do sangue deles os montes se inundarão*. **2**. A total destruição de um inimigo qualquer ocorria quando se permitia que as feras e as aves de rapina devorassem o seu cadáver. **3**. Figuradamente, destacando a sua inutilidade, os ídolos são chamados "cadáveres", em Levítico 26.30. **4**. A idolatria, evidentemente, envolvia a adoração em lugares de sepultamento, o que equivalia a veneração às carcaças dos mortos (Na 3.3; Ez 43.7,9). **5**. O trecho de Mateus 24.28 associa as carcaças com o prometido julgamento final. As águias (abutres), geralmente reúnem-se nos lugares onde há matanças, e a matança assim subentendida é aquela que acompanhará os horrores da Grande Tribulação (vide). (I G HA NTI)

CARCAS

Um dos sete eunucos que servia ao rei Assuero, da Pérsia, mencionado apenas em Ester 1.10. A esses eunucos foi ordenado, pelo monarca, que trouxessem a rainha Vasti, para ser admirada pelos príncipes do império, em face de sua incomum beleza física. Mas ela recusou-se a vir com os eunucos. O episódio terminou com a rejeição de Vasti como a consorte do rei. Sua substituta foi Ester, atrás do que havia a mão providencial de Deus.

CARDO

No hebraico, *choach*, "cardo". Vocábulo que aparece por doze vezes. Para exemplificar: 1Samuel 13.6; Isaías 34.13. O cardo é uma das plantas daninhas da Palestina. Muitos botânicos e estudiosos pensam que se trata do *Rubus sanctus*, muito comum naquela região do mundo. É um arbusto de folhas perenes, com estames espinhentos. Suas folhas são macias como a lã na parte superior, com a superfície inferior esbranquiçada. Suas flores são róseas, brancas ou púrpura, e os frutos negros e redondos. Ver *Espinheiros*.

CAREÁ

No hebraico, **"calvo"**, Esse era o nome do pai de Joanã e Jonatã, príncipes judeus da época de Gedalias, o governador babilônio de Jerusalém (Jr 40.8 ss.; 41.11 ss.; 42.1,8; 43.2,4,5). Após a queda de Jerusalém diante dos babilônios, seus filhos juntaram-se a Gedalias, em Mispa (2Rs 25.23).

CAREM

Uma cidade de Judá, cujo nome só figura no trecho de Josué 15.29, na LXX, ao passo que no texto seguido pela nossa versão portuguesa só encontramos os nomes de Baalá, Illim e Azém, nesse versículo. Provavelmente, a cidade deve ser identificada com a Bete-Haquerém de Neemias 3.14 e Jeremias 6.1, que fica a oito quilômetros ao norte de Tecoa.

CARIDADE

Por influência da Vulgata Latina, as traduções mais antigas estampam essa palavra em lugar de "amor". Porém, visto que modernamente esse termo tem um sentido mais restrito, dando a entender a doação de esmolas, o cuidado pelos pobres, enfermos, órfãos etc., as traduções e versões mais modernas dão preferência ao termo "amor" como tradução do termo grego *agapé*. Apesar disso, a importância da *caridade*, em seu sentido moderno, tem sido subestimada em muitos segmentos da igreja. Ver o artigo sobre as *Esmolas*.

A caridade cristã, no sentido mais restrito da palavra, tem uma nobre história no judaísmo e no cristianismo. A legislação mosaica tinha provisões favoráveis aos pobres. Os pobres, os órfãos e os estrangeiros tinham o direito de respigar o cereal, a uva e a azeitona (Lv 19.9,10; 23.22; Dt 24.19). Rute tirou proveito desse costume. (Ver Rt 2.2 e ss.). Ver também sobre *Respigar*. Na igreja primitiva, em Jerusalém, todas as coisas eram usadas em comum, de modo voluntário, a fim de evitar as condições difíceis criadas pela perseguição e pela escassez. Ver o artigo sobre a *Vida Comunal da igreja primitiva*. As igrejas gentílicas doaram uma oferta substâncial, para aliviar essa situação (1Co 16.1 ss.). Nos primeiros dias do cristianismo, os cristãos praticavam os costumes judaicos quanto aos cuidados pelos pobres e pelas viúvas. Os primeiros diáconos (vide) foram eleitos precisamente com essa finalidade (At 6). Paulo estabeleceu regras para a admissão das viúvas, como pessoas sustentadas pelas igrejas locais (1Tm 5.3 ss.). Os primeiros cristãos levaram avante essas práticas, e adicionaram outras, como hospedarias para recepção de viajantes cristãos e estrangeiros. As antigas hospedarias viviam repletas de ladrões e prostitutas, e isso criou a necessidade de hospedarias cristãs. Instituições como hospitais, escolas e orfanatos chegaram a tornar-se parte do trabalho das igrejas. Várias ordens religiosas especializaram-se em trabalhos de caridade. Nessa área de atividades, a igreja Católica Romana tem feito mais e melhor do que os evangélicos em geral. Além disso, não devemos falar sobre as extensas obras de caridade dos espíritas, pois, do contrário, ficaremos embaraçados, porque Deus não nos inspira mais ao amor ao próximo. A *caridade*, no sentido moderno e restrito, é um aspecto da lei geral do amor, a prova mesma da regeneração e da espiritualidade (1Jo 4.7 ss.).

CARMANIANOS

Em 2Esdras 15.30 há uma referência a esse povo, natural da Carmânia, uma fértil província da antiga Pérsia, na margem norte do golfo Pérsico, que modernamente se chama Kerman. Trata-se de uma região montanhosa, separada por um deserto da porção sudoeste do Irã, Persis. Além da província da Carmânia, também havia uma cidade com esse nome. Uma e outra derivavam seu nome dos Kermani ou germanos, uma tribo que ali residia. Heródoto (i.155) menciona esse povo, além de outras tribos, que formavam uma sapatria e pagavam tributo a Dario (ii.93). Posteriormente, o helenismo foi introduzido no lugar por Antíoco I Soter. Cidades gregas foram fundadas na região, como Alexandria da Carmânia. Ainda mais tarde, o sátrapa Numenio de Mesene, do sul da Babilônia, derrotou os persas, nas praias da Carmânia, no mar e na terra, segundo nos informa Plínio (vi.152). (OLM Z)

CARMELO

No hebraico, **"campo plantado"**, **"parque"** ou **"jardim"**. É palavra que aparece por 26 vezes no Antigo Testamento.

1. Um Nome Comum. O nome Carmelo aparece de forma indefinida, com os sentidos dados acima, em Isaías 16.10; Jeremias 4.26; 2Reis 19.23. Em Levítico 2.14 e 23.14, o nome aparece para indicar espigas frescas de trigo. Porém, a palavra também ocorre para indicar lugares específicos. É possível que as colinas de pedra calcária do Carmelo tenham recebido tal nome devido à vegetação arbustiva luxuriante e aos densos arvoredos que as encobriam.

2. Uma Cadeia Montanhosa. Essa cadeia estende-se por cerca de 48 quilômetros, na direção noroeste-sudeste, desde as margens do mar Mediterrâneo, ao sul da baía de Acre, até à planície de Dotã. Em um sentido mais estrito, o monte Carmelo é o pico principal dessa curta cadeia montanhosa que alcança um máximo de 531 m, em sua extremidade nordeste, e que fica cerca de dezenove quilômetros distante da beira-mar. Servia de um dos marcos da fronteira de Aser (Js 19.26). O rei de Jocneão, de Carmelo, foi um dos chefes cananeus que foram derrotados por Josué. Desde os tempos mais antigos, a paisagem de Carmelo, bela como um jardim, foi sagrada para eles, onde adoravam o Baal cananeu, além de outras divindades oraculares. A beleza natural atrai as pessoas à inquirição espiritual. Talvez os mais bem conhecidos episódios que circundaram o Carmelo foram aqueles em que Elias e Eliseu estiveram envolvidos. Foi no monte Carmelo que Elias desafiou e derrotou os profetas de Baal e Aserá, as divindades que Jezabel, esposa do rei Acabe, de Israel, havia decidido promover (1Rs 18 e 19). Ver o artigo sobre *Baal*. Foi também no monte Carmelo que Eliseu recebeu a visita da mãe cujo filho morrera, e que logo foi por ele ressuscitado (2Rs 4.35).

3. A Cidade de Carmelo. Era uma aldeia na região montanhosa de Judá (Js 15.55), terra natal de Nabel (1Sm 25.2,5,7,40) e de Abigail, a carmelita, a qual tornou-se a esposa favorita de Davi (1Sm 27.3). Saul estabeleceu o lugar, após sua vitória sobre os amalequitas (1Sm 15.12). Era ali, e não na outra Carmelo, que o rei Uzias tinha as suas vinhas (2Cr 26.10). Essa cidade atualmente chama-se Karmel, estando localizada cerca de quinze quilômetros a sudeste de Hebrom. A palavra não aparece no Novo Testamento. Ao que parece, Judas Iscariotes era natural dessa região, embora isso não transpareça no Novo Testamento. (ID S UN)

CARMESIM

No hebraico temos a palavra *karmil*, que figura por três vezes no Antigo Testamento: 2Cr 2.7,14; 3.14. Na antiguidade, os corantes eram obtidos de vegetais, minerais ou animais. Plínio descreveu a cor carmesim (no grego, *kokkinos*) como um vermelho que se aproxima do rosa escuro, quase como a púrpura de Tiro (*Hist. Natural* xxi.45,46). Esse corante derivava-se de certas substâncias extraídas do corpo de um inseto, do gênero feminino. O corante foi usado para vários itens do tabernáculo. Não parece que os hebreus faziam clara distinção entre o carmesim e o escarlate. Todavia, eles tinham um vocábulo para indicar esta última cor, a saber, *shani*, que figura por quinze vezes (para exemplificar: Jr 4.30; Is 1.18). Nesta última referência, a cor indica a culpa do pecado, provavelmente porque o pecado está associado à expiação pelo sangue. Ver o artigo geral sobre as *Cores*.

CARMI

No hebraico, **"frutífero"** ou **"nobre"**. Há três homens com esse nome, nas páginas do Antigo Testamento, a saber: **1**. Um homem de Judá, pai de Acã, o *pertubador* de Israel (Js 7.1,18; 1Cr 2.7). Neste último versículo, Acã é chamado Acar. No trecho de 1Crônicas 4.1, Carmi aparece como um dos filhos de Judá. A questão é difícil de deslindar, mas o mesmo indivíduo deve estar em foco. **2**. Quarto filho de Rúben, fundador da família dos carmitas (Gn 46.9; Êx 6.14; Nm 26.6; 1Cr 5.3), em cerca de 1872 a.C. **3**. Filho de Hezrom (neto de Judá), pai de Hur (1Cr 4.1) que em outros textos é chamado de Calebe (1Cr 2.18) ou de Quelubai (1Cr 2.9). Alguns estudiosos identificam-no com o mesmo homem do nº 1, acima.

CARNEIRO. Ver *Ovelha*.

CARPINTEIRO. Ver o artigo geral sobre *Artes e ofícios*.

O termo bíblico "carpinteiro", no hebraico, *harush*, **"artesão"**, e no grego *tékton*, **"artífice"**, é uma espécie de termo geral para indicar qualquer artífice que trabalha em pedra, metal ou madeira, e não somente em madeira. (Ver 2Sm 5.11; 1Cr 14.1; Is 44.13; Mt 13.55; Mc 6.3. Nos trechos de 2Sm 5.11; 2Rs 12.11; 1Cr 14.1; Is 44.13; Mt 13.55 e Mc 6.3), o termo parece limitar-se ao trabalho em madeira. O trabalho feito por vários artífices é pintado na denúncia de Isaías contra a idolatria (Is 41.7 e 44.9,10). Infelizmente, tais homens produzem ídolos para serem adorados (vs. 13.17); eles têm grande habilidade, mas são suficientemente embotados para não perceberem que estão produzindo algo inferior a eles mesmos, algo que simplesmente não pode ser equiparado à divindade. A passagem de Jeremias 24.1 mostra-nos que a deportação para a Babilônia incluiu homens de diversas profissões. Portanto, eles se tornaram elementos valiosos para o inimigo, ao mesmo tempo em que Judá desintegrava-se.

No Novo Testamento. Marcos 6.3 chama Jesus de "carpinteiro"; e Mateus 13.55 diz que Jesus era "o filho do carpinteiro". Provavelmente, Jesus foi ambas as coisas. Supõe-se que Jesus trabalhava em companhia de José, na carpintaria, e que, após a morte de José, Jesus continuou sozinho o trabalho de carpinteiro. Visto que Nazaré era uma pequena comunidade, provavelmente José e Jesus eram os únicos carpinteiros da localidade. Justino Mártir, em seu *Diálogo com Trifo*, assevera que Jesus trabalhava como carpinteiro, e que, no segundo século d.C. Objetos feitos por ele ainda existiam. Portanto, Jesus aprovou o labor comum, tornando-o honroso. Porém, também demonstrou que esse trabalho, por si só, não é suficiente. Não basta trabalhar. Deve também haver a inquirição espiritual em cada vida humana. É interessante observar que a palavra grega *tékton* pode significar um carpinteiro, mas também pode significar um construtor ou pedreiro, um artífice, ou mesmo qualquer artista em qualquer arte ou ofício, incluindo um planejador, um autor ou um poeta. A tradição apresenta José e Jesus como carpinteiros, isto é, como quem trabalhava em madeira, não havendo qualquer boa razão para contradizermos a mesma. (A FO I RO VIN)

CARQUÊMIS

Era uma cidade hitita, à margem direita do rio Eufrates, uma grande fortaleza localizada perto dos melhores vaus daquele rio (Jr 46.24; Is 10.9). Era a capital oriental dos hititas. O rei assírio, Assur-Natsupal (cerca de 885-860 a.C.) ameaçou atacá-la, mas foi comprado mediante ricos presentes. Chegou a tornar-se lugar de muito luxo e riquezas, devido a séculos de comércio com outros povos. Sargão capturou Carquêmis em 717 a.C., o que assinalou a queda do império hitita. Os hititas são chamados heteus, na Bíblia. Foi em Carquêmis que Nabucodonosor II derrotou Faraó Neco, do Egito, em 605 a.C. (ver Jr 46.2), evento esse que marcou o início do esplêndido império neobabilônico, e que pressagiou o cativeiro babilônico (vide), do reino israelita do sul, Judá. Após o ataque de Nabucodonosor contra Carquêmis, sua importância declinou rapidamente. Na época dos monarcas Selêucidas, uma nova cidade ocupava o local da antiga Carquêmis, chamada Europos. Esse local tem sido amplamente escavado pelos arqueólogos. Isso revelou-nos uma importante cultura hitita. As ruínas da antiga Carquêmis estão no local da moderna Jerablus, que é uma corruptela da palavra grega *Hierópolis*. (UN WIS WOO)

CARRO

No hebraico, *agalah*, "**vagão**", vocábulo que aparece no Antigo Testamento por 25 vezes (para exemplificar: 1Sm 6.7-14; 7.3; Is 5.18; Gn 45.19,21,27; Nm 7.3,6,7). Essa palavra denota qualquer veículo que se movia sobre rodas e era puxado por animais. Cada contexto deve determinar o tipo de carro envolvido. Por exemplo, Faraó enviou carros para transportar para o Egito a família de Jacó e seus bens (Gn 46.5). E, por ocasião da entrega das ofertas dos príncipes de Israel, quando da dedicação do altar, essas ofertas foram trazidas em seis carros cobertos, cada qual puxado por dois bois (Nm 7.3,6,7). Quando Davi tentou trazer a arca de Deus desde Quiriate-Jearim, esta foi transportada em um carro novo. Nessa oportunidade, Uzá, um dos dois homens que guiava o carro, foi morto pelo Senhor, quando se atreveu a pôr a mão sobre a mesma, ao pensar que a arca poderia tombar no chão, visto que os animais haviam tropeçado (1Cr 13.7 ss.). E a arca terminou ficando na casa de Obede-Edom por três meses; e ele e sua família foram abençoados pelo Senhor, por causa disso. Em 1Samuel 6.7, há carros mencionados usados para remoção da arca e de outros utensílios sagrados, puxados por dois bois. Carros comuns eram usados para transportar produtos agrícolas (Am 2.13). A arqueologia mostra-nos que os carros eram comuns desde o alvorecer da história humana. Eram conhecidos na Babilônia e no Egito (Gn 45.19-21; 46.5). Nos dias dos Juízes, em Israel, eram usados carros nas principais estradas das regiões montanhosas, para transportar toda espécie de coisas (1Sm 6.1-12). Normalmente, eram puxados por dois bois ou por dois cavalos (Nm 7.3-8; 1Sm 6.10). Pessoas e coisas eram transportadas em carros (Gn 45.19). Os carros maiores tinham dois condutores (1Cr 13.7). Usualmente eram fabricados de madeira, pelo que podiam ser desmantelados e queimados (1Sm 6.14; Sl 46.9). As rodas eram feitas sólidas ou munidas de raios, e algumas vezes, eram munidas com cambotas de metal (Is 28.27,28). Nos baixos relevos do Egito e da Assíria encontram-se boas representações dessas rodas. Também havia carros militares, para transporte de equipamentos ou comestíveis (Is 28.27,28; Sl 46.9).

Uso figurado. Há aqueles que puxam o pecado como com tirantes de carro (Is 5.18), o que indica que alguns homens escravizam-se ao pecado como se fossem carros sobrecarregados de cargas. Ou então está em foco o pecador, vergado sob as pesadas cargas de seus vícios. (G HA S UN)

CARROLL, LEWIS

Pseudônimo de Charles Lutwidge Dodgson (1832-1898), que ele empregava em seus escritos não profissionais. Formou-se com distinção em matemática, e publicou seus úteis livros chamados *Euclides I* e *Euclides II*. Além disso, escreveu ensaios pioneiros sobre a teoria matemática da votação. Todavia, tornou-se melhor conhecido devido a seus livros populares, como *Alice no País das Maravilhas*, *Através da Lente* e *Sílvia e Bruno*. O primeiro, apesar de ser famoso como história infantil, também é uma obra casual e leve sobre a lógica filosófica, guarnecida de inúmeros exemplos de inesquecíveis absurdos. Os inimigos da fé religiosa têm comparado a mesma a uma *Alice no País das Maravilhas* de natureza espiritual.

CARROS DO SOL

Essa expressão aparece em 2Reis 23.11, indicando aqueles carros que Josias queimou, entre outras medidas purificadoras que tomou, quando de suas reformas religiosas em Judá. Vários versículos do Antigo Testamento informam-nos sobre a adoração ao sol, prestada por vários povos nos tempos antigos (Êx 24.24; Lv 26.30; 2Cr 14.5; 34.4; Is 17.8; 27.9; Ez 6.4,6). Um dos objetos usados nesse culto era precisamente o carro do sol (2Cr 24.4,7). Também havia os cavalos dedicados à adoração ao sol, os quais puxavam os carros (2Rs 23.11).

Zinjirli, nas inscrições aramaicas do século VIII a.C., aparentemente era o cocheiro do deus sol Shamash. A arqueologia tem mostrado quão generalizada era essa adoração ao sol, porquanto existia entre os assírios, entre os cananeus e entre os judeus. Até mesmo nos primeiros tempos da Roma imperial esse culto era popular. Uma das cerimônias incluía o lançamento de quatro cavalos ao mar, por ocasião da festividade anual em honra ao sol. Um outro ato comum, nessa adoração, era o costume dos reis e nobres envolverem-se na mesma. Eles levantavam-se antes da aurora e partiam em seus carros de guerra na direção do oriente, ao encontro do sol que surgia no horizonte. Essa jornada era efetuada em carros dedicados ao sol.

CARRUAGEM

Sete palavras hebraicas e duas palavras gregas estão envolvidas: **1.** *Hotsen*, "carro de guerra". Essa palavra hebraica figura exclusivamente em Ezequiel 23.24. **2**. *Merkab*, "carruagem". Palavra que aparece por somente uma vez, em 1Reis 4.26. **3**. *Markabah*, "carruagem". Palavra que é usada por 44 vezes (para exemplificar: Gn 41.43; 46.29; Êx 14.25; Js 11.6,9; 1Sm 8.11; 1Rs 7.33; 2Rs 5.21; 2Cr 1.17; Is 2.7; Jr 4.13; Jl 2.5; Zc 6.1-3). **4**. *Agalah*, "vagão". Essa palavra ocorre por 25 vezes (para exemplificar: 1Sm 6.7-14; Is 5.18; Gn 45.19,21,27; Nm 7.3,6,7). **5**. *Rekeb*, "carruagem". Palavra que aparece por 115 vezes com esse sentido (por exemplo: Gn 50.9; Êx 14.6-28; Dt 11.4; Js 11.4; Jz 1.19; 5.28; 2Sm 1.6; 1Rs 1.5; 9.19,22; 2Rs 2.11,12; 5.9; 6.14,15,17; 2Cr 1.14; Sl 20.7; Ct 1.9; Is 21.7,9; 66.20; Jr 17.25; Ez 26.7; Dn 11.40; Na 2.3,4,13; Zc 9.10). **6**. *Rikbah*, "carruagem". Palavra que figura apenas em Ezequiel 27.20. **7**. *Rekub*, "carruagem". Palavra que aparece somente em Salmo 104.3. **8**. *Ãrma*, "carro de guerra" (com duas rodas). Palavra grega que aparece por quatro vezes: Atos 8.28,29,38; Apocalipse 9.9. **9**. *Réde*, "vagão" (com quatro rodas). Palavra grega que é usada somente em Apocalipse 18.13.

As palavras envolvidas geralmente significam "carro", havendo um artigo separado para esse verbete. Salmo 46.9 refere-se a um vagão para transporte de suprimentos de guerra. A maioria das referências tem em vista veículos puxados por bois, cavalos ou asnos, sendo traduções de palavras que derivam do verbo hebraico "guiar".

1. Carruagens Egípcias. A arqueologia nos tem provido abundantes ilustrações das carruagens antigas. As carruagens egípcias tinham duas rodas, equipadas do lado direito com receptáculos para arcos, lanças e flechas. A construção era inteiramente de madeira, exceto que havia arcos de metal nas rodas. Os arreios e os tirantes eram de couro. O soalho era feito de um trançado de cordas, o que provia uma espécie de amortecedor para os tripulantes. A parte de trás da carruagem era aberta, por onde também entrava o condutor do veículo. As carruagens da realeza e dos ricos eram decoradas com metais preciosos. Uma carruagem muito ornada foi encontrada intacta no túmulo de Tutancamom. Os carros de guerra do Egito tinham três tripulantes, cada qual com diferentes funções: o guerreiro, o escudeiro e o condutor. De outras vezes, porém, um único guerreiro manipulava um desses carros. É provável que os termos *cocheiro* e *cavalariano* se referissem aos tripulantes não combatentes dos carros de guerra, ao passo que o *capitão* seria o combatente em cada carro de guerra. (Ver Êx 14.7,9; 15.1 quanto a essas designações. Presume-se que o capitão fosse a máquina de guerra, e que os outros apenas facilitassem o seu trabalho).

2. Carruagens Assírias. A arqueologia demonstra a grande similaridade entre as carruagens assírias e as carruagens dos egípcios. Assim, as primeiras carruagens de Ur da Suméria tinham rodas de madeira sólida, protegidas por um aro de cobre. Algumas carruagens eram puxadas por dois, ou mesmo por três cavalos, dependendo das dimensões das carruagens.

3. Carruagens Cananeias. Quando se lê que os cananeus tinham carruagens de ferro (ver Js 17.8), isso significa que algum ferro era usado nesses veículos, como nas rodas. O trecho de Juízes 4.3 diz-nos que Jabim, rei de Canaã, tinha novecentos carros de guerra; os filisteus, no tempo de Saul, teriam trinta mil (1Sm 13.5), embora alguns eruditos suponham que o número real fosse de três mil, e que ali houve um erro de cópia. Davi tomou mil carros de guerra de Hadadezer, rei de Zobá (2Sm 8.4), e, posteriormente, setecentos dos sírios (2Sm 10.18). A fim de se recuperarem da perda, eles tomaram emprestados 32 mil carros de guerra de vários países (1Cr 19.6,7). Haveria aqui outro erro de cópia, ou os exércitos antigos eram assim tão bem equipados?

No início só havia rodas de madeira sólida, mas posteriormente, surgiram as rodas dotadas de raios. A princípio havia seis raios; depois, oito. As primeiras carruagens tinham o eixo no meio, porém, posteriormente, quase na traseira. As rodas eram relativamente pequenas, embora também houvesse algumas carruagens gigantescas, com rodas da altura de um homem. Quando uma carruagem era impelida por três cavalos, então o terceiro animal era atrelado atrás e não na frente do veículo.

4. Carruagens dos Hebreus. Os israelitas mostraram-se lentos na utilização desse modo de transporte em caso de guerra, talvez devido à proibição contra a multiplicação. de cavalos. Mas Salomão, que fazia tudo em grande escala, criou muitos cavalos e contava com uma força de 1.400 carros de guerra (1Rs 10.26). Para tanto, ele teve de cobrar de seu povo pesados impostos. E importava carros e cavalos do Egito (1Rs 10.29). As carruagens eram consideradas um símbolo de esplendor mundano, de alta posição, como hoje se dá com os carros novos (1Sm 8.11). Porém, os carros de guerra facilitavam a matança, em caso de guerra; pelo que coisa alguma era capaz de impedir a multiplicação dos mesmos. Após certa batalha, Davi jarretou todos os cavalos tomados do inimigo, menos cem (2Sm 8.4). Salomão, entretanto, multiplicou os cavalos em seu território. Os carros de guerra dos israelitas eram tripulados por três homens, à semelhança do que faziam os egípcios. Acabe teve de envolver-se em muitas guerras, pelo que também contava com um grande número de carros de guerra. Quando da batalha de Qarqur, em 853 a.C., ele empregou dois mil carros de guerra. Alguns arqueólogos supõem que os estábulos que geralmente são considerados pertencentes a Salomão, na realidade foram construídos por ordem de Acabe. A arqueologia tem descoberto que, em Megido, os verdadeiros estábulos de Salomão continuam sepultados sobre o cômoro ali existente. Após a divisão do reino em Israel e Judá, este último reino contava com bem menos carros de guerra do que Israel.

5. Usos das Carruagens. Já comentamos o suficiente sobre o uso dos carros de guerra; mas as gravuras em pinturas e relevos, descobertas pelos arqueólogos, mostram que as carruagens também eram usadas nas caçadas, nos cortejos e nas cerimônias mais diversas, incluindo as de caráter religioso. Nas ocasiões especiais de visitas de dignitários, a pessoa importante era conduzida em uma carruagem (Gn 41.43; Et 6.1).

6. No Novo Testamento. Há somente cinco referências a carruagens ou carros de guerra no Novo Testamento, a saber: no relato sobre Filipe e o eunuco etíope (At 8.28,29,38), e a menção a cavalos e carruagens, que faziam parte das mercadorias, em Apocalipse 18.13. Em Apocalipse 9.9, o ruído dos gafanhotos infernais se assemelhava ao ruído feito por muitos cavalos e carros de guerra que se dirigiam à batalha .

7. Usos figurados. *a*. As carruagens eram símbolos de poder (Sl 20.7; 104.3); ***b***. de coragem, fé e poder diante de Deus (2Rs 2.12); *c*. das velozes agências de Deus na natureza (Sl 68.17; Is 66.15). *d*. as carruagens dos querubins do templo retratavam a pompa com que Deus chega ao seu trono (1Cr 28.18); *e*. Os carros de fogo (2Rs 2.11) simbolizavam qualquer brilho refulgente que alguém poderia ver; *f*. Os carros do sol referem-se àqueles que eram dedicados ao sol, por seus adoradores, supondo que essa divindade era puxada por uma carruagem com cavalos (2Rs 23.11). Os rabinos informam-nos que o rei e seus nobres partiam em suas carruagens, quando saíam para saudar o sol matutino; *g*. O termo "carros de Israel" é empregado acerca dos profetas Elias e Eliseu (2Rs 2.12), aparentemente dando a entender que esses dois profetas fizeram mais por Israel que todos os seus carros e cavaleiros materiais. (GA HAL YAD)

CARSENA

Nada se sabe sobre esse homem, exceto aquilo que transparece em Etster 1.14. Ele era um dos sete príncipes da Média-Pérsia, na época do rei Assuero. Esses príncipes tinham o privilégio de se avistarem pessoalmente com o monarca, ou seja, tinham fácil acesso à sua presença, a fim de consultá-lo. Isso ocorreu em cerca de 483 a.C.

CARTÁ

No hebraico, "**cidade**". Uma aldeia pertencente à tribo de Zebulom, e que foi atribuída aos levitas da família de Merari (Js 21.34). O local é desconhecido hoje em dia.

CARTÁ

No hebraico, "**cidade**". Era o nome de uma das cidades de refúgio (vide). Ficava localizada no território de Naftali, e pertencia aos levitas gersonitas. Não ficava longe do mar da Galileia (Js 21.32). O trecho paralelo de 1Crônicas 6.76 traz o nome Quiriataim. Tem sido identificada com a moderna Khirbet el-Qureiyeh, na Alta Galileia.

CARTA DE DIVÓRCIO. Ver *Divórcio, Carta (Termo) de*.

CARVALHO

No hebraico, *allon*. Esse termo é usado por oito vezes (Gn 35.8; Is 2.13; 6.13; 44.14; Ez 27.6; Os 4.13; Am 2.9 e Zc 11.2). Não há dúvidas quanto ao sentido dessa palavra. Mas dois outros termos hebraicos, *elah* e *allah*, têm sido traduzidos por "carvalho", por "terebinto" e por "olmo". Trataremos aqui somente sobre o *allon*. Ver também sobre *Terebinto* e *Olmo*.

O carvalho era considerado a mais importante árvore decídua da Palestina. Uma decídua é uma espécie vegetal que perde suas folhas durante o inverno. Por igual modo, o cedro (vide) era tido como a mais importante espécie sempre-viva. Várias espécies de carvalho medram na Palestina. A mais fina é a espécie que cientificamente é chamada *Quercus sessiliflora*, das montanhas do Líbano e do Haurã. Há quatro outras variedades da espécie espinhenta, que se encontram no Carmelo, em Basã e em Gileade, e que podem atingir consideráveis dimensões. O carvalho Valônia encontra-se na Galileia e em Gileade. A mais conspícua menção ao carvalho, em todo o Antigo Testamento, encontra-se em Gênesis 35.4, onde se lê que Jacó ocultou os ídolos da família sob um certo carvalho, em Siquém. Tempos depois, Jacó sepultou Débora, a idosa ama de Rebeca, sob um carvalho (Gn 35.8).

Associações Religiosas com os Carvalhos. O carvalho é um símbolo universal de força e durabilidade. É possível que exatamente por essa razão vários povos antigos efetuavam seus cultos idólatras em bosques de carvalho, ou em lugares de algum modo associados a carvalhos. Lemos que os druidas das Ilhas Britânicas efetuavam seus cultos idólatras em bosques de carvalhos.

Simbolismo. O carvalho representa a força e a durabilidade, conforme se vê nos escritos de três profetas: Isaías (2.13), Amós (2.9) e Zacarias (11.2). Nos sonhos e nas visões, um carvalho pode significar um espírito de varão, ou a força física, ou talvez, um homem forte fisicamente. (CHE UN Z)

CARVALHO DOS ADIVINHADORES

O único lugar onde aparece essa expressão é Juízes 9.37. Porém, é possível que o sexto versículo desse mesmo capítulo, bem como o trecho de Gênesis 12.6, estejam envolvidos na questão. Esse carvalho ficava localizado em um lugar proeminente, talvez em uma pequena colina. Os carvalhos eram muito estimados por serem árvores majestosas. E os idólatras costumavam praticar sua adoração debaixo de carvalhos escolhidos. Há uma variante, nesse trecho de Juízes, que diz "planície dos adivinhadores". Nesse caso, um lugar específico é destacado, e não uma árvore, onde os adivinhos viriam atuar. Ver o artigo geral sobre a *Adivinhação*.

CÃS

Há duas palavras hebraicas envolvidas: *Sebah*, **"cabelos brancos"**, **"idade avançada"**. Esse vocábulo ocorre por dezessete vezes (Gn 42.38; 44.29,31; Dt 32.25; Os 7.9). *Sib*, "idoso", "dotado de cabelos brancos". Ocorre por duas vezes (1Sm 12.2; Jó 15.10). Os cabelos negros eram apreciados em ambos os sexos; mas os cabelos grisalhos eram muito honrados entre os israelitas (cf. Lv 19.32). O próprio Deus, em algumas oportunidades, é retratado como dotado de cabelos brancos (Dn 7.9; Ap 1.14). É interessante que Herodes, o Grande, preferia uma aparência juvenil, pois sabe-se que ele mandava tingir seus cabelos, depois que estes começaram a branquear. Há muitos imitadores de Herodes em nossos dias, onde a juventude é cultuada e a idade avançada é desprezada. Isso é um defeito de nossa cultura ocidental. Nas sociedades primitivas a idade avançada sempre é tida em elevado apreço. Os ameríndios chegam a orgulhar-se de sua idade avançada, e, na tribo, todos respeitam um índio velho. Ver também os verbetes *Idade Avançada* e *Cabelos*.

Uso figurado. Os cabelos brancos representam a idade avançada, com sua desintegração lenta das energias físicas e mentais. Nos sonhos e visões, cabelos grisalhos podem indicar dificuldades ou retrocessos, como quando alguém vê uma cortina cinza descer à sua frente. Se a cortina é negra, então está em pauta a morte física. Uma área cinzenta indica um problema não resolvido ou uma dificuldade que surge no horizonte, ou um ato que não pode ser claramente definido como bom ou mau, mas provavelmente, fingido. O cinza é uma cor insípida, denotando depressão ou melancolia.

CASA

No hebraico, *bayith*. Palavra usada por quase 1.800 vezes no Antigo Testamento, desde Gênesis 7.1 até Malaquias 3.10. No grego, *oikía* e *oíkos*. A primeira dessas palavras gregas aparece por 94 vezes, de Mateus 2.11 a 2João 10. E a segunda ocorre por 108 vezes, de Mateus 9.6 a 1Pedro 4.17.

Os antropólogos informam-nos que o homem tem vivido quase em qualquer tipo de abrigo que lhe ofereça proteção das intempéries, como cavernas, buracos por ele escavados, cabanas cruamente feitas com varas e barro, tendas de peles de animais etc. Precisamos lembrar que é provável que o período adâmico tenha sido uma renovação da civilização, porquanto parece ter havido civilizações pré-adâmicas, em grande número, que foram sucessivamente destruídas por cataclismos provocados pelas mudanças dos polos magnéticos da terra. Essas mudanças provocam o deslocamento da crosta terrestre, diante do que porções inteiras de continentes desaparecem, outras terras emergem, e a configuração da porção seca é rearranjada. Os sobreviventes são destituídos de tudo quanto conseguiram juntar, tornando-se necessário recomeçar tudo, da melhor maneira possível. A tecnologia desaparece. Os homens retornam a viver como animais, fazendo uso das cavernas e caçando animais para alimentar-se e para fazer vestes. As descobertas arqueológicas que mostram que os homens habitaram em cavernas poderiam indicar não que o homem *começou* desse modo, e então progrediu até atingir um elevado nível de civilização, mas antes, que o homem foi forçado a *retroceder* a tais condições devido a algum cataclismo, pelo que teve de reunir todos os seus esforços. A história humana, desde Adão, apesar de cheia de hiatos sobre os quais pouco conhecemos, pelo menos tem sido bastante iluminada pela arqueologia. Vestígios de evidências de civilizações anteriores à época de Adão, fornecem-nos um espantoso discernimento sobre onde o homem pode ter estado, incluindo a possibilidade de que os homens já haviam possuído a energia atômica. Há algumas indicações sobre isso, em meu artigo sobre os *Antediluvianos* (vide). Ver também o artigo sobre a *Astronomia*. Isso posto, quando falamos sobre um assunto tão vasto quanto a *casa*, só podemos oferecer algumas indicações sobre as condições a respeito, nos últimos poucos milhares de anos.

I. Antes de Israel e no Começo de Israel. Abraão deixou de lado quaisquer luxos que pudesse ter conhecido, como casas confortáveis, em Ur, quando dali saiu para tornar-se um nômade que vivia em tendas. Isso assinala a natureza precária da maneira de viver dos primeiros patriarcas de Israel. Abraão havia abandonado a cidade, em busca da cidade celestial (Hb 11.9,10). Porém, ao que parece, mesmo durante a sua peregrinação, houve ocasiões em que ele dispôs de alguma casa para morar (Gn 17.27). Quando os filhos de Israel desceram ao Egito eles reiniciaram a vida de citadinos, morando novamente em casas. Na antiguidade, as casas variavam muito, de acordo com o clima, a área geográfica e as condições financeiras. Portanto, é impossível contarmos a história da casa com grande exatidão. Abaixo, porém, damos as características mais comuns das casas orientais.

II. As Casas no Oriente

1. O Pórtico só aparece no Antigo Testamento em conexão ao templo e ao palácio de Salomão (1Rs 7.6,7; 2Cr 15.8). Porém, sabemos que, no Egito, isso era uma característica comum das casas. Com frequência consistia em uma dupla fileira de colunas. Ver o artigo separado sobre *Câmara*. Os cinco pórticos de Betesda (Jo 5.2) eram uma colunata onde eram deixados os enfermos.

2. O átrio era uma das principais características das casas orientais. O átrio era uma espécie de área fechada, em torno da qual era construída a casa, não podendo ser visto do lado de fora. Toldos eram pendurados na casa, sombreando o átrio. Ver Salmo 104.2, que é uma alusão a esse costume.

3. O quarto de hóspedes, nas casas mais afluentes (Lc 22.11,12; 1Sm 9.22), era um lugar reservado àqueles que estivessem de passagem, em viagem, ou para algum amigo que quisesse passar ali por alguns dias.

4. As escadas subiam à porção superior da casa ou ao telhado. Sempre eram feitas do lado de fora. Isso parece indicar que aqueles que levaram o paralítico foram capazes de subir ao eirado pela escada, fazendo o enfermo descer pela abertura, diante de Jesus (Mc 2.4).

5. O teto era feito de varas e barro, ou de arbustos e palmas, nas casas mais pobres. Nas casas mais bem feitas, o teto era feito de pedras, de telhas feitas com barro endurecido e um tipo de cimento. O teto provia uma área aberta para recreação, reuniões, um lugar fresco à noitinha, para as reuniões em família, quando o interior da casa ainda estava quente (1Sm 8.5). Alguns desses pátios, sobre os tetos, eram suficientemente amplos e fortes para que ali houvesse cultos religiosos (At 10.9). Com frequência, as pessoas dormiam nesses terraços, para evitarem o calor que ficava retido no interior das casas (2Rs 4.10). Dali também era comum fazerem-se proclamações (2Sm 18.24,33; Mt 10.27). Pedro recebeu uma visão de grande significação estando em um terraço (At 10.9).

6. A câmara (1Rs 20.30; 22.25) era de vários tipos, sendo usada para diversos propósitos. O número e o estilo das câmaras, em cada casa, dependia dos meios financeiros de cada família. Algumas casas da Palestina contavam apenas com um aposento, onde vivia a família inteira conforme é sugerido pela história de Lucas 11.7. Ver o comentário no NTI, nesse versículo, quanto a maiores detalhes.

7. As lareiras não apareciam em todas as casas. Na maioria delas havia apenas um fogão de carvão de pedra, para prover aquecimento (Jr 36.22). Também havia chaminés, mas eram raras (Os 13.3). Nas casas mais humildes, simples orifícios deixavam coar alguma luz para o seu interior, por onde também saía a fumaça.

8. As cozinhas, ou aposentos construídos especialmente para cocção de alimentos, são mencionadas pela primeira vez em Ezequiel 46.23,24. A maioria das vezes fazia-se uma fogueira em algum pátio aberto (Lc 22.55,56,61), embora algumas casas contassem com verdadeiras cozinhas.

9. Cisternas, onde a água era retida, eram uma necessidade imperiosa na Palestina. Ver o artigo separado sobre esse assunto. A água das chuvas era conservada em cisternas públicas ou privadas, algumas vezes com túneis por onde a água era transportada.

10. Os alicerces eram feitos com grande cuidado. Algumas vezes, os alicerces repousavam diretamente sobre a rocha, após a remoção da camada de terra; ou então eram feitos alicerces com pedras (Lc 6.48). Em uma das parábolas de Jesus, um homem insensato não se mostrou cuidadoso quanto ao alicerce de sua casa, segundo se vê nesse texto. Cristo mencionou a principal pedra de esquina, que unia paredes, em uma esquina, e que Jesus usou metaforicamente para ressaltar um detalhe da edificação de sua igreja (Ef 2.20). Cristo é o alicerce da igreja, como também os apóstolos e profetas do Novo Testamento, embora só Jesus o seja soteriologicamente (1Co 3.11 e Ef 2.20). Pedro, em sentido especial, foi um desses alicerces da igreja (Mt 16.16-19).

11. Janelas. Nas casas antigas não se faziam as grandes janelas que vemos nas residências modernas. Usualmente eram pequenas, protegidas por uma grade. Nas casas das pessoas pobres, as janelas eram meras perfurações em uma parede, diante das quais havia alguma pele de animal ou alguma espécie de pequena cortina.

12. As paredes eram feitas do que no Brasil se chama pau-a--pique, ou então de ramos. As pessoas mais abastadas faziam casas com paredes de tijolos ou de pedras, que eram materiais muito mais duráveis. Devido à precariedade dos materiais de construção das casas mais pobres, não era difícil um ladrão escavar uma parede, a fim de roubar alguma coisa do interior de uma dessas casas (Jó 4.19). Isso explica as palavras de Jesus, quando disse que as coisas materiais estão sujeitas a essas dilapidações (Mt 6.19). Porém, também havia casas com paredes feitas de tijolos e argamassa, e então rebocadas. E também havia casas construídas com paredes de pedras, algumas delas decoradas com tapetes, pinturas e outros ornamentos.

13. As portas. As choupanas dos pobres tinham uma abertura na parede, com algum tipo de cortina, como uma pele de animal a proteger a entrada. Todavia, havia casas com portas de madeira, algumas vezes madeiras tão caras quanto o cedro (Ct 8.9). Também havia portas feitas de simples lajes de pedras, que tinham eixos de pedra. Algumas dessas pedras eram ricamente decoradas, ao passo que outras eram sem artifícios, tudo dependendo das riquezas materiais dos proprietários. Em Israel, costumava-se pôr alguma tabuleta escrita nas portas, a fim de atrair bênçãos e afastar perigos.

14. Colunas. Essa era uma das características comuns das casas antigas. As colunas eram usadas para fechar áreas, como pórticos, ou para sustentar tetos planos, toldos ou cortinas. Sansão derrubou um edifício inteiro derrubando as suas principais colunas (Jz 16.26).

15. Móveis. No Oriente antigo, as casas podiam contar com móveis rústicos, feitos de pedras ou de madeira. Mas os ricos contavam com móveis luxuosos, que decoravam suas casas. Os itens comuns eram uma cama, mesa, assentos de vários tipos, a lamparina (2Rs 4.10), os vasos para cozinhar e para servir à mesa. Os mais abastados contavam com sofás, divãs, tapetes, travesseiros, mesas engastadas com marfim, vasos de metais caros (Pv 7.16; Ez 13.18,20; Am 6.4; 2Rs 4.10; Pv 9.14). Quase todos os alimentos eram cozidos sobre fornos abertos, pelo que as fagulhas e a cinza chegavam a constituir um grave problema. Porém, também havia fornos devidamente ventilados, que minimizavam esse problema.

16. Iluminação. Vários combustíveis eram usados para alimentar as lâmpadas; mas o melhor combustível era o azeite de oliveira. Todavia também havia outros óleos, de origem vegetal. Também eram usadas tochas para iluminar o interior das casas. Ver Mateus 25.1 e 5.15 quanto a outras indicações sobre os meios de iluminação.

III. Desenvolvimentos Arquiteturais. Esse aspecto é ventilado no artigo sobre a *Arquitetura* (vide).

IV. Usos Metafóricos. **1**. Uma casa indica a linhagem de uma pessoa (Lc 1.27; 2.4). **2**. Também aponta para a descendência de uma pessoa (2Sm 8.11; Sl 113.9). **3**. Pode indicar uma família ou clã (Gn 43.16). **4**. O céu é a casa de Deus (Jo 14.2). **5**. A sepultura é a casa dos mortos (Jó 30.23). **6**. O corpo humano é a casa da alma, enquanto ela está neste mundo (2Co 5.1). Isso é comum nos sonhos e nas visões, quando as condições observáveis em uma casa são paralelas às condições do corpo físico. **7**. Outros símbolos nos sonhos e nas visões. Uma casa pode indicar a pessoa, a sua personalidade, as suas qualidades etc. Algo encontrado inesperadamente em uma casa, pode apontar para uma qualidade ou um defeito insuspeitados em uma pessoa. As aberturas existentes em uma casa podem corresponder aos orifícios do corpo. O andar de cima pode apontar para o cérebro. O andar de baixo ou o porão pode indicar os instintos mais básicos. A mudança de uma casa para outra pode significar mudança na vida, ou, então, a morte física. A *construção* pode apontar para a tentativa de realizar algum trabalho, de ocupar-se em algum projeto etc. A obra de construção pode representar a missão de uma pessoa. (CHE ND UN Z)

CASA DAS ARMAS

Originalmente, essa palavra, no hebraico, indicava uma arma, cognato da *nsq*. (ver Ne 3.19, quanto a esse uso). Porém, o uso comum indicava o lugar onde eram guardadas as armas, um arsenal. O desenvolvimento de carros de guerra mais sofisticados, e de armas mais letais, exigiu que fossem construídos armazéns especiais para guardá-los. (ver 1Rs 7.2-12; 10.16,17; 2Rs 11.10; 20.13). Essas referências representam esses arsenais em diferentes lugares e ocasiões. (Z)

CASA DE INVERNO

No hebraico, *bayith choreph*. A expressão ocorre somente em Jeremias 36.22 e Amós 3.15, exatamente com o sentido que lhe foi dado em nossa tradução portuguesa. Na Palestina, os ricos possuíam casas de verão e casas de inverno, as quais ocupavam de acordo com as condições climáticas. Isso mostra-nos que o luxo convivia com a pobreza mais abjeta. A propósito, essas desigualdades e injustiças sociais continuam em nossos dias, e prosseguirão até os últimos dias, segundo a Bíblia deixa claro, quando se refere aos últimos dias. Jesus disse: *... os pobres sempre os tendes convosco, mas a mim nem sempre me tendes* (Jo 12.8). Essas suas palavras predizem que a justiça social, com oportunidades iguais para todos, só se tornará uma realidade quando do reino milenar de Cristo, e nunca antes. Aliás, a tendência da diferenciação entre ricos e pobres vai-se acentuando cada vez mais, sobretudo em países subdesenvolvidos ou em desenvolvimento, como é o caso dos países da América Latina. Nos regimes socialistas há uma pobreza menos evidente, ao passo que nas democracias a pobreza é mais conspícua. Porém, verdadeiras condições de igualdade só teremos quando do milênio. Prediz o trecho de Miqueias 4.3,4: *... ele julgará entre muitos povos, e corrigirá nações poderosas e longínquas; estes converterão as suas espadas em relhas de arados, e suas lanças em podadeiras; uma nação não levantará a espada contra outra nação, nem aprenderão mais a guerra. Mas assentar-se-á cada um debaixo da sua videira, e debaixo da sua figueira, e não haverá quem os espante, porque a boca do Senhor dos Exércitos o disse.*

CASA DO BOSQUE DO LÍBANO

Esse era um palácio de Salomão (1Rs 7.1-12). Ver o artigo sobre *Palácio*.

CASA DO TESOURO

Quanto a esse verbete, precisamos considerar duas palavras hebraicas: **1.** *Asamim*, "celeiros". Palavra que ocorre por duas vezes (Dt 28.8; Pv 3.10). **2.** *Bet Otsar*, "casa do tesouro". Expressão que figura por quatro vezes (1Cr 27.25; 2Cr 11.11; Sl 33.7 e Ml 3.10). No capítulo 28 do livro de Deuteronômio encontramos as promessas de bênção, em razão da obediência, e as promessas de castigo, em razão da desobediência do povo de Israel aos preceitos do Senhor. No oitavo versículo desse capítulo lemos que Deus cuidaria de manter cheios os celeiros do povo de Israel, se eles fossem obedientes. Em Provérbios 3, há uma promessa similar, feita aos que honrassem ao Senhor com seus bens e com as primícias de sua renda: *... e se encherão fartamente os teus celeiros, e transbordarão de vinho os teus lagares* (Pv 3.10). Malaquias acusou os judeus de sua época de estarem roubando a Deus, por não estarem trazendo seus dízimos à "casa do tesouro" de Deus (Ml 3.10). De acordo com muitos eruditos, ele estaria se referindo ao tesouro do templo de Jerusalém. Nos dias de Neemias, o sumo sacerdote e os levitas deveriam receber os dízimos da parte do povo. Então os levitas deveriam levar esses dízimos "às câmaras da casa do tesouro" (Ne 10.38). Nesta última passagem, portanto, parecem estar em vista certos aposentos especiais, onde esses dízimos eram armazenados para uso futuro. Nos dias de Jeremias, Ebede-Meleque, o etíope, foi à casa do rei, "por debaixo da tesouraria", de onde tomou roupas usadas e trapos, fazendo-os descer ao fundo da cisterna onde se' encontrava Jeremias, que ali havia sido posto por ordem dos príncipes, onde aparece a palavra hebraica *otsar*, ainda que não a expressão *bet otsar*, que se referia às câmaras existentes no templo de Jerusalém, e não na casa do rei, posto que algumas versões confundem esses dois lugares diferentes, chamando a ambos de "tesouro".

CASA DOS DEPÓSITOS

Estão em foco os armazéns do templo de Jerusalém (ver 1Cr 26.15; ver também Ne 12.25, que fala em "depósitos das portas"). O termo hebraico assim traduzido significa, literalmente, "coleções", pelo que alguns pensam que a alusão é ao tesouro guardado no templo, embora a maioria dos eruditos prefira a tradução mais geral de "depósito".

CASAMENTO. Ver o artigo sobre *Matrimônio*.

CASAMENTO LEVIRATO. Ver *Matrimônio Levirato*.

CASAMENTO MISTO

O que Paulo ensinava sobre os casamentos mistos? 1. Os casamentos "mistos" são legítimos, a despeito do que os judeus pudessem pensar a respeito. (Ver 1Co 7.14). São legítimos ante as leis civis, e não podem ser menos legítimos aos olhos da igreja cristã. Nada existe de pecaminoso e impuro no contato físico e espiritual envolvido em tais casamentos, conforme os judeus erroneamente imaginavam. Quanto a este ponto, Paulo se desviava inteiramente da tradição judaica. **2.** O crente jamais deve dar início a um processo de "divórcio", se estiver casado com um incrédulo, sobretudo por causa de supostas razões "morais" ou "religiosas". No entanto, aqueles que conhecem as Escrituras do AT sabem que o "divórcio", no caso dos *casamentos mistos*, (as uniões entre judeus e gentios), longe de ser desaprovado, era realmente ordenado e exigido. (Ver Ed 10.10). Naqueles casos, após ter-se desvencilhado de seu cônjuge gentio, o judeu estava na total liberdade de casar-se novamente, pois, na realidade, ele não estivera casado legitimamente antes. **3.** No caso de crentes, a iniciativa do processo de divórcio não deve ser tomada nem pelo homem e nem pela mulher. Dentro da sociedade grega, porém, uma mulher podia instaurar processo de divórcio contra seu marido, o que também se dava entre os romanos. Porém, nem o homem e nem mulher crente podem iniciar processo de divórcio contra seu cônjuge incrédulo, devendo ficar unido a ele enquanto este não quiser desfazer os laços matrimoniais. (Ver os versículos 12,13 do sétimo capítulo de 1Co). **4.** O casamento com um incrédulo, porém, não é "obrigatório" para o crente, se é o cônjuge incrédulo quem dá início ao processo de divórcio. (Ver Is 7.15). A razão para tal divórcio não é declarada, o que nos permite perceber que qualquer razão levantada pelo cônjuge incrédulo pode dissolver tal casamento, embora tal iniciativa deva sempre partir do cônjuge incrédulo. Os divórcios dessa categoria, portanto, não precisam estar escudados no "adultério" como sua causa. Visto que a *sujeição* às obrigações matrimoniais é desfeita, o crente, no dizer de Paulo, está livre para casar-se novamente, com a condição única que o faça "no Senhor", isto é, com outro crente, nos termos do sexto capítulo da segunda epístola aos Coríntios e do trecho de 1Coríntios 7.39. **5.** Nesses casos de "novas núpcias", segundo vemos no ponto anterior (4), é de supor-se que ao crente deva ser permitido ser membro de uma igreja local, sem restrição de qualquer espécie, porquanto, nesse caso, as palavras de 1Timóteo 3.12 não teriam jamais qualquer aplicação. **6.** Os filhos dos casamentos mistos são *legítimos*, e não ilegítimos, conforme eram erroneamente considerados segundo a mentalidade tipicamente judaica. (Ver 1Co 7.14). **7.** Se for possível, é sábio *conservar* um casamento "misto", em vez de dissolvê-lo. O crente deve tolerar tal situação ao máximo possível, porquanto o seu cônjuge incrédulo pode ser conduzido aos pés de Cristo, mediante a conduta piedosa do cônjuge crente. Por conseguinte, a preservação dos vínculos matrimoniais é desejável, embora isso, uma vez mais, vá de encontro aos pontos de vista israelitas sobre a questão. (Ver 1Co 7.16).

Consente. 1Coríntios 7.12. No grego, literalmente traduzido, encontramos *concorda em estar contente*, numa forma composta, que subentende "acordo mútuo". Nesse caso, supõe-se que o incrédulo tem o desejo de preservar os vínculos matrimoniais, no que é correspondido pelo crente. Paulo ensina mesmo que tal desejo, por parte do cônjuge incrédulo, deve ser correspondido pelo crente, o que fica entendido tanto em 1Coríntios 7.12 como em 1Coríntios 7.16.

Não a abandone, 1Coríntios 7.12. Não está aqui em foco somente a separação no leito conjugal, conforme essas palavras têm sido reduzidas em seu sentido por alguns intérpretes; mas está em vista o próprio *divórcio, o* que fica subentendido na ideia de "sujeição", que fala sobre as obrigações matrimoniais em geral. Pois ficar livre da "sujeição" (ver 1Co 7.15), corresponde ao rompimento do contrato matrimonial, e não a alguma forma superficial de separação.

CASIFIA

No hebraico, **"branco"** ou **"brilhante"**. Esdras diz que quando retornou à Judeia, ele mandou buscar Ido, que residia em Casifia. É possível que se trate do monte Cáspio, próximo do mar Cáspio, entre a Média e a Hircania, ou então perto da Babilônia, onde se encontravam muitos cativos judeus (ver Ed 8.17). Seja como for, o lugar permanece não identificado. Etimologias populares levam-nos a muitas variantes como "no lugar prateado" ou "no lugar do tesouro" (ver 1Esdras 8.45), e várias tradições circundam esse nome.

CASLUIM

Um povo cujo primeiro antepassado era filtro de Mizraim (Gn 10.14; 1Cr 1.12). Portanto, era um povo camita. Em ambos esses textos, onde o adjetivo pátrio aparece, a palavra aparece como se os filisteus descendessem de Casluim, e não de Caftorim, conforme se vê em Deuteronômio 2.23. Portanto, nesses dois *trechos* parece ter havido uma transposição de nomes.

A única indicação que temos do lugar onde esse povo residia originalmente nos vem da posição que eles ocupam na lista dos filhos de Mizraim, entre os patrusim e os caftorim, o que sugere que, provavelmente, esse lugar era o Alto Egito.

A palavra também indica o indivíduo que foi o genitor dos filisteus, segundo se vê na referência de Gênesis 10.14. Várias conjecturas a respeito da identificação dessa tribo não têm sido favorecidas. A palavra aparece sob muitas formas variantes, o que indica a dificuldade do problema. (S Z)

CÁSSIA

Vem de uma palavra hebraica que significa **"enrugada"**. Aparece somente em Êx 30.24; Ez 27.19 e Sl 45.8. Essa substância era um dos ingredientes na composição do azeite do unguento santo. Em Tiro, conforme nos mostra a referência do livro de Ezequiel, era um artigo de seu comércio. A Vulgata Latina traduz a palavra como "mirra líquida"; e a LXX diz "íris", uma espécie de espadana. Provavelmente aponta para alguma espécie de madeira ou casca de árvore. Aparece em sua forma plural em Salmo 45.8, onde é associada à mirra e ao aloés, três substâncias usadas para deixar as vestes fragrantes. Alguns estudiosos supõem que se trata de uma variedade do cinamomo, a *Cinnamomum cassia*, talvez a espécie mencionada em Cantares 4.14 e Apocalipse 18.13 (nossa versão portuguesa diz aqui "canela de cheiro"). Outros estudiosos preferem pensar na *Saussurea lappa*, nome científico de íris. Seja como for, parece tratar-se de uma substância aromática, em cujo caso seria um pó feito da casca ou da raiz de alguma planta. (WAL)

CASTANHOLAS. Ver sobre *Instrumentos Musicais*.

CASTELO

Na Bíblia portuguesa há duas palavras hebraicas a considerar, bem como uma palavra grega, a saber: **1**. *Armom*, palavra hebraica usada por 32 vezes (para exemplificar, Pv 18.19; 1Rs 16.18; Sl 48.3; Is 23.13; Jr 6.5; Am 1.4; 6.8; Mq 5.6). **2**. *Biraniyot*, "cidadelas". Palavra hebraica usada apenas por duas vezes: 2Crônicas 17.12; 27.4. Geralmente adjacentes a alguma fortaleza. **3**. *Púrgos, "castelo"*. Palavra grega usada por quatro vezes (Mt 21.33; Mc 12.1; Lc 13.4 e 14.28). Nossa versão portuguesa a traduz sempre por "torre".

A palavra portuguesa "castelo" deriva-se do termo latino *castrum*, "lugar fortificado". Desde a antiguidade as cidades eram cercadas por muralhas. Uma aldeia ou vila não contava com tal proteção. Nas cidades fortificadas havia uma "cidadela", geralmente ocupando a posição mais elevada e de mais difícil acesso. Daí derivou-se a ideia de "castelo", já no império bizantino. A diferença entre a cidadela e o castelo é que a primeira servia somente a finalidades militares, como um último refúgio contra possíveis tropas inimigas, ao passo que o castelo já era uma construção de grande porte, que servia de residência de quartel, de armazém e de arsenal. Além disso, uma cidadela geralmente ficava no interior das muralhas de alguma cidade, enquanto que um castelo geralmente era cercado pelas cabanas humildes dos vassalos dos grandes senhores de terras. Em face de todas essas considerações, talvez fosse melhor traduzirmos aquelas palavras hebraicas envolvidas por "cidadela", pois, no Antigo Testamento, a rigor não havia "castelos", no sentido que costumamos dar-lhes, quando pensamos mais nas formidáveis fortificações do período feudal. Ver *Silo, A torre de Davi*.

CASTIDADE

Vem do latim *castitas, castitatis*, **"casto"**, **"puro"**, correspondente ao termo grego *agnos*. O uso primário dessa palavra, no campo da ética, é a pureza moral. Essa conotação é óbvia em 2Coríntios 11.2, onde as virgens são assim caracterizadas; e em Tito 2.5 e 1Pedro 3.2, onde a palavra é usada para descrever as mulheres casadas. Ver também Filipenses 4.8, onde há uma referência geral a tudo quanto é *puro*, incluindo a pureza moral e religiosa dos rapazes (1Tm 5.22). O trecho de 1João 3.3 aplica o termo a Deus, como santo, cuja santidade espera-se que seja reproduzida em nós.

Apesar de todas as suas faltas, o povo de Israel desenvolveu o conceito de santidade de Deus, com a necessidade paralela dos homens serem, correspondentemente, santos. Do povo de Deus esperava-se que se separassem da poluição moral e religiosa dos pagãos (Lv 20.21). No Antigo Testamento, porém, a castidade nada tinha a ver com a ideia de celibato, conforme a palavra veio a significar nas mentes de muitos homens modernos, talvez devido à influência das ideias católicas romanas. Na verdade, segundo o pensamento judaico, ninguém era considerado um homem espiritualmente próspero, qualificado para ser um dos líderes da sinagoga, se não fosse casado. Ver artigo sobre o *Celibato*. No Novo Testamento, a castidade é valorizada, mas nunca confundida com o ascetismo (Cl 2.20 ss.). Dos seguidores de Jesus esperava-se que fossem diferentes dos demais pessoas (1Co 5.6-13; 2Co 6.14-18; Tt 2.5; 1Pe 3.2).

O divórcio tornara-se uma praga no império romano. Juvenal afirma que, durante o período da igreja primitiva, não somente os homens, mas também as mulheres, divorciavam-se e recasavam. Era comum uma mulher ter tido oito maridos em menos de cinco anos. Os crentes deveriam respeitar as tradições da herança judaico-cristã. A própria igreja é comparada a uma virgem casta (2Co 11.2). Os cristãos estão na obrigação de resistir aos padrões e às práticas do paganismo. (Ver 1Ts 4.11,12). A santidade é necessária à salvação, pois, sem a mesma ninguém verá a Deus (Hb 12.14). Ver o artigo geral sobre a *Santificação*.

CASTIGO, CASTIGAR

Discussão Preliminar. Há dois substantivos envolvidos, um hebraico e um grego, como também há dois verbos, um hebraico e um grego, a saber: **1**. *Musar*, "instrução", palavra hebraica usada por 49 vezes (por exemplo: Dt 11.2; Jó 5.17; Pv 3.11; Is 3.11; 53.5; Jr 30.14). **2**. *Paideía*, "instrução de criança". Palavra grega que aparece por seis vezes (Ef 6.4; 2Tm 3.16; Hb 12.5,7,8,11). **3**. *Yasar*, "instruir". Palavra hebraica empregada por 43 vezes (por exemplo: Dt 8.5; 21.18; Sl 6.1; 38.1; Pv 19.18; Os 10.10). **4**. *Paideúo*, "instruir uma criança". Palavra grega que aparece por treze vezes (Lc 23.16,22; At 7.22; 22.3; 1Co 11.32; 2Co 6.9; 1Tm 1.20; 2Tm 2.25; Tt 2.12; Hb 12.6,7,10 e Ap 3.19).

Ideias Gerais. A principal palavra hebraica traduzida por "castigo" é *yasar*. Tem o sentido básico de ensinar uma lição, e apenas secundariamente o sentido de castigar ou punir. Podemos aprender lições de várias maneiras, através do exemplo, da experiência e do sofrimento (Jo 13.5; 1Tm 4.12; Jr 10.24); da aceitação de instruções verbais (Sl 16.7), da observação (Jr 2.30). Além disso, a razão, inteiramente à parte da experiência, pode fornecer-nos informações que nos dirigem aos atos. Sócrates pensava que a moralidade pode ser alicerçada sobre princípios racionais, que a mente humana possuiria de forma inerente. Ver sobre o *Racionalismo*. Também há as informações obtidas mediante meios místicos, por meio da revelação divina ou não. Ver os artigos sobre o *Misticismo* e a *Revelação*.

O verbo grego *paideúo* (o substantivo é *paideía*), que significa "instruir uma criança", tem os sentidos secundários de treinar, educar física e mentalmente (At 7.22). O substantivo indica a criação de uma criança, o treinamento, a educação, e, naturalmente, a base da palavra é o vocábulo grego que significa *criança*, alguém que precisa dessa criação e treinamento. No Novo Testamento, a ideia de castigo refere-se, quase sempre, à correção que Deus dá ao seu povo, por causa de algum desvio, pecado ou falta (1Co 11.32; 2Co 6.9; Hb 12.5-11). Assim como os pais humanos castigam os seus filhos, assim o nosso Pai celestial nos castiga. Se isso não sucede conosco, então é porque somos bastardos, e não filhos. Portanto, a disciplina e o castigo são medidas benéficas. Platão afirmava que uma das piores coisas que pode suceder a uma pessoa é ela praticar um erro, mas não ser punida por esse erro. Isso ensina a alma a corromper-se. Essa disciplina benéfica pode ser aplicada até mesmo através de Satanás (1Tm 1.20). O décimo segundo capítulo da epístola aos Hebreus mostra-nos que os frutos da piedade resultam do castigo recebido. Parte dessa disciplina, pelo menos, envolve certa medida de retribuição, mesmo no caso dos crentes, porquanto temos de colher aquilo que semeamos (Gl 6.7,8). Naturalmente, também há aquele treinamento que não envolve o elemento de castigo, sem importar se está em pauta o crente ou o incrédulo; mas não há retribuição que seja apenas isso. Deus simplesmente não age desse modo. Deus é o Pai de todos, e seus atos disciplinadores sempre são aplicados à luz de sua Paternidade. A disciplina aplicada por Deus prova o seu amor, porquanto há coisas que Deus pode fazer melhor dessa maneira do que de outra maneira qualquer. O castigo pode chegar ao extremo de fazer uma pessoa perder a sua vida física, visando seu benefício espiritual (1Co 11.30). Isso deveria ser um forte incentivo para vivermos no temor de Deus (At 5.11). Se dermos atenção à *instrução* divina, haveremos de sofrer menos castigo (2Tm 3.16,17).

Este artigo apresenta os princípios gerais da punição. Ver os artigos separados sobre Crime e *Castigo*, *Castigo Capital* e *Castigo Eterno*, que aparece sob o título de *Julgamento de Deus dos Homens Perdidos*. Ver também o artigo sobre *Recompensas e Castigos*.

I. O Princípio Bíblico. Do princípio ao fim, a Bíblia dá a entender que o indivíduo está sujeito à sociedade dos homens e a Deus. Isso significa que os seus atos estão sujeitos a exame, e, subsequentemente, a recompensa ou castigo. As leis levíticas eram uma elaborada declaração dessa crença. O Novo Testamento põe-nos debaixo da lei do Espírito (Rm 8.2). A *lex talionis* (vide) ou retaliação segundo a ofensa, requer olho por olho e dente por dente. O Novo Testamento reconhece o poder das autoridades civis, um poder delegado por Deus (Rm 13.1 ss.), e até esse ponto, dá sanção à *lex talionis*. Porém, a questão inteira da punição é alçada até à dimensão espiritual, onde aprendemos que aquilo que uma pessoa semeia, isso também haverá de ceifar (Gl 6.7,8). O princípio geral da recompensa e do castigo é reafirmado por vários autores neotestamentários, como Tiago (Tg 2.14); Paulo (Rm 2.5; 1Co 3.8,13-15; 2Co 5.10; Cl 3.23-25); Jo (Ap 5-6; 8—9.10.7-15).

II. O Castigo como Remédio. A razão diz-nos que um castigo meramente retributivo não concorda com a natureza de Deus, como o *amor*. Alguns teólogos têm asseverado que a punição dos perdidos é final e somente retributiva. Orígenes declarou que esse ponto de vista "condescende com uma teologia inferior". Essa posição é condenada por alguns teólogos; mas ela sempre aparece de modo bem definido nos escritos dos pais gregos da igreja, contando com muitos aderentes na igreja Ortodoxa Oriental e entre os anglicanos. Além disso, trata-se de uma doutrina bíblica. Há o relato sobre a descida de Cristo ao hades (1Pe 3.18—4.6). Ele foi ali pregar o evangelho aos que haviam sido desobedientes nos dias de Noé, e por extensão a todos os perdidos. 1Pedro 4.6 diz-nos o motivo disso: ... *pois, para este fim foi o evangelho pregado também a mortos, para que, mesmo julgados na carne, segundo os homens, vivam no espírito, segundo Deus*. A passagem de Efésios 1.10 promete a restauração geral de todas as coisas, em resultado da obra divina de todos os séculos, o que incluirá os efeitos do próprio julgamento. Portanto, o julgamento ou castigo é um dedo da mão amorosa de Deus. *Aprendamos este princípio:* O contrário da injustiça não é a justiça; é o amor. O trecho de Efésios 4.9,10 mostra-nos que a descida de Cristo ao hades teve o mesmo propósito que a sua ascensão, porquanto os dois atos contribuem para fazer Cristo tornar-se tudo para todos, aquilo que se deve entender no fato de que ele *preenche todas as coisas*. O trecho de Hebreus 12.7 mostra-nos que a disciplina, que envolve o castigo, é uma medida do amor do Pai por seus filhos, tal como sucede na vida humana. Deus trata todos os homens como se fossem filhos, sem importar se salvos ou perdidos, através do mesmo princípio ensinado nos versículos que mencionei. Isso é o que deveríamos esperar da parte de Deus Pai.

III. Alicerces do Castigo. O homem é um ser responsável tanto diante de Deus quanto da comunidade humana. O castigo é um elemento que garante a responsabilidade ética. É melhor amar, e, portanto, obedecer; mas, o homem caído não se ajusta muito bem a isso. Contudo, à medida que o crente vai sendo transformado segundo a imagem de Cristo, mais ele se adapta à lei do amor, porquanto Cristo é o Filho amoroso e obediente do Pai. Porém, por enquanto, o homem precisa da ameaça do castigo tanto para impedi-lo de errar como para castigá-lo, se ele chegar a errar. O castigo também é uma medida de amor necessária, para servir de remédio para o mal, e para transformar aquele que tiver praticado o mal. O Senhor pode fazer melhor certas coisas, através do juízo, do que através de outra medida qualquer. Deus é o nosso Criador, pelo que exerce autoridade sobre nós. Cristo é o Redentor e o Restaurador, pelo que também exerce autoridade legítima sobre o homem. O dever do homem é diante do Pai e do Filho, e também é diante das autoridades civis humanas, porquanto elas são delegadas de Deus para impor a disciplina nesta esfera terrestre. Nem todos os pecados revestem-se da mesma gravidade, pelo que nem todo o castigo é igual. Os homens são julgados de acordo com suas obras (Rm 2.6). Os crentes serão julgados de acordo com as suas obras, posto que não para efeito de salvação e perdição, e sim, para efeito de recebimento ou não de galardões (1Co 3.10 ss.). Ver sobre os *Galardões dos Crentes*.

IV. Pontos de Discussão e Debate. Os teólogos debatem se o castigo imposto por Deus tem apenas um efeito retributivo, ou também tem um efeito restaurador. Em grande parte, essa é uma questão que tem envolvido choques entre as porções ocidental e oriental do cristianismo. A igreja ocidental argumenta em favor somente da ideia de retribuição. A igreja oriental argumenta em prol do valor remediador do castigo imposto por Deus. Quanto a esse ponto ponho-me ao lado da igreja oriental. Os educadores modernos defendem a ideia de que a *imposição positiva* de boa conduta é uma medida mais eficaz para aprimorar a conduta de um indivíduo do que o castigo. Esse é um bom princípio, que pode ser aplicado com frequência. Porém, não pode substituir a necessidade do castigo. Alguns crimes merecem retribuição, por amor à justiça. Além disso, o castigo severo, incluindo a punição capital (vide), é benéfico à alma, e não apenas para livrar a sociedade dos malfeitores. Freud preocupava-se com os efeitos negativos a longo prazo do castigo. Uma punição excessivamente severa pode causar um trauma duradouro, se imposta no espírito do ódio e da hostilidade. Porém, os abusos não eliminam a validade do *princípio* do castigo, com vistas à retribuição e à restauração, igualmente.

V. O Castigo e os Incrédulos. Os evangélicos geralmente estabelecem uma distinção por demais radical entre o que Deus faz com os crentes e com os incrédulos. Afinal de contas, todos os incrédulos são crentes em potencial, sendo, igualmente, objetos do amor de Deus (Jo 3.16). Tornou-se popular, na teologia evangélica, dizer que o julgamento divino tem apenas um aspecto retributivo, quando aplicado aos incrédulos. E, no entanto, o trecho de 1Pedro 4.6 contradiz essa noção de forma enfática e específica. A missão de Cristo ao hades (ver sobre a *Descida de Cristo ao Hades*), levou até ali o seu ministério evangelístico, quando o evangelho foi pregado, aos mortos (1Pe 4.6), aos desobedientes (1Pe 3.19,20). Então, eles foram julgados como homens que vivem na carne. Estão pagando pelo mal que praticaram. No entanto, o próprio castigo a que são sujeitados tem o propósito de dar-lhes vida, para que vivam como Deus vive, no espírito. Somente assim poderia ter cumprimento a restauração de todas as coisas (ver Ef 1.10), que envolve o mistério da vontade de Deus. Ver o artigo sobre a *Restauração*. O julgamento é um dedo da mão amorosa de Deus, e ele pode fazer certas coisas, através desse método, como não pode fazer de outra maneira qualquer.

Inútil é falar em *justiça* somente em termos de vingança. A passagem de Romanos 5.7 estabelece a distinção entre o homem justo e o homem bom. O homem justo é eticamente correto. Ele não infringe as demandas da lei e da moralidade. Mas o homem bom, alguém justo, também mostra-se generoso e amoroso. Por esse tipo de pessoa, alguém poderia ousar morrer, mas, pelo indivíduo meramente justo, quem se incomodaria? É impossível supormos que a justiça de Deus é inferior às exigências impostas aos homens. O oitavo capítulo de Romanos mostra-nos que neste mundo há caos e tragédia, fazendo a vida humana tornar-se fútil. Porém, Deus usa esses elementos para atrair os homens a si mesmo, e essas são formas de castigo aplicadas a todos os homens, e não somente aos crentes. (Ver Rm 8.20). A criação ficou sujeita à futilidade a fim de que pudéssemos obter, finalmente, a liberdade. Geralmente estreitamos demais o amor de Deus. Esse amor opera por toda a parte, em favor de todos; e essa é a grande mensagem do evangelho.

VI. O Castigo Relativo à Perseguição e à Tribulação. Quanto aos resultados benéficos desse castigo, ver o artigo separado sobre *Tribulação, Valor da*.

VII. O Castigo e a Lei da Colheita Conforme a Semeadura. É evidente que colhemos aquilo que semeamos (Gl 6.7,8). A graça de Deus, em face da confissão e do arrependimento, pode livrar-nos das consequências; mas, usualmente, a despeito do perdão recebido, essa lei é posta em vigor, de qualquer maneira. Nem por isso o crente castigado é, por causa disso, condenado diante de Deus, conforme o trecho de Romanos 8.1 deixa perfeitamente claro. (B H NTI W)

CASTIGO ETERNO. Ver o artigo sobre o *Julgamento de Deus dos Homens Perdidos*.

CASUÍSTICA

Aplicação de princípios morais e determinação do certo e do errado em casos particulares à luz de circunstâncias e de situação peculiares. A casuística se torna necessária por não ser possível estruturar ou expressar as regras morais gerais mais importantes para cada situação e em cada caso sem exceção. Busca a casuística, assim, aplicar a regra geral mais específica e diretamente relacionada à real situação moral. Isso deve ser visto positivamente, como meio de tornar a lei mais adequada, eliminando a obscuridade e a dúvida quanto à sua aplicação. No puritanismo, a casuística acompanhava o julgamento escrupuloso de "casos de consciência". Infelizmente, porém, na história cristã, a casuística tem sido vista negativamente, proporcionando desculpas e permitindo exceções onde não deveriam acontecer, como, particularmente, entre os jesuítas no século XVII. Seu uso frequentemente sugere uma defesa capaz de justificar até o que é errado mediante um processo de raciocínio baseado em exceções. Assemelha-se, assim, de certa forma, à ética "situacional". Teologicamente, porém, a casuística leva em consideração a natureza decaída do mundo e da humanidade e reconhece a complexidade das decisões morais. Para poder lidar com a ambiguidade e a finitude da existência humana, as pessoas necessitam de uma orientação moral dada de modo detalhado.

(**E. D. Cook**, B.A., M.A., Ph.D., M.A., membro do Green College, Oxford; diretor do Whitefield Institute, Oxford, Inglaterra.)

BIBLIOGRAFIA. J. C. Ford & G. Kelly, *Contemporary Moral Theology*, 2 vols. (Westminster, MD, 1958-1963); K. E. Kirk, *Conscience and its Problems: An Introduction to Casuistry* (London, 1927); P. Lehmann, *Ethics in a Christian Context* (London, 1963).

CATADUPAS

No hebraico, *tsinnor*. A palavra aparece somente em 2Samuel 5.8 e Salmo 42.7. Na primeira dessas passagens, nossa versão portuguesa traduz o termo hebraico por "canal subterrâneo", e, na segunda, por "catadupa". As versões em geral têm traduzido essa palavra por "catarata", por "queda d'água", *tromba d'água* etc. "Catadupa", palavra pouco usada em português, é sinônima de *catarata*. No hebraico, essa é a ideia básica, e não "canal subterrâneo". Evidentemente, em Salmo 42.7 encontramos um uso metafórico do termo, simbólico do espírito abatido e avassalado.

CATATE

Uma das aldeias de Zebulom (Js 19.15). Provavelmente é a mesma Quitrom, referida em Juízes 1.30. Tem sido tentativamente identificada com a moderna Khirbet Quteineh.

CATECISMOS

"Eu ainda tenho de ler e estudar o catecismo diariamente", declara Martinho Lutero no prefácio do seu próprio *Breve Catecismo* (1529), acrescentando que, "todavia, não posso me comportar como mestre, como gostaria, mas, sim, tenho de permanecer criança e aluno do catecismo e o faço alegremente". Os memoráveis catecismos longo e breve, de Lutero foram escritos para fazer face à ignorância espiritual que ele constatou existir na Saxônia. Para ele, o catecismo era uma explanação clara, em forma de perguntas e respostas, das coisas essenciais da fé cristã, especialmente o Decálogo, o Credo dos Apóstolos, a Oração do Senhor e os sacramentos. Esse tornou-se o principal significado da palavra que também pode ser usada para designar meios auxiliares de ensino religioso de diferentes tipos, como, por exemplo, cartazes ou livros, e contendo os mais diversos assuntos.

Enquanto Lutero, por um lado, iniciou um movimento de catequese que durou até o presente século, por outro lado, sua obra tornou-se parte de tradição bem mais ampla. Desde seus primeiros dias, tem estado a igreja preocupada em instruir os recém-convertidos e os seus membros. O foco e os métodos de instrução têm, por vezes, mudado. A iniciação cuidadosa no catecumenato, característica dos primeiros séculos, por exemplo, deu lugar a métodos muito menos estruturados na Idade Média, basicamente como resultado da prática difundida do batismo infantil. Permaneceu, no entanto, a preocupação de que o cristão comum deveria aprender as verdades básicas da religião e da piedade. Os reformadores protestantes, ao iniciar sua obra educacional, foram capazes de projetar um bom padrão para a instrução de crianças, mas que já tinha sido executado. Contudo, como as palavras de Lutero indicam, o catecismo não deveria ser só para crianças, mas foi feito para formar o entendimento doutrinário básico de todo cristão.

Os catecismos de Lutero não foram os primeiros nem os últimos dos luteranos. Imensa multiplicação desses livretes de ensino ocorreu na Alemanha e em outros países da Europa à medida que pastores produziam os seus próprios, quase sempre impressos e distribuídos em grande quantidade.

Na igreja Católica, os catecismos, como, por exemplo, o de 1555, feito pelo jesuíta Pedro Canisius (1521-1597), foram usados amplamente pelo laicato, o que aconteceu também com o catecismo do Concílio de Trento (1566), feito para os sacerdotes. Catecismos têm continuado a ser publicados sempre entre os católicos.

Dos milhares de catecismos protestantes compostos nos séculos XVI e XVII, contudo, alguns merecem atenção especial. O *Breve Catecismo* de Lutero é uma obra-prima em seu gênero. Suas respostas incisivas objetivavam ser ouvidas, sobretudo, pelo coração; mas Lutero estava cônscio dos perigos do aprendizado mecânico, por isso, insistia em sua compreensão. Ao adotar a ordem de assuntos "lei, credo, oração, sacramentos", Lutero estava intencionalmente expondo o evangelho tal como o ensinava: primeiramente, a lei, para revelar o pecado, em seguida a fé, para propiciar a cura espiritual, enfim, a oração do Senhor, para pedir sua graça. Não obstante, ele pretendia, claramente, que a lei também guiasse a vida dos cristãos. Sua divisão do Credo Apostólico em três partes, correspondendo à obra da Trindade na criação, redenção e santificação, proporcionou ao seu trabalho uma orientação evangélica poderosa.

Os calvinistas, ou reformados, foram também rápidos na elaboração de catecismos. O Catecismo da igreja de Genebra, de autoria do próprio João Calvino (1541), exerceria forte influência entre as igrejas de seu segmento cristão. Calvino começa com a fé, em vez da lei, que ele via mais como uma regra de vida para os cristãos. As notas que distinguem seu catecismo podem ser encontradas nas abordagens da descida de Cristo ao inferno e da ceia do Senhor (cf. Eucaristia), assim como em uma ênfase persuasiva na união do crente com Cristo. O diácono Alexander Nowell (c. 1507-1602), cujo longo catecismo inglês, de 1563, baseou-se muito em Calvino, abrandou o ensino sobre a união com Cristo, assim como reverteu a ordem de Calvino, tratando em primeiro lugar da lei.

Contudo, o mais importante dos primeiros catecismos calvinistas foi o de Heidelberg (1563), composto por Zacharias Ursinus (1534-1583) e Caspar Olivianus (1536-1587) para ser usado na região do Palatinado. Sua teologia sacramental é nitidamente reformada, mas em seu todo procura mediar entre os ensinos de Calvino e Lutero. Está ainda em uso nas igrejas reformadas de tradição holandesa (cf. Teologia Reformada Holandesa), em razão de sua clareza, brevidade e fervor piedoso. A pergunta inicial, brilhantemente concebida — Qual o seu único conforto na vida e na morte? — tem uma resposta profunda que começa assim: Que eu, em corpo e alma, tanto na vida quanto na morte, não me pertenço, mas pertenço ao meu fiel Salvador Jesus Cristo [...]. Sua tríplice forma de desenvolvimento — A miséria do homem; A redenção do homem e A gratidão do homem — contribui, igualmente, para cativar a atenção do leitor.

O *Livro de oração comum* contém um breve catecismo inglês, mas o uso mais intenso dos catecismos britânicos se daria entre os puritanos, como é o caso do catecismo de William Perkins (1558-1602), intitulado *The Foundation of Christian Religion* [*O fundamento da religião cristã*]. Ele é interessante, sobretudo, por oferecer um exemplo de como o ensino da experiência e de assuntos teológicos pode modificar a forma e o conteúdo do catecismo. Esse catecismo foi projetado para ser usado antes do catecismo convencional, numa tentativa de tornar real para o aluno a experiência da fé cristã, a fim de que pudesse ser "de algum modo sentida no coração".

Talvez o mais famoso de todos os catecismos reformados, contudo, seja o *Catecismo Breve* produzido pela Assembleia de Westminster, em 1648. Sua influência, especialmente na Escócia, tem sido ímpar. T. F. Torrance chama-o de "um dos mais importantes e notáveis documentos de toda a história da teologia cristã". Esse catecismo aborda a lei, os sacramentos e a oração do Senhor, mas abre mão do credo em favor de uma seção preliminar que trata da pessoa de Deus, de seus pactos e decretos, expondo a história da redenção consumada e posta em prática. Sua eficácia reside na progressão teológica de seu pensamento e nas respostas, breves, mas excelentes, às perguntas feitas.

A intenção para a instrução dos catecismos era de que esta se realizasse nos lares e nas escolas, além de nas igrejas. A congregação, devidamente instruída, estaria, assim, pronta a receber o benefício dos sermões, já tendo o catecismo proporcionado a estrutura doutrinária básica adequada à compreensão da exposição de passagens das Escrituras. O método dialogal buscava oferecer respostas perceptíveis da verdade divina, os catecismos tentaram estruturar essa verdade de um modo ordenadamente correspondente ao progresso da vida cristã. Todavia, como forma de ensino, os catecismos parecem ter perdido basicamente a atenção das igrejas, apesar de um novo catecismo ainda ser ocasionalmente publicado e até a prática da catequese vir experimentando ultimamente certo reavivamento. É salutar, no entanto, observar a avaliação de G. Strauss de que os resultados de todos os esforços das primeiras gerações de luteranos foram escassos e contraproducentes. A questão, agora, é se é possível ou desejável organizar o crescimento espiritual dos crentes ou se a abstração do credo, do Decálogo e da ceia do Senhor do corpo da verdade cristã é teologicamente justificável. Apesar de quaisquer que sejam seus pontos fracos, porém, os catecismos buscam ensinar a doutrina cristã básica e foi para o empobrecimento da igreja que nada parece ter podido substituí-los.

(**P. F. Jensen**, M.A., B.D., D.Phil., reitor do Moore College, Sydney, Austrália.)

BIBLIOGRAFIA. H. Bonar, *Catechisms of the Scottish Reformation* (London, 1866); D. Janz, *Three Reformation Catechisms: Catholic, Anabaptist, Lutheran* (New York, 1982); G. Strauss, *Luther's House of Learning* (Baltimore, MD, 1978); T. F. Torrance, *The School of Faith* (London, 1959); J. H. Westerhoff III & O. C. Edwards Jr., *A Faithful Church* (Wilton, CT, 1981).

CATIVEIRO (CATIVEIROS)

No hebraico várias palavras são usadas para indicar essa ideia, mas as palavras principais são: **1.** *Golah*, "cativo", palavra que, em suas várias formas figura por cerca de cento e setenta vezes. **2.** *Shabah*, "cativar", palavra que, em suas diversas formas aparece por cerca de 72 vezes. Trechos notáveis são: de *golah* (2Rs 24.15; 1Cr 5.22; Ed 1.11; Et 2.6; Jr 29.16,20,31; Ez 3.11; 11.24,25; Zc 6.10; 14.2); de *shabah* (Dt 30.3; Jó 42.10; Sl 14.7; 126.4; Jr 29.14; 49.6,39; Lm 2.14; Jl 3.1; Ez 16.53; Dn 11.33; Sf 2.7).

No grego temos as palavras: *Aichmalotizo*, "tomar à ponta de lança", termo que figura em Lucas 21.24; Romanos 7.23; 2Coríntios 10.5 e 2Timóteo 3.6. *Aichmalotéo*, em Efésios 4.8. *Aichmálotos* em Lucas 4.18. *Zogréo*, "apanhar vivo", em Lucas 5.10 e 2Timóteo 2.26.

As Escrituras descrevem muitos **tipos de cativeiro**, a saber: **1**. O cativeiro efetuado pelo inimigo, em tempos de guerra ou de paz, mediante o qual pessoas são cativas, contra a própria vontade. Nos tempos antigos, com frequência isso envolvia a escravidão (Dt 28.27-48; Gn 14.14; Jr 52.29,30). **2**. O cativeiro evangélico dá-se quando o todo-poderoso amor de Cristo obtém controle sobre uma pessoa, que então dedica-se totalmente à inquirição espiritual (2Co 10.5). **3**. O cativeiro do pecado, quando alguém é oprimido e escravizado pelo poder de Satanás, bem como por suas próprias corrupções internas, naturais (Rm 7.23; 1Sm 30.3; 2Tm 2.26). **4**. O cativeiro moral, cujo conceito contrário é a vitória sobre o pecado e os vícios. Essa vitória leva o crente ao progresso espiritual, permitindo-lhe vencer os elementos morais e espirituais prejudiciais, levando tudo a cativeiro, à vontade do Senhor (2Co 10.5), incluindo os próprios *pensamentos*. Não está em foco alguma pequena vitória! **5**. O cativeiro do mal, efetuado por Jesus (Ef 4.8). Provavelmente, isso significa que as forças satânicas que escravizam as almas, especialmente aquelas que existem no hades, e ali conservam as almas cativas, por sua vez foram vencidas e cativadas por Jesus, sendo derrotadas e desativadas. Alguns interpretam isso como a transferência de almas justas, que viveram antes do ministério terreno de Jesus, para o céu. Seria a transferência da parte boa do hades (ou paraíso), para o céu. Ver a exposição no NTI, sobre Efésios 4.8, quanto a completos detalhes. **6**. O cativeiro pode ser imposto como *retribuição ao mal*, de tal maneira que aqueles que levam outros em cativeiro, haverão de colher segundo semearam, sendo levados em cativeiro (Ap 13.10). Essa é uma promessa especial àqueles crentes que sofrerão durante a Grande Tribulação. Os seus opressores, no devido tempo, serão julgados por Deus. **7**. Os males morais levam-nos ao cativeiro à lei do pecado (Rm 7.23), que em nós opera. Trata-se da escravização moral, que todos os homens experimentam, e da qual a missão de Cristo tem o intuito de livrar-nos. **8**. Vários cativeiros nacionais de Israel são descritos no Antigo Testamento. Temos o cativeiro de Israel no Egito, bem como o relato da libertação deles, mediante o êxodo. Isso serve de símbolo moral e espiritual do livramento do pecado e de sua escravização, para que o homem possa entrar no mundo dos benditos, na Terra Prometida espiritual. Artigos separados são apresentados sobre o *Cativeiro Babilônico* e sobre o *Cativeiro Assírio*. **9**. *Cativeiro sob os Romanos*. O que sucedeu a Israel, às mãos dos conquistadores romanos, foi a culminação dos cativeiros e das escravizações de Israel. Muitos milhares de judeus foram massacrados, e muitos outros milhares foram exilados e escravizados. Josefo diz-nos que, durante o cerco de Jerusalém por Tito, no ano 70 d.C., 97 mil judeus foram capturados, e um milhão e cem mil judeus foram mortos. Esse foi um número imenso, levando-se em conta a pequenez da nação judaica, de tal modo que quase cada indivíduo sofreu um ou outro desses horrores. Aqueles que tinham menos de 17 anos foram vendidos para servir de escravos a particulares. Muitos outros foram enviados para trabalho forçado nas minas do Egito, e outros foram enviados às províncias do império para serem mortos nos teatros, à espada ou pelos animais ferozes. Ver *Guerras* vi.9,3. Uma outra devastadora destruição da nação judaica ocorreu nos dias do imperador Adriano, em cerca de 132 d.C. Os poucos judeus que tiveram permissão de continuar na Palestina, foram finalmente levados dali, dando início à grande dispersão, que só foi revertida em nossos próprios dias, após a Segunda Guerra Mundial, quando da formação do Estado de Israel, em 1948. A partir dessa data, Israel tornou-se novamente uma nação organizada, conforme os profetas haviam predito. O milagre de Israel inclui o fato de que, a despeito da verdade que eles não tinham pátria nem território, e estavam espalhados pelo mundo inteiro, Israel foi capaz de preservar a sua cultura e religião, e portanto, a sua identidade como nação.

O Cativeiro de Israel e as Profecias Bíblicas. O Antigo Testamento predizia a restauração de Israel à sua terra, no fim dos tempos, e que após algum tempo se seguiria a era milenar (Is 11.11). Isso se refere à segunda restauração. A primeira foi parcial, após o cativeiro babilônico. Essa segunda e última restauração será a versão da grande dispersão ou diáspora (ver Jr 16.14,15; Is 43.5-7). Seu aspecto definitivo virá após o término dos tempos dos *gentios* (Lc 21.24), por ocasião do segundo advento de Cristo (Mt 23.29). Isso envolverá até mesmo a reversão da incredulidade de Israel (Ez 36.24-27). Será uma completa restauração nacional, física e espiritual (Rm 11.25). Ver a exposição desse último versículo no NTI, quanto a detalhes completos. Então Israel se tornará a cabeça das nações, e um povo sacerdotal, anunciará a mensagem de Deus a todos os demais povos, em um período de prosperidade e paz sem igual (Zc 3.1-12; Ap 20.1-10, caps. 21 e 22). Israel, pois, será reenxertada na vinha divina da vida (Rm 11.23). (I IB HA NTI)

CATIVEIRO ASSÍRIO

Ver o artigo geral sobre *Cativeiro, Cativeiros*. Esse cativeiro também é conhecido como cativeiro das dez tribos de Israel. Embora nos refiramos a esse cativeiro como um único evento, na realidade envolveu um complexo processo. A maior parte da população das tribos israelitas do norte foi levada em exílio, não para a Babilônia (que foi a experiência da tribo de Judá; ver sobre *o Cativeiro Babilônico*), mas para a Assíria (vide). O período durante o qual essa remoção teve lugar, estendeu-se por cerca de 150 anos. Podemos dividir esse período em quatro fases: ***a***. a daqueles levados cativos por Tiglate-Pileser III, nos dias de Peca, rei de Israel, em cerca de 740 a.C. Nesse exílio estiveram envolvidas as tribos transjordânicas de Israel (1Cr 5.26), e os habitantes da Galileia (2Rs 15.29). O destino deles foi a Assíria. ***b***. Durante o reinado de Oseias, rei de Israel, Salmaneser, rei da Assíria, invadiu Israel por duas vezes (2Rs 17.3,5), provavelmente levando os israelitas que tinham sobrevivido na outra invasão. ***c***. Seu sucessor, Sargão II, em 721 a.C., conquistou a capital, Samaria, e levou mais de 27 mil pessoas. Isso está registrado nos anais de Corsabade. ***d***. O que não fora levado cativo pelos reis anteriores, outros monarcas assírios, especialmente Esar-Hadom, em cerca de 681-668 a.C., levou embora.

Atualmente, há estudiosos que acreditam que os descendentes desses exilados israelitas, em várias levas, encontram-se, muito misturados com outros povos, na região em torno do lago Vã, na porção extremo oriental da moderna Turquia, onde esse país tem fronteiras comuns com o sul da União Soviética, com o Irã ocidental e com o norte do Iraque. Se isso corresponde à realidade dos fatos, é algo que não sabemos dizer. (ALB AM BAD BAR E)

CATIVEIRO BABILÔNICO

Esse título se refere ao período da história dos judeus que começou no ano de 597 a.C., quando foi deportado o primeiro grande grupo de judeus juntamente com seu rei, Jeoaquim, para Babilônia por determinação de Nabucodonosor. Esse período terminou em 538 a.C., quando Ciro, monarca persa da Babilônia, baixou um decreto concedendo aos judeus o direito de retornarem a Jerusalém e reconstruírem o templo (ver o artigo). No período entre essas duas datas, tiveram lugar diversas outras deportações, entre as quais aquela após a destruição do templo, em 587 a.C. As fontes informativas diferem no tocante ao número de judeus que foram exilados, conforme se vê mediante a comparação dos trechos de 2Reis 24.14,16 e Jeremias 52.28-30. O certo, porém, é que pelo menos vinte mil judeus foram deportados. Os judeus, chegados à Babilônia, desfrutaram de condições relativamente favoráveis. O solo ali era mais fértil que o da Judeia, e os agricultores judeus facilmente podiam cultivá-lo. Alguns deles conseguiram enriquecer. Muitos tornaram-se tão bem-sucedidos na Babilônia que se recusaram a retornar à Palestina, quando Ciro lhes permitiu o retorno. Contudo, ajudaram financeiramente àqueles que desejaram voltar do exílio. Cerca de 42 mil judeus retornaram a Judeia, em 538 a.C. e aqueles que permaneceram na Babilônia formaram o núcleo de uma comunidade que, séculos mais tarde, tornou-se um importante centro da erudição e das tradições judaicas. (Ver também o artigo sobre o cativeiro *assírio*).

Tanto o cativeiro assírio quanto o babilônico haviam sido preditos pelos profetas do Antigo Testamento. Por detrás desses cativeiros havia razões morais e espirituais, e não apenas econômicas, militares e políticas, que se originam dos conflitos entre os povos. É verdade que todos esses fatores existiam; mas ao povo de Deus só sucede aquilo que ele permite ou ordena. É assim, todas as grandes modificações, relativas a indivíduos ou nações, dependem, em última análise, da vontade de Deus. O juízo divino sobrevém aos desobedientes e interrompe, se não mesmo destrói, tudo quanto estiver sendo feito de positivo. Todavia, o juízo divino sempre é remediador, e não apenas punitivo. A apostasia pode ser revertida pelo julgamento divino; e, com frequência, Deus pode fazer coisas boas através do juízo divino, que não podem ser realizadas de outra maneira qualquer. (Ver o artigo sobre *o julgamento divino*).

Quanto à interpretação das predições proféticas de que o cativeiro babilônico foi um juízo divino, ver os trechos de Isaías 54.9,10 e Jeremias 31.3-6. Resultados do cativeiro babilônico: Esse evento demonstrou a soberania de Deus e também o seu interesse pelo seu povo. A universalidade de Deus foi demonstrada, porquanto ficou provado que ele trata com todas as nações, e não apenas com Israel. Além disso, os judeus exilados levaram o judaísmo a lugares que, doutra sorte, só teriam sido atingidos dentro de muitos séculos. E isso deu um grande avanço à mensagem espiritual. (ALB AM BAD BAR E)

CATOLICIDADE

É um dos "sinais" (ou marcas) característicos da igreja de Cristo, juntamente com sua unidade, santidade e apostolicidade. No período patrístico, a catolicidade indicava o fato de ser a igreja uma sociedade universal, confessando uma só fé, com um só batismo e envolvida na missão de Deus neste mundo por estar unida a Cristo, o Senhor.

Contudo, os cismas, as divisões e as heresias levaram à necessidade de haver critérios para se estabelecer a catolicidade. O texto a respeito desse tema mais famoso e amplamente usado é o de Vincent de Lérins (m. antes de 450), que, no começo do século V, apresentou o seguinte critério tríplice, conhecido como Cânon Vicentino: *Quod ubique, quod semper, quod ab omnibus creditum est* — aquilo que tem sido crido em toda parte, sempre e por todos. Os que aceitam esse critério, o veem como apontando para as sagradas Escrituras, os credos antigos, os dois sacramentos e o triplo ministério na condição de serem as regras necessárias à existência de catolicidade; outros acrescentam ainda o papado, como o meio pelo qual as regras seriam mantidas. Considerado assim, no entanto, o cânon vicentino exclui grande parte do ramo protestante ortodoxo da igreja. Portanto, para que a palavra "catolicidade" possa ser aplicável, deve ter outro significado.

Uma possibilidade é que seja usada com um significado mínimo que indique meramente um fato histórico e existencial, pois como Cristo ordenou que o evangelho fosse pregado por toda a ordem criada, a igreja se tornou uma sociedade universal. Outra abordagem, mais adequada, lembra que o termo "católico" indica "totalidade" (gr. *kath'holou*, "no todo"), devendo-se ver, desse modo, a catolicidade como aquilo que Deus chama de sua igreja, pois ele proveu a totalidade de seu povo no Senhor Jesus. Essa totalidade inclui tudo aquilo que Cristo, em seu Espírito, e por intermédio dele, quer compartilhar com o seu corpo e nele derramar em termos do fruto e dos dons do Espírito, santificante e libertador. Nesse entendimento, portanto, a catolicidade é experimentada de forma maior ou menor no presente e é para ela que o povo de Deus se move em esperança, como peregrino. Deve-se acrescentar que essa abordagem está de pleno acordo com o primeiro uso registrado do termo "católico" na literatura eclesiástica. Por volta do ano 112, Inácio de Antioquia escrevia à igreja de Esmirna: "Onde quer que Cristo esteja, existe a igreja católica".

(**P. Toon**, M.A., M.Th., D.Phil., professor de Teologia do Philadelphia *Theological Seminary*, EUA.)

BIBLIOGRAFIA. TI do *Commonitorium*, de Vincent, *in:* G. E. McCraken, *Early Medieval Theology* (*LCC* IX; London, 1957).

R. N. Flew & R. E. Davies (eds.), *The Catholicity of Protestantism* (London, 1950); A. Harnack, *History of Dogma*, vol. 2 (London, 21896); D. T. Jenkins, *The Nature of Catholicity* (London, 1942); J. H. Maude, in *ERE* 3, p. 258-261; J. Pearson, *An Exposition of the Creed* (1659), ed. E. Walford (London, 1850).

CATUA

Essa palavra aparece somente no livro de 1Esdras 5.30, na LXX. Seria o nome de uma pessoa que não é mencionada na lista paralela de Esdras 2.47 e de Neemias 7.49 da Bíblia hebraica.

CAUDA

Há uma palavra hebraica e uma palavra grega envolvidas neste verbete, a saber: **1**. *Zanab*, "cauda", "ré". Esse vocábulo hebraico ocorre por onze vezes (Êx 4.4; Dt 28.13,44; Jz 15.4; Jó 40.17; Is 7.4, 9,14,15). Essa palavra aparece tanto em sentido literal quanto em sentido figurado. **2**. *Ourá*, "cauda". Termo grego que é usado por cinco vezes (Ap 9.10,19 e 12.4). Devido à natureza das visões simbólicas do Apocalipse, onde essa palavra grega aparece com exclusividade, sempre há algum sentido simbólico nas menções a "caudas", no Novo Testamento.

A primeira menção a essa palavra, no Antigo Testamento, refere-se à cauda da serpente em que se transformou o cajado de Moisés, quando ele o atirou ao solo, por ordem do Senhor. Moisés foi instruído a não temer: *estende a mão, e pega-lhe pela cauda...* (Êx 4.4). Mas, se essa primeira menção refere-se a uma cauda literal, a segunda já tem sentido altamente representativo. Em Deuteronômio 28.13, lemos as palavras: *O Senhor te porá por cabeça, e não por cauda; e só estarás em cima, e não debaixo, se obedeceres aos mandamentos do Senhor teu Deus, que hoje te ordeno...* Com as tribos divididas, seis no monte Ebal e seis no monte Gerizim, Moisés desfilou diante delas as maldições e as bênçãos de Deus, decorrentes da desobediência ou da obediência do povo de Israel ao Senhor. Essa foi uma predição feita com auxílio de encenação, e tem-se cumprido fielmente na história do povo terreno de Deus. Nos dias do Antigo Testamento, sempre que os israelitas mostraram-se obedientes, o Senhor os abençoou. Houve uma série de apostasias, intercaladas com períodos de breve arrependimento, tanto antes quanto depois do estabelecimento da monarquia. Os períodos de arrependimento foram assinalados pelo levantamento de juízes, que foram, acima de tudo, "líderes militares" carismáticos, que libertaram Israel de seus opressores. E, quando o reino dividiu-se em dois, houve uma sucessão ininterrupta de monarcas ímpios no reino do norte, Israel, o qual acabou sendo castigado com um exílio sem retorno, na época do predomínio assírio por toda a região do Oriente Médio (722 a.C.). Para o reino de Israel, isso representou a redução ao estado de "cauda". No reino do sul, Judá, houve reis piedosos e ímpios. Mas Deus perdeu a paciência por causa de Manassés, o pior dos reis de Judá, no que concerne ao seu relacionamento com o Senhor. Lemos em 2Reis 21.11,12 que o Senhor deu o seguinte recado, através de seus profetas: *Visto que Manassés, rei de Judá, cometeu estas abominações, fazendo pior do que quanto fizeram os amorreus antes dele, e também a Judá fez pecar com os ídolos dele, assim diz o Senhor Deus de Israel: Eis que hei de trazer tais males sobre*

CAUDA GORDA

Jerusalém e Judá, que todo o que os ouvir, lhe tinirão ambos os ouvidos. Essa predição cumpriu-se pouco mais de cinquenta anos depois do reinado de Manassés, quando Nabucodonosor levou os habitantes de Judá e Jerusalém para o exílio (586 a.C.). 70 anos mais tarde, os judeus começaram a voltar à sua própria terra; mas nunca mais tiveram o seu próprio governante supremo, que se assentasse no trono de Davi.

Houve oportunidade de os judeus redimirem-se de sua humilhante situação, nos dias do Senhor Jesus. No entanto, em sua cegueira espiritual, o povo de Deus repeliu o seu próprio Messias e Rei, o Senhor Jesus, exigindo a sua crucificação, quando o próprio governador romano o havia considerado inocente de todas as acusações assacadas contra ele, pelos invejosos líderes religiosos da nação judaica. Em uma de suas parábolas, Jesus mostrou o resultado disso: *Portanto vos digo que o reino de Deus vos será tirado e será entregue a um povo que lhe produza os respectivos frutos* (Mt 21.43). Materialmente, essa predição cumpriu-se no ano 70 d.C., quando começou o grande exílio judeu que só terminou em 1948, por ocasião da formação do moderno Estado de Israel. Além da perda de sua nacionalidade (embora não de sua cultura e nem de sua identidade), os judeus têm sido atrozmente perseguidos nestes quase dois milênios, objetos de motejo dos povos e de abusos da parte dos poderosos e dos religiosos fanáticos. Eles têm sido a cauda das nações, cumprindo as predições de Deuteronômio 28.13,44. Todavia, como o Senhor Deus jamais se mostrará infiel às promessas feitas a seu amigo, Abraão, reiteradas através dos séculos, em gerações sucessivas, por meio das Escrituras Sagradas, no tempo determinado o reino de Deus será devolvido aos judeus, no sentido material e no sentido espiritual. Isso ocorrerá por ocasião da futura restauração de Israel, que terá plena concretização durante o milênio. Ver os artigos sobre *Restauração de Israel* e sobre *Milênio*. E Israel voltará, então, a ser a cabeça das nações, e nunca mais a cauda.

De todas as caudas, a mais horrenda certamente é a do dragão, referido em Apocalipse 12.1-18. Lemos em 12.4 desse livro: *A sua cauda arrasta a terça parte das estrelas do céu, as quais lançou para a terra...* Dentro da visão de João, esse momento representa duas fases da história de Satanás: *a.* na eternidade passada, quando de sua rebeldia contra o Senhor Deus, em que o diabo foi acompanhado por um terço das criaturas angelicais, e *b.* quando da futura Grande Tribulação, quando Satanás invadir este mundo com seu exército demoníaco, do que dá testemunho um outro trecho do Apocalipse: *Ai da terra e do mar, pois o diabo desceu até vós, cheio de grande cólera, sabendo que pouco tempo lhe resta* (12.12).

A cauda do dragão retrata o engano vergonhoso em que caíram aqueles anjos que se deixaram envolver pelo diabo, na eternidade passada. Também podemos antever nessa cauda o triste fim desses mesmos anjos, quando forem julgados. A queda de Satanás e de seus anjos é gradual, conforme o sabe todo estudioso das Sagradas Escrituras. Na história deles há momentos de vitória fugaz, como quando da morte do Senhor Jesus (Lc 22.53, *Esta, porém, é a vossa hora e o poder das trevas*), ou como quando da futura Grande Tribulação (vide). Todavia, fatalmente chegará o tempo em que o diabo e seus anjos serão, realmente, a "cauda" de toda a criação, isto é, quando forem julgados e encerrados em sua perpétua prisão (ver Mt 25.41). E Judas, versículo seis, arremata: *E a anjos, os que não guardaram o seu estado original, mas abandonaram o seu próprio domicílio, ele tem guardado sob trevas, em algemas eternas, para o juízo do grande dia.* Sem dúvida, não foi um bom negócio para os anjos maus, quando resolveram seguir a liderança de Lúcifer. A perda deles é eterna e irreparável. Não há qualquer provisão de salvação para os anjos que pecaram. Mas, pela graça divina, qualquer homem que está reduzido ao estado de *cauda*, espiritualmente falando, mediante a redenção que há no sangue de Cristo, e através do arrependimento e da fé, pode ser guindado à posição de cabeça, juntamente com o Filho de Deus bendito.

CAUDA GORDA

No hebraico, *alyah*. Essa palavra figura por cinco vezes (Êx 29.22; Lv 3.9; 7.3; 8.25; 9.19). Somente na referência de Êxodo que nossa versão portuguesa traduz por "cauda gorda"; nas outras referências apenas por "cauda". Isso faz alusão ao tipo, de gado ovino cultivado na Palestina, cuja cauda é bem mais volumosa que a de outras espécies. Essa ovelha é também chamada de ovelha síria, cuja cauda chega a pesar quase dez quilos, sendo considerada uma das porções mais deliciosas ao paladar, depois de preparada. Os sacerdotes não podiam comer da carne da cauda dessa ovelha, quando a ofereciam em holocausto. Antes, ela era alçada diante do Senhor e inteiramente consumida como aroma suave a Yahweh.

CAVALARIA

Palavra derivada de cavalo, que tem seus correspondentes no hebraico (*sus*) e no grego (*úpppos*). O uso de cavalos, em grande número, nas batalhas, pode ser traçado até cerca de 1200 a.C. As vantagens do uso do cavalo, dessa maneira, eram as seguintes: **1.** Velocidade. **2.** Um cavaleiro podia ferir a um soldado a pé, tornando-se invulnerável, exceto em caso de ataque com flechas. **3.** Um terror para os soldados que combatiam a pé, que dificilmente seriam capazes de enfrentar uma carga de cavalaria. **4.** Para acompanharem carros também puxados por cavalos, aumentando o ímpeto da carga. Sabemos, através de trechos como 2Samuel 8.3,4; 15.1; 1Reis 4.26; 10.26, que tanto Davi quanto Salomão lançaram mão dessa estratégia. As mulas também eram usadas com esse propósito (2Sm 13.29). O cavaleiro, lutando como um arqueiro, guiava o cavalo mudando o peso de seu corpo, ou mediante a pressão das pernas. Um lanceiro podia operar a lança com uma das mãos, e os arreios com a outra. Sela, esporas e estribos foram inovações posteriores. Ver o artigo sobre *Exército, Guerra.*

CAVALO

No hebraico, *sus*. Palavra que ocorre por 133 vezes, desde Gênesis 47.17 até Zacarias 14.20. No grego, *íppos*, um vocábulo que ocorre por dezessete vezes (Tg 3.3; Ap 6.2,4,5,8; 9.7,9,17,19; 14.20; 18.13; 19.11,14; 19.18,19,21). Ver os artigos separados sobre *Cavalaria; Cavalos, Os Quatro do Apocalipse.*

Há evidências que mostram que o *cavalo* foi o último e mais forte dos animais de transporte a ser domesticado e desenvolvido na nossa civilização. Por motivo de sua grande utilidade, espalhou-se por todas as regiões do nosso planeta, segundo a civilização foi avançando. As evidências que nos chegam das eras mais remotas, muitas delas pré-adâmicas, e que terminaram em grandes cataclismos, mostram que o cavalo já era um animal importante naquelas civilizações perdidas no passado. Mesmo então esse animal existia sob várias espécies. Alguns povos antigos comiam carne de cavalo, como parte de sua dieta ordinária. Porém, os hebreus não consumiam carne de cavalo, porquanto não se ajustava às leis levíticas, que afirmavam que só podia ser comida a carne de animais que ruminassem e tivessem os cascos fendidos. Não há qualquer razão higiênica para a proibição da ingestão da carne do cavalo. É possível que o fato de que o cavalo sempre esteve tão ligado ao homem, tenha-o isentado de ser animal de consumo, o que também se aplicaria ao cão, embora, neste último caso, haja outros problemas que devem ser considerados.

1. Origens. Quando falamos a respeito de origens, em qualquer contexto, temos de relembrar que estamos falando somente da civilização mais recente, à qual podemos denominar "adâmica". Há fortes evidências em prol de civilizações pré-adâmicas, várias delas, que terminaram em grandes cataclismos com mudanças dos polos magnéticos da terra. Essas mudanças de polos rearranjam os continentes, produzindo destruições de grande magnitude, que requerem um novo começo. O período adâmico parece ter sido o anterior à última dessas fases; e o período de Noé, a última delas. Muitos cientistas e místicos afirmam que não estamos distantes de um outro desses tremendos cataclismos. Dentro da teologia, isso significa que o milênio só começará uma vez que nosso ciclo venha a ser demolido. Não olvidando essas coisas, no que concerne ao cavalo, devemos dizer que suas origens dizem respeito muito mais a onde ele apareceu a princípio, em sua recuperação, bem como dentro do escopo de nossa história, desde a época de Adão. Nesse caso, tem sido demonstrado que houve espécies de cavalos que podem ser atribuídas a diferentes áreas geográficas, como: *a*. No leste e no sul da Africa, as zebras. *b*. No norte e no nordeste da África, o asno (vide). *c*. No leste da Palestina até o deserto de Gobi, o asno selvagem. *d*. Nas estepes da Eurásia, ao norte das grandes cadeias montanhosas. *e*. Uma pequena espécie de cavalo, com cerca de 1,20 m nas espáduas, na Mongólia. *f*. Na Ucrânia, havia ainda uma outra espécie, ancestral de várias estirpes, um pequeno cavalo cinzento. O último exemplar dessa espécie morreu em 1851. É interessante notar que, na América do Norte, onde o cavalo foi introduzido pelos europeus em época relativamente recente, a arqueologia tem descoberto várias espécies, ali existentes em tempos remotos. Não somente isso, mas também ali houve vários outros animais, como o leão, o camelo, além de muitas espécies agora extintas, que datam de tempos pré-adâmicos. Portanto, quando falamos em origens, estamos falando sobre como as coisas tornaram a arranjar-se recentemente. O resto está perdido nos arquivos da eternidade passada.

2. Domesticação. As evidências mostram que outros animais úteis, como a ovelha, a cabra, o touro e o asno foram os primeiros a serem domesticados pelo homem. Os fazendeiros utilizavam-se de todos eles. Com exceção do asno, todos eles também serviram para alimentar o homem. Na literatura suméria há referências ao cavalo desde o ano 2000 a.C. Porém, parece que eles não domesticavam o cavalo. Talvez tenham sido os nômades indo-europeus, a leste do mar Negro, que tiveram essa distinção. Já desde 1900 ou 1800 a.C., cavalos estavam sendo usados nas guerras entre os povos, pelo que, algum tempo antes disso, esse animal deve ter sido domesticado. O trecho de Gênesis 49.17 menciona o cavalo, o que significa que a nossa Bíblia começa praticamente na época de sua domesticação. Os guerreiros hicsos, ao que parece, foram os introdutores do cavalo no Egito. Faraó usou-os contra Israel (Êx 14.9; 15.19). O trecho de Deuteronômio 17.16 parece indicar que Israel foi proibido de ficar com os cavalos que fossem capturados. Porém, o cavalo era um animal por demais valioso para que essa lei ficasse em vigor por muito tempo. A multiplicação de cavalos em Israel foi rápida. Salomão tinha doze mil cavaleiros e quatro mil cavalos para puxar seus carros de guerra. Outros animais, como o asno, a mula e o camelo também eram usados nas operações militares; mas o cavalo sempre foi um marco de superioridade militar, o animal preferido acima de todos os outros. Nas trilhas, ou em terreno áspero, o asno saía-se muito melhor que o cavalo; mas, em tudo o mais, o cavalo era preferido. Naturalmente, para viagens através do deserto, nenhum animal equipara-se ao camelo.

3. Referências Bíblicas. Há muitas referências bíblicas ao cavalo (150 delas, no Antigo e no Novo Testamento). Portanto, damos aqui apenas exemplos dessas referências. *a*. Eram usados cavalos em Israel, desde os tempos dos patriarcas (Gn 47.17). O cavalo era usado como montaria ou para puxar carros. *b*. Somente em 1Reis 20.20 há alusão direta a cavalos usados como montarias; mas é provável que essa prática então já fosse antiga. *c*. Lemos em Gênesis 50.9 que tanto cavaleiros quanto vagões acompanharam o grande cortejo do sepultamento de Jacó, em Canaã, e isso implica o uso do animal como montaria, o que também se depreende do relato de que o exército egípcio usava cavalos (Êx 14.9). *d*. O Egito tornou-se um importante centro criador de cavalos; e Salomão tirou proveito dessa circunstância para obter cavalos e equipar o seu exército, pois o Egito era país que fazia fronteira com Israel (1Rs 10.28,29). *e*. A multiplicação de cavalos fora proibida em Israel (Dt 17.16). É significativo que essa proibição esteja no contexto da predição de que, algum dia, Israel exigiria um rei. Foi justamente na época dos reis de Israel que essa multiplicação de cavalos teve lugar. Naturalmente, era impossível enfrentar exércitos estrangeiros invasores sem cavalos, pelo que um mal contribuiu para outro. O trecho de 2Samuel 8.4 mostra-nos que Davi contava com um pequeno número de cavalos, mas Salomão foi o campeão dos criadores de cavalos em Israel, segundo já mencionamos. Ele construiu estábulos para abrigar quatro mil cavalos (2Cr 9.25). A menção a "quarenta mil cavalos", em 1Reis 4.26, parece ser um erro escribal.

Provavelmente, foram os hicsos (1700-1600 a.C.) que trouxeram os cavalos da Ásia Menor, introduzindo-os no Egito e na terra de Canaã. Esses animais eram então usados especialmente para puxar os carros de combate. Os egípcios empregaram cavalos para perseguir os israelitas, por ocasião do *êxodo* (Êx 14.9). E, ao entrarem na terra de Canaã, os israelitas ali encontraram os habitantes locais empregando esse animal em suas batalhas (Js 11.4; Jz 4.3; 1Sm 13.5 e 2Sm 1.6). Somente já no tempo de Salomão, os cavalos tornaram-se familiares aos hebreus em maior escala (cf. Js 11.9; 2Sm 8.4). Assim, as palavras *sus, rekes* (parelha de cavalos) e talvez até mesmo *parash, "cavaleiro"*, parecem ter tido uma origem estrangeira, não semítica. Prevaleceu ainda por muitos séculos a ideia de que o cavalo serve de símbolo das potências militares estrangeiras, e, portanto, inimigos de Deus, conforme se vê em Oseias 1.7 e Isaías 31.1-3.

Foi Salomão quem organizou a cavalaria em Israel, importando esses animais da Ásia Menor (1Rs 10.26-29; 2Cr 1.14-17). Houve a organização de esquadrões especiais de cavalaria e de carros de guerra (1Rs 9.19; 2Cr 9.25). Isso tem sido confirmado por descobertas feitas quando das escavações arqueológicas em Megido. No entanto, alguns estudiosos têm pensado que as estrebarias antigas, ali descobertas, pertencem a um período posterior, talvez mandadas construir pelo rei Acaz (735-731 a.C.).

Usos do Cavalo. Na Bíblia, os cavalos quase exclusivamente aparecem como cavalos de guerra, ou, pelo menos, propriedade de reis, e não de pessoas comuns. Uma referência considerada duvidosa, por muitos estudiosos, é a de cavalos usados para trilhar o grão, que aparece em Isaías 28.28. Os cavalos figuravam entre as propriedades particulares que os egípcios deram a José, em troca de cereal, durante o período de fome de sete anos (ver Gn 47.17). Em Deuteronômio 17.16, Moisés recomendou aos possíveis futuros reis de Israel que não multiplicassem cavalos, e nem fizessem voltar o povo de Israel ao Egito para "multiplicar cavalos". Porém, essa e outras proibições não conseguiram impedir que os judeus imitassem certos costumes dos povos ao derredor, como sua idolatria e seus vícios, entre os quais a organização de cavalarias, para efeitos de conquistas militares. Nos casos de guerra, os cavalos serviam de montaria ou serviam para puxar carros de combate (ver Êx 14.9; Js 11.4; 2Sm 15.1 etc.).

Os cavalos de Salomão são mencionados em 1Reis 4.26-28, e a "cevada" e a "palha", mencionados nesse último versículo, correspondem às rações empregadas pelos árabes, até os nossos próprios dias, para alimentar os seus cavalos, que figuram entre os melhores do mundo.

Se Jesus Cristo, por ocasião de sua primeira vinda, entrou em Jerusalém montado em um jumentinho, por ocasião de sua segunda vinda, ele virá montado em um cavalo branco, acompanhado por todo o seu exército de cavalarianos, igualmente montados em cavalos brancos (Ap 19.11 ss.). Isso demonstra quão diferente será o segundo advento de Cristo, em relação ao seu primeiro advento. Uma moderna noção popular é aquela que diz que, se Cristo voltar, o fará somente para ser maltratado de novo, conforme sucedeu quando de seu primeiro advento. Nada mais longe da verdade, pois Jesus voltará na qualidade de Rei dos reis e Senhor dos senhores (Ap 19.11-21). Quando Jesus voltar, virá a fim de conquistar o mundo, pelo que ressurgirá em nossa cena terrestre como um Cavaleiro vencedor. A cor branca, do seu cavalo, bem como dos cavalos usados pelo seu exército, de conformidade com o simbolismo bíblico sobre as cores, fala sobre a sua vitória sobre toda a oposição. Montado no cavalo branco, Jesus inaugurará o seu reino milenar.

4. Referências figuradas. *a*. Os quatro cavalos do Apocalipse são comentados em um artigo separado, prenhe de detalhes. Ver o *artigo Cavalos, os Quatro do Apocalipse*. *b*. O poder que Deus tem para fazer o que quiser pode ser simbolizado por esse animal, usado nas batalhas (Zc 10.5). *c*. Os cavalos *brancos* simbolizam a vitória, a glória e a conquista militar, segundo se vê em Apocalipse 6.2 e 19.11. *d*. Os cavalos *vermelhos* simbolizam a destruição, o derramamento de sangue e a guerra (Ap 6.4). *e*. Os cavalos *negros* simbolizam a fome e a morte (Ap 6.5,6). *f*. Os cavalos *amarelos* simbolizam a morte, o inferno e a destruição geral (Ap 6.8). *g*. Os cavalos baios talvez simbolizem a mistura do julgamento e da misericórdia de Deus (Zc 1.8). *h*. Os cavaleiros angelicais representam o poder que Deus tem para proteger o seu povo e impor a sua vontade. *i*. Os *santos* são equiparados a éguas graciosas (Ct 1.9). *j*. *Símbolos nos Sonhos e nas Visões*. Um cavalo pode simbolizar a energia das forças físicas que uma pessoa tem à sua disposição, algumas vezes, substituídas por veículos a motor, visto que estes têm tomado o lugar do cavalo, como animal de trabalho. Porém, o cavalo também pode representar o poder selvagem das paixões. Os coices de um cavalo podem indicar um ataque sexual, ou então o desejo de ser sexualmente assaltado. O cavalo negro pode representar as paixões desembestadas. O cavalo amarelo representa a morte. Um cavalo a ultrapassar obstáculos pode simbolizar a capacidade de o homem vencer dificuldades; mas, negativamente, pode indicar seus impulsos inferiores em operação. Finalmente, o cavalo pode simbolizar a energia inconsciente de que alguém dispõe, se assim achar por bem. (CHE NTI UN Z)

CAVALOS DO SOL. Ver sobre o *Sol*.

CAVALOS, PORTA DOS. Ver *Porta dos Cavalos*.

CAVERNA

No hebraico temos duas palavras envolvidas, e, no grego, duas, a saber: **1**. *Chor*, "buraco", palavra que figura por nove vezes (por exemplo: 1Sm 14.11; Jó 30.6; Is 11.8; Zc 14.12). **2**. *Mearah*, "caverna aberta", palavra que figura por 39 vezes (para exemplificar: Gn 19.30; 23.9,11,17,19,20; Js 10.16; 1Sm 13.6; 2Sm 23.13; 1Rs 18.4,13; Sl 57, título; Ez 33.27). **3**. *Mechilloth*, "cavernas". Palavra hebraica que ocorre por apenas uma vez, em Isaías 2.19. **4**. *Oré*, "buraco", "abertura". Palavra grega que figura por duas vezes, em Hebreus 11.38 e Tiago 3.11. **5**. *Spélaion*, "gruta", "caverna". Palavra grega que aparece por seis vezes (Mt 21.13; Mc 11.17; Lc 19.46; Jo 11.38; Hb 11.38 e Ap 6.15).

A formação geológica da Síria-Palestina favorece enormemente a formação de cavernas. Ali, usualmente, as rochas são pedras calcárias de diferentes densidades. A água, ao atravessar as rochas, deixa aberturas e fissuras que se tornam cavernas. A camada inferior ou subsolo sírio, sendo formado por arenito, giz, basalto e sódio, favorece o aparecimento de cavernas. Em consequência, a região inteira tem muitas cavernas, algumas das quais de grandes dimensões. Estrabão referiu-se a uma caverna, perto de Damasco, onde podiam abrigar-se quatro mil homens. As cavernas formam-se imediatamente abaixo da camada freática, nas regiões onde a água mantém-se estável por muito tempo. Usualmente, as cavernas formam-se em passagens horizontais, aparecendo diversas numa mesma área. Contudo, existem cavernas verticais. Essas passagens verticais são os pontos ativos de águas subterrâneas, escavados na pedra calcária. Formam-se assim fendas cilíndricas, que podem atingir profundezas de cem metros ou mais. O colapso do teto de uma caverna produz uma depressão na superfície. Essas depressões são tipicamente circulares, com dez a vinte metros de profundidade e, com frequência, com um diâmetro de cem metros. Quando o nível da água baixa, as cavernas, assim livres da água, tornam-se acessíveis. Devido à água que respinga do teto das cavernas e se evapora, o mineral em suspensão forma as estalactites, que vão descendo dos tetos das cavernas. As colunas que se vão elevando do chão de uma caverna, formadas pela água que pinga, são chamadas estalagmites. Quando uma estalactite e uma estalagmite, finalmente, juntam-se, forma-se uma coluna que liga o chão ao teto da caverna.

A abundância de pedra calcária, em Israel e em torno do rio Jordão, cujo vale se forma, principalmente, de maciços leitos de pedra calcária e de dolomita, com algum giz, que já é material mais mole, resulta em grande quantidade de cavernas, naquela região.

Cavernas nas Escrituras. A primeira menção a uma caverna, na Bíblia, é àquela onde se esconderam Ló e suas duas filhas, após a destruição de Sodoma e Gomorra (Gn 19.30). Além dessa, temos a caverna de Macpela, no campo de Efrom, que foi comprada por Abraão, e onde ele sepultou Sara. Posteriormente, o próprio Abraão, Isaque, Rebeca, Lia e Jacó foram ali sepultados (Gn 49.32 e 60.13). O local, na atualidade, é conspicuamente assinalado por uma mesquita muçulmana. Não se sabe da localização da caverna de Maquedá, onde se ocultaram cinco reis dos amorreus, após terem sido derrotados por Josué (Js 10.16,27). Também havia cavernas artificiais escavadas por diversas razões (Jó 6.2). A maior parte dessas cavernas artificiais eram usadas como sepulcros. Obadias escondeu cem profetas do Senhor em uma caverna, a fim de protegê-los (1Rs 18.4). Em Horebe havia uma caverna, usada por Elias (1Rs 19.8), cuja localização nos é desconhecida. Cavernas usadas como habitações são mencionadas em Números 24.21; Cantares 2.14 e Jeremias 49.16. As cavernas também eram usadas como sepulcros, conforme já vimos. Ver também João 11.38; Mateus 20.60. As cavernas eram lugares de refúgio (Jz 6.2; 1Sm 14.1) e de habitação (Hb 11.38; que provavelmente também inclui a ideia de refúgio). Também eram utilizadas como prisões (Is 24.22 e Zc 9.11). Em tempos modernos, as cavernas servem de pontos de atração turística, porquanto algumas delas oferecem uma visão espetacular. (FAI S)

CEBOLA

No hebraico, *betsel*. Essa palavra ocorre exclusivamente em Números 11.5, juntamente com os alhos e com os legumes os quais os israelitas tanto desejavam, depois que deixaram o Egito. A variedade em foco provavelmente tem o nome científico de *Allum cepa*, que continua sendo plantada até hoje no Egito. Naquela época, como até hoje, a espécie era plantada às margens do rio Nilo. As cebolas eram consumidas cruas, cozidas, fritas, torradas, ou sob a forma de sopa. A cebola tornou-se símbolo de certas vantagens que o mundo oferece, e que um crente pode novamente desejar, depois de convertido. Em outras palavras, representa um item que tende ao desvio, um desejo de voltar aos antigos caminhos.

CEDRO

No hebraico, *erez*, palavra usada por 72 vezes no Antigo Testamento (por exemplo: Lv 14.4,6,49,51,52; 1Rs 5.8;

6.9,10,15,16,18,20,36; Sl 29.5; Ct 1.17; Is 2.13; 9.10; Jr 22.7,14,15, 23; Ez 17.3,22,23; Zc 11.1,2). Como vemos, há muitas alusões ao cedro, nas Escrituras, e a maior parte dessas referências diz respeito ao cedro do Líbano. A espécie era largamente distribuída na Síria-Palestina. **1**. O cedro era madeira usada nos ritos de purificação, juntamente com a escarlata e o hissopo. Parece que, nesse caso, temos uma árvore natural do deserto do Sinai, sem ligação com os cedros do Líbano. Pode ter sido o *Juniperus phoenicia*, que também se encontra no monte Hor e circunvizinhanças. A madeira dessa variedade de cedro era queimada por um sacerdote, durante as purificações levíticas (Lv 14.4-6,49,52; Nm 1.6). Alguns estudiosos supõem que a árvore em foco seja o *Juniperus oxycedrus*. Essa espécie, porém como aquela mencionada acima, dá uma fragrância agradável quando queimada a sua madeira. **2**. Além disso, há menção aos cedros existentes "no jardim de Deus", em Ezequiel 31.8. Esses são contrastados com os filhos da Assíria, que são chamados cedros do Líbano, no quinto versículo do mesmo capítulo. Por esse motivo, podemos supor que há uma diferenciação de espécie em foco, embora não possamos saber quais espécies estão em pauta. **3**. O trecho de Números 24.6 diz *cedros junto às águas*, que dificilmente podem ser os mesmos cedros do Líbano, porquanto aquele cedro sempre medra em terra firme. Alguma árvore amante da água está em foco, porém, não mais a conhecemos. **4**. O *cedro do Líbano* é uma árvore conífera de grande porte, que antigamente era abundante no Líbano, mas atualmente é rara e protegida pelo governo. A sua madeira é altamente procurada devido à sua durabilidade. Foi usada na construção da casa de Davi (2Sm 5.11), bem como do templo de Salomão (1Rs 5.6-10), e também do novo templo, após o exílio babilônico (Ed 3.7). Salomão também usava a madeira de cedro para fabricar carruagens (Ct 3.9). Essa árvore pode atingir uma altura de até 37 metros; e, metaforicamente, nas páginas do Antigo Testamento, era usada para aludir à estatura de um homem (Ez 31.3; Am 2.9). Essa espécie vegetal continua abundante no Anano e no Taurus, espraiando-se desde a cadeia do Himalaia até o Atlas, e da Ásia Menor central até o Líbano. Os gregos e os romanos utilizavam a sua madeira. Assim, foi usada para a construção do teto do templo de Diana dos Efésios, bem como no templo de Apolo, em Utica. Algumas vezes o cedro é chamado de *rei das árvores*, mas isso só tem aplicação se estamos falando sobre as espécies vegetais conhecidas na Palestina, pois, fora dali, há muitas outras árvores maiores em altura e magnitude. O bosque sagrado em Besherri, no Líbano, ainda tem o antigo nome de *cedros do Senhor*. Os cedros verdadeiros são membros da família dos pinheiros, com um tronco muito elevado, com folhas parecidas com agulhas e cones eretos. Os cedros verdadeiros são as melhores árvores perenes para efeito de ornamentação, embora também produzam uma excelente madeira de construção. A madeira é durável e resiste bem ao efeito da água. (AM ND UN)

CEDROM

No hebraico, **"turvo"**, **"melancólico"**, **"escuro"**. No grego, *kedrón*, palavra que só aparece em João 18.1, em todo o Novo Testamento. Esse é o nome de um riacho com regime de inverno, que atravessa o vale de Josafá. O termo aplica-se tanto ao riacho quanto ao vale por meio do qual flui. Em sua *Historical Geography*, Smith nos dá a seguinte descrição, à p. 511: "Ao norte de Jerusalém começa o leito da torrente do Cedrom. Passa pelo monte do templo, por aqui que, posteriormente, veio a ser o Calvário e o Getsêmani. Deixa o monte das Oliveiras e a aldeia de Betânia para a esquerda, e Belém bem para a direita. Então precipita-se pelos terraços nus, pelos precipícios e pelas gargantas estreitas do deserto da Judeia — o deserto do bode expiatório. Esse vale fica tão estéril e ressecado, tão similar a um forno, quando desce abaixo do nível do mar, que o seu nome torna-se wadi en-Nar, ou 'wadi de fogo'.

No mínimo, o seu curso encachoeirado leva até os precipícios imediatamente acima do mar Morto, onde deixa suas águas escassas de inverno. Porém, durante o verão inteiro, o wadi fica seco". O vale através do qual esse riacho precipita-se tem apenas cerca de 32 km de comprimento, mas, durante esse breve percurso, desce cerca de 1.120 m, do começo ao fim. O lugar onde o Cedrom deságua no Jordão é uma garganta estreita, com cerca de 366 m de profundidade.

Lemos no Antigo Testamento que Davi, quando fugia de Absalão (2Sm 15.23,30), atravessou esse riacho. Salomão utilizou-se do mesmo para assinalar até onde Simei podia passar, e não mais (1Rs 2.37). Asa destruiu e queimou ali os ídolos de sua mãe, Maaca (1Rs 15.13). Atalia foi executada ali (Josefo, *Anti*. 9.7,3; 2Rs 11.16). Quando a adoração idólatra foi removida do templo de Jerusalém, esse vale tornou-se o lugar onde foram lançados os escombros e o material destruído, pelos seguidores de Yahweh (2Rs 23.4,6,12; 2Cr 29.16; 30.14). Nos dias de Josias, esse vale era usado como um cemitério comum, a serviço de Jerusalém (2Rs 23.6; Jr 26.23; 31.40).

No vale do Cedrom há uma fonte intermitente que, na antiguidade, servia de suprimento de água para Jerusalém. Seu nome é Gihon, isto é, "jorro". Um outro nome dessa fonte é fonte da Virgem. Na antiguidade, seu fluxo foi artificialmente desviado para servir às necessidades da população de Jerusalém. Foi encontrada ali, em 1880, uma inscrição em hebraico, que menciona o túnel que foi feito a fim de transportar água dessa fonte para Jerusalém. Talvez haja uma alusão a isso em 2Crônicas 32.3,4. Em nossos dias, somente quando há chuvas muito pesadas aparece ali alguma água. Um pouco mais ao sul, porém, há uma segunda fonte, onde se fundem os vales do Cedrom e de Hinom. Essa outra fonte chama-se En-Rogel.

Quando Herodes restaurou o templo, ampliou a área circundante erigindo novos alicerces para as muralhas. No seu ponto mais alto, as muralhas circundantes do templo tinham 52 m de altura, acima do vale do Cedrom. Josefo disse que quando alguém olhava para baixo, desde aquela altura, ficava tonto (*Anti*. 15.5). Foi essa grande altura que esteve associada à tentação de Jesus, em Mateus 4.5. O jardim do Getsêmani ficava na vertente ocidental do monte das Oliveiras, exatamente do outro lado do Cedrom. Jesus atravessou o vale do Cedrom, com os seus discípulos, depois que saiu do cenáculo para passar a noite no jardim do Getsêmani (Jo 18.1). Judas Iscariotes também atravessou o vale do Cedrom, ao guiar os soldados que foram prender a Jesus (Jo 18.2). Jeremias aguardava o dia quando Jerusalém seria reconstruída, quando os lugares sagrados de sepultamento, como aquele associado ao vale do Cedrom, seriam restaurados (Jr 31.40). (FIN UN WRI Z)

CEGONHA

No hebraico, *chasidah*, palavra que vem de uma raiz que significa **"constante"**, **"leal"**. Como quase sempre se dá com nomes pertencentes à fauna e à flora bíblicas, as traduções têm-se mostrado muito irregulares com relação a essa palavra hebraica. A Septuaginta a traduz por quatro palavras diferentes. O termo hebraico figura por seis vezes: Jó 39.13 (onde nossa versão portuguesa a traduz erroneamente por "avestruz"); (Lv 11.19; Dt 14.18; Sl 104.17; Jr 8.7 e Zc 5.9). Os contextos bíblicos mostram que a *chasidah* dos hebreus era a mesma ave que chamamos de "cegonha", devido a três pontos confirmatórios: ***a***. Era uma das aves imundas (Lv 11.19). As cegonhas alimentam-se em lugares lamacentos, e, em alguns períodos do ano, alimentam-se principalmente de sapos e rãs. ***b***. A cegonha é uma das aves migratórias, o que concorda com o que se lê em Jeremias 8.7. ***c***. Trata-se de uma ave de grande porte, o que se harmoniza com a descrição subentendida em Zacarias 5.9: ... *havia vento em suas asas... E levantaram o efa entre a terra e o céu*.

Cegonhas brancas e negras atravessam regularmente a Palestina, em suas migrações anuais. O marabu, que é uma cegonha de maior porte ainda, aparece ali com bastante raridade. Durante a primavera, cegonhas brancas voam desde os seus ninhos na África e no sudoeste da Arábia, para seus ninhos de postura na Europa e na Ásia, provendo um dos mais lindos espetáculos naturais. Revoadas de centenas e centenas de cegonhas chegam desde os fins de fevereiro até o mês de maio, inclusive. Ver sobre *Aves Migratórias*. Diz Salmo 104.17: ... *quanto à cegonha, a sua casa é nos ciprestes*. Mas, as cegonhas que não continuam seu voo migratório, e passam o verão na Palestina, provavelmente ainda não atingiram a idade adulta, de nidificação.

Quando estão de pé, no solo, as cegonhas têm cerca de um metro de altura; e, durante o voo, com os pescoços esticados para a frente, as patas esticadas para trás, com porções brancas e negras nas penas, essas aves são inconfundíveis. Quando pousam, a fim de descansar, imediatamente espalham-se pelos campos e pelos pântanos à caça de peixes, rãs e insetos. A cegonha negra é menor e de coloração mais escura, e não negra, realmente. Essa variedade, que passa o inverno no sul da África, aparece na Palestina em grupos bem menores, e segue uma rota norte diferente daquela seguida pelas cegonhas brancas.

Modernamente, a cegonha é classificada dentro da ordem das Ciconiformes, paralelamente ao íbis e ao jaburu. Há dezessete espécies de cegonhas, que formam a família dos ciconídeos. Elas produzem sons que são pouco mais que piados e resmungos, mas conseguem fazer grandes ruídos quando batem as mandíbulas imensas uma na outra. O jaburu (*Jabiru mycteria*) é uma espécie que ocorre na América tropical, sendo muito comum, em nosso Brasil, tanto no pantanal matogrossense quanto na Amazônia, onde enfeitam a paisagem com seu voo majestoso, batendo as longas asas lentamente, em voo quase sempre rasante, embora também possam voar a grandes alturas. Se o íbis também aparecia na Palestina, em certas épocas do ano, o jaburu nunca foi visto ali, pois é espécie tipicamente centro e sul-americana. O jaburu é a maior ave dos Ciconiformes.

CEGUEIRA

A grande incidência de cegueira, nos países do Oriente, surpreende as pessoas de outras culturas. Através dos milênios, as oftalmias têm-se mostrado epidêmicas, naqueles países. Certas enfermidades, como a varíola, e determinadas doenças sexualmente transmissíveis também exercem esse mau efeito. Além dos germes patogênicos, há fatores como a pobreza, condições sanitárias insatisfatórias, luz solar excessiva, calor demasiado, areias sopradas pelo vento, acidentes e ferimentos de guerra.

A cegueira de nascença, nos tempos antigos e modernos, com frequência é causada pela gonorreia transmitida ao bebê pela vagina infectada da mãe. Porém, quando se tornou usual pingar algumas gotas antissépticas apropriadas nos olhos dos recém-nascidos, esse tipo de cegueira diminuiu sensivelmente. Um outro agente de infecção é um vírus que produz o tracoma. As potentes drogas de nossos dias geralmente produzem curas, em casos não muito adiantados; mas os povos antigos não dispunham de tais recursos. A sífilis congênita é uma outra causa da cegueira.

De acordo com a lei do Antigo Testamento, um homem cego ficava excluído do sacerdócio. Isso servia para ensinar uma boa metáfora espiritual. Quem pode servir espiritualmente a outros, enquanto é espiritualmente cego? (Ver Lv 21.18; Ml 1.13,14). Por outra parte, a legislação mosaica requeria tratamento humanitário em favor dos cegos (Lv 19.14; Dt 27.18).

Usos Metafóricos. **1**. Aqueles que são espiritualmente ignorantes, pagãos ou não, são cegos racional e espiritualmente (Mt 15.15; Rm 2.19). **2**. Aqueles que são destituídos de conhecimento espiritual também são classificados desse modo (Ap 3.17). Esse mesmo versículo fala sobre aqueles que se cegam mediante a vida fácil e luxuosa, abandonando assim qualquer inquirição espiritual séria. **3**. Os juízes tornam-se cegos quando influenciados pela ignorância de causa, por peitas ou por lisonjas (Êx 23.8). **4**. Os mestres tornam-se cegos quando buscam honrarias ou quando são espiritualmente ignorantes (Is 59.10; Mt 23.16). **5**. Qualquer pessoa é considerada cega quando permite que o senso de importância própria, o ódio aos seus semelhantes, ou qualquer outra atitude errada a impeça de ver as coisas do ponto de vista espiritual (1Jo 2.11). **6**. Jesus curou a muitos cegos literais (Mt 9.27 ss.; Jo 9.1 ss.). E o seu evangelho agora nos cura espiritualmente da cegueira da alma (Lc 7.22).

CELEIRO

Devemos pensar em três palavras hebraicas e uma palavra grega. Palavras hebraicas: **1**. *Asamim*, "armazéns", usada por três vezes (ver Pv 3.10); **2**. *megurah*, "silo", usada apenas por uma vez, em Ageu 2.19; **3**. *goren*, "eira" e "chão do celeiro", usada por 37 vezes (ver Jó 39.12; 2Rs 6.37; Gn 50.10; Jr 51.33 etc.). No grego temos a palavra *apotheke*, "celeiro", usada por seis vezes no Novo Testamento (ver Mt 3.12; 6.26; 13.30; Lc 3.17; 12.18,24). Essa palavra indica celeiros construídos acima da superfície do solo. Mas o cereal usualmente era guardado em cisternas secas, ainda que algumas vezes também fosse guardado em edifícios construídos para esse propósito.

Uso figurado. Em primeiro lugar, o celeiro simboliza bênçãos da prosperidade material. Um homem enchia seus celeiros e ocupava-se nas atividades do comércio (ver Dt 28.8 e Lc 12.18). Em segundo lugar, a destruição de celeiros indica escassez e tempos difíceis (ver Jl 1.17). (S)

CEM, TORRE DOS

Essa era uma das torres da muralha norte da cidade de Jerusalém. Após o exílio babilônico, Eliasibe, o sumo sacerdote, com seus companheiros, restaurou essa torre (Ne 3.1). Ela é mencionada no relato sobre o grande cortejo que celebrou a dedicação da nova muralha de Jerusalém (Ne 12.39). Juntamente com a torre de Hananel, ela tinha a função de facilitar a proteção da área do templo. Ver o artigo sobre as Torres. Ver também sobre Forte, Fortificação e Cidade Murada.

CERA

No hebraico, *donag*. Esse termo figura por quatro vezes (Sl 22.14; 68.2; 97.5 e Mq 1.4).

Esse vocábulo aparece na Bíblia somente de forma poética, usado como símile para a ideia de derreter-se, de perder o ânimo. Se pensarmos literalmente na cera de abelhas, temos a informar que os antigos usavam esse material para selar documentos e para forrar a superfície de tabuinhas de escrita, pois era então sobre essa fina camada de cera que se escrevia com um estilete. Tal uso se assemelhava muito ao uso moderno do quadro negro e do giz, onde a pessoa pode apagar tudo para escrever outra coisa qualquer.

Naquelas quatro passagens, a ideia é que o salmista, os iníquos ou a natureza dissolvem-se e dissipam-se na presença majestosa de Deus, como se a glória do Senhor fosse tão avassaladora que a própria criação fosse incapaz de manter a sua forma e unidade, mas antes, tivesse de decompor-se e desmanchar-se na organização de seus átomos.

CERÂMICA. Ver *Oleiro* (*Olaria*; *Cerâmica*).

CERCA

A palavra hebraica *gader* é usada por doze vezes (Sl 62.3; 80.12; Ec 10.8; Ez 13.5; 22.30; Nm 22.24; Ed 9.9; Is 5.5; Ez 42.7; Os 2.6; Mq 7.11).

Na antiguidade, as cercas podiam ser feitas de vários materiais, como ramos ou pedras. As cercas eram usadas para delimitar propriedades, separar áreas para animais dentro das quais eram guardados etc. Nas cercas feitas de pedra, quando o trabalho era malfeito, as serpentes podiam esconder-se entre os interstícios das pedras (Ec 10.8; Am 5.19).

Usos figurados. No trecho de Salmo 62.3, os ímpios são comparados a indivíduos que pretendem derrubar o justo como se este fosse uma parede pendida ou um muro prestes a cair. Isso significa que os ímpios inclinam-se por destruir ao próximo. Os líderes de Nínive foram comparados a nuvens de gafanhotos que tivessem pousado sobre uma cerca (Na 3.17). O trecho de Efésios 2.14 fala sobre a derrubada da parede de separação que não permitia a união, em torno de uma fé comum, entre os judeus e os gentios. Ver sobre Muro.

Símbolos nos Sonhos e Visões. Uma cerca, em um sonho ou visão, indica as coisas e instituições estabelecidas pelo homem, que contrariam e impedem. Também indica as próprias *inibições* e o *autocontrole*. Isso é especialmente verdadeiro quando, por detrás da cerca, há algum animal feroz preso, o que pode simbolizar os apetites carnais. Ou então, uma cerca pode representar os obstáculos ao progresso espiritual ou ao trabalho espiritual da pessoa. A derrubada de uma cerca significa a remoção de obstáculos.

CESTO DE JUNCO

Era um pequeno cesto, feito de junco, tornado estanque por meio de betume e piche. Na Bíblia, a expressão encontra-se apenas no caso do barquinho feito para conter o infante Moisés, e que foi posto a flutuar à superfície do rio Nilo, para proteger-lhe a vida. Ver a narrativa em Êxodo 2.3 ss. Nos tempos antigos, o junco medrava abundantemente às margens do Nilo e de outros rios, mas atualmente só se encontra no baixo rio Nilo. Sabemos que essa planta era usada na construção de pequenos botes (Is 18.2). Esse *cesto* de Moisés, bem como a *arca* de Noé, são chamados pelo mesmo vocábulo hebraico, *tebah*, o qual, mui provavelmente, é um termo emprestado do egípcio, de uma raiz que significa *caixa* ou *esquife*. Entretanto, a arca da aliança é chamada pelo termo hebraico *aron*. Alguns intérpretes têm destacado o sentido simbólico de ambas essas arcas (a de Moisés e a de Noé), que indicam segurança e proteção. (WAL)

CESTO DE JUNCO, DE MOISÉS

O mesmo vocábulo hebraico, *tebhah*, usado para indicar a arca de Noé, é empregado para indicar o *cesto* no qual Moisés fora colocado quando criança, para flutuar nas águas do Nilo. (Ver Êx 2.3). Faraó baixara ordens no sentido de que todos os meninos nascidos entre os judeus fossem afogados no rio, porquanto estavam se multiplicando e se fortalecendo mais do que os egípcios. Porém, as parteiras hebreias não obedeceram à ordem. Seguiu-se então severa repressão contra os israelitas. A mãe de Moisés, temendo que seu filho fosse descoberto e morto, pô-lo em um cesto de junco e deixou-o flutuar nas águas do Nilo, esperando que alguém descobrisse a criança e a poupasse, por *providência de Deus*. Esse cesto fora feito de junco, que cresce naturalmente nas margens daquele rio, tendo sido recoberto com betume e piche. Plínio informa-nos que embarcações notáveis por sua rapidez eram *tecidas* com juncos. Isso é aludido em Isaías 18.2. Alguns imaginam que esse cesto era uma miniatura da arca de Noé, mas isso é por demais imaginativo. Seja como for, evidentemente era um cesto fechado, porquanto foi necessário abri-lo. (Ver Êx 2.6).

Somos informados que Sargão I, fundador do império semita da Babilônia, em cerca de 2400 a 2200 a.C., foi similarmente posto a flutuar, a fim de escapar de ser morto.

A fé da mãe de Moisés foi recompensada, acima de tudo quanto ela poderia ter imaginado. Moisés foi recolhido pela filha de Faraó, foi criado na corte real. E, ao tornar-se adulto, bandeou-se para a causa dos israelitas, tendo sido o instrumento usado por Deus para o livramento de Israel da servidão aos egípcios.

CETRO

No hebraico temos duas palavras, e no grego, uma. As palavras hebraicas são *shebet*, "vara", "cetro", que aparece por 190 vezes, a grande maioria das quais com o sentido de "tribo", mas por dez vezes com o sentido claro de "cetro" (Gn 49.10; Nm 24.17; Sl 45.6; Is 14.5; Ez 19.11,14; Am 1.5 e Zc 10.11). E também *sharebit*, "cetro", palavra que figura por quatro vezes, no livro de Ester (4.11; 5.2 e 8.4). No grego temos a palavra *rábdos*, "cetro", que é usada por onze vezes no Novo Testamento: (Mt 10.10; Mc 6.8; Lc 9.3; 1Cor 4.21; Hb 1.8; 9.4; 11.21; Ap 2.27; 11.1; 12.5 e 19.15). Há uma outra palavra que algumas versões têm traduzido também como "cetro", no hebraico, *matteh*, também muito usada no Antigo Testamento, 247 vezes, principalmente com o sentido de "tribo", mas que, em Ezequiel 19.11, acompanhada pela palavra que significa *força*, segundo pensam alguns estudiosos, adquire também o sentido de cetro.

Na verdade, "cetro" é um uso especializado dos termos hebraicos, pois seu sentido comum é "vara", "bastão". Assim, elas podem indicar a "vara de correção", de ocorrência comum no livro de Provérbios, o "cacete de um pastor", em Salmo 23.4, ou mesmo um "cacete com pontas de ferro" (Sl 2.9; Ap 2.27; 12.5; 19.15), ou até mesmo uma vara de malhar cereais, em Isaías 28.27.

Em sentido simbólico, temos ainda a palavra hebraica *mehogeg*, usada poeticamente para indicar um "cetro", em Gênesis 49.10; Números 21.18; Salmo 60.7 e 108.8.

Usualmente eram os reis que usavam cetros, embora oficiais menores, algumas vezes, brandissem também um cetro, como emblema de seu ofício. No Antigo Testamento há alusão aos cetros dos governantes de Israel, Moabe, Egito, Damasco, Asquelom e Judá (ver Sl 60.7; 108.8; Jr 48.17; Ez 19.11; Am 1.5,8; Zc 10.11).

Há duas passagens geralmente consideradas messiânicas, que associam um cetro a futuros governantes de Israel, a saber: Gênesis 49.10 e Números 24.17. Os soldados romanos que zombaram de Jesus tinham um cetro real em mente, quando puseram nas mãos de Jesus um "caniço", com o qual também davam-lhe na cabeça (Mc 15.16-20).

Vários trechos do livro de Ester exibem um uso especial do cetro, por parte dos reis persas (Et 4.11; 5.2 e 8.4). O cetro de Assuero é descrito como feito de ouro, ou seja, ou de ouro puro, ou então adornado com ouro, como os cetros dos reis homéricos. As gravuras que representam os reis orientais mostram-nos brandindo duas espécies de cetro. Um deles é longo, fino e muito ornamentado; o outro é curto, mais parecendo um bastão pequeno. O primeiro tipo aparece em um relevo em pedra calcária, representando Dario. Ele segura na mão um cetro, quase no alto do mesmo, ao passo que sua extremidade inferior toca no solo. O tipo curto aparece em um relevo de Esar-Hadom.

CÉU

1. Palavras Originais Envolvidas. Há uma palavra hebraica e uma palavra grega envolvidas neste verbete: *a. Shamayim* ou *shemayin*, "coisas erguidas", "expansão". A primeira forma é hebraica e a segunda aramaica. A primeira forma aparece por 419 vezes. A segunda forma, por 38 vezes. Portanto, trata-se de uma palavra de ocorrência frequente. *Shamayim* ocorre em 31 livros do Antigo Testamento; *shemayin* ocorre em Esdras e Daniel. *b. Ouranós*, "céu". Termo grego que ocorre por quase 280 vezes, desde Mateus 3.2 até Apocalipse 21.10. Há também a expressão grega *tà epouránia*, "coisas celestes", que é usada por seis vezes (Jo 3.12; Ef 1.3; 2.6; 3.10; Hb 8.5 e 9.23).

2. Os Céus Materiais. Tanto o termo hebraico quanto o termo grego podem indicar o mundo espiritual, onde residem os espíritos não materiais, como aquilo que, em português, convencionou-se chamar de "firmamento", os céus visíveis, que inclui a nossa atmosfera terrestre e o céu estrelado, a imensa expansão do universo. Os antigos eram muito ignorantes sobre as questões atinentes à *astronomia* (vide). Isso significa que deles obtemos ideias bastante cruas, quando eles usavam a palavra traduzida por "céu" ou "céus", em português. Usualmente essa palavra aparece no plural, tanto no Antigo quanto no Novo Testamentos. Há muitas referências literárias, dos hebreus e dos cristãos antigos, que mostram que eles acreditavam na pluralidade dos céus, ou mansões celestes. Portanto, erram aqueles que dizem que não há nenhuma diferença de sentido entre essa palavra no singular e no plural.

Visto que o termo hebraico *shamayim* significa "coisas erguidas", esse vocábulo pode referir-se aos corpos celestes, aos luzeiros do céu ou ao firmamento. Os antigos pensavam que esse firmamento seria uma espécie de abóbada, que formaria um semicírculo por cima da terra, feito de material sólido, que se apoiaria sobre montanhas existentes nas extremidades da terra. O firmamento separaria o lugar onde residem Deus e os espíritos, da terra. Por sua vez, a terra estaria sustentada sobre colunas, e todo esse conjunto sobre um abismo de águas. Não se dizia, porém, onde repousavam essas águas (2Sm 22.8; Jó 26.11). No artigo sobre a *Astronomia,* provi uma ilustração dessa cosmogonia dos hebreus, juntamente com referências bíblicas apropriadas. Também no artigo intitulado *Cosmogonia,* expomos as crenças dos hebreus e de outros povos antigos sobre essas questões. Os grandes luzeiros, como o sol, a lua e as estrelas, seriam relativamente pequenos, fixados à concavidade inferior do firmamento. Não havia conceito de distâncias e dimensões.

Também havia o *céu* simples, a expansão do espaço que era chamado firmamento ou céu atmosférico. Nesse céu estariam as nuvens, a chuva e as condições atmosféricas em geral (Sl 146.8; Zc 2.6; 6.5; Is 55.9-11). Acreditava-se que as águas existentes acima do firmamento derramavam-se através de janelas ou comportas. Essa abóbada material separaria as águas da parte de cima do firmamento das águas da parte de baixo do firmamento. Isso explica a expressão "as portas do céu" (Sl 78.23; Gn 28.17). É errado e desonesto fazer os antigos hebreus terem grandes conhecimentos meteorológicos e astronômicos, dizendo que os trechos bíblicos que exprimem ideias assim obsoletas são expressões meramente poéticas. Assim, quando lemos que Deus fez cair "do céu" grandes pedras (Js 10.11), provavelmente há uma alusão a um fenômeno de saraiva, juntamente com a ideia de que Deus controlava as condições atmosféricas. A angelologia dos hebreus retratava os anjos envolvidos em várias tarefas que diziam respeito à produção e ao controle das condições atmosféricas.

Os céus estrelados. Não devemos supor que os hebreus pensassem que o sol, a lua e as estrelas etc., estavam a tão grandes distâncias, conforme hoje sabemos. Por conseguinte, o céu das estrelas não estaria muito distante das nuvens e da atmosfera terrestre. Quando lemos que Deus pôs luzeiros no firmamento (Gn 1.14), encontramos a noção de que os luzeiros foram preparados especificamente para iluminar a face da terra, e fica entendido que seriam de dimensões modestas. Os hebreus não tinham nenhum conceito sobre galáxias e sistemas solares. Portanto, não devemos extrapolar para a Bíblia as nossas noções astronômicas. Os céus estrelados, na concepção dos hebreus, não estariam muito acima das nuvens.

3. Os Céus Não Materiais. Aqui temos o lugar onde Deus reside, juntamente com os seres angelicais. A teologia judaica posterior era bastante coerente, ao pensar que havia uma pluralidade de céus, e que estes seriam em número de sete. Deus é o Deus dos céus (Jn 1.9). Ali pulula um grande exército de seres espirituais (Ne 9.6). Deus habita no mais alto e santo céu (Is 57.15). Segundo o mais antigo pensamento dos hebreus, esse céu habitava na luz primeva, algo distinto da luz produzida pelo sol. Por essa razão a luz já existia, na narrativa da criação, antes mesmo da criação ou aparecimento do sol. Na concepção dos antigos hebreus, esse firmamento ocultaria essa luz dos olhos humanos. Mas alguns deles supunham que as estrelas seriam perfurações pelas quais resplandeceria a luminosidade do céu por cima da abóbada, ou firmamento.

4. A Pluralidade dos Céus. Os rabinos tinham como doutrina padrão o ensino de que há sete céus. Para eles, a glorificação consiste em passar de um nível de ser para o próximo, cada nível com seu grau de transformação. Chegar à forma de vida dos anjos era considerado por eles como o clímax desse processo. Entretanto, o Novo Testamento ensina que o alvo é a participação na natureza divina, e não apenas na natureza angelical (2Pe 1.4). Algumas indicações neotestamentárias da pluralidade dos céus são as seguintes: ***a***. Quase sempre a palavra aparece no plural, "céus". ***b***. Há o paraíso, ou céu inferior (Lc 23.43), que os rabinos não concebiam como a habitação de Deus, e, sim, quando muito, a habitação de espíritos justos, no mundo intermediário. ***c***. Jesus referiu-se a "muitas moradas", em associação às dimensões espirituais, como um lugar (aparentemente além ou inserido em) a ser preparado para os seus discípulos (Jo 14.2 ss.). ***d***. Além disso, haveria o *terceiro* céu, mencionado por Paulo, um elevado lugar, mas ainda não a habitação de Deus (2Co 12.4). ***e***. O trecho de Hebreus 4.14 afiança que Jesus atravessou os "céus", a caminho de Deus Pai. ***f***. Além disso, os diversos compartimentos do templo de Jerusalém seriam um retrato simbólico das divisões dos lugares celestiais, simbolizando um acesso gradual e crescente a Deus, e terminando no Santo dos Santos, o próprio lugar da habitação de Deus. O tratado aos Hebreus apresenta esses tipos de noções, no tocante ao templo e ao acesso que Jesus obteve para nós. (Ver Hb 4.14; 9.23 ss). ***g***. Os lugares celestiais de Paulo. Não somente Paulo, mas também João e o autor da epístola aos Hebreus empregaram a expressão grega *tà epouránia,* "os lugares celestiais". Há certas nuanças de significado, dependendo dos respectivos contextos. Na epístola aos Efésios denota a esfera dos nossos privilégios espirituais em Cristo, salvo em Efésios 6.2, onde representa o mundo espiritual invisível, onde operam tanto forças boas quanto forças más. Sempre indica a esfera que transcende ao que é terreno. Porém, em 1João 3.12, os lugares celestiais são postos em contraste com as "coisas terrenas", ou seja, aquelas coisas que podem ser submetidas ao teste das experiências humanas. Na epístola aos Hebreus, como já pudemos dizer, as *cousas celestes* são os arquétipos dos quais as coisas terrestres são apenas as sombras.

5. Os Céus em Dois Níveis. Na epístola aos Hebreus temos uma perspectiva da existência em dois níveis, segundo o modelo de Platão e Filo, segundo o qual as coisas neste mundo (os particulares) são moldadas de acordo com os arquétipos, ou seja, coisas existentes nos céus (os universais). Quanto a comentários completos sobre esse conceito, ver as notas expositivas no NTI, em Hebreus 9.23. Isso significa que os particulares são cópias ou imitações das realidades celestiais. Hebreus 8.5 também expressa esse conceito.

6. Relação Entre Cristo e os Céus. As Escrituras dizem que Cristo já havia habitado nessa esfera espiritual. Platão pensava que isso ocorreu no caso de todos os homens, porquanto, para ele, as almas eram preexistentes, tendo caído de um estado primevo de utopia. Os rabinos apegaram-se a essa doutrina, ou então, chegaram independentemente à noção de que as almas já tinham tido uma vida espiritual nos lugares celestiais. O Novo Testamento, porém, faz silêncio sobre o ponto, porquanto não ensina qualquer teoria especial acerca da origem da alma. No entanto, no que concerne a Cristo, o Filho de Deus, o Logos, o ensino é claro. Antes de sua encarnação, Jesus sempre estivera nos céus (Jo 1.1 ss.; 17.5; Fp 2.5 ss.). Jesus Cristo desceu da glória celeste e identificou-se com os homens, de tal modo que, nele, agora os homens possam ascender ao céu, juntamente com ele. A doutrina do arrebatamento é um ensino que fala em ascensão, visto que será por meio do arrebatamento que os homens participarão do evento. Naturalmente, antes disso, os remidos participarão da morte e da ressurreição de Cristo (Rm 3.25,26; 4.24,25). A descida de Cristo ao hades mostra-nos que a missão de Cristo foi universal, suficientemente ampla para atingir todas as almas de todas as esferas, e não apenas aquelas que estivessem na esfera terrestre. O trecho de Efésios 3.8 ss., mostra-nos que a descida de Cristo ao hades teve o mesmo propósito de sua ascensão, ou seja, que ele viesse a tornar-se tudo para todos. E a passagem de Efésios 1.10 ensina-nos qual a extensão da missão universal de Cristo. Ver o artigo sobre a *Restauração*.

7. Os Lugares Celestiais de Paulo. Em seus escritos, Paulo reteve a ideia da pluralidade dos céus. A antiga cosmologia judaica não encontra lugar em seus escritos, e ele lança-se, nessa discussão sobre os lugares celestiais, a uma teologia bem mais sofisticada. Ele refere-se aos "lugares celestiais" que são lar das almas. Essa expressão paulina aparece somente na epístola aos Efésios (ver Ef 1.3,20; 2.6 e 3.10). Nessa mesma epístola, lemos que é o ministério total de Cristo que garante que os demais filhos de Deus compartilham desse elevadíssimo destino. Eles recebem tal privilégio mediante a bênção geral de Deus em Cristo (Ef 1.3), com base na eleição divina (Ef 1.4). Eles recebem total identificação com o Filho amado do Pai (Ef 1.6), mediante o seu sangue e a sua expiação (Ef 1.7). O próprio Cristo chegou àquela posição por haver completado com êxito a sua missão terrena (Ef 1.20). Fomos espiritualmente ressuscitados com ele (Ef 2.6) e chegando em sua presença, haveremos de compartilhar de suas incomensuráveis riquezas (Ef 2.7). Portanto, a descida de Cristo ao hades e a sua ascensão ao mais alto céu garantem o sucesso do plano divino eterno (Ef 4.8 ss.).

8. O Destino Final do Homem nos Céus. O céu é um lugar lindíssimo. O último capítulo do Apocalipse revela-nos que ali não haverá qualquer coisa prejudicial, não haverá lágrimas, nem tristeza, nem enfermidade e nem morte. O céu é a verdadeira utopia, real por ser criação de Deus. Porém, o céu é muito mais do que isso. De um ponto de vista mais elevado, o céu é sinônimo de *salvação* (vide). Indica a participação na natureza divina, quando nos tornaremos autênticos filhos do Pai celeste, no mais alto sentido da palavra, bem como nos tornaremos irmãos de nosso querido Irmão Mais Velho. (Ver 2Pe 1.4). Todavia, isso não se concretizará em um único lance. Bem pelo contrário, será um processo eterno, que nos irá conduzindo de um nível de glória para o próximo, mediante o poder do Espírito (2Co 3.18). O céu consiste mais no que acontecerá conosco ali, do que um lugar onde habitaremos. É a mais elevada realização espiritual de Deus relativa aos remidos. Cada remido será um filho de Deus, conduzido à glória celestial (Hb 2.10). (E NTI UN)

CÉU (FIRMAMENTO)

Uma palavra hebraica e uma palavra grega são traduzidas por "céu", com o sentido de "firmamento", ou seja, nosso céu de estrelas: **1**. *Shachaq*, "nuvem tênue". Essa palavra hebraica ocorre por 21 vezes (por exemplo: Dt 33.26; 2Sm 22.12; Jó 37.18; Sl 18.11; 77.17; Is 45.8; Jr 51.9). **2**. *Ouranós*, "céu". Palavra grega que ocorre por cerca de 280 vezes, principalmente nos Evangelhos sinópticos e no livro de Apocalipse, começando em Mateus 3.2 e terminando em Apocalipse 21.10.

Por extensão, no Antigo Testamento, essa palavra hebraica é comumente usada com o sentido de "nuvem" (ver, para exemplificar, Dt 33.26). Em português, tal como em grego, "céu" tanto é o lugar onde Deus habita como é a expansão celeste que abriga os corpos celestiais. O contexto de cada passagem envolvida é que decide que tipo de "céu" está em pauta.

CEVA

No grego, *Skeuas*. Talvez a palavra grega derive-se de *skeuos*, **"utensílio"**. No Novo Testamento, é nome de um "sumo sacerdote" judeu que vivia em Éfeso (At 19.14-17). Incapaz de atuar como tal nas sinagogas de Éfeso e da Ásia Menor, ou ele exercia seu ofício em Jerusalém, ou era membro de alguma família sumo sacerdotal, ou então fora o chefe de uma das 24 turmas de sacerdotes, em razão do que continuava sendo honrado com aquele título.

Seus sete filhos percorriam muitos lugares, procurando exorcizar demônios, usando o nome de Jesus. Mas, de certa feita, um demônio negou-se a atendê-los, com a seguinte resposta: *Conheço a Jesus e sei quem é Paulo; mas vós, quem sois?* (At 19.15). Faltando-lhes a autoridade espiritual de Jesus ou de Paulo, os sete filhos de Ceva foram atacados pelo endemoninhado, e tiveram de fugir "desnudos e feridos". O incidente foi largamente noticiado, com o resultado de que sobreveio grande reverência e temor acerca do nome do Senhor Jesus entre todos os habitantes de Éfeso. Também houve um reavivamento e uma renovação na igreja cristã. Muitos crentes confessaram que não haviam desistido de suas práticas fetichistas e ocultistas, e voluntariamente entregaram seus livros mágicos, os quais foram queimados publicamente. Desse modo, foi singularmente demonstrado o poder do evangelho, e a palavra do Senhor prevaleceu contra todas as forças malignas rivais.

CEVADA

No hebraico é uma palavra que significa **"cabelos longos"**, e no grego é *krithé*, **"pontudo"**. Há 36 referências a esse cereal na Bíblia, das quais três no Novo Testamento (Jo 6.9,13 e Ap 6.6). Era um dos principais cereais consumidos na Palestina, sendo usado como alimento dos animais, por ser o mais barato. Mas os pobres também consumiam a cevada. Era cultivada no Egito (ver Êx 9.31) e na Palestina (Lv 27.16; Dt 8.8; Rt 2.17). É mencionada na Mishnah (Pseach. fol. 3) como forragem de cavalos e asnos. Preparava-se pão de cevada para os pobres (ver Jz 7.13 e Jo 6.9,13). Usualmente era plantada durante as chuvas de outono, isto é, outubro e novembro. A primeira colheita da cevada era feita na época da Páscoa, no mês hebraico de abibe, isto é março/abril. A espécie silvestre *Hordeum spontaneum*, até hoje é comum na Palestina. Há diversas variedades cultivadas. Os pães entregues a Jesus, segundo se vê em João 6.9, eram de cevada. Eliseu esclareceu que o preço da farinha de cevada era a metade do preço da farinha de trigo (ver 2Rs 7.1). A cevada era colhida trinta dias ou mais antes da colheita do trigo. Isso explica o fato de que a cevada e o linho foram feridos, ao passo que o trigo e o centeio não, quando da sétima praga, a chuva de pedras, no Egito (ver Êx 9.31).

Colheita da cevada. Essa era uma das mais importantes colheitas de cereais que havia na Palestina, principalmente porque a cevada era tão útil como forragem para os animais. Nas terras baixas próximas de Jericó, essa colheita começava em abril, segundo se vê em Josué 3.16. Na região montanhosa, a colheita da cevada só ocorria em maio, ou mesmo no começo de junho. As primícias da cevada eram trazidas como oferta ao Senhor (ver Lv 23.10).

Uso Metafórico. **1**. Em Juízes 7.13, simboliza a nação de Israel reformada. **2**. O pão a ser lançado sobre as águas, em Eclesiastes 7.13, era feito de cevada, onde também se promete bom retorno pela generosidade no investimento. **3**. A cevada também simbolizava algo de pouco valor, pelo que era associado ao preço de uma meretriz, além de servir de oferenda oferecida pelos pobres (ver Os 3.2 e Nm 5.15). **4**. Os árabes chamam os judeus, nestes dias modernos, de "bolos de cevada", em tom pejorativo. Os verdadeiros seguidores de Maomé, em contraste, são chamados de "trigo". Os midianitas, em Juízes 7.13, aparentemente chamavam os judeus de "pães de cevada". (ID S Z)

CHAMADA

No hebraico, *qara*, **"chamar"**, **"nomear"**. Palavra usada por mais de 720 vezes, desde Gênesis 1.4 até Malaquias 1.4.

No grego, *kaléo*, "chamar", "nomear", palavra usada de Mateus 1.21 até Apocalipse 19.13. Consideremos os três pontos seguintes, que nos ajudam no que precisamos saber a respeito:

1. Vários Usos Bíblicos. *a*. Dar nome a uma pessoa ou a uma coisa; ser chamado por um nome, como os israelitas e suas respectivas tribos (Gn 48.16). Além disso, há pessoas chamadas pelo nome de Deus, tanto no Antigo como no Novo Testamento, como Israel, que foi chamado filho de Deus (Is 52.2; Os 11.1), ou como os crentes, que são chamados cristãos, entre outros nomes (At 11.26). (Ver também Tg 2.7): *b*. O ato de convidar ou solicitar (Êx 2.7). *c*. Nomear para algum ofício (Êx 31.2). *d*. Criar, produzir coisas mediante o poder da palavra, ou por um ato da vontade (Rm 4.17; Ez 36.29). *e*. Convidar alguém a assumir um dever, mediante a palavra, ou através do poder impulsionador do Espírito Santo (Is 22.12; Pv 1.24; Mt 22.14). *f*. O *convite feito aos pecadores* para o estado de graça, por meio da pregação do evangelho. Essa chamada harmoniza-se com o propósito divino no tocante a cada pessoa (Rm 8.28; 2Tm 1.9). Isso conduz os homens à mais elevada glória e felicidade (Fp 3.14), mas essa chamada não é atendida por muitos dos sábios e poderosos (1Co 1.26,27). Trata-se de uma chamada santa e gloriosa (2Pe 1.3). É uma chamada celestial (Hb 3.1). É uma chamada determinada e mantida pela vontade divina (Rm 8.29). É universal (Jo 3.16; Ap 22.7; 1Tm 2.4). Tem resultados universais (Jo 12.32; Ef 1.10), nos que se salvam ou nos que se perdem (2Co 2.14,15). *g*. Proclamar (Jl 1.3). Apelar solenemente a Deus, convocando-o para que faça o registro da alma de alguém (2Co 1.23). Invocar a Deus equivale a adorá-lo, particularmente no caso das orações (1Pe 1.17).

2. Na Teologia Paulina. Desenvolvendo algumas das ideias citadas acima, vemos que, nas epístolas de Paulo, a *chamada* quase sempre denota o decreto de Deus Pai concernente à salvação dos homens, e isso se torna eficaz mediante as operações regeneradoras e transformadoras do Espírito Santo. Essa chamada produz a reação da fé (Rm 8.30; 1Co 1.9; Gl 1.15; 2Ts 2.13 ss.; 2Tm 1.9; Hb 9.15; 1Pe 2.9). Os teólogos falam sobre a *chamada eficaz* que ocorre por meio da pregação do evangelho. (Ver Rm 8.28-30; 9.23-26). O nono capítulo da epístola aos Romanos realmente limita essa chamada aos eleitos, de onde os calvinistas obtêm força, em seus argumentos. Mas Paulo, no décimo capítulo dessa mesma epístola, e daí por diante, mostra que não há limite para a questão, o que concorda com a universalidade do amor de Deus. Ver sobre *Determinismo* e o *Livre-Arbítrio*, quanto a uma discussão sobre os problemas criados e sobre o exame em separado de cada um dos lados da questão.

3. A Chamada ao Serviço. Deus às vezes chama alguém para algum serviço ou ofício especial, como no caso do apostolado (Rm 1.1), da pregação missionária (At 13.2; 16.10), do sacerdócio (Hb 5.4), ou de alguma outra ocupação específica, mediante o que certos indivíduos terão de expressar-se e desenvolver-se espiritualmente (1Co 7.30). O trecho de Apocalipse 2.17, com sua doutrina do *novo nome*, mostra-nos que cada indivíduo é *sui-generis* e está encarregado de missões distintivas, tanto agora quanto na eternidade. Ver esse ensino sob o título *O novo nome*. (B K NTI)

CHAMINÉ

No trecho de Oseias 13.3 há uma palavra hebraica que também figura por outras oito vezes, *arubbah*, **"janela"**. Essa é a tradução que aparece em nossa versão portuguesa, naquela passagem, como lugar por onde passava a fumaça. Todavia, algumas versões preferem traduzi-la, nesse trecho de Oseias, por "chaminé", embora se saiba que, naquele tempo, ainda não se faziam chaminés nas casas. Todavia, no livro apócrifo de 2Esdras 6.4, segundo a Vulgata Latina, temos a palavra *caminos*, que é a raiz latina para chaminé. Ali está em foco uma lareira ou um forno, mas não uma chaminé. Esse é o sentido original da palavra latina.

CHAPÉU. Ver o artigo geral sobre *Vestimentas*.

CHAVE. Ver também sobre *Chaves*.

No hebraico, *maphteach*, **"abridor"**. Esse termo figura por três vezes (Jz 3.25; Is 22.22 e 1Cr 9.27 nesta última referência, o termo é traduzido pelo verbo "abrir"). No grego, *kleís*, vocábulo que aparece por dezesseis vezes (Mt 6.6; 23.14; 25.10; Lc 4.25; 11.7; Jo 20.19,26; At 5.23; 21.30; 1Jo 3.17; Ap 3.7,8; 11.6; 20.3; 21.25). A *chave* movimentava o pino da fechadura ou da trave.

A chave é um instrumento que, na antiguidade, usualmente era feito de madeira, embora também houvesse chaves de metal. Geralmente, as chaves antigas eram volumosas. Com frequência era levada ao ombro, como símbolo de autoridade (Is 22.22; Ap 3.7). Sempre é um símbolo de autoridade, nas Escrituras, indicando o direito de realizar alguma tarefa ou de exercer algum ofício. No sentido espiritual, Cristo é quem leva as chaves (Ap 1.8). Há anjos que têm uma autoridade representada por alguma chave, como aquele que tem a chave do abismo ou hades (Ap 9.1 e 20.1).

As chaves estão associadas ao conhecimento e à interpretação, como se segredos, instruções e informações fossem guardados sob autoridade, mas pudessem ser abertos pelos ministros autorizados (Lc 11.52). Aos apóstolos foram confiadas as "chaves do reino", visto que lhes foram dados o poder e a autoridade para abrirem o novo caminho espiritual, anunciando ao mundo a mensagem de Jesus (Mt 16.18,19). As portas da igreja foram abertas por Pedro, no dia de Pentecoste (At 2) e em Cesareia (At 10), e por Paulo e Barnabé, na Ásia Menor (At 14.27).

O simbolismo da chave é apropriado porque os povos antigos imaginavam as dimensões espirituais guardadas por portas que só poderiam ser abertas por deuses ou por anjos. As regiões inferiores, como o hades, estariam sob a autoridade de forças demoníacas. Várias forças espirituais, divinas, ou demoníacas, eram retratadas nas culturas antigas como dotadas de chaves espirituais e metafísicas, como Shamash, entre os babilônios, Dike, entre os gregos, Jânus, entre os romanos, Aion-Cronos, no mitraísmo, Hélios, no período neoplatônico etc. Nadu era uma divindade babilônica que guardava o mundo inferior. Além desses, temos Plutão, Aiacos, Persefone e Selena-Hecate, que seriam autoridades existentes no hades, além de Ísis, das religiões misteriosas.

Brandir uma chave equivalia a ter recebido autoridade e uma missão. Dar uma chave a alguém simbolizava conferir-lhe poder ou missão especiais.

CHEFE

Essa palavra e seus sinônimos, que dão a ideia de algum líder, precisa ser desdobrada quanto às palavras hebraicas e gregas que estão por detrás do conceito, e que, aliás, são muitas, a saber: **1**. *Magen*, "escudo", palavra usada por sessenta vezes, uma das quais com o sentido de "chefe", em Oseias 4.18. A versão portuguesa diz "príncipe". **2**. *Mashal*, "governante". Palavra usada por 99 vezes (por exemplo: Jz 15.11; Sl 105.20,21; Pv 6.7; Is 14.5; Hc 1.14). **3**. *Nagid*, "líder". Palavra usada por 42 vezes (por exemplo: 1Sm 25.30; 2Sm 6.21; 1Cr 5.2; 28.4; Ne 11.11). **4**. *Nasi*, "exaltado". Palavra usada por 125 vezes com o sentido de príncipe, chefe etc., e por quatro vezes com o sentido de nuvem. No sentido que nos interessa aqui, ver, por exemplo (Êx 16.22; Lv 4.22; Nm 13.2; Js 9.15,18,19,21; Ez 7.27; 12.10,12; 48.21,22). **5**. *Qatsin*, "capitão". Palavra usada por doze vezes (por exemplo: Is 1.10; 3.6,7; Pv 25.15; Dn 11.18; Mq 3.1,9). **6**. *Rosh*, "cabeça". Palavra usada por cerca de seiscentas vezes, das quais por doze vezes com o sentido de "fel". (Por exemplo Dt 1.13; Is 29.10; Dt 1.15; 5.23; Js 11.10; 14.1; Is 7.8,9,20; 9.14 etc). **7**. *Sar*, "controlador". Palavra usada por 418 vezes. Por exemplo

(Gn 47.6; Êx 18.21,25; Jz 9.30; 2Rs 10.1; 1Cr 21.2; Ed 10.14; Ne 3.9,14,15,19; Et 3.12; 89.9; 9.3 etc). **8**. *Seganim*, "prefeitos". Palavra usada por dezessete vezes (por exemplo: Ed 9.2; Ne 2.16; 4.14,19; 5.7,17; Jr 51.23,28; Ez 23.6,12,23 etc). Todas essas últimas sete palavras hebraicas são traduzidas de variadas maneiras em nossa versão portuguesa, o que é apenas natural, face o elevado número de vezes em que todas elas são usadas. **9**. *Razan*, "príncipe", palavra usada por seis vezes (ver Sl 2.2; Jz 5.3; Pv 8.15; 31.4; Is 40.23; Hc 1.10). **10**. *Shatar*, "supervisor". Palavra usada por 25 vezes Por exemplo (2Cr 26.11; Êx 5.6,10,14; Nm 11.16; Dt 1.15; Js 24.1; 2Cr 19.11; 34.13). **11**. *Shilton*, "autoridade". Palavra usada por duas vezes: Daniel 3.2,3. **12**. *Shallit*, "governo". Palavra usada por catorze vezes, com diversas traduções em português. (Por exemplo: Ec 10.5; Dn 2.10; 5.29 etc). **13**. *Radah*, "príncipe". Palavra usada por 24 vezes, também traduzida em português de diversos modos (por exemplo: Sl 68.27; Nm 24.19; Gn 1.26; Ne 9.28; Jz 5.13).

Em grego, precisamos pensar em três palavras: **1**. *Árxon*, "líder" palavra usada por 37 vezes (por exemplo: Mt 9.18,23,34; Mc 3.22; Lc 8.41; 24.20; Jo 3.11; 16.11; At 3.17; 23.5; Rm 13.3; 1Co 2.6; 8.1; Ef 2.2; Ap 1.5). **2**. *Hegemón*, "guia". Palavra usada por dezenove vezes (para exemplificar Mt 2.6; 10.18; Mc 13.9; Lc 20.20; At 23.24,26,33; 1Pe 2.14). **3**. *Kosmokrátor*, "ditador do mundo". Palavra usada somente em Efésios 6.12. Há outras palavras gregas que indicam posições de chefia, mas que serão tratadas quando os verbetes a respeito dessas posições forem abordados.

CHIBOLETE, SIBOLETE

No hebraico, **"riacho fluente"**. Embora a palavra hebraica apareça em trechos (como: Sl 69.2; Jó 24.24; Gn 41.5-7; Rt 2.2 e Zc 4.12), em nossa versão portuguesa essa palavra, em suas duas formas, aparece somente no trecho de Juízes 12.6. A questão toda gira em torno da pronúncia que os efraimitas davam a essa palavra hebraica. Eles diziam "sibolete", em vez de "chibolete". Com isso, podiam ser identificados e mortos pelos gileaditas. Os gileaditas, que eram os homens de Jefté, mataram naquele dia 42 mil efraimitas. O episódio, por sua vez, mostra que mesmo nesse estágio inicial do povo de Israel, já haviam surgido regionalismos e diferenças de dicção, entre as diversas tribos de Israel. Essas diferenças de pronúncia dos fonemas de um idioma devem-se a vários fatores. Os gramáticos e outros dizem que as pessoas que se criam nas planícies falam de modo diferente das que se criam nas regiões montanhosas, e que as que vivem nos climas quentes pronunciam os fonemas de maneira diferente das que vivem nos climas frios.

CHIFRES

No hebraico, *queren*. Ocorre por setenta e oito vezes, de Gênesis 22.13 até Zacarias 1.21. O termo aramaico *queren* ocorre por sete vezes, sempre no sétimo capítulo do livro de Daniel (vs. 7,8,11,20,21,24). No grego, *kéras*, "chifre", palavra que aparece por onze vezes no Novo Testamento (Lc 1.69; Ap 5.6; 9.13; 12.3; 13.1,11; 17.3,7,12,16).

O chifre de um animal servia de símbolo de sua força física. O touro com a sua enorme força física, domesticado pelo homem desde tempos tão remotos, fornecia um bom exemplo disso. E muitos animais selvagens usam seus chifres como sua principal arma de defesa e ataque. Visto que os chifres simbolizavam poder, muitas divindades do Oriente Médio eram retratadas como se fossem dotadas de chifres. Além disso, os capacetes dos reis, sacerdotes e guerreiros com frequência tinham chifres.

Visto que o touro era um animal sagrado para vários povos, os chifres tornaram-se símbolos do poder divino, bem como da fertilidade. Por causa dessa conexão com a ideia de fertilidade, os chifres também vieram a indicar prosperidade e saúde. As pessoas costumavam pôr chifres nos lugares que queriam proteger, por causa de sua imaginária vinculação com os poderes divinos. Da ideia de abundância proveio o símbolo da *cornucópia*, o chifre da abundância, representado como um chifre que deixa extravasar frutos e legumes. Uma espécie de trombeta também era feita pelos antigos, mediante o uso de um chifre (ver sobre *Instrumentos Musicais*). Essa trombeta era usada para alertar as pessoas à ação, para fazer anúncios etc. Além disso, muitos acreditavam que o sonido da trombeta de chifres era capaz de espantar maus espíritos e outros perigos, incluindo enfermidades.

Usos Bíblicos. **1**. Na antiga nação de Israel, os chifres de boi eram usados como receptáculos para o azeite empregado nas unções cerimoniais (1Sm 16.1, 13; 1Rs 1.39). Um chifre de carneiro era usado como instrumento musical (Js 6.5). **2**. Os chifres do altar são mencionados em (Êx 27.2 e Lv 4.7,18,25,30,34; 8.15; 9.9; 16.18). Os hebreus besuntavam-nos de sangue, porquanto é no poder da expiação que encontramos a proteção divina. O fato de que esses chifres eram lugares de proteção e refúgio é mencionado em 1Reis 1.50 ss.; 2.28 ss. **3**. Quanto a um símbolo de poder, no Antigo Testamento, ver 1Reis 22.11.

Usos Metafóricos. **1**. Deus exalta o chifre dos justos mas decepa os chifres dos ímpios (Sl 75.10), o que aponta para os poderes e para o bem-estar desses dois tipos de pessoas. **2**. O chifre de Davi seria levado a brotar, dando a entender poder e prosperidade. **3**. Há menção ao chifre da salvação, o que alude aos efeitos do poder expiatório de Deus (2Sm 22.3; Sl 18.2; Lc 1.69). **4**. Nos capítulos 7 e 8 do livro de Cantares e nos capítulos 13 e 17 do Apocalipse, os chifres existentes em certas criaturas que apareceram nas visões representam governantes individuais de cada império mundial. Ver o artigo separado sobre os *Sete Chifres*.

CHIFRES DO ALTAR

No hebraico, *qeren*, **"chifre"**. Essa palavra, que tanto pode ser hebraica como aramaica, ocorre em um total de 85 vezes, embora raramente em relação aos chifres do altar. Ver Êx 27.2.

Os "chifres do altar" eram as quatro protrusões nos cantos do altar de pedra, que se assemelhavam a chifres, o que lhes explica o nome. Essa era uma característica dos altares antigos, em Israel e em outras nações. A descrição desses chifres aparece em Êxodo 27.2. O altar de bronze conferia abrigo a quem se refugiasse ali. Quem segurasse o altar pelos chifres não podia ser atacado por quem quer que fosse (1Rs 1.50). Esse é um lindo símbolo sobre como há provisão sagrada para o pecador em necessidade, sem importar se ele merece ou não essa proteção. Ver sobre as *Cidades de Refúgio*.

CHIPRE

No Antigo Testamento, parece que a única menção a essa grande ilha do mar Mediterrâneo está em Ezequiel 27.6 (onde a nossa versão portuguesa diz "ilha dos quiteus"). A ilha de Chipre fica ao largo das costas da Síria. Tem cerca de 225 km de comprimento por 80 km de largura. A princípio foi habitada pelos fenícios. Em cerca de 447 a.C., os gregos passaram a controlá-la. Após o falecimento de Alexandre, passou a ser governada pelos reis Ptolomeus, juntamente com o Egito. Em 58 a.C., os romanos apossaram-se dela.

Em 27 a.C., foi feita uma província imperial. Chipre é mencionada no Novo Testamento somente no livro de Atos (4.36; 11.19,20; 13.4; 15.39; 21.3,16; 27.4). No décimo primeiro capítulo de Atos, em conexão com a propagação do cristianismo, Paulo e Barnabé estiveram na ilha em cerca de 44 d.C. Por certo, foi o primeiro campo missionário do apóstolo Paulo (At 13.4-13). Os "Quitim", referidos em Gênesis 10.4, referem-se aos cipriotas. Os "quitim" são os mesmos "quiteus" de Ezequiel 27.6. Nossa versão portuguesa interpreta o "quitim", também referidos em Isaías 23.1, como a "terra de Chipre".

Outros Detalhes. Na antiguidade, essa ilha era recoberta de densas florestas; mas acabou desnudada das mesmas, devido à intensa exploração da madeira. Além da madeira ali existente, Chipre era importante produtora de cobre e estanho. De fato, o seu nome grego, *Kúpros*, significa "cobre". Navios fenícios eram usados nesse comércio. Nossa palavra "cobre" deriva-se do termo latino *cyprium*, relacionado ao grego *kúpros*. Talvez esse fosse o antigo nome dado ao cobre; mas também é possível que essa palavra seja de origem incerta, e que o "cobre" veio a ser associado a esse nome porque havia muito cobre naquela ilha. A localidade chamada antigamente de Kítion, de onde vem "quitim", foi fundada em torno da indústria da extração do cobre. O termo cronológico, Era do Bronze (3200-1200 a.C.), tem vinculação com o início da extração do cobre, visto que, naquela época, o cobre era misturado com o estanho, a fim de ser produzido o bronze.

No século XV a.C., a civilização minoana penetrou em Creta, e no século seguinte, houve pontos ali, colonizados pelos micenos. Têm sido encontradas inscrições arqueológicas que nos prestam alguma informação sobre a história de Creta, entre os séculos XV e XII a.C. Nos séculos IX e VIII a.C., os fenícios vieram estabelecer-se em Chipre. Daí por diante, inscrições bilíngues, em fenício e em grego, de mistura com o cipro-minoano clássico (atualmente denominado cipriota clássico), contam a história subsequente. No século VI a.C., os egípcios passaram a dominar a ilha de Chipre, e as coisas continuaram assim até que se tornou parte do império persa, na época de Cambises, em 525 a.C. em 333 a.C., foi conquistada por Alexandre; e, sob Antígono, passou para o domínio dos monarcas Ptolomeus. Em 58 a.C., tornou-se uma província romana.

CHOLA

Um lugar mencionado em Juízes 15.4, juntamente com Betomastaim, Bebai e Choba. Tem sido identificado com o Holóm mencionado em Josué 15.51, embora não passe de uma suposição.

CHORO

Muitas palavras hebraicas e duas palavras gregas estão envolvidas, com o sentido de "clamar", "chorar", "proclamar" etc. Porém, aqui queremos considerar a ideia do choro humano. É interessante observar que no relato da vida de Jesus, nunca é mencionado que ele riu ou gargalhou. Mas lemos que *Jesus chorou* (Jo 11.35). Aí é usado o vocábulo grego mais típico, *dakrúo*, "chorar", "derramar lágrimas", usado somente nesse versículo. O choro humano pode expressar diversas emoções, desde a angústia até o júbilo, passando pela raiva. A Bíblia reflete isso de vários modos: **1**. O clamor de Jesus, em sua humanidade, quando ele implorou com lágrimas, em meio a súplicas e orações, mostrando a debilidade de sua natureza humana, e como ele compartilhava de nossa humilhação (Hb 5.7). Nisso encontramos o típico choro humano de impotência, em meio ao conflito espiritual. **2**. Os clamores proferidos na cruz, literais e simbólicos (Mt 27.46; Lc 23.46), porquanto Jesus sofreu agonias reais, simbolizando as nossas agonias. Ver o artigo sobre as *Sete Declarações da Cruz*. **3**. O clamor da oração (Sl 39.12), que mostra a sinceridade e o senso de urgência então expressos. **4**. O clamor de muitas emoções, como a aflição (Êx 2.23; Mt 27.46); o medo (Mt 14.26); a alegria (Is 54.1; Gl 4.27); a dúvida e a incerteza (Êx 17.4); o apelo (1Sm 7.9); a tristeza (1Sm 15.11; Mc 15.34); a agonia (Jó 30.24; Mt 27.46); a petição (Mt 9.27).

CHUMBO

No hebraico, *ophereth*, **"chumbo"**. Esse vocábulo é usado por nove vezes (Êx 15.10; Nm 31.22; Jó 19.24; Jr 6.29; Ez 22.18,20; 27.12; Zc 5.7,8).

O chumbo é um metal mole, com densidade onze vezes maior que a da água. Seu ponto de fusão é 327 graus centígrados. Forma ligas com a prata (Ez 22.18,20) e com o estanho (então chamado solda). Preenchia espaços esculpidos na rocha, para formar letras (Jó 19.24). Quando é absolutamente puro, o chumbo tem cor branca prateada, mas as impurezas fazem com que escureça. O minério do chumbo é a galena (sulfeto de chumbo), que é encontrado associado ao zinco, com pequenos vestígios de prata. Os depósitos de chumbo mais exploráveis ocorrem em veios que se depositam através de rochas sedimentares ou as substituem. Ninguém sabe quando os homens descobriram o chumbo, mas tem sido encontrado nos mais antigos lugares examinados pelos arqueólogos. Moedas de chumbo já eram feitas no antigo Egito. Era um dos componentes usados no esmaltamento de cerâmica; e também era usado como solda. Os famosos Jardins Suspensos da Babilônia estavam ancorados sobre lâminas de chumbo, soldadas umas às outras. Os fenícios comerciavam com o chumbo, explorando minas de chumbo no rio Tinto, na Espanha. Os gregos extraíam chumbo em Laurion, na Grécia.

Referências Bíblicas. O chumbo era conhecido por sua grande densidade (Êx 15.19) e também por sua rápida dissipação, devido à oxidação, às altas temperaturas (Jr 6.29). O chumbo era menos valorizado que o estanho, sendo usado no fabrico de pesos (Zc 5.8), e também para preencher inscrições esculpidas na rocha (Jó 19.24). No trecho de Zacarias 4.10, o "prumo" era um peso de estanho; mas, em Zacarias 5.8, o peso era de chumbo. Isaías 41.7 diz que o chumbo era usado na solda. O chumbo também era usado como material para o fabrico de tabletes de escrever, ou como material de construção, especialmente no preenchimento dos interstícios entre pedras desiguais. A arqueologia tem descoberto esse uso nas escavações feitas em Nínive. Também era usado para esmaltar cerâmica, um processo usado no Egito e em outros lugares. Isso significa que muita gente ficou intoxicada com o chumbo! Ver o artigo geral sobre *Minas, Mineração*.

CHUVA

A grande importância da chuva para os habitantes de uma região onde chove pouco torna-se clara pela variedade de palavras hebraicas que a descrevem. O hebraico distingue a *chuva* do *chuvisco* (este último em Dt 32.2). E também registra a ocorrência das chuvas próprias das estações do ano (ver abaixo).

As taxas anuais de chuva, em várias regiões da Palestina, são descritas no artigo *Palestina, Clima de* (vide). Mas as taxas médias geralmente enganam, visto que os totais variam muito de ano para ano. Por exemplo, em Jerusalém, a média a longo prazo é de 66,3 cm anuais. Mas o máximo recebido em um ano foi de 1,01m e o mínimo, de 30,5 cm. Havendo flutuações dessa grandeza, o impacto sobre a sociedade que depende das chuvas para sobreviver facilmente pode ser imaginado.

Para os agricultores, o que mais importa é a distribuição das chuvas durante o ano. Essa distribuição é muito desigual, realmente. Nenhuma chuva cai durante os quatro meses mais quentes do ano, de junho a setembro. Isso é equilibrado por um inverno fresco e chuvoso; mas, do ponto de vista do agricultor, os dois períodos críticos são o começo e o fim da estação chuvosa, quando as temperaturas são altas o bastante para promover o crescimento das plantações, e o solo ainda está bastante úmido para o cultivo.

Portanto, as atividades dos agricultores prendem-se diretamente ao regime das chuvas, dependendo de seu início. As chuvas começam em outubro, geralmente com uma série de temporais, e a aragem e a semeadura podem então começar no solo compactado. Se o começo da estação chuvosa se adia, a produção anual sofre; e se o adiamento é muito grande, pode nem haver colheita. Portanto, essas "primeiras" chuvas são importantíssimas. Na outra extremidade do inverno, as chuvas continuam até abril e maio, quando as temperaturas são elevadas, sendo mais valiosas do que as chuvas de janeiro e fevereiro, quando as temperaturas são mais baixas; aquelas chuvas aumentam a produção por cada dia que elas se prolongam. Por isso é que os agricultores esperam ansiosos pelas "últimas" chuvas.

Essa combinação de primeiras e últimas chuvas é frequentemente aludida na Bíblia (por exemplo, Dt 11.14; Jr 5.24; Os 6.3; Jl 2.23; Tg 5.7). Muito temida é a ausência de chuvas, pois isso importa em fome, um evento que nunca se distancia muito dos pensamentos dos habitantes da Palestina, desde os dias de Abraão até os nossos próprios dias. Ver *Palestina, Clima da*. Em conclusão, a agricultura é mais bem servida com chuvas oportunas — tanto as primeiras, no hebraico, *yoreh ou moreh*; como as últimas, no hebraico, *malkos* — do que com chuvas pesadas.

CHUVAS ANTERIORES E POSTERIORES. Ver o artigo sobre *Chuva*.

CHUVAS DA PRIMAVERA. Ver sobre *Chuva*.

CIAMOM

Um lugar defronte de Esdrelom, de acordo com Judite 8.3. Talvez seja a mesma Camom que Eusébio disse estar situada na grande planície, cerca de dez quilômetros de Légio, um pouco mais para o norte. Alguns supõem que esse nome seria uma corruptela de Jocneão, porquanto os dois nomes parecem referir-se ao mesmo lugar, mas tal identificação é dúbia. Jocneão foi uma cidade cananeia, conquistada por Josué (Js 12.22), então entregue ao território de Zebulom (Js 19.11) e posteriormente, entregue aos levitas (Lv 21.34). O moderno Tell Qeimum identifica o antigo local.

CIDADANIA

1. Entre os Hebreus. Os israelitas tinham uma feroz identificação nacional, o que tem resistido à passagem do tempo, com todas as suas vicissitudes, guerras, exílios e caos. Entre os hebreus, a cidadania contava com várias instituições que a fortaleciam. Antes de tudo, desde o começo a consolidação da nação de Israel requereu muito trabalho e sofrimento. O que é ganho com esforço, não se larga com facilidade. Em segundo lugar, havia a suposição geral de que Yahweh estava executando a sua vontade através da nação de Israel, e coisa alguma era considerada mais importante do que a vontade divina. Em terceiro lugar, um complexo código legal, considerado divinamente transmitido, dava estabilidade e propósito ao povo de Israel. Essas leis eram bastante generosas até no caso de estrangeiros, exigindo plena proteção para os estranhos que habitavam dentro dos portões das cidades de Israel (Êx 12.19; Lv 24.22; Nm 15.15; 35.15; Dt 1.16; 24.17). A única lei que discriminava os estrangeiros era a lei da usura. Os estrangeiros tinham de pagar juros sobre dívidas e empréstimos (Dt 23.20), o que não era cobrado da parte dos israelitas. Havia provisões especiais para os órfãos, os pobres etc. Estes compartilhavam dos dízimos e das ofertas feitas na época da colheita, e também eram beneficiados pelo ano do jubileu (Dt 14.29; 16.10,14; 26.11; Lv 25.6). Em quarto lugar, em Israel a cidadania nunca foi considerada uma questão meramente terrena. Ali acreditava-se que o homem é criatura de Deus, dotada de um destino em Deus e na espiritualidade. Enquanto outras nações têm sido povos religiosos, ninguém pode comparar-se a Israel como uma *teocracia*, onde a vida religiosa e a vida civil confundiam-se, e onde os líderes religiosos eram, *ipso facto*, os governantes civis. Ser alguém cidadão de Israel era participar do plano de Deus para a nação, pois, doutra sorte, nem haveria razão para a existência dessa nação.

2. No Novo Testamento. A cidadania romana (ver At 27.38), a *jus civitatis civitas*, era concedida ocasionalmente, pelos imperadores, a cidades ou mesmo a províncias inteiras (Dion Cass. 41.25; Suet. Aug. 47), como também a indivíduos, como recompensa por algum serviço especial prestado ao Estado ou à família imperial (Suet. Aug. 47). O trecho de Atos 22.28 indica que a cidadania romana podia ser adquirida a dinheiro. Paulo já nasceu cidadão romano porque, antes dele, algum membro de sua família, embora de sólidas tradições judaicas, adquirira esse direito. Ele usou sua cidadania romana para protestar por haver sido punido fisicamente, e também para apelar para César, mediante o que ele tinha o direito de ser julgado pelo próprio imperador, a fim de que o seu caso fosse decidido. (Ver At 25.11 e 28.19).

A cidadania romana dependia, primariamente, de alguém nascer em algum lugar que fazia parte do império romano, cujos habitantes tinham esse direito. Porém, conforme vimos, Roma era bastante liberal nessa questão de conferir a cidadania a quem não tivesse essa qualificação básica. Por causa dessa liberalidade, os cidadãos romanos ocupavam, em grandes números, a maior parte do mundo civilizado da época. Todavia, não havia regras fixas para esse processo; tudo dependia do governante e das circunstâncias do momento, o que o tornava mais lento ou mais rápido. Júlio César tinha o desejo de estender a cidadania como medida consolidadora do império. A cidadania de Paulo tornara-se realidade por motivo de alguma medida liberal, mediante a qual os judeus da cidade de Tarso passaram a ser reputados cidadãos romanos, embora nos seja impossível determinar quando isso sucedeu. Algumas cidades eram favorecidas, como Filipos, que mantinha posição distinta e bastante cobiçada no começo do império romano, em contraste com outras cidades e províncias. De modo geral, o desenvolvimento da cidadania romana pode ser traçada historicamente. Parte disso, naturalmente, devia-se ao crescimento populacional. Ao fim da guerra púnica, em 240 a.C., os cidadãos de sexo masculino atingiam o número de 260 mil. Em 124 a.C., esse número crescera para mais de 390 mil. Em 85 a.C., eles já eram 963 mil. E isso era assim porque uma larga porção da Itália havia sido incorporada, quando o privilégio não continuou limitado à cidade de Roma e suas cercanias imediatas. Sob Augusto (quando houve recenseamentos em 28 a.C., 8 a.C. e 14 d.C.), as estatísticas falavam, respectivamente, em 4.063.000, 4.233.000 e 4.937.000. Em 47 d.C., o recenseamento feito na época do imperador Cláudio, deu 5.984.072 cidadãos.

3. Condições. Um cidadão tinha direitos (*iura*), privilégios (*honores*) e deveres (*numera*). Entre os direitos havia o *ius provocationis*, o direito de apelo ao imperador, nos casos de julgamento. Esse foi o direito que Paulo usou, referido acima. Os deveres incluíam *o munus militare*, ou dever de serviço militar, e o *ius suffragii*, o direito de voto. Os *honores* eram privilégios especiais conferidos pelo senado a cidadãos notáveis. As referências neotestamentárias à cidadania romana (At 16.37,39; 22.25-27,29) mostram que, nos dias de Paulo, esse direito era muito cobiçado e respeitado. Em tempos posteriores, entretanto, a instituição inteira começou a degenerar.

4. A Cidadania Espiritual, Celestial. Temos o exemplo de Abraão, que buscava a cidadania celeste, confessando-se um estrangeiro neste mundo (Hb 11.10). Paulo, em Filipenses 3.20, alude à cidadania espiritual e celeste dos membros da igreja, onde Cristo é o Senhor absoluto. Isso subentende um novo e elevado destino. Isso também empresta uma nova perspectiva ao crente, sobre como ele deve usar apropriadamente a sua vida. Paulo exortou aos crentes de Filipos que vivessem de uma maneira digna do evangelho (Fp 1.27). Os crentes filipenses, que tinham direito à cidadania romana, sem dúvida compreenderam bem a metáfora usada pelo apóstolo. O trecho de Colossenses 1.13 não usa a palavra "cidadania", mas fala sobre o crente como pertencente ao *reino do amado Filho de Deus*, o que subentende a nossa cidadania no mundo transcendental. (ID MOF NTI)

CIDADE

I. As Palavras. Várias palavras hebraicas e gregas estão envolvidas neste verbete: **1.** *Ir*, "cidade". Essa palavra aparece cerca de 1.100 vezes no Antigo Testamento. Se alguém seguir as referências bíblicas, notará que a nossa distinção moderna entre cidade e aldeia ou vila, baseada em número de habitantes, não fazia parte inerente das palavras hebraicas. (Ver Gn 4.17; 19.29; 24.10; Êx 1.11; Lv 25.29,31; 1Sm 15.5; 20.6; 2Rs 17.6; Jr 51.42,43; Jn 3.3; Na 3.1). Unger, grande erudito presbiteriano moderno, supõe que se possa fazer distinção entre uma cidade e uma aldeia com base nas muralhas. Se havia uma muralha circundando a comunidade, então esta se chamava cidade; em caso negativo, a comunidade era chamada aldeia. (Ver Lv 25.29-31; 1Sm 6.18; Ez 38.11). **2.** *Qereth*, "cidade". (Ver Jó 29.7; Pv 8.3; 11.11). Cinco ocorrências. **3.** *Qirya*, "cidade". (Ver Nm 21.28; Dt 2.36; 1Rs 1.41; Jó 39.7; Sl 48.2; Pv 10.15; 11.10; 18.11; Is 1.21, 26; 22.2; Jr 49.25; Os 6.8; Hc 2.8,12; Ed 4.12-21). A palavra ocorre em um total de 29 vezes. **4.** *Saar*, "portão", mas que serve como sinônimo de cidade (Dt 5.14; 12.14 e 14.27,28). **5.** *Chatser*, palavra hebraica que, por 46 vezes, parece indicar uma vila sem qualquer proteção, em distinção às cidades fechadas com muralhas, segundo se vê (por exemplo em (Êx 8.13; Js 13.23,28; 19.6,8,15,16,22,30,31,38,48; 1Cr 4.32, 33; Ne 11.25,30; Sl 10.8). As cidades fortificadas eram chamadas, em hebraico, *ir nibtsar*, conforme se vê (por exemplo em (Nm 13.39; 2Sm 24.7; 2Rs 8.12; Sl 80.40). **6.** *Pólis*, "cidade". Palavra grega que aparece por um total de 174 vezes, em todos os tipos de conexões. É termo de larga aplicação, podendo indicar tanto uma cidade quanto uma aldeia. (Ver Mt 8.33; 21.7; Mc 11.19; At 8.9. Se acompanhada do artigo definido, "a cidade", então está em foco uma cidade principal, ou uma capital, como em At 8.5; Ap 21.15). Na literatura secular, a palavra também era usada para indicar os habitantes de uma cidade, conforme se vê em Josefo (*Anti.* 1200). Também foi usada para indicar a Cidade Celeste, a *nova Jerusalém* (Ap 21.2,10, etc.).

Metrópolis é uma combinação de palavras gregas que indica uma cidade principal, e que, no Novo Testamento, aparece somente no subtítulo de 1Timóteo. Mas há palavras cognatas, que expressam questões relacionadas, como *politarches*, "magistrado civil"; *politeia*, "cidadania" (vide); *politeuma*, "comunidade" ou estado; *polites*, "cidadão"; *politeuomai*, o verbo, sem paralelo em português, mas que significa ter a cidadania, ou então governar, viver, conduzir-se.

II. Primeiras Referências Bíblicas. A mais antiga alusão bíblica à edificação de cidades fala sobre como Caim edificou a cidade de Enoque, em Gênesis 4.17. Após a confusão das línguas, surgiram muitas cidades. Assim, Ninrode construiu Babel, Ereque e outras. Assur edificou Nínive e Reobote (Gn 10.10-12,19). A arqueologia tem descoberto coisas inumeráveis relativas a muitas grandes cidades antigas. Escavações arqueológicas importantes têm sido feitas em Ur, Nipur, Quis, Eridu, Lagase, Nínive, Assur etc. Oferecemos artigos sobre essas cidades, e no artigo sobre *Arqueologia* damos um gráfico, em ordem alfabética, que fornecerá ao leitor alguma ideia sobre as descobertas feitas nesses locais antigos. A mais antiga descrição bíblica sobre uma cidade envolve Sodoma; mas a arqueologia tem retrocedido na história muito mais do que isso.

III. A Cidade: a Segunda Grande Revolução. A domesticação de certas plantas e animais, na agricultura neolítica, foi a primeira grande revolução cultural. Isso possibilitou a vida comunitária, e, em seguida, as cidades. As cidades representaram a segunda grande revolução cultural, um passo decisivo na civilização. As cidades tornaram possíveis todas as formas de avanço tecnológico, que a cultura meramente agrícola não requeria e nem podia prover. Entretanto, a vida citadina também traz problemas sociais, incluindo a questão quase insolúvel da criminalidade, que o meio ambiente agrícola não provoca. As cidades iniciam todo um novo conjunto de problemas, relacionados à interação social, à necessidade de leis mais complexas e completas etc. Então, uma vez que as necessidades básicas da sociedade agrícola são satisfeitas, os habitantes das cidades têm tempo de seguir muitas veredas de erudição e conhecimentos técnicos. Foi assim que se verificou o desenvolvimento da filosofia e da ciência. Negócios e profissões desenvolveram-se que não seriam necessários nas sociedades agrícolas. Torna-se evidente, pois, que a cidade foi um desenvolvimento revolucionário, que explica a civilização e a cultura conforme as conhecemos. A cidade confere ao homem a oportunidade de diversificar o seu conhecimento, utilizando a sua inteligência de novas maneiras. Atualmente, os homens estão contemplando o espaço sideral, como passo inicial de uma nova grande área de exploração humana, o que representa ainda uma outra revolução cultural. É claro que cada novo desenvolvimento traz consigo novos meios de explorar as potencialidades humanas. Alguns estudiosos olham de volta à vida agrícola não somente como a única forma de vida desejável para o homem, mas também como a única que está em consonância com o plano divino para o homem. Eles supõem que a vida citadina representa, para o homem, uma aberração quanto ao seu estilo de vida. Tal argumento, entretanto, não pode manter-se de pé. Os homens nunca poderiam ter desenvolvido a sua inteligência sem o advento da vida nas cidades.

IV. Antigas Cidades Hebreias. Josué mencionou muitas cidades na Palestina. A julgar pela pequena população de Israel, podemos supor com segurança que as cidades eram bem pequenas. Seriam como muitas cidades orientais de nossos próprios dias, com ruas estreitas e tortuosas (Ec 12.4; Ct 3.2), com muitas praças perto dos portões das cidades, onde havia mercados e tribunais (Gn 23.10; Rt 4.1; Mt 6.5). Poucas ruas eram pavimentadas no interior das cidades, e menos estradas ainda eram pavimentadas fora das cidades. Mas somos informados por Josefo (Anti. 8,7) que Salomão pavimentou as estradas que conduziam a Jerusalém com pedras negras. Posteriormente, quando os romanos ensinaram aos homens quão vantajoso era pavimentar as vias públicas, foram pavimentadas as ruas de algumas cidades. Herodes, o Grande pavimentou as ruas principais de Antioquia; e Herodes Agripa pavimentou com pedras brancas várias das ruas de Jerusalém. Muitas cidades contavam com muralhas, portões fortes com barras de bronze ou de ferro, visando uma maior segurança para seus habitantes (Dt 3.5; 1Rs 4.13). As cidades maiores também contavam com torres de vigia. Nas capitais, como Jerusalém, as muralhas eram espessas e altas (2Cr 26.6 ss.; Zc 1.16). Havia torres elevadas por sobre os portões das cidades (2Sm 18.24). As cidades maiores tinham cidadelas (vide), no interior das muralhas principais, como medida de proteção extra. O número de portões variava, geralmente dependendo das dimensões das cidades. A cidade ideal de Ezequiel tinha doze portões (Ez 48.30-35), o que se vê também na nova Jerusalém do Apocalipse (Ap 21.12,13).

Governo. O conselho da cidade era a unidade governante das cidades hebreias. O conselho compunha-se dos importantes anciãos e juízes (Dt 16.18). Eles precisavam ser sacerdotes. Nos tempos dos reis emergiu a figura do governador (1Rs 22.26; 1Cr 18.25). Após o cativeiro babilônico continuou a prevalecer o tipo de governo mediante um conselho (Ez 7.25).

Jerusalém. Essa cidade representou um importante desenvolvimento, pois ali temos uma capital que enfeixava grande poder, como centro da lei, da religião e da potência militar da nação de Israel. Adicionemos a isso a veneração especial de que a cidade era alvo, como lugar onde Deus manifestava a sua presença de maneira especial. Ela teve origem na fortaleza dos jebuseus que Davi capturara. Isso posto, sua localização era neutra, não pertencendo a qualquer tribo particular de Israel. Jerusalém era a única cidade israelita que podia começar a comparar-se com outras grandes cidades não judaicas da antiguidade, como Nínive e Babilônia. A cidade de Davi era bem pequena, talvez tendo três mil habitantes. Há muita incerteza acerca da história física de Jerusalém. Ela sofria tantos desastres periódicos que nunca pôde expandir-se muito. Apesar disso, gozou de significativa expansão na época dos reis. As ilustrações acerca da antiga Jerusalém mostram uma cidade relativamente pequena. Sabemos que a Jerusalém reconstruída após o exílio, sob Neemias, não diferia muito quanto às dimensões territoriais da época da monarquia dividida. Algumas linhas defensivas foram acrescentadas, cobrindo algum território a mais; mas a população não pode ter ultrapassado doze mil habitantes. Ver o artigo separado sobre *Jerusalém*.

Características das Cidades Bíblicas. Há quatro características que não podemos olvidar, a saber: **1**. Em face dos constantes conflitos armados, uma cidade de qualquer tamanho, nos tempos bíblicos, era uma *fortaleza*, com muralhas, portões, torres e cidadelas internas. **2**. As ruas eram estreitas e tortuosas, e as casas eram baixas; havia nas proximidades dos portões mercados, do tipo que hoje chamaríamos de feiras livres, e também era ali que se faziam negócios e funcionavam os tribunais. **3**. As cidades incorporavam lugares sagrados, como santuários e lugares de sacrifício e adoração. Ver sobre Betel (Jz 20.18) e Silo (1Sm 7.16 e 10.2). Havia templos tipo fortaleza, designados pela palavra hebraica *migdal* (ver Gn 32.30-32; Êx 14.2; Js 15.37). **4**. As cidades ficavam perto de algum bom suprimento de água, como rios ou fontes. As cisternas (vide) eram uma parte essencial das cidades. Havia tanto cisternas públicas quanto cisternas particulares, onde se guardava água para as estações secas. Em certos lugares havia grandes sistemas de irrigação e de condução de água. Túneis e outras instalações para transporte de água eram características comuns nas fortalezas da Idade do Ferro, como se via em Megido, Siquém e Jerusalém. Algumas dessas instalações cobriam impressionantes distâncias, trazendo água desde rios ou mananciais.

Na antiguidade, esses agrupamentos humanos eram classificados com base, acima de tudo, na existência ou não de muralhas. Isso se reflete tanto no hebraico quanto no grego, no tocante aos termos usados na Bíblia para indicar essas comunidades. Há diversas palavras hebraicas e gregas que precisamos considerar neste verbete.

Cidades Muradas: **1**. *Qir*, "cidade". Palavra hebraica que figura por setenta vezes, e que, realmente, refere-se mais às muralhas do que à cidade propriamente dita. (Para exemplificar: Lv 14.37,39; Nm 22.25; 35.4; 1Sm 18.11; 19.10; 1Rs 4.33; Js 2.15). **2**. *Pólis*, "cidade". Palavra grega que aparece por 160 vezes no Novo Testamento, principalmente nos Evangelhos sinópticos, no livro de Atos e no Apocalipse, desde Mateus 2.23 até Apocalipse 22.19.

Cidades Sem Muros. **1**. *Bath*, "filha". Com o sentido de "aldeia" ou "vila", a palavra ocorre por 44 vezes. (Por exemplo: Js 15.45,47; 17.11,16; Jz 11.26; 1Cr 2.23; 7.28; 8.12; 2Cr 13.19). **2**. *Chavvoth*, "povoado". Palavra hebraica que aparece por quatro vezes (Nm 32.41; Js 13.30; 1Rs 4.13 e 1Cr 2.23). **3**. *Chatser*, "vila". Palavra hebraica que ocorre por 46 vezes (por exemplo: Êx 8.13; Lv 25.31; Js 13.23,28; 15.32,36,41,44-47,51,54,57,59 60,62; 18.24,28; 1Cr 4.32,33; Ne 11.25,30; Sl 10.8; Is 42.11). **4**. *Ir*, "cidade", "lugar agitado". Palavra hebraica extremamente comum, que ocorre por quase 1.100 vezes (desde Gn 13.12 até Zc 14.2). **5**. *Perazoth*, "aldeias abertas". Palavra hebraica que aparece por três vezes (apenas: Zc 2.4; Et 9.19 e Ez 38.11). **6**. *Kóme*, "aldeia". Palavra grega que ocorre por 27 vezes (Mt 9.35; 10.11; 14.15; 21.2; Mc 6.6,36,56; 8.23,26,27; 11.2; Lc 5.17; 8.1; 9.6,12,52,56; 10.38; 13.22; 7.12; 19.30; 24.13,28; Jo 7.42; 11.1,30; At 8.25). **7**. *Komópolis*, uma combinação de *kóme* e *pólis*, dando a entender uma comunidade ainda sem muralhas, mas de dimensões bastante grandes. Essa palavra grega aparece por apenas uma vez, em Marcos 1.38.

Conforme indicamos anteriormente, duas categorias básicas de cidades aparecem nas Escrituras Sagradas. Em Levítico 25.31, onde é empregada a palavra hebraica *chatser*, a vila é caracterizada pela ausência de muralhas; e, além disso, estava sujeita a uma diferente lei de redenção. Nas vilas sem muros, as casas precisavam ser devolvidas a seus proprietários originais, quando vendidas, ao chegar o ano do jubileu, ao passo que, nas cidades muradas, as casas não podiam ser redimidas se se passasse mais de um ano após o tempo da venda das mesmas. Conforme foi demonstrado no ponto A. 1, acima, o termo *qir* geralmente era usado juntamente com adjetivos qualificativos, indicando a presença ou ausência de muralhas, o que nos mostra que essa palavra não estava especificamente limitada ao sentido de cidade murada. Podia estar em foco até mesmo uma parede de uma construção qualquer.

No período do Antigo Testamento, uma cidade murada era distinguida não somente por possuir muralhas, mas também por ser um centro defensivo, comercial e industrial; e, em alguns casos, era também onde residia o governador local. Já no período do Novo Testamento, a diferença essencial entre uma cidade e uma aldeia não era tanto a presença ou ausência de muralhas, e, sim, a posse de constituições e de leis que diferiam das leis referentes ao interior, porquanto essa legislação seguia as leis da coroa. Após os dias neotestamentários, uma cidade era assim chamada se se tivesse tornado sede de um bispado. A Mishna fazia uma tríplice distinção: ***a***. cidade grande; ***b***. cidade pequena; ***c***. aldeia. Ver sobre *Vila*. Quando a palavra *bath*, "filha", era usada com o sentido de aldeia, e não com o seu sentido primário de "filha", então indicava uma aldeia dependente de alguma cidade maior, murada. Essas aldeias eram, principalmente, centros agrícolas interioranos, dependentes das cidades muradas para sua proteção militar, onde também eram colocados os produtos agrícolas e outros. Nas aldeias, as edificações geralmente eram de qualidade inferior, cruas, sem ornamentações arquiteturais. Há evidências arqueológicas acerca de muitas centenas de aldeias e vilas pertencentes desde a época de Jeremias para trás. Porém, a maioria delas não chegou a ser repovoada, após o exílio babilônico. Rute e Davi, em suas atividades, ilustram a vida campesina da época.

Precisamos ainda considerar os topônimos hebraicos *kafar* e *haçor*. O primeiro aparece em locativos como Quefar-Amonai, "aldeia dos amonitas" (Js 18.24) ou Cafarnaum (Mt 4.13 etc.). E o segundo como em Azor (Js 11.1). O primeiro desses topônimos significa "aldeia". Mas o segundo deles, *haçor*, merece um estudo mais detalhado. Essa palavra era usada principalmente para indicar os povoados que ficavam no limite entre a terra cultivada e o deserto. Os povos assim classificados geralmente eram protegidos por uma espessa sebe de plantas espinhosas ou por um muro de pedras, como proteção contra as feras, e dentro da qual os habitantes viviam em tendas, e não em casas de material mais permanente. Portanto, se *kafar* indicava uma população sedentária, *haçor* indicava uma população seminômade. Resta dizer somente que a cultura não era tão desenvolvida nas aldeias, vilas e povoados de qualquer categoria, como sucedia nas cidades muradas. No caso do povo de Israel, nesse particular, nenhuma outra cidade comparava-se às duas capitais: Jerusalém, do reino do sul, ou Judá; e Samaria, do reino do norte, Israel. Ver também sobre Vilas e sobre *Povoados*.

V. Cidades Não Israelitas. A maioria das descrições das cidades de Israel se ajustaria à descrição de cidades estrangeiras. Houve muitas ideias tomadas por empréstimo. Em primeiro lugar, quando da conquista da Palestina, os israelitas simplesmente adaptaram muitas das ideias já existentes para nelas habitarem. Porém, no mundo antigo houve alguns notáveis exemplos de cidades diferentes e maiores que aquelas da Palestina, como Nínive e Babilônia. Há artigos separados sobre essas cidades, onde o leitor poderá obter novas informações.

VI. Nos Dias do Novo Testamento. Quanto a uma discussão sobre as palavras gregas envolvidas, ver o começo deste artigo. Consideremos os pontos seguintes: **1**. Muitas das cidades da Palestina foram destruídas total ou parcialmente durante as guerras dos Macabeus. Aquelas que foram reedificadas antes do domínio romano, eram similares àquelas que já foram descritas. Os romanos tomaram a região em cerca de 63 a.C. O rei Herodes governou sob os romanos entre 37 e 34 a.C. Ele foi um grande construtor de cidades. Reformou a muitas delas e edificou outras. A influência arquitetônica dos romanos foi grande. Um exemplo é a cidade de Samaria, que recebeu o nome novo de Sebaste (palavra grega correspondente a Augusto). A cidade recebeu novas torres, circundando a cidade com um formato oval irregular, de cerca de um quilômetro de lado a lado. Um gigantesco templo em estilo romano foi ali construído. Tinha 69 m de comprimento, com um fórum tipo romano no seu lado oriental. Cesareia foi construída em cerca de doze anos (25 a 13 a.C.). Os arqueólogos têm examinado detalhadamente essa cidade, onde há típicos remanescentes arquitetônicos romanos. Essa cidade era a sede do governo romano na Palestina. Foi ali que Paulo foi julgado diante de Festo e de Herodes Agripa (At 25.23 ss.), e onde o centurião Cornélio foi envolvido, no estabelecimento de um igreja cristã gentílica, no começo da missão da igreja ali. (Ver At 10.18-22). Josefo informa-nos que o porto de Cesareia era similar, se não mesmo maior que o de Atenas, na Grécia. Ali havia uma arena ligeiramente maior que o Coliseu de Roma. **2**. Jerusalém cresceu em sua área com dois novos portões, muralhas e fortificações. Um magnificente templo foi construído na cidade. Herodes foi o grande responsável por isso. Expandiu o átrio, cuja porção sudeste era sustentada por colinas e imensas abóbadas, chamadas Abóbadas de Salomão. Uma gigantesca muralha de retenção foi construída, que é a atual Muralha das Lamentações. Esse templo foi um dos mais magníficentes edifícios do mundo do século I d.C. Uma predição de Jesus anunciava a destruição de Jerusalém, em vista da rejeição do Messias. E Tito, ao pôr fim à revolta dos judeus contra Roma, cumpriu a profecia de Jesus no ano 70 d.C. em 132 d.C., Jerusalém foi reconstruída, embora não mais no grandioso estilo de antes, e recebeu o novo nome de Aélia Capitolina. Cobria então uma área de apenas cerca de 320 mil metros quadrados, com uma população de, talvez, entre dez e dezoito mil habitantes. Para os cristãos dos dias de Jesus e posteriormente, Jerusalém continuou a ser considerada uma cidade santa. Jesus chamou-a de *cidade do grande Rei* (Mt 5.35). Até a sua destruição, em 70 d.C., Jerusalém era o principal centro cristão, o lugar de onde partiram as primeiras missões cristãs de evangelismo. Porém, o tratamento dado pela cidade ao Messias amarguroua a muitos cristãos contra ela. O escritor do Apocalipse chamou-a de Sodoma e Egito, porquanto foi ali que o Senhor Jesus foi crucificado (Ap 11.8). A tradição profética, bíblica e moderna, prediz que a igreja terá novamente Jerusalém como seu grande centro, após a conversão dos judeus, o que se espera para um futuro não muito distante. Então Jerusalém se tornará o centro e a protetora da civilização por um período de mil anos, tal como sucedeu a Roma, durante a Idade Média. Ver o artigo separado sobre *Jerusalém*. Os capítulos 21 e 22 do Apocalipse encerram descrições da nova Jerusalém, o que muitos intérpretes aceitam como descrições simbólicas da própria igreja. Outros estudiosos pensam sobre uma habitação celestial literal, que descerá do céu à terra, ou ficará suspensa sobre a terra. A interpretação metafórica ajusta-se melhor à natureza do Apocalipse, de acordo com a qual, condições mileniais, utópicas, provavelmente devem ser entendidas. Os comentários sobre esses capítulos, no NTI, fornecem as muitas interpretações que estão envolvidas na questão. **3**. Herodes, o Grande, edificou certo número de esplêndidos palácios e fortalezas na Palestina, como em Ascalom, Herodion (sul de Belém), Massada, Maquero, Qarn, Sartabé (norte de Jericó) e Jericó. Nessas cidades havia muitas coisas de estilo romano, como mosaicos, construções de pedra, com evidências de riquezas e prosperidade. **4**. Um distinto grupo de cidades neotestamentárias são as cidades helenistas que vieram à existência nos séculos III e II a.C., na Transjordânia e em Citópolis (Bete-Seã). Essas cidades foram reunidas em um grupo, chamado Decápolis (vide), e então postas sob o governo do governador romano da Síria. Entre elas havia as cidades de Gerasa, Filadélfia e Gadara, a última das quais é a única que faz parte do grupo, que teve qualquer importância dentro do ministério de Jesus. Essas cidades eram tão típicas quanto as demais cidades helenistas, mostrando a influência combinada da Grécia, de Roma, da Ásia Menor e da Síria. **5**. Uma outra característica distintiva, refletida nas cidades da Palestina, era o caráter da Judeia que, segundo sabemos, reteve o sistema ptolemaico de vilas, com grupos ou distritos chamados toparquias. Cada toparquia tinha seus oficiais locais, incluindo o juiz, quase inteiramente autônomo (em contraste com os sistemas grego e romano, bem mais ordeiros, segundo se vê em Mt 5.25). Esse juiz era responsável diante de algum rei vassalo. Uma vila maior atuava como centro administrativo da toparquia. A parábola dos talentos, em Lucas 19.17-20, alude a um sistema de distritos sob o controle de alguma vila maior. O tirano vassalo fazia parte do mundo das satrapias e de outros governos menores. Por essa razão, os aldeões judeus foram governados por uma sucessão de conquistadores. **6**. No livro de Atos transparece muito mais a maneira romana de fazer as coisas, em parte modelada segundo os padrões gregos. Havia a *pólis*, dirigida por seu próprio governo municipal, dentro de um território específico. Os conselhos das cidades tinham muitos membros, talvez quinhentos ou seiscentos. Nenhuma pessoa, nem mesmo juiz, tinha autoridade sem controle. Os cidadãos tinham direitos, e havia sistemas legislativos bem desenvolvidos. Quanto mais nos aproximamos da cidade de Roma, mais as cidades seguiam o estilo romano. Porém, nas cidades mais distantes, prevalecia o modelo grego. E também havia cidades helenizadas, uma amálgama desses dois estilos. Foi entre as cidades helenizadas que o evangelho se propagou com maior liberdade, ao passo que a situação judaica era quase impossível de se modificar em qualquer grau mais significativo. **7. As Cidades Gregas**. Quando o evangelho penetrou na Europa, os pregadores cristãos encontraram cidades gregas com influência romana. Ver os artigos separados sobre Corinto, Atenas, Tessalônica e Bereia, para exemplificar. **8. Caráter Diversificado das Cidades**. A discussão acima demonstra que as cidades do Novo Testamento tinham uma natureza muito mais diversificada do que as cidades do Antigo Testamento. O antigo estilo hebreu sofriu a influência ptolemaica, como também das cidades militares e das cidades-colônias de Roma, ao mesmo tempo em que as cidades-estado dos gregos continuavam a reter grande parcela de seu típico estilo grego. As sete cartas do Apocalipse, dirigidas a sete igrejas em sete cidades diferentes, exibem uma natureza diferente de cada uma dessas cidades. Com a passagem do tempo, as cidades tornaram-se maiores, melhor planejadas, muitas delas dotadas de verdadeiros monumentos arquiteturais e grandes feitos da engenharia. (ADA AH (1967) ND RAM Z)

CIDADE BAIXA

Essa é a tradução, em nossa versão portuguesa, da palavra hebraica que aparece em Sofonias 1.10. O hebraico diz apenas *mishneh*, "segundo". Os intérpretes, entretanto, pensam que isso significa "segundo distrito", onde a palavra "distrito" fica entendida. (Ver também 2Rs 22.14 e 2Cr 34.22). Ali é dito que a profetisa Hulda habitava nesse segundo distrito da cidade de Jerusalém. Esse distrito ficava em um ângulo formado pela muralha ocidental do templo e pela antiga muralha norte da cidade. Posteriormente, foi incluído dentro da muralha construída por Neemias.

Josefo nos dá a entender que esse distrito, que ele chamou Acra (ver *Guerras* i.1,4; 5,4 e 6.1), era, realmente, a parte mais baixa da cidade, embora contígua à colina onde estava edificado o templo. Acra é a transliteração da palavra grega que significa "fortaleza". Essa fortaleza fora edificada por Antíoco Epifânio (168 a.C.). Nos dias de Simão Macabeu, não somente a fortaleza foi arrasada, mas até mesmo a colina sobre a qual ela ficava foi nivelada (ver Josefo, *Anti.* xiii.6,7; *Guerras* v.4,1). Mas, no Antigo Testamento hebraico, a expressão "cidade baixa" nunca aparece, pois o nome que ali é dado a essa porção da cidade é "Cidade de Davi". Portanto, o nome deve ter aparecido após o nivelamento daquela colina, nos dias dos macabeus. Isso significa que a versão portuguesa nos apresenta uma interpretação, e não uma tradução do texto hebraico. No seu sentido mais amplo, a "Cidade Baixa" incluía não somente aquela seção da cidade onde habitavam os mais abastados, mas também o trecho do vale do Tiropoeon, desde Siloé até à "Casa do Concílio", que ficava perto da "primeira muralha", a muralha norte da cidade, onde, sem dúvida, residiam muitos pobres de Jerusalém. Quanto a uma descrição mais completa sobre a topografia de Jerusalém, ver sobre *Jerusalém*, na seção sobre *Topografia*.

CIDADE CERCADA

Essa expressão serve de tradução para várias palavras hebraicas: **1**. *Bitstsarom*, "lugar cercado". Palavra usada somente em Zacarias 9.12. **2**. *Mibtsar*, "lugar cercado". Palavra usada por dezoito vezes (por exemplo: Nm 13.19; 2Sm 24.7; 2Rs 8.12; Sl 89.40; Jr 48.18; Dn 11.24; Mq 5.11; Na 3.12,14; Hc 1.10). **3**. *Maoz*, "fortim". Palavra usada por 32 vezes (por exemplo: Is 23.11; Na 1.7). **4**. *Metsad*, "fortaleza". Palavra empregada por sete vezes (por exemplo: Jz 6.2; 1Sm 23.14,19,29; Jr 48.41). **5**. *Metsudah*, "fortaleza". Palavra usada por dezessete vezes com esse sentido. (Por exemplo 2Sm 5.7; 22.2; Sl 18.2; 31.3; 144.2). **6**. *Matsor*, "rampa". Palavra usada por oito vezes com esse sentido (Zc 9.3; Jr 10.17; Mq 7.2; Dt 20.20). **7**. *Metsurah*, "fortim". Palavra usada por duas vezes (2Cr 11.11; Is 29.3).

Há uma clara distinção, no Antigo Testamento, entre uma cidade e uma aldeia. Uma cidade contava com uma muralha, e uma aldeia, não. Nesse particular, encontramos uma tríplice divisão: **a**. cidades; **b**. aldeias sem muralhas, **c**. aldeias com castelos ou torres (1Cr 27.25). Ver o artigo sobre as *Cidades*. Sabemos, mediante a história, que o distrito a leste do rio Jordão, que formava os reinos de Moabe e Basã, contava com muitos castelos e fortalezas, construídos com o intuito de proteger os animais e desencorajar os inimigos (Dt 3.5; 2Cr 26.10). Quando Israel invadiu a Palestina, encontrou muitas cidades muradas (Nm 13.28; 32.17; Js 11.12,13; Jz 1.27-33). As fortificações permitiam que os habitantes de uma cidade resistissem ao assédio de exércitos inimigos por muito tempo. Assim, Jerusalém foi mantida em poder dos jebuseus até os dias de Davi (2Sm 5.6; 1Cr 11.5).

CIDADE DAS PALMEIRAS

Esse título foi usado para indicar Jericó (Dt 34.2 e 2Cr 28.15). Fora uma cidade ocupada pelos queneus (Jz 1.16), tendo sido capturada pelo rei de Moabe, Eglom (Jz 3.13). Josefo descreve-a como local dotado de muitas palmeiras, incluindo certa variedade de espécies.

CIDADE DE DAVI. Ver sobre *Sião*.

CIDADE DE MOABE

Ver Números 22.36. Essa cidade ficava situada perto do rio Arnom, onde Balaque foi visitado por Balaão. Ela pode ser identificada com Ar, uma cidade moabita. Comparar com Números 21.15,28 e Isaías 15.1.

CIDADE DO SAL

Uma cidade existente na região desértica de Judá (Js 15.62). Supõe-se que essa cidade estava na extremidade sudoeste do mar Morto, onde certas colinas são formadas de sal puro, de onde lhe provém o nome. Alguns a localizam no vale do Sal, uma ravina na fronteira entre os territórios de Judá e de Edom, ao sul do mar Morto. A região foi cena de várias batalhas registradas nas Escrituras, conforme se vê em 2Samuel 8.13; 2Reis 14.7; 1Crônicas 18.12 e 2Crônicas 25.11.

CIDADE DO SOL

Assim diz a nossa versão portuguesa em Isaías 19.18. No original hebraico temos a expressão *ir haheres*, "cidade da derrubada", que algumas versões traduzem por "cidade da destruição". A Vulgata Latina é que traduz a expressão por "cidade do sol". Contudo, alguns eruditos textuais pensam que "sol" fazia parte do texto original, palavra que teria sido finalmente eliminada do texto, porquanto não há qualquer referência ao sol em um contexto onde vemos pagãos abandonando a idolatria e voltando-se para a adoração a Yahweh. Contudo, se a alusão é a uma "cidade do sol", então estaria em foco a cidade de Heliópolis, no Egito. No grego, "heliópolis" significa "cidade do sol". Na antiguidade, essa cidade era um centro da adoração egípcia ao sol, onde eram honradas divindades solares como Ré e Atom. Da quinta dinastia egípcia em diante, os Faraós do Egito eram conhecidos como "filhos de Ré". Na Bíblia, a cidade de Heliópolis é chamada de "Om", que aparece em Gênesis 41.45,50 e 46.20. José, filho de Jacó, quando se tornou o primeiro ministro de Faraó, casou-se com a filha do sacerdote de Om. Quanto a outros detalhes, ver o artigo sobre *Heliópolis*.

CIDADELA

No hebraico, *migdal*, **"torre forte"**. Palavra que aparece por cinquenta vezes (por exemplo: Gn 11.4,5; Jz 8.9,17; 9.46,47,49; 9.51,52; 1Cr 14.7; Ne 3.1,11,25-27; Sl 48.12; Ct 4.1; Is 2.15; Ez 26.4,9; Mq 4.8; Zc 14.10). Uma outra forma da palavra é *migdol*, que figura por treze vezes (por exemplo: 2Sm 22.51; Ez 29.10; 30.6).

A palavra hebraica aplica-se a uma defesa final, interior, em algum ponto de uma cidade. Essa ideia transparece logo na primeira menção, Gênesis 11.4,5, onde os construtores da torre de Babel não pensaram em edificar uma torre isolada em campo aberto, conforme se vê em muitas gravuras de concepção artística moderna, mas disseram: ... *edifiquemos para nós uma cidade, e uma torre cujo topo chegue até aos céus...* A ideia também transparece claramente na terceira passagem, Juízes 9.46,47,49, 51,52.

Com a passagem dos séculos, o termo hebraico passou a indicar todo o complexo de defesa interna de uma cidade, incluindo o palácio, o templo e quaisquer edifícios anexos. Sempre que possível, as cidadelas ou torres fortes eram construídas em uma colina íngreme, de acesso difícil, a fim de facilitar a defesa. Isso posto, a cidadela era uma espécie de cidade fortificada em miniatura, dentro da cidade, podendo ter sua própria muralha, portão e até fosso. Havia até mesmo cidadelas sem portões. As pessoas subiam até o alto das torres fortes por meio de uma escadaria.

CIDADES ARMAZÉNS

No hebraico, *ir miskenoth*, **"cidade armazém"**. A expressão ocorre no Antigo Testamento por sete vezes (Êx 1.11; 1Rs 9.19; 2Cr 8.4,6; 16.4; 17.12 e 32.28).

Sob as fustigadas dos chicotes dos feitores de obras, os israelitas, escravizados no Egito poucas gerações após a época de José, tiveram de construir as "cidades celeiros" (conforme diz a nossa versão portuguesa na primeira dessas referências) de Pitom e Ramssés. Pitom tem sido identificada com o moderno Tell et-Retabah, e Ramssés, com a antiga Tânis.

Salomão construiu certo número de cidades armazéns em Hamate (1Rs 9.19), bem como em outros lugares dispersos pelo seu reino, não registrados na Bíblia (1Rs 9.19; 2Cr 8.4,6). Durante o reinado de Baasa, do reino do norte, Israel, Ben-Hadade, da Síria, concentrou seus ataques sobre as "cidades armazéns", terminando por conquistá-las, no território de Naftali, juntamente com outras cidades (2Cr 16.4). O rei Josafá, em seu programa de fortalecimento do reino de Judá, construiu tanto fortalezas quanto "cidades armazéns" (2Cr 17.12). Ezequias também promoveu a construção de "cidades armazéns" (2Cr 32.28).

As "cidades armazéns" aparentemente tiveram a sua origem na prática egípcia de prover armazenamento para as colheitas excessivas, durante os sete anos de abundância, como reserva para os sete anos de escassez, o que ocorreu na época em que José foi o primeiro ministro de Faraó. É possível que essas chamadas "cidades armazéns" fossem como grandes silos, com estruturas longas, retangulares, em forma de salão, encontradas em Bete-Semes, Laquis e outros lugares no território de Israel. A começar pelo reinado de Salomão, e continuando durante os governos de reis posteriores, essas cidades armazéns eram usadas para armazenar cereais e azeite de oliveira, para uso posterior nas cortes reais de Judá e de Israel. (Quanto a Jerusalém, ver 1Rs 4.7,22,23). Esses produtos eram também recolhidos como parte dos impostos pagos ao governo, conforme se tem conhecimento através das ostracas encontradas em Samaria e outras localidades.

Alguns estudiosos pensam que esses armazéns não eram usados somente como depósitos de mantimentos, mas isso não pode ser defendido e nem desmentido por meio das Escrituras Sagradas, que nada revelam a esse respeito.

CIDADES DA CAMPINA

Ver Gênesis 13.12 e 19.29 quanto a essa expressão. As palavras hebraicas envolvidas são comumente usadas para designar uma unidade monetária e também certo formato de pão. Seu sentido básico é "redondeza" ou "nivelamento". Ao referir-se a algum território, parece que prevalece a ideia de lugar plano. Todavia, a palavra também pode significar "oval", como no caso em foco, que se refere a uma região que vai da extremidade sul do mar da Galileia até à extremidade norte do mar Morto, região essa que tem uma forma ovalada. Também se tem considerado que a área ia desde o ponto imediatamente acima de Jericó (1Rs 7.46; 2Cr 4.17), até à extremidade sul do mar Morto (Dt 34.4). Seja como for, as cidades da campina, como Sodoma e Gomorra, além de outras estão em foco, segundo se vê em Gênesis 13.10. Os nomes de Admá, Zeboim e Bela também fazem parte do texto sagrado. Todavia, os trechos de Gênesis 17.25,28,29 parecem ampliar a área em consideração. Antes do aparecimento de cidades naquela área, compreendemos, com base em Gênesis 13.10, que a terra era fértil de tal modo que merecia comparação com o jardim do Éden ou com o delta do Nilo, no Egito. As descobertas arqueológicas confirmam a fertilidade da região. As condições climáticas têm-se modificado com a passagem dos séculos, e a região não é hoje tão fértil quanto antigamente. O trecho de Gênesis 19 narra a súbita destruição que sobreveio a quatro das cinco cidades mencionadas na área. Zoar, para onde Ló e suas filhas fugiram, foi poupada. Algum tipo de cataclismo natural atingiu a área. Talvez tivesse havido um abalo sísmico que liberou chamas resultantes da combustão de gás ou petróleo de depósitos naturais subterrâneos. Até hoje o betume aflora à superfície das águas do mar Morto. E, desde 1953, Israel tem bombeado petróleo e gás desse lugar.

Supõe-se que a área antiga está agora parcialmente coberta pelas águas do mar Morto, que tem uma área maior que na antiguidade. Em Bab edh-Dhra', um sítio arqueológico da região, tem-se encontrado peças de cerâmica de 2300 a 1900 a.C., confirmando a importância do lugar e os seus ritos religiosos.

A região foi abandonada no começo do século XIX, quando as cidades da região deixaram de ser ocupadas. O trecho de Isaías 34.9,10 parece ter uma descrição gráfica de uma erupção de betume, o que poderia ser uma alusão à destruição das cidades da campina, embora usada em outra conexão. Naturalmente, alguns intérpretes preferem pensar em uma explicação totalmente sobrenatural para a destruição ali havida. Seja como for, os habitantes daquelas cidades pecaminosas chegaram a um fim repentino. Diz-se que houve planos de reconstruir a área, com cassinos e lugares de prazer. Mas tais planos foram abandonados quando alguém objetou dizendo: "Oh, não comecemos tudo de novo!" Mas, na sociedade moderna, o estilo de vida de Sodoma e Gomorra tem-se tornado quase universal. Muitos homossexuais têm-se vangloriado disso. Por certo, o juízo divino não anda longe. (CLAP KY)

CIDADES DE REFÚGIO

Ver um artigo separado sobre *Cidade*. As cidades de refúgio dos países antigos eram, essencialmente, medidas judiciais auxiliares, para ajudar o escape dos homicidas involuntários. Visto que o código de vingança era forte, os parentes de uma pessoa morta por outrem matavam sem misericórdia ao culpado pelo homicídio, sem temer qualquer ação da parte da lei. A lei da retribuição, em Israel, requeria punição igual ao crime (Gn 9.6; Êx 21.12-14; Lv 24.17; Ez 18.20). Lemos que era considerado um *dever* o parente de um homem morto justiçar o assassino, mesmo que o homicídio tivesse sido feito involuntariamente, mesmo que com razão, em defesa própria. Os lugares de refúgio incluíam os templos, os santuários e os lugares santos de todas as variedades. No território de Israel, seis cidades levitas foram separadas com essa finalidade. Mas elas visavam somente os casos de homicídio acidental. Os criminosos não eram protegidos nessas cidades. Essas cidades serviam para modificar a inflexibilidade das leis vigentes. Ver as seis cidades de refúgio mencionadas em Josué 20.7,8. Essas cidades eram as seguintes: **1. Cades**, cerca de 25 km ao norte do mar da Galileia. **2. Siquém**, — localidade no fim do vale que tinha um formato de "V", na linha leste-oeste, entre o monte Ebal e o monte Gerizim. **3. Hebrom** (Quiriate-Arba), em Judá, cerca de 32 km ao sul de Jerusalém. **4. Bezer**, nas terras altas orientais a leste de onde o rio Jordão deságua no mar Morto. **5. Ramote**, cerca de oitenta quilômetros mais para o norte, nas terras altas de Gileade. **6. Golã**, nas terras altas a leste do mar da Galileia. A exata localização desta última é desconhecida. Essas cidades estavam localizadas em lugares estratégicos, dando aos habitantes de cada tribo um lugar de refúgio, não muito distante.

O trecho de Êxodo 21.14 dá a entender que um assassino proposital não podia esperar proteção em frente do altar; mas um homicida acidental podia fazê-lo, por algum tempo. As leis de Israel não proviam a remoção da culpa pelo homicídio, mas a morte do sumo sacerdote então naturante permitia que o homicida circulasse livremente, sem temor de retaliação. Alguns supõem que a morte do principal sacerdote da área tinha o mesmo efeito. Requeria-se que as estradas que levavam às cidades de refúgio fossem mantidas em boas condições (Dt 4.41-43; 19.1-13). Havia qualificações específicas para aqueles que buscassem as cidades de refúgio, e os anciãos dessas cidades tomavam decisões referentes a cada caso. As cidades de refúgio provavelmente eram lugares de grande atividade; mas, curiosamente, não temos qualquer relato no Antigo Testamento que ilustre o costume.

Se os anciãos de uma cidade decidissem de modo favorável ao homicida, ainda assim este precisava confinar-se na cidade de refúgio, até à morte do sumo sacerdote (Nm 35.25 ss.), tornando tal refúgio um virtual aprisionamento. Em outras palavras, os homicidas involuntários ainda assim pagavam uma pena.

Tipologia. Como é óbvio, as cidades de refúgio representam o refúgio que temos em Cristo, o qual é nosso sumo sacerdote. A sua morte livrou-nos do temor ou retaliação do pecado, até onde está envolvido o destino da alma. A lei de Moisés era um código de justiça, e a misericórdia não era então um conceito tão patente como se vê em nossos dias. Apesar disso, as cidades de refúgio envolviam certa medida de misericórdia. Porém, em Cristo o pecador perdoado fica inteiramente livre de culpa e das consequências eternas de seu pecado.

Contrapartes Modernas. Antes do advento do cristianismo, lugares santos, templos, santuários etc., agiam como asilos. Pelo menos desde os dias do imperador Constantino, os templos cristãos exerciam essa função. Teodósio, em 413 d.C., ampliou esse privilégio às casas, jardins e outros anexos de um templo cristão. O sínodo de Toledo, no século VII d.C., estendeu o privilégio de asilo a trinta lugares associados a cada templo cristão, quando cada igreja determinaria quais seriam esses trinta lugares. Na Idade Média, quando o poder papal tornou-se grande, esses costumes continuavam prevalecendo. Porém, à medida que o estado se fortalecia e a igreja se enfraquecia, os princípios de asilo foram-se tornando sujeitos mais à legislação secular, e menos à legislação eclesiástica. A maioria dos governos conta, atualmente, com uma legislação que cobre todos os casos possíveis dessa natureza, de tal modo que a igreja não mais se envolve na questão. Às pessoas tidas como criminosos por razões políticas, ou consideradas culpadas por suas convicções políticas ou religiosas, com frequência se permite o asilo em consulados estrangeiros que existam no país onde a perseguição esteja sendo efetuada. Entre as nações mais civilizadas, esse direito de asilo é respeitado. (AM E GREEN LAN)

CIDADES LEVÍTICAS. Ver *Levitas, Cidades de*.

CIÊNCIA NA BÍBLIA

Pode-se definir "ciência" como o conhecimento organizado de leis naturais gerais, sobretudo aquelas obtidas através do método científico. E o método científico pode ser definido como os princípios e modos de proceder em busca do conhecimento sistemático, envolvendo o reconhecimento e a formulação de um problema, o recolhimento de informes através da observação e das experiências, e a formulação e comprovação das hipóteses.

I. A Bíblia e o Método Científico. O método científico, no sentido que lhe damos hodiernamente, surgiu nos séculos XVII e XVIII.

Antes disso, a coisa mais próxima do método científico era a especulação e a postulação, com pouca ou nenhuma referência a experiências e testes. A Bíblia, entretanto, é singularmente isenta de especulações e postulações acerca de verdades gerais e da operação das leis gerais, mormente no que concerne à natureza. Sempre que alguma questão científica é aludida na Bíblia, pois, deve haver alguma significação especial, porquanto tal conhecimento não foi obtido e nem testado através do método científico. O caso específico das ciências naturais será abordado em primeiro lugar, após o que consideraremos o caso geral de toda realidade sujeita a experiências.

II. Ciência Natural. A ciência natural pode ser descrita como o conhecimento dos padrões estruturais e comportamentais que se veem na natureza.

1. Propósito, Plano e Padrão. A Bíblia, em suas referências à natureza, interessa-se primariamente pela questão do propósito. A ideia de padrão relaciona-se à ideia de propósito, através da ideia de plano. Portanto, a Bíblia muito tem a dizer sobre a questão do propósito, plano e padrão na natureza. As Escrituras reconhecem a existência do universo físico, criado por Deus (Gn 1.1). A criação, um assunto muito debatido pelos cientistas e teólogos do século XX, é o tema dominante das referências bíblicas à natureza. É explicitamente catalogada no primeiro capítulo de Gênesis e é repetidamente invocada tanto no Antigo quanto no Novo Testamentos, a fim de identificar o único e verdadeiro Deus, e a fim de confirmar seu poder e sabedoria. Realizada como um ato da vontade de Deus (Sl 33.9), a criação tem um propósito: Deus criou todas as coisas para si mesmo (Pv 16.4; Cl 1.16; Ap 4.11), e criou o homem para a sua glória (Is 43.7). O propósito coroador da criação é a salvação do homem através da fé em Cristo (2Co 5.17; Ef 3.12,17; 2Tm 1.9,10). Esse propósito será cumprido quando a igreja de Cristo tiver sido aperfeiçoada, e os inimigos de Cristo tiverem sido anulados (1Co 15.20-28). Quando esse propósito tiver cumprimento, então o próprio universo físico será destruído e um novo universo será criado (Is 65.17; 2Pe 3.10-13; Ap 20.11; 21.1).

A fim de que esse propósito tivesse cumprimento a criação foi cuidadosamente planejada (Pv 8.22-31). O planejamento e a sabedoria evidenciada nesse planejamento são revelados na própria natureza (Jó 38-41; Sl 19). Parte desse plano determina que o homem domine a natureza (Gn 1.26,28; Sl 8.6-8), explore a natureza a seu próprio benefício (Gn 1.29,30; 9.1-4; Dt 12.15), estude a natureza como algo que revela a glória (Sl 19), o poder (Rm 1.20), a providência (Sl 104), e a constância de Deus (Sl 89.2; Jr 31.35-37; 33.20-26), derivando, da compreensão da natureza, uma grande sabedoria (Pv 14.8) e uma grande recompensa (Sl 19.7-11).

Faz parte do ensino bíblico que o universo seja organizado de forma inteligente, de acordo com o padrão divino completo, engenhoso e autocoerente, operando agora de acordo com as leis ou princípios divinamente determinados, invioláveis, de tal modo que o padrão básico e as leis de operação não se alteram com o tempo. A Bíblia também ensina que esses padrões e leis são inteligíveis para o homem, e que o bem-estar dos homens depende da correta compreensão desses padrões e leis. Esses conceitos básicos sobre a natureza contrastam violentamente com as noções e ensinos de outras culturas antigas, as quais retratavam as origens físicas como produtos de conflitos entre divindades em luta, e os fenômenos naturais como tão imprevisíveis como os caprichos dessas divindades voluntariosas.

2. Os Alicerces da Ciência Moderna. A origem da ciência moderna repousa sobre alguns poucos pressupostos básicos, que a experiência tem tornado autoevidentes. Entre esses pressupostos podemos incluir a uniformidade da natureza quanto ao espaço e ao tempo, a inviolabilidade das leis naturais e o conceito de um universo mecanicista. Esses pressupostos só parecem autoevidentes porque têm recebido credencial da parte das descobertas científicas. Não há necessidade e nem prova de que esses pressupostos sejam universalmente válidos na natureza. A menos que sejam aceitos pela fé, não há qualquer base para os esforços da ciência, no descobrimento dos mesmos. Contudo, não se pode dizer que o homem jamais teria chegado a tais pressupostos, à parte da cultura monoteísta dos antigos hebreus. Está historiado que esses pressupostos faziam parte da fé religiosa da cultura judaico-cristã; e sabe-se que a ciência moderna foi nutrida na cultura cristã da Europa ocidental. Assim, a maioria dos homens que lançaram os fundamentos da ciência moderna também foram homens de vigorosa fé cristã. Entre eles podemos mencionar Copérnico, Galileu, Kepler, Newton, Francisco Bacon e René Descartes. Para eles, a uniformidade da natureza e a inviolabilidade das leis naturais faziam parte da fé religiosa. A ideia de um universo mecanicista foi postulada a fim de mostrar a perfeição da criação feita por Deus, bem como a fim de mostrar que não havia necessidade de um Deus que "preenchesse o vazio" para explicar os fenômenos naturais que a ciência fosse incapaz de explicar.

Uma conclusão razoável é que a ciência moderna muito deve à Bíblia. Seus principais conceitos de origem encontram-se na

Bíblia, seus pressupostos fundamentais fazem parte da fé religiosa, e a inquirição das pesquisas científicas é algo encorajado nas Escrituras Sagradas.

3. A Criação. A Bíblia devota bem pouco espaço para a maneira como ocorreu a criação. A afirmação simples: *Pois ele falou, e tudo se fez* (Sl 33.9), percorre o volume sagrado, do começo ao fim, como um fio de prata. Alguns poucos conceitos latos são oferecidos no primeiro capítulo do livro de Gênesis. Esse capítulo ensina-nos que a criação teve lugar mediante uma série de passos ou fases, cada qual levando avante o que fora feito na fase anterior, em preparação para o que se seguiria. Assim, a vida vegetal teria antecedido à vida animal. Diferentes formas de vida animal parecem ter sido criadas em diferentes ocasiões, dando a entender que a vida animal apareceu primeiramente, nos oceanos. O homem foi uma criação especial, subsequente à criação de todas as demais coisas vivas. Todos esses ensinamentos coadunam-se com as observações científicas modernas, embora não necessariamente com as interpretações dadas a essas observações, por parte de determinados cientistas modernos.

4. Padrão. A Bíblia contém muitas referências aos padrões comumente observáveis na natureza. E isso não tanto para revelar os padrões, mas, sim, para chamar nossa atenção para o significado dos mesmos, pois testificam sobre a sabedoria e a *Providência de Deus*. Assim, a garantida regularidade das estações, da semeadura e da colheita, ou dos dias e das noites, faz parte desse padrão. (Ver Gn 8.22; Jr 3.19; 5.24). Os mares, os montes e os vales são conservados em seus respectivos lugares por decreto divino (Jó 38.8-11; Sl 104.8,9; Pv 8.29; Jr 5.22). A natureza foi posta em boa ordem pela sabedoria do Senhor (Pv 8.1-4). A sabedoria de Deus é percebida até mesmo nos instintos dos pássaros (Jr 8.7). Os relâmpagos e a chuva têm seus trajetos determinados pelas leis divinas (Jó 28.26). A interdependência entre as diferentes porções da natureza pode ser vista na alimentação da vida selvagem (Sl 104.27 e 145.15). O reconhecimento desses fenômenos, em seus aspectos facilmente observáveis, atualmente é comum, de tal maneira que as maravilhas dos padrões da natureza são aceitas sem discussão. As relações de causa e efeito mais sutis, mediante as quais os padrões estruturais e comportamentais da natureza são cientificamente explanados, parecem mais desafiadoras para a ciência moderna. No entanto, a Bíblia é totalmente silente sobre esse aspecto da questão. Deus deixou que o homem procurasse descobrir tais relações, as quais, na verdade, são discerníveis e inteligíveis para a mente humana.

No relato da criação (Gn 1), a Bíblia oferece-nos um esboço geral de padrão que parece muito significativo para a ciência moderna. É feita a distinção entre radiação (luz), espaço (firmamento ou expansão) e matéria (águas, terras, mares, terras secas). Também se estabelece a distinção entre matéria bruta e matéria viva. A matéria viva é dividida em cinco grandes categorias. Essas categorias são: plantas (Gn 1.12,13), animais marinhos e aves (Gn 1.20,21), animais terrestres (Gn 1.24,25) e o homem (Gn 1.26,27; 1Co 15.39). Dentro de cada uma dessas principais categorias, a matéria teve origem e agora persiste em classes invioláveis. A inviolabilidade de cada categoria fica entendida através da outorga, a cada classe, de um mecanismo hereditário que garante a perpetuação da espécie (Gn 1; Mt 7.16; 1Co 15.37,38), protegendo cada espécie da mistura com outras classes e da consequente degeneração de todas as classes de seres vivos a um único conglomerado, composto de todas as características. Essas características gerais do padrão da natureza mostram-se coerentes com as observações científicas modernas.

Uma outra generalização de grande significação científica é o conceito do universo como uma peça de vestuário antiga, que se envelhece (Sl 102.25,26; Is 34.4). Isso parece corresponder ao princípio científico da entropia crescente, dentro de um sistema fechado, conhecido como a segunda lei da termodinâmica. Entretanto, a aplicabilidade desse princípio ao universo, como um sistema, é uma questão debatida entre os cientistas.

5. Antecipações da Ciência Moderna. Alguns escritores têm encontrado trechos bíblicos nos quais veem antecipações das modernas descobertas científicas. A teoria ondulatória da matéria pode ser vista em Gênesis 1.2. A telegrafia sem fio, em Jó 38.35. O conceito de *parallage* é visto em Tiago 1.17. A teoria atômica da matéria figura em Hebreus 11.3, e a força de coesão atômica, em Hebreus 1.3. A luz, como base de todas as substâncias, é vista em Gênesis 1.3; a fissão nuclear, em Gênesis 1.4, e a reação final em cadeia, em Isaías 34.4 e Lucas 21.25-28. Um universo em expansão pode ser visto em Isaías 40.22. Veículos a motor, em Joel 2.3,4; aeroplanos em Isaías 31.5 e 60.8, e submarinos em Apocalipse 9.1-11. O rádio pode ser visto em Eclesiastes 10.20, e a televisão em Apocalipse 11.3-12. A esfericidade da terra é vista em Jó. 22.14; Provérbio 8.27; Isaías 40.22 e Marcos 13.35-37. A suspensão da terra no espaço é vista em Jó 26.7. O conceito do ar dotado de peso é visto em Jó 28.25. O ciclo da água, reconhecido pela ciência moderna, é visto em Jó 36.27,28; Salmo 104.10,13; Provérbios 8.28 e Eclesiastes 1.6,7. Ainda um outro grupo de escritores afirma que, em cada um desses casos, o contexto bíblico exclui interpretações que insuflam descobertas científicas modernas nesses significados. Entretanto, pode haver significação antecipatória em Jó 38.22,23, onde Deus fala com Jó a respeito dos tesouros (armazéns) da neve e da saraiva, em reserva para o dia de batalha e guerra. À luz do moderno conhecimento de armas, pode-se ver nisso uma alusão à constituição química da água e da neve, isto é, oxigênio e hidrogênio, daí inferindo a importância dos armamentos com base química, no oxigênio, ou com base no hidrogênio (bombas termonucleares), na grande guerra que porá fim à nossa dispensação.

6. Planejamento Versus Acaso. Na natureza, o planejamento pode dar lugar ao padrão, ou então este pode ser devido ao processo das meras chances. A validade da interpretação das observações científicas algumas vezes repousa sobre qual dessas alternativas se toma como pressuposto. A área das teorias da evolução orgânica provê muitos exemplos onde a direção das investigações e a interpretação dos informes podem depender, em grau significativo, do pressuposto de uma chance fortuita ou de uma criação proposital, como fator dominante, por detrás da formação dos padrões básicos. Mas, se por um lado, as Escrituras não eliminam o processo fortuito da chance dentre a cadeia de causas, por outro lado elas insistem em uma criação proposital e consciente da parte de Deus, como a verdadeira origem do universo e dos padrões fundamentais, estruturais e comportamentais, bem como em uma contínua providência divina como a base final da estabilidade das leis naturais.

III. TODA A REALIDADE QUE PODE SER EXPERIMENTADA. Em seu sentido mais amplo, a ciência pode ser descrita como o conhecimento sistematizado da verdade, onde toda e cada verdade pode ser identificada. Ora, a Bíblia é um manancial prolífico de informações sobre a verdade (Sl 119.160; Jo 17.17) e sobre a sua identificação (Mt 7.15-20; Jo 14.6; 1Jo 4.1-6).

1. Sobre a Dimensão Espiritual. A Bíblia ensina que o reino físico não compraz a realidade inteira, porquanto coexiste com uma dimensão espiritual (Jo 4.24; Ap 16.14). A Bíblia ensina que a dimensão física é permeada pela dimensão espiritual (Gn 2.7; Ef 6.12; 1Pe 5.8), e que essas duas dimensões ou reinos atuam mutuamente um sobre o outro (Mt 17.19,20; Jo 13.2; At 2.2-4). As Escrituras também ensinam que a dimensão espiritual é eterna, ao passo que a dimensão física é temporal (Mt 24.35), e que a fonte final de todo o conhecimento e poder encontra-se na dimensão espiritual (Sl 111.10; Mt 28.18; Rm 11.33-36).

2. Sobre as Interações entre o Espírito e o Físico. Os pagãos, tanto na antiguidade quanto em nossos dias, com frequência atribuem os fenômenos naturais a uma atividade espiritual imprevisível. Os escritores bíblicos atribuem os fenômenos naturais às atividades de Deus. Em ambos os casos, a corrente natural de causas inclui agentes sobrenaturais. À medida que a ciência nos foi conferindo uma compreensão sempre crescente dos padrões do comportamento natural, as forças espirituais foram sendo eliminadas das cogitações científicas como elementos reconhecidos, dentro da corrente de causas e efeitos. Se os processos naturais tivessem de ser temporariamente modificados pela intervenção sobrenatural, as leis naturais pareceriam estar sendo violadas, e tal acontecimento seria considerado miraculoso. Não obstante, a Bíblia contém muitos relatos sobre milagres e prodígios.

Em alguns casos, como o longo dia de Josué (Js 10.12) e o relógio de sol de Acaz (2Rs 20.11 e Is 38.8), uma interpretação não crítica daria margem a ocorrências catastróficas, que teriam ficado registradas na história, mas acerca das quais nada encontramos nas crônicas mundiais. No entanto, de acordo com certos pensadores, o exame crítico dos textos bíblicos e a sua interpretação, à luz dos contextos sagrados, produz incerteza acerca de quais perturbações naturais, teriam realmente acontecido, além de diminuir grandemente a consequência das pesquisas em busca de explicações científicas. Em outros casos, nas páginas do Antigo Testamento, os milagres atribuídos a testemunhas de Deus são, na verdade, atribuídos ao próprio Deus, a fim de confirmar o testemunho de seus servos, parecendo ser casos evidentes da interação entre o físico e o espiritual.

Os milagres registrados no Novo Testamento, realizados durante o ministério de Jesus Cristo, demonstram claramente o poder espiritual sobre os fenômenos naturais (Mc 4.39; 6.41-44,48; Jo 2.1-11; 11.44), exibindo para nós o poder que a fé tem para controlar as forças espirituais (Mt 9.22; Tg 5.16). Os milagres do nascimento virginal de Jesus (Mt 1.18-25; Lc 1.26—2.7) e da ressurreição do Senhor Jesus (1Co 15.12-23) são questões centrais para a fé cristã.

IV. A Ciência e a Teologia. A busca pelo conhecimento, dentro do campo da ciência e dentro do campo da teologia, desde há muito vem sendo considerada como duas atividades separadas, sem nenhuma relação uma com a outra. Entretanto, se a ciência procura descobrir "com o que Deus fez" alguma coisa, ao passo que a teologia aborda o "por que Deus fez" as coisas, então parece-nos que a combinação dessas duas atividades, em uma busca interdisciplinar pela verdade, beneficiaria profundamente a humanidade. Da mesma maneira que a combinação da filosofia e da tecnologia, na época de Newton, produziu a revolução científica que conduziu o mundo à revolução industrial, porventura a junção da teologia e da ciência, em nossos próprios dias, não produziria um "conhecimento da verdade" realmente revolucionário, conferindo aos homens uma compreensão sobre as forças espirituais que levariam a humanidade a uma autêntica revolução espiritual? Por conseguinte, assim como a revolução industrial libertou o homem da dependência ao trabalho estafante e da dependência às suas próprias pequenas forças físicas, a revolução espiritual libertaria o homem da servidão ao temor e da dependência ao seu próprio débil poder espiritual. Porventura, não prevalecerão, durante o milênio, condições similares às que estamos aqui antecipando? Ver sobre o *Milênio*.

CÍMBALO. Ver sobre *Música e Instrumentos Musicais*.

CIMENTO (ARGAMASSA)

De acordo com uma definição lata, o cimento é qualquer substância usada para ligar as coisas entre si, incluindo os tijolos ou as pedras usadas na construção de qualquer edifício. Até recentemente, os estudiosos tinham quase a certeza de que os antigos não conheciam um verdadeiro cimento, no sentido moderno de concreto. No entanto, há estudiosos que atualmente estão dizendo que as pirâmides do Egito não foram feitas de imensas rochas, mas antes, essas pedras foram montadas no local, mediante o uso de certa forma de cimento. Seja como for, a Bíblia refere-se claramente a certos materiais de ligação, conforme se vê a seguir: **1**. O trecho de Gênesis 11.3 fala sobre o betume ou asfalto. No hebraico, *chemar*. Ver também Gênesis 14.10 e Êxodo 2.3. Esse material foi usado na construção da torre de Babel. A mesma palavra é usada para indicar o material empregado para tornar estanque a arca de Moisés, onde ele foi posto em pequenino. Ver o artigo separado sobre *Asfalto*. **2**. Os filhos de Israel usaram "barro" (em hebraico *chomer*, usado por quinze vezes com esse sentido (por exemplo: Gn 11.3; Êx 1.14; Is 41.25; Na 3.14). O barro era pisado sob os pés para amaciá-lo (Na 3.14). Os conquistadores pisavam sobre governantes como se fossem barro (Is 41.25). Essa mesma palavra hebraica é usada para indicar a argila usada pelos oleiros. De fato, essa palavra hebraica é usada na Bíblia de maneira frouxa, de tal modo que pode dar a entender tanto a argila usada pelos oleiros como a lama comum. A argila dos oleiros era trabalhada até que adquirisse a consistência certa, com a evaporação gradual da água. Ver o artigo separado sobre a *Argila*.

Sentidos figurados. Nos sonhos e nas visões, o cimento ou qualquer material de ligação indica fatores que vinculam, dando continuidade e força a uma pessoa ou situação. Também podem estar em foco as realidades ou coisas que estiverem sendo empregadas em algum empreendimento em fases. No trecho de Isaías 41.25, a ação de conquistadores militares é retratada como se estivessem pisando o barro. Há paredes que os insensatos constroem e rebocam; e os profetas e mestres falsos podem rebocar as coisas que as pessoas constroem com cumprimento e predições, mas sem qualquer base na realidade, conforme se vê em Ezequiel 13.10 ss. Portanto, o ato de rebocar simboliza a hipocrisia ou a lisonja enganosa (Mt 23.27; At 23.3). Aquilo que é sensaborão ou tolo é como um reboco (Jó 6.6; Lm 2.14).

CIMÉRIOS

Esse é o nome grego para o povo que o AT chama de Gômer, em Gênesis 10.2,3 e Ezequiel 38.6. Gômer foi o filho mais velho de Jafé, o qual foi pai de Asquenaz, Rifá e Togarma. O povo chamado Gômer é visto como aliado do povo chamado Togarma, no exército de Gogue, na profecia de Ez 38. Alguns teólogos modernos supõem que essa predição retrata a Terceira Guerra Mundial, com o envolvimento da União Soviética. Historicamente, o povo de Gômer pode ter sido o mesmo que as inscrições assírias do séc. VIII a.C. chamam de Gimirrai. A localidade desse povo era a atual Ucrânia. Dali eles migraram para o sul, para a antiga Urartu, que atualmente faz parte da porção ocidental da Turquia. Ali, pois, tornaram-se adversários dos assírios. Gômer também era o nome da filha de Diblaim, que se tornou esposa do profeta Oseias, e que lhe deu três filhos, 1.3.

CINAMOMO

Há uma palavra hebraica e uma palavra grega envolvidas, a saber: **1**. *Quinnamom*, "casca do cinamomo", que aparece por três vezes (Êx 30.23; Pv 7.16 e Ct 4.14). **2**. *Kinámomon*, "cinamomo", palavra grega que aparece somente em Apocalipse 18.13.

O nome científico dessa árvore é *Cinnamomum zeylanicum*, que cresce até cerca de nove metros de altura, produzindo pequenas flores brancas. O melhor cinamomo vem de ramos com cerca de três anos de idade. Um óleo é extraído do material, que é suavizado mediante mergulho em água salgada, e de onde a substância é fabricada. Os hebreus pensavam que o odor do cinamomo é *glorioso*, conforme afirma uma das minhas fontes informativas; mas muitas pessoas de nossos dias simplesmente não concordam com esse parecer. Por essa razão, a substância não continua sendo usada como perfume, como nos dias antigos, embora continue sendo uma útil especiaria.

CINTAS

No hebraico, *gishshurim*. Essa palavra hebraica aparece somente por duas vezes em todo o Antigo Testamento (Is 3.20 e

CINTO

Jr 2.32). Em nossa versão portuguesa, ela aparece, respectivamente, como "cintas" e "cinto". No hebraico, a palavra está no plural. Os estudiosos pensam que está em foco alguma peça de pano, na forma de tira, que cobria a cabeça. Algumas versões fazem alguma confusão com a "venda" que o profeta pôs sobre o rosto, em 1Reis 20.38. A natureza exata dessa peça do vestuário é desconhecida. Tudo quanto se pode dizer é que era uma peça para ser posta na cabeça. Ver o artigo geral sobre *Vestimentas*.

CINTO

Há cinco palavras hebraicas e uma palavra grega envolvidas neste verbete: **1**. *Abnet*, "faixa", "cinto". Palavra hebraica usada por nove vezes, como (Êx 28.4,39,40; Lv 8.7,13; Is 22.21). **2**. *Ezor*, "cinto". Palavra hebraica usada por catorze vezes (por exemplo: 2Rs 1.8; Is 5.27; 11.5; Jr 13.1,2,4,6,10,11). **3**. *Chagor*, "cinto". Termo hebraico usado por quatro vezes (1Sm 18.4; 2Sm 20.8; Pv 31.24; Ez 23.15). **4**. *Chagorah*, "cinto". Palavra hebraica usada por três vezes com esse sentido: (2Sm 18.11; 1Rs 2.5; Is 3.24). **5**. *Mezach*, "cinto", "faixa". Palavra hebraica que ocorre por uma vez com esse sentido, em Salmo 109.19. **6**. *Zóne*, "cinto". Palavra grega que aparece por oito vezes (Mt 3.4; 10.9; Mc 1.6; 6.8; At 21.11; Ap 1.13; 15.6).

Está em foco uma faixa de pano para ser usada à altura da cintura, como também certa variedade de cinturões. Os cintos eram usados para ajustar à cintura a roupa de baixo e a túnica. Alguns cinturões eram feitos de couro (2Rs 1.8; Mt 3.4); outros eram feitos de tecido (Lv 16.4; Jr 13.1). O cinturão de alto luxo era de ouro (Dn 10.5; Ap 1.13). O cinto do sumo sacerdote de Israel era altamente decorativo, completo com bordados (Êx 28.39; 39.29). Além de deixar no lugar as peças de roupa, em torno do corpo, um cinto também era lugar conveniente para segurar uma espada ou outro instrumento.

Usos figurados. "Cingir os lombos" significa preparar-se para o serviço (Lc 12.35; 1Pe 1.13). Se um cinto era feito de pano grosso, isso indicava humildade ou tristeza (Is 3.24; 22.12). Também era símbolo de força, atividade ou poder. De fato, na lista de vocábulos hebraicos acima, a quinta dessas palavras, "mezach", em duas ocorrências significa "força" (Jó 12.21 e Is 23.10). O cinto do Messias refere-se à sua retidão e fidelidade (Is 11.5). Na metáfora da armadura, no sexto capítulo da epístola aos Efésios, o cinto simboliza a *verdade* (*vs*. 14).

CINZAS

Há duas palavras no hebraico, *eper*, **"poeira"**, e *desen*, **"gordura"**. As cinzas do altar das ofertas queimadas, nos dias de grande festividade, podiam acumular-se para serem retiradas somente no dia seguinte por um sacerdote escolhido por sorte para fazer o trabalho. Uma espécie de lixívia era feita com as cinzas da novilha sacrificada no grande dia da expiação, usada para as purificações cerimoniais (ver Nm 19.17,18). As cinzas resultantes de holocaustos especiais eram guardadas e misturadas com água corrente, para purificação das poluições e como sinal de jejum (ver Is 58.5 e Jn 3.6).

Usos figurados. **1**. A fragilidade humana (ver Gn 18.27). **2**. A humilhação (ver Et 4.1; Jn 3.6; Mt 11.21; Lc 10.13). **3**. Assentar-se sobre cinzas era sinal de lamentação e luto (ver Jó 1.8; Lm 3.16; Ez 27.30). Outro tanto era indicado pelo ato de lançar cinzas sobre a própria cabeça (ver 2Sm 13.10; Is 41.5). **4**. Alimentar-se de cinzas, misturando-as com o próprio alimento, representava a tristeza (ver Sl 102.9). Porém, Isaías 45.20 aparentemente denota o labor que resulta em nada, porque não há nutrientes nas cinzas **5**. Total destruição (ver Ez 28.18 e 2Pe 2.6). **6**. Indignidade (ver Gn 18.27). **7**. Redução dos inimigos a nada (ver Ml 4.3).

No cristianismo. Tertubiano usava cinzas nas cerimônias públicas de confissão e penitência (século II d.C.). Os penitentes punham cinzas sobre suas cabeças, e ficavam à porta dos templos, esperando readmissão à comunhão. Isso haveria de evoluir para tornar-se na formal Quarta-feira de Cinzas, largamente observada pela cristandade. Ver o artigo sobre esse assunto. (E ID S UN)

CIPRESTE

No hebraico, *tirzah*. Esse vocábulo aparece somente por uma vez na Bíblia, em Isaías 44.14, onde também são mencionadas espécies vegetais como o cedro, o carvalho e o pinheiro. Alguns pensam que a *tirzah* seria o *Quercus ilex*, que é uma sempre-viva. Mas outros preferem pensar no *Platanus orientalis*. Todavia, poderia estar em foco o verdadeiro cipreste, cujo nome científico é *Cupressus semprevive*. Era uma árvore bem conhecida na Palestina, porque ali havia grandes áreas cobertas de florestas. Sua madeira era usada no fabrico de muitas coisas, incluindo ataúdes. Os arqueólogos têm descoberto ataúdes feitos dessa madeira, contendo múmias, o que demonstra a grande duração dessa madeira. É possível que, em Gênesis 6.14, esteja em foco a madeira de cipreste (onde a nossa versão portuguesa traduz o termo hebraico *gopher*, por "cipreste"), visto que a madeira de cipreste é muito resinosa.

CIPRIANO (c. 200-258)

Pai da igreja latina, bispo de Cartago de cerca de 249 até sua morte, Cipriano foi um pagão que se converteu ao cristianismo na meia-idade e rapidamente ascendeu à posição episcopal. Teve uma boa formação educacional e era ótimo orador, capaz de unir e inspirar a igreja, que passava, naquela época, por severa perseguição. No ano de 250, ele mesmo teve de se refugiar em local seguro por causa de perseguição. Isso o deixou mal preparado, então, para lidar com o rigorismo na igreja, que passou a exigir que nenhuma concessão fosse feita aos apóstatas. Cipriano discordou, passando a se voltar então para questões subjacentes de ordem da igreja, que tinham vindo à tona durante a controvérsia sobre o assunto.

Seus escritos são menos volumosos que os de Agostinho e menos variados que os de Tertuliano, mas constituem fonte importante para melhor conhecimento daquele período e de seus problemas. A importância duradoura de Cipriano para a teologia reside em sua visão "elevada" da igreja, que desenvolveu para se opor às tendências cismáticas latentes no norte da África. Ele sustentava uma teoria avançada da sucessão apostólica e insistia na exigência de respeito aos seus direitos como bispo, não cedendo sua autoridade nem mesmo ao bispo de Roma (ver Governo da igreja; Ministério). Mostrou determinação também em insistir que fora da igreja não há salvação (*extra ecclesiam nulla salus*), tendo presidido o Concílio de Cartago (256), que decretou expressamente serem inválidos os batismos cismáticos e heréticos (ver Rebatismo). Essa decisão foi repudiada pela sé de Roma, e não é sustentada hoje, mas foi típica da perspectiva rigorosa da igreja do norte da África. Cipriano foi destacado defensor do batismo infantil, cuja necessidade ele ligava ao pecado original, assim como à aplicação dos termos "sacerdotal" e "sacrificial" em relação ao ministério e aos sacramentos da igreja.

Ironicamente, ele poderia ter sido levado ao cisma com Roma não fora pela deflagração de nova perseguição à igreja, que visava acabar com sua vida e provavelmente com a do bispo de Roma também. Após a morte, Cipriano se tornou o santo católico padroeiro da igreja do norte da África e a autoridade a quem os posteriores rigoristas e cismáticos, notadamente os donatistas, viriam a apelar.

(**G. L. Bray**), B.D., M.Litt., D.Litt., professor de Estudos Anglicanos, Beeson, *Divinity School*, Universidade de Samford, Birmingham, Alabama, EUA.)

BIBLIOGRAFIA. P. Hinchliff, *Cyprian of Carthage* (London, 1974); G. S. M. Walker, *The Churchmanship of St Cyprian* (London, 1968).

CÍRCULO

No hebraico, *chug*, "círculo", **"circuito"**. Palavra usada por três vezes (Is 40.22; Jó. 22.14 e 26.10). Somente nesta última referência a nossa versão portuguesa traduz o termo por "círculo". Na outra referência de Jó é usada a palavra portuguesa "abóbada", e em Isaías 40.22 é usada a palavra "redondeza".

No grego temos apenas o verbo *kukleúo*, usado em João 10.24 e Apocalipse 20.9. Mas os cognatos são usados por mais quinze vezes, de Marcos ao Apocalipse.

Os gregos deixavam-se fascinar pelo círculo. O mesmo não tem começo e nem fim, e a sua simetria é perfeita. Entre eles, o círculo era símbolo da eternidade. Talvez não tenha sido por acidente que a igreja oriental, seguindo os pais alexandrinos da igreja (vide), pensava que a alma é eterna, ou, pelo menos, de origem antiquíssima, e também que o seu drama sagrado não é impedido ou nem é limitado pelo nascimento ou pela morte física. O círculo simboliza a eternidade passada e a eternidade futura; e, segundo aqueles pais da igreja, nenhuma linha pode assinalar um tempo em que a oportunidade de salvação não estaria aberta. Em contraste com isso, a igreja latina pensa em termos de linha. A alma progrediria segundo uma linha. Essa linha teria começo no que se chama de nascimento biológico. E o julgamento começaria e terminaria com um ponto denominado morte biológica, além do que ocorreria a estagnação, pois fronteiras eternas estariam fixadas por esse ponto final. Quanto a esse particular, prefiro ficar com os pais gregos da igreja. A teologia circular parece-me preferível à teologia linear. A engenharia não poderia existir sem o conceito do círculo, e a teologia é severamente empobrecida sem esse conceito circular. O Deus eterno ainda não terminou a sua obra; ele nunca fica plenamente satisfeito com o estado de uma alma humana. E o amor de Deus concorda com o conceito circular, sendo exatamente essa a ideia que defendo.

Uso entre os hebreus. Os hebreus às vezes usavam a palavra *chug* para dar a ideia do horizonte. Alguns estudiosos, usando a referência de Isaías 40.22, pensam que pelo menos alguns de Israel pensavam que a terra fosse redonda. Porém, aqueles que supostamente sabem essas coisas informam-nos que o conceito da redondeza da terra nunca fez parte da cosmologia dos hebreus. Quanto a uma descrição acerca disso, ver o artigo sobre a *Astronomia*, onde comento detalhadamente o que os hebreus concebiam acerca da terra, do céu, do sheol etc. Porém, sabemos que o conceito de um globo terrestre era conhecido entre os gregos desde muito antes de Cristo, pelo que tal ideia não é um desenvolvimento moderno. Os escritos deixados pelos hebreus mostram-nos que eles pensavam que o céu estrelado fosse um firmamento sólido, encurvado acima da terra. E talvez seja isso o que está em foco em Isaías 40.22. No artigo sobre *Astronomia*, que tenho à minha frente, há um desenho onde aparece esse arco, ainda com outros detalhes típicos da cosmologia dos hebreus.

CIRCUNCISÃO

I. A Palavra. O vocábulo português deriva-se do latim, que significa, literalmente, "cortar em redor", referindo-se à pequena operação cirúrgica mediante a qual o prepúcio do pênis masculino é removido.

II. Antiguidade e Uso Largamente Espalhado. A circuncisão é a amputação do prepúcio masculino, sendo um dos mais antigos costumes da antiguidade, praticado por diversos povos. É, ou era, prática a circuncisão (embora com muitas variações quanto ao método, a idade e a realização do rito etc.), entre os judeus, islamitas, egípcios, polinésios e indígenas do novo mundo, bem como por muitas tribos primitivas da África e da Austrália. De fato, calcula-se que um sétimo da população masculina do mundo é circuncidada.

III. Origem e Propósitos. Diversas teorias têm sido apresentadas como explicação da origem e do propósito dessa medida, a saber: **1**. teria finalidades higiênicas; **2**. seria um sinal de afiliação tribal. **3**. seria uma preparação para a vida sexual; **4**. seria um teste iniciatório da coragem, antes de um jovem ser aceito pela tribo; e seria um meio que santifica as faculdades geradoras; **5**. seria uma sacrifício que redime o varão do deus que lhe outorgou a vida.

IV. No Judaísmo

1. O Pacto com Abraão. Para os judeus, a circuncisão é um dos mais importantes dos seus 613 mandamentos. Geralmente é interpretada como sinal de pacto entre Deus e a nação de Israel, e, por conseguinte, indispensável como sinal característico de que alguém pertence à mesma. (Conf. com Gn 17.10-14 e Êx 12.44-49). No Talmude, coletânea de comentários rabínicos, muitas prescrições são estabelecidas, regulando o ato da circuncisão. Podia ser realizada a circuncisão até mesmo em dia de sábado, se isso coincidisse com o oitavo dia após o nascimento da criança. Conforme dizem os judeus, a circuncisão consiste dos seguintes passos: *a*. O "*milah*", ou seja, a amputação do prepúcio; *b*. O *periah*, em que a glande é descoberta, e *c*. O "*metizitzah*", em que o fluxo de sangue é estancado. Bênçãos apropriadas eram recitadas antes e depois da circuncisão da criança, após o que o menino recebia o seu nome próprio. A cerimônia da circuncisão usualmente é acompanhada por uma refeição festiva, em que uma ação de graças especial é recitada, em alusão ao acontecimento. (*Encyclopedia of Religion*, editada por Vergilius Ferm, p. 175).

O pacto abraâmico estava vinculado bem de perto ao símbolo da circuncisão, o que era, com efeito, a eliminação da natureza carnal (Gn 17.11), apontando para o propósito ético de Deus, separando a nação israelita para si mesmo. Parte do destino do homem é que seja transformado moralmente, para que finalmente venha a participar das perfeições morais da natureza divina, mediante a presença habitadora do Espírito Santo no íntimo do crente. (Ver Gl 5.22,23 e Mt 5.18).

O pacto abraâmico, pois, prometia a inauguração de uma nova nação, uma nação santa, para a qual Deus pudesse revelar os seus caminhos, e através da qual pudesse enviar o seu Messias ou Ungido. Ora, esse propósito divino só poderia ser perfeitamente concretizado se essa nação viesse a participar da santidade de Deus; e isso envolve a necessidade da remoção da natureza carnal. Assim, pois, a circuncisão verdadeira, de natureza espiritual, é a do coração, não sendo apenas um ato externo, segundo também o apóstolo Paulo nos informa (ver Rm 2.28). E isso, naturalmente, fala da expressão total do ser do crente, sendo equivalente à regeneração, pelo menos no que diz respeito aos seus aspectos morais. Para os judeus, como é claro, era um sinal nacional de identidade como povo de Deus, como uma nação separada para Deus, subentendendo o que Paulo escreve no segundo capítulo de sua epístola aos Romanos. Portanto, esse rito subentendia a operação da graça, mediante a qual Deus seleciona e assinala homens como seus.

O próprio ato físico da circuncisão era realizado em obediência a uma ordem divina; porém, por si mesmo, não tinha qualquer mérito e nem efeito espiritual, conforme Paulo demonstrou em Atos 7.8. Era um "sinal", ao passo que a *verdade simbolizada* era a diferença real que a graça de Deus faz no ser essencial do indivíduo. No trecho de Colossenses 2.11,12 encontramos uma vinculação um tanto frouxa entre o rito da circuncisão e o batismo cristão, de tal modo que, pelo menos em sentido bastante limitado, o batismo cristão tomou o lugar da circuncisão judaica. Isso nos é muito instrutivo, porque deixa óbvio, com base nas asseverações de Paulo, em Romanom 2.28 e ss., que os sinais externos, tal como o da circuncisão, não são agentes da graça, mas tão somente símbolos daquela graça que verdadeiramente transforma o homem interior. E essa graça interior aparece como operação do Espírito Santo.

Contudo, o exagero posto nessa vinculação entre a circuncisão judaica e o batismo cristão tem criado a errônea doutrina do "batismo infantil" porquanto eram as crianças judias, aos oito dias de idade (quando do sexo masculino), que eram circuncidadas. Seja como for, a ausência da realidade espiritual torna inútil tal "sinal".

2. Considerações Específicas. *a*. Em Gênesis 17.10-14, Yahweh é declarado introdutor da circuncisão, como sinal do pacto estabelecido com Abraão. Naquele texto, parece estar indicado que Deus cedeu a Abraão novos poderes procriadores, no meio de sua esterilidade de velhice, para que ele pudesse tornar-se o pai de muitas nações, especificamente de Israel, através da qual a mensagem espiritual haveria de ser comunicada. Em outras culturas, encontramos a circuncisão como algo sacramental, talvez para identificar alguma casta sacerdotal. É possível que o povo de Israel compartilhasse dessa noção. A ciência moderna tem-nos ensinado que a circuncisão é uma medida higiênica. O homem circuncidado apanha menos infecções em seu aparelho genital, e, consequentemente, corre menor risco de ficar canceroso. A lavagem diária do pênis, sobretudo com um sabão desinfetante, produz o mesmo benefício, e isso poupa à mulher muitas infecções vaginais, visto que mais de trinta variedades de infecção podem ser transmitidas sexualmente, do homem para a mulher. Apesar de que os hebreus não conheciam essas coisas por vias científicas, podem tê-las conhecido mediante a observação e a prática. Por essa razão, é bem possível que, para eles, a circuncisão fosse um ato higiênico, e não apenas religioso. Heródoto informanos que os egípcios praticavam a circuncisão com finalidades de higiene. O prepúcio atua como incubador e transportador de bactérias; e, se os antigos não tinham uma teoria sobre germes, eles eram perfeitamente capazes de calcular por que tantas infecções estavam se espalhando. *b*. **A marca tribal**. Entre os antigos, essa era uma das razões comuns para a prática da circuncisão, sendo possível que isso fizesse parte dos motivos da prática, entre os israelitas. *c*. **Sinal de maturidade**. Um menino termina por tornar-se um homem. Em várias culturas antigas, a circuncisão assinalava a transição. Mas a ideia dificilmente poderia ser aplicada a Israel, visto que ali era praticada a circuncisão de infantes, idealmente aos oito dias de idade. Os convertidos ao judaísmo, vindos do paganismo, eram circuncidados; mas isso marcava a participação deles na aliança com Deus, e não qualquer maturidade física. *d*. **Sacrifício humano**. Em vez de sacrificar a pessoa inteira, um homem podia ser sacrificado simbolicamente, mediante a perda de uma pequena porção do seu corpo físico, como o prepúcio. Apesar de dessa ser a razão da circuncisão em algumas culturas antigas, não parece haver motivo para pensarmos que a ideia tivesse qualquer coisa a ver com o povo de Israel.

V. Considerações No Novo Testamento

1. Considerações Sobre Valores. "No que diz respeito ao valor espiritual deste ato, o NT é taxativo: sem a obediência, a circuncisão se transforma em incircuncisão (ver Rm 2.25-29). Esse sinal externo se reduz à insignificância, quando confrontado com as realidades da observância dos mandamentos (ver 1Co 7.18,19), da fé que opera por meio do amor (ver Gl 5.6), e da nova criação (ver Gl 6.15). Não obstante, o crente não tem a liberdade de escarnecer desse antigo símbolo. Embora o crente deva evitar a circuncisão (ver Gl 5.2 até o fim), no que diz respeito à expressão da suposta salvação através das obras (ver Cl 2.13; conf. com Is 52.1), contudo, segundo nos mostram estas passagens, ele precisa de seu significado interno. Em consequência, existe uma 'circuncisão de Cristo', o *despir do corpo* (mas não somente de uma parte — o prepúcio) da carne, em uma transação espiritual que não é realizada por mãos humanas, mas que consiste da relação com Cristo Jesus, em sua morte e ressurreição, selada pela ordenação iniciatória do novo pacto (ver Cl 2.11,12). Em resultado disso, os crentes são *a circuncisão* (ver Fp 3.3)". (Extraído de *The New Bible Dictionary*, Douglas, p. 234).

O décimo quinto capítulo do livro de Atos mostra-nos claramente que até mesmo muitos cristãos primitivos, e, portanto, especialmente os judeus ordinários, eram da opinião de que a circuncisão era uma medida *necessária* para a salvação. Conforme a mentalidade judaica raciocinava, a circuncisão fazia parte do pacto abraâmico, e qualquer indivíduo que de alguma forma não fosse beneficiário do mesmo, não poderia ter esperança de que seria salvo. Ver o artigo sobre o *Pacto Abraâmico*. Quanto a comentários sobre o chamado "partido da circuncisão", os legalistas da igreja cristã primitiva, cujas atividades provocaram a escrita das epístolas aos Romanos e aos Gálatas, ver Atos 11.2 no NTI.

A circuncisão tem valor, Romanos 2.25. Qual era o valor autêntico da circuncisão? De acordo com o que diziam os judeus, tinha um valor absoluto, isto é, era uma garantia virtual da salvação, porquanto entre eles se pensava que todos os circuncidados, que eram israelitas por nascimento, já estariam automaticamente absolvidos de todo o julgamento. Entretanto, no dizer das Escrituras, qual era o real valor da circuncisão? *a*. A circuncisão era o sinal do pacto abraâmico (ver notas no NTI em At 3.25), além de ser um dos muitos privilégios de Israel, o que fazia deles uma sociedade superior. (Ver Rm 9.4,5). *b*. Tinha valor como preparação para melhores coisas vindouras. Também falava sobre a santificação. Isso teria lugar em Cristo. Falava de identificação com a geração de Abraão, e isso, por sua vez, tipificava o que Deus faria através do filho de Abraão, Jesus, o Messias. *c*. Falava de um povo que seria *separado* para a santidade e a salvação. Tornava os homens cônscios de que existiam esses privilégios, e, sabendo-o, talvez os buscassem, se ao menos fossem suficientemente sábios. *d*. A circuncisão afetava o órgão gerador, e isso simbolizava a produção de vida. A vida eterna está em Cristo, e os homens, por darem atenção à mensagem de Deus e tomando parte em seu conceito, podem aprender acerca da real fonte da vida. *e*. Há uma real circuncisão, de ordem absoluta, isto é, a circuncisão do coração. A santificação genuína leva os homens à salvação. Isso Paulo mostra no vs. 29 do segundo capítulo da epístola aos Romanos. *f*. A circuncisão era mero sinal. A verdade simbolizada era a salvação. Por semelhante modo, o batismo é apenas um sinal, um símbolo, e não substância, ou qualquer parte da substância essencial da salvação. (Ver as notas no NTI em Cl 2.11).

2. Buscando a Realidade. *a*. A lei podia ter um efeito ilusório, conforme se vê em Romanos 7.11. Os homens esperavam demais da lei. Dela esperavam aquilo que ela não podia fazer, libertá-los. Afirmavam eles: "A vida vem pela lei", e isso com apoio de certos versículos do AT Mas Paulo demonstra que tudo isso era pura imaginação. *b*. A circuncisão simbolizava todos os privilégios dos judeus, por ser o sinal do pacto abraâmico. Portanto, também fazia tropeçar os homens que eram superficiais em seu entendimento espiritual. *c*. O caminho da lei era difícil por demais. Requeria a perfeição, mas não tinha o poder para conferir essa perfeição. Conferia altos privilégios, mas os homens, observando as coisas externas, e substituindo por elas as verdades que haveriam de seguir-se, terminaram possuidores de uma espiritualidade inferior e inadequada. *d*. A lei apontava para a realidade em Cristo.

3. Externalidades na Religião. "O ponto aqui focalizado é simples, mas importante. Certos indivíduos vivem sujeitos à tentação constante de confundirem as externalidades incidentais com as *realidades essenciais*. Têm a confiança de ocupar um lugar, dentro da comunidade cristã, por terem sido batizados ou por serem membros nominais de alguma igreja local; e ficam altamente indignados quando alguém sugere que realmente não são crentes. Em adição a essa suposição superficial de que os sinais externos são suficientes como substitutos da participação ativa na vida da fé, é mister observarmos uma forma paralela assumida pela confiança nos sinais externos, conforme tal coisa frequentemente ocorre.

Usualmente é a pessoa que confia em suas realizações religiosas externas que sente que os sinais visíveis da religiosidade são importantes. Não é necessário que isso seja produto de algum orgulho humano; pode, simplesmente, resultar de um ponto de vista limitado, que não leva em conta a distinção que há entre as verdades essenciais e as coisas inconsequentes". (Gerald R. Cragg em Rm 2.25).

"O sinal característico, que destacava os judeus, tinha dois lados; um era externo e formal, e o outro era interno e real. Sua essência dependia desse último aspecto, porquanto, sem essa circuncisão interna tudo quanto era externo nada valia. Não é necessário alguém ter nascido judeu para possuir essa verdade essencial. Precisamente a mesma linguagem pode ser aplicada no caso dos sacramentos cristãos" (W. Sanday, em Rm 2.25).

4. O Partido da Circuncisão, Facções e Lutas. Ver o artigo separado sobre a *Circuncisão, Partido da*. Esse artigo apresenta o argumento em favor da circuncisão, do ponto de vista do judaísmo antigo, o que nos confere a compreensão do motivo pelo qual o assunto revestia-se de tanta importância para a igreja primitiva. Também são apresentados ali os modernos substitutos. Os homens continuam confiando em meras externalidades religiosas. Os homens confiam em ritos e cerimônias, atribuindo aos mesmos um valor atinente à eterna salvação da alma. Muitas denominações evangélicas ainda não conseguiram deixar esse sinal de primitivismo, em sua fé religiosa. Muitos homens ainda não chegaram a entender que a salvação, em todos os seus aspectos, está envolvida na transformação da alma por meio do Espírito de Deus. Esses aspectos podem ser *simbolizados* por meio de cerimônias, mas *nenhum* deles torna-se uma realidade por meios ritualísticos. Não admira que certos autores do Novo Testamento ainda se aferravam a certos primitivismos em sua fé, como a ideia da regeneração batismal, que, quase certamente, reflete-se em passagens como Atos 2.38 e Marcos 16.16. Creio, porém, que a teologia paulina afastou-se em muito de tal conceito. O trecho de Colossenses 2.11 subentende certo elo entre o batismo e a circuncisão, pelo que aquilo que a circuncisão significava para os judeus, o batismo continua a significar para alguns cristãos. Porém, tanto a circuncisão quanto o batismo em água são externalidades, são meros símbolos. Ver o artigo sobre *o Batismo*. (AM B BULT E ID NTI Z)

CIRILO DE ALEXANDRIA (375-444)

Nascido e criado em Alexandria, Cirilo sucedeu, em 412, seu tio Teófilo (385-412) como bispo daquela cidade. O início de sua atividade nesse cargo, até 428, foi voltado mais à exposição das Escrituras e refutação dos hereges e incrédulos. O segundo período do seu episcopado, até 433, foi o mais intenso e frutífero, marcado por sua oposição a Nestório. Sua posição, fortalecida pela aliança com a igreja de Roma, levou à convocação do Concílio de Éfeso (431), que condenou Nestório. O último período da vida de Cirilo, 433-444, foi razoavelmente pacífico, embora tivesse de defender sua doutrina junto aos críticos, tanto da Escola de Alexandria quanto da Escola de Antioquia.

Foi um autor prolífico, escrevendo em grego ático, e possuía grande conhecimento dos clássicos, das Escrituras e dos pais, especialmente de Atanásio e dos capadócios. Seus muitos comentários demonstram sua instrução bíblica. Empregou os métodos tipológico e histórico de interpretação, que são os que mais claramente se revelam em seus escritos *Adoração em espírito e em verdade* e *Glafira sobre o Pentateuco*. Suas obras dogmáticas anti-heréticas são numerosas, sendo as mais substanciais: *Tese sobre a Santíssima e Consubstancial Trindade*, *Diálogos sobre a Santíssima e Consubstancial Trindade* e *Cinco livros de negação contra as blasfêmias de Nestório*. Nesta última, ele argumenta a favor da existência de união verdadeira e pessoal (*kath'hypostasin*) do divino *Logos*/Filho com a carne nascida de Maria em oposição à cristologia de Nestório, que se baseava na conjunção entre o *Logos* divino e o homem nascido de Maria. Cirilo também argumenta a favor de dois nascimentos de um único e mesmo Filho: um nascimento divino, na eternidade, e um humano, temporal, enquanto o argumento de Nestório implica dois filhos, um divino e um humano, que se conjugam em Cristo.

Cirilo escreveu muitas homilias, e cerca de setenta de suas cartas ainda existem. Algumas dessas exerceram papel central no conflito com Nestório (ver T. H. Bindley, rev. de F. W. Green, *The Oecumenical Documents of the Faith* [*Os documentos ecumênicos da fé*], London, 1950, e L. R. Wickham, *Cyril of Alexandria: Select Letters* [*Cirilo de Alexandria: cartas selecionadas*], Oxford, 1983).

Cirilo foi um dos mais destacados teólogos da igreja primitiva, reconhecido por seus contemporâneos e sucessores, tanto no Oriente (monofisistas ortodoxos calcedônios e anticalcedônios) como no Ocidente (católicos-romanos e protestantes). Foi o primeiro pai da igreja a estabelecer firmemente o argumento patrístico, baseado nos primeiros pais da igreja, para o entendimento correto da pregação apostólica e do evangelho de Cristo.

Seguindo Atanásio e os capadócios, Cirilo aceitou o *homoousios* de Niceia, as três *hypostaseis*, do Pai, do Filho e do Espírito Santo, assim como a unidade da divina *ousia* (ver Substância) das três *hypostaseis*, expressa em sua vontade e atividade comum. Se não é tão original no conteúdo de sua triadologia, Cirilo o é em sua apresentação, não estando tanto interessado na Trindade "essencial" quanto na "econômica", por causa do interesse soteriológico que herdou de Atanásio. No que concerne à Trindade essencial, enfatiza tanto a coerência das três *hypostaseis* ou pessoas quanto a primazia do Pai, de quem o Filho é nascido e de quem o Espírito procede. Mas fala a respeito da processão do Espírito tanto do Pai quanto do Filho; não, todavia, com referência à *hypostasis* do Espírito, mas sim, com referência à essência comum do Espírito Santo com o Pai e o Filho.

A cristologia é chave da teologia de Cirilo, sendo o tópico para o qual sua contribuição se tornou mais decisiva para a igreja primitiva e as gerações subsequentes. Sua terminologia inicialmente apresentara certos problemas por ser flexível e parecer um tanto equívoca, mas seu pensamento era bastante nítido, tendo ajudado a esclarecer e, depois, a solucionar problemas relativos a formulações linguísticas. Ele seguiu o princípio de Atanásio de que as disputas teológicas não eram a respeito de termos, mas a respeito do significado neles contido. Esse é o motivo pelo qual Cirilo pode usar o termo *physis* (natureza) como referente tanto a *hypostasis*, como pessoa, quanto a *ousia* e, assim, falar tanto de uma "natureza de Deus o Verbo encarnado" quanto de uma "pessoa de Deus o Verbo em (procedente de) duas naturezas". Não é certo, portanto, afirmar-se que haja mudado o seu pensamento em cristologia do ponto de vista monofisista para diofisista. Ele tem sido acusado injustamente de apolinarismo, tanto quanto o foi por seus oponentes nestorianos, pelos atuais estudiosos da patrística, desejosos de enfatizar a humanidade (ou, especificamente, a psicologia) de Cristo quase que independentemente do *Logos*/Filho de Deus. Igualmente injusta, no entanto, é a acusação moderna de que a cristologia de Cirilo seja somente uma cristologia dita de "procedência do alto". A doutrina dos dois nascimentos de Cristo não significa também uma opção excludente entre um esquema de "procedência de baixo" e um de "procedência do alto", mas, sim, coloca-os conjuntamente no mistério de Emanuel, em sua *kenosis*, sua economia, sua união hipostática de duas naturezas, sua comunicação de atributos (propriedades) e, acima de tudo, em sua mãe virgem, verdadeiramente *theotokos* (ver Maria).

Cirilo entende a salvação em termos tanto de participação como de imitação da natureza humana em relação à natureza divina, objetivamente em Cristo e subjetivamente apropriada pelos seres humanos por meio do Espírito Santo, que age nos sacramentos e por meio deles (no que se refere à sua doutrina eucarística, ver Ezra Gebremedhin, *Life-Giving Blessing* [*Benção doadora de vida*], Uppsala, 1977). O aspecto objetivo da salvação em Cristo é particularmente enfatizado em sua doutrina da justificação pela graça, desenvolvida de modo magistral em sua interpretação evangélica da lei em *Adoração em espírito e em verdade*.

O legado teológico de Cirilo tem influenciado todos os contextos cristãos, seja no Oriente seja no Ocidente. Uma reavaliação positiva contemporânea de seu legado se mostraria especialmente benéfica para o presente diálogo ecumênico, uma vez que afirma as percepções básicas dogmáticas do cristianismo clássico.

(**G. D. Dragas**, B.D., Th.M., Ph.D., catedrático de Patrística da Universidade de Durham, Inglaterra.)

BIBLIOGRAFIA. *Obras*, listadas em *CPG* III, nos 5200-5438, e, com literatura secundária, em J. Quasten, *Patrology*, vol. 3 (Utrecht, 1960), p. 116-142.

Estudos recentes selecionados: A. M. Bermejo, *The Indwelling of the Holy Spirit according to St Cyril of Alexandria* (Oña, Spain, 1963); ensaios sobre a cristologia de Cirilo por J. N. Karmiris, J. S. Romanides, V. C. Samuel, em *Does Chalcedon Divide or Unite?* (Geneva, 1981); C. Dratsellas, *Questions of the Soteriological Teaching of the Greek Fathers with Special Reference to St Cyril of Alexandria* (dissertação, Edinburgh, 1967), in *Theologia* 38 (1967), p. 579-608, 39 (1968), p. 192-230, 394-424, 621-643; A. Grillmeier, *Christ in Christian Tradition*, vol. 1 (London, 21975); F. J. Houdek, *Contemplation in the Life and Works of St Cyril of Alexandria* (dissertação não publicada, University of California, Los Angeles, 1979); A. Kerrigan, *Cyril of Alexandria, Interpreter of the Old Testament* (Rome, 1952); T. F. Torrance, *Theology in Reconciliation* (London, 1975).

CIRO

Chamado Ciro II, o Grande. Foi conquistador da Babilônia, que governou desde 539 a.C. até a sua morte, em 530 a.C. Calcula-se que ele nasceu em cerca do ano 600 a.C. Foi o fundador do império persa. Heródoto informa-nos que ele foi o terceiro de sua linhagem a ter esse nome. Assim sendo, ele deveria ter sido intitulado Ciro III, e não Ciro II, mas foi com este último título que ele se tornou conhecido na história. Ele era filho de Cambises II, e neto de Ciro II. Seu bisavô foi Teispes II, que foi antecedido por Ciro I, Cambises I, Teispes I e Acaemenes. O nome Ciro vem do persa antigo, com o sentido de *cão jovem, kurush*.

1. Conquistas. Ciro herdou o trono de Ansã. Reuniu uma força armada dentre os persis (moderna província iraniana de Fars), e revoltou-se contra seu suserano medo, Astíages. Aliado com Nabonido, da Babilônia, ele derrotou Astíages, em cerca de 549 a.C., e assim ocupou a capital da Média, Ecbátana, moderna Hamadã. Em cerca de 547 a.C., ele marchou contra Creso, da Lídia, assediou sua capital, Sardes (perto da moderna Izmir), e assim aprisionou Creso. Então fez campanhas na direção do oriente, entre muitas tribos, e ampliou os seus territórios até o rio Indo e até o sopé das montanhas do Hinducuxe. Retornando para o ocidente, ele conquistou sua antiga aliada, a Babilônia, aparentemente sem encontrar resistência armada. Isso sucedeu em 539 a.C. Não demorou a controlar a Síria inteira, bem como a Palestina. Honrava o deus babilônico, Marduque, e também os deuses de vários povos capturados. Ele permitiu que exilados de lugares estrangeiros retornassem às suas terras, e isso incluiu os judeus exilados. Portanto, foi ele quem lançou os fundamentos do vasto império persa, sob cujo domínio a Judeia permaneceu província durante os próximos dois séculos. Ciro estabeleceu a sua capital em Pasárgade, na terra de Parsa. Ali têm sido descobertas pela arqueologia as ruínas de um palácio com a seguinte inscrição: "Eu, Ciro, o rei, o acamenida". Desse palácio nos vem a mais antiga peça em relevo da arte persa, um gênio com quatro asas, talvez representando o Ciro deificado.

2. Seu Reinado. Ecbátana foi a primeira capital acamenida, mas ruínas provenientes de Pasárgade mostram que Ciro edificou ali palácios e uma cidade. Ele tomou por empréstimo certos costumes e instituições dos medos. Em certo sentido, os medos eram aliados dos persas, e não tinham de pagar impostos, embora estivessem sob o controle persa. Os outros povos, portanto, chamavam o império de medo-persa. Ciro era tolerante para com os povos e suas religiões, conquistando o respeito e o apoio deles.

Heródoto informa-nos que Ciro faleceu em cerca de 530 a.C., quando combatia os massagetai, na Ásia central. Embora um homem de suaves maneiras, chamado pelos persas de *pai*, tal como a maioria dos reis, ele encontrou tempo suficiente para guerras e matanças.

A Saga de Ciro. Xenofonte escreveu e idealizou um livro didático sobre Ciro, chamando esse volume de Ciropédia, onde Ciro aparece como um soberano modelo. Xenofonte, Ctésias e Heródoto registraram a sua história. Muitos mitos têm surgido em redor dele. O épico nacional persa, o Shah Nameh, ou Livro dos Reis, registra muitas histórias míticas a respeito de Ciro. Vários motivos da lenda de Ciro tornaram-se parte do legado dessa história dos reis da Pérsia. As virtudes e a simplicidade de Ciro tornaram-se lições para outros seguirem. Isso significa que Ciro não somente fundou o multinacional império acamenida e lançou a base para o primeiro império realmente mundial, desde o rio Indo até o mar Egeu, mas também tornou-se o herói de uma saga que ainda sobrevive na época persa nacional. Ele deixou o seu nome em uma cidade central da Ásia, chamada Kureskhata, perto de Kurkath, não longe de Khojert, modernamente Leinabade, no sul da União Soviética.

3. Seu Decreto. Os trechos de 2Crônicas 36.22,23 e Esdras 1.2,3 informam-nos que Ciro deu permissão aos cativos hebreus da Babilônia para retornarem à Palestina e reconstruírem o templo. A liberalidade de Ciro, no tocante às religiões, sem dúvida foi um fator em tudo isso. *O cilindro de Ciro*. Esse cilindro, descoberto no século XIX, retrata Ciro como um político politeísta, embora também demonstre paralelos com o ponto de vista bíblico a seu respeito, como um homem benévolo, que tinha misericórdia dos cativos. Esse cilindro fala sobre o deus Marduque, que teria procurado um governante justo e encontrou Ciro, o qual assim poupou as cidades e santuários sagrados, e os restaurou.

4. Ciro e a Profecia Bíblica. A profecia de Isaías, acerca de Ciro, começa em 41.2,25 e termina em 46.11 e 48.15. Isaías previu que Ciro não somente ordenaria a reconstrução do templo, mas também a reconstrução da própria cidade (Is 45.13; 44.28). Seu sucessor, Artaxerxes I, levou adiante o trabalho de reconstrução. O decreto de Ciro, mui provavelmente, incluiu a reconstrução da cidade, embora isso não seja dito especificamente. No trecho de Isaías 44.28—45.8, Ciro é chamado pelo nome, e assim os céticos têm pensado que as profecias envolvidas foram escritas após os eventos, e não antes dos mesmos.

5. Ciro e as Inscrições. A arqueologia tem descoberto certo número de inscrições que concordam com as declarações do Antigo Testamento quanto ao governo e às atitudes benevolentes de Ciro. O cilindro de Ciro (ver acima) demonstra isso com declarações ali inscritas. Visto que os judeus não tinham imagens de escultura, receberam permissão de restaurar o seu templo, em Jerusalém. O édito real, registrado em 2Crônicas 36.22,23 e Esdras 1.2,3, reflete o espírito daquele cilindro. Dessa maneira, Israel elogiou o nome que Deus determinara como libertador de seu povo (Is 45.1-4). O próprio Ciro, entretanto, afirmava-se inspirado pela divindade babilônica, Marduque. As inscrições naquele cilindro mostram a consciência que Ciro tinha de ser um homem do destino, divinamente nomeado para a sua tarefa. Essa incrível verdade, porém, aplica-se a muitos outros. Na verdade aplica-se a todos os homens, embora à vontade de Deus sejam necessários muitos séculos para levar todos os homens a se ajustarem ao plano de Deus. Para nós, os crentes, pela graça de Deus, essa oportunidade é chegada. (AM ND UN Z)

CISCO E REFUGO

No hebraico, *sechi*, que aparece somente por uma vez em todo o Antigo Testamento, em Lamentações 3.45. A outra palavra, que nossa versão portuguesa traduz por "refugo", aparece por nove vezes (1Sm 16.7; Jó 34.33; Sl 78.67; 118.22; Is 7.15,16; 8.6; Lm 3.45; Ez 5.6). O termo grego *perípsema*, "varrido para o lado", e que nossa versão portuguesa traduz por "escória", aparece somente em 1Coríntios 4.13.

Está em foco algo que se desprende por abrasão, por lavagem, ou simplesmente a sujeira ou o lixo. As pessoas pensam que certos indivíduos são a escória da sociedade, mas nem sempre esse juízo humano está correto. A sociedade romana pensava que os primeiros cristãos não tinham nenhum valor, pelo que os seguidores de Cristo eram comparados com a escória. Em certo país comunista, não faz muito tempo, os ministros e missionários cristãos foram classificados como inferiores às prostitutas, dentro da gradação da cidadania. Muitos evangélicos modernos orgulham-se de seus templos luxuosos, com grandes áreas de estacionamento para seus veículos automotores. As condições externas têm-se modificado, mas o espírito não avançou muito. Bem pelo contrário.

CISMA

Do grego *schisma*, **"divisão"** (*cf.* 1Co 1.10), ou **"ruptura"**, na igreja. Nos primeiros séculos, não havia distinção clara entre o cisma, a ofensa contra a unidade e o amor, e a heresia, ou o erro em doutrina. Acreditava-se que os hereges estivessem fora da igreja, na realidade, ou tendentes a sair (*i.e.*, cismáticos) e vice-versa. Um esclarecimento melhor resultou da reação a movimentos divisionista como novacianismo e donatismo, reconhecidos como ortodoxos na fé e dissidentes somente em questões de disciplina ou ordem. Enquanto Cipriano considerava a separação da igreja institucional como morte espiritual, e, os sacramentos ministrados no cisma como inválidos, a teologia posterior — especialmente na controvérsia de Agostinho com o donatismo — aceitou a realidade, se não o próprio benefício, dos sacramentos cismáticos. A teologia católica-romana tradicional, até recentemente, tratava alguns dos segmentos separados da comunhão com o papado (p.ex., igreja oriental, a partir de 1054, e as igrejas da Reforma, incluindo a anglicana) como estando fora da igreja de Cristo; mas a maior parte da teologia protestante e ecumênica vê a "igreja una", a dos credos, como internamente em cisma. A reunião, assim, não exigiria a reintegração à igreja dos cismas ditos não eclesiásticos, mas, sim, a reconciliação das igrejas umas com as outras.

(**D. F. Wright**, M.A., reitor da Faculdade de Teologia e catedrático de História Eclesiástica do New College, Universidade de Edimburgo, Escócia.)

BIBLIOGRAFIA. G. C. Berkouwer, *The Church* (Grand Rapids, MI, 1976); S. L. Greenslade, *Schism in the Early Church* (London, 21964).

CISTERNA

No hebraico, *bor*, **"lugar cavado"**, **"poço"**. O termo hebraico é usado por 67 vezes (por exemplo: Gn 37.20-29; Êx 21.33,34; Lv 11.36; 1Sm 13.6; 2Rs 18.31; Pv 5.15; Ec 12.6; Is 36.16; Jr 2.13). Uma cisterna era um lugar onde era guardada água potável (Pv 5.15; Ec 12.6; Is 36.16; Jr 2.13). A maioria das cisternas consistia em reservatórios cobertos, escavados na terra ou na rocha, para onde escorria o excesso de águas da chuva, das fontes ou dos riachos, que eram para ali canalizadas e guardadas. As chuvas tornavam-se raras entre maio e setembro na Palestina e as cisternas tornavam-se o principal meio de se contar com um bom suprimento de água, naqueles meses. As cisternas comuns eram apenas um grande poço, mas, sobre muitas delas foram construídas grandes abóbadas. Visto que a água ali contida era valiosa nos meses de seca, muitas cisternas eram cobertas e disfarçadas, de modo a não serem facilmente descobertas. Em Cantares 4.12 encontramos a expressão "fonte selada", a qual, provavelmente, alude a uma cisterna coberta. A cobertura também era uma medida de segurança, visto que a lama acumulava-se no fundo das cisternas, e qualquer pessoa que ali caísse corria o perigo de afundar na lama, não sendo capaz de dali sair, sem falarmos na imensa dificuldade em subir pelas paredes internas da cisterna. (Ver Jr 38.6 e Sl 40.2). Algumas cisternas de grande tamanho serviam às cidades, as quais eram mais cuidadosamente preparadas, escavadas na rocha ou forradas com tijolos. Cisternas complexamente construídas têm sido encontradas em Jerusalém, Samaria, Marasa, Massada e outros locais antes habitados, pelos arqueólogos. Visto que a água era escassa, algumas vezes as cisternas eram causa de conflitos. Uma cisterna seca e abandonada podia ser usada como cárcere, conforme vemos nos casos de José e Jeremias (Gn 37.22 e Jr 38.6).

Por ocasião da conquista da Palestina por Israel, cisternas foram tomadas (Dt 6.11). Governos progressistas eram assinalados por muitas cisternas que eram feitas, tal como, nos nossos dias, os governos de áreas secas constroem reservatórios e represas. As cisternas eram objetos das obras públicas (2Cr 26.10). Além de serem usadas como cárceres, as cisternas secas ou abandonadas eram utilizadas como silos, onde eram guardados cereais ou outros bens; e também eram empregadas como túmulos.

Usos figurados. **1**. A quebra da roda que era usada para puxar o balde do fundo do poço (ver Ecl 12.6) serve de símbolo da perda da vitalidade do corpo físico, do que resulta a morte. **2**. Tomar água da própria cisterna indica desfrutar de prazeres legítimos (Pv 5.15). **3**. As "cisternas rotas" de Jeremias 2.13 indicam as maneiras vãs de os homens tentarem satisfazer suas necessidades espirituais. Deus é a fonte das águas vivas, mas o homem, em sua ignorância e rebeldia, volta-se para meras cisternas rotas.

CITAÇÕES NO NOVO TESTAMENTO

1. Números e Tipos. A maior parte das citações existentes no NT é extraída do AT A maioria delas ocorre nos Evangelhos sinópticos, nas epístolas de Paulo, em Hebreus e no Apocalipse. Quantas delas são dependentes do número de citações alusivas ao AT? — essa é uma questão delicada. O número de citações explícitas do AT tem sido variadamente calculado entre 150 e 300; e o número de citações alusivas, mais de mil. O livro de Apocalipse contém muitas citações alusivas, mas nenhuma explícita.

As citações explícitas do AT são de fácil identificação. São introduzidas, por muitas vezes, com fórmulas de citação. As citações alusivas são cláusulas, frases e, algumas vezes, palavras isoladas, que facilmente podem escapar à nossa atenção. Por exemplo, o leitor desatento pode perder de vista as palavras saídas da nuvem, por ocasião da transfiguração de Jesus (Mt 17.5), que procedem de três trechos diferentes do AT: *Este é o meu Filho amado* (Sl 2.7), *em quem me comprazo* (Is 42.1), *a ele ouvi* (Dt 18.15). Mais facilmente negligenciadas ainda são as palavras mediante as quais *Mateus* descreveu José de Arimateia. Em Marcos 15.43 ele é um "ilustre membro do Sinédrio", e em Mateus 27.57 ele é "um homem rico", a fim de ajustar-se à predição de Isaías, sobre o Servo Sofredor, *que com o rico esteve na sua morte* (53.9).

É possível que algumas coincidências de palavras e de fraseados entre o AT e o NT tenham sido fortuitas, como é provável no caso do relato das fugas para o Egito por parte de Jeroboão (1Rs 11.40) e da sagrada família (Mt 2.13-15). Na maioria dos casos, porém, houve alusões conscientes, pois a educação judaica alicerçava-se sobre os relatos do AT Por força da memória, muitos dos rabinos eram "concordâncias vivas". Uma prática literária comum, da época do NT, era a mescla da fraseologia do AT com a própria fraseologia dos autores sagrados.

2. Afinidades Textuais. Ao citarem o AT, os escritores do NT ocasionalmente transliteraram o hebraico (ou aramaico) original. Por exemplo, "Emanuel" (Mt 1.23), e "Eli, Eli, lama sabachtani" (Mc 15.34). Usualmente, eles seguiram o texto da Septuaginta, mesmo quando esta tradução diferia do texto massorético. Todavia, o NT pode discordar da LXX por uma citação inteira, ou apenas por parte de uma citação. Algumas vezes, essa discordância com a Septuaginta exibe concordância com o texto massorético, os Targuns, o AT Peshita, Teodócio e até com textos variantes dos manuscritos hebraicos da tradição rabínica e com Josefo. E, noutras ocasiões, exibe total independência de qualquer tradição textual conhecida do AT Às vezes ocorrem combinações de diferentes tradições textuais, dentro de uma única citação do AT Isso ocorre principalmente no caso das chamadas *fórmulas de citação*, em Mt, introduzidas por alguma declaração como *para cumprir-se o que o Senhor dissera pelo profeta*.

Essas mesclas dificilmente derivam-se de citações inexatas, feitas de memória (como muitos dizem). Isso é improvável devido às numerosas concordâncias com várias tradições textuais e pela harmonia entre diferentes escritores do NT, em contraposição a todas as outras fontes (ver Mt 11.10; Mc 1.2; Lc 7.27 com Mc 3.1; Rm 9.33; 1Pe 2.6 com Is 28.16). Por isso, os estudiosos têm exposto várias hipóteses para explicar o fenômeno. A ideia tem sido parcialmente confirmada pelos textos messiânicos descobertos na caverna de Qumran. Outros pensam que houve uma espécie de "atualização" de certos trechos citados, como no caso do comentário de Habacuque, encontrado em Qumran.

3. Estilo das Citações do AT. As fórmulas introdutórias de citações são várias. "Está escrito" é fórmula que frisa a validade permanente das revelações do AT "Para que se cumprisse" aponta para a consumação de alguma revelação veterotestamentária nos eventos do NT Outras fórmulas são "diz a Escritura", "diz Deus", "diz o Senhor", "diz o Espírito Santo" etc. Todas essas introduções refletem o conceito de inspiração da parte de Jesus e dos escritores do NT Deus aparece como autor das Escrituras, ao ponto de estas, às vezes, serem personificadas, embora também transpareça o elemento humano, nas referências a Moisés, a Davi, a Isaías e a outros.

Deve-se destacar o método *haraz* de citar dois ou três trechos do cânon hebraico (por exemplo: Rm, 11.8-10, que cita Is 29.10; Dt 29.43 e Sl 68.23 *ss*). Também há combinações baseadas em alguma palavra-chave, entre as quais destaca-se a citação sobre a "pedra", em Romanos 9.33 (Is 8.14 e 28.16), e em 1Pedro 2.6-8 (Is 28.16; Sl 118.22 e Is 8.14).

Também há problemas de atribuição. Na citação de Mateus 27.9, sobre as trinta moedas de prata, a citação é atribuída a Jeremias, embora baseada em Zacarias 11.13. Há tentativas de explicação desses casos, mas não são definitivas. E também há casos notórios de atribuição difícil, como nos casos de (Mt 2.23; Jo 7.38 e Ef 5.14), pois por muitas vezes há citações sem a indicação da fonte. O que valia para os autores sagrados era o *sentido* tencionado, e não a fraseologia exata.

Os autores do NT são acusados de terem interpretado erroneamente o texto do AT Mas é que às vezes está em foco a tipologia de alguma passagem, sem ser negado o seu sentido original dentro do seu arcabouço histórico.

4. Propósitos das Citações do AT. É fortíssimo o motivo de cumprimento nas citações do AT As citações que cabem dentro da categoria de cumprimento dizem respeito tanto a predições diretas de eventos futuros quanto a significação tipológica por detrás do intuito dos escritores do AT No NT, os principais motivos dessas citações são estes: Jesus age como o próprio Yahweh. Ele é o Rei messiânico que fora predito; o Servo de Yahweh, de Isaías; o Filho do homem, de Daniel. Ele culmina a linha profética, a sucessão dos sofredores justos do AT e a dinastia davídica. Ele reverte o efeito do pecado de Adão, cumpre as promessas divinas feitas a Abraão e recapitula a história de Israel.

Os sacerdócios de Aarão e Melquisedeque prefiguram (o primeiro, algumas vezes, contrasta com o segundo), o sacerdócio de Cristo. O cordeiro pascal e outros sacrifícios representavam a morte sacrificial e remidora de Jesus, e também o serviço cristão. Jesus é o pão transmissor de vida, como o maná, a rocha de onde mana a água viva, a serpente que fora levantada no deserto e o templo-tabernáculo onde Deus habitava entre os homens.

João Batista foi o precursor profético predito. Jesus inaugurou o período escatológico de salvação, que fora predito, bem como a nova aliança. Judas Iscariotes cumpriu o papel dos ímpios que foram oponentes dos sofredores justos do AT A igreja (ou mesmo os crentes individuais) é a nova criação, a semente espiritual de Abraão, por motivo de sua incorporação em Cristo, o novo Israel e o novo templo. A lei mosaica prefigurava a graça positiva e negativamente. O dilúvio representava o juízo final e o batismo cristão. A passagem pelo mar Vermelho e a circuncisão também retratavam o batismo. Jerusalém representa a cidade celeste. A entrada em Canaã prefigurava a entrada dos crentes no descanso espiritual. A proclamação do evangelho a todos os homens cumpre as promessas feitas a Abraão e as predições proféticas de salvação a todos os povos. As citações do AT, pois, cabem dentro de um limitado conjunto de temas bem reconhecidos, o que contrasta com o tratamento confuso dos textos do AT, nos escritos rabínicos. Os crentes primitivos devem ter aprendido a hermenêutica do AT com o próprio Jesus (cf. Lc 24.27,32).

O conceito de "história da salvação" sublinha o cumprimento que aparece nas citações do AT Deus dirige a história segundo o seu propósito remidor. Ele revela o que fará através dos seus profetas. As predições deles têm o poder de produzir o seu próprio cumprimento, pois derivam-se do Senhor da história.

As citações do NT, relativas a Jesus e à igreja, derivam-se de enredos veterotestamentários bastante limitados: ***a***. Textos apocalíptico-escatológicos (Jl 2 e 3; Zc 9—14; Dn 7) (primários). (Ml 3.1-6; Dn 12) (suplementares). ***b***. Textos sobre o novo Israel. (Os 13.9 e ss.; Is 6.1—9.7; 11.1-10; 28.16; 40.1-11; Jr 31.10-34) (primários). (Is 29.9-14; Jr 7.1-15; Hc 1 e 2) (suplementares). ***c***. Textos sobre o Servo do Senhor e o Justo Sofredor (Is 42.1—44.5; 49.1-13; 50.4-11; 52.13—53.12-61; Sl 69.22; 31; 38; 88; 34; 118; 41, 42 e 43; 80) (primários). (Is 58.6-10) (suplementares). ***d***. Textos miscelâneos. (Sl 8; 110; 2; Gn 12.3; 22.18; Dt 18.15,19) (primários). (Sl 132; 16; 2Sm 7.13,14; Is 55.3; Am 9.11,12) (suplementares).

A isso pode-se adicionar (Êx 1—4; 24; 34; Nm 23 e 24; 2Rs 1; Sl 78; Dn 2; a porção final de Dn 11 e Dn 12; Is 13; 34 e 35; e os últimos capítulos de Is; Mq 4; 5; 7; Zc 1—6; e o restante de Malaquias) (além de 3.6).

O AT é a base de comentários (como no ensino de Jesus sobre o matrimônio e o divórcio, em Mc 10.2-9 e paralelos). Ou a base de algum argumento (como no debate de Jesus com os saduceus acerca da ressurreição, em Mc 12.18-27 e paralelos). Ou o AT é citado preceitualmente (cf. a reiteração de nove dentre os Dez Mandamentos, em passagens dispersas pelo NT).

5. Citações de Fontes Externas ao AT. À parte das citações do AT, Mateus e Lucas citaram Marcos, e talvez, "Q" e outras fontes (ver o artigo *Problema Sinóptico*, e cf . Lc 1.1-4). Nas epístolas há citações alusivas aos ditos de Jesus. Paulo citou, em Atos 20.35, uma declaração de Jesus que não é registrada em qualquer outro lugar. Lucas cita, em Atos, certo número de sermões e discursos de cristãos. Os ensinos de Jesus foram citados pelos evangelistas, porém, nem sempre ao pé da letra. A diferença de estilo dos discursos de Jesus, em João e nos sinópticos, deve-se a pelo menos três fatores: *a*. Na tradução do aramaico e do hebraico para o grego, o pesado estilo grego de João fez-se sentir mais do que no caso dos sinópticos; *b*. João parafraseou mais vezes do que os sinópticos; *c*. João preservou deliberadamente uma linha de tradição que não transparece nos sinópticos. Mas, o fato de que Jesus falou no estilo joanino é indicado em Mateus 11.25-27 e Lucas 10.21,22.

Em uma classe inferior, situaríamos as citações de orações, hinos cristãos, credos e outro material tradicional. Alguns ajuntam a isso hinos litúrgicos, fórmulas credais, exortações para momentos de perseguição, extratos catequéticos etc. Paulo pode ter citado trechos de suas epístolas anteriores, e os autores sagrados citaram-se mutuamente.

Há possíveis citações de livros apócrifos, como, por exemplo, em Mt 11.28-30 (Eclesiástico 51.23 ss.); Rm 2.4 (Sabedoria de Salomão 11.23); Hb 1.1-3 (Sabedoria de Salomão 7.25-27); 11.35-37 (2Macabeus 6 e 7). Judas 14 e 15 cita o pseudepígrafo de 1Enoque 1.9, e, aparentemente, uma porção atualmente perdida da Assunção de Moisés (Jd 9). A descida de Cristo ao Hades, 1Pe 3.18—4.6 é dependente de 1Enoque. Muitas frases do Apocalipse têm sido atribuídas à literatura apocalíptica judaica extracanônica. Material vindo de escritores pagãos, como Epimênides, Arato, Cleantes, Calímaco e Menandro é citado em At 17.28; 1Co 15.33; Tt 1.12. Paulo parece ter citado "slogans" de seus adversários (1Co 6.12; 8.1 e 2Co 10.10).

CIÚME, ÁGUA DE. Ver *Água Amarga*.

CIÚMES

É estranho que o ciúme geralmente venha acompanhar um intenso amor entre as pessoas. Alguém já disse que o ciúme é o mau cheiro do amor. Seria assim mesmo? No hebraico temos a palavra *qinah*, "ciúme", "zelo", que figura por 41 vezes (por exemplo: Nm 5.14,15,18,25,29,30; Dt 29.20; Ez 8.3,5; 36.5,6; Zc 1.14; 8.2). No Novo Testamento temos a palavra grega *parazelóo*, "ter muito ciúme", que ocorre por quatro vezes (Rm 10.19 (citando Dt 32.21); 11.11,14; 1Co 10.22). Em Romanos 11.14, *emulação*; em 1Coríntios 10.22, *zelos*.

A palavra hebraica envolvida salienta o rubor do rosto, uma espécie de ira reprimida, indicando ardor ou zelo, de forma positiva ou negativa. Tal palavra pode ser traduzida como "ardor", "zelo" ou "ciúme".

1. Ciúmes Positivo. O ciúme é um tipo de apreensão mental, quando a pessoa que o sente, sente estar sendo preterida por aquele que a ama, em favor de outrem. Seria o temor de ser substituído por um rival qualquer. Também envolve a atitude de ânsia e vigilância acerca daquilo que é considerado propriedade de quem tem ciúmes, como se essa pessoa ou objeto pudesse ser perdido ou prejudicado de alguma maneira. No caso de Deus, o ciúme sempre é positivo, porquanto o rival é o reino do mal, que só pode prejudicar os amados do Senhor. Nesse caso, não temos a manifestação de um egoísmo insensato. Por isso as Escrituras afirmam que Deus é um Deus "zeloso" (Êx 20.5), razão pela qual ele quer que todos os seus mandamentos sejam cumpridos. O cumprimento dos mandamentos do Senhor é benéfico para aqueles que são amados por Deus. O amor é a base do zelo ou do ciúme de Deus. Em outras palavras, trata-se de uma forma de amor. Essa emoção do ciúme também pode ser experimentada pelos homens, e pode ser genuína, embora seja muito difícil distinguir onde o amor termina e o egoísmo começa. O apóstolo Paulo manifestou esse tipo de ciúme pelos seus convertidos. Ver 1Coríntios 11.2.

2. Ciúme Negativo. Esse tipo de ciúmes mistura o amor com o egoísmo. O critério de distinção deve ser o seguinte: sinto ciúmes porque temo que algo venha a prejudicar alguém a quem estimo, ou sinto ciúmes simplesmente porque não quero perder aquela pessoa ou coisa, com base em minha possessividade e egoísmo? Uma resposta bem pensada usualmente revela a existência desses dois elementos, que as *emoções* não conseguem separar adequadamente. Há casos em que o ciúme consiste em puro egoísmo. Um ciúme negativo foi que levou os irmãos de José a vendê-lo como escravo. Não houve qualquer motivo altruísta por detrás do ato deles. José era o suposto rival deles, que roubava todo o afeto e atenção do pai deles. Simplesmente, queriam livrar-se dele. Anos mais tarde, quando se reuniram todos no Egito, eles não choraram? É possível que, desde o início, houvesse o sentimento de amor, mas este foi afogado pela emoção mais imperiosa do ciúme. Seja como for, é impressionante como o ciúme pode transformar-se, rapidamente, em puro ódio. A razão para isso é simples: é mais fácil odiar do que continuar suportando mentalmente a forte emoção do ciúme. Acontece, portanto, que as pessoas que foram alvo do ciúme de outrem, acabam sendo o alvo do ódio dessa pessoa. O ciúme pode ser um sinônimo de "inveja". Porém, conforme já vimos, há um aspecto que pode ser positivo no ciúme, ao passo que a inveja sempre se manifesta como um sentimento negativo.

3. Uma Obra da Carne. Faz-nos pensar com sobriedade quando descobrimos que os ciúmes fazem parte da lista de vícios ou obras da carne, em Gálatas 5.19, onde aparece a palavra grega *zelos*. Nesse caso, ciúmes é apenas um outro nome para egoísmo. Certamente envolve tanto o ódio quanto o ressentimento, levando a pessoa ciumenta a muitos atos desordenados. Mas tudo é feito na busca pelo conforto mental do indivíduo ciumento, e não visando ao bem da outra pessoa. O irmão do filho pródigo teve ciúmes dele e isso foi o começo de suas dificuldades (Lc 15.25-30). As atitudes mentais impróprias são pecados (Mt 5.21-31), além de serem a inspiração que impulsiona atos pecaminosos. O ciúme e a inveja manifestam-se tão comumente entre os homens porque o ser humano é, essencialmente, um ser egocêntrico. Amar consiste em deixar de lado o egocentrismo. O amor não arde em ciúmes (1Co 13.5); não ultrapassa seus legítimos direitos. O amor tem origem divina (1Jo 4.8), pelo que o crescimento na espiritualidade é o antídoto para todas as modalidades de vício humano.

CLÃ

Não há nenhuma palavra hebraica ou grega que corresponda exatamente à ideia de "clã", nas páginas da Bíblia. Mas o conceito está embutido nos três vocábulos hebraicos e no vocábulo grego, básico, a saber: **1**. *Eleph*, "mil", em Juízes 6.15, que nossa versão portuguesa traduz por "família". **2**. *Bayith*, "casa" (por exemplo, em 1Cr 13.14; 2Cr 35.5,12; Sl 68.6). Esse vocábulo hebraico é de ocorrência bastante comum. O contexto é que decide se devemos entendê-lo literalmente, referindo-se a uma construção, ou se devemos entendê-lo metaforicamente, com o sentido de família. **3**. *Mishpachah*, "família". Termo hebraico que figura por quase trezentas vezes (conforme se vê, por exemplo, em Gn 10.5,18,20,31,32; Êx 6.14-25; Lv 20.5; Nm 1.2,18,20; 3.15 ss.; 4.2,18,24,29,34 -38,40,41,42,44,45,46; Js 7.14,17; 13.15,23,24,28,29,31; Jz 1.25; 1Sm 9.21; 2Sm 14.7; 1Cr 2.53,55; 7.5; Jr 1.15; Ez 20.32; Am 3.1,2; Zc 12.12-14; 14.17,18). **4**. *Patriá*, "família". Palavra grega que ocorre por três vezes (Lc 2.4; At 3.25 e Ef 3.15).

Os idiomas semíticos usam palavras para indicar as relações de família de maneiras diferentes das línguas europeias. Assim, podemos pensar em uma única família, com laços de unidade bem definidos, ou em uma família com grande complexidade de relações e descendência. Essa complexidade podia incluir até mesmo pessoas que não tinham vínculos de sangue, como concubinas, servos etc., e não somente os verdadeiramente aparentados por motivo de descendência ou casamento.

CLARO, CLAREZA

Quatro palavras hebraicas e três palavras gregas podem ser assim traduzidas, ou por sinônimos. Os termos geralmente são usados para aludir à luz e como a mesma manifesta-se nos objetos, como opacos, translúcidos ou transparentes, a saber: **1**. *Or*, "iluminado". Palavra hebraica que aparece por cerca de 170 vezes, mas, com esse sentido de claro (apenas em Am 8.9; 1Sm 14.27,29). **2**. *Bar*, "claro", "filho". Palavra hebraica que, com o sentido de "claro", aparece apenas em Cantares 6.10. **3**. *Yagar*, "precioso", "raro". Palavra hebraica que aparece por 46 vezes, embora apenas por duas vezes com o sentido de "claro": (Zc 14.6 e Jó 31.26). **4**. *Tsach*, "brilhante". Palavra hebraica usada por quatro vezes, mas, com o sentido que nos interessa, apenas por duas vezes (Is 18.4 e Ct 5.10). **5**. *Agnós*, "puro". Vocábulo grego usado por oito vezes (2Co 7.11; 11.2; Fp 4.8; 1Tm 5.22; Tt 2.5; Tg 3.17; 1Pe 3.2; 1Jo 3.3). **6**. *Katharós*, "limpo". Palavra grega empregada por 25 vezes (Mt 5.8; 23.26; 27.59; Lc 11.41; Jo 13.10,11; 15.3; At 18.6; 20.26; Rm, 14.20; 1Tm 1.5; 3.9; 2Tm 1.3; 2.22; Tt 1.15; Hb 10.22; Tg 1.27; 1Pe 1.22; Ap 15.6; 19.8,14; 21.18,21). **7**. *Lambrós*, "brilhante", "iluminado". Palavra grega que aparece por dez vezes (Lc 16.19; 23.11; At 10.30; Tg 2.2,3; Ap 15.6; 18.14; 19.8; 22.1,16). Os céus são adjetivados como claros, em Êxodo, 24.10. O resplendor do sol é enfatizado em Cantares 6.10, e a clareza do dia em Amós 8.9. No Novo Testamento, a nova Jerusalém aparece como feita de ouro puro, clara como vidro cristal, o que, aparentemente dá a entender que o ouro é de qualidade tão especial que chega a ser translúcido. Além disso, o rio da água da vida é claro como o cristal.

Implicações Morais. As palavras hebraicas e gregas dão a ideia de algo isento de toda poluição e defeito. No tocante à *consciência*, a ideia é de que esta está livre de qualquer fator condenatório, o que estaria alicerçado sobre algum defeito moral. Quando aplicada à *inteligência*, a ideia subentende total compreensão sobre alguma questão. No tocante à *espiritualidade*, os termos usados referem-se a ela estar sem qualquer coisa que a obscureça ou distorça.

CLEMENTE DE ALEXANDRIA (c.150 — c.215)

Filósofo cristão, provavelmente nascido em Atenas, Clemente sucedeu seu mestre, Panteno, como dirigente de uma escola cristã (catequética?) em Alexandria, algum tempo após 180. Por volta de 202, ele deixava essa cidade.

Além de fragmentos de seus escritos, preservados por vários autores, suas obras conhecidas existentes consistem em: *Protrepticus* [*Exortação aos gregos*], uma obra culta de apologética cristã; *Paedagogus* [*O tutor*], guia detalhado para a vida e a conduta cristãs; *Stromateis* [*Miscelânea*], rica variedade de notas e esboços sobre uma ampla diversidade de tópicos, e *Quis Dives Salvetur?* [*Que rico pode ser salvo?*], extenso sermão sobre o episódio do jovem rico registrado em Marcos 10.17-31.

Seu pensamento se mantém, sob muitos aspectos, na mesma linha dos apologistas gregos, contrastando, no entanto, com o dos escritores ocidentais contemporâneos quanto à avaliação positiva da filosofia grega, sua tendência é pela especulação e deliberada ausência de um sistema. Tendo sido Alexandria reduto da alegoria filônica (ver Hermenêutica) e de vários tipos de gnosticismo, torna-se significativo observar o uso que faz Clemente da alegoria (embora não de forma sistematizada, como Orígenes) em sua definição do cristão perfeito como "verdadeiro gnóstico".

Muito embora opondo-se vigorosamente ao gnosticismo, Clemente reteve elementos docéticos em sua cristologia ao negar emoções e funções corpóreas ao homem Jesus. Usa, com frequência, a fórmula trinitariana, enfatizando a distinção entre Pai, Filho (*Logos*) e Espírito Santo e afirmando a eternidade da existência do Filho, sem chegar, contudo, a uma clara definição da natureza da Trindade.

Afirma que antes da encarnação o conhecimento de Deus fora dado aos judeus mediante a lei, e aos gregos, por meio da filosofia, inspirada pelo *Logos*, *i.e.*, por Cristo. O *Logos* encarnou para nos transmitir conhecimento e servir de nosso modelo. Clemente usa a linguagem da expiação e do triunfo sobre o mal com respeito a Cristo, mas sua ênfase principal reside no Cristo como mestre. Embora a fé, entendida como aceitação do ensino de Cristo, seja suficiente para a salvação, o crente "verdadeiro gnóstico" caminha, além da fé, para o conhecimento, ou seja, o entendimento pleno do ensino de Cristo, combinado com um modo de vida exemplar (correspondente, bem próximo, dos ideais platônicos e estóicos). Esse conhecimento conduz ao amor perfeito e a um relacionamento místico com Deus, plenamente consumado só após a morte, quando o crente se torna (como) Deus.

A obtenção da salvação se relaciona com a igreja, da qual alguém se torna membro mediante o batismo. Em seus argumentos contra os hereges, Clemente enfatiza a antiguidade e a unidade da igreja como católica, a tradição transmitida oralmente na igreja desde os apóstolos e a importância de se interpretar as Escrituras (o que para ele incluía mais do que o atual cânon) de acordo com a "regra da igreja".

Clemente afirma fortemente a existência do livre-arbítrio e a necessidade de o homem cooperar com Deus aceitando a salvação; e concebe e expressa a possibilidade de arrependimento mesmo após a morte.

(**T. G. Donner**, B.D., Ph.D., lente de Teologia Histórica do Seminário Bíblico de Colombia.)

BIBLIOGRAFIA. Obras em TI, em *ANCL* e *ANF*; seleções em: G. W. Butterworth (ed.), *Clement of Alexandria* (LCL, London, 1919) e H. Chadwick & J. E. L. Oulton (eds.), *Alexandrian Christianity* (LCC, London, 1954); H. Chadwick, *Early Christian Thought and the Classical Tradition* (Oxford, 1966); S. R. C. Lilla, *Clement of Alexandria: A Study of Christian Platonism and Gnosticism* (Oxford, 1971); E. F. Osborn, *The Philosophy of Clement of Alexandria* (Cambridge, 1975).

COA

Essa palavra aparece somente em Ezequiel 23.23. O profeta declara ali que o povo de Israel precisava ser punido, por haver adotado a idolatria e as noções fantásticas dos pagãos. Coa aparece entre os povos que influenciaram adversamente a Israel. Essa localidade, evidentemente, deve ser identificada com os Kutu localizados a leste do rio Tigre e ao sul da porção inferior do rio Zabe, ou seja, a nordeste da cidade da Babilônia.

COATE, COATITAS

O termo hebraico *Kohate* significa **"assembleia"**. Coate foi o segundo dos três filhos de Levi: Gérson, Coate e Merari (Gn 46.11). Foi o pai de Anrão, Jizar, Hebrom e Uziel (Nm 3.19). Acerca dele porém, sabemos apenas que foi para o Egito, na companhia de Levi e Jacó (Gn 46.11), e que sua irmã chamava-se Joquebede (Êx 6.18). Viveu em torno de 1870 a.C. Seus descendentes, os coatitas, formavam uma das três grandes divisões dos levitas, que continha a família sacerdotal que descendia de Arão (Êx 6.18-20). Seus deveres específicos incluíam o de transportar a arca e os vasos sagrados (Nm 4.15; 7.9). A herança deles (daqueles que não eram sacerdotes) cabia entre a meia tribo de Manassés, em Efraim (1Cr 6.61-70) e em Dã (Js 21.5,20,26).

Após a conquista da Palestina, os coatitas eram tratados conforme eram tratadas todas as famílias levíticas. Eles receberam cidades e pastagens, nada menos de dez (Js 21.20-26), quatro delas no território de Efraim, quatro outras no território de Dã, e duas no território da meia tribo de Manassés. Nos dias de Davi, estiveram envolvidos no serviço da casa do

Senhor. Hemã e Uriel foram os principais coatitas ocupados desse serviço. Eles ajudaram no retorno da arca a Israel, depois que a mesma fora tomada pelos filisteus (1Cr 15.3-5). Também estiveram envolvidos em dois movimentos reformadores, a saber, aquele durante o reinado de Ezequias, entre 715 e 687 a.C. (2Cr 29.1,2-16), e aquele durante o reinado de Josias, quando o templo de Jerusalém sofreu reparos. Zacarias e Mesulão eram levitas e coatitas que foram postos sobre o trabalho do templo (2Cr 34.12).

COBERTA

No hebraico, *semikhah*, de sentido ainda incerto. A palavra aparece somente em Juízes 4.18, para indicar o artigo usado por Jael, mulher de Héber, quenue, para cobrir Sísera, general do rei cananeu Jabim, que por 20 anos vinha oprimindo duramente a Israel. Em batalha contra as forças dirigidas por Débora e Baraque, Sísera fugiu e refugiou-se na tenda de Jael. Apesar de ele estar fugindo para não perder a vida, isso representava uma grande falta contra a intimidade e bom nome da esposa de um homem. Astutamente ela fingiu-se acolhedora, cobrindo-o com algum tipo de coberta. Mas, quando Sísera dormia de cansado, Jael apanhou uma estaca e cravou-a na fronte do general cananeu, o qual morreu. Os estudiosos reconhecem que a palavra hebraica em foco pode indicar um tapete, um cobertor, uma capa etc., pelo que a tradução "coberta", usada em nossa Bíblia portuguesa, é boa, pois não define a natureza exata do artigo usado por Jael.

COBERTA PARA A CABEÇA, VÉU

A arqueologia tem descoberto muitas informações sobre as antigas cobertas para a cabeça. As evidências incluem pinturas, relevos e referências literárias. As descobertas arqueológicas mostram que os primeiros habitantes da Palestina andavam de cabeça descoberta. As primeiras cobertas para a cabeça eram simples faixas (1Rs 20.38,41; onde nossa versão portuguesa diz "venda"), ornamentadas de vários modos. As mulheres, naturalmente, usavam um véu que cobria totalmente os seus cabelos. Também punham panos na cabeça, quando transportavam cargas equilibradas no alto da cabeça. Ver o artigo sobre *Véu*. Os sacerdotes usavam turbantes de pano feitos de linho (Êx 39.28). Todas as cobertas dessa natureza eram tiradas em tempos de lamentação (Is 61.3; Ez 24.17,23). Nessas ocasiões, a cabeça era coberta com as mãos, ou recoberta de pó ou cinzas (2Sm 13.19; Lm 2.10). O sumo sacerdote usava seu próprio tipo de turbante (Êx 28.4; 29.9; Lv 8.13). Tanto os homens quanto as mulheres de alta classe usavam o *sanip*, uma coberta para a cabeça feita de pano retorcido.

Regulamentos Paulinos. O uso generalizado de cobertas para a cabeça, entre os homens, nos dias do Antigo Testamento, tem feito alguns questionarem os preceitos de Paulo a respeito, em 1Coríntios 11.4. Segundo ele, um homem não deveria orar ou profetizar com a cabeça coberta. É de presumir-se que os judeus da época apostólica não podiam participar das funções religiosas com a cabeça coberta. Porém, isso não impediria que eles usassem algum tipo de turbante, ou coisa parecida, em outras oportunidades. A regra de Paulo não estava alicerçada sobre meros costumes. Antes, ele afirma que essa regra estava baseada no fato de que o homem é a imagem de Deus, pelo que o homem não deveria desfigurar essa imagem, cobrindo-a por ocasião da adoração. Antes, essa imagem deveria ser evidente, por ocasião da adoração. Por outra parte, a mulher deve cobrir a cabeça, durante os cultos religiosos, mormente ao orar e profetizar, porque isso serve de sinal da sua sujeição ao marido. Ver o artigo geral sobre *Vestes*.

COBIÇA

Há várias palavras hebraicas e gregas envolvidas, a saber: **1**. *Avvah*, "desejo por si mesmo". Palavra hebraica usada por quatro vezes (Dt 5.21; Pv 21.26; Sl 45.11; Pv 23.3). **2**. *Chamad*, "desejar". Verbo hebraico usado por catorze vezes (por exemplo: Êx 20.17; Js 7.21; Mq 2.2; Dt 5.21; 7.25; Jó 20.20; Is 1.29; 53.2). **3**. *Batsa*, "ganhar (ilegalmente)". Palavra hebraica usada por oito vezes com o sentido de cobiçar. Por exemplo: (Hc 2.9; Pv 1.19; 15.27). **4**. *Epithuméo*, "fixar a mente sobre". Palavra grega usada por dezesseis vezes (Mt 5.28; 13.17; Lc 15.16; 16.21; 17.22; 22.15; At 20.33; Rm 7.6; 13.9 (citando Êx 20.15,17); 1Co 10.6; Gl 5.17; 1Tm 3.1; Hb 6.11; Tg 4.2; 1Pe 1.12; Ap 9.6). **5**. *Orégomai*, "estender os braços para". Termo grego usado por três vezes (1Tm 3.1; 6.10; Hb 11.16). **6**. *Pleoneksía*, "desejo de mais". Substantivo grego usado por dez vezes (Mc 7.22; Lc 12.15; Rm 1.29; 2Co 9.5; Ef 4.19; 5.3; Cl 3.5; 1Ts 2.5; 2Pe 2.3,14). O adjetivo, *pleonéktes*, "cobiçoso" aparece por quatro vezes (1Co 5.10,11; 6.10; Ef 5.5).

A cobiça pode ser definida como o desejo desordenado de adquirir coisas, posição social, fama, proeminência secular ou religiosa etc. Pode incluir a, tentativa de apossar-se do que pertence ao próximo. A cobiça geralmente aumenta com a idade, ao invés de diminuir, dando origem a certo número de males. A cobiça promove a alienação de Deus, a opressão e a crueldade contra o próximo, a traição e as manipulações desonestidades de toda espécie. É um dos principais fatores por detrás de todas as guerras. Os indivíduos e os grupos mostram-se cobiçosos. As nações incorporam o princípio da cobiça em suas leis. Os hebreus condenavam esse pecado, que aparece como um dos Dez Mandamentos (vide). Aparece em Êxodo 20.17. A mensagem é que coisa alguma que pertencente a outrem deve ser desejada. Quase sempre, o desejo desordenado da cobiça provoca alguma ação para que o cobiçoso adquira o que quer, ou para que persiga o possuidor do objeto ou da pessoa cobiçados. Esse mandamento chega perto do adultério, visto que uma das coisas que pode ser cobiçada é a esposa de outro homem.

O Novo Testamento Condena Também a Cobiça. Os cobiçosos anelam por ter mais dinheiro (At 20.33; 1Tm 6.9; Rm 7.7). A cobiça pode expressar-se sob a forma de violência (2Co 2.11;7.2). Mas Jesus repudiou o espírito ganancioso (Mt 7.22). A cobiça é atestada entre os pecados frisados por Paulo, em Efésios 4.19. A cobiça é uma forma de autoadoração que expulsa Deus de nossas vidas (Ef 5.5; Cl 3.5). Aparece na lista dos vícios dos povos pagãos, em Romanos 1.29. Apesar de não ser especificamente alistada entre as obras da carne, em Gálatas 5.19-21, a cobiça é uma das causas de várias daquelas obras carnais, como o adultério, o ódio, as dissensões, a beligerância etc., devendo ser incluída entre as "tais coisas" que Paulo mencionou, e que não permitem que uma pessoa chegue ao reino de Deus (Gl 5.21).

Exemplos Bíblicos de Cobiça. Labão (Gn 31.41); Acã (Js 7.21); os filhos de Eli (1Sm 2.12); Saul (1Sm 15.9,19); Acabe (1Rs 21.2); os nobres dos judeus (Ne 5.7); a Babilônia (Jr 51.13); Judas Iscariotes (Mt 26.14,15); os fariseus (Lc 16.14); Ananias (At 5.1-10); Félix (At 24.26); Balaão (2Pe 2.15; Jd 11).

A cobiça é alistada como um dos pecados mortais, pela igreja Católica Romana. Ver o artigo sobre *Pecados Mortais e Veniais*. (TOR S)

COBRA. Ver *Serpentes* (*Serpentes Venenosas*).

COBRE

O cobre é um elemento metálico não ferroso que ocorre em estado metálico livre, na natureza. A arqueologia tem mostrado que o cobre já era usado em cerca de 8000 a.C. Os objetos eram moldados a marteladas. Foi o substituto da pedra, usada pelos homens neolíticos. Talvez desde 6000 a.C. O cobre venha sendo moldado em moldes, assumindo objetos de muitos formatos. Em cerca de 5000 a.C., apareceram armas e instrumentos de muitos tipos, feitos de cobre. Muitos desses objetos têm sido encontrados pelos arqueólogos nos túmulos antigos do Egito e em outros lugares, onde, supostamente, serviriam aos falecidos. Em cerca de 3700 a.C., esse metal foi fundido juntamente com o estanho, sendo produzido o bronze (vide). A julgar pelas observações feitas por Hesíodo e Lucrécio, a arte do fabrico de instrumentos de cobre é mais antiga que a do ferro. Era encontrado em grandes massas, podia ser fundido e moldado com maior facilidade do que o ferro, e isso o tornava uma opção preferível. O trecho de Deuteronômio 8.9 indica que havia muito cobre na Palestina. Davi deixou grande quantidade desse metal, para ser usado na construção do templo de Jerusalém (1Cr 22.3-14). Muitos dos vasos usados nesse templo eram feitos de cobre (Lv 6.28; Ed 8.17), como também armas, capacetes, armaduras, escudos e lanças (1Sm 17.5,6,38). Também havia correntes feitas desse material (Jz 16.21).

Chipre era um dos grandes centros produtores de cobre, desde cerca de 3000 a.C. e suas minas de cobre eram uma das razões pelas quais egípcios, assírios, fenícios, gregos, persas e romanos tanto se interessavam por controlar a ilha. Os romanos chamavam o minério de cobre de *aes cyprium*, isto é, "minério de Chipre". Até hoje o cobre é extraído em Chipre.

A arqueologia tem mostrado que havia minas de cobre na península do Sinai, desde cerca de 3800 a.C. As condições que prevaleciam nessas minas são mencionadas em uma inscrição pertencente ao reinado de Amenemete III, de cerca de 1800 a.C.

Moisés instruiu o povo de Israel a buscar cobre (Dt 8.9), e um dos acampamentos relacionados às vagueações por 40 anos, no deserto, Dofca, mencionado em Nmúmeros 33.12, contava com depósitos de cobre nas proximidades. Esse lugar tem sido identificado com a moderna Serabit el-Khadem. Ali os egípcios extraíam cobre e turquesas desde os tempos mais remotos. Salomão extraía cobre da Arabá. Havia fundições perto de Eziom-Geber, no começo do golfo de Áqaba, bem como em várias localidades ao longo do vale do rio Jordão. Esse metal era exportado a partir de Eziom-Geber (1Rs 9.26-28).

O cobre, em seu estado natural, tem cor vermelho-cobre, é dúctil e maleável. Algumas vezes é encontrado sob a forma de folhas ou placas, mas geralmente é descoberto sob a forma de grandes massas. (S Z)

COCEIRA. Ver sobre as *Doenças*.

COCHEIRO

Ver o artigo geral sobre as *Carruagens*. No Antigo Testamento encontramos o termo "cocheiro" (1Rs 22.34 e 2Cr 18.33; no hebraico *rakkab*), em alusão ao carro de guerra de Acabe. Algumas vezes, um carro de guerra era tripulado por um único guerreiro ou capitão; mas, usualmente, havia um cocheiro que guiava o carro, deixando o capitão livre para a sua tarefa de matar. E também podia haver um terceiro homem, o escudeiro.

CÓDIGO DE SANTIDADE. Ver *Santidade, Código da*.

CÓDIGO SACERDOTAL

Nas obras bíblicas em inglês, a abreviação desse código é *P*. Essa é considerada a mais recente e a mais ampla das quatro camadas literárias e legislativas principais do Pentateuco. Essas quatro camadas literárias chamam-se "J", "E", "D" e "P", supostas fontes de material histórico. No artigo sobre o Pentateuco, neste dicionário, prestamos informações sobre essa questão, onde é abordada a história da alta crítica (vide), no que concerne aos cinco primeiros livros da Bíblia. Presumivelmente, o documento "P" teria sido a fonte para os trechos de (Êx 25—31; 35—40; Lv 1—16; Nm 11.1—10.28, além de porções dispersas pelo livro de Gênesis, Êx 1—24; Lv 17—26; Nm 11—36 e porções de Dt 31—34). Alguns estudiosos também atribuem considerável porção do livro de Josué a essa fonte. O documento "P" é considerado o mais recente dentre as fontes literárias do Pentateuco, estando inspirado pelo espírito do legalismo e do separatismo que, presumivelmente, surgiu entre os exilados judeus na Babilônia, nos séculos VI e VII a.C. Refletiria os pontos de vista de sacerdotes ativistas descendentes de Sadoque (vide) que teriam retornado da Babilônia em 458 a.C., e depois. Foi composta na Palestina, essencialmente no quinto século a.C., e registra (falando em termos gerais) os rituais religiosos do templo em Jerusalém, de c. 400 a.C., e depois. Foram os escritores e redatores posteriores de P (S=código sacerdotal) que, antes dos outros, incorporaram o mais antigo *código de santidade* (Lv caps. 17—26, dos séculos III a VI a.C.), nas escrituras deles, e então combinaram os documentos mais antigos, J, E e D, com seus próprios escritos, assim formando o *hexateuco* (vide). Depois, por razões teológicas, omitiram Josué, e com isto, formaram o Pentateuco. A teoria inteira, com críticas, é discutida no artigo sobre o *Pentateuco*. Aqui eu tenho retido as abreviações inglesas, que naquele artigo são esclarecidas com seus equivalentes portugueses. Ver as abreviações separadamente: J=-Jeová; E=Elohim; D=escritores-redatores de Deuteronômio; P=priestly, ou em português: S=Sacerdotal.

CODORNIZ

Embora a origem do nome seja incerta no hebraico, é quase certo que a tradução "codorniz" esteja correta, porque nenhuma outra ave ajusta-se tão bem à narrativa bíblica (Êx 16.13; Nm 11.31,32; Sl 105.40). Tal ave teria de ser limpa e teria de viver em bandos. A revoada miraculosa de codornizes ocorreu por duas vezes: no deserto de Sim, a sudoeste da península de Sinai, cerca de seis semanas após a partida do Egito; e em Quibrote-Ataavá, não muito distante dali, um ano mais tarde. Na primavera e no outono, o vento leva essas pesadas aves migratórias para o Egito, e, em número mais reduzido, para a península da Arábia. A carne da codorniz é saborosa, também apreciada pelos egípcios (Heródoto 2.77; Aristóteles, *Hist.* 7.14; Plínio, *Hist. Nat.* 10.24,64). O elemento miraculoso do caso foi o momento preciso do fenômeno.

Há alguma dificuldade quanto à tradução do trecho de Números 11.31. Há versões que dizem que as aves ficaram espalhadas pelo arraial dos israelitas "cerca de dois côvados sobre a terra" (conforme diz nossa versão portuguesa). A RSV, em inglês, dá a entender que elas voam baixo, cerca de dois côvados (um metro) do chão, uma tradução preferível. As codornizes precisam da ajuda de vento forte para voar longas distâncias, embora possam voar vigorosamente pequenas distâncias sem tal ajuda. Isso explica a menção do "vento do Senhor", em Números 11.31.

COELE-SÍRIA

Esse nome vem do grego, e tem o sentido de "Síria oca", expressão usada para indicar certas porções da Síria-Palestina. Existe desde o século IV a.C., referindo-se ao grande vale que se estende desde a planície de 'Amq, ao norte, até o mar Morto, ao sul. Era expressão usada especificamente para aludir à planície de Biqâ, entre as montanhas do Líbano e do Antilíbano. Nos tempos helenistas, monarcas selêucidas e ptolomeus exerceram ali a sua autoridade. No século III a.C., os Ptolomeus controlavam a região, chamando-a simplesmente de *Síria*. Porém, em 200 a.C., os Selêucidas conquistaram essa porção da Síria, e, a fim de distingui-la de certas porções do mesmo território, que eles já controlavam, chamaram-na de Coele-Síria. Os membros da família dos hasmoneanos usaram o termo em sentido mais restrito, aplicando-o somente à planície de Biqâ. No século II d.C., Sétimo Severo criou uma nova província que incluía a totalidade do norte da Síria, excluindo a planície de Biqâ, usando esse nome como designação. Naquele tempo, a planície de Biqâ tornou-se parte da Síria Fenícia. A Bíblia canônica não envolve o nome, mas este aparece nos livros apócrifos, em (1Macabeus 10.69; 2Macabeus 3.5,8; 4.4; 8.8; 10.11; 1Esdras 2.17,24,27; 6.29; 7.1; 8.68; com alguns paralelos em Ed 4.11,16,20; 6.8,13; 8.36). Em 1Esdras 6.3 a área é simplesmente chamada de Síria. A Coele-Síria era uma divisão administrativa da província da Síria, após a ocupação romana, em 64 a.C. Herodes foi nomeado governador militar dessa região por Sexto César, em 47 a.C., e novamente, por Cássio, em 43 a.C. (ND S Z)

COELHO (ARGANAZ)

No hebraico, *shaphan*, que ocorre em (Lv 11.5; Dt 14.7; Sl 104.18 e Pv 30.26).

Geralmente é difícil identificar itens da flora e da fauna, na Bíblia. Os nomes antigos não foram cunhados de acordo com alguma classificação científica. Essa palavra hebraica tem sido variadamente traduzida, como "lebre", "texugo". Os eruditos modernos preferem pensar em um animal cuja aparência externa o classificaria juntamente com o coelho. Nossa versão portuguesa, com a tradução arganaz, dá a entender que se trataria antes de um animal parecido com o rato do campo. A determinação do animal envolvido requer a observação do que a Bíblia diz sobre sua natureza e seus hábitos, além do conhecimento se a Palestina era *habitat* desse animal, ou não. A espécie preferida pelos estudiosos modernos é um animal pequeno, semelhante ao coelho, dotado de cascos nas patas. Seu moderno nome científico é *Procavia*, que abriga-se nas fendas das rochas. Também há uma variedade que é arbórea, cujo nome científico é *Dendrohyrax*. Portanto, não estamos realmente tratando com algum rato ou coelho. A referência de Deuteronômio 14.7 de que esse animal rumina, mas não tem o casco fendido, e a de Salmo 104.18, que diz que ele se refugia nas rochas, concorda com os hábitos da Procavia. Embora similar ao coelho quanto ao tamanho e ao peso, bem como à aparência externa, anatomicamente o animal é classificado como aparentado do elefante. As espécies encontradas nos jardins zoológicos modernos usualmente são da variedade síria, o animal referido na Bíblia. O Antigo Testamento proíbe o uso desse animal na alimentação humana, embora não saibamos os motivos exatos dessa proibição. Os árabes consomem esse animal o qual também é muito caçado em certas regiões da África. Dizem que sua carne é rija e seca. Atualmente, esse animal é muito mais raro na Palestina do que nos dias antigos, mas ainda pode ser encontrado na Alta Galileia. (WALK)

COENTRO

No hebraico, *gad*, termo que figura apenas por duas vezes (Êx 16.31 e Nm 11.7). O coentro é uma semente aromática redonda. A planta do coentro (*Coriandrum sativum*) medra nativa na Palestina e em países circunvizinhos. Suas sementes são globulares, e, quando secas, são agradáveis ao paladar e ao olfato. Podem ser salpicadas com açúcar, tornando-se uma espécie de confeito. As sementes de coentro eram usadas para dar sabor aos alimentos. Estamos informados de que as partículas do maná (vide) tinham o formato de sementes de coentro. (Ver Êx 16.31 e Nm 11.7). Modernamente, usa-se o coentro para dar maior sabor ao gim ou então para dar certo sabor aos doces ou ao pão.

COFE

Essa é a décima nona letra do alfabeto hebraico. Em Salmo 119, a letra é usada para introduzir a décima nona porção. Ali, cada versículo começa com essa letra, no original hebraico. Ver sobre o *Alfabeto*.

COISAS CONSAGRADAS

O termo hebraico envolvido é *cherem*, usado por cinco vezes nesse sentido (Lv 27.21,28,29; Nm 18.4). Esse vocábulo hebraico indica algo consagrado ao serviço divino, embora também possa indicar algo maldito, ou algo determinado para a total destruição. Esse termo hebraico está relacionado à palavra árabe *haram*, "consagrado", como é o caso da área consagrada da Mesquita de Omar, em Jerusalém. É precisamente dessa palavra que nos vem o termo *harém*, o lugar consagrado à guarda das mulheres de um homem, ou o próprio grupo dessas mulheres vedadas a qualquer outro homem que não o senhor delas. O termo hebraico é muito amplo, referindo-se a qualquer tipo de destruição, como aquele que ocorre nas guerras, ou quando são proibidas certas coisas. (Ver Lv 27.21,28,29; Nm 18.14; Ez 44.29), onde há o uso religioso da palavra, e onde aparecem oferendas *consagradas* a um uso santo. O trecho de Levítico 27.28 encerra a declaração geral de que todas as coisas consagradas a Deus são santas. Também havia pessoas que se consagravam ao Senhor (Lv 27.29). Em sentido negativo, certas coisas eram separadas para serem destruídas (Lv 27.29, onde estão em foco cativos de guerra). Os amalequitas foram postos sob interdição, a fim de serem destruídos (1Sm 15.3-33). Apesar de ser verdade que a guerra mais total é aquela em que pode haver a destruição de inocentes, devido a uma misericórdia mal orientada (Sl 106.34-38), também é verdade que em tudo isso estamos abordando uma sociedade constituída por homens brutais. A violência é um dos grandes sinais da degradação humana, sem importar em que época e de que maneira se manifeste essa violência.

COLA

Um lugar mencionado juntamente com Cabai, em Judite 15.4. Esse lugar nunca foi identificado, embora alguns eruditos o identifiquem com Holom, que figura em Josué 15.51.

COLAÍAS

No hebraico, **"a voz de Yahweh"**. Há dois homens com esse nome, nas páginas do Antigo Testamento: **1**. Um antepassado de uma família benjamita que se estabeleceu em Jerusalém, após o exílio babilônico (Ne 11.7). **2**. O pai do profeta falso, Acabe (Jr 29.21).

COLCHAS

No hebraico, *marbaddim*. O sentido dessa palavra hebraica é incerto. Ela ocorre somente em Provérbios 7.16 e 31.22. Isso não impediu, porém, que a mesma palavra hebraica fosse traduzida por "cobertas", em Provérbios 31.22. Nada mais se pode dizer a respeito, além do fato de que deviam ser uma espécie de "coberta". É muito difícil que esteja em foco alguma espécie de "tapete", conforme dizem algumas versões estrangeiras, porquanto, na primeira dessas referências, está em pauta um leito: *Já cobri de colchas a minha cama...* O resto desse versículo, além disso, dá-nos a entender que se tratava de um tecido fino: *... de linho fino do Egito, de várias cores*.

COLCHETES

No hebraico, *qerasim*, palavra que ocorre por dez vezes (Êx 26.6,11,33; 35.11; 36.13,18,33).

Seriam ganchos ou colchetes, usados no tabernáculo, armado no deserto. A LXX traduziu a palavra por *kríkoi*, anéis, mas é evidente que os tradutores se equivocaram quanto ao sentido da palavra. Havia cinquenta colchetes de ouro que juntavam cortinas de linho uma à outra; e havia cinquenta colchetes de cobre, que juntavam as cobertas de peles de cabras. Ver sobre o *Tabernáculo*.

Nesses trechos, onde a palavra ocorre, aparecem as especificações para a ereção do tabernáculo, com provisões para o seu transporte de um lugar para outro. No tocante à natureza dos colchetes, parece que estes compunham-se de uma espécie de botão que prendia um laço, que vinha da outra cortina. Talvez em um lado de cada cortina houvesse botões e do outro lado da mesma cortina houvesse laços. Quando esses laços eram presos nos respectivos botões, as cortinas ficavam unidas (Êx 26.4-6).

COLHEITA

Há uma dificuldade envolvida nas orientações baixadas em Êxodo 26.33, onde se lê que o véu que separava os dois lugares — o Lugar Santo do Santo dos Santos — ficava pendurado "debaixo dos colchetes". Se supusermos que os colchetes haviam sido postos na metade do comprimento total do tabernáculo, isso faria os dois lugares santos terem exatamente as mesmas dimensões, contrariamente à noção comum de que o Lugar Santo teria o dobro das dimensões do Santo dos Santos. Portanto, o termo "debaixo" deve ser interpretado com alguma latitude, ou então o conceito ordinário sobre o arranjo das cortinas, ou sobre as dimensões dos dois aposentos santos, terá de ser revisados. Na realidade, a descrição do livro de Êxodo não se refere a dimensões.

COLHEITA

No hebraico, **"terminar"**. No gregos, *therízo*. Ato de cortar e recolher o produto dos campos, usualmente no fim do verão. No litoral e no vale do Jordão, a colheita do trigo começa em abril; na região montanhosa a cevada é colhida em meados de maio, o trigo ligeiramente mais tarde. Assim, toda a colheita durava cerca de três meses. O produto da terra era cortado com uma foice, ou arrancado à mão pelas raízes. No livro de Levítico há uma legislação acerca da colheita. Os colhedores deveriam deixar intocadas as extremidades dos campos, para benefício dos pobres (Lv 19.9; 23.22). No sétimo e no quinquagésimo anos, não havia colheita.

A semeadura e a colheita serviam para ilustrar o investimento e sua recompensa. Para exemplificar, lemos em Provérb 22.8: *O que semeia a injustiça segará males...* Algo um tanto oposto se lê em Sl 126.5: *Os que com lágrimas semeiam, com júbilo ceifarão*. E aquele que estava sentado sobre a nuvem passou a sua foice sobre a terra, e a terra foi ceifada, lemos em Apocalipse 14.16.

O Pentecoste era a festa que melhor guardava seu caráter de festa da colheita. A origem da Festa dos Tabernáculos ligava-se com a colheita das uvas, que começava em agosto e podia terminar em outubro. As primícias e os dízimos da colheita eram entregues no santuário de Jerusalém. Em sentido figurado, o resultado dos atos humanos é chamado de colheita (Pv 28.8; Jó 4.8). O homem colhe o fruto de suas obras (Gl 6.7 ss.; 1Co 9.11; 2Co 9.6; Jo 4.36-38). Nos profetas e no NT, a intervenção escatológica de Deus também é uma colheita, a qual torna-se símbolo do juízo, no fim de nossa dispensação (Jl 4.13; Is 27.11; Mt 3.12; 13.30; Mc 4.29 e Ap 14.15 ss.).

Ver o artigo sobre o *Calendário*, onde há um gráfico que alista as diversas colheitas que se faziam na Palestina, bem como as condições atmosféricas etc., mês após mês. A palavra "colheita" com frequência é usada para indicar o recolhimento dos produtos agrícolas. As principais colheitas, referidas nas Escrituras, eram as do trigo, cevada, uvas, azeitonas, figos, romãs (Dt 8.8), linho, lentilha, sésamo, centeio, feijão, ervilha, pepino, alho, alho-porro, melão e cebola. Das árvores frutíferas eram colhidas as amêndoas, as tâmaras, as castanhas e as nozes. Ver o artigo geral sobre *Agricultura*, quanto a maiores detalhes.

Usos metafóricos. **1**. O julgamento, Jeremias 51.33; Apocalipse 14.15. **2**. A colheita espiritual de almas pela pregação do evangelho, Mateus 9.27; João 4.35. **3**. O *fim* do mundo, Mateus 13.39. **4**. Elementos. Orvalho, no tempo da colheita = o cuidado de Deus, Isaías 18.4. O frio neste tempo simboliza um mensageiro fiel.

Ver o artigo separado *Lei Moral da Colheita Segundo a Semeadura*.

COL-HOZE

No hebraico, **"vidente total"**. Era descendente de Judá, filho de Hazaías e pai de um homem de nome Baruque (Ne 11.5). Viveu em cerca de 445 a.C. Teve um descendente de nome Salum, que ajudou a reparar as muralhas de Jerusalém, após o cativeiro babilônico (Ne 3.15). Mas alguns intérpretes pensam que essa palavra significa antes o nome de uma família, e não o nome de um indivíduo; ou então ambas as coisas, um nome individual e um nome coletivo.

COLUNA

Há oito palavras hebraicas e uma palavra grega envolvidas: **1**. *Ammud*, "coluna". Termo hebraico que ocorre por 109 (por exemplo: Êx 13.21,22; Nm 3.36,37; Jz 16.25,26,29; 2Rs 11.14; Sl 7.53; Ct 3.10; Jr 1.18; Ez 40.49; 42.6). **2**. *Omenoth*, *"colunas"*. Palavra hebraica no plural que só ocorre em 2Reis 18.16. **3**. *Misad*, "suporte". Palavra hebraica que também só aparece por uma vez, em 1Reis 10.12. **4**. *Matstsebah*, "algo levantado". Palavra hebraica usada por doze vezes (por exemplo Gn 28.18,22; Êx 24.4; 2Sm 18.18; Is 19.19). **5**. *Matsuq*, "coisa fixa". Palavra hebraica usada, com esse sentido, apenas por uma vez, em 1Samuel 2.8. **6**. *Natsab*, "estabelecido". Palavra hebraica usada no AT, apenas por uma vez, com o sentido de "coluna". (Ver Jz 9.6). **7**. *Netsib*, "monumento". Palavra hebraica usada por apenas uma vez com esse sentido, em Gênesis 19.26. **8**. *Timeroth*, "colunas". Palavra hebraica empregada por duas vezes com esse sentido, porque geralmente significa "palmeiras" (Ct 3.6; Jl 2.30). **9**. *Stúlos*, "coluna". Palavra grega usada por quatro vezes (Gl 2.9; 1Tm 3.15; Ap 3.12; 10.1).

Uma coluna é um poste firme, posto na posição vertical, que pode ser usado para suportar porções superiores de um edifício, embora também em posição ereta, isolada ou em grupo, sem qualquer função de apoio.

1. Uso Antigo. Talvez o mais antigo uso de uma coluna seja o de servir de marco, como monumento ou como sinal de voto (símbolo e função religiosos). Nesses casos, usualmente uma única coluna era usada. Poderia ser apenas uma pilha de pedras (Gn 28.18; 31.46). A "pedra de Ezel" (1Sm 20.19), provavelmente era alguma espécie de marco, sob a forma de uma coluna. Jacó erigiu uma espécie de coluna sobre o sepulcro de Raquel (Gn 35.20). A coluna monolítica e os obeliscos de Petra, em Idumeia, são exemplos de uso similar. Absalão mandou levantar uma coluna monumental em memória sua (2Sm 18.18). Embora ali seja usada a palavra hebraica *massebah*, "estátua", a nossa versão portuguesa a traduz por "coluna".

A adoração dos cananeus empregava a coluna votiva e a coluna memorial. Ao povo de Israel foi ordenado que derrubassem as colunas usadas na adoração pagã, como a dos cananeus (Êx 23.24). Essas colunas eram erigidas ao ar livre, ou então no interior de algum lugar de adoração (2Rs 10.26; 17.10). Essas colunas eram chamadas "colunas de Baal (2Rs 3.2). Os arqueólogos encontraram e reergueram uma coluna que havia defronte do templo de Baal-Berite. Os israelitas não podiam usar colunas em seu culto religioso (Lv 26.1). Contudo, era-lhes permitido usar pedras memoriais, que podiam ser empilhadas, formando uma espécie de coluna.

2. Nas Construções. As casas e os templos do oriente tinham muitas colunas. Ver o artigo sobre *Casa* II.14. Ver também o artigo sobre a *Arquitetura*. Colunas eram usadas para fechar área, para sustentar tetos planos, ou para dar apoio a toldos ou cortinas. Sansão fez um templo inteiro vir abaixo, quando derrubou as duas principais colunas de sustentação (Jz 16.26). A prática geral, nas construções orientais, de sustentar tetos planos mediante colunas, ou para cobrir espaços abertos mediante toldos estendidos em colunas, levou ao grande uso delas, nas construções antigas. As colunas eram feitas de madeira, de pedra ou de vários metais. Têm sido descobertos exemplares de colunas de madeira, em Nínive.

3. No Templo de Jerusalém. Salomão lançou mão de colunas, no templo e em seu palácio, em Jerusalém. Em seu palácio havia o Salão das Colunas, que era uma espécie de pórtico com colunas (1Rs 7.6). Essas colunas eram feitas de madeira de cedro, embora também houvesse colunas feitas com a rara madeira de sândalo (1Rs 10.12). As colunas gêmeas de bronze, chamadas Jaquim e Boaz, foram postas do lado de fora do templo de Jerusalém. Talvez elas sustentassem a arquitrave do vestíbulo da entrada, ou podem ter sido simples colunas memoriais, que nada sustentavam, fazendo o povo de Israel lembrar-se da coluna de nuvem e fogo que guiou o povo de Israel no deserto. Notemos que certas colunas recebiam nomes específicos (1Rs 7.15,22,41,42). As colunas referidas em Ezequiel 40.49 provavelmente eram pilastras (colunas retangulares, com capitel e base). O trecho de Ester 1.6 fala de colunas de mármore, existentes no palácio persa de Susã.

4. Usos figurados. *a*. Jeremias postava-se como uma coluna de ferro, contra a ímpia nação de Judá (Jr 1.18). *b*. A casa da sabedoria está erigida sobre sete colunas (Pv 9.1). *c*. A coluna de fogo e de nuvem (vide) representavam a orientação e os cuidados de Deus por seu povo (Êx 13.21,22; 33.9). *d*. O poder de Deus sacode as colunas da terra (Jó 9.6), e as colunas do céu estremecem diante de sua palavra (Jó 26.11; ver também 1Sm 2.8 e Sl 75.3). *e*. Os membros inferiores de um ser humano são as suas colunas (Ct 5.15; Jr 18.18), onde a ideia de força está em pauta. *f*. A verdade é comparada a uma coluna e a um alicerce, sobre os quais podemos edificar (1Tm 3.15). *g*. As principais personagens da igreja primitiva, como Tiago, Pedro e João, seriam colunas da fé (Gl 2.9). *h*. Aqueles que vencem espiritualmente recebem a promessa de que serão feitos colunas no templo espiritual de Deus (Ap 3.12). *i*. As pernas de certo anjo, visto em visão, em Apocalipse 10.1, eram como colunas de fogo.

COLUNAS DA TERRA

Ver os trechos de Jó 9.6; 1Samuel 2.8 e Salmo 75.3. Os antigos hebreus pensavam que a terra repousa sobre gigantescas colunas, e que a terra e suas colunas, por sua vez, repousam sobre um grande abismo de águas. A terra era imaginada como se fosse plana, com o hades abaixo de sua superfície. Como se fosse uma abóbada por cima, havia o firmamento, uma substância sólida que separava os céus da terra. Por cima do firmamento havia os céus e a luz primeva. Sob o firmamento estavam fixados os luzeiros secundários, o sol, a lua e as estrelas, especificamente para iluminar a terra. Isso é devidamente explicado no artigo sobre a *Astronomia,* onde o leitor encontrará maiores detalhes. Devemos entender que essas expressões são poéticas. Embora pudessem ser assim utilizadas, essas colunas representavam o que os hebreus antigos acreditavam. De nada adianta tentarmos modernizar essas concepções, atribuindo aos hebreus noções que só surgiram na astronomia moderna. Ver o artigo sobre as *Cosmogonias,* onde oferecemos descrições sobre as crenças de vários povos antigos, inclusive os hebreus.

COLUNAS DE FOGO E DE NUVEM

Quanto a referências bíblicas a respeito (ver Êx 13.18,21,22. Nm 14.14 e também Gn 9.12-19). Quando Israel vagueava pelo deserto, após sair do Egito, Deus passou a guiá-los, a partir de certo momento, de dia por meio de uma coluna de nuvem e, à noite, mediante uma coluna de fogo. A nuvem fornecia tanto sombra quanto orientação, e o fogo fornecia tanto luz quanto orientação. Isso faz-nos lembrar das fogueiras que as pessoas acendem, quando viajam. Também sabemos que os persas antigos levavam fogo, que eles chamavam de *sagrado e eterno,* sobre altares de prata, à frente de seus exércitos que avançavam. Os romanos apreciavam muito cortejos liderados por tochas. Muitas tochas provocavam nuvens de fumaça. Segundo somos informados pela Bíblia, no caso de Israel, a nuvem se pôs atrás do acampamento de Israel, como proteção contra os egípcios (Êx 14.19,20,24).

Também há menção à coluna de nuvem que desceu e pôs-se à entrada da tenda da congregação, quando Moisés ali entrou (Êx 33.7-9). Quando Miriã e Arão murmuraram contra Moisés, uma nuvem apareceu em protesto. Essa visão confirmava o fato de que a presença divina acompanhava Moisés. E quando Moisés faleceu, uma nuvem apareceu, na qual manifestou-se a presença divina, a fim de fornecer instruções a Josué (Dt 31.5). Essas passagens bíblicas têm provocado muitas interpretações, dentre as quais damos abaixo alguns exemplos:

1. A Interpretação Naturalista. A Bíblia encerra interpretações poéticas espiritualizadas, acerca de coisas naturais. Assim, a coluna de nuvem podia ter sido formada pela fumaça das tochas que os israelitas levavam enquanto caminhavam, o que também pode ser a explicação da coluna de fogo, à noite. Já vimos como os exércitos antigos iluminavam seu caminho mediante o uso de tochas. Ou então as colunas eram apenas postes onde se levava azeite que queimava produzindo o efeito descrito na Bíblia. Em conexão com isso, pode-se observar que as grandes colunas de bronze, postas na parte da frente do templo de Salomão em Jerusalém, parecem ter sido utilizadas como tochas, de onde subiam nuvens de fumaça. Em 1Reis 7.15 são chamadas colunas; mas, essencialmente, de acordo ainda com essa interpretação, haveria no alto das mesmas, grandes taças onde era queimado óleo ou betume.

Apesar dos paralelos óbvios com outras coisas, a narrativa do Antigo Testamento não parece descrever fenômenos naturais. Tem sido argumentado, porém, que as narrativas sagradas envolvem adornos piedosos, cujo intuito seria fazer a atenção dos leitores centralizar-se mais em Deus, conferindo a essas narrativas uma significação mais religiosa. Porém, tudo quanto realmente sucedeu foi que o povo de Israel marchou através do deserto, com suas tochas, que produziam colunas de fumaça, como se fosse um antigo exército.

2. A Interpretação Mitológica. As mentes piedosas anelam por encontrar intervenções sobrenaturais, quando recontam as histórias de seus heróis ou deuses. Assim são criados muitos acontecimentos que, na realidade, nunca ocorreram. A literatura de quase todas as nações tem esses adornos mitológicos; e por que haveríamos de pensar que os hebreus também não criaram os seus mitos?

3. A Interpretação Sobrenatural. Não há como ajustar o texto sagrado a qualquer explicação meramente natural. Essas nuvens e chamas agiam como se fossem controladas por alguma mente superior, como quando o fogo ameaçou destruir aqueles que haviam murmurado. Ver Números 17.10, ou quando saltou sobre os rebeldes e os consumiu de todo (Lv 10.2). A mesma ação inteligente é atribuída à conduta das colunas de nuvem e fogo, no relato sobre a caminhada pelo deserto.

COMBUSTÍVEL

Embora o petróleo seja abundante nos países árabes, até hoje Israel não dispõe de reservas ou de produção suficientes. Nas antigas terras bíblicas, os combustíveis derivavam-se de hidrocarbonos vegetais, como madeiras, cascas de árvores, palha, arbustos, raízes secas etc. O único material animal usado como combustível era o estrume seco que, naturalmente, queimava lentamente e soltava um incrível mau cheiro. Os antigos descobriram como fabricar carvão de madeira, em cerca de 2000 a.C., o qual era usado para fundir metais. Isso deu um grande impulso à civilização. Os lares dos nobres, dos ricos e alguns templos contavam com lugares onde o carvão de madeira era queimado para produzir calor, pelo que esse carvão tornou-se um item de exportação ou importação. Quanto a referências veterotestamentárias a respeito, em algum sentido (ver Jr 36.22; 1Rs 17.10; Ez 4.12 ss.; Is 44.14-16; Mt 3.12; 6.30). O trecho de Lamentações 4.8 mostra-nos o uso comum dos combustíveis em Israel, porquanto viver sem esses combustíveis era considerado uma grande dificuldade.

COMÉRCIO, NEGÓCIOS E INTERCÂMBIO

Definição dos Termos. O intercâmbio consiste no escambo ou troca de mercadorias. Na época anterior à invenção da moeda, assim eram feitas as negociações entre indivíduos e nações. A ideia sobrevive, por exemplo, em expressões como "intercâmbio de ideias" ou "intercâmbio de tecnologias". O comércio é o intercâmbio em larga escala, sobretudo em níveis internacionais, embora não exclusivamente. Os negócios, por sua vez, envolvem um comércio altamente sofisticado, envolvendo questões como crédito, negociações futuras e múltiplas trocas de mercadorias, geralmente envolvendo tratados ou acordos. Passando dos conceitos mais simples para os mais complexos, estudaremos a questão na seguinte ordem de apresentação: **I**. Intercâmbio Local, **II**. Intercâmbio nos Períodos Intertestamental e Neotestamentário, **III**. Comércio Internacional, **IV**. Negócios

I. INTERCÂMBIO LOCAL. Os principais produtos locais, transportados pelas estradas da antiga Palestina, eram alimentos de todas as variedades. Esses produtos incluíam os cereais, mormente o trigo, a cevada e outras sementes, como as lentilhas, os feijões e o gergelim. Também devemos pensar nos frutos produzidos em diferentes estações do ano. Os habitantes das cidades consumiam tanto frutos verdes quanto frutos maduros. As uvas, a fruta mais apreciada em Israel, não somente nos tempos antigos, mas também no moderno Israel, onde é a cultura mais largamente difundida na vida agrícola do país, eram consumidas frescas, ressecadas na forma de uvas passas, fermentadas sob a forma de vinho ou vinagre, ou então cozidas até formarem uma espécie de xarope. À semelhança das uvas, os figos eram ressecados para serem usados nos meses de inverno, e não apenas durante o verão. As tâmaras sempre foram consideradas um alimento ideal, por estarem sempre frescas e por conterem um alto teor de glicose.

No que concerne aos "adoçantes", havia o mel, tanto da variedade silvestre como da variedade cultivada em apiários cuidados pelo homem. O mel produzido na Palestina podia ser adquirido em diversos sabores, visto que as colmeias eram transportadas ao redor, para as abelhas tirarem proveito das flores que apareciam em diferentes estações do ano. As azeitonas, um outro alimento que os israelitas empregavam durante o ano inteiro, eram preservadas em solução salina ou em azeite. O azeite de oliveira era utilizado de várias maneiras — na cosmetologia, na culinária ou como combustível de lâmpadas antigas, correspondendo às qualidades de primeira, segunda ou terceira categorias. Castanhas de todas as espécies — das quais a amêndoa e a castanha de pinheiro eram as mais vendidas — eram muito procuradas devido ao seu conteúdo oleoginoso, visto que a gordura animal era muito dispendiosa. Legumes de muitas variedades eram vendidos aos habitantes citadinos; em Jericó produziam-se legumes todos os meses do ano.

A maior parte das carnes, como de ovelhas e cabras, era transportada aos mercados como animais vivos. Os compradores ocupavam-se do abate dos animais. O gado vacum servia, primariamente, de animal de fazenda, ocupando o lugar que o cavalo, somente muito mais tarde, veio a ocupar nas fazendas. Apenas quando um boi se tornava muito velho para trabalhar, ou quando emagrecia por causa de algum período de seca, era vendido para sua carne servir de alimento. Entretanto, os ricos sempre contavam com carne, no seu cardápio diário, para o que dispunham de gado alimentado em estábulos. Animais selvagens, como os pertencentes à família do gamo, além de grande variedade de aves, encontravam um mercado sempre ativo. Outro tanto se dava no caso dos peixes; mas, nesse caso, as distâncias percorridas pelos vendedores eram necessariamente mais curtas, pois o peixe, se não for congelado, é um alimento extremamente perecível. E, nos dias da antiguidade, quando não havia ainda frigoríficos e congeladores, o congelamento dependia da neve e do gelo trazidos das montanhas mais altas da porção norte de Israel, pelo que a área que podia dispor dessa vantagem era bastante reduzida. O remédio era apelar para o peixe salgado, que então podia ser consumido em todas as estações do ano e em qualquer lugar. A própria cidade de Roma importava peixes apanhados no mar da Galileia, onde a pesca tornou-se uma indústria rendosa, regularmente organizada. Os laticínios, como o leite, a coalhada e o queijo, faziam parte de um comércio rendoso.

Alimentos não facilmente perecíveis, como os cereais, o azeite e o vinho, eram vendidos em pequenos armazéns, existentes nas cidades. Mas os alimentos perecíveis eram geralmente vendidos em mercados diários, semelhantes às modernas feiras, armados extramuros. Nas cidades maiores, animais de porte como ovelhas e cabras, eram talvez vendidos em alguma das portas da cidade, ao passo que legumes e frutas eram vendidos em outra das portas. Chegada a estação das frutas, os vendedores saíam a oferecer os seus produtos de rua em rua.

Tanto os ricos quanto os pobres apreciavam os condimentos e as especiarias. Naturalmente, o motivo disso era o problema da preservação dos alimentos, em uma época em que o congelamento era desconhecido, a não ser em escala muito reduzida, mediante o uso da neve e do gelo extraídos dos montes mais elevados. Entre os condimentos podemos incluir o anis, as folhas de louro, o coriandro, o cominho, a alcaparreira, várias espécies de mostarda, a hortelã, o açafrão e a arruda. Entre os artigos favoritos, dessa classe, estavam as cebolas, os alhos e os alhos porros, que os israelitas da época do êxodo tanto sentiram falta, enquanto vagueavam pelo deserto do Sinai. As especiarias empregadas pelo povo de Israel eram, usualmente, importadas do estrangeiro, principalmente da Arábia. As especiarias mais importantes eram a cássia, o cinamono e o cravo-da-índia.

Os habitantes das cidades iam buscar seu combustível, para ser usado na cozinha, ou no interior, ou nas portas da cidade, onde havia vendedores de lenha ou carvão, ou ainda algum outro material. O melhor combustível era o carvão vegetal; depois vinha a lenha; e, finalmente, os arbustos de espinheiro.

Alguns alimentos eram "mercadorias manufaturadas". Para exemplificar, uma pessoa podia ir a uma padaria comprar pães, bolos e massas, em vez de preparar esses alimentos em casa. Também era possível comprar uma refeição em uma pequena venda, ou comprar uma bebida em uma adega. A maioria das pessoas, entretanto, pensava em mercadorias manufaturadas em outros termos. Um cozinheiro, por exemplo, precisava de jarras de barro para guardar farinha de trigo, azeite e vinho. Tal pessoa também precisava de jarras para guardar água extraída de cisternas ou poços, jarras para resfriar a água servida à mesa, e copos para servi-la às pessoas. Também eram necessários panelas e pratos, nos quais as refeições preparadas pudessem ser servidas. Objetos de cerâmica eram, quase sempre, uma manufatura local, embora a cerâmica importada atraísse os ricos, como ainda sucede em nossos dias.

Após a indústria da alimentação, a indústria do vestuário ocupava o segundo lugar na ordem de importância. Sempre houve um bom mercado, aberto para a indústria de tecidos e de roupas. As vestes mais caras sempre fizeram parte das listas dos despojos de guerra. O material mais comumente usado, na indústria do vestuário, era a lã; mas o linho era mais caro que a lã. Nos tempos do Novo Testamento, a seda era disponível para os fabricantes, como também o algodão; mas faltava a este a popularidade que se dava à seda. No inverno, usavam-se sobretudos e calçados de lã. As fundas dos pastores eram feitas de lã tecida, embora também houvesse fundas de couro.

Em Israel conhecia-se a arte de trançar talas e ramos diversos. Cestos eram os principais tipos de receptáculos, para transporte de muitos tipos de material. Tapetes de palha trançada tornaram-se uma das coberturas preferidas de pisos. Também havia cabanas feitas com esse material, especialmente no caso daquelas existentes nas vinhas e pepinais, para servirem de postos de vigia. Quando havia necessidade de guardar água, sendo que a cerâmica não era apropriada para esse propósito, usava-se o couro. As sacolas nas quais os semeadores transportavam a semente a ser semeada eram feitas de tecido ou de couro. Mas os surrões dos pastores mais provavelmente eram feitos de couro. Os odres para vinho e os receptáculos para água eram feitos de couro.

Quando alguém tinha meios suficientes para usar calçados, então havia sandálias, sapatos e botas, todos feitos de couro. Lemos que João Batista usava um cinto de couro. Os fabricantes de artigos de couro ocupavam-se também no fabrico de selas e arreios para os animais. E, nos dias do Novo Testamento, eles também fabricavam as chamadas filactérias. Couro fino também era usado para nele serem copiados exemplares do Antigo Testamento, dos livros do Novo Testamento, que estavam sendo recopiados, além de outros escritos valiosos.

Os que sabiam trabalhar com madeira tinham muito trabalho a fazer. Fabricavam os arados, os trilhos de trilhar o grão, os forcados e as cangas para os animais de carga. Eles também fabricavam as portas e os batentes das mesmas, as janelas e seus batentes, usados nas casas das cidades, sem falarmos em toda a mobília geralmente usada nas antigas residências.

Nas cidades maiores, era comum que todos aqueles que pertenciam a algum ofício vivessem em certa porção da cidade. Assim, havia o quarteirão dos oleiros, o quarteirão dos costureiros, a rua dos padeiros, o mercado de alimentos etc.

Diferentes seções da Palestina faziam o escambo de seus produtos. Assim, por exemplo, os pastores e os agricultores trocavam suas ovelhas por cereal ou por legumes. Os carvoeiros encontravam um mercado nas áreas onde as florestas já haviam sido derrubadas, e onde, portanto, era muito difícil conseguir lenha. As cidades costeiras, e também Jericó, mandavam sal para as populações distantes da beira-mar. Os carpinteiros, mui provavelmente, eram pagos não com dinheiro, mas com outras mercadorias, pelas pessoas para quem prestavam os mais diversos serviços.

A Palestina contava com bem poucas mercadorias a serem exportadas para as nações circunvizinhas. Na verdade, essa situação perdura até hoje, quando a moderna nação de Israel tanto depende das importações. Mas, visto que a Fenícia ressentia-se com a escassez de alimentos, os habitantes do centro e do norte da Palestina vendiam às cidades fenícias cereais, azeite de oliveira, vinho e outros alimentos animais. O Egito era rico em grãos e animais, mas faltavam-lhe o azeite de oliveira e o vinho. Na Síria e na Palestina cultivavam-se os mesmos produtos agrícolas, pelo que havia bem pouco comércio internacional, quanto a esses itens, naquela região em geral, excetuando nos períodos de seca ou de guerra. Quando o uso do camelo generalizou-se, o comércio com a Arábia se tornou comum, e as caravanas chegavam à Palestina, de onde levavam os mais variados alimentos. Uvas passas, figos secos e tâmaras, muito provavelmente, eram produtos desse comércio internacional, porquanto eram facilmente transportados. O linho era vendido para os habitantes da Palestina e para todas as nações circunvizinhas, excetuando o Egito, que era onde se fabricava o melhor linho do mundo, na época.

Os produtos naturais que ainda não foram incluídos na relação acima, eram, primariamente, o cobre, o betume e a lã em estado bruto. Os períodos de maior prosperidade de cobre ocorreram durante a época dos patriarcas, durante o reinado de Salomão e quando da divisão do império salomônico, em sua porção sul. Os períodos intermediários não deixaram indícios em favor da exploração ou não dos grandes depósitos de cobre, nas montanhas de ambos os lados da Arabá, ao sul do mar Morto.

A campanha militar, historiado no décimo quarto capítulo de Gênesis, foi ocasionada pelo desejo de controlar os valiosos depósitos de cobre em Edom e na península do Sinai. Visto que o ferro era o metal ideal, nos dias de Salomão, além de ser relativamente barato (embora outros estudos indiquem que era muito valioso), ele vendia o cobre extraído em seu reino para os povos subdesenvolvidos que viviam em torno do mar Vermelho. Em troca, Salomão recebia ouro, incenso e especiarias raras. O betume encontrava bons compradores no Egito e nas terras adjacentes à Palestina. O betume era extraído na área do mar Morto, que tinha o nome de mar de Asfalto, durante os dias intertestamentários. Todavia, o betume dali era de excelente qualidade, embora existisse em quantidade limitada, precisamente o contrário do que sucedia na Mesopotâmia. O enxofre também era um produto natural da área do mar Morto. A Palestina sempre produziu maior quantidade de lã do que era capaz de manufaturar, pelo que a lã em estado bruto sempre foi um produto constantemente exportado, especialmente para as áreas densamente povoadas. Moabe era o principal produtor de lã de toda aquela região. Não se sabe quando o ferro começou a ser produzido em massa na Palestina, embora saibamos que não foi antes da época de Davi. Gileade era o principal centro produtor de ferro. A Palestina também exportava resinas raras, e gomas, como a mirra e o bálsamo. O bálsamo era um produto caríssimo, tendo sido um dos principais produtos que produzia rendas a Herodes, o Grande, que possuía extensos bosques de bálsamo nas cercanias de Jericó.

A era real das manufaturas, na Palestina, começou mais ou menos na época do profeta Isaías. Devemos observar que o Pentateuco não inclui qualquer legislação referente às manufaturas. Isaías, pois, foi testemunha do começo da era manufatureira na Palestina, da mesma forma que Jeremias contemplou o ponto culminante, e então o final cataclísmico de toda a indústria manufatureira na região. Foi entre Isaías e Jeremias (792-586 a.C.) que tiveram começo as modernas técnicas de linha de montagem, quando então surgiram cidades que se especializavam na fabricação de um único produto. Os fazendeiros e agricultores passaram a migrar para as cidades industriais, onde eram absorvidos pelas diversas indústrias da época. Houve um excesso de suprimento de mão de obra, e os salários caíram a níveis ridículos, que praticamente nem eram suficientes para a mera sobrevivência.

Miqueias, fazendeiro contemporâneo de Isaías, atacou as cortes reais do sul e do norte, Judá e Israel, por seu clima de convivência com os crimes econômicos da nação. Em Miqueias 3.1-3, o autor sagrado, usando o pano de fundo da matança de ovelhas, chama os negociantes envolvidos de magnatas, enquanto seus defensores seriam os canibais que viviam da carne de seus indefesos empregados.

Os oleiros passaram a empregar técnicas de produção em massa, utilizando-se da ideia da linha de montagem, produzindo produtos de boa qualidade a preços módicos. Aqueles antigos oleiros eram conhecedores de todas as habilidades necessárias ao seu negócio, e um ceramista moderno não pode fazer mais do que admirar tais produtos.

Porém, a maior modificação ocorreu na indústria do vestuário. Quando foi escavada pelos arqueólogos, Quiriate-Sefer mostrou que fora cidade de uma única indústria. Estava localizada em uma excelente região produtora de lã, e todos os seus habitantes dedicavam-se ao trabalho de tecer a lã e de fabricar tecidos tingidos. Cada casa contava com grandes teares e com instalações para tingimento de tecidos, tudo padronizado. A matéria bruta, por assim dizer, encontrava-se na porta da "fábrica", e ambas as indústrias contavam com um mercado consumidor constante e sempre pronto a absorver toda a produção. Todavia, quase toda a produção dos bens manufaturados na Palestina era vendida na própria região manufatureira, não chegando aos mercados internacionais, o que significa que não havia produção excedente.

As principais importações da Palestina parecem ter sido mercadorias de luxo. A natureza humana sempre gostou de encontrar, nos produtos comprados, a tarjeta que diz "feito em (algum país estrangeiro)". Quanto a uma descrição detalhada sobre as rotas comerciais na Palestina e no Oriente

Próximo, ver o artigo sobre *Viagens*. Tanto Abraão quanto Salomão eram negociantes em escala internacional. As atividades deste último, nesse campo, são bem conhecidas; mas os estudiosos somente agora começaram a apreciar o fato de que Abraão era um grande negociante, de acordo com a terminologia moderna.

Abraão era príncipe entre os negociantes, cujo território de vendas ia desde Harã até o Egito, embora ele se concentrasse em torno, especialmente, de três áreas: a porção da Palestina ao sul de Siquém, o Egito e a Arábia. Não dispomos de menção específica sobre os itens vendidos por Abraão, mas, sem dúvida, eram as usuais mercadorias de luxo que eram trocadas entre os ricos de todos os países da época... Esses itens seriam especialmente proveitosos para Abraão, o qual comprava o cobre bem barato, nas minas de Edom ou da península do Sinai, e então o transportava à Fenícia ou à Síria, que eram, então, os principais centros manufatureiros. Partindo destas últimas, ele podia vender esses produtos em qualquer lugar, desde a Anatólia até o Egito ou a Arábia.

Harã foi a capital original dos negócios realizados por Abraão. Ficava localizada a meio caminho entre a costa do Mediterrâneo e a grande cidade de Nínive. Harã seria uma São Paulo em miniatura, com rotas comerciais irradiando-se em quase todas as direções. Essa cidade era um misto de duas culturas distintas, a semítica e a hurriana, ambas as quais refletem-se na narrativa do livro de Gênesis. O pai de Abraão, Terá, sem dúvida operara na venda de territórios, em Ur-Harã, em um período histórico em que Ur era a cidade comercial mais influente do mundo. A família deve ter sido muito influente, porquanto pelo menos três cidades adotaram nomes de antepassados de Abraão, especificamente, Serugue, Naor e Terá. Sara também era mulher rica, por seus próprios direitos, porquanto ela é referida como "esposa-irmã", um termo legal, usado pelos hurrianos, em Harã. Esse título identificava Sara como membro da aristocracia de Harã.

Posteriormente, Abraão concentrou seus esforços no comércio entre a Palestina e o Egito. Gerar, o coração comercial da região palestina do Negueb, tornou-se a cidade adotiva de Abraão. Tal ação foi necessária para conferir-lhe uma base legal de suprimentos de seu comércio com o Egito.

A primeira parada de Abraão na Palestina foi em Siquém, que era um centro comercial relacionado a Harã. Essa cidade ficava localizada na Palestina central, dispondo de boas rotas comerciais em todas as direções. Abraão adquiriu ali direitos territoriais, comprando terras de pastagens na região virgem da cadeia montanhosa entre Siquém e Hebrom. Mais tarde, Jacó estendeu esse território mais para o norte, até Dotã. Somente um homem muito rico poderia controlar tão extensas pastagens. O trecho de Gênesis 13.2 menciona o gado, juntamente com muito capital, consistente em ouro e prata. Por ser ótimo negociante, Abraão aplicava seu dinheiro em empreendimentos os mais diversos. Suas caravanas sempre precisavam de alimentos para os homens, e de forragem para os animais, e Abraão supria ambas essas necessidades, com base em seus próprios projetos agrícolas.

II. Intercâmbio nos Períodos Intertestamental e Neotestamentário.

Alexandre, o Grande, e seus sucessores helênicos revolucionaram parte dos negócios realizados na região da Palestina. A cultura grega tornou-se a influência dominante. Pelo mundo inteiro, pessoas de muitas nacionalidades subitamente tornaram-se gregas, chegando a tomar para si mesmas novos nomes gregos. Em Marissa, na Palestina, os túmulos mostram que, no espaço de uma única geração, muitas famílias semitas mudaram os seus nomes, helenizando-se. Algumas das piores características da vida grega apareceram na Palestina, sob os governantes ptolomeus e selêucidas da região.

Grande parte da escravidão que havia entre os israelitas, nos dias do Antigo Testamento, devia-se ao fato de que era costume um homem saldar sua dívida, contraída diante de alguém, servindo a esse alguém por certo período de tempo. Entre os gregos, porém, a escravidão dependia de fatores inteiramente diferentes. Na verdade, a cultura grega girava, em grande parte, em torno da escravidão. Um escravo não era considerado uma pessoa, mas apenas uma mercadoria, como outra qualquer. E, visto que a Palestina era uma região disputada pelos monarcas ptolomeus e pelos monarcas selêucidas, com frequência os judeus eram feitos cativos, como despojos de guerra. E os monarcas selêucidas, nesse comércio infame da escravatura, eram os piores ofensores, porquanto vendiam os seus prisioneiros de guerra, incluindo mulheres e crianças, a preços irrisórios. Antíoco IV Epifânio, que transformou Jerusalém em uma cidade grega e pagã, tornou-se o principal culpado desse crime. A Palestina, pois, tinha duas culturas; e a revolta dos macabeus foi o desesperado mas bem-sucedido retorno dos judeus ao judaísmo, embora este, mesmo após esse triunfo, continuasse maculado por algumas características próprias da cultura grega pagã. Os líderes judeus posteriores eram gregos virtuais, pelo menos no que dizia respeito às suas ações. Não obstante, desde a época da restauração da verdadeira adoração judaica em Jerusalém, sob os primeiros líderes macabeus, a Palestina continuou contando com duas culturas — uma delas judaica, e a outra judaico-grega, melhor representada pela cidade de Jerusalém, onde Herodes, o Grande, introduzira muitas características próprias da cultura helenista. A influência mais intensa dessa cultura grega evidenciava-se especialmente nas cidades da Decápolis, na Transjordânia. Samaria era um outro exemplo disso, na porção ocidental da Palestina, visto que a cidade contava com um templo dedicado ao imperador Augusto.

Não há muita informação referente ao período intertestamental, no tocante ao comércio e aos negócios na Palestina. Uma das grandes melhorias, contudo, dizia respeito à qualidade do linho, que passou então a ser confeccionado no melhor tecido, destinado ao mercado internacional. Herodes, o Grande, possuía grandes propriedades perto de Jericó, onde ele plantava o bálsamo, que era uma das gomas mais caras que havia. A indústria de pesca, ao redor do mar da Galileia, prosperava. O peixe, ali pescado e salgado, era exportado até mesmo à capital do império, Roma.

Os negócios internacionais entre diferentes agrupamentos nacionais eram algo inevitável. Os sidônios negociavam com a cidade palestina de Marissa; e os egípcios negociavam com a cidade transjordaniana de Filadélfia, a qual não deve ser confundida com a Filadélfia da Ásia Menor, que figura no livro de Apocalipse. A influência grega podia ser percebida até mesmo no sistema de propriedades da Palestina. Marissa foi planejada como uma cidade grega, e a Samaria dos tempos neotestamentários foi arquitetada de acordo com os mesmos planos daquela. Os nabateus, com suas caravanas de camelos, efetuavam grande parte do tráfico que os egípcios transportavam, para o outro lado do mar Vermelho, com os seus navios.

Quando o mar Mediterrâneo tornou-se uma possessão romana, o comércio marítimo adquiriu um novo impulso. Os principais portos tiveram suas instalações expandidas, a fim de poderem manusear esse comércio intensificado. Os habitantes de Roma eram alimentados, em grande parte, pelo cereal plantado e colhido nos vales dos rios Orontes, Nilo (e outros rios do norte da África).

O livro de Atos faz seus leitores tomarem consciência do fato de que os judeus eram cidadãos do mundo. Por ocasião da festa de Pentecoste, ali relatada, havia judeus provenientes de dezesseis países diferentes:

... como os ouvimos falar, cada um em nossa própria língua materna, partos, medos e elamitas e os naturais da Mesopotâmia, Judeia, Capadócia, Ponto e Ásia; da Frígia e da Panfília, do Egito e das regiões da Líbia, nas imediações de Cirene, e romanos que

aqui residem, tanto judeus como prosélitos, cretenses e árabes; como os ouvimos falar em nossas próprias línguas as grandezas de Deus?

Viajando Paulo pelo mundo Mediterrâneo oriental, ele percorria um novo mundo comercial. Grande parte desse mundo comercial era antigo, embora também houvesse novas atrações. Para exemplificar isso, Paulo tanto era homem que costumava viajar de *navio*, como costumava viajar pelas *estradas* romanas. Ver sobre *Viagens*.

Paulo fez de Antioquia sobre o Orontes o ponto central do evangelismo mundial da era apostólica. "Antioquia sobre o Orontes" era o nome completo dessa cidade, porquanto havia dezesseis cidades com esse nome, Antioquia. Nessa época, Antioquia sobre o Orontes era a mais influente cidade do mundo, embora Alexandria a ultrapassasse em número de habitantes. Antioquia era o fim da estrada de todo o comércio que se processava por terra, vindo desde a China, por meio da Pérsia, e daí até as margens do Mediterrâneo, o que significa que esse comércio atravessava todo o continente asiático. Alexandria, por sua vez, era o porto por onde escoava todo o comércio africano, sem importar se ali chegava através do rio Nilo ou do mar Vermelho. Não havia qualquer outro grande porto marítimo entre essas duas cidades, mas havia apenas um bom número de portos locais, alguns dos quais Paulo usou. Antioquia especializava-se, principalmente, no comércio de artigos de luxo, e o mundo mostrava-se tão ávido por esses artigos assim como o de até os nossos próprios dias. Alexandria, por sua parte, concentrava-se tanto no comércio de artigos de luxo como no comércio comum, incluindo a exportação de cereais, que se destinavam à mesa dos romanos.

Tarso era a cidade natal de Paulo. Ficava na extremidade sul do melhor passo entre o grande platô da Anatólia, atravessando as agrestes montanhas do Tauro, na porção sudeste da Ásia Menor, e o mar Mediterrâneo. Em nossos dias, a estrada de ferro Berlim-Bagdá usa o mesmo passo. Tarso era um grande centro comercial, porquanto também tinha acesso direto ao mar Mediterrâneo. Icônio era um dos centros-chave da vida comercial do grande platô de Anatólia. Com frequência tem sido chamada pelos escritores de "a Damasco da Turquia", por causa de seu abundante suprimento de água. Quando os turcos tornaram-se os senhores do mundo oriental romano, fizeram de Icônio a sua capital. Foi dali que eles lançaram seu ataque contra Constantinopla, capital do império romano do oriente, e a capturaram. Os territórios em torno de Constantinopla são os únicos territórios europeus ainda sob o domínio dos turcos, pois a maior parte da moderna Turquia fica no lado asiático desse extenso país.

Quando Paulo quis chegar à Bitínia ele dirigiu-se na direção de Constantinopla, também chamada Bizâncio desde tempos antigos. Essa sempre foi uma grande cidade comercial, porquanto domina o comércio que se faz com o mar Negro. A moderna União Soviética chega até a margem norte do mar Negro. É possível alguém percorrer a cavalo toda a imensa planície russa, quase desde as margens do Atlântico até o Pacífico, e só ocasionalmente será interrompido por grandes massas montanhosas. Paulo, pois, deve ter compreendido que aquele centro comercial seria, no futuro, um centro evangelístico mundial. Ele sempre apreciou o arrojo dos negociantes, tendo estabelecido os principais centros da igreja cristã em importantes centros comerciais da época (ver sobre cidades como *Antioquia, Tessalônica, Corinto e Éfeso*).

Paulo desejava visitar a província romana da Ásia, mas o Senhor negou-lhe o privilégio de entrar ali, naquela ocasião, embora, posteriormente, ele tenha efetuado um glorioso ministério em Éfeso, capital da província da Ásia. A Ásia era a mais populosa província do império romano. Até os nossos próprios dias, as ruínas de suas grandes cidades testificam sobre a anterior prosperidade daquela região do mundo. Essa província era a porção mais fértil da Anatólia, e, igualmente, a área mais fértil das proximidades do mar Egeu. Não é de se admirar que os gregos tanto apreciassem aquela região, e a tivessem colonizado desde tempos bem remotos.

Tessalônica era a segunda maior cidade comercial a ser visitada por Paulo. Ela ficava situada na extremidade sul do melhor desfiladeiro entre o vale do Danúbio e o mar Mediterrâneo. O comércio que passava por aquele desfiladeiro era muito intenso, visto que as civilizações, existentes nas duas extremidades daquela rota comercial, eram tão diferentes uma da outra. O vale do Danúbio era tão valioso, comercialmente falando, que o imperador Trajano o adicionou ao império romano no século II d.C. E ele também dominou os nabateus, conferindo a Roma um acesso direto ao comércio árabe.

Nos dias de Paulo, Atenas, na Grécia, estava vivendo as glórias do seu passado. Corinto havia se tornado "a cidade" da Grécia. Seu crescimento fora tão rápido e tão espetacular quanto a moderna São Paulo, no Brasil. Júlio César havia reconhecido que essa cidade, então quase em ruínas, poderia tornar-se um dos principais centros comerciais do império romano. Contudo, foi assassinado antes que pudesse recuperar a cidade; posteriormente, porém, seu desejo foi atendido, e a cidade recebeu um nome que honrava o imperador. Corinto era o maior centro de transbordo de mercadorias do Mediterrâneo (ver sobre *Viagens*). Corinto também desenvolveu-se rapidamente em uma grande cidade manufatureira, onde quase todo o labor era realizado por escravos. As epístolas de Paulo aos Coríntios oferecem-nos a melhor descrição sobre uma cidade comercial que há no Novo Testamento.

Em Corinto, Paulo era um dos trabalhadores "livres". Por ofício, ele era fabricante de tendas, usadas nos grandes mercados, e também de velas, empregadas pelos navios que aportavam nos dois portos de Corinto, um em cada lado do istmo onde estava a cidade. Foi ali que o cristianismo obteve o seu direito legal de ser uma "religião permitida" no império romano. No império romano, toda religião precisava de uma licença do governo para poder existir legalmente. Os judeus de Corinto tentaram persuadir Gálio, procônsul da Acaia, de que o cristianismo era uma religião ilegal, diferente, portanto, da religião judaica. Gálio, entretanto, rejeitou a acusação e assim conferiu ao cristianismo a posição de *religio lícita*. Nero perseguiu a igreja cristã em Roma, mas fê-lo a fim de preservar a sua influência e autoridade como imperador. No século que se seguiu ao dele, porém, houve muita perseguição contra o cristianismo, por parte das autoridades do império. E Corinto pôde demonstrar que, naquela época, como até hoje, os portos de mar geralmente são lugares iníquos, e *Corinto* tornou-se um sinônimo de imoralidade da pior espécie. Antioquia seguia bem de perto, nessa má fama, àquela cidade grega. Não obstante, ambas essas cidades tornaram-se grandes centros de evangelismo mundial.

Em Éfeso, Paulo esteve por alguns anos na cidade que, posteriormente, era reconhecida como a capital do império romano, quando o imperador encontrava-se na sua porção oriental. A prédica paulina desafiou severamente duas das maiores indústrias dessa cidade. Os publicadores de livros sobre mágicas viram suas publicações, avaliadas em cinquenta mil peças de prata, serem queimadas (At 19.19). Essa soma equivalia ao salário de um dia de trabalho pago a cinquenta mil homens. E os fabricantes de nichos de prata da deusa Diana sofreram prejuízos tão grandes que terminaram provocando um levante popular (At 19.23-41).

O livro de Apocalipse encerra as sete cartas às sete igrejas da província da Ásia. O evangelho fora anunciado, com base em Éfeso, com tal ímpeto, que fortes igrejas locais haviam sido estabelecidas nas cidades adjacentes, cada uma delas, por sua vez, um forte centro comercial. Laodiceia (ver Ap 3.18) era um grande centro bancário, mas os membros daquela igreja foram admoestados como segue: *Aconselho-te que de mim (de Cristo) compres ouro refinado pelo fogo para te enriqueceres...* (Ap 3.18). Essa cidade também era famosa porque ali eram fabricadas as pesadas capas de feltro negro, de pelos de cabra, para serem usadas durante o severo inverno do planalto da Anatólia, mas, aos membros daquela igreja foi recomendado: *Aconselho-te que de mim compres... vestiduras brancas para te vestires...* Dessa mesma cidade provinha um dos famosos "medicamentos" da antiguidade, o "colírio". Os crentes dali, pois, foram aconselhados a adquirir "colírio", a fim de que ungissem os seus olhos e pudessem ver as realidades espirituais.

III. Comércio Internacional. O principal parceiro comercial da Palestina, ao sul, era o Egito, berço de uma das grandes civilizações da antiguidade. Não é de surpreender, assim sendo, quando descobrimos a forte influência do comércio egípcio nos objetos encontrados nas escavações arqueológicas da Palestina. Da Etiópia vinha o ébano que chegava à Palestina, e, pelo menos parte do marfim chegava ali através do Sudão, embora houvesse elefantes na Síria, nos primeiros tempos patriarcais.

A principal rota comercial partia do Egito, mais ou menos onde fica localizado o moderno canal de Suez. Dali essa estrada seguia ao longo da costa marítima, passando por Rafia, e dali até Gaza. Essa cidade sempre foi a maior cabeça de ponte de toda a história do Egito, até tão tarde quanto a Primeira Guerra Mundial.

O outro parceiro comercial da Palestina, mais ao sul, era a Arábia. O comércio marítimo com a Arábia processava-se através de Eziom-Geber, no golfo de Áqaba. A partir dali, as mercadorias eram transportadas em lombo de camelos que seguiam para o norte, até Macã. Uma das rotas terrestres das caravanas, provenientes da Arábia, também terminava ali. O wadi Sirhan era uma outra longa rota de caravanas vindas da Arábia; mas essa ficava a leste da Palestina propriamente dita, e seu comércio chegava até a rota comercial norte-sul, em Rabate-Amom. O comércio árabe consistia inteiramente de itens de luxo, como ouro, incenso, mirra, corais, pérolas, esmeraldas, ágatas e outras pedras preciosas. Especiarias raras e madeiras odoríferas de várias espécies, trazidas desde a Índia, também chegavam à Palestina por meio da Arábia. Durante os períodos intertestamental e do Novo Testamento, os nabateus dominavam o comércio efetuado entre a Arábia e a Palestina. Quanto ao comércio internacional, podemos observar que uma capa babilônica foi alistada entre os despojos recolhidos em Jericó (Js 7.21), embora Jericó fosse apenas uma pequena fortaleza, no começo da história de Israel na Terra Prometida.

Ao norte da Palestina ficava a Síria, que não servia de bom mercado para as mercadorias produzidas na Palestina, pois ambos esses países produziam as mesmas mercadorias. A Síria e a Palestina, entretanto, efetuavam algumas negociações comerciais, pois as dinastias de Onri e de Ben-Hadade contavam com feiras na capital um do outro. Importa-nos observar que a rota através da qual tanto o comércio mesopotâmico quanto o comércio hitita (ou da Anatólia) se processava com o Egito, passava através da Síria e da Ásia Menor, sendo uma das principais fontes de metais da antiguidade. Os hititas e seus sucessores foram os grandes mineiros fundidores e refinadores de cobre, de prata e de ferro do mundo antigo. Eles também manufaturavam todos os tipos de objetos de metal. Antes da época de Davi, essa área detinha um dos grandes monopólios do fabrico do ferro. O cobre era tão importante para o progresso da ilha de Chipre, que o nome dessa ilha significa "ilha do cobre". Damasco, com toda a razão, era intitulada "porto de mar de todos os habitantes do deserto", embora ficasse localizada a mais de oitenta quilômetros de distância das costas do Mediterrâneo.

A Suméria e sua sucessora, a Babilônia, eram as únicas antigas primeiras civilizações manufatureiras a rivalizarem-se com o Egito. Abraão, de certo modo, representava esses dois gigantes comerciais, porquanto seu pai, Terá, percorria as rotas comerciais de Ur a Harã, à sombra da Anatólia, onde Abraão negociou, antes de chegar ao Egito. Abraão tinha um grande escritório bancário em Damasco, sob a direção de Eliezer. A rota comercial da Babilônia tinha início no golfo Pérsico, acompanhando o rio Eufrates até os montes do Taurus, na Ásia Menor, em Harã e Carquêmis. A capital assíria, Nínive, igualmente era um grande centro comercial. Não era distrito manufatureiro tão grande e importante quanto a cidade da Babilônia, que ficava mais ao sul, mas servia de local para onde convergia o comércio que vinha desde a Pérsia e de outros locais do Oriente e também servia de ponto de junção de mercadorias vindas de Urartu e de outras localidades mais ao norte. Partindo de Nínive, a rota comercial acompanhava o sopé das montanhas a oeste de Harã e de Carquêmis.

Imediatamente ao norte da Palestina, e bordejando o mar Mediterrâneo, ficava a Fenícia, cuja fronteira oriental usualmente eram as montanhas do Líbano. Os vales do Litos e do Orontes normalmente pertenciam aos sírios. A Fenícia, tal como a Inglaterra durante os seus dias de auge econômico, era tanto uma nação de marinheiros como de manufaturadores. A Fenícia foi a nação que ensinou a Grécia a tornar-se uma nação manufaturadora. Os gregos também adaptaram o seu alfabeto, copiando o alfabeto fenício, tendo aprendido a escrever com seus mestres fenícios, que lhes ensinaram a comerciar. O principal recurso natural da Fenícia eram suas florestas de cedros, cuja madeira era apreciada pelo mundo inteiro da antiguidade. A Fenícia, tal como o Japão antes da Segunda Guerra Mundial, era uma boa imitadora e modificadora de outras culturas. Seus artigos variavam desde os mais excelentes até os mais medíocres. O mais importante produto internacional, manufaturado pelos fenícios eram os tecidos tingidos de púrpura. A lã era importada do estrangeiro, mas o tecido de lã e a tintura eram de origem fenícia. Parte do comércio que seguia para a Fenícia utilizava um trajeto terrestre, acompanhando as fontes do rio Jordão, ao norte do lago Hulé, e então penetrando na Fenícia, na cabeceira do rio Litos. Alguns negociantes acompanhavam a estrada que marginava o mar Mediterrâneo, de Aco a Tiro. Mas a maior parte do comércio provavelmente se dava por via marítima, partindo de algum porto palestino até chegar a algum porto fenício, mais ao norte. Na verdade, quase todo o frete marítimo da Palestina se dava por meio de navios fenícios. No entanto, é provável que o Egito enviasse seus próprios navios até a Palestina. Quando a Pérsia chegou a uma posição de dominação mundial, os persas utilizavam-se dos fenícios como seus marinheiros e agentes marítimos. Os sucessores de Alexandre controlavam o comércio que se processava no Mediterrâneo, até que o império romano fez desse mar um lago romano.

Grande parte da indústria manufatureira do Egito era monopólio do governo, o qual também controlava, pelo menos em parte, a produção e o comércio de cereais. Salomão exercia um bem definido monopólio sobre o cobre. Salomão também foi o grande "negociante de cavalos" da nação de Israel, o que incluía o comércio de carros de combate (1Rs 10.28,29). Salomão e Hirão, de Tiro, lançaram-se a uma aventura comercial conjunta, no mar Vermelho (1Rs 9.26-28; 10.11,12,22). Gerações mais tarde, Josafá planejou uma aventura similar, mas os seus navios naufragaram em Eziom-Geber (2Cr 20.36,37).

IV. Negócios. Quando o dinheiro torna-se um dos fatores fundamentais no comércio e nas negociações, a ênfase recai sobre os negócios, pois o denominador comum de todos os negócios é o dinheiro. No Antigo Testamento havia três métodos principais de vendas: *a*. permuta; *b*. peso em ouro ou prata; e *c*. moedas. A venda por permuta era o método mais comum entre os povos mais pobres, embora o rei Salomão e o rei Hirão, de Tiro, também tivessem usado esse método. Hirão fornecia madeira de cedro e de cipreste a Salomão, o qual, por sua vez, entregou-lhe trigo e azeite de oliveira (1Rs 5.10,11). Esses produtos agrícolas eram as taxas que Salomão havia recolhido, pois, na época, os impostos geralmente eram recolhidos em espécie. Assim, os agricultores pagavam seus impostos com trigo, azeite de oliveira e vinho; e os pastores os pagavam com ovelhas, cabras etc. Cada indivíduo pagava seus impostos com aquilo que produzia. Quando o governo de Israel se dividiu, o reino do sul providenciou para ter jarras de tamanho padronizado, com o selo do governo na asa. Essas jarras eram usadas para recebimento de impostos, em espécie.

Para ser bem-sucedido, o comércio nos mercados internacionais precisa de um meio básico de trocas. Era o ouro e/ou a prata, entre os povos antigos. A segunda era a mais valiosa, pois o ouro não foi extensamente usado, enquanto a metalurgia não conseguiu solucionar o problema da fundição e do refino do minério de ouro. Depois disso, o ouro tornou-se mais valioso, devido às propriedades superiores desse metal. Uma outra razão do encarecimento do ouro era que o ouro de aluvião estava se tornando raro, ao passo que o ouro extraído em minas era difícil de se conseguir. O ouro e a prata apareciam no mercado em várias dimensões, em forma de anéis, barras etc. O fraseado de Deuteronômio 14.25 dá a entender que esse dinheiro tinha a forma de argolas, pois as argolas podiam ser atadas umas às outras. Devemo-nos lembrar da "língua" de ouro que Acã encontrou em Jericó. O termo hebraico para dinheiro era "prata". Se algum metal menos valioso porventura era usado para servir como dinheiro, esse metal era o cobre. Gemas raras e joias de alta qualidade também serviam como dinheiro. Pedras preciosas e joias proviam um meio através do qual grandes riquezas podiam ser transportadas fácil e secretamente.

Os metais preciosos eram pesados, em um ato que podia ser honesto ou desonesto. Os arqueólogos têm encontrado pesos com os quais eram comprados os itens desejados, e também pesos com os quais os mesmos itens eram vendidos. "Dois pesos e duas medidas". Essa desonestidade é referida em Deuteronômio 25.13: *Na tua bolsa não terás pesos diversos, um grande e um pequeno*. No trecho de Amós 8.5, esse profeta reflete o mesmo tempo, e acrescenta que medidas para secos eram desonestamente empregadas em seus dias (cf. Dt 25.14).

O passo seguinte no desenvolvimento do dinheiro foi a criação da moeda. Não somente os homens mostravam-se desonestos quanto ao peso das argolas e barras de ouro, de prata etc., mas também havia grande variedade quanto à pureza dos metais empregados, sobretudo no caso da prata. Esse problema foi resolvido quando os governos começaram a cunhar moedas, garantindo assim o peso e a pureza de cada moeda cunhada. Isso era feito apondo-se o símbolo do governo (estado ou cidade) sobre cada moeda. A primeira moeda desse tipo a ser mencionada na Bíblia é o dárico persa, de ouro (Ed 2.69). Os persas permitiram que os judeus cunhassem suas próprias moedas de prata, ao voltarem eles à Judeia. Todavia, as moedas não se tornaram comuns na Palestina senão já na época dos monarcas Ptolomeus e Seleucidas. Quanto a detalhes sobre permutas, metais e moedas, ver o artigo sobre as *Moedas*.

Onde quer que o dinheiro seja usado — na forma de pesos de ouro ou de prata, ou na forma de moedas — os banqueiros fazem-se presentes, e o próprio dinheiro transforma-se em uma outra mercadoria. Nas páginas do Antigo Testamento não há qualquer vestígio sobre a existência de banqueiros, embora saibamos que, na Mesopotâmia, os métodos bancários já funcionavam de forma muito eficiente. Durante o exílio babilônico, os judeus aprenderam as técnicas bancárias babilônicas. Banqueiros judeus, vindos da Babilônia, foram largamente usados, posteriormente, pelos sucessores de Alexandre, o Grande. Alguns estudiosos acreditam que bons métodos bancários foram a razão mais provável pela qual os antepassados de Paulo obtiveram a cidadania romana em Tarso. O exílio assinalou o começo da ênfase tão decisiva dos judeus sobre as atividades bancárias e comerciais, em geral. Isso expandiu-se ainda mais devido às negociações feitas pelos exilados judeus durante o período intertestamental. Esses exilados haviam sido levados a Alexandria, onde chegaram a controlar grande parte das atividades comerciais na cidade. Isso significava que os judeus contavam com filiais, em todos os portos marítimos do império romano, para os seus empreendimentos.

Na época do Novo Testamento, o sistema bancário já envolvia o império romano inteiro; e os banqueiros recebiam licença para operar, a fim de que ficassem sob o controle do governo. Naquele tempo, como agora, os banqueiros recebiam depósitos em dinheiro, pagando juros pelo uso que faziam do mesmo. Jesus referiu-se a esse costume em sua parábola dos talentos (ver Mt 25.27). Nos dias do Senhor Jesus e dos apóstolos, uma taxa comum de juros era de 8%. Também segundo acontece hoje em dia, os banqueiros emprestavam dinheiro com base em propriedades hipotecadas. A primeira referência bíblica ao método das hipotecas aparece em Neemias 5.3 ss. As pessoas tomavam dinheiro emprestado a fim de pagarem as suas dívidas e impostos, tal como as pessoas fazem na atualidade. Um dos elementos exponenciais da fraternidade dos banqueiros eram os cambistas; e Cristo tratou com eles (ver sobre os *Cambistas*). Já naquele tempo, tal como hoje, havia o uso de cheques; também era possível depositar dinheiro em uma cidade, e recebê-lo em outra, o que indica que havia uma verdadeira organização bancária. O sistema bancário moderno agilizou-se muito mais nesta nossa época da eletrônica e da informática, mas as bases do sistema bancário foram lançadas desde a antiguidade. Bancos relacionados entre si estavam dispersos por todo o império romano. Um bom sistema de contabilidade já havia antes mesmo do aparecimento do sistema bancário; pode-se perceber traços dessa técnica já no tempo dos primeiros sumérios, os quais também foram os inventores da escrita.

COMIDA SABOROSA

Por seis vezes, no capítulo 27 do livro de Gênesis, a palavra hebraica *matamot* refere-se a uma comida saborosa que Rebeca e Jacó usaram a fim de enganar Isaque. Rebeca preparou a comida com dois cabritos (vs. 9). Em Provérbios 23.3, os delicados manjares dos governantes são descritos como "enganadores". O sexto versículo desse mesmo capítulo adverte contra comer em companhia de um homem mau, cujos alimentos deliciosos servem de atração para que as pessoas lhe façam companhia. Salmo 141.4 apresenta também a comida como uma espécie de chamariz, que atrai os homens a companhias e atos maus. Gênesis 49.20, que prediz a condição futura da tribo de Aser, no contexto das bênçãos de Jacó, diz que Aser prosperaria, o que é simbolizado pelo pão e pelos acepipes. Além disso, a glutonaria, resultado da ingestão abusiva de alimentos, sempre foi uma praga para os homens. Os ímpios são dados à glutonaria (Fp 3.19; Jd 12). Tal pecado é proibido no caso dos crentes sérios (1Pe 4.3). Há algo de desagradável no pastor gordo demais de tanto comer e por fazer bem pouco trabalho físico. O perigo da glutonaria é ilustrado em Lucas 12.45,46. Os homens, por pensarem que a *parousia* (vide) ainda está distante, afrouxam em seus costumes, deixando-se arrastar pelos excessos com comidas e bebidas. Um dos aspectos do fruto do Espírito, porém, é o autocontrole, e isso, sem dúvida, inclui a questão da alimentação. A glutonaria é um dos pecados capitais, juntamente com o alcoolismo. Ver o artigo separado sobre a *Glutonaria*. Ver também sobre os *Alimentos*.

COMPANHEIRO

Há várias palavras hebraicas e gregas envolvidas, a saber: **1**. *Chaber*, "companheiro". Palavra hebraica usada por doze vezes (por exemplo: Sl 119.63; Pv 28.24; Ct 1.7; Is 1.23; Ez 37.16). **2**.

Chabbar, "companheiro". Palavra hebraica usada por somente uma vez, isto é, Jó 41.6. **3**. *Chabar*, "companheiro". Palavra hebraica que figura por três vezes (Dn 2.17; 2.13,18). **4**. *Chabereth*, "companheira". Palavra hebraica usada apenas por uma vez, em Malaquias 2.14. **5**. *Kenath*, "íntimo". Termo hebraico empregado por oito vezes, sempre no livro de Esdras (4.7,9,17,23; 5.3,6; 6.6,13). **6**. *Merea*, "amigo". Palavra hebraica que ocorre por sete vezes (por exemplo: Jz 14.11,20; 15.2,6). **7**. *Rea*, "amigo"*. Palavra hebraica usada por mais de 180 vezes (por exemplo: Êx 32.27; 1Cr 27.33; Jó. 30.29; Sl 122.8; Is 34.14; Jn 1.7; Zc 3.8). **8**. *Raah*, "deleitar-se", "desfrutar". Verbo hebraico usado por cinco vezes (como em: Pv 13.20; 28.7; 22.24). **9**. *Koinonós*, "quem tem algo em comum". Palavra .grega usada por dez vezes (Mt 23.30; Lc 5.10; 1Co 10.18,20; 2Co 1.7; 8.23; Fm 17; Hb 10.33; 1Pe 5.1; 2Pe 1.4). **10**. *Sugkoinonós*, "companheiro". Palavra grega usada por quatro vezes (Rm 11.17; 1Co 9.23; Fp 1.7; Ap 1.9). **11**. *Sunergós*, "companheiro de trabalho". Palavra grega que ocorre por treze vezes (Rm 16.3,9,21; 1Co 3.9; 2Co 1.24; 8.23; Fp 2.25; 4.3; Cl 4.11; 1Ts 3.2; Fm 1,24; 3Jo 8). **12**. *Sunékdemos*, "companheiro de viagem". Palavra grega usada por duas vezes (Atos 19.29 e 2Co 8.19).

Os sinônimos dessas palavras hebraicas e gregas são: "associado", "vizinho", "próximo" etc. O termo hebraico *rea* transmite a ideia de duas pessoas tecidas juntas, formando uma única entidade. Isso é paralelo ao conceito aristotélico de que a verdadeira amizade consiste em *uma alma com dois corpos*. No trecho de Zacarias 13.7 temos o vocábulo hebraico *amith*, "próximo", "amigo".

No grego também temos a palavra *plesíon*, "próximo", que significa, basicamente, "alguém que está perto" (ver Mt 5.43, citando Lv 19.18; 19.19; 22.39; Mc 12.31,33; Lc 10.27; 29,36; Jo 4.5. At 7.27; Rm 13.9,10; 15.2; Gl 5.14; Ef 4.25; Tg 2.8; 4.12). A palavra grega mais comum para "amigo" é *phílos*, que significa "querido", "estimado", e que figura por 28 vezes (Mt 11.19 a 3João 15). Ver o artigo geral sobre *Amizade*, que desenvolve os conceitos aqui introduzidos. Ver também sobre *Comunhão*.

COMPREENSÃO

Quando o homem caiu no pecado, não foi apenas a sua moral que foi afetada, incapacitando-o a praticar o bem, no sentido de ser plenamente aprovado por Deus, mas também o seu entendimento foi afetado. Esse embotamento é universal: *Não há quem entenda, não há quem busque a Deus* (Rm 3.11), diz o apóstolo Paulo, citando Salmo 53.1-3. Conforme se vê nessa citação, essa falta de compreensão diz respeito a Deus e às coisas relativas a Deus. No seu estado natural, pecaminoso, o homem não tem entendimento sobre as realidades das dimensões celestes: *Ora, o homem natural não aceita as cousas do Espírito de Deus, porque lhe são loucura; e não pode entendê-las, porque elas se discernem espiritualmente* (1Co 2.14). Isso posto, a sabedoria deste mundo, o conhecimento que os homens são capazes de adquirir, usando dos poderes de observação, raciocínio e da intuição, são reduzidos nas Escrituras, à mais perfeita nulidade: ... *expomos sabedoria entre os experimentados; não, porém, a sabedoria deste século, nem a dos poderosos desta época, que se reduzem a nada* (1Co 2.6). Por falta de revelação divina, os homens nem ao menos sabem a resposta para as três perguntas básicas da filosofia: Quem somos? De onde viemos? Para onde estamos indo? Não admira, pois, que muitos homens, nessas trevas do entendimento, cheguem à conclusão de que nada se pode saber com qualquer grau de certeza. Assim nasceu o ceticismo e o agnosticismo.

O homem moderno jacta-se dos grandes avanços de sua ciência. Isso foi até mesmo previsto nas Escrituras: ... *o saber se multiplicará* (Dn 12.4). No entanto, nunca os homens se sentiram mais inseguros do que nesta nossa era de tanto avanço tecnológico. É que o conhecimento do homem, mesmo acerca das coisas naturais, pende muito mais para empreendimentos destrutivos, que infelicitam a humanidade, do que para projetos beneficentes. E, mesmo quando, mercê de Deus, alguém foge à regra, não demora para que tudo aquilo que antes visava ao bem do ser humano seja desvirtuado por uma multidão de outros, malfazejos. Destarte, todas as instituições humanas têm sido sujeitadas a esse abuso. Manipulados pela maldade humana, os valores mais sagrados têm-se tornado uma desgraça. Penso que não há exemplo mais chocante disso do que o desvirtuamento do cristianismo. Quando Deus revelava a João, e, através dele, a nós, como a igreja de Cristo seria imitada, e como Satanás enganaria os homens com um engodo perverso, ao contemplar *a mãe das meretrizes e das abominações da terra*, o apóstolo admirou-se "com grande espanto" (Ap 17.1-6). Tudo isso é sumariado na epístola de Judas, quando ele escreve: *Estes, porém, quanto a tudo o que não entendem, difamam; e, quanto a tudo o que compreendem por instinto natural, como brutos sem razão, até nessas cousas se corrompem* (vs. 10).

Embotado em seu entendimento e dotado de tendências morais pervertidas, os homens colhem corrupção até mesmo do que entendem por instinto natural. E zombam das realidades espirituais, que não compreendem. Se o homem tiver de ter compreensão sobre as realidades espirituais, só as terá se houver intervenção da misericórdia e da graça divinas. Essa intervenção a Bíblia chama de iluminação. Se não houver iluminação, o embotamento continuará indefinidamente. *A revelação das tuas palavras esclarece, e dá entendimento aos simples* (Sl 119.130). E também: *Naquele dia, os surdos ouvirão as palavras do livro, e os cegos, livres já da escuridão e das trevas, as verão* (Is 29.18). E o Novo Testamento mostra isso ainda mais claro quanto a isso: *Porque Deus que disse: De trevas resplandecerá luz — ele mesmo resplandeceu em nossos corações, para iluminação do conhecimento da glória de Deus, na face de Cristo* (2Co 4.6). ... *o Deus de nosso Senhor Jesus Cristo, o Pai da glória, vos conceda espírito de sabedoria e de revelação, no pleno conhecimento dele, iluminados os olhos do vosso coração, para saberdes qual é a esperança do seu chamamento, qual a riqueza da glória da sua herança nos santos, e qual a suprema grandeza do seu poder para com os que cremos...* (Ef 1.17-19).

Paulo considerava essa iluminação do entendimento algo tão importante para o crente que, em várias de suas epístolas, ele incluiu uma seção na qual ora por seus leitores, para que o Senhor lhes abra a compreensão espiritual. Além do texto acima citado, ver também 2Coríntios 1.10; Colossenses 1.9.

O entendimento iluminado do crente, pois, chega ao ponto de compreender qual o grandioso plano de Deus, e como esse plano gira em torno da pessoa de Cristo. Para os apóstolos, pois, o segredo da compreensão espiritual era ter conhecimento experimental de Cristo: ... *para que os seus corações sejam confortados... E tenham toda riqueza da forte convicção do entendimento, para compreenderem plenamente o mistério de Deus, Cristo, em quem todos os tesouros da sabedoria e do conhecimento estão ocultos* (Cl 2.2,3).

Evidentemente, as Escrituras reconhecem que, por maior que seja a iluminação do nosso entendimento, neste lado da existência, somente no outro lado, já glorificados com Cristo, seremos capazes de compreendê-lo realmente, pois então teremos a mesma natureza que ele tem. Isso é lindamente expresso por João, quando ele diz: *Amados, agora somos filhos de Deus, e ainda não se manifestou o que havemos de .ser. Sabemos que, quando ele se manifestar, seremos semelhantes a ele, porque havemos de vê-lo como ele é* (1Jo 3.2). Isso envolverá uma tremenda promoção. Os crentes glorificados serão imensamente elevados na escala do ser. Sendo agora inferiores aos anjos, se tornarão semelhantes ao Filho glorioso de Deus.

Tendo chegado a este ponto em nossa exposição, resta-nos somente ficar no aguardo da volta do Senhor, quando seremos ressuscitados e glorificados, e quando nosso entendimento subirá até níveis exaltadíssimos, como agora nem podemos imaginar. Podemos aplicar aqui as palavras de 1Coríntios 2.9 ... *como está escrito: Nem olhos viram, nem ouvidos ouviram, nem jamais penetrou em coração humano o que Deus tem preparado para aqueles que o amam*. Há infinitos tesouros de conhecimento à nossa espera, nas dimensões celestes. Essa expectativa pela nossa transformação segundo a imagem de Cristo é que a Bíblia chama de virtude da esperança, uma das três virtudes cardeais da vida cristã. Ver o artigo sobre *Esperança*.

No hebraico, há várias palavras que lançam luz sobre esse assunto, a saber: **1**. *Bin*, "compreender", "considerar". Palavra que aparece por cerca de 160 vezes. Trata-se de uma palavra tão rica de significado que as traduções usam muitas palavras e expressões para traduzi-la, como "considerar", "usar de sabedoria", "perceber", "usar de prudência", "discernir" etc. Para exemplificar (ver Ne 8.8; Jó 13.1; 42.3; Sl 19.12; 92.6; Pv 2.5; Dn 9.2,23; Os 14.9; Is 56.11; Sl 119.110). **2**. *Yada*, "conhecer", "estar familiarizado com". Palavra que é usada por mais de novecentas vezes (por exemplo: Nm 16.30; 9.3; Dt 9.6; 1Sm 4.6; 26.4; 2Sm 3.37; Sl 81.5; Pv 1.2; Ec 1.17; Is 1.3; Jr 10.23; Ez 2.5; 5.13; Jl 3.17; Zc 2.9; 11.11).

Há várias outras palavras hebraicas correlatas; mas, para nossas finalidades, basta-nos considerar essas principais.

No grego também há vários vocábulos que ainda lançam mais luz sobre o assunto do que as palavras hebraicas, a saber: **1**. *Oida*, "conhecer (por informação)". Termo usado por mais de 340 vezes, desde Mateus 2.2 até Apocalipse 21.22. Esse vocábulo é usado principalmente nos quatro Evangelhos, no livro de Atos e no Apocalipse. **2**. *Ginósko*, "conhecer (por experiência própria)". Termo usado por mais de 210, desde Mateus 1.25 até Apocalipse 3.9. Quem mais emprega esse vocábulo é o apóstolo João, no seu evangelho e na sua primeira epístola. **3**. *Noéo*, "ponderar", "pensar". Termo usado por catorze vezes (Mt 15.16; 16.9,11; 24.15; Mc 7.18; 8.17; 13.14; Jo 12.40; Rm 1.20; Ef 3.4,20; 1Tm 1.7; 2Tm 2.7; Hb 11.3). **4**. *Punthánomai*, "aprender por inquirição". Palavra que é usada por onze vezes (Mt 2.4; Lc 15.26; 18.36; Jo 4.52; At 4.7; 10.18,29; 21.33; 23.19,20,34). **5**. *Suníemi*, "compreender". Palavra usada por 27 vezes (Mt 13.13,14,15, 19,23,51; 15.10; 16.12; 17.13; Mc 4.9,12; 6.52; 7.14; 8.17,21; Lc 2.50; 8.10; 18.34; 24.45; At 7.25; 28.26,27; Rm 3;11; 15.21; 2Co 10.12; Ef 5.17). **6**. *Pronéo*, "fixar a mente ou os afetos". Vocábulo usado por 26 vezes (Mt 8.33; At 28.22; Rm 8.5; 11.20; 12.3,16; 14.6; 15.5; 1Co 13.11; 2Co 13.11; Gl 5.10; Fp 1.7; 2.2,5; 3.15,19; 4.2,10; Cl 3.2; 1Tm 6.17).

COMUNHÃO DOS SANTOS

Termo teológico, significando a "confraternidade dos crentes", conforme é encontrado nos credos clássicos. O termo foi ali inserido para expressar a crença de que os vivos e os mortos acham-se unidos no corpo de uma única igreja; mas logo recebeu vários outros significados, de acordo com as definições de "comunhão" e "santo".

Na teologia medieval, tanto do Oriente como do Ocidente, santo era chamado aquele cujo nome estivesse registrado na Bíblia como crente em Cristo, um mártir ou um cristão cuja vida terrena revelasse notável grau de santidade. Assim, a comunhão dos santos significava sua confissão comum em Cristo, a qual a igreja formulava nos credos e em outros documentos confessionais. Na teologia medieval tardia, estendeu-se o entendimento à crença de que a expressão significava também a participação em coisas santas, especialmente nos sacramentos, sendo esse significado substanciado, basicamente, na fórmula em latim *communio sanctorum*. Essa acepção, que alguns alegam ser a original, tem reaparecido de tempos em tempos, mas nunca substituiu o significado principal de "comunhão" que tem ganho nova importância à luz de discussões ecumênicas modernas.

Era crença na Idade Média que um cristão poderia desfrutar a comunhão dos santos somente por permanecer membro da igreja de Roma ou de uma das igrejas orientais. Essa visão é ainda a posição oficial dessas igrejas, mas é rejeitada pelos reformadores protestantes, que seguiram o NT e definiram "santo" como qualquer crente verdadeiro em Cristo. Isso, no entanto, levou à ideia de que nem todos os membros da igreja visível sejam santos e, embora as principais correntes do protestantismo se acomodem a essa discrepância, tem havido sempre grupos sectários que se separam das principais denominações na esperança de fundar uma igreja pura, constituída exclusivamente de "santos".

No momento, a doutrina da comunhão dos santos é geralmente interpretada segundo a dimensão tanto do tempo quanto do espaço.

Quanto ao tempo, significa a comunhão de cristãos de todas as épocas, do passado, presente e futuro. Em termos práticos, significa que a igreja, hoje, tem o dever de preservar a fé herdada do passado e transmiti-la intacta às gerações futuras. Os católicos-romanos sustentam haver nisso também uma relação direta com a igreja triunfante no céu e usam dessa doutrina como justificativa para orar pelos mortos e, especialmente, aos "santos" oficialmente canonizados. Os protestantes rejeitam vigorosamente tal interpretação, argumentando que: a oração só pode ser feita devidamente a Deus; que Jesus Cristo, e nenhum santo, é o único mediador entre Deus e o homem (1Tm 2.5) e que a igreja triunfante já entrou no descanso eterno.

No que se refere ao espaço, a doutrina da comunhão dos santos significa, atualmente, que todos os verdadeiros crentes estão unidos em comunhão, independentemente de nacionalidade, língua ou cultura. Os ortodoxos orientais, os católicos-romanos e alguns protestantes continuam a levar em conta a harmonia e a comunhão confessional na igreja visível como parte necessária à comunhão dos santos, embora na prática esses grupos se vejam obrigados a reconhecer a existência de verdadeiros crentes fora de suas respectivas igrejas. No atual clima de ecumenismo, essa concessão pode chegar a ser totalmente generosa, como quando, por exemplo, os católicos-romanos já se referem a outros cristãos como "irmãos separados" e não mais como "cismáticos" ou "hereges"; embora deva ser lembrado que não tem havido ainda mudança alguma no princípio fundamental católico de que a comunhão com a sé de Roma é parte essencial da plenitude da comunhão dos santos.

BIBLIOGRAFIA. P. D. Avis, *The Church in the Theology of the Reformers* (London, 1981); G. C. Berkouwer, *The Church* (London, 1976); O. C. Quick, *Doctrines of the Creed* (Welwyn, 1960).

COMUNIDADE

Essa palavra indica o povo de um Estado, o próprio Estado, ou um grupo de pessoas unidas em torno de algum interesse comum. O termo é usado para designar dois períodos distintos da história de Israel, quando essa nação tinha uma organização governamental independente, dotada de autoridade. O primeiro desses períodos foi o dos reis, de Saul a Jeoaquim (1075-597). O segundo foi o do governo sob Zorobabel, após o cativeiro babilônico, e daí até à queda de Jerusalém, de 537 a.C. até 70 d.C.

No Novo Testamento, encontramos a palavra grega *politeía*, que pode ter esse significado, conforme se vê em Efésios 2.12 em nossa Bíblia portuguesa. Ali a comunidade de Israel é aludida, dando a entender Israel como o depósito e a fonte originadora das bênçãos e dos privilégios espirituais. Os gentios estavam alienados dessas bênçãos e privilégios, até que Cristo possibilitou que se tornassem uma comunidade espiritual. O trecho de Filipenses 3.20, no original grego, traz a *palavra políteuma*, um *hapax legomenon* (palavra usada somente por uma vez em um documento, nesse caso, o Novo Testamento), que significa "comunidade", pois é apenas um sinônimo de *politeía*. Essa referência bíblica alude à comunidade celeste, à qual pertencemos espiritualmente. O trecho aponta para o aspecto comunal e coletivo das operações do evangelho, porquanto a redenção nunca aparece como uma questão meramente individual. Devemos pensar na redenção do corpo inteiro dos crentes, que se tornam cidadãos da pátria celestial; e também haverá a restauração final de todas as coisas, conforme se aprende em Efésios 1.10. Neste mundo, a igreja de Cristo funciona como uma espécie de comunidade espiritual, entre as nações.

CONANIAS

No hebraico, **"Yahweh está fundando"**. Há dois homens com esse nome, no Antigo Testamento, a saber: **1**. Nome do principal oficial e levita, que administrou as coletas feitas durante o reinado de Ezequias (2Cr 31.12,13). Há uma certa confusão textual no tocante ao seu nome, e aparecem variantes, como *Jeconias*. **2**. Um líder levita que esteve associado à administração do rei Josias (2Cr 35.9).

CONCÍLIOS

Concílio de uma igreja é a reunião de todos os seus membros responsáveis pela guarda do depósito da fé apostólica.

I. NA TEOLOGIA CRISTÃ. Os concílios são convocados para decidir disputas de interpretação ou promover o julgamento de assuntos não encontrados nas Escrituras. Suas decisões são consideradas obrigatórias se "recebidas" pela igreja que os promove como estando de acordo com as Escrituras e sua interpretação tradicional. Um concílio geral, ecumênico ou universal é aquele do qual se espera uma "recepção" universal pela igreja de Cristo.

Essa teoria, no entanto, contém pontos fracos, sendo, na verdade, entendida de modos diferentes. Para começar, existe discordância sobre quem tem o direito de convocar um concílio. De acordo com a tradição bizantina, seguida, por exemplo, pela igreja da Inglaterra (Artigo VIII), somente a autoridade secular tem esse poder. Já a igreja Católica acredita ser uma prerrogativa do papa. Outras igrejas não têm esse direito definido, mas, na prática, é geralmente conferido aos sínodos representativos ou oficiais, eleitos por meios mais ou menos democráticos.

Não há unanimidade sobre quem tem o direito de participar e votar em um concílio. As igrejas orientais restringem a participação e votação somente aos bispos. Roma permite participação mais ampla, mas restringe a votação também aos bispos. Já as igrejas protestantes, em geral, creem que os representantes da totalidade da igreja devem tomar parte e votar.

A autoridade dos concílios é também assunto de debate. A igreja oriental crê que os concílios são infalíveis por serem inspirados pelo Espírito Santo, que fala não só pela voz unânime dos bispos, mas também pela resposta que ecoa da igreja, a qual deve receber e dar aplicação própria para as decisões tomadas. O problema aqui, na prática, é que os bispos dissidentes têm sido quase sempre silenciados ou excomungados a fim de se poder alcançar unanimidade; por outro lado, tem havido exemplos destacáveis de decisões conciliares rejeitadas pela igreja, muitas vezes, em área não teológica.

A posição romana é a de que o papa é o árbitro supremo e executor das decisões conciliares. Nenhum concílio católico é considerado válido enquanto o papa não aprovar suas decisões. Todavia, ressalte-se, os grandes concílios da igreja primitiva, pelo menos em alguns casos, foram convocados sem a aprovação ou participação de Roma, embora Roma os tenha sempre aceito como devidamente competentes. Essa posição cria tensão entre a monarquia papal e a oligarquia episcopal, mas esse é um aspecto padrão da vida da igreja romana e que permanece sem solução.

Após o cisma de 1378, que chegou a levar à existência de mais dois papas rivais do de Roma, a teoria da monarquia papal, que havia ganhado força na Idade Média, passou a ser questionada por muitos clérigos. Eles preferiam ver a igreja governada por concílios, que se reuniriam a cada cinco anos. A membresia desses concílios seria escolhida em base nacional, e sua autoridade seria, pelo menos, igual à do papa, que, no entanto, ainda reteria sua antiga primazia. O movimento conciliar, como essa corrente veio a ser chamada, alcançou seu ponto mais alto no Concílio de Constança (1414-1418), onde foi acordado que se estabelecesse um sistema adequado visando a esse fim. Um concílio desse tipo chegou a se reunir em Basileia em 1431, mas a essa altura o papado já havia reconquistado muito do seu prestígio anterior e, aos poucos, sufocou o movimento, interrompendo primeiramente as atividades em Basileia e, depois, transferindo o concílio para Ferrara, onde poderia ser mais facilmente manipulado. Ao encerrar-se aquele encontro, o papado havia reconquistado o controle completo, tendo o movimento conciliar morrido efetivamente. Sobreviveu a memória do movimento, no entanto, sendo de certa influência por ocasião da Reforma, quando vários teólogos católicos propuseram seu reavivamento como resposta ao rompimento causado pelo protestantismo.

Os protestantes não atribuem nenhuma autoridade infalível aos concílios, reconhecendo suas decisões somente à medida que possam estar de acordo com as Escrituras. Na verdade, para a maioria dos protestantes, os concílios dos tipos descritos anteriormente não mais exercem nenhum papel significativo na vida da igreja cristã. Não há uma estrutura de concordância suficiente, no entanto, para ser convocado um concílio interdenominacional ou para que, se este for supostamente realizado, possa tornar suas decisões obrigatórias aos participantes. Nesses últimos anos, a palavra "concílio" tem sido mais usada, principalmente, para descrever organizações intereclesiásticas, como, por exemplo, o Conselho (= Concílio) Mundial de Igrejas (ver também Movimento Ecumênico), cuja constituição, todavia, não permite, explicitamente, qualquer interferência na vida interna e na doutrina das igrejas membros.

(**G. L. Bray**, B.D., M.Litt., D.Litt., professor de Estudos Anglicanos, Beeson, *Divinity School*, Universidade de Samford, Birmingham, Alabama, EUA.)

BIBLIOGRAFIA. B. Lambert, *Ecumenism: Theology and History* (London, 1967); P. Sherrard, *Church, Papacy and Schism* (London, 1978); G. Tavard, *Holy Writ or Holy Church: The Crisis of the Protestant Reformation* (New York, 1959); B. Tierney, *Foundations of the Conciliar Theory* (Cambridge, 1955).

II. PANORAMA DOS CONCÍLIOS. O que é chamado de o primeiro concílio dos dirigentes da igreja foi o que se reuniu em Jerusalém, no ano 48 ou 49 de nossa era, a fim de decidir a questão do ingresso de gentios convertidos na comunidade do pacto (At 15). Depois disso, uma série de sínodos locais se reuniu em Antioquia, Cartago e Alexandria, assim como em Serdica (Sofia), Lião e outros lugares para decidir sobre questões doutrinárias e procurar sanar cismas de diferentes espécies. Algumas de suas decisões foram preservadas na tradição da igreja, sendo aceitas em um âmbito mais amplo no mundo cristão. A mais famosa série desses sínodos foi a de Toledo, entre 400 e 694, os quais a tradição registra em números de dezoito ao todo. Seus cânones tornaram-se fonte inestimável para a história e a teologia da igreja espanhola no decorrer daqueles séculos.

Não há praticamente dúvida alguma de que os concílios mais importantes da igreja têm sido os chamados ecumênicos ou universais. A igreja Católica-Romana reconhece 21 deles. As outras igrejas reconhecem número muito menor. Diferentemente de Roma, essas igrejas nunca conferiram o título de ecumênico ou universal a uma assembleia constituída exclusivamente de membros de sua própria igreja ou comunhão.

Os concílios ecumênicos podem ser apropriadamete agrupados por períodos históricos, dos quais os realizados em tempos antigos são os que contam com maior probabilidade de um verdadeiro reconhecimento universal. Destes, o Primeiro Concílio de Niceia (325) e o Primeiro Concílio de Constantinopla (381) detacaram-se por estabelecer a divindade de Cristo e do Espírito Santo. Estão tradicionalmente ligados pelo chamado Credo de Niceia, ou niceno-constantinopolitano (ver Credos), supostamente composto em 381Corintiosm base em credo promulgado em 325. Estudiosos modernos têm dúvidas quanto a essa tradição, mas não há como deixar de constatar que esse credo, os referidos concílios e sua teologia têm sido aceitos por quase todos os principais ramos da igreja cristã.

O terceiro concílio ecumênico se reuniu em Éfeso, em 431. Dedicou-se a questões cristológicas levantadas por Nestório, que viria a ser condenado em circunstâncias que pouco fizeram jus à igreja.

Foi seguido, vinte anos depois, pelo quarto concílio, reunido em Calcedônia, em 451, que condenou a cristologia de Eutíquio (c. 378-454), monge que antes defendera e, depois, contradisse a tradição de Alexandria. A famosa definição desse concílio, talvez a afirmação cristológica mais significativa na história da igreja, decretou ser Jesus Cristo uma Pessoa divina em duas naturezas, uma humana e outra divina. Isso levaria posteriormente as igrejas do Egito e da Síria a um cisma por apoiarem uma doutrina monofisista, ou seja, de que Cristo teria uma só natureza, a divina.

O quinto concílio foi o Segundo de Constantinopla (553), que tentou solucionar a ruptura dos monofisitas. Decretou que a natureza humana de Cristo não era independente, mas que recebera sua identidade por ser unida à Pessoa divina do Filho de Deus. Essa tentativa, no entanto, falhou, e a ruptura se tornou permanente após o sexto concílio, o Terceiro Concílio de Constantinopla (680), que declarou que Cristo tinha duas vontades, uma humana e outra divina, o que os monofisitas e alguns de seus adeptos ortodoxos tinham negado.

Em 691-692, reuniu-se um sínodo no palácio de Trullum, em Constantinopla, que se empenhou por completar a obra do quinto e sexto concílios, sendo, por isso mesmo, conhecido como o Quinisexto (Quinto-Sexto) Concílio *em Trullum*. Estabeleceu a lei canônica da igreja oriental, mas não foi aceito pela igreja de Roma, de tradições diferentes, especialmente na prática litúrgica. Como resultado, não foi incluído na lista dos concílios ecumênicos.

O sétimo concílio ecumênico foi o Segundo Concílio de Niceia (787), convocado para resolver a controvérsia iconoclasta. Autorizou a veneração de ícones com base no fato de que era possível retratar a pessoa divina de Cristo após a encarnação. Essa decisão foi rejeitada no Concílio de Frankfurt (794) e nunca afetou a prática da igreja ocidental, embora tenha sido, mais tarde, aceita por Roma. Os reformadores protestantes o rejeitaram, mas na igreja oriental o Segundo Concílio de Niceia viria a ocupar lugar importante como o último dos concílios ecumênicos ali oficialmente reconhecidos.

O oitavo concílio ecumênico, reconhecido como tal somente pelo Ocidente, tem sido assunto de disputa até hoje. Os canonistas romanos tradicionalmente reivindicam haver sido o concílio reunido em Constantinopla em 870. Ele condenou e depôs o patriarca de Constantinopla, Fócio (c. 820-c. 895), que havia rompido com Roma quanto à questão da processão dupla do Espírito Santo (cláusula *filioque* do Credo de Niceia) e a respeito da evangelização da Bulgária. Contudo, Fócio foi reabilitado em outro concílio, o de Constantinopla, reunido em 880, e Roma aprovou tal decisão na época. Os estudiosos de hoje creem que os canonistas do século XI preferiram considerar o concílio anterior ecumênico porque nessa época as duas igrejas estavam em cisma e era conveniente para os canonistas de Roma argumentar que a igreja oriental fora condenada na pessoa de Fócio. Já no clima ecumênico atual, pesquisa feita por estudiosos católicos alterou o entendimento daqueles dois eventos, levando à possibilidade de que tanto Roma como as igrejas orientais venham a ser capazes, um dia, de declarar o concílio de 880 como o verdadeiro oitavo concílio ecumênico.

A série de concílios seguintes constitui a dos dez concílios convocados pela igreja ocidental durante a Idade Média. Nenhum deles é reconhecido atualmente pelo Oriente, sendo indeterminada sua posição entre as igrejas protestantes.

Os primeiros quatro se reuniram no palácio de Latrão, residência oficial do papa em Roma. Sua importância está, basicamente, em que marcaram os sucessivos estágios no surgimento do poder papal na igreja medieval. No primeiro deles, em 1123, a igreja condenou a investidura leiga, ou seja, a prática de os governantes seculares designarem os titulares do clero mais alto em seus respectivos territórios. Determinou também a prática monástica do celibato para todo o clero. O segundo desses concílios invectivou os falsos papas (1139), e o terceiro, os hereges albigenses, que fomentavam rebelião contra a igreja no sul da França (1179). O Quarto Concílio de Latrão (1215) afirmou a primazia singular da sé de Roma sobre toda a cristandade, sendo geralmente considerado representante do ponto alto do poder papal na Idade Média. Definiu também oficialmente o dogma da transubstanciação.

Os concílios medievais posteriores buscaram abordar temas similares, mas as circunstâncias e os locais em que vieram a se reunir indicam um desvanecimento do poder papal.

O Primeiro Concílio de Lião (1245) atacou o monarca titular do Sacro Império Romano, imperador Frederico II (1194-1250), mas este não deu muita atenção a tal atitude, e o papa se viu obrigado a voltar à França para obter apoio às suas pretensões.

O Segundo Concílio de Lião (1274) tentou solucionar a ruptura com a igreja oriental. O imperador bizantino Miguel VIII (1259-1282) concordou em ter sua autoridade papal de algum modo limitada em troca de ajuda contra os turcos e os normandos (na Sicília), mas, como a ajuda não veio, seus próprios súditos o repudiaram, e a união falhou após sua morte.

O seguinte, Concílio de Viena (1311-1312), foi convocado com o fim de dissolver a Ordem dos Cavaleiros Templários, oriunda das Cruzadas, com base no fato de estarem seus membros transigindo em práticas de magia.

O Concílio de Constança (1414-1418), que se seguiu, teve por objetivo resolver o problema do cisma papal, que, irrompido em 1378, resultara na existência de três papas. O concílio solucionou o cisma, assim como, por outro lado, condenou João Hus a ser queimado na fogueira por heresia. Decidiu, como vimos, enfraquecer o poder papal, ao decretar que a igreja, dali por diante, seria governada por sínodos que se reuniriam a intervalos de cinco anos, esquema que não foi aplicado até 1429, quando um concílio se reuniu em Basileia sem apoio ou participação papal. Mas os papas estavam determinados a acabar com esse movimento conciliar, e a oportunidade de fazê-lo veio em 1438, quando o imperador bizantino João VIII (1425-1448) ofereceu a união com o Ocidente em troca de apoio contra os turcos. O papa convocou por conta própria um concílio, que se reuniu em Ferrara, sendo mudado para Florença poucos meses depois por causa da irrupção de uma praga. Mais tarde, foi transferido para Roma, onde recebeu o golpe final em 1445. O Concílio de Florença, como é geralmente mais conhecido, promulgou a união com as diferentes igrejas orientais, incluindo a dos nestorianos e monofisitas; mas era uma ligação forçada, dependendo de ajuda contra os turcos, ajuda que se materializou, mas não obteve sucesso. Seu interesse, na verdade, era especialmente o de endossar as acusações papais contra o Concílio de Basileia, que gradualmente ia se enfraquecendo à medida que os participantes retiravam dele apoio e se voltavam para Roma. No Oriente, a união da igreja não foi nem mesmo proclamada abertamente até 1452, sendo imediatamente rejeitada quando, no ano seguinte, 1453, Constantinopla caiu nas mãos dos turcos. Não obstante, os decretos do Concílio permanecem ainda como base nas chamadas Igrejas Católicas de Rito Oriental ("Uniatas"), que são orientais no ritual, mas prestam lealdade a Roma.

O último concílio medieval foi o Quinto Concílio de Latrão (1512-1517), que tentou introduzir algumas modestas reformas na igreja, mas foi alcançado pelos acontecimentos na Alemanha que levaram à Reforma Protestante.

Desde a Reforma, a igreja Católica convocou três concílios a que deu o nome de "ecumênicos", ainda que nenhuma outra igreja os reconheça. O primeiro e o mais importante deles foi o de Trento, que se reuniu em três estágios distintos entre 1545 e 1563. Após tentativas iniciais frustradas de incluir, pelo menos, alguns protestantes no encontro, a posição do Concílio endureceu e se tornou extremamente hostil à Reforma. Trento teve seu tempo todo tomado na definição e regulamentação das doutrinas e práticas católicas que os reformadores haviam atacado, e o fez de tal modo que conseguiu polarizar a igreja de Roma, levando-a a uma Contrarreforma, que a caracterizou até o século XX (ver Reforma, Contrarreforma Católica). Produziu um catecismo muito influente e a Missa Tridentina, autorizada como cânon romano oficial desde 1570 até 1970, missa que conservou, como que em um relicário, as doutrinas da transubstanciação e o sacrifício eucarístico de maneira tal que vieram a ser considerados caracteristicamente católicos. O desinteresse por essa missa após 1970 causou até a acusação de alguns católicos conservadores de haver a igreja romana se vendido ao protestantismo.

O Concílio Vaticano I (1869-1870) completou a obra do de Trento, ao definir a infalibilidade do papa quando este formulasse afirmativas oficiais (*ex cathedra*) em matéria de fé e moral. O Concílio Vaticano II (1962-1965) tem sido amplamente interpretado como reação ao espírito da Contrarreforma de Trento e do Vaticano II, embora não haja rejeitado suas decisões. O Concílio Vaticano II adotou, sim, alguns dos princípios dos reformadores, tais como, por exemplo, o uso do idioma local, em lugar do latim, no culto. Muitos católicos radicais têm desde essa época apelado para isso como justificativa para suas ideias de vanguarda e ocasionalmente heterodoxas. Não há dúvida de que a igreja de Roma tornou-se mais aberta a influências externas do que era antes do Concílio Vaticano II, embora não estejam ainda muito bem definidos os efeitos dessa abertura a longo prazo. Roma acha-se no momento comprometida com o diálogo ecumênico como nunca antes e não é de admirar que o papa não venha mais a convocar um concílio ecumênico sem a participação de outras igrejas. Por outro lado, não é possível ainda saber se as igrejas ortodoxas e protestantes estariam preparadas para participar de um concílio sob a presidência papal, coisa que jamais aconteceu, nem mesmo na igreja ainda não dividida dos primeiros séculos.

(**G. L. Bray**, B.D., M.Litt., D.Litt., professor de Estudos Anglicanos, Beeson, Divinity School, Universidade de Samford, Birmingham, Alabama, EUA.)

BIBLIOGRAFIA. *The Seven Ecumenical Councils* (textos), in: *NPNF*, série 2, vol. 14; W. H. Abbott (ed.), *The Documents of Vatican II* (New York, 1966); C. J. Hefele, *A History of the Christian Councils*, 5 vols. (Edinburgh, 1883-1896); P. Hughes, *The Church in Crisis: A History of the Twenty Great Councils* (London, 1961); H. Jedin, *Ecumenical Councils of the Catholic Church* (Freiburg, 1960); H. J. Margull (ed.), *The Councils of the Church: History and Analysis* (Philadelphia, 1966); R. V. Sellers, *The Council of Chalcedon* (London, 1961).

Lista dos Concílios Ecumênicos
Concílios antigos

1.	Niceia	325
2.	Constantinopla I	381
3.	Éfeso	431
4.	Calcedônia	451
5.	Constantinopla II	553
6.	Constantinopla III	680
5-6.	em Trullum**	692
7.	Niceia II	787
8.	Constantinopla IV*	870
	Constantinopla IV**	880

Concílios medievais

9.	Latrão I*	1123
10.	Latrão II*	1139
11.	Latrão III*	1179
12.	Latrão IV*	1215
13.	Lião I*	1245
14.	Lião II*	1274
15.	Viena*	1311-1312
16.	Constança	1413-1418
17.	Florença*	1438-1445
18.	Latrão V	1512-1517

Concílios modernos

19.	Trento*	1545-1563
20.	Vaticano I*	1869-1870
21.	Vaticano II*	1962-1965

*Não reconhecido pelas igrejas orientais
**Não reconhecidos pelas igrejas ocidentais

CONCUBINA

Vem do latim *con*, "com", e *combere*, "deitar". Portanto, **"deitar com"**. A palavra aparece somente no Antigo Testamento, havendo dois termos hebraicos envolvidos, a saber: **1**. *Lechenah*, "donzela cantora". Palavra que aparece por somente três vezes: Daniel 5.2,3,23. Essa palavra aparece na porção aramaica de Daniel. **2**. *Pilegesh*, "concubina". Palavra que figura por 37 vezes (por exemplo:, Gn 22.24; 25.6; Jz 8.31; 19.1,2,9,10,24,25,27,29; 20.4-6; 2Sm 3.7; 5.13; 15.16; 1Rs 11.3; 1Cr 1.32; 2.46,48; 2Cr 11.21; Et 2.14; Ct 6.7,8).

Havia variedades de concubinas. Talvez a mais comum fosse a mulher escrava, a qual, como propriedade de seu senhor, era usada com finalidades sexuais. Quase sempre isso resultava em uma outra família, distinta da família legítima, gerada através da esposa ou esposas legítimas. Porém, de acordo com os costumes dos hebreus, tal mulher podia ser adquirida a dinheiro, ou poderia ser uma mulher cativada na guerra, ou então poderiam ser mulheres hebreias contratadas com esse propósito. Algumas vezes, quando o casamento regular não produzia os herdeiros desejados, era usada uma concubina com esse propósito, conforme se vê no bem conhecido caso de Abraão e Hagar, em Gênesis 16.2. Os pais das noivas com frequência davam criadas às suas filhas, quando se casavam, como presente de casamento. Subsequentemente, essas criadas tornavam-se concubinas dos maridos de suas patroas. Foi o que sucedeu a Zilpa, em Gênesis 29.24, e a Bila, em Gênesis 29.29. A lei mosaica protegia as concubinas (Êx 21.7-11; Dt 21.10-14), embora fossem conhecidas como mulheres de posição inferior às esposas legítimas (Jz 8.31), pelo que também os homens podiam divorciar-se delas mais facilmente (Gn 21.10-14).

A prática era tão comum na cultura do Antigo Testamento que a concubina podia aspirar desfrutar do afeto do homem com quem estava ligada, não menos que no caso de uma esposa legítima (Jz 19.1-3), e, por muitas vezes, desfrutava de iguais privilégios àqueles dados à esposa, no lar. Algumas concubinas eram mesmo consideradas mais importantes que as esposas legítimas, como seria de esperar. A mente dos hebreus não via qualquer coisa de errado com certas formas de poligamia, pois ao homem era concedida grande liberdade sexual. O que era severamente punido era o adultério, quando um homem seduzia a esposa de outro. Se indagarmos por que essa prática era tão universal, há várias respostas: **1**. A natureza polígama natural dos homens. **2**. A questão da herança, pois nenhum homem podia deixar de ter herdeiros e ser respeitado como membro da comunidade. Havia esposas estéreis, o que exigia que o homem tomasse outras mulheres. **3**. A doutrina hebreia de que ter muitos filhos era sinal do favor divino. O fruto do ventre era a *recompensa* de um homem (Sl 127.3). Naturalmente, a prática estava sujeita a abusos. Para exemplificar, os monarcas orientais competiam uns com os outros, para ver quem conseguia o harém mais numeroso, com a maior variedade de mulheres. Houve até mesmo *princesas* que vieram a fazer parte desses haréns, aumentando a importância dos mesmos, e o gabarito dos monarcas. Portanto, é errado pensarmos nas concubinas apenas como uma segunda escolha, como mulheres de baixa envergadura, como uma escrava. Houve muitas exceções notáveis quanto a esse tipo de concubinato. O mais incrível exemplo foi dado por Salomão, nas páginas do Antigo Testamento. Ele tinha setecentas esposas, muitas delas princesas, além de trezentas concubinas (1Rs 11.3). Muitos dos homens invejavam abertamente a sua situação, a despeito do fato de que o mesmo versículo diz que essas mulheres perverteram o coração desse monarca. Sem dúvida, certas práticas idólatras foram envolvidas, para agradar as mulheres mais importantes de Salomão.

Por que o Concubinato Diminuiu nos Tempos do Novo Testamento? A primeira razão era de origem econômica. É preciso muito dinheiro para manter até mesmo um harém modesto. Somente os ricos e poderosos podem destacar-se. Sabemos que os mórmons, no começo da história do movimento, embora até mesmo encorajados a praticar a poligamia, por suas doutrinas religiosas, não o faziam em grandes números. A época dos pioneiros não era um tempo de dinheiro fácil para que muitos homens pudessem assumir a responsabilidade por mais de uma esposa. Além disso, Joseph Smith havia avisado a seus seguidores de que a poligamia era uma responsabilidade sagrada, não devendo ser assumida sem os recursos próprios e a atitude mental apropriada. A segunda razão era *espiritual*. Já vimos que — no caso de Salomão — a prática da poligamia havia prejudicado espiritualmente a esse rei de Israel. A terceira razão era a *voz profética*, a qual, nos últimos estágios do Antigo Testamento, tinha começado a ressaltar a monogamia como o ideal no matrimônio. (Ver Ml 2.14 ss). Jesus também frisou esse ideal (Mt 19.8), e Paulo proibiu os casamentos plurais, no caso dos líderes da igreja cristã (1Tm 3.2). O próprio fato de que essa regra teve de ser determinada mostra-nos que ainda havia casamentos plurais na igreja primitiva. A história mostra-nos, entretanto, que a monogamia tornara-se o costume padrão da sociedade hebreia, na época de Jesus, embora ainda houvesse exceções. A lei mosaica permitia a poligamia, e muitos judeus ainda seguiam tal provisão.

A Moderna igreja Cristã tem tido problemas com a poligamia, especialmente na África, onde tal costume ainda está bem vivo. A princípio, os missionários evangélicos proibiam a poligamia para qualquer líder das igrejas. Mas, quando se descobriu que muitas das esposas rejeitadas tornavam-se prostitutas, muitos missionários mudaram de parecer, permitindo a continuação da poligamia, como algo não tão nefasto quanto a prostituição. O problema é que poucas mulheres, dentre as rejeitadas, tinham qualquer meio de sustentação, e assim voltavam-se para a prostituição, se quisessem sobreviver. Em um sínodo recente, efetuado em dezembro de 1985, efetuado para revisar algumas das medidas tomadas quando do concílio do Vaticano II (ver o artigo sobre os *Concílios da igreja*), foi debatido o problema da poligamia na África. Um bispo católico romano da África afirmou que impor a monogamia na África é impossível. O papa João Paulo II reagiu, consternado, diante dessa declaração, erguendo as mãos ao céu, em um gesto espontâneo. É interessante observar que, durante quase o debate inteiro, o papa João Paulo II ouviu tudo em atitude quase passiva, mesmo quando problemas difíceis precisavam ser enfrentados pela igreja Católica Romana. Porém, foi a poligamia dos africanos que produziu a reação mais emocional. Ver o artigo separado sobre a *Poligamia*. (H ND)

CONCUPISCÊNCIA

Precisamos levar em conta três palavras hebraicas e quatro palavras gregas, a saber: **1**. *Nephesh*, "alma", "respiração", "desejo". Essa palavra hebraica é de ocorrência comum, mas com o sentido de "concupiscência" aparece somente por duas vezes (Êx 15.9; Sl 78.18). **2**. *Sheriruth*, *"teimosia"*, "inimizade", "imaginação". Palavra hebraica usada por dez vezes, embora apenas por uma vez com o sentido de "concupiscência": (Sl 81.12). **3**. *Taavah*, "objeto de desejo". Palavra hebraica usada por quinze vezes (por exemplo: Sl 78.29,30; 112.10; Pv 10.24; 21.15; Is 26.8). **4**. *Epithumía*, "desejo forte", "concupiscência". Palavra grega usada por 37 vezes. (Alguns exemplos são: Mc 4.19; Lc 22.15; Jo 8.44; Rm 1.24; Gl 5.16,24; Ef 2.3; Fp 1.23; Cl 3.5). **5**. *Hedoné*, "prazer", "doçura". Palavra grega usada por cinco vezes (Lc 8.14; Tt 3.3; Tg 4.1,3; 2Pe 2.13). É desse termo que nos vem o vocábulo português "hedonismo" (vide). **6**. *Óreksis*, "desejo ansioso". Palavra grega usada por somente uma vez (Rm 1.27. 7). *Páthos*, "sofrimento", "afeto". Palavra grega usada por três vezes (Rm 1.26; Cl 3.5; 1Ts 4.5).

O pecado da concupiscência é combatido no *Decálogo* (vide) de várias maneiras. Os pecados sexuais são proibidos pelo sétimo mandamento (Êx 20.14), e a cobiça de todas as formas é proibida em Êxodo 20.17. Porém, nenhuma outra atitude e ação é mais comum entre os homens do que a concupiscência e a cobiça. Isso harmoniza-se bem com a natureza basicamente egoísta do homem. Todavia, há palavras hebraicas e gregas que podem ser usadas em sentido negativo ou em sentido positivo. Quanto ao termo grego *epithumía*, tão importante no Novo Testamento, ele é usado em sentido positivo em Lucas 22.15 e 1Tessalonicenses 2.17. Assim, Jesus *desejou* comer a Páscoa com os seus discípulos; e Paulo tinha o grande desejo de visitar os crentes de Tessalônica. Mas o sentido negativo é muito mais frequente no Novo Testamento. Os pagãos tinham desejos impuros, que os corrompiam (Rm 1.24). Os jovens mostram a tendência de experimentar os desejos pecaminosos. Por esse motivo, Timóteo foi aconselhado a evitar as paixões da juventude (2Tm 2.22). Paixões e maus desejos precisam ser mortificados pelos crentes (Cl 3.5). As concupiscências carnais precisam ser evitadas (1Pe 2.11). Esses desejos distorcidos produzem toda espécie de males e corrupções neste mundo (2Pe 1.4; 2.10) que impedem o desenvolvimento da alma.

Os estoicos procuravam anular os desejos, mostrando que o indivíduo cai em um ciclo louco por causa dos mesmos. Primeiramente, a pessoa deseja; então obtém aquilo que quer; tendo obtido o que quer, deseja algo mais e quanto mais deseja, mais obtém, e mais deseja, *ad infinitum*. O resultado final desse ciclo vicioso é a frustração, porquanto tal ciclo não pode ser interrompido, e nem satisfaz, realmente. O estoicismo (vide) recomendava a *apatia*, a fim de substituir os desejos. Mas o cristianismo recomenda o cultivo de desejos espirituais, em substituição aos desejos carnais.

A concupiscência e até mesmo os apetites naturais, são classificados como concupiscência exagerada, sem falar nada sobre aquelas coisas diretamente proibidas. Algumas pessoas desejam intensamente alimentos; mas não há apetite que se possa comparar com o desejo sexual. Schopenhauer queixava-se que os jovens desperdiçam metade de seu tempo promovendo essa forma de concupiscência, supondo que tal desejo é uma *insanidade* que pode ser curada por meio do casamento. Ele percebia claramente que aquilo que quase todas as pessoas chamam de "amor" na realidade não passa de concupiscência. Contudo, ele se referia favoravelmente à simpatia, porquanto todos nos encontramos na mesma condição de miséria. Ver o artigo sobre o *Pessimismo*. Recentemente li um artigo sobre aconselhamento cristão. Ali os pastores são advertidos sobre o fato de que podem ser apanhados na teia das paixões, por causa de seus próprios *impulsos elementares*. Isso é um eufemismo, para dizer que até mesmo as pessoas mais religiosas continuam impelidas por paixões físicas, visto que todos nós somos animais sexuados. Naturalmente, há o lado espiritual do homem que combate contra o descontrole acerca dessas paixões. Paulo refere-se a esse conflito interno no sétimo capítulo da epístola aos Romanos, o que se tornou uma exposição clássica e um tanto mais impressionante, porque a questão é uma confissão feita pelo próprio apóstolo. Em Gálatas 5.16 ele alude aos desejos da carne. A Bíblia ensina que o último inimigo a ser vencido é a morte. Mas, se ele tivesse falado sobre o último vício a ser conquistado, provavelmente teria dito: "O último vício a ser conquistado é a concupiscência". Ver o artigo sobre os *Vícios*. Esse artigo mostra quantos problemas temos de enfrentar. O trecho de Efésios 5.5 informa-nos que tais vícios precisam ser conquistados, antes que possamos herdar o reino de Deus e de Cristo. Se não forem dominados, esses vícios haverão de levar-nos a juízo (Ef 5.6). A passagem de Efésios 1.10 assegura que a vitória final espera por todos nós, mas um homem pode desviar-se para longe, e por muito tempo, antes que chegue a obter a vitória sobre as suas próprias paixões.

CONDENAR. Ver também *Condenação*.

Estão envolvidas três palavras hebraicas e cinco palavras gregas, a saber: **1**. *Rasha*, "fazer ou declarar errado". Palavra hebraica usada no AT por quinze vezes, com o sentido de "condenar" (por exemplo: Êx 22.9; Dt 25.1; Jó 9.20; 10.2; Sl 37.33; Pv 12.2; Is 50.9; 54.17). **2**. *Anash*, "oprimir", "taxar". Palavra hebraica que ocorre por duas vezes com o significado de "condenar" (2Cr 36.3 e Pv 17.26). **3**. *Shaphat*, "julgar", "agir com magistrado". Palavra hebraica usada por 203 vezes (por exemplo: Gn 16.5; 31.53; Êx 5.21; 18.13; 16.22,26; Lv 19.15; Nm 35.24; Dt 1.16; 16.18; Jz 3.10; 4.4; 16.31; 1Sm 3.13: 4.18; 7.6,15,16,17; 1Rs 3.9,10; 2Rs 15.5; 1Cr 16.33; 2Cr 1.10,11; Jó 21.22; Sl 7.8; 9.4,8; Pv 29.14; Ec 3.17; Is 1.17,23; Jr 5.28; Lm 3.59; Ez 7.3,27; 11.10, 11; 16.38; Dn 9.12; Jl 3.12; Ob 21; Mq 3.11; 4.3). **4**. *Kataginósko*, "saber algo contra". Palavra grega usada por três vezes (Gl 2.11; 1Jo 3.20,21). **5**. *Katadikázo*, "julgar contra". Palavra grega que aparece por quatro vezes (Mt 12.7,37; Lc 6.37; Tg 5.6). **6**. *Katakríno*, "condenar". Termo grego usado por dezoito vezes (Mt 12.41,42; 20.18; 27.3; Mc 10.33; 14.64; 16.16; Lc 11.31,32; Jo 8.10,11; Rm 2.1; 8.3,34; 14.23; 1Co 11.32; Hb 11.7; 2Pe 2.6). **7**. *Kríno*, "julgar". Palavra hebraica usada por cerca de 115 vezes, desde Mateus 5.40 até Apocalipse 20.12,13. **8**. *Autokatákritos*, "condenado por si mesmo". Palavra grega usada somente em Tito 3.11.

Ver o artigo geral sobre o *Julgamento*. A palavra "condenar", nas Escrituras, pode referir-se ao juízo final, quando haverá a grande condenação, ou pode referir-se à condenação comum dos homens, como em Deuteronômio 25.1. Em Mateus 12.7, encontramos os juízos adversos que os homens fazem, maldosamente, sobre seus semelhantes. A condenação divina sobrevém aos homens que, em meio à luz que foi dada aos homens, preferem viver nas trevas (Jo 3.19). Sem essa luz divina, os pagãos estão condenados por sua própria voz interna, a consciência (Rm 2.14,15). Aquele que dá ouvidos às palavras de Cristo escapa da condenação (Jo 5.24). Aqueles que estão em Cristo Jesus escaparam da condenação (Rm 8.1). Os homens, de modo diferente do que Deus faz, condenam os inocentes (Sl 94.21); mas, no fim, Deus reverte todos os julgamentos dessa espécie (1Rs 8.23; Sl 109.31; Is 50.9). Jesus nos proíbe de condenarmos uns aos outros, mediante a atitude censuradora (Lc 6.37; Rm 2.1). Noé, ao agir em conformidade com as ordens de Deus, e ao pregar a retidão, condenou o mundo, tendo servido como instrumento de Deus (Mt 12.41 ss.). Um homem pode condenar a si mesmo, através de suas próprias ações e palavras (Jó 9.20; 15.6; Tt 3.11). O coração e a consciência de um homem podem condená-lo (1Jo 3.20). Os magistrados, como representantes de Deus, condenam aqueles que praticam a iniquidade (Rm 13.1-5). Jesus não veio a este mundo para condenar, mas para salvar. Portanto, a condenação ocorre porque os homens, pervertidamente, negam-se a aceitar a salvação oferecida no evangelho (Jo 3.17). Apesar de que o julgamento é real e severo, também é remediador, o que envolve uma grande esperança para todos os seres humanos (1Pe 4.6).

CONDIMENTOS

Várias palavras hebraicas e uma grega devem ser consideradas neste verbete, a saber: **1**. *Basam, besem ou bosem*, "especiaria". Essa palavra, que aparece nessas três formas, ocorre por trinta vezes (por exemplo: Êx 25.6; 30.23; 1Rs 10.2,10,25; 2Cr 9.1,9,24; Ct 4.10,14,16; Is 39.2; Ez 27.22; Ct 5.1). **2**. *Nekoth*, "arômatas". Palavra hebraica que figura por duas vezes (Gn 37.25; 43.11). **3**. *Sammim*, "substâncias odoríferas". Palavra hebraica usada por dezesseis vezes (por exemplo: Êx 30.34; 37.29; Lv 4.7; 16.12; 2Cr 2.4; 13.11). **4**. *Ároma*, "aroma", "especiaria". Palavra grega que aparece por quatro vezes (Mc 16.1; Lc 23.56; 24.1 e Jo 19.40). **5**. *Reqach*, "mistura aromatizada". Palavra hebraica que figura somente em Cantares 8.1. **6**. *Raqach*, "composto". A palavra aparece por oito vezes (por exemplo: Ez 24.10; Êx 30.25; 2Cr 16.14).

Originalmente, as especiarias aromatizantes eram usadas quase inteiramente nos cultos de adoração. Muito antes da época de Abraão, os egípcios já usavam especiarias aromatizantes. Nas escavações arqueológicas, essas especiarias têm sido encontradas em receptáculos especiais. O direito dos sacerdotes usarem especiarias aromáticas foi confirmado por Moisés (Êx 30.22 ss.). As principais especiarias usadas eram a mirra, o cinamomo, o cálamo e a cássia. Essas especiarias, sob a forma de pó, quando misturadas, eram misturadas com puro azeite de oliveira, a fim de compor o que a Bíblia chama de "óleo da santa unção". Parece que cerca de 22 kg de especiarias aromatizantes eram misturados com cerca de 5,7 litros de azeite puro de oliveira.

O trigésimo capítulo do livro de Êxodo deve ser lido com atenção aos detalhes, para que se note as instruções que dizem que as especiarias deveriam ser preparadas por um apotecário, ou, conforme o chamaríamos atualmente, por um farmacêutico. Esses "perfumistas" não podiam preparar tais fragrâncias com qualquer outro propósito, senão aquele que visava à adoração ao Senhor. Entretanto, posteriormente, os filhos de Israel desobedeceram a essa instrução, pois, quando eles clamaram, solicitando um rei, como se dava nas nações circunvizinhas, Samuel avisou-os de que o rei, sem dúvida alguma, tomaria algumas das filhas do povo para serem perfumistas (1Sm 8.13).

Quando um certo rei de Judá faleceu (ver 2Cr 16.14), os judeus ... *puseram-no sobre um leito, que se enchera de perfumes e de várias especiarias, preparados segundo a arte dos perfumistas. Foi mui grande a queima que lhe fizeram destas cousas*. É possível que assim tivesse acontecido ao rei Asa por causa de sua doença "dos pés", que era muito grave (2Cr 16.12). É possível que essa enfermidade fosse a gangrena, que emitia um considerável mau cheiro, devido à putrefação dos pés. O uso de especiarias, nesse caso, presumivelmente poderia ser considerado um uso religioso, porquanto teve lugar em um funeral!

Bem mais tarde, já nos dias de Zedequias, o profeta Jeremias aludiu aos perfumes que seriam "queimados" por ocasião da morte desse rei (Jr 34.5. cf. Lv 26.31 e Ez 20.28). É possível que haja nisso a sugestão à cremação, conforme pensam alguns estudiosos. Nesse caso, o emprego de especiarias aromáticas teria o intuito de disfarçar o mau cheiro que exalava das carnes e ossos queimados. Essa ideia quase certamente é enfatizada por Ezequiel, onde o profeta diz, segundo o original hebraico: ... *cozinha a carne, põe muita especiaria...*, mas onde nossa versão portuguesa diz: ... *cozinha a carne, engrossa o caldo...*, o que é uma tradução para a qual não encontramos razões.

As especiarias usadas em Gênesis 37.25 e em Cantares 5.1 e 6.2, provavelmente envolvem as seguintes espécies vegetais, aqui apresentadas segundo seus nomes científicos: *Astragalus tragacantha*. Disso consistiriam as "arômatas" ali mencionadas, embora em Cantares tenhamos, respectivamente, "especiaria" e "canteiros de bálsamos".

É dificílimo traduzir palavras hebraicas que dizem respeito à fauna, à flora, às pedras preciosas etc., porque a Bíblia não foi escrita numa época de linguagem científica. Por isso, as opiniões dos eruditos e especialistas são extremamente díspares. Quanto a posteriores discussões sobre especiarias e condimentos, consultar os seguintes artigos: *Aloés; Bálsamo; Cálamo; Cana; Cássia; Cinamomo; Cosmetologia; Cominho; Incenso; Goma; Hena; Mirra; Nardo; Unguento; Perfumaria; Açafrão; Cana Aromática; Estoraque; Substâncias Odoríferas*.

CONFIAR

Nas Escrituras, o ato de confiar envolve dois aspectos básicos: **1**. Entregar-se aos cuidados de outrem; e **2**. deixar-se persuadir. Essas ideias fundamentais aparecem tanto no Antigo quanto no Novo Testamento, até mesmo no sentido das palavras hebraicas e gregas envolvidas. A moderna noção de "fé", apenas como crença na existência ou funcionamento de algo ou de alguém, é muito superficial. É extremamente comum alguém dizer que "crê em Deus", quando tudo que ele quer dizer é que sabe que Deus existe. Essas pessoas nunca se entregaram aos cuidados de Deus, quanto à segurança eterna de suas almas, nem jamais se deixaram persuadir pelas promessas e garantias dadas pela palavra de Cristo.

Termos Originais. Vocábulos que transmitem a ideia de outorga: **1**. *Batach*, "apoiar-se em". Palavra hebraica usada por 120 vezes (por exemplo: Dt 28.52; 2Rs 18.5; 19.10; Sl 4.5; 13.5; 49.6; Pv 3.5; 16.20; Is 12.2; 26.4; Jr 7.4; 17.5; Ez 33.13; Am 6.1; Sf 3.2). **2**. *Galal*, "rolar sobre". Palavra hebraica empregada por dezoito vezes (por exemplo: Sl 22.8; 37.5; Pv 16.3). **3**. *Chasah*, "refugiar-se". Palavra hebraica que ocorre por 37 vezes. (Para exemplificar: Dt 32.37; Jz 9.15; Rt 2.12; 2Sm 22.3; Sl 2.12; 7.1; 31.1; 118.8,9; Pv 30.5; Is 57.13; Na 1.7, Sf 3.12). **4**. *Elpízo*, "esperar em". Palavra grega usada por 31 vezes (Mt 12.21; Lc 6.34; 23.8; 24.21; Jo 5.45; At 24.26; 26.7; Rm 8.24,25; 15.12,24; 1Co 3.7; 15.19; 16.7; 2Co 1.10,13; 5.11; 8.5; 13.6; Fp 2.19,23; 1Tm 3.14; 4.10; 5.5; 6.17; Fm 22; Hb 11.1; 1Pe 1.13; 3.5; 2Jo 12 e 3Jo 14). O substantivo *elpís* "esperança", ocorre por 51 vezes, desde Atos 2.26 até 1João 3.3.

Vocábulos que transmitem a ideia de deixar-se persuadir: **1**. *Chil*, "permanecer". Palavra hebraica que figura por nove vezes (por exemplo: Jz 3.25; Mq 1.12). **2**. *Mibitach*, "confiança". Palavra hebraica que aparece por catorze vezes (por exemplo: Jó 18.14; Sl 65.5; Pv 14.26; Jr 2.37; Ez 29.16). **3**. *Kesel*, "firmeza". Palavra hebraica que figura por quatro vezes (por exemplo: Pv 3.26; Jó 8.14). **4**. *Kislah*, "confiança". Palavra hebraica que, com esse sentido, aparece em Jó 4.6. **5**. *Parresía*, "ousadia". Palavra grega que aparece por 31 vezes (Mc 8.32; Jo 7.4,13,26; 10.24; 11.14,54; 16.25,29; 18.20; At 2.29; 4.13,29 31; 2Co 3.12; 7.4; Ef 3.12; 6.19; Fp 1.20; Cl 2.15; 1Tm 3.13; Fm 8; Hb 3.6; 4.16; 10.19,35; 1Jo 2.28; 3.21; 4.17; 5.14). **6**. *Peítho*, "estar persuadido". Termo grego usado por 53 vezes (Mt 27.20,43; 28.14; Mc 10.24; Lc 11.22; 16.31; 18.9; 20.6; At 5.36,37,40; 12.20; 13.43; 14.19; 17.4; 18.4; 19.8,26; 21.14; 23.21; 22.26; 27.11; 28.23,24; Rm 2.8,19; 8.38; 14.14; 15.14; 2Co 1.9; 2.3; 4.11; 10.7; Gl 1.10; 5.7,10; Fp 1.6,14,25; 2.24; 3.3,4; 2Ts 3.4; 2Tm 1.5,12; Fm 21; Hb 2.13; 6.9; 13.17,18; Tg 3.3; 1Jo 3.19). **7**. *Pepoíthesis*, "confiança". Substantivo grego usado por seis vezes (2Co 1.15; 3.4; 8.22; 10.2; Ef 3.12 e Fp 3.4).

A principal palavra hebraica é "batach". Alguns estudiosos, além de aceitarem para ela o sentido de "apoiar-se", também pensam que talvez, mais radicalmente, signifique *estar aberto*, o que reflete a ideia original de "confiança", dando a ideia de que nada há a ocultar da pessoa em quem se confia.

A Bíblia ensina-nos o valor da confiança (Is 30.15; Hb 10.35), mas não no "ouro" (Jó 31.24), e nem no homem, por maior e mais importante que este seja (Sl 118.8,9; Jr 17.5). Fica excluída, das Escrituras, até mesmo a confiança própria (Pv 14.16; Fp 3.3). Na Bíblia, a única confiança válida é aquela posta em Deus (Sl 65.6; Pv 3.26; 14.26), conforme Deus se revelou na pessoa de Cristo: ... *pelo qual temos ousadia e acesso com confiança, mediante a fé nele* (Ef 3.12). *Estas cousas vos escrevi a fim de saberdes que tendes a vida eterna, a vós outros que credes em o nome do Filho de Deus. E esta é a confiança que temos para com ele, que, se pedirmos alguma cousa segundo a sua vontade, ele nos ouve* (1Jo 5.13,14).

Tal como sempre faz, a Bíblia vai desenvolvendo o tema da confiança, desdobrando as várias ideias que fazem parte do conceito. Assim, a Bíblia tanto exorta-nos à confiança (por exemplo, Sl 115.15), como faz promessas firmes àqueles que puseram sua confiança em Deus (por exemplo, Is 26.3), assim como também fornece-nos muitos exemplos de confiança em Deus. Quanto a este último aspecto, nenhum capítulo é mais eloquente que Hebreus 11.1-40. Finalmente, para desencorajar a atitude humana da incredulidade, tão natural em nós, Deus nos apresenta muitas advertências contra essa atitude que tanto desonra ao Senhor. Dessa reprimenda não escaparam nem mesmo os discípulos originais, conforme lemos em Marcos 16.14: *Finalmente, apareceu Jesus aos onze, quando estavam à mesa, e censurou-lhes a incredulidade e dureza de coração, porque não deram crédito aos que o tinham visto já ressuscitado*. E o autor da epístola aos Hebreus adverte como segue, àqueles crentes judeus que pareciam dispostos a retroceder da sua nova fé em Cristo: *Tende cuidado, irmãos, jamais aconteça haver em qualquer de vós perverso coração de incredulidade que vos afaste do Deus vivo...* (Hb 3.12).

No Novo Testamento, o ensino sobre a "confiança" no Senhor atinge o seu ponto culminante. Quando os escritores sagrados usam o verbo *peítho*, "estar persuadido", eles mostram que a confiança, na Bíblia, nunca envolve a ideia de mera expectação confiante. Antes, ela nos mostra que confiar é estar persuadido por argumentos celestes, usados pelo Espírito de Deus, capazes de convencer o crente sobre as realidades

CONFISSÕES DE FÉ

reveladas. *E assim, a fé vem pela pregação e a pregação pela palavra de Cristo* (Rm 10.17). Que essa persuasão não vem apenas por meio de provas externas de qualquer espécie, lemos: *E, embora tivesse feito tantos sinais na sua presença, não creram nele; para se cumprir a palavra do profeta Isaías, que diz: Senhor, quem creu em nossa pregação? E a quem foi revelado o braço do Senhor?* (Jo 12.37,38). Essa persuasão vem do céu. *Certa mulher chamada Lídia, da cidade de Tiatira, vendedora de púrpura, temente a Deus, nos escutava; o Senhor lhe abriu o coração para atender às cousas que Paulo dizia* (At 16.14).

É por esse motivo que os crentes não se caracterizam por uma confiança tímida e hesitante. Antes, a fé deles pode crescer e fortalecer-se até tornar-se *parresía*, ou "ousadia". Talvez em nenhuma outra passagem essa ousadia transpareça tão claramente como na epístola aos Hebreus (10.19 ss.), onde lemos: *Tendo, pois, irmãos, intrepidez para entrar no Santo dos Santos, pelo sangue de Jesus... aproximemo-nos com sincero coração, em plena certeza da fé... Guardemos firme a confissão da esperança, sem vacilar, pois quem fez a promessa é fiel.*

CONFISSÕES DE FÉ

A confissão tem sido constitutiva do cristianismo desde o seu começo. O movimento de Jesus distinguiu-se do restante do judaísmo pela convicção declarada de que Jesus era o Messias. Em contextos diversos, no decorrer do desenvolvimento da vida da igreja, crenças cristãs distintas têm sido sintetizadas em fórmulas de maior ou menor firmeza em estrutura e linguagem (*cf.* 1Tm 3.16; O. Cullmann, *The Earliest Christian Confessions* [As primeiras confissões cristãs], London, 1949). Os mártires, em particular, fizeram sua confissão de fé perante o mundo enquanto enfrentavam a morte (*cf.* 1Tm 6.12-13); o chamado mártir era um cristão confesso.

Para atender à necessidade das igrejas, desenvolveu-se, no século II, a "regra de fé" e, mais tarde, os credos, manifestações essas que podem ser definidas, todas, como confissões de fé. Do mesmo modo, são outras afirmações de fé, como a Definição de Calcedônia (ver Cristologia) que tecnicamente não é um credo e que começa dizendo: "Todos, a uma só voz, confessamos nosso Senhor Jesus Cristo [...]".

Geralmente, no entanto, a expressão "confissão de fé" tem servido para designar as demonstrações formais de crença, produzidas principalmente por cristãos protestantes em suas respectivas divisões da igreja decorrentes da Reforma. Nisso se incluem também, todavia, textos que não se intitulam "confissões", tais como os decretos e o credo do Concílio de Trento, o Catecismo de Heidelberg, os 39 Artigos e os Cânones de Dort. Muitas dessas confissões permanecem como o padrão doutrinário de uma dada tradição eclesiástica — daí a palavra confissão ser também, não raro, usada como referente a determinada comunhão.

O texto, a seguir, restringe-se a confissões de ramos da Reforma e pós-Reforma, sendo, necessariamente, seletivo. Outras confissões além dessas, porém, foram formuladas, tais como os Artigos Metodistas de Religião (revisão de Wesley dos 39 Artigos, adotada pelos metodistas americanos em 1784) e o Quadrilateral Lambeth (de 1888, estipulando o essencial anglicano para a unidade dessa igreja). Importantes exemplos no século XX são: a Declaração de Barmen (1934); a base confessional, ampliada, mas ainda breve, do Conselho Mundial de Igrejas, aprovada em Nova Déli em 1961; o Pacto de Lausanne (1974), e a Confissão de 1967 da igreja Presbiteriana Unida dos Estados Unidos. Essa última foi incluída no *Livro de confissões* da igreja presbiteriana (1967), juntamente com o Credo dos Apóstolos e o Credo Niceno; a Confissão Escocesa e Segunda Confissão Helvética; o Catecismo de Heidelberg; a Confissão de Fé e o Breve Catecismo de Westminster; e a Declaração de Barmen (*cf.* E. A. Dowey Jr., *A Commentary on the Confession of 1967 e an Introduction to the Book of Confessions*, Philadelphia, 1968). O movimento ecumênico tem também produzido muitas formulações doutrinárias, incluindo a amplamente fundamentada *Batismo, eucaristia e ministério*, de 1982.

A confusão pluralista contemporânea em teologia não tem sido muito favorável à emissão de novas confissões. O *Livro de confissões* representa, na verdade, uma busca de solução para problemas das igrejas advindos de seus documentos confessionais dos séculos XVI e XVII, que frequentemente falam afrontosamente contra o papa ou inapropriadamente da relação entre a igreja e o poder civil ou que são ofensivos ao liberalismo teológico. Outra solução tem sido a de relevar termos com os quais os detentores de cargos não são obrigados a concordar. A igreja da Escócia, por exemplo, exige o reconhecimento somente das doutrinas fundamentais [inespecificadas] da Confissão de Westminster, com liberdade de opinião sobre as questões que não façam parte da substância [indefinida] da fé. Ou, ainda, há igrejas que têm relegado suas confissões à simples condição de afirmações "históricas" de sua fé.

Nesse contexto, as confissões são frequentemente comparadas com desvantagem em relação aos credos, mas tal contraste é comumente exagerado. A maioria das confissões é certamente produto de igrejas que se encontravam em processo de divisão, se já não estavam divididas, como aconteceu quando da Definição de Calcedônia. Tanto as confissões quanto os credos foram elaborados para excluir ou contradizer crenças errôneas, sendo historicamente condicionadas pelas heresias que refutavam. As limitações dos credos (p.ex: nenhum deles menciona a santa ceia, e todos eles pouco abordam a expiação) e suas obscuridades (*cf.* "desceu ao inferno" no Credo dos Apóstolos, sem falar dos termos técnicos contidos nos de Niceia e Calcedônia) são muito mais evidentes do que as das confissões, estas geralmente mais equilibradas e completas. As confissões podem ser mais controversas, mas os credos, por seu turno, são mais resumidos, tendo, talvez por isso, na prática, perdido mais inteiramente que as confissões a sua função básica original de pedra de toque da ortodoxia, o que só não é verdadeiro com respeito ao Credo dos Apóstolos.

Por outro lado, também, cristãos protestantes conservadores costumam colocar-se em defesa das confissões indiscriminadamente, esquecendo-se de que para os evangélicos elas só podem, tal como os credos, encontrar-se subalternas às Escrituras, sujeitas a julgamento e revisão sob a palavra, como muitas delas, aliás, explicitamente afirmam. Em algumas tradições mais importantes, p.ex., a batista, os membros das igrejas têm frequentemente se recusado a aceitar qualquer credo ou confissão, alegando serem crentes "em conformidade somente com a Bíblia"; assim como há igrejas que ignoram a força quase confessional de documentos como a constituição eclesiástica, as regras de adoração e prática, os hinários e os esquemas tradicionais de interpretação bíblica. Tanto quanto a maioria das igrejas protestantes tem percebido, elas não podem prescindir, de todo modo, das confissões, pois a melhor defesa das confissões da Reforma repousa em seu amplo uso nas atividades de ensino das congregações.

Panorama das confissões. As referências, aqui, são feitas às seguintes obras: P. Schaff, *The Creeds of Christendom* [Os credos da cristandade], 3 vols. (New York, 1877ss, best ed. 1919); J. H. Leith, *Creeds of the Churches* [Credos das igrejas] (Richmond, VA, 31982); A. C. Cochrane, *Reformed Confessions of the Sixteenth Century* [Confissões reformadas do século XVI] (London, 1966).

Confissão de Schleitheim (1527). São sete artigos elaborados por Michael Sattler (c. 1490-1527) e adotados pelos Irmãos Suíços, "igreja livre da Reforma zuingliana", contendo uma afirmação clara das visões distintivas das principais correntes de anabatistas sobre: batismo, disciplina ("o banimento"), ceia do Senhor, separação do mundo, pastores, "a espada" ("ordenada por Deus exteriormente à perfeição de Cristo"), e juramentos (Leith).

Confissão de Augsburgo. É a primeira grande confissão protestante, uma descrição moderada dos ensinos luteranos, compilada por Melâncton e apresentada à Dieta Imperial (ao Parlamento) de Augsburgo. Detém uma posição ímpar em todo o luteranismo. Em 1531, Melâncton escreveu para essa confissão uma *Apologia*, em resposta a uma *Confutação* católica. Sua consequente revisão da Confissão, aliviando, em particular, sua asserção da presença real de Cristo na ceia, resultou em forte controvérsia. Foi a original, inalterada (*Invariata*), que foi reafirmada como o documento básico do luteranismo no *Livro de Concórdia* (ver abaixo). Ela começa falando a respeito da Trindade, condena antigos hereges e anabatistas e nada diz sobre predestinação (Schaff; Leith; T. G. Tappert, *The Book of Concord* [O livro de concórdia], 1959).

Confissão Tetrapolitana (1530). Foi submetida à mesma Dieta de Augsburgo por "quatro cidades" do sul da Alemanha, tendo à frente Estrasburgo (basicamente, portanto, uma obra de Bucer). Mostra-se incapaz de aceitação da Confissão de Augsburgo na questão da ceia do Senhor, sobre a qual, *inter alia*, procurava mediar junto a luteranos e zuinglianos (Schaff; Cochrane).

Primeira Confissão Helvética (ou *Suíça*) (1536). Confissão comum das cidades suíças reformadas, elaborada por Bullinger e outros, com a ajuda de Bucer e Capito (1478-1541), feita na expectativa de conciliar reformados suíços com luteranos. Começa abordando as Escrituras, dá destaque ao ministério da igreja e abrange o governo temporal (cuja tarefa suprema é promover a verdadeira religião) e o casamento (Schaff; Cochrane). É também conhecida como Segunda Confissão de Basileia, onde foi promulgada. A Primeira Confissão de Basileia (1534) caracterizava-se pela afirmação mais antiga dos reformados suíços no sentido de que deveria haver somente uma autoridade local.

Confissão Genebrina (1536). Produzida por Calvino e Farel como parte da constituição da igreja recentemente reformada da cidade de Genebra. Foi a única entre as confissões da Reforma a exigir a subscrição de todos os cidadãos e residentes locais — uma impossibilidade, como os fatos demonstraram. Seus 22 breves artigos começam pelas Escrituras, como a palavra de Deus, e incluem a excomunhão e a vocação cristã dos magistrados, mas não a predestinação (Schaff; Cochrane).

Segunda Confissão Helvética (ou *Suíça*) (1566). Uma revisão da confissão pessoal de Bullinger, aprovada em Zurique pelas cidades suíças reformadas, agora incluindo Genebra (mas não Basileia). Embora sendo um pequeno texto, tem sido amplamente traduzida e influente como a mais madura das confissões reformadas. É inteiramente marcada por um interesse na continuidade da ortodoxia católica da igreja primitiva e por uma perspectiva prática e pastoral. O Artigo 1º, versando sobre as Escrituras, declara que "a pregação da Palavra de Deus é a Palavra de Deus" (Schaff; Leith; Cochrane). A integração de Genebra foi realizada por um Consenso de Zurique (*Consensus Tigurinus*, 1549) sobre a ceia do Senhor, entre Calvino e Farel por Genebra e Bullinger pela maioria das igrejas suíças zuinglianas. O ponto de vista de Bullinger provavelmente predominou no Consenso.

Confissão Gaulesa (ou *Francesa*) (1559). Adotada no primeiro sínodo nacional das igrejas reformadas em Paris. Foi uma reformulação em quarenta artigos de texto original enviado de Genebra, com algumas mofidicações importantes. O Artigo 2 declara que Deus se revela primeiramente na criação e, "em segundo lugar, e mais claramente", em sua palavra, ou seja, o esboço genebrino colocava tão somente no Artigo 1. Reconhece os três credos, sem as reservas de Calvino. O sínodo em La Rochelle em 1571 a reafirmou, após mínimas revisões (Schaff; Cochrane).

Confissão Escocesa (1560). É a primeira confissão da igreja Reformada da Escócia (substituída pela Confissão de Westminster, em 1647), elaborada por João Knox e cinco outros autores, todos com o nome de João — Douglas, Row, Spottiswoode, Willock e Winram. Ecoa com um vigor espontâneo e até desordenado, refletindo a pressa em sua produção. Vale-se de amplo espectro de fontes da Reforma, abrangendo as experiências de Knox na Inglaterra e no continente europeu. Deus e a criação vêm em primeiro lugar, mas entre a encarnação e a cruz já aparece a eleição. Fora dessa igreja não há vida nem felicidade eterna — mas essa igreja é invisível, conhecida somente de Deus. Os princípios da verdadeira igreja incluem a disciplina, a palavra e os sacramentos. É condenada a ideia de que os sacramentos sejam meramente sinais nus e expostos. Essa combativa e vívida confissão tem desfrutado de considerável apreciação nos dias de hoje (Schaff, Cochrane, G. D. Henderson, J. Bulloch (eds.), *The Scots Confession* [As confissoões escocesas] (versão moderna inglesa), Edinburgh, 1960; K. Barth, *The Knowledge of God and the Service of God* [O conhecimento de Deus e o serviço de Deus], London, 1938).

Confissão Belga (1561). Esboçada por Guido de Brès (1522-1567) como uma apologia dos cristãos reformados perseguidos nos Países Baixos, tornando-se finalmente, em Dort, 1619, em um dos padrões doutrinários da igreja Reformada Holandesa, juntamente com o Catecismo de Heidelberg e os Cânones de Dort. Segue de perto a Confissão Gaulesa, p.ex: em sua dissociação apologética dos anabatistas, embora sua afirmação sobre a revelação natural seja mais cuidadosa (Schaff & Cochrane).

39 Artigos (1563). É a confissão básica da igreja da Inglaterra reformada e, consequentemente, da maioria das outras igrejas anglicanas. Foram extraídos, sob Elizabeth I, dos 42 Artigos de Cranmer, de 1553, recebendo uma mudança final em 1571. Propostos como instrumento de unidade religiosa nacional, meio caminho entre Roma e os anabatistas (não entre Roma e Genebra), refletem influências europeias diversas — mais luteranas quanto à predestinação e em permitir crenças e práticas não contrárias à Escritura e mais reformadas quanto aos sacramentos. A interpretação dos artigos tem sido seriamente questionada (*cf. Newman's Tract 90*) (Schaff, Leith, W. H. Griffith Thomas, *Principles of Theology* [Princípios de teologia], London, 1956; O. O'Donovan, *On the Thirty Nine Articles* [Sobre os 39 artigos], Exeter, 1986).

Fórmula de Concórdia (1577). Longo documento que resolveu as controvérsias luteranas entre os chamados "filipistas", que seguiam a acomodação de Melâncton, e os ditos "gnesioluteranos", discípulos considerados "autênticos" do próprio Lutero. Compilada basicamente por James Andreae (1528-1590), que dela também escreveu um *Epítome*, e Martin Chemnitz (1522-1586), sua exposição cuidadosamente equilibrada teve o efeito de excluir a conciliação com os calvinistas, como os melanctonistas esperavam. Foi incluída no *Livro de Concórdia* (1580) dos luteranos juntamente com os três credos, a *Confissão de Augsburgo* e sua *Apologia*, os *Artigos pouco escaldados*, de Lutero e o *Tratado sobre o poder e a primazia do papa*, de Melâncton, ambos de 1537, e os *Catecismos, maior e menor*, de Lutero. Essa coleção compreende todos os padrões doutrinários geralmente aceitos no luteranismo, sendo adotada pela maioria do clero desse ramo quando de sua ordenação (Tappert, *Livro de Concórdia*; E. Schlink, *The Theology of the Lutheran Confessions*, [A teologia das confissões luteranas], Philadelphia, 1961).

Uma resposta conciliadora com a *Fórmula de Concórdia* é a obra *Harmony of the Confessions of Fatih of the Orthodox and Reformed Churches*, [Harmonia das confissões de fé das igrejas reformadas e ortodoxas], publicada em Genebra em 1581. Produzida por Jean Salvart (m. 1585), Beza e outros, essa coletânea harmoniosa de quinze confissões protestantes, incluindo a de

Augsburgo, argumentava que não se devia perder a esperança quanto à unidade protestante, mas que pouco interesse ela deveria despertar além dos círculos da Reforma (Peter Hall, *The Harmony of Protestant Confessions of Faith* [A harmonia das confissões de fé protestantes], London, 1842).

Confissão de Westminster (1646). Uma exposição altamente sistemática da ortodoxia calvinista, de notável abrangência, equilíbrio e precisão. Adotada pela igreja da Escócia em 1647, tornou-se subsequentemente a confissão da maioria das igrejas presbiterianas e, com mudanças devidas, de igrejas congregacionais (e mesmo batistas) da Inglaterra e dos Estados Unidos. Foi obra de teólogos sumamente puritanos da Assembleia de Westminster, comissionados para produzir uma confissão que unisse, em termos religiosos, a Escócia à Inglaterra. Atende a um calvinismo desenvolvido e de tendências "escolásticas" refletindo a teologia do pacto, puritana, e os Artigos Irlandeses de 1615 (adotados por breve período pela igreja [Episcopal] da Irlanda, a despeito de nada se referirem à necessidade de ordenação episcopal e de três ordens de ministério, tendo sido escritos principalmente por James Ussher, 1581-1656). Os aspectos mais controversos dessa confissão são: a dupla predestinação (juntamente com o livre-arbítrio e as "causas secundárias" contingentes); o pacto das obras com Adão; uma doutrina puritana da certeza da salvação, e uma visão sabatina a respeito do domingo. Mesmo seus críticos, todavia, reconhecem sua solidez e majestade (Schaff, Leith, S. W. Carruthers [eds.], *The Westminster Confession of Faith... with Notes* [Confissão de fé... com notas], Manchester, 1937; B. B. Warfield, *The Westminster Assembly and Its Work* [A assembleia de Westminster e sua obra], New York, 1931; A. I. C. Heron [ed.], *The Westminster Confession in the Church Today* [A confissão de Westminster na igreja de hoje], Edinburgh, 1982).

Plataforma de Cambridge (1648) e **Declaração de Savoy** (1658). Documentos fundamentais dos congregacionalismos americano e inglês, respectivamente. Em matéria de doutrina, reproduzem essencialmente a Confissão de Westminster, com as mudanças necessárias para proporcionar uma forma de governo adequada às congregações independentes (Schaff; Leith; W. Walker, *The Creeds and Platforms of Congregationalism* [Os credos e plataformas do congregocionalismo], New York, 1893).

Confissão Batista de Londres (1677). Conhecida também como Confissão de Filadélfia, que também adaptou as proposições calvinistas da Confissão de Westminster, nesse caso para as formas de batismo e de governo eclesial dos batistas. Foi a mais amplamente aceita das confissões batistas de cunho calvinista. Outra confissão, a de *New Hampshire* (1833), por sua vez, constituiu uma afirmação mais leve da fé batista calvinista.

Confissão de Dositeu (1672). Considerada a mais importante confissão ortodoxa dos tempos modernos, definindo a teologia ortodoxa contra o protestantismo. Dositeu (1641-1707) foi patriarca de Jerusalém, tendo presidido o sínodo ortodoxo que canonizou essa confissão (Leith). Seu alvo "calvinista" específico foi Cirilo Lucáris (1572-1638), patriarca de Constantinopla, fortemente atraído pelo protestantismo, cuja própria confissão de fé (Genebra, 1629; Schaff; G. A. Hadjiiantoniu, *Protestant Patriarch* [Patriarca protestante], Richmond, VA, 1961) é uma interpretação totalmente calvinista da doutrina ortodoxa.

(**D. F. Wright**, M.A., reitor da Faculdade de Teologia e catedrático de História Eclesiástica do *New College*, Universidade de Edimburgo, Escócia.)

BIBLIOGRAFIA. W. A. Curtis, *A History of the Creeds and Confessions of Faith* (Edinburgh, 1911); E. Routley, *Creeds and Confessions* (London, 1962); C. Plantinga Jr., *A Place to Stand: A Reformed Study of Creeds and Confessions* (Grand Rapids, MI, 1979).

CONFUSÃO DAS LÍNGUAS. Ver o artigo sobre *Babel, a Cidade e a Torre.*

CONGREGAÇÃO, MONTE DA

A expressão figura somente no trecho de Isaías 14.13, em todo o Antigo Testamento. Alguns intérpretes supõem que a referência original é à "congregação dos deuses", o que seria uma alusão a religiões pagãs, mencionada nos textos acádicos e ugaríticos. É possível que esteja em foco o monte Moriá. Mas, a referência ao norte, dentro desse texto de Isaías, não nos permite pensar no monte Moriá, e nem em Sião, que não ficava na porção norte de Jerusalém. Diz Delitzch, em seu comentário sobre o livro de Isaías: "O profeta faz o rei da Babilônia falar segundo a noção geral de seu povo, que localizava a sede da divindade no cume das montanhas do norte, perdidas em meio às nuvens". Outros intérpretes, para evitar a referência pagã, declaram que nada que se pareça com isso pode ser asseverado, e nem pode tal referência ser identificada com qualquer localização geográfica específica. Isso significa que não sabemos o que o autor sagrado tinha em mente.

CONSELHO, CONSELHEIRO

No hebraico, *etsah*, "conselho", palavra que ocorre por 86 vezes Deuteronômio 32.28; Jz 20.7; 2Sm 15.31,34; 16.20,23; 1Rs 1.12; 2Cr 10.8,13; Ed 10.3,8; Ne 4.15; Jó 5.13; 10.3; 12.13; Sl 1.1; 13.2; 14.6; Pv 1.25,30; 8.14; 12.15; 19.20,21; Is 5.19; 11.2; Jr 18.18,23; Ez 7.26; Zc 6.13). As ideias envolvidas nesse termo e seus cognatos são "sessão", "assembleia", "julgar", "defensor", "conselheiro".

Os pensamentos das pessoas transparecem em suas reuniões, e isso empresta autoridade às suas palavras, de uma maneira como não se verifica quando alguém fala isoladamente. No entanto, também há conselhos ímpios, negativos, e também aqueles conselhos que são desobedecidos e ignorados (Sl 33.10,11; 2Sm 15.34; Is 49.19; 19.3).

O Messias como Conselheiro. Isaías previu a vinda do grande Conselheiro (Is 9.6; 11.2). O conselho da paz seria estabelecido entre o Messias vindouro e o sumo sacerdócio (Zc 6.13). Um conselheiro sugeria soluções sábias sobre qualquer questão, sendo esse um conceito geral do Antigo Testamento (Pv 11.14; 2Cr 25.16; 2Sm 15.12; Ez 7.28). Porém, o Messias é o maior de todos os conselheiros, cujos conselhos exerceriam um impacto universal. No Novo Testamento, entre os judeus, os conselheiros usualmente eram membros do Sinédrio (vide), segundo se vê em Marcos 15.43 e Lucas 23.50. José de Arimateia foi chamado de *bouleutes*, isto é, membro do concílio, e era um conselheiro. O conselho de Deus é imutável, pois exprime o seu propósito eterno (Hb 6.17). O julgamento de Deus, quanto à validade ou não de nossas ações, é mais importante do que a nossa própria consciência (1Co 4.4). Nenhuma determinação humana pode ser ocultada de Deus; e os juízos divinos ultrapassam e frustram todas as racionalizações humanas (Rm 11.33).

CONSOLO, CONSOLAÇÃO

O consolo consiste nestes pontos: **1**. Alívio em face da tristeza, com desafogo em face do desapontamento e da consternação. Na literatura ascética e devocional, o termo é usado para denotar a felicidade que se segue a períodos de depressão espiritual ou de aridez nas orações. **2**. O termo também é empregado para denotar a refeição vespertina dos monges, após a refeição diária normal. Geralmente era tomada altas horas da noite. Essa refeição extra era uma espécie de compensação pelas tensões dos tempos de oração e trabalho diligentes. Alimentos mais substanciais e ricos geralmente eram oferecidos na ocasião. **3**. Quanto aos usos bíblicos, ver a continuação deste artigo.

No hebraico temos três palavras, e no grego, uma: **1**. *Tanchumim*, "consolos". Palavra hebraica usada por três vezes (Sl

94.19; Is 66.11; e Jr 16.7(. **2**. *Tanchumoth*, "consolos". Palavra hebraica usada por duas vezes (Jó. 15.11 e 21.2). **3**. *Nacham*, "consolo". Palavra hebraica usada por 103 vezes (para exemplificar: Gn 5.29; 37.35; Rt 2.13; 2Sm 10.2,3; 1Cr 7.22; Jó 2.2,11; 7.13; Sl 23.4; Is 12.1; 22.4; 40.1; Jr 16.7; Lm 1.2,17,21; Ez 14.23; Zc 1.17; 10.2). **4**. *Paráklesis*, "consolação". Palavra grega usada por 29 vezes (Lc 2.25; 6.24; At 4.36; 9.31; 13.15; 15.31; Rm 12.8; 15.4,5; 1Co 14.3; 2Co 1.3-7; 7.4,7,13; 8.4,17; Fp 2.1; 1Ts 2.3; 2Ts 2.16; 1Tm 4.13; Fm 7; Hb 6.18; 12.5; 13.22).

O nome do profeta de Israel, Neemias, vem de uma raiz hebraica que significa "consolo" (ver o número 3, acima). O vocábulo grego é usado como um dos nomes do Espírito Santo, o *Paracleto* (vide). Essas palavras são largamente usadas para indicar todas as formas de consolo, em que a tristeza se transmuta em júbilo. (Ver Is 40.1; 49.13; 51.3). As palavras hebraicas também podem indicar o refrigério físico ou mental (Gn 18.5; Jz 19.5,8). Porém, é a palavra de Deus que, acima de tudo, aparece como o grande consolo dos crentes (Sl 119.50). Inerente ao uso há a ideia de mudança da tristeza para a alegria. A presença de alguém que cuida de nós e que conosco simpatiza, transparece com frequência. Isso sucede até mesmo quando a alguém faltam as palavras próprias para consolar a outrem. De alguma maneira, a tristeza compartilhada chega a consolar, mesmo quando pensamos que isso é impossível.

No Novo Testamento, há muitas aplicações da palavra grega e da ideia de consolo. O trecho de Mateus 5.4 promete consolo àqueles que choram. Os três membros da Trindade (vide) envolvem-se na obra da consolação (2Co 1.5, 6; Fp 2.1; At 9.31). Jesus compartilha de nossas tristezas e é o nosso Consolador (Lc 7.13; Hb 2.18). O Espírito Santo, o Alter ego de Cristo, e perpetuador de sua missão, também é chamado de Consolador (Jo 14.16). Essa palavra pode significar "advogado"; e, nesse sentido, é aplicada a Jesus Cristo, em 1João 2.1. O estado futuro dos remidos é descrito como um estado de consolação, para aqueles que pouco tiveram na vida terrena (Lc 16.22). A segunda epístola aos Coríntios tem sido chamada de "epístola do consolo", porquanto contém a palavra grega *parákletos* por dez vezes. (Ver 2Co 1.3-7; 7.4,7,13; 8.4,17). No Novo Testamento, a forma nominal, *paráklesis*, é usada por 29 vezes; a forma verbal, por 108 vezes; a forma pessoal, *parákletos*, por cinco vezes, a saber, em João 14.16,26; 15.26; 16.7; 1João 2.1.

Métodos de Consolo. Pode-se consolar a outrem de várias maneiras: compartilhando de sua tristeza; oferecendo simpatia; procurando modificar as condições entristecedoras; conferindo a outrem o conhecimento da salvação, que cura a tristeza da alma; oferecendo encorajamento; edificando e inspirando. E, no tocante à tristeza causada pelas privações físicas, aliviando as necessidades materiais, segundo se vê em Colossenses 4.11 e 1Tessalonicenses 2.11.

Barnabé significa, em hebraico, "filho da consolação" (ver At 4.36). Ele era alguém que aconselhava de modo correto, visando ao benefício espiritual dos aconselhados. A epístola aos Hebreus é caracterizada como "palavra de exortação", refletindo a atitude demonstrada por Barnabé. A prontidão para dar apoio a quem se acha atribuído deveria ser uma das principais virtudes cristãs, no conceito dos crentes (1Ts 2.11; Rm 1.12; Cl 4.11). O consolo é uma dentre as várias obras de amor, comprovação e prova da espiritualidade (1Jo 4.7 ss.). (A B)

CONSTRUIR, CONSTRUÇÃO

No hebraico, *banah* ou *benah*, palavra que figura por cerca de quatrocentas vezes, desde Gênesis 4.17 até Malaquias 1.4. No grego, *Oikodoméo*, "construir uma casa", palavra que figura por quarenta vezes, desde Mateus 7.24 até 1Pedros 2.7. *Oikodomé*, "construção", aparece por dezoito vezes, de Mateus 24.1 a Efésios 4.29.

Uso Literal. Esse inclui o uso de vários materiais para construir edificações ou objetos, empregando um labor habilitado (2Cr 34.11). No caso de edificações de grande porte, o trabalho era feito sob a supervisão de um "construtor" (1Co 3.10). O local da construção era escolhido pelo edificador (ver Gn 4.17, que se refere à cidade de Enoque, construída por Caim). O povo de Israel foi forçado a edificar cidades-armazéns, como Ramsés e Píton. Os gaditas reedificaram Dibom (Nm 32.34); os rubenitas, Hesbom (Nm 32.37). Altares foram levantados em muitos lugares (Êx 17.15; 32.5; Dt 27.5). Davi construiu muito em Jerusalém (2Sm 5.9). Salomão reconstruiu e ampliou as cidades de Milo, Hazor, Megido e Gezer, com portões e muralhas. Ele edificou Tadmor (Palmira) (2Cr 8.4), como um posto avançado comercial. Porém, a maior obra arquitetural de Israel foi o templo de Jerusalém (vide), erigido por Salomão, para comemorar o nome remidor de Yahweh (1Rs 6.1 ss.). Nos dias de Israel e Judá, muitos palácios foram erigidos (1Rs 12.25; 2Cr 26.19; 1Rs 16.23,32).

Após o exílio babilônico, Jerusalém e suas muralhas foram reconstruídas, conforme se lê nos livros de Neemias e Esdras. Durante o período intertestamentário, a Jerusalém dos hasmoneanos foi ampliada. Então foi efetuada a principal construção de Jerusalém, o templo de Herodes, em substituição ao templo de Esdras.

No antigo Israel, ideias e materiais eram importados de outros povos, sobretudo dos fenícios (Tiro) (2Sm 5.11; 1Rs 5.1 ss.), o que significa que o templo de Jerusalém foi um projeto essencialmente dos fenícios. Israel nunca desenvolveu um estilo arquitetural distintivamente judaico. Os principais edificadores da história do antigo Israel foram Davi, Salomão, Uzias e Jotão. As construções feitas por Herodes seguiam o estilo romano.

Usos Metafóricos. **1**. Deus é o edificador de todas as coisas (Hb 3.4; 11.10), incluindo seu grande ato de criação (Gn 1.1), seu planejamento e sua energia, que traz à existência e empresta propósito a todas as coisas (1Co 8.6). **2**. O Filho de Deus está envolvido diretamente em cada um dos aspectos de tal criação e planejamento (Jo 1.1; Cl 1.16). **3**. Deus é o edificador de famílias, cidades e nações prósperas (1Cr 17.10; Sl 69.35; Jr 18.9). **4**. Deus edifica o trono de Davi, tanto na nação de Israel como dentro da promessa messiânica, com alcance mundial e cósmico (Sl 89.4). **5**. Deus edifica as muralhas de Jerusalém, fazendo a nação de Israel prosperar como um grande veículo espiritual (Sl 51.18). **6**. A igreja é edificada por Cristo, sobre ele mesmo, como pedra angular, e sobre os apóstolos e profetas como fundamento (Cl 2.7; Ef 2.21, 22). Cristo é o alicerce da igreja (1Co 3.11). **7**. Os santos são edificados em sua santíssima fé, o que os leva a prosperar espiritualmente (Jd 20). **8**. Os crentes são comparados a uma edificação que está sendo construída como uma entidade espiritual (1Pe 2.4-6). **9**. O crescimento na graça é um processo de edificação espiritual (Cl 2.7), o que indica que se trata de um desenvolvimento gradual, passo a passo (ver Hb 5.11—6.3). (ID S Z)

CONSULTAR

Vem do latim *consulere*, **"aconselhar-se"**. Em 1Reis temos o termo hebraico equivalente, onde se lê que os homens se aconselharam mutuamente. Também havia a ideia de consultar a deidade, com o propósito de determinar as ações futuras e os acontecimentos futuros. De algumas vezes, os meios usados nessa consulta são especificados; de outras vezes, não. (Ver Js 9.14; 1Sm 14.37; 23.2). Algumas vezes, um profeta era usado para fazer essa consulta (Jr 38.14,27). Ou então o sumo sacerdote usava o urim e o tumim (Nm 27.21; Ed 2.63). Certas formas de consulta eram proibidas, como aquelas dirigidas aos espíritos ou aos ídolos (Dn 18.11; Is 8.19 ss.). Os pagãos costumavam fazer esse tipo de consulta (Is 19.3; Ez 21.21). Também há o famoso caso de Saul (1Sm 28.3 ss.). A oração é uma forma de o crente consultar a vontade do Senhor. Uma vida piedosa é um dos meios do crente consultar eficazmente a Deus. A maior parte das coisas que as pessoas buscam tem base no egoísmo. Porém, a consulta a Deus deveria ser um dos meios da promoção espiritual. As orações de Paulo buscam a iluminação e o desenvolvimento espirituais. (Ver Ef 1.17 ss).

CONTAMINAR

Mais de uma dúzia de palavras hebraicas e gregas são traduzidas por "contaminar", "contaminação" ou sinônimos: *goel*, "poluição", *chalal*, "poluir"; *chanep*, "profanar"; *tame*, "tornar imundo"; *tanaph*, "contaminar"; *alal*, "rolar"; *anah*, "humilhar". Dentre essas palavras hebraicas, a mais comumente usada é *tame*, que figura por cerca de 250 vezes, como verbo, substantivo ou adjetivo (por exemplo: Gn 34.5,13,27; Lv 11.44; 15.31; 20.3; Nm 5.3; 6.9; 19.13; 35.34; 2Rs 23.8,10,13; Sl 79.1; Is 30.22; Jr 2.7; 32.34; Ez 5.11; 9.7; 18.6; 43.7,8). As palavras gregas são as seguintes: **1**. *Koinóo*, "tornar comum" (usada por catorze vezes: Mt 15.1,18,20; Mc 7.15,18,20,23; At 10.15; 11.9; 21.28; Hb 9.13). **2**. *Miaíno*, "tingir", "contaminar" (usada por cinco vezes: Jo 18.28; Tt 1.15; Hb 12.15; Jd 8). **3**. *Molúno*, "contaminar", "tornar imundo" (usada por três vezes: 1Co 8.7; Ap 3.4; 14.4). **4**. *Spilóo*, "manchar", "contaminar" (usada por duas vezes: Tg 3.6; Jd 23). **5**. *Phtheíro*, "corromper", "depravar" (usada por oito vezes: 1Co 3.17; 15.33; 2Co 7.2; 11.3; Ef 4.22; 2Pe 2.12; Jd 10; Ap 19.2).

Contaminação entre os Judeus. **a. Contaminação física** (Ct 5.3). **b. Contaminação sexual**, por relações ilícitas (Lv 18.20) ou por relações com uma mulher durante o seu período menstrual (Lv 15.24; 1Sm 21.5). **c. Contaminação moral ou ética** (Is 59.3; Ez 37.23). **d. Contaminação cerimonial**. Ver o artigo geral sobre *Limpo e Imundo*. A imundícia cerimonial desqualificava a pessoa, não podendo participar do culto (Lv 11.24; 15.19; 22.6). **e. Contaminação religiosa**. Esse tipo de contaminação estava envolvido com a contaminação cerimonial, mas também envolvia o coração ou espírito, porquanto é possível alguém participar de uma reunião de culto com precisão cerimonial, mas ter um espírito corrompido (Nm 25.33; Jr 3.1; Ml 1.7,12). Os líderes religiosos da época de Jesus tinham feito das contaminações cerimoniais um item muito importante, alistando inúmeras coisas, o que tornava a questão uma carga insuportável (Mc 7.2; Jo 18.28), esquecendo-se assim do espírito real da lei. O ensino de Jesus sobre a contaminação sempre envolve a imundícia espiritual (Mt 15.18; Mc 7.19; Hb 12.15). A exaustiva lista dos vícios, no primeiro capítulo da epístola aos Romanos, mostra-nos que os apóstolos estavam interessados em combater a contaminação moral. Ver o artigo sobre os *Vícios*, quanto a uma discussão completa a esse respeito.

CONTAR, CONTO

No hebraico encontramos quatro palavras, cada uma das quais empregada apenas por uma vez: **1**. *Hegeh*, "meditação", "declaração". Aparece em Salmo 90.9. **2**. *Mispar*, "narração". Aparece em 1Crônicas 9.28. **3**. *Mathkoneth*, "medida". Aparece em Êxodo 5.8. **4**. *Token*, "peso", "medida". Aparece em Êxodo 5.18.

No grego encontramos a palavra *leros*, que figura apenas em Lucas 24.11, que nossa versão portuguesa diz como segue: "Tais palavras lhes pareciam um como *delírio*, e não acreditaram nelas". A palavra em itálico corresponde ao original grego. Porém, a palavra grega tem mais o sentido de "absurdo", "despropósito", "disparate".

A tradução de Salmo 90.9 tem sido muito disputada. Há versões que dizem: "... como um conto que é relatado". Outras versões dizem: "... como a teia de uma aranha". Nossa versão portuguesa diz: "... como um breve pensamento". A tradução literal diria: "... como uma meditação". Portanto, nossa versão portuguesa é a que mais se aproxima da ideia.

Quando Moisés requereu permissão para entrarem os israelitas três dias de viagem deserto adentro, a fim de oferecerem sacrifícios a Yahweh, Faraó, o rei do Egito, replicou exigindo a "mesma conta" e a "mesma quantidade" de tijolos que os israelitas costumavam fabricar, e que ainda tivessem de ajuntar a palha que antes lhes era provida (Êx 5.8,18; ver também 1Sm 18.27 e 1Cr 9.28).

CONTENDAS

Há seis palavras hebraicas envolvidas e cinco palavras gregas, a saber: **1**. *Din*, "contenção". Palavra hebraica que ocorre por vinte vezes (por exemplo: Sl 9.4; Pv 29.7; Jr 5.28; Pv 22.10). **2**. *Madon*, "contenda". Palavra hebraica que aparece por quinze vezes (por exemplo: Sl 80.6; Pv 15.18; 29.22; Jr 15.10; Hc 1.3). **3**. *Medanim*, "brigas", "contendas". Palavra hebraica usada por duas vezes (Pv 10.12; 6.19). **4**. *Matstsah*, "debate", "discussão". Palavra hebraica empregada por três vezes (Pv 13.10; Is 58.4; Pv 17.19). **5**. *Rib*, "causa". Palavra hebraica usada por cerca de 140 vezes. (Para exemplificar: Ne 13.17,25; Jó 9.3; Is 49.25; Am 7.4; Mq 6.1; Dt 17.8; 19.17; 2Sm 15.2; 2Cr 19.8; Jr 25.31; Os 4.1; 12.2). **6**. *Meribah*, "contenda", "controvérsia". Palavra hebraica usada por seis vezes (Gn 13.8; Nm 27.14; Sl 106.32; Ez 47.19; 48.28 e Sl 95.8). **7**. *Antilogía*, "contradição". Palavra grega usada por quatro vezes (Hb 6.16; 7.7; 12.3; Jd 11). O verbo, *antilogéo*, "contradizer", aparece por nove vezes (Lc 2.34; 20.27; Jo 19.12; At 13.45; 28.19,22; Rm 10.21; Tt 1.9 e 2.9). **8**. *Eritheía*, "querela". Palavra grega usada por sete vezes (Rm 2.8; 2Co 12.20; Gl 5.20; Fp 1.17; 2.3; Tg 3.14,16). O verbo, *erízo*, "querelar", aparece somente em Mateus 12.19, citando Isaías 43.2. **9**. *Éris*, "briga", "contenda". Palavra grega que é empregada por nove vezes (Rm 1.29; 13.13; 1Co 1.11; 3.3; 2Co 12.20; Gl 5.20; Fp 1.15; 1Tm 6.4; Tt 3.9. 10). *Máche*, "contenda", "batalha". Palavra grega usada por quatro vezes (2Co 7.5; 2Tm 2.23; Tt 3.9; Tg 4.1). O verbo *máchomai*, "contender", também aparece por quatro vezes (Jo 6.52; At 7.26; 2Tm 2.24; Tg 4.2. 11). *Philoneikía*, "contenda", "disputa". Palavra grega utilizada por apenas uma vez, em Lucas 22.24. O adjetivo *philóneikos*, "disputador", também só aparece por uma vez, em 1Coríntios 11.16.

Salomão nos dá a razão do espírito contencioso, quando diz: *Lança fora o escarnecedor, e com ele se irá a contenda; cessarão as demandas e a ignomínia* (Pv 22.10). O espírito briguento, contencioso, é próprio dos inconformados com as coisas como elas são. Essa atitude negativa é muito bem retratada por Judas: *Estes, porém, quanto a tudo o que não entendem, difamam; e, quanto a tudo o que compreendem por instinto natural, como brutos sem razão, até nessas cousas se corrompem* (Jd 10). Essa atitude é muito bem ilustrada no caso de Abraão, Ló e seus respectivos pastores. Estes últimos entraram em contenda, mas Abraão, que era dotado de outras atitudes, procurou entender-se com Ló, dizendo-lhe: *Não haja contenda entre mim e ti, entre os meus pastores e os teus pastores, porque somos parentes chegados* (Gn 13.7,8). Essa passagem, pois, mostra-nos que o afeto e a cordialidade são a vacina para o espírito contencioso. Acima de meros interesses materiais, que poderiam levar à controvérsia, Abraão punha o valor maior do parentesco.

O espírito contencioso faz parte das obras da carne. Esse espírito manifesta-se de vários modos, conforme se vê em Gálatas 5.20,21: ... *inimizades, porfias, ciúmes, iras, discórdias, dissenções, facções, invejas*...

As diversas palavras hebraicas usadas no Antigo Testamento para expressar essa atitude carnal demonstram a gravidade desse pecado. Todavia, há um aspecto da questão que é pouco ventilado. É que Deus mostra-se contrário aos que lhe são desobedientes, que lhe fazem oposição. Enquanto o povo de Israel foi obediente, Deus os abençoou com sua graça providencial; no entanto, quando eles se rebelaram, Deus mostrou-se o grande opositor deles. Isso é bem expresso em Miqueias 6.2: *Ouvi, montes, a controvérsia do Senhor, e vós, duráveis fundamentos da terra; porque o Senhor tem controvérsia com o seu povo, e com Israel entrará em juízo*. É que, ocasionalmente, a controvérsia está baseada em uma "causa" justa. A perversidade e maldade dos homens provocam a Deus, que se sente forçado a defender o direito e a justiça. Nunca isso se tornará mais evidente do que nos dias finais de nossa era: ... *o Senhor tem contenda com as nações, entrará em juízo contra toda carne; os perversos entregará a espada, diz o Senhor* (Jr 25.31). Essa ideia é reiterada em Oseias 4.1: ... *o Senhor tem uma contenda com os habitantes da terra; porque nela não há verdade, nem amor, nem conhecimento de Deus.* Esse aspecto da questão exibe o aspecto punitivo do trato de Deus com os homens: *O Senhor também com Judá tem contenda, e castigará Jacó segundo o seu proceder; segundo as suas obras o recompensará* (Os 12.2). O remédio para esse juízo divino encontra-se quatro versículos adiante: ... *converte-te a teu Deus, guarda o amor e o juízo, e no teu Deus espera sempre* (Os 12.6).

Talvez nenhuma passagem do Antigo Testamento seja mais ilustrativa do espírito contencioso e provocador a Deus do que o caso de Meribá, relatado em Êxodo 17.1 ss. Comentando a esse respeito, diz o salmista: *Não endureçais o vosso coração, como em Meribá, como no dia de Massá, no deserto; quando vossos pais me tentaram, pondo-me à prova, não obstante terem visto as minhas obras. Durante 40 anos estive desgostoso com essa geração, e disse: É povo de coração transviado, não conhece os meus caminhos. Por isso jurei na minha ira: Não entrarão no meu descanso* (Sl 95.8-11). Ali vemos que o espírito contencioso equivale a submeter Deus a teste. Tal espírito merece, da parte de Deus, a atitude de repúdio e reprovação. O Espírito de Deus nos ensina, nesse salmo, que o contencioso é assim contrário porque desconhece os caminhos do Senhor. Esse espírito de conflito com Deus só pode colher o amargo fruto que dali resulta. Os contenciosos levam Deus a resolver que eles não serão salvos.

O Espírito Contencioso no Novo Testamento. O crente aparece nas páginas do novo pacto como alguém que, mediante a autodisciplina e a ajuda do Espírito transformador, vai eliminando os vícios e cultivando as virtudes que são opostas a esses vícios. Visto que ainda trazemos bem viva em nós a natureza adâmica, enquanto estivermos deste lado da existência haveremos de manifestar essa tendência para as querelas, dissensões, controvérsias etc. Nos primeiros estudos sobre o temperamento, os psicólogos antigos pensavam que esse espírito contencioso se devia a um excesso de bílis, o que tornaria a pessoa amarga e negativa acima do normal. Isso é até possível, mas não como uma causa em si, e, sim, como estado resultante do espírito contencioso. A causa está na alma, podendo haver, quem sabe, um efeito *psicossomático*. O homem, em seu estado natural e de perdição, acha-se em estado de revolta contra Deus. Isso reflete-se também na dimensão horizontal, azedando e amargurando todo o relacionamento humano. Ora, não convém que o crente continue nesse estado. Daí as muitas injunções e instruções neotestamentárias a esse respeito. Existem contenções de várias espécies. Há os "debates sobre a lei" (Tt 3.9, cf. 2Tm 2.23); há a "mania por questões e contendas de palavras" (1Tm 6.4); há as "sedições" que podem levar ao homicídio (Lc 23.19; At 24.5).

Que os crentes não são curados facilmente da tendência muito humana e carnal, verifica-se através das palavras dirigidas por Paulo aos crentes, em 1Coríntios 11.16: *Contudo, se alguém quer ser contencioso, saiba que nós não temos tal costume, nem as igrejas de Deus.*

Queremos concluir observando que se a tendência de muitos estudiosos liberais é o ceticismo diante do elemento miraculoso, a tendência de muitos estudiosos fundamentalistas é o espírito contencioso. Precisamos evitar tanto aquele quanto este extremo. A todos nós cabe atentarmos às palavras de Paulo: *Ora, é necessário que o servo do Senhor não viva a contender, e, sim, deve ser brando para com todos, apto para instruir, paciente; disciplinando com mansidão os que se opõem, na expectativa de que Deus lhes conceda não só o arrependimento, para conhecerem plenamente a verdade, mas também o retorno à sensatez...* (2Tm 2.24-26).

De acordo com Tiago, o espírito faccioso não reflete a sabedoria que vem do alto, mas antes, é *terrena, animal e demoníaca* (Tg 3.14,15). A atitude oposta já é uma grande virtude. Tiago a descreve com estas palavras: *A sabedoria, porém, lá do alto, é primeiramente pura; depois pacífica, indulgente, tratável, plena de misericórdia e de bons frutos, imparcial, sem fingimento* (Tg 3.17). Quem herdará a terra? Os contenciosos? Não, os mansos. (Ver Mt 5.5).

Um inquebrantável espírito contencioso, no dizer do apóstolo dos gentios, é sinal seguro da perdição dos que o toleram em suas vidas: *Evita o homem faccioso, depois de admoestá-lo primeira e segunda vez, pois sabes que tal pessoa está pervertida e vive pecando, e por si mesma está condenada* (Tt 3.10,11). A mansidão é sinal de fortaleza espiritual; os grandes homens de Deus foram mansos. Acerca de Moisés ficou registrado: *Era o varão Moisés mui manso, mais do que todos os homens que havia sobre a terra* (Nm 12.3). Em contraste, o espírito contencioso reflete a falta de desenvolvimento espiritual. Portanto, evitemos o espírito contencioso e cultivemos a mansidão.

CONTRARREFORMA CATÓLICA

O nome "Contrarreforma", embora agora geralmente aceito, é indevido. O que chamamos de Reforma foi um movimento iniciado por Lutero, que buscou *re*-formar uma cristandade *de*-formada; efetuando isso segundo uma linha do conhecimento bíblico, tradição idônea e razão esclarecida. O movimento chamado Contrarreforma não surgiu propriamente para combater diretamente a Reforma, mas, sim, para tentar recuperar a igreja Católica dos fortes ataques da crítica protestante à penúria teológica e espiritual, secularização e corrupção que ela havia atingido. Os verdadeiros reformadores católicos foram, assim, silenciados, e os reformadores evangélicos, excluídos. Os primeiros nada conseguiram efetuar, e os segundos nos deram o que, depois, ficou conhecido como protestantismo. A Contrarreforma pode ser descrita, portanto, como tendo surgido com os eruditos católicos que se envolveram em debate com Lutero desde a década de 1520, culminando com os jesuítas, a Inquisição e o Concílio de Trento, alcançando seu declínio e conclusão na Guerra dos Trinta Anos e no Tratado de Vestefália (Westfalen), em 1648. A Contrarreforma é, corretamente falando, a ideia católica de uma reforma: a Reforma, propriamente dita, é que caminhou contra esse movimento.

No final do século XV, todos os grupos da sociedade, exceto apenas aqueles que tinham interesse em manter a cúria romana, consideravam o papado uma chaga aberta existente na Europa. As queixas, em geral, baseavam-se, principalmente na secularização e corrupção da igreja, que a tinham feito perder sua razão de ser, a saber, a pregação do evangelho e a cura das almas, para se tornar uma sórdida instituição em busca tão somente de riqueza e poder. Mais do que isso: a sociedade estava arrasada com tremendos escândalos que vinham à tona sobre favorecimentos para o clero; o direito de santuário; o domínio da lei civil pela lei canônica; o absenteísmo clerical... a lista era longa. Havia os humanistas, também, que desenvolveriam uma ideia diferente de reforma, a saber, repúdio ao escolasticismo e retorno à filosofia simples do cristianismo dos primeiros séculos cristãos. Os verdadeiros reformadores, mestres teologais, buscavam restabelecer o puro evangelho e a autoridade das Escrituras, sabendo que a falsa tradição, a corrupção, os escândalos, as superstições, tudo isso o homem comum havia experimentado quando o cristianismo sofrera sua derrocada e se tornara tal qual escória.

A perspectiva mais clara da natureza da reforma católica pode ser vista na Espanha. Ali, os reformadores católicos medievais conceberam uma reforma na linha de algumas medidas de controle secular da igreja, reforço da lei canônica para poder efetuar a reforma moral clerical, uma certa dose de erudição humanista, manutenção da teologia escolástica, preservação da hierarquia e dos ritos e usos da igreja medieval, juntamente com supressão violenta da heresia ou mesmo da crítica. O rei Fernando V (1452-1516) e a rainha Isabel (1451-1504) praticamente efetuaram essa espécie de reforma com o apoio de Pedro González de Mendoza (1428-95), Hernando de Talavera (1428-1507) e Francisco Ximenes de Cisneros (1436-1517) em particular. O pio Ximenes, após purificar a moral do clero espanhol, iniciou a educação cultural e teológica deste, estabelecendo universidades e seminários. A teologia dessas instituições era mais a do primeiro escolasticismo (tomismo) e menos a do posterior (Duns Scotus e Guilherme de Occam), com um toque de teologia agostiniana e traços de erudição erasmiana. Nos primeiros estágios, lia-se Erasmo e até mesmo se acolhiam os ataques iniciais de Lutero aos escândalos da época, embora evitando sua poderosa e perturbadora teologia evangélica. Foi essa ideia espanhola de reforma que o imperador Carlos V (1500-1558) buscou e o papa Adriano VI (pontífice de 1522 a1523) admitiu.

Três forças se defrontaram, assim, em Worms em 1521 — a reforma teológica, representada por Lutero; o tipo de reforma católica espanhola, representada por Carlos V; e a impassível recusa da cúria papal de tolerar qualquer espécie de reforma representada pelo enviado papal Girolamo Aleander (1480-1542). A ideia da Reforma de Lutero era a de despertar a igreja mediante uma consciência renovada da obra de Deus em Cristo e que o sacerdócio universal dos crentes permanecesse sobre seus próprios pés por meio de uma teologia bíblica e uma experiência espiritual, mesmo a custo da separação do papado. A ideia espanhola era um reavivamento da vida da igreja, mas deixando sem mudança o ministério sacerdotal, o poder do papa e a tradição católica, tendo a autoridade do braço secular para purgar, perseguir e punir qualquer um que se desviasse.

A Itália proporcionaria uma visão a mais na natureza da Contrarreforma católica. Os camponeses eram pouco mais do que pagãos supersticiosos; já nas cidades, os grupos sociais desejavam sinceramente a reforma da moral e dos costumes do clero, bem como dos próprios cidadãos; enquanto os intelectuais viam a igreja, decadente, de um modo um tanto realístico, como uma instituição política, quase um mal necessário que não servia para mais nada em termos de ajuda a alguém genuinamente religioso. Além disso, no entanto, surgiu na Itália importante grupo de reformadores católicos, organizado de tal forma que seria intitulado Oratório do Amor Divino, ao qual estavam associados os devotos e justos Gasparo Contarini (1483-1542), Giovanni Pietro Caraffa (1476-1559), futuro papa Paulo IV, de 1555 a 1559), assim como um grupo de distintas senhoras, como Renée, Duquesa de Ferrara (1510-1574), Vittoria Colonna (1490-1547) e Caterina Cibo (1501-57). Em Nápoles, Juan de Valdés foi o centro de um círculo reformador, que incluía Pedro Mártir Vermigli. Outras forças propulsoras da reforma católica constituíram o reavivamento das ordens monásticas, tais como os capuchinhos (franciscanos), e a renovação do clero secular, pelos novos teatinos. A ascensão de Paulo III ao trono papal (1534) deu nova esperança a todos esses movimentos. Ele convocou determinados cardeais para lhe relatar sobre a reforma da igreja, mas o relatório deles (1538) foi uma acusação muito severa, que o papa recusou tornar conhecida e, embora os cardeais instassem a respeito de medidas a serem adotadas, o concílio longamente esperado foi mais uma vez posposto. Na busca da reforma, Contarini compareceu ao parlamento de Regensburgo (1541), de onde retornou após discussão com os protestantes com uma declaração de concórdia; mas esse acordo fora, na verdade, mais semântico que teológico, sendo, mais tarde, anulado pelo papa. A essa altura, o ideal da reforma católica morrera, e a ideia da Contrarreforma tomava um único rumo: em 1542, Paulo III reorganizava a Inquisição na Itália.

Contudo, o reavivamento do zelo missionário, sob a liderança de Inácio de Loyola, cuja Companhia de Jesus (jesuítas) já fora estabelecida na Itália pelo próprio papa Paulo III, em 1540, incitou o entusiasmo em se tomar uma ofensiva da Contrarreforma. Loyola propôs-se a executar uma tríplice tarefa: reformar a igreja internamente, principalmente por meio da educação; pregar o evangelho aos perdidos afastados da igreja e aos pagãos; lutar contra o protestantismo em quaisquer de suas formas, usando de todos os meios e todas as armas para isso. Por seu zelo, devoção e espiritualidade, o movimento jesuíta alcançou progresso considerável, pois as multidões mostraram-se mais desejosas de aceitar uma arrumação geral em favor de si mesmas do que enfrentar a profunda reforma evangélica preconizada por Lutero, com todas as suas consequências. Inácio de Loyola demonstrou também profunda preocupação pastoral quando esteve na Itália, atacando ali os principais males sociais de sua época, a saber, a rejeição de crianças indesejadas, a mendicância e a prostituição. Com o apoio de seus discípulos, seu zelo missionário favoreceu a igreja Católica com efetividade notável no Novo Mundo, na África e no Extremo Oriente.

A marca decisiva dos jesuítas na Contrarreforma foi a exigência, que tiveram de aceitar, de obediência cega e quase fanática a uma igreja infalível, encabeçada por um papa infalível. Isso duraria até o século XX, quando, no Concílio Vaticano II (1962-1965), viria à tona uma certa ideia da verdadeira reforma católica do século XVI.

A Companhia de Jesus, acompanhada, na época, da Inquisição universal, tornou-se a força motriz do Concílio de Trento (1545-1563; ver também Concílios; Teologia Católica-Romana). Trento foi a mais impressionante incorporação dos ideais da Contrarreforma. Suas reformas doutrinárias e internas selaram o triunfo do papado tanto sobre os católicos que desejavam reconciliação com os protestantes quanto sobre aqueles que se opunham às exigências papais. O concílio proporcionou um novo olhar para a doutrina, modificando o escolasticismo mais recente e se opondo, desde a raiz até os ramos, à teologia evangélica. Formulou de modo renovado sua própria base intelectual, nela estabelecendo uma hierarquia adequada e respeitada. Proporcionou um sistema de reforma gradual, visando a libertar a igreja católica de muitos dos males e corrupções que haviam dado margem e substância à crítica e ao rompimento protestantes. Propiciou a existência de um clero bem formado. Teve também o efeito de tornar o catolicismo tão romano quanto antiprotestante.

Uma sucessão de papas reformadores sustentaria o movimento de Contrarreforma: Pio V (papa de 1566 a 1572), Gregório XIII (de 1572 a 1585) e Sisto V (de 1585 a 1590). Apoiado pela Inquisição, o movimento estenderia uma concepção espanhola de disciplina eclesiástica à Itália e a outros lugares; ao mesmo tempo em que o rei Filipe II, da Espanha (1527-1598), governante católico intolerante e fanático, tomado pela ideia obsessiva de estender o catolicismo e extirpar o protestantismo, colocava-se como o forte braço secular da Contrarreforma em toda a Europa.

Não obstante, nem tudo na Contrarreforma foi perseguição, tortura e intolerância. O francês Francisco de Sales (1567-1622) e o italiano Carlos Borromeo (1538-1584) mostraram grande zelo pastoral, enquanto místicos espanhóis mostraram profunda espiritualidade, resultando em um florescimento da teologia, da música, da literatura espiritual e de inspirada arquitetura

O zelo dos jesuítas, a atividade do papado, o *Índex de livros proibidos*, a habilidosa manobra política da constituição de um Sagrado Império Romano e o apoio secular dos príncipes e monarcas católicos — foram, todos, fatores que viriam a desempenhar importante papel no novo poder que o catolicismo começou a exibir, na época, em relação ao protestantismo. A igreja Católica reconquistou sua ascendência na região do Reno, na Áustria, no sul da Alemanha e na Polônia; posteriormente, veio a perder a Holanda, embora tenha mantido a Bélgica; manteve sua firme posição na Espanha, na França e na Itália; todavia, perdeu todo o norte da Europa para o protestantismo.

O resultado de tudo isso foi que a igreja Católica se tornaria, assim, "espanhola", lutando intensamente por clericalizar novamente a totalidade do mundo ocidental e sujeitá-lo ao controle de Roma, à Inquisição e à censura. Em toda parte, ela procuraria sufocar e esmagar, mediante reação autoritária, cada movimento e cada pessoa que lutasse para manter o livre espírito de pesquisa dos primeiros tempos. Isso significaria uma verdadeira cruzada de reconquista em que se empenharia toda uma igreja, monárquica e burocratizada. Sua estrutura hierárquica e sacerdotal em aliança com as cortes dinásticas mais opressivas produziria uma mistura desastrosamente reacionária. A resposta de Roma a Lutero, em Trento - já quase noventa anos após Lutero ter levantado suas teses - foi pouco mais do que uma reafirmação desafiadora daquilo que os reformadores tinham considerado como paganismo. Via-se agora não menos pompa, mas até mais, com cultos e ritos excessivos; mais hagiografia; mais adoração à Virgem Maria e aos santos; mais "milagres" e imagens e medalhas que operavam maravilhas; mais procissões; mais ordens monásticas; mais devoção aos soberanos católicos como braços seculares da igreja; tudo isso e muito mais, acompanhado de menos pregação das Escrituras e proibição cada vez mais estrita de sua tradução; controle mais rígido do clero; censura mais restrita do pensamento e de publicações. Eis ao que a Contrarreforma acabou correspondendo desafiadoramente orgulhosa em seu novo esplendor barroco. Somente metade da cristandade pôde vir a conhecer a importância de um Lutero profético, e, mesmo assim, parte dessa metade tinha largamente o esquecido, assim como aos seus companheiros de Reforma.

O Concílio Vaticano II, todavia, pareceu proporcionar um vislumbre de esperança de que o catolicismo não teria o esquecido de seus próprios verdadeiros reformadores do século XVI e de que, algum dia, ainda possa chegar a uma reavaliação mais sadia da Reforma e da Contrarreforma.

(**J. Atkinson**, M.A., M.Litt., Dr. Theol., cônego e teólogo da Catedral de Sheffield, Inglaterra.)

BIBLIOGRAFIA. J. C. H. Aveling, *The Jesuits* (London, 1981); J. Delumeau, *Catholicism between Luther and Voltaire* (London, 1977); P. Janelle, *The Catholic Reformation* (Milwaukee, WI, 1949); G. V. Jourdan, *The Movement towards Catholic Reform in the Early Sixteenth Century* (London, 1914); B. J. Kidd, *The Counter-Reformation 1550-1600* (London, 1933); D. Mitchell, *The Jesuits* (London, 1980); A. R. Pennington, *The Counter-Reformation in Europe* (London, 1899); H. Tuchle et al., *Réforme et Contre-réforme* (Paris, 1968); A. D. Wright, *The Counter-Reformation* (London, 1982).

CONTRATOS

A feitura de contratos, com o intuito de controlar todas as formas de negociação, além de muitos outros atos e atividades humanas, tem uma história muito antiga. Os contratos podem envolver tratados, pactos, alianças, hipotecas, venda e compra de mercadorias, testamentos, casamentos etc. Há várias menções bíblicas a essa prática, conforme se vê, por exemplo, em (Gn 21.27,30,31; 26.28,29; 31.50; 1Sm 11.1,2; Ne 9.38; 10.1; Ez 17.12-20; Lc 6.34). A legislação mosaica proibia a quebra de um contrato (Nm 30.2,4,12). Legalmente falando, um contrato é um acordo entre duas pessoas, que se dispõem a ganhar ou perder coisas especificadas. Um contrato impõe obrigações estipuladas a ambos os lados envolvidos.

Para os crentes, um contrato põe em jogo sua honestidade e sua qualidade espiritual, porquanto fica entendido que os crentes têm a obrigação moral de agradar a Deus em qualquer empreendimento, e não somente a obrigação moral de agradar àqueles que fizerem algum contrato com eles. Um crente está na obrigação de cumprir plenamente todas as estipulações contratuais, a menos que, entrando em acordo com a outra parte, um contrato seja anulado ou modificado. Surge para os crentes um dilema, quando a outra parte não cumpre o seu lado no contrato. Um crente não tem a permissão bíblica de levar outros crentes diante dos tribunais seculares, para solucionamento de tais disputas (1Co 6.1 ss.) mas essa regra não se aplica, necessariamente, no caso de contratos quebrados por pessoas incrédulas. Todavia, a longanimidade é uma boa prática cristã (Mt 5.39,40), embora haja casos em que a perda justifica a ação legal contra aquele que fugiu de suas obrigações contratuais.

CONTRIÇÃO

As palavras hebraicas envolvidas são: **1**. *Dakka*, "contrito", "ferido". Esse termo é usado por 25 vezes (por exemplo: Sl 34.18; Is 57.15; Sl 51.17). **2**. *Nakeh*, "ferido". Palavra usada por apenas uma vez, com esse sentido, em Isaías 66.2. Com o sentido de aleijado é usado por duas vezes: 2Samuel 4.4; 9.3.

Em todas essas referências, menos nas do livro de 2Samuel, o sentido é metafórico. Assim, o coração sente-se ferido e esmagado, sob o peso e o choque do pecado. O Espírito sente-se humilhado e quebrantado por ter-se envolvido no que é errado. A pessoa espiritualmente sensível é dotada de uma consciência ativa, que envia dardos sobre os sentimentos conscientes, quando há alguma contradição moral na vida da pessoa. O arrependimento (vide), quando a pessoa muda inteiramente de rumo, é necessário para que haja uma contrição curadora.

Uso Eclesiástico. O vocábulo *attritio* era usado na teologia medieval para indicar o arrependimento originado no medo. Já a palavra *contritio* indicava o arrependimento acompanhado pelo amor a Deus, com o propósito de abster-se do pecado e de corrigir-se do erro ou erros praticados. Alguns estudiosos medievais caíram no erro de pensar que o *attritio* é suficiente para o perdão dos pecados, se acompanhado pela indulgência respectiva, que podia ser comprada a dinheiro. Lutero, em suas Noventa e Cinco Teses, *usou* a palavra latina correspondente a *contrição* com o intuito de mostrar a necessidade do verdadeiro arrependimento; e, naturalmente, ele rejeitava o sistema inteiro das indulgências (vide). Os homens sempre anseiam por desviar-se para atalhos, quando querem chegar à espiritualidade.

De acordo com a teologia católica romana, a contrição é um dos elementos da penitência (vide). Nessa teologia, haveria três passos. O primeiro seria a *contrição*, a tristeza pelo pecado, lado a lado com a intenção de não continuar na prática do mesmo. O segundo seria a *confissão*, o reconhecimento dos próprios pecados, aos ouvidos de um sacerdote. O terceiro seria a *satisfação*, quando a pessoa cumpre certos atos prescritos, como jejum, esmolas, rezas, reparação, a fim de pagar por seus erros.

O perdão dos pecados e atitudes diferentes. Na base de João 20.23, a igreja ocidental acredita que o perdão dos pecados, embora num sentido *final* pertence somente a Deus, num sentido *secundário*, e *real*, está nas mãos do clero. Isto quer dizer que os pecados são realmente perdoados através do ministério da igreja, e os homens precisam disto para serem perdoados, menos em casos excepcionais. Os *protestantes* negam esta possibilidade, afirmando que o perdão dos pecados se realiza somente pelo próprio ato de Deus. Afirmam também que mesmo se os apóstolos originais receberam este poder, é um pulo de fé bastante grande supor que seus sucessores receberam o mesmo. É um dogma que garante isto, não as próprias Escrituras. No nível popular, pela ação de ministros não espirituais, muitos abusos têm entrado no quadro, com o resultado de que os ricos podem pecar, pagar e ser perdoados, enquanto que os pobres não têm este privilégio. Os mais esclarecidos e espirituais ministros da igreja ocidental também deploram os abusos. Pessoalmente, acho que a interpretação da igreja ocidental de João 20.23 está equivocada. Ver a exposição no NTI. Em todas as nossas atitudes, palavras e ações, devemos observar a lei do amor, que é a própria medida da nossa espiritualidade. Não observar esta lei é *pior* do que interpretar mal os versículos da Bíblia. A Bíblia exige uma reparação prática da parte da pessoa que prejudica outras pessoas. No sentido absoluto, Cristo na sua *expiação* (vide), fez a reparação que agrada a Deus. (B E H)

CONTROVÉRSIAS ICONOCLASTAS

Uma série de divergências quanto à situação das imagens (gr. *eikones*, ícones) na adoração cristã praticada em Bizâncio, entre 726 e 843. A primeira dessas controvérsias teve início quando o imperador Leão III (717-741) emitiu um decreto ordenando a destruição das figuras de santos nas igrejas (726). Seus motivos podem ter sido, em parte, religiosos, muito embora fossem certamente muito mesclados, não havendo, todavia, evidência alguma de que a proibição islâmica de adoração de imagens tivesse tido qualquer efeito sobre seu pensamento. A política de Leão III teve prosseguimento com seu filho, Constantino V (741-775) e com Leão IV (775-780), mas, após a morte deste último, foi sendo gradativamente mudada pela viúva, Irene, que agiu em nome do filho, Constantino VI (780-797). No sétimo Concílio Ecumênico, reunido em Niceia, em 787, a prática do iconoclasmo (a destruição de ícones) foi condenada e declarada ilegal.

As decisões desse concílio foram fortemente apoiadas pelo papado, que nunca tinha aprovado o iconoclasmo, mas rejeitadas pela igreja dos Francos, no Concílio de Frankfurt, em 794. Em 815, durante o reinado de Leão V (813-820) houve uma renovada eclosão do que agora havia se tornado uma heresia e não foi definitivamente superada até 842. A restauração das imagens foi formalmente proclamada no chamado Triunfo da Ortodoxia, em 11 de março, primeiro domingo da Quaresma, de 843. Desde então, o primeiro domingo da Quaresma tem sido especialmente comemorado, por esse motivo, na igreja oriental.

O iconoclasmo teve grandes implicações sociais e políticas, mas constituiu, essencialmente, uma controvérsia teológica. Os iconoclastas apelaram para o segundo mandamento da lei e para passagens como João 4.24 como apoio à sua convicção em uma adoração a Deus puramente espiritual. Seus oponentes, os chamados icon óla tras, adoradores de imagens (em grego, inconódules, de *douleia*, adoração), acusaram os iconoclastas de querer negar a realidade da encarnação. O grande expoente desse ponto de vista foi João Damasceno, que apresentou uma distinção clássica entre a adoração prestada a Deus (*latreia*), juntamente com a honra prestada aos santos (*douleia*), e a veneração prestada a objetos criados (*proskynēsis*). Argumentou João que o homem era a imagem de Deus (Gn 1.26), que Cristo era a imagem do Deus invisível (Cl 1.15) e que o destino do cristão era o de ser novamente formado à imagem do Filho de Deus (Rm 8.29). Os que viram Jesus na carne, tivessem reconhecido esse fato ou não, viram Deus. Para dizer de forma diferente, os iconoclastas, segundo ele, estavam a um passo de cair na heresia de Ário, que havia negado a divindade de Cristo.

No segundo período do iconoclasmo, João foi substituído por um monge de Constantinopla, Teodoro Studita (729-826). Teodoro argumentou que um ícone era uma verdadeira representação da *hipóstase* (*i.e.*, pessoa) de seu sujeito, mas dotada de natureza diferente (*ousia*; ver Substância). Um ícone de Cristo seria, dessa forma, capaz de trazer o crente a um contato direto com sua pessoa, mas sem ser um ídolo. Defendeu também a veneração compulsória dos ícones, alegando serem uma parte necessária da adoração cristã. Esse pensamento tornou-se doutrina da igreja oriental após 842, mas nunca obteve realmente repercussão no Ocidente, mesmo nas igrejas que usam imagens na adoração.

Observe-se, porém, que a igreja oriental não permite na adoração o uso de estátuas, alegando ser isso idolatria. Isso porque a terceira dimensão, que em um ícone deveria ser supostamente a realidade divina transcendente, está contida pela escultura em um limite finito.

(**G. L. Bray**, B.D., M.Litt., D.Litt., professor de Estudos Anglicanos, *Beeson, Divinity School*, Universidade de Samford, Birmingham, Alabama, EUA.)

BIBLIOGRAFIA. A. Bryer & J. Herrin (eds.), *Iconoclasm* (Oxford, 1977); E. J. Martin, *A History of the Iconoclastic Controversy* (London, 1930; New York, 1978); L. Ouspensky, *The Theology of the Icon* (London, 1977).

CONVERSÃO

I. As Palavras Envolvidas. Latim, *com* (totalmente) + *vetere* (virar), portanto, fazer uma mudança radical, girar completamente. No hebraico temos *sub*, que significa girar ou voltar, que é usado em ações físicas, morais e espirituais. No grego temos *epistrepho*, que tem estes mesmos significados e usos.

II. Usos Bíblicos. As ideias bíblicas principais são o abandono da maldade e do pecado, Jeremias 18.8, com a dedicação do ser a Deus, Malaquias 3.7. Deus é a força ativa nesta virada, Jeremias 31.18. As pessoas que recusam esta operação espiritual terminam castigadas, Amós 4.6-12. O Novo Testamento harmoniza-se com o Antigo Testamento sobre este assunto. Ver Atos 14.15; 26.18. A verdadeira conversão envolve fé e arrependimento, Atos 3.19, 26.18. Um exemplo radical de conversão é o caso de Paulo, Atos 9.1-18. A conversão pode vir de súbito, mas normalmente tem um longo tempo de preparação.

III. Tipos de Conversão

1. Não religiosa, política. As pessoas são convertidas a certos sistemas políticos, às vezes de súbito, por forças humanitárias, racionais ou egoístas. Subsequentemente, elas procuram utilizar estes sistemas para o melhoramento da sociedade ou para fins egoístas, ou os dois.

2. Conversão biológica. Os adolescentes, frequentemente, são mais religiosos naquela idade do que em qualquer outra época da vida. Mais do que zelo jovem pode ser envolvido nisto. Psicólogos nos informam que há evidências que indicam que este tipo de conversão pode ser simplesmente a sublimação das energias sexuais em ideais religiosos. Muitos jovens que são radicalmente religiosos nesta época, uma vez casados, cessam de ter qualquer zelo religioso. Alguns psiquiatras acham que a própria religião é somente um refinamento da libido.

3. O nascimento de um novo ser. Este novo ser pode ser simplesmente a entrada de um jovem na vida do adulto. Os jovens têm muito zelo natural, e muitos ideais. Aproximando-se a idade de tornarem-se adultos, eles podem expressar esta qualidade num tipo de novo nascimento, quando deixam a vida de crianças, e começam a vida de adultos. Embora esta transição possa ter elementos fortes de envolvimento na religião, ela não é necessariamente, espiritual. Muitas vezes, alguma coisa permanente de valor é assim levada para a vida de adulto, mas isto, em si, não qualifica a experiência como um produto do Espírito.

4. Uma resolução de conflito. Paulo nos ensina que o conflito entre o bem e o mal no homem é um terror, Romanos 7. A maioria das religiões procuram resolver este conflito, embora por meios diferentes. Também as filosofias, psicologias e políticas prometem resolver este conflito. Em qualquer caso, no qual, alguma resolução seja alcançada, isso resulta em uma experiência de conversão. Os filósofos fazem "convertidos" aos seus sistemas, resolvendo conflitos entre ideias. As religiões fazem a mesma coisa, e normalmente, neste caso, o problema do pecado está envolvido. Portanto, todos os tipos de religiões, cristãs ou não, produzem seus convertidos. Muitos deles tornam-se fanáticos e procuram propagar sua fé porque, dizem eles, "isto funciona", e como prova, eles se apresentam. Tudo isto pode ter algum valor, embora não tenha nada a ver com a conversão bíblica. Naturalmente, muitos acham que todas as conversões são essencialmente iguais, sendo exercícios psicológicos, e não há razão para exaltar a variedade bíblica acima das outras.

5. Uma revolução copernicana. Este tipo de conversão resulta de uma evolução gradual de ideias, ideais e ambições, embora possa-se manifestar de súbito. Se a conversão for religiosa, então a pessoa, depois de uma longa busca e transformação, alcança uma posição de satisfação, da qual, pode ver claramente o avanço que foi realizado. Neste avanço, a pessoa tem ultrapassado totalmente o tipo de ser que era antes. Na religião temos a designação *almas nascidas duas vezes*. Esta conversão pode ser bíblica ou não, porque todas as religiões têm seus exemplos de pessoas cuja expressão espiritual tem passado uma revolução radical, ou copernicana, porque a alma tem o novo centro, o Sol da Espiritualidade. Nisto, a terra cessa de ser o centro da existência. O avanço é do terrestre para o celeste.

6. A conversão da mente sã. Algumas pessoas que passam através de uma luta severa com doenças mentais, quando curadas, ou melhoradas significantemente, têm uma experiência de conversão. Alcançando uma mente sã, elas muitas vezes tornam-se advogadas radicais dos sistemas através dos quais elas obtiveram seus melhoramentos. Se a psiquiatria as ajudou, então, são convertidos psicológicos. Se a religião, em qualquer forma, foi o agente, elas ficam devotas daquela religião.

7. A conversão bíblica. Esta conversão é espiritual e mística, porque envolve a participação do Espírito Santo que atua sobre a natureza humana, convertendo-a. Embora esta conversão possa envolver elementos dos diversos tipos discutidos, deve transcender os mesmos, ou não se qualifica como uma verdadeira conversão cristã. Ofereço maiores descrições sob os pontos II, IV e V.

IV. Elementos da Conversão Bíblica. Alguns encaram o novo nascimento ou regeneração como conversão, mas isso é muito *inadequado*. A conversão, por si só, não é ainda regeneração, mas é tão somente *parte* da regeneração. A conversão consiste em uma meia volta na vida, em que a alma se volta para Deus. Nas páginas do NT, a palavra *epistrepho* é utilizada para expressar essa ideia, e é aplicada tanto para os desviados, que retornam à sua anterior comunhão com Deus, como para os incrédulos, ao se voltarem para Deus. (Ver os trechos de Lc 22.32; Ap 2.5,16; Mt 17.3; At 3.19 e 26.18). A conversão é descrita como um voltar-se das trevas da idolatria, do pecado e do domínio de Satanás, para a adoração e o serviço ao verdadeiro Deus (conforme se vê nas passagens de At 14.15; 26.18; 1Ts 1.9) e ao seu Filho, Jesus Cristo (como se vê em 1Pe 2.25).

A conversão consiste no exercício do *arrependimento e da fé*, elementos esses que tanto o Senhor Jesus como o apóstolo Paulo vinculam como sumários das exigências morais do evangelho. (Ver Mc 1.15 e At 20.21). O arrependimento é uma mudança de mente e de coração para com Deus; a fé significa a confiança na palavra de Deus e em seu Cristo. A conversão, pois, encerra ambas essas ideias. **1**. A conversão é inspirada pela força das Escrituras, Salmo 19.7. **2**. É operada pelo Espírito, Salmo 51.12. **3**. Grava no coração a lei moral de Deus (ver 2Co 3.3), e isso pelo poder do Espírito. **4**. Ela é absolutamente necessária para a salvação, Mateus 18.3. **5**. Prepara o caminho para o serviço espiritual, Lucas 22.32. **6**. A tarefa da igreja é conduzir todos os homens à conversão, Tiago 5.19,20. **7**. Ela é a base do perdão dos pecados, Atos 3.19. **8**. Ela consiste na fé e no *arrependimento*, (vide At 20.21). **9**. Ela prepara a alma para a união espiritual com Cristo, Romanos 6.3. **10**. A conversão pode ser gradual (como no caso da maioria das pessoas), ou dramática (como no caso de Saulo). A iluminação pode ser parcial e levar aos poucos à conversão. Muitas pessoas são parcialmente iluminadas (e assim, melhoradas), embora nunca cheguem a converter-se. **11**. A conversão é um ato divino, mas requer a cooperação do livre-arbítrio do homem. Portanto, é um ato divino e humano, ao mesmo tempo. **12**. A conversão necessariamente resulta na santificação, pois, do contrário, não será real.

V. Bases Espirituais
- Por meio de Deus (1Rs 18.37; Jo 6.44; At 21.19).
- Por meio de Cristo (At 3.26; Rm 15.18).
- Pelo poder do Espírito Santo (Pv 1.23).
- Vem da graça (At 11.21 com vs. 23).
- Segue-se ao arrependimento (At 3.19; 26.20).
- Resulta da fé (At 11.21).

Pela instrumentalidade de:
- As Escrituras (Sl 19.7).
- Os ministros (At 26.18; 1Ts 1.9).
- Autoexame (Sl 119.59; Lm 3.40).
- Aflições (Sl 78.34).

Dos pecadores, motivo de alegria:
- Para Deus (Ez 18.23; Lc 15.32).
- Para os santos (At 15.3; Gl 1.23,24).
- É necessária (Mt 18.3).
- Determinada (Jó 36.10)
- Exortações atinentes (Pv 1.23; Is 31.6; 55.6; Jr 3.7; Ez 33.11).
- Promessas vinculadas à mesma (Ne 1.9; Is 1.27; Jr 3.14; Ez 18.27).
- Oremos pela mesma (Sl 80.7; 85.4; Jr 31.18; Lm 5.21).
- É acompanhada pela confissão de pecados e pela oração (1Rs 8.35).
- Perigo de negligenciá-la (Sl 7.12; Jr 44.5,11; Ez 3.19).
- Dever de conduzirmos os pecadores à mesma (Sl 51.13).
- Encorajamento para conduzirmos os pecadores à mesma (Dn 12.3; Tg 5.19,20).
- Dos gentios, predita (Is 2.2; 11.10; 60.5; 66.12).
- De Israel, predita (Ez 36.25-27).

CONVIDADO

No hebraico, *gara*, **"chamar"**, **"convidar"**. Verbo hebraico usado por mais de 550 vezes, embora por poucas vezes com o sentido de "convidar". Por exemplo: 1Reis 1.41,49; Provérbios 9.18; Sofonias 1.7. No grego, *anákeimi*, "convidar" ou "ser convidado" (Mt 9.10; 22.10,11; 26.7,20; Mc 6.26; 14.18; 16.14; Lc 22.7; Jo 6.11; 12.2; 13.23,28).

Ver o artigo sobre a *Hospitalidade*. Essa palavra é usada para indicar aqueles que são convidados a certos eventos, ou para passarem a noite, ou para estarem com alguém por algum tempo. (Ver 2Sm 15.11; Jó 19.15). Em certos trechos, onde a palavra não é usada, a ideia está presente. A hospitalidade é recomendada como um exercício espiritual, porquanto é um ato que cumpre a lei do amor cristão. O Novo Testamento tem um ponto de vista sério sobre a questão, e faz da mesma uma das qualificações para os líderes da igreja cristã (1Tm 3.2). O trecho de Hebreus 13.2 sugere que a hospitalidade para com os estranhos pode até levar uma pessoa a entreter involuntariamente a anjos, tal como sucedeu a Abraão e Sara (Gn 18), ou nos casos de Ló (Gn 19) e Manoá (Jz 13).

No Novo Testamento, um convidado é alguém que se *reclina* à nossa mesa (o divã dos gregos e romanos), conforme a palavra grega nô-lo indica. Um convidado compartilha de nossa residência e de nossas refeições (Mt 14.9; Mc 6.22,26). São aqueles que frequentam o palácio do rei e compartilham dos luxos que ali são desfrutados (Mt 14.9). No trecho paralelo da festa de casamento (Mt 22.10,11), encontramos um uso metafórico da palavra. Os *convidados* são aqueles que atendem ao chamado para o reino de Deus; e a festa de casamento representa as alegrias próprias desse reino. Alguns estudiosos têm pensado que os convidados são pessoas fora da igreja, e que a igreja é constituída pelos *filhos, o* que significa que "convidados" seria um sinônimo dos "amigos do noivo", de João 3.29. Porém, isso é um refinamento indevido, empregado para excluir da igreja àqueles que não pertencem a alguma denominação particular, mas que atingirão certo nível de glória. No trecho de Mateus 9.15, os discípulos de Jesus são denominados "filhos do noivo" (embora nossa versão portuguesa diga ali "convidados").

CONVOCAÇÃO SANTA

O "ajuntamento da congregação" era a reunião do povo de Israel com a finalidade de adorar a Yahweh (Êx 12.6). Nesse trecho somos informados de que os primeiros sete dias da Páscoa (vide) eram um tempo de "santa assembleia". Nenhum trabalho manual era permitido, com exceção da preparação de alimentos. As convocações santas eram as seguintes: **1**. Os sábados (Lv 23.2,3). **2**. A Páscoa, no seu primeiro e no seu sétimo dia (Êx 12.16; Lv 23.7,8). **3**. O dia de Pentecoste, ou festa das semanas (Lv 23.21; Nm 28.26). **4**. A festa dos Tabernáculos, no seu primeiro e no seu último dia (Lv 23.35,36). **5**. A grande festividade, o dia da expiação, uma vez por ano (Lv 23.27; Nm 29.7). Nenhum trabalho manual podia ser feito nesses dias, exceuando a preparação de alimentos. Mas, no caso do sábado, até mesmo a preparação de alimentos era proibida.

COPEIRO

No hebraico, *shaqab*, palavra que aparece por cerca de 73 vezes no Antigo Testamento, cuja raiz é "dar a beber". Com o sentido de copeiro, aparece por doze vezes (por exemplo: Gn 40.1-23; 41.9; 1Rs 10.5; Ne 1.11).

Na corte de Salomão o "copeiro" ocupava elevada posição social, paralelamente ao ofício de copeiro do tempo dos Faraós. Era mais do que um homem que provava os líquidos a serem tomados pelos reis. Antes, era uma espécie de assessor pessoal, dotado de grande importância, devido à sua influência política junto ao monarca. Copeiros aparecem em pinturas murais nos túmulos do Egito. Os copeiros impressionaram grandemente a rainha de Sabá (1Rs 10.5). Neemias intitulou-se copeiro do rei Artaxerxes (Ne 1.11). Esses oficiais com frequência tornavam-se confidentes e favoritos dos reis, desfrutando da confiança dos monarcas. Algumas vezes eram por estes consultados, nas decisões importantes que precisavam fazer. Um copeiro real provava do vinho, para certificar-se de que o mesmo não estava envenenado, e assumia a posição de protetor pessoal do rei. Não há que duvidar de que muitos copeiros apenas traziam o vinho ao rei, mas outros encarregavam-se de muitas espécies de deveres, em nada relacionados com esse ato relativamente simples. (IB ID Z)

COPO

Várias palavras hebraicas poderiam ser evocadas aqui. A mais importante, porém, é o termo *kos*, "copo", usado por 31 vezes. (Para exemplificar: Gn 40.11,13,21; Sl 11.6; 116.13; Is 51.17; Jr 25.15; Ez 23.31-33; Hc 2.16). No Novo Testamento encontramos a palavra grega *potérion*, "vaso de beber", utilizada por trinta vezes (Mt 10.42; 20.22,23; 23.25,26; 26.27; 26.39; Mc 7.4; 9.41; 10.38,39; 14.23,36; Lc 11.39; 22.17,20,42; Jo 18.11; 1Co 10.16,21; 11.25,26; 11.27,28; Ap 14.10; 16.19; 17.4; 18.6).

Usos Gerais. **1**. Um vaso de beber feito de vários materiais, como ouro, prata, vidro, cerâmica, madeira etc. (Gn 40.13). No grego, a palavra *potérion* também pode aludir ao líquido contido no copo (1Co 11.27). **2**. Essas palavras também eram empregadas para denotar *taças* e *bacias*. Na época do Antigo Testamento, esse vaso era uma espécie de taça. A arqueologia tem descoberto muitas informações sobre as taças, encontrando taças ou gravuras de taças em desenhos e relevos.

Em Várias Culturas. ***a. No Egito***. Eram usadas taças de muitos tipos, formatos e cores. As pinturas murais exibem copos de desenho elegante, ao passo que outros eram bastante comuns. Ouro e prata eram materiais preferidos para a confecção das taças dos ricos (Gn 44.2; Nm 7.84). Algumas dessas taças eram cravejadas com pedras preciosas, ou com aplicações de vidro de várias cores, ou então eram esmaltadas. Também eram feitas de pedra dura, cerâmica, vidro e porcelana. ***b. Na Assíria***. Grande variedade de formas, de desenho e de cores caracterizava as taças assírias. Eram usados os mesmos materiais que se usavam no Egito. Algumas taças da Assíria terminam com a cabeça de um leão, e têm asas. As taças festivas também eram comuns ali. ***c. Em Israel***. As taças dos hebreus refletiam os modelos egípcios e fenícios. As taças de Salomão eram de ouro (1Rs 10.21). Tal como em outras culturas antigas, as taças ou copos dos hebreus também podiam ser uma espécie de bacia (Êx 24.6; Ct 7.2). As taças mencionadas em 1Crônicas 28.17 eram vasos de boca larga, usados nas libações (ver também Êx 25.28; 37.16; Nm 4.7). ***d. No Novo Testamento***. As taças descobertas, pertencentes à época do Novo Testamento, refletem objetos idênticos de várias culturas, conforme a descrição acima; mas também incluíam modelos gregos e romanos. O termo grego *potérion* denota um vaso de beber de qualquer formato. A cerâmica era um material comum, empregado nesses vasos (Mc 7.4), embora os ricos e os nobres contassem com seus vasos de metais preciosos. Normalmente tinham a forma de um cálice. A taça usada na Última Ceia provavelmente era uma espécie de taça de cerâmica, suficientemente grande para que todos pudessem tomar dela um pouco (Mt 26.27).

Usos figurados. ***a. A parte do seu cálice*** (Sl 11.6; 16.5), indicava a condição geral da vida, próspera ou cheia de carências e necessidades. ***b. A atração tentadora*** (Pv 23.31; Jr 51.7; Ez 17.4; 18.6) pode ser ilustrada no caso da Babilônia, atrativa, mas maligna. ***c. O copo da consolação*** (Jr 16.7) deriva-se de um costume oriental mediante o qual o consolo era oferecido aos que estivessem de luto, ou em período de lamentação, oferecendo-se aos mesmos alimentos e vinho. (Ver Pv 31.6). ***d. O cálice da salvação*** (Sl 116.13) provavelmente refere-se às ofertas de libação, em ação de graças a Deus (Nm 15.5; 28.7), um símbolo da redenção efetuada por Deus. ***e. O cálice da bênção*** (1Co 10.16), ou *cálice do Senhor* (1Co 10.21) era o cálice de vinho sobre o qual se proferia uma bênção, consagrado para uso sacro. O termo derivou-se da festa da Páscoa, referindo-se à terceira taça de vinho que era tomada durante as cerimônias daquela celebração. ***f. O cálice dos demônios*** (1Co 10.21), faz contraste com o cálice da bênção (número 5, acima). ***g. O cálice de atordoamento*** ou de intoxicação, representa o estado de insensibilidade espiritual (Is 51.17; Zc 12.2). ***h. O copo de espanto e de desolação*** (Ez 23.33), aponta para o estado mental e emocional que essas palavras indicam.

COR. Ver sobre *Pesos e Medidas*.

CORAL

No hebraico, *ramoth*, que aparece somente por duas vezes no Antigo Testamento: Jó 28.18 e Ezequiel 27.16. Essa mesma palavra significa algo que cresce alto, o que indicaria o acúmulo nos recifes de corais, como aqueles encontrados nos mares Mediterrâneo e Vermelho. A palavra é mencionada em alusão às joias egípcias. Pequenos enfeites, como contas etc., eram feitos desse material. O coral, embora considerado uma pedra preciosa, na verdade é um esqueleto calcáreo, secretado por uma comunidade ligada de pequenos pólipos, que cercam e escondem inteiramente esse arcabouço, enquanto vivem. A espécie envolvida é o minúsculo organismo conhecido como *Anthozoa*, ou "bicho flor", conforme esse termo grego dá a entender. Eles vivem em colônias muito densas, em mares não mais frios do que a média de 20° centígrados. Há cerca de 2.500 espécies que variam em dimensões e em formato. Os corais de cor vermelha e negra são aqueles usados como pedras preciosas. Na antiguidade, os corais eram até mesmo importados ou exportados, vindos de lugares tão distantes quanto a Índia. Alguns, na antiguidade, pensavam que o coral tem propriedades sagradas. (Ver Jó. 28.28; Lm 4.7; Ez 27.16). A colheita de corais continua sendo uma importante indústria na parte oriental do mar Mediterrâneo.

CORANTES. Ver *Tintureiros*.

CORASÃ

No hebraico, **"fornalha fumarenta"**. Uma cidade na parte sudoeste do território de Judá, mencionada somente em 1Samuel 30.30, e que figura entre as localidades por onde Davi e seus homens vaguearam, antes dele tornar-se rei de Israel. Algumas versões têm emendado o nome para a forma Borasã. Talvez se trate da mesma Asã que aparece em Josué 15.42.

CORÇA

No hebraico, *tsebi*, **"beleza"**. Essa palavra indica um pequeno antílope, abundante nas porções mais selvagens da Palestina. Seu nome científico é *Gazella dorcas*. É animal bem conhecido por sua velocidade, beleza e movimentos graciosos. (É mencionado nos seguintes trechos: Dt 12.15,22; 14.5; 15.22; 2Sm 2.18; 1Rs 4.23; 1Cr 12.8; Pv 6.5; Ct 2.7,9,17; 3.5; 8.14; Is 13.14). Esse animal era suficientemente bem distribuído pela Palestina para servir de comum fonte de alimento. É provável que esse animal estivesse envolvido no relato sobre Esaú, em Gênesis 25.28; 27.3 ss. À medida que a civilização avança, o *habitat* desse arisco animal vai-se encolhendo. Nos tempos modernos, escasso controle sobre os caçadores tem permitido a redução drástica da população dessa espécie. Em Israel há leis de caça, e há também reservas que estão dando oportunidade para esses animais sobreviverem, e não serem extintos definitivamente na Palestina. O nome feminino Dorcas (At 9.36) está baseado sobre o nome desse animal.

CORÇA DA MANHÃ

No Salmo 22, no título do mesmo, encontramos as palavras hebraicas *Ay-ye-leth Shachar*, que significa, precisamente "corça da manhã". Nossa versão portuguesa interpreta o título como se esse fosse o nome de uma melodia, ao som da qual o Salmo 22 deveria ser cantado.

Todavia, há uma outra interpretação, que diz que *Shahar* e o seu irmão gêmeo, Shalem, eram filhos de El, o principal deus do panteão cananeu. Shahar seria o deus da aurora, e Shalem, o deus do pôr do sol. Seriam similares a Castor e Pólux da mitologia clássica, que tem reflexos na lenda católica romana de Cosme e Damião, que os umbandistas brasileiros abraçaram como dois de seus "santos". É difícil pensar que uma tradição pagã tenha penetrado no título de um dos Salmos de Davi. Por isso, optamos pela primeira interpretação, aquela que pensa no nome de uma melodia antiga, segundo é refletido em nossa versão portuguesa da Bíblia.

CORÇO

No hebraico, *yachmur*, palavra que aparece somente em Deuteronômio 14.5 e 1Reis 4.23. Seria, cientificamente, o *Alcephalus busephalus*, um tipo de veado, bem conhecido no Egito, onde têm sido encontrados espécimes mumificados, vindos do período greco-romano. Aparentemente, não era um animal nativo da Palestina. Atualmente é raro, ou mesmo extinto. O animal é mencionado como um item do cardápio de Salomão.

CORDA

No hebraico temos de considerar duas palavras, e no grego, uma, a saber: **1**. *Chebel*, "corda". Essa palavra é usada por sessenta vezes, com variadas traduções em português (para exemplificar: 2Sm 17.13; 1Rs 20.31,32; Js 2.15; Sl 140.5; Mq 2.5). **2**. *Aboth*, "tira". Essa palavra é usada por 29 vezes (para exemplificar: Jz 15.13,14; Sl 2.3; Is 5.18). **3**. *Schoiníon*, "corda". Palavra grega usada por apenas duas vezes (ver Jo 2.15 e At 27.32).

Qualquer desses termos indica uma corda de qualquer espessura, feita de fibras, cabelos ou couro. Pinturas em cavernas no oriente da Espanha, pertencentes ao período paleolítico posterior (cerca de 12.000 a.C.), mostram o que parece ser uma corda usada para ajudar alguém a subir por um penhasco. No Egito, as cordas eram feitas de junco (cerca de 4000 a.C.), de fibras, de linho, de capim, de papiro ou de pelos de camelo. Cordas de até 6,5 cm de espessura têm sido encontradas em locais do antigo Egito. As cordas eram importantíssimas no mundo antigo, porque permitiam aos homens projetos de construção. Algumas inscrições antigas (por exemplo, Rekmire, do século XV a.C.) mostram qual o processo do fabrico de cordas, no Egito.

Nas páginas da Bíblia, vemos que cordas eram usadas na guerra, para destruição de cidades (ver 2Sm 17.13), para arrear cavalos (ver Jó 39.10 e Is 5.18), no cordoame de embarcações (ver At 27.32,40), para baixar pessoas que estivessem em lugares elevados (ver Js 2.15 e Jr 38.6 ss.), para armadilhas (Jó 18.10) e para amarrar pessoas (ver Jz 15.13 ss.).

Uma corda, em vez de tecido ou couro, representava pobreza ou opróbrio (ver 1Rs 20.31 ss.; Is 3.24). O "gancho" enfiado nas bochechas do leviatã (ver Jó 41.2), talvez fosse melhor traduzido por "corda", visto que a palavra hebraica, no original, indica uma corda feita de junco. O "azorrague de cordas" que Jesus usou (ver Jo 2.15) para expulsar os vendedores de animais e os cambistas que infestavam o templo, e o "cabo" cortado pelos soldados para deixar o bote ir-se embora, são traduções de uma mesma palavra grega. (Ver At 27.32).

Usos figurados: **1**. Enrolar-se com uma corda indicava tristeza e humilhação (Jó 12.18; 1Rs 20.31,32). **2**. Uma herança dada era representada pelo uso de cordas, que eram usadas para medir um terreno (Sl 105.11). De fato, o termo traduzido por "corda" podia indicar uma medida de superfície. **3**. Estender uma corda em torno de uma cidade indicava que a mesma estava destinada à destruição (Lm 2.8). **4**. O *fio de prata*, partido por ocasião da morte física, representa o momento de não retorno do espírito (Ec 12.6). Alguns estudiosos pensam que a alusão é à quebra da espinha dorsal, mas a referência é ao fio de energia que vincula o espírito ao corpo físico, como se fosse uma espécie de cordão umbilical, por meio do qual, aparentemente, há uma comunicação de energias vitais. Ocasionalmente, o fio de prata pode ser visto, quando há a projeção da psique (vide), ou durante o processo da morte física (ver sobre *Experiências de Quase Morte*. Enquanto o fio de prata não se parte é possível o retorno do espírito ao corpo físico. Quando o mesmo é cortado, isso equivale ao *nascimento* para uma nova vida. Portanto, há algo parecido ao momento em que se corta o cordão umbilical de um recém-nascido. Ver o artigo sobre o *Fio de Prata*. **5**. As *cordas de Deus* são as suas restrições aos atos humanos (Sl 2.3). **6**. Há também as *cordas do amor* de Deus, isto é, sua boa vontade e interesse pelo bem-estar do homem (Os 11.4). **7**. Há o poder dos pecados e dos hábitos maus, que, por assim dizer, amarram os pecadores (Pv 5.22). **7**. Há as cordas da vaidade (Is 5.18) e as cordas da aflição (Jó 36.8). **8**. Nos sonhos e nas visões, uma corda pode ter vários sentidos simbólicos. Se assume uma forma circular, pode indicar a porção genital feminina. Ou pode significar o cordão umbilical e tudo quanto o mesmo representa, como proteção, apego à mãe, segurança; mas também, negativamente, falta de liberdade e senso de confinamento. Também devemos considerar uma corda pendurada, em cujo caso o simbolismo envolve alguma grave ameaça, punição ou dificuldade. Todavia, uma corda também pode simbolizar os elementos salvadores, visto que um homem lança uma corda a uma pessoa que se está afogando, com a qual esta poderá salvar-se do afogamento. (CHE FOR)

CORDA DE PRATA. Ver *Fio de Prata*.

CORDÃO

Em Números 15.38 lemos sobre "um cordão azul" que os filhos de Israel deveriam usar nas fímbrias de suas vestes, para atar às mesmas as borlas (vide). O azul era símbolo de espiritualidade. Alguns estudiosos interpretam que esse cordão azul indicava que os israelitas deveriam voltar-se para as realidades espirituais, considerando como secundárias as atividades terrenas.

CORDEIRO. Ver *Ovelha*.

CORÉ

No hebraico, **"pregoeiro"** ou **"perdiz"**. É nome de dois homens, no Antigo Testamento: **1**. Um levita, filho de Ebiasafe, pai de Salum, porteiro do tabernáculo (1Cr 9.19), chamado pai de Meselemias (Selemias), em 1Crônicas 26.1. Cerca de 960 a.C. **2**. Um levita, filho de Imna, nomeado para ser o supervisor das ofertas voluntárias, na época de Ezequias (2Cr 31.14). As ofertas recolhidas deveriam ser distribuídas entre os sacerdotes. Cerca de 719 a.C.

CORÉ (CORÁ)

No hebraico **"calvo"**. Foi nome de quatro ou cinco pessoas referidas na Bíblia, a saber: **1**. O terceiro filho de Esaú e sua concubina cananeia, Aolibama (Gn 36.5,14,18; 1Cr 1.35), em cerca de 1950 a.C. Ele nasceu em Canaã, antes que Esaú partisse para o monte Seir (Gn 36.5-9) e se tornasse cabeça de uma tribo idumeia (Gn 36.18). **2**. O filho de Elifaz, filho de Esaú e Ada, filho de Elom, o hitita (Gn 36.16). Entretanto, a maioria dos estudiosos pensa que esse versículo envolve um erro escribal, pois a palavra teria sido copiada, por engano, do vs. 18. A palavra não ocorre nem em Gênesis 36.11 e nem em 1Crônicas 1.35. **3**. Um filho de Hebrom (1Cr 2.43). **4**. Um neto de Coate e antepassado de um grupo de músicos sacros (filhos de Coré), aos quais são atribuídos o Salmo 42 e onze outros (1Cr 6.22). **5**. Um levita, coatita (ver *Coate*, *Coatitas*), da casa de Izar e que talvez deva ser identificado com o Coate de número 4, acima. Ele era filho de Jizar e neto de Coate (Êx 6.21,24). Esteve envolvido em uma conspiração contra Moisés e Arão, juntamente com Datã, seu irmão Abirão, um rubenita, e cerca de outros 250 homens, que lhes davam apoio. O relato aparece no décimo sexto capítulo de Números, e há alusão a isso no Novo Testamento, em Judas 11. A única coisa que sabemos sobre esse homem é aquilo que ficamos sabendo nesse incidente. É lamentável que algumas pessoas só se tornem conhecidas pelas maldades que praticam. E pior ainda é quando as pessoas vangloriam-se desse tipo de fama.

1. As acusações. Coré e seus associados acusaram Moisés de exaltar-se aos olhos do povo; de usurpar privilégios e poderes acima do que era próprio; e de deixar de cumprir a promessa de levá-los a uma terra prometida. Moisés defendeu-se, dizendo que os motivos deles é que eles estavam à cata de poder e queriam controlar o sacerdócio e os ministros do Senhor. Provavelmente, o antigo motivo da inveja também estivesse por detrás do caso, o que, por muitas vezes, encontra-se atrás das tentativas de obter poder e de exibir-se diante das outras pessoas.

2. A reação. Moisés ficou profundamente consternado diante da rebelião, e prostrou-se com o rosto em terra. Então deixou a questão aos cuidados do Senhor, desafiando os rebeldes a virem conferenciar com ele, à entrada da tenda da congregação. Cada homem deveria tomar um incensário para oferecer incenso ao Senhor. Datã e Abirão recusaram-se a ir ao encontro de Moisés. No dia seguinte, os rebeldes apresentaram-se diante do tabernáculo.

3. A destruição. A congregação inteira de Israel reuniu-se para ver o espetáculo, por instigação de Coré. A glória do Senhor ou *shekinah* (vide) apareceu, e uma voz ordenou a Moisés e Arão que os dois se separassem da congregação de Israel. Todos os israelitas estavam prestes a ser destruídos, por darem apoio a uma causa injusta. Porém, Moisés ordenou que os israelitas abandonassem o lugar. E eles retrocederam. Em seguida, Moisés rogou ao Senhor para que perdoasse o povo, e também para que resolvesse a questão. Então a terra abriu-se sob as tendas de Coré, Datã e Abirão, e fechou-se em seguida. Os 250 rebelados, que provavelmente permaneceram diante do tabernáculo, foram consumidos pelo "fogo do Senhor". Subsequentemente, os incensários usados pelos rebeldes foram transformados em placas para formarem uma cobertura exterior para o altar, como advertência acerca do fim de todos os rebeldes contra o Senhor.

4. A rebeldia nos corações do povo. Na manhã seguinte, a congregação inteira murmurou contra Moisés e Arão, acusando-os de terem feito morrer o povo do Senhor. Isso provocou ainda um outro desastre, uma praga que destruiu nada menos de 14.700 pessoas. E isso bastou, como lição objetiva.

5. Misericórdia. Visto que os descendentes de Coré posteriormente serviram como levitas, podemos ter a certeza de que seus filhos e sua família foram poupados. Provavelmente esses viviam em tendas separadas, não se tendo envolvido no ato de rebelião.

6. O comentário do Novo Testamento. Em Judas 11, Coré, juntamente com Caim e Balaão, é mencionado como um mau exemplo, cujas ações não devemos emular. Essas personagens representam os mestres desviados, presunçosos e interesseiros, que jamais deveriam ter recebido autoridade, no seio da igreja cristã. Provavelmente, estão em foco os primeiros gnósticos. Ver o artigo sobre o *Gnosticismo*.

7. Explicações naturais. Alguns intérpretes supõem que a narrativa inteira acerca de Coré tenha uma explicação natural. Algum tipo de terremoto ou de ação vulcânica poderia ter ocorrido. Nesse caso, tais ocorrências foram muito seletivas, havendo atingido somente aqueles que estavam envolvidos na rebelião, apesar de haver centenas de milhares de pessoas em volta.

CORES

As Escrituras não mencionam muitas cores diferentes. A variedade de cores depende muito da tecnologia, exceduando aquela imensa variedade que a natureza nos oferece. Poderíamos presumir que a língua hebraica tinha muitos nomes de cores que não foram registrados na Bíblia. O vocabulário total do Antigo Testamento chega a cerca de dez mil palavras, e devemos supor que o vocabulário ativo entre os hebreus era bem maior que isso. Seja como for, abaixo damos um sumário das cores mencionadas na Bíblia:

1. Branco. Em sentido pleno, o branco fala dos raios do sol e daquela cor produzida pelo calor extremo, visto que todas as cores do espectro estão unidas para formar a cor branca. O trecho de Mateus 17.2 refere-se à brancura das vestes de Jesus, por ocasião da transfiguração. Os campos semeados que estavam prontos para a colheita foram chamados de "brancos", visto que o trigo maduro é branco, distinguindo do trigo ainda imaturo, que é verde. O termo grego envolvido é *leukós*, que aparece por 25 vezes no Novo Testamento, por dezesseis vezes só no livro de Apocalipse (1.14; 2.17; 3.4,5,18; 4.4; 6.2,11; 7.9,13; 11.11; 20.11). Esta minha lista é parcial, mas dá uma boa ideia do sentido da palavra, incluindo seu uso metafórico. No Antigo Testamento temos o termo hebraico *laban*, aplicado a muitos objetos, como o leite (Gn 49.12), o maná (Êx 16.13), a neve (Is 1.18), a lua (Is

24.23). Também temos a palavra hebraica *sah*, "ensolarado" ou "ofuscante", como em Cantares 5.10. *Hiwwar* também é usado para indicar a neve ou a palidez da vergonha (Dn 7.9 e Is 29.22). *Sib* é o branco das cãs de uma pessoa idosa. Outras palavras hebraicas também foram usadas, talvez primariamente como tipos de tecido, mas incluindo a sua cor, como no caso das cortinas do tabernáculo (Êx 28.6) e das vestes sacerdotais (Êx 28.6).

2. Negro. Essa palavra era usada para indicar as cores densas e não apenas o negro propriamente dito. Assim temos os vocábulos hebraicos *shahor*, "sombrio", "pardo", aplicado à cor dos cabelos (Lv 13.31 e Ct 5.11); *hum*, que literalmente significa "queimado", como um tom do marrom (Gn 30.52); *qadar*, que significa "sujo", dando a entender a cor escura que poderíamos chamar, mais apropriadamente, de "negro" (Jó 30.30, onde se aplica aos efeitos produzidos pela enfermidade ou pela tristeza). Além disso, o firmamento cheio de nuvens (1Rs 18.45), ou a noite (Mq 3.6; Jr 4.28), são negros. Um riacho de águas turvas, da neve dissolvida, misturada com lama (Jó 6.16), aparece descrito pela palavra hebraica que significa negro. No Novo Testamento, o termo grego *mélas*, "negro", é empregado apenas por três vezes (em Mt 5.36, onde é dito que não temos a capacidade de tornar um cabelo nosso branco ou preto; em Ap 6.5, que alude ao cavalo negro, referindo-se à morte como um juízo divino; e em Ap 6.12, onde o sol é obscurecido devido a um grande terremoto).

3. Vermelho. O termo hebraico *adom*, usado para essa cor, refere-se ao sangue (2Rs 3.22), a uma veste tinta de sangue (Is 63.2), e a uma novilha dessa cor (Nm 19.2). Também a um prato de lentilhas (Gn 25.30), a um cavalo (Zc 1.8; 6.2), à tez de uma pessoa (Gn 25.25; Ct 5.10), a uma mancha leprosa (Lv 13.19; 14.37). Uma outra palavra hebraica, *saruq*, significa "da cor de uma raposa", um tom de vermelho, de uma espécie de vinha que produz uvas púrpuras (Is 5.2), simbólico de derramamento de sangue (Zc 6.2). No Novo Testamento, o termo grego *éruthros* é usado apenas por duas vezes (At 7.36, para indicar o mar Vermelho; e em Hb 11.29, para indicar esse mesmo mar). A palavra grega *kókkinos*, "escarlate", porém, encontra-se por seis vezes (Mt 27.38; Hb 9.19; Ap 18.12,16; 17.3,4, em várias conexões).

4. Escarlate. Esse é um vermelho profundo. Essa palavra figura na Bíblia (em Is 1.18; Jr 4.30; Gn 38.28-30 e Êx 25.4). Diversas palavras hebraicas têm sido traduzidas por "escarlate". (Ver também 2Cr 2.7,14 e 3.14). O termo hebraico *shani* parece envolver a ideia de "brilho". O termo hebraico *towla* fala de um *inseto* do qual se fabricava um pigmento dessa cor. A única coisa natural chamada de escarlate, no Antigo Testamento, são os lábios, comparados a um fio escarlate (Ct 4.3). Várias peças do vestuário eram tingidas de escarlate (2Sm 1.24; Pv 31.21; Jr 4.30 e Ap 17.4). Essa cor era usada pelos gregos e romanos para indicar uma túnica militar. (Ver Mt 27.38). Os livros de Marcos e João dizem "púrpura", pelo que é possível que o povo comum não tivesse uma palavra separada para isso. Porém, os dicionários clássicos falam em palavras separadas, pelo que deve haver alguma razão para essa diferença.

5. Vermelhão. No hebraico, *shashar*, um pigmento usado para as pinturas afresco, para representar figuras de ídolos, nas paredes e nos templos (Ez 23.14), ou para colorir os próprios ídolos (Sab. 13.14). Também era palavra usada para indicar as decorações nas paredes e traves das casas (Jr 22.14). Era cor muito favorecida pelos assírios, conforme a arqueologia tem demonstrado, mediante as esculturas de Ninrode e Corsabade.

6. Amarelo. No hebraico, *yeraqraq* (Sl 68.13). Palavra aplicada ao ouro e a uma mancha de lepra (Lv 13.49). Parece haver certa confusão com o verde; ou então o amarelo era considerado como um tom do verde, visto que a palavra que significa "esverdeado" também é aplicada ao ouro.

7. Verde. O termo hebraico *ra'anan* era usado para indicar aquilo que é vigoroso e florescente (Jó 15.32; Sl 37.35; 52.8; Os 14.8). Também era usado para indicar o azeite fresco (Sl 92.10). O termo hebraico *yerek* tem o sentido de planta que brota, sendo usado para todos os produtos alimentares (Gn 1.30; 9.3; Êx 10.15). Contudo, essa cor pode também indicar uma cor doentia, a *da palidez*. No Novo Testamento, o vocábulo grego *chlóros* significa "verde" (Mc 6.39), indicando, por exemplo, a relva onde se sentou o grupo em favor do qual Jesus multiplicou os pães e os peixinhos; a relva queimada pelos juízos divinos, em Apocalipse 8.7, e o verde das árvores (Ap 9.4). Em Apocalipse 6.8, aparece como a cor de um dos quatro cavalos que trarão o juízo divino. Ali as traduções dão *amarelo ou pálido*, como cor que representa a morte.

8. Azul. No hebraico, *tekeleth*. Por muito tempo, essa cor tem estado sujeita à disputa. Essa palavra tem sido variadamente traduzida como púrpura, verde, índigo e amarelo. O Talmude (vide) afirma que o nome dessa cor deriva-se do extrato puro de certa ostra. A origem dessa cor atualmente está identificada, de acordo com Irving Ziderman, do Instituto de Fibras de Israel, de conformidade com uma reportagem publicada na revista *Science News*. Esse animal é aparentado do caracol espinhento, chamado caramujo rajado. Se essa opinião está correta, conforme os estudiosos de Israel supõem, então a cor envolvida é o azul purpurino. Josefo (*Anti*. 3.7,7) e Filo usaram essa palavra para indicar a cor do firmamento. Porém, devemos supor que essa é uma referência inexata, a menos que o firmamento, no Oriente, seja de um azul mais escuro do que no Ocidente. Em Ester 1.6, algumas traduções dizem "violeta". Essa cor era usada nas vestimentas dos príncipes e dos nobres (Ez 13.6; Ec 40.4), bem como nas vestes dos ídolos da Babilônia (Jr 10.9).

9. As Cores Sacerdotais. O Antigo Testamento fala nas cores púrpura, azul, escarlate e branco, como aquelas que eram usadas em conexão com as vestes sacerdotais. As mesmas cores eram usadas no tabernáculo e nas decorações do templo de Jerusalém, nas cortinas, nos móveis etc.

10. Púrpura. No hebraico, *argaman*. Essa cor era obtida de uma espécie de molusco chamado *Murex trunculus*, segundo seu nome científico moderno, especificamente de uma secreção glandular pegajosa, e não do seu sangue. Essa secreção normalmente é branca; mas, em contato com o ar, torna-se amarela, então verde, e, finalmente, torna-se púrpura. Os fenícios quase monopolizaram a produção desse corante. Foi em Tiro que se comercializou, pela primeira vez, o produto. A arqueologia tem descoberto indícios dos lugares onde esse tipo de corante era produzido. O corante púrpura era um produto dispendioso nos dias da supremacia romana. Uma veste ou um manto colorido de púrpura era considerado um luxo que somente os ricos podiam usar. Vestes tingidas de púrpura eram usadas pelos reis (Jz 8.26), pelos oficiais do governo e pelos ricos em geral (Jr 10.9; Lc 16.19; Ap 17.4; 18.16). Lídia, que se converteu ao evangelho, era negociante de panos tingidos dessa cor (At 16.14). No Apocalipse, as vestes dessa cor são mencionadas entre os itens de luxo de Roma.

11. Tingimento. No início do relato do Antigo Testamento, temos alusões a essa prática (Gn 38.28 e Êx 26.1). Os hebreus aprenderam a arte com os egípcios e fenícios. As cores mais comumente usadas eram a púrpura, mais clara e mais carregada, o azul, o escarlate, o vermelhão. Os corantes, na sua maioria, eram extraídos de plantas e de moluscos. O corante mais caro era a púrpura extraída do *Murex*. Eram necessários cerca de 250 mil desses animais para produzir apenas 30 miligramas do corante! Isso mostra por que razão a púrpura era sinal da realeza e de grande abastança. Ver o artigo sobre *Artes e Ofícios*, e sobre os *Tintureiros*, quanto a outros detalhes sobre a arte da tinturaria.

12. Sentidos Metafóricos e Simbólicos das Cores. *a. Branco*. Pureza, luz, vida, santidade, vitória. Os sacerdotes hebreus vestiam-se de branco, por serem os servos do Deus Santo. O branco era a cor básica do véu que dividia o santuário. As vestes da salvação são brancas como a luz (Sl 27.1). Também há o branco luminoso da glória e da majestade (Dn 7.9; Ez 9.3). O branco é a cor das vestes dos remidos, que foram lavados no sangue do Cordeiro (Ap 3.4,5; 7.14). A cabeça e os cabelos do Cristo exaltado eram brancos (Ap 1.14), o qual veio para anunciar sua vitória sobre o mal, sob a forma de julgamento. O branco é também a cor do grande trono de juízo, onde a justiça é servida (Ap 20.11). *Símbolos psicológicos e nos sonhos*. O branco ou o azul claro indica o intelecto, uma das faculdades da mente, bem como a espiritualidade. É também a cor da iluminação, do autoconhecimento, da sabedoria, da mente divina, da inocência e da pureza. O branco sujo indica polução e defloramento, oposto das vestes brancas de uma virgem. **b. Negro**. Essa é a cor oposta ao branco, sendo vinculada à lamentação, à morte, às aflições, às calamidades (Jr 14.2; Lm 4.8; 5.10; Ap 6.5). Pode indicar a humilhação (Ml 3.14), ou um presságio de mal vindouro (Zc 6.2). *Símbolos psicológicos e nos sonhos*. A cor cinzenta pode indicar retrocessos, perturbações, escândalo etc., mas o negro representa a morte. Também estão em foco a depressão e as premonições. As coisas que são obscuras, misteriosas, nebulosas, são simbolizadas pela cor negra. O submundo ou hades é um lugar escuro ou negro. Se alguém sonha com um animal branco e com um animal negro, ao mesmo tempo, terá sonhado com sua própria natureza boa e com sua própria natureza má. As figuras feminina e maternal são representadas pelo negro e pelo vermelho, mas o branco também pode representar a figura feminina, por estar relacionada à lua (uma luz no firmamento escuro da noite), que é uma figura feminina. O sol é um símbolo masculino. **c. Vermelho**. Essa é a cor do fogo, e, como tal, simboliza a *vida*. Mas também é a cor do sangue, em cujo caso simboliza o sofrimento, o homicídio, o julgamento divino mediante a matança. Visto que o sangue era considerado a vida biológica de uma pessoa ou de um animal, essa cor pode simbolizar o princípio da vida (Gn 9.4-6). Disso deriva-se o sentido metafórico de *expiação*, que liberta do pecado e provê a vida eterna (Is 63.2 e Hb 9.22). *Símbolos psicológicos e nos sonhos*. Sangue, fogo, vinho, emoções fortes, excitação sexual e ira são coisas comumente simbolizadas pela cor vermelha. Juntamente com o negro, pode simbolizar a feminilidade. Mas o róseo, um tipo de vermelho esbranquiçado, simboliza algo agradável, mas ilusório. Assim falamos sobre a *visão rósea* da vida, uma visão otimista, mas sem razões adequadas para tanto. As prostitutas e o sexo ilícito são simbolizados pelo vermelho. Os místicos, capazes de perceber a aura humana, dizem que as prostitutas têm uma emanação avermelhada em redor dos quadris. **d. Verde**. Simboliza a verdura, o vigor, a prosperidade (Sl 92.14), o desabrochar das flores (Sl 37.35). É a cor da vida natural. *Símbolos psicológicos e nos sonhos*. Tudo quanto cresce é simbolizado por essa cor, indicando o vigor e a vitalidade. A esperança, os pastos verdejantes pelos quais aguardamos, mas que ainda não obtivemos, pode ser simbolizada por essa cor. Contudo, o verde também pode simbolizar a inexperiência e a simplicidade, a necessidade de maior desenvolvimento. Além disso, a inveja também é retratada como verde. Visto que o verde pode estar associado à palidez, também pode indicar as enfermidades. **e. Azul**. Cor do intelecto e da espiritualidade. Quanto mais apuradas forem, tanto mais claro será o azul. Os místicos dizem-nos que as pessoas especialmente inteligentes têm muito azul em suas auras. Entretanto, essa cor também representa a santidade, visto que o firmamento é azul. Para os hebreus, o azul simbolizava o divino ou o próprio Yahweh (Êx 24.10; Ez 1.26), bem como as revelações divinas. *Símbolos psicológicos e nos sonhos*. O intelecto, conforme dissemos acima. Essa cor simboliza a energia espiritual e a fidelidade. O azul escuro, devido à sua associação com o mar, pode indicar a intuição introvertida, bem como a compreensão intuitiva das realidades interiores e dos mistérios divinos. O azul profundo, misturado com o verde, pode indicar a liberação, a liberdade, a união de princípios opostos, como sensações e intuição. **f. Púrpura**. Simboliza a realeza, as riquezas materiais e a majestade (Jz 8.26; Et 8.16; Ct 3.10; Dn 5.7). *Símbolos psicológicos e nos sonhos*. Essa cor simboliza o poder vital e a autoridade. Mas a púrpura clara representa a morte, devido à sua associação com o lilás. **Outras cores**, não referidas na Bíblia. Referimo-nos abaixo aos símbolos psicológicos e nos sonhos: **g. Cores escuras**, como negro, marrom etc.: depressão, retrocesso, morte. **h. Cores brilhantes**: alegria, vitalidade, esperança. **i. Mudança de cores escuras para cores claras**: possibilidades de melhoria, crescimento espiritual. Mudança de cores claras para escuras: humilhação, perda, enfermidade. **j. Mudança de cores para a luz**. Indica o movimento gradual do que é vil e sensual para o conhecimento e a participação na realidade superior. **k. Marrom**. Representa os excrementos do corpo, a porção inferior do corpo humano. Visto que está associada à terra, essa cor pode indicar as sensações físicas. Porém, também pode indicar o dinheiro, visto que, nos sonhos, os excrementos geralmente simbolizam o dinheiro, os recursos materiais ou as riquezas de origem profana. **l. Dourado**. Simboliza o sol, e, portanto, a mente consciente e a verdade. Visto que o sol representa o princípio masculino, o ouro também pode simbolizar a masculinidade. Visto que o ouro é amarelo, pode estar em foco a intuição. A combinação ouro e prata nos apresenta os princípios masculino e feminino. **m. Amarelo**. Pode indicar a intuição e a intelectualidade. Visto que as pessoas intelectuais olham todos os lados de uma questão, podem parecer *hesitantes*, o que é injustamente associado à covardia. Um amarelo escuro ou maculado pode apontar para a morte. Visto que a urina é um líquido do corpo, e é amarela, essa cor pode simbolizar o próprio corpo. **n. O arco-íris**. No arco-íris há a mescla das cores básicas, que formam o branco, dando a entender a esperança ou novas perspectivas. Visto que o arco-íris geralmente aparece após as tempestades, pode indicar um estado melhorado ou mais feliz, depois de um período de provação. Na Bíblia, o arco-íris é sinal da paciência de Deus, como quando resolveu que não mais destruiria a humanidade, mediante um dilúvio (Gn 9.13 ss.). (CHE GUI ID UN)

CORÍNTIOS, EPÍSTOLAS AOS CORÍNTIOS

I. A Primeira Epístola. A primeira epístola de Paulo aos Coríntios foi escrita em Éfeso, 16.8,9,19; Atos 19, no ano 57. O estado da igreja daquela cidade que ele havia fundado alguns anos antes, lhe inspirava grande cuidado. Os membros dessa igreja haviam escrito uma carta, pedindo instruções ao apóstolo sobre o casamento e a pureza da conduta social, a que ele responde no capítulo 5.9. Essa carta não foi conservada. Parece que a igreja mandou embaixado ao apóstolo, 16.17, relatando, entre outras, as divisões que tinham ocorrido ali, 1.11. Previamente, já Timóteo havia lá estado, indo de Macedônia, 4.17; 16.10, porém, as notícias recentes levaram-no a escrever essa epístola sem demora. Pensam alguns que o apóstolo visitou a igreja, partindo de Éfeso, com o intuito de exercer disciplina. Essa suposição é deduzida da segunda epístola, 12.14; 13.1, onde ele fala de fazer-lhe mais uma visita pela terceira vez, apesar de que no livro de Atos dos Apóstolos somente se relata uma visita prévia. Pensam ainda alguns que essa visita, não mencionada, teve lugar antes que a primeira epístola fosse escrita; mas, não tendo ela acontecido, devemos pensar que ocorreu entre a primeira e a segunda. Na primeira epístola, ele responde em ordem e mui cuidadosamente aos pontos sobre que havia sido consultado, combinando a discussão doutrinária com os problemas morais e eclesiásticos. A epístola reflete claramente as condições das igrejas primitivas entre os gentios de que resulta a sua grande importância histórica.

Os assuntos discutidos, depois das saudações e introdução, dos versículos 1-9 do cap. 1, são os seguintes: **1**. As divisões na igreja (cap. 1.10 até o cap. 4.21). As facções se originaram nas preferências por alguns dos dirigentes, notáveis pelas suas tendências teológicas. Havia os partidários de Paulo, de Apolo, de Cefas, e os de Cristo. Combatendo essas divisões, o apóstolo aponta para Cristo crucificado de quem todos os crentes dependem, e em cujo nome e divina autoridade eles primeiro ouviram o Evangelho. O caráter subordinado de cada um que administra o Evangelho, mesmo que seja de um apóstolo, depende de Cristo, e somente dele, de modo que ninguém deve se constituir chefe ou cabeça de partido religioso. Só a Deus é devida toda a honra e toda a glória. **2**. O dever de honrar e ministrar a disciplina (caps. 5 e 6). Especialmente em casos de impureza sexual, existia um caso vergonhoso de fornicação na igreja que não fora tratado, 5.1. **3**. Direções sobre o problema do casamento e do divórcio (cap. 7). **4**. Direção a respeito da questão prática, originária do relacionamento com a sociedade pagã (caps. 8 e 9). Especialmente sobre a participação nos banquetes em que havia carnes sacrificadas a ídolos; em tais casos, deveriam os crentes restringir a sua liberdade, cap. 8, do que ele dava exemplo em sua vida, cap. 9. Não era preciso os crentes indagar da procedência das iguarias, que compravam ou de que participavam, porém deviam delas abster-se logo que tivessem conhecimento do ídolo, cap. 10. **5**. Admoestações sobre certos abusos introduzidos no culto público, 11.2-24, no tocante ao exercício de funções religiosas na igreja, e o modo de celebrar a Santa Ceia do Senhor. **6**. Direções sobre o modo de regular o exercício dos dons miraculosos (caps. 12 a 14). **7**. Instruções sobre a doutrina da ressurreição dos mortos da igreja (cap. 15). **8**. Direções a respeito das coletas em benefício dos santos da Judeia, concluindo com instruções sobre deveres religiosos e assuntos de caráter pessoal (cap. 16).

II. A Segunda Epístola. A segunda epístola aos Coríntios foi escrita na Macedônia, 2.13; 7.5; 9.2,4, logo depois que o apóstolo saiu de Éfeso, Atos 20.1, isto é, no verão, ou no princípio do outono do ano 57. Nessa ocasião, Timóteo estava novamente em companhia do apóstolo, 1.1. Tito havia sido enviado de Éfeso a Corinto 2.13; 7.6,7,13,14,15; 12.18, com instruções para corrigir os abusos ali existentes, e provavelmente para tratar de um caso de incesto, mencionado na primeira carta, cap. 5.1, caso este que havia interessado a autoridade do apóstolo e que comprometia a estabilidade daquela igreja. Tito devia encontrar-se com Paulo em Trôade, porém, falhando esse plano, seguiu o apóstolo para Macedônia bastante entristecido por esse desencontro. Afinal, Tito deu-lhe as boas novas de que a igreja de Corinto havia disciplinado o ofensor que humildemente reconheceu o seu pecado. Em consequência disto, foi escrita essa epístola, de que foi portador Tito, acompanhado por mais dois irmãos, 8.16-24. Pela sua leitura se depreende a intensa ansiedade do apóstolo pela deslealdade para com ele e pelo perigo que ameaçava a espiritualidade da igreja. Essa carta é a menos metódica e a que trata mais particularmente da sua pessoa.

Contempla três assuntos principais: **1**. Dos caps. 1 a 7, em que, depois de mencionar o seu reconhecimento a Deus, ele se defende da acusação de ser vacilante, 1.1-14,15; a 2.4, ordena que não sejam por demais severos contra o delinquente, 2.5-11, descreve os caracteres do ministério da reconciliação que lhe havia sido confiado falando da espiritualidade, cap. 3, da sinceridade, 4.1-6, dos sofrimentos, 4.7-18, das esperanças, 5.1-9, da solenidade da doutrina, 5.10,11, dos motivos que o impeliam para exercer o ministério da reconciliação, 5.18-21, que lhe havia sido confiado, 5.18 até o cap. 6.2. Com essas credenciais, ele se impõe à consideração da igreja, 6.3-10, e se alegra pelo que espera receber dela, v. 7. **2**. Nessa parte das coletas para os santos da Judeia, exorta os crentes a serem liberais, caps. 8 e 9. **3**. Nessa última parte, cap. 10 até o 12, apresenta em termos patéticos o testemunho de seu ofício apostólico e de sua autoridade na igreja. Termina essa parte, renovando as admoestações sobre os males que ameaçavam a pureza da igreja e declara que usará de sua autoridade para disciplinar os recalcitrantes, quando de novo visitar a igreja. A seção final da epístola, caps. 10 a 13 pensam alguns estudantes do Novo Testamento que seja uma epístola separada, ou fragmentos dela, escrita pelo apóstolo, logo após a sua volta a Éfeso, depois de uma suposta visita a Corinto, de que não há menção (veja notas anteriores à introdução da primeira epístola). O espírito do apóstolo não estava tranquilo com aquela visita, e por isso foi levado a escrever a carta, carta de lágrimas e de angústia de coração, que transparecem nas alusões e fatos observados por ocasião de sua não mencionada visita, 2Coríntios 2.4; 7.8-12. A parte compreendida entre os caps. 10 até o 13 da segunda epístola tão repassada de tristeza, pode bem ser a tal epístola. Notícias animadoras vindas de Corinto e trazidas por Tito, dissiparam os temores de Paulo. O delinquente havia sido disciplinado; a hostilidade da minoria contra ele, tinha cessado e reinado de novo a lealdade e o afeto em seu favor. E por isso, o apóstolo escreveu a epístola contida nos caps. 1 até o cap. 9 tão cheia de animação e alegria. Essa teoria é interessante sob o ponto de vista literário, cf. Marcos 16.9-20. Não envolve questão vital alguma que interesse a legitimidade, nem a sua inspiração, no todo ou em parte. Se os últimos quatro capítulos existiram formando uma carta separada das outras, é digno de reparo que não haja referência a ela na história dos textos do Novo Testamento.

COROA. Ver também *Coroas*.

Termos Envolvidos. Há três palavras hebraicas e duas palavras gregas que precisamos considerar, a saber: **1**. *Kether*, "coroa", "diadema". Termo que figura por três vezes, sempre no livro de Ester (1.11; 2.17 e 6.8). **2**. *Nezer*, "grinalda", "coroa". Palavra que ocorre por onze vezes, com esse sentido (Êx 29.6; 39.30; Lv 8.9; 21.12; 2Sm 1.10; 2Rs 11.12; 2Cr 23.11; Sl 89.39; 132.18; Pv 27.24 e Zc 9.16). **3**. *Atarah*, "coroa". Vocábulo usado por 23 vezes (2Sm 12.30; 1Cr 20.2; Et 8.15; Jó 19.9; 31.36; Sl 21.3; Pv 4.9; 12.4; 14.24; 16.31; 17.6; Ct 3.11; Is 28.1,3,5; 62.3; Jr 13.18; Lm 5.16, Ez 16.12; 21.26; 23.42; Zc 6.11,14). **4**. *Diádema*, "diadema". Palavra grega que figura por três vezes, sempre no Apocalipse (12.3; 13.1 e 19.12). **5**. *Stéphanos*, "coroa". Palavra grega empregada por dezoito vezes, a maior parte das vezes no Apocalipse (Mt 27.29; Mc 15.17; Jo 19.2-5; 1Co 9.25; Fp 4.1; 1Ts 2.19; 2Tm 4.8; Tg 1.12; 1Pe 5.4; Ap 2.10; 3.11; 4.4,10; 6.2; 8.7; 12.1; 14.14). Essa também é a palavra grega que era o nome do primeiro mártir cristão, Estêvão (ver At 6.5 ss.).

2. No Antigo Testamento. A coroa era uma peça usada na cabeça, geralmente muito ornada, usada por monarcas e outras pessoas importantes. No Antigo Testamento, temos a coroa do sumo sacerdote, feita de uma placa de ouro com as palavras inscritas: "Santo ao Senhor". Essa placa era presa à sua mitra ou turbante por um cordão azul, que simbolizava a sua consagração (Êx 19.6; 39.30). Após o exílio babilônico, em 520 a.C., coroas de ouro e de prata foram feitas para o sumo sacerdote (Zc 6.11-14). Após terem sido usadas, foram guardadas no templo, como emblemas do favor divino.

As coroas reais eram outorgadas como indicação de que o ofício monárquico era ocupado por decreto divino (Sl 21.3). A coroa também simbolizava a glória (Jó 19.9; Is 28.5); a realeza (Pv 27.24); o orgulho (Jó 31.36; Is 28.1,3). Essas coroas eram fabricadas de vários metais e, com frequência, eram muito decoradas, algumas vezes até com pedras preciosas. Foi uma coroa assim que Davi tomou do rei dos amorreus (2Sm 12.30), e então a pôs sobre sua própria cabeça, tal como fizeram os seus sucessores. Pelo menos em alguns casos, os reis de Israel foram formalmente coroados (2Rs 11.12).

3. Outras Culturas. A arqueologia tem descoberto evidências acerca de muitos tipos de coroas entre os egípcios, tanto através de coroas literais como mediante gravuras em murais e inscrições. Algumas vezes, essas coroas eram elaboradas e ricamente adornadas, como aquela usada por Tutancâmom. Emblemas reais também decoravam essas coroas. Elas incluíam certa variedade de caudas, mas outras consistiam em meros aros de ouro, ou um tipo de chapéu chato, com uma espiral na parte da frente, e uma elevada projeção na parte de trás. Algumas coroas eram cônicas, e outras arredondadas.

A coroa usada pelos reis assírios consistia em uma elevada mitra, frequentemente adornada com flores ou outros objetos. Tiras de linho ou de seda eram arrumadas formando uma espiral ascendente, uma espécie de cone. Com frequência, esse tipo de coroa era adornado com pedras preciosas. Os reis da Babilônia usavam uma mitra recurva, terminando em ponta. As escavações arqueológicas têm descoberto muitos aros e diademas, feitos de vários materiais, incluindo o ouro e a prata.

Os turbantes usados na Pérsia, na Pártia e na Armênia, nos tempos clássicos, eram uma espécie de quepe ou capacete, devido à sua rigidez. Os turbantes usados pelas pessoas comuns eram similares, mas feitos de tecido. Ambos os tipos são ilustrados no vaso de Dario, existente no Museo Nazionale de Nápolis, na Itália. Ao redor da testa do quepe real havia uma faixa larga, feita de material das cores branca, azul (ou púrpura), e que podia ser usada sozinha, sem o capacete, servindo de emblema de soberania. A palavra grega *diádema*, que em português deu "diadema", significa algo "enrolado em volta", embora essa palavra tenha vindo a significar uma coroa de qualquer formato.

Essa faixa simbolizava o poder despótico, e os romanos evitavam tal símbolo. Mas os romanos usavam grinaldas de folhas de carvalho ou de louro, além de aros de metal, que denotavam feitos militares ou atléticos. Júlio César usava uma coroa de louros, como general vitorioso que era; mas, quando Marco Antônio lhe ofereceu um diadema com louros, quando da festividade da Lupercália, ele não consentiu em usar tal emblema, porquanto simbolizava a realeza. E mesmo depois que Roma se tornou um império, o uso de coroas, que indicavam a realeza, continuou a ser evitado. Os primeiros imperadores preferiam a coroa de louros, celebrando as suas conquistas militares. Também havia a coroa de ponta longa, para o alto, que denotava o favor dos deuses e era símbolo dos descendentes do Sol. Essa coroa foi usada pelos imperadores romanos. Foi somente na época de Constantino que o diadema foi introduzido entre os objetos de uso real. Então os romanos começaram a imitar outros povos, e as coroas tornaram-se muito ornadas, decoradas com pedras preciosas.

4. A Coroa como um Símbolo Espiritual. Ver o artigo separado sobre *Coroas*.

CORPO

Embora existam cerca de catorze vocábulos hebraicos de alguma maneira ligados ao corpo físico, alguns dos quais indicando porções do corpo como "costas", "barriga" etc., não há nenhum vocábulo que indique o corpo inteiro. A mais comum dessas palavras hebraicas é *basar*, que significa "carne". Porém, no Novo Testamento encontramos o termo grego *soma*, "corpo" (usado por cerca de 130 vezes) e o termo grego *ptoma*, "cadáver" (usado por sete vezes: Mt 14.12; 24.28; Mc 6.29; 15.45; Ap 11.8,9). A palavra *soma* aparece desde Mateus 5.29 até Apocalipse 18.13. É usada para indicar o corpo humano, bem como os corpos dos animais (Tg 3.3; Hb 13.11), os corpos vegetais, e até mesmo os corpos celestiais (1Co 15.35-44). E, no plural, os corpos de escravos (Ap 18.13).

Em algumas passagens da Bíblia, o termo "corpo" é contrastado com a "alma" (Mq 6.7; Mt 10.28). O corpo físico é o instrumento ou veículo da vida da alma neste mundo (Dt 12.23; Is 53.12; 2Co 5.10). Pode indicar a personalidade inteira (Fp 1.20; Rm 12.1). Posteriormente, a teologia dos hebreus concebeu o sopro de Deus sobre o corpo, conferindo-lhe a alma residente. A teologia anterior dos hebreus compreendia isso como a mera animação da estátua de barro que Deus havia formado, sem qualquer ideia de uma alma eterna. Seja como for, o corpo físico é a manifestação inferior do ser humano, ao passo que a alma é representante do mundo dos espíritos, do qual o homem também participa. Jesus ensinou a importância secundária do corpo (Mt 6.25-34). E Paulo reconheceu o estado de humilhação do corpo (Fp 3.21), exortando-nos a discipliná-lo, para que obtenha uma boa expressão espiritual (1Co 9.27; Rm 8.13). Além disso, o corpo físico deve ser usado para o Senhor, por ser expressão ou instrumento do espírito (1Co 6.13; Rm 12.1; 1Ts 5.23).

Qualquer coisa que façamos que seja prejudicial ao corpo físico, constitui uma ofensa contra o Espírito, que usa nosso corpo como um lugar de sua habitação e expressão (1Co 6.13 ss.). Isso contraria o ponto de vista gnóstico que fazia a matéria ser má, e que afirmava que visto que o corpo físico é material, seria a sede da maldade humana, ao passo que a alma humana não seria corrompida. Pode-se mergulhar um vaso de ouro na lama, sem alterar suas qualidades e virtudes. Assim também, para o gnosticismo, pode-se abusar do corpo das maneiras mais devassas, sem que isso prejudique a alma. De fato, de conformidade com esse ponto de vista, é vantajoso abusar do corpo, a fim de levá-lo ao fim mais prematuro possível. Todavia, o evangelho cristão rejeita a ideia da pecaminosidade exclusivamente do corpo, embora seja instrumento facilmente posto a serviço do pecado (Rm 6.12,13). Outrossim, na qualidade de templo do Espírito, reveste-se de grande dignidade. Podemos agradecer a Deus pela saúde física, que nos permite realizar as coisas que a nossa missão requer.

O Novo Testamento ensina a real encarnação do Logos em um corpo humano (Jo 1.14). Isso indica que não se pode pensar que o corpo físico do homem seja a sede mesma do pecado. Platão, por outro lado, chamava o corpo de prisão e sepulcro da alma, ensinando um caminho de reformas morais e de progresso, com o intuito de liberar a alma do corpo, a fim de que a alma pudesse atingir as dimensões dos espíritos puros. O evangelho cristão não é tão severo contra o corpo, mas promete aos remidos um novo corpo, de natureza espiritual, que venha a tornar-se o veículo da alma, para expressão nos mundos celestiais (1Co 15.44 ss.; Fp 3.21). Quanto a um comentário pleno sobre isso, ver Filipenses 3.21 no NTI.

O corpo físico foi criado por Deus, sendo bom em si mesmo, embora represente, indubitavelmente, um rebaixamento da potencialidade humana, e mesmo uma punição por causa do pecado, envolvendo-o em coisas terrenas e animais. Apesar disso, o homem tem um destino físico, inteiramente distinto de seu destino espiritual. Mesmo neste mundo, a humanidade avança para propósitos terrenos mais nobres, e cada indivíduo participa desse esforço, positiva ou negativamente. Mas, embora distinto do elevadíssimo destino espiritual, esse destino terreno está relacionado àquele. Assim sendo, para exemplificar, um cientista que faça bem o seu papel, e assim ajude a aprimorar a qualidade de vida de seus semelhantes, está agindo na qualidade de servo de Deus, ainda que não tenha consciência disso. Mas, todas as almas, finalmente, haverão de seguir pela vereda da expressão espiritual, nos mundos não materiais, a despeito de seguirem, então, por caminhos opostos. Este mundo físico reveste-se de um destino; e os mundos espirituais envolvem destinos mais elevados. Em nossa experiência total, participamos de ambos os destinos, como uma escola com graus inferiores e superiores de aprendizado.

Usos Metafóricos. **1**. O corpo humano simboliza a igreja, com seus muitos membros e suas muitas funções (1Co 12.13; Rm 12.13 ss.; Ef 1.23). **2**. Na igreja, concebida como um corpo, há o Cabeça, que é Cristo, e há o corpo, que são os remidos, que cumprem as ordens do Cabeça, agora e por toda a eternidade (Ef 1.23; Cl 1.18,24; 2.18; 3.15). **3**. O corpo é o novo templo que serve de habitação do Espírito Santo (1Co 6.13; 12.13). **4**. O corpo físico é o veículo da alma, fazendo-nos lembrar nosso futuro *corpo espiritual*, que aguarda por nós nas dimensões celestiais (Fp 3.21). **5**. O corpo torna-se instrumento fácil do pecado, pelo que é chamado de "corpo do pecado" e de "corpo desta morte" (Rm 6.6; 7.24). **6**. As leis e ordenanças do Antigo Testamento eram meras sombras de realidades que se cumpriram em Cristo. A *totalidade* dessas coisas a serem concretizadas forma um *corpo*, que pertence a Cristo (Cl 2.17). **7**. O "corpo de Cristo", referido em Romanos 7.4, alude à nossa identificação com a morte de Cristo (seu corpo foi morto), o que nos torna mortos para a lei e vivos para o Espírito, a fim de podermos produzir fruto para a glória e louvor de Deus. (B UN NTI)

CORREÇÃO

No hebraico temos duas palavras, e, no grego, duas, a saber: **1**. *Yakach*, "raciocinar com", "reprovar", usada por 56 vezes com esse sentido. (Por exemplo: Jó 5.17; Sl 94.10; Pv 3.12). **2**. *Yasar*, "instruir", "castigar". Palavra usada por 42 vezes (por exemplo: Sl 39.11; Pv 29.17; Jr 2.19; 10.24; 30.11; 46.28). **3**. *Epanórthosis*, "retificar". Palavra grega usada apenas em 2Timóteo 3.16. **4**. *Paideúo*, "corrigir a criança". Palavra grega usada por treze vezes (Lc 23.16,22; At 7.22; 22.3; 1Co 11.32; 2Co 6.9; 1Tm 1.20; 2Tm 2.25; Tt 2.12; Hb 12.6 (citando Pv 3.11); Hb 12.7,10; Ap 3.19).

Corrigir é disciplinar tendo em vista a melhoria da conduta, não sendo apenas retribuição por algum erro praticado. A palavra grega *paideúo*, que significa "correção de crianças", mostra o caráter da correção que Deus confere aos seus filhos. O trecho de 1Pedro 4.6 mostra que até mesmo o julgamento no hades tem por finalidade uma função disciplinar e corretiva, não sendo apenas retributivo. Esse versículo é muito ousado, porquanto afirma que a vida espiritual pode passar por tal experiência, um conceito essencialmente perdido pela igreja ocidental, embora preservado na igreja oriental. A passagem de Hebreus 12.7,8 mostra-nos que Deus castiga os seus filhos para o bem deles, tal como o faz qualquer pai decente. A igreja inteira aprova esse princípio, mas certos segmentos da mesma recusam-se a ver esse aspecto na *própria natureza* do julgamento divino, visto que esse é um ato do amor de Deus, mudando condições que, de outra maneira, não poderiam ser mudadas. É muito difícil os homens aprenderem essa grande verdade: o oposto da injustiça não é a justiça, mas o amor.

As autoridades que executam criminosos, e que sabem o que estão fazendo, acreditam que os criminosos executados de algum modo são beneficiados pela morte que sofrem, porquanto isso é uma maneira de compensar por seus erros. Não é incomum, entre os prisioneiros que esperam pela execução, suporem que a morte que sofrerão, quando merecida, pode ser benéfica para suas almas, e não apenas uma dívida que têm de pagar diante da sociedade humana. Isso mostra um grande discernimento quanto à natureza até mesmo das mais severas formas de punição. Orígenes afirmava ao ver no julgamento apenas o aspecto retributivo é defender uma teologia inferior. De fato, o Senhor *corrige* àqueles a quem *ama*. Todas as formas de castigo divino alicerçam-se sobre o amor de Deus. O juízo é um dedo da mão amorosa de Deus.

No Antigo Testamento, correção e juízo são meios de treinamento do caráter. Mostram que um Pai amoroso está cuidando de seus filhos (Dt 11.2; Sl 50.17; Jr 17.23, 32.33). A sabedoria divina está por detrás dessa questão (Pv 1.2; 3.7; 15.33; 23.13). As Escrituras nos ajudam como um meio de correção, de repreensão e de instrução, a fim de que sejamos ricos em boas obras (2Tm 3.16,17). Um versículo significativo é o de Romanos 11.32, embora com raridade ouçamo-lo ser citado. *Porque Deus a todos encerrou na desobediência, a fim de usar de* misericórdia *para com todos*. Deus tem feito os homens terminarem em miséria íntima, por causa de seus atos de desobediência, como medida disciplinadora, tendo em vista o alvo final do Senhor, que é usar de sua *misericórdia*, em última análise. Essa é a única maneira pela qual o homem pode chegar a qualquer lugar, dentro da criação de Deus. Notemos, no texto que acabamos de citar, que foi exatamente esse princípio que fez o apóstolo Paulo maravilhar-se da *sabedoria* de Deus. Quando, finalmente, entendemos o grande princípio de que todas as coisas procedem de Deus, a fim de que tudo venha a retornar a ele, então estamos preparados a entender essas questões que envolvem a correção aplicada por Deus a todos os homens. Diz Romanos 11.36: *Porque dele e por meio dele e para ele são todas as cousas. A ele, pois, a glória eternamente. Amém*. Isso manifesta o princípio do ato restaurador de Deus, conforme vemos em Efésios 1.10, e que envolverá, finalmente, a criação inteira. Ver o artigo sobre a *Restauração*.

Fica bem claro, portanto, o princípio da correção. Todos os atos instrutivos e corretivos de Deus, têm em mira o bem-estar do homem. Isso aplica-se tanto ao crente quanto ao incrédulo. E nenhum ato de Deus ficará sem efeito, finalmente. É precisamente isso que poderíamos esperar da parte do amor de Deus, porquanto Deus é amor. (Ver 1Jo 4.16). Contudo, isso não faz os atos de julgamento e de disciplina, impostos por Deus, tornarem-se menos sérios. É coisa muito séria alguém ter de servir um longo tempo de prisão, mesmo que, em alguma data futura, o condenado venha a ser libertado, considerando-se que, então, a dívida do criminoso, diante da sociedade, terá sido saldada. É coisa muito séria uma pessoa perder anos preciosos de vida, encarcerado, por causa de seus erros, ao passo que ele poderia ter usado aqueles anos para beneficiar a si mesmo e aos seus semelhantes, como filhos, parentes, amigos, e muitos outros. É coisa muito séria um homem desperdiçar sua vida desse modo, chegando à sepultura como um fracassado. Também é coisa muito séria uma alma ultrapassar a morte biológica em estado de perdição, mesmo que, em algum ponto distante, o amor de Deus venha a corrigir tal situação. Podemos estar certos de que Deus nunca se apressa, embora alguns sistemas teológicos nos deem essa impressão. Portanto, que o julgamento divino realize a sua obra. Que a instrução divina tenha os seus efeitos. Porém, se nos olvidarmos dos princípios da misericórdia e do amor divinos, dentro desse imenso quadro, quem poderia ser salvo? O que estou procurando dizer aqui, meus amigos, é que os princípios do juízo divino, de sua disciplina e do seu amor ocupam o *primeiro* lugar, no caso de todos os homens, crentes ou incrédulos. E, em *segundo* lugar, esses princípios são combinados em um único ato, com uma única motivação. Não podemos dividir Deus em pedaços, para então dizer: "Agora Deus está amando"; ou então: "Agora Deus está irado". Mesmo quando Deus manifesta mais intensamente a sua ira, ele continua amando. E isso é assim porque a sua ira é uma forma de amar, por causa daquilo que Deus tenciona fazer através de sua ira.

CORRUPÇÃO

A apresentação bíblica desse assunto é ampla, incluindo as seguintes categorias: **1**. A decadência do corpo, que é a corrupção física (Sl 16.10). **2**. Os defeitos em algum animal, que o tornavam impróprio para ser sacrificado, que é a corrupção cerimonial (Lv 22.25). **3**. A ruína moral causada pelo pecado, que é a corrupção moral (Dt 9.12). **4**. A ruína eterna, que é a corrupção escatológica (Gl 6.18). Existe a "cova da corrupção", que talvez envolva a mesma ideia (Is 38.17; Sl 30.9).

Todas as formas de corrupção estão envolvidas na nossa natureza moral, segundo Paulo ensina em 1Coríntios 15.53. O próprio homem, no seu estado atual, é ali chamado de "este corpo corruptível", sendo precisamente esse o homem que terá de revestir-se da "incorruptibilidade", como cura total para a sua corrupção (vs. 54). E então se tornará verdadeira a declaração que prediz: *Tragada foi a morte pela vitória. Onde está, ó morte, a tua vitória? Onde está, ó morte, o teu aguilhão? O aguilhão da morte é o pecado, e a força do pecado é a lei. Graças a Deus que nos dá a vitória por intermédio de nosso Senhor Jesus Cristo* (1Co 15.54-57). É por essa razão que podemos ser firmes na fé, sempre abundantes nas boas obras, sabendo que nossos esforços não são vãos. Em outras palavras, todo labor honesto e espiritual tem uma dimensão eterna.

No Novo Testamento, encontramos as palavras gregas *phthora* e *diaphthora*, ambas traduzidas por "corrupção". A primeira delas aparece por nove vezes: denotando a decadência do corpo físico (1Co 15.42,50); denotando a decadência do universo físico (Rm 8.21; Cl 2.22; 2Pe 2.2); denotando a decadência moral e religiosa (2Pe 1.4; 2.9); denotando as destruições escatológicas (Gl 6.8); e, estabelecendo contraste com a vida eterna (2Pe 2.12).

CORRUPÇÃO, MONTE DA

Um outro nome desse monte é monte da Abominação. A forma latina é *mons scandali*. A alusão é ao cume mais ao sul da terra que é conhecida como monte das Oliveiras, onde Salomão erigiu um altar para as observâncias religiosas de suas esposas pagãs (1Rs 11.7; 2Rs 23.13). Esta última referência informa-nos que o rei Josias destruiu todas as construções ali existentes, por ocasião de suas reformas.

CORTAR, GOLPEAR

Várias palavras hebraicas e gregas estão envolvidas no ato de *cortar*, verbos usados em sentido literal ou figurado nas Escrituras, a saber: **1**. *Natach*, "cortar em pedaços". Palavra usada por dez vezes (por exemplo: Êx 29.17; Lv 1.6,12; 8.20; Jz 20.6; 1Rs 18.22,23). **2**. *Qara*, "cortar". Palavra usada por 64 vezes (por exemplo: Jr 36.26; 1Sm 15.28; 1Rs 11.11,12,13,30,31). Mas, na grande maioria das vezes, esse verbo significa "rasgar". **3**. *Karath*, "cortar", "derrubar". Palavra usada por cerca de 120 vezes (por exemplo: Êx 4.25; Lv 17.10; 20.3,5,6; 1Sm 17.51; 24.4,5; Is 9.14; Ez 14.8,3,17,19; Ml 2.2). Esses são os verbos hebraicos principais, mais usados; mas há uma multidão de outros. **4**. *Katakópto*, "retalhar-se", "cortar-se todo". Palavra grega usada por somente uma vez, em Marcos 5.5. **5**. *Dichotoméo*, "cortar em dois". Palavra grega usada por duas vezes (Mt 24.51; Lc 12.46). **6**. *Aphairéo*, "arrancar", "cortar". Palavra grega empregada por dez vezes (Mt 26.51; Mc 14.47; Lc 1.25; 10.42; 16.3; 22.50; Rm 11.27 (citando Is 27.9); Hb 10.4; Ap 22.19). **7**. *Ekkópto*, "cortar". Palavra grega usada por dez vezes (Mt 3.10; 5.30; 7.19; 18.8; Lc 3.9; 13.7,9; Rm 11.22,24; 2Co 11.12).

Literal. O povo de Israel foi estritamente proibido de mutilar-se, em imitação a povos pagãos circunvizinhos (Lv 19.28; 21.5; Dt 14.1). O paganismo primitivo sempre promoveu vários tipos de mutilação, que supostamente aplacava deuses sedentos de sangue, mas que, na realidade, eram apenas um reflexo da brutalidade humana, para com o próximo e para com o próprio indivíduo. Os ritos de mutilação até hoje existem ao redor do mundo. O temor ao desprazer dos deuses leva os homens a fazerem contra si mesmos aquilo que pensam que seus deuses fariam contra eles. Foi uma concepção distorcida da divindade que levava os profetas de Baal (1Rs 18.28) a se cortarem. E eles misturavam seu próprio sangue ao sangue dos seus holocaustos.

Os Sacrifícios e Outros Objetos. Os animais sacrificados eram cortados em pedaços (Lv 1.6); as imagens dos cananeus eram derrubadas e cortadas em pedaços (Êx 34.13; Dt 7.5); árvores eram cortadas por diversos motivos (2Rs 6.4); decepar parte do corpo de um inimigo era uma dos maus-tratos geralmente infligidos aos adversários vencidos (Jz 1.6), ou mesmo uma ação punitiva recomendada (Mc 9.43)

Atos de Tristeza. Virgílio descreve a irmã de Dido a rasgar-se no rosto com as unhas e a bater nos seios com os punhos, quando em profunda tristeza. Esse tipo de ação era especificamente proibido em Israel (Lv 19.28). Todavia, muitos israelitas acabaram fazendo coisas dessa natureza, quando sofriam grandes golpes (Jr 48.37). De fato, de outra maneira, não teriam sido proibidos de fazê-lo.

Golpes figurados. Uma tribo de Israel, desobediente ou apóstata, podia ser "cortada", ou seja, destruída ou punida de algum modo (Nm 4.18). Quando Josué derrotou povos espalhados das margens do Jordão até o mar Mediterrâneo, é dito que ele os *cortou*. Israel foi advertido de que seria cortado de sua terra se persistisse na desobediência (1Rs 9.7). Povos idólatras foram cortados ou destruídos (Is 14.22; Mq 5.10-13; Zc 9.6). Certos atos de desobediência contra a lei mosaica atraíam severo julgamento divino, como no caso daqueles que ingerissem sangue (Lv 17.10), ou participassem em sacrifícios de crianças (Lv 20.3,5) ou se envolvessem em atos de bruxaria (Lv 20.6). Todos os culpados desses pecados seriam *cortados* do meio do povo.

CORTINA DO TEMPLO. Ver sobre o *Véu do Templo*.

CORTINAS

Três palavras hebraicas têm sido assim traduzidas, a saber: **1**. *Doq*, "véu fino", palavra que figura somente em Isaías 40.22. Refere-se aos céus estrelados que Deus estende como se fossem uma cortina. Provavelmente, há uma alusão à tela fina que muitos orientais estendiam sob os tetos de suas residências de verão. **2**. *Yeriah, cortina*, "véu". Essa palavra ocorre por 53 vezes (como em Êx 26.1-13; 36.8-17; Nm 4.25; 2Sm 7.2; 1Cr 17.1; Sl 104.2; Is 54.2; Jr 4.20; 49.29; Hb 3.7). Essa palavra está ligada ao adjetivo "trêmulo". Aponta para as duas cortinas que cobriam o tabernáculo de Moisés (Êx 26.1-13; 36.8-17). Essa palavra veio a tornar-se sinônimo do próprio tabernáculo, por causa de suas muitas cortinas (2Sm 7.2). Tal vocábulo também pode indicar as paredes laterais do tabernáculo. **3**. *Masak*, "véu", usada por 25 vezes, como em (Êx 26.36,37; 35.15; Nm 3.26). Essa palavra também servia para denotar o portão do átrio, que conduzia ao tabernáculo (Êx 27.16).

As cortinas do tabernáculo eram feitas de linho fino e de pelos de cabra. Eram penduradas em sessenta colunas de madeira de acácia, sobre bases de cobre, cada coluna tinha cerca de 2,5 m de distância uma da outra. As cortinas dos lados norte e sul tinham 2,5 m de largura por 50 m de comprimento, feitas de linho fino. No lado ocidental, as cortinas tinham 2,5 m de largura por 25 m de comprimento. No lado oriental, que era da entrada, havia duas cortinas curtas, de 2,5 m de largura por 7,5 m de comprimento, penduradas em três colunas.

As cortinas eram um item importante na vida nômade dos povos orientais, substituindo paredes e portas. Porém, mesmo nas residências de alvenaria ou de pedra, as cortinas eram um item importante.

CORUJA

Seis palavras hebraicas têm sido assim traduzidas, nas traduções em vários idiomas. Porém, a confusão é tremenda quanto a essa espécie de ave. O antigo vocabulário dos hebreus, quanto a itens da flora e da fauna não tinha um caráter científico, conforme se faz hoje em dia. Portanto, consideremos estes pontos: **1**. *Yanshuph*. (Ver Lv 11.17; Dt 14.16. Is 34.11). Nossa versão portuguesa diz "íbis", nas duas primeiras referências, mas "bufo", na última delas. A Septuaginta diz "íbis". A Vulgata Latina diz "coruja". Poderia estar em foco a chamada coruja águia (*Bubo ascalaphus*). Essa ave é nativa da Palestina, e poderia ser a espécie aludida nessas três referências. **2**. *Kos*. (Ver Lv 11.17; Dt 14.16: Sl 102.6). Nossa versão portuguesa diz "mocho" nas duas primeiras referências, mas "pelicano" na última. É provável que a espécie em foco seja, realmente, o "mocho", uma espécie um tanto menor que a coruja, cujo nome científico é *Athene glaux*. Os israelitas não podiam consumir o mocho. Era uma ave comum na Palestina, conforme continua a sê-lo até os nossos dias. Visto que as aves da família da coruja são caçadoras, seu consumo era vedado na dieta dos israelitas. Ver o artigo geral sobre as *Aves da Bíblia*. **3**. *Bath yaanah*. (Ver Lv 11.16; Dt 14.15; Jó 30.29; Is 13.21; 34.13; 43.20; Jr 50.39 e Mq 1.8). Nossa versão portuguesa diz "avestruz" em todas essas oito referências. Com isso concorda a maioria dos estudiosos. **4**. *Lilith*. (Ver Is 34.14). Nossa versão portuguesa diz ali "fantasmas". Realmente, a palavra indica um demônio ou fantasma noturno; nada tem a ver com a coruja. **5**. *Qippoz*. (Ver Is 34.15). Nossa versão portuguesa diz "coruja". Porém, o verdadeiro significado da palavra é uma serpente. **6**. *Tinshemeth*. (Ver Lv 11.18; Dt 14.16; Lv 11.30). Nossa versão portuguesa diz "gralha" nas duas primeiras dessas referências, mas diz "camaleão" na última delas. As opiniões dos especialistas estão muito divididas. Alguns pensam em uma espécie de cisne, mas outros opinam que se trata de galinhola.

Na atualidade, há várias espécies de coruja na Palestina, como a coruja águia, um pássaro grande, com 70 cm da cabeça à cauda; a coruja de orelhas curtas, que é ave migratória, de hábitos tanto noturnos quanto diurnos; a coruja de orelhas grandes, que habita nas florestas e caça rodentes, e o mocho, com a sua cor pálida, que gosta de rondar as edificações das fazendas, fazendo a sua presença notada pelos guinchos agudos que dá, enquanto voa. Essa espécie é muito comum, excetuando nos desertos. Durante o verão, a Palestina também é visitada pela coruja cuja voz é um assobio monótono, talvez semelhante à murucututu que também pode ser encontrada no norte do Brasil.

A coruja como um símbolo. Os atenienses pensavam que a coruja era uma ave sábia, conotação essa que se tornou comum até os tempos modernos. A coruja pode simbolizar uma alma que partiu deste mundo, o que é sugerido pelo canto noturno e melancólico desse pássaro. Em um sonho, a coruja pode representar a sabedoria. Pouco antes do falecimento de minha mãe, ela teve um sonho incomum, de uma coruja de asas abertas, diante de um lindo pôr do sol. A sabedoria maior ocorre quando a alma encontra descanso, no pôr do sol desta vida física.

CORVO

No hebraico, *oreb*, derivado de uma palavra que significa "**negro**". É vocábulo usado por dez vezes (Gn 8.7; Lv 11.15; Dt 14.14; 1Rs 17.4,6; Jó 38.41; Sl 147.9; Pv 30.17; Ct 5.11 e Is 34.11). Essa ave pertence à família *Corvus corax*. O primeiro mensageiro enviado por Noé, que ficou indo e voltando, repousando sobre a arca, mas sem entrar na mesma, foi um corvo. Simbolicamente, representa a alma de tendências carnais, que nunca encontra descanso (Is 57.20,21). Corvos alimentaram Elias, no ribeiro de Querite (1Rs 17.4,6), quando ele temeu associar-se com pessoas que poderiam traí-lo, entregando-o ao rei Acabe. Essas aves vorazes, apesar de seu grande apetite, acharam tempo para cuidar do profeta do Senhor. Nisso encontramos uma lição sobre o infalível e ilimitado suprimento de Deus. O corvo foi destacado para mostrar como Deus cuida de toda a sua criação (Lc 12.24). As necessidades das aves são grandes, e não semeiam e nem colhem, nem possuem armazéns, mas Deus as alimenta. Não valemos nós mais do que os corvos? Com sua voz roufenha, eles crocitam, clamando a Deus, por assim dizer; e ele os ouve. Os corvos fazem seus ninhos em lugares solitários, e assim simbolizam a desolação. O fato de que os corvos se ajuntam em torno da carniça, faz com que eles representam maus agouros, más notícias vindouras (Is 34.11). Por outro lado, sua cor negra azulada faz-nos lembrar os cachos de uma noiva (Ct 5.11).

CORVO MARINHO

No hebraico, *shalak*, palavra que aparece somente em Levítico 11.17 e Deuteronômio 14.17. Trata-se de uma ave, mencionada no Antigo Testamento, sobre a qual pouco se sabe. As traduções falam em "pelicano", em "gavião" ou em "corvo" (esta última possibilidade refletida na nossa versão portuguesa da Bíblia, "corvo marinho"). Algumas traduções também traduzem por "pelicano" a palavra hebraica *qaath*, que aparece em Isaías 34.11 e e Sofonias 2.14. Há quem pense, que, nesse caso, deve-se pensar na "coruja". As questões da fauna e flora, na Bíblia, são extremamente confusas e difíceis de deslindar, pois os escritores sagrados não usaram uma linguagem científica (conforme fazemos atualmente), para indicar as espécies. O corvo marinho é uma voraz ave aquática do gênero *Phalacrocorax*, muito distribuído e de hábitos gregários. Tem um forte bico recurvo e um papo proeminente. Duas espécies de corvos marinhos visitam regularmente a Palestina. Alimentam-se ambas, principalmente, de peixes. Porém, não há certeza se essa é a ave que os hebreus antigos chamavam de *shalak*. O que se sabe é que a ingestão de sua carne era vedada aos israelitas, pois era uma das aves imundas.

COSAMEU

Uma palavra encontrada em 1Esdras 9.32, após o nome Simão. Porém, um nome como Simão Cosameu provavelmente é uma corrupção textual. No paralelo de Esdras 10, tal palavra é omitida. Seja como for, tal homem é nomeado entre aqueles que se desfizeram de suas esposas estrangeiras, após o retorno do cativeiro babilônico.

COSMÉTICOS

Vários tipos de cosméticos são mencionados na Bíblia. A própria palavra portuguesa vem do grego, *kósmos*, "ordem", "ornamento". Desse termo grego também se deriva a palavra portuguesa "cosmos", que significa mundo, universo, criação e a ordem divina das coisas, isto é, o universo como um sistema harmônico. A associação entre *cosmético* e *mundano* é uma aplicação falsa das palavras envolvidas, e não uma derivação verdadeira.

1. Utensílios Associados aos Cosméticos. Os arqueólogos têm encontrado taças de pedra calcária, vasos feitos de vários metais, pequenos potes, frascos de vidro, caixas de perfume, receptáculos de alabastro (vide), espelhos de metal polido, espátulas de marfim e de metal, colheres para unguentos, pinças etc., tudo associado ao uso dos cosméticos. Alguns desses objetos são altamente coloridos e decorativos, exibindo considerável habilidade na manufatura. As damas egípcias da alta sociedade favoreciam itens elaborados, feitos de marfim, com certa variedade de ilustrações da fauna e da flora. Para pintar os olhos, elas tinham pequenas caixas e tubos, e a pintura era aplicada mediante pequenas espátulas ou palitos, feitos de madeira ou de bronze.

2. Cosméticos. Havia certa variedade de minerais pulverizados, de óleos vegetais, de extratos, de gorduras animais, empregados como cosméticos. Azeite de oliveira era usado para ungir o corpo, nos países do Oriente Próximo e Médio, o que era considerado uma prática quase tão essencial quanto os atos de comer e beber. O azeite de oliveira também era usado nos costumes de sepultamento e lamentação pelos mortos. Havia grande variedade de perfumes, bem como pinturas em muitas cores diferentes.

3. Pintura para os Olhos. A maioria das pessoas, quando se olha ao espelho, gostaria de poder fazer algo sobre o seu aspecto geral. As mulheres nunca cessam de tentar. É realmente admirável como um pouco de pintura e um vestido novo podem transformar a maioria das mulheres. Qualquer porta de estábulo parece melhor quando é pintada; mas há casos difíceis. Quando eu era um jovem, era uma terrível heresia e desvio se uma moça evangélica passasse ao menos um pouco de batom nos lábios. Tal prática era considerada extremamente mundana; e um rapaz crente sério não escolheria uma esposa dentre as jovens mundanas que usavam batom. Mas, quando Billy Graham foi à Europa, dirigir campanhas de evangelização, sua esposa usava batom em público! Alguns pensaram que isso era muito mundano. Outros aprovaram. Seja como for, não demorou muito para que as mulheres crentes da Europa inteira começassem a usar batom. Na verdade, o *ascetismo* pode ser pior que um pouco de cosméticos. Posso imaginar Raquel com as suas joias, e, naturalmente, com um pouco de pintura. Se me fosse possível encontrar-me com ela, não penso que lhe pediria para remover esses enfeites. Se eu fosse mais jovem, eu lhe pediria para doar suas joias aos pobres e retirar a pintura. Porém, Raquel sem dúvida era uma mulher bonita, e seria errado estragar-lhe a beleza. Ademais, ela foi uma das matriarcas da nação hebreia, e isso basta para dizer algo em favor dela. Agora, que já sou homem maduro, simplesmente não consigo ficar indignado por causa de um *pouco* de pintura e de enfeites que as mulheres queiram usar. Penso que o impulso feminino para usar cosméticos deriva-se de uma herança genética, quase impossível de vencer. A mente espiritual entende que, numa autêntica escala de valores, o que importa para a mulher crente (como para o homem crente, também) é que ela não seja idólatra, nem mentirosa, nem imoral, nem desonesta, nem invejosa, nem preguiçosa, nem viciada etc., coisas essas que as Escrituras condenam. Para muitos crentes esclarecidos, questões como enfeites e cosméticos são questões neutras, que a Bíblia nunca condena por si mesmas, a menos que sejam usadas com intuitos pecaminosos. A moderação é um grande lema nos escritos dos antigos filósofos morais gregos, e Paulo tomou por empréstimo a ideia. Penso que essa é a resposta para essa questão, como para tantas outras. Brincando um pouco, posso até apreciar uma mulher iluminada como uma árvore de Natal, contanto que não seja a minha esposa e nem alguma parenta chegada minha! Algumas mulheres usam batom por causa de lábios ressecados e partidos; pelo que a prática deve ter algum valor medicinal. O próprio Paulo permitiu que Timóteo usasse um pouco de vinho, por causa de seu estômago adoentado (1Tm 5.23). Porém, não permitia que qualquer ancião fosse nomeado nas igrejas cristãs, se bebesse em excesso (1Tm 3.8). Isso não estabelece um útil e orientador precedente?

Os povos antigos faziam pinturas para os olhos de várias substâncias minerais e vegetais. Eles misturavam pós coloridos com água ou certos tipos de goma. Jó talvez seja o mais antigo livro da Bíblia, e é naquele livro que encontramos as palavras: Quéren-Hapuque, "chifre de rímel", nome de uma das filhas dele, após sua restauração à saúde e à prosperidade material. Os profetas atacaram o uso excessivo dos cosméticos (2Rs 9.30; Jr 4.30; Ez 23.40). Alguns intérpretes supõem que a pintura para os olhos poderia ter algum valor medicinal, protegendo os olhos das moscas; porém, penso que essa é uma interpretação por demais generosa. As mulheres usavam tais pinturas para se fazerem mais atrativas.

4. Perfumes e Unguentos. Os perfumes eram muito populares na antiguidade, sendo usados igualmente por homens e mulheres. Os expositores do Antigo Testamento encontram pelo menos dezoito tipos, mencionados naquele documento. Eram usados como adorno (Ct 1.13), sendo presenteados em grande quantidade (Sabedoria de Salomão 2.7). O próprio Jesus recebeu presentes dessa natureza (Mt 26.7 ss.). Unguentos e perfumes eram usados nos banhos, nos rituais mais variados e nos preparativos para o sepultamento. Eram compostos com azeite de oliveira e substâncias vegetais e animais. Eram aplicados à cabeça (Sl 133.2; Mt 6.17) ou ao corpo inteiro (Rt 3.3; Et 2.2). Tintura vermelha era aplicada às palmas das mãos, às solas dos pés, às unhas e aos cabelos. Essa prática continua bastante comum entre os povos árabes. O trecho de 1Samuel 8.13 fala de um típico rei que, tal como todos os monarcas dos povos ao redor, requereu os serviços de perfumistas, de cozinheiros e de padeiros, o que mostra que a manipulação e aplicação de perfumes veio a ser feita por profissionais. Ver o artigo sobre *Artes* e *Ofícios*

Sabemos que o grande palácio de Mari, às margens do rio Eufrates (século XVIII a.C.), contava com sua perfumaria, onde era produzida uma vasta quantidade de cosméticos para o rei, para os seus dignitários, para os militares graduados etc. (J. Bottero, *Archives Royales de Mari*, Vll, 1957). Extratos feitos de flores que contêm agentes naturais eram usados para o fabrico de perfumes, como também os óleos extraídos da mirra e de outras gomas. A arqueologia tem desenterrado gravuras, em túmulos egípcios, que mostram a preparação de tais produtos, e, naturalmente, têm sido descobertas muitas gravuras com mulheres aplicando cosméticos em si mesmas. A rainha de Sabá, entre os muitos presentes que trouxe a Salomão, não se esqueceu de especiarias e perfumes (ver 1Rs 10.2,10), e essas coisas também faziam parte do tesouro de Ezequias (2Rs 20.13).

Perfumaria Sagrada. Havia as unções realizadas nos móveis do Tabernáculo e nos sacerdotes aarônicos, em sua iniciação (Êx 30.22,23). A mirra, uma resina gomosa aromática, a canela aromática, a cássia e o azeite de oliveira eram misturadas nesse perfume (Êx 30.23-25). Ver o contexto ali, quanto ao uso desses unguentos e perfumes.

5. Talcos e Ruge. Antigos talcos e ruges eram fabricados a partir do ocre. As colorações mais populares eram o vermelho e o amarelo. O ruge branco era feito de carbonato de chumbo. Tais produtos têm sido encontrados nas escavações arqueológicas. Sabemos que havia aplicadores de talco, não muito diferentes dos modernos, usados no Egito antigo. A única referência ao talco, usado como cosmético, encontra-se na Bíblia em Cantares 3.6 (em português, "pós aromáticos"), embora seja provável que ali a alusão seja aos ingredientes usados na fabricação de pinturas.

6. Os Cosméticos e os Cabelos. Para uma mulher, ter cabelos longos é um adorno natural de considerável qualidade, conforme qualquer homem (não mulher) pode dizer-nos. Mas as mulheres pensam que são capazes de melhorar a natureza, e elas nunca cessam de fazer novas tentativas. A coisa mais desastrosa que uma mulher pode fazer contra os seus cabelos consiste em cortá-los rente. Paulo chegou a estabelecer uma norma quanto a isso, embora os crentes pareçam não dar a mínima atenção a essa recomendação apostólica (1Co 11.6,15). *Os* cabelos longos de uma mulher constituem a sua "glória" no dizer do apóstolo. As mulheres antigas tinham inúmeras maneiras de adornar aquilo que já era o seu adorno, incluindo muitos tipos de penteados. As mulheres egípcias dispunham de perucas e de inúmeros objetos para serem postos nos cabelos, como joias, alfinetes, tiaras etc. Um profeta fez cortante observação sobre como Jezabel penteava seus cabelos (2Rs 9.30). Pentes muito ornados tornaram-se populares, tanto para fazerem penteados como para serem usados nos cabelos. Os cabelos eram perfumados, e eram usadas tinturas para mudar-lhes a cor. Assim como os antigos homens orgulhavam-se de suas barbas, assim também as mulheres orgulhavam-se de suas cabeleiras, e tudo faziam com os cabelos para se fazerem mais bonitas. O avanço dos anos estraga bastante os cabelos e a pele das pessoas. As pessoas sempre preocuparam-se em tentar reverter essa situação. Receitas com esse propósito têm sido encontradas em papiros egípcios antiquíssimos, de natureza médica. Uma dessas receitas trazia o encorajador título: "Livro da Transformação dos Velhos em Jovens". Essa é uma das tarefas que fazem parte das tentativas da cosmetologia, embora os cosmetólogos também tenham como um de seus alvos fazer os jovens parecerem ainda melhor. (ND SIN Z)

COSMOGONIA

Essa palavra vem dos termos gregos *kosmos*, **"mundo"**, e *gignesthai*, **"nascer"**. Isso posto, o termo é usado para indicar as *origens* do mundo ou do universo. Qualquer teoria que se proponha a dizer-nos como as coisas começaram, entra no campo da cosmogonia. A narrativa bíblica da criação, segundo a qual Deus pôs ordem ao caos, separando a luz das trevas, fazendo aparecer o sol, a luz e as estrelas, determinando o aparecimento da flora e da fauna etc., constitui uma antiquíssima cosmogonia. Há muitas cosmogonias antigas. Ofereço abaixo alguns exemplos disso:

I. Cosmogonias Antigas

1. Grega e Romana. Hesíodo (em sua *Teogonia*) propôs uma certa cosmogonia. Segundo ele, no começo o mundo não tinha forma e achava-se em estado caótico. Desse caos surgiu o primeiro espírito do amor, a saber, Eros. Do caos também teria saído a terra, de peito largo, chamado Gaea. Em seguida apareceram Érebos, as trevas, e Nix, a noite. A união destes dois últimos produziu o céu claro, o Éter, e também Hemera, o dia. Por sua vez, a terra produziu o firmamento, Urano, e o mar, Ponto. Eros foi quem uniu os casais, primeiramente Urano e Gaea, que povoaram a terra com os titãs, os gigantes e os ciclopes. Desses é que vieram os deuses do Olimpo, os heróis, e, finalmente, a raça humana. Os romanos, pouco inventivos que eram, adotaram as ideias gregas em sua forma essencial, com pouquíssimas modificações.

Os Filósofos Pré-Socráticos. Em suas tentativas para descobrir o elemento básico do qual todas as demais coisas se derivariam, como a água, a terra, o ar ou o fogo, ou mesmo um elemento indeterminado, esses filósofos abordaram certos aspectos da cosmogonia. O elemento mais primitivo sempre foi considerado eterno. E isso constitui um mistério. Mas o mistério sempre fez parte das origens. Quanto a alguns detalhes sobre essa questão, ver os artigos sobre *Tales, Anaximandro, Anaxímenes, Xenófanes* e *Heráclito*, cujos sistemas estão todos envolvidos nessa questão.

Platão. Esse filósofo tinha uma visão mais espiritualizada da questão, com paralelos em certos conceitos neotestamentários. Ele não acreditava que o mundo físico se tenha originado em alguma coisa física. Quanto à questão das origens, ele expunha a sua doutrina das *ideias* e das *formas*, ou dos *universais* (vide), equivalente essencial ao mundo *noumenal* de Emanuel Kant. Contrastando com os universais, Platão falava sobre os *Particulares*, ou seja, o mundo físico, com tudo quanto no mesmo está contido. Em sua opinião, os particulares foram criados pelo *Demiurgo* (uma força mais ou menos equivalente à ideia do *Logos*, que vide, sob o título de *Verbo*) que teria usado os universais como arquétipos. Isso posto, o mundo físico seria uma imitação do mundo ideal, ou universal. Tudo quanto existiria neste mundo teria um paralelo ou arquétipo na dimensão espiritual. Os objetos físicos também poderiam combinar as ideias de vários ou mesmo de muitos arquétipos. Esse conceito é similar ao da criação por parte do Logos, a Razão Universal, de acordo com padrões, ideias e requisitos espirituais. Quanto a detalhes, ver o artigo sobre *Platão* e sobre os outros filósofos mencionados, onde é apresentado material abundante.

As ideias dos romanos, naturalmente, seguiam de perto os conceitos gregos, pois os romanos nunca foram pensadores originais no campo da metafísica.

2. Egípcia. De acordo com os egípcios, o universo é uma divindade que está se desenvolvendo gradualmente. Teria quatro membros essenciais: *o Kneph*, ou espírito; o *Neith*, ou matéria; *o Sevech*, ou tempo; e o *Pascht*, ou espaço. Esses membros seriam independentes e sem derivação. Os dois primeiros combinaram-se a fim de produzir o mundo visível. O *Neith* era visto como uma espécie de ovo cósmico, em torno do qual o *Kneph* pairaria como uma espécie de substância sutil, preparando o *Neith* para suas inúmeras transformações. Em primeiro lugar, viria o *Ptah*, ou seja, o fogo e a luminosidade. Em seguida, *surgiriam o Pe*, firmamento, e o *Anuke*, a terra. Por cima de tudo encontra-se a abóbada celeste, que contém sutis fluidos escuros, em estado primitivo. Ali encontramos as águas acima do firmamento, conforme se vê, igualmente, na narrativa bíblica. As massas abaixo dessa abóbada tornaram-se fontes luminosas, como o sol, a lua e as estrelas. Quando o sol passou a existir, o tempo do *Ptah*, uma luminosidade generalizada, deixou de existir. Notemos que, primeiramente, houve a luz; e só mais tarde surgiram corpos luminosos específicos, como o sol, a lua e as estrelas, tal como se vê no relato bíblico.

3. Fenícia. *Os* fenícios, à semelhança dos gregos, partiam do conceito do *caos*, uma força primitiva, ou um ser, o Espírito primitivo, derivado do caos. Desse proveio o Desejo, que uniu o Espírito e a lama, nascendo assim a terra e a água. A lama ou *Mot*, tornou-se um ovo do qual se originaram as inúmeras formas de vida biológica que existem.

4. Babilônica. Os babilônios imaginavam um estado primitivo, que não seria nem céu e nem terra, conforme os conhecemos atualmente, algo semelhante ao caos concebido pelos gregos. O abismo seria a *mãe Tiamot*, a origem de todas as coisas. Primeiramente apareceram divindades como Lachmu, An Sar e Ki Sar, como seres criados. O começo de todas as coisas esteve envolvido em uma espécie de conflito cósmico entre o Caos e a Ordem. No *Épico da Criação*, escrito em acádico, ou Enuma Elish, o conflito teria ocorrido entre o deus da tempestade e do céu e o dragão Illuhankas. Este último triunfou a princípio; mas, quando apareceu o homem mortal, com o nome de Yupasiyas, a maré virou, e o céu obteve a vitória. Dentro da tradição dos sumérios, como o Mito Paradisíaco de Enki e o Ninhursag, lemos sobre a procriação de deuses e deusas. Através do sêmen do deus Enki, surgiu a vida vegetal. O *Mito da Criação* da cultura babilônica, envolve algumas similaridades com a narrativa de Gênesis, o que tem sido tema de muitos comentários entre os estudiosos do Antigo Testamento. Essa história é conhecida pelo título de *Enuma Elish*, que significa "Quando do Alto", tendo sido encontrada entre os restos da biblioteca de Assurbanipal, em Nínive. Alguns fragmentos dessa obra têm sido também encontrados em Assur Uruque e Quis. Alguns dos mais notáveis paralelos, entre outros, é o conflito entre o deus da tempestade e o dragão Illuhankas. O relato assemelha-se à história da serpente tentadora, que trouxe muita confusão ao jardim do Éden; o homem feito de argila; a existência de um jardim, ou paraíso; o deus Enki, que ali comeu coisas que não eram lícitas, ao que se seguiu uma maldição, mais com uma restauração posterior. Outro notável paralelo é a criação da deusa chamada Ninti (provavelmente um paralelo de Eva), cujo nome significa "senhora da costela" e "senhora que vivifica". Foi ela quem suspendeu a maldição que caíra sobre o jardim. Esses paralelos são parecidos demais para podermos dizer que não houve alguma fonte informativa comum, de alguma espécie, embora as narrativas babilônicas apareçam dentro de um contexto politeísta, e também há dois *deuses* envolvidos em ocorrências que, dentro do livro de Gênesis, envolvem Adão e Eva, que são meros seres humanos. O leitor está convidado a consultar o artigo sobre a *Babilônia*, em seu quinto ponto, *Religião e Moral*. Ali, o leitor poderá notar que esses paralelos não se limitam à história da criação e à doutrina sobre os começos. Aqueles que leem somente a Bíblia supõem, naturalmente, que suas informações não têm paralelos; e isso faz com que se surpreendam ao descobrirem que as religiões, da mesma cultura geral, compartilham de grande número de detalhes, embora, como é óbvio, também haja grandes diferenças.

Os hebreus legaram-nos o monoteísmo, e essa foi uma grande contribuição. No entanto, outros paralelos entre a Bíblia e as cosmogonias das culturas vizinhas à cultura dos hebreus, são os seguintes: o caos (uma espécie de luz primeva); luzes (sol, luz e estrelas) que vieram substituir a luz; a separação entre a porção seca e o mar; o firmamento (imaginado como uma espécie de taça invertida, feita de substância sólida, que separa as águas acima e abaixo dela). Alguns antigos supunham que as estrelas seriam perfurações nessa substância sólida, que permitem que a luz celeste chegue até nós. Outros supunham que o sol, a lua e as estrelas etc., seriam luzes penduradas na parte de baixo do firmamento. Naturalmente, ninguém desconfiava das dimensões gigantescas desses corpos luminosos.

As Diferenças. Em Gênesis temos o monoteísmo, não há ali o nascimento de deuses, e nem divindades nascidas de outras, e Adão e Eva ocupam funções que, nos mitos babilônicos, são atribuídas aos deuses. Alguns estudiosos pensam que Deus é mais transcendental na narrativa de Gênesis, e, até certo ponto, isso expressa uma verdade. Porém, na narrativa sobre o homem primitivo, no livro de Gênesis, vê-se uma grande comunhão entre Deus e o homem, como os atos de andarem e falarem um com outro, o que se aproxima da exagerada intimidade entre os deuses e os seres humanos, das narrativas pagãs. Desígnio e propósito são mais evidentes em Gênesis do que nas narrativas pagãs.

5. Hebreia. Em meu artigo sobre a *Astronomia*, apresento a ideia geral da cosmogonia dos hebreus, juntamente com uma ilustração. Aqui ofereço apenas um breve sumário; e o leitor poderá consultar aquele artigo. Alguns pontos principais a considerar: ***a***. Há o firmamento abobadado, uma sólida expansão de matéria que separa o céu da terra. ***b***. O céu encontra-se na luz primeva. ***c***. As luzes secundárias, para benefício da terra, a saber, o sol, a lua e as estrelas, estão penduradas pelo lado de dentro do firmamento. ***d***. Há águas acima e abaixo do firmamento, depois que as mesmas foram separadas. ***e***. A terra é plana . ***f***. Nas extremidades encontram-se montanhas que se elevam e formam os alicerces do firmamento, em seus pontos extremos. ***g***. O Sheol ficaria no interior da terra, mais ou menos a meio caminho entre as extremidades. Por baixo da terra estariam as colunas que a sustentam no lugar, como alicerces. A terra repousaria sobre o abismo das águas. Mas eles não explicaram sobre o que se apoiava o abismo das águas.

Orígenes impressionou o mundo dos intérpretes com suas interpretações moral, simbólica e mística. Se interpretarmos desse modo o livro de Gênesis, poderemos obter muitas lições morais e instruções espirituais importantes para a nossa fé. Mas, se insistirmos em encontrar indícios de confirmação da ciência moderna, ou teremos de ficar desapontados, ou teremos de manipular a narrativa sagrada para adaptá-la às nossas ideias, ignorando completamente o que os israelitas realmente acreditavam sobre a origem das coisas. Essa distorção é uma atividade desonesta, embora os intérpretes ultraconservadores anseiem por promovê-la de todas as maneiras. No outro extremo, há os céticos que só querem qualquer pretexto para lançarem uma sombra de dúvidas sobre os ensinos bíblicos. E uma das coisas que eles podem usar, como é óbvio, é a natureza primitiva da narrativa bíblica da criação. Devemos entender, porém, que uma ciência primitiva não significa, necessariamente, que os que a defendiam eram destituídos de iluminação espiritual. Consideremos o seguinte: sem dúvida é verdade que, apesar de todo o avanço da ciência, nossa cosmologia continua primitiva em comparação com o que ela será, digamos, dentro de cem anos. Os cientistas norte-americanos admitem que as viagens do homem à lua, bem como as rochas que eles trouxeram dali, têm levantado mais dúvidas sobre a lua, do que têm resolvido. Se a lua continua misteriosa, e o homem tem podido caminhar à sua superfície, quão grandes são ainda os mistérios que circundam a infinita expansão do espaço exterior. No entanto, não é por causa de nossa ignorância sobre esse espaço exterior que não temos conhecimento científico, moral e espiritual. Simplesmente admitimos que, em todos os campos de conhecimento, científico ou espiritual, ainda estamos no começo, nos primeiros estágios de desenvolvimento. Não obstante, já somos donos de algumas grandes verdades, que dignificam nossa vida; e isso é tudo quanto a fé religiosa requer.

Interpretações que tentam reconciliar a ciência com Gênesis. ***1. O grande hiato***. Entre Gênesis 1.1 e 1.2 existiu um grande hiato de tempo no qual todas as eras geológicas aconteceram. Isto explica a grande idade da terra, aliviando o problema de uma criação que aconteceu aparentemente há seis mil anos (cálculo das genealogias). ***2. Dia = era teoria***. Os dias de Gênesis não foram de 24 horas, mas sim, eras vastas. Às vezes, esta teoria é combinada com a de nº 1. Imensas eras existiram entre os vss. 1 e 2. *Os dias* também eram tais. ***3. Dias + intervalos***. Os dias da criação eram de 24 horas literais, mas entre eles vastas eras existiram, alternativamente. ***4. Éden somente***. A criação de Gênesis tenta nos informar somente sobre a criação do Éden, em seis dias literais. O resto da criação não está descrito na Bíblia, além da referência vaga e geral de Gênesis 1.1. ***5. Eras concorrentes e sobre-impostas***. Deus, sendo um ser, além e fora do tempo, criou em tempos curtos e longos, concorrentes e sobre-impostos. Não podemos delinear dias ou eras distintas e separadas, e qualquer discussão de tempo em relação à criação é artificial. ***6. O dia revelador***. Os dias na narrativa de Gênesis foram dias de *revelação*, e foram de 24 horas literais. Deus *revelou* a Moisés, em seis dias, o esboço da criação, mas como ele realmente criou, e quanto tempo ele levou, são fatos não revelados. ***7. A semana dividida ou simetria dupla***. A descrição de Gênesis incorpora um método literário pelo qual o 1º dia é paralelo ao 4º, o 2º ao 5º e o 3º ao 6º, e estes pares são complementares. O fator tempo, segundo esta teoria, é artificial.

Avaliação destas teorias. A simples leitura do registro de Gênesis mostra que o escritor pensava em dias literais, e bem provavelmente, de um tempo relativamente recente. Estas diversas teorias são tentativas de incorporar a história de Gênesis dentro dos conhecimentos da ciência moderna. Elas são truques teológicos e filosóficos, embora tenham elementos obviamente verdadeiros.

Uma Interpretação mais Provável. A criação como um novo início. Existem evidências em favor da criação adâmica ser uma renovação, e não uma criação absoluta. Parece que a terra já passou por mudanças dos polos mais de quatrocentas vezes. Isto quer dizer, que por muitas vezes vastas destruições têm arrumado, de modo diferente, os continentes, trazendo destruições quase completas da terra. Aparentemente, as últimas duas correspondem bem, em termos de tempo, às histórias bíblicas de Adão e Noé. Neste caso, a história de Adão seria um *novo começo*, não o começo absoluto da raça humana. Existiram, portanto, muitas raças humanas anteriores à adâmica. A história bíblica, então, nos informa sobre uma renovação da raça, e esta raça é aquela que iniciou a história do homem como nós o conhecemos.

Gênesis 1.1 todavia é uma declaração geral sobre Deus como o Criador absoluto, de tudo, em qualquer tempo.

A teoria da grande explosão da astronomia moderna pode ser combinada com a teoria das mudanças dos polos. Existem também grandes ciclos cósmicos, não somente grandes ciclos terrestres. Há mais de dezesseis bilhões de anos, houve uma grande explosão de matéria condensada que deu início à criação que nós conhecemos na astronomia. Mas antes disto, houve inumeráveis explosões que iniciaram inumeráveis ciclos de bilhões de anos cada. Uma vez que o poder da explosão se dissipa, a matéria, pela força da gravidade, volta na outra direção. Uma vez que se condensa novamente, outra grande explosão ocorre. Este processo continua e é um fator sem data e totalmente além da nossa imaginação.

Conclusão. Existem grandes ciclos cósmicos e terrestres. As grandes explosões criam os cósmicos, e as mudanças dos polos criam os terrestres. Temos ciclos terrestres dentro dos ciclos cósmicos, e todos eles são de imensa duração. Portanto, a criação cósmica que conhecemos agora é realmente uma história recente. Também, o ciclo terrestre que envolve a *raça adâmica* é recente. Além destas histórias recentes, praticamente nada sabemos sobre as obras de Deus na criação. Temos um *mysterium tremendum* que as teorias dos homens, e suas cosmogonias são infantis demais para explicar. Portanto, as diversas tentativas de reconciliar a história de Gênesis com a ciência moderna são fúteis. Também, a explicação da própria ciência sobre tudo isto é essencialmente fútil, embora perfeitamente legítima. Todas as explicações são simplesmente gritos na noite misteriosa das obras de Deus. Mas é legítimo gritar e procurar cada vez mais, por entendimentos mais aperfeiçoados.

II. Indicações do Novo Testamento. Os cristãos primitivos, sem dúvida alguma, acreditaram na veracidade essencial da narrativa de Gênesis como explicação das origens. Porém, em consonância com certas ideias filosóficas e helênicas, certos detalhes importantes foram acrescentados. O mais importante desses detalhes é o conceito do *Logos*. Essa doutrina vinha sendo desenvolvida desde cerca de 600 a.C. O leitor poderá obter uma completa descrição a respeito no artigo sobre o *Verbo*. O conceito que começou como uma força cósmica da Razão, nos escritos de Filo, já recebe, algumas vezes, uma identificação pessoal, como o Anjo do Senhor. No Novo Testamento, o Logos é equiparado ao princípio do Filho do Deus trino, o qual se encarnou como um homem. Portanto, o *Logos-Filho* é o agente por meio de quem Deus criou os mundos (Hb 1.3; Cl 1.16). Destarte, o Filho aparece como o Pai, isto é, o Ser em quem, por meio de quem e para quem todas as coisas foram feitas. Os leitores das obras filosóficas antigas reconhecem que assim como é possível estabelecer o paralelo entre a narrativa de Gênesis e os mitos mesopotâmicos, quanto a alguns detalhes importantes, assim também podemos estabelecer o paralelo entre a doutrina neotestamentária do Logos e ideias bem parecidas do estoicismo e do platonismo, por meio do neoplatonismo (vide). Tal como no livro de Gênesis há elementos distintivos, assim também no caso do Novo Testamento. No Novo Testamento o Logos não é apenas o Criador, mas também se tornou homem, o que representa um definitivo avanço neotestamentário. Além disso, o Logos é também o Salvador, um outro grande avanço, pois isso significa que o Criador também é o Salvador. Por conseguinte, a criação assume um aspecto soteriológico. A criação dá a entender uma nova criação, dentro do processo da salvação. Os homens, portanto, são transformados segundo a imagem do Logos, passando a participar da própria natureza divina (Rm 8.29; 2Co 3.18; 2Pe 1.4). Isso encontra paralelo na ideia platônica da redenção, segundo a qual o homem seria reabsorvido no mundo dos universais (vide). Desse modo, o homem deixaria de ser apenas eterno, passando a ser *imortal*. A imortalidade, por sua vez, precisa ser concebida não somente como vida sem-fim. Antes, é uma *espécie* de vida, a própria vida de Deus, segundo ela se manifesta no Cristo glorificado. Ideia tão ampla e profunda como essa, portanto, está envolvida na soteriologia do Novo Testamento.

O autor da epístola aos Hebreus tomou por empréstimo a visão do mundo em duas dimensões, mediante a qual as coisas que existem neste mundo são cópias das realidades celestes. Isso é platonismo puro, vinculado à doutrina de Platão sobre como a doutrina dos particulares da terra (todos os objetos materiais) foram criados segundo o modelo e segundo o poder das ideias, formas ou universais. (Ver Hb 8.5; 9.23,24). Quanto a um completo estudo sobre esse assunto, ver o artigo sobre a epístola aos Hebreus, em sua sexta parte, *Ideias Religiosas e Filosóficas*, quarto ponto. O trecho de Hebreus 1.3, quase certamente, é um reflexo do conceito de emanações dos estoicos neoplatônicos (vide), sendo essa uma outra ideia que foi usada, pelo autor sagrado dessa epístola canônica do Novo Testamento, para participar de sua cosmologia. Alguns desses empréstimos são muito aptos, não havendo como negar que o Logos, ao implantar algumas de suas sementes nas filosofias e nas religiões, não concedeu aos pagãos alguns importantes conceitos. Esses conceitos, pois, foram utilizados nas revelações bíblicas, sem que a verdade sofresse qualquer violência. As coisas não precisam ser absolutamente novas, inéditas, para que sejam verdadeiras.

III. Lições Morais e Espirituais. No que diz respeito a esse assunto, podemos extrair as seguintes importantes lições morais e espirituais: **1**. Deus é a origem de todas as coisas. A matéria originou-se na mente divina imaterial. Portanto, o mundo material sempre estaria sujeito às realidades espirituais. O mundo material não teria existência independente. **2**. Na qualidade de Criador do homem, Deus é o seu Senhor. O homem é responsável diante de Deus, sendo governado por imperativos morais. **3**. A criação material foi criada a fim de que, da mesma, brotasse e se desenvolvesse a nova criação, espiritual. **4**. Na criação material encontramos reflexos e cópias das realidades da esfera celestial. Com base na observação e no raciocínio, podemos aprender como o divino reside na matéria, e, desse modo, podemos aprender algumas coisas sobre as realidades divinas. A natureza moral do homem, como um exemplo, é um reflexo da natureza de Deus, porquanto o homem foi feito à imagem de Deus. **5**. A lição da dependência. Somente Deus é independente. A vida espiritual não é algo estranho ao homem. Antes, é a própria substância de sua vida. **6**. A lição do poder e da provisão. O Deus que fez todas as coisas e mostrou tanto interesse pelo homem pode suprir todas as nossas necessidades, tanto para o tempo como para a eternidade. **7**. A lição do desígnio. Foi a mente divina que criou os mundos. Por toda a parte a criação demonstra a existência de uma inteligência projetadora, controladora. O desígnio leva-nos a Deus, e também garante o sucesso da criação divina, em última análise, de conformidade com os planos originais de Deus. **8**. A restauração. Assim como todas as coisas originaram-se em Deus, e vieram a existir pelo seu poder, assim também todas as coisas, finalmente, deverão retornar a Deus (Rm 11.36), por meio do Filho-Logos (Cl 1.16).

Ver os seguintes artigos separados, que adicionam alguns detalhes a este verbete: *Astronomia, Adão, Cosmologia* e *Criação*. (E JAME NTI PRIT RAMM Z)

COSTA MARÍTIMA

No hebraico, *choph*, **"porto"** (em Dt 1.7 e Ez 22.16). E *chebel*, "cordas" (em Sf 2.5-7). No grego, *parálios*, **"país costeiro"** (em Lc 6.17). A referência é às costas marítimas do extremo leste do mar Mediterrâneo, habitadas, nos dias do Antigo Testamento, primeiramente pelos cananeus (Dt 1.7), subsequentemente pelos filisteus (Ez 25.16), e, finalmente, pelos fenícios (Lc 6.17). Era uma faixa de terra bastante fértil, estreita e dotada de poucos portos, por ausência de reentrâncias como golfos e baías, e também porque as terras ali eram baixas e as águas relativamente rasas.

COSTAS

Essa palavra vem do latim *costa*, que significa lado ou costela. Em algumas traduções, é usada no Antigo Testamento para indicar fronteiras. Atualmente, usamos esse vocábulo para indicar as costas marítimas, onde termina alguma área de terreno e começa o mar. As costas marítimas da Palestina são mencionadas, por exemplo, em (Gn 10.5; Sl 97.1 e Jr 47.4). As costas marítimas da Palestina eram muito regulares, sem reentrâncias como baías, pelo que não havia ali bons portos, a não ser já nas proximidades do monte Carmelo, no extremo norte da Palestina. Talvez esse seja o motivo pelo qual os israelitas apenas em raras ocasiões aventuraram-se como navegadores, como, por exemplo, na época de Salomão. Todas as tentativas posteriores, fracassaram.

COSTAS

Quatro palavras hebraicas são usadas para indicar as costas de uma pessoa, em um total de 21 referências: **a**. *Gab* (Sl

129.3; Ez 10.12 e Dn 7.6); *b. gav*, (1Rs 14.9; Ne 9.26; Pv 10.13; 19.29; 26.3; Is 18.17; 50.6 e Ez 23.35); *c. Oref* (pescoço), (Êx 23.27; Js 7.8,12; 2Cr 29.6; Jr 2.27; 18.17; 32.33; 48.39); e *d. shekem* (ombro), (1Sm 10.9 e Sl 21.12). Não há qualquer importância maior em uma palavra dessa natureza senão em um trecho como o de Êxodo 33.23, onde ainda uma outra palavra hebraica, usada por quarenta vezes, com vários sentidos, como "parte posterior", "parte de trás" etc., é empregada. Ali lê-se que Moisés viu Deus pelas costas, porque a glória de seu rosto era por demais resplendente para ser contemplada. Os intérpretes chamam isso de uso metafórico ou antropomórfico, usando de vários truques para aliviar o que é uma óbvia má teologia. O texto nos dá a ideia de que Deus tem rosto e costas, como se fosse um homem, e que, de alguma maneira, as suas costas poderiam ser vistas, mas não o seu rosto, pois seu rosto resplandeceria com intensíssimo brilho. Isso só faria sentido se Deus se assemelhasse, realmente, a um homem, dotado de alguma espécie de corpo. Naturalmente, há pessoas que supõem que assim, efetivamente, sucede; mas é absurdo concebermos o Ser Supremo segundo tais termos. Só devemos apelar para a interpretação metafórica porque Deus pode revelar-se em vários graus de glória, alguns dos quais toleráveis pelo homem, mas outros não. A esses graus que podem ser tolerados, chamamos de *costas de Deus*; e àqueles graus que nos são insuportáveis chamamos de *face de Deus*.

Uma outra palavra usada como advérbio, "por trás", mas literalmente (Pv 10.13; 19.29 e 26.3), referindo-se às costas de um insensato, próprias para serem fustigadas, também indica as costas do prometido Messias, entregues aos que queriam feri-lo, em Isaías 50.6. (Nos trechos de 1Rs 14.9; Ez 6.5; Ne 9.26 e Is 38.17), essa palavra é usada como uma expressão idiomática, indicando "lançar para as costas", com o sentido de negligenciar ou ignorar.

COSTELA. Ver *Mulher Feita de Costela*.

COSTUMES FUNERÁRIOS. Ver o artigo geral sobre *Sepultamento*.

COSTURAR

No hebraico, *taphar*, palavra que ocorre por quatro vezes (Gn 3.7; Jó. 16.15; Ec 3.7 e Ez 13.18). No grego, *epirápto*, "costurar sobre", que aparece somente em Marcos 2.21. A origem da técnica da costura está perdida nas brumas da antiguidade da raça humana. O livro de Gênesis relata que o primeiro casal, Adão e Eva, costurou folhas de figueira. Eles queriam fazer uma espécie de aventais, a fim de encobrir a nudez recém-percebida, segundo se lê em Gênesis 3.7. No mundo mediterrâneo antigo, tanto os homens quanto as mulheres sabiam costurar. O Senhor Jesus referiu-se a essa habilidade quando disse: *ninguém costura remendo de pano novo em veste velha*... (Mc 1.21). Parece evidente que Paulo fazia muito trabalho de costura, quando fabricava tendas, por ser esse o seu ofício. Ver *Artes e Ofícios*.

COTA DE MALHAS

Ver o artigo geral sobre *Armadura, Armas*. (Ver 1Sm 17.5,38 e 1Rs 22.34). No hebraico, a palavra é *shiryon*. As cotas de malha eram de diferentes tipos. Havia desde cotas de malha de couro, fortificada com pedaços de metal, em escamas, até vestimentas inteiramente de metal. As referências bíblicas, mais provavelmente, apontam para as jaquetas de couro com metal entrelaçado, onde ficavam presas as escamas. Esse tipo de proteção tem sido encontrada pelos arqueólogos, estampado nos relevos assírios. Fragmentos dessas peças de vestuário também têm sido encontrados em várias escavações feitas no Oriente Próximo.

COURAÇA. Ver *Armadura, Arma*.

COURO. Ver *Peles de Animais* (Trabalho em Couro).

COVA DOS LEÕES

A palavra "covas" é tradução de várias palavras hebraicas e de uma palavra grega. No caso da "cova dos leões" onde Daniel foi lançado, a palavra aramaica é *gob*, usada por dez vezes (Dn 6.7,12,16,17,19,20,23,24). O termo grego é *spélaion*, usado por seis vezes (Mt 21.13 (citando Jr 7.11); Mc 11.7; Lc 19.46; Jo 11.38; Hb 11.38; Ap 6.15). Outras palavras hebraicas podem indicar o esconderijo de algum animal feroz (Jó 37.8; Sl 10.9; 104.22; Is 32.14). Também pode estar em foco uma cavidade nas rochas ou no chão, onde se oculta alguma serpente (Is 11.8). Pode estar em foco uma caverna ou fissura onde os animais podem se ocultar (Jz 6.2; Hb 11.38; Ap 6.15), o que, algumas vezes, é usada por pessoas que estão sendo procuradas, ou por ladrões que se ocultam da lei (Mt 21.13; Mc 11.17).

A cova dos leões é mencionada por dez vezes no livro de Daniel (ver acima). A história informa-nos que os babilônios e assírios guardavam leões que haviam capturado nos adagaços, como animais para caçar ou como animais de estimação. A arqueologia tem confirmado isso nos magníficos relevos descobertos, como aqueles do governante neo-assírio, Assurnasipal II (883-859 a.C.), em Ninrode, ou de Assurnasipal, em Nínive (668-627). Os medo-persas deram prosseguimento ao costume. Na lei mesopotâmica iraniana havia provisões para castigar por meio de provas, como enfrentar um leão e ser esmigalhado pelo mesmo. Daniel e seus companheiros foram sujeitados a esse tipo de castigo. O trecho de Jó 38.39-41 refere-se a uma cova de leões como lugar temível.

CÔVADO. Ver o artigo sobre *Pesos e Medidas*.

No hebraico é *ammah*, palavra de ocorrência frequente, pois figura por pouco mais de duzentas vezes no Antigo Testamento. O côvado era uma medida derivada do corpo humano (Dt 3.11). Essa medida variava de um país para outro, não havendo certeza sobre a maneira como era determinada. Parece ter sido o comprimento desde o cotovelo até o fim do dedo médio da mão, o dedo mais longo. O côvado egípcio consistia em seis larguras da mão, conforme se tem descoberto nas ruínas encontradas em Mênfis. Esse foi o côvado adotado pelos israelitas. Nos escritos rabínicos (*Mischn. Chelim*, 17.9), encontramos o côvado dividido em larguras de mão, e Josefo (*Anti*.) indica a mesma coisa, porquanto dois palmos equivalem a seis larguras de mão. Isso faz o côvado ter, aproximadamente, 44,5 cm. Em 1Reis 7.26, encontramos a largura da mão usada como medida; e o palmo aparece em Êxodo 28.16. Os egípcios também dispunham de um côvado maior, o que parece estar indicado, igualmente, nos trechos de Ezequiel 40.5 e 43.13, o que significa que Israel tinha mais de um côvado. Esse côvado maior tem sido chamado de côvado real, que era mais longo que o côvado normal de uma largura de mão, dando-lhe, aproximadamente, o comprimento de 52 cm.

COXA

Há duas palavras hebraicas e uma palavra grega a considerar, neste verbete, a saber: **1**. *Yarek*, "coxa", palavra que ocorre por 34 vezes, das quais 21 vezes com esse sentido. (Por exemplo: Gn 24.2,9; 32.25,31,32; Nm 5.21,22,27; Jz 3.16,21; Ct 3.8; Ez 21.12; 24.4). **2**. *Yarekah*, "coxa". Palavra aramaica que aparece somente em Daniel 2.32. **3**. *Merós*, "coxa". Palavra grega que ocorre somente em Apocalipse 19.16.

A coxa é a parte superior da perna de uma pessoa, entre os quadris e o joelho. A coxa é suportada pelo maior, mais longo e mais forte osso do corpo humano, o fêmur. Tem a forma de um cone invertido e truncado. Na parte superior, a coxa é limitada pela virilha, pelo períneo, na parte interna, pela dobra das nádegas, na parte de trás, e pelos quadris, lateralmente. Na parte inferior, a coxa é limitada pela proeminência do joelho, na parte da frente, e pelo chamado espaço poplíteo ou dobra da perna. Além do fêmur, a coxa consiste em fortes músculos, além dos vasos sanguíneos, vasos linfáticos e nervos, estruturas todas essas rodeadas por uma faixa fibrosa forte, como se fora a casca de uma árvore.

O deslocamento da junta da coxa com os quadris ocorre na porção superior do fêmur, mais comumente em um movimento para a frente, embora também se reconheça um movimento para trás. Quando o Anjo do Senhor tocou no nervo da coxa de Jacó (Gn 32.25), sem dúvida fê-lo na dobra de uma das nádegas. Alguns estudiosos pensam que isso produziu o deslocamento da própria junta. Se isso realmente ocorreu, então Jacó deve ter ficado com o movimento afetado da perna correspondente, precisando apoiar-se sobre o dedão do pé. Deve-se notar que a cabeça do fêmur, nesses casos, eleva-se dentro de seu soquete, de tal modo que os músculos da área ficam mais curtos. Esses músculos encurtados talvez correspondam à descrição de Gênesis 32.32, ... *o nervo do quadril, na articulação da coxa...*

Uma outra interpretação sobre a injúria sofrida por Jacó é aquela que pensa no "moderno diagnóstico, muito em moda, do rompimento do disco intervertebral, o que produz uma dor ciática muito severa e intratável, por motivo de pressão das extremidades nervosas". Com base nesse outro ponto de vista, o "nervo do quadril" seria o nervo ciático. Todavia, essa interpretação envolve a dificuldade de se explicar como o toque na coxa poderia ter produzido a injúria do disco da vértebra.

É digno de nota que os patriarcas de Israel tinham por costume pôr uma mão debaixo da coxa, em conexão com juramentos solenemente feitos (ver Gn 24.2; 47.29). Também era costume cingir a espada de encontro à coxa (Sl 45.3). Assim sucedia porque a mão chega àquela altura com naturalidade, e o cabo da espada, pois, tornava-se facilmente acessível, em algum inesperado encontro com o inimigo (Ct 3.8). Em contraste com isso, bater uma mão de encontro à coxa servia de manifestação externa de vergonha e surpresa (Jr 31.19; Ez 21.12). O gesto era feito como se alguém apalpasse em busca de uma espada que não estava ali, e o indivíduo percebesse, subitamente, que estava desarmado.

Em último lugar, mas não menos importante, é a observação que, por ocasião do aparecimento triunfal de Jesus, ele trará sobre a coxa a inscrição *Rei dos reis e Senhor dos senhores* (Ap 19.16).

COZBI

O nome provém do acádico *kuzbu*, **"volúpia"**. Mas outros pensam que o nome significa "enganadora". Esse era o nome de uma mulher midianita, filha de Zur, que Fineia executou juntamente com seu amante israelita, Zinri, em cerca de 1452 a.C. Essa tribo de nômades montados em camelos invadiu a Palestina na época dos juízes de Israel. Introduziram maus costumes, como a idolatria e a imoralidade, além de outros danos de ordem material. O nome de Cozbi aparece somente em Números 25.15,18. Os príncipes de Midiã foram feridos em número de cinco, porquanto os israelitas haviam sido corrompidos no deserto, pelos midianitas (Js 13.21). Após a morte de Cozbi, houve outra guerra de Israel contra os midianitas.

COZEBA

No hebraico, **"falsidade"**. Nome de uma pequena aldeia, localizada nas terras altas da Judeia (1Cr 4.22), que alguns estudiosos têm identificado com a moderna *Khirbet ed-Dilb*. A arqueologia tem descoberto ali peças de cerâmica do início da era do ferro. Mas outros eruditos identificam-na com Quezibe, uma aldeia na fronteira do Sefelá, no centro do território de Judá (Gn 38.5). Também há quem conjecture tratar-se do moderno Tell el-Beida, *cerca de cinco quilômetros a oeste de* Adulão.

COZINHADO

No hebraico, *nazid*, vocábulo que ocorre por seis vezes (Gn 25.29,34; 2Rs 4.38-40; Ag 2.12). Essa palavra significa algo "cozinhado", segundo se vê em Gênesis 25.29,34. Nessa referência, temos o preço que Esaú pagou a Jacó, para perder o seu direito de primogenitura. O vs. 34 informa-nos que o cozinhado era preparado com lentilhas. Poderia ter sido preparado com vários legumes, porquanto só precisava ser algo cozido, sem necessidade de ser algo específico. Em Ageu 2.12, um "cozinhado" é mencionado lado a lado com vários outros mantimentos. O trecho de 2Reis 4.39 informa-nos que os discípulos de Eliseu prepararam uma panela com cozinhado para comerem.

Usos figurados. Com base na narrativa sobre Jacó e Esaú, um "cozinhado" veio a significar qualquer coisa de grande valor, pelo que se pagou um preço ridículo. Ou, por extensão, a insensatez de sacrificar alguma coisa importante ou valiosa, em troca de algo sem valor.

COZINHAR, COZINHEIRO

A palavra hebraica *tabbach*, usada com o sentido de "cozinheiro" apenas por duas vezes — 1Samuel 9.23,24 — também tinha os sentidos de açougueiro, executor e guarda. A conexão é que um cozinheiro geralmente era quem abatia os animais para consumo humano. Em todas as casas havia cozinheiros e cozinheiras não profissionais; mas também havia os profissionais (Gn 40.1; 1Sm 9.23,24). As escravas e servas com frequência também eram cozinheiras (1Sm 8.13), mas as donas de casa também sabiam cozinhar (Gn 18.6; 27.9). Também havia cozinheiros (Gn 18.7; 25.29; 27.31). Gideão sabia como cozinhar e cozer bolos (Jz 6.19). Um cozinheiro é sugerido no trecho de Lucas 17.8. É possível que, nas atividades do templo de Jerusalém, os sacerdotes se ocupassem no cozimento das carcaças dos animais abatidos, o que também podia ser feito por auxiliares.

Utensílios de Cozinha. A arqueologia tem iluminado amplamente essa questão. Esses utensílios eram os mais variados, de vários metais, tamanhos e formatos. Alguns deles eram largos e fundos, outros estreitos e rasos. Quanto à configuração geométrica eram quase esféricos. Alguns tinham duas asas, e outros, uma só. Alguns desses utensílios tinham perfurações por onde se passava um cordão, para facilitar-lhes o transporte. Havia grelhas, panelas jarras, taças, copos, frigideiras etc., feitas de barro ou de vários metais. Também havia facas e colheres. Referências bíblicas a potes, panelas, caldeirões, cestas, pratos, frigideiras etc., (aparecem em Êx 16.3; 1Sm 2.14; 2Rs 2.20; 4.38; 21.13; 25.15 e 2Cr 35.13).

Sentidos Simbólicos e Psicológicos. A preparação de uma refeição simboliza suprimentos. Quanto mais elaborada for essa preparação, mais abundante será o suprimento. Além disso, o ato de cozinhar pode simbolizar a preparação do crente para alguma coisa, ou a realização de alguma tarefa específica. O ato de cozinhar, igualmente, pode retratar a transformação de matérias primas em algo útil, ou seja, a realização de alguma tarefa ou projeto. Pode indicar progresso na apreensão da verdade. Virar alguma coisa em uma panela pode indicar o ato de pensar, de raciocinar sobre alguma coisa, ou o ato de procurar alguma resposta. A dificuldade em engolir algo pode indicar a relutância em aceitar algum ensinamento, ideia ou circunstância externa. Uma *panela redonda*, que apareça em uma visão ou sonho, pode simbolizar a ansiedade da pessoa para expandir seus horizontes e experiências.

Em sentido negativo, o ato de cozinhar pode simbolizar o planejamento ou a execução de projetos com maus desígnios. Também há o caldo das bruxas, como símbolo de mágica e adivinhação, ou então de maldições e obras malignas. De outras vezes, o ato de cozinhar pode envolver sentidos psicossomáticos, como advertência contra certos alimentos ou maneiras de preparar os mesmos. Mas, talvez na maioria dos casos, sonhar com o ato de cozinhar, com alimentos ou com refeições, significa apenas que a pessoa está com fome. Portanto, nada de precipitações na interpretação dos sonhos! (CHE S UN Z)

COZINHAS

No hebraico, *bashal*, "cozinhar". Enquanto a versão portuguesa diz, em Ezequiel 46.24: *São estas as cozinhas, onde os ministros do templo cozerão...*, o original hebraico diz algo como: *São estes os* lugares, *onde os ministros do templo cozerão...* A cena faz parte de uma visão que Ezequiel teve sobre o templo de Jerusalém, no tocante a um dos quatro subátrios do átrio exterior, onde o povo poderia preparar seus sacrifícios, nas lareiras ali providas com esse propósito. Os sacerdotes cozinhavam suas ofertas em suas próprias cozinhas (vs. 19,20), a fim de que não entrassem em contato com coisas imundas e nem com pessoas não consagradas. (Z)

CRÉDITO, CREDOR. Ver também sobre *Juros*.

No hebraico, *nashah*, palavra que ocorre por onze vezes no Antigo Testamento, por duas vezes com o claro sentido de credor, a saber, 2Reis 4.1 e Isaías 50.1. No Novo Testamento temos a palavra grega *daneistés*, "emprestador", que aparece somente em Lucas 7.41.

A Bíblia, no Antigo e no Novo Testamentos, fala sobre os credores, pessoas que emprestam dinheiro ou bens a alguém, que passa a ser o devedor. A lei mosaica (ver Dt 23.19) não permitiu que um judeu cobrasse juros de outro judeu. Mas podiam ser cobrados juros dos estrangeiros que se encontrassem em Israel. Usualmente, nos casos de empréstimo, algo de valor servia de penhor, por parte do devedor, o que era confiscado caso o pagamento da dívida não fosse feito. As leis, tanto na cultura hebreia como em outras culturas antigas, eram bastante brutais quanto a esse aspecto. Basta dizer que a família inteira de um homem podia ser vendida à escravidão se ele não pagasse as suas dívidas. (Ver 2Rs 4.1). Juros eram cobrados (Lv 25.37; Dt 23.20), e isso dava margem a tremendos abusos. Jesus acusou os fariseus de devorarem as casas das viúvas. Isso mostra como pessoas religiosas, impelidas pela ganância, são capazes de atos de desumanidade. Tais explorações são contrárias à lei do amor, que é o cumprimento dos requisitos morais da lei inteira (Rm 13.9,10). No trecho de Lucas 7.41, temos a menção ao credor (no grego, *daneistés*) que perdoou generosamente ao devedor, que lhe devia imensa quantia. Em seguida, Jesus fez a pergunta: "Qual deles, portanto, o amará mais?", após ter-se referido a um devedor muito menor, cuja dívida não fora perdoada. A resposta óbvia à pergunta de Jesus é que quem mais foi perdoado, mais ama. Esse texto espiritualiza a questão, fazendo-a ilustrar o perdão dos pecados e o plano da redenção, traçado pelo Senhor Deus. Esses benefícios espirituais deveriam inspirar-nos ao amor a Deus, que é o grande Credor, ao passo que todos os homens são os devedores.

CREDOS

Um credo (do latim *credo*, **"eu creio"**) é uma afirmação categórica dos pontos essenciais da fé cristã, com os quais se espera que todos os crentes concordem. De modo amplo e geral, a religião bíblica tem sido sempre, na verdade, a de credo. O judaísmo bíblico e pós-bíblico confessa a unidade e a singularidade absolutas de Iavé mediante o *Shema'*: *Ouça, ó Israel: o Senhor, o nosso Deus, é o único Senhor* (Dt 6.4). Os símbolos da igreja (como os credos têm sido chamados desde os primeiros tempos) tiveram sua origem em afirmações anteriores de fé e adoração encontradas no NT (ver Confissões de Fé). Com a confissão *Jesus é Senhor* (Rm 10.9; 1Co 12.3), os primeiros cristãos já reconheciam que o Nazareno deveria ser considerado como o mesmo Iavé do AT. O texto que aparece no diálogo de Atos 8.37 — *Creio que Jesus Cristo é o Filho de Deus* — representa uma primitiva afirmação batismal cristã. Outras fórmulas de credo do NT afirmam a encarnação de Cristo, sua morte salvadora e sua ressurreição gloriosa (Rm 1.3,4; 1Co 15.3,4; 1Jo 4.2). A grande passagem cristológica em Filipenses 2.6-11 pode perfeitamente ter sido cantada nos serviços batismais dos cristãos primitivos. Primeira Coríntios 8.6, por sua vez, afirma a unidade de Deus e a coordenação do Pai com Jesus Cristo. Finalmente, emerge no NT um padrão confessional trinitário (Mt 28.19; 2Co 13.14; ver Trindade) que se tornaria o paradigma de formulações posteriores de credos.

Os pais apostólicos refletem o que J. N. D. Kelly chama de "fragmentos quase credos", e os apologistas, um corpo de ensino crescente que destila a essência da fé cristã. Ao que os estudiosos se referem como o credo antigo romano (*c*. 140, Harnack) era uma fórmula batismal trinitária expressando: "Creio em Deus Pai Todo-Poderoso e em Cristo Jesus, Seu Filho, nosso Senhor, e no Espírito Santo, na Santa igreja e na ressurreição da carne". Nos escritos de Ireneu, Clemente de Alexandria, Tertuliano e Hipólito, encontra-se a "regra de fé", ou "tradição", que era um corpo de ensino informal ministrado aos catecúmenos. O chamado Credo Apostólico, ou dos apóstolos, conquanto, na verdade, não apostólico na autoria, é, não obstante, apostólico em seu conteúdo. Sua forma atual (do século VIII) representa um desenvolvimento mais extenso de fórmulas batismais trinitárias mais simples, particularmente o credo antigo romano. O Credo Apostólico refuta indiretamente várias heresias (p.ex: ebionismo, marcionismo, gnosticismo, docetismo), tendo sido amplamente usado no Ocidente para instrução e adoração. O chamado "Credo dos credos" (P. Schaff) contém os pontos fundamentais da fé cristã necessária à salvação.

O Credo de Niceia, ou Niceno (325), provavelmente baseado em credos mais antigos de Jerusalém e Antioquia, foi criado para refutar a reivindicação ariana de que o Filho seria a criação mais elevada de Deus e, assim, essencialmente diferente do Pai. O que hoje conhecemos é, na verdade, uma ampliação do credo doutrinário de Niceia, de 325, provavelmente aprovada pelo Concílio de Constantinopla (381). Afirma a unidade de Deus, insiste em que Cristo foi "gerado do Pai antes de todas as eras", e declara que Cristo é "da mesma essência (*homoousios*) do Pai". Assim, o Filho é Deus em todo sentido.

Esse credo sustenta ainda a divindade do Espírito Santo e sua processão do Pai. No Ocidente, a frase "que procede do Pai" foi mais tarde alterada para "do Pai e do Filho". É a chamada cláusula *filioque*, que afirma a dupla processão do Espírito, segundo o ensino de Hilário, Ambrósio, Jerônimo e Agostinho e que aparece também no Credo de Atanásio, mas é rejeitada pela igreja oriental. Tornou-se a mais importante questão doutrinária no cisma entre Oriente e Ocidente, que se deu em 1054.

O Credo de Atanásio, ou Atanasiano, chamado também *Quicunque vult* (palavras de abertura do seu texto latino), foi escrito por autor desconhecido de tradição agostiniana, no sul da Gália, por volta da metade do século V. Contém uma afirmação clara e concisa da Trindade e da encarnação de Cristo que devem ser cridas, ambas, para a salvação. Concernente à Trindade, afirma que "o Pai é Deus, o Filho é Deus, e o Espírito Santo é Deus; e, todavia, não há três Deuses, mas um só Deus". Os enfoques sobre Cristo sustentam sua geração na eternidade da substância do Pai, Sua completa divindade e completa humanidade, sua morte pelos pecados, ressurreição, ascensão, sua segunda vinda e seu juízo final. O Oriente nunca reconheceu o Credo Atanasiano.

A Definição de Calcedônia foi elaborada por, aproximadamente, quinhentos bispos gregos no Concílio de Calcedônia, em 451. Afirma, em resposta às interpretações errôneas da pessoa de Cristo sustentadas por Apolinário, Nestório e Êutico [ou Eutiques] (ver Monofisismo), que Jesus Cristo é perfeitamente

Deus e perfeitamente homem, que ele é consubstancial com Deus quanto à sua divindade, e com o homem quanto à sua humanidade. Além do mais, sua humanidade e divindade estão unidas "sem confusão, sem mudança, sem divisão e sem separação". A Declaração de Calcedônia representa a afirmação definitiva, ainda que em linguagem ontológica grega, de como Jesus Cristo é Deus e homem ao mesmo tempo.

Os credos têm sido úteis em uma variedade de funções na igreja. Os elementares foram, inicialmente, usados em um contexto *batismal*. Ao responder a questões ou recitar determinadas fórmulas que, mais tarde, se tornaram fixas, o candidato ao batismo fazia sua confissão de fé em Cristo. Além disso, os credos eram usados para propósitos *catequéticos*, i.e., para instruir os novos cristãos nos pontos essenciais da fé. Os credos (especialmente a "regra de fé") foram também empregados para propósitos *confessionais*, isto é, para refutar e contradizer os ensinos heréticos de docetistas, gnósticos, monarquianos, arianos e outros. Finalmente, os credos serviam a um propósito *litúrgico* ao serem recitados em várias ocasiões na adoração nas igrejas.

Com relação à autoridade dos credos, as igrejas ortodoxas orientais atribuem autoridade aos decretos dos sete concílios ecumênicos, desde o primeiro em Niceia (325) ao segundo de Niceia (787). Mas as igrejas orientais não têm aceito os credos doutrinários ocidentais e rejeitam a adição da cláusula *filioque* ao Credo Niceno. Por outro lado, Roma alega infalibilidade para todos os pronunciamentos do magistério. Tradicionalmente, os Credos Apostólico, Niceno e Atanasiano ficaram conhecidos como "os três símbolos". De acordo com Roma, as fórmulas antigas de credos contêm verdades reveladas por Deus e, sendo assim, categóricas em todas as épocas. Os reformadores protestantes aceitaram o Credo Apostólico e os decretos dos primeiros quatro concílios em virtude de sua concordância com as Escrituras, única regra de fé e prática para eles. A respeito do Credo dos Apóstolos, Lutero disse o seguinte: "Talvez a verdade cristã não pudesse ser colocada numa afirmação mais curta e mais clara" (*LW* 37, p. 360). Calvino disse das fórmulas dos concílios ecumênicos: "Eu as venero do fundo do meu coração, e queria que todas elas fossem sustentadas com a devida honra" (*Institutas*, IV.ix.1).

Os principais ramos do protestantismo valorizam os quatro credos acima como fielmente incorporando os ensinos das Escrituras. Todavia, a erudição crítica, começando por A. von Harnack, tem rejeitado os credos clássicos, alegando sua dependência do considerado estranho sistema filosófico grego e por refletir uma cosmologia ultrapassada. Pensadores protestantes como Tillich, Bultmann e J. A. T. Robinson argumentam, assim, que os credos antigos possuem pouco valor no mundo de hoje. Mesmo católicos romanos, como H. Kung, e compiladores holandeses do *New Catechism* [*Novo catecismo*], (1966), sustentam que os credos são afirmações humanas formuladas em contextos culturais estranhos ao nosso atual, por isso, têm sérias limitações e estão comprometidos até mesmo com erros.

O protestantismo ortodoxo vê cada um dos credos acima mencionados como uma *norma normata*, i.e., uma regra governada pela autoridade final da palavra de Deus. Em termos gerais, os credos expõem "o que sempre tem sido crido, em toda parte, e por todos" (Cânon Vicentino; ver Catolicidade). Mas mesmo as melhores formulações humanas devem ser governadas pela infalível palavra de Deus. Em suma, em virtude de sua concordância geral com as Escrituras, os credos ortodoxos proporcionam um sumário valioso das crenças cristãs universais, refutam ensinos estranhos à palavra de Deus e são úteis à instrução, à fé e à adoração cristã.

(**B. Demarest**, B.Sc., M.Sc., M.A., Ph.D., professor de Teologia Sistemática do Denver Seminary, Colorado, EUA.)

BIBLIOGRAFIA. P. T. Fuhrmann, *Introduction to the Great Creeds of the Church* (Philadelphia, 1960); J. N. D. Kelly, *Early Christian Creeds* (London, 31972); idem, *The Athanasian Creed* (London, 1964); J. H. Leith, *Creeds of the Churches* (Richmond, VA, 31982); P. Schaff, *The Creeds of Christendom*, 3 vols. (New York, 1877ss, melhor ed. 1919).

CRESCENTE FÉRTIL

A expressão refere-se àquela região, começando *pelo* golfo Pérsico e ampliando-se na direção noroeste até os vales dos rios Tigre e Eufrates, e daí continuando para oeste, até à costa nordeste do mar Mediterrâneo, incluindo o vale do rio Nilo. Embora a área adjacente ao crescente fértil seja estéril, a própria região é muito fértil, o que explica o seu nome. Tem-se tornado comum afirmar que as primeiras evidências da civilização procedem dessa região; mas, atualmente, a arqueologia está descobrindo evidências ainda mais antigas de civilização na África. Seja como for, a história dessa área é antiquíssima, tendo sido sempre o centro das maiores potências do mundo, até à época dos gregos e romanos, quando a civilização gravitou um tanto mais para o ocidente. Essa região era uma espécie de encruzilhada de civilizações, sobretudo daquelas mencionadas na Bíblia.

CRETA

Creta é uma ilha montanhosa que fica no mar Mediterrâneo, ao sul do mar Egeu. Tem cerca de 250 quilômetros de comprimento, variando em largura de 1 a 56 quilômetros. É provável que os *quereteus*, que faziam parte da guarda pessoal de Davi, fossem provenientes da ilha de Creta, embora a própria ilha nunca seja chamada por nome nas páginas do AT As referências a essa ilha, no NT, ficam em Atos 27.7,12,13,21 e em Tito 1.5. É dito, em Atos 2.11, que havia cretenses presentes no dia de Pentecoste quando houve o derramamento inicial do Espírito Santo. Paulo fez uma parada em Creta, durante a sua viagem a Roma, antes do seu primeiro período de encarceramento. (Ver At 27.7-13,21). Paulo também aconselhou aos marinheiros que passassem ali o inverno; mas, preferindo eles ignorar seus conselhos, mais tarde tiveram de sofrer naufrágio, segundo se vê no vigésimo sétimo capítulo do livro de Atos.

O que sabemos acerca da história dessa ilha se deriva principalmente das descobertas arqueológicas. Desde a era neolítica já havia ali a ocupação humana (quarto milênio a.C.), e na idade do bronze já se tinha erguido uma poderosa civilização. O centro dessa civilização era Cnossos, um local escavado por Sir Arthur Evans. No período de 2600-2000 a.C. houve significativa expansão comercial. A escrita, em tabletes de argila e de cobre tem sobrevivido daquele período, onde uma primitiva escrita pictográfica era usada (2000-1650 a.C.). Posteriormente foi uma escrita chamada linear A, uma forma simplificada daquela (1750-1450 a.C.).

O clímax da civilização cretense foi atingido na primeira metade da idade do bronze (minoano posterior, 1600-1400 a.C.). O linear B, uma forma .arcaica do grego, era o idioma desse tempo, o qual foi decifrado em 1953 por M. Ventris. Provavelmente invasores gregos tinham modificado a linguagem para isso, ao passo que a escrita anterior provavelmente era de origem semita. Perto do fim da idade do bronze (minoano posterior III, 1400-1125 a.C.), gregos dórios chegaram à ilha, que, então, se tornou, essencialmente, uma colônia grega.

Já desde o início de sua história registrada havia muitas cidades na ilha, levando-se em conta seu tamanho minúsculo. Se pudermos crer na Odisseia de Homero (*lib*. xix.v. 172-179), contava com noventa cidades naqueles tempos tão remotos, embora outras fontes informativas falem até em cem cidades. Nos dias do apóstolo Paulo, o número de judeus ali habitando era grande, provavelmente devido à sua importância comercial. As localidades mencionadas nas páginas do NT, pertencentes àquela ilha, são *Bons Portos* (um porto marítimo) e a cidade de Laseia, nas proximidades (ver At 27.8). A população atual dessa ilha é de cerca de quinhentos mil habitantes. Creta também tem o nome de Candia.

Pelo que se lê na passagem de Tito 1.5, conclui-se que já havia um bom número de igrejas ali, quando Paulo enviou Tito para aquele lugar, porquanto o apóstolo dos gentios e outros já haviam evangelizado bastante aquela ilha. É provável que após ter sido solto de seu primeiro aprisionamento em Roma o apóstolo tenha visitado a ilha e feito algum trabalho ali. Porém, tendo a necessidade de dirigir-se a outros lugares, exortou a Tito que desse prosseguimento a seu trabalho, consagrando anciãos ou pastores qualificados nas igrejas. Esta carta a Tito nos dá a impressão que reflete esse período de liberdade de Paulo, antes de seu segundo encarceramento em Roma e seu martírio final; e isso significa que essa epístola foi escrita antes da segunda epístola a Timóteo.

Não dispomos da narrativa da quarta viagem missionária de Paulo ao Ocidente, mais especificamente, à Espanha, exceturando várias alusões à mesma nos escritos dos primeiros pais da igreja (ver as notas expositivas adicionadas ao trecho de Atos 28.31 no NTI), pelo que é impossível fazermos qualquer declaração dogmática sobre o tempo em que Paulo evangelizou a ilha de Creta. Todavia, a resposta comumente dada a essa indagação é que isso foi feito entre o primeiro e o segundo período de aprisionamento. Na verdade, a narrativa do livro de Atos fornece-nos apenas um esboço, sendo possível que tal trabalho tenha sido efetuado rapidamente, antes de seu primeiro período de aprisionamento, mas acerca do que simplesmente não dispomos de qualquer registro histórico na Bíblia.

CRIAÇÃO

I. Discussão Preliminar. A palavra portuguesa "criar" vem do latim, *creare*, **"produzir"**, **"gerar"**. A palavra tem seus sentidos filosófico e teológico em relação à origem do mundo, do homem e de outros seres, tanto físicos quanto espirituais. A maioria das religiões supõe que o mundo, conforme o conhecemos, foi produzido por alguma força cósmica ou divina, com base em um estado anterior. Esse estado anterior poderia ser o caos, embora com os elementos já existentes, inteiramente desorganizados, ou poderia ser o vácuo, de onde foram extraídos os mundos, mediante o poder divino. As religiões mais primitivas parecem preferir a ideia do *caos*; e, ocasionalmente, esse vocábulo chega a ser utilizado para falar de uma divindade ou força cósmica, uma espécie de entidade por seus próprios direitos. Os gregos, em sua maior parte, falavam em termos de matéria já existente, que foi então posta em ordem. Esse é o ponto de vista dos mórmons; portanto, nesse grupo, temos um representante do ponto de vista do caos. O segundo ponto deste artigo apresenta dez opiniões diferentes sobre as origens.

Historicamente falando, a criação refere-se àquele primeiro ato mediante o qual o Deus *autoexistente* trouxe à existência o que não tinha forma de existência independente. Em certo sentido, pois, a criação torna-se uma subdoutrina da doutrina do próprio Deus; pois, uma vez que algo existe, além de Deus, já precisamos definir a natureza dessa existência em relação à sua origem, tanto do ponto de vista da responsabilidade quanto do ângulo do destino. É razoável pensar que se a criação teve começo em Deus, então também deverá continuar a encontrar cumprimento em Deus. O Novo Testamento define essa questão ao dizer que tudo foi criado *da parte de* Deus, *por* Deus e *para* Deus, de tal maneira que, em todos os estágios, enfatiza-se a dependência da criação a Deus. (Ver Rm 11.35). Esse versículo enfatiza o mistério das operações de Deus. E não há mistério maior do que o da criação divina. Por conseguinte, não podemos esperar que nossas ideias sejam mais do que meras sugestões.

O Credo dos Apóstolos (vide) começa confessando fé em Deus, Todo-poderoso, Pai, Criador dos céus e da terra. Portanto, essa doutrina é cêntrica para a fé cristã. Mas, no que concerne ao seu *modus operandi*, há muitas opiniões. A Bíblia testifica sobre a centralidade dessa doutrina, dando início aos seus ensinamentos com o relato da criação. O gnosticismo afirmava que uma criação imperfeita requer que se postule que ela foi criada por uma divindade imperfeita. Os mestres gnósticos partiam daí para a ideia de que essa divindade imperfeita é o Deus do Antigo Testamento, ao passo que um Deus superior, se não mesmo o maior de todos, estaria envolvido na revelação neotestamentária. Todavia, a maior parte dos luminares da igreja repudia esse ponto de vista. De acordo com a teologia do AT e NT, o verdadeiro Deus, como Criador de todas as coisas, é o alicerce indispensável da teologia. No cristianismo, essa doutrina, quando aplicada ao homem, indica sua total dependência em Deus, e não apenas quanto à sua origem, mas também quanto à sua continuação e ao seu destino. Lutero, em seu *Pequeno Catecismo*, asseverou: "... Deus criou a mim e a tudo quanto existe; ele deu-me o corpo e a alma, e continua a sustentá-los, os meus membros e os meus sentidos, a minha razão e todas as demais faculdades de minha mente..."

Em séculos recentes, com o surgimento da ciência avançada e com a diversificação das posições teológicas, têm vindo à tona muitos debates relativos à criação. O ponto de vista cosmológico dos hebreus (ver a ilustração acerca disso no artigo sobre a Astronomia) na verdade não concorda com aquilo que sabemos ser a verdade acerca da terra e do espaço, embora muitos teólogos conservadores adaptem *continuamente* essas ideias, a fim de fazê-las concordar com a ciência moderna. Entretanto, esses teólogos não se esforçam por descobrir no que os hebreus realmente acreditavam, preferindo ocupar-se em uma atividade apologética, e não na busca pela verdade. Porém, se a cosmologia dos hebreus não concorda com os fatos científicos conhecidos, então o debate não somente é legítimo, mas também absolutamente necessário, se tivermos de compreender qualquer coisa sobre o mundo, sobre suas origens e sobre seus propósitos. Ver o artigo sobre a *Cosmogonia*, quanto a ideias dos povos antigos sobre a origem das coisas.

A fé, a razão e a revelação concordam entre si que Deus é a causa da criação. Porém, quando começamos a abordar os detalhes, descobrimos inúmeros mistérios, para os quais não encontramos solução. Isso posto, a teologia explica melhor o porquê da criação, e não o *como*. E a ciência, por sua vez, não faz ideia certa sobre esse *como* da criação. E isso significa que temos de confessar a nossa ignorância sobre o ponto. Ainda que a ciência venha a desenvolver, algum dia, uma física perfeita, podendo responder a todas as perguntas atinentes a essa disciplina, teremos de lembrar-nos que nem todas as perguntas são questões de física e que precisamos de todas as variedades de disciplinas ou ciências para chegarmos a qualquer porção apreciável da verdade. Isso posto, não devemos esperar solucionar o dilema da criação somente através da ciência. Gilbert Ryle apresentou uma ilustração do problema que estamos abordando. Digamos, por exemplo, que a ciência, mediante a física e outras disciplinas, possa explicar exatamente o que sucede em um jogo de bilhar. Não há ali movimentos físicos que não possam ser explicados. Porém, uma vez dada essa explicação, ainda teríamos de levar em conta as *regras* do jogo, com as estratégias e os propósitos dos *jogadores*. Mas, para esses tipos de problemas, a física não conta com qualquer explicação. Ora, se podemos dizer isso acerca de um simples jogo, quanto mais acerca do imenso e misterioso universo no qual vivemos!

É sob essa luz que a história bíblica da criação deveria ser compreendida. Estamos procurando descobrir as regras do jogo, bem como o papel que o Jogador e os jogadores desempenham. No livro de Gênesis não devemos buscar um comentário sobre o aspecto físico da criação. Se o fizermos, encontraremos uma cosmologia que não se presta para tal exame. É verdade que podemos ser desonestos, distorcendo o que o autor sagrado escreveu ali, fazendo suas palavras ajustarem-se àquilo que sabemos, em nossos dias, ser verdade; mas isso é desonesto. A nossa teologia começa pelo alicerce do conceito que criou e trouxe à existência os universos e os seres materiais e imateriais; e, que, por causa desse fato, todas as coisas criadas têm que buscar continuamente em Deus a razão de sua existência e o seu destino. A teoria da criação chamada *ex nihilo*, apesar de supor erroneamente que Deus criou tudo "do nada" (visto que, do nada, nada é feito; *ex nihilo, nihil fit*), ela está com a razão, ao fazer tudo dependente e contingente, exceptuando Deus. A criação espiritual é que torna necessária a criação material, e é precisamente isso que está envolvido na redenção. Pois, na nova criação, os remidos haverão de participar da natureza divina, tornando-se assim seres necessários, ou seja, seres que *não podem* deixar de existir. Ver o artigo separado sobre a *Criação Êx Nihilo*.

II. Origens da Criação

1. O elemento ou substância original, do que tudo veio a ser, é indefinido e desconhecido. Desse elemento desconhecido é que surgiram os quatro elementos básicos, a terra, o ar, o fogo e a água. Toda a vida ter-se-ia originado de um ou outro desses elementos, ou de todos eles, coletivamente. E todas as demais coisas teriam sido criadas por um processo de condensação ou rarefação. O filósofo grego, Anaximandro, ao empregar essa teoria geral, tornou-se o pai da teoria evolucionária. Ele escolheu a água como elemento básico, tendo postulado que a vida se originou no mar, através de um processo de desenvolvimento que se teria originado na água. Somente há pouco é que os cientistas que aceitam a teoria evolucionária, decidiram que a água não pode oferecer o meio ambiente necessário para tal desenvolvimento. Anaximandro viveu em cerca de 550 a.C.

2. A eternidade da matéria. Aqueles que explicam a origem da vida, conforme é esboçado no parágrafo acima, tiveram a necessidade de postular a eternidade da matéria. A maioria dos filósofos que empregavam a teoria do "hilozoísmo", ou seja, que a vida faz parte inerente da matéria, que emerge por meio de algum processo natural e que é o nome aplicado ao conceito que acabamos de apresentar, criam que a própria matéria é eterna. Alguns postulavam um elemento "indefinido", desconhecido, que existiria por detrás e anterior a tudo quanto se conhece atualmente. Porém, até mesmo nesse caso, tal elemento era considerado material. Ainda outros acreditavam que a vida inteira se originou de elementos conhecidos por nós, como o fogo, a água, a terra e o ar. Podemos observar muitas "causas". Em outras palavras, uma coisa seria causada por outra, essa ainda por outra, "ad infinitum". Imaginar uma retrogressão infinita de "causas dependentes", não é mais difícil, filosoficamente falando, do que supor que há uma única causa *primária* e "independente", ou seja, única causa que não foi ela mesma causada.

3. Alguns filósofos antigos, como Platão, não aceitavam a matéria como a substância primária, mas antes, postulavam uma **substância espiritual**, do que a própria matéria ter-se-ia desenvolvido. Platão chamava isso de "o universal". Uma força cósmica, o "demiurgo", teria criado o mundo material, utilizando-se dos universais como padrões. Os próprios universais seriam eternos. Basicamente, embora pluralístico, o conceito não é diferente do conceito cristão. Dá ao "espírito" a posição primária, ao passo que a matéria seria mera "imitação" da espiritualidade, ou seja, tanto temporária como secundária.

4. A criação como um ato eterno de Deus. É difícil contemplar qualquer tempo em que a criação não existia, pois então poderíamos indagar: "O que fazia Deus, quando somente ele existia?" Poderíamos imaginar um Deus inativo? Por essa razão é que Orígenes, pai da igreja de cerca de 225 d.C., supunha que a criação, bem como a vida toda, fazem parte de um eterno e contínuo ato criador de Deus, o qual seria a fonte originária de toda a vida. Apesar de que as formas de vida podem modificar-se, a vida criada seria coexistente com Deus, ou, pelo menos, os elementos básicos dos quais se soergueu a vida. Deus, portanto, reveste-se de posição primária, quanto à importância e grandeza, embora não de posição primária, quanto ao tempo. Formas e tipos de criação vieram à existência, isto é, têm um começo; mas a própria criação, de alguma maneira, é um eterno ato de Deus.

5. A criação como um pensamento eterno de Deus. Clemente, pai da igreja que viveu no começo do terceiro século de nossa era, acreditava que nem sempre a criação existiu como uma realidade, mas sempre fez parte do pensamento de Deus. Já dentro do tempo, Deus concretizou o seu pensamento. E assim as coisas vieram à existência.

6. A criação ex nihilo. Deus teria criado a tudo, "do nada", mediante o poder de sua palavra. Houve tempo em que somente Deus existia. A vida humana foi criada por um ato especial, da matéria já existente, para em seguida receber a infusão do princípio espiritual. Usualmente, na teologia moderna, essa teoria é descrita como Deus a transformar sua própria energia em matéria e outras formas de vida; pelo que essa teoria não é realmente uma ideia que fala da criação "derivada do nada". O trecho de Hebreus 11.3, segundo pensam alguns estudiosos, dá apoio a essa teoria.

7. O panteísmo. De acordo com essa teoria, Deus não "cria" e, sim, "emana". Ele emana a si mesmo, pelo que tudo faz parte de Deus, sendo alguma forma de sua essência. Deus é o Cabeça do universo, e o universo é o corpo de Deus. Deus seria como o grande Sol central; e o mundo e toda vida humana que nele existe, seriam os seus "raios". Deus pode ser pessoal ou impessoal em tais sistemas. O panteísmo moderno com frequência é evolucionário em seu caráter. As "emanações" teriam um *modus operandi*, evolucionário.

8. A eternidade da matéria, tendo Deus como *organizador*. O mormonismo aceita a ideia da matéria eterna, mas crê que ela existia na forma de caos. Assim sendo, Deus a teria organizado; nesse caso, o ato de Deus não teria sido criador, e sim, organizador.

9. O ponto de vista do ceticismo. A ciência moderna acredita que é impossível solucionar o problema da origem. A única coisa que podemos saber é aquilo que podemos investigar com os nossos sentidos de percepção (empirismo). E é óbvio que questões como "causa primária", "causa independente", "origem", "destino", "Deus", "alma" etc., são temas fora da investigação científica.

10. Fulguração. Ver *Leibniz, Ideias*, ponto 3.

11. O ponto de vista neotestamentário. Deus cria por meio do seu Filho, um agente pessoal; e, nessa energia, traz tudo à existência, material ou espiritual. Ele criou a tudo "em Cristo" e "para Cristo".

III. Pontos de Vista Bíblicos da Criação. A Bíblia não ensina uma criação *ex nihilo*. A narrativa de Gênesis pode dar a entender que, antes de Deus, nada existia, mas isso não é a mesma coisa que uma criação *ex nihilo*. O trecho de Hebreus 11.3 afirma que Deus fez o mundo de coisas "que não aparecem", o que é uma expressão bastante vaga. Essas palavras poderiam indicar coisas *imateriais;* mas nunca "do nada". A epístola aos Hebreus tem um marcante tom neoplatônico, no estilo de Filo; e isso poderia indicar que esse versículo da epístola teria uma perspectiva platônica. Platão supunha que os mundos físicos vieram à existência por via do trabalho do Demiurgo, que os constituiu usando os arquétipos dos universais (vide). Os universais são eternos, existindo em uma espécie de céu platônico. Os teólogos cristãos têm-se utilizado dessa ideia, afirmando que os universais são as ideias da mente divina. Nesse caso, então somente a mente divina existia, antes do universo físico. E há um precedente para isso, até mesmo no diálogo *Leis*, de Platão, onde Deus parece substituir a complexa doutrina das ideias ou universais. Seja como for, mesmo nesse caso, não temos a ideia do "nada", de onde tudo teria procedido. Os teólogos cristãos modernos, aproveitando ideias extraídas da teoria atômica, supõem que Deus transformou sua própria energia em matéria, e isso pelo poder da sua vontade, exemplificada na sua Palavra proferida. Sem dúvida esse é um conceito superior, que substitui corretamente a ideia da criação *ex nihilo*. Portanto, talvez possamos afirmar com segurança que o primeiro conceito bíblico da criação é que houve tempo em que somente Deus existia. Orígines teve dificuldades com esse conceito. Os teólogos da antiguidade perguntavam: "O que fazia Deus, quando somente ele existia?" Essa pergunta nos deixa indagando curiosamente. Assim sendo, alguns teólogos, como Orígines, falavam em termos da criação como um ato eterno de Deus, ou como eternamente existente na mente divina, que se tornou concreta mediante um ato criativo. Contudo, apenas nos divertimos, ao falar sobre essas ideias, porque, na realidade, não temos respostas para quebra-cabeças dessa natureza.

Pontos de vista Cosmológicos. Os capítulos primeiro e segundo do livro de Gênesis fornecem-nos a narrativa da criação, primeiramente do mundo físico, e, em seguida, do homem. Os eruditos do idioma hebraico asseguram-nos de que a primeira parte desse relato, sobre a criação do mundo físico, foi escrita em hebraico bem antigo; e que a segunda parte do relato, acerca do homem, em hebraico mais recente, embora ainda no estilo clássico. Portanto, é difícil pensar como um mesmo autor original pode ter sido o autor de ambas as porções. Isso significaria que o segundo capítulo de Gênesis é uma espécie de doutrina repensada da criação, especialmente no que tange à criação do homem. Em meu artigo sobre a *Cosmogonia*, demonstrei que certo número das ideias envolvidas forma um paralelo bem definido das narrativas da criação originadas na área da Mesopotâmia, sobretudo no caso das histórias da criação dos babilônios. A maioria dos eruditos concorda que havia um fundo comum de ideias, provenientes de várias culturas da época e daquela área, que foi usado para prestar subsídios para os registros bíblicos. Os eruditos bíblicos afirmam que, apesar de tais empréstimos serem óbvios, a inspiração divina elevou a qualidade dos relatos, mormente ao injetar nos mesmos o conceito monoteísta.

Esse ponto de vista pode ser defendido. Mas seria uma desonestidade ocultar do leitor que, apesar desse refinamento, que é teologicamente instrutivo, continuamos com uma antiga cosmologia que é bastante defeituosa. Quando os hebreus aludiam ao firmamento, para exemplificar, não se referiam ao céu estrelado. Antes, eles imaginavam alguma espécie de substância sólida, abobadada sobre a terra, separando águas que haveria por cima de águas que haveria por baixo dessa abóbada. Eles supunham que essa substância sólida assemelhava-se a uma taça invertida, cujas bordas pousavam sobre regiões montanhosas, nas extremidades de uma terra plana. Eles pensavam que essa abóbada tivesse janelas, por onde passava a chuva e a luminosidade celeste. Também pensavam que as luzes do sol, da lua e das estrelas eram corpos relativamente pequenos, pendurados na parte inferior da abóbada, para servirem de luminares da terra.

Os antigos também pensavam que o *hades* seria uma região literal, abaixo da superfície da terra. E a terra era retratada como uma terra plana que repousava sobre águas do abismo, e que havia colunas por baixo de tudo, apoiando a estrutura inteira. Não havia resposta para a pergunta sobre onde repousavam as águas do abismo. Todos esses conceitos são refletidos em referências bíblicas, o que ilustro nos artigos sobre *Astronomia* e *Cosmogonia*, neste dicionário. É melhor sermos honestos a qualquer dia da semana, reconhecendo as coisas conforme elas são, não nos envolvendo em adaptações desonestas sobre ideias antigas, para que se ajustem à ciência moderna. A evolução da ciência astronômica, e os evangélicos conservadores da época estarão fazendo novas adaptações da narrativa de Gênesis, para que se ajustem às novas descobertas científicas. Isso não é buscar pela verdade com seriedade. É apenas uma tentativa para preservar o conforto mental, mediante a suposição de que todas as coisas ditas no relato bíblico expressam verdades científicas. E os que assim pensam, não admitem qualquer evidência em contrário.

Elementos Teológicos. Convido o leitor a examinar meu artigo sobre a *Cosmogonia*, terceiro ponto, *Lições Morais e Espirituais*, onde alisto oito itens.

Indicações do Novo Testamento. O segundo ponto do artigo sobre *Cosmogonia* aborda alguns detalhes sobre como o Novo Testamento faz adições às ideias do Antigo Testamento, no tocante à criação. A doutrina do *Logos* é a mais importante dessas adições. *O* Novo Testamento apresenta-nos a doutrina da nova criação ou criação espiritual, que se deriva da antiga criação. Acerca disso apresento um artigo separado, intitulado *Criação Espiritual*.

IV. SIGNIFICADOS DA CRIAÇÃO. 1. Exibe a magnificência de Deus e o seu poder infinito, mostrando que essas qualidades também residem no Filho. Fica implícito que a bondade infinita de Deus está em foco; pois confiamos que o mais elevado poder do universo é também o poder mais beneficente e altruísta. Um Deus dotado de tal poder não pode usá-lo arbitrariamente. *O* mesmo poder que criou, se volta para a redenção, pelo que deverá haver um vasto recolhimento dos perdidos. **2**. A criação exige a existência de Deus (argumentos cosmológico e etiológico). Deve haver alguma *causa* da criação. Um retrocesso infinito de causas dependentes é uma ideia contrária à razão e repugnante à esperança. Aquele que é a causa da criação física também é a *causa* e a *origem* de todo o bem-estar humano; e assim como Deus é eficaz em uma dessas dimensões, assim também o é na outra. **3**. Assim como existe uma *vida física*, também deve haver uma "vida espiritual". A criação original (física) foi feita de maneira que dela emergisse a criação "espiritual". (Ver as notas expositivas sobre esse conceito, em Jo 1.4 no NTI). *O* propósito de Deus, ao criar o homem, foi o de exaltá-lo infinitamente. A queda não alterou esse plano. A exaltação completa se acha em Cristo (ver Rm 8.29,30). **4**. A vida espiritual é extraída da criação física, mediante a "iluminação". (Ver Ef 1.18,19 sobre esse conceito). A transição que há em João 1.4, da "vida" para a "luz", subentende a mesma coisa. **5**. Deus é a única fonte originária de todo o bem-estar, e Cristo é o seu mediador (ver Cl 1.16). **6**. A vida inteira, portanto, deve ser dirigida na direção de Deus (ver 1Co 8.6). **7**. A doutrina da criação não foi revelada para satisfazer a nossa curiosidade, e, sim, visa nossa instrução espiritual. Fala-nos do mundo eterno e do Deus eterno do qual se originou essa criação (ver Hb 11.1). Nossa fé deve ser dirigida na direção desse mundo, que é o nosso verdadeiro lar.

V. ALGUNS POUCOS PROBLEMAS ESPECIAIS

1. A filosofia da narrativa da criação. Alguns intérpretes insistem em encarar o relato de Gênesis como perfeito, científico e sem erros. Isso obriga-os a todas as formas de contorsão na exposição desse relato bíblico. Já expus as razões pelas quais devemos rejeitar esse ponto de vista, no terceiro ponto, acima. Há referências a outros artigos, onde maiores detalhes são apresentados. *O* valor da narrativa bíblica da criação encontra-se em seu aspecto teológico. A porção que envolve questões da física não devem ser salientadas por nós. Quando assim fazemos, atolamo-nos em grandes dificuldades, que só servem para criar debates acirrados.

2. Paralelos com cosmogonias antigas. É difícil para as pessoas que conhecem somente a Bíblia entenderem que havia um fundo comum de conhecimento, sobre o qual se estribaram as diversas narrativas da criação, incluindo o relato bíblico. Para essas pessoas, dizer que o relato de Gênesis é superior devido à sua *teologia* (embora não quanto ao aspecto físico), não serve de consolo. Lamento não poder consolá-las quanto à questão. Afirmar que a inspiração divina pode utilizar tal fundo, fazer acréscimos ao mesmo, elevar a sua qualidade, e infundir ao mesmo um valor espiritual e teológico, também não parece muito confortador para os estudiosos ultraconservadores, cujo dogma lhes afiança que isso não pode ter acontecido. Também gostaria de consolar os ultraconservadores; mas, se a verdade entra em conflito com isso, então prefiro a verdade.

3. Como havia luz, antes do sol ter sido criado? Vemos nisso o antigo conceito da luz primeva. O sol, a lua e as estrelas aparecem como luzes secundárias, preparadas especificamente para iluminarem a terra. Os hebreus não faziam ideia da vastidão do espaço exterior, e nem das dimensões dos corpos celestes. Antes, imaginavam que todos eles estavam pendurados por baixo da abóbada do firmamento (a taça invertida), feita de substância sólida, que separaria os céus da terra.

4. A antiguidade da criação e da terra. A maioria dos estudiosos tem abandonado a tentativa de descobrir a idade da terra, através das genealogias bíblicas. A astronomia mostra-nos que está chegando até nós luz que foi emitida pelas galáxias há, pelo menos, dezesseis bilhões de anos. As evidências mostram que o sistema solar tem entre quatro a cinco milhões de anos de antiguidade. Alguns eruditos bíblicos pensam que uma grande expansão de tempo deve ser postulada entre Gênesis 1.1 e Gênesis 1.2. Isso significaria que há uma criação inicial, no passado indeterminado; e, muito depois, uma renovação. Isso abriria espaço para todas as eras geológicas. Além disso, isso nos permitiria reconhecer que a terra física é antiquíssima, sem nenhum conflito com o relato de Gênesis. Alguns estudiosos chegam a pensar que criaturas semelhantes a homens poderiam ter vivido durante a criação original e a criação renovada, e que a narrativa bíblica de Gênesis nos oferece somente uma nova criação da raça adâmica.

Em minha opinião, essa espécie de interpretação, apesar de fornecer-nos um meio de reconciliar as descobertas científicas com o relato bíblico, na verdade é apenas uma adaptação ao avanço do conhecimento, e não um reflexo do que o autor sagrado estava procurando transmitir. Os registros geológicos mostram que os polos têm mudado de posição ao menos por quatrocentas vezes, com deslizamentos correspondentes da crosta terrestre. Isso tem produzido vastas destruições, rearranjo de continentes, fins de antigos ciclos e inícios de novos ciclos. Ao que parece, as duas últimas dessas vastíssimas destruições correspondem, cronologicamente falando, às datas de Adão e do dilúvio de Noé. Isso poderia significar que tanto Adão quanto Noé representam novos começos, e não começos absolutos. Adão teria sido o primeiro homem da raça, conforme o conhecemos agora, e não o primeiro homem, em sentido absoluto. Quanto a detalhes sobre a questão da imensa antiguidade da criação, ver os artigos sobre *Antediluvianos, Adão* e *Astronomia*. O terceiro ponto deste último artigo tem o título: A *Imensa Antiguidade da Criação*, onde são expostos vários argumentos a respeito.

5. Os dias do livro de Gênesis. Teriam sido dias literais de 24 horas? Grande controvérsia ruge entre os eruditos, até mesmo sobre essa particularidade. Alguns deles afirmam que devemos pensar em dias literais de 24 horas, salientando a expressão *Houve tarde e manhã*... que assinala cada novo dia. Outros, esperando encaixar todas as vastas eras geológicas dentro do esquema da narrativa, expandem esses dias para que se tornem grandes períodos de tempo. Alguns deles declaram que cada dia teria durado mil anos, usando o trecho de Salmo 90.4 como justificativa, onde se lê que, para o Senhor, um dia é como mil anos. Argumentos como esse são fúteis. Em primeiro lugar, é óbvio que o autor sagrado pensava que estavam envolvidos dias literais de 24 horas, embora o sol não tenha sido criado senão já no quarto dia. Outros dizem que os luminares celestes só *se tornaram visíveis* no quarto dia, embora existentes antes disso. Essa opinião envolve uma interpretação desonesta, a fim de dar solução a um problema trivial. O autor sagrado simplesmente não se preocupava com tais pormenores, ainda que os mesmos viessem a produzir alguma incongruência. Dias com duração de mil anos não representam nem uma gota, no balde das eras geológicas. E a teoria dos dias prolongados em nada contribui para solucionar os enigmas da criação. Tenho para mim que os dias de 24 horas são apenas uma conveniência literária da narrativa, sem qualquer significação do ponto de vista da física e da geologia. Uma outra interessante mas ridícula ideia acerca dos *dias* da criação é aquela que diz que o modo da criação foi revelado no processo de seis dias literais, ao autor sagrado, nada tendo a ver com a criação propriamente dita. Os evolucionistas, por sua vez, tentam explicar *o modus operandi* do desenvolvimento gradual das espécies. Porém, isso é uma outra tentativa que fracassa.

Acredito no seguinte: nenhuma das interpretações que diz respeito ao problema dos dias da criação contribui em qualquer coisa para o nosso conhecimento do aspecto físico da criação, pelo que as controvérsias sobre esses detalhes são fúteis. A Bíblia simplesmente não foi escrita para ensinar *como* Deus criou todas as coisas. Seu propósito é teológico, e não científico.

VI. A Criação Cristocêntrica. Talvez fosse melhor dizermos *a criação Logos cêntrica*. Temos nisso um importante dado teológico. Ofereço ao leitor um artigo separado a respeito intitulado: *Criação Realizada No, Por Meio De, e Para o Filho*.

VII. Interpretações que tentam reconciliar a ciência com Gênesis

1. O grande hiato. Entre Gênesis 1.1 e 1.2 existiu um grande hiato de tempo no qual todas as eras geológicas aconteceram. Isto explica a grande idade da Terra, aliviando o problema de uma criação que aconteceu aparentemente há seis mil anos (cálculo das genealogias).

2. Dia = era teoria. Os dias de Gênesis não foram de 24 horas, mas sim, eras vastas. Às vezes, esta teoria é combinada com a de nº 1. Imensas eras existiram tanto entre os vss. 1 e 2, como também os *dias*.

3. Dias + intervalos. Os dias da criação eram de 24 horas literais, mas entre eles vastas eras existiram, alternativamente.

4. Éden somente. A criação de Gênesis tenta nos informar somente sobre a criação do Éden, em seis dias literais. O resto da criação não está descrito na Bíblia, além da referência vaga e geral de Gênesis 1.1.

5. Eras concorrentes e sobreimpostas. Deus, sendo um ser, além e fora do tempo, criou em tempos curtos e longos, concorrentes e sobreimpostos. Não podemos delinear dias ou eras distintas e separadas, e qualquer discussão de tempo em relação à criação é artificial.

6. O dia-revelador. Os dias na narrativa de Gênesis foram dias *de revelação*, e foram de 24 horas literais. Deus *revelou* a Moisés *em seis dias* o esboço da criação, mas como ele realmente criou, e quanto tempo ele levou, são fatos não revelados.

7. A semana-dividida ou simetria dupla. A descrição de Gênesis incorpora um método literário pelo qual o 1º dia é paralelo ao 4º, o 2º ao 5º e o 3º ao 6º, e estes pares são complementares. O fator tempo, segundo esta teoria é artificial.

Avaliação destas teorias. A simples leitura do registro de Gênesis mostra que o escritor pensava em dias literais, e bem provavelmente, de um tempo relativamente recente. Estas diversas teorias são tentativas de incorporar a história de Gênesis dentro dos conhecimentos da ciência moderna. Elas são truques teológicos e filosóficos, embora tenham elementos obviamente verdadeiros.

Uma interpretação mais provável: a criação como um novo início. Existem evidências em favor de a criação adâmica ser uma renovação, e não uma criação absoluta. Parece que a Terra já passou por mudanças dos polos mais de quatrocentas vezes. Isto quer dizer que, por muitas vezes, vastas destruições têm arrumado, de modo diferente, os continentes, trazendo destruições quase completas da terra. Aparentemente, as últimas duas correspondem bem, em termos de tempo, às histórias bíblicas de Adão e Noé. Neste caso, a história de Adão seria um *novo começo*, não o começo absoluto da raça humana. Existiram, portanto, muitas raças humanas anteriores à adâmica. A história bíblica, então, nos informa sobre uma renovação da raça, e esta raça é aquela que iniciou a história do homem como nós o conhecemos. Gênesis 1.1, todavia, é uma declaração geral sobre Deus como o Criador absoluto, de tudo, em qualquer tempo.

8. A teoria da grande explosão da astronomia moderna pode ser combinada com a teoria das mudanças dos polos. Existem também grandes ciclos cósmicos, não somente grandes ciclos terrestres. Há mais de dezesseis bilhões de anos, houve uma grande explosão de matéria condensada que deu início à criação que nós conhecemos na astronomia. Mas antes disto, houve inumeráveis explosões que iniciaram inumeráveis ciclos de bilhões de anos cada. Uma vez que o poder da explosão se dissipa, a matéria, pela força da gravidade, volta na outra direção. Uma vez que se condensa novamente, outra grande explosão ocorre. Este processo continua e é um fator sem data e totalmente além da nossa imaginação.

Conclusão. Existem grandes ciclos cósmicos e terrestres. As grandes explosões criam os cósmicos, e as mudanças dos polos criam os terrestres. Temos ciclos terrestres dentro dos ciclos cósmicos, e todos eles são de imensa duração. Portanto, a criação cósmica que conhecemos agora é realmente uma história recente. Também, o ciclo terrestre que envolve a *raça adâmica* é recente. Além destas histórias recentes, sabemos praticamente nada sobre as obras de Deus na criação. Temos um *misterium tremendum* que as teorias dos homens, e suas cosmogonias são infantis demais para explicar. Portanto, as diversas tentativas de reconciliar a história de Gênesis com a ciência moderna são fúteis. Também, a explicação da própria ciência sobre tudo isto é essencialmente fútil, embora perfeitamente legítima. Todas as explicações são simplesmente gritos na noite misteriosa das obras de Deus. Mas é legítimo gritar e procurar cada vez mais, por entendimentos mais aperfeiçoados. (AM B C E Z)

CRIAÇÃO EX NIHILO

O latim, "ex nihilo" significa "do nada". A criação "do nada" é o ponto de vista tradicional cristão, em contraste com a ideia grega da reforma da matéria previamente existente. Na primitiva teologia cristã, quando a doutrina do Logos ou Verbo estava sendo utilizada para explicar o *modus operandi* da criação, estabeleceu-se a ideia de que ninguém pode falar sobre o Logos eterno e sobre a eternidade da matéria, ao mesmo tempo. O gnóstico Basílides (vide), antecipou a doutrina e Hiérocles de Alexandria (vide) apegou-se a uma versão da mesma. Tomás de Aquino supunha que Deus sustenta a sua criação por meio de alguma lei geral. Descartes (vide) referiu-se ao poder sustentador de Deus de maneira tal que, a sua maneira de apresentar a ideia, Deus estaria criando novamente o mundo, a cada instante. Os teólogos modernos falam em termos do poder criador e sustentador de Deus como uma energia divina. Isso significa que temos uma criação mediante a energia de Deus, e não "do nada". Mas, com essa qualificação, o antigo nome ainda assim é retido. Como é óbvio, o que vem do nada é o nada, ou seja, *ex nihilo nihil fit* (do nada, nada é feito). Ver o artigo geral sobre *Criação*, quanto às várias ideias concernentes à origem da criação, além de outras questões envolvidas no assunto.

CRIACIONISMO

Consideremos dois pontos principais a respeito:

1. No Tocante à Alma. No que diz respeito à alma, *o criacionismo* é uma dentre várias teorias referentes à sua origem. Quanto a um completo estudo sobre a questão, ver o artigo geral sobre a *Alma*, sob as teorias de sua origem. Essa teoria afirma que, no momento da concepção ou do nascimento, Deus cria *de novo* a alma humana, para utilizar-se do corpo físico como um veículo. Trechos bíblicos usados em apoio a essa teoria são: (Zc 12.1; Is 42.5 e Hb 12.9). Entretanto, essas passagens dificilmente provam o ponto; e a própria ideia envolve uma teologia deficiente. Simplesmente não há passagens bíblicas claras acerca da origem da alma, embora sua existência e seu destino sejam pontos claramente ensinados na Bíblia.

Dificuldades Dessa Opinião. Em primeiro lugar, essa teoria força Deus a depender do ato procriador do homem. Deus também não cessaria em criar almas, a cada nova concepção ou nascimento humano, o que reflete uma situação ridícula e nada econômica quanto ao tempo de Deus. O *traducionismo* (vide) procura isentar Deus dessa contínua atividade criativa, afirmando que os poderes de criação dos pais, que são seres não apenas físicos, mas também espirituais, naturalmente produzem tanto o corpo quanto a alma. Isso teria sido estabelecido como uma lei natural, inerente ao esquema natural das coisas. Segundo penso, essa teoria é superior à primeira, embora ainda não corresponda à realidade total dos fatos. Em segundo lugar, o criacionismo envolve certas dificuldades teológicas. É impossível imaginarmos de Deus haveria de criar uma alma decaída. Na verdade, a doutrina cristã afirma que as almas humanas caíram em Adão, por ocasião do pecado original. Portanto, as almas já chegam como entidades pecaminosas na esfera terrestre. Por outra parte, o criacionismo requer a negação dessa doutrina, dando a entender que é *o corpo*, por estar poluído, que contamina a alma, assim que a alma entra em contato com o corpo. Qualquer pessoa que estuda a teologia sabe que tal doutrina é um reflexo do gnosticismo. Os mestres gnósticos supunham que a própria matéria é má, e que o espírito é puro. Assim sendo, o corpo físico seria mau e contaminado, mas não o espírito. No entanto, a doutrina cristã nunca encarou o próprio corpo como pecaminoso, embora aceite que o mesmo é instrumento fácil do pecado. Antes, a *entidade espiritual* é que é pecaminosa, o homem real, a alma. Portanto, a alma é que já chega neste mundo como um ser caído e então apossa-se do corpo físico como seu veículo de expressão. O corpo não é mau por si mesmo. E como poderia sê-lo? É apenas um montículo de matéria, embora uma máquina admirável. A concepção da matéria como má é uma noção gnóstica clara. No entanto, muitos teólogos cristãos precisam recorrer ao gnosticismo a fim de defender a teoria do criacionismo.

Criados do Nada? Boaventura e Tomás de Aquino (ver os artigos a respeito deles) aplicaram a ideia do *ex nihilo* ao criacionismo. Presumivelmente, Deus criaria as almas do nada, da mesma maneira que, presumivelmente, teria criado o mundo do nada. Porém, do nada, nada se origina (*ex nihilo, nihil fit*). Nem todos os teólogos, entretanto, que advogam o criacionismo, apegam-se à ideia do *ex nihilo*. A ideia do criacionismo tem-se mostrado dominante na igreja ocidental e na igreja oriental, como também em muitas denominações protestantes. Tertuliano, seguindo os estoicos, ensinava o *traducionismo*. Lutero não sabia qual decisão tomar entre essas duas teorias, mas a maioria dos luteranos tem preferido o traducionismo. Outras ideias alternativas são a da eternidade da alma (Platão), como participante dos universais (vide); ou a ideia da *preexistência* (vide) da alma, posição assumida pela maioria dos pais gregos da igreja. Essa é a teoria que parece mais lógica, em face das razões que enumero no artigo com esse título.

2. Criacionismo Cosmológico. Esse é o conceito que diz que o começo de todas as coisas ocorreu mediante um ato criativo de Deus, e não em virtude de alguma emanação de seu próprio ser (panteísmo). Essa ideia nega que a matéria tenha existido desde a eternidade, tendo sido apenas reformada ou posta em boa ordem. Esse ensino dá a entender que houve um tempo em que somente Deus existia. Tudo constitui um grande mistério, que não nos foi revelado!

3. Criacionismo Antropológico (origem do homem). Esse é o ensino que diz que o homem foi criado por Deus por um ato especial e imediato, de tal maneira que o homem não é produto de evolução. A ideia inclui a noção de que tanto o corpo quanto a alma, foram criados como uma unidade. Todavia, a ideia mais antiga dos hebreus foi que o ato criador de Deus envolveu somente o corpo, e que *isso* inclui o homem interior chamado alma nas traduções, porquanto, na antiga teologia hebraica não haveria qualquer noção sobre um ser *imaterial*. Essa ideia aparece mais tarde nos Salmos e nos livros dos profetas, estando ausente do Pentateuco. A teoria da evolução apareceu, com algumas poucas exceções, como um conceito de como o homem *biológico* veio à existência, e nada pretende falar sobre o espírito humano. Isso posto, essa teoria também nada tem a ver com o homem essencial, real, o espírito humano. Estritamente falando, portanto, nem o livro de Gênesis e nem a teoria da evolução informam-nos como o homem real veio à existência. Mas, de acordo com a *interpretação cristã*, o registro de Gênesis fornece-nos a narrativa sobre a origem do homem, em corpo e alma. Ver o artigo sobre a *Evolução*. (B C P)

CRIANÇA

I. O Termo. O hebraico *yeled* aparece 87 vezes no AT (Exemplos: Gn 21.8,14,16; Êx 2.3,6-10; Rt 4.16; 1Sm 12.15,18,19, 21,22; 1Rs 3.25; 2Rs 4.18,26,34; Ec 4.13,15; Is 9.6; Jr 31.20). No grego, *paidíon*, palavra que ocorre por 53 vezes (de Mt 2.8 a 1João 3.7). E também *país*, que aparece por 24 vezes (de Mt 2.16 a At 20.12), com o sentido de "servo", "criado", "filho" etc.

No Antigo Testamento, a palavra acima algumas vezes é usada no plural a fim de designar somente um descendente masculino (1Cr 2.31; 2Cr 24.25), em cujos casos a palavra "filhos" dá a entender, genericamente, descendências, da qual todos morreram, exceto o último nome mencionado. Tanto no Antigo quanto no Novo Testamento, os termos envolvidos são usados com considerável latitude, conforme é demonstrado pelas várias definições. Um uso comum consiste em designar a descendência, sem importar quão remota. Assim, os "filhos" de uma personagem qualquer podem ser seus descendentes remotos.

II. As Escrituras e as Crianças. Uma criança era considerada, entre os israelitas, uma bênção de Deus; e muitos filhos eram um sinal do favor divino, ao passo que as pessoas estéreis eram olhadas com menosprezo (Gn 11.30; 30.1; 1Sm 2.5; 2Sm 6.23 e Sl 127.3).

1. Posição da Criança. O fato de que as crianças eram, por muitas vezes, vendidas como escravas ou entregues a algum credor, a fim de ser paga uma dívida, mostra o pouco respeito que se tinha pelas crianças, em Israel (ver 2Rs 4.1; Is 50.1; Ne 5.5). Um pai hebreu exercia poder ilimitado sobre seus filhos, meninos ou meninas. Os pais é que escolhiam os cônjuges para seus filhos (Gn 21.21; Êx 21.9-11; Jz 14.2,5). Um pai podia anular um voto sagrado feito por uma filha, embora não por um filho. Dos pais esperava-se que entregassem seus filhos para serem mortos, se se tornassem culpados de abusar de um dos genitores (Êx 21.15,17; Lv 20.9). Jesus referiu-se a essa lei em Mateus 15.4 e Marcos 7.9. Antes da legislação mosaica, um pai podia designar quem era o seu filho primogênito, usualmente filho de uma esposa favorita, sem importar se esse filho era, ou não, o mais velho. (Ver Gn 49.3). Os privilégios dos primogênitos eram consideráveis. Ver sobre o *Direito de Primogenitura*.

2. Os Infantes. Bebês recém-nascidos eram cuidados por parteiras ou servas (Gn 35.17; 38.28; Êx 1.15). A criança recém-nascida era banhada em água, esfregada com sal, envolta em panos e cuidada pela mãe (Gn 21.7; 1Sm 1.23), com a ajuda de outras pessoas, conforme indicado acima, dependendo das posses da família. Os meninos eram circuncidados ao oitavo dia de nascidos. Ver o artigo sobre a *Circuncisão*. Os nomes dados às crianças dependiam de algumas circunstâncias que envolviam o nascimento (Gn 25.25 ss.; 35.18; 38.29), ou de algum desejo ou esperança por parte da mãe (Gn 4.25; 29.32), ou em honra a algum parente (Lc 1.61). Quarenta dias após o nascimento de um menino ou oitenta dias após o nascimento de uma menina, a mãe precisava oferecer um sacrifício de purificação no templo (Lv 12.1-8), apresentando a criança a Deus, e remindo-a com certa importância em dinheiro (Nm 18.15 ss.; 4.47). O desmame usualmente só ocorria aos dois, ou mesmo aos três anos de idade (2Macabeus 7.27). Isso era celebrado (Gn 21.8), e eram feitos os sacrifícios apropriados (1Sm 1.23,24).

3. Treinamento. A mãe da criança era sua principal treinadora (Pv 31.1; 2Tm 1.5 e 3.15). As filhas eram estritamente supervisionadas até no casamento. Quando uma criança atingia os 5 anos de idade, os pais tomavam um papel mais ativo na sua educação; e, no caso de famílias mais abastadas, eram contratados professores (Nm 11.12; Is 49.23; 2Rs 10.1; Gl 3.24). Havia grande empenho na educação religiosa das crianças, bem como na arte da leitura e da escrita (Êx 12.26; 13.8,14; Dt 4.10; 6.7). As escolas são uma invenção comparativamente recente. Os meninos eram treinados em uma profissão qualquer, usualmente a do seu pai. Gamaliel, nos dias de Jesus, conforme somos informados, foi o primeiro judeu a estabelecer escolas para meninos, nas cidades.

4. As Crianças Diante da Lei. A reverência aos pais era uma exigência absoluta (Êx 20.12; Lv 19.3), sem o que uma criança não podia prosperar espiritualmente, segundo se cria. Se uma criança amaldiçoasse a seus pais, imediatamente ficava debaixo de uma maldição divina (Dt 27.16). Se um filho fizesse alguma violência contra seus pais, era executado (Êx 21.15,17; Lv 20.9). Se um filho se tornasse um alcoólatra, um glutão, um malfeitor, ignorando as advertências de seu pai, seria morto por apedrejamento, pelos anciãos da cidade (Dt 21.18-21). O primeiro filho a ser declarado primogênito, não podia, posteriormente, perder esse direito, porque seu pai, depois dele, gerara um filho através de alguma esposa mais favorecida, e queria mudar seu parecer sobre a questão (Dt 21.15-17). A lei permitia que um pai anulasse um voto de uma filha sua (Nm 30.4,5). Ele tinha autoridade para contratar casamento para seus filhos, e podia vender uma filha como concubina; mas não podia vendê-la a um povo estrangeiro (Êx 21.7 ss.). Os filhos podiam ser vendidos a fim de ser paga alguma dívida, podendo até mesmo ser vendidos à servidão (2Rs 4.1; Is 50.1; Ne 5.5). Os filhos nascidos como escravos, filhos de escravos, permaneciam como escravos (Gn 14.14; 15.3 e 17.23).

5. Filhos ilegítimos. Esses não tinham direito à herança (Gn 21.10; Gl 4.30). Não recebiam qualquer treinamento formal, eram excluídos da congregação e eram desprezados (Dt 23.2; Jz 11.2).

6. Adoção de Filhos. Na antiga Mesopotâmia, conforme somos informados pelos documentos de Nuzi, havia o costume de adotar filhos. Abraão adotou um herdeiro (Gn 15.3), embora não houvesse qualquer legislação formal para isso, até onde sabemos. Os casos bíblicos de adoção usualmente ocorrem em um meio ambiente estrangeiro, como a adoção de Moisés por parte da filha de Faraó (Êx 2.10), ou a adoção de Ester por Mordecai (Et 2.7,15). Em alguns casos, os adotados já eram descendentes da mesma linhagem (Gn 48.5,12; Rt 4.16,17). As referências neotestamentárias, conforme se vê em Romanos 8.15 e Gálatas 4.5, têm um pano de fundo romano. Naquela sociedade, a prática era regulamentada por lei, conferindo a posição de plena filiação. Ver o artigo sobre a *Adoção*.

CRIANÇA

III. Usos Bíblicos figurados. **1**. As crianças simbolizam um estado de ignorância e de trevas intelectuais (Mt 11.16; 1Co 13.11; 14.20; Ef 4.14 e Hb 5.13). **2**. Israel, em sua agonia na escravidão egípcia, é comparado a uma criança abandonada, ou a um infante que jaz em seu próprio sangue (retratando a crueldade dos egípcios) (Ez 16.1-14). **3**. A expressão "filho de" ou "filhos de" indica alguma característica especial, como "filhos da luz", aqueles que possuem iluminação espiritual (Lc 16.8), ou "filhos da obediência", aqueles que obedecem às leis espirituais (1Pe 1.14). Pelo lado negativo, encontramos expressões como "filhos do inferno" (Mt 23.15); "filhos do maligno" (Mt 13.38), "filhos deste mundo" (Lc 16.8). **4**. Os "filhos da ressurreição" serão aqueles que participarão da vida eterna, já com seus corpos ressuscitados (Lc 20.36). **5**. Os "filhos de Deus" são os remidos, uma expressão extremamente frequente, sobretudo no Novo Testamento (Jo 1.12). **6**. Os "filhos de Abraão" são aqueles que seguem em sua tradição espiritual, sem importar se judeus ou gentios, os quais, por isso mesmo, são herdeiros de sua herança espiritual (Lc 3.8; Jo 8.39 e Gl 3.7). **7**. Todos aqueles que chegam ao reino de Deus devem ter a mesma atitude humilde dos filhos (Mt 18.3).

IV. As Crianças e a Ética
1. A primeira responsabilidade da educação das crianças cabe aos pais; e só secundariamente à igreja e às instituições de ensino. Por isso encontramos aquele mandamento que diz: *Ensina a criança no caminho em que deve andar, e ainda quando for velho não se desviará dele* (Pv 22.6). É com base nessa ideia que a igreja Católica Romana diz que se lhe for confiado o treinamento de uma criança, até que ela chegue aos 7 anos de idade, provavelmente ela não se afastará dos ensinamentos católicos depois disso. Os evangélicos, naturalmente, também crêem nesse princípio, pelo que têm estabelecido muitas escolas religiosas, em face da corrupção crescente do sistema escolar público, e devido à ausência de treinamento apropriado no lar. Apesar de esse sistema contar com alguns pontos positivos, também tem seu aspecto negativo. Os cristãos por procuração não são, necessariamente, os melhores; pois, passada a supervisão de seus superiores, coisas desastrosas podem acontecer. Um soldado precisa enfrentar a batalha, a fim de aprender a lutar. Um boxeador precisa treinar suas habilidades *lutando*. Assim sendo, a saturação das escolas cristãs com frequência cria mais indiferença do que espiritualidade. Não há que duvidar que muitos missionários têm caído no erro sério de confiar o treinamento de *seus* filhos a terceiros, usualmente nas escolas, ao passo que eles ensinam a filhos *alheios*, em algum campo missionário estrangeiro, em vez de ensinarem a seus próprios filhos.

2. Fracassos. Apesar de todos os esforços de seus pais, as crianças frequentemente deixam de corresponder ao desafio, mesmo dos pais mais piedosos, os quais apoiam seu ensino com o próprio exemplo. Como poderíamos explicar esses casos? Meus amigos, preciso dizer-lhes o que acredito. A alma é preexistente, trazendo consigo toda a bagagem espiritual acumulada em uma longa existência. Isso pode ser aprimorado ou prejudicado pelas circunstâncias da vida. Os pais piedosos com frequência recebem as almas de boas entidades, e, nesses casos, o treinamento *parece* operar esplendidamente. Mas, a verdade é que essas crianças já trazem consigo um bom caráter espiritual, que haverá de manifestar-se com ou sem treinamento. Todavia, o treinamento de uma criança pode transmitir-lhe essa boa qualidade ainda mais positivamente, pois a espiritualidade é uma qualidade que sempre é passível de crescimento. Porém, se uma alma má nasce de bons pais, seus *melhores esforços* poderão fracassar miseravelmente. Um dos mais violentos assassinos da história criminal dos Estados Unidos da América era filho de um piedoso líder evangélico. Esse, é claro, é um exemplo radical; mas os exemplos dessa ordem são tão abundantes que precisamos mudar de ideia quanto ao conceito inteiro do treinamento de crianças. No caso de João Batista, somos informados pelas Escrituras que ele foi cheio do Espírito Santo desde o ventre materno (Lc 1.15). Paulo era um vaso especial, escolhido desde antes do seu nascimento (Gl 1.15). Podemos dizer que esses eram casos especiais, dependendo da decisão do Senhor. Porém, observando o que está ocorrendo com as crianças de nossos dias, vemos como, com a mesma família, com o mesmo treinamento, com os mesmos pais, nas mesmas escolas, nas mesmas igrejas, as crianças acabam mostrando ser inteiramente diferentes, tanto no sentido espiritual quanto no tocante a outras questões. Em face disso, tenho chegado à conclusão de que está em jogo muito mais do que o treinamento e o meio ambiente. As pessoas gostam de afirmar que João Batista e Paulo representam *exceções* divinas, mas penso que eles representam ilustrações da *regra*. Os pais alexandrinos da igreja acreditavam na preexistência da alma, na reencarnação. Mas, com ou sem a reencarnação (vide), precisamos considerar a possibilidade de que o começo de uma alma pode dar-se por impulso divino, em uma remota eternidade passada, nada tendo a ver com a geração do corpo. Assim, a alma teria uma história inteiramente separada do corpo físico. Ver o artigo sobre a *Alma, sua origem*. Ali exponho as diversas teorias sobre a origem da alma.

Era comum à teologia judaica posterior que seus profetas cumpriram mais de uma missão terrena. Isso se reflete em Mateus 16.14. Alguns judeus pensavam que Jesus era Jeremias, ou, algum dos outros profetas do Antigo Testamento, que havia retornado. O mesmo princípio teria aplicação a entidades negativas, como o anticristo, que seria a volta à vida de um imperador romano, saído do próprio abismo (vide), ou do hades (vide) (ver Ap 17.8,11). Aquilo que a doutrina supostamente ortodoxa tem chamado de exceções, bem podem ser exemplos de uma verdade geral. Precisamos aprender através da experiência, e o conhecimento é algo que sempre está sujeito a desenvolvimento. Quando vejo o que sucede às crianças, filhos de pais piedosos, percebo que a palavra "treinamento", apesar de contar muito, não conta a história inteira. Estudos recentes demonstram que cerca de metade dos criminosos, nos Estados Unidos da América, não foram criados sob condições domésticas e sociais que, normalmente, fomentariam um mau caráter. Ademais, muitos criminosos procedem de lares perfeitamente normais, e, desde seus primeiros anos, são diferentes, mentindo, furtando e tratando outras pessoas de maneira errada. Nessas crianças há algo que já veio com elas, desde que nasceram. Alguns estudiosos têm pensado em defeitos cerebrais, nesses casos; porém, nenhuma prova foi colhida quanto a isso, até agora. Portanto, precisamos considerar a possibilidade da *herança espiritual*, e não apenas a herança genética e o meio ambiente, a fim de compreender alguns dos nossos mais críticos problemas.

Por outra parte, há os casos daquelas crianças que, sem nenhum treinamento especial, até mesmo em um meio ambiente doméstico e social negativo, elevam-se acima da média, chegando a grandes realizações seculares e espirituais. Também não penso que isso ocorre por mero acidente. É que tais crianças já trouxeram consigo um caráter espiritual básico e bem formado, que haverá de manifestar-se, sem importar as circunstâncias contrárias, como um lar negativo, uma péssima vizinhança, ou qualquer outro fator adverso. Se alguém mergulhar um objeto de ouro na lama, esse objeto continuará sendo de ouro, e a lama não conseguirá penetrar no metal. Mas, se alguém mergulhar um objeto de chumbo em água pura e cristalina, esse objeto continuará sendo de chumbo. Tempo e esforço são capazes de modificar qualquer coisa; e é disso que o evangelho trata. Contudo, essa modificação se processa lenta e laboriosamente. E a conversão, apesar de elevar as pessoas, não as eleva todas ao mesmo nível. De fato, a vida de muitas pessoas supostamente convertidas continua extremamente deficiente em qualidade espiritual. É que em cada vida há um caráter espiritual básico já em operação, não estando envolvido apenas aquilo que acontece neste mundo. O que já aconteceu à alma, no passado remoto, é extremamente importante, e não apenas na vida terrena.

3. Influências Cristãs. A influência do judaísmo no mundo, e, em seguida, do cristianismo, muito contribuiu para eliminar alguns terríveis abusos. *O* judaísmo fazia finca-pé contra o sacrifício de crianças (Lv 18.21). A igreja cristã condena o aborto provocado. Orfanatos cristãos tornaram-se uma instituição comum a começar em cerca de 361 ou 363 d.C. A igreja cristã promove o funcionamento de instituições educacionais e hospitalares para as crianças. Robert Raikes deu início à Escola Dominical, e F.D. Maurice promoveu a legislação a respeito do labor infantil, com base na ética cristã. Talvez o fator mais significativo que ocorre atualmente nos Estados Unidos da América, no que concerne às crianças que nascem de pais evangélicos, seja o fenomenal desenvolvimento das escolas evangélicas. É possível que isso tenha por modelo o empreendimento da igreja Católica Romana e de grupos ortodoxos orientais.

V. A Idade da Responsabilidade e da Salvação. Um problema teológico de grandes proporções está envolvido no caso da salvação das crianças. Que sucede aos infantes que morrem? Com que idade uma criança torna-se responsável pelos seus atos? Há diversas respostas para essas perguntas:

1. Os Céticos. Esses dizem que a questão envolve um mistério para o qual não há nenhuma boa resposta.

2. A igreja Católica Romana. Os infantes não batizados não são considerados responsáveis por seus atos, mas também não estão na igreja. Portanto, se vierem a morrer, irão para o limbo (vide), que não seria nem o céu e nem o inferno. Não há descrições sobre o tipo de vida que as crianças levam ali. Mas alguns teólogos dão ouvidos a filósofos gregos, que tinham boas ideias quanto à questão, e que viveram antes da era cristã. Portanto, no romanismo há muita discussão filosófica a esse respeito! Os teólogos chamam o limbo de lugar de felicidade, embora ali ninguém recebesse a *Visão Beatífica* (vide). Os indivíduos mentalmente incompetentes também seriam enviados para o limbo. Por conseguinte, felizes os que nascem retardados, pois outros, que têm algum bom senso, são enviados para o inferno! Segundo o catolicismo, os infantes *batizados* iriam para o céu. Os protestantes e evangélicos consideram o limbo uma pura invenção, porquanto sabem que o ato do batismo não altera o destino de uma pessoa, por ser apenas o símbolo externo de uma operação do Espírito. Portanto, eles preferem pensar que os retardados mentais e os infantes que morrem vão para o céu.

3. O Ponto de Vista Calvinista Radical. Visto que as crianças são criaturas caídas, se morrerem, elas irão diretamente para o inferno, embora para uma região de menor punição; mas para o inferno, não obstante. E elas ficam eternamente condenadas. Isso pode parecer uma posição lógica, se nos apegarmos somente às passagens bíblicas que dizem respeito ao julgamento geral; mas tal posição é repugnante e ridícula.

4. A Idade da Responsabilidade. A maioria dos estudiosos protestantes fala em termos de uma certa idade em que, quando a criança atinge, torna-se responsável por seus atos. Os teólogos da Idade Média presumiam que, com a idade de cerca de 12 anos, as crianças atingem essa fase da responsabilidade. Os mórmons preferem pensar que isso se dá quando a criança chega aos 8 anos de idade. De acordo com essa doutrina, antes dessa idade, uma criança, embora tenha cometido pecados, não é responsabilizada pelos mesmos. Outro tanto pode ser dito acerca dos mentalmente deficientes. Essas pessoas, mediante a graça divina geral, iriam para o céu quando morressem. Naturalmente, essa é uma *ideia racional*, e não uma doutrina das Escrituras. Alguns apontam para o trecho de 2Samuel 12.13 como texto de prova. Davi declara ali que não poderia trazer sua criança de volta, mas que ele poderia ir até ela. Porém, isso não fala necessariamente sobre o céu; poderia indicar a morte e o envolvimento no Sheol etc. Além disso, não se trata de um versículo dogmático, em uma passagem dogmática. Para mim, seja como for, toda essa ideia não faz sentido. Mediante qual bafejo da sorte algumas pessoas morrem quando ainda infantes e outras nascem idiotas? Deve haver alguma ideia melhor, que se aproxime mais da verdade!

5. A Preexistência da Alma e a Morte dos Infantes. Quando, mais acima neste artigo, discutíamos sobre o *treinamento* das crianças, especulamos dizendo que faz sentido supor que a alma humana é preexistente. Se isso é verdade, então isso nos dá certa margem de segurança para falarmos sobre a salvação dos infantes que morrem nessa fase inicial da vida. A alma, que já tem uma longa história espiritual, já possui suas qualidades espirituais específicas. Ao associar-se ao corpo físico, ela poderá melhorar ou piorar, sem importar se essa associação tem de ocorrer apenas por uma vez ou por diversas vezes. Se a alma assumiu um corpo físico, mas morreu ainda na infância, então nada de especial sucedeu à qualidade espiritual dessa alma. Nada de significativo foi ganho, e nada de significativo foi perdido. Talvez os pais é que possam aprender alguma lição significativa, em meio ao sofrimento que tiverem de experimentar com a morte de sua criança infante, e isso pode revestir-se de algum valor. A própria alma, porém, não retorna ao inferno, embora *algumas* almas más talvez retornem à região do hades, se é dali que elas vieram (ver Ap 17.8). Tal alma, por não ter sido uma missionária que veio cumprir alguma missão terrena, como João Batista, não retorna aos lugares celestiais, porquanto nem veio dali. Há muitos lugares espirituais que não podemos classificar com céu ou inferno. É para lugares assim que essas almas retornam, pois dali elas vieram. A morte do corpo físico, no qual habitaram por um breve período, é apenas uma curiosidade, e não um evento determinador do destino da alma. Na verdade, O trecho de 1Pedro 4.6 mostra que a própria morte biológica não determina o destino final de alguém, porquanto Cristo ampliou a sua missão para que envolvesse até mesmo o hades (ver 1Pe 3.18 ss.), e assim o evangelho foi anunciado aos mortos, até mesmo naquele lugar de juízo. Isso significa que Cristo pode atingir os homens em qualquer lugar, tanto nesta vida como depois da morte biológica. O trecho de Efésios 4.9,10 mostra-nos que a descida de Cristo ao hades (vide), bem como a sua ascensão ao céu, tiveram o mesmo propósito, isto é, *preencher todas as coisas*, fazendo o Logos tornar-se tudo para todos. O *mundo intermediário*, que não deixou de existir, continua sendo um lugar sujeito ao poder de Cristo. As almas que dali emanam continuam sujeitas à redenção, e a morte de corpos infantis, nos quais habitaram por algum tempo, não exerce qualquer efeito na determinação de seu destino.

Essa interpretação por certo não agrada aos católicos romanos, pois acreditam na existência do limbo. Muitos protestantes e evangélicos, que ignoram certos trechos bíblicos que nos fornecem um quadro mais otimista, preferirão continuar com seu ponto de vista racionalista sobre a idade da responsabilidade das crianças. Porém, alguns da igreja Ortodoxa Oriental e da igreja Anglicana, que seguem aspectos da teologia dos pais gregos da igreja, verão nessa explicação um profundo sentido. Na verdade, essa ideia não há novidade alguma, quanto às suas bases teológico-filosóficas. Os pais gregos da igreja não limitavam o fim da oportunidade de salvação por ocasião da morte física, conforme a igreja ocidental prefere fazer. A alma é maior do que isso e não pode ser limitada dessa maneira. Ver mais detalhes no artigo *Infantes, Morte e Salvação dos*. (H ID UN NTI Z)

CRIANÇAS, A IDADE DA RESPONSABILIDADE E DA SALVAÇÃO. Ver sobre *Criança*, ponto 5, mas especialmente o artigo intitulado, *Infantes, Morte e Salvação dos.*

CRIANÇAS, AS TRÊS, CANÇÃO DAS. Ver *Três Crianças, Canção das*.

CRIATURAS VIVAS

Essa é uma espécie de referência geral e vaga a todos os animais que foram criados (Gn 1.21,24; 2.19). Ezequiel usou a expressão para aludir a seres angelicais, como os querubins (Ez 1.5; 13.15,19,20,22). As *quatro* criaturas vivas tinham, cada uma, quatro rostos, de um homem, de um leão, de um boi e de uma águia. Esses animais, com ou sem razão, tornaram-se símbolos dos quatro Evangelhos, na concepção de alguns cristãos antigos. Mateus seria o homem; Marcos, o boi; Lucas, o leão; e João, a águia. Aqueles que costumam ler diretamente os manuscritos antigos, ou então através de microfilmes, ocasionalmente encontram representações pictográficas, ou alusões mencionadas, nas introduções aos manuscritos.

A figura dos querubins, as quatro criaturas vivas, passou para o Novo Testamento, em Apocalipse 4.6-9, onde eles são descritos como seres que estão sempre diante do trono de Deus. Cada um deles tinha seis asas (quatro, segundo a descrição de Ezequiel). As quatro representações animais são retidas, mas, no livro de Ezequiel, cada um desses animais caracteriza um dos seres angelicais. Isso significa que, em Ezequiel, cada ser tem as características dos outros.

Em tudo isso está envolvida uma elaborada angelologia judaica, que se deriva, pelo menos em parte, das obras pseudepígrafes, e, em parte, deriva-se da angelologia de outros povos semitas. Ver as notas expositivas no NTI, no trecho de Apocalipse 4.6, quanto a outros detalhes. Há muitas interpretações metafóricas a respeito da questão, sobre o que comentamos nas notas referidas. Irineu (170 d.C.) pensava que esses quatro querubins representavam aspectos da obra de Jesus Cristo, como também os Evangelhos específicos, conforme se disse acima. Cada animal falaria de um aspecto do ministério de Cristo. O leão representaria o seu poder; o boi, o seu caráter sacerdotal, porquanto o boi era usado nos holocaustos; o homem representaria a sua encarnação; e a águia representaria o seu Espírito. Agostinho, porém, preferia uma outra interpretação, a saber: Mateus, o leão; Lucas, o boi; Marcos, o homem; e João, a águia. Tudo isso, naturalmente, não passa de especulação e fantasia, com base no método alegórico de interpretação. Ver sobre a *Interpretação Alegórica*. Esse método de interpretação tem algum valor. De fato há ocasiões em que se torna até necessário. Porém, também é capaz de produzir muitas fantasias, criadas pela imaginação dos intérpretes.

CRIME

Ver o artigo seguinte, *Crimes e Castigos*, onde há considerações bíblicas a respeito. A palavra não ocorre no Antigo Testamento, embora a ideia seja frequente. Mas, quando chegamos ao Novo Testamento, há duas palavras gregas que devem ser consideradas: **1**. *Aitía*, "causa". Esse termo figura por vinte vezes (Mt 19.3,10; 27.37; Mc 15.26; Lc 8.47; Jo 18.38; 19.4,6; At 10.21; 13.28; 22.24; 23.28; 25.18,27; 28.18,20; 2Tm 1.6,12; Tt 1.13; Hb 2.11). **2**. *Églema*, "acusação". Essa palavra aparece só por duas vezes (em Atos 23.29 e 25.16).

Um ato criminoso ocorre quando alguma lei, pública, moral ou espiritual, é quebrada. Todavia, a rigor, só se deve considerar a transgressão contra alguma lei expressa em código vigente. Esse é o ponto de vista dos criminalistas, naturalmente. Há sérios crimes morais que não são alistados nesses códigos. As leis variam muito de país para país, seguindo situações e crenças culturais, políticas e religiosas. Algumas leis são baixadas com o intuito de beneficiar os legisladores, e não a sociedade em geral. O castigo contra os criminosos é profundamente influenciado pelo poder, pelo dinheiro, pelo prestígio pessoal e pelas opiniões dos juízes ou dos jurados. Na maioria dos casos, há grande latitude de aplicação e interpretação das leis, sobre o que se fazer exatamente, no que concerne a certos crimes. As detenções, por sua vez, têm fracassado em larga escala nas tentativas de *reforma* dos criminosos. Essa reforma seria o ideal do sistema penal de qualquer país. Mas, bem pelo contrário, muitos criminosos saem das penitenciárias ainda mais habilidosos quanto ao crime. A sociologia e a psicologia não podem conferir uma autêntica conversão religiosa (vide), e os esforços das igrejas cristãs, evangélicas ou não, apesar de sinceros, são inadequados para a tarefa. As detenções são, entretanto, centros de recolhimento dos elementos mais daninhos à sociedade, o que resulta na proteção dos cidadãos ordeiros e pacíficos. Na verdade, as organizações policiais confessam que seu papel se assemelha ao dos "lixeiros", que recolhem aqueles que se tornaram perigosos ao convívio normal na sociedade. Isso significa que o sistema carcerário, com todo o sistema judicial que o envolve, confessa-se impotente para solucionar o aspecto da reabilitação dos criminosos. O papel principal das forças policiais é preventivo; mas até mesmo isso é grandemente diminuído pelo fato de que a polícia só pode agir quando o crime já se consumou ou há fortes indícios de configuração. Nos Estados Unidos da América, cujas estatísticas são de fácil acesso aos pesquisadores, o retorno dos criminosos às prisões chega a 60%. Mas, sabendo-se que apenas uma pequena porcentagem dos criminosos é apanhada, e, menos porcentagem ainda é encarcerada, poderíamos indagar qual a real porcentagem dos criminosos que volta à senda do crime, depois de soltos. Sem dúvida, essa porcentagem é altíssima.

A perversidade da alma humana. A mente criminosa.
Muito se ouve falar sobre como as condições adversas, sociais e econômicas, são causas da vida criminosa. Não se pode negar que isso é uma das causas. Porém, estudos sérios sobre a *mente criminosa* têm revelado fatos perturbadores. Para exemplificar, nos Estados Unidos da América, somente metade dos criminosos tem razões sociais e econômicas para se voltarem para o crime, como meio de sobrevivência. A outra metade consiste, comprovadamente, em pessoas *diferentes*, desde seus primeiros anos de vida. Quando ainda crianças já furtavam, brigavam e demonstravam sinais de descontentamento, embora, em muitos casos, pertencentes a famílias sem quaisquer problemas financeiros especiais, cujos irmãos e irmãs são totalmente normais. Além disso, a falta de dinheiro não explica o fato de que a maioria dos criminosos atua em todas as três áreas principais do crime: desonestidade, destruição da propriedade alheia e assaltos sexuais.

O elo entre o *crime infantil* e o *crime adulto* é extremamente comum. Assim, nos Estados Unidos da América, 80% dos criminosos adultos condenados, também tiveram uma vida de crimes quando crianças e jovens. Estudos feitos na Suécia tentaram provar que a mente criminosa está ligada a defeitos cerebrais, e que o meio ambiente social tem pouco efeito sobre a porcentagem das pessoas que se entregam ao crime, Porém, à teoria ainda faltam evidências mais sólidas, antes que possa ser aceita de modo definitivo.

Por outra parte, aqueles que acreditam na preexistência da alma, com ou sem a reencarnação, insistem na ideia de que a alma já chega a este mundo pervertida, impelida por tendências criminosas, porquanto ao longo de sua história, anterior a esta vida terrena, teria acumulado uma bagagem má. Seja como for, parece que o problema da criminalidade é, essencialmente, uma questão espiritual, ao passo que as causas psicológicas e ambientais são secundárias. Muitos criminosos apreciam a vida de crimes, tal como um atleta aprecia a competição esportiva, ou um boxeador gosta de castigar o adversário e ser castigado por ele. Lembro-me de meus dias de colégio, quando eu praticava o futebol americano, uma modalidade esportiva brutal e potencialmente perigosa. Lembro-me de ter conversado com um colega, que acabara de participar de uma peleja especialmente violenta, como representante de nosso colégio. Durante a partida, ele sofrera algumas contusões pequenas. Com um sorriso, ele comentou: "Puxa, como foi divertido!" Aqueles que tratam com os criminosos sabem que eles apreciam a excitação proveniente de seus atos ousados; gostam muito dos tiroteios com a polícia. Há quem goste de matar outros seres humanos, relatando entre bravatas as suas aventuras, como se tudo fosse uma festa. Isso nada tem a ver com a falta de dinheiro. Tem a ver com a perversão do ser humano.

A Bíblia fornece-nos algumas orientações sobre a questão. O Antigo Testamento ensina a lei de Talião, "olho por olho, dente por dente". (Ver Êx 21.24). A lei levítica é muito rígida e pormenorizada. Caim (Gn 4.11-16) recebeu a primeira sentença perpétua, embora tivesse cometido um homicídio. Houve certa razão para esse abrandamento da pena; mas a legislação posterior, mosaica, teria requerido a pena de morte para Caim. Paralelamente ao conceito da retaliação, a Bíblia também ensina insistentemente a necessidade da ministração de ensinos espirituais, o que pode resultar em genuína transformação moral das pessoas. Além disso, O trecho de 1Pedro 4.6 mostra-nos que o julgamento, incluindo o julgamento divino contra os pecadores, tem um efeito restaurador. E a passagem de Efésios 1.10 ensina que o plano de Deus a longo prazo é vir a restaurar todas as coisas. Os castigos e juízos impostos por Deus participam desse plano restaurador. Nas operações de Deus, não existe tal coisa como justiça bruta, que só procura a retaliação. A ira de Deus sempre é temperada pelo amor de Deus, sendo, na verdade, um dedo da amorosa mão do Senhor. Um julgamento severo é apenas uma disciplina severa, e não uma questão de vingança, embora também inclua esse fator. Há coisas que Deus pode fazer, mediante o julgamento, que não poderia fazer de qualquer outra maneira.

Retribuição Apropriada. Alguns crimes exigem uma severa retribuição. A lassidão humana em nada ajuda para reformar uma alma criminosa. Alguns criminosos, empedernidos na senda do crime, alegram-se quando se veem diante da morte. Destarte, eles sentem que sua dívida diante da sociedade foi saldada, e que as suas *almas* foram beneficiadas. Parece haver nisso um discernimento autêntico. Sem dúvida, a morte biológica não é o fim da oportunidade da alma, conforme O trecho de 1Pedro 4.6 demonstra. Isso posto, quando um criminoso paga pelos seus crimes, encontra-se em melhor situação para buscar e receber a redenção espiritual. Isso permite que ele se desfaça da má bagagem, pelo menos parcialmente, que pesava sobre a sua alma, tornando-se assim mais receptiva à mensagem espiritual que, finalmente, pode chegar até ele. (BEC H)

CRIMES E CASTIGOS

Este artigo aborda as considerações bíblicas a respeito, e não tanto um apanhado de opiniões sociológicas e criminalísticas.

I. Elementos do Ensino Bíblico

1. Palavras Empregadas. Necessariamente, há uma grande afinidade entre os conceitos de crime, culpa, pecado e castigo, nas páginas da Bíblia. As palavras empregadas nas Escrituras ilustram esse fato. No Antigo Testamento há palavras hebraicas como *avon*, que significa "iniquidade", "punição" etc., usada por mais de duzentas e trinta vezes; *resha*, "maldade", geralmente palavra aplicada a desvios religiosos, empregada por trinta vezes; *chet*, "falta", uma palavra que mostra o elo religioso com o conceito de crime, usada por cerca de 33 vezes. Essa palavra é usada para indicar pecados contra Deus ou contra seres humanos (Gn 41.9; Dt 19.15). No Novo Testamento, as palavras gregas mais importantes, envolvidas no conceito, são: *Hamartia, asebeia, adikia, parakoe, anomia, paranomia* e *paráptoma*. *Hamartia* e seu cognato, *hamártema*, significam "errar o alvo", sendo usualmente empregadas para traduzir o termo hebraico *chet*, quando trechos do Antigo Testamento são referidos no Novo Testamento. *Asebeia* significa "impiedade", sendo o equivalente geral do termo hebraico *resha*. Essa palavra indica os pecados de fundo religioso, principalmente. *Adikia*, "injustiça", pode ter esse sentido, mas também é aplicada a qualquer ato injusto. *Parakoe* tem o sentido básico de desobediência ativa. *Paranomia* é uma transgressão da lei ou de normas estabelecidas. *Parábasis* também é a transgressão da lei (Rm 4.15). *Paráptoma* é um passo em falso, indicando uma falta de menor gravidade. Essa grande variedade de vocábulos fala sobre as diversas maneiras como os homens transgridem, pecam e tornam-se culpados por desobedecerem às leis divinas ou às leis humanas.

2. A Conexão Religiosa. No Oriente Próximo e Médio, a jurisprudência sempre esteve vinculada à ideia do divino, à ideia dos deveres diante de Deus ou das divindades. Quase sempre a crença era de que a mente divina estava por detrás das legislações humanas, pelo que também a primeira responsabilidade era diante desse poder divino. No prólogo das leis de Ur-Namu, Nana, o deus-lua dos sumérios, aparece no quadro. O código de Hamurabi contava com o respaldo da autoridade do deus Shamash. Isso tem sido descoberto pela arqueologia, mediante uma estrela que mostra esse deus apresentando leis a Hamurabi. Naturalmente, a maior ilustração possível da conexão religiosa com as legislações é o relato do livro de Êxodo, onde as tábuas da lei aparecem como compostas pelo próprio Yahweh. Isso nos transmite a ideia de que não há como prejudicar ao próximo sem ofender, ao mesmo tempo, a Deus. Não é por acidente que os dois grandes mandamentos, o de amar a Deus de todo o ser, e ao próximo como a si mesmo, aparecem no Novo Testamento (Mt 22.37-40) como o cumprimento de toda a lei e dos profetas.

3. Uma Ética Absoluta. Ver o artigo sobre a *Ética*, onde aparecem três tipos principais de sistemas éticos: a ética relativa, a ética absoluta e a ética de valores, esta última meio termo entre as outras duas. A ética ensinada na Bíblia é *absoluta*. Isso significa que as leis que devem governar a conduta devem ser tidas como finais e decisivas, e não sujeitas ao capricho e às modificações humanas. Isso é assim porque a ética, na Bíblia, depende da revelação divina, e não da experiência humana.

4. Um Código Exigente. No Antigo Testamento encontramos a lei do *olho por olho e dente por dente*. (Ver Êx 21.24). Isso aponta para uma retribuição ao pé da letra. E grande parte da legislação levítica está envolvida no delineamento preciso dos crimes, com seus castigos específicos. A pena de morte é aplicada a questões que, segundo a concepção moderna, nos deixam chocados. Para exemplificar, um filho desobediente a seus pais deveria ser apedrejado até à morte, pela congregação, dando ênfase ao ensino de que a delinquência juvenil simplesmente não podia constituir um problema permanente na sociedade judaica. A legislação levítica era bastante ampla. Um assassino deveria ser executado, mas outro tanto se dava no caso dos blasfemos. O relato sobre Jesus e a mulher apanhada em flagrante adultério, no oitavo capítulo do Evangelho de João, mostra que o Senhor Jesus aplicava maior dose de misericórdia, injetando assim, na lei mosaica, a lei do amor, para contrabalançar o princípio da retribuição. Isso assinala um avanço tipicamente cristão, porquanto o oposto da injustiça não é apenas a justiça, mas também o amor.

II. Classificação dos Crimes

1. Crimes Contra Deus. a. Idolatria (Êx 20.3-6). Para esse pecado, a pena de morte era imposta (Êx 22.20), o que mostra a seriedade da questão, impressa sobre as mentes do povo de Israel. Naturalmente, nem sempre a pena era cumprida. Se alguma comunidade se tornasse culpada desse pecado, a mesma era totalmente destruída, incluindo as propriedades e os animais (Dt 13.12-16). Como é óbvio, todos os objetos usados no culto idólatra eram completamente destruídos. Mas, que dizer sobre certos santuários idólatras tão concorridos do catolicismo, onde a venda de imagens e outros objetos religiosos é a principal atividade e a principal fonte de renda? E onde o ganho de rios de dinheiro explica por qual razão esse comércio nefando não cessa? **b. Sacrifício de Infantes**. Israel deixou-se envolver nesse tipo de pecado, imitando os povos vizinhos. Os ídolos cananeus pareciam vorazes por sangue. **c. Bruxaria, Adivinhação e Espiritismo**. Essas práticas eram estritamente proibidas. Os líderes desses cultos demoníacos deveriam ser mortos (Dt 18.10,11; Lv 20.27). Naturalmente, Israel tinha suas próprias formas de adivinhação, no que estava envolvido o próprio sumo sacerdote. Ver o meu artigo sobre a *Adivinhação*. Portanto, em certo sentido, a adivinhação só é proibida quando não é "aprovada" pelos costumes judaicos, dentro da sociedade judaica! **d. Blasfêmia**. O terceiro mandamento proibia o uso superficial do nome do Senhor. E, naturalmente, qualquer linguagem abusiva contra Deus ou contra as coisas sagradas era proibida. As calúnias e críticas acerbas contra as autoridades humanas, supostamente estabelecidas por direito divino, estavam inclusas nessa proibição. A pena de morte estava decretada contra os blasfemos (Êx 22.28; Lv 24.11-23). **e. Profecia Falsa**. Esta assumia duas formas diversas: profecia falsa em nome de Yahweh; e profecia em nome de algum deus pagão. Em qualquer das modalidades, a pena de morte era imposta (Dt 18.20-22; Jr 26.8,9). **f. Quebra do Sábado**. O sábado comemorava o término da obra criativa do Senhor, devendo ser considerado um dia santo. Leis complexas controlavam a questão, sendo elas rigidamente observadas (Êx 16.23; 20.9,10; Lv 23.3; Êx 31.13). Nem mesmo os animais podiam ser postos a trabalhar em dia de sábado, por ser um dia reservado exclusivamente à adoração religiosa. A pena de morte era imposta aos ofensores (Nm 15.32-36; Êx 31.14,17). **g. Desafio à Autoridade da Lei de Deus**. Esse crime envolvia Deus e a sua lei, ou então podia ser cometido contra os representantes de Deus (Nm 15.27,30,31; Dt 17.8-12), contra o qual também estava decretada a pena de morte.

2. Crimes Contra o Homem. **a. Homicídio**. Desde Gênesis 9.6 vemos que a pena de morte era requerida. O sexto mandamento do decálogo (vide) seguia essa regra (Êx 21.12). O homicídio acidental contava com a provisão das cidades de refúgio (vide). O homicida involuntário precisava permanecer em uma das cidades de refúgio, sob pena de ser morto pelo vingador do sangue. Isso significa que sua punição era uma forma de prisão perpétua. (Ver Êx 21.13; Nm 35.22-25). Posteriormente, o rei parece ter tido autoridade para intervir em tais casos, assim modificando a legislação caso a caso (2Sm 13.19; 14.7; 1Rs 2.34). Homens poderosos, protegidos pelas autoridades, podiam matar, mesmo que não acidentalmente, sem serem punidos. Várias leis secundárias circundavam a questão. Se dois homens estivessem brigando, e a esposa grávida de um deles tentasse intervir e fosse morta no esforço, o assassino teria de ser morto (Êx 21.22-25). Um touro que matasse a um homem, teria de ser morto. Um ladrão invasor, que atacasse à noite, podia ser morto, e nenhuma pena seria imposta ao seu executor. Mas, se atacasse durante o dia, o executor poderia sofrer alguma retribuição (Êx 22.3). **b. Assaltos**. As perdas e injúrias resultantes de assaltos estavam sujeitas à lei de Talião (no latim, *talis*, "tal"), ou seja, a lei que exigia retribuição tal e qual, sempre que possível. Os ferimentos eram retribuídos com ferimentos; as propriedades furtadas eram recompensadas por propriedades equivalentes. No caso de danos corporais contra algum escravo, disso poderia resultar a sua emancipação (Êx 21.24,26,27). **c. Furtos e Apropriação Indébita**. A legislação mosaica requeria a devolução do que fosse furtado, além de 20% em compensação (Lv 6.2-7). O trecho de Levítico 19.13 classifica os ladrões entre os opressores. Igualmente entre estes estavam os que não cumpriam seus acordos ou deixavam de pagar os seus trabalhadores. Quanto a esse particular, o código de Hamurabi era muito mais severo, requerendo a pena de morte (lei 22). Mas, se um ladrão entrasse na casa de alguém, em qualquer hora do dia ou da noite, podia ser morto em autodefesa, e nenhuma pena incidiria sobre seu executor (Êx 22.1,3,4). Um crime praticado durante o dia não era considerado sério, segundo essa legislação babilônica, e a lei procurava evitar que o executor de um ladrão fosse penalizado em qualquer sentido. No caso de roubo de animais, a devolução de dois animais era a pena, incluindo o animal que fora furtado; mas, se o animal originalmente furtado tivesse sido morto ou negociado, então a devolução consistia em quatro animais. Se o ladrão não pudesse saldar a sua dívida, então era vendido como escravo, até que a restauração fosse feita. **d. Crimes Sexuais**. Em contraste com o costume greco-romano, as religiões do Oriente Próximo não contavam com a prostituição religiosa, e as experiências sexuais pré-maritais e extramaritais eram consideradas infrações sérias. A atitude dos gregos e romanos diante do sexo era mais relaxada, em todas as categorias. Os códigos sumério, babilônico, assírio e hitita, e não apenas o código hebreu, impunham castigos em questões de desvios sexuais. A preservação da família era considerada questão importantíssima, pelo que as leis da herança e da adoração religiosa pura avultavam em importância. Isso explica as seguintes leis, dentro da cultura dos hebreus: *i. O homossexualismo*, punido com a morte de ambos os envolvidos (Lv 18.22,29; 20.13). *ii. Adultério*, que consiste na atividade sexual fora do casamento, mas por parte de pessoas casadas, era um pecado proibido pelo sétimo mandamento (Êx 20.14), cuja punição era o apedrejamento de ambos os envolvidos (Lv 20.10; Dt 22.24). O noivado era considerado um casamento preliminar, pelo que a mesma lei do adultério pesava sobre os noivos (Dt 22.23,24). *iii. Fornicação*, ou seja, as atividades sexuais, de pessoas solteiras, era algo proibido, e os pais tinham a responsabilidade de proteger as suas filhas, para que não se tornassem prostitutas (Lv 19.29). Quanto à sociedade em geral, não incidiam penas, mas a filha de um sacerdote, que se prostituísse, deveria ser executada (Lv 21.7), sendo queimada na fogueira (Lv 21.9). De modo surpreendente, como paralelo de tal severidade, um israelita (que não fosse sacerdote) podia casar-se com uma prostituta arrependida. *iv. Sedução e Violação*. A sedução é uma espécie de violação, embora reconhecida como menos séria que a violação forçada, ou estupro. Contudo, a sedução também envolve violência, embora do tipo mental e psicológico. Algumas vezes, envolve o poder do dinheiro, ou alguma vantagem qualquer, capaz de convencer a mulher a ceder. Porém, também se reconhece que uma mulher pode querer ser seduzida, embora nunca o declare. Outrossim, as mulheres convidam à sedução mediante a maneira como se vestem e agem. Ademais, algumas vezes a mulher é que seduz o homem. Por causa dessa variedade de fatores, a sedução é considerada menos séria que a violação. Porém, a sedução contra uma mulher casada era considerada adultério, pelo que ambos os envolvidos estavam sujeitos à pena de morte. A violação era punida com a morte do homem culpado (Dt 22.25-27). Se um homem seduzisse uma virgem (que não estivesse noiva) que consentisse com o ato, então ele poderia corrigir o erro casando-se com ela legalmente, além de pagar uma multa a seu pai. Se o pai não permitisse o casamento, a jovem não se casava, e o culpado tinha de pagar uma importância adicional. Se um sedutor se casasse com a jovem a quem seduzira, nunca poderia divorciar-se dela (Dt 22.29). *v. Incesto*. Todas as variedades de incesto requeriam a pena de morte (Lv 20.11). Relações sexuais com a própria sogra ou com a mãe de uma concubina eram punidas com a execução na fogueira. Irmão e irmã, sobrinho e tia, cunhado e cunhada são outros casos especificamente mencionados. Ver as referências a seguir, onde são mencionados os vários casos (Lv 20.11,12,17; 19.21 e Dt 27.33). Entretanto, um homem podia casar-se com a viúva de um seu irmão, e até mesmo estava nessa obrigação, se seu irmão e aquela mulher não tivessem tido filhos. *vi. Atividades sexuais durante o período menstrual* eram proibidas, provavelmente por duas razões: primeira, as mulheres estão mais sujeitas à promiscuidade durante esse período por ser um tempo de esterilidade. Em segundo lugar, havia o sentimento de que o sangue da menstruação era contaminador (Lv 18.19; 20.18). O próprio marido era aconselhado a abster-se de relações com sua esposa menstruada, ou seria considerado ritualmente imundo pelo espaço de uma semana (Lv 15.24). *e. Desonra aos Pais*. Até mesmo os ataques verbais, como uma maldição, ou um ataque físico contra os pais, eram punidos com a morte do culpado (Êx 21.15,17). Além disso, um filho podia ser morto meramente por ser desobediente contumaz e preguiçoso, ou viciado em bebidas alcoólicas. Nesses casos, era responsabilidade dos pais apresentarem queixa diante do tribunal local (Dt 21.18-21). Essa medida visava a impedir a propagação do mau exemplo, para que não se espalhasse a atitude de desobediência entre os filhos. *f. Sequestro*. Usualmente, os casos de sequestro envolviam o plano para vender a pessoa sequestrada como escrava. Sem importar qual o plano envolvido, o culpado era punido com a execução capital (Êx 21.16; Dt 24.7). *g. Perjúrio e Processo Malicioso*. Se alguém mentisse em tribunal, a fim de prejudicar a outrem, e isso fosse descoberto, então o culpado sofria a mesma pena que fora imposta ao caluniado. Essa era a primeira lei do código de Hamurabi; mas ali era imposta automaticamente a pena de morte. A razão dessa severidade era impedir que os tribunais fossem manipulados para qualquer tipo de vantagem pessoal ou vingança (Dt 19.19,20). *h. Dano à Propriedade*. A substituição em espécie ou em dinheiro era exigida nesses casos (Êx 22.5; Lv 24.18,21). Animais que escapassem de seus proprietários deveriam ser protegidos. Os buracos onde eles pudessem cair, teriam de ser tapados (Êx 21.33,34). Mesmo no caso de propagação acidental de fogo, se passasse de uma propriedade para outra, com destruição das plantações, os prejuízos sofridos tinham de ser compensados. Isso ensinava as pessoas a serem cuidadosas (Êx 22.6). *i. Fianças Desonestas*. Se alguém entregasse algo como garantia, por algo que fora tomado por empréstimo, e a outra pessoa guardasse para si mesma o objeto penhorado, tinha de devolver em dobro (Êx 22.9). E se o caso envolvesse furto, digamos, de um animal que tivesse sido deixado como penhor, então a pessoa culpada tinha de devolver o objeto ou animal furtado, e outro tanto, de acordo com o valor calculado (Êx 22.10,11). *j. Opressão Social*. Viúvas, órfãos e estrangeiros eram vítimas de tratamento abusivo. Contra tais opressores era proferida uma maldição divina, como se o próprio Deus estivesse defendendo tais casos, a fim de que a justiça fosse servida (Êx 22.21-24). O povo de Israel precisava lembrar-se de que já sofrera a opressão no Egito, devendo respeitar aos menos privilegiados, que poderiam ser vítimas de exploração e opressão.

III. SUMÁRIO DAS PUNIÇÕES

1. A Pena de Morte. *a. Por apedrejamento*. As ofensas assim punidas eram o infanticídio *como* parte da adoração idólatra (Lv 20.2-5); a adivinhação (Lv 20.27); a blasfêmia (Lv 24.15,16); a violação do sábado (Nm 15.32-36); a idolatria e a adoração falsa (Dt 17.2-7); a profecia falsa (Dt 13.1-5); desobediência contumaz dos filhos (Dt 21.18-21); e o adultério (Dt 22.22,23). *b. À espada*. Essa era a punição imposta aos assassinos (Nm 35.19,21), aos idólatras (Dt 13.15). E aos apóstatas (Êx 32.27). *c. Na fogueira*. Era a punição imposta aos casos de incesto com uma mulher e sua mãe (Lv 20.14), bem como a fornicação da parte da filha de um sacerdote (Lv 21.9).

2. A Mutilação. Se em uma briga, a mulher de um deles injuriasse o órgão sexual masculino do outro homem, a mão dela seria decepada (Dt 25.12). A mutilação também era imposta aos que ferissem maliciosamente a outras pessoas (Êx 21.24,25). Em tais casos, os membros da família do ofensor não eram atingidos, o que também ocorria nas leis dos babilônios e assírios. O trecho de Deuteronômio 24.16 anuncia o princípio de não retaliação contra os membros das famílias dos ofensores desses casos.

3. Açoites. Parece que não havia crimes especificamente associados à punição com açoites, exceto quando um marido acusasse falsamente sua esposa de ter tido experiências sexuais antes do casamento. Também presume-se que muitas ofensas secundárias podiam ser castigadas desse modo, por ordem de oficiais (Dt 22.18; 25.1-3). A disciplina doméstica geralmente era efetuada desse modo.

4. Aprisionamento. No Egito, José foi sentenciado à prisão, mas, no começo da história de Israel, essa medida parece ter sido empregada somente para a detenção de pessoas que estavam aguardando julgamento. Posteriormente, temos o caso de Jeremias, que foi lançado em uma masmorra, sob a acusação de traição (Jr 37.15,16). Se o aprisionamento era uma punição ocasional, faltam-nos informações a respeito; mas o fato é que a legislação levítica nada diz a esse respeito.

5. Multas. A compensação pelo furto de algum objeto ou por alguma propriedade danificada fazia-se por meios monetários ou pela substituição em espécie (Êx 22.1-4; Dt 22.18,19). A lei sempre requeria a restauração de 100%, e, às vezes, de até 400%, dependendo do caso. Se um homem deflorasse uma virgem (não um caso de violação, que era punido com a pena capital), então o homem culpado tinha de pagar ao pai da jovem a quantia que geralmente correspondia ao dote pago (Dt 22.29), a menos que o casal acabasse se casando (Êx 22.16).

6. Escravização. Um ladrão que não pudesse fazer devolução era escravizado pelo espaço de seis anos, ou até que pudesse devolver aquilo que havia furtado (Êx 21.2). Era mister que ele juntasse a isso 20%, se tivesse furtado um animal. A devolução do animal furtado e de um outro animal, como compensação, fazia parte da lei levítica. No caso de não poder devolver o animal furtado, então tinha de restaurar quatro animais (Êx 22.3). As pessoas que não pudessem saldar as suas dívidas também deveriam ser vendidas à servidão (2Rs 4.1; Ne 5.5; Am 2.6). Também havia a escravização voluntária, quando uma pessoa queria evitar a pressão econômica, mas sem qualquer vinculação a crime (Lv 25.39 ss.). (CLAR ND PRIT VA Z)

CRISOL

No hebraico a palavra é *matsreph*, **"vaso de refinar"**, "crisol". Aparece somente por duas vezes, em Provérbios 17.3 e 27.21.

O crisol era um vaso feito de cerâmica, capaz de resistir a temperaturas muito elevadas, usado para refino de metais como a prata e o ouro. O processo de refino simboliza os exames e juízos de Deus, que testam o coração humano, reconhecendo a verdadeira natureza de um indivíduo qualquer. O processo também se assemelha ao tipo de louvor que um homem recebe, e que serve de juiz de seu caráter. Ver *Acrisolar*.

CRISÓLITO

Trata-se de uma pedra preciosa transparente, amarela ou esverdeada. A palavra aparece somente em Apocalipse 21.20. No grego, o termo significa "pedra dourada". Mas o vocábulo grego tem sido variadamente aplicado, também podendo significar o topázio (vide). (Ver Êx 28.17). A palavra também pode indicar o crisoberilo, o zircônio, a turmalina e a apatita, todos os quais têm um tom amarelado. Porém, a referência mais comum é mesmo ao topázio. A crisólita moderna consiste em silicato de magnésio, com alguns traços de ferro. Essa gema verde amarelada também é chamada olivina ou peridoto, embora esta não seja descrita como "dourada". No trecho de Apocalipse 21.20, essa pedra é mencionada como uma das gemas que adornarão os alicerces da nova Jerusalém.

CRISTOLOGIA

Em sentido estrito, é a doutrina de Cristo, de sua pessoa e suas naturezas. No passado, a cristologia abrangia também a obra de Cristo, agora esta é mais comumente tratada em separado, como soteriologia (cf. Expiação; Salvação).

A importância da cristologia para o cristianismo é óbvia: sem Jesus Cristo, a religião que toma seu nome nunca teria existido. Estudiosos atuais discutem o papel do Jesus histórico na formação do cristianismo, mas não há dúvida de que ele ocupa um lugar diferente daquele que geralmente é dado aos fundadores de outras religiões. O cristianismo é Jesus Cristo, de um modo inteiramente singular.

A descrição que o NT faz de Jesus tem sido intensamente debatida nos tempos modernos. Há concordância quase unânime em que Jesus foi, pelo menos, um profeta extraordinário, que atraiu para si um número considerável de seguidores, um dos fatores que o fez parecer perigoso para as autoridades judaicas. Estas o prenderam e crucificaram pelas mãos dos romanos, somente para vir a constatar, poucos dias depois, que seus seguidores estavam pregando que ele havia ressuscitado dentre os mortos. A importância da ressurreição, ou do evento ocorrido na Páscoa, é indiscutível para o cristianismo, mas os fatos históricos não o são. Todavia, os cristãos de todas as igrejas têm sempre insistido em que Jesus ressuscitou dentre os mortos como fato histórico, e essa crença é pedra fundamental da fé no NT (1Co 15.19). O próprio Paulo relata haver-se encontrado com Cristo ressuscitado no caminho de Damasco, somando assim seu testemunho aos dos apóstolos que foram seus discípulos. Tentativas de reduzir essa experiência a uma dimensão puramente espiritual não correspondem às narrativas dos próprios primeiros cristãos.

Mais complicado que isso, no entanto, é a questão de decidir sobre quanto do testemunho do NT a respeito de Jesus vem diretamente dele e quanto é resultado de reflexão eclesiástica posterior. Isso tem uma relação bem significativa com alguns dos textos de prova da divindade de Cristo, como é o caso da confissão de Pedro (Mt 16.16), que muitos, se pudessem, gostariam de mostrar ser uma narrativa de desenvolvimento posterior. É indubitavelmente verdadeiro que os evangelhos foram escritos à luz da ressurreição; de outra maneira, em que iriam eles se basear? Mas, longe de apresentarem distorções na descrição que fazem de Jesus, proporcionam uma exposição de sua real importância.

Outro problema da cristologia com o NT é o conteúdo deste, que parece diferir de tradição posterior. Particularmente, os evangelhos fazem frequentes referências a diferentes títulos portados pelo Messias-Salvador, alguns dos quais, p.ex: Filho do homem, são universalmente aceitos como tendo sido usados pelo próprio Jesus. Esses títulos, que não servem de base a uma cristologia dogmática posterior, têm levado eruditos modernos a afirmar que o NT apresenta uma cristologia funcional na estrutura da história da salvação (*Heilsgeschichte*). A possibilidade dessa afirmativa deve ser medida por passagens das mais ontológicas dos evangelhos, algumas das quais, como João 3, portam traços de uma origem primitiva, e não são provavelmente de criação posterior. Como parece lógico que a ideia de quem Jesus era determinaria o que ele poderia fazer, a ontologia deve inevitavelmente preceder a história da salvação em termos teológicos. O NT proclama que Jesus, o Filho de Davi e herdeiro da tradição real de Israel, tornou-se sumo sacerdote e vítima de sacrifício vicário, feito de uma vez por todas na cruz, a fim de salvar os homens de seus pecados. Somente Deus teria autoridade de destruir desse modo a ordem estabelecida da sociedade israelita, estabelecendo uma nova ordem. O fato de que isso aconteceu é consistente com a proclamação dos primeiros cristãos de que Jesus era Deus em carne humana, o que na verdade está implícito nas frequentes discussões a respeito de sua autoridade que ocorrem nos evangelhos.

A cristologia pós-apostólica se desenvolveu, pelo menos em parte, como resposta a heresias de diferentes espécies. Há uma certa evidência de que mesmo nos tempos do NT havia quem cresse que Jesus era uma espécie de anjo, parecendo um homem, mas não realmente humano (cf. 1Jo 4.2,3). Essa tendência, depois conhecida como *docetismo* (gr. *dokein*, "parecer"), muitos eruditos acreditam ter sido endêmica entre os cristãos ortodoxos, além de entre os hereges. Isso, no entanto, não pode ser provado, não se prestando tal asserção, assim, para justificar a recusa da parte de alguns estudiosos em admitir que os primeiros cristãos acreditavam ser Jesus, ontologicamente, Deus.

I. Cristologia clássica. O período clássico da cristologia começa no século IV, em resposta à doutrina de Ário. Ele pregava haver sido Jesus Cristo um ser celestial, intermediário entre Deus e homem, apesar de criatura. Argumentava que, se Cristo não fosse uma criatura, teria sido impossível sofrer e morrer em nosso favor, visto que Deus é tanto imortal quanto inalterável. Ário foi condenado no Concílio de Niceia, em 325, mas suas ideias subsistiram de várias formas até, pelo menos, o século VIII.

Após Niceia, tornou-se evidente que havia duas escolas principais de pensamento na igreja centradas em Alexandria e Antioquia, respectivamente. Em termos doutrinários, Alexandria alegava prioridade, sendo Antioquia melhor considerada como uma reação contra o que se julgava ser excesso de Alexandria.

Os alexandrinos enfatizavam, acima de tudo, a unicidade de Cristo. Acreditavam que a *hipóstase* (pessoa) divina do Filho de Deus assumira carne humana para nossa redenção. A dificuldade que encontravam residia na definição da natureza dessa carne. Era uma tentação constante argumentar que esse termo se referisse somente ao corpo físico de Jesus, não incluindo sua alma. Foi realmente o que afirmou Apolinário, discípulo de Atanásio, no século IV, sendo, por isso, condenado no segundo Concílio Ecumênico, realizado em Constantinopla em 381. O apolinarismo foi rejeitado pela escola de Alexandria, mas nunca refutado satisfatoriamente.

No século V, tornou-se artigo de fé na tradição alexandrina que o Cristo encarnado tinha somente uma "natureza" (*physis*, usada quase no sentido de *hipóstase*), que, por definição, tinha de ser divina. Isso trouxe à baila a questão da autenticidade de sua natureza humana, sendo, assim, o monofisismo, como tal doutrina viria a ser conhecida, condenado no quarto Concílio Ecumênico, em Calcedônia, em 451.

A escola de Antioquia, de modo contrário, poderia reportar sua ascendência ao herege Paulo de Samósata (ver Adocianismo), no século III, condenado em Antioquia, em 268, por crer que Cristo seria um homem que Deus havia adotado como Filho. Essa crença viria a ser modificada subsequentemente de modo considerável, mas seus resquícios se mostraram evidentes na cristologia de Teodoro de Mopsuéstia (m. 428) e de Nestório. Ambos sustentavam que Cristo era uma conjunção (*synapheia*) de duas naturezas distintas. Antes da união, havia o Filho de Deus, com sua natureza divina, e um embrião humano, com sua natureza humana. O Filho de Deus entrou no feto humano no momento da concepção, mas não se misturou a este de modo algum. Deus e o homem foram, assim, ligados em uma união simétrica (como a das mãos em oração), sendo o todo maior do que suas partes. Esse todo é a pessoa de Cristo, a aparência de uma união que poderia teoricamente ser dissolvida sem destruir o Filho de Deus ou o homem Jesus.

Nestório foi condenado, pessoalmente, no terceiro Concílio Ecumênico, em Éfeso, 431, condenação reafirmada em Calcedônia. O ponto de vista ortodoxo foi estabelecido por Leão, bispo de Roma, em seu *Tomo*, no ano 449. Afirmava ser Cristo uma única pessoa, tendo, na encarnação, acrescentada a natureza humana à divina, que já possuía. A ligação entre o humano e o divino devia ser buscada na pessoa divina, e não nas duas naturezas. A fórmula de Leão era uma síntese bem elaborada das ênfases de Alexandria e Antioquia. Ambas essas escolas, no entanto, não a aceitaram como comprometimento. A maioria em Calcedônia, todavia, iria subscrevê-la, permanecendo até hoje como o principal fundamento da cristologia clássica. Foi uma das principais bases da própria Definição de Calcedônia, que professava o "único e mesmo Cristo, Filho, Senhor, unigênito, que deve ser reconhecido em duas naturezas, sem confusão, sem mudança, sem divisão, sem separação, não sendo abolida a distinção de duas naturezas, de modo algum, por causa da união, mas, ao contrário, sendo preservada a propriedade característica de cada uma delas e ocorrendo as duas ao mesmo tempo em uma única pessoa e um único ser".

O período de 451 a 787, geralmente negligenciado pelos estudiosos modernos, foi de importância capital para elucidar o significado da Definição de Calcedônia. Concordava-se, particularmente, em que Cristo teria duas vontades (diotelismo), e não uma (monotelismo), como havia sustentado Heráclio, imperador bizantino (610-641). Havia também concordância em que a natureza humana de Cristo estaria "hipostatizada" no *Logos*, o Filho de Deus. Isso explicava como era possível ser a humanidade de Cristo completa, sem precisar frisar ser ele uma pessoa humana ao mesmo tempo que divina. Finalmente, ficou acertado que ver Cristo na carne era ver Deus, e não apenas um homem.

Um problema constante para os teólogos desse período era o testemunho dos evangelhos dos milagres e outros atos extraordinários de Jesus. A muitos parecia ser sua carne humana divinizada pela presença nela do *Logos*, pois do contrário ele não teria sido capaz de andar sobre as águas, nem pessoas seriam curadas simplesmente por tocá-lo. Contudo, em outras vezes, ele parecia mostrar sinais de fraqueza, que não poderiam certamente ser atribuídos à sua natureza divina. O dilema foi temporariamente resolvido apelando-se ao princípio da transferência de propriedades (*communicatio idiomatum*). De acordo com essa teoria, a humanidade de Jesus se apropriava de atributos divinos como e quando necessário. Com a cristologia voltada a explicar, principalmente, como duas naturezas com capacidades tão diferentes poderiam coabitar num único indivíduo, seria impossível, no entanto, evitar que a *communicatio idiomatum* se tornasse total. O resultado foi Atanásio e outros se restringirem a explicar que Jesus preferira mostrar-se ignorante da futura ocasião de seu retorno à terra, por exemplo, simplesmente para provar a seus discípulos que era também, e de fato, humano!

O problema viria a ser realmente solucionado com a doutrina de que a pessoa de Cristo é o agente da encarnação, de tal modo que tornou a natureza divina dependente de sua pessoa, e não o contrário. A cristologia de pensamento ortodoxo passava a crer, assim, numa pessoa divina que se manifestava nas capacidades de suas duas naturezas, delas se utilizando. Na cruz, a pessoa divina sofreu e morreu por nós em sua natureza humana, tal ideia combinando assim, nitidamente, o sacrifício de Deus em nosso lugar com a doutrina de uma divindade intangível e imortal.

II. Cristologia moderna. Após o término do período patrístico, durante séculos, pouco ou nenhum desenvolvimento formal da cristologia (considerada distintamente da soteriologia) ocorreu. Até mesmo os reformadores foram concordes em aceitar a herança antiga. Calvino, particularmente, defendeu convictamente a formulação doutrinária da cristologia clássica como a fiel representação do ensino das Escrituras (*Institutas* I.xiii). Esse ponto de vista foi seguido por seus adeptos, permanecendo como característico da ortodoxia protestante até hoje.

O debate acerca da pessoa e das naturezas de Cristo, todavia, foi retomado no século XVIII, sob o impacto do Iluminismo.

Uma sucessão de pensadores, começando por Hermann Reimarus (1694-1768) e prosseguindo até a época da Primeira Guerra Mundial, empenhou-se em reconstruir a vida do Jesus histórico sob a conjectura de que as afirmativas a respeito de sua divindade fossem um desenvolvimento posterior, ligado somente de forma superficial com sua própria vida e ensino. A cristologia do Iluminismo produziu um Jesus que era, essencialmente, um moralista de caráter profético e um reformador religioso, crucificado tão somente porque seu pensamento estava além da compreensão de sua época.

Albert Schweitzer criticou fortemente essa descrição de Jesus, sem retornar, no entanto, à posição ortodoxa mais antiga. Schweitzer afirmava ter sido Jesus realmente uma figura apocalíptica, mas cujo ensino fora reduzido, e não exagerado, pelos escritores do NT. Isso criou uma dimensão a mais no debate a respeito do Jesus histórico, mas, fundamentalmente, em nada alterou as suposições subjacentes do pensamento iluminista.

A cristologia moderna se encontra, todavia, dividida em campos opostos, usando de princípios diferentes de metodologia teológica. Dos expoentes da cristologia tradicional de Calcedônia se diz que sustentavam uma cristologia de cunho "superior", enquanto os adeptos do Iluminismo teriam adotado uma cristologia "inferior". Os primeiros têm sido constantemente caricaturados como uma forma de docetismo que não faz jus à psicologia humana de Jesus. Na verdade, porém, a forma exagerada da cristologia "superior" é mais semelhante ao monofisismo do que ao docetismo, embora haja raros teólogos sérios, hoje, que possam, com justiça, ser acusados disso. A cristologia dita "inferior", por outro lado, mostra geralmente um tipo de nestorianismo, ou mesmo adocianismo, em bruto, deixando os não especialistas se perguntando se existe afinal algo de diferente quanto à vida de Jesus.

Os expoentes extremados dessa última ideia têm ganhado ampla publicidade por usar a palavra "mito" para descrever a cristologia do NT. Afirmam que os estruturadores da ortodoxia clássica erraram por tratar os mitos do NT como fatos históricos em vez de tratá-los como verdade simbólica. Muitos são os estudiosos, porém, que rejeitam tal conclusão, muito embora sigam os métodos da cristologia "inferior". Alguns deles, como P. T. Forsyth e D. M. Baillie, acreditam até que as evidências que temos quanto ao Jesus histórico somam provas críveis de sua divindade. Já outros, como Oscar Cullmann (n. 1902; ver História da Salvação) e Ferdinand Hahn (n. 1926), têm enfatizado os títulos cristológicos que o NT aplica a Jesus para argumentar que os escritores dos evangelhos usaram de conceitos originalmente míticos para descrever fatos históricos. Outros teólogos contemporâneos, como Martin Hengel (n. 1926) e Wolfhart Pannenberg, têm reafirmado a historicidade fundamental dos evangelhos, mas argumentado nessa base a divindade de Cristo. São estudiosos desse gênero que chegam mais perto da abordagem da ortodoxia tradicional, a qual a maioria deles está, de fato, preocupada em preservar.

A possibilidade de os métodos opostos virem a ser harmonizados em favor da posição clássica tem sido recentemente muito fortalecida pela obra de eruditos como I. H. Marshall (n. 1934), C. F. D. Moule (n. 1908) e J. Galot.

(**G. L. Bray**, B.D., M.Litt., D.Litt., professor de Estudos Anglicanos, Beeson, Divinity School, Universidade de Samford, Birmingham, Alabama, EUA.)

Bibliografia. D. M. Baillie, *God Was in Christ* (London, 1948); J. Galot, *Who is Christ?* (Roma, 1981); A. Grillmeier, *Christ in Christian Tradition*, vol. 1 (Atlanta, GA, e London, 21975), vol. 2:1 (Oxford, 1987); A. T. Hanson, *The Image of the Invisible God* (London, 1982); I. H. Marshall, *The Origins of New Testament Christology* (Leicester, 1976); Alister E. McGrath, *The Making of Modern German Christology: From the Enlightenment to Pannenberg* (Oxford, 1986); C. F. D. Moule, *The*

Origin of Christology (Cambridge, 1977); K. Runia, *The Present-day Christological Debate* (Leicester, 1984); J. Ziesler, *The Jesus Question* (London, 1980).

CRÍTICA ALTA

Este termo significa a *crítica bíblica* em todos o assuntos que vão além da *crítica textual*. Pode ser positiva ou negativa, o termo em si é *neutro*. Algumas pessoas usam a palavra *introdução* como um sinônimo. Questões como autoria, proveniência, integridade, data, problemas especiais de livros bíblicos fazem parte da *crítica alta*. A *crítica baixa* (vide) é a crítica textual. Ver o artigo geral sobre *Crítica da Bíblia*.

CRÍTICA BAIXA

Esse é um outro nome dado à **Crítica Textual**. Ela é chamada "baixa" a fim de ser contrastada com a "alta", e não por ser inferior. A crítica textual examina os textos do ponto de vista dos manuscritos, com o propósito de restaurar o original mediante a comparação com os manuscritos existentes. A "alta crítica", por sua vez, estuda tudo quanto está fora da questão do texto, incluindo problemas como autoria, data, proveniência, destino, integridade, problemas especiais etc. O artigo sobre *Manuscritos do Novo Testamento*, juntamente com informações sobre os mesmos, também expõe os princípios da crítica textual, sob os pontos quinto a oitavo.

CRÍTICA BÍBLICA

É a aplicação aos escritos bíblicos de uma variedade de técnicas, empregadas no exame de muitos tipos de literatura a fim de averiguar seu fraseado original, a natureza de sua composição, suas fontes, data, autoria e fatores congêneres.

Crítica textual. A crítica textual é a atividade que se dedica a restaurar o texto original de documentos que possam ter sido expostos a incidentes devido a sucessivas cópias e recópias. Como, antes da invenção da imprensa (*c.* 1450), cada cópia tinha de ser feita à mão, os lapsos e as alterações dos copistas tendiam a se multiplicar cada vez que se repetia o processo. As cópias podem ser corrigidas tendo como referência o original autógrafo, se este ainda subsistir, mas na maior parte da literatura antiga, incluindo todos os livros da Bíblia, o original não mais existe. O texto original poderá, então, vir a ser reconstituído, mas somente mediante cuidadoso estudo das cópias sobreviventes. Comumente, mas não invariavelmente, as cópias mais antigas têm sofrido menos alterações do que as mais recentes. Os hábitos de escrituração tanto de copistas individuais como de escolas de copistas devem ser estudados; os principais tipos de erros devem ser identificados e classificados, fazendo-se distinção entre os causados pela leitura imperfeita de uma cópia-mestra e os resultantes de audição imperfeita, se a cópia tiver sido feita a partir de ditado.

A crítica bíblica textual opera não somente nos manuscritos do AT e NT nas línguas originais, mas também nas versões mais antigas em outras línguas (notadamente siríaco, copta e latim; ver Versões Bíblicas) e citações bíblicas em autores primitivos. No AT, a base é o texto massorético da Bíblia hebraica, considerando-se sua forma final, entre os séculos VII e XI d.C., mas voltando-se também mais para trás, tanto quanto diz respeito ao texto consonantal de cerca do ano 100. A partir da descoberta dos manuscritos de Cunrã (ver Manuscritos do Mar Morto), em 1947, e no decorrer dos anos seguintes, evidências se tornaram disponíveis para se poder traçar a história da Bíblia hebraica, pelo menos, em um período de mil anos antes do estabelecimento final do texto massorético. A principal versão de ajuda no estudo textual do AT é a Septuaginta (LXX), tradução grega dos originais hebraicos feita em Alexandria nos séculos III e II a.C.

No NT, um número de textos-padrão pode ser discernido, dos séculos IV e V d.C., mas uma quantidade razoável de cópias, principalmente em papiros, tem vindo cada vez mais à luz, dos séculos II e III, antedatando esses textos. O estudo textual do NT está progredindo intensamente e até mesmo as mais recentes edições clássicas críticas são consideradas estudos temporários. O estabelecimento de um texto razoavelmente confiável é uma condição necessária para um posterior estudo crítico ou exegético. A crítica textual já chegou a ser conhecida como "mais baixa crítica" porque representava o recurso mais raso e fácil no edifício do estudo bíblico.

Crítica literária e histórica. Já a crítica literária e histórica chegou a ser chamada de "mais alta crítica", porque se baseava nos achados da crítica textual, ou "mais baixa crítica". A mais alta crítica se voltava para três questões: estrutura literária, data e autoria — mas sua designação é agora praticamente obsoleta.

A crítica da fonte — discernimento das fontes orais ou escritas das quais a obra literária foi extraída — pode ser realizada com maior confiança quando uma ou mais fontes escritas da obra haja sobrevivido junto com ela. O autor de Crônicas, por exemplo, usou os livros de Samuel e Reis, entre outras fontes, e uma comparação de sua obra com esses textos capacita o estudioso a chegar a conclusões razoavelmente sólidas a respeito de seu método literário e histórico. No NT, o livro de Marcos é comumente reconhecido como a principal fonte de Mateus e Lucas. Uma vez que Marcos sobreviveu, independentemente desses outros dois, torna-se mais fácil ter certezas a respeito do uso que Mateus e Lucas fizeram dele do que da utilização que ambos fizeram de outras fontes, como a hipotética fonte Q (compilação dos ditos de Jesus que se acredita subjacente ao material não procedente de Marcos e comum a Mateus e Lucas).

Onde quer que hajam desaparecido as fontes, sua reconstituição deverá ser essencialmente especulativa. Por exemplo, seria praticamente impossível reconstituir os quatro Evangelhos separadamente, se tivessem desaparecido e deixado como sombra somente a obra de Taciano *Diatessaron* — uma narrativa contínua, produzida em *c.* 170, combinando materiais dos quatro evangelhos juntos e usando como estrutura o registro de João.

É possível discernir no livro de Atos alguns pontos nos quais o autor começa a seguir nova fonte, mas não há como reconstituir as fontes sobre as quais ele traça seu trabalho, pois as integra habilmente no fluxo de sua narrativa. Única exceção são os diários de viagens de Paulo, facilmente reconhecidos porque o pronome "nós" foi deixado inalterado, em lugar de ser substituído por "eles". O autor deixou o pronome "nós" inalterado somente para indicar, de modo discreto, ter estado realmente presente nos incidentes ali registrados.

Também onde um documento exista em mais de uma revisão, compete à crítica literária distinguir a mais antiga da mais recente das revisões. Isso pode ser um procedimento arriscado se não houver evidência explícita; ocasionalmente, porém, tal evidência existe. Por exemplo, da primeira edição das profecias de Jeremias, registrando seu ministério de pregação por cerca de vinte e cinco anos, escrito por Baruque e ditado pelo próprio Jeremias, existia somente uma cópia, quase que imediatamente destruída por Jeoiaquim; esta, todavia, foi rapidamente substituída por uma segunda cópia, em edição ampliada (Jr 36.1-32) e, mesmo assim, não seria a edição definitiva de suas profecias, porque Jeremias continuou a profetizar por mais dezessete anos. Da coleção póstuma de seus oráculos, duas edições subsistiram duas edições (acompanhadas de algum material biográfico e histórico): uma mais longa, no texto massorético, e uma mais curta, na LXX (Septuaginta). Entre os documentos de Cunrã, foram encontradas algumas cópias hebraicas suas, fragmentadas, de ambas as edições.

A crítica histórica abrange o que se refere ao contexto histórico dos documentos. Isso inclui uma correlação de evidências internas e externas. A data essencial de uma narrativa (a data dos eventos que registra) deve ser distinta da de sua composição. Os estudiosos, por exemplo, que consideram as narrativas patriarcais de Gênesis verdadeiras em relação à sua data essencial (por refletirem a situação cultural na qual os patriarcas são apresentados como ainda vivendo) concordam geralmente em que a data de elaboração do Gênesis é de muitos séculos posterior à era patriarcal.

Na crítica histórica dos livros dos profetas, o elemento de predição autêntica deve ser tratado com seriedade. Uma predição autêntica é anterior ao evento predito, mas não anterior aos eventos pressupostos como o pano de fundo para a predição. Nesse sentido, a profecia de Naum, por exemplo, deve ser datada entre a queda de Tebas (663 a.C.), à qual se refere como evento passado (Na 3.8-10), e a queda de Nínive (612 a.C), que visualiza adiante. Um estudo detalhado dessa profecia pode ajudar a datá-la mais precisamente dentro daquele período.

Duas escolas de crítica bíblica do século XIX devem sua influência especial à combinação de crítica literária com crítica histórica. Julius Wellhausen (1844-1918), construindo sobre a crítica literária do Pentateuco feita por seus antecessores, encontrou seu princípio básico na história do culto israelita, primeiramente praticado numa ampla variedade de santuários locais e por fim centralizado em um único santuário. Infelizmente, porém, muito de sua tentativa de reconstituição do desenvolvimento cúltico teve de ser efetuado sobre um vazio histórico, e, assim que novas descobertas o preencheram, os defeitos de sua restauração ficaram expostos.

Duas gerações antes, Ferdinand Christian Baur (1792-1860) e outros membros da escola de Tubingen reconstituíram a história da era apostólica e subapostólica, preconizando uma primitiva antítese entre a interpretação do evangelho promovida por Pedro e a igreja de Jerusalém, esta representada por Paulo e a missão gentílica. Essa antítese teria dado lugar, no século II, a uma síntese apresentada na maior parte dos escritos do NT, particularmente Atos e Efésios - síntese perpetuada pela igreja Católica. A escola de Tubingen, certamente, exagerou quanto a essa antítese, subestimando o papel positivo de Pedro como pioneiro e estendendo indevidamente a decorrência de tempo exigida para o desenvolvimento que imaginou. O estágio final desse desenvolvimento foi levado de volta para o século I, quando Joseph Barber Lightfoot (1828-89) demonstrou qual a verdadeira data, no século II, das genuínas sete cartas de Inácio (*The Apostolic Fathers* [*Os pais apostólicos*], pt. II, vol. 1, London, 1885, 21889).

Tradição e crítica da forma. Exceto se um autor estiver relatando diretamente, por seu conhecimento pessoal eventos que fazem parte de sua própria experiência de vida ou comunicando algum ensino seu imediato, a história anterior ao material registrado é assunto para exame pela crítica bíblica. Já que, de um modo ou de outro, tal narrativa chegou até o escritor, sua transmissão anterior deverá ser examinada. Se foi por ele recebida sob a forma de documentos escritos, a crítica da fonte terá de algum modo de tratar a respeito deles; mas, se comunicada oralmente, constitui, mais especificamente, uma questão de crítica da tradição. Isso pode vir a ser aplicado, no AT, às narrativas, leis, poemas e ditos de sabedoria que passaram por um estágio de transmissão oral antes de serem registrados. No NT, tem sido aplicado ao material do evangelho, embora, aqui, seja menor o hiato entre os eventos e o conteúdo dos documentos que os registraram. Todavia, como o evangelho foi pregado antes de vir a ser escrito, é útil estudar os estágios de sua apresentação oral. O processo é até mais especulativo do que a crítica da fonte documental. Se o método usado se baseia nas "leis" da tradição oral, deve-se ter em mente que tais "leis" não passam de tendências e regularidades geralmente observadas, não devendo ser aplicadas, indiscriminadamente, onde não se encaixam.

Aspecto importante da crítica da tradição é a crítica da forma — estudo das diversas formas que o material possa ter tomado no decurso do tempo até ser escrito. No AT, essa abordagem tem-se mostrado frutífera no estudo de Salmos: eles têm sido classificados de acordo com seus principais tipos, cada um dos quais relacionado ao seu ambiente de existência na adoração comunitária ou devoção particular.

No NT, a crítica da forma dos evangelhos — classificação de suas narrativas e ditos de acordo com suas formas principais — tornou-se a base de uma tentativa de traçar sua história em seu estágio pré-literário. Apesar de algumas alegações exageradas, a classificação da forma lança pouca luz sobre a historicidade de qualquer elocução ou incidente especificamente. Juntamente com a classificação da forma, tem estado ligada a tentativa de se averiguar o ambiente de vida de várias unidades da tradição do evangelho. Aqui, devem-se distinguir diferentes ambientes de vida — o ambiente de existência do ministério de Jesus; os sucessivos ambientes de existência no curso da tradição (quais os fatores que ditaram a preservação de determinados incidentes e ditos enquanto outros se perderam?); o ambiente de existência da obra literária final. Quando alcançado esse estágio, a crítica da tradição abre caminho para a crítica da redação. Graças à crítica da forma e da tradição, torna-se claro que, não importa quanto se retroceda a investigação, nunca se poderá alcançar um nível em que um Jesus inteiramente não sobrenatural seja descrito.

Aplicada às epístolas do NT, a crítica da forma de uma outra espécie pode ajudar os estudiosos a reconhecerem em uma epístola completa a mesma forma de uma tese, segundo os nossos padrões retóricos contemporâneos (*cf*. H. D. Betz, *Galatians*, Philadelphia, 1979), ou colocar determinado aspecto repetitivo no estilo epistolar a um estudo comparativo de redação de minutas (*cf*. P. Schubert, *Form and Function of the Pauline Thanksgivings* [*Forma e função das ações de graças paulinas*], Berlin, 1939).

Crítica da redação. A crítica da redação é complementar à crítica da tradição: estuda o uso que um autor faz do material à sua disposição, tenha sido recebido por tradição ou de qualquer outro modo. Tem sido particularmente frutífera no estudo dos evangelhos, reconhecendo os evangelistas como verdadeiros autores, e não meros compiladores. Mateus, por exemplo, por seu manuseio do material, revela-se alguém interessado na igreja como uma irmandade, onde o ensino de Jesus deva ser transmitido e observado a partir da ressurreição até a consumação final. Já Marcos escreve não só para encorajar os cristãos sofredores por sua fé a "tomarem a cruz" e seguirem a Jesus, mas também para apresentar Jesus como o Filho de Deus: esse é o "segredo messiânico" divulgado no final de sua narrativa da paixão, no rasgar do véu e na confissão do centurião. Lucas vê o ministério de Jesus como o cumprimento de obras poderosas e palavras proféticas nas quais Deus se revelara nos tempos do AT, tendo continuidade e sendo difundidas amplamente no testemunho apostólico. João mostra a validade permanente e universal do evangelho essencial, ao introduzir Jesus como a encarnação do Verbo eterno de Deus, que manifesta a glória divina para todos os que sejam capazes de discerni-la.

No AT, a crítica da redação tem levado à novidade de encorajar os estudiosos a pensar no Pentateuco, por exemplo, como uma só unidade literária e a estudar, desse modo, o propósito e a mensagem do(s) autor(es) (cf. D. J. A. Clines, *The Theme of the Pentateuch* [*O tema do Pentateuco*], Sheffield, 1978).

Crítica do cânon. A crítica do cânon surge no ponto em que cessa a redação, possuindo um conteúdo mais teológico que esta. Nela, a empreitada crítica é dirigida ao cânon completo das Escrituras; aos livros, individualmente, em seu novo contexto e no inter-relacionamento que adquiriram por sua inclusão no cânon, bem como à sua forma canônica (*i.e.,* sua forma final). A ênfase na forma canônica contrasta com a tentativa de estabelecer a forma "original" que preocupa as outras abordagens críticas. A crítica do cânon não substitui as outras abordagens, mas se empenha em complementá-las, ajudando-as a realizar o devido objetivo delas.

Estruturalismo. O estruturalismo estuda a operação e interação dos sinais em um sistema estruturado e controlado por um "código" subjacente. Muitos estruturalistas negam qualquer interesse seu no ambiente e no propósito histórico original de um documento: o que os preocupa é a forma final do texto como fenômeno linguístico ou semântico. A mensagem dos textos é tida como verdadeira ou relevante em seus próprios termos, e não em termos históricos. Qualquer processo que capacite o leitor a ver os textos bíblicos sob nova luz tem valor positivo, mas uma averiguação que exclua qualquer consideração da intenção do autor é improvável que possa ser realmente proveitosa para o estudo bíblico.

(**F. F. Bruce**) (falecido), M.A., D.D., F.B.A., ex-professor emérito de Crítica e Exegese Bíblica de Rylands, Universidade de Manchester, Inglaterra.)

BIBLIOGRAFIA. C. E. Armerding, *The Old Testament and Criticism* (Grand Rapids, MI, 1983); R. S. Barbour, *Traditio-Historical Criticism of the Gospels* (London, 1972); J. Barr, *Holy Scripture: Canon, Authority, Criticism* (Oxford, 1983); J. Blenkinsopp, *Prophecy and Canon* (Notre Dame, IN, 1977); R. E. Brown, *The Critical Meaning of the Bible* (London, 1982); B. S. Childs, *Introduction to the Old Testament as Scripture* (London, 1979); idem, *The New Testament as Canon: An Introduction* (London, 1984); A. M. Johnson (ed.), *The New Testament and Structuralism* (Pittsburgh, 1979); J. Knox, *Criticism and Faith* (London, 1953); K. Koch, *The Growth of the Biblical Tradition* (TI, London, 1969); E. Krentz, *The Historical-Critical Method* (London, 1976); G. E. Ladd, *The New Testament and Criticism* (Grand Rapids, MI, 1967); B. M. Metzger, *The Text of the New Testament* (Oxford, 1968); N. Perrin, *What is Redaction Criticism?* (London, 1970); E. B. Redlich, *Form Criticism* (London, 1939); J. A. Sanders, *Torah and Canon* (Philadelphia, 1972); E. Wurthwein, *The Text of the Old Testament* (TI, Grand Rapids, MI, 1979).

CRÍTICA DE FORMA. Ver o artigo sobre *Crítica da Bíblia*, quarto ponto.

CRÍTICA DE TEXTO. Ver sobre os *Manuscritos Bíblicos*.

CRÍTICA HISTÓRICA. Ver o artigo geral sobre *Crítica da Bíblia*.

CRÍTICA LITERÁRIA. Ver *Crítica da Bíblia*.

CROCODILO

Essa palavra não é usada em muitas traduções, embora muitos pensem que a palavra esteja em foco em Jó 41.1, onde o original hebraico diz *leviatã* (embora nossa versão portuguesa diga ali "crocodilo", talvez seguindo a *Revised Standard Version*, em inglês). É provável que esteja em foco o crocodilo do rio Nilo. Que esse animal está em foco é deduzido com base nos hábitos mencionados, como o fato de que é difícil de ser morto, que seu couro é duro e quase impenetrável, que suas costas contam com escamas, que ele faz o fundo do rio borbulhar como uma panela que ferve etc., coisas essas que aparecem em Jó 41.7,13,15,26 e 31. Na antiguidade, esse animal era encontrado em toda a extensão do rio Nilo. Mas a caça ao mesmo reduziu em muito a área de seu *habitat*. Outras regiões, conhecidas pelo povo de Israel, também dispunham de crocodilos. Por essa razão, antes e depois do êxodo, os israelitas tinham consciência da existência deles. Alguns supõem que o "crocodilo" também esteja em foco no trecho de Ezequiel 29.3 ss. (o que é refletido em nossa versão portuguesa). Mas outros estudiosos preferem pensar no "dragão", uma figura simbólica de Faraó. Em Levítico 11.39 algumas traduções dizem "crocodilo da terra" (o que também se dá com a nossa versão portuguesa). De acordo com as leis levíticas, os répteis eram imundos, impróprios para o consumo humano. O crocodilo pode ser chamado de "grande lagarto", não sendo franqueado à alimentação humana. As dimensões médias do crocodilo, no Oriente Próximo, em nossos dias, são menores que na antiguidade; porém, mesmo na atualidade podem atingir cinco metros, pesando uma tonelada. Esse réptil é carnívoro, alimentando-se de insetos e de toda a espécie de presas. Algumas vezes, tornam-se comedores de seres humanos.

CRÔNICAS DOS VIDENTES

Algumas traduções, como a nossa versão portuguesa, dizem em 2Crônicas 33.19, em vez dessa expressão, "história escrita por Hozai". Está em pauta algum livro ou registro, onde ficaram registrados por escrito a oração de Manassés, a sua pecaminosidade e os seus atos de impiedade. Contudo, a palavra "Hozai", poderia ser um nome próprio, referindo-se ao autor do livro antigo que continha essas crônicas, da mesma forma que Isaías registrou os atos e as obras de Ezequias (2Cr 32.32). Outros estudiosos preferem entender "Hozai" como "videntes". Nesse caso, estariam em foco os profetas que estiveram envolvidos no reinado de Manassés, em várias ocupações.

CRÔNICAS, LIVROS DE

I. DECLARAÇÃO GERAL. 1 e 2Crônicas são livros históricos do Antigo Testamento, contidos na terceira e última divisão do cânon hebraico, *os Escritos e os Hagiógrafos*. Originalmente, esses livros formavam um único volume. Eles narram desde Adão até Ciro (538 a.C.), dando atenção especial a Davi e aos reis subsequentes de Judá. Essas obras têm sinais de ser uma revisão de livros anteriores e canônicos do Antigo Testamento, sobretudo com base em 1 e 2Samuel e 1 e 2Reis, de acordo com os interesses e ideias do autor. O autor exibe interesse especial pelo templo de Jerusalém, com sua adoração e ritos. Também demonstra interesse especial pela doutrina da retribuição divina. A tradição judaica atribui a obra desses dois livros a Esdras; mas muitos eruditos modernos supõem que eles pertençam a um período posterior, isto é, à primeira metade do século III a.C., do mesmo autor que escreveu os livros de Esdras e Neemias. Se Esdras viveu na primeira metade do século IV a.C., entretanto, não é impossível que ele tivesse sido, realmente, o autor sagrado. Além dos livros canônicos históricos (Gn a 2Reis), parece que outras fontes também foram usadas. O valor especial dos livros de Crônicas reside nas explicações e avaliações feitas pelo autor sagrado acerca das ideias e instituições do judaísmo de sua época. Alguns estudiosos supõem que esses livros sejam escritos suplementares no espírito dos escritos sacerdotais, P.(S.), embora representem um estágio posterior. Ver o artigo sobre as fontes informativas do *Pentateuco*.

II. TÍTULO. O título "Crônicas" foi usado pela primeira vez já nos fins do século IV d.C., em seu equivalente latino, por Jerônimo. A LXX, a versão grega do Antigo Testamento compilada no século II a.C., emprega o nome *Paralipomena*, que significa "coisas omitidas", a saber, omitidas de outros livros do Antigo Testamento, e que o autor sagrado desejava suprir. O nome hebraico desses livros é *Dibre Hayamim*, que significa "anais" ou "história". Nas Bíblias grega e latina e na maioria dos idiomas hebraicos, os livros de Crônicas aparecem entre os livros de Reis e de Esdras, ou entre os livros de Esdras e Neemias. Porém, na Bíblia hebraica, aparecem no fim dessa coletânea. Originalmente, eles formaram um único volume. A divisão retrocede à LXX, o que não foi adotado na Bíblia hebraica senão já na Idade Média. Entretanto, não há evidência de que, originalmente, os livros de Crônicas e Esdras-Neemias formavam um único volume.

III. AUTORIA. A tradição judaica atribui os livros de Crônicas a Esdras, o escriba que é personagem nos livros de Esdras e Neemias (Ed 7.6). A tradição talmúdica (Baba Bathra 15a) confirma essa opinião. O trecho de 2Macabeus 2.13-15 indica que Neemias reuniu uma extensa biblioteca, a qual provavelmente esteve à disposição de Esdras, para ser usada como fonte informativa. O relato de Esdras-Neemias cobre aproximadamente o primeiro século do Estado judeu restaurado, após o retorno do exílio babilônico em 539 a.C., aludindo, principalmente, às atividades de Esdras e Neemias, após uma breve narrativa sobre o retorno dos judeus e a reconstrução do templo de Jerusalém. É bem provável que Esdras tenha sido o autor de ambos os livros. Também é possível que ele tenha sentido que um relato atualizado da história de Israel seria útil para conscientizar a sua geração sobre a importância do templo e da tradição judaica em geral. Os livros de Crônicas, segundo parece, resultam desse desejo. O elo entre o final dos livros de Crônicas e o começo do livro de Esdras, bem como a similaridade de ponto de vista desses livros, sugere que eles formam uma unidade. E isso, por sua vez, sugere uma autoria única. Adições de natureza histórica, muito tardias para Esdras, podem ser explicadas como obra de escribas posteriores, que atualizaram os livros. Assim, nas genealogias, em 1Crônicas 3.19-25, os nomes dos descendentes de Zorobabel, até a sexta geração (na LXX, até a décima primeira geração), e a lista dos sumos sacerdotes, em Neemias 12.22, continuam até Jadua, que, conforme Josefo explica, viveu na época de Alexandre, o Grande, tendo falecido em 333 a.C., o que ultrapassa a época de Esdras, pelo que deve representar essas adições às quais acabamos de nos referir. Em favor da autoria de Esdras temos igualmente o fato de que nenhum dentre os demais nomes sugeridos adapta-se tão bem aos fatos, como um todo, como o nome de Esdras.

IV. DATA. Esdras retornou a Jerusalém em 457 a.C. O templo de Jerusalém foi reconstruído em 520-515 a.C., mas a lassidão geral prevalecia no tocante à observância apropriada das instituições judaicas. Portanto, Esdras anelava por melhorar a situação. Neemias retornou à Palestina em 444 a.C., e novamente, em 432 a.C., como governador do novel Estado judaico, provendo a liderança necessária no tocante à reconstrução das muralhas da cidade. Provavelmente, foi durante esse período de ajustamento e reorientação que Esdras escreveu os dois livros de Crônicas. O arqueólogo W.F. Albright defendeu a autoria de Esdras, datando a escrita desses livros entre 400 e 305 a.C. Porém, alguns estudiosos pensam em uma data tão tardia quanto 250 a.C., supondo que escribas posteriores tivessem feito uma compilação, incluindo algum material que obviamente dizia respeito a um período posterior ao de Esdras. No entanto, esse material pode ser justificado como adições feitas por escribas posteriores, com o intuito de atualizar a obra.

V. AUTENTICIDADE HISTÓRICA. O autor sagrado aventura-se a incluir material ainda não contido nos livros canônicos anteriores do Antigo Testamento. Os críticos têm posto em dúvida a historicidade desse material adicional. Todavia, W.F. Albright dá-nos a seguinte garantia: "Os livros de Crônicas contêm grande quantidade de material que aborda a história de Judá, que não se encontra nos livros dos Reis e... o valor histórico desse material original está sendo confirmado pelas descobertas arqueológicas" (*Bulletin Am. School of Oriental Research* 100, 1945, p. 18). É verdade que o autor sagrado usou muitas fontes informativas (ver o ponto sexto, abaixo), mas parece que ele se mostrou cuidadoso na seleção que fez. Acresça-se a isso que é bom lembrar que os hebreus eram muito sensíveis à história, e pelo menos desde 1000 a.C. em diante os relatos apresentados por ele têm sido achados bastante exatos.

VI. FONTES INFORMATIVAS LITERÁRIAS. O próprio autor sagrado refere-se a vários escritos que contêm novas informações sobre a história de Israel; e, apesar de não afirmar especificamente que se utilizou deles, é isso o que se pode deduzir. Os livros de Crônicas distinguem-se por serem as obras do Antigo Testamento que mais alusões fazem a fontes externas aos livros sagrados.

Muitas dessas fontes informativas estão agora perdidas. As *Fontes Informativas*:
1. Registros oficiais, talvez existentes na biblioteca de Neemias, incluindo outros livros do Antigo Testamento: *a*. A história do rei Davi (1Cr 27.24). *b*. Os livros canônicos dos reis (2Cr 16.11; 25.26; 27.7; 28.26; 32.27; 35.27 e 36.8). *c*. O livro da história dos reis (2Cr 24.27). *d*. A prescrição de Davi, rei de Israel, e a de Salomão, seu filho (2Cr 35.4).
2. Escritos e registros proféticos. *a. Samuel* (1Cr 29.29). *b. Natã* (1Cr 29.29 e 2Cr 9.29). *c. Gade* (1Cr 21.9). *d. Ido* (2Cr 9.29; 12.15 e 13.22). *e. Aías* (2Cr 9.29). *f. Semaías* (2Cr 20.34). *g. Jeú, filho de Hanani* (2Cr 12.15). *h. Isaías* (2Cr 26.22; 32.32). *i. Hozai* (2Cr 33.19).
3. Diversas outras fontes. Listas genealógicas e documentos oficiais (2Cr 32.10-15); as cartas de Senaqueribe (2Cr 32.10-15); as palavras de Asafe e Davi (2Cr 29.30); o documento com planos para a construção do templo de Jerusalém (1Cr 28.19). Essas fontes informativas não são, necessariamente, todas elas, documentos separados. Além dos escritos canônicos do Antigo Testamento, que contêm a essência da mensagem dos profetas, também há um número regular de escritos que lhes são semelhantes, mas nunca fizeram parte do cânon do Antigo Testamento.

VII. MOTIVOS E PROPÓSITOS. Esdras já vinha atuando ativamente em Jerusalém, como mestre da lei, por mais de uma década, antes que Neemias chegasse como governador, em 444 a.C. A obra de Neemias renovou os interesses espirituais do povo judeu, o que pode ter sido aproveitado por Esdras como a ocasião apropriada para reforçar esse avanço, pondo em dia os escritos históricos de Israel. Se o povo judeu adquirisse maior orgulho a respeito de sua história e de suas tradições religiosas, sentir-se-ia mais fortalecido em uma época de renovação. Alianças foram renovadas, festas religiosas foram celebradas (Ne 8—10). O livro não declara especificamente o seu propósito; mas, com base em seu conteúdo, podemos obter uma boa ideia sobre ele. O autor sagrado não queria meramente repetir a história. Ele não apresentou fatos, deixando de mencionar muitos deles. Porém, por trás dessa sua nova narração da história, ele tinha certo propósito teológico e filosófico. Por exemplo, ao descrever o reinado de Davi, ele demonstrou a supremacia militar e os interesses religiosos desse grande rei de Israel. Relatou, com abundância de detalhes, as coisas que Davi realizou, como se estivesse dizendo obviamente ao povo: "É chegado o tempo de restaurar as coisas, em consonância com o estilo davídico". Ele retratou Salomão sob luzes favoráveis, visto que foi Salomão quem construiu o templo de Jerusalém. Sem dúvida é significativo que a apostasia de Salomão, tão cuidadosamente delineada no décimo primeiro capítulo de 1Reis, seja inteiramente omitida nas Crônicas. É que o autor sagrado queria projetar um exemplo positivo, que pudesse ser seguido; e ele não queria obscurecer esse ponto, narrando os aspectos negativos do relato. E o autor sagrado usou do mesmo esquema ao relatar os atos de outros reis. As virtudes deles foram enfatizadas, para que pudessem servir de bons exemplos.

VIII. FILOSOFIA E TEOLOGIA. A fim de transmitir a sua mensagem, o autor sagrado teve a inspiração de apresentar pontos de vista e propósitos específicos. Ele tinha uma filosofia a comunicar.
1. A lei da colheita segundo a semeadura. Deus ocupa-se da retribuição, de uma maneira ativa. A história não é algo que meramente acontece. Há uma reconhecida relação entre causas e efeitos, e essas causas e efeitos estão baseados em condições morais. O vigésimo primeiro capítulo de 2Reis, que é a base de 2Crônicas 33, diz muita coisa má a respeito

de Manassés. Porém, nas mãos do autor sagrado dos livros de Crônicas, esses atos errados não foram relatados, porquanto isso seria incompatível com o longo e pacífico reinado de Manassés. E o autor também teve o cuidado de narrar o exílio e o arrependimento de Manassés, mostrando como ele retornou a Israel a fim de levar uma vida caracterizada pela piedade (2Cr 33.11-13).

2. A questão da autoridade. A fim de que a vontade de Deus seja cumprida entre o povo, é mister que haja uma autoridade apropriada, estabelecida entre os homens, com líderes legítimos. Os primeiros 405 versículos dos livros de Crônicas enfatizam esse tema.

3. O davidismo. Davi é o grande herói que o autor sagrado pintou com cores brilhantes, a fim de que pudesse ser o grande exemplo heroico para o povo judeu seguir. As questões éticas sempre foram importantes. O autor sagrado diz que Davi traçou planos cuidadosos para a construção do templo, algo que não é revelado em outras fontes informativas. No entanto, isso era importante para o propósito do autor sagrado. Ele precisava de exemplos claros sobre o uso apropriado do templo e de seus rituais. Davi e Salomão servem de exemplo sobre a preocupação apropriada a respeito dessas coisas. Precisamos estar interessados em cumprir a vontade de Deus.

4. Uma ênfase exclusiva. Os lances mais antigos do Antigo Testamento, como a história dos patriarcas, o êxodo, a conquista da Palestina etc., quase não são mencionados. Isso se harmoniza com o propósito do autor sagrado de salientar o templo de Jerusalém. Por essa razão, a sua narrativa não é proporcional, e, quanto a esse aspecto, deixou de ser história, para tornar-se muito mais uma crônica. Poderíamos chamar essa narrativa de história *selecionada*, compilada para servir a um propósito religioso e prático. Alguns eruditos fazem objeção a essa distorção, acusando o autor sagrado de ter reescrito a história. Porém, parece melhor supormos que essa porção do livro não tinha o propósito específico de ser história, no seu sentido comum. Há porções dos livros de Crônicas que são mais tratados religiosos, baseados historicamente.

IX. CANONICIDADE. Desde que se completou o cânon do Antigo Testamento ou Bíblia hebraica, os livros de Crônicas foram adicionados. Esses livros foram incluídos por Josefo dentro dos 22 livros em que consistia o cânon hebreu. Mas então a arrumação dos livros era outra, e esse número correspondia aos nossos mesmos 39 livros. Segundo se pode depreender de seus escritos, parece que Josefo acreditava que o cânon do Antigo Testamento se havia completado por volta de 400 a.C. Os livros de Crônicas ficavam dentro da classe dos *Escritos*, a terceira divisão do cânon hebraico. Aparecem em último lugar dentro da coletânea da Bíblia hebraica original; mas isso parece estar de acordo com um arranjo histórico, não servindo de indicação de prioridade canônica. Quanto a maiores detalhes sobre a questão, ver no *Dicionário* o artigo sobre o *Cânon do Antigo Testamento*.

X. ALGUNS PROBLEMAS. **1**. A questão da data e da autoria é criada pelo problema que cerca o trecho de 1Crônicas 3.19-24, bem como a lista dos sumos sacerdotes, em Neemias 12.22. Ambas as passagens ultrapassam a época de Esdras. Podemos encarar isso como indicação de que os livros foram escritos após a época de Esdras ou então como indicação de que a obra original foi expandida por escribas posteriores. Ver a discussão sob *Data e Autoria*. **2**. Alguns críticos não se satisfazem com a implicação dos livros de Crônicas de que Davi fez todos os planos relativos ao templo de Jerusalém e estabeleceu as guildas de cantores. Eles supõem que isso promova uma espécie de davidismo, segundo o qual Davi seria manipulado como uma espécie de herói, a fim de inspirar o povo a interessar-se pelo templo e seu ritual. Porém, o arqueólogo W.F Albright descobriu evidências em prol da assertiva de que essas guildas musicais não somente remontam aos dias de Davi, mas até mesmo aos tempos dos cananeus, muito antes da época de Davi (*The Old Testament and Archeology*, conforme citado por Alleman e Flack, em *Old Testament Commentary*, p. 63). E há fontes informativas egípcias que se referem a músicos cananeus durante o segundo milênio a.C.; e os fundadores das guildas musicais nos registros do Antigo Testamento têm nomes cananeus. **3. Novos informes históricos**. Nos pontos em que os livros de Crônicas vão além da história canônica do Antigo Testamento, têm sido levantadas algumas dúvidas. Sobre tais questões, entretanto, Albright declara que as descobertas arqueológicas têm confirmado coerentemente a historicidade dos livros de Crônicas. Ver o quinto ponto, *Autenticidade Histórica*.

XI. CONTEÚDO

I. *Genealogias de Adão a Saul* (1Cr 1.1—9.44)
  1. De Adão a Noé (1.1-4)
  2. Dos filhos de Noé a Jacó e Esaú — (1.5-54)
  3. Os filhos de Jacó (2.1—9.44)
    a. Judá, a linhagem real (2.1—4.23)
    b. Outras tribos (4.24—8.40)
    c. Levi (6.1-81)
    d. Oficiais do templo (9.1-34)
    e. Saul (9.35-44)
II. *Davi, o Grande Exemplo* (1Cr 10.1—29.30)
  1. Morte de Saul (10.1-14)
  2. A captura de Sião e os guerreiros de Davi (11.1—12.40)
  3. Davi como rei (13.1—21.30)
  4. Contribuição de Davi para o templo (22.1—29.30)
III. *História de Salomão* (2Cr 1.1—9.31)
  1. Sua sabedoria e prosperidade (1.1-17)
  2. Construção do templo (2.1—7.22)
  3. Sua obra e sua morte (8.1—9.31)
IV. *Os Reis de Judá* (10.1—36.23)
  1. De Reoboão a Zedequias (10.1—36.21)
  2. O decreto de Ciro, o exílio e o retorno (36.22,23)

XII. BIBLIOGRAFIA. ALBR AM BRI IB KEI ND ROW Z

CRONISTA

No hebraico significa **"alguém que faz lembrar"**. Ocupava importante função oficial em Israel, como arauto. O cronista era um dos diversos importantes oficiais da corte real de Israel. (Quanto aos nomes dos outros, ver em 2Sm 8.16-18 e 1Cr 18.14-17; 2Sm 20.23-26; 1Rs 4.1-6). Embora os termos hebraicos ocorram por nove vezes, os deveres exigidos do cronista nunca são mencionados na Bíblia. Se o termo "cronista" descreve o ofício, então ele deve ter estado ligado ao registro dos eventos oficiais da nação. Contudo, essa tarefa parece ter sido função do escriba real. Uma outra possibilidade é que ele era um oficial vocal, uma espécie de relações públicas do governo. Esse parece ter sido o caso de Joá, filho de Asafe, um cronista durante o reinado de Ezequias. Juntamente com dois outros oficiais, ele representou o rei Ezequias nas negociações com o Rabsaqué que representava Senaqueribe, rei da Assíria (2Rs 18.18,37; Is 36.3,22). Um outro Joá, filho de Joacaz, foi cronista durante o reinado de Josias (2Cr 34.8). Juntamente com Safã e Maaseias, ele foi delegado para pagar os trabalhadores que repararam o templo, durante a reforma do mesmo. Finalmente, Josafá foi o cronista durante os reinados de Davi e Salomão, embora a natureza de seu ofício não seja indicada (2Sm 8.16; 20.24; 1Rs 4.3; 1Cr 18.15). A menção dos cronistas, desde Davi a Josias, indica que o ofício prosseguiu até o fim da monarquia.

CRONOLOGIA DO ANTIGO TESTAMENTO

I. DEFINIÇÃO E DECLARAÇÃO GERAL. A cronologia é a ciência que nos permite fixar datas, arranjando o tempo passado em períodos ou divisões, além de situar os locais dos eventos nos lugares certos, dentro desse arranjo. Os cronologistas dão a entender que há dois tipos principais de fixação de datas: **a. Fixação relativa**: Os períodos e os eventos são postos em *relação* a uma sequência estabelecida, mostrando que alguns eventos são anteriores ou posteriores a outros, embora sem qualquer tentativa específica de determinar datas exatas. Os eventos ou períodos que ocorrem ao mesmo tempo são chamados *sincrônicos*. Mas os eventos ou períodos que ocorrem em tempos diferentes são chamados *discrônicos*. **b. Fixação cronométrica**: Essa forma de fixação de datas apresenta datas exatas ou aproximadas, ou então apresenta um período dentro do qual certos eventos tiveram lugar, como de 12.000 até 10.000 a.C. Esse segundo método é o grande alvo dos historiadores; mas, com frequência, é impraticável.

II. Alguns Métodos Usados nas Datas

1. Paralelos históricos e literários. Algumas vezes, uma data exata ou aproximada pode ser estabelecida relacionando-se a mesma a um outro evento histórico mencionado na literatura, que ocorreu na mesma época. Ver exemplos acerca desses paralelos em Lucas 2.1 e 3.1.

2. Referências astronômicas. Os astrônomos são capazes de datar qualquer acontecimento astronômico do passado; e, se houver referências literárias a esse acontecimento, então pode-se determinar uma data exata. O trecho de Mateus 2.2, onde é aludida a estrela de Belém, talvez uma alusão a uma rara conjunção de planetas, nos fornece uma data aproximada para o nascimento de Cristo.

3. Registros históricos paralelos. Os povos antigos conservavam registros históricos. E, apesar de que usualmente eram repletos de inexatidões, eles nos proveem muito material para a fixação de datas.

4. Fixação do tempo pelo método do carbono 14. Esse método mede o carbono 14 restante em qualquer matéria que fora viva. É que o carbono 14 vai decrescendo em quantidade em qualquer organismo animal ou vegetal, após a morte do mesmo, de uma maneira uniforme. O nível de carbono 14 restante, em qualquer objeto animal ou vegetal, encontrado pela arqueologia, pode ser comparado com o nível do mesmo animal ou vegetal vivo, o que nos fornece uma data aproximada de sua morte. Esse método pode estabelecer datas com bastante acurácia até cerca de sessenta mil anos. Após isso a mostragem do tempo torna-se *mais curta* do que realmente se passou. Ver o artigo separado sobre essa fixação de datas pelo método do *Carbono* 14, quanto a uma declaração mais detalhada e informativa.

5. Fixação do tempo pelo método do potássio argônio. Esse sistema pode fixar a antiguidade das coisas que ultrapassam o alcance do método do carbono 14. Tal método alicerça-se sobre a perda de radioatividade do potássio 40 em cálcio 40, e daí, para o argônio 40, utilizando proporções conhecidas em termos de taxas conhecidas de transformação. Esse método pode retroceder um milhão de anos de forma bastante exata. E as datas ainda mais antigas, estabelecidas de acordo com esse método, provavelmente não erram muito da realidade. A perda de radioatividade nos meteoritos sugere que o nosso sistema solar foi formado há cerca de 4.700.000.000 de anos.

6. Termoluminescência. Esse método tem sido usado para se datar objetos de cerâmica. Quando um objeto de argila é aquecido ao rubro em um forno, cada eléctron volta a uma posição estável e emite uma luz que pode ser fotografada. Se um fragmento antigo de cerâmica for reaquecido em laboratório, pequenas quantidades de luz serão emitidas pelo fragmento. Essa quantidade de termoluminescência indicará quanta perda de radiação foi sofrida por cada eléctron. Portanto, a quantidade de termoluminescência serve de medida do tempo que se passou desde que a peça de cerâmica foi fabricada. O Museu da Universidade da Pennsylvania, nos Estados Unidos da América, muito tem trabalhado para refinar esse método. O método aprimorado consiste em bombardear a peça de cerâmica para ela ser analisada mediante raios X.

7. Fixação de datas mediante a obsidiana. De acordo com esse método é medida a camada de hidrogênio deixada sobre a obsidiana (uma rocha vulcânica vítrea), mediante a absorção de água.

8. Magnetismo termorremanescente. O magnetismo remanescente, causado pelo aquecimento (usualmente em um forno), é comparado com a direção e intensidade sempre mutáveis do campo magnético do globo terrestre.

9. Teste pela fluorina. Segundo esse método, datas relativas podem ser estabelecidas comparando-se o conteúdo da fluorina restante, em ossos antigos e ossos recentes.

10. Análise do Pólen. A identificação e enumeração dos tipos de pólen presentes em um objeto antigo qualquer podem ser comparados com uma escala de tempo, comparando-se esse objeto com outros espécimes de data conhecida.

11. Camadas de sedimentação. De conformidade com esse método, as camadas de sedimentos, deixadas pelas geleiras, são contadas e correlacionadas a informes similares, colhidos em outros lugares.

12. Dendrocronologia. As árvores contam com anéis de crescimento sobrepostos, resultantes da passagem de épocas específicas. Esse método pode datar árvores com até três mil anos de antiguidade.

III. Problemas Comuns da Cronologia

1. A vasta antiguidade da Terra. Na verdade, a história real da Terra é desconhecida. A narrativa sobre Adão fornece-nos um começo recente. Muitos eruditos da Bíblia estão convencidos, através das investigações científicas, de que houve eras pré-adâmicas, completas até com raças pré-adâmicas, que nada têm a ver com a Bíblia, excetuando o ponto de que o começo de todas as coisas foi determinado divinamente. Nossos métodos de fixação de datas são alistados sob o segundo ponto, acima, fazendo-nos retroceder até quase cinco bilhões de anos, no tocante à antiguidade do nosso sistema solar, e até, pelo menos, dezesseis bilhões de anos, no que concerne ao início do universo. Ver o artigo sobre a *Astronomia*. Por conseguinte, podemos dizer com toda a verdade e certeza que a história de Adão é história relativamente *recente*. Sentimo-nos inteiramente perdidos na incerteza, quando temos de tratar com os primórdios verdadeiramente antigos.

2. A inexatidão dos registros antigos. Essa inexatidão deve-se mais à ausência de pontos de referência. Os registros antigos, com frequência, estavam mais interessados na simetria do que na exatidão dos registros dos reinados e acontecimentos importantes. Os eventos são algumas vezes mencionados somente em relação a certas dinastias.

3. Alterações nas inscrições antigas. Várias inscrições recentemente achadas, provenientes do Egito, segundo se tem descoberto, foram alteradas em algum tempo no passado. Além disso, sabe-se que certos monarcas, por um orgulho estúpido, deixaram alistadas batalhas que eles supostamente venceram, mas nas quais nunca se envolveram. Além disso, certas ocorrências, que realmente tiveram lugar, são exageradas e distorcidas, para satisfazer a soberba de governantes.

4. O uso de números redondos. Lemos que Saul, Davi e Salomão reinaram, cada um, durante 40 anos. Ora, isso seria uma incrível coincidência. Portanto, podemos pensar em Números propositalmente arredondados. Ou, segundo alguns estudiosos pensam, seria uma maneira oriental de expressar longos reinados.

5. Ausência de calendários exatos e formalizados (ver sobre *Calendário*). Essa ausência não permitia que os acontecimentos fossem exatamente registrados, no tocante ao tempo. Vários povos contavam suas datas a partir de vários começos históricos, reais ou imaginários. Além disso, a duração dos anos variava de sistema para sistema.

6. Conflitos de autoridade. O trecho de 2Crônicas 21.20 revela-nos que o rei Jeorão tinha 32 anos de idade quando começou a reinar, tendo morrido após um reinado de oito anos, com a idade de 40 anos, portanto. Mas o capítulo seguinte (vs. 22) diz-nos que seu filho mais jovem, Acazias, o sucedeu, tendo 42 anos de idade quando subiu ao trono. Isso significaria que Acazias nasceu dois anos antes de seu pai, e que os seus irmãos mais velhos nasceram antes mesmo disso. O trecho paralelo de 2Reis (8.26) fala em 22 anos, e não em 42 anos. E isso significa que, no original hebraico, a letra *mem* foi escrita, por engano, em lugar da letra *cafe*. No entanto, a Septuaginta fala em 20 anos, não correspondendo nem a 42 e nem a 22. Portanto, em algum ponto, houve erros de transcrição, pelo menos. Naturalmente, os harmonizadores só faltam perder a cabeça na tentativa para explicar essas discrepâncias, porquanto não gostam de erros no texto bíblico que perturbem suas teorias de inspiração. Acresça-se a isso que esses erros podem ter sido introduzidos no processo de cópia, através dos séculos. Por essa razão, John Gill, em seu comentário sobre o Antigo Testamento, alista 1Crônicas 22.2 como trecho que merecia certa explicação, mas terminou dizendo: "Parece melhor reconhecermos que houve aqui um erro de cópia, que facilmente poderia ter ocorrido, devido à similaridade entre os números 42 e 22". Questões cronológicas não envolvem pontos de fé, embora algumas pessoas pensem assim.

7. Os historiadores antigos, em contraste com os historiadores modernos, com frequência não estavam interessados pela exatidão dos registros, esforçando-se apenas por uma narrativa bem organizada, mas permitindo a existência de grandes hiatos de tempo. Mas a falha oposta também era comum. Os reinados de alguns monarcas eram aumentados, quanto ao número de anos, para que fosse obtida uma certa data. Ver o item abaixo.

8. Os monarcas hebreus. É bem provável que nenhuma outra cronologia tenha recebido maior atenção, por parte dos eruditos, do que a dos hebreus. Nas narrativas sobre os reinados dos monarcas de Judá e de Israel, a duração de cada reinado foi registrada com referências cruzadas, dizendo-nos em qual ano do reinado de algum rei de Judá, algum rei de Israel subiu ao trono. Apesar de um esquema assim, a cronologia envolvida está maculada por problemas insolúveis. Para começar, os anos registrados totais dos reis de Judá, até à queda de Samaria, envolvem 31 anos a mais que dos reis de Israel, durante o mesmo período, e nenhuma referência cruzada, após os dois primeiros reinados está rigidamente correta. Os anos que se passaram entre o primeiro e o segundo templos de Jerusalém foram exatamente 480 anos. Os anos dos reis de Israel foram de 240. O período desde a partida de Abraão, de Ur, até o êxodo, foi de 480 anos, e do êxodo até o primeiro templo, também foi de 480 anos. Notemos como os 240 anos são exatamente a metade de 480. É evidente que os cronistas hebreus estavam procurando atingir a simetria, e não a exatidão, em seus registros históricos. Os estudiosos modernos acreditam que os reinados do período da monarquia foram propositalmente alongados nas narrativas, para que se amoldassem ao período de 480 anos, e também que o período do exílio dos hebreus no Egito foi alongado, para fazê-lo coincidir com as invasões dos hicsos. Além disso, os tradutores da Septuaginta, quando tomaram conhecimento, através da obra recentemente publicada de Maneto, intitulada *Aegyptiaca* (em cerca de 280 a.C.), de que o rei egípcio, Menes, havia reinado em data ainda mais antiga do que se pensava, alongaram as vidas dos patriarcas hebreus para que a história do povo hebreu fosse mais antiga que a dos egípcios. Talvez tivessem feito isso com base na ideia de que a antiguidade envolve uma certa glória. Parece que precisamos reconhecer que os números eram manipulados para obtenção de resultados como simetria, glorificação ou conveniência. Mas não eram considerados importantes para efeito de exatidão. Ora, isso não se adapta à moderna maneira de pensar sobre as coisas. Os critérios mudam com a passagem do tempo, e os critérios antigos não eram os mesmos que usamos. No entanto, declarações como essas não agradam aos harmonizadores, os quais têm a ideia fixa de que a inspiração envolve certos detalhes, como números exatos. Porém, a verdade dos fatos é mais importante do que a harmonia a qualquer preço.

9. Genealogias. Os registros genealógicos existentes na Bíblia deixam grandes hiatos de tempo, para efeito de simetria. Basta-nos examinar o trecho de Mateus 1.17, com catorze gerações simétricas em cada grupo: de Abraão a Davi; de Davi ao cativeiro babilônico; e do cativeiro babilônico até o Cristo. Essa simetria forçada provavelmente tinha finalidades mnemônicas, para ajudar a memória dos leitores quanto ao tempo envolvido. Há alguma evidência, nas genealogias do Antigo Testamento, que, às vezes, um homem qualquer, em vez de envolver um só indivíduo, envolvia toda a história de um clã ou de uma tribo, devendo-se pensar em várias gerações, e não em uma somente. Atualmente, os estudiosos admitem que as genealogias representam muito mais tempo do que o resultado obtido pela soma das idades das pessoas envolvidas. Por isso, a erudição bíblica abandonou o método de calcular a passagem do tempo com a ajuda das genealogias. Isso não foi levado em conta pelo bispo Ussher, um dos primeiros estudiosos modernos a lançar mão do método da contagem do tempo através das genealogias bíblicas. Os escritores sagrados não visavam tanto a uma cronologia exata, mas antes, visavam à simetria, para efeito de facilitar a memorização. Ver as notas no NTI, sobre Mateus 1.1, quanto a evidências que confirmam o que acabamos de dizer.

IV. METODOLOGIA. O antigo método de fixação de datas mediante os números dados nas genealogias bíblicas é extremamente inexato. Isso é assim porque existem hiatos feitos propositalmente com finalidades de simetria; porque certos eventos alistados ocorreram paralelamente, e não consecutivamente; porque um único nome pode representar toda uma linhagem, ou uma tribo, e não uma única pessoa; porque quase certamente houve raças pré-adâmicas que não foram levadas em conta na narrativa de Gênesis, que só se interessa por uma história relativamente recente, isto é, a partir de Adão em diante. Há evidências geológicas de cerca de quatrocentas mudanças dos polos do globo terrestre. Quando isso sucede, a crosta da Terra desliza, os continentes são rearranjados e os oceanos ocupam novas localizações. Isso envolve destruições cataclísmicas, em que tudo quanto há à face do planeta, por assim dizer, tem um novo começo. As duas últimas mudanças de polos correspondem, a grosso modo, aos relatos atinentes a Adão e a Noé. E isso permite-nos presumir que eles representam *novos começos* na história humana, e não começos absolutos. A maior parte das descobertas arqueológicas, em face das vastas destruições envolvidas nesses eventos cataclísmicos, abarcam somente a história recente, ou seja, o período relatado na Bíblia. Entretanto, há muitos outros períodos, anteriores a esse, que antecedem à nossa era não somente por milhares, mas até mesmo por milhões de anos, e sobre os quais a Bíblia nada nos informa, a não ser, talvez, em termos extremamente vagos, nos seus primeiros dois versículos. Isso é assim porque a Bíblia não foi escrita para ensinar-nos a história geológica do mundo, mas para explicar o plano de Deus acerca da humanidade. Pode ter havido, portanto, muitas civilizações irrecuperáveis para os registros históricos, excetuando alguma descoberta ocasional, que não se ajusta ao resto dos fatos conhecidos. Alguns estudiosos chegam a pensar que há alguma evidência material e literária que nos permite imaginar o uso da energia atômica, por civilizações passadas, com a consequente destruição das mesmas. Por esses e outros motivos, solicito ao leitor que examine o artigo intitulado os *Antediluvianos*. Esse artigo, além de exibir as evidências que há em prol dessa ideia, aborda o problema da harmonização, da reconciliação e da cronologia, o que não repito neste artigo.

Métodos Atuais. Muitos eruditos modernos, além de se escudarem nos dados cronológicos oferecidos na Bíblia, procuram estabelecer ou confirmar datas por meio da arqueologia. Isso nos permite examinar os acontecimentos de muitas civilizações que não são mencionadas na Bíblia — não necessariamente anteriores a Adão — mas que nos ajudam a estabelecer melhor as datas. Assim, têm sido encontradas muitas inscrições antigas onde são mencionados nomes e lugares referidos na Bíblia. A partir de 620 a.C., há um arcabouço cronológico que nos é provido pelo cânon de Ptolomeu, além de outras fontes informativas clássicas, como os escritos de Meneto. Acrescente-se a isso os tabletes e inscrições da Babilônia. Antes mesmo desses, temos os registros assírios. Certo eclipse do sol, mencionado em antigas fontes literárias, e que agora sabemos ter ocorrido a 15 de junho de 763 a.C., fornece-nos um meio de fixar datas para eventos de antes e de depois desse eclipse. Assim, há as listas de reis da Assíria que nos fazem recuar até cerca de 2000 a.C., sem falar em listas de reis babilônicos, similares. Não há que duvidar que essas listas envolvem inexatidões e manipulações, tal como se dá no caso das listas dos reis hebreus, mas, pelo menos, através dessas fontes, podemos obter uma ideia geral da cronologia de períodos até dois milênios a.C. As fontes informativas egípcias ajudam-nos a estabelecer datas desde 1200 até 2100 a.C. Essas fontes incluem listas de reis, registros sobre alguns fenômenos astronômicos, mediante os quais alguns reinados podem ser datados com precisão. Destarte, as dinastias XI e XII do Egito podem ser agora datadas entre 2134 a 1786 a.C., enquanto as dinastias de XVIII a XX ficam entre 1570 a 1085 a.C., com um erro máximo de, talvez, dez anos. As datas relativas à Mesopotâmia, entre 2000 e 1500 a.C., dependem em grande parte da data que atribuímos a Hamurabi, da Babilônia; e, nesse caso, provavelmente há uma margem de erro de cem anos ou mesmo mais.

Quanto mais retrocedemos para além do ano 2000 a.C., maiores incertezas fazem-se presentes. Para datas anteriores a 3000 a.C. precisamos depender, quase exclusivamente, de métodos de fixação de datas como o do carbono 14, ou de outros métodos, enumerados no segundo ponto, acima. É possível determinar datas, com notável exatidão; os vários níveis de ocupação humana que as escavações arqueológicas vão descobrindo; e assim vamos retrocedendo de uma civilização a outra. A partir da época de Salomão em diante, até Cristo, podem ser estabelecidas datas com maior exatidão. Mas, quanto mais recuamos, de Salomão para trás, maiores dificuldades encontram os cronologistas, em suas pesquisas.

V. Períodos Bíblicos Específicos

1. Período pré-adâmico. Evidências extrabíblicas certamente indicam não apenas a existência do mundo físico antes de Adão, mas até mesmo de raças pré-adâmicas de seres inteligentes. Ver o artigo sobre *Antediluvianos*, quanto a evidências a esse respeito. Esse artigo também menciona meios através dos quais os estudiosos da Bíblia procuram reconciliar essa questão com as declarações e considerações bíblicas. A arqueologia tem descoberto objetos pré-adâmicos; e vários métodos de fixação de datas, conforme se vê no segundo ponto deste artigo, confirmam a grande antiguidade do nosso sistema solar e do universo. Atualmente, estamos recebendo luz de estrelas e galáxias que precisaram de dezesseis bilhões de anos para chegar até nós. A luz precisa de cerca de sessenta mil anos ao menos para atravessar, de um extremo a outro, a nossa própria galáxia, ou Via Láctea, que é o nosso próprio pequeno universo, sendo ela apenas uma dentre muitos bilhões de galáxias. E agora, devemos falar em "nosso próprio pequeno universo" porque o nosso sol é apenas um dentre muitos bilhões de sóis que se encontram na Via Láctea. Além da Via Láctea, há outras dezesseis galáxias que nos estão mais próximas, além de incontáveis bilhões de outras galáxias, mais distantes, espalhadas pelo universo. A Via Láctea é aquilo que vemos a cada noite, com exceção de algumas pequenas manchas de luz, visíveis a olho nu, que vêm de fora da nossa própria galáxia. Portanto, a Via Láctea, a despeito de suas descomunais dimensões, é apenas o nosso portão de entrada. No entanto, para que a luz atravesse de uma ponta à outra na nossa Via Láctea, é preciso cerca de sessenta mil anos.

O método de fixação de datas através do potássio argônio nos dá quase cinco bilhões de anos como a idade de nosso próprio sistema solar. Portanto, quando a Bíblia diz, no seu primeiro versículo, *No princípio criou Deus...*, está em pauta um começo muito remoto e misterioso. E quando lemos que Deus criou Adão, podemos pensar em um outro começo, bem mais recente. Imaginemos a verdadeira história do globo terrestre como uma enciclopédia de muitos volumes de mil páginas cada um. Nesse caso, podemos imaginar a história de Adão como um verbete que aparece na última página do último volume dessa enciclopédia. As demais páginas desse último volume estão quase inteiramente perdidas para nós, excetuando um ou outro indício muito raro. E todos os demais volumes anteriores estão irremediavelmente perdidos para nós. É que grandes cataclismos sepultaram para sempre a história verdadeiramente antiga da Terra, e apenas ocasionalmente vem à tona alguma coisa que está narrada nas páginas anteriores desse último volume da imaginária enciclopédia. Nossa cronologia, excetuando alguns raros itens, não consegue examinar coisa alguma das primeiras 999 páginas do último volume. O que sabemos é que Deus já estava nesse último volume, e em todos os volumes anteriores; que a Terra surgiu em algum desses volumes; que houve outras criaturas inteligentes na terra, antes do aparecimento do *Homo sapiens*, a raça adâmica. Não há como encaixar, dentro dos supostos seis mil anos que se passaram, desde a criação da terra, até os nossos dias, todas as ocorrências geológicas que a ciência já tem podido descobrir.

Isso posto, ninguém pode dizer: "Seis mil anos é a idade da criação de Deus".

2. De Adão a Noé. O método genealógico vale-se dos trechos de Gênesis 5.1-32 e de Gênesis 7.6 como base de seus cálculos. Os estudiosos das tabelas patriarcais, após terem verificado como os hebreus manipulavam suas genealogias, nas quais há tão frequentes omissões, onde um nome pode representar toda uma linhagem, com muitas gerações etc. — problemas esses sobre os quais já nos manifestamos, acima — são forçados a ignorar o método cronológico usado pelo bispo Ussher (vide), o qual estabeleceu que a data da criação teria ocorrido em cerca de 4000 a.C. A tentativa de manutenção desse método de fixação de datas só consegue levar-nos aos mais crassos absurdos. Parece justo dizermos, mesmo quando defendemos a historicidade de Adão, do que não abrimos mão, que as genealogias envolvidas contêm somente alguns dos nomes mais importantes, saltando, em muitos casos, por cima de muitas gerações. É que o propósito desses registros bíblicos não era o de fornecer-nos uma história cronológica, mas apenas mostrar-nos a linhagem ou descendência de Jesus Cristo. Para tanto, bastou um relato histórico *geral* da raça humana, e não foi preciso fornecer-nos uma história *detalhada* da mesma.

Se a história de Adão representa apenas um novo começo, e não um começo absoluto, então não temos necessidade de apelar para razões apologéticas (que governam quase todas as discussões sobre questões cronológicas, por parte dos eruditos conservadores mais rígidos), e nem precisaremos distorcer nossas ideias, procurando encontrar lugar para as tremendas expansões de tempo que se ajustem às descobertas arqueológicas e da ciência em geral. Alguns estudiosos têm conseguido fazer a cronologia bíblica retroceder para até 10 000 a.C., mas isso não representa ao menos uma gota no balde cheio da história descoberta pela arqueologia, e não representa nem ao menos alguns átomos de água, no grande oceano da história da geologia. Por conseguinte, é com muita dose de verdade que o

Dicionário Bíblico de Unger afirma que o trecho de Gênesis 1.1 situa a origem do universo no "passado sem data, dando margem a todas as eras esboçadas pela ciência da geologia". Quanto ao aparecimento do homem à face da terra, esse mesmo autor considera os supostos 4000 anos de Ussher como algo "insustentável, à luz dos fatos arqueológicos confirmados". Unger, grande estudioso presbiteriano, estava entre aqueles que fazem a cronologia da Bíblia retroceder até cerca de dez mil anos antes de Cristo. Mas a arqueologia fala em datas muito mais antigas do que isso, a menos que suponhamos que tal período seja o período *adâmico*, mas não como representante do *homem* como uma entidade. Conforme já dissemos acima, é interessante o fato de que a história bíblica sobre Adão corresponde, a grosso modo, ao grande cataclismo anterior ao próximo passado, quando então houve uma mudança de polos, tal como a história sobre Noé corresponde ao último desses cataclismos passados. Se encararmos as questões envolvidas por esse prisma, então a narrativa bíblica concordará com justeza àquilo que se conhece, cientificamente falando, acerca da atual raça humana, acerca da qual se manifesta a maioria de nossas descobertas arqueológicas. No que concerne à teoria da *Evolução*, que, naturalmente, diz respeito à cronologia mais antiga do homem, ver o artigo sobre esse assunto.

Ilustração sobre Datas Bíblicas. Os informes dados no gráfico abaixo foram extraídos do texto hebraico do Antigo Testamento, do Pentateuco samaritano e da Septuaginta. O Pentateuco samaritano pertence a cerca de 430 a.C., e a Septuaginta pertence a cerca de 283 a.C.

Observações. *a*. A base é Gênesis 5.1-32 e 7.6. *b*. Os números indicam a idade de cada indivíduo nomeado, quando algum filho (não necessariamente o mais velho dos filhos) nasceu, ou então, algum evento específico ocorrido, que ajuda a cronologia. *c*. As três fontes informativas mencionadas acima são especificadas, mediante as abreviações Hb, Sam. E LXX.

Anos Desde a Criação Até o Dilúvio

Nome	Hb	Sam.	LXX
Adão	130	130	230
Sete	105	105	205
Enos	90	90	190
Quenã	70	70	170
Maalalel	65	65	165
Jarede	162	62	162
Enoque	65	65	165
Matusalém	187	67	167
Lameque	182	53	188
Noé	600	600	600
Total de Anos	1.656	1.307	2.242

3. Do Dilúvio até Abraão. *a*. *A grande era dos patriarcas*. A cronologia pré-abraâmica está alicerçada sobre as genealogias de Gênesis 5 e de Gênesis 11.10-26, separadas, uma da outra, pelo dilúvio da época de Noé. A declarada imensa idade dos primeiros patriarcas, vários dos quais viveram mais de novecentos anos, tem deixado perplexos a alguns intérpretes. O fato de que as antigas lendas pagãs da Suméria dizem-nos que somente oito *reis* conseguiram viver por um período de 241 mil anos tem feito alguns estudiosos suporem que estamos tratando, na Bíblia, com mitos antigos idênticos. Há mesmo intérpretes que supõem que, tanto nas narrativas pagãs quanto nas narrativas bíblicas, um único nome pode representar toda uma tribo, o que explicaria a imensa duração da vida dos primeiros homens nomeados na Bíblia. Por outro lado, apesar de poder ter havido exageros, o fato de que tanto as narrativas bíblicas quanto as narrativas pagãs falam nessas vidas muito longas pode servir de indicações de que isso, realmente, sucedia. Em nossos dias, alguns cientistas estão dizendo que a nossa é a última geração de homens mortais. Claro que nisso há um exagerado otimismo. Mas é que a ciência está às vésperas de conseguir avanços tão fantásticos que as enfermidades poderão ser derrotadas, e as células do corpo humano poderão recuperar a vitalidade perdida. Se isso chegar a suceder, o que tem sido prometido a um milênio, bem poderá tornar-se uma realidade. A Bíblia prevê que, durante o milênio futuro, se alguém então morrer com cem anos de idade, será considerada uma criança (ver Is 66.20). Os místicos contemporâneos também afirmam que estamos nos aproximando da época em que será normal os homens viverem durante séculos. No que me diz respeito, aceito o que o Antigo Testamento diz sobre a longevidade dos primeiros homens, como algo perfeitamente razoável. Contudo, sabendo o que sabemos sobre as genealogias bíblicas, também precisamos afirmar que elas podem consistir apenas em esboços, e não em registros completos. Portanto, conforme diversos intérpretes têm dito, é bem possível que não sejamos capazes de determinar o tempo que se escoou entre o dilúvio e Abraão, com qualquer grau de certeza.

***b*. Os períodos arqueológicos e os patriarcas**. Essa informação foi oferecida no artigo sobre a Arqueologia, parte I, pelo que não a repetimos aqui. A leitura daquele material suprirá o leitor com muitas informações atinentes ao período entre Noé e Abraão. A época de Abraão pode ser identificada como a Idade do Bronze Média (2000-1500 a.C.), sendo dito que ele chegou à terra de Canaã em cerca de 2086 a.C. O período dos patriarcas ocuparia as datas de 2086 a 1871 a.C. A era patriarcal e a era de Davi seriam, respectivamente, 2000 e 1000 a.C.

***c*. Ilustração Sobre Datas**. Os informes do gráfico abaixo foram extraídos do texto hebraico, do Pentateuco samaritano e da Septuaginta.

Observações: *a*. A base do gráfico é Gênesis 11.10-26. *b*. Os números indicam a idade de cada indivíduo nomeado, quando um filho (não necessariamente o mais velho) nasceu, ou então algum evento específico ocorrido, que nos ajuda na cronologia. *c*. As três fontes informativas mencionadas acima são especificadas mediante as abreviações *Hb*, *Sam. E LXX*.

Nome	Hb	Sam.	LXX
Sem	100	100	100
Arfaxade	35	135	135
Cainã			130
Selá	30	130	130
Éber	34	134	134
Peleque	30	130	130
Reú	32	132	132
Serugue	30	130	130
Naor	29	79	179
Terá	70	70	70
Nasce Abraão			
Anos de Sem, antes do dilúvio	100	100	100
Anos do dilúvio até Abraão	290	940	1.170

CRONOLOGIA DO ANTIGO TESTAMENTO

Essas datas, naturalmente, não levam em conta possíveis hiatos; pois, quando muito, elas são apenas sugestivas. Os eruditos modernos, baseados em informes bíblicos, com algumas adaptações, supõem que o dilúvio teve lugar pelo menos 3.284 anos antes de Abraão. O método de interpretação cronológica de Ussher abria espaço para apenas 353 anos, entre o dilúvio e o nascimento de Abraão. Porém, tal cálculo não concorda com os períodos conhecidos da história do Egito e da Mesopotâmia, com abundantes evidências arqueológicas.

4. Comentários sobre o Dilúvio. Naturalmente, esse foi um dos grandes eventos da história recente da humanidade, do ponto de vista geológico. As evidências em favor da realidade do dilúvio são abundantes, não somente na geologia, mas também em fontes literárias e nas lendas antigas dos povos. Não há razão alguma para supormos que as muitas lendas que se referem ao dilúvio derivam-se todas dos registros bíblicos. Essas lendas são, por si mesmas, fontes informativas independentes. Fica implícito que houve áreas em que algumas poucas pessoas sobreviveram.

A narrativa bíblica conta acerca de uma família sobrevivente. Mas, há evidências que alguns eruditos aceitam, para provar que o dilúvio não foi universal. Os chineses, por exemplo, conseguiram fazer história, *embaixo da água*. Não há qualquer registro histórico, entre eles, que fale de interrupção mediante alguma grande catástrofe. É quase certo que o dilúvio de Noé representa a última grande catástrofe causada por uma mudança dos polos magnéticos da Terra. Quando há uma mudança de polos, a crosta da Terra desliza para novas posições, os continentes assumem novas formas, os leitos dos oceanos mudam de lugar, e naturalmente, há tempestades incríveis, com ventos incrivelmente violentos e inundações destrutivas.

Os místicos contemporâneos asseguram que estamos bem perto de um cataclismo universal dessa magnitude. Pode ser que algo assim ponha fim à nossa era, dando origem a uma nova era áurea, o milênio. Quanto a notas expositivas completas sobre a questão, bem como sobre o dilúvio de Noé, ver o artigo sobre *o Dilúvio*.

As evidências geológicas sugerem que o globo terrestre já experimentou cerca de quatrocentas dessas catástrofes, pois, nas rochas, há evidências de muitas alterações dos polos magnéticos. Na verdade, toda a história que conhecemos, com algum detalhe, é de tempos recentes. Quanto à data do dilúvio, o bispo Ussher pensava em 2500 a.C., mas a data real deve ter sido consideravelmente mais antiga do que isso. Todavia, não há como estabelecer a data exata desse cataclismo.

5. De Abraão ao Êxodo
a. Conjecturas sobre as datas de patriarcas específicos
• Abraão, 2000-1850 a.C.
• Isaque, 1900-1750 a.C.
• Jacó, 1800-1700 a.C.
• José, 1750-1650 a.C.

A entrada de Jacó e de sua família no Egito, é datada em cerca de 1700 a.C. Se essa conjectura está correta, então o poder de José no Egito corresponde ao período dos hicsos na história do Egito, quando governantes de origem semítica tornaram-se Faraós do Egito. Isso talvez explique a mistura de elementos egípcios e semitas, em Gênesis 37.1. Desnecessário é dizer que os intérpretes variam de opinião quanto a essa questão. Abaixo damos um gráfico baseado em informações dadas na Enciclopédia Pictórica da Bíblia, de Zondervan. Deve-se observar que as datas oferecidas variam daquelas dadas acima, em cerca de cem anos. Mas, quando tratamos de questões de tão grande antiguidade, levando em conta as incertezas que circundam as genealogias, esse tempo não é por demais significativo.

b. Gráfico Ilustrativo

Evento	Datas Hb	LXX	Gênesis
Nasce Terá	2291	2263	11.32; 12.4
Abraão entra em Canaã	2091	2058	12.4
Nasce Ismael	2080	2047	16.16
Nasce Isaque	2066	2033	25.26
Morre Sara	2029	1996	23.1
Isaque casa-se	2026	1993	25.20
Nascem Jacó e Esaú	2006	1973	47.9
Morre Abraão	1991	1958	25.7
Jacó foge para Harã	1929	1896	30.24-26
José vendido ao Egito	1898	1865	37.2
Isaque morre	1886	1853	35.28
José obtém o poder	1885	1852	41.54
Jacó desce ao Egito	1876	1843	(Êx 12.40)

c. Estadia no Egito. O texto hebraico diz que essa estadia perdurou por 430 anos; mas a Septuaginta fala em 215 anos. (Ver Êx 12.40). A LXX diz como segue: "O tempo em que os filhos de Israel habitaram na terra do Egito *e na terra de Canaã* (foi de) quatrocentos e trinta anos". Essa declaração tem o apoio do Pentateuco samaritano. Se isso reflete a declaração original, então o tempo em que os filhos de Israel estiveram no Egito foi muito mais curto. O trecho de Atos 7.6 (parte do discurso de Estêvão) dá um número arredondado, "quatrocentos anos". No entanto, Gálatas 3.17 diz que o tempo entre a aliança estabelecida com Abraão e a outorga da lei foi de 430 anos, o que concorda bem de perto com a declaração da Septuaginta. É óbvio, pois, que as diversas declarações bíblicas não se harmonizam entre si, por terem sido influenciadas por mais de uma tradição cronológica. No NTI, em Gálatas 3.17, provi uma nota sobre o problema da cronologia, no tocante a essa questão. Tal problema não é passível de qualquer boa solução. É que, nessa questão de datas, estamos abordando diferentes tradições antigas. A experiência de todos os estudiosos é que, usualmente, quanto mais longa a data, mais correta. Todavia, esse critério talvez não se aplique ao problema atual.

6. Do Êxodo à Construção do Templo. *a. Duração*. Esse período durou 480 anos, de acordo com o texto hebraico (1Rs 6.1), mas 440, de acordo com a Septuaginta. Questões difíceis iniciais são: em qual ponto da história o Egito começou a oprimir sistematicamente ao povo de Israel? Quem foi o Faraó da opressão, que não conhecia a José (Êx 1.8)? Os estudiosos têm oferecido várias sugestões. Os candidatos favoritos são Ramsés II (1237-1225 a.C.), Aames I, fundador da XVIIIa Dinastia, chamada de Novo Império (1570 a.C.), e Tutmés III (1504-1450 a.C.). Alguns pensam que Ramsés seria tanto o faraó da opressão quanto o faraó do êxodo, a despeito do fato de que Êxodo 4.19 refere-se à morte do opressor pouco antes do êxodo. Os argumentos em favor deste ou daquele nome alicerçam-se sobre as descobertas arqueológicas; porém, cada opinião está sujeita a alguma forma de objeção, o que nos deixa na dúvida. Contra Tutmés III temos o argumento que mais tempo seria necessário do que as suas datas permitem, para que a história de Israel tivesse ocorrido durante o seu reinado, a julgar pelo que sabemos mediante a história, através da arqueologia. Mediante cálculos bíblicos, chegamos a uma data de cerca de 1445-1446 a.C. Isso corresponderia a Tutmés III como o opressor de Israel; e seu filho, Amenhotepe II, como o Faraó do êxodo. **b. A Data do Êxodo**. Se o informe de 1Reis 6.1 está correto, então podemos fixar uma data quase precisa, pois sabemos quando, mais ou menos, o templo de Jerusalém foi construído. Essa construção teve início no quarto ano do reinado de Salomão, em cerca de 967 a.C. Se retrocedermos no tempo por 480 anos, isso nos dará uma data entre 1446 e 1448 a.C. Todavia, isso depende da exatidão histórica da genealogia em questão. A experiência dos estudiosos com as questões genealógicas demonstra que, com frequência, elas atendem mais às demandas da simetria do que às exigências da verdadeira cronologia. Visto que os próprios informes bíblicos não concordam entre si, defrontamo-nos com um problema que não é passível de solução fácil e boa. **c. As Vagueações pelo Deserto**. Os trechos de Deuteronômio 8.2 e Êxodo 16.35 dizem especificamente que esse período durou 40 anos. Porém, alguns eruditos aceitam a cifra com figurada, porque quarenta é o número simbólico de julgamento. Outras referências ao número quarenta, com esse sentido, são Gênesis 7.4; Juízes 13.1 e Mateus 4.2. Ainda outros estudiosos pensam que se trata de um número redondo, que permite considerável variação. **d. De Josué até o Reinado de Davi**. Como delinear esse período, cronologicamente falando, é algo que tem deixado os intérpretes perplexos. De fato, há quem diga que, quanto a esse período, não se pode obter grande sucesso enquanto a arqueologia não nos fornecer maiores informações, ou não as obtivermos mediante a literatura. Se levarmos em conta todos os informes bíblicos disponíveis, obteremos cerca de 580 anos, o que, como é claro, é demais para adaptar-se à referência em 1Reis 6.1. O problema consiste em como combinar os informes que falam sobre as opressões por parte de potências estrangeiras, em comparação com o tempo alocado aos vários juízes. A única maneira de conseguirmos harmonia com o trecho de 1Reis 6.1 consiste em supor que os períodos mencionados acerca das opressões e dos juízes se justapõem. Desse modo, se esses períodos não forem calculados de modo consecutivo, poderemos reduzir consideravelmente o total. A arqueologia nos tem dado evidências suficientes para concluirmos que, no Oriente Próximo, a cronologia não alista os eventos de modo necessariamente sincrônico. Os antigos meramente alistavam cada série de governantes e reinados separadamente, como se sempre estivessem em sucessão; e isso alonga o tempo realmente envolvido. Um exemplo disso é o Papiro Torino, com sua lista de reis egípcios. Ali há listas de todas as cinco dinastias da XIIIa à XVIIa, em grupos sucessivos. Ali aparecem 150 governantes, e seus reinados ocupariam, pelo menos, 450 anos. No entanto, com base em fontes arqueológicas, sabe-se que todos os Faraós precisam ajustar-se em um período de cerca de duzentos e dezesseis anos. Conclui-se daí que certos Faraós reinaram contemporaneamente, e não sucessivamente. Condições similares ocorrem na história das cidades-estados da Suméria e do antigo reino babilônico. Uma de minhas fontes informativas, no tocante ao período em questão, arrola 25 listas, sobre algumas das quais a Bíblia nos dá algumas informações quanto à duração do tempo. Se incluirmos nas vagueações pelo deserto, 40 anos, e mais o período da conquista, 230 anos, chegaremos a um total de 623 anos. Mas a opressão sob Jabim, a opressão sob Midiã e a opressão sob Amom etc., terão então de ser concebidas como inclusas nesses informes, que dizem por quanto tempo governou cada um dos juízes. Dessa forma, os 623 anos poderão ser consideravelmente reduzidos. Porém, como conseguir o feito, de maneira exata, já é questão que envolve os eruditos em considerável trabalho de harmonização.

e. Lista Ilustrativa

	Anos
Vagueações pelo deserto	40
Período da conquista	230
Israel serve a Cusã-Risataim (Jz 3.8)	8
Livramento por Otniel com um período de descanso (Jz 3.11)	40
Israel serve a Eglom (Jz 3.14)	18
Livramento por Eúde com um período de descanso (Jz 3.30)	80
Opressão por Jabim (Jz 4.3)	20
Livramento por Débora (Jz 5.31), com um período de descanso	40
Opressão pelos midianitas (Jz 6.1)	7
Livramento por Gideão (Jz 8.28), com um período de descanso	40
Abimeleque reina em Israel (Jz 9.22)	3
Tola julga Israel (Jz 10.2)	23
Jair julga Israel (Jz 10.2)	22
Opressão pelos amonitas (Jz 10.8)	18
Jefté julga Israel (Jz 12.7)	6
Ibsã julga Israel (Jz 12.9)	7
Elom julga Israel (Jz 12.11)	10
Abdom julga Israel (Jz 12.14)	8
Opressão pelos filisteus (Jz 13.1)	40
Sansão julga Israel (Jz 15.20; 18.31)	20
Período de Eli (1Sm 4.18)	40
Samuel julga Israel (1Sm 8.2)	20
Reinado de Saul (At 13.21)	40
Reinado de Davi (1Rs 2.11)	40
Reinado de Salomão antes da construção do templo	3
Total	623

7. Da Fundação do Templo de Salomão até a sua Destruição. A era dos reis hebreus vai de cerca de 1000 a 587 a.C.

a. Monarquia Unida. Davi, 1000-971 a.C. Salomão, 971-926 a.C. O templo foi fundado em cerca de 967 a.C. As datas são aproximadas, envolvendo conjecturas.

b. A Dupla Monarquia. 926-587 a.C.

Judá		Israel	
Reoboão	926-918 a.C.	Jeroboão I	926-907
Abias	910-908	Nadabe	907-906
Asa	908-872	Baasa	906-883
Josafá	872-852	Elá	883-882
Jeorão	852-845	Zinri	882
		Onri	882-871
Acazias	845-844	Acabe	871-852
Atalia	845-839	Acazias	852-851
Jeoás	839-800	Jeorão	851-845
		Jeú	845-818
Amazias	800-785	Jeoacaz	818-802
Uzias	785-747	Joás	802-787
		Jeroboão II	787-747
Jotão (rei e regente)	758-743	Zacarias	747-746
		Salum	747-746
		Menaém	746-737
Acaz	742-725	Pecaías	736-735
Ezequias	725-697	Peca	734-733
Manassés	696-642	Oseias	732-724
Amom	641-640	Queda de Samaria	721
Josias	639-609	Samaria	
Jeoacaz	609		
Jeoaquim	608-598		
Jeoachim	598		
Zedequias	598-587		
Queda de Jerusalém	587		

i. Tabela de Sincronismos. Dados encontrados no Antigo Testamento proveem informações sobre como os reinados dos monarcas de Judá corresponderam aos de Israel. Essa informação mostra-nos em qual reinado um certo rei de Israel começou a reinar, em comparação com um ano específico do reinado de algum rei de Judá, conforme se vê abaixo:

ii. Dificuldades do Sincronismo. Embora os hebreus tenham-nos deixado as mais detalhadas informações sobre seus reis, em relação a outros povos, incluindo a lista acima de sincronismos, até nisso os eruditos têm encontrado várias manipulações com o propósito de obter simetria, ou com outras finalidades. No tocante a uma declaração sobre a questão, ver 3.h, *Problemas Comuns da Cronologia — Reis Hebreus*. Os eruditos encontram muitos erros e incoerências nessas informações. Certo investigador, levando em consideração o problema inteiro da cronologia, entre os povos orientais, declarou: "Os orientais sempre dão números definidos, mas nunca computam". Parece ter havido a tentativa de fazer o período entre a construção do templo, por Salomão, e a reconstrução do mesmo, por Zorobabel, ser exatamente de 480 anos. Já pudemos encontrar esse mesmo número, designando o período desde o êxodo até à construção do templo. Além disso, convenientemente, a duração do reino do norte, Israel, teria sido exatamente a metade disso, ou seja, 240 anos. É óbvio que questões de simetria, e não de cronologia estrita, estavam ali em foco.

iii. Cronologia Pós-exílica. Fontes Informativas. Quanto a esse período histórico, temos os livros do Antigo Testamento como Esdras, Neemias e Daniel. Este último oferece-nos apenas algumas informações. Mas o livro canônico de Ester, e os livros apócrifos de Tobias e Judite, embora pertencentes a esse período, não nos oferecem qualquer ajuda sobre questões cronológicas. No entanto, 1 e 2Macabeus também fornecem-nos informações a respeito. As descobertas arqueológicas atinentes a esse período são inúmeras. A questão inteira é ilustrada mediante referências literárias de fontes seculares, produzidas por outros povos envolvidos. Os gráficos abaixo do sétimo ponto *Gráficos Históricos e Literários*, fornecem-nos as informações desejadas. Muitos outros detalhes podem ser encontrados no artigo separado, intitulado *Período Intertestamental*.

Judá	Ano	Israel	Ano	Referência Bíblica
Reoboão	1	Jeroboão	1	
Abias	1	Jeroboão	18	(1Rs 15.1)
Asa	1	Jeroboão	21	
Asa	2	Nadabe	1	(1Rs 15.25)
Asa	26	Baasa	1	(1Rs 15.28,33)
		Nadabe	2	
Asa	26	Elá	1	(1Rs 17.8)
		Baasa	24	
Asa	27	Zinri	7	(1Rs 15.10)
Asa	27	Onri	1	(1Rs 16.16)
Asa	38	Acabe	1	(1Rs 16.29)
		Onri	12	
Josafá	1	Acabe	4	
Asa	41			
Josafá	1	Acabe	5	
Josafá	17	Acazias	1	(1Rs 12.51)
		Acabe	21	
Josafá	18	Jorão/Acabe	1/22/2	
		Acazias		
Josafá/Jeorão	22/1	Jorão	5	
Jeroão/Acazias	1	Jorão	12	(2Rs 8.25)

VI. Cronologia Literária. Este assunto é inteiramente coberto pelos dois gráficos sob o ponto sétimo, abaixo. O primeiro gráfico trata da cronologia literária do Antigo Testamento, e o segundo trata dos livros apócrifos e pseudepígrafes.

VII. Gráficos Históricos e Literários. Vide páginas seguintes.

- TABELA 1: Os Livros do Antigo Testamento.
- TABELA 2: Desenvolvimento dos Livros Apócrifos e Hagiográficos.
- TABELA 3: História de Israel e seus Vizinhos: os Selêucidas; os Hasmoneanos.

Bibliografia. AM FIN IB Kl THI UN Z

TABELA 1: Os Livros do Antigo Testamento

a.C.	Período Histórico	A Lei	Os Profetas		Os Hagiógrafos		
			Anteriores	Posteriores	Sabedoria	Poesia	Prosa
1.500							
1.200	O Êxodo	Tradição Oral					
1.100							
1.040	Monarquia — Saul		Tradição Oral				
1.000	Davi						
950	Salomão	J	Memórias e Arquivos			Tradição Oral	
	Israel e Judá, 922 a.C.				Tradição Oral		
900	Revolução de Jeú,		Tradição Oral				
	842 a.C.						
850							
800		E					
750	Queda de Samaria,	JE					
	722 a.C.			Amós			
				Oseias			
700	Ezequias			1Isaías			
650	Reforma de Josias			Miqueias			
	621 a.C.			Sofonias			
600		D	Reis	Naum			
	Queda de Jerusalém,		Samuel	Habacuque	Jó	Lamentações	
	586/87 a.C.	JED	Juízes	Jeremias			Tradição Oral?
550	Volta dos exilados		Josué	Ezequiel			
	538 a.C.			2Isaías	Salmos	Rute	
500	Governo persa			Ageu	Cantares	Jonas	Daniel?
				1Zacarias			
450		P		3Isaías			
	Neemias	Pentateuco		Obadias	Esdras-Neemias		
				Joel			
400				Malaquias	Provérbios		Crônicas
							Ester
350	Alexandre conquista			Isaías 24-27			
	a Palestina, 322 a.C.						
300							
250					Eclesiastes		
200							
150	Macabeus			2 e 3Zacarias			Daniel?

TABELA 2: Desenvolvimento dos Livros Apócrifos e Hagiográficos

a.C.	Eventos Históricos	História e Lenda	Apocalipse	Sermão e Ensaio	Sabedoria	Salmos
250	Palestina sob Ptolomeus (Egito)	Aikar (?) Tobias, 220 a.C.?				
200	Palestina sob Selêucidas (Síria), 198 Antíoco IV contamina o templo, 167; Judas Macabeus o purifica, 164 a.C.	Adições a Ester, c. 181-145 a.C. Judite, 180-100	Testamento 12 Patriarcas 1Baruque, 150 a.C.	Sabedoria de Jesus Ben Siraque (Eclesiástico), 180 a.C.		
150	Dinastia Hasmoneana	1Esdras, antes de 100 a.C. 1Macabeus, 105-65 a.C.?	1Enoque, 183-80 a.C. Guerra Filhos da Luz e Trevas	Manual de Disciplina, 100 a.C.? Fragmentos Sadoquitas		Cântico dos Três Jovens
63	Pompeu conquista Jerusalém, 63 a.C.	2Macabeus, 100 a.C. 70 d.C.? Susana, 80-50 a.C.		Oráculos Sibilinos III Epístola Jeremias		
50	Herodes, o Grande, 40 a.C.	Bel e o Dragão, 80-50 a.C. Vidas dos Profetas 3Macabeus, 50 a.C.-50 d.C.	Assunção de Moisés, 4 a.C.-28 d.C.	Carta de Aristeias Comentário sobre Habacuque 1, 2 4Macabeus, 50 a.C. - 70 d.C.	Sabedoria de Salomão 50 a.C.-10 d.C.	Salmos de Salomão

d.C. 1	Judeia sob procuradores romanos	Martírio de Isaías Crônica de Jeremias	2Baruque /Baruque siríaco/		Ditos dos Pais /Pirke Aboth, 10-100 d.C.?/	Oração de Manassés
66	Começa a guerra judaica, 66 d.C.	Vida de Adão e Eva / Ap de Moisés/	2Enoque /Enoque eslavônico ou segredos de			
100	Queda de Jerusalém, 70 d.C.		Enoque/ 2Esdras, 88-117 d.C. Apocalipse de Abraão 3Baruque /Baruque grego/			

TABELA 3: História de Israel e seus Vizinhos: os Selêucidas; os Hasmoneanos
PERÍODO INTERTESTAMENTAL
A. ISRAEL PÉRSIA EGITO SÍRIA

Data	ISRAEL					IMPÉRIO PERSA
538	Zorobabel Sheshbazaar; alguns voltaram a Jerusalém.				539-530	Ciro
					530-522	Cambises
					522-486	Dario I
537	O começo da reconstrução do templo; Interrupção da construção do templo				486-465	Xerxes I (Assuero)
					464-423	Artaxerxes I
520	A construção recomeçada				423-404	Dario II Nothus
516	O templo é completado (3 de Adar, 10 de março)				404-359	Artaxerxes II Mnemon
					359-337	Artaxerxes III Ochus
458	Ezra vai a Jerusalém				338-335	Arses
455-433	O templo de Neemias em Jerusalém				336-331	Dario III Codomanus
	ISRAEL				331-323	Alexandre de Macedônia
324	Israel sob o domínio da Síria		EGITO			SÍRIA
282	Ptolomeu I Soter	323	Ptolomeu I Soter		312-281	Seleuco, I Nicator
320	A Judeia torna-se parte do império de Ptolomeu, anexada por Ptolomeu I	285-246	Ptolomeu II, Philadelphus		281-261	Antíoco, I Soter
		246-222	Ptolomeu III, Euergetes		261-246	Antíoco, II Theos
		222-205	Ptolomeu IV, Philopater		246-225	Seleuco II
198	A Palestina torna-se parte do império sírio, permanecendo até os Macabeus	204-180	Ptolomeu V, Epiphanes		225-223	Seleuco III Soter
					223-187	Antíoco III, o Grande
167-40	Os Macabeus (hasmoneanos); A libertação de Israel; Matatias, o pai, inspirou a revolta				187-175	Seleuco IV
					175-163	Antíoco IV Epiphanes
					163-162	Antíoco V
166-161	Judas Macabeu				162-150	Demétrio I
160-143-135	Simão Macabeu				139-129	Antíoco VII Sidetes
135-104	João Hircano I					
104-103	Aristóbolo I					
103-76	Alexandre Jannaeus					
76-67	Rainha Salomé Alexandra e Hircano II					
67-40	Hircano II e Aristóbolo II					
63	Pompeu estabelece o protetorado romano; Israel é dominado					
40	Herodes, o Grande apontado como *rei dos judeus*; Governo de Herodes					

PERÍODO INTERTESTAMENTAL
B. OS REIS SELÊUCIDAS
Os Números Indicam a Ordem do Reinado de Cada Um

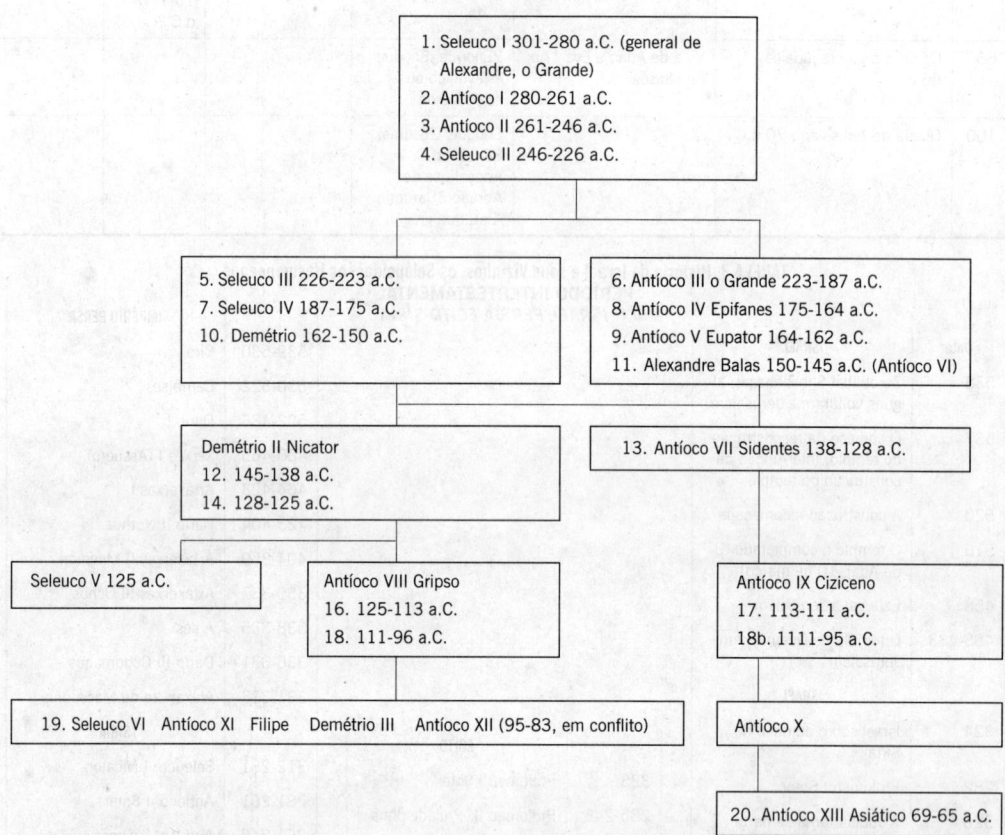

A palavra *Seleucidade* (plural) vem do nome de Seleuco Nicator, general de Alexandre, o Grande (312 a.C.). Esse general, depois da morte de Alexandre, começou a dinastia que governou a maior parte da Ásia Menor, Síria, Pérsia e Báctria (312-64 a.C.).

CRONOLOGIA DO ANTIGO TESTAMENTO

PERÍODO INTERTESTAMENTAL
C. OS HASMONEANOS
Os números indicam a ordem do reinado de cada um.

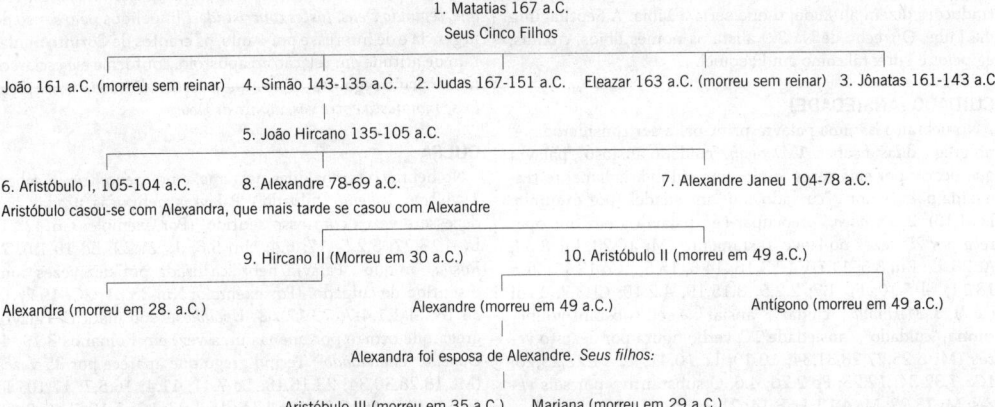

1. Matatias 167 a.C.
Seus Cinco Filhos

João 161 a.C. (morreu sem reinar)   4. Simão 143-135 a.C.   2. Judas 167-151 a.C.   Eleazar 163 a.C. (morreu sem reinar)   3. Jônatas 161-143 a.C.

5. João Hircano 135-105 a.C.

6. Aristóbulo I, 105-104 a.C.   8. Alexandre 78-69 a.C.   7. Alexandre Janeu 104-78 a.C.
Aristóbulo casou-se com Alexandra, que mais tarde se casou com Alexandre

9. Hircano II (Morreu em 30 a.C.)   10. Aristóbulo II (morreu em 49 a.C.)

Alexandra (morreu em 28. a.C.)   Alexandre (morreu em 49 a.C.)   Antígono (morreu em 49 a.C.)

Alexandra foi esposa de Alexandre. *Seus filhos:*

Aristóbulo III (morreu em 35 a.C.)   Mariana (morreu em 29 a.C.)
Mariana casou-se com Herodes, o Grande. Este morreu em 4 a.C.

D. OS HERODIANOS
Foram Incluídas Todas as Referências Bíblicas

Antípater, procurador da Judeia 47-43 a.C.

Herodes, o Grande 37 a.C. (Mt 2.11 e Lc 1.5)

Mariana (neta de Hircano) Hasmoneana	Mariana (filha do sumo sacerdote Simão)	Maltace (samaritana)		Cleópatra
Aristóbulo (esposo de Berenice, filha de Salomé, irmã de Herodes, o Grande)	Herodes Filipe I (esposo de Heroditas, filha de Agripal e mãe de Salomé (Mt 14)	Herodes Antipas (tetrarca, Mt 14.1; Lc 3.1, 19; 9.7; Mc 6: 4 a.C.-39 d.C.)	Arquelau (Mt 2.22) 4 a.C. — 6 d.C.	Filipe, o Tetrarca (Lc 3.1) (Herodes Filipe II) 4 a.C. - 34 d.C.
Herodes de Cálquis (esposo de Berenice filha de Agripa I)	Agripa I 41-44 d.C. (At 12)			
Agripa II (At 25.13)	Berenice (At 25.13) Segundo casamento com Herodes de Cálquis	Drusila (At 24.24) Segundo casamento com Félix		

HISTÓRIA JUDAICA DE 63 a.C. A 70 d.C.
1. Início do domínio romano: 63 a.C.-4 a.C. Poder *indireto*, luta entre Roma e os hasmoneanos.
2. Poder *indireto*, governo de Herodes (sujeito a Roma): 40 a.C.-44 d.C.
3. Judeia, Samaria, Idumeia (que constituíam a província romana da Judeia) governadas por *procuradores romanos:* 6 d.C. -41 d.C.
4. Palestina inteira governada por Agripa: 41 d.C. -44 d.C.
5. Palestina inteira governada diretamente *por Roma*, até à destruição de Jerusalém: 44 d.C.-70 d.C.

CUBE

Esse vocábulo encontra-se somente em Ezequiel 30.5, referindo-se a um lugar ou a um povo que entrara em aliança com o Egito, na época de Nabucodonosor (c. de 610 a.C.). Algumas traduções dizem ali Lude, o que seria a Líbia. A Septuaginta diz Lube. O trecho de Na 3.9 alista os nomes líbios, cuxitas, egípcios e Pute, tal como em Ezequiel.

CUIDADO (ANSIEDADE)

No hebraico há uma palavra principal a ser considerada, e, no grego, duas a saber: **1**. *Deagah*, "cuidado ansioso", palavra que ocorre por seis vezes, e que tem sido variadamente traduzida por "temor", "cuidado" ou "ansiedade" (por exemplo, Ez 4.16). **2**. *Phronéo*, "preocupar-se", palavra grega que aparece por 25 vezes no Novo Testamento (Mt 16.23; Mc 8.33; At 28.22; Rm 8.5; 11.20; 12.3,16; 14.6; 15.5; 1Co 13.11; 2Co 13.11; Gl 5.10; Fp 1.7; 2.2,5; 3.15,19; 4.2,10; Cl 3.2; 1Tm 6.17). **3**. *Merimnáo*, "cuidar", "ansiar"; e seu substantivo mérimna, "cuidado", "ansiedade". O verbo figura por dezoito vezes (Mt 6.25,27,28,31,34; 10.19; Lc 10.41; 12.11,22,25,26; 1Co 7.32-34; 12.25; Fp 2.20; 4.6. O substantivo por seis vezes: Mt 13.22; Mc 4.19; Lc 8.14; 21.34; 2Co 11.28; 1Pe 5.7).

O ser humano é uma criatura fraca e dependente. Sente-se perdido, a boiar no tempestuoso mar da vida, tendo pouca certeza acerca de onde veio, quem ele é, e, menos ainda, para onde está indo. As filosofias, as religiões e, estranha e estupidamente, até a política, procuram fornecer-lhe alguma orientação, algum propósito. Quanto a essa ansiedade, o trecho de 1Pedro 5.7 oferece ao crente a solução certa: ... *lançando sobre ele toda a vossa ansiedade, porque ele tem cuidado de vós*. Poderíamos traduzir com mais efeito essa frase de Pedro, sem em nada distorcer o original grego: "para que tanto cuidado, se ele cuida de vós?" Na verdade, não há necessidade alguma de ansiedade, no caso do crente, pois o Senhor anseia por nós. Ver o artigo sobre *Cuidar, Cuidado*. Em Mateus 13.22, há menção aos cuidados deste mundo, que levam os perdidos a ansiarem e preocuparem-se com as necessidades básicas da vida e com questões econômicas, sentindo-se oprimidos por elas, sabendo que é mister preservar, proteger e usar devidamente o dinheiro. De tais cuidados, os pobres estão isentos. Há também aquele cuidado piedoso (2Co 7.11), que produz o arrependimento. E outros exibem um cuidado espiritual por outros crentes e pelas igrejas locais, o que é uma virtude espiritual positiva (2Co 11.28). Jesus proibiu a ansiedade frívola com coisas meramente materiais e oculares (Mt 6.25-34), mas o evangelho por toda a parte elogia o nosso interesse e preocupação pelos nossos semelhantes, o que é apenas outra maneira de ver a lei do amor em operação. Ver o artigo sobre o *Amor*.

CUIDADO, CUIDADOS

Há dois vocábulos gregos que fazemos bem em examinar, nessa conexão: **1**. *Spoudé*, "pressa", palavra que aparece por doze vezes (Mc 6.25; Lc 1.30; Rm 12.8,11; 2Co 7.11,12; 8.7,8,16; Hb 6.11; 2Pe 1.5; Jd 3). **2**. *Mello*, "importar-se", "cuidar de", palavra que aparece por cerca de 110 vezes, desde Mateus 2.13 até Apocalipse 10.17.

Ansiedade e cuidado são ideias correlatas; mas se a primeira enfoca a noção de "preocupação sem motivo", a segunda dá a entender a noção de "interesse" pelo bem-estar de outrem, pelo bom estado de algo. Ver *Ansiedade*. O substantivo *spoudé*, "pressa", é usado nas páginas sagradas para indicar não somente a ideia de urgência, mas também de solicitude ou diligência. Para exemplificar, lemos que Paulo recomendou: *No zelo não sejais remissos* (Rm 12.11), onde o termo "zelo" é esse substantivo grego. Paulo queria dizer que não devemos ser preguiçosos em nossa solicitude por servir ao próximo. Outro tanto se vê em 2Coríntios 8.16: *Mas, graças a Deus, que pôs no coração de Tito a mesma solicitude por amor de vós*.

O verbo *mello*, que, na maioria das vezes, dá a ideia de algo que está prestes a ocorrer, também transmite a ideia de cuidado com outrem, segundo se vê, por exemplo, em 2Coríntios 7.11: *Porque, quanto cuidado não produziu isto mesmo em vós, que, segundo Deus, fostes contristados!* Impelidos pelo senso de urgência e de interesse por Paulo, os crentes de Corinto mudaram de atitude em relação ao apóstolo, conforme ele esclarece no versículo seguinte: ... *para que a vossa solicitude a nosso favor fosse manifesta entre vós, diante de Deus*.

CULPA

No hebraico temos duas palavras, e no grego, três, a saber: **1**. *Asham, ashem*, "culpado". Palavras hebraicas usadas por dezessete vezes com esse sentido. (Por exemplo: Gn 42.21; Lv 4.13,27; 5.2-5, 17; 6.4; Nm 5.6; Jz 21.22; Ed 10.19). **2**. *Rasha*, "iníquo". Palavra hebraica usada por dez vezes com o sentido de culpado. (Por exemplo: Nm 33.31; 2Cr 19.2; Jó 34.18; Sl 1.1,4-7; 73.12). **3**. *Upódikos*, "sob justiça". Palavra grega que ocorre por apenas uma vez, em Romanos 3.19. **4**. *Opheílo*, "endividado". Termo grego que aparece por 35 vezes (Mt 18.28,30,34; 23.16,18; Lc 7.41; 11.4; 16.5,7; 17.10; Jo 13.14; 19.7; At 17.29; Rm 13.8; 15.1,27; 1Co 5.10; 7.36; 9.10; 11.7,10; 2Co 12.11,14; Ef 5.28; 2Ts 1.3; 2.13; Fm 18; Hb 2.17; 5.3,12; 1Jo 2.6; 3.16; 4.11; 3Jo 8). **5**. *Énochos*, "sujeito a". Palavra grega usada por dez vezes (Mt 5.21,22; 26.66; Mc 3.29; 14.64; 1Co 11.27; Hb 2.15; Tg 2.10).

Ver o artigo geral sobre o *Pecado*. A culpa é uma condição moral ou legal que resulta da violação de uma lei, escrita, moral, intuitiva ou espiritual. Há muitas formas de culpa que não estão contidas nos códigos legais municipais ou nacionais. O Antigo Testamento não estabelece uma clara distinção entre o pecado e a culpa, porquanto todo pecado envolve culpa. Porém, dentro do jargão legal, para que haja culpa, alguma lei expressa deve ter sido violada. As traduções variam quanto ao uso da palavra. Assim, em inglês, a *King James Version* só usa o termo por duas vezes no Antigo Testamento (Dt 19.13; 21.9), ao passo que a *Revised Standard Version* se utiliza do termo por 109 vezes. Outro tanto se dá no caso do adjetivo cognato, "culpado".

Ser culpado equivale a merecer castigo. Na filosofia moral, como nos escritos de Kant, e isso com base bíblica, todo pecado envolve culpa. Mas as leis civis estabelecem uma seleção daquelas coisas que mais prejudicam a sociedade como um todo. Os pecados particulares e o senso pessoal de culpa não são levados em conta nessas leis civis. No entanto, ensina-nos a Bíblia que *o salário do pecado é a morte* (Rm 3.23), pelo que todo o pecado tem sua devida penalidade, por isso podemos dizer que todo pecado envolve culpa. — Levítico 4.13; 5.2 indica que a quebra de qualquer dos mandamentos de Deus, cerimoniais ou morais, incorre em culpa. O trecho de Tiago 2.10 afirma que quebrar um ponto da lei, apesar dos demais mandamentos não estarem sendo desobedecidos, resulta em culpa.

O senso de culpa é um dos mais importantes capítulos da psicologia, porque muitos dos males do homem resultam do senso de culpa que ele abriga. Para os psicólogos freudianos, a culpa está ligada à formação do *superego*, que age como uma espécie de polícial interno, que controla os impulsos básicos, disfarçando-os sob a forma de sonhos. Em uma criança, o senso de culpa é uma espécie de identificação com um de seus pais que a desaprova. Na vida adulta, a criança transfere seu conceito de culpa a várias formas de autoridade, nem sempre envolvendo questões de certo ou errado. Portanto, o senso de culpa pode ser falso e patológico. Apesar disso, mesmo admitindo-se que tais coisas sucedem, quem pode compreender como funcionam a mente e os sentimentos humanos? Também é verdade que há erros genuínos diante dos quais a consciência humana reage mediante o senso de culpa ou de falta de dignidade. A culpa é um fato da condição humana mesmo quando um indivíduo não quer admitir o fato (Rm 3.19). A cura da culpa, sobre bases bíblicas, depende, em primeiro lugar, do *reconhecimento do pecado;* em segundo lugar, do *arrependimento;* em terceiro lugar, da *restituição,* na medida do possível, devido a danos feitos contra outras pessoas. Do arrependimento e da fé resulta a conversão. A santificação é uma obra do Espírito de Deus, sem cuja atuação jamais ocorre. Esses são os meios bíblicos para tratarmos com o senso de culpa. A mudança nas atitudes e nas ações é algo absolutamente necessário para quem quer livrar-se do senso de culpa.

CULPA DE SANGUE

A expressão aparece em trechos como (Sl 51.14; Êx 22.2; 1Sm 25.26,33, 2Sm 21.1 e Os 12.14). Quando um ser humano tira a vida de outro, torna-se culpado de sangue. Porém, no trecho de Ezequiel 18.13, certa variedade de pecados, como furto, homicídio, adultério, opressão dos pobres, desonestidade, idolatria etc., faz com que os culpados sejam dignos de morte; e isso também importa em culpa de sangue. (Ver também Sl 39.8). Em Israel, a culpa de sangue era fator poluidor da terra (Nm 35.33 ss.), e o derramamento de sangue inocente *contaminava* (Dt 19.10; 1Rs 2.5). Tal culpa de sangue precisava ser vingada (1Rs 2.31 ss.). Estavam excluídos de tal classificação casos como os de execução judicial, homicídio em autodefesa e homicídio não intencional (Êx 22.2 e Lv 20.9). Era provido asilo aos homicidas involuntários, para que não fossem mortos pelo vingador da família (Nm 35.9 ss.). Também não era classificado como tal o ato de tirar a vida de um ladrão, durante a noite, porquanto tal ladrão era perigoso e podia tirar a vida de suas vítimas. Mas, se houvesse a morte de um ladrão durante o dia, podia haver um caso de culpa de sangue (Êx 22.2 ss.). A culpa de sangue era levada muito a sério em Israel, de tal modo que se a sociedade não tomasse a devida vingança, ou não pudesse fazê-lo, Deus intervinha em favor da parte envolvida e prejudicada (Gn 4.10-12; Is 26.21; Ez 24.6-9). Seja como for, a culpa precisava ser expiada (2Sm 4.11), podendo até mesmo afetar a descendência de alguém que se tornasse culpado de sangue (2Sm 3.28 *ss.*; 21.1-9; 1Rs 21.29; Mt 27.25). (Z)

CULTIVADOR DE SICÔMOROS

Essa expressão encontra-se somente em Amós 7.14, em todo o Antigo Testamento, onde o profeta Amós mostra que trabalhava nessa ocupação, e não reivindicava associação alguma à linhagem dos profetas. Era claro, pois, que Deus havia feito intervenção em sua vida, e que ele tinha uma importante mensagem a entregar. Um cultivador de sicômoros podava as árvores e fazia uma pequena operação nos frutos verdes, a fim de promover o amadurecimento e uma colheita mais abundante.

CULTURA

Esse é um termo não facilmente definível. Contudo, se tomado como significando o modo de pensar e de conduta compartilhados por um substancial grupo social e que inclusive lhe confere identidade em relação a outros, torna-se então evidente que todas as pessoas, sem exceção, participam de uma ou outra determinada cultura.

O efeito da cultura sobre a teologia pode ser atribuído ao fato de que "ninguém pode deixar de compartilhar a mentalidade e o clima intelectual de sua própria cultura" (John Macquarrie, *Principles of Christian Theology* [*Princípios de teologia cristã*], London, 1966, p. 12). Não se pode dizer, no entanto, que esse fato tenha sido reconhecido em todas as épocas. Em nossos dias, a questão da cultura tem sido levantada intensamente, ao mesmo tempo que o cristianismo tem-se tornado, mais do que nunca, uma fé mundial. O impacto que tem levado ao surgimento atual de comunidades cristãs relativamente grandes em muitas áreas do mundo, em boa parte, deve-se ao reconhecimento de que as tradições teológicas do cristianismo ocidental, sendo culturalmente determinadas, não são universalmente normativas.

Um dos desenvolvimentos mais notáveis quanto a essa conexão tem acontecido entre os cristãos evangélicos. O Pacto de Lausanne (1974), importante afirmação de compromisso evangélico abrangendo um amplo raio de questões, declara que "por ser o homem criatura de Deus, alguma coisa de sua cultura é rica em beleza e bondade. Por ser decaído, tudo nela é manchado pelo pecado e algo nela é demoníaco" (parágrafo 10). A Consulta de Willowbank (Bermudas), em 1978, que teve por finalidade o estudo das inter-relações entre evangelho e cultura, reafirmaria essa visão. O Relatório de Willowbank assevera de modo bastante claro: "Nenhuma afirmação teológica é isenta de cultura. Todas as formulações teológicas, portanto, devem ser julgadas pelo ensino da própria Bíblia, que permanece acima de todas elas. Seu valor deve ser julgado por sua fidelidade à Bíblia, assim como pela relevância com que aplicam sua mensagem à própria cultura" (parágrafo 5 [b]).

Isso não significa negar que a Bíblia, em si mesma, foi dada em um contexto particular culturalmente condicionado. No entanto, ao mesmo tempo que os evangélicos mantêm sua tradicional ênfase na realidade de uma revelação divina permanente dada em Jesus Cristo e nas Escrituras do AT e NT, eles reconhecem também que a teologia, como um empenho intelectual para expressar em linguagem humana a apreensão dessa revelação, compartilha das limitações da própria cultura do homem.

Pode-se dizer que essa relativização de *todas* as culturas humanas abriu caminho para uma aceitação geralmente positiva entre os evangélicos do princípio da contextualização. Por esse processo, é feita uma tentativa de reformular a mensagem cristã em outra linguagem e cultura, de modo que responda à preocupação dupla de ser fiel à revelação divina e, ao mesmo tempo, relevante para determinada cultura. A encarnação pode ser vista como modelo adequado a esse empreendimento teológico, naquilo que demonstra a possibilidade de identificação divina com o que é humano e culturalmente particular, sem nenhuma perda de identidade. Do mesmo modo, não é necessário que a busca por uma teologia indígena e culturalmente relevante se faça a expensas da integridade de um evangelho que deve ser comunicado a todos.

Tais considerações mostram que as questões levantadas por qualquer teologia da cultura permanecem tão complexas como nunca. Em *Christ and Culture* [*Cristo e cultura*], Richard Niebuhr distingue cinco atitudes diferentes, embora sobrepostas, na cultura humana que têm encontrado expressão na história do pensamento cristão a respeito dessa questão. Ele as descreve como respectivamente: "Cristo contra a cultura"; "o Cristo da cultura"; "Cristo acima da cultura" (ou melhor, Cristo e cultura em síntese), "Cristo e a cultura em paradoxo" e "Cristo como o transformador da cultura". Exceto a primeira atitude, que representa uma oposição radical entre a revelação em Cristo e as realizações da cultura humana, todas as demais indicam, em graus variados, uma avaliação positiva da cultura.

Como se pode observar, a própria teologia é uma empreitada culturalmente determinada e, portanto, temporária. Assim, uma teologia da cultura implica uma contínua revisão da percepção da igreja e do teólogo das polaridades de Cristo e cultura à luz da importância suprema da morte e ressurreição de Cristo para o destino do mundo e para toda realização humana (Ef 1.9,10). Significa também que não pode haver solução definitiva para a questão da cultura antes do *eschaton*, assim como não pode existir formulação teológica da relação da "mente de Cristo" da igreja com as formas de cultura sem uma certa medida de tensão.

(**K. Bediako**, B.A., M-ès-L, Doct.3e.cycle, Ph.D., diretor do *Akrofi-Christaller Memorial Centre for Mission Research and Applied Theology*, Acra, Gana.)

BIBLIOGRAFIA. C. H. Kraft, *Christianity in Culture* (New York, 1979); H. Richard Niebuhr, *Christ and Culture* (New York, 1951); J. R. W. Stott & R. Coote (eds.), *Down to Earth — Studies in Christianity and Culture* (Grand Rapids, MI, 1980); P. Tillich, *Theology of Culture* (New York, 1959); *The Willowbank Report — Gospel and Culture* (*Lausanne Ocasional Papers*, 2; Wheaton, IL, 1978), também publicado em *Explaining the Gospel in Today's World* (London, 1978).

CUM

Cidade aramaica mencionada somente em 1Crônicas 18.8. Ficara localizada ao norte de Arã-Zobá, no lado oriental das montanhas do Líbano. Em 2Samuel 8.8, que é o texto paralelo, figura o nome "Berotai"; embora alguns estudiosos pensem que, evidentemente, não se trata da mesma localidade. Davi levou daquela área alguns itens de bronze, como despojos de guerra.

CUNEIFORME

Essa palavra significa **"em forma de cunha"**, referindo-se ao tipo de escrita usado pelos sumérios, após o período de escrita pictográfica, para representar os fonemas de seu idioma. Essa forma de escrever foi tomada por empréstimo pelos babilônios, assírios, hititas, elamitas e persas, para escreverem seus respectivos idiomas. A escrita cuneiforme é uma espécie de escrita semipictográfica, cujos caracteres eram impressos sobre a argila mole, com o uso de um estilete. Os tabletes de argila que recebiam a escrita eram usados quando ainda moles, e então eram endurecidos ao sol ou em fornos, o que os tornava duros e de longa duração. Mais ou menos em meados do segundo milênio a.C., os cananeus de Ugarite usavam esse método de escrita. Mas ultrapassaram os símbolos cuneiformes semipictográficos, desenvolvendo um verdadeiro alfabeto, embora limitado somente aos fonemas consonantais. A escrita cuneiforme babilônica desenvolveu-se até tornar-se um modo internacional de comunicação escrita, de tal modo que muita correspondência diplomática era efetuada entre as nações para as quais o idioma babilônico era uma língua estrangeira. Para exemplificar, temos as cartas de Tell el-Amarna (vide), entre os reis cananeus e a corte egípcia. E então no século VII a.C., os persas desenvolveram um sistema cuneiforme todo próprio, com 42 sinais, 36 dos quais eram fonéticos, todos consistindo em sílabas abertas, ou seja, sílabas que terminam com alguma vogal. Essa forma de escrita é bastante diferente de outras escritas cuneiformes de outras culturas, e pode ter representado um desenvolvimento independente. Ver os artigos sobre *Escrita* e *Alfabeto* (Z).

CURA

A restauração de uma pessoa doente à saúde.

Saúde. A palavra "saúde" significa "integridade" e "sanidade", ou seja, pureza. A saúde é definida pela Organização Mundial de Saúde como "um estado de completo bem-estar físico, mental e social, e não meramente a ausência de doença ou enfermidade". A essa definição devemos acrescentar a dimensão de bem-estar espiritual que surge de um relacionamento correto com Deus. Esse bem-estar completo do homem em todos os aspectos de seu ser representa o propósito original de Deus para o homem.

No AT, a saúde é descrita pela palavra hebraica *shalom*, usualmente traduzida por "paz", mas significando, por derivação, "sanidade" ou "bem-estar". Ocorre 250 vezes no AT. Como bem-estar total do homem, é ilustrada pela vida dos patriarcas (especialmente Abraão) e referida pelo salmista e por profetas (especialmente Isaías e Jeremias). Há uma conexão vital entre a saúde do homem e sua obediência ética e espiritual a Deus (Êx 15.26; Dt 28.58-61). A saúde no AT consiste em totalidade, ou integridade, e sanidade. O NT pressupõe o ensino do AT a respeito de saúde, mas tem mais a dizer sobre a cura.

Quando Jesus fala a respeito da saúde, refere-se à bem-aventurança (*makarios*, Mt 5.3-11), à vida (*zoe*, Jo 10.10) e como total (*hygiēs*, Jo 5.6). Nos evangelhos, o verbo *sōzō*, "salvar", é usado igualmente tanto para a cura do corpo quanto para a salvação da alma (Lc 7.50; 9.24).

No entendimento cristão, a saúde é o bem-estar completo de uma pessoa que esteja em relacionamento correto com Deus, consigo mesma, com seus familiares e companheiros e com seu ambiente.

Doença. A doença, o oposto de saúde, é representada nas Escrituras por palavras que denotam a fraqueza que produz: heb. *holî*, gr. *astheneia*. A doença humana é o resultado do pecado e da rebelião contra Deus que produziu a queda do homem. Não haveria enfermidade no mundo se não houvesse o pecado. Nem toda doença, contudo, é devido a pecado pessoal, como lemos no livro de Jó e em Jonas 9.3. A presença da doença no mundo é testemunho da exigência de Deus de haver obediência a ele de nossa parte e da solidariedade humana no pecado, assim como é resultado de suscetibilidade à infecção, à doença, ao parasitismo, à corrupção e à queda, que ainda persiste no nosso presente mundo decaído (Rm 8.18-25). Não obstante, Deus pode usar a doença e o sofrimento para sua glória e como meio de graça para homens e mulheres (Jó 42.1-6; 2Co 12.1-10).

Cura. A palavra "cura" é incomum tanto na medicina quanto nas Escrituras. No uso comum, é amplamente aplicada ao tratamento não médico de doenças, geralmente considerado como fé, cura divina ou espiritual. Esse uso da palavra se baseia em uma visão fragmentada da pessoa humana, pela qual o médico cuida do corpo e a igreja cuida da alma. Se adotamos a visão bíblica da pessoa como um ser total, então a cura abrange a pessoa integralmente e todos os meios de cura, seja cura médica, seja não médica, seja física, seja espiritual. Toda cura vem de Deus, seja ela propiciada mediante a criação, a providência ou a redenção. Deus criou o corpo e a mente com poderes limitados de cura própria, mas colocou ao nosso redor, agentes de cura. A cura mediante a criação é a praticada pelas profissões que tratam da saúde; todavia, não oferece resposta para os problemas de pecado, culpa e morte. Para a restauração completa do bem-estar humano, torna-se indispensável a cura mediante a redenção. É essa a cura providenciada por Deus por meio do ministério e da obra de seu Filho, Jesus Cristo. A cura mediante a redenção nos traz perdão dos pecados, reconciliação com Deus, renovação de todos os relacionamentos humanos e a promessa de integridade completa quando nosso corpo terreno perecível for transformado em um corpo imperecível, na ressurreição (1Co 15.52,53).

Nos evangelhos, é reconhecida a obra dos médicos mediante a criação (Mc 2.17; Lc 4.23), mas muito mais é proclamado sobre a cura miraculosa e mediante a redenção. Jesus não veio, em princípio, para curar nosso corpo (*cf.* Jo 5.1-9, em que cura somente uma pessoa dentre uma multidão), mas para tornar a pessoa integral. Nas epístolas, por exemplo, nada lemos a respeito de curas miraculosas, mas, sim, de quatro pessoas doentes que não foram curadas, no sentido de terem suas doenças imediatamente extintas. Essas pessoas são: Paulo (2Co 12.7-9), Epafrodito (Fp 2.25-27), Timóteo (1Tm 5.23) e Trófimo (2Tm 4.20). E, no entanto, lemos a respeito de dons de cura (1Co 12) e sobre a participação de presbíteros e membros da igreja em curas (Tg 5.14-16).

Os dons de cura foram dados pelo Espírito Santo a alguns membros das igrejas para o benefício de todos (1Co 12.7,9,28). Distinguem-se do dom de operação de milagres (v. 10,28-30), sendo mencionados somente em 1Coríntios. Sua natureza não é bem clara, parecendo ser ou uma elevação de dons naturais já existentes ou dons sobrenaturais inteiramente novos. Enquanto alguns creem que esses dons continuam na igreja, outros os negam (ver Dons do Espírito). O movimento carismático moderno coloca ainda grande ênfase em sua continuidade e posse, tal como já fazia o pentecostalismo inicial.

Em Tiago 5.14-16 é recomendado que o doente chame os presbíteros, os quais devem, então, atender ao seu chamado, orar por ele e ungi-lo. Essa última instrução pode ser interpretada como ritual ou medicinal. O verbo usado para unção (*aleiphō*) sugere uma interpretação de aplicação de unguento, remédio; de outra forma, provavelmente teria sido usado o verbo *chriō*. Assim, Tiago pode estar dizendo que os presbíteros deveriam orar pelo doente e aplicar o tratamento médico prescrito em nome do Senhor. A cura mediante a redenção pode ser combinada à cura mediante a criação.

O ministério de cura da igreja. A expressão "ministério de cura" foi usada pela primeira vez como título de um livrete escrito pelo rev. A. J. Gordon, de Boston (1836-1895), em 1881. Tem sido comumente empregada para descrever o envolvimento da igreja na cura desde os primeiros séculos de sua história. Esse envolvimento tem sido abrangente, incluindo a cura natural, desde quando a igreja fundou e passou a atuar em hospitais (desde o século IV) e em hospícios, ou cultivou plantas medicinais nos mosteiros. Com o surgimento de profissões organizadas da área da saúde, a igreja prosseguiu nesse seu ministério, também, por meio da obra de médicos e enfermeiros cristãos, incluindo missionários. Tem ainda complementado as ações médicas com cuidados de natureza física e espiritual por meio de oração, imposição de mãos e, por vezes, unção com óleo. Existe atualmente um interesse renovado nesse aspecto do ministério da igreja, de complementar a cura médica e, juntamente com a cura, ministrar em favor do bem-estar e das necessidades da pessoa integral.

(**J. Wilkinson**, B.D., M.D., F.R.C.P., M.F.C.M., D.T.M.&H., especialista em Medicina Comunitária do Lothian Health Board, Edimburgo, Escócia.)

BIBLIOGRAFIA. J. P. Baker, *Salvation and Wholeness* (London, 1973); V. Edmunds & C. G. Scorer, *Some Thoughts on Faith Healing* (London, 31979); M. T. Kelsy, *Healing and Christianity in Ancient Thought and Modern Times* (London, 1973); F. MacNutt, *Healing* (Notre Dame, IN, 1974); M. Maddocks, *The Christian Healing Ministry* (London, 1981); J. C. Peddie, *The Forgotten Talent* (London, 1966); D. Trapnell, *Health, Disease and Healing*, in *NBD*, p. 457-465; B. B. Warfield, *Counterfeit Miracles* (1918), repr. *Miracles: Yesterday and Today* (Grand Rapids, MI, 1965); J. Wilkinson, *Health and Healing. Studies in NT Principles and Practice* (Edinburgh, 1980).

CURRAIS

Esse verbete envolve quatro palavras hebraicas e duas palavras gregas, a saber: **1**. *Gedereth tson*, "cerca para o rebanho" (expressão que aparece em Nm 32.16,24,36 e Sf 2.6). **2**. *Miklah*, "restrições". Palavra hebraica que figura em (Sl 50.9; 78.70 e Hc 3.17). **3**. *Mishpethayim*, "currais duplos". Palavra que aparece somente em Juízes 5.16, com esse sentido. **4**. *Naveh*, "habitação". Palavra que ocorre por quatro vezes com esse sentido (Is 65.10; Jr 23.3; Ez 34.14). **5**. *Aulē tōn probáton*, "átrio das ovelhas". Expressão grega que aparece somente em João 10.1. **6**. *Probatikós*, "pertencente às ovelhas". Palavra grega que ocorre somente em Jo 5.2.

O curral ou aprisco era um lugar fechado que servia para proteger as ovelhas dos azares das intempéries, dos ladrões e das feras. Localizado perto da residência de um dos proprietários, ou armado nas colinas onde as ovelhas pastavam, o curral não tinha telhado, suas paredes eram feitas de pedra, e contava apenas com uma porta, que servia de entrada e de saída. Usualmente abrigava diversos rebanhos, cada um dos quais retinha a sua identidade, visto que cada pastor conhecia suas ovelhas e era bem conhecido por elas, havendo entre pastor e ovelhas uma grande relação de dependência. (ver Jo 10.3-5).

CURSO

Essa palavra portuguesa vem do latim, *cursus*, **"correr"**. Há certa variedade de palavras hebraicas e gregas assim traduzidas, a saber: **1**. *Merutsah*, "corrida". Palavra hebraica usada por quatro vezes (Jr 8.6; 23.10; 2Sm 18.27). **2**. *Mesillah*, "estrada". Palavra hebraica que ocorre por 25 vezes, como em (Jz 5.20; Nm 20.19; 1Sm 6.12; 2Sm 20.12,13; Is 7.3; 11.16; 19.23; 33.8; Jr 31.21). **3**. *Drómos*, "estrada", "corrida". Palavra que figura por três vezes (At 13.25; 20.24; 2Tm 4.7). **4**. *Trochós*, "roda". Palavra grega usada somente em Tiago 3.6, onde é empregada metaforicamente, para indicar o curso da vida. **5**. *Aion*, "era". Palavra grega usada cerca de 105 vezes, desde Mateus 6.13 até Apocalipse 22.5. Essa palavra é usada para indicar várias ideias, como o curso natural das coisas, o curso da conduta humana (Ef 2.2) etc. O mundo e a humanidade correm em ciclos, cada qual com suas características próprias. O crente deve evitar o curso deste mundo, ditado pelo espírito das trevas (Ef 2.2). **6**. *Euthudroméo*, "correr em linha reta". Palavra grega que é usada somente em Atos 16.11 e 21.1.

Essa palavra também pode referir-se a uma sucessão em ordem, como no caso das turmas de trabalhadores de Salomão, que se revezavam a cada mês, dez mil deles de cada vez (1Rs 5.14). Nesse caso, nossa versão portuguesa prefere a palavra "leva". É o mesmo caso dos "turnos" dos sacerdotes e levitas, que serviam no templo de Jerusalém. Esses turnos foram organizados por Davi, e 24 dessas divisões foram estabelecidas por ele em Israel (1Cr 24.1-19; 2Cr 8.14; 35.4,5). (A Z)

CURTIDOR

No Antigo Testamento, o resultado do trabalho dos curtidores de couros e peles aparece com relativa frequência, mas não é mencionado nunca o próprio "curtidor". Entretanto, essa profissão aparece no Novo Testamento. No grego, "curtidor" é *burseús*, uma palavra que aparece por três vezes (At 9.43; 10.6,32).

A ausência de menção a essa profissão, no Antigo Testamento, talvez se deva ao fato de que os judeus consideravam a ocupação muito indesejável, porquanto, além de envolver odores muito fétidos e repulsivos, há também cenas nada atrativas, se não mesmo a contaminação cerimonial, tão cara aos judeus, cuja religião muito se baseava em princípios cerimoniais. Por essa razão, bem podemos imaginar que Simão, o curtidor (At 9.43), encontrou entre os discípulos de Jesus um companheirismo que antes lhe vinha sendo negado entre os seus compatriotas judeus. Quando Pedro escolheu a casa de Simão, o curtidor, para ser sua residência e base de operações, enquanto ele esteve em Jope, esse apóstolo mostrou que o cristianismo eliminara dele muitos preconceitos. É interessante observar que a casa de Simão, o curtidor, ficava à beira-mar, o que continua sucedendo às residências dos curtidores da costa da Síria, até os nossos próprios dias. A proximidade do mar facilitava tanto o acesso à água salgada, tão necessária à arte dos curtumes, como também o ar livre da praia facilitava a dispersão dos maus odores próprios de tais lugares. Os curtumes antigos eram muito simples, pois geralmente consistiam de apenas um ou dois aposentos, e de um pátio. As cubas onde os couros e as peles ficavam mergulhados eram feitas de pedra sólida escavada, ou então de várias pedras, rebocadas por dentro e por fora.

As peles ou couros eram besuntadas pelo lado interno com uma pasta de visgo. Em seguida eram enroladas, ficando assim até que todos os pelos se soltassem. Então, os pelos em uma das superfícies, e qualquer carne e gordura, pelo lado de dentro, eram removidos. Então as peles eram novamente mergulhadas em uma solução de visgo, fezes de cães e fermento, mais ou menos conforme se faz, até hoje, nos curtumes que ainda não usam os recursos da química moderna. As peles assim tratadas eram mergulhadas em sumagre (*Rhus coriaria*), até hoje usada, com esse propósito, na Síria e na Palestina.

Após secar, o couro é enegrecido em uma das superfícies esfregando-se na mesma uma solução de vinagre fervido com pedaços de cobre. E, finalmente, o couro é amaciado com azeite de oliveira. Naturalmente, conforme já demos a entender, esses processos mais primitivos foram substituídos por processos químicos muito mais eficientes. Mas, antigamente, para o fabrico das peles vermelhas de carneiros (ver Êx 25 ss.), esfregava-se o couro com uma solução de *kermes* (similar ao *murex*, um tipo de gastrópode, de onde os antigos extraíam uma espécie de tintura púrpura) e azeite de oliveira. Então o couro era polido com uma pedra lisa.

No Líbano, algumas vezes os curtidores usavam a casca do pinho. Os árabes usam o suco de uma certa planta do deserto, para tirar os pelos e curtir as peles. No caso dos odres (receptáculos feitos de couros de animais pequenos, como cabras, ovelhas etc.), os pelos não eram removidos. A curtição, nesse caso, fazia-se enchendo-se o receptáculo, após a remoção de toda carne e gordura, com gravetos de madeira de carvalho e água. Esses "receptáculos" ficavam repousando, de pernas para cima, durante semanas, ao ar livre. Esses odres são referidos em trechos tanto do Antigo quanto do Novo Testamentos (Js 9.4-13; Os 7.5; Mt 9.17; Mc 2.22 e Lc 5.37).

É provável que, nos tempos bíblicos, o couro fosse usado mais extensamente do que os registros bíblicos nos dão a entender. Sabemos que os egípcios usavam o couro em trabalhos ornamentais. Eles conheciam a arte de estampar sobre o couro. As esculturas antigas mostram-nos que havia métodos para uso do couro no fabrico de sandálias, de arreios para os cavalos e os carros de combate, coberturas de cadeiras e assentos, decorações para harpas, sarcófagos etc. Há duas referências na Bíblia (Mt 3.4 e 2Rs 1.8) que mostram que também havia cinturões feitos de couro. Também eram fabricadas vestes de couro (Lv 13.48 e Nm 31.20). Tendas, igualmente, eram fabricadas com couro, e não apenas com tecidos (Êx 25.5; Nm 4.6). O couro também era muito usado na vida militar. Muitos artigos militares eram feitos desse material, como capacetes, aljavas, arreios de carruagens, fundas e escudos. Estes últimos eram feitos de madeira, forrada de couro bem azeitado, para impedir que o couro rachasse e também para impedir a penetração de dardos (2Sm 1.21; Is 21.5). Sandálias feitas com couro de animais marinhos eram um sinal de luxo (Êx 16.10), embora seja provável que, tal como no Egito e na Assíria, o couro mais fino fosse usado para forrar leitos, coberturas de cadeiras e de outros móveis.

As peles, quando usadas para bolsas de alta qualidade, eram curtidas com sal mineral, usualmente o alúmen, importado das margens do mar Morto ou do Egito; ou então essas peles eram tratadas como se fossem o pergaminho.

CUSÃ

Trata-se de um outro nome para Cuxe (vide), ou então alude a uma região da Arábia ocupada pelos cuxitas (Hc 3.7). A Septuaginta diz, nessa referência, "Etiópia". Alguns eruditos pensam que essa palavra designa um antigo nome dado à região contínua a Midiã. Isso significaria que a mulher cuxita de Moisés talvez fosse apenas uma mulher midianita. Ver sobre *Cuxita (Mulher Etíope)*.

CUSÃ-RISATAIM

Esse era o nome de um rei e conquistador militar hitita. Primeiramente, ele anexou a Mesopotâmia (Mitani), e então assolou a Palestina, na época dos juízes hebreus (Jz 3.7-10). Os historiadores fixam seu reinado em cerca de 1361-1352 a.C. Vestígios de suas conquistas continuam evidentes em Bete-Seã, uma poderosa fortaleza em Esdrelom, e em outras localidades. Israel passou oito anos em subserviência a esse homem. Otniel, genro de Calebe, tornou-se o libertador de Israel. Os historiadores não concordam entre si quanto à identidade desse monarca e seu território. Ele pertencia à área dos dois rios (Tigre e Eufrates), conforme é indicado pelo termo aramaico "Arã-naharaim", ou seja, "Arã dos dois rios". Esse era o seu nome hebraico. Arã é nome conhecido nas cartas de Tell el-Amarna e nos manuscritos egípcios. Nesse caso, Cusã-Risataim pode ter sido um hitita (ou heteu, segundo a palavra preferida nas Escrituras). Outros estudiosos supõem que a palavra "Arã", na realidade significa Edom, e que o nome original era "Edom das Duas Iniquidades", o que, realmente, poderia ser o sentido do nome hebraico, pois *rishathaim* significa "iniquidades". Nesse caso, algum tipo de corruptela entrou na palavra, talvez deliberadamente. Mas isso não passa de especulação, pelo que a maioria dos eruditos prefere a outra interpretação.

CUSAÍAS

No hebraico, "arco de Yahweh". Ele era um levita merarita, cujo filho, Etã, foi nomeado para ser o principal assistente de Hemã, para cuidar da música do templo. Ele serviu nessa ocupação durante o tempo de Davi (1Cr 15.17). É chamado pelo nome de Quisi, em 1Crônicas 6.44. Cerca de 975 a.C.

CUSI

No hebraico, **"negro"**. Nome de duas pessoas diferentes, nas páginas do Antigo Testamento: **1**. O pai de Selemias, bisavô de Jeudi. Jeudi fora enviado pelos magnatas judeus para convidar Baruque a ler diante deles o rolo de Jeremias (Jr 36.14), em cerca de 604 a.C. **2**. Um filho de Gedalias, pai do profeta Sofonias (Sf 1.1), em cerca de 620 a.C.

CUTA

Precisamos considerar uma cidade e um indivíduo, que aparece em um livro apócrifo da Bíblia, a saber: **1**. Uma das mais importantes cidades da antiga Babilônia, que alguns estudiosos pensam ter sido a mais antiga capital do império sumério (2Rs 17.24,30). O Tell Ibrahim assinala o local, em nossos dias. Ficava cerca de 32 quilômetros a nordeste da cidade da Babilônia. Têm sido efetuadas escavações no local, a partir de 1881. Houve grandes descobertas, incluindo um santuário, erguido em memória de Ibrahim (Abraão), e também um templo dedicado a Nergal, rei do submundo. Essa cidade tinha certa importância comercial. Senaqueribe a destruiu, mas Nabucodonosor a reconstruiu e adornou. Esse foi um dos lugares de onde Sargão II deportou colonos para repovoarem o norte de Israel, depois da queda de Samaria, em 721 a.C. Os habitantes de Cuta tornaram-se o elemento dominante ali, de tal modo que os habitantes de Samaria vieram a ser chamados cuteanos. Em resultado disso, muitas palavras de origem não semita entraram na língua dos samaritanos. Desnecessário é dizer que não existe tal coisa como raça pura, em qualquer povo. **2**. Cuta (na Septuaginta, Coutha), aparece no livro apócrifo de 1Esdras 5.32. Ali a palavra aparece como nome de um indivíduo, um exilado, cabeça de uma família de servos do templo, que retornaram juntamente com Zorobabel a Jerusalém, após o cativeiro babilônico. Nas listas paralelas de Ezequiel 2.52 e Neemias 7.54, não figura o nome desse homem.

CUXE

Há duas pessoas e um lugar com esse nome, nas páginas da Bíblia: **1**. Um filho (provavelmente o mais velho) de Cão, cujo nome aparece na genealogia dos descendentes de Noé. Lemos ali: *Cuxe gerou a Ninrode...* (Gn 10.8; 1Cr 1.10). Certo número de descendentes aparece nessas listas. **2**. Um benjamita mencionado no título do sétimo salmo. Lemos que esse salmo foi composto acerca das palavras desse benjamita. Coisa nenhuma se conhece a seu respeito, mas o contexto indica que ele era inimigo de Davi, que procurou oportunidade para fazer-lhe algum mal, mas falhou (Sl 7.15). **3. A terra e o povo de Cuxe**.

Essa palavra pode referir-se à terra (Is 11.11; 18.1; Sf 1.1; Et 1.1), ou ao povo que habitava a terra de Cuxe (Is 20.5; Jr 46.9; Ez 38.5). Geralmente essa palavra é traduzida por "Etiópia", conforme se vê na Septuaginta, seguida por muitas traduções modernas. Em outras traduções, porém, temos as traduções "Cuxe", e "cuxita". Não se conhecem as dimensões exatas da região designada por esse nome, embora devamos pensar na área geográfica conhecida desde a antiguidade como Etiópia, aquela seção da África contígua ao Egito e ao mar Vermelho, atualmente chamada também Abissínia (2Rs 11.9; Et 1.1; Ez 29.10). Porém, a referência ao lugar, em Gênesis 2.13 e 10.8, é a uma Cuxe asiática (mesopotâmica) anterior, provavelmente pertencente aos cassitas. O termo veio referir-se a uma área mais ampla, correspondente ao que comumente se chama Núbia. A referência talvez seja simplesmente à Arábia, visto que, em 2Crônicas 21.16, lemos que os árabes residiam perto dos etíopes, o que talvez seja explicado pelo fato de que entre eles havia somente a estreita língua do mar Vermelho. Alguns estudiosos afirmam que, na época, a Etiópia não consistia em uma população negra; mas essa contenção esbarra com o significado da própria palavra hebraica, *cush*, que significa "tez queimada". A questão ainda não foi resolvida definitivamente. *a. História de Cuxe*. A região é mencionada inicialmente como parte do Egito, nos dias do monarca egípcio Sesóstris I, 1971-1930 a.C. em cerca de 1000 a.C., Cuxe rompeu com o Egito e tornou-se um Estado independente, cuja capital era Nápata. Alguns séculos mais tarde, Cuxe conseguiu predomínio sobre o Egito inteiro. Houve então a XXVa dinastia, ou dinastia etíope, de 715 a 663 a.C. Nessa época, o rei Tiraca veio fazer guerra contra Ezequias (Is 37.9). Finalmente, foi obrigado a recuar, por intervenção dos assírios, em cerca de 689-676 a.C. *b. Elementos*. O termo Etiópia foi usado metaforicamente para indicar um lugar o mais distante possível (Ez 29.10). O trecho de Isaías 45.14 pode sugerir que o povo daquele lugar consistia em mercadores. Aparentemente, estavam em foco árabes cuxitas (2Cr 21.16). Os etíopes, conforme Judá os conhecia, eram uma raça de aparência notável (Is 18.2). *c. Confusão com os Cuxitas Mesopotâmicos*. O trecho de Gênesis 2.13 deve ter sido um lugar diferente, mas com o mesmo nome. Moisés teve uma esposa cuxita (Nm 12.1). Seria ela da Mesopotâmia ou da Etiópia? *d. Os Etíopes na Bíblia*. Os principais reis de Cuxe, mencionados na Bíblia, foram Zerá e Tiraca. Houve um corredor que trouxe a notícia da morte de Absalão a Davi, que pertencia a essa raça (2Sm 18.21-23). Um outro cuxita era um adido à corte real de Judá, nos dias do cerco de Jerusalém pelos babilônios, em 587 a.C. Houve um cuxita que teve dó de Jeremias, quando este estava atolado em um poço com lama, e que providenciou para tirar o profeta daquele lugar (Jr 38.7 ss.). E também houve o eunuco etíope, no relato de Atos 8.27, que era tesoureiro da rainha Candace, da Etiópia.

CUXITA (MULHER ETÍOPE)

O trecho de Números 12.1 informa-nos que Moisés casou-se com uma mulher etíope. Cuxe ou Etiópia era a região ao sul da primeira catarata do rio Nilo. A Septuaginta e a Vulgata Latina apresentam essa mulher como natural da Etiópia. Mas as tradições judaicas identificam-na com Zípora, pensando que ela era natural de Cusã, que aparece em Habacuque 3.7. Cusã também tem sido região identificada com a Etiópia; mas outros preferem pensar em Midiã, ou algum aliado desse território. As lendas judaicas sugerem que antes de Moisés fugir para o deserto de Midiã, ele foi comandante em chefe de uma campanha egípcia contra a Etiópia. Tarbis, a filha do rei etíope, ter-se-ia apaixonado por ele, do que resultou o casamento dos dois. Porém, quase todas as lendas desse tipo não passam de invenções românticas, pelo que a questão da identidade exata da esposa cuxita de Moisés continua sujeita a debates.

CUZA

A palavra vem do aramaico. Seu significado é **"jarrinha"**. Ele era procurador de Herodes Antipas. Sua esposa, Joana, era uma das mulheres que empregavam seus meios financeiros para atender às necessidades de Jesus e seus apóstolos (Lc 8.3 e 24.10). Joana esteve entre as mulheres que foram ao túmulo de Jesus para ungir-lhe o corpo com especiarias, na manhã da ressurreição (Lc 24.10). No tocante a Cuza, o termo "procurador" parece indicar que ele gerenciava as propriedades de Herodes. Como tal, provavelmente ele fora escolhido segundo considerações políticas. A ausência de qualquer menção a ele, nas narrativas dos evangelhos, excetuando essa única informação que temos, pode significar que ele era indiferente para com a mensagem cristã, ou então que ele já havia falecido quando Lucas nos prestou a informação. Mas, o fato de que sua esposa tornara-se discípula de Jesus mostra-nos que, mesmo nessa fase inicial, o evangelho penetrara em todos os níveis da sociedade.

DÃ

No hebraico, **"juiz"**. Consideremos os seguintes pontos a seu respeito: **1. Foi o quinto filho de Jacó**, mediante sua concubina, Bila (Gn 30.3; 35.25). Foi o cabeça e fundador da tribo israelita de Dã. Dã teve apenas um filho; mas, a despeito disso, quando os israelitas saíram do Egito, essa tribo era representada por 62.700 homens (Nm 1.39), o que a tornava a segunda maior tribo de Israel, quanto a números. Acerca do próprio Dã, porém, praticamente não temos qualquer informação. De acordo com a bênção proferida por Jacó, em seu leito de morte, foi declarado que ele e seus irmãos, através de esposas e concubinas de Jacó, teriam o direito legal de uma porção na herança da família. **2. A Tribo Chamada Dã**. Essa tribo consistia nos descendentes do patriarca Dã, filho de Jacó e Bila, criada de Raquel e concubina de Jacó (Gn 30.6). O trecho de Gênesis 46.23 diz-nos que Dã teve apenas um filho. Mas alguns intérpretes pensam que o nome dele, Husim, é uma forma plural, que poderia indicar toda uma família, e não apenas um indivíduo. Seja como for, essa tribo, na época do Êxodo, era a segunda mais numerosa das tribos de Israel, com 62.700 homens (Nm 1.39). Pela época em que Israel entrou em Canaã, esse número havia aumentado para 64.400 homens (Nm 26.43), e continuava sendo a segunda maior tribo de Israel. Foi-lhe dado território na porção noroeste da Palestina; mas, visto que a área era muito pequena para a tribo, um grupo de danitas buscou estabelecer-se bem ao sul da Palestina. Foi assim que eles ocuparam o distrito de Lesém, que foi conquistado com relativa facilidade, em comparação com o que sucedeu no resto da Palestina (Js 19.47; Jz 1.34 e cap. 18). Lesém foi rebatizada com o nome de Dã, o que veio a indicar o extremo norte do território de Israel. Ver abaixo sobre a cidade de *Dã*. O território original que Dã recebeu era fértil, ocupando parte das costas marítimas, o que deu à gente dessa tribo a oportunidade de ocupar-se do comércio e da pesca (Jz 5.17). Importantes cidades dessa área foram Jope, Lida e Ecrom. Indivíduos importantes da tribo de Dã foram Aoliabe, filho de Aisamaque (Êx 31.6 ss) e Sansão (Jz 13.2 ss.). A localização dessa tribo, perto dos filisteus, explica seu envolvimento na história que circunda o seu nome. **3. Cidade de Dã**. Esse foi o nome que os danitas deram à cidade de Lesém, após sua conquista, no extremo norte de Israel. O lugar recebe vários nomes na Bíblia, como Lesém (Js 19.47), Laís (Jz 18.27,28) e Lusi, nos textos egípcios de 1860-1825 a.C. e finalmente, Dã. Ficava localizada no sopé sul do monte Hermom, perto de um dos tributários do rio Jordão, chamado Nahr Leddan. Sua posição, no extremo norte do território de Israel, fez com que fosse usada como marco geográfico, de tal modo que temos a expressão "desde Dã até Berseba" (Jz 20.1; 1Sm 3.20; 2Sm 17.11), a fim de denotar os pontos norte e sul extremos da terra santa. Dã (Lesém) havia pertencido aos sidônios, que viviam quietos e seguros, de tal modo que se tornara isso uma situação proverbial: viver pacificamente, em meio à abundância, equivalia a viver "segundo o costume dos sidônios" (Jz 18.7). Não havia poderes adversos, nas proximidades. A principal cidade da região, Sidom, ficava distante demais para oferecer proteção em caso de invasão, fato que não escapou à observação dos espias de Dã, enviados para averiguar a magnitude da tarefa da conquista. Seja como for, uma vez estabelecidos ali, os membros da tribo de Dã não parecem ter sofrido qualquer tentativa de deslocamento (Jz 18). A arqueologia tem mostrado que a área vinha sendo habitada pelo menos desde 3500 a.C., tendo-se tornado importante comercialmente falando, visto que ficava na rota comercial com a costa síria, estando mais ou menos a meio caminho entre Arã, Tiro e Sidom.

Na história mais remota do Antigo Testamento, lemos que foi nessa área que Abraão e seu grupo perseguiram o rei elamita, Quedorlaomer (Gn 14.15). Jeroboão revoltou-se contra Reoboão e tornou-se o primeiro rei do reino norte (Israel), quando o povo israelita dividiu-se em duas nações (1Rs 11.26—14.20; 2Cr 10.2—13.20). Nesse tempo, a cidade de Dã, juntamente com Betel, tornou-se a sede de um dos dois santuários que continham um bezerro de ouro, simbolizando a adoração a Baal (1Rs 12.29), o que significa que Dã e Betel tornaram-se centros da idolatria encabeçada por Jeroboão (2Rs 10.28-31). Dã, e outras cidades da área, finalmente foram arrasadas por Ben-Hadade (1Rs 15.20; 2Cr 16.4). Foi recapturada no tempo de Jeroboão II (2Rs 14.25). Mas o monarca assírio Tiglate-Pileser III (745-727 a.C.) reconquistou a área, e seus habitantes foram levados para o exílio. A arqueologia tem descoberto relevos de origem assíria, que retratam esse e outros eventos similares, porquanto o exílio de um povo conquistado fazia com que deixassem de ser uma ameaça. Os israelitas foram instalados nas cidades dos medos (2Rs 17.6).

Referências Extrabíblicas. Dã é mencionada em várias fontes informativas extrabíblicas, desde tão cedo quanto os anais das conquistas de Tutmés III (cerca de 1490-1436 a.C.). Josefo menciona o território como a área onde Tito, sob as ordens de seu pai, o imperador Vespasiano, esmagou a revolta dos judeus, no outono de 67 d.C. (*Guerras* 4.1 ss.).

Localização Moderna. O local onde estava a antiga cidade agora é conhecido como o Tell el-Qadi. É mais elevado cerca de vinte metros que a região de pasto da área. Esse nome árabe significa "cômoro do juiz".

A Tribo Perdida de Dã. O nome de Dã falta nas listas das tribos, em Apocalipse 7.5-8, ou acidental ou intencionalmente. Irineu (*Adv. Haer.* 5.30,2) explica a omissão com base no fato de que se esperava que o anticristo procederia dessa tribo, com base no texto de Jerônimo 8.16, segundo a Septuaginta: "Desde Dã se ouve o resfolegar de seus rápidos cavalos", refletido bem de perto por nossa versão portuguesa. Isso seria, supostamente, uma referência às forças hostis do anticristo. Essas ideias são meras especulações, e a teoria da omissão acidental, provavelmente, está com a razão.

A Dã Moderna. Em nossos dias, os descendentes de Dã estão localizados na Alta Galileia, perto da fronteira com a Síria. O estabelecimento foi fundado em 1939. Um pouco mais ao norte fica o Tell el-Qadi, local do antigo estabelecimento. Trata-se, essencialmente, de uma área agrícola, havendo também a manufatura de calçados, como outra importante função.

DABRIA

Um dos cinco homens mencionados em 2Esdras 14.24, aos quais foi solicitado que registrassem prontamente a visão apocalíptica de Esdras, em muitos tabletes.

DAGOM

1. O termo e o Deus. Reflete o hebraico cereal ou *dag* (peixe). Cereal sugere um deus da agricultura, figura associada à cultivação, ou talvez, originalmente, ele tivesse sido um deus da fertilidade e da agricultura. Seja como for, ele era um antigo deus mesopotâmico, que se tornou a principal divindade dos filisteus, muito proeminente na época de Sansão, em

Gaza (Jz 16.21-23), em Bete-Seã, nos dias de Saul e Davi (1Sm 5.2-7; 31.10; 1Cr 10.10), — e em Asdode, nos dia dos macabeus (1Macabeus 10.83-85). Dagom geralmente era apresentado como uma criatura misto de peixe com cabeça humana. Jerônimo nos deu essa informação, que foi confirmada por Kimshi, no século XIII, embora isso seja posto em dúvida por alguns eruditos modernos. A derivação da palavra "cereal", com base em "peixe", também é posta em dúvida. Entretanto, há abundante evidência de que houve um deus da agricultura na cultura assírio-babilônica. O posterior deus cananeu, *Dagom*, é descrito por Filo como *deus do cereal*, o que tem sido confirmado em textos religiosos do norte da Síria, mais precisamente, de Ras Shamra. Afirma-se que teria sido o pai do grande deus Baal. A história demonstra que, pelo menos a partir de 2500 a.C. em diante, a adoração a Dagom foi muito proeminente por toda a Mesopotâmia. Essa influência tem sido demonstrada pelos nomes próprios, pessoais ou locativos, que incorporam "Dagom", de uma maneira ou de outra. Várias cidades derivavam seus nomes desse deus, como Bete-Dagom (Js 15.41).

2. Esboço do Meio Ambiente Histórico. *a*. Desde 2500 a.C., adoração generalizada na Mesopotâmia, proeminente especialmente na região do médio Eufrates. *b*. O nome *amorreu* desse deus deve ter sido Dagã, e um templo erigido em sua honra foi descoberto pelos arqueólogos, em Ugarite, com data de cerca de 2000 a.C. *c*. Ele era largamente adorado entre os amorreus da Mesopotâmia, na época de Hamurabi, da Babilônia, e no reino de Mari (cerca de 1850-1750 a.C.). *d*. Ele era venerado como deus da agricultura em Ugarite, e como pai do deus-chefe, Baal, durante o período de Amarna (cerca de 1550-1220 a.C.). *e*. Alguns estudiosos argumentam que seu nome (com a forma de Daguna) aparece nos tabletes lineares minoanos A, de Creta (cerca de 1500 a.C.). *f*. No final da era do Bronze, o nome desse deus encontra-se, sob forma composta, como substantivo próprio locativo, como Dagã-Tacala, nos tabletes de Tell El Amarna, ou como Bete-Dagom, nome de três cidades do território de Judá (Js 15.41), perto de Jope, mencionadas também nos anais de Senaqueribe, e no território de Aser (Js 19.27). *g*. Na época de Sansão (cerca de 1143 a.C.), Dagom era o principal deus dos filisteus (Jz 16.21-23). A morte de Sansão está associada ao nome desse deus. *h*. Nos dias de Davi (1000 a.C.), as experiências ligadas à arca da aliança, em Asdode (1Sm 5.1-7), estiveram associadas a esse deus pagão. A arca da aliança foi temporariamente guardada no templo de Dagom, em Asdode, do que resultaram todas as formas de eventos e castigos inesperados, o que, finalmente, forçou os filisteus a devolverem a arca a Israel. *i*. A adoração a Dagom perdurou por longo tempo, o que é demonstrado pelo fato de que até mesmo nos dias dos macabeus, e posteriormente, essa adoração continuava (1Macabeus 10.83-85).

3. Templos de Dagom. Esse deus era quase uma divindade internacional (dentro do limitado mundo conhecido da época), o que é demonstrado pelos muitos templos construídos em sua honra. Sabe-se que ele tinha templos em Ugarite, em Bete-Seã, no norte da Síria (1Cr 10.10), em Gaza (Jz 16.23) e em Asdode (1Sm 5.1-7). Os arqueólogos têm procurado encontrar um templo dedicado a Dagom, em Gaza; mas, até o momento, suas esperanças não se têm realizado. Em Bete-Seã quatro templos foram desenterrados pelos arqueólogos, os quais têm sido tentativamente reconstituídos, com a ajuda de várias evidências. Um dos maiores desses templos pertenceria, presumivelmente, a Dagom. Ali foi pendurada a cabeça de Saul (1Cr 10.10). Um outro templo tem sido identificado como a casa de Astarote, onde os filisteus deixaram, em exibição, a armadura de Saul (1Cr 10.10). É provável que a adoração a Astarote estivesse vinculada à adoração a Dagom. O templo descoberto em Ugarite tem aproximadamente as mesmas dimensões e o mesmo plano do templo de Baal. Fica apenas cerca de 52 m a leste-sudoeste do templo de Baal, e foi descoberto depois deste último. Ambos esses templos são bastante parecidos com os templos posteriores de Istar, Assur e Andrae. Uma estela demonstra que o templo foi erigido em honra a Dagom. O plano do templo de Salomão era essencialmente idêntico ao templo de Dagom, em Ugarite. Sabemos que Salomão contratou ajuda de estrangeiros, nessa construção, tanto no tocante ao planejamento como no tocante aos móveis e decorações da mesma. (MACA ND UN SCH Z)

DÃ-JAÃ

No hebraico, **"Dã toca o órgão"**. Outros pensam em **"Juiz do propósito"**. A Septuaginta diz **"Dan nos bosques"**. Alguns intérpretes pensam que essa cidade é a mesma que, algures, é chamada Dã (vide). Nesse caso, a cidade também recebe outros nomes na Bíblia, como Lesém (Js 19.47), Laís (Jz 18.27,28). Ainda outros estudiosos pensam em Danian, na região montanhosa, acima da atual Khan-en-Nakura. Essa cidade ficava ao sul de Tiro, perto de Gileade. Joabe visitou o lugar, quando Davi ordenou que se fizesse o recenseamento da nação. Evidentemente ela ficava entre Gileade e Sidom, o que a situaria nas vizinhanças de Dã (2Sm 24.6), se é que não fosse a própria Dã, conforme dissemos acima. Alguns estudiosos pensam que a porção final do nome dessa cidade, Jaã, pode refletir um nome pessoal, talvez cognato do ugarítico *y 'rn*.

DÁLETE

Quarta letra do alfabeto hebraico. Dessa palavra hebraica é que provém o termo grego *delta*, quarta letra do alfabeto grego, visto que o alfabeto (vide) tem origem semita. A nossa letra "d" deriva-se dessa letra. Em Salomos 119, a quarta porção (vss. 25-32) começa com essa letra, em cada verso. Originalmente tinha o formato de um triângulo, sem qualquer projeção para o lado esquerdo. Após o século VII a.C., essa letra, devido ao seu novo formato escrito, ficou mais facilmente confundida com o rês (o nosso "R"), embora esta última letra usualmente seja escrita com uma cauda maior. Numericamente, a letra dálete vale "quatro". Era pronunciada como o nosso "D"; mas, em tempos posteriores, passou a soar mais como o "TH" inglês, na palavra "THIS".

DALFOM

Nome do segundo dos dez filhos de Hamã. Esse nome significa "pendente", a menos que seja um nome tipicamente persa, cujo sentido é desconhecido. Foi morto pelos judeus em Susã (Et 9.7), no décimo terceiro dia do mês de Adar, em cerca de 510 a.C.

DALILA

No hebraico, **"langor"** ou **"sensual"**. Viveu em torno de 1060 a.C. Era mulher pagã, que habitava no vale de Soreque. Foi amada por Sansão, juiz danita (Jz 16.4-18). Conhece-se o nome de Dalila porque ela foi a tentadora e traidora de Sansão. Provavelmente pertencia ao povo filisteu. Ela agia devido a sua lealdade a seu povo, além do desejo de prejudicar, de algum modo, o povo de Israel. Soreque, por essa altura dos acontecimentos, ficava dentro do território filisteu. Sansão sentiu-se arrebatado pela beleza física de Dalila, e passava muito tempo com ela. Gradualmente, ela conseguiu controlá-lo. E assim, aquele que nenhum adversário era capaz de derrotar, foi derrotado por uma mulher. História antiga! Alguns escritores patrísticos pensavam que Dalila fosse esposa de Sansão, mas a opinião é por demais cariodsa! Sansão começou a falar demais, e acabou revelando a Dalila o segredo de sua imensa força física. Os filisteus conseguiram comprar a lealdade de Dalila em troca de 1.100 siclos de prata (Jz 16.5). A soma era considerável. A história terminou muito adversa para Sansão, conforme terminam quase todas as histórias dessa natureza.

DAMASCO

Essa era a bem conhecida cidade a nordeste do monte Hermom. Esse nome também se aplica à região geográfica geral e, algumas vezes, ao estado do qual essa cidade era a capital. Ficava localizada em uma planície com cerca de 670 m de altitude. A cidade fica cercada por montes em três lados, a saber, o monte Hermom e a cadeia do Antilíbano, a oeste; uma serra que se projeta dessa cadeia, ao norte; o Jebel Aswad (monte Aswad), que a separa da fértil Haurã (bíblica Basã), ao sul. A leste, certos lagos pantanosos e colinas baixas separam a região do deserto. Ali a chuva é escassa e a irrigação é necessária para a agricultura. Ali são produzidas azeitonas, várias frutas, amêndoas, castanhas, pistácias, cereais, fumo, algodão, linho e cânhamo. A cidade tem uma longa história, sendo uma das mais antigas cidades do mundo. Talvez a mais conhecida menção bíblica seja aquela referente à conversão de Saulo de Tarso. Ali vivia o crente judeu, Ananias, que ajudou a Saulo em momento de necessidade, quando ele estava cego diante do resplendor da visão, e havia sido levado para o interior de Damasco. Ananias, orientado por uma visão que teve, foi à rua chamada Direita, e ali encontrou Saulo, que estava hospedado na casa de um homem de nome Judas. Foi então que Saulo recebeu de volta a capacidade de enxergar, o que lhe serviu de tremenda lição espiritual. Foi ali que Paulo recebeu sua comissão apostólica, um fator que alterou a história do mundo, bem como as vidas de incontáveis milhares de pessoas.

Atualmente, Damasco faz parte dos domínios árabes, o que teve início no ano de 636 d.C., por ocasião da batalha de Iarmuque. Foi a capital do império Umaiada (639-744 d.C.). No século XIV, caiu sob o controle dos mamelucos egípcios, tendo mantido sua importância como centro político e comercial. Foi saqueada pelos invasores mongóis, em 1401. Nos tempos modernos, retém o papel de capital e principal cidade da Síria.

Damasco é uma das mais antigas cidades do mundo. Alguns estudiosos chegam mesmo a declarar ser ela a mais antiga cidade do mundo que vem sendo continuamente habitada até hoje. Porém, não há meios para alguém confirmar ou negar essa proposição. Ficava localizada cerca de 240 quilômetros a nordeste de Jerusalém, às margens do rio Abana, que descia do Antilíbano (que alguns chamavam de Abara) e de um outro rio denominado Farpar, que os gregos chamavam de *Chrysorrhoas*, ou seja, "riacho de ouro", localizado fora das muralhas da cidade.

Era a capital da *Síria* (ver Is 7.8) e vinha sendo ocupada desde os tempos mais remotos, porquanto já era conhecida nos dias de Abraão (ver Gn 15.2). Embora a cidade também tenha formas diversas nos idiomas hebraico, grego e aramaico, tendo sido encontrada em algumas antiquíssimas inscrições, como nos escritos de Tutmoses III, Faraó do Egito e nas cartas de Amarna (século XIV a.C.), e também em inscrições feitas na escrita cuneiforme, o seu significado nos é inteiramente desconhecido hoje em dia.

Davi capturou e dotou Damasco de uma guarnição militar, depois que as tropas dessa cidade, enviadas em auxílio a Hadadezer, de Zobá (ver 2Sm 8.5), foram derrotadas. Damasco figurava com destaque entre os membros do pacto feito por Asa, rei de Judá, a fim de aliviar a pressão provocada por Baasa, de Israel (ver 2Cr 16.2). Foi na planície próxima de Damasco que o profeta Elias ungiu a Hazael, um nobre damasceno, como futuro monarca da Síria (ver 1Rs 19.15). Os assírios, finalmente, capturaram e destruíram essa cidade, tendo igualmente deportado a muitos de seus habitantes. Essa cidade serviu de lição objetiva para Judá, de conformidade com os escritos de Isaías (ver Is 10.9 e ss.), sobre o que pode acontecer a um povo que prefere ignorar a Deus.

Durante o período dos monarcas *selêucidas*, Damasco perdeu a sua posição de capital da Síria, embora tivesse sido, mais tarde, restaurada como capital da Celessíria, sob Antíoco IX, em III a.C. Damasco passou a ser cidade romana desde 64 a.C., o que continuou até 33 d.C. Nos tempos de Paulo, a cidade era governada por um etnarca, nomeado por Aretas IV (9 a.C. a 40 d.C.), que havia derrotado o seu genro, Herodes Antipas (ver 2Co 11.32,33).

A cidade de Damasco contava com uma numerosa população judaica e muitas sinagogas. (Ver At 9.2; e Josefo, *Guerras dos Judeus*, ii.20). A população judaica de Damasco era tão numerosa, nos tempos do cristianismo primitivo, que Nero foi capaz de executar a dez mil judeus; e pode-se supor que ele não mandou matar a população judaica inteira da cidade, embora o tenha tentado. (Ver Josefo, *Guerras dos Judeus*, ii.25). O cristianismo também fez progressos extraordinários em Damasco, e, finalmente, veio a tornar-se ela conhecida como cidade cristã. No entanto, mais tarde, o islamismo foi se tornando gradualmente a religião dominante, segundo se verifica na atualidade.

A cidade moderna cobre uma área de cerca de três quilômetros por um quilômetro e meio, ao longo do rio Barada. Existe ainda a rua chamada *Direita* (ver At 9.11), que corre de nordeste para sudoeste, atravessando a cidade. Uma grande mesquita, edificada ali no século VIII d.C., ocupa declaradamente o local do templo de Rimom (mencionado em 2Rs 5.18).

O distrito de Damasco é famoso por seus pomares e jardins, porque recebe abundante suprimento de água de seus dois rios. Servia, por semelhante modo, de centro natural de comunicações, ligando as rotas de caravana que saíam da costa do Mediterrâneo (cerca de 105 quilômetros para o ocidente) para o Egito, para a Assíria e para a Babilônia.

Posto que essa cidade vem sendo continuamente habitada por muitos séculos, muito dela permanece por escavar, mas parte de seus muros data de tempos antigos, e restam ainda diversas portas feitas pelos romanos. A rua chamada "Direita" continua dividindo a cidade em duas metades. Uma antiga inscrição cristã, que diz: "O teu reino, ó Cristo, é um reino eterno, e teu domínio perdura por todas as gerações", tem sido preservada na igreja de João Batista (século IV d.C.), que posteriormente foi transformada em mesquita (século VIII d.C.). Moedas existentes, vindas dos reinados de Augusto, Tibério e Nero, têm sido ali encontradas.

BIBLIOGRAFIA. AM ENI ND UN(1957) Z

DANÃ

No hebraico, **"murmuração"**, uma cidade mencionada juntamente com Debir e Socó, localizada na região montanhosa de Judá (Js 15.49), ao sul de Hebrom. O local teria sido perto da moderna Kirjath-Sepher (antiga Debir), embora a localização exata seja desconhecida.

DANÇA

1. Observações Gerais. Dançar é movimentar continuamente o corpo, de acordo com certo ritmo, em um certo espaço. É também uma expressão das emoções, uma válvula de escape de energias em excesso. As emoções assim expressas são as mais variadas, desde a alegria até a ira, desde a devoção à sensualidade. A arqueologia e a literatura de todas as culturas demonstram que, até onde a história retrocede, os homens dançam. Alguns animais também têm certas formas de dança, desde os insetos, passando pelas aves, até os mamíferos superiores; e esses movimentos rítmicos usualmente visam à comunicação de alguma mensagem, tal como na dança humana. Há provas de que, desde a antiguidade, a dança é associada às manifestações religiosas. Os homens primitivos imaginavam poder comunicar-se com os espíritos através da dança. De fato, certas danças conseguem alterar os estados de consciência, com o aparecimento de visões e alucinações, que são consideradas comunicações com os poderes espirituais. Mas também é verdade que os homens primitivos demonstravam alegria ou consternação, diante dos eventos, como nascimentos, curas, luto, a chegada das chuvas ou a tentativa de fazê-las chegar, vitórias e outros acontecimentos importantes, mediante a dança. A dança tem sido usada e continua a ser usada em ritos de fertilidade, com o propósito de exprimir ou provocar a sensualidade.

As civilizações superiores têm feito a dança se tornar uma arte formal, que usualmente acompanha as apresentações musicais ou teatrais. Desse modo, a dança também se tornou uma profissão. Porém, em muitos lugares, a dança continua sendo uma importante parcela da expressão religiosa, como no teatro grego clássico e na religião hindu.

Os elementos básicos da dança são o desenho, os passos, os gestos, os movimentos específicos, a técnica, a dinâmica e os sons. A dinâmica da dança pode variar desde a languidez à intensa vibração, desde a suavidade até os gestos bruscos. O impacto da dança sobre os dançarinos e os espectadores é obtido, principalmente, por sua dinâmica. A técnica é a habilidade que o dançarino adquire na execução da dança. Os dançarinos precisam tornar-se atletas consumados, para fazerem o que fazem, como no balé moderno. Através da técnica é que uma ideia pode ser expressa mediante a dança.

2. A Dança em Várias Culturas. ***a. Entre os egípcios***, homens e mulheres dançavam, mas em grupos separados, com certa variedade de movimentos e gestos, tudo dependendo do propósito a ser atingido. No Egito, dançava-se por motivos religiosos ou como diversão. Os nobres usualmente não dançavam. A dança parecia limitar-se às classes inferiores e aos sacerdotes, dependendo do propósito da dança. As vestes usadas na dança usualmente eram longas, chegando ao chão e com frequência, feitas de tecidos de alta qualidade, quase transparentes. A dança religiosa, por sua vez, era efetuada nos templos, em honra aos deuses, ou ao ar livre, em procissões. A dança popular, motivada pela alegria, era realizada quando das grandes festividades. ***b. Entre os gregos*** encontramos a dança social e religiosa. As massas populares dançavam principalmente como recreação. No teatro, a dança foi desenvolvida ao ponto de tornar-se uma arte, sendo usada para expressar todas as emoções que as peças teatrais tinham o intuito de transmitir. A literatura antiga informa-nos que as mulheres dançavam em entretenimentos particulares. Quando mulheres dançam diante de convivas, o intuito é óbvio. (Ver Mt 14.6). Todas as classes, entre os gregos, dançavam, o que era encorajado pelo fato de que a dança tornara-se uma parte importante do teatro, o que tinha considerável prestígio, provocando a criação de peças teatrais que têm perdurado durante séculos, sendo levadas ao palco até os nossos próprios dias. ***c. Entre os romanos***, há evidências de que até as classes mais elevadas dançavam. Disse Cícero: "Nenhum homem sóbrio dança, a menos que tenha enlouquecido, estando sozinho ou em companhia decente; pois a dança é a companheira do convívio devasso, da dissolução e da luxúria". Essa citação ilustra que a dança se degenerara em uma forma essencialmente sensual, tendo perdido muito do refinamento mais antigo. A dança da filha de Herodias (Salomé?), diante dos convivas de Herodes, quando da festa de seu aniversário, ilustra o que Cícero queria dizer. ***d. Entre os hebreus***, a dança era usada apenas como diversão (Êx 32.19; Ec 3.4). Mas também era um meio de expressar sentimentos religiosos (Êx 15.20; Jz 21.19-21). Podia ser um modo de louvar a Yahweh (Sl 149.3;150.4). Naturalmente, era usada na adoração idólatra. A vitória de Davi sobre os filisteus foi celebrada pelas mulheres, que saíram alegremente ao encontro dos soldados que voltavam da batalha. Isso foi acompanhado com cânticos e com instrumentos de música (1Sm 18.6). Danças acompanhavam as festas e os festivais (Jz 21.16-24). Alguns eruditos pensam que até a festa dos Tabernáculos incluía danças. As referências existentes nos salmos mostram a conexão religiosa entre a religião e a dança. O trecho de Salmo 68.25 indica que os cantores e os instrumentos musicais algumas vezes estavam envolvidos de tal modo que somos levados a pensar que a música, no tabernáculo e no templo, era acompanhada por danças. Sabe-se que as sociedades pagãs da época tinham tais costumes. Baal era adorado por meio de dançarinos (1Rs 18.26). Na Babilônia, a dança estava tão intimamente ligada ao culto religioso que não há evidências de outro tipo de dança ali, apesar de que, certamente nem toda a dança dos babilônios era de cunho religioso. Os relevos egípcios retratam dançarinas que dançavam ao som de tambores e de certa variedade de instrumentos. Há a possibilidade de que a dança de Davi, registrada em 2Samuel 6.16, estivesse relacionada a danças especialmente desenvolvidas na guerra, conforme se dava, igualmente, com os espartanos. Estes últimos dançavam com o acompanhamento de poemas elegíacos, compostos pelos líderes espartanos. Davi empregava a poesia a fim de inspirar e ensinar os seus soldados (2Sm 1.18 ss.), sendo possível que ele conhecesse certos tipos de danças de guerra. ***e. No Novo Testamento***. No trecho de Lucas 7.32 há uma alusão às danças das crianças, em seus folguedos. Também há a famosa dança da filha de Herodias (Mt 14.6). Muitos pensam tratar-se da famosa Salomé. Sua dança era de natureza sensual, e culminou na execução de João Batista. A passagem de Lucas 15.26 menciona a dança como parte das celebrações devido à volta do filho pródigo à casa paterna. Podemos supor com segurança que a dança, nos dias do Novo Testamento, seguia de perto os modelos grego e romano. A referência às crianças que dançavam indica que a dança fazia parte dos costumes da sociedade, e que as pessoas dançavam por motivo de simples recreação.

3. A Dança Moderna e os Crentes. As formas e razões antigas da dança continuam nos tempos modernos. Por essa razão, nenhuma declaração simples pode dizer se, para o crente, dançar é próprio ou impróprio. Em algumas igrejas cristãs, a dança ainda é usada como uma expressão religiosa, usualmente associada a alguma produção teatral, mas nem sempre. Cada caso precisa ser examinado em separado, porquanto a dança pode ser elevada, uma legítima forma de arte religiosa, ou então pode ser vil, ou mesmo pode ser uma mistura de elementos bons e maus. As danças sociais, que envolvem o contato dos corpos de homens e mulheres, geralmente são condenadas pelos crentes, visto que essas danças são obviamente sensuais, apelando para os instintos mais baixos do ser humano. Mesmo as danças em que homens e mulheres nunca se abraçam, mas têm movimentos que são sexualmente sugestivos, tradicionalmente são reprovadas pelos crentes, como indignas para os seguidores do Senhor Jesus. Porém, muitos crentes participam de danças tipo folclórico, não fazendo disso nenhum segredo. Tal como no caso de outras coisas que podem ser duvidosas, a consciência coletiva e individual é que deve decidir sobre essa questão. A consciência do crente individual, quando é honestamente consultada, revelará se a pessoa pode ou não envolver-se em alguma dança específica. (AM OE UN SO)

DANIEL

No hebraico, **"Deus é meu juiz"**. Há quatro personagens com esse nome, nas páginas da Bíblia: **1**. Um filho de Davi, o segundo que ele teve com Abigail, a carmelita (1Cr 3.1). No trecho paralelo de 2Samuel 3.3, ele é chamado Quileabe. Viveu em torno de 1050 a.C. **2**. Um descendente de Itamar, que retornou do cativeiro babilônico em companhia de Esdras (Ed 8.2). Viveu em torno de 456 a.C. Foi um dos signatários do pacto firmado por Esdras. **3**. Um dos sacerdotes que assinou o pacto com Neemias. Quanto à sua identidade, alguns pensam tratar-se do profeta desse nome. Mas outros identificam-no com o descendente de Itamar, segundo ponto, acima. (Ne 10.6). Viveu por volta de 456 a.C. **4**. O profeta Daniel, o herói principal do livro veterotestamentário desse nome. Ver abaixo, o artigo separado sobre ele, intitulado *Daniel, o Profeta e o Livro*.

DANIEL, O PROFETA E O LIVRO

O nome é hebraico e tem o sentido de "Deus é meu juiz". Daniel foi um famoso profeta judeu do período babilônico e persa, embora isso seja posto em dúvida por muitos críticos modernos, que desconfiam da cronologia a seu respeito. Ver a discussão sobre isso, mais adiante. Tudo quanto sabemos acerca de Daniel deriva-se do livro que tem o seu nome; as tradições, como é usual, são duvidosas. Ver sobre o homem Daniel, no segundo ponto, a seguir.

I. Características Gerais. Este livro aparece na terceira seção do cânon hebraico, chamada *ketubim*. Nas Bíblias em línguas vernáculas, trata-se de uma das quatro grandes composições proféticas escritas, de acordo com o cânon alexandrino. Na moderna erudição, diferem as opiniões a seu respeito. Alguns estudiosos pensam que se trata apenas de um dos melhores escritos pseudepígrafos, uma pseudoprofecia romântica, escrita essencialmente como narrativa, e não um livro profético. Mas outros respeitam altamente o livro como profecia, baseando sobre este livro várias doutrinas sérias a respeito dos últimos dias, ainda futuros. Seja como for, é verdade que o Novo Testamento incorpora grande parte da visão profética desse livro no Apocalipse, envolvendo temas como a grande tribulação, o anticristo, a segunda vinda de Cristo, a ressurreição e o julgamento final. As indicações cronológicas do livro de Daniel são adotadas diretamente pelo Apocalipse.

O livro foi escrito em hebraico, mas com uma extensa seção em aramaico, ou seja, Daniel 2.4b—7.28. Os eruditos liberais pensam que essa porção é um tanto mais antiga, tendo sido adaptada às pressas para seu uso, em uma revisão palestina. Temos a introdução do livro escrita em hebraico (Dn 1.1—2.4a), com visões adicionais (caps. 8 em diante), a respeito de coisas que ocorreram durante a crise sob o governo de Antíoco IV Epifânio (175-163 a.C.). Reveste-se de especial importância o material do décimo capítulo, que apresenta uma personagem "à semelhança dos filhos dos homens" (Dn 10.16), que os estudiosos cristãos pensam tratar-se de uma alusão ao Messias. O livro também encerra a doutrina da ressurreição dos mortos (Dn 12.2,3) e uma angelologia típica do judaísmo posterior. Daniel é o único livro judaico de natureza apocalíptica que foi finalmente aceito no cânon palestino, ao passo que vários livros dessa natureza vieram a tornar-se parte do cânon alexandrino.

II. O Homem Daniel e o Pano de Fundo Histórico do Livro. Daniel era descendente da família real de Judá, ou pelo menos, da alta nobreza dessa nação (Dn 1.3; Josefo, *Anti.* 10.10,1). É possível que ele tenha nascido em Jerusalém, embora O trecho de Daniel 9.24, usado como apoio para essa ideia, não seja conclusivo quanto a isso. Entre 12 e 16 anos de idade, Daniel já se encontrava na Babilônia, como cativo judeu entre todos outros jovens nobres hebreus, como Ananias, Misael e Azarias, em resultado da primeira deportação da nação de Judá, no quarto ano do reinado de Jeoaquim. Ele e seus companheiros foram forçados a entrar no serviço da corte real babilônica. Daniel recebeu o nome caldeu de Beltessazar, que significa "príncipe de Baal". De acordo com os costumes orientais, uma pessoa podia adquirir um novo nome, se as suas condições fossem significativamente alteradas, ou esse novo nome expressava a nova condição (2Rs 23.34; 24.17; Et 2.7; Ed 5.14). A fim de ser preparado para suas novas funções, Daniel recebeu o treinamento oriental necessário. Ver Platão, *Alceb.* seção 37. Daniel aprendeu a falar e a escrever o caldeu (Dn 1.4) e não demorou para que se distinguisse por sua sabedoria e piedade, especialmente na observância da lei mosaica (Dn 1.8-16). O seu dever de entreter a outras pessoas sujeitou-o à tentação de comer coisas consideradas impróprias pelos preceitos levíticos, problema que ele enfrentou com sucesso.

A educação de Daniel se deu durante três anos, ao final dos quais ele se tornou um dos cortesãos do palácio de Nabucodonosor, onde, pela ajuda divina, conseguiu interpretar um sonho do monarca, para inteira satisfação deste. Tudo em Daniel impressionava o rei, pelo que ele subiu no conceito real, tendo-lhe sido confiados dois cargos importantes, como governador da província da Babilônia e inspetor-chefe da casta sacerdotal (Dn 2.48). Posteriormente, em outro sonho que Daniel interpretou, ficou predito que o rei, por causa da sua prepotência, deveria ser humilhado por meio da insanidade temporária, após o que seu juízo ser-lhe-ia restaurado (Dn 4). As qualidades pessoais de Daniel, como sua sabedoria, seu amor e sua lealdade, resplandecem por toda a narrativa.

Sob os sucessores indignos de Nabucodonosor, ao que parece, Daniel sofreu um período de obscuridade e olvido. Foi removido de suas elevadas posições, e parece ter começado a ocupar postos inferiores (Dn 8.27). Isto posto, ele só voltou à proeminência na época do rei Belsazar (Dn 5.7,8), que foi corregente de seu pai, Nabonido. Belsazar, porém, foi morto quando os persas conquistavam a cidade. No entanto, antes desse acontecimento, Daniel foi restaurado ao favor real, por haver conseguido decifrar o escrito misterioso na parede do salão de banquete (Dn 5.2 e ss.). A essa altura dos acontecimentos, Daniel recebeu as visões registradas nos capítulos sétimo e oitavo, as quais descortinam o curso futuro da história humana, juntamente com a descrição dos principais impérios mundiais, que se prolongariam não somente até a primeira vinda de Cristo, mas exatamente até o momento da "parousia", ou segunda vinda de Cristo.

Os medos e os persas conquistaram a Babilônia, e uma nova fase da história se iniciou. Daniel mostrou-se ativo no breve reinado de Dario, o medo, que alguns estudiosos pensam ter sido o mesmo Ciaxares II. Uma das questões envolvidas foram os preparativos para a possível volta de seu povo do exílio para a terra santa. Sua grande ansiedade, em favor de seu povo, para que fossem perdoados de seus pecados e restaurados à sua terra, provavelmente foi um dos fatores que o ajudaram a vislumbrar o futuro, até o fim da nossa atual dispensação (Dn 9), o que significa que ele previu o curso inteiro da futura história de Israel. Daniel continuou cumprindo seus deveres de estadista, mas sempre observando estritamente a sua fé religiosa, sem qualquer transigência. Há um hino cujo estribilho diz: "Ouses ser um Daniel; ouses ficar sozinho". O caráter e os atos de Daniel despertaram ciúmes e invejas. Mediante manipulação política, Daniel terminou encerrado na cova dos leões; mas o anjo de Deus controlou a situação, e Daniel foi livrado dos leões, adquirindo novo prestígio e maior autoridade.

Daniel teve a satisfação de ver um remanescente de Israel voltar à Palestina (Dn 10.12). Todavia, sua carreira profética ainda não havia terminado, porquanto no terceiro ano de Ciro, ele recebeu outra série de visões, informando-o acerca dos futuros sofrimentos de Israel, do período de sua redenção, através de Jesus Cristo, da ressurreição dos mortos e do fim da atual dispensação (Dn 11 e 12). A partir desse ponto, manifestam-se as tradições e as fábulas, havendo histórias referentes à Palestina e à Babilônia (Susã), embora não possamos confiar nesses relatos.

Pano de Fundo e Intérpretes Liberais. A moderna erudição crítica é praticamente unânime ao declarar que o livro de Daniel foi compilado por um autor desconhecido, em cerca de 165 a.C., porquanto conteria supostas profecias sobre monarcas pós-babilônicos que, mais provavelmente, são narrativas históricas, porquanto vão-se tornando mais e mais exatas à medida que o tempo de seu cumprimento se aproxima (Dn 11.2-35). Para esses intérpretes, o propósito do livro foi encorajar os judeus fiéis em seu conflito com Antíoco IV Epifânio (ver 1Macabeus 2.59,60). Por causa da tensão em que viviam, o livro de Daniel teria sido entusiasticamente acolhido, porquanto expõe uma visão final otimista da carreira de Israel no mundo. E assim, o livro teria sido recebido no cânon hebreu.

Ver no *Dicionário* o artigo sobre *Apocalípticos, Livros* (*Literatura Apocalíptica*). Isto posto, temos duas posições: uma delas afirma que realmente houve um profeta chamado Daniel, que viveu a vida descrita nos parágrafos anteriores do livro, e cujas visões fazem parte indispensável do quadro profético. A outra posição diz que o livro de Daniel é uma espécie de romance-profecia, que apresenta acontecimentos históricos como se tivessem sido preditos, exatos em torno de 165 a.C., mas não tanto, à medida que se retrocede no tempo. Os vários argumentos são apresentados na terceira seção, intitulada *Autoria, Data e Debates a Respeito*, mais adiante.

Informes Posteriores sobre Daniel. Uma tradição rabínica posterior (Midrash Sir ha-sirim, 7.8) diz que Daniel retornou à Palestina, entre os exilados. Mas um viajante judeu, Benjamim de Tudela (século XII d.C.) supostamente teria encontrado o túmulo de Daniel em Susã, na Babilônia. Nesse caso, se o primeiro informe é veraz, então Daniel retornou mais tarde à Babilônia. Há informes sobre esse túmulo, desde o século VI d.C., embora muitos duvidem da exatidão dessas tradições, que geralmente não passam de fantasias.

Um Daniel Antediluviano? Alguns supõem que o Daniel referido em Ezequiel 14.14 não seja o Daniel da tradição profética, mas, sim, uma personagem que viveu antes do dilúvio, não contemporânea de Ezequiel, e cujo nome e caráter teriam inspirado o pseudônimo vinculado ao livro canônico de Daniel. A lenda ugarítica de *Aght* refere-se a um antigo rei fenício, *Dnil* (vocalizado como *Danel* ou *Daniel*), o que significaria que esse nome é antiquíssimo. Ver Ezequiel 28.3, onde o profeta escarnece de Tiro porque, supostamente, era "mais sábio que Daniel". Isso poderia ser também uma referência a um antigo sábio, não contemporâneo de Daniel.

III. AUTORIA, DATA E DEBATES A RESPEITO. Essas questões são agrupadas neste terceiro ponto por estarem relacionadas umas às outras, dentro do campo da alta crítica sobre as atividades de Daniel. Listamos e comentamos esses problemas a seguir.

1. Um grave erro histórico, segundo alguns pensam, estaria contido em Daniel 6.28 e 9.1, onde o autor sagrado situa Dario I antes de Ciro, fazendo Xerxes aparecer como pai de Dario I. Nesse caso, teríamos a ordem Xerxes, Dario e Ciro, quando a sequência histórica é precisamente a inversa. Mas essa crítica é plenamente respondida quando se demonstra que Daniel se referia a Dario, o medo, um governador sob as ordens de Ciro, cujo pai tinha o mesmo nome que aquele rei persa posterior. Não seria mesmo provável que um autor, que demonstrasse tão notáveis poderes intelectuais, e que contava com Esdras 4.5,6 à sua frente, pudesse ter cometido um equívoco tão crasso, especialmente diante do fato de que se situa Xerxes como o quarto rei depois de Ciro (ver Dn 11.2).

2. O Problema do Cânon. A coletânea dos profetas hebreus já estava completa por volta do século III a.C., mas não incluía Daniel, livro que foi posto na porção posterior do cânon, ou seja, entre os Escritos. O catálogo de antigos hebreus famosos, também chamado Eclesiástico, publicado em Sabedoria de Ben Siraque, no começo do século II a.C., não menciona Daniel; e, no entanto, um século depois, I Macabeu alude a esse livro. Além disso, uma porção do livro foi escrita em aramaico da Palestina, não no dialeto da Mesopotâmia. O aramaico estava sendo falado na Palestina. Isso faz nossos olhos desviar-se da Babilônia como o lugar da composição desse livro, fixando nossa atenção sobre a Palestina. Essa crítica é respondida mediante a observação de que Daniel não era oficialmente conhecido como profeta. Antes, foi um estadista com dons proféticos (Mt 24.15). E isso justifica o fato de ele não haver sido listado entre os profetas tradicionais. Além disso, mesmo que o livro de Daniel já tivesse sido escrito quando Ben Siraque preparou sua lista de grandes hebreus, a omissão de seu nome não deve causar surpresa, porquanto esse catálogo também deixa de lado a Jó e a todos os juízes, excetuando Samuel, Asa, Josafá, Mordecai e o próprio Esdras (Eclesiástico 44—49).

3. Numerosos equívocos históricos, com as soluções propostas. Dizem alguns que esses equívocos aparecem quando o autor aborda questões distantes da data de 165 a.C. (quando, presumivelmente, o livro de Daniel teria sido escrito), o que faria óbvio contraste com o conhecimento que o autor tinha do período grego, posterior. Os críticos, diante disso, sentem que o livro de Daniel tirou proveito de antigas lendas judaicas acerca de um sábio de nome Daniel (ver Ez 14 e 28). Teria sido então constituída uma pseudoprofecia para encorajar os judeus que sofriam sob Antíoco IV Epifânio. Esse Daniel teria sido capaz de enfrentar os mais incríveis sofrimentos, pelo que todos os israelitas teriam obrigação de seguir o seu exemplo. Como resposta, precisamos levar em conta as seguintes considerações: **a**. Quanto aos supostos equívocos, esses parecem não ter sido adequadamente respondidos no primeiro ponto, anteriormente. **b**. O suposto fato de que o tipo de aramaico usado era da Palestina, e não da Mesopotâmia, tem uma resposta adequada, pelo menos até onde vejo as coisas. Os estudos sobre os documentos escritos em aramaico mostram que a variedade de aramaico usada no livro de Daniel é bastante antiga, sendo impossível estabelecer claras distinções entre os dialetos, conforme alguns eruditos do passado chegam a fazer. A linguagem aramaica do livro de Daniel tem fortes afinidades com os *papiros elefantinos* (ver no *Dicionário* a respeito) do século V a.C. Outrossim, o hebraico usado no livro de Daniel ajusta-se ao período de Ezequiel, Ageu, Esdras e dos livros de Crônicas, e não ao hebraico do período helenista, posterior. Parece que melhores estudos e descobertas arqueológicas têm revertido o juízo negativo, em alguns casos significativos. **c**. Escreveu Robert Pfeiffer: "Presume-se que nunca saberemos como o nosso autor aprendeu que a Nova Babilônia foi criação de Nabucodonosor (Dn 4.30), segundo as escavações têm comprovado" (*Introduction to the Old Testament*, p. 758). **d**. O quinto capítulo de Daniel retrata Belsazar como corregente da Babilônia, juntamente com seu pai, Nabonido. Antes, esse informe era objeto de ataques. No entanto, isso tem sido demonstrado como um fato pelas descobertas arqueológicas (R.P. Dougherty, *Nabonidus and Belshazzar*, 1929; J. Finegan, *Light from the Ancient Past*, 1959). **e**. Documentos escritos em cuneiforme, provenientes de Gubaru, confirmam a informação dada no sexto capítulo do livro de Daniel, acerca de Dario, o medo. Atualmente, não é mais possível atribuirmos a Daniel um falso conceito de um independente reino medo, entre a queda da Babilônia e o soerguimento de Ciro, segundo alguns estudiosos fizeram, erroneamente, no passado. **f**. O autor sagrado também sabia o bastante sobre os costumes do século VI a.C., a ponto de ter dito que as leis da Babilônia estavam sujeitas ao rei Nabucodonosor, que podia lançar ou modificar decretos (Dn 2.12,13,46), em contraste com a informação de que Dario, o medo, não tinha autoridade para alterar as leis dos medos e dos persas (Dn 6.8,9). **g**. Além disso, o modo de punição na Babilônia, mediante o fogo (cap.3) ou mediante leões (cap.6), concorda perfeitamente bem com a história (A. T. Olmstead, *The History of the Persian Empire*, 1948, p. 473). **h**. A comparação entre as evidências cuneiformes acerca de Belsazar e as informações que lemos no quinto capítulo de Daniel demonstra que o livro de Daniel pode ter sido escrito em uma data anterior e ser perfeitamente autêntico. Naturalmente um autor do período dos macabeus poderia ter usado materiais autênticos quanto aos fatos sobre os quais escrevia e, ainda assim, ter escrito seu livro em uma data posterior. No entanto, o que as evidências demonstram é que a exatidão do material ali registrado pode ter sido, por motivo, o fato de que o autor sagrado foi contemporâneo de Belsazar. **i**. Segundo alguns estudiosos, o livro foi escrito no tempo dos macabeus, porque reflete melhor aquela época, mas bem menos tempos anteriores. Contra isto, podemos observar que, entre os *Manuscritos do mar Morto* (ver a respeito no *Dicionário*), Daniel é representado. Isto sugere que o livro tenha sido escrito antes daquela época e, supostamente, antes do tempo dos macabeus. Isto, todavia, não determina *quanto* tempo antes. **j. Palavras Gregas**. No livro de Daniel, há três nomes gregos para instrumentos musicais: a harpa, a cítara e o saltério (Dn 3.5,10), o que poderia significar que tais palavras foram empregadas porque o autor viveu no período helenista. Mas essa crítica é rebatida mostrando-se que há provas da penetração do idioma e da cultura gregos no Oriente Médio, muito antes da época de Nabucodonosor. Portanto, não seria de admirar que Daniel, no século VI a.C., conhecesse alguns termos gregos para as coisas (ver W.F. Albright, *From the Stone Age to Christianity*, 1957, p. 337). Também há palavras emprestadas do persa que se coadunam com uma data anterior. E o aramaico usado no livro de Daniel ajusta-se ao aramaico dos papiros elefantinos, do século V a.C. **k**. O trecho de Daniel 1.1 parece conflitar com Jeremias 25.1,9 e 46.2 no tocante à data da captura de Jerusalém. Daniel declara que a cidade fora capturada no terceiro ano de Jeoaquim (605 a.C.). Jeremias, por sua vez, indica que, mesmo no ano seguinte, a cidade ainda não havia sido vencida. Essa aparente discrepância envolve um período de cerca de um ano. Mesmo que fosse uma verdadeira discrepância, não anularia o livro de Daniel como profecia autêntica. Seja como for, os defensores do livro de Daniel ressaltam que os escribas babilônios usavam um sistema de computação segundo o ano da subida ao trono, o que significa que o ano da subida ao trono não era chamado de primeiro ano de governo, embora, na realidade, assim o fosse. No entanto, os escribas palestinos não observavam essa distinção, pelo que o ano em que um monarca subia ao trono era chamado de primeiro ano de seu governo. Portanto, Daniel seguiu o modo babilônico de computação, ao passo que Jeremias usou o modo palestino. Isso quer dizer que o quarto ano mencionado em Jeremias 25.1 é idêntico ao terceiro ano de Daniel 1.1. **l**. O uso do termo "caldeus" em Daniel, em sentido mais restrito, indica a classe dos *sábios*, ou então uma casta sacerdotal (o que não tem paralelo no restante do Antigo Testamento). Mas alguns críticos pensam que isso indica uma data posterior do livro de Daniel. A observação de Heródoto, porém, em suas *Guerras Persas*, também exibe tal uso (séc. V a.C.), demonstrando que essa maneira de expressar é bastante antiga e não tão recente como os críticos querem dar a entender. **m**. A insanidade de Nabucodonosor, de acordo com os críticos liberais, seria um dramático toque literário da parte do autor sagrado, infiel aos fatos históricos. Porém, tanto Josefo quanto um autor do século II a.C., Abideno, mencionam a questão. Embora os dois tenham vivido em data bem posterior, e a informação dada por eles possa ser colocada em dúvida, não parece que somente Daniel se tenha referido à questão. Três séculos mais tarde, um sacerdote babilônio, de nome Beroso, preservou uma tradição sobre o incidente da insanidade de Nabucodonosor. O fato de que esse incidente só veio à tona tanto tempo depois da ocorrência talvez se deva à crença existente na Mesopotâmia de que a insanidade mental resulta da possessão demoníaca; e o fato de que um monarca tenha sido assim afligido, sem dúvida, foi acobertado o máximo possível.

Acompanhar os lances do debate sobre os problemas históricos do livro de Daniel não é uma jornada fácil. Procurei expor diante do leitor apenas a essência indispensável à questão, com argumentos e contra-argumentos. É desnecessário dizer que os dois lados não aceitam os argumentos um do outro; pois, do contrário, já se teria chegado a um acordo. Até onde vejo as coisas, várias críticas foram devidamente respondidas, e a tendência parece ser que há explicações razoáveis para a maior parte dos supostos erros históricos de Daniel.

No entanto, quero deixar claro que o livro de Daniel poderia ser uma profecia genuína, mesmo que houvesse nele alguns equívocos históricos. Esperamos demais de qualquer livro da Bíblia, quando esperamos perfeição até sobre questões dessa natureza. A verdade profética, moral ou teológica, em nada sofre por causa de discrepâncias científicas ou erros sobre questões históricas. A própria ciência envolve inúmeras discrepâncias, e nem por isso rejeitamos a dose de verdade que ela nos tem apresentado. As narrativas históricas dos melhores historiadores estão repletas de erros, mas nem por isso dizemos que a humanidade não conta com nenhuma história. Os que requerem perfeição da parte dos livros bíblicos promovem um dogma humano, porque as próprias Escrituras não declaram que eles não contêm erro algum. Ver no *Dicionário* o artigo sobre a *Inspiração*, quanto a uma declaração mais detalhada sobre essa questão.

4. A Função Profética. Um dos problemas superficiais criados pelos críticos é que eles objetam à profecia de Daniel como se todas as previsões ali existentes fossem observações históricas, supostamente escritas por um autor que viveu quando tais predições já se tinham cumprido. Os céticos que dizem que é impossível predizer o futuro são forçados a fazer com que cada livro profético seja reduzido ou a uma pseudoprofecia (as coisas preditas ainda não aconteceram, nem acontecerão) ou a uma narrativa histórica (as coisas preditas aconteceram, mas foram registradas após a realização dos eventos). Porfírio (século III a.C.) foi quem deu início à crítica contra o livro de Daniel, e esse ponto de vista contraprofético foi ele quem promoveu. Ele supunha que o livro de Daniel teria sido composto na época de Antíoco IV Epifânio, com a finalidade de animar os judeus que estavam sendo perseguidos; e a sua ideia é quase exatamente igual ao que é dito em nossos dias contra o livro de Daniel. Os estudos no campo da parapsicologia e a experiência humana comum mostram que o conhecimento prévio é um fenômeno simples, e todas as pessoas, quando estão dormindo, possuem poderes de precognição. Mas isso ainda não é o dom da profecia, embora mostre não ser um fenômeno tão estranho. Os místicos modernos têm poderes proféticos comprovados.

5. Conceitos Religiosos Posteriores. Os críticos partem do pressuposto de que, no livro de Daniel, há reflexos de uma teologia posterior, incluindo o conceito dos anjos e a doutrina da ressurreição, ideias que não teriam atingido a forma apresentada no livro de Daniel senão já na época dos macabeus. As ideias de Zoroastro aparentemente influenciaram a angelologia dos hebreus. Sua data de 1000 a.C. dá amplo tempo para que os judeus adquirissem certas ideias sobre os anjos, incluindo aquelas expressas no livro de Daniel, que pertence a cerca de 600 a.C.

Ressurreição. A ressurreição é claramente mencionada em Jó 19.26, e é possível que o livro de Jó seja o mais antigo da Bíblia, portanto este é um conceito muito antigo.

Conclusão. Se os críticos estão com a razão, então o livro de Daniel foi escrito em cerca de 165 a.C., no período dos macabeus. Nesse caso, tanto o livro contém uma pseudoprofecia como também pertence ao grupo de pseudepígrafos, visto que o nome do autor, Daniel, teria sido artificialmente aposto ao livro. E, caso os críticos não estejam com a razão, então o livro de Daniel foi composto em cerca de 600 a.C., por Daniel, um profeta estadista. Os eventos registrados nesse livro abarcam um período de cerca de 70 anos.

IV. PONTO DE VISTA PROFÉTICO. Aqueles que levam a sério o livro de Daniel, como uma profecia, não concordam sobre como o esboço do livro deve ser compreendido. Está claro que o livro deve ter alguma espécie de esboço da história humana, mas está menos claro onde ficam as divisões principais desse esboço. Alguns intérpretes supõem que a grande imagem (Dn 2.31-49), as quatro feras (Dn 7.2-27) e as setenta semanas (Dn 9.24-27) tivessem o intuito de mostrar o que ocorreria na primeira vinda de Cristo. Esses intérpretes também supõem que o Israel espiritual, que eles denominam de igreja, tenha cumprido as promessas feitas aos judeus, o antigo Israel, rejeitado por Deus por causa da sua desobediência. Essa escola de interpretação nega enfaticamente que haja um tempo parentético entre as semanas sessenta e nove e setenta, e que a semana restante haverá de cumprir-se na futura grande tribulação (Dn 9.26,27). Ainda de acordo com essa interpretação, a pedra que feriu a imagem (Dn 2.34,35) tem em vista a primeira vinda de Cristo, com o subsequente desenvolvimento da igreja. Os dez chifres da quarta fera (Dn 7.24) não se refeririam a reis do tempo do fim, ligados a um revivificado império romano. O pequeno chifre de Daniel 7.24 não representaria um ser humano. A morte do Messias é que poria fim ao sistema de sacrifícios dos judeus. Ou, então, se essa ideia for personificada, teríamos de pensar em Tito, o general romano, porquanto foi ele quem destruiu Jerusalém e seu culto religioso. Os amilenistas é que tomam essa ridícula posição.

Por outra parte, os pré-milenistas (ver no *Dicionário* o artigo sobre o *Milênio*) afirmam que a profecia de Daniel alude ao fim dos tempos, até a *parousia* (ver também no *Dicionário*) ou segunda vinda de Cristo. Nesse caso, deve-se entender um período parentético entre a sexagésima nona semana e a septuagésima semana (Dn 9.26,27). Esse período é de tempo indeterminado (já se prolonga por quase dois mil anos), correspondente à dispensação da graça em que vivemos. E a septuagésima semana, que duraria sete anos, seria o período da grande tribulação.

Os pré-milenistas estão divididos quanto ao momento do arrebatamento da igreja. Este ocorreria antes ou após a tribulação? Alguns chegam a pensar que o arrebatamento se dará no meio da tribulação. A questão é amplamente discutida no artigo citado sobre a *Parousia*. Ver também no *Dicionário* o verbete intitulado *Setenta Semanas*. Os que pensam que a igreja será arrebatada antes da grande tribulação supõem que Israel se tornará novamente proeminente na história humana e enfrentará o anticristo, sobre o qual acabará obtendo a vitória, e a nação será inteiramente restaurada à sua terra. Mas, segundo esse esquema pré-tribulacional, Israel, embora convertido ao Senhor, não fará parte da igreja. Por sua vez, os que pensam que a igreja só será arrebatada depois da grande tribulação, embora admitam que Israel venha a converter-se ao Senhor, creem que a nação fará parte integrante e inseparável da igreja, porquanto o ensino bíblico é que toda pessoa que se converte, após o sacrifício expiatório de Cristo, automaticamente faz parte da igreja. (Ver Rm 11.26 ss., quanto a uma afirmação de que Israel será restaurado como nação).

De acordo com o ponto de vista pré-milenista, a imagem do segundo capítulo de Daniel representa os reinos do mundo, dominados por Satanás, a saber, a Babilônia, a Média-Pérsia, a Grécia e Roma. Nos últimos dias, na época dos dez reis de Daniel 7.7, Roma será revivificada (Dn 2.41-33 e Ap 17.12). O poder que unificará aqueles dez reis com seus respectivos reinos será o anticristo. É precisamente esse poder que será destruído por Cristo, quando de sua segunda vinda (Dn 2.45; Ap 19). (Ver também Ap 13.1,2; 17.7-17 e Dn 2.35). O Filho do Homem obterá a vitória final sobre o anticristo (Dn 7.13), quando vier com as nuvens do céu (Mt 26.64 e Ap 19.11 ss.). O anticristo é o pequeno chifre de Daniel 7.24 ss. (cf. Dn 11.36 ss.). Historicamente, esse chifre aponta para Antíoco IV Epifânio, mas, profeticamente, o anticristo está em vista. Ver no *Dicionário* o artigo denominado *Anticristo*.

V. Proveniência e Unidade. O livro tem toda a aparência de haver sido escrito na Babilônia. Naturalmente, poderia ter sido escrito posteriormente, em Jerusalém, após o retorno dos exilados judeus. Os críticos supõem haver porções mais antigas e mais recentes, que seriam refletidas nos dois idiomas (o trecho aramaico seria o mais antigo; ver Dn 2.4b—7.28), adicionadas para dar uma forma final ao livro.

Os críticos também pensam que diferentes autores estiveram envolvidos nesse trabalho. É possível que a porção mais antiga tenha sido produzida na Babilônia, ao passo que a mais recente teria sido preparada na Palestina, a fim de que o volume total fosse publicado na Palestina. A arqueologia tem descoberto provas de que, na antiga Mesopotâmia, os escritores algumas vezes tomavam a porção principal de uma obra, intercalando-a entre uma introdução e uma conclusão, de natureza literária totalmente diferente. Isso pode ser visto no código de Hamurabi, no qual a parte principal é prosaica, com um prefácio e uma conclusão em forma de poema. O livro de Jó parece ter estrutura similar. Porém, esse argumento é fraco. Pode-se supor que outras obras assim também reflitam autores diferentes, como, por exemplo, o código de Hamurabi, no qual a porção prosaica é de autoria de um ou mais autores, e a parte poética pode ter tido um ou vários autores. Nesse caso, a obra poderia ser considerada uma compilação feita por algum editor, ao mesmo tempo que o próprio material escrito foi produzido por um ou mais autores. Por outro lado, a maior parte das obras literárias compõe-se de compilações, o que não quer dizer que haja mais de um autor. O problema da unidade do livro de Daniel não está resolvido; e também não podemos estar certos de que apenas Daniel o escreveu. Ele pode ter agido como autor-editor, ou então a obra pode ter incorporado seus escritos, por parte de outro autor-editor. Mas essa possibilidade em nada altera o valor profético da obra.

VI. Destino e Propósito. Já pudemos ver que os críticos supõem que o livro de Daniel tenha sido escrito para encorajar os judeus palestinos em meio à sua resistência ao programa de helenização de Antíoco IV Epifânio. Por outro lado, o livro pode ter tido o propósito de realizar o mesmo papel, mas em favor dos judeus exilados na Babilônia, que estariam enfrentando graves problemas em seus preparativos para retornar a Jerusalém. Nesse caso, o livro também mostraria que Deus, embora juiz dos judeus, já que os deixou ir para o exílio, haveria de restaurá-los, por causa de sua misericórdia. Esse segundo ponto de vista está mais em consonância com o arcabouço histórico apresentado no próprio livro. Naturalmente, o arcabouço histórico poderia ter sido utilizado pelo autor como uma lição objetiva, destinada a um povo posterior, que estivesse enfrentando um conjunto inteiramente diverso de dificuldades.

VII. Canonicidade. O livro de Daniel foi recebido no cânon do Antigo Testamento na terceira divisão, chamada *Escritos*. O livro de Daniel não se deu lugar junto aos livros de Isaías e Ezequiel. Daniel não mediou uma revelação à comunidade teocrática, mas foi um estadista judeu dotado de dons proféticos. Não obstante, o Talmude (*Baba Bathra* 15a) testifica sobre a grande estima que os judeus tinham por este livro, que se tornou o único livro apocalíptico a ser aceito no cânon dos escritos sagrados dos hebreus. O cânon alexandrino incluía outros livros. Na Septuaginta, o livro de Daniel aparece entre os escritos proféticos, após o livro de Ezequiel, mas antecedendo os doze profetas menores. Essa disposição tem sido seguida pelas traduções em línguas modernas. Ver no *Dicionário* o artigo separado sobre o *Cânon*.

VIII. Esboço do Conteúdo

A. *Introdução. História Pessoal de Daniel* (1.1-21).
B. *Visões sobre Nabucodonosor e a História de Ciro* (2.1—6.28).
   a. A imagem em seu simbolismo, e sua destruição pela pedra cortada sem mãos (2.1-49).
   b. A fornalha ardente (3.1-30).
   c. A visão da árvore, de Nabucodonosor (4.1-37).
   d. O festim de Belsazar e a queda da Babilônia (5.1-31).
   e. A cova dos leões (6.1-28).
C. *Várias Visões de Daniel* (7.1—12.13).
   a. As quatro feras (7.1-28).
   b. O carneiro e o bode (8.1-27).
   c. As setenta semanas (9.1-27).

d. A glória de Deus (10.1-21).
e. Profecias sobre os ptolomeus, os selêucidas e acontecimentos do tempo do fim (11.1-45).
f. A grande tribulação (12.1).
g. A ressurreição (12.2,3).
D. *Declaração Final* (12.4-13).
IX. Acréscimos Apócrifos. A Septuaginta e a versão de Teodócio trazem consideráveis adições ao livro de Daniel, que não podem ser encontradas no cânon hebraico, a saber: **1**. A Oração de Azarias (Dn 3.24-51). **2**. O Cântico dos Três Jovens (Dn 3.52-90). **3**. A História de Susana (Dn 13). **4**. A História de Bel e o Dragão (Dn 14). Esse material todo foi acrescentado ao livro canônico de Daniel para ser preservado, por causa de paralelos literários, e, sem dúvida, sob a inspiração do próprio livro. Ver no *Dicionário* o artigo separado sobre os *Livros Apócrifos*, quanto a completas descrições sobre o conteúdo e o caráter.
X. Gráfico Ilustrativo das Setenta Semanas. Ver no *Dicionário* esse gráfico, no artigo sobre as *Setenta Semanas*.
XI. Bibliografia. I IB ID ND UN YOU Z

DANITAS
No hebraico, deriva-se do termo que significa **"juiz"** ou **"julgar"**. Indica os descendentes de Dã, bem como aqueles que pertenciam a essa tribo (Jz 13.2; 18.1,11; 1Cr 12.35). Ver o artigo sobre *Dã*, que alude ao homem, à tribo e à cidade desse nome.

DANOS, PROVOCADOR DE
As Escrituras ilustram muitas formas de males e de danos. Com grande frequência, a tristeza é um resultado do pecado; mas essa é uma lição difícil de aprender. Além disso, há poderes impessoais, não humanos, que criam confusão, desastres naturais, enfermidades, anarquia e a própria morte física. Os homens nasceram para a tribulação, tal como as fagulhas de uma fogueira sobem no ar, e essas fagulhas não sabem fazer outra coisa. (Ver Sl 5.6; 36.4; Pv 17.4; Ez 11.2). Há atos e esquemas iníquos que provocam muitas formas de danos (Sl 26.10; 119.150; Pv 10.23). Ver o artigo geral sobre o *Problema do Mal*. O maior dano de todos, porém, é a perda da vida eterna, por meio do pecado não solucionado (ver Rm 6.23). O bem supremo consiste na restauração geral (vide), quando Deus vier endireitar todas as coisas.

DARCOM
No hebraico, **"suportador"**. Seus filhos formavam um grupo dos descendentes dos servos de Salomão, os quais retornaram, com Zorobabel e seus associados, do cativeiro babilônico (Ed 2.56; Ne 7.58). Viveu em torno de 536 a.C.

DARDA
No hebraico, **"pérola do conhecimento"**. Esse era o nome de um filho de Maol (cerca de 960 a.C.), um dos quatro homens conhecidos por sua grande sabedoria, mas aos quais, segundo as Escrituras informam, Salomão ultrapassou (1Rs 4.31). Em 1Crônicas 2.6, entretanto, os mesmos quatro nomes aparecem como filhos de Zera, da tribo de Judá. Ali o nome Darda tem sua forma modificada para Dara. A identidade parece muito provável, embora a questão tenha sido muito debatida pelos estudiosos. Zera poderia ter sido um antepassado remoto (chamado "pai", conforme era comum no linguajar dos hebreus), ao passo que Maol seria o verdadeiro pai dos quatro sábios.

DARDO
Há quatro vocábulos hebraicos e um grego, envolvidos neste verbete, a saber: **1**. *Chets*, "flecha", "dardo". Palavra hebraica usada por cinquenta vezes. (Para exemplificar: Nm 24.8; Dt 32.23,42; 1Sm 20.20; 2Rs 13.15-18; 1Cr 12.2; 2Cr 26.15; Jó 6.4; Sl 7.13; 11.2; 18.14; Pv 25.18; Is 5.28; 7.24; Jr 9.8; 50.9; Ez 5.16; 21.21; Hc 3.11; Zc 9.14). **2**. *Massa*, "míssil", "dardo", palavra que vem da raiz hebraica "enviar". Ela é usada apenas por uma vez, em Jó 41.26, onde Deus diz a Jó que o dardo de nada vale como arma contra o crocodilo. **3**. *Shebet*, "cana". Palavra usada por 48 vezes com esse sentido, e mais de 140 vezes com o sentido de "tribo". (Por exemplo: Êx 21.20; Lv 27.32; 2Sm 7.14; Sl 2.9; 23.4; Pv 10.13; Is 9.4; Jr 10.16; Ez 20.37; Mq 7.14). Joabe matou Absalão com um dardo, no hebraico chamado *shebet* (2Sm 18.14). **4**. *Shelach*, "lança", "dardo". Palavra hebraica usada por três vezes (com esse sentido: 2Cr 23.10; 32.5; Ne 4.17). Quando Joás foi ungido rei ainda muito jovem, o povo armou-se com esse tipo de lança, segundo se vê na segunda dessas referências. E, por ocasião da defesa dos reconstrutores da muralha de Jerusalém, na época de Neemias, os trabalhadores tinham um instrumento de trabalho em uma das mãos e uma lança (em português, uma *arma*) na outra, segundo se vê na última dessas referências. **5**. *Bélos*, "míssil", "flecha". Palavra grega usada exclusivamente em Efésios 6.16, onde o português diz ... *embraçando sempre o escudo da fé, com o qual podereis apagar todos os dardos inflamados do maligno*. Está em foco um dardo com uma mecha acesa na ponta.

DARICO
Ver o artigo sobre *Dinheiro*. O darico era uma moeda. Na Palestina, após o retorno do cativeiro da Babilônia, circulava o darico de ouro. Esse termo deriva-se do nome do rei *Dario*, monarca persa. Foi Ciro, o Grande, quem introduziu no império persa o uso de moedas. E Dario, o Grande, tornou generalizado esse uso. No hebraico temos a considerar duas palavras diferentes: **1**. *Adarkonim*. Essa palavra aparece somente em 1Crônicas 29.7 e Esdras 8.27. A nossa versão portuguesa, acertadamente, a traduz por "darico", na primeira dessas referências, mas, erroneamente por "dracma", na segunda referência. **2**. *Darkemonim*. Essa palavra figura em Esdras 2.69; Neemias 7.70-72. Também deveria ser traduzida por "daricos" (pois está no plural, como a primeira). No entanto, nossa versão portuguesa insiste em traduzi-la por "dracmas", o que já era outra moeda. Ver sobre *Dracma*.

DARIO
Há quatro homens com esse nome, de alguma maneira relacionados à narrativa bíblica, a saber:
1. Dario I Histaspes (521-486 a.C.). Ele foi o quarto governante do império persa, depois de Ciro, Cambises e Gaumata. As listas de Daniel, em 9.1 e 11.2, têm ocasionado muito debate quanto à fidelidade histórica desse V, o que é discutido no artigo sobre *Daniel*, III.1. Dario I também era chamado Dario, o Grande, título que ele adquiriu por haver restaurado o império, após o caos causado por Gaumata, o pseudo-Esmérdis, que havia usurpado o trono. O problema provocado pelo usurpador foi tão grande que o império persa poderia ter chegado ao seu fim. Mas Dario I, um dos oficiais de Cambises, filho de Histaspes, um sátrapa, e bisneto de Ariyaramnes, irmão de Ciro I, foi o salvador da pátria. O exército se pôs inteiramente a seu lado. Antes de tudo, ele executou Gaumata (522 a.C.), e, nos dois anos seguintes, derrotou a nove reis, em dezenove batalhas distintas, o que consolidou o seu poder e restaurou a dinastia acaemenida. Seus feitos ficaram registrados na inscrição cuneiforme trilíngue (persa antigo, acádico e elamita), na supefície da rocha de Behistun.

A força sempre foi o direito entre os homens, exceto nos poucos casos nos quais o Espírito de Deus intervém nas coisas. Lemos acerca dos métodos de Dario I, no caso de um usurpador que se nomeava Nabucodonosor IV, ao qual Dario derrotou. Dario atacou a cidade da Babilônia, onde esse homem e suas tropas tinham uma fortaleza. Uma vez capturada a cidade, seguiu-se a matança mais sanguinolenta, e os principais cidadãos foram crucificados, como advertência a quaisquer outros rebeldes, para que soubessem qual tratamento esperava quem ousasse desafiar a autoridade de Dario

(Heródoto III.159). Isso explica o extraordinário zelo que Tatenai exibiu, cerca de um ano mais tarde, na obediência ao decreto de Dario. Ler Esdras 6.11-13: ... *todo homem que alterar este decreto, uma viga se arrancará da sua casa, e que seja ele levantado e pendurado nela; e que da sua casa se faça um monturo.* Diante de um governo tão carrasco, por isso mesmo lemos que ... *Tatenai, governador daquém do Eufrates, Setar-Bozenai, e os seus companheiros, assim o fizeram pontualmente, segundo decretara o rei Dario* (Ed 6.13).

Muitas revoltas foram abafadas pela energia e pela habilidade militar de Dario I, e, por volta de 515 a.C. já tivera lugar uma completa restauração do domínio persa sobre todas as terras que Ciro e Cambises haviam subjugado. Ciro tivera por norma conceder larga autonomia aos reis conquistados, mas Dario modificou essa política, tendo abolido os reinos e principados locais, preferindo dividir o império em satrapias, no número de vinte. Sobre cada satrapia ele nomeou um governante persa, que exercia autoridade suprema e que contava com uma divisão do exército ao seu dispor, a fim de repelir qualquer ataque. Juízes também foram nomeados para as cidades, e as comunicações foram melhoradas. Dario I organizou um sistema postal similar ao *Pony Express* norte-americano do século XIX (ver Heródoto 8.98).

Muito interessante para a narrativa bíblica é o fato de que quando os exilados retornaram do cativeiro babilônico, eles esperavam ter um governo autônomo; mas sob Dario I, foi estabelecida a província persa de Judá, o que importava na supervisão imperial de todas as questões, civis e religiosas. Seja como for, os estudiosos da Bíblia pensam que Dario I foi um agente de Deus para a construção do segundo templo de Jerusalém, por haver ele ajudado aos judeus nessa tarefa. Tatenai, o governador persa do aquém-Eufrates se opusera à construção do templo, mas em vez do decreto de Dario (mencionado acima), fê-lo ajudar aos construtores, em vez de tentar impedi-los (Ed 6.6-12). Ele providenciou substancial ajuda material aos judeus, e o templo de Jerusalém foi terminado no sexto ano do governo de Dario (fevereiro-março de 516 a.C.). Nada mais se sabe sobre essa interação entre Dario I e os judeus, nos trinta anos subsequentes de seu reinado. Ver as seguintes referências: (Ed 4.5,24; 5.5-7; 6.1,12,15; Ag 1.1; 2.10; Zc 1.1,7 e 7.1).

2. Dario II Oxo (423-404 a.C.). Ele foi o sétimo governante do império persa. Era filho de Artaxerxes I e uma sua concubina babilônica. Ele também é chamado Notus ou Dario, o Persa (Ne 12.22). Esse título provavelmente tinha o intuito de distingui-lo de Dario, o Medo. Sua esposa (e meio-irmã), a rainha Parisatis, tinha grande poder, e talvez tenha sido a verdadeira governante do império, nesse período. Ela se tornou conhecida como uma pessoa cruel e ardilosa. Grande desintegração ocorreu no tempo de Dario II, com revoltas em Sardes, na Média, em Chipre, em Cadusia e no Egito. Uma colônia judaica, em Elefantina, perdeu o seu templo, que fora construído em uma ilha do Nilo, no alto Egito. O povo dali escreveu cartas aflitas a Jerusalém e a Samaria, pedindo ajuda, mas não foi atendido. É possível que tenha sido nesse tempo que Neemias foi a Jerusalém pela segunda vez, tendo descoberto ali muitos abusos, conforme está registrado em Neemias 12.22. Porém, outros estudiosos insistem que o rei persa envolvido foi Dario III Codomano (ver abaixo, terceiro ponto). Esses estudiosos firmam-se no fato de que esse versículo menciona um sumo sacerdote, chamado Jadua, e que Josefo fala sobre um sumo sacerdote com esse nome, em 332 a.C. (*Anti.* 11.8,4). Porém, não podemos ter certeza se está em pauta a mesma pessoa, apesar da identidade de nomes. O pai de Jadua é mencionado no papiro Elefantino, que data de cerca de 400 a.C., pelo que não é necessário supormos que o Jadua de 332 a.C. tenha sido o mesmo homem. Esse último Jadua conheceu Alexandre, o Grande, tendo-o presenteado com uma cópia do livro de Daniel. Se os dois sumos sacerdotes de nome Jadua devem ser identificados, então esse homem era extremamente idoso quando conheceu Alexandre.

Dario II faleceu em 404 a.C., tendo sido o último rei acaemenida a ser sepultado na câmara escavada na rocha, perto de Persépolis. Deixou dois filhos, Artaxerxes II e Ciro, o Moço, o qual tentou apossar-se do trono, mas sem sucesso.

3. Dario III. Este tem sido identificado, por alguns estudiosos, com o segundo desses Darios (ver acima), o qual também foi intitulado Dario, o Persa, em Neemias 12.22. Mas outros eruditos distinguem, corretamente, os dois homens. Esse terceiro Dario é também chamado Codomano. Foi o último governante acaemenida. Artaxerxes III e seu filho, Arses, foram assassinados pelo eunuco Bagoas, e isso extinguiu a família real. Em seguida, Bagoas entronizou Dario III, que era parente do monarca morto. Dario III havia servido como sátrapa da Armênia. Mas Dario III ordenou a morte de Bagoas, como vingança pelo assassinato de seus parentes reais. Em seguida, ele encetou a conquista do Egito, e obteve bom êxito. Entretanto, chegara o momento de grandes alterações históricas. Alexandre, o Grande, da Macedônia, estava em plena campanha militar. Dario reuniu uma poderosa força armada, mas foi derrotado em Isso, na Cilícia, em outubro de 333 a.C. Dario tentou negociar e estabelecer a paz, mas Alexandre não precisava negociar. Dario, em seguida, fugiu mais para o oriente. Alexandre prosseguiu em sua perseguição, e, em julho de 330 a.C., alcançou Dario. Durante a fuga, os companheiros de Dario resolveram sacrificá-lo. Por isso, mataram-no e deixaram seu cadáver em lugar fácil de ser achado por Alexandre. Isso pôs fim ao império persa.

A história tem julgado Dario III como um poltrão e incompetente. E alguns estudiosos supõem que se outro homem estivesse ocupando o trono persa, as coisas poderiam ter sido diferentes do que foram. Porém, quem poderia ter feito parar se com uma filha de Dario, de acordo com sua política de universalização, e, provavelmente, com a esperança de induzir os seus súditos iranianos à lealdade ao seu governo.

4. Dario, o Medo. Esse homem nasceu em cerca de 600 a.C., porquanto, por ocasião da queda da cidade da Babilônia, em 539, ele tinha 62 anos de idade (Dn 5.31). Tem havido muito debate sobre a identidade desse homem, porque não há menção clara sobre ele, fora do livro de Daniel. A alta crítica supõe que o autor do livro estava mal informado, e que teria inventado vários incidentes históricos. As inscrições cuneiformes contemporâneas não alistam um rei da Babilônia entre Nabonidos (e Belsazar) e a ascensão de Ciro ao trono. Esse fato tem produzido muitas tentativas, por parte dos eruditos bíblicos, para identificar *Dario, o Medo*, com indivíduos mencionados nos textos babilônicos, tornando-o vice-governante de alguma sorte. Uma das tentativas favoritas consiste em identificá-lo com Gubaru, o vice-governador da Babilônia e da região além do rio Eufrates. Não há qualquer prova definida, porém, de que esse Gubaru tenha sido um medo, ou que tenha sido intitulado rei, com o nome de Dario, e sendo um dos filhos de Assuero. Dario, o Medo, também tem sido identificado com Ciro. Isso requer que se altere a tradução de Daniel 6.28 de modo a dizer: ...*no reinado de Dario, a saber, de Ciro, o persa*. Essa alteração identificaria os dois homens, mas é uma modificação extremamente duvidosa. Porquanto em parte alguma é dito que Ciro era filho de Assuero, e nem é ele identificado como um medo e, sim, como um persa. As objeções a essa crítica também podem ser respondidas pela observação de que Dario, o Medo, não é retratado em Daniel como um monarca universal, mas apenas como um rei vassalo. Sua posição de subordinação a Ciro é subentendida pela declaração de Dn 9.1: *No primeiro ano de Dario, filho de Assuero, da linhagem dos medos, o qual foi constituído rei sobre o reino dos caldeus*. O reino de Belsazar

DARIO, O MEDO

foi dado aos *medos* e *aos persas* (Dn 6.15), e ele era incapaz de alterar a lei dos medos e dos persas.

Lemos em Daniel 5.31 que Dario, o Medo, recebeu o reino, o que pode ser interpretado como informação que diz que ele foi nomeado como uma espécie de vice-governador, nunca tendo sido o imperador. Ele é melhor lembrado, pelos leitores da Bíblia, pelo fato de que se viu diante do dilema de não poder alterar o decreto que ordenava o fim de Daniel, na cova dos leões. O livro de Daniel fornece-nos maiores informações sobre esse homem do que sobre Belsazar ou Nabucodonosor. A sua parentela e nacionalidade são mencionadas, e, embora fosse apenas um vice-governador, tal como Belsazar, ele governou com maior zelo e eficiência do que o seu perdulário antecessor. Chegou mesmo a reconhecer e honrar o Deus de Daniel (Dn 7.25-27). A detalhada descrição oferecida na Bíblia parece confirmar o ponto de vista conservador que o reputa uma autêntica personagem histórica, apesar do fato de que não há menção satisfatória ou absolutamente convincente a seu respeito, fora do livro de Daniel. (AM ND UN WHIT Z)

DARIO, O MEDO. Ver sobre *Dario*, quarto ponto.

DARIO, O PERSA. Ver sobre *Dario*, terceiro ponto.

DATÃ

No hebraico, **"fonte"**, **"manancial"**. Foi o nome de um chefe rubenita, filho de Eliabe. Ele fez parte do grupo que conspirou lado a lado com Coré, um levita, em sua revolta contra Moisés, e que foi engolido por um terremoto. Viveu em torno de 1470 a.C. Seu nome é mencionado por várias vezes em Números 16, e também em (Nm 26.9; Dt 11.6 e Sl 106.17). Quanto a maiores detalhes sobre esse conluio contra Moisés, ver sobre *Coré*.

DAVI

No hebraico, **"amado"**. Provavelmente o maior rei de Israel e Judá. Viveu em cerca de 1016 a 976 a.C. Sua época é descrita nos livros de Samuel e de 1Reis. Foi homem de variadas habilidades, tendo sido guerreiro, político, poeta e profeta. Conseguiu reunir todas as tribos de Israel em torno da nova capital, Jerusalém. Embora não tenha sido o primeiro rei de Israel, conferiu ao reino uma nova solidariedade e uma nova direção espiritual.

I. Relações Genealógicas, História Anterior. A importância de Davi pode ser vista de pronto na posição que ele e sua família ocuparam na história de Israel. Em um dos extremos ele tinha Boaz e Rute como antepassados (Rt 4.18-22), e, no outro extremo, Jesus Cristo foi seu descendente (Mt 1.6; Lc 3.31). ***a. Em relação a seus antepassados***, seu pai, Jessé, e seus irmãos, encontramos a seguinte situação:

TABELA GENEALÓGICA DA FAMÍLIA DE DAVI

Boaz e Rute (Rt 4.18-22)
Obede
Jessé

Eliabe	Abinadabe	Samá	Netanael	Radai	Ozém	Davi	Zeruia	Abigail
1Sm 16.6-9 ou Eliú 1Cr 27.18	1Sm 16.6-9	1Sm 16.6-9 ou Simea 2Sm 13.3 ou Simei 2Sm 21.21	1Cr 2.13-16	1Cr 2.13-16	1Cr 2.13-16	1Sm 16.6-13	1Cr 2.16	1Cr 2.17
								Amasa 1Cr 2.17
							Joabe 1Cr 2.16 — Abisai 1Cr 2.16 — Asael 1Cr 2.16	

b. Em relação às muitas esposas e descendentes de Davi, temos de acompanhar sua árvore genealógica através de suas várias mulheres, que ele teve em diferentes períodos da sua vida. Isso pode ser demonstrado através do gráfico abaixo.

ESPOSAS DE DAVI

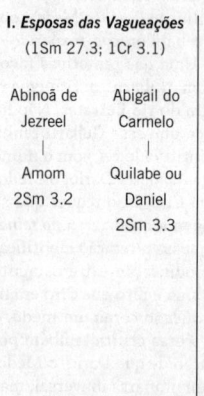

I. *Esposas das Vagueações* (1Sm 27.3; 1Cr 3.1)

Abinoã de Jezreel
|
Amom
2Sm 3.2

Abigail do Carmelo
|
Quilabe ou Daniel
2Sm 3.3

II. *Esposas em Hebrom* (2Sm 3.2-5; 1Cr 3.1-4)

Maaca de Gesur   Agite   Abitai   Eglá   Mical
Absalão   Tamar   Adonias   Sefatias   Itreã

3 filhos falecidos
2Sm 14.27; 2Sm 18.18

Tamar (ou Maaca) a Reoboão
2Sm 14.27   2Cr 11.20
Josefo, Anti.
7.8,5   Abdias

N.B. Houve também, neste período, dez concubinas (2Sm 5.13; 15.16) cujos filhos (1Cr 3.9) não são chamados por nome.

III. *Esposas em Jerusalém* (Nomes não são dados) (2Sm 5.13-16; 1Cr 3.5-8; 14.4-7)

Ibar   Elisama   Elifelete   Nogá   Nefegue
        1Cr 3.6   1Cr 3.7
Jafia   Elisama   Eliada   Elifelete   Jerimote
                  Beeliada   2Cr 11.18
                  |
                  Maalate a Reoboão

Bate-Seba (1Cr 3.5)

Um morreu infante / Samua   Sobabe   Natã
2Sm 12.15   1Cr 3.5

Jedidia ou Salomão

Maalate a Reoboão a Tamar ou Maaca
(1Rs 15.2)
                                Abias

c. **Mt 1.6 mostra que foi justamente através da linha de Bate-Seba que o Messias nasceu.** A graça de Deus venceu a situação errônea e produziu o maior dos bens.

1. História Primitiva. Davi era bisneto de Rute e Boaz, e o mais jovem dentre oito irmãos (1Sm 17.12 ss.). Sua responsabilidade, dentro da economia da família, era a de um pastor, ocupação essa que lhe deu chance de aprender a coragem que ele veio a usar em seus anos como guerreiro, os quais consolidaram o seu reinado (1Sm 17.34,35). É possível que ao cuidar dos rebanhos ele tenha desenvolvido suas habilidades poéticas; e a vida nos campos também lhe deu muitas metáforas, que ele incluiu em seus salmos, principalmente no imortal Salmo 23. Davi, tal como José, muito antes dele, sofreu por causa da má vontade de seus irmãos (1Sm 17.28). Saul tinha-se tornado rei de Israel; mas havia fatais falhas de caráter nele. O profeta Samuel começou a buscar um homem melhor, dotado de alguma espiritualidade.

2. Relações Tempestuosas com Saul. Saul caiu em muitos erros e a situação chegou a um ponto sem retorno. O Espírito de Deus afastou-se dele, e um espírito maligno foi mandado para perturbá-lo. Seus assessores pensavam que a música lhe faria bem em períodos de melancolia, ou quando o espírito maligno viesse atacá-lo. Davi tornara-se um excelente harpista. Foi escolhido para a tarefa de consolar a Saul, em seus maus momentos. Saul gostou imediatamente de Davi, e o nomeou seu armeiro. Davi cumpria sua tarefa de acalmador de Saul. (Ver 1Sm 16.14-23).

3. Golias. Davi era mais do que apenas bom, era ótimo. Quando os filisteus e seu gigante, Golias, ameaçavam Israel, foi o jovem pastor, com a sua funda, quem obteve a vitória. Saul permitiu alegremente que Davi arriscasse a vida nesse episódio. Davi sabia que uma pedra lançada por meio de sua funda podia matar um animal. Por que não um homem? Em seus dias como pastor, Davi tornara-se muito hábil no uso da funda. Sua habilidade foi-lhe muito útil. Esse relato tem-se tornado uma metáfora sobre como um homem pode vencer grandes obstáculos, algumas vezes de maneiras inesperadas. Davi, pois, correu ao encontro de Golias, e o matou logo com a primeira pedrada. Então decepou a cabeça do gigante com a espada deste. (Ver 1Sm 17.1-51). Era apenas natural que a reputação de Davi crescesse, e que a de Saul diminuísse. Pois não foi o jovem Davi quem arriscou a vida no encontro com Golias, enquanto Saul olhava? A simpatia transmutou-se em ódio; e o ódio inspirou a tentativa de assassinato. E, finalmente, Davi foi obrigado a fugir. Nem mesmo sua grande amizade com Jônatas, filho de Saul, foi capaz de amenizar o ódio de Saul contra ele, e a fuga tornou-se a única solução. Entrementes, Saul ia-se desintegrando moralmente cada vez mais. (1Sm 18.5-16). Saul empregou vários truques para trazer Davi de volta à corte. Mical, sua filha, foi oferecida como esposa a Davi, contanto que lhe trouxesse cem prepúcios de filisteus, como uma espécie de dote de casamento. Saul esperava que Davi fosse morto nessa tentativa, mas Davi conseguiu duzentos prepúcios. Naturalmente, Davi e seus homens tiveram de matar duzentos filisteus. Mas isso foi apenas um reflexo da selvageria da época. Admiramo-nos como qualquer pessoa, em meio a tanta matança, podia desenvolver alguma espiritualidade. (Ver 1Sm 18.17-30).

4. A Fuga. A popularidade de Davi crescia à proporção que o ódio de Saul aumentava. Saul tentou fazer Jônatas voltar-se contra Davi, mas o plano não funcionou. Saul tentou mesmo matar Davi, enquanto este dormia; mas Mical o livrou, ajudando-o a escapar (1Sm 19.1-17). Davi fugiu para a companhia de Samuel, em Ramá; e juntos, foram para Naiote. Saul enviou homens para prenderem Davi, mas uma estranha força espiritual os restringiu. Saul foi pessoalmente, e caiu sob o mesmo estranho poder (1Sm 11.18-23). Isso posto, uma vez mais vemos a providência divina operando na vida de alguém que tenha uma missão a cumprir. E muito precisamos das atuações da providência.

5. Vida de Fugitivo. Esse período da vida de Davi trouxe-lhe muitos reveses, perigos e consternações. Saul continuou a persegui-lo; Mical, sua esposa, foi dada a outro homem. Davi fugia de lugar para lugar. Teve de enfrentar a possibilidade de ser morto pelas mãos de outros homens, e não só de Saul (1Sm 21.10-15). Na região selvagem e montanhosa da caverna de Adulão, Davi foi caçado como se fosse um animal selvagem (1Sm 22.1,2). Por mais de uma vez, Davi poderia ter matado Saul, mas sempre lhe poupou a vida. As coisas melhoraram um pouco para ele quando Aquis, rei de Gate, deu a Davi e aos seus homens a cidade de Ziclague, na fronteira com o território dos filisteus, para usarem como residência temporária (1Sm 27.3,4,6). Mas, até mesmo ali, o Davi teve de enfrentar dificuldades.

Estando afastado da cidade, os amalequitas aproveitaram-se da situação e incendiaram Ziclague e levaram todas as mulheres. Davi perseguiu-os, e alcançando-os, tomou de volta o quanto pôde.

II. A MORTE DE SAUL. Saul sentia-se muito frustrado ante suas tentativas baldadas de matar Davi, além do que tinha de enfrentar outras dificuldades. Cada vez mais temia aos filisteus. Saul não mais contava com Samuel, para aconselhá-lo, visto que o profeta havia falecido e sido sepultado em Ramá. Por isso, Saul resolveu consultar uma feiticeira, em En-Dor. Ela fingiu que estava chamando Samuel, e foi quem mais se assustou, quando o profeta, realmente, apareceu. Na verdade, os espíritos dos mortos podem aparecer aos homens, e o fazem vez por outra. Se Deus lhes dá essa permissão, e lhes confere uma tarefa a cumprir, então isso é o que eles fazem. Além disso, o destino eterno dos homens ainda não foi determinado, e os espíritos que estão no mundo intermediário, ou hades, com seus muitos níveis de existência, acerca dos quais os nossos dogmas não nos fornecem qualquer informação, podem entrar em contato com os homens, sob permissão do Senhor. Fazia parte da doutrina judaica comum que isso poderia acontecer. E também que os demônios são espíritos humanos negativos, destituídos de corpos, os quais obviamente podem entrar em contato com os homens. Contudo, não devemos fazer do contato com os espíritos uma religião, e o Antigo Testamento proíbe claramente essa prática. Nossa busca espiritual deveria elevar-se muito acima dos "espíritos do outro lado da existência". Samuel havia predito a morte de Saul (1Sm 28.3-25), sendo precisamente aquilo que as pessoas não querem ouvir, quando vão consultar médiuns espíritas!

No dia seguinte, em batalha contra os filisteus, Saul e seu filho, Jônatas, foram mortos. Foi mais uma daquelas matanças selvagens. Israel fugiu, deixando no campo os cadáveres de Saul e seus filhos. Os filisteus, em zombaria, penduraram seus corpos em uma muralha. Mas o povo de Jabes-Gileade, respeitosamente, arriou os corpos deles e lhes deu um sepultamento condigno. Posteriormente, Davi mostrou sua apreciação por esse ato de decência. As notícias foram enviadas a Davi, em Ziclague. O mensageiro que trouxe a notícia pensou que seria recebido como um herói, e chegou a vangloriar-se de ter tirado a vida de Saul, ao qual teria encontrado nos estertores da morte. Davi sentiu-se consternado diante do relato, e mandou executar o mensageiro. O mensageiro era um amalequita, o que em nada o ajudou a escapar! Davi compôs uma bela lamentação pela morte de Saul e seus filhos, que se lê em 2Samuel 1.1-27.

III. O REINADO DE DAVI

1. Primeiros Anos. A morte de Saul e a derrota de Israel ante os filisteus deixaram o povo de Israel em um estado de caos, e logo seguiu-se um período de guerra civil. Davi estabeleceu seu quartel-general em Hebrom, na região montanhosa de Judá, cerca de trinta quilômetros a sudoeste de Jerusalém. Ali ele foi ungido rei, tendo reinado por sete anos e meio sobre a tribo de Judá (2Sm 2.1-11). O conflito entre a casa de Saul e a casa de Davi perdurou até o extermínio da casa de Saul; e foi somente então que Davi se tornou rei de toda a nação de Israel (2Sm 2.8—5.5). Davi capturou a cidade jebusita de Jerusalém, que se tornou capital do reino inteiro. Ela havia sido uma fortaleza que requereu considerável esforço para ser dominada. Desde então os homens têm lutado por Jerusalém. A cidade estava localizada em uma espécie de defesa natural, na fronteira futura entre Judá e Israel. E talvez isso tenha ajudado a produzir unidade entre as porções norte e sul do reino. Além disso, visto que a cidade não estava mais sob o controle dos cananeus, o comércio e a intercomunicação foram facilitados entre as duas áreas da nação.

2. Conquista dos Estados Circunvizinhos. Agora Israel estava bem mais forte do que antes, tendo uma nova unidade e um novo e forte homem como rei. Davi derrotou de modo decisivo os filisteus (2Sm 5.17-25; 21.15-22; 1Cr 18.1). Além disso, os amonitas, os idumeus, os moabitas, os arameus e os amalequitas foram subjugados (2Sm 8.10; 12.26-31), e um império substancial foi estabelecido sob as ordens de Davi. Estendia-se desde Ezion-Jeber, no extremo sul, no golfo de Aqabah, até região de Hums, perto da cidade-estado de Hamate, no extremo norte. Trechos bíblicos, como 1Crônicas 22.17 até o fim, comentam sobre as habilidades diplomáticas e militares de Davi, e, ocasionalmente há vislumbres sobre a sua espiritualidade. A arqueologia tem demonstrado que Davi empregou ideias estrangeiras em sua organização governamental, especialmente modelos egípcios e fenícios. Assim encontramos o *mazkir* (cronista) e o *saphar* (escriba) que tinham funções importantes (2Sm 8.16). Davi também reorganizou o exército, com uma guarda pessoal e mercenários, talvez selecionados dentre os filisteus, chamados queretitas e peletitas (2Sm 8.18; em nossa versão portuguesa, "guarda real"). Ver sobre *Queretitas* e *Peletitas*.

IV. Instituições e Obras

1. Davi estabeleceu as cidades dos levitas, incluindo as cidades de refúgio (Nm 35), confirmando a legislação anterior e garantindo as funções dos levitas, em lugares como Gezer, Ibleã, Taanaque, Reobe, Jocneã e Naolal. (Ver Js 21). Esses lugares só vieram a ficar sob o controle dos israelitas nos dias de Saul e Davi. As amplas conquistas militares de Davi produziram muitas das coisas que somente haviam sido planejadas na época da conquista da Terra Prometida, nos dias de Josué.

2. As seis cidades de refúgio (vide) tornaram-se uma instituição funcional, devido aos esforços de Davi. Havia 48 cidades levíticas, dotadas de significativa função. Isso quer dizer que Davi foi capaz de abafar as disputas tribais e entre famílias, produzindo um grande laço de união entre o povo como um todo.

3. Jerusalém (vide) tornou-se o centro religioso da nação. A arca da aliança, que estivera fora do lugar próprio, foi trazida de Quiriate-Jearim (vide). O relato aparece em 2Samuel 6.11-15 (a primeira tentativa para trazer de volta a arca, falhou) e em 1Crônicas 4.5,15,19. Esse evento foi muito significativo, por haver conferido a Jerusalém a autoridade de centro da fé religiosa de Israel.

4. Estabelecimento da Música Sacra. Davi era um musicista consumado (1Sm 16.14-23), e anelava por melhorar o aspecto musical do culto divino. Davi veio a ser uma espécie de patrono da hinologia judaica. Os arqueólogos têm descoberto monumentos e documentos que confirmam a importância da música em Israel e nos países em redor. Há monumentos mesopotâmicos do século XIX a.C. que provam isso. Os artífices semitas levaram instrumentos musicais com eles, quando entraram no Egito, segundo se vê nos relevos de Beni-Hasã. Esses ficam cerca de 270 quilômetros do Cairo. A literatura religiosa épica, encontrada em Ras Shamra, fala sobre os *sharim*, "cantores", informando-nos de que eles formavam uma classe, em Ugarite, desde 1400 a.C. Portanto, nada há de anacrônico acerca da ênfase de Davi sobre a música. Os próprios salmos confirmam o ponto, pois muitos deles eram musicados e, de fato, compostos como peças musicais.

5. O Intuito de Edificar o Templo. As qualidades religiosas de Davi transpareciam em tudo. Um de seus grandes desejos era o de construir um templo que melhor servisse de centro ao culto divino. Porém, Deus não permitiu que Davi edificasse o templo, por ser homem de guerra e ter criado muita confusão e derramado muito sangue. Na verdade, isso não recomenda um homem como construtor de templos, embora muitos grandes líderes religiosos também tenham matado muita gente. As pessoas pensam que Deus as inspira a fazer isso, sendo essa uma das várias ilusões em que as pessoas caem. Contudo, Davi foi encorajado a fazer os preparativos para a construção, que um de seus filhos haveria de realizar (2Sm 7; 1Cr 17). Ele reuniu material e traçou planos para a construção, mas foi Salomão, seu filho, quem erigiu o templo de Jerusalém.

V. Outros Eventos Notáveis

1. Um Ato de Misericórdia. Depois que Davi estabelecera Jerusalém como a capital de seu reino, indagou se havia sobreviventes da família de Saul. Então descobriu que Mefibosete, filho de Jônatas, estava vivo. Davi devolveu a Mefibosete a herança da família de Saul, dando-lhe lugar na mesa do rei. Seus motivos foram a misericórdia e a simpatia. (2Sm 9.13).

2. Os Grandes Pecados de Davi. Nos países do Oriente, parte da glória de um monarca consistia no seu harém, recheado de mulheres de prestígio. O gráfico nº 1, sob o primeiro ponto, acima, ilustra o fato de que Davi praticava uma forma de franca poligamia. É difícil o homem moderno adaptar-se a certas práticas dos costumes antigos. Podemos estar certos de que Davi era admirado, em seus dias, por sua situação polígama. Seja como for, esse tipo de liberalidade sexual masculina não impedia ultrajantes casos de adultério. Assim, em momento de lazer, Davi observou Bate-Seba enquanto ela se banhava, e ele viu quão bonita ela era. Acabou sentindo que deveria tê-la como mulher. E mesmo quando, sob investigação, soube que ela era casada com Urias, um militar hitita de seu exército, Davi deu prosseguimento ao seu plano. Mandou chamá-la imediatamente. Tolamente, alguns intérpretes observam que ela não resistiu aos avanços dele, fazendo-a culpada também. Mas isso ignora dois importantes fatores: em primeiro lugar, quando um *rei chamava*, a pessoa atendia. Um monarca antigo era uma autoridade absoluta, e Davi era homem violento. Em segundo lugar, as mulheres não tinham direitos, e mesmo quando as leis as protegiam, essas leis geralmente eram ignoradas.

A fim de tentar ocultar o seu pecado, Davi resolveu livrar-se de Urias, e arranjou as coisas de modo que ele fosse morto em batalha, mediante o recuo das tropas israelitas, deixando-o em uma posição indefensível. Que Davi tenha conseguido isso, comprova o que acabo de dizer sobre o poder absoluto e a brutalidade dos reis da antiguidade. Esses eram pecados que não podiam ser remidos, quanto à lei da colheita segundo a semeadura. Portanto, a partir daquele instante, a vida de Davi começou a desintegrar-se. Ele havia mandado matar um homem inocente, a fim de tentar ocultar um grave pecado. Por essa razão, nunca mais a espada afastou-se de sua família (2Sm 12.10). Também houve o caso do estupro de sua filha, Tamar, por seu irmão mais velho, Amom. Tempos depois, Amom foi executado pelos servos de Absalão, um outro filho de Davi (2Sm 11.13-29). Dois outros filhos rebelaram-se contra Davi, procurando arrancar dele a coroa, a saber, Absalão e Adonias.

3. A Revolta de Absalão. Por causa de sua irmã, Tamar, Absalão mandou executar Amom, o estuprador. Absalão, após isso, teve de fugir. Abrigou-se com Talmai, filho de Amiúde, rei de Gesur, com quem ficou três anos. Então Absalão apelou para Joabe, pedindo sua mediação diante de Davi (2Sm 14). Conciliado com Davi, Absalão começou a aspirar ao trono. Partiu para Hebrom, a fim de tentar executar o seu propósito.

Naquela cidade, Absalão cresceu em autoridade, ao ponto de Davi ser obrigado a fugir de Jerusalém (2Sm 15.13). Davi estabeleceu temporariamente em Maanaim a sede de seu governo, onde também estivera, quando ainda fugia de Saul (2Sm 17.24). Mas Davi contou com a fidelidade de muitos de seus soldados, comandados pelo poderoso Joabe, um general virtualmente invencível. Na batalha final contra Joabe, Absalão feriu-se na floresta de Efraim. Enquanto fugia, os seus cabelos ficaram presos em galhos baixos de uma árvore. Joabe alcançou-o e matou-o, estando ele pendurado no ar (2Sm 18.1-33). Davi recuperou o seu posto, e Joabe cuidou para que os pontos rebelados restantes fossem devidamente anulados, mediante a violência e a matança.

4. O Recenseamento. O orgulho levou Davi a fazer o recenseamento, a fim de averiguar o crescimento de sua nação. Isso foi julgado por três dias de pestilência. Muita gente morreu (2Sm 24.1-9), um total de setenta mil pessoas, desde Dã até Berseba, ou seja, desde o extremo norte até o extremo sul do país.

5. A Eira de Araúna. Davi adquiriu a dinheiro esse lugar, a fim de estabelecer ali um altar em honra a Yahweh. Seu propósito era fazer cessar a praga que estava destruindo tantos, dentre o povo. Deus atendeu Davi. Esse local, posteriormente, foi o sítio onde foi erigido o templo de Jerusalém, como centro da adoração nacional. (Ver 2Sm 24.18-25).

6. A Rebelião de Adonias. Esse homem, que era um dos filhos mais velhos de Davi, pensou que o reino deveria ficar com ele. Assim, declarou-se rei, antes que Bate-Seba pudesse promover Salomão, seu filho. Porém, o plano de Adonias não deu certo, e o conluio fracassou. Nessa oportunidade, a questão terminou com o arrependimento de Adonias. Porém, após a morte de seu pai, Adonias quis ficar com Abisague, a sunamita, a única virgem do harém de Davi. Porém, Salomão, a despeito da intervenção de sua mãe, Bate-Seba, em favor de Adonias, tomou a ideia deste como uma tentativa renovada de obter o poder real. Além disso, não era direito que um filho ficasse com uma mulher que fizera parte do harém de seu próprio pai. Portanto, Salomão, o homem "pacífico", ordenou a execução de Adonias. Esse relato aparece em 1Reis 1.5ss. e 2.13ss.

7. O Rei Salomão. Quando Davi estava idoso e cada vez mais débil, deixou o governo ao encargo de seu filho, Salomão. Sob seus auspícios, Salomão foi coroado rei (1Rs 1.1-53). A avançada idade de Davi foi a causa de ter sido trazida a seu harém a bela virgem Abisague, para dormir com ele e mantê-lo aquecido. Nunca ocorreu a ninguém que uma esposa mais velha poderia ocupar-se da tarefa tão bem quanto Abisague. Depois do falecimento de Davi, seu filho, Adonias, resolveu que teria Abisague como sua esposa, o que é ventilado no sexto ponto, acima. Muitos comentadores têm feito observações sarcásticas sobre esse pequeno incidente, e com bastante razão. Parece que o idoso rei poderia ter terminado os seus dias sem ter de envolver-se em mais um caso tolo com uma mulher. No entanto, a grande verdade é que todos os livros do mundo não seriam suficientes para narrar todas as tolices que os homens têm feito por causa das mulheres, e Davi não se mostrou imune a esse drama.

8. Morte de Davi. A morte de um homem é um dos principais eventos de sua vida. É uma ocasião solene, quando a vida da pessoa passa em revista, quando se extrai o significado dos poucos anos da sua vida. As *experiências perto da morte* (vide) informam-nos que o Ser Luminoso sujeita a pessoa a uma completa revista. Assim ela chega a entender todo o sentido de sua vida, o que não deveria ter feito, o que deixou de fazer, o que fez de bom, enfim, a média do valor dessa vida. Dois grandes fatores na vida são o conhecimento e o cumprimento da lei do amor. Esses dois fatores são muito mais importantes que os feitos dos guerreiros ou que o bom governo de um rei. Davi faleceu com 70 anos (2Sm 5.4) e foi sepultado em Jerusalém ou Sião, a cidade de Davi (1Rs 2.10,11). Aos turistas, hoje em dia, mostra-se o suposto túmulo de Davi, localizado na colina sul da moderna Jerusalém, comumente chamada monte Sião. Porém, o local não pode ser identificado com a localização real do túmulo de Davi, o qual, definidamente, ficava *dentro* das muralhas da cidade. Essa falsa localização vem sendo promovida desde a época das cruzadas.

VI. Davi e a Bíblia. Nenhuma pessoa é tão frequentemente aludida na Bíblia, no tocante a fatos de sua vida, quanto Davi. Além das simples referências a ele, o seu nome veio a ser associado a varias localizações e expressões, a saber: **1**. *A Casa de Davi*. Há dez referências no livro de Isaías, dando a entender o seu governo e a sua família real. (Ver, como exemplos: Is 7.2,13,14 e 22.22) (onde são mencionadas as "chaves"). (Essa expressão também figura em: 1Rs 12.19,20,26; 13.2; 2Cr 10.16,21; Ne 12.37 e Jr 21.12). **2**. *O Trono de Davi*. Ver Isaías 9.7, que encerra uma profecia messiânica que mostra que o Messias seria rei segundo a linhagem e a autoridade de Davi. **3**. *O Tabernáculo de Davi*. (Ver Is 16.5), uma outra referência à linhagem real da qual viria o Messias. **4**. *A Cidade de Davi*. (Is 22.9 e 1Rs 2.10,11). Está em foco a cidade de Jerusalém, porquanto Davi foi quem conquistou esse lugar dos cananeus, tornando-o a sua capital. (Ver também 1Rs 8.1; 2Rs 8.24; 9.24; 2Cr 5.2 e 8.11). No entanto, no Novo Testamento, essa expressão indica Belém da Judeia (Lc 2.4). **5**. *As Fiéis Misericórdias Prometidas a Davi*. (Ver Is 55.3). Essa promessa indica que Deus, por amor a Davi, teria misericórdia de Israel. Isso faz parte do pacto davídico. (Ver também Is 38.5). **6**. *O Deus de Davi*. (Ver Is 38.5). Está em pauta o Deus de Israel, o Deus do maior monarca de Israel, e, portanto, de todos os demais reis de Israel. **7**. *O Trono de Davi*. (Ver Jr 13.13; 17.25; 22.2,4 etc). A expressão usada por Jeremias, acerca do reino de Israel, está baseada no fato de que os demais reis de Judá pertenciam à linhagem de Davi. **8**. *O Justo Renome de Davi*. (Ver Jr 23.5 e 33.15). Está em foco a descendência davídica, herdeira de seu trono, mas, especialmente, Jesus Cristo, o Rei Messias. **9**. *Davi como Rei*. O futuro Messias é visto como uma espécie de segundo Davi (Jr 30.9). Alguns estudiosos supõem que o próprio Davi, por ocasião do reino milenar de Cristo, governará novamente Israel, sob as ordens do Messias. Porém, outros pensam que isso é perder de vista a implicação simbólica dessa expressão. **10**. *O Pacto de Davi*. (Ver Jr 33.21), onde aparecem várias garantias a respeito da linhagem e do reino de Davi. **11**. *O Descendente de Davi*. (Ver Jr 33.22,26), que também se refere ao descendente de Abraão, embora aludindo especificamente à linhagem real. **12**. *Outras Referências Notáveis do Antigo Testamento*. Podemos falar em Ezequiel 34.23; 37.24,25, que expõe ideias sobre o Servo-Messias; Oseias 3.5, que se refere a Davi como o Rei escatológico; Amós 6.5 e 9.11, que alude a Davi como músico e ao tabernáculo de Davi, juntamente com a esperança messiânica; Zacaria 12.7,8,10,12 e 13.1, que destaca a casa de Davi e a sua futura restauração. **13**. *No Novo Testamento*. Ali encontramos Jesus como o Filho e o Herdeiro Real de Davi (Mt 1.1; 9.29; 12.23; Mc 10.48; 12.35; Lc 18.38,39; 20.41). Esperava-se que o Cristo fosse descendente da linhagem de Davi (Jo 7.42; Mc 11.10). Jesus pertencia à família de Davi, através de Bate-Seba (Mt 1.20; Lc 3.21). No Novo Testamento, a "cidade de Davi" (Lc 2.4 e Jo 7.42) é Belém da Judeia, o lugar onde Jesus nasceu. Os antepassados de Davi viviam ali, onde o próprio Davi nasceu (1Sm 16.1; 2Sm 5.4), o que explica a conexão. Jesus como *superior* a Davi é o tema de Atos 2.29,34 e 13.36. Por meio de Cristo nos são dadas as fiéis misericórdias prometidas a Davi (At 13.16-34). Davi foi um dos escritores sacros da Bíblia (At 1.16; 4.25). O tabernáculo de Davi está ligado à eleição dos gentios dentro do novo Israel (At 15.16-18, que cita Am 9.11,12). Jesus é o descendente de Davi (Rm 1.3; 2Tm 2.8). Davi é usado como ilustração do perdão dos pecados (Rm 4.6). Ele aparece como um dos heróis da fé (Hb 11.32). Os

Salmos 69 e 95 são especificamente atribuídos a Davi (Romanos 11.9 e Hb 4.7). No Apocalipse, Jesus Cristo é chamado de *herdeiro de Davi* (Ap 3.7) e as chaves estão envolvidas. Em Ap 5.5 e 22.16, Jesus é denominado *raiz* e *geração* de Davi. Jesus Cristo é o cumprimento das promessas de Deus feitas a Israel e ao mundo, originalmente a Davi.

VII. Caráter Espiritual de Davi. Davi pode ser usado como um quadro do que o homem é: em seu ponto mais alto e em seu ponto mais baixo. Seus salmos exibem uma espiritualidade elevada, difícil de reconciliar com sua vida de violência e pecados, como aquele que envolveu Bate-Seba. Porém, precisamos vê-lo como um representante de sua época. Então, era uma glória ser um guerreiro, matar e conquistar. Por essa razão, as mulheres de Israel entoaram a seu respeito o cântico que dizia: *Saul feriu os seus milhares, porém Davi os seus dez milhares* (1Sm 18.7; 21.11). Temos averiguado o quanto Davi envolveu-se com mulheres (primeiro ponto); mas, de algum modo, apesar de tudo, as Escrituras dizem a seu respeito que ele era um homem segundo o coração de Deus (1Sm 13.14; Sl 89.20). Há também grande número de alusões bíblicas a Davi, que nos mostram que ele foi um homem do destino, um instrumento especial de Deus, a despeito de suas falhas gritantes. Davi foi um habilidoso músico e autor literário, e essas qualidades fizeram dele um digno autor, e uma parte de suas composições tornou-se porção integrante das Escrituras Sagradas.

"Davi chega ao nosso conhecimento como uma imensa mas incompreensível personalidade: corajoso, leal para com seus benfeitores, mas capaz de crueldade e de fraquezas diante de seus filhos; fiel à religião de seus antepassados; humilde diante de um profeta de Yahweh. Em suma, ele foi um homem superior, cujas qualidades intelectuais e religiosas chegaram a ser sombreadas por certa irresponsabilidade moral. Ele pertencia a uma era heroica, com sua violência e seus derramamentos de sangue, antes que padrões morais mais elevados fossem largamente reconhecidos. Os direitos da tribo ou do clã eram considerados superiores aos direitos do indivíduo, como, de resto, na infância da maioria dos povos. No entanto, ele continuou sendo o herói ideal de todas as gerações posteriores. O Antigo e o Novo Testamentos descrevem o Messias, o *Rei Ideal de Israel*, na era vindoura, chamando-o de *Filho de Davi*". (AM)

Bibliografia. AM EUG GEO IB ID UN Z

DAVI, CIDADE DE

A localização dessa porção de Jerusalém era a mais antiga, a sudeste, sobre o original monte Sião. Porém, quando o Novo Testamento usa essa expressão, "cidade de Davi", está em foco Belém da Judeia, onde Davi nasceu (Lc 2.11).

Esse foi o nome dado por Davi ao castelo de Sião, que ele capturou dos jebuseus, onde passou a habitar (1Cr 11.7), e que se tornou a capital do reino unido de Israel. Em seus primeiros anos como rei, Davi governou apenas a porção sul do reino, ou Judá; mas seus feitos e conquistas trouxeram sob o seu poder todas as demais tribos de Israel. (Ver a história da conquista desse lugar em 2Sm 5.6-8 e 1Cr 11.4-8). Ficava situada em um platô cerca de 760 m acima do nível do mar Mediterrâneo, e cerca de 1.160 m acima do nível do mar Morto, o que significa que era uma altura dominante sobre toda a região em derredor.

Como fortaleza dos jebuseus, era considerada inexpugnável, por causa de suas colinas, que atuavam como defesa natural, e por causa das elevadas muralhas, dos portões e das torres com que fora construída. Tão fácil era a sua defesa que era costume dizer que até os cegos e os coxos poderiam defendê-la (2Sm 5.6). A referência, em 2Samuel 5.8, à subida por um canal subterrâneo, parece indicar que Davi e seus homens obtiveram acesso à mesma mediante uma fenda natural na rocha. Porém, investigações arqueológicas recentes demonstram que isso era impossível. Portanto, em vez de uma fenda, alguns pensam na possível tradução *gancho*, o que significaria que o acesso ao alto das muralhas era feito mediante o emprego de ganchos. (Ver Albright no artigo *Old Testament and Archeology*, no seu *Old Testament Commentary*, p. 149). Aquele canal subterrâneo era vertical, em sua seção mais elevada, tornando impossível a subida por ali. A fortaleza dos jebuseus tinha uma muralha com seis metros de espessura, conforme tem sido averiguado pelos arqueólogos. As muralhas principais, que perduraram de 1800 a.C. até a queda de Jerusalém, ficavam localizadas cerca de cinquenta metros colina abaixo. A captura de Jerusalém, por parte de Davi, ocorreu em cerca de 1003 a.C. (Ver 2Sm 5.7).

Após a captura, o próprio Davi foi habitar ali. Foi construído ali um palácio para seu uso (1Cr 15.1). Davi mandou buscar a arca da aliança, que até então estivera entre os cananeus, desde a época de Eli, para a cidade de Davi (1Cr 15.1,29). Ela ficou ali até que Salomão a colocou no novo Templo, no monte Moriá, mais ao norte (1Rs 8.1,2; 2Cr 5.2). Salomão embelezou o lugar, construindo uma acrópole (área palaciana), com muralhas sobre a crista da cidade de Davi.

Davi foi sepultado no interior da cidade (1Rs 2.10). E isso significa que o túmulo atualmente exibido aos turistas, como o túmulo de Davi, não pode ser o dele, visto que esse fica fora das muralhas. A maioria dos reis que se seguiram, até Jotão (falecido em 736 a.C.), foram sepultados ali, como também outras figuras importantes. Algumas abóbadas de sepulturas, perto do extremo sul da cidade, poderiam ser o que restou dessas sepulturas. Ezequias fortaleceu a cidade de Davi antes do conflito com os assírios, em cerca de 701 a.C., trazendo um suprimento de água desde Giom (2Cr 32.30). O tanque de Siloé e o jardim do Rei, no extremo sul, dentro das muralhas (Ne 3.15; Is 22.9-11), foram incluídos nesse sistema. A cidade de Davi foi destruída pelos babilônios em 586 a.C. Neemias a reconstruiu, pelo menos em parte, em 444 a.C. (Ne 3.15; 12.37). Expansões posteriores estenderam a cidade na direção oeste, e foi ali que Josefo (*Guerras* 5.4,1) localizou erroneamente o túmulo de Davi. Depois que a cidade de Davi foi abandonada, em 70 d.C., essa porção oriental tornou-se conhecida como Sião.

DAVI, TORRE DE

Essa torre é aludida somente em Cantares 4.4. Esse é o nome de uma das fortalezas de Davi, construída com pedras, e onde eram pendurados escudos. Nada se sabe, em nossos dias, sobre a sua localidade e suas condições, embora naquela referência encontremos um símbolo de poder. A chamada Torre de Davi, na Porta de Jafa, em Jerusalém, data do período medieval. Foi construída sobre alicerces da época dos Herodes.

DEAVITAS

Adjetivo pátrio encontrado somente em Esdras 4.9, em toda a Bíblia, alusivo aos habitantes de certa porção da Assíria, regada pelo rio Daba, talvez a mesma *Daí* de Heródoto (1.125). Seriam os habitantes da moderna província de Dehistã, a leste do mar Cáspio, que foram transferidos por Salmanezer para a província de Samaria. Talvez seja uma tribo persa alistada juntamente com os elamitas e outros, que foram transferidos para Samaria, pelo rei assírio, Assurbanipal. Como se vê, a identificação não é fácil. Juntamente com outros, eles protestaram contra a reconstrução de Jerusalém. Há dois manuscritos da Septuaginta que dizem, em grego "ηοι σισν", "isto é". Isso faria o texto dizer: "... susanquitas, isto é, elamitas...", onde as palavras "isto é" estão no lugar de "deavitas". Nesse caso, a tribo dos deavitas não existiria.

DEBERATE

No hebraico, **"pasto"**. Uma cidade no território de Issacar, entregue aos levitas (Js 19.12; 21.28). Ficava localizada a oeste do sopé do monte Tabor, e talvez seja a mesma cidade chamada Dabarita, na grande planície, segundo diz Josefo (*Vita*, 62; *Guerras*, 2.21,3), ou então Dabira, que Eusébio e Jerônimo situaram no monte Tabor, na região de Dio-Cesareia. É possível que esse tenha sido o lugar onde Sísera foi derrotado por Baraque. A morte de Sísera, por parte de Jael, está vinculada a todo o episódio (Js 4). Tem sido identificada com a moderna aldeia de Deburieh.

DEBESETE

No hebraico **"corcunda"**. Esse era o nome de uma cidade do território de Zebulom, perto da fronteira com o território de Issacar, entre Saride e Jocneã, um tanto a leste do ribeiro Quisom (Js 19.11). Seu local é desconhecido, na atualidade.

DEBIR

No hebraico, **"santuário"**, ou seja, **"lugar de um oráculo"**. Nas páginas do Antigo Testamento, esse é o nome de duas cidades e de um homem, a saber: **1**. Uma cidade no território de Judá, a 48 quilômetros a sudoeste de Jerusalém e a dezesseis quilômetros a oeste de Hebrom (Js 15.7). No décimo quinto versículo desse mesmo capítulo, temos a informação de que o nome anterior dessa cidade era Quiriate-Sefer. Foi um dos muitos lugares conquistados por Josué (Js 10.38 ss.). Posteriormente, foi reocupado por Otniel (Js 15.7,15,17). O nome que os cananeus lhe davam, Quiriate-Sefer, significa "cidade do livro". Mas seu novo nome, Debir, parece sugerir que era ali que os cananeus tinham um de seus oráculos. Portanto, tanto um quanto o outro nome sugerem material escrito ligado ao culto dos deuses pagãos, ali localizado. Porém, outros imaginam que a transliteração para o hebraico não preservou o intuito original do nome cananeu, pelo que a referência à ideia de escrita seria incorreta. As escavações feitas na região têm produzido muito material da época da conquista israelita. W.F. Albright e Melvin G. Kyle identificaram o lugar com Tell Mirsim. As evidências mostram que o sítio vinha sendo ocupado desde cerca de 2200 a.C. Ficaram ali artefatos de cerâmica, do trabalho de pedreiros e da indústria dos hebreus. Uma asa de jarra com a inscrição "pertencente a Eliaquim, mordomo de *Yaukin* (Jeoaquim)", dá a entender que o local continuou sendo habitado até imediatamente antes do cativeiro babilônico, isto é, em 598 a.C. **2**. Uma cidade em Gileade, perto do Jordão (Js 13.26). Não ficava longe de Maanaim, tendo sido identificada por alguns estudiosos com a *lo-Debar* de 2Samuel 17.27. A família de Jônatas, filho de Saul, fugiu para esse lugar, quando Israel foi derrotado pelos filisteus, e seu filho aleijado, Mefiboete, fixou residência ali, até que Davi o convidou para vir residir no palácio real. Há alusão a Debir, em Amós 6.13; mas, uma distorção proposital do nome, faz com que este signifique "nulidade" (nossa versão portuguesa diz *lo-Debar*), porque, provavelmente, na época daquele profeta o local era sede de algum culto pagão. O local moderno dessa antiga cidade é desconhecido. **3**. Um rei de Eglom, membro de uma aliança de cinco reis amorreus que se opuseram a Gibeom, a convite de Adoni-Zedeque, rei de Jerusalém. Porém, alguns eruditos pensam que o nome "Debir", nesse caso, refere-se a uma fortaleza, e não a um rei. (Ver Js 10.3,5,16,26). Os gibeonitas apelaram para Josué, pedindo ajuda militar. A batalha teve lugar no vale de Aijalom, quando ocorreu o longo dia de Josué (Js 10.3-39). Quanto a comentários sobre esse milagre, ver o artigo sobre a Astronomia, ponto 5b. Se Debir foi, realmente, um monarca, então ele viveu em torno de 1450 a.C.

DÉBORA

No hebraico, **"abelha"**. Esse foi o nome de duas mulheres, cujas histórias aparecem nas páginas da Bíblia, e de uma mulher mencionada nas obras apócrifas do Antigo Testamento. As duas personagens bíblicas são as seguintes: **1**. A primeira Débora da Bíblia foi criada de Rebeca, esposa do patriarca Isaque (ver Gn 24.59 e 35.8). Ela acompanhou Rebeca desde a casa paterna desta, Betuel, quando de seu casamento com Isaque. Seu nome, porém, só aparece em conexão com seu sepultamento, sob o carvalho, perto de Betel. A partir de então, aquele carvalho passou a ser chamado Alom-Bacute (no hebraico, "carvalho da lamentação"), segundo se vê em Gênesis 35.8. Ela viveu em cerca de 1730 a.C. **2**. Uma profetisa de Israel que, para nossa admiração, também tornou-se uma juíza! Era esposa de Lepidote, tendo julgado Israel em parceria com Baraque. (Ver Jz 4.4). Isso ocorreu quando Israel abandonou sua lealdade a Yahweh, e assim o Senhor os entregou ao domínio de Jabim, rei dos cananeus, pelo espaço de 20 anos. Durante esse tempo, Débora era uma profetisa que aconselhava o povo que vinha consultá-la. Ela residia à sombra de uma palmeira (chamada segundo o seu nome), entre Betel e o monte Efraim. Ela enviou uma mensagem a Baraque, dizendo que o Senhor estava pronto para livrar Israel. Baraque foi instruído a reunir um exército de dez mil homens de Naftali e de Zebulom, estacionando-o ao pé do monte Tabor. O Senhor então faria Sísera, o general de Jabim, guerrear contra eles às margens do rio Quisom; e, segundo Débora garantiu a *Baraque*, Israel obteria a vitória. Baraque era de Cades de Naftali e, provavelmente, um dos líderes do lugar. Baraque concordou com o plano de Débora, mas com a condição de que ela também se fizesse presente. (Ver Jz 4.1-24). Por causa disso, teve que dividir com *ela* os triunfos da vitória. O trecho de Hebreus 11.32 alista Baraque entre os heróis cuja fé obteve resultados positivos. Ver o artigo separado sobre *Baraque*. Quando Débora deu o sinal de atacar, o pequeno exército de Israel, tirando vantagem de uma grande tempestade que desabara sobre o local, precipitou-se contra as forças muito superiores dos cananeus. Sísera foi derrotado e Jabim ficou arruinado. A vitória foi celebrada pelo cântico de Débora, registrado em Juízes 5.2-31.

> Nos dias de Sangar, filho de Anate,
> nos dias de Jael, cessaram as caravanas;
> e os viajantes tomavam desvios tortuosos.
> Ficaram desertas as aldeias em Israel, repousaram,
> até que eu, Débora, me levantei,
> levantei-me por mãe em Israel (vss. 6,7).

Essa notável ode é a versão poética da narrativa em prosa do quarto capítulo do livro de Juízes. Ela é universalmente aclamada como representante da primitiva poesia dos hebreus. É notória por sua vivacidade, ilustrando muitos detalhes da vida rude e barbárica do século XII a.C., na Palestina.

A vitória de Débora garantiu 40 anos de paz em Israel (Jz 5.31). Ela combinava a autoridade de uma juíza com o dom profético (Jz 4.6 e 5.7). De acordo com alguns autores, seu nome é um símbolo egípcio do poder real. Entre os gregos, esse nome era aplicado não somente aos poetas, mas também às pessoas peculiarmente castas, como as sacerdotisas de Delfos, Cibele e Ártemis. Provavelmente, ela pertencia à tribo de Efraim, embora alguns opinem que ela era da tribo de Issacar, por causa do que se lê em Juízes 5.15. Também há quem diga que há alguma ligação com o nome Lapidote porque isso representa o termo hebraico que significa "luzes"; e, segundo dizem os rabinos, ela cuidava das lâmpadas do tabernáculo. Seu nome só é mencionado em Juízes 4 e 5. Viveu em cerca de 1120 a.C.

DECÁLOGO

Essa palavra vem do grego *deka*, **"dez"** e *logos*, **"palavra"**, ou seja, **"dez palavras"**. Esse é um título usado para indicar os Dez Mandamentos. Esses mandamentos, dados por Deus a Moisés, no monte Sinai, tornaram-se a base da legislação levítica, uma das mais duradouras legislações de todos os tempos. Em sua forma mais familiar, esses mandamentos acham-se em Êxodo 20.2-17. Uma versão diferente, especificamente designada como as "dez palavras", aparece em Êxodo 34.28, a qual aborda festividades e oferendas. Isso teria sido escrito em uma outra tábua de pedra, depois que Moisés quebrara a primeira (ver Êx 20.2 ss., em comparação com Êx 31.18 e 34.1). Outras formas do decálogo aparecem em Deuteronômio 27 e Levítico 19. As várias formas de decálogo aparentemente eram tipos de leis e liturgias preliminares, mediante as quais os adoradores, em diferentes santuários e em diferentes períodos da história, reconheciam os requisitos básicos de Yahweh. A razão para o número dez aparentemente é que isso facilitaria a memorização das exigências básicas da moralidade humana. Esses mandamentos têm sido usados por muitos séculos. A legislação levítica aborda detalhes, com grande complexidade de pormenores. A variedade de expressões dos mandamentos originais deixa em dúvida qual teria sido a forma original. O decálogo, conforme expresso em Êxodo 20 e em Deuteronômio 5, era usado tanto em Israel como em Judá, não havendo qualquer razão para supormos que os mandamentos básicos do judaísmo não foram originados por Moisés. Sem dúvida houve elaborações posteriores, o que é natural em qualquer sociedade.

Quanto a notas completas sobre o *Decálogo* (este artigo serve apenas de introdução ao assunto), ver o artigo intitulado *Mandamentos, os Dez*.

DECAPITAÇÃO. Ver *Crimes e Castigos*.

DECISÃO, VALE DA

No hebraico, temos mais o sentido de vale da decisão estrita ou vale do julgamento. A expressão encontra-se em Joel 3.14, onde é aplicada ao vale de Josafá (ver Jl 3.2,12). Aparentemente, trata-se de um nome simbólico de um vale próximo de Jerusalém, conforme é sugerido no vs. 16 daquele capítulo. Porém, o nome Josafá significa, em hebraico, "Yahweh julga", pelo que o termo pode ser simbólico, sem o intuito de identificar qualquer área geográfica. Seja como for, no vale de Bênção, cerca de vinte e cinco quilômetros de Jerusalém, o rei Josafá observou a vitória de Yahweh sobre as nações pagãs (2Cr 20), o que serviu de microcosmo do ainda futuro Dia de Yahweh. A partir do século IV d.C., o vale que entra na colina do templo e o monte das Oliveiras tem sido identificado com o texto de Joel. Ele nos diz como os exércitos das nações se reunirão naquele vale. Yahweh então aparecerá em tremenda glória, e julgará as nações. Porém, esse mesmo Juiz servirá de refúgio para o seu povo. Alguns estudiosos, entendendo mui literalmente a cena, supõem que o trecho de Zacarias 14.4 resolve o problema de localização. O Senhor, ao retornar ao monte das Oliveiras, em poder e grande glória, por ocasião de seu segundo advento, fará surgir um vale, mediante um terremoto que ocorrerá nas proximidades.

DECRETO. Ver também *Decretos Divinos*.

Há três palavras hebraicas principais e uma palavra grega que precisam ser levadas em conta: **1**. *Esar*, "laço". Palavra aramaica usada por sete vezes (Dn 6.7-9,12,13,15). **2**. *Gzerah*, "coisa decidida". Palavra aramaica usada por duas vezes (Dn 4.17,24). **3**. *Dath*, "lei", "decisão baixada". Palavra hebraica usada por 22 vezes (como, por exemplo, em: Et 2.8; 3.15; 9.1,13,14; Dn 2.9,13,15). 4. *Dogma*, "decreto". Palavra grega usada por cinco vezes (Lc 2.1; At 16.4;17.7; Ef 2.15; Cl 2.14): o verbo, *dogmatízomai*, "decretar", é empregado somente em Colossenses 2.20.

Essa palavra tem sinônimos como "lei" ou "edito", nas traduções. As decisões oficiais dos reis do Oriente eram chamadas decretos. Eram publicamente proclamados pelos arautos oficiais (Jr 34.8,9; Jn 3.5-7; Dn 3.4; 5.29). Mensageiros anunciavam os decretos reais a lugares distantes, a fim de garantir o seu cumprimento (1Sm 11.7; Ed 1.1; Am 4.5). Algumas vezes, os decretos eram anunciados nas portas das cidades, nos mercados ou nos lugares onde o povo costumava reunir-se. Em Jerusalém, esses decretos eram anunciados no templo.

No Novo Testamento, estão em foco os decretos do senado romano, com o uso do termo grego *dogma* (Lc 2.1; At 7.7). Em Atos 16.4 a mesma palavra é usada para indicar os decretos do concílio de Jerusalém. Os trechos de Efésios 2.15 e Colossenses 2.14 usam essa palavra para indicar as provisões da lei mosaica.

É interessante observar que essa palavra não se encontra na Bíblia no sentido teológico dos "decretos de Deus". Contudo, a ideia pode ser vista, indicando como Deus cuida providencialmente de todas as coisas e determina o próprio curso da história (Dn 4.24 e Sl 2.7). As leis da natureza são baixadas e se cumprem mediante os decretos divinos (Jó 28.26; Pv 8.29; Sl 148.6).

DECRETOS DIVINOS

1. Caracterização Geral. Essa é a expressão usada na teologia para indicar aqueles atos da vontade de Deus que: ***a***. representam o seu propósito; ***b***. estavam presentes com ele desde a eternidade passada; ***c***. são cumpridos por ele dentro do tempo e do contexto humano; ***d***. determinam o curso da história, coletiva ou individualmente; ***f***. determinam o destino espiritual dos homens e dos anjos.

A teologia reformada enfatizava a questão ensinando que tudo quanto acontece deve-se aos eternos decretos de Deus. Os arminianos modificaram isso, supondo que os decretos divinos, apesar de reais no tocante à salvação dos homens, são condicionados pela fé e pela fidelidade previstas. Porém, a teologia calvinista insiste em que os decretos de Deus não estão condicionados a qualquer fator humano. Nesse ponto, entramos na antiga e insolúvel controvérsia acerca da relação entre o determinismo divino e o livre-arbítrio humano. Ver os artigos sobre o *Determinismo* e sobre o *Livre-Arbítrio*. Aqueles que defendem o conceito dos decretos divinos em sua forma mais radical insistem que todas as coisas sucedem em resultado do exercício da soberania de Deus. Essa doutrina despreza as causas secundárias, caindo na armadilha de fazer de Deus a *única* causa, até mesmo do mal. O nono capítulo da epístola aos Romanos reflete essa maneira de pensar, de tal modo que Deus pode fazer um homem ser mau, se isso contribui para um bom propósito, como o da glorificação de sua pessoa, ou o de fomentar o bem-estar de seu povo escolhido. Alguns reformadores, percebendo a armadilha preparada por um raciocínio simplista, rígido e sem sofisticação, começaram a falar sobre os *decretos permissivos* de Deus; mas isso envolve uma contradição de termos, porquanto aquilo que meramente permite, não decreta. É melhor admitirmos que o problema do determinismo divino *versus* o livre-arbítrio humano envolve-nos em um paradoxo (vide), isto é, nos *polos opostos* de uma ideia teológica. Ver o artigo sobre a *Polaridade*.

Quando o trecho de Atos 2.23 fala sobre como a crucificação do Filho de Deus de alguma maneira esteve envolvida no conselho de Deus, de modo algum ensina-nos como isso pode ter sucedido. Deus usa o livre arbítrio humano sem destruí-lo, embora não saibamos dizer *como* isso pode ser. O problema inteiro do pecado permanece um mistério, envolve-nos no *Problema do Mal*, o que é longamente comentado no artigo desse nome. Talvez o máximo que podemos dizer é que Deus permitiu o pecado em sua criação porque tinha um *alvo superior* em vista, o que justifica o fato de que ele não resguardou a sua criação da entrada do mal. Parte desse alvo consistia em levar o homem a participar da natureza divina; e para que isso sucedesse, era mister que o homem fosse possuidor de livre-arbítrio genuíno, isto é, um agente no processo de transformação, com a ajuda do impulso dado pelo Espírito Santo. Esse princípio é claramente exarado em Filipenses 2.12,13. Precisamos efetuar a nossa própria salvação, com a utilização do livre-arbítrio. Porém, em última análise, é Deus quem "efetua em vós tanto o querer como o realizar, segundo a sua boa vontade". Isso posto, temos a clara enunciação do *paradoxo* de que falamos acima, embora sem qualquer tentativa para explicá-lo. É possível que, neste lado da existência, nem compreendêssemos a explicação, se ela nos tivesse sido dada. Portanto, precisamos aplicar o princípio da polaridade. Em outras palavras, algumas verdades reveladas são grandes demais para serem centralizadas em um único ponto. Essas verdades compõem-se de dois polos bem separados. Quando Deus outorgou livre arbítrio ao homem, deu-lhe também o *potencial* para pecar; e de acordo com a lei de Murphy, (se algo *pode* acontecer, *acontecerá*), o homem pecou. Porém, isso foi de *menor* consequência para o homem do que não possuir e nem poder usar de livre-arbítrio, visto que, sem esse fator, o elevado alvo da salvação jamais poderia ter sido alcançado.

Dentro dos decretos de Deus vemo-nos envolvidos nas inescrutáveis relações existentes entre o que é eterno e o que é temporal, entre o que é divino e o que é humano, entre o que é infinito e o que é finito.

2. Um Termo Coletivo. O termo "decreto" é empregado para referir-se ao propósito divino (Ef 1.11), ao conselho determinativo de Deus (At 2.23), à sua presciência (1Pe 1.2,20), ao seu propósito eletivo (1Ts 1.4), à sua predestinação à salvação (Rm 8.30), à vontade divina (Ef 1.11), e ao seu beneplácito (Ef 1.9). Os decretos abarcam o começo e o prosseguimento inteiro da criação, incluindo tudo quanto é material e imaterial, mortal e imortal. A palavra "predestinação" aplica-se a essa ampla perspectiva, ao passo que a palavra *eleição* envolve, mais especificamente, a salvação do homem, por ser esta uma subcategoria da predestinação. A "reprovação" e a "retribuição" aplicam-se ao destino dos não eleitos.

3. Alguns Decretos Divinos Específicos. As amplas definições dadas acima naturalmente requerem a existência de muitos decretos divinos, pelo que o que se segue é apenas sugestivo: ***a. O ato criativo***. Deus é a fonte e a causa de todas as coisas (Gn 1 e 2; Sl 33.6; 148.5; Ne 9.6; At 17.28; Rm 11.36; 1Co 8.6). O Novo Testamento define esse ato realizado através do Logos (o Filho de Deus) (Jo 1.1 *ss.*; Cl 1.16,17). Deus existia desde antes de todas as coisas (Sl 90.2; Jo 17.5,24). Ele possui a vida necessária, aquela que não pode não existir, da qual todas as outras vidas são dependentes. Ver o artigo separado sobre a Criação. ***b. A ordenação e sustentação de todas as coisas***. Isso inclui a ideia da *Providência de Deus* (Dt 30.1-10; Dn 2.31-45; At 15.13-18; Rm 11.13-29). No Novo Testamento, essa providência é definida, através do Logos (Filho de Deus) (Jo 1.7; Cl 1.17). Conforme esta última referência diz, todas as coisas foram criadas nele, por ele e para ele; e outro tanto é dito acerca do Pai, em 1Coríntios 8.6. O poder *preservador* de Deus é frisado em trechos como (Ne 9.6; Sl 36.6; Cl 1.17 e Hb 1.2,3). E a sua *providência* envolve todas as coisas, ativa ou passivamente (Dt 8.2; 2Cr 32.31; Os 4.17; Rm 1.24,28; cap. 9; Gn 50.20; Sl 76.10; Is 10.5; Jo 13.37; At 4.28). ***c. Eleição***. (Rm 8.29 e Ef 1.5). Ver o artigo separado a esse respeito. ***d. Adoção***. (Rm 8.14-17). Ver o artigo separado a esse respeito. ***e. Transformação do crente segundo a imagem de Cristo***. É mediante essa transformação que o crente vem a participar da natureza divina (Rm 8.29; 2Co 3.18; 2Pe 1.4; Cl 2.10). Ver o artigo separado a esse respeito. ***f. Reprovação***. Romanos 8.15 *ss*. Ver o artigo separado a esse respeito. ***g. Oração eficaz***. Essa oração garante a interação da vontade divina com a vontade humana, de maneira significativa (Jo 14.14; Rm 8.26,27). ***h. Milagres***. Os milagres são intervenções divinas determinadas pelos decretos de Deus (At 2.19; Mt 12.38; Jo 2.18). ***i. Operação universal da graça***. (Tt 2.11 e Ef 2.7-10). ***j. Restauração final de todas as coisas***. (Ef 1.10,23). Ver o artigo sobre esse assunto, sob o título *Restauração*. ***k. A missão universal de Cristo***. Essa missão inclui seu ministério preencarnado, seu ministério encarnado, sua morte, sua descida ao hades, sua ressurreição e ascensão, e sua segunda vinda (Jo 1.1 *ss.*; Jo 17; 1Pe 3.18—4.6; 1Ts 4.17 *ss.*; 1Co 15; Rm 8.26 *ss.*; a epístola de Hebreus e Ap 21 e 22).

Conclusão. Os decretos divinos são os atos da soberana vontade de Deus que podemos distinguir. Em seu conjunto, esses decretos formam o seu propósito, o qual abarca a eternidade passada e futura, e o próprio tempo. Eles constituem a *história*, no sentido mais lato da palavra, envolvendo o destino eterno de todos os seres inteligentes, bem como a disposição dos mundos materiais. Pessoalmente, eu tenho a fé para acreditar que os homens realizam seu potencial *mais alto* por causa dos *decretos divinos*. Eles sempre funcionam segundo o *amor* de Deus, não contrariamente, para o prejuízo do homem, como o calvinismo radical ensina. (B CHA E).

DEDÃ

No hebraico, **"baixo"**, mas outros estudiosos preferem pensar que seu sentido é incerto. Há duas pessoas e uma área geográfica com esse nome, nas páginas do Antigo Testamento, a saber: **1**. Filho de Ramá, filho de Cuxe, filho de Cão (Gn 10.7). O trecho de 1Crônicas 1.9 refere-se a ele. Seu irmão era Sabá. Viveu em cerca de 2200 a.C. **2**. Um filho de Jocsã, filho de Abraão e Quetura (Gn 25.3; 1Cr. 1.32). Ele se tornou fundador de tribos árabes. Viveu em torno de 1800 a.C. **3**. As *Tribos*. Um oráculo concernente à Arábia menciona Dedã localizada nos bosques de palmeiras da Arábia, participante de caravanas (Is 21.13). Juntamente com Buz, são mencionadas como um povo que cortava as pontas dos seus cabelos (Jr 25.23). A profecia contra Edom incluía uma advertência a Dedã, sobre um juízo divino iminente (Jr 25.23). De modo geral, em Ezequiel 25.13, o termo "Edom" inclui todo o território de Temã e Dedã. O trecho de Ezequiel 27.15 tem uma referência ao nome dessa tribo. Eles negociavam com Tiro (Ez 27.20). Alem disso, Dedã é mencionada com Sabá na profecia que envolve Gogue (Ez 38.13,14). A conclusão que se pode tirar é que eles eram tribos associadas aos habitantes da Arábia, embora sua identidade exata permaneça desconhecida. Fontes extrabíblicas referem-se a Dedã como um *oásis* nas rotas comerciais dos povos de Sabá, Temã e Buz. Esse oásis era chamado Ed-dagã, até 1200 d.C., e tem havido algumas descobertas arqueológicas feitas na área. Talvez a moderna El-'ula seja a correta identificação do local. Fica localizada oitenta quilômetros do mar Vermelho, na Arábia central. O nome talvez sobreviva na ilha de Dedã, nas margens do Golfo Pérsico.

DEDICAÇÃO, FESTA DA

O artigo intitulado *Festividades Religiosas dos Judeus* apresenta um sumário da questão. Essa festa também era chamada festa de *Hanukkah*. Era celebrada anualmente, por um período de oito dias, a fim de comemorar a purificação do templo de Jerusalém pelos macabeus, após o mesmo haver sido contaminado pelos sírios, sob a direção de Antíoco IV Epifânio (1Macabeus 4.52-59; 2Macabeus 10.5). Judas Macabeu, o hasmoneu, foi a principal figura envolvida nessa revolta contra os sírios e na rededicação do templo, em 165 a.C., isto é, três anos depois que o mesmo fora corrompido. Antíoco mostrou-se fanático em suas tentativas de helenização dos territórios a ele sujeitos, e via na fé dos hebreus um obstáculo para os seus desígnios. Ele pensava que se pudesse corromper-lhes a fé, poderia quebrantar-lhes a resistência. Portanto, mandou erigir um altar idólatra sobre o altar dos holocaustos, no templo de Jerusalém, sobre o qual ofereceu sacrifícios pagãos. Somos informados de que ele chegou ao ponto de oferecer uma porca sobre aquele altar. Ver 1Macabeus 1.41-64; 2Macabeus 6.1-11; Josefo (*Anti*. II :5,4). Os hasmoneus ergueram o grito de guerra e a revolta irrompeu por toda a parte. Finalmente, Israel foi capaz de derrotar Antíoco (Josefo, *Anti*. 12.5,4; 7,4). A festa para comemorar a vitória foi efetuada no mês de Quisleu, o nosso dezembro, embora sua celebração tenha variado quanto ao mês do ano. Josefo chama esse evento de "festa das Luzes". Foi efetuada mais ou menos segundo o estilo da festa dos Tabernáculos (2Macabeus 10.6). Sua característica mais proeminente era a iluminação mediante tochas ou lâmpadas, o que explica seu nome alternativo. Podia ser celebrada fora de Jerusalém, nas sinagogas locais. O *Hallel* (vide) era entoado, palmas eram levadas em cortejo, e o templo (ou as sinagogas) e as casas particulares eram iluminados. Não se permitia lamentações de qualquer sorte. A única referência à mesma, no Novo Testamento, aparece em João 10.22,23. Jesus caminhou pelo pórtico de Salomão, nessa ocasião, e ali debateu com alguns adversários. Foi uma ocasião na qual ele asseverou a sua deidade e a sua autoridade divina. *Eu e o Pai somos um* (Jo 10.30).

Festa da Dedicação em Nossos Dias. A comunidade judaica atual continua celebrando essa festa religiosa. A família reúne-se; o pai acende as velas; uma oração de agradecimento a Deus é feita; o poder libertador de Deus é relembrado; presentes e algum dinheiro são distribuídos às crianças; jogos são efetuados à noitinha, com o acompanhamento de quebra-cabeças e a troca de gracejos. Na Europa, fazia parte dessa festividade o consumo de panquecas. (E EDI)

DEDICAR, DEDICAÇÃO

Duas palavras hebraicas e uma palavra grega precisam ser consideradas: **1**. *Chanak*, "pressionar", "dedicar". Palavra hebraica que ocorre por cinco vezes (Dt 20.5; 1Rs 8.63; 2Cr 7.5; Pv 22.6). **2**. *Qadesh*, "separar", "santificar". Termo hebraico usado por cerca de 170 vezes (por exemplo: Jz 17.3; 2Sm 8.11; 2Rs 12.18; 1Cr 18.11; 26.26-28; 2Cr 2.4; Gn 2.3; Êx 13.2; 15.30; Nm 7.1; Dt 5.12; 32.51; Js 7.13; Ez 20.12; 36.28; Jl 1.14; 2.15,16). **3**. *Egkainízo*, "renovar". Palavra grega usada por duas vezes (Hb 9.18 e 10.20).

1. Usos no Antigo Testamento. Uma cerimônia religiosa mediante a qual alguma coisa qualquer era dedicada ou consagrada ao serviço de Deus, geralmente com os ritos apropriados: *a*. Moisés dedicou o tabernáculo no deserto (Êx 40; Nm 7). *b*. Salomão dedicou o templo de Jerusalém (1Rs 8). *c*. Os exilados judeus que retornaram da Babilônia dedicaram o segundo templo (Ed 6.16,17). *d*. Os Macabeus, tendo purificado o templo, rededicaram-no (1Macabeus 4.52-59), e uma cerimônia anual relembrava o fato ao povo. *e*. Lugares sagrados eram solenemente dedicados (Dt 20.5; Sl 30 (no título); Ne 12.27).

2. Ideias Centrais. *a*. Separar para uso santo, seguindo o exemplo do Deus santo, o qual é separado de toda a contaminação (Is 6.3). *b*. Essa ideia é também transferida para lugares (Jr 31.40), para pessoas (Êx 28.3) e para coisas usadas nos ritos religiosos (Êx 29.37). Até no Novo Testamento encontramos a ideia de pessoas dedicadas (Jo 10.37), de coisas dedicadas (At 9.13), de lugares dedicados (Mt 23.17). O primeiro pacto foi dedicado (Hb 9.18), assim tornando-se um meio de conferir santidade aos homens.

3. Ideias Neotestamentárias. Já vimos, no contexto do Novo Testamento, a dedicação de pessoas, de coisas e de lugares. Mas também temos a dedicação, por parte de Cristo, do "novo e vivo caminho", que foi trazido à luz por meio do evangelho (Hb 10.20). O relacionamento com Cristo produz um elevado grau de dedicação por parte dos seus seguidores, conforme é demonstrado nas vidas de seus apóstolos, que deixaram tudo a fim de segui-lo (Mt 4.19 ss.; cap. 10; Mc 10.28). O discipulado cristão requer uma total renúncia de todas as ambições meramente pessoais, além de profunda dedicação (Mt 8.34 ss.). O apóstolo Paulo deu-nos o mais brilhante exemplo de dedicação (Fp 3.7 ss.). Os crentes individuais são convocados dentre o mundo para uma singular dedicação à inquirição espiritual (Rm 12.1,2).

4. Outros Usos. Os ritos de dedicação eram usados quanto a questões religiosas e seculares, igualmente. Há a iniciação de uma igreja, de um edifício, de um projeto, de uma organização etc. Faz parte inerente desses ritos a ideia de alguma forma de *bênção* que haverá de prevalecer, visando o bem da pessoa ou coisa dedicada. Com frequência, as dedicações eram relembradas mediante celebrações anuais.

5. O Impulso. O homem sente sua insignificância e temporalidade. Mediante a dedicação de coisas ou de si mesmo, o homem procura assinalar as coisas e a sua própria vida com um toque de importância e, presumivelmente, com um toque de alguma forma de permanência. Jesus prometeu que isso realmente será feito àqueles que se dedicarem a ele mesmo e ao evangelho. De fato, ele ensinou que nessa dedicação está envolvida na eterna salvação da alma (Mc 8.34,35). Não passa de um insensato aquele que dedica a sua vida a projetos terrenos, em uma atitude contrária à dos santos de Deus, que renunciam às coisas terrenas, que não podem reter, para se dedicarem àquilo que não podem perder, conforme disse, de certa feita, um mártir cristão.

DEDO

No hebraico *etsba*, com pequena variação no aramaico (esta última forma somente em Dn 5.5). A palavra hebraica ocorre por 32 vezes. (Para exemplificar, (Êx 8.19; Lv 4.6,17,25,30; 16.14,19; Nm 19.4; Sl 8.3; Pv 6.13; Ct 5.5; Is 2.8; 59.3; Jr 52.21). No grego, *dáktulos*, termo que figura por nove vezes (Mt 23.4; Mc 7.33; Lc 11.20,46; 16.24; Jo 8.6,8; 20.25,27). Tanto a palavra hebraica quanto a palavra grega indicam tanto um dedo da mão quanto um artelho do pé, pois não havia termos diferentes para esses dois apêndices do corpo. A palavra grega também indicava a menor medida de comprimento entre os gregos, a saber, a largura de um dedo, cerca de 1,78 cm.

1. O Dedo Literal. Ver usos literais do dedo no AT: o sacerdote que molhava um dedo no sangue dos sacrifícios (Lv 4.6,17,25 etc.); quando o azeite era aspergido com o auxílio dos dedos (Lv 14.16,27). Os dedos eram usados em gesticulações, durante os diálogos entre pessoas (Pv 6.13). Um dedo podia representar a mão inteira, como no caso de dedos manchados de sangue (Is 59.3; em português, dedos contaminados de iniquidade). Em 1Crônicas 20.6, há menção a certa curiosidade genética de um homem com um dedo extra em cada mão e um artelho extra em cada pé. Belsazar viu uma mão que escrevia palavras enigmáticas na caiadura da parede da sala do banquete (Dn 5.5). Jesus escreveu alguma coisa na areia, com o dedo, enquanto certos homens acusavam a mulher apanhada em adultério (Jo 8.6). Tomé, um dos apóstolos de Jesus, foi convidado a pôr seu dedo sobre os ferimentos cicatrizados das mãos de Jesus, que haviam sido produzidos pelos cravos da cruz (Jo 20.25,27).

2. Usos figurados. *a*. *O dedo de Deus*. Essa expressão indica *o poder de Deus* e a precisão com que ele é capaz de empregá-lo. Quando os mágicos egípcios não puderam continuar duplicando as pragas de Moisés, reconheceram que naquilo havia *o dedo de Deus*. Em outras palavras, aquilo era algo que somente Deus era capaz de fazer, era um ato divino. O incidente provou a autoridade de Arão e Moisés. Lemos em Deuteronômio 9.10 que os Dez Mandamentos foram escritos pelo dedo de Deus. Os céus foram feitos pelos dedos de Deus (Sl 8.3). Algo tão maravilhoso como isso requereu todos os seus dedos. O poder que Jesus tinha de expulsar os espíritos malignos é referido como o dedo de Deus, em Lucas 11.20. O paralelo de Mateus diz "Espírito", sendo provável que uma coisa interprete a outra. Seja como for, o poder de Deus para fazer algo específico e de modo eficaz está em vista. *b*. O "dedo que ameaça", em Isaías 58.9, refere-se ao uso dos dedos, em gesticulação, durante alguma conversa, talvez dando a entender que alguém apontava o dedo em direção dos humildes e piedosos. *c*. A grossura "de quatro dedos" indica uma medida (ver Jr 52.21). Tal medida era tomada com a mão espalmada, na largura maior dos quatro dedos da palma da mão, sem o polegar, o que dá uma média de 7,5 cm. Ver o artigo separado sobre *Quatro Dedos*. *d*. Reoboão, filho de Salomão, taxou pesadamente o povo de Israel e ainda vangloriou-se de que seu dedo mínimo (com o qual, figuradamente, exercia pressão) era mais grosso que a cintura de seu pai (1Rs 12.10). **e**. Os fariseus costumavam impor pesadas cargas ao povo, mas não ajudavam a quem quer que fosse, nem com um dedo, o que aponta para a indiferença para com as exigências morais e religiosas que eles mesmos impunham (Mt 23.4). **f**. O dedo faz parte integral da mão, apesar de ser uma entidade separada. Por causa dessa circunstância, tenho usado a figura do dedo, no tocante à mão, na tentativa de explicar a relação entre o juízo de Deus e a mão de Deus. Essas ideias não são contraditórias, da mesma maneira que um dedo não contradiz a sua própria mão, e nem faz oposição à mesma. Consideremos esta frase: "O julgamento divino é um dedo da mão amorosa de Deus". Isso significa que o juízo é um instrumento do amor de Deus. O juízo divino haverá de realizar alguma coisa. É mister que esse juízo seja remediador, e não apenas punitivo, conforme também se aprende em 1Pedro 4.6. **g**. A doutrina oriental do superego, que supõe que o superego humano pode encarnar-se em mais de um lugar ao mesmo tempo, emprega a comparação entre um dedo e a sua mão. A mão representa o superego, a entidade espiritual humana verdadeira. Os dedos da mão representam diversas encarnações alegadas, que teriam lugar ao mesmo tempo. Porém, há uma unidade essencial entre todos os dedos e a sua respectiva mão. Portanto, o superego pode obter informações da parte de várias vidas ao mesmo tempo, enquanto preserva a sua unidade essencial, a despeito do fato de que vários corpos possam ser usados por ele, ao mesmo tempo. **h**. Os estudos clínicos sobre os sonhos têm demonstrado que qualquer objeto pontudo, incluindo um dedo, pode representar o pênis.

DEDO DE DEUS. Ver o artigo sobre Dedo, 2. a.

DEGRAU, GRAU. Ver também sobre Escada.

Há uma palavra hebraica e uma palavra grega envolvidas, a saber: **1**. *Maalah*, "subida". Essa palavra hebraica é usada por 45 vezes, com o sentido de "graus" como se vê, por exemplo, em (2Rs 20.9,10,11; Sls 120-134 (no título); Is 38.8). **2**. *Bathmós*, "degrau", "subida". Palavra grega usada somente em 1Timóteo 3.13.

O relógio de sol. Não conhecemos a natureza exata do relógio de sol de Ezequias; mas, por meio desse relógio, fazendo a sombra retroceder dez graus o Senhor concedeu a Ezequias o prolongamento de sua vida física (2Rs 20.8-10; ver também Is 38.8).

Cânticos dos Degraus. Há quinze salmos (120 a 134) onde aparecem essas palavras no título de cada um deles. Contudo, a expressão é muito vaga, impedindo que os intérpretes concordem sobre o seu significado. Alguns supõem que está em foco o estilo específico com que esses salmos foram escritos. As palavras finais da sentença anterior com frequência são reiteradas no começo da sentença seguinte, produzindo uma espécie de subida, ou degrau. (Ver Sl 121.4,5 e 124.1,2), e também os versículos 3 e 4 do mesmo salmo. Outros estudiosos supõem que a palavra degrau (em nossa versão portuguesa, "romagem") refere-se aos quinze degraus que conduziam do átrio das mulheres ao átrio dos homens, no templo de Jerusalém. Supõe-se que em cada um desses degraus era entoado um desses salmos. Ainda outros eruditos supõem que esses salmos eram usados pelos peregrinos que os entoavam enquanto subiam a Jerusalém, cada um deles assinalando, por assim dizer, um estágio da viagem. Quatro desses salmos são atribuídos a Davi, um a Salomão, enquanto o restante é anônimo.

Justa Preeminência. Em 1Timóteo 3.13 aparece essa expressão, ao passo que no grego encontramos a expressão *bathmòn kalòn*, "boa posição", "boa subida", "boa promoção". Essa expressão grega é usada para designar uma subida espiritual. O crente pode subir ou descer em sua posição espiritual. Isso depende do uso correto dos meios espirituais de desenvolvimento, que são: a leitura da Bíblia e de outros livros úteis para a iluminação espiritual. Esse método treina a mente quanto às verdades espirituais. A oração e sua irmã gêmea, a meditação. Ver os artigos separados sobre esses dois assuntos. A santificação (vide) é um fator necessário à realização espiritual. A prática da lei do amor (o padrão de toda a espiritualidade), vinculada às boas obras, não pode ser omitida pelo homem espiritual. Além disso, há o toque místico, a possessão e o emprego dos dons espirituais, o uso da meditação, e das experiências místicas, que iluminam e encorajam o crescimento espiritual.

DEIFICAÇÃO

No grego *theosis*, na igreja eslava, *obozhenie*, a deificação é uma doutrina professada, principalmente, em igrejas ortodoxas do Oriente. Pode ser comparada à doutrina de santificação do crente em igrejas ocidentais, mas possui características peculiares que lhe conferem distinção própria.

A deificação se baseia na afirmação de Gênesis 1.26,27 de que o homem e a mulher foram criados à imagem e semelhança de Deus. Pais gregos da igreja entenderam isso com o significado de que na queda a humanidade perdeu a semelhança, mas reteve a imagem divina, sendo, assim, a vida cristã melhor desenvolvida com a restauração da semelhança perdida aos redimidos em Cristo. É uma obra do Espírito Santo que comunica ao crente a energia do próprio Deus, tornando-o participante da natureza divina (2Pe 1.4).

A energia de Deus se irradia desde sua essência e compartilha sua natureza. Mas deve ser entendido que uma pessoa deificada retém a própria identidade pessoal, não sendo absorvida na essência de Deus, o qual permanece para sempre oculto aos seus olhos.

Na prática, os líderes espirituais ortodoxos tendem a enfatizar aqueles atributos de Deus que na teologia protestante são chamados de "comunicáveis", havendo assim certa similaridade entre as crenças evangélicas e ortodoxas neste ponto. Contudo, as igrejas orientais nunca definiram os atributos de Deus do modo que as igrejas ocidentais o fazem, sendo impossível equalizar exatamente as duas doutrinas. Isso se torna particularmente evidente quando comparadas as visões protestante e ortodoxa da imagem de Deus. A visão da igreja ocidental de que a imagem divina se corrompeu ou até se perdeu no ser humano não encontra eco na teologia oriental, que é geralmente otimista em sua avaliação do estado decaído do homem, embora sem ir tão longe a ponto de negar a necessidade da graça para a salvação.

A deificação corresponde, na verdade, de modo mais próximo, ao entendimento ocidental da imitação de Cristo. Na teologia ortodoxa, o Espírito Santo procede do Pai, repousa no Filho e se torna sua energia. Os que somos chamados para a imitação de Cristo, o somos igualmente para manifestar a energia do Espírito Santo, o qual, ao nos adotar como filhos de Deus, torna acessível para nós o poder espiritual que pertence a Cristo. Pode-se assim cumprir o que é considerado como a promessa bíblica de que os redimidos por Cristo serão semelhantes a deuses (*cf.*, p.ex., Sl 82.6).

(**G. L. Bray**, B.D., M.Litt., D.Litt., professor de Estudos Anglicanos, Beeson, Divinity School, Universidade de Samford, Birmingham, Alabama, EUA.)

BIBLIOGRAFIA. V. Lossky, *The Vision of God* (New York, 1963); *idem*, *The Mystical Theology of the Eastern Church* (Cambridge, 1957); D. Staniloae, *The Basis of Our Deification and Adoption*, in L. Vischer (ed.), *Spirit of God, Spirit of Christ* (Geneva, 1981); T. Ware, *The Orthodox Church* (London, 1964).

DEÍSMO

Ver o artigo separado sobre os *Cinco Pilares do Deísmo*. Essas cinco doutrinas foram sugeridas por Herbert Cherbury (vide). Elas são as seguintes: **1**. A existência de um Ser supremo. **2**. Ele é digno de ser adorado. **3**. Precisamos de santidade para nos relacionarmos com ele. **4**. O arrependimento expia pelo pecado. **5**. Nossas obras precisam ser galardoadas ou punidas, além da morte biológica. Popularmente, o deísmo e o teísmo algumas vezes aparecem como sinônimos; porém, no uso filosófico, esses dois conceitos são claramente distinguidos um do outro.

1. Definições Básicas. A palavra vem do latim *deus*, "deus". Os socinianos (vide) introduziram o termo no século VI. Porém, veio a ser aplicado a um movimento dos séculos XVII e XVIII, que enfatizava o conhecimento sobre questões religiosas e espirituais vem através da razão, e não através da revelação, que sempre aparece como suspeita e como instrumento de fanáticos e de pessoas de estabilidade mental questionável. ***a***. Essa circunstância outorga-nos a característica básica do *deísmo*: um conhecimento adquirido através da razão, e não através da revelação. A isso chamamos de religião *natural*, em contraste com a religião *sobrenatural*. ***b***. O termo *deísmo* também é usado para aludir à ideia de que existe uma *primeira causa*, que podemos chamar de *deus*, mas que não é intrinsecamente perfeita ou completa, e nem é o objeto apropriado de nossa adoração. ***c***. Na filosofia, o termo é usado em contraste com o *teísmo* (vide). Nesse caso, afirma que houve um deus ou força cósmica de algum tipo que deu origem à criação, mas que, ato contínuo, abandonou a sua criação, deixando-a entregue ao controle das leis naturais. Assim sendo, Deus não teria qualquer interesse por sua própria criação, não intervindo, nem galardoando e nem castigando. Isso significa que Deus está divorciado de sua criação. Em contraste, o teísmo ensina a presença de Deus na criação, intervindo, galardoando e punindo. O homem é responsável diante dos princípios divinos, e será devidamente galardoado ou punido, segundo suas ações; mas, de acordo com o deísmo, isso se daria por meio de leis naturais, as quais, para todos os propósitos práticos, tornam-se uma divindade substituta.

2. Ateísmo Prático. É muito difícil pensarmos nas leis naturais como uma divindade. Se elas são o nosso deus, então, apesar de existir um Ser Supremo, para todos os propósitos práticos, vivemos como ateus. Os deístas da Inglaterra, nos séculos XVII e XVIII, atacaram as chamadas *religiões reveladas*, especialmente o cristianismo. Eles asseveravam que as supostas revelações do Antigo e do Novo Testamentos são, na realidade, uma coleção de livros fabulosos e sem autenticidade. Lord Herbert de Cherbury (que vide; 1583-1648) tem sido chamado de "pai do deísmo". Apresentamos os cinco pilares ou doutrinas do deísmo, na declaração introdutória do artigo sobre o *Deísmo*. Contudo, ele era menos radical do que os deístas que se seguiram, pois ele insistia principalmente sobre a religião natural, através da *lumen naturae*, a luz da natureza, como o modo de se tomar conhecimento das verdades religiosas, em vez da revelação. Os deístas mais extremados foram Thomas Morgan, Thomas Chubb e Thomas Woolston. É curioso que todos os três se chamassem Thomas, mas o mais provável é que tudo foi mero acaso. Outros deístas de nota foram John Toland e Matthew Tindal. Este último despertou especial atenção por causa de seus ataques contra o bispo Butler (vide). Seus escritos mais bem conhecidos foram *Christianity as Old as the Criation* e *The Gospel, a Republication of the Religion of Nature*.

3. Contribuições Principais. Os homens que criaram o movimento deísta não foram eruditos de nome em qualquer sentido. Não obstante, prestaram um bom serviço ao exigirem a liberdade de pensamento e de expressão, bem como o direito de criticar. Sem esses elementos é muito difícil os homens crescerem intelectualmente, e a busca pela verdade é cortada pelas raízes. Há muitas mentes fechadas, muitas portas fechadas nas igrejas e denominações evangélicas. A verdade não precisa que edifiquemos cercas ao seu derredor. John Toland (vide) argumentava em favor da natureza razoável do cristianismo, contanto que não insistamos rigidamente sobre cada uma de suas doutrinas (incluindo a doutrina da revelação), tendo declarado: "A verdade é a minha única ortodoxia". Sinto-me inclinado a apoiar essa declaração porquanto ela demonstra um genuíno interesse pela obtenção da verdade, a despeito das limitações de busca que outras pessoas nos impõem, apesar de não concordar com a posição do deísmo.

4. Críticas. ***a***. Sabemos que Deus revelou-se através da natureza e da razão. A verdade chega até nós de muitas maneiras, e não apenas através da revelação. Também sabemos que a revelação, bem como todos os demais modos de comunicação da verdade, é parcial e sujeita a erro, devido aos veículos humanos empregados, porque tudo quanto passa pelo homem será eivado de imperfeições humanas. Não obstante, o cristianismo mantém-se de pé ou cai juntamente com a revelação; e outro tanto pode ser dito acerca do judaísmo. Portanto, apesar de admitirmos outros modos de comunicação da verdade, parece insensatez sacrificar uma genuína avenida de conhecimento, como é a revelação. Outrossim, a revelação (vide) é o principal meio de comunicação espiritual, acima da intuição, do raciocínio e dos sentidos. ***b***. O movimento deísta presta-se a exageros. Refere-se em termos desprezadores às Escrituras, e não podemos ver nisso qualquer sentido. Nesse modo há um certo espírito amargo, que jamais nos poderá conduzir à verdade. ***c***. O deísmo produziu alguns membros radicais, como Thomas Woolston, que exagerou no uso do método alegórico de interpretação, rejeitando tanto o ofício profético quanto a realidade dos milagres. Esse tipo de ceticismo (vide) não nos leva muito perto da verdade. O bispo Butler (vide) defendia o elemento miraculoso da religião cristã, procurando contra-atacar o deísmo quanto a esse e a outros particulares. ***d***. A obra de John Toland, *Christianity not Mysterious*, mostrou ser uma espécie de meio termo na direção do panteísmo. Alguns deístas terminam como virtuais ateus. Anthony Collins negava, de modo peremptório, a validade do cristianismo. O seu *Discourse on Free-thinking* (1713) fez a expressão "livre-pensamento" tornar-se um virtual sinônimo de ceticismo, ou mesmo de ateísmo. Mas isso é um abuso da linguagem. Precisamos de livres-pensadores no sentido positivo da palavra, que verdadeiramente, sem ceticismo e sem amargor de espírito, tenham *a verdade* como a sua única ortodoxia. ***e***. Voltaire (vide), o deísta francês, foi muito influenciado por seus pares ingleses. Ele, como homem de eloquência incomum que era, poderia ter comandado um exército em favor do bem. Poderia ter sido achado na frente da batalha; mas, por causa de seu ceticismo e amargor, retrocedeu ao ponto de perder-se de vista. (AM C E P WA)

DELAÍAS

No hebraico, **"liberto por Jeová"**. **1**. Nome de um dos descendentes de Arão. Sua família formou uma das casas de Israel no tempo de Davi e foi a 23ª. classe da família sacerdotal, 1Crônicas 24.18. **2**. Nome de um príncipe, filho de Semaías e um dos que se opuseram para que o rei Jeoiaquim não queimasse o livro das profecias de Jeremias (Jr 36.12,25). Talvez seja ele um de seus netos mencionados em Neemias 6.10. **3**. Nome de um dos netinins, fundador de uma família, Esdras 2.60; Neemias 7.62. **4**. Nome de um dos filhos de Elioenai, 1Crônicas 3.24.

DELEÃ

No hebraico, **"campo de pepinos"**. Nome de uma cidade na região baixa de Judá, João 15.38. Lugar desconhecido.

DEMAS

Derivação do grego, *Demeter*, que significa **"terra mãe"**. Nome de um dos companheiros de Paulo que de Roma enviou saudações à igreja de Colossos e a Filemom (Cl 4.14; Fm 24). Mais tarde, desamparou o apóstolo, amando este século, e foi para Tessalônica, 2Timóteo 4.9.

DEMÉTRIO

Significa **"pertencente a Demeter"**. A palavra grega *Demeter* se refere a uma deusa pagã da agricultura e da vida rural, cujo significado é "Terra-mãe". **1**. Demétrio I, cognominado Soter, rei da Síria, 162-150 a.C., sobrinho de Antíoco Epifanes. Foi retido como refém em Roma; sabendo, porém, da morte de seu tio, escapou de Roma e chegou a salvo a Antioquia, tomou posse do reino e mandou matar a Lísias e ao jovem Eupator, 1Macabeus 7.1-4. Na guerra contra ele, pereceu Judas Macabeu, 9.1-19. No ano 152 a.C., Alexandre Balas, com o consentimento do senado romano, pretende o trono. Os dois rivais encontraram-se em batalha decisiva no ano de 150 a.C., na qual Demétrio foi derrotado e morto, 10.48-50; Antig. 13.2,4. **2**. Demétrio II, cognominado Nicator, filho de Demétrio I. No ano 148-147 a.C., levantou o estandarte da revolta contra Alexandre Balas, e com o auxílio de Ptolomeu VI, o derrotou. Alexandre fugiu para a Arábia, onde foi morto e Demétrio fez-se rei da Síria, 1Macabeus 11.15-19. Porém, o general Trifom do exército de Alexandre, imediatamente proclamou rei a Antíoco, jovem filho de Alexandre, 1Macabeus 11.39,40. A luta durou até o ano 138 a.C., quando Demétrio ficou prisioneiro do rei Arsaces, em uma expedição à Pérsia, onde esteve por dez anos. Antes de empreender essa expedição, proclamou a independência dos judeus. Apesar de terem outra vez caído sob o poder dos sírios, conservaram a data de sua independência como sendo de grande importância nacional, 1Macabeus 13.36-42; Antig. 13.4,9. Demétrio conseguiu a liberdade e a posse do trono no ano 128 a.C. Um pretendente egípcio, sustentado por Ptolomeu VII, pôs-se em campo contra ele. Demétrio foi derrotado perto de Damasco, fugiu para Ptolemaída, embarcou em um navio para Tiro, onde foi assassinado quando desembarcava (Antig. 13.9,3). **3**. Nome de um ourives de Éfeso que fazia nichos de Diana. Temendo que o ofício viesse a perecer por causa das doutrinas do cristianismo, moveu perseguição contra Paulo e publicamente, a multidão amotinada, gritou por duas horas "viva a grande Diana dos Efésios", Atos 19.24-41. **4**. Nome de um discípulo recomendado pelo apóstolo, João, 3João 12.

DEMÔNIO

Entre os gregos tinha várias significações: Era um deus, ou uma divindade no sentido geral; o gênio ou a fortuna; a alma de alguém que pertenceu à idade de ouro e que então se transformou em divindade tutelar; um deus de categoria inferior. O termo, *Théos*, "Deus", tanto era usado para designar um deus bom quanto um deus ruim. Esse nome pertence especialmente aos deuses dos pagãos, Deuteronômio 32.17; Salmo 106.37; 1Coríntios 10.20; *cf.* Apocalipse 9.20, e se emprega também aos espíritos inferiores sujeitos ao diabo, Mateus 12.24-27; Lucas 4.33; Tiago 2.19; Apocalipse 16.14. Os judeus tinham várias noções sobre o assunto; que os demônios eram as almas dos maus, Guerras 7.6,3; e poderiam ser exorcisados por meio de raízes e do nome de Salomão, Antig. 8.2,5, ou expedidos pela fumaça do coração ou do fígado de peixes queimados, Tobias 6.7,16,17. No Novo Testamento, demônio, é o nome que se dá ao espírito maligno, sem em nenhum momento referir-se a um espírito bom, Lucas 8.29; 10.17-20. Descreve também a ação desses espíritos maus nos homens provocando doenças físicas e mentais, Marcos 1.21; controlando a vontade dos homens, Mateus 5.1-21; afastando o homem de Deus colocando a idolatria, a imoralidade e a perversidade em sua vida, 1Coríntios 10.20,21; Apocalipse 9.20,21; são agentes para governar e destruir nações, mantendo uma organização hierárquica na esfera espiritual, Efésios 6.12; Daniel 10.1-13. Usam falsos mestres nas igrejas para promover discórdia e afastamento das verdades divinas, João 4.1,2; falam por intermédio da boca do homem, Mateus 8; Marcos 3.11; estão sob a autoridade de Jesus que já os derrotou, Mateus 8.29; Lucas 9.1; Lucas 10.17s.

DENÁRIO

Do grego, *denarion*. Tradução da palavra grega *denarion*, nome de uma moeda de prata usada pelos romanos, Mateus 22.19-21,28 (veja *dinheiro*). Essa moeda tinha o valor do salário de um dia de um trabalhador do campo, Mateus 20.2,9. O bom samaritano deu duas dessas moedas ao estalajadeiro a quem confiou o tratamento do homem que os ladrões despojaram e feriram no caminho de Jericó, Lucas 10.35. Os apóstolos calcularam que seria preciso 200 dinheiros para comprar o pão necessário a cinco mil pessoas famintas, Marcos 6.37, ou um denário para cada 25 pessoas, dois terços de um cêntimo de dólar para cada pessoa. Um denário é o preço estipulado em Apocalipse 6.6, para meia oitava de trigo e para três oitavas de cevada, em tempos de fome.

DENTE(S)

No hebraico, *shen*, "dente", "marfim", "afiado". Com o sentido de *dente* aparece por 44 vezes, incluindo as três vezes em que aparece como palavra aramaica. (Para exemplificar: Gn 49.12; Êx 21.24,27; Lv 24.20; 1Sm 2.13; Jó 4.10; 13.14; 41.14; Sl 3.7; 35.16; Pv 10.26; Ct 4.2; Jr 31.29,30; Dn 7.5,7,19; Jl 1.6; Am 4.6; Zc 9.7). No grego, *odoús*, "dente". Esse vocábulo é usado por onze vezes (Mt 5.38 (citando Êx 21.24); 8.12; 13.42,40; 22.13; 24.51; 25.30; Mc 9.18; Lc 13.28; At 7.54; Ap 9.8).

1. Usos Literais. O termo hebraico *lechi* é usado para indicar tanto o maxilar humano quanto a queixada dos animais (Sl 3.7; do asno, Jz 15.15-17; do leviatã, Jó 41.14). Embora *shen* fosse o termo geral para significar "dentes", para indicar os molares ou os dentes de animais de maior porte, era usada uma outra palavra hebraica, a saber, *methalleoth* (conforme se vê em Jó 29.17; Sl 47.4; Pv 30.14; Jl 1.6).

2. Usos figurados. *a*. A *lex talionis*, que impunha uma retribuição de acordo com a gravidade da ofensa (talionis significa "de tal"), é expressa na Bíblia pela expressão *Mas se houver dano grave, então darás vida por vida, olho por olho, dente por dente, mão por mão, pé por pé, queimadura por queimadura, ferimento por ferimento, golpe por golpe* (Êx 21.23-25; ver também Lv 24.20; Dt 19.21). Jesus, porém, proibiu a vingança privada, recomendando a não resistência, em vez de se requerer a retribuição à altura da ofensa sofrida. Essa é uma lei moral à qual os homens não têm dado muita atenção, e nem são capazes de cumpri-la por muitas vezes. *b*. Quando os dentes são *brancos de leite* (Gn 49.12), isso indica abundância de leite e de provisões. *c*. O envio de *dentes de feras* (Dt 32.24) aponta para uma das vinganças divinas contra a desobediência do povo. *d*. Os dentes "dos leõezinhos" que se quebram (Jó 4.10) apontam para a ideia de que a providência divina falha em manter vivos os animais ferozes. *e*. O "ranger os dentes" (Jó 16.9; Sl 35.16; Lm 2.16; Mt 8.12 etc.), indica a atitude de desespero, de sofrimentos no julgamento divino etc. *f*. Tomar "a carne nos dentes" aponta para algo similar, como quem remorde a própria carne (Jó 13.14; ver também Ap 16.10). *g*. A "pele dos dentes", sem dúvida, refere-se às gengivas, ou então à pele do queixo, que pode ser afetada por alguma enfermidade (Jó 19.20). *h*. Ter os dentes "quebrados na boca" aponta para a desgraça enviada por Deus contra seus inimigos (Sl 58.6). *i*. Pode haver alusão à beleza quando se fala em dentes "como o rebanho das ovelhas recém-tosquiadas", em Cantares 4.2 e 6.6. *j*. Ter os dentes "quebrados com pedrinhas de areia" refere-se a algum grande desapontamento ou derrota (Lm 3.16). *k*. "Dentes de ferro" indica algum grande poder destruidor (Dn 7.1,19). *l*. Os "dentes limpos", referidos em Amós 4.6, falam sobre a fome prolongada, por falta de víveres.

Os Dentes nos Sonhos e nas Visões. *a*. Dentes frouxos indicam alguma enfermidade ou dificuldade. *b*. O ato de nascer os dentes indica a atividade sexual. *c*. Dentes que caem são um símbolo universal da morte física. Mas, visto que os dentes de leite, da primeira dentição, caem automaticamente,

DEPÓSITO

dentes que caem também podem indicar o processo de amadurecimento, em que a pessoa assume maiores responsabilidades etc. *d*. A ausência de dentes (uma condição comum nas pessoas de idade avançada) indica o temor do envelhecimento, alguma enfermidade; ou, no caso de pessoas jovens, a ansiedade para atingir a idade adulta. *e*. Uma mulher que sonha com gengivas inchadas está preocupada ante a possibilidade de ficar grávida. *f*. Por igual modo, dentes inchados podem indicar a concepção. Nesse caso, a boca simboliza a vagina, e o estômago, o útero. *g*. Dentes estragados ou cariados indicam reversões, enfermidades, perdas, perturbações etc. (CHE UN)

DEPÓSITO

Usos Literais. Toda propriedade guardada por alguém, a pedido de seu dono, podia ser usada, contanto que, chegado o momento da devolução, ela estivesse em boas condições. Segundo a lei mosaica, essa propriedade consistia no seguinte: **1**. dinheiro ou mercadorias; **2**. animais, como bois, asnos, ou ovelhas (Êx 22.7,13; Lv 6.5,6). Foram baixadas leis específicas para governar a questão dos depósitos. Aquele a quem alguma coisa era entregue para ser guardada como depósito era o responsável por essa coisa. Aqueles que se mostrassem irresponsáveis quanto a isso, tinham de pagar por qualquer dano sofrido pelo proprietário.

No tesouro do templo guardava-se o dinheiro doado ao Senhor, para ser usado com propósitos sagrados. No terceiro capítulo de 2Macabeus, lemos como o emissário Heliodoro, enviado por Seleuco, tentou confiscar o dinheiro existente nesse tesouro. O sumo sacerdote tentou fazê-lo mudar de ideia, salientando que muitos pobres e viúvas haviam contribuído para aquele tesouro.

Usos figurados. Cada indivíduo recebeu certas habilidades e uma missão a cumprir. Cada pessoa tem um depósito ímpar que precisa guardar e utilizar. Ver as notas sobre Apocalipse 2.17, no NTI, quanto a uma explicação dessa doutrina, que ali é simbolizada pela pedrinha branca, com um novo nome inscrito. O trecho de 1Timóteo 6.20 relembra Timóteo do *depósito* que ele havia recebido, uma missão a ser cumprida no ministério do evangelho.

DEPÓSITO (ADEGA)

Essa é a tradução da palavra *otsar*, que aparece no Antigo Testamento hebraico por 78 vezes, e que nossa versão portuguesa traduz, principalmente, como "tesouro", mas que em 1Crônicas 27.27, ela traduz por "adegas", embora, já no versículo seguinte, onde aparece a mesma palavra hebraica, a tradução seja "depósitos". Como estamos vendo, trata-se mais de uma interpretação do que de uma tradução. Contudo, as escavações. arqueológicas em Gibeom revelaram adegas feitas na rocha, provendo um ambiente mais frio e úmido que o normal, indicando que não se tratava de um armazém comum, mas, provavelmente, de uma adega, para armazenamento de vinho.

Algumas versões, em Lucas 11.33, traduzem a palavra grega *krýpte* por "adega". Mas esse vocábulo significa "oculto" ou "lugar escondido", conforme o faz nossa versão portuguesa. Ali, a lição espiritual é que um lugar assim escondido dificilmente é o lugar onde alguém acenderá uma lâmpada para iluminar a sua casa, dando a entender que o crente não deve ocultar a sua profissão cristã, mas antes, deve torná-la pública, para que os homens vejam sua vida correta, e assim glorifiquem a nosso Pai celestial. A vida de cada homem deveria ser como uma lâmpada. Caso contrário, haverá algo de muito errado na sua espiritualidade.

DERBE

Nome de uma cidade a sudeste da Licaônia na Ásia Menor. Paulo foi apedrejado e deixado por morto em Listra quando fez a sua primeira viagem missionária. Voltando a si, foi para Derbe, Atos 16.6,20. Na segunda viagem tornou a passar por ali, onde conheceu Timóteo, Atos 16.1. Gaio era natural de Derbe, Atos 20.4. As ruínas de uma cidade à beira do lago *Ak Gul* perto de *Divle*, supõe-se que assinalaram o lugar da antiga Derbe; porém há quem diga que o local mais próprio é Zosta, a 86 km a sudeste de Icônio, na estrada que vai da Cilícia Traqueia por Laranda em direção a Icônio.

DESCANSO

Entre as diversas palavras hebraicas geralmente traduzidas por "descanso", destaca-se uma, mais comumente usada, que significa exatamente isso, "descanso". No grego temos *anápausis* e *katápausis*, "descanso", "cessação do labor", "refrigério". A Bíblia menciona com frequência a ideia de descanso. O primeiro a dar o exemplo foi o próprio Deus, no sétimo dia da criação (ver Gn 2.2,3). O descanso é uma recompensa dada por Deus ao homem, pelo seu trabalho. O descanso é um tônico para os cansados, um alívio do trabalho árduo. Restaura e refrigera o corpo, a mente e a alma das muitas preocupações.

1. Descanso físico. O descanso é uma instituição divina, uma lei natural, uma necessidade humana. *a*. Deus ordenou para o homem o trabalho (Gn 2.15) e o descanso. O ciclo dia-noite visa exatamente a isso. Além disso, Deus ordenou que o homem descansasse a cada sete dias (Êx 23.12 e 31.15). Isso incluía os animais e os estrangeiros que estivessem na terra santa. Houve até mesmo um ano sabático, ou cada sete anos, no qual a terra teria descanso (Êx 23.10 ss.; Lv 25.1-7). *b*. Sabemos que o descanso do sono restaura as energias e refaz os tecidos. Há muitas alusões a esse descanso físico, como o de Jacó (Gn 28.11), o dos filhos de Israel, ainda no Egito (Êx 5.5), dos profetas e apóstolos (Mc 6.31), Elias (1Rs 19.4). A mulher sunamita preparou um quarto de hóspedes especial para Eliseu (2Rs 4.11). Até acerca de Jesus é dito que ele descansou (Jo 4.6 e Mc 4.38). Paulo teve momentos sem descanso (2Co 7.5) e momentos de descanso. Há ocasiões de descanso do trabalho (Pv 6.9) e da vigília (Mt 26.45).

2. Descanso social. As comunidades, tribos e nações também precisam descansar, como os períodos agitados, revoluções, ataques de inimigos etc. Os israelitas desejavam descanso, na Terra Prometida, após longos anos vagueando pelo deserto e em conflitos armados (Dt 12.9 ss.). No tempo dos Juízes, a terra descansou por dezenas de anos dos assédios de povos inimigos (Jz 3.11,30 etc.). Davi, apesar de ser um guerreiro, obteve paz e descanso antes de morrer, e Deus prometeu-lhe que Salomão governaria em paz (1Cr 22.8,18). Lemos que durante o reinado de Asa, "a terra esteve em paz dez anos" (2Cr 14.1).

3. Descanso espiritual. O descanso natural é apenas um símbolo do estado final de bem-aventurança. *a*. Começa por oferecimento de Jesus: *Vinde a mim todos os que estais cansados e sobrecarregados, e eu vos aliviarei. Tomai sobre vós o meu jugo, e aprendei de mim, porque sou manso e humilde de coração; e achareis descanso para as vossas almas* (Mt 11.28,29). O próprio crente, ocasionalmente pode sentir-se aflito, necessitado de descanso, como foi o caso de Jó, em sua miséria (Jó 3.26). Os endemoninhados não conhecem descanso (Mc 5.1-5 e Lc 11.24). *b*. O céu é o lugar de descanso de Deus. (At 7.49). E o será para os remidos: *Bem-aventurados os mortos que desde agora morrem no Senhor. Sim, diz o Espírito, para que descansem das suas fadigas, pois as suas obras os acompanham* (Ap 14.13). E, logo em seguida, temos alusão à ceifa, o arrebatamento dos salvos (Ap 14.14-16). Acerca dos israelitas incrédulos, porém, Deus disse: *Por isso jurei na minha ira: Não entrarão no meu descanso* (Sl 95.11). Espiritualmente, pois, a incredulidade impede o descanso; e, contrariamente, a fé nos faz entrar no descanso espiritual. *Nós, porém, que cremos, entramos no descanso...* (Hb 4.3). Quando lemos que *resta um repouso para o* *povo de Deus* (Hb 4.9), não está em pauta o descanso de um dia de sábado. Os crentes já entraram no repouso espiritual, em seus espíritos; agora falta-lhes o descanso celestial.

DESCIDA AO INFERNO

Essa expressão provém da cláusula do Credo Apostólico, incluída também no Credo de Atanásio, que diz que Cristo "desceu ao inferno" (*descendit ad inferna*). "Inferno", aqui, no entanto, não se refere ao inferno do castigo eterno (geena), mas, sim, ao "reino dos mortos", o "mundo inferior" (*sheol*, no AT, e hades, no NT). Desse modo, as modernas traduções do Credo não dizem mais que Cristo "desceu ao inferno", mas que ele "desceu aos mortos".

Que Cristo se apartou na morte, em sua alma humana, para o lugar dos mortos até sua ressurreição é afirmado no NT (At 2.31; Rm 10.7; Ef 4.9), o que significa dizer que ele realmente morreu. De acordo com uma interpretação do que diz 1Pedro 3.19; 4.6, Cristo pregou ali o evangelho àqueles que haviam morrido antes de sua chegada, a fim de tornar a salvação disponível também a eles. Observe-se, no entanto, que essa interpretação, dada pela primeira vez por Clemente de Alexandria, foi rejeitada por Agostinho e por muitos exegetas medievais e só nos tempos modernos passou a ser base exegética principal para a doutrina da descida ao inferno. Embora ainda fortemente defendida por alguns estudiosos (p.ex: E. Schillebeeckx, *Christ: The Christian Experience in the Modern World* [*Cristo: a experiência cristã no mundo moderno*], London, 1980, p. 229-234), muitos exegetas atualmente tomam o texto de 3.19 como que se referindo à ascensão de Cristo, durante a qual ele proclamou sua vitória aos anjos rebeldes aprisionados nos céus mais inferiores, enquanto 4.6 se referiria aos cristãos que morreram após o evangelho já haver sido pregado a eles em vida (ver W. Dalton, *Christ's Proclamation to the Spirits* [*A proclamação de Cristo aos espíritos*], Roma, 1965).

Tem-se acreditado, como uma implicação de Mateus 27.52 e Hebreus 12.23, que a descida de Cristo efetuou a transferência dos crentes do AT, do hades, para o céu. Essa ideia pode ser encontrada nos mais antigos escritos pós-apostólicos (Inácio, *Ascensão de Isaías*), juntamente com a pregação do evangelho que Cristo teria feito aos mortos (Hermas, *Evangelho de Pedro*, Justino Mártir, Ireneu). Era esse, de modo geral, o entendimento comum no período patrístico sobre a descida de Cristo ao inferno. Embora os pais alexandrinos incluíssem também os pagãos entre os mortos a quem Cristo pregou no hades, a ideia predominante e que se tornou a visão ortodoxa medieval era a de que somente os crentes do período pré-cristão foram os beneficiários dessa pregação.

Além do tema da pregação aos mortos, outro motivo associado à descida ao inferno, desde o período mais antigo (*Odes de Salomão, Ascensão de Isaías*, Hipólito), foi o da vitória de Cristo sobre os poderes infernais, libertando as almas até então mantidas aprisionadas no hades. A menção mais antiga à descida existente em um credo, no "Credo Datado" de Sirmium (359), refere-se claramente a esse tema, e certamente estava na mente dos que recitavam as palavras "desceu ao inferno" quando essa cláusula apareceu nos credos ocidentais a partir do século V e depois no Credo Apostólico. O triunfo de Cristo sobre o diabo e a morte em sua descida foi vividamente narrado no *Evangelho de Nicodemos*, que se tornou muito popular no Ocidente e foi graficamente ilustrado pela arte medieval. Embora o tema do "tormento do inferno" se referisse apenas estritamente à salvação dos pré-cristãos, representava simbolicamente a libertação da morte e dos poderes do mal de todos os crentes realizada por Cristo. Dramatizava o tema do *Christus victor* na teologia da expiação para o cristão medieval comum.

Lutero continuou a fazer uso pedagógico da ideia dos tormentos do inferno, tornando-se, ela, doutrina luterana na *Fórmula de Concórdia*. Mas Calvino (*Institutas* II.xvi.10) interpretou a cláusula no Credo como uma referência ao sofrimento vicário de Cristo dos tormentos do inferno na cruz, e essa se tornou uma ideia reformada comum.

No século XIX, a descida ao inferno, com interpretação apropriada de 1Pedro 3.19, tornou-se parte da ideia, então relativamente nova, de oportunidade de salvação após a morte para todos os que não tinham tido tal oportunidade nesta vida e, até mesmo, de esperança de salvação universal, com base na "provação estendida" após morte (o tratamento clássico desse assunto é o de E. H. Plumptre, *The Spirits in Prison* [*Os espíritos aprisionados*], London, 1885). Entre os teólogos contemporâneos que usam a descida ao inferno para simbolizar a possibilidade de salvação em todos para os que não ouviram o evangelho nesta vida estão Schillebeeckx (*loc. cit.*) e W. Pannenberg (*The Apostles' Creed* [*O Credo Apostólico*], London, 1972, p. 90-95).

(**R. J. Bauckman**, M.A., Ph.D., professor de Novo Testamento da Universidade de St. Andrews, Escócia.)

BIBLIOGRAFIA. F. Loofs, *ERE IV*, p. 654-663; J. A. MacCulloch, *The Harrowing of Hell* (Edinburgh, 1930).

DESDE DÃ ATÉ BERSEBA

Dã localizava-se no extremo norte do antigo Israel, ao passo que a cidade de Berseba ficava ao extremo sul, pelo que a expressão tornou-se proverbial, indicando a "extensão inteira da Terra Prometida, de norte a sul". (Ver Jz 20.1; 1Sm 3.20; 2Sm 17.11).

DESEJADO DAS NAÇÕES

Essa expressão encontra-se em Ageu 2.7. Mas, nossa versão portuguesa prefere dizer "as cousas preciosas de todas as nações", o que está alicerçado sobre a *Revised Standard Version*, que diz "tesouros de todas as nações", com o comentário, logo em seguida, de que Deus encheria a casa (o templo de Jerusalém) de esplendor. Nesse caso a palavra "desejado" aponta para aquilo que é de elevado preço. O contexto refere-se a um tempo em que a glória de Israel seria maior que a do templo de Zorobabel, erigido após o cativeiro babilônico. Muitos judeus ficaram desapontados com esse templo, porquanto não podia comparar-se com o esplendor do templo de Salomão. Mas o profeta Ageu, olhando para o futuro, foi capaz de divisar uma glória maior, preciosa, que todas as nações haveriam de desejar. A referência primária parece ser a um templo futuro, ao qual os povos das nações trariam suas *oferendas*, a fim de enriquecê-lo ainda mais. O trecho de Ageu 2.22 evidentemente refere-se simbolicamente a Zorobabel, como se ele fosse o Messias, do mesmo modo que Zacarias 6.12 faz com Josué. A passagem de Ageu 2.7 provavelmente refere-se ao aparecimento dos líderes gentílicos, e não ao Messias. Seja como for, esses líderes viriam adorar durante a era messiânica, pelo que essa predição é considerada messiânica.

Outros intérpretes fazem o próprio Messias ser o "desejado", ideia que está por detrás da tradução comum desse trecho de Ageu. Mas, a tradução mais correta, segundo muitos estudiosos pensam, é aquela que fala em "tesouros", e não em um "desejado". A Septuaginta dá apoio ao plural, mas as versões Vulgata e Siríaca do Antigo Testamento retêm o singular. Os comentadores judeus dessa passagem também favorecem o singular. Tudo isso mostra que a questão é difícil de resolver.

DESEJAR. Ver também *Desejo*.

Há várias palavras hebraicas e gregas envolvidas neste verbete, a saber: **1**. *Avah*, "desejar". Verbo hebraico usado por 26 vezes (como, por exemplo, em 1Sm 2.16; 2Sm 3.21; 1Rs 11.37; Jó 23.13; Sl 132.13,14; Pv 21.10; Is 26.9; Mq 7.1). **2**. *Chamad*, "desejar", "ter prazer em". Verbo grego usado por vinte vezes, como (por exemplo, em Êx 34.24; Dt 5.21; 7.25; Jó 20.20; Sl 68.16; Pv 12.12; Is 1.29; 53.2). **3**. *Chapets*, "desejar", "ter

DESEJO

prazer em". Palavra hebraica empregada por mais de setenta vezes (como em Ne 1.11; Jó 13.3; 21.14; 33.32; Sl 34.12; 40.6; 51.6,16; 70.2; 73.25; Jr 42.22; Os 6.6). **4**. *Chashaq, "deleitar-se* em", "apegar-se a". Palavra hebraica usada por sete vezes; como, por exemplo, em (1Rs 9.19; 2Cr 8.6; Dt 7.7; Sl 91.14). **5**. *Thélo,* "querer", "desejar". Verbo grego que figura por 210 vezes (desde Mt 1.19 até Ap 22.17). É o verbo grego mais usado com esse sentido. **6**. *Epipothéo,* "desejar muito". Verbo grego usado por nove vezes (Rm 1.11; 2Co 5.2; 9.14; Fp 1.8; 2.26; 1Ts 3.6; 2Tm 1.4; Tg 4.5; 1Pe 2.2). **7**. *Orégomai,* "estender os braços para". Verbo grego usado por três vezes (1Tm 3.1; 6.10 e Hb 11.16). **8**. *Epithuméo,* "desejar apaixonadamente". Verbo grego que figura por dezesseis vezes (Mt 5.28; 13.17; Lc 15.16; 16.21; 17.22; 22.25; At 20.33; Rm 7.7; 13.9 (citando Êx 20.15,17); 1Co 10.6; Gl 5.17; 1Tm 3.1; Hb 6.11; Tg 4.2; 1Pe 1.12; Ap 9.6). O substantivo *epithumía,* ocorre por 38 vezes (de Mc 4.19 até Ap 18.14).

Os desejos podem ser positivos e negativos, bons ou maus. Um desejo pode ser apenas isso, mas pode tornar-se uma paixão. O extremo desejo por bens materiais chama-se cobiça. Neste dicionário há um artigo especial sobre a *Cobiça,* por tratar-se de um dos pecados cardeais. Há um tipo de desejo que provoca ciúmes, quando o objeto desejado pertence a outrem. Ver o artigo separado sobre o *Ciúme.* No hebraico usava-se uma maneira gráfica de aludir aos desejos, ou seja, como os quereres e pedidos da *nephesh,* a alma. (Ver Dt 14.26. Na verdade, alguns desejos são tão intensos que envolvem a própria alma). O desejo pode ser um anelo da alma (2Sm 3.21). Uma outra expressão hebraica gráfica aparece em Números 11.4,6, que, literalmente traduzida, diz "desejar um desejo", embora não apareça assim em nossa versão portuguesa. O décimo mandamento tem por intuito impedir esse forte tipo de desejo (Êx 20.17). Esses desejos descontrolados podem ser prejudiciais para uma comunidade inteira, e não apenas para um indivíduo (Jr 6.13-15).

No Novo Testamento há várias aplicações específicas, muito instrutivas, da ideia de desejo. Sempre haverá algum problema, entre os homens, envolvendo dinheiro. Em primeiro lugar, há necessidades básicas que provocam os nossos desejos (Mt 6.25). A *ansiedade* é um pecado, mesmo quando diz respeito às nossas necessidades mais básicas, porquanto contradiz a fé no Senhor. Jesus declarou que o homem não vive de pão somente (Mt 4.4) e Deus sabe de todas as nossas necessidades, estando resolvido a supri-las (Mt 6.33,34). Muitas pessoas têm mais do que o suficiente; mas vivem querendo mais e mais. Algumas pessoas cobiçam abertamente as riquezas materiais, o que é diretamente condenado, segundo se vê em 1Timóteo 6.9. No vs. 10 do mesmo capítulo lemos que o "amor ao dinheiro" é raiz de todos os tipos de males. E também há o fortíssimo desejo sexual, que a Bíblia ensina ser legítimo dentro dos limites do matrimônio (1Co 7.2-6), mas que de outro modo é pecaminoso, como nos casos de adultério (Mt 5.28). As paixões precisam ser crucificadas juntamente com Cristo (Cl 3.5 ss.). Essas paixões são malignas (Pv 21.10), impuras (Rm 1.24), satânicas (Jo 8.44), escravizadoras (Tt 3.3), tentadoras (Tg 1.14,15), pecaminosas (Rm 13.14; 1Pe 4.2,3). A inveja e a ganância são difíceis de satisfazer (Pv 27.20; Ec 5.10). No sétimo capítulo da epístola aos Romanos, Paulo descreveu graficamente como os desejos conflitantes rasgam a alma, dividindo-a em sua lealdade, voltando-se ela ora para o bem, ora para o mal.

Os Bons Desejos. Há aquele desejo amoroso que se desenvolve entre duas pessoas de sexo diferente, e que realmente se amam. Esse tipo de amor é ilustrado supremamente no livro Cantares de Salomão. Esse amor é físico e espiritualmente orientado, e esses dois aspectos não são necessariamente opostos. Também há aquele hígido desejo de realizar um bom trabalho, o que faz parte da missão de uma pessoa. Salomão, ao desejar construir o templo de Jerusalém, serve de boa ilustração desse princípio. (Ver 1Rs 9.1). O Espírito Santo, que vem residir no crente, confere-lhe desejos espirituais que o inclinam para a piedade, que guerreia contra os desejos da natureza pecaminosa (Gl 5.17; Rm 8.9). O desejo expresso do Senhor é que os homens sejam inquiridores da verdade e da retidão; e Deus não quer que alguém pereça (Sl 40.6; 51.6; Os 6.6; 2Pe 3.9). Deus concede aos mansos e justos o que eles desejam (Pv 10.24; Sl 10.17), bem como àqueles que nele se deleitam (Sl 37.4).

DESEJO. Ver também *Desejar.*

O termo grego assim traduzido é *epithumia,* **"cupidez"**, que ocorre por 38 vezes (Mc 4.19; Lc 22.15; Jo 8.44; Rm 1.24; 6.12; 7.7,8; 24.14; Gl 5.16,14; Ef 2.3; 4.22; Fp 1.23; Cl 3.5; 1Ts 2.17; 4.5; 1Tm 6.9; 2Tm 2.22; 3.6; 4.3; Tt 2.12; 3.3; Tg 1.14,15; 1Pe 1.14; 2.11; 4.2,3; 2Pe 1.4; 2.10,18; 3.3; 1Jo 2.16,17; Jd 16.18. Ap 18.14). O verbo, *epithuméo,* aparece por dezesseis vezes (Mt 5.28; 13.17; Lc 15.16; 16.21; 17.22; 22.15; At 20.33; Rm 7.7; 13.9 (citando Êx 20.15,17); 1Co 10.6; Gl 5.17; 1Tm 3.1; Hb 6.11; Tg 4.2; 1Pe 1.12; Ap 9.6).

O vocábulo grego é neutro, referindo-se a qualquer apetite legítimo, ou a qualquer desejo negativo, neste caso, geralmente com alguma conotação sexual. A palavra foi usada em sentido positivo, para exemplificar, ao aludir ao anelo que Jesus sentia por participar da última Páscoa, com os seus discípulos (Lc 22.15). Em Romanos 7.7,8, algumas traduções traduzem essa palavra por "cobiça", conforme se vê, igualmente, em nossa versão portuguesa. O termo grego refere-se a alguma forma de disposição pecaminosa, alguma perversão e exagero dos desejos. Em Colossenses 3.5 e 1Tessalonicenses 4.5, encontramos a conotação sexual. Ver os artigos sobre a *Fornicação* e sobre o *Adultério.*

DESENVOLVIMENTO ESPIRITUAL, MEIOS DO

O Uso dos Meios de Desenvolvimento Espiritual. Como podem a morte e a vida de Cristo serem realizadas em nós? Existem meios pelos quais cultivamos o desenvolvimento espiritual: **1**. A oração (vide), que é o contato do homem com Deus. **2**. A meditação, que é o contato de Deus com o homem (ver Ef 1.18 e ss.). **3**. A santificação (vide). O desenvolvimento espiritual sem isso é apenas um mito. **4**. A prática das boas obras, mediante o que se vive a lei do amor (ver 1Jo 4.7,8), porquanto o amor é a prova da espiritualidade e o produto do novo nascimento. **5**. O emprego dos dons espirituais, inspirado pelo amor (ver 1Co 12 e 14 e Ef 4.11 e ss.), o toque místico. **6**. O estudo das Escrituras, o aprendizado profundo das verdades espirituais, mediante a Bíblia e a literatura que encoraja a espiritualidade. **7**. Aquele que diligentemente praticar todos esses meios, será um gigante espiritual.

DESERTO

Nos países do Oriente, as grandes planícies geralmente estão sujeitas a prolongadas secas e consequentemente, à esterilidade. A esterilidade prolongada produz os desertos. Os hebreus contavam com vários vocábulos para nomear esses lugares; essas palavras são intercambiáveis, e as traduções as têm confundido de tal modo que não podemos estar certos quando está em vista, ou não, um verdadeiro deserto. Há quatro palavras hebraicas e uma palavra grega que precisam ser levadas em conta: **1**. *Midbar,* "pasto". Palavra usada por 257 vezes no Antigo Testamento, que tem sido traduzida como *pastagem* (Êx 3.1; 5.11) ou *deserto* (Gn 14.5). Também era palavra aplicada à região entre a Palestina e o Egito, incluindo o Sinai (Nm 9.5). Com o artigo definido temos "o deserto da Arábia" (1Rs 9.18), quando então estamos tratando com um autêntico deserto. Terras de pastagem, com circunstâncias climáticas adversas, podem tornar-se desertos, o que explica a conexão entre o vocábulo e o uso do mesmo. A ideia de esterilidade com frequência se faz presente (Gn 14.6; 16.7; Dt 11.24. Ver também Dt 32.10; Jó 24.5; Is 21.1 e Jr 25.24, onde algumas versões dizem

Deserto da Judeia
Davis, John D., 1854-1926, *Novo Dicionário da Bíblia* / [Tradução: J.R. Carvalho Braga]. – Edição ampliada e atualizada – São Paulo, SP: Hagnos 2005.

"deserto"). **2**. *'Arabah*, que significa, literalmente, "esterilidade", e que com frequência é palavra traduzida por "deserto". Porém, parece que, originalmente, referia-se a uma planície, um extenso território. A porção plana do vale do Jordão tinha esse nome estendendo-se até as margens do mar Vermelho (Dt 1.1; 2.8; Js 12.1). Novamente, por causa de condições climáticas adversas, essas extensas planícies podiam tornar-se verdadeiros desertos, o que explica o uso dessa palavra com esse sentido. No hebraico, uma planície, um lugar estéril, um lugar ermo e um deserto podem ser referidos através da mesma palavra. Essa palavra hebraica ocorre por 57 vezes no Antigo Testamento. (Por exemplo: Is 25.1,6; 40.3; 41.19; 51.3; Jr 2.6; 17.6; 50.12; Ez 47.8). **3**. *Yeshimon*, "desolação", "solidão", palavra hebraica usada por sete vezes no Antigo Testamento (Sl 68.7; 78.40; 106.14; 107.4; Is 43.19,20; Dt 32.10). Essa palavra também podia apontar para um deserto, em vista de sua solidão e desolação. Aparece com o artigo para indicar aqueles lugares desolados de ambos os lados do mar Morto. Em Números 21.20 é usada como um nome próprio, como se fosse a designação de um lugar específico, em algumas traduções (nossa versão portuguesa diz "deserto"). **4**. *Chorbah*, *"desolação"*. Palavra hebraica usada por trinta vezes (como em Sl 102.6; Is 48.21; Ez 13.4). Nesses trechos, as traduções geralmente traduzem essa palavra por "deserto", mas, em (Ed 9.9; Sl 109.10 e Dn 9.12), está em foco aquilo que se tornou uma desolação, pelas condições climáticas adversas ou pela atuação humana. **5**. No grego, *eremía* e *éremos* aparecem, respectivamente, por quatro e por 48 vezes (a saber: Mt 15.33; Mc 8.4; 2Co 11.26; Hb 11.38; Mt 3.1,3 (citando Is 40.3); 4.1; 11.7; 14.13,15; 23.38; 24.26; Mc 1.3,4,12,13,35,45; 6.31,32,35; Lc 1.80; 3.2,4; 4.1,42; 5.16; 7.24; 8.29; 9.12; 15.4; Jo 1.23; 3.14; 6.31, 49; 11.54; At 1.20 (citando Sl 69.26); 7.30,36,38,42 (citando Amós 5.25); 7.44; 8.26; 13.18; 21.38; 1Co 10.5; Gl 4.27 (citando Is 54.1): Hb 3.8 (citando Sl 95.8); 3.17; Ap 12.6,14; 17.3). Esses termos gregos significam, ambos, "deserto" ou "lugar ermo", ou seja, não somente um verdadeiro deserto, mas também um lugar desabitado ou escassamente habitado. Josefo usou essa palavra para indicar deserto, campina ou lugar ermo (C. *Ap*. 1,89). Em *Anti*. 20,169 ele *usou* a palavra para indicar o deserto da Arábia, e a forma verbal, *eremoo* significa "despovoar", "assolar", (conforme se vê em Mt 12.25; Lc 11.17; Ap 17.16; 18.16,19; 1Esdras 2.17; 2Esdras 12) e Josefo (*Guerras* 2.279; *Anti*. 11.24).

Uso figurado. Ideias como solidão, tentação e perseguição são referidas por essas palavras (e seus outros possíveis usos). (Ver Is 27.10; 33.9). As nações que se esquecem de Deus e ignoram os seus caminhos, tornam-se desertos (Is 32.15; 35.1), tal como sucedeu a Israel, quando abandonou o seu Deus (Is 40.3) .

O Deserto e os Espíritos Malignos. Supunha-se que os desertos eram os lugares de habitação apropriados para os espíritos malignos, os lugares onde eles manifestam mais a sua má influência (Mt 12.43; Lc 11.24). Porém, em todo este vasto mundo, nada há de errado com a solidão. Os sentimentos de desolação, que há nos lugares ermos e desérticos, inspiram-nos a pensar neles como lugares onde o mal manifesta-se especialmente.

O Deserto e a Vida. A ciência moderna tem demonstrado que os desertos sustentam muita vida biológica, animal e vegetal. Mas a vida animal geralmente não aparece facilmente ante os olhos dos homens, porquanto os animais que ali vivem escondem-se entre as rochas ou na areia, quando o sol está quente. Oseias percebeu o amor de Deus, expresso em favor de seu povo, no deserto (Os 13.5). Débora entoou louvores ao Deus do Sinai e do deserto (Jz 5.4,5). Portanto, a graça de Deus permeia até mesmo ali. As pessoas que vivem nos desertos ou nas proximidades dos mesmos, dão um valor especial a esses lugares, em seus afetos. O autor deste dicionário nasceu perto do grande deserto norte-americano. Por muitas vezes, atravessou de trem o deserto que há entre as cidades de Salt Lake e Los Angeles, durante a primavera, quando havia muita florescência, uma vista muito linda. E o tradutor não pode esquecer a quase despovoada região amazônica, onde passou sua meninice, juventude e boa parte de sua vida adulta, e onde se dá valor à vida humana, muito mais do que nos grandes centros urbanos, por ser ela tão rara. Há algo de encantador nos minúsculos riachos que conseguem sobreviver. Há algo de misterioso nas ravinas e penhascos do deserto, bem como nas florestas virgens, com muitas feras e pouquíssimos seres humanos. Há algo de místico nos lugares desérticos

Deserto do Sinai
Davis, John D., 1854-1926, *Novo Dicionário da Bíblia* / [Tradução: J.R. Carvalho Braga]. – Edição ampliada e atualizada – São Paulo, SP: Hagnos 2005.

Deserto Neguebe
Davis, John D., 1854-1926, *Novo Dicionário da Bíblia* / [Tradução: J.R. Carvalho Braga]. – Edição ampliada e atualizada – São Paulo, SP: Hagnos 2005.

e despovoados do planeta, quando o sol se põe sobre as vastidões arenosas ou recobertas de florestas virgens. Saudades!

DESESPERO

Ver os artigos paralelos sob os títulos *Cinismo, Melancolia, Nihilismo e Pessimismo*. O desespero é o contrário da esperança. A ideia não figura por muitas vezes na Bíblia. Há uma palavra hebraica e uma palavra grega que precisam ser levadas em conta: **1**. *Yaash*, "desesperar". Palavra hebraica usada por seis vezes (1Sm 27.1; Ec 2.20; Jó 6.26; Is 57.10; Jr 2.25; 18.12). **2**. *Eksaporéomai*, "não ter saída". Palavra grega usada por apenas duas vezes (2Co 1.8 e 4.8).

O desespero é o estado onde toda a esperança se perde, quando a pessoa parece não encontrar saída para a sua situação. Embora comum à condição humana, é incompatível com a fé cristã (2Co 4.8, onde a palavra é traduzida, em nossa versão portuguesa, por "desanimados"). Em seu amor, Deus faz todas as coisas cooperarem juntamente para o benefício daqueles que estão sendo amoldados à imagem de seu Filho (Rm 8.28 ss.). Aproximando-se do desespero, há estados menos intensos, que poderíamos chamar de ansiedade e desânimo. O desespero é uma espécie de abandono de um alvo, quando o espírito humano não mais espera que suceda algo melhor. Por muitas vezes, o suicídio é resultado do desespero; ou então o indivíduo mergulha em condições psicóticas de profunda angústia. Há muitas pessoas que cultivam o desespero mediante o ócio habitual, a busca exagerada pelos prazeres ou o cumprimento pervertido de desejos, que deixam a pessoa vazia. Muitas igrejas pregam uma forma final de desespero quando ensinam que a morte biológica põe fim a toda oportunidade de salvação, e que, após isso, as pessoas só podem esperar um inferno em chamas. Isso representa um desespero espiritual final. Eles se esquecem de que Cristo deixou uma provisão mais ampla do que isso, para a salvação das almas. Em 1Pedro 4.6 lemos que Cristo desceu ao hades (vide), a fim de pregar aos perdidos; e, finalmente, haverá a *restauração* (posto que não a redenção) de todos os seres e coisas, conforme se aprende em Efésios 1.10,23. Ver o artigo sobre a *Restauração*. É um erro pregar um evangelho de completo desespero, embora seja perfeitamente correto pregar o juízo divino segundo sua devida perspectiva. Alguém já disse: "Sempre é cedo demais para desistir". Essa é uma grande declaração que nos ajuda a controlar as vicissitudes da vida. E também é uma grande declaração no tocante ao propósito a longo prazo da missão de Cristo.

DESFAZER

No hebraico, *machah*, **"apagar"**. Palavra hebraica usada por 32 vezes (por exemplo:, Êx 32.32,33; Nm 5.23; Dt 9.14). Esse vocábulo é empregado no sentido de *obliterar, destruir, remover, desfazer*. O pecado é declarado como totalmente perdoado, ou seja, "desfeito" (Is 44.22). Por outra parte, o indivíduo cujo nome é apagado do Livro da Vida de Deus, é aquele que perdeu o favor divino (Êx 32.32; Dt 29.20; Sl 69.28). Podemos entender nisso a metáfora que se refere à lista de cidadãos que, como tais, haviam recebido certos direitos e privilégios, mas vieram a perdê-los. Se o nome de alguém fosse removido da lista, esse alguém perderia os seus direitos de cidadão. Moisés dispôs-se a deixar de ser um cidadão da comunidade do povo de Deus, se pudesse ser útil, com isso, aos demais cidadãos dessa comunidade.

Há a questão mais difícil de entender, de alguém ter seu nome apagado do próprio Livro da Vida (Ap 3.5). Isso parece indicar que, em tal caso, o indivíduo perderia a sua salvação, a vida celestial e eterna, deixando de ser um cidadão da pátria celeste. A expressão contrária, "não ter o nome apagado do Livro da Vida", indica que o indivíduo é confirmado como possuidor da vida eterna, ou seja, da vida própria dos mundos luminosos, onde se participa da própria vida de Deus, e se compartilha de sua natureza, porquanto ele é o pai dos cidadãos daquelas dimensões (2Pe 1.4). Em Jó 31.7 e Provérbios 9.7, um ato que mancha e corrompe é chamado de "mancha".

DESFAZER OS TORRÕES

Trata-se de um processo usado pelos agricultores para tratar o solo após a aragem. As técnicas agrícolas modernas não usam o método. Há duas palavras hebraicas envolvidas, a saber: **1**. *Charits, desterroar*. Esse termo é usado por duas vezes (2Sm 12.31 e 1Cr 20.3). **2**. *Sadad*, "nivelar". Palavra que aparece por três vezes (Jó 39.10; Is 28.24 e Os 10.11).

Lê-se no livro de Jó que é o boi que faz esse trabalho de desterroamento. Em Isaías 28.44 ss. lê-se que o lavrador não fica "esterroando" o terreno o tempo todo. É possível que fossem arrastados ramos, após um carro puxado a bois, a fim de espalhar a semente mais por igual. Alguns estudiosos pensam estar em foco o uso de um arado tipo cruzeta. As traduções dão ideia de uma aragem simples, mas parece que um tipo de arado assim está em foco. Outros chegam a pensar em alguma máquina de *desterroar*. A moderna grade, usada pelos agricultores, é uma armação dotada de dentes ou de discos, a qual desempenha a dupla função de quebrar o solo e nivelá-lo, ao mesmo tempo. Todavia, não parece que os antigos dispunham de qualquer implemento agrícola que se assemelhasse a isso. Sabe-se, contudo, que os antigos faziam isso, embora não saibamos dizer como o faziam.

DESMAMAR

Nos dias do Antigo Testamento, uma criança só era desmamada ao atingir 2 ou 3 anos de idade. Isso torna-se claro no relato de Ana e Samuel (2Sm 1.21-24). Outro tanto se vê no caso da mulher que viu sete de seus filhos serem mortos por Antíoco Epifânio e então exortou seu filho menor a não abandonar sua fé judaica diante das ameaças do rei, o qual procurava persuadi-lo a abjurar de suas crenças. Disse a mãe ao jovem: "Levei-te no meu ventre por nove meses e te amamentei por três anos, e te tenho criado até este ponto em tua vida, cuidando de ti" (2Macabeus 7.27). O término do período de amamentação, ou desmame, algumas vezes era celebrado por meio de uma festa (ver Gn 21.8). Mas a palavra "desmamar" também é usada na Bíblia em sentido metafórico. (Ver Sl 131.2 e Is 28.9).

DESOLAÇÃO, ABOMINÁVEL DA. Ver o artigo sobre o *Abominável da Desolação*.

DESPOJOS

Uma das teorias militares é aquela que diz que um exército que avança pode sobreviver do que encontrar no trajeto, não precisando de qualquer linha de suprimentos. Em algumas campanhas militares, essa ideia funcionou bem, mas às custas do sofrimento dos povos conquistados. Na Bíblia, encontramos muitos exemplos de como conquistadores, mediante matanças maiores ou menores, apossaram-se de tudo quanto quiseram, como se isso fosse o galardão do mais forte. Ver o caso de Abraão, descrito no décimo quarto capítulo de Gênesis. Despojos foram tomados e despojos foram reconquistados, de acordo com o sabor das batalhas.

Os despojos consistiam em qualquer coisa que podia ser tomada e que os homens julgassem ter valor e utilidade. Assim, homens, mulheres e crianças foram aprisionados para serem vendidos como escravos; mas também gado, bens materiais etc, eram tomados como despojos. Entre os israelitas, os despojos de guerra foram igualmente divididos entre os que haviam participado de alguma peleja, e aqueles que tinham ficado para trás, cuidando do acampamento, das provisões etc. Também havia a questão da porcentagem dos despojos entregue aos sacerdotes e levitas. (Ver Nm 31.27-47 e comparar com 2Sm 8.10 ss e 1Cr 26.27 ss). O trecho de 2Macabeus

8.28-30 mostra-nos que em tempos posteriores, pelo menos, os idosos, as viúvas e os órfãos participavam dos despojos. Davi exigiu que uma parte dos despojos fosse dada aos membros do exército combatente que não foram à batalha, mas ficaram para guardar o acampamento e suas possessões (1Sm 30.24,25). Por incrível que nos possa parecer, essa divisão dos despojos foi acompanhada de muita festividade (Is 9.2).

Uso Metafórico. O trecho de Efésios 4.8-11 está baseado na prática explicada acima. Cristo é retratado como quem venceu na batalha contra o mal, e como quem cativara as forças malignas, subjugando-as totalmente. Isso lhe possibilitou dar presentes (os despojos conquistados em sua vitória). Sua descida ao hades e sua ascensão aos céus estiveram ambas envolvidas nessa distribuição de presentes, enriquecendo assim o seu povo redimido. Pessoas espiritualmente dotadas fazem parte dos dons distribuídos entre os cristãos. Portanto, apóstolos, profetas, evangelistas, pastores e mestres são dons dados à igreja. Alguns estudiosos pensam que os cativos envolvidos são aqueles que estavam no mundo intermediário ou hades (a boa parte do mesmo), que então foram transferidos para o céu. Essa interpretação é possível, mas é uma interpretação menos provável. Ver a completa exposição dessa passagem no NTI.

DESPOSADA

No hebraico, *beulah*. Nome dado à congregação judaica, referindo-se a seu desposório simbólico com Deus, daí derivando-se a sua bênção (Is 62.4). Ver também Ezequiel 16.23 e Oseias 1-3, quanto à parábola do casamento de Deus com o seu povo. Esse simbolismo retrata o estado de felicidade de Israel, após o exílio; mas a ideia estende-se ao estado final da plena restauração de Israel, que incluirá o reino milenar, quando Israel será a cabeça das nações, e não a cauda. (Ver Dt 28.13; Jr 27.22; Dn 9.25; etc.). Ver o artigo sobre o *Milênio*.

DESTERRO

Temos que pensar sobre três palavras hebraicas e uma palavra grega. No hebraico temos os verbos "ser expulso", usado por 51 vezes no Antigo Testamento (por exemplo, 2Sm 14.13,14); o substantivo "banimento", usado apenas em Esdras 7.26, e o substantivo "causa de banimento", também usado apenas por uma vez, em Lamentações 2.14. No grego temos a palavra *metoikesía*, "mudança de habitação" ou "migração", e seu cognato, *metoikízo*, "migrar". O substantivo grego aparece somente em Mateus 1.11,12,17; o verbo, em Atos 7.4 e 43 (este último versículo sendo uma citação de Am 5.27).

O desterro era um castigo contra crimes graves, embora não legislado na lei mosaica. Entretanto, foi adotado em combinação com o confisco de propriedades, após o cativeiro babilônico. Na lei romana era uma punição comum, chamada *disportatio*, de onde vem a palavra portuguesa "deportação"; era punição reservada aos ofensores sérios, ou aos inimigos políticos perigosos. Algumas vezes incluía o confinamento no lugar para onde a pessoa era banida. O vidente João foi banido para a ilha de Patmos (ver Ap 1.9).

No Antigo Testamento vemos casos de desterro voluntário, como quando Jacó fugiu para Harã; ou quando os réus de homicídio involuntário tinham de fugir para as cidades de refúgio (ver Nm 35). Sara forçou Hagar a fugir (ver Gn 16.6), embora não houvesse qualquer crime envolvido. Além disso, temos o desterro original, quando Deus expulsou Adão e Eva do jardim do Éden (ver Gn 3.22-24). Durante o reinado de Cláudio, que era antissemita, foram banidos de Roma todos os judeus (ver At 18.2). Há certas passagens veterotestamentárias que refletem a exclusão (embora não o desterro propriamente dito), para os casos em que os homens não se deixavam circuncidar (ver Gn 17.14), ou por alguém ter ingerido sangue (ver Lv 17.10), ou por alguém ter cometido algum pecado deliberado (ver Nm 15.31). Ver sobre *Exclusão*.

DESTRUIDOR, DESTRUIÇÃO

No hebraico, *mashchith*, "destruidor". Palavra que ocorre por oito vezes (como em Êx 12.13; 2Cr 20.23; Pv 28.24; Ez 21.31; 25.15). Portanto, não são numerosas as referências bíblicas ao "Destruidor". No Novo Testamento temos a palavra específica *holothreutés*, "destruidor", em 1Coríntios 10.10, e o verbo *holothréuo*, "destruir", em Hebreus 11.28. No Antigo Testamento, a ideia gira em torno da décima praga que caiu sobre os egípcios, quando os primogênitos dos egípcios pereceram. Não é claro o que está ali em vista, exatamente; mas os intérpretes têm sugerido algum ser angelical, um demônio ou um ser satânico, usado por Deus como instrumento, ou alguma força natural, personificada com esse título. A passagem de 2Samuel 24.16 alude ao anjo do Senhor como instrumento usado por Deus para lançar uma praga sobre o povo de Israel, como castigo pelo recenseamento determinado por Davi. Nos dias do rei Ezequias, 185 mil soldados assírios foram destruídos em uma única noite, pelo anjo do Senhor (2Rs 19.35). Em Ezequiel 9.5-7 aparecem anjos que executam juízo, o que tem paralelos similares em Salmo 35.5,6 e 78.49, como também nos livros apócrifos do Antigo Testamento, como a Epístola de Jeremias 6.5-7 e 2Macabeus 3.24-26. Ali somos informados de que Heliodoro foi açoitado por anjos quando tentou saquear o templo de Jerusalém. Parecia natural pintar vastas e súbitas destruições como obra de algum poder divino; mas podemos supor que eventos naturais, mas catastróficos, com frequência eram tudo quanto estava envolvido nessas narrativas; mas, outras vezes, houve intervenções sobrenaturais. Satanás, em seus atos nefandos, é o maior de todos os destruidores (1Pe 5.8). O rei das forças destrutivas que saiu do abismo é chamado no hebraico *Abaddon*, e, no grego, *Apollyon* (vide) palavras essas que significam "destruidor". Alguns estudiosos supõem que o próprio Satanás está em pauta, nessa referência (Ap 9.11).

Destruição Escatológica. A destruição aguarda aqueles que têm escolhido o caminho largo (Mt 7.13), que se opõem à mensagem da cruz (Fp 3.19; 2Pe 2.1), que se mostram ímpios (2Pe 3.7) e que pervertem as Sagradas Escrituras (2Pe 3.16). A *destruição* ou perdição é o contrário da vida e da salvação (Hb 2.13), sendo mesmo um sinônimo de *julgamento* (vide). A resposta a longo prazo, dada por Deus, à destruição, é a restauração (vide), mas, antes disso, o julgamento divino terá de fazer sua obra remediadora (1Pe 4.6).

Destruição. O termo hebraico *abaddon* aponta para a perdição e destruição (Jó 26.6; 31.12; Sl 88.1; Pv 15.11), referindo-se à destruição em geral, de qualquer variedade; mas também é usado especificamente para indicar a destruição no *sheol* (vide), o que não deve, contudo, ser confundido com extinção, pois as almas não morrem.

No Campo da Ética. O poder destrutivo do pecado com frequência é ignorado ou subestimado pelos homens. A missão de Cristo teve por finalidade reverter o poder destrutivo do pecado. Grande porcentagem dos textos bíblicos ocupa-se com a descrição do que o pecado é capaz de fazer contra o homem. A mensagem da redenção fala sobre a provisão de Deus, em face do poder destrutivo do pecado. A destruição final é a segunda morte (Ap 20.15 ss.). O ato final da reversão do poder destruidor do pecado é a restauração (vide).

DETERMINISMO (PREDESTINAÇÃO)

I. Ideias Diversas

1. Ciclos periódicos. Os filósofos estoicos pensavam que tudo, de forma absoluta, é determinado de antemão. Assim sendo, todos os acontecimentos ocorreriam por necessidade, porque o "logos divino" se manifestaria em tudo através das suas emanações. Todas as coisas ocorrem em ciclos, embora esses ciclos possam ser extremamente longos. Finalmente, o "logos divino", que se comporia de fogo, resolveria dar ponto final aos seus ciclos, o que faria tudo retornar ao seu estado

DETERMINISMO

primevo, isto é, ao fogo, o que poria fim a todos os ciclos. Não existiria o mal, segundo esse sistema filosófico, porque tudo seria apenas manifestações da razão divina, isto é, do "logos divino". O mal seria tão somente a errônea interpretação humana acerca dos acontecimentos.

2. Alguns filósofos epicureus aceitavam a ideia dos "ciclos", mas pensavam que havia alguma possibilidade de modificação dos acontecimentos, ao passo que as coisas permanecem essencialmente as mesmas dentro da grande expansão geral do tempo.

3. Os filósofos atomistas (ou, pelo menos, alguns deles) acreditavam que a matéria é tudo quanto existe, e que tudo quanto acontece é apenas movimento da matéria. Outrossim, os movimentos dos átomos seriam determinados por "afinidades" entre átomos e átomos. Isso formaria um determinismo materialista, que não se alicerça sobre qualquer mente ou mentes divinas, mas, meramente, sobre as leis mecânicas da natureza. Nenhuma explicação é oferecida sobre como a natureza, sem o auxílio de qualquer mente inteligente, poderia ter-se organizado como se organizou. De conformidade com esse sistema, o mal, em sentido moral, não existe, porquanto todos os acontecimentos seriam totalmente mecânicos e físicos.

4. Há também a dialética espiritual de Hegel. Para Hegel e outros idealistas alemães, o espírito divino se manifesta de tríplice maneira, isto é, sempre através de tese, antítese e síntese. Por exemplo, no âmbito religioso: a ênfase sobre o indivíduo procedeu do Ocidente, da religião grega. A ênfase sobre a comunidade veio do Oriente, das religiões orientais. Dessa maneira, criou-se uma tensão entre essas duas ideias religiosas opostas. A tensão criou uma síntese, e, no caso da religião, a síntese é o cristianismo, o qual encerra, em seu próprio bojo, tanto a ênfase individual como a ênfase sobre a comunidade. Tudo quanto existe faz parte das manifestações do Espírito divino. E isso nos mostra que a posição hegeliana é apenas uma modificação do panteísmo. Hegel ilustrava sua posição no campo das artes, dizendo que a forma artística mais primitiva é a arquitetura. Sua antítese seria a escultura, e os dois teriam a síntese na pintura. A pintura, por sua vez, teria sua antítese na música, e a sua síntese seria a poesia. A poesia épica seria uma nova tese, cuja antítese seria a poesia lírica. A síntese das mesmas seria a poesia dramática, que se evidencia especialmente no teatro, sendo essa a síntese das belas artes. Outro tanto sucederia em tudo e em todas as instituições, e, dessa maneira, conforme pensava Hegel, todas as coisas foram previamente determinadas.

5. Surgiu também a dialética materialista. O comunismo tomou de empréstimo diversas ideias de Hegel, embora tenha rejeitado o espiritualismo hegeliano. No comunismo, tudo quanto ocorre é manifestação da matéria e dos fatores econômicos, que seriam determinados, e não dependeria de qualquer espírito divino em suas ações. A dialética materialista igualmente se manifestaria de forma tríplice. Dizem os teóricos comunistas que no princípio toda a sociedade humana era comunista. Então alguns homens fizeram outros homens seus escravos, ficando assim criada a antítese à escravidão. A tensão entre o comunismo e a escravatura teria criado a síntese do feudalismo. Do feudalismo se originou o capitalismo, e isso provocou uma nova tensão. Essa tensão resultou em uma nova síntese, o socialismo. O socialismo e o capitalismo, pois, tornaram-se os dois novos sistemas antagônicos, resultando no comunismo, que supostamente seria a síntese de todas as tensões políticas. Esse processo, na opinião de seus exponentes, é algo previamente determinado, inevitável. Seus fatores determinantes são todos materiais e econômicos, e, portanto, temos aqui apenas outra forma do determinismo materialista.

6. Carnéades (vide) (214-129 a.C.), que foi oponente do estoicismo e seu fatalismo, introduziu o conceito de *autodeterminação*. Com isso, ele ensinava que as chamadas ações sem causa são causadas pelo próprio indivíduo. Isso sugere o item abaixo, que apresenta o homem como um ser criativo.

7. O homem, um ser criativo. Em vez de ser uma vítima de forças fatalistas, há evidências em prol da noção de que o homem é um ser criativo, que pode amoldar sua vida de conformidade com isso. Muito tem sido dito em favor da posição fatalista. Mas podemos pensar melhor sobre o homem como um *autodeterminador*, o que deve fazer parte de qualquer discussão sobre o *determinismo*. O homem é dotado de poderes criativos, e pode fazer coisas admiráveis, apesar de forças externas que procuram tolhê-lo. Lembremo-nos da doutrina de Orígenes de que o homem (como alma), pertence à mesma ordem de seres que os anjos, e, portanto, é um poder elevado. A diferença entre os homens e os anjos é que os primeiros caíram, sendo rebaixados em seu nível. A despeito da queda, porém, o homem continua dotado de tremendo potencial, e os seus poderes estão apenas começando a ser investigados, em nossos próprios dias.

A *parapsicologia* (vide) tem-nos mostrado que devemos estar alertas para o vasto potencial das forças psíquicas do homem, porquanto isso é uma manifestação de sua natureza como uma *psique* (ou alma). A teologia tem-nos alertado para o fato de que o homem, em seu livre-arbítrio, tem o seu destino em suas próprias mãos. Ver o artigo sobre o *Livre-Arbítrio*. O poder do homem foi-lhe dado e delegado como parte de sua natureza essencial, por parte de Deus. A Bíblia apela para o homem como se ele realmente agisse com base nos mandamentos dados, como se dirigisse seus poderes inerentes na direção do bem. Paulo, em Filipenses 2.12,13, diz-nos que devemos "desenvolver" (isto é, levar à plena fruição) a nossa salvação. Naturalmente, isso é feito em cooperação com a missão de Cristo. Isso está vinculado à atuação da vontade divina em nós (vs. 13). O fator divino e o fator humano existem, operam e estão inter-relacionados, embora não saibamos explicar de que modo Deus se utiliza da vontade humana, sem destruir a sua liberdade.

8. Spinoza (vide) pensava que a causa de todas as coisas era o seu conceito panteísta de Deus. Para ele, a *liberdade* consistia meramente no estado de ignorância a respeito da causa das coisas. O indivíduo sente-se livre quando pensa que nenhuma causa está em operação; mas isso seria apenas uma ilusão.

9. Hume (vide) opinava que a causalidade consiste meramente na *sucessão de eventos previstos*, no tocante a qualquer questão. Porém, ele não pensava que o princípio da verdadeira causalidade poderia ser demonstrado. Seria apenas um termo que atrelamos às sucessões de eventos.

10. Priestly (vide) supunha que somente o conceito de determinismo é coerente com a ideia da maior felicidade antecipada para todos. Porém, ele estava pensando sobre o determinismo *benevolente*, um grande pensamento, que, segundo penso, tem uma base firme na teologia, por meio da doutrina da *restauração* (vide).

11. Alguns estudiosos universalistas acolhem o princípio do determinismo absoluto (a predestinação) de braços abertos, supondo que isso é necessário à salvação final de todos os seres humanos. Esses juntam o determinismo à missão salvadora de Cristo, de tal modo que o sucesso universal desta última seria garantido — ninguém ficaria, finalmente, perdido. O homem, por si mesmo, não é capaz de salvar-se a si mesmo, pelo que isso seria assegurado pela intervenção divina.

12. Laplace (vide) supunha que se existisse uma inteligência com o poder de conhecer a posição, a direção e a velocidade de todas as partículas do universo, tal inteligência poderia predizer, com uma fórmula simples, o futuro total de todas as coisas, ao mesmo tempo que poderia descrever toda a história passada. Isso representa o determinismo atomista. Alguns cientistas têm confiado que, algum dia, a ciência será capaz de atingir tão grande compreensão das coisas. Einstein não pensava que Deus está lançando dados. A *mecânica quantum* (vide) parece contradizer a ideia envolvida na teoria de Laplace; porém, nem todos os dados já foram recolhidos, podendo haver algum tipo de poder determinador por detrás de acontecimentos aparentemente fortuitos, na emissão de partículas atômicas.

13. Freud (vide) acreditava na presença de fatores determinantes inconscientes que governariam os atos humanos. Isso nos confere um determinismo psicológico. Os fatores psicológicos determinam os atos humanos, mesmo quando muitas motivações estão ocultas da mente consciente. Apesar de haver nisso uma verdade óbvia, levar essa ideia longe demais destrói o conceito dos poderes criativos do homem, o que também é um princípio em favor do qual há abundantes provas.

14. Ducasse (vide) pensava que o princípio contrário ao determinismo, a saber, o *indeterminismo*, é autocontraditório. Para ele, a *liberdade* alude à capacidade do homem de fazer, *algumas vezes*, aquilo que deseja, deixando de lado forças determinadoras. Ver o artigo separado sobre a *Liberdade*.

15. Determinismo radical e suavizado. O determinismo radical pode ser ilustrado pelo calvinismo radical, onde Deus aparece como a *única* verdadeira causa, e não apenas a primeira causa. Ou então, na ciência, pode ser ilustrado pela teoria de Laplace e Hobbes, a qual expõe um determinismo materialista, atômico. O determinismo suavizado é representado por Carnéades (ponto seis, acima), e por Ducasse (ponto catorze, acima). Pode-se dizer que o arminianismo também defende um determinismo suavizado, pois se, por um lado, Deus é quem faz as coisas acontecerem, ele não anula o livre-arbítrio humano, e nem condena ativamente os homens ao julgamento final.

II. Nas Escrituras. É interessante que tanto o Antigo como o Novo Testamentos, ocasionalmente, apresentam uma *forma teísta* de determinismo ou predestinação, em que o Ser de Deus, a mente divina, determina os acontecimentos previamente. Tais acontecimentos podem ser físicos, celestiais, cosmológicos, humanos, em suma, todas as coisas, tudo quanto existe na criação de Deus, é determinado por vontade de Deus. Temos aqui o determinismo teísta. Afeta o estado do ser de todas as coisas, e é de natureza teleológica, isto é, tem alvos e propósitos definidos a serem atingidos. No que diz respeito aos homens, opera em todas as coisas, incluindo a salvação das almas. Por conseguinte, a "eleição" (que envolve a salvação de alguns dentre os homens) e a "reprovação" (que importa na condenação de outros homens), seriam tão somente subcategorias do determinismo geral, ou predestinação. Há certo esforço dos estudiosos evangélicos por evitarem a ideia de "sorte", pois oportunismo, essa seria cega, ao passo que a predestinação é guiada pela inteligência divina.

As Escrituras contêm vários versículos e passagens que ensinam um determinismo divino que guia os acontecimentos físicos, bem como os acontecimentos celestiais ou cosmológicos, além dos acontecimentos humanos. (Abaixo apresentamos uma seleção das passagens onde essas ideias podem ser encontradas: Gn 50.20; Êx 4.21; 7.3; 9.16; 10.1; 14.4,17; Jó 26.14; Dt 7.6-8; Is 46.10; 14.1-5; Jr 1.5; 10.23; 18.1-6; 31.3; Sl 139.13-17; Pv 16.1,4;20.24; Dn 4.35; 5.23; Am 3.2; Mc 4.11,12; Lc 1.15; 10.21; Jo 6.37,44,65; 12.39,40; At 4.27,28; 13.48; 18.10; Rm 8.29; 9.6 *e ss.*; Fp 1.29; 1Co 2.7; Ef 1; 2.3,10; 2Ts 2.13; 2Tm 1.9; 2.25; 1Pe 2.8,9; Hb 2.13; Ap 3.5; 13.8 e 17.8). A leitura dessas passagens bíblicas mostra-nos que todos os aspectos das funções da natureza, nos lugares celestiais e entre os homens, são declarados influenciados, ou mesmo determinados pela vontade divina.

O vocábulo "predestinação", na igreja evangélica ortodoxa, se tornou sinônimo virtual da posição calvinista, porque foi Calvino quem, tão lógica e vigorosamente, firmou tais ideias em sua teologia sistemática. Essa doutrina sustenta que desde toda a eternidade passada, todas as coisas foram ordenadas de antemão, de tal modo que elas terão de ocorrer necessariamente dentro do tempo, incluindo a salvação final ou a reprovação final dos homens. Vários indivíduos e grupos da igreja local têm dado sua lealdade a essa doutrina. Ela se encontra, por exemplo, na Confissão de Westminster, o principal e mais histórico dos credos presbiterianos. Diz um trecho dessa confissão: "Deus, desde toda a eternidade, por seu sábio e santo conselho, por sua livre vontade, gratuita e imutavelmente ordenou tudo quanto deve acontecer; no entanto, com isso, Deus não é o autor do pecado e nem faz ele violência à vontade das criaturas, nem a liberdade ou contingência de segundas causas é retirada, mas antes, é estabelecida".

Naturalmente, isso não explica como é que Deus não é o autor do pecado, e nem como causas *secundárias* ou "contingentes" podem gozar de qualquer verdadeira liberdade, se de fato tudo foi determinado por Deus, desde a eternidade. A igreja anglicana tem produzido muitos advogados do calvinismo, e exibe um credo regularmente calvinista, em seus Trinta e Nove Artigos de Fé. Muitas igrejas e muitos ministros batistas e congregacionais expressam pontos de vista calvinistas, ainda que, ordinariamente, não possuam credos formais escritos.

III. Na História. Durante os três primeiros séculos da história da igreja cristã, os chamados pais da igreja deixaram sem desenvolvimento essa doutrina, embora, aqui e acolá, houvessem sido feitas declarações a respeito, por Agostinho, do século IV d.C., o qual declarava que a graça divina é a base exclusiva da salvação, o que serviu para revivificar a doutrina da predestinação, que é seu paralelo lógico. Na Idade Média, elementos como Anselmo, Pedro Lombardo, Erigena e Tomás de Aquino seguiram essencialmente o ponto de vista agostiniano, com algumas modificações. Essa doutrina foi apresentada com nova ênfase e vigor quando da Reforma protestante, tendo sido advogada por Calvino, Lutero, Zwínglio, Melancton e João Knox, além de seus descendentes espirituais.

Nos tempos anteriores à Reforma protestante porém, Wycliffe e João Huss já esposavam pontos de vista favoráveis à predestinação. Lutero, o principal dos reformadores, em suas obras, "A Escravidão da Vontade" e "Comentário sobre a epístola aos Romanos", mostrou que ele ensinava a doutrina da predestinação com não menor empenho do que Calvino. Nos séculos que se seguiram, os puritanos da Inglaterra, bem como aqueles que se estabeleceram na América do Norte, além dos Compactuados da Escócia e os huguenotes da França, eram calvinistas declarados. Nos tempos modernos, nomes como Whitfield, Hodge, Darby, Cunningham, Smith, Shedd, Strong, Kuyper e Warfield, entre outros, têm defendido esse sistema.

Dentro da doutrina da predestinação, os planos de Deus são expostos como eternos e inevitáveis, santos e incondicionais, independentes de toda a criação finita, incluindo o homem, com todos os seus esforços e sua vontade. Os decretos de Deus, por conseguinte, são eternos, imutáveis, sábios e soberanos.

Esse determinismo, entretanto, de alguma maneira deve alcançar os atos pecaminosos dos homens, apesar de fazê-lo de forma misteriosa, que não podemos compreender, pelo menos na forma de permissão divina aos mesmos, porquanto existem propósitos divinos maiores do que a mera preservação das criaturas humanas livres do pecado, como seja, a determinação de levar os remidos à perfeição da imagem de Jesus Cristo, o que não poderia ocorrer se o homem não tivesse sido criado como um ser moral livre, que possa, por conseguinte, produzir a santidade de Cristo, da mesma maneira que o Senhor Jesus obteve, em sua vida terrena, isto é, mediante escolhas sábias e santas. Assim sendo, até mesmo o pior de todos os crimes da história humana, isto é, a crucificação do Senhor Jesus, é declarado como algo que tem lugar dentro do plano total de Deus, como *parte* necessária do mesmo. (Ver At 2.23 e 4.28).

IV. A Doutrina da Eleição. A doutrina da eleição divina (vide) é uma subcategoria da doutrina da "predestinação", que opera no âmbito da salvação humana. O homem é pintado como uma criatura totalmente depravada (ver o terceiro capítulo da epístola aos Romanos), e portanto, somente a graça divina é que pode salvá-lo. A salvação do homem, pois, se alicerça sobre a vontade e a graça divinas, e não sobre os esforços humanos. Nem mesmo se alicerça sobre a fé, que é uma condição humana necessária à salvação. Antes, alicerça-se *exclusivamente* sobre uma operação de Deus. (Ver Ef 2.8-10). As boas obras são uma decorrência necessária, mas essas boas obras são resultantes e frutos da eleição, e jamais a sua causa. (ver Jo 15.16 e Ef 2.10).

Posições teológicas do infralapsarianismo e do supralapsarianismo. O infralapsarianismo acredita que os indivíduos que foram vistos por Deus como "eleitos", foram contemplados por Deus como membros de uma raça decaída. Em outras palavras, o decreto da eleição se seguiria logicamente, se não mesmo cronologicamente, à queda do homem no pecado. De acordo com essa posição, pois, a ordem dos decretos divinos seria a seguinte: **1.** criação; **2.** permissão da queda; **3.** eleição de alguns dos indivíduos caídos; **4.** olvido ou reprovação deliberada dos demais homens caídos; **5.** provisão de um Redentor; **6.** regeneração através do Espírito Santo.

Em contraste com isso, a posição do supralapsarianismo ensina uma ordem diferente para os decretos, a saber: **1.** reprovação e condenação para outros; **2.** criação; **3.** permissão da queda e da destruição que isso inevitavelmente provoca; **4.** missão remidora de Cristo; **5.** missão regeneradora do Espírito Santo. Portanto, de conformidade com a posição do *supralapsarianismo*, a eleição precedeu à queda, sendo esta quase incidental.

V. Predestinação Segundo a Imagem de Cristo.
... também os predestinou para serem conformes à imagem de seu Filho... Rm 8.29. Trata-se de um decreto determinador, que também provoca a *chamada* do crente dentro do tempo. Os importantes particulares, abaixo determinados, devem ser notados acerca dessa determinação divina:

1. O nono capítulo da epístola aos Romanos referindo-se a indivíduos específicos, demonstra que a predestinação envolve *indivíduos*, e não somente nações, contrariamente ao pensamento de alguns, que afirmam que Israel, como nação, deveria ter alguns privilégios. Por outro lado, é verdade que Deus é quem fixa os limites ou fronteiras das nações, tendo um propósito nisso; como também é Deus quem fixa os destinos dos indivíduos.

2. Ainda que o ensino da predestinação envolvesse somente a ideia de privilégios, isto é, que certas nações receberiam a revelação de Deus de maneira especial, isso seria praticamente equivalente à predestinação individual, porquanto determinaria os lugares de onde os eleitos procederiam, bem como o conhecimento perfeito de cada um daqueles que recebessem privilégios especiais, o que, para todos os efeitos práticos, seria equivalente à *eleição individual*. Isso expressa uma verdade, a menos que queiramos defender o conceito de que os homens podem ser salvos inteiramente à parte da pregação do evangelho. Privilégios especiais, portanto, quer envolvessem indivíduos ou nações, é que "determinariam" quem, em última análise, haveria de conhecer a Cristo, a menos que os homens possam conhecer a Jesus Cristo inteiramente à parte do evangelho, conforme o mesmo é anunciado à face da terra. Alguns bons intérpretes, naturalmente, postulam que pode haver salvação para além do sepulcro, mediante o Verbo eterno, ainda que, mesmo para esses, a salvação *depende* inteiramente da *missão* que o Verbo de Deus cumpriu encarnado, como Jesus de Nazaré. (Quanto a notas expositivas acerca desse conceito, ver At 10.25 no NTI). Podemos estar plenamente certos, entretanto, de que Romanos 8.29 está falando de muito mais do que simplesmente de algum *privilégio especial*. (Ver 1Pe 4.6).

3. A predestinação se baseia no "conhecimento anterior" de Deus, no sentido de que o seu "amor eterno" e "preocupação e interesse" pelos crentes é que está em foco (o que é a predestinação, conforme essa ideia é empregada aqui, não estando em foco a mera "previsão"). Aqueles "sobre quem fixou seu coração de antemão", portanto, são aqueles que se tornaram os alvos de seu decreto determinador.

4. Esse decreto determinador não é um *mero* pronunciamento judicial, mas é sem dúvida acompanhado por um poder orientador e criador, através do Espírito Santo, que garante o cumprimento do propósito preordenador de Deus.

5. O grande alvo da predestinação é a *chamada* dos crentes dentro do tempo, e o resultado de ambas as coisas é a transformação do crente segundo a imagem de Cristo, tanto moralmente (no que respeita à participação do crente na própria santidade de Deus, tal como Cristo dela participa) como metafisicamente (no que concerne à natureza essencial de Cristo).

6. Não existe predestinação para a *reprovação*, portanto. Em outras palavras, apesar de que Deus predestina para a vida, para a transformação segundo a imagem de Cristo e para a santidade, isso não quer dizer que, por outro lado, ele predestine alguns para a condenação, conforme alguns teólogos calvinistas mais radicais têm imaginado. Podemos notar que até mesmo no nono capítulo da epístola aos Romanos, o trecho bíblico mais forte sobre a predestinação, podemos ler, no décimo quinto versículo: *Terei misericórdia de quem me aprouver ter misericórdia, e compadecer-me-ei de quem me aprouver ter compaixão*, o que mostra que a determinação divina sempre visa ao lado *positivo*, servindo como agente de misericórdia, em vez de visar ao lado *negativo*, como agente de condenação e juízo. Assim, pois, o Senhor Deus *tolerou* os vasos de ira, mas *preparou* os vasos de misericórdia.

Não obstante, alguns eruditos têm argumentado, com base no trecho de Romanos 9.18, que o "endurecimento" também é um ato ativo de Deus. Em outras palavras, não se trata apenas de uma questão de "deixar passar" ou de "reter" a misericórdia, e, sim, é a questão de um endurecimento ativo, que naturalmente resulta em uma vida pecaminosa e rebelde. A maioria dos intérpretes, entretanto, pensa que esse "endurecimento" significa simplesmente que Deus deixa de usar de misericórdia para com alguns, retendo a sua graça, permitindo que a perversidade dos mesmos siga o seu curso natural. Mas isso não se coaduna com o conceito da santidade de Deus. Porquanto, se Deus endurece ativamente a certos indivíduos, então deve ser visto como *o autor* do pecado. Portanto, se algum versículo ou versículos parecem demonstrar aparentemente que Deus é quem endurece ativamente os pecadores, teremos de dizer que a verdade exata não é essa, pois, de outro modo, Deus seria mau, ou, pelo menos, seria uma mistura de bondade e maldade, sendo ele o verdadeiro originador do pecado.

7. Defender o princípio do determinismo filosófico, científico ou teologicamente, *não é* a mesma coisa que *negar* a existência do livre-arbítrio humano, embora, para alguns pensadores, isso pareça logicamente a mesma coisa. Mas as Escrituras Sagradas, em outros trechos, *defendem* a vontade humana livre, e a própria experiência humana o demonstra. Isso também expressa uma verdade, embora pareça contradizer a verdade da escolha divina; mas a contradição reside tão somente na fragilidade do intelecto humano presente, e não na própria exposição bíblica. Não obstante, por enquanto, não contamos com qualquer solução para reconciliar esses dois princípios opostos, ainda que, sem a menor dúvida, sejam aspectos diversos de uma única verdade. Deus se utiliza da vontade humana a fim de realizar os seus propósitos, mas não faz isso eliminando-a, embora não saibamos dizer como isso pode ser.

8. A predestinação *não serve de empecilho* para a salvação de quem quer que seja, ainda que, para muitos, pareça ser um obstáculo intransponível. "Todos os homens", de uma maneira ou de outra, são atraídos a Cristo, desde que ele foi "levantado". (Ver as notas expositivas que versam sobre esse conceito, e como o mesmo é expressão de uma verdade bíblica, em Jo 12.32 no NTI). Isso não significa que todos os homens sejam automaticamente eleitos, mas significa: *a*. todos os homens poderiam sê-lo; *b*. a graça divina é universalmente propiciada por meio de Cristo, tanto potencial como realmente. Isso, em outras palavras, significa que todos os homens poderiam crer, se assim o quisessem fazer; e Cristo Jesus, em sua missão total, preexistente, encarnada e pós-encarnada, estabeleceu uma diferença universal quanto ao estado de todas as coisas, para melhor. (Ver 1Pe 3.18-20 e 4.6).

9. Não existe qualquer solução ou reconciliação fácil para o dilema entre o livre-arbítrio humano e a predestinação divina. Precisamos aceitar ambas as ideias, e esperar por mais luz, para sabermos reconciliá-las. Muitas pessoas têm imensa dificuldade por se expressarem com base em dois ou mais jogos de conceitos, e que, por isso mesmo, limitam a verdade a canais estreitos. Mas as mentes que podem expressar-se com base em mais de um jogo de conceitos, embora aparentemente contraditórios, pelo menos descansarão, crendo tanto na predestinação divina como no livre-arbítrio humano ao mesmo tempo, apesar de não encontrar meio para reconciliar suas expressões a respeito. (Quanto a uma discussão mais completa sobre a doutrina da "predestinação", ver sobre *Livre-Arbítrio; Eleição* e *Predestinação*.

"Quando argumentamos dedutivamente, com base na onisciência e na onipotência de Deus, o livre-arbítrio humano parece ser obliterado. Por outro lado, quando argumentamos dedutivamente, com base no livre-arbítrio humano, a presciência divina e o poder divino de determinar as ações parecem excluídos. Não obstante, ambas essas verdades precisam receber nossa atenção, uma sem detrimento da outra. Não sabemos estritamente no que consiste a onipotência e a onisciência de Deus (segundo um uso mais exato da linguagem talvez deveríamos dizer 'poder e conhecimento perfeitos', poder e conhecimento pertencente a algo que não somos capazes de conceber, possuídos por um Ser perfeito) e nem no que consiste o próprio livre-arbítrio humano. Mas é *necessário* postularmos essas *duas verdades*, se quisermos apresentar a síntese da vida humana de qualquer maneira; pois, sem isso, não pode haver distinção, sob hipótese alguma, entre o que é bom e o que é mau. Porém, na realidade, não sabemos mais do que o fato de que se trata de uma faculdade hipotética, existente no homem, em virtude da qual ele é um agente responsável". (Sanday, em Rm 8.29)

VI. GARANTIA DA SANTIDADE. Encontramos aqui a garantia da santidade. Precisamos lembrar que o elevadíssimo discurso do oitavo capítulo da epístola aos Romanos veio a lume por causa da consideração sobre como aqueles que são salvos pela graça, mediante a fé, e não através da economia da lei, serão vitoriosos sobre o pecado. O vigésimo nono versículo desse capítulo, e as consequências do que ali é dito, consequências essas expostas no restante deste oitavo capítulo, nos dão a mais elevada das respostas. Aqueles assim redimidos devem, *necessariamente*, ser santos; e, finalmente, serão perfeitamente santos, porquanto foram predestinados para serem conformados à imagem do Santo Filho de Deus; e isso significa que, gradualmente, estão se tornando participantes de sua própria santidade. É nisso que consiste o andar diário do verdadeiro crente, até que, finalmente, venham a compartilhar dessa natureza divina de maneira perfeita. Ora, a lei mosaica nunca prometeu tal coisa, e nem mesmo poderia tê-la produzido, ainda que a tivesse prometido. Portanto, A passagem de Romanos 8.29 é outra resposta à pergunta feita em Romanos 6.1: *Que diremos, pois? Permaneceremos no pecado, para que seja a graça mais abundante?* Pelo contrário, a graça divina abundante, auxiliada pelos propósitos predestinadores de Deus, será o próprio agente ativo da santidade, e não um elemento prejudicial e entravador da santidade. Tudo isso, entretanto, pressupõe ter havido um contato místico com o Espírito Santo transformador, que forma a imagem de Cristo no íntimo dos crentes. Devemos observar, pois, a progressão, desde o sexto capítulo da epístola aos Romanos, da resposta à pergunta feita no primeiro versículo *daquele* capítulo.

VII. A PREDESTINAÇÃO E O LIVRE-ARBÍTRIO. **1**. Como é que Deus poderia predestinar homens à cegueira espiritual? Não seria ele a fonte do mal, se assim tivesse feito? O trecho de João 12.40 parece lançar sobre Deus toda a culpa pela cegueira de Israel. Ele assim o planejara! **2**. O trecho de Romanos 9.15,16 diz outro tanto com expressões levemente diversas. No NTI são oferecidas notas que explicam o que se sabe sobre esse misterioso tema. **3**. Outros trechos bíblicos ensinam, com clareza igual, o livre-arbítrio do homem. Sem este, seria impossível edificar um sistema ético ou fazer exigências de natureza ética aos homens. É mister que tenham a capacidade de escolher. Ver o artigo sobre o "livre-arbítrio humano" e o que este envolve. **4**. Não há como reconciliar entre si esses conceitos, pelo que temos um *paradoxo*, um ensino que parece desdizer-se a si próprio. **5**. É verdade que Deus previu quem creria, mas, nas Escrituras, a "presciência" envolve "indivíduos", e não "a fé exercida" pelas pessoas. (Ver no NTI notas completas em 1Pe 1.2 sobre como a "fé prevista" não soluciona o mistério da interação entre a predestinação e o livre-arbítrio). **6**. Outra explicação: o homem endureceu a si mesmo, o homem cegou a si próprio, pelo que Deus "confirmou" isso com uma cegueira judicial. Isso é verdade, mas nem todos os versículos do NT sobre a predestinação cabem dentro dessa explanação simplista. **7**. Deus usa o livre-arbítrio humano sem destruí-lo, embora não saibamos como. **8**. Abramos espaço para a especulação. Dai-me lugar para especular! Parece-me que a predestinação, pura e simples, pode exprimir uma verdade, contanto que levemos a sério a proposição de que, por detrás da "redenção", há uma *restauração* dos não eleitos. Quanto a isso, a eleição, e mesmo a reprovação ativa, não seria imoral. Não levando isso em conta, temos de estar preparados a supor que Deus é causa direta ou causa indireta do mal. Por certo, isso é uma blasfêmia, sem importar quem a ensine! Não afirmo que essa especulação soluciona o mistério com que ora nos defrontamos, mas lança uma luz preciosa sobre o destino final dos homens. Ver o artigo sobre *Restauração*.

O estudo aqui exposto não penetra na questão da *reconciliação* entre esses dois aspectos da verdade bíblica; na realidade, isso é quase *impossível*, em face de nosso atual estado de conhecimento. Mas talvez seja motivo de consolo, para alguns, o fato de que esse problema de reconciliação é igualmente espinhoso na filosofia, e até mesmo nas ciências naturais, porquanto até nessas disciplinas de ordem natural alguns creem que o mundo tenha sido determinado (como resultado das ações previamente determinadas dos átomos ou forças cósmicas), ao passo que outros acreditam que a ação dos átomos ou das forças cósmicas depende da probabilidade fortuita, e não de qualquer determinação prévia.

DEUS

Vários artigos separados são apresentados, neste dicionário, com provas da existência de Deus. Ver *os* seguintes: *Argumento Ontológico* (dois artigos); *Argumento Cosmológico; Argumento Teleológico; Argumento Moral; Cinco Argumentos em Prol* da *Existência de Deus*, de Tomás de Aquino, e um *Comentário sobre os Cinco Argumentos de Aquino*, por F.C. Copleston. Esse artigo segue aquele redigido por Tomás de Aquino; e também o *Clássico Argumento do Relógio*, de William Palley, apresentado em conexão com o artigo a respeito dele. Uma espécie de sumário dos argumentos tradicionais, vistos pela mente contemporânea, aparece no artigo intitulado

Reafirmação Contemporânea de Argumentos Tradicionais em Prol da Existência de Deus, por A.E. Taylor. Ver o artigo sobre os *Atributos de Deus*.

I. Mistério Tremendo. Meus amigos, só há uma maneira de começarmos a falar sobre Deus. Coisa alguma tem sido dita de tão significativa, acerca de Deus, do que confessar que ele é *o mysterium tremendum*. O homem, em seu atual estado de inteligência, não tem podido dizer muito sobre Deus, senão em sentido antropomórfico. Não podemos saber quão aproximada é a nossa terminologia da realidade de Deus; e no presente, não há como evitar o uso dessa linguagem. Portanto, não deveríamos, por tolo orgulho, pensar que temos dito qualquer coisa grandiosa sobre Deus. Se, por enquanto, nem podemos descrever a matéria, porque o átomo continua sendo uma entidade misteriosa, apesar dos avanços da ciência, quanto mais é correto afirmarmos a mesma coisa sobre o *espírito* que é muito mais misterioso. Nosso conhecimento a respeito é muito mais fraco! Obtemos mais sucesso quando falamos sobre as obras e a *Providência de Deus*, especialmente quando elas são vistas à luz da missão de Cristo. Porém, quando se trata da tentativa de descrever a *natureza* e os atributos de Deus, falhamos para todos os efeitos práticos. Em separado há um longo artigo, neste dicionário, sobre os *Atributos de Deus*. A leitura desse artigo (compilado com base em compêndios de teologia) demonstrará ao leitor que temos de apelar pesadamente para as expressões antropomórficas. Essa é a única maneira que temos para descrever Deus. Partimos com algum atributo humano, engrandecêmo-lo a dimensões infinitas, então atribuímo-lo a Deus. Porém, até que ponto isso se aproxima da realidade divina, não podemos afirmar com qualquer grau de certeza. Para exemplificar isso, tomemos o termo "infinito", que empregamos tão largamente. Esse vocábulo não tem qualquer sentido para nós, se for examinado de forma crítica, visto que não temos qualquer experiência com a infinidade. Todas as nossas experiências são finitas. Portanto, o termo *infinito* é usado por nós para indicar algo muito grande, muito extenso, que nos inspira profunda admiração. Tão somente tateamos em busca de respostas, sem conseguir, entretanto, afirmá-las. Se tentarmos usar a palavra "infinito" em sentido verdadeiro, então ela passará a ser um *termo negativo*, porquanto não podemos atingir o sentido tencionado. Se usarmos a palavra "infinito" para indicar algo grande ou vasto (mas não infinito) então estaremos usando uma mensagem positiva, mas que não expressa, realmente, a ideia de infinitude. Em outras palavras, com o vocábulo infinito queremos dar a entender algo vasto, imenso, extremamente extenso. Entretanto, não temos verdadeira experiência com o infinito, pelo que não podemos expressar mais do que "muito grande". Isso nos mostra o dilema do emprego da linguagem humana, quando procuramos formular conceitos que envolvem o mistério tremendo que é Deus.

Os místicos sentem mui profundamente a futilidade da linguagem humana. Eles não creem que possamos jamais compreender Deus através de conceitos e raciocínios. Portanto, eles buscam a *experiência imediata* com Deus, a qual, uma vez obtida, é *inefável*, isto é, não pode ser expressa por meio de palavras. A alma humana vem a conhecer a Deus na comunhão com ele, mas tal compreensão não é verbalmente comunicável. O conhecimento intuitivo é como as águas vivas de uma fonte que jorra incessantemente para cima. O conceito é como as águas que retornaram ao solo, ficando estagnadas. Os homens gostam de vincular conceitos às coisas, cristalizando suas ideias e tirando-lhes a vitalidade. Os homens gostam de sistematizar as coisas, então eles dizem: "Nisto consiste a revelação, e não há maior revelação do que isto". Os homens gostam de reduzir seus sistemas a livros, e então homenageiam esses livros. Os homens têm livros sagrados e levantam muralhas em torno deles, presumivelmente confinando a verdade dentro dessas muralhas e excluindo todas as demais ideias.

Quando abordamos o conhecimento teológico, o estudo sobre *Deus*, então esses métodos humanos são obviamente absurdos, menos para os edificadores de sistemas fechados. Os céticos desesperam-se da busca e contentam-se com sua ignorância autoimposta. O verdadeiro inquiridor da verdade nunca se sente satisfeito com o que já foi dito, com aquilo que aparece nos livros, com aquilo que as denominações cristãs afirmam. O verdadeiro inquiridor da verdade nunca se satisfaz com as suas próprias experiências, ainda que algumas delas sejam elevadamente místicas e emocionalmente cativantes. Ele sabe que a jornada até o Ser Infinito é de tal ordem que um ser finito jamais poderá chegar ao fim, embora não deva desistir da caminhada para a frente.

Abordando a Realidade. Quando um inquiridor da verdade aproxima-se da realidade última, chega a compartilhar da própria natureza dessa realidade (ver 2Pe 1.4; 2Co 3.18). Mas isso envolve um processo eterno. Conhecer a Deus, no sentido mais prenhe da palavra, é ir adquirindo a sua natureza e os seus atributos; e é justamente isso que chamamos de salvação (vide), o que jamais poderá ser equiparado ao simples perdão dos pecados e à mudança de endereço para o céu, no futuro. O conhecimento de Deus, portanto, é algo *existencial*, experimental, algo que ocorre mediante a transformação do próprio ser e da maneira de existir, compartilhando de um Ser muito maior. Sem dúvida, os conceitos aprimoram-se quando adquirimos maior experiência com o Ser divino; mas, pelo menos por enquanto, os nossos conceitos são apenas maneiras débeis e infantis de falar sobre Deus. O conhecimento jamais pode ser reduzido a meros conceitos. É mister que também seja existencial, experimental. Porém, a teologia sistemática pensa que sua redução conceptual de Deus é digna de confiança. Poucas coisas são tão obviamente falsas quanto isso.

Até onde posso determinar, foi Rudolfo Otto (vide) quem primeiro utilizou a expressão *mysterium tremendum*, em alusão a Deus. Ele pensava que, quando nos avizinhamos de Deus, penetramos em um mistério insondável, que ultrapassa a nossa análise racional. O conhecimento de Deus precisa ser algo intuitivo, místico e existencial. Nossa análise racional fracassa, embora não seja totalmente inútil.

II. Mistério Fascinador. Os judeus demonstravam um profundo respeito pelos nomes de Deus. Entre eles, a palavra *Yahweh* jamais era pronunciada. Esse nome era distorcido de algum modo, a fim de que a pessoa que proferisse o nome divino nunca fosse culpada de exagerada familiaridade com Deus. Lemos que o nome de Deus nunca era escrito por algum escriba enquanto este não tivesse lavado, primeiramente, as suas mãos. Quão grande contraste isso forma com a moderna atitude evangélica, que brinca com o nome divino de forma tão frívola. Com frequência ouve-se dizer: "O Senhor disse-me para fazer isto; o Senhor disse-me aquilo; o Senhor lembrou-me que..." Conheci uma senhora que chegou a dizer que o Senhor era o culpado pela feliz circunstância de que as toalhas que ela comprara eram compatíveis com a cor do banheiro da nova casa que seu marido acabara de adquirir. Estaria Deus interessado em toalhas para serem usadas no banheiro? Um pregador evangélico cujo carro fora muito danificado, disse: "Senhor, não sei por que querias que o *teu* carro fosse danificado assim!" Meus amigos, estaria Deus interessado em desastres automobilísticos? Há pessoas que tratam Deus como se ele fosse algum bichinho de estimação da casa, fazendo seu nome participar das conversas, diante das menores ensejos. Pessoalmente, procuro evitar o uso do nome de Deus, substituindo-o por alguma palavra vaga, como *autoridades* (no plural, porquanto Deus controla muitas agências e poderes). Na Universidade de Chicago, nas aulas de hebraico que tomei, havia alguns judeus. Eles evitavam pronunciar o nome divino. A mudança usual era de Elohim para *Elokim*, uma palavra inventada, para substituir a respeitável palavra *Elohim*, que é um dos nomes de Deus, no AT Temos algo a aprender dos judeus, quanto a isso.

A expressão mistério fascinador também foi cunhada por Rudolfo Otto, aludindo ao profundo fascínio ou encanto experimentado pelo adorador, quando ele se aproxima de Deus. Quando a adoração é verdadeira, esse será um dos resultados. Meus amigos, fico perplexo diante do ruído e da confusão dos cultos em muitas igrejas evangélicas. Onde está o mistério fascinador? Poderemos sentir o encanto da presença de Deus, com tantos gritos por toda parte? Paulo pensava que não (ver 1Co 14.33). Deus é o autor da paz, e não da confusão. É na tranquilidade da paz do coração que podemos sentir o encanto da presença do Senhor. Conheci um jovem, de *Salt Lake City*, Utah, E.U.A., que dizia que não conseguia obter a correta atitude religiosa senão em meio a muitas exclamações e brados de Aleluia! Indago se o mistério fascinador pode mesmo ser sentido sob tais circunstâncias? Porém, igualmente amortecedor do espírito é aquela expressão religiosa dominada por meros conceitos, onde o elemento místico se faz ausente. Alguns evangélicos opõem-se decididamente a qualquer expressão mística na fé religiosa, pondo todos os seus ovos na cesta do conceito, comunicados mediante o ensino verbal. Isso é contrário ao espírito da oração de Paulo, em Efésios 1.17 *ss*. É mister que se faça presente entre nós o Espírito comunicador. Deve haver a *iluminação* na fé religiosa, pois, do contrário, paralisaremos as pessoas com meros conceitos, que não demorarão a tornar-se secos e estéreis.

III. CONCEITOS DE DEUS. Que podemos dizer sobre Deus por meio de conceitos? Oferecemos na análise abaixo, que inclui muita coisa que filósofos e teólogos dizem sobre a *Ideia Divina*. Ao apresentar este estudo, lembramos nossos leitores do que foi dito nas duas primeiras seções, advertindo, desde o começo, que os nossos conceitos ficam muito aquém de uma verdadeira descrição de Deus, sem importar a utilidade que esses conceitos possam ter.

Eis as Principais Ideias sobre Deus. As principais ideias sobre a pessoa e a natureza de Deus podem ser classificadas sob os seguintes títulos:

1. Politeísmo. Trata-se de uma espécie de "teísmo", embora afirme que existem muitos deuses que mantêm interesse pelas vidas humanas, mantendo com os homens alguma espécie de contato. O politeísmo, em sua fase original, consistia na personificação de importantes elementos da natureza, como o sol, a lua, a fertilidade, o amor, o poder, a violência ou a misericórdia. *a*. *No Egito*, encontramos os deuses Atne Re-Khepri, o Sol; Amon-Re, o rei dos deuses; Ptah, Sekhmet e Nefer Tem, que formavam uma espécie de trindade que seriam pai, mãe e filho, que compunham uma família divina. Havia também muitas outras personificações divinas menores, como Ápis ou Serápis, o boi divinizado. Foi a essa divindade que o povo de Israel chegou a sacrificar seus filhinhos, em um momento de apostasia bárbara. Muitas outras nações compartilhavam desses deuses pagãos. *b*. *Na Grécia* temos o deus Cronos (tempo, eternidade), o qual, em tempos primitivos, foi o principal dos deuses, segundo diz a própria mitologia grega. Finalmente, porém, seu filho, de nome Zeus, obteve a supremacia. Havia muitos outros deuses do Olimpo. *c*. *Em Roma* a situação se tornava um tanto caótica. Houve uma mescla de suas divindades com outras de outros povos, e muitos desses deuses estrangeiros passaram a ser conhecidos por outros nomes ali. Assim é que os romanos identificavam o Zeus dos gregos com o seu próprio Júpiter. Hera, a esposa de Zeus, segundo os gregos, passou a ser chamada Juno, pelos romanos. Júpiter era reputado pai dos deuses e dos homens. Juno era a rainha dos céus, e também era a deusa do matrimônio. Hermes passou a ser chamado Mercúrio pelos romanos, e era o deus da fertilidade, do gado e da música, da qual era o patrono. Segundo a mitologia romana, Mercúrio era o mensageiro dos deuses, bem como o advogado dos demais deuses. Atena, que os romanos chamavam de Minerva, era a virgem deusa do conselho, da guerra e das belas-artes femininas. Apolo era o deus da poesia, da música e da profecia. Conforme dizia a mitologia romana, Apolo era a luz dos céus. *Afrodite*, que os romanos chamavam de Vênus, era a deusa do amor, da beleza feminina e da fertilidade, tanto da terra como dos homens. Esculápio, que em Roma se chamava Asclépio, era o deus da medicina, da cura. Esse deus era adorado sob o símbolo de uma serpente.

Segundo se pode observar claramente por essas brevíssimas descrições, os homens criaram deuses de acordo com as suas próprias noções. A única diferença é que as experiências e os conceitos imaginários desses deuses seriam mais absolutos, porquanto lhes eram atribuídos tanto seres como qualidades mais exaltadas que entre os homens. Quase todos os pagãos e politeístas atribuíam, aos seus deuses, as suas próprias fraquezas e pecados; mas, ao fazê-lo, tornavam esses deuses mestres do mal, extremamente poderosos para a maldade. Disso é que se derivou o conceito errôneo de que "poder é razão", e que a moralidade equivale a alguém poder fazer algo sem que ninguém tenha poder suficiente de tolher tal ação. Por esse mesmo motivo é que Zeus supostamente governava aos deuses, mas não por sua bondade, e nem por amor à bondade, e, sim, por causa dos raios que ele despedia ao redor e que podiam fazer parar a qualquer deus ou homem que porventura quisesse pôr algum obstáculo aos seus desejos.

Infelizmente, até mesmo na cristandade, continua em existência um conceito de Deus que não difere muito da ideia dos pagãos. Esse conceito, na filosofia, é chamado *voluntarismo*, isto é, a vontade é que domina, e não a razão. Isso significa que a bondade pode ser qualquer coisa que Deus porventura deseja; e pôr em dúvida a justiça deste ou daquele ato divino é reputado como pôr em dúvida a própria autoridade de Deus. No entanto, a fé ensina-nos que aquele que governa os céus não fará jamais um ato errado, e a razão confirma que Deus jamais quebrará as suas próprias regras. E posto que ele tem revelado para nós no que consiste a moralidade, podemos supor que aquilo que o Senhor nos tem revelado, nas Santas Escrituras, concorda com a natureza moral de seu próprio ser.

2. Enoteísmo. Essa palavra se deriva de uma palavra grega, *hen*, que é um adjetivo numeral, "um". Trata-se da crença em um deus que age em nosso favor, mas que não nega que talvez existam outros deuses, cuja ação e autoridade são exercidas em outras esferas. Assim sendo, haveria um deus que exerce controle sobre os homens, interessando-se por alguma pessoa, alguma cultura ou alguma nação. Por essa razão alguns intérpretes acreditam que esse conceito de divindade, na cultura dos hebreus, precedeu ao puro monoteísmo. Em outras palavras, supõem que os israelitas originalmente criam que Yahweh era deus *deles*, — e não o Deus Criador de todos. Os israelitas também pensariam que Yahweh era o maior de todos os deuses, mas que isso não eliminava a possibilidade da existência de outros deuses, que de Yahweh receberiam a sua autoridade. Isso seria apenas a combinação de ideias monoteístas e politeístas. Praticamente seria monoteísmo, mas teoricamente seria politeísmo. Também seria uma forma de teísmo, porquanto ensina que o deus supremo ou mesmo vários deuses mantêm contato com os homens, estando interessados por eles, guiando-os, punindo-os por suas más ações e galardoando-os por suas boas ações.

3. Monoteísmo. O judaísmo, o islamismo e o cristianismo são os três grandes expoentes dessa ideia da divindade. Segundo essa posição, existe apenas um único Deus, em sentido absoluto, não querendo isso dizer que ele é o nosso deus e que existem outros deuses de outros povos. Antes, somente um ser é o possuidor da divindade autêntica. É interessante observarmos que esse ensino foi antecipado ou mesmo parcialmente duplicado dentro da filosofia platônica, em seu conceito de bondade universal, como também no conceito do "intelecto puro", de Aristóteles. Essa doutrina é ensinada francamente na ideia de "Yahweh", segundo o judaísmo posterior, segundo a qual Deus é o Deus de todos, e não meramente da nação israelita. Na realidade, ele é o Deus de todos os universos, de tudo quanto existe, sem importar se pertence à categoria terrena ou celestial, humana ou angelical, material ou espiritual.

Ordinariamente as seguintes ideias são vinculadas ao monoteísmo: *a. Deus é um ser infinito ou absoluto*. Daí a origem da introdução do vocábulo "omnis", em "onipotente", "onipresente" e "onisciente". Isso nos leva à suposição de que Deus é, em grau infinito, aquilo que experimentamos apenas em pequena medida.

Naturalmente os conceitos sobre a *infinitude* na realidade são negativos, porquanto não possuímos qualquer experiência sobre qualquer coisa infinita. Assim que alguém começa a tentar descrever o "infinito", por motivo de suas próprias descrições já começou a reduzir o infinito à mera finitude. Não obstante, temos fé suficiente para crer que apesar de nada realmente sabermos sobre a infinitude, e apesar de não possuirmos linguagem capaz de descrevê-la, podemos atribuir à qualidade da infinitude a Deus, supondo que aquilo que possuímos, de forma finita, ele possui em grau infinito. Discussões semelhantes ao raciocínio que aqui expomos mostram-nos quão pouco realmente conhecemos sobre Deus, visto que nossas descrições e nossa mentalidade não se prestam muito para descrever a natureza infinita de Deus. *b. Além disso declaramos que esse Deus possui tanto a vida necessária como a vida independente*. Em outras palavras, Deus possui aquela forma de imortalidade verdadeira, que não pode deixar de existir. Esse é um dos pontos doutrinários mais exaltados do Evangelho de João, onde há comentários nos trechos de João 5.26 e 6.57 no NTI. Todos os demais seres possuem uma vida que não é necessária, isto é, aquela variedade de vida que pode deixar de existir. No entanto, o ensino do Evangelho de João é que Deus outorgou essa vida necessária a Jesus Cristo, como homem — e através dele, a todos os seres humanos que nele vierem a crer; e assim o homem pode tornar-se possuidor da imortalidade verdadeira, o mesmo tipo de vida que Deus tem e que caracteriza agora a vida do Senhor Jesus. Mas a vida de Deus é igualmente "independente", isto é, uma vida que existe por si mesma, sem depender de outra qualquer, para sua origem e continuação. Ora, os remidos, por intermédio de Cristo, por semelhante modo se tornarão possuidores dessa "vida independente", que também caracteriza a verdadeira imortalidade. Tomás de Aquino criou um argumento em prol da existência de Deus com base na ideia da vida necessária e independente, supondo que a menos que ela existisse em algum lugar, seria impossível para qualquer outra coisa existir. A alternativa ao pensamento de que alguma *vida necessária* foi a origem de toda a vida dependente, é o regresso infinito de uma causa para outra, *ad infinitum*. Ou seja, uma coisa teria sido a causa de outra, mas ela, por sua vez, também teria causa, e esta causa teria sido causada por outra coisa etc., até que nos cansamos de repetir a mesma coisa. Tomás de Aquino, pois, pensou ser muito mais lógico supormos que esse regresso infinito se interrompe quando chega à "vida necessária", que não precisa de ter tido uma causa, mas antes, representa a verdadeira imortalidade. *c. Ordinariamente, o conceito do monoteísmo inclui a ideia de que Deus é o Criador de todas as coisas*, que somente ele existiu desde a eternidade, e que todo o resto da existência, sem importar se pertence à natureza física ou à natureza espiritual, se deriva dele. O conceito da criação, conforme aparece como ideia filosófica, não requer a introdução de um início absoluto; ou, em outras palavras, pode ser encarado no mesmo sentido em que dizemos que um objeto físico "cria" uma sombra quando exposto à luz. Nesse caso, a sombra realmente coexiste com o objeto, mas este último é a "causa" da sombra, ou seja, o "criador" da sombra. Por semelhante modo, no conceito da emanação (conforme ensinado pelo panteísmo estoico), embora a criação seja vista como parte integrante do criador, e, por isso mesmo, coeterna com ele, contudo, ainda assim poderíamos falar em criação, pois Deus teria criado tudo emanando a si mesmo. Não obstante, tanto o judaísmo como o cristianismo ensinam que os mundos físicos, juntamente com tudo quanto existe, tiveram início em um ponto do tempo, deixando somente Deus como eterno. Isso tem criado, para alguns, o pseudoproblema que indaga: "E o que Deus estava fazendo quando somente ele existia?" Orígenes, para resolver esse problema, supôs que a criação seria um ato eterno de Deus, de tal forma que nunca teria havido um tempo em que Deus esteve *inativo*. Mas outros estudiosos da Bíblia ensinam que o tempo pertence somente à criação, e que, por isso mesmo, antes da criação, não havia tempo. Ainda outros intérpretes, em busca da solução para esse problema, têm sugerido que a criação é eterna apenas como um conceito de Deus, isto é, existente na mente de Deus desde a eternidade. Todavia, a ideia ordinária, aceita pela maioria dos teólogos cristãos, é que Deus criou todas as coisas em um ponto inicial do tempo, mediante a sua própria *energia*, como que "do nada"; embora a criação, através da própria energia divina, com a qual Deus teria formado a matéria, baseado em princípios espirituais, não seja realmente uma criação *do nada*. Quanto a outras notas expositivas sobre a "criação", ver Hebreus 11.3 e João 1.1-3 no NTI. Ver também o artigo sobre *Criação*. *d. Como parte usual da teologia monoteísta avulta o conceito de que Deus é um ser pessoal*, e não alguma força cósmica impessoal. Deus é um ser inteligente; e podemos saber algo a seu respeito mediante o exame do ser humano, que foi criado à sua imagem. Mais perfeitamente ainda, podemos saber sobre Deus através do Senhor Jesus Cristo, que refletiu a sua glória. Deus é Espírito, no que faz contraste com a matéria, ainda que não saibamos no que consiste um "espírito", exceto que não pode ser compreendido em termos das coisas materiais. Além disso, Deus possui natureza emocional. Deus tem vontade e razão, de uma maneira infinita, ainda que, até certo ponto, o homem seja um reflexo dessas verdades, possuindo tais propriedades mais ou menos da mesma maneira que Deus as possui, posto que em grau muito menor. Por conseguinte, somos levados à conclusão de que Deus não é alguma força cósmica, remota, impessoal, sem qualquer consciência da existência do homem. Pelo contrário, é um ser vivo que tem todo o conhecimento dos homens, que os guia, que os castiga ou galardoa, segundo as suas ações, e que determina os eventos e o destino de cada ser humano. Ora, essa é a posição do "teísmo". *e. Ao Deus único*, ao Deus apresentado pelo monoteísmo, também atribuímos a qualidade da moralidade. Deus é bom, amoroso e santo, sendo o grande despenseiro da justiça. O seu amor, entretanto, não é da qualidade do "eros" ou amor erótico, sensual, e, sim, é "ágape", um amor sem causa, sem começo e puro em seu princípio, consistindo em um interesse genuíno e eterno pelo bem-estar de todas as suas criaturas. Esse amor, outrossim, é independente, ou seja, não é criado ou mantido por qualquer coisa existente no objeto amado; pelo contrário, devido à sua suprema natureza amorosa, Deus é quem dá corpo ao princípio da bondade e da justiça, não precisando indagar, de quem quer que seja, o que seria bom e o que não o seria. Assim, pois, Deus é o padrão final de todos os valores morais. Kant, um filósofo alemão, costumava utilizar-se dessa ideia da moralidade de Deus como prova de sua existência. É óbvio que neste mundo não prevalece a justiça, embora nossos sentimentos íntimos digam-nos que a justiça terá de prevalecer final e completamente. Porém, somente uma personalidade como Deus poderia fazer com que essa vitória final do bem venha a ser uma realidade. A isso devemos acrescentar que somente uma pessoa como Deus pode ser o Juiz de todos, recompensando e punindo, de conformidade com um princípio correto. Há igualmente um pensamento que não devemos esquecer: a imortalidade precisa ser um fato, pois somente depois desta vida é que a maior parte das vidas pode prestar contas a Deus como convém. A fim de dar a esse Juiz o tempo de tomar essa prestação de contas, o homem precisa sobreviver à morte física, para que possa apresentar-se ao julgamento, recebendo sua recompensa ou sua punição, de conformidade com o que cada um tiver feito nesta vida terrena. Além disso, deve haver lugares de recompensa e de punição. *f. Trinitarismo ou triteísmo?* No cristianismo se desenvolveu a doutrina da Trindade, a fim de preservar tanto a unidade como a complexidade existentes dentro da personalidade do ser a quem chamamos de Deus. Essa doutrina não ensina que existem três pessoas distintas e separadas, que seriam todas as três outros tantos deuses: Pai, Filho e Espírito Santo, e não um único Deus, em três pessoas ou manifestações. O mormonismo é a principal expressão religiosa da cristandade que ensina o triteísmo, o que, naturalmente, não passa de uma forma de politeísmo. É interessante observarmos que segundo a teologia vulgar da igreja cristã, não se faz a distinção entre o triteísmo e o trinitarismo. Isso envolve não somente os leigos, os simples membros das igrejas evangélicas, mas também até os seus próprios ministros. Assim sendo, o pastor evangélico comum, ao ser solicitado a apresentar uma definição de Deus, dará uma resposta triteísta, e não trinitarista. Mas isso se deve ao fato de que rara é a pessoa que reconhece o que é o trinitarismo.

4. O teísmo. O teísmo reivindica possuir conhecimento; em outras palavras, declara que há evidências conclusivas em favor da existência de Deus, suficientemente positivas para permitir-nos uma declaração em prol de sua existência. Essas evidências nos chegam através da observação meramente empírica da grandiosidade e do designio aparentes neste mundo, através da intuição, através da razão e, sobretudo, através das experiências místicas. Outrossim, nossa experiência, física e espiritual, confirma para nós que Deus jamais abandonou o seu universo, mas antes, continua bem próximo de nós, mantendo assim constante contato com os homens, no que visa o benefício e o proveito eternos deles.

O trecho de Atos 17.24-31 apresenta elevadas expressões teístas. Deus, pois, é a fonte originária de toda a vida física e espiritual, e é o poder sustentador de ambos esses tipos de vida. Deus é a fonte de toda a forma de consciência. Ele é a origem de todas as ideias morais, como também de todos os valores humanos. Deus é imanente em sua natureza, e não absolutamente transcendental. Ele é quem preserva todo o valor e a dignidade humanos. Finalmente, Deus é o Salvador e o Redentor do homem, aquele que se oferece para elevar o homem à vida divina, por intermédio de Cristo. Além disso, Deus é o Juiz de todas as suas criaturas inteligentes, morais, que as recompensa ou pune, de conformidade com a retidão ou a maldade de suas ações. Deus é o alvo de toda a existência. É a própria razão para continuarmos vivendo.

5. O deísmo. Esse ponto de vista faz contraste direto com a posição anterior, a do "teísmo". O deísmo consiste na noção de que Deus é totalmente transcendental, porquanto, apesar de ser o Criador e a fonte da vida, divorciou-se de seu universo, abandonando-o completamente e não mais exercendo interesse por ele. Deus teria criado, segundo essa posição filosófica, os mundos, como se fossem máquinas dotadas de movimento perpétuo, as quais após o impulso inicial da criação, não mais necessitariam da orientação e da energia da mente divina. Deus seria a primeira causa de todas as coisas, mas não seria objeto apropriado de nossa adoração, porquanto nem mesmo daria atenção a seus adoradores.

Na realidade, o deísmo equivale ao ateísmo prático, porquanto Deus nada significaria para o homem. Segundo esse sistema, a moralidade fica inteiramente ao encargo do homem. Ele é que tem de descobrir quais leis concordam com aquilo que Deus determinou no princípio; e então, se conseguirem acertar, tudo irá bem com os seres humanos. Mas isso não porque Deus recompensará ou punirá aos homens, e, sim, porque praticar o bem é melhor do que praticar o mal e, em certo sentido, praticar o bem é sua própria recompensa. O *deísmo* guia-se pela crença de que a lei estabelecida, com seus resultados naturais para o bem ou para o prejuízo dos homens, dependendo tão somente de como obedecerem ou desobedecerem a essas leis, é suficiente para os homens. Isso significa que Deus jamais haverá de retornar à sua criação, fazendo intervenção em qualquer sentido, de forma pessoal, a fim de recompensar ou de castigar aos homens. Por conseguinte, o homem seria responsável apenas diante de si mesmo, embora de conformidade com uma lei natural originalmente estabelecida por Deus. Epicuro é considerado o criador dessa ideia; e ele a criou a fim de desenvolver uma ética humanista, aliviando os pagãos de seus temores supersticiosos dos seus "deuses".

6. O panteísmo. De conformidade com esse sistema, a natureza inteira é reputada como parte integrante de Deus. Em outras palavras, todas as coisas têm a mesma essência de Deus, não havendo qualquer distinção, entre Deus e a criação, no que diz respeito à essência ou substância. O mundo seria o corpo de Deus, e Deus seria a alma do mundo. Tudo quanto existe é Deus, e Deus é tudo quanto existe. Dentre as escolas filosóficas, podemos dizer que o estoicismo, o neoplatonismo, o "um" de Parmênides e diversas formas do idealismo germânico representam variações do panteísmo. Segundo o panteísmo, não existe qualquer Deus pessoal, não existe qualquer inteligência superior, distinta da criação, em qualquer sentido absoluto, como se Deus fosse possuidor de uma natureza diferente do resto. Tudo que existe pode ser comparado ao sol. O sol envia os seus raios, a sua energia. A sua energia faz parte do próprio sol. Assim também Deus é visto como o grande *Sol* que emana a si mesmo. Assim, tudo que existe é produto de sua emanação, participando de sua natureza, ainda que sob formas modificadas, tal como os raios do sol fazem realmente parte desse astro luminoso.

7. O realismo agnóstico. Essa filosofia assevera que a verdadeira natureza de qualquer Deus ou deuses, mente divina, realidade última, ou qualquer outro termo que queiramos usar, é desconhecida e impossível de ser conhecida. Poderíamos dizer alguma coisa acerca dessa suposta *realidade última;* porém, o mais que podemos fazer, nesse caso, é usar uma linguagem simbólica. Outrossim, seria um erro supormos que aquilo que dizemos representa fielmente o que na realidade representa esse suposto "Deus". Poderíamos fazer alusão a uma "primeira causa" ou à "fonte da existência"; mas tudo isso não passa de meras tentativas de formularmos ideias sobre uma divindade acerca da qual nada realmente sabemos com certeza. Herbert Spencer foi um grande advogado dessa ideia, no que diz respeito a Deus. Esse ponto de vista não nega a existência de Deus; mas tão somente deixa na dúvida a questão inteira.

8. O humanismo é aquela posição filosófica que pensa que Deus não é alguma força cósmica e final, algum poder supremo, alguma existência absoluta, algum ser supremo e transcendental, pessoal ou impessoal, teísta ou deísta, que seria um só ou diversos, e nem teria forças como uma energia, a gravidade etc. Pelo contrário, Deus seria *le grande être*, ou "o grande ser". Esse grande ser seria a própria humanidade, o que há de melhor no homem, as suas esperanças e realizações mais excelentes, os seus valores mais altos, a sua suprema bondade. Essa ideia é criação de Comte (1759-1857 — o genitor do positivismo lógico) e também foi esposada por John Dewey, um dos principais representantes do pragmatismo, por Max Otto, Roy Wood Sellars, Corliss Lamont e outros filósofos pragmáticos e humanistas.

9. O idealismo impessoal. Deus seria o valor ideal. Trata-se de um conceito similar ao da posição filosófica precedente, podendo ser classificado como uma subcategoria do "humanismo". Todavia, neste caso, a ênfase recai sobre os valores. Os valores possuiriam uma existência objetiva, *sui generis*. Os valores, ou princípios ideais, que seriam válidos e universais, é que seriam Deus, de acordo com esse ponto de vista.

10. A sobrenaturalidade deísta. Deus seria o revelador sobrenatural dos valores. Deus aparece usualmente como transcendental (o que mostra as tendências para o "deísta" dessa posição filosófica). Contudo, algumas vezes ele penetraria no universal a fim de alterar o rumo das coisas, efetuando um milagre, revelando algo importante, mantendo algum contato com o homem. (E isso mostra que essa posição também combina com o "teísmo"). Ao mesmo tempo, entretanto, Deus é totalmente distinto do universal; é transcendental. Isso significa que às vezes Deus é teísta, e às vezes é deísta. As raízes dessa ideia podem ser encontradas em várias declarações de Lutero, de Calvino e de outros teólogos cristãos. Mais recentemente, tal ideia foi expressa no existencialismo de Soren Kierkegaard, como também em determinadas seções das obras de Karl Barth (em sua neo-ortodoxia). É interessante que algumas declarações das Escrituras parecem ter um certo colorido que as assemelha às afirmações da sobrenaturalidade deísta.

11. O naturalismo religioso. De acordo com essa ideia, a tendência observável nos homens e no mundo, que busca alcançar a perfeição e que produz valores, é que é Deus (tal como na oitava e na nona posições mais acima). Mas com isso estaria combinada a teoria da evolução. O alvo da evolução seria a perfeição. Esse alvo é Deus. No dizer de Nelson Wieman: "Deus é o desenvolvimento da significação e do valor no mundo". Deus seria o valor teleológico.

12. O panenteísmo. Essa posição filosófica deriva sua designação de vocábulos gregos que significam, mais ou menos, "Deus conforme aparece em tudo". Conforme dizem os seguidores dessa ideia, Deus penetra e enche todas as coisas, porquanto se mantém imanente em tudo; porém, ao mesmo tempo, não deve ser identificado com esses objetos, conforme diz o panteísmo. Deus estaria em tudo, mas não é tudo. Possui a sua própria natureza ou essência distinta. Assim ensinavam Alfred North Whitehead e Alberto Schweitzer.

13. O ateísmo. O ateísmo também afirma possuir certo conhecimento, acreditando contar com evidências suficientes, de natureza negativa, que afirmam que não há Deus. Nem Deus e nem deuses existem. Conforme dizem os seus seguidores, no nosso mundo existem provas, que podemos observar na maldade existente no universo, que negam a existência de um bondoso Deus, juntamente com a confusão e o sofrimento que imperam por toda a parte. E posto que o mal e o sofrimento obviamente existem, os ateus acreditam que isso significa que Deus não existe. De conformidade com o conceito cristão, as ideias aqui enumeradas como sexta, oitava, nona e décima primeira, são todas formas de ateísmo, as quais, embora retenham a palavra "Deus", em seu vocabulário, na realidade não querem dizer coisa alguma com isso, a não ser dar uma satisfação às Escrituras Sagradas ou à teologia cristã, no que esse termo realmente significa.

O ateísmo está vinculado às seguintes declarações básicas, que o definem: *a*. Não existe qualquer Deus, segundo qualquer definição. *b*. Não existe Deus, segundo os termos de qualquer filosofia ou religião, não importa a forma tomada pelas declarações que fazem as filosofias ou religiões. *c*. Não existe Deus, sobretudo conforme a proclamação do judaísmo e do cristianismo.

Usualmente o ateísmo aceita como pontos de vista válidos somente aquelas coisas sujeitas à percepção dos sentidos, ficando assim negados o misticismo, a intuição e a razão pura como meios de que dispõem os homens para saberem das coisas. Ora, não haveria percepção de Deus através dos sentidos, mas bem pelo contrário. Outrossim, a percepção dos nossos sentidos pode conferir-nos uma razoável descrição da maldade e da corrupção que imperam no mundo; e, por isso mesmo, essas coisas negam a existência de um Deus bom e inteligente. No entanto, alguns ateus têm caído no absurdo de declararem: "Se eu fosse Deus, teria criado um universo melhor". Não obstante, isso nos permite entrever que os ateus acreditam ordinariamente que este universo imperfeito, especialmente do ponto de vista moral, serve de prova que, no universo, agem forças cósmicas e impessoais, em vez de um Deus *pessoal* e moral. Todavia, não dignificam os ateus a essas forças naturais e impessoais, chamando-as de "Deus".

Em comparação com a posição assumida pelos ateus, o teísmo também assevera possuir determinado conhecimento, afirmando que existem evidências suficientes que confirmam a existência de Deus. Essas evidências são de ordem positiva. E isso leva os que assim pensam a afirmarem que Deus realmente existe. Pois a própria percepção dos sentidos, que nos permite observar os vários fenômenos maravilhosos da natureza, nos confere testemunhos variados da existência de Deus.

14. O agnosticismo. Essa é a posição filosófica teológica que afirma: Talvez Deus exista; talvez não exista. É a posição de quem não afirma ser possível ter tal conhecimento com certeza. Existiriam provas tanto positivas como negativas da existência de Deus, mas nenhuma delas seria suficientemente conclusiva para capacitar os homens a tomarem uma decisão firme sobre a questão. O agnosticismo admite a possibilidade da existência de certo conhecimento sobre a questão, mas que esse conhecimento está sujeito a modificações, com a passagem do tempo, de acordo com elementos positivos ou negativos que forem surgindo.

Alguns agnósticos se inclinam para o teísmo, e outros para o deísmo. Em outras palavras, alguns deles pensam que as evidências em favor da existência de Deus, apesar de não serem conclusivas, são sugestivas dessa existência. Mas outros agnósticos, a despeito de admitirem que não sabemos se Deus realmente existe ou não, afirmam que a evidência disponível é principalmente negativa, o que os leva a suspeitarem que Deus realmente não existe. Por conseguinte, essa segunda forma de agnosticismo tende para o ateísmo.

O agnosticismo, estranhamente, também afirma possuir certo conhecimento, porquanto aceita a ideia de que talvez existam evidências inconclusivas a respeito do caso. No entanto, mantém a posição que diz: "Não sabemos". Assim sendo, o nome "agnóstico" se deriva dos termos gregos *a gnosis*, palavras que significam "não conhecimento". Alguns agnósticos têm a fé de que é impossível, tanto agora como talvez para sempre, sabermos se realmente Deus existe, crendo que essas questões, e outras similares, não são possíveis de serem respondidas pela mente humana. Ainda outros desses agnósticos acreditam que a evidência de que dispomos não está necessariamente estagnada, e que futuras modificações poderão propiciar base para a crença favorável ou contrária à ideia da existência de Deus.

15. O ceticismo. O ceticismo é uma espécie de agnosticismo radical. Àquilo a que chamamos de conhecimento, segundo esse ponto de vista, não é realmente tal, mas, quando muito, apenas indicações parciais do que a natureza de qualquer coisa poderia ser. Os céticos radicais pensam que tanto agora como para sempre será impossível obter qualquer conhecimento real acerca da natureza verdadeira do que quer que seja. Ora, isso se aplica não somente a Deus, mas a todas as coisas também, incluindo a natureza da matéria. Assim sendo, os homens podem falar sobre os átomos, sobre as partículas dos átomos, como os eléctrons, os nêutrons e os três elementos do eléctron, chamados "quarks"; porém, tudo quanto os homens dizem, quando muito, não passaria de uma descrição parcial do que é a matéria, porquanto não sabemos no que consiste a matéria, embora possamos fazer descrições-tentativas a respeito.

Os *céticos* ordinariamente limitam os meios humanos de obter conhecimentos à percepção dos sentidos, e por isso mesmo negam qualquer valor à intuição, à razão e ao misticismo, como meios de obtenção de conhecimentos. Porém, conforme é bem conhecido o fato, a percepção dos sentidos não é muito acurada, e podemos estar certos de que a maior parte dos fenômenos que ocorrem no mundo não está sujeita à percepção dos nossos sentidos. Alguns indivíduos podem ver áreas de luz que outros não podem. Alguns podem ouvir sons que geralmente não podem ser ouvidos. É lógico, por conseguinte, que qualquer coisa que os homens conhecem através de seus cinco sentidos, só pode ser uma descrição parcial até mesmo dos objetos físicos. Quão pouco é o nosso conhecimento, adquirido através desses sentidos físicos, pois, acerca de realidades imateriais como Deus, os anjos, a alma etc., não sabemos entrar em contato através desses sentidos?

16. O positivismo lógico. Trata-se de uma forma de ceticismo que domina a ciência moderna. Tal como o ceticismo comum, limita tudo quanto se pode conhecer à mera percepção dos sentidos, assim rejeitando quaisquer reivindicações de conhecimento que nos chegam através de outros meios, como a razão pura, isto é, aquela que prescinde de experiências, a intuição ou o misticismo, que também inclui a *revelação* divina. Todas as proposições de conhecimento que não têm base na experiência são *sem sentido*; ou em outras palavras, não haveria qualquer meio de julgar o seu verdadeiro valor. Assim sendo, o *ateísmo* e o *teísmo* são igualmente errados porque dizem que *existem evidências*: indicações *negativas* (não há Deus — ateísmo); indicações *positivas* (há Deus — teísmo). As duas declarações são incorretas, no dizer dos positivistas lógicos, porquanto ambas fazem declarações que são "sem sentido", porque é impossível demonstrar a existência de Deus através da experiência baseada na percepção dos sentidos. O positivismo lógico rejeita também a maior parte dos sistemas de ética, de metafísica e de estética, reduzindo a filosofia a um mero método científico.

Até mesmo quando falam de assuntos que podem ser conhecidos cientificamente, os positivistas lógicos não se referem a algum conhecimento autêntico, mas tão somente buscam encontrar alguma taxa de probabilidade, no tocante ao seu valor verdadeiro. Assim sendo, algumas coisas teriam uma elevada taxa de probabilidade, ao passo que outras teriam uma taxa de probabilidade bem baixa; e esse seria o verdadeiro valor dessas coisas. Em todas as experiências científicas, todas as evidências jamais podem ser descobertas, acerca de qualquer objeto; e isso significaria que nada, realmente, pode jamais ser conhecido com certeza absoluta. Por conseguinte, não haveria qualquer coisa como uma lei científica, porque outras evidências e experiências podem modificar os nossos conceitos sobre tais leis. Todas as chamadas "leis" seriam meramente taxas de probabilidade e sempre estariam sujeitas a sofrer modificações. Até mesmo o chamado conhecimento científico não passa de uma "inferência lógica".

17. O existencialismo. De acordo com essa posição filosófica, Deus seria transcendental, o "ser sem limites". Assim sendo, não poderíamos dizer que Deus "existe" ou "não existe", porque essas palavras não têm significado quando são aplicadas a Deus. Elas subentendem "um ser" entre outros seres. E dizer alguém que "Deus existe" é, na realidade, expressar uma forma de ateísmo, porquanto reduz o grande Deus transcendental à categoria daquelas coisas que podemos conhecer e expressar com a nossa mentalidade tão limitada. A própria palavra "Deus" não se refere a uma "realidade", e nem mesmo à "mais alta realidade", mas é antes uma alusão à fonte e ao alicerce de toda a vida e existência. Ao mesmo tempo, essa qualidade transcendental suprema é totalmente transcendental, e jamais poderá vir a ser descoberta e descrita pela investigação. Deus é o grande mistério perpétuo, e sempre haverá de ser o objeto do ser, o objeto de uma pesquisa admirada. E assim, quer neste mundo material, ou em algum outro mundo, após a morte física, Deus será sempre o "Grande Mistério" em direção ao qual os homens se movimentam, dirigindo-lhe a sua atenção, sempre procurando, mas sem jamais encontrá-lo, porquanto Deus é inerentemente transcendental. Esse é o tipo de existencialismo religioso, conforme é apresentado por Paul Tillich.

A principal fraqueza dessas diversas formas de *incredulidade*, descritas acima, consiste no fato de que ordinariamente fazem da percepção dos sentidos o único meio de adquirirmos conhecimentos, não dando a devida consideração a outros meios, como a intuição, a razão pura e o misticismo, que são meios de descobrimento de Deus muito melhores do que a percepção dos sentidos. Pois se realmente Deus existe (isso é fato) e ele resolve revelar-se, poderá simplesmente fazê-lo através de visões, sonhos ou outros meios dessa natureza, deixando assim inteiramente de lado toda e qualquer necessidade do concurso da percepção dos sentidos, e até mesmo da razão e da intuição.

Deus se dá a conhecer aos homens como um ato de sua misericórdia e graça, e alguns indivíduos, altamente inteligentes e treinados, têm arriscado as suas vidas sobre essa proposição. O mais poderoso argumento em favor do conhecimento religioso de toda a variedade, incluindo o conhecimento da existência de Deus, é o apresentado pelo misticismo. O Antigo e o Novo Testamentos se alicerçam sobre a suposição de que o Ser Supremo e divino se tem revelado aos homens por intermédio de meios especiais. Isso quer dizer simplesmente que o conhecimento autêntico de Deus é um "dom de Deus" e não, necessariamente, aquilo que pensaríamos que devemos experimentar, para afirmar tal verdade.

IV. O Conceito Bíblico de Deus. Oferecemos ao leitor um detalhado artigo sobre os *Atributos de Deus*, biblicamente orientado, com muitas referências escriturísticas. Ali expomos o conceito geral de Deus, de conformidade com a Bíblia. Adicionamos aqui somente uma caracterização geral:

1. O Deus da Bíblia é teísta, e não deísta. Ver os artigos separados sobre o *Teísmo* e o *Deísmo*, como também os comentários deste artigo, em sua terceira seção, pontos quatro e cinco. Isso significa que Deus não apenas transcende à sua criação, mas também que ele é *imanente* na mesma. Deus intervém em sua criação, alterando o curso da história e de vidas individuais, recompensando ou punindo. Portanto, Deus é quem impõe a responsabilidade moral, e não o homem, pois ele é quem estabelece as regras e determina penas para os desobedientes. As experiências místicas dependem do conceito teísta de Deus. Há uma *Presença* que pode ser buscada, sentida e conhecida.

2. O Deus da Bíblia é um só (ver sobre o monoteísmo), embora se manifeste como uma *Trindade* (vide). Isso se refere não somente à natureza de Deus, mas também ao seu impulso de comunicar-se, porquanto é no Filho, através do Espírito Santo, que Deus se comunica com os homens.

3. O Deus da Bíblia faz-se conhecer pela *revelação* (vide). Judeus e cristãos creem que Deus quis revelar-se, tendo-o feito por meio de profetas e homens santos. Essas revelações têm-se concretizado nos livros sagrados do Antigo e do Novo Testamentos. Esse é um dos aspectos do *teísmo*. O desvendamento sobrenatural de Deus e as suas exigências são universais em caráter, tendo-se tornado parte da história da humanidade. A encarnação do Logos, em Jesus de Nazaré, é a suprema revelação de Deus, e o Novo Testamento é uma prolongada declaração das implicações dessa revelação. O Pai faz-se conhecido no Filho (Jo 14.7 *ss.*, e cap. 17). A revelação de Deus, no Filho, tem natureza redentora e restauradora, por serem esses os propósitos principais por detrás dos atos reveladores.

4. O Deus da Bíblia é o Espírito eterno, o Criador e preservador infinito, bem como o Juiz de toda a criação. Ele é também o Redentor, pois aquelas outras qualidades teriam pouca significação para os homens. A Confissão de Fé de Westminster (vide) declara: "Deus é um Espírito, infinito, eterno e imutável em seu ser, sabedoria, poder, santidade, justiça, bondade e veracidade". Essa declaração, infelizmente, deixa de lado o seu atributo de amor, que é a base de toda a sua natureza moral, bem como o impulso mesmo por detrás da revelação e da encarnação de Deus, no Filho.

5. O Deus da Bíblia é uma pessoa, em contraste com os conceitos descritos na seção III deste artigo, como o panteísmo (ponto sexto), o realismo agnóstico (ponto sétimo), o humanismo (ponto oitavo), o idealismo impessoal (ponto nono), o naturalismo religioso (ponto décimo primeiro), ou o permanente grande mistério do existencialismo (ponto décimo sétimo). Afirmamos que Deus é uma pessoa e um espírito. E isso é o começo dos problemas, porquanto não sabemos como definir um espírito, exceto asseverando, de maneira vaga e imprecisa, que se trata de um ente *não material*; e também só podemos descrever os atributos de uma pessoa fazendo analogia com as pessoas humanas; mas isso faz as descrições ficarem muito aquém da realidade toda de Deus. Não obstante, retemos esses termos por falta de melhores, ainda que as descrições assim conseguidas estejam longe de ser brilhantes.

6. Classificação dos Atributos de Deus. Os teólogos acham conveniente falar sobre os atributos de Deus mediante duas amplas categorias: os atributos *comunicáveis* e os *incomunicáveis*. Os primeiros são aqueles com qualidades racionais e morais, que encontram algum paralelo na natureza humana: sabedoria, bondade, retidão, justiça e amor. Deus mostra-se imanente em sua criação, de acordo com esses atributos. Sob a segunda classificação, temos a autoexistência (o Ser Necessário), em contraste com os seres desnecessários ou dependentes, cuja vida é derivada da Fonte da vida; a imutabilidade; a onisciência; a onipotência e a eternidade. Nesses atributos, Deus mostra-se transcendental, sendo eles análogos às condições humanas. Com o termo "eternidade" indicamos que Deus meramente não teve começo, e nem terá fim. Também indicamos que ele é um Ser totalmente além da categoria humana do tempo, pertencendo a um tipo totalmente diferente de esfera e forma de vida. Ver sobre *Atributos de Deus*.

7. A Vontade de Deus e a sua Soberania. Esse é um outro aspecto do ensinamento do teísmo. Deus faz-se presente e pratica aquilo que ele quer; mas a sua santidade garante que tudo quanto ele faz sempre é correto e justo. A vontade de Deus é um aspecto de sua autodeterminação, que encontra expressão em seus atos criativos. Ver o artigo separado sobre o *Determinismo*, que aborda esse assunto quanto aos seus detalhes.

8. A Paternidade de Deus. Essa é a base de seus atos remidor e restaurador. Ver Romanos 8.14 *ss.* quanto a uma expressão bíblica a esse respeito. Jesus ensinou os homens a orarem a Deus como Pai (Mt 6.9). Esse capítulo tem doze referências a Deus como Pai. Tais alusões são extremamente numerosas no Evangelho de Mateus. (Ver também Mt 5.16,45,48; 7.11,21; 11.25-27; 12.50; 16.17; 26.38,42 e 28.19). Ao chamar Deus de Pai, Jesus enfatizou o interesse de Deus pela humanidade, bem como o seu amor, cuidado vigilante, generosidade e fidelidade. Conta-se a história de como um missionário evangélico procurava ensinar a alguns africanos os conceitos bíblicos de Deus. Uma idosa mulher desistiu de continuar aprendendo as lições. Perplexo, o missionário perguntou-lhe por qual razão. Ela respondeu: "Aprendi que Deus é o meu Pai. Isso basta para mim".

V. Provas da Existência de Deus. Certa feita, estava eu pregando em uma igreja batista sobre as provas da existência de Deus. Procurei usar algumas poucas referências bíblicas que concordam em espírito com as provas filosóficas, mas que não se acham ali com o propósito específico de provar a existência de Deus. Fui severamente criticado devido àquele sermão, e uma das senhoras chegou a dizer: "Espero que o pastor não torne a convidar aquele *filósofo* para falar à igreja!" Em uma outra ocasião, um jovem de um seminário batista, na cidade de São Paulo, referiu-se ao que aquela senhora dissera, concordando inteiramente com ela. Eu estava presente e ouvi a observação dele, mas não me dei ao trabalho de protestar. Mas eu sabia que tanto os cursos de filosofia como de teologia (da escola que ele frequentava) incluíam provas racionais da existência de Deus, naquelas disciplinas. A ignorância dos fatos nunca leva a coisa alguma. Quanto mais aprendemos, tanto melhores ficamos. Os filósofos têm feito bem em examinar esse assunto; fazemos bem em ficarmos informados acerca do assunto, mesmo que não precisemos de tais provas para consubstanciar a *nossa* fé cristã. Pois os que ainda pertencem ao mundo, talvez sintam que essas provas são úteis para eles consubstanciarem *sua* fé na existência de Deus. Outrossim, muitas dessas provas têm uma sólida base bíblica, ainda que, na Bíblia, tais conceitos não sejam expostos como provas.

Abaixo oferecemos os vinte argumentos diversos que comprovam a realidade da existência de Deus, a saber:

1. Há a ideia do *quinque viae*, exposta por Tomás de Aquino. Antes de tudo destaca-se o princípio do *impulsionador primário*, isto é, aquela força que desencadeou o movimento e que agora sustenta o mesmo. O mundo seria, essencialmente, "matéria em movimento". Precisamos explicar a existência tanto do movimento como de sua causa primária. Pois não é lógico entrarmos em um regresso infinito, afirmando que um movimento foi causado por um antecedente, e este por um outro, anterior a ele, e assim indefinidamente. Precisamos finalmente chegar à declaração da origem do movimento. Em Colossenses 1.17 vemos que esse poder é atribuído a Cristo (o *Logos*), ao passo que no trecho de Atos 17.28 essa força é atribuída a Deus Pai. Estes dois trechos foram declarações do apóstolo Paulo. Por conseguinte, esse argumento de Tomás de Aquino já existe nas Escrituras, ainda que não na forma rigorosa de um argumento, porém, meramente como uma afirmação sobre a origem do movimento e como o mesmo tem prosseguimento. O movimento assume muitas formas diversas, e, segundo o conhecimento mais avançado de que dispomos, sobre essa particularidade, o movimento mais elementar é aquele que se verifica no interior do átomo, e que envolve os elementos constitutivos do átomo. Existem igualmente movimentos na formação das coisas, no desenvolvimento de qualquer coisa a que chamamos de crescimento. Tais movimentos são governados por uma inteligência qualquer, porque, de outro modo, tudo não passaria do mais absoluto caos. Os movimentos são dirigidos na direção de alvos fixos, levados a efeito com um propósito definido. Somente uma inteligência elevada poderia assim ordenar e dirigir tais movimentos.

2. Há o argumento cosmológico. Temos a necessidade de explicar a origem da matéria. Poderíamos encetar uma série infindável de retrocessos, supondo que há uma fileira interminável de causas, sem jamais chegarmos a uma *causa primária* — mas isso é simplesmente contrário à razão. Assim sendo, precisamos supor que existe uma causa, maior do que qualquer dos seus efeitos, causa essa que originou a matéria. Com base na grandiosidade da criação, podemos averiguar algo da grandiosidade da inteligência de Deus, bem como algo de seu extraordinário poder. A única alternativa possível a essa posição é aquela que afirma que a matéria é eterna; essa ideia, entretanto, é muito menos satisfatória do que aquela que fala de uma causa inteligente de todas as coisas, causa essa que é eterna, mas que produziu a criação dentro do tempo. Coisa alguma, de tudo quanto existe, pode ser declarada como sua própria causa, porquanto sempre podemos encontrar uma causa para qualquer coisa, e outra causa para essa causa, e assim por diante. Finalmente, porém, somos forçados a pôr ponto final nesse retrocesso, supondo a existência de uma causa primária. Essa é a solução mais razoável, para o problema da origem, dentre todas as soluções que têm sido apresentadas pelos homens.

3. Há o argumento alicerçado na contingência ou na possibilidade. Esse argumento tem por fundamento a verdade empírica que mostra que tudo quanto conhecemos, através de nossa experiência, é "contingente". Em outras palavras, depende de alguma outra coisa para explicar a sua existência. Isso subentende que a menos que exista alguma coisa "necessária", que "não possa deixar de existir", todas as coisas, finalmente, cessariam de existir, porquanto dependem ou são contingentes dessa coisa necessária. Uma vez mais poderíamos iniciar um retrocesso infinito, supondo que todas as coisas realmente dependem de alguma outra coisa, sem jamais chegarmos a um "ser necessário", independente, que não depende do que quer que seja para a sua existência. Porém, essa ideia é muito menos razoável do que supormos que ao longo do caminho de retrocesso, em algum lugar, se encontra aquela *vida necessária*, que não depende de qualquer outra coisa para a sua existência, mas antes, é sua própria causadora e existe independentemente de tudo o mais. A esse ser independente é que denominamos "Deus". O Evangelho de João encerra esse conceito em trechos como João 5.25,26 e 6.57, onde se lê que esse tipo de vida independente, imortal e necessária foi conferida ao Filho de Deus (através da ressurreição), pelo poder de Deus Pai, e então, por intermédio do Filho, a todos quantos nele creem. Esse é um dos conceitos mais elevados da religião, revelada ou não. O homem, através dessa doação, vem a participar da "vida independente" de Deus, e assim virá a participar do mesmo *tipo* de imortalidade que Deus Pai possui. Essa é a autêntica *vida eterna*.

4. Há o argumento axiológico. Em outras palavras, há uma única forma ou graus de perfeição? Sempre que examinamos a bondade, a justiça, a beleza, a nobreza, ou qualquer outra das qualidades morais, observamos neste mundo muitos graus de perfeição. Ora, a própria ideia de "grau" subentende a necessidade de um grau máximo, ou seja, a perfeição — um "maxime ens" ou "ens realissimus". Esse ente mais real se chama "Deus", que é o ápice de todos os graus de perfeição.

5. O argumento teleológico. Todos os aspectos da vida e do ser demonstram um desígnio extremamente completo. Tudo quanto é vida possui propósito em seu ser, além de um esquema muito complexo de funções físicas, o que demonstra o mais estupendo desígnio. A complexidade de desígnios existente, por exemplo, no olho humano, é demonstração suficiente da existência de uma inteligência cheia de propósito para confundir um milhão de ateus. A ordem que impera no universo físico é exata e maravilhosa para a nossa apreciação. Ora, por detrás de todo esse propósito e desígnio deve haver um grande planejador, ou seja, a mais elevada inteligência que se pode imaginar, que foi capaz de pôr em movimento uma criação magnífica que sempre desperta a nossa observação. O *planejador* é *Deus* e sua inteligência é amplamente demonstrada no mundo por ele criado. Por exemplo, há uma variedade de mariposa que possui dez tipos diferentes de antenas, e que são receptores de luz. Por meio do seu uso, esse inseto é capaz de dirigir o seu voo e a sua vida em geral. A ciência dos homens ainda não foi capaz de descobrir a utilidade específica de cada uma dessas variedades de antenas, mas os cientistas se maravilham extasiados ante o fenômeno. O engenho humano jamais foi capaz de desenvolver antenas com essa sensibilidade. No entanto, alguns animais possuem receptores de luz ainda mais complicados e perfeitos, aos quais chamamos de *olhos*. Por detrás de desígnios tão inteligentes, deve haver um *Intelecto Supremo*. E essa inteligência extraordinária se chama Deus. Até mesmo as coisas inanimadas têm desígnio, e essas coisas, juntamente com outras coisas de desígnio mais complexo, adicionam o seu testemunho em favor do grande Planejador.

Ver o artigo separado sobre os *Cinco Argumentos em Prol da Existência de Deus*.

6. O argumento da eficácia da razão. A razão humana, com sua extraordinária complexidade e com suas muitíssimas sutilezas e os seus poderes abstratos, comprova a necessidade de admitirmos, em nossa ontologia, o Criador e planejador desses poderes, sendo, ele mesmo, o Intelecto supremo. A razão humana é apenas uma pequena demonstração da razão divina. Até mesmo as tentativas racionais do homem, para provar que Deus não existe, não passam de demonstrações de que Deus verdadeiramente existe, porquanto essas tentativas são um uso e uma exibição da razão, o que, quando devidamente examinado, inevitavelmente nos conduz de volta a Deus. Esse argumento é uma faceta do argumento teleológico, discutido no ponto anterior.

7. O argumento moral. Em sua forma original, esse argumento assevera que o elevado senso de moralidade que algumas pessoas possuem pode ser melhor explicado se supormos que esse senso se assemelha ao do grande Ser moral. Essa explicação é melhor do que atribuirmos tal moralidade a fatores meramente biológicos ou físicos. De conformidade com esse ponto de vista, aceitamos que um elevado senso moral se deriva da influência exercida por um Deus santo.

Em suas formas mais complexas, compreendemos que esse argumento mostra que até mesmo o vocabulário da moralidade, que se refere a conceitos como "bondade", "justiça", e "conduta ideal", subentende um elevadíssimo padrão de moralidade, o qual inspira a moralidade no homem, o que, por sua vez, é refletido na própria natureza da linguagem humana. Outrossim, o argumento moral, em suas formas mais complexas, afirma que existe na mente humana a intuição de que deve haver uma retribuição apropriada às ações morais dos homens/ subentende que deve haver um Juiz capaz de dispensar retribuições na forma de bênção ou punição. Além disso, a experiência e a observação humanas demonstram que, nesta existência terrena, a injustiça pode prevalecer e frequentemente o faz, pelo que a justiça, neste lado terreno da vida, não se cumpre. A razão também nos diz, por conseguinte, que deve forçosamente haver a imortalidade, pois é no "outro lado" da existência que a justiça terá de ser satisfeita. Ora, somente o Juiz absoluto pode fazer os ajustamentos necessários para que a justiça repouse sobre todos, através da bênção ou através do castigo. A esse Juiz nós chamamos "Deus". O raciocínio da pura moral humana requer a existência de Deus. Outrossim, alicerçados em bases bíblicas, como vemos em Romanos 1.19,20, ou como se vê em João 16.8-11, percebemos que esse Juiz transmite pessoalmente aos homens quais são as exigências morais deste mundo.

8. O argumento axiológico, em sua forma mais complexa. Todas as sensibilidades humanas, no que diz respeito às perfeições da realidade, das qualidades morais, das qualidades estéticas, das qualidades políticas e da busca pela perfeição, em qualquer campo do conhecimento humano, requerem que exista o Valor supremo na direção do qual todos os demais valores apontam, e cujo padrão esses valores seguem como linha diretriz. Há uma subcategoria desse argumento, denominado "argumento henológico", o qual afirma que há uma espécie de unidade em todos os conceitos de valor, isto é, o grande padrão de valor, que age como o alvo e o unificador de todos os valores, a despeito do que essa disciplina porventura envolva. Essa unidade dos valores exige a aceitação da existência do unificador de todos os valores, que é Deus.

9. O argumento derivado da autoridade. Os livros sagrados, as experiências místicas que dão conteúdo a esses livros sagrados, a tradição histórica da igreja cristã, os escritos e predições orais dos profetas, o cumprimento dessas suas profecias etc., mostram-nos que existem "autoridades" de natureza religiosa, o que comprova a existência de um Deus que nos transmitiu tais revelações, e que, por isso mesmo, constitui a autoridade apropriada para representar a sua própria pessoa.

10. O argumento baseado na experiência religiosa. A experiência religiosa, como a regeneração, e as demais experiências místicas, como as curas, diversas experiências psíquicas, os milagres etc., provam que deve haver uma realidade na fé religiosa, cujo ponto mais elevado é o Ser supremo que denominamos "Deus", o qual, também, é a fonte originária válida de toda a experiência religiosa autêntica.

11. O argumento baseado na esperança religiosa. Existe uma crença universal dos homens na existência de Deus, que os leva a terem "esperança". A remoção da esperança deste mundo deixaria a raça humana em estado de miséria íntima. Essa esperança é justificada porque é outorgada por Deus, sendo comprovada pelo consenso humano universal. Os homens esperam em Deus, a não ser quando ensinados em contrário, por algum sistema perverso, que os condicione a isso.

12. O argumento baseado na realidade dos milagres. A experiência humana comum testifica sobre a realidade dos milagres. A ciência não conta com qualquer explicação e nem com qualquer teoria geral que explane as muitas maravilhas extraordinárias que se verificam neste mundo. Somente a verdade religiosa pode explicar tais fenômenos. O princípio religioso afirma a existência de Deus como o grande poder que há por detrás dos milagres. Existem leis mais elevadas do que aquelas que são explicadas pela ciência humana, e que podem ultrapassar as supostas limitações, impostas pela ciência natural. Deus é controlador das leis cósmicas e, se assim quiser fazer, pode agir contrariamente a elas, fazendo intervenção, ultrapassando-as ou utilizando-se de leis superiores a elas; a fim de produzir acontecimentos que desafiam qualquer explicação "lógica", de conformidade com a lógica científica.

13. O argumento do *consensus gentium*. Essas palavras latinas significam "opinião popular". Sempre fez parte da opinião de todas as culturas humanas que existe algum Ser supremo, ou existem alguns seres divinos. O ateísmo, em contraste com isso, precisa ser aprendido; não ocorre naturalmente a quem quer que seja. Não existe um único ser humano, à face da terra, que seja ateu de nascimento. Usualmente os indivíduos aceitam o ateísmo nas escolas seculares e profanas, onde os mestres, inchados de orgulho intelectual, pensam ser suficientes para si mesmos, sem necessitarem de qualquer Poder supremo. Todavia, em todas as culturas onde a sofisticação do ceticismo ainda não penetrou, há a crença na existência de Deus, ou, pelo menos, de vários deuses. A opinião geral da humanidade, entretanto, não nos pode conduzir à natureza exata de Deus, mas, pelo menos, pode conduzir-nos à "ideia da existência da divindade" — Deus existe.

14. O argumento baseado na revelação e no misticismo. Deus tem achado por bem revelar-se a si mesmo aos homens; e isso ele tem feito por intermédio de visões e sonhos. Essa revelação aparece em forma mais concreta nas Santas Escrituras. *O* Senhor Deus simplesmente dá conhecimento de si mesmo como um dom aos homens, porque sabe que precisam desse conhecimento. Essa revelação se origina em sua graça e em sua bondade. Que o misticismo é uma realidade é fato que se pode comprovar facilmente, através de pesquisas e da mera observação. O impulso que há por detrás de todas as experiências místicas, quer se trate de milagres ou de visões, é a mente divina. E formas falsas de misticismo não eliminam o que é verdadeiro; e, além disso, qualquer grau de misticismo já serve de prova sobre a existência de Deus. As experiências místicas conseguem descrever Deus, em certo sentido, não sendo meramente uma afirmação de sua existência.

15. O argumento baseado na felicidade do crente. A profunda felicidade e senso de confiança que têm os crentes em Deus, a alegria e a segurança que a fé teísta confere aos seus possuidores, servem de provas da validade da crença na existência de Deus.

16. O argumento baseado na melhor crença. Sendo inquiridores sérios da verdade, sentimos a necessidade de escolher entre as muitas ideias que existem, e, ao sermos defrontados por tal necessidade de escolha, a "melhor fé", obviamente, é a fé teísta. Essa crença explica melhor a existência da criação, de seu desígnio, das experiências místicas e dos milagres. Isso é uma explicação melhor do que a ideia da mera "chance", da "evolução" ou da "seleção natural", ou mesmo da coincidência sem desígnio, das "forças naturais e cósmicas", que são suas alternativas. A crença em Deus fica melhor fundada, psicologicamente falando, na realidade das coisas, do que o ateísmo, e é muitíssimo mais satisfatória. O ateísmo perde a sua utilidade quando o indivíduo morre.

17. O argumento da aposta, apresentado por *Blaise Pascal*. Pascal ensinava que é impossível provar ou negar a existência de Deus, mas dizia que, sob bases pragmáticas, a crença em Deus é superior à descrença, porquanto essa crença agrada a Deus, ao passo que o ateísmo lhe é desagradável. De acordo com essa ideia, quando um homem morre, se porventura descobrir que Deus não existe, ou se ele mesmo simplesmente deixa de existir, nada terá perdido. Por outro lado, se um homem, ao morrer, descobrir que Deus realmente existe, então só terá a ganhar com a sua crença teísta. Essa ideia, entretanto, não é válida, pois é extremamente imperfeita. Pois Deus existe, e, segundo podemos estar plenamente certos, não é nenhum tolo, o que significa que não ficará satisfeito com alguém que se aferra à crença teísta somente por motivo de vantagens egoísticas. De fato, talvez Deus se sinta mais agradado com um ateu sincero e honesto, e não com um teísta jogador com a sorte. Essa forma de crença é uma hipocrisia, e jamais poderá agradar a Deus. Outrossim, do ponto de vista teológico, a mera crença na existência de Deus não é mais vantajosa do que a crença que têm os poderes demoníacos na existência de Deus, pois os demônios creem e estremecem.

18. O argumento do teísmo pragmático. Paralelamente ao argumento anterior, alguns pensam que é pragmaticamente melhor ser alguém religioso, não somente no que tange à questão da crença na existência de Deus, mas também no que diz respeito à questão da prática religiosa. O ateísmo não oferece qualquer futuro a quem quer que seja, e nem mesmo reivindica oferecer isso. É melhor, portanto, do ponto de vista do pragmatismo prático, lançarmos nossa sorte com a religião, com a existência de Deus e da alma, fazendo profissão geral e prática da religiosidade. Se, ao morrermos, nada existir senão o vazio, ou se descobrirmos que estávamos equivocados em nossas crenças, nada perderemos com isso. Por outro lado, se alguma parte ou a totalidade das crenças religiosas estiverem de conformidade com a realidade, descobriremos que fizemos uma acertada decisão, ao seguirmos a fé teísta e as práticas religiosas, porquanto, presumivelmente, obteremos algum mérito com isso. Do ponto de vista evangélico, entretanto, essa "fé pragmática" não se reveste de valor algum, porquanto somente uma fé verdadeira em Jesus Cristo pode transformar os remidos segundo a sua própria imagem. Seja como for, o teísmo pragmático é melhor do que o ateísmo, como expressão para a existência terrena presente.

19. A existência de Deus é a melhor explicação possível para tudo quanto está envolvido em todos esses argumentos, considerados como um conjunto. Ao examinarmos a gama inteira das possibilidades, dos argumentos, das teses e das contratises, o teísmo mostra-se mais convincente do que o ateísmo. Isso é verdade, ainda que não possamos chegar a uma conclusão racional definitiva. A melhor ideia é a teísta, e esse é o resultado líquido de todos os argumentos, considerados em sua totalidade.

20. O argumento alicerçado na fé pura. Alguns cristãos, especialmente nas igrejas evangélicas, têm chegado à conclusão de que nenhum argumento "racional" ou "físico" verdadeiramente demonstra a existência de Deus, mas antes, que essa certeza só ocorre através da fé bíblica. Nas igrejas evangélicas, que seguem o ensinamento bíblico, acredita-se que essa fé é conferida pelo próprio Deus, o qual dá, dessa maneira, certeza de sua existência, inteiramente à parte de evidências externas. Alguns crentes chegam mesmo a alegrar-se nessa ideia, rejeitando totalmente quaisquer outras ideias, como se estivessem próximas da blasfêmia, as quais dizem ser necessário ser comprovada a existência de Deus para que nela possamos acreditar. Porém, apesar das Escrituras Sagradas em parte alguma se lançarem à tarefa de tentarem provar que Deus existe, contudo, passagens bíblicas como aquela de Romanos 1.20 dão a entender que verdadeiramente existem provas, físicas e racionais, acerca dessa existência. Portanto, não é crime procurarmos delinear a validade de tais provas, pois, para os incrédulos, esse delineamento pode ser muito útil e valioso. Um dos primeiros passos que uma alma pode dar na direção de Jesus Cristo pode ser a crença firme na existência de Deus. Ninguém poderá jamais avizinhar-se de Cristo, segundo um sério ponto de vista evangélico, se for um ateu convicto. (Esse argumento baseado na "fé pura" na realidade é uma variedade do argumento "místico", que aparece no décimo quarto lugar nesta lista de argumentos sobre a existência de Deus).

Deus?
Quem me terá trazido a mim suspenso,
Atônito, alheado... ou a quem devo,
Enfim, dizer que em nada mais me enlevo,
A ninguém mais de coração pertenço?
Se desço ao vale, ao alcantil me enlevo,
Quem é que eu busco, que será que eu penso?
És tu, memória de horizonte imenso
Que me encheu a alma dum eterno enlevo?
Segues-me sempre... e só por ti suspiro!
Vejo-te em tudo... terra e céu te esconde!
Nunca te vi... cada vez mais te admiro!
Nunca essa voz a minha voz responde...
E eco fiel até do ar que aspiro,
Sinto-te o hálito... em minha alma ou onde?
(João de Deus, Portugal)

VI. NOMES BÍBLICOS DE DEUS. Ver o artigo separado sobre esse assunto, sob o título *Deus, Nomes Bíblicos de*.

VII. O CONHECIMENTO DE DEUS. Nas seções I e II, enfatizamos a debilidade das tentativas humanas para conhecer a Deus. Desconhecemos muito mais do que conhecemos sobre ele. Contudo, é nosso dever procurar conhecer a Deus, sendo isso algo necessário para a sustentação de nossa própria vida. Pelo menos espiritualmente falando, isso não é algo que possamos dispensar, se assim quisermos fazer. O homem é um ser espiritual, e a espiritualidade é a substância de toda a sua vida e de todo o seu esforço, embora muitos homens não reconheçam isso.

Há trechos bíblicos que abordam a natureza incompreensível de Deus (como: Jó 11.7; 21.14; 37.26; Sl 77.19; Rm 11.33). Portanto, qualquer conhecimento de Deus, que venhamos a obter, é extremamente limitado, mas, esse conhecimento limitado reveste-se de imensa importância.

Maneiras de conhecer a Deus:
1. A principal dessas maneiras é a autorrevelação de Deus. A própria existência da Bíblia serve de prova do fato de que Deus se revela a nós, embora essa revelação seja necessariamente parcial. (Ver Mt 11.27; Jo 17.3; Rm 1.19,20; Ef 1.17; Cl 1.10 e 1Jo 5.20).

2. A Revelação do Filho. O Logos, o princípio do Filho da deidade, manifesta-se em Jesus Cristo, mediante a sua encarnação. Essa é a suprema revelação de Deus entre os homens (Jo 1.14,18).

3. Abordagem Racional. O primeiro capítulo de Romanos reconhece que a razão humana pode chegar a obter certo conhecimento de Deus (vs. 19,20). Os filósofos têm afirmado que Deus é o *Grande Intelecto*, e que o homem é um *intelecto* que se deriva de Deus, o que explica a afinidade existente entre Deus e o homem. A razão humana, naturalmente, reveste-se de certa qualidade divina, podendo refletir algo do Ser divino.

4. A Abordagem Intuitiva. O homem tem acesso a um conhecimento que ultrapassa a percepção dos sentidos e da razão. Ele é capaz de conhecimento imediato (intuição), sem fontes conhecidas. Parte disso deve-se, sem dúvida, à sua afinidade com a natureza divina, pois o homem foi criado à imagem de Deus. Sua faculdade intuitiva revela-lhe certas coisas sobre a natureza de Deus. Ele possui *ideias inatas* (vide), entre as quais destaca-se a *Ideia Divina*. A crença na existência de Deus, bem como algum conhecimento sobre Deus, não depende da revelação, além de transcender à razão. Esse conhecimento tem base firme na própria natureza humana, criada com a capacidade inata de reconhecer a Deus.

5. As atividades filosóficas, que incluem os argumentos racionais, intuitivos e morais para lançarem luz sobre o conhecimento de Deus e da alma, revestem-se de grande valor. Destaco esse fato como um ponto separado, a fim de enfatizá-lo, embora tais elementos também se achem sob outros pontos. Nesta altura, incluo uma citação extraída do *Dicionário Bíblico de Unger*, que se reveste de certa força, quando consideramos que Unger foi um escritor evangélico bastante conservador.

"As Escrituras não buscam provar a existência de Deus, mas apenas supõem ou asseveram o fato como algo que os homens deveriam estar preparados a reconhecer. As provas racionais da existência do Ser divino, porém, não devem ser consideradas de *grande valor*. São extraídas principalmente da natureza, da história e da humanidade. Algumas vezes é precipitadamente afirmado que os argumentos edificados em torno desses alicerces são antiquados ou inúteis. No entanto, permanecem de pé, sem importar suas modificações quanto à forma, sendo essencialmente válidas e de grande valor para confirmar e explicar a crença em Deus, o que, ao mesmo tempo, é tão natural para todo coração humano. Deve-se notar também que a natureza, o homem e a história nos dão revelações gerais sobre Deus — um fato que não é raramente mencionado nas Escrituras. (Ver Sl 19.1-3; At 14.17; 17.26,27; Rm 1.19,20; 2.15). De acordo com isso, o estudo dessas normas produz não somente certas evidências da existência do Ser Divino, mas também algum conhecimento a respeito de seu caráter.

6. As Experiências Místicas. O *misticismo* (vide) pode ser definido como o contato com um ser ou com seres superiores a nós mesmos, e isso de vários modos. No misticismo *ocidental*, esse contato usualmente é *externo*, isto é, com seres fora de nós. No misticismo *oriental*, a ênfase se faz com as dimensões mais altas do próprio ser. O contato com algum ser superior, ou com o próprio "eu" superior, pode ser mediado através da percepção dos sentidos, como nas experiências visionárias e auditivas, ou pode ser inteiramente subjetivo, como nas visões internas e experiências intuitivas. Todas as religiões são edificadas sobre a base das experiências místicas. Um profeta teve uma visão. Ele a registra por escrito; seus discípulos preservam-na em um livro sagrado. A organização (a igreja) preserva o livro e o canoniza, a fim de protegê-lo. Porém, o processo inteiro começa com a visão, com a experiência pessoal do profeta sobre o Ser divino. Muitas dessas experiências são inefáveis, e não podem ser reduzidas à forma escrita, exceto nos termos vagos de conceitos abstratos. O ministério do Espírito Santo e os seus dons são formas de misticismo. Os discernimentos obtidos através da mediação são frutos da abordagem mística ao conhecimento. Alguns místicos têm-se asseverado possuidores de um perfeito conhecimento de Deus, mas isso representa uma opinião exagerada e absurda. Não obstante, a maneira mais eficaz de alguém adquirir o conhecimento de Deus é através do caminho místico. A revelação é mesmo uma subcategoria do misticismo. A iluminação referida em Efésios 1.17 só é possível através das experiências místicas.

7. As Escrituras. A Bíblia não representa uma única maneira pela qual Deus revela a si mesmo. Ela incorpora muitos aspectos. São o produto da revelação, mas também contêm raciocínios e discernimentos intuitivos que não foram dados diretamente como revelações, mas foram produtos do exercício espiritual e da inquirição por parte de homens santos. A inspiração das Escrituras inclui o uso das habilidades naturais e da erudição dos homens, sendo frutos de sua busca espiritual. Seja como for, o resultado final é que contamos com muitos ensinos e discernimentos de Deus e de sua natureza, de tal modo que a Bíblia é a nossa principal informação sobre a Ideia divina.

... Deus Desconhecido... é precisamente aquele que eu vos anuncio... O Deus que fez o mundo e tudo o que nele existe... Senhor do céu e da terra... Ele mesmo é quem a todos dá vida, respiração e tudo mais... Pois nele vivemos, e nos movemos, e existimos, como alguns dos vossos poetas têm dito: Porque dele também somos geração (At 17.23-25,28).

BIBLIOGRAFIA. B BRUN C E EP GE RP RYR UN

DEUS, AMOR DE. Ver o artigo geral sobre *Amor*.

DEUS, ATRIBUTOS DE. Ver *Atributos de Deus*.

DEUS, FILHO DE. Ver *Filho de Deus*.

DEUS, FILHOS DE (FILHAS DE). Ver *Filhos (Filhas) de Deus*.

DEUS, FINITO. Ver o artigo sobre *Finito*, ponto 3.

DEUS, IRA DE. Ver sobre *Ira e Julgamento*.

DEUS, NOMES BÍBLICOS DE
I. CARACTERIZAÇÃO GERAL
1. Nomes Pagãos. A fértil imaginação dos homens tem atribuído inúmeras funções ao Ser divino, e, ao enfatizar muitas delas, tem-lhe conferido grande variedade de nomes. Essa atividade é universal, não se circunscrevendo à Bíblia. Nas religiões politeístas, vemos os deuses realizando muitos tipos de serviço, e os nomes a eles atribuídos refletem as atividades específicas de cada divindade em questão. *Cronos* (tempo, o eterno) era um dos principais deuses da mitologia grega. Zeus, um de seus filhos, finalmente o derrubou. Sob Zeus, os deuses organizaram-se, com seus muitos tipos de autoridade e funções. O nome *Zeus* significa "céu brilhante", tendo sido assim chamado porque a princípio foi identificado com o céu e seus fenômenos. Os raios sempre foram suas armas principais, por meio dos quais ele preservava a disciplina entre os deuses e os homens. *Gaea* (terra) era a deusa da vida, a mãe de todos. Os homens reconhecem a sua dependência da terra, quanto à sua vida física, o que explica o nome e as funções dessa deusa. Na angelologia judaica posterior, anjos com nomes apropriados assumiram funções atribuídas a muitos dos deuses pagãos. Haveria até mesmo anjos controladores dos elementos da natureza, como o vento, a chuva, a saraiva, o calor e o frio.

2. Os nomes de Deus na Bíblia, embora provenientes de um processo mais elevado e mais nobre do que aquele que produziu os nomes dos deuses pagãos, refletem o mesmo tipo de atividade. Os nomes de Deus refletem suas qualidades e atividades, coisas às quais os homens dão atenção especial. Na verdade, a leitura de uma lista dos nomes divinos encontra paralelo parcial na leitura da lista dos atributos e atividades de Deus.

3. Empréstimos. Como já seria de se esperar, nem todos os nomes divinos, dados no Antigo Testamento, pertenciam originalmente à cultura hebreia, mas foram tomados por empréstimo de um fundo comum de nomes que havia na cultura mesopotâmica. *El*, o nome básico de Deus, que se encontra em diversas combinações, é uma das mais antigas designações da deidade no mundo antigo. Forma o componente básico dos nomes de Deus na Babilônia e na Arábia, e, naturalmente, na cultura israelita. O sentido original de *El* parece ser "forte", dando a entender as capacidades de controlar, de obrigar, pelo que é evidente, um poder que os homens julgavam ser uma necessidade aos atributos da divindade, tornou-se o próprio nome divino. Quase todos os outros nomes divinos originaram-se desse modo.

4. Instrumentos da Revelação. Embora houvesse a atividade humana por detrás do desenvolvimento dos nomes divinos, podemos dizer, igualmente, que esses nomes foram discernimentos quanto à natureza de Deus, pelo que esses nomes também fazem parte da revelação, tanto a natural quanto a sobrenatural. *O* nome de uma pessoa revela algo de distintivo sobre essa pessoa, de acordo com os costumes dos hebreus. Quanto mais isso deve ser verdade, quando falamos a respeito de Deus.

5. Respeito pelo Nome Divino. Acima de todos os outros povos, os hebreus respeitavam e temiam a Deus. Por essa razão, não usavam o nome de Deus frivolamente. Eles pronunciavam os nomes de Deus como alterações que lhes permitiam não terem de verbalizar os sons exatos desses nomes. Os escribas registravam os nomes de Deus lavando frequentemente as mãos. Um dos mandamentos mosaicos, o terceiro, proibia o uso frívolo do nome divino (Êx 20.7). Sabemos que as culturas antigas acreditavam no poder mágico dos nomes. Saber qual o nome de uma divindade, ou de um demônio, supostamente dava à pessoa certo poder sobre essa divindade ou demônio, em momentos de necessidade. No caso dos demônios, o conhecimento dos nomes deles poderia ser um meio de expeli-los. Esses fatos demonstram o respeito que algumas pessoas tinham pelos nomes, e talvez esse fosse um dos motivos pelo extremo respeito que os judeus tinham pelo nome divino. No judaísmo posterior, encontramos o uso mágico de nomes; mas não temos evidências a esse respeito quanto à primitiva cultura judaica, embora isso deva ter existido em algum grau e de alguma maneira.

II. LISTA DOS NOMES DIVINOS. Apresentamos abaixo certa variedade de nomes de Deus, a fim de dar ao leitor uma ideia sobre a extensa natureza dos nomes divinos. Sob a seção terceira, comentamos sobre alguns dos nomes mais importantes de Deus.

- *Deus. El, Elah, Elohim, Eloah.* Esses nomes são de ocorrência muito frequente, aparecendo em muitas combinações, o que comentamos na seção III.
- *Yahweh.* As consoantes desse nome foram combinadas com as vogais de *Adonai*, aparecendo de modo frequente e em muitas combinações, o que comentamos na seção III (7).
- *Rocha.* Tradução da palavra hebraica *tsur*, "rocha" (Is 44.8).
- *Adonai.* No hebraico, *Adonai*; no grego, *Theós*, usualmente traduzidos em português por Deus.
- *Senhor.* No hebraico, *Adonai*; no grego, *Kúrios*.
- *Divindade.* No grego, *Theótes* (Cl 2.9), ou *Theíos* (At 17.29).
- *Deus Altíssimo.* No hebraico, *Elyon* (Sl 18.13).
- *Santo* (de Israel). No hebraico, *Qadosh* (Sl 71.22).
- *Poderoso.* No hebraico, *El* (Sl 50.1); ou *Gibbor* (Dt 10.17).
- *Deus dos deuses.* (Dt 10.17).
- *Senhor dos senhores.* (Dt 10.17); no grego, *Kúrios* (Ap 17.14).
- *Doador da Luz.* No hebraico, *Maor* (Gn 1.16).

- *Pai*. No hebraico, *Aba* (Sl 89.26); transliteração grega do aramaico *abba* (Rm 8.15).
- *Juiz*. No hebraico, *Shaphat* (Gn 18.25).
- *Redentor*. No hebraico, *Gaal* (Jó 19.25).
- *Salvador*. No hebraico, *Yasha* (Is 43.3); no grego, *Soter* (Lc 1.47).
- *Libertador*. No hebraico, *Palat* (Sl 18.2).
- *Escudo*. No hebraico, *Magen* (Sl 3.3).
- *Força*. No hebraico, *Eyaluth* (Sl 22.3).
- *Todo-poderoso*. No hebraico, *Shaddai* (Gn 17.1).
- *Deus que Vê*. No hebraico, *El Roi* (Gn 16.13).
- *Justo*. No hebraico, *Tsaddiq* (Sl 7.9).
- *Senhor dos Exércitos*. No hebraico, *Elohim Sabaoth* (Jr 11.20); no grego, *Kúrios* (Rm 9.29; Tg 5.4).
- *Rei dos reis*. No grego, *basileus basiléon* (Ap 17.14).
- *Deus Vivo*. No hebraico, *Elohim* (Dt 5.36).
- *Pai das Luzes*. No grego, *Pater* (Tg 1.17).
- *Eu Sou*. No hebraico, *Hayah;* no grego, *Ego eimi* (Jo 8.58).

III. Comentário Sobre os Principais Nomes. 1. *El*, um termo para indicar Deus (deus), ou seja, a deidade verdadeira ou falsa, ou mesmo um ídolo que os homens chamem de "deus" (Gn 35.2), como o Deus de Betel (Gn 31.13). El era o nome do deus supremo da religião cananeia, cujo filho era Baal. O plural de El é Elohim, palavra que também pode significar deuses, ou que pode ser usada como um aumentativo para referir-se a um elevado poder, o Deus supremo. Ver sobre a palavra seguinte. O sentido básico de *El*, é "força". **2**. *Elyon*, *El Elyon*, *o Deus Altíssimo*, título usado em conexão com a adoração de Melquisedeque (ver Nm 24.16). Em Salmo 7.17 a palavra aparece composta com *Yahweh*. Em Dn 7.22,25 há um plural aramaico dessa palavra. **3**. *Elohim*, embora seja plural, podendo ser traduzida por "deuses", essa palavra pode indicar o Ser supremo, sendo usado o plural para enobrecer a palavra, e não uma verdadeira interpretação. A própria palavra é um plural de *El* e retém, por isso mesmo, o sentido básico de "força", "poder". A presença desse nome, na narrativa da criação (no plural), tem dado origem à interpretação trinitariana da palavra, ali; mas isso é uma cristianização da passagem, e não uma verdadeira interpretação. Gênesis 1.1 faz com que esse seja o primeiro nome de Deus na Bíblia. **4**. *Eloah*, uma forma singular de *Elohim*, e com o mesmo sentido de *El*. Essa forma variante encontra-se principalmente na linguagem poética, pelo que aparece, com mais frequência, no livro de Jó. **5**. *El 'Olam*, com base na forma original, *El dhu-'Olami*, que significa *Deus da Eternidade*. Em Gênesis 21.33 aparece em combinação com Yahweh. **6**. *'El-Elohe-Israel*, que significa "Deus é o Deus de Israel". Foi nome usado por Jacó em Siquém (Gn 32.20), comemorando o seu encontro com o Anjo do Senhor. Foi ali que ele, e, portanto, Israel, dedicou-se a Deus. **7**. *Jeová*. Esse nome foi artificialmente criado: O tetragrama YHWH (Yahweh) era considerado sagrado demais para ser pronunciado. As vogais de Adonai (meu Senhor) foram combinadas com as consoantes *yhwh*, e o resultado foi a forma *Jeová*. Não se trata, realmente, de um nome de Deus, mas de uma corruptela do nome, a fim de que pudesse ser proferido, sem nenhum temor pelos judeus. Mas nunca aparece, com essa forma, no original hebraico da Bíblia. Tal forma só começou a aparecer no século XII d.C. Antes disso, cada vez que aparecia YHWH, os judeus pronunciavam *Adonai*. **8**. *Yahweh*, com formas mais breves como *Yah* (Êx 15.2 etc.), *Yahu* e *Yeho*. Entre os nomes sagrados dos documentos de Ras Shamra (vide), no norte da Mesopotâmia, da época do século XV a.C., temos a forma *Yaw*. Esse nome era pré-mosaico, o que fica implícito no fato de que aparece como uma nova revelação feita a Moisés (Êx 3.13-15; 6.4). Que não era um nome originalmente israelita fica patenteado em Gênesis 4.26. É questão contestada exatamente sob quais circunstâncias ocorreu a adoração a Yahweh, ou a incorporação desse nome na teologia judaica.

Ver o artigo separado sobre *Yahweh*, quanto a detalhes. YHWH, a forma hebraica mais longa, é confirmada desde o século IX a.C., em fontes extrabíblicas. — Assim aparece na pedra moabita. Vem do verbo *ser*, dando a entender o Deus *vivo e eterno*. Ver Êxodo 3.14, onde temos o nome de Deus "Eu sou". *Yahweh* tornou-se o nome predominante de Deus, por demais sagrado para ser pronunciado. Notemos o que diz Êxodo 3.15: *O Senhor* (no hebraico, Yahweh), *o Deus de vossos pais, o Deus de Abraão, o Deus de Isaque, e o Deus de Jacó...*, onde Deus é qualificado como Yahweh, como seu nome especial. Portanto, tornou-se um nome *próprio*, em contraste com Elohim, que pode ser o simples abstrato para "deus" ou "deuses". **9**. *Yahweh Elohim* (Gn 2.4 e cap. 3). Uma combinação comum. **10**. Várias combinações com *Yahweh*: **a**. *Yahweh yireh*, que significa *Senhor que provê* (Gn 22.8,14). **b**. *Yahweh nissi, o Senhor é minha bandeira* (Êx 17.5), usado pela primeira vez para comemorar a vitória de Israel sobre os amalequitas. **c**. *Yahweh shalom, o Senhor é paz* (Jz 6.24). **d**. *Yahweh tsidquenu, o Senhor é a nossa justiça* (Jr 23.6; 33.16). **e**. *Yahweh samma, o Senhor está ali* (Ez 48.35). Estritamente falando, esses nomes não são nomes divinos, mas apenas combinações com frases descritivas, para aludir a eventos especiais. **11**. *Yahweh Sabaoth*. Esse é um verdadeiro nome divino, que significa "Senhor dos Exércitos". Não se acha no Pentateuco, aparecendo no Antigo Testamento somente em 1Samuel 1.3. Deus era adorado por esse título em Silo. Foi usado por Davi, quando desafiou os filisteus (1Sm 17.45), e em seu cântico de vitória (Sl 24.10). Tornou-se comum nos livros proféticos, sendo usado por 88 vezes somente no livro de Jeremias. Esse título refere-se a Deus como Capitão dos Exércitos, protetor de seu povo, aquele que obtém qualquer tipo de vitória que se possa imaginar (Sl 46.7,11). Os "exércitos", nesse caso, são os poderes celestiais, sempre prontos a cumprir a vontade de Deus e a produzir qualquer tipo de vitória de que o povo de Deus precise. **12**. *Yahweh Elohe Yisrael*, "o Senhor Deus de Israel", uma forma composta encontrada, pela primeira vez, no cântico de Débora (Jz 5.3), mas frequente depois disso (Is 17.6; Sf 2.9; Sl 59.5), em outras combinações. **13**. *Qedosh Yisrael, o Santo de Israel*, usado por 29 vezes em Isaías (Is 1.4 etc.). Também encontrado em Jeremias e nos Salmos. **14**. *Abir Yisrael, o Poderoso de Israel* (Is 1.24). **15**. *Nesah Yisrael*, "a Força de Israel" (1Sm 15.29). **16**. *'Attiq Yomin*, expressão aramaica que significa "o Antigo de Dias" (Dn 7.9,13,22). **17**. *'Illya, 'Elyonin*, "o *Altíssmo*", expressão aramaica que aparece em Daniel 7.18,22,25,26, alternada no texto com a expressão de número dezesseis, acima.

Bibliografia. E ND SCO Z

DEUS OCULTO E REVELADO

Conceito particularmente associado à teologia de Martinho Lutero e Karl Barth.

Significado dos termos. Falar de Deus como revelando-se a si mesmo é sugerir que Deus é um Deus oculto: o *Deus revelatus* ainda permanece um *Deus velatus*. Moisés, Jacó, Jó, os salmistas e os profetas mostram-se, todos, conscientes do fato de Deus ser "oculto", mesmo em seu ato de se revelar. Clemente, Orígenes, Crisóstomo (*c*. 344/354-407), Agostinho, doutores, místicos e escolásticos estavam, todos também, conscientes da incognoscibilidade de Deus, e o próprio Lutero também estava e de modo intenso. A humanidade moderna e secularizada pode ter perdido sua antiga consciência do mistério de Deus, da santidade divina que transcende todas as experiências humanas, estéticas, intelectuais e morais. Não obstante, o mistério de Deus permanece, assim como a pergunta: "Como posso conhecer a Deus?".

Na revelação bíblica, a verdade a respeito de Deus é descoberta por meio de sua ação, diferentemente da descoberta que o homem faz da verdade quando investiga sua própria experiência secular. No NT, ela é expressa como a revelação de Deus, em juízo e salvação, em seu Messias, evento já efetuado na primeira vinda de Jesus, embora ainda por vir no último dia.

O AT deixou sem solução o problema de como o Deus de Israel poderia ser "enquadrado" na história de seu povo. Já o NT desenvolveu isso intensamente na revelação da obra de um Deus que, mostrando sua justiça e misericórdia, ainda sofreu por homem na cruz. A revelação de Deus não pode ser meramente apagada da história e da experiência humanas. A pergunta radical ainda permanece: como pode o Deus oculto ser revelado a mim? Como posso encontrar um Deus de graça?

O Deus oculto revelado em Cristo. Nenhum teólogo mais do que Lutero buscou resolver com maior empenho o problema de Deus como oculto e revelado. Lutero asseverava que o conhecimento de Deus é duplo: **1.** *Geral*, ou seja, existe um Deus, ele criou o céu e a terra, é justo e pune o ímpio. Esse conhecimento está aberto a toda a humanidade; **2.** *Particular*, ou "próprio": Deus nos ama e busca nossa salvação. Esse conhecimento foi revelado somente em Cristo.

Lutero não compartilha a ideia escolástica de Tomás de Aquino, ou de Duns Scotus, ou Guilherme de Occam de que o conhecimento geral de Deus é obtido por inferência e de ser a razão o fundamento sobre o qual poderia ser edificado o conhecimento próprio de Deus revelado em Cristo. Lutero argumentava, biblicamente, que nenhum homem pode ver Deus e viver. Não podemos afirmar com o que Deus em si mesmo é parecido, mas somente o que ele fez por nós. Em qualquer relacionamento com o homem, Deus tem de usar uma "máscara" (*larva*), e suas "máscaras" mostram como Deus vem ao encontro do homem em sua existência concreta, *i.e.*, mediante os mandamentos que estabeleceu e nos seres humanos que fazem sua obra nas funções a eles designadas.

Isso tem um exato paralelismo na encarnação. Exatamente do mesmo modo que não podemos inferir a natureza, os atributos e a existência de Deus a partir de suas "máscaras", mas reconhecemos que é as usando que Deus nos encontra, assim também somente Deus e ninguém mais além de Deus é que vem a nós e nos encontra em Cristo. Deus não nos oferece dom menor do que ele mesmo. Essa é a suprema revelação, em que o Deus oculto é revelado. *Quem me vê a mim, vê o Pai* (Jo 14.9). *Ninguém vem ao Pai a não ser por mim* (Jo 14.6). Nós vemos pela fé e só em fé. Assim também, a faculdade da razão, embora de origem divina, não pode por si mesma encontrar a Deus ou o caminho para a salvação.

Em notável passagem na Disputa de Heidelberg (1518), referindo à "face" e às "costas" de Deus (Êx 33.23), Lutero argumentou contra a "teologia da glória" dos escolásticos e em favor da "teologia da cruz". As "costas" de Deus significam sua humanidade, sua fraqueza, sua *loucura* (1Co 1.21, 25; *cf.* Is 45.15), *i.e.*, a encarnação. Deus é sempre revelado "sob uma forma contrária": fraqueza nele é força, loucura é sabedoria, morte é vida. Nessa verdade simples do evangelho, reside o segredo divino, a revelação suprema. Devemos parar para aprender a respeito de Deus, do Deus revelado em Cristo, e não a partir de nosso próprio entendimento.

Libertação pela fé. Os problemas de eleição e predestinação, do sofrimento e da ira de Deus permanecem, mas pela fé são liberados de nossa mente nas mãos de Deus, a quem pertencem: passam a aparecer como soluções, e não mais como problemas. Lutero nunca especulou sobre esses problemas porque nunca vacilou na fé: é a fé somente que fortifica e salvaguarda uma alma da dúvida, da especulação e do desespero. Em suas memoráveis palavras — *Wer glaubt, der hat* — *Se você crer, você já possui*, ele argumentou que a fé suficiente para o homem fora revelada em Cristo e que só poderia ver isso o coração que tivesse captado a teologia da cruz (ou que houvesse sido atraído por ela). No entanto, Deus se encontrava mais profundamente oculto no Cristo crucificado do que o é na criação ou tem sido na história humana. O poder na fraqueza, a glória no sofrimento, a vida na morte, todas essas coisas mostram quão oculto ele é. O paradoxo da cruz, de Deus operando em forma contrária, revela-o como oculto, deixando-o aberto somente à fé. Lutero experimentou a eleição e a predestinação como amor de Deus, sem o mover do qual nada haveria conhecido e teria permanecido perdido. Mesmo na ira de Deus, está oculto o seu amor, porque a ira é a reação aniquiladora do amor de Deus ao pecado e à desobediência do homem: dissimula o cuidado e a preocupação de Deus de redimir o homem. Semelhantemente, ocorre na fraqueza, no temor e no sofrimento: tudo o que precisamos saber é que sua graça é suficiente, que é em nossa fraqueza que se aperfeiçoa sua força.

Quando Barth, tal como Lutero muito antes dele, argumentou que só podemos conhecer a Deus somente em Cristo, quis dizer que é somente numa experiência de fé em relação a Cristo que uma pessoa se torna aberta à revelação: os problemas de ira, predestinação, sofrimento, assim como o aflitivo ocultamento de Deus, são, assim, todos transmutados em experiência de amor, cuidado e misericórdia de Deus. Todas as experiências de vida, más ou boas, tornam-se a matéria-prima da nova e boa vida, em que o crente experimenta o amor cuidadoso de Deus em todas as coisas. Nessa experiência com Cristo, justamente, o Deus oculto se torna o Deus revelado.

(**J. Atkinson**, M.A., M.Litt., Dr. Theol., cônego e teólogo da Catedral de Sheffield, Inglaterra.)

BIBLIOGRAFIA. J. Atkinson, *Luther's Early Theological Works*, LCC 16 (London, 1962); J. Dillenberger, *God Hidden and Revealed* (Philadelphia, 1953); B. A. Gerrish, *To the Unkown God: Luther and Calvin on the Hiddenness of God*, JR 53, 1973, p. 263-292.

DEUS, O DEUS DE ISRAEL. Ver sobre *El-Elohe-Israel*.

DEUSES FALSOS

A adoração aos mais variados tipos de deuses imaginários, entre os pagãos, tem sido quase interminável. Essa atividade reflete tanto a insegurança quanto a perplexidade dos homens. Eles tentam proteger-se em um mundo ameaçador. Olham para fora de si mesmos e veem muitos mistérios, e dão títulos a alguns desses mistérios, chamando-os deuses. A alma humana sempre foi incuravelmente religiosa, e seus muitos deuses são uma tentativa de expressar isso. Paulo admirou-se ao ver a extensão da idolatria de Atenas (At 17). O homem sempre se inclina para a *pluralidade*. O *Deus único*, tão elevado, tão distante, parece remoto demais para alguns. Portanto, é mais fácil personificar coisas próximas, conferindo-lhes qualidades divinas, porque essas coisas fornecem a proximidade que não se encontra em algum elevado conceito divino. O desenvolvimento da *angelologia* (*ver* sobre os *Anjos*) sem dúvida foi inspirado pelo mesmo impulso. O desenvolvimento da doutrina dos santos e então de ícones e ídolos a fim de relembrá-los, pelo menos em parte deveu-se à busca pela proximidade e pela comunhão. (Ver o artigo geral sobre a *Idolatria*). O Deus único da Bíblia e o único Mediador entre Deus e os homens (ver 1Tm 2.5) é o protesto bíblico contra a pluralidade. No entanto, no ministério dos anjos temos toda a pluralidade imaginária, contanto que não lhe confiramos posição divina. Os espíritas, por sua vez, buscam a pluralidade no contato com as inúmeras almas dos mortos. Uma parte da cristandade tem os seus santos, que satisfazem o impulso de poderes mais próximos, que possam ajudar os homens, e que seriam agentes de Deus com essa finalidade. Infelizmente, o impulso pela pluralidade com frequência é expresso na forma de idolatria, mesmo quando a teologia oficial de um grupo cristão negue a validade da mesma.

I. CLASSES DE DEUSES. 1. Espíritos criados ou eternos. Anjos divinizados, espíritos demoníacos (divindades malignas), gênios, lares, lêmures, tífones, deuses guardiães, deuses infernais, semideuses (heróis divinizados), filhos de deuses e mulheres ou de deusas e homens. Muitos desses eram classificados como espíritos não materiais. **2. Corpos celestes**. Poderíamos falar sobre o sol, a lua, os planetas, as estrelas, que supostamente seriam habitações de deuses, ou seriam os próprios seres espirituais. Os antigos não faziam ideia sobre as enormes dimensões desses corpos celestes, e nem sobre a distância que os separa de nós. A adoração ao sol tem sido uma das mais importantes formas de idolatria que o homem já criou. **3. Elementos naturais** como o ar, o oceano, Ópis, Vesta, rios, fontes, etc. Pensava-se que os deuses controlam esses elementos, e os próprios elementos tornaram-se objetos de adoração e respeito. **4. Meteoros e manifestações celestes**. Além de os meteoros e cometas literais serem adorados como deuses, manifestações celestes como os ventos, o relâmpago, o trovão etc., foram considerados atos divinos. **5. Minerais e fósseis**. Estranhos ou interessantes objetos minerais, como gemas e rochas têm sido transformados em deuses pelos homens. Os citas adoravam o ferro; e muitas nações adoravam metais preciosos, como o ouro e a prata. De fato, o ouro continua sendo um dos principais deuses, entre as nações. Os finlandeses adoravam pedras, as mais variadas. **6. Plantas**, como cebolas e alhos, têm recebido qualidades divinas imaginárias. Certas árvores têm sido adoradas. Os druidas homenageavam o carvalho. O trigo e outros cereais eram adorados sob os nomes de Ceres e Proserpina. **7. Animais marinhos** têm sido adorados pelos homens. Os sírios e os egípcios envolveram-se nesse tipo de idolatria. **8. A serpente** tem sido adorada, com muita frequência, por povos antigos e modernos. Poderíamos relembrar, neste ponto, a adoração diretamente prestada ao diabo. Em vários lugares do mundo religiões têm sido organizadas para fomentar a adoração a Satanás. **9. O gado** (vide) era adorado no Egito. **10. Também havia o touro sagrado**, uma forma favorita de idolatria no Egito. Ver o artigo separado sobre *o Boi Ápis*. **11. Várias aves**, como a cegonha, o corvo, o íbis, a águia e outros pássaros têm recebido honras divinas. Isso era comum no Egito antigo e no México. **12. Vários mamíferos**, além do gato e do boi, como o porco, o rato, o furão, o leão, o crocodilo, o babuíno e muitos outros animais, chegaram a receber posição divina. No Egito era comum esse tipo de adoração. O porco era o deus dos cretenses. Trôade entronizou o rato. O porco-espinho obteve posição divina entre os adoradores de Zoroastro. **13. Homens deificados**. Há um artigo separado sobre a *Deificação*, onde se explica como os homens têm sido feito deuses mesmo enquanto viviam, ou então após a morte. Isso era comum em Roma, no tocante aos imperadores; mas tal costume não estava limitado aos romanos. **14. Virtudes deificadas**. As virtudes têm sido primeiramente personificadas, e então deificadas. Poderíamos falar sobre a saúde, o amor, a dor, a indignação, a vergonha, a opinião, a razão, a prudência, a arte, a fidelidade, a felicidade, a calúnia, a liberdade, o espírito aguerrido e a atitude contrária, e a paz. **15. A natureza**. No panteísmo, encontramos a deificação da natureza como *um todo*.

II. A Geração dos Deuses. Hesíodo forneceu-nos uma tentativa interessante de explicar como os deuses surgiram. A sua *Teogonia* (a geração dos deuses) explana a geração e a descendência dos deuses, quem era o principal deles, quem veio em seguida, e então como os deuses foram surgindo ordem após ordem. Ele tentou criar um sistema com base na teologia pagã, o que não foi tarefa pequena e fácil. Outras noções sobre isso emergem de obras como o *Timeu*, de Platão, e a *De Natura Deorum*, de Cícero. Vários dos pais da igreja antiga, como Justino Mártir, Tertuliano, Arnóbio, Eusébio, Agostinho e Teodoreto expressaram seu espanto diante da extensão da idolatria pagã. Havia divindades superiores, inferiores, nobres, vis, no céu, na terra, nos prados, nas águas, no ar, no céu distante e no hades, debaixo da terra. Cada lugar existente simplesmente estaria repleto de deuses.

Marcus Terentius Varro Reatinus, o mais erudito dos romanos (cerca de 116 a.C.), teria escrito mais de seiscentos livros! Ele contou nada menos de trinta mil deuses pagãos. Mas, na realidade, seu número é incalculável.

III. Alguns Deuses Falsos Referidos na Bíblia

1. Adrameleque. Esse nome significa "Adar é rei". Era adorado a noroeste da Mesopotâmia, com o nome de Adade-Milki, uma forma do deus sírio Hadade (vide). Crianças eram sacrificadas no fogo, nesse culto (2Rs 17.31).

2. Anameleque. Seu sentido é *Anu é rei*. Anu era um dos deuses babilônicos, um deus do firmamento (2Rs 17.36). Parte desse culto incluía o sacrifício de crianças no fogo (1Rs 11.7).

3. Asima. Hamate introduziu esse deus entre os colonos que Salmaneser enviou para a Samaria (2Rs 17.30).

4. Aserá. O plural dessa palavra é *Aserim*. Esse nome designa uma deusa pagã mencionada no épico de Ras Shamra. Ela era a senhora do Mar, consorte de El, e a principal deusa de Chipre, em cerca do século XV a.C. As referências bíblicas que mencionam esse nome referem-se a algum tipo de culto que envolvia madeira, talvez porque houvesse ídolos feitos de madeira, ou talvez porque fosse queimada madeira com propósitos sagrados. (Ver 1Rs 15.13 e 2Reis 21.7). Essa deusa também contava com profetas (1Rs 18.19). Alguns arqueólogos supõem que uma árvore ou um poste fosse o símbolo dela, o que explicaria a alusão à madeira, segundo dissemos acima. Nas referências ela aparece ou como esposa ou como irmã de El. Aserá tornou-se a principal deusa de toda a Ásia Ocidental. Astarte e Anate eram apenas variantes do nome. Nas gravuras antigas ela é representada despida, montada sobre um leão, com um lírio em uma das mãos e uma serpente na outra. Também era chamada de *Santidade* ou de *Santa*. Na realidade, porém, ela era uma prostituta divina, e era adorada em um ambiente de prostituição sagrada. (Ver Dt 23.18; 1Rs 14.24; 15.12; 22.46). Seu nome, no plural, dá a entender um aumentativo, tal como o termo hebraico *Elohim*, a fim de expressar a dignidade e a honra dessa deusa, e não pluralidade.

5. Astarte. Também chamada Astoreté. Ver o artigo separado sobre *Astarote*, onde fornecemos material pertinente.

6. Baal. Ver o artigo separado sob esse título, quanto a completas informações a respeito.

7. Baal-Berite. Ver o artigo separado sobre essa palavra. Sob esse título, Baal aparece como um deus das condições atmosféricas, sendo adorado em Siquém com esse nome.

8. Baalins. Essa é a tradução portuguesa da forma hebraica plural de Baal, referindo-se a vários atributos desse deus. Esses atributos eram expressos mediante várias combinações, como Baal-Shamem, "senhor do céu", Baal-Melcarte (em Tiro), Baal-Safom, dos cananeus de Ugarite. Cada deus local desses representava alguma qualidade específica de Baal.

9. Baal-Peor. Ver o artigo separado.

10. Baal-Zebube. Ver o artigo separado sobre esse nome.

11. Bel. Ver o artigo separado sobre esse nome.

12. Adoração ao Bezerro. O boi era um animal sagrado no Egito. Ver sobre o boi *Ápis*. Essa forma de idolatria foi adotada pela sociedade israelita. Ver o artigo separado sobre o *Bezerro de Ouro*. Em muitas nações orientais, há evidências de que o touro era adorado por simbolizar a força e os poderes generativos. O boi alado era comum entre os assírios. O nome desse animal era aplicado ao rei e às divindades. No tocante ao culto ao touro, entre o povo de Israel, ver o artigo sobre Bezerro de Ouro, onde damos mais detalhes.

13. Castor e Pólux. No grego, *dióskouroi*, "filhos de Júpiter". Ver o artigo separado sobre *Dióscuros*.

14. Camos. Essa era a mais importante divindade dos moabitas, adorada através do cruel holocausto de crianças na fogueira, ou através de outros métodos bárbaros. A pedra

DEUSES FALSOS

Moabita afirma que esse deus entregou Moabe nas mãos de Israel porque estava descontente com os moabitas. Comparar com Juízes 11.24. Salomão, em sua queda, chegou a edificar um altar a esse deus (1Rs 11.7). Somente três séculos mais tarde essa abominação foi expurgada por Josias (2Rs 23.13). Os moabitas eram chamados *filhos de Camos* (Nm 21.29), o que demonstra até que ponto essa adoração lançou raízes ali.

15. Quium. Aparentemente esse era um antigo nome de Saturno, ou, pelo menos, Quium é a base desse antigo nome. O texto massorético parece haver corrompido a palavra para dizer "coisa detestável"; mas algumas traduções dizem "santuário". Ver Amós 5.26, onde nossa versão portuguesa diz "imagem". Esse é o único trecho bíblico onde essa divindade pagã é mencionada.

16. Dagom. Ver o artigo separado sobre esse deus, onde há abundantes informações.

17. Deus. Lat. para o grego *zeus*, deus dos céus.

18. Diana. Uma designação alternativa de *Ártemis*. Ver o artigo sob esse título.

19. Gade. Esse era um deus cananeu da "boa sorte", que alguns pensam ter sido o planeta Júpiter deificado. Esse planeta é chamado pelos árabes de "a maior sorte", o que serve de indicação da identificação desse deus com aquele planeta. Ver Isaías 65.11, onde algumas versões traduzem o nome, impropriamente, por "tropa". Nossa versão portuguesa mostra-se mais correta, ao traduzir essa palavra por "Fortuna".

20. Júpiter. Esse é o nome latino da divindade chamada, em grego, *Zeus*. Na mitologia romana, Júpiter era a divindade máxima, tal como Zeus o era para os gregos. Essa palavra significa "pai dos céus". Portanto, é interessante notar que essa divindade pagã superior é identificada com o conceito da paternidade de Deus. Ver o artigo sobre a *Paternidade de Deus*. O termo Júpiter poderia ser traduzido por "Pai celeste". Na mitologia romana, Júpiter é considerado filho de Saturno e de Ópis, nomes correspondentes aos gregos Urano e Réa respectivamente. Júpiter seria a luz brilhante, o alvorecer, a lua cheia. Os *idos*, dias treze a quinze de cada mês, eram sagrados em homenagem a Júpiter. Acreditava-se que ele controlava todas as manifestações celestes, como as condições atmosféricas, embora também fosse o doador do vinho e o juiz daqueles que deveriam vencer nas batalhas, o doador da vitória e o deus dos juramentos. O trecho de Atos 14.12,13 tem uma alusão a Júpiter, onde lemos que ele teria aparecido como Barnabé, ao passo que Mercúrio (mensageiro de Júpiter) foi identificado com Paulo, que era o orador principal. A passagem de Atos 19.35 mostra que os efésios criam que a estátua de Diana (Ártemis), que adoravam, havia caído da parte de Júpiter. Sem dúvida, era um fragmento de meteorito. Ver esse versículo, no NTI, quanto a maiores detalhes.

21. Malcã. Esse era o deus nacional dos amonitas, algumas vezes identificado com Moleque ou Moloque (vide). O trecho de 1Reis 11.5,33 mostra-nos que Salomão, ao desviar-se do Senhor, chegou ao absurdo de instituir a adoração a Malcã, adoração pagã que só foi descontinuada nos dias de Josias (2Rs 23.13).

22. Meni. No hebraico, essa palavra significa "destino". Em tempos de apostasia, esse deus era adorado em Israel (ver Is 65.11). Esse versículo fala sobre duas divindades, *Fortuna* (Gade, ponto 19) e *Destino* (ou Meni). Há alguma coisa de espantoso no curso da vida. Os homens esforçam-se por prever o futuro, na constante esperança de que algo de melhor ocorra, algo de grande e inspirador. Foi apenas natural, pois, que os homens viessem a deificar o conceito de *Destino*. Ver o artigo sobre esse assunto.

23. Mercúrio. Esse era o nome do *deus do comércio* dos romanos, protetor do comércio de cereais. Era identificado com o grego *Hermes*, filho de Zeus e Naiade, filha de Atlas. Diziam-no inventor da lira, e que, com frequência, era empregado como arauto dos deuses. Também era o encarregado de guiar as almas ao hades. Foi o deus da mineração, da agricultura e das estradas. Era o deus patrono da oratória. Em Atos 14.12, Paulo é confundido com Mercúrio, e Barnabé com Júpiter. A palavra latina é *Mercurius*, que se deriva de *merx*, "comércio".

24. Merodaque. Essa é a forma hebraica do acádico *Marduque*. Esse era o principal deus do panteão babilônico e deus patrono da cidade da Babilônia. De acordo com o mito da criação dos babilônios, *Enuma elish*, a posição dessa divindade, como o deus mais poderoso, é claramente retratada. Essa era a principal divindade adorada por Nabucodonosor, pelos assírios e por Ciro, o Grande. (Ver Jr 51.44 e Is 46.1). Tal como os principais nomes hebraicos para Deus aparecem em muitos nomes compostos, assim também o nome de Merodaque aparecia em muitos apelativos compostos, incluído nos nomes próprios de pessoas. Merodaque-Baladã e Evil-Merodaque são exemplos disso, nas Escrituras. (Ver Is 39.1; 2Rs 25.27 e Jr 52.31).

25. Milcom. Essa é uma forma variante de Malcã (vide).

26. Moleque ou Moloque. Esse nome está ligado à palavra hebraica que significa "rei". Ele era cultuado com a imolação de crianças na fogueira. A arqueologia tem confirmado plenamente a prática, tendo descoberto muitos esqueletos infantis em cemitérios em redor de santuários e templos pagãos. Os amonitas transformaram-no em um deus-pai. A adoração a essa divindade era estritamente proibida em Israel (Lv 18.21; 20.1-5). No entanto, Salomão erigiu um altar dedicado a esse deus, no vale de Hinom, o que mostra até que ponto ele se desviou do Senhor. Manassés, gerações mais tarde, fez-se agente desse deus (cerca de 686-642 a.C.). Josias eliminou tal culto, mas Jeoaquim o reviveu. As severas advertências dos profetas (Jr 7.29-34; Ez 16.20-22; 23.27-29; Am 5.26) mostram a incrível influência exercida por esse culto entre os israelitas. Dentre todos os elementos pagãos que invadiram Israel, esse foi o mais lamentável e repelente.

27. Nebo. Forma hebraica do acádico *Nabu*, um dos deuses babilônicos (Is 46.1). Era considerado o deus da sabedoria e da literatura. A cidade de Borsipa (vide), perto da cidade da Babilônia, era o principal centro desse culto. Assurbanipal (669-633 a.C.), o maior dos imperadores assírios, cultivava a adoração a esse deus, conforme é evidente na declaração de certa inscrição: "Eu, Assurbanipal, aprendo a sabedoria de Nabu, a arte inteira da escrita em tabletes de argila". Esse monarca é chamado Osnaper, no Antigo Testamento (ver Ed 4.10). A *Crônica Nabunaida* (do tempo de Belsazar), atribui a Nabu e a Bel posições proeminentes no culto nacional da Babilônia.

28. Neustã. Essa palavra vem do termo que significa "cobre", em hebraico. Os israelitas transformaram a serpente de bronze em objeto de adoração (2Rs 18.4), e o título dado a esse objeto era *nehushtan*, usado como epíteto derrogatório pelos profetas. O objeto foi cercado de um culto elaborado, e Ezequias tomou sobre os ombros a tarefa de pôr fim a essa adoração idólatra. O culto era ajudado pelo fascínio e pelo horror dos homens diante da serpente, a qual, até onde a história da humanidade registra, vem sendo deificada pelos homens.

29. Nergal. Esse era o nome do deus-sol dos babilônios (2Rs 17.30). A cidade de Cutá tornou-se o centro da adoração ao sol. Após a deportação das dez tribos de Israel, foram trazidos colonos daquela cidade para ocuparem as cidades e as áreas adjacentes vagas. Desse modo, o culto ao sol firmou-se no território de Israel. (Ver 2Rs 17.24-30). Nergal também era o deus da pestilência e da guerra. Também exerceria controle sobre o mundo inferior. Tal como sucedia a outros nomes de divindades, esse nome passou a ser usado em nomes próprios compostos, inclusive de pessoas. Assim, encontramos Nergal-Serecer, um dos embaixadores de Nabucodonosor. (Ver Jr 39.3,13).

30. Nibaz. Um deus pagão trazido pelos aveus que vieram colonizar Samaria, após os assírios terem levado os israelitas para o cativeiro (2Rs 17.31). Alguns têm identificado esse deus com o deus elamita *Ibna Haza*.

31. Nisroque. Senaqueribe (705-681 a.C.), rei da Assíria, adorava essa divindade. Havia um templo erigido em sua honra, em Nínive. Ali foi assassinado esse monarca (2Rs 19.37; 37.38). Alguns pensam que esse título é uma corruptela de Marduque, pelo que estaria em pauta a mesma divindade. Mas outros estudiosos opinam que o deus em questão é o *Nusku* dos assírios.

32. Pólux. Ver sobre *Castor* e *Pólux*.

33. Refã. Uma divindade identificada com os corpos celestiais, e adorada por Israel no deserto, Atos 7.43. Alguns identificam este deus com *Saturno,* ou com o deus *Chiun* mencionado em Amós 5.36. Certos eruditos ligam o nome com o hebraico *Kiyyon* (*chiun*), que significa *estátua*. Neste caso temos uma referência geral à idolatria. A maioria, todavia, acha que *Saturno* está em vista. O árabe *chevan* significa Saturno, e é provável que *chiun* seja uma variante desta palavra, que significa também *planeta*.

34. Rimon. Foi uma divindade da Síria, adorada em Damasco. Um templo ali foi dedicado a ele. (Ver 2Rs 5.18). Alguns supõem que este título seja uma forma contraída de *Hadade-Rimon,* e que *Hadade* fosse o *deus-sol,* o supremo deus da Síria. *Rimon* significa *romã*. Esta fruta foi associada com o poder do sol para amadurecer vegetais e frutas. Por analogia, os poderes de geração foram associados com este deus. Esta fruta tem uma abundância de sementes e no Oriente e nas mitologias gregas, esta abundância simboliza os poderes generativos. Monumentos assírios têm inscrições que comprovam este uso.

35. Sátiro. Essa palavra significa *peludo,* aludindo à combinação de um homem com um bode, adorado como uma divindade. Na mitologia grega, era uma divindade que habitava nos bosques, dotado de orelhas pontudas, nariz arrebitado, cauda curta, chifres curtos, rosto prognata, os braços e o corpo de homem, mas sobre pernas como de um bode. Nas referências bíblicas, forças demoníacas estão em foco, provavelmente como aquelas que dão impulso à idolatria em torno de imagens similares a um bode. (Ver Is 13.21). O trecho de Apocalipse 18.2 indica a natureza demoníaca dessa adoração. Na mitologia grega e romana, o sátiro era um deus silvestre, companheiro de Baco, e, por conseguinte, associado a todo o tipo de sensualidade. Algumas referências veterotestamentárias dizem simplesmente "bode", como tradução; mas essa mesma palavra veio a ser usada para indicar a adoração idólatra (Lv 17.7; 2Cr 11.15).

36. Sicute. Provavelmente o mesmo *Sakkut* dos babilônios, que correspondia a *Saturno*. Portanto, provavelmente está em vista a adoração àquele corpo celeste. Os antigos pensavam que os planetas eram deuses (entidades vivas), ou pelo menos, lugares onde residiam os deuses. Os babilônios também se utilizavam do nome *kaimonu ou chian* (vide) para indicar Saturno (Am 5.26).

37. Sucote-Benote. Colonos babilônios que ocuparam, em Samaria, os lugares deixados vagos pelos israelitas, quando do exílio imposto pelos assírios, levaram para ali o culto relacionado a essa deusa (2Rs 17.30). Talvez esteja em foco a esposa do deus Marduque, *Zarpanitum,* o grande deus dos babilônios. Entretanto, há eruditos que preferem a identificação com o deus acadiano do arbítrio, *Sakkut binuti*. Neste caso, esse nome pode ser apenas um dos títulos de Marduque, e não uma divindade distinta.

38. Tamuz. Nome ainda de um outro deus dos babilônios, ao qual alguns israelitas se tornaram muito afeiçoados. Ezequiel viu mulheres chorando por essa divindade no portão norte de Jerusalém (Ez 8.14). Os babilônios chamavam-no *Dumuzi*. Ele era o deus das pastagens e dos rebanhos, das águas subterrâneas e da vegetação. Era considerado meio-irmão de Asera, a deusa da fertilidade. A esse deus estava vinculado um mito de morte-ressurreição. No outono ele morreria, desceria ao hades, e então era ressuscitado por Istar. Então Tamuz reaparecia na primavera, e as coisas começavam a reverdecer novamente, sob suas bênçãos. O quarto mês babilônico, correspondente a julho, tinha o nome desse deus. Ele é equiparado ao grego *Adonis* e ao egípcio *Osíris*. Parece haver alguma alusão a esse culto em trechos como Jeremias 22.18; Amós 8.10 e Zacarias 12.10. Esse culto disseminou-se por todo o mundo antigo, com seus vários ramos, sob diferentes apelativos. A cidade de Biblos (na Bíblia, Gebal) era um importante centro dessa adoração. Na Babilônia, anualmente, havia o casamento divino do rei com a deusa da fertilidade, simbolicamente representados pelo monarca e por uma sacerdotisa do templo de Tamuz, que celebrava assim os poderes doadores de vida desse deus.

39. Tartaque. Os aveus, que foram levados a Samaria para ocupar o lugar deixado vago pelo exílio dos israelitas, por parte dos assírios, trouxeram consigo vários cultos religiosos, incluindo aquele que girava em torno de Tartaque. (Ver 2Rs 17.31). (NTI S UN)

DEUTERONÔMIO

Deuteronômio é o último livro do Pentateuco, completando assim os cinco primeiros livros da Bíblia tradicionalmente atribuídos a Moisés. Seu nome foi obtido da Septuaginta, através de uma tradução não acurada de Deuteronômio 17.18, o qual corretamente traduzido daria "Esta é a cópia (ou repetição) da lei". "Deuteronômio" é a forma portuguesa da palavra grega "segunda lei". É evidente que o livro não é uma *segunda lei* distinta da lei dada no Sinai, todavia o título não é totalmente inapropriado, pois o livro inclui, entre outros assuntos, uma repetição ou reformulação de grande parte das leis. O nome hebraico do livro é '*Elleh haddevarim,* "Estas são as palavras", ou simplesmente *Devarim,* "Palavras". A tradição judaica intitula o livro de Deuteronômio de *Mishneh Torah,* que significa repetição ou *cópia da lei* (Dt 17.18).

I. COMPOSIÇÃO

1. Autoria. Há mais polêmica em relação à autoria e à data de Deuteronômio do que em relação a qualquer outro livro do Pentateuco. A maior variedade de opinião encontra-se especialmente entre os que se opõem à autoria mosaica.

a. Ponto de Vista Conservativo. Os que apoiam o ponto de vista conservativo da autoria mosaica de Deuteronômio baseiam-se em declarações bíblicas e na tradição judaico-cristã que estava em pleno acordo com relação à autoria desse livro até antes do advento do criticismo. Os argumentos mais fortes em favor da autoria mosaica do livro são as reivindicações do próprio livro, (a saber: Dt 31.8-13 e 31.24,26). Deuteronômio 31.9 diz: *Esta lei escreveu-a Moisés e a deu aos sacerdotes...,* e 31.24 diz: *Tendo Moisés acabado de escrever integralmente as palavras desta lei num livro....* Os escritores do NT atribuíam a autoria do Pentateuco a Moisés, e Mateus 19.8 indica a posição de Cristo especificamente em relação ao livro de Deuteronômio. Para os que acreditam na plena inspiração das Escrituras, estes versículos são evidências enfáticas da autoria mosaica de Deuteronômio. Os fatos de que o uso da primeira pessoa predomina e de que Moisés é mencionado por mais de quarenta vezes no livro também são apresentados como provas de que ele escreveu Deuteronômio. O relato da morte de Moisés não apresenta problema, pois explica-se que os capítulos 31—34 foram adicionados depois de sua morte. Alguns afirmam que Moisés escreveu os capítulos que constituem a legislação (12—20), e os capítulos 1—12 e 27—30, embora de sua autoria, foram adicionados posteriormente.

Quanto aos capítulos 31—34, sugerem-se Eleazar e Josué como possíveis autores. Ambos foram amigos de Moisés e portanto pessoas apropriadas para fazer seu panegírico. Josué se tornou o sucessor de Moisés, e alguns supõem que o que atualmente é o apêndice de Deuteronômio tenha sido uma vez o início do livro de Josué. É particularmente interessante observar que as expressões "Moisés, servo do Senhor" e "Moisés, homem de Deus" não aparecem nos capítulos

DEUTERONÔMIO

precedentes nem nos outros livros do Pentateuco. Por outro lado, a expressão "Moisés, servo do Senhor" ocorre várias vezes no livro de Josué, fato que fortalece a probabilidade de que Josué foi o responsável pela composição do apêndice.

b. Ponto de Vista Crítico. Os críticos consideram improvável que Moisés tenha escrito Deuteronômio e mantêm que o livro foi composto por um profeta anônimo que escreveu segundo as noções de Moisés. A despeito de não apoiarem a teoria da autoria mosaica do livro, os críticos declaram que Deuteronômio pode ser qualificado como um livro mosaico, pois toda a lei judaica se originou na tradição básica dos tempos em que Moisés era o líder do povo.

Segundo a teoria documentária de Wellhausen, o *Código Deuteronômico*, ou *D*, é o documento básico desse livro. O documento *D* (Dt 12-26) foi publicado em 621 a.C. quando Hilkiah o encontrou no templo durante o reinado de Josias (2Rs 22). Acreditava-se que o documento *D* havia sido composto no tempo de sua "descoberta" (por Hilkiah) com o fraudulento propósito de promover reformas religiosas. Atualmente esta teoria tem sido abandonada por falta de evidências.

Deuteronômio sumariza, de diversas maneiras, as doutrinas dos grandes profetas do século VIII a.C., que também pregaram a absoluta soberania de Deus, seu relacionamento especial com Israel e a consequente condenação da idolatria. De fato, Deuteronômio representa Moisés dando uma nova interpretação da lei (para a vida em Canaã) no momento em que Israel fazia a transição de um estilo de vida nômade para um permanente. Dessa maneira, o Código Deuteronômico demonstra a adaptação da velha lei às condições de vida posteriores.

A forma exata do documento encontrado no tempo do rei Josias tem sido objeto de muita polêmica. É evidente que o atual livro de Deuteronômio é resultado da compilação de porções independentes. O mistério da questão consiste em descobrir quando essas porções foram compiladas. Considerando que a leitura da Lei atemorizou Josias (2Rs 22.11-13), o documento continha pelo menos algumas maldições como as do capítulo 28. É também importante observar que o documento encontrado compeliu Josias a renovar o pacto entre Jeová e a nação de Israel. Isso indicaria que o documento tinha a forma familiar de um tratado e não era muito diferente do atual livro de Deuteronômio, que reflete claramente a estrutura dos antigos tratados ou pactos.

Alguns críticos acreditam que Deuteronômio é uma súmula da doutrina preservada da Samaria depois de sua queda em 721 a.C. Mesmo os que defendem Jerusalém como o local de origem do livro, mantêm que sua composição se deu no século VIII a.C. e Robertson, defendendo uma posição mais conservativa, sugere que o livro tenha sido compilado (a partir de material mosaico) por Samuel. Em resumo, a origem e a data de Deuteronômio constituem um dos mais controversiais problemas para os críticos bíblicos. Nada de concreto tem sido concluído a esse respeito até o presente momento.

2. Estrutura. A estrutura básica de Deuteronômio reflete claramente a forma dos antigos tratados ou pactos. O livro (delineado quase exclusivamente na forma de discursos) apresenta primeiramente uma introdução exortativa com alusões históricas, a seguir as leis e finalmente as bênçãos e maldições condicionadas à obediência das estipulações.

O livro de Deuteronômio é dotado de vigoroso estilo oratório, mesmo em se tratando da apresentação das leis. Apesar de bastante peculiar, este estilo reflete alguma influência da literatura profética. Tendências retóricas e preocupações com o culto e com a religião interior lembram as pregações dos sacerdotes e levitas.

II. Propósito. O livro compreende uma série de discursos proferidos por Moisés. O primeiro desses, considerado uma adição secundária ao livro, relata a viagem de Horebe à Terra Prometida e enfatiza a conquista da Transjordânia. O segundo é o mais importante do livro — contém primeiramente uma exortação de como o indivíduo deve entregar-se de todo o coração ao Deus do Pacto, e em seguida apresenta as leis desse Pacto. O terceiro discurso consiste em um apelo por fidelidade. O livro termina com um apêndice histórico contendo a narrativa dos últimos atos e palavras de Moisés. (Ver a seção a seguir para maiores detalhes).

O propósito de Deuteronômio é persuadir o povo à entrega total ao Deus de Israel, o que significa amá-lo de todo o coração, de toda a alma e de toda a força (Dt 6.5). Dessa maneira, o livro enfatiza a completa união com Jeová, através da qual o povo deve adorar somente a ele, e de modo apropriado.

III. Conteúdo
A. *Primeiro Discurso de Moisés* (1.1—4.43).
 1. Sumário da história de Israel no deserto (2.1—3.29).
  a. Introdução (1.1-18).
  b. O fracasso em Cades (1.19-46).
  c. As perambulações e os conflitos no deserto (2.1—3.29).
 2. Moisés exorta o povo à obediência (4.1-43).
B. *Segundo Discurso de Moisés* (4.44—26.19).
 1. Repetição da lei com advertências e exortações (4.44—11.32).
  a. Introdução (4.44-49).
  b. Repetição dos Dez Mandamentos (5.1-33).
  c. O fim da lei é a obediência (6.1-25).
  d. Ordenada a destruição dos cananeus e seus ídolos (7.1-26).
  e. Advertências e exortações (8.1—11.32).
 2. A legislação que Moisés apresentou ao povo (12.1—26.19).
  a. Condições de bênção na terra (12.1-32).
  b. Castigo dos falsos profetas e idólatras (13.1-18).
  c. Animais limpos e imundos (14.1-29).
  d. O ano da remissão (15.1-23).
  e. As três festas: Páscoa, Pentecoste e Tabernáculos (16.1-17).
  f. Os oficiais e seus deveres (16.18-22).
  g. Castigos da idolatria, obediência à autoridade, eleição e deveres de um rei (17.1-20).
  h. Os sacerdotes, as práticas proibidas e a promessa de um profeta (18.1-22).
  i. As cidades de refúgio (19.1-21).
  j. As leis da guerra (20.1-20).
  k. Regulamentos gerais (21.1— 26.19).
 3. Sumário de profecias sobre a história de Israel e a segunda vinda de Cristo (27.1—28.68).
  a. As pedras da lei no monte Ebal (27.1-10).
  b. A cerimônia litúrgica (27.11-26).
  c. As bênçãos proferidas no monte Gerizim (28.1-14).
  d. Maldições que serão lançadas na terra (28.15-68).
C. *Terceiro Discurso de Moisés: o Pacto Palestino* (29.1—30.20).
 1. Introdução (29.1-29).
 2. Declaração do pacto (30.1-10).
 3. Advertência final (30.11-20).
D. *Apêndice Histórico* (31.1—34.12).
 1. Últimas palavras de Moisés e nomeação de Josué (31.1-30).
  a. Últimos conselhos de Moisés aos sacerdotes, aos levitas e a Josué (31.1-13).
  b. Comissão divina a Moisés e Josué: Avisos acerca da apostasia (31.14-23).
  c. Moisés instrui os levitas (31.24-30).
 2. Último canto e exortação de Moisés (32.1-47).
 3. Moisés vê a Terra Prometida (32.48-52).
 4. Moisés abençoa as tribos (33.1-29).
 5. Morte e sepultamento de Moisés (34.1-12).

IV. Seção Legal. Os capítulos de 5-11, introduzindo a seção legal, apresentam os Dez Mandamentos, tratando de modo especial o primeiro mandamento. Os capítulos seguintes expõem as leis que podem ser consideradas nas categorias cerimonial, civil e criminal. Seguindo estas categorias, estão as leis mistas concernentes à família e propriedade.

As leis cerimoniais referem-se a lugar de adoração (12.1-28); idolatria (12.29—13.18; 16.21—17.7); alimentos puros e impuros (14.1-21); dízimos (14.22-29); remissão (15.1-18); santificação do primogênito (15.19-23); e festas sagradas (16.1-17).

As leis civis tratam de nomeação dos juízes (16.18-20; 17.8-13); eleição de um rei (17.14-20); regulamentações referentes aos direitos e rendimentos dos sacerdotes e levitas (18.1-8); e regras concernentes aos profetas (18.9-22).

As leis criminais referem-se ao homicídio, às cidades de refúgio (19.1-14); ao falso testemunho (19.15-21); à conduta na guerra (20.1-20); à expiação por uma morte cujo autor é desconhecido (21.1-9); e aos crimes puníveis por enforcamento (21.22,23).

As leis mistas abrangem uma variedade de assuntos, tais como casamento com uma mulher cativa (21.10-14); direito de primogenitura (21.15-17); filhos desobedientes (21.18-21); benevolência para com os animais (22.1-4, 6-8); proibições de várias misturas (22.4,9-11); cordas torcidas nas vestimentas (22.12); punição de impureza (22.13-29); expulsão da congregação (23.1-9); rito de purificação no acampamento militar (23.10-15); escravos fugidos (23.16,17); prostituição, usura e votos (23.18-24); ato de recasar depois do divórcio (24.1-4); isenção do recém-casado de servir na guerra (24.5); penhor (24.6,10-13,17,18); ladrão (24.7); lepra (24.8,9); salários (24.14,15); pais e filhos (24.16); tratamento de estranhos, órfãos e viúvas (24.17-22); castigo excessivo (25.1-3); o boi de arado (25.4); levirato (25.5-10); estupro (25.11,12); pesos e medidas (25.13-16); e destruição de Amaleque (25.17-19). Os capítulos 26 e 27 apresentam uma aplicação didática dessas leis.

Outra classificação das leis contidas nos capítulos 12—26 pode ser feita com base no significado de três palavras-chaves, a saber, juízos, estatutos e mandamentos. O juízo é definido como uma regra ou lei estipulada por uma autoridade ou estabelecida por costumes antigos, pela qual o juiz deve guiar-se na solução de certos casos (juízos de Êx 21). O estatuto é definido como uma regra permanente de conduta que difere do juízo no sentido de que não requer um juiz físico no quadro, mas somente a consciência do indivíduo perante Deus. A distinção entre juízo e estatuto está delineada em 1Reis 6.12, onde Salomão é encorajado a andar nos estatutos de Deus e a "executar" os seus juízos. Exemplos típicos de estatutos são as leis referentes às instituições religiosas, festas (Dt 16.1-17), oferendas ou leis de justiça, purificação etc. Em relação à palavra "mandamento", seu significado comum é convenientemente limitado aqui para os propósitos da presente classificação: significa não uma ordem de obrigação permanente, mas uma que pode ser cumprida de uma vez por todas. (Exemplos: a destruição dos santuários pagãos, a nomeação dos juízes e o estabelecimento das cidades de refúgio).

V. A Importância do Livro. Os escritos posteriores da história de Israel do Antigo e do Novo Testamento testificam a grande influência que o livro de Deuteronômio exerceu em seus autores. Nos livros de Josué, Juízes, 1 e 2Samuel e 1 e 2Reis encontram-se numerosas referências reveladoras de que Deuteronômio era conhecido e observado na época. Entre as muitas referências que ilustram a observância das leis de Deuteronômio, encontra-se Josué 8.27, que relata o fato de que, quando Ai foi capturada, *tão somente os israelitas saquearam para si o gado e os despojos da cidade* (Dt 20.14). Outro detalhe que indica a observância da lei de Deuteronômio é o fato de que o corpo do rei da cidade de Ai foi retirado da árvore em que havia sido enforcado antes do cair da noite (cf. Js 8.29; 10.26 e 27 com Dt 21.23).

Os profetas do século VIII a.C. também refletem familiaridade com o livro. As seguintes passagens são alguns exemplos da influência de Deuteronômio nos escritos de Oseias e Amós:

Oseias	Deuteronômio	Amós
4.4	17.12	3.2
5.10	19.14	2.7,8
8.13 e 9.3	28.68	11.3
1.31 e 32.10	7.6 e 9.12	24.12-15 e 23.17

No NT há igualmente algumas citações e várias referências ao livro de Deuteronômio. Em Hebreus 10.28 as palavras de Deuteronômio 17.6 são citadas como "a lei de Moisés". Paulo citou Deuteronômio 27.26 e 21.23 em Gálatas 3.10,13, adicionando a introdução "está escrito". Semelhantemente, Paulo citou partes do Decálogo em Romanos 7.7; 13.9; Efésios 6.2. Jesus também citou Deuteronômio em várias ocasiões (a saber: Mt 4.1-11; 22.38; Lc 4.1-13; Mc 7.9-12; 10.5 e 10.17-19).

VI. Bibliografia. AM E IB ID MAN UNZ

DEVER

Uma de nossas mais importantes palavras éticas é "dever". Ela subentende a existência dos deveres morais ou legais, e que isso cria deveres que precisam ser cumpridos. O dever tem um caráter imperativo. Precisamos estabelecer a distinção entre as coisas *como elas são* e as coisas *como elas deveriam ser*. O dever nunca aceita o estado das coisas como se isso ditasse o que é certo ou errado, porquanto as coisas raramente são como deveriam ser.

1. O Vocábulo e seus Usos. O vocábulo dever vem do latim *debere*, "dever". Destaca-se a ideia de dívida. Como um termo, assume lugar juntamente com o que é *bom* e *valioso*, como conceitos fundamentais da moralidade. Os sistemas que exaltam o dever como o alicerce da ética são chamados *formalistas ou deontológicos*. Esta última palavra vem do grego *deon, deontos*, "necessário", e de *deein*, "falta", "necessidade". O sistema de dever fala sobre obrigações morais. Outros sistemas principais, que podem ser contrastados com esse, são o *teológico* e o *axiológico*. Ver o artigo geral sobre a *ética*, que fornece as várias abordagens que os teólogos e filósofos usam, quanto à questão da *conduta ideal*.

2. Vários Pontos de Vista. a. *No estoicismo* (vide). O dever do homem é absoluto, baseado sobre requisitos da natureza. Todas as coisas acontecem por determinação prévia, e é dever do homem aceitar tudo em atitude de apatia. A única escolha do homem consistiria na atitude com que ele aceita os eventos. Não tem a capacidade de ordená-los. A obrigação é a base da conduta moral, e não a satisfação própria ou o prazer pessoal. ***b. Em Emanuel Kant*** (vide). O dever é a finalidade máxima da vida. O dever é definido por imperativos categóricos e práticos. O homem é possuidor de uma vontade autônoma e noumenal, do que também se origina a ideia e a necessidade de seu dever. Há o imperativo categórico (vide), o que nos diz que é nosso dever nada fazer daquilo que não queremos que se torne uma lei universal. Ver sobre *Kant*, Ética. Ele também requeria o dever de tratar todos os homens como finalidades em si mesmas, e não como meios, respeitando a individualidade e o valor essencial deles. ***c. F.H. Bradley*** (vide) argumentava que os deveres dos homens são determinados pelo lugar e funções que ocupam na sociedade. Portanto, o dever seria uma questão comunal, e não meramente individual. Além disso, o dever seria determinado por condições metafísicas e universais, e não pelo indivíduo. ***d. Josiah Royce*** (vide) supunha que o pessimismo ocorre quando os homens falham em descobrir um ideal que deve ser aceito e cultivado. Haveria ideais que deveriam ser descobertos, capazes de impedir o fracasso, ou seja, capazes de evitar o pessimismo. *O seu mais elevado ideal era uma adaptação da regra áurea:* "Vive de tal modo que a .tua vida e a vida do próximo seja uma delas". Ele tinha um forte senso de lealdade e dever, e acreditava que a miséria humana é causada, essencialmente, pela falta de lealdade a princípios autênticos. **e. H.A. Prichard** (vide) mantinha o ponto de vista intuicionista que diz que sabemos, através da intuição, quais são os nossos deveres. Ele cria que não devemos tentar formular uma teoria do dever, mas apenas depender de nossa intuição, dia após dia, enquanto vivemos e entramos em contato com outras pessoas. **f. W.D. Ross** (vide) levantou e discutiu a antiga questão dos conflitos de deveres. Há uma verdadeira hierarquia de deveres. O mais elevado deles intitula-se *dever prima facie*. Um exemplo: um paciente terminal pode sentir-se mais confortável e enfrentar melhor a morte física, se não tiver consciência de sua enfermidade. Pelo menos, alguns casos terminais têm esse caráter. Seria um erro dizer a verdade (que, usualmente, é um dever) a tal pessoa. Nesse caso, devemos preferir a misericórdia do que dizer a dura verdade. Ele era um intuicionista e supunha que, em cada caso, a nossa intuição haverá de dizer-nos qual dever deve ser considerado preferencial, e quais outros deveres devem ser postos de lado.

III. O Ponto de Vista da Bíblia. Na Bíblia, a base do dever é a ideia de que Deus revelou o que é bom para o homem. Isso quer dizer que temos uma ética teísta, completa com todas as formas de deveres revelados, delineados nas Escrituras. A maioria dos evangélicos concordaria que o dever é um requisito divino, porquanto Deus é quem estabelece os princípios éticos, e não o homem. Surgem problemas neste ponto: em primeiro lugar, há a questão da *interpretação*. A existência da revelação nem sempre nos serve de uma orientação clara. Consideremos o caso de Abraão, que compreendeu que Deus requeria que ele realizasse um sacrifício humano. A maior parte dos teólogos e filósofos éticos concorda que isso era uma ideia de Abraão (com base em um pano de fundo cultural e religioso), e não um real requisito de Deus. Em segundo lugar, há a questão dos conflitos de deveres, segundo discutimos em II.6. Em terceiro lugar, são levantadas questões pelos liberais e pelos *críticos* no tocante à validade de supostas revelações. Mesmo admitindo que a Bíblia é um excelente livro sobre princípios éticos, vemos certa progressão no conceito de Deus, partindo da noção primitiva de Deus como um supremo guerreiro, chefe de tribos selvagens, que requeria destruição e vingança por todos os lados, para a ideia mais refinada de Deus, conforme se vê refletida no sermão da montanha de Jesus. Ao longo dessa caminhada, os homens, em seus livros sagrados, têm *purificado o* conceito de Deus; mas esse processo prossegue, e o conceito de Deus vai se modificando, devido ao crescente conhecimento e experiência espiritual dos homens. Segue-se, pois, que a própria revelação, mesmo quando válida, não é algo fixo e perfeito. Em consequência, os deveres exibidos pela revelação divina não são necessariamente perfeitos e finais. Isso não quer dizer que nós não tenham sido dados deveres claros, mas somente que não fomos isentados da necessidade de raciocinar, de experimentar e de crescer.

O Novo Testamento achou por bem reforçar os *mandamentos* do Antigo Testamento. O amor a Deus e ao próximo aparece no Novo Testamento como o sumário da lei (Mt 22.37-39; Rm 13.10). Os filósofos morais nunca foram capazes de aprimorar esse princípio fundamental, e a maioria deles o admite. Ver o ponto abaixo.

IV. O Dever de Amar. Os místicos dizem, após todas as suas elevadas e celestiais experiências, que é impossível melhorar o princípio moral do amor como base de toda a conduta. Paulo, a despeito de todas as suas inovações teológicas, chegou à conclusão de que o amor é o cumprimento da lei. (Ver Rm 13.10). Jesus apresenta-nos idêntica avaliação (Mt 22.37-39). João mostra-nos que a prova mesma da espiritualidade é a vida diária de acordo com a lei do amor (1Jo 4.7 ss.). O novo nascimento é a fonte do poder para amar como devemos fazê-lo; e aquele que nasceu de Deus é ativo no cumprimento desse princípio. Ver o artigo geral sobre o *amor*. O amor leva-nos além da expressão ordinária do dever, o que, na experiência humana, com frequência consiste em se fazer somente aquilo que se deve, algumas vezes, com má vontade. Naturalmente, o dever real não consiste nisso; mas nós o reduzimos a isso. Seja como for, viver a lei do amor é o dever supremo, bem como aquilo que impulsiona todos os outros deveres.

DEVOÇÃO, DEVOTAR

No hebraico temos uma palavra a considerar, *cherem*, usada por 28 vezes (como em: Lv 27.21,28,29; Nm 18.14). No grego, *sébasma*, "objeto de adoração", que figura por duas vezes (At 17.23 e 2Ts 2.4). A palavra grega envolvida indica, geralmente, algum objeto usado na adoração religiosa. De acordo com o pensamento dos semitas, uma coisa "devotada" era inteiramente dedicada à divindade, pelo que não mais podia ser tocada por um ser humano. Portanto, era algo santificado (Lv 27.28). Em sentido negativo, uma coisa devotada era *maldita*. Ver o artigo sobre *Anátema*. Também poderíamos dizer que algo foi "devotado a Yahweh", dando a entender que a coisa devotada deveria ser totalmente destruída. (Ver Js 6 e 7), o exemplo mau de Acã, e 1Sm 15, o exemplo dos amalequitas. Tais conceitos estavam por detrás das *guerras santas*, nas quais a destruição era considerada como algo que honrava a Deus. A idolatria era punida mediante total devoção (Êx 22.20). O vocábulo também podia significar "exclusão", segundo se vê em Esdras 10.8. Positivamente falando, uma pessoa ou coisa podia ser devotada a Deus, mediante total consagração. Parte da propriedade ou dos bens materiais de alguém podia ser devotada (Lv 27.28), do que também originou-se o costume do Corbã (vide) (Mc 7.11).

Devoção Cristã. As exigências feitas por Cristo são grandes, porque também os benefícios que ele nos dá são grandes, e porque o destino dos crentes é serem conformados à sua imagem (Rm 8.29; 2Co 3.18). Portanto, total devoção e dedicação são requeridas dos discípulos sérios (Rm 12.1, 2; Mc 8.34 ss). Um aspecto da devoção é a *adoração*. Um longo e detalhado artigo foi provido, neste dicionário, acerca desse assunto. Parte da adoração do crente é a prática diária de suas devoções, o que pode incluir a leitura da Bíblia, a oração e, em alguns casos, a meditação. Esse é um exercício que tem por finalidade ajudar o crente em seu desenvolvimento espiritual.

No plural, "devoções", a palavra é usada, em várias traduções, em Atos 17.23 (nossa versão portuguesa usa o singular, "culto"), dando a entender a adoração a divindades pagãs. O termo grego por detrás desse vocábulo é *sébasma*, dando a entender aquilo que é adorado (2Ts 2.4), ou as coisas usadas como adjuntos na adoração.

DEVOTO

No original grego temos a considerar os vocábulos *eulabés*, "reverência", *eusebés*, "piedoso", e o verbo *sébomai*, "adorar". Essas palavras ocorrem, respectivamente, por quatro vezes (Lc 2.25; At 2.5; 8.2; 22.12), três vezes (At 10.2,7; 2Pe 2.9) e dez vezes (Mt 15.9 — citando Is 29.13 — Mc 7.6; At 13.43,50; 16.14; 17.4,17; 18.7,13; 19.27). Nos livros de Lucas encontramos menção a pessoas devotas, como Simeão (Lc 2.25), Cornélio e seu soldado devoto (At 10.2,7), Ananias, através de quem Paulo recebeu de volta a visão (At 22.12), os homens piedosos que sepultaram Estêvão (At 8.2). Havia homens devotos por se terem convertido ao judaísmo (At 13.43), mulheres devotas (At 13.50), gregos devotos, em Tessalônica (At 17.4), e pessoas devotas nas sinagogas de Atenas (At 17.17). Os *devotos* são aqueles que, de alguma forma, viram ao Rei, cujas vidas foram assim transformadas, e cujas práticas diárias incluem atitudes e atos religiosos que demonstram a piedade deles. Os devotos devem ser contrastados com *os profanos*, os quais têm pouco respeito pelas coisas espirituais, cujas vidas são dominadas por motivos carnais e egoístas. As pessoas devotas são intensamente religiosas, reverentes, calorosamente dedicadas às realidades espirituais, sinceras e ativas nos exercícios e obras de natureza religiosa.

DEZ MANDAMENTOS

Quanto a artigos relacionados, e onde importantes princípios são frisados, ver o artigo geral sobre *Mandamentos*. Ver também sobre o *Novo Mandamento* e sobre o *Decálogo*.

I. O PRINCÍPIO DA LEI. Todo povo precisa ter leis, e até as tribos mais primitivas contam com sua legislação, formal ou informal. Algumas vezes, essas fórmulas são bastante simples. Os indígenas primitivos do extremo norte do Brasil têm dois pecados principais: o furto e os maus-tratos à própria mãe. Segue-se um terceiro, não tão grave: não compartilhar do que se possui. As bananas são consideradas uma possessão preciosa. Espera-se que aquele que encontrou bananas na floresta, compartilhe das mesmas com os demais membros da tribo. Porém, o homicídio é tão comum que parece haver bem pouca consciência de que isso constitui uma grave ofensa. Foi-me explicado pessoalmente, por alguém que viveu dentro daquela cultura primitiva por muitos anos, que o homicídio não é considerado um mal, a menos que atinja algum parente próximo. O homicídio é ali praticado por qualquer razão, ou mesmo sem razão nenhuma. Naturalmente, o homicídio é vingado, mas essa é a única pena aplicada contra tal ato. Quase todos os homens adultos, entre aqueles indígenas, já mataram algum ser humano. Isso nos mostra que se o princípio da lei é natural a todos os povos, seus preceitos precisam ser dirigidos por Deus, o qual nos esclarece o que, realmente, é certo e errado.

Códigos Antigos. Ficamos admirados diante da extensão e da boa qualidade das leis babilônicas. Ver o artigo sobre a *Babilônia*, em seu ponto 5.f., *Ética e Moral dos Babilônios*. Uma das principais realizações da arqueologia tem sido o descobrimento dos códigos e das leis dos povos antigos, que nos informam sobre as suas ideias éticas. Mas, quando estudamos o assunto, descobrimos que não há povo e nem há história que se possam comparar com a de Israel.

Antes da outorga dos Dez Mandamentos, já encontramos ordenanças divinas no Antigo Testamento; mas, juntamente com o decálogo houve uma imensa elaboração. E os judeus nunca se cansaram de maiores elaborações ainda. Os ensinos judaicos incorporavam 613 mandamentos específicos, dos quais 248 eram positivos e 365 negativos, cobrindo todas as facetas imagináveis da vida diária. Não há que duvidar que a nação judaica considerava a estrita obediência à lei escrita como a base e a expressão da espiritualidade. O Novo Testamento faz essa obediência depender das operações do Espírito Santo, sendo significativo que todos os Dez Mandamentos (exceuando aquele referente ao sábado), tornaram-se princípios neotestamentários. Contudo, alguns estudiosos pensam que até mesmo o sábado tornou-se um princípio do Novo Testamento sob a forma de nosso descanso espiritual em Jesus Cristo, mediante a fé. (Ver Hb 4.9,10).

Tendências Teológicas. Em nossos dias vê-se a tendência de abandonar uma lei escrita, objetiva, como expressão da vontade de Deus. Muitos teólogos têm humanizado a ideia veterotestamentária da lei, pois dizem que a reivindicação de origem divina, da lei mosaica, não passa de uma invenção humana. Historicamente, isso expressa uma verdade — pode-se mostrar que os babilônios e outros povos antigos contavam com códigos legais bastante similares aos dos judeus, e expressos com bastante elaboração. É nossa tendência subestimar a sensibilidade moral dos povos antigos. Preferimos apontar para suas muitas guerras, para sua brutalidade e para suas constantes agitações. Porém, se os compararmos com as sociedades modernas, veremos que o ato de matar é uma atividade que prossegue como sempre ocorreu, e que, em nossos dias, as técnicas tornaram-se muito mais sofisticadas, de tal modo que temos a intrepidez de falar em *artes* militares. Quando lemos o Antigo Testamento, ficamos perplexos diante da violência que transparece na história de Israel; e não meramente dos israelitas contra outras nações, mas até de israelitas contra israelitas. Não podemos entender como uma pessoa, como Davi, que escreveu tantos dos salmos do Antigo Testamento, com sua evidente espiritualidade profunda, o que se reflete em seu elevado estilo literário, pode ter estado ocupado em tanta luta e matança. Será possível uma pessoa, em um dado momento, mostrar-se espiritualmente sensível, expressando essa sensibilidade mediante termos poéticos lindíssimos, para então, momentos depois, enterrar a lâmina de sua espada no ventre de outro homem? Parece que a dualidade de todo ser humano, até mesmo dos regenerados, com seu aspecto positivo e com seu aspecto negativo, pode explicar tal fenômeno. Seja como for, o evangelho veio a fim de salvar os pecadores; e o próprio fato de que a alma humana vive nesta esfera terrena serve de prova de que ela caiu muito abaixo de Deus. Tradicionalmente, a obediência às leis divinas tem sido o principal método de tentativa de retorno da alma humana a Deus.

Karl Barth enfatizava a palavra de Deus como a expressão de sua vontade. Contudo, não pensava que essa Palavra pudesse ser limitada a seu aspecto escrito, na Bíblia. Barth, pois, representa uma mudança de opinião, afastando-se de um conceito literal e literário e aproximando-se da iluminação interior acerca da vontade de Deus, porquanto a expressão literária conteria imperfeições, resultantes da inventividade humana. Aqueles que não aceitam de bom grado o princípio legal da justificação, preferindo a teologia paulina, algumas vezes têm ido longe demais, reduzindo os mandamentos da lei à condição de meros iluminadores do entendimento, chamando-os de invólucros legais. Para eles, o amor seria a única lei verdadeira e pura; e o que estiver separado disso será imperfeito ou desviador. Entretanto, não há qualquer contradição entre o amor e a lei. De fato, a lei, quando correta, coopera com o amor, pois sua finalidade sempre visa ao benefício do homem. Outrossim, há uma maneira de reconciliar as obras da lei e a graça. Se considerarmos aquelas obras como operações do Espírito, então lei e graça tornam-se sinônimos. A lei aponta para os princípios morais, e as operações do Espírito tornam-nos pessoas moralmente inclinadas, capazes de pôr em prática aquilo que a lei mosaica recomenda verbalmente. Naturalmente, a letra mata. Por si mesma, a lei nunca será uma força espiritual capacitadora. É o Espírito de Deus quem nos dá vida (2Co 3.6). Todavia, isso não significa que a lei seja errada em si mesma, ou que Deus errou ao dar ordens aos homens, por intermédio da lei. Os padrões de Deus deveriam ser conhecidos e postos em obra. Porém, quando chega o momento de cumprir o espírito dos mandamentos, então é que precisamos do poder capacitador do Espírito; e essa é uma clara mensagem no Novo Testamento.

Não há qualquer contradição ou antipatia entre a graça e a lei, ou entre o amor e a lei, contanto que consideremos tudo segundo a correta perspectiva. A vida cristã envolve a observância das "ordenanças de Deus" (1Co 7.19). Mas isso só pode ser feito mediante a atuação do Espírito capacitador, que vem residir no crente (Rm 8.2 ss.). A espiritualidade é uma obra do Espírito (Gl 5.22,23), e não meramente a tentativa de obedecer, segundo nossas melhores possibilidades de atender aos mandamentos. Temos de levar em conta que a lei escrita, por mais elaborada que seja, sempre é incompleta, pois nenhuma palavra escrita poderá exprimir plenamente a mente de Deus. Eis por que alguns teólogos têm apelado para o conceito da palavra de Deus, não limitada ao que foi escrito na Bíblia Sagrada.

Os mandamentos de Deus despertam em nós a consciência de nossa própria imperfeição e, desse modo, eles prestam um importante serviço (Rm 3.20). Com base nisso, o Espírito Santo ajuda-nos a fazer algo a respeito. Os mandamentos podem servir de guias para que evitemos pecados específicos e para que realizemos atos consoantes com nossos deveres morais; e nada há de errado quanto a isso, contanto que não pensemos que é através disso que seremos justificados diante de Deus (Rm 3.20,28). Naturalmente, dentro da comunidade humana, a lei, considerada como um princípio, é algo absolutamente necessário, porquanto deve haver um padrão para que todos possam seguir.

II. Palavras Envolvidas e Designações. Quanto a detalhes sobre esta divisão, ver o artigo sobre *Mandamentos*, sob o subtítulo, *Ideia Geral*. A importância da lei, dentro do judaísmo, pode ser demonstrada pelo fato de que há cerca de novecentas referências aos mandamentos, no Antigo Testamento, mediante o uso de uma dezena de palavras diferentes.

O Decálogo. Ver o artigo separado sob esse título, quanto a maiores detalhes. O termo *decálogo*, que significa *dez palavras*, foi usado pelos pais gregos da igreja para se referirem aos Dez Mandamentos do Antigo Testamento. No hebraico, esses mandamentos são chamados *haddebarim asereth*, "dez palavras". (Ver Êx 34.28; Dt 4.13 e 10.4). Outras expressões também usadas para indicar a lei são: *as duas tábuas do testemunho* (Êx 34.29); a *sua aliança* (Dt 4.13), *as tábuas da aliança* (Dt 9.9). No Novo Testamento, encontramos, principalmente, o termo grego εντολαςι, *mandamentos* (Mt 19.17 ss., Rm 13.9; 1Tm 1.9, para exemplificar).

III. Ocasião Histórica. O Antigo Testamento apresenta a outorga da lei moisaica com um ato divino, como uma direta intervenção de Deus na história humana. Moisés é retratado como o homem que recebeu tábuas literais de pedra, inscritas com os Dez Mandamentos. Mediante esse ato, foi estabelecido o pacto teocrático. E é nesse ponto que temos o início de uma das principais dispensações, que alteraram todo o rumo da história da humanidade. (Ver Êx 19 e 20): Seguem-se muitas leis subordinadas aos Dez Mandamentos originais, com base no que uma vasta e elaborada legislação veio a desenvolver-se. Muitos teólogos modernos têm salientado o teísmo extremado da situação. Deus desceu sobre o monte Sinai, com manifestações de fogo e fumaça, o monte tremeu e os israelitas ficaram aterrorizados etc. Esses teólogos opinam que esses elementos marcam a porção histórica da do evento como um relato essencialmente mitológico. Os estudiosos místicos, que não se preocupam muito com o arcabouço histórico, supõem que essas descrições são tentativas cruas de descrever para nós as profundas experiências místicas de Moisés, mediante as quais ele foi inspirado a produzir as leis mosaicas. Isso significa que houve acontecimentos reais, e não imaginários, mas que esses eventos foram mais místicos do que literais, e que poucas referências literárias são válidas se forem interpretadas literalmente, senão alegórica ou simbolicamente. Os estudiosos liberais salientaram que outros povos semitas, especialmente os babilônios, também contavam com todos os itens essenciais dos Dez Mandamentos; e, com base nisso, supõem que, na realidade, eles representam a essência do pensamento daqueles povos da antiguidade, nada tendo de original ou de origem divina. A minha opinião, porém, essa interpretação liberal reduz Moisés a quase nada; ele seria apenas um compilador. No entanto, precisamos perceber que ele encabeçou um novo e radical movimento religioso. Não foi apenas um líder do ângulo social, militar e cultural. Como pioneiro de um avanço muito grande na compreensão das realidades religiosas, ele deve ter sido uma figura muito incomum. Penso que é melhor concebermos a outorga da lei mosaica como uma experiência mística, mas cercada por circunstâncias históricas verdadeiras, relatadas de forma a salientar a verdade mística. Como exemplo disso, podemos pensar sobre a narrativa a respeito da *ascensão de Cristo* (vide). Lemos acerca da *nuvem* que recebeu a Jesus, e, quando falamos em nuvens, em meio às quais ele retornará, ou naquelas nuvens associadas ao nosso próprio futuro arrebatamento, é melhor pensarmos não em termos de nuvens literais, formadas por vapor d'água. Antes, houve a manifestação de energias místicas, envolvidas no processo, mas que resultou em uma espécie de aparência visual. Por semelhante modo, a outorga da lei mosaica envolveu visões místicas que foram então descritas mediante termos literais.

IV. Versões. No Pentateuco há duas versões do decálogo. A primeira delas aparece no vigésimo capítulo do livro de Êxodo; e a segunda no quinto capítulo do livro de Deuteronômio. Essas versões concordam essencialmente entre si, exceptuando no caso das razões para a observância do quarto mandamento. No livro de Êxodo, é dito que era preciso obedecer a esta lei como uma obrigação diante de Deus como Criador. Mas, em Deuteronômio, a razão é que o indivíduo deve servir ao próximo, concedendo-lhe descanso, em memória à servidão sofrida no Egito, quando então ninguém, dentre os israelitas, podia descansar. É possível, porém, que a versão deuteronômica represente uma elaboração posterior do mandamento mais simples, que dizia: *Lembra-te do dia de sábado, para o santificar* (Êx 20.8).

V. Natureza e Conteúdo. O decálogo é mais que um código de leis. Antes, é a base do pacto teocrático que separou o povo de Israel como um veículo do favor divino, como um elemento através do qual a mensagem espiritual haveria de ser transmitida. É instrutivo pensarmos em Cristo como o Segundo Moisés. Os inúmeros preceitos que aparecem em seguida, governando cada aspecto da vida diária, ensinam-nos que não existe tal coisa como lado secular da vida. À mente divina cabe o controle de todos os detalhes da vida, de tal maneira que a alma humana possa encontrar eficazmente o seu caminho de volta a Deus. Esse elaborado sistema tinha o intuito de governar a vida física dos israelitas, mas também tinha funções educativas. O próprio decálogo estabelece alguns princípios perfeitamente éticos, cuja aplicação pode ser vasta e abrangente. A lei foi escrita em tábuas de pedra pelo próprio Deus. Nos países orientais, a pedra simbolizava a perpetuidade da lei, ali contida. As tábuas de pedra estavam escritas em ambas as faces, indicando quão completa era aquela legislação. Subsequentemente, as tábuas de pedra foram guardadas no lugar sagrado do tabernáculo, salientando o ato e a importância da revelação divina.

Conteúdo. O decálogo contém os pontos essenciais da lei moral. Jesus respondeu a certo jovem, que inquiria sobre a vereda para a vida eterna, que ele deveria obedecer a essa lei moral, e então viver (ver Mc 10.19; Lc 18.18-20): *Faze isto e viverás* (Lc 10.28). Os fariseus, em contraste, tinham caído no erro crasso de enfatizar o aspecto menos importante, o cerimonial. Não podemos duvidar que eles pensavam que todos os mandamentos, de qualquer sorte, eram moralmente obrigatórios. Para eles, a distinção que fazem alguns cristãos judaizantes modernos, entre mandamentos morais e mandamentos cerimoniais, pareceria absurda. Não obstante, a história tem separado os Dez Mandamentos dos demais preceitos, pelo que essa definição cristã, de certo modo, parece vindicada.

Os Dez Mandamentos

1. Monoteísmo (ou henoteísmo): *Não terás outros deuses diante de mim*.
2. Contra a idolatria: *Não farás para ti imagem de escultura...*
3. Contra a profanação: *Não tomarás o nome do Senhor teu Deus em vão*.
4. Sobre o sábado: *Lembra-te do dia de sábado, para o santificar*.
5. Respeito aos genitores: *Honra a teu pai e a tua mãe...*
6. Respeito pela vida alheia: *Não matarás*.

7. Vida pura: *Não adulterarás.*
8. Honestidade: *Não furtarás.*
9. Veracidade: *Não dirás falso testemunho contra o teu próximo.*
10. Respeito à propriedade alheia: *Não cobiçarás...*

Esses são princípios morais cardeais, básicos. Dentro da exposição cristã, cada um desses mandamentos recebeu notável expansão. Jesus deu início a essa tradição, no tocante ao ponto de vista cristão da lei, quando mostrou que a observância dos mandamentos está vinculada aos nossos motivos básicos. O homicídio já está latente no ódio ao próximo. O adultério já está latente na sensualidade (Mt 5.22 ss.). As elaborações dos séculos posteriores tiveram de lançar mão de uma imaginação muito frutífera, para ver um imenso número de pecados implícitos nos Dez Mandamentos fundamentais. Damos abaixo um exemplo disso:

O que está envolvido no mandamento contra o adultério?
O Grande Catecismo de Westminster, respondendo à pergunta 139, sobre a lei moral retruca: O adultério, a fornicação, o estupro, o incesto, a sodomia, as paixões desnaturais, a imaginação impura, a impureza nos propósitos e nos afetos, a linguagem imoral, os olhares sensuais, o comportamento imodesto, as vestes imodestas, os casamentos ilegítimos, a tolerância a bordéis ou a qualquer tipo de prostituição, o indevido adiamento no casamento, o divórcio, a separação ou deserção do cônjuge, a preguiça, a glutonaria, o alcoolismo, as companhias imorais, as canções lascivas, livros, gravuras, danças, peças teatrais e qualquer coisa que excite ou promova pensamentos.

VI. DIVISÕES. Os mandamentos da lei mosaica foram registrados em duas tábuas de pedra (Êx 31.18). Isso poderia indicar as duas faces de uma mesma pedra, ou então duas pedras. Alguns estudiosos preferem pensar na primeira possibilidade. Seja como for, a primeira dessas tábuas trata da responsabilidade do homem diante de Deus, incluindo o primeiro e grande mandamento de se amar a Deus com todas as fibras e potencialidades do ser (Dt 6.4,5; Mt 22.36 ss.). A segunda tábua definia os deveres do homem para com os seus semelhantes, o que é elaborado em Levítico 19.18. Historicamente, outras divisões vieram a existir, conforme se vê nas igrejas reformadas. Ali o trecho de Êxodo 20.2.3 é considerado como passagem que enfatiza a exclusividade de Yahweh. Os vss. 4 e 6 aparecem ali como um único mandamento, a injunção elaborada contra a idolatria, sob qualquer forma. O versículo 7 seria o terceiro mandamento, que proibiria qualquer forma de profanação. Então se seguiriam sete mandamentos que tratam das relações entre homem e homem, o que seria o aspecto ético da lei mosaica. Além dessa divisão reformada, há a chamada divisão agostiniana, que une os vs. 3 a 6, onde o monoteísmo e a idolatria são encarados como mutuamente exclusivos. Assim, aquele que adora a qualquer tipo de imagem de escultura, já abandonou a adoração ao único Deus. Além disso, o mandamento referente à cobiça é dividido em duas partes distintas. A divisão *talmúdica* faz de Êxodo 20.2 o primeiro mandamento, e de Êxodo 20.3-6 o segundo.

Divisão segundo o Conteúdo Geral. 1. Deveres do homem diante de Deus (Êx 20.2-7): monoteísmo contra a idolatria, contra a profanação. **2.** Deveres do homem para com a adoração (Êx 20.8-11): observância do sábado, que envolvia o descanso físico naquele dia e as observâncias religiosas que visam ao bem da alma. As igrejas reformadas fazem o domingo tomar o lugar do sábado. Mas o Novo Testamento não concorda com isso, e nem faz a guarda do sábado obrigatória para os cristãos. Contudo, qualquer dia pode ser observado com propósitos religiosos, se isso for feito para honrar a Deus (Rm 14.5; Cl 2.16). Naturalmente, existem seitas cristãs, que insistem sobre a natureza obrigatória do sábado; também há aquelas que dizem a mesma coisa em relação ao domingo. Nenhuma dessas opiniões conta com o respaldo do Novo Testamento, exceto no sentido de que o crente tem a permissão de fazê-lo, se assim quiser, seguindo o princípio da liberdade cristã; mas ficando entendido que ele não pode forçar outras pessoas a seguirem o seu exemplo. **3.** Deveres do homem para com seus semelhantes (Êx 20.12-17): A santidade da família, do matrimônio, da propriedade alheia, da veracidade e honestidade nos negócios. Adultério, homicídio, mentira, cobiça e coisas semelhantes são vedadas.

Todas essas divisões são enfeixadas na direção da *lei do amor* (Dt 4.6; Rm 13.10; 1Tm 1.5). A lei do amor faz os mandamentos descerem até os motivos que impulsionam as pessoas, dando-nos a *razão* desses mandamentos. Amamos a Deus, e assim evitamos a idolatria. Amamos ao próximo, pelo que não fazemos qualquer coisa capaz de prejudicá-lo. Outrossim, a lei do amor inspira-nos a ações positivas, de tal maneira que não cumprimos a lei moral meramente a fim de evitar certos atos errados. O respeito ao próximo envolve mais do que evitar coisas que possam prejudicá-lo. Também precisamos promover ativamente o bem de nossos semelhantes.

VII. OS DEZ MANDAMENTOS E O NOVO TESTAMENTO. Segundo alguns estudiosos, todos os Dez Mandamentos são reiterados e enfatizados espiritualmente, no Novo Testamento, excetuando o mandamento atinente ao sábado. Outros pensam que até o sábado tem sua contraparte espiritual no Novo Testamento, sob a forma do descanso que desfrutamos em Cristo, mediante a fé (ver Hb 4.9,10). Os mandamentos permanecem como preceitos morais, embora não sejam considerados poderosos em si mesmos. De acordo com o Novo Testamento, é mister o ministério do Espírito Santo, a fim de que a lei moral seja inscrita em nossos corações, a fim de que não seja meramente entendida por nosso intelecto. Diz 2Co 3.3: *... estando já manifestos como carta de Cristo, produzida pelo nosso ministério, escrita não com tinta, mas pelo Espírito do Deus vivente não em tábuas de pedra, mas em tábuas de carne, isto é, nos corações.* O sexto versículo, logo adiante, é um dos mais bem conhecidos versículos de autoria paulina, no tocante à lei. Ali é mencionada uma nova aliança, não mediante um código escrito, mas realizado por meio do Espírito, pois a letra mata, mas o Espírito dá vida. Portanto, entre nós há uma lei do Espírito, que em nós opera e nos transforma (Rm 8.2). As operações do Espírito necessariamente incluem a transformação moral, e essa transformação satisfaz plenamente aos requisitos da lei. Mas isso opera de maneira mística (ou seja, através do contato com o Ser divino), e não legalmente, na forma de obediência a um código escrito. Não existe tal coisa como salvação sem santificação (ver Hb 12.14). Ver o artigo sobre a *Santificação*.

1. Jesus. Cristo não veio destruir a lei, mas cumpri-la (Mt 5.17). Uma das maneiras de cumprir a lei consistiu em ampliar seu alcance, incluindo até mesmo os motivos dos homens (Mt 5.22 ss.). Uma outra maneira de cumpri-la consistiu em trazer à tona a possibilidade de uma autêntica espiritualidade, impelida pelo Espírito de Deus, capaz de fazer obediência à lei algo eficaz, mesmo que não perfeito ainda. Jesus trouxe a nós aquela mensagem que mostra como a espiritualidade da lei pode tornar-se real em nossas vidas diárias. Porém, incorremos em erro quando tentamos ler as ideias de Paulo nas declarações de Jesus. Jesus não ensinou os princípios paulinos, já plenamente desenvolvidos, exceto no sentido de que certos preceitos básicos de Paulo foram antecipados por Cristo. Paulo jamais poderia ter dito o que encontramos em Marcos 10.19 e em Lucas 18.18-20. Diante de Jesus, o jovem rico queria saber como poderia adquirir a vida eterna. Jesus referiu-se aos requisitos da lei, dizendo: Faze isto, *e viverás*. É claro que Jesus não parava aí, em seus ensinamentos; mas ele precisava mostrar ao jovem rico a impossibilidade de salvação por esse intermédio. E o jovem compreendeu isso, tendo então respondido: *Tudo isso tenho observado; que me falta ainda?* (Mt 19.20). Paulo, entretanto, vai direto ao ponto, afirmando que a observância dos mandamentos não pode salvar a alma humana. Naturalmente, podemos reconciliar a lei e a graça, dizendo que a verdadeira obediência à lei é aquela inspirada pela transformação da alma, mediante o poder do Espírito. Assim a alma é santificada e transformada, mediante o contato místico com o Ser divino. Em outras palavras, o Espírito faz os princípios da lei tornarem-se reais em nosso homem interior. Por meio dessas operações do Espírito, fica eliminada a observância da lei como meros atos de comissão ou de omissão de atos proibidos.

2. Tiago. Parece-me claro, embora não o pareça para alguns teólogos cristãos, que, na epístola de Tiago, continuamos no solo do Antigo Testamento. As boas obras e a observância da lei estão envolvidas na justificação, juntamente com a fé. Não percebo como Tiago 2.24 poderia ser interpretado de outro modo, pois ali lemos: *Verificais que uma pessoa é justificada por obras, e não por fé somente.* É inútil tentarmos explicar isso, dizendo que a justificação da pessoa é demonstrada mediante obras que são resultantes do princípio da fé. Isso também expressa uma verdade, mas não é o que Tiago diz nessa passagem. O décimo quinto capítulo do livro de Atos mostra-nos claramente que os primeiros judeus convertidos ao cristianismo continuavam exigindo a circuncisão como necessária à salvação, para nada dizermos sobre as medidas ainda mais importantes da lei. Simplesmente precisamos reconhecer que Tiago, no período de transição entre o Antigo e o Novo Testamentos, continuava defendendo o ponto de vista judaico comum da justificação. A questão é tão simples quanto isso. Nem todos os crentes primitivos tinham o profundo discernimento de Paulo quanto à natureza da graça divina (vide). Isso não significa, porém, que Tiago não foi um crente genuíno. Deus tem paciência com as nossas crenças e conceitos tão imperfeitos. Caso contrário, ninguém poderia ser salvo, porquanto nenhum credo representa com perfeição a verdade divina. Todos conhecemos em parte, vemos em parte, compreendemos em parte. Se, porventura, alguém disser que as obras exigidas pela lei são, de fato, possíveis mediante as operações do Espírito na alma — o que reflete uma noção espiritual do intuito da lei — então estará dizendo que a lei é idêntica em sua finalidade, às operações transformadoras do Espírito. Nesse caso, lei e graça são a mesma coisa, embora vendo o mesmo resultado de pontos de vista diferentes. Na lei e nas obras, vejo as operações do Espírito. Na graça, vejo que tudo depende de Deus, em última análise; e que a salvação de minha alma depende das operações do Espírito. E isso posso receber mediante a fé. Não há nisso qualquer contradição inerente. A lei e a graça são os polos opostos de um mesmo princípio mais profundo. Ver o artigo sobre a *Polaridade* de muitas verdades ensinadas na Bíblia. Todavia, não penso que Tiago percebeu esse fato. Antes, ele via dois princípios separados — a fé e as obras — como os princípios que produzem a justificação. Para ele, esses princípios seriam verdades distintas. Porém, se os consideramos por outro ângulo, veremos que ambos formam uma única verdade.

3. Paulo. Paulo declara francamente que a lei não tinha o propósito de salvar, e que nem mesmo poderia fazê-lo (Rm 3.28). O homem é justificado pela fé, "independentemente das obras da lei". Além disso, escreveu ele: ... *visto que ninguém será justificado diante dele (de Deus) por obras da lei...* (Rm 3.20). Segundo Paulo, a lei tinha funções diferentes daquelas que os judeus lhe atribuíam, conforme se pode perceber melhor mediante os pontos abaixo discriminados: *a.* A lei nos dá o pleno conhecimento do pecado (Rm 3.20). *b.* A lei dá impulso e energia ao pecado, atraindo o julgamento (Rm 7.10). As palavras de Paulo são extremamente severas quanto a esse ponto: o próprio mandamento que prometia a vida, termina por operar a morte. Nenhum judeu haveria de concordar com tal declaração, enquanto permanecesse na incredulidade. *c.* Em Gálatas 3.10, Paulo mostra que aqueles que esperam a vida eterna por meio da lei, na verdade estão sob a maldição que condena a todos os homens, sem qualquer exceção. Ora, Cristo veio a fim de nos livrar dessa maldição. A passagem de Gálatas 3.21 afirma enfaticamente que a doação da vida eterna não era o *propósito* da lei. A lei tinha a finalidade de reduzir-nos a nada, mostrando quão miseráveis e desobedientes criaturas nós somos. Mas então vem a mensagem do evangelho, para salvar-nos de toda essa miséria e impotência. A despeito de tudo, se pensarmos sobre a lei em termos daquilo que o Espírito opera em nós, em consonância com a moralidade divina, então a lei *já* se torna doadora de vida. Paulo concorda, em princípio, com essa declaração, em Filipenses 2.12b,13, onde ele escreve: ... *desenvolvei a vossa salvação com temor e tremor; porque Deus é quem efetua em vós tanto o querer como o realizar, segundo a sua boa vontade.* Cumpre-me fazer tudo quanto estiver ao meu alcance para seguir os preceitos morais; e assim a minha salvação torna-se uma realidade. Mas, paralelamente a isso, segundo aprendo nas Escrituras, o tempo todo era Deus quem estava atuando por meu intermédio. Por conseguinte, um complexo conceito é aquele que enfeita as ideias de *lei-obras-graça-agência-humana-agência-divina*. Se quisermos separar esses elementos uns dos outros, analisando em separado cada um deles, haveremos de cair em todas as formas de contradição e disputa. Mas, se considerarmos essa complexidade, com todos os seus elementos intactos, teremos de confessar que o conceito é por demais difícil para ser explicado de forma satisfatória; sendo essa precisa razão pela qual tantas pessoas preferem separar ideias e explicá-las individualmente. Nesse processo, elas fazem tais conceitos se oporem uns aos outros, o que já não exprime a verdade, embora a questão não seja fácil de ser esclarecida. (B C CHA H ID UN WAT)

DIA

Há uma palavra hebraica e uma palavra grega envolvidas: **1.** *Yom*, "dia". Palavra hebraica usada por mais de 1.300 vezes, em todos os livros do Antigo Testamento, sem exceção. **2.** *Eméra*, "dia". Palavra grega empregada por cerca de 382 vezes no Novo Testamento, desde Mateus 2.1 até Apocalipse 21.25. As Escrituras exibem certa variedade de usos designados por meio dessa palavra, a saber:

1. As horas entre a alvorada e o ocaso do sol (Gn 1.5; 8.22; At 20.31). Os dias da criação teriam tido essa duração, embora comumente digamos que os dias duram 24 horas. Talvez a expressão somente nos chame a atenção aos dias de 24 horas, não se referindo estritamente ao dia limitado às horas iluminadas pelo sol. Nesse caso, o dia poderia ser dividido em manhã, meio-dia e noite (Sl 55.17). Os babilônios computavam seus dias do raiar do sol ao raiar do sol; os romanos, de meia-noite à meia-noite (conforme nós o fazemos); os gregos e os judeus, de pôr do sol ao pôr do sol. A primeira menção bíblica específica ao dia de 24 horas aparece no Novo Testamento, em João 11.9.

2. Divisões e Vigílias Naturais. A divisão natural do dia em manhã, meio-dia e noite assinalava os períodos de oração (Sl 55.17). Originalmente, a noite era dividida em três porções ou vigílias (Sl 62.6; 90.4). O trecho de Lamentações 2.19 menciona a primeira vigílias; a segunda aparece em Juízes 7.19; e a manhã, ou última vigília é mencionada em Êxodo 14.24. Os gregos e romanos introduziram uma quarta vigília, o que significa que cada vigília passou a durar cerca de três horas. A segunda e a terceira vigílias são mencionadas em Lucas 12.38; a quarta, em Mateus 14.25. As quatro vigílias juntas aparecem em Mc 13.35.

Duração Específica das Vigílias. a. Do pôr do sol à terceira hora da noite, chamada "tarde" ou *cair da tarde* (Mc 11.11 e Jo 20.19). *b.* A vigília da meia-noite, isto é, da terceira hora da noite até à meia-noite. *c.* O cantar do galo, ou seja, da meia-noite às três horas da madrugada, ou mais tarde, ou seja, a nona hora da noite. *d*. Cedo de manhã, da nona hora da noite até ao nascer do sol, que seria a nossa seis horas da manhã (Jo 18.28).

3. A Divisão do Dia em Doze Horas. Essa divisão só se tornou comum após o cativeiro babilônico; e os judeus trouxeram essa prática para a Judeia. É no trecho de Daniel 4.19 que encontramos, pela primeira vez, a palavra "hora". Jesus disse, em João 11.9, que o dia tem doze horas. Períodos específicos eram: a primeira hora, ou nascer do sol; *b*. sexta hora, até o meio dia; *c*. sétima hora, de meio dia em diante; décima segunda hora, terminava ao pôr do sol. Os hebreus não tinham nomes para as suas horas, mas as numeravam, apenas.

4. Um Dia Simbólico — um Período de Tempo. Alguns estudiosos opinam que os *dias* da criação simbolizam longas eras, ou mil anos, conforme parece sugerir o trecho de Salmo 90.4. O termo "dia" é empregado para indicar qualquer período de tempo, sem importar se esse conceito tem aplicação ou não aos dias da narrativa da criação. De acordo com a profecia de Daniel, é evidente que cada dia representa um ano, e que uma semana representa sete anos (Dn 7.25; 9.24). E isso é transferido para o livro de Apocalipse conforme se nota claramente em Apocalipse 4.15 e 10.3.

5. O Dia Simbólico, Vinculado ou Não ao Tempo. Pode estar em foco a oportunidade dada pela misericórdia divina (Sl 37.13; Ml 4.1; Lc 19.42); um período de ruína ou tribulação (Sl 37.13; Jó 3.8); a vinda da "parousia" ou da eternidade (Rm 13.12); um tempo de matança, de festividades e de exageros (Tg 5.5); o julgamento divino ou a redenção (Is 49.8; 2Cr 6.2; 1Ts 5.5,8; 2Pe 1.19; Ef 4.30); um grande dia, como o da conversão de Israel, ou um dia importante qualquer (Os 1.11; Ap 6.17; 16.14); *aquele dia*, um notável período de realizações (Is 11.1), o que incluirá o juízo final (Jd 6); os *últimos dias*, um tempo futuro, em relação a quem falou, ou seja, a dispensação do evangelho (Is 2.2), ou mesmo a porção final da dispensação do evangelho (1Tm 4.1; 2Tm 3.1); um dia bom, que indica um período de prosperidade, festividade e regozijo (Et 8.17; 9.22); um dia mau ou amargo, que é um período de tribulação ou desastre (Am 6.3; 8.10); o dia de hoje, que é um tempo de oportunidade de salvação (Sl 95; Hb 3 e 4); algo feito em *um único dia*, algo que é feito com prontidão, em pouco tempo (Ap 18.8); o *dia todo*, algo feito de modo habitual e constante (Dt 28.32; Sl 25.5).

6. Um Título de Deus. Em Daniel 7.9,13 encontramos a expressão *o Ancião de Dias*, referindo-se à eternidade de Deus.

7. A oportunidade de prestar serviço no evangelho (Jo 9.4).

8. Vários dias são comentados em artigos separados. Ver os seguintes títulos: Dia do Senhor; Domingo, Dia do Senhor, Dia de Cristo; Último Dia (Escatologia); o Dia Longo de Josué; Um Dia de Jornada; Dia da Expiação.

DIA DA EXPIAÇÃO

No hebraico, **"dia do perdão"**. No Talmude, a data é chamada *grande festa* ou meramente *o dia*.

1. Tempo. Talvez, originalmente, fosse qualquer dia em que se fizesse a expiação pelo pecado. Posteriormente, indicava o dia específico e geral de expiação para todo o Israel. Foi instituído como estatuto permanente por Moisés, como dia de expiação pelos pecados, no décimo dia do mês de Tisri (setembro/outubro). Esse foi o único dia festivo originalmente ordenado por Moisés. (Ver Lv 16.1-34 e Nm 29.7-11). Essa grande festividade, tal como todos os demais dias festivos dos judeus, começava ao pôr do sol do dia anterior, prolongando-se por 24 horas, isto é, de pôr do sol a pôr do sol, ou então conforme os rabinos recomendavam, até que três estrelas fossem visíveis no horizonte.

2. Cerimônias. O décimo sexto capítulo de Levítico descreve as cerimônias muito laboriosas, mormente no caso do sumo sacerdote. Ele precisava preparar-se durante os sete dias anteriores, vivendo quase solitário, abstendo-se rigorosamente de qualquer coisa que pudesse torná-lo imundo ou que viesse a perturbar o seu estado mental espiritual. Chegado o dia da expiação, ele entrava no Santo dos Santos, ato esse vedado até mesmo a ele, em qualquer outro dia do ano (ver Hb 9.7). De fato, nesse dia ele entrava no Santo dos Santos por quatro vezes. Na primeira vez, ele trazia o incensário de ouro e o vaso cheio de incenso. Após ter entrado, ele punha o incensário entre as duas extremidades do Santo dos Santos e o incenso sobre os carvões acesos. Então retirava-se, andando de costas, para nunca voltar as costas ao Santo dos Santos. Em sua segunda entrada, levava consigo o sangue do animal que havia sido oferecido em expiação por seus próprios pecados e pelos pecados dos demais sacerdotes; colocava-se entre as duas extremidades do Santo dos Santos, imergia um dedo no sangue e o aspergia por sete vezes embaixo e por uma vez em cima do propiciatório. Tendo feito isso, deixava a bacia com sangue e retirava-se novamente. Na terceira vez, o sumo sacerdote entrava com o sangue do carneiro que havia sido oferecido pelos pecados da nação, com o qual aspergia na direção do véu do Santo dos Santos por oito vezes, e tendo-o misturado com o sangue do novilho, aspergia novamente na direção dos chifres do altar de incenso por sete vezes, e uma vez mais na direção leste, após o que derramava todo o sangue no soalho do altar das ofertas queimadas, tendo novamente saído, levando para fora as bacias com sangue. Na quarta vez em que adentrava o Santo dos Santos, o sumo sacerdote meramente vinha buscar o incensário e o vaso de incenso. Tendo retornado para fora, ele lavava as mãos e realizava as demais cerimônias do dia. Que o sumo sacerdote entrava no Santo dos Santos por mais de uma vez torna-se claro em face da variedade dos ritos por ele realizados, conforme as descrições de Levítico 16.12,14,15. A expressão *uma vez por ano*, em Hebreus 9.7, mostra que ele entrava ali "uma vez por ano", não dizendo respeito às várias entradas que constituíam a entrada coletiva anual.

3. Proibições e normas. *a*. Os preparativos acima descritos; *b*. O jejum absoluto; *c*. O dia era um sábado santo, e nenhum trabalho podia ser feito durante o mesmo; *d*. O povo precisava manter-se em atitude de aflição e reflexão espiritual. Em caso contrário, alguém podia ser cortado do meio do povo de Israel (ver Lv 23.27-32). *e*. Santidade era a ordem do dia. Somente uma alma limpa podia aproximar-se de Deus naquele espantoso dia (ver Lv 16.1,2).

4. Outros deveres do sumo sacerdote nesse dia. Havia frequentes lavagens e trocas de roupa. As lâmpadas eram acesas e o incenso era queimado, operações essas iniciadas no décimo dia do sétimo mês (Tisri). O sumo sacerdote paramentava-se em seus trajes pontifícios. Confessava seus pecados e os pecados de sua própria família, oferecendo um novilho. Dois bodes eram separados, e um deles era escolhido mediante lançamento de sorte para ser oferecido a Yahweh, enquanto o outro era solto, enviado para algum lugar desértico, simbolicamente carregado com os pecados do povo. De conformidade com o Talmude, ambos os bodes tinham de ser da mesma cor, estatura e idade, quando fossem separados para esses ritos. No grande dia, o sumo sacerdote abençoava a nação inteira de Israel, e o resto do dia era gasto em orações e obras de penitência.

5. O propósito. A finalidade que transparece servia de lembrete de que os holocaustos diários, semanais e mensais, feitos sobre o altar das ofertas queimadas, não eram suficientes para fazer expiação pelo pecado. Até mesmo no caso das ofertas queimadas, o adorador mantinha-se afastado, incapaz de aproximar-se da santa presença de Deus, o qual se manifestava entre os querubins, sobre o propiciatório, no Santo dos Santos. Somente nesse dia era feita plena expiação simbólica, em face da oferta feita no interior do Santo dos Santos.

6. Simbolismos. *a*. O dia da expiação era um tipo da obra expiatória de Cristo. *b*. O próprio Cristo é o sumo sacerdote (ver Hb 9 e 10). *c*. O sangue do sacrifício é o seu próprio sangue (ver Ef 1.17 e Cl 1.20). *d*. Diferentemente dos sacerdotes do Antigo Testamento, ele não tinha necessidade de fazer expiação por seus próprios pecados, porquanto não tinha pecado (ver Hb 7.27 e 1Pe 2.22). *e*. Sua expiação tem efeitos nos céus, estabelecendo a reconciliação com Deus (ver Hb 9.11,12). *f*. A obra do Sumo Sacerdote substitui por inteiro os sacerdócios de Aarão e Melquisedeque, isto é, uma mudança espiritual radical é produzida na abordagem do homem à espiritualidade (ver Hb 7 — o sacerdócio de Melquisedeque — e Hb 8 — o sacerdócio levítico). *g*. O novo sacerdócio está baseado em melhores promessas (ver Hb 8.7). *h*. O primeiro sacerdócio, o levítico, estava baseado sobre um pacto que precisava ser substituído por outro pacto, melhor (ver Hb 8.8 ss.). *i*. O antigo era uma sombra do novo, sem a substância da eternidade (ver Hb 10.1). *j*. O antigo, como sombra que era, na verdade não anulava e nem fazia expiação pelo pecado (ver Hb 10.4,11), mas envolvia apenas sacrifícios simbólicos daquele sacrifício que faria expiação de uma vez por todas (ver Hb 10.12). *k*. O novo sumo sacerdote não entra em um lugar santo terreno e simbólico, mas, tendo terminado sua obra, entra no santuário celestial e assim ocupa o lugar de poder e honra à mão direita de Deus (ver Hb 10.12). *l*. Está em operação um plano que finalmente porá todas as coisas em sujeição a Cristo, na qualidade de Salvador e Senhor universal (ver Hb 10.13). *m*. Entrementes, o novo pacto atua, conferindo aos homens o verdadeiro acesso a Deus. A nova lei acompanha esse pacto, escrita nos corações, isto é, transformando espiritualmente os homens (ver Hb 10.16). *n*. O resultado é o perdão absoluto (ver Hb 10.17). *o*. Obtém-se um tipo de acesso que dá aos homens ousadia e confiança, porque Deus é Pai e quer desfrutar de comunhão conosco (ver Hb 10.22 ss.). *p*. O empecilho é removido. A espiritualidade do Antigo Testamento simbolizava a espiritualidade que viria, mas foi instituída na debilidade da lei e dos sacrifícios de animais. Ao mesmo tempo em que falava de acesso, na verdade ensinava que o pecado constituía um tão grande obstáculo que o acesso não era possível, na realidade. Portanto, o pecador continuava distante, enquanto o sacrifício era oferecido segundo a lei. Porém, o novo pacto aproxima o homem, que então entra no Santo dos Santos, na própria presença de Deus (ver Hb 10.19-22). *q*. A entrada no Santo Lugar não representa apenas o perdão dos nossos pecados e a nossa ida para o céu. Envolve a transformação da alma, a fim de participar da própria natureza divina, segundo a imagem do Filho (ver Rm 8.29; 2Co 3.18; 2Pe 1.4 e Hb 2.10). *r*. A oferta pelo pecado, no dia da expiação, era feita fora do acampamento de Israel. Jesus também sofreu fora da cidade, como se tivesse sido rejeitado, e devemos segui-lo em seu opróbrio, abandonando o mundo. Essa é uma lição moral. Aquele que se vê envolvido nesse programa espiritual terá de abandonar o mundo e seguir ao Mestre. Sem a santificação, não pode haver salvação (ver Hb 12.14; Hb 13.11,12 quanto à oferta feita fora do acampamento). *s*. Sair fora, ao acampamento, é confessar nossa condição de peregrinos na terra. Buscamos a cidade vindoura, o reino celestial (ver Hb 13.14). Aqui não temos cidade permanente, porquanto tudo está em estado de fluxo. A permanência só se encontra no terreno espiritual.

7. Observações modernas. O dia da expiação é atualmente chamado *Yom Kippur* pelos judeus, caindo no último dos dez dias de penitência, que começa com o *Rosh Hashanah*, que é o dia do Ano Novo dos judeus. Esse período de dez dias é consagrado a exercícios espirituais que consistem em vários tipos de penitências, orações, jejum — preparando o indivíduo para o dia mais solene do ano, o Yom Kippur. Esse dia é o décimo do mês de Tisri (setembro/outubro). O próprio nome significa "dia da expiação". Os aspectos sacrificiais do dia original, naturalmente, foram abandonados, pois não há mais sacrifícios de animais, mas o espírito daquele dia era observado, e simbolicamente, o sacrifício era realizado. O período de 24 horas, de pôr do sol a pôr do sol, era um dia de jejum absoluto, um sábado importante no qual nenhuma obra podia ser feita. O *shophar*, ou chifre de carneiro, era soprado para reunir o povo para adorar na sinagoga, na véspera do Yom Kippur. Então era entoado o impressionante *Kol Nidre* (todos os votos). A congregação judaica pedia humildemente a Deus que os perdoasse de seus pecados, e também por terem quebrado os votos que não tinham podido cumprir. Cultos diversos eram efetuados no dia seguinte (que ainda era o Yom Kippur) porque entre os judeus o dia é contado de pôr do sol a pôr do sol. Esses exercícios religiosos começavam cedo pela manhã e continuavam até o pôr do sol. Quando vinha o crepúsculo, terminava o Dia da Expiação com um único sopro do shophar. E os adoradores regressavam às suas residências. (COH E EDE ID ND Z)

DIA DE JORNADA

Essa é uma distância padrão, determinada pelo período de um dia. Em outras palavras, o quanto pudesse ser percorrido no período de um dia, essa era a jornada de um dia. (Ver Gn 31.23; Êx 3.18; Nm 11.31; Dt 1.2; 1Rs 19.4; Lc 2.44 e At 1.12). A distância percorrida variava segundo a natureza do terreno e o modo de transporte. Em áreas específicas, por onde passavam as caravanas, essa distância podia ser predita com razoável exatidão: a distância que uma pessoa provavelmente percorreria em um dia. Um homem montado em um camelo, em uma região não muito acidentada, poderia viajar até 48 quilômetros em um dia. Uma caravana, com seus muitos empecilhos, viajava menos, provavelmente não mais do que trinta quilômetros. Um camelo percorre cerca de quatro quilômetros por hora, e continuar caminhando em oito horas em seguida, seria, mais ou menos, o seu limite. Um numeroso grupo de nômades, como o de Israel no deserto, percorria uma distância bem menor que aquela percorrida por uma caravana. Em outras palavras, as viagens, nos dias antigos, importavam em imensos sacrifícios. Os romanos melhoraram consideravelmente essas condições, com suas estradas aprimoradas e suas carruagens puxadas a cavalos. Porém, nada se compara com o motor de combustão interna dos modernos veículos motorizados. Mesmo mantendo-se dentro dos limites de velocidade permissíveis, um automóvel pode cobrir, em oito horas de viagem, seiscentos quilômetros ou mais. Heródoto estabeleceu em quarenta quilômetros a distância média percorrida por uma pessoa em viagem, a cada dia (*Hist.* 5.23). Lemos em Gênesis 31.23 que Labão perseguiu Jacó de Harã até Gileade, uma distância de 560 quilômetros, o que cobriu em sete dias, ou seja, uma média de oitenta quilômetros diários. É provável que ele tenha estabelecido um antigo recorde de distância percorrida dentro daquele prazo.

DIA DO SENHOR

Frase associada à pessoa de nosso Senhor Jesus Cristo, empregada só uma vez no Novo Testamento, em que o apóstolo João diz: *Achei-me no Espírito, no dia do Senhor*, Apocalipse 1.10. Várias são as interpretações dadas a essa passagem, como vamos observar: **1**. Alguns dizem que o apóstolo se refere ao sábado, ou sétimo dia da semana, que Deus mesmo denomina *meu santo dia* (Is 58.13). Mas, se o apóstolo tinha em mente o sétimo dia, parece estranho que não empregasse a designação usual. **2**. Dizem outros que o apóstolo se referia ao dia do nascimento de Cristo. Esse dia, porém, foi ignorado e não era costume comemorá-lo na igreja primitiva. **3**. Afirmam outros que a expressão *Dia do Senhor* tem o mesmo significado de igual frase empregada pelo apóstolo Pedro (2Pd 3.10), que indubitavelmente se refere à segunda vinda. Sendo assim, era o mesmo que dizer que João se achou no Espírito no dia do Juízo, o que é absurdo. Ele registra o dia e o lugar em que teve a visão: foi quando estava em uma ilha chamada Patmos, por causa da palavra de Deus e pelo testemunho de Jesus; que ele se achou no Espírito no dia do Senhor, determinando o dia em que teve a visão. Deve-se notar ainda que ele não fala do dia do Senhor, designação constante da segunda vinda de Cristo, mas emprega o adjetivo *kuriaké*, distinção feita para diferençar a frase, "Dia do Senhor", determinando o primeiro dia da semana, em que Jesus ressuscitou dos mortos e "Dia do Senhor" referindo-se à segunda vinda de Cristo. **4**. Julga-se possível que o apóstolo se referia ao aniversário da ressurreição. Porém, nenhum dos Pais da igreja pode ser citado a favor dessa interpretação e do sentido dado à frase "Dia do Senhor", como sendo data aniversariante. **5**. Para dizer que o apóstolo queria falar da sexta-feira em que Jesus foi crucificado, não parece razoável que esse dia merecesse honra especial por parte dos apóstolos. **6**. Deveria reservar-se para o domingo, ou dia da ressurreição. Nesse dia, o Senhor apareceu a seus discípulos (Lc 24.13-49; Jo 20.1-25), oito dias depois, que em sentido comum quer dizer uma semana, Jesus honrou pela segunda vez o primeiro dia da semana (Jo 20.26). Uma vez que o dia de Pentecostes ocorria 50 dias depois do segundo dia dos pães asmos (Lv 23.11,15) (veja *Semanas, Festas das*), provavelmente caiu no primeiro dia da semana no ano em que Jesus foi crucificado, e por isso, o derramamento do Espírito Santo se deu naquele dia (At 2.1). Os cristãos de Trôade no tempo de Paulo parece que haviam considerado esse dia como destinado as suas reuniões e ao partir do pão (At 20). **7**. No primeiro dia da semana deviam reunir-se e separar o que bem lhes parecesse para fins caridosos (1Co 16.2). Essas passagens, auxiliadas por considerações de ordem geral, levaram a grande maioria dos cristãos a considerar o dia do Senhor como sendo o dia consagrado, pelo exemplo de nosso Senhor e de seus apóstolos, ao descanso semanal, relacionado com o Sábado dos Dez Mandamentos. Pode-se ainda acrescentar que alguns dos membros da igreja primitiva não faziam distinção entre dias, incluindo mesmo as festas e os sábados judaicos, e provavelmente, o primeiro dia da semana, considerando-os, com razão ou sem ela, igualmente santos. Não deveriam, por isso, ser julgados com dureza (Rm 14.5). Alguns dos judeus convertidos continuavam a guardar o sétimo dia e as festas judaicas; e tinham liberdade para assim fazer (Cl 2.16), uma vez que não considerassem isso necessário para a salvação (Gl 4.10).

DIA LONGO DE JOSUÉ

Essa é uma das mais importantes referências astronômicas constantes nas Escrituras. Ver a completa descrição e as teorias sobre esse dia, no artigo sobre *Astronomia*, ponto 5b.

DIABO

Ver o artigo geral sobre *Satanás*, bem como artigos suplementares como *Adversário*, *Baal-Zebube* e *Belzebu*. O termo grego *diábolos*, traduzido em português por "diabo", encontra-se no Novo Testamento por 36 vezes (Mt 4.1,5,8,11; 13.39; 25.41; Lc 4.2,3,6,13; 8.12; Jo 6.70; 8.44; 13.2; At 10.38; 13.10; Ef 3.27; 6.11; 1Tm 3.6,7,11; 2Tm 2.26; 3.3; Tt 2.3; Hb 2.13; Tg 4.7; 1Pe 5.8; 1Jo 3.8,10; Jd 9; Ap 2.10; 12.9,12; 20.2, 10). Essas ocorrências contam com certa variedade de traduções, como "diabo", "acusador" etc. A palavra tem os seguintes usos na Bíblia: **1**. Alguém que calunia a outrem com o propósito de prejudicar, como o indivíduo que espalha maledicências (1Tm 3.1; 2Tm 3.3; Tt 2.3). **2**. Algumas traduções traduzem a palavra *sátiro* (vide), de Levítico 18.7, como "diabo". Provavelmente está ali em foco alguma forma de demonismo. (Ver também Is 13.21 e 34.14). Acreditava-se que os espíritos demoníacos habitam nos lugares desérticos, manifestando-se como criaturas do tipo bode (no hebraico, *sa'ir*, "peludo"). A fim de contrabalançar a má influência desses espíritos, os antigos ofereciam holocaustos. Israel trouxe essa superstição do Egito, onde o bode era adorado como um ser divino. **3**. Pensava-se que os ídolos contavam com poderes *demoníacos* por detrás dos mesmos. Em algumas traduções, essas forças demoníacas são chamadas "diabos" (isso, porém, nunca ocorre em nossa versão portuguesa). (Ver Dt 32.17; Sls 10.6-37). A palavra traduzida por "diabo", nesses trechos, é o termo hebraico *shed*, "demônio". O vocábulo grego *daimonion*, que ocorre por sessenta vezes no Novo Testamento grego, é traduzido por "diabo", em algumas traduções. Ver o artigo separado sobre os *Demônios*. **4**. O príncipe dos espíritos caídos, Satanás, também é chamado *diabo* (Mt, 4.8-11; Ap 12.9). Ele é chamado de acusador dos nossos irmãos (Ap 20.10). As Escrituras o descrevem como caluniador dos homens diante de Deus. Esse assaca *acusações hostis* contra os crentes. Ele foi o acusador de Jó (Jó 1.6-11), e é pintado como se vagueasse pela face da terra, espiando a fraqueza daqueles que procuram a vitória na inquirição espiritual. O diabo é como um leão que destrói sem misericórdia. Em seu ser não há bem algum, embora ele goste de apresentar-se como um ser bondoso. Provavelmente, está autoenganado. De certo ângulo, a própria história humana é a luta entre as forças do bem e do mal, em que a lealdade do homem é constantemente solicitada. É preciso muito tempo para que os homens se convençam de que o bem é melhor do que o mal. Segundo certo aspecto, a redenção é a libertação do homem dos poderes do Acusador e do pecado que ele inspira. No fim, os remidos estarão libertos do domínio satânico. O trecho de 1Coríntios 5.5 parece indicar que a Satanás são dados certos poderes sobre os crentes carnais, a fim de castigá-los, o que pode envolver até mesmo a morte física, o que é um solene conceito. Há a considerar a advocacia de Cristo, o qual nos livra desse e de todos os demais aspectos do mal (1Jo 2.1). Quando começar a Grande Tribulação, o acesso que Satanás tem a Deus, como nosso acusador, chegará ao fim (Ap 12.7-11). Ele continuará provocando muita perturbação, mesmo após o milênio, quando fará a tentativa de derrubar o reino da luz (Ap 20.3,7,8). Mas então terá de enfrentar o fruto de suas escolhas e atos.

DIADEMA

Três palavras hebraicas e duas palavras gregas devem ser examinadas quanto a este verbete, a saber: **1**. *Mitsnepheth*, "mitra". Palavra hebraica usada por doze vezes, como em (Ez 21.26; Êx 28.4,37,39; Lv 8.9; 16.4). **2**. *Tsaniph*, "diadema". Termo hebraico usado por cinco vezes (Is 3.23; 62.3; Zc 3.5; Jó 29.14). **3**. *Tsephirah*, "diadema", "tiara". Palavra hebraica empregada por uma só vez com esse sentido, em Isaías 28.5. A segunda dessas palavras referia-se ao material enrolado na cabeça, como um turbante, usado pelos homens (Jó 29.14), ou então uma espécie de capuz usado pelas mulheres (Is 3.23). O sumo sacerdote usava uma espécie de turbante (Zc 3.5). Os reis usavam uma tiara (Is 62.3). Os antigos monarcas persas usavam uma cobertura elevada para a cabeça. Os papas usam uma tiara em três níveis, símbolo de sua autoridade espiritual e temporal. A "tiara" era termo usado para indicar a peça usada pelos reis persas. Em Isaías 62.3, a Septuaginta traz a palavra grega *stephanos*. A terceira dessas palavras indicava um aro (Is 28.5), estando em pauta a tiara real. A *mitsnepheth* aponta para a tiara usada pelo sumo sacerdote. **4**. *Diádema*, palavra grega usada por três vezes, sempre no Apocalipse (12.3; 13.1 e 19.12). Essa peça era usada como coroa, e servia de sinal de realeza. Porém, não é claro qual a natureza da peça entre os judeus. As descobertas da arqueologia indicam que havia muitos tipos de diademas, alguns feitos de metal, geralmente com decorações caras, como joias e gemas, embora outros feitos apenas de tiras de seda. Dario tinha uma coroa de tecido branco, onde foram costuradas pérolas e gemas (Zc 9.16; comparar com Ml 3.17). Um diadema era similar a uma *coroa* (vide). **5**. *Stéphanos*, como substantivo comum, essa palavra ocorre por dezoito vezes (Mt 27.29; Mc 15.17; Jó 19.2,5; 1Co 9.25; Fp 4.1; 1Ts 2.19; 2Tm 4.8; Tg 1.12; 1Pe 5.4; Ap 2.10; 3.11; 4.4,10; 6.2; 9.7; 12.1; 14.14). Essa palavra grega apontava para a coroa de louros ou de algum outro vegetal, que era o sinal da vitória obtida em alguma competição atlética.

Usos figurados. Realeza, poder, glória espiritual, como em Isaías 28.5, que diz: *Naquele dia o Senhor dos Exércitos será a coroa de glória e o formoso diadema para o restante de seu povo...* O governo soberano de Deus sobre o seu povo é um benefício espiritual e uma grande glória para eles. A própria Sião haverá de ser uma coroa de glória e beleza nas mãos de Deus (Is 6.23). Em Apocalipse 12.3 lemos que o dragão usará sete diademas sobre suas várias cabeças, o que demonstra a grande amplitude de seu governo e autoridade. O anticristo haverá de usar dez diademas, sobre seus chifres, dando a entender o poder que ele exercerá sobre dez reinos (Ap 13.1). Acerca de Cristo é dito que ele tem *muitos* diademas, o que é símbolo da universalidade de seu senhorio (Ap 19.12). Quanto a outros sentidos simbólicos e espirituais, ver os artigos sobre *Coroa* e *Coroas*.

DIÁSPORA (DISPERSÃO DE ISRAEL)

I. Definição. Esse termo é usado pelos historiadores para referir-se às colônias judaicas (forçadas ou não), que eles estabeleceram em outras partes do mundo, fora da Palestina. A palavra é grega e significa "dispersão". Equivale ao vocábulo hebraico *golah*. O termo inclui os movimentos voluntários de emigração de judeus para outras terras, mas também se refere às colônias judaicas que resultaram de guerras, exílios e aprisionamentos. Os descendentes dos exilados e deportados também vieram a fazer parte da *diáspora*. Os Oráculos Sibilinos (cerca de 250 a.C.) refletem a extensão da dispersão dos judeus, afirmando que cada terra e que cada mar estava repleto de judeus. Nos tempos do Novo Testamento, havia mais judeus vivendo fora da Palestina do que dentro dela. O número de judeus dispersos, naquela época, tem sido calculado entre três a cinco milhões de pessoas.

II. Distinta dos Cativeiros. Neste dicionário há artigos separados sobre os cativeiros assírio e babilônico. Alguns estudiosos fazem a distinção entre os cativeiros e a diáspora. No entanto, filhos de Israel que ficaram nas terras onde eles estiveram exilados por certo contam-se entre os partícipes da diáspora, e muitos autores não estabelecem essa delicada distinção. Seja como for, o termo *diáspora* refere-se originalmente aos judeus dispersos fora da Palestina, durante os períodos grego e romano. Pequenas comunidades judaicas têm existido fora da Palestina desde que Judá e Israel tornaram-se reinos separados, após a época de Salomão. Atualmente, alguns eruditos usam esse termo para aludir aos judeus dispersos a partir do século IV a.C., quando se estabeleceram em Alexandria, no Egito, ou em Antioquia da Síria. Por volta do século II a.C., a *diáspora* já se estendia por uma vasta área, incluindo a Ásia Menor, o norte da África e Roma. Cícero refere-se a judeus que haviam adotado a cidadania romana, em Roma. Havia comunidades judaicas na Europa, antes mesmo do começo do cristianismo, antes da destruição do segundo templo de Jerusalém. Prolongando-se até os tempos modernos, a dispersão tem envolvido a maioria das nações, entre as quais se destacam a Espanha, Portugal, a França, a Inglaterra, a Alemanha, a Polônia, a Rússia, porções da Índia e da China, e, posteriormente, muitos lugares do hemisfério ocidental, incluindo as Américas. Na América do Norte encontramos a maior colônia judaica do mundo, fora da Palestina. Na América do Sul as maiores colônias judaicas acham-se, respectivamente, na Argentina e no Brasil. Apesar de tão disperso, o povo de Israel de algum modo consegue permanecer um elemento distinto na cultura para onde emigra, mantendo a sua própria cultura e fé religiosa. O movimento sionista tem feito muitos judeus voltarem para Israel, Estado criado em 1948, sob a égide das Nações Unidas. Todavia, há mais judeus vivendo fora da Palestina do que ali, o que significa que continua havendo uma grande *diáspora*, até os nossos próprios dias.

III. Uma Antiga Diáspora em Três Fases. A Dispersão dos Judeus: Três diásporas ou dispersões, de maior vulto, podem ser acompanhadas na história: a dispersão egípcia, que é mencionada nas páginas do AT, como em Jeremias 41.17 e 42.18, que aumentou muito em volume sob Alexandre, o Grande, e seus sucessores, de forma a incluir o Egito inteiro. (Ver Josefo, *Antiq*. 16 7, p. 2). Essa dispersão, contudo, teve menor volume que a dispersão babilônica, cujos descendentes foram virtualmente absorvidos por culturas não judaicas, tendo adotado o idioma grego. Mas é aos participantes dessa dispersão no Egito, não obstante, que devemos a possessão da Septuaginta e as ideias judaicas neoplatônicas de Filo e de seus escritores contemporâneos. A dispersão babilônica foi sempre a de maior vulto e se manteve constante por causa da preferência das populações assim dispersas, em permanecerem em suas terras adotivas, as quais, assim sendo, não retornaram à Palestina depois do cativeiro babilônico. A menor dessas três dispersões foi a da Síria, causada pelas conquistas e deportações de judeus pelas tropas de Seleuco Nicator (c. 300 a.C.; ver Josefo, Antiq. VII.3,§1). Sob as perseguições movidas por Antíoco Epifânio, os judeus se espalharam por um território muito extenso, tendo atingido a Ásia Menor, e, finalmente, a própria Grécia. Os judeus dispersos mantinham a fé judaica.

A maior diáspora dos judeus foi provocada pelos romanos um pouco depois de 130 d.C. Somente nos nossos próprios dias ela foi parcialmente revertida. O avanço do cristianismo foi facilitado pela presença da sinagoga nos territórios pagãos.

IV. Algumas Características. O povo de Israel sempre trouxe a Palavra no coração. Quando os judeus celebram a Páscoa dizem: "No próximo ano, em Jerusalém!" Com isso eles querem dizer que gostariam de encontrar-se em Jerusalém, quando da próxima celebração da Páscoa. O fato, porém, é que o povo de Israel tem-se saído bem em terras estrangeiras, com frequência desfrutando de liberdade social e econômica, podendo colher os benefícios naturais da vida, juntamente com os nativos dos países para onde têm emigrado. Têm-lhes sido confiadas posições de responsabilidade, e eles têm chegado a ser altos oficiais do governo ou dos exércitos estrangeiros. Uma das razões disso é que o valor que eles dão à lei e à ordem, os torna cidadãos confiáveis e respeitáveis. Apesar dessas condições, eles têm permanecido leais à sua fé ancestral, embora com alguns óbvios empréstimos e modificações, com base em costumes e crenças locais. Por outro lado, não têm deixado de sofrer tribulações. Tibério César, imperador romano, para exemplificar, odiava os judeus e providenciou para que fossem perseguidos. Antíoco III transferiu dois mil judeus para a Ásia Menor, embora lhes tivesse conferido direitos e liberdades consideráveis. O governo romano considerava a fé judaica uma *religião lícita*, embora fizesse isto motivado pela necessidade, posto ser impossível livrar o mundo de uma fé religiosa tão disseminada e influente como a dos judeus. Alguns judeus da *diáspora* adquiriram a cidadania romana, entre os quais podemos pensar nos familiares de Paulo. A alguns judeus era conferida a cidadania romana em face de serviço meritório ao governo ou às forças armadas.

Naturalmente, os judeus nunca deixaram de fazer prosélitos, de tal maneira que por onde quer que Paulo fosse, encontrava alguma sinagoga, mesmo nas regiões mais distantes do império romano. Os judeus sempre foram fanáticos e devotados propagandistas de sua fé, algo que Jesus observou zombeteiramente, porquanto esse zelo nem sempre era acompanhado pela verdadeira santidade (Mt 23.15).

V. Contribuições

1. Fé Religiosa. Antes de mais nada, podemos afirmar que o próprio ato da propagação do judaísmo, por todo o império romano, foi uma contribuição para o pensamento e a prática religiosos, porquanto, sem importar as falhas dos judeus, a fé e a prática deles eram muito superiores às dos pagãos. Dentro desse mesmo particular, podemos afirmar que a *diáspora* foi uma grande ajuda para a propagação do cristianismo, porquanto preparou o caminho para a nova fé, que era uma graduação sobre a antiga fé judaica, embora relacionada a ela. A presença de comunidades judaicas oferecia um ponto de partida natural, pelo que também sempre fez parte do método de trabalho do apóstolo dos gentios dar início a seu ministério, em alguma cidade ou região, na sinagoga judaica. As primeiras colunas da igreja cristã procederam da comunidade judaica, não somente na Palestina, mas também em outras partes do mundo.

2. A Versão da Septuaginta do Antigo Testamento. Muitos judeus lamentaram que o Antigo Testamento tivesse sido traduzido do hebraico para o grego. Mas é provável que essa tenha sido a maior de todas as contribuições tendentes a propalar a fé judaica. A Septuaginta foi um produto da *diáspora*. O idioma universal da época era o grego; muitos judeus conheciam-no melhor do que o hebraico. O latim era a linguagem apenas do Lácio, a região em torno da capital do império.

3. Outros Materiais Relacionados à Bíblia. A produção dos Targuns, as paráfrases do Antigo Testamento para outros idiomas ou dialetos do mundo de então, como o grego e o aramaico, também se deveu à *diáspora*. Por igual modo, não nos devemos olvidar da produção dos livros apócrifos (ver o artigo sobre os *Livros Apócrifos*) e dos pseudepígrafes (vide), os quais também foram produtos da *diáspora*. Há estudiosos que supõem que ao menos uma parte do livro de Daniel, alguns dos Salmos, e talvez os livros de Jó e Provérbios também surgiram dentro desse contexto.

4. A Sinagoga. Alguns eruditos acreditam que a própria sinagoga é uma instituição que se desenvolveu a partir da *diáspora*, pelo menos na forma que ela veio a assumir, no mundo greco-romano.

VI. Influências Sofridas pelos Dispersos. As influências entre os povos sempre ocorrem em duas direções. Os judeus influenciaram os povos vizinhos, e estes influenciaram os judeus. Isso ocorreu na própria Palestina, uma das razões que mantinham os profetas atarefados, visto que o paganismo teimava em introduzir-se em Israel, contra o que os profetas nunca cessaram de bradar. Durante a *diáspora*, entretanto, isso se tornou ainda mais óbvio. É inegável que o desenvolvimento da doutrina judaica da imortalidade da alma, em contraste com a ressurreição, deveu-se à influência exercida por outras filosofias e religiões. A angelologia e a demonologia que vieram a caracterizar o judaísmo posterior eram empréstimos evidentes. Em muitos lugares, o judaísmo foi helenizado, e, mais precipuamente ainda, foi platonizado, de tal maneira que surgiram teólogos-filósofos judeus, como o famoso Filo. O judaísmo adquiriu um ponto de vista mais cosmopolita, mediante o contato com muitos povos diferentes; e isso, por si mesmo, ajudou a propagar os ensinamentos do cristianismo.

VII. No Novo Testamento — Uso Metafórico. No NT, essa palavra é usada em três lugares, (a saber: Jo 7.35; Tg 1.1 e 1Pe 1.1). Esse termo foi aplicado a Israel, referindo-se às diversas deportações e dispersões deles entre as nações, isto é, entre assírios, babilônios e romanos. Mas tal vocábulo também passou a ser usado para indicar todos os judeus que viviam em países estrangeiros, por qualquer motivo que para ali tivessem ido, de natureza violenta ou pacífica. Parte dessa dispersão era voluntária, usualmente por razões econômicas. Após as conquistas de Alexandre, muitos judeus migraram para países estrangeiros. Filo calcula que o número de judeus somente no Egito, era de cerca de um milhão (ver *In Flaccum* vi). Estrabão, o geógrafo antigo, menciona, em uma época anterior à de Filo, como havia colônias judaicas que se tinham concentrado em certos lugares. "Esse povo já se instalou em cada cidade, e não é fácil descobrir algum lugar, no mundo habitável, que não tenha recebido elementos dessa nação, e onde seu poder não se tem feito sentir". (Citado em Josefo, Antiq. xiv.7.2). A história comprova a veracidade dessa avaliação. Fora do Egito, havia grandes colônias de judeus na Ásia Menor, na Síria e na própria capital do império. Desta, entretanto, os judeus foram expulsos, em 139 a.C., e, uma vez mais, nos tempos neotestamentários, mas terminavam sempre por voltar. Aprendemos que a dispersão não estava confinada ao império romano. Também havia numerosas colônias judaicas na Pérsia. (Ver At 2.9-11).

Pedro, pois, considerava que os cristãos, tal como os judeus, habitavam em muitas áreas geográficas diferentes, mas nunca se sentindo inteiramente em casa. Isso também era uma "dispersão", pelo que lhes dá esse título. Eram como uma nação que habitava em muitos países estrangeiros, espalhados, peregrinos e forasteiros na terra.

"Os crentes sabem que são peregrinos que vivem em um vale de formação da alma, em uma escola terrena de aperfeiçoamento da vida, em um lugar onde até o Filho do homem foi 'aperfeiçoado pelos sofrimentos'. Eles conhecem a verdade das palavras dos escritos da epístola aos Hebreus, que relembrou a seus amigos que Deus pune amorosamente a seus filhos, a fim de torná-los 'participantes de sua santidade' (Hb 12.10), para levá-los à maturidade, se assim se exercitam e são ensinados". (Homrighausen em 1Pe 1.1). (AM IB NTI Z)

DIBLAIM

Esse nome talvez signifique **"duas bocadas"**, ou **"dois montículos"**. Referia-se a bolos, como os figos pressionados. Esse era o nome do pai de Gômer, a esposa infiel do profeta Oseias (Os 1.3). Viveu em cerca de 725 a.C. Alguns estudiosos supõem que Diblaim não era o pai, e, sim a mãe de Gômer.

DIBLATAIM. Ver sobre *Bete-Diblataim*.

DIBOM, DIBOM-GADE

Nome de duas cidades referidas no Antigo Testamento, a saber: **1.** Uma cidade localizada no lado oriental do rio Jordão, também chamada Dibom-Gade. Adquiriu a segunda designação por haver sido reedificada por elementos da tribo de Gade (Nm 32.34). Ficava na margem norte do rio Arnom, onde os israelitas atravessaram esse rio, a caminho para o Jordão, e onde o seu primeiro acampamento foi estabelecido, após a travessia do rio. Posteriormente, a área caiu sob o domínio dos moabitas (Is 15.2; Jr 43.18,22). A região era rica área pastoril, pelo que tinha grande valor para os seus habitantes. Mudou de mãos por várias vezes ao longo de sua história. O trecho de Juízes 3.12ss. diz que estava sob o controle dos moabitas. Davi (2Sm 8.2) a conquistou. Moabe rebelou-se, mas foi subjugado por Judá e Israel (2Rs 3). Mas Mesa, na inscrição moabita (cerca de 840 a 830 a.C.), afirmou ter obtido vitória sobre Israel, o que significa que a cidade continuou trocando de mãos. Moabe, como um estado político, foi destruída por Nabucodonosor, e a área, depois desse tempo, ficou novamente em poder de Israel, conforme nos indicam moedas de Hircano II (63-40 a.C.). Esse lugar não é mencionado no Novo Testamento, mas contava com uma próspera população até bem dentro da época neotestamentária, até o período árabe, o que é confirmado pelas descobertas arqueológicas, — estas incluem muito material dos tempos do gregos, nabateus, romanos, bizantinos, e árabes, incluindo moedas. Eusébio refere-se a essa cidade em seu *Onomasticon* (século IV d.C.), onde ele a considera uma vila bastante grande.

A moderna cidade de Dhiban está localizada a poucos quilômetros ao norte do vale do Arnom, na estrada para Queraque, e fica no local do antigo cômoro chamado Dibom. Foi ali que

DICLA

se achou a chamada pedra Moabita, em 1868. Essa descoberta mostrou que o rei de Moabe tinha ali a sua capital (comparar com 2Rs 3,4,5). Na inscrição moabita ela é chamada *Qrhh*, mas esse nome não perdurou por muito tempo. Ele é mencionado nas linhas 21 e 28 dessa inscrição.

Grandes escavações arqueológicas começaram ali em 1950, perdurando por seis anos, e o cômoro de Dibom mostrou ter vários níveis, conferindo assim uma espécie de história da área. As evidências demonstram que Dibom é, sem dúvida alguma, a Diban do período de Onri-Acabe-Mesa (cerca de 850 a.C.). Porém, o local vinha sendo habitado desde o período do começo da era do Ferro II. Foi sendo continuamente ocupado nos sucessivos períodos históricos. Contudo, parece ter havido um hiato na ocupação, entre 1850 e 1300 a.C. Era um centro agrícola, com muitas cisternas, porquanto já foram descobertas cem delas.

2. Uma cidade da tribo de Judá (Ne 11.25), talvez o mesmo lugar chamado Dimona, em Josué 15.22. Isso podemos supor porque esse trecho menciona cidades da área em geral, embora o nome — Dibom não ocorra ali. Sabemos que a cidade foi novamente ocupada após o cativeiro babilônico (Ne 11.25). Tem sido identificada com o moderno *Tell ed Dheib*.

DICLA

Palavra que vem do aramaico, "palmeira". Nome de uma tribo que descendia de Joctã (Gn 10.27; 1Cr 1.21). Visto que esse nome está associado à palmeira, os eruditos têm pensado que a área da habitação deles teria muitas palmeiras. A região do sul da Arábia, nas proximidades da foz do rio Tigre, é aquela que tem sido mais insistentemente sugerida. Porém, nada se sabe a esse respeito, com qualquer grau de certeza. O que se sabe é que eles eram uma tribo semita que descendia de Éber, por meio de Joctã. Tradicionalmente, ele é o ancestral dos árabes do sul. Seus descendentes provavelmente estabeleceram-se no Yêmen, tendo ocupado uma porção dessa região, ligeiramente a leste de Hedjaz.

DILEÃ

No hebraico **"colocíntida"**. Esse era o nome de uma cidade na porção baixa do território de Judá (Js 15.38). Alguns estudiosos a têm identificado com o moderno Tel en-Najileh, embora não se tenha certeza quanto a isso.

DILÚVIO DE NOÉ

I. A Pré-história e Antigos Relatos do Dilúvio.

Muitas vezes a verdade é mais difícil de ser descoberta do que alguns gostariam que acreditássemos. A verdade geralmente requer longa pesquisa, com subsequentes comparações, combinações e separações de itens obtidos na pesquisa. A verdade sobre o dilúvio de Noé cabe dentro dessa categoria. Há muitas evidências de um grande cataclismo que envolveu um imenso dilúvio. Mas o problema não é assim tão simples. Pois há provas de *muitos* eventos dessa ordem, pelo que concluímos que *um* deles pode ser identificado com o dilúvio de Noé. Ademais, distinguir que evidências se ajustam àquele evento, e quais testificam sobre acontecimentos similares, em diferentes épocas, não é tarefa fácil. Mesmo quando abordam somente os informes bíblicos, com base em evidências geológicas e arqueológicas, os eruditos não concordam quanto à data desse dilúvio, pensando em qualquer tempo entre 4000 e 10000 a.C. A verdadeira data, pois, está perdida em algum ponto da pré-história.

1. Mudanças dos Polos. O historiador grego, Heródoto, relata seu diálogo com sacerdotes egípcios do século V a.C. Ele ficou admirado que os registros deles afirmassem que dentro do período histórico, e desde que o Egito tornara-se um reino, por quatro vezes o sol girara na direção contrária ao costumeiro. Diversos papiros egípcios falam sobre como a terra virou de cabeça para baixo, quando o sul tornou-se norte, e vice-versa. O diálogo de Platão, *Estadista*, conta a mesma história sobre a mudança na direção do raiar e do pôr do sol. Platão garante que quando isso ocorreu, houve grande destruição da vida animal, e que somente uma pequena porção da raça humana sobreviveu. Essas referências literárias são indicações claras de que, por mais de uma vez, os polos da terra mudaram de posição. Alguns estudiosos afirmam que as reversões magnéticas das rochas indicam que os polos já mudaram nada menos de quatrocentas vezes. Isso ensina que grandes cataclismos têm feito parte constante da história de nosso planeta. Considerando a cronologia bíblica, alguns têm calculado que a história de Adão emergiu depois da penúltima dessas ocorrências, e que a de Noé coincide com o último desses cataclismos. Datar esses acontecimentos, porém, é muito precário; mas, se essas narrativas são autênticas, então tanto Adão quanto Noé representam novos *começos*, e não começos absolutos. Isso posto, é correto falarmos em raças humanas pré-adâmicas, cujas histórias estão essencialmente perdidas para nós, excetuando alguma ocasional suposta descoberta arqueológica não cronológica, que não se ajusta ao período da raça adâmica. O leitor deve examinar os artigos intitulados *Antediluvianos* e *Astronomia*, onde abordamos essas teorias com maiores detalhes.

Se os polos costumam mudar de posição, com o consequente deslizamento da crosta terrestre, então é óbvio que há imensos dilúvios, com ondas de até um quilômetro de altura e ventos que chegam a mil quilômetros por hora. Isso corresponderia a um grande cataclismo como aquele descrito na Bíblia, em torno de Noé. As fontes do abismo se rompem, os oceanos mudam de lugar. Não seria, talvez, um acontecimento absolutamente universal, mas seria imenso. Quanto maior for a mudança polar, maior será o cataclismo, e, inversamente, quanto menor a mudança, menor o cataclismo.

2. Muitos Dilúvios? Antigas Histórias de Dilúvios. Penso que o que dizemos abaixo ilustra adequadamente o fato de que quando examinamos o passado remoto, não encontramos apenas um grande dilúvio. Houve diversos dilúvios, com a subsequente mistura de evidências. Os sacerdotes egípcios zombaram de Heródoto, afirmando que os gregos eram apenas crianças, porquanto conheciam apenas *um* grande dilúvio. Os registros egípcios apontam vários dilúvios. As pessoas que examinam somente a Bíblia, e que relutam em extrair informações de outras fontes, têm uma visão muito simples da pré-história. De fato, nem têm qualquer pré-história, por suporem que os poucos e breves capítulos da porção inicial de Gênesis pretendem narrar-nos, em forma de esboço, tudo quanto já aconteceu neste mundo. Portanto, os hebreus, tal como os gregos, tinham apenas um relato sobre o dilúvio. Mas, se Gênesis 6—9 nos dão detalhes de *um* desses grandes cataclismos, outros registros antigos, bem como os registros geológicos, asseguram que já houve *muitos* de tais acontecimentos. Quando os seguimos, vemos claramente que não estamos tratando de uma única época, ou de um único evento. Portanto, é inútil afirmar que todos eles são apenas cópias do relato bíblico. Antes, a narrativa bíblica destaca um único desses desastres. Muitos deles o antecederam.

A ciência diz-nos que os dinossauros viveram há milhões de anos. Ocasionalmente, porém, encontram-se ossos humanos mesclados com ossos de dinossauros. Então as pessoas concluem: "Os dinossauros não foram animais que viveram há milhões de anos!" Porém, essa observação ignora alguns fatos importantes: ***a***. Usualmente, nas áreas onde são achados restos de dinossauros, não há qualquer vestígio humano. ***b***. Quando esses vestígios humanos são encontrados, há uma explicação simples para isso. Os grandes cataclismos, ao rearranjarem a crosta terrestre, naturalmente misturaram as épocas, em alguns lugares, embora, em outros lugares, as camadas preservem corretamente suas respectivas épocas. ***c***. Os

DILÚVIO DE NOÉ

modos de datar projetam, definidamente, tanto remanescentes humanos quanto remanescentes animais — muito antes — de qualquer cronologia que possa ser extraída do livro de Gênesis. Devemos concluir, pois, que toda a narrativa do Gênesis, excetuando Gênesis 1.1, que descreve a criação original, consiste em história *recente*, a saber, a história da raça adâmica, mas sem tocar em tempos pré-históricos realmente remotos. Muitas descobertas científicas, a começar pelo século XIX, envolvendo fósseis de formas de vida extintas e artefatos primitivos, em sucessivas camadas de rochas, indicam uma pré-história muito mais ampla e complicada do que até então tem sido concebida pelos estudiosos.

a. Histórias de dilúvios na Mesopotâmia. Em 1872, George Smith, ao decifrar antigos documentos assírios, achados em 1853, por arqueólogos britânicos que trabalhavam em Nínive, encontrou uma antiga versão mesopotâmica do relato do dilúvio que, de alguma maneira, tem certos paralelos com a narrativa de Gênesis. Smith descobriu a biblioteca do rei Assurbanipal (século VII a.C.) e, dentre esse material, uma versão bem mais longa da posterior história babilônica do dilúvio. Elementos dessa história desde há muito eram conhecidos nos escritos de um babilônio de nome *Beroso* (século III a.C.), cujos fragmentos foram citados por Josefo e Eusébio. Mas foi então que veio à luz o mais longo épico de Gilgamés. Essa história aparece naquele que é atualmente conhecido como o *tablete do dilúvio* de número onze, proveniente da cultura assíria, cuja narrativa sobre o dilúvio tem sido preservada, com menores detalhes, pelos registros babilônicos. O épico de Gilgamés, porém, é apenas uma história de uma série de relatos, que parecem ter-se derivado da mesma tradição. Certo número de versões de um relato de dilúvio tem sido encontrado entre os documentos em escrita cuneiforme, escavados no Oriente Próximo.

Um tablete sumério de Nipur, no sul da Babilônia, relata como o rei Ziusudra, ao ser advertido sobre um dilúvio próximo, que a assembleia dos deuses resolvera enviar para destruir a humanidade, construiu uma grande embarcação, e assim escapou ao desastre. Esse tablete é datado de cerca de 2000 a.C., sendo possível que se trate apenas da preservação de uma narrativa muito mais antiga. Versões acádicas dessa história procedem da Babilônia e da Assíria. O épico *Atrahasis* fala de um dilúvio enviado para expurgar a humanidade. O épico de Gilgamés é o mais bem detalhado derivado da versão acádica. Nesse relato, Gilgamés é informado por um sobrevivente de um dilúvio que ocorreu muito tempo antes, de nome *Uta-napishitim*, de como ele escapou da morte em um grande dilúvio, por haver sido avisado do mesmo pelo deus Ea, para que construísse um barco no qual abrigou a sua família, animais domésticos e selvagens, e tesouros de ouro e de prata. Esse dilúvio teria perdurado por sete dias, e o barco veio a repousar sobre o monte Nisir, no noroeste da Pérsia. Uta-napishitim teria enviado, em sucessão, uma pomba, uma andorinha e um corvo. Quando o corvo não voltou, isso foi tomado como sinal de que o barco podia ser abandonado em segurança. Uta-napishitim ofereceu holocaustos às divindades, e estas, como moscas, juntaram-se em torno dos mesmos. Uta-napishitim falou a Gilgamés sobre uma planta rejuvenescedora, existente no fundo do mar, um tipo de variante da lenda da fonte da juventude. Gilgamés a obteve, somente para vê-la ser roubada por uma serpente. O poema termina com uma nota amarga, onde Gilgamés queixa-se de que os seus labores haviam sido feitos em vão, e que somente a serpente, afinal de contas, fora beneficiada. Esse pormenor da história é deveras interessante. Presumivelmente, o dilúvio foi causado pelo deus Enlil, por causa dos muitos ruídos produzidos pela humanidade, que lhe perturbavam o sono. (Podemos simpatizar com isso, nesta nossa época de muita poluição sonora!) Entretanto, o deus Ea não concordou com o decreto do deus Enlil, pelo que avisou a Uta-napishitim do dilúvio iminente, o que resultou na sua sobrevivência. A história do dilúvio entra no épico de Gilgamés como um detalhe lateral, porquanto, na realidade, conta a história de um herói acadiano em busca da vida eterna. Gilgamés, rei da cidade de Ereque, no sul da Babilônia, é o herói dessa história. Em suas aventuras, ele se encontrou com Uta-napishitim, o único mortal que já atingira a vida eterna na *terra dos viventes*, isto é, dos deuses. Gilgamés não conseguiu atingir a vida da mesma maneira que Uta-napishitim, porquanto as circunstâncias deste último haviam sido ímpares; mas foi-lhe recomendada uma planta rejuvenescedora, que foi encontrada e perdida, devido à intervenção da serpente. São óbvios os paralelos da árvore da vida e da serpente, no jardim do Éden.

Na verdade, há muitos paralelos entre esses mitos e a história do livro de Gênesis, sobre a existência do homem primitivo. Os paralelos são por demais parecidos e numerosos para os rejeitarmos como meros acidentes, pelo que ou há uma fonte informativa comum a ambos, ou uma narrativa depende da outra. Alguns eruditos supõem que o registro bíblico é o original, e que todos os demais registros seguem corrupções politeístas. Outros estudiosos supõem que as narrativas mesopotâmicas são mais antigas, e que o relato bíblico é um refinamento teológico e moral daquelas. Ver comentários sobre essa circunstância no artigo sobre a *Criação*. Ver especialmente o artigo sobre a *Cosmogonia*, onde são apresentados vários sistemas antigos de crenças, que mostram claramente a interdependência envolvida. Os grupos de estudiosos em oposição jamais chegarão a um consenso sobre a questão.

b. Outras histórias de dilúvios. Essas narrativas não se limitam à área da antiga Mesopotâmia. A história de um grande dilúvio, no qual apenas umas poucas pessoas escolhidas se salvaram, aparece em grande variedade de culturas, sob diversas formas. Aparecem em lugares tão distantes um do outro como a Grécia, a Polinésia, a Terra do Fogo, no extremo sul da América do Sul, e no Círculo Polar Ártico, entre os esquimós. Os estudiosos pensam que essas narrativas falam sobre mais de um gigantesco dilúvio; e que algumas delas não passam de relatos exagerados sobre dilúvios localizados.

Os Índios Hopi. Esses índios, um grupo de índios Pueblos norte-americanos, que atualmente vivem em reservas indígenas no Estado de Arizona, nos Estados Unidos da América, confirmam com clareza, em seu folclore, que houve tempo em que o mundo perdeu o equilíbrio, girando loucamente, por duas vezes. Isso reflete uma mudança de polos. Eles também acreditam que o mundo anterior ao nosso foi destruído por um dilúvio. Suas lendas falam sobre civilizações avançadas, nas quais os homens viajavam em máquinas de voar. O chefe Dan Katchongva, o falecido Hopi Sun Clan, disse enfaticamente, em uma entrevista: "Os Hopi são os sobreviventes de um outro mundo, que foi destruído. Portanto, os Hopi estiveram aqui primeiro e fizeram quatro migrações, para o norte, para o sul, para o leste e para o oeste, reclamando para si mesmos toda a terra, em favor do Grande Espírito, conforme a ordem de Massau'u, e em favor do *verdadeiro Irmão Branco*, que trará o Dia da Purificação". Isso se parece com o anúncio de uma figura semelhante ao Messias, podendo ser uma referência histórica ou intuitiva sobre Cristo. Esses índios creem na vinda, para breve, do Dia da Purificação, o que talvez seja a segunda vinda de Cristo. O *Logos* parece ter implantado as suas sementes nos lugares mais inesperados. Ver o artigo sobre o *Verbo* (Logos).

II. Provas Arqueológicas, Geológicas, Zoológicas e Botânicas de Mudanças dos Polos e de Dilúvios

1. Depósitos de Sedimentos. Muito material arqueológico tem ficado registrado sobre esses depósitos. Sir Leonard Woolley, no seu livro, *Ur of the Chaldees* (1929), despertou muito interesse. Ele descobriu um depósito feito pela água, com data de cerca do quarto milênio a.C., que ele tomou como evidência conclusiva em prol do dilúvio de Noé. Porém, em somente dois dos cinco buracos que ele escavou, foi encontrada a sua presumida *camada do dilúvio*. Isso poderia sugerir um dilúvio local, que não cobriu a área inteira adjacente a Ur. Outras cidades, nos vales dos rios da Mesopotâmia, especialmente Quis, Fará e Nínive, também exibem camadas do dilúvio, embora não pareçam ser pertencentes à mesma época, pelo que mais de um dilúvio local deve estar em pauta. Nenhuma camada do dilúvio foi encontrada em Ereque, a cidade associada ao épico de Gilgamés. Abundam, entretanto, as evidências literárias que falam em mais de um dilúvio de grandes proporções. Há também muitas provas de mudanças de polos que, naturalmente, poderiam incluir gigantescas imundações. Terraços de seixos mostram que antigamente houve oceanos onde hoje há terras imersas. Sabe-se que a totalidade do território dos Estados Unidos da América já foi o leito do oceano, embora não todo ao mesmo tempo. Os oceanos têm surgido e desaparecido em vários lugares ao redor do globo, em passado remoto, que não mais podemos acompanhar com facilidade. Cataclismos, sem dúvida alguma, têm envolvido o aparecimento e o desaparecimento dessas grandes massas de água.

2. Evidências Zoológicas e Botânicas. Os restos de mamutes, rinocerontes, cavalos, cabras, bisões, leões e outros animais, em regiões que agora são árticas, perenemente recobertas de gelo, mostram que, em outras épocas, aquelas porções do globo eram próprias para servir de *hábitat* para animais de sangue quente, indicando tremendas transformações no clima dessas regiões. Parece que alguns mamutes, por exemplo, foram congelados instantaneamente. O ato de cair num buraco de gelo não explica como foram preservados tão perfeitamente. Somente um súbito congelamento desses animais pode explicar por que eles não se putrefizeram, ainda com alimento não digerido em seus estômagos. Focas encontradas no mar Cáspio e no lago Baical, na Sibéria, são idênticas às que hoje pululam nas águas do Alasca. Certo tipo de lagostas se encontra somente nas águas congeladas do Ártico e nas porções mais frias do mar Mediterrâneo. Esses mistérios zoológicos são explicados pela teoria de dilúvios globais, que transportaram os animais sobreviventes para grandes distâncias, em pouco tempo. Medusas fósseis têm sido encontradas incrustadas na lama. Não poderiam ter sido preservadas senão mediante o súbito congelamento, causado por alguma repentina mudança de polos. De que outra forma as moles medusas poderiam ter endurecido como rocha? Outro tanto aplica-se a fósseis delicados, como as marcas das patas de passarinhos e os sinais deixados pela queda de uma gota d'água!

No solo congelado da Sibéria, têm sido encontradas árvores totalmente congeladas, com folhas e frutas! Nenhum processo gradual poderia ter feito isso, e nenhuma árvore frutífera medra atualmente no Ártico. No parque *Yellowstone*, nos Estados Unidos da América, uma montanha pesquisada mostrou contar com dezessete camadas de árvores petrificadas, ainda de pé. Entre cada camada havia uma camada de terra vulcânica. Cada camada de árvores estava em seu próprio período geológico de vida vegetal e animal. Cada época terminou mediante uma catástrofe. Quanto mais aprendemos sobre essas coisas, tanto mais apreciamos a vastidão da criação e chegamos a entender melhor a insignificância do conhecimento que temos sobre a vida abundantíssima que existiu antes de nós. Somente um pequeno fragmento veio a ser registrado nas páginas da Bíblia, ou em qualquer outro registro. Apesar de que alguns estudiosos procuram explicações para esses fatos, não há como justificar a presença, no Ártico, de animais cujo *hábitat* é outro, ou a presença de uma vegetação tipicamente tropical, com folhas e frutos! E o resfriamento gradual da região também não explicaria o fenômeno dessas descobertas. Todos os argumentos esboroam-se diante do fato de que não

somente o mamute é ali achado, sabendo-se que esse animal era capaz de resistir a baixíssimas temperaturas, mas também cavalos, leões, cabras, bisões etc. Isso demonstra que nem sempre a região do Ártico foi recoberta de gelo.

3. As Eras Glaciais e a Deriva do Gelo Glacial. Há outras provas em favor da ideia de que os povos já ocuparam posições diferentes do que vemos hoje. Os geólogos acham difícil explicar como há hoje grandes acúmulos de gelo onde já foi região tropical ou semitropical. Já houve grandes camadas de gelo na América do Sul, na Austrália, na África e na Índia. Ao examinar os depósitos deixados por essas glaciares e a direção em que se moveram (o que se verifica nas marcas que deixaram no solo), os estudiosos descobriram um grande mistério. Em primeiro lugar, a localização delas ignora totalmente o clima atual dessas regiões. Em segundo lugar, elas se moveram em direções contrárias àquilo que seria de esperar, considerando-se a localização atual dos polos. O dr. William Stokes, da Universidade de Utah, em seu texto *Essentials of Earth History*, faz a seguinte declaração:

"Na África do Sul as glaciares moveram-se principalmente do norte para o sul — para longe do Equador. Na África Central e em Madagascar, outros depósitos mostram que o gelo movia-se para o norte, para bem dentro do que é hoje zona tropical. Mas, o mais surpreendente tem sido a descoberta de grandes camadas de caliça das glaciares no norte da Índia, onde o movimento foi na direção norte... na Austrália e na Tasmâmia, onde o gelo moveu-se do sul para o norte... no Brasil e na Argentina, esse movimento foi na direção oeste".

O dr. C.O. Dunbar, de Yale, ficou admirado diante do fato de que, no Brasil, a glaciação chega a dez graus do Equador e de como, na Índia, o gelo derivou dos trópicos para as latitudes superiores. Muito geólogos, pois, têm chegado à conclusão de que os polos há estiveram localizados nessas regiões atualmente tropicais, quentes. Alguns eruditos pensam que a deriva continental explica o fenômeno, mas outros pensam que a teoria da mudança dos polos é uma explicação mais satisfatória. Essa mudança de polos teria dois resultados: primeiro, grandes depósitos de gelo subitamente encontrarem-se em climas quentes, com a subsequente deriva e dissolvição, produzindo grandes rios e mares interiores. Segundo, novos acúmulos de gelo teriam início onde os polos então ficaram, cobrindo o que antes eram regiões tropicais ou semitropicais.

4. Data do dilúvio, no tocante a esse fenômeno. É quase certo que o que dissemos acima se relaciona a mais de uma mudança dos polos magnéticos da terra. É de presumir-se que a última dessas mudanças esteve relacionada ao dilúvio de Noé, e que a mudança anterior a essa esteve ligada à história de Adão. Quanto aos mamutes, a extinção dos mesmos parece pertencer a uma antiguidade ainda anterior à do dilúvio. Portanto, essa situação ilustra como são provocados os imensos dilúvios, embora não, especificamente, o último da série. Ver o presente artigo em seu ponto V, *Data*.

5. Depósitos de Corais no Ártico. Sabemos que os corais são formados pelos esqueletos calcários secretados pelos tecidos de certos animais marinhos, e que esses depósitos vão-se acumulando durante milênios, até formarem os recifes. Esses animais são tropicais. No entanto, recifes de corais têm sido encontrados no oceano Glacial Ártico!

6. A Deriva Continental. Sem dúvida foi preciso uma força gigantesca para separar o que atualmente é a África do que é a presente América do Sul, com todo um oceano entre os dois continentes. É bem possível que uma ou mais mudanças de polos estejam por detrás disso.

7. Alterações Magnéticas. Nem sempre o norte esteve no norte, e nem sempre o sul esteve no sul. A terra é um gigantesco magneto com polo positivo (norte) e negativo (sul), que ficam próximos dos polos geográficos. Com base nos registros impressos nas rochas, sabemos que os polos têm mudado alternativamente a sua polaridade magnética, através dos milênios. Nos últimos 76 milhões de anos, os polos norte e sul já mudaram de polaridade pelo menos 171 vezes. Nos últimos 48 milhões de anos, os registros magnéticos polares nas rochas e nos sedimentos mostram que houve cerca de cinco reversões a cada milhão de anos, com uma média de 220 mil anos entre cada reversão, com um período mais curto de 30 mil anos. Os geólogos supõem que uma nova reversão se aproxima, supondo que deverá ocorrer dentro de alguns poucos séculos, um tempo muito curto, geologicamente falando. Os místicos predizem que isso sucederá em nossa própria época, o que discutimos no sexto ponto deste artigo. Alguns cientistas pensam que essas reversões ocorrem espontaneamente (por razões ainda desconhecidas), sem qualquer mudança da posição dos polos; mas outros supõem que as mudanças de polos sempre são a causa dessas reversões. Ainda um terceiro grupo de estudiosos prefere a teoria dos meteoritos ou dos cometas. As reversões poderiam ser causadas por grandes colisões cósmicas, de algum corpo celeste com o globo terrestre. Outrossim, tanto as mudanças de polos quanto as reversões magnéticas poderiam ter tais colisões como causas. Um impacto dessa grandeza poderia ser responsável pela extinção em massa dos animais.

8. A Mudança dos Polos e a História de Noé. As muitas histórias sobre dilúvios quase certamente indicam que houve bolsões de sobreviventes, em vários lugares do mundo, em cada um deles. Também alguns acham difícil explicar as radicais diferenças raciais da presente humanidade, em face do tempo relativamente breve que se passou desde o último grande cataclismo. Há uma história muito mais longa de Noé para trás do que de Noé até nós. Consideremos este fato: os relatos mesopotâmicos têm muitos elementos similares aos do relato bíblico. Portanto, há uma espécie de tradição comum, naquela região do mundo, no tocante a esse desastre. Porém, as histórias provenientes de outras regiões do globo têm as suas próprias características. Esses relatos não parecem dependentes dos da Mesopotâmia. Finalmente, a China teria permanecido relativamente intocada por ocasião do dilúvio de Noé. A história chinesa pode ser acompanhada até antes desse grande abalo, pelo que grande parte da China deve ter permanecido seca, enquanto dilúvios inundavam outros continentes ou porções de outros continentes. Todavia, os chineses não foram totalmente poupados, pois a tradição chinesa fala sobre um grande dilúvio, há pouco mais de cinco mil anos; Confúcio (nasceu em cerca de 551 a.C.), em sua história da China, começa o seu relato falando sobre um dilúvio em recessão que "subira até os céus". Também há registros de imensas destruições por incêndios produzidos por perturbações cósmicas, e de como o sol não se pôs no horizonte por diversos dias (uma mudança de polos?), além de grandes inundações. É muito difícil datar esses acontecimentos, e não podemos ter certeza sobre como relacioná-los com o dilúvio de Noé. Mas eles ilustram, a grosso modo, a história narrada neste artigo. As histórias sobre dilúvios, em outras nações, referem-se a condições locais, e não universais, conforme dizem os registros mesopotâmicos, comprovando o que dissemos acima, que deve ter havido sobreviventes de civilizações passadas, formando grupos isolados. Porém, houve muitos sobreviventes chineses, talvez sendo essa razão pela qual atualmente os chineses chegam a cerca de um bilhão, um número inteiramente fora de proporção com as populações de outras raças.

A história dos grandes cataclismos é uma história grandiosa, repleta de mistérios. O que oferecemos aqui é apenas um mostruário das informações de que dispomos sobre a questão. Esse material mostra que a Bíblia está com a razão ao aludir a vastíssimas destruições, não faz muito tempo na história. Isso, também, nos mostra que podemos suplementar extraordinariamente o nosso conhecimento sobre esses eventos, voltando-nos para as descobertas científicas e para as tradições literárias de outros povos.

III. A NARRATIVA BÍBLICA E O REGISTRO MESOPOTÂMICO. Ver o artigo separado sobre *Gilgamés, Epopeia de*. Temos dado provas da declaração de que os registros bíblicos apresentam uma das tradições acerca do dilúvio, e que há outras narrativas que não se derivaram da mesma. Muitas outras histórias refletem condições locais, e não aquelas refletidas pelo relato mesopotâmico. No Irã, *o alto deus* instruiu Yima a construir um ambiente cercado por muralhas, para salvar as pessoas boas. É possível que em diversos lugares do mundo, onde as águas atingiram diferentes níveis de inundação, que diferentes modos de proteção fossem adequados para salvar algumas pessoas. Também é possível que Deus tenha salvado outras pessoas, tal como salvou a Noé e seus familiares, mediante informações dadas por profetas e homens santos. Os propósitos de Deus sempre são maiores e mais vastos que nossos sistemas teológicos permitem. Seja como for, é significativo que a maior parte das histórias sobre dilúvios relaciona-se à corrupção moral dos homens. No entanto, na Índia temos uma exceção a essa regra. Ali o dilúvio não seria resultado de um decreto divino, mas de uma *série* de cataclismos cósmicos que destruiriam, periodicamente, o mundo. Apesar disso, a religião hindu vincula essas questões aos padrões kármicos da raça humana, de tal modo que fique envolvida a lei da colheita segundo a semeadura, ainda que não esteja em pauta um decreto divino específico, conforme a questão é exposta na Bíblia. A religião hindu sempre demonstrou apreciação pela imensidade do tempo envolvido na criação e no desdobramento do plano divino relativo ao homem, pelo que ali as pessoas nunca estiveram em um senso de urgência espiritual, conforme tanto se vê nas religiões ocidentais. Os propósitos divinos operam através de grandes expansões da história, e a redenção permeia todas essas expansões.

1. A Questão Moral. O relato bíblico salienta a corrupção dos valores morais, pelos homens, como a razão do dilúvio. É interessante que os animais também fossem objeto da ira do Senhor (Gn 6.7), o que poderia dar a entender alguma forma de moralidade e responsabilidade animal, conforme se vê na religião hindu. Contudo, estou apenas especulando quanto a esse ponto. O versículo doze do sexto capítulo de Gênesis afirma que *todo ser vivente havia corrompido o seu caminho na terra*, o que parece dar a entender que os animais irracionais, e não somente os homens, no parecer do autor sagrado, são capazes de errar. Por essa razão foi que *toda carne* se tornou objeto do decreto divino. O homem, o pior de todos os animais, havia espalhado a violência por toda parte (vs. 11), e seus processos de pensamentos haviam se tornado totalmente depravados (vs.5). Esse raciocínio é melhor que a versão da tradição mesopotâmica que diz que o deus Enlil decretou o dilúvio porque os homens estavam fazendo muito barulho, ao ponto de ele não poder dormir!

2. Monoteísmo. A tradição mesopotâmica sobre o dilúvio, excetuando a versão bíblica, mostra-se totalmente politeísta, onde homens e deuses aparecem na narrativa. O relato bíblico, porém, é monoteísta, mais simples, mais direto, exibindo uma declaração muito melhor sobre a responsabilidade dos homens diante de Deus. É difícil crer que essa versão bíblica, muito superior, tenha sido a fonte original, que então sofreu uma série de corrupções, algumas delas tolas e curiosas. Para os intérpretes bíblicos também é difícil acreditar que a narrativa bíblica seja mero refinamento das histórias babilônicas. O mais provável é que tenha havido uma fonte comum das variantes mesopotâmicas, de cuja fonte procedem relatos separados. Mas, alguns pensam que não há maneira satisfatória de resolver a questão, e nem ela se reveste de importância especial, a não ser para os ultraconservadores, de um lado, e para os céticos, por outro lado. Os ultraconservadores exigem *revelação* somente, sem o acompanhamento de qualquer fator cultural. Os céticos gostam de lançar dúvidas quanto a todas as questões da revelação, ao dizerem que a similaridade de relatos significa que a questão inteira é mitológica. Ou então afirmam que as várias narrativas são invenções posteriores, criadas após o cataclismo, a fim de explicar por que o mesmo teve lugar. Quando examinamos as diversas versões da história do dilúvio, torna-se óbvio para nós que muitos mitos vieram a ligar-se à mesma, embora haja evidências mais do que convincentes sobre a realidade desse evento. Não há qualquer razão para duvidarmos do relato bíblico sobre Noé e sua família, embora muitos pensem que eles não foram os únicos sobreviventes do dilúvio. A sobrevivência deles representaria o resultado de um ato salvador local de Deus, mas não o único desses atos.

3. Eventos do Dilúvio Segundo o Relato Bíblico. *a*. Noé, quando tinha 600 anos de idade, tendo sido informado pelo Senhor sobre a iminente destruição, construiu a arca, entrou nela, e assim preservou a vida de sua família e de muitos animais. As chuvas começaram no décimo sétimo dia do segundo mês, continuando por quarenta dias. As águas do abismo irromperam. Presumimos que isso aponta para uma mudança dos polos magnéticos da terra, embora isso não tenha sido reconhecido pelo autor sagrado (Gn 7.1-9,10-17). *b*. As chuvas cessaram, mas as águas persistiram, e, até onde Noé era capaz de ver ao seu redor, só havia água. Naturalmente, isso teria sido tomado como um dilúvio universal (Gn 7.18-24). *c*. A arca acabou pousando sobre o monte Ararate, no décimo sétimo dia do sétimo mês (Gn 8.1-4). *d*. Os picos das montanhas tornaram-se visíveis no primeiro dia do décimo mês (Gn 8.5). *e*. Um corvo e uma pomba foram soltos, a fim de investigarem a situação nas proximidades da arca (Gn 8.6-9). *f*. A pomba foi enviada novamente sete dias mais tarde, e retornou com um raminho de oliveira no bico, mostrando que as águas estavam diminuindo de nível (Gn 8.10,11). *g*. A pomba foi enviada pela terceira vez, mas dessa vez não voltou, o que mostrou que agora era seguro os homens abandonarem a arca (Gn 8.12). *h*. O solo secou, sendo aquele o ano 601 da vida de Noé, o primeiro mês e o primeiro dia do mês. A cobertura da arca foi removida (Gn 8.13). *i*. Noé deixou a arca no segundo mês, no vigésimo sétimo dia (Gn 8.14-19).

IV. UM DILÚVIO UNIVERSAL OU PARCIAL?
1. Argumentos em Prol do Dilúvio Universal. *a*. A linguagem dos capítulos sexto a nono de Gênesis refere-se a um dilúvio de dimensões universais. Todos os picos dos montes foram cobertos pelas águas, tendo havido a destruição absoluta de todos os seres vivos terrestres, excetuando-se aqueles que estavam na arca (e, naturalmente, excetuando-se a vida marinha em geral). *b*. A universalidade das narrativas sobre o dilúvio mostra que o dilúvio chegou a todos os lugares. *c*. Há uma distribuição mundial dos depósitos aluvionais do dilúvio. *d*. Houve a súbita extinção dos mamutes peludos do Alasca e da Sibéria, na hipótese de que eles foram mortos afogados, e não por congelamento. *e*. A diminuição das espécies animais. Poucas espécies restam agora, em comparação com o que se via na antiguidade remota. Isso supõe que Noé não abrigou na arca todas as espécies possíveis, mas apenas as representativas de cada espécie; ou então que muitas dessas espécies extinguiram-se após terem sido soltas da arca.

2. Argumentos em Prol de um Dilúvio Parcial. *a*. Embora a linguagem de Gênesis 6—9 seja universal, só o é para aquela parte do mundo que Noé observou na ocasião. Ele não fazia ideia da verdadeira extensão da terra. O trecho de Colossenses 1.6 também diz como o evangelho se espalhara pelo mundo inteiro, embora seja óbvio que isso indique o mundo que Paulo conhecia, e não toda a superfície do globo. Havia muitos outros povos, nos dias de Paulo, que ele jamais visitou. *b*. A universalidade das histórias do dilúvio demonstra que estamos tratando com um gigantesco cataclismo terrestre, com dilúvios que ocorreram por toda parte, como resultado desse cataclismo, mas não que as águas cobriram absolutamente toda a superfície terrestre. Quando os polos magnéticos se alteram, há inundações generalizadas, mas nem todas as terras emersas são cobertas. A história do dilúvio na China mostra que os chineses tinham conhecimento do dilúvio, e que sofreram com o mesmo, mas a história chinesa também mostra que uma larga porção da superfície da terra permaneceu intocada. *c*. Há depósitos aluvionais do dilúvio por toda parte; mas muitos desses depósitos refletem apenas dilúvios locais, não podendo ser usados como evidências em prol de um dilúvio universal. *d*. A destruição dos mamutes e outros animais, no Ártico, deu-se por congelamento, e não por afogamento. Alguns têm sido recuperados em condições quase perfeitas, sem putrefação. Isso jamais poderia ter acontecido se eles tivessem morrido por afogamento. Ademais, essa destruição parece estar relacionada a algum cataclismo anterior ao dilúvio de Noé, pelo que não serve para propósitos de ilustração. *e*. A diminuição do número de espécies animais seria um resultado natural de qualquer grande cataclismo, resultante de um dilúvio universal ou apenas parcial, pelo que esse argumento nada prova. *f. A quantidade de água*. Fatal à teoria do dilúvio universal é a observação de que a quantidade de água necessária para cobrir a face da terra até encobrir o monte Everest, o mais alto monte do planeta, teria de ser seis vezes maior do que atualmente existe na terra. Teria sido impossível haver chuvas assim abundantes, dentro do tempo determinado em Gênesis 7.12, quarenta dias e quarenta noites, incluindo os depósitos naturais de água na terra, para que isso pudesse suceder. Além disso, como tanta água teria se evaporado? Só se essa água estivesse perdida no espaço, o que sabemos que jamais acontece. verdadeiramente, para que esse efeito fosse conseguido, teria de ter chovido durante vários anos, com água vinda do espaço exterior. Isso posto, teríamos de supor, em primeiro lugar, um suprimento *sobrenatural* de água e, em segundo lugar, uma retirada *sobrenatural* de água, da face do planeta. *g. O problema do abrigo*. O autor da narrativa bíblica parece que não fazia ideia do vasto número de animais existentes no mundo. Há incontáveis milhares de variedades de vermes e insetos. Haveríamos de supor que Noé tomou consigo somente um par ou sete pares de cada espécie, e que, desde o dilúvio, todas as outras espécies desenvolveram-se? O número de espécies só de vermes e insetos deve ser 500.000, embora somente doze mil espécies tenham sido classificadas. Só de aranhas há cerca de trinta mil espécies. Teria Noé abrigado somente um par de aranhas, do qual se desenvolveram todas as espécies de aracnídeos que atualmente existem? Há cerca de três mil espécies de sapos, seis mil espécies de répteis, dez mil espécies de aves, cinco mil espécies de mamíferos. Somente um pequeno número representativo, de todos esses seres vivos, reside na área da Mesopotâmia. Os animais levados para a arca, por Noé, teriam sido os dessa área. *h. O problema do recolhimento*. Teria havido um ato sobrenatural de imensas proporções para recolher um ou sete pares de cada espécie animal no mundo, a fim de deixá-los convenientemente aos pés de Noé e seus familiares. No entanto, no relato de Gênesis não há qualquer indicação da necessidade de alguma intervenção divina nessa tarefa. O autor sagrado simplesmente não toma consciência do problema que estaria envolvido em um dilúvio de proporções universais, e nem mesmo alude a esse problema, porquanto o *mundo* que ele conhecia era uma minúscula fração do mundo inteiro. Não há a menor indicação de que foi preciso o Senhor realizar uma série de milagres a fim de concretizar o que ocorreu por ocasião do dilúvio de Noé. *i. Formas de vida marinha*. Há espécies de vida marinha como as que vivem imóveis, nos corais, ou as que vivem no fundo de águas rasas, que requerem uma camada rasa de água para sobreviver. A pressão produzida pelo aumento das águas e a diminuição da salinidade, teriam destruído totalmente essas formas de vida marinha; e, no entanto, elas continuam a sobreviver, a despeito das supostas águas universais que atingiram os mais elevados picos do planeta. *j. O fenômeno da mudança de polos magnéticos.* Acima apresentamos certos argumentos que dão apoio à teoria de vastas destruições mediante mudanças periódicas dos polos. Tais mudanças, naturalmente, produziriam gigantescas inundações. A própria natureza dessas mudanças de polos prova a teoria de um dilúvio parcial. Quando isso ocorre, afundam continentes ou partes de continentes, ao passo que outras terras imersas aparecem. As águas dos oceanos são redistribuídas, mas as terras emersas nunca são completamente inundadas. Isso é assim porque é impossível que todos os continentes submerjam ao mesmo tempo, deixando os oceanos cobrindo toda a superfície do planeta. Para que isso pudesse acontecer, a terra teria de ser tremendamente condensada, e não existe força conhecida, concebida pela ciência, que possa forçar tal ocorrência.

V. Data do Dilúvio de Noé. *A Cronologia das Genealogias.* Se usarmos esses informes, chegaremos até cerca de 2400 a.C. Mas bem poucos eruditos bíblicos apegam-se a esse método de fixação de datas, pois não aceitam uma data tão recente para o dilúvio. Utilizando-se de outros métodos, alguns estudiosos chegam a retroceder até 20000 a.C. Mas a maioria dos estudiosos confessa que não há como estabelecer a data do dilúvio de Noé. Alguns associam o dilúvio ao fim da última glaciação, ou seja, cerca de 10000 a.C.; mas todas essas opiniões são meras tentativas. A observação mostra que a maioria dos escritores sobre o assunto prefere uma data entre 5000 e 15000 a.C., embora as evidências de modo algum sejam conclusivas. A maioria dos escritores cristãos conservadores sugere cerca de 4000 a.C., quase sempre com base em registros genealógicos ou evidências arqueológicas. Mas, sob exame, essas evidências não resistem à sondagem. A descoberta de camadas de argila (com supostas focas de antes e de depois do dilúvio, encontradas em Fará e Ur) provavelmente nada representa senão inundações locais dos rios da área, o Tigre e o Eufrates. Afinal, não é preciso nenhuma imensa inundação para depositar uma camada de argila com alguns metros de espessura. Outrossim, essas camadas de argila, segundo tem sido demonstrado, pertencem a diversos períodos, e não a uma única ocasião que possa ser identificada com um dilúvio universal ou quase universal. *Conclusão:* Não sabemos dizer a data do dilúvio, embora a opinião de que ocorreu em cerca de 8000 a.C. seja tão boa quanto qualquer outra.

VI. A Próxima Mudança dos Polos — Um Desastre Mundial. A Bíblia prediz uma ocasião futura de desastres sem precedentes, que os estudiosos das predições bíblicas pensam não estar muito distante. Esse período é chamado de Grande Tribulação. Ver o artigo sobre *Tribulação, a Grande.* Os místicos contemporâneos concordam que esse tempo está se aproximando rapidamente. Alguns deles associam esse novo cataclismo a uma outra mudança dos polos. Alguns geólogos concordam que gigantescas mudanças nas terras emersas são possíveis. Os intérpretes da Bíblia concordam quanto a um prazo relativamente curto que resta ao mundo, antes de ter início essa próxima e grande fase de perturbações, embora quase todos eles não expressem ou não tenham consciência da teoria da mudança de polos magnéticos, em relação a esse período atribuído. Seja como for, as implicações morais e espirituais da aproximação desse período são vitais e perturbadoras.

Imaginemos como tal desastre poderia ocorrer. Lembremo-nos que isso talvez seja o clímax da Grande Tribulação:

Aproxima-se a noite. Habitantes das grandes cidades do mundo precipitam-se para casa nas horas de pico do trânsito. A maioria não nota que o sol continua a brilhar acima do horizonte. Alguns poucos sentem-se apreensivos desde o começo. Passam-se várias horas e o sol não desaparece atrás do horizonte. Todos ficam alarmados. Então as pessoas começam a ouvir um ruído cavo, das profundezas da terra. Em alguns lugares a terra está tremendo, embora ainda gentilmente. A força normal de gravidade diminui, e as pessoas sentem-se inseguras sobre seus pés. Os animais estão inquietos desde horas atrás, então, *em massa,* começam a movimentar-se na mesma direção. O firmamento fica avermelhado, e enormes nuvens de poeira começam a tapar a luz do sol. Um vento forte e constante começa a soprar, aumentando de forma alarmante, enquanto o ruído subterrâneo torna-se ensurdecedor. Os ventos chegam a uma velocidade de quase quinhentos quilômetros horários, desarraigando árvores e fazendo cidades inteiras desaparecerem em questão de segundos. A terra começa a balançar loucamente, e há imensas tempestades elétricas como os homens nunca viram. Há terremotos de proporções devastadoras por todo o orbe. Montes abrem-se pelo meio e surgem vulcões cuspindo lava derretida e fogo. A terra fica com rachaduras de centenas de quilômetros. A crosta terrestre começa a mudar de posição, e continentes inteiros desaparecem no fundo dos oceanos. Novos continentes vêm tomar o lugar dos antigos. Os oceanos agora irrigam vastos territórios que antes eram terra seca, ou retrocedem de vastos territórios antes debaixo do mar. O holocausto de vidas prossegue como se nunca terminasse. Mas, cerca de 48 horas mais tarde, tudo começa a amainar novamente. Mas ainda assim há gigantescos terremotos que se negam a permitir que povos ao redor do globo aliviem a tensão. A temperatura de todos os lugares da terra começa a mudar, para mais quente ou para mais frio. Novas áreas árticas, de muito frio, começam a ser criadas, onde tudo fica congelado. Grandes massas de gelo desprendem-se das atuais áreas polares e agora derivam em várias direções. O gelo dissolvido começa a formar rios gigantescos que não demoram a devastar tudo em seu curso. Sim, aconteceu novamente. Um enorme cataclismo removeu toda uma antiga era e civilização, abrindo caminho para uma nova era e civilização. E os poucos homens sobreviventes começam a edificar tudo de novo.

VII. Implicações Éticas. Os profetas e os místicos afiançam que sempre há um forte fator moral envolvido nos grandes cataclismos da terra. A história do dilúvio de Noé está firmada especificamente sobre essa base, no sexto capítulo de Gênesis. O livro de Apocalipse também apresenta a Grande Tribulação sobre essa base. A única preparação que temos contra tal eventualidade é o nosso próprio desenvolvimento espiritual. Não há outro modo de nos prepararmos para uma ocorrência assim. "Oh, podemos dizer que estamos prontos, irmão, prontos para o resplendente lar da alma? Quando Jesus vier, para galardoar seus servos, ele nos encontrará preparados, aguardando a volta do Senhor?" (AM E GOOD HEI PARR RAMM WHI Z)

DIMNA

No hebraico, **"esterco"**. Esse era o nome de uma cidade do território de Zebulom, dado aos levitas da família de Merari (Js 21.35). Visto que esse nome não aparece na lista de Josué 19.10,16, é possível que seja a mesma cidade chamada Rimono (1Cr 6.77). Ver também Josué 19.13. O local moderno chama-se Rumaneh.

DIMOM

No hebraico, **"leito de rio"**. As "águas de Dimom" são mencionadas no território moabita, a leste do mar Morto (Is 15.9). Muitos estudiosos identificam-na com a Dibom referida em Isaías 15.2 e Jeremias 48.22. O oráculo de Isaías contra Moabe menciona esse lugar. A forma "Dimona" pode ter sido um erro escribal em lugar de "Dibom". Essa cidade tem sido identificada com a Khirbet Dimneh, perto da 'ain el-Megheisil.

DIMONA

Provavelmente uma forma variante de Dimom (vide). Isso posto, as Escrituras falam sobre Dimom, Dimona e Dibom, como três nomes da mesma localidade. É possível que esses nomes lhe tenham sido aplicados em diferentes períodos históricos. A cidade ficava próxima da fronteira com Edom. Terminado o exílio babilônico, os judeus a reocuparam. Mas, a sua localização exata é desconhecida atualmente.

DINÁ

No hebraico, **"julgada"** ou **"vingada"**. Filha de Jacó e Lia (Gn 30.21), e, portanto, irmã de pai e mãe de Simeão, Levi, Rúben, Judá e Issacar. A história de Diná é um daqueles incríveis relatos do Antigo Testamento que demonstram a loucura dos atos e das paixões humanas.

Quando Jacó estava acampado nas vizinhanças de Siquém, Diná foi seduzida e violentada por um homem chamado Siquém, filho de Hamor, o chefe eveu da cidade. Siquém resolveu corrigir o erro cometido, e pediu Diná em casamento. Isso pode ter sido inspirado por amor à jovem, ou por temer o que lhe poderia acontecer, se ele não quisesse fazer justiça. Mas os irmãos de Diná, Simeão e Levi, só quiseram consentir com o casamento se, além do dote a ser pago a Jacó, todos os habitantes homens da cidade se submetessem à circuncisão (o que, presumivelmente, os transformaria em israelitas, tornando viável o matrimônio). Porém, tudo não passava de um plano ardiloso da parte dos filhos de Jacó; pois, no terceiro dia após a operação da circuncisão, quando as dores dos circuncidados estavam em seu ponto máximo, Simeão e Levi (juntamente com tropas armadas?) atacaram a cidade e mataram a todos os habitantes. (Ver Gn 34). O próprio Jacó lamentou e repeliu o ato (Gn 34.25-31). Diná voltou à casa paterna (Gn 34), e permaneceu solteira, com toda a probabilidade. Em c. 1950 a.C., foi levada com seu pai para o Egito (Gn 46.15).

As referências literárias mostram-nos que, na época, nas culturas envolvidas, uma ofensa contra a irmã de um homem era considerada questão seriíssima. Se ela fosse solteira, os irmãos dela (mais do que seu próprio pai) estavam na obrigação de vingar o erro. Se ela fosse casada, então, mais do que o próprio marido, os seus irmãos estavam na obrigação de tirar vingança.

DINABÁ

No hebraico, **"covil de ladrões"**. Nome de uma cidade de Edom (Gn 36.12; 1Cr 1.43), capital de Bela, e de um filho de Beor, rei de Edom, antes da formação da monarquia de Israel. O local é atualmente desconhecido. Acerca dessa cidade, só encontramos essas duas referências bíblicas.

DINAÍTAS

Nome de uma tribo que se opôs à reconstrução do templo de Jerusalém, terminado o exílio babilônico. O adjetivo só ocorre em Esdras 4.9. Eram colonos que tinham sido trazidos à cidade de Samaria, pelo monarca assírio, Asnapar, quando dali foram exiladas as tribos de Israel. Essa gente permaneceu no território de Israel após o domínio dos persas na região, juntamente com outros povos, como os afarsaquitas, tarpelitas, afaristas, arquevitas, babilônicos, susanquitas, deavitas, elamitas e outros. É possível que os dinaítas fossem descendentes de armênios, que os assírios conheciam como *dayani*.

DINHEIRO

Declaração Introdutória. Surge a necessidade de dinheiro quando o sistema de produção e de comércio desenvolve-se de tal modo que cessa a utilidade de escambo — troca de mercadorias — ou quando se torna difícil determinar os valores correspondentes dos produtos a serem trocados entre si. Quanto mais complexa for a produção de uma nação, maior necessidade haverá de alguma espécie de unidade monetária comum que sirva de meio de pagamento de salários e de meio de comprar e vender produtos. Desde que essa necessidade surgiu, os homens voltaram-se para os metais preciosos como meio de prover a unidade básica de valores. Mas, na antiguidade, o dinheiro podia ter a forma de moedas ou não. Não obstante, mesmo após a introdução do dinheiro, continuaram sendo usadas certas mercadorias básicas que serviam no comércio e no pagamento de salários e dívidas. Esses itens incluíam metais e pedras preciosas, madeiras, vinho, mel, gado e alimentos básicos, como os cereais. Assim, as riquezas de Abraão foram calculadas em termos de gado, de prata e de ouro.

I. Dinheiro Não Cunhado. Metais preciosos, usados como dinheiro, foram usados antes da invenção das moedas. A arqueologia tem demonstrado que os egípcios usavam ouro ou prata em forma de argolas, como dinheiro. Mas, não sabemos dizer se essas peças de metal eram identificadas — por alguma marca governamental — ou não. Certamente, os valores eram determinados pela pureza do metal e pelo peso das peças. Os egípcios também usavam o cobre com essa finalidade. Essa prática prosseguiu até à época dos monarcas ptolomeus, só tendo terminado quando os gregos começaram a cunhar moedas.

Visto que a prata era o metal precioso mais comum da Palestina (o que também ocorria na Assíria e na Babilônia), esse era o metal mais frequentemente usado como dinheiro. Algumas vezes, os metais preciosos eram usados no fabrico de joias de pesos específicos, itens esses que então eram usados como dinheiro. Abraão presenteou Rebeca com um anel de ouro com o peso de meio siclo, bem como braceletes de dez siclos (Gn 24.22), o que representava um considerável valor. O ouro era fundido sob a forma de barras ou cunhas (no hebraico, "línguas"). Algumas vezes, essas barras eram marcadas, identificando-as com algum lugar específico, como o "ouro de Ofir" (Is 13.12). Tanto o ouro quanto a prata eram fundidos no formato de lingotes, de vasos, ou de pequenos fragmentos de vários formatos e pesos. Foi recebendo dinheiro dessa forma que José aumentou as rendas do governo egípcio (Gn 47.14). O cobre, por ser de menor valor que o ouro ou a prata, era fundido em forma de discos circulares, chamados *kikkar* (círculo), palavra associada ao termo assírio *kakkaru*. O dinheiro de maior peso que se conhecia na antiguidade era aquele feito de cobre.

II. Alusões Bíblicas ao Dinheiro
No Antigo Testamento. Já vimos como diversos metais eram fundidos sob vários formatos. A prata era pesada pelos patriarcas (sem importar a forma que tivesse), a fim de comprarem cereais (Gn 42.25 *ss*.; 43.15 *ss*.; 44.1 ss.). A compra de um lugar de sepulcro, em Efrom (Gn 23.3,9,16) parece ter envolvido algum tipo de dinheiro corrente. Outro tanto é sugerido em Gênesis 33.18,19. As "peças de dinheiro", ali referidas, parecem indicar peças de metal em vários formatos, ou então algum tipo antigo de moedas. Os intérpretes não têm conseguido determinar a natureza exata desse tipo de dinheiro. Os informes que envolvem José, no Egito, mostram que ele conhecia formas de dinheiro usadas no intercâmbio. (Ver Gn 43.21; 47.13-16). A legislação mosaica estipulava o *siclo* de prata como o preço a ser pago em resgate por um israelita do sexo masculino (Êx 30.13 ss.), bem como por compensações e multas (Êx 21.23; Lv 5.15; Dt 22.19,20). Havia o meio siclo ou "beca" (Êx 38.26) e também o "quarto siclo de prata" (1Sm 9.8). O *siclo* era um peso de prata, com vinte *geras*, embora desconheça-se o formato exato do siclo. Essa unidade monetária estava alicerçada sobre uma medida fenícia mais antiga; mas, nos tempos pós-exílicos era mais pesada do que aquela empregada na Babilônia.

Somas mais elevadas eram calculadas em termos de *talentos*, o que, no hebraico, significa "coisa redonda", talvez referindo-se à prata em forma de argolas ou massas arredondadas, com o peso de três mil siclos. O máximo que temos podido descobrir sobre o peso do siclo, uma medida semítica comum, é que esse peso variava consideravelmente de século para século e de lugar para lugar. Por conseguinte, é impossível relacionar esse peso ao nosso sistema métrico decimal. Algumas descobertas demonstram, entretanto, uma média de cerca de 11,38 mg. Ver o artigo separado sobre *Pesos e Medidas*.

Sumário das Evidências do Antigo Testamento. Na remota antiguidade, certas mercadorias eram usadas como dinheiro, embora desde bem cedo (como a época dos patriarcas) tivessem começado a ser usados metais de vários tipos, formas e pesos. Desde os dias de Abraão, a prata vem sendo usada como dinheiro, e a arqueologia tem mostrado que isso também ocorria no Egito e na terra de Canaã. É possível que houvesse alguma forma de padronização, visto que o dinheiro do Egito e da terra de Canaã são mencionados juntamente. Havia alguma espécie de intercâmbio, porquanto se sabe que o dinheiro em argolas dos egípcios era bastante parecido com o dinheiro usado pelos celtas. É possível que comerciantes fenícios tenham ajudado a impor essa circunstância por todo o mundo civilizado de então.

No Novo Testamento. Havia quatro tipos de dinheiro em circulação na Palestina, no século I d.C., a saber: **1**. Dinheiro em forma de moedas, dinheiro romano, cunhado em Roma. **2**. Moedas principais cunhadas em Antioquia e em Tiro, que representavam, essencialmente, os padrões antigos das moedas gregas. Esse tipo de dinheiro corria livremente na Palestina e na Ásia Menor. **3**. O dinheiro local dos judeus, provavelmente cunhado em Cesareia. **4**. Certas cidades e reis vassalos recebiam o direito de cunhar suas próprias moedas, usualmente feitas de bronze. Havendo tantos tipos de dinheiro em circulação, tornava-se necessária a profissão dos cambistas. Esses cambistas armavam suas mesas, em Jerusalém, no átrio dos *gentios do templo*; e, naturalmente, havendo tanto *dinheiro* em circulação, campeava a desonestidade. Jesus expulsou do templo os cambistas por motivos morais (e não políticos) (Jo 2.15; Mt 21.12; Mc 11.15; Lc 19.45 ss.).

Em consonância com os antigos costumes, os metais mais frequentemente usados no fabrico de moedas eram o ouro, a prata e o cobre, mas também havia moedas de bronze ou latão (no grego, *chalkós*) (Mt 10.9; Mc 6.8). Esse último metal era usado em moedas de menor valor, como o *leptón* dos judeus. A prata era largamente empregada, tal como nos tempos mais antigos, pelo que o termo grego para "prata", *argúrion*, veio a ser empregado para designar o dinheiro em geral.

As moedas do Novo Testamento são a tetradracma ática (também chamada estáter), o denário romano, e o didracma. O vocábulo grego chrusós, "ouro", usualmente refere-se ao próprio metal, mas também indica, ocasionalmente, uma moeda de ouro (como em: Mt 10.9; At 3.6; Tg 5.3). O *aureus* romano valia 25 *denários*, e era, como seu nome mesmo indica, uma moeda de ouro. O cobre era usado para fazer o *quadrante*, que valia uma décima sexta parte do denário de prata, e era a menor moeda romana em circulação, da mesma forma que o *leptón* era a menor moeda judaica. O vocábulo grego *chrema* era usado para referir-se às riquezas em forma de propriedades, ou um forma de dinheiro em geral (At 4.37; 8.18,20; 24.26). O termo grego *kerma* era usado para designar pequenos trocos (Jo 2.15). Vem do termo grego *keiro*, cortar, ou seja, fazer pequenas peças de alguma coisa, como moedas de pouco valor. Quanto a detalhes, ver as descrições sobre as *moedas*, a seguir.

III. DINHEIRO SOB A FORMA DE MOEDAS. É fácil perceber como as moedas surgiram, depois que os metais começaram a ser usados como padrões de peso e valor. Algumas moedas tinham marcas identificadoras, referindo-se a alguma região, país ou rei em particular. Visto que o transporte de barras e peças de metal, em sacolas, não era uma tarefa agradável, tornou-se conveniente fazer pequenas peças de metal, com inscrições. Sabemos que Senaqueribe (cerca de 701 a.C.) contava com um processo que se assemelhava à cunhagem de moedas, embora talvez ali ainda não se cunhassem verdadeiras moedas. O dinheiro em forma de moedas aparentemente foi inventado pelos lídios da Anatólia. A Anatólia é uma península montanhosa que compreende a porção mais ocidental da Ásia, e quase a totalidade da moderna Turquia. Esse nome tem sido usado como sinônimo da Ásia Menor. Heródoto refere-se especificamente ao fato de que Creso, da Lídia (562-546 a.C.), foi quem introduziu as moedas (i.94). Suas moedas de ouro eram chamadas croesides. Mas outros estudiosos, apesar de admitirem que as moedas surgiram então, naquela região do mundo, fazem a questão retroceder até o século VII a.C. Seja como for, a prática popularizou-se desde que apareceu, e não demorou muito para que o dinheiro, na forma de moedas, fosse abundante por todo o mundo ao derredor do mar Egeu. Ciro, o Grande, que derrotou o riquíssimo Creso, bem como Sárdis, a sua capital (em cerca de 546 a.C.), introduziu as moedas no império persa, por ele fundado. Dario, o Grande (522-486 a.C.), muito se utilizou de moedas no comércio de seu império. A cunhagem de moedas era uma prática tão simples, e tão útil. É provável que os brilhantes gregos, que não foram os inventores do sistema de moedas, uma vez que tomaram conhecimento dessa prática, tivessem ficado boquiabertos porque não haviam pensado antes na ideia. A moeda persa chamada *darico* derivava do nome do imperador, Dario. Era uma espessa moeda de ouro com a efígie do monarca, ajoelhado e armado com arco e flecha. Havia uma marca perfurada no reverso da moeda. Pesava 130 gramas. O siclo persa pesava 85,5 gramas.

1. Moedas Judaicas. Antíoco VII concedeu a Israel o direito de cunhar as suas próprias moedas (140 a.C.), segundo se lê em 1Macabeus 15.6. As moedas dos judeus eram cunhadas em bronze, em contraste com as moedas de prata dos vizinhos de Israel. Moedas de cobre foram cunhadas pelas famílias asmoneana e herodiana (cerca de 140 a.C.). As moedas judias evitavam a figura humana, para que não houvesse o risco de desobedecer ao mandamento contra a idolatria. Os judeus, em suas moedas, preferiam gravuras de objetos inanimados, como plantas etc. As moedas cunhadas por Herodes, entretanto, faziam exceção ao costume, retratando a efígie de governantes.

Os judeus cunharam moedas de prata durante o tempo da primeira revolta contra os romanos (66-70 d.C.), com diversos valores. As destruições feitas pelos romanos furtaram aos judeus as minas de metais, pelo que cessou a cunhagem de moedas na Judeia. A única moeda judaica mencionada no Novo Testamento é o leptón (Mc 12.42; Lc 12.59; 21.2), que nossa versão portuguesa traduz por "centavo", em Lucas 12.50, ao passo que nas outras duas referências só fala em pequenas moedas. Essa palavra vem do grego *leptós*, "pequeno" ou "fino". De fato, em Lucas 12.59 é mencionada como a menor moeda imaginável. Valia cerca de meio *quadrante* romano. Eram necessários 64 quadrantes para formar um denário, o que significa que um denário valia 128 leptas. O denário correspondia ao salário de um dia de um trabalhador do campo, o que significa que um trabalhador desses ganhava cerca de 128 lepta pelo trabalho de um dia inteiro, o que mostra o minúsculo valor de um *leptón*.

2. Moedas Gregas. A unidade básica desse sistema era a dracma de prata. A *mna* valia cem dracmas. O talento valia seis mil *mnas*. Não há como determinar o valor correspondente da dracma grega com o dinheiro moderno. Mas sabemos que, em cerca de 300 a.C., uma dracma era o valor de uma ovelha, e que um boi custava cerca de cinco dracmas (Demétrio

Falereus), pelo que a moeda tinha considerável poder de compra na época. A didracma (duas dracmas) era usada como moeda do imposto anual do templo de Jerusalém (Mt 17.24), um regulamento derivado do dinheiro prescrito para a expiação, em Êxodo 30.11-16. Se a moeda tivesse retido o seu primitivo valor, então o holocausto de duas ovelhas anuais era o sacrifício oferecido pelas pessoas mais pobres. Após a destruição de Jerusalém, em 70 d.C., esse dinheiro foi encaminhado ao tesouro romano, segundo lemos em Josefo (*Guerras* 7.6,6), o que deve ter sido bem amargo para os judeus.

O *estáter* era uma moeda de prata que valia quatro dracmas. Ela é mencionada em Mateus 17.27, no relato sobre como Jesus pagou a taxa do templo, por si mesmo e por Pedro. Essa moeda era cunhada em Antioquia, em Cesareia, na Capadócia e em Tiro. Foi Pompeu quem fixou o valor do estáter em quatro denários (65 d.C.), o que significa que a dracma e o denário terminaram por ter exatamente o mesmo valor. É bem provável que as moedas recebidas por Judas Iscariotes, em pagamento por sua traição, tenham sido estáteres. Nesse caso, ele recebeu o valor de cerca de 130 denários, embora alguns pensem que, naquele tempo, a moeda valia ainda apenas três, e não quatro denários. Seja como for, supondo-se que ele recebeu um valor equivalente a 130 denários, o pagamento pela traição equivaleu a cerca de quatro a cinco meses de labor, ao nível dos trabalhadores das fazendas. Essa era uma quantia tentadora para um homem ganancioso como Judas, mas absolutamente ridícula para o imenso serviço que ele prestou às autoridades religiosas dos judeus. Não é surpreendente que Judas logo se tenha enchido de remorsos, depois que foi atingido por pensamentos mais sóbrios. (Ver Mt 26.15).

A moeda grega *mna* (mina) é mencionada no trecho paralelo de Lc 19.11-27.

O *talento* era uma unidade monetária, e não uma moeda. Seu valor variava de acordo com o metal envolvido. Em Mateus 18.24, o termo é usado para indicar uma imensa soma em dinheiro. Valia 240 aurei romanos (ver acima), ou seja, cerca de seis mil denários, visto que o aureus valia 25 denários. Um trabalhador de fazenda, portanto, precisaria trabalhar por cerca de 20 anos para ganhar todo aquele dinheiro.

3. Moedas Romanas. A unidade básica do dinheiro romano era o denário de prata, que valia o salário de um trabalhador do campo, e mais do que o salário diário de um soldado romano. A moeda de maior valor era *o aureus*, que valia 25 denários. Seu peso, fixado por Júlio César, em 49 a.C., era de cerca de 125,3 gramas. Mas, na época de Nero, já havia sido depreciado para 115 gramas.

O *quadrante* (no grego, *kodrantes*) era a menor moeda romana, valendo duas *leptas* judias, um quarto de um *asse* e 1/64 avos de um denário. Um trabalhador de fazenda ganhava cerca de 64 quadrantes por dia. Horácio (*Sátiras* ii.3.93) e Juvenal (viii.8) referiram-se ao quadrante como a menor moeda romana. O trecho de Marcos 12.42 informa-nos que essa moeda valia duas *leptas*.

O *asse* de cobre (no grego, *assárion*; Mt 10.29 e Lc 12.6) valia a décima sexta parte do denário de prata. É mencionado nessas duas referências como o preço de dois pardais.

O *denário* era a moeda básica. Era assim chamada porque, no começo, valia dez asses de cobre: deni = dez a cada vez. Porém, a partir de 217 a.C. em diante, veio a valer igualmente asses. Com base na parábola de Mateus 20.1-16, torna-se claro que era o salário pago pelo trabalho diário de um trabalhador comum. O bom samaritano deu ao dono da hospedaria dois denários. Em Apocalipse 6.6, uma medida de trigo e três medidas de cevada são avaliadas em um denário, mas isso corresponderá aos preços em um período de grande escassez. Na época da produção do Apocalipse, o denário era uma moeda que estampava a efígie do imperador Tibério, cercado de louros; no reverso havia a efígie de sua mãe, Livia, fazendo o

Moedas Romanas

Moeda de Pérgamo

Moeda de Pôncio Pilatos

Moeda de Syria Agripa

Davis, John D., 1854-1926, *Novo Dicionário da Bíblia* / [Tradução: J.R. Carvalho Braga]. – Edição ampliada e atualizada – São Paulo, SP: Hagnos 2005.

papel da Paz, segurando um ramo e um cetro. Os mais antigos espécimes que temos dessa moeda pertencem ao século II a.C. Cerca de 84 dessas moedas podiam ser cunhadas com base em meio quilograma de metal, o que significa que ela pesava cerca de seis miligramas. Nero depreciou essa moeda, tornando-a mais leve, de tal modo que, em seu tempo, faziam-se 96 moedas com a mesma quantidade de metal, meio quilograma.

O *aureus* era o denário de ouro. Foi moeda introduzida por Júlio César como parte de suas reformas financeiras, no ano de 49 a.C. Valia 25 denários. Josefo (*Antiq*. 14.8,5) a menciona — embora não apareça a palavra *aureus*, propriamente dita, nas páginas do Novo Testamento. Alguns estudiosos pensam que se trata da moeda de ouro que parece ser mencionada em Mateus 10.9.

DIREITO DE PRIMOGENITURA

No hebraico, *bekorah*, "condição de primogênito", um termo que denota os direitos e privilégios dos filhos primogênitos entre os hebreus. No hebraico a palavra figura por onze vezes (por exemplo: Gn 25.31-34,36; 1Cr 5.1,2). No grego temos o termo *prototókia*, "direito de primogênitos", vocábulo que figura como substantivo abstrato somente em Hebreus 12.16, embora a palavra "primogênito" (no grego, *protótokos*) figure por oito vezes, desde Lucas 2.7 até Apocalipse 1.5. Entre os hebreus os direitos e privilégios dos primogênitos podem ser sumariados nos seguintes pontos: **1**. O direito de ser o sacerdote da família, pois na sociedade hebreia antiga, cada família tinha seu sacerdote. Rúben era o primogênito de Jacó, mas perdeu sua primogenitura por motivo de seu incesto com Bila (Gn 49.3,4), direito esse que terminou com o quarto filho daquele patriarca, Levi, porque seus descendentes tornaram-se substitutos de todos os filhos primogênitos do povo de Israel (Nm 3.12,13; 8.18; 1Cr 5.1). Mesmo assim, os primogênitos só tinham o direito de chegar ao sacerdócio se fossem sem defeito físico, o que envolvia implicações morais e espirituais. **2**. Os costumes antigos determinavam que o nome e os títulos de propriedade das famílias seriam transmitidos através dos filhos mais velhos de cada casal. Contudo, a idade não era o único fator considerado. A apropriação do direito de primogenitura por parte de Jacó, o qual pertencia a Esaú, mediante o que Jacó herdou o pacto e deu prosseguimento à linhagem de Abraão, envolve o primeiro uso importante do termo (Gn 25.28-34). **3. A dupla porção**. O filho primogênito recebia uma porção dupla da herança deixada pelo pai da família. Provavelmente isso significava que um filho primogênito recebia duas vezes mais do que qualquer um de seus irmãos, e não que ele ficasse com metade da herança paterna, sendo a outra metade dividida pelos demais irmãos. **4. Autoridade oficial**. O filho mais velho sucedia a seu pai como patriarca da família, como principal autoridade entre os membros da mesma. **5. No Novo Testamento**. No novo pacto, a primogenitura envolve o Senhor Jesus e os crentes, a saber: **O Senhor Jesus**. *a*. Ele era o filho primogênito de Maria (Mt 1.25; Lc 2.7). *b*. Ele é o primogênito do grupo das almas remidas (Rm 8.29; Hb 1.6). Isso faz dele o Filho de Deus e Irmão mais velho de todos os remidos, os quais, mediante a regeneração, finalmente, haverão de tornar-se participantes da natureza metafísica de Cristo (2Co 3.18) e, por conseguinte, da natureza divina (2Pe 1.3). Isso ocorrerá quando a glorificação, através da ressurreição de nossos corpos: *... gememos em nosso íntimo, aguardando a adoção de filhos, a redenção do nosso corpo* (Rm 8.23). *c*. Cristo tornou-se o primogênito de toda a criação (Cl 1.15), um título que destaca sua autoridade sobre toda a criação, visto que essa é considerada sob o ângulo de um relacionamento doméstico. **Os crentes**. Eles são chamados "primogênitos", em Hebreus 12.23, pelos seguintes motivos: *a*. Eles são privilegiados acima de outros homens. *b*. Na qualidade de primogênitos, por assim dizer aguardam o nascimento espiritual de outros, para que também se tornem membros da família divina. E talvez também esteja em foco o direito sacerdotal que fazia parte dos privilégios dos primogênitos (Ap 1.16; 5.10; 20.6). Ver os comentários sobre esses vários versículos no NTI, quanto a maiores detalhes. (ID ND NTI)

DIREITOS, IMPOSTOS

Há várias palavras hebraicas e gregas envolvidas na ideia de taxação ou cobrança de impostos. Uma palavra hebraica indica uma taxa ou tributo pago sob a forma de cativos, escravos, dinheiro, produtos agrícolas etc., que uma nação conquistadora impunha a povos conquistados. Uma outra palavra hebraica aponta para os impostos cobrados sobre bens importados, sendo uma taxa alfandegária, por conseguinte. Uma terceira palavra hebraica, derivada do verbo que significa *andar* (ver Ed 4.13,20; 7.24), é traduzida em nossa versão portuguesa por "pedágio". Ainda há uma quarta palavra hebraica que indica labor forçado da parte de algum povo cativo, conforme Israel impôs às cidades cananeias conquistadas, uma das mais antigas formas de taxação (ver Dt 20.11). Uma quinta palavra hebraica indica uma taxa ou tributo que um governo cobrava de outro, geralmente por meio de algum tratado (ver Nm 31.37). Uma sexta palavra hebraica aponta para uma multa ou castigo que assumia a forma de um tributo ou de despojos de guerra (ver 2Rs 23.33). Uma sétima palavra hebraica indica um tributo ou taxa cobrada de um poder estrangeiro (ver 2Cr 17.11). Uma oitava palavra hebraica aponta para a avaliação do preço de um terreno, com finalidade de taxação, conforme Jeoaquim avaliou sua terra a fim de pagar taxas a Faraó Neco (ver 2Rs 23.35). Os termos gregos usados nesse campo da taxação, no Novo Testamento, são cinco: **1**. *kensos*, que era um imposto predial, sob a forma de uma moeda (ver Mt 22.17,19; Mc 12.14). **2**. *télos*, uma taxa alfandegária ou dever (ver Mt 17.25; Rm 13.7). Uma forma variante da palavra, *telones*, é traduzida por "publicano", no Novo Testamento. **3**. *phóros*, que indica tributos pagos sob produtos agrícolas e outros (ver Lc 20.22,23; Rm 13.7). **4**. *dídrachmon*, uma moeda grega de duas dracmas, de valor idêntico à moeda judaica de meio siclo, que os judeus chamavam de *taxa do templo* (ver Mt 17.24-27). **5**. *apographé*, que era um registro ou inventário das possessões materiais de uma pessoa, para efeito de taxação, ou então o recenseamento ou registro de indivíduos, a fim de que lhes fosse cobrado um imposto. Em Lucas 2.2, José e Maria foram a Belém, a fim de serem "alistados" ou "registrados" com essa finalidade. (Cf. 2Rs 15.20; 2Cr 8.8; Ed 6.8; Ne 5.4; Lc 23.2). Essa taxação incidia sobre dinheiro, mercadorias, produtos agrícolas, gado ou possessões materiais similares, que um governo impunha para custear serviços ou propósitos específicos, ou como tributo posto sobre outros governos e seus cidadãos, usualmente em alguma proporção ao valor calculado ou quantia em dinheiro ou valor das propriedades. Na antiguidade, havia um tipo especial de taxação sob a forma de tributo, que um governo ou chefe exigia de outro, após havê-lo derrotado em combate, tendo em vista certos privilégios. As organizações eclesiásticas, como se via na religião judaica, também cobravam impostos para sustento da causa religiosa.

Governos e povos de todas as civilizações, antigas e modernas, têm conhecido a prática da cobrança de impostos e o pagamento por direitos. Grosso modo, os métodos, tipos de taxação e as atitudes para com a cobrança de impostos não têm mudado em nada através dos séculos. Com base na extensa lista de palavras usadas para indicar taxas e tributos na Bíblia, pode-se ver que o antigo povo de Deus estava bem familiarizado com a questão. Na Bíblia, uma das primeiras referências à taxação ocorre no Egito, durante os sete anos de abundância, quando José foi autorizado por Faraó a recolher uma larga proporção do cereal, guardando-a para os anos de escassez, que logo chegariam (ver Gn 41.25-57). A taxa de recolhimento deve ter sido alta, porque lemos: *Assim ajuntou José muitíssimo cereal, como a areia do mar, até perder a conta, porque ia além das medida* (Gn 41.49). Isso pôde ser feito no Egito porque ali Faraó era o senhor absoluto e proprietário de todas as terras (ver Gn 41.44). O rei Davi impôs uma outra forma de taxação, sob a forma de tributos cobrados de nações e governantes que ele derrotava em batalha, como os filisteus, os moabitas e os idumeus. (Ver 2Sm 8.1-15).

O trabalho forçado por parte de cativos era uma outra forma de taxação ou tributo, conforme Salomão usou na construção do templo de Jerusalém. (ver 1Rs 9.15-23). De acordo com

DISÃ

1Reis 4.7, Salomão deve ter introduzido em seu próprio reino uma forma de taxação. Até onde se sabe, essa foi a primeira vez em que o povo de Israel teve que pagar impostos, pois antes dessa ocasião, o governo custeava suas despesas com despojos e cativos da guerra. Salomão também cobrava taxas dos negociantes e das caravanas (ver 1Rs 10.14).

Israel e Judá, com frequência, foram forçados a pagar taxas ou tributos a países inimigos ao redor deles, quando por eles eram conquistados — os assírios, os egípcios, os babilônios e os persas (ver 2Rs 18.13 ss.). O Egito cobrou de Judá um pesado tributo, e Jeoaquim teve de oprimir seu povo para saldar o compromisso (ver 2Rs 23.33). Os persas introduziram um método de taxação que se tornou largamente usado na história posterior: o governante provincial de alguma nação conquistada era forçado a pagar certa quantia anual ao poder ocupante, quantia essa que era requerida do povo da província, de várias maneiras (cf. Ed 4.13). É possível que a isenção de impostos, com propósitos religiosos, tenha começado na época de Esdras: ... *vos fazemos saber acerca de todos os sacerdotes e levitas, cantores, porteiros, de todos os que servem nesta casa de Deus, que não será lícito impor-lhes nem direitos, nem impostos, nem pedágios* (Ed 7.24). Os persas também cobravam pesados impostos nos dias de Neemias. Queixou-se ele de que os governadores antes dele ... *oprimiram o povo, e lhes tomaram pão e vinho, além de quarenta siclos de prata...* (Ne 5.1-15). A taxação era comumente conhecida pelo nome de *pão do governador*.

Nos tempos helenistas, começou a ser usado o sistema familiar de "taxação sobre as atividades agrícolas", entregue a quem oferecesse mais vantagens, e que contava com o poder do exército a escudá-lo, a fim de coletar todo o tipo de impostos. Durante a *dominação grega*, segundo se diz, ricos e poderosos negociantes reuniam-se anualmente em Alexandria para disputar pelo direito de cobrar taxas de sua própria gente. Esse sistema produzia lucros exorbitantes, porque o coletor de impostos podia embolsar tudo quanto pudesse recolher além da quantia exigida pelo governo. Algumas vezes, o dinheiro assim recolhido era inacreditável. Sob os selêucidas, o governo requeria um terço do cereal produzido, metade das frutas e uma porção dos próprios impostos cobrados no templo. Pompeu, de Roma, cobrou pesados impostos da província judaica. Outro tanto fez Júlio César, embora tivesse isentado os judeus de pagarem impostos nos anos sabáticos.

Nos tempos do Novo Testamento, sob Herodes, o Grande, havia cobrança de impostos sobre os habitantes da Palestina relativamente a quase tudo, especialmente nos campos (ver Josefo, *Anti.* 15.10). Nos dias dos procuradores romanos da Palestina, a cobrança de impostos era entregue a quem oferecesse as melhores vantagens, sistema esse que, finalmente, foi adotado quanto ao império romano inteiro. As variedades de impostos aumentaram em número de tal modo que os pobres se sentiram pesadamente oprimidos. Havia impostos sobre as terras e as propriedades, o tributo (Mt 22.17), impostos sobre exportações e importações, nos portos marítimos e nas portas das cidades, uma taxa sobre a colheita (uma décima parte da safra de cereais e uma quinta parte do vinho, das frutas e do azeite), imposto de 1% sobre a renda anual de cada indivíduo, impostos sobre o uso das estradas, sobre a entrada em certas cidades, sobre os animais de carga, sobre os veículos, sobre as vendas, sobre o comércio da escravatura, sobre a transferência de propriedades e até mesmo taxas emergenciais!

É verdade que sob o governo dos romanos, os povos recebiam os benefícios da lei e da boa ordem em terra e no mar, boas estradas, edifícios públicos, mercados, estádios, banhos, teatros etc., embora as províncias fossem sangradas quase até a morte, nesse processo. Além de todos esses impostos, dos judeus requeria-se que pagassem a taxa do templo — meio siclo anualmente, que o trecho de Mateus 17.24 chama de "o imposto das duas dracmas". Todo judeu de 20 anos de idade para cima, ao redor do mundo, pagava esse imposto, com vistas ao bom funcionamento do santo templo de Jerusalém. (Cf. Êx 30.11-16). Depois de Vespasiano, quando o templo foi destruído, no ano 70 d.C., os judeus tiveram de continuar pagando o imposto do templo, apesar deste não mais existir.

Posteriormente, Roma introduziu o sistema de cobrança de impostos através do recenseamento (ver Lc 2.2). Havia um elevado oficial romano chamado censor. Este procurava cobrar os impostos de maneira menos dispendiosa possível. Ele vendia o direito de cobrar impostos em várias áreas ou distritos a quem pagasse mais alto e estabelecia a cota governamental, dando aos publicanos o direito de fazerem coletas, das quais eles ficavam com certa porcentagem. Os contratos eram estabelecidos pelo período de cinco anos. Esse era o sórdido e opressivo mundo dos impostos no qual operaram homens como Mateus e Zaqueu. Sabia-se que eles enganavam tanto os oficiais do governo quanto os pagantes dos impostos. Deixavam-se subornar pelos ricos, permitindo-lhes pagarem menos impostos (cf. a parábola do mordomo infiel, em Lc 16.1-9, que teria determinado a certo pagante: ... *escreve cinquenta*). Na Palestina os publicanos ou coletores de impostos formavam exércitos inteiros, e com frequência a profissão era herdada, passando de pais para filhos, o que formava uma autêntica casta de publicanos. Sob Judas, o Galileu, os judeus rebelaram-se contra essa escravatura de impostos escorchantes, mas os revoltosos foram esmagados pelo tacão do poder romano (ver At 5.37). Não é de surpreender, portanto, que os judeus odiassem o sistema dos impostos. Tinham muitas razões para esse ódio: **1**. Os publicanos enriqueciam às custas de pobres e ricos, igualmente; **2**. O método do recenseamento e do censor romano requeria que as pessoas fossem à cidade de origem, o que era uma grande inconveniência para todos, segundo lemos a respeito de José e Maria; **3**. grande parte daquilo que era recolhido seguia para a opulenta cidade de Roma, para ser distribuído entre uma população ociosa, em uma época em que estava abaixo da dignidade de um cidadão romano trabalhar com as próprias mãos; **4**. além de tantas obrigações, pesava ainda sobre eles o imposto do templo, a cada ano. Os coletores de impostos seguiam aos bandos de aldeia em aldeia, uma vez por ano, a fim de recolherem essas taxas; e, nos países estrangeiros, havia lugares determinados onde essa cobrança era feita.

Não há que duvidar que os antigos sabiam tudo sobre impostos. Os abusos e as indignidades amontoavam-se, esmagando o povo, especialmente das nações conquistadas. As alusões existentes nas Escrituras a taxas, tributos, impostos, publicanos etc., tornam-se mais compreensíveis, vistas contra esse pano de fundo histórico. Alguns têm expressado surpresa diante da atitude de Jesus, o qual, quando confrontado pelo dilema exposto pelos fariseus, sobre a taxação, proferiu aquela familiar declaração: *Dai, pois, a César o que é de César, e a Deus o que é de Deus* (Mt 22.15-22). E também diante do fato de que Paulo, que também viveu dentro do império romano, tivesse baixado aquele princípio permanente: *Por esse motivo também pagais tributos: porque são ministros de Deus, atendendo constantemente a este serviço. Pagai a todos o que lhes é devido: a quem tributo, tributo; a quem imposto, imposto; a quem respeito, respeito; a quem honra, honra* (Rm 13.6,7). Porém, nem Jesus e nem o apóstolo Paulo estavam falando contra o sistema de taxação, mas em favor da honestidade, da justiça e da boa ordem, sob Deus, neste mundo.

DISÃ

Forma alternativa da palavra hebraica *dishon*, **"antílope"** ou **"cabra montês"**. Esse era o nome do filho caçula do horeu Seir (Gn 36.21,28,30; 1Cr 1.38,42). Ele viveu em cerca de 1950 a.C. Foi o líder de um clã dos horeus descendentes de

Seir, ou então, conforme alguns estudiosos supõem, um filho direto dele. Esse povo finalmente foi expulso do lugar pelos idumeus (Dt 2.12).

DISOM

Transliteração do termo hebraico que significa "antílope" ou "cabra montês", no dizer de alguns eruditos. Quando está em vista esse animal, a referência é a um animal limpo, que os israelitas podiam usar na sua alimentação (Dt 14.5). Na LXX o termo é traduzido pela palavra grega *pugargon*, forma líbia da palavra que significa "antílope". Essa palavra é usada como nome próprio de dois homens, nas páginas do Antigo Testamento: **1**. O quinto filho de Seir, um dos líderes do clã dos horeus. Suas terras foram tomadas por Esaú e seus descendentes (Gn 36.21,28,30; 1Cr 1.38,41). Ver também sobre *Disã*, um nome alternativo. Viveu em cerca de 1950 a.C. **2**. Um filho de Aná, um chefe horeu. Era neto de Seir. Tinha uma irmã de nome Oolibama, que foi esposa de Esaú (Gn 36.25; 1Cr 1.41,42). A comparação de Gênesis 36.21-30 com 1Crônicas 1.38-42 dá-nos a impressão de que o Disã mencionado em Gênesis 36.28 deveria ter sido grafado sob a forma *Disom*, e seria o mesmo filho de Aná.

DISPENSAÇÃO (DISPENSACIONALISMO)

I. O Termo e Caracterização Geral. A palavra "dispensação" vem do latim *dispenso*, que significa "pesar" ou "administrar", como um mordomo. Esse vocábulo tem sido usado de vários modos, conforme se evidencia no ponto (II). Mas, o uso que mais nos chama a atenção é aquele que, segundo pensam alguns intérpretes, envolve períodos de tempo durante os quais Deus estaria tratando com os homens de maneiras específicas. Essa ideia foi popularizada pela Bíblia Anotada de Scofield (nome da tradução portuguesa da *Scofield Reference Bible*), e desenvolvida de vários modos por intérpretes posteriores.

O termo grego assim traduzido é *oikonomia*, que ocorre, no Novo Testamento (em 1Co 9.17; Ef 1.10; 3.2,9; Cl 1.25; Lc 16.2-4). Nesta última referência, essa mesma palavra é traduzida por "administração" ou "mordomia", conforme a tradução. Nos melhores textos gregos, em 1Timóteo 1.4, *oikodomen* é traduzido por "edificação". Portanto, essa palavra é usada no Novo Testamento em dois sentidos diversos. No primeiro sentido, uma administração de qualquer tipo. No segundo sentido, um tipo específico de administração divina que se prolonga por algum período de tempo, de tal modo que aquele período é chamado "dispensação". Os diversos intérpretes pensam poder descobrir um maior ou menor número desses períodos ou dispensações. Scofield descobriu nada menos de *sete* dispensações. O conceito de dispensacionalismo tornou-se um conceito normativo em certos sistemas, como se isso desse ao estudioso da Bíblia a capacidade de dividir corretamente a palavra de Deus (ver 2Tm 2.15). Muitos outros intérpretes, porém, têm objetado aos abusos desse sistema, ao mesmo tempo em que têm reconhecido algum valor no mesmo. O chamado hiperdispensacionalismo corta o Novo Testamento em pedaços, conferindo à igreja cristã, como Escrituras autoritárias quanto à doutrina cristã, somente as sete epístolas paulinas chamadas *da prisão*. No entanto, o Evangelho de Mateus, por exemplo, foi escrito pelo menos trinta anos depois da eclosão do movimento cristão, que se deu imediatamente após a crucificação e a ressurreição de Jesus. O que não pode ser negado, contudo, é que há uma revelação progressiva dentro do próprio Novo Testamento. Temos de reconhecer que várias doutrinas passaram por um processo de desenvolvimento e desdobramento, tendo havido elaboração e até mesmo, quem sabe, substituição. Mas isso nada tem a ver com a ideia defendida pelo dispensacionalismo. Ver também a seção V deste artigo, *Implicações Teológicas*.

II. Variedade de Usos Bíblicos. **1**. Uma dispensação apontaria para os *caminhos de Deus*, os métodos através dos quais ele opera e trata com os homens. Todas as passagens bíblicas que abordam o tema teísta, e que são por demais numerosas para serem alistadas, também abordam esse aspecto do dispensacionalismo. Isso aponta para a presença de Deus, que guia os atos pessoais e os acontecimentos históricos, com suas revelações, intervenções, recompensas, castigos e instruções. **2**. Uma dispensação aponta para as provisões divinas quanto à própria natureza, sustentando-a e guiando-a (Rm 8.17 ss.; 11.36; Cl 1.16). **3**. Essa ideia destaca o conceito de *mordomia*, quando emprega a palavra grega *Oikonomia*, que às vezes é traduzida por "dispensação". (Ver Lc 16.2-4). **4**. Uma dispensação também pode ser uma *missão* especial conferida a alguém dentro da obra do evangelho (Cl 1.25). Uma mordomia torna-se uma missão divina que alguém precisa cumprir. Todos os homens, em certo sentido, finalmente terão de participar nisso, porquanto cada indivíduo tem um destino distinto. Ver o artigo detalhado sobre *novo nome* e *Pedra Branca*, e Ap 2.17. **5**. *Dispensações cronológicas*. Ver abaixo, na seção III. **6**. *Dispensações eclesiásticas*. Ver o artigo separado sob o título *Dispensação Eclesiástica*.

III. Dispensacionalismo Cronológico

1. A Teologia dos Pactos e as Objeções à Mesma. Ver o artigo separado sobre *Pacto, Teologia do*. Em certo sentido, os teólogos bíblicos podem ser divididos em duas categorias gerais: teólogos dos pactos e teólogos das dispensações. São abordagens alternativas usadas para explicar as operações de Deus refletidas na Bíblia. Alguns intérpretes misturam essas abordagens. Os teólogos dos pactos veem o pacto da graça (o propósito remidor de Deus relativo ao homem) como o grande princípio orientador das ações divinas, como a ideia que unifica as Escrituras. Nesse contexto, pois, a palavra "dispensação" torna-se uma descrição das maneiras particulares pelas quais Deus manifesta os seus pactos; e, segundo alguns desses intérpretes, isso incluiria épocas distintivas de tais manifestações.

Alguns teólogos dos pactos estão tão presos à sua maneira de estudar a teologia que nem ao menos distinguem entre o Antigo e o Novo Testamentos. A Bíblia inteira seria um grande pacto, e Deus estaria desenvolvendo-o — ao longo das Escrituras — de Gênesis ao Apocalipse. Esses falam em Antigo e Novo Testamentos, mas não fazem deles dispensações. Um nome que pode ser relembrado quanto a essa posição é Buswell (*Systematic Theology of the Christian Religion*). Outros escritores, como Louis Berkhof, falam em duas dispensações: a Antiga e a Nova. Hodge dá margem a várias dispensações: de Adão a Abraão; de Abraão a Moisés; de Moisés a Cristo; e de Cristo até o fim. Não obstante, em todos esses casos, a nota dominante é a ideia do pacto. As dispensações, para esses sistemas, seriam apenas meios para a concretização dos pactos.

2. O Conceito de Dispensacionalismo. Em contraste com isso, outros intérpretes identificam períodos distintos na maneira de Deus tratar com os homens. Durante esses períodos Deus teria apelado para várias formas de agir. A ideia básica, nesse caso, é que Deus tem tentado vários métodos que não têm sido bem-sucedidos. Cada método (ou dispensação) teria sido abandonado totalmente, antes do método seguinte ser experimentado, de tal modo que as *prescrições divinas* para uma dispensação não são válidas na próxima dispensação. Por sua vez, a teologia dos pactos objeta precisamente a essas mudanças radicais nos métodos divinos.

3. Várias Definições. "Um período de tempo durante o qual os homens são testados, quanto a sua obediência, a alguma revelação específica da vontade de Deus" (C.I. Scofield, *Scofield Reference Bible*, p. 5). Scofield referia-se a *sete* dispensações que desdobraremos no ponto 4, abaixo.

"Uma economia distinguível, dentro do desdobramento do plano de Deus" (C.C. Ryrie, *Dispensations Today*, p. 29).

"Há várias economias *que* percorrem a palavra de Deus. Portanto, uma dispensação ou economia é *aquela* ordem particular ou aquelas condições vigentes *que* prevalecem durante alguma era especial, mas *que* não prevalecem, necessariamente, em outras eras" (H.A. Ironside, *In the Heavenlies*, p. 67).

4. Vários Arranjos. Os dispensacionalistas não concordam entre si *quanto ao* número e *à* extensão das dispensações. Damos exemplos sobre isso: ***a. Pierre Poiret*** (1646-1719): *i*. Da criação ao dilúvio: infância. *ii*. Do dilúvio a Moisés: meninice. *iii*. De Moisés aos profetas: adolescência. *iv*. Dos profetas a Cristo: juventude. *v*. Dispensação da graça: idade adulta à velhice. *vi*. A Renovação de todas as coisas. ***b. John Edwards*** (1639-1716): *i*. Inocência: da *queda ao mundo antediluviano*, inclusive. *ii*. Noaico e Abraâmico. *iii*. Mosaico. *iv*. Cristão. ***c. Isaac Watts*** (1646-1748): *i*. Inocência e após a *queda*. *ii*. Noaico e Abraâmico. *iii*. Mosaico. *iv. Cristão*. ***d. J.N. Darby*** (1800-1882): *i*. Paradisíaco ao dilúvio. *ii*. Noé e Abraão. *iii*. Israel sob a lei, o sacerdócio e os reis. *iv*. Gentios na igreja: administração do Espírito. ***e. James H. Brookes*** (1830-1897): *i*. Éden, antediluviano. *ii*. Patriarcal. *iii*. Mosaico. *iv*. Messiânico. *v*. Ministério do Espírito. *vi*. Milenial. ***f. James M. Cray*** (1851-1935): *i*. Edênico, antediluviano. *ii*. Patriarcal. *iii*. Mosaico. *iv*. igreja. *v*. Milênio. *vi*. Plenitude dos tempos, eternidade. ***g. C.I. Scofield*** (*1843-1921*): *i*. Inocência. *ii*. Consciência. *iii*. Governo Humano. *iv*. Promessa. *v*. Lei. *vi*. Graça. *vii*. Reino

IV. PONTOS FORTES E FRACOS DO DISPENSACIONALISMO. Os pontos fortes são os seguintes: **1**. Há uma certa lógica na suposição de que Deus, resolvido a mostrar aos homens que *somente* a missão de Cristo e a dispensação da *graça* são suficientes para satisfazer às necessidades do homem, viesse a fazer uma elaborada demonstração histórica desse fato, mediante uma sucessão de dispensações. As condições impostas nas sucessivas dispensações não foram adequadas. A *consciência*, sem a lei, não bastou para atingir os propósitos de Deus. A *lei*, posta em vigor mediante ameaças e recompensas, também não foi suficiente para isso. Assim, cada dispensação reflete uma espécie de fracasso, que somente a graça foi capaz de vencer adequadamente. Essa ideia concorda com o discernimento de que o propósito de Deus e o ato remidor acompanham, cooperam com e transcendem o processo histórico. Um Deus que faz experiências, com o intuito de ensinar uma grandiosa lição objetiva, é um excelente conceito. **2**. As várias dispensações tornam-se uma grande lição objetiva sobre os vários modos possíveis de Deus relacionar-se com os homens, e nós precisamos receber essa lição a fim de podermos entender o que Deus quer de nós. **3**. Cada maneira divina de tratar conosco tem seus próprios valores específicos. Parece que a lei contradiz a graça, ao dar a entender que a salvação vem pelo esforço humano. Não obstante, a graça cumpre a lei, dentro da obra do Espírito, que cria em nós todas as virtudes exigidas pela lei. Portanto, há uma interação entre as dispensações, e não apenas a ideia de uma dispensação a substituir a anterior. **4**. O dispensacionalismo estabelece *distinções* que precisam ser feitas. Na verdade há diferentes abordagens religiosas, e algumas delas falham completa ou parcialmente. Isso é mais claramente demonstrado nesse sistema das dispensações do que dentro da teologia dos pactos. **5**. Uma importante contribuição desse sistema é a sua ênfase sobre o fato de que as revelações divinas não operam do mesmo modo e com a mesma intensidade nos diversos períodos da história da humanidade. A revelação divina se processa de vários modos e com variado poder. Esse é um ponto que deve ser bem entendido, pois no próprio Novo Testamento, há uma revelação em vários níveis de profundidade. Além disso, podemos ver um progresso gradual na revelação. Pessoalmente, penso que esse processo nunca terminará, mas estender-se-á até mesmo eternidade afora. **6**. Em conexão com isso, preciso adicionar minha própria crença, que alguns dispensacionalistas também salientam, a saber, que algumas porções bíblicas, até mesmo dentro do Novo Testamento, ultrapassam a outras, substituindo uma verdade mais profunda por outra menos profunda. Paulo certamente sabia mais a respeito do mistério da igreja do que os demais apóstolos. Os seus *mistérios* trouxeram à tona novas verdades, que só foram reveladas já bem dentro do período do Novo Testamento. Assim, o antigo conceito do julgamento divino mediante o fogo eterno, sem qualquer esperança de mitigação, é um conceito diretamente emprestado das obras pseudepígrafes (vide), por alguns dos autores do Novo Testamento. Essa ideia é substituída pela compreensão de que Cristo ampliou sua missão salvatícia até o próprio hades (ver 1Pe 3.18—4.6), que o julgamento divino será remediador, e não meramente retributivo (1Pe 4.6), e que todas as coisas aguardam uma restauração final (Ef 1.10), embora isso não queira dizer que todos serão finalmente salvos; pois a salvação é a possessão dos escolhidos de Deus. Não obstante, de acordo com esse ponto de vista igualmente bíblico, mas mais profundo, a missão de Cristo é vista como algo muito maior e poderoso do que a maioria dos crentes evangélicos supõe. O dispensacionalismo nos fornece uma maneira de pensar que pode aceitar esse tipo de revelação progressiva. Isso se aplica até ao próprio Novo Testamento, para nada dizermos sobre as revelações dadas no Antigo Testamento. Tenho levado esse pensamento mais adiante do que a maioria dos dispensacionalistas, contemplando um maior resultado da missão de Cristo do que eles têm antecipado, tomando eu, por empréstimo, ideias discernidoras (segundo creio) dos ramos anglicano e ortodoxo oriental do cristianismo. Após ter compreendido a avançada teologia de algumas passagens do Novo Testamento, posso passar adiante da doutrina do julgamento divino refletido pelas obras pseudepígrafes. Outro tanto sucede no tocante à própria doutrina da salvação. O simples evangelho do perdão dos pecados e de transferência futura para o céu, uma noção que domina os Evangelhos sinópticos, é substituído pelo evangelho paulino dos lugares celestiais, da transformação dos remidos segundo a imagem de Cristo (Rm 8.29), mediante um longo processo de transformação pelo poder do Espírito (2Co 3.18), de tal modo que os remidos virão a compartilhar da própria natureza divina (Cl 2.10 e 2Pe 1.4).

Os pontos fracos do dispensacionalismo são os seguintes: **1. Há exageros**, como quando Scofield supõe que o sermão da montanha nos dá somente os princípios da era do reino, nada tendo a ver com a igreja. Essa é uma posição absurda. Primeiro, porque o Evangelho de Mateus foi escrito para a igreja cristã, e já bem dentro da era cristã. Segundo, porque o propósito inteiro do registro do material desse sermão foi o de mostrar que, em Cristo, temos um novo Moisés, que veio substituir o antigo. O novo Moisés, o novo Legislador reinterpretou e adicionou à lei mosaica, e o que ele assim ensinou, fê-lo à igreja, o novo Israel, e não meramente a algum reino ainda distante. **2**. Podemos mostrar que Deus movimenta-se passando de período para período, melhorando a maneira de ele tratar com os homens, sem termos de dividir as Escrituras em pequenas unidades, para em seguida dizermos: "Esta unidade não é para a igreja". Todas as unidades destinam-se à igreja. *Pois tudo quanto outrora foi escrito, para o nosso ensino foi escrito, a fim de que, pela paciência, e pela consolação das Escrituras, tenhamos esperança* (Rm 15.4). Contudo, o que cada porção das Escrituras tem a dizer não tem igual aplicação, simplesmente porque o processo revelador avança e se aprimora. Não há como não fazer distinções capilares, aceitando certos livros e rejeitando outros. O Antigo Testamento tem aplicação à igreja, embora não da mesma maneira e com a mesma extensão que no caso do Novo Testamento. O Novo Testamento inteiro aplica-se à igreja; mas, novamente, há avanços ali que ultrapassam antigas maneiras de entender. **3. Ultradispensacionalismo**. Essa posição também tem o nome de bullingerismo, por causa de E.W. Bullinger. Alguns dispensacionalistas perderam o senso de bom juízo e dividiram o Novo Testamento em minúsculas unidades. Supostamente, apenas as epístolas paulinas da prisão, uma pequena porção do volume do Novo Testamento, são autoritárias para a igreja. Quando alguém indaga: Então para quem se destina todo o resto do Novo Testamento, que é a sua maior parte? A resposta que nos dão os ultradispensacionalistas é: para os judeus que se converterão durante a Grande Tribulação, e então para a era do reino milenar! De acordo com essa especulação, alguns deles chegam a eliminar o batismo, e mesmo a Ceia do Senhor, como cerimônias da igreja cristã, porquanto esses ritos não são mencionados naquelas epístolas de Paulo! Isso reduz o cânon autoritário a uma porção realmente minúscula. Naturalmente, é verdade que os Evangelhos e o livro de Atos refletem uma primitiva igreja judaica; e que somente mais tarde há reflexos de uma igreja verdadeiramente gentílica, cristianizada, paulina. Todo aquele que lê o Novo Testamento pode perceber isso. Porém, é um erro crasso rejeitar arbitrariamente os livros que refletem a igreja cristã em seus primeiros estágios, dizendo que os mesmos não são autoritários. Mas, apesar da avançada teologia paulina, há muitas verdades que Paulo não revelou. Assim sendo, o trem da revelação não estacou. Nem por isso, entretanto, devo jogar fora as epístolas paulinas, por pensar que a teologia, quanto a alguns aspectos, ultrapassou o que Paulo disse. **4. Sob a seção III. Vários Arranjos**, mostrei as várias opiniões dos dispensacionalistas acerca das dispensações. Somente James Gray (lll.f) tem o discernimento para ver que Efésios 1.10 indica uma dispensação para além do reino. Scofield faz esse texto referir-se às atividades do reino. Aquele versículo, entretanto, leva-nos até o estado eterno, conforme Gray supõe. Ali vemos um processo restaurador sendo levado a efeito, e do qual a igreja participará (Ef 1.23). A restauração envolverá todas as coisas, fazendo a missão de Cristo ser conduzida a um admirável e completo sucesso. Ver o artigo sobre *Restauração*, quanto a detalhes sobre essa ideia. Considero uma fraqueza do dispensacionalismo o fato de que, apesar de sua compreensão sobre a natureza progressiva das operações de Deus, em períodos específicos da história humana, o dispensacionalismo tenha falhado em perceber a maior de todas as dispensações, a última, que envolverá todos os benefícios das dispensações anteriores, em uma só unidade, adicionando assim uma outra dimensão à missão de Cristo, que realizará coisas nunca antes vistas.

V. Implicações Teológicas. Ao longo deste artigo, até este ponto, tenho mencionado essas implicações. Portanto, apresento-as aqui à guisa de sumário: **1**. Deus realmente trata com os homens de diferentes maneiras, fazendo com que as maneiras anteriores tornem-se obsoletas. Ver III.2. **2**. Cada uma dessas maneiras, antes da era da graça, teve o propósito de mostrar a absoluta necessidade da graça e da missão de Cristo. Deus nos tem dado uma demonstração histórica desse fato. Ver IV. Pontos Fortes. 1. **3**. Cada dispensação tem valor porquanto ilustra como Deus aproxima-se do homem. Ver IV. Pontos Fortes. 3. **4**. Distinções teológicas necessárias são estabelecidas, mediante esse conceito. Ver IV. *Pontos Fortes*. 4. **5**. Há vários níveis de revelação, os quais vão se tornando progressivamente mais claros e abrangentes, enquanto acompanham o processo histórico. Portanto, falar em termos de infância, meninice, adolescência, idade adulta e idade avançada demonstra uma certa lógica. Ver III. 4. *Vários Arranjos*. a. *Pierre Poiret*, e também IV. Pontos Fortes. 5. **6**. Os conceitos aprofundam-se quando são dadas novas revelações; e essas revelações nos são concedidas em períodos específicos de tempo, através de pessoas específicas. E, mediante esse processo, antigas ideias são ultrapassadas. Penso que o próprio evangelho passou por esse processo, como tambem a doutrina do juízo e da natureza do estado eterno. (Ver IV 6).

VI. Implicações Éticas. Ver o artigo separado sobre *Ética Dispensacional*.

Bibliografia. No próprio corpo do artigo há algumas referências bibliográficas. Além dessas, temos B BAS SAU Z.

DISPERSÃO. Ver sobre *Diáspora*.

DISPERSÃO DE ISRAEL. Ver *Diáspora (Dispersão) de Israel*.

DÍVIDA, DEVEDOR

Várias palavras hebraicas e gregas estão envolvidas neste verbete, a saber: **1**. *Mashshaah*, "empréstimo", "juros", "dívida". Palavra hebraica usada somente por duas vezes (Pv 22.26 e Dt 24.10). **2**. *Neshi*, "dívida", "juros". Termo hebraico empregado por apenas uma vez (a saber, em 2Rs 4.7). **3**. *Nasha*, "ser usurário". Vocábulo hebraico que ocorre por três vezes (1Sm 22.2; Ne 5.7 e Sl 89.22). **4**. *Dáneion*, "empréstimo". Palavra grega usada por apenas uma vez (Mt 18.27). **5**. *Opheilétes*, "devedor". Palavra grega usada por sete vezes (Mt 6.12; 18.24; Lc 13.4; Rm 1.14; 8.12; 15.27; Gl 5.3). **6**. *Opheílo*, "dever". Verbo grego usado por 35 vezes (Mt 18.28, 30,34; 23.16,18; Lc 7.41; 11.4; 16.5,7; 17.10; Jo 13.14; 19.7; At 17.29; Rm 13.8 15.1,27; 1Co 5.10; 7.36; 9.10; 11.7,10; 2Co 12.11,14, Ef 5.28; 2Ts 1.3; 2.13; Fm 18; Hb 2.17; 5.3,12; 1Jo 2.6; 3.16; 4.11; 3Jo 8). **7**. *Opheilé*, "dívida". Palavra grega usada por três vezes (Mt 18.32; Rm 13.7 e 1Co 7.3). **8**. *Opheílema*, "dívida". Termo grego empregado por duas vezes (Mt 6.12 e Rm 4.4). A questão das dívidas era regulamentada pela legislação mosaica.

1. A Lei Mosaica acerca das Dívidas. *a*. O conceito geral de ajuda devida aos pobres (Dt 15.7 ss.; Sl 37.26; Mt 5.42). *b*. Um israelita podia emprestar dinheiro a um compatriota seu, mas sem cobrar-lhe juros (Dt 15.2). A usura em geral, embora permitida em casos que não envolvessem empréstimos a outros israelitas, era considerada uma baixeza (Pv 24.8; Ez 18.8,13,17). *c*. Um credor não podia entrar na casa de um seu devedor, a fim de retirar dali o que quisesse, quando queria receber um penhor pela dívida contraída, mas precisava esperar do lado de fora (Dt 24.10,11; Jó 22.6; 24.3,7,9). *d*. Um moinho, a pedra de um moinho ou uma túnica externa não podiam ser retidos como penhor ou garantia de um empréstimo (Êx 22.26,27; Dt 24.6,12). *e*. Uma dívida não podia ser cobrada durante o ano sabático (Dt 15.1-15). Mas, de outras vezes, o credor podia tomar conta de uma propriedade, que então podia ser retida até o ano do jubileu, quando tinha de devolver à família a sua herança original. Ou então a casa de um devedor podia ser confiscada e vendida (Lv 25.25-33). O próprio devedor poderia ser vendido, juntamente com os membros de sua família, à escravidão (alguns preferem pensar em servos contratados), até o ano do jubileu (Lv 25.39-41). *f*. Uma pessoa que atuasse como fiadora podia ser tratada da mesma maneira que o próprio devedor (Pv 11.15; 17.18). *g*. Aprisionamento por motivo de dívida não parece ter feito parte do código levítico, mas só veio a ser praticado em tempos posteriores (Mt 18.34). *h*. Visto que Israel era um país agrícola, os penhores tomados para empréstimos eram feitos em termos de terras e possessões pessoais, e não em valores monetários. Todas as dívidas eram canceladas a cada sete anos (Dt 15.1 ss.). Uma pessoa podia prestar vários serviços, a fim de pagar as suas dívidas (Lv 25.39-55). *i*. De modo geral, podemos afirmar que, no primitivo Israel, os empréstimos eram mais um ato de caridade, com o intuito de ajudar a alguém em necessidade, e não uma medida com vista a lucros. Visto que Israel continuou como uma sociedade agrícola até o fim da monarquia, nunca desenvolveu um sistema de empréstimos, como aquele que havia na Babilônia, desde, pelo menos, 2000 a.C.

2. Algumas Indicações Neotestamentárias. *a*. Títulos de dívida, em forma escrita (Dt 15.2), continuavam sendo um costume nos tempos do Novo Testamento. Josefo (*Anti.* 16.10,8, *Guerras* 2.17,6). A conta, referida em Lucas 16.6, pode ter sido escrita em tabletes recobertos de cera, ou

então em papiro ou em pergaminho. A arqueologia tem encontrado muitas dessas contas, registradas em grego *koiné*.
b. Uma outra garantia eram as notas assinadas por testemunhas e confirmadas pelo Sinédrio. As notas comuns indicavam a natureza e a quantia da dívida, as condições envolvidas na mesma, os itens de segurança e os nomes dos devedores e das testemunhas. **c.** Os hipócritas religiosos tinham descoberto um modo de apossar-se dos valores pertencentes às famílias, assim encorajando os filhos a fraudarem os seus pais. Isso se chamava *corbã* (*vide*). O trecho de Marcos 7.1 alude à prática. **d.** Paulo mostrava-se contrário à contração de dívidas, mas favorecia muito que cada crente pagasse a dívida de amor ao próximo (Rm 13.8). Muitos intérpretes têm pensado que as palavras do apóstolo não condenam o sistema de *prestações*, se a capacidade financeira de alguém o capacita a assumir dívidas razoáveis com essa base. Mas, se alguém não tem o potencial financeiro para pagar as dívidas que contrai, então está praticando desonestidade. **e.** Jesus empregou a relação credor-devedor em várias de suas parábolas, com propósitos ilustrativos. (Ver Lc 7.41; 12.57-59; Mt 5.25,26; 18.23-35). Jesus não condenou a prática de cobrar juros, mas não demonstrou apreciação pela prática da usura (Mt 6.19-21). Há um Senhor mais alto, a quem devemos servir (Mt 6.24). Ele requeria a atitude certa para com as riquezas, supondo que estas, normalmente, servem de empecilho à inquirição espiritual (Mt 19.24). O trecho de Mateus 5.25,26 mostra-nos que Jesus preferia atitudes amigáveis e hospitaleiras, como fatores para ajudar na solução dos problemas surgidos entre credores e devedores, em lugar da coerção legal. **f.** Todos os cidadãos devem pagar impostos, nos países onde vivem. Essa é uma dívida apropriada e legal (Rm 13.6 ss.).
3. Usos Metafóricos. a. Paulo, em Romanos 13.8 ss., mostra-nos a grande dívida que envolve a todos nós: o amor ao próximo. Isso cumpre todas as obrigações destacadas pela lei e pelos profetas. **b.** Jesus pagou nossa dívida do pecado, e assim libertou-nos da condenação (Mt 6.12; Rm 4 e 6.23). **c.** Se perdoarmos àqueles que nos devem qualquer coisa, o Pai, lá no céu, alegra-se em perdoar as nossas dívidas diante dele, especialmente no tocante a erros morais que tenhamos cometido (Mt 6.14). **d.** Há um *penhor* do melhor pacto, a saber, o próprio Jesus Cristo (Hb 7.22). **e.** Aqueles que conhecem a verdade estão em dívida. Eles precisam saldar a sua dívida, pregando a verdade bíblica (Rm 1.14). **f.** Nada devemos à carne, e nem precisamos prestar-lhe serviços. Antes, todos devemos a Deus, pelo que temos de ter o cuidado de servi-lo, obedecendo às suas leis (Rm 8.12). **g.** Todos aqueles que têm sido servidos por outros, em sentido espiritual, são devedores para com os que lhes têm prestado esses serviços (Rm 15.26,27). **h.** Os pecadores assumiram uma dívida diante de Deus, devendo-lhe satisfação e obediência (Mt 18.27; Lc 7.41). **i.** Uma pessoa remida é um liberto de Cristo, devendo servi-lo diligentemente e com a atitude correta (Rm 1.1). **j.** O Senhor liberta homens da servidão ao pecado, ao preço do seu próprio sangue (Rm 6.18-22; 1Co 6.20; 7.23; Tt 2.14). **k.** O *amor responsivo* é a base que nos permite pagar todas as nossas dívidas espirituais e cumprir todas as nossas obrigações morais. Assim declarou Agostinho: "Ama a Deus, e então faz o que quiseres". (Ver Romanos 5.5 quanto ao amor responsivo). (DR H TR W)

DIVÓRCIO

O leitor pode consultar as referências seguintes, sobre esse assunto: (Dt 22.13-19,28,29; 23.1-4; Mt 5.32; 19.3-12; Mc 10.2-12; Lc 16.18; 1Co 7.10-16 e Rm 7.2).

É bem possível que as provisões mosaicas, referentes ao divórcio, houvessem sido estabelecidas a fim de regulamentarem uma prática já existente; pelo que também o Senhor Jesus disse em verdade que tais provisões foram estabelecidas, não como um reflexo da verdadeira vontade de Deus, e sim, para atender à dureza dos corações humanos. Assim sendo, temos no trecho de Deuteronômio 24.1-4 alguma legislação que com frequência era interpretada mui literalmente pelos judeus. Se um homem encontrasse alguma coisa "indecente" em sua esposa (literalmente, "a nudez de alguma coisa"), bastaria essa razão para que pudesse divorciar-se dela. Alguns pensavam que essa palavra só pode significar, mais estritamente, casos de adultério; porém, muitos rabinos judeus davam a tais palavras uma interpretação extremamente liberal, de tal modo que um homem podia divorciar-se de sua legítima esposa por praticamente nenhum motivo, embora ela mesma não pudesse mover a ação de divórcio contra ele. Essa era uma antiga aplicação do *duplo padrão* que, sem dúvida alguma, fazia parte dos costumes sociais dos judeus.

É óbvio que entre os judeus o adultério era causa suficiente de divórcio, ainda que, na maioria dos casos de adultério, tanto a mulher como o homem culpados fossem apedrejados até morrerem. Porém, a noção de adultério era muito restrita, já que requeria a cópula ilícita entre um homem e uma mulher casados com outros, ou, pelo menos, exigia que um dos lados culpados fosse casado. Por esse motivo mesmo a poligamia era por demais generalizada, bem como o concubinato, em que tais relações sexuais não eram consideradas como adultérios, não havendo, nesses casos, segundo a opinião judaica antiga, qualquer razão para divórcio, ainda que uma mulher desejasse divorciar-se de seu marido, por essas razões. Naturalmente que os casamentos múltiplos e o concubinato eram privilégios exclusivos dos homens, pois nenhuma mulher judia podia ter dois maridos ao mesmo tempo, ou ter um homem, digamos assim, como seu "concubino". E nisso vemos, uma vez mais, o duplo padrão dominando toda a cena. Um homem podia tomar uma concubina, estabelecendo com ela um contrato de curta ou longa duração; e, contanto que ela não fosse casada com outro homem, isso não era reputado como um adultério. Conta-se que certo rabino, ao chegar a uma nova cidade, costumava perguntar: "Quem quer ser minha esposa por um dia?" E isso se tornava realmente possível, através da lei judaica do concubinato, criada pelas tradições dos anciãos, e não pela legislação mosaica. Portanto, para os homens judeus, não havia qualquer restrição nesse sentido, podendo eles terem diversas esposas, contanto que nenhuma delas fosse esposa de outro. E os contratos eram feitos, segundo os desejos de homens e mulheres envolvidos, estabelecendo casamentos múltiplos ou concubinatos, sem que nenhum desses casos fosse reputado um adultério.

Na realidade, de conformidade com a interpretação mais liberal da legislação do AT, sobre a questão do divórcio, havia apenas *duas* situações que proibiam o divórcio, a saber: **1.** Quando um homem tivesse acusado falsamente à sua esposa de ter tido relações sexuais ilícitas antes do casamento (ver Dt 22.13,19). **2**. Quando um homem tivesse relações sexuais com uma donzela, e o pai da jovem compelisse-os a se casarem. (Ver Dt 22.28,29; Êx 22.16,17). Em tais casos, nenhum divórcio podia ser obtido.

Houve duas ocasiões, dentro da narrativa do AT, em que divórcio foi imposto como *obrigação*, a saber: **1**. Certos judeus foram forçados a se divorciarem de suas mulheres estrangeiras, depois que os judeus voltaram do exílio. (Ver Ed 9 e 10; Ne 13.23 e ss.). **2**. Certos judeus se divorciaram de suas esposas judaicas, a fim de se casarem com mulheres pagãs. (Ver Ml 2.10-16).

Pouco antes da época de Cristo, dois famosos rabinos judeus, de nomes Shamai e Hilel, apresentaram as duas ideias judaicas básicas acerca do divórcio. A escola de Shamai proibia o divórcio exceto sobre a base do adultério, sendo essa a posição mais estrita e conservadora. A escola de Hilel, por sua parte, permitia o divórcio por praticamente qualquer motivo, até mesmo quando não houvesse qualquer motivo, bastando que um homem se tivesse cansado de sua mulher. Lembrando-nos desse fato, pois, podemos interpretar mais facilmente as declarações neotestamentárias acerca dessa questão. Abaixo damos alguns pontos esclarecedores sobre esse assunto:

1. O divórcio no Evangelho de Marcos. (Ver Mc 10.2 e ss.). Devemos observar que em Marcos 10.11,12, nenhuma permissão é dada para o divórcio. Trata-se da simples declaração de que qualquer divórcio e novo casamento envolvem adultério. Lembremo-nos de que Marcos é o Evangelho original, ou seja, o primeiro a ter sido publicado, e que foi usado por Mateus e Lucas como um esboço básico quanto às porções históricas da vida de Jesus. O trecho de Lucas 16.18 preserva a mesma declaração do Senhor Jesus, provavelmente copiada diretamente do Evangelho de Marcos, e também não admite qualquer exceção que permita o divórcio. Se nos tivéssemos de limitar somente à declaração original de Jesus, conforme a encontramos em Marcos e Lucas, seríamos forçados a concluir que a ideia de Jesus sobre o divórcio era ainda mais estrita que a de qualquer escola conservadora, como a de Shamai, porquanto ele não permitia jamais o divórcio, por razão alguma. Qualquer segundo matrimônio, estando ainda vivos os cônjuges do primeiro, era automaticamente um adultério. Há um bom número de eruditos que pensa que essa era a posição do Senhor Jesus sobre a questão. Mas outros pensam que a exceção, "por razão de adultério", era um princípio tão bem conhecido que o autor do Evangelho de Marcos simplesmente não aludiu a essa exceção, devido ao fato de ser tão comum. Entretanto, não há como confirmar ou negar essa ideia. É bem possível, entretanto, que Jesus, sendo sempre um idealista e perfeccionista, não tenha permitido qualquer exceção. Para Cristo, portanto, se é que essa ideia é correta, não havia divórcio, e, portanto, não era lícito o segundo casamento, de pessoas divorciadas.

2. O divórcio no Evangelho de Mateus. (Ver Mt 5.32 e 19.3-12). Aqui é preservada a posição comum da escola de Shamai. Segundo essa posição, o divórcio é possível, mas somente sob a condição anterior de adultério. No Evangelho de Mateus, as palavras são dadas como diretamente provenientes de Jesus, o que nos leva a indagar por que razão Marcos e Lucas não registraram a "exceção". Teriam eles deixado de lado essa exceção por ser ela tão bem conhecida que dispensava menção? Isso não parece muito provável, porém, se de fato Jesus estabeleceu uma exceção. Alguns intérpretes têm insistido, pois, que o próprio Jesus não fez qualquer exceção (estando ele de acordo com o que dizem os Evangelhos de Marcos e Lucas), mas que a igreja cristã (que já estava bem desenvolvida pelo tempo em que o Evangelho de Mateus foi escrito), é que estabeleceu essa exceção, pondo as palavras nos lábios de Jesus, quando, na realidade, ele nunca falou assim. Considerando-se todos os fatores, essa parece ser a explicação mais provável para a "exceção que aparece em Mateus". A igreja de Jerusalém, composta quase inteiramente de judeus, teria incluído a "exceção da escola de *Shamai*", tornando-a parte da doutrina cristã. Se cremos que o Evangelho de Mateus é realmente um livro inspirado, poderíamos tirar consolo do fato de que a exceção que aqui aparece foi incluída por inspiração do Espírito Santo, sendo válida, sem importar se o Senhor Jesus declarou ou não tal coisa. A maior parte da igreja evangélica, na doutrina e na prática, tem assumido a posição de Shamai. Alguns estudiosos permitem o segundo casamento, sem a intervenção de qualquer culpa; mas outros só permitem o divórcio se tiver havido adultério. Uma simples leitura do texto sagrado, no original grego ou em alguma tradução moderna, indica que tanto o divórcio como o segundo matrimônio estão inclusos dentro da ideia da "exceção". O partido inocente pode tanto divorciar-se como estabelecer segundas núpcias, sem qualquer culpa, segundo parece indubitável a interpretação das palavras do Evangelho de Mateus. O apóstolo Paulo estabelece regras (em 1Tm 3.2 e Tt 1.6), que são reputadas por muitos como uma virtual proibição contra tal pessoa ocupar qualquer ofício eclesiástico elevado, porquanto, ser um homem "marido de uma só mulher" não é apenas uma regra contra a poligamia ou o concubinato, embora sem dúvida também envolva isso, no que respeita aos anciãos e diáconos, os líderes das igrejas cristãs locais.

A interpretação dessa passagem do Evangelho de Mateus envolve muitas dificuldades, especialmente no concernente ao sentido da palavra *fornicação* (embora tal palavra não figure na versão portuguesa que usamos como base textual deste artigo, onde também aparece a palavra "adultério"; mas no original grego é realmente usada uma outra palavra, "porneia", o que justifica a tradução "fornicação", que aparece em outras versões), a saber: *a*. Alguns intérpretes pensam que se trata de relações sexuais antes do matrimônio, durante o "noivado", por exemplo. E que então o *noivo* inocente pode divorciar-se de sua "noiva", antes do casamento, mas não se o par já houver contraído núpcias. Se essa interpretação é verdadeira, então não teríamos essencialmente qualquer exceção para o divórcio, retornando à posição assumida por Marcos. Se o casamento tivesse tido lugar, e então tal pecado fosse descoberto, de conformidade com uma modificação desse ponto de vista, o divórcio poderia ser efetuado. Entretanto, o texto do Evangelho de Mateus não parece ensinar isso. Temos nesta interpretação antes uma forma de o homem esquivar-se da verdade, com base em raciocínios dogmáticos, com noções preconcebidas sobre o que se deve pensar sobre o assunto. Resta-nos dizer que a palavra traduzida por "fornicação" (no grego, "porneia") de forma alguma pode ser limitada a pecados sexuais somente de pessoas "solteiras", a despeito do fato de que o uso moderno indique exatamente essa forma de limitação. O vocábulo grego podia e continua sendo usado para indicar qualquer relação sexual ilícita, antes ou depois do casamento. *b*. Outros intérpretes pensam que a "exceção" é legítima, dando a entender "depois do matrimônio", com permissão de novo casamento, dentro das seguintes possibilidades: *i*. somente para o partido inocente; *ii*. para ambos, simplesmente em face do fato de que o adultério provocou a dissolução daquele primeiro casamento; *iii*. alguns pensam que o homem, inocente ou não, pode casar-se de novo, embora proíbam tal coisa para a mulher. Entretanto, o trecho de Lucas 16.18 elimina essa ideia, porque ali é o homem que cometeu adultério, ao divorciar-se de sua esposa e casar-se novamente. Dessas três possibilidades, a primeira, (a), é a interpretação legítima das instruções existentes no Evangelho de Mateus, o que está de acordo com o pensamento judaico acerca da questão. *c*. Outros estudiosos, especialmente os intérpretes católicos romanos, fazem desse "divórcio" uma espécie de *separação legal*, da variedade de um "desquite", razão pela qual, o texto não apoia (dizem eles) o divórcio. Alguns países têm este tipo de divórcio, que não termina o casamento. Dizem eles que não se pode pensar em verdadeiro divórcio, já que o casamento (que eles aceitam somente como aquele celebrado pelo padre, como uma das ordenanças da igreja) é indissolúvel, a não ser pela morte de um dos cônjuges. Naturalmente, nesse caso, não se poderia permitir segundo matrimônio. Segundo essa interpretação, portanto, não há realmente divórcio. Porém, essa posição não se adapta e nem se coaduna com o que nos diz o Evangelho de Mateus. E também não está de conformidade com a cultura judaica, de onde se derivou a ideia exposta por Mateus, visto que no AT, e também de acordo com a escola judaica de *Shamai*, o divórcio era real, e então se permitia segundo matrimônio para as partes envolvidas. *d*. Ainda outros intérpretes declaram que apesar dessa *exceção* ser legítima, isso não requer a ideia de que não possa haver outros motivos excepcionais. A escola de Hilel ensinava exatamente isso; mas parece quase indubitável que o Senhor Jesus tomava pelo menos a posição mais radical da

DIVÓRCIO

escola de Shamai, a que, de fato, impunha apenas uma exceção. **e**. Alguns intérpretes acreditam que divorciar-se e casar-se de novo é cometer adultério, pelo menos no caso do partido culpado, se não até para ambos os cônjuges, embora o "adultério" do segundo casamento seja um ato isolado, e não um estado contínuo, e que, uma vez contraído, o segundo casamento se torna legítimo, e que depois do ato inicial de adultério as pessoas envolvidas não "vivem em pecado", e nem cometem adultério contínuo. Essa interpretação não declara que o Senhor Jesus estava dizendo aqui isto ou aquilo, mas tem sua aplicação prática tanto na sociedade em geral como no seio da igreja cristã. Não nos parece razoável rejeitar, como membros de uma igreja local, um casal, agora firmemente estabelecido em seu matrimônio, com a complicação de filhos nascidos dessa união, e cujos cônjuges originais já se casaram novamente por sua vez e já geraram outros filhos. Existem muitos problemas de casamento que não podem ser solucionados, em que as pessoas se complicaram antes de sua conversão a Cristo. Não é razoável impedir que tais pessoas participem da comunhão na igreja; antes, devemos ir ao encontro delas, a fim de lhes sermos de ajuda espiritual. De fato, algumas dessas pessoas podem ser de ajuda espiritual para nós, porquanto o fato de alguém ter cometido um erro não é suficiente para fazer estagnar o desenvolvimento espiritual possível. No que diz respeito à questão se essas pessoas devem ocupar posições de liderança ou de magistratura na igreja.

3. A Exceção Paulina (O Divórcio nos Escritos de Paulo). Também poderíamos denominar esta seção de "o Privilégio Paulino". Paulo tem pouquíssimo a dizer sobre esse assunto. A passagem de Romanos 7.1-3 não pode ser considerada como uma declaração dogmática sobre a questão do divórcio. O apóstolo dos gentios ignorou propositadamente qualquer exceção, porquanto não estava procurando ensinar qualquer doutrina acerca da questão, mas meramente se utilizava do matrimônio como ilustração simbólica sobre a nossa nova lealdade a Cristo. Não encontramos nesse texto, por conseguinte, o pensamento de Paulo sobre a questão do divórcio. Poderíamos supor, entretanto, que sendo ele um ex-fariseu, teria seguido ou a ideia de Hilel ou o pensamento de Shamai sobre essa particularidade, mas que teria seguido mais provavelmente a opinião da escola de Shamai, porém com uma importante exceção.

Note-se que, na passagem de 1Coríntios 7.10-16, Paulo permite que o cônjuge "crente" se separe de seu cônjuge "incrédulo", contanto que o cônjuge incrédulo deseje tal separação. Neste caso, o crente pode casar-se de novo, porque não está sob *servidão*. Esta expressão implica que o divórcio, nestes casos, é o verdadeiro fim do casamento, e que o crente está totalmente livre. Devemos nos lembrar de que os judeus nem reconheceram casamentos mistos como legais. Paulo nos informa que tais casamentos são legais (não são adulterinos), mas não são totalmente obrigatórios. Nestes casos, pode existir uma variedade de razões para desfazer o casamento. Paulo exige, entretanto, um esforço honesto de evangelização do incrédulo, antes de qualquer consideração de divórcio. Além disto, a decisão de desfazer o casamento (sob circunstâncias normais) deve ser do incrédulo.

Mas isso ainda deixaria sem solução, de forma absoluta, a questão se uma pessoa crente, casada com um incrédulo, tendo sido abandonada por este, e tendo-se casado pela segunda vez, com um crente, pode participar ou não como membro da igreja local, não ficando reduzido à condição apenas de um espectador. É verdade que os trechos de 1Timóteo 3.2 e Tito 1.6 proíbem aos anciãos e diáconos terem "mais de uma esposa"; e isso certamente é mais do que uma provisão para evitar a poligamia, embora isso também esteja em foco. Tal pessoa, pois, que antes era casada com um incrédulo, que a abandonou, mas que agora é casada com um crente, visto que teve o direito legítimo de fazer tal coisa, sem incorrer em culpa (contanto que o divórcio haja sido provocado pelo incrédulo, já ao próprio crente é vedado o direito de separar-se, mas antes, deve procurar conquistar seu cônjuge incrédulo para Jesus Cristo), também deve ter o direito de participar na igreja, até mesmo na capacidade de figura liderante. Além disso, posto haver a possibilidade de ambas as formas de resposta para essa questão, homens bons e bons intérpretes têm assumido posições diametralmente opostas. Parece razoável, de conformidade com a linha paulina de pensamento, sobre esse particular, pensarmos que essa liberdade é total, ou seja, se tal crente vier a distinguir-se por seu progresso espiritual, não devemos negar-lhe o privilégio de participar ativamente das atividades da igreja local, somente por causa de um erro cometido antes de sua conversão. Por consequência, poderia até mesmo vir a ocupar um *cargo oficial* liderante na igreja local.

Desnecessário é dizer, entretanto, que muitíssimos intérpretes discordam dessa opinião.

Ainda teríamos que resolver o problema da participação de alguém que, sendo antes incrédulo, estivera casado com um crente, para em seguida divorciar-se do mesmo, e tornar a contrair núpcias. Com base em razões paulinas, parece-nos seguro dizermos que a tal pessoa devemos encorajar manter-se fora da liderança das igrejas locais, ainda que venha a ser aceita como membro ativo de uma delas.

4. O divórcio, segundo é encarado por outros, fora das Escrituras. Muitos psicólogos, sociólogos e até mesmo eclesiásticos, não se sentem satisfeitos com a solução dada pelo Novo Testamento para a questão do divórcio. Consideremos, por exemplo, o caso do alcoólatra habitual, que espanca sua esposa e seus filhos. Imaginemos que, por um capricho estranho de personalidade, tal homem não comete adultério. Poderíamos dizer que o adultério seria ainda "pior" do que aquilo que tal homem está fazendo? Muitos se inclinariam por dizer que esse homem é muito mais passível de ser divorciado de sua esposa do que aquele outro homem que, ocasionalmente, mantém relações sexuais com outras mulheres, mas que, em tudo o mais, é um marido e um pai devotado à sua família, cuidando criteriosamente dos seus próprios filhos. Consideremos ainda um caso radical, como o de um homicídio. Se um pai de família viesse a assassinar um de seus filhos, ou mesmo viesse a assassinar a algum desconhecido, sendo então lançado em prisão perpétua, por causa desse ato; a sua esposa não teria a liberdade de divorciar-se dele? O crime desse homem não seria maior do que se ele mantivesse relações sexuais ocasionais com outras mulheres? Consideremos, igualmente, um caso de insanidade mental. E se um obrigar o outro cônjuge a jamais casar-se novamente? Por essas razões é que alguns argumentam que existem muitas outras "razões" para o divórcio, sem que cheguem à grande liberalidade esposada pela escola de *Hilel*. Esses nos exortam a reconhecermos que a regra que tem por exceção única o "adultério" é totalmente inadequada para satisfazer às necessidades de uma sociedade que abunda de crimes cometidos contra a família ou fora dela, e que são muito piores do que o adultério. Tomemos, finalmente, um outro exemplo. É um fato da sociedade que existe o incesto. Se um homem se tornar culpado desse crime, ou for ele um homossexual, não pode a sua esposa divorciar-se legalmente dele, casando-se então com quem ela preferir? Tais problemas, convenhamos, não podem ser facilmente desconsiderados por nós.

5. Sociedades que praticam a poligamia. Muitos dos mais respeitados patriarcas e rabinos da história judaica eram polígamos, e nem por isso eram considerados adúlteros. Davi não era reputado um adúltero, embora, segundo sabemos pelas páginas das Escrituras, tivesse tido seis esposas; no entanto, caiu em adultério, quando tomou a esposa *de outro* homem. Nas sociedades onde ainda imperam práticas da poligamia, os missionários cristãos precisam usar de paciência, introduzindo o ideal cristão de "uma mulher para cada homem", abrindo exceções no caso do governo eclesiástico, até que uma situação verdadeiramente cristã seja obtida.

Conclusão. Na opinião do autor deste artigo, pode-se dizer o seguinte acerca do divórcio e do novo casamento: *a.* Provavelmente, o Senhor Jesus nunca abriu exceções, seguindo o *ideal* de "uma mulher para cada homem". Todavia, outros trechos bíblicos não devem ser negligenciados. *b.* O autor do Evangelho de Mateus abriu a exceção *única*, sem dúvida influenciado pela sociedade judaica contemporânea, que predominava no seio da igreja cristã primitiva. Mateus tomou a posição de Shamai. Segundo esse primeiro Evangelho, segundo nossa coleção dos livros sagrados, o adultério é causa suficiente para o divórcio, e a parte inocente pode tornar a casar-se, sem incorrer em culpa, segundo esse ponto de vista. *c.* Paulo permite que o crente seja divorciado do cônjuge incrédulo, isto é, se este último é quem move a ação de divórcio, por desejar a separação. Tal crente não pode e não deve ser impedido de plena participação como membro da igreja, incluindo o privilégio de vir a ocupar ofícios importantes, se porventura vier a distinguir-se nas realizações espirituais, e, desse modo, mereça ser investido de autoridade. Pode casar-se de novo, mas somente com outro crente. *d.* O crente que estivera casado com outro crente, mas que subsequentemente se divorciou, e tornou a casar-se, não deve procurar e nem receber qualquer cargo de maior responsabilidade na igreja local. Contudo, não deve ser rejeitado como membro da mesma. Pode, entretanto, vir a ocupar algum ofício de monta, se porventura puder desfazer o que fez, embora isso seja raríssimo. Pois certos enredos matrimoniais são impossíveis de serem solucionados, e o melhor que a igreja pode fazer é aceitar as pessoas como elas são, porquanto é assim que Cristo nos aceita. Qualquer pessoa assim, que venha a ser investida de autoridade numa igreja local, deve fazê-lo sob uma espécie de *exceção divina*, por ser indivíduo dotado de elevado alcance espiritual. Tais casos, entretanto, são tão raros, que a regra estabelecida acima fica praticamente intocável.

6. Naturalmente, segundo as leis civis de certos países, *há outros motivos* para o divórcio, além do adultério. Se isso teve lugar antes da conversão de alguém, tal pessoa, divorciada e novamente casada, pode participar plenamente como membro de uma igreja local, segundo se declara no ponto (c) acima. Mas, se isso ocorreu após a sua conversão, tal pessoa, embora não seja considerada adúltera, deve refrear-se de ocupar qualquer posição elevada de liderança na igreja.

Existem excelentes intérpretes que não concordam com todas essas declarações, embora existam também bons intérpretes que ainda são mais liberais, em seus pontos de vista, do que aquilo que aqui expomos. A grande verdade é que esse problema não pode ser solucionado para satisfação de todos.

DIVÓRCIO, CARTA (TERMO) DE

No hebraico, *sayfer*, "escrito". No grego, *bíblion*, "livrinho". No Antigo Testamento encontramos o "termo de divórcio", em Deuteronômio 24.1. Em Isaías 50.1, a "carta de divórcio". A palavra grega, usada por 31 vezes, principalmente no Apocalipse, é usada em Mateus 19.7, dentro da expressão "carta de divórcio", refletindo o hebraico *sayfer*. Um judeu podia divorciar-se de sua esposa, simplesmente entregando-lhe este certificado. Ver a NTI, em Mateus 19.7, quanto a detalhes sobre a questão. Esse documento, naturalmente, era preparado pelas autoridades religiosas judaicas, concordando com a lei da nação, por mais brutal que isso parecesse ser para as mulheres.

O termo grego *gramma*, "escrito", usado por catorze vezes (Lc 16.6 a 2Tm 3.15), também indicava uma "conta corrente", conforme se vê em Lucas 16.6, dentro da parábola do administrador injusto. E, em 2Tomóteo 3.15, aponta para os livros sagrados, dentro da expressão usada por Paulo, "as sagradas letras". Paulo também usava a palavra para indicar as letras graúdas que ele escreveu, com suas próprias mãos, no autógrafo da epístola aos Gálatas, dentro da expressão "letras grandes" (Gl 6.11).

DL-ZAABE

No hebraico, essa palavra significa **"dourado"**. Era uma região onde havia ouro, ou então, conforme alguns pensam, esse nome significa "possuidor de ouro". Não ficava longe das planícies de Moabe, mencionadas juntamente com Parã, Tofel, Labã e Hazerote. Foi nessa região que Moisés entregou suas mensagens do livro de Deuteronômio diante do povo de Israel (Dt 1.1). O local exato, entretanto, é desconhecido atualmente. Tem sido identificado com Mina al Dhahab e com Me-Zaabe (Gn 36.39). Os outros lugares mencionados no texto do livro de Deuteronômio não nos ajudam, visto que também são localidades desconhecidas atualmente. Esse nome, Di-Zaabe, que indica uma localidade onde havia muito ouro, poderia apontar para edh-Dheibeh. As tradições judaicas associam a adoração do bezerro de ouro com esse lugar, sugerindo que o mesmo recebeu seu nome por causa daquele incidente.

DÍZIMO

I. PALAVRAS USADAS. No Antigo Testamento temos duas palavras: **1.** *Asar*, "dez", "décima parte". Com o sentido de dízimo aparece por sete vezes (Gn 28.22; Dt 14.22; 26.12; 1Sm 8.15,17; Ne 10.37,38). A raiz original desse termo significa "acumular", "crescer", "ficar rico". Daí proveio a ideia de acumular um dígito, ou seja, um décimo. **2.** *Maaser*, "décima parte", palavra usada por trinta e duas vezes, conforme se vê em (Gn 14.20; Lv 27.30-32; Nm 18.24,26; Dt 12.6,11,17; 2Cr 31.5,6,12; Ne 10.37,38; Am 4.4; Ml 3.8,10).

No Novo Testamento há duas formas verbais e uma nominal, a saber: **1.** *Dekatóo*, "dar uma décima parte", "dizimar", que aparece somente por duas vezes (Hb 7.6,9). **2.** *Apodekatóo*, "dar uma décima parte", "dizimar", e que no grego é uma forma composta da primeira, e que figura por três vezes (Mt 23.23; Lc 11.42 e Hb 7.5). **3.** *Dekáte*, "décimo", uma forma ordinal, usada apenas em (Hb 7.2,4,8,9).

II. FORA DA CULTURA JUDAICA. Através das antigas alusões literárias, sabemos que o dízimo existia em muitas culturas antigas, sob uma forma ou outra. O trecho de Gênesis 14.17-20 nos informa sobre o costume, antes da lei mosaica. Sabemos que a prática existia entre os gregos, os romanos, os cartagineses e os árabes. (Ver 1Macabeus 11.35, Heród. 1.89, 4.152; 5.77; *Diod. Sic.* 5.42; 11.33; 20.44; Cícero, *verr.* 2,3,6,7; Xenofonte, *Anáb.* 5.3, parte 9). Nessas culturas, tal como entre os hebreus, o dízimo fazia parte da piedade religiosa.

III. DÍZIMOS DOS HEBREUS, ANTES DA LEI. O Antigo Testamento ilustra o ponto em duas oportunidades. Antes de tudo, Abraão apresentou a décima parte dos despojos (vide) do combate militar em que se envolveu, a Melquisedeque (Gn 14.20; Hb 7.2,6). Melquisedeque foi um rei-sacerdote, que simbolizava um sacerdócio superior ao de Arão, pois refletia o sumo sacerdócio do próprio Cristo. O artigo sobre *Melquisedeque* oferece-nos detalhes sobre isso, bem como algumas especulações sobre a sua identidade. A narrativa do livro de Gênesis não explica por que Abraão julgou ser necessário dar dízimos a Melquisedeque. O relato pode dar a entender que os dízimos eram dados por várias razões, e em diferentes ocasiões. Podemos supor que essa era uma prática regular, mas não temos qualquer informação sobre isso, e nem sobre a forma que os dízimos podiam assumir. Em segundo lugar, há o caso de Jacó, o qual, após a visão que teve, em Luz, devotou uma décima parte de sua propriedade ao Senhor Deus, sob a condição de que fosse conduzido em paz e fosse trazido novamente à casa de seu pai. Seu irmão gêmeo, Esaú, além de outros, era seu inimigo; e Jacó carecia da proteção e da orientação divinas. O que Jacó fez, naquela oportunidade, foi tomar um voto e fazer uma promessa e a sua parte na barganha consistia em dar a Deus uma décima parte de tudo quanto possuísse.

IV. ELEMENTOS DA DOUTRINA DO DÍZIMO SOB A LEI. Antes da lei, os dízimos já existiam, embora não parecessem fazer parte regular do culto religioso. Em outras palavras, não havia preceito que requeresse o dízimo como um processo contínuo e específico. Porém, não se pode duvidar de que o dízimo era praticado pelos patriarcas, antes mesmo de sua instituição legal. Os dízimos passaram então a ser usados dentro do sistema de sacrifícios, como parte do culto prestado a Yahweh, para sustento dos sacerdotes levíticos; e, provavelmente, esses fundos também eram usados para ajudar os pobres, em suas necessidades. Há alusões a esse uso dos dízimos no tocante a deuses pagãos, como Júpiter, Hércules e outros (Her. *Clio*, sive 1,1, c.89; *Varro apud Macrob*. 1.3, c.12). Quem já não prometeu alguma coisa a Deus, se pudesse realizar isto ou aquilo? Conforme minha mãe costumava dizer: "Algumas vezes, isso funciona; mas, de outras vezes, não".

1. Coisas que eram dizimadas. Colheitas, frutas, animais do rebanho (Lv 27.30-32). Não era permitido escolher animais inferiores. Ao passarem os animais para pastagem, de cada dez, um era separado como o *dízimo* (Lv 27.32 ss.). Produtos agrícolas podiam ser retidos, se o equivalente em dinheiro fosse dado; mas, nesse caso, um quinto adicional tinha de ser oferecido. Contudo, não era permitido remir uma décima parte dos rebanhos de gado bovino e vacum, desse modo, uma vez que os animais tivessem sido dizimados (Lv 27.31,33). Certa referência neotestamentária, em Mateus 23.23 e Lucas 11.42, de dízimos sobre a hortelã, o endro e o cominho, reflete um exagerado desenvolvimento da prática do dízimo, em tempos judaicos posteriores. Comentamos sobre isso, detalhadamente, no NTI, *in loc*. As passagens de Deuteronômio 12.5-19; 14.22-29 e 26.12-15 falam sobre algumas modificações quanto à lei sobre o dízimo. O trecho de Amós 4.4 mostra que o legalismo e os abusos contra o dízimo já haviam invadido a prática.

A Mishna (*Maaseroth* 1.1) informa-nos de que tudo quanto era produzido e usado em Israel estava sujeito ao dízimo, e isso era exagerado ao ponto de incluir os mais ínfimos produtos.

2. Que dízimos eram dados e a quem. A legislação acima mencionada, dentro do livro de Deuteronômio, dá orientações específicas sobre como e a quem os dízimos deveriam ser entregues. Originalmente, os dízimos eram dados aos levitas (Nm 18.21 ss.), tendo em vista a manutenção dos ritos religiosos. Mais tarde, isso ficou mais complexo ainda. Os dízimos eram levados aos grandes centros religiosos. Quando convertidos em dinheiro, os dízimos eram postos em mãos apropriadas, para serem gerenciados (Lv 14.22-27). Ao fim de três anos, todos os dízimos que tivessem sido recolhidos eram levados ao lugar próprio de depósito, e seguia-se então uma grande celebração. Os estrangeiros, os órfãos, as viúvas (os membros mais carentes da sociedade) eram assim beneficiados, mediante essa prática, juntamente com os levitas (Lv 14.28,29). Cada israelita precisava desempenhar a sua parte nessa questão dos dízimos, a fim de ser cumprido o mandamento *divino* (Lv 26.12-14).

3. Sumário dos regulamentos. *a*. Uma décima parte dos dízimos recolhidos era usada no sustento dos levitas. *b*. Disso, uma décima parte era dada a Deus, para ser usada pelo sumo sacerdote. *c*. Aparentemente havia um *segundo* dízimo, usado para financiar as festas religiosas. *d*. Um *terceiro* dízimo, ao que parece, era destinado aos membros menos afortunados da sociedade, o que ocorria a cada três anos. Alguns intérpretes, porém, supõem que o segundo e o terceiro dízimos eram o mesmo dízimo ordinário, embora distribuído de modos diferentes. E, nesse caso, estava envolvido apenas um dízimo adicional, e isso somente de três em três anos. No entanto, nos escritos de Josefo temos informes de que, na verdade, havia três dízimos separados: um para a manutenção dos levitas; outro para a manutenção das festas religiosas; e, a cada três anos, para sustento dos pobres. Tobias 1.7,8 é trecho que dá a entender a mesma coisa. Entretanto, há uma referência nos escritos de Maimônides que diz que o segundo dízimo do terceiro e do sexto anos era distribuído entre os pobres e os levitas; e, em face desse comentário, retornamos à outra ideia que fala em apenas dois dízimos distintos, embora distribuídos de modos diferentes.

Dízimos sobre os animais usados nos sacrifícios. Esses eram consagrados a Yahweh, pelo que tinham um lugar especial entre os dízimos, estando diretamente envolvidos no sistema de sacrifícios e ofertas.

4. Lugares para onde eram levados os dízimos. O principal desses lugares era Jerusalém (Dt 12.5 ss.; 17 ss.). Uma cerimônia era efetuada nessa ocasião (Dt 12.7,12), sob a forma de uma refeição. Se um homem não pudesse transportar a sua produção, ele podia substituí-la por dinheiro (Dt 14.22-27). A cada três anos, os dízimos podiam ser depositados no próprio local onde o homem habitasse (Dt 14.28 ss.). Mas, nesse caso, o indivíduo ainda precisava viajar até Jerusalém, a fim de adorar ali (Dt 26.12 ss.).

V. O DÍZIMO NO NOVO TESTAMENTO. Algumas pessoas conseguem fazer os dízimos parecerem obrigatórios, dentro da economia cristã, e encontram textos de prova, no Novo Testamento, para justificar essa prática. Mas outros não podem encontrar a ideia do dízimo obrigatório no período do Novo Testamento, julgando que essa prática é uma pequena exibição de legalismo, do que os crentes estão isentos. De certa feita, ouvi um sermão que tinha o propósito de impor a obrigatoriedade do dízimo aos crentes do Novo Testamento, por meio de trechos do Novo Testamento. O pregador usou a passagem de Lucas 11.42. Jesus repreendeu os fariseus porque tinham o cuidado de dizimar sobre pequenas questões legais, embora desconsiderassem as questões realmente importantes, como a justiça e o amor. Essas questões mais importantes, pois, eles deveriam pôr em prática, *sem desconsiderar* as coisas menos importantes. É evidente que Jesus reconhecia a natureza obrigatória dos dízimos, no caso da nação de Israel, mas está longe de ser claro que isso envolvia até mesmo a igreja cristã. Normalmente, os teólogos concordam que o Novo Testamento é um pacto de liberdade, e que cada crente deve dar a Deus conforme o Senhor o fizer prosperar, sem ser obrigado, contudo, a contribuir com somas específicas (1Co 16.1,2). Entretanto, esse texto não assevera diretamente como a igreja cristã deve contribuir, porquanto envolve, *especificamente*, uma coleta especial, feita para ajudar os santos pobres de Jerusalém. Apesar disso, alguns estudiosos supõem que essa instrução paulina serve de princípio geral quanto aos dízimos no seio do cristianismo. O fato, porém, é que o Novo Testamento não nos dá qualquer instrução direta sobre a questão dos dízimos, embora frise a questão da generosidade, uma parte da lei do amor, no tocante a todas as nossas ações e culto religioso. Muitos intérpretes pensam que o silêncio do Novo Testamento é proposital, dando isso a entender que o crente não está sob a lei, incluindo a regulamentação sobre os dízimos; antes, deveria ele ser guiado pela lei do Espírito. Ainda outros eruditos opinam que o silêncio das Escrituras, nesse caso, é circunstancial, pelo que não teria qualquer significado. Nesse caso, poderíamos supor que a legislação veterotestamentária continua a vigorar nos dias do Novo Testamento. Isso, entretanto, é uma precária proposição teológica, se levarmos em conta tudo quanto Paulo disse sobre o fato de que não estamos debaixo da lei.

A minha própria opinião é de que a questão deve ser resolvida com base no senso de *responsabilidade* de cada um e não com base em alguma legislação. Explico melhor essa ideia abaixo, na sexta seção.

VI. A Lei da Generosidade. Certa ocasião, vi-me envolvido em uma controvérsia sobre essa questão, em uma igreja batista. Certo domingo, em uma discussão que se originou durante a Escola Dominical, alguns membros defendiam o princípio do dízimo, dentro do Novo Testamento. O dízimo era muito enfatizado naquela igreja e na denominação da qual ela fazia parte. Portanto, era de *boa política* falar em favor do dízimo, naquele lugar. Mas um homem corajoso, que era, de fato, o professor da classe dos adultos da Escola Dominical, fez objeção à posição. Ele não era capaz de encontrar o ensino sobre o dízimo no Novo Testamento e estava certo de que, como um princípio, o mesmo é antipaulino. Até certo ponto, pude ficar calado, deixando os argumentos serem apresentados contra e a favor. Mas, finalmente, fui especificamente solicitado a manifestar-me sobre a questão. Comecei minha explicação concordando com o professor da classe dos adultos. De fato, do ponto de vista *teológico*, não posso ver como poderíamos considerar o dízimo obrigatório para a igreja cristã. Porém, continuei dizendo que havia ainda um outro fator que não podemos desconsiderar. Esse fator é a *lei da generosidade*, que é apenas um outro nome para a lei do amor. Se, sob a dispensação do Antigo Testamento, os privilégios religiosos exigiam a *décima parte* das rendas de uma pessoa, com vistas à manutenção da adoração e do sistema religioso, e também para benefício dos pobres, *muito mais* deveria ser nosso privilégio, em Cristo, afetarmos o bolso e a conta bancária. Minha posição, pois, é que o crente deve dar *mais do que o dízimo*. Em meu caso, sempre contribuí com mais do que a décima parte do que ganho, para os projetos espirituais. De fato, algumas vezes tenho ficado com uma décima parte, e nove décimas partes são dedicadas ao trabalho do Senhor. Disse isso sem o intuito de chamar atenção para a minha pessoa, mas isso tem sido fato. Meu irmão, que foi missionário evangélico primeiramente no Zaire (quando esse país ainda era chamado Congo), e, mais tarde (até o momento), no Suriname, na América do Sul, disse-me que ele dava acima de três quartas partes de toda a sua renda ao trabalho religioso, incluindo salários para os professores e as enfermeiras, para nada dizer acerca do dinheiro necessário para a construção de templos. *O amor é mais exigente do que a lei*. Isso é perfeitamente óbvio e vivemos de acordo com a lei do amor, que cumpre toda a legislação do Antigo Testamento, sem importar qual o particular de conduta atingido (ver Rm 13.8 ss.).

Atualmente, vemos o espetáculo de missionários evangélicos que constroem para si mesmos grandes mansões, lares luxuosos etc. Quando isso sucede, sabemos que o dinheiro está sendo empregado egoisticamente, e não para o serviço do Senhor. Há uma grande diferença entre o altruísmo e o egoísmo; mas alguns missionários evangélicos parecem nunca ter aprendido a diferença. Direi agora o que penso sobre tudo isso. O próprio fato de que há crentes disputando sobre se devem contribuir ou não com uma *miserável parcela* de 10% mostra o baixo nível de espiritualidade em que se encontram. Quanto maior for a espiritualidade de um crente, maior será a sua liberdade para com o dinheiro com que contribui para a causa do evangelho, ou com que alivia as necessidades das pessoas ao seu redor. Se gastarmos alguns minutos lendo os capítulos oitavo e nono de 2Coríntios, veremos ali a promoção do princípio cristão de generosidade. Isso é encorajado mediante a certeza de que Deus vê quem dá com generosidade, mostrando-se ainda mais generoso para com aqueles que agem dessa maneira. O resultado será que os crentes que assim fazem de nada terão necessidade, pois o banco celestial tem imensas fortunas ali entesouradas. Esses fundos são postos à disposição dos generosos, e não à disposição dos que só dão com parcimônia. Se alguém semear com parcimônia, colherá parcimoniosamente; e se alguém semear com abundância, colherá abundantemente (ver 2Co 9.6). Deus ama o homem que dá com generosidade (2Co 9.7). A *razão* pela qual prosperamos é que, dessa maneira, poderemos superabundar "em toda boa obra" (2Co 9.8). Nunca vi falhar essa lei da colheita segundo a semeadura e espero vê-la operando mais algumas vezes, de uma maneira significativa, antes de terminar minha missão. Se o leitor, que estiver lendo esta declaração, nesta versão impressa do presente dicionário, considerar corretamente a questão, poderá perceber que essa lei operou, uma vez mais, no meu caso. (B E ND UN)

DODANIM

Forma escrita alternativa que aparece, em algumas traduções, em lugar de *Rodanim*. O termo hebraico parece significar "líderes". A LXX diz *rodioi*, de onde proveio a forma alternativa do nome. O termo refere-se a uma família ou clã, descendentes do quarto filho de Javã (Gn 10.4). Javã era filho de Jafete. Os dodanim parecem ter sido os mesmos dardani, que na antiguidade encontravam-se na Ilíria e em Troia, o primeiro lugar onde eles habitaram. Talvez eles sejam a raça dos semipelásgicos, classificados juntamente com os quitim, conforme se depreende da tabela genealógica de Gênesis. Supõe-se que Rodes foi um dos lugares para onde eles imigraram; mas os lugares de origem de povos migrantes sempre foi e será uma questão duvidosa. Visto que o Pentateuco samaritano diz *rodanim*, presume-se que o termo *Dodanim* representa um erro escribal, porquanto, no hebraico, as letras que representam "d" e "r" são muito parecidas em seu formato.

DODAVA

No hebraico, **"amado de Yahweh"**. Nome do pai do profeta Eliezer, de Maresa. Ele condenou Josafá, rei de Judá, por haver firmado aliança com Israel. E predisse a destruição de sua incipiente marinha. Viveu em torno de 895 a.C. (Ver 2Cr 20.37).

DODÔ, DODAI

No hebraico, **"amado"**. Há três homens com esse nome, nas páginas do Antigo Testamento, a saber: **1**. Dodô, o aoíta, pai de Eleazar, segundo dos três que comandavam os trinta heróis de Davi, que atuavam como sua guarda pessoal, e que eram os seus principais apoiadores militares. (Ver 2Sm 23.9; 1Cr 11.12). Ele ou seu filho estavam encarregados do segundo turno mensal dos que serviam ao rei em todos os negócios do reino (1Cr 27.4). O nome dele, no original hebraico e nas traduções, varia entre Dodô e Dodai. Talvez ele fosse chamado por ambos os nomes. **2**. O pai de Elanã, outro dos trinta guerreiros seletos de Davi. (Ver 2Sm 23.24 e 1Cr 11.26). Ele era natural de Belém da Judeia. Ele e o outro homem do mesmo nome (número "1", acima) viveram ambos em torno de 1000 a.C. **3**. Um homem de Issacar e antepassado de Tola (Jz 10.1). Foi avô desse juiz de Israel. Viveu em cerca de 1300 a.C.

DOEGUE

No hebraico, **"temeroso"** ou **"ansioso"**. Esse era o nome de um idumeu, superintendente dos rebanhos do rei Saul, que era um ofício importante no Oriente, visto que a riqueza de um homem, em um país agrícola, era parcialmente calculada pelo número e pela qualidade de seus rebanhos. Em Nobe, ele observou como o sumo sacerdote Abimeleque prestou ajuda ao fugitivo Davi, a quem Saul procurava matar, por considerá-lo um competidor ao trono. Abimeleque que dera a Davi pães da proposição (1Sm 21.7). Esse ato foi revelado por Doegue a Saul. Saul investigou o caso e tomou para si a tarefa de matar Abimeleque, mas encarregou Doegue disso. Como bom servo de seu senhor, ele fez isso com grande zelo (1Sm 22.18 ss.). A matança incluiu outros sacerdotes e membros da família de Abimeleque. Morreram 85 homens que serviam como sacerdotes, e, como medida de segurança, Doegue também matou (segundo presumimos, com ajuda de terceiros) muitas mulheres, crianças, e até mesmo animais. Mas um dos filhos de Abimeleque, de nome Abiatar, escapou da matança e fugiu para a companhia de Davi. Comentadores judeus posteriores encararam esse acontecimento com grande horror, ficando registrado na tradição do Talmude. É evidente que grandes atrocidades caracterizaram o reinado de Saul. Samuel havia advertido o povo de que o rei Saul se desviaria do reto caminho (1Sm 8.10). As tradições judaicas supõem que Doegue tenha sido um prosélito proveniente de Edom, e que se tornou útil para Saul. Se ele não fosse um prosélito, não poderia ter tido acesso ao santuário.

DOENÇAS NA BÍBLIA. Ver *Enfermidades na Bíblia*.

DOFCA

No hebraico, **"batidas"** ou **"tanger o gado"**. A localidade aparece somente em Números 33.12,13. Foi um dos locais onde o povo de Israel acampou, a caminho do Sinai. Ficava entre o mar Vermelho e Refidim. Tem sido tentativamente identificada com Serabit el-Khadim, onde os egípcios tinham minas e onde foram achadas as famosas *Inscrições do Sinai*, que datam de cerca de 1525 a.C. Essas inscrições foram escritas em um alfabeto semítico hieroglífico. Alguns estudiosos ligam o termo Maphqah a esse lugar. Esse termo refere-se à turquesa, pedra preciosa que dali era extraída. Também era esse o nome do distrito em volta.

DONINHA

No hebraico, *choled*, palavra que aparece exclusivamente em Lv 11.29. Na Palestina havia várias espécies de doninha, embora não haja certeza, entre os estudiosos, acerca do animal em foco nesse versículo. O termo árabe cognato, *huld*, refere-se à toupeira, o *Spalax typhius*. Porém, não há como determinar cientificamente que animal está em foco nesse trecho de Levítico. Seja como for, deve ter sido um dos muitos animais imundos, que o povo de Israel foi proibido de usar como alimento. Ver o artigo sobre *Limpo* e *Imundo*, e também sobre *Alimentos*.

Na nossa Bíblia portuguesa é tradução de um termo hebraico que aparece somente em Levítico 11.29. A doninha, juntamente com o rato, o lagarto, o crocodilo da terra, a lagartixa, o lagarto da areia e o camaleão, era considerada um animal impróprio para servir de alimento humano. As glândulas desse animal, que emitem forte odor, tornam sua carne imprópria para o consumo. Uma outra razão de ser a doninha alistada entre os animais imundos é que no Egito era animal consagrado à lua. Na Grécia e em Roma, a doninha, era criada para controlar os ratos, antes que os gatos passassem a ser usados com o mesmo propósito. A doninha não é rara na Palestina.

DOR (CIDADE)

No hebraico, **"habitação"** ou **"círculo"**. Era o nome de uma cidade às margens do mar Mediterrâneo. Jerônimo localizou-a a nove milhas romanas ao norte de Cesareia. Nos tempos antigos, era uma das cidades reais dos cananeus (Js 11.2; 12.23), e estava incluída no território dado à tribo de Manassés (Js 17.11). Os fenícios gostavam do lugar, por causa da abundância de conchas ao longo da costa marítima, o que era uma grande fonte de púrpura. Perto do fim do segundo milênio a.C., era habitada pelos tiéqueres, um povo voltado para as lides marítimas. Na época de Josué, o rei de Dor deu apoio a Jabim, rei de Hazor, quando este combateu Israel sem sucesso, nas águas de Merom (Js 11.2 ss.; 12.23). O território foi dado à tribo de Manassés, mas eles foram incapazes de apossar-se totalmente do mesmo, até que, finalmente, Israel o conquistou. E seus habitantes foram reduzidos à escravidão (Js 17.11 ss., Jz 1.27). Em tempos posteriores, os homens de Efraim apossaram-se da região (1Cr 7.29); e Salomão fez da mesma um distrito administrativo de seu reino. Em cerca de

744-727 a.C., Tiglate-Pileser III, da Assíria, conquistou a região, estabelecendo sobre a mesma a sua hegemonia. Foi assediada em 219 a.C. por Antíoco, o Grande. Mas este foi forçado a concordar com um período de trégua, por causa dos exércitos egípcios em avanço. Os ptolomeus exerciam seu controle sobre a região, — até cerca de 200 a.C., mas os selêucidas fizeram dela uma cidade livre. Antíoco VII (1Macabeus 15.10-25) atacou-a e subjugou-a. Subsequentemente, a cidade foi reconstruída, declarada livre e foi unida à província da Síria, pelo romano Pombeu (64 a.C.). Tem sido identificada com a atual cidade de Tantura, cerca de treze quilômetros ao norte de Cesareia.

DOTÃ

No hebraico, **"duas fontes"**, ou **"dupla festa"**. O nome dessa cidade figura por três vezes no Antigo Testamento (Gn 37.17 e 2Rs 6.13). Ficava localizada cerca de 97 quilômetros ao norte de Jerusalém e a 21 quilômetros ao norte de Samaria. Por ali passava uma rota de caravana que ia da Síria ao Egito, cerca de dezoito quilômetros ao norte de Samaria. A região era bem conhecida por sua excelente pastagem. Foi ali que José foi forçado a ir para o cativeiro, ao ser vendido por seus irmãos. Jacó tinha-o enviado atrás de seus irmãos, que estavam cuidando dos rebanhos naquele lugar (Gn 37.13-17). Estavam dispostos a tirar-lhe a vida, movidos por forte sentimento de inveja e ciúmes, e puseram-no em um poço sem água, talvez com a intenção de deixá-lo morrer à míngua. Mas Rúben, que se opunha ao plano, tinha se referido ao poço, simplesmente a fim de livrá-lo da morte, pretendendo retirá-lo dali na primeira boa oportunidade. Em meio a todo esse drama, passou por ali uma caravana de ismaelitas, a caminho do Egito. Portanto, foi decidido que José seria vendido aos caravaneiros. Foi o que fizeram, e José foi levado para o Egito, o que começou a armar o palco do cativeiro de Israel naquele país. Para o livramento de seus descendentes, foi mister Deus levantar Moisés. O incidente teve lugar entre 1900 e 1800 a.C.

Mil anos mais tarde, aquele mesmo lugar foi cena das atividades do profeta Eliseu, visto que ele fixou residência ali. Foi ali que o rei da Síria cercou a cidade de Dotã na tentativa de deter o profeta, que estava revelando, por meio de seu discernimento, os planos militares dos sírios, ao rei de Israel (2Rs 6.8-14).

Fora da Bíblia. O nome Dotã tem sido encontrado nas inscrições egípcias do rei Tutmés III (1490-1436 a.C.). Essa inscrição informa-nos de que essa cidade era um dos lugares dos quais os egípcios cobravam tributo. Os trechos do livro apócrifo de Judite 3.9; 4.6 e 7.3 trazem esse nome, ligado às campanhas militares de Holofernes, durante o período intertestamental. Eusébio, já dentro da era cristã, menciona o lugar em suas listas de localidades da Palestina (*Onomasticon*, 76.13).

Escavações. O arqueólogo Joseph P. Free e a sua equipe, incluindo sua esposa, começaram as escavações nesse lugar em 1953. Descobriram um cômoro em uma estrada, cerca de 96 quilômetros de Jerusalém, e as ocupações eram frutíferas. Foram descobertas moradias do milênio entre 3000 e 2000 a.C. A cidade que ali havia foi destruída e reconstruída por muitas vezes, durante esse período. Nada menos de sete cidades diferentes foram encontradas. Uma delas era uma fortaleza com uma grande muralha que, provavelmente, tinha 7,60 m de altura e cerca de 3,38 m de espessura, na base. A parte superior restante tinha 2,75 m de espessura.

Do período patriarcal (2000-1600 a.C.), pertencente à idade do Bronze Médio, foi desenterrada uma cidadela que tinha dez aposentos, com paredes com 1,20 m de espessura. O lugar era pesadamente fortificado, o que muito revela sobre a violência, que prevalecia na época. Muitas outras descobertas fornecem detalhes sobre a cidade daquele tempo, que tem sido identificada com a era de José, filho de Jacó.

Dois níveis datam da idade do Bronze posterior (1600-1200 a.C.). Muitos artefatos e partes de construções foram desenterrados. Um interessante item era um túmulo, escavado na rocha. Evidentemente era um túmulo de família, usado durante cerca de trezentos anos. Ali foram encontradas seiscentas candeias de barro, o que talvez atesta sobre o número de pessoas ali sepultadas. Foram encontrados oitenta esqueletos e mais de 3.200 objetos de cerâmica como lâmpadas, jarras, taças, cântaros, e de fato, todo tipo de vaso que se usava na época. Também havia ali armas como lanças e adagas, e muitas espécies de ferramentas, como formões.

Dois outros níveis, datados do período do Ferro I (1200-1000 a.C.), são paralelos da época dos juízes. O túmulo mencionado no parágrafo acima continuou a ser usado no início desse período. Um outro túmulo foi encontrado nas proximidades. Produziu quinhentos objetos similares àqueles descobertos no primeiro túmulo.

Quatro níveis datam do período do Ferro II (1000-600), correspondente ao período da monarquia de Israel. Um edifício de administração foi desenterrado, contendo muitas jarras para guardar mantimentos, provavelmente para conter o azeite pago à guisa de impostos, além de outros produtos. O edifício tinha paredes de 1,20 m de espessura, e um tipo de sistema de drenagem ou esgoto que não diferia muito do sistema inglês do tempo da rainha Isabel, de cerca de três mil anos mais tarde. A cidade desse período provavelmente foi destruída pelos assírios que levaram Israel em cativeiro.

O período persa (500-300 a.C.) não produziu muita coisa. É provável que a cidade tenha declinado de importância, refletindo a desolação e a destruição que tivera lugar.

O período helenista (300-50 a.C.) tem sido confirmado por muitas descobertas, partes de edificações, cerâmica e inscrições. Um caco tinha uma estampa com as letras se, isto é, *senatus consultus*, uma reversão do usual *consultus senatus*, que significa o "aprovado por consulta", diante do senado romano.

O período bizantino (300-500 d.C.) também estava representado na porção mais alta do cômoro. Foram encontrados restos de edifícios de um período posterior, incluindo um palácio fortaleza da época medieval (séculos XII-XIV d.C.). Havia edifícios elaborados, com muitos aposentos em torno de um pátio. Restos árabes também foram descobertos, pertencentes a esse período. O período árabe cabe entre 600 e 1100 d.C. O cômoro inteiro recebeu o nome de Tell Dotha.

Até o dia de hoje os pastores vêm do sul da Palestina àquela região, a fim de dar água e pasto a seus rebanhos, conforme fizeram os irmãos de José, há muitos séculos. Os céticos modernos duvidavam que os pastores viajassem para fora do vale de Hebrom, há quase 130 quilômetros de distância, para virem àquela região. Um dia, porém, o arqueólogo Free encontrou noventa rebanhos na estrada que vem de Jerusalém, aproximando-se de Dotã. Muitos desses rebanhos tinham vindo da região entre Hebrom e Jerusalém. Portanto, o registro bíblico é correto, no tocante a esse item. FRE (1953-1960).

DOTAIM. Ver sobre *Dotã*.

DOTE

No hebraico temos duas palavras diferentes: *Zebed*, "dote", usada somente em Gênesis 30.20. E *mohar*, usada por três vezes (Gn 34.12; Êx 22.17; 1Sm 18.25). A primeira delas olha mais para o dote como um presente; e a segunda mais para o dote como o preço pago por uma esposa.

Era costume, no Oriente, que um noivo oferecesse ao pai da noiva certa soma em dinheiro, ou algo de valor, para encorajá-lo a dar-lhe a jovem. No caso de Jacó, como ele nada tinha de valor para oferecer, propôs sete anos de trabalho, em potencial, ao seu sogro, Labão (Gn 29.8). Isso parece muita coisa, em uma época em que a situação da mulher era bem baixa. Só podemos supor que Raquel era muito especial. Também temos o exemplo de Siquém, que se ofereceu para pagar qualquer preço por Diná, a quem ele havia seduzido ou violentado (Gn 34.12). Mas ele e seus familiares terminaram mortos por dois irmãos de Diná, Simeão e Levi. Vários tipos de presentes podiam estar envolvidos nos casamentos: **1**. Um presente dado ao pai da noiva. **2**. Um presente dado à família da jovem. **3**. Um presente dado diretamente à jovem (1Rs 9.16; Mq 1.14). A primeira era a situação usual; as outras duas eram ocasionais. No caso do casamento de Davi com a filha de Saul, temos a estranha circunstância de que esse rei exigiu não algum dinheiro como dote, mas cem prepúcios de filisteus. Era um plano para fazer Davi ser morto, pois Saul calculou que se ele tentasse obter esse tipo de saque de guerra, poderia acabar morrendo na tentativa. Ocasionalmente, um pai oferecia uma filha em troca de algum serviço especial, e, além da jovem, dava dinheiro, terras ou mercadorias, especialmente se o ato exigido fosse difícil ou perigoso, como lutar e derrotar um inimigo. Se um homem seduzisse a uma jovem e a desvirginasse, tinha de pagar o dote usual, se o pai aprovasse o casamento. Em caso de desaprovação paterna, pelo que não poderia haver casamento, ainda assim o violentador tinha de pagar o dote, sem ficar com a jovem (ver Êx 22.16,17).

Na atualidade, temos a estranha circunstância em que o pai da noiva é que precisa pagar todas as despesas do casamento e da recepção, sem obter qualquer presente. Naturalmente, é o marido que acaba pagando pelas despesas pelo resto da vida. E alguns maridos dizem que isso vale a pena. Concordo. Por outro lado, em muitas sociedades modernas, a esposa ganha algum dinheiro, e isso é um negócio muito bom para os maridos que não podem ganhar um alto salário. Seja como for, o dinheiro não deveria ser a consideração básica em nenhum casamento, embora, sem dúvida, não seja uma questão indiferente.

DOZE, SIMBOLISMO

Na Bíblia, o número doze representa o *governo humano*. Ver os artigos sobre *Doze, Usos Bíblicos, Doze, Os*. Ver também o artigo geral sobre *Números*. Nos sonhos e nas visões, o número doze usualmente refere-se ao tempo, em algum sentido, porquanto há doze horas no dia e doze meses no ano. Visto que os sinais do zodíaco são doze, esse número também pode ter o sentido de destino, orientação, governo universal e provisão. Por extensão, esse número pode referir-se a algum ponto culminante, ou à realização de alguma coisa específica.

DOZE, USOS BÍBLICOS

O ano, entre os hebreus, estava dividido em doze meses. Ver o artigo geral sobre o *Calendário*. Entre os hebreus, o dia estava dividido em doze horas, e a noite, idem (Jo 11.9). Israel (Jacó) teve doze filhos (Gn 35.22-27; 42.13,32). Portanto, doze eram as tribos de Israel (Gn, 49.28). Jesus escolheu doze apóstolos, o que talvez reflita esse número doze, tão importante na nação de Israel, o qual foi transferido para o novo Israel, a igreja (Mt 10). Ver o artigo geral sobre os apóstolos. A nova Jerusalém terá doze fundamentos, cada um dos quais com o nome de um dos apóstolos de Jesus (Ap 21.14). Essa cidade terá doze portões de pérolas (Ap 21.12). Forma uma espécie de cubo, com doze mil estádios de cada lado. Isso é o equivalente a mais ou menos 2.400 quilômetros. Ver o artigo geral sobre *Número*. Ver o artigo separado sobro *Doze, Os*. Um dos sentidos simbólicos do número doze, nas Escrituras, é o *governo humano*; mas nem todo o uso bíblico reflete esse simbolismo, e nem sempre devemos procurar sentidos simbólicos para os números, nas páginas da Bíblia.

DUMÁ

No hebraico, **"silêncio"**. Nome de um homem e de uma cidade, nas páginas do Antigo Testamento, sem falar em uma alusão aparentemente simbólica, conforme se vê nos três pontos abaixo: **1**. Um filho de Ismael, o sexto, e neto de Abraão e Hagar. Viveu em torno de 1840 a.C. Presume-se que ele tenha sido fundador de uma das tribos árabes. Seu nome veio a ser usado para indicar o principal distrito onde habitavam os seus descendentes (Gn 25.14; 1Cr 1.30 e, talvez, Is 21.11; mas, ver abaixo no terceiro ponto). Dumat al Gandal parece identificar o local moderno. Esse lugar atualmente é um oásis localizado a meio caminho entre o fundo do golfo Pérsico e o golfo de Ácaba. Inscrições reais, de origem assíria e babilônica, pertencentes aos séculos VII e VI a.C., referem-se à destruição de Adammatu, que parece ser uma referência a Dumá. **2**. Nome de uma cidade da tribo de Judá (Js 15.52). Eusébio e Jerônimo afirmaram que a mesma ficava situada a dezessete milhas romanas de Feleuterópolis, em Daroma. Atualmente é identificada com a Ed-Domeh, a sudoeste de Hebrom. **3**. A referência em Isaías 21.11, onde aparece esse nome, parece usá-lo de forma simbólica, dando a ideia de "profundo", o que poderia apontar para a "terra dos mortos", isto é, lugar de silêncio profundo. (Ver também Sl 94.17 e 115.17).

DURA

Palavra derivada do acádico *duru*, "círculo", "muralha". Esse era o nome de uma planície, existente na província da Babilônia. Foi nessa planície que Nabucodonosor fez erigir a sua imagem de ouro (Dn 3.1). Os arqueólogos supõem que o local onde a imagem foi levantada pode ser associado a um dos vários cômoros ali existentes. O quadro torna-se mais confuso ainda devido ao fato de que vários lugares receberam esse nome na Babilônia. Há até hoje um rio com esse nome, como também um local chamado Tulul Dura, nas proximidades. Cômoros existentes a poucas milhas, ao sul da cidade, têm sido favorecidos, ao mesmo tempo que Carquêmis, identificada por Políbio (5.48), como o local, não fazia parte da província da Babilônia. Um certo lugar, não distante de Apolônia, para além do rio Tigre (também sugerido por Políbio; 5.52), não é provável.

DURA CERVIZ

No hebraico temos uma expressão, *qesheh oreph*, "duro de pescoço", usada somente em livros do Pentateuco (Êx 32.9; 33.3,5; 34.9; Dt 9.6,13), ou seja, por seis vezes. No grego encontramos a palavra *sklerotráchelos*, "pescoço duro", que figura somente em Atos 7.51, dentro da defesa de Estêvão (vide).

Algumas versões também traduzem por "dura cerviz" uma outra expressão hebraica, *chazeq leb*, "duro de coração" (ver Ez 2.4). Nossa versão portuguesa, entretanto, é mais correta, quando traduz essa expressão por "obstinados de coração".

A expressão "dura cerviz" descreve aquela atitude rebelde e intransigente demonstrada pelo povo de Israel, no período de suas vagueações pelo deserto do Sinai, depois que eles saíram do Egito. Embora a expressão não reapareça em qualquer outra porção do Antigo Testamento, a ideia é reiterada, conforme se vê, por exemplo, em Oseias 4.16, onde o profeta usa a expressão "vaca rebelde". No original hebraico, a ideia é a de um animal que retrocede ou faz meia volta, resistindo à vontade de seu proprietário. Qualquer leitor do Antigo Testamento sabe que é bastante comum ali essa linguagem simbólica para indicar a teimosia de Israel, em rebelião contra o Senhor.

A palavra que Estêvão empregou em Atos 7.51 (ver acima), foi usada na Septuaginta, em Êxodo 33.3,5, uma outra demonstração de que ele falava o grego e lia o Antigo Testamento na versão da LXX, pois era judeu helenista. Subsequentemente, essa rara palavra grega reaparece em diversos escritos pré-nicenos. Entre outras coisas, essa obstinação era uma atitude da qual os judeus da época do início da igreja cristã foram exortados a arrepender-se. Quando, após o sermão de Pedro, eles indagaram: *Que faremos, irmãos?* o apóstolo replicou: *Arrependei-vos...* (At 2.37,38).

A expressão portuguesa "dura cerviz" é uma tradução literal, não sendo nativa no português. Aparentemente, a condição relembra os pescoços dos touros, que resistiam ao jugo. Em uma cultura onde a criação de gado era uma constante, uma expressão dessa natureza seria facilmente compreendida como metáfora clara. Um homem, em sua rebeldia contra Deus, assemelha-se a um touro, rejeitando o controle divino e insistindo em seguir o seu próprio caminho. Uma interpretação alternativa, mas menos provável, é aquela do indivíduo que *corre* para longe ao ser chamado, recusando-se a virar a cabeça para olhar para trás, mantendo duro o seu pescoço.

No Novo Testamento, temos somente uma ocorrência da palavra grega correspondente, *sklerotráchelos*, "duro de pescoço", em Atos 7.51.

E (DOCUMENTO ELOHIM)

Símbolo usado para designar um dos documentos que, segundo se alega, juntamente com os documentos D, J e S (este último significando Código Sacerdotal), comporiam a matéria em que consiste o Pentateuco, cada um dos documentos representaria um tempo específico e um nível diferente do desenvolvimento daquela composição. Ver o artigo sobre *J.E.D.P. (S.)*, bem como o artigo sobre o livro de Gênesis onde a questão é discutida. No artigo sobre a *Cronologia do Antigo Testamento*, apresentamos um gráfico acerca do desenvolvimento literário daquele documento, onde as várias fontes originárias são postas na posição cronológica que tem sido proposta. A designação "E" representa o nome divino, Elohim, que, segundo se supõe, essa fonte usou, antes da revelação posterior de Yahweh a Moisés. Isso significa que o material "E" é mais primitivo do que o material "J" (usado para designar *Yahweh*). Encontra-se nos livros de Gênesis a Juízes, e também, provavelmente em 1 e 2Samuel. Segundo dizem os defensores da ideia, pertence ao século VIII a.C., proveniente de material utilizado pelo reino do norte, ou Israel. A própria existência de uma fonte informativa separada, chamada "E", tem sido contestada por eruditos que atribuem várias partes da mesma a outros documentos como "J", "D" e "S". O que resta, após essa transferência, é explicado como obra editorial.

EBAL

No hebraico, **"estar despido"** ou **"pedra"**. Esse é o nome de várias pessoas do Antigo Testamento, de ascendência hurriana, a saber: **1.** Um filho de Sobal (Gn 36.23 e 1Cr 1.40). Viveu em cerca de 1800 a.C. **2.** Um filho do Joctã (Gn 10.28; 1Cr 1.22). Viveu em torno de 2200 a.C. Também é o nome de um monte do território de Efraim, também chamado monte da maldição (Dt 11.29). Ver o artigo separado sobre esse monte, abaixo.

EBAL, MONTE

Variações desse nome são Jebal e Hebal. No grego temos Gaibal. Era um monte que ficava defronte de Gerizim (Dt 11.29; Js 8.30-35). O Pentateuco Samaritano diz Gerizim, em Deuteronômio 27.4. Seu nome moderno é *Jabel Eslamiyeh*. Tem cerca de 4.820 m de altura. Foi naquele monte que a lei de Moisés foi registrada e foi lida por Josué, com o acompanhamento de bênçãos e maldições, conforme se lê em Josué 8.30-35. O monte Gerizim e o monte Ebal ficam diante um do outro, havendo entre eles um vale. O texto do livro de Josué profere bênçãos sobre Gerizim e maldições sobre o monte Ebal. (Ver Dt 11.27). Por esse motivo, o monte Ebal veio a tornar-se conhecido como monte da maldição. Antes da entrada de Israel na terra de Canaã, foi mister essa reafirmação da lei, sendo essa a circunstância histórica que cerca a questão. Esses montes foram subsequentemente divididos entre as tribos de Manassés e Efraim. Onri, o rei das rebeladas dez tribos do norte, erigiu sua capital em Samaria, o que, mais tarde, veio a tornar-se a designação de toda aquela região montanhosa. As invasões assírias despovoaram quase inteiramente essa região e outros povos semitas (mas não israelitas) foram importados para preencher o espaço vago. Isso provocou uma fusão de culturas, tendo surgidos um caldeamento que veio a chamar-se povo samaritano.

Alguns estudiosos pensam que o cume do monte Gerizim teria sido o lugar onde, originalmente, foi erguido o altar de Josué. Damos um artigo separado sobre uma descoberta arqueológica bem recente desse altar. Ver sobre o *Altar de Josué*. Os islamitas supõe que a cabeça de João Batista foi sepultada no sopé do monte Ebal. Durante a Idade Média havia um edifício em memória a João Batista, a fim de assinalar o local. Em ambos esses montes há ruínas de antigos templos cristãos ortodoxos. A arqueologia tem encontrado evidências de uma antiquíssima ocupação humana naquela área, remontando ao quarto milênio a.C. Porém, biblicamente falando, seu período histórico mais importante é aquele associado ao desenvolvimento do reino do norte, Israel, em Samaria.

ÉBANO

No hebraico, *hobnim*. Essa palavra aparece somente em Ezequiel 27.15. Trata-se de uma madeira negra, da família da *Diospyros Ebenum*, nativa das Índias Orientais, muito procurada na antiguidade por seu valor comercial. Nessa única referência bíblica, o ébano é alistado juntamente com o marfim, como artigos de um comércio de luxo. O ébano era trazido para a Palestina proveniente de Dedã, no golfo Pérsico. Vergílio (*Georg. 2.16*) informa-nos de que a Índia também produzia o ébano, mas outras referências dão a Etiópia como lugar de origem do ébano. O ébano era de coloração escura, com manchas negras, embora não somente dessa cor. Era usado na fabricação de móveis finos, vasos valiosos, cetros e ídolos, ou seja, qualquer tipo de trabalho em madeira que envolvesse itens de grande valor. O ébano adquire um bom lustro; e até os nossos próprios dias recebe muitos usos. O texto do vigésimo sétimo capítulo de Ezequiel liga o ébano ao marfim, sendo perfeitamente possível que os dois materiais fossem usados juntos em móveis decorativos e outros itens, quando a cor negra do ébano e a cor branca do marfim faziam marcante contraste uma com a outra.

EBEDE

No hebraico, **"servo"** ou **"escravo"**. Em alguns manuscritos há uma variante textual que diz Eber. Esse nome designa duas possoas: **1.** O pai de Gaal, que encabeçou uma insurreição contra Abimeleque em Siquém. (Ver Jz 9.26-35). Viveu em torno de 1100 a.C. **2.** Um filho de Jônatas, um dos descendentes de Adim que retornou do cativeiro babilônico juntamente com Esdras. (Ver Ed 8.6). Isso ocorreu em torno de 459 a.C. Essa palavra encontra-se em vários nomes compostos, conforme demonstramos abaixo.

EBEDE-MELEQUE

No hebraico, **"servo de um rei"**. Esse homem era etíope. Vivia como adido à corte de Zedequias, rei de Judá. Era um eunuco e salvou o profeta Jeremias de morrer à míngua, quando este foi deixado em um poço com lama (Jr 38.7-13). A cidade de Jerusalém estava condenada, por decreto divino; mas esse homem, em face de sua bondade e serviço, recebeu a promessa de livramento. As tropas inimigas invadiriam a cidade, mas ele não sofreria dano da parte da invasão e ocupação (Jr 39.15-18) (cerca de 589 a.C.). Por ser um eunuco, podemos supor que ele estivesse encarregado do harém do rei. Mas o artigo definido, usado antes de "eunuco", mostra-nos que esses homens com frequência recebiam cargos de grande importância política. Seja como for, ele tinha livre acesso à presença do monarca judeu, o que sempre se deu no caso dos eunucos que tratavam das mulheres dos reis.

O termo *ebed* era empregado na cultura acádica para indicar certa classe de oficiais contratados, em contraste com um antigo costume em Israel, de acordo com o qual os chefes de tribos é que ocupavam tais ofícios. Parece que o rei Davi foi o primeiro monarca judeu a empregar essas pessoas na corte real.

EBEN-BOÃ. Ver sobre *Boã*.

EBEN-EZEL. Ver sobre *Ezel*.

EBENÉZER

No hebraico, **"pedra de ajuda"**. Há duas coisas diferentes a serem consideradas neste verbete: **1**. Uma localidade onde o povo de Israel foi derrotado por duas vezes pelos filisteus. Por ocasião da primeira batalha, Israel perdeu quatro mil homens; e, na segunda, houve uma esmagadora perda de trinta mil homens. Foi por ocasião da segunda dessas batalhas que os filisteus tomaram a arca da aliança (vide). Por essa altura dos acontecimentos, os filhos de Eli, Hofni e Fineias, foram mortos (1Sm 4.1-11). Os arqueólogos não têm podido identificar a localização exata desse lugar, embora saiba-se que ficava perto de Afeque; mas esta também é de localização incerta. Majdel Yaba tem sido tentativamente identificada como o local. Esta fica a nordeste de Haifa. Os filisteus continuaram controlando aquela área, até o tempo da monarquia de Israel. **2**. Ebenézer também foi o nome de uma pedra que fora erigida por Samuel entre Mispa e Sem, anos depois que aquelas batalhas ocorreram na área, mencionadas no primeito ponto, acima. Essa pedra, pois, assinalava a vitória de Israel sobre os filisteus. (Ver 1Sm 7.12). Provavelmente, esse nome foi dado para mostrar que Deus permitira uma reversão de acontecimentos, a fim de encorajar os israelitas. Um hino foi escrito, com base no nome e o que esse nome simboliza. Citamos abaixo a segunda estrofe:

Aqui levanto meu Ebenézer;
Pra cá cheguei com sua ajuda,
E espero, por seu bom prazer,
Chegar seguramente em casa.
Jesus me procurou quando fui estrangeiro,
Vagueando do aprisco de Deus;
ele, para me salvar do perigo,
Interpôs seu sangue precioso.

Algumas vezes, as derrotas são esmagadoras. Mas a história da humanidade ensina-nos que Deus pode fazer reverter qualquer derrota. Há ocasiões em que nós, os servos de Deus, podemos dizer: "Cá meu Ebenézer ergo. Até aqui, por tua ajuda, cheguei".

ÉBER

No hebraico, **"aquele que atravessa"**. Esse é o nome de várias personagens do Antigo Testamento, a saber: **1**. Um filho de Salá, bisneto de Sem (Gn 10.21,24; 1Cr 1.19). Algumas vezes, ele é confundido com Héber. Suas datas giram em torno de 2448-1984 a.C. Foi um dos antepassados de Abraão, aparecendo no quarto lugar na genealogia de Noé até Abraão. Nada sabemos acerca dele, excetuando esses poucos fatos. O nome original desse homem talvez nada tenha a ver com Éber, mas pode ter estado relacionado a *ibri*, que pode ter sido o mesmo *habiru* das inscrições em escrita cuneiforme, uma palavra designativa de muitos povos de várias regiões. Essa palavra, que significa "alguém que atravessa", provavelmente refere-se a *nômades* ou viagens, podendo estar relacionada à palavra hebreus (incluindo a designação antiga *habiru*). Isso significaria que o nome hebreu veio a designar o povo que acabou sendo conhecido por esse nome, por causa de seus hábitos de nomadismo. Alguns estudiosos, pois, pensam que Éber seria o fundador da raça dos hebreus. **2**. Um filho de Elpaal, um benjamita, um dos fundadores do Ono e de Lode. (Ver 1Cr 8.12). Viveu em torno de 1100 a.C. **3**. Um sacerdote que representava a família de Amoque, nos dias de Joiaquim, filho de Jesua (Ne 12.20). Viveu em redor de 535 a.C. **4**. Um gadita, cabeça de uma família de Gileade, em Basã (1Cr 5.13). Viveu em redor de 782 a.C. **5**. Um filho de Sasaque, um benjamita (1Cr 8.22,25). Viveu em torno de 535 a.C.

EBES

A LXX diz *Rebes*, que é a forma mais próxima do original hebraico do que a forma que aparece em nossa Bíblia, em português. Algumas traduções também estampam a forma *Abez*, refletindo variantes textuais. Está em foco uma cidade do território de Issacar (Js 19.20). Apesar de saber-se que ela ficava na fértil planície de Esdrelom, desconhece-se seu local exato.

EBROM

No hebraico, **"riacho"** ou **"companhia"**. Algumas traduções dizem Hebrom. Era uma cidade do território de Aser (Js 19.28). Ficava na extremidade noroeste da Palestina, já nas vizinhanças do mar Mediterrâneo. Alguns estudiosos supõem que Ebrom seja um erro de cópia em lugar de Absom, que teria surgido no texto massorético, devido à confusão feita entre duas letras hebraicas parecidas. Ver também sobre Hebrom.

EBRONA. Uma forma de *Abrona* (vide).

ECANUS. Uma forma de *Etanus* (que vlde).

ECBATANA

Também pode ser encontrada a forma *Acmeta*. A LXX diz *Amatha*, conforme também o fez Xenofonte. O termo grego *ekbátana* provavelmente significa "cidadela" ou "fortaleza". Mas alguns especialistas dizem que uma tradução mais correta seria "lugar de reunião". Ecbátana foi o nome usado pelos gregos para designar uma das capitais dos impérios persa e parta, embora o antigo nome persa fosse Hangmátana, que significa "lugar de assembleia". Alusões biblicamente relacionadas a esse lugar encontram-se nos livros apócrifos, com algumas poucas no cânon palestino do Antigo Testamento. Em Tobias 3.7; 7.1 e 14.13 é mencionada como o lugar onde residiam Reguel e sua filha, Sara. O trecho de Juízes 1.1,2,14 mostra-nos que essa cidade foi fortificada pelo rei da Média, Arfaxade, quando ele combatia contra Nabucodonosor, da Babilônia. Antíoco Epifânio IV fugiu para esse lugar, pouco antes de sua morte (II Macabeus 9.1-3). O lugar moderno é Hamadã, no Iraque, perto do sopé nordeste do monte Alvand, cerca de 280 km a noroeste do Teerã. Dominava as rotas das viagens da Mesopotâmia até o platô da Pérsia. Tinha um clima temperado que atraía um grande número de pessoas, residentes ou turistas.

Tal como se dá com a maioria das cidades antigas, a origem de Ecbátana está envolta em lendas. Supostamente foi fundada por Deiocles, o medo, em cerca de 678 a.C., conforme nos diz Her. 1.96. Mas, o próprio Deiocles é uma figura lendária, pelo menos em parte. Talvez seu filho seja quem tenha erigido Ecbátana, como um meio de tentar fazer estacar o avanço dos assírios. Seja como for, há algumas elaboradas descrições desse lugar nos escritos de Heródoto e Políbio (10.27). Somos informados de que a cidade estava cercada por sete muralhas com a forma de círculos concêntricos. Cada muralha teria uma cor diferente. A própria cidade era uma espécie de cidadela, e tinha um tesouro e muitos luxos, incluindo residências fabulosas. Ciro, o Grande, capturou-a e fez dela uma de suas residências de verão. O trecho de Esdras 6.2 mostra-nos que os registros imperiais eram guardados ali no tempo do monarca Ciro. Foi ali que Dario encontrou o decreto baixado por Ciro, que autorizava a reconstrução da cidade de Jerusalém. Alexandre, o Grande, capturou Ecbatana, derrubou suas muralhas e a saqueou.

Em tempos postoriores, Ecbátana tornou-se a residência de verão dos reis partas, embora tivesse declinado no tempo dos reis sassânidas. Em seguida, veio a conquista islâmica, e teve começo seu último estágio histórico, quando se tornou a moderna cidade de Hamadã. Existem ali muitas ruínas da antiguidade, exploradas pelos arqueólogos. Em 1923, foram descobertas duas placas de fundação, de prata e de ouro, onde havia o nome inscrito de Dario I. As informações ali encontradas indicam que ele e Artaxerxes II construíram certos lugares dessa cidade. Aos turistas são mostrados os supostos túmulos do Ester e Mordecai, mas estes estão relacionados mais de perto com as esposas de reis sassânidas.

Ecbátana notabilizava-se por seu esplendor e luxo. Fora construída sobre uma colina, a fim de que todos pudessem contemplá-la. Os tempos vão e vêm, e o esplendor humano, quando muito, permanece e impressiona apenas por pouco tempo. Somente a alma preserva valores permanentes. Essa é uma lição que precisamos aprender continuamente, aplicando-a às nossas vidas. (AM OLM Z)

ECLESIASTES

I. Caracterização Geral. Esse livro representa um tipo pessimista de literatura de sabedoria oriental, que mistura declarações otimistas que sugerem que um segundo autor pudesse ter estado envolvido, ou que um compilador posterior misturou os sentimentos expressos por dois autores diferentes. O título, no hebraico *Qoheleth*, que significa Pregador ou Orador da Assembleia, foi traduzido por *ecclesiastes*, no grego (Septuaginta), de onde também deriva o título em português. À base do vocábulo hebraico temos o substantivo *kahal*, "assembleia". Presumivelmente, foi o próprio Salomão quem convocou a assembleia para entregar seus discursos de grande sabedoria. Esse livro contém uma coleção um tanto frouxa de material, sendo difícil estabelecer um estrito esboço do seu conteúdo. O trecho de Eclesiastes 9.17 - 10.20 poderia ser incluído no livro de Provérbios. Algumas porções apresentam o autor refletindo sobre suas próprias experiências ou admoestando outras pessoas, em vez de dirigir um discurso formal a algum tipo de assembleia. A *integridade* do livro é difícil de ser defendida. Quanto a peças literárias, este vocábulo aponta para o conceito de que o livro foi produzido essencialmente por um único autor, e que existe até hoje conforme foi originalmente escrito. Ver sob esse título.

II. Autor. Precisamos lembrar que, nos tempos antigos, atribuir um livro a um autor famoso era considerado uma honra prestada a esse autor, especialmente se algumas de suas ideias estivessem sendo perpetuadas. Porém, muitas obras antigas eram atribuídas a pessoas bem conhecidas com o propósito próprio de promover certas ideias ou filosofias e com a esperança de que o nome vinculado ao livro ajudasse em sua distribuição. Os antigos simplesmente não pensavam como nós, no que concerne a essas práticas. Portanto, a afirmação de que certa pessoa é declarada autora de um antigo livro não garante que assim realmente tenha sucedido. Um exemplo notório dessa atividade aparece nos livros chamados *pseudepígrafos* (ver a respeito no *Dicionário*), uma coleção que tem vários nomes de profetas do Antigo Testamento ou líderes espirituais, como se eles fossem seus autores, embora a realidade tenha sido outra. É significativo que os Manuscritos do mar Morto incluam partes de vários destes livros, mostrando que as pessoas, bem ao lado da entrada de Jerusalém, consideravam-nos escritos sagrados. Não nos deveria surpreender, portanto, que alguns poucos dos livros *canônicos* da Bíblia, no Antigo e no Novo Testamento, tenham a eles nomes vinculados como autores, embora a realidade fosse outra.

O trecho de Eclesiastes 1.1 atribui o livro a Salomão. Mas Lutero negava a veracidade dessa afirmativa. De modo geral os estudiosos liberais concordam com a avaliação de Lutero, e é seguro dizer que muitos intérpretes conservadores também o fazem. Unger afirma que poucos estudiosos conservadores em nossos dias continuam defendendo a tese de que Salomão foi o autor do livro.

Em favor de Salomão como autor do livro, temos a considerar os pontos seguintes: **1**. Eclesiastes 1.1 atribui o livro a Salomão e 1.12,13 quase certamente também o faz. **2**. A sabedoria de Salomão é refletida em vários textos, com declarações que mostram Salomão a falar. (Ver Ec 1.16; 2.3-6 e 2.7,8). **3**. O trecho de Eclesiastes 9.17—10.20 contém muitos provérbios, o que sugere que o autor do livro de Provérbios (Salomão) também foi o autor de Eclesiastes. **4**. O caráter ímpar da linguagem e do estilo do livro parecem separá-lo das obras do período pós-exílico, conforme alguns acreditam ser sua data. Isso poderia ser explicado como o desenvolvimento, por parte de Salomão, de uma espécie de gênero de linguagem e expressão literária. Há alguma similaridade com os escritos cananeus e fenícios antigos, o que sugere que Salomão poderia ter tirado proveito dessa literatura, com adaptações próprias. M. J. Dahood, em seu artigo "Influência Cananeu-Fenícia no *Qoheleth*", *Bíblica*, 33, 1952, defende essa comparação. Ele examinou inscrições e escritos que datam do século XIV a.C., os tabletes de Ugarite, o *Corpus Inscriptionum Semiticarum* e inscrições fenícias e púnicas. Tentou defender sua teoria com base em fatores como a ortografia fenícia, a inflexão dos pronomes e das partículas, a sintaxe e empréstimos léxicos, termos especiais referentes a itens comerciais e um vocabulário comercial. Os trechos de 1Reis 9.26-28 e 10.28,29 mostram que Salomão pode ter tido contato com a língua fenícia, tendo usado termos e expressões comerciais e estilos literários empregados pelos fenícios.

Contra Salomão como autor do livro, têm sido sugeridos os seguintes argumentos: **1**. Coisa alguma é mais clara, nos documentos antigos, do que o fato de que as declarações que afirmam autoria com frequência são espúrias. **2**. O autor sagrado pode ter sido um admirador de Salomão e de sua sabedoria, pelo que incluiu referências pessoais a ele, bem como circunstâncias de sua vida, embora esse autor não fosse o próprio Salomão. O que nos admira é que não existam ainda mais livros atribuídos a Salomão. O livro apócrifo, Sabedoria de Salomão, é outro exemplo do nome desse monarca judeu sendo usado para dar prestígio a um livro. **3**. Um autor posterior poderia ter imitado os Provérbios de Salomão, tendo incluído no livro (Ec 9.17—10.20) uma breve compilação, chegando a tomar por empréstimo certos pensamentos, sem que ele mesmo fosse Salomão. **4**. Os argumentos de natureza linguística poderiam provar uma data antiga para o livro de Eclesiastes, mas também demonstrariam que o autor dificilmente poderia ter sido o mesmo autor do livro de Provérbios. Ademais, um autor antigo, que tivesse escrito em um estilo bastante distinto, poderia ter tomado por empréstimo alguns elementos fenícios, sem que tivesse alguma conexão pessoal com Salomão. De fato, a verdadeira natureza distintiva desse livro parece militar mais contra Salomão, como seu autor, do que em favor dele, a menos que suponhamos que ele conseguisse escrever de duas maneiras inteiramente diferentes, quando passava de um livro para outro, algo que sabemos ser contrário ao que conhecemos a respeito dos autores e seus livros. A linguagem e o estilo literário são as impressões digitais dos autores, o que não se modifica facilmente de um livro para outro senão à custa dos mais ingentes esforços. Exemplos históricos disso são dificílimos de achar. **5**. Certas ideias são contrárias à afirmação de que Salomão escreveu o livro de Eclesiastes. Alguns eruditos simplesmente não podem entender como um homem com a sabedoria de Salomão, com uma postura judaica ortodoxa, poderia ter escrito um livro tão pessimista quanto Eclesiastes. Paralelos egípcios e babilônios demonstram que tal livro poderia ter sido escrito na época de Salomão, mas é inteiramente possível que aquilo que achamos nesse livro sejam invasões do pensamento helenista cético. De fato, o propósito central do livro de Eclesiastes foi demonstrar que tudo é vaidade ou inutilidade; que não existem valores permanentes, e que um jovem deveria cuidar para desfrutar o máximo de sua vida (*hedonismo!*). (Ver Ec 1.2; 3.13 ss.; 11.9—12.8.) Outrossim, o jovem que fizer isso terá pairando sobre a sua cabeça o juízo divino, outro elemento da tese de que tudo é vaidade. "Faze o que bem entenderes; mas sabe que terás de pagar por isso." Esse é um conselho muito difícil de seguir. É possível que Salomão, no declínio e apostasia que caracterizaram sua idade avançada, na verdade, tenha caído nesse tipo de armadilha; e, nesse caso, isso poderia refletir a autoria de Salomão. **6.** Alguns linguistas detectam no livro de Eclesiastes um hebraico posterior, bastante diferente do hebraico da época de Salomão e mais próprio dos tempos helenistas. **7.** O pregador mostrou ser muito mais um filósofo e suas atitudes foram bastante similares às atitudes dos filósofos epicureus gregos, após o período da guerra do Peloponeso (404 a.C.). A atitude negativa dos gregos contra a religião judaica reflete-se em livros como 1Macabeus e o Livro da Sabedoria, e o autor do livro de Eclesiastes parece ser um reflexo similar. O autor sagrado teria chegado ao mesmo tipo de conclusões a que chegaram seus vizinhos pagãos. O livro, pois, representa uma espécie de meio caminho na direção do paganismo, embora com o desejo de manter a posição da antiga fé. Por esse motivo, a lei continua sendo um elemento importante, e até mesmo o dever do homem (Ec 12.13), mas ela não conseguiu impedir que o autor sagrado chegasse a conclusões tão pessimistas. **8.** Finalmente, há a questão da canonicidade. Ver a seguir a seção *Canonicidade*. Os próprios judeus não sabiam ao certo o que fazer com o livro de Eclesiastes. Se eles tinham certeza de que Salomão era o seu autor, não é provável que tivessem precisado de tanto tempo para incluí-lo no cânon do Antigo Testamento. A canonicidade do livro é algo que continuava sendo disputado nas escolas judaicas dos dias de Jesus Cristo.

Após o exame das evidências disponíveis, parece que a autoria salomônica repousa mais sobre o desejo de conservar a tradição do que sobre a consideração dos fatos envolvidos. As evidências inclinam-se em favor de uma produção helenista, e não de uma produção que antecede a quase 1000 a.C.

III. INTEGRIDADE. Alguns eruditos argumentam em favor de dois autores distintos que teriam estado envolvidos na escrita do livro de Eclesiastes, em vista de contradições nele encontradas. Outros estudiosos, porém, supõem que isso possa ser explicado pela atividade de algum editor. Há tentativas de atribuir ao Koheleth dois, três ou mais autores; mas as evidências em favor dessa forma de atividade estão longe de ser convincentes. Por outra parte, é patente que algum editor procurou corrigir a incredulidade expressa pelo autor. Esse autor tem sido chamado de "o maior herege da antiga literatura dos hebreus", e algumas de suas declarações deixam consternados os eruditos da Bíblia, desde que o livro de Eclesiastes foi escrito. Para começar, sua filosofia básica de que tudo é vaidade (Ec 1.2) é uma atitude pessimista que não concorda com o pensamento comum dos hebreus. O seu hedonismo (Ec 2.24 ss.; 11.9—12.8) dificilmente concorda com a ética dos hebreus. Uma mesma sorte atinge o sábio e o insensato (Ec 2.12-17), de acordo com ele, o que é contrário à essência da teologia hebreia. Ele chega mesmo ao extremo de dizer: *Pelo que aborreci a vida... sim, tudo é vaidade e correr atrás do vento* (Ec 2.17). Ele nega qualquer vantagem à sabedoria e ao conhecimento, pois essas coisas também produzem no homem o desespero (Ec 1.17,18). O sábio morre como o insensato, e ambos acabam no olvido (Ec 2.16,17). Ele também nega a imortalidade da alma, pois o destino do homem seria o mesmo que o destino de um animal irracional (Ec 3.18-320). O versículo que se segue especula que pode haver certa diferença entre um homem e um animal irracional — o espírito do primeiro subiria (para alguma outra forma de vida), ao passo que o espírito do segundo desceria, presumivelmente para ser esquecido — o que aparece sob a forma de uma indagação. O autor demonstra esperança, mas não exibe muita fé. Contudo, o trecho de Eclesiastes 12.7 afirma categoricamente que "o espírito volta a Deus". A maioria dos eruditos pensa que em tudo isso há a obra de um editor, ou de um segundo autor, que procurou suavizar o ceticismo do autor original. Ou o autor original, ao chegar ao final do livro, apesar do seu desespero, resolveu deixar a sua sorte nas mãos de Deus e manifestou-se em favor da imortalidade como um meio de reverter o dilema humano?

Quase todos os estudiosos acreditam que o trecho de Eclesiastes 12.9-14 consiste em adições editoriais. De fato, o nono versículo foi escrito na terceira pessoa do singular. Ele fala sobre o pregador como uma pessoa diferente dele mesmo. Outras provas de que houve um editor ou um segundo autor encontram-se em Eclesiastes 2.26, onde se faz clara distinção entre o sábio e o insensato. Ali lê-se que ao homem bom são conferidos sabedoria, conhecimento e alegria, ao passo que o ímpio é coberto de vexames. Isso suaviza um tanto a filosofia do livro: "Tudo é vaidade". O trecho de Eclesiastes 3.17 parece ser outra adição, visto que o autor apela para o julgamento divino como meio de estabelecer diferença entre o homem bom e o homem mau. O trecho de Eclesiastes 12.12 provavelmente constitui uma crítica ao autor original, por parte do editor, louvando as declarações do homem sábio, que aparece como um Pastor (vs. 11), e adverte contra passar daí, o que, como é evidente, ele pensava que o autor fizera em seu pessimismo. No vs. 14, ele apela novamente para o juízo divino e indica que este é importante, apesar das declarações pessimistas do autor, pois seremos julgados de acordo com aquilo que tivermos praticado. De fato, a passagem de Eclesiastes 12.9-14 é uma espécie de adição, onde são acrescidos valores e limitações ao livro, segundo o espírito de ortodoxia. Se algum editor esteve atarefado nisso, é provável que o tenha feito mediante declarações mais otimistas e ortodoxas.

Em favor da integridade do livro, alguns estudiosos pensam que as declarações contraditórias podem ser explicadas mediante a suposição de que um único autor ficou divagando em seus pensamentos, defendendo ora uma posição ora outra, mostrando-se assim autocontraditório, e isto sem se importar em procurar harmonizar ideias mais pessimistas com ideias mais otimistas. Alem disso, muitos pensam ser estranho que um editor tentasse salvar uma obra herética, cuja publicação só serviria para prejudicar o judaísmo em sua corrente central. A primeira dessas sugestões é possível. Eu mesmo falo nesses termos, algumas vezes. A segunda dessas sugestões constitui uma boa resposta, até onde posso ver as coisas. Qualquer pessoa que raciocine sobre o livro, apesar de seu pessimismo, fica impressionada pelo fato de que ele é uma excelente peça literária. Suas declarações são sucintas e precisas, curiosas, às vezes, dotadas de penetrante discernimento. Há muitas boas citações, que são frequentemente ouvidas, extraídas desse livro. Um editor qualquer, fascinado pela beleza do livro, contentar-se-ia em procurar corrigir alguns pontos falhos, em vez de descartá-lo inteiramente. Sua excelência como peça literária é tão inequívoca que aqueles que finalmente fixaram o cânon hebreu (embora ortodoxo) não puderam deixar de incluí-lo, embora a questão há séculos viesse sendo debatida entre os judeus.

Minha conclusão a respeito é que temos apenas um autor principal do Eclesiastes, que um editor posterior procurou tirar as arestas da obra original, e que o trecho de Eclesiastes 12.9-14 é sua nota de rodapé, como sua conclusão sobre a obra do autor. Mas exatamente quanto material foi adicionado, é algo que terá de permanecer em dúvida.

IV. INSPIRAÇÃO HISTÓRICA DA OBRA. Se procurarmos entender o espírito desse livro, descobriremos que o autor era um *filósofo* que, embora judeu, havia sido influenciado pela pessimista filosofia dos gregos, especialmente da variedade epicureia. Os epicureus sentiam fortemente a inutilidade das coisas, objetando às ameaças de deuses imaginários, que receberiam homens que já teriam vivido de modo miserável, para fazê-los sentir-se mais miseráveis ainda, com seus múltiplos e horrendos julgamentos. Eles preferiam o olvido à imortalidade, como maneira de pôr fim a tanto sofrimento, e reduziam os poderes divinos a entidades deístas. *Se* eles realmente existiam, então não teriam interesse nem pelo homem bom nem pelo homem mau. Devemos lembrar que nem todos os judeus ofereciam resistência à helenização. Nem todos os judeus retiveram sua fé ortodoxa em face de inimigos que avançavam destruindo e dispersando, e assim expunham filosofias que podem ter sido consideradas uma avaliação mais justa da vida do que a avaliação apresentada pelo judaísmo, embora essas outras filosofias fossem mais pessimistas. Se o livro de Eclesiastes foi escrito em torno de 225 a.C., então consiste em uma espécie de reafirmação daquilo que restou da fé judaica, visando algumas pessoas, fora da corrente principal do judaísmo, mas que continuavam judias. Muitos judeus haviam começado a duvidar da doutrina dos galardões divinos em favor dos piedosos e dos julgamentos divinos contra os iníquos. Eles chegavam a sentir que, afinal de contas, não há distinções fundamentais entre uns e outros. Nesta vida, a tragédia desaba sobre uns e sobre outros, igualmente; agora ambos vivem na inutilidade; e ambos entram no olvido, após a morte física. Não obstante, o autor sagrado exibe saudável respeito pela lei de Deus. Ele não se bandeara inteiramente para o pensamento pagão. E o quinto capítulo do livro, do começo ao fim. Esse foi o elemento que o editor enfatizou, em sua conclusão (Ec 12.13,14).

V. Data. Se partirmos do pressuposto de que os argumentos em favor de Salomão como autor do livro de Eclesiastes são fortes, então teremos de pensar que a data de sua composição gira em torno da época de Salomão, cerca de 990 a.C. Impressiona-nos o caráter ímpar da linguagem usada e suas afinidades com as expressões fenícias, mesmo que não aceitemos Salomão como o autor do livro. E podemos supor que este livro seja bastante antigo, se é que sofreu a influência fenícia. Mas, se ficarmos impressionados da similaridade com certas ideias helenistas, então talvez devamos pensar numa data de composição em torno de 225 a.C. A maneira como os próprios judeus disputaram sobre o livro, tendo-o incluído no seu cânon sagrado somente após muita relutância, a despeito de ele próprio reivindicar haver sido escrito por Salomão, pesa em favor da data posterior.

VI. Canonicidade. Ver no *Dicionário* o artigo geral sobre *Cânon*, do Antigo e do Novo Testamento.

Quando foi definido o cânon da Bíblia hebraica, por ocasião do concílio de Jamnia, em cerca do ano 90 d.C., muitos judeus opuseram-se ao livro de Eclesiastes, alegando que ele não era digno de se posicionar entre os Escritos Sagrados. E mesmo mais tarde, quando o livro já estava fisicamente presente na coletânea sagrada, supostamente investido de autoridade, muitos rabinos continuaram opondo-se a ele. Quando um judeu piedoso segurava algum livro sagrado, lavava as mãos em seguida, em demonstração de respeito. Mas muitos deles, após manusearem o livro de Eclesiastes, não pensavam que essa providência seria necessária, por não considerarem o livro uma obra inspirada. Seria apenas uma habilidosa peça filosófica, e não um dom do Espírito. Ver a Mishinah, *Yadaim* 3.5. Jerônimo, tão tarde quanto 389 d.C., conhecia judeus que se sentiam insatisfeitos com a inclusão do livro de Eclesiastes entre as Escrituras do Antigo Testamento. Não obstante, o livro tem encontrado um uso devido no seio do judaísmo. O livro de Eclesiastes é lido no terceiro dia dos *Sukkoth* (Tabernáculos), a tradicional festa da colheita entre os hebreus, com o propósito de lembrar aos homens a natureza transitória desta vida, e como uma advertência contra a cobiça pelas riquezas e vantagens materiais, além de servir para reiterar o importantíssimo princípio da necessidade de obedecer à lei de Deus como o maior e mais solene dos deveres humanos.

VII. Uso e Atitudes Cristãs. Os eruditos liberais não podem perceber o motivo para tantos debates. O livro volta-se contra certas crenças ortodoxas. E daí? Há pontos bons no texto: o livro exibe bons discernimentos; confere-nos uma melhor compreensão sobre certos desenvolvimentos do judaísmo... De que mais precisaríamos? E os *conservadores*, que têm de defender a ideia da inspiração a qualquer custo, para todos os livros do cânon, são forçados a acomodar-se ao livro, provendo razões *pelas quais* o Espírito Santo teria achado apropriado incluí-lo no cânon. As respostas quanto a essas questões são similares àquelas que acabo de frisar acerca do cânon. O livro diz algumas coisas boas sobre a natureza transitória da vida humana, sobre a vaidade das coisas e atividades terrenas, e contém alguns versículos que servem de excelentes citações. Mas que dizer sobre a sua *falta de ortodoxia*? Até hoje lembro-me de uma noite em que eu estava no escritório do presidente de uma das escolas teológicas que frequentei, quando ele foi chamado ao telefone. Alguém telefonara para fazer uma pergunta sobre o livro de Eclesiastes. Como é que declarações daquela ordem podem ter penetrado na Bíblia? Ele replicou dizendo que o Espírito deixou que esse livro fizesse parte da Bíblia a fim de mostrar-nos o que o *homem natural* pensa e como ele chega a conclusões negativas, enquanto não recebeu ainda a fé apropriada. Em outras palavras, o livro, em sua porção não-ortodoxa, serviria como uma espécie de exemplo ao contrário, mostrando-nos as coisas que devem ser evitadas, que precisam ser observadas e repelidas. Esse tipo de raciocínio parece atrativo para a mente ortodoxa. E não digo que é uma posição inútil, embora, de certa maneira, seja uma resposta superficial.

C. I. Scofield, em sua Bíblia anotada, diz *in loc*., afirmando a posição conservadora da melhor maneira possível: "Este é o livro do homem *debaixo do sol*, que raciocina sobre a vida; é o melhor que o homem pode fazer com o conhecimento de que existe um Deus santo, e que ele levará tudo a juízo. As expressões-chaves são *debaixo do sol, percebi* e *disse em meu coração*. A inspiração mostrou acuradamente o que sucede, mas a conclusão e o raciocínio, afinal, são do *homem*. Sua conclusão de que tudo é vaidade, em face do julgamento, pelo que o homem não deve consagrar sua vida às coisas terrenas, certamente é verdadeira; mas a *conclusão* (12.13) é legal, o melhor a que o homem pode chegar, à parte da redenção, sem antecipar o evangelho".

Essa é uma boa declaração, mas mesmo assim continua sendo curioso que um livro herético encontrasse caminho até o cânon do Antigo Testamento, por causa de seu estranho encanto. Não há explicação que possa alterar a estranheza desse acontecimento.

VIII. Conteúdo. A discussão anterior nos provê a natureza essencial do conteúdo do livro de *Eclesiastes*. Abaixo damos um esboço acompanhando ideias bem gerais:

I. *A Vaidade de Todas as Coisas* (1.1-3).
II. *Demonstração da Tese Básica da Vaidade* (1.4—3.22).
1. Todas as coisas na vida são transitórias (1.4-11).
2. O mal é provado por seus resultados (1.12-18).
3. Há inutilidade no lucro, no trabalho e nos prazeres (2.1-26).
4. A morte mostra que tudo é inútil (3.1-22).
III. *Um Desenvolvimento Mais Detalhado do Tema* (4.1—12.8).
1. As injustiças da vida mostram a inutilidade das coisas (4.1-16).
2. As riquezas para nada servem (5.1-20).
3. A brevidade e futilidade da vida do homem provam a inutilidade das coisas (6.1-12).
4. A inescrutável providência divina prova a inutilidade das coisas (7.1—9.18).

5. As desordens e frustrações da vida ilustram a vaidade (10.1-20).
6. Jovens e idosos demonstram a inutilidade das coisas (11.1—12.8).

IV. Conclusão (12.9-14).
O dever inteiro do homem: guardar a lei na esperança de receber um bom julgamento divino.

IX. BIBLIOGRAFIA. AM G I IB KOH SCO UN Z

ECROM

No hebraico, **"extermínio"** ou **"naturalização"**. Esse era o nome de uma das cinco cidades da Filístia. Era uma cidade-estado, a mais nortista das cinco. (Ver Js 13.3). Quando da divisão do território da Terra Prometida, Ecrom (tanto a parte conquistada quanto a parte não conquistada) foi conferida à tribo de Judá (Js 13.3; 15.11,45). Mais tarde, entretanto, foi transferida para o território da tribo de Dã, embora tivesse sido conquistada pelos homens de Judá, após o falecimento de Josué (Js 15.11,49; 19.43 e Jz 1.18). Ver também Josefo, em *Anti. 5.1*, 22 e 6.2,4. A narrativa principal a respeito, no Antigo Testamento, no que concerne a essa cidade, envolve a arca da aliança. Foi de Ecrom que a arca foi devolvida a Israel, em uma carroça puxada por bois (1Sm 5.10; 6.1-8). Os profetas, séculos mais tarde, denunciaram a cidade, juntamente com outras cidades filisteias (Jr 25.20; Am 1.8; Sf 2.4; Zc 9.5). O nome Acaron (forma variante de Ecrom) tem sido encontrado fora da Bíblia, como o nome do lugar envolvido, nos relatos sobre as cruzadas. A moderna *Akir*, ao que parece, corresponde à antiga cidade de Ecrom. Fica a dezesseis quilômetros a nordeste de Asdode, embora tal identificação tenha sido posta em dúvida. Eusébio, em seu *Onomasticon*, menciona Ecrom como uma grande aldeia judaica, entre Azoto e Jamnia, mais para o leste. Jerônimo, entretanto, identifica-a com *Turrim Stratonis* (Cesareia). Embora satisfaça as exigências da localização geral, Akir não tem um cômoro, conforme seria de esperar no caso de um local que continuou sendo ocupado por 1.500 anos. Alguns arqueólogos, precisamente por esse motivo, rejeitam essa identificação. Além disso, alguns eruditos têm proposto duas cidades com o mesmo nome de Ecrom. Uma estaria no território de Dã, e a outra no território de Judá. O grande Albright, por sua vez, favorece Qatra, uma colina a cinco quilômetros a sudoeste de Akir. Nesse lugar há evidências de habitações greco-romanas. Esse lugar, pois, parece corresponder à identificação feita por Eusébio (ver acima). O arqueólogo Naveh, do Departamento de Arqueologia da Universidade Hebraica e da Sociedade Israelense de Explorações, propôs Kirbet al-Muqanna (Tell Miqne) como o lugar antigo e alguns antigos cacos de cerâmica têm sido encontrados ali. Aparentemente vinha sendo habitada desde a Idade do Ferro. Trechos das muralhas, além de outras coisas, têm sido desenterrados e as fontes existentes na área poderiam ter sustentado uma cidade de bom tamanho.

ÉDEN, JARDIM DO

I. A PALAVRA. Dois sentidos possíveis estão vinculados a esse termo: **1**. Se o mesmo deriva-se do acádico *edinu*, então refere-se a um "campo aberto". Entretanto, esse sentido não parece ajustar-se muito bem a um *jardim*. **2**. Por conseguinte, talvez a palavra seja hebraica, e não um vocábulo importado. Nesse caso, vem do termo hebraico *eden*, que significa "deleite". A LXX com frequência traduz a palavra por "parque de deleites", o que fortalece a segunda possibilidade. Seja como for, a palavra hebraica *eden* tem o sentido geral de "jardim", embora também possa aludir a qualquer localização territorial ou geográfica. Em Amós 1.5 aparece como o nome de uma cidade.

II. INTERPRETAÇÕES LIBERAIS E ALEGÓRICAS SOBRE O ÉDEN. Nos mitos mesopotâmicos que narram as origens do homem e os anos iniciais e formativos da humanidade, há muitos paralelos com a narrativa do livro de Gênesis. Quanto a ilustrações a esse respeito, ver o artigo sobre *Cosmogonia*, que explana com detalhes a cosmogonia dos hebreus. Ver também o artigo sobre a *Criação*, que explica os paralelos ao relato dos hebreus, comparando-o com os relatos da cultura mesopotâmica em geral. Nas lendas e mitos daquela área, também há menção ao *Éden*. Ali, aparece como um deserto (o *espaço aberto* subentendido pela palavra), com um oásis. Dentro desse oásis, o homem teria sido criado. No Oriente Médio, onde a água é escassa e muito estimada, uma cena favorita imaginária é a de um parque ou oásis, onde água e verdura aparecem com abundância. Um autor qualquer, ao criar uma história, naturalmente dar-lhe-ia certo colorido local, pois as pessoas sempre gostam de pensar em sua região do mundo como mais importante do que qualquer outra região. Portanto, a narrativa bíblica fornece-nos alguma informação que parece indicar a localização do jardim do Éden. Havia um rio no Éden, que irrigava o jardim. Esse rio dividia-se em quatro braços, dentro do jardim. E esse detalhe pode levar à identificação dentro do atual Iraque. Ver a seção III. O que sucede aqui, entretanto, é que o autor proveu um meio ambiente fictício, embora injetando no mesmo algumas características geográficas locais. Provavelmente, ele queria que seus leitores acreditassem que "há muito tempo", o local era conforme ele descrevera. Agora, porém, as coisas haviam-se modificado, pelo que o que o autor dizia não podia ser identificado com as características geográficas existentes em seus dias.

Era um jardim especialíssimo. Entre suas espécies vegetais, havia uma árvore de vida e uma árvore do conhecimento. O primeiro casal, em sua ansiedade de saber mais do que deveria, comeu do fruto da árvore do conhecimento do bem e do mal. Ao assim fazerem, Adão e Eva perderam quaisquer direitos que tivessem à árvore da vida, por meio da qual poderiam ter-se tornado seres imortais. O próprio fato de que o conhecimento e a vida são considerados como coisas que podem ser obtidas mediante a ingestão do fruto de uma árvore, demonstra que alguma mente primitiva criou uma lenda improvável acerca de como o homem caiu de seu original estado de inocência. Ou então, o autor tencionava que seus leitores pensassem em termos de uma parábola ou alegoria, e não em termos literais. O fato de que uma serpente participou da cena da tentação, dotada até mesmo da capacidade de falar, demonstra, provavelmente, a natureza parabólica da narrativa. Deveríamos relembrar, em conexão com isso, que esses elementos também são paralelos, embora de maneira diversa, das fábulas próprias da cultura mesopotâmica. Ademais, a identificação da serpente com Satanás foi um desenvolvimento relativamente tardio do judaísmo, que não pode ser associado ao intuito do autor original do livro de Gênesis. Alguns dos pais da igreja, como aqueles da escola alexandrina, não hesitaram em falar sobre essa narrativa como uma parábola; e, em vez de tentarem apresentar uma difícil defesa da narrativa como um relato literal, mostraram-se dispostos a descobrir nessa narrativa lições morais e espirituais, e nas repostas para indagações acerca das origens do homem e da depravação original, que não têm qualquer resposta adequada, a despeito das especulações de muitos.

Muitos intérpretes conservadores objetam a essa maneira de manusear a narrativa de Gênesis, razão pela qual tentam identificar sua localização, com seriedade, conforme segue.

III. LOCALIZAÇÃO DO ÉDEN. Alguns eruditos têm feito sérias tentativas para identificar a localização geográfica do jardim do Éden. Três sugestões têm sido feitas, a saber: **1**. a Armênia; **2**. a Babilônia, perto do alto do golfo Pérsico; **3**. perto do polo Norte. Essa terceira ideia, porém, deve ser descartada pelo fato de que sua flora elimina qualquer possibilidade. Também têm sido feitas tentativas para identificar os quatro rios mencionados, cujos nomes eram Pisom, Giom, Hidequel e Eufrates (Gn 2.10-14). Todas as formas de ideias fantásticas estão vinculadas à tentativa de localizar esses rios. Alguns supõem que os grandes rios mencionados não ocupam, atualmente, os mesmos lugares, devido ao rearranjo da crosta terrestre, por causa das mudanças dos polos. Por essa razão, até o rio Amazonas, no norte do Brasil, tem sido considerado um dos quatro rios que banhavam o jardim do Éden. Mas a ideia é manifestamente absurda. Os rios Tigre e Eufrates são mencionados especificamente no décimo quarto versículo. Os outros dois rios não existem na área, na atualidade. Por essa razão, alguns intérpretes dizem que grande mudança topográfica deve ter ocorrido naquela região, ou então que esses outros dois nomes não representavam rios, mas canais de alguma sorte, talvez ligados aos dois grandes rios. Alguns estudiosos tentam incluir ali o Nilo e o Indus. Outros declaram que o dilúvio dos dias de Noé alterou o quadro, de tal modo que não podemos identificar os rios em questão, exceto o Tigre e o Eufrates. Houve canais, construídos muito mais tarde e que dificilmente se adaptam à descrição e ao intuito do livro de Gênesis. A Armênia aparece como a localidade do jardim do Éden, por alguns que procuram identificar o Pisom e o Giom com rios menores daquele país. O Hidequel é um antigo nome do rio Tigre. Nossa versão portuguesa, de fato, diz em Gênesis 2.14, "Tigre", e não Hidequel. Os estudiosos liberais, entretanto, declaram que a solução é perfeitamente simples. Visto que a narrativa seria uma lenda, não deveria ser interpretada como se desse descrições topográficas genuínas. A única coisa que se poderia afirmar é que o autor, ao identificar dois rios bem conhecidos, situou o berço da civilização na Babilônia, ou seja, em algum lugar do atual Iraque.

Por muito tempo houve o hábito de identificar essa área como o berço da civilização. Atualmente, porém, os especialistas estão se inclinando pela África como o berço da civilização. Considerando-se o fato de que os polos mudam, e que a crosta terrestre sofre rearranjos, e, também, que houve raças humanas pré-adâmicas (ver o artigo sobre os *Antediluvianos*), pouco sentido faz tentar falar sobre qualquer área geográfica específica, onde o "homem" teria começado a sua existência na terra, marchando na direção da civilização, conforme a conhecemos atualmente.

IV. SIGNIFICADOS DA NARRATIVA. Os sentidos dados à narrativa de Gênesis estão entretecidos com aqueles da própria criação, e o artigo sobre esse assunto elucida a questão. Os principais ensinos são estes: **1**. Que o estado original do homem era de paz, abundância e bem-estar. Supomos que o homem deveria ser concebido como um ser imortal, e que se Adão e Eva tivessem comido do fruto da árvore da vida, esse estado teria sido confirmado e se tornaria permanente. **2**. Embora vivesse em perfeito ambiente, o homem não era possuidor de uma natureza perfeita, a despeito de seu estado de inocência. Era capaz de ser tentado e de cair em pecado. Portanto, sem importar qual a sua condição exata, o homem não possuía a verdadeira imortalidade divina. **3**. O tentador é uma realidade. O homem sempre terá de enfrentar escolhas morais e mesmo em meio às mais favoráveis circunstâncias, ele pode fazer escolhas erradas. **4**. As más escolhas são seguidas pelo julgamento, o que envolve mudanças drásticas, tanto no meio ambiente quanto no estado espiritual do homem. Está envolvida a lei da colheita segundo a semeadura, porque o homem obtém aquilo que merece. O pecado de Adão não passou despercebido. Presume-se que se ele tivesse feito uma escolha diferente, teria recebido algum exaltado galardão. **5**. O *teísmo* é um dos aspectos do relato. Deus não é um ser distante e transcendental, desinteressado pelo homem. O autor de Eclesiástico (vide) declara que somente indivíduos insensíveis supõem que Deus não está interessado neles, desconsiderando o que fazem. **6**. O fato de que foram postados querubins no oriente do jardim do Éden, para impedir o retorno do homem ao mesmo (Gn 3.24), mostra-nos que uma vez que um homem faça uma má escolha, poderá ser barrado, por longo tempo, de reverter sua condição. O homem sacrificou qualquer imortalidade, ou oportunidade de atingir a mesma, que tivesse tido. A história da redenção, contudo, ensina-nos que a recuperação em Cristo é algo possível. Outrossim, um *novo tipo* de imortalidade (vide) foi dado, um tipo que ultrapassa qualquer espécie de imortalidade que o primeiro casal pode ter conhecido ou antecipado. Nessa nova imortalidade, foi prometida a participação na natureza divina (2Pe 1.4), mediante a transformação segundo a imagem do Filho (Rm 8.29; 2Co 3.18). Isso envolve a participação em toda *a plenitude* de Deus (Cl 2.10), que inclui sua natureza e seus atributos.

V. A DILMUM DOS TEXTOS SUMÉRIOS. Material proveniente da biblioteca da Suméria, descoberto há cinquenta anos em Nipur, no sul da Babilônia, fala sobre um lugar chamado *Dilmum*, um lugar aprazível onde eram desconhecidas a morte e as enfermidades. O lugar estivera sem água, mas Enki, o controlador das águas, ordenou que a situação fosse remediada. A *deusa* Ninti esteve associada a ele. Dentro do relato sumério, a história tem uma função muito parecida com a de Eva, no relato bíblico. De fato, o nome *Ninti* significa "dama da costela". E também pode significar "dama que vivifica" (o sentido do nome *Eva* é "mãe dos viventes"). Essa deusa teria curado vários males do deus Enki, com seus poderes transmissores de vida. Como é óbvio, há nisso pontos de conexão com a história bíblica. Ver o artigo sobre *Eva*. Nas lendas babilônicas posteriores, Dilmum é chamado de "terra dos viventes", o lar dos seres imortais. O que aparece como mortal na história bíblica é relacionado a seres imortais, nessas lendas. É curiosa a ideia de alguns mórmons sobre a história original de Adão e Eva, que eles tinham sido deuses, mas, caindo no pecado, tornaram-se seres mortais, e que Eva era uma das esposas de Adão, quando eles ainda eram imortais, bem como aquela que ele levou consigo ao jardim. Isso aproxima-se do espírito da lenda do material sumério.

Alguns eruditos pensam que a história bíblica é uma espécie de versão purificada, para ter um sentido monoteísta, do material da Suméria. Mas outros pensam que o material sumério representa uma corrupção do relato bíblico. A verdade mais provável é que ambas as versões originaram-se de um fundo comum, dentro da cultura mesopotâmica da época. A tentativa para interpretar a história em sentido literal (incluindo dados geográficos), tem levado a certo número de problemas acerca dos quais os teólogos e os eruditos da Bíblia continuam debatendo. Em contraste com isso, as lições morais e espirituais do relato são perfeitamente claras. (AM I IB KRA ND UN S Z)

EDER

Esse é o nome de uma cidade e de dois personagens do Antigo Testamento. Em hebraico, o nome significa **"rebanho"**. **1**. Uma cidade no distrito do Neguebe de Judá (Js 15.21). Esse lugar tem sido identificado com a moderna localidade de el-Adar — cerca de oito quilômetros ao sul de Gaza, na margem direita do wadi Ghazzeh. A LXX, nos manuscritos B, diz *Ara* nesse ponto, sugerindo que Arade (vide) é a localidade em questão. Algumas traduções grafam o nome com a forma de Edar, no livro de Josué. **2**. Um benjamita, sobre quem não temos qualquer conhecimento, é assim chamado, no trecho de 1Crônicas 8.15. **3**. O segundo dos três filhos (isto é, descendentes) de Musi, que era um levita na época de Davi, tinha esse nome. (Ver 1Cr 23.23; 24.30). Viveu em torno de 1000 a.C.

EDER, TORRE DE

No hebraico, **"torre do rebanho"**. Era uma torre de vigia, provavelmente erigida para proteger os rebanhos. Ficava entre Belém e Hebrom. Foi ali que Jacó residiu temporariamente, após o falecimento de Raquel, e onde Rúben cometeu incesto com Bila (Gn 35.21,22). Nessa referência temos, no original hebraico, o nome *Midal-Eder*. O trecho de Miqueias 4.8 refere-se à "torre de rebanho", quando alude à colina de Sião. Também era chamada Ofel, ou seja, "fortim".

EDOM, IDUMEUS

Jacó e Esaú seguiram seus respectivos caminhos, embora fossem irmãos gêmeos. O povo de Israel descende de Jacó, e os edomitas ou idumeus descendem de Esaú. *Esaú* (vide), de acordo com as tradições judaicas posteriores, mencionadas então no Novo Testamento, como no nono capítulo da epístola aos Romanos, não era favorecido por Deus. Porém, isso não é indicado pelo próprio relato veterotestamentário. De fato, ali Esaú aparece como homem de caráter mais nobre que Jacó. Pessoalmente, creio que Deus cuidou da alma de Esaú, através do ministério de Cristo, na vida após-túmulo. Sem importar como lhe tenha acontecido, o certo é que os descendentes de Esaú ocuparam um território que fica na fronteira sudeste da Palestina (ver Jz 11.17; Nm 34.3), que era chamado de terra ou monte de *Seir* (vide). (Ver também Gn 32.3; 36.8; Ez 35.3,7,15).

1. A Palavra. No hebraico, *edome*, **"vermelho"**, uma alusão ao cozido vermelho (ou marrom amarelado de lentilhas, *o adashim*, cuja preparação culinária aparece em gravuras egípcias). Em troca desse cozido Esaú vendeu o seu direito de primogenitura, porquanto não dava valor às realidades espirituais. Essa palavra, pois, veio a tornar-se um sobrenome de Esaú. O nome também tornou-se apropriado para designar o território de Esaú, a saber, o monte Seir, visto que a área é dominada por uma coloração avermelhada, devido à natureza das rochas superficiais.

Usos da Palavra. Essa alcunha foi dada a Esaú, filho de Isaque, depois que ele se desfez de seu direito de primogenitura por um mero prato de lentilhas cozidas (Gn 25.30). Passou a ser um nome alternativo para indicar a Idumeia, ou seja, o monte Seir. Também designa a terra de seus descendentes (Gn 32.3; 25.20,21,30), ou então, coletivamente, todos os idumeus (Nm 20.18,20,21; Am 1.6,11; Ml 1.4).

2. O Território. Esse país estendia-se desde o mar Morto, na direção sul, até o golfo de Ácaba e desde o vale da Arabá, na direção leste, até o deserto da Arábia, isto é, tinha cerca de duzentos quilômetros de comprimento por 48 quilômetros de largura. Era uma região montanhosa, composta de rochas avermelhadas como uma de suas características principais. Acima dessas rochas havia pedras calcárias que assumiam formas fantásticas, ao mesmo tempo que de ambos os lados dessas formações havia colinas de pedra calcária. Para o lado oeste, ao longo do vale da Arabá, as colinas são mais baixas. Para o lado oriental, as montanhas atingem sua maior expressão. Grande parte do terreno era inóspito, embora houvesse áreas que podiam ser cultivadas (Nm 20.17-19). O território compreende uma espécie de retângulo malformado. O ponto mais elevado tem cerca de 1740 m de altura, acima do nível do mar. Os idumeus fortificaram a região em vários lugares, especialmente na sua fronteira leste, mais exposta. O Caminho do Rei passava ao longo do planalto leste dessa área, perto de Tofel, Bozra e Dana, mais ao sul, e então descendo ao vale de Hismé. A capital, Selá, estava situada a oeste desse caminho no maciço platô chamado Umm el-Biyara, que se eleva a 300 m acima de Petra (vide). Petra é o nome grego da mesma cidade de Selá. Os idumeus não habitavam a área inteira desse retângulo, mas controlavam-na. Certas partes da Arabá possuíam ricos depósitos de ferro e minas de cobre, o que era uma das principais fontes de riqueza dos idumeus. As rotas comerciais que ligavam a região com a Mesopotâmia e com o Egito, passavam na extremidade sul dessa região, e isso também contribuía positivamente para a economia dos idumeus. A porção ocidental da Arabá era habitada por tribos nômades, que tinham uma frouxa associação com os idumeus, e que vieram a mesclar-se parcialmente com eles (Gn 36.11,12), embora não fossem totalmente dominadas pelos filhos de Edom. O povo de Israel atravessou essa área, pouco antes da conquista da Terra Prometida.

3. Os Idumeus. Estes eram descendentes de Esaú (também apelidado Edom). O trecho de Deuteronômio 2.12 mostra-nos que os habitantes originais da região eram os horeus, os quais foram dali expulsos pelos descendentes de Esaú. A arqueologia tem demonstrado habitações pré-idumeias na terra. Os descendentes de Esaú migraram para esse território e tornaram-se o poder dominante na região, embora não o único agrupamento humano (Gn 14.6). Por volta de 1850 a.C., houve uma interrupção no desenvolvimento da cultura idumeia, o que se prolongou até cerca de 1300 a.C., quando a área veio a ser dominada por povos nômades. Esaú ocupara essa área antes de Jacó retornar de Harã (Gn 32.3: 26.6-8; Js 14.4). Chefes tribais controlavam a região (Gn 36.15-19; 40.43). *Reis* idumeus (chefes tribais, ou chefes de várias tribos) antecederam qualquer rei em Israel (Gn 26.31-39; 1Cr 1.43-51).

4. História. As descobertas arqueológicas desvendaram indícios de habitação, nessa área, até tempos tão remotos quanto o século XXIII a.C. A cultura idumeia começou ali entre 1850-1900 a.C. Talvez tenha sido a invasão de Quedorlaomer (Gn 14.1 *ss*.) que despovoou a área de seus habitantes mais antigos. Os horeus tomaram conta da região; e quando Esaú e seus filhos vieram a dominar e absorver os habitantes horeus originais (Gn 14.6), eles encontraram as tribos usuais com seus respectivos chefes (Gn 36.29,30). Esaú casou-se com uma filha de um desses chefes tribais (Gn 36.2,25). Por sua vez, os descendentes de Esaú também tornaram-se chefes tribais da região (Dt 2.12,22). Os idumeus tinham uma cultura bem estabelecida, com uma monarquia que começou antes mesmo da época do êxodo de Israel do Egito. Os registros escritos dos idumeus desapareceram, embora os egípcios nos deem algumas informações, como também os hebreus e os assírios. Os registros dos dias dos faraós Mernepta (cerca de 1225-1215 a.C.) e de Ramsés III (cerca de 1198-1167 a.C.) mencionam os idumeus como tributários. Alguns historiadores duvidam da exatidão dessa reivindicação. Os trechos de Gênesis 36.20-30 e 1Crônicas 1.43-54 mencionam a sociedade monárquica dos idumeus. O papiro Anastasi VI, do Egito, menciona tribos-pastores de Edom. E a carta de Tell el-Amarna, nº 256 (cerca de 1400 a.C.), ao chamar Edom de *Udumu*, refere-se ao lugar como um adversário do príncipe jordaniano. A história de Edom inclui grande caldeamento de raças. Os casamentos mistos deram-se com os cananeus (hititas, Gn 26.24) e com os horeus do monte Seir (Gn 36.20-30). A absorção e a mescla criaram um povo distintivo, hostil a Israel. Quando Israel desejou atravessar o território de Edom, a caminho da conquista da Terra Prometida, não tiveram permissão para tanto; mas Edom, visto descender de um irmão distante, não deveria ser perturbado (Js 15.1,21).

A história subsequente inclui vários incidentes de hostilidades, sendo provável que esses fossem permanentes. Saul teve problemas com os idumeus (1Sm 14.47). No entanto, houve idumeus que o serviram (1Sm 21.7; 22.9). Davi subjugou a terra deles, e ali erigiu fortificações (2Sm 8.13,14). Joabe tinha como um de seus alvos erradicar todos os idumeus do sexo masculino; e podemos supor que isso criou uma grande e contínua hostilidade (1Rs 11.15,16). Esse programa de Joabe, todavia, não obteve sucesso total, pelo que, mais tarde, Salomão teve problemas com os idumeus (1Rs 11.14-22). Entretanto, ele dominou essencialmente a Idumeia, tirando vantagem de suas riquezas naturais. Construiu um porto marítimo em Eziom Geber, no golfo de Ácaba, para servir ao comércio marítimo (1Rs 9.26; 2Cr 8.17). A arqueologia tem descoberto as minas de cobre e de ferro de Salomão, localizadas entre três e cinco quilômetros de Elate (no golfo de Ácaba).

Edom, porém, recuperou-se. Aliados de Amom e de Moabe, nos dias de Josafá, os idumeus atacaram Judá (2Cr 20.1). Então, posteriormente, esses aliados combateram uns contra os outros (2Cr 20.22,23). Judá, entretanto, conseguiu o predomínio e um governador, controlado por Judá, passou a dirigir os idumeus (1Rs 22.48). Todavia, no tempo de Jeorão, Edom rebelou-se novamente, atacando Eziom-Geber (2Rs 8.21). Jeorão levou a melhor na refrega, embora não tivesse podido subjugar totalmente os idumeus. E Edom ficou independente por um período de cerca de 40 anos. Amazias (796-767 a.C.) promoveu outra invasão de Edom, matou dez mil guerreiros idumeus e capturou Sela, a capital (2Rs 14.7; 2Cr 25.11,12). Uzias aniquilou o que ainda restava deles (2Rs 14.22). Porém, uma vez mais Edom obteve a independência e Judá nunca mais teve a oportunidade de reconquistar o território. Tiglate-Pileser III, da Assíria, compeliu Kaush-malaku, rei de Edom, a submeter-se a seu governo. A área foi absorvida pelos babilônios, em 604 a.C. Eles aliaram-se a Nabucodonosor e ajudaram a destruir a cidade de Jerusalém, em 587 a.C., e então regozijaram-se grandemente diante do acontecimento (Sl 137.7; Lm 4.21,22; Ob 10-16). Subsequentemente, alguns idumeus ocuparam a porção sul de Judá, fazendo de Hebrom a sua capital. Isso resultou na formação da Idumeia do período pós-exílico. No século V a.C., Edom caiu sob o poder dos árabes. Os nabateus, no século IV a.C., conquistaram a região e fizeram de Petra (Sela) a sua capital. Alguns idumeus fugiram para a Idumeia, mas a maioria deles foi absorvida pelos novos habitantes da região.

Chegamos então ao tempo dos macabeus. Judas Macabeu obteve vitória sobre os idumeus, em 164 a.C. (1Macabeus 4.1-5; Josefo, Anti. 12.8,1). João Hircano ocupou o território inteiro, em 120 a.C. Nessa época, o judaísmo tornou-se a religião obrigatória deles, conforme nos diz Josefo (Anti. 13.9,1; 15.7,9). Depois disso, chegou o poder dos romanos, e todos os territórios em questão ficaram sob o domínio deles. Antípater, pai de Herodes, o Grande, era proveniente da Idumeia. Ele governava o território inteiro; então Herodes, o Grande, tornou-se o governante, em 37 a.C. Foi nesse tempo que houve a última dinastia de governantes palestinos. Após a destruição de Jerusalém, em 70 d.C., os idumeus desapareceram da história. Isso pôs fim à história de Edom. Foi um jogo irônico da história que os descendentes daqueles que tanto haviam exultado ante a queda de Jerusalém, em 587 a.C., estivessem entre os mais resolutos defensores da cidade, quando os romanos a atacaram, em 66-70 d.C. (BAL GL S UN Z)

EDOS
Um filho de Nebo que se casara com uma mulher estrangeira, durante o cativeiro babilônico e que precisou divorciar-se dela. Ele é chamado Jadai, em Esdras 10.43. Ver também o livro apócrifo de Ezra 9.35.

EDREI
No hebraico, **"forte"**, ou **"terra semeada"**. No primeiro caso, talvez se refira às fortificações das cidades. Há duas cidades com esse nome, nas páginas do Antigo Testamento, a saber: **1**. Nome de uma cidade fortificada do norte da Palestina, situada perto de Cades e Hazor, embora, atualmente, não se saiba exatamente onde ela ficava localizada. Alguns estudiosos têm sugerido o moderno Tell Khureibeh. Talvez a *i-t-r'* referida nas listas das campanhas de Tutmés III, encontradas em Carnaque, seja o local em questão. Quanto a uma referência bíblica, ver Josué 19.37. **2**. Uma cidade de Basã, do outro lado do Jordão (mencionada em Js 12.4,5; 13.12; Dt 3.19). Foi nesse lugar que o rei Ogue foi derrotado em batalha contra Israel (Nm 31.33-35; Dt 1.4; 3.1-3). Foi edificada sobre um lugar elevado que olha para a bifurcação sul do rio Iarmuque, ao longo da fronteira sul de Basã (vide). O local é atualmente identificado com uma aldeia do sul da Síria, chamada Der'a, cerca de 9 quilômetros ao sul de Damasco e a metade dessa distância a leste do rio Jordão. A arqueologia tem identificado ruínas ali, que começam pelo menos na época da idade do Bronze Antigo. O cônsul Wetzstein foi quem primeiro escavou o local, em 1860; mas, depois dele, várias escavações tiveram lugar. Uma notável e incomum cidade subterrânea foi encontrada ali, que provavelmente data do período helênico ou romano. Numerosas ruas, lojas, dependências etc., foram descobertas em cavernas feitas na rocha basáltica. Aparentemente a cidade foi preparada a fim de receber a população que normalmente vivia à superfície, acima dela, quando invasores viessem ocupar a região. Na média, fica a 21 m abaixo da superfície. Respiradouros foram cavados até à superfície, a fim de suprir ar fresco. Foram cavadas cisternas, no fundo da cidade, a fim de suprir água. É possível que uma cidade ainda bem maior do que essa exista na mesma localização, ainda mais abaixo da superfície, e que aquilo que a arqueologia já descobriu seja apenas uma parte do total. É curioso que, em nossos dias de ameaça de guerras atômicas, o conceito da cidade subterrânea esteja retornando aos pensamentos dos homens e isso pela mesma razão: para obter proteção contra os desígnios violentos de outros homens.

EDUCAÇÃO
I. A Palavra e suas Definições. A educação é o desenvolvimento e o cultivo sistemático das capacidades naturais, por meio do ensino, do exemplo e da prática. Inclui tanto o conhecimento teórico quanto a experiência prática, no desenvolvimento de habilidades diversas. Em um sentido formal, essa palavra indica o ensino como um sistema, servindo de sinônimo da palavra "pedagogia". No sentido bíblico, porém, o processo da educação combina-se com os princípios espirituais que, segundo se espera, emprestam poder e significado aos ensinos que transcendem os meios intelectuais normais e os meios humanos práticos. A revelação e a inspiração saem em ajuda da educação, pelo que também o Senhor Jesus Cristo é o supremo exemplo que as pessoas bem-educadas deveriam seguir e tentar duplicar, tanto na natureza quanto na prática.

O moderno vocábulo hebraico para "treinar" deriva-se do mandamento que aparece em Provérbios 22.6 e que nossa versão portuguesa traduz por: *Ensina a criança no caminho em que deve andar, e ainda quando for velho não se desviará dele*. Outros termos relacionados à educação são aqueles que denotam as ideias de *instrução* e *aprendizagem*. Todos os bons processos de educação dispõem de compêndios adequados. No tocante ao processo da educação espiritual, o texto principal é a Bíblia, havendo outras obras que suplementam o conhecimento adquirido através da Bíblia, que fornecem instrução quanto a todas as variedades de conhecimento que podem ter alguma aplicação espiritual. *Mestres* são providos para ajudar no processo, a fim de proverem o exemplo e as instruções adequados. Esses professores são descritos como *sábios* (ver Pv 13.14 e 15.7). Seus alunos eram chamados, antigamente, de "filhos" (ver 1Cr 25.8 e Pv 2.1), porquanto a educação processa-se melhor quando os princípios espirituais da família divina estão sendo ensinados e seguidos.

No Novo Testamento encontramos menção aos *rabinos* (professores) e aos *mestres* (*professores*). No grego, esta última palavra é *didáskalos*, termo usado por cerca de cinquenta vezes nos Evangelhos, mas aplicado de modo supremo a Jesus. Ele ensinava às multidões (Mc 2.13), nas sinagogas (1.21), ou então, particularmente, aos seus discípulos (Mt 5.1,2). Os discípulos (aprendizes) foram mencionados por mais de duzentas vezes nos Evangelhos. Ele lhes ensinava doutrina (no grego, *didache*). Parte da Grande Comissão era o ministério do ensino, conforme se vê em Mateus 28.19,20.

Educação Formal e Informal. A educação formal é adquirida através do estudo bem organizado, usualmente

EDUCAÇÃO

administrado nas escolas. Esse ensino se faz por graus, havendo certo número de disciplinas requeridas, dentro de um determinado número de anos. A *educação* informal é aquela adquirida mediante o estudo privado, ou mediante a experiência diária, incluindo aquilo que se aprende através de comunicações, livros, revistas, rádio, televisão, cinema etc. *Educação* é o nome daquela ciência ou ramo de estudos que trata, histórica e contemporaneamente, dos princípios e práticas do ensino e do aprendizado.

II. A EDUCAÇÃO EM RELAÇÃO AO ANTIGO TESTAMENTO

1. Pano de Fundo. Sistemas primitivos de educação se desenvolveram já desde o terceiro milênio a.C. Há manuais de ensino que remontam até 2.500 a.C. Na antiga Suméria havia numerosas escolas para os escribas. As disciplinas ali ensinadas diziam respeito à religião, às atividades nos palácios e aos negócios do estado. Disciplinas específicas incluíam a botânica, a zoologia, a geologia, a geografia, a matemática, as línguas e várias questões relacionadas à cultura e à religião. Uma escola contava com seu professor e seus alunos, que eram chamados, respectivamente, *pai* e *filhos*. Havia uma educação profissional, como no caso dos escribas e dos oficiais religiosos e do governo. No nível elementar, a língua era tão importante quanto a literatura e a religião. Uma educação superior estava reservada aos oficiais do governo, à casta sacerdotal, e a certos profissionais, como os médicos.

Há paralelos a esse tipo de sistema em várias referências do Antigo Testamento, embora as escolas formais (como aquelas dos profetas) pertençam a um tempo posterior, já dentro da monarquia. Desde a época de Samuel, por exemplo, vemos que esse profeta, desde menino, fora dedicado ao serviço de Deus, tendo sido educado sob a supervisão de Eli, o sacerdote. Assim sucedeu, embora Samuel não pertencesse à casta sacerdotal. Alguns estudiosos supõem que escolas formais, que funcionavam em torno dos santuários religiosos, foram um fenômeno bem antigo em Israel, com paralelos nos costumes egípcios, de onde também podiam ter sido importadas. Seja como for, havia uma classe de escribas em Israel, tal como no Egito. Personagens como Moisés, os juízes e os reis participavam do trabalho dos escribas, embora seja provável que a maioria dos escribas proviesse da classe sacerdotal. Ver o artigo sobre os *Livros*, que indica esse fato. Mais ou menos na época do exílio babilônico, a classe dos escribas tomou grande impulso, tornando-se uma profissão bem definida, que incluía uma alta função educativa, porquanto muitos deles eram professores, e não apenas copistas de manuscritos. Ver os informes sobre o *autor* do livro de Eclesiastes, quanto a informações sobre isso. Apareceu uma classe escribal aristocrática. (Ver 2Sm 8.17; 2Cr 24.11; 1Cr 24.6; 27.32; 2Cr 34.13 e Jr 36.26 quanto a referências bíblicas sobre esse tipo de atividade). A classe superior dos oficiais religiosos também envolveu-se em atividades políticas, mas a erudição bíblica passou para as mãos de uma classe especial de escribas, de onde surgiram as grandes escolas rabínicas. (Ver Ed 7.6,11 e Ne 8.4,9,13 quanto a evidências sobre essa classe que vinha emergindo na época deles). Tal como na antiga Suméria, nas escolas dos rabinos havia a relação de pai e filhos, entre os professores e seus aprendizes. (Ver Pv 2.1). Isso nos brindou a literatura de sabedoria do Antigo Testamento, incluindo obras como Provérbios, Eclesiastes, Sabedoria de Salomão etc.

2. Inspiração Básica. Platão interessava-se pela realidade última, isto é, o universal, e os seus diálogos demonstram que ele buscava um conhecimento celestial. Porém, ele também ensinava sobre política, ética, matemática, estética e epistemologia, como disciplinas importantes. Aristóteles foi um cientista, e quase todos os seus escritos representam investigações científicas. Mas a convicção que inspirava a educação judaica era a convicção de que o Deus dos judeus era um Deus moral e nacional, que regulamentava todo o conhecimento e a conduta de seu povo, conferindo-lhes suas instruções através de profetas e homens santos. Toda a educação entre os judeus, portanto, baseava-se sobre princípios morais e teológicos. A educação tinha por intuito tornar os homens sábios na teoria e na prática, promovendo a espiritualidade geral deles. A dimensão espiritual, por conseguinte, sempre ocupou o primeiro plano na educação judaica; e até mesmo em nossos dias, nas comunidades judaicas, esse é o princípio normativo. A responsabilidade dos pais, portanto, era bastante grande. As escolas formais, excetuando as mais antigas, dos escribas e dos profetas, desenvolveram-se primeiramente em outras culturas e não entre os judeus. Paradoxalmente, os judeus vieram a adotar aquela instituição helênica, a escola, com uma ampla aplicação, a fim de proteger o judaísmo das influências gregas.

3. A Religião e as Habilidades Básicas. O próprio Antigo Testamento é um texto de conhecimentos religiosos, e isso desde o começo. Seus livros foram aparecendo gradualmente, com a passagem de vários séculos, tendo inspirado toda a cultura judaica. Também sabemos que muitos outros livros foram publicados, que nunca vieram a fazer parte do cânon sagrado. O intuito da educação judaica não era tecnológico e científico. Nunca houve nenhum Aristóteles judeu. Em muitos aspectos culturais, a sociedade judaica era débil. Tinha que fazer empréstimos na área da arquitetura, por exemplo. Até mesmo o famoso templo de Jerusalém foi edificado com o aproveitamento de ideias estrangeiras, e com ajuda de construtores estrangeiros. A estética era fraca entre os judeus, porquanto temiam desobedecer ao mandamento acerca das imagens de escultura. Não havia qualquer investigação formal nos campos da matemática, da biologia, da astronomia etc., conforme se via em outras culturas, mormente na Babilônia. A fé religiosa absorvia praticamente toda a atenção. Naturalmente, havia um ensino relacionado às habilidades básicas da agricultura e do comércio. Às donzelas ensinavam habilidades domésticas, o que era feito pelas mães das famílias; e os pais eram responsáveis pela educação dos meninos e rapazes. A leitura era ensinada por estar diretamente relacionada ao uso das Escrituras. De fato, o alfabeto, conforme o conhecemos, é de origem hebreia. Ver o artigo separado sobre o *Alfabeto*. Não sabemos qual proporção do povo judeu sabia ler. Supõe-se que a proporção era pequena, e que apenas homens adquiriam essa habilidade, embora o conteúdo dos livros se tornasse conhecido de todos através do ensino. A literatura não era universal (Is 29.11), embora parecesse generalizada durante o começo do período monárquico. W.F. Albright supunha que aí por volta do século X a.C., até mesmo muitos aldeões de Israel sabiam ler. (Textos como os de Dt 6.9; 17.18,19; 27.2-8; Js 18.4,9; Jz 8.14 e Is 10.19 mostram que a capacidade de ler era importante, ao menos na antiga sociedade judaica). As inscrições de Siloé, as cartas de Laquis e os papiros Elefantinos mostram que a escrita era uma prática generalizada entre as nações que estavam vinculadas geográfica e racialmente a Israel. O trecho de 1Macabeus 1.56 mostra-nos que havia cópias da Torá e do Talmude nas casas e não apenas nas escolas, e isso demonstra que, por esse tempo, deve ter havido uma alta taxa de alfabetização em Israel.

4. Alvos Específicos. Já pudemos observar que a cultura hebreia dizia respeito, essencialmente, à religião e às habilidades básicas, e não à ciência. O que importava era a história da nação e sua herança (Êx 12.26,27; 13.7,8; Js 4.21 ss.). É significativo o destaque que os hebreus tiveram como historiadores desde a antiguidade, especialmente durante e após o período da monarquia. Uma porção considerável do Antigo Testamento consiste em história. O que tinha importância suprema eram as ordenanças da lei (Dt 4.9,10; 6.20), de tal modo que a espiritualidade e os princípios éticos eram pontos básicos na educação judaica (Lv 19.2 ss.). Nisso entra, necessariamente, a lei civil e a organização da sociedade e suas instituições; mas não havia qualquer divisão clara entre a lei civil e a lei religiosa. As leis civis eram uma especialidade dos romanos. Na sociedade judaica, a justiça era definida em termos religiosos, sendo aplicada em todas as circunstâncias da sociedade em geral. A justiça social estava vinculada à justiça de Deus (Am 2.6,7). O temor de Deus é o começo das boas ideias e das boas práticas (Pv 9.10). Dentro da literatura de sabedoria, aparecem todas as formas de instruções específicas. Mas a base de tudo é a retidão (Pv 1.2-4).

5. Negócios Práticos. Ver o artigo geral sobre *Artes e Ofícios*, que provê informações sobre essa questão, dentro da cultura de Israel. A arqueologia tem mostrado que os hebreus eram habilidosos em atividades como a edificação, a mineração, a metalurgia, o entalhe em madeira e em pedra etc. (Êx 35.30 ss.). Não havia, contudo, escolas formais para ensinar essas artes. Aprendia-se tudo na escola prática, cada qual começando como um aprendiz. Não havia escolas de música, de arquitetura, de escultura, de pintura ou das artes em geral; mas a música era uma importante atividade e profissão em Israel, por causa de sua conexão com a religião. Davi desenvolveu essa atividade de modo considerável, quando era rei.

6. A Sinagoga. Ver o artigo separado sobre esse assunto, quanto a um estudo mais completo. Não temos qualquer informação, nem no Antigo e nem no Novo Testamentos, sobre a origem das sinagogas; e nem mesmo nos livros apócrifos temos essa informação. Os eruditos supõem que, como uma instituição formal, a sinagoga desenvolveu-se durante o cativeiro babilônico. A palavra "sinagoga" encontra-se em Salmo 74.8, mas ali significa apenas "assembleia", não havendo qualquer alusão à instituição que recebeu esse nome. A palavra aparece por 56 vezes no Novo Testamento. Antes do exílio babilônico, o templo era o centro de todas as atividades religiosas. Quando o templo foi destruído, então as sinagogas tornaram-se células dessa atividade, bem como de aprendizado. É possível, contudo, que as sinagogas tenham surgido antes mesmo do exílio babilônico, e que este apenas consolidou a importância das mesmas. Seja como for, a sinagoga tornou-se um centro de todas as atividades religiosas, sociais e de instrução. Na sinagoga não havia altar e nem sacrifícios. O estudo e a leitura da Torá, bem como a oração, tornam-se as atividades centrais ali. A sinagoga era o centro do governo de Israel. Ela provia uma espécie de sistema de educação de adultos em massa, onde a Torá era estudada sistematicamente, semana após semana. Todos quantos frequentavam a sinagoga tornavam-se estudantes da lei. Quando o povo judeu não mais era capaz de entender o hebraico, as explicações eram feitas em aramaico.

7. O Desenvolvimento de Escolas. A primeira escola de um judeu era o seu lar. Os mestres eram os pais e os alunos eram os filhos. O lar nunca perdeu a sua importância como o lugar primário de aprendizado. Entre os cristãos, os mórmons são os que mais têm salientado esse aspecto da instrução. Então surgiram as escolas de profetas, que dirigiram o primeiro ensino sistemático e constante fora dos lares. Eles encontravam em Moisés a sua grande inspiração (Dt 34.10; 18.15 ss.). Os profetas tornaram-se os mestres e instrutores de Israel de uma classe de homens eruditos, que se tornaram líderes da nação. Pela época da monarquia, havia grupos ou companhias de profetas, de tal modo que eles formaram uma classe distinta dentro da nação (1Sm 10.5,10; 19.20). Os "filhos dos profetas" eram os discípulos das escolas que haviam sido formadas. (Ver 1Rs 19.16; 2Rs 2.3 ss). então surgiram as sinagogas, que representaram um passo vital no desenvolvimento dessas escolas, conforme nós as conhecemos. Entretanto, nenhuma escola era separada da sinagoga e nenhum sistema escolar formal formou-se em Israel, senão já dentro do período helenista, e isso por motivo de competição com as escolas gregas. A literatura rabínica informa-nos que um sistema escolar compulsório foi criado pelos fariseus, no século I a.C. Sabemos que Simão ben Shetach (75 a.C.) ensinava às pessoas de uma maneira sistemática e regular; mas o texto que ele usava era a Torá. Em Israel não havia educação liberal. As escolas elementares, para as crianças, não parecem ter surgido antes do século I d.C. Joseph ben Gamala (cerca de 65 d.C.) tentou fazer a educação elementar tornar-se compulsória e universal, com escolas onde as crianças entravam com 6 ou 7 anos de idade. As escolas elementares eram chamadas *Casa do Livro*. O currículo continuava sendo, essencialmente, orientado segundo a Bíblia. Toda e qualquer referência às ciências, em quaisquer de suas formas, era feita de modo inteiramente incidental. Foram desenvolvidas escolas secundárias para os alunos mais promissores. A religião continuava sendo o centro de todas as atividades educacionais. Além da Bíblia e da Mishnah, foi instituído o debate teológico. As escolas que funcionavam desse modo eram chamadas *Casas de Estudo*. Finalmente, foram formadas academias autênticas, que eram reputadas lugares sagrados, e não apenas lugares de aprendizagem. O *Talmude* resultou das atividades dessas escolas e grandes líderes se salientaram então, como Hilel, Shamai e Gamaliel. Paulo educou-se na escola de Gamaliel.

Isso significa que, em Israel, havia três instituições de ensino diferentes: a sinagoga, as escolas elementares e as academias, ou casas de estudos. As academias funcionavam separadas das sinagogas, em seus próprios edifícios, ou talvez na residência do mestre principal.

8. O Lar. O lar era a unidade básica da sociedade, bem como a primeira escola que um menino judeu conhecia. O Antigo Testamento mostra o grande valor dado às crianças, e grande responsabilidade pesava sobre os ombros dos pais, porquanto os filhos eram tidos como dons de Deus (Jó 5.25; Sl 127.3; 128.3,4). (Ver também Gn 18.19 e Dt 11.19 quanto à importância da instrução doméstica). As crianças eram treinadas em seus deveres, religiosos ou outros (1Sm 16.11; 2Rs 4.18). O treinamento artístico fazia parte da instrução recebida (Jz 21.21; Lm 5.14). Às meninas eram ensinadas prendas domésticas, por suas mães (Êx 35.25; 2Sm 13.8). Os meninos aprendiam negócios e ofícios. As casas numerosas, como aquelas de pessoas ricas, estavam sujeitas a uma instrução global (Gn 18.19). O elemento religioso sempre ocupava o primeiro plano (Dt 6.4-9; Sl 78.3-6; Pv 4.3). Algumas poucas mulheres, segundo todas as aparências, eram bem educadas e chegaram a tornar-se líderes (Jz 4.4 ss., 2Rs 22.14-20).

9. Educação Pessoal. Ouvi falar sobre um homem que conservou seus filhos em casa, a fim de que eles obtivessem uma boa educação. A iniciativa pessoal sempre foi muito importante em Israel. Abraham Lincoln era um advogado autodidata, que veio a tornar-se o presidente de uma grande nação. Alguns dos maiores rabinos eram autodidatas que exerciam algum ofício comum, ao mesmo tempo em que eram mestres religiosos na comunidade. Há um certo tipo de educação quase impossível de dominar sem mestres e sem escolas; mas a educação religiosa pode depender muito dos estudos individuais, inteiramente à parte de escolas. A moderna erudição bíblica, entretanto, inclui estudos sobre disciplinas como idiomas antigos, a história, a literatura, além de muitas coisas, às quais poucos têm acesso, exceto através de escolas e mestres formais.

10. O Ensino como uma Profissão. Os pais eram os primeiros tutores de seus filhos. Em tempos posteriores, os filhos da casa real (e, segundo podemos supor, dos ricos), tinham tutores especiais. O Talmude revela-nos a contínua importância dos pais, no ensino de seus filhos, aos quais ensinavam algum negócio ou ofício. Após o exílio babilônico, os escribas profissionais vieram à existência. Eles eram os mestres na sinagoga, e isso era a essência de suas atividades. Havia os sábios, mas o termo parece não distinguir uma classe distinta de mestres. No Novo Testamento há menção aos sábios (no hebraico, *hakam*), aos escribas (no hebraico, *sopher*) e aos oficiais (no hebraico, *hazzan*). Todos esses eram mestres, aparentemente em uma ordem descendente de autoridade. Nicodemos, entretanto, era um doutor *da lei* (no grego, *nomodidáskalos*), o que parece ter sido um título de muito prestígio. Os mestres, ordinariamente, não recebiam paga por seu trabalho, embora pareça ter havido alguma remuneração pelos serviços prestados (ver Eclesiástico 38.24 ss., onde o trabalho manual aparece como abaixo da dignidade de um mestre, embora isso pareça dizer respeito mais aos escribas aristocráticos). Muitos rabinos importantes exerciam alguma profissão juntamente com suas atividades como mestres e essa profissão geralmente envolvia algum trabalho manual. O Talmude fornece-nos muitas qualificações para os professores, embora essas qualificações fossem mais morais e espirituais e não tanto acadêmicas. Um professor do sexo masculino tinha de ser casado, segundo a prática judaica e as orientações do Talmude.

III. A Educação Helênica

1. O período helenista começou com Alexandre, o Grande, e entrou no período greco-romano, num total de cerca de trezentos anos. Corresponde, mais ou menos, ao período intertestamental. Foi nesse tempo que a língua e cultura gregas se espalharam pelo mundo civilizado da época. O helenismo foi um fenômeno cultural, militar, religioso e político e, naturalmente, influenciou o judaísmo e o cristianismo. No tocante à educação, os sistemas do helenismo tinham suas raízes nos sistemas de Esparta e de Atenas. Os dois sistemas eram radicalmente diferentes. Em Esparta, o indivíduo era subjugado, tornando-se subserviente ao Estado. Em Atenas, a ideia era o máximo de treinamento e desenvolvimento do indivíduo, de maneira tal que pudesse produzir o máximo, em benefício da cultura geral. Esparta frisava o aspecto militar. Atenas enfatizava a filosofia, as artes e as ciências. Platão foi um pioneiro na filosofia da educação. Em sua obra, *República*, ele oferece muitos detalhes sobre suas ideias educacionais. Sócrates foi o mestre de Platão, e também foi o supremo mestre da ética. Aristóteles foi pupilo deste e tornou-se o maior cientista da época. Ambos elaboraram teorias arrojadas sobre o conhecimento. Platão enfatizava o aspecto religioso e metafísico e Aristóteles enfatizava o aspecto científico. Alexandre, o Grande, foi aluno de Aristóteles e tornou-se o instrumento na propagação da cultura grega de todos os tipos, em todo o mundo conhecido de seus dias. As filosofias de Platão e Aristóteles continuaram a dominar o pensamento do mundo civilizado por muitos séculos, juntamente com o estoicismo e o epicurismo. Ver o artigo separado sobre *Escolas Filosóficas do Novo Testamento*. Platão exerceu uma imensa influência sobre o pensamento religioso, e o *neoplatonismo* (vide) foi uma adaptação de suas ideias.

2. Roma fez a Grécia curvar-se diante de seu poderio militar. Roma foi a suprema legisladora antiga. Mas a filosofia e a cultura permaneceram gregas quanto à sua natureza. Os ideais gregos abordavam todos os aspectos do homem: do corpo, da mente e do espírito. Foi desenvolvida uma nobre filosofia acerca da alma, acompanhada por provas racionais. Isso ultrapassou a tudo quanto houvera no judaísmo. Quanto a esse ponto, a filosofia e a teologia dos gregos eram superiores às suas congêneres no judaísmo. Na verdade, a alma é um aspecto importante de nossa teologia cristã. Perguntaram, de certa feita, a Agostinho: "O que você mais deseja saber?" Ele respondeu: "Deus e a alma!" Veio nova pergunta, admirada: "Nada mais?" Agostinho então afirmou: "Nada mais!" Quanto a essa área, pois, o helenismo muito contribuiu para o pensamento dos hebreus, e qualquer processo de educação está baseado, pelo menos em parte, naquilo que consideramos que o homem é. Se o homem é um espírito eterno, então a educação precisa levar isso em conta.

3. Aspectos dos Sistemas Helenistas de Educação. As meninas eram educadas, quanto às prendas domésticas, no lar. Poucas mulheres eram educadas academicamente, e a maioria delas continuava no analfabetismo. Somente as aristocratas e as prostitutas misturavam-se livremente na sociedade masculina da época. Os rapazes, durante cerca de cinco anos eram educados em casa. Havia escolas elementares para meninos, uma vez que atingissem os 6 anos de idade, onde continuavam até cerca de 15 anos de idade. Esses anos eram dedicados ao aprendizado de habilidades fundamentais como a leitura, a escrita e a matemática. Então vinha *o ginásio*, para rapazes que tinham entre 16 e 18 anos de idade. Nesse tempo, as disciplinas estudadas eram a educação física, a filosofia, as ciências, a literatura e a política. Esse tipo de educação, entretanto, limitava-se aos homens livres, com o intuito de torná-los cidadãos dignos e produtivos. Os rapazes entre os 19 e os 20 anos, que fossem capazes, serviam às forças militares.

4. O Ginásio. Em muitos lugares, o ginásio equivalia aos colégios de artes liberais. Eram frequentados, principalmente, pelos filhos dos ricos e dos aristocratas. As cidades de Atenas, Tarso e Alexandria contavam com verdadeiras universidades, as quais, naturalmente, eram mais limitadas em seu currículo que suas congêneres modernas. A filosofia e a retórica eram ali muito enfatizadas, embora também fossem incluídas ciências como a matemática, a biologia, a zoologia, a medicina etc.

5. Influências Sobre a Educação Judaica. Livros como Eclesiastes e Eclesiástico, ou seja, pertencentes à literatura de sabedoria, refletem a sabedoria e o estilo literário dos gregos. A alma, finalmente, veio a ser muito importante no pensamento judaico, porque os gregos (e as religiões orientais) estavam propagando suas ideias, que influenciavam o judaísmo. Os judeus ortodoxos, contudo, detestavam a *sabedoria grega*, e falavam em termos cortantes contra qualquer pai que ensinasse seus filhos à moda helênica. Por outra parte, os filósofos hebreus desenvolveram uma tentativa de reconciliação entre Platão e Moisés, como foi o caso de Filo. Maimônides (já na Idade Média) é um outro exemplo desse esforço; e, juntamente com ele, Aristóteles muito tem a dizer sobre temas importantes. A fim de combater as escolas pagãs helênicas, o judaísmo precisou instituir escolas similares, onde eram promovidos os grandes ideais judaicos.

A cultura helênica foi a responsável pela produção da Septuaginta e de outra literatura em grego, que se revestiram de interesse para os judeus da *dispersão* (vide). Os livros apócrifos e pseudepígrafos vieram à existência e acrescentaram algo à tradição judaica de livros sagrados. Ideias e elementos extraídos desses livros foram incorporados no Novo Testamento, mormente no que diz respeito à tradição profética e à descrição do julgamento final. Escritores como Filo, de Alexandria (século I d.C.), exerceram grande influência sobre o judaísmo; e eles mesmos foram muito influenciados pelas ideias helênicas, especialmente pelo neoplatonismo. Josefo, o único grande historiador judeu do século I d.C., era homem perfeitamente integrado na cultura helênica. Paulo, que nasceu em Tarso (um dos centros do estoicismo romano), aprovou e lançou mão de muitas ideias éticas e teológicas dos filósofos estoicos em suas epístolas, embora sua educação principal fosse uma educação tradicionalmente judaica, porquanto educou-se aos pés de Gamaliel, que foi um notório mestre fariseu. Paulo ensinou na escola de Tirano, em Éfeso (At 19.9), que é a única referência do Novo Testamento onde aparece a palavra grega *skolẽ*. É provável que Paulo tivesse alguma educação helênica formal. E homens como Apolo (At 18.24,28), certamente, eram bem treinados no sistema helênico. O próprio Paulo, ainda que em Atenas tivesse aplicado suas habilidades retóricas (At 17), de modo geral rejeitava a abordagem pagã em seu ensino do cristianismo (conforme se vê em 1Co 1.17; 2.1-4,32—4.9,20). Era considerado um homem cru, de acordo com os padrões do paganismo, quanto à maneira de falar (2Co 10.10 e 11.6). Precisamos lembrar que a retórica fora desenvolvida como uma ciência e que os gregos eram oradores realmente excelentes. Para uma audiência grega, um rabino podia ser uma pessoa muito enfadonha. Paulo, como bom judeu que era, continuou a depender dos essenciais da revelação nos assuntos que ensinava, e não se mostrava muito entusiasmado diante da autoglorificação que a retórica podia trazer a um orador. Ele vangloriava-se em sua humildade (2Co 6.4-10; 10.9—12.13). Muitos pregadores de nossa época continuam sendo mais atores e retóricos do que mensageiros do evangelho. O teatro continua exercendo forte influência sobre a igreja.

IV. A EDUCAÇÃO E CERTOS PERSONAGENS DO NOVO TESTAMENTO

1. Jesus. Pouca informação dispomos sobre esse assunto, no que concerne a Jesus, mas os poucos informes que temos ajudam-nos a formar uma ideia. Ele foi ensinado por sua mãe e aprendeu de José o ofício de carpinteiro. Mui provavelmente, ele frequentou a escola da sinagoga local, onde deve ter aprendido a leitura e a escrita e onde deve ter-se ocupado em estudos religiosos. Entretanto, nunca frequentou qualquer escola rabínica, segundo lemos em João 7.15. *Como sabe estas letras, sem ter estudado?* perguntavam. Apesar de sua falta de educação formal superior, foi capaz de deixar perplexos aos mais augustos líderes judeus com a sua sabedoria, quando estava apenas com 12 anos de idade (Lc 2.47). Naturalmente, quando falamos sobre Jesus, que foi o maior de todos os mestres espirituais, não podemos nos limitar a comentários sobre escolas. O seu ensino provinha do Pai, que o enviara (Jo 7.16). Existem coisas tais como a inspiração e a revelação que vão além do que qualquer educação formal é capaz de suprir. As declarações de Jesus mostram que ele tinha um total conhecimento das Escrituras judaicas e de modos de interpretação, juntamente com grande variedade de ideias, resultantes dessa atividade. Um grande mestre espiritual como foi Jesus, não pode ser avaliado, nem pelos nossos sistemas de educação e nem pelos nossos métodos científicos. Há um conhecimento por meio da razão, da intuição e da revelação, e esse conhecimento não depende de cursos acadêmicos.

2. Os Doze Apóstolos. Uma vez mais, nossas informações são escassas, embora possamos fazer algumas observações gerais. Visto que André, Pedro, Tiago e João foram pescadores, supomos que eles receberam pouca educação formal, provavelmente uma educação parecida com a de Jesus. Levi (Mt) era cobrador de impostos e, como homem público que era, tinha alguma educação formal, incluindo aquela de estilo helenista. É especificamente mencionado em Atos 4.13 que as pessoas admiravam-se de Pedro e João, por causa de seus sermões vigorosos e de seu ministério poderoso, incluindo curas, porquanto sabia-se que eles eram homens que não haviam recebido uma educação formal. E isso foi explicado com base no fato de que eles tinham estado com Jesus. Quem passara alguns anos em companhia do Mestre, nunca mais poderia ser um homem comum.

3. Paulo. Alguns intérpretes duvidam que Paulo tivesse recebido qualquer educação helenizada formal; mas sua habilidade no uso do grego mostra outra coisa. Paulo não adquiriu isso aos pés de Gamaliel, um fariseu, em cuja escola ele obtivera sua principal educação (At 22.3). Gamaliel era um doutor da lei, um membro do Sinédrio. Essa foi a principal influência sobre a vida religiosa e intelectual de Paulo; mas precisamos lembrar que ele foi criado em Tarso, um centro da erudição estoica (At 16.37; 21.39; 22.25 ss.). Sem dúvida, Paulo sabia grego (como uma língua nativa), latim (outra língua nativa, pois fora criado falando diversos idiomas), além do hebraico e do aramaico. As cartas encontradas entre o material dos Manuscritos do mar Morto (vide) incluem algumas escritas em hebraico e não apenas em aramaico. Podemos supor que ele dominava esses quatro idiomas. Paulo era dotado de consideráveis habilidades de estilo e de expressão. Portanto, o Espírito do Senhor escolheu-o para dar-nos uma larga porção de nosso Novo Testamento. E Lucas, um judeu grego bem educado, contribuiu ainda com maior volume de escritos neotestamentários, com sua longa história de Lucas-Atos. Aqueles que depreciam a educação, e que negligenciam e desprezam a atividade intelectual e as habilidades humanas, deveriam dar atenção a esses fatos. A própria existência do Novo Testamento originou-se de tais habilidades, desenvolvidas por homens que não temiam adquirir erudição e exprimi-la. Festo interrompeu Paulo, quando ele se defendia, dizendo: *Estás louco, Paulo; as muitas letras te fazem delirar* (At 26.24).

4. Lucas. A narrativa de Lucas-Atos, quanto ao volume, representa uma porcentagem levemente maior que a literatura paulina. Os estudiosos concordam que a linguagem usada por Lucas é da mais alta qualidade. Por detrás disso havia uma boa educação, provavelmente adquirida nas escolas helênicas. Lucas era de origem gentílica, visto que não era contado entre aqueles que pertenciam à circuncisão (Cl 4.11,14). Lucas era médico, conforme vemos em Colossenses 4.14. Isso significa que ele receberia educação formal em alguma escola pagã. Era um grego bem-educado. Os judeus pouco valor davam à medicina e jamais a ensinaram. Mas a íntima associação de Lucas com os judeus cristãos parece sugerir que ele também recebeu alguma instrução na sinagoga. Isso também fica subentendido em seu óbvio conhecimento da religião e das tradições judaicas. Eusébio revela-nos, em sua *História* (3.4), que Lucas era nativo da cidade de Antioquia, um centro da erudição grega. Não há provas por detrás dessa declaração, mas ela é suficiente para informar-nos que um produto das escolas helênicas foi usado pelo Espírito Santo para fornecer-nos a mais volumosa porção do nosso Novo Testamento, o que é um fato muito significativo, do ponto de vista da educação.

V. EDUCAÇÃO CRISTÃ. Ver o artigo separado sob esse título.

VI. FILOSOFIA DA EDUCAÇÃO. Ver o artigo separado sob esse título.

VII. A EDUCAÇÃO E OS IDEAIS DO NOVO TESTAMENTO.

O surgimento do cristianismo neotestamentário não criou qualquer novo sistema escolar. Muitos cristãos haviam recebido instruções próprias do judaísmo e muitos outros receberam uma instrução tipicamente grega. A igreja cristã primitiva, porém, não promoveu qualquer novo sistema de educação. Sabemos, através das afirmações de Juliano, o apóstata, do século IV d.C., que os cristãos vieram a exercer uma grande influência sobre as escolas pagãs; e os cristãos tinham a esperança de acabar com as escolas pagãs, anulando seu poder sobre o sistema educacional.

A Contribuição do Novo Testamento sobre a Educação. Essa contribuição tomava a forma de ideais educacionais e não de sistemas de educação. Os ideais morais e espirituais dos judeus foram continuados, mas, em terras de maioria gentílica, isso tinha de conviver com o sistema judaico. Havia cristãos educados em centros pagãos, mas que levavam consigo os ideais ensinados pelos livros sagrados judaico-cristãos. O Novo Testamento, pois, trouxe novos ideais. Ora, há homens espirituais cuja vida é promovida pelo Espírito, com a ajuda de dons espirituais. A educação não mais podia ser mero meio de produzir bons cidadãos de Atenas, de Corinto, de Tarso ou de algum outro lugar. Antes, precisava promover o bem-estar e o caráter dos cidadãos do reino celestial. Existe uma verdadeira *educação superior*. (Ver Ef 4.11-16). O alvo final dessa educação consiste em formar, no íntimo, o homem espiritual, segundo a imagem de Cristo, o grande Ideal, e assim implantar nos remidos a natureza divina (Cl 2.10; 2Pe 1.4; Rm 8.29; 2Co 3.18). Um indivíduo esperto e bem preparado pode nunca chegar à posição do Homem Ideal. Um outro ideal da educação cristã é o supremo princípio do *amor*. Não basta adquirir conhecimento. De fato, o conhecimento incha. Precisamos ultrapassar o conhecimento e chegar ao ideal do amor cristão (1Co 13). Essa é a medida real da estatura espiritual de um homem (1Jo 4.7 ss.). Alguém já disse que ninguém é verdadeiramente educado enquanto desconhece a Bíblia. Esse é um fato autêntico. Porém, também é verdade que nenhum homem é realmente educado a menos que nele estejam bem formados os princípios bíblicos, incluindo, como um fator principal, o amor cristão, a prova mesma da espiritualidade. (AM BARC ID P PT Z)

EDUCAÇÃO, FILOSOFIA DA

1. Aspectos Históricos. Filósofos antigos, como Platão, incorporaram em seus escritos elementos da filosofia da educação, embora ainda não contassem com um sistema. Até a década de 1960, a filosofia da educação, como uma disciplina separada, não havia conseguido ser uma disciplina importante na maioria das universidades. Eram ensinados assuntos como "a história das ideias educacionais", "princípios de educação", e eram analisadas as ideias dos filósofos, desde Platão até Dewey. Agora, entretanto, muitas universidades estão incluindo algum curso formal intitulado Filosofia da Educação.

2. Áreas da Filosofia Enfatizadas Nesse Estudo. A filosofia da educação é uma especialização dentro da própria disciplina da filosofia, e, por conseguinte, como é natural, incorpora ideias provenientes de vários campos específicos. Quatro ramos da filosofia são necessários nesse estudo, a saber: *a. A Ética.* Ver o artigo sobre a Educação e a Moralidade, quanto a uma completa exposição do envolvimento da ética na história da educação. A educação é algo superficial, a menos que faça algo em favor da moralidade e da espiritualidade dos homens. O homem não pode viver somente de tecnologia. *b. A Filosofia Social.* Ver o artigo separado sobre o assunto. Essa filosofia preocupa-se em como a sociedade é ou deveria ser. A economia e a política são evocadas constantemente, como também a ética. A justiça social é um importante tópico de discussão. Também são essenciais os conceitos metafísicos básicos. *c. A Gnosiologia.* Ver o artigo separado sobre esse assunto. É simplesmente impossível discutir a educação, sem a compreensão da teoria do conhecimento. Além do exame dos sistemas tradicionais, para a educação é importante levantar perguntas como: Que tipos de conhecimento são fundamentais para a educação? Como um currículo de estudos pode abranger melhor o conhecimento essencial? Em que consiste o conhecimento prático e o conhecimento ideológico? *d. A Filosofia da Mente.* O aluno é uma mente, pelo que precisamos saber o que pensar acerca desse assunto.

Naturalmente, ainda há outras disciplinas que servem de subsídios para a Filosofia da Educação, como a política, a religião, a história e a matemática. Conforme dizia Dewey, a filosofia da educação é simplesmente a filosofia geral, aplicada aos problemas educacionais.

3. Filosofias Tradicionais da Educação. Essas filosofias são o idealismo, o realismo e o pragmatismo. Esses sistemas têm importantes conceitos no tocante à educação. Apresentamos um artigo separado sobre cada uma dessas três filosofias.

4. Algumas Teorias Educacionais Contemporâneas. *a. Progressismo.* Essencialmente, essa é a filosofia da educação criada por John Dewey (vide), que afirmava que a educação deve ser ativa, relacionando-se aos interesses naturais das crianças, devendo seguir métodos pragmáticos e experimentais, com valores relativos. Isso não significa que a educação deveria abandonar os materiais tradicionais da educação, mas significa que deveria avançar para outras áreas dignas. Deveríamos conceber a educação como a própria experiência da vida e não apenas como preparação acadêmica para alguma carreira. A função do professor deveria ser aconselhar, e não dirigir; e o aluno deveria tomar uma parte mais ativa do processo de aprendizado e de experimentação. A própria escola deveria ser uma agência cooperadora, e não coerciva. A democracia é uma necessidade fundamental nesse tipo de educação. *b. Perenialismo.* Aqueles sistemas que promovem supostos valores constantes e absolutos são chamados perenes. Bases para tanto são encontradas nas ideias de Platão, Aristóteles, Tomás de Aquino, bem como em grandes livros, as obras clássicas do pensamento humano, o que, naturalmente, inclui a Bíblia. Supõe-se que a natureza humana seja uma entidade constante, e não vacilante, e que seus valores também sejam perenes. Nesse sistema, a razão é parte importante, como a capacidade que o homem tem de realizar coisas. A verdade é considerada algo universal e permanente. A verdade não seria produto das experiências humanas. Mortimer J. Adler, da Universidade de Chicago, é um defensor bem conhecido desse tipo de sistema, e foi o editor da obra *Grandes Livros.* *c. Essencialismo.* Esse sistema não se opõe ao progressismo, mas somente a determinados aspectos do mesmo. Salienta que há certas coisas absolutamente necessárias e básicas, que um currículo de estudos precisa incluir, e também diz que algumas ideias do progressismo são válidas e valiosas. A iniciativa, dentro do processo de ensino, pertenceria ao professor, e não aos estudantes. De nada adianta negar ou suavizar o elemento do *trabalho árduo*, no aprendizado. Tal negação ou suavização apenas engana o aluno, conferindo-lhe uma ideia distorcida da educação e da vida. *d. Reconstrutivismo.* Esse sistema é o sucessor do progressismo, ou pelo menos, assim afirmam os seus adeptos. O ponto central da educação seria a reconstrução da sociedade. A educação deveria ter por alvo não apenas o aprendizado por parte do indivíduo, mas também deveria promover, de modo ativo, a reforma social. Uma ordem social genuína deveria ser promovida como a melhor ordem possível, visando o progresso do indivíduo e a expressão da liberdade, a essência de um homem. Uma ética científica, ou as leis da conduta, deveriam governar o avanço dessa filosofia. Um outro objetivo seria a mudança da mentalidade humana, e não apenas uma mudança em seu sistema educacional. A ciência de todos os tipos torna-se importante dentro dessa questão. A política, as ciências sociais e as ciências exatas devem mostrar-se igualmente ativas na reconstrução. Para esse sistema, a ciência é um deus.

5. Ideias de Filósofos Específicos. A maioria das filosofias contém ideias a respeito da educação; mas certas ideias são mais importantes no que concerne ao desenvolvimento de uma filosofia da educação formal. *a. Platão.* Ele edificou a sua *República* ideal em torno de certo senso de sabedoria e de uma teoria do conhecimento. A educação, conforme ele pensava, era necessária para a concretização desse estado ideal. *b. Comênio.* Viveu no século XVII. Advogava um sistema de aprendizagem graduado e internacional, com alguns elementos comuns, os quais, segundo ele pensava, poderiam levar à maior compreensão entre os povos, e, por conseguinte, à harmonia e à união. *c. Rousseau.* Ver o artigo separado sobre ele. Queria eliminar os fatores artificiais e impraticáveis da educação, lançando mão dos desejos naturais, empregando princípios que relacionam a causa e o efeito na natureza e nos seres humanos vivos. *d. Pestalozzi* (vide). Para cada indivíduo a verdade deve ser buscada, envolvendo tanto a experiência social quanto a experiência religiosa. *e. Froebel* (vide). Seria função do professor estimular a atividade voluntária por parte dos alunos, o que é a base de toda a pesquisa. *f. Herbart* (vide). Os alvos éticos, incluindo a liberdade interna e a benevolência, deveriam ser um alvo importante da educação. Novas ideias e sua aplicação apropriada aos indivíduos e à sociedade fazem parte central de sua teoria. *g. John Dewey* (vide). Ele representa um ponto culminante na inquirição pelo desenvolvimento do indivíduo, em uma sociedade democrática, onde a liberdade é algo indispensável. O solucionamento de problemas ocupa lugar de destaque, o que é tentado mediante as experiências guiadas, seguindo-se métodos científicos. Finalidades fixas são eliminadas, e uma contínua experimentação é encorajada como a essência mesma da educação. A educação não consistiria apenas em preparação para alguma carreira. No sistema de Dewey o futuro é mais importante do que o passado. Ver os artigos separados sobre a *Educação*, e a *Educação Cristã*. (E F EP KN)

EFA (MEDIDA)

No hebraico, *ephah*, "medida".. Essa palavra ocorre por 28 vezes (Êx 16.36; Lv 5.11; 6.20; 19.36; Nm 5.15; 28.5; Jz 6.19; Rt 2.17; 1Sm 1.24; 17.17; Is 5.10; Ez 45.10,11,13,24; 46.5,7, 11,14; Am 8.5; Zc 5.6-10). Um efa era igual a três medidas (no hebraico, *seah*). Era uma medida para secos, equivalente ao *bato*, para medir líquidos. Essa medida era suficientemente grande para nela caber uma pessoa (Zc 5.6,10). É uma medida mais exatamente descrita em Levítico 19.36. Valia por uma décima parte de um *homer*, que era a *carga* de um burro, ou seja, cerca de 220 litros. Portanto, o efa tinha cerca de 22 litros. A maior parte das referências bíblicas ao efa está ligada a cereais. (Ver Ez 45.13; 46.14; Jz 6.19; Dt 25.14 e Pv 20.10). Ver o artigo sobre *Pesos e Medidas*.

EFÁ (PESSOA)

No hebraico, **"trevas"**. Foi o nome de vários personagens mencionados nas páginas do Antigo Testamento, a saber: **1**. O filho mais velho de Midiã, que habitava na Arábia Petrea. Ele emprestou o seu nome a uma cidade (Gn 25.4; 1Cr 1.33). Essa cidade, com algum território ao seu redor, fazia parte de Midiã, na margem leste do mar Morto. Efá tinha relações de sangue com Abraão por meio da concubina deste, Quetura. Isaías mencionou os jovens camelos de Midiã e de Efá (Is 60.6). As referências bíblicas aos descendentes de Efá mostram que eles estavam aparentados com os midianitas, com os ismaelitas e com a nação de Sabá, descendente de Quetura. **2**. Uma concubina de Calebe, da tribo de Judá, também tinha esse nome. (Ver 1Cr 2.46). Ela viveu algum tempo depois de 1860 a.C. **3**. Um filho de Jadai, da tribo de Judá (1Cr 2.47). Viveu depois de 1836 a.C. Provavelmente, esse homem era da mesma linhagem de Calebe, através de sua concubina, conforme se vê no número "dois", acima.

EFAI

No hebraico, **"semelhante a um pássaro"**. Nome de um homem cujos filhos foram deixados no território de Judá, após o exílio babilônico (Jr 40.8). Viveu em torno de 548 a.C. Eles parecem ter sido massacrados por Ismael (Jr 41.3). Habitavam em Netofá, uma cidade ou grupo de aldeias perto de Belém. Eram oficiais que serviam sob Gedalias, o governante de Judá nomeado pelos babilônios.

EFÉSIOS, EPÍSTOLA AOS

A epístola aos Efésios foi escrita pelo apóstolo Paulo quando prisioneiro em Roma, no ano 62 (3.1; 4.1; 6.20) ou segundo outros, quando esteve preso em Cesareia, Atos 24.27, dirigida aos santos que estavam em Éfeso e aos fiéis em Cristo. Algumas antigas autoridades não mencionam as palavras "em Éfeso". Os dois principais manuscritos, o Sinaítico e o Vaticano, também os omitem. Desde muito que existiam opiniões diferentes a esse respeito, porém a tradição da igreja adotou-os. A explicação mais razoável é que a epístola foi uma carta circular dirigida a todas as igrejas da província da Ásia, e, sendo Éfeso uma das principais, a epístola foi considerada como dirigida a ela. Talvez o endereço estivesse em branco e então diversas cópias tenham sido deixadas em cada cidade. O caráter de carta circular parece confirmado pela ausência de alusões locais. É carta doutrinal, uma espécie de tratado de ética em forma epistolar. Semelhante à que foi dirigida aos colossenses, Tíquico era o portador dela, 6.21. Pela semelhança de linguagem das doutrinas expendidas, parece que ambas foram escritas ao mesmo tempo. (Veja, por exemplo, as seguintes passagens: Ef 1.1,2 *cf.* Cl 1.1,2; Ef 1.3,20; 2.6; 3.10; 6.12 *cf.* Cl 1.5; 3.1-3; Ef 1.6 *cf.* Cl 1.14; Ef 1.9; 3.9; 6.19 *cf.* Cl 1.26; 2.2; 4.3; Ef 1.10 *cf.* Cl 1.20,25; Ef 1.11 *cf.* Cl 1.12; Ef 1.17 *cf.* Cl 1.10; Ef 1.19,20 *cf.* Cl 2.12; Ef 1.20 *cf.* Cl 3.1; Ef 1.22 *cf.* Cl 1.18; Ef 1.23 *cf.* 2.9). São estes, apenas alguns exemplos, e que o leitor da Bíblia poderá acrescentar outros. As duas epístolas foram evidentemente produzidas pelo apóstolo, sob as mesmas circunstâncias e impressões espirituais. A epístola aos Colossenses deve ter sido a primeira, depois a escrita aos Efésios, na qual a linha de pensamento se desdobra. O tema da epístola aos Colossenses é a preeminência de Cristo e sua obra; e o da epístola aos Efésios é o estabelecimento da igreja, considerada como sendo o corpo inteiro dos remidos. De fato, a epístola aos Efésios encerra todos os ensinos referentes no propósito divino à missão de Cristo que foi a redenção de seu povo escolhido, manifestando a todo o universo as riquezas de sua graça. Dando como provada a salvação pela fé, a divindade de Cristo e a vocação dos gentios; vai adiante até completar uma verdadeira teodiceia. No capítulo 1, temos o que bem se pode chamar o lado divino da história da igreja, que é originada na soberania de Deus e no seu eterno propósito, v. 3-6, foi realizada na obra de Cristo, v. 7-12, assegurada pela operação do Espírito Santo, v. 13, 14. Ele ora para que compreendam a esperança da vocação celestial de que o Salvador ressuscitado é as primícias, v. 15-23. No capítulo 2, dá-nos o lado humano da história, ensinando que os eleitos escapam à morte e à condenação por uma graça que não merecem, v. 1-10, que, judeus e gentios, por meio de Cristo, formam um corpo, ou um templo espiritual, v. 11-22. No capítulo 3, o apóstolo mostra a sua posição como despenseiro do mistério divino, v. 1-13, e deseja que os crentes realizem e desfrutem tudo quanto Deus tem preparado para eles, v. 14-21. Os capítulos 4 a 6 contêm longa exortação para que andem conforme a alta vocação em que têm sido chamados e em todas as relações da vida presente. A epístola aos Romanos expunha um plano completo do caminho da salvação. A epístola aos Efésios contém a exposição completa de todo o propósito divino em referência à história humana. Pode bem dizer-se que é o apogeu de sua instrução teológica. Antes de ter escrito a epístola aos Efésios, o apóstolo Paulo havia conhecido uma nova comunidade espiritual que se levantava no mundo, composta de pessoas de diferentes raças; já ensinara que essa comunidade, a igreja, é o corpo de Cristo, Romanos 12.5; 1Corintios 12.27; Colossenses 1.18; 2.19, que importa haver harmonia em seus membros, Romanos 12.4-8, 1Corintios 12.12-30. Escrevendo nesse tempo às igrejas nas províncias da Ásia, cujos membros pertenciam aos elementos mais variados da raça humana, entre os quais predominavam teorias às quais pretendiam subordinar Cristo, era natural que o apóstolo desse preeminência à concepção de Cristo como cabeça do corpo da igreja, Efésios 1.22,23, do qual todo ele coligado e unido, por todas as juntas por onde se lhe subministra o alimento, agindo à proporção de cada membro, toma aumento de um corpo perfeito para se edificar em caridade, 4.16; *cf.* 2.11-22. E não somente era natural preeminência deste pensamento, nesse tempo, em carta de Paulo aos cristãos da província da Ásia, como era natural que tais expressões de um pensamento amadurecido no conhecimento de Cristo fossem manifestadas por um, cujo profundo interesse no assunto é comprovado nas suas epístolas anteriores.

EFER

No hebraico, **"veado"**. Foi o nome de três pessoas diferentes, no Antigo Testamento: **1**. O segundo filho de Midiã e irmão de Efá (vide) (1Cr 1.33). Eles estavam relacionados a Abraão por meio de sua concubina, Quetura. Abraão havia enviado esses seus descendentes mais para o oriente (Gn 25.4-6;

1Cr 1.33). Talvez houvesse vários clãs entre os midianitas, ou então esse nome pode ter sido usado frouxamente para indicar povos que não estavam racialmente relacionados entre si. Seja como for, em tempos posteriores, alguns deles mostraram-se dispostos a ajudar Israel (Êx 3.1), ao passo que outros, dentre eles, eram inimigos de Israel (Nm 31.2 ss.; Jz 6.1 ss.). Efer viveu entre 1900 e 1800 a.C. **2**. Um filho de Esdras, da tribo de Judá (1Cr 4.17). Viveu em cerca de 1400 a.C. **3**. O chefe de uma das famílias de Manassés, conhecido por sua habilidade como guerreiro (1Cr 5.24). Viveu em cerca de 800 a.C.

EFES-DAMIM

No hebraico, **"fronteira de sangue"**. Nome de um lugar onde os filisteus acamparam, entre Socó e Azeca, pouco antes de Golias ser morto por Davi (1Sm 17.1). Esse lugar é chamado Pas-Damim, em 1Crônicas 11.13. Ficava localizado no território de Judá. Talvez o solo avermelhado tenha ajudado a dar o nome que o lugar recebeu, embora isso também se devesse às muitas batalhas sanguinolentas que os filisteus e os israelitas travaram nessa localidade. Tem sido identificado com a moderna *Beit Fased*, que fica a sudeste de Socó. Mas as ruínas de *Damum*, cerca de 6,5 km a nordeste de Socó, têm sido identificadas como o que resta de Efes-Damim. Portanto, o local exato é desconhecido, a menos que uma dessas sugestões esteja com a razão.

ÉFODE

No hebraico, **"cobertura"**. Era pai de Haniel. Haniel foi o principal líder da tribo de Manassés, durante os seus dias. Foi-lhe determinada a tarefa de ajudar a Josué e Eleazar a dividir as terras ocidentais da terra de Canaã (Nm 34.23). Viveu em torno de 1500 a.C.

EFRAIM, BOSQUE DE

Esse bosque é claramente mencionado em 2Samuel 18.16,17. Comparar com Josué 17.14-18, onde o mesmo lugar deve estar em foco. Essa alusão, no livro de Josué, talvez diga respeito à expansão dos territórios de José para o leste, quando os efraimitas conquistaram terras da Transjordânia. Mas, também podem estar em pauta os bosques da região montanhosa de Efraim. O texto massorético, em Josué 17.15, diz "terra dos ferezeus e dos refains", isto é, dos ferezeus e dos gigantes. Esse texto é seguido pela nossa versão portuguesa. Isso alude à Transjordânia e dá apoio ao que dissemos acima, quanto à primeira dessas duas possibilidades. Ali o "bosque" aparece em justaposição à "região montanhosa de Efraim". Essa área é associada a Maanaim, em 2Samuel 17.27, que era a capital transjordaniana de Esbaal (2Sm 2.8,9). Esses informes conferem-nos a localização envolvida nas diversas referências a respeito. Posteriormente, os gileaditas tomaram essa área de florestas para Efraim (Jz 12.1-15). Interessante é observar que a palavra aqui traduzida por "bosque", *yaar*, não era usada apenas com o sentido de área arborizada esparsamente. O trecho de Josué 17.15, ao mostrar-nos que Josué recomendou, ...*sobe ao bosque e abre ali clareira*..., mui provavelmente indica que o lugar era floresta densa. Foi nessa região que morreu Absalão, quando seus longos cabelos emaranharam-se nos galhos de uma árvore, quando ele fugia, após ser derrotado na revolta armada contra seu pai. (Ver 2Sm 18.14,15).

EFRAIM, CIDADE DE

Nome de uma cidade perto de Baal-Hazor, 2Samuel 13.23, talvez a mesma Efraim vizinha do deserto, referida em João 11.54; ou Aferema que em outro tempo pertenceu a Samaria, (1Mac 11.34). O general romano Vespasiano tomou Efraim e Betel de passagem para Jerusalém (Guerra 6.9.9). Robinson a identifica com Ofra de Benjamim, situando-a na moderna aldeia de *Taiyibeh*, localizada sobre um outeiro de forma cônica, 7,5 km a nordeste de Betel. Esta opinião é geralmente aceita.

Ruínas de Éfeso
Davis, John D., 1854-1926, *Novo Dicionário da Bíblia* / [Tradução: J.R. Carvalho Braga]. – Edição ampliada e atualizada – São Paulo, SP: Hagnos 2005.

EFRAIM (PESSOA)

No hebraico, a palavra significa **"frutífero"**. Efraim era o filho menor de José, mas, quando Jacó abençoou os dois irmãos, ele teve precedência sobre seu irmão mais velho, Manassés (Gn 41.52; 48.1). Essa bênção foi um ato de adoção, mediante o qual Efraim e Manassés passaram a ser contados como filhos de Jacó, em lugar de seu pai, José. O objetivo do ato foi dar a José, através de seus filhos, uma dupla porção das bênçãos divinas que acompanhariam as doze tribos de Israel.

A mãe de Manassés e Efraim era Asenate, filha de Potífera, sacerdote de Om (Gn 41.50-52). Esse é um fato interessante, porquanto injeta em Israel, em sua herança genética, o sangue egípcio, isto é, camita. Aliás, esse não foi um caso isolado, pois as duas concubinas de Jacó, Bila e Zilpa, eram egípcias e elas foram mães de quatro dos filhos de Jacó: Dã, Naftali (de Bila) Gade e Aser (de Zilpa). Se adicionarmos a isso os filhos de José, Manassés e Efraim, então teremos um total de seis, dentre os doze patriarcas que eram cabeças de tribos, em Israel, que tinham 50% de sangue camita. E o processo de miscigenação em Israel continuou, conforme todo leitor atento do Antigo Testamento facilmente percebe. No entanto, diferente da opinião prevalecente entre os modernos rabinos judeus, a linhagem e a herança racial eram concebidas através do pai, e não da mãe. Se prevalecesse o parecer rabínico naquelas primeiras gerações, então nada menos de seis tribos de Israel estariam excluídas dentre o povo, logo de saída, e Davi não poderia ter sido o segundo rei de Israel, pois Rute, sua bisavó, era moabita, e não israelita. Mas, para Deus, o que vale não é a pureza racial e, sim, o temor ao Senhor. Por isso mesmo, na genealogia do Senhor Jesus temos até o caso da cananeia Raabe (vide), que, além de ter sido uma estrangeira, foi uma prostituta, antes de converter-se a Deus. O que importa não é a descendência física, mas a espiritual.

Efraim nasceu durante os sete anos de abundância, no Egito, pelo que a sua vida cobriu tanto o começo desse período como todo o período de escassez, até o fim de sua adolescência. Foi assim que ele ficou sujeito às influências do modo de viver patriarcal de Israel, bem como às promessas e bênçãos que provinham diretamente de Jacó. A natureza dessa bênção, sem dúvida, estava ligada ao fato de que José era filho da esposa favorita de Jacó, Raquel, pelo que ele ansiava por ver essa linhagem prosperar. Mas, além disso, podemos perceber a mão providencial de Deus, pois José foi um servo fiel ao Senhor como poucos. Além de pedir a José que, ao morrer, fosse sepultado em Canaã (Gn 47.27-31), Jacó tinha a firme certeza de que as gerações futuras experimentariam o cumprimento das promessas divinas e haveriam de possuir a Terra Prometida. Ver o artigo abaixo, sobre a tribo de *Efraim*.

EFRAIM, PORTA DE

Era um dos portões das muralhas de Jerusalém. (Essa entrada é mencionada em 2Rs 14.13; 2Cr 25.23; Ne 8.16 e 12.39). Usualmente, os portões das antigas cidades orientais recebiam nome conforme as localidades que ficavam diretamente em frente. Essa porta de Efraim ficava na muralha leste e tem sido identificada com a porta de Damasco. Dava frente para o território de Efraim, o que lhe explica o nome. Essa porta foi reparada nos tempos de Neemias, depois que os judeus começaram a voltar do exílio babilônico (Ne 12.39).

EFRAIM (TRIBO)

Ver o artigo sobre a pessoa desse nome, um dos dois filhos de José, e que foi adotado, juntamente com seu irmão, Manassés, como filhos de Jacó, antes da morte deste. Efraim recebeu uma bênção superior à de Manassés, da parte do grande patriarca, correspondente à maior prosperidade e importância futura de seus descendentes, dentro do povo de Israel, do que se daria com os descendentes de seu irmão Manassés.

O fato de que os descendentes de Efraim tornaram-se uma grande tribo é demonstrado pelas listas de recenseamento, em Números 1.33 (40.500 homens) e em Números 25.37 (32.500 homens). No acampamento de Israel, a tribo de Efraim ocupava posição no lado ocidental (Nm 2.18). Homens ilustres dessa tribo incluíam Elisama (vide), importante na vida de Moisés (Nm 1.10) e Josué, filho de Num, um dos doze espias enviados por Moisés e que, finalmente, veio a ser o seu sucessor (Nm 34.17). Depois de Israel ter conquistado a Terra Prometida, Josué foi nomeado, juntamente com o sumo sacerdote Eleazar, para dividir as terras conquistadas (Nm 34.17). Quando ainda tinha uma população maior, a tribo de Efraim era a décima na ordem numérica; mas, por ocasião do segundo recenseamento, havia baixado para o décimo primeiro lugar.

Elementos da História da Tribo de Efraim

1. Sua posição no acampamento. Isso já foi ventilado no parágrafo anterior. Essa posição foi mantida durante todo o tempo em que o povo de Deus ficou a vaguear pelo deserto. Nosso artigo sobre *Acampamento* ilustra bem essa circunstância. Nesse tempo, o principal líder da tribo de Efraim era Elisama (vide). Fontes informativas rabínicas informam-nos de que o estandarte da tribo era dourado, com a figura de uma cabeça de novilho. *Oseias* foi o representante da tribo de Efraim, entre os espias, que Moisés enviou para averiguarem a terra de Canaã, como preparação para a invasão. Mais tarde, Moisés alterou-lhe o nome para *Josué*, que é a forma hebraica de *Jesus*, que chegou no português através do grego, ou seja, Ιεσοσυσ. A tipologia bíblica considera Josué uma figura que simbolizava Jesus Cristo, conforme fica demonstrado no artigo sobre ele.

2. O território de Efraim. Depois da conquista do território, a tribo de Efraim ficou bem no centro da Palestina, dona de uma região com cerca de 65 quilômetros de leste a oeste e com cerca de dez a quarenta quilômetros de norte a sul. Na direção leste-oeste ia da margem ocidental do rio Jordão até o mar Mediterrâneo. Ao norte ficava a meia tribo de Manassés; ao sul ficavam as tribos de Benjamim e Dã (Js 16.5; 18.7; 1Cr 7.28,29). As fronteiras do território da tribo de Efraim são dadas no décimo sexto capítulo do livro de Josué. Comparar isso com 1Crônicas 7.28,29. Quando os homens da tribo de Efraim não ficaram satisfeitos com as dimensões de seu território, foram instruídos a expandi-lo, expulsando os habitantes das montanhas e das florestas adjacentes (Js 17.14-18). Assim, sua fronteira sul ia desde as margens do rio Jordão até Jericó, descendo até, aproximadamente, dezesseis quilômetros ao norte de Jerusalém. Sua fronteira norte era o ribeiro de Caná. (Ver Js 16.8).

3. Um centro de atividades religiosas. Antes do tempo da construção do templo de Jerusalém, a arca da aliança e o tabernáculo estavam situados em Silo, que ficava bem no âmago do território de Efraim. (Ver Js 18.1; 22.12; Jz 18.31; 21.19; 1Sm 1.3,9,24; 2.14 e 3.21). A arca e o culto religioso continuaram centralizados ali, até que os filisteus capturaram a arca, em batalha. E, quando a arca da aliança foi devolvida, não há qualquer indício de que ela tenha sido posta novamente em Silo. Na verdade, é provável que essa cidade tenha sido destruída pelos filisteus, quando estes foram vitoriosos na batalha durante a qual tomaram a arca da aliança.

4. O tempo dos juízes. Os efraimitas estiveram envolvidos em revoltas internas, na época de Gideão (Jz 8.1-3), bem como durante o período do governo de Jefté (Jz 12.1-6). Gideão teve a sabedoria de tratá-los com palavras lisonjeadoras, a fim de pacificá-los. Jefté, por outra parte, atacou-os ousadamente e derrotou-os.

5. Efraim e Davi. A princípio, os efraimitas não deram apoio a Davi (2Sm 2.8.9), mas, após a morte de Is-Bosete, muitos efraimitas foram a Hebrom, protestar o seu apoio a Davi e tornaram-se uma importante força em favor de seu governo. No entanto, a inveja irrompeu entre Judá e Efraim (1Cr 12.30; Sl 60.7; 2Sm 19.40-43).

6. Efraim e Salomão. A tribo de Judá chegou a tornar-se a tribo liderante e Jerusalém tornou-se a cidade principal do reino. Mas, os passos preliminares do reino dividido estavam atuando, visto que havia um conflito cada vez mais aceso entre Efraim e Judá, ou seja, entre o norte e o sul.

7. Divisão entre o norte e o sul. Quando Salomão faleceu, Jeroboão I, da tribo de Efraim, tornou-se o primeiro rei do reino separado do norte, que tomou o nome de Israel, enquanto o sul ficou sendo conhecido como reino de Judá, sob a direção de Reoboão, filho de Salomão. Isso ocorreu quando Reoboão insensatamente recusou-se a satisfazer às exigências das tribos do norte, o que causou a revolta das dez tribos- nortistas. E Reoboão (vide) não teve a força necessária para preservar a unidade de Israel. Assim, depois dessa divisão, Efraim tornou-se a tribo principal do reino do norte, ao ponto em que essa nação nortista chegou a ser intitulada, algumas vezes, de "Efraim".

A reunião futura entre Israel e Judá é um dos sonhos previstos pelos profetas (Is 7.2; 11.13; Ez 37.15-22). Essa esperança nunca se concretizou nos dias dos profetas e acabou sendo tema de predições sobre a eventual restauração do povo de Israel. Seguiu-se uma longa série de reis, uma linhagem só em Judá e diversas linhagens em Israel. Mas, afinal, o reino do norte terminou quando do cativeiro assírio; e o reino do sul, cerca de século e meio mais tarde, por ocasião do cativeiro babilônico.

8. A restauração. A tradição profética prediz a eventual reunião das tribos do norte (Israel) e do sul (Judá), dentro do reinado messiânico futuro. A brecha haverá de ser curada quando o grande Rei da linhagem de Davi estiver governando todas as doze tribos. (Ver Ez 37). Após o cativeiro, os filhos de Efraim vieram residir em Jerusalém (1Cr 9.3 e Ne 11).

Entre os judeus corre a ideia de que só se sabe das tribos de Judá, de Benjamim e de Levi. E muitos deles estão aguardando o encontro com as tribos restantes. Este coautor e tradutor pertence à tribo de Judá. Os Bentes são judeus sefarditas que chegaram de Portugal ao Brasil, instalando-se, a princípio, na cidade de Belém do Pará, de onde se foram espalhando pelo resto do Brasil. Meu avô paterno, Joaquim Theodoro Bentes, ensinou aos seus quatro filhos homens como ler o hinário em hebraico. Em menino e rapazinho eu ia voluntariamente às duas sinagogas de Manaus, no Amazonas. Portanto, tenho algum conhecimento de causa acerca do que digo sobre coisas judaicas. Por outro lado, muitos estudiosos preferem pensar que, quando do retorno de Israel do exílio babilônico, houve representantes de todas as tribos e que o atual povo judeu é uma composição de elementos provenientes das doze tribos e que não se deve esperar encontrar nenhuma *tribo perdida* de Israel!

Hoje em dia o mundo já se acostumou com a existência do moderno Estado de Israel (organizado em 1948, sob a égide das Nações Unidas). Antes disso, porém, parecia que o ideal do sionismo jamais se concretizaria. Podemos estar certos de que a formação do Estado de Israel é um começo da realização de profecias bíblicas, embora a plena realização das mesmas ainda tenha de esperar até os acontecimentos preditos para o fim, acontecimentos esses que, segundo muitos eruditos da Bíblia, se iniciarão com o aparecimento do anticristo e culminarão com a segunda vinda de Cristo. E então, de acordo com as profecias bíblicas, Israel deixará de ser a cauda das nações para tornar-se a cabeça das nações. *O Senhor te porá por cabeça e não por cauda; e só estará em cima, e não debaixo, se obedeceres aos mandamentos do Senhor teu Deus, que hoje te ordeno, para os guardar e cumprir* (Dt 28.13). Isso ocorrerá durante o *milênio* (vide) quando as palavras de promessa do Senhor a Israel se cumprirão acima de qualquer esforço da imaginação. Então Jerusalém se tornará a capital do mundo, em uma nova e renovada civilização, em que Israel estará convertido, por inteiro, ao Senhor. Essa era a visão que o apóstolo Paulo deixou registrada: *E assim todo o Israel será salvo, como está escrito: Virá de Sião o Libertador, ele apartará de Jacó as impiedades. Esta é a minha aliança com eles, quando eu tirar os seus pecados* (Rm 11.26,27).

EFRAIM, REGIÃO MONTANHOSA DE

Essa região é mencionada em 32 trechos diferentes do Antigo Testamento. Ver, por exemplo, (Js 17.15; Jz 3.27 e 1Sm 1.1). A região referida ficava bem no centro da Palestina, ocupada pela tribo de Efraim, o que lhe explica o nome. Mas também tinha outros nomes, como *montanhosa de Israel* (Js 11.21) e *montes de Samaria* (Am 3.9). Josué foi sepultado naquelas colinas, em Timinate-Heres, no lado norte do monte Gaás (Jz 2.9).

A expressão "região montanhosa de Efraim" refere-se à *cadeia central* dos montes de Samaria, da mesma maneira que todo o tabuleiro de Judá era chamado de "região montanhosa de Judá". Aquela era uma região frutífera, uma das poucas áreas onde Israel foi capaz de estabelecer-se em paz. Dois santuários principais foram edificados ali, na época dos juízes, a saber, Betel e Silo, região contígua a essas colinas.

EFRAIMITAS

Nome geral que indica os descendentes do patriarca *Efraim* (vide). (Ver Js 16.1; Jz 12.4-6). Esse adjetivo pátrio indicava tanto indivíduos isolados dessa tribo, como a tribo em sua inteireza. O texto do livro de Josué parece indicar que os efraimitas tinham um sotaque peculiar, que os identificava, da mesma maneira que, nos dias de Jesus, os galileus falavam de uma maneira que os identificava prontamente, segundo se vê em Mateus 26.73.

EFRATA

No hebraico, **"frutificação"**. Foi o nome de três lugares diferentes, nas páginas do Antigo Testamento, a saber: **1**. Esse era o nome de uma cidade ou área associada a Belém, em Judá. Talvez tenha sido o nome mais antigo de Belém, ou então uma aldeia próxima que acabou sendo absorvida pela cidade de Belém. Elimeleque e seus familiares eram efrateus de Belém (Rt 1.2; 1Sm 17.12). Em Miqueias 5.2 os dois nomes aparecem em forma composta: *E tu, Belém Efrata...* Em Gênesis 35.19 e 48.7 aparece como o lugar onde Raquel foi sepultada. O trecho de Miqueias 5.2 é uma predição profética. Os nomes de Noemi (Rt 4.11), de Rute e de seu bisneto, Davi (1Sm 17.12; Sl 132.6), sem falarmos no próprio Senhor Jesus, o Messias, estão associados a Belém Efrata. **2**. Há uma dificuldade que cerca Efrata, quando aparece como lugar do sepultamento de Raquel. Nos trechos de 1Samuel 10.2 e Jeremias 31.5, Efrata aparece como cidade localizada dentro do território de Benjamim, e não de Judá. Além disso, o trecho de Gênesis 35.16 sugere uma considerável distância entre Belém e Efrata. Por essa razão, alguns eruditos supõem que os trechos de Gênesis 35.19 e 48.7 representam glosas inexatas do texto. Nesse caso, deve ter havido uma outra cidade chamada Efrata, na fronteira norte de Benjamim, onde também Raquel teria sido sepultada. **3**. Em Salmo 132.6 uma outra região é chamada Efrata, vinculada a Quiriate-Jearim ("campo de Jaar") (vide). Foi dali que a arca da aliança foi levada para Jerusalém. Em 1Crônicas 2.50-52, Efrata, Belém e Quiriate-Jearim aparecem associadas.

EFRATE

No hebraico, **"fertilidade"**. Esse foi o nome da segunda esposa de Calebe, filho de Hezrom. Ela foi a mãe de Hur e avó de Calebe, filho de Jefoné. Seu nome aparece em 1Crônicas 2.50 e 4.4. Viveu em torno de 1540 a.C.

EFRATEU

Adjetivo gentílico que indica um natural ou residente de Efrata (Rt 1.2; 1Sm 17.12). Os habitantes de Belém da Judeia também eram conhecidos como *efrateus*, conforme nos mostra a referência do livro de Rute.

EFROM

Alguns estudiosos pensam que o sentido dessa palavra é desconhecido, e outros opinam que significa "forte"; e, ainda outros, pensam que quer dizer "corço", "gamo". Nas páginas do Antigo Testamento aparece como nome de várias localidades e de uma pessoa, a saber: **1**. Um monte ou área montanhosa entre Neftoa e Quiriate-Jearim (vide). Ficava na fronteira de Judá (Js 15.9). Entretanto, em vez de dizer "monte Efrom", a nossa versão portuguesa diz "região montanhosa de Efraim", o que certamente é um erro, devido à semelhança de nomes. **2**. Abias capturou um lugar, perto de Betel, que tinha esse nome (2Cr 13.19). O texto massorético, entretanto, diz *Efraim*. Mas a nossa versão portuguesa diz *Efrom*. Ver também 2Samuel 13.23, onde o verdadeiro texto diz "Efraim". A cidade capturada por Abias ficava no território de Benjamim, cerca de treze quilômetros de Jerusalém, perto de Betel, no deserto da Judeia. **3**. Uma cidade da Transjordânia, localizada entre Carmion (Astorete-Carnanaim) e Citópolis (Beisã), capturada por Judas Macabeu (1Macabeus 5.41; 2Macabeus 12.27) e que também era chamada Efrom. Tem sido identificada com *Et-Taiyibeh*, a sudeste do mar da Galileia. **4**. Um *heteu* (no vocabulário secular, *hitita*) que residia em Hebrom e que vendeu um campo com uma caverna, chamado de Macpela, a Abraão, a fim de que pudesse fazer do local um lugar de sepultamento para a sua família. O relato dá-nos a entender certos aspectos de como eram efetuados os negócios no antigo Oriente, com sua mescla de polidez e astúcia. A negociação foi bastante complicada. Efrom realmente queria vender a propriedade, mas também queria fazê-lo por um bom preço (Gn 23.8). Porém, não querendo parecer ansioso, e querendo demonstrar boa educação, e que era bom vizinho, ofereceu-se para presentear o terreno, sem estabelecer qualquer preço (Gn 23.11). Abraão, porém, sabia que seria muita presunção aceitar o terreno como uma dádiva (o que ambos os homens reconheciam muito bem). Portanto, conforme era de esperar, Abraão insistiu em pagar pelo terreno (Gn 23.13). Nem assim Efrom declarou que seu terreno estava à venda, embora tenha dito astuciosamente o preço do mesmo, segundo ele pensava que o terreno valia. Naturalmente, Abraão compreendeu que aquele era o preço e fez o pagamento (Gn 23.16).

O terreno tinha uma caverna e várias árvores (Gn 23.17). Sara foi sepultada ali. Com a passagem dos anos, houve outros sepultamentos no mesmo local. Abraão (Gn 25.9), Isaque, Rebeca, Jacó e Lia foram todos sepultados no mesmo lugar.

Até hoje a área é conhecida. Uma grande estrutura de pedra, dos islamitas, assinala o local da caverna. Os visitantes têm permissão de entrar no edifício, mas não de adentrarem a caverna. Este é um lugar considerado por demais sagrado para ser franqueado ao público.

EGITO

I. O NOME. O termo Egito vem do nome grego desse país, *Aigyptos,* que parece ser uma transliteração do egípcio H(wt)-k'-Pt(h). Essa palavra era pronunciada como *ha-ku ptah,* conforme se vê nas cartas de Tell el-Amarna, de cerca de 1360 a.C., onde encontramos *hikuptah*. Esse era um dos nomes dados à cidade de Mênfis, que, na antiguidade, foi capital do Egito. Estava localizada na margem ocidental do rio Nilo, imediatamente acima de Cairo. Esta última, finalmente, tornou-se a mais importante das duas. Este nome veio a ser usado para indicar o país inteiro. Atualmente, o Cairo e o Egito são ambos referidos pela palavra egípcia *Misr.*

Kemet era o nome que os próprios egípcios usavam, na antiguidade, para aludir à sua terra. Essa palavra significa "terra negra", o que fala sobre as águas de coloração escura do Nilo, que se espraiam ao longo do seu curso, em contraste com a areia avermelhada do deserto. Um outro nome antigo era *Toui,* que significa "dois países", referindo-se à comum divisão do Egito em Alto Egito e Baixo Egito. O antigo nome hebraico que aparece no Antigo Testamento, como designação do Egito, é *Misrayim,* uma forma dual que aparentemente refere-se à antiga dupla divisão do território egípcio. Essa palavra é confirmada desde tempos tão remotos quanto o século XIV a.C., sob a forma de *msrm,* nos textos ugaríticos (cananeus do norte). Nos textos assírio babilônios de cerca de 1000 a.C., encontramos a forma variante *musri.* Essa palavra parece significar "terras fronteiriças", podendo ser usada para indicar qualquer país fronteiriço, embora muitos estudiosos rejeitem esse sentido e prefiram a ideia de *dualidade,* que já mencionamos. Têm sido feitas tentativas para entender *msr* como "fortificação", o que, se fosse verdade, faria a palavra relacionar a *i(mdr),* "muralhas de fortificação". E isso seria uma referência às fortificações que os egípcios mantinham na fronteira com a Ásia, desde cerca de 2000 a.C. em diante. A palavra semítica *masor* quer dizer "fortificação", e isso empresta certo prestígio a essa última interpretação do nome. Porém, nenhuma certeza se tem podido adquirir com respeito a isso.

II. GEOGRAFIA E TOPOGRAFIA

1. O Egito moderno é uma república norte-africana, que, de 1958 a 1961, fez parte da República Árabe Unida, em união com a Síria. Em 1961, a Síria separou-se da aliança, embora o título República Árabe Unida tenha sido retido pelo Egito como sua designação oficial. Jaz na porção nordeste da África e inclui a adjacente península do Sinai, que já fica no continente asiático. Limita-se ao norte pelo mar Mediterrâneo, a nordeste por Israel, a leste pelo mar Vermelho, ao sul pelo Sudão e a oeste pela Líbia. Tem um total de cerca de 1.000.000 km^2, dos quais somente cerca de 36.000 km^2 são cultiváveis e povoados. A distância máxima, de norte a sul, bem como de leste a oeste, é de cerca de 1.100 km, o que significa que tem quase o formato de um quadrado. A utilização apenas de uma pequena parte desse território deve-se a um clima extremamente seco. Alexandria desfruta de apenas 17,8 cm de chuva por ano, e o Cairo apenas ligeiramente mais do que 2,5 cm. A maior parte do território do Egito desconhece virtualmente qualquer índice pluviométrico, pelo que o rio Nilo é a linha de vida do Egito. Ao longo de seu curso é que pulsa, realmente, a vida do Egito. Atualmente Egito têm mais 85 milhões de habitantes, e um quinto desse total vive em uma única cidade, o Cairo. O porto principal é Alexandria. É o país mais populoso de toda aquela região, excetuando a Turquia.

2. O Antigo Egito. Duas divisões podem ser especificadas como representações essenciais do antigo Egito: *a.* uma estreita faixa de terra que acompanha ambas as margens do rio Nilo, desde Mênfis (Cairo) até a primeira catarata (644 km). *b.* O Delta, assim chamado por causa de sua configuração como a letra grega desse nome. Essa área fica entre o mar Mediterrâneo e a cidade do Cairo, com cerca de 200 km de norte a sul e com cerca de 185 km de leste a oeste. A faixa estreita veio a ser conhecida pelo nome de Alto Egito e o Delta veio a ser conhecido como Baixo Egito. Combinando as duas regiões, obtemos o total de 885 km como o comprimento total do país, desde as margens do mar Mediterrâneo até a primeira catarata do rio Nilo.

3. O Alto Egito. A faixa estreita, ou seja, o vale do rio Nilo, está limitada de ambos os lados por colinas de pedra calcária ao norte e de arenito ao sul de Esnas, ou seja, cerca de 530 km ao sul do Cairo. Essa faixa tem apenas cerca de dezenove quilômetros e meio de largura, na média, embora algumas vezes se estreite a algumas poucas centenas de metros, como sucede em Gebel Silsileh. Fora dessa região (que é regada pelas águas do Nilo), o território inteiro é desértico, estendendo-se até as colinas que a ladeiam.

4. O Baixo Egito. Cerca de dezenove quilômetros ao norte do Cairo, o Nilo divide-se em dois braços principais. O braço norte avança para o mar, na direção de Rosetta. O braço leste vai na direção de Damietta, cerca de 145 km distante. Do Cairo até o mar há somente cerca de 160 km Entre os dois braços do Nilo há um delta pantanoso, composto de depósitos sedimentares que se têm acumulado através dos milênios. Muitos canais e valetas de drenagem ligam os dois braços. Heródoto disse que o Nilo tinha sete bocas que desaguavam no mar, mas os próprios egípcios identificaram apenas três. As duas áreas, o Alto e o Baixo Egito, nem sempre formaram um único país, mas, finalmente, tornaram-se unidos sob um único monarca, desde milênios antes de Cristo.

O Egito ficava localizado em rotas comerciais que ligavam a Europa e a Ásia, estando na África, e entre aqueles outros dois continentes. Portanto, era um escoadouro da África, bem como o lugar fortificado que dominava o caminho entre a Europa e a Índia, mais para o oriente. Os portos naturais do mar Vermelho e do mar Mediterrâneo emprestavam-lhe grande importância nas comunicações e no comércio antigos.

5. O Rio Nilo. Esse é um dos maiores rios do mundo em extensão, com um total de 5.607 km Somente há poucos anos, exploradores descobriram as verdadeiras nascentes do Amazonas, dando a este último a honra de ser não somente o mais volumoso rio do mundo, mas também o mais longo, com um total de mais de 6 mil quilômetros. Seja como for, o rio Nilo é o mais longo e importante rio do continente africano. É formado pela união do Nilo Branco, que nasce em Uganda, e do Nilo Azul, que nasce na Etiópia. Os dois finalmente unem-se, a pouca distância abaixo de Kartum, na República do Sudão. Originalmente, seu curso era um tanto mais para oeste, onde agora fica o deserto da Líbia. Desconhece-se a razão dessa mudança de rumo para a direita. Alonga-se por cerca de 1.530 km desde a fronteira entre o Sudão e o Egito até Rosetta (Rashid), ao desembocar no mar Mediterrâneo. Sua largura varia entre 1.100 m a 16 km, sendo muito mais estreito no sul do que no norte. O vale do rio Nilo fica entre 45 m e 300 m abaixo do nível do deserto, que o ladeia. A sedimentação do Nilo encheu o que era uma antiga baía, e agora essa área forma o Delta, que se estende por cerca de 240 km de um lado ao outro. A partir de 3000 a.C., a sedimentação tem enchido cerca de 8 km mar adentro. As originais sete desembocaduras foram todas entupidas, excetuando as de Rosetta e Amietta. A fonte essencial das águas do Nilo são as chuvas tropicais que caem na parte oriental da África. Excetuando o Nilo, o Egito conta com bem poucos acúmulos naturais de água potável. A moderna represa de Aswan formou um grande lago artificial. Essa represa fica localizada cerca de 730 km ao sul do Cairo. Foi construída a fim de adicionar, finalmente, cerca de dois milhões de acres de terras cultiváveis.

Sem o rio Nilo, não haveria o Egito, pelo que desde a antiguidade se vem dizendo que o Egito é o dom do Nilo. Nos tempos antigos, quando não havia ainda meios artificiais de renovação do solo, em larga escala, toda a área povoada dependia das inundações do Nilo, para que houvesse fertilidade. Nos tempos modernos, visto que a represa de Aswan retém a sedimentação, o país tem sido forçado a gastar astronômicas quantias em fertilizantes químicos. A sedimentação que o rio deixava a cada ano era ideal para o plantio. Os agricultores pouco tinham que fazer para preparar o solo, que era extremamente fértil. O rio Nilo é o único grande rio do mundo que é maior perto de suas origens do que em sua embocadura. Isso deve-se ao fato de que atravessa uma região muito árida e assim vai diminuindo ao longo do trajeto, porquanto não adquire qualquer novo suprimento de água, não tendo tributários. Desde a junção com o Atbara até a sua boca, cerca de 2.700 km, não recebe qualquer tributário. Portanto, o solo absorve muita água e a evaporação também é considerável, o que significa que o volume de suas águas vai diminuindo cada vez mais.

Topograficamente, o Egito está dividido em três regiões; **1.** A leste do Nilo. Aí fica o deserto da Arábia, que, na antiguidade, continha importantes rotas comerciais e de comunicação entre o Nilo e o mar Vermelho. Ao longo da costa do mar Vermelho, essa região conta com elevadas montanhas, que atingem os 2.150 m. Antigamente, havia alguma atividade vulcânica nessa área. **2**. A oeste do rio Nilo. Aí fica o deserto da Líbia, com formações causadas pelos ventos, como as dunas de areia. A infiltração de água, vinda do rio Nilo, formou uma depressão que atravessa essa região, do que resultaram os oásis de Kharga, Dakhla e Siwa. **3**. O vale do rio Nilo. Essa é a estreita faixa de terras férteis, que já descrevemos.

III. Esboço da História do Egito. Juntamente com a Mesopotâmia (o moderno Iraque), o Egito tem a mais longa história registrada de qualquer nação moderna.

1. Período Pré-histórico ou Pré-dinástico (4000-3100 a.C.). Há evidências de que o vale do rio Nilo vem sendo continuamente habitado pelo menos há seis mil anos. Durante o período pré-dinástico, que se prolongou até cerca de 3100 a.C. segundo sabemos, havia ali povos que desenvolveram a agricultura e a domesticação de certos animais. Nesse tempo ainda não havia um Egito unificado, prevalecendo então as duas divisões principais de Baixo e Alto Egito. Biblicamente falando, os antigos egípcios eram descendentes de Cão, o filho mais novo de Noé. (Ver Gn 10). Invasões de babilônios trouxeram para o Egito povos predominantemente semitas. Outros elementos étnicos, como os núbios, penetraram e deram ao Egito um caráter de povo muito caldeado. Finalmente, o país foi dividido em 42 províncias, vinte do Baixo Egito, e 22 do Alto Egito. Alguns estudiosos pensam que, ainda mais antigamente, o Egito contava com uma camada de população semítica, pelo que poderia ser considerado como um ramo dos novos semitas.

Estágios da Pré-história. **a**. Os primeiros povos agrícolas. Além da agricultura, também havia a mineração de cobre. Os costumes de sepultamento mostram que ali havia a crença na vida após-túmulo. Esses povos têm sido denominados pelos historiadores de *taso-badarianos*, e parece que tinham origem africana. **b**. Uma outra fase pré-histórica foi aquela chamada de Naqada I, onde houve algum contato com o sul da Arábia, com o Irã e com a Mesopotâmia, por meio do Wadi Hammamat e do mar Vermelho. Por essa altura dos acontecimentos, povos semitas e, portanto, línguas semíticas, começaram a penetrar na cena egípcia, modificando a cultura do país. **c**. Durante o chamado período Naqada II, houve contatos com a cultura suméri-mesopotâmica. Durante esse tempo, surgiram dois reinos separados, o Baixo e o Alto Egitos. Mas isso terminou quando Narmer, Faraó do Alto Egito, conquistou a região do delta e fez o Egito tornar-se um país unificado. Foi então que surgiu a escrita hieroglífica, bem como a monumental arquitetura egípcia.

2. Período Arcaico. Dinastias I e II (3100-2686 a.C.). Menes ou Narmer pode ter sido uma figura fictícia. Seja como for, a ele é atribuída a união do Baixo e do Alto Egitos, por volta de 3110 a.C. Acredita-se que ele estabeleceu a sua capital em Mênfis, e assim teve início uma série de trinta dinastias diferentes. Presumivelmente, ele foi o primeiro monarca egípcio a governar como se fosse uma divindade, e não meramente como um agente dos deuses, conforme era a doutrina prevalente no sudoeste da Ásia. O governo era essencialmente centralizado, e os registros do governo eram conservados em tabletes de marfim. Departamentos distintos eram mantidos a fim de gerenciar melhor as duas divisões naturais e territoriais, o Baixo e o Alto Egitos. Aparentemente, houve sete monarcas que sucederam a Narmer e que eram seus descendentes diretos. Cada um desses reis tinha o seu lugar sagrado, um túmulo circundado pelas sepulturas de seus nobres. A estela ou tampo do túmulo do quarto desses reis é um notável monumento. Túmulos feitos de tijolos eram construídos com decorações muito elaboradas. Os móveis eram fabricados com madeira de ébano, incrustados de marfim, e havia vasos e instrumentos de cobre, além do que, o ouro era usado em grande abundância. Havia então uma civilização elaborada, uma complexa estrutura governamental, uma boa organização militar e toda a espécie de comércio e artigos de luxo. Tudo isso cerca de dois mil anos antes do tempo de Davi e Salomão.

3. O Reino Antigo. Dinastias III a VI (2778-2423 a.C.). Durante esse período foi atingido um impressionante pico de prosperidade, esplendor e civilização elaborada. A terceira dinastia produziu os construtores das grandes pirâmides. A quarta dinastia também tinha seus construtores de monumentos. A arqueologia tem descoberto maciças evidências atinentes a esse período, incluindo excelentes móveis, joias, pinturas e relevos, bem como uma religião altamente desenvolvida, com sua casta sacerdotal. Poucas evidências, sob a forma de documentos, têm sido achadas no tocante à quarta dinastia. Zoser (Djoser, 2664-2646 a.C.), foi o construtor da pirâmide de degraus, em Sakkara, e foi um notável governante desse período. Essa pirâmide foi o primeiro grande edifício de pedra do mundo, elevando-se a quase 60 m de altura em uma área fechada com cerca de 600 m de comprimento por 300 m de largura. Essa área continha um complexo de edifícios, além da pirâmide referida, tudo o que, aparentemente, estava envolvido na manutenção do culto imperial. Os sucessores de Zoser também erigiram pirâmides de degraus, mas essas pirâmides não foram completadas, devido à morte prematura desses governantes.

As dinastias IV a VI (2614-2181 a.C.) formaram o tipo de civilização que haveria de predominar no Egito por 1.500 anos. Essa foi a era das pirâmides por excelência. O faraó era um monarca absoluto e sua posição monolítica era simbolizada pelas grandes pirâmides de Queopes, Quefren e Miquerinos, em Gizé.

A grande pirâmide de Queopes tinha quase 147 m de altura. A de Quefrem tinha o formato de uma esfinge, retratando o monarca como uma figura guardiã real divina. A terceira pirâmide, de Miquerinos, era a menor das três, mas estava revestida de pedras de granito. O formato das pirâmides provavelmente era um símbolo solar, simbolizando como os raios do sol partem de um ponto, no firmamento, e espalham-se à superfície da terra. Também é possível que devamos pensar nas pirâmides como uma espécie de rampa ou meio de acesso para o rei divino subir ao céu. As pirâmides de degraus fazem-nos lembrar a escada de Jacó, por meio da qual subiam e desciam seres celestiais do céu à terra e vice-versa.

Durante esse período, a arquitetura incluiu palácios e templos suntuosos, nos quais eram usados granito e o alabastro. Havia colunas e pátios muito bem trabalhados, paredes elaboradamente decoradas e pinturas incomuns. Túmulos gigantescos para os membros da realeza eram erigidos, nos quais havia capelas fúnebres, que continham muitas pinturas representando a vida diária. A fabricação de estátuas atingiu uma qualidade sem rival em qualquer período posterior da história do mundo, antes do aparecimento da cultura grega.

A *adoração egípcia* tinha formas que requeriam as habilidades de muitos artesãos, bem como o desenvolvimento de uma sofisticada casta sacerdotal. Livros de sabedoria de considerável qualidade literária foram escritos pelos líderes da nação. Câmaras internas das pirâmides reais estavam inscritas com inúmeros encantamentos, rituais mágicos e textos religiosos. Esses tornaram-se coletivamente conhecidos como os *textos das pirâmides*. Ver o artigo separado sobre as religiões do Egito. A esse período é que pertencem os eventos do livro de Gênesis relativos a Abraão e ao começo do período patriarcal de Israel.

4. Levantamento e Queda do Reino Médio. Dinastias VII a X (cerca de 2180-2030 a.C.). Houve um primeiro período intermediário, que abrangeu a sétima e a oitava dinastias, com reinados curtos, com nenhuma realização especial. Todavia, a ordem estabelecida foi arruinada na área do delta egípcio. As dinastias sétima a décima primeira foram assinaladas pelo aparecimento de nobres feudais locais, o que descentralizou o poder. Os Faraós, em Mênfis, eram reconhecidos como meras figuras decorativas. O conceito de Faraós absolutos não mais funcionava no Egito. Essa descentralização também foi ajudada pelo crescente poder da casta sacerdotal que adorava o deus Rá (Ré). Prevaleceu uma certa desordem, até que a cidade de Tebas estabeleceu sua hegemonia sobre todas as rivais, já na décima primeira dinastia (2134 a.C.).

5. Reino Médio Propriamente Dito. Dinastias XI e XII (2160-1580 a.C.). Aquilo que é chamado de reino médio propriamente dito foi constituído pelas dinastias XI e XII. A cidade de Tebas estabeleceu sua autoridade sobre todas as rivais, e isso prevaleceu até o fim da dinastia XII (1786). O território egípcio foi reunificado e o poder dos Faraós foi restabelecido, acompanhado pelo reavivamento cultural e econômico. Amenemete III (1842-1797 a.C.) tornou-se conhecido por cultivar a terra em grande escala, com o uso de sistemas de irrigação. A estabilidade interna ajudou o Egito a ampliar o seu poder no exterior. Foi durante esse período que a influência egípcia ampliou-se, em grau significativo, até à região asiática contígua, à Núbia e ao sul do Sudão.

6. Segundo Período Intermediário. Dinastias XIII a XVII (1785-1580 a.C.). A décima segunda dinastia terminou com uma rainha; a décima terceira dinastia teve uma série de reis que governaram por curtos períodos. Então entraram no Egito asiáticos (semitas ocidentais) em grande número e obtiveram o controle sobre áreas localizadas, especialmente no delta do Nilo. Finalmente, bárbaros asiáticos dominaram o Egito, em 1678 a.C., continuando a reinar ali até 1570 a.C. Esses povos asiáticos eram chamados *hicsos*, nome esse que vem de duas palavras egípcias, *kihau khasut*, isto é "governantes de terras estrangeiras". Eles estabeleceram-se principalmente no delta do Nilo, embora também tivessem podido controlar áreas no extremo sul do Egito, incluindo a cidade de Tebas. Não eram culturalmente tão avançados quanto os egípcios, mas tinham criado habilidades militares superiores, incluindo o uso do cavalo, dos carros de guerra, de armaduras de proteção do corpo e de arcos bem elaborados. É a esse período que pertence a história de José e dos patriarcas de Israel, no Egito.

7. O Império; no Novo reino. Dinastias XVIII a XX (1551-1301 a.C.). **a. Amoses I** (1551-1526 a.C.). Ele deu continuidade ao que fora iniciado pelo seu irmão mais velho, o rei Camoses, expulsando os governantes hicsos do Egito. Como parte das medidas que tomou, ele invadiu a Palestina. Seus sucessores deram prosseguimento à sua obra e um novo período de grande civilização foi inaugurado. De fato, durante os próximos cinco séculos (1570 a 1085 a.C.), o Egito atingiu o pináculo de seu poder e influência, exibindo sua mais impressionante grandiosidade e riqueza. Porém, esse período terminou em

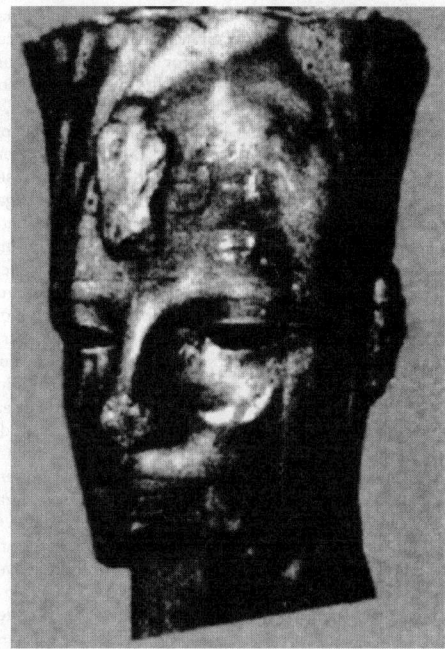

Amenofis
Davis, John D., 1854-1926, *Novo Dicionário da Bíblia* / [Tradução: J.R. Carvalho Braga]. – Edição ampliada e atualizada – São Paulo, SP: Hagnos 2005.

uma notável degeneração, que finalmente produziu a dissolução da antiga civilização egípcia. A esse período pertence o tempo de servidão de Israel, no Egito. **b. Tutmés I** tinha como sua política a expansão territorial, a fim de evitar outra situação como a invasão dos hicsos. Seu neto, Tutmés III encarregou-se de conquistar a área da Síria-Palestina, por essa mesma razão, tendo procurado estabelecer as fronteiras nacionais tão longe do Egito quanto lhe fosse possível. Ele dirigiu dezessete campanhas contra a região da Síria, e estabeleceu o domínio egípcio na Palestina, na Fenícia e em grande parte do norte da Síria, chegando até as margens do rio Eufrates. Naturalmente, com isso o Egito tornou-se mais cosmopolita do que em qualquer outro período de sua história. Isso fez do Egito a maior potência militar de toda aquela região. **c**. Foram cativos cananeus asiáticos, que trabalhavam nas minas de turquesas da península do Sinai, que no começo do século XV a.C., desenvolveram o alfabeto (vide). **d**. As classes militares, profissionais e sacerdotais desenvolveram-se em seu poder e organização. O sacerdócio de Amom-Rá (Amum), em Tebas, o deus oficial do império egípcio, adquiriu grande autoridade e muitas terras. Tão notável foi esse desenvolvimento que os Faraós tiveram de tomar medidas para entravá-lo. Primeiramente eles nomearam os seus próprios sacerdotes, procurando controlar a estrutura eclesiástica. E então, dentro dessa estrutura, eles promoveram um jogo de poder. O deus sol, Atén, cresceu em estatura, devido à promoção encabeçada pelo Faraó Amenofis III. Amon-Rá continuava sendo honrado, mas desenvolveram-se dois sacerdócios que competiam um com o outro. As denominações se digladiavam! Amenofis IV rejeitou totalmente Amon-Rá e lançou uma campanha contra a pluralidade de divindades, chegando mesmo a apagar os nomes dos deuses das inscrições e esculturas. Ele estabeleceu o monoteísmo, com Aten como o único deus a ser adorado, e mudou o seu próprio nome para Aquenaten. Em seguida, ele mudou a capital do império para Aquete-Aten, no médio Egito. Essa é a moderna Tell el-Amarna, de tanta fama arqueológica. Aquenaten era adorado pelo povo comum como a personificação de Aten. Essa situação tem sido vista em visões, por místicos modernos, começando algum tempo antes de 1962, como um precursor do anticristo, que, segundo alguns, teria nascido em 1962, e que, segundo alguns pensam, seria descendente biológico ou espiritual de Aquenaten. O anticristo, portanto, seria a incorporação do monoteísmo pagão egípcio, formando contraste com a verdadeira adoração ao único Deus. Esse tipo de paganismo fará guerra ao cristianismo. Ver o artigo sobre o *Anticristo*. **e. O domínio egípcio sobre a Síria-Palestina** foi um tanto debilitado durante esse período, porquanto havia príncipes rivais que combatiam uns contra os outros, cada qual procurando o apoio dos Faraós. A correspondência que se originou dessa situação criou as famosas cartas de Tell el-Amarna, escritas em letra cuneiforme babilônica, própria da diplomacia, que usava tabletes de argila e que tanto têm contribuído para iluminar a vida humana naqueles tempos. É interessante observar que a imensa preocupação de Aquenaten com as coisas do espírito levaram-no a negligenciar questões políticas e militares, de tal modo que as lutas intestinais, que continuavam sem solução, debilitaram o império egípcio. Isso transparece claramente na correspondência encontrada em Tell el-Amarna. **f. O monopólio de Aquenatén começou a ruir.** Ele precisou transigir. Dois anos após o seu falecimento, Tebas tornou-se novamente a capital do Egito, sob Tutancamom e Ai. A adoração a Amon-Rá foi plenamente restaurada. À medida que o poder egípcio foi afundando, os militares foram-se encorajando a estabelecer uma virtual ditadura militar. **g. A Dinastia XIX.** Ramsés I fundou essa dinastia, mas governou por apenas um ano. A Síria caiu diante dos hititas, mas Ramsés II a reconquistou. Então surgiu um novo adversário, que forçou o Egito a aliar-se aos hititas, como medida de proteção mútua. Esse inimigo eram os minoanos e indo-europeus das ilhas do mar Mediterrâneo. Nos dias de Ramsés III (1190-1158 a.C.), a Síria e a Palestina caíram nas mãos do inimigo. Até mesmo a península do Sinai foi perdida para esse inimigo, no tempo de Ramsés IV (1140-1138 a.C.), o que assinalou o fim do Egito como um poder imperial. **h. Israel e a XIXª Dinastia.** A primeira metade dessa dinastia foi o tempo da opressão contra Israel e do

Ramssés
Davis, John D., 1854-1926, *Novo Dicionário da Bíblia* / [Tradução: J.R. Carvalho Braga]. – Edição ampliada e atualizada – São Paulo, SP: Hagnos 2005.

êxodo. Ver o artigo geral sobre a *Cronologia*. Os eruditos continuam disputando sobre a questão de que Faraó teria promovido a opressão de Israel. Nesse tempo, havia muitos escravos semitas que foram utilizados no projeto de construções no Egito. Têm sido achados documentos que mencionam quão numerosos eram esses escravos. Amenofis II (1438—1412 a.C.) fala sobre cativos que foram tomados da Síria, e afirma que havia ali 3.600 apiru, 15.200 sasu (seminômades), 36.300 horeus etc. Portanto, nada havia de muito diferente daquilo que aconteceu aos hebreus, que foram forçados a fabricar tijolos (Êx 1.14). A arqueologia tem descoberto excelentes pinturas que retratam os semitas e outros fabricando tijolos, no túmulo da capela de Recmire, um governador subordinado a Tutmés III. Um ostraco desse mesmo oficial menciona obras de construção, aludindo à extração e preparo de pedras de construção, ao fabrico de tijolos etc. Os papiros Anastasi, que pertencem a esse mesmo período, também contêm descrições sobre projetos de construção. Um outro papiro queixa-se da escassez de homens e tijolos, bem como da falta de palha para os tijolos, tudo o que nos faz lembrar o quinto capítulo do livro de Êxodo. Várias outras pinturas tumulares, ostraca e inscrições confirmam esse tipo de situação no Egito, no tempo correspondente ao período de opressão dos israelitas ali. Estrangeiros também eram empregados em outras obras, como pastores, tecelões, fabricantes de cerveja, mercadores de vinhos, porteiros, soldados, ou seja, em todas as atividades da sociedade. O sistema econômico dependia do trabalho escravo para sobreviver, o que demonstra por que razão o Faraó tanto ansiava por impedir a partida do povo de Israel. Ver o artigo geral sobre o *Êxodo*, quanto a certos detalhes relativos a essas questões. **i. Naturalmente, alguns semitas adquiriram posições de autoridade.** Isso incluía posições no governo, nas forças militares e no sacerdócio. Alguns deles tornaram-se administradores de elevados oficiais. si-Montu, um filho de Ramsés II, casou-se com a filha de um capitão da marinha síria, chamado Ben-Anate. As Escrituras Sagradas dizem que Moisés foi adotado pela filha do Faraó, e também que ele foi elevado à alta posição na corte real. Presumivelmente, ele poderia ter levado uma vida suave e próspera, em meio à realeza egípcia. Foi na corte real que ele aprendeu a sabedoria egípcia, e a sua posição elimina a teoria que diz que Moisés era analfabeto e que dificilmente poderia ter sido autor de qualquer porção do Pentateuco. No entanto, sabemos que esse período histórico contava com escribas sábios, e as descobertas arqueológicas demonstram que a capacidade de escrever não estava limitada à classe dos escribas. **j.** Pelo menos a partir do tempo do reinado de Ramsés II, elementos asiáticos (semitas) eram criados nos haréns reais e treinados para ocupar importantes posições oficiais. A filha mais velha de Ramsés II tinha um nome inteiramente semita, Bint-'Anath, havendo muitas provas de palavras emprestadas dos idiomas semíticos pelos egípcios. Assim, apesar de que indivíduos semitas comuns eram escravos empregados em duros trabalhos manuais, havia aqueles que tinham uma vida próspera, em meio à abundância material. É por causa dessa circunstância que o trecho de Hebreus 11.23 ss., observa sobre a nobreza das escolhas espirituais feitas por Moisés, quando ele se recusou a ser chamado de filho da filha do Faraó, preferindo sofrer aflições juntamente com o povo de Deus. Ele dava mais valor às riquezas de Deus, do que às riquezas materiais da corte do Faraó. No coração, desprezou o Egito e não temeu a ira do Faraó. Tudo isso porque prestava favor a um Rei maior. **k. A Mistura de Religiões.** A arqueologia tem demonstrado que certas divindades semíticas, como Ball, Anate, Resefe, Astarte (Astarote) etc., não somente foram aceitas no Egito, mas até mesmo tinham seus templos e seus aderentes sacerdotais especiais. Com base nessa *circunstância*, os hebreus tinham plena consciência de que eram um povo separado, e as tradições orais mantinham as memórias da pátria bem vívidas em suas

Tutankamon
Davis, John D., 1854-1926, *Novo Dicionário da Bíblia* / [Tradução: J.R. Carvalho Braga].
– Edição ampliada e atualizada – São Paulo, SP: Hagnos 2005.

mentes. Outrossim, quando algum grande movimento histórico está prestes a ocorrer, há uma inspiração divina nesse sentido. Moisés foi adredemente preparado para um momento histórico em que grandes modificações tiveram lugar. *l. Dinastia XX* (1200-1070 a.C.). Após a morte de Siptá, o último rei da XIXª Dinastia, Setnact governou durante breve tempo, como fundador da XXª Dinastia. Ele restaurou a ordem interna no Egito. Seu filho, Ramsés III, foi o último grande Faraó do império egípcio. Essa dinastia teve cerca de dez monarcas, todos com o nome de Ramsés; mas Ramsés III foi o mais importante deles. Por algum tempo, ele fora capaz de repelir povos marítimos invasores, incluindo aqueles provenientes da Palestina. Depois dele, entretanto, o declínio foi rápido e radical. Foi durante o governo de Ramsés III que a Síria e a Palestina passaram para as mãos dos invasores, que incluíam os minoanos e povos indo-europeus que vinham das ilhas do Mediterrâneo. No tempo de Ramsés VI, até mesmo Sinae foi perdida pelos egípcios, e isso assinalou o fim do Egito como um poder imperial (1148—1138 a.C.). *m. A Arqueologia e o Novo reino.* Evidências de todos os tipos e com abundância, confirmam esse período, incluindo muitos artefatos, pinturas, documentos escritos, capelas tumulares, inscrições etc., pertencentes a esse tempo.

8. O Declínio. Dinastias XXIª a XXXª. A Dominação Persa e Alexandre, o Grande (1085-332 a.C.). *a. Colapso e Desintegração.* O colapso externo do império egípcio foi acompanhado pela desintegração interna, o que quase sempre caracteriza o declínio e a queda dos grandes poderes hegemônicos. O Egito havia perdido suas possessões estrangeiras e, juntamente com isso, muito de suas riquezas e a fonte do trabalho escravo, que era uma das bases de sua economia. Estabeleceu-se, pois, a depressão econômica. A ordem pública não pôde mais ser mantida. Por volta de 1075 a.C., a antiga união política do Alto e do Baixo Egito foi rompida. O Alto Egito passou a ser dominado por Tebas; e o Baixo Egito, por Tânis. Houve um período de dominação estrangeira, com o líbio Sesonque I, da XXIIª Dinastia (940-730 a.C.). Seguiu-se então o período de dominação etíope (736-657 a.C.). De 670 a 654 a.C. o Egito foi ocupado pelos assírios. Em 663 a.C., Tebas foi conquistada e saqueada. Quando da Dinastia Saite (664-525 a.C.), por algum pouco tempo, foi restabelecido de novo o governo nativo no delta do Egito. Porém, em 525 a.C., o domínio estrangeiro tornou-se absoluto, quando Cambises II, rei dos medos e dos persas, passou a governar o Egito. Em seguida, apareceu Alexandre, o Grande, o macedônio. Ele guerreou contra os acamenidas e, em 332 a.C., expulsou completamente os persas do Egito. No mesmo ano, Alexandre fundou a cidade de Alexandria. Ver os artigos separados sobre Alexandre e sobre Alexandria. Foi restabelecido o controle egípcio sobre a Palestina e a Síria, até que os romanos tomaram conta de toda a região, já em 30 a.C., foi então que o Egito foi reduzido a uma mera província romana. *b. Relações com Israel Durante Esse Período.* A época dos Juízes, de Saul, de Davi e de Salomão corresponde à XXIª Dinastia, ou seja, o começo do declínio radical do Egito. No trecho de 1Reis 11.18-22, encontramos o primeiro elo mencionado especificamente. Joabe devastou Edom e seu jovem príncipe, Hadade, foi levado para o Egito. Ali ele cresceu, casando-se com uma cunhada do Faraó. Quando Davi morreu (cerca de 970 a.C.), Hadade retornou a Edom. Os historiadores muito têm-se esforçado para identificar (tentativamente) a mulher específica que se tornou esposa de Hadade, iluminando aspectos da vida dele, por meio dos quais se sabe dos costumes egípcios da época.

Salomão também envolveu-se com o Egito, por meio do casamento, tendo tomado como esposa uma filha do Faraó. Gezer (vide), uma das principais cidades da parte norte de Sefelá, foi-lhe dada como dote. (Ver 1Rs 3.1 e 9.16). Os arqueólogos supõem que o Faraó assim envolvido foi Siamun. Foi encontrado um relevo em Tânis, que mostra esse monarca a ferir asiáticos, brandindo uma arma de aparência daquelas usadas no mar Egeu. Ele comandou uma campanha militar na Filístia próxima, sendo provável que foi então que se apossou de Gezer e que, mais tarde, usou para dar a Salomão como dote. Esse incidente, sem dúvida, envolveu uma aliança com o Egito, confirmada por esse matrimônio.

Na XXIIª *Dinastia*, Jeroboão, filho de Nebate (1Rs 11.40), tornou-se um refugiado político no Egito. Quando Salomão faleceu, Jeroboão retornou, encabeçando a divisão do povo de Israel em dois reinos, do norte (Israel) e o do sul (Judá). Sosenque I foi o Faraó envolvido.

Sisaque (nome com que é conhecido no Antigo Testamento) invadiu a Palestina durante o quinto ano do reinado de Reoboão, filho de Salomão (cerca de 925 a.C.). Foi encontrada uma estela em um templo, em Carnaque, que sugere que um incidente de fronteira deu ao Faraó a desculpa necessária para ordenar a invasão. Seus triunfos foram registrados em um grande relevo, na muralha sul de Carnaque. Esse Faraó tornou-se riquíssimo em face desse saque (1Rs 14.26).

Mas outras aventuras militares do Egito, na Palestina, durante a XXIIª Dinastia e que são mencionadas em 2Crônicas 14.9, não foram tão bem-sucedidas.

EGITO

O *Cativeiro Assírio* de Israel ocorreu entre as Dinastias XXIIa e XXVª. Israel tentou, mas fracassou na tentativa de evitar o cativeiro, apelando para a ajuda dos egípcios (2Rs 17.4). O apelo de Oseias a So, Faraó do Egito, parece não ter sido respondido. Talvez o nome que aparece na Bíblia, "So", seja uma abreviação de Osorkon IV, o último e débil monarca da XXIIª Dinastia do Egito. Nesse caso, surgem problemas cronológicos, porquanto sua data é por demais atrasada para corresponder ao período do cativeiro assírio de Israel. Alguns estudiosos acreditam que está em foco Sabacon ou Sabaca, o etíope. Esse foi o primeiro rei da XXVª Dinastia. Talvez o nome So (vide) seja o nome de algum oficial do Faraó, e não o nome do próprio monarca egípcio. Seja como for, as datas exatas dessas dinastias egípcias têm sido postas em dúvida, pelo que é difícil descobrir paralelos históricos em muitos casos. Mas, ainda assim, sabe-se que, por esse tempo, o próprio Egito foi dividido em duas porções, tendo surgido submonarcas que somente ajudaram no declínio geral. O Egito não estava preparado para enfrentar um novo adversário.

Tiraca. Esse Faraó é mencionado em 2Reis 19.9 e Isaías 27.9. Ele pertencia à XXVª Dinastia, o que tem sido abundantemente confirmado pelas inscrições assírias. Os egípcios ofereceram ajuda a Israel, se este quisesse resistir à Assíria; porém, a debilidade geral do Egito, nesse período, era um fato bem conhecido. O Rabe-Saqué usou de sarcasmo diante de Hezequias, acerca de sua esperança de obter a ajuda da parte dos egípcios, tendo zombado do Faraó como "bordão de cana esmagada" (2Rs 18.21).

A XXVIª Dinastia. Dois Faraós dessa dinastia foram mencionados na Bíblia, a saber, Faraó Neco e Faraó Hofra. O primeiro (2Rs 23-29) enfrentou Josias, na batalha de Megido. Josias foi morto na oportunidade. O poder desse Faraó foi quebrado por Nabucodonosor, da Babilônia, em vista do que foi escrito: "O rei do Egito nunca mais saiu da sua terra; porque o rei da Babilônia tomou tudo quanto era dele, desde o Ribeiro do Egito até o rio Eufrates" (2Rs 24.7; ver também Jr 46).

Faraó Hofra ajudou Jeoaquim e Zedequias em sua rebelião contra Nabucodonosor (Jr 44). Em consequência, os babilônios atacaram e conquistaram o Egito; e Judá também não conseguiu resistir aos babilônios, e foram levados para o exílio, em 587 a.C. Quanto a um *completo sumário* de eventos do Antigo Testamento, no que concerne à história do Egito, ver o artigo sobre a *Cronologia*.

9. Datas Importantes da História Egípcias: Antes de 3100 a.C.: período pré-dinástico (pré-histórico): Badarianos, Naqada I, Naqada II.
- Cerca de 3100-2686: período arcaico (dinastias I e II)
- Cerca de 2686-2180 a.C.: Reino Antigo (dinastias III a VI)
- Cerca de 2180-2030: Primeiro Período Intermediário (dinastias VII a X)
- Cerca de 2134-1991 a.C.: dinastia XI: Reino Médio
- Cerca de 1991-1786 a.C.: dinastia XII
- Cerca de 1786-1551 a.C.: Segundo Período Intermediário (dinastias XIII a XVII)
- Cerca de 1551-1315/01 a.C.: Reino Novo (Império) dinastia XVIII
- Cerca de 1315/01-1200 a.C.: dinastia XIX
- Cerca de 1200-1070 a.C.: dinastia XX
- Cerca de 1070-945 a.C.: Começa o período posterior (dinastia XXI)
- Cerca de 945-715 a.C.: Terceiro Período (dinastias XXII e XXIII)
- Cerca de 720-715 a.C.: Intermediário (dinastia XXIV)
- Cerca de 715-664 a.C.: (dinastia XXV)
- Cerca de 664-525 a.C.: reavivamento Saite. (dinastia XXVI)
- Cerca de 525-402 a.C.: governo persa (dinastia XXVII)
- Cerca de 402-341 a.C.: (dinastias XXVIII a XXX)
- Cerca de 341-332 a.C.: governo persa renovado
- 332-331 a.C.: Alexandre e os ptolomeus
- 31 a.C.: Começo do domínio romano

10. Cronologia Comparada. Oferecemos quadros sobre a cronologia bíblica em geral, no fim deste artigo. Esses quadros apresentam a história geral comparada entre o Egito e Israel, desde o começo da história desse povo de Deus até chegarmos, inclusive, ao período intertestamental. Além disso, a porção da história egípcia que antecede o registro do livro de Gênesis, também foi incluída.

IV. A LÍNGUA E A LITERATURA DO EGITO

1. O termo literatura dá-nos a entender todos os documentos escritos dos antigos egípcios. Esse material chegou até nós parcialmente sob a forma de inscrição em material perdurável, alguns móveis e outros não. Os materiais perduráveis incluem a pedra, a madeira, o vidro, os metais e a terracota. As paredes, os pisos e os tetos dos túmulos, dos templos e dos edifícios públicos têm servido de ricas fontes informativas, quando ali se acham inscrições. Essas são as fontes informativas imóveis. Mas materiais como a ostraca, o couro e outras substâncias são as fontes informativas móveis. Têm sido achadas inscrições em tábuas de madeira, em esquifes e em outros objetos e utensílios.

Os manuscritos em couro (velino) e em papiro representam fontes informativas móveis de extrema antiguidade. Os primeiros papiros que nos chegaram do Egito foram escritos em caracteres hieroglíficos, antecedendo até mesmo à época dos construtores das grandes pirâmides, perto de 3000 a.C.

2. Tipos de Escrita. Os veículos da linguagem escrita eram de três tipos diferentes: os hieróglifos puros, a escrita hierática e a escrita demótica. O tipo mais antigo é a escrita hieroglífica. Esse tipo encontra-se nos mais antigos monumentos. É impossível descrever o desenvolvimento dos hieróglifos com precisão, tão antiga é essa forma de escrita. Ver o artigo sobre o *Alfabeto*. A escrita hierática aparece pela primeira vez em papiros da XII Dinastia (cerca de 2000 a.C.). E a escrita demótica só entrou em uso já no século VIII a.C. Esses três tipos de escrita, entretanto, não representam uma mesma forma de linguagem. A escrita hieroglífica pura teve seus alicerces na antiga língua sagrada. Outro tanto pode ser dito sobre a forma hierática mais antiga; mas, a partir da XIX Dinastia (1300 a.C.), essa forma acomodou-se um tanto à linguagem falada. Já a escrita demótica representa (conforme fica subentendido nessa palavra) a *escrita popular*, usada pelo povo comum. Foi usada para escrever cartas ou outros materiais comuns, pessoais ou governamentais. Os hieróglifos eram usados para registrar os textos sagrados e as memórias históricas. E a escrita hierática era empregada em material poético e prosaico, ou nos estudos científicos.

3. A Língua Cóptica. Esse idioma descendia diretamente do antigo egípcio, tendo substituído inteiramente o egípcio antigo quando o cristianismo chegou ao Egito. Portanto, trata-se do desenvolvimento mais recente do antigo egípcio. Em cerca de 1500 d.C., entretanto, tornou-se uma língua morta, embora continue sendo usada na linguagem litúrgica da igreja Copta. Algumas das primeiras versões do Novo Testamento foram produzidas em cóptico; e agora servem de preciosas testemunhas do texto do Novo Testamento. Ver o artigo intitulado *Manuscritos do Novo Testamento*, sob *Versões* e também o artigo separado *Bíblia, versões da*. Na língua cóptica adotou-se o alfabeto grego com pequenas modificações, para representar fonemas inexistentes na língua grega. O cóptico e o demótico existiram por muito tempo lado a lado; mas a produção do Novo Testamento em cóptico eliminou, finalmente, o uso da língua mais antiga, em todas as suas formas. Entretanto, sete caracteres foram tomados de empréstimo do demótico e adicionados às letras gregas, a fim de formar-se o alfabeto. E é somente assim que o demótico continua existindo.

4. Classificação da Língua Egípcia. Essa língua pertence ao grupo de línguas semito-camíticas, juntamente com certo número de outros idiomas parecidos, existentes na África. Os eruditos, porém, não têm conseguido determinar a posição exata do egípcio, dentro desse grupo.

Quatro estágios do desenvolvimento do Egípcio. Esses estágios seguem os períodos distintos de produção literária, a saber: ***a. Egípcio Antigo***. Essa era a língua literária do antigo reino (dinastias IV a VI, mais ou menos em meados do III milênio a.C. ***b. Egípcio Médio***. Da XI à XVI Dinastia (séculos XXI a XV a.C.). ***c. Egípcio Posterior***. Dinastias XIX e XX (séculos XIII e XII a.C.) ***d. Demótico***. Essa era a língua usada popularmente, e de grande parte da literatura dos fins do século VII a.C., até que foi substituída pelo cóptico. Literatura escrita em egípcio antigo, médio e posterior continuava a ser produzida na época dos ptolomeus e dos primeiros imperadores romanos, embora sob forma modificada ou corrompida, algo um tanto parecido com o latim bárbaro depois da queda do Império Romano do Ocidente, em comparação com o latim clássico.

5. Decifração do Idioma Egípcio. No ano de 1799, elementos da expedição militar de Napoleão contra o Egito descobriram a Pedra de Rosetta (vide), uma peça de basalto negro que trazia inscrições em escrita hieroglífica, demótica e grega, que repetiam o mesmo conteúdo. Isso provou a chave necessária para a decifração do egípcio antigo, o que foi conseguido pelo francês François Champollion, em 1822.

6. Literatura. Existem peças literárias egípcias que chegaram a nós vindas do século XXIX a.C. A última peça literária escrita em hieróglifo data de 24 de agosto de 394 d.C. O texto demótico mais recente data de 2 e 11 de dezembro de 452 d.C. Portanto, as datas mais antigas e mais recentes de textos escritos em egípcio, cobrem nada menos de trinta e três séculos. E textos produzidos em cóptico continuaram até o século X d.C. Isso significa que temos trinta e oito séculos de contínua tradição literária, se não incluirmos os tempos modernos. Isso é um recorde.

Períodos de Produção Literária

a. Terceiro Milênio a.C. As mais bem conhecidas produções literárias do Reino Antigo e do Primeiro Período Intermediário eram de natureza religiosa e de sabedoria. Os sábios Imhotep, Hardidief (Kairos?), e até Kagemni e Photep, produziram instruções éticas e religiosas, incluindo máximas expressivas. A esse período pertencem muitas inscrições e pequenas peças literárias associadas às funções religiosas, como os Textos da Pirâmide e a Teologia Menfítica. Maiores detalhes sobre essas questões são dadas na seção V, que aborda a *Religião Egípcia*. As mais antigas obras literárias egípcias que possuímos são breves observações biográficas existentes em túmulos, em capelas ou nas proximidades, com o intuito de deixar uma boa impressão sobre os passantes. Diz uma dessas inscrições, vindas da IV Dinastia (2700-2500 a.C., a época dos construtores das pirâmides): "Nenhum dos homens que fizeram este (túmulo) para mim, nenhum ficou irado. Sem importar se operário ou artífice, satisfiz a todos". Se esse homem expressou uma verdade, então era realmente uma pessoa bondosa!

Um outro texto deveras interessante é o de Uni, um oficial do governo (da VI Dinastia, 2423-2263 a.C.): "Sua Majestade determinou que eu julgasse (a rainha) sozinho. Nenhum ministro ou juiz principal estava presente, mas eu estava só, porque eu sou excelente, porque agrado ao coração de sua Majestade, porque sua Majestade encheu seu coração de minha pessoa. Escrevi sozinho o registro, com apenas um juiz associado, embora meu ofício fosse supervisor dos domínios reais. Nunca antes alguém da minha categoria havia julgado um segredo da família real, mas sua Majestade pediu-me para julgar porque eu era mais excelente, no coração de sua Majestade, do que qualquer outro de seus oficiais, do que qualquer outro de seus nobres, do que qualquer outro de seus serviçais". Essa citação mostra-nos que os antigos egípcios sabiam jactar-se. Naturalmente, Uni deve ter dito a verdade, pois, de outro modo, dificilmente ele teria deixado ao léu uma peça escrita como essa.

Pertencente ao Primeiro Período Intermediário (Dinastias IX e X, 2190-2040 a.C.) a obra *Admoestações de Ipuwer* reflete o declínio e a desintegração da antiga ordem de coisas na vida egípcia. Outra obra, intitulada *Disputa de um Homem Cansado da Vida com a sua Alma*, é a obra de um homem desencorajado, que estava pensando em cometer o suicídio. Essa obra termina com quatro comoventes poemas que louvam a morte! As *Instruções do Rei Merikare* exibem grande sabedoria social e política. Nove discursos retóricos, em favor da justiça social, intitulam-se *Apelos do Aldeão Eloquente*.

b. Começo do segundo milênio a.C.: O Reino Médio. De acordo com os peritos, o Reino Médio (2052-1786 a.C.) foi o período clássico da literatura egípcia. De acordo com certa divisão, os *Apelos do Aldeão Eloquente* é obra pertencente a esse período. Além dessa temos a *Saga de Sinuhe*. Esta utilíssima é a história de grandes aventuras passadas na Síria-Palestina, narrada na primeira pessoa do singular, por um oficial que serviu ao rei Sesostris I(1971-1928 a.C.) quando ele ainda era corregente de seu pai, Menemhet I. Ali há aventuras perigosas e ousadas. Sinuhe retirara-se para o exílio voluntário quando seu pai foi assassinado e a intriga ameaçava a sua própria vida. Conseguiu, porém, sobreviver a todos os perigos, até que sentiu saudades de sua terra natal. Sentia que fora estrangeiro por tempo suficiente, e que o Egito era o único país onde lhe convinha viver. Todavia, retornou com grande medo no coração, supondo que poderia ser morto por haver-se exilado voluntariamente. No entanto, os seus temores eram infundados. Foi recebido com grande regozijo e celebração, de uma maneira que nos faz lembrar da história do retorno do filho pródigo, contada pelo Senhor Jesus. Presentearam-no com uma excelente moradia, uma propriedade na forma de um terreno e um túmulo, e ele ajustou-se a uma vida amena, podendo esperar pacientemente a morte física, com um sepultamento condigno, em sua própria terra — um drama humano comum bem como a substância central de muitas narrativas.

Nessa época, a escrita dos egípcios exibia uma considerável variedade e era bastante diferente em sua natureza, da produção literária dos hebreus, que explorava, exclusivamente, temas religiosos. A obra *Marinheiro Náufrago* é uma fantasia náutica. A *Profecia de Neferti* é uma pseudoprofecia, com o intuito de promover Amenemhat I como salvador do Egito, e portanto ajudá-lo em sua carreira política. Outras obras similares intitulam-se *Sehetepibre* e *Um Homem a seu filho*, que exaltam as vantagens para quem é leal às classes governantes. As *Instruções de khety, Filho de Duauf*, também chamadas *Sátira dos Negócios*, exaltam o trabalho efetuado pelos escribas, — diminuindo a importância do que é feito em outras atividades e profissões humanas. A peça poética, *Hinos de Sesostris* III, foi escrita a fim de inspirar a lealdade aos reis "divinos".

c. Fins do Segundo Milênio a.C. Nesse período, continuou a grande variedade de formas literárias. Obras como *O Príncipe Condenado pelo Destino* e *A Saga dos Dois Irmãos*, apresentam historietas de grande imaginação. A *Captura de Jopa* é uma obra de ficção um tanto similar à história de *Ali Babá e os Quarenta Ladrões*, dos tempos modernos. E *o Relatório de Wenamon* (também chamado *As Desventuras de Wenamon*), conta como ele foi enviado ao Líbano a fim de buscar madeira para a construção da barcaça sagrada do deus Amon, em cerca de 1085 a.C. Isso ocorreu nos dias infelizes de Ramsés XI. Alguns eruditos, mediante hábeis argumentos, afirmam que o manuscrito de que dispomos é o original, escrito pelo próprio Wenamon. Se isso é a verdade, então representa o único original de qualquer obra antiga em existência. Mas, há outros especialistas que supõem que esse manuscrito foi escrito um século ou mais depois da época de Wenamon, pelo que seria apenas uma cópia muito antiga do original. Seja como for, essa obra descreve uma aventura muito movimentada, que presumimos ser fiel à vida real. Esse período também nos legou grande variedade de obras poéticas, do tipo lírico, real e religioso. Há alguns poemas de amor, que nos fazem lembrar de Cantares de Salomão, um dos livros da Bíblia. Ali diversos Faraós elogiavam os seus feitos e realizações por meio de hinos, o melhor dos quais são os de Tutmés III, Amenofis III e Ramsés II e Meremptah. Em um desses hinos, o último desses quatro Faraós menciona Israel, em uma estela. Além desses, havia numerosos hinos poéticos, louvando a diversas divindades. A literatura de sabedoria continuou a ser produzida, conforme se vê nas *Instruções de Ani e Amenacte*. E a obra intitulada *Imortalidade da Escrita*, é uma peça literária realmente notável.

d. Primeiro Milênio a.C. Esse período não deixou para nós uma literatura tão abundante quanto o período anterior, pelo que podemos deduzir que já passara o auge da produção literária no Egito. Entre as peças existentes dessa época encontramos a *Petição de Peteesi*. Peteesi residia em Teuzoi (moderna el-Hibeh). A petição feita por ele foi um eloquente apelo aos governantes persas da época, a fim de restaurarem a sua família à sua anterior posição de glória e utilidade pública. Essa família fora uma casta de sacerdotes importantes, mas eles haviam perdido seu poder e riquezas materiais e talvez até o sua dignidade de ofício. Uma peça literária de sabedoria chama-se *Instruções de Onkh-sheshonqy*, produzida já quase no final desse período. Foi escrita em demótico. *As Histórias dos Sumos Sacerdotes de Mênfis* foram produzidas já no começo da era cristã. Com o advento do cristianismo, na língua cóptica, houve uma renovada atividade literária.

e. Elos Entre a Literatura Egípcia e a Literatura dos Hebreus. Há peças literárias parecidas nos escritos egípcios e hebreus. Os eruditos, porém, não acreditam que tenha havido verdadeiros empréstimos ou dependências entre essas literaturas. O monoteísmo representado pelo deus-sol de Aquenaton parece ter sido um claro caso de henoteísmo. O henoteísmo diz que há muitos deuses, mas apenas um deus principal, que se relacionaria com os homens. Ora, em vista disso, não há necessidade de pensarmos que os egípcios copiaram ideias hebraicas. Outro tanto sucedeu na cultura grega, como nos escritos de Platão, que assumiu o ponto de vista agnóstico do politeísmo grego. Em seu diálogo, Leis, ele substituiu os seus universais pela palavra grega correspondente a *Deus*. Antes de Platão, Xenófanes (século VI a.C.), um teólogo especulativo, revoltara-se contra o politeísmo de sua época, tendo-se referido ao único Deus indivisível, o que, de certa forma, aproxima-se bastante do pensamento hebreu, embora, até mesmo nesse caso, não precisamos pensar em intercâmbio de ideias.

Na *Saga dos Dois Irmãos* há um incidente parecido com o que envolveu a mulher de Potifar e José, ao qual ela tentou seduzir. Porém, coisas dessa ordem sempre aconteceram, e deve ter havido muitos casos similares, que serviram de inspiração para essa obra. Os eruditos deixam-se impressionar mais pelas similaridades entre a literatura de sabedoria de Amenenope e alguns dos provérbios da Bíblia. Mas, mesmo assim, não parece ter havido qualquer empréstimo direto, a despeito da similaridade geral. Quando algum autor aproveita de escritos de outro, quase sempre inclui algumas poucas citações diretas da obra deste; e tal atividade não se evidencia nesse caso.

O Hino a Aten, de Aquenaton, encerra alguns pensamentos similares aos do Salmo 104, mas as similaridades observadas envolvem expressões piedosas universais, existentes em muitas culturas diferentes. Deus, ou um deus superior, ou um deus-chefe, pode ser venerado como criador e sustentador da vida em qualquer cultura, e o que é dito para expressar tais ideias acaba sendo parecido com o que é dito a respeito em uma outra cultura. Os hinos a Zeus exaltavam-no como criador e sustentador, mas isso não faz com que Zeus seja o mesmo Yahweh dos hebreus.

Certos *salmos penitenciais* dos construtores de necrópolis tebanos, da XIX Dinastia, são similares a passagens bíblicas, como o Salmo 51. Mas as pessoas às vezes ficam muito emocionadas, por causa dos pecados que cometem, e proferem coisas similares, sem nenhuma necessidade de empréstimos literários. O rei hitita, Mursil II, quando confessou os seus pecados, não usou uma linguagem muito diferente da de Davi. As odes penitenciais dos babilônios também servem de exemplos desse tipo de literatura.

A cultura e a literatura. Pelo menos é verdade dizer que somente na literatura o povo hebreu aproximou-se, quanto à qualidade, das produções egípcias. Para Israel, a religião era tudo, e o Antigo Testamento é a grande contribuição do judaísmo para a cultura mundial. Em todos os demais aspectos culturais, os egípcios ultrapassaram os israelitas. Os egípcios desenvolveram muitas formas literárias, foram ativos nas ciências, nas artes, na arquitetura, na astronomia, na mecânica e na medicina.

V. As Religiões do Egito

1. História envolvida e caracterização geral. A história da religião, no antigo Egito, começa paralelamente à sua história secular, ou seja, em 3000 a.C., e, então, continua até o advento do islamismo (após 642 d.C.). Somente então podemos falar em termos do Egito medieval e do Egito moderno. Talvez somente na época do monoteísmo de Aquenaton (1372-1354) tenha havido qualquer coisa parecida com um movimento unificador na religião; mas, mesmo assim, foi um esforço de pouca duração, imposto de cima para baixo. Em tudo o mais, a religião egípcia era pluralista, estando envolvida em desenvolvimentos e práticas de cunho local, pois cada localidade tinha seu próprio deus, seu sacerdócio e seu culto religioso.

2. Características mais antigas. Muitas culturas seguem as mesmas diretrizes gerais. As primeiras divindades são sempre personificações das forças da natureza, como o sol, as estrelas, certos animais como o touro, o falcão, o crocodilo, ou então o trovão, o relâmpago, os poderes infernais (estes últimos sugeridos pelas atividades vulcânicas), a força das tempestades, dos ventos, da chuva etc. Depois disso aparecem os espíritos dos mortos ou outros espíritos, que inspiram o terror nos homens, e os levam a adorá-los. A necessidade das colheitas, para a continuação da vida, fornecem aos homens seus deuses e deusas da fertilidade, e o desejo pelos prazeres é a inspiração dos deuses e deusas da alegria e da fertilidade. Acrescente-se a isso a inevitável atividade antropomórfica, que faz deuses e deusas serem concebidos em termos de seres humanos, embora ampliados, mas que têm virtudes e vícios melhores e piores do que as virtudes e vícios dos homens.

3. Divindades protetoras. Antes que Menes unificasse o Egito sob o seu governo, o país estava dividido em dois reinos (o Alto e o Baixo Egitos). Subsequentemente, foi dividido em distritos, bem como em um certo tipo de cidades-estados. Cada cidade ou distrito contava com seu deus protetor ou patrono. Alguns dos deuses mais importantes eram os seguintes:

Anúbis, de Cinópolis, um deus com cabeça de chacal, que era o deus dos mortos. *Atom*, de Heliópolis, mais tarde identificado com o deus-sol Rá (vide). *Bastete*, a deusa-gata de Bubástis. *Hator* (vide), a deusa-vaca de Denderá e de Afroditópolis. *Horus*, o deus-sol, em forma de falcão, de Bedete. *Edfu*, o deus real do Egito. *Khnum*, o deus com cabeça de carneiro de Elefantina, que também era adorado sob a forma da catarata existente na região. *Khonsu*, o deus-lua de Tebas. *Min*, o deus-peixe fálico de Cóptos. *Akhmim*, um deus agrícola. *Montu*, o deus da guerra de Hermontis e que tinha cabeça de milhafre. *Amom*, o deus do carneiro sagrado, que substituiu a Montu, em Tebas. *Neite*, a deusa de Sais e de Esna. *Necbete*, a deusa corvo de El-Kab. *Ptá*, o deus-boi de Mênfis, que era considerado o patrono especial dos artistas. *Sebeque*, o deus-crocodilo de Fayum e de Kom Ombo. *Tote* (vide),—o deus com cabeça de íbis de Mermúpolis, que, supostamente, teria inventado a arte da escrita e que era o santo patrono da erudição e que era também representado pelo babuíno!

Os deuses animais patronos, no Egito. Além de adorarem deuses que eram representados por seres animalescos, os egípcios também adoravam diretamente a certos animais. Assim, havia *ápis* (vide), um touro negro com manchas brancas, adorado em Mênfis *Mnevis,* um boi de cor clara, que era o deus de Heliópolis. Havia ainda outros deuses-boi, relacionados a outras localidades egípcias. Outros animais sagrados, formando uma lista difícil de nela acreditarmos, incluíam o babuíno, o musaranho, o cão, o lobo, o chacal, o gato, o leão, o hipopótamo, o carneiro, a vaca e vários pássaros, como o abutre, o gavião e o ganso. Também não nos devemos esquecer da serpente, considerada uma divindade em muitos lugares do Egito. Até mesmo insetos, como o escaravelho, vieram a fazer parte do panteão egípcio. É curioso, todavia, que a adoração direta a certos animais não garantia aos mesmos uma longa vida, conforme se dá na Índia, no caso da vaca sagrada, que ninguém toca. Muito pelo contrário, os egípcios comiam o boi sagrado.

Apesar desse costume, os túmulos dos bois sagrados, em Sacara, encontram-se entre os mais impressionantes túmulos do Egito. O gato, por sua vez, era um animal considerado sagrado e muitos gatos mumificados têm sido encontrados naquele país. Ver o artigo separado sobre o *Gato.*

O deus-chacal, Anúbis, tinha a tarefa especial de proteger os espíritos dos mortos que vagueavam, no após-vida. Também havia cães de guarda para os vivos e o grande Cão de Guarda para os mortos! A imaginação dos homens mostra-se ridícula, para dizermos o mínimo.

Deuses que eram forças da natureza. Entre esses havia *Rá, o sol; Hapi,* o rio Nilo; *Num,* o oceano; *Sou,* o ar; *Tefnute,* o orvalho; e *Gebe,* a terra.

4. Movimento de unificação da V Dinastia e outras unificações. Os teólogos de Heliópolis, nesse tempo (2560-2420 a.C.), identificaram sua divindade local, *Atom,* com o deus-sol, *Rá.* Isso deu origem a uma espécie de religião nacional, embora não tivessem sido eliminados os muitos deuses locais, o que se evidencia pelas muitas divindades descritas antes. Antes mesmo desse tempo, porém, tinha havido outras unificações, como quando Sete e Ombos tornaram-se divindades especiais no Alto Egito, e Horus tornou-se outro tanto, no Baixo Egito. Em uma outra ocasião, a deusa corvo, *Nechete,* do Alto Egito, obteve proeminência maior que a de outros deuses, e o deus-serpente, Buto, tornou-se muito importante no Baixo Egito. Posteriormente, Horus foi identificado com Atom-Rá-Haracte, de Heliópolis. E foi então que se tornou a divindade real dos Faraós, conferindo-lhe grande proeminência no panteão egípcio.

5. Amenopófis IV (Icnaton, 1375-1358 a.C.), da XVIII Dinastia, promoveu a causa do monoteísmo, tendo negado o poder dos deuses solares, como Amon, que haviam recebido a lealdade de cidades como Tebas. Esse Faraó opôs-se abertamente à casta sacerdotal de Amom, fazendo com que Atom-Rá-Haracte se tornasse o único deus — sol do Egito. Os estudiosos referem-se a *Aten* como o nome do deus que resultou dessa consolidação. Outros deuses foram proscritos no Egito, embora, aparentemente, continuassem sendo reconhecidos como entidades. Portanto, temos então muito mais o fenômeno do henoteísmo do que o fenômeno do monoteísmo dos hebreus, e também diferente do fenômeno do politeísmo pagão, embora, na prática, tivesse sido estabelecido no Egito, um monoteísmo de breve duração. Todavia, essa adoração unificada não contava com qualidades morais especiais, conforme se verificou no monoteísmo hebreu. Aten era retratado como um criador benévolo, como sustentador da vida. É curioso que Aquenaton tenha se casado com a sua própria filha, embora isso não tivesse resultado de qualquer convicção religiosa, pois outros Faraós haviam feito a mesma coisa. Esse Faraó é que tem sido visto, nas visões de místicos modernos, como o progenitor do anticristo (biológico ou espiritualmente, ou ambas as coisas?).

6. Osíris

a. Pano de fundo. Os primórdios desse culto podem ser encontrados no Antigo Reino Egípcio, bastante anterior à época de Abraão e dos patriarcas de Israel. Toda uma família de deuses desenvolveu-se em torno de Osíris, o que incluía um culto muito elaborado. No entanto, nos primeiros dias do Reino Antigo, essa família divina ainda não havia sido imaginada. Ao que parece, o próprio Osíris a princípio fora o deus Nilo de Busiris, no Delta. Em tempos remotos, Osíris, Ísis, Horus e Sete tinham sido divindades tribais independentes. Horus acabou sendo adorado em companhia dela, considerado seu filho. Sete era adorado como uma espécie de figura divina igual a Horus. Osíris, quando unido a essa *família,* tornou-se o esposo de Ísis. Com a passagem do tempo, Sete deixou de ser igual a Horus, e acabou sendo o irmão mau de Osíris. Então Osíris tornou-se o pai bom, Horus tornou-se o filho bom, e ambos faziam oposição a Sete. É deveras curioso que alguns teólogos mórmons supõem que Satanás é um irmão desviado do Filho e que tanto o Filho quanto o Pai agora se opõem a Satanás. Assim, apesar das relações serem diferentes, a ideia é idêntica: uma família de deuses na qual um dos membros erra e sofre oposição. Além disso, Osíris veio a ser imaginado como irmão de Ísis, que se casou com ela, de acordo com um antigo costume entre os egípcios. Sete também tinha uma irmã, chamada Nebate, que se casou com ele. Mas, em algumas representações, Osíris teria uma segunda esposa, essa mesma Nebate, que tinha um filho divino, Anpu, ou Anúbis.

b. Osíris era o deus dos mortos, o que explica a grande proeminência dessa divindade na teologia egípcia. Para uma egípcia, a felicidade eterna dependia de ser ela favorecida e transformada por Osíris. Seu nome veio a tornar-se um sinônimo virtual de *bem-aventurado.* O reino de Osíris era descrito em termos vagos e indistintos; mas, antropomorficamente, de tal modo que o após — vida era visto essencialmente como uma existência análoga à do mundo presente. O famoso Livro dos Mortos, até hoje existente em várias traduções, era o roteiro para alguém chegar ao reino de Osíris. Ver o artigo separado sobre o *Livro dos Mortos,* onde se descrevem as coisas surpreendentes e mesmo deleitosas e sábias, que se acham naquele escrito. Uma cópia desse livro com frequência era deixada nos túmulos, a fim de guiar os mortos e servir-lhes como uma espécie de amuleto. Osíris atuava como um juiz. Cada alma era pesada em comparação com a verdade e era submetida a um longo questionário referente, principalmente, àquilo que alguns chamariam de *pecados mortais.* Se uma alma fosse aprovada, entrava na felicidade eterna. Se fosse rejeitada, ela seria expulsa sob a forma de um porco, para alguma sorte desconhecida.

c. Osíris e a ressurreição. Os mitos que circundavam essa família de deuses inclui a ideia de que Osíris foi assassinado por Sete. Horus, porém, conseguiu reunir os pedaços de seu corpo desmembrado, para restaurar o seu corpo à vida. Portanto, temos aí a curiosa doutrina do filho que ressuscitou ao pai, o contrário da ressurreição de Jesus Cristo, no Novo Testamento. Naturalmente, outras religiões antigas também contavam com histórias de ressurreições, pelo que há nenhuma conexão direta entre Osíris e o Novo Testamento, excetuando aquela esperança que os homens sempre tiveram de que a morte, de alguma maneira, pode ser derrotada mediante algum ato divino. No relato da ressurreição de Osíris, também há o paralelo com o cristianismo de que essa mesma vida pode ser dada aos homens, sob a condição de eles seguirem pela vereda espiritual. Em algumas versões, quem ressuscita a Osíris, após seu assassinato, não é o filho dele, Horus, e, sim, a sua esposa, Ísis.

d. O submundo e o céu. Osíris, antes de tudo, era o deus do submundo, das regiões infernais. Em tempos posteriores, entretanto, ele passou a ser imaginado como um habitante dos lugares celestiais, onde se encontraria sentado em um trono, para julgar todas as coisas.

e. Faraó e Osíris. Isso envolve uma doutrina de filiação, visto que o Faraó era tido como filho de Osíris, ou seja, divino por seu próprio direito. O conceito do rei divino exercia grande poder sobre a política e a religião do Egito.

f. A imortalidade obtida por Osíris. Um aspecto da teologia egípcia que circunda a figura de Osíris diz que ele mesmo obteve a imortalidade mediante obras piedosas, e através de ritos religiosos apropriados. Quão parecido com a doutrina católica romana! O sacerdócio que servia a Osíris é retratado como os preservadores da fórmula para a obtenção da imortalidade. Eles exortavam os homens a seguirem o exemplo deixado pelo próprio Osíris, para poderem obter o mesmo tipo de vida que ele teria obtido. Há nisso, igualmente, um curioso paralelo com a doutrina mórmon, que diz que o próprio Deus, no passado distante, foi um homem como qualquer outro, mas obteve a sua augusta posição e natureza através da obediência perfeita às leis divinas superiores.

g. Adaptações romanas. Nos tempos dos romanos, Osíris e Ísis foram unidos como as divindades protetoras de certa religião misteriosa que falava sobre um deus que morrera, mas foi trazido de volta à vida.

h. Proeminência de Osíris e Isis. A adoração que circundava Osíris e a sua família tornou-se tão dominante nos tempos helênicos que os visitantes gregos do Egito, como Heródoto (ver II.42), tinham a impressão de que Osíris e Isis eram as únicas divindades nacionais do Egito. Os estudiosos das religiões do mundo supõem que essa popularidade devia-se à ênfase sobre a imortalidade alcançável que esse culto prometia aos homens. De fato, a maioria das pessoas tem a esperança de sobreviver à morte, encontrando uma vida imortal melhor do que a vida atual.

i. Unificações. Quando Osíris se tornou o fator principal da fé egípcia, esse deus começou a incorporar em si mesmo as funções e poderes de outras divindades locais. Ele absorveu deuses anteriores do submundo, como Khentamentiu, o deus com cabeça de cão de Abidos, Ptá-Socar, de Mênfis, e Gebe. Visto que os mitos afirmavam que seu corpo fora desmembrado, vários santuários afirmavam possuir algum pedaço de seu corpo. Entretanto, sua cabeça estaria guardada em um certo túmulo, em Abidos. Ali, esse alegado túmulo era exibido aos visitantes, pelo que o local tornou-se um dos principais centros desse culto. O paralelo católico romano, que envolve relíquias e ossos de santos, nem precisa ser comentado. O deus Anúbis, com cabeça de chacal (um dos filhos de Osíris), era quem teria a tarefa de dar as boas-vindas às almas, levando-as ao trono de julgamento. O resto que precisa ser dito sobre Osíris e seu culto pode ser lido no artigo sobre o *Livro dos Mortos*.

7. Algumas formas religiosas. Essas formas variavam de uma região para outra. A descrição sob o terceiro ponto, *Deuses Protetores*, sugere a grande variedade de formas de adoração do Egito. Antes de tudo, temos uma fantástica idolatria, que representava as divindades sob uma variedade quase interminável de figuras. Em segundo lugar, havia castas religiosas que cuidavam dos templos, com ritos os mais elaborados. Os deuses eram servidos com libações (líquidos) e com alimentos sólidos. A vida após-túmulo era retratada como um estado onde as pessoas trabalhavam, pelo que pessoas proeminentes teriam escravos, os quais eram mortos e sepultados juntamente com eles, para garantir que continuariam sendo servidos do outro lado da existência. Alguns eruditos pensam que sacrifícios humanos eram comuns no Egito, embora as evidências quanto a isso não sejam conclusivas. Em tempos posteriores, em vez de serem sepultadas pessoas reais, bastavam estátuas representando as mesmas, pelo que a morte só envolvia os mortos.

Amuletos e encantamentos. Não havia fim desses objetos entre os egípcios, que chegaram até nós desde os tempos mais remotos. Os amuletos incluíam objetos como olhos sagrados de cavalos, imagens de deuses, cabeças de chacal, vespas e outros insetos, todos os quais teriam propriedades mágicas e divinas.

O culto a Osíris oferecia alguns fatores interessantes. A adoração efetuada nos grandes templos incluía a veneração pessoal dos deuses. Uma parte dessa veneração incluía o ato de alimentá-los (simbolicamente, através de sacrifícios). Além disso, os ídolos que os representavam eram grandemente ornamentados. Esses serviços pessoais usualmente cabiam aos sacerdotes de cada culto. Em dias de festa religiosa ou de observância cúltica, a imagem do deus (escondida por algum véu ou cortina, para dar uma aura de mistério à coisa) era transportada em uma procissão. Quando surgiu o cristianismo, o paganismo, com suas antigas formas religiosas, sofreu um retrocesso; mas, com o tempo, o paganismo ressurgiu, sob a forma de doutrinas e cerimônias, primeiramente fora da cristandade, até 390 d.C., mas, pouco a pouco, como parte do culto cristão. Nos dias de Teodósio I, foram fechados os grandes e antigos templos pagãos. A religião pagã havia percorrido um longo caminho no Egito, e agora uma nova fase da história da religião haveria de começar.

8. A natureza e o destino da alma. A grande pluralidade envolvida na religião, no Egito, naturalmente produziu muitos conceitos sobre a alma. Alguns aspectos são dignos de menção, embora tudo quanto se diga não represente uma doutrina unificada. Um corpo embalsamado presumivelmente poderia ressuscitar, tornando-se, novamente, um veículo da alma. O *ká, ou seja*, o congênere do corpo físico, ou o seu fantasma, teria início quando do nascimento do corpo, era imortal e ficava a vaguear após a morte do corpo físico. Não se pode duvidar que essa doutrina foi inspirada por experiências com fantasmas e formas espirituais, que, algumas vezes, podem ser vistas, até com certa frequência, por algumas pessoas. O *ká* era associado a um outro elemento formativo do complexo humano, chamado de *khaib ou* "sombra", simbolizado pela sombra da pessoa à luz do sol. Esses dois elementos, segundo se concebia, estariam vinculados ao corpo *material* e mesmo em algum sentido também material. Todavia, também haveria elementos *imateriais* no complexo humano, que incluíam o *bá*, a verdadeira alma, simbolizada por uma ave com cabeça humana e que voaria para dentro e para fora do túmulo da pessoa morta. Naturalmente, a *ave* é um símbolo universal da imortalidade, um dos arquétipos do espírito, dentro da psique humana. O *bá* dos monarcas era simbolizado pelo falcão. Também haveria o *khu, ou* glória, que seria o espírito, representado pelo pássaro de crista. E também haveria o *ab*, simbolizado por um coração. Igualmente havia o *sekhem, ou* força; e, finalmente, o *ran, ou* nome. Porém, exatamente como esses diversos elementos se combinavam ao *bá*, de acordo com o pensamento egípcio, e até que ponto seriam meros sinônimos de uma mesma coisa, não é muito claro.

Relação entre e Ká e o Bá. Esse é um ponto interessante, porquanto os estudos mais recentes demonstram a existência de um fantasma aparentemente semimaterial, ou vitalidade, em contraste com o corpo físico, que é verdadeiramente material. Isso posto, o homem seria composto, pelo menos, de três níveis de energia: o corpo físico (material); a vitalidade (semimaterial); e o espírito, ou alma (imaterial). Também há provas incipientes de que o homem real é o superego, um ser semelhante ao anjo guardião do pensamento cristão. Nesse caso, o verdadeiro ser humano seria um poder elevadíssimo (semelhante aos anjos, abaixo dos quais os espíritos humanos foram postos, temporariamente, conforme se vê em Sl 8.5 e Hebreus 2.7), capaz de manipular tanto a alma quanto o corpo, quando se trata de aprender alguma coisa. Seja como for, o contraste entre o *ká* e o *bá* também pode ser observado em alguns escritores gregos, embora não com esses nomes e nem de forma sistemática e coerente. Mas, pelo menos, fica esclarecido que o *ká* é o responsável por algumas formas de aparições fantasmagóricas e, talvez, das manifestações de *poltergeist* (vide). Também pode estar por detrás de certos fenômenos associados às sessões espíritas ou de mediunidade. Já o *bá*, ou alma verdadeira, é uma outra questão; e, algumas vezes, tem contato com os homens mortais.

Ideias Simples. De acordo com os egípcios, após a morte física, a alma ficaria pairando por sobre o túmulo da pessoa sepultada, exigindo alimentos e bebidas, uma ideia compartilhada por muitos outros povos antigos. Isso deu origem a vários ritos religiosos, mediante os quais homens mortais cuidariam de almas imortais. Em tempos posteriores, oferendas reais foram substituídas por ofertas simbólicas, sob a forma de desenhos ou pinturas, nos túmulos. Se esses sacrifícios não fossem realizados, a alma tinha de depender da deusa árvore, a fim de receber nutrição. Essa deusa viveria nas árvores existentes nos cemitérios e nas áreas onde havia túmulos, pelo que sempre havia tal deusa, com esse propósito. Por qual motivo os homens gostam de sepultar seus mortos em áreas arborizadas, até em nossos próprios dias? Porventura alguma memória antiga da raça chegou até nós? Ou simplesmente associamos a árvore à vida física, pelo que sentimos um certo consolo, ao depositarmos os corpos de nossos mortos sob a sombra das árvores? O *bá*, segundo os egípcios, podia entrar ou sair de um túmulo, à sua vontade.

Em tempos posteriores e mais sofisticados, os egípcios supunham que a alma iria a juízo, na presença de Osíris, podendo participar de sua bem-aventurança, se fosse aprovada por ele. Da mesma maneira que Osíris conseguira atingir uma feliz imortalidade, outro tanto poderia ser feito pela alma. E, visto que um rei podia tornar-se divino, é seguro supormos que o ensino egípcio posterior dizia que as almas humanas que são aprovadas em juízo, passam a participar da natureza divina, embora eu esteja especulando quanto a isso. O que é inegável é que a imortalidade era um aspecto importante da adoração a Osíris, tendo sido o elemento responsável, pelo menos parcialmente, pela popularidade que o culto a Osíris contava entre as massas populares do Egito.

VI. A ÉTICA DO EGITO

1. Fontes informativas. Todas as religiões estão envolvidas em questões éticas, pelo que as mesmas fontes informativas atinentes à religião egipcia, automaticamente servem para compreendermos também a ética dos egípcios. Já pudemos ver que a literatura egípcia, embora não fosse de natureza totalmente religiosa, como era a literatura antiga de Israel, sempre contou com um fundo religioso, que representava uma parcela importante do quadro literário total do Egito. A história dos Faraós (3100-330 a.C.) contém muitos aspectos éticos. Durante a era da construção das pirâmides (cerca de 2700-2200 a.C.), foram produzidos os livros de sabedoria de Kagemni, Hardejedef e Pthahoptep, que contêm muitíssimas injunções éticas. Obras autobiográficas, encontradas em túmulos de pessoas notáveis, refletem os códigos éticos que dirigiam as vidas dessas pessoas. Nos períodos do Primeiro Reino Intermediário e do Reino Médio (2200-1780 a.C.), continuaram a ser postos escritos autobiográficos nos túmulos, juntamente com os Textos Fúnebres (encantamentos fúnebres etc.), que também continham um sentido ético. O período do novo reino (1550-1085 a.C.) produziu maior quantidade de literatura de sabedoria, como as obras de Aniy e de Amenemope. O *Livro dos Mortos* (vide) pertence precisamente a esse período, onde encontramos muitos princípios éticos da adoração a Osíris, que veio a tornar-se, com o tempo, na mais proeminente religião do Egito. O período do Reino Posterior (1085-332 a.C.) produziu ainda maior quantidade de literatura de sabedoria e autobiográfica, com muitas reverberações éticas, como as obras de Onkh-sheshonqy e Petersíris.

2. Alguns conceitos éticos básicos. Certos temas repetem-se na literatura egípcia que podemos até dizer, em sentido geral: "Os egípcios acreditavam nisto ou naquilo". Podemos pensar em quatro áreas principais: *a. O Princípio ético subjacente* a que devem sujeitar-se todos os seres, deuses e humanos, seria o *maat*. Esse é o princípio do bem em oposição ao princípio do mal, a justiça contra a injustiça, a ordem contra a desordem. O *maat* também misturava-se com as cerimônias religiosas, como um meio de enfatizar e empregar o princípio envolvido. *b. A ética doméstica*. Um homem deveria casar-se e cuidar de sua esposa; a esposa deveria sentir-se responsável principalmente pelo lar; os filhos deveriam honrar e obedecer aos pais. A monogamia era honrada, embora também se aceitasse a poligamia. As aventuras extraconjugais eram vistas com maus olhos, pelo que o adultério podia até mesmo ser condenado com a morte. As pinturas, os desenhos e as inscrições confirmam com grande afeto que havia na família e na sociedade egípcia em geral. A lei do amor operava, até onde os homens são capazes da mesma, sem a ajuda do Espírito de Deus. *c. Ética social*. A literatura egípcia condena unanimemente o furto, a fraude (como a falsificação de documentos e a mudança de marcos), a mentira, a violência de toda espécie, o homicídio e as atitudes e atos antissociais em geral. Quanto ao lado positivo, havia virtudes elogiadas, como a compaixão pelos necessitados, a imparcialidade no julgamento, a discrição, o espírito fidedigno, a habilidade na expressão linguística, o temperamento bem controlado. *d. Virtudes dos governantes*. O Faraó reinante, filho de Osíris como era considerado, era todo poderoso e divino, era um esteio e alicerce da sociedade. Podia unir deuses e homens mediante uma boa administração. Competia-lhe manter o *maat* a todo custo. Devia servir aos deuses e aos homens, promovendo reformas sociais e cuidando do culto religioso. Tanto ele quanto os seus súditos precisavam respeitar as formalidades e os rituais religiosos, confessando os seus erros, fazendo restituição pelos erros cometidos e cuidando da conservação dos túmulos.

3. Uso das artes mágicas. Fórmulas mágicas eram empregadas com o intuito de afastar os males, curar o corpo, orientar o espírito e castigar a outros que, segundo o indivíduo pensasse, precisavam de punição. Pelo lado negativo, certas fórmulas mágicas foram inventadas para permitir que uma pessoa pecasse, mas escapasse às más consequências. Mesmo no apósvida, supunha-se que um bom mágico poderia fazer uma alma sair-se bem no julgamento que merecia. Certos pontos de vista sacramentais da cristandade também fomentam essa ideia! Pode uma alma evitar ser apanhada pela justiça, mediante algum truque mágico, por mais consagrado que seja o uso religioso desse truque? Seja como for, quando examinamos os códigos éticos dos povos antigos, como os babilônios e os egípcios, percebemos quanta verdade é expressa no segundo capítulo da epístola aos Romanos. Encontramos ali o testemunho geral do Espírito de Deus, que confere a todos os homens o senso básico daquilo que é certo ou errado, com a presença ou não de livros sagrados, que reforcem esses ensinos.

BIBLIOGRAFIA. AM BRE CER COT E H HAY MT ND S UN WILS Z

EGITO, RIBEIRO DO

Esse era um riacho (no hebraico, *nachal*; no árabe *wady*) do Egito, que tem sido identificado com o presente wady el 'Arish. Desaguava no mar Mediterrâneo em El 'Arish, cerca de cento e quarenta e cinco quilômetros a leste do canal de Suez. As referências bíblicas situam-no a oeste de Gaza (Nm 34.4,5). Deve ser identificado com a expressão hebraica *nachal-misrayim*, e com o acádico *nahal-musur*, ao qual se referiu Sargão II da Assíria, em 716 a.C. Os estudiosos, todavia, têm-no confundido com o Seor (vide), o braço mais oriental do rio Nilo. Formava a fronteira sudoeste da Terra Prometida (Nm 34.5), dentro do

EGLÃ

território que coube à tribo de Judá (2Rs 24.7). Seu nome moderno deriva-se da vila chamada El 'Arish, que antigamente se chamava Rinocolura (*Diod.* 1.60), situada perto de onde o riacho deságua no mar Mediterrâneo. O atual wadi el 'Arish é uma corrente larga e rasa, que forma parte da fronteira sul de Israel. Por ali deságuam águas supérfluas, durante a estação chuvosa, vindas do deserto de Parã. Seu curso forma uma linha de demarcação entre a península do Sinai, pertencente ao Egito, e a Palestina. Fica cerca de cento e cinquenta e quatro quilômetros a nordeste de Kantara, onde o canal de Suez atravessa para o Egito propriamente dito.

EGLÃ

No hebraico, **"vitela"**, Foi uma das numerosas esposas de Davi, e mãe do sexto filho desse monarca, chamado Itreã, o qual nasceu em Hebrom (2Sm 3.5; 1Cr 3.3). Alguns eruditos têm-na identificado com Mical, filha de Saul, que, presumivelmente morreu de parto, por ocasião do nascimento de Itreã.

EGLAIM

No hebraico, **"fonte dupla"**. Uma cidade jordaniana, a leste do mar Morto, em Moabe (Is 15.8). Eusébio, o historiador eclesiástico, situava-a a treze quilômetros ao sul de Areópolis, identificando-a com Ar de Moabe (Rabá). Isso a poria perto da fronteira norte de Moabe. Porém, a maioria dos estudiosos modernos rejeita essa identificação. Uma outra opinião é que se trata de Khirbet el-Gilime, a nordeste de er-Rabba. Outros pensam em Mazra', na península de Lisã. Seja como for, não se trata da cidade chamada En-Eglaim (vide).

EGLATE-SELISIAS

No hebraico, **"terceira Eglate"**, nome de uma cidade próxima de Zoar. Aparece nos oráculos que predizem o julgamento de Moabe (Jr 48.34; ver também Is 15.1-9).

EGLOM

No hebraico, **"semelhante a vitela"** ou **"vitelo"**. Esse foi o nome de uma cidade e de um homem, nas páginas do Antigo Testamento, a saber: **1**. Uma cidade de Judá (Js 10.3; 15.39). Era uma das cinco cidades que formaram uma confederação com Adoni-Zedeque, rei de Jerusalém, quando do ataque contra Gibeom. Posteriormente foi atacada e destruída por Josué. Albright identificou-a com o moderno Tell el-Hesi, identificação que tem sido geralmente aceita pelos estudiosos. W.M.F. Petrie (1890) e F. J. Bliss (1891-1893) escavaram o local. Essas escavações deram início às investigações da arqueologia moderna na Palestina. Oito níveis de ocupação foram descobertos, datando desde o período do Bronze Antigo III, até o período da dominação persa. Os textos de execração do Egito fazem referência a esse lugar. Foi encontrado um tablete em escrita cuneiforme em Tell el-Hesi, que se deriva do período do Bronze posterior, contemporâneo dos textos descobertos em Tell el-Amarna. Esse tablete descreve planos traiçoeiros contra o Faraó do Egito, que estavam sendo traçados em Laquis e Jarmute, localidades próximas. **2**. Eglom foi também um gordíssimo rei moabita, da época dos primeiros juízes de Israel. Ele governava o território a oeste do rio Jordão, perto de Jericó. Em ligação com os amonitas e amalequitas, ele subjugou territórios de Israel além do Jordão, bem como de certas tribos sulistas, do outro lado desse rio. Fez de Jericó uma das capitais de seu pequeno império, em cerca de 1527 a.C. As Escrituras lançam a culpa sobre a apostasia de Israel, como a causa dessas catástrofes nacionais. Esses eventos tiveram lugar sessenta anos depois que Josué capturara a cidade de Jericó. Josefo (Anti. 5.4,1 *ss*) afirma que Eglom edificou um palácio em Jericó, o qual, aparentemente, era sua residência de verão (Jz 3.20).

Israel serviu Eglom durante dezoito anos. E então *Eúde* (vide) foi levantado pelo Senhor a fim de pôr fim à opressão estrangeira. Foi-lhe dada a incumbência de levar um presente a Eglom. Porém, esse presente era uma adaga, que ele enfiou até ao cabo, no abdome do monarca, que ficou oculta pela espessa camada de gordura. Eúde escapou e foi-se para Seirate, no monte Efraim. Após algumas horas, o cadáver de Eglom foi descoberto (Jz 3.12-16). Ficamos perplexos diante de toda a violência e as matanças em que a raça humana se tem envolvido. Grande é a depravação humana!

EÍ

No hebraico, **"unidade"**, **"fraternal"** ou **"amigo de Yahweh"**. Ele foi o cabeça de uma das famílias benjamitas, conforme se aprende em Gênesis 46.21. Na passagem de Números 26.38, seu nome aparece como Airã. É possível que "Eí" fosse uma forma sintética desse nome. A família chama-se "airamitas". Em 1Crônicas 8.1, o nome aparece como "Aarã"; e, em 1Crônicas 8.7 como "Aías". Ainda, em 1Crônicas 7.12 como "Aer"; e em 1Crônicas 8.6 como "Eúde". Tão grande número de variantes, quanto a esse nome, dá a entender que houve cópias faltosas do mesmo, em diversos manuscritos. Eí viveu em torno de 1690 a.C.

EIRA

Há duas palavras hebraicas envolvidas neste verbete: **1**. *Idderin*, "eiras". Palavra aramaica usada somente em Daniel 2.35. **2**. *Goren*, "eira". Palavra hebraica usada por dezenove vezes com esse sentido: (Gn 50.10; Nm 15.20; 18.27,30; Rt 3.2; 1Sm 23.1; 2Sm 6.6; 24.16,18,21,24; 1Cr 13.9; 21.15,18,21,22,28; 2Cr 3.1 e Jr 51.33). Literalmente, essa palavra hebraica significa "plano".

A eira era um terreno plano, bem batido, ao ar livre (Jz 6.37;2Sm 6.6). Ali eram trilhados os grãos de cereal (Isa. 21.10; Jr 51.33; Mq 4.12; Mt 3.12). Algumas vezes, o alto de uma pedra grande e plana, que aparecia acima da superfície, servia de lugar conveniente para uma eira. Usualmente, trilhava-se com um "instrumento de trilhar" (Is 28.27). Também eram usados animais, como bois, que ficavam pisando o grão. Os bois e outros animais também puxavam certos instrumentos que ajudavam no processo. Esses instrumentos, que eram blocos de madeira ou pedras arrumadas de certa maneira, eram regularmente empregados. O trecho de Rute 3.4 mostra-nos que a eira tinha de ser cuidadosamente guardada, porque o grão já trilhado podia ser roubado, depois de tanto trabalho para separá-lo da palha. As eiras e os lagares eram as principais instalações antigas para a produção de alimentos; e, por isso mesmo, por várias vezes são mencionados juntos (Dt 16.13; 2Rs 6.27; Os 9.2; Jl 2.24). Os cereais, o vinho e o azeite eram os três mais importantes produtos agrícolas das terras em redor do mar Mediterrâneo. As eiras, às vezes, recebiam nomes específicos, para serem melhor identificadas, como Nacom (2Sm 6.6), Quidom (1Cr 13.9), Atade (Gn 50.10), Araúna ou Ornã (2Sm 24.18; 1Cr 21.15). Ver o artigo geral sobre a *Agricultura*.

Uso figurado. O ato de trilhar representa a destruição, a pesada aflição (Ha. 3.12; Am 1.3). A Babilônia foi um agente de castigo, tendo trilhado a nação de Israel (Is 21.10; Jr 41.53). Mas, no dizer de Miqueias 4.13, Israel haverá de debulhar as nações trazendo o produto ao Senhor.

EIRADO, TERRAÇO, TETO

No estudo da cobertura de uma casa ou edifício, precisamos considerar duas palavras hebraicas e uma palavra grega. **1**. *Gag* é a palavra hebraica mais comumente usada para indicar a cobertura de uma edificação. Significa "parte superior". No Oriente Médio quase sempre tinha a forma de uma laje plana, acessível por meio de uma escada externa. É palavra usada por trinta vezes (para exemplificar, Dt 22.8; Js 2.6,8; 2Sm 11.2; 18.24; Ne 8.16; Jr 19.13; 32.29; Ez 40.13). Os tetos planos usualmente eram formados de argila, compactada por roletes de pedra e sustentados por um forro de ramos que cruzavam as vigas de madeira ou troncos de palmeira. Na Babilônia e no Egito, arcos ou abóbadas de tijolos algumas vezes formavam a subestrutura, ao passo que a superfície superior do teto era nivelada com argila ou com tijolos, com uma camada de argila compactada. O eirado geralmente era ocupado (ver Dt 22.8), usado como armazém (ver Js 2.6), para descansar à tarde (ver 2Sm 11.2), e, igualmente, usado para a adoração idólatra (ver Jr 19.13). Ver sobre *Arquitetura*. **2**. *Qorah*, "trave". Esse termo hebraico é usado por cinco vezes (ver 2Rs 6.2,5; 2Cr 3.7; Ct 1.17 e Gn 19.8). Nossa versão portuguesa traduz essa palavra de vários modos, como "viga", "tronco" "trave" e "teto". Na última referência, acima, é traduzida em português por "teto", pois o termo hebraico para "trave" é uma expressão idiomática para lar. **3**. *Stége*, "teto". Palavra grega usada por três vezes (ver Mt 8.8; Mc 2.4 e Lc 7.6). Em Marcos 2.4 temos o uso literal da palavra, que nossa versão portuguesa traduz por "eirado". Nas outras duas referências há um uso idiomático, com o sentido de "lar".

EIRADO DA ESQUINA

A expressão aparece em Neemias 3.31,32. De acordo com a descrição do livro de Jeremias, havia alguma espécie de cômodo coberto, talvez uma torre de vigia ligada à esquina nordeste do templo de Jerusalém, a leste da Porta das Ovelhas e ao norte da Porta das Tropas.

EL

No hebraico, **"força"**, **"poder"**. Essa palavra é cognata do termo assírio *ilu*, bem como do vocábulo ugarítico *il*. Essa palavra significa "deus" (em contextos não hebraicos), ou então "Deus" (no Antigo Testamento). Esse nome para Deus (ou para deus), não foi inventado pelos hebreus religiosos, mas foi adotado por empréstimo do uso semita pagão. O termo latino *deus*, que chegou ao português sem qualquer modificação, era o nome pagão de uma divindade similar a *Zeus*, o principal dos deuses dos gregos. Significava apenas *deus* ou *divindade*, tendo perdurado mais que os nomes específicos dos deuses, e assim tornou-se um termo genérico para indicar a natureza divina. Por essa razão, podemos dizer que a origem do termo *Deus*, em português, é pagã. A palavra correspondente em inglês, *God*, é de origem anglo-saxônica, referindo-se a qualquer objeto de respeito e adoração religiosa e, naturalmente, também estava relacionada ao paganismo. Isso ocorre no caso de qualquer outro idioma, visto que os vocábulos antecedem às revelações dadas aos hebreus e aos apóstolos de Jesus. Portanto, o mero fato de que o termo *El* é empregado como nome comum para indicar deuses, divindades, poderes divinos etc., nas religiões semíticas, em nada detrata do valor desse vocábulo, usado no Antigo Testamento, para indicar o *Deus* da Força. Ver o artigo geral sobre *Deus*, porção VI, onde são alistados e discutidos os muitos nomes dados a Deus no Antigo Testamento, incluindo o nome *El*, sozinho ou em suas muitas combinações.

Essa palavra, como um substantivo, é um dos nomes de Deus, embora também possa ser usada como um adjetivo, com o sentido de "forte", em alusão a qualquer coisa, inclusive seres humanos (Ez 31.11) ou anjos (Sl 29.1). Essa palavra também pode indicar deuses pagãos, incluindo os seus ídolos representativos, (conforme se vê em: Êx 15.11; 34.14; Is 43.10), um fato que demonstra a larga aplicação dessa palavra, não se limitando a indicar o único verdadeiro Deus forte, conforme é usada, na maioria de suas ocorrências no Antigo Testamento.

A palavra *El* aparece isolada, algumas vezes; mais frequentemente, porém, em combinações, como *El Elyon* (o Deus Altíssimo, Gn 14.18), *El Shaddai* (o Deus Todo-Poderoso, Gn 17.1), e El Hai (o Deus Vivo, Js 3.10). A forma plural dessa palavra é *Elohim*, embora esse plural seja a forma intensiva e não um verdadeiro plural. A tradução de *Elohim* poderia ser algo como *Grande Deus*. Além disso encontramos *El Olam* (o Deus da Eternidade, Gn 21.33), *El Roi* (o Deus que vê, Gn 16.13), *El Rehum* (o Deus da Compaixão, Dt 4.31), *El Nose* (o Deus do Perdão, Sl 99.8), *El Hannun* (o Deus Gracioso, Ne 9.31), e *El Kanna* (o Deus Zeloso, Êx 20.5) etc.

A história pagã do termo *El* não é muito agradável. Dentro da religião dos cananeus, conforme é refletido pelo historiador fenício, Filo de Biblos (cerca de 100 d.C.), bem como na literatura religiosa desenterrada em Ras Shamra (a antiga Ugarite, no sul da Síria, 1929-1937), *El* era a divindade principal de um elaborado panteão cananeu. De acordo com essas fontes informativas, El teria três esposas, todas elas suas irmãs. Aparece ali como um tirano sanguinário, que destruou o seu próprio pai, Urano, assassinou o seu filho favorito e decapitou uma de suas filhas. Também era uma criatura sensual e mórbida. Contudo, pelo lado bom, ele era intitulado de "Pai dos Anos", "Pai do Homem", e "Touro Pai". À semelhança de Zeus, deus grego, ele era imaginado como o progenitor de todos os deuses. Baal, que finalmente chegou a ser o principal objeto de adoração, era considerado filho de El. Seja como for, El foi tão importante, em certa época, que a literatura de Ras Shamra refere-se à terra de Canaã como "terra de El".

Todas as religiões, antigas ou modernas, quando descrevem Deus (ou algum deus), são forçadas a lançar mão de termos antropomórficos, quando então são atribuídas qualidades humanas à deidade. Essa é uma das dificuldades humanas, visto que a linguagem é o nosso principal meio de expressão e comunicação e que a mesma reveste-se de tão grande importância para nós, seres humanos. As religiões pagãs constantemente atribuíam aos seus deuses todas as más qualidades humanas, exceuando que os homens vão se tornando cada vez piores, multiplicando a destruição e a selvageria que caracterizam as pessoas. Encontramos algo dessa atividade nas páginas do Antigo Testamento, onde Deus é retratado com cabeça de exércitos destruidores, que exige toda a forma de matanças. As tentativas de muitos evangélicos para justificar esse quadro sobre Deus são comuns e insistentes, mas não me convencem. É ridículo supor que uma revelação mais avançada não melhora o nosso conceito de Deus, conforme melhora tudo o mais que conhecemos a respeito da espiritualidade. Deus atua através do processo histórico e sua autorrevelação ocorre apenas em estágios e mui gradualmente. Ainda estamos a longa distância da verdadeira compreensão sobre Deus, embora saibamos muitas coisas sobre as suas obras, especialmente o que foi feito por meio de Cristo, que é o Irmão mais velho dos homens e que veio redimir e restaurar à humanidade.

ELÁ

No hebraico, **"carvalho"**. Há seis personagens e um acidente geográfico, nas páginas do Antigo Testamento, com esse nome, a saber: **1**. Um príncipe idumeu. (Ver Gn 36.41 e 1Cr 1.52). Viveu em cerca de 1618 a.C. **2**. O pai de Simei, que era administrador na tribo de Benjamim, encarregado de obter provisões para a corte do rei Salomão. Seu nome aparece somente em 1Reis 4.18. Viveu em torno de 1015 a.C. Quanto a uma descrição geral sobre esse serviço de superintendência e sobre os seus oficiais, ver 1Reis 4.7 ss. **3**. O filho e sucessor de Baasa, rei de Israel. Foi o quarto monarca do reino nortista de Israel. Reinou somente por dois anos (930-929 a.C.). A sua vida foi cortada quando foi assassinado, estando alcoolizado. Sua família também foi destruída por seu assassino, Zinri, o capitão da metade de seus carros de guerra. Também foi o último monarca da linhagem de Baasa. Essa catástrofe cumpriu as predições de Jeú (1Rs 16.6-14). O drama da morte de Elá teve lugar enquanto o seu exército atacava a cidade filisteia de Gibeton. Portanto, o rei israelita estava se divertindo enquanto o seu reino combatia. A linhagem de Baasa promoveu toda a forma de maldade e violência e a história da família acabou violentamente. **4**. Um outro Elá foi o pai de Oseias, o último rei de Israel (2Rs 15.30; 17.1; 18.1,9). Ele viveu em torno de

ELANÃ

740 a.C. **5**. Um dos três filhos de Calebe, filho de Jefuné (1Cr 4.15). Viveu por volta de 1380 a.C. **6**. Um dos filhos de Uzi, um dos chefes da tribo de Benjamim e cabeça de um dos clãs que foi levado para o cativeiro babilônico (1Cr 9.8). Através de seus descendentes, retornou à Terra Prometida. Esses descendentes estabeleceram-se em Jerusalém, em cerca de 536 a.C. **7**. *O vale de Elá*. Esse nome indica o vale do *terebinto* ou do *carvalho*. Foi nesse lugar que os israelitas estavam acampados, quando Davi combateu contra Golias e o derrotou (1Sm 17.19). Ficava situado cerca de dezoito quilômetros a sudoeste de Jerusalém. É o moderno wady es-Sunt, que significa *vale da acácia*. À entrada desse vale fica o Tell es-Safiyeh. Provavelmente trata-se do mesmo vale de Sitim, mencionado em Joel 3.18. O termo hebraico Shittah é o equivalente do vocábulo árabe Sant (ou Sunt), ambos referem-se à acácia. Essa palavra, portanto, veio a ser vinculada ao wady que assinala a sua localização. Até os dias de hoje, o leito desse curso de água é recoberto por pequenas pedras, do tipo que Davi, em sua juventude, pode ter usado em sua funda, quando lutou contra o gigante Golias.

ELANÃ

No hebraico, **"Deus tem sido gracioso"**. Esse é o nome de duas pessoas que aparecem nas páginas do Antigo Testamento, a saber: **1**. Um filho de Dodó, de Belém. Ele foi um dos trinta guerreiros heroicos de Davi (2Sm 23.24; 1Cr 11.26). Entre os trinta, ele aparece como o primeiro depois dos três maiores. Viveu em cerca de 990 a.C. **2**. Um guerreiro da época de Davi, que se portou brilhantemente contra os filisteus, em Gobe, abatendo o irmão do gigante Golias (1Cr 20.5). De acordo com 2Samuel 21.19, ele era filho de Jaaré-oregim, o belemita. Em toda essa questão há uma certa confusão, pois se em 2Samuel 21.19 e 23.24 o pai de Elanã é Jaaré-oregim, em 1Crônicas 20.5, Jair aparece como seu pai. Acresça-se a isso que em 2Samuel 21.19 Elanã teria morto o próprio Golias, embora, conforme seja bem sabido, Davi foi quem matou esse gigante. Por isso mesmo, algumas traduções adicionam ali "irmão de" antes de Golias, para fazer o texto harmonizar-se com 1Crônicas. As diversas maneiras de tentar solucionar esse problema são as seguintes: *a*. Teria havido dois gigantes com o nome de Golias, um morto por Davi e o outro morto por Elanã. *b*. Golias seria um nome genérico, para representar uma família, e não apenas um indivíduo. *c*. A expressão "irmão de" faz parte genuína do texto, tendo desaparecido em 2Samuel por descuido escribal. Nesse caso, o versículo concordaria com o trecho de 1Crônicas 20.5. *d*. Mais radicalmente ainda, teria sido Elanã quem matou o gigante Golias, mas a tradição dos hebreus teria conferido essa distinção a Davi, a fim de aumentar a sua reputação. *e*. Há uma tradição preservada por Jerônimo, em *Quaest. Hb in Libros Regnum*, bem como nos *Targuns*, no sentido de que Davi e Elanã eram apenas nomes diferentes de uma mesma pessoa. Nesse caso, Davi seria o nome real (com o qual se tornou rei), ao passo que Elanã teria sido seu nome verdadeiro. Os textos de Mari trazem o nome *dawidum* com o sentido de líder; e alguns têm usado esse título em apoio a essa ideia. Na verdade, porém, o problema permanece sem solução, mas é capaz de perturbar apenas os ultraconservadores, que não são capazes de admitir problemas sem solução ou ainda não solucionados nos textos bíblicos (sem pensarem eles que não dispomos dos manuscritos escritos pelos seus próprios autores e, sim, apenas cópias que datam, na maioria das vezes, muitos séculos depois que os livros sagrados foram originalmente escritos, dando tempo a muitos erros de transcrição); ou capazes de perturbar os céticos, sempre ansiosos por utilizar-se de problemas assim com o intuito de destruir a fé nas Sagradas Escrituras.

ELÃO (NOME PESSOAL)

Os eruditos não têm muita certeza sobre o que significa essa palavra, no hebraico. Entre as conjecturas temos "oculto", "terras altas", e "juventude". Nada menos de oito personagens têm esse nome, no Antigo Testamento. Quanto ao pais e ao povo com esse nome, ver o artigo separado sobre *Elão, Elamitas* (abaixo). **1**. Um dos filhos de Sem tinha esse nome; ele foi o ancestral dos elamitas, de acordo com os trechos de Gênesis 10.22 e 1Crônicas 1.17. Viveu por volta de 4000 a.C. **2**. Um dos chefes da tribo de Benjamim, filho de Sasaque, que vivia em Jerusalém, no tempo do cativeiro e/ou depois do mesmo (1Cr 8.24). Viveu em cerca de 536 a.C. **3**. Um levita coatita, o quinto filho de Meselemias. Ele servia como porteiro do tabernáculo de Israel, nos dias de Davi (1Cr 26.3). Viveu por volta de 1000 a.C. **4**. O chefe de uma família que retornou juntamente com Zorobabel, após o cativeiro babilônico. Seu clã tinha cerca de mil, duzentos e cinquenta e quatro indivíduos (Ed 2.7 e Ne 7.12). Outros setenta e um membros dessa família vieram em companhia de Esdras. Foi ele quem sugeriu a Esdras que os judeus que se tinham casado com mulheres estrangeiras, enquanto estavam no cativeiro, deveriam divorciar-se delas e abandonar seus filhos com elas (Ed 10.2-4). Ficou registrado que seis dos homens dessa família anuíram à ordem (Ed 10.26). **5**. Um sacerdote que participou nas cerimônias da dedicação das muralhas de Jerusalém, nos dias de Neemias (Ne 12.42). Viveu em torno de 445 a.C. **6**. Um dos chefes do povo judeu, que assinou o pacto juntamente com Neemias (Ne 10.14). Viveu em cerca de 455 a.C. **7**. Um outro homem, com esse nome, cuja posteridade retornou do exílio. Esse homem é mencionado em Esdras 2.31 e Neemias 7.34. Seria o mesmo do número 5, acima? **8**. Um outro homem, com esse mesmo nome, cujos descendentes voltaram do exílio em companhia de Esdras (Ed 8.7). Viveu em torno de 455 a.C.

ELÃO, ELAMITAS

1. O nome e o lugar. O nome Elão, no hebraico, parece ser um cognato da palavra acádica *elamtu*, que significa "terras altas". Esse vocábulo designa tanto a terra quanto o povo que ali habitava. O território chamado por esse nome ficava do outro lado do rio Tigre, a leste da Babilônia, limitado ao norte pela Assíria e pela Média, e ao sul pelo golfo Pérsico. Nos tempos modernos, o território fica ao sul do Irã, um platô nas montanhas do Zagros, a leste e a nordeste do vale do rio Tigre, sendo, mais ou menos, o equivalente à província do Cuzistão. Os assírios chamavam a região de Elamtu. Mas os gregos chamavam-na Susiana, devido à capital, Susa. Modernamente, essa é a cidade de Shush. O idioma falado no lugar não era semítico; porém, ainda não foi determinado qual a relação entre os elamitas e os povos das circunvizinhanças. A civilização dessa região é antiquíssima, estando intimamente associada à cultura da baixa Mesopotâmia. Uma escrita pictográfica local veio a ser usada nessa área, pouco depois da invenção da escrita, na Babilônia. Há estudiosos que têm pensado que os modernos zíngaros, ou ciganos, seriam descendentes dos elamitas. Os ciganos são tidos como um povo originário da região oeste da Índia e os elamitas estavam precisamente ali. Os ciganos chegaram a espalhar-se por todos os países do mundo. E as Escrituras profetizam o tempo em que os elamitas serão reunidos novamente em sua região de origem. (Ver Jr 49.39, que diz: *Nos últimos dias mudarei a sorte de Elão, diz o Senhor*).

2. História geral de Elão. A palavra "elão" ocorre pela primeira vez na Bíblia em Gênesis 10.22, como nome de um dos filhos de Sem, de quem descendia a tribo mencionada. A nação daí formada aparece em Gênesis 14.1, juntamente com o reino de Sinear, na Babilônia. Em Isaías 21.2 e Jeremias 24.25, o Elão é mencionado juntamente com a Média. A passagem de Esdras 4.9 diz que os elamitas eram uma das nações do império persa. Em Daniel 8.2, a cidade de Susa, a capital do Elão, aparece situada às margens do rio Ulai (Eulaeus ou Chaaspes), na província do Elão. Os gregos e os romanos chamavam a região de Elymais.

Várias tribos habitavam naquela região, os estudiosos classificam-nas como caucasianas não semitas. Durante toda a história discernível, o Elão esteve culturalmente dependente da Mesopotâmia. A princípio, o Elão foi mencionado em registros mesopotâmicos não bíblicos, sujeitos ao sumeriano Eanatum, de Lagase (2450). Quando os acádios, sob Sargão de Acade (2360-2305 a.C.), passaram a ser o poder dominante, essa dependência teve continuação. Foi então que os elamitas adotaram a escrita cuneiforme sumero-acádica. Várias inscrições, feitas em tabletes de argila, têm sobrevivido, produzidas pelos elamitas, com essa forma de escrita. Sabe-se que elamitas de Susa participaram na construção do templo de Gudea, de Lagase, o que ocorreu em cerca de 2000 a.C.

Os elamitas tornaram-se independentes por algum tempo, quando o poder de Acade declinou. Porém, a terceira dinastia de Ur reobteve o poder sobre aquela região. Novos *contra-ataques*, porém, libertaram os elamitas dos governantes de Ur. O último rei de Ur, Ibbi-Sin (cerca de 2030 a.C.), foi conduzido prisioneiro ao Elão, depois de haver sido derrotado. Os elamitas então destruíram a cidade de Ur, o que é lamentado em uma inscrição suméria. Kudur Mabuk tornou-se o senhor de Larsa e foi sucedido no trono por seus filhos, Warad-Sin e Rim-Sin. Posteriormente, os elamitas levaram para Susa o código de Hamurabi, onde foi descoberto em 1901 ou 1902. Hamurabi, da Babilônia, havia expulsado os elamitas em cerca de 1760 a.C., mas seu império foi posteriormente derrotado pelos amorreus e pelos elamitas, que tinham se aliado, em cerca de 1625 a.C. Os cassitas, que desceram dos montes Zagros centrais, na Babilônia, expulsaram-nos dali; uma vez mais, entretanto, eles cresceram em poder militar e reconquistaram a área. Assim, eles conquistaram a Babilônia, onde governaram, bem como na região em redor, por diversos séculos (1300 a 1120 a.C.). Entre os troféus tomados e transportados para Susa estava a famosa estela das leis de Hamurabi, que já foi mencionada acima. A arqueologia confirma o saque de cidades babilônicas por parte dos elamitas. Monumentos capturados foram postos nos átrios dos templos importantes da cidade de Susa, sendo dedicados aos vários deuses de Elão.

3. Dissolução de Elão. A história dos elamitas fica muito obscura desde cerca de 1000 a.C. até às campanhas de Sargão, da Assíria (721-705 a.C.). Senaqueribe e Assurbanipal finalmente subjugaram os elamitas e deportaram alguns deles para Samaria, na mesma ocasião em que israelitas foram deportados para o Elão (Ed 4.9 e Is 11.11). O rei do Elão, Tuemmann, foi capturado. Há um alto relevo que mostra a sua cabeça pendurada em uma árvore, no jardim do palácio onde Assurbanipal, sua rainha e seus nobres estavam se banqueteando, desfrutando a sua vitória sobre Elão. Assurbanipal pôs um rei títere no trono de Elão, a fim de cuidar das coisas ali. Porém, esse homem mostrou que era desleal, pelo que outra invasão armada tornou-se necessária. O rei assírio saqueou Susa e deportou a população para Samaria. Foi isso que pôs fim ao Elão, como uma nação separada.

Depois do colapso do poder assírio, povos indo-europeus vieram a dominar a região. Susa, finalmente, tornou-se uma das três principais cidades do império medo-persa. O trecho de Ezequiel 32.24 relata como os caldeus venceram militarmente os elamitas.

Isaías convocou profeticamente aos elamitas, a fim de ajudarem a esmagar a Babilônia (Is 21.2), e foi isso que, realmente, aconteceu (Dn 8.2). Todavia, chegou a vez da derrota e destruição do poder dos elamitas (Jr 25.25; 49.34-39; Ez 32.24). O próximo informe que a Bíblia nos dá sobre os elamitas é em Atos 2.9, que mostra que, no dia de Pentecoste, alguns judeus vindos dali estavam presentes em Jerusalém. Podemos presumir que comunidades judaicas muito antigas sobreviveram naquele lugar, através de todos os séculos de destruição e vicissitudes, preservando a sua fé e os seus costumes tipicamente hebraicos. Alguns deles, pois, converteram-se à fé cristã. (AM BAR ND TH UN Z)

ELASAR

Desconhece-se o sentido desse nome. Mas sabe-se que foi o nome de uma cidade no território da antiga Babilônia, mencionada por duas vezes no livro de Gênesis(14.1,9), na lista dos quatro reis da região que fizeram guerra contra os cinco reis da antiga Canaã e que os venceram. O rei de Elasar é chamado Arioque (vide). Sua cidade, Elasar, ficava no sul da Babilônia, entre Ur e Ereque, na margem esquerda do grande canal de Shat-en-Nil. Atualmente, o sítio é assinalado por um cômoro que os nativos da região chamam de Senkereh. O local era um centro de adoração ao sol, durante o império babilônico. Mais ao norte, a cidade de Sipar era o centro do mesmo culto. A forma babilônica do nome de Elasar é Larsa. Em tempos mais recentes, os gregos chamavam-na *Larissa*. Não há qualquer informação quanto às suas origens, embora muita coisa se saiba no tocante a seu uso como centro do culto ao sol. Em cerca de 2400 a.C. já era um lugar importante. Os reis de Elasar também controlavam a Suméria e a Acádia. Conhecem-se somente dois nomes específicos da dinastia que ali governou, a saber: Nur-Raman e Sin-Idina. Foi este último quem construiu um importante canal, ligando Shat-en-Nil ao rio Tigre. Pouco depois da construção desse canal, os elamitas, que no tempo de Arioque haviam sido aliados, conquistaram o local, nos tempos do rei Kudur-Mabuque. Seu filho foi enviado a Elasar, a fim de manter o controle sobre a situação. O nome desse príncipe era Eri-Aku. Mas, nas inscrições babilônicas ele aparece com o nome de Rim-Sin. Hamurabi, rei da Babilônia, posteriormente o derrotou, anexando o território sobre o qual governava ao recém-fundado império babilônico.

A identificação de Elasar com a moderna Larsa não mais é considerada absoluta. Uma outra identificação sugerida é Ilanzura, entre Carquêmis e Harã, no norte da Síria. Mas, quanto a isso, também não há qualquer certeza.

ELATE

No hebraico, **"bosque de palmeiras"**. O nome ocorre no Antigo Testamento por três vezes (Dt 2.8; 2Rs 14.22; 16.6). Elate era uma cidade da Iduméia, dotada de um porto no braço oriental ou golfo do mar Vermelho, ou seja, o golfo de Ácaba. Eusébio localizava o lugar a dezesseis quilômetros de Petra. Ficava situada na extremidade do vale de Elgor, que corre no fundo de duas cadeias montanhosas paralelas, de norte para sul, atravessando a Arábia Petreia, do mar Morto ao norte do golfo Elanítico.

1. História Anterior. O trecho de Deuteronômio 2.8 menciona a localidade em conexão com a jornada dos israelitas na direção da Terra Prometida. Eles passaram pela localidade que, na época, era apenas uma vila minúscula. É possível que o príncipe idumeu, Elá (Gn 36.41), tenha dado seu nome ao lugar. A região era essencialmente desabitada. No século XIII a.C., Elate e Ezion-Geber, nas proximidades, naquele tempo provavelmente nada mais eram do que um lugar onde havia fontes, com alguma esparsa vegetação.

2. No Tempo dos Reis de Israel. Davi chegou a controlar essa região (2Sm 8.14). Salomão (em cerca de 960 a.C.) desenvolveu a mineração do cobre e do ferro imediatamente ao norte de Ezion-Geber, cerca de quatro quilômetros a oeste de Ácaba, o locai de Elate. Não se tem certeza se Ezion-Geber servia como fundição, ou apenas como depósito. Tem sido identificada com o moderno Tell el Keleifeh e foi escavada por Nelson Glueck. Salomão construiu ali, às margens do mar Vermelho, um porto que servia à sua frota mercante, que ia até Ofir e até à Arábia (1Rs 9.26; 2Cr 8.17). O local foi incendiado e então foi reconstruído no que corresponde à fase II das descobertas arqueológicas feitas no local e que datam do século XIX a.C. Josafá, rei de Judá (860 a.C.), também tinha ali um porto, mas a sua frota mercante sofreu uma grande catástrofe, devido aos ventos e às rochas, existentes nas proximidades

(1Rs 22.48 e 2Cr 20.36, 37). Edom revoltou-se contra Jeorão, de Judá (cerca de 840 a.C.), e então incendiou e reocupou Ezion-Geber. Cerca de sessenta anos mais tarde, Uzias (Azarias) recuperou a cidade dos idumeus (2Rs 14.22; 2Cr 26.2) e a reconstruiu. Isso representa a fase arqueológica III. Rezin, de Arã (Síria) capturou a cidade e a reintegrou novamente ao domínio elamita (2Rs 16.6). Assim, a cidade ficou sob o controle elamita durante longo tempo, do século VII ao século IV a.C., o que envolve as fases arqueológicas IV e V. Sob o domínio persa, a área tornou-se um importante centro comercial, nos séculos V e IV a.C. Ostraca ali encontrada confirma o excelente comércio ali existente, porquanto muitas mercadorias passavam por ali, em trânsito para outros lugares. A chegada dos nabateus na cidade, que substituíram os idumeus, restringiu o local ao que agora é Ácaba. Foi então que o nome do local foi alterado, passando a ser chamada Aila. Os romanos preservaram esse nome. A moderna cidade de Eilate, em Israel, compartilha do mesmo local geral, mas é possível que a cidade jordaniana de Ácaba seja a que realmente ocupa o local dos tempos bíblicos.

EL-BERITE

No hebraico, **"deus do pacto"**. Esse era o nome de um ídolo adorado em Siquém. É referido apenas em Juízes 8.33 e 9.46. Foi no templo dessa divindade que os habitantes de Siquém se refugiaram quando Abimeleque destruiu essa cidade, segundo se vê na última dessas referências.

EL-BETEL

No hebraico, **"Deus da Casa de Deus"**. Esse foi o nome dado por Jacó a um altar por ele erigido, conforme se vê em Gênesis 35.7. Provavelmente estava no mesmo local onde ele sonhara com a escada que subia até o céu. (Ver Gênesis 28.13).

ELCANA

No hebraico, **"Deus se apossou"**, ou **"Deus criou"**. Esse é o nome de oito pessoas, nas páginas do Antigo Testamento. Há muita confusão quanto à identificação exata desses indivíduos. **1**. Um descendente de Coré, na linhagem de Aimote (1Cr 6.26,35). Ele era o chefe da casa de seu pai (Êx 6.24,25). Seu pai chamava-se Assir e teve um filho chamado Ebiasafe (1Cr 6.23). Viveu em torno de 1490 a.C. **2**. O pai do profeta Samuel (1Sm 1.19), um homem nascido em Ramataim-Zofim, na região montanhosa de Efraim (1Sm 1.1). Seu pai foi Jeroão, um efraimita. Tinha duas esposas; e a favorita era Ana, a estéril. Por causa dessa circunstância, temos o drama relacionado ao final nascimento de Samuel e sua dedicação ao Senhor como sacerdote e juiz de Israel. Na verdade, Samuel foi o último juiz de Israel e o primeiro da grande linha de profetas de Deus. A outra esposa de Elcana chamava-se Penina (1Sm 1.2). A narrativa de Elcana e sua esposa Ana contém muitos elementos parecidos com os de Sara, esposa de Abraão, e com os de Isabel, esposa de Zacarias e mãe de João Batista. Deus vence barreiras aparentemente impossíveis, para que sua vontade seja feita. Nesse caso, nasceu um notável personagem que cumpriu uma importante missão no antigo povo de Israel. Um bisneto desse homem, chamado Hemã, era cantor nos dias de Davi, pelo que a família continuou a ocupar posições de destaque posteriormente, embora nenhum deles se comparasse ao próprio Samuel. **3**. Um antepassado de Samuel e descendente de Levi (1Cr 6.25,26), por intermédio de Coate. Viveu em torno de 1490 a.C. **4**. Ainda um outro descendente de Samuel, duas ou três gerações mais perto dele do que o Elcana de número "três" (1Cr 6.26,36). Era filho de Aimote, ou Maate, e pai de Amasai. Estava na nona geração depois de Coate, filho de Levi. Viveu em torno de 1490 a.C., se, porventura, foi o mesmo homem de número "três", acima. Em caso contrário, uns setenta e cinco anos antes. **5**. Um antepassado de um dos levitas, chamado Berequias e que veio habitar em Jerusalém, após o retorno do cativeiro babilônico (1Cr 9.16). Viveu em torno de 500 a.C. **6**. Um homem que veio juntar-se a Davi em Ziclague, quando este lutava contra Saul e estava no exílio. Foi um dos trinta poderosos guerreiros de Davi. (Ver 1Cr 12.6). Viveu em torno de 1050 a.C. **7**. Um porteiro do tabernáculo, nomeado por Davi. Ele era levita. Sua tarefa consistia em cuidar da arca da aliança (1Cr 15.23). **8**. Um oficial do rei Acaz, cuja autoridade só era inferior à do próprio monarca de Judá (2Cr 28.7). Foi morto por Zicri, um guerreiro da tribo de Efraim, porquanto havia abandonado a sua fé religiosa. Viveu em torno de 735 a.C.

ELCÓS, ELCOSITA

A rigor, não aparece o nome locativo "Elcós", mas somente o adjetivo pátrio "elcosita" (Na 1.1). O profeta Naum era natural desse lugar, de localização moderna desconhecida, embora várias conjecturas tenham sido apresentadas pelos estudiosos, a saber: **1**. Um lugar da Galileia chamada Elcesi, que Jerônimo aceitava como a localização correta. **2**. Um lugar da Mesopotâmia, a norte de Mosul localizado nas proximidades do rio Tigre. Ali existe um túmulo intitulado Naum, embora não haja como confirmar a tradição por detrás dessa identificação. Fica localizada perto da moderna Elqush, a norte de Mosul. O local era comumente visitado, em peregrinações. **3**. Um local no sul do território de Judá, que talvez seja corretamente identificado com a moderna Beit Jibrin, entre Jerusalém e Gaza. Em favor dessa última localização temos o fato de que há uma antiga tradição que diz que Naum era natural de Judá. **4**. *Cafarnaum*, cujo sentido literal é "vila de Naum". Essa cidade ficava localizada na margem norte do mar da Galileia, onde Jesus ensinou com grande frequência, quando ministrava na Galileia. No entanto, a maioria dos peritos duvida da autenticidade da conexão entre esse lugar e o profeta Naum, apesar do nome. Ver o artigo geral sobre *Cafarnaum*.

Não há evidências conclusivas acerca de qualquer uma dessas identificações. E nem mesmo há certeza se o termo "elcosita" refere-se a uma suposta *Elcós*.

ELDA

No hebraico, **"aquele que Deus chamou"**. O quinto filho de Midiã, filho de Abraão e Quetura (Gn 25.1; 1Cr 1.32). Quetura foi a mãe de diversos povos árabes. Alguns têm dito que não se pode encontrar nenhuma tribo chamada Elda entre os árabes, mas isso não é argumento válido, pois nem sempre um indivíduo qualquer deu origem a uma tribo. Se ele deixou descendentes, podem ter-se misturado com seus parentes de sangue ou com outros.

ELDADE E MEDADE

No hebraico, o primeiro nome significa "Deus é amigo", e o segundo, "amor". Esses eram os nomes de dois dos setenta anciãos que Moisés nomeou para ajudá-lo em sua obra administrativa (Nm 11.16,26, 27). Teriam recebido o ofício profético, da parte do Espírito de Deus. Josué, em sua inexperiência, pensou que era impróprio eles terem esse tipo de autoridade e solicitou que Moisés os proibisse de profetizarem no acampamento. Mas isso Moisés recusou-se a fazer, asseverando que seria bom que o dom da profecia fosse distribuído por todo o povo de Deus. (Ver Nm 11.26-29).

Uma Obra Pseudepígrafa Acerca de Eldade e Medade. Ao redor dessas duas figuras, no período helenista, vários relatos, predições e ensinos desenvolveram-se, atribuídos a esses dois homens. Se esse material realmente existiu, coisa alguma chegou até nós, e as poucas citações existentes são de natureza muito duvidosa. As tradições dos Targuns palestinos fornecem outros alegados detalhes da história que os cerca, relacionado ao trecho de Números 11.26, adicionando algum material sobre coisas que Eldade e Medade teriam dito. Uma notável alegada citação é aquela que diz: "O Senhor está próximo daqueles que estão sendo provados". Presumivelmente, entre as profecias feitas por esses personagens, há algumas relacionadas a Deus e a Magogue, nos dias finais da história de Israel. Entretanto, essa é uma das tradições judaicas comuns, encontrando-se também no material incluído nos *Manuscritos do mar Morto* (vide).

A obra *Pastor de Hermas* menciona a obra apócrifa de Eldade e Medade, provendo-nos uma citação supostamente extraída da mesma: "O Senhor está próximo daqueles que se voltam para ele, conforme está escrito em Eldade e Medade, que profetizaram ao povo, no deserto". (ANF)

ELEADA

No hebraico, **"Deus é testemunha"**. Um descendente de Efraim, cujo pai e cujo filho chamavam-se ambos Taate (vide) (1Cr 7.20). Sobre Eleada nada sabemos dizer, além do fato de que ele existiu.

ELEADE

No hebraico, **"Deus é testemunha"** ou **"Deus é defensor"**. Um descendente de Efraim, ou através de Sutela (vide), ou através de seu filho, do mesmo nome. No trecho de 1Crônicas 7.20,21, há dois homens com o nome de Sutela, separados um do outro por seis gerações. Alguns eruditos pensam que deve ter havido nisso uma repetição de nomes. Porém, nada há de extraordinário nessa repetição, sobretudo quando os nomes são separados por tantas gerações. Porém, no caso de ter mesmo havido repetição, então está em foco o patriarca.

Eleade, juntamente com outros, foi morto pelos homens de Gate, quando vieram roubar gado, e houve um entrevero. Efraim muito se angustiou por causa do incidente, e quando nasceu o seu próprio filho, lembrou-se do caso chamando-o de "Berias" (vide), um nome que parece estar associado à ideia de "infortúnio". (Ver 1Cr 7.23).

ELEALE

No hebraico, **"Deus é exaltado"** ou **"Deus ascende"**. Nome de uma cidade dos rubenitas, a leste do rio Jordão (Nm 32.3,37; Is 15.4; 16.9; Jr 48.34). Os profetas designam esse lugar como uma cidade dos moabitas, conforme se vê nas últimas três dessas referências.

A cidade tem sido identificada com a moderna El-AI, cerca de um quilômetro e meio de Hesbom. Ela fica sobre o cume de uma colina e domina uma visão magnífica. Ficava na fronteira sul da região conhecida como Gileade, quase a leste do extremo sul do mar Morto. Quando Israel ocupou a região, conquistou essa cidade; mas, posteriormente, ela foi retomada pelos moabitas, aos quais os profetas denunciaram. O território ficou sendo disputado entre Amom e Moabe, mas estava sob o controle dos moabitas no período dos profetas. Na região, nos tempos modernos, ainda há muitas ruínas.

ELEASÃ

No hebraico, **"Deus fez"**. Esse foi o nome de dois personagens do Antigo Testamento: **1**. Um filho de Helez, descendente de Judá, através da família de Hezron (1Cr 2.39,40). Viveu em torno de 1305 a.C. **2**. Um filho de Rafa, descendente de Saul e Jônatas (1Cr 8.37; 9.43). Viveu em torno de 960 a.C.

ELEASA, ELEASÃ

No hebraico, **"Deus fez"**. Nome de duas personagens bíblicas, a saber: **1**. Um dos filhos de Pasur, que se desfez de sua esposa estrangeira, terminado o cativeiro babilônico (Ed 10.22). Viveu em cerca de 445 a.C. **2**. Um filho de Safã, enviado por Zedequias em missão especial à corte de Nabucodonosor. Foi na oportunidade que levou uma carta de Jeremias aos judeus exilados. (Ver Jr 29.3). Viveu em cerca de 593 a.C. Embora a palavra hebraica seja uma só, a nossa versão portuguesa grafa o nome de dois modos diferentes, "Eleasa" em Esdras e "Eleasã" em Jeremias. Algumas versões estrangeiras fazem algo parecido.

ELEAZAR

No hebraico, **"Deus é ajudador"**. No grego, *Eleázar*. Nome de nove personagens referidos nas páginas do Novo Testamento, a saber: **1**. O filho (sobrevivente) mais velho de Arão (Êx 6.23,25), que foi o chefe da tribo de Levi durante o período de vida de seu pai (Nm 3.32). Era o terceiro filho de Arão e Eliseba, filha de Aminadabe. Arão teve quatro filhos, chamados Nadabe, Abiú, Eleazar e Itamar. Nadabe e Abiú morreram quando ofereciam fogo estranho diante do Senhor, e foram castigados por esse motivo. Isso significa que Eleazar, apesar de ter sido o terceiro filho, chegou a ser o mais velho, e assim sucedeu a seu pai na posição de sumo sacerdote. Eleazar casou-se com a filha de Putiel. Eliseba, sua mãe, era irmã de Naassom, que era chefe da tribo de Judá (Êx 6.23; Nm 1.7; 1Cr 2.3-10). Viveu em torno de 1450 a.C. Quando Arão morreu, Eleazar ocupou os deveres sumo sacerdotais (Nm 20.25,26, Dt 10.6). Ele supervisionava os coatitas que transportavam a arca e os utensílios sagrados, sobre os ombros, durante a marcha pelo deserto (Nm 3.30-32). Ele também estava encarregado do tabernáculo, de seus móveis, do azeite, do incenso etc. (Nm 4.16). Seu irmão mais novo, Itamar, dirigia os gersonitas e os meraritas, que transportavam o tabernáculo, as suas cortinas, as suas tábuas etc., visto que Israel estava sempre caminhando (Nm 4.28,33). O ofício ocupado por Eleazar foi contemporâneo do governo militar de Josué, e, ao que parece, sobreviveu a este último. Havia um bom relacionamento entre os dois (ver Nm 27.19-21). Josefo diz que Josué e Eleazar morreram mais ou menos ao mesmo tempo, isto é, vinte e cinco anos depois da morte de Moisés. O livro de Josué termina com uma nota sobre a morte de Eleazar. (Js 24.33). Ao que parece, o sumo sacerdócio permaneceu na família até Eli, inclusive. Mas, foi por razões desconhecidas que os ancestrais de Eli tornaram-se sumos sacerdotes. Posteriormente, o ofício sumo sacerdotal passou para a família de Eleazar, na pessoa de Sadoque (1Sm 2.27; 1Cr 6.8; 24.3; 1Rs 2.27). Essa linhagem de sacerdotes continuou até os dias de Esdras (1Cr 6.1-15, Ed 7.1-5). Eli era da linhagem de Itamar, irmão mais novo de Eleazar, o que significa que a linhagem sumo sacerdotal continuou na família imediata de Arão, através de dois de seus descendentes. Foi a iniquidade dos filhos de Eli que causou a transferência do sumo sacerdócio para a linhagem de Eleazar. **2**. Um outro Eleazar era filho de Aminadabe, que cuidava do transporte da arca da aliança, depois que a mesma foi enviada de volta a Israel pelos filisteus (1Sm 7.1). Esse Eleazar aparentemente era sacerdote, e deve ter sido um levita, embora ele não seja especificamente alistado como tal. Viveu em torno de 1125 a.C. Como é natural, a um levita teria sido dada essa incumbência. **3**. Dentre os trinta e sete heróis de Davi, três deles eram os mais destacados; e dentre esses três, estava Eleazar. Ele foi um dos três que foram buscar água no poço da aldeia nativa de Davi, Belém, quando o rei anelou por beber água dali. Esse ato impressionou profundamente a Davi, porquanto os três arriscaram a sua vida nesse ousado ato. Portanto, ele pensou que a água era por demais preciosa para ser bebida, pelo que a ofereceu ao Senhor, em libação, (2Sm 23.8,10,13). Esse Eleazar era filho de Dodó, talvez descendente de Aoá, da tribo de Benjamim (1Cr 8.4). Viveu em torno do ano 1000 a.C. **4**. Um levita, filho de Mali, neto de Merari. Ele é mencionado como homem sem filhos; tinha somente filhas. Estas casaram-se com "os filhos de Quis, seus irmãos", o que, no hebraico, provavelmente significa "primos" (1Cr 23.21,22; 24.28). Viveu em cerca de 1400 a.C. **5**. Um filho de Fineias, que trabalhava lado a lado com sacerdotes e levitas, cuidando do tesouro sagrado e dos vasos que foram devolvidos a Jerusalém, após o exílio babilônico (Ed 8.33). Viveu em cerca de 457 a.C. Não sabemos dizer se ele era sacerdote ou levita, ou se simplesmente foi-lhe solicitada a cooperação. **6**. Um descendente de Parós, que se casara com uma mulher estrangeira, durante os dias do cativeiro babilônico, e que teve de divorciar-se dela quando Israel voltou à sua terra (Ed 10.25). Seu tempo girou em torno de 456 a.C. **7**. Um sacerdote que esteve presente à festa da dedicação das muralhas reconstruídas de Jerusalém, sob a direção de Neemias. (Ver Ne 12.42). O tempo dele foi cerca de 446 a.C. Alguns estudiosos identificam esse homem com o de número quatro desta lista. **8**. O quarto dos irmãos macabeus, filho do sacerdote Matatias (1Macabeus 2.5). Foi morto quando um elefante caiu sobre ele, quando ele ferira o animal sob o ventre, na esperança de, subsequentemente, matar o rei Antíoco Eupator. Ele supunha que esse rei estivesse montado sobre o animal, mas estava equivocado (1Macabeus 6.43-46). Viveu em cerca de 164 a.C. **9**. Um homem desse nome era filho de Eliúde, três gerações antes de José, marido de Maria, mãe de Jesus, dentro da genealogia de Cristo (Mt 1.35). Isso quer dizer que esse Eleazar era bisavô de José.

ELEFANTINOS, PAPIROS

Ver o artigo separado sobre *Papiros e Ostraca*. O nome *elefantino* significa "lugar de elefantes" ou "cidade de elefantes". A palavra básica é o termo egípcio *iebew*, reproduzido em papiros aramaicos posteriores como *yeb*, que significa "mercado" ou "posto mercantil".

1. Designação. Essa palavra era o nome de uma povoação que havia em uma ilha do rio Nilo, defronte da antiga Siene (vide). Modernamente, esse local chama-se *Geziret Aswan*, que significa "ilha de Aswan". Faz parte do Alto Egito. O nome dessa cidade veio também a designar certos papiros provenientes do século V a.C., por terem sido achados nesse lugar.

2. Localização Geográfica. A antiga Siene ficava no lado oriental do rio Nilo, e Elefantina ficava no lado ocidental, bem defronte daquela. A moderna cidade de Aswan fica no local preciso da antiga Siene. Ali foi construída a grande represa de Aswan, uma das maiores do mundo. Elefantina ficava logo abaixo da primeira catarata do Nilo. O lugar servia como porto terminal para embarcações de maior calado.

3. Elefantina e a Arqueologia. Esse lugar é notável por causa de suas antigas ruínas egípcias, romanas e árabes. A ilha era um posto comercial e militar, além de ser um centro de culto religioso, na época dos Faraós. Nos tempos dos ptolomeus, as atividades religiosas foram transferidas quase inteiramente para a ilha de File. As ruínas de Elefantina remontam ao século XXVIII a.C. Muitas dessas ruínas foram estragadas ou destruídas em 1822, quando o governador de Aswan explorou o lugar para aproveitamento de pedras, para diversas construções. A parte principal do nilômetro, mencionado por Estrabão, e que ficava na extremidade norte dessa ilha, foi restaurada nos fins do século XIX d.C. Muitas ostracas, especialmente recibos alfandegários, foram descobertas ali; mas, a descoberta mais famosa foi precisamente os papiros chamados de Elefantina. (Ver sobre o quinto ponto, abaixo).

Vários importantes edifícios antigos foram escavados no local do templo de Ghnum (pertencentes aos séculos IV a II a.C). No mesmo local, em tempos ainda mais antigos, foram encontrados vestígios de um templo feito com tijolos de barro. Havia um templo judaico naquela região, do século VI ou V a.C., embora não tenham sido encontradas provas arqueológicas conclusivas a respeito.

4. Informes Históricos. Essa região vem sendo habitada pelo menos desde a III ª Dinastia egípcia, quando foi ali construída uma fortaleza. Supõe-se que príncipes egípcios residiram ali desde a VIª Dinastia egípcia. De 1550 a 700 a.C., o lugar foi um importante posto militar de fronteira, que ajudava a resistir aos invasores e a manter abertas as rotas comerciais. Um outro fortim foi construído em Siene. Alguns dos habitantes locais tinham residências em ambos os lugares, em Elefantina e em Siene.

A Colônia Judaica. Em c. do século V a.C., foi estabelecida uma colônia judaica ali, com um templo dedicado à adoração a Yahweh. Essa colônia atuava como uma organização militar a serviço dos persas. Antes desse tempo, porém, houve ali uma outra colônia judaica, de natureza não militar. Portanto, ao que parece, essa antiga colônia tornou-se uma colônia militar, no século V a.C. Os arqueólogos supõem que, originalmente, essa colônia foi fundada no tempo do reinado do Faraó Apries (o mesmo chamado Hofra, em Jr 44.30), entre 588 e 566 a.C. quando os judeus passaram a servir os persas, os egípcios, como é evidente, não ficaram satisfeitos, e destruíram o templo que os judeus haviam construído ali, em 410 a.C. Todavia, esse templo foi reconstruído alguns anos depois, tendo perdurado até o tempo de Neferites I (399-393 a.C.).

Nesse lugar, a fé judaica recebeu elementos provenientes de outras culturas, de tal modo que, paralelamente ao nome de Yahweh, outros deuses, como Esembetel e Anate-Betel, foram nomeados ali, conforme se vê em escritos daquele tempo. Foi então criada uma fórmula politeísta: "Que os deuses desejam o teu bem-estar". No entanto, há evidências que mostram a preservação dos elementos essenciais da fé judaica, apesar de misturas com o paganismo. O sábado era guardado, como também a festa dos Pães Asmos e, mui provavelmente, a Páscoa. Um certo papiro (Aram. p. 30) menciona Sambalate (governador de Samaria), e também Joanã, filho de Joiada, confirmando o que se lê em Neemias 2.10; 13.28 e 12.22, respectivamente. Esses fatos nos são dados a conhecer por meio dos papiros Elefantinos (que vide, abaixo).

5. Os Papiros Elefantinos. Nas ruínas de uma pequena cidade localizada na extremidade sul da ilha de Elefantina, no Alto Egito, foi encontrado um número considerável de papiros escritos em aramaico, pertencentes à primeira porção do século V a.C. Esses documentos foram produzidos pela colônia judaica que descrevemos acima, e talvez sejam anteriores à destruição de Jerusalém, por parte de Nabucodonosor. Esses papiros muito contribuíram para lançar luz sobre a vida judaica da época. Um importante documento dessa coleção é uma carta que solicitava ao governador persa da Palestina que usasse a sua influência diante do governador persa do Egito, para que permitisse que a colônia judaica reconstruísse o seu templo, para adorar Yahweh, templo esse que os egípcios haviam destruído, de cuja destruição até mesmo sacerdotes egípcios invejosos haviam participado. Esses papiros datam do século V a.C. quando a colônia judaica atuava como uma guarnição militar em prol dos conquistadores persas do Egito. O aramaico ali utilizado é idêntico ao aramaico dos livros de Daniel e de Esdras. Esses documentos têm um conteúdo bastante variado, incluindo documentos legais e missivas governamentais e particulares. As referências religiosas existentes nesses documentos provam o sincretismo religioso da colônia judaica, mas também a preservação de costumes e crenças tipicamente judaicos.

6. Referências Bíblicas. A cidade de Elefantina nunca é mencionada nas Escrituras Sagradas, mas podemos supor que está incluída nas referências à cidade de Siene (Ez 29.10 e 30.6). Por igual modo, Heródoto (2.175) referiu-se às pedras extraídas em Elefantina, e em cuja referência deve ter incluído Aswan, onde também havia uma pedreira. (COWDRIV)

ELEFE

No hebraico, **"união"** ou **"raposa"**. Nome de uma das cidades entregues à tribo de Benjamim (Js 18.28). Ela é mencionada imediatamente após Jerusalém. O nome sugere que seus habitantes originais eram pastores, ou então que o local era próprio para criação de gado. Tem sido identificada com o moderno local de *Neby Samvil*, que significa "profeta Samuel", localizado cerca de duas horas de caminhada a pé de Jerusalém, para o noroeste. Outros estudiosos preferem pensar em *Salah*, também não muito longe de Jerusalém.

EL-ELOE-ISRAEL

No hebraico, **"Deus, o Deus de Israel"**. Nome que Jacó deu a um altar, que levantou perto de Siquém, Gênesis 33.20.

EL-ELYON

Expressão que, no hebraico, significa, **"Deus Altíssimo"**, uma das designações dadas a Yahweh, o Deus de Israel. Ver o artigo geral sobre *Deus*, sob a seção VI, quanto aos nomes bíblicos de Deus. Ver também o artigo separado sobre *El*.

El-Elyon é um título frequentemente conferido a Deus, no livro de Gênesis e nos Salmos. Quando Abraão pagou dízimos a Melquisedeque (Gn 14.17-22), esse foi o nome pelo qual aquele sacerdote adorava a Deus, ou, pelo menos, era um dos nomes pelo qual ele indicava o verdadeiro Deus. A passagem diz: *Bendito seja Abraão pelo Deus Altíssimo, que possui os céus e a terra; e bendito seja o Deus Altíssimo, que entregou os teus adversários nas tuas mãos.*

Esse título divino aparece com essa forma, e também com algumas variantes, em Salmo 7.6 e 47.2. Em Salmo 78.35 temos exatamente *El-Elyon*, no hebraico. A forma *Elyon* aparece em (Nm 24.16; Dt 32.8; 2Sm 22.14; Sl 9.2; 18.13; 21.7; 46.4; 50.14; 73.11; Is 11.14; Lm 3.35,38), só para darmos um exemplo. Esse título, que significa "Altíssimo", também é usado para indicar os principais anjos, ou elevados seres espirituais diferentes do próprio Deus. Ver Salmo 82.6 e comparar com Gênesis 6.2.

ELI

No hebraico, literalmente, **"Yahweh é elevado"** mas que também significa, naquele idioma, "subida", "cume", "alto". Esse é o nome de duas personagens do Antigo Testamento, bem como uma palavra incluída em uma das exclamações soltas pelo Senhor Jesus, na cruz, e em cujo contexto significa "meu Deus" (ver Mt 27.46, quanto a este último caso).

1. Eli era sumo sacerdote em Silo, nos dias da juventude de Samuel. Eli foi um dos Juízes de Israel pelo espaço de 40 anos, de acordo com 1Samuel 4.18. Descendia de Arão por meio de Itamar (Lv 10.1,2,12), visto que Abiatar certamente pertencia à descendência de Eli (1Rs 2.27). Abiatar teve um filho, de nome Aimeleque, que aparece expressamente como um dos filhos de Itamar (1Cr 24.3). A linhagem sumo sacerdotal passava através de Eleazar, irmão de Itamar; mas, durante certo tempo, por razões desconhecidas, essa linhagem havia sido transferida para os descendentes de Itamar. Porém, a tragédia que circundou Eli e seus filhos fez a linhagem sumo sacerdotal voltar aos descendentes de Eleazar. Ver o artigo sobre *Eleazar*, quanto a informações adicionais sobre essa particularidade. **a. Eli como Sumo Sacerdote**. Supostamente, Eli teria sido o primeiro sumo sacerdote da linhagem de Itamar, o filho mais novo de Arão. Isso é deduzido com base em 1Crônicas 24.3,6, mediante comparações com informações dadas por Josefo (*Anti*. 5.9,1). Esse fato também se evidencia diante da omissão dos nomes de Eli e de seus descendentes imediatos, na enumeração dos sumos sacerdotes da linhagem de Eleazar, em 1Crônicas 6.4-6. **b. Eli Como Juiz**. Após a morte de Sansão, Eli atuou como juiz civil e religioso em Israel. É óbvio que os sumos sacerdotes também deveriam operar como juízes, por terem sido as principais autoridades em Israel, antes do surgimento da monarquia israelita. Eli, pois, serviu nessa função por quarenta longos anos pelo que deve ter sido um homem dotado de autoridade e de sabedoria, para ter perdurado no ofício por tanto tempo. No entanto, a Septuaginta só lhe atribui 20 anos como juiz. Provavelmente, o número quarenta refere-se ao total combinado de seu ofício como sumo sacerdote e como juiz; e, nesse caso, 20 anos, como sumo sacerdote, teriam corrido paralelos aos 20 anos em que Sansão foi juiz em Israel (Jz 16.31). Eli faleceu com a idade de 98 anos (1Sm 4.15), de tal modo que os seus 40 anos de ofício devem ter começado quando ele já estava com cinquenta e oito anos de idade. **c. Os Filhos de Eli**. Hofni e Fineias não temiam a Deus e nem respeitavam aos homens, tendo-se tornado culpados de imoralidade e de sacrilégio. Eli estava criando o jovem Samuel como servo do templo, e, quanto a isso, fez um excelente trabalho; mas, no caso de seus próprios filhos, falhou grandemente. Seja como for, seus melhores esforços de nada adiantaram, porquanto não fora capaz de impedir os maus intuitos e atos de seus filhos. Por causa disso, o menino Samuel foi chamado por Deus para proferir a condenação da casa de Eli, que seria retirado do ofício sumo sacerdotal (1Sm 3.11-14). Ver também 1Samuel 2.27-36. Quando o exército de Israel requereu que a arca da aliança fosse trazida para servir de uma espécie de talismã, para assegurar o sucesso da batalha, os dois filhos de Eli, que a transportavam, foram mortos; e foi então que a arca foi levada pelos filisteus. E quando Eli soube da notícia, ficou tão chocado que caiu para trás, de seu assento à porta da cidade. Nessa queda, ele quebrou o pescoço e morreu. **d. Pais e Filhos**. Pesada responsabilidade é a dos filhos desobedientes que foram instruídos por seus pais quanto às realidades espirituais, mas as negligenciam. O profeta Baha Ullah ensinava que o pior erro que um pai pode cometer é deixar de comunicar a seus filhos as verdades espirituais, embora as conheça bem. Um pai deve a seus filhos três coisas: *exemplo... Exemplo... Exemplo*. Que podemos dizer, entretanto, daqueles casos em que um pai ensina e dá bom exemplo a seus filhos, mas estes não dão importância aos valores espirituais? Penso que esse fator esteve presente no caso de Eli e seus filhos, embora Eli não estivesse inteiramente isento de culpa. Não é um fenômeno incomum que os jovens que desfrutam de todas as vantagens da educação e da boa criação negligenciem seus bons costumes ensinados, e desperdicem as suas vidas, do ponto de vista espiritual, embora possam prosperar materialmente. Ver o artigo sobre a *Educação Cristã*, onde abordo algumas possíveis razões para isso. **e. Pontos Recomendáveis em Eli**. Eli deve ter feito um bom trabalho no treinamento do jovem Samuel. Também sabemos que ele exortou Ana, mãe de Samuel, a viver piedosamente, tendo-a abençoado por causa da fé que ela demonstrou. Samuel pôde ser criado com bem maior sucesso do que no caso dos próprios filhos de Eli, porquanto era mais receptivo à espiritualidade. Em outras palavras, desde o começo era mais inclinado às verdades espirituais do que os filhos de Eli. Os pais alexandrinos da igreja acreditavam na preexistência da alma; e, de acordo com essa doutrina, a pessoa já traz consigo, antes da alma entrar em união com o corpo físico, a bagagem que ela vem transportando até aquele ponto. Essa bagagem pode ser consideravelmente boa ou consideravelmente má. Essa doutrina pode incluir ou não a ideia da *reencarnação* (*vide*). Seja como for, essa doutrina ensina que um homem não é o que é somente devido às experiências e às influências que sofre nesta vida tão breve. Os filhos de Eli, pois, chegaram a este mundo como ovos podres, e coisa alguma que o pai deles tivesse tentado teria surtido grande efeito para aprimorá-los. Em contraste com isso, Samuel já teria trazido consigo uma elevada espiritualidade, e Eli foi capaz de fomentá-la ainda mais. Quase certamente algo parecido com isso está em operação nas vidas das pessoas. João Batista foi cheio do Espírito Santo desde o ventre materno. Paulo era um vaso escolhido por Deus desde o começo. (Ver Lc 1.15 e Gl 1.15). É difícil acreditar que essas coisas acontecem somente porque Deus assim quer, sem haver qualquer razão que diga respeito ao próprio indivíduo, capaz de fazer de uma pessoa uma grande figura, mas não muito de um outro ser humano. Antes, certas missões são entregues a certas pessoas porquanto prepararam-se para as mesmas, durante muito tempo, antes de nascerem neste mundo físico. A teologia judaica também incluía a ideia da reencarnação de grandes líderes (e de outros também), a fim de darem prosseguimento às suas missões, como, por exemplo, a noção de que Moisés e Jeremias foram uma mesma pessoa etc.

Se essas ideias exprimem uma verdade, então os irmãos do nosso Irmão mais velho também são preexistentes, tal como o Filho de Deus teve uma existência anterior à de sua vida terrena. No caso de Jesus Cristo, o nosso Irmão mais velho, sabemos, com base em Hebreus 1.9, que a grandeza dele, como *homem*, dependia de uma longa (na verdade, eterna) história de espiritualidade. A grandeza de Jesus Cristo é uma questão humana, e não apenas divina. Jesus foi um grande homem, e não meramente porque era o Logos encarnado. Os pais alexandrinos da igreja acreditavam na preexistência do espírito humano de Jesus, e não somente na preexistência do Logos divino, o princípio do Filho, dentro da Triunidade de Deus. Nessas declarações, naturalmente, entramos profundamente na teologia especulativa. Algumas vezes, entretanto, a teologia especulativa pode lançar luzes preciosas sobre problemas que, de outra maneira, não poderiam ser explicados.

Eli presidiu o tabernáculo em Silo, durante quatro décadas. Aparentemente, ele serviu bem, se exceturamos o problema criado por seus filhos. A arqueologia tem mostrado que Silo foi destruída em torno de 1050 a.C., ou seja, na época da morte de Eli. A tragédia de Silo durante séculos e séculos continuou sendo lembrada em Israel. Ver, para exemplificar, Jeremias 7.12. **2**. Eli era o nome do pai de José, dentro da linhagem de Jesus, de acordo com Lucas 1.23. Portanto, era o avô adotivo de Jesus. **3**. Eli faz parte da declaração de Jesus, estando ele encravado na cruz, quando disse: *Eli, Eli, lamá sabactâni* (Mt 27.46).

ELIÃ

No hebraico, **"Deus do povo"** ou então **"Deus é aparentado"**. Esse é o nome de duas pessoas, nas páginas do Antigo Testamento: **1**. O pai de Bate-Seba, uma das esposas de Davi (2Sm 11:3). Em 1Crônicas 3.5, seu nome aparece com a forma de Amiel. Nesse mesmo texto, o nome de Bate-Seba torna-se Bat-sua. No nome Amiel rearranja os fonemas de Eliam, mas o sentido continua sendo o mesmo. **2**. O filho de Aitofel, o gilonita. Ele foi um dos trinta poderosos guerreiros de Davi (2Sm 23.34). Viveu em torno de 1050 a.C. Uma antiga tradição judaica faz dele o mesmo que o Eliã acima (número um). Em 1Crônicas 11.36 ele também é chamado de Aías, o pelonita. Esse nome, "Aías", significa "irmão de Yahweh".

ELIABA

No hebraico **"aquele a quem Deus esconde"**. Era um saalbonita um dos trinta grandes guerreiros de Davi (2Sm 23.32; 1Cr 11.33). Viveu em torno de 1046 a.C.

ELIABE

No hebraico, **"Deus é pai"**. Esse foi o nome de seis personagens do Antigo Testamento, a saber: **1**. Um filho de Helom, chefe da tribo de Zebulom, que viveu no tempo em que foi feito o recenseamento no deserto do Sinai (Nm 1.9; 2.7; 7.24,29; 10.15), isto é, em cerca de 1657 a.C. Eliabe foi um dos ajudadores de Moisés. Ele trouxe uma oferenda ao Senhor, que foi usada para fomentar a obra do tabernáculo da aliança. Ver Números 7.24-29 quanto a detalhes a esse respeito, bem como o capítulo inteiro, quanto ao contexto envolvido. Dentro de Israel, Eliabe foi líder de um total de 57.400 pessoas (Nm 1.9; 2.7). **2**. Esse também foi o nome de um filho de Palu, que pertencia a uma das famílias mais importantes da tribo de Rúben. Seus descendentes, Datã e Abirã, foram líderes de um levante contra Moisés, registrado em (Nm 26.8,9; 16.1,12 e Dt 11.6). Ele viveu algum tempo após 1856 a.C. **3**. O irmão mais velho de Davi tinha esse nome (1Cr 2.13; 1Sm 16.6; 17.13,28), cuja filha, Abiail, casou-se com Reoboão, seu primo de segundo grau (2Cr 11.18). **4**. Um levita que era porteiro e músico, no tabernáculo, na época de Davi (1Cr 15.18,20; 16: 6). Viveu em torno de 1013 a.C. **5**. Um refugiado gadita que, quando fugia de Saul, foi bem acolhido por Davi e começou a suportar a sua causa (1Cr 12.9). Viveu por volta de 1000 a.C. **6**. Um levita, filho de Naate, um dos antepassados do profeta Samuel (1Cr 6.27). Ele também aparece com os nomes de Eliel (1Cr 6.34) e de Eliú (1Sm 1.1). Viveu por volta de 1250 a.C.

ELIADA

No hebraico, **"Deus sabe"**. Foi o nome de três homens do Antigo Testamento: **1**. O penúltimo dos filhos de Davi, que nasceu após o governo de Davi que ele estabeleceu em Jerusalém (2Sm 5.16; 1Cr 3.8). Parece que ele era filho de uma das esposas legítimas de Davi, e não de uma de suas concubinas. Em 1Crônicas 14.7 ele é chamado Beeliada. Esse nome tem Baal como base, e não o nome divino *El* (vide). É impossível determinar por que existia essa variação ou mudança no nome, mas podemos supor que os nomes de deuses pagãos foram incorporados em nomes próprios pessoais e locativos, embora sem nenhuma intenção de honrar as divindades assim envolvidas. A verdade é que a maioria dos nomes divinos que os hebreus davam a Deus tinham um pano de fundo pagão, pelo que nada existe de estranho no uso desses nomes para servirem de nomes pessoais. Ver o artigo sobre *Deus*, seção VI, quanto aos nomes bíblicos para Deus. Viveu depois de 1000 a.C. **2**. O pai de Rezom, que derrotou Hadadezer e se tornou rei da Síria (1Rs 11.23,24). Viveu em torno de 960 a.C. **3**. Um guerreiro benjamita de considerável habilidade, que dirigia duzentos mil homens de sua tribo. Eles foram arqueiros, no tempo de Josafá, rei de Judá (2Cr 17.17). Viveu em cerca de 945 a.C.

ELIALIS

Um filho de Bani, um daqueles que, terminado o cativeiro babilônico, precisou divorciar-se de sua esposa estrangeira, que havia adquirido, estando no exílio (1Esdras 9.34). Seu nome não figura no trecho paralelo de Ed 10.38.

ELIAQUIM

No hebraico, **"Deus está levantado"**. Esse foi o nome de cinco personagens aludidos no Antigo Testamento, a saber: **1**. Um filho de Hilquias, mordomo de sua casa ou guarda do palácio durante o tempo do rei Ezequias (2Rs 18.18,26,37). Ele foi escolhido, juntamente com dois outros, para negociar com o exército assírio que cercava Jerusalém (701 a.C.). Os assírios exigiam a rendição incondicional de Jerusalém, e essa mensagem ameaçadora foi transmitida ao monarca judeu. O trecho de Isaías 22.20-24 mostra-nos que Eliaquim estava destinado a tomar o lugar de seu indigno rei no governo. A natureza exata do ofício de Eliaquim tem sido debatida entre os eruditos. A Septuaginta, muitos escritores antigos, inclusive Jerônimo, pensavam que esse ofício seria de natureza sacerdotal, mas a descrição que aparece em Isaías 22.22 diz: *Porei sobre o seu ombro a chave da casa de Davi...*, dando a entender uma função governamental, e não sacerdotal, a qual exigiria ... *a chave da casa de Deus...* Isso, pois, incluiria a posição de subgovernador, o que incluía funções próprias de um embaixador. **2**. Eliaquim era o nome original de Jeoaquim (vide), rei de Judá (2Rs 23.34; 2Cr 36.4). Ele foi entronizado pela autoridade do Faraó Neco, depois que os egípcios depuseram Jeoacaz e o levaram para o Egito, onde acabou morrendo. Foi nessa ocasião que mudaram o nome de Eliaquim para Jeoaquim, que significa "Yahweh levanta". Corria, aproximadamente, o ano de 605 a.C. Com relutância, entretanto, Jeoaquim tornou-se rei título-re dos egípcios. (Ver 2Rs 23.34—24.6; 2Cr 36.4-8; Jr 22.13-19,25,26,35,36), quanto à narrativa bíblica a seu respeito. **3**. Um sacerdote que ajudou a Neemias quando da dedicação da nova muralha de Jerusalém (Ne 12.41) em cerca de 446 a.C. Naquela ocasião, ele tocou uma trombeta. **4**. Um irmão de José e pai de Azor, na genealogia de Jesus, em Mateus 1.13. É provável que seja idêntico ao Secanias, referido em 1Crônicas 3.21. Seu nome também figura em Lucas 3.30. **5**. Um filho de Meleá e pai de Jonã, dentro da genealogia de Jesus, conforme se lê em Lucas 3.30,31. Viveu em cerca de 1010 a.C. Parece ter sido neto de Natã, um dos filhos de Davi.

ELIAS

I. O Nome. Elias é a transliteração da forma grega do nome hebraico *eliyyahu*, onde há uma combinação com os nomes divinos *Yahweh* e *El*. O nome poderia ser traduzido por "Yahweh é (meu) Deus".

II. História Pessoal. À semelhança de Melquisedeque (Gn 14.18- Hb 7.3), Elias aparece no texto bíblico sem qualquer menção a pai, mãe ou árvore genealógica. Essa circunstância tem ocasionado muitas especulações inúteis, incluindo a invenção de mitos e lendas que circundam essa figura. O trecho de 1Reis 17.1 refere-se a ele como o *tesbita* e, também, que ele habitava em Gileade. Talvez o adjetivo "tisbita" indique que ele era natural de Tisbe de Naftali. A Septuaginta diz "Tisbe da Galileia", o que parece indicar que havia uma cidade na Galileia com esse nome. E Josefo parece concordar com a ideia (*Anti*. 8.13,2). Todavia, não sabemos se essa conjectura pode ser comprovada. A tradição judaica aponta para um lugar cerca de treze quilômetros ao norte do ribeiro de Jaboque, na Galileia. O local moderno seria, ao que se presume, Listibe, no árabe, *el Istib*, a vinte e um quilômetros a noroeste de Gerasa. Alguns estudiosos têm sugerido um erro textual, que eliminaria qualquer alusão a Tisbe, substituindo aquele adjetivo pátrio por *jabesita*, isto é, alguém natural de Jabes de Gileade (vide).

Características Pessoais. Embora virtualmente nada saibamos sobre a história pessoal e da família de Elias, várias características pessoais podem ser facilmente reconhecidas, com base nas fontes informativas que temos, acerca de sua vida. Mui provavelmente, Elias era um habitante das regiões desérticas, na Transjordânia. Foi uma espécie de João Batista do Antigo Testamento, conforme as suas vestes sugerem: *Era homem vestido de pelos, com os lombos cingidos por um cinto de couro. Então disse ele: É Elias, o tesbita*. Deve ter sido um homem dotado de grande autoridade espiritual, pois, do contrário, não teria tido acesso tão fácil ao rei. Também era homem fisicamente forte, o que é indicado por sua capacidade de correr adiante do carro de Acabe, desde o monte Carmelo até a entrada de Jezreel (1Rs 18.42-46). Era homem dedicado à oração e de grande poder espiritual, evidenciados por sua vida e por seu ministério em geral. Contudo, o seu lado humano ficou demonstrado por seu desencorajamento e pelo fato de ter fugido diante das ameaças de Jezabel. A passagem de Tiago 5.17,18 salienta tanto a sua espiritualidade quanto a sua condição humana natural, incluindo suas fraquezas. Elias estava interessado na educação formal e no treinamento de profetas e de líderes religiosos, pelo que não era do tipo eremita, apesar do muito que se tem dito em contrário. Por ocasião de sua translação ao céu, nada menos de cinquenta "filhos dos profetas" (estudantes de teologia, digamos), estavam nas proximidades (2Rs 2.7,16-18).

III. Passado Formativo. Supõe-se que seu ofício como presidente da escola de profetas o colocou em uma posição de oposição às tendências e aos acontecimentos em Israel. O rei Acabe tomara como esposa a Jezabel, uma mulher pagã, cananeia. Ao rei faltavam convicções religiosas, pelo que ela estabelecera a adoração típica dos fenícios em larga escala, em território israelita. E Israel ficou repleta de sacerdotes e profetas de Baal. Mas os profetas de Yahweh eram perseguidos e muitos deles morreram por causa disso. Outros ocultaram-se em cavernas, a fim de escaparem da morte. O movimento perseguidor foi tão generalizado que a adoração a Yahweh quase chegou a ser extinta em Israel. De fato, o propósito de Jezabel era eliminar totalmente o sacerdócio levítico, bem como as instituições que cercavam o mesmo. (Ver 1Rs 18.4,13,22; 19.10,14; 2Rs 9.7).

Elias, na qualidade de principal profeta da época, precisou fazer finca pé, e, subitamente, compareceu diante do rei Acabe, a fim de anunciar a iminente vingança de Yahweh. Antes de tudo, Elias anunciou uma grande e próxima seca, que haveria de paralisar o país inteiro (1Rs 17.1). Sem dúvida alguma isso provocou uma tremenda agitação e a vida de Elias começou a correr perigo. O próprio Senhor Deus ordenou que ele fugisse (1Rs 17.2 ss.).

IV. Eventos Resultantes

1. Elias fugiu para perto do ribeiro de Querite, a leste do rio Jordão, onde todos os dias os corvos lhe traziam algum alimento. Não se conhece a localização exata desse ribeiro, mas talvez seja o wadi Kelt ou o wadi Yabis. Mas ali Elias teve um refúgio apenas temporário, pois as águas do ribeiro secaram, provavelmente quando a estação do ano mudou.

2. Em seguida, Elias retirou-se para Sarepta, no território de Sidom. Ali Deus apontou uma viúva para cuidar do profeta. Essa cidade também é mencionada no Novo Testamento (ver Lc 4.26), a qual é identificada com a moderna Sarafande, localizada entre Tiro e Sidom. De acordo com 1Reis 17.8-16, ali Elias encontrou um suprimento inesgotável. A farinha de trigo e o azeite da viúva renovavam-se miraculosamente. E foi predito que aquele suprimento haveria de perdurar até o retorno das chuvas. Desse modo, um suprimento substituiria outro, à medida que as vicissitudes da vida de Elias o transportassem a maiores realizações. Uma declaração que exprime a ideia, no Novo Testamento, é a de Filipenses 4.19, que diz: *E o meu Deus, segundo a sua riqueza em glória, há de suprir em Cristo Jesus, cada uma de vossas necessidades.*

A Ajuda Mútua. A viúva de Sarepta ajudava a Elias. A presença do profeta garantia para ela, por igual modo, o devido suprimento alimentar. Quando o filho pequeno da viúva morreu, ela, em um momento de tensão emocional, chegou a pensar que Elias, de algum modo, era o culpado. Ela supunha que a santidade dele trouxera à tona os pecados dela, fazendo Deus resolver julgá-la. Porém, explosões emocionais não conseguiram fazer Deus cessar na execução de sua vontade. Elias clamou fortemente em oração, na qual dizia que Yahweh fizera sobrevir a desgraça sobre a família da viúva, por causa da presença dele naquela casa; e rogou que o Senhor fizesse algo para reverter aquela calamidade. Segundo podemos supor, o Senhor sorriu diante de tais clamores, porquanto ele sabia o que estava fazendo, durante o tempo todo. Não foi difícil trazer de volta à vida o menino, e o menino foi devolvido com vida à viúva. Diz o texto sagrado, em 1Rs 17.22: *O Senhor atendeu à voz de Elias; e a alma do menino tornou a entrar nele, e reviveu*. Portanto, no mínimo, temos no incidente um caso de experiência perto da morte, ou mesmo um caso de morte real, com total rompimento do *fio de prata* (vide), pois, sem dúvida, Deus é poderoso para restaurar o mesmo. Ver também sobre *Experiências Perto da Morte*, quanto a informes sobre o que a ciência atual tem descoberto no tocante a esse tipo de experiências e o que acontece nos primeiros estágios da morte física. Então a viúva comentou: *Nisto conheço agora que tu és homem de Deus e que a palavra do Senhor na tua boca é verdade* (1Rs 17.24). Também podemos ter a certeza de que a autoconfiança de Elias lhe foi devolvida. Deus continuava com ele, embora ele parecesse ter sido abandonado pelo Senhor. Algumas vezes precisamos de alguma intervenção divina em nossas vidas, para que possamos prosseguir.

3. Elias Enfrenta Novamente a Acabe. Passaram-se três anos e seis meses. Não caía nenhuma chuva em toda a terra de Israel (Tg 5.17). A fome estava extinguindo toda espécie de vida. Mas, quando Elias apresentou-se pela segunda vez ao rei Acabe, descobriu que o velho pecador em nada se tinha corrigido. Jezabel continuava entusiasmada com o seu paganismo e com os seus ídolos. Realmente, é muito difícil reformar os pecadores.

4. Quem Havia Prejudicado o Povo de Israel? Elias teve um encontro com Obadias (um servo autêntico do Senhor), que estava servindo temporariamente na corte de Acabe. Por intermédio de Obadias, pois, Elias conseguiu uma entrevista com o rei. E, quando houve o encontro, Acabe indagou: *És tu, o perturbador de Israel?* (1Rs 18.17). Mas Elias rechaçou a pergunta do rei, declarando que Acabe é quem era o verdadeiro perturbador de Israel, ajuntando, ... *porque deixaste os mandamentos do Senhor e seguistes os Baalins* (vs. 18). Foi nessa mesma oportunidade que Elias desafiou a Acabe para que enviasse seus falsos profetas e seus sacerdotes de Baal ao monte Carmelo, para que se tirasse a prova de quem estava com a razão e se Deus ou os deuses pagãos é que tinham poder (1Reis 18.19-40).

5. O Conflito do monte Carmelo. O décimo oitavo capítulo de 1Reis narra a história que qualquer aluno de Escola Dominical pode contar-nos. Acabe enviou ao monte Carmelo quatrocentos e cinquenta profetas de Baal e quatrocentos profetas de Aserá, todos eles subsidiados pelo Estado. E muita gente se fez presente, para ver o que sucederia. Elias, com seus cabelos desgrenhados, com suas roupas rústicas e com a sua capa de pele de ovelha, estava sozinho, conforme ele mesmo disse: *Só eu fiquei dos profetas do Senhor e os profetas de Baal são quatrocentos e cinquenta...* (1Rs 18.22). Aqueles que temiam ao Senhor precisavam ver uma vitória do profeta solitário, porquanto até então escondiam-se para não perder a vida. Mas Elias estava plenamente confiante. Elias fez uma pergunta de grande efeito, aos circunstantes, ainda incapazes de tomar posição: *Até quando coxeareis entre dois pensamentos? Se o Senhor é Deus, segui-o; se é Baal, segui-o* (1Rs 18.21). Realmente, uma pessoa que não é capaz de tomar posição e que permanece vacilante, não é conhecida de mente decidida. Por isso, o povo ouviu as palavras de Elias, mas ninguém lhe respondeu uma só palavra. Visto que Elias estava sozinho na ocasião, sem contar com o assessoramento de qualquer outro profeta do Senhor, então estes, se os havia, perderam uma grande demonstração do poder divino. E nisso também está encerrada uma profunda lição. Quantos acontecimentos importantes perdemos, porque não participamos dos mesmos!

O Desafio do Fogo. O sinal solicitado, para mostrar quem era o verdadeiro Deus, consistia em que o verdadeiro Deus faria o sacrifício posto sobre o altar ser consumido a fogo. Aos profetas de Baal foi dada a oportunidade inicial. Eles provocaram grande gritaria durante muitas horas e terminaram golpeando-se com lanças e adagas, a fim de mostrarem sua grande devoção e sinceridade. Entrementes, Elias zombava deles, sugerindo que era possível que Baal estivesse pensando, ou teria feito alguma viagem e que só poderia ouvir se fosse feita uma barulheira ainda maior. Era um espetáculo lamentável, como certos cultos religiosos o são. E, quando ficou evidenciado que Baal não atendia aos seus quatrocentos e cinquenta profetas, Elias erigiu um altar, derramou muita água sobre o mesmo, bem como na trincheira que circundava o mesmo, por três vezes em seguida, encharcando tudo. Quando a tarde ia chegando ao fim as coisas estavam preparadas para o grande final. Elias invocou o Deus de Abraão, de Isaque e de Jacó para que enviasse fogo do céu. E o fogo caiu *imediatamente*. Há vezes em que precisamos de respostas imediatas da parte do Senhor; e, algumas vezes, Deus no-las concede. O fogo que caiu do céu consumiu tudo. O povo caiu de bruços diante do Senhor, o que haviam deixado de fazer por longo tempo. A isso seguiu-se uma grande matança de profetas falsos, os quais pereceram todos.

6. A Sequela. Agora podiam vir as chuvas novamente, porquanto o bem estava voltando a imperar em Israel. Mas o trecho de 1Reis 18.41-46 narra-nos uma outra história dramática. Elias ouviu o ruído de uma grande chuva. Ele teve uma visão com impressões auditivas, anunciando que a chuva estava próxima. Então recomendou a Acabe que se apressasse, porque, se não o fizesse, seria apanhado pela chuvarada. O firmamento estava recoberto de pesadas nuvens, prenunciando chuva. E veio um vendaval com muita chuva. *A mão do Senhor veio sobre Elias...* (1Rs 18.46). A seca de três anos e meio chegara ao fim.

História Moderna de um Conflito Similar. Meu irmão mais velho, que é missionário evangélico no Suriname, teve uma experiência um tanto similar à de Elias, resguardadas as devidas proporções, Tendemos por pensar que os milagres só sucediam nos tempos bíblicos. E há pessoas que pensam que milagres nunca aconteceram e nem nunca acontecerão. Esses são os céticos, que nunca se aproximaram do poder espiritual e nem desejam fazê-lo. Seja como for, esse meu irmão trabalha em uma região muito primitiva, onde prolifera o paganismo e a bruxaria mais primitivos. Ele foi convidado por um bruxo da selva para assistir à demonstração de uma caminhada sobre brasas e pedaços de vidro quebrado. Esses fenômenos são conhecidos na África e em outros lugares do mundo. Meu irmão de nada suspeitava. Ele foi e tomou lugar entre muitas outras pessoas, incluindo crianças de sua escola. A demonstração foi realizada e o bruxo e seus auxiliares realmente caminharam por cima do fogo, sem usar sapatos ou qualquer outra proteção para os pés; e, em seguida, pularam sobre vidro quebrado, sem se cortarem. E foi então que o feiticeiro indagou: "Se a religião de vocês é verdadeira, por que vocês não podem fazer a mesma coisa?" Foi somente então que meu irmão percebeu por qual motivo havia sido convidado. Fora convidado para que o bruxo destruísse a fé dos novos convertidos na religião evangélica, que ele havia introduzido naquela região.

Em vista disso, meu irmão aceitou o desafio. Ele tirou os sapatos e saltou sobre as brasas. Tempos depois, quando me narrava pessoalmente o acontecido, ele contou-me que sentira o calor, mas não queimaduras e nem dor. E, quando notou que não sofria nenhum dano, ficou pulando por cima das brasas, dançando como um louco (um missionário evangélico dançando!), apagando as brasas com os pés descalços. Em seguida, saltou sobre os vidros quebrados (feitos de garrafas de cerveja!) e dançou sobre os cacos de vidro. E, quando viu que o vidro não o estava golpeando, saltou sobre os cacos, quebrando-os em pedaços ainda menores. Houve um tremendo debate e, finalmente, a reunião terminou.

Naquela noite, quando meu irmão preparava-se para dormir, ajoelhou-se ao lado de sua cama e falou com o Senhor: "Se amanhã houver queimaduras ou golpes em meus pés, tu, Senhor, terás sofrido uma grande derrota!". No dia seguinte, ele saltou da cama e pôs-se a examinar os próprios pés. Não havia um único corte ou queimadura. E quando vários habitantes da vila vieram vê-lo, disseram: "Missionário, queremos examinar os seus pés". E meu irmão lhes mostrou os seus pés. Não havia o menor sinal de ferimentos. E eles disseram: "Oh, isso é o poder de Deus!" Sim, a mão do Senhor também pode vir sobre nós, os crentes, se ao menos crermos e aceitarmos essa realidade.

7. Jezabel não ficou impressionada com o feito de Elias (1Rs 19.1-18). Ele ordenara a matança dos profetas de Baal e ela jurara que faria a Elias exatamente o que ele fizera aos profetas falsos. A rainha chegou mesmo a fazer um juramento, invocando os seus deuses para tirar-lhe a vida, se ela não tirasse a vida de Elias. E Elias temeu e fugiu novamente. Nisso encontramos uma lição importante. Nem mesmo a maior vitória possível garante-nos uma longa e poderosa vida. Podemos ceder diante das nossas fraquezas. Sempre estaremos sujeitos à derrota. O homem que enfrentara quase mil profetas falsos, zombara deles no rosto, e que foi capaz de invocar fogo do céu, agora fugia com medo de uma mulher! Nessa fuga, Elias chegou a Berseba, em Judá, e se sentou só, no deserto (1Rs 19.1-4). Elias sentou-se debaixo de um junípero, desencorajado, desejoso de morrer. Apareceram comida e bebida de modo miraculoso. Ele comeu e bebeu. Um anjo apareceu de súbito e tocou em Elias. Algumas vezes precisamos do toque divino, quando tudo o mais fracassa. Esse anjo deu instruções a Elias. E o profeta, fortalecido pelo emissário angelical, partiu, caminhando durante quarenta dias e quarenta noites até chegar em Horebe, o monte de Deus (1Rs 19.8).

8. Um Outro Dramático Incidente. Elias ocultou-se em uma caverna. Veio o Senhor e lhe perguntou: *Que fazes aqui, Elias?* (1Rs 19.9). Elias queixou-se de que servira com grande zelo ao Senhor, em oposição ao paganismo que tomara conta do povo de Israel, mas que tudo resultara em nada, afinal. Era chegado o momento de Elias ser testemunha de outra demonstração do poder divino. Portanto, o Senhor chamou-o para fora da caverna. O Senhor passou e houve um terrível vento, que partia tudo; em seguida, um terremoto esfarinhou as rochas. Também houve fogo. Mas o Senhor não estava nem no vento, nem no terremoto e nem no fogo. Finalmente, houve um cicio tranquilo. E Deus estava naquele sussurro. O Senhor falava, instruindo Elias. E disse-lhe que agora haveria de atuar entre monarcas. Elias foi enviado pelo Senhor à Síria, para ungir Hazael como rei daquele país; e também foi enviado para ungir Jeú como rei de Israel. A grande mudança não ocorreria em um único dia: mas Deus, finalmente, agiria, e Elias seria vindicado em sua fé. A vontade divina cumprir-se-ia e, onde houvera apenas desapontamento, haveria triunfo. Hazael e Jeú seriam dois instrumentos usados por Deus para limpar a terra. Os ímpios que escapassem da espada de um seriam abatidos pela espada do outro. Além disso, um outro grande profeta, Eliseu, estava prestes a aparecer. Eliseu seria o sucessor de Elias, um homem de espiritualidade suficiente para dar continuidade à obra iniciada por Elias. Além disso, foi dada a Elias a informação adicional de que havia, em Israel, sete mil homens que não haviam dobrado os joelhos diante de Baal. Esses homens não constituíam grandes poderes espirituais e nem podiam ser comparados com Elias; mas haviam permanecido fiéis ao Senhor Deus. Nunca o quadro é tão obscuro quanto imaginamos, em nossos momentos de depressão.

Lições a Serem Aprendidas. Nem sempre Deus está onde está o grande espetáculo. Apreciamos os números e a excitação. Pensamos que as multidões representam poder. Os eventos e os espetáculos grandiosos nos impressionam. Os sinais de poder nos chamam a atenção. Algumas vezes, entretanto, Deus fala através de um cicio suave, na tranquilidade de nosso coração, em nossos momentos de reflexão.

Uma outra lição a ser aprendida é que Deus tem um plano que transcende à nossa imaginação e aos nossos débeis esforços. Há aqueles que fazem parte daquilo que estamos tentando realizar. Acabe e Jezabel pareciam invencíveis, mesmo depois que os sacerdotes de Baal haviam sido executados. Porém, dois homens estavam chegando a posições-chave, pois o plano de Deus continuava a desdobrar-se. Esses homens eram Hazael e Jeú. Eles seriam instrumentos que endireitariam muitas coisas. Portanto, o labor espiritual não seria inútil e nem sofreria perda, mesmo que Elias, que não era nenhum poder desprezível, viesse a desaparecer.

9. Eliseu. Elias encontrou Eliseu em Abel-Meolá. Eliseu estava arando a terra, mas Deus tinha outros planos para ele. Elias lançou por cima dele a sua capa de profeta, feita de pelos de ovelhas. Um novo destino começava a formar-se. Elias e Eliseu ficariam juntos, até o tempo do arrebatamento de Elias. (Ver 1Rs 19.19-21).

10. Outro Confronto e a Morte de Acabe. Passaram-se seis anos. Acerca desses seis anos nada sabemos. Então Elias foi novamente enviado a Acabe, a fim de pronunciar contra ele o julgamento divino. Jezabel acabara de arranjar a morte do inocente Nabote (vide) a fim de tomar posse das terras dele. Agora o cálice de Acabe e de Jezabel estava cheio. Elias encontrou-se com Acabe no caminho e proferiu contra ele uma terrível maldição (1Rs 21.19-25) Era cerca de 869 a.C. A maldição assustou Acabe e ele deu mostras de haver-se arrependido. Isso lhe deu mais algum tempo de oportunidade, mas seu dia, finalmente, chegaria.

Israel e Judá alinharam-se em batalha contra a Síria. Acabe participava da batalha disfarçado. Em meio à refrega, um arqueiro sírio retesou o arco e atirou sua flecha ao acaso, a qual atingiu Acabe bem em uma junta de sua armadura. O sangue começou a empapar o chão do seu carro de guerra. Acabe ainda sobreviveu por algumas horas, mas, finalmente faleceu. O carro de guerra foi levado à beira do açude de Samaria. Vieram cães, e puseram-se a lamber o sangue de Acabe e algumas prostitutas lavaram-se naquelas águas, quando vieram usar as mesmas. Isso cumpria a maldição proferida contra a casa de Acabe, por motivo de sua vida geralmente maligna e porque permitira a morte do inocente Nabote (1Rs 21.19).

11. Elias e Acazias. Agora Acabe estava morto e Acazias, seu filho, governava Israel em lugar do pai (2Rs 1). A linhagem iníqua continuava. Acazias, porém, caiu de modo fatal, tendo ficado seriamente ferido. Então Acazias enviou mensageiros para que consultassem Baal-Zebube (*senhor das moscas*) quanto às suas possibilidades de recuperação. Elias, entretanto, interceptou os mensageiros e forneceu-lhes a correta informação de que precisavam. Acazias haveria de morrer. Mediante as descrições dadas, Acazias entendeu que a mensagem fora dada pelo profeta Elias. O rei ficou enfurecido e enviou cinquenta homens para aprisionarem Elias. Mas o profeta invocou fogo do céu, que pôs fim à primeira e à segunda tentativas dos homens de Acazias. Quando um terceiro grupo foi enviado, seu comandante, com espírito humilde, induziu Elias que comparecesse à presença do rei. Isso Elias fez, mas, simplesmente, repetiu o que já havia mandado dizer por meio dos emissários. O rei haveria de morrer, o que, de fato, aconteceu.

V. Translação de Elias. Elias havia cumprido a sua missão. Jezabel continuava no poder, mas ela não haveria de perdurar ainda por muito tempo. Elias nada mais precisava provar. Eliseu haveria de terminar a tarefa. O trecho de 2Reis 2.1-12 narra o arrebatamento de Elias. Algum tempo antes, entretanto, Eliseu solicitou a Elias que lhe fosse dado o dobro do seu poder espiritual. Esse duplo poder só lhe seria outorgado, contudo, se Eliseu visse Elias ser arrebatado pelo poder divino, quando o grande profeta fosse transportado para outra dimensão da existência. Subitamente, o arrebatamento de Elias teve lugar. Os dois foram separados por um carro e cavalos de fogo. Um grande redemoinho arrebatou Elias. Eliseu contemplava tudo, enquanto Elias era tirado da cena terrestre e exclamou, em sua grande excitação: *Meu pai, meu pai, os carros de Israel e seus cavaleiros* (2Rs 2.12). Elias foi-se deste mundo. Eliseu não mais podia vê-lo. Mas, o manto de Elias jazia no solo. Eliseu, pois, ajuntou-o. Agora dispunha do poder necessário para completar a sua tarefa, completando a obra iniciada por Elias. Quanta excitação espiritual houve naquele dia! Até mesmo homens de Deus se excitam, quando veem que o poder de Deus está operando!

A ocorrência de *arrebatamentos* tem seu lugar na história da religião. Pode-se ouvir ou ler sobre algum caso, com grande raridade. Há uma realidade que é obscurecida por muitos mistérios.

Paulo explicou: *Eis que vos digo um mistério...* (1Co 15.51). Um mistério, nas Escrituras, é algum segredo antes oculto, mas então revelado. Algum dia, nos tempos finais, todos os verdadeiros crentes serão arrebatados, em massa. Nenhum deles ficará neste mundo. Isso ocorrerá nos dias da Grande Tribulação, que, segundo cremos, ocorrerá em nossos próprios dias. Os teólogos têm debatido sobre exatamente quando e de que maneira esse arrebatamento terá lugar. Mas todos concordam que haverá essa realidade e a maioria pensa que será *em breve*. Ver o artigo sobre a *Parousia*. Ver outras descrições sobre os arrebatamentos, no artigo sobre *Eliseu*, quarto ponto.

Fim de Jezabel e da Casa de Acabe. Elias havia predito esse final (1Rs 21.21). E Eliseu confirmou essa predição (2Rs 9). Foi Jeú quem executou essa sentença divina. Houve uma tremenda matança e o povo de Israel foi purificado de maus elementos (2Rs 10.10,17). Ver os artigos sobre *Acabe* e sobre *Jezabel*.

VI. Estatura de Elias e sua Posição nas Escrituras. Elias foi uma daquelas grandes vidas humanas que desafiam qualquer explicação natural. Ver o artigo sobre *Satya Sai Baba*, quanto a um exemplo moderno que também desafia explicações naturais. Elias foi um homem cujas ações e realizações não conseguem ser explicadas em termos humanos. Muitos escritos e tradições orais surgiram, na tentativa de descrevê-lo e explicá-lo. Isso sempre acontece quando algum gênio criativo, religioso ou científico, aparece entre os homens. Alguns homens não podem ser explicados, em face do que acontece a eles, desde o nascimento até que chegam à idade adulta. Há poderes maiores em operação. Elias foi um precursor dos profetas e dos escritos dos profetas, a partir de seus dias, adquiriram imensa proeminência nas Escrituras. Ele deu um tremendo exemplo de poder espiritual e de busca pela verdade, pela justiça e pela santidade em Israel, tudo o que veio a tornar-se temas dos profetas que se seguiram.

Além dos feitos históricos em sua vida, Elias ocupa um importante papel na tradição geral das Escrituras. O trecho de Malaquias 4.5 prediz que Elias reapareceria, a fim de cumprir outra missão, antes do grande e terrível dia do Senhor. Essa predição tornou-se uma tradição do judaísmo e foi transferida para o Novo Testamento. João Batista foi identificado como Elias, por alguns e, provavelmente, a ele se referiam aquelas predições bíblicas. (Ver Lc 1.17. Ver, igualmente, Mt 11.14 e 17.10-13). Seja como for, é uma doutrina cristã comum que ele reaparecerá nos últimos dias. A passagem de Apocalipse 11.6 parece identificá-lo como uma das duas testemunhas do Apocalipse, que farão oposição ao anticristo. Ver notas completas sobre a questão no NTI, naquele versículo. O poder demonstrado por Jesus era tão grande que alguns pensaram que ele fosse Elias, que voltara (Mt 16.14; Mc 6.15; 8.28). Lembremo-nos, porém, que Elias seria apenas o precursor do Senhor, apesar de sua grandeza.

Outras Informações. Jesus usou o acolhimento de Elias, por parte da viúva de Sarepta, a fim de ilustrar a falta de fé do povo de Israel (Lc 4.25,26). Interessante é observar que Elias se fez presente, juntamente com Moisés, por ocasião da transfiguração de Jesus (Mt 17.4). Quando Jesus clamou, estando na cruz, *Eli, Eli, lemá sabactâni* (Mt 27.46), alguns pensaram que ele estivesse invocando Elias. (Ver Mt 27.46-49). Paulo, quando falava acerca do remanescente de Israel, reservado pela graça divina (pela eleição), ilustrou o caso com os sete mil da época de Elias, que não tinham dobrado os joelhos diante de Baal (Rm 11.2). Há um Elias, referido em 1Crônicas 8.27, como um dos chefes da tribo de Benjamim. Seria o mesmo profeta Elias? Alguns estudiosos pensam que sim. (AM PEAK S UN WALL)

ELIAS (OUTROS QUE NÃO O PROFETA)

No Antigo Testamento aparecem outros três homens com o nome de Elias, a saber: **1**. Um certo Elias, não o grande profeta desse nome, foi chefe de uma das famílias da tribo de Benjamim (1Cr 8.27). **2**. Um sacerdote que, estando na Babilônia, no cativeiro, casara-se com uma mulher estrangeira, teve de divorciar-se dela, após o exílio, nos dias de Esdras. Era um dos filhos de Harim. (Ver Ed 10.21). **3**. Um filho de Elão, um homem que se casara com uma mulher estrangeira, durante o exílio babilônico e que teve de divorciar-se dela, terminado o cativeiro (Ed 10.26).

ELIASAFE

No hebraico **"Deus acrescentou"**. Esse é o nome de duas personagens do Antigo Testamento: **1**. Um filho de Deuel ou Reuel e chefe da tribo de Dã, quando o recenseamento foi feito, no monte Sinai (Nm 1.4; 2.14; 7.42; 10.20). Ele viveu em torno de 1438 a.C. **2**. Um filho de Lael, um chefe entre os levitas (Nm 3.24). Viveu em cerca de 1450 a.C. Estava encarregado das coberturas do tabernáculo, das cortinas do átrio e do altar principal.

ELIASIBE

No hebraico, **"Deus restaurará"**. Esse é o nome de seis pessoas, nas páginas do Antigo Testamento: **1**. Um sacerdote da época de Davi, que ocupava o décimo primeiro lugar nas vinte e quatro ordens dos dirigentes do santuário (1Cr 24.12). Viveu por volta de 1013 a.C. **2**. Um sumo sacerdote da linhagem de Eleazar, que sucedeu a Joaquim, no templo de Neemias (Ne 2.1,20,21). Viveu em cerca de 445 a.C. **3**. Um filho de Elioenai, da família real de Judá (1Cr 3.24). Também viveu em torno de 445 a.C. **4**. Um músico dos dias de Esdras, que se casara com uma mulher estrangeira mas que concordou em divorciar-se dela, depois do retorno do cativeiro babilônico (Ed 10.24). Viveu em torno de 458 a.C. **5**. Um filho de Zatu, um leigo, que se casara com uma mulher estrangeira durante o cativeiro babilônico, mas que se divorciou dela, após o retorno a Jerusalém (Ed 10.27). Viveu em torno de 458 a.C. **6**. Um filho de Bani (Ed 10.36), um homem que tomara esposa estrangeira durante o cativeiro babilônico, mas que se divorciou dela após o retorno a Jerusalém. Viveu em torno de 458 a.C.

ELIASIMO (ELIASIBE)

Um dos filhos de Zatu (ou Zamote) que se casou com uma mulher estrangeira na Babilônia, durante o exílio, mas que se divorciou dela, após a volta a Jerusalém (1Esdras 9.28). No trecho de Esdras 10.27 seu nome aparece eomo "Eliasibe" e que é o mesmo Eliasibe do número 5, no verbete acima.

ELIASIS

Um filho de Bani, das famílias não levíticas, não sacerdotais. Ele se casou com uma esposa estrangeira durante o cativeiro babilônico, mas divorciou-se dela quando houve o retorno para Jerusalém (1Esdras 9.28). O paralelo de Esdras 10.36,37 não alista o seu nome.

ELIATA

No hebraico, **"Deus vem"**. Era filho de Hemã, um profeta do templo, que participava da adoração musical do templo de Jerusalém. Sob a orientação de seu pai, ele e seus irmãos tocavam os címbalos, a harpa e a lira (1Cr 25.4). Esse serviço foi designado por Davi. O vigésimo curso pertencia a Eliata, a seus filhos e a seus irmãos (1Cr 25.27).

ELICA

No hebraico, **"Deus, seu rejeitador"**. Foi um dos trinta guerreiros heroicos de Davi (2Sm 23.25). Seu nome não figura na lista paralela de 1Crônicas 11.27. Ele era charodita, ou seja, natural de um lugar chamado Charode. Viveu em cerca de 1046 a.C.

ELIDADE

No hebraico, **"Deus amou"**. Esse foi o nome de um dos filhos de Quislom, um benjamita, oficial nomeado para ajudar a distribuir as terras, em Canaã, quando Israel conquistou o território (Nm 34.21). Viveu em cerca de 1390 a.C. A região que ele ajudou a dividir ficava no lado ocidental do rio Jordão. Talvez seja o mesmo indivíduo chamado Eldade, em Números 11.26 ss. Ver sobre *Eldade* e *Medade*, em artigo separado neste dicionário. Eldade tinha o ofício de profeta.

ELIEL

No hebraico, **"Deus dos deuses"**. Ou então, de acordo com outros estudiosos, "Meu Deus é Deus".

Esse é o nome de nove, ou talvez de dez pessoas do Antigo Testamento: **1**. Um chefe da tribo de Manassés, que residia na porção oriental do rio Jordão (1Cr 6.34). É descrito como homem valoroso. Viveu em cerca de 1612 a.C. **2**. Um filho de Toá e pai de Jeroão, que foram antepassados de Hemã, um levita cantor (1Cr 6.34). Talvez ele seja idêntico ao *Eliabe* do vs. 27 e ao *Eliú* de 1Samuel 1.1. Foi o bisavô de Samuel. **3**. Um descendente de Berias e Sema, chefes de uma família benjamita, em Jerusalém (1Cr 8.20) e que viveu na época de Davi, em cerca de 1000 a.C. O nome do pai dele era Simei. **4**. Um descendente de Sasaque, chefe de uma família benjamita de Jerusalém (1Cr 8.22) e que também viveu na época de Davi. **5**. Um maavita, um dos trinta guerreiros poderosos de Davi (1Cr 11.46). Viveu em cerca de 990 a.C. **6**. Outro dos trinta poderosos heróis guerreiros de Davi (1Cr 11 :47). **7**. Um herói gadita, que atravessou o rio Jordão e juntou-se às forças de Davi, em seu refúgio no deserto, quando fazia oposição a Saul e era perseguido por ele (1Cr 12.11). Os gaditas eram guerreiros habilidosos, velozes na corrida e muito fortes fisicamente. Dizia-se que o menor deles equivalia a cem homens ordinários, um exagero tipicamente oriental, naturalmente. Alguns identificam-no com os homens do mesmo nome, em "5" ou "6", acima. **8**. Um dos oitenta levitas hebronitas que foram escolhidos por Davi para trazerem a arca de volta a Jerusalém, para ser instalada no tabernáculo. Quando Davi se tornou rei de todo o Israel, estabeleceu uma adoração condigna e santa (1Cr 15.9,11). Viveu em cerca de 980 a.C. **9**. Um levita nomeado por Ezequias para cuidar das ofertas e dos dízimos que foram dedicados ao templo e ao seu culto (2Cr 31.13). Viveu em cerca de 720 a.C.

ELIENAI

No hebraico, **"meus olhos voltam-se para Yahweh"**. Nome de um descendente de Simei, um chefe de uma das famílias de Benjamim e que habitava em Jerusalém (1Cr 8.20). Viveu em torno de 1340 a.C.

ELIEZER

No hebraico, **"Deus do socorro"**. Através de um processo de abreviação surgiu o nome "Lázaro", no Novo Testamento. É possível que a parábola acerca de Lázaro (Lc 16.23) aluda ao nome de Eliezer, a quem Abraão considerara como seu herdeiro, antes do nascimento de Ismael e Isaque. Seja como for, esse nome designa nada menos de onze indivíduos no Antigo Testamento: **1**. O servo principal de Abraão (Gn 15.2), que alguns estudiosos pensam haver sido um escravo nascido em sua casa. Na ausência de herdeiros naturais, caberia a ele tornar-se o herdeiro de Abraão, uma prática comum na antiguidade (2070 a.C.). Supõe-se que esse foi o homem enviado à Mesopotâmia para buscar esposa para Isaque, o que ilustra a grande confiança que Abraão tinha nele (Gn 24.2). Mas outros rejeitam essa identificação, supondo que houve dois homens de nome Eliezer envolvidos. De fato, há certa dificuldade quanto a Gênesis 15.2, onde é dito que o homem era "damasceno", isto é, de Damasco, ao passo que em Gênesis 15.3 lemos que ele, no dizer de Abraão, era "um servo nascido na minha casa". Todavia, essa descrição simplesmente poderia significar que seus familiares eram de Damasco. Mas outros estudiosos pensam que não devemos entender o texto hebraico como se dissesse, no vs. 3, que o homem *nascera* na casa de Abraão, pois a passagem deveria ser mais corretamente traduzida por "filho da possessão de minha casa", isto é, ele seria o possuidor da casa, das propriedades, do gado etc. Nesse último caso, é possível que Eliezer fosse, realmente, de Damasco e poderia ter sido um parente próximo e não um mero escravo. Se esse homem tivesse sido apenas um escravo, por que motivo Ló, um sobrinho, não era considerado o herdeiro? Porém, se Eliezer tivesse sido um parente e talvez até mais próximo de Abraão do que Ló, podemos entender que Eliezer tivesse a primazia sobre Ló. Em questões como essa, porém, temos de envolver-nos em muitas conjecturas, não havendo como obter certeza quanto a elas e nem mesmo elas são importantes o bastante. **2**. O segundo dos dois filhos de Moisés, que nasceu estando ele exilado na terra de Midiã (Êx 18.4). Esse filho de Moisés, por sua vez, teve um filho de nome Zebadias (1Cr 8.17). Viveu por volta de 1500 a.C. **3**. Um dos filhos de Bequer, que era neto de Benjamim (1Cr 7.8). Viveu por volta de 1650 a.C. **4**. Um sacerdote que foi nomeado por Davi para acompanhar o transporte da arca da aliança, quando esta foi retirada da casa de Obede-Edom, a fim de ser instalada no tabernáculo de Jerusalém (1Cr 15.24). Viveu em cerca de 1043 a.C. **5**. Um filho de Zicri, um chefe rubenita da época de Davi (1Cr 27.16). Viveu em torno de 1010 a.C. **6**. Um profeta, filho de Dodava (2Cr 20.37). Ele repreendeu a Josafá, em face da aliança deste com Acazias. Sua profecia previa como Deus destruiria as obras do rei, reduzindo a nada os seus esforços. Viveu em torno de 895 a.C. **7**. Um filho de Jorim e descendente de Natã, filho. de Davi (Lc 3.29). Foi um antepassado de José, pelo que aparece na genealogia de Jesus. Viveu em algum tempo entre Davi e Zorobabel. **8**. Um oficial de Israel que foi enviado por Esdras a Casifia, em uma missão especial (Ed 8.16). Viveu em torno de 455 a.C. O trecho de 1Esdras 9.19 grafa seu nome com a forma de *Eleazar*. **9**. Um sacerdote que, na época de Esdras, concordou em divorciar-se de sua esposa estrangeira, com quem se casara durante o cativeiro babilônico, depois de seu retorno a Jerusalém (Ed 10.18). Viveu em cerca de 455 a.C. **10**. Um outro levita que se envolvera em situação idêntica e fez a mesma coisa que o Eliezer de número "9" acima. Ver Esdras 10.23. Ele talvez seja o mesmo Joná, referido em 1Esdras 9.23. Viveu em cerca de 455 a.C. **11**. Ainda um outro israelita que se envolveu em um casamento misto, tendo-se divorciado de sua esposa estrangeira, terminado o exílio babilônico (Ed 10.21). Talvez deva ser identificado com o Elionas de 1Esdras 9.32. Viveu por volta de 455 a.C.

ELIFAL

No hebraico, **"Deus julgou"**. Era filho de Ur. Foi um dos trinta guerreiros poderosos de Davi (1Cr 11.35). Ver sobre Elifelete, número "três". As passagens paralelas de 2Samuel e de 1Crônicas têm uma certa confusão de nomes, talvez devido ao fato de que, em Israel, as pessoas tinham mais de um nome, o que, de fato, era algo bastante comum. Ou então tal confusão devia-se a variações criadas pelos copistas. Outras vezes, as modificações deviam-se a erros nas abreviações.

ELIFAZ

No hebraico, **"Deus é vitorioso"**. Esse foi o nome de um dos três "amigos" ou "consoladores" de Jó. Ele era idumeu de Temã. Era homem conhecido por sua sabedoria, rico e dirigente de homens. Ele foi o líder do grupo que tomou sobre si a incumbência de examinar o caso de Jó: *por que os homens sofrem?* O livro de Jó é uma excelente obra poética, que examina esse complicado problema humano. Damos um artigo separado sobre o *Problema do Mal*, que aborda a questão de forma detalhada, um dos problemas mais delicados e críticos da filosofia e da teologia.

Elifaz, a princípio, dirigiu a palavra a Jó com delicadeza e respeito (capítulos quarto e quinto), embora tivesse certeza de que as tribulações de Jó deviam-se a algum pecado seu secreto. Ele tivera um sonho que o impressionara muito. Falava sobre a pecaminosidade do homem diante de Deus (Jó 4.12-21) e procurou impressionar a Jó com a necessidade de arrepender-se, pois Deus estaria esperando ansiosamente pela volta do pecador. No entanto, em seu segundo discurso, Elifaz mostrou-se irritado devido ao fato de que Jó não dera ouvidos ao seu conselho e assim premiu mais ainda os seus argumentos. (Ver Jó 15). No seu terceiro discurso, Elifaz já havia perdido inteiramente a paciência com Jó, porque a sua tese fora repelida por este. Poderia um homem qualquer sofrer, sem ser culpado de algum grave pecado? Jó se declarava inocente, mas a teologia de Elifaz não podia aceitar tal coisa. Nossa teologia com frequência desvia-se do reto caminho da verdade e os homens sempre ficam irritados, quando alguém sugere que a teologia deles não corresponde às questões vitais da vida. Elifaz começou a inventar coisas, acusando Jó de praticar muitos vícios e pecados vis. Porém, retornando à sua primeira atitude, uma vez que exibira sua consternação diante do que lhe parecia ser a teimosia de Jó, em sua conclusão ele ofereceu esperança ao sofredor, enfatizando a misericórdia de Deus, sempre pronta a perdoar e acolher o pecador. Ver o artigo sobre Jó, quanto a uma descrição geral sobre a filosofia e o conteúdo desse livro.

ELIFELETE

No hebraico, **"Deus é livramento"**. Nome de seis personagens nas páginas do Novo Testamento: **1**. Davi teve muitas esposas e concubinas, o que ilustramos mediante um gráfico, no artigo a seu respeito. As concubinas e os filhos delas com ele são referidos apenas mediante números, sem nomes específicos. Suas muitas esposas, contudo, são ali mencionadas por seus nomes, bem como os filhos delas. Elifelete foi o terceiro dos nove filhos de Davi que nasceram em Jerusalém, se não incluirmos os filhos de Bate-Seba (1Cr 3.6 e 14.5). Os tradutores têm criado algumas variantes na soletração desse nome, como Elifalate e Elifalete. **2**. Um outro dos filhos de Davi, que também nasceu em Jerusalém (1Cr 3.8; 14.7; 2Sm 5.16). Esse era o seu nono filho, na ordem dos nascimentos. Há uma certa dúvida se os Elifeletes aqui representados como "um" e "dois" não seriam a mesma pessoa. Todavia, o mesmo nome poderia ter resultado de uma repetição errônea, feita pelos copistas. O livro de Samuel não fala em dois Elifeletes, filhos de Davi; mas as listas separadas em 1Crônicas incluem ambos, e o total dos filhos, que então aparece, inclui ambos. Isso parece conclusivo quanto à existência de dois filhos de Davi com um mesmo nome. **3**. Um dos trinta heroicos guerreiros de Davi tinha esse nome. Em 2Samuel 23.34 ele é chamado "Aasbai", filho de um maacatita. Mediante erro e abreviação ele é chamado Elifal, filho de Ur, em 1Crônicas 11.35. (Ver sobre *Elifal*). **4**. O terceiro dos três filhos de Ezeque, um benjamita descendente de Saul e Jônatas (1Cr 8.39). Viveu em torno de 830 a.C., **5**. Um dos três filhos de Adonico, que retornou do cativeiro babilônico em companhia de seus irmãos e de sessenta outros homens (Ed 8.13), nos tempos de Artaxerxes. Viveu por volta de 455 a.C. **6**. Um descendente de Hasum, que se casara na Babilônia com uma mulher estrangeira, durante o exílio, mas que se divorciou dela quando voltou a Jerusalém (Ed 10.33). Viveu em torno de 455 a.C.

ELIFELEU

No hebraico, **"separado por Deus"**. Esse era o nome de um levita que Davi nomeou como músico. Esteve presente por ocasião do transporte da arca da aliança da casa de Obede-Edom para Jerusalém, a fim de a mesma ser instalada no tabernáculo, quando Davi governava Israel. Elifeleu cantava e fazia soar os címbalos de bronze, enquanto outros tocavam as liras, com o *tom de oitava* (1Cr 15.18-21). Sabemos que a música era muito importante para Davi, sendo ele, igualmente, um músico perito. É difícil determinar exatamente quais habilidades se tinham desenvolvido quanto aos vários instrumentos de música então existentes; todavia, podemos conjecturar que os instrumentos de corda eram tocados com grande maestria, não menos que nos nossos dias.

ELIM

No hebraico, **"árvores"**. Esse foi o nome da segunda parada, onde Israel acampou no deserto, quando vagueava pelo Sinai, antes de entrar na terra de Canaã (Êx 15.27; Nm 33.9). Os israelitas ficaram nesse lugar pelo espaço de um mês (Êx 16.1). O local contava com dez fontes de água e setenta palmeiras, o que explica o nome que recebeu. Portanto, era um pequeno mas aprazível oásis, embora o povo de Deus estivesse se encaminhando para algo muito melhor. Desconhece-se a localização exata de Elim, visto que o próprio monte Sinai ainda não foi identificado de modo absoluto. Se a localização tradicional é a correta, isto é, a porção inferior da península do Sinai, então Elim é um dos oásis nos wadis, ao longo da rota principal que penetra naquela região. O local talvez fique dentro do wadi Gharandel. Mas, se o monte Sinai não ficava nas proximidades dessa região, segue-se daí que não há como localizar Elim. Alguns estudiosos têm conjecturado de que Elim deve ser identificada com Elate, referida em 1Reis 9.26, no começo do golfo de Ácaba, perto de Ezion-Geber. Porém, isso não concorda com o que se lê em Números 33.36, que indica que a área foi atingida bem mais tarde, durante a jornada.

ELIMELEQUE

No hebraico, **"Deus é rei"**. Esse era o nome de um homem nativo de Belém. Era esposo de Noemi e pai dos dois filhos do casal, Malom e Quiliom. Elimeleque viveu em torno de 1370 a.C. em certo período de fome na Terra Prometida, ele deixou o território de Judá (onde era um dos chefes) e emigrou para Moabe, buscando melhores condições de sobrevivência. Com os anos, Elimeleque morreu entre os moabitas. Seus filhos, já adultos, casaram-se com mulheres moabitas, Malom casou-se com Rute, mas morreu não muito depois. Outro tanto sucedeu a Quiliom, que se casara com Orfa.

Após quase dez anos, Noemi e Rute, ambas viúvas, voltaram a Israel. Boaz era aparentado de Elimeleque (Rt 2.1,3) e, com o tempo, devido ao direito de parentesco, comprou de Noemi o terreno que antes fora de Elimeleque. Em seguida, casou-se com a moabita Rute, nora de Elimeleque e Noemi e que era bem mais jovem do que ele (Rt 4.3,9). Desse casamento nasceu Obede, que foi pai de Jessé, pai de Davi. Naturalmente, isso fez com que a moabita Rute fosse uma das antepassadas do Senhor Jesus (ver Mt 1.5 e Lc 3.32, embora neste último versículo haja menção somente a Boaz e não a Rute). A graça de Deus! Os moabitas não podiam, segundo a lei mosaica, fazer parte do povo de Israel, nem mesmo da décima geração (Dt 23.3).

ELIOENAI

No hebraico, **"meus olhos voltam-se para Yahweh"**. Uma leve variante de *Elienai* (vide). Há seis pessoas com esse nome, no Antigo Testamento: **1**. Um descendente de Benjamim e cabeça de uma das famílias que provinham de Bequer (1Cr 7.8). Viveu em cerca de 1860 a.C. **2**. Cabeça de uma das famílias simeonitas (1Cr 4.36). Viveu em torno de 1620 a.C. **3**. Um neto de Coré e filho de Meselemias, um levita. Com seu pai e com dezesseis de seus irmãos e parentes, ele guardava o portão oriental do templo de Jerusalém. Seis levitas serviam nesse trabalho a cada dia, pelo que a vez de Elioenai chegava de três em três dias (1Cr 26.3,17). Viveu em torno de 960 a.C.

4. O filho mais velho de Nearias, filho de Semaías, sete gerações depois de Zorobabel (1Cr 3.23,24). Viveu em torno de 460 a.C. **5**. Um filho de Pasur, um sacerdote da época de Esdras. Ele se casara com uma mulher estrangeira quando do cativeiro babilônico e teve de divorciar-se dela quando retornou a Jerusalém (Ed 10.22). Talvez se trate do mesmo indivíduo aludido em Neemias 12.41 e que ajudou a tocar as trombetas quando foram dedicadas as novas muralhas de Jerusalém. Viveu em cerca de 455 a.C. **6**. Um filho de Zatu, um cantor. Tomara uma mulher estrangeira durante o cativeiro na Babilônia e divorciou-se dela depois de voltar a Jerusalém (Ed 10.27). Viveu em cerca de 455 a.C.

ELIONAS

Esse nome aparece na lista de 1Esdras 9.22, onde aparecem os homens que se tinham casado com mulheres estrangeiras, durante o exílio babilônico, mas que se divorciaram delas, depois de voltarem a Jerusalém. Duas pessoas são assim denominadas, correspondentes ao *Elioenai* de Esdras 10.22 e ao *Eliezer* de Esdras 10.31.

ELIOREFE

No hebraico, **"Deus do outono"**. Foi um oficial de Israel nos dias de Salomão (1Rs 4.3). Era filho de Sisa. Foi um dos escribas mais importantes que serviram ao rei (1Rs 4.3). Viveu por volta de 1015 a.C. Seu irmão, Aías (vide), era o outro escriba. Ambos eram homens de cargo importante, cujos deveres ultrapassavam a simples produção de documentos e o cuidado pelos mesmos, pois chegavam a ser confidentes do rei de Israel.

ELISÁ

No hebraico, **"Deus é salvação"**. Um dos filhos de Javã (Gn 10.4 e 1Cr 1.7). Aparentemente as *ilhas de Elisá* receberam seu nome por causa desse neto de Jafé. Essas ilhas são descritas como centros exportadores, especialmente de tecidos de cor púrpura e escarlate. Tiro era um dos mercados distantes para onde tais tecidos eram enviados. A identidade dessas ilhas (ou ilha) tem sido disputada. Ezequiel (27.7) associa essas ilhas às costas do mar Mediterrâneo, dando ainda a entender que Elisá é a mesma Quitim, ou Chipre (vide). Trata-se da mesma Alashia, referida nas cartas de Tell el-Amarna. Chipre, juntamente com o Peloponeso, e as ilhas e costas marítimas do mar Egeu eram ricas em conchas produtoras de púrpura, um corante muito usado na antiguidade.

Alguns eruditos identificam os descendentes de Elisá com os eólios, um antigo povo de sangue grego. Isso era o que Josefo dizia; e alguns estudiosos modernos concordam com a ideia. Mas outros eruditos têm proposto Cartago, uma nação do norte da África, como o lugar em pauta. De acordo com certa tradição antiga, teria sido Elissa, uma princesa tíria, quem fundou Cartago, e, por isso, alguns pensam que seu nome está refletido no nome Elisá. Na verdade, porém, Cartago é de origem fenícia e, portanto, semito-camita e não jafetita, conforme o são os gregos. A ideia moderna mais persistente é que estão em foco as ilhas do mar Egeu, que tinha íntimas associações com os descendentes de Javã e com a indústria de tecidos tingidos.

A pessoa de nome Elisá era o filho mais velho dos quatro filhos de Javã. (Ver Gênesis 10.4). Alguns supõem que os descendentes de Javã povoaram a Grécia, embora a opinião não seja compartilhada por todos.

Talvez fosse mais certo dizer que os descendentes de Javã ocuparam as terras que margeavam a parte norte ao longo do mar Mediterrâneo e que a Grécia foi ocupada principalmente por descendentes de Elisá. Em grego, Grécia é *Ellás*. Mas como os gregos muito se espalharam, até no sul da Itália, havia muitos gregos. Na antiguidade, a porção sul da Itália era chamada Magna Grécia, antes da formação do império romano. Que Javã se subdividiu em vários povos e línguas, somos informados em Gênesis 10.4,5: *Os de Javã são: Elisá, Társis, Quitim e Dodanim. Estes repartiram entre si as ilhas das nações nas suas terras, cada qual segundo a sua língua, segundo as suas famílias, em suas nações.* A expressão "ilhas das nações", na opinião de todos os estudiosos, indica as terras ao redor do mar Mediterrâneo.

ELISAFÃ, ELIZAFÃ

No hebraico, **"Deus é protetor"**. Esse foi o nome de duas personagens referidas no Antigo Testamento: **1**. Filho de Uziel, tio de Arão e cabeça da família de Coate (Nm 3.30, Êx 6.22). Moisés ordenou-lhe que tirasse do acampamento os cadáveres de Nadabe e Abiú, no incidente descrito no décimo capítulo de Levítico, quando ofereceram "fogo estranho" diante do Senhor. Os descendentes de Elisafã, mais de quatro séculos mais tarde, ajudaram na cerimônia do transporte da arca da aliança para Jerusalém, na época de Davi (1Cr 15.8) e, mais tarde ainda, tomaram parte ativa no reavivamento que houve sob a direção de Ezequias (2Cr 29.13). Os coatitas tinham a responsabilidade de cuidar da arca da aliança, da mesa dos pães da proposição, do candeeiro de ouro e dos vasos do santuário etc. (Ver 1Cr 16.8; 2Cr 29.13). **2**. Com a grafia Elizafã, temos um filho de Parnaque, que foi líder da tribo de Zebulom. Assessorou Moisés na divisão da terra conquistada de Canaã, em porções para cada tribo (Nm 34.25). Viveu em torno de 1490 a.C.

ELISAFATE

No hebraico, **"Deus do juízo"**. Um filho de Zicri. Ajudou Joiada, o sumo sacerdote, a estabelecer Joás como rei de Judá (2Cr 23.1). Viveu em cerca de 846 a.C. Foi um dos capitães de grupos de cem homens armados, que ajudaram a destronar a rainha Atalia.

ELISAMA

No hebraico, **"Deus ouviu"**. Esse é o nome de sete pessoas, no Antigo Testamento: **1**. Um filho de Amiúde, príncipe da tribo de Efraim, no deserto do Sinai (Nm 1.10; 2.18; 7.48,53). Ele viveu em torno de 1440 a.C. A genealogia de 1Crônicas 7.26 informa-nos que ele era neto de Josué. **2**. Um filho de Davi que nasceu depois que ele retornou e reconquistou o poder em Jerusalém (2Sm 5.16; 1Cr 3.8; 14.7). Viveu em cerca de 1050 a.C. em 1Crônicas 3.16 esse nome é atribuído a um outro filho de Davi; mas, nas demais listas ele é chamado *Elisua* (vide). Nove nomes aparecem em 1Crônicas 3.8, e treze nomes em 1Crônicas 14.7 e, esta última, ao que parece, inclui algumas filhas de Davi. **3**. Um outro filho de Davi, nascido em Jerusalém e que recebeu o mesmo nome (1Cr 3.6). **4**. Um filho de Jecamias, descendente de Judá por meio de Perez (1Cr 2.41). Teria vivido em torno de 1280 a.C. **5**. O avô de Ismael. Ele matou Gedalias, governador de Israel, nomeado por Nabucodonosor (2Rs 25.25). Ver também Jeremias 41.1. Viveu em torno de 535 a.C. **6**. Um escriba dos dias do profeta Jeremias, que ouviu a leitura do rolo da lei por parte de Baruque (Jr 36.12). O rolo foi guardado em uma câmara, até que foi levado para ser lido na presença do rei (Jr 36.20,21). Viveu em algum tempo depois de 604 a.C. **7**. Um dos sacerdotes que foram enviados por Josafá para ensinar a lei ao povo de Judá (2Cr 17.8). Ele tem sido identificado com os homens de número "quatro" e "cinco". Viveu algum tempo após 875 a.C.

ELISEBA

No hebraico, **"Deus é jurador"**. Outros pensam em "aliança de Deus". Corresponde, no Novo Testamento, a Isabel (vide). Era esposa de Arão e mãe de toda a família sacerdotal de Israel. Era filha de Aminadabe e irmã de Naason e, portanto, da tribo de Judá. (Ver Êx 6.23). Viveu em torno de 1490 a.C. Os filhos dela foram quatro: Nadabe, Abiú, Eleazar e Itamar. Os dois primeiros perderam a vida por castigo do Senhor (Nm 3.4). Os dois últimos tiveram descendentes que ocuparam o ofício sumo sacerdotal, em diferentes épocas da história de Israel. Eleazar foi o sucessor imediato de Arão (Nm 20.25-28).

ELISEU

I. Nome. No hebraico, *Elisha*, "**Deus é salvação**" ou "**Deus, sua salvação**". A forma grega, na Septuaginta, é *Elisá*. No Novo Testamento, *Elisaíos* (Lc 4.27).

II. Família e Origens. Há mais informações sobre o passado formativo de Eiiseu, do que no caso de Elias (vide), embora também não muita coisa. O pai de Eliseu chamava-se Safate e era natural da cidade de Abel-Meolá, que alguns estudiosos identificam com o moderno Tell Abu Sifri, a oeste do rio Jordão e cerca de meio caminho entre o mar Morto e o mar da Galileia. O trecho de 1Reis 19.19-21 é que nos fornece essas informações. Entretanto, não se sabe dizer onde Eliseu nasceu, embora possamos supor que foi no mesmo lugar em que nasceu seu pai, Abel-Meolá (ver 1Rs 19.16).

III. Sua Chamada e Esboço do seu Ministério. Depois de Elias, Eliseu tornou-se o presidente da escola dos profetas de Israel. Os discípulos dos profetas eram chamados de seus "filhos", o que explica a expressão "filhos dos profetas" (vide). Entre os jovens discípulos de Elias, estivera Eliseu. Se datarmos o ministério de Eliseu a partir de seu chamamento, então esse ministério foi realmente longo, desde os reinados de Acabe, Acazias, Jeorão, passando por Jeú e Jeoacás, e até Joás, um período de mais de cinquenta anos. Os textos bíblicos que narram a história de Eliseu são o décimo nono capítulo de 1Reis e os capítulos dois a nove e treze de 2Reis. Esses textos fornecem-nos dezoito diferentes e significativas crônicas, que poderíamos considerar como uma seleção entre tantos outros incidentes. É inútil tentar descobrir a cronologia desses incidentes, porquanto há interrupções óbvias na sequência dos mesmos. Comparar 2Reis 6.23 com 6.24; 6.27 com 8.4,5; 13.13 com 13.14 *ss*.

Após o arrebatamento de Elias, Eliseu tomou o seu lugar, como cabeça da escola dos profetas. Ele recebera a dupla porção do poder espiritual de Elias (2Rs 2.9,10). Por esse motivo, as narrativas a que aludimos contam muitos sinais e prodígios feitos por Eliseu, alguns dos quais tiveram um interesse nacional. Portanto, Eliseu foi um autêntico substituto de Elias, não representando qualquer declínio quanto ao poder espiritual, conforme, com tanta frequência, acontece quando um grande mestre é substituído por algum de seus discípulos, posto que, liderante. Eliseu é retratado como um profeta popular, a quem aldeões e reis, igualmente, apelavam, pedindo ajuda. As grandes tensões criadas na nação de Israel por causa da adoração ao deus pagão Baal tinham amainado, pelo que também o ministério de Eliseu foi mais pacífico que o de Elias.

IV. Incidentes Específicos de sua Vida

1. Testemunha da Translação de Elias. Quando ainda era jovem, Eliseu foi chamado por Elias para tornar-se um de seus "filhos", isto é, *discípulo*. Elias fizera isso a mando do Senhor, e pôs seu manto de pelos de carneiro sobre os ombros de Eliseu, como sinal de sua nova ocupação. Eliseu foi despedir-se dos seus pais, ofereceu uma festa aos seus amigos, e passou a acompanhar Elias, como seu criado e aprendiz. (Ver 1Rs 19.19-21). Tudo isso faz-nos lembrar o poder de Jesus, quando convocou os seus primeiros discípulos. Que teria impulsionado aos discípulos de Jesus a abandonarem tudo e se tornarem discípulos de um homem pobre, cuja vida era ponteada por tantas incertezas financeiras? Eles fizeram isso porque haviam encontrado um grande Mestre e tinham consciência do fato. Há pessoas deveras extraordinárias, que dominam a outras com o seu magnetismo pessoal. Elas têm uma presença avassaladora, um poder mental que projeta e cativa. Jesus foi um homem assim. Séculos antes disso, Elias foi reconhecido como um grande Mestre. Creio que Satya Sai Baba, em nossos próprios dias, é um homem assim, resguardadas as devidas proporções. Ver o artigo acerca dele. As profecias, bíblicas e outras, asseguram-nos de que o anticristo será uma figura de grande envergadura. Quando algum grande mestre chama, as pessoas o *atendem!*

Elias chamou e Eliseu o atendeu. Seguir a um mestre não garante uma vida fácil e brilhante. Quase todos os discípulos de Jesus sofreram o martírio e, antes mesmo da morte libertá-los, tiveram muitas tribulações. Porém, o que caracteriza todos os verdadeiros discípulos do Senhor é que eles têm vidas úteis, sendo capazes de cumprir alguma missão condigna neste mundo. É com esse motivo que estamos neste mundo e não para adquirirmos vantagens pessoais.

O Grande Dia de Eliseu. Após o seu chamamento, não ouvimos mais falar em Eliseu, até o grande dia do arrebatamento de Elias. Eliseu não largava o profeta mais idoso por nenhum motivo, mesmo quando instado a isso. Sabia que estava prestes a perder a sua companhia. Os estudantes da escola de teologia (os "filhos dos profetas") sabiam que o tempo de Elias, neste mundo, estava chegando rapidamente ao fim. Perguntaram a Eliseu, naquele dia, por mais de uma vez: *Sabes que o Senhor hoje tomará o teu senhor elevando-o por sobre a tua cabeça?* (2Rs 2.5). E, cada vez, Eliseu dava a mesma resposta: *Também eu o sei; calai-vos*. É evidente que Eliseu estava nervoso e irritado. Estava prestes a experimentar uma grande crise, que constituía um evento incomum, extraordinário. Eliseu estava muito tenso. Elias dividiu as águas do rio Jordão. E ambos passaram para a margem oposta. Então Elias perguntou se haveria algum favor que Eliseu gostaria de pedir-lhe, antes de sua partida deste mundo. E Eliseu solicitou a dupla porção do Espírito de Elias. Elias disse que o pedido era dificílimo, mas prometeu que tal pedido seria conferido a Eliseu, se este visse a partida dele para o céu. Os dois continuaram andando e conversando. Subitamente, o ar ficou carregado de grande poder. Uma carruagem de fogo, com cavalos de fogo, desceu e separou os dois homens. Elias foi arrebatado em um redemoinho e levado para os céus. *E Eliseu viu a cena!* E, em sua excitação e admiração, exclamou: *Meu pai, meu pai os carros de Israel, e seus cavaleiros!* (1Rs 2.12). Agora, Elias se fora definitivamente. Em sua consternação, choque e saudades, Eliseu rasgou suas próprias vestes e, então, ajuntou do chão o manto deixado por Elias. Voltou à margem do Jordão, invocou o Senhor e dividiu as águas do rio, tal e qual Elias havia feito e atravessou para a outra margem. Agora o poder do Espírito, em dupla dose, estava com Eliseu, conforme ele havia solicitado.

Um detalhe deveras interessante. Os filhos dos profetas, aproximando-se de Eliseu, observaram: *O espírito de Elias repousa sobre Eliseu* (1Rs 2.15). Agora, pois, Eliseu era o grande mestre e bastava a sua presença para mostrar àqueles estudantes de teologia que o seu novo "senhor" tinha toda a estatura espiritual do anterior.

Que Dizer sobre Translações e Arrebatamentos? Os céticos leem relatos como esses, sobre Elias e Eliseu, sorrindo, a fim de demonstrar que sabem mais do que essas histórias dizem. Para eles, essas narrativas não passam de lendas fantásticas, criação de mentes fanáticas, talvez com a ajuda de condições mentais patológicas. Essa avaliação é errada, pois a verdade é que esses relatos refletem experiências religiosas humanas reais, visto que as *translações espirituais* ocorrem, posto que mui ocasionalmente. Não ficamos dependendo de uma ou duas histórias. Eu mesmo, de certo modo, cheguei perto de um caso desses. Em *Salt Lake City*, no estado de Utah, nos Estados Unidos da América do Norte, eu tinha um amigo que era dono de uma livraria. O nome dele era Wilson. Por sua vez, ele tinha uma amiga de nome Analee Skarin. Ela vinha do meio mórmon, mas tinha sido rejeitada por eles, por causa de algumas de suas crenças. Ela afirmava que não é necessário uma pessoa morrer, pois é possível a qualquer pessoa ter uma experiência de translação. Wilson dizia que sua amiga era uma pessoa incomumente santificada. Ele defendia a integridade dela. Analee vivia em companhia de uma família em *Salt Lake City*. Os membros dessa família tinham consciência de que ela estava esperando ser arrebatada, porquanto *fora informada* por autoridades espirituais de que isso haveria de acontecer. Isso seria uma indicação da veracidade de seus ensinos, uma convocação para os homens buscarem maior espiritualidade, em seus próprios corações.

Chegado o dia do esperado acontecimento, a família estava reunida. Subitamente, Analee foi circundada e permeada por uma grande luz. A cena assemelhava-se àquela em que o Senhor Jesus foi transfigurado (Mt 17). A família contemplou uma Analee transformada, vendo-a desaparecer diante de seus olhos. Eles nada tinham a ganhar, ao contarem o sucedido, exceto o ridículo lançado por outras pessoas, que não haveriam de aceitar ou entender tal acontecimento como real. A história tem sido recontada em um livro publicado sobre a história intitulado: *Onde Está Analee Skarin* ? As testemunhas afirmam que ela foi transladada. Isso aconteceu há cerca de cinquenta anos (no início da década de 1970).

O bispo anglicano Pike e sua esposa, Diane, sempre julgaram ser engraçado que os líderes das grandes religiões tivessem experimentado "ascensões". No entanto, quando o bispo Pike morreu, no deserto da Judeia, onde se perdera, sua esposa viu a *ascensão* dele, sob a forma de uma visão. Embora o casal sempre se tivesse mostrado cético acerca de coisas assim, pensando que as mentes religiosas estão sujeitas a todos os tipos de exagero, ela exclamou: *Tudo isso é verdade!* Coisas assim assumem a forma de uma visão. Eliseu viu uma carruagem e cavalos de fogo. Não é mister supormos que a coisa foi literal. Antes, pode ter assumido a forma de uma visão, embora resultante de um poder real. Os discípulos de Jesus viram-no subindo em uma nuvem. Essa nuvem deve ter sido a nuvem própria das experiências místicas, alguma forma de energia e não uma nuvem formada de vapor de água.

Uma das grandes doutrinas da Bíblia é a do arrebatamento geral dos crentes, quando da "parousia" ou segunda vinda de Jesus Cristo. (Ver 1Co 15.51 *ss* e o nosso artigo sobre a *Parousia*). Essa doutrina, um dos *mistérios* ensinados por Paulo, segundo muitos crentes esperam, haverá de cumprir-se ainda nos dias desta geração. Portanto, ainda que duvidemos que tais coisas possam acontecer, elas são solidamente confirmadas pela experiência religiosa; e essas experiências, algumas vezes, chegam bem perto de nós, tocando em nós com a sua graça.

No caso de Elias, porém, os filhos dos profetas queriam ter certeza de que a coisa havia mesmo acontecido. Eles buscaram por Elias, procurando encontrá-lo, mas tudo em vão. Elias tinha-se ido deste mundo. Realmente acontecera! Cinquenta homens ficaram procurando por ele. Passaram três dias nessa busca. E, quando regressaram, Eliseu zombou deles, dizendo: *Não vos disse que não fôsseis?* (2Rs 2.18). No entanto, eles tinham de averiguar as coisas com os próprios olhos. Algumas vezes, precisamos ver uma coisa para acreditar nela. Às vezes, precisamos ter certeza. Quando obtemos essa certeza, então sentimos o poder do evento. Nenhum daqueles filhos dos profetas desistiu de continuar. Estavam vivendo grandes dias de espiritualidade.

2. Sanando as Águas de Jericó. Após a translação de Elias, Eliseu foi habitar em Jericó (2Rs 2.18). Com ele estava também o seu grupo de discípulos proféticos. Os cidadãos de Jericó queixavam-se da péssima qualidade da água que ali se tomava. Eliseu remediou a situação lançando um pouco de sal na fonte das águas, em nome de Yahweh (2Rs 2.19-22).

3. A Morte dos Meninos. Eliseu saiu de Jericó e mudou-se para Betel. Mas, ao longo do caminho, alguns meninos viram-no e começaram a caçoar dele, por ser ele calvo. O profeta considerou a zombaria como uma afronta contra Deus e não apenas contra ele mesmo. Duas ursas saíram da floresta e despedaçaram quarenta e dois daqueles meninos. O texto não diz especificamente que todos eles morreram. Talvez tenha sido apenas um grande susto. Mas John Gill afirma, nesse ponto, que os meninos foram realmente mortos, declarando que o castigo não se deveu apenas ao incidente com Eliseu, mas também atingiu os pais deles, porquanto haviam-nos criado na *impiedade*. John Gill também pensava que os pais dos meninos é que os tinham mandado para zombar do profeta. Seja como for, não aprecio muito a história. Jesus não tinha atitudes assim. Mas o texto sagrado diz que Eliseu amaldiçoara os meninos e aquele foi o resultado. (Ver 2Rs 2.23-25). O trecho de Lucas 9.54 mostra-nos que Jesus não aprovou os seus discípulos, quando eles quiseram destruir, mediante o fogo, àqueles que o tinham rejeitado (imitando aos atos severos de Eliseu). Jesus, entretanto, era dono de um espírito profético diferente, sem dúvida mais excelente ainda que o de Eliseu. O Novo Testamento informa-nos de que Jesus veio para salvar e não para destruir.

4. A derrota dos moabitas. Israel e Judá estavam em luta contra Moabe. Havia escassez de água no deserto por onde estavam marchando e um exército não luta bem sem bem-estar físico. Josafá, rei de Judá, pediu a ajuda de Eliseu. A princípio o profeta recusou-se, mas depois, mudou de parecer, ao ouvir música. O profeta declarou que não veriam vento e nem chuva, mas que, a despeito disso, o leito seco do ribeiro ficaria cheio de água. Na manhã seguinte, desceu grande quantidade de água, da direção dos montes de Edom. E na região houve água em abundância. Mui provavelmente, esse foi um acontecimento natural, tendo havido chuvas nas cabeceiras do riacho, cujas águas agora chegavam até onde estavam os israelitas. Seja como for, Eliseu, com a ajuda da música (2Rs 3.15), foi capaz de prever o que sucederia, sem importar se, no acontecido, havia algo de miraculoso ou não. A música é usada pelos místicos para provocar um estado de transe, mediante o qual as coisas chegam a ser conhecidas por meios místicos e espirituais; e esse é um interessante aspecto da narrativa. Eliseu também predisse a esmagadora vitória de Israel e Judá sobre os moabitas, com a ajuda do rei de Edom. (Ver 2Rs 3.4-24) quanto a esse relato. Há um paralelo desse incidente na batalha que, muito depois, houve entre os romanos e Jugurta. Uma chuva súbita e inesperada trouxe refrigério (e portanto, a vitória) a um exército romano extremamente sedento.

5. O Azeite da Viúva. O suprimento básico de alimentos permanece uma grave dificuldade para muitas pessoas, em nosso mundo moderno, apesar de todo o avanço da ciência humana. Elias fora miraculosamente alimentado pelos corvos; e a viúva com a qual ele ficara hospedado também pôde alimentá-lo durante todo o tempo restante da seca, por meios miraculosos. Algumas vezes, esse suprimento nos é dado através de algum ato direto de Deus. Outras vezes, está ao alcance das nossas próprias mãos suprir as nossas necessidades materiais. Uma pobre viúva, conhecida de Eliseu, queixou-se a ele de um credor que estava prestes a escravizar seus filhos, como meio de receber a dívida. Ora, a única coisa que a viúva tinha ao seu dispor era uma botija de azeite. O profeta então instruiu-a para que pedisse emprestado todos os tipos de vasos vazios, da parte de suas vizinhas. Então ela derramou da botija o azeite, enchendo todos aqueles vasos. O azeite continuou vertendo da botija para os vasos; e assim ela foi capaz de pagar a dívida, vivendo ainda da renda produzida pela venda do azeite. Deus pode fazer as árvores produzirem dinheiro, se isso é o que tem de ser feito, a fim de dar aos seus santos o que eles precisam. (Ver 2Rs 4.1-7).

6. O Filho da Mulher de Suném. Uma rica mulher de Suném prestou a Eliseu um grande favor, ao construir para ele um quartinho onde ele podia hospedar-se. O quartinho era um *alijah*, um cenáculo, um aposento em andar superior e, portanto, talvez fosse o lugar mais desejável da casa. Eliseu queria recompensá-la por isso, mas uma de suas ofertas de ajuda foi rechaçada por ela. No entanto, Geazi, servo de Elias, destacou que a mulher não tinha filhos. E Eliseu predisse o nascimento de um menino, filho daquela mulher. Isso efetivamente, sucedeu. Alguns anos depois, o menino adoeceu gravemente, de repente, e acabou morrendo. A mulher foi até o monte Carmelo, em busca da ajuda de Eliseu. A princípio ele enviou Geazi com o seu cajado, para que o pusesse sobre o rosto da criança. Mas isso em nada ajudou. Portanto, Eliseu foi pessoalmente ressuscitar o menino dos mortos. O que nos chama a atenção nesse incidente foi que a primeira tentativa feita por Eliseu não deu certo. Algumas vezes, os curadores podem curar à distância. Outras vezes, os objetos podem ser permeados com poder de cura, podendo curar sem qualquer intervenção direta do curador. Outras vezes, entretanto, somente a presença pessoal do curador surte efeito. Jesus, porém, curava e até ressuscitava mortos à distância.

7. A panela com Veneno. Houve um tempo de fome em Israel. Eliseu chegou a Gilgal e ordenou que se preparasse comida para os filhos dos profetas, isto é, os discípulos de sua escola de profetas. Acidentalmente, porém, alguém misturou com a comida colocíntidas venenosas. Quando foi dado o brado de alerta, o profeta fez o cozido tornar-se novamente bom para o consumo humano, mandando pôr na panela um pouco de farinha de trigo (2Rs 4.38,41).

8. Multiplicação de Pães. Certo homem, vindo de Baal-Salisa, trouxera vinte pães de cevada e algumas espigas verdes em seu alforje. Eliseu ordenou que isso fosse posto diante de cem homens. Porém, era tão óbvio que o alimento não era suficiente, que seu servo protestou. Mas, quando a palavra do profeta foi obedecida, o alimento foi-se multiplicando miraculosamente, de tal maneira que houve o suficiente para todos, 2Reis 4.42-44. Os céticos riem-se de histórias dessa natureza e até, mesmo a multiplicação de pães, por duas vezes, por parte de Jesus, não escapa do ridículo deles. No entanto, em nossos próprios dias, Satya Sai Baba (vide), com certa frequência cria alimentos perfeitamente comestíveis sem dispor de qualquer fonte visível que possa ser transformada. Em outras palavras, ele tem transformado energia em substância comestível.

9. A Cura de Naamã. Naamã era comandante do exército sírio, nos dias de Eliseu. Naamã era um homem que merecia o respeito de todos. Mas, o fato de que ele era leproso maculava o quadro inteiro. A sua cura começou a ocorrer quando uma menina israelita escrava, que servia na casa dele, falou sobre o profeta de Israel que seria capaz de fazer cessar o opróbrio do general sírio. O general sírio resolveu não mostrar-se cético e dirigiu-se ao rei de Israel, após ter obtido autorização do rei da Síria. Mas o rei de Israel entrou em pânico, porquanto pensava que um ataque militar estava sendo arquitetado astuciosamente. No entanto, ele não tinha necessidade alguma de temer, pois tudo quanto estava envolvido era o problema de saúde pessoal de Naamã. Eliseu ordenou que o general fosse mergulhar no rio Jordão por sete vezes seguidas. Isso não agradou ao general sírio, porquanto o rio Jordão é um rio muito lamacento, ao passo que, na Síria, havia muitos rios de águas cristalinas. Além disso, Naamã nunca esperara uma ordem tão fácil.

Quando Naamã já se dispunha a não anuir, seus servos persuadiram-no a seguir a recomendação, por mais simples que a mesma fosse, argumentando que se Eliseu tivesse requerido alguma coisa extraordinária, ele o teria atendido. Quando Naamã começou a mergulhar no rio, primeira, segunda, terceira, quarta vez, nada sucedeu. Porém, quando ele saiu do rio, pela sétima vez... não somente estava curado, mas também a sua pele tornara-se limpa como a de uma criança pequena. Em outras palavras, ele conseguira a reversão dos efeitos da idade, sobre o seu organismo.

Há vezes em que Deus nos faz esperar por muito tempo por seus milagres; mas quando eles ocorrem, são maiores do que tudo quanto esperávamos e tínhamos pedido. Essa história teve uma interessante sequela. Naamã tentou oferecer a Eliseu alguma recompensa monetária pelo milagre recebido. Chegou a insistir, mas Eliseu não estava interessado nem por dinheiro e nem por meras coisas. Todavia, nem todos compartilhavam de sua despreendida atitude. Geazi, o principal servo de Eliseu, observou quão ansioso Naamã estava por recompensar o profeta. E isso o interessou muito. Portanto, quando Naamã despediu-se, Geazi foi atrás dele. E, chegando à presença do general sírio, Geazi disse uma mentira, afirmando que Eliseu mudara de opinião e resolvera aceitar alguma recompensa. Eliseu teria acabado de receber dois filhos dos profetas, vindos de Efraim e queria dar-lhes dinheiro e vestes. Naamã creu na mentira e deu a Geazi dois talentos de prata e duas vestes festivais.

Quando Geazi retornou, Eliseu, naturalmente, sabia o que havia acontecido. O profeta perguntou onde Geazi esteve. E o servo respondeu: *Teu servo não foi a parte alguma*. Essa era uma segunda mentira. A cobiça pelo dinheiro faz muitas pessoas tornarem-se mentirosas. Eliseu, pois, repreendeu a Geazi por sua ganância e especialmente, porque a mesma estava misturada com um grande milagre, que acabara de ter lugar. Não era ocasião própria para Geazi pensar em coisas puramente materiais. E Eliseu proferiu a sentença: a lepra que fora removida de Naamã sobreviria a Geazi. E Geazi afastou-se, coberto de lepra. A lição assim ensinada é perfeitamente clara. É um perigo brincar com as realidades espirituais. (Ver 2Rs 5.1-27).

10. O Machado Flutuante — um Caso de Levitação. As instalações onde residiam os estudantes de teologia eram pequenas demais para o grupo, pelo que resolveram mudar-se. Foram até um lugar perto da margem do rio Jordão e começaram a construir novos alojamentos. Durante o trabalho, um machado de ferro escapuliu do cabo e caiu dentro do rio. O ferro do machado desapareceu nas águas, para grande consternação dos estudantes. Eliseu chegou, jogou um pedaço de madeira nas águas e o pedaço de madeira flutuou. E o ferro do machado subiu juntamente com o pedaço de madeira, até a superfície da água, sendo facilmente retirado do rio. (Ver 2Rs 6.1-7).

A levitação de objetos tem uma longa história nos fenômenos religiosos e psíquicos. Usualmente, as pessoas são capazes de levantar apenas pequenos objetos, de pouco peso. Ocasionalmente, porém, surge alguém que pode elevar grandes e pesados objetos, deixando-os suspensos no ar por algum tempo. A gravidade é uma das forças naturais que menos conhecemos; mas, sob certas circunstâncias, determinadas pessoas podem vencer a força da gravidade, fazendo com que os objetos flutuem no ar. Um grande poder espiritual, como foi o de Eliseu, não deveria ter encontrado grande dificuldade para fazer o ferro do machado flutuar. Jesus foi capaz de caminhar por sobre a superfície do lago, o que significa que era capaz de suspender o seu próprio peso, contra a força da gravidade. (Ver Jo 6.19). O fenômeno da levitação não é necessariamente espiritual. Uma força psíquica poderosa é capaz do feito, sob circunstâncias que nada têm a ver com questões religiosas e por pessoas que não temem a Deus. Certos santos católicos romanos têm sido vistos a levitar espontaneamente, quando em meditação; e não há qualquer necessidade de duvidarmos de tais acontecimentos. Há muitos poderes e forças misteriosas. Sem dúvida, passar-se-á muito tempo antes de compreendermos direito coisas dessa ordem.

11. Espionagem Espiritual. Em diversas ocasiões, quando os sírios e os israelitas estiveram em guerra, Eliseu ajudou seu povo a obter a vitória, revelando os atos e as intenções dos sírios, mediante meios psíquicos ou espirituais, assim conferindo a Israel uma vantagem logística nas operações militares. Em nossos dias, tanto os Estados Unidos da América quanto a União Soviética estão pesquisando seriamente sobre como a telepatia, a clarividência e o conhecimento prévio podem ser aplicados às questões da espionagem e da guerra. Os relatórios indicam que muitos bilhões de dólares estão sendo gastos nessas questões, por ambas as grandes potências. É óbvio, pois, que fenômenos assim podem ser psíquicos e não somente espirituais. Entretanto, algumas vezes, é difícil estabelecer a linha divisória entre um fenômeno espiritual e um fenômeno psíquico. Sem dúvida, certos fenômenos psíquicos só se tornam espirituais por causa de sua aplicação ou utilidade espiritual. Para exemplificar, Eliseu pode ter tomado consciência dos planos sírios mediante a telepatia. Não seria necessário, nesse caso, qualquer operação especial da parte do Espírito de Deus. Na verdade, os estudos feitos demonstram que todas as pessoas, visto que são almas (têm psique), são dotadas de poderes psíquicos. Ver o artigo geral sobre a *Parapsicologia*.

Há pessoas que pensam que todos os fenômenos psíquicos procedem do diabo. Se isso fosse verdade, então todas as pessoas seriam endemoninhadas, especialmente quando estão sonhando, porquanto a telepatia, a clarividência e o conhecimento prévio são acontecimentos comuns e universais quando sonhamos. Ver o nosso artigo sobre os *Sonhos*. Ademais, é o poder da mente, através da *psicocinese* que controla as ações do corpo. Portanto, sem poderes psíquicos (ver o artigo sobre *o Problema do Corpo-Mente*), seria impossível uma pessoa utilizar e movimentar o seu próprio corpo. Por que motivo as pessoas temem o aspecto psíquico de seus próprios seres? O relato sobre a espionagem espiritual de Eliseu, na Bíblia, encontra-se em 2Reis 6.8-10.

12. Dificuldades em Dotã. A reputação de Eliseu chegou à Síria e os sírios resolveram aprisioná-lo. O problema específico era a espionagem espiritual de Eliseu, que acabamos de descrever, acima. O rei sírio, como é óbvio, queria pôr fim a esse estado de coisas, tirando a vida do profeta. Portanto, enviou homens armados a Dotã, com a finalidade de capturarem Eliseu. Chegando, os sírios a cercaram a cidade com um grande contingente de homens, cavalos e carros de guerra. Porém, forças espirituais ainda em maior número protegiam Israel, embora invisíveis a todos quantos estavam no acampamento, exceuando o próprio Eliseu. E o servo de Eliseu, que o acompanhava, teve os seus olhos abertos, para poder divisar o grande exército espiritual protetor. Muitos sermões, utilizando-se desse texto, têm sido usados para mostrar como os nossos olhos espirituais podem ser abertos. A próxima coisa que aconteceu, porém, foi que Eliseu feriu de cegueira os soldados sírios. Então, ele mesmo os conduziu até a cidade de Samaria, capital do norte, Israel. Ali, eles estavam prisioneiros; e então os seus olhos foram abertos. O rei de Israel pretendia executá-los, mas Eliseu lembrou ao monarca de que se eles tivessem sido aprisionados em guerra, não teriam sido mortos. Até os prisioneiros de guerra, algumas vezes, têm direitos reconhecidos. Portanto, em vez de castigá-los, Eliseu ordenou que lhes fosse oferecido um banquete. De fato, segundo lemos nas Escrituras, eles tiveram *um grande banquete, comeram e beberam* (2Rs 6.23). E, em seguida, foram mandados embora em paz. E o resultado é dado logo em seguida: ... *e da parte da Síria não houve mais investidas na terra de Israel* (mesmo versículo). Esse foi um dos mais estranhos acontecimentos da história militar do mundo inteiro. É possível que algo similar já tenha ocorrido por mais de uma vez. No entanto, quando a memória do acontecido se apagou das mentes dos sírios, Ben-Hadade, rei da Síria, novamente preparou um exército invasor, que sitiou a cidade de Samaria, em Israel, 2Reis 6.24 *ss*.

13. Fome, Guerra e Festividades em Samaria. Ben-Hadade, o rei sírio, havia atacado e sitiado a cidade de Samaria. Sob o cerco, os habitantes da cidade estavam passando fome. Algumas mulheres de Israel chegaram ao extremo da miséria de terem de comer as carnes de seus próprios filhinhos mortos! Jeorão, o rei de Israel, estava horrorizado diante de tais acontecimentos. E, em um momento de ira, de frustração e de desvario, de alguma maneira chegou a pensar que Eliseu era o responsável por aquela situação. Talvez ele tenha pensado assim porque Eliseu impedira a morte de tantos soldados sírios, embora tivesse feito adiar um novo ataque sírio por algum tempo, mas agora, de alguma maneira, parecia ter falhado. O trecho de 2Reis 6.33 mostra-nos que o rei de Israel chegou a culpar o próprio Senhor por aquela drástica situação. Portanto, como principal representante de Deus, Eliseu era o alvo de toda a indignação real. O rei enviou um homem para que assassinasse Eliseu; mas o profeta, sem dúvida por meios psíquicos, percebeu o plano traiçoeiro e ordenou que a porta de entrada fosse fechada, impedindo a entrada do mensageiro. Em vista do fracasso da missão homicida, o próprio rei de Israel veio queixar-se pessoalmente a Eliseu. E Eliseu garantiu ao monarca de que as coisas haveriam de melhorar *em breve*. Naquela mesma noite, as tropas sírias fugiram, tomadas de pânico, porquanto tinham ouvido o ruído da aproximação de muitos cavalos e carros de guerra, imaginando que Jeorão tivesse conseguido desfechar um contra-ataque, mediante tropas mercenárias egípcias e hititas. No entanto, aquele ruído foi divinamente produzido. Seja como for, os sírios fugiram e deixaram para trás todo o seu grande suprimento de alimentos. Ao raiar do dia, quatro leprosos israelitas, vendo o acampamento sírio abandonado, vieram anunciar a notícia de que havia grande quantidade de alimentos à espera dos habitantes da cidade de Samaria. Há ocasiões em que Deus prepara para nós uma mesa, na presença mesma de nossos inimigos (Sl 23.5). Nesse caso, a mesa dos próprios inimigos de Israel foi entregue ao povo de Deus, repleta de coisas apetitosas. Poderíamos comentar que Deus atuou de forma nada ortodoxa, a fim de conferir aos israelitas tão grande suprimento. Ver a narrativa bíblica no trecho de 2Reis 6.24—7.20, onde há detalhes interessantes, não referidos aqui, mas que são dignos de nossa atenção.

14. A Propriedade da Mulher Sunamita. No sexto ponto, acima, vimos que Eliseu tinha uma amiga dileta, uma mulher sunamita. Consciente de tempos difíceis que se aproximavam, incluindo sete anos de fome, Eliseu aconselhou-a a abandonar aquele lugar, Suném. Foi o que ela fez. Mas, quando o período de escassez terminou, ela voltou à sua casa, somente para descobrir que outras pessoas haviam se apossado de sua propriedade. Instruído por Geazi, o rei de Israel resolveu fazer algo a respeito, em defesa da mulher. Todas as propriedades da mulher lhe foram devolvidas. Ver 2Rs 8.1-6 quanto a esse incidente. As provisões divinas podem incluir a restauração daquilo que nos pertencia; e isso pode acontecer com a ajuda de pessoas amigas. Algumas vezes, essa restauração nos é feita depois de atravessarmos algum tempo de necessidades.

15. O Estranho Caso de Hazael. Ben-Hadade, inimigo de Israel desde muito tempo e que era o rei da Síria, adoeceu um dia. Mui estranhamente, o monarca resolveu mandar consultar o profeta Eliseu, em Israel, para saber das possibilidades de sua recuperação. O rei sírio enviou Hazael, um de seus oficiais, para fazer a consulta. Eliseu informou então ao homem que *ele*, Hazael, haveria de ser o próprio rei da Síria. De volta à Síria, Hazael resolveu apressar o cumprimento da profecia e sufocou o débil monarca sírio com um cobertor molhado, depois de haver dito a ele uma mentira. Foi assim que Hazael tornou-se o rei que sucedeu a Ben-Hadade no trono da Síria e que este foi castigado por suas maldades. Existe aquilo que se poderia chamar de profecia que se cumpre a si mesma. O relato desse incidente fica em 2Reis 8.7-16.

16. Jeú torna-se Rei de Israel. Essa crônica fica em 2Reis 9.1—10.36. Na história acerca de Acabe e sua mulher,

Jezebel, no relacionamento inamistoso que tiveram com Elias, somos lembrados de que nunca houve em Israel um rei e uma rainha tão corruptos e violentos. O juízo divino teria de sobrevir algum dia. Elias havia predito que o próximo rei de Israel seria Jeú e que o próximo rei de Síria seria Hazael. (Ver 1Rs 19.16-18). Elias havia profetizado que Jeú, o rei de Israel, e que Hazael, o rei da Síria, poriam fim à casa de Acabe. Em confirmação à profecia feita por Elias, Eliseu enviou um estudante da escola de teologia para que ungisse a Jeú como o futuro rei (2Rs 9.1-3). Isso teve lugar em Ramote-Gileade. O nono capítulo do segundo livro dos Reis registra o começo do cumprimento dessa predição. Jezabel teve o seu cadáver devorado pelos cães, conforme Elias havia predito. E o décimo capítulo desse mesmo livro conta o resto da história, de como chegou ao fim a casa reinante de Acabe. O próprio Jeú reinou sobre Israel pelo espaço de vinte e oito anos, tendo-lhe sido prometido que a sua linhagem manter-se-ia sobre o trono de Israel por quatro gerações. Jeú também destruiu a adoração a Baal no reino do norte, Israel. No entanto, ele mesmo cometeu inúmeros erros e Hazael foi usado por Deus para impor a disciplina sobre Israel, nessa conjuntura.

17. Eliseu e Jeoás. No decurso da enfermidade de que veio a falecer, Eliseu profetizou que Jeoás, rei de Israel, haveria de derrotar os sírios. Jeoás visitou o profeta quando este já estava em seu leito de morte. Jeoás era neto de Jeú e estava muito triste em face da partida iminente do grande profeta. Quando Jeoás feriu a terra com suas flechadas, por apenas três vezes, Eliseu ficou indignado, dizendo que ele deveria tê-lo feito por mais vezes, porquanto assim teria destruído totalmente os sírios, mas agora só obteria três vitórias contra eles pela sua própria timidez, pois, não obteria uma vitória decisiva. Ver 2Reis 13.14-19, onde essa história é relatada.

18. Uma Ressurreição Póstuma. Estava sendo efetuado um funeral, no cemitério onde Eliseu fora sepultado. Quando se aproximaram alguns atacantes, o cadáver foi lançado às pressas na cova. E, quando o cadáver tocou nos ossos do profeta Eliseu, foi devolvido à vida. (Ver 2Rs 13.20,21). A lição espiritual nisso encerrada é que o poder de um verdadeiro profeta prossegue mesmo depois de sua morte. Isso pode ocorrer através de seu exemplo, de seus escritos, ou de alguma organização ou escola de pensamento por ele iniciada. No caso de Eliseu, a questão foi ilustrada de maneira realmente estranha. Há casos de pessoas santificadas cujos corpos não se decompõem. Vários santos católicos romanos, segundo se diz, nunca se decompuseram. Há nisso algum poder que não compreendemos, mas não há como negar a realidade do fenômeno.

19. Eliseu nas Páginas do Novo Testamento. Em contraste com a frequência de alusões a Elias, no Novo Testamento, Eliseu é ali mencionado apenas por uma vez. Quando Jesus pregava em Nazaré, lembrou os seus ouvintes acerca da cura de Naamã, o general sirio, por parte de Eliseu. Assim ele ilustrava quão fraca era a fé do povo de Israel, observando que, nos dias de Eliseu, havia muitos leprosos em Israel, mas foi um *estrangeiro* quem se beneficiou do poder do profeta. Um profeta não é aceito em sua própria terra, mas encontra seguidores nos lugares mais inesperados. (Ver Lucas 4.27).

V. CONCLUSÃO. Eliseu solicitou receber a dupla porção do espírito de Elias. E isso foi-lhe concedido. O fato de que o Novo Testamento fala mais sobre Elias do que sobre Eliseu e também a profecia sobre uma missão final de Elias nos últimos dias, obscurecem, até certo ponto, a vida impressionante de Eliseu. Porém, quando lemos o relato bíblico a respeito de Eliseu, não podemos considerá-lo inferior a Elias, em coisa alguma, pelo menos do ponto de vista de suas realizações espirituais. No entanto, o estilo de vida de Eliseu era muito diferente do de Elias. Elias habitara no deserto e era um filho do deserto. Eliseu, por sua vez, era um homem citadino, um cavalheiro civilizado que vivia em íntimo contato com reis. A missão de Elias teve lugar em uma época em que a casa real de Israel estava muito corrompida e ele via-se forçado a manter-se sempre em posição de ataque, envolvendo-se em grandes conflitos. Mas Eliseu, embora tivesse compartilhado um tanto dessa atividade, era um curador e conselheiro de reis. Muitos de seus milagres foram prodígios de cura e restauração. Os maiores milagres efetuados por Elias foram exibições de desfavor divino, com o propósito de impor julgamento e purificar a nação.

Embora Eliseu pudesse ter tirado grande proveito financeiro, de seus contactos com reis e líderes importantes, que muito o respeitavam, ele não ganhou qualquer dinheiro com essas atividades religiosas, em contraste com tantos líderes religiosos que enriquecem em face das associações que fazem. Eliseu serviu de ilustração daqueles poucos líderes espirituais que podem tornar-se homens poderosos, ao mesmo tempo em que retêm a sua simplicidade. (G GEI WALL)

ELISUA

No hebraico, **"Deus é salvação"**. Um filho de Davi, que lhe nasceu em Jerusalém (2Sm 5.15; 1Cr 14.5). Ele é chamado Elisama em 1Crônicas 3.6, por meio de alguma variação escribal. Em 1Crônicas 3.6,8 há uma dúvida quanto a esse nome. Ver sobre *Elisama*. Viveu em cerca de 1050 a.C.

ELIÚ

No hebraico, *'elîhu*, **"ele é Deus"**. **1**. Nome de um efraimita, filho de Toú, antecessor do profeta Samuel, 1Samuel 1.1, chamado também Eliabe e Eliel em 1Crônicas 27.34. **2**. Nome do irmão mais velho de Davi, também chamado Eliabe, *cf.* 1Samuel 16.6 com 1Crônicas 27.18. **3**. Nome de um membro da tribo de Manassés, que, com outros, se uniu a Davi em Ziclague, 1Crônicas 12.20. **4**. Nome de um dos porteiros no reinado de Davi, da família de Obede-Edom, 1Crônicas 26.7. **5**. Nome de um dos amigos de Jó, filho de Baraquel de Buz, Jó caps. 32 a 37.

ELIÚDE

No hebraico, **"Deus é glória"**. Um antepassado de Jesus, alistado na genealogia de Mateus (1.14,15), na quinta geração antes do próprio Jesus. Era filho de Aquim e pai de Eleazar. Ver notas completas sobre essa genealogia, no NTI, *in loc*.

ELIZUR

No hebraico, **"Deus é rocha"**. Um filho de Sedeur, um dos chefes da tribo de Rúben (Nm 1.5; 2.10; 7.30,35; 10.18). Viveu em torno de 1210 a.C.

ELMADÃ

No grego, *Elmodám* ou *Elmadám*, seu nome aparece na genealogia lucana de Jesus (Lc 3.28) onde aparece como pai de Cosã, da linhagem de Davi. Seu nome, entretanto, não aparece no Antigo Testamento. No tocante ao que se sabe a seu respeito, nessa genealogia, ver a NTI, *in loc*. Ele viveu seis gerações antes de Zorobabel.

ELNAÃO

No hebraico, **"Deus é agradável"**, ou **"Deus é deleitoso"**. Ele foi o pai de Jeribai e Josavias, dois dos poderosos guerreiros de Davi (1Cr 11.46). Viveu em torno do ano 1000 a.C. Na Septuaginta, Josavias aparece como filho e não como irmão de Jeribai. E o próprio Elnaão é quem é mencionado como um dos guerreiros de Davi. É dificílimo julgar o mérito dessa variante.

ELNATÃ

No hebraico, **"Deus é doador"**. Pode-se notar que um dos nomes de Deus, *El* (vide), faz parte desse nome pessoal. Quando esse elemento vem no fim, e não no começo da outra palavra, o resultado é *Natanael* (vide). Elnatã é o nome de várias personagens do Antigo Testamento, a saber: **1**. *Um habitante* *de Jerusalém*. Sua filha, *Neusta*, foi a mãe do rei Joaquim (2Rs 24.8). Viveu em cerca de 595 a.C. Esse homem tem sido identificado com o filho de Acbor, que o rei Jeoaquim enviou para trazer do Egito o profeta Urias (Jr 26.22). Foi na presença de Elnatã, entre outros, que o rolo do profeta Jeremias foi lido. Elnatã solicitou que esse rolo fosse preservado, tendo convencido o rei de que o ato era certo (Jr 36.12,25). **2**. Vários outros homens com esse nome são mencionados como levitas liderantes, homens dotados de sabedoria e discernimento nos dias de Esdras (Ed 8.16, onde há menção a três homens com esse nome). Os levitas eram escassos naqueles dias e a passagem fala da busca que foi feita para localizar o maior número possível deles. E os que foram achados foram convidados a acompanhar Esdras até Jerusalém. A época geral era 455 a.C.

ELOÃ

Essa é a transliteração, para o português, da forma singular do termo hebraico que comumente aparece no plural, no Antigo Testamento, *elohim* (vide). A forma singular aparece por um total de cinquenta e sete vezes no Antigo Testamento, das quais somente dezesseis fora do livro de Jó. Mas, naturalmente, a palavra nunca aparece transliterada no texto português, pois sempre é traduzida como "Deus". (Para exemplificar, ver: 2Cr 8.32.15; Jó 12.6; Dn 11.37-39 e Hc 1.11). O vocábulo hebraico referia-se ao verdadeiro Deus e sua forma plural não assinalava qualquer sentido politeísta, mas chama-se "plural majestático", que destaca a importância da pessoa assim tratada. (Ver o artigo sobre *Deus, Nomes Bíblicos de*).

ELOHIM

É patente que *El* é a raiz desse nome de Deus, que está no plural. Tem o sentido de "poderoso" ou "forte". Ver o artigo separado sobre *El*. Todavia, os eruditos não concordam entre si quanto à natureza exata da combinação. *Elohim* é a forma plural de *Eloá* (vide). Alguns têm pensado que essa palavra significava *forte*. Ver o artigo geral sobre *Deus, Nomes Bíblicos de*, onde esclarecemos os sentidos desses nomes, entre os quais está *Elohim*. A forma plural, além de ser um *plural majestático* também indicava *deuses*, um emprego legítimo no hebraico. Contudo, reiteramos que, nos escritos em hebraico, o nome de Deus torna-se mais proeminente quando está em sua forma plural, porquanto tem então uma função aumentativa. No plural, esse vocábulo hebraico também era usado para indicar os anjos, como representantes de Deus, além de serem, eles mesmos, grandes poderes espirituais. Por semelhante modo, os magistrados humanos podiam ser assim chamados, meramente por causa da ideia de "força" ou "autoridade", neles investida e não por serem divindades. Interessante é o uso que Jesus fez do termo, na citação que aparece em João 10.34,35, de Salmo 82.6, que alude aos poderes humanos como "deuses". Portanto, Jesus podia estar dando a entender a participação potencial dos homens na natureza divina (2Pe 1.4). Oferecemos comentários pormenorizados sobre essa questão, no NTI, sobre João 10.34,35. O ponto culminante da salvação que Deus nos deu é a participação na natureza divina. Ver o artigo geral sobre a *Salvação*. O trecho de Salmo 82.6, no original hebraico, usa a palavra *elohim*.

Algumas vezes, a literatura ugarítica trazia o uso aumentativo da palavra *elohim*, que alguns estudiosos chamam de "plural majestático". (Em: Dt 4.35,39; 1Rs 8.60; 18.39; Is 45.18, encontramos menção a Deus, com o uso dessa palavra no plural). (Porém, em trechos como Êx 18.11; 20.23; 1Sm 4.8; 2Rs 18.33 etc.), os *deuses* pagãos são mencionados. A mesma palavra envolve juízes ou governantes humanos, conforme se vê em Êxodo 21.6 e 22.28. Os anjos também são chamados assim, em Jó 1.6; 2.1 e 38.7. Ver também Salmo 82.6. O Novo Testamento, seguindo a Septuaginta, cita Salmo 97.7 como uma alusão aos *anjos*; e, naquele salmo, aparece a palavra hebraica *elohim*.

Com a chegada do *monoteísmo* (vide), uma graduação acima do *henoteísmo* que (vide) foi retida a forma plural, *elohim*, embora entendida em um sentido singular (aumentativo). E foi feito o contraste entre os deuses pagãos (*elohim*) e o verdadeiro Deus dos hebreus (Yahweh).

ELOÍSTA

Esse termo designa o suposto autor ou editor da chamada fonte informativa "E" do Pentateuco, que usava frequentemente a palavra hebraica *Elohim* como nome de Deus em seus escritos. Presumivelmente, segundo os criadores da teoria, esse documento ter-se-ia originado em cerca de 750 a.C. no reino do norte, Israel, tendo sido mesclado com outros documentos (o que significaria a multiplicidade de autoria), para formar o que chamamos de Pentateuco. Essa teoria chama-se teoria J.E.D.P. (S.). Cada uma das letras dessa sigla seria uma fonte informativa separada: jeovista, eloísta, deuteronômica e sacerdotal. Ver também sobre cada uma das letras dessa sigla. Ver também o artigo sobre o *Código Sacerdotal*, bem como sobre os livros de *Gênesis, Êxodo, Levítico, Números e Deuteronômio*.

ELOM

No hebraico, **"forte"**, **"homem"** ou **"carvalho"**. Foi o nome de várias personagens referidas no Antigo Testamento: **1**. Um heteu, pai de Basemate, uma das esposas de Esaú, filho de Isaque (Gn 26.34). Ela causava muita consternação para Isaque e Rebeca, sua esposa. No trecho de Gênesis 36.2 ela é chamada *Ada*. Em Gênesis 36.3 há uma outra Basemate, filha de Ismael e irmã de Nebaiote. Isso significa que duas das esposas de Esaú tinham o mesmo nome, Basemate. É possível, pois, que a primeira tenha recebido o apelativo *Ada*, a fim de ser distinguida da segunda. **2**. O segundo dos três filhos de Zebulom (Gn 46.14). Ele foi cabeça da família dos "elonitas", mencionado em Números 26.26. Encontrava-se entre aqueles que desceram ao Egito, em companhia de Jacó. Viveu em torno de 1700 a.C. **3**. Houve um juiz em Israel, da tribo de Zebulom, que atendia por esse nome (Jz 12.11). Dirigiu Israel durante dez anos. Quando faleceu, foi sepultado em Aijalom, no território de Zebulom (Jz 12.12). É interessante observar que, no hebraico, *Elom* e *Aijalom* são palavras formadas exatamente com as mesmas letras do alfabeto hebraico. Por essa razão, alguns estudiosos pensam que esse lugar veio a ser assim chamado porque ali Elom veio a ser sepultado. Ele deve ter vivido um pouco antes de 1100 a.C.

ELOM (CIDADE)

Havia uma cidade com esse nome, nos dias do Antigo Testamento. Ela tornou-se parte da herança da tribo de Dã. Ficava entre Itala e Timna (Js 19.43). A aldeia do wadi 'Alin assinala o antigo local, a um quilômetro e meio a leste de 'Ain-Shems (Bete-Semes). Trata-se da mesma Elom, referida em 1Reis 4.9. Nessa referência, está em foco um dos doze distritos de onde foram escolhidos superintendentes para prover mantimentos para a corte de Salomão. Ainda em 1Reis 4.9 encontramos uma questão de interpretação. Algumas versões dizem Elom-Bete-Hanã, ao passo que a nossa versão portuguesa separa os nomes, "Elom" e "Bete-Hanã", como se fossem duas cidades e não uma só. Ver também sobre Bete-Hanã.

ELOM-BETE-HANÃ. Ver sobre *Elom (Cidade)*, último parágrafo.

ELOTE. Ver sobre *Elate*.

ELPALETE. Ver sobre *Elifelete*.

EL-PARÃ

No hebraico, **"carvalho das cavernas"**. Com essa forma, aparece somente em Gênesis 14.6. Mas também é chamado "monte Parã" e "Parã" (Gn 21.21; Nm 10.12; 12.16; 13.3,26; Dt 1.1; 33.2; 1Sm 25.1; 1Rs 11.18 e Hc 3.3). Ver também o artigo sobre *Parã*. Era um lugar ao sul de Canaã e a oeste do território de Edom, onde os horeus habitavam, em Seir. Era um lugar ermo, desértico, que se estendia para oeste, até Sur e para o sul, até o golfo Elanitico. Foi até ali que chegou Quedorlaomer, com suas tropas e seus reis aliados, quando guerreava contra os horeus do monte Seir. A leste ficava o wadi Arabá, localizado ao norte do golfo de Ácaba. Os montes de Edom, que modernamente chamam-se cadeia do Jebel-esh-Shera, alongavam-se a sudoeste do golfo de Ácaba. El-Parã é o nome mais antigo de Elate (modernamente, *Eilat*), o porto marítimo do extremo norte do golfo de Ácaba. Ismael foi residir no deserto de Parã, depois que ele e sua mãe, Hagar, foram expulsos por Sara (Gn 21.21). El-Parã é o único "oásis" a meio caminho da estrada principal que atravessa o deserto de Parã. Posteriormente, veio a ser conhecido como *Qala at Nuhkl* ou *Castelo Nahtl*, isto é, "Castelo da Palmeira".

ELQUIAS

Um indivíduo mencionado no livro apócrifo de Judite (8.1), onde figura como filho de Ananias, neto de Gideão e pai de Oziel.

EL-ROÍ

Em algumas versões, aparecem essas palavras em Gênesis 16.13, onde a nossa versão portuguesa diz, corretamente, "Deus que vê". Efetivamente, "El-Roí" é resultado de uma cópia com pontos vocálicos defeituosos, no texto massorético, como se fosse um dos nomes de Deus. Hagar foi quem usou o nome pela primeira vez, no incidente no qual ela foi protegida por Deus, após ter sido expulsa, juntamente com Ismael, por Sara. Deus é *aquele que vê*, isto é, aquele que "protege". Alguns intérpretes têm pensado que a expressão significa "Deus da Visão".

EL-SHADDAI

Esse nome divino também nunca aparece em nossa versão portuguesa, a exemplo de El-Roí e de outros. Todavia, diferente do caso de El-Roí, El-Shaddai não é um erro textual e, sim, um dos nomes autênticos de Deus, dentro do texto hebraico. A nossa versão portuguesa a traduz sempre por "Deus Todo-Poderoso". (Algumas referências bíblicas são: Gn 17.1; 28.3; 35.11; 43.14; Êx 6.3; Nm 24.4,16; Rt 1.20,21; Sl 68.15; 91.1; Jl 1.15; Ez 1.24). Somente no livro de Jó, a expressão é usada por 31 vezes. (Ver o artigo geral sobre *Deus, Nomes de*, onde esse nome é amplamente ventilado).

O elemento isolado, *Shaddai*, deve ser traduzido por "Poderoso". Tem raízes na palavra hebraica *sadad*, "violento". A Septuaginta traduz a expressão inteira por *pantokrátor*, "todo-poderoso". Conforme pensam alguns estudiosos, é possível que originalmente o nome indicasse algum deus tribal (vide); mas, firmando-se o monoteísmo, tornou-se apenas um título para o verdadeiro Deus, entre outros títulos, na concepção dos hebreus. Os trechos de Deuteronômio 32.17 e Josué 24.2 podem ser entendidos como alusivos a uma época ainda politeísta em Israel. O politeísmo foi-se modificando para o henoteísmo e este, por sua vez, para o monoteísmo. Não há como negar que o conceito de Deus foi se aprimorando com a progressão da história e da revelação escrita. E isso sucedeu tanto em Israel como entre muitos outros povos. Há documentos egípcios que confirmam esse título, embora com a forma de *Shadai-'ammi*.

Há estudiosos que pensam que *shaddai* seria uma referência aos seios femininos, dando a entender, simbolicamente, a ideia de nutrição e força. É possível que as primeiras representações da divindade que usava esse nome tivessem o formato de uma figura com muitos seios. Diana dos Efésios (ver At 19.24), segundo a arqueologia tem demonstrado, era uma figura feminina com mais de uma dúzia de seios. Ver o artigo sobre *Artemis*. Todavia, no que toca ao nome El-Shaddai, tudo isso é pura conjectura de alguns.

ELTECOM

No hebraico, **"Deus é reto"** ou **"Deus é firme"**. Esse era o nome de uma cidade existente no distrito montanhoso de Judá (Js 15.59). O local tem sido tentativamente identificado com a moderna Khirbet ed-Deir, cerca de seis quilômetros a oeste de Belém.

ELTEQUE

No hebraico, **"Deus é seu temor"**. O nome dessa cidade aparece somente em Josué 19.44 e 21.33. Era uma cidade do território de Dã, que os levitas coatitas utilizavam. Em 701 a.C., Senaqueribe, rei da Assíria destruiu essa cidade, a caminho de Timna e Ecrom. Foi nas proximidades de Elteque que houve uma batalha decisiva entre os assírios e os egípcios (2Rs 18.13 ss e 19.8 ss.). Senaqueribe foi o vencedor da refrega. É provável que entre os que lhe fizeram resistência estivessem muitos judeus, que combatiam ao lado dos ecronitas e dos egípcios. A moderna Khirbet el-Muquenna identifica o antigo local de Eltaque. Fica esta a quase dez quilômetros a sudeste de Ecrom e a onze quilômetros e meio a noroeste de Timna.

ELTOLADE

No hebraico, **"Deus é gerador"**, **"Deus é parente"** ou **"aliado a Deus"**. Foi uma cidade do território de Judá, mencionada somente em Js 15.30. Quando da divisão da terra, foi dada aos homens da tribo de Simeão (Js 19.4; 1Cr 4.29). Alguns pensam que esse nome significa "lugar de obtenção de crianças" e, então, supõem que o local foi, em algum tempo, o lugar onde havia um templo de fertilidade, mas isso é uma interpretação fantasiosa. A cidade é mencionada juntamente com *Azém*, que é, seguramente, a moderna Abu 'izam e também com *Hormá*, que, sem dúvida, é o Tell es-sab', o que serve para identificar a área em geral. Ficava em algum ponto entre Arará e Berseba.

ELUL

Nome do sexto mês do calendário religioso dos judeus. Alguns pensam que o sentido da palavra é desconhecido, mas outros pensam em "mês da respiga". Quanto ao ano civil judaico, era o décimo segundo mês. Corresponde ao nosso agosto-setembro. Ver artigo geral sobre o *Calendário*, onde também há um estudo sobre o calendário judaico, juntamente com um quadro ilustrativo. É evidente que o nome ELUL deriva-se do babilônico *elulu ou ululu*, "purificação". A única referência bíblica a esse mês dos hebreus fica em Neemias 6.15.

ELUZAI

No hebraico, **"Deus é a minha força"** ou **"Deus é defesa"**. Ele é mencionado somente em 1Crônicas 12.5. Foi um guerreiro benjamita que veio ajuntar-se às tropas de Davi, em Ziclague, quando este fugia e se ocultava de Saul. Era perito no uso da funda (vide), que sabia utilizar com maestria com ambas as mãos. Viveu em torno de 1000 a.C.

ELZABADE

No hebraico, **"dado por Deus"**. Foi o nome de duas personagens do Antigo Testamento, a saber: **1**. Um dos trinta heroicos guerreiros do exército de Davi (1Cr 12.12). Ele veio juntar-se a Davi, quando este estava com os filisteus, em Ziclague. **2**. Um levita coreíta, filho de Semaías, da família de Obede-Edom (1Cr 26.7). Ele servia de porteiro do templo de Jerusalém e seus parentes e descendentes, ao que parece, ocupavam-se no mesmo serviço. Ambos esses homens viveram como contemporâneos de Davi.

EMADABUM

Esse nome encontra-se no livro apócrifo de 1Esdras (5.8), embora seja omitido no trecho paralelo de Esdras 3.9. Ele teria sido chefe de uma linhagem de levitas que ajudaram a reconstruir o templo de Jerusalém, nos dias de Josué e Zorobabel. Algumas traduções dos livros apócrifos fazem esse nome ser um sobrenome de Josué.

EMANUEL

1. Significado e Usos Bíblicos. A palavra "Emanuel" é de origem hebraica e tem o sentido de "Deus conosco". Aparece somente por três vezes na Bíblia inteira, duas vezes no Antigo Testamento e uma vez no Novo Testamento: (Is 7.14; 8.8 e Mt 1.23). Alguns pensam que O trecho de Isaías 8.10 também pode haver empregado esse nome, onde encontramos as palavras *...porque Deus é conosco*.

2. O Significado de Isaías 7.14. Em nosso artigo sobre o *Nascimento Virginal de Jesus*, no começo do mesmo, apresentamos um tratamento sobre Isaías 7.14, conforme foi utilizado em Mateus 1.22,23. Esse artigo expõe abundantes informações sobre a questão, em relação ao nome Emanuel, que se tornou um dos nomes de Cristo. Ali há uma firme declaração sobre a doutrina da encarnação (vede), pois de maneira especial, na encarnação, Deus fez-se presente com os homens. **Várias Interpretações sobre Isaías 7.14**. *a. Interpretação Não Messiânica*. As interpretações dessa classe tentam eliminar qualquer elemento profético daquele texto de Isaías. Suas palavras são aplicadas a algum menino já nascido ou prestes a nascer, de alguma mulher judia. A identidade da mãe e seu filho é tema controvertido. A palavra "virgem" é substituída por "mulher jovem", eliminando assim qualquer elemento miraculoso do texto. Apesar do original hebraico poder ser assim traduzido, no artigo *Nascimento Virginal de Jesus* damos razões pelas quais a tradução "virgem" é preferível. O texto requer que esse nascimento fosse um *sinal*. Apesar de que nem todos os sinais de Deus têm de ser, necessariamente, miraculosos, algum nascimento realmente incomum foi antecipado por Isaías. Além disso, estava em foco uma mulher solteira. Poderia isso significar solteira até esse tempo, mas casada mais *tarde*? Ou deveríamos traduzir a palavra hebraica *alma* simplesmente por "mulher jovem"? Historicamente, o sinal pode ter sido apenas o livramento de Israel de seus inimigos políticos, o que também aparece no contexto. Nesse livramento, Deus estava presente entre os homens (Emanuel). Alguns estudiosos pensam que a questão refere-se a Ezequias, que efetuou certa forma de livramento. Ele era filho do rei Acaz, a quem o sinal foi dado. Essa explicação, entretanto, tem de enfrentar duas grandes dificuldades: Ezequiel já havia nascido. E, se Ezequiel conseguiu livrar Jerusalém de ser capturada, cerca de dois terços da população de Judá foi morta ou foi levada para o cativeiro, pelas tropas de Senaqueribe, rei da Assíria; e isso não parece ter sido nenhum grande sinal. *b. Interpretações Semimessiânicas*. De acordo com essa posição, a profecia de Isaías 7.14 tinha um duplo sentido: aplicava-se aos dias de Acaz, mas também olhava para o futuro ministério do Messias. *c. Interpretações Francamente Messiânicas*. A profecia de Isaías, de acordo com essa terceira posição, foi verdadeiramente messiânica, que esperava um real livramento de Israel de seus inimigos, através do Messias. Mateus, pois, estava correto em sua avaliação sobre Jesus, como Deus conosco (Emanuel), por meio da sua encarnação.

3. A Teologia do Emanuel. Yahweh é frequentemente apresentado como quem estava com o povo de Israel de maneira especial. (Ver Êx 24.8; 33.16; Nm 23.21; Dt 2.7; 5.2; 20.1; Jz 6.13; 1Rs 8.57; 1Cr 22.18; 2Cr 15.2; 13.12; 32.7,8). A Bíblia inteira, no Antigo e no Novo Testamentos, é um livro altamente teísta, e não deísta. O teísmo ensina que Deus está com os homens, recompensando ou punindo, e também intervindo na história da humanidade. O deísmo, por sua parte, ensina que apesar de talvez existir uma força cósmica ou Deus que começou as coisas, esse Deus abandonou a criação, deixando-a ser governada pelas meras leis naturais. Apesar de ser possível Deus estar com os homens, mesmo sem qualquer encarnação da divindade na humanidade, é através da encarnação que ele permanece mais significativamente conosco. Ver sobre a *Encarnação*, quanto a um completo desenvolvimento sobre essa doutrina.

4. Deus Está Conosco e Nós Estamos com Deus. O Filho de Deus veio para compartilhar da natureza e das condições humanas (Jo 1.14), a fim de que o homem pudesse compartilhar de sua natureza e condição divinas (Cl 2.10; 1Pe 1.4; 2Co 3.18). Esse é o significado do nome Emanuel. O sinal de Emanuel foi dado ao rei Acaz, para que ele deixasse de temer aos seus inimigos. *Se Deus é por nós, quem será contra nós?* (Rm 8.31).

EMBOSCADA

No hebraico, *awrab*, "emboscar", na fraseologia militar consiste em ocultar um exército ou um destacamento em algum lugar onde o inimigo precisa passar, a fim de atacá-lo de surpresa, e portanto, em desvantagem. Com frequência, a manobra inclui a provisão de não se permitir a fuga do inimigo. Temos o exemplo dado por Josué em Ai (ver o artigo a respeito). Ver Josué 8.21. Na tentativa de surpreender Siquém (ver Jz 9.30 ss.), a operação, como manobra militar, não foi feita com habilidade, embora tivesse obtido sucesso, afinal. Esse vocábulo é usado metaforicamente para indicar as astúcias dos ímpios (Sl 10.8; 59.3; Pv 1.11,18; 24.15; Jr 9.8). (S Z)

EMEQUE-QUEZIZ

No hebraico, **"terreno baixo"**. Nome de um vale de Queziz, uma fissura geológica. O vocábulo é cognato do ugarítico 'm q, do cananeu *'amq*, e do acádico de Mari, *hamqum* e *q'siys*. Essa última palavra significa "decepar". O nome figura na Bíblia somente em Josué 18.21, onde aparece certo número de cidades fronteiriças, entre Jericó e o mar Morto. Alguns estudiosos pensam que se trata do moderno wadi el-Kaziz, um braço do ribeiro do Cedrom. Mas essa identificação foi posteriormente rejeitada, pelo que o local continua sem identificação precisa. Todavia, aquele nome preserva o nome antigo.

EMINS

No hebraico, **"terrores"**. Esse nome, no plural, designava uma raça numerosa de gigantes que, nos dias de Abraão, ocupava a região de além do Jordão, um território que os moabitas vieram a ocupar, tempos mais tarde (Gn 14.5; Dt 2.1). Os emins ocupavam a área em redor de Quiriataim (vide), que ficava a leste do mar Morto. O trecho de Gênesis 14.5 diz-nos que eles foram derrotados pelas tropas dos quatro monarcas invasores. Moisés descreveu-os com as palavras: *...dantes habitavam nela...* isto é, como os primeiros habitantes da região que depois tornou-se conhecida como Moabe. Ainda segundo Moisés, os emins eram um *... povo grande, numeroso e alto como os enaquins* (Dt 2.10).

Há quem pense em uma derivação diferente desse nome, supondo que está em pauta uma palavra cognata de *aima*, "tribo", "horda". A Bíblia informa-nos de que a parte leste do Jordão era ocupada por várias raças de gigantes: os *refains*, que viviam em Basã; os *zanzunrins* (cujas terras os amonitas conquistaram, Dt 2.20,21) e que, talvez sejam os mesmos *zuzins* de Gênesis 14.5, os *emins* (cujas terras os moabitas conquistaram); e os *horeus* (cujas terras foram conquistadas pelos idumeus).

ENÃ

No hebraico, "fonte dupla (?)" Outros estudiosos preferem "par de olhos". Esse foi o nome de uma cidade e de um homem, a saber: **1**. Uma cidade nas terras baixas da tribo de Judá (Js 15.34). Há eruditos que pensam que se trata da mesma Enaim (Gn 38.14,21) (vide). **2**. O pai de Aira, mencionado por cinco vezes no Antigo Testamento (Nm 1.15; 2.29; 7.78,83; 10.27). Enã era líder da tribo de Naftali, nos dias em que o povo de Israel vagueava pelo deserto do Sinai. Foi nomeado por Moisés para ajudar no recenseamento feito no Sinai e trouxe as oferendas tribais apropriadas.

ENAIM

No hebraico, *pethaeh enaylm*, que, literalmente significa "entrada dos dois olhos", uma rara forma dual no hebraico. No hebraico e em alguns outros idiomas, o dual era o plural de pares. A expressão ocorre somente em Gênesis 38.14,21. A nossa versão portuguesa traduz, respectivamente, por "entrada de Enaim" e "caminho de Enaim". Em Josué 15.34 há menção à cidade de *Enã* (ver o verbete anterior, com esse título). Alguns estudiosos supõem que estava em foco um par de fontes. Porém, a palavra hebraica tem uma longa e complicada história e o que esses estudiosos têm dito é pura conjectura.

ENANTÃ

Esse nome encontra-se no livro apócrifo de 1Esdras 8.44. Nas listas paralelas de Esdras 8.16, o nome é *Elnatã* (vide). Enantã não aparece no cânon palestino.

ENCAIXES

No hebraico, *yad*, **"mão"**. Mas, com esse sentido, (em Êx 26.17,19 e 36.22,24). Talvez a referência seja a tarugos ou presilhas, usadas nas beiras das tábuas que formavam as paredes laterais do tabernáculo armado no deserto, pelos israelitas. Um tarugo é usualmente uma projeção, em uma tábua, que se encaixa em perfurações, em outra tábua, atuando como se fosse uma espécie de prego de madeira.

ENCANTADOR

No hebraico temos oito vocábulos que devem ser levados em conta quanto a este verbete, a saber: **1**. *Nachash*, "sussurrar", "usar de encantamentos", "encantador". Essa palavra é usada por sete vezes (Dt 18.10; Nm 23.23; 24.1; 2Rs 17.17; 21.6; Lv 19.26 e 2Cr 33.6). **2**. *Anan*, "observar as nuvens", "encantador". Esse termo é usado por nove vezes (Jr 27.9; Lv 19.26; Dt 18.10,14; 2Rs 21.6; 2Cr 33.6; Is 2.6; Mq 5.12; Is 57.3). **3**. *Lachash*, "sussurro", "amuleto". Vocábulo usado por cinco vezes (Ec 10.11; Jr 8.17; Sl 58.5; 2Sm 12.19; Sl 41.7). **4**. *Lat*, "encantamento", "segredo". Termo empregado por três vezes (Êx 7.22; 8.17,18). **5**. *Cheber*, "encantamento". Palavra que ocorre por três vezes (Sl 58.5; Is 47.9,12). **6**. *Lehatim*, "brilhos". Palavra que aparece apenas por uma vez (Êx 7.11). **7**. *Ittim*, "prestidigitador", "ilusionista", "impostor". Palavra que aparece por apenas uma vez (Is 19.3). **8**. *Chabar cheber*, "fascinar". Expressão usada por duas vezes (Dt 18.11 e Sl 58.5).

A ideia de "sussurro", por detrás de certas palavras hebraicas envolvidas neste verbete, refere-se aos augúrios daqueles que buscavam consultar os baalins (Nm 24.1). Talvez haja nisso uma referência à adivinhação por meio de serpentes (*ofiomancia*). Os encantamentos por meio de palavras proferidas destacam-se em Isaías 47.9,12, onde é usada a palavra hebraica *cheber*. Ver o artigo geral sobre *Adivinhação*.

O Antigo Testamento proibia a prática da adivinhação, sob qualquer de suas formas; mas o fato é que os hebreus praticavam encantamentos como parte de sua cultura. Assim, o *Urim e o Tumim* (vide) envolviam o lançamento de sortes, ou alguma forma de bola de cristal. É possível que esses objetos (pois seus nomes estão no plural) fossem pedras preciosas que o sumo sacerdote ficava olhando, produzindo nele uma espécie de transe hipnótico, que facilitava o discernimento profético. O sentido da palavra hebraica *urim*, "luzes", favorece essa ideia, embora ninguém tenha certeza quanto ao que estava envolvido. Ver o uso desses objetos, com propósitos oraculares, em Deuteronômio 33.8,10 e Números 27.21. Fora da cultura dos hebreus, embora conhecido por eles, havia o encantamento por meio de serpentes (Ec 10.11 e Jr 8.17). O "sussurro" talvez fosse uma alusão ao "silvo" das serpentes.

Também havia a profissão dos astrólogos (Dn 2.10 etc.). É que as pessoas interessam-se por todos os meios que, supostamente, preveem o futuro ou dão conselhos sobre o que deve ser feito neste ou naquele caso, porquanto uma evidente incerteza permeia a vida e todas as suas vicissitudes. A maioria dessas coisas, reconhecidamente, são apenas jogos, como se esses pudessem orientar as pessoas. Na falta de orientação mais segura, serve mesmo o acaso, o azar! Todavia, também estão envolvidas atividades psíquicas, algumas das quais envolvem as intervenções demoníacas. O artigo sobre *Adivinhação* aborda, com detalhes, essas questões.

ENCANTADORES. Ver sobre *Adivinhação* e sobre *Mágica*.

ENCANTAMENTO

Os encantamentos são aquelas práticas, comuns entre os povos primitivos, de usar fórmulas verbais ou ritos mágicos que encorajariam os poderes sobrenaturais a entrar em ação, praticando o bem ou o mal, abençoando ou amaldiçoando as pessoas, exorcisando os demônios, provocando experiências místicas ou curando enfermidades. Essas fórmulas verbais são faladas ou entoadas e, geralmente, fazem parte de rituais para todos os tipos de ocasiões.

Em seus primórdios, um encantamento era um desejo envolto em fortes emoções, expresso *por meio de palavras*. Segundo é mundialmente entendido, um encantamento é alguma combinação de palavras que, supostamente, está carregada de uma potência misteriosa qualquer, capaz de cumprir aquele desejo expresso. Um amuleto, por sua vez, é um *objeto material* qualquer que, supostamente, se mostraria eficaz na obtenção de certos benefícios. Um encantamento em forma escrita sobre um objeto, torna-se um amuleto. A distinção entre encantamento e amuleto geralmente é esquecida, pelo que, muita gente chama os amuletos de encantamentos, embora equivocadamente. Os amuletos devem ser usados em contato com a pessoa. Visto que sua função essencial é a de cumprir desejos, espera-se que os amuletos confiram riquezas, forças físicas, boa sorte, sucesso nas conquistas amorosas, vitória nas batalhas, proteção diante dos perigos, cura de enfermidades, proteção à saúde, proteção contra tentativas de morte, proteção contra os ataques de demônios e fantasmas, proteção contra a inveja, contra o mau-olhado etc. Ver os artigos separados sobre *Amuletos, Mágica* e *Feitiçaria*.

É evidente que recursos dessa espécie ficam bem em pessoas de mente obscurecida pelo paganismo da pior espécie. Poderíamos juntar a isso as chamadas "rezas", como as de São Cipriano etc., que supostamente fazem as pessoas até mesmo tornarem-se invisíveis, podendo escapar à detecção da polícia. Muitas pessoas que entram pela senda do crime procuram proteger-se sob o manto dessas superstições. Os amuletos e as pessoas que os usam se equiparam.

ENCANTAMENTO DE SERPENTES

A prática antiga do encantamento de serpentes é referida por duas vezes nas páginas da Bíblia, e ambas as vezes em sentido metafórico. A primeira dessas menções fica em Salmo 58.4,5. Nesse trecho, os ímpios são comparados a serpentes peçonhentas, que não dão ouvidos à voz dos encantadores, ou seja, não dão ouvidos à razão, mas fazem ouvidos surdos para todos os conselhos. Na passagem de Jeremias 8.17, Deus adverte aos israelitas que enviaria entre eles serpentes venenosas contra as quais não haveria defesa, ainda que apelassem para encantamentos. Antes, eles seriam mordidos por elas.

Sem dúvida, essa linguagem oculta uma alusão aos babilônios, que haveriam de conquistar militarmente a Judeia, levando os seus habitantes para o exílio. Foi precisamente o que aconteceu, em 587 a.C.

Diversas palavras hebraicas são usadas com a ideia de "encantamento". Porém, quando se trata de encantamento de serpentes, devemos destacar o vocábulo hebraico *lachash*, que significa "sussurro", "encantamento", conforme o mesmo aparece no trecho de Eclesiastes 10.11, onde se lê: *Se a cobra morder antes de estar encantada, não há vantagem no encantador.*

As serpentes eram muito numerosas na Palestina, por isso a arte de encantar serpentes era praticada na região. Mas, se havia serpentes susceptíveis a essas técnicas de encantamento, outras resistiam a tudo (ver Sl 58,4,5; Jr 8.17). É possível que o trecho de Isaías 3.3 também se referia ao encantamento de serpentes. Na passagem de Jeremias 8.17, o encantamento de serpentes é usado metaforicamente para descrever os adversários de Judá, que eram *áspides contra as quais não há encantamento e vos morderão*, no dizer do Senhor. E, em Salmo 58.4,5, os ímpios são caracterizados como serpentes peçonhentas e como a "víbora surda", que tapa os ouvidos para não ouvir a voz dos encantadores, ou seja, que não dão ouvidos às advertências de Deus, através de seus pregadores e profetas.

EN-DOR

No hebraico, **"fonte de dor"**, isto é, **"fonte do círculo"**. Uma cidade da Galileia entregue à tribo de Manassés, na divisão das terras conquistadas por Israel, Josué 17.11. O lugar é mencionado em conexão com a vitória de Débora e Baraque sobre Jabim e Sísera, Salmo 83.9.

De conformidade com Salmo 83.9, a cidade fazia parte da planície de Quisom, e, portanto, também do campo de batalha de Megido. Tem sido identificada com Endur, a pouco mais de seis quilômetros ao sul do monte Tabor e a quase dez quilômetros a sudeste de Nazaré, na vertente norte do Pequeno Hermom (Nebi Dahi). Foi ali que o exército de Saul acampou, antes da derrota desastrosa durante a qual ele morreu. E, naturalmente, era ali, igualmente, que residia a feiticeira de En-Dor, que foi consultada por Saul, em um incidente que tem ocasionado tantas discussões. Ver 1Samuel 28.7 *ss*. O nome dessa cidade nunca aparece no Novo Testamento. Nos dias do império romano, a cidade contava com uma numerosa população. Chegou a ser ocupada pelos árabes, que foram forçados a abandoná-la em 1948, quando a guerra entre árabes e judeus, naquele ano. Israel estabeleceu ali uma povoação, chamando-a de *Ein Dor*.

EN-EGLAIM

No hebraico, **"fonte das duas novilhas"**. Esse era o nome de uma cidade de Moabe (Ez 47.10), que Jerônimo afirmou ficar na extremidade norte do mar Morto, perto da embocadura do rio Jordão. Mas, os eruditos modernos não creem que o lugar tenha sido identificado de modo absoluto, embora muitos pensem que ficava a poucos quilômetros ao sul de Khirbet Qumran (vide). O lugar é mencionado em referência a Israel, em seus dias áureos. A profecia ali existente afirma que naquele lugar, ao sul de En-Gedi (vide) a meio caminho da praia ocidental do mar Morto, pescadores haveriam de lançar suas redes, a fim de pescarem. Isso indica que o mar Morto deixará de ser morto e se tornará piscoso. A sua atual elevada concentração de sal impede que ali vivam peixes. O grande Lago Salgado, no estado de Utah, nos Estados Unidos da América do Norte, bem maior do que o mar Morto (embora também bem mais raso) e que contém mais ou menos a mesma concentração de sal (mais de 20% do volume da água), só consegue sustentar um pequeno camarão, o que significa que aquele lago também é morto. É possível que nos eventos cataclísmicos preditos para o fim dos tempos, novas fontes de água potável venham a derramar ali as suas águas e que o mar Morto obterá uma saída para o oceano, o que faria com que o mar Morto se tornasse um lago de águas potáveis. No estado de Utah, em tempos remotos, houve um grande lago, que ocupava a maior parte da porção norte daquele estado e outras porções de estados vizinhos, porquanto era do tamanho do atual lago Michigan e era, então, um lago de águas frescas. Mas, quando diminuiu o suprimento de água potável e todas as saídas foram fechadas, esse vasto lago foi diminuindo e se tornando graduativamente mais salgado. O mesmo processo deve ter formado o mar Morto. Mas certos cataclismos, como terremotos, poderão reverter o processo.

EN-GANIM

No hebraico, **"fonte dos jardins"**. Esse foi o nome de duas cidades que figuram nas páginas do Antigo Testamento: **1.** Uma cidade do território de Judá (Js 15.34), localizada na Sefelá (terras baixas), não muito longe de Bete-Semes. Jerônimo situava-a perto de Betel. Tem sido identificada com a moderna Beit Jemal, mas isso é duvidoso. **2.** Uma cidade levítica no território de Issacar (Js 19.21; 21.29). Foi dada aos gersonitas, quando da divisão da terra. A cidade de *Aném*, que aparece em 1Crônicas 6.73, é uma corruptela escribal desse nome. Provavelmente é a mesma Bete-Hagã aludida em 2Reis 9.27. Algumas traduções dizem, neste último trecho, "casa do jardim". O local é a moderna Jenin, cerca de 24 quilômetros ao sul do monte Tabor. Continua sendo um local com muita água e com jardins, embora ali haja poucos habitantes.

EN-GEDI

No hebraico, **"fonte do cabrito"** ou **"fonte de Gade"**. Nome de três locais diferentes, nas páginas do Antigo Testamento: **1.** A fonte e o riacho resultante que manava das rochas de pedra calcária no lado ocidental do mar Morto, na direção quase leste de Hebrom. O trecho de 2Crônicas 20.2 diz "Hazazom-Tamar, que é En-Gedi". Porém, é possível que não se trate do mesmo lugar que tem esse nome, em Gênesis 14.7. Essa região ficava dentro do território da tribo de Judá. **2.** Esse mesmo nome é usado para indicar uma cidade de Judá, na mesma região. Davi foi residir ali, quando fugia de Saul (Js 15.62; 1Sm 24.1-4). Se tivermos de supor a identificação da mesma com Hazazom-Tamar, então trata-se da mesma cidade mencionada em Gênesis 14.7. Esse nome mais antigo, Hazazom-Tamar, sugere a existência de palmeiras, o que pode apontar para algum oásis no deserto da Judeia. O trecho de Cantares 1.14 menciona as "vinhas de En-Gedi"; mas quando os islamitas ocuparam a Palestina, transformaram tudo em área desértica. Um moderno povoado israelense, existente no local, reviveu a agricultura daquela região, através do uso de irrigação. A água continua abundante ali, manando da fonte de Ain-jidy, que produz um riacho de águas cristalinas. Ao que parece, na antiguidade, a descida se fazia por meio de terraços, onde havia plantações e jardins. Ao sopé da colina existem ruínas antigas e a cidade adquiriu o seu nome com base na fonte. **3.** O deserto de En-Gedi é a área adjacente e desolada dos lugares acima mencionados. Trata-se de uma das porções mais desoladas e ermas do deserto da Judeia. O trecho de 1Crônicas 20.1 *ss*., relata como Amom, Moabe e Edom tentaram invadir Judá através dessa região desolada. É possível que pensassem que uma invasão, vinda daquela direção, não fosse esperada pelos habitantes de Judá. Porém, uma vez que se soube o que estava sucedendo e foi dado o aviso, a invasão fracassou. Foi nessa área que Davi e seus homens esconderam entre as rochas e as cabras selvagens e onde ele cortou a fímbria das vestes de Saul, na caverna (1Sm 24.1-5). Esse lugar está coalhado de cavernas, que serviam de esconderijos para Davi e seus homens. Através da história, os ladrões têm tirado vantagem desse tipo de terreno, para se ocultarem. Ver *Hazazom-Tamar*.

EN-HACORÉ

No hebraico, **"fonte do que clama"** ou **"fonte daquele que chamou"**. Sansão bebeu das águas dessa fonte, após ter massacrado muitos filisteus em Leí (Jz 15.14-19). O local moderno de Leí não tem sido identificado. A palavra *leni* significa "queixada". E isso tem feito alguns tradutores enganarem-se, pensando eles que a água saiu da queixada do jumento, embora fosse apenas o nome de um lugarejo. (Ver Jz 15.19).

EN-HADÃ

No hebraico, **"fonte rápida"** ou **"fonte aguda"**. Era o nome de uma cidade mencionada somente em Josué 19.21. Quando da divisão da Terra Prometida, a cidade coube aos homens da tribo de Issacar. Eusébio menciona um lugar com esse nome, entre Eleuterópolis e Jerusalém, a dezesseis quilômetros da primeira. Os eruditos modernos supõem que esse lugar ficava entre cinco a dez quilômetros a leste do monte Tabor.

EN-HAZOR

No hebraico, **"fonte da vila"**. Esse era o nome de uma das cidades muradas (fortificadas), na herança que coube à tribo de Naftali. Não deve ser confundida com Hazor (Js 19.37). A Bíblia inclui pelo menos cinco localizações que incorporam a palavra *Hazor*. A própria cidade desse nome estava localizada, igualmente, na região que ficou com a tribo de Naftali, a noroeste do mar da Galileia. No entanto, a localização de En-Hazor é desconhecida. Contudo, alguns estudiosos identificam-na com a moderna 'Ainitha.

EN-MISPATE

No hebraico, **"fonte do julgamento"**. Lugar onde Quedorlaomer e seus aliados estiveram após romper o deserto de Parã. O lugar é chamado de Cades, Gênesis 14.7.

EN-RIMOM

No hebraico, **"fonte da romã"**. Esse foi o nome de uma vila que foi reocupada depois que os judeus voltaram do cativeiro babilônico (Ne 11.29). Provavelmente é correta a sua identificação com Aim e Rimom, mencionadas em Josué 15.32, ou, pelo menos, ficava localizada na mesma área geral. Ver Aim e Rimom, em (Js 19.29; 1Cr 4.32 e Ne 11.29). Algumas versões dizem, nestas duas últimas passagens, Aim-Rimom, como se fossem uma só cidade. Nossa versão portuguesa prefere distinguir uma da outra, em todos os casos. A região foi entregue a princípio à tribo de Judá, na divisão da Terra Prometida; mas, mais tarde, foi transferida para Simeão. Os arqueólogos nunca escavaram o local proposto. Originalmente, pode ter-se constituído por duas aldeias, próximas uma da outra, mas que, depois, uniram uma à outra, tornando-se uma única cidade. Ou então, há algum erro de cópia envolvido, dando a entender que uma única vila era, na verdade duas, com diferentes nomes, embora localizadas na mesma área geral. Talvez corresponda à Rimom que aparece em Zacarias 14.10. O local tem sido identificado com a moderna Khirbet Umm er-Rumamin, que fica cerca de catorze quilômetros e meio ao norte de Berseba.

EN-ROGEL

No hebraico, **"fonte do lavandeiro"**, ainda que o sentido original dessa localidade pareça ter sido "fonte do pé", mas que, subsequentemente foi entendido pelo comentário dos Targuns como "fonte do lavandeiro", porquanto os lavandeiros pisoteavam os tecidos que queriam branquejar. En-Rogel é uma fonte bem ao sul de Jerusalém, no vale do Cedrom. Nos tempos antigos, esse manancial era mais ativo e suas águas borbotavam espontaneamente até a superfície. Atualmente, as águas sobem através de bombas à gasolina. O lugar é chamado *Bir Ayyub*, ou seja, "poço de Jó". A outra fonte a leste de Jerusalém chama-se Ain Sitti Miriam isto é, "Fonte de Nossa senhora Maria", também conhecida como *Fonte da Virgem*. Essa fonte tem sido identificada com a antiga En-Rogel, embora a outra identificação provavelmente seja mais correta. Seja como for, estão separadas apenas por algumas dezenas de metros. Talvez a *Fonte da Virgem* seja a fonte de Giom, mencionada em 1Reis 1.33. O nome En-Rogel aparece, pela primeira vez, em Josué 15.7 e 18.16, onde se aprende que ficava localizada na fronteira entre Judá e Benjamim. Davi deixou ali dois de seus espiões, Jônatas e Aimaás, quando Absalão, seu filho, obteve temporariamente o poder. (Ver 2Sm 17.17). O lugar também é mencionado em conexão com a tentativa de Adonias para usurpar o poder real. Ele ofereceu sacrifícios perto da Pedra da Serpente (em nossa versão portuguesa, "pedra de Zoelete", conforme se vê em 1Rs 1.9).

EN-SEMES

No hebraico, **"fonte do sol"**. Essa fonte servia de marco fronteiriço entre Judá e Benjamim (Js 15.7; 18.17). Ficava localizada a leste do monte das Oliveiras. Tem sido identificada com a moderna *Ain el-hod*, cerca de cinco quilômetros de Jerusalém, no caminho para Jericó, no vale do rio Jordão. Também tem sido chamada de *Fonte dos Apóstolos*. A região é essencialmente seca e essa fonte é a única que, segundo dizem, existe no caminho entre Jericó e Jerusalém.

EN-TAPUA

No hebraico, **"fonte de Tapua"**, um manancial existente perto da cidade chamada *Tapua* (vede). Esse nome aparece somente em Josué 17.7. Essa fonte seria um dos marcos de fronteira da tribo de Manassés. Tem sido comumente identificada com o moderno Tell Sheikh Abu Zarad, localizado cerca de treze quilômetros ao sul de Siquém. Os cananeus contavam com uma fortaleza naquele lugar, que resistiu, durante algum tempo, à invasão dos israelitas. Na divisão da Palestina, a princípio ficou com a tribo de Manassés, mas, posteriormente, passou a ser considerada como parte do território de Efraim.

ENDURECIMENTO DO CORAÇÃO

As ideias envolvidas nessa expressão são a obstinação, o embotamento da consciência, a cegueira proposital do entendimento e da sensibilidade. Tanto o Antigo quanto o Novo Testamentos contêm certo número de expressões que se referem a essas condições, algumas vezes envolvendo a palavra "coração", e de outras vezes, não. (Em 2Cr 30.8 há alusão à dura cerviz (pescoço duro); em Êx 7.3 lê-se acerca do endurecimento do coração; em Ez 2.4; Dt 2.30 e 2Cr 36.13 há menção ao fato de que alguns endureciam o coração contra o Senhor. Lemos em Êx 7.3 e 14.4 que Deus endureceu o coração de Faraó). E Paulo, em Romanos 9.18, aproveita isso para ensinar sua doutrina *da predestinação* incondicional. Ver os artigos sobre esse assunto e sobre o *Voluntarismo*. Ver também sobre o *Determinismo*.

Quando alguém endurece o seu coração, ou seja, torna-se rebelde e insensível quanto às questões espirituais, e então age em consonância com essa insensatez autoimposta, então torna-se merecedor de castigo (Pv 29.1). Consideremos as condições do povo de Israel, em Meribá (Sl 95.8). A recusa em atender a bons conselhos também é um endurecimento do coração (2Rs 17.14; Ne 9.16,17 e Hb 3.8). Os discípulos de Jesus tinham corações endurecidos, por não serem capazes de entender os seus ensinos mais profundamente espirituais (Mc 6.52; 8.17). Os gentios incrédulos encontram-se nessa condição, em sua alienação de Deus (Ef 4.18). Aqueles que não pertencem ao grupo dos eleitos de Deus estão endurecidos, talvez por ato de Deus, ou por circunstâncias criadas por eles mesmos (Rm 11.7). O povo de Israel, em seu presente estado de apostasia, acha-se endurecido (Rm 11.25). Aqueles que vivem destituídos de sensibilidade espiritual, condicionados pela iniquidade, têm os corações endurecidos (Mt 19.8).

ENFEITES

No hebraico, as principais palavras são *hadar*, "beleza", "honra" (por exemplo, Jó 40.10; Sl 110.3; Pv 20.29; Lm 1.6; Dt 33.17; Sl 90.16; Is 2.10,19,21; 5.14; Mq 2.9—uma palavra usada por mais de trinta vezes); e *yophi*, "beleza", "formosura" (por exemplo, Et 1.11; Sl 45.11; 50.2; Pv 6.25; 31.30; Is 3.24; 33.17; Lm 2.15; Exe. 16.14,15,25; 27.3,4,11; 31.8; Zc 9.17—uma palavra usada por dezoito vezes).

Os enfeites femininos em geral, como pendentes, braceletes, véus etc., podiam ser coletivamente mencionados como "enfeites". (Ver Isaías 3.18). O exagerado uso de enfeites foi atacado pelos profetas e o juízo divino foi ameaçado e executado contra esses excessos. O evangelho cristão requer moderação quanto a esses enfeites, embora não os proíba. Ver 1Pedro 3.3,4 quanto ao ensino neotestamentário. Existem adornos do espírito que não podem ser substituídos por enfeites do corpo. Existem aquelas joias imperecíveis de um espírito gentil e tranquilo, com que uma mulher crente deveria adornar-se.

ENFERMIDADES NA BÍBLIA

Ver também sobre *Medicina (Médicos)* e *Medicina, Ética da*.

Declaração Introdutória. Os homens sempre se preocuparam muito com suas condições físicas. Muita gente, quando adoece, dificilmente pode falar sobre qualquer outra coisa. Cremos na existência da alma, mas apegamo-nos de tal modo ao corpo físico, em nosso presente estado, que qualquer ameaça ao corpo físico nos parece uma ameaça à própria existência. Os filósofos e os teólogos falam sobre as doenças no contexto do *Problema do Mal* (vide). Por que razão os homens sofrem? Temos algumas respostas, mas elas parecem funcionar melhor quando é alguma *outra* pessoa que está doente, ou quando alguma outra pessoa é que sofreu alguma espécie de tragédia. Deus, sem dúvida, preocupa-se com a questão das enfermidades, pois, de outro modo, não teria provido o dom de curas, para alivio do sofrimento físico, causado pelas enfermidades do corpo. Tornou-se uma questão de discussão teológica determinar até que ponto, a enfermidade é uma experiência normal dos crentes, ou se ao menos os crentes podem adoecer sem que isso seja resultado de algum pecado. Esse problema é comentado no quarto ponto deste artigo.

Muitas enfermidades físicas são mencionadas na Bíblia. Os hebreus estavam sujeitos a enfermidades comuns aos climas semitropicais, como aquele que domina o Oriente Médio. As descrições de doenças, que aparecem na Bíblia, geralmente são vagas, e segundo presumimos, algumas vezes são inexatas. Podem ser mencionados sintomas como a febre, as hemorragias, as purulências, as dores, as coceiras etc. Mas é quase sempre impossível dizer com certeza quais doenças estão em pauta. É quase certo que algumas identificações de doenças, como algumas supostas formas de lepra, na realidade não eram aquilo que hoje chamamos por este ou aquele nome. Para exemplificar, o nome lepra provavelmente envolve certo número de enfermidades da pele que os antigos não sabiam distinguir da verdadeira lepra. Portanto, devemos antecipar uma certa inexatidão no tocante a essa questão, porquanto, na Bíblia, estamos às voltas com escritos de natureza religiosa, que ocasionalmente mencionam alguma enfermidade, e não com relatórios médicos.

I. ENFERMIDADES FÍSICAS

1. Alcoolismo. Até mesmo hoje, com todo o avanço da ciência, não sabemos até que ponto o alcoolismo pode ser considerado uma enfermidade, ou um vício moral, isto é, um distúrbio da alma, e não do corpo físico. Que há um fator hereditário mostra que a explicação como uma *enfermidade* está parcialmente correta; mas também é por demais óbvio para precisar ser provado que os alcoólatras *se fazem*. Portanto, parece que ambas as explicações desse problema têm suas razões. A sociedade judaica entregava-se ao vinho e às danças. Simplesmente não temos ali uma típica comunidade evangélica. Era bom que cada indivíduo contasse com sua própria vinha e com sua própria figueira; e a Bíblia refere-se laudatoriamente ao vinho, como parte das bênçãos de Deus (Gn 27.28). É um equívoco falar sobre o vinho mencionado na Bíblia como se fosse apenas suco de uva, ainda não fermentado. Por outro lado, a fermentação natural do suco da uva produz apenas cerca de oito por cento de álcool. Mas essa porcentagem é suficiente para causar intoxicação alcoólica, com graves problemas. Parece haver certo descontrole químico, no organismo de certas pessoas, que as fazem desejar ardentemente as bebidas alcoólicas. Uma vez que a pessoa se torna alcoólatra, esse vício torna-se muito difícil de interromper. E dentre aqueles que supostamente foram libertados, as estatísticas demonstram que setenta e cinco por cento retornam ao vício, embora possam ficar libertos durante alguns meses, ou, em alguns casos, durante alguns anos. A Bíblia aconselha-nos a moderação em todas as coisas. Paulo sugeriu que Timóteo tomasse um pouco de vinho, por causa dos problemas estomacais de que ele sofria (ver 1Tm 5.23).

Luzes da Ciência Moderna. A ciência tem demonstrado que qualquer quantidade de álcool, na corrente sanguínea, mata células do cérebro. Esse é um fato que os escritores sagrados da Bíblia desconheciam. Se Paulo tivesse tido conhecimento disso, é quase certo que ele teria proibido a ingestão de qualquer quantidade de bebida alcoólica, com base no princípio de que os nossos corpos são templos do Espírito Santo. (Ver 1Co 3.16,17 e 7.19). Não é justo matarmos, propositalmente, algumas células do cérebro. Ver os artigos separados sobre *o Vinho*, sobre o *Alcoolismo* e sobre as *Bebidas Fortes*.

2. Febre. No hebraico, *qaddachath* (Lv 26.16 e Dt 28.22). Um termo geral que indica um sintoma de várias moléstias, resultando de diversas infecções, como a febre tifoide, o paratifo ou a malária. A malária era bastante comum nas terras bíblicas, sendo bem provável que as febres causadas por motivos não identificados estivessem ligadas à malária.

3. Atrofia. No hebraico, *qamat*. O termo hebraico aparece somente em Jó 16.8 e 22.16. Nossa versão portuguesa o traduz por "encarquilhado" e "arrebatado", respectivamente. Especialmente a primeira dessas passagens parece apontar para essa enfermidade. Aparentemente, Jó foi afetado por várias enfermidades ao mesmo tempo. A distrofia muscular é uma condição segundo a qual os músculos recusam-se a absorver os nutrientes que lhes são trazidos pela corrente sanguínea. Em resultado disso, os músculos vão se debilitando e afinando cada vez mais. A pessoa termina imobilizada, e, finalmente, morre. O cérebro não é envolvido nesse processo. O trecho de Lucas 6.6 (onde nossa versão portuguesa usa o adjetivo "ressequida") talvez seja uma outra referência a essa condição. Podemos supor que a poliomielite era comum, embora não identificada, nas terras bíblicas. O homem de mão mirrada talvez tivesse sobrevivido a um caso dessa doença, tendo resultado em um aleijão. Mas o poder de Jesus foi capaz de restaurar até mesmo certa má formação, o que diz muita coisa sobre a estatura espiritual do Grande Mestre e Curador. Uma estela descoberta no Egito, com data do século XIII a.C., retrata um homem com uma perna atrofiada, talvez por causa de poliomielite.

4. Calvície. No hebraico, *gorchah*, palavra que aparece por nove vezes (Lv 21.5; Dt 14.1; Is 3.24; 15.2; 22.12; Jr 47.5; Ez 7.18; Am 8.10 e Mq 1.16). Os egípcios não gostavam de ter pelos e cabelos no corpo, pelo que se rapavam e barbeavam constantemente. Os judeus, entretanto, muito gostavam de deixar seus cabelos compridos, e suas barbas luxuriantes eram muito admiradas por eles. Ver o artigo sobre a *Barba*. Os estrangeiros que viviam entre os judeus podiam rapar a cabeça e a barba (Is 15.2) embora essa prática fosse vedada aos judeus (Dt 14.1). Pode-se perceber facilmente, pois, por qual razão a calvície era considerada uma grave aflição. A calvície pode ser hereditária; mas outras condições patológicas podem ser sua causa, como a dermatite seborreica, os fungos e a tinha.

5. Defeito. No hebraico, *mum*, palavra usada por dezenove vezes (Lv 21.17-18,21,23; 22.20-23; 24.19,20; Nm 19.2; Dt 15.21; 17.1; 2Sm 14.25; Jó 31.7; Pv 9.7; Dt 32.5; Jó 11.15; Ct 4.7). Essa é uma designação inexata de certa variedade de enfermidades, sobretudo da pele, que desqualificavam um homem para o sacerdócio.

6. Cegueira. No hebraico temos duas palavras: *sanverim*, "coberturas", "véus"; essa palavra ocorre por três vezes (Gn 19.11; 2Rs 6.18). E *ivvaron*, "fechar"; essa palavra ocorre por duas vezes (Dt 28.28 e Zc 12.4). A ignorância a respeito das infecções bacteriológicas, as condições de sujeira entre a pobreza, tudo encorajado por um clima muito quente, além de certas infecções por vírus, defeitos genéticos e acidentes, causavam um grande número de casos de cegueira. O Oriente até hoje é muito afetado por essas condições. A cegueira prevalecia ali muito mais do que qualquer coisa que podemos observar no Ocidente moderno. A causa mais comum de cegueira parece que era e continua a ser a infecção vaginal pela gonorreia, o que passa para os olhos do bebê, por ocasião do nascimento.

7. Tumores. No hebraico, *shechin*, palavra que aparece por treze vezes (Êx 9.9-11; Lv 13.18-20, 23; 2Rs 20.7; Jó 2.7; Is 38.21; Dt 28.27,35). Esses tumores apareciam isolados ou em grupos. Provavelmente as diversas referências bíblicas indicam certa variedade de afecções da pele. Algumas delas eram causadas por estafilococos e outras eram abscessos, glândulas infeccionadas e doenças da pele de várias origens. Há informações arqueológicas recentes, provenientes da Babilônia, que dizem que o tratamento de tumores era uma questão séria. O médico que sarjasse um tumor tinha que fazê-lo com extremo cuidado, porquanto, se seu paciente falecesse, ele perdia ambas as mãos, que eram decepadas. Se o morto fosse um escravo, então o médico não perdia as mãos, mas teria de substituir o escravo morto por um vivo.

8. Pé quebrado ou mão quebrada. No hebraico, *sheber regel* e *sheber yad*. Essa condição é mencionada somente em Levítico 21.19, e desqualificava qualquer homem para ser sacerdote.

9. Câncer. No grego, *gággraina*, "gangrena". O termo figura exclusivamente em 2Timóteo 2.17. A referência pode ser a diferentes tipos de úlceras; ou mesmo o temido câncer pode estar em foco. Ver sobre *Gangrena*.

10. Tísica. No hebraico, *shachepheth*, uma palavra que aparece somente por duas vezes (Lv 26.16 e Dt 28.22). É possível que esteja em foco certa variedade de enfermidades, desde a tuberculose à malária, embora também possam estar em vista várias formas de disenteria e outras doenças consumidoras.

11. Corcova. No hebraico, *gibben*, palavra que é usada apenas em Levítico 21.20. O sentido dessa palavra é *arcado*. A corcunda podia ser causada por defeitos genéticos, acidentes ou por carregar de maneira errada objetos pesados. — Esse era outro dos defeitos que impedia um homem de Israel de servir como sacerdote do Senhor.

12. Surdez. No hebraico, *cheresh*, palavra que ocorre por nove vezes (Êx 4.11; Lv 19.14; Sl 38.13; 58.4; Is 29.18; 35.5; 42.18,19; 43.8). No grego, *kofós*, "surdo", "embotado". Essa palavra grega aparece por quinze vezes (Mt 9.32,33; 11.5; 12.22; 15.30,31; Mc 7.32,37; 9.25; Lc 1.22; 7.22; 11.14). As causas da surdez podiam ser infecções, defeitos genéticos e acidentes. As condições de clima árido do Oriente Médio, com muita areia e poeira, encorajavam o bloqueio dos canais do ouvido e piorava as infecções. As Escrituras, além de se referirem à surdez literal (ver Êx 4.11; Lv 19.14; Mc 7.32; Mt 11.5; Lc 7.22), também usam a palavra em sentido metafórico, para indicar a insensibilidade espiritual das pessoas impenitentes (ver Is 28.18).

13. Hidropisia. No grego temos o adjetivo *udropikós* somente em Lucas 14.2. Essa doença consistia de um acúmulo anormal de fluido seroso nos tecidos do corpo em uma das suas cavidades, sobretudo no abdômen. As causas usuais eram disfunções renais ou descompensação cardíaca. A cirrose hepática provocada pelo alcoolismo, pode encher o abdômen com muitos litros de líquido, que dificultam a respiração. Se esses fluidos forem retirados mediante uma agulha e seringa, o paciente sente um alivio temporário; mas os fluidos não demoram a acumular-se novamente.

14. Nanismo. No hebraico, *daq*, "pequeno", "anão". Essa palavra ocorre por doze vezes, embora somente por uma vez com o sentido de *anão*, isto é, em Levítico 21.20. Por ocasião do nascimento, os anões parecem normais. Porém, não se desenvolvem segundo os padrões normais, e sua condição não demora a tornar-se evidente. Uma das causas pode ser uma deficiência das funções da glândula pituitária. Essa mesma glândula, quando se mostra superativa, causa o gigantismo. O nanismo pode ser uma característica herdada como no caso dos pigmeus da África e de certas ilhas do oceano Pacífico. Alguns casos são devidos a deficiência alimentar (como se dá quando das secas do Nordeste brasileiro) ou à absorção insuficiente dos nutrientes pelo intestino delgado. Outras causas podem ser enfermidades crônicas dos rins ou más formações do coração. Em Israel, os anões não podiam ser sacerdotes, conforme se vê na referência de Levítico.

15. Mutismo. No hebraico, *illem*, palavra usada por seis vezes (Êx 4.11; Pv 31.8; Sl 38.13; Is 35.6; 56.10; Hc 2.18). No grego, *álalos*, termo que figura por três vezes (Mc 7.37; 9.17,25). Esse defeito indica a total incapacidade de falar (mutismo), ou então a incapacidade de falar de modo claro e coerente (afasia ou gagueira; ver Mc 9.32). Algumas vezes, há causas psíquicas, e não físicas, como nos casos de histeria. Mas certas lesões cerebrais também podem causar a condição. A pessoa que nasce surda normalmente fica muda por muitos anos, porquanto não pode ouvir sons e nem aprender como manipular os sons. No entanto, com o correto treinamento, tal pessoa pode aprender a falar. Essa palavra também é usada para indicar a incapacidade temporária de falar, devido a alguma forte emoção (Sl 38.13 e Atos 9.17). Também é usada metaforicamente para caracterizar os ídolos (1Co 12.2), os quais são considerados como importantes por seus adoradores, mas nem ao menos são capazes de falar. A igreja cristã ficaria muito melhor sem esse tipo de mutismo!

16. Disenteria. A rigor, essa enfermidade só é mencionada no Novo Testamento, em Atos 28.8 (onde é usada a palavra grega *dusentería*). Essas infecções intestinais podem ser causadas por amebas, bactérias e vermes, causas abundantemente representadas no Oriente Médio. A condição pode ser acompanhada por severas cólicas abdominais, bem como o desenvolvimento de hemorroidas e a protrusão dos intestinos para fora do ânus. Esta última condição é mencionada em 2Crônicas 21.18 ss., onde é mencionada a morte lenta e agônica de Jeorão, rei de Judá. Públio (ver At 28.8) sofria de febre e disenteria, mas ele foi curado através do ministério de Paulo.

17. Epilepsia. Essa palavra nos veio diretamente do grego, onde significa *ataque*. Os ataques epilépticos podem ser muito superficiais, manifestando-se como um tique no rosto ou em uma das mãos. Porém, os ataques severos levam o paciente a perder a consciência, passando por contorções e convulsões, chupando a língua e espumando pela boca. Esses ataques duram de. cinco a vinte minutos. A enfermidade ocorre em cerca de uma em cada duzentas pessoas. Os antigos, naturalmente, ligavam essa condição à possessão demoníaca (o que, algumas vezes, correspondia à realidade dos fatos); ou então, ao oposto, à possessão por parte de alguma divindade, pelo que também era chamada de *doença sagrada*. O trecho de Mateus 4.24 a alista entre outras doenças. Temos um outro caso em Mateus 17.15, atribuído à atividade demoníaca. Os tumores e injúrias cerebrais podem causar a condição; mas há casos hereditários, que também podem envolver lesões cerebrais.

18. Calor ardente. No hebraico, *charchur*, palavra que aparece somente em Deuteronômio 28.22. Pode estar em foco alguma febre altíssima, ou a insolação. Essa condição tem lugar quando a temperatura do corpo aumenta muito. Cessa a sudorese e segue-se a inconsciência. O trecho de 2Reis 4.19 evidentemente registra uma morte por essa causa.

19. Rosto mutilado. No hebraico, *charam*. Essa palavra ocorre somente em Levítico 21.18. Parece haver dúvida quanto ao seu sentido, porquanto há traduções que a traduzem por "nariz chato", embora a própria palavra hebraica nada tenha a ver com a ideia de nariz. O certo é que essa condição desqualificava um homem do sacerdócio levítico.

20. Aleijado. No grego, *cholós*, termo que aparece por catorze vezes (Mt 11.5; 15.30,31; 18.8; 21.14; Mc 9.45; Lc 7.22; 14.13, 21; Jo 5.3; At 3.2; 8.7; 14.8; Hb 12.13). Essa palavra aponta para alguma condição das pernas ou dos braços, causa de defeitos genéticos, acidentes, amputação ou qualquer tipo de deformidade. Nossa versão também diz "coxo", em alguns trechos.

Outra palavra grega, também traduzida por "aleijado", em nossa versão portuguesa, é *anápeiros*, que só aparece em Lucas 14.13,21. Também devemos levar em conta o vocábulo grego *kullós*, "manco", que ocorre por quatro vezes (Mt 15.30,31; 18.8 e Mc 9.43). Essa palavra significa "torto", "distorcido".

21. Hemorragia. No grego, *rúsei aímatos*, "fluxo de sangue". A expressão aparece em Lucas 8.42-48, no caso da cura da mulher hemorrágica. Refere-se a alguma constante e frequente perda de sangue, como a hemorragia vaginal ou retal daquela mulher. A condição pode ser provocada por distúrbios hormonais ou por algum tumor. Esse tumor pode ser de caráter maligno ou benigno.

22. Menstruação. No hebraico, *davah*. Essa palavra só ocorre por uma vez, em Levítico 12.2. A rigor, não temos aí uma enfermidade, mas uma condição feminina normal. A enfermidade seria, antes, a suspensão das regras mensais. No entanto, entrou na lista por algumas traduções dizem ali, "enfermidade", no que estão equivocadas.

23. Inflamação. No hebraico, *dalleqeth*. Essa palavra é usada exclusivamente em Deuteronômio 28.22. É sintoma de muitas doenças e injúrias. Trata-se de um estado mórbido dos tecidos ou órgãos, caracterizado por inflamação, vermelhidão, inchaço e dor.

24. Gagueira. No grego, *mogilálos*. Esse termo aparece somente em Marcos 7.32. Modernamente, chamaríamos essa doença de "afasia motora". As pessoas sabem o que querem dizer, mas os músculos da boca e da face não correspondem às suas tentativas para falar, resultando na gagueira. Os impedimentos da fala também se devem a certas anormalidades do rosto ou da boca, como aquilo que popularmente se chama "língua presa". O lábio leporino é uma condição genética bastante comum, resultando em uma voz muito nasalada. O lábio leporino não atinge apenas o lábio superior, mas também a arcada dentária, o septo nasal e até o palato duro da boca. As crianças já nascem com esse defeito, tendo muita dificuldade para mamar, enquanto pequeninas.

25. Indigestão. Segundo lemos em 1Timóteo 5.23, Timóteo tinha problemas estomacais, sem dúvida envolvendo a digestão de alimentos. A indigestão é causada, geralmente, por excesso de acidez. Se esse foi o problema de Timóteo, a ingestão de vinho teria piorado sua condição. Também há pessoas que não se dão bem com certos alimentos. O que é bom para uma pessoa pode não ser bom para outra. Os pratos excessivamente condimentados são difíceis de digerir. Os médicos e as companhias de seguros reconhecem que os temperos em demasia a longo prazo podem causar até o câncer. O vinho não é tão prejudicial quanto a pimenta do reino, para exemplificar; mas até mesmo o suco de uva é ácido demais para certos estômagos. Sabemos que a glutonaria é um pecado. Muitos pecados são castigados por vias naturais. Usualmente, quando sofremos de alguma indigestão, estamos pagando por esse tipo de pecado.

26. Prurido. No hebraico, *cheres*, palavra que figura somente em Deuteronômio 28.27. Uma palavra sinônima mais popular seria "coceira". Os pruridos têm muitas causas, como irritações da pele, muitos tipos de parasitas, enfermidades diversas, produzidas nos climas tropicais e semitropicais. Alguns parasitas enterram-se na pele; outros ocultam-se entre os cabelos e pelos do corpo. Os piolhos pertencem a três tipos gerais: os que infestam a cabeça; os que infestam o corpo em geral e os que infestam a região púbica. Deus ameaçou os israelitas que, se abandonassem a sua fé, sofreriam de pruridos (Dt 28.27), entre várias outras enfermidades.

27. Lepra. No hebraico, *tsaraath*. Esse vocábulo ocorre por 35 vezes, quase todas no livro de Levítico 13 e 14 (também em: Dt 24.8; 2Rs 5.3,6,7,27 e 2Cr 26.19). No grego, *lépra*, que ocorre por quatro vezes (Mt 8.3; Mc 1.42; Lc 5.12,13) (o adjetivo, "leproso", ocorre por mais nove vezes, sempre nos Evangelhos sinópticos). A enfermidade assim chamada na Bíblia não é só a verdadeira lepra moderna (causada pelo bacilo de Hansen), porquanto as descrições bíblicas da mesma incluem outras afecções da pele. A lepra verdadeira é conhecida sob várias formas. Há dois tipos gerais, o tipo *lepramatoso* e o tipo *tuberculoide*, que são, respectivamente, as formas mais e menos severas. Ambos os tipos começam com a descoloração da pele, uma mancha branca ou rósea, que pode aparecer na testa, no nariz, na bochecha, no queixo ou em qualquer outra parte do corpo. As glândulas sudoríparas são destruídas naquela área, pelo que nunca há transpiração na região atingida; e essa área também fica insensível ao tato e à dor. No tipo lepromatoso, a mancha pode espalhar-se rapidamente em todas as direções. Resultam disso inchaços, tipos de tumores esponjosos. Essa enfermidade também afeta os órgãos internos. Aparecem deformidades nas mãos e nos pés quando os ossos se deterioram e começam a desaparecer. As extremidades dos nervos sensórios não mais respondem ao calor ou aos ferimentos. Por sua vez, a lepra tipo tuberculoide é menos severa. Suas manchas tendem por ser limitadas, e mesmo nos casos sem tratamento a enfermidade pode ficar inteiramente sanada após um a três anos. Isso talvez explique a informação dada no Antigo Testamento acerca daqueles que eram enviados para se mostrarem aos sacerdotes, de que estavam curados. Mas esse tipo de lepra também pode tornar-se crônico, embora seja menos debilitante.

Em 1873, um médico norueguês de nome G. Armauer Hansen descobriu o bacilo chamado *Myobacteriurn leprae*, que causa essa enfermidade. Por esse motivo, os leprosos também são chamados hansenianos.

Metaforicamente falando, essa enfermidade representa o pecado, que é uma condição da alma que se propaga, contagia e é crônica, tal e qual aquela enfermidade. No Antigo Testamento, os leprosos não podiam conviver em sociedade com os sãos (Nm 12.14,15) e eram considerados "imundos" (Lv 13.12,17). A lepra também atacava roupas, paredes etc., o que parece apontar para diversos tipos de fungos, e não a lepra propriamente dita. Um leproso, naturalmente, nunca podia tornar-se um sacerdote (Lv 22.2-4), da mesma maneira que um pecador impenitente não pode ser um sacerdote espiritual, estando alienado de Deus. Jesus curou muitos casos de lepra (Mt 8.3), sendo ele a propiciação pelos pecados até mesmo do mundo inteiro (ver 1Jo 2.2).

28. Obesidade. No hebraico, *bari*. Essa palavra ocorre por seis vezes, com o sentido de "gordo" (Gn 41.4,18,20; Jz 3.17; 1Rs 4.23 e Zc 11.16). Na referência do livro de Juízes há menção a Eglom, rei de Moabe, um homem gordíssimo, que foi morto por Eúde, o segundo juiz de Israel, com uma adaga. A adaga desapareceu dentro do abdômen desse rei, porque a gordura fechou-se em torno da mesma, em grandes camadas.

A obesidade nem sempre é uma doença. Pode ser resultado do excesso de calorias ingeridas na alimentação. Quando é uma doença, geralmente deve-se a algum distúrbio glandular. Os cirurgiões queixam-se da dificuldade de operar pessoas excessivamente gordas. As causas da obesidade podem ser: **a**. hereditárias; **b**. distúrbios glandulares, **c**. comer em demasia; **d**. distúrbios psicológicos, por causa dos quais a pessoa come demais, como uma compensação por outros apetites, que não podem satisfazer; **e**. Em algumas culturas, as pessoas gordas são consideradas saudáveis e bonitas. A ciência moderna, porém, tem demonstrado um grande número de problemas de saúde vinculados à obesidade, ou peso excessivo, geralmente acumulado no abdômen. Essas doenças são distúrbios cardiovasculares, veias varicosas, arteriosclerose, diabete, um período de vida mais curto, problemas da coluna vertebral, devido ao excesso de peso do corpo.

29. Idade avançada. Isso também não constitui uma enfermidade por si mesma, mas o desgaste físico, imposto pelos anos, acarreta vários resultados maléficos ao bem-estar e à saúde. O nosso organismo começa a debilitar-se em uma idade relativamente prematura, quando a substituição das células não é tão imediata como antes. Uma pessoa adquire um conjunto inteiramente novo de células a cada sete anos, mais ou menos. Infelizmente, porém, os corpos sucessivos não são tão resistentes e saudáveis quanto os anteriores. Somente até cerca dos 20 anos de idade a substituição de células continua sendo feita em um bom regime. Os cientistas ainda não compreendem bem o processo do envelhecimento, e nem sabem como encorajar as novas células, substitutas, a serem tão vigorosas quanto as anteriores. Cada pessoa, entretanto, tem o seu próprio relógio biológico, umas envelhecendo mais rapidamente, e outras com um pouco mais de lentidão. Antes da época de Noé, as pessoas viviam várias centenas de anos. É perfeitamente possível que isso ocorra novamente, uma vez que a ciência conquiste o problema do envelhecimento. O envelhecimento precoce chega a ser incrível em alguns casos. Essa condição chama-se "progéria".

Para a maioria das pessoas, viver uma longa vida é algo muito desejável. Atualmente, vemos o ridículo espetáculo de serem congelados os cadáveres, na tola esperança de que, algum dia, possam ser revivificados. A grande ansiedade de viver muito tempo e trazer de volta à vida corpos congelados são sinais de baixa espiritualidade e de uma visão distorcida do que está envolvido na vida. O corpo físico nos foi dado como um instrumento de manifestação neste mundo físico. A força física nos é prometida perdurar tanto quanto os "teus dias", o que dá a entender que esse período nos é dado, de acordo com a resistência física programada a cada um pela vontade de Deus (Dt 33.25). Um indivíduo que tenha vivido 20 anos mas tenha terminado a missão que lhe fora dada para realizar, poderia estar dilapidando seus dias aqui, se vivesse mais do que isso. Um homem que se aposenta aos sessenta e cinco anos de idade e então vive até os noventa e cinco, e que nada faz durante aqueles trinta anos senão a rotina de comer, dormir e divertir-se, na realidade está vivendo uma vida inútil. Por outro lado, se ele usar aqueles trinta anos para alguma boa causa, incluindo a busca pelo conhecimento, vivendo segundo a lei do amor, então estará investindo o seu tempo de uma forma espiritual, embora talvez não seja tão economicamente produtivo quanto antes. Quanto ao homem espiritual, o Senhor provê forças físicas. *O Senhor é a fortaleza da minha vida; a quem temerei?* (Sl 27.1; ver também Sl 118.4). Todos nós estamos sujeitos ao processo do envelhecimento, e o sofrimento e a lamentação que isso causa, e que é uma das porções mais horríveis do problema do mal, levam, finalmente, à morte biológica. Ver sobre o *Problema do Mal*. A morte biológica é considerada, por alguns, como a pior de todas as calamidades; mas o homem espiritual sabe que a morte do corpo é apenas o portal de uma vida nova e gloriosa, e que Deus tem, sob o seu controle, a situação inteira.

30. Paralisia. No Novo Testamento, sempre encontramos o adjetivo, *paralutikós*, "paralítico", palavra usada por onze vezes (Mt 4.24; 8.6; 9.2,6; Mc 2.3-5,9,10; Lc 5.24). Esse termo grego significa "frouxo", "solto". As causas conhecidas da paralisia são estas: **a**. inflamação do cérebro e da coluna espinal, o que pode levar a uma paralisia parcial ou completa; **b**. injúrias da coluna vertebral; **c**. pressão na curvatura da espinha; **d**. tumores que deformam a espinha; **e**. apoplexia, causada por alguma lesão vascular do cérebro, ou por causa de uma hemorragia, como no caso de uma congestão. Jesus curou pessoas desse tipo de enfermidade, embora a ciência continue essencialmente impotente diante da mesma.

31. Pestilência. No hebraico, *deber*, palavra que ocorre por quarenta e nove vezes, desde Êxodo 5.3 até Hebreus 3.5. No grego, *loimós*, palavra que aparece por duas vezes (Lc 21.11 e At 24.5). Ambas essas palavras podem indicar uma grande variedade de enfermidades que atacam grande número de pessoas ao mesmo tempo. Certo pecado cometido por Davi foi punido com uma praga que arrebatou setenta e cinco mil vidas (2Sm 24.15). Todos estamos familiarizados com as pragas do Egito, antes do êxodo de Israel. Não há como determinar quais vírus ou bactérias foram as causas deste ou daquele caso. A cólera provavelmente era uma das pestilências mais comuns nos tempos bíblicos. É propagada por água ou alimentos contaminados por bacilos fecais, uma das maneiras mais comuns de propagação de enfermidades.

32. Pústula. No hebraico, *mispachath*, vocábulo usado por três vezes (Lv 13.6-8). Era alguma espécie de erupção da pele, com a formação de pústulas, um sintoma de diversas afecções cutâneas. Algumas pústulas chegam a provocar calvície, uma calamidade para uma mulher (ver Is 3.17).

33. Tinha. No hebraico, *netheq*, um termo que aparece por treze vezes (Lv 13.30-37 e 14.54). Esse é um termo geral para indicar erupções cutâneas, um sintoma de várias enfermidades.

34. Sarna. No hebraico, *garab*, palavra que aparece por três vezes (Lv 21.20; 22.22 e Dt 28.27). Algumas traduções dizem ali "escorbuto", mas o termo hebraico provavelmente indica várias enfermidades que causam coceira, e não o verdadeiro escorbuto, que é provocado por uma deficiência de vitamina C na alimentação. Os sintomas do escorbuto são manchas lívidas debaixo da pele, gengivas inchadas e sangrentas e grande prostração. Os hebreus eram um povo agrícola e tinham muito vinho. Não é provável que eles conhecessem o verdadeiro escorbuto, exceto, talvez, em período de fome prolongada.

35. Feridas. No hebraico, *makkah*, palavra que ocorre por cerca de quarenta e cinco vezes (como em Is 1.6; 1Rs 22.35; 2Rs 8.29; 2Cr 22.6; Jr 6.7; 10.19; 30.12,14,17; Mq 1.9; Na 3.19; Zc 13.6). No grego, *élkos*, "úlceras", que figura por três vezes (Lc 16.21; Ap 16.2,11). Ambos os termos tinham um uso geral, indicando vários tipos de úlceras ou ferimentos, causados por diversos agentes.

36. Úlcera. No hebraico, *yabbal*, que indica uma úlcera que supura pus e sangue. Essa palavra aparece por apenas uma vez, em Levítico 22.22 (nossa versão portuguesa diz "ulceroso"). Alguns estudiosos pensam que se trata de alguma forma de quisto, que aparece no homem ou em certos animais.

37. Vermes. Os parasitas intestinais são quase onipresentes, encontrando-se entre os mais abundantes vermes do globo terrestre. As autoridades sobre o assunto informam-nos que há mais de meio milhão de espécies identificáveis. Os próprios cientistas pensam que essa variedade imensa é quase inacreditável. Os tipos mais comuns são a lombriga, a tênia solitária, o verme trematódeo, o nematelminto, o ancilóstomo, o nematódeo e o oxiúro. Esses parasitas provocam toda espécie de dano quando fixam residência no corpo humano, havendo até mesmo casos de morte, nos casos mais radicais.

Alguns vermes são minúsculos; outros alcançam gigantescas proporções; alguns enterram-se sob a pele; outros viajam no sangue e chegam até os órgãos internos vitais. Não há que duvidar que israel, tal como outros povos antigos, era infestado por vermes, tanto ou mais que as nações modernas. O caso mencionado em Atos 12.23 onde se lê que Herodes foi comido por "vermes", pode apontar para larvas de moscas, que podem ter sido depositadas em alguma ferida aberta do corpo dele, embora não haja maneira de determinar exatamente o que esteve envolvido.

II. Enfermidades Mentais

1. Loucura. No hebraico, *shigganon*, que ocorre apenas por duas vezes (Dt 28.28 e Zc 12.4). Os trechos de 1Samuel 21.15 e Provérbios 26.18 mencionam casos de loucura. Temos o famoso caso da insanidade temporária de Nabucodonosor, e que o profeta disse que foi castigo por seu orgulho (Dn 4.25,32-34). No grego, *seleniázomai*, "lunático", que aparece somente por duas vezes (Mt 4.24 e 17.15). Na primeira dessas referências, esse estado mental é distinguido da influência demoníaca. Esse termo grego vem do latim, *luna*, "lua", referindo-se à suposta influência da lua sobre as mentes dos homens, tornando-os loucos ou, pelo menos, desequilibrados. Há alguma evidência científica em favor da ideia. Há pessoas que realmente sofrem efeitos dessa ordem. Os antigos, porém, inclinavam-se por atribuir todas as enfermidades à atividade dos demônios, sobretudo quando havia algum distúrbio mental patente. É verdade, contudo, que certos casos de insanidade são causados por influências ou possessões demoníacas, casos esses que podem ser instantaneamente curados pelo *exorcismo*. Outros casos, entretanto, têm causas físicas ou psicológicas, como o desequilíbrio da química do cérebro, a ausência de hormônios, ou injúrias contra o cérebro.

2. Possessão demoníaca. Fazia parte da crença dos antigos que todas as formas de enfermidade, incluindo aquelas de natureza mental, eram causadas pela atividade de espíritos destrutivos e invisíveis. O Novo Testamento reflete essa crença, embora o trecho de Mateus 4.24 faça distinção entre a verdadeira insanidade e os casos de possessão denoníaca. Jesus podia curar todos os casos, sem importar a natureza exata dos mesmos. O trecho de Marcos 5.1-20 fala sobre um caso de insanidade causado por poderes demoníacos. Os antigos acreditavam que a mente humana está sujeita a mentes malignas espirituais. Um exemplo cru dessa crença era o costume que eles tinham de fazer uma perfuração no crânio da pessoa afetada, para permitir a saída do espírito maligno pelo buraco. Muitos cemitérios antigos testificam isso. Um cemitério desses mostrou que dos cento e vinte crânios examinados, seis haviam sido perfurados. As demonologias antigas falavam sobre demônios específicos que causavam enfermidades específicas. Havia muitos nomes de demônios supostamente envolvidos nessa especialidade. Apesar das cruas noções que os antigos tinham, há provas abundantes, nos tempos modernos, em prol da crença que *alguns* casos de insanidade são, realmente, causados por entidades espirituais externas, e não por agentes psicológicos ou físicos da própria pessoa. Tais casos podem ser curados imediatamente pelo exorcismo bem-sucedido. Ver os artigos separados sobre a *Loucura*, a *Possessão Demoníaca* e os *Demônios*.

III. Tratamento das Enfermidades na Antiguidade.

Sempre houve a esperança de alguma cura divina ou espiritual, e quase todas as culturas antigas compartilhavam da crença nessa possibilidade. Ver o artigo separado sobre *Curas*. Ver também sobre *Curas, Dom de*. Visto que os extratos de plantas continuam sendo um importante aspecto das curas físicas, não há razão para duvidar que todas as culturas antigas haviam descoberto muitas curas por meio de plantas. As descobertas arqueológicas mostram que há milênios os cirurgiões vêm fazendo intervenções em pacientes; e evidências recentes chegam a mostrar casos de cirurgias no cérebro. Os hebreus, porém, eram grandemente inferiores a seus poderosos vizinhos do Egito, da Assíria e da Grécia, em todas as formas de atividade científica, incluindo a medicina. No Antigo Testamento não há qualquer alusão sobre atividades científicas relacionadas às doenças, e nem mesmo relacionadas a qualquer outro campo do conhecimento humano. A religião era tudo em Israel, excetuando as instruções militares, que também eram ministradas, se não nas escolas, em quartéis, de maneira formal. Os vizinhos de Israel, em contraste com isso, envolviam-se nas ciências da matemática, da astronomia, da lógica, da metafísica, da lei e da medicina. Muitos livros ou porções de livros chegaram até nós, tratando sobre questões científicas. Mas, dos tempos veterotestamentários, dentre a cultura dos hebreus, temos somente o próprio Antigo Testamento; e, de tempos posteriores, outros volumes sagrados. A despeito de ter estado no Egito por várias gerações, onde as ciências floresciam, Israel não se interessou por questões científicas. Os estudos talmúdicos foram extensos, tendo havido muitos grandes mestres e estudantes diligentes; mas as questões religiosas sempre foram o assunto apaixonante, e qualquer outra matéria de estudo entrava nesses estudos apenas incidentalmente.

Devido à ausência de referências a qualquer tipo de profissão médica ou de ciências, no Antigo Testamento, podemos ter quase absoluta certeza de que em Israel não havia tais atividades. Há menção a parteiras (ver Gn 35.17; 38.27-39; Êx 1.15), e podemos presumir que, através da prática, elas aprenderam muita coisa sobre a questão, mas elas não formavam uma classe profissional, devidamente instruída. Não há qualquer alusão à existência de médicos que se ocupassem em cuidar dos enfermos e curá-los. Havia a operação simples da circuncisão, que era realizada pelos chefes de família ou por outras pessoas (Gn 17.10-14,23-27), até mesmo por mulheres (Êx 4.25), mas não havia qualquer classe que se ocupava profissionalmente da medicina.

A lei mosaica tinha algumas provisões concernentes às curas (Êx 21.19), mas não havia nenhum código médico. O trecho de Gênesis 50.2 mostra que os médicos egípcios embalsamaram Jacó; mas esses médicos eram egípcios e não judeus. Jó também menciona médicos (Jó 13.4), o que parece ser uma das raríssimas alusões a alguma classe de pessoas ocupada nessa atividade. Entretanto, esse termo veio a ser compreendido em sentido geral, como aqueles que procuravam curar, mas sem indicar qualquer classe profissional. Os médicos de Asa (2Cr 16.12) poderiam ser nativos ou estrangeiros. É possível, contudo, que, na época desse rei, uma classe médica tivesse começado a surgir. Apesar de haver alusão a médicos na expressão "Acaso não há bálsamo em Gileade? ou não há lá médico?" (Jr 8.22), não subentende, necessariamente, a existência de uma classe médica, mas somente aqueles que usavam vários remédios caseiros, que procuravam curar doentes. Outro tanto pode ser dito acerca de trechos (como: Pv 3.8; 12.18; 17.22; 20.30; 29.1 e Ec 3.3), que, presumivelmente, mostram que Salomão era versado em assuntos de medicina. O que é certo é que os hebreus, como todos os outros povos, tinham suas medicinas naturalistas, que empregavam ervas medicinais; mas não há qualquer evidência sólida da existência de uma classe de médicos profissionais. As referências muito gerais e inexatas às enfermidades, nas páginas do Antigo Testamento, mostram que não havia qualquer ciência médica em Israel.

Em contraste com isso, temos os egípcios que mostravam um conhecimento notavelmente preciso de questões anatômicas, talvez por causa de sua prática de embalsamamento. Eles conheciam até mesmo a anatomia dos animais. Eles tinham um sistema de patologia, cultivavam ervas medicinais e até tinham médicos especializados em condições patológicas específicas. Os israelitas, excetuando alguns poucos indivíduos, geralmente eram analfabetos, pelo que conseguiram derivar do Egito um conhecimento científico bem pequeno. A lei mosaica incluía certo número de excelentes medidas higiênicas; mas, quando se tratava de curar enfermidades, os israelitas deixavam muito a desejar. Eles tinham a tendência de retornar aos rituais religiosos, bem como à providência divina, na cura das enfermidades (Êx 15.26; Sl 103.3, 147.3, Is 30.26). Quando Asa buscou os médicos, e não ao Senhor (2Cr 16.12), aparentemente ele foi considerado como quem laborava em erro. O comentário de John Gill sobre essa passagem é bastante instrutiva no que diz respeito à questão inteira dos médicos, no tocante à cultura dos hebreus. Ele supôs que esses médicos eram encantadores, talvez até mesmo adivinhos pagãos, que usavam ervas, encantamentos etc. Diz John Gill que essa é a primeira vez que, entre os judeus, são mencionados médicos, dando-nos uma série de referências à literatura judaica, de onde podemos extrair as seguintes ideias:

"Os judeus não tinham os médicos em boa conta; os melhores dentre eles, diziam os judeus, merecem o inferno, e aconselhavam que os homens não vivessem em uma cidade onde o homem principal fosse médico". Em contraste com isso, John Gill salienta que o livro de Eclesiástico (38.1-8) recomenda efusivamente a profissão médica. E o imperador Juliano honrava aos médicos, pensando que certamente estavam com a razão os filósofos que diziam que a arte da medicina caiu do céu. A aversão dos judeus pelos médicos provavelmente origina-se no fato de que os encantamentos dos pagãos, ou mesmo a mais franca bruxaria, faziam parte das mais antigas práticas médicas. Ver o artigo separado sobre os *Medicina (Médicos)* e *Medicina, Ética da*.

Nos tempos do Novo Testamento encontramos um período que reflete o acúmulo de conhecimentos derivados das culturas antigas, dos egípcios, dos babilônios, dos gregos e dos romanos. Essas sociedades haviam cultivado várias ciências. Havia uma classe médica; e Lucas, o evangelista, aparece como médico, em Colossenses 4.14. Paulo teve a coragem de chamá-lo de "médico amado", juntando esses dois termos de um modo como nunca teria sido feito nos dias do Antigo Testamento. Portanto, a profissão médica havia feito grandes progressos, no conceito dos hebreus e na cultura judaica. É significativo e interessante observar que foi esse médico educado que nos proveu a história de Lucas-Atos, o maior bloco de material escrito por qualquer autor isolado do Novo Testamento. Apesar de Paulo haver escrito treze epístolas, o volume total é menor que o dos escritos de Lucas. O excelente grego usado por Lucas reflete sua educação superior, melhor que a da maioria dos outros autores do Novo Testamento. Os trechos de Marcos 5.26 e Lucas 8.43 mostram que a classe dos médicos era numerosa. Substâncias vegetais e animais eram usados como medicamentos, incluindo o anis, o bálsamo, o cálamo, a cássia, o cinamomo, a galha, a hortelã, a mirra e o vinho, além de outras numerosas demais para serem mencionadas. Naturalmente, os antigos ritos pagãos e os encantamentos prosseguiram, juntamente com a prática do exorcismo. Apesar de que, segundo os padrões modernos, a medicina antiga fosse crua, ela era capaz de manusear pelo menos uma boa variedade de enfermidades. Jesus teve de intervir quando os médicos falharam (Mc 5.26). Além disso, eles cobravam altos proventos, como até hoje (Lc 8.43), pelo que uma pessoa podia gastar tudo quanto possuía. Em busca de cura.

IV. A Teologia da Doença. Deus tencionava que os homens adoecessem? Deus deixa que os homens adoeçam por causa do pecado? O homem espiritual precisa sofrer enfermidades? Na expiação pelo sangue de Cristo está incluída a cura dos males físicos? Qual é a origem das enfermidades? Qual será o resultado final de tudo isso? Essas são as perguntas que os filósofos e teólogos continuam fazendo.

1. Origem das Enfermidades. A resposta bíblica moral, e também aquela refletida pelos teólogos cristãos, é que o pecado encontra-se à raiz do problema das enfermidades. Presumivelmente, o primeiro homem era um ser *físico* imortal, e poderia ter continuado a viver nesse estado. Como ser imortal, ele não estava sujeito às doenças. Porém, o pecado pôs fim a essa forma de imortalidade, e foi justamente então que as enfermidades entraram no quadro. O conceito que derivamos dos escritos de Platão é que a própria *matéria* está sujeita à desintegração, inteiramente à parte do problema moral. Portanto, quando a alma humana resolveu experimentar a cena terrestre, e rebaixou-se moralmente, tornou-se sujeita à materialidade. Tornando-se sujeita à matéria e suas manifestações, ela teve de sofrer, naturalmente, a enfermidade, e até mesmo a morte, o que, felizmente, liberta a alma de sua prisão ou sepulcro, conforme Platão denominava o corpo físico. Até onde sou capaz de ver as coisas, por mais inexatos que tenham sido os detalhes oferecidos por Platão, sua ideia central é superior àquela outra. Penso que é altamente improvável que o homem tenha sido alguma vez um ser imortal *material*; é mais improvável ainda que ele tivesse podido manter-se nesse estado. A matéria por si mesma desintegra-se, decompõe-se e, coisa alguma material pode ser imortal ou eterna. Não é provável que o pecado tenha rebaixado a qualidade da *matéria*, reduzindo-a a algo que, antes, ela não havia sido. Estou convencido de que a teologia cristã tem explorado demasiadamente a narrativa do livro de Gênesis, fazendo-a dizer mais do que ela tenciona dizer ou poderia dizer, no tocante ao problema da imortalidade física e das subsequentes enfermidades e morte do corpo. É melhor dar aqui uma resposta existencial. A matéria envolve desintegração, enfermidade e morte, por sua própria *natureza*, mesmo que não haja o concurso do pecado. E o espírito envolve a imortalidade, por sua própria natureza, embora, no momento, toda imortalidade dependa do Espírito de Deus e de sua graça sustentadora.

2. Conexão Vital entre o Pecado e as Enfermidades. Apesar de não termos de olhar para o pecado como a explicação absoluta da *origem* das enfermidades físicas e da morte, nos casos práticos a conexão entre essas duas coisas é por demais óbvia para precisar de defesa. Há uma conexão vital entre o pecado e as enfermidades. Muitos pecados produzem doenças específicas, como é o caso conspícuo das doenças sexualmente transmissíveis. A medicina moderna cada vez mais está ligando hábitos e atitudes mentais às enfermidades. Mesmo quando isso não *causa* as enfermidades como agentes primários, eles encorajam a atividade das bactérias e dos vírus, baixando a atividade dos sistemas de defesa natural do corpo físico. Aquele que odeia e vive com o coração rancoroso, está convidando o câncer, embora, como é óbvio, o câncer possa ocorrer inteiramente à parte dessas influências. Era comum na teologia dos hebreus relacionar doenças específicas a pecados específicos, e essa ideia tem continuado a ser defendida por alguns pensadores modernos.

Aqueles que acreditam na reencarnação dizem-nos que o elo entre o pecado e as enfermidades não se aplica somente a esta vida. Eles afirmam que os problemas mentais e morais de vidas anteriores podem manifestar-se na vida presente, produzindo enfermidades. Em favor dessa suposição é o fato de que as curas, algumas vezes, podem ser produzidas pela regressão hipnótica (ou psicoterapêutica). Quando uma pessoa percebe *por que* se acha doente de certa maneira, algumas vezes pode ser curada prontamente. Esse porquê nem sempre pode ser explicado pelas circunstâncias da vida presente. Médicos de grande reputação têm-se envolvido nessa forma de cura. Alguns acreditam na teoria por detrás da ideia, de que o desvendamento de *causas* em vidas anteriores pode ajudar na cura de enfermidades presentes. Outros não creem nessa teoria, supondo que o que então acontece é que os mecanismos naturais de cura de uma pessoa podem ser ativados se a pessoa *acredita* que descobriu a razão para sua enfermidade. Mas tal descoberta mostra-se eficaz, mesmo que a razão descoberta resida em uma pseudovida passada, que a mente subconsciente da pessoa inventa com esse propósito. Sem importar qual seja a verdade envolvida em tudo isso, o que é óbvio é que há uma fortíssima ligação entre o pecado e as enfermidades. As pessoas dotadas de mente saudável, o que inclui a saúde espiritual, mostram-se mais saudáveis no corpo. A evidência em favor disso é avassaladora.

3. O Homem Espiritual Pode Adoecer? As enfermidades são necessárias? Platão teve a boa sorte de desfrutar de grande saúde física. Quando já tinha mais de oitenta anos de idade, continuava conservando suas forças. O dia em que ele morreu foi como qualquer outro — ele estava com seus amigos, por ocasião da festa de casamento de um amigo, e estava ocupado em seus usuais diálogos filosóficos. Estava planejando um novo diálogo, uma nova investigação. Subitamente, faleceu. Teria sido um derrame cerebral? Teria sido um ataque cardíaco? Não sabemos dizê-lo, mas sabemos que sua morte foi rápida e fácil, e que Platão não experimentou um longo período de enfermidade e incapacidade física, que, finalmente, chegou a um desfecho. A morte pode sobrevir dessa maneira a todos os homens espirituais? Vamos além dessa proposição, fazendo a seguinte indagação: a morte é necessária, afinal? Algumas pessoas profundamente espirituais têm postulado a ideia de que uma grande espiritualidade poderia libertar-nos tanto das enfermidades quanto da morte, porquanto isso resultaria em uma espécie de arrebatamento espiritual, como aquele que Elias experimentou. Tenho lido apenas sobre um caso moderno, que parece ser genuíno. Seja como for, não é provável que, por enquanto, esse ideal possa ser atingido por muitas pessoas. Isso nos deixa debatendo com as enfermidades e com a morte. Portanto, precisamos ainda ventilar a pergunta: o homem espiritual pode adoecer, ou suas enfermidades seriam um sinal de defeitos secretos e pecados? A resposta dada por Paulo é que um homem espiritual *pode* adoecer, pois ele mesmo sofreu uma aflição que não foi aliviada, embora ele tivesse procurado curar-se da mesma, por três vezes, com grande diligência. A resposta obtida por ele foi que sua enfermidade tinha *um propósito*, a saber, que ele precisava aprender a confiar no Senhor, e não em si mesmo, e que a fraqueza do homem pode ser transformada em fortaleza, se o homem depender devidamente do Senhor. (Ver 2Co 12.7 ss).

4. Propósitos das Enfermidades. Observe o leitor o plural, "propósitos". Aqueles que ensinam que o homem espiritual nunca deveria adoecer, esquecem-se de alguns fatos importantes: *a*. Em *primeiro lugar*, tudo quanto estiver envolvido na matéria, forçosamente precisa passar pelo processo de degeneração, e isso inclui as enfermidades. Esse é o nosso estado como seres mortais. Essa regra funciona 100%, porquanto, de outro modo, as pessoas não morreriam. *b*. Em *segundo lugar*, o pecado não é a *única* causa das enfermidades. Há *outras causas*. No caso de Paulo, ele recebeu uma aflição, um espinho na carne, a fim de manter-se humilde, em meio a todas as suas exaltadas experiências espirituais. Evidentemente, ele poderia ter ficado muito orgulhoso de sua espiritualidade (como sucede a tanta gente!). Supõem os intérpretes que Paulo sofria de alguma afecção dos olhos (ver a exposição sobre Gl 6.11, no NTI). Por três vezes ele buscou ao Senhor, pedindo livramento. Mas este não lhe foi concedido porque, em sua *debilidade*, ele deveria aprender a confiar na força do Senhor (2Co 12.9). Portanto, aquele espinho tornou-se uma medida da *graça* divina para fortalecê-lo, conforme esse mesmo versículo nos mostra. Portanto, podemos falar em enfermidades em termos de graça divina, e não em termos de castigo contra o pecado, pelo menos em alguns casos. *c*. Em *terceiro lugar*, a experiência humana demonstra que as pessoas espirituais não são menos sujeitas às enfermidades que as pessoas ímpias. A experiência humana também mostra que *todos* aqueles que dizem que o crente não precisa ficar doente, e que se consideram pessoas santificadas, finalmente adoecem, e mesmo morrem. Nunca vi uma exceção a essa regra. A menos que seja morto em algum acidente, o corpo humano só morre por causa de alguma condição patológica. Algumas dessas condições atuam lentamente, outras atuam rapidamente; mas todas elas são formas de enfermidade. **4**. Em *quarto lugar*, a experiência humana demonstra que as enfermidades produzem certo benefício espiritual para algumas pessoas, que aprendem como tirar proveito da sua condição. Como é óbvio, é melhor estarmos bem do que estarmos doentes; mas a escolha nem sempre é nossa, e, finalmente, não temos escolha: acabamos doentes.

5. Há cura na Expiação de Cristo? Se contássemos apenas com O trecho de Isaías 53.4 que é interpretado como se incluísse as enfermidades referidas em Mateus 8.17, poderíamos supor que a expiação no sangue de Cristo incluiu, automaticamente as enfermidades físicas. O contexto do oitavo capítulo de Mateus é o ministério de cura de Jesus. Se a expiação inclui a cura das enfermidades, então temos o direito de viver livres de doenças, da mesma forma que temos o direito de viver livres das consequências eternas do pecado. No tocante a isso, quero observar estes pontos: *a*. Embora isentos do pecado, no sentido judicial, que não seremos condenados por causa do mesmo, nossas vidas ainda têm muitos pecados. *b*. Logo, mesmo que tivéssemos o direito de estar livres das enfermidades e tivéssemos o direito de orar pela cura, em face da expiação, ainda assim poderíamos estar cheios de enfermidades. Isso sucede assim porque somente no estado imortal os efeitos da expiação serão levados à sua mais plena fruição. No presente, no tocante ao pecado e às enfermidades, o conflito continua. Já recebemos a primeira prestação, mas ainda não entramos na plena possessão que nos pertence. *c*. Outrossim, apesar de termos esse texto de Mateus 8.17, a doutrina da expiação, conforme é esboçada por Paulo, nunca inclui o problema das enfermidades físicas, pelo que é duvidoso que se possa fazer essa inclusão de forma dogmática. Notemos igualmente, no mesmo contexto do oitavo capítulo de Mateus, foi a *vida terrena* de Jesus que trazia a cura de enfermidades físicas, e não a sua expiação. Podemos afirmar, portanto, que Mateus usou aquele texto de Isaías de maneira bastante livre, indicando certa variedade de benefícios derivados do ministério do Messias. Ele não estava fazendo uma declaração dogmática acerca da expiação. *d*. Não obstante, visto que, em um sentido muito geral, todos os benefícios que recebemos da parte de Cristo dependem, antes de tudo, de sua bem-sucedida expiação pelo pecado, podemos considerar que a cura das mazelas do corpo está ligada ao ato expiatório, embora não dogmaticamente garantida pelo mesmo. *e*. No sentido *escatológico*, a expiação é uma das causas da eliminação das enfermidades, embora não a cura necessária do corpo humano. O corpo espiritual não estará sujeito às enfermidades; pelo que no mundo espiritual há cura, mas não do corpo físico. Antes, há uma *substituição*, de modo a eliminar todos os problemas da *mortalidade*, incluindo as enfermidades. (ND NTI SHO UN Z)

ENFORCAMENTO

Ver o artigo geral sobre *Crimes e Castigos*. Há alusões bíblicas a verdadeiros enforcamentos, como nos casos de Aitofel (2Sm 17.23) e de Judas Iscariotes (Mt 27.5), ambos por suicídio. Ver também Tobias 2.3; 3.10 e Josefo (*Anti*. 16.11,7). A crucificação não era um enforcamento, embora também haja alusão ao ato de ficar pendurado (na cruz). (Ver Gl 3.13, que alude a Dt 21.23). E também havia a prática de pendurar cadáveres em uma árvore, para ficarem expostos, sujeitos à ignomínia, (conforme se vê em: Gn 40.19,22; 41.13; Dt 21.23).

A forca (no hebraico, *ets*, "árvore", "madeiro") só é mencionada na Bíblia no livro de Ester (5.14; 6.4; 7.9,10; 8.7, 9.13,25). Hamã mandou fazer uma imensa forca, a fim de nela executar o judeu Mordecai. Porém, muitos eruditos acreditam que o texto do livro de Ester não se refere ao enforcamento, no sentido moderno. Antes, na Pérsia praticava-se a *empalação*.

ENOQUE

O significado desse nome não é certo, mas, entre as conjecturas encontramos "iniciado", "ensino", "professor", "treinado" e "dedicado". A palavra parece ser cognata da palavra hebraica por detrás das palavras de Provérbios 22.6, *Ensina a criança...* Vários personagens bíblicos tinham esse nome, a saber: **1**. O filho de Caim, que deu nome à primeira cidade que Caim construiu (Gn 4.17,18). Essa cidade ficaria a leste do Éden e talvez o seu nome tenha sido preservado em *Hanuchta*, que Ptolomeu situava na Susiana. Outras localizações têm sido propostas, mas nada se sabe com certeza. Nem se sabe sobre o homem assim chamado, exceto essa circunstância. **2**. Um filho de Jarede, da linhagem piedosa de Sete. Ele foi o pai de Matusalém, que detém o recorde da mais longa vida registrada na Bíblia. Sem dúvida, Enoque foi uma pessoa incomum, homem de poder e de notável influência. Lemos a seu respeito: *Andou Enoque com Deus e já não era, porque Deus o tomou para si* (Gn 5.24). Naturalmente, isso significa que ele foi a primeira pessoa a ser arrebatada, sem passar pela morte. Ver sobre a *Parousia*, quanto a elementos sobre o *arrebatamento cristão*, que promete generalizar, entre todos os remidos, a experiência de Enoque. Elias também passou por essa experiência. Em nosso artigo sobre *Eliseu*, quinto ponto, "Testemunha do Arrebatamento de Elias", oferecemos comentários que o leitor achará interessantes, incluindo casos modernos de translação. Enoque foi arrebatado depois de ter vivido trezentos e sessenta e cinco anos. O trecho de Hebreus 11.5 alista-o como um dos heróis da fé. A tipologia cristã faz dele um tipo de igreja que, na opinião de alguns, será arrebatada antes da Grande Tribulação, da mesma maneira que Enoque foi arrebatado antes do dilúvio, um tipo da Grande Tribulação. Enoque foi o avô de Noé. Figuras como Enoque sempre criam lendas a seu respeito. E, usualmente, alguns livros são atribuídos a personagens assim, o que se deu também com Enoque. Visto que Enoque teria sido levado corporalmente para o céu, isso fez com que escritores posteriores produzissem por escrito o que ele (presumivelmente) viu. Os escritos apócrifos sempre tentam preencher os hiatos, sobre os quais nada se conhece. Os livros a ele atribuídos (ver sobre *Enoque, Livros de*), de acordo com alguns são os mais importantes entre os livros pseudepígrafos, por servir de pano de fundo ao Novo Testamento. Comumente diz-se que os autores do Novo Testamento não se utilizaram dos livros apócrifos e pseudepígrafos; mas, qualquer pessoa que tenha examinado o Novo Testamento, versículo após versículo, sabe que há algumas citações, muitas alusões e muitas ideias extraídas daquelas obras. Ver o artigo geral sobre as obras *pseudepígrafas*. Enoque é glorificado na crônica judaica. Ele teria sido o inventor das letras, da matemática e da astronomia. De fato, é reputado como o primeiro autor de livros e supõe-se que vários livros emanaram dele. Também teria sido homem que recebeu muitas visões e profecias. Presumivelmente, a literatura por ele deixada foi posta nas mãos de seu filho, e foi preservada por Noé, chegando aos dias de depois do dilúvio. Tudo isso tipifica como a matéria apócrifa é manuseada. E esse material é datado de tempos muito remotos. E aqueles que falam em uma data posterior dão explicações não muito convincentes a esse respeito. Temos algo similar no caso do *Livro de Mórmon* (que vide, sob o título *Livros Apócrifos Modernos*). As placas de ouro supostamente teriam sido enterradas em uma data antiga e, então, teriam sido descobertas no século XIX, quando, finalmente, o conteúdo dessas placas foi revelado. O Alcorão (Sur. xix) refere-se a Enoque como o *sábio*, título este que deve ter resultado do conhecimento das tradições judaicas que circundam o livro de Enoque. Em nossa discussão sobre as coisas curiosas que resultaram da vida de Enoque, não podemos esquecer o verdadeiro significado de sua vida. Ele demonstrou que é possível ao homem atingir uma elevadíssima espiritualidade. A epístola aos Hebreus com toda a razão incluiu o seu nome entre os heróis da fé, por causa de suas realizações espirituais. **3**. Um filho de Midiã, filho de Abraão e Quetura. Ele foi o ancestral das tribos dos midianitas (Gn 25.4; 1Cr 1.3). **4**. O primeiro filho de Rúben, filho de Jacó (Gn 46.8,9; Êx 6.14; Nm 26.5; 1Cr 5.3).

ENOQUE, CIDADE DE

Uma cidade edificada por Caim, mencionada em Gênesis 4.17, recebeu esse nome. Coisa alguma se conhece acerca desse lugar, exceto aquilo que é dito nesse versículo. Foi edificada e chamada *Enoque* em honra ao filho de Caim. Essa é a primeira *cidade* a ser mencionada na Bíblia. Ver sob Enoque, primeiro ponto, quanto a outros detalhes.

ENOS

No hebraico, **"homem"** ou **"humanidade"**, embora alguns estudiosos prefiram o sentido de "moral" ou "decadência". Foi um dos filhos de Sete e pai de Cainã. Morreu quando estava com novecentos e cinco anos. (Ver Gn 5.6-11). E o trecho de Gênesis 4.26 diz que, na época de seu nascimento, os homens começaram a invocar o nome do Senhor. Em Lucas 3.38, aparece o seu nome alistado dentre os antepassados do Senhor Jesus.

ENTERRO. Ver *Sepultamentos, Costumes de* e *Túmulo*.

ENXOFRE

No hebraico, *gophrith*, no grego, *theion*. O termo hebraico, derivado de uma árvore, provavelmente indica a goma produzida pela mesma. Posteriormente, passou a indicar toda espécie de substância inflamável. O termo hebraico ocorre por sete vezes (Gn 19.24; Dt 29.23; Jó 18.15; Sl 11.6; Is 30.33; 34.9 e Ez 38.22). O termo grego deriva-se da ideia de "divino", aparecendo no Novo Testamento por sete vezes (Lc 17.29; Ap 9.17,18; 14.10; 19.20; 20.10 e 21.8).

O enxofre é um elemento não metálico, de cor amarela, normalmente encontrado sob a forma de cristais, mole, que se dissolve à temperatura de 113° centígrados. Queima com uma chama azul e produz uma fumaça malcheirosa e sufocante, composta de gás dióxido. Encontra-se na camada rochosa das cúpulas de sal, em leitos sedimentares e em regiões onde há atividade vulcânica, como, por exemplo, em torno do lago de Tiberíades e na Síria, onde o monte Hebrom é um vulcão importante. É possível que sua associação aos vulcões também tenha originado a ideia de que fazia parte do meio ambiente do hades (vide). Os povos antigos acreditavam que o hades estava localizado sob a superfície do globo terrestre, e que os vulcões penetravam até ele. A alusão em Apocalipse 21.8, do lago que arde com fogo e enxofre, *o lago sulfuroso*, está relacionada a esse conceito. Ver também Isaías 30.33. É possível que a palavra usada em relação ao fogo e ao enxofre, caídos como chuva, em Salmo 11.6, seja uma referência à chuva de matéria ígnea de alguma forte erupção vulcânica. Alguns intérpretes acreditam que a destruição de Sodoma e Gomorra, historiada em Gênesis 19.24, foi devida a uma erupção dessa natureza.

Uso figurado. A palavra é usada na Bíblia para denotar punição, destruição e julgamento (Dt 29.23; Jó 18.15; Sl 11.6; Is 30.33; Lc 17.29 e Ap 8.17). E, naturalmente, em Apocalipse 21.8; encontramos o lago de fogo e enxofre, destino final dos iníquos. Alguns estudiosos, mesmo em nossos dias, insistem na literalidade do julgamento, mediante fogo literal. Mas, nesse caso, tal fogo nada significaria para as almas imortais. De fato, tentar castigar as almas imateriais com o fogo literal seria como querer atingir o sol com uma pedrada. Ou dizer que essas almas receberão corpos físicos, de tal modo que possam sentir os efeitos consumidores das chamas literais, expõem uma ideia por demais ridícula para lhe darmos atenção séria. Os trechos de Efésios 1.10 e 1Pedro 4.6 fornecem-nos um ponto de vista são e equilibrado do destino final dos perdidos. (NTI S Z)

EQUER
No hebraico, **"estrangeiro"**, **"transplantado"**. Outros pensam que significa "raiz". Ele descendia de Judá por meio das famílias de Jerameel e Hezron (1Cr 2.27). Viveu em torno de 1800 a.C.

ER
No hebraico, **"vigia"**. Há três pessoas com esse nome nas páginas da Bíblia, duas no Antigo Testamento e uma no Novo Testamento, a saber: **1**. O filho mais velho de Judá, que, já adulto casou-se com Tamar. Por causa de sua iniquidade, morreu prematuramente (Gn 38.7; Nm 26.19). Viveu por volta de 1896 a.C. **2**. Um filho de Selá, outro filho de Judá (1Cr 4.21). Viveu em torno de 1859 a.C. Sua mãe era filha de Sua, o cananeu. **3**. Um homem que aparece na genealogia de Jesus de acordo com o terceiro Evangelho. Ali ele aparece como filho de Josué e pai de Elmadã. Deve ter vivido em torno de 725 a.C.

ERA
Uma era é alguma época histórica durante a qual as datas são contadas a partir de algum evento histórico significativo. No entanto, muitos usam a palavra *era* como se fosse sinônimo de *época*. Aqueles que fazem distinção entre essas duas palavras entendem que uma época é de menor duração, de tal modo que, dentro de uma era, pode haver várias épocas. Para exemplificar, dentro da era cristã têm havido várias épocas, como a dos apóstolos, a dos cristãos antigos a dos cristãos medievais, a da Renascença, a moderna etc.

Pode-se conceber uma era como um período caracterizado por algum fenômeno coextensivo ou ordem de coisas, com condições sociais, religiosas, intelectuais, políticas ou físicas todas próprias. Uma época, à semelhança de uma era, também começa com algum acontecimento importante. Assim, falamos sobre a época da bomba atômica como aquela que teve início quando da explosão de duas bombas atômicas, lançadas sobre o Japão, nos últimos dias da Segunda Guerra Mundial, em agosto de 1945.

1. Eras Judaicas. *a*. A época dos patriarcas (Gn 7.11; 8.13). *b*. Da saída do Egito (Êx 19.1) à construção do templo de Jerusalém. *c*. Da construção do templo (1Rs 9.10, 2Cr 8.1) ao fim do período da monarquia judaica. *d*. Do começo do cativeiro babilônico (Ez 1.1; 33.21) à dedicação do segundo templo de Jerusalém. *e*. Período dos governantes selêucidas, que começou em 312 a.C. *f*. Uma grande era foi calculada a partir do tempo em que começou a monarquia em Israel (1Rs 15.1). *g*. O Talmude data todas as coisas a contar da suposta data da criação, fixada pelos rabinos em 3761 a.C. Naturalmente, isso é uma completa falácia, pois não há informes bíblicos que permitam retroceder até à data da criação do mundo. Ver o artigo sobre a *criação*.

2. Eras Profanas. *a*. A primeira Olimpíada (jogos atléticos) foi o princípio de uma era comum para as várias populações helênicas. Estaria correndo o ano 3228 da criação do mundo, correspondente ao nosso 776 a.C. Isso faria retroceder a data da criação do mundo para 4004 a.C. *b*. A conquista de Troia, pelos gregos, assinalou uma era, sendo o ano 2820 a.C. do mundo, correspondente ao nosso 1184 a.C. *c*. A viagem feita para adquirir o velocino de ouro, sendo o ano do mundo de 2760. *d*. A fundação de Roma, 753 a.C. 5. A era de Nabonassar, 747 a.C. *e*. A era de Alexandre, O Grande, que começou quando ele obteve a vitória sobre Dario, o persa, 330 a.C. *f*. A era juliana, que é a data da reforma do calendário, por Júlio César, a 1° de janeiro de 45 a.C. *g*. A era de Diocleciano, desde o ano em que ele tornou-se imperador, 29 de agosto de 285 d.C. *h*. A Hegira dos islamitas, 622 d.C. A *Hegira* (no árabe, "partida") refere-se à fuga de Maomé de Meca para Medina. *i*. A era de Yezdegirde III, 16 de junho de 632 d.C., assinala uma era para as persas.

Entretanto, alguns pensam em um quadro diferente, quando calculam as eras profanas, a saber: **1**. A era que começou com a fundação do império assírio, 1267 a.C. **2**. A era de Nabonassar, quando da morte de Sardanapalo, 747 a.C. **3**. O reinado de Ciro, sobre a Babilônia, 538 a.C. **4**. O reinado de Alexandre, O Grande, sobre os persas, também é contado como um ponto inicial, 330 a.C. **5**. A era iniciada pela instituição do calendário juliano, 1° de janeiro de 45 a.C.

3. Era Cristã. Durante um longo tempo os cristãos não falaram em termos de sua própria era cristã, em distinção às datas fixadas pelos pagãos. Porém, a lista de datas, abaixo, pode ser considerada como sancionada pelos cristãos, ou como parte integrante de sua história: *a*. *A era cristã mundana, ou* seja, a suposta data da criação, 4004 a.C. Essa data foi calculada inicialmente por John Lightfood (1602-1675) e, então, também foi adotada por James Ussher (1581-1656). A Bíblia inglesa *King James Version*, em suas notas marginais, popularizou essa data. Essa data foi calculada com base nos registros genealógicos do Antigo Testamento. Mas os eruditos concordam que essa data só pode ser simbólica, não tendo qualquer valor histórico, pois os dados bíblicos não permitem que alguém recue até à data da criação. Ver os artigos sobre *Criação; Antediluvianos* e *Cosmogonia*. *b*. As *eras judaicas*, conforme mostramos acima, foram largamente adotadas pelo pensamento cristão. *c*. A *era cristã* é um grande marco histórico, a começar pelo nascimento do Senhor Jesus Cristo. Em 527 d.C., calculou-se que isso teria acontecido no ano 1 d.C. Porém, cálculos posteriores mais exatos mostram que devemos pensar em cerca de 4 a.C. para a data do nascimento de Jesus. Se isso está com a razão, então sempre devemos somar quatro anos a mais, em relação à data de qualquer ano, para sabermos há quanto tempo o Senhor Jesus nasceu. O ano de 1986 marca 1990 anos desde o seu nascimento, para exemplificar. *d*. A *era de Diocleciano*, ou era dos mártires, iniciada a 29 de agosto de 284 d.C., quando Diocleciano tornou-se imperador de Roma. Seguiram-se dois séculos quase ininterruptos de perseguições contra os cristãos, por parte do governo romano. *e*. A *era armênia*, que data da retirada da igreja Armênia da comunhão com o patriarca de Constantinopla, a 9 de julho de 552 d.C. *f*. A *era bizantina* ou de Constantinopla, que fixou a data da criação como 5508. *g*. A *era da igreja oriental*, quando ela se separou de Roma, em 1054. *h*. A *era da Reforma protestante*, iniciada na primeira metade do século XVI. *i*. A *era das missões modernas*, que começou no século XIX.

ERA (AEON, AION)
Tradução do termo hebraico *alam*, um longo e indefinido período de tempo, limitado apenas pelo contexto.

Usos veterotestamentários. *a*. *Tempo passado indefinido*. (Am 9.11; Mq 7.14; Is 58.12; Jr 28.8) em várias conexões. Joel 2.2 e Isaías 64.4 usam o termo para indicar a história humana inteira. Em alusão a Deus, o termo pode significar eterno (Sl 93.2). (Ver também o *Deus da antiguidade*, em: Gn 21.33; Is 40.28 e Jr 10.10). *b*. *Tempo futuro indefinido*. Indica o tempo em que um homem viverá, Deuteronômio 15.17, a eternidade da Terra, Salmo 104.5; o ato final do juízo e da redenção, Ageu 2.6; o futuro indeterminado, Isaías 32.14; Ezequiel 25.15; objetos como o templo de Salomão, 1Reis 9.3; a observância da Páscoa, Êxodo 12.24; a cidade santa, Salmo 125.1. Mas, quando aplicado a Deus, indica sua eternidade, Isaías 40.28; Deuteronômio 32.40. O plural intensifica a palavra, dando a entender o futuro interminável, Isaías 45.17, ou a salvação eterna, *idem*. *c*. *Passado ou futuro indefinidos*. Da eternidade passada à eternidade futura, como a existência de Deus, Salmo 90.2; 106.48. Indica a duração do amor de Deus. (Sl 103.17; seu louvor, Ne 9.5; e a promessa da terra a Israel, Jr 7.7; 25-5).

Usos neotestamentários. No grego é *aion*. **a. Tempo passado indeterminado**. (Lc 1.70; At 3.21). Em Judas 25, significa "antes de todas as eras". **b. Futuridade, duração contínua**. É assim usado por 27 vezes no Novo Testamento, cada vez definido pelo contexto. (Ver Mt 21.19; Jo 13.8 e 1Co 8.13, onde significa "nunca"). A eternidade futura é vista em (Jo 6.51;58; 2Co 9.9; Hb 5.6 etc). O plural reforça a ideia de interminável, como "antes de todas as eras", 1Coríntios 2.7; "dos séculos", Colossenses 1.26. A ideia de "eterno propósito" aparece em Efésios 3.11. Um outro termo, "pelos séculos dos séculos" é a forma enfática de dizer "para sempre", (Mt 6.13; Rm 1.25). Judas 25 tem "por todos os séculos". Assim, a eternidade é vista como uma interminável sucessão de eras ou ciclos. O eterno governo de Deus é pintado pela expressão "rei dos séculos" (1Tm 1.17 e Ap 15.3). **c. Um segmento de tempo de considerável duração**. Assim, a blasfêmia contra o Espírito não é perdoada nesta era e nem na vindoura (Mt 12.32). Jesus Cristo é exaltado nesta e na outra era (Ef 1.21). A "era vindoura", ou seja, a eternidade que aguarda (Mc 10.29-30). A presente era terminará com a *parousia* de Cristo (Mt 24.3). Esta era chegará ao fim com a separação entre os bons e os maus (Mt 13.39-42). A era vindoura será a era da vida eterna (Mc 10.30). Esta era faz agudo contraste com a vindoura, quanto ao caráter e à glória (Gl 1.4). Podemos amar demais a esta era, o que prejudica a alma (2Tm 4.10). Mediante a morte de Cristo, somos libertos dos males desta era (Gl 1.4). O reino de Deus pertence à era vindoura (Mt 25.34). Portanto, as realidades remidoras são escatológicas, embora prefiguradas desde o presente. **d. O mundo físico**. A palavra "mundo" (kosmos) é usada de modo intercambiável com *aion*. Assim, temos menção à sabedoria deste *mundo* (1Co 2.6), e talvez a criação dos *mundos* (Hb 1.2). **e. Como uma pessoa**. Na religião helênica, o *aion* era um ser semidivino, superior ao homem mas inferior a Deus, um tipo de ser intermediário, poderoso e mesmo capaz de criar. Alguns gnósticos pensavam que Cristo seria um *aion*, um representante de Deus nesta esfera. (Ver Ef 2.2, sobre o *aion* (maligno) que governa este mundo). Os trechos de Clolossenses 1.26 e Efésios 3.9 e 2.7 talvez usem a palavra para indicar os seres angelicais. O gnosticismo usava o termo para falar sobre a longa sucessão de seres angelicais medianeiros entre o céu e a terra. Esses também eram chamados de *emanações*, e, coletivamente, eram o *pleroma*, ou "plenitude". Ver a NTI quanto a essa palavra, em Colossenses 2.9, e sobre o *pleroma*. (BESZ)

ERA, VIGILANTE

No hebraico, "vigilante". Filho de Sutela, filho de Efraim (Nm 26.36). Ele foi o fundador da família dos eranitas. A passagem paralela de 1Crônicas 7.20 não menciona Erã, embora mencione Eleada, como descendente de Sutela (pai de Erã). Ele viveu em torno de 1450 a.C.

EREQUE

No hebraico, **"extensão"**, **"tamanho"**. No acádico, o nome dessa cidade é *Uruk* e, no sumério, *Unug*. Essa foi a segunda cidade fundada por Ninrode. Ele aparece como fundador das cidades de Babel (Babilônia), Ereque, Acade, Nínive, Reobote-Ir, Calá e Resen, sete ao todo (Gn 10.10,11). Alguns salientam, contudo que a rigor não é dito que ele foi o construtor dessas cidades, mas somente que estabeleceu sua autoridade sobre elas. Isso significaria que algumas delas, pelo menos, já existiriam antes dele Ereque ficava localizada na margem esquerda do rio Eufrates. O local antigo é assinalado pela moderna *Warka*, situada cerca de cento e sessenta quilômetros a sudeste da cidade da Babilônia, em uma área pantanosa do Eufrates.

Nesse mesmo lugar, foram encontrados pelos arqueólogos, dois antigos *zigurates* (vede). Serviam de torres de templos e ali foram encontrados selos cilíndricos (vede). O mais antigo desses zigurates data do começo do quarto milênio a.C. Ereque, juntamente com Ur, Lagase e Eridu, representam as mais antigas cidades do sul da Babilônia de que se tem notícia.

Entre as inscrições encontradas nesse lugar, muitas delas são dos dias dos reis Dungi, Ur-Bau, Gudea, Singaside, Merodaque-Baladã. Também têm sido encontrados no lugar tabletes pertencentes aos reinados de Napopolassar, Nabucodonosor, Nabonido, Ciro, Dario e os selêucidas. Além disso, muitos artefatos têm sido encontrados, como peças de cerâmica esmaltada, esquifes, muitos tipos de receptáculos e sepulcros.

A vila original chamada Culabe, foi fundada por pessoas do período Ubaide (cerca de 4000 a.C.). A principal pessoa envolvida nisso foi o governante semítico Mesquiagaser, da primeira dinastia. Uruque (Ereque) foi a capital do rei heroico mítico, Gilgamés, cujas lendas são paralelas, em muitos pontos, à narrativa da criação do livro de Gênesis. Ver o artigo sobre *Cosmogonia*. A literatura assíria e babilônica tem muitas referências a Ereque. Nos tempos assírios, ao que parece, a cidade tornou-se uma espécie de necrópole nacional.

O local foi escavado a partir de 1850. E após essa data, houve muitas outras escavações arqueológicas. Além das coisas já mencionadas, deveríamos destacar que foram encontrados ali dois zigurates, vários templos e uma grande biblioteca, com muitos documentos, alguns deles pertencentes até 70 a.C. Canais artificiais traziam água para a cidade. As referências ao lugar indicam que, antigamente, a cidade ficava situada em uma área fértil, embora atualmente seja um virtual deserto.

O culto a Anu talvez fosse a mais importante expressão religiosa de Ereque, porquanto a divindade desse nome era um dos deuses mais proeminentes da Babilônia. Um outro culto importante do lugar era o de Istar. (EL UN Z)

ERI

No hebraico, **"vigia"**. Seu nome é mencionado em Gênesis 46.16 e Números 26.16. É possível que o seu nome esfivesse ligado ao verbo que significa "despertar-se". Ele era o quinto filho de Gade, filho de Jacó. De acordo com a segunda dessas referências, foi o progenitor dos eritas. Viveu em torno de 1700 a.C.

ERQUEBEL

Uma localidade mencionada no livro apócrifo de Judite (7.18), perto de Cusi, às margens do ribeiro de Mocmur. Provavelmente deve ser identificada com a moderna aldeia de Akrabeh, cerca de quarenta quilômetros ao norte de Jerusalém, na região montanhosa, a poucos quilômetros do poço de Sicar.

ERVAS AMARGAS

No hebraico, *merorim*, **"amargores"**. É palavra usada apenas por três vezes no Antigo Testamento (Êx 12.8; Nm 9.11 e Lm 3.15). O hebraico diz apenas "amargores", uma palavra tão geral que agora não sabemos quais ervas poderiam estar em foco. Alguns têm pensado em verduras como a chicória, a alface, a acelga, a azeda etc. Alguns pensam no agrião. Nos tempos modernos, os judeus empregam a escarola e outras verduras, em um total de cinco espécies, para conseguirem uma salada amargosa. Alguns intérpretes supõem que, nos livros de Êxodo e Números, as ervas amargas eram apenas a hortelã.

Uso de Ervas na Páscoa. Nas Escrituras, o "amargor" simboliza aflição, miséria e servidão (Êx 1.14; Rt 1.20; Pv 5.4), a iniquidade (Jr 4.18) e também o luto e a tristeza (Am 8.10). Em face desses significados simbólicos, os israelitas receberam ordens para celebrar a Páscoa utilizando-se de ervas amargas para relembrarem a amarga escravidão que haviam sofrido no Egito (Êx 12.8; Nm 9.11). Os documentos escritos que chegaram até nós, provenientes do antigo Egito, mostram que eles usavam várias ervas amargosas em suas saladas, e é bem possível que Israel tivesse empregado algumas delas na celebração da cerimônia da Páscoa (ver o artigo).

ESÃ

No hebraico, **"inclinação"** ou **"apoio"**. O nome ocorre somente em Josué 15.52. Havia um grupo de nove cidades capturadas por Israel, na área de Hebrom, em Judá. Esã é a terceira dessas cidades a ser nomeada. A Septuaginta diz *Somá*, sendo possível que Esã seja uma forma corrompida dessa palavra. Nesse caso, as ruínas de *Simia*, ao sul de Daumeh, talvez assinalem a antiga localização. Seja como for, o lugar tornou-se parte da herança de Judá.

ESAR-HADOM

No acádico, **"Assur deu um irmão"**. Foi um poderoso imperador assírio, filho mais jovem de Senaqueribe e seu sucessor. Governou o império assírio de 680 a 669 a.C. Ver o artigo geral sobre a *Assíria*. Nas páginas do Antigo Testamento, Esar-Hadom é mencionado por três vezes (2Rs 19.37; Ed 4.2 e Is 37.38).

1. Fontes de Informação. A crônica babilônica, a crônica de Esar-Hadom e muitas inscrições reais suprem-nos abundantes informações. O Antigo Testamento (2Rs 19.37 e Is 37.38) informa-nos que ele foi filho e sucessor de Senaqueribe. E alguns estudiosos supõem que ele tenha sido o mesmo "afamado Asnapar", referido em Esdras 4.10.

2. Sua Família e Ascensão ao Trono. É espantoso como as famílias reais da antiguidade envolviam-se em homicídios, a fim de obterem e manterem o poder. A própria nação de Israel não pôde isentar-se disso, como a história de seus reis demonstra a sobejo. Senaqueribe foi assassinado em 681 a.C. por seus dois filhos, Adam-Meleque e Sarezer. Entre outros motivos, é que tinham ciúmes do favorito do rei, um outro filho, Esar-Hadom. Quando houve o assassinato, este estava ausente, ocupado em uma campanha militar; mas imediatamente retornou a Nínive. Assumiu o poder e seus irmãos parricidas escaparam para a Armênia. Sua esposa teve dois meninos gêmeos. Com o tempo, eles tornaram-se governantes da Assíria e da Babilônia. O poder foi assim dividido, a fim de que não ocorresse uma nova luta pelo trono. Uma inscrição narra que Esar-Hadom entrou em luta contra seus dois irmãos, alguns meses após ter subido ao trono, procurando vingar seu pai. Mas isso parece ter dado em nada e os dois filhos de Senaqueribe prosperaram na Armênia, onde suas respectivas famílias passaram a residir permanentemente.

3. Atos de Esar-Hadom como Rei. Conforme dissemos acima, Esar-Hadom fez guerra contra seus dois irmãos parricidas. Também consolidou o seu poder executando os nobres que tinham dado apoio àqueles dois. Esar-Hadom teve a sua cota de guerras usuais. Combateu as tribos dos cimérios (679 a.C.) para pôr fim aos seus ataques contra os territórios governados pelos assírios e porque estavam perturbando as rotas comerciais. Também declarou guerra contra os elamitas, que estavam-se tornando um incômodo, devido às suas constantes hostilidades. Esar-Hadom transportava prisioneiros para lugares distantes de onde eram naturais, o que punha fim, de modo eficaz e permanente, ao poder dos seus inimigos (Ed 4.9, 10). No território mencionado nesse trecho bíblico, ele deixou como governador a seu títere, Naide-Marduque, de Bit-Yakin, filho do rebelde Merodaque-Baladã. Isso garantiu um longo período de paz e prosperidade naquela região. Esar-Hadom também lutou contra os habitantes de Bete-Eden e contra os árabes (676 a.C.). Assediou Sidom e outras cidades, cobrou tributo de treze reis das ilhas das costas mediterrâneas e das áreas costeiras e de doze reis das regiões interioranas, incluindo Tiro, Sidom, Edom, Moabe, Gaza, Asquelom, Ecrom, Gilgal, Asdode, Bete-Amom e Manassés (em acádico, *Menasi*), de Judá. Manassés foi deportado (2Cr 33.11).

Em 675-674 a.C., Esar-Hadom voltou sua atenção para o Egito, contra o qual enviou duas expedições militares. Obteve o controle do delta do Nilo e governou a região através de reis suseranos. Nínive, todavia, estava enfrentando os seus próprios problemas com revoltas e intrigas locais. Tiraca, Faraó do Egito, que se havia retirado para a Núbia, encabeçou um contra-ataque no Egito. Esar-Hadom apressou-se a voltar ao Egito, a fim de abafar o levante, mas caiu doente no caminho e faleceu em Harã. Seu sucessor foi Assurbanipal.

4. Obras. Esar-Hadom restaurou a cidade da Babilônia e encetou um considerável projeto de construções. Edificou vários palácios e trinta templos, "resplendentes de prata e de ouro", em diferentes regiões de seu reino. Ele jactava-se de um de seus palácios, dizendo que o mesmo era tão suntuoso que os reis antes dele nunca tinham feito igual. Governou durante treze anos sobre a Babilônia, e durante um total de 20 anos sobre todos os seus reinos, pelo que teve tempo suficiente para desenvolver os seus interesses. Construiu um novo palácio-fortaleza em Car-Esar-Hadom, perto de Assur, em Calá, que ficava para o sudeste. Templos foram restaurados, antes meio arruinados em Nínive, Nipur, Babilônia e outras cidades.

Em suas inscrições ele se vangloriava um pouco: "Sou poderoso, sou todo-poderoso. Sou um herói, sou gigantesco, sou colossal". Para provar isso, ele conquistou o Egito e assumiu o título de "rei dos reis do Egito". Conquistar o Egito foi um empreendimento fácil para ele. A fim de melhor provar a sua grandeza entre outras façanhas, ele se tornou eficiente matador em massa: "Diariamente, sem cessar, matei multidões de seus (de Tiraca) homens. A ele feri por cinco vezes, com a ponta de minha lança, com ferimentos sem recuperação. Mênfis, a sua cidade real, em meio dia mediante solapagens, túneis, assaltos, eu cerquei, eu capturei, eu destrui, eu derrotei, eu incendiei" (Lukenbill II, seções 577-583). (BOR FA UN Z)

ESAÚ

No hebraico, **"hirsuto"**, **"cabeludo"**, conforme também explica Gênesis 25.25. Ele era irmão gêmeo de Jacó e filho de Isaque e Rebeca. Viveu por volta de 1837 a.C. É mencionado pessoalmente por setenta e cinco vezes no Antigo Testamento, mormente no livro de Gênesis (25.25 até 36.43). O nome Esaú, usado como patronímico, para indicar os seus descendentes e a nação que eles formaram, ocorre por mais catorze vezes. E no Novo Testamento, por três vezes (Rm 9.13; Hb 11.20 e 12.16).

I. Relações de Família. Era filho de Isaque e Rebeca, o irmão gêmeo mais velho de Jacó. Também era conhecido como *Edom*, isto é, "vermelho", uma alcunha derivada do incidente do prato de guisado de lentilhas, por causa do qual perdeu o seu direito de primogenitura (Gn 25.30).

II. Incidentes de sua Vida Pessoal. A Bíblia informa-nos de várias ocorrências importantes, em fases variadas de sua vida, a saber:

1. Quanto à sua meninice e juventude, nada se sabe. Tão somente ele é descrito como habilidoso caçador e homem do campo. O trecho de Gênesis 25.22-26 fornece-nos as poucas informações que temos sobre os primeiros dias de sua vida. Ele nasceu gêmeo com Jacó. Mas, durante o parto de Rebeca, este último agarrou o calcanhar de Esaú, o que deu motivo para a escolha de seu nome, Jacó, ou seja, "aquele que segura o calcanhar" ou "aquele que suplanta". Isaque, o pai dos gêmeos, tinha sessenta e cinco anos de idade quando eles nasceram. Os dois meninos cresceram juntos. Jacó era mais caseiro. Esaú, porém, tornou-se um habilidoso caçador, um autêntico filho do deserto. Isaque demonstrava preferência por Esaú, especialmente porque provia alimentos para a casa. Mas Rebeca favorecia Jacó.

2. Vários anos são deixados de lado na narrativa e então, aparece o incidente do prato de lentilhas. Esaú estava extraordinariamente faminto naquele dia e chegou ao extremo de vender o seu direito de primogenitura por um prato de lentilhas avermelhadas com guisado. As Escrituras, pois, dizem que Esaú "desprezou" o seu direito de primogenitura (Gn 25.34). Podemos supor com segurança que Esaú demonstrou pouco caso quanto à questão da primogenitura, não tendo sido a fome a causa principal de sua desistência. A lição moral envolvida no incidente é perfeitamente óbvia. Algumas vezes, coisas valiosas são trocadas por pequenas e passageiras vantagens. As pessoas têm seus momentos de loucura espiritual e moral.

3. Com 42 anos de idade, Esaú casou-se com duas mulheres, com pequeno intervalo de tempo entre o primeiro e o segundo casamentos. Ambas as mulheres eram cananeias e isso causou dificuldades consideráveis para a família. O trecho de Gênesis 27.46 registra a consternação de Rebeca acerca da questão. Uma terceira esposa foi escolhida entre a sua própria parentela, chamada Basemate, também conhecida como Maalate (Gn 28.9), irmã de Nebaiote e filha de Ismael, filho de Abraão e Hagar (Gn 36.3).

4. A bênção furtada. Os intérpretes creem que o fato de Esaú casar-se com mulheres estrangeiras, não relacionadas ao povo compactuado com Deus, serviu de sinal da pouca importância que ele dava às coisas espirituais. Isso serviu de trampolim para a perda da bênção paterna, por parte de Esaú. Rebeca e Jacó planejaram fazer o idoso, débil e quase cego Isaque pensar que Jacó era Esaú. Assim, quando Isaque estava abençoando a Jacó, pensava que estava abençoando a Esaú. Mas, na verdade, este estava caçando. Quase imediatamente depois da cena da bênção paterna, Esaú voltou e, com profunda consternação, tomou conhecimento do que havia acontecido. Com lágrimas insistentes, conseguiu arrancar de Isaque uma bênção secundária. Privado da bênção maior, Esaú veio a odiar Jacó e planejava tirar-lhe a vida. Ao saber disso, Jacó fugiu para a propriedade ancestral, no norte da Mesopotâmia. Ali, Jacó casou-se e começou a constituir sua própria família. Foi então que Esaú, vendo que seus pais agradavam-se diante de casamentos com mulheres pertencentes ao clã, resolveu casar-se com sua prima, Maalate, filha de Ismael (Gn 28.6-9). Todavia, isso não reverteu o seu erro, e nem lhe devolveu a bênção perdida. Quanto ao relato da bênção furtada, ver Gênesis 27. No tocante à atitude de Jacó podemos elogiá-lo e repreendê-lo, ao mesmo tempo. Elogiá-lo porque ele deu valor à bênção espiritual; repreendê-lo porque não hesitou em tirar proveito de um momento de fraqueza de seu irmão gêmeo para apossar-se da bênção. Deus, por sua vez, utilizou-se de tudo isso para chegar aos seus fins, porquanto Jacó era o escolhido do Senhor, antes mesmo de os gêmeos nascerem. Ver o comentário de Paulo a respeito, em Romanos 9.11-13.

O relato sobre a bênção paterna levanta algumas interessantes questões. É óbvio que a bênção paterna era ansiosamente buscada na antiguidade. Sem dúvida acreditava-se que, uma vez proferida, a bênção era *causa* das coisas preditas. Se fosse considerada como um mero *conhecimento prévio* (vede), porque era tão anelantemente cobiçada? Se fosse um conhecimento prévio, ter ou não uma bênção assim em nada alteraria o destino de alguém. Mas, no caso em foco, uma bênção secundária foi considerada capaz de determinar certos aspectos do destino de Esaú e seus descendentes. Acerca dessas questões, conjecturo o seguinte: desde o começo, a bênção maior pertencia a Jacó. Por causa disso, as circunstâncias envolvidas causaram as mudanças, apesar das dúbias atividades de Jacó e Rebeca. Ademais, mesmo sem tal manipulação da parte deles, algum outro conjunto de circunstâncias ter-se-ia formado, assegurando que Jacó recebesse a bênção maior. A bênção paterna de Isaque estava revestida de poder e as coisas ali previstas realmente sucederam, porquanto já correspondiam à vontade de Deus. Por sua vez, Isaque deve ter pensado que suas palavras de bênção tinham o poder de fazer suceder o que dissesse; e também não se pode duvidar que os demais membros da família também acreditavam assim. No entanto, o contrário é que está com a razão. Os eventos, fixados pela vontade divina, emprestaram à bênção o poder que tinham. Tanto Esaú quanto Jacó teriam seguido os seus respectivos destinos, com ou sem alguma bênção paterna específica. Outrossim, essas circunstâncias terrenas nada tinham a ver com os destinos eternos dos dois gêmeos, ou com os acontecimentos intermediários, não podendo alterar a utilidade ou o bem-estar espiritual deles, a longo prazo. Na história do povo de Israel, Jacó foi favorecido e usado por Deus com propósitos que ultrapassavam àqueles determinados para seu irmão gêmeo. Contudo, a graça de Deus é muito grande e, quanto mais otimistas nos mostrarmos quanto a isso, mais perto chegaremos das grandes verdades ensinadas no Novo Testamento. Ver o artigo sobre a *Restauração*.

5. Esaú no monte Seir (Gn 32.3). Podemos supor que Esaú e suas esposas pagãs, que provavelmente continuaram praticando sua religião idólatra, serviam de contínua irritação para Isaque e Rebeca. É possível que essa tenha sido uma das razões que levou Esaú a mudar-se, com seus familiares, para uma nova localidade.

6. A reconciliação com Jacó. Esaú estava residindo no monte Seir fazia alguns anos. Jacó retornou de Padã-Arã, onde até então estivera residindo com o seu sogro, Labão. Jacó retornava à propriedade da sua família. No entanto, cumpria-lhe atravessar o território de Esaú e um reencontro entre os dois parecia inevitável. Por isso, enviou mensageiros à sua frente, na esperança de pacificar Esaú, a quem tinha razões para temer. No entanto, não era mister aquele receio, pois a passagem dos anos retirara do coração de Esaú todo o ódio. No entanto, Jacó tomou um susto que bem merecia. Esaú enviou um grupo de quatrocentos homens armados, à sua frente. Jacó chegou a pensar que chegara o momento do fim de sua vida terrena. Desesperado, ele enviou as mulheres e as crianças à frente do grupo com que ficou, na esperança de que Esaú sentisse misericórdia. Então, ao chegar à presença de Esaú, prostrou-se diante dele por *sete* vezes. Vale a pena ser humilde. Mas, então, veio a boa parte. Esaú viu Jacó à distância, mais ou menos como, na parábola de Jesus, o pai viu o seu filho pródigo que ia chegando. E Esaú correu para ir abraçar o seu irmão gêmeo. Assim, os dois abraçaram-se em meio a soluços e lágrimas. O amor, portanto, cobrira uma multidão de pecados. O doce perfume do perdão tomou conta da atmosfera, e pessoas felizes rodopiaram ao redor, enquanto dois irmãos, de relações antes estremecidas, perdoaram-se e reconciliaram-se. Sempre as coisas poderiam acontecer dessa maneira, se ao menos deixássemos.

Esaú admirou-se diante das esposas, filhos e bens materiais que Jacó fora capaz de amealhar. Jacó, por sua vez, ofereceu-lhe presentes, mas que ele rejeitou porquanto, afinal de contas, ele também tinha esposas, filhos e riquezas materiais. Jacó, entretanto insistiu e Esaú recebeu os presentes. O texto sagrado não esclarece quais foram esses presentes, mas podemos ter a certeza de que Jacó mostrou-se generoso na oportunidade. Esaú ainda quis acompanhar Jacó por um pouco; mas seus passos haveriam de separar-se e distanciar-se cada vez mais e, assim, cada qual seguiu por seu próprio caminho. Toda a narrativa encontra-se nos capítulos trinta e dois e trinta e três do livro de Gênesis.

7. Acontecimentos posteriores. Aparentemente, os dois gêmeos não se encontraram novamente até chegado o momento de sepultar a Isaque, o que eles fizeram juntos. Evidentemente, eles mantiveram um relacionamento de respeito e temor mútuos. Não se misturavam, mas também não se combatiam. Juntos, depositaram o corpo de Isaque, seu pai, na caverna de Macpela, que Abraão comprara como parte de um terreno. Ver Gênesis 35.29. Esaú ficou com uma boa parte das riquezas de Isaque, sob a forma de gado e outras coisas valiosas. Sem dúvida isso foi feito de acordo com a vontade expressa de Isaque e com o consentimento pleno de Jacó, porquanto aquilo representava a legítima herança de Esaú. Então Esaú retornou para o seu próprio lugar (Gn 36.6). No relato de Gênesis, apenas por uma vez mais lemos o nome de Esaú, ou seja, na tabela genealógica de Gênesis 36.43. Mas há menções pessoais a Esaú, por seis vezes, em outros livros do Antigo Testamento (Js 24.4; 1Cr 1.34,35; Ml 1.2,3).

III. ESAÚ NO NOVO TESTAMENTO. Na tradição judaica, Esaú não é visto com muitos bons olhos, o que se reflete nas referências neotestamentárias a ele. Em Romanos 9.13, Deus é retratado a amar a Jacó e a aborrecer a Esaú, e o contexto descreve como a eleição (vede) dividiu famílias e os próprios descendentes de Abraão. Na verdade, porém, não é que essa divisão afete apenas nações e povos. De acordo com o texto sagrado, somente um remanescente eleito será salvo, de conformidade com a inexorável vontade de Deus. Cumpre-nos lembrar que a teologia judaica era fraca quanto a causas secundárias, pelo que atribuía a Deus muitas coisas que deveriam ser atribuídas à perversão dos homens. Quanto a meus pontos de vista sobre a predestinação, ver os artigos sobre a *Predestinação* e o *Livre-Arbítrio* e sobre o *Determinismo*. Ver também os artigos sobre a *Reprovação* e sobre a *Eleição*.

A passagem de Hebreus 11.20 declara que foi mediante a fé que Isaque abençoou tanto a Jacó quanto a Esaú. E Hebreus 12.16 considera Esaú uma pessoa imoral e irreligiosa, porquanto vendeu o seu direito de primogenitura por uma simples refeição. Posteriormente, embora quisesse recuperar a bênção perdida, não o conseguiu, a despeito de tê-lo feito com lágrimas diligentes (Hb 12.17). A lição que está encerrada no incidente é uma advertência para nós, para não tratarmos com menoscabo as bênçãos e vantagens espirituais que nos forem oferecidas. Pois, se o fizermos, isso nos poderá ser fatal. Esse pensamento deve ser confrontado com o que se lê em Hebreus 6.1-6. Os intérpretes reconhecem o caráter natural superior de Esaú, embora supondo que ele represente apenas o *homem natural* (vede). Creio que a graça divina alcançou também Esaú, e que, atualmente, ele encontra-se dentro do rebanho de Deus, ainda que tenha sido necessário o Espírito de Deus procurá-lo no estado desincorporado (conforme 1Pedro 4.6 nos sugere). Não acredito que um homem que desempenhou o papel que teve, dentro da família patriarcal, possa ter-se perdido. Também acredito no poder da graça de Deus, conforme ele manifesta-se na missão universal de Cristo, ultrapassa à mensagem do nono capítulo de Romanos.

ESBÃ

No hebraico, **"herói sábio"**, **"homem de compreensão"**, ou então, alguns estudiosos pensam que o nome tem um sentido desconhecido. Ele era um chefe horeu, filho de Disã (Gn 36.26 e 1Cr 1.41). Vivia na região do monte Seir, por volta de 1750 a.C.

ESBAAL

No hebraico, **"homem de Baal"**. O nome desse homem figura somente em 1Crônicas 8.33 e 9.39. Uma alternativa desse nome, em algumas traduções, é Is-Bosete. Uma outra tradução possível desse nome hebraico é "homem de vergonha". Ele foi o quarto filho do rei Saul. Em 2Samuel, capítulos segundo a quarto (por exemplo, 2.8,10,12,15), esse homem é chamado Is-Bosete.

O nome dele era formado pelo nome do detestável deus pagão, Baal, encontrado em muitos nomes mesopotâmicos. Bosete ou Bsete eram formas alternativas comuns. Assim, Jerubsete teve seu nome mudado para Jerubaal, e Mefibosete para Meribaal. A palavra hebraica *bosheth* significa "vergonha". Isso exprimia a repugnância dos adoradores de Yahweh por qualquer coisa vinculada aos cultos da terra de Canaã, especialmente aquilo ligado a *Baal* (vede).

Is-Bosete foi feito rei de Israel, sob iniciativa de Abner, em repúdio às reivindicações de Davi ao trono. Os direitos de Is-Bosete eram hereditários, mas os de Davi eram divinos e carismáticos. Ver 2Samuel 2.8 quanto ao registro a respeito dessa nomeação. Tinha 40 anos de idade quando foi entronizado em Maanaim, mas reinou apenas por dois anos (2Sm 2.10). Posteriormente, Abner mudou de opinião e passou a apoiar Davi. E Is-Bosete acabou sendo morto. Assim sendo, Is-Bosete não obteve grande apoio à sua causa e acabou assassinado.

ESCABELO

No hebraico, *kebesh*, **"lugar para pisar"**, palavra usada somente por uma vez, em 2Crônicas 9.18; e *hadom regel*, *"escabelo"*, expressão hebraica usada por seis vezes (1Cr 28.2; Sl 99.5; 110.1; 132.7; Is 66.1 e Lm 2.1).

No grego, *upopódion*, "escabelo", "sob o pé", palavra empregada por nove vezes no Novo Testamento (Mt 5.35; 22.44; Mc 12.36; Lc 20.43; At 2.35; 7.49; Hb 1.13; 10.13 e Tg 2.3).

Essa pequena peça de mobiliário era usada para apoiar os pés, especialmente quando alguém estava sentado em algum trono ou assento alto (2Cr 9.18). Somente nessa referência bíblica há uma alusão literal ao móvel. Ali é dito que o trono de Salomão *tinha seis degraus e um estrado de ouro, a ele pegado*. No Novo Testamento também só há uma referência literal, em Tiagp 2.3, onde também é empregada a palavra portuguesa "estrado". Todas as outras referências são figuradas. **1**. O templo de Jerusalém aparece como um escabelo ou estrado (1Cr 28.2; Sl 10.5). **2**. A terra é o escabelo de Deus (Sl 110.1; Mt 5.25). **3**. O templo também é o escabelo de Deus (Sl 99.5; 132.7; Lm 2.1). **4**. Os inimigos do Messias são comparados a um escabelo para os pés. Pois, na qualidade de Rei, ele haverá de subjugar a todos eles (Sl 110.1; Mt 22.44; Mc 12.36; Lc 20.43; At 2.35; Hb 1.13; 10.13).

ESCADA. Ver também *Degrau, Grau*.

No hebraico precisamos considerar três palavras, e no grego, uma, a saber: **1**. *Maalah*, "subida", "degrau". Esse vocábulo grego também significa "grau", como dos relógios de sol. Mas, com o sentido de "degrau", aparece por dezesseis vezes (2Rs 9.13; Ne 3.15; 12.37; Ez 40.6; 43.17; Êx 20.26; 1Rs 10.19,20; 2Cr 9.18,19; Ez 40.22,26,31,34,37,49). **2**. *Maaleh*, "subida", "degrau". Embora ocorra por catorze vezes, apenas por uma vez esse vocábulo hebraico tem o bem definido sentido de "degrau", isto é, em Neemias 9.4. **3**. *Sullam*, "escada". Essa palavra hebraica ocorre somente em Gênesis 28.12, dentro do sonho de Jacó. **4**. *Anabathmós*, "subida". Esse vocábulo grego ocorre por apenas duas vezes: Atos 21.35,40.

A primeira das três palavras hebraicas era o vocábulo comum, usado no Antigo Testamento, para indicar escadas. No caso de casas com dois pisos, a escada ficava do lado de fora, usualmente feita de pedra, sem balaústre. As casas com dois andares geralmente tinham escadas do lado de dentro, além de um lance exterior de escadas, da sacada ao eirado plano. Quando o terreno de uma cidade era em dois níveis diferentes, geralmente havia escadas que facilitavam o acesso de um nível para o outro, conforme se vê em Neemias 3.15: *...até aos degraus que descem da cidade de Davi*. Esses degraus foram escavados pelos arqueólogos na extremidade sul da colina sul da área do templo de Jerusalém, perto da porta da Fonte. No caso de poços profundos, que tinham a boca muito maior do que os modernos poços de muitas cidades do Brasil, havia escadas em caracol, pelas paredes internas, conforme se via em Gibeom, Gezer, Medigo e Bete-Zur. Quanto às escadas do templo ideal de Ezequiel, ver sobre *Templo de Jerusalém*.

A palavra hebraica *maaleh*, em Neemias 9.4, segundo muitos eruditos, ficaria melhor traduzida por "palanque" ou "estrado". Nossa versão portuguesa prefere esta última palavra: *Jesus, Bani, Cadmiel, Sebanias, Buni, Serebias, Bani e Quenani se puseram em pé no estrado dos levitas...*

No caso da "escada" de Jacó, que ele viu em um sonho, em Gênesis 28.12, onde aparece o termo hebraico *sullam* (única ocorrência), não há certeza se era uma escada com degraus ou uma rampa. Essa passagem é, pelo menos, sugerida pelo Senhor Jesus, em seu diálogo com Nicodemos (Jo 3.13); também em conversa com seus discípulos (Jo 6.62). E, novamente, no trecho onde Jesus se declara *o caminho, e a verdade, e a vida* (Jo 14.6), oportunidade em que Jesus mostrou que ele é o único caminho ascendente de acesso até o Pai: ...*ninguém vem ao Pai senão por mim.*

A palavra grega *anabathmós* aponta para os degraus que levavam do átrio do templo de Jerusalém até o palácio ou fortaleza de Antonia. Quando Paulo estava prestes a ser linchado por furiosos judeus, que julgavam que ele tinha profanado o templo, foi arrebatado do meio da multidão por soldados romanos. Ao chegarem àquela escada, os soldados tiveram de carregá-lo, para que escapasse da fúria da multidão. Instantes depois, tendo obtido permissão do comandante do destacamento, para dirigir a palavra à multidão, Paulo, agora de pé na escada, apresentou sua famosa defesa diante da turba, cada vez mais furiosa. (Ver At 21.44—22.29).

Uso figurado. A escada de Jacó representa a providência e os desígnios de Deus. Representa acesso e revelação, bem como as boas coisas que nos são dadas através dessas agências. Cristo tornou-se o Mediador das promessas divinas e a garantia do pacto.

ESCAMAS DE PEIXES

No hebraico, *qasqeseth*, **"escama"**, **"armadura"**. Palavra que aparece por oito vezes (1Sm 17.5 (onde indica a "couraça de escamas" do gigante Golias); Lv 11.9,10,12; Dt 14.9,10; Ez 29.4). No grego temos *lepís*, "escama", que figura somente em Atos 9.18, referindo-se às excrecências que surgiram nos olhos de Saulo de Tarso, depois que ele vira o Senhor Jesus na estrada para Damasco, provavelmente devido ao resplendor extraordinário que ele viu, mais brilhante que o sol do meio-dia e que caíram quando Ananias, a mando do Senhor, lhe impôs as mãos.

As escamas de peixes são a proteção externa dos peixes, e são removíveis mediante raspagem. Os israelitas só podiam comer peixes dotados de barbatana dorsal e de escamas. *De todos os animais que há nas águas, comereis os seguintes: todos que tem barbatanas e escamas, nos mares e nos rios, esses comereis* (Lv 11.9).

Um uso figurado aparece em 1Samuel 17.5,38, na menção à cota de malhas do gigante Golias e também em Ezequiel 29.4 onde se mencionam as escamas do enorme crocodilo que simbolicamente representa o Faraó do Egito.

ESCARLATA

No hebraico há quatro palavras envolvidas, e no grego, uma. As palavras hebraicas são: *Argevan*, "púrpura", palavra que figura por apenas três vezes, em Daniel 5.7,16,29. *Shani*, "escarlata", palavra que figura por cerca de quarenta vezes (como em: Gn 38.28,30; Êx 25.4; Lv 14.4,49; Is 1.18; etc). *Tola*, "escarlata", palavra que figura, com esse sentido (apenas em: Lm 4.5 e Is 1.18). E *tala*, "tinto (de escarlata)", que só aparece em Naum 2.3. No grego temos a palavra *kókkinos*, "escarlata" (que figura em Mt 27.28; Hb 9.19; Ap 17.3,4; 18.12,16).

O corante usado para colorir lã e fios de cor escarlate, sem dúvida alguma, era produzido com base no inseto cientificamente chamado *Coccus ilicis*. Trata-se de um inseto daninho que ataca certa espécie de carvalho, o *Ouercus coccifera*. Esse carvalho, que nunca chega a mais de seis metros de altura e não perde as folhas no outono, tem folhagem muito densa. As bolotas dessa espécie de carvalho aparecem isoladas ou aos pares, com cerca de 2,5 cm de comprimento, meio ocultas em um cálice espinhento.

Se não houver o controle daquele inseto pestífero, não demora a encobrir os ramos novos do carvalho com um tipo de escamas. Essas escamas produzem um tufo fofo e branco, similar ao algodão. Na verdade, a cor produzida por esse corante assemelha-se muito mais ao carmesim do que ao escarlate. Acredita-se que eram os fenícios que preparavam esse corante, embora todos os estudiosos concordem que os egípcios foram os mestres dos israelitas, no preparo desse corante. Também é evidente que esse corante escarlate era conhecido desde cerca de 1700 a.C. pois a parteira pôs um fio escarlate em torno do pulso de Zera, a fim de deixar certo de que ele era o primogênito dos gêmeos (ver Gn 38.27-30).

A palavra hebraica *karmil* (2Cr 2.7,14; 3.14), corresponde, realmente, ao nosso carmesim. Parece que o importante versículo de Isaías 1.18 quer dar a entender que embora nossos pecados sejam como a escarlata (como aquele corante produzido na antiguidade), se tornarão brancos como a neve, mediante a volta ao Senhor, de todo o nosso coração.

ESCÁRNIO, ESCARNECEDORES

No hebraico temos nove palavras diferentes envolvidas, e, no grego, apenas duas, a saber: **1**. *Qalas*, "zombar". Palavra usada por quatro vezes (Hc 1.10; Ez 16.31; 2Rs 2.23; Ez 22.5). **2**. *Laag*, "escarnecer". Palavra usada por dezoito vezes. Para exemplificar (2Rs 19.21; Jó 22.19; Is 37.22). **3**. *Bazah*, "desprezar". Palavra usada por quarenta e três vezes. (Exemplos: Et 3.6; Gn 25.34; Nm 15.31; 1Sm 2.30; Sl 22.24; Pv 14.2; Ez 22.8). **4**. *Mischag*, "riso". Palavra usada por apenas uma vez, em Habacuque 1.10. **5**. *Luts*, "zombar". Palavra usada por 23 vezes. (Por exemplo: Sl 1.1; Pv 1.22; 3.34; 22.10; 24.9; Is 29.20). **6**. *Latson*, "escarnecimento". Palavra usada por três vezes (Pv 1.22; 29.8; Is 28.14). **7**. *Latsats*, "zombador". Palavra usada somente em Oseias 7.5. **8**. *Tsechoq*, "gargalhada". Palavra usada apenas por duas vezes (Ez 23.32 e Jó 12.4). **9**. *Sachaq*, "brincar". Palavra usada por 35 vezes. (Para exemplificar: Jó 39.7,18; 2Cr 30.10; 1Sm 18.7; 1Cr 13.8; Sl 104.26; Zc 8.5). **10**. *Empaízo*, "zombar", "tratar como criança". Palavra grega usada por treze vezes (Mt 2.16; 20.19; 27.29,31,41; Mc 10.34; 15.20,31; Lc 14.29; 18.32; 22.63; 23.11,36). **11**. *Empaíktes*, "zombadores". Palavra grega usada por duas vezes: 2Pedro 3.3 e Judas 18.

Nas Escrituras está em pauta principalmente a recusa de aprender o caminho do Senhor, zombando daqueles que o fazem.

1. Uso Veterotestamentário. No livro de Provérbios, os zombadores são caracterizados por sua recusa em aprender o caminho da sabedoria, que é a base da verdadeira sabedoria. Visto que ter sabedoria é mais do que haver atingido elevado grau de intelectualidade, porquanto também envolve a atitude ético-religiosa da outorga a Deus; zombar envolve mais do que uma questão de ignorância ingênua; antes, envolve um orgulho pecaminoso e insensato (Pv 9.7-10; 21.24; 24.9).

A narrativa da expulsão de Hagar de casa, que passou a zombar de sua senhora, Sara, mostra-nos a atitude de Deus para com tal escárnio (Gn 16.4-6). Deus castiga o seu povo desobediente enviando contra eles a *sua* reprimenda, o que reverbera na atitude das nações pagãs (Sl 79.12-14; Jr 24.9, 42.18; 44.8,12; 49.13; Sf 2.8-10). Essa reprimenda divina foi suportada por um Mediador, o ungido do Senhor (Sl 89.50,51). Aquele que leva o opróbrio, por amor a Deus, a fim de que não caia o mesmo sobre outros (Sl 69.6-12; Jo 2.17), palavras essas que foram proferidas pelo Senhor Jesus na cruz (Sl 22.7; cf. Mt 27.46).

2. O Opróbrio e a Vindicação de Cristo. O predito opróbrio do Messias teve cumprimento específico no julgamento judaico e no julgamento romano, culminando na coroação zombeteira (Lc, 22.63; 23.11). A própria cruz é sinal de opróbrio (Gl 3.13), e a pregação da cruz era considerada uma ofensa e uma tolice (1Co 1.23; Gl 5.11); até mesmo o anúncio da ressurreição de Cristo serviu de motivo de zombarias (At 17.32). Nisso, como em outras coisas, os seguidores de Cristo não estão acima de seu Senhor, devendo compartilhar de seu sofrimento e rejeição (Mt 10.17). Os heróis da fé, em todos os séculos, têm sido cruelmente zombados (Hb 11.36). Moisés considerou as ofensas recebidas por amor a Cristo a sua maior possessão (Hb 11.26). No entanto, a humilhação de Cristo conduziu-o à sua exaltação, e o seu triunfo sobre os poderes tenebrosos capacitou-o a vilipendiá-los publicamente (Cl 2.13). Na realização de Cristo podemos perceber que Deus escolhe as coisas fracas e insensatas deste mundo, a fim de envergonhar as fortes e sábias (1Co 1.18-31). A vitória de Cristo sobre Satanás humilha os adversários do Senhor (Lc 13.17).

3. O Triunfo do Crente sobre as Zombarias. O motivo subjacente das zombarias contra Cristo era o desejo de autojustificar-se (Lc 16.11), a recusa de aceitar a Cristo como a única justiça do indivíduo. Para aqueles cuja honra está em Cristo, é impróprio que eles busquem desonrar a quem quer que seja (Tg 2.6). Cair alguém de Cristo indica sua exclusão de qualquer arrependimento futuro, pois isso sujeitaria Cristo, novamente, ao opróbrio (1Co 11.27 e Hb 6.6).

Até o fim haverá zombadores, pondo em dúvida a segunda vinda de Cristo (2Pe 3.3; Jd 18); mas Deus não se deixará escarnecer, e, realmente, virá em julgamento (Gl 6.7). A vergonha da cruz também inclui a sua "insensatez"; mas Cristo se tornou para nós sabedoria (1Co 1.17-31). Mas a vida de fé não se envergonha do opróbrio de Cristo (Hb 11.26,36), ufanando-se em Jesus Cristo e nos irmãos na fé (2Co 7.14; 9.4).

Essa ufania alicerça-se sobre a vitória de Cristo sobre o mal, de acordo com a qual ele zomba da derrota total da malignidade (1Co 1.27-29; Cl 2.15; cf. Lc 13.17). Se a autojustificação é uma zombaria contra Cristo (Lc 16.14,15), então gloriar-se nele deve ser identificado com a justificação mediante a fé posta exclusivamente nele. A vida de fé, necessariamente, é uma vida que leva a pessoa a abandonar tudo a fim de seguir ao Senhor Jesus. Qualquer coisa menos que isso merece a devida zombaria (Lc 14.29).

ESCOL

No hebraico, **"cacho de uvas"**, Esse é o nome de uma pessoa, de um lugar e de certas plantas, nas páginas da Bíblia, a saber: **1**. Um chefe amorreu com quem Abraão entrou em aliança, quando estava acampado perto de Hebrom. Escol aliou-se a Abraão na perseguição a Quedorlaomer e seus aliados, na tentativa de libertar Ló, que havia sido sequestrado com todos os seus (Gn 14.13,24). Viveu em cerca de 1955 a.C. **2**. Escol também era o nome do vale onde chegaram os espias que foram investigar a terra de Canaã, e onde obtiveram um excelente cacho de uvas, que levaram de volta, a fim de mostrar quão frutífera era a terra (Nm 13.34). É possível que esse vale tenha tomado seu nome do homem mencionado no primeiro ponto. Uma tentativa de identificação do lugar é o wadi que fica imediatamente ao norte de Hebrom, onde há uma fonte chamada Ain-Eshkali. Ainda há excelentes vinhas naquele local. **3**. A própria palavra hebraica indica um "cacho", ou mais, apropriadamente, o ramo onde fica penduraio o cacho. E assim é usado para indicar uvas, em Isaías 65.8 e Miqueias 7.1. Além disso, em Cantares 7.8, são mencionados os "cachos da vide", como se fossem a palmeira que produz a tâmara. Em Cantares 1.4, a palavra também indica a florescência da hena.

ESCOLAS DOS PROFETAS

Ao que parece, as primeiras escolas teológicas foram organizadas por Samuel (1Sm 10.5; 19.20); e então foram mais firmemente estabelecidas por Elias e Eliseu, no reino do norte, das dez tribos (2Rs 2.3,5; 4.38; 6.1). Essas escolas seguiam o modelo do ideal hebreu da relação entre professor e aluno. Eles viviam em comunidades e o ensinamento era bíblico, místico e através do exemplo pessoal. É indubitável que os profetas eram homens dotados de dons espirituais, que haviam despertado em si mesmos poderes espirituais e psíquicos. Eles transmitiam a seus discípulos esses poderes, e não meramente instruções. Sabemos pela experiência com os poderes carismáticos que usualmente isso é transmitido da parte de quem já é dotado para aqueles que buscam essas manifestações. Alguma forma de energia está envolvida no processo, a qual opera melhor quando há um transmissor. Ver o artigo geral sobre o *Movimento Carismático*, onde são destacados aspectos positivos e negativos do mesmo.

Escolas de profetas foram estabelecidas em Ramá e, provavelmente, Gibeá (1Sm 19.20; 10.5,10). Também havia centros desse tipo de atividade em Gilgal, Betel e Jericó (2Rs 4.38; 2.3,5,7,15; 4.1; 9.1). Cerca de cem estudantes teológicos (chamados "filhos", isto é, discípulos dos profetas) acompanhavam Eliseu, nas refeições em Gilgal (2Rs 4.38,42,43). Cinquenta desses discípulos achavam-se com Elias e Eliseu, quando eles foram até o rio Jordão (2Rs 2.7,16,17). Aparentemente, eles viviam em uma casa comum, na companhia dos profetas, ou, pelo menos, em uma mesma comuna (2Rs 6.1). Alguns deles eram casados, e tinham seus próprios lares (2Rs 4.1). A profecia e seus poderes acompanhantes, e o ministério, eram dádivas da parte de Deus. Não precisamos supor que todos esses estudantes eram assim espiritualmente dotados, mas é indiscutível que todos eles tiravam proveito de sua associação com grandes homens de Deus. Há alguma indicação de que havia música sacra e poesia, envolvida no currículo, ou, pelo menos, que pessoas habilidosas nesses campos, associavam-se com os estudantes de teologia (1Sm 10.5). A música espiritual de boa qualidade tem efeitos benéficos sobre o espírito dos homens, da mesma maneira que a música de má qualidade corrompe.

ESCÓRIA

No hebraico, *sug* ou *sig*, **"refugo"**. Palavra usada, por exemplo, em (Sl 119.119; Pv 25.4; Is 1.22,25; Ez 22.18,19). Refere-se às impurezas que são separadas dos metais, como a prata, mediante o processo de refino (Pv 25.4; 26.23). O termo também aplica-se ao próprio metal, antes de purificado (Isa. 1.22,25; Ez 22.18,19).

Simbolismo. **1**. As corrupções, morais e espirituais, características de pessoas profanas. Tais pessoas estão se contaminando a si mesmas e a outras; mas Deus pode purificá-las. (Ver Is 1.25; Sl 119.119; Ez 22.18 ss). **2**. A prata torna-se em escória, e o vinho é misturado com água, quando a palavra de Deus é misturada com as tradições e os erros humanos (ver Is 1.22).

ESCORNEAR

No hebraico *nagach*, **"empurrar"**, **"chifrar"**. Com este último sentido, essa palavra é usada por dez vezes, em Êx 21.28,29,31; Dt 33.17; 1Rs 22.11; 2Cr 18.10; Sl 44.5; Ez 34.21; Dn 8.4; 11.40. Usualmente, a palavra é usada dentro de contextos militares, como em Dt 33.17; Sl 44.5 e Dn 8.5. O texto de Êx 21.28-32 fornece-nos as leis relacionadas ao touro que escorneasse a uma pessoa e quais as providências relativas ao incidente. No sentido metafórico, temos menção às ovelhas nédias de Israel, que afastavam às marradas as ovelhas mais débeis (Ez 34.21).

ESCORPIÃO

Em hebraico *aqrah*, palavra que aparece por seis vezes (Dt 8.15; 1Rs 12.11,14; 2Cr 10.11,14 Ez 2.6). No grego, *skorpíos*, vocábulo que é usado por cinco vezes (Lc 10.19; 11.12; Ap 9.3,5,10).

Dentre as cerca de quinhentas espécies de escorpiões que há no mundo, doze delas têm seu *habitat* em diversas regiões da Palestina, desde o desértico Neguebe até os úmidos bosques do norte. Embora os escorpiões variem quanto às dimensões, proporções e cores, a figura de um escorpião, com seu par de pesadas pinças, e uma cauda encurvada para cima, com a ponta munida de um ferrão, torna-o imediatamente reconhecível. O tamanho não é indicação da potência do veneno, pois pelo menos uma espécie do Oriente Médio tem uma ferroada dolorosíssima, embora nenhum escorpião seja capaz de matar a uma pessoa saudável. Os escorpiões podem ser classificados juntamente com as aranhas e, tal como elas, os escorpiões são inteiramente carnívoros. O ferrão é usado com grande precisão para paralisar a presa; então esta é consumida mediante a injeção de sucos digestivos que dissolvem os tecidos, os quais são, em seguida, sugados.

Em Israel, há lugares onde os escorpiões abundam. Na rota para uma das elevadas escarpas do deserto do Neguebe, fica a Subida dos Escorpiões.

Ao anoitecer, os escorpiões emergem dos buracos e das fendas onde passam o dia, e começam a vaguear, atrás de presas. Normalmente, os escorpiões não atacam os seres humanos, mas reagem instintivamente se forem pisados. Nas Escrituras, os escorpiões são mencionados quase sempre de modo figurado, aludindo ao perigo que representam. A menção feita por Roboão: *... meu pai vos castigou com açoites, porém eu vos castigarei com escorpiõe* (1Rs 12.11), segundo é provável, alude não a um desses aracnídeos, e, sim, a um tipo de chicote munido com pedacinhos de metal nas pontas (ver 1Macabeus 6.51). A referência feita pelo Senhor Jesus: *Ou, se lhe pedir um ovo lhe dará um escorpião?* (Lc 11.12) bem pode ter sido feita enquanto ele apontava para um escorpião, escondido sob uma pedra de uma estrada qualquer. O contraste é notável: o segmento do "corpo" do escorpião, pelo menos em algumas espécies, é tufado e gordo, quase chegando a ter o formato de um ovo, mas essa declaração de Jesus pode ser reflexo de algum provérbio.

ESCRAVO, ESCRAVIDÃO

No hebraico, *ebed*, termo que figura por mais de setecentas e cinquenta vezes, desde Gênesis 9.25 até Malaquias 4.4 No grego, *doûlos*, palavra que figura por cento e vinte e uma vezes, desde Mateus 8.9 até Apocalipse 22.6.

A escravidão é o domínio de uma pessoa por parte de outrem, de tal modo que um escravo é visto muito mais como uma propriedade do que como uma pessoa. A escravidão era um aspecto profundamente arraigado da estrutura social e econômica do antigo Oriente Próximo e do mundo greco-romano.

I. A Escravidão no Antigo Testamento. A escravidão era uma prática generalizada no Oriente, nos dias do Antigo Testamento. Porém, o número de escravos em Israel provavelmente nunca foi tão elevado como nos tempos clássicos. Em Israel saía mais barato contratar empregados assalariados, para fazerem trabalhos pesados, do que conservar escravos. O uso de escravos parece ter-se confinado principalmente aos deveres domésticos e ao trabalho nos campos, juntamente com o chefe da família e seus familiares.

1. Fontes Literárias. A legislação do Antigo Testamento aparece em Êxodo 21, Levítico 25 e Deuteronômio 15. Há numerosas referências a escravos, por todo o Antigo Testamento. Mas os informes extrabíblicos sobre a escravidão entre os judeus limitam-se aos papiros Elefantinos, provenientes da colônia judaica no Egito, do século V a.C. Os documentos públicos e privados do antigo Oriente Próximo, do terceiro milênio a.C., e daí até os dias do Novo Testamento, estão repletos de alusões à prática da escravidão nas culturas contemporâneas .

2. Terminologia. Um total de três vocábulos era usado, no Antigo Testamento, para indicar "escravo", a saber: escravo, *ebed* e dois outros para indicar o escravo masculino, e a escrava feminina. Também eram usadas expressões como "jovem", "pessoa" e "alguém comprado a dinheiro". Nos códigos bíblicos aparecem com frequência termos e expressões como "hebreu", "teu irmão hebreu" e "tua irmã hebreia". O Talmude sugere que esses códigos aplicam-se aos escravos hebreus quando aparecem essas designações; em caso contrário, estariam em foco escravos não hebreus. Entretanto, tal interpretação apresenta consideráveis dificuldades quando começamos a interpretar os textos onde essas designações aparecem.

3. Aquisição de Escravos. *a. Cativos de Guerra*. O mais antigo método de aquisição de escravos, no Oriente Próximo, era a conquista militar. Milhares de homens, mulheres e crianças foram assim reduzidos à servidão. A selvageria da época pode ser julgada pelo fato de que isso era considerado um melhoramento humanitário, pois a prática ainda mais antiga consistia em executar todos os prisioneiros de guerra (Nm 31.7-35; Dt 20.10-18; 1Rs 20.39; 2Cr 28.8-15). Os códigos do Antigo Testamento procuravam limitar os excessos dos castigos brutais que os cativos recebiam. Se um soldado israelita visse uma bela mulher entre os cativos e se casasse com ela, teria de tratá-la, dali por diante, como uma pessoa livre (Dt 21.10-14). E não podia vendê-la como escrava, se viesse a desistir dela. No entanto, muitos povos estrangeiros, como os fenícios, os filisteus, os sírios, os egípcios e os romanos, escravizavam judeus em grandes números. *b. Por Compra*. O Antigo Testamento estipulava que estrangeiros podiam ser comprados e vendidos como escravos, sendo então considerados mera propriedade (Lv 25.44-46). Há alusões frequentes a escravos que haviam sido importados para a Palestina (1Cr 2.34,35). Mas os hebreus também eram vendidos como escravos em outras terras. Isso explica a pena de morte imposta sobre os que sequestrassem pessoas livres (Êx 21.16; Dt 24.7). O Antigo Testamento cita casos incríveis, como um pai que vendeu sua filha como escrava (Êx 21.7; Ne 5.5); uma viúva que vendeu seus filhos para pagar a dívida de seu marido falecido (2Rs 4.1), ou homens ou mulheres que se vendiam como escravos (Lv 25.39,47; Dt 15.12-17). O preço dos escravos variava muito. (Ver Êx 21 :32 e Lv 27.3-7). Havendo desacordo quanto ao preço, podia apelar para um sacerdote (Lv 27.8). Nos tempos intertestamentais, quarenta siclos era o preço médio que se pagava por um escravo (2Macabeus 8.11). Um dos piores costumes era a venda de crianças à servidão. Os casos mais comuns eram de donzelas ainda adolescentes e solteiras. Todavia, havia estipulações que procuravam impedir que essas jovens escravas fossem reduzidas à prostituição (Êx 21.11). Há algumas evidências de que os hebreus faziam comércio escravagista, uma prática bastante comum no Oriente Próximo. Uma escrava egípcia é mencionada em 2Crônicas 2.34. Havia dois preceitos legais que abordavam a questão da escravatura (Êx 21.16 e Dt 24.7). Ambos os trechos proibiam a prática do sequestro para vender as pessoas como escravas. A pena contra esse crime era a execução capital. No entanto, José foi tratado desse modo por seus próprios irmãos (Gn 37.28). Uma segunda lei (Deu 23.15,16) proibia a extradição dos escravos fugitivos, talvez devamos pensar em algum hebreu que tivesse escapado de seu proprietário, em um país estrangeiro. Uma prática comum, entre os israelitas, era a de se venderem como escravos. A lei do Êxodo (21.5,6) e a lei de Deuteronômio (15.16,17) estipulavam condições deste negócio. Ambas as passagens aludem ao homem que recusasse a liberdade, após ter servido como escravo por certo período de anos. O trecho de Levítico 25 descreve como se deveria tratar ao israelita que se vendesse voluntariamente como escravo. Havia provisão para a libertação dos escravos, a cada ano de jubileu, que ocorria de cinquenta em cinquenta anos. O valor de um escravo era calculado segundo o número de anos que ainda lhe restavam, até o ano de jubileu. *c. Por Insolvência*.

Na Palestina, um dos mais constantes motivos de escravização era o das dívidas que as pessoas não conseguiam saldar. As leis dos livros de Êxodo (21.2-4) e de Deuteronômio (15.12) tratam desse caso. O princípio da servidão por motivo de insolvência fica claro nos termos de Êxodo 22.2. A lei também provia que os ladrões deveriam ser vendidos como escravos, não por haver furtado alguma coisa, mas por serem incapazes de recompensar o proprietário pela perda de sua propriedade. Muitos seguidores de Davi, quando ele andava fugindo de Saul, eram homens endividados (1Sm 22.2). Os trechos de 2Reis 4.1 e Neemias 5.1-5 aludem a crianças escravizadas para satisfazer certos credores. Isaías referiu-se a essa horrível prática quando escreveu estas palavras, vindas de Deus: *Assim diz o Senhor: Onde está a carta de divórcio de vossa mãe, pela qual eu a repudiei? ou quem é o meu credor, a quem eu vos tenha vendido? Eis que causa das vossas iniquidades é que fostes vendidos, e por causa das vossas transgressões vossa mãe foi repudiada* (Is 50.1). Uma das razões da insolvência eram as altas taxas de juros que se cobravam no mundo antigo A legislação dos livros de Êxodo, Levítico e Deuteronômio protegia os israelitas de coisas assim, pelo menos em teoria, pois essa legislação proibia a exploração de israelitas por seus próprios compatriotas. ***d. Como Presente***. Escravos não hebreus podiam ser adquiridos como um presente. Foi assim que Lia recebeu Zilpa como sua escrava (Gn 29.24). ***e. Como Herança***. Escravos não hebreus podiam ser passados de uma geração para a outra. O trecho de Levítico 25.46 provia a servidão perpétua dos habitantes de Canaã, por esse intermédio. ***f. Por Nascimento***. Os filhos de escravos, nascidos na casa de seu proprietário, tornavam-se propriedades do senhor, mesmo que o pai desses filhos mais tarde viesse a tornar-se um homem livre (Êx 21.4; Lv 25.54).

4. Posição Legal e Direitos dos Escravos. ***a. Alforria***. A lei veterotestamentária sobre a alforria de escravos aparece em três passagens diferentes (Êx 21.1-11, Lv 25.39-55; Dt 15.12-18). A primeira delas dizia que um escravo hebreu podia ser libertado após ter servido por seis anos. Se ele tivesse casado antes de ter sido escravizado, sua esposa sairia livre juntamente com ele; mas, se ele tivesse recebido esposa, por parte de seu senhor, quando já escravo, ele mesmo sairia forro, mas sua esposa e seus filhos continuariam escravos. Uma escrava já era tratada de modo bem diferente pela lei. Diante da lei ela passava a ser concubina ou esposa do proprietário ou de um de seus filhos. Por isso mesmo, só sob condições extraordinárias uma escrava recebia alforria. Todavia, havia três motivos pelos quais uma escrava era libertada: *i.* Se seu proprietário ficasse desgostoso com ela; *ii.* se ela fosse prometida a um dos filhos do proprietário, então tinha de ser tratada como filha; *iii.* se o proprietário tomasse outra mulher como esposa, ainda assim tinha o dever de prover o necessário para sua concubina. Havia leis da soltura em (Êx 20—23; Dt 15 e Lv 25.39-55), que o leitor deve examinar atentamente. No entanto, não podemos dizer que os judeus observavam seus próprios preceitos quanto a esse particular. Antes, Jeremias repreendeu os príncipes de Judá, que haviam desobedecido o decreto de Zedequias (Jr 34.8-17). ***b. Direitos Religiosos***. Um escravo era considerado parte da família do proprietário. Portanto, compartilhava da vida religiosa dessa família. As leis (Êx 20.10; 23.12) garantiam-lhe o direito do descanso sabático. O livro de Deuteronômio (12.12; 16.11,14) concedia aos escravos a participação nas festas religiosas judaicas. Um estrangeiro não podia participar dessas festas, por ser incircunciso; mas um escravo, por fazer parte da família, era circuncidado (Êx 12.43-45). Até mesmo a esposa de um sacerdote, se se tivesse casado com um estrangeiro, não circuncidado, não podia participar das ofertas (Lv 22.10-12). ***c. Direitos Civis***. Os escravos eram muito protegidos de tratamentos desumanos. Assim, o assassinato de um escravo era punido com a execução capital (Êx 21.12) Se um escravo espancado morresse, seu proprietário deveria ser castigado, embora não houvesse certeza sobre o tipo de castigo (Êx 21.20,21). Se um proprietário aleijasse a um seu escravo, este tinha de ser posto em liberdade (Êx 21.26). Uma escrava era libertada se o espancamento resultasse ao menos na perda de um dente (Êx 21.27). Também havia preceitos atinentes à venda de pessoas à escravidão e à devolução de escravos fugidos. ***d. Matrimônio***. Os escravos hebreus tinham permissão de casar-se. Mas, ao receber a liberdade, não podiam levar consigo sua esposa e seus filhos. Por muitas vezes, isso foi causa de servidão perpétua (Êx 21.5,6). ***e. Pecúlio***. Desde os tempos mais remotos, os escravos tinham o direito de juntar propriedades. O pecúlio podia ser de qualquer natureza, incluindo até mesmo escravos (2Sm 9.10). Esse direito era reconhecido desde o código de Hamurabi, da antiga Babilônia. O Antigo Testamento (Lv 25.47-55) provia que um homem que se tivesse vendido como escravo podia ser remido por seu parente mais chegado, e também que ...*se lograr meios, se resgatará a si mesmo* (vs. 49), provavelmente com o seu próprio pecúlio. Os escravos hebreus eram especialmente beneficiados pela legislação de Deuteronômio 15.13-15. O escravo liberto em ano sabático recebia presentes dentre as riquezas aumentadas de seu senhor, como um lembrete do fato de que todos os hebreus haviam sido libertados da servidão no Egito. ***f. Asilo e Extradição***. É difícil interpretar a provisão legal sobre esse aspecto, em Deuteronômio 23.15,16: *Não entregarás ao seu senhor o escravo que, tendo fugido dele, se acolher a ti. Contigo ficará, no meio de ti, no lugar que escolher, em alguma de tuas cidades onde lhe agradar; mas o oprimirás*. Isso pode significar que todo escravo fugido de Israel tinha que receber asilo. E talvez incluísse escravos fugidos de outros países para Israel, o que significa que não deveriam ser extraditados. Há paralelos quanto a esse tipo de provisão em outros antigos códigos do Oriente Próximo. Naturalmente, as modernas leis de extradição dizem respeito aos criminosos. Portanto, a situação é inteiramente diferente em um e em outro caso. ***g. Marca de Identificação do Escravo***. Visto que um escravo era considerado uma propriedade, havia várias maneiras, no Oriente, para indicar essa condição. No Egito, os escravos eram marcados com o nome do seu proprietário, além do que os seus cabelos eram cortados de uma maneira toda especial. Na Babilônia, além desses métodos, os escravos também eram obrigados a usar pulseiras de identificação, no pulso, no tornozelo ou mesmo em torno do pescoço. Entre os israelitas, o escravo que quisesse permanecer como escravo, após seis anos, tinha uma das orelhas furada com a ajuda de uma sovela (Êx 21.6; Dt 15.17).

5. Escravos Publicamente Possuídos. A servidão pública existia desde os dias mais remotos, no Oriente Próximo. As primeiras menções a esse costume aparecem em Josué 16.10 e Juízes 1.28. Isso se tornou ainda mais generalizado e mais viável, economicamente falando, quando foi estabelecido o governo davídico em Israel. *Quanto a todo o povo que restou dos amorreus, heteus, ferezeus, heveus e jebuseus, e que não eram dos filhos de Israel... a esses fez Salomão trabalhadores forçados, até hoje* (1Rs 9.20,21). Em Esdras 2.55-58 e Neemias 7.57-60, esses foram combinados com os servos do templo, quando do recenseamento e o número dos mesmos aparece como um total de trezentos e noventa e dois.

Escravos do templo eram comuns nos dias do Antigo Testamento, por todo o Oriente Próximo. Todavia, na Bíblia não há menção a eles antes dos tempos pós-exílicos. Foram trazidos para a Palestina por Zorobabel e Esdras, provenientes da Babilônia (Ed 2.43-54; Ne 7.46-56). Esdras 7.20 fala sobre duzentos e vinte dos tais. Aparentemente viviam em aposentos contíguos ao templo e trabalhavam sob supervisores (Ne 3.31; 11.21). Antes mesmo disso, certos cativos midianitas foram forçados a servir aos israelitas, no tabernáculo (Nm 31.28-30,40) e os gibeonitas foram forçados a tornar-se lenhadores e carregadores de água (Js 9.23) porém, é duvidoso que eles tenham servido como escravos no templo de Jerusalém.

6. A Importância da Escravidão. Os códigos legais definem os limites do tratamento que um homem deve dar a seus semelhantes; mas todos eles dizem bem pouco o que significava ser um escravo no antigo Oriente. Quanto a isso temos de examinar o Antigo Testamento, nas narrativas onde os escravos foram figuras importantes. Já notamos que os escravos tornavam-se virtuais membros da família, agrupados juntamente com as mulheres e crianças (Êx 20.17). As crianças, tal como os escravos, podiam ser compradas e vendidas. Era difícil distinguir entre uma esposa legítima e uma mera concubina. Conforme Paulo sugeriu em Gálatas 4.1, em Israel, uma criança ... *em nada difere de escravo...*, pois ambos podiam ser açoitados (Êx 21.20-27; Pv 13.24), mas eram os escravos que eram protegidos de receber injúrias permanentes e não as crianças.

Geralmente, em Israel, as famílias não tinham escravos em grandes números, conforme se viu nos Estados Unidos da América ou no Brasil, no tempo da escravidão negra. Antes, ali os escravos eram usualmente domésticos de famílias abastadas, não sendo usados no trabalho braçal agrícola. Um grande afeto também se instaurava entre os proprietários e os seus escravos. De fato, os códigos bíblicos proviam para os escravos que preferissem tornar-se escravos permanentes de seus senhores. Tal relação deve ter existido entre Abraão e Eliezer, tanto assim que houve tempo em que este último chegou a ser considerado o herdeiro de Abraão (Gn 15.1-4). E, algum tempo depois, Eliezer foi incumbido da difícil tarefa de conseguir esposa, de um lugar distante, para Isaque, filho de seu senhor. Por semelhante modo, um escravo de Saul (1Sm 9.5; 16.22), que nossa versão portuguesa chama de "moço de Saul", tornou-se o confidente e o conselheiro de seu senhor. O mesmo se deu no caso de Geazi, que servia a Eliseu (2Rs 4.12 e 8.4). Jará, um escravo egípcio, recebeu como esposa a própria filha de seu senhor (1Cr 2.35). Por conseguinte, entre os proprietários e os seus escravos havia um clima de afeição mútua e não aquelas atitudes odiosas e racistas que caracterizaram a escravidão negra, que se prolongou até às décadas finais do século XIX, no novo mundo.

II. A Escravidão no Novo Testamento. Há um estranho silêncio, por parte de Cristo e de seus apóstolos, no tocante à escravatura, na época em que eles viveram. Longe de condenarem a escravidão, Paulo e Pedro lembraram seus leitores, que eram escravos, que obedecessem a seus senhores. (Ver Ef 6.5-8; Cl 3.22-25; 1Tm 6.1,2; 1Pe 2.18-21). O primeiro desses apóstolos chegou a sugerir a um escravo fugido que retornasse a seu senhor (Fm 10-16). Em parte alguma é sugerido que os cristãos desistissem de seus escravos, dando-lhes liberdade, embora os proprietários de escravos tivessem sido exortados a tratar de seus escravos com brandura e consideração (Ef 6.9; Cl 4.1). Em suma, a instituição da escravatura não é condenada no Novo Testamento, embora seus abusos sejam condenados. Talvez a atitude dos escritores sagrados do Novo Testamento possa ser explicada em face da maneira ímpar como os romanos do século I d.C. tratavam os seus escravos, dando-lhes a liberdade com facilidade e em grandes números. Porém, talvez a maior razão da escravatura não ser diretamente condenada no Novo Testamento seja o fato de que o cristianismo não foi instituído para impor mudanças sociais e, sim, para pregar o reino de Deus, um ideal que só terá cumprimento no milênio e, em sentido ainda mais amplo, no estado eterno futuro. Quando o reino de Deus for instituído na terra, não haverá mais escravidão. E então ver-se-á que o método usado pelas Escrituras (mormente do Novo Testamento) para eliminar o mal, em todas as suas formas, é o melhor. Cristo não foi um reformador social; foi um reformador de corações — daqueles que aceitam o seu Senhorio, tornando-se escravos voluntários do melhor de todos os Proprietários.

A escravidão já tinha longa história no mundo greco-romano, quando foi produzido o Novo Testamento. A instituição foi introduzida na sociedade romana por ocasião das conquistas militares entre os séculos III e I a.C. Isso continuou até que o número de escravos chegou a superar em muito ao número dos cidadãos. Entretanto, não devemos imaginar que os romanos dos séculos anteriores ao cristianismo mostrassem o bárbaro tratamento aos escravos como se viu no no novo mundo, entre os séculos XVII e XIX. E nem a escravidão envolvia apenas alguma raça espezinhada e aviltada, conforme se viu, por exemplo, no Brasil e praticamente em todos os países norte, centro e sul-americanos. Antes, quando começou o século I d.C., já haviam sido introduzidas no império romano medidas radicais, melhorando a condição dos escravos naquela sociedade.

Tal como nos dias do Antigo Testamento, homens tornavam-se escravos de várias maneiras diferentes. A maioria deles era composta de escravos adquiridos ou herdados. Os primeiros usualmente eram prisioneiros de guerra, ou pessoas sequestradas ilegalmente por piratas ou negociantes de escravos. Não obstante, houve um pequeno número de negociantes de escravos que chegou a criar escravos, como se cria o gado, a fim de vendê-los. De fato, esse horrendo comércio chegou a tornar-se comum desde os primeiros séculos da escravidão romana. De conformidade com Cícero (Par. 35), a dívida era uma causa de escravidão no começo da história romana, mas essa prática tornou-se proibida por lei, em 326 a.C.

1. Alforria. A escravidão era uma instituição perfeitamente integrada na sociedade romana, por volta do século I d.C. Os cativos eram educados e treinados quanto aos costumes e maneiras dos romanos, antes de poderem tornar-se cidadãos. Plínio, o Moço, em uma carta, explicou que dera liberdade a seus escravos porque desejava ver sua pátria contar com um maior número de cidadãos (Ep. 7.32,1). Outros disseram ou escreveram a mesma coisa. Porém, talvez a maior razão dessa libertação de escravos em grande número tenha sido o fato de que Roma estava enfrentando um grande declínio no número de cidadãos nascidos livres. E assim, com o nome e o patrocínio de seu ex-senhor, um escravo, agora liberto, podia ocupar-se de funções do Estado e a mais importante das funções, sem dúvida, era o serviço militar. Mas, sem importar os motivos exatos deles, a verdade é que há provas de vários tipos que os romanos libertavam seus escravos em grandes números.

a. Frequência das alforrias. Há provas históricas, bem documentadas, que demonstram que somente no período entre 81 e 49 a.C., foram libertados cerca de quinhentos mil escravos. Esse grande número torna-se ainda mais significativo ao nos lembrarmos de que a cidade de Roma, em 5 a.C., tinha uma população calculada em apenas oitocentos e setenta mil habitantes! César enviou oitenta mil pessoas pobres, quase todas elas ex-escravas, da cidade de Roma para certas províncias, como colonos, entre os anos 46 e 44 a.C. e mesmo antes disso, em 57 e 56 a.C., muitos proprietários de escravos deram liberdade a seus cativos, por razões financeiras. Isso mostra que não era somente por motivos humanitários que os escravos recebiam sua alforria!

Em um estudo feito em treze mil e novecentas inscrições tumulares, ficou provado que oitenta e três por cento tinham nomes estrangeiros, e setenta por cento tinham nomes gregos. Isso é indicação segura de que o indivíduo ali sepultado fora um escravo, ou que, talvez, fosse um filho ou filha de um escravo ou liberto. Todavia, os estudos demonstram que os descendentes de pessoas com nomes estrangeiros não demoravam a preferir para seus filhos nomes tipicamente latinos. Por legislação baixada por Augusto, por ocasião da morte de algum proprietário de escravos, seus escravos eram todos postos em liberdade. Tudo isso serve para demonstrar que os escravos, na Roma antiga, eram libertados em grandes números.

b. Duração do serviço. Há escassas informações sobre o tempo em que um escravo tinha de esperar pela sua libertação. Cícero, porém, parece indicar que um escravo digno poderia esperar sua liberdade para dentro de sete anos (Fp 8.32), uma figura numérica que coincide notavelmente com o que preceitua o Antigo Testamento (Êx 21.2).

c. Situação econômica dos libertos. Quando um senhor libertava um escravo, com frequência estabelecia o liberto como um negociante ou artífice, do qual seu ex-senhor tornava-se seu sócio. Usualmente um escravo aprendia uma profissão na casa de seu senhor. Então, mediante trabalho extra, ele ia poupando dinheiro suficiente para comprar sua liberdade, ou esta lhe era conferida gratuitamente pelo seu senhor. Houve mesmo muitos casos de ex-escravos que se tornaram abastados negociantes. Em Óstia, porto marítimo de Roma, até mesmo uma boa proporção dos magistrados compunha-se de libertos. Outros tornavam-se cavaleiros. Ora, para que alguém se tornasse um cavaleiro era mister que tivesse bens avaliados em mais de cinquenta mil sestércios. Muitos conseguiam enriquecer como negociantes com cereais, carpinteiros, mercadores de vinhos, fabricantes de móveis ou inspetores. Em Óstia, dois outros prósperos libertos eram, um deles, ourives e o outro dono de um moinho.

Na própria capital do império a situação não era diferente. Havia uma rua de lojas (a Sacra via) especializadas em joalheria. Todos os proprietários dessas lojas eram libertos. Entre eles havia sete negociantes de pérolas, dois joalheiros, dois fundidores de ouro, um gravador e um fabricante de peças de prata. Os registros históricos abundam de testemunhos no sentido de que muitos negociantes, profissionais e patrões eram libertos, dentro do império romano.

d. Os libertos judeus. Os judeus de Roma formavam um grupo humano muito interessante. Muitos deles tinham chegado à capital como escravos, nos períodos finais da república ou no começo do império. Mas, estudos feitos nas inscrições das catacumbas demonstram que não havia um único escravo entre os judeus ali sepultados. Isso confirma a declaração de Filo, escritor judeu, no sentido de que muitos judeus chegavam a Roma como escravos, mas não demoravam a ser postos em liberdade. Além disso, os judeus escondiam a sua identidade por detrás de exaltados nomes próprios tipicamente romanos; e não teriam sido descobertos como judeus, se não tivessem sido sepultados nas catacumbas dos judeus.

Tudo o que dissemos até aqui evidencia o fato de que, em Roma, os escravos não serviam perpetuamente, mas podiam esperar alegremente pelo dia da oportunidade da sua libertade. Tornou-se prática comum entre os romanos dar alforria a seus escravos, para então estabelecê-los como sócios em algum negócio ou profissão. E, em muitos casos, um ex-escravo chegava a tornar-se mais abastado do que o seu ex-senhor.

2. A Situação dos Escravos. Os escravos quanto a certos aspectos, tinham em Roma direitos iguais àqueles dados aos que nasciam livres. E, em outros aspectos, até tinham algumas vantagens sobre os livres. Por volta do século I d.C., aos escravos tinham sido dados quase todos os direitos que cabiam aos homens livres. Muitos deles dispunham de consideráveis quantias de dinheiro à sua disposição e tinham o direito de constituir família. Em 20 d.C. o senado romano decretou que os escravos que se tornassem criminosos tinham o direito de serem julgados com as mesmas garantias que os homens livres. A vida dos escravos também chegou a ter tais garantias que houve mesmo casos de intervenções militares para lhes garantirem a vida. Um caso desses interessantes ilustra a proteção dada aos escravos. O imperador Adriano foi atacado por um escravo que enlouquecera. Mas, em vez de ser executado, o atacante foi entregue aos cuidados de um médico.

Nas residências, embora houvesse divisões especiais para os escravos, as dependências estavam ligadas ao resto da casa e incluíam facilidades como cozinhas e latrinas. No tocante à qualidade das vestes e da alimentação, um escravo bem preparado em seu ofício não era considerado inferior a qualquer outra pessoa, a tal ponto que era difícil distinguir os escravos dos livres, quanto à sua aparência externa. A situação chegou a tal extremo que Sêneca informa-nos que o senado romano decretou que os escravos usassem certa veste especial, a fim de poderem ser distinguidos dos livres. (Sêneca, *de Clementia* 1.24,1).

Nos dias do Novo Testamento, os trabalhadores livres dificilmente desfrutavam de melhores circunstâncias do que os escravos. Um trabalhador comum, em Roma ou nas províncias do império, geralmente ganhava um denário por dia. Pelo menos, isso é o que transparece na parábola de Jesus sobre os trabalhadores da vinha (Mt 20.2). Os soldados das tropas de Júlio César nem ao menos recebiam essa quantia, porquanto seu salário era de 225 denários anuais, embora pudessem receber alguns benefícios extras sob a forma de alimentos e de despojos conquistados do inimigo. E esse salário médio foi diminuindo lentamente, até que, na época de Diocleciano, quando os preços dos alimentos estavam inflacionados, por decreto imperial os trabalhadores não especializados deveriam receber entre meio e um denário por dia, como salário. Isso permitia que esses trabalhadores contassem com uma dieta de pão, legumes e frutas, nada mais. Se o indivíduo não dormisse pelas ruas — o que sucedia com um grande número de pessoas — então a moradia consumia noventa denários ou trinta sestércios anuais (um sestércio equivalia a três denários) o que representava uma considerável parcela do salário anual de uma pessoa comum. No entanto, os escravos, além de terem garantidas essas necessidades fundamentais à vida, também recebiam cinco denários por mês, para gastarem como bem entendessem. Com base nesses dados estatísticos, pode-se chegar à óbvia conclusão de que o homem livre ordinário, no império romano, não vivia melhor do que um escravo. Na verdade, em períodos de aperto econômico, eram os escravos e não os homens livres que tinham garantias das necessidade básicas da vida. Obviamente, também sofreram brutalidades e mortes injustas, frequentemente.

Tudo isso poderia ser tentativamente comparado com a situação dos habitantes ordinários dos países subdesenvolvidos ou em desenvolvimento. Em nosso Brasil, o assalariado recebe um salário que mal dá para sua sobrevivência. Alie-se a isso o fato de que o Brasil é um país onde a taxa de aumento demográfico é das mais altas do mundo, onde as famílias pobres contam com um número excessivo de filhos e compreender-se-á por qual razão cada vez mais, nas grandes cidades brasileiras, vai aumentando a olhos vistos o número de favelados, vivendo de subempregos ou de pequenos expedientes. Se não fosse a superpopulação dos cárceres onde são amontoados, os detentos viveriam em melhores condições do que a maioria dos favelados, se desconsiderarmos a perda de liberdade de que sofrem! Tudo isso mostra-nos tanto a necessidade de urgentes reformas sociais, com melhor distribuição da renda, como também que as condições de vida, no antigo império romano, apenas têm-se perpetuado em certos países menos favorecidos, cuja herança cultural é greco-romana, como é o caso de nosso querido país! É possível que estejamos sendo pessimistas, mas parece que as condições de vida ir-se-ão deteriorando cada vez mais, no mundo em geral, à medida que nos aproximarmos da segunda vinda de Cristo. Ele mesmo disse: ... *os pobres sempre os tendes convosco, mas a mim nem sempre me tendes* (Jo 12.8). E o Apocalipse prevê, para os últimos dias, grande escassez e fome. Quando o Senhor Jesus abriu o terceiro selo, revela-nos João: *Então vi, e eis um cavalo preto e o seu cavaleiro com uma balança na mão. E ouvi uma como* que voz no meio dos quatro seres viventes, dizendo: Uma medida de trigo por um denário; três medidas de cevada por um denário; e não danifiques o azeite e o vinho (Ap 6.5,6). Essa projeção para o futuro não é nada lisonjeadora para a nossa civilização! E também parece que, durante a Grande Tribulação, será novamente instituída a escravatura, pois lemos que os mercadores da terra, entre outras coisas, negociarão com *escravos, e até almas humanas* (Ap 18.13).

ESCRIBA

No hebraico, *saphar* ou *sapher*. No grego, *grammateús*. Essa forma grega aparece tanto na LXX quanto no Novo Testamento grego.

Escriba
Davis, John D., 1854-1926, *Novo Dicionário da Bíblia* / [Tradução: J.R. Carvalho Braga]. – Edição ampliada e atualizada – São Paulo, SP: Hagnos 2005.

I. USO NO ANTIGO TESTAMENTO. No antigo Israel, a arte do escrivão confinava-se quase inteiramente a certos clãs, os quais, sem dúvida, preservavam essa arte como uma profissão de família, passando esse conhecimento essencial de pai para filho. Entre os queneus, havia as famílias dos tiratitas, dos simeatitas e dos sucatitas, que eram "famílias dos escribas" e que habitavam em Jabez (1Cr 2.55). A conexão entre o sogro de Moisés, que era sacerdote de Midiã (Êx 3.1), e os queneus (Jz 1.16; 4.11), serve de indicação de que a arte de escrever nunca esteve muito distante do sacerdócio.

Durante a monarquia unificada de Israel, e durante a posterior monarquia judaica, um número substancial de escribas vinha dentre os levitas. O ponto de contato entre as funções rituais e escribais deriva-se das exigências da organização fiscal das operações do templo de Jerusalém (por exemplo, na Mesopotâmia e no Egito quase todas as primeiras porções escritas estão ligadas aos registros dos templos). Um levita registrou as obrigações sacerdotais (1Cr 24.6), e um escriba real ajudou a contar os fundos públicos, coletados a fim de fazer reparos no templo de Jerusalém (2Rs 12.10,11; Crô. 14.11). Visto que o fornecimento de cópias escritas da lei era uma responsabilidade levítica (escribal) (Dt 17.18), as reformas de Josafá (cf. 2Cr 17) não podem ser dissociadas da função escribal.

Embora a extensão da alfabetização, dentre a antiga sociedade israelita, seja, para nós, uma questão complexa, pelo menos um dos *profetas escritores* achou ser conveniente, se não mesmo necessário, empregar um amanuense (Jr 36.26,32), o que nos sugere fortemente que outros desses profetas escritores fizeram o mesmo.

A função escribal de compor documentos legais particulares é largamente confirmada na Mesopotâmia e no Egito, desde antes, durante e após o período bíblico. Embora não tenha sido declarado que algum escriba compôs o texto de um documento de venda, em Jeremias 32.10-12, isso pode ficar subentendido, visto que o documento foi confiado a Baruque, diante de testemunhas.

Os escribas mais importantes eram aqueles que serviam no governo. Esses podem ter servido de conselheiros (por exemplo, 1Cr 27.32), ou podem ter tido a responsabilidade de convocar o exército (2Rs 25.19). O escriba governamental da mais alta importância era o escriba do rei. É difícil julgarmos agora a sua posição no gabinete, visto que as listas ministeriais podem não ter sido dadas segundo a sequência hierárquica. Porém, se o gabinete de Davi alistava os nomes na sequência hierárquica (2Sm 8.16-18; cf. 1Cr 18.15-17), então o escriba real só ficava abaixo do comandante militar, do "cronista" e do sumo sacerdote, embora acima dos "sacerdotes do palácio", sem importar se estes eram "filhos de Davi" (2Sm 8.18), ou eram outras pessoas (2Sm 20.25; notar uma ordem diferente em 2Sm 20.23-26). A lista dos oficiais de Salomão bem pode ter sido preparada segundo uma ordem ascendente (1Rs 4.2-6). Azarias, mui provavelmente, era o "sacerdote do palácio", visto que ele não figura em nenhuma outra lista. Em seguida aparecem dois escribas, filhos do escriba de Davi, Sisa (ou Seva, pois trata-se de duas formas diferentes do mesmo nome semítico); e em seguida aparecem o "cronista" e o novo comandante do exército, juntamente com os dois sumos sacerdotes que serviam conjuntamente. Um novo oficial, o "mordomo", aparece acima do escriba.

Durante a monarquia unificada, pelo menos, portanto, o escriba ficava acima do "cronista". Talvez isso não mais ocorresse na época da monarquia dividida, visto que o escriba por duas vezes é alistado entre o "cronista" e o "mordomo" (2Rs 18.18,37; cf. Is 36.3,22). Nesse caso, o escriba serviu como um dos três ministros nomeados para negociar com Senaqueribe, o qual exigira a rendição de Jerusalém. Outrossim, durante o governo de Josias, o escriba antecedia ao *cronista* (bem como ao "governador da cidade"; 2Rs 22.3-13; 2Cr 34.8-21), o que nos sugere que a relação entre o "escriba" e o "cronista" tinha sofrido uma reversão, desde a era de Davi. A elevada posição da família desse escriba, Safã, é evidente com base nas carreiras de seu filho, Aicão, e de seus netos, Gedalias e Micaías, filho de Gemarias. Gedalias era o "encarregado do palácio" e, posteriormente, foi nomeado governador de Judá, na época da dominação babilônica. Micaías serviu aos ministros principais do estado, sob Jeoaquim (Jr 36.11). Esses escribas reais tinham escritórios (36.12), evidentemente localizados no complexo de edifícios do palácio real da Judeia, o que serve para ilustrar a elevada posição do escriba do rei, dentro do governo judaico. Os profetas também tinham consciência de uma contraparte acádica do escriba real, igualmente investido em elevada posição (cf. Na 3.17) e responsável por funções militares (cf. Jr 52.25). O caráter multilíngue e pluralista do período persa, por semelhante modo, requeria o uso de especialistas administrativos (Et 3.12; 8.9), e os comandantes das províncias dispunham igualmente de escribas, como segundos homens no comando (Ed 4.8,9,17,23).

II. ESDRAS E O PERÍODO INTERTESTAMENTÁRIO. Esdras assinalou a linha divisória entre a antiga e a nova compreensão sobre o que era um "escriba". De fato, a transição é sugerida desde o livro de Esdras, pois, no decreto real (Ed 7.12-26), a palavra "escriba" é usada em sentido administrativo, e na narrativa geral (Ed 7.6,11), o termo refere-se a Esdras, o qual, em razão de sua erudição, fora capaz de interpretar a lei para o povo comum. Outrossim, devido à sua linhagem sacerdotal (Ed 7.6), ele simbolizava a íntima conexão entre o sacerdócio e a interpretação oficial da lei, o que continuou sendo uma atividade até o século II a.C., com toda a probabilidade. Essa conexão parece ser a continuação da associação entre as funções escribais e as funções religiosas dos dias anteriores. De acordo com o decreto da corte persa, a lei de Moisés tornou-se civilmente obrigatória para os judeus que viviam "dalém do Eufrates", isto é, a oeste desse rio (Ed 7.25 ss.). A tarefa essencial dos intérpretes da lei de Moisés lhes foi conferida oficialmente, dentro dessa nova capacidade civil, aos sacerdotes (Ed) e aos levítas (cf. Ne 8.6-9).

As fontes informativas acerca da questão, durante os séculos seguintes, são quase exclusivamente rabínicas, em sua literatura religiosa. Entretanto, a hegemonia sacerdotal sobre a correta interpretação da lei dificilmente pode ser posta em dúvida. Durante o período persa, e quase todo o período dos monarcas ptolomeus, o sumo sacerdote era o oficial local mais importante do governo, sendo membro categorizado da aristocracia local. Ele era a figura preferida para receber grandes figuras, como Alexandre, o Grande (Talmude Babilônico, Yoma 69a; Josefo, Anti. xi.8,4,5), sendo escoltado por nobres, de quem também se esperava que operasse como oficial local superior sob o governo dos ptolomeus (Josefo, Anti. xi.4.1). Tão tarde quanto o reinado de Antíoco III na Palestina, o sumo sacerdote era o oficial local principal (2Macabeus 3.1-4), ao passo que os sacerdotes e levítas dominavam os papéis de funcionários especialmente privilegiados, na carta de isenções de Antíoco (Js Anti. xii.3.3). Muito significativamente, "escribas do templo" foram incluídos entre os dispensados do pagamento de certas taxas.

O papel exato dos "escribas" continua um tanto obscuro, por falta de material informativo. De acordo com certa tradição rabínica (Pirke Aboth 1.1), a lei oral (também dada a Moisés, no Sinai, de acordo com a teologia rabínica) foi mediada pelos profetas para a geração de Simeão, "o Justo" (sua identificação é disputada, ou o sumo sacerdote, de cerca de 300 a.C., ou o seu neto, de cerca de 210 a.C.), pela grande assembleia. Quando essa tradição é confrontada com as regras citadas na literatura rabínica, que teriam sido produzidas pelos "escribas", parece bem provável que os "escribas" dos períodos persa e ptolemaico eram idênticos (ou, pelo menos, participantes) a esse grupo de formuladores da lei oral.

As regras e práticas estabelecidas pelos escribas adquiriram uma autoridade obrigatória, particularmente entre os ortodoxos de tempos posteriores, ou seja, já na época do Novo Testamento. Certa tradição atribui maior autoridade aos ensinos deles do que à própria lei escrita (M Sanh. 11.3). Dos prosélitos requeria-se que eles obedecessem às tradições orais dos escribas, tanto quanto às leis escritas (Siphra sobre Lv 19.34). Os escribas eram, essencialmente, intérpretes bíblicos, porquanto regras escribais ocasionais, não alicerçadas sobre as Escrituras, fizeram os rabinos posteriores sentirem-se consternados (Kelim 13.7). Essa situação ajusta-se bem aos decretos de um grupo ou classe de intérpretes, que operaram durante os períodos persa e ptolemaico.

A partir do século II a.C., dispomos de duas fontes de informação adicionais sobre os escribas. No livro de Ben Siraque (Eclesiástico), cujo autor reputava-se claramente dentro da tradição escribal, há uma "ode" ao "escriba perfeito" (Eclesiástico 38.24—39.11). Essa ode confirma o quadro de um escriba bem instruído na lei e na sabedoria religiosa, capaz de entender as implicações tanto da lei oral quanto da lei escrita. Em resultado dessa erudição, os escribas desfrutavam de posição proeminente nas assembleias públicas, sendo entendidos sobre a justiça, e aplicando-a entre o povo. Outrossim, os escribas eram considerados elementos particularmente piedosos, em virtude do conhecimento que tinham da verdade revelada de Deus. Se o livro de Eclesiástico tem origem saduceia (ou, mais apropriadamente, proto-saduceia), então há nisso mais um ponto de conexão entre o sacerdócio estabelecido e a classe dos escribas. Além disso, durante a revolta dos macabeus, um grupo de escribas "buscou justiça" da parte do sumo sacerdote Álcimo, nomeado como tal pelo monarca seléucida, na confiança de que ele era o "sacerdote da linhagem de Arão" (1Macabeus 7.12 ss.), e nada tinham a temer. Embora a confiança deles tivesse pouca duração, o fato reflete uma permanente cooperação entre os escribas e o sacerdócio oficialmente estabelecido. Entretanto, a cooperação entre os "piedosos" (chasidim) e os escribas dá a entender um desenvolvimento posterior, quando os saduceus sacerdotais opunham-se àqueles que descendiam de escribas: os rabinos e os fariseus. Por ocasião da revolta dos macabeus, porém, as "divisões partidárias", com toda a probabilidade, ainda não haviam surgido.

III. Uso Neotestamentário. É nas páginas do Novo Testamento que encontramos o testemunho final sobre o emprego da palavra "escriba", indicando alguém que era um erudito e autoridade na lei mosaica. Os "escribas" são ali achados ligados ao partido sacerdotal (os saduceus — por exemplo: Mt 2.4; 21.15), e também ao partido dos fariseus (cf. Mt 23). Os eruditos deste último partido eram os líderes que, mais tarde, haveriam de tornar-se o judaísmo rabínico, mas que, posteriormente, passaram a ser conhecidos como "sábios", e, mais tarde ainda, como "rabinos". Porém, os escribas (ou eruditos) de ambos os partidos desafiaram Jesus, principalmente devido ao fato de que ele não observava as práticas tradicionais ditadas pela lei oral. Para exemplificar: comer com as mãos sem lavá-las, o que era uma quebra da tradição oral (Mt 15.2; Mc 7.51); ou comer com os que não observavam essas tradições (Mc 2.16). Em Mateus 23 — paralelo em Lucas 11— temos a condenação clássica da abordagem escribal quanto à vontade de Deus. Os eruditos de ambos os partidos, sem dúvida alguma, participaram de todos os procedimentos legais efetuados contra Jesus, na semana de sua paixão. Mas as mui complexas questões da legalidade desse processo (levado a efeito sob o domínio romano), tornam muito tênues as nossas conclusões a respeito.

Paulo interpretava os escribas como mestres da dialética (1Co 1.20-25), aplicada à lei escrita e às tradições orais. Mas essa dialética, do ponto de vista paulino, não passava de insensatez, diante da obra salvadora de Deus, na pessoa de Cristo. Entretanto, pelo menos em certos segmentos da igreja primitiva, a função dos escribas, como eruditos e instrutores cristãos da responsabilidade legal, foi preservada (Mt 8.19; mas, especialmente, Mt 13.52 e 23.34), de tal modo que ali interpretava-se que a lei mosaica não havia sido abolida e, sim, reaplicada às necessidades da igreja cristã, mais espirituais do que no caso da congregação judaica. A única menção aos "escribas", no Evangelho de João, acha-se na passagem considerada não autêntica, sobre bases textuais e linguísticas, a saber, João 7-53—8.11.

Após o período do Novo Testamento, a palavra "escriba" passou a descrever um mestre de crianças e compositor de documentos legais; e os títulos "sábio", e então, "rabino", substituíram o termo "escriba". Portanto, os atuais rabinos correspondem aos antigos escribas.

Jesus foi mártir, entre outras coisas, da causa do retorno à exclusividade da Palavra escrita, como regra de fé e prática, com a consequente eliminação das tradições orais dos escribas e mestres da lei, por serem tais tradições contrárias e lesivas aos mandamentos divinos. Jesus acusou os escribas em termos que não dão margem a dúvidas: *Negligenciando o mandamento de Deus, guardais a tradição dos homens... invalidando a palavra de Deus pela vossa própria tradição, que vós mesmos transmitistes; e fazeis muitas outras cousas semelhantes* (Mc 7.1-23).

ESCRITURAS

I. TERMINOLOGIA NEOTESTAMENTÁRIA

1. Termos Descritivos

a. Enfocando a atenção sobre a forma escrita. A palavra Escritura (*graphé*) ocorre com alguma frequência no Novo Testamento, algumas vezes no singular e outras vezes no plural, usualmente com o artigo, embora algumas vezes sem o mesmo. Todavia, mesmo quando o artigo se faz ausente, alguma outra característica indica definição. Por exemplo, o uso de algum adjetivo (Jo 19.37; Rm 16.26). Embora seu uso extrabíblico seja mais lato, a palavra sempre é utilizada no Novo Testamento com o sentido de Escritura Sagrada. A forma plural denota as Escrituras Sagradas como um todo (Mt 21.42; Jo 5.39; 1Co 15.3,4), pelo que sua força é mais coletiva do que distributiva. Não há nenhuma passagem em que a forma plural indique, claramente, "os livros", considerados como entidades separadas, embora o trecho de 2Pedro 1.16 use a forma plural de uma maneira que quase se aproxima desse sentido, embora haja estudiosos que mantêm que a expressão significa "as outras passagens".

O uso da palavra "Escritura", no singular, tem provocado um certo debate. Alguns afirmam que a palavra sempre se refere a alguma passagem particular do Antigo Testamento, ao passo que outros asseguram que algumas vezes a palavra, no singular, tem o mesmo sentido que a palavra no plural. Esta opinião leva alguma vantagem nesse debate. No dizer de certo estudioso, o trecho de Gálatas 3.8,22 mostra que a personificação de *graphé* torna quase inconcebível que Paulo tivesse em vista apenas algum texto isolado. Uma expressão como "esta escritura" evidencia claramente que uma passagem isolada qualquer está em foco (por exemplo, Mc 12.10; Lc 4.21; At 8.35; cf. Jo 19.37). Também é provável, embora não haja certeza quanto a isso, que *graphé* denote alguma afirmação isolada, sempre que for seguida por alguma citação (por exemplo, João 7.38; 13.18; 19.24,36). Mesmo em tais casos pode haver uma alusão às Escrituras como um todo. Mas o uso do singular, para indicar a totalidade do Antigo Testamento certamente não é frequente fora do Novo Testamento, embora seja difícil eliminá-lo do próprio Novo Testamento. O termo *graphaí agíai*, Escrituras Sagradas, ocorre por uma vez (Rm 1.2), embora o uso autoritário do Antigo Testamento como um documento divinamente inspirado, torne o termo uma descrição perfeitamente apropriada.

A palavra grega *grámma*, "escrito", ocorre mui raramente nas páginas do Novo Testamento, aludindo às Escrituras propriamente ditas. A expressão *ierà grámmata*, "as Santas Escrituras" (2Tm 3.15), é o único caso claro, embora o trecho de João 5.47 aproxime-se desse sentido técnico. Quando Paulo usa o vocábulo grego *grámma*, com frequência ele o faz em sentido um tanto depreciatório (Rm 2.29; 7.6; 2Co 3.6,7; cf. 2Co 3.14-16). Segundo se depreende do uso geral que Paulo faz do Antigo Testamento, sua intenção não era minimizar a lei mosaica como Escritura, mas tão somente quando a lei era concebida como causa da salvação, através das obras da carne. Portanto, Paulo aparentemente fazia oposição entre a Escritura e o Espírito, embora soubesse que o Espírito era o autor das Escrituras (At 28.25).

A expressão grega *tò gegramménon*, "a coisa escrita." é de ocorrência frequente na LXX, em sua forma plural (por exemplo, 2Cr 35.26; Dn 9.11). Tal expressão também ocorre no Novo Testamento, tanto no singular (por exemplo, Lc 20.17; 2Co 4.13, cf. 1Co 15.54) como no plural (Lc 18.31; Gl 3.10; cf. Jo 12.16), e refere-se a alguma passagem ou a um grupo de passagens, em termos de seu conteúdo. É interessante

Escrita Sinaítica
Davis, John D., 1854-1926, *Novo Dicionário da Bíblia* / [Tradução: J.R. Carvalho Braga]. – Edição ampliada e atualizada – São Paulo, SP: Hagnos 2005.

Escrita Cilindro
Davis, John D., 1854-1926, *Novo Dicionário da Bíblia* / [Tradução: J.R. Carvalho Braga]. – Edição ampliada e atualizada – São Paulo, SP: Hagnos 2005.

Escrita Cuneiforme
Davis, John D., 1854-1926, *Novo Dicionário da Bíblia* / [Tradução: J.R. Carvalho Braga]. – Edição ampliada e atualizada – São Paulo, SP: Hagnos 2005.

observar que a expressão também ocorre nos trechos de Apocalipse 1.3 e 22.18,19, referindo-se a um dos livros do Novo Testamento. A impressionante natureza do contexto confirma essa opinião.

A expressão tò *biblíon*, "o livro", é um termo usado na LXX para indicar algum livro particular das Sagradas Escrituras (ver Dt 17.18; Jr 25.13; Na 1.1). Em Daniel 9.2, sua utilização, na forma plural, poderia ser uma alusão à coletânea da literatura profética. O uso neotestamentário da expressão, no singular, é de natureza similar (Lc 4.17), ao passo que a forma no plural, em 2Timóteo 4.13, poderia referir-se a certo número de rolos de livros do Antigo Testamento. A expressão *e biblos*, "livro", é usada de maneira similar, no singular (ver Jos 1.8; At 1.20), não ocorrendo nunca no plural, na Bíblia grega. Embora essas duas palavras não se tivessem ainda estabelecido como expressões, esse é seu uso mais característico, tanto na LXX quanto no Novo Testamento. A exceção mais significativa é apenas aparente, pois o livro mencionado em Apocalipse 5.1 ss é sagrado, embora seja celestial e não tenha sido escrito por qualquer mão humana (cf. também Ap 17.8; 20.12; e, mui significativamente, Ap 22.7,9,10,18,19).

b. Enfocando a atenção sobre outras qualidades da literatura. A expressão *o lógos tou theoû*, "a palavra de Deus", centraliza a atenção sobre a origem divina da Palavra, sendo usada em (Mc 7.13; Jo 10.35; Rm 9.6; Hb 4.12). O conceito da palavra de Deus, ou, mais comumente, da Palavra do Senhor, é extremamente comum no Antigo Testamento, e a forma plural também ocorre com frequência (por exemplo, Jr 18.1,2). É significativo que o evangelho, conforme foi anunciado autoritariamente a princípio, pelo próprio Senhor (Lc 8.21; 11.28) e por seus apóstolos (At 6.7; 11.1; 1Ts 2.13; 2Pe 1.23), também é chamado de "a palavra de Deus". Isso sugere que o Novo Testamento pertence à mesma categoria das Escrituras do Antigo Testamento. Igualmente importante é o grande valor conferido às "palavras do Senhor", isto é, as palavras do Senhor Jesus, no Novo Testamento (Lc 22.61; cf. At 20.35; 1Co 7.10,12,25). O trecho de 1Timóteo 5.18 aparentemente cita como Escritura não somente Deuteronômio 25.4, mas também Lucas 10.7, ou diretamente do terceiro evangelho ou com base na tradição oral das palavras de Jesus. Uma vez mais, encontra-se aí a extensão do conceito da "palavra de Deus", transferido do Antigo para o Novo Testamento.

A expressão *tà lógia toû theoû*, "os oráculos de Deus", (que ocorre em At 7.38; Rm 3.2; Hb 5.12 e 1Pe 4.11,) usualmente é entendida como uma referência ao Antigo Testamento, ainda que em 1Pedro 4.11 possa referir-se às declarações inspiradas dos profetas cristãos dos dias neotestamentários. Se alguns estudiosos preferem pensar que isso diz respeito à história salvadora, contida na Bíblia, há outros intérpretes que argumentam com grande força em favor do ponto de vista tradicional (Doere, 111-123; Warfield, 251-407). Conforme a expressão é usada na literatura clássica e na literatura helenista, segundo esse último erudito, ela não significa apenas "palavras", mas "declarações oraculares", ou seja, comunicações autoritárias divinas, diante das quais os homens quedam-se respeitosos, prostrando-se humildes; e esse elevado significado não é meramente implícito, mas também aparece explícito no termo.

A palavra grega *nómos*, "lei", é usada segundo certa variedade de maneiras, no Novo Testamento (cf. J. Murray, "Law", NDB, 721-723); mas, quando é usada na literatura sagrada, normalmente designa a literatura mosaica, pelo que, algumas vezes, é chamada de *a lei de Moisés* (cf. Mt 12.5; Lc 2.22) ou "a lei do Senhor" (Lc 2.23). Entretanto, há passagens onde ela aponta, evidentemente, para o Antigo Testamento como um todo, conforme se vê em João 10.34; 15.25. E o trecho de 1Coríntios 14.21 cita de Salmos e de Isaías, chamando-a de "a lei". O equivalente hebraico significa "instrução", porquanto o Antigo Testamento inteiro consiste em instruções divinas para o povo de Deus.

A expressão *oi prophétai*, "os profetas" é usada tanto em sua forma plural (Mt 5.17; Rm 1.2; cf. Mt 26.56) quanto em sua forma singular (Mt 2.5; Lc 3.4), indicando a literatura profética do Antigo Testamento. Tal como o termo "lei", entretanto, aquela expressão pode indicar o Antigo Testamento inteiro, pois Mateus 11.13 registra que ... *todos os profetas e a lei profetizaram até João*. Parece provável que os trechos de Mateus 26.56 e Romanos 16.26 sejam referências ao Antigo Testamento em sua inteireza, e não apenas à literatura sagrada estritamente profética. Isso porque o Antigo Testamento é profético, por ser o recado enviado por Deus aos homens, através de canais humanos, apontando para a pessoa de Jesus Cristo (Lc 24.27).

A expressão *e palaiá diathéke* (*o antigo pacto*, 2Co 3.14) parece ser uma alusão ao registro escrito da lei mosaica (cf. v. 15), mas provavelmente deu origem (através de uma tradução diferente do grego subjacente, refletida nas traduções que dizem "antigo testamento"; nossa versão portuguesa diz "antiga aliança") à divisão patrística posterior do Antigo e Novo Testamentos, para designar as duas grandes divisões do cânon sagrado.

c. Termos compostos. Os judeus empregavam a expressão "a lei e os profetas", como também a expressão "a lei, os profetas e os escritos", para designar a totalidade do Antigo Testamento. Os "escritos" eram os outros livros bíblicos que não eram suficientemente homogêneos para receber um título geral. No entanto, "a lei e os profetas" era a expressão mais usada entre as duas, o que significa que o Antigo Testamento era conhecido através de seus dois tipos principais de literatura. Nas páginas do Novo Testamento há referências frequentes a *a lei e aos profetas* (Mt 5.17; 22.40; Lc 16.16; Rm 3.21) ou então a *Moisés e os profetas* (Lc 16.29). Em Lucas 24.44 encontramos a expressão ... *está escrito na Lei de Moisés, nos Profetas e nos Salmos*, onde a última designação talvez aponte para o primeiro e maior dos "escritos", talvez aquele que fale mais claramente a respeito de Cristo. Assim como vimos que "a lei" e também "os profetas" podem ter sentidos mais amplos ou mais estritos, assim também o termo "escritos", no Novo Testamento, usualmente alude à totalidade do Antigo Testamento (ver especialmente Lucas 24.27, onde o sentido mais amplo provavelmente é o que está em foco, mas onde talvez haja uma rápida visão em direção ao sentido mais limitado).

2. Fórmulas de Introdução

a. Salientando a forma escrita. O verbo grego *gégraptai* pode ser traduzido como "está escrito" ou "permanece escrito". Sua utilização implica existência de um documento escrito autoritário, sem apelo superior ao mesmo. No grego clássico, a palavra era usada para indicar documentos legais, ao passo que, no Novo Testamento, ela é uniformemente usada para indicar as Escrituras do Antigo Testamento. Ocorre com maior frequência nos Evangelhos sinópticos, no livro de Atos e nas epístolas paulinas. Algumas vezes é adicionado o lugar de onde a citação foi feita. Por exemplo: *Porque na lei de Moisés está escrito...* (1Co 9.9); ou então: *Conforme está escrito na profecia de Isaías* (Mc 1.2). O Evangelho de João também a usa, embora apenas ocasionalmente preferindo empregar seu equivalente perifrástico *está escrito* (no grego, *gegramménon estín*), o que, de fato, é peculiar no Evangelho de João, em todo o Novo Testamento (Jo 2.17; 6.31 etc.). O estudioso Shrenk (745) salientou o fato de que João usou dessas formas de expressão (Jo 20.30,31), em relação ao seu próprio Evangelho, e então declarou: "No entanto, não há ênfase menos solene sobre o testemunho escrito, em 1João". E esse mesmo escritor passa a referir-se à convicção da significação revelatória dos escritos do Apocalipse. (ver 1Jo 1.4; 2.1; 2.12-14; 5.13; Ap 1.11,19; 14.13; 22.19). Aqui, pois, encontramos novas evidências que apontam na direção de uma extensão do conceito de Escritura, incluindo os escritos pertencentes ao novo pacto.

b. Em termos sugestivos de uma voz viva. As palavras *légei*, "diz" ou *phesi*, "fala" ocorrem com alguma frequência no Novo Testamento. Algumas vezes, essas palavras são acompanhadas por um sujeito expresso, como Deus (Mt 19.4,5; At 4.24,25), ou o Espírito Santo (At 28.25; Hb 3.7), e talvez até mesmo Cristo (10.5); e mais frequentemente ainda, a Escritura (Jo 7.38,42; Rm 4.3, Tg 4.5). Em alguns desses exemplos, e em outros, outros tempos verbais são usados, ou mesmo, ocasionalmente, outros verbos que indicam o ato de falar, como *laléo*, "falar". Certo estudioso chamou atenção para a fórmula *légei kúrios*, "o Senhor diz", no Novo Testamento, mormente nos escritos de Paulo (Rm 12.19; 1Co 14.21; cf. At 7.49; Hb 8.8-12). Essa fórmula é de ocorrência muito frequente nos livros proféticos do Antigo Testamento, mas os escritores do Novo Testamento incluem-na em suas citações, mesmo quando ela se faz ausente no texto veterotestamentário. Outrossim, fórmulas como essa algumas vezes são empregadas para indicar as declarações (At 21.11) ou os escritos (Ap 14.13; 1.8) dos profetas do Novo Testamento.

O que dizer sobre textos cujo verbo não exprime o sujeito, não ficando o mesmo claramente implícito no contexto? Essas passagens são muito frequentes, especialmente nas epístolas paulinas (Rm 9.15; Ef 4.8; 5.14; e também Tg 4.6). Visto que o sujeito não está expresso, alguns estudiosos entendem tais passagens como "Deus diz", mas outros preferem pensar em "as Escrituras dizem", ao passo que ainda outros estudiosos asseguram que elas querem dizer "foi dito", com a suposição de que a fonte da citação não é importante. O trecho de Efésios 5.14 apresenta alguns problemas, pois a matéria citada não pode ser encontrada com essas palavras exatas, no Antigo Testamento. Talvez o trecho represente um grupo de passagens, naturalmente, mas alguns escritores modernos têm sugerido que se trata de um primitivo hino cristão. A fórmula introdutória sugere fortemente a sua inspiração, e assim, se nenhum equivalente veterotestamentário convincente pode ser encontrado, é melhor encará-la como uma declaração profética do Novo Testamento.

c. Em termos de comprimento. A expressão portuguesa "para se cumprir" é, usualmente, a tradução de πλεροτησεναι, de τελειοτησεναι ou de alguns de seus compostos. Essa linguagem ocorre mui comumente no Novo Testamento, embora com maior frequência nos Evangelhos de Mateus e João. Ela mostra a unidade da revelação bíblica em termos de profecia e cumprimento, de tipo e antitipo. João também viu o mesmo princípio operando em relação às declarações de Jesus (Jo 18.9; cf. 2.22).

3. Sumário. O uso da terminologia acima considerada serve de notável testemunho da crença de que os escritores do Novo Testamento viam o Antigo Testamento como um livro divinamente inspirado e autoritário. Essa crença poderia ser indicada sem o emprego de tais termos, naturalmente, e o livro de Apocalipse, que não contém qualquer citação neotestamentária acompanhada de alguma fórmula de citação, a despeito disso demonstra a mais completa dependência ao Antigo Testamento, a cada passo. Também é digno de nota que os escritores do Novo Testamento exibam alguma tendência para aplicar sua própria linguagem técnica às declarações e aos escritos de pessoas impulsionadas pelo Espírito, no novo pacto.

II. INSPIRAÇÃO DAS ESCRITURAS

1. O Termo "Inspiração". Segundo é aplicado às Escrituras, o vocábulo "inspiração" tem sido muito bem definido como "uma influência sobrenatural, exercida pelo Espírito Santo, sobre homens divinamente escolhidos, em virtude da qual seus escritos tornam-se fidedignos e autoritários"(C. F.H. Henry, *Inspiração*, BDT 1960, p. 286). A palavra grega *theópneustos*, "soprada por Deus", é traduzida como "inspirada por Deus", em nossa versão portuguesa, em 2Timóteo 3.16. O termo português "inspiração" leva alguns a terem um entendimento errado sobre o que está envolvido, porquanto tanto pode significar "aspirado", em vez de "soprado", como também dá a ideia de que os escritores sagrados é que foram "inspirados", e não as Escrituras, devido à semelhança de expressões populares como, por exemplo, "um poeta inspirado".

Observações Preliminares. *Os Estados Místicos e a Inspiração Verbal*. O artigo sobre as *Escrituras* salienta o fato de que a inspiração pode assumir muitas formas e níveis. Não há qualquer precedente bíblico para apoiar a teoria do *ditado* como o único modo de inspiração. Também não podemos afirmar que todos os autores sagrados foram inspirados do mesmo modo e com a mesma extensão. Ilustramos isso na discussão geral sobre a *Inspiração*, e agora relembraremos alguns detalhes do assunto.

Estados Místicos e Inspiração Verbal. Visto que os homens utilizam-se da linguagem a fim de se comunicarem, podemos supor, com toda a segurança, que a inspiração geralmente ocorre em forma verbal, para que haja comunicação. Não obstante, as pessoas que insistem que a inspiração só pode ser mediada verbalmente, não entendem os modos que as experiências místicas podem tomar. Antes de tudo, devemo-nos lembrar de que a *revelação* e a *inspiração* são subcategorias do *misticismo* (vide). Aqueles que têm estudado os estados místicos, bem como aqueles que os têm experimentado, dizem claramente que quanto maior for a experiência mais *inefável* ela é. Paulo informa-nos que quando ele esteve no "terceiro céu" ouviu e viu coisas que não tinha permissão (ou talvez nem pudesse) de revelar, e nem poderia exprimir adequadamente em linguagem humana. Mas, aqueles que insistem que a inspiração só pode ser verbal, esquecem-se da declaração de Romanos 8.26: *... mas o mesmo Espírito intercede por nós sobremaneira com gemidos inexprimíveis*. A tradução inglesa, *Revised Standard Version*, diz: *com sinais profundos demais para serem expressos por meio de palavras*. Sim, o Espírito de Deus tem acesso a meios de comunicação que são por demais profundos para serem expressos através da linguagem humana. Isso significa que quão mais profunda for a inspiração divina, mais ela afastar-se-á da linguagem humana. E isso resulta no fato de que, finalmente, há experiências místicas que só podem ser sentidas e apreciadas, mas jamais transmitidas sob a forma de palavras. No entanto, há pessoas que pensam que estão prestando a Deus um serviço, em defesa da verdade e da ortodoxia, quando insistem sobre uma rígida forma de inspiração verbal. Embora sem perceberem, — tentam fazer o Espírito de Deus operar somente segundo um nível humano e, portanto, inferior. Portanto, é possível que uma profunda experiência mística possa ter um significado que ultrapasse a linguagem humana.

O indivíduo que recebe esse tipo de experiência talvez seja capaz de formar alguma *ideia* a respeito, *sentindo ou intuindo o* seu significado. E, então, esse alguém procurará exprimir isso por meio de palavras. Haverá de sentir-se muito frustrado nessa tentativa, comunicando suas ideias de maneira parcial e inexata. Apesar disso, poderá exprimir *grandes verdades*, embora declaradas mediante termos parciais e inexatos. Precisamos, contudo, respeitar essa forma de inspiração, e também o tipo de revelação que ela produz, ainda que, ordinariamente, suponhamos que a inspiração, a fim de comunicar algo aos homens, deva ser-nos dada em linguagem humana. Todavia, podemos ter a certeza de que *certas* revelações do Novo Testamento foram dadas dessa maneira mais profunda, não verbal. E, então, quando elas foram reduzidas à forma escrita, sofreram alguma perda de significado e de impacto, embora ainda úteis para nossa instrução e conhecimento. Por conseguinte, o conhecimento é uma inquirição e uma luta constantes. A revelação e a inspiração são grandes realidades; mas, à semelhança de outros aspectos da teologia, têm sido popularizadas e simplificadas, por pessoas que pensam que estão prestando a Deus um grande serviço, ao reduzirem todas as coisas ao nível humano e ao entendimento humano. As teologias dogmáticas sempre serão culpadas desse tipo de erro, um erro gravíssimo. O motivo psicológico por detrás dessa atividade é o conforto mental, que algumas pessoas valorizam mais do que a aquisição da verdade divina.

As declarações feitas aqui têm apenas o intuito de salientar os problemas que envolvem a questão. O artigo geral sobre as *Escrituras*, em sua segunda seção, *Inspiração das Escrituras*, aborda o assunto de modo detalhado. Esses comentários não devem ser olvidados. É mais importante conhecer a verdade do que apoiar as ideias humanas a respeito da revelação divina, popularizando e simplificando a comunicação divina. Nenhum de nós, afinal de contas, apesar de toda a nossa pretensão, sabe muita coisa sobre Deus, ou sobre a sua verdade. Também não sabemos muita coisa sobre como ele comunica essa verdade, exceto que há uma considerável variedade de métodos. A *inspiração verbal* conta *uma* das histórias, mas não toda a história da atividade comunicadora de Deus.

2. Declaração Sucinta

a. Rejeitamos a ideia de que o NT é, simplesmente, uma seleção antiga de literatura cristã. A observação e a inteligência espirituais nos ensinam que o desígnio de Deus coopera com e transcende o processo histórico. A coleção, como existe hoje, é o produto do desígnio.

b. Embora 2Timóteo 3.16 não tenha, dogmaticamente, (e diretamente) uma aplicação ao NT, estamos ansiosos para afirmar que *espiritual*, e *logicamente*, tais declarações devem *aplicar-se* ao NT, e não somente ao Velho. O desígnio de Deus tem feito uma unidade do Velho e Novo Testamentos. Se não afirmarmos isto, pode ser que tenhamos pouca fé na operação do Espírito de Deus no mundo.

c. Indicações no NT de sua inspiração:
- As declarações e ensinos de Jesus, desde o princípio, foram considerados autoritários pela igreja, no nível do AT, ou em um nível ainda mais alto. Ver as notas sobre 1Timóteo 6.3 no NTI.
- Embora Paulo não reivindique que suas cartas, como uma coleção, foram inspiradas, certamente, reivindica que as distintas doutrinas cristãs que formam o coração da mensagem, das cartas, foram dadas por inspiração. (Ver Gl 1.12 e 2Co 12.1).
- Apocalipse 1.3 e 22.19 demonstram que existia, antes do fim do primeiro século, um cânon do NT Em formação. O escritor desse livro quis que sua profecia fosse considerada inspirada e digna de ter parte no cânon da Nova Revelação.
- 2Pedro 3.16 mostra que as cartas de Paulo, em um tempo muito remoto, foram recolhidas e consideradas autoritárias como Escritura.

d. O N. T. é sua própria autenticação. Como uma coleção, o NT representa a maior literatura de todos os tempos. A história o atesta. Tem sido traduzido em mais de 1000 línguas e tem sido a força atrás de muitas vidas transformadas.

e. A natureza de inspiração tem sido muito discutida. Oferecemos as seguintes sugestões:
- A inspiração é normalmente, mas *nem sempre* verbal, porque o pensamento humano *quase sempre* se expressa em formas verbais.
- Alguns trechos do NT foram dados em visões extáticas e podem ser considerados "ditados". Nesta categoria colocaríamos algumas passagens imortais de Paulo, como Romanos 8, Efésios 1, 1Coríntios 13,15 etc.
- Os ensinos de Jesus (ele sendo o Messias), devem ser considerados na categoria dos trechos extáticos como joias de valor incalculável.
- Alguns trechos, ou livros do NT, como o livro de Tiago, podem ser considerados os frutos de vidas espirituais e de *fundos* de sabedoria, mas não necessariamente dados por experiência "extática". Nestes casos, o Espírito *usou* e aprovou da sabedoria desenvolvida por muitos anos, nas vidas dos autores sagrados, mas não agiu através de uma intervenção imediata e especial, como em uma visão. Assim afirmando, estamos dizendo que a revelação pode operar em níveis diferentes, usando, ou transcendendo à condição humana. A inspiração pode ser dramática ou sutil. Pode ser imediata ou o fruto de muito tempo de direção e desenvolvimento espiritual.
- A revelação pode transcender a realização verbal do escritor, ou, como é evidente em muitos casos, pode usar o fundo cerebral do autor. No Evangelho de Marcos, por exemplo, temos um grego da rua, incorporando os erros gramáticos comuns do tempo, *erros* que podiam ter sido ouvidos nas esquinas de qualquer cidade greco-romana do tempo. No Apocalipse, encontramos um grego *aprendido* como uma segunda linguagem. O autor ignora a sintaxe grega, expressando seus pensamentos em moldes aramaicos. O grego de Paulo é um bom koiné literário, mas aquele de Hebreus é bem polido, e quase clássico.
- Nos Evangelhos sinópticos pode ser observado que os escritores nem sempre foram cuidadosos em agrupar os mesmos ensinos de Jesus, com os mesmos acontecimentos históricos. Ver notas sobre este problema na introdução a Lucas cap. 10, no NTI. Cada escritor, segundo seu próprio desígnio, maneja seus materiais de maneira diferente, não satisfazendo as exigências de alguns críticos modernos.
- Os pontos *e* e *f* ilustram que alguns níveis de revelação não transcendem elementos humanos. A revelação incorpora tais coisas, sem ser prejudicada. Muito pelo contrário: O Cristo eterno foi encarnado na carne humana, para elevar a condição humana. O Verbo Vivo foi encarnado em um corpo humano e foi feito sujeito às condições humanas, como Filipenses cap. 2 nos mostra claramente. A Palavra Escrita também foi encarnada no que é humano, e usou elementos humanos.

f. A inspiração é uma espada de dois gumes: está no Livro e está no leitor do livro. (Ver Apocalipse 1.3) sobre a segunda verdade. Aquele que ousa fazer muito das Escrituras na vida dele, entregando todo o seu intelecto a elas, logo vai descobrir que elas têm uma força espiritual espantosa. O Espírito Santo observa as pessoas que são sérias na inquirição espiritual e as ajuda a compartilhar a imagem de Cristo, o que é o propósito do Evangelho. (Ver Rm 8.29).

g. O grande problema não é, portanto, se as Escrituras são inspiradas ou não. Isto aceitamos como um fato provado, histórica, espiritual, e experimentalmente. O problema envolve o nosso uso das Escrituras. Até que ponto temos permitido que os documentos divinos nos transformem à imagem de Cristo? Seremos julgados segundo o nosso uso ou abuso desta Revelação.

3. Relação Entre a Inspiração e a Revelação. As duas ideias estão intimamente ligadas entre si, sem serem idênticas. A revelação diz respeito ao desvendamento da verdade aos homens, ao passo que a inspiração é a comunicação, em forma verbal, dessa revelação conferida. Teologicamente falando, o termo "inspiração" deveria ser reservado à Palavra escrita, embora, naturalmente indique também a Palavra falada, que o Espírito exprimia através dos profetas do Antigo Testamento ou dos escritores do Novo Testamento, antes mesmo de ela adquirir forma escrita. Pois, para que a revelação obtenha forma permanente, é mister que seja posta sob forma escrita, o que significa que a inspiração é serva da revelação. Isso não significa, contudo, que as Escrituras sejam mero registro da revelação divina (embora sejam isso também), porquanto elas possuem um caráter revelatório todo seu, conforme se vê nas citações neotestamentárias de passagens do Antigo Testamento como "a palavra de Deus" (por exemplo, Jo 10.35; Rm 3.2).

Grande parte da teologia moderna nega o elemento proposicional da revelação, pelo que não é de surpreender encontrarmos o retorno da noção de "revelação" a uma posição central na teologia, mas sem um interesse paralelo renovado, na ideia de "inspiração". No entanto, na Bíblia estão envolvidos ambos esses fenômenos, embora a raridade da palavra "inspiração", nas Escrituras, não reflita a importância que a ideia realmente tem. Sumariando, os homens de Deus foram "impulsionados" pelo Espírito, a fim de produzirem Escrituras "inspiradas".

4. A Inspiração do Antigo Testamento

a. Fenômeno veterotestamentário da inspiração. Muitos dos canais veterotestamentários da revelação exibem lúcida consciência de que seus escritos eram inspirados. Isso é particularmente verdadeiro no caso dos profetas de Moisés em diante. À luz do trecho de 2Samuel 23.1-3, é instrutivo notarmos que Davi é considerado profeta, pelo Novo Testamento (At 2.30). De modo geral, parece que os verdadeiros profetas não somente eram impulsionados pelo Espírito, mas também tinham consciência desse fato.

Os profetas, mediante o emprego de expressões como "Assim diz o Senhor" ou "Veio a mim a palavra do Senhor, dizendo" etc., demonstraram que tinham a consciência da inspiração das comunicações orais das verdades divinas que receberam. Naturalmente, somente aquelas profecias que posteriormente foram registradas por escrito sobreviveram até nós; mas, não há que duvidar que a inspiração de uma comunicação não precisava esperar que essa comunicação assumisse forma escrita, para ser autêntica (Jr 36). Enquanto a comunicação permanecesse inalterada, não importava quantos canais humanos fossem empregados, antes da mensagem chegar a seus destinatários. Moisés, por exemplo, recebeu a palavra de Deus, mas ele a transmitia ao povo por intermédio de Arão (Êx 4.15,28,30). Embora o produto final, nesse caso, fosse uma declaração feita por Arão, a mensagem não perdia coisa alguma de seu caráter de Palavra divina, por causa desse processo de mediação. Moisés também reduziu à forma escrita as palavras do Senhor (Êx 24.3,4,7). O livro da aliança, portanto, é tanto a Palavra do Senhor quanto eram as duas tábuas de pedra, que Deus mesmo escreveu sobre o monte (Êx 31.18).

Uma importante qualidade da palavra dos homens divinamente impulsionados é o seu caráter divino e objetivo. Isso não significa que a palavra de Deus incluía qualquer coisa com base nas experiências dos próprios profetas — nos casos de homens como Davi, Jeremias e Oseias, é claro que isso sucedeu com frequência — mas significa que essa Palavra nunca era simplesmente seu próprio pensamento e palavra, mas sempre o pensamento e a palavra do Senhor. O profeta Natã foi capaz de distinguir entre os seus próprios pensamentos e a palavra de Deus (2Sm 7.33 ss.).

O que distingue, acima de tudo, um profeta verdadeiro de um profeta falso é a origem divina da Palavra inspirada, embora, como é óbvio, isso não se preste a qualquer teste direto. As comprovações da profecia são critérios como o cumprimento e a confirmação das revelações anteriores, especialmente aquelas dadas através de Moisés (Dt 13.1 ss.; 18.15 ss., Jr 23.9 ss.; Ez 12.21—4.11). Há uma excelente discussão sobre a profecia verdadeira e a falsa, no artigo de J.A. Totyer, "Prophecy", Prophets, NDB, 1041 s, onde ele nos mostra que não era tanto o cumprimento da palavra dos profetas verdadeiros e, sim, o não cumprimento da palavra dos profetas falsos, que era o teste. É digno de atenção que embora os profetas normalmente fossem homens piedosos, e que a palavra deles sempre era adaptada aos propósitos divinos da santidade, não era nem mesmo sua piedade e caráter que os constituíam verdadeiros profetas, conforme fica claramente demonstrado no caso de Balaão (embora tal caso seja admissivelmente incomum) (Nm 22.1—24.25; 31.16; 2Pe 2.15 e 16; Ap 2.14). O que importa é se essa palavra era simplesmente o produto da mente humana (Ez 13.2,3), de um espírito maligno (1Rs 22.19,20), ou se era a verdadeira Palavra do Deus vivo.

Essa discussão da inspiração do Antigo Testamento gira em torno, principalmente, da questão da profecia porquanto os profetas tinham consciência da inspiração divina. Outros escritores, como os historiadores e poetas, não exibem tal consciência de forma explícita. Entretanto, a inspiração não deve ser equiparada à declaração a respeito, e nem mesmo à consciência acerca da inspiração. Há outros testemunhos a respeito da inspiração em outros escritos do Antigo Testamento.

b. Testemunho de Cristo sobre sua inspiração. O Senhor reconheceu que os livros do Antigo Testamento tinham autores humanos (Mt 15.7; 22.43; 24.15; Mc 7.10; Jo 5.46), mas ele os via como instrumentos do Espírito de Deus. A palavra de Deus viera "por intermédio" dos profetas (Mt 21.4,5; Lc 18.31), o que sugere que eles eram instrumentos de outrem, que foi o verdadeiro Autor das mensagens deles. Para Jesus, as Escrituras são "a palavra de Deus" (Jo 10.34,35). Torna-se claro, em Marcos 7.1-13 (um trecho que merece estudo muito mais detalhado do que lhe damos aqui), que o Senhor rejeitava a autoridade das "tradições dos anciãos", e que, para ele, o que "Moisés disse" (vs. 10), constituía, realmente, "a palavra de Deus" (vs. 13). Em Marcos 12.35-37, Jesus vinculou um argumento, já em si mesmo conclusivo, a uma afirmação sobre a inspiração divina quando Davi escreveu o Salmo 110. *Como dizem os escribas que o Cristo é filho de Davi? O próprio Davi falou, pelo Espírito Santo: Disse o Senhor ao meu Senhor: Assenta-te à minha direita, até que eu ponha os teus inimigos debaixo dos teus pés. O mesmo Davi chama-lhe Senhor; como, pois, é ele seu filho?*

c. Testemunho dos escritores do Novo Testamento. Sempre e em qualquer lugar que alguém abre o Novo Testamento, acha exatamente a mesma atitude para com o Antigo Testamento como aquela demonstrada por Jesus. AT semelhança dele, os escritores do Novo Testamento reconheceram o lado humano, na autoria dos livros sagrados. O escritor do tratado aos Hebreus, entretanto, parece evitar fazer qualquer alusão aos autores humanos, sempre que possível, a fim de sublinhar a autoria divina das Escrituras (para exemplificar, cf. Hb 1.5-8,13 com 2.6). Isso é apenas uma ênfase posta sobre o fato de que é uma característica geral dos escritores do Novo Testamento a sua aceitação, sem discussão, da origem divina das Escrituras do Antigo Testamento. Assim, os profetas "falaram em nome do Senhor" (Tg 5.10). No Evangelho de Mateus, por exemplo, há uma certa variedade no uso das fórmulas introdutórias de citações, mas sempre fica claro nas mesmas que, para Mateus, os escritores sagrados do Antigo Testamento foram instrumentos de Deus, cuja Palavra foi dada "por intermédio do profeta". (Cf. também Atos 1.16; 2.16; 28.25; Rm 9.25). As Escrituras são "os oráculos de Deus" (ver At 7.38; Rm 3.2; Hb 5.12). Warfield ressaltou o grande significado do uso da palavra "Escritura" em lugar de Deus, em certas passagens (Rm 9.17; Gl 3.8,22; cf. também Tg 4.5,6).

A importância desse fenômeno é que o mesmo exibe um fato psicológico de grande importância para percebermos a estimativa paulina quanto ao conceito de Escrituras do Antigo Testamento. Um paralelo parcial dos lábios do Senhor pode ser encontrado no trecho de Mateus 19.4,5, onde se torna claro que, para ele, a Escritura e Deus podiam ser equiparados, quando falavam.

5. A Inspiração do Novo Testamento

a. Apóstolos e profetas do Novo Testamento como homens do Espírito. O Espírito de Deus não cessou a sua obra de inspiração quando foi completado o cânon do Antigo Testamento. Após um período de silêncio, raiou uma nova era de profecias, pouco antes do advento de Jesus Cristo e como testemunho a seu respeito, conforme se vê claramente, sobretudo em Lucas (caps. 1 e 2). O ato de profetizar é mencionado na passagem de Joel de onde Pedro extraiu uma citação, no dia de Pentecoste (Jl 2.28,29, At 2.17,18). Além disso, há diversas referências a profetas, no livro de Atos, bem como em outros livros do Novo Testamento (At 11.28; 13.1; 15.32; 21.10,11; 1Co 12.28,29; Ef 4.11 etc.).

Porém, ainda mais importantes que os profetas, foram os apóstolos de Jesus. Os doze foram especialmente selecionados pelo Senhor e foram instruídos pessoalmente por ele, durante o seu ministério. Ele lhes confiou promessas especiais concernentes às realizações do Espírito Santo neles, como o Espírito da verdade (Jo 14.16,17,25,26; 15.26; 16.12-15). O Espírito haveria de testificar de Cristo aos apóstolos, fazendo-os lembrar o que dizia respeito a Cristo, trazendo à memória deles os ensinamentos do Mestre, e também mostrando-lhes coisas vindouras. Dessa maneira, o Espírito complementaria e completaria as instruções que o Senhor Jesus lhes havia dado.

b. A consciência que eles tinham da inspiração. Os profetas do Antigo Testamento deram mostras de ter *consciência* do fenômeno da inspiração, e o mesmo fenômeno aparece nos homens que foram usados para produzir os livros inspirados do Novo Testamento. Nessa conexão, o trecho de 1João 4.1-6 reveste-se de profundo interesse, visto que diz respeito às profecias falsas. Após prescrever um teste confessional, diz João: *Eles procedem do mundo; por essa razão falam da parte do mundo, e o mundo os ouve. Nós somos de Deus; aquele que conhece a Deus nos ouve; aquele que não é da parte de Deus não nos ouve. Nisto reconhecemos o espírito da verdade e o espírito do erro*. Com base no pressuposto que essa epístola foi produzida por um dos apóstolos, quando lemos a assertiva posta na primeira pessoa do plural, "Nós somos de Deus", devemos pensar nos apóstolos e no testemunho que eles davam de Cristo (cf. 1Jo 1.1-5). As palavras "o Espírito da verdade", em João 14-16, nos fazem lembrar do discurso de Jesus no cenáculo. Temos ali uma clara indicação da consciência da inspiração divina. Notemos, igualmente, o mesmo fenômeno, que pode ser discernido nos seguintes trechos bíblicos: (1Co 2.9,10,13; 7.40; Ef 3.5; 1Tm 4.1, Ap 1.1-3,10ss, 22.18).

Uma vez mais, cumpre-nos lembrar que quando algum escritor sagrado deixava de mencionar a inspiração de seus escritos, isso não serve de indicação da ausência da inspiração divina, da mesma maneira que a afirmação da inspiração, por si só, não prova a sua autenticidade. Paulo tinha consciência de que a sua palavra seria aceita como palavra de Deus, pelos crentes tessalonicenses, mediante a fé (1Ts 2.13), à medida que o Espírito Santo injetasse convicção dessa verdade em seus corações (1Ts 1.5). Também é importante lembrarmos que a única forma que dispomos das declarações inspiradas dos homens usados por Deus, tanto no Antigo quanto no Novo Testamentos, é a forma escrita.

6. Caráter da Inspiração Bíblica

a. O Espírito como autor final de tudo quanto corretamente se chama de Escritura. A Bíblia não consiste em mera literatura humana, mas tudo quanto corretamente se chama de "Escritura" foi soprado por Deus (ver 2Tm 3.16). Esse versículo, em seu contexto, alude primeiramente ao Antigo Testamento, mas seu princípio é igualmente aplicável ao Novo Testamento, isto é, a qualquer outra literatura que mereça o nome de "Escritura Sagrada". A delimitação precisa da expressão é dada dentro do estudo do "cânon" das Escrituras. Não obstante podemos observar que a reivindicação da inspiração ocorre tanto no Novo quanto no Antigo Testamentos, pois Pedro considerava as epístolas de Paulo como Escritura (2Pe 3.15,16).

b. Toda a Escritura é inspirada. A declaração de 2Tm 3.16 fala sobre "toda Escritura". Ver o problema da interpretação deste versículo em II. G.

c. O controle dos escritores sagrados pelo Espírito. Afirma o trecho de 2Pe 1.21: ... *porque nunca jamais qualquer profecia foi dada por vontade humana, entretanto homens* (santos) *falaram da parte de Deus, movidos pelo Espírito Santo*. Comentando sobre esse trecho bíblico, escreveu Warfield: "O que foi 'movido' foi impulsionado pelo poder 'impulsionador' e transmitido por esse poder e não pelo poder dos instrumentos, de acordo com os propósitos do poder impulsionador, e não de acordo com os instrumentos usados" (p. 137). Portanto, a inspiração não consiste na mera exaltação dos poderes dos escritores escolhidos, mas consiste no controle deles pelo Espírito Santo.

d. O uso da individualidade dos escritores pelo Espírito. A inspiração divina não suprimiu ou abafou a individualidade de qualquer escritor sagrado; pelo contrário, utilizou-se dela. A palavra de Deus veio à existência através de muitos e diferentes canais humanos e a evidência das variações de estilo dá testemunho da realidade desse fator humano. Isso se dá até mesmo no caso dos profetas do Antigo Testamento, onde a forma em que a palavra foi frequentemente recebida — em alguma visão ou sonho — testifica fortemente sobre a sua objetividade. Mas tal aspecto torna-se mais evidente ainda em escritos como as epístolas. As cartas de Paulo, por exemplo, dão sinais de sua individualidade. Muita pesquisa foi necessária para a produção de um livro como o Evangelho de Lucas (ver Lc 1.1-4). Assim, quando os reformadores protestantes lançaram mão do termo "ditado", eles parecem tê-lo empregado simplesmente para frisar a origem divina das Escrituras, e não a fim de definir seu método invariável de produção.

e. O caráter "verbal" da inspiração. A ideia de inspiração refere-se à comunicação verbal de verdade. Apesar de reconhecer a superintendência exercida pelo Espírito, sobre todo o processo que jaz atrás da obra *escrita* (ou de elocução), o termo "inspirada" refere-se ao produto acabado. Isso posto, a Escritura é que foi soprada por Deus (2Tm 3.16). Na natureza do caso, pois, a inspiração, normalmente, é verbal, visto que diz respeito à comunicação da verdade em linguagem humana. Isso não significa, entretanto que consiste em mero ditado de palavras, mas significa que os diversos processos que jazem por detrás da questão, envolvendo aspectos como a individualidade dos escritores, o meio ambiente, o treinamento, a experiência deles, além de outros fatores, foram de tal modo manipulados por Deus que o resultado foi que as palavras registradas não são apenas do homem, mas são plenamente de Deus.

A inspiração, que precisa ser expressa por meio de palavras, vê-se assim limitada pelos poderes humanos de expressão por meio da linguagem. Os estados místicos, que servem de intermédio da inspiração, *certamente ultrapassam à* nossa capacidade de expressão linguística, o que significa que a inspiração pode ser *inefável*, e as tentativas para descrevê-la são, naturalmente, débeis e inadequadas. Ver a seção V, intitulada *Níveis e Tipos de Inspiração*.

Também, não devemos cair no equívoco oposto de imaginar que os vocábulos usados nas Escrituras revestem-se de qualquer importância, à parte do sentido que eles transmitem. O sentido é que é todo importante, sendo essa a razão pela qual os escritores sagrados do Novo Testamento algumas vezes empregaram alguma tradução livre de certas passagens do Antigo Testamento, quando isso podia transmitir, com maior precisão e vigor, o ponto que eles estavam querendo salientar. A questão se tornaria um problema somente se o sentido da passagem original fosse violado nesse processo. Isso levanta a questão inteira do uso do Antigo Testamento pelos escritores do Novo Testamento, o que já pertence ao tema da interpretação. Ver seção V para uma discussão sobre níveis e graus de inspiração.

f. Inspiração como uma obra terminada. A inspiração que é uma obra terminada do Espírito Santo, não deve ser confundida com a *iluminação*, que é uma operação *contínua*. Entre os manuscritos originais inspirados e nós mesmos há um ou dois processos. Se os idiomas originais são conhecidos por um leitor qualquer, então o único processo envolvido será a transmissão do texto. A ciência da crítica textual das Escrituras é uma ciência muito refinada e exata. Seu estudo demonstra que o texto, embora não tenha sido completamente preservado dos processos normais de corrupção, que afetam toda a transmissão de ideias, foi admiravelmente protegido, de tal modo que a mensagem que nos é transmitida pelas Escrituras tem sido oferecida a cada geração sucessiva. Os tradutores, por sua vez, têm o dever de reverenciar o fraseado do texto original, procurando passar para outro idioma, o pensamento que se encontra nos originais hebraico e grego. O extenso uso da LXX (uma versão grega do Antigo Testamento) pelos escritores do Novo Testamento mostra-nos que essa tradução é legítima, confirmando a opinião de muitos de que uma tradução, quando bem feita, pode ser — e, de fato, *deve* ser — tratada como palavra de Deus, na extensão em que transmitir fielmente o pensamento dos textos originais.

g. *A Inspiração e as dificuldades das Escrituras*. O crente recebe a palavra de Deus com base no próprio testemunho divino. Isso não significa, naturalmente, que o leitor reverencioso das Escrituras nunca encontrará problemas. No entanto, essas dificuldades da Bíblia impelem o leitor a buscar pela iluminação divina e a estudar diligentemente as Escrituras. Essas dificuldades não devem servir de justificativa para que o leitor desista de inquirir pelas doutrinas mais elevadas das Escrituras. A convicção de um cientista, sobre a unidade do universo, não sofre uma reviravolta quando ele encontra problemas em suas investigações. Por igual modo, a convicção do crente, quanto à unidade das Escrituras, não deve ser abandonada em face das dificuldades da Bíblia. Alguns têm afirmado que a doutrina das Escrituras deveria alicerçar-se sobre todos os fenômenos bíblicos, incluindo as suas dificuldades. É questionável se tal método é praticável, pois a avaliação e a harmonização de todos os ditos fenômenos são consideravelmente maiores que a obra de uma vida inteira. Além disso, a própria Bíblia contém claras afirmativas concernentes à sua própria inspiração. Portanto, sobre essas claras afirmativas bíblicas é que a doutrina da inspiração deve estar alicerçada. A aceitação das Escrituras como divinamente outorgadas, sobre essa base, implanta em nós a convicção da unidade da Bíblia; e assim podemos agora abordar esse problema, encontrando-lhe solução gradual, à luz desse fato.

7. O problema de 2Timóteo 3.16: *Toda Escritura é divinamente inspirada e proveitosa para ensinar, para repreender, para corrigir, para instruir em justiça;*

Este é um dos mais famosos e um dos mais utilizados versículos dentro das "epístolas pastorais"; mas também é um dos mais disputados versículos bíblicos, quanto ao seu exato significado. No tocante às dificuldades de sua tradução, observemos os três pontos abaixo: ***a***. Alguns preferem traduzir por ... *Toda a Escritura é dada por inspiração de Deus...* ***b***. Outros opinam em favor de ... *Toda a Escritura que é inspirada...*, o que nos dá a ideia de que há trechos bíblicos que não são inspirados. ***c***. Literalmente traduzida, a frase diria ... *cada Escritura...*, talvez dando a entender "cada passagem bíblica". Todavia, cumpre-nos notar a ausência do artigo definido, no original grego, o que poderia fazer a expressão referir-se a "Escrituras" ou "escritos", além do AT e se a ausência do artigo torna vaga a identificação exata do que significa "escritos", então *este versículo* poderia ser mais corretamente traduzido por "Cada escrito que é inspirado por Deus...", distinguindo tais escritos de outras obras escritas, que não são inspiradas. Neste caso, presumivelmente, o AT inteiro é reputado como inspirado divinamente.

Devemos notar também, neste ponto, que o vocábulo traduzido aqui por "Escritura" é o termo grego comum que significa *escrito*, pelo que a alusão pode ser a qualquer tipo de escrito, e não meramente aos escritos bíblicos. Nesse caso, ficaria salientado que somente os escritos "inspirados" são os proveitosos para os propósitos frisados no versículo. Vários intérpretes e tradutores têm compreendido a questão por esse prisma; e isso não é contrário à melhor tradução literal do original grego. No entanto, em 1Pedro 2.6 e 2Pedro 1.20, também encontramos uma frase similar, sem o artigo definido; mas fica ali salientada uma passagem particular e bem "definida" do AT e isso serve para ensinar-nos, uma vez mais, que tanto no grego do Novo Testamento como no grego helenista em geral, não são seguidas regras gramaticais estritas e absolutas, e que a presença ou ausência do artigo definido nem sempre é significativa. Portanto, não deveria haver qualquer objeção à tradução "Toda a Escritura é dada por inspiração de Deus".

Avaliação. **1**. Como é patente, devemos rejeitar a segunda interpretação, oferecida no começo dos comentários sobre este versículo. Apesar de que, gramaticalmente, o original grego possa dar margem a que se compreenda que algumas passagens do AT são inspiradas por Deus e outras não. É impossível que essa tenha sido a intenção do autor sagrado, pois Paulo, do princípio ao fim da segunda epístola a Timóteo, sempre enfatizou a ortodoxia e a piedade, e isso segundo os termos do AT (Ver, por exemplo, 2Tm 1.5 e *ss.*, 2.15). **2**. A interpretação de número três, pode estar com a razão. Pois o autor sagrado pode estar contrastando o AT com "outros escritos", mas atribuindo a inspiração divina exclusivamente às Escrituras judaicas, em contraposição a quaisquer outros supostos livros sacros. **3**. Sem embargo, a interpretação mais provável é a primeira delas. O grego helenista empregava o vocábulo "pasa" (todo), sem o artigo definido, a fim de indicar "inteiro", "a totalidade de". De acordo com os padrões do grego clássico, não havendo a presença do artigo definido, preferiríamos a tradução "cada". (Ver C.F.D. Moule, An *Idiom Book of NT Greek*, p. 94 e 95, quanto a essa particularidade gramatical do grego). Daí, a melhor tradução, no idioma português, seria: "A Escritura inteira é inspirada por Deus..." Ou mesmo: "Cada Escritura é inspirada por Deus... " Por conseguinte, deve-se depreender dessa declaração paulina, que não existe qualquer porção das Escrituras Sagradas que não tenha sido bafejada pelo Espírito Santo, emprestando-lhe vida e autoridade divinas.

Isso derruba por terra ideias estranhas como aquela que diz que só são divinamente inspirados, os trechos bíblicos que comovem o leitor, enlevando os seus sentimentos. Segundo esse ponto de vista ficariam de fora da inspiração divina largas passagens bíblicas, como as genealogias, as enumerações e outras informações dessa natureza. A falácia dessa posição se comprova pelo fato de que, apesar de ser difícil alguém enlevar seu espírito com meros dados estatísticos, como há muitos na Bíblia, na verdade há ali informações de natureza tal que nos iluminam espiritualmente, como é o caso bem conhecido da genealogia do Senhor Jesus. Acresça-se a isso que um trecho que para mim pode parecer inteiramente frio e desinteressante, para outro leitor da Bíblia pode revestir-se de tremendo interesse espiritual.

Além disso, pode-se observar que falta no original grego o verbo "ser", na terceira pessoa do singular, "és". Contudo, pode-se considerá-lo como subentendido, conforme aparece em outros trechos bíblicos. Por conseguinte, poderíamos entender esta frase de três maneiras diferentes, a saber: **1**. "Toda Escritura inspirada por Deus 'é' também proveitosa" etc. **2**. "Toda Escritura 'é' inspirada e proveitosa" etc. Ambas essas formas têm sido usadas em traduções diversas, pois os intérpretes têm compreendido o versículo de uma ou de outra maneira. Em alguns manuscritos, bem como nos escritos de alguns dos pais da igreja, a ligação "é" é deixada de lado, porque isso poderia ser reputado como elemento perturbador da construção, mas certamente o "é" faz parte genuína do texto sagrado. **3**. Uma terceira possibilidade de tradução, conforme já salientamos acima, é *Cada Escritura é inspirada por Deus...*

Quanto ao que é ensinado em 2Timóteo 3.16, as traduções possíveis, acima discriminadas, não diferem essencialmente, contanto que entendamos que os "escritos" aqui referidos são as Escrituras do AT, ou coletivamente, como na tradução "Toda a Escritura... ", ou distributivamente, como em "Cada escrito..." (individualmente considerado).

"... Escritura... " Uma maior dificuldade ainda consiste em compreendermos exatamente quais "livros sagrados" devem ser inclusos nesse vocábulo, pois nem mesmo o "cânon do AT" fora fixado nos tempos do Senhor Jesus. Havia, essencialmente, "três" Antigos Testamentos, a saber: **1**. Os saduceus aceitavam somente o Pentateuco, isto é, os cinco livros de Moisés. E essa é a razão pela qual rejeitavam os ensinamentos bíblicos sobre a existência dos espíritos, sobre a ressurreição etc., porquanto tais ensinamentos não figuram claramente naqueles cinco primeiros livros bíblicos. **2**. Os fariseus que habitavam na Palestina aceitavam a Lei, os Salmos e os Profetas, isto é, os mesmos 39 livros do "cânon protestante do AT". **3**. Os judeus da dispersão, isto é, aqueles que moravam fora da Palestina, aceitavam, em adição a isso, catorze livros apócrifos, doze dos quais também passaram a ser aceitos como parte do "cânon católico romano do AT," por decisão do concílio de Trento (realizado em 1545 —1563). Os grupos protestantes nunca aceitaram a adição desses e de quaisquer outros livros apócrifos. Quanto a "epístolas pastorais", é óbvio que o autor sagrado rejeitava o "cânon saduceu", embora não disponhamos de quaisquer meios para saber qual dos outros "cânones" ele aceitava. Todavia, a questão não se reveste de particular importância, já que o significado da passagem em nada se altera, e visto que o Cristo predito será sempre o mesmo, sem importar o "cânon" particular que estiver sendo seguido; e isso é o que interessava ao autor sagrado.

É interessante que alguns estudiosos adicionariam a essa "Escritura" os escritos apostólicos e outros que vieram a fazer parte do "cânon do NT", e que já estavam escritos antes das "epístolas pastorais", a saber, algumas das epístolas de Paulo e os quatro Evangelhos. Mas, historicamente falando, tal acréscimo prescinde de quaisquer bases históricas, no tocante ao desenvolvimento do "cânon do NT", sendo algo contrário ao sentido simples do texto que ora consideramos. Notemos, por semelhante modo, que a "Escritura", referida neste versículo, deve ser igual às "sagradas letras" (ver o versículo anterior), que serviram de base do treinamento de Timóteo, *desde a sua infância*. É óbvio que seu treinamento religioso *não tinha incluído qualquer livro do NT*, pois nenhum desses livros fora ainda escrito. Portanto, supor que o décimo quinto versículo fala somente sobre o AT, ao passo que o décimo sexto versículo inclui alguns dos livros do NT é submeter a fé a um teste demasiado, não sendo uma afirmação de fé. Aqueles que pretendem incluir aqui o NT, fazem-no sob o impulso do desejo de encontrar, em alguma porção do NT, *alguma* afirmativa sobre a inspiração do NT *como um todo*. Esse tipo de afirmação, naturalmente, nem existe.

A grandiosidade do NT, é que serve de tal afirmação, não precisando nós de qualquer exegese distorcida para descobrir algum *texto de prova* que atribua inspiração divina ao corpo inteiro dos escritos neotestamentários.

III. A Autoridade das Escrituras

1. Sua Relação com a Inspiração. A inspiração e a autoridade das Escrituras são questões distinguíveis, mas inseparáveis. As questões religiosas revestem-se de tão capital importância que a mera autoridade humana é insuficiente. Não são os autores humanos como tais que dão à Bíblia a sua autoridade, e, sim, o seu Autor divino. É devido ao fato de que a Bíblia originou-se em Deus e que sua mensagem deve ser recebida e nela devemos confiar. De conformidade com isso, a questão da inspiração das Escrituras é corretamente discutida antes de ser ventilada a questão da autoridade, não podendo haver doutrina estável da autoridade bíblica se não houver doutrina estável da inspiração das Escrituras.

2. A Autoridade do Antigo Testamento

a. Seu reconhecimento dentro do período do Antigo Testamento. Um exame dos livros históricos do Antigo Testamento desvenda o fato de que a lei era tratada como autoritária por aqueles que a liam. Nas fronteiras da Terra Prometida, Deus orientou Josué quanto à lei, dizendo: *Tão somente sê forte e mui corajoso para teres o cuidado de fazer segundo toda a lei que meu servo Moisés te ordenou; dela não te desvies, nem para a direita nem para a esquerda, para que sejas bem-sucedido por onde quer que andares. Não cesses de falar desse livro da lei; antes, medita nele dia e noite, para que tenhas cuidado de fazer segundo a tudo quanto nele está escrito; então farás prosperar o teu caminho e serás bem-sucedido* (Js 1.7,8). (Cf. 8.30-35; 22.5; 23.6; 1Rs 2.3; 2Rs 14.5; 22.8 ss). No trecho de 2Reis 23.24,25, o fraseado mostra-se particularmente significativo: *Aboliu também Josias os médiuns, os feiticeiros, os ídolos do lar, os ídolos e todas as abominações que se viam na terra de Judá e em Jerusalém, para cumprir as palavras da lei, que estavam escritas no livro que o sacerdote Hilquias achara na casa do Senhor. Antes dele não houve rei que lhe fosse semelhante, que se convertesse ao Senhor de todo o seu coração, e de toda a sua alma, e de todas as suas forças, segundo toda a lei de Moisés; e depois dele nunca se levantou outro igual.* Conforme estamos verificando, há uma íntima ligação entre converter-se ao Senhor e obedecer aos preceitos. da lei. Quanto ao reconhecimento da autoridade da lei, em outras porções do Antigo Testamento, ver também Salmos 119; Daniel 9.10-13; Amó 2.4 e Malaquias 4.4.

A lei, como é óbvio, destinava-se à posteridade, e não somente àquela geração à qual foi originalmente entregue, não havendo falta de evidências que o mesmo se dava com as velações proféticas (ver Is 30.8; Jr 30.1 *ss.*, 36.1 *ss.*, Hc 2.2 ss.). O trecho de Daniel 9.1, 2 afirma: *No primeiro ano de Dario, filho de Assuero, da linhagem dos medos, o qual foi constituído rei sobre o reino dos caldeus, no primeiro ano do seu reinado, eu, Daniel, entendi, pelos livros, que o número de anos, de que falara o Senhor ao profeta Jeremias, em que haviam de durar as assolações de Jerusalém, era de 70 anos.* A oração de Daniel, que se seguiu imediatamente a essa descoberta, deixa claro que Daniel considerava a palavra de Deus, através de Jeremias, como totalmente autoritária. O Salmo 89 também mostra o salmista reivindicando as promessas de Deus, feitas a Davi (2Sm 7), de tal modo que nos mostra que ele aceitava essas promessas em sua autoridade divina.

b. Seu reconhecimento por Cristo. Jesus nunca citou algum rabino como autoritário, mas constantemente citava as Escrituras como tais. Antes, ele contrastou as tradições dos escribas com a palavra de Deus no Antigo Testamento (Mt 15.1-6). Sua fórmula constantemente reiterada, *gégraptai*, "está escrito", no grego posto no tempo perfeito, poderia ser traduzida como "está permanentemente escrito", porquanto dá a entender sua presente relevância, e não apenas que isto ou aquilo encontra-se registrado nas Escrituras do Antigo Testamento (para exemplificar: Mt 11.10; Lc 22.37; Jo 6.45). Também deveríamos observar o uso do tempo presente (ação contínua), usado por Jesus, no original grego de Mateus 13.14; Lucas 20.42 e João 5.45. Consideremos, por exemplo o uso das palavras "vos" (caso oblíquo de "vós") em Mateus 22.31,32. Dirigindo-se aos saduceus, perguntou Jesus: *E quanto à ressurreição dos mortos, não tendes lido o que Deus vos declarou: Eu sou o Deus de Abraão, o Deus de Isaque e o Deus de Jacó?* Portanto, para Jesus, o Antigo Testamento era um livro que falava e continua falando com uma voz viva, dotado de autoridade permanente. O ensino de Jesus, em Mateus 5.21-48, algumas vezes é interpretado como se envolvesse certo desprezo ao Antigo Testamento, em contraste com as suas próprias instruções. Mas tal interpretação apenas compreende erroneamente essa passagem. As fortes declarações concernentes à lei, que antecedem a tal trecho (ver Mt 5.17-20) mostram-nos que não pode ter sido essa a intenção de Jesus. Na verdade, ele estava demonstrando quão profundas são as implicações da lei, ao desvendar padrões ainda mais elevados do que aqueles que haviam sido revelados pela lei, e corrigindo certas inferências equivocadas que os judeus tiravam da lei. A assertiva parentética de João 10.35 sumaria a sua atitude em relação às Escrituras do Antigo Testamento: ... *e a Escritura não pode falhar*...

Jesus tratava o Antigo Testamento como autoritário até mesmo em relação à sua vida. O ponto mais fortemente frisado, nas narrativas da tentação (Mt 4.1-11; Lc 4.1-13) é justamente que era dever do Senhor Jesus, na qualidade de verdadeiro Homem, dar ouvidos à voz de Deus, através do Antigo Testamento e não dar ouvidos à voz de Satanás.

O Senhor Jesus partia do pressuposto que os menores detalhes do Antigo Testamento são dignos da nossa confiança. Jesus referiu-se a muitos eventos cuja historicidade é posta em dúvida por muitas pessoas em nossos dias: o casamento de Adão e Eva (Mt 19.4,5), e os relatos sobre Abraão (Jo 8.56), Noé, e Ló e sua esposa (Lc 17.26-32). Alguém poderia objetar a isso dizendo que histórias fictícias podem ser empregadas para transmitir verdades espirituais. Todavia, tal argumento não pode ser coerentemente aplicado ao uso que o Senhor Jesus fez do Antigo Testamento. Ele falava a pessoas que acreditavam na veracidade literal das narrativas veterotestamentárias. Não há qualquer indício de que Jesus tomasse essas narrativas em outro sentido além desse, havendo mesmo algumas passagens onde o ponto inteiro que estava sendo ressaltado seria destruído, se essas narrativas não fossem históricas. É impossível compreender a linguagem usada por Jesus, em Mateus 12.41 e Lucas 11.50,51 a menos que os eventos do Antigo Testamento, aos quais ele aludiu ali, tivessem sido absolutamente históricos e factuais. Como é que homens que são declarados penitentes, em uma história supostamente fictícia, poderiam ressuscitar em um julgamento final real, para condenar homens reais?

c. Seu reconhecimento pelos escritores do Novo Testamento. Judeus e cristãos estavam acordes sobre a autoridade das Escrituras do Antigo Testamento. De acordo com isso, um dos principais fatores do testemunho cristão aos judeus, nos dias do Novo Testamento, era a demonstração de que o Antigo Testamento testifica de Jesus Cristo. Isso caracterizou a pregação de Pedro, no dia de Pentecoste, bem como todos os sermões dirigidos aos judeus, no livro de Atos (por exemplo: Atos 2.24-36; 17.2,3; 11.18,28; 28.23). Não era que o testemunho dos profetas fosse tratado pelos apóstolos como autoritário somente para os contemporâneos dos profetas, e sim, que suas profecias, sob forma escrita, revestiam-se de validade permanente (Rm 1.1,2; 16.26; Mc 1.2; 2Tm 3.16; 1Pe 2.6; 2Pe 1.20). Tanto para os escritores do Novo Testamento quanto para Jesus, o Antigo Testamento tem uma autoridade presente. Eles, igualmente, usaram a fórmula "está escrito" constantemente, usando verbos no tempo presente (ação contínua, no grego), nas passagens abaixo, que deveriam ser examinadas: Romanos 4.3; 9.25,27; Gálatas 4.30; Hebreus 8.13; 2Pedro 1.19. O caráter atualizado do Antigo Testamento também transparece em certas passagens importantes, onde se lê que o mesmo foi expressamente escrito com os crentes do Novo Testamento em mente e não apenas com os homens do Antigo Testamento em mira. Para exemplificar, Paulo, escrevendo a respeito de Abraão (Gn 15.6), diz como segue: *E não somente por causa dele está isso escrito que lhe foi levado em conta, mas também por nossa causa, posto que a nós igualmente nos será imputado, a saber, a nós que cremos naquele que ressuscitou dentre os mortos a Jesus, nosso Senhor, o qual foi entregue por causa das nossas transgressões e ressuscitou por causa da nossa justificação* (Rm 4.23-25). (Cf. At 7.38; 13.47; Rm 15.4,5; 1Co 9.9,10; 10.6-11; 2Co 7.1).

3. A Autoridade do Novo Testamento

a. A Natureza do Apostolado. É vitalmente importante apreendermos o fato de que os apóstolos de Cristo foram nomeados por ele para um ofício muito especial, único e sem repetição. Em retrospecto, podemos ver que uma das principais tarefas dos apóstolos foi a produção do corpo da literatura neotestamentária. Lightfoot, mostrando a diferença entre *ággelos*, "mensageiro", e *apóstolos*, "enviado", diz: "Quando aplicado a uma pessoa, a palavra *apóstolos* denota mais do que *ággelos*. Um "apóstolo" não era apenas um mensageiro mas um delegado da pessoa que o enviara. Ao apóstolo é dada uma missão a cumprir, bem como poderes lhe são conferidos" (*Galatians* (1865), p. 89). É verdade que não se sabe com certeza quantas pessoas foram consideradas apóstolos de Cristo, nas páginas do Novo Testamento. Todavia, pelo menos quanto aos doze apóstolos originais e a Paulo, não podem restar dúvidas, pois Paulo, tal como aqueles outros, foi especialmente nomeado por Cristo (1Co 9.1, Gl 1.1; cf. At 1.8,22). Alguns estudiosos consideram que a palavra continuava sendo usada nesse sentido especial quando foi aplicada, por exemplo, a Andrônico e Júnias (Rm 16.7), a Barnabé (At 14.14; cf. 13.1) e a Tiago, irmão do Senhor (1Co 15.7; Gl 2.9), os quais também poderiam ser incluídos no círculo dos apóstolos de Cristo. Entretanto, há evidências de um uso um tanto mais amplo do vocábulo "apóstolo", a fim de denotar enviados especialmente designados pelas igrejas, com algum propósito particular (2Co 8.23; Fp 2.25). Esses não podem ser categorizados juntamente com os apóstolos originais de Cristo.

Todavia, se a objeção ao título alicerça-se sobre a produção literária do Novo Testamento, cujos autores geralmente foram apóstolos, então essa objeção perderia a sua força. Subentende-se que a continuação do ofício apostólico forçosamente envolveria a continuação da produção de livros canônicos do Novo Testamento. Porém, cumpre-nos considerar estes dois pontos: **1**. Marcos, Lucas, Tiago e Judas não faziam parte do colégio apostólico, mas escreveram cinco livros dentre os vinte e sete do Novo Testamento, a saber: o Evangelho de Marcos; o Evangelho de Lucas e Atos dos Apóstolos; a epístola de Tiago; e a epístola de Judas. **2**. O ofício apostólico não garantia que seus retentores escreveriam obras inspiradas. Dentre os doze apóstolos originais (considerando-se que Matias substituiu a Judas Iscariotes, At 1.15-26), os seguintes em nada contribuíram para a formação do cânon do Novo Testamento: Tiago, irmão de João; André; Filipe; Tomé; Bartolomeu; Tiago, filho de Alfeu; Simão, o Zelote; Judas, filho de Tiago; e Matias — uma grande maioria, portanto.

O Senhor Jesus evidentemente considerou a seleção do grupo original apostólico como questão de grande importância, porquanto preparou-se para a nomeação por um extenso período de oração (Mc 3.13-19; Lc 6.12 ss.). O trecho de Mateus 10.1—11.1 fornece-nos os termos da comissão dos apóstolos, durante o período do ministério terreno de Jesus. O Senhor concentrou sua atenção sobre esses homens, conferindo a eles maior tempo de instrução do que a quaisquer outros. Se eles mostraram-se certos, ao escolherem Matias, após a ascensão de Cristo, é algo que tem sido sujeito a algum debate. Seja como for, eles perceberam que era a escolha divina que realmente importava, acima de toda outra consideração (ver At 1.24,25).

Paulo com frequência associou a seu nome os nomes de outros crentes que com ele estiveram, no título de suas epístolas; mas é digno de nota que ele nunca os chamou de "apóstolos" (1Co 1.1; 2Co 1.1; Cl 1.1; 1Ts 1.1). As palavras *embora pudéssemos, como enviados de Cristo* (1Ts 2.7), mui provavelmente, não constituem uma exceção à regra, mas tão somente a utilização literária do "nós" (subentendido no "pudéssemos"), em sentido singular. Cf. 1Ts 3.1: ... *pareceu-nos bem ficar sozinhos em Atenas*, onde Paulo referia-se somente a si próprio.

b. A natureza da tradição apostólica. A palavra "tradição" significa "aquilo que foi transmitido a outrem". Os judeus tinham um extenso vocabulário vinculado à ideia de tradição. Usavam a palavra para indicar as tradições orais de rabinos anteriores, passadas para os seus seguidores. Trata-se de uma debilidade humana, essa de respeitar as opiniões humanas, acima daquilo que o Senhor Deus ensina. O mesmo fenômeno que se via entre os judeus, vê-se também na igreja Católica Romana, e em grau menos patente, mas, igualmente presente, entre os grupos protestantes. Jesus combatia as tradições rabínicas, sempre que fossem contrárias ao espírito da palavra de Deus (Mc 7.1-13; cf. Gl 1.14). Os escritores do Novo Testamento tiraram proveito desse vocabulário e aplicaram-no às verdadeiras tradições cristãs, ou seja, ao depósito do testemunho apostólico (ver, por exemplo, a fraseologia de Lc 1.2; At 2.42; Rm 6.17; 1Co 11.2,13; 15.1 ss.; Gl 1.9,12; Fp 4.9; 1Ts 2.13- 4.1; 2Ts 2.15; 3.6 e Jd 3). O que empresta validade a essa tradição cristã, quando as tradições judaicas não eram válidas? É que nesses trechos está em pauta o depósito de ensinos entregue pelo próprio Senhor Jesus, antes e depois de sua ressurreição (At 1.1, 2). Assevera Paulo: *Porque eu recebi do Senhor o que também vos entreguei...* (1Co 11.23). Essas tradições cristãs traziam o selo da suprema autoridade do Senhor Jesus.

Os apóstolos eram perfeitamente harmônicos como transmissores do ensinamento autoritário, dado pelo próprio Senhor Jesus (1Co 15.9-11). Porventura, o trecho de Gálatas 2.11 ss constitui uma exceção? Deve-se observar, contudo, que essa passagem não se refere aos ensinamentos de Pedro, e, sim, a um evento em sua vida; e segundo Paulo indicou, Pedro estava ali agindo de modo contrário às suas próprias convicções (e não apenas contra Paulo, conforme alguns comentadores têm dito), e, assim sendo, presumivelmente contradizendo o que o próprio Pedro ensinara a outras pessoas. A veracidade do ensino de Pedro não é ali posta em dúvida, de maneira alguma. O trecho de Gálatas 2.1-10 mostra-nos que Paulo e os apóstolos que haviam sido chamados antes dele concordavam perfeitamente em questões de doutrina.

Paulo mostrou qual o seu ensino sobre a Ceia do Senhor. Por causa de seu apostolado, esse ensino conta com a autoridade do Senhor Jesus, contrária às práticas indisciplinadas dos crentes de Corinto, as quais não contavam com o respaldo da autoridade de Cristo (1Co 11). No grego, em 1Co 11.23, o primeiro "eu" é enfático, dando a entender: "Porque eu, como apóstolo, recebi do Senhor..." Naturalmente, os apóstolos não somente transmitiram tradições da parte do Senhor Jesus; mas, visto que eram impulsionados pelo Espírito, que é o Espírito da verdade e o Espírito de Cristo, também davam pareceres sobre questões a respeito das quais a tradição fazia silêncio. Acerca de certas questões atinentes ao casamento, Paulo nada encontrou nas tradições sobre os ensinos de Jesus, a esse respeito, mas ofereceu a sua opinião, como apóstolo dirigido pelo Espírito de Cristo (1Co 7.25,40, cf. 14.37). Há um toque de ironia nas palavras de 1Coríntios 7.40 *... e penso que também eu tenho o Espírito de Deus*. É precisamente essa distinção entre a tradição oficializada e o discernimento dado pelo Espírito que está por detrás das distinções que Paulo fez em 1Coríntios 7.10,12,25. Há um grande esclarecimento a esse respeito no sexto versículo desse mesmo capítulo: *E isto vos digo como concessão, e não por mandamento*. É que não somente mandamentos, mas até mesmo permissões, precisam ser autoritariamente declaradas, e Paulo fez isso em sua capacidade de apóstolo de Cristo. Nesse sétimo capítulo de 1Coríntios, pois, encontramos Paulo transmitindo tradições e oferecendo pareceres; mas fez ambas as coisas em sua capacidade apostólica, como alguém especialmente comissionado por Cristo, especialmente dotado pelo Espírito, precisamente com essa finalidade.

c. A apostolicidade e a autoridade de Novo Testamento. Paulo refere-se à igreja, dizendo que ela está edificada *sobre o fundamento dos apóstolos e profetas, sendo ele mesmo, Cristo Jesus, a pedra angular* (Ef 2.20). O exame da epístola aos Efésios torna altamente provável que os profetas ali referidos são os do Novo Testamento, e não os profetas do Antigo Testamento, e também que eles são descritos como alicerce da igreja por causa do caráter fundamental do ensino profético (cf. 3,4,5; 4.11). Os convertidos no dia de Pentecoste, segundo lemos *perseveravam na doutrina dos apóstolos* (At 2.42), doutrina essa que, naturalmente, era totalmente centralizada em Cristo e por ele controlada. O Novo Testamento reconhece a possível existência de falsos profetas, pelo que é significativo que a verdade apostólica seja o teste de todas as reivindicações de profecia que emana do Espírito de Deus. *Se alguém se considera profeta, ou espiritual, reconheça ser mandamento do Senhor, o que vos escrevo* (1Co 14.37; cf. 1Jo 4.1-6). Judas confrontou os falsos mestres, exortando os seus leitores a batalharem *diligentemente pela fé que uma vez por todas foi entregue aos santos*, lembrando-se *das palavras anteriormente proferidas pelos apóstolos de nosso Senhor Jesus Cristo* e edificando-se na nossa santíssima fé, que a nós foi conferida (Jd 3.17,20). Quanto a essa conexão observemos a significação de trechos como (1Ts 5.19-22 e 2Ts 3.6,11-14).

Não há qualquer sugestão, nas páginas do Novo Testamento, que devamos esperar sucessores dos apóstolos originais, como mestres autorizados. O ofício apostólico, em sentido pessoal, ao que parece, foi temporário, embora trate-se de um dom permanente de Cristo à igreja, devido ao testemunho que eles deixaram, sob a forma de documentos escritos que participam do Novo Testamento. Pois é somente através desses documentos que os ensinos apostólicos atualmente são postos à nossa disposição, de tal modo que os homens podem confiar em Cristo através da palavra deles (Jo 17.8,14,20). Os crentes, pois, continuam devotando-se ao ensino apostólico por esse intermédio. A noção comum de que os apóstolos não percebiam que estavam escrevendo literatura inspirada e autoritária não corresponde aos fatos, porquanto puseram considerável ênfase sobre a autoridade de seus escritos (ver 1Co 14.37; 1Ts 5.27; 2Ts 3.14 e Ap 22.18,19).

O cânon do Novo Testamento (vide) jaz fora do escopo deste artigo. Porém, deve-se notar que, de acordo com o próprio Novo Testamento, havia outras pessoas impulsionadas pelo Espírito Santo, nos dias da igreja primitiva, além dos apóstolos, a saber, os profetas do Novo Testamento. O teste de suas declarações proféticas era a verdade ensinada pelos apóstolos. Pode-se mostrar facilmente a harmonia entre os escritos não apostólicos do Novo Testamento e os escritos apostólicos. O Novo Testamento, como um todo, apresenta uma maravilhosa unidade no tocante à doutrina, embora *ali haja evolução doutrinária e graus de revelação* (ver seção V).

Ver o artigo geral sobre *Autoridade*. Há autoridades além das Escrituras.

IV. O Uso das Escrituras

1. Finalidade Prática da Outorga das Escrituras. É altamente significativo que um dos mais importantes trechos bíblicos que exibem a doutrina bíblica da inspiração esteja ligado a um dos trechos de uso prático das Escrituras. *... desde a infância sabes as sagradas letras que podem tornar-te sábio para a salvação, pela fé em Cristo Jesus. Toda Escritura é inspirada por Deus e útil para o ensino, para a repreensão, para a correção, para a educação na justiça, a fim de que o homem de Deus seja perfeito e perfeitamente habilitado para toda boa obra* (2Tm 3.15-17). Portanto, a função da Bíblia é servir-nos de orientações instrutivas, e sua finalidade é levar os homens à salvação, preparando-os para o serviço santificado. O quádruplo propósito, que encontramos nesses versículos, acima citados, indica que o uso das Escrituras deve ser tanto teológico quanto ético, porquanto instrui-nos a mente na verdade divina e orienta-nos no reto caminho. E também há aspectos positivos e negativos, porquanto "repreensão" e "correção" dão a entender que há erros, nas ideias e nas ações, que precisam ser corrigidos.

A função instrutiva das Escrituras nunca é meramente intelectual, pois é igualmente prática. Seu alvo é produzir não apenas o conhecimento, mas também sabedoria e aplicação pessoais. *As cousas encobertas pertencem ao Senhor nosso Deus; porém as reveladas pertencem a nós e a nossos filhos para sempre, para que cumpramos todas as palavras desta lei* (Dt 29.29; cf. Dt 32.46,47; Js 1.7,8; Tg 1.25 ss e Ap 1.3).

2. As Escrituras e a Iluminação Espiritual. É mister distinguir entre a inspiração e a iluminação, observando a relação que há entre essas duas coisas. Isso é claramente indicado no trecho de 1Coríntios 2.1-16. Ao falar sobre o "testemunho de Deus" que, como apóstolo, Paulo havia proclamado aos coríntios (ver vs. 1) que esse testemunho lhe fora divinamente revelado, e que tal revelação fora comunicada pelos canais humanos da inspiração, àqueles capacitados a recebê-la. *Disto também falamos, não em palavras ensinadas pela sabedoria humana, mas ensinadas pelo Espírito, conferindo cousas espirituais com espirituais. Ora, o homem natural não aceita as cousas do Espírito de Deus, porque lhe são loucura; e não pode entendê-las porque elas se discernem espiritualmente...* (vs. 13,14). Portanto, as verdades espirituais são um terreno desconhecido para aqueles que não são regenerados, e é a palavra de Deus que o Espírito Santo usa como instrumento para produzir o novo nascimento (Tg 1.18; 1Pe 1.23-25). A regeneração é descrita de vários modos no Novo Testamento, mas uma de suas analogias mais significativas é aquela que diz respeito ao resplendor de uma grande luz, ao raiar de um novo dia (2Co 4.6; Ef 5.14). Mediante o poder do Espírito, que vem habitar no crente, a norma da vida cristã é a de um avanço progressivo na iluminação e no entendimento espirituais (Ef 1.17 ss.; cf. Sl 119.18, 97-104,144; Pv 14.18). Estritamente falando, a obra do Espírito não consiste tanto na iluminação da própria palavra de Deus (esse é o conceito neo-ortodoxo da questão), consiste muito mais na iluminação do coração humano, para que possa compreender a Palavra. Em outras palavras, as Escrituras são claras em si mesmas (o termo técnico aqui aplicável é a "perspicuidade das Escrituras"). Mas o coração humano, enegrecido e obscurecido pelo pecado, requer uma operação sobrenatural do Espírito Santo, antes que possa compreender e acolher a verdade de Deus.

3. A Interpretação das Escrituras

a. A Importância da Interpretação. Se a Bíblia é uma revelação inspirada e autoritária da parte de Deus, então é de suprema importância que ela seja devidamente compreendida. É possível uma pessoa distorcer as Escrituras, para sua própria condenação (2Pe 3.16; cf. 2Co 4.2; 1Tm 1.3-11). Satanás aplicou as Escrituras de uma maneira que violava os contextos dos trechos citados, quando tentou ao Senhor Jesus (Mt 4.6). Jesus e os fariseus estavam acordes quanto à inspiração e autoridade do Antigo Testamento, embora com frequência divergissem quanto à sua interpretação. Mateus, em particular, mostra-o por muitas vezes repreendendo os líderes judaicos por não compreenderem corretamente o significado de certas passagens do Antigo Testamento (Mt 9.13; 12.3-8; 21.42 e 22.23-32).

b. O divino Intérprete. Durante o ministério do Senhor Jesus, os discípulos foram os beneficiários de suas instruções sendo que grande parte das mesmas envolvia a questão da interpretação do Antigo Testamento. E o Senhor continuou a instruí-los a esse respeito, mesmo após a sua ressurreição (Lc 24.25-27,32,44-47). As interpretações dadas por Jesus estavam escudadas na autoridade de sua própria pessoa divina. Jesus prometeu que o Espírito Santo continuaria a instruir os discípulos quanto à verdade divina (Jo 16.12 ss.). Ao crente é proporcionado um certo "instinto" espiritual no tocante à verdade, devido à presença do Espírito. Diz João a esse respeito: *Isto que vos acabo de escrever é acerca dos que vos procuram enganar. Quanto a vós outros, a unção que dele recebestes permanece em vós, e não tendes necessidade de que alguém vos ensine; mas, como a sua unção vos ensina a respeito de todas as cousas, e é verdadeira, e não é falsa, permanecei nele, como também ela vos ensinou* (1Jo 2.26,27; cf. 1Jo 2.20,21). O crente é assim instruído de que não há necessidade de ser ele iludido por falsos ensinos. O falso ensino também é aludido em 2Pedro 1.20,21, onde se lê: *... sabendo, primeiramente, isto, que nenhuma profecia da Escritura provém de particular elucidação; porque nunca jamais qualquer profecia foi dada por vontade humana, entretanto homens falaram da parte de Deus, movidos pelo Espírito Santo*. As palavras "de particular elucidação" mui provavelmente aludem ao próprio profeta, em cujo caso, elas meramente sublinham o fato de que toda profecia é de origem não humana, mas é divina. Por outra parte, pode se referir aos leitores (porquanto os leitores de Pedro haviam sido convidados a darem atenção à palavra profética, no vs. 19), o que significa que em vista do fato de a profecia ter sido dada pelo Espírito, agora só pode também ser interpretada pelo Espírito. O "direito de julgamento privado" não nos dá licença para distorcer as Escrituras, e nem para nos entregarmos a uma exegese desequilibrada e fantasiosa; antes, esse direito fala sobre a liberdade que temos de seguir os próprios princípios de interpretação usados pelo Espírito Santo, a saber, aqueles princípios hermenêuticos ensinados pelas próprias Escrituras Sagradas. Ver *Hermenêutica* e *Interpretação da Bíblia*.

c. O propósito das Escrituras. Naturalmente, interpretação de qualquer obra escrita deve estar relacionada a seu propósito; e o propósito da Bíblia é claro e francamente prático. As Escrituras nos foram outorgadas a fim de que, como povo de Deus, sejamos aperfeiçoados na vida da piedade. A posição evangélica clássica é que quando a Bíblia aborda qualquer questão de história, ciência etc., ela o faz em conformidade inflexível com a verdade. Naturalmente, a Bíblia foi escrita em linguagem popular, não técnica. Há muitas porções históricas no volume sagrado, mas as questões científicas usualmente são abordadas de modo apenas incidental. Mas essa abordagem é necessária, devido à própria natureza da questão envolvida. Pois, se Deus quisesse falar-nos em linguagem técnica e científica, usaria a linguagem divina (escudada na sua infinita sabedoria) ou a linguagem humana? E, neste último caso, as Escrituras refletiriam a ciência humana de qual século? Portanto, Deus precisou falar em linguagem não técnica, a fim de que pudesse ser entendido em todas as épocas. Alem disso, a Bíblia não foi escrita para nos ensinar verdades científicas, e, sim, para nos ensinar como deve ser o nosso relacionamento para com Deus e para com os nossos semelhantes, isto é, verdades teológicas e éticas. É correto, pois, mantermos a inerrância das Escrituras, até mesmo quando estas abordam questões científicas. Ver o artigo *Ciência na Bíblia*. Essa inerrância deve-se ao fato de que as Escrituras foram "sopradas por Deus", e o produto resultante é a verdade do Espírito. Contudo, reiteramos que é um erro perder de vista o fato de que o grande propósito da Bíblia é ensinar aos homens as verdades de Deus. Tudo o mais que ali existe é apenas incidental, contribuindo com sua parcela ao resultado final.

d. As Escrituras interpretam a si mesmas. A autoria múltipla das Escrituras transparece em grande variedade de estilos, vocabulário e ênfases que ali se veem. Mas, por baixo dessa grande variedade, existe uma unidade básica de doutrina. Os estudos modernos sobre o *kérugma* ("a coisa proclamada") do Novo Testamento têm tendido a sublinhar a unidade dos pregadores e escritores da igreja primitiva. Estudos similares quanto ao Antigo Testamento, desvendam-nos que ali a unidade gira em torno da pessoa do Deus soberano e justo, que redimiu do Egito ao seu povo de Israel, conduzindo-o à Terra Prometida. Outrossim, a unidade dos dois Testamentos é o constante pressuposto dos autores sagrados do Novo Testamento. Essa unidade, naturalmente, é resultado da obra inspiradora do Espírito de Deus, o real Autor das Escrituras. Isso significa, por sua vez, que a verdadeira interpretação das Escrituras demonstrará a harmonia da Bíblia consigo mesma. E isso não requer nenhum método artificial ou forçado, e, sim, procura fazer justiça tanto ao sentido natural de cada trecho bíblico como à unidade das Escrituras como um todo. Isso não quer dizer, por outro lado, que a interpretação de cada texto nos seja dada através de um sistema dogmático adredemente preparado. Mas significa que devemos conservar em mente o fato de que, por detrás de todos os autores humanos avulta o Espírito Santo, porquanto isso é o que a própria Bíblia afirma a seu respeito. Também importa não nos olvidarmos do fato de que a Bíblia contém muitos exemplos de interpretação, porquanto os próprios autores do Novo Testamento interpretaram o Antigo Testamento. E os princípios hermenêuticos por eles aplicados têm a chancela da inspiração divina do Espírito, por detrás de suas interpretações. Nisso vemos que o Espírito Santo é o nosso guia na correta interpretação das Santas Escrituras.

e. O princípio gramático-histórico. A Bíblia é divina em sua origem, mas tem elementos humanos. A sua linguagem também é totalmente humana, bem como sua maneira de exprimir-se, porque em nenhum momento o Espírito inspirador anulou a instrumentalidade humana, nas suas comunicações da verdade. Por essa razão, as Escrituras, no tocante à sua interpretação, devem ser encaradas como se fossem outra literatura qualquer, onde são encontradas linguagem e expressões tipicamente humanas. Isso posto, devemos dar cuidadosa atenção às palavras, frases e sentenças, e cada declaração particular precisa ser compreendida em relação a seu contexto próximo e remoto. Ver *Hermenêutica*.

A Bíblia encerra muitos exemplos de artifícios literários geralmente utilizados na literatura comum. Entre esses podemos citar omissões (At 2.40), compressões (contrastar Mc 1.29-31 com 1.32-34), parênteses(Ef 4.9,10) e elipses (por exemplo, em Hb 8.7, a palavra "aliança" não aparece no texto grego, embora possa ser inferida com base no contexto). Também ocorrem muitas figuras de linguagem. Algumas das mais importantes dentre elas são as seguintes: ironia (1Rs 18.27); litotes (Lc gosta muito dessa figura de linguagem, por exemplo, Atos 12.18); hipérbole (2Sm 1.23); sinédoque (Lc 24.44), onde a palavra "salmos" provavelmente ocupa o lugar de "Escritos", pois o livro de Salmos era o primeiro livro da terceira divisão do cânon hebraico. Símiles e metáforas ocorrem de modo quase incontável. E também deveríamos lembrar que a Bíblia contém certa variedade de formas literárias, como prosa, poesia, parábola, alegoria etc. As características de cada uma dessas formas literárias precisam ser estudadas, para sabermos interpretá-las corretamente.

O contexto histórico também é importante, e os leitores da Bíblia deveriam sempre procurar descobrir o que qualquer dado trecho bíblico deve ter significado para os seus leitores originais, na situação particular deles, e em termos de pano de fundo histórico deles. Isso significa que o conhecimento da história do período bíblico e da geografia das regiões bíblicas, bem como os costumes dos hebreus e de outros povos aludidos na Bíblia, produz uma acentuada vantagem a quem aborda as Escrituras com tais informações.

f. O princípio teológico. A abordagem gramático-histórica não é o único nível em que se deve fazer trabalho de interpretação. O intérprete precisa lembrar sempre o fator da unidade das Escrituras, compreendendo que qualquer trecho em particular só é realmente entendido à luz da totalidade da Bíblia. Isso significa que o estudioso deve procurar entender não somente o autor humano em seu contexto (o livro particular em que ocorre uma passagem), mas, acima desse autor, o Autor divino da Bíblia (a Bíblia como um todo). Por exemplo, ele deve lembrar que nas Escrituras a verdade é exposta de maneira progressiva de tal modo que a verdade vai sendo desdobrada gradativamente (sem a necessidade de nos irmos "esquecendo" das verdades anteriormente reveladas), e que Cristo é o ponto culminante e o clímax desse processo revelatório divinamente controlado (Hb 1.1,2). Cristo não é o único Alvo da revelação bíblica, mas é o grande Tema da primeira à última página das Sagradas Escrituras (Lc 24.27; Jo 5.45-47; Rm 3.21 ss.; 1Pe 1.10-12; etc.). O caráter cristológico da Bíblia emerge de várias maneiras. O Antigo Testamento prediz acerca de Cristo (Mt 2.5,6; Rm 9.33 etc.). Ali ele também é tipificado, ou seja, há certa correspondência entre alguns eventos, instituições e indivíduos do Antigo Testamento e a pessoa de Cristo, de tal modo que, no Antigo Testamento, encontramos uma antecipação divinamente tencionada, mais ou menos parcial ou imperfeita, mas que retrata algo da pessoa ou da obra de Cristo. Todavia, grande cautela deve ser exercida nesse campo da tipologia, e o claro ensino do Novo Testamento é o único guia seguro para os elementos tipológicos no Antigo Testamento. Os escritores do Novo Testamento descrevem Cristo como o último Adão (1Co 15.45), como nosso Cordeiro pascal (1Co 5.7) e como nosso grande Sumo Sacerdote (Hb 4.14). Essas descrições alicerçam-se sobre esse princípio tipológico. Os escritores do Novo Testamento também parecem referir-se ocasionalmente a uma real presença de Cristo na narrativa do Antigo Testamento (1Co 10.4), embora não se possa exagerar quanto a esse aspecto, conforme alguns estudiosos muito zelosos têm feito. Muitos intérpretes evangélicos salientam a presença de diferentes dispensações (períodos administrativos que envolvem métodos um tanto diferentes do trato divino com os seres humanos), enquanto que outros intérpretes preferem salientar a importância do conceito de pacto nas Escrituras, como algo que exibe a unidade que há em todos os estágios da atividade remidora de Deus. Cada uma dessas duas escolas tende por criticar à outra. No entanto, não devemos perder de vista que seus princípios hermenêuticos mais importantes são idênticos, porquanto ambos partem do pressuposto de que a Bíblia demonstra "unidade em meio à diversidade". A compreensão evangélica acerca da interpretação das Escrituras poderia ser sumariada nessas cinco palavras: "unidade em meio à diversidade", porquanto são apenas uma outra maneira de dizer que a Bíblia é, ao mesmo tempo, plenamente humana e plenamente divina, nos pensamentos que ela nos transmite. Os intérpretes evangélicos também concordam que nenhum princípio filosófico estranho (como o existencialismo, empregado pela escola de Bultmann) deveria constituir pressupostos com base na interpretação, porquanto toda e qualquer filosofia humana deve ser sujeitada ao julgamento da Palavra escrita de Deus. Ver *Inspiração* e *Revelação*.

4. Segundo 2Timóteo 3.16 e 3.17. *Toda Escritura é divinamente inspirada e proveitosa para ensinar, para repreender, para corrigir, para instruir em justiça; para que o homem de Deus seja perfeito, e perfeitamente preparado para toda boa obra.*

Útil. No grego é *"ophelimos"*, que significa "benéfico", "vantajoso", "útil". As Escrituras Sagradas não visam satisfazer à curiosidade da teologia especulativa, mas foram escritas para serem aplicadas à vida diária. Nisso é que reside a sua "utilidade".

Para o ensino. No grego o substantivo é *didaskalia*, palavra essa que usualmente se reveste de sentido formal, nestas "epístolas pastorais", isto é, *doutrina*, em contraste com

ESCRITURAS

qualquer simples instrução. Nestas epístolas, além disso, "doutrina" indica o "cristianismo ortodoxo", a "doutrina paulina ortodoxa". As Escrituras do AT, quando são verdadeiramente entendidas, refletem a mensagem paulina. Neste versículo, entretanto, devemos compreender toda e qualquer forma de "instrução", sobre questões doutrinárias e práticas. Este vocábulo figura por onze vezes nestas epístolas pastorais. (Ver 1Tm 1.10 no NTI quanto a notas expositivas mais completas sobre seu uso).

Para a repreensão. No grego original é *elegmos* (ou "elegchos"), que aparece somente aqui e em Hebreus 11.1, onde tem o sentido de *prova*, "evidência". Essa palavra também indica a "convicção", a "condenação" de um criminoso, ou então "reprimenda", "punição". As Escrituras nos repreendem devido às nossas transgressões; têm uma função *corretiva*, aplicável às ações morais. É bem provável que esse termo seja polêmico — as Escrituras repreendem e corrigem os "ensinamentos falsos" e os seus "mestres" (ver Tt 1.9,13),—como também repreendem o pecado (ver 1Tm 5.20; Tt 2.15 e comparar com Ef 5.13 e João 16.8).

Para a correção. No original grego é *epanorthosis*, que significa "correção", "aprimoramento". Esse vocábulo se encontra exclusivamente aqui, em todo o NT, pelo que é uma das cento e setenta e cinco palavras que aparecem somente nas "epístolas pastorais". (Ver o artigo sobre as *epístolas pastorais*, em sua primeira seção, quarta parte, que aborda as "peculiaridades linguísticas das epístolas pastorais").

Para a educação na justiça. No grego, *educação* é *paideia*, que significa "educação das crianças", "criação", "treinamento", "disciplina", "instrução". No tocante à "... justiça..." (que no grego é "dikaiosune"), fica indicado o "treinamento naquilo que é reto" (conforme diz a tradução inglesa de Williams, aqui vertida para o português). Porém, no sentido cristão, "praticar o que é reto" consiste em cultivar o caráter moral de Cristo, o qual, por sua vez, duplica a moralidade de Deus Pai em nós; pois somente dotado dessa *retidão* é que poderemos chegar à presença de Deus. (Ver as notas expositivas sobre a "retidão", no NTI em Rm 3.21). Essa justiça é "de Deus"; mas também é tornada nossa, à proporção que vamos sendo moralmente transformados segundo a imagem de Cristo. A "justiça" divina não nos é outorgada apenas "forensicamente", ou seja apenas como declaração ou decreto de Deus, embora isso também expresse uma verdade. Na verdade, o Espírito Santo (ver Gl 5.22,23) cria no crente a sua natureza moral e disso é que consiste a autêntica retidão divina, a única aceitável pelo Senhor Deus. As Escrituras Sagradas, pois, revelam-nos o que Deus espera de nossa parte (ver Rm 3.19,20), já que pela lei vem o pleno conhecimento do pecado (e também da boa conduta), mas somente o Espírito Santo pode tornar isso real em nós.

A inspiração tem produzido escritos que são absolutamente sem paralelo em toda a literatura mundial. Até mesmo no que diz respeito ao mérito literário, esses escritos têm poucos rivais. Porém, sua beleza literária não é a única coisa de que consiste seu caráter ímpar. Isso consiste muito mais de sua exaltada *espiritualidade*, de sua inexaurível capacidade de instrução e consolo, de sua ilimitada adaptabilidade a todas as idades e a todas as circunstâncias; acima de tudo, consiste em seu incessante poder de satisfazer as aspirações e anelos mais nobres do coração humano". (Plummer, *in loc.*).

Todos os poderes e tesouros da Bíblia têm por finalidade levar o homem à perfeição que há em Cristo, o que está incluído no processo da salvação, no que as Escrituras nos tornam "sábios" (ver 2Tm 3.15).

Homem de Deus. (Essa expressão é usada e explicada nas notas expositivas sobre 1Tm 6.11 no NTI). Indica o autêntico ministro de Cristo, alguém que recebera autoridade da parte de Cristo, por intermédio de Paulo, propagando seu evangelho e doutrina, em contraste com os falsos mestres, cujo "evangelho" era falsificado. Timóteo, pois, era o "representante" dessa classe de homens.

Perfeito. No grego é *artios*, que significa "capaz", "eficiente", "completo" e, por conseguinte, capaz de satisfazer todas as exigências que lhe forem impostas como ministro de Cristo. Essa é uma das cento e setenta e cinco palavras encontradas somente nas "epístolas pastorais", e é usada exclusivamente em 2Timóteo 3.17. Não está em foco a "perfeição" total, que é o grande alvo da vida cristã, embora o fato de o ministro tornar-se "completo" e "eficiente", em sua vida pessoal e em seu ministério, faça parte disso. A santidade pessoal dos ministros do evangelho, a sua eficiência no conhecimento bíblico, a sua utilidade nos dons espirituais — tudo faz parte desse "aprimoramento". E isso ocorre através do ministério do Espírito Santo, em comunhão mística com ele, o que também se dá no caso de todo e qualquer progresso na vida espiritual.

Perfeitamente habilitado. No original grego temos aqui um único vocábulo, "eksertismenos", o particípio perfeito de "eksartidzo", que significa "equipar", "terminar", "completar", "fornecer", "receber aptidão" para algum propósito específico. O homem de Deus deve ser equipado espiritualmente, através de sua dedicação a Cristo, mediante as Sagradas Escrituras. E isso é uma operação constante, que emana da natureza de sua experiência e de seu caráter espirituais, conforme o modo perfeito o indica. (No grego, o perfeito mostra uma ação no passado cujos resultados prosseguem até o presente). Notemos, por igual modo, a forma intensificada com o prefixo preposicional; portanto, a adição feita pelos tradutores, ... *perfeitamente...*, expressa corretamente essa intensificação. A raiz grega do vocábulo, é a mesma que no caso de "artios", a palavra grega anterior.

Para toda boa obra. O ministro de Deus não é apenas um teólogo teórico. Antes, toda a sua espiritualidade visará às boas obras, à expressão prática de sua fé. Que homens dedicados às "boas obras" são formados mediante o uso correto das Sagradas Escrituras, é prova de sua inspiração, de sua origem divina, do fato de que a Bíblia foi produzida pelo "sopro de Deus". A doutrina gnóstica, por sua vez, não produzia essa qualidade de homens. Mui provavelmente isso é subentendido em 2Timóteo 3.17. Por conseguinte, não basta alguém ser bom; é mister também praticar o bem.

O estudo da Bíblia é *um* dos meios do desenvolvimento espiritual. Apresento todos os meios no artigo sobre *Espiritualidade*, seção VI. *Os Meios do Desenvolvimento Espiritual*.

V. NÍVEIS E TIPOS DE INSPIRAÇÃO

1. Em primeiro lugar, deveríamos observar que apesar do ensino da inspiração da Bíblia poder ser exposto com a ajuda de argumentos convincentes, também é verdade que os homens têm acumulado os seus *dogmas* em torno desse assunto. Ao fazerem assim, os homens têm ido muito além do que as próprias Escrituras dizem acerca delas. E isso tem criado problemas desnecessários. Os *dogmas* que deveríamos mencionar são os seguintes: **a**. *O dogma de que não há qualquer tipo de erro na Bíblia*. Aquele que estuda as Escrituras, versículo após versículo, fica convencido de outra coisa. Há muitos erros gramaticais, até mesmo no Novo Testamento grego, o texto original, especialmente no Evangelho de Marcos e no livro de Apocalipse. Ver o artigo sobre a *Historicidade dos Evangelhos*, onde isso é ilustrado. Há erros históricos no sétimo capítulo do livro de Atos no discurso de Estêvão, onde ele segue uma tradição diferente daquela que figura no Antigo Testamento. O Antigo Testamento contém algumas *ideias* primitivas sobre Deus, que o Novo Testamento deixa de lado. O Antigo Testamento também reflete uma filosofia de justificação pelas obras, que o Novo Testamento abandona totalmente, mormente nos escritos de Paulo. Não se deve pensar que a justificação pela fé era o ensino permanente do judaísmo. Qualquer rabino pode mostrar que não era assim. As palavras de Jesus são arranjadas de modo diferente, nos diversos relatos dos Evangelhos, pelo que temos de concluir que certas conexões são artificiais. Assim, quando os vários autores sagrados combinaram os eventos com as declarações de Jesus, eles o estavam fazendo apenas por conveniência literária, e não por amor à exatidão histórica. Esse fato é amplamente ilustrado no artigo sobre a *Historicidade dos Evangelhos*. Dentro do próprio Novo Testamento encontramos um desenvolvimento da exposição teológica, que faz certas doutrinas tornarem-se obsoletas, parciais, incorretas. O próprio evangelho passa por uma fase de transição, dos Evangelhos sinópticos para a tranformação segundo a imagem de Cristo, que já é um conceito paulino. Um juízo brutal, inexorável e eterno, sob chamas que não se extinguem, o que foi um conceito extraído diretamente dos escritos pseudepígrafos (como em 1Enoque), cede lugar ao amor de Deus e ao conceito da restauração final, em Efésios 1.9,10. Ver o artigo sobre a *Restauração*, onde procuro demonstrar esse fato. As antigas ideias *cosmológicas* dos hebreus (ilustradas nos artigos Astronomia e Cosmogonia) mostram-se muito incorretas, a despeito do fato de que há referências bíblicas que as apoiam. A consulta dos artigos referidos dá provas suficientes disso.

Os teólogos têm forçado sobre a Bíblia certas ideias sobre a inspiração divina. A tentativa deles era de eliminar certos erros; mas a tentativa falhou, e não resistiu de pé, sob exame. Contudo, não nos deveria surpreender que isso tenha sucedido. Também não devemos defender antigos dogmas humanos. A verdade deve ser a nossa única ortodoxia.

2. Outro dogma é aquele envolvido no ensino sobre a inspiração que diz que Deus estagnou, e nada mais haverá de nos revelar. O trecho de Apocalipse 22;18,19 tem sido usado como texto de prova dessa ideia; mas os eruditos sabem que aquele trecho não foi escrito com esse intuito. Ver a minha exposição sobre aqueles versículos no NTI, *in loc*. A Deus cabe resolver quando e sob quais circunstâncias ele poderá dar-nos maiores revelações, até mesmo com outras Escrituras. Alguns têm dito que isso já tem acontecido em tempos modernos; mas as evidências que eles têm apresentado não são convincentes. Contudo, teoricamente, isso poderia acontecer a qualquer tempo escolhido pelo Senhor.

3. O modo de revelação e inspiração também tem sido dogmatizado. Alguns supõem que cada palavra da Bíblia foi inspirada por meio de ditado, mas isso resultaria na inescapável conclusão de que o Espírito Santo foi um mau gramático e um deficiente organizador de material! A inspiração divina ocorre em muitos níveis, seguindo muitos métodos. O método do ditado é apenas um desses métodos. Ilustramos isso na seção II. A e B deste presente artigo. Ver também seção V inteira.

4. Finalmente, alguns supõem e dogmatizam que não pode haver níveis variados de inspiração, de tal modo de afirmam que toda a Escritura, tanto do Antigo quanto do Novo Testamentos, são de igual valor, autoridade e iluminação espiritual. Esse dogma é claramente falso. Quando comparamos o Antigo com o Novo Testamento, mesmo que queiramos muito respeitar o Antigo Testamento, vemos claramente que o Novo Testamento o ultrapassa em muitas coisas, trazendo à luz uma compreensão mais clara sobre muitas doutrinas. Quando confrontamos os escritos de Paulo com os escritos de Tiago, certamente obtemos uma visão mais clara sobre a salvação da alma. Além disso, cada vez que encontramos algum *mistério* paulino, temos uma declaração acerca de alguma nova realidade, descrita sob a forma de uma doutrina. Se assim não fora, não haveria o envolvimento de qualquer mistério. Um mistério neotestamentário é algum *segredo desvendado*, algo trazido à tona, mas que estivera oculto até àquele ponto. Isso posto, é óbvio que até mesmo no Novo Testamento o espírito da revelação avança, e que alguns escritores sagrados receberam revelações mais profundas do que outros. — Nota-se que Tiago continuava na sinagoga quando escreveu sua epístola, embora ele tenha ensinado doutrinas distintamente cristãs. Ele continuava promovendo a justificação pela fé e pelas obras, uma antiga ideia judaica. Paulo, entretanto, leva-nos para além dessa maneira de pensar.

O fundo mental e espiritual das pessoas foi usado pelo Espírito Santo em alguns trechos bíblicos, provavelmente sem qualquer inspiração imediata, sem qualquer êxtase, ou coisa semelhante. Em outros casos, houve visões da mais elevada ordem, estados de êxtase e ditado puro. Ainda em outros casos, esses dois métodos foram combinados. Em alguns casos, um autor sagrado simplesmente diz o que sabia, e não devemos imaginar que, naquele momento, ele estivesse prestando informações perfeitas, inspiradas palavra por palavra.

Mamadeira Espiritual. Preparamos fórmulas de mamadeira para nossos *bebês*, tudo muito perfeito, de modo que tudo quanto eles têm a fazer é sugar. Apesar de que a verdade, algumas vezes, chega até nós assim preparada, como um presente de Deus, na maioria das vezes a questão assemelha-se mais a um campo que precisa ser cultivado, — ou a uma mina que precisa ser explorada mediante muito trabalho árduo. Há uma certa infantilidade quando alguém exige uma mamadeira de revelações poerfeitas, completas, extáticas. Os adultos espirituais não pensam que isso é necessário. Deus revelou-se na natureza, nas Escrituras e na pessoa de Jesus Cristo. Ele tem contado com seus instrumentos, o que sucede até os nossos próprios dias. Muitas e grandiosas verdades têm sido transmitidas a nós mediante a inspiração e a revelação. Basta-nos saber disso, seguindo aquilo que nos foi dado. Também é verdade que sabemos mais do que aquilo que praticamos. A espiritualidade consiste, em parte, em saber como pôr em prática aquilo que tivermos aprendido. As Escrituras oferecem-nos uma orientação para o conhecimento e a prática. E também *há outras* autoridades. Ver o artigo sobre a *Autoridade*. As Escrituras Sagradas, entretanto, são o nosso guia principal. Não prestamos a Deus qualquer favor quando dogmatizamos alguma doutrina, ultrapassando assim o que as próprias Escrituras dizem e requerem. Também não prestamos a Deus qualquer favor quando negligenciamos muitas e grandes verdades que a Bíblia nos ensina. Em última análise, não nos será perguntado no que acreditávamos, e, sim, o que fizemos com aquilo em que acreditávamos. Quanto de nossas crenças temos posto em prática? Esse é a questão crucial.

Aceita-se universalmente entre os cristãos que o Novo Testamento encerra uma revelação que ultrapassa à do Antigo. E, por igual modo, é óbvio que certas porções do Novo Testamento são mais avançadas que outras. Porém, por alguma razão, muitos intérpretes não querem confessar essa circunstância, quanto ao próprio Novo Testamento. A expressão do evangelho, na epístola de Tiago, por exemplo, é rudimentar e, em certo sentido, errônea, embora precisemos qualificar essa declaração. O autor refuta ali a doutrina paulina da justificação pela fé, no seu segundo capítulo, de acordo com o ponto de vista legalista cristão refletido, por exemplo, no décimo quinto capítulo do livro de Atos. Apesar desses defeitos, a epístola de Tiago foi incorporada no cânon cristão. Isso não significa, contudo, que possa ser comparada, quanto à profundeza, com o grupo de epístolas paulinas. Além disso, dentro dos próprios escritos de Paulo, encontramos diversos níveis de revelação, e os níveis mais profundos são expressos como *mistérios*, que ultrapassam a tudo quanto se sabia até então. Quando Paulo fala em revelar algum mistério (como em Ef 1.9.10 e 1Co 15.51), ele estava dizendo que, até aquele tempo, o assunto que exprimia estava oculto nos conselhos divinos. Se isso não fosse assim, não teríamos um mistério, ou seja, um segredo de Deus que ali naquele instante, foi dado a conhecer. Não posso concordar com os hiperdispensacionalistas que dizem que somente as epístolas da prisão são autoritárias para formação da doutrina cristã. Essa é uma posição extrema e absurda. No entanto, também é verdade que as epístolas da prisão têm certas doutrinas, sobretudo acerca da igreja, que têm uma visão mais ampla do que o resto do Novo Testamento. Uma das mais importantes doutrinas que aparecem nessa porção mais avançada da revelação neotestamentária diz respeito ao "mistério da vontade de Deus", de conformidade com a cuja vontade ele fará todas as coisas unificarem-se em torno de Cristo, através da restauração geral (ver Ef 1.9,10). As implicações dessa doutrina são vastíssimas, e certamente veem além de qualquer coisa que fora dito antes sobre o destino final do homem, no que diz respeito ao julgamento divino. É um erro tentar anular um *mistério* por algo que já se conhece. Os mistérios não somente ultrapassam, mas também chegam a anular doutrinas anteriores, da mesma maneira que Cristo, em seu grande sacrifício único, anulou todo o sistema de holocaustos do Antigo Testamento.

5. Tipos de Revelação e Inspiração. Já pudemos acompanhar certa explicação a esse respeito. Agora, sumariando, dizemos o seguinte: *a*. A inspiração pode ser *extática*, ultrapassando o depósito de conhecimentos cerebrais do autor, e entrando em novas áreas de pensamento e compreensão. O autor revela então a sua revelação, em estado de transe, ou seja, em um estado alterado da consciência. Nesses casos, bem podemos pensar na teoria do ditado; mas esse modo é limitado a somente certas porções dos livros de certos autores sagrados. *b*. Cambando para o oposto extremo, a inspiração pode ser dada em um estado constante de *iluminação*, que se desenvolve juntamente com a espiritualidade pessoal do autor. Um homem santificado, iluminado, que está crescendo no conhecimento espiritual, tem algo a dizer inteiramente à parte de qualquer estado de transe. Tal homem já acumulou conhecimentos e discernimentos que o capacitam a escrever um livro iluminador, onde diz muitas coisas úteis, fruto de sua busca espiritual. Os livros devem ser julgados dignos de serem incluídos entre os livros sagrados em face da sabedoria que exibem, tornando-se assim parte de um cânon sagrado, embora não tenha havido qualquer experiência imediata e especial de revelação divina. Um notável exemplo disso, no Antigo Testamento, é o livro de Eclesiastes, que, embora contenha alguns pensamentos duvidosos (segundo alguns opinam), por causa de certas passagens e declarações excelentes, foi finalmente incluído no cânon veterotestamentário. E, no Novo Testamento, temos o caso da epístola de Tiago, que poderíamos descrever do mesmo modo, baseado como foi na vivência diária do autor sagrado, o que faz de seu livro uma obra acentuadamente prática, e bem pouco teórica. Embora o seu segundo capítulo sempre tenha deixado vexados a muitos da igreja cristã, contém excelentes trechos que a igreja nunca quis perder. Assim, apesar de sua visão do evangelho ser bastante rudimentar, o livro foi incluído no cânon do Novo Testamento. Todavia, a epístola reflete aquilo que se poderia esperar da parte de um rabino, quando falava em uma sinagoga, em qualquer dia de sábado, mesmo porque pertence à época em que a igreja ainda não se separara inteiramente do judaísmo, conforme se deu depois da destruição do templo de Jerusalém. Em face de sua própria natureza, essa epístola de Tiago não exigiu qualquer revelação especial e imediata para ser escrita. *c. As obras históricas* (os Evangelhos e o livro de Atos) são exatamente isso, narrativas sobre os primórdios cristãos, incluindo dados das vidas de Jesus e dos apóstolos. Supomos que, pelo menos em sua maior parte, não houve qualquer necessidade de revelações especiais e imediatas. Os autores simplesmente foram levados pelo Espírito de Deus a escrever suas composições, por serem testemunhas de grandes e poderosos acontecimentos, sobre os quais a humanidade precisava tomar conhecimento. Nesses casos, a inspiração consiste mais na orientação imprimida pelo Espírito para registrar coisas importantes e não na revelação de verdades novas, de maneiras específicas. Marcos registrou a sua obra com vários erros gramaticais, sobretudo de sintaxe; mas, por haver registrado com fidelidade informes sobre a vida de Jesus, a mensagem foi transmitida com grande poder, apesar de algumas deficiências literárias pessoais. Mateus e Lucas adicionaram a isso declarações feitas por Jesus, não havendo qualquer necessidade de inspiração extática para tanto. Tudo quanto precisaram fazer foi registrar fielmente o que as tradições orais (e algumas escritas) já haviam provido para eles seguirem. As declarações do Senhor comunicam profundo sentido exatamente pelo fato de terem sido fielmente registradas. Não houve qualquer necessidade de segundas revelações para aumentar o valor desses registros. *d*. A doutrina da *inspiração* requer que tenhamos fé de que o Espírito Santo influenciou o processo da formação do cânon, e que ele controlou todo o processo. Porém, ele pôs as mãos sobre a questão em diferentes sentidos e níveis, e usualmente usou instrumentos humanos de tal maneira que não ultrapassou às qualidades humanas dos autores, com seus poderes e deficiências. Aquela teoria de inspiração que insiste que houve *somente* o fenômeno do ditado é apenas um dogma humano que, quando investigado, mostra-se falso. Porém, o fenômeno do ditado foi *uma* das maneiras pelas quais o Espírito Santo usou homens para a produção de certos trechos das Sagradas Escrituras. Mas outros modos foram usados, segundo já sugerimos. Qual vantagem se obtém com a insistência dogmática de que o Espírito Santo sempre limitou-se a usar somente o método do ditado, dentro do fenômeno da inspiração? Nenhuma. O que importa é entender que o produto final é um guia fidedigno para a vida e a prática cristãs. Esse resultado é maior do que qualquer expressão isolada do fenômeno, nas vidas dos homens. Com isso damos a entender que nenhum ser humano jamais seguiu essa orientação tão completamente quanto pode ser feito. Ninguém viveu completamente à altura desse admirável fenômeno. Isso sempre nos convida a uma espiritualidade superior, de tal modo que, quanto melhor procurarmos aplicar esses princípios às nossas vidas, mais excelente espiritualidade haveremos de desenvolver. *e. O estado místico, não verbal*. A revelação pode ultrapassar as categorias da intelecção humana. Ver uma declaração sobre este tipo de *inspiração* em seção II A, segundo parágrafo, que começa com as palavras *Observações Preliminares: Os Estados Místicos e a Inspiração Verbal*.

BIBLIOGRAFIA. AM B BART C IB ID NTI ORE Z

ESCUDO. Ver o artigo sobre *Armas, Armadura*.

No hebraico, *magen*, "escudo", palavra que aparece por sessenta vezes (por exemplo: 2Sm 22.31; 1Cr 5.18; 2Cr 23.9; Jó15.26; Sl 18.2,32; Can.4.4; 1 Jr 46.3). *Tsinnah*, "escudo grande", palavra que figura por vinte vezes (por exemplo: Sl 32.2; Ez 23.24; 39.9). *Socherah*, "escudo", palavra que ocorre por somente uma vez, em Salmo 91.4. *Shelet*, "escudo", palavra que aparece por sete vezes (2Sm 8.7; 2Rs 11.10; 1Cr 18.7; 2Cr 23.9; Ct 4.4; Jr 51.11; Ez 27.11). No grego temos *thuréos*, "escudo grande", em Efésios 6.16.

Salomão fez escudos de ouro, de elevado valor (1Rs 10.16,17; 2Cr 9.15,16). Os escudos usualmente eram feitos de bronze, embora também os houvesse de couro, bem mais leves. O escudo era um aparato usado para aparar as flechas lançadas pelo inimigo, os golpes de lança e de espada. Era segurado com a mão esquerda, deixando a mão direita livre para brandir a espada, ou alguma outra arma ofensiva. Os escudos conquistados do inimigo com frequência eram triunfalmente exibidos. A torre de Davi contava com cerca de mil desses escudos, que ele exibia (Ct 4.5). Foi preciso morrer muita gente, para que isso se tornasse possível! Nossa versão portuguesa procura fazer alguma distinção entre os escudos, falando em paveses e escudos (por exemplo, 2Cr 23.9) mas essa dupla distinção é insuficiente. Salomão tinha duzentos paveses e trezentos escudos (menores que aqueles) feitos para serem pendurados na casa da floresta do Líbano, provavelmente para serem usados pelos homens de sua guarda pessoal. Sisaque levou-os para o Egito, e Reoboão mandou fazer outros, de bronze, a fim de substituí-los.

Usos Metafóricos. O Senhor, que nos protege em todas as nossas situações, é o nosso escudo (Sl 91.4). A verdade é assim simbolizada. Em Efésios 6.16, lemos sobre o escudo da fé, mediante o qual são apagados os dardos inflamados do mal. (ID S)

ESDRAS (A PESSOA)

O nome "Esdras" é abreviação do nome hebraico *Azarias*, que significa "ajuda". Esse é o nome de três personagens do Antigo Testamento, uma das quais é a mais importante das três e a mais bem conhecida, a saber: **1**. Um descendente de Judá e pai de vários filhos. No entanto, não é dito o nome de seu pai. Em nossa versão portuguesa, o seu nome tem a forma de Ezra (1Cr 4.17). Era da linhagem de Calebe. Não há certeza quanto à data em que viveu. **2**. O chefe de um dos vinte e dois turnos sacerdotais, que retornou do cativeiro babilônico com Zorobabel e Josué (Ne 12.1), em cerca de 536 a.C. Seu filho, Mesulão, era o chefe de sua família no tempo do sumo sacerdote, Joiaquim (Ne 12.15). No vs. 33 do mesmo capítulo, aprendemos que ele era um dos líderes da primeira divisão que circundou as muralhas de Jerusalém, quando as mesmas haviam sido reconstruídas, em cerca de 445 a.C. **3. Esdras, do Livro de Esdras**. Um sacerdote hebreu do período persa acamenida, que residia na Babilônia. Liderou a segunda expedição de judeus que retornou do cativeiro babilônico (vede). Aparentemente, foi o autor do livro bíblico de Esdras. Nos últimos quatro capítulos daquele livro, ele fala na primeira pessoa do singular. ***a. Família***. Ele era descendente de Fineias, que foi neto de Aarão (Ed 7.1-5). Era filho de Seraías, que era neto de Hilquias, sumo sacerdote durante o reinado de Josias. O trecho de Esdras 7.6,7 chama-o de "escriba"; e o vs. 12 intitula-o tanto "sacerdote" quanto "escriba". ***b. Seu Ofício***. O seu título de "escriba" pode significar que ele era secretário oficial na corte persa, tendo servido na posição mais tarde chamada *exilarca* (*rish galuta*), ou seja, uma espécie de conselheiro do rei, em questões pertinentes aos judeus cativos. (Ver Ne 11.24). Seja como for, no tocante às questões judaicas, era escriba e sacerdote da linhagem de Aarão, o que significa que se encontrava em posição de assumir a liderança, ajudando a fazer o povo de Israel voltar à sua terra. ***c. História***. Nada se sabe sobre o começo de sua vida. Sabemos somente o que ele fez, em um momento crítico da história de Israel. O trecho de Esdras 7.10 alude à sua espiritualidade e às suas qualificações para realizar a tarefa. Encontramo-lo entre os exilados que viviam na Babilônia. Quanto ao pano de fundo histórico a esse respeito, ver o artigo sobre o *Livro de Esdras*, segunda seção. Sentiu-se impelido a ajudar seu povo a voltar à Palestina, e assim solicitou do monarca persa a permissão para tanto. E foi comissionado pelo rei para efetuar essa missão. Isso envolvia a propagação da lei mosaica e a organização de tribunais para pô-la em execução. Seu protetor real foi o rei Artaxerxes, cuja identidade tem sido debatida pelos estudiosos. Os detalhes concernentes às suas relações com Neemias e a cronologia envolvida também são questões debatidas.

O texto bíblico faz Esdras e Neemias serem contemporâneos; mas alguns estudiosos têm emendado o texto, com o resultado de que as atividades de Esdras teriam ocorrido por volta de 432 a.C., entre a primeira e a segunda administrações de Neemias. Alguns pensam que Esdras chegou na Palestina antes de Neemias, em 458 a.C.; mas essa opinião parece menos provável. A história de Esdras encontra-se, principalmente, no livro de Esdras; mas sua sequência foi prejudicada e parte da narrativa foi deslocada para o livro de Neemias.

A ordem apropriada da narrativa, cronologicamente falando, está sujeita a dúvidas; mas os eruditos têm-na reconstruído (Como segue: Ed 7.1—8.36; Ne 7.73b—8.18; Ed 9.1—10.44; Ne 9.1-5).

Tem sido sugerido que o rei Artaxerxes do livro de Esdras foi *o primeiro* monarca persa a ter esse nome. Nesse caso, a data da chegada de Esdras na Palestina poderia ser fixada em cerca de 458 a.C. Porém, é possível que ele tenha sido o segundo dos reis persas a exibir esse título, em cujo caso, a data dessa chegada seria tão tarde quanto 397 a.C. Os textos usados em apoio a essa data posterior, sob Artaxerxes II, são Esdras 9.9 (a muralha já estava construída); 10.1 (uma grande multidão de judeus havia voltado, o que discorda do pequeno grupo sob as ordens de Esdras); 10.6 (Joanã é mencionado como contemporâneo de Esdras; e os papiros elefantinos falam de um homem com esse nome como o sumo sacerdote judeu, em 408 a.C.). Todavia, o Joanã de Esdras 10.6 e o Joanã dos papiros elefantinos podem não ter sido o mesmo homem. Essa disputa ainda não ficou resolvida, mas a data mais antiga é a que pode ser mais facilmente defendida. Seja como for, Esdras liderou um grupo de judeus de volta à Palestina, totalizando cerca de mil setecentas e cinquenta e quatro pessoas (Ed 8); e os eruditos pensam que esse grupo fazia parte do grupo mencionado no sétimo capítulo do livro de Neemias. Esdras também levou consigo uma grande oferta voluntária em ouro, prata e vasos de prata, para cujo fundo haviam contribuído outros judeus, o rei da Pérsia e seus conselheiros. Esdras também tinha a permissão de valer-se do tesouro real na Palestina, sempre que para isso houvesse necessidade. Também tinha a autoridade para nomear magistrados e juízes na Judeia; bem como para impor a sua própria liderança (Ed 7.11-28). Suas credenciais foram endossadas pelos sete principais membros da corte real da Pérsia (Ed 7.14).

O grupo reuniu-se às margens do rio Aava, onde habitaram em tendas pelo espaço de três dias. Dali, partiram para Jerusalém. (Ver o relato em Esdras 8.15 ss).

Em Jerusalém. A viagem até Jerusalém ocupou cerca de quatro meses. Uma vez chegados ali, antes de tudo houve um culto religioso, foram oferecidos holocaustos e foram apresentadas credenciais (Ed 8.32-36). De acordo com o decreto real, agora Esdras era o chefe de Jerusalém. E ele pôs-se a corrigir as adversas condições que ali imperavam, incluindo a dissolução de casamentos mistos dos judeus, a fim de que pudesse ser restaurado um povo puramente judaico. A angústia e a intensidade espiritual de Esdras, nessa tarefa, são demonstradas em Esdras 9.1-15. Seu movimento reformador, nesse período, conquistou para ele o título de *segundo fundador* da nação judaica. Suas atividades em relação às Escrituras, durante esse período, foram muito importantes no tocante ao seu cânon, que, finalmente, foi estabelecido. Alguns estudiosos pensam que foi Esdras quem, virtualmente, estabeleceu o cânon do Antigo Testamento, embora, para outros, isso constituía um exagero. Alguns estudiosos também pensam que foi ele quem introduziu as letras aramaicas quadradas, que se tornaram precursoras do presente alfabeto hebraico. Essa forma de escrita chama-se *assíria*.

História Posterior. Depois daqueles acontecimentos, nada mais lemos a respeito de Esdras, até que a Bíblia relata a leitura da lei, por parte de Esdras, no oitavo capítulo do livro de Neemias. Isso ocorreu em cerca de 444 a.C. Aparentemente, ele teve participação ativa na liderança de Israel, depois que as muralhas de Jerusalém haviam sido reconstruídas. Em Neemias 12.36 *ss*., somos informados de que Neemias liderou um grupo que circundava por sobre as muralhas, em uma direção, quando da dedicação das mesmas, enquanto Esdras liderava o outro grupo, que caminhava na direção contrária.

Esdras tornou-se proeminente na tradição judaica pós-bíblica. No livro apócrifo de 2Esdras (cap. 14), é dito que Esdras reescreveu e publicou vinte e quatro livros do cânon hebraico, que haviam sido queimados durante o cativeiro babilônico. Entretanto, essa tradição afirma também que Esdras ditou esses livros com tremenda velocidade, com a ajuda da orientação divina. Não há que duvidar que coisas assim são próprias dos livros apócrifos. Portanto, embora talvez haja no relato algum fundo de verdade, o mais provável é que o mesmo envolva elementos mitológicos ou lendários.

Josefo informa-nos que Esdras faleceu pouco depois da celebração da festa dos Tabernáculos. Sua missão estava terminada. Não tinha razões para queixas, para remorsos. Foi sepultado em Jerusalém, com grande pompa. Alguns cronistas judeus têm dito que Esdras morreu no ano em que Alexandre chegou diante de Jerusalém. Presumivelmente, naquele mesmo ano morreram os profetas Ageu, Zacarias e Malaquias, disso resultando que a profecia escrita se encerrou. Parece que houve um número exagerado de falecimentos num mesmo ano, soando como tradição humana, muito mais do que como história autêntica. Uma outra tradição assevera que Esdras retornou à Babilônia, onde faleceu, com a idade de cento e 20 anos. Há uma declaração do Talmude que afirma que Esdras morreu em Zamzumu, uma cidade à beira do rio Tigre, quando estava a caminho de Jerusalém para Susa, a fim de consultar o rei Artaxerxes sobre certos acontecimentos em Jerusalém. Portanto, os informes tradicionais parecem não harmonizar-se uns com os outros. Por muito tempo, um certo túmulo, cerca de trinta e dois quilômetros da junção dos rios Tigre e Eufrates, era exibido como o sepulcro de Esdras. Não há como julgar o valor histórico dessas diversas tradições. Ver a bibliografia oferecida no fim do artigo sobre o livro de *Esdras*.

ESDRAS (O LIVRO)

I. Pano de Fundo Histórico. O ataque dos exércitos assírios resultara na queda de Samaria, capital do reino do norte, em 722 a.C. Disso proveio o *cativeiro assírio* (ver a respeito no *Dicionário*). A dominação assíria de Judá começou em 721 a.C., quando caiu o reino do norte; mas Judá nunca se tornou realmente uma província assíria. Todavia, Judá teve de pagar tributo aos monarcas assírios. Com o surgimento da Caldeia, sob Nabucodonosor (605-562 a.C.), a situação de Judá deteriorou-se rapidamente. Em 592 a.C., Nabucodonosor invadiu Judá e levou para o cativeiro o seu rei, Jeoaquim, e os principais líderes da nação. O trecho de 2Reis 24.15 mostra-nos que Ezequiel estava entre os cativos. Presumivelmente, uma deportação anterior já ocorrera. Então veio a deportação na qual Ezequiel esteve envolvido. Na Babilônia, ele predisse a destruição de Jerusalém e de seu templo, o que seria seguido ainda por uma terceira deportação. Em 586 a.C., Nabucodonosor, segundo Ezequiel havia predito, deixou Judá em ruínas, abafando a revolta nacionalista que havia arrebentado ali. Isso completou a destruição de Judá, e mais habitantes de Jerusalém foram levados para a Babilônia. Ver a narrativa completa no artigo sobre o *Cativeiro Babilônico*.

Após relatar a história da monarquia e do templo, até o exílio, o autor do livro de Esdras passa por cima do período em que o templo ficou arruinado, quando os principais homens de Judá encontravam-se na Babilônia, e registrou o retorno predito, o que, finalmente, levaria à reconstrução do templo, sob as ordens de Zorobabel (da linhagem de Davi) e de Josué (da linhagem de Arão). Em seguida, o autor sagrado descreveu o estabelecimento da nova comunidade judaica, durante o período de 538-433 a.C.

A sorte mudou, e os judeus, no cativeiro, caíram sob o domínio da Pérsia, quando Ciro conquistou a Babilônia, em 539 a.C. O livro de Esdras alista certo número de reis persas. Se considerarmos os livros de Esdras e Neemias como uma unidade, então acharemos ali os nomes de Ciro (539-530 a.C.), que permitiu que alguns cativos judeus retornassem à Palestina; Cambises (530-522 a.C.); Gaumata (pseudo Esmerdis, 522 a.C.), que foi um usurpador; Dario I (522-486 a.C.), citado nos capítulos quinto e sexto do livro de Esdras; Xerxes I (486-465 a.C.), referido em Esdras 4.6; Assuero, da rainha Ester; Dario e Xerxes que invadiram a Grécia, mas sem sucesso (a história narrada por Heródoto); Artaxerxes I (464-424 a.C.), aludido em Esdras 4.7-23 e 7.1 - 10.44. O ministério inteiro de Neemias cabe dentro desse último período. Mas alguns estudiosos situam Esdras na época de Artaxerxes II, o que transferiria as suas atividades para cinquenta anos mais tarde.

II. Esdras, o Homem e a sua História. Este tópico é manuseado em um artigo separado. Ver no *Dicionário* sobre *Esdras (Pessoa)*, terceiro ponto. Esse artigo, além de mostrar ao leitor o que se sabe acerca de Esdras, também presta informações sobre o passado histórico do livro, suplementando a primeira seção do presente artigo.

III. Relações e Características Literárias. O livro de Esdras fazia parte original de uma obra literária mais extensa, que incluía os dois livros de Crônicas e o livro de Neemias. Por isso, os eruditos falam sobre o *cronista* como o autor ou compilador de todo esse material. (Ver sobre *Autoria*). É evidente que a unidade Esdras-Neemias tem o intuito de dar prosseguimento à narrativa iniciada nos livros de Crônicas. Comparar os versículos finais de 2Crônicas com os versículos iniciais do livro de Esdras. Esdras-Neemias foi preparado para suplementar os livros de Crônicas, com base em documentos aramaicos e hebraicos então existentes. Esses documentos continham as memórias de Neemias e as de Esdras. Os livros de Crônicas terminam com a destruição de Jerusalém e a consequente deportação dos judeus para a Babilônia. Esdras dá prosseguimento a esse propósito, narrando como um remanescente retornou, a fim de restabelecer a nação judaica em torno de Jerusalém. O cronista, pois, via aqueles pioneiros como um remanescente piedoso, dotado de uma missão espiritual. E a história tem confirmado essa avaliação.

Os intérpretes veem algumas deslocações cronológicas na unidade Esdras-Neemias, pelo que a leitura contínua desses dois livros não fornece a devida sequência dos acontecimentos. O livro apócrifo de 1Esdras com frequência preserva melhor a ordem histórica dos eventos. Se alguém ler as porções seguintes, na ordem aqui apresentada, obterá melhor sequência cronológica (Ed 1.1—2.70; Ne 7.7-73a; Ed 3.1—4.6; 4.24—6.22, 4.7-23; Ne 1.1—7.5; Ne 11—13; 9.38—10.39; Ed 7—10; Ne 8.1—9.37). Certo editor, ao tentar evitar essa confusão cronológica, procurou melhorar a situação mediante várias inserções, como aquela em que coloca o nome de Neemias em Neemias 8.9, e o de Esdras em Neemias 12.26 e 36.

O livro de Esdras é complexo, constituído por uma porção em aramaico (Ed 4.7 — 6.18; 7.12-26) e uma porção em hebraico (7.1 — 10; 7.27 — 10.44). Alguns eruditos supõem que as duas porções antes existissem separadas, mas um editor qualquer as reuniu; ou então a porção hebraica foi unida à porção aramaica, a fim de compor uma única narrativa. O decreto real (Ed 7.12-26) provavelmente consistia em um documento separado, que foi anexado à história. A própria narrativa é complexa, porquanto parte dela consiste em autobiografia (Ed 7.27 — 9.15), ao passo que a outra parte é biográfica (7.1-26; cap. 10). Além disso, parte do material pertencente a Esdras foi transplantado para o livro de Neemias, como porções do capítulo sétimo, até o nono capítulo. Nos tempos antigos, vários livros circularam sob o nome de Esdras. Ver os artigos separados sobre 1 e 2Esdras, que são livros apócrifos.

O livro canônico de Esdras faz parte da terceira divisão do cânon hebraico, chamada *Escritos ou Hagiógrafos* (ver a respeito no *Dicionário*). No hebraico, aparecia originalmente combinado com Neemias, formando uma unidade. A tradição judaica atribui o livro de Esdras a Esdras. Pelo menos, suas memórias estão incluídas no livro.

IV. Autoria e Data. Questões como estilo, abordagem, propósito comum e repetição de usos verbais apontam para um compilador que trabalhou sobre os livros de Crônicas, Esdras e Neemias, como se formassem uma só unidade. Várias fontes informativas podem ser percebidas; portanto, se Esdras foi o autor, então ele atuou quase sempre como mero compilador de materiais já existentes. Precisamos reunir em um único bloco os seguintes materiais: **1**. *As memórias de Esdras* (Ed 7.27 — 9.15). O emprego da primeira pessoa do singular nessa seção não significa, necessariamente, que Esdras, e somente ele, tenha escrito a unidade inteira, conforme alguns pensadores têm dito. **2**. *As memórias de Neemias* (Ne 1.1 — 7.5; 11.27-43; 13.4-30). **3**. *Os documentos em aramaico* (sendo esse o idioma diplomático da época, Ed 4.8-24), que, evidentemente, pertencem, em ordem cronológica, a um período um pouco anterior ao primeiro capítulo do livro de Neemias. (Cf. Ed 4.21 com Ne 1.3). No aramaico, temos a carta a Dario I e sua resposta (Ed 5.1—6.18). Além disso, nesse idioma, temos a autorização de Artaxerxes para que os judeus retornassem do cativeiro à sua terra (Ed 7.12-26). **4**. Em seguida, várias listas de nomes foram inseridas com certa variedade de propósitos: **a**. Os exilados que retornaram (Ed 2; comparar com Ne 7); **b**. Aqueles que se tinham casado com mulheres gentias e tiveram de divorciar-se delas quando da reforma religiosa de Esdras (Ed 10.18-43); **c**. Os construtores das muralhas de Jerusalém e os trechos onde eles trabalharam (Ne 3); **d**. Os líderes que apuseram seu selo ao pacto estabelecido em torno da restauração de Israel e seus novos começos (Ne 10.1-27); **e**. a alocação do povo, em Jerusalém e nas circunvizinhanças (Ne 11); **f**. as listas de sacerdotes e levitas, até Jadua (Ne 12.1-26). Talvez esse tenha sido o Jadua que foi sumo sacerdote durante o reinado de Dario II (338-331 a.C.). Supomos que listas como essas estivessem guardadas nos arquivos do templo. Um autor qualquer dificilmente poderia tê-las arranjado sozinho. **5**. Depois disso, temos a porção *narrativa* do próprio autor-compilador, procurando reunir todo esse material e unificar as diversas inserções feitas. A tradição judaica piedosa atribui a obra inteira a Esdras, mas a maioria dos eruditos modernos pensa que algum compilador desconhecido se mostrou ativo. O próprio livro é anônimo, pelo que não há como chegar a conclusões indubitáveis sobre a questão da autoria.

Data. As várias datas atribuídas ao livro dependem da identidade do rei Artaxerxes, referido no livro, isto é, se foi Artaxerxes I ou Artaxerxes II. Isso cria uma diferença de cinquenta anos, de 458 a.C. para 397 a.C. Alguns estudiosos supõem que a escrita real pudesse ter ocorrido cem anos ou mais após eventos descritos. Se o Jadua de Neemias 12.11,22 fosse identificado com o sumo sacerdote desse nome, do reinado de Dario III (338-331 a.C.), então o livro de Esdras, em sua forma final, poderia datar dessa época. Uma cópia atualizada, entretanto, pode ter sido feita com base nessa adição, e o restante pode ter sido preparado algum tempo antes.

V. Cânon. A canonicidade de Esdras-Neemias nunca foi posta seriamente em dúvida. Esdras, uma espécie de segundo Moisés, foi o fundador da segunda república judaica, por assim dizer, pelo que também tinha enorme prestígio dentro das tradições judaicas. Ver no *Dicionário* o artigo geral sobre o *Cânon do Antigo Testamento*. A unidade Esdras-Neemias aparece no terceiro grupo do *cânon* hebraico, intitulado *Escritos ou Hagiógrafos* (ver a respeito também no *Dicionário*). Ilogicamente, antecede os livros de Crônicas, naquela coletânea hebraica; mas, provavelmente, isso se deve ao fato de que os livros de Crônicas são paralelos aos livros históricos de Samuel e Reis, pelo que poderiam ser lidos como um suplemento, e não como uma continuação histórica desses escritos.

VI. Alguns Problemas. Os informes históricos existentes no livro de Esdras nem sempre concordam com aquilo que se sabe, através da história secular. Além disso, alguns estudiosos veem certas discrepâncias internas entre as várias fontes informativas incorporadas pelo livro. Consideremos os três pontos seguintes: **1**. Ciro, em Esdras 1, reconheceu o Deus dos judeus, Yahweh. Mas um monarca pagão faria tal coisa? Qualquer político teria o cuidado de tratar respeitosamente as crenças religiosas de um povo. Os registros contemporâneos que envolvem Ciro ilustram precisamente isso, por parte dos decretos reais. **2**. Em Esdras 3.8 lemos que Zorobabel lançou os alicerces do templo de Jerusalém, mas em Esdras 5.16 isso é atribuído a Sesbazar, referido ali como alguém que já havia falecido. Alguns estudiosos pensam que a construção se processou em dois estágios: um iniciado por Sesbazar, e outro por Zorobabel. Ou então Sesbazar foi o líder oficial, ao passo que Zorobabel foi um entusiasta ativo, tanto em 536 a.C., como posteriormente; em 520 a.C. **3**. Com base em Ageu 2.18, aprende-se que os alicerces do templo foram lançados em 520 a.C.; mas Ed 3.10 parece indicar que isso aconteceu em 536 a.C. Alguns supõem que ambos os informes digam a verdade, e que o intervalo de dezesseis anos, entre a primeira e a segunda arrancadas, seja considerado um começo. É possível que isso tenha acontecido, e que mais de uma pedra oficial de fundação tenha sido lançada, cada qual assinalando um esforço específico de reconstrução.

Explicações como essas são apenas conjecturas, embora não se revelem questões importantes para a fé, mesmo que sejam encontradas algumas discrepâncias. Os próprios livros sagrados não reivindicam perfeição. Essa é a reivindicação de teólogos, que injetam nas Escrituras ideias que elas mesmas não exprimem. Já vimos que a compilação da unidade Esdras-Neemias foi feita com algum defeito de arranjo cronológico. As deslocações cronológicas também formam um problema nos Evangelhos; mas isso não envolve questões de fé, exceto para os harmonizadores que querem obter perfeição a qualquer preço.

VII. Esboço do Conteúdo. O livro de Esdras divide-se em duas partes principais, a saber:
I. *O Retorno dos Exilados sob Zorobabel* (1.1—6.22).
   1. Retorno dos primeiros cativos (1.1—2.70).
      a. Ciro favorece os judeus com seu decreto (1.1-11).
      b. A lista dos exilados (2.1-70).
   2. A adoração judaica é restaurada (3.1—6.22).
      a. O templo é reconstruído (3.1—6.15).
      b. A dedicação do templo (6.16-22).
II. *Reformas de Esdras. O Reinício de Israel* (7.1—10.44).
   1. A segunda leva de exilados (7.1—8.36).
   2. Divórcio forçado das esposas estrangeiras: a purificação (9.1—10.44).

VIII. Bibliografia. AM E I IB ID JBL (xl, 1921, *The Date and Personality of the Chronicle*) TOR WBC WES YO Z.

ESDRELOM, PLANÍCIE (VALE)

Esse é o nome grego que corresponde ao locativo Jezreel (vede). Entretanto, sabe-se que esses dois nomes, o hebraico e o grego, correspondem a dois trechos do território de Israel um tanto diferentes, embora contíguos um ao outro. No hebraico, o nome significa "vale da semeadura de Deus" ou então "vale Deus semeará". Essa planície ou vale é um território baixo que se estende desde as margens do mar Mediterrâneo, até às margens do rio Jordão, na Palestina central, separando a cadeia montanhosa do Carmelo e de Samaria da cadeia montanhosa da Galileia. Nas obras escritas modernas, porém, o termo Jezreel é frouxamente aplicado como nome das duas áreas contíguas. Estritamente falando, o vale de Jezreel é aquele que vai descendo desde a cidade de Jezreel até Bete-Seã, dando frente para o vale ou garganta do Jordão, tendo a Galileia ao norte e o monte Gilboa ao sul. Esdrelom, por sua vez, forma uma planície aluvial triangular, limitada a sudoeste pela cadeia do Carmelo, desde Jocneã até Ibleã e Eganin (moderna Jenin), ao longo de seu lado norte, por uma linha que parte de

Jocneã até às colinas de Nazaré. A leste por uma linha que desce dali até Ibleã e Eganin. A margem do lado nordeste, defronte das vertentes do Carmelo, havia as importantes cidades de Jocneã, Megido, Taanaque e Ibleã. Ver os artigos separados sobre cada uma dessas cidades. Várias rotas comerciais passavam por Esdrelom, a sua importância devia-se, principalmente, a essas estradas. Esdrelom era uma região pantanosa, ao passo que o vale de Jezreel era próprio para as atividades agrícolas. Parte de Esdrelom era o famoso vale de Megido, assim chamado porquanto nas proximidades ficava a cidade desse nome. Foi ali que Baraque triunfou sobre os cananeus (Juízes 4 e 5). Também foi ali o palco da derrota e da morte de Josias. Foi ali que Elias lutou contra os adoradores de Baal (1Rs 18.40), e também foi ali que o rei Saul foi abatido pelos filisteus (1Sm 31.1-3). Dentro das tradições proféticas, o lugar está simbólica (ou literalmente?) associado ao conflito final entre as forças do bem e as forças do mal. (Ver Ap 16.16). Ver também o artigo separado sobre o *Armagedom*.

Essa planície é bem pequena, em comparação com os padrões geográficos de grandes países, com cerca de quarenta quilômetros de comprimento por menos de vinte e cinco quilômetros de largura. O wadi Kishon é a corrente principal de água, que drena o vale. Deságua no mar Mediterrâneo.

Antigos povoados cananeus, e não israelitas, pontilhavam as margens das colinas, onde havia mananciais. As planícies eram usadas para a criação de gado, e somente certas porções eram próprias para a agricultura. Era no vale de Jezreel, um tanto mais seco, bem como em Megido, que havia o cultivo do trigo, vendido ao Egito. Desde 1920, métodos modernos têm transformado aquela região, a qual foi drenada. Colônias foram então implantadas ali; a malária foi erradicada e uma agricultura extensiva foi a causa da transformação de *Emek* (o nome popular da região) em um rico tabuleiro de fazendas e povoados.

ESEQUE

No hebraico, **"contenda"**. Esse é o nome de um poço existente no vale de Gerar. Foi escavado pelos servos de Isaque, mas disputado pelos pastores de Abimeleque (Gn 26.20). Desconhece-se o seu lugar.

ESMERALDA

No hebraico, *nofek* (ver Êx 28.18; 39.11; Ez 27.16; 28.13), que significa "rebrilhante". O termo grego *smáragdos*, que ocorre somente em Apocalipse 21.19, e também *smarágdinos*, que aparece somente em Apocalipse 3.4, significam, respectivamente, "esmeralda" e "esmeraldino", ou "verde-claro". Essa pedra talvez incluísse as esmeraldas modernas, mas não somente estas. A verdadeira esmeralda é uma pedra verde amarelada ou verde profundo, uma variedade do *berilo* (vide). Cientificamente falando, é um silicato de alumínio beriloso. A esmeralda é considerada uma das gemas mais preciosas. As mais valorizadas são aquelas de verde como a erva, livre de falhas. Todavia, isso é uma grande raridade. Quase todas as esmeraldas contêm impurezas inclusas, enquanto que outras têm pequenas incrustações de cromo, o que lhes confere certa variedade de coloração. Entre as antigas jóias egípcias têm sido encontradas boas esmeraldas. Sabe-se de minas de esmeraldas no Egito desde 2000 a.C. Os arqueólogos têm descoberto centenas de fendas escavadas com o propósito de encontrar esmeraldas, perto do mar Vermelho. Todavia, as esmeraldas encontradas nessa região não são de boa qualidade. As melhores esmeraldas do mundo são achadas na Colômbia, no norte da América do Sul, que foram exploradas inicialmente pelos espanhóis. As esmeraldas são encontradas em veios de calcita (carbonato de cálcio), que atravessam camadas de xisto negro.

Os hebreus, sem dúvida, conheciam a esmeralda desde o tempo em que estiveram no Egito; mas os trechos do Antigo Testamento que aparentemente referem-se a elas (como Êx 28.18; 39.11; e Ez 28.13) são duvidosos. Na Septuaginta há uma certa confusão de nomes, na tradução de vocábulos hebraicos que dizem respeito às pedras preciosas, de tal maneira que até o *anthrax*, que no grego aponta para uma pedra vermelha (incluindo o rubi) tem sido traduzido por "esmeralda". No grego, o termo *smáragdos* não nos ajuda muito, pois está em foco tanto a verdadeira esmeralda, como outras pedras de coloração esverdeada. Toda essa dificuldade ocorre porque as pedras preciosas, naqueles tempos bíblicos, do Antigo e do Novo Testamentos, não eram classificadas cientificamente, de acordo com a composição química e com o grau de dureza, mas, antes, de acordo com a mera aparência externa, sem levar em conta os fatores intrínsecos. A referência de Apocalipse 21.19 diz respeito a um dos alicerces da nova Jerusalém (vide).

ESMOLAS. Ver também, *Esmoler*.

No grego, *eleemosune*, **"misericórdia"**, **"alivio"** para os pobres. No Novo Testamento, esse ato é mencionado diretamente com uma palavra específica, em cerca de treze referências. (Ver Mt 6.1; At 9.36 (Atos de caridade). Ver também Lc 11.41; At 3.2,3; 10.4,31; 24.17).

1. No Antigo Testamento. A lei mosaica fazia provisão para os pobres. (Ver Lv 19.9,10; 23.22; Dt 15.11; 24.19; 26.2-13; Rt 2.2). Os dízimos deveriam ser compartilhados com os pobres a cada três anos (ver Dt 14.20, 29). Aos israelitas era recomendada a generosidade como um dever (Dt 15.11). O respigar do campo, das oliveiras e das vinhas, era permitido aos pobres e aos viajantes (ver Dt 23.24,25). Os campos ficavam sem cultivo a cada sete anos, *para que os pobres do teu povo achem o que comer* (Êx 23.11). Destarte, a lei aliviava a pobreza, embora a mendicância fosse considerada um castigo entre os israelitas (ver 1Sm 2.36). Os profetas condenavam a opressão contra os pobres, contando-a como uma das razões pelas quais o juízo caía contra o povo (ver Is 3.14; 10.2,3; Am 8.4-8).

2. No Novo Testamento. O trecho de Mateus 6.2-4 pressupõe que os discípulos de Jesus serão generosos com os pobres. Jesus proibiu a ostentação a esse respeito (ver Mt 6.2). Jesus e seus discípulos davam esmolas (ver Jo 13.29). A liberalidade era recomendada por Jesus (Mt 5.42 e Lc 6.38). O motivo por detrás do dom e o potencial da pessoa para dar, espiritualmente são fatores mais importantes do que a quantia dada (ver Mt 12.42-44). A igreja primitiva seguia o exemplo do judaísmo e de Jesus (ver At 4.32-35). Paulo deixou um grande exemplo quanto a isso (ver At 24.17; Rm 15.25-27, 1Co 16.1,2; 2Co 8.9 e Gl 2.10). O autor da epístola aos Hebreus recomendou a caridade como um sacrifício agradável a Deus (ver Hb 13.16). Tiago e João afirmaram que a prática faz parte da qualidade espiritual da pessoa, sendo um elemento essencial da fé religiosa (ver 1Jo 3.17 e Tg 2.14-17). O Novo Testamento, entretanto, condena severamente os ociosos, aqueles que não trabalham e dependem de outros para seu sustento (ver 2Ts 3.10), dizendo que tais pessoas também não deveriam comer. A importância das esmolas e do cuidado pelos pobres é evidenciado pelo fato de que o ofício diaconal (ver o artigo sobre os *diáconos*) foi estabelecido na igreja exatamente com o propósito de aliviar os pobres (ver At 6.2 e ss.).

3. Cumprimento da lei do amor. O trecho de Gálatas 5.22,23 tem a lista do fruto do Espírito. O amor encabeça a lista, sendo o solo onde medram todas as demais virtudes. O décimo terceiro capítulo de 1Corintios mostra que o amor é maior que todos os dons espirituais, na atmosfera em que todos eles devem ser exercidos. Ver o artigo sobre o *amor*, quanto a um estudo completo. As esmolas fazem parte da lei do amor. É a demonstração do amor para com os necessitados.

Tal prática era recomendada na lei mosaica, tanto em atitude como em ação (Dt 15.7; 24.13). O direito de colher as respigas dos campos plantados fazia parte disso (Lv 19.9-10). Isso beneficiava as necessidades nos anos sabáticos e de jubileu

(Êx 23.11; Lv 25.6). Dízimos e ofertas faziam parte do espírito da questão (Dt 14.28; 26.12). Não ser viciado na usura, para os israelitas constituía uma espécie de caridade (Lv 25.35-37; Êx 22.25-27). A liberalidade era exibida por ocasião de várias festividades (Dt 16.11-14). A moralidade dos hebreus combinava as ideias de esmolas e retidão — dar, ser generoso, era uma forma de retidão. Não bastava ser bom, era mister também praticar o bem. A Septuaginta traduz a palavra "justiça" como *esmola*, em Deuteronômio 25.13 e Daniel 4.24. Outro tanto sucede no Novo Testamento, porquanto, em alguns manuscritos gregos, temos *dilcaiosunen* (retidão), ao passo que em outros temos *eleemosunen* (esmola), em Mateus 6.1. No pensamento hebreu, a realização de atos de amor (dentre os quais dar esmolas era parte importante) era tida como um dos três atos sociais fundamentais (Aboth 1.2). Os comentários judaicos no Talmude chamam as esmolas de "retidões", mostrando novamente a importância que isso tinha na sociedade judaica (comentários sobre Gn 18.9; Sl 17.15; Is 54.14). Esperava-se que a era messiânica exaltaria a prática (Baba Bathra 10a). Nos tempos pós-cativeiro, eram impostas esmolas regulares, até mesmo obrigatórias (Suk. 49b).

No Novo Testamento, a prática foi tomada por empréstimo do judaísmo, e era grandemente enfatizada, conforme se vê em Mateus 6.1-4 (uma injunção messiânica). Os trechos de Atos 11.27-30; Gálatas 2.10; Romanos 15.26; 1Coríntios 16.1-4 mostram que dar esmolas era uma prática cristã. Afinal, esse ato é parte do cumprimento da lei do amor, que é prova de espiritualidade (1Jo 4.7,8, onde há notas completas, no NTI). Ver também o artigo sobre *amor*, nesta obra. Tiago 2.14 ss mostra quão importante é a questão, pois nossa justificação não pode ser considerada válida enquanto não formos transformados de tal modo que não coloquemos em prática a lei do amor. Não existe tal coisa como religião "pura" sem essa prática (Tg 1.27). O interesse de Deus pelos necessitados é um tema regular da Bíblia (Êx 23.10-11; Lv 19.9-10; Dt 15.7-11; Sl 17.12-14; Pv 19.17; 22.22-23). A falta de compaixão é condenada (Am 4.1; 8.4-7; Is 3.14-15; Tg 5.1-6). A prática das esmolas estava incluída nas práticas religiosas dos discípulos de Jesus (Mt 6.1-4).

As esmolas fazem parte do conceito de *mordomia* (ver o artigo). Aquilo que damos aos outros pode ser considerado o aluguel que pagamos para ocupar aqui o nosso espaço. O amor ajuda o vizinho e a solidariedade é necessária para nosso bem-estar, e, em alguns casos, para a simples sobrevivência. Deus é o proprietário de tudo, e ele dá aos homens. Cada indivíduo tem a obrigação de seguir o exemplo divino. Deveríamos dar esmolas por motivo de compaixão, e não por causa de uma atitude condescendente para com os pobres. Nunca devemos dar esmolas por motivos egoístas, para sermos louvados como pessoas boas por outros homens.

Sempre será melhor ajudar outros a se ajudarem do que meramente dar esmolas. Mas isso já é outra forma de liberalidade. Sem esse fator, aparece a mendicância profissional, lado a lado com a dependência passiva, que perverte as vidas e as almas dos que se sujeitam a isso. Por essa razão, algumas igrejas envolvem-se ativamente em cursos de doação, que ensinam maneiras práticas de pessoas ganharem a vida.

A carência. É desencorajador ver denominações evangélicas intensamente atarefadas no evangelismo, mas que negligenciam o lado moral e a prática da fé cristã, no campo da generosidade ao próximo. Certa organização missionária que conheço chega a proibir seus missionários a dar, emprestar ou fazer coisas semelhantes ao próximo, presumivelmente porque isso dilapida o dinheiro disponível para a obra missionária, sujeitando os missionários à necessidade de tomarem dinheiro emprestado. Porém, isso é não entender a mensagem inteira do evangelho e o poder de Deus. Aquele que dá recebe de volta, e com mais abundância do que deu (Lc 6.38). *Dai*, *e dar-se-vos-á; boa medida, recalcada, sacudida, transbordante, generosamente vos darão...* (Lc 6.38). Deus é quem estabelece as regras desse jogo. Jesus nos deu o maior dos exemplos. E Paulo seguiu de perto os seus passos (At 24.17, Rm 15.25-27; 1Co 16.1,2). Paulo aconselhava que fossem ajudados os necessitados, mas não os preguiçosos (2Ts 3.10). O amor, com suas muitas ramificações, é prova da realidade da profissão cristã (1Jo 3.16-18). (B E H NTI U MW Z)

ESPELTA

No hebraico, *kussemeth*. A palavra aparece por três vezes (Êx 9.32; Is 28.25 e Ez 4.9). Na primeira referência, a palavra é traduzida por "centeio"; na segunda, por "espelta". E, na terceira referência, nossa versão portuguesa omite dois cereais, em uma lista de seis, mencionando apenas trigo, cevada, favas e lentilhas. A espelta é um tipo de trigo selvagem, *Triticum monococcum*, ou então, segundo outros estudiosos, poderia ser o trigo importado do Egito, o *Triticum aestivum spelta*. Este tem os grãos muito duros, com espigas soltas. Acredita-se ser espécie nativa da Mesopotâmia, embora muito cultivada na Síria e na península do Sinai.

Alguns especialistas pensam que se trata da aveia, *Avena sativa*, ou então o trigo arroz, *Triticum dicoccum*. Mas essa opinião não é bem recebida pela maioria dos estudiosos.

ESPERANÇA MESSIÂNICA

Ver o artigo geral sobre o *Messias*. Ver também sobre *Jesus*, o Messias predito nas Escrituras. A esperança messiânica é a expectativa de que haverá uma figura messiânica, que, finalmente, estabelecerá o seu reino messiânico. O Antigo Testamento e as obras pseudepígrafas encerram em seu bojo essa antecipação. Ver Isaías 7.14 e Daniel 7, bem como a mensagem geral sobre os reinos deste mundo, de Daniel 9.24 ss. Muitos dos salmos também são considerados messiânicos. Para exemplificar, ver os Salmos 2 e 110. A teologia dos hebreus, após o exílio, aguardava a futura renovação de um imenso e exaltado reino de Israel, que haveria de emergir no reino de Deus (vede), embora essa esperança não estivesse ligada, claramente, com a figura messiânica. O trecho de Isaías 9.6 ss é uma das mais claras passagens veterotestamentárias desse tipo, incluindo a ideia do Príncipe da Paz, que haveria de governar sentado no trono de Davi. Os judeus dos dias de Jesus estavam esperando, até fanaticamente, por um Messias político. Mas, a espiritualidade de Jesus desapontou até João Batista. Jesus parecia não ser suficientemente político em sua ênfase. A rebelião assinalava a atitude dos judeus, porquanto eles queriam libertar-se do jugo dos romanos; e isso resultou em duas grandes destruições de Jerusalém e da Judeia, em 70 e em 132 d.C.

ESPEVITADEIRA, TENAZ. Ver sobre *Tenaz, Espevitadeira*.

No hebraico, *mezammeroth*, literalmente, "tenazes". Alguns estudiosos pensam que a palavra deriva-se do verbo que significa "podar". Eram Instrumentos feitos de ouro (Êx 37.23) ou de bronze (2Rs 25.14), usados para cuidar das brasas e das lâmpadas do tabernáculo da congregação e do templo de Jerusalém. Os estudiosos não concordam entre si quanto à função exata desses instrumentos. Isso vem desde o tempo da tradução da Septuaginta. Assim, nos trechos de (Êx 37.23; Nm 4.9; 2Cr 4.22; Is 6.6, a LXX diz "instrumento de agarrar"; mas em Êx 25.38 e 1Rs 7.49, a LXX diz "concha".

Nos trechos de Êxodo 25.38 e 37.23, essa palavra, juntamente com os "apagadores", aparece intimamente vinculada ao candeeiro de ouro. Em face do trecho de Isaías 6.6, onde esse utensílio aparece usado para tirar uma brasa de cima do altar, parece que está em foco um instrumento usado para aparar os pavios das lamparinas, segundo pensam alguns estudiosos. No entanto, os contextos não dão qualquer indicação nesse sentido. Além disso, conforme foi observado acima, a tradução da Septuaginta não dá nenhuma ideia de que se tratava de algum utensílio cortante. Isso posto, parece que a melhor tradução seria "tenazes" ou "pinças".

ESPIAS

No Antigo Testamento precisamos considerar três palavras hebraicas e duas gregas, a saber: **1**. *Raah*, "ver". Palavra hebraica que ocorre por quase mil e trezentas vezes, com vários sentidos, inclusive o de espionar. (Para exemplificar: Êx 2.11; 2Rs 6.13; 9.17; 13.21; 23.16; Gn 42.27; Êx 2.11; 1Sm 14.16; 26.16; 2Sm 11.2; 18.21). **2**. *Ragal*, "percorrer", "usar os pés". Esse vocábulo hebraico aparece por 22 vezes com o sentido de "espiar". (Exemplificando: Nm 21.32; Js 2.1; 6.22,25; Jz 18.2,14,17; 2Sm 10.3; 1Cr 19.3). **3**. *Tur*, "espionar", "pesquisar". Palavra hebraica que é empregada por vinte e uma vezes com esse sentido. (Por exemplo: Nm 13.16,17; Nm 13.2,21,25,32; 14.6,7,34,36,38; Dt 1.33; Ec 1.33; 7.25). **4**. *Katáskopos*, "espião". Essa palavra grega ocorre somente em Hebreus 11.31. É usada em relação aos espias enviados por Josué para verificarem o estado da cidade de Jericó, de acordo com a menção ao fato, no Novo Testamento. **5**. *Egkáthetos*, "espião". Essa palavra está baseada no verbo grego que significa "subornar". Ocorre exclusivamente em Lucas 20.20. Aparece no incidente em que os escribas e principais sacerdotes enviaram espias (homens subornados) para ver se apanhavam o Senhor Jesus em alguma palavra, a fim de entregá-lo à jurisdição do governador.

No hebraico, parece que não existe distinção entre as palavras *ragal* e *tur*, visto que os trechos de Josué 14.7 e Deuteronômio 1.24 usam o verbo *ragal* quando se referem aos eventos de Números 14.6.

A espionagem sempre foi uma medida necessária em períodos de conflito armado com o intuito de descobrir os pontos fracos do inimigo. Em Gênesis 42.1-17, José acusou seus irmãos de serem "espiões" que queriam saber quais os pontos débeis do Egito. Moisés enviou doze espias à terra de Canaã, com várias finalidades: descobrir seus pontos fortes e fracos e verificar quão produtiva era a terra (Nm 13). O povo de Israel aceitou o relatório apresentado por dez desses espias, acovardou-se e por causa disso, foi forçado a adiar a conquista da Terra Prometida pelo espaço de 40 anos. Nesse período, Moisés enviou espias a Jazer, uma cidade fortificada dos amorreus, em Gileade, e a capturou (Nm 21.32). Sempre que a captura de alguma cidade é relatada com certo detalhamento, vê-se que a conquista da mesma era antecedida pela visita de espias. No caso de Jericó, Josué enviou dois espias (Js 2—6). De Jericó, um número não determinado de espias foi enviado a Ai (Js 7 e 8). Posteriormente, a tribo de José conquistou Betel, depois que espias descobriram, com a ajuda de um betelita traidor, uma entrada secreta para a cidade (Jz 1.23-25). Davi utilizava-se de espias para acompanhar os movimentos de Saul (1Sm 26.4). Finalmente, os emissários de Davi, enviados aos amonitas, foram tomados como espias, e foram tratados de conformidade com essa suspeita (2Sm 10.3; 1Cr 19.3).

No Novo Testamento, a espionagem é mencionada apenas em dois trechos: quando as autoridades religiosas dos judeus queriam espionar Jesus (Lc 20.20), e quando o autor da epístola aos Hebreus refere-se a Raabe e aos espias (Hb 11.31).

ESPÍRITO

Ver os artigos detalhados sobre *Alma e Imortalidade*. Podemos estudar com maior proveito o conceito de "espírito", nas páginas da Bíblia, acompanhando o seguinte esboço:

I. Termos Usados. O Antigo Testamento usa a palavra *ruach* por quase quatrocentas vezes. Esse substantivo deriva-se de um verbo que quer dizer "respirar" ou "soprar". O substantivo pode ser traduzido como "respiração" (por exemplo, Sl 18.15; em português, "resfolgar"), "vento" (por exemplo, Gn 8.1) ou "espírito".

O termo grego *pneuma* (ligado ao verbo *pnéo*, "soprar" ou "respirar") também é usado com grande frequência no Novo Testamento, trezentas e setenta vezes. Pode significar "sopro" (por exemplo, 2Ts 2.8), "vento" (por exemplo, João 3.8), mas, na maioria esmagadora das vezes, "espírito", indicando ou o Espírito de Deus, ou o espírito humano, ou algum outro ser espiritual qualquer.

II. Espírito como um Ser Inteligente, Destituído de Corpo. A definição de *pneuma* no Novo Testamento (o que tem algum paralelismo com o termo hebraico *ruach*, que lhe corresponde no Antigo Testamento), cobre um largo espectro de significados. Refere-se a algum ser inteligente, dotado de sentimentos, destituído de corpo, pelo que é o elemento em virtude do qual um ser vivo é inteligente, dotado de sentimentos etc. Todo espírito é vivo, mas não está necessariamente envolvido com alguma forma material, como é o caso, por exemplo, dos anjos e dos demônios, que nunca tiveram corpos físicos, mas que, nem por isso, são destituídos de todas as qualidades próprias de personalidade.

1. Deus como Espírito. Foi o próprio Senhor Jesus quem definiu Deus como um espírito, tendo ajuntado que os seus adoradores precisam adorá-lo *em espírito e em verdade* (Jo 4.24). Também é no Novo Testamento que a Bíblia desenvolve a doutrina do Espírito Santo, mostrando claramente a personalidade do Espírito de Deus, contrariando a opinião de alguns que imaginam que o Espírito de Deus é apenas alguma influência ou emanação divina. Cabe-nos observar aqui, entretanto, que o Antigo Testamento, a despeito de seu rico antropomorfismo quando se refere a Deus, deixa entendido, com bastante frequência que Deus é um espírito. Ali o Espírito de Deus manifesta-se ativo na natureza e nas vidas dos homens, de diversas maneiras. (Ver sobre o *Espírito Santo*).

2. Outros Seres Espirituais. Deus criou seres vivos que são "espíritos", os quais são moralmente responsáveis diante dele, embora destituídos de corpo físico. E também criou o homem, que é um espírito dotado de corpo físico. Portanto na criação há uma verdadeira escala: Deus (espírito perfeitíssimo, a origem de qualquer outra vida); os anjos (espíritos puros, sem corpo físico); o homem (um misto de espírito e corpo físico); e os animais (seres vivos dotados de alma e corpo, mas não de espírito, pelo menos segundo a opinião de muitos estudiosos). A existência dos espíritos angelicais e a influência que exercem sobre os homens são pontos referidos em vários trechos do Antigo e do Novo Testamentos (conforme se vê em 1Rs 22.21; Jó 4.15; Lc 24.39; At 23.8). Esses espíritos podem ser bons espíritos ministrantes, que atuam favoravelmente aos homens (Hb 1.14), ou então podem ser espíritos malignos (Jz 9.23; 1Sm 16.14 ss.; Mt 10.1). Os homens podem ser habitação do Espírito de Deus, a quem obedecem; ou podem ser vítimas daquele que é descrito como o *espírito que agora atua nos filhos da desobediência* (Ef 2.2). Os falsos mestres são precisamente aqueles que são impulsionados por "espíritos enganadores" (1Tm 4.1). É por causa da existência e da atividade destes últimos que os crentes precisam atender ao conselho dado pelo apóstolo João: ... *provai os espíritos se procedem de Deus, porque muitos falsos profetas têm saído pelo mundo afora* (1Jo 4.1). Esses falsos profetas, atuados por espíritos demoníacos, empenham-se em negar as verdades que cercam a pessoa de Jesus Cristo, o Deus-homem.

3. Espíritos Humanos Desincorporados. Algumas poucas passagens bíblicas aludem ao espírito humano separado do corpo por ocasião da morte física. Para exemplificar, o trecho de Hebreus 12.23 fala sobre os "espíritos dos justos *aperfeiçoados*, ao passo que 1Pedro 3.19 fala em "espíritos em prisão". Essas referências bíblicas não são contrárias à esperança final, expressa por Paulo, por exemplo, em 2Coríntios 5.1-5, no sentido de que, depois desta vida terrena, o homem não será um espírito nu, e, sim revestido de um corpo celestial.

III. O Princípio Vital do Homem. Por várias vezes em que a palavra "espírito" é empregada no Antigo e no Novo Testamentos ela indica o princípio vital ou energia de vida do homem (e, ocasionalmente, a energia vital de animais irracionais, como se vê, por exemplo, em Ec 3.21). Deus é quem outorga esse espírito de vida ao homem (Is 42.5; Zc 12.1), e é ele quem sustenta esse espírito de vida (Jó 10.12). Tanto na vida terrena, como quando por ocasião da morte, quando o espírito separa-se do corpo físico, o homem só pode entregar o seu espírito aos cuidados de Deus (Sl 31.5; Ec 12.7; Lc 23.46).

Em um sentido menos absoluto, o espírito humano também é a animação e a vivacidade que ele possui, física e psiquicamente. E quando um homem se desanima, ou perde a coragem, segundo as Escrituras é descrito como a falha ou a partida do espírito de dentro dele (por exemplo, Js 5.1; 1Rs 10.5; Sl 142.3; 143.4,7; Ez 21.7). Paralelamente a isso, a restauração após esse estado é descrita como se o espírito retornasse ou estivesse sendo reavivado dentro do homem (por exemplo, Gn 45.27; Jz 15.19; 1Sm 30.12). Assim, a ressurreição física da filha de Jairo foi descrita como a volta de seu espírito ao seu corpo físico, de acordo com Lucas 8.55. Ademais, a renovação da vida em sua correta relação com Deus, é citada como a doação de um novo espírito (Ez 11.19; 36.26; Rm 7.6), enquanto que a contínua operação da graça divina é o reavivamento do *espírito dos abatidos* (Is 57.15). E, dentro da comunhão cristã, um crente tem o seu espírito refrigerado por outro crente (1Co 16.18 e 2Co 7.13).

Isso conduz ao contraste entre a carne e o espírito, que se acham tanto no Antigo quanto no Novo Testamentos, embora mais definidamente neste último. O homem total é composto de corpo e espírito. Tanto o corpo quanto o espírito podem ser contaminados (2Co 7.1); e ambos podem ser santificados (1Co 7.34). O espírito, todavia, é o princípio vital, a pessoa real, o "eu" interior, ao passo que o corpo físico é a personalidade externa. No dizer de Tiago 2.26, o corpo, destituído do espírito, está morto. A carne pode ser destruída e o espírito pode ser salvo (1Co 5.5). Uma pessoa pode estar presente em espírito, embora ausente no corpo (Cl 2.5). Em passagens como João 3.5-8; Romanos 8.3-14 e Gálatas 4.21—5.26, a distinção entre carne e espírito corresponde à vontade e ao poder do homem, à parte de Deus, que faz o que ele prefere, e a vida, à vontade e ao poder dados pelo Espírito de Deus, que capacita o homem a fazer aquilo que Deus prefere.

Na Bíblia também vemos a comparação entre "a letra" e "o espírito", o que aponta para a mera obediência ao código escrito da lei mosaica, em contraste com a observância misturada com o entendimento do propósito da lei, bem como com o amor que procede do coração (por exemplo, Rm 2.27;28 e 2Co 3.6 ss.).

Já a distinção entre a alma e o espírito é mais difícil, se não mesmo impossível. Há trechos (por exemplo, Is 26.9) do Antigo Testamento quando o "espírito" (no hebraico, *ruach*) e a "alma" (no hebraico *nephesh*) são paralelos. Da mesma forma há lugares onde "espírito" e "coração" (no hebraico, *leb*) são paralelos (por exemplo, Is 57.15; Dn 5.20). Em outras oportunidades, *ruah* é o princípio ativador, ao passo que *Nephesh* é o ser vivo que assim é produzido. Isso se vê desde Gênesis 2.7: *Então formou o Senhor Deus ao homem do pó da terra, e lhe soprou nas narinas o fôlego da vida (ruah), e o homem passou a ser alma (nephesh) vivente*.

No *Novo Testamento* parece haver alguns poucos trechos onde o homem é considerado composto de três elementos principais. É o que se verifica com 1Tessalonicenses e Hebreus 4.12. No entanto, o primeiro desses textos bíblicos não precisa ser interpretado em termos rígidos, como se Paulo estivesse ensinando que o homem é um ser *tripartido*. Hebreus 4.12 mostra que a alma pode ser distinguida do espírito, embora haja dificuldades de interpretação envolvidas. Por essa razão,

muitos estudiosos têm preferido pensar que esse versículo está falando sobre um aspecto *superior* (o espírito), e um aspecto *inferior* (a alma) da porção imaterial do homem, de sua vida psíquica. Nesse caso, a alma seria a manifestação da porção imaterial do homem para com o mundo, e o espírito seria a manifestação dessa mesma porção imaterial para com Deus. Essa interpretação tem a decisiva vantagem de concordar com aqueles outros trechos do Novo Testamento que mostram que o homem é um ser bipartido; corpo e espírito. Uma vez mais, alma (*psuché*) e espírito (*pneuma*) aparecem como termos paralelos (ver Lc 1.46,47). Ver IV., a seguir.

O trecho de 1Coríntios 2.14,15 é aquele que estabelece a mais clara distinção entre os *psuchikoi*, que seriam indivíduos cujas vidas não são influenciadas pelo Espírito de Deus, e os *pneumatikoi*, que seriam indivíduos dirigidos pelo Espírito Santo (cf. Jd 19).

IV. A Ajuda da Ciência e o Sobre-ser. Estudos, em universidades, que procuram demonstrar o que o homem é, têm mostrado, certamente, que o complexo de energias que constituem o homem, são *pelo menos* três. A experiência humana na separação de energias na morte, mostra que o homem é mais do que dualista. A volta do ser essencial depois dos primeiros passos da morte (depois da morte clínica do corpo) não é uma experiência rara. Estudos sobre esse acontecimento mostram que na separação de energias, no momento da morte, três energias são envolvidas, sendo a energia do *corpo*, a *vitalidade*, e o *ser essencial*, a alma (espírito). Talvez possamos usar as palavras *corpo*, *mente* e *alma* para designar estas energias. Estudos sobre estas questões podem ser classificados como preliminares, mas até o ponto onde temos chegado, podemos afirmar que o homem é, pelo menos, um ser triúno. A *vitalidade*, aparentemente, é uma energia *semifísica*. Ver o artigo separado sobre *Experiências Perto da Morte*.

No que concerne a propósitos práticos, pode-se dizer que o homem é uma *trindade*, tal como Deus é triono, pois é assim que ele se manifesta presentemente. E isso não é argumento desprezível, posto que o homem foi criado segundo a imagem de Deus, parecendo que, naturalmente, sua natureza se manifesta também mediante *três* elementos. Porém, no que concerne à real natureza *metafísica* do homem, pode-se dizer apenas que nosso conhecimento a respeito ainda é pequeno, pois nesse campo reina profundo *mistério*. O que é certo é que no homem há muito mais que o corpo e a alma, ou seja, a parte material e a parte imaterial, que é a grande tese da dicotomia. Ver o artigo separado sobre *Dicotomia-tricotomia*. Ver também sobre *Imortalidade*.

O Sobre-ser. Religiões orientais postulam um *quarto* elemento no complexo de energias que constituem o *homem*. O *Sobre-ser* é considerado o *verdadeiro* homem, um ser de elevada natureza e posição, semelhante ao *anjo da guarda* do cristianismo. Mas o *Sobre-ser* seria o próprio homem, ou a entidade verdadeira da pessoa, enquanto que a *alma* seria sua manifestação controlada e utilizada por ele, da mesma maneira que o corpo é utilizado pela alma. O *Sobre-ser*, segundo estas religiões, é capaz de se encarnar em mais do que um corpo ao mesmo tempo, como a mão controla cinco dedos que são ao mesmo tempo inter-relacionados e, coletivamente, associados à mão. Segundo esta doutrina, cada pessoa terrena representa mero *fragmento* de seu *ser verdadeiro*. Atrás de cada pessoa há uma força espantosa, e esta força é a *própria pessoa* em outra e mais alta dimensão, como no cristianismo o anjo da guarda é uma força que acompanha a pessoa, mas que pertence a uma outra *dimensão*. Esta doutrina não elimina, obviamente, outros seres mais altos, como os anjos, por exemplo, mas exalta poderosamente a natureza humana, dando a ela uma explicação altamente espiritual. De modo semelhante, as Escrituras declaram que o homem é um pouco mais baixo do que os próprios anjos, Salmo 8.5.

V. O Ser Essencial do Homem. Com base no fato de que o espírito é considerado o princípio vital do homem, daí as Escrituras passam a apresentar o espírito como a fonte e a sede do discernimento, da sensibilidade e da vontade, ou seja, o ser essencial do homem. Isso explica muitos usos da palavra "espírito", no Antigo e no Novo Testamentos. Assim, o espírito do homem é despertado (Ed 1.1,5), ou perturbado (Gn 41.8); regozija-se (Lc 1.47), ou fica abatido (Êx 6.9) mostra-se bem disposto (Mt 26.41), ou é endurecido (Dt 2.30). Um homem pode mostrar-se paciente no espírito (Ec 7.8), orgulhoso ou humilde de espírito (Mt 5.3). Provérbios 25.28 mostra a necessidade de controlarmos nosso próprio espírito. É o espírito do homem que busca a Deus (Is 26.9); e é ao espírito humano que o Espírito de Deus dá testemunho (Rm 8.16).

Nesse sentido, o espírito de uma pessoa pode influenciar ou mesmo dominar o espírito de outra pessoa. É possível que outras pessoas tenham o espírito de Moisés (Nm 11.17,25), ou de Elias (2Rs 2.9,15; Lc 1.17). Por semelhante modo, uma pessoa pode ser influenciada pelo espírito deste mundo (1Co 2.12), ou pelo espírito de profetas falsos (Ez 13.3).

VI. A Disposição Dominante do Homem. Muitas operações do ser essencial do homem são consideradas como atos do seu espírito. Daí é preciso um pequeno salto para descrever o espírito humano em termos de alguma atitude ou disposição dominantes. Assim, um homem pode ter um espírito altivo ou humilde (Pv 16.18,19), um espírito de inveja (Nm 5.14), um espírito de servidão (Rm 8.15), um espírito de estupor (Rm 11.8) ou um espírito de sabedoria (Dt 34.9). Quanto a essa questão, é digno de atenção que o grego com frequência usa o substantivo em lugar do adjetivo. Para exemplificar, *espírito de brandura* (Gl 6.1) equivale a "espírito manso e tranquilo" (1Pe 3.4). Finalmente, quanto a esse tipo de uso, há ocasiões em que é difícil dizermos com certeza se o que está sendo descrito é alguma disposição ou é algum espírito maligno que estaria produzindo aquela má disposição, ou então o Espírito de Deus, que possibilitaria a boa disposição. Quando a passagem de Romanos 8.15 fala sobre "o espírito de adoção", ou quando lemos: ... *espírito de sabedoria e de revelação*, em Ef 1.17, então é difícil o estudioso da Bíblia mostrar-se dogmático sobre como a palavra *espírito* é empregada nesses trechos. O Espírito Santo vem habitar com o espírito humano, outorgando-lhe ... *espírito... de amor e de moderação* (2Tm 1.7).

ESPÍRITO ADIVINHADOR. Ver sobre *Pitonisa*.

ESPÍRITO DE DEUS
I. Operações Históricas entre os Homens. 1. Ele atuou na criação, Gênesis 1.2 mas como agente de Deus, em relação aos homens, nas páginas do AT, o Espírito Santo não era outorgado como dádiva *permanente*. Aparentemente isso sucedia até mesmo no caso dos profetas, embora seja seguro pensarmos que os homens mais profundamente espirituais daquele período possuíam o dom do Espírito por tempos mais dilatados que o comum. (Ver Ml 2.15 e Sl 51.11). A operação do Espírito Santo, nos tempos do AT, era equivalente ao que sucede no período neotestamentário, pelo menos em termos gerais, exceturando o fato de que ele então não habitava permanentemente no crente, conforme sucede aos crentes do NT, segundo é expressamente ensinado nas Escrituras. No AT, o Espírito Santo é retratado a lutar com os homens (ver Gn 6.3), a iluminá-los (ver Jó 32.8), a dar-lhes forças especiais (ver Jz 14.6,19), a conceder-lhes sabedoria (ver Jz 3.10; 6.34), a outorgar-lhes revelações (ver Nm 11.25 e 2Sm 23.2), a prestar-lhes instruções sobre a sabedoria, o entendimento, o conselho, o poder, a bondade e o temor de Deus (ver Is 11.2) e a administrar-lhes a sua graça (ver Zc 12.10). **2.** Durante a vida terrena do Senhor Jesus, a atuação do Espírito Santo acompanhava as linhas gerais estabelecidas no AT, com a exceção que houve então a promessa da vinda do Espírito Santo como *alter ego* de Cristo, como quem haveria de dar continuidade à presença e à obra de Cristo no mundo, como agente de sua personalidade. (Ver Jo 14.15-17,25,26; 15.27; 16.5-15). O Senhor Jesus ensinou aos seus discípulos, quando de sua presença entre os homens, que o Espírito Santo lhes seria dado em resposta às suas orações. (Ver Lc 11.13). **3.** Quando do encerramento de seu ministério terreno, Jesus prometeu que ele mesmo rogaria ao Pai, a fim de que o dom do Espírito Santo fosse *amplamente outorgado* aos seus seguidores. (Ver Jo 14.16,17). **4.** Na noite do dia em que ressuscitou, Cristo deu aos seus discípulos, no cenáculo, um bafejo *preliminar* do Espírito Santo, como promessa e garantia do dom mais completo que se seguiria, ao soprar sobre eles, provavelmente no mesmo cenáculo. (Ver Jo 20.22). **5.** No dia de Pentecoste, o Espírito Santo desceu sobre todos quantos estavam reunidos no mesmo cenáculo, em um total de cerca de 120 pessoas. Não se há de duvidar que essa dádiva do Espírito envolveu mais do que os doze apóstolos, segundo fica subentendido no trecho de Atos 2.14, como também na profecia de Joel, conforme Simão Pedro mencionou em seu sermão, como interpretação daquela extraordinária ocorrência, que acabara de suceder. (Ver At 2.16-21 e Jl 2.28-32). Essa profecia revela-nos como o Espírito haveria de ser derramado sobre toda a carne, de modo *pleno* e transbordante. Os cento e vinte irmãos reunidos no cenáculo, pois, foram os primeiros a experimentar isso. **6.** O restante da história diz respeito a como esse dom *se expandiu* a ponto de abarcar todos os povos; tanto aos judeus (evidentemente através da imposição de mãos, como método principal — ver At 8.17 e 9.17) como aos gentios (sem imposição de mãos, mas assim exerceram fé — ver At 10.44 e 11.15-18). **7.** *Todo crente* deve possuir o Espírito Santo, pois de outro modo nem crente é. Isso pelas seguintes razões: ***a.*** Todo crente é nascido do Espírito (ver Jo 3.3,6 e 1João 5.1). ***b.*** Todo crente é habitado pelo Espírito (ver 1Co 6.19; Rm 8.9-15; 1Jo 2.26 e Gl 4.6), e é assim que o crente se torna templo de Deus. ***c.*** Todo crente possui o que se chama de batismo do Espírito (ver 1Co 12.12,13; 1Jo 2.20,27). ***d.*** Esse batismo é o selo de Deus que lhe assegura a obra final e completa da graça divina em sua vida (ver Ef 1.13 e 4.30). **8.** Mas nem todo crente é *igual* aos demais, na questão da experiência da presença habitadora do Espírito Santo ou da vida espiritual que ele nos concede (ver At 2.4 em comparação com Atos 4.29-31). Esses passos bíblicos mostram-nos que até mesmo os discípulos originais, que miraculosamente receberam o Espírito Santo, no dia de Pentecoste, depois receberam-no *novamente*, de maneira notável. Com base nessa informação, podemos supor que não *há limites* para o que o Espírito Santo pode e quer fazer na vida do crente, dependendo das circunstâncias e da obediência pessoal daquele a quem o Espírito infunde. Outrossim, nem todos os seguidores de Cristo são iguais na questão dos dons que o Espírito Santo dá, porque isso depende, por semelhante modo, da experiência espiritual que o indivíduo tem com Deus, de sua obediência, de sua receptividade e de sua busca diligente pelas realidades espirituais.

No que concerne à questão do batismo do Espírito Santo, conforme o termo é usado em trechos como 1Coríntios 12.12,13 e 1João 2.20,27, esse é o batismo que unifica todos os crentes, vinculando-os uns aos outros. Essa é a *operação fundamental* do Espírito Santo na comunidade da igreja cristã, pois com a mesma ele infunde em todos os crentes algo da realidade que Cristo é, assegurando-lhes o seu destino apropriado, como discípulos seus. Todavia, se todos bebem assim do Espírito, por outro lado, no tocante à questão de alguma dádiva especial, como preparação para o serviço cristão, dotação de poder e de dons espirituais, como o falar em línguas e outras manifestações espirituais (segundo o parecer de muitos, nem sempre há o acompanhamento do falar em línguas, nessas manifestações especiais), é mister que se diga que nem todos os crentes são *assim* "batizados".

II. NOMES DO ESPÍRITO. Quais são os nomes que o Espírito Santo recebe nas páginas do NT? Ele é chamado de: *a*. Espírito de Deus (ver Rm 8.14); *b*. Espírito de Cristo (ver Rm 8.9); *c*. Espírito do Pai (ver Mt 10.20); *d*. Espírito do Senhor (ver 2Co 3.17); *e*. Espírito Santo (ver At 2); *f*. Espírito de sabedoria e revelação (ver Ef 1.17); *g*. Espírito de poder, de amor e de bom senso (ver 2Tm 1.7); *h*. Espírito de adoção ou de oração (ver Rm 8.15); *i*. Espírito de santificação (ver Rm 1.4); *j*. Espírito de vida (ver Rm 8.10); *k*. Espírito de mansidão (ver 1Co 4.21); *l*. Espírito de consolo (ver At 9.31); *m*. Espírito da glória (ver 1Pe 4.14); *n*. Espírito de selagem, garantia da vida eterna (ver Ef 1.13,14); *o*. Espírito de todas as bênçãos carismáticas cristãs (ver 1Co 12.4): *p*. Espírito da verdade (ver Jo 14.27; 15.27; e 16.13); *q*. Paracleto, Ajudador (ver Jo 14.16).

III. O ESPÍRITO É UMA PESSOA. As obras e características desta Pessoa Divina. O Espírito Santo é um ser vivo, dotado de personalidade própria, não sendo meramente uma influência ou emanação de Deus. Antes, é uma pessoa, claramente divina, que faz parte da trindade da deidade. (ver Jo 14.16,17,26; 16.7-15 e Mt 28.19).

1. Como o Espírito Santo é visto no AT? Ele é visto como: *a*. *Uma pessoa* divina, dotada de atributos divinos (ver Gn 1). *b*. Compartilhou da obra da criação, o que nos pode dar a entender a sua onipotência (ver Gn 1.2; Jó 26.13 e Sl 104.30). *c*. Dotado de onipresença (ver Sl 139.7). *d*. Testifica aos homens no tocante ao pecado e à justiça (ver Gn 6.3). *e*. Age como agente iluminador do entendimento humano (ver Jó 32.8). *f*. Dota os homens de poder (ver Êx 28.3 e 31.3). *g*. Aparece como o Espírito de sabedoria (ver Jz 3.10—6.34; 11.29 e 13.25). *h*. Inspira as declarações divinas e as profecias (ver Nm 11.25 e 2Sm 23;2). *i*. É um agente que ajuda aos servos de Deus (ver Sl 51.2; Jl 2.23: Mq 3.8 e Zc 4.6). *j*. É santo e bom (ver Sl 51.11 e 143.10). *k*. Age como juiz (ver Is 4.4). *l*. Possui os atributos de sabedoria, entendimento, conselho, poder, bondade, conhecimento, e *inspira o temor de Deus* (ver Is 11.2). *m*. *Influencia* e vem habitar nos homens em ocasiões especiais, para realizar propósitos especiais, não o fazendo permanentemente (ver Sl 51.11; não havendo nenhuma indicação no AT de que o Espírito descesse sobre qualquer pessoa, exceto os profetas ou outros indivíduos de importância, para alguma finalidade específica). *n*. A influência do Espírito Santo é vista atuante em três níveis, no AT, a saber: *i. no nível intelectual* (ver Êx 28.3; 35.3,31; Dt 34.9); *ii. no nível moral* (ver Sl 51.11; Is 63.10 e 143.10); *iii. No nível espiritual ou religioso* (ver Os 9.7; Ez 2.2 e 3.24). *o*. O Espírito Santo foi prometido para uma nova dispensação futura, em que se manifestaria de outras formas, a tal ponto que, nos tempos do Messias, ele seria derramado sobre "toda a carne" (ver Jl 2.28 e ss.).

2. Como o Espírito Santo é visto no NT? Em face do fato de que o Novo Testamento se alicerça sobre o Antigo, é natural que a nova dispensação comparti-lhe, em termos gerais, das ideias da antiga, ainda que com algumas adições e esclarecimentos. *a*. Em relação a Cristo, o Espírito Santo é visto na concepção da Virgem Maria (ver Mt 1.18-20 e Lc 1.23), é visto como aquele que ungiu e fortaleceu a Cristo, quando de seu batismo, para que ele pudesse dar início à sua missão especial como o Messias (ver Mt 3.16). Também é Espírito Santo é visto como o agente capacitador de Cristo em seu labor, maneira de andar e serviço (ver Lc 4.1,14), como a força ressuscitadora (ver Rm 8.11) e, desde então até o presente, na qualidade de "alter ego" de Cristo neste mundo, o Espírito Santo é visto a realizar a obra de Cristo, como sua testemunha poderosa (ver Jo 15.26; 16.8-11,13,14). *b*. Em relação a todos os homens o Espírito Santo é visto como uma *força influenciadora universal*, que testifica sobre o pecado, a retidão e o julgamento. Ele controla o mal que há no mundo e convence os homens do pecado, atuando sobre todos os homens através de sua influência, personalidade e presença (ver Jo 16.7-11). Podemos supor que o mundo seria intoleravelmente mau, não fora a influência do Espírito Santo, que constrange a iniquidade inerente nos homens. *c*. Em relação à igreja, o Espírito Santo é visto como *o único* que pode regenerar a uma alma, mediante seu toque operador e transformador (ver Jo 3.3-5). Todos os crentes, portanto, devem possuir o Espírito Santo (ver Rm 8.9), ainda que a sua influência varie grandemente de um crente individual para outro, dependendo isso exclusivamente de como cada qual permite que o Espírito Santo o controle (ver At 2; Ef 1.13,14 e 5.18). É igualmente o Espírito Santo que forma a unidade da igreja, em um corpo (ver Mt 16.18; Hb 12.23 e 1Co 12.12,13, o que pode ser chamado de "batismo", ainda que não se trate de um batismo da mesma natureza com que o crente individual pode ser batizado). E é desse modo que a igreja se torna o templo do Espírito, seu lugar especial de manifestação (ver 1Co 3.16,17). A presença habitadora do Espírito Santo, entre os crentes, deve ser contínua e perpétua (ver Jo 14.16). Essa presença habitadora produz frutos no crente, semelhantes à natureza moral positiva de Deus (ver Gl 5.22,23). O alvo precípuo da implantação dos frutos do Espírito no crente, bem como de todas as suas operações na alma, é o de transformar os crentes segundo a imagem de Cristo, nos termos mais literais possíveis, de tal modo que estes venham a compartilhar da natureza moral e metafísica essencial de Cristo (ver Rm 8.29; Ef 1.23 e 2Co 3.18). E, sendo o Espírito aquele que nos impulsiona na direção desse alvo, ele é o intercessor em favor dos crentes, orando naquilo que o crente nem ao menos é capaz de proferir, visando o benefício dos mesmos (ver Rm 8.2-17). O Espírito Santo é igualmente a garantia da herança que os crentes têm em Cristo (ver Rm 8.15-17). No funcionamento das igrejas locais, o Espírito Santo é o distribuidor de todas as manifestações carismáticas espirituais (ver 1Co 12—14).

3. Os símbolos do Espírito Santo são os seguintes: *a*. O azeite (ver Jo 3.34 e Hb 1.9). *b*. A água (ver Jo 7.38,39). *c*. O vento (ver At 2.2 e João 3.8). *d*. O fogo (ver At 2.3). *e*. A pomba (ver Mt 3.16). f. O selo (ver Ef 1.13 e 4.30). *g*. O pagamento inicial ou garantia (ver Ef 1.14).

4. **O Espírito Santo é o terceiro membro da *Trindade santa*** (ver as notas expositivas referentes a Jo 5.6 no NTI).

"O pano de fundo sobre o que Paulo tem a dizer concernente ao Espírito Santo tem bases no AT Ali o Espírito aparece como o 'sopro de Deus', no sentido de ser a presença de Deus ou o poder de Deus como algo visível e operante no mundo. Somos informados de que o Espírito de Deus pairava por sobre o caos primevo (ver Gn 1.2); que os profetas foram iluminados e fortalecidos pelo Espírito (ver 1Sm 10.10, além de muitas outras referências); que ninguém é capaz de fugir da presença do Espírito de Deus (ver Sl 139.7). O Espírito de Deus é a presença autoautenticadora do poder de Deus. É ensinado no AT que o Messias seria especialmente dotado pelo Espírito Santo. E a nova dispensação, que Cristo inauguraria haveria de ser uma era do Espírito Santo. Ora, um dos fatos mais certos e íntimos da primitiva comunidade cristã é que ela vivia em um ambiente de manifestações do Espírito. Esse Espírito se apresentava tanto como o Espírito eterno de Deus quanto como o Espírito de Jesus, que era relembrado como companheiro e Mestre. A possessão do Espírito Santo, pois, era considerada o selo da ressurreição e o sinal seguro de que a nova era de fato começava. O Espírito Santo é como o pagamento inicial da glória futura, que, portanto, deixa de ser assim inteiramente futura. O Espírito Santo (descrito em Rm 5.5 como 'amor de Deus... derramado em nossos corações') é, portanto, a base empírica da fé e da esperança. Ele é a garantia tanto da significação do que ocorreu (isto é, a morte e ressurreição de Jesus, bem como a justificação dos crentes) como da realidade do que ainda acontecerá (ou seja, a volta de Cristo e a nossa total libertação do poder do pecado e da morte). É o Espírito Santo que reúne todas as peças componentes daquele acontecimento e que denominamos de revelação em Cristo, transpondo o hiato entre o passado e o futuro, o que, até este ponto, com tanta frequência tem aparecido como importante característica e elemento do pensamento paulino".

(John Knox, na introdução ao oitavo capítulo da epístola aos Romanos).

IV. SUMÁRIO DE QUALIDADES E ATRIBUIÇÕES. Um sumário de ensino bíblico sobre as qualidades e atribuições do Espírito Santo, seria mais ou menos o seguinte: **1.** Ele é o Espírito *de Deus* (ver Rm 8.14). **2.** O Espírito *de Cristo* (ver Rm 8.9). **3.** O Espírito *do Pai* (ver Mt 10.20); **4.** O Espírito *do Senhor* (ver 2Co 3.17). **5.** O Espírito *Santo* (ver At 2). **6.** O *Espírito de sabedoria e revelação* (ver Ef 1.17). **7.** O Espírito *de poder, de amor e de bom senso* (ver 2Tm 1.7). **8.** O Espírito de *adoção e de oração* (ver Rm 8.15). **9.** O Espírito de *santificação* (ver Rm 1.4). **10.** O Espírito de *vida* (ver Rm 8.10). **11.** O Espírito de mansidão (ver 1Co 4.21). **12.** O Espírito de *consolo* (ver At 9.31). **13.** O Espírito de *glória* (1Pe 4.14). **14.** O Espírito de *selagem*, a garantia da vida eterna (ver Ef 1.13,14). **15.** O Espírito de todas as manifestações *cristãs carismáticas* (ver 1Co 12.4). (Extraído do comentário de Lange).

V. ESPÍRITO DE VERDADE. João 14.17: *a saber, o Espírito da verdade, o qual o mundo não pode receber; porque não o vê nem o conhece; mas vós conheceis, porque ele habita convosco, e estará em vós.*

... O Espírito da verdade, que o mundo não pode receber... o Espírito Santo é chamado de *Espírito da verdade* por causa dos seguintes pontos: **1.** Ele *vem de Deus* e representa a verdade de Deus, a fonte de toda a verdade. Ensina os homens a verdade de Cristo. **2.** Ele é a *revelação especial* e a iluminação da verdade do "Logos" eterno. **3.** Ele é o revelador da *verdade de Jesus* em sua encarnação, bem como de sua manifestação entre os homens, isto é, das verdades que ele veio desvendar, visando o benefício da humanidade, por causa do ministério terreno de Jesus, o "Logos" encarnado **4.** Ele torna a *verdade objetiva* (a verdade divina) subjetiva para os homens, transmitindo-a para eles e fazendo-os compreenderam-na. Essa aplicação consiste particularmente na iluminação da plena verdade de Deus, segundo ela tem sido revelada em Cristo, para benefício dos homens. **5.** Em sua própria pessoa ele *é a verdade*, porquanto ele mesmo é Deus, sendo especialmente por seu intermédio que os homens estão sendo transformados, para que venham atingir com êxito o seu destino como homens. Ele é a verdade metafísica revelada aos homens, porquanto produz essa revelação nos homens, administrando a vontade de Deus Pai. Ele produz em nós aquela transformação ética diária, e é através dessa operação que ele produz a transformação metafísica do ser humano, a fim de que os remidos se tornem participantes da natureza divina. (Ver 2Co 3.18). Além da presente referência ao Espírito Santo, chamando-o de "Espírito da verdade", também vemos essa verdade exposta nos trechos de João 15.26; 16.13 e 1João 4.6. **6.** Entre as cinco afirmativas atinentes do divino Ajudador, três chamam-no de Espírito da verdade: *a*. João 14.17; 15.26 e 16.13. *b*. Cristo era a verdade encarnada, João 14.6. *c*. Aquela fé religiosa que negligencia a Cristo, ou lhe confere posição inferior à que ele tem no NT, é falsa. (Ver Gl 1.8,9). *d*. O Espírito será o agente que conduzirá os homens a Cristo, aqueles que o Pai lhe deu. (Ver Jo 15.26). **7.** Na qualidade de "Espírito da verdade", o divino *Paracletos* guiaria os remidos a *... toda a verdade... Tenho ainda muito que vos dizer...* Isso teria lugar quando da continuação da obra de Cristo no mundo e nos corações de seus discípulos, mediante o ministério do Espírito Santo, antes e depois de sua ascensão aos lugares celestiais.

Ver o artigo separado sobre *Paracleto*.

VI. TESTEMUNHA DA SALVAÇÃO DOS CRENTES. Romanos 8.16: *O Espírito mesmo testifica com o nosso espírito que somos filhos de Deus; ... O próprio Espírito testifica com o nosso espírito que somos filhos de Deus...* O Espírito Santo continua em foco em Romanos 8.16, e não o espírito humano ou o homem interior. Embora o Espírito de Deus é quem dê testemunho da filiação dos crentes, é o espírito humano que recebe esse testemunho. *... testifica com...* Essas palavras significam que o Espírito de Deus reforça e acompanha o testemunho já existente no homem interior.

É devido a essa *consciência de filiação* que tem origem divina, que os crentes aprendem, de maneira bem real, a chamar Deus de "Aba, Pai". Um indivíduo qualquer pode ter alguma inclinação para invocar a um poder superior, como se pedisse auxílio de seu pai; mas é o Espírito Santo que produz, no crente, o conhecimento espiritual e a íntima convicção dessa realidade, assegurando-lhe que Deus, o mais elevado de todos os poderes, é seu Pai, espiritualmente falando. Isso assegura a consciência não somente da dignidade de sua posição, mas também da natureza de sua transformação segundo a forma de vida divina. (Ver Ef 3.19).

O trecho de Gálatas 4.6 é um paralelo quase exato deste versículo. Ali vemos que o Filho foi enviado por Deus Pai com o propósito distinto de criar, no coração humano, o clamor que diz: "Aba, Pai".

A *certitudo gratiae, ou* seja, a "certeza da graça", tem sido corretamente deduzida deste versículo, contrariamente ao parecer daqueles que pensam que ninguém pode ter real certeza de que está "salvo", ou que tem sido levado à justificação e à regeneração por meio da graça divina.

Testes de confirmação. 1. O próprio impulso íntimo que nos impele a considerar Deus como nosso Pai, invocando-o como tal. **2.** A consciência que disso temos, intuitiva, e não racional, mas nem por isso, irracional. **3.** A 'comunhão' assim criada, e isso com Deus Pai e com Deus Filho, o que pressupõe um contato espiritual genuíno. (ver 1Jo 1.3). **4.** A comunhão que é criada entre nós e os outros crentes, em um profundo amor, formando uma espécie de laço *familiar*. (ver 1Jo 1.7). **5.** Um *andar santo*, em que há vitória sobre o pecado, apresentado por todo o oitavo capítulo da epístola aos Romanos, bem como no trecho de 1João 1.7. **6.** A importantíssima consciência de que o alvo dessa nossa comunhão é fazer-nos semelhantes ao Filho de Deus, sendo nós progressivamente conformados segundo a sua imagem, por obra e graça do Espírito Santo. (Ver Rm 8.29 e 1João 3.2, que são trechos que expressam esse mesmo conceito).

VII. A OBRA E A ORIENTAÇÃO DO ESPÍRITO. 1. Os antigos títulos atribuídos ao livro de Atos, incluíam aquele sugerido por alguns dos primeiros pais da igreja: "Atos do Espírito Santo". Esse livro pressupõe, do princípio ao fim, que o Espírito Santo é a força dirigente do movimento dos primeiros missionários cristãos. **2.** O Pentecoste (ver At 2), foi o princípio das operações do Espírito; e esse ato proveu para a igreja o seu nascimento e o poder necessário para sua expansão. **3.** Por ser criador (ver Gn 1.26,27), o Espírito Santo também é capaz de realizar criações espirituais (ver 2Co 5.17) e assim sendo, ele é a força por detrás de toda a espiritualidade (ver Gl 5.22,23), a começar pela conversão (ver Jo 3.3). **4.** Ele dirige ativamente os ministros do evangelho (ver At 16.6,7,10). **5.** Ele santifica àqueles que converte (ver Rm 15.16). **6.** Ele exerce um ministério no mundo, e não apenas na igreja (ver Jo 16.8-11). **7.** Ele é o mestre supremo (ver Jo 14.26). **8.** Glorificar Cristo e promover a sua causa é o objetivo de seus esforços (ver Jo 15.16). **9.** Ele habita nos santos (ver Ef 2.20), tornando-os templos de Deus e conferindo-lhes acesso a Deus. **10.** Ele ajuda-nos em nossas fraquezas (ver Rm 8.26). **11.** Temos a capacidade de resistir ao Espírito Santo (ver At 7.51), bem como de entristecê-lo (Ef 4.30).

VIII. Autor de Inspiração. Referências e ideias. **A inspiração dada pelo Espírito Santo. 1.** A inspiração do Espírito Santo foi predita (ver Jl 2.28 com Atos 2.16-18). **2.** Toda a Escritura foi dada por ela (ver 2Sm 23.2; 2Tm 3.16 e 2Pe 1.21). **3.** O seu desígnio é revelar os acontecimentos futuros (ver At 1.16; At 28.25 e 1Pe 1.11). **4.** É revelar os mistérios de Deus (ver Am 3.7 e 1Co 2.10). **5.** É conferir poder aos ministros (ver Mq 3.8 e Atos 1.8). **6.** É dirigir aos ministros (ver Ez 3.24-27; At 11.12 e 13.2). **7.** É controlar os ministros (ver At 16.6). **8.** É testificar contra o pecado (ver 2Rs 17.13; Ne 9.30; Mq 3.8 e João 16.8,9). **9.** Seus modos de manifestação são diversos (ver Hb 1.1). **10.** Por impulso secreto (ver Jz 13.15; 2Pe 1.21). **11.** Por uma voz (ver Is 6.8; At 2.29 e Ap 1.10). **12.** Por visões (ver Nm 12.6 e Ez 11.24). **13.** Por sonhos (ver Nm 12.6 e Dn 7.1). **14.** É necessária às profecias (ver Nm 12.6 e Dn 7.1; 20.14-17). **15.** É irresistível (ver Am 3.8). **16.** Os desprezadores da inspiração do Espírito são castigados (ver 2Cr 36.15, 16 e Zc 7.12).

IX. O Espírito de Cristo é o Espírito de Deus: Romanos 8.9. Não se pode demonstrar, pelas Escrituras, que o "Espírito de Cristo" não é o *mesmo* "Espírito Santo". Dá-se justamente o contrário, pois o Espírito de Deus recebe muitas designações nas páginas da Bíblia, conforme também se vê claramente nas notas expositivas, no NTI, sobre o 1° vs. deste capítulo. Este versículo requer a identificação desses dois termos, pois o texto mostra-nos que essas duas expressões são sinônimas. Ainda que deixássemos inteiramente de lado a porção final deste versículo, que encerra a referência ao "Espírito de Cristo", a primeira parte do mesmo já afirma que todos os crentes devem contar com a presença habitadora do Espírito de Deus, já que os verdadeiros crentes são descritos como pessoas que estão "no Espírito", e não "na carne". Esse "estar no Espírito" é imediatamente esclarecido pelo próprio versículo como a presença habitadora do Espírito Santo. É essa presença habitadora que faz o crente estar "no Espírito", e não "na carne". Toda essa verdade pode ser determinada sem fazermos qualquer vinculação ao "Espírito de Cristo". A sentença que diz que o Espírito de Cristo está em nós foi acrescentada a fim de declarar a mesma verdade ao contrário, o que já havia sido afirmado direta e positivamente. Por conseguinte "estar no Espírito" significa contar com a presença habitadora do Espírito Santo, pois, sem a presença habitadora do Espírito Santo (ou Espírito de Cristo), o indivíduo não pertence a Jesus Cristo, nem ao menos sendo um crente.

Pondo para um lado todas as controvérsias, deve-se asseverar que o presente versículo ensina, bem especificamente, que *o verdadeiro crente deve ter uma vida vitoriosa*, algo que não pode ser conseguido pelos legalistas, porquanto é dentro do sistema da graça divina que o Espírito Santo de Deus é propiciado aos homens, a fim de neles habitar, com o resultado óbvio e necessário que andarão santamente na fé cristã. Portanto, a graça divina exige um andar santo, dando-nos, igualmente, as armas necessárias para cumprimento desse alvo, longe de dar-nos licença para pecar. O crente é templo de Deus. O Espírito Santo purifica esse templo quando se muda para ali, a fim de que faça do crente a sua habitação apropriada. Porém, se esse *templo* não for limpo no sangue de Cristo e através da regeneração do Espírito, não é possível encontrarmos o Espírito de Deus ali habitando.

X. Dons do Espírito. Ver o artigo separado sobre este assunto.

ESPÍRITO FAMILIAR

Ver os artigos sobre *Demônios* e *Adivinhação*. Entre os cristãos é comum definir um espírito familiar como um demônio que ou influencia ou se apossa de uma pessoa. O Antigo Testamento encarava a questão com severidade, ordenando a pena de morte para qualquer um que tivesse um espírito desses ou praticasse assim a adivinhação. (Ver Lv 20.27). O termo "familiar" veio a ser associado a tais espíritos devido à suposição de que eles agiam como servos de certas famílias, podendo ser convocados a servir. A palavra hebraica, envolvida no texto de Levítico, *ob*, e que tem sido assim traduzida, tem o seu sentido disputado, embora pareça estar ligado à palavra "retornar". Nesse caso, a referência provável é àquele tipo de espírito que acompanha uma pessoa; e, por isso, poderia ser considerado como um espírito que volta, a fim de realizar algum serviço. Essas associações de ideias com esses espíritos procedem, pelo menos, de duas observações: **1.** Alguns desses espíritos afirmam-se membros da família que morreram, mas que, por uma razão ou outra, retornaram dos mundos espirituais para este mundo material. Tais espíritos podem ser considerados presos a este mundo. Esse fenômeno, embora imitado por espíritos não humanos, parece que realmente ocorre. Deveríamos lembrar que o destino das almas não é fixado por ocasião da morte física, e que existe um mundo intermediário dos espíritos, que pode entrar em contato com pessoas que ainda vivem na carne. Era uma antiga doutrina judaica, retida pela igreja antiga, que os demônios são espíritos humanos desencarnados. Crisóstomo, em face de sua vasta influência pessoal, fez tornar-se dominante a ideia de que os demônios são anjos caídos. Porém, a outra ideia persiste, explicando alguns casos de possessão e influência demoníaca. **2.** Além disso, parece haver alguma espécie de fator hereditário envolvido, que passa, por exemplo, da avó para a mãe, para a filha e para a neta etc., conferindo às pessoas habilidades mediúnicas, o que equivale a dizer que elas possuem espíritos familiares.

O mundo dos espíritos é muito complexo, provavelmente não menos do que o o nosso mundo material, de seres físicos. Portanto, os chamados espíritos familiares não podem ser identificados como uma única espécie. Alguns desses espíritos familiares parecem nada ser senão pestes prejudiciais, que gostam de pregar peças nos outros, conferindo informações falsas e triviais. Exibem menos inteligência que os espíritos humanos. Muitas fitas gravadas parecem reproduzir as vozes desses espíritos inferiores. Por outra parte, há espíritos dotados de grande poder, aos quais, com razão, poderíamos chamar de anjos caídos. E, entre um extremo e o outro, há todas as variedades de espíritos, incluindo os espíritos humanos desencarnados. São dotados de diferentes poderes e níveis de bem ou de mal; mas, alguns deles, são apenas espíritos insatisfeitos, que perderam o seu caminho, e que perturbam as vidas das pessoas, de maneira mais ou menos funesta. O nosso conhecimento sobre todas essas coisas, porém, é severamente limitado; mas, quanto mais se descobre, tanto mais complexo o quadro vai se tornando.

O Antigo Testamento proíbe coerentemente a comunicação com tais espíritos e várias referências veterotestamentárias falam em comunicação com os *mortos*, o que é exatamente o que os espíritas afirmam que pode ser feito. Que pode ser feito, o próprio Antigo Testamento o diz, mas o Antigo Testamento também diz que isso não deve ser feito pelos que conhecem ao Senhor. (Ver as seguintes referências bíblicas: Lv 19.31; 20.6; Dt 18.11; 1Sm 28.3, 7-9; 2Rs 21.6; 23.24; 1Cr 10.13; 2Cr 33.6; Is 8.19; 19.3; 29-4). A história da pitonisa que foi capaz de invocar o espírito de Samuel, a pedido do rei Saul (1Sm 28), deveria ser interpretada literalmente. Não há razão para duvidarmos da realidade potencial daquele ato. Por outro lado, existem espíritos enganadores que se fazem passar por espíritos humanos, e é muito difícil reconhecer a diferença. Ver o artigo separado sobre o Espiritismo. Os fenômenos psíquicos são comuns a todos os homens, porquanto todos nós somos seres psíquicos. Essas capacidades são neutras por si mesmas e podem ser usadas de maneira positiva ou negativa. (Ver a sexta seção do artigo sobre o *Espiritismo*, quanto à defesa dessa tese. Ver também o artigo geral sobre a *Parapsicologia*).

ESPIRRAR

No hebraico, *zarar*. Essa palavra hebraica é usada por apenas uma vez, em 2Reis 4.35, no relato da cura do menino, filho da mulher sunamita, por parte de Eliseu. Lemos naquele versículo: ... *e se estendeu sobre o menino; este espirrou sete vezes, e abriu os olhos.*

Em Jó 41.18, embora nossa versão portuguesa também fale em "espirros", seria mais acertado traduzir uma outra palavra hebraica por resfôlego, ou algum outro sinônimo, porquanto está em pauta o crocodilo.

ESTACA

No hebraico, *yathed*, "estaca", **"cavilha"**. Essa palavra aparece por oito vezes no Antigo Testamento, como em Êxodo 27.19; Juízes 4.21,22; Isaías 33.20; 54.2. Uma estaca era enfiada no chão, para segurar, por exemplo, uma tenda. As estacas antigas eram feitas de madeira, de bronze, de prata ou de ferro.

ESTAÇÕES DO ANO

As quatro estações do ano, em hebraico e em grego, chamam-se, respectivamente: Verão = *qayits, théros*; essa estação envolvia o que hoje chamaríamos de primavera/verão. Inverno = *choreph, cheimón*; essa estação envolvia o que hoje chamaríamos de outono/inverno. Mas essas são apenas as palavras principais para indicar as estações, pois havia outros termos com este sentido, todos eles, de *tempo fixo*.

Tal como todas as demais sociedades que se acham em um nível cultural comparável a eles, os israelitas tinham forte senso sob as estações do ano, e da importância das mesmas para a vida humana. Na Palestina, havia basicamente apenas duas estações anuais: a estação seca, que era quente; e a estação chuvosa, que era fria ou fresca. A incidência dessas duas estações fundamentais determinava o planejamento de qualquer comunidade agrícola do mundo; mas Israel tinha uma consciência especial das estações como uma evidência direta da supervisão divina sobre os acontecimentos do mundo, com base na promessa feita por Deus, em Gênesis 8.22, bem como na advertência explícita de Levítico 26.3,4 (cf. Dt 11.13,14). O regime irregular das chuvas, na Palestina (ver sobre *Chuvas*), conferia ao povo de Israel o senso de dependência a Deus, quanto ao dom da boa colheita.

Por ocasião do êxodo, ficou resolvido que Israel contaria os seus meses a partir do mês em que era celebrada a Páscoa. Assim o 1° mês do ano teve início. (Ver Êx 12.2). Todas as outras datas fixas foram feitas a partir desse ponto inicial, como, por exemplo, as três ocasiões do ano nas quais todos os homens de Israel tinham de reunir-se em Jerusalém para celebrar as grandes festividades religiosas da nação. Entretanto, depois que os israelitas se estabeleceram na Terra Prometida, tornando-se mais agricultores do que pastores, o ritmo do ano agrícola se impôs, e as festas religiosas passaram a ter uma nova significação, como assinaladoras das estações do ano.

Agriculturamente falando, o ano começava, para os israelitas, com as "primeiras" chuvas do nosso mês de outubro, quando o solo, queimado pelo sol, tornava-se suficientemente arável, capaz de receber a semente. As plantações desenvolviam-se ao longo da estação chuvosa, e, na época do ano correspondente ao nosso mês de abril, começavam as colheitas, com a safra da cevada. Mas era no mês de junho que ocorria a colheita principal, seguida pela colheita da uva e das azeitonas. O ciclo agrícola só vinha a terminar nos fins de setembro ou começo de outubro.

As festividades religiosas do povo de Israel marcavam a progressão dessas estações do ano. A Páscoa ocorria por ocasião da colheita das primícias, em nosso mês de abril, a festa das Semanas coincidia com a colheita principal, a do trigo, envolvendo pães para sublinhar essa conexão; a festa dos Tabernáculos assinalava a "colheita terminada", bem como o início de um novo ano agrícola. O estudioso Baly vê, na água derramada por ocasião da festa dos Tabernáculos, uma forma de símbolo da "desesperadora necessidade de chuvas", quando os agricultores de Israel davam início aos labores próprios de uma nova estação do ano. (Ver sobre *Calendário*).

Dissemos acima que os israelitas só conheciam duas estações reais, a estação seca, ou verão, e a estação chuvosa, ou inverno. Isso ocorria por causa das condições climáticas que imperavam na Palestina, o que também sucedia na Babilônia. No entanto, devido a outras condições de clima, os egípcios dividiam o ano em três estações de quatro meses cada uma, denominadas, respectivamente, Água, Crescimento e Colheita, dependentes do regime de enchentes e secas do rio Nilo. Interessante é observar que, no caso dos israelitas, embora eles tivessem, para todos os efeitos práticos, apenas duas estações anuais, segundo se vê no Talmude, eles não desconheciam a existência de quatro estações anuais, com base nos equinócios e solstícios. Talvez isso só se tenha estabelecido em tempos posteriores, conforme se nota, por exemplo, na Regra de Qumran: tempo da colheita; tempo dos frutos de verão; tempo de semear; e tempo de brotar. Isso também transparece no zodíaco da sinagoga de Bete-Alfa, onde há representações das quatro estações: Nisã (tempo da colheita, primavera), Tamuz (tempo de calor, verão), Tisri (tempo de semear, outono) e Tebete (tempo de frio, inverno). Essas estações pois, adquiriram nome com base nos nomes dos meses em que caía o equinócio ou o solstício, o que prova que tal divisão não fora originalmente criada pelos israelitas, mas tinha origem estrangeira, provavelmente derivada dos costumes babilônicos.

ESTANDARTE

Quatro palavras hebraicas diferentes devem ser examinadas quanto a este verbete, a saber: **1**. *Degel*, "bandeira", "pendão". Essa palavra hebraica ocorre por treze vezes (Nm 1.52; 2.2,3,10,17,18,25,31,34; 10.14,22,25; 10.18 e Ct 2.4). **2**. *Nus*, "fazer fugir", "impelir". Essa palavra é de ocorrência comum no Antigo Testamento, nada tendo a ver com a ideia de "estandarte" ou "bandeira". No entanto, algumas versões dão essa impressão, em Isaías 59.19. Mas nossa versão portuguesa corretamente diz, nessa passagem: ... *pois virá (a glória do Senhor) como torrente impetuosa, impelida pelo Espírito do Senhor*. Traduzir essa palavra hebraica por qualquer coisa que dê a ideia de "estandarte" é erro crasso de tradução. **3**. *Nes*, "bandeira", "vela". Palavra hebraica que foi utilizada por vinte vezes (como por exemplo, em Is 49.22; 62.10; Jr 4.6,21; 50.2; 51.12,27). É possível que a semelhança entre essa palavra e a de número dois, *nus*, tenha feito alguns tradutores traduzirem esta última por "estandarte", em Isaías 59.19, quando ela não significa isso. (Ver acima). **4**. *Nasas*, "levantar um estandarte". Esse termo hebraico é usado por duas vezes, em Isaías 10.18 e Zacarias 9.16.

Quanto à terceira dessas quatro palavras, *nes*, há uma forma expandida dessa mesma raiz que é usada no sentido de reunir-se em torno de uma bandeira ou estandarte. Na literatura apocalíptica judaica há grande preocupação em relação aos termos que indicam "estandarte", pois ali esses estandartes são considerados muito mais do que sinais usados em cerimônias formais. Essa é a palavra hebraica geralmente usada na literatura hebraica profana para indicar "bandeira" ou "estandarte", embora também sejam empregadas outras palavras.

Essa palavra traduz uma palavra hebraica que indica algo "conspícuo", como também uma palavra hebraica que significa "insígnia". A primeira dessas palavras é usada por catorze vezes, e a segunda é usada por vinte vezes, com várias traduções em português, uma e outra. A primeira palavra tem origem acádica, com o sentido de "ver". Os estandartes eram erigidos em mastros, no topo de colinas e em outros lugares conspícuos, a fim de sentirem de sinal ou identificação, e também para convocar os homens das tribos de Israel para a batalha. (Ver Nm 2.2; 21.8 ss.; Ct 2.4; 6.4; Sl 60.4; Is 11.10; Jr 4.21). No deserto, cada uma das doze tribos de Israel contava com seu próprio estandarte identificador. Os túmulos reais sumérios, em Ur (cerca de 2900 a.C.), tinham estandartes decorativos, em baixo relevo. É provável que o uso original de estandartes fosse militar, mas, com o tempo, seu uso tornou-se generalizado e com vários motivos. Os primeiros estandartes não eram bandeiras feitas de tecido; antes, eram emblemas, representando animais, pássaros, deuses etc. Eram feitos de madeira ou metal, pintados em cores brilhantes, e suspensos no alto de um mastro. A águia era um símbolo comum, mas muitas outras aves e animais eram usados nesses estandartes. O trecho de Números 1.52 mostra-nos que cada tribo de Israel tinha seu próprio emblema, utilizado para finalidades como identificação, lugar para armar tendas, movimentos e marchas. Em Salmo 20.5, o "pendão" aparentemente é uma bandeira de guerra. Ali o uso da palavra é figurado, porquanto trata-se do pendão de Deus a esvoaçar por sobre o seu povo, identificando-os como pertencentes ao Senhor, e garantindo-lhes a sua presença e proteção. No livro Cantares de Salomão, o "estandarte" representa o amor, que o esposo tem pela esposa. O Messias é referido como uma "bandeira", isto é, como o ponto de convergência para todos os povos que a ele pertencem (ver Is 49.22). Em Isaías 30.17, vemos um estandarte transmitindo uma importante mensagem. A serpente de bronze, no alto do mastro, foi erguida para servir de cura, conclamando o povo de Israel à saúde, física e espiritual (ver Nm 21.8,9). Isso representava o poder universal de Cristo, para atrair os homens para si (ver Jo 3.14). Em Atos 28.11 encontramos o emblema de "Dióscuros" (Castor e Pólux), na proa de um navio. Alguns têm vinculado a palavra grega σεμεςιον, "sinal", usada em quase todos os livros do Novo Testamento (é empregada por cerca de setenta e duas vezes), a essa ideia. Mas o vocábulo grego refere-se a um conceito inteiramente diferente. Ver o artigo sobre *Sinal*. (UN VA)

ESTAOL

No hebraico, esse nome deriva-se de uma forma reflexiva do verbo "pedir", sendo provavelmente relacionada à ideia de "possessão". Mas essa palavra também poderia indicar que um antigo oráculo existia ali. Estaol era o nome de uma cidade, alistada como uma das possessões de Judá (Js 15.33). Contudo, em Josué 19.40,41, a cidade aparece como pertencente à tribo de Dã. Podemos harmonizar isso supondo que, em algum tempo não designado, a parte mais nortista de Judá veio a tornar-se parte do território de Dã. Sansão nasceu e foi sepultado ali, ou perto daquele lugar (Jz 13.24,25; 16.31). Dali e de Zorá, nas proximidades, os danitas começaram a expandir o seu território (Jz 18.2 ss.). O local moderno, na opinião dos eruditos, é Eshsa', perto de Zorá, a vinte e um quilômetros a noroeste de Jerusalém. Os estaoleus aparecem entre a posteridade de Calebe, em 1Crônicas 2.53.

ESTEMOA

No hebraico, **"obediência"**. Esse era o nome de uma cidade existente na região montanhosa de Judá, que veio a pertencer aos sacerdotes. Ver Josué 15.50 (onde nossa versão portuguesa diz "Estemo", provavelmente por erro gráfico); 21.14; 1Crônicas 4.17,19. Quando Davi estava exilado em Ziclague, ele enviou uma parte dos despojos que tinha conquistado aos anciãos que viviam ali.

ESTER (LIVRO DE)

O livro canônico de Ester (ver o artigo sobre Ester, Adições ao Livro de, no *Dicionário*) conta-nos a história de Ester, jovem judia que substituiu Vasti, como rainha do rei persa, Assuero. Esse livro propõe-se a fornecer-nos as circunstâncias históricas do estabelecimento da festa judaica de Purim. Trata-se da história de uma heroína judia, por conseguinte. Embora não contenha o nome de Deus, e nem seja citado uma vez sequer no Novo Testamento, tem desfrutado de grande popularidade entre os judeus. O hino de louvor aos heróis da fé, em Eclesiástico 44.49, não menciona Ester. Nos fins do século I d.C., os rabinos judeus continuavam disputando sobre a canonicidade do livro. Lutero emitiu o desejo de que o mesmo nunca tivesse sido escrito. Também não figurava entre os rolos dos *Manuscritos do mar Morto* (ver a respeito no *Dicionário*). Esses fatos dão ao livro uma posição curiosa, dentro do cânon sagrado. Mas, a corrente principal do judaísmo sempre lhe deu um grande valor.

I. A Heroína e Certas Dificuldades Históricas. O nome hebraico dessa mulher era Hadassah, que significa "murta", o nome de uma planta. Ester era o nome (provavelmente persa) que lhe foi dado, quando ela tornou-se parte do harém real. É possível que esse último nome esteja ligado a *Istar*, nome de uma das principais deusas babilônicas. Há um targum que revela que ela foi assim chamada em honra à estrela Vênus, no grego, Aster, vinculada à palavra portuguesa *estrela*. Alguns estudiosos supõem que essa troca de nomes tenha seguido uma imitação da palavra hebraica, não tendo havido uma troca genuína de um apelativo por outro. Ester pertencia à tribo de Benjamim. Seu nome tem sido imortalizado no livro que foi escrito para decantar seus atos heroicos. Ela tinha um primo, Mordecai, que a adotou quando da morte de seus pais (Et 2.5-7), tendo-a criado na Pérsia. Ali ela também foi o instrumento na salvação dos judeus, quando as autoridades do império persa queriam destruí-los. Isso foi possível somente porque Ester tornou-se a rainha do rei persa, em lugar de Vasti. Desse modo, Ester ficou em uma posição em que pôde interceder em favor de seus compatriotas judeus.

Muitos eruditos liberais não creem na historicidade do livro de Ester. Preferem pensar que se trata de um romance histórico, porquanto contém vários erros históricos evidentes. O principal desses erros é que não é possível identificar com certeza qualquer rei da Pérsia chamado Assuero. Assuero tem sido identificado por outros como Xerxes (485-465 a.C.). Mas Mordecai, o primo de Ester, teria sido levado para o exílio por Nabucodonosor, mais de um século antes da subida de Xerxes ao trono da Pérsia. Assuero também tem sido identificado com Artaxerxes II (404-358 a.C.), mas há várias dificuldades cronológicas que acompanham essa identificação. Ester, por sua vez, tem sido identificada com Amestris, de Xerxes, mas sabemos que o pai de Amestris era um general persa, o que significa que Amestris não era uma donzela judia.

O problema da avançadíssima idade de Mordecai só poderia ser explicado se pensássemos que, em Ester 2.5,6 há menção a Quis, o bisavô de Mordecai, e não a este último. Menos grave é a questão do nome de Ester, que não figura nos registros históricos. Isso deve-se à circunstância de que os monarcas antigos tinham muitas esposas e concubinas, cujos nomes apenas em um caso ou outro são mencionados. Contudo, alguns estudiosos pensam que o livro é uma *peça pseudo-histórica*, usada para simbolizar o conflito entre os deuses babilônicos e elamitas. *Nesse caso, Ester é Istar,* e Mordecai é Marduque. A similaridade de sons, entre esses nomes, é impressionante, mas poucos estudiosos pensam que essa teoria possa ser defendida com êxito. Outras objeções giram em torno de coisas subjetivas, como a indagação se Hamã teria a coragem de tentar um genocídio. Ele anunciaria a data do massacre com tanta antecedência? Uma jovem judia teria o poder de exercer qualquer influência sobre um poderoso monarca persa? Alguém construiria uma forca com vinte e cinco metros de altura? Isso equivaleria a um moderno prédio de oito andares. Porém, visto que a vida real por muitas vezes é mais estranha que a ficção, essas objeções não têm muito peso. Também não precisamos supor que todos os detalhes da história sejam exatos, mesmo que o livro de Ester seja essencialmente histórico.

Outras Dificuldades Históricas Dignas de Serem Mencionadas. 1. O trecho de Ester 1.1 menciona cento e vinte e sete províncias persas. Mas Heródoto (3.89) alude somente a vinte satrapias. As inscrições de Dario variam entre 21 e 29 satrapias. A resposta dada a essa objeção é que as satrapias maiores eram divididas em unidades menores, e que o livro de Ester refere-se a essas divisões todas. Todavia, não há como provar que o argumento está certo. **2**. Heródoto (3.84) diz-nos que os reis da Pérsia eram obrigados a escolher sua rainha dentre as sete principais famílias da nação. Essa objeção é respondida dizendo-se que essa regra não era necessariamente permanente e absoluta, e que em um sistema onde havia pluralidade de esposas, tal regra facilmente podia ser desobedecida. Provavelmente, seria aplicável somente às esposas principais, que servissem de rainhas. Mas na verdade, Ester aparece como uma rainha. A rainha de Xerxes, conforme se sabe, foi Amestris, que era uma princesa persa. Portanto, deve-se supor que uma outra rainha tenha entrado em cena. Esse problema, nem por isso, fica resolvido, porque Vasti também não era Amestris. Ou seria? **3**. Se a festa de Purim foi instituída por Mordecai, por que isso não é mencionado senão quando ocorre como o dia de Mordecai, em 2Macabeus 15.36? A resposta a essa objeção é que a festa de Purim só se tornou proeminente na época em que o livro de 2Macabeus foi escrito, pelo que não teria sido mencionada, juntamente com outras festas nacionais dos judeus. O próprio livro de Esdras não menciona todas as festividades judaicas, incluindo algumas mais antigas que a festa de Purim. A lista de heróis, em Eclesiástico, não menciona nem Ester e nem Mordecai. Pelo que, pergunta-se: teriam sido eles figuras históricas? Essa objeção é respondida supondo-se que aquela lista seja incompleta. Pois o autor da lista também omitiu Esdras, que, sem dúvida alguma, foi uma personagem histórica.

II. Conteúdo
1. A História da Rainha Vasti (1.1-22).
2. Ester, Substituta de Vasti (2.1-23).
3. Hamã Conspira para Aniquilar os Judeus (3.1-15).
4. Intervenção Corajosa de Ester (4.1—7.10).
5. Os Judeus Vingam-se (8.1—9.19).
6. Instituição da Festa de Purim (9.20-32).
7. Mordecai em Posição de Autoridade (10.1-3).

III. Propósito Geral. Embora o nome de Deus não seja ali mencionado, o livro, evidentemente, tem o intuito de dar uma vívida demonstração de como a *Providência de Deus* opera entre os homens, podendo reverter qualquer situação difícil. Outrossim, a narrativa tem a finalidade de explicar como veio a ser instituída a festa de *Purim* (ver a respeito no *Dicionário*). Essa festa judaica é mencionada pela primeira vez em 2Macabeus 15.36. Ao preservar o seu povo, muitos dos quais se mostravam lassos em sua conduta, Deus demonstra o poder do seu pacto com eles. *Purim* é palavra que vem do assírio, *Puru*, que indica um pedregulho apropriado para ser lançado como se fosse um dado, em sortilégios. (Ver Et 3.7; 9.24,26). Esse *puru*, pois, representa o destino. Hamã lançou sortes para ver qual seria o melhor dia para tentar destruir totalmente os judeus. Mas Deus reverteu esse destino. Se, porventura, o livro só foi escrito na época dos macabeus, então o seu propósito foi o de encorajar a fidelidade a Deus, em consideração à fidelidade histórica do Senhor.

IV. Autoria e Data. O livro é anônimo, mas a tradição judaica tem procurado fazer algumas identificações. Alguns supõem que o próprio Mordecai tenha sido o seu autor ou, pelo menos, tenha sido uma das principais fontes informativas. Admite-se que a história contém um autêntico colorido da vida e dos costumes persas, o que significa que o autor tinha conhecimento desses costumes em primeira mão, ou então, que teve acesso aos registros apropriados. Agostinho atribuía o livro de Ester a Esdras; mas os eventos ali registrados ocorreram depois de seu tempo. O pseudo-Filo e o rabino Azarias afirmaram que o livro foi escrito por Joiaquim, filho do sumo sacerdote Josué, no décimo segundo ano do reinado de Artaxerxes, a pedido de Mordecai. Mas, tudo isso não passa de conjectura.

Data. A mais antiga referência pós-bíblica à festa de Purim fica em 2Macabeus 15.36, com data de depois de 161 a.C. Refere-se ao *dia de Mordecai*, o que quer dizer que o livro deve ter sido escrito antes desse tempo. É comumente datado no século II a.C. Se foi uma história genuína, e se foi escrito perto, quanto ao tempo, dos acontecimentos ali descritos, então foi escrito em cerca de 500 a.C. Muitos estudiosos supõem que o livro reflita os conflitos dos macabeus e que foi escrito como uma espécie de novela romântica, a fim de encorajar os leitores à fidelidade a Deus, mediante a confiança em sua providência. Isso o colocaria dentro do século II a.C. Se foi escrito durante o governo de Artaxerxes Longânimo, então deve ter sido escrito por volta de 450 a.C.

V. Posição no Cânon. A canonicidade do livro de Ester foi longamente disputada entre os judeus. Essa disputa prosseguiu até o fim do século I d.C. Seja como for, aparece na terceira divisão das Escrituras hebraicas, entre os livros de Rute, Cantares, Eclesiastes e Lamentações, como um dos rolos. Os rabinos, em Jammia (cerca de 100 d.C.) deram atenção especial à questão de sua canonicidade. Contra a sua canonicidade eles argumentavam que o livro instituía, como obrigatória, uma nova festa religiosa, que ultrapassava a lei de Moisés, que, presumivelmente, havia instituído todas as festas obrigatórias. Mas essa objeção foi afastada mediante a invenção de que o livro fora revelado a Moisés no monte Sinai, embora só tivesse sido escrito na época de Mordecai (Talmude de Jerusalém, *Megillah*, 70d). Isso serve de triste demonstração de como a mente religiosa pode chegar a qualquer conclusão, *a priori*, que uma pessoa ou um grupo de pessoas queiram fazê-lo. Sua suposta natureza não religiosa (por não mencionar nem uma vez o nome de Deus), sem dúvida alguma, fora a grande razão que levou Lutero e outros a rejeitarem tão violentamente o livro.

O livro de Ester tem desfrutado de grande popularidade entre os judeus, o que é muito compreensível. Ele é lido anualmente, por ocasião da festa de Purim. O livro notabiliza-se por seu ardoroso nacionalismo, de mistura com a atitude de repúdio aos pagãos e ao paganismo. Não precisaria mais nada para garantir a sua preservação. (AM I IB WBC WES Z)

ESTER (A PESSOA). Ver a primeira seção do artigo sobre *Ester* (*O Livro*).

ESTER, FESTA DE. Ver sobre *Festividades Religiosas dos Judeus*.

ESTERCO DE POMBAS. Ver sobre *Pombas, Esterco de*.

ESTERILIDADE

Era questão séria uma mulher ser estéril no Oriente Próximo e Médio, porquanto ela sofria opróbrio tanto diante de si mesma como diante do público. De fato, fazia parte da teologia popular da época que uma mulher estéril estava debaixo do juízo divino (ver Gn 16.2; 30.1-23; 1Sm 1.6,20). No Talmude, *Yeromoth* vi.6, a um homem casado com uma mulher estéril era ordenado deixá-la após dez anos de casamento e casar-se com outra; e repetir a prática, se a segunda esposa também fosse estéril. Um antigo costume, refletido na história de Sara e Abraão, consistia em dar ao marido uma concubina que lhe pudesse dar filhos, para que houvesse uma situação doméstica normal. (Ver Gn 16.2 e 30.3). Sem dúvida, a questão envolvia o problema da herança de terras e a perpetuação do patrimônio e do nome da família. Não podia haver calamidade maior para um israelita do que a sua família desaparecer da face da terra. A reversão da esterilidade era considerada uma misericórdia e intervenção divina, uma resposta à oração, conforme se vê nos versículos acima referidos. Em sua misericórdia, Deus dá a uma mulher um lar e filhos (ver Sl 113.9), em face do que há cânticos de louvor (ver Is 54.1). As próprias palavras hebraicas para "estéril", que no tocante à mulher são três: *otser*, "restringida" (ver Pv 30.16); *agar*, "estéril" (ver Gn 11.39; Dt 7.14; Is 54.1 etc. — usada por doze vezes); e *shakkul*, "privar" (ver Ct 4.2 e 6.6), demonstram as atitudes da época quanto à questão. Naturalmente, a palavra também era aplicada ao solo estéril. Supunha-se na antiguidade que um casamento proibido era castigado por Deus com a esterilidade (ver Lv 20.20). Alguns intérpretes pensam que uma das razões da ansiedade das mulheres judias, diante da esterilidade, era a promessa messiânica. Aquela que tivesse filhos poderia ser a mãe do Messias prometido. (S UN Z)

ESTOLA

No hebraico, *ephod*, **"cobertura"**. A estola era um artigo das vestimentas dos sacerdotes hebreus. Era uma peça ajustada ao corpo, sem mangas, de variados comprimentos, embora geralmente chegasse até as cadeiras. No entanto, esse tipo de traje também era usado comumente, por pessoas que não pertenciam ao sacerdócio. A legislação mosaica preceituava o uso da estola, no caso dos sumos sacerdotes. Em Êxodo 28.8; 39.5 e Isaías 30.22, a palavra indica uma peça justa ao corpo, sem qualquer conexão com os ritos sacerdotais; mas, em Êxodo 28.12,27,28 aparece vinculada aos sacerdotes. De acordo com 1Samuel 2.18 e 2Samuel 6.14, era feita de linho, com exceção da estola sumo sacerdotal, que era bordada com fios de várias cores. Consistia em duas partes, uma cobrindo as costas e a outra cobrindo o peito. Essas duas partes eram unidas uma à outra, nos ombros, por duas grandes pedras de ônix, sobre as quais estavam gravados os nomes das doze tribos, seis nomes em cada pedra.

Os sacerdotes usavam estolas de linho, mas os sumos sacerdotes tinham estolas bordadas em ouro, azul, púrpura e escarlate. Uma estola especial era usada quando do pronunciamento de oráculos. Essa estola ficava pendurada no interior do templo (1Sm 21.9). Diferia das estolas comuns e no que diferia, é algo que não se sabe dizer. Mesmo em criança, Samuel tinha sua estola sacerdotal (1Sm 2.18), tal como sucedia a Davi, quando oficiava perante a arca da aliança, como rei (2Sm 6.14). E também havia a *sobrepeliz da estola sacerdotal* (Êx 28.31; 29.5; 39.22-26; no hebraico, *meil*, "manta"), que era uma peça distinta, feita em tecido azul, sem mangas, com borlas na beirada inferior. Sinetes de ouro, intercalados com romãs de estofo azul, púrpura e carmesim, deveriam ser postas nessa sobrepeliz (Êx 28.33,34; 39.22-26).

A Arqueologia e as Estolas. Antiquíssimos tabletes assírios, com escrita cuneiforme, do século XIX a.C., e tabletes ugaríticos do século XV a.C., mostram que já se conhecia a estola (*epadu*), bem antes da época do sacerdócio judaico. Entre aqueles povos, a estola era uma peça comum do vestuário feminino. É claro, pois, que essa forma de veste foi posteriormente adotada como parte dos trajes dos sumos sacerdotes, com várias modificações e decorações. No entanto, estolas comuns continuaram sendo usadas como artigos comuns do vestuário.

Estranho é que uma veneração toda especial veio a ser vinculada à estola sumo sacerdotal. Na época dos juízes de Israel (Jz 8.27), Gideão tinha uma réplica da estola sacerdotal, feita com o ouro e as pedras preciosas pilhadas das tropas midianitas que haviam sido derrotadas e mortas por seus homens. Lê-se que o efraimita Mica mandou fazer uma estola para ser usada na adoração de seu ídolo de ouro (Jz 17.1 ss.). A estola e suas imagens, uma de fundição e outra de escultura, vieram a fazer parte do culto que ele instituiu em sua própria casa, tendo um de seus filhos como sacerdote. Essa tendência a dar um excessivo valor a meras vestes é antiga no gênero humano, demonstrando as inclinações ascéticas e beatas de muitas pessoas. É triste quando tal pendor manifesta-se entre grupos evangélicos, que deveriam entender que o Novo Testamento nos leva muito além de meras coisas simbólicas, conforme se via, por exemplo, no culto e no cerimonial estabelecidos por Moisés.

Nos dias do reino dividido, o profeta Oseias predisse que chegaria tempo em que os filhos de Israel ficariam destituídos desses aparatos simbólicos por longo tempo (Os 3.4,5), até os últimos dias. Isso mostra-nos duas coisas: **1**. Os israelitas continuavam contando com o vestimento aparatoso dos sumos sacerdotes, incluindo a estola sacerdotal, até os dias desse profeta; e **2**. A ausência dessas vestes cerimoniosas, durante tantos séculos (pois até hoje os judeus não têm sacerdotes e sumos sacerdotes, mas somente rabinos), mostra que elas são perfeitamente dispensáveis, não fazendo parte essencial do culto a Yahweh. Nenhuma menção se faz à "estola sacerdotal" depois do retorno dos exilados judeus da Babilônia, embora alguns estudiosos pensem que isso ocorreu por acaso. Mas, o mais provável é que a predição de Oseias, conforme vimos acima, já estava se cumprindo. Mas, se a legislação mosaica estava sendo seguida à risca, então a estola continuaria a ser usada, até o tempo da destruição do templo de Jerusalém, pelos romanos, no ano 70 de nossa era. (AM UN(1957) VA Z)

ESTOM

No hebraico, **"descansado"**. Era filho de Meir e neto de Quelube, da tribo de Judá (1Cr 4.11,12). Descendia de Calebe.

ESTOPA

No hebraico, *neoreth* (Jz 16.9 e Is 1.31). Era a parte quebrada e bruta da juta ou do cânhamo, que era separada com a ajuda da espadela, com que se batia na fibra, antes da mesma estar pronta para ser fiada.

ESTORAQUE

No hebraico, *nataph*. No grego *stakte*. No Antigo Testamento, a palavra ocorre somente em Êxodo 30.34. A palavra grega nunca aparece no Novo Testamento. O estoraque era um dos ingredientes do azeite das unções. Provavelmente era o mesmo ingrediente referido em Eclesiástico 14.15, ingrediente derivado de um arbusto, o *Styrax officinalis*, que era abundante na Palestina. Talvez os "arômatas" referidos em Gênesis 37.25 e 43.11 fossem feitos dessa mesma planta; mas, nesses casos, alguns estudiosos preferem pensar em uma espécie do astrágalo, como a goma de tragacanto. Ver o artigo separado sobre *condimentos*. A palavra grega *stakte* era sinônimo da "mirra", um termo grego que significa "gota", provavelmente uma alusão às gotículas de mirra. Essa mesma palavra hebraica, *nataph*, é usada em Jó 36.27, para indicar meras "gotas de água".

ESTRADA REAL

No hebraico, literalmente temos **"caminho do rei"**. Esse era o nome de uma importante estrada que corria de norte para sul, desde Damasco até o golfo de Áqabah, localizado no fundo do mar Vermelho. As referências bíblicas encontram-se em Números 20.17; 21.22; Deuteronômio 2.27. Essa era uma das principais rotas de caravanas, ao longo da qual processava-se um intenso comércio. Importantes cidades, ao longo dessa estrada, eram Elate, Temã, Bozra, Quir-Moabe, Aroer, Rabate de Amom, Ramote-Gileade, Astarote e finalmente, Damasco, se contarmos de sul para norte. Moisés pediu permissão para seguir por esse caminho, atravessando os territórios dos idumeus e de Seom, o rei amorreu. As evidências arqueológicas demonstram que essa estrada vinha sendo usada pelo menos desde

2000 a.C. Fortalezas da era do bronze têm sido descobertas ao longo da mesma. É possível que a invasão de Quedorlaomer e seus aliados, segundo se lê no décimo quarto capítulo de Gênesis, tenha acompanhado essa estrada. Nos dias de Salomão, era uma importante estrada comercial, entre Ezion-Geber, Judá e Damasco, na Síria. Os romanos, na época de Trajano, no século II d.C., incorporaram essa estrada em seu sistema de estradas. Uma estrada moderna acompanha a antiga rota. (Z)

ESTRANGEIRO

No Antigo Testamento. As palavras hebraicas mais comumente usadas no Antigo Testamento, para transmitir a ideia de "estrangeiro", são *ger* e *nokri*. **1**. *Ger*. Esse vocábulo dizia respeito a uma pessoa que vivia em um país ou em uma cidade do qual ou da qual não era nativo e cidadão pleno. Era usado para indicar estrangeiros livres que viviam mais ou menos permanentemente entre os israelitas. Todavia, a palavra também foi usada no caso de israelitas, como, por exemplo, no caso dos patriarcas, quando estavam na Palestina, ou no caso dos israelitas, quando estavam no Egito (Gn 15.13; Êx 22.21; 23.9; Lv 19.34; Dt 10.19; 18.6 etc.). Desde o princípio houve estrangeiros entre os israelitas. Uma "multidão mista" subiu do Egito para a Terra Prometida, em companhia do povo de Israel. E, após a conquista da Palestina, israelitas e cananeus moravam lado a lado. Estes últimos nunca foram exterminados. Os livros históricos com frequência fazem menção a estrangeiros residentes em Israel, como Urias, o heteu. Nos dias de Salomão havia muitos estrangeiros em Israel. (Ver 2Cr 2.17). Embora os *gerim* (forma plural de ger) não desfrutassem de todos os direitos civis e religiosos dos israelitas, eles não sofriam abusos, e esperava-se que eles fossem tratados com hospitalidade. Moisés ensinou que Deus amava os *gerim*, porquanto lhes provia tanto alimentos quanto vestuário (Dt 10.18). Fazia parte dos deveres dos israelitas defenderem, ajudarem e até mesmo amarem aos estrangeiros, porquanto, por algum tempo, os israelitas também haviam sido estrangeiros, no Egito (Dt 10.18; 14.29; 24.14,19). Portanto, um *ger* era protegido em Israel para não sofrer injustiças e nem violências (Dt 24.14). Quanto a essa necessidade de proteção, um *ger* era classificado juntamente com os órfãos e as viúvas (Dt 10.18; 14.29). No entanto, Moisés proibiu o casamento entre israelitas e *gerim* (Gn 34.14; Dt 7.1 ss.). Esperava-se que os *gerim* observassem o sábado (Êx 20.10; 23.12), observassem o dia da expiação (Lv 16.29), e não usassem fermento durante a festa dos Pães Asmos (Êx 12.19). Se fossem circuncidados, poderiam guardar a festa da Páscoa (Êx 12.48; Nm 9.14). Também podiam oferecer sacrifícios (Lv 17.8; Nm 15.14,26; 29; 35.15). Um israelita que viesse a tornar-se escravo de um *ger*, podia ser remido por um parente, a qualquer tempo, sob a condição de pagamento de um preço justo (Lv 25.47 ss.). Mas os *gerim* que se tornassem escravos, não eram libertados no ano do jubileu conforme sucedia no caso de israelitas escravizados (Lv 25.46). Terminado o cativeiro babilônico, muitos dos *gerim* tornaram-se prosélitos do judaísmo, e assim acabaram sendo absorvidos pelo povo de Israel, perdendo a sua identidade de estrangeiros. **2**. *Nokri*. Se os *gerim* eram não israelitas que vinham residir temporariamente em Israel, os *nokrim* eram aqueles estrangeiros que entravam em contato fortuito com os israelitas, como viajantes ou negociantes. No tocante a direitos e privilégios, a posição deles em nada diferia dos direitos e privilégios dos *gerim*. Naturalmente, um residente temporário em Israel não teria normalmente, um interesse maior na religião dos judeus. Eram tratados com hospitalidade, mas, enquanto estivessem em Israel, esperava-se que se adaptassem às leis da nação e à guarda do sábado. Não podiam participar da festa da Páscoa, a menos que fossem previamente circuncidados (Êx 12.43). Também não podiam comer das coisas sagradas (Lv 22.10). Os israelitas podiam emprestar-lhes dinheiro a juros (Dt 23.20). — Eles não podiam comprar animais defeituosos de algum estrangeiro para serem oferecidos em sacrifício.

No Novo Testamento. Há várias palavras gregas que precisamos considerar, a saber: **1**. *Ksénos*, "estrangeiro". Palavra que aparece por catorze vezes (Mt 25.35,38,43,44; 27.7; At 17.18,21; Rm 16.23; Ef 2.12,19; Hb 11.13; 13.9; 1Pe 4.12 e 3Jo 5). **2**. *Allótrios*, "pertencente a outrem". Palavra utilizada por catorze vezes (Mt 17.25,26; Lc 16.12; Jo 10.5; At 7.6 (citando Gn 15.13); Rm 14.4; 15.20; 2Co 10.15,16; 1Tm 5.22; Hb 9.25; 11.9, 34). **3**. *Allogenés*, "de outra raça". Um *hapax legomenon* do Novo Testamento, isto é, palavra que aparece somente por uma vez, a saber, em Lucas 17.18. **4**. *Parepídemos*, "um entre o povo". (Palavra que aparece por três vezes: Hb 11.13; 1Pe 1.1 e 2.11). **5**. *Pároikos*, "peregrino". Termo que é utilizado por quatro vezes no Novo Testamento (At 7.6 (citando Gn 15.13); 7.29; Ef 2.19 e 1Pe 2.11).

Nas páginas do Novo Testamento, a palavra "estrangeiro" algumas vezes é utilizada no seu sentido literal de uma pessoa desconhecida. Mas nesse caso, naturalmente, em português dizemos "estranho", como quando disse o Senhor Jesus: *... mas de modo nenhum seguirão o estranho, antes fugirão dele, porque não conhecem a voz dos estranhos...* (Jo 10.5). Esse uso aparece melhor em Mateus 25.35, onde se lê: *... era forasteiro, e me hospedastes.*

Em Efésios 2.12, Paulo diz que os gentios, antes do novo pacto, eram *... separados da comunidade de Israel, e estranhos às alianças da promessa, não tendo esperança, e sem Deus no mundo.* Nesse passo bíblico, "estranhos" é tradução do vocábulo grego *ksénos*, o qual, em seu paralelo veterotestamentário, *ger*, indica *estrangeiros residentes*, excluídos dos pactos entre Deus e Israel.

Um "estrangeiro" era pessoa de outra nação que vinha habitar em um lugar que não era o seu. Talvez até houvesse a ideia de mostrar distinções raciais, no uso dessa palavra. O termo grego correspondente é *pároikos*, que figura por quatro vezes (At 7.6 citando Gn 15.13; At 7.29; Ef 2.19; 1Pe 2.11). Em Efésios 2.19, o sentido não é apenas o de "alguém distante de casa", que é o sentido usual da palavra grega, mas alguém que não é judeu, ou seja, um gentio.

Na cultura do Antigo Testamento, havia tolerância e até privilégios especiais conferidos aos estrangeiros e peregrinos que habitavam em Israel. Todavia, eles tinham de observar certos deveres básicos: **1**. Não podiam blasfemar o nome de *Yahweh* (Lv 24.16). **2**. Não podiam observar formas de adoração pagãs e idólatras (Lv 20.2). **3**. Tinham de evitar atos indecentes (Lv 18.26). **4**. Não podiam trabalhar no sábado (Êx 20.10). **5**. Tinham de evitar o uso de fermento na semana da Páscoa (Êx 12.19). **6**. Não podiam comer pratos feitos com sangue e nem beber sangue, e nem comer animais que tivessem morrido de morte natural, ou tivessem sido despedaçados por alguma fera (Lv 17.10,15). Aqueles que observassem essas condições, tinham direitos e privilégios iguais (excetuando os de natureza religiosa) — a qualquer outro cidadão de Israel. Havia uma só lei para o nativo e para o estrangeiro (Êx 12.49; Lv 24.22). Tinham direitos à mesma justiça que os cidadãos da terra (Dt 1.16), e também estavam sujeitos às mesmas penas, quando incorressem em erro (Lv 20.2; 24.16).

Os estrangeiros não deveriam ser oprimidos em Israel, conforme haviam sido oprimidos os israelitas no Egito (Êx 22.21; 23.9; Lv 19.3,34). Deveriam ser amados (Lv 19.34; Dt 10.19). Os estrangeiros que padecessem necessidade deveriam receber assistência (Nm 35.15; Dt 10.19). Também deveriam compartilhar dos benefícios da legislação sobre a respiga (Lv 10.10; 23.22; Dt 24.19-21). Não podiam ser vítimas dos abusos de empregadores (Dt 24.14).

Limitações. Um estrangeiro só poderia casar-se legítimamente com uma mulher israelita se antes se convertesse à fé judaica. Um estrangeiro não podia tornar-se rei em Israel (Dt 17.15). Tinha de pagar juros sobre o dinheiro tomado por empréstimo, ao passo que um israelita era isentado de juros (Dt 15.3; 23.20). No ano do jubileu, as dívidas dos cidadãos israelitas eram canceladas, mas as dívidas dos estrangeiros, não (Dt 15.3). Um estrangeiro que tivesse sido reduzido à servidão, não era libertado no ano do jubileu, conforme sucedia aos nativos da terra (Lv 25.45,46). Ezequiel, porém, previu um dia futuro, quando terminariam essas limitações (Ez 47.22).

Uso figurado. Todas as pessoas espirituais são estrangeiras neste mundo, porquanto pertencem a um país melhor e superior (1Pe 2.11; Hb 11.13). (Ver também Sl 39.12).

ESTREBARIA

Este verbete requer o estudo de quatro palavras hebraicas e uma palavra grega: **1**. *Abas*, "cevado". Esse vocábulo hebraico aparece somente por duas vezes (Pv 15.17 e 1Rs 4.23). Algumas versões dão a ideia de gado posto na estrebaria, mas nossa versão corretamente traduz por "boi cevado", tal como o faz em 1Reis 4.23, onde lemos sobre as "aves cevadas". **2**. *Uravoth* ou *urayoth*, "estrebarias". Palavra hebraica que ocorre por três vezes (1Rs 4.26; 2Cr 9.25 e 32.28). Nos dois primeiros casos, estão em foco as estrebarias de Salomão. Na última referência, as de Ezequias, várias gerações mais tarde. Nas casas com dois pisos, o gado usualmente ficava no nível térreo, onde havia estrebarias e manjedouras, conforme se vê, até hoje, em certos países da Europa. Os estábulos de Megido, porém, eram arranjados de cada lado de um corredor. Ali cada estrebaria era separada por um poste, com uma manjedoura, e tudo pavimentado com pedras. Nos postes das manjedouras havia um buraco para amarrar uma corda que prendia o animal. O grande número de estrebarias indica que havia grande comércio de venda de cavalos. Havia cerca de quatrocentas e cinquenta estrebarias, separadas em dois edifícios. Estábulos mais ou menos pertencentes à mesma época têm sido descobertos pela arqueologia em Tell el-Hesi, Gezer, Taanaque e Hazor. **3**. *Marqeb*, "cevadouro". Esse termo hebraico foi usado por duas vezes (Am 6.4 e Ml 4.2). No primeiro trecho, os "bezerros do cevadouro" denotam os animais cevados com ração própria, em contraste com os animais deixados soltos no campo, para se alimentarem da grama. Essa metáfora, pois, indica os cuidados especiais de Deus pelo seu povo de Israel. Em Malaquias, há outra menção metafórica. Quando o Senhor Jesus reaparecer, os que nele confiam, sentir-se-ão como os bezerros se sentem quando são soltos, após terem ficado muito tempo presos na estrebaria. Essa é a "liberdade dos filhos de Deus", de que fala o apóstolo Paulo, em Rm 8.20 ss. No dizer de Paulo, nessa ocasião é que haverá a "redenção do nosso corpo". O homem interior já foi salvo e transformado; resta agora a salvação do corpo, que ocorrerá quando da *parousia* ou segunda vinda de Jesus. Ver sobre a *Parousia*. **4**. *Rephathim*, "aprisco", "lugar fechado". No hebraico, a palavra está no plural. Ocorre somente em Habacuque 3.17. Um aprisco vazio com frequência servia de sinal de que Deus estava castigando a seu povo desobediente. Mas *Habacuque* ajunta que, apesar de tudo, ele se alegrava no "Deus da minha salvação", porquanto o Senhor dar-lhe-ia a vitória, fazendo-o "andar altaneiramente". **5**. *Fátne*, "manjedoura" Essa palavra grega é utilizada no Novo Testamento por quatro vezes, sempre no Evangelho de Lucas (2.7, 12, 16 e 13.15). No entanto, quando se examina a última dessas referências, vê-se que também tinha o sentido de "estrebaria". A Septuaginta usa esse termo grego para traduzir três palavras hebraicas diferentes, que aparecem nesta lista, a saber, a de número 2 (2Cr 32.28), a de número 4 (Hc 3.17), e a de número 1 (Jó 39.9).

ETÃ

O sentido hebraico dessa palavra é incerto, embora alguns optem por "lugar de feras". Foi o nome de várias localidades, mencionadas no Antigo Testamento, e também o nome de um indivíduo ou de um clã, além de várias outras pessoas.

1. Uma cidade que pertencia à tribo de Judá, que Salomão ornou com jardins e correntes de água, e que Reoboão, seu filho, fortificou, juntamente com Belém e Tecoa (1Cr 4.3; 2Cr 11.6; Josefo, *Anti*. 8.7,3). Os intérpretes rabínicos informam-nos que desse lugar era transportada água para Jerusalém, através de um aqueduto. Josefo localizava-a cerca de cinquenta estádios (embora algumas cópias digam sessenta) de Jerusalém, mais para o sul. Ficava nas proximidades de Belém. Ele acrescenta que Salomão gostava de ir até àquele lugar, cedo de manhã, a fim de relaxar. Seus jardins e correntes de água ofereciam um lugar deleitoso para visitas. O Talmude acrescenta que suas águas supriam água para o templo de Jerusalém. A arqueologia tem descoberto um antigo aqueduto, que se estende por quase doze quilômetros desde Jerusalém até três grandes reservatórios dos tempos greco-romanos, para além de Belém. Atualmente, esses reservatórios são chamados poços de Salomão. O poço mais fundo é alimentado por um manancial chamado '*Ain 'Atan*. O aqueduto em questão é pré-romano. Pôncio Pilatos usou-o como a última seção de um aqueduto maior, que foi usado para transportar água até Jerusalém, para cuja construção ele usou o dinheiro sagrado (qorban) o que muito indignou os judeus (Josefo, *Anti*. 18.3,2). Até hoje, Belém recebe água do córrego de *'Ain 'Atan*, mediante uma linha de encanamentos. **2**. Em 1Crônicas 4.32, há menção de uma aldeia, no território de Simeão, que tinha esse nome. O local é atualmente desconhecido. Alguns identificam-na com a cidade de número "um", acima. Mas outros pensam que se trata da *'Aitum* que fica situada a quase dezoito quilômetros a oeste-sudoeste de Hebrom. É possível que seja o mesmo lugar que Reoboão reconstruiu na região montanhosa de Judá, mencionado em 2Crônicas 11.6. **3**. Um penhasco ou caverna, localizado na parte ocidental do território de Judá (Jz 5.8,11), que alguns estudiosos supõem que ficava localizado perto de uma cidade chamada *'Arak Ismain*, na atualidade ,no wadi Isma'in, cerca de quatro quilômetros a leste sudeste de Zorá. Sansão refugiou-se ali, após haver abatido um grupo de filisteus. **4**. A segunda estação de Israel, após terem partido do Egito. Ficava à beira do deserto, perto da atual Seba Biar, "sete poços", cerca de cinco quilômetros do lado ocidental do antigo fundo do golfo. É mencionada por quatro vezes (Êx 13.20; Nm 33.6-8). **5**. Um sábio renomado, nos dias de Salomão, mencionado somente em 1Reis 4.31 e Salmo 89 (no título). **6**. Um filho de Zerá, filho de Judá, mencionado somente por duas vezes (1Cr 2.6,8). **7**. Um descendente de Gérson, filho de Levi, mencionado apenas em 1Crônicas 6.42. **8**. Um descendente de Merari, filho de Levi, mencionado por três vezes (1Cr 6.44; 15.17,19).

ETANIM

No hebraico, **"contínuo"**, **"permanente"**, **"perene"**. Um nome usado para referir-se a rios que fluem o ano inteiro. Em 1Reis 8.2 o nome designa o sétimo mês, correspondente ao mês Tisri, nosso setembro-outubro. Nesse mês, todos os rios secavam, exceto aqueles que tinham um suprimento suficiente de água para manter uma vazão o ano inteiro. Foi durante esse mês que Salomão trouxe a arca para o novo *Templo de Jerusalém*.

ETE-CAZIM

Nome de uma cidade, na fronteira do território de Zebulom, mencionada exclusivamente em Josué 19.13. Seu local moderno é desconhecido, mas *Kefr Kenna* é uma conjectura possível.

ETER

No hebraico, **"abundância"**. Uma cidade a trinta e dois quilômetros de Eleuterópolis, perto de Malata, no sul do território de Judá. A princípio pertencia a tribo de Judá mas, posteriormente, foi transferida para os simeonitas (Js 15.42; 19.7). Nos dias de Eusébio, Eter era uma grande cidade, que ele mencionou como cidade próxima de Malata, no interior de Daroma, abaixo de Hebrom e a leste de Berseba. Em 1Crônicas 4.32 essa cidade é chamada *Toquém* (vede). Foi uma das nove cidades que foram transferidas da tribo de Judá para a tribo de Simeão. A localização moderna não é certa, mas *Khirbet el 'Atr* tem sido sugerida. Esse lugar fica a menos de dois quilômetros a noroeste de Beit Jibrin.

ÉTICA DO ANTIGO TESTAMENTO

1. O Fator Determinante: Yahweh Foi o Criador. Os capítulos primeiro e segundo do livro de Gênesis estabelecem o padrão para todos os testes éticos a serem seguidos pela mente judaica. Todas as coisas vieram à existência por vontade de Deus e a ele devem a vida. Outrossim, Deus baixou instruções éticas específicas. Os homens não inventaram sua conduta por meio de experiências. Nisso encontramos a ética teísta. Os padrões foram dados por divina inspiração O politeísmo apresentava um padrão variado, porquanto os deuses diferiam em suas exigências. Mas a singularidade e a transcendência de Yahweh promoviam um padrão ético desse tipo.

2. Defeitos de Pensamento. Algumas pessoas não encontram qualquer dificuldade com certas descrições dadas a Deus, nas páginas do Antigo Testamento. A história do sacrifício humano, que envolveu Abraão e Isaque, alerta-nos para o fato de que, apesar de tudo quanto a revelação possa fazer, tudo quanto passa pelas mãos humanas é defeituoso. É inútil tentar defender o relato bíblico do sacrifício humano, como se o mesmo não tivesse o mesmo intuito que os holocaustos das culturas antigas. Simplesmente precisamos confessar que as ideias humanas sobre a natureza e as exigências divinas, têm melhorado com a passagem dos séculos. A revelação ampliou-se e tornou-se mais profunda. Jesus anunciou uma lei superior. É difícil acreditar que Deus exigiu de Israel todas as coisas que a história da conquista da Palestina pressupõe. Pode Deus ser assim violento e brutal? Os homens imaginam Deus segundo a própria imagem deles; e, em qualquer documento religioso haveremos de encontrar esse tipo de atividade, por mais que não queiramos perceber isso. Orígenes alegorizava certas passagens veterotestamentárias, quando não podia aceitá-las moralmente. (Ver sobre *Alegoria*. Ver também sobre *Alexandria, Teologia de*, em seu quinto item, *Interpretação Alegórica*.)

3. A Lei. *Os Dez Mandamentos* (vede) e a lei mosaica, em geral, foram marcos na história da ética. Essa legislação deixou marcas permanentes em nossa civilização, trazendo à tona princípios que o escoamento de muitos séculos nada tem feito para diminuir. A cultura dos hebreus, pois, evitou (exceto em períodos de declínio moral) uma série de perversões, que outras nações não puderam evitar. Os impulsos sexuais dos homens foram regulamentados e separados do culto religioso. Não havia em Israel o mínimo traço de prostituição religiosa. Ficaram excluídas as prostitutas cultuais, as perversões sexuais, a bestialidade e a imoralidade de todas as formas (Lv 20.13; Êx 22.19; 20.14).

4. A Nação Eleita. Em nenhuma outra nação encontra-se uma ética que visasse governar a nação inteira, como em Israel. Esses princípios tornaram-se ali parte integrante da própria legislação civil. Um padrão diferente prevalecia em Israel, em relação a outro país. Os capítulos primeiro a décimo segundo do livro de Amós sugerem que as outras nações (cidades-estados) eram governadas por leis naturais, ao passo que Israel era responsável diante de Deus, porquanto havia sido escolhida por ele para ser diferente, para ser mostra das outras nações. O povo de Israel foi separado dentre outras nações, para tornar-se uma nação distinta. A eleição de Israel, pois, era a fonte de seu caráter nacionalista. A religião revelada era a principal força em operação, em Israel. Os israelitas quase não tinham tempo para dedicar-se às ciências, mas tinham muito tempo para a história e para a ética religiosa. Seus documentos refletem essa especialização. Culturalmente falando, nações como o Egito e a Babilônia eram muito mais avançadas do que Israel, porém, a literatura religiosa de Israel é muito superior a de todos os outros povos. Esse é o motivo pelo qual dispomos do Antigo Testamento, como um livro universal, endereçado a todas as nações, ao passo que somente alguns poucos especialistas chegam a tomar conhecimento da literatura, religiosa ou não, de outras nações antigas.

5. A Base do Novo Testamento. A herança cultural de Israel foi herdada pelo mundo moderno através do Novo Testamento. Ver sobre a *Ética do Novo Testamento*, onde há alusão a diversos artigos que caracterizam a ética de Jesus e de outras personagens importantes do Novo Testamento.

ETIÓPIA

I. Nome. No hebraico, *kush*, que indica um país de "rostos queimados". No grego, a palavra correspondente é *aithiops*, "rosto queimado", isto é, uma alusão à tez escura dos habitantes do lugar. A palavra portuguesa Cuxe deriva-se do *egípcio Ks*, originalmente um distrito egípcio, entre a segunda e a terceira catarata do rio Nilo. Esse era o nome de um filho de Cão (talvez o mais velho deles). Cuxe foi o pai de Ninrode. Há uma lenda que diz que a maldição de Cão, por causa do seu ato de indiscrição em relação a seu pai, Noé, fez com que viesse à existência a raça negra. Essa maldição seria a pele negra. Ver o artigo separado sobre *Cão*. Ver também o artigo sobre *Cuxe*. Naturalmente, tal ideia é totalmente absurda. (Acerca de Cuxe ver Gn 10.6,7,8; 1Cr 1.8-10; Is 11.11). A menção a um certo "etíope", grande corredor, aparece em 2Samuel 18.21-23,31,32.

II. Caracterização Geral. A Etiópia referida na Bíblia faz parte do reino da Núbia, que se estende desde Aswan, no sul, até à junção do Nilo, perto da moderna cidade de Cartum. Essa área foi invadida, nos tempos pré-históricos, por camitas vindos da Arábia e da Ásia. A região foi dominada pelo Egito por quase quinhentos anos, a começar pela XVIII Dinastia (cerca de 1500 a.C.), sendo governada por um vice-rei, que dominava o império africano, controlava o exército da África e explorava as minas de ouro da Núbia. Quanto a referências bíblicas que associam a Etiópia ao Egito, ver (Sl 68.31; Is 20.3,5; Ez 30.4,5). A Etiópia fica ao sul do Egito (Jz 1.10), bem como ao sul de Siene (Ez 29.10).

Os etíopes do NT não eram ancestrais dos etíopes modernos, ou abissínios, os quais, etnológica e linguisticamente são semitas; pelo contrário, eram antes uma raça núbia, que habitava na região do rio Nilo, ao sul do Egito propriamente falando. A Etiópia antiga foi primeiramente povoada por descendentes de Cuxe (ver Gn 10.6) e fazia parte do reino da Núbia, que se espraiava desde Assuam, na direção do sul, até à junção do Nilo, perto da moderna cidade de Cartum. Por quase quinhentos anos esse povo foi governado pelos egípcios, a começar pela XVIII dinastia, em cerca de 1500 a.C., através de um vice-rei, que governava o império africano, controlava os exércitos da África e dirigia as minas de ouro da Núbia. No século IX a.C., o rei Asa, de Judá, derrotou os etíopes em uma batalha, conforme lemos em 2Crônicas 14.9,15.

O clímax da glória desse povo ocorreu quando, aproveitando-se dos conflitos críticos do Egito, tornaram-se o seu primeiro conquistador no período de mil anos (dinastia XXV), passando a controlar o vale do Nilo. Um dos monarcas dessa época, Tiraca, evidentemente era aliado de Hezequias, e ajudou a impedir a invasão de Israel pelas tropas de Senaqueribe. (ver 2Rs 19.9 e Is 27.9). Mas, finalmente, ruiu por terra o poder etíope, mediante as invasões assírias dos tempos de Esar-Hadom e Assurbanipal. A capital, Tebas, foi destruída (663 a.C.; Na 3.8-10), e isso cumpriu as profecias de Isaías concernentes à ruína dos etíopes (ver Is 20.2-6). A conquista do Egito, por Cambises, pôs a Etiópia dentro da órbita persa (ver Et 1.1). A passagem de Ester 8.9 nomeia a Etiópia como a mais remota província persa do sudoeste. Outros escritos bíblicos empregam simbolicamente esse nome, para referir-se à extensão ilimitada do senhorio de Deus. (Ver Sl 87.4; Ez 30.4; Am 9.7 e Sf 2.12).

No trecho de Atos 8.27, essa designação se refere ao reino nilótico de Candade, cujo centro era Meroe, para onde a capital fora transferida durante o período de dominação persa. Os etíopes modernos (ou abissínios), entretanto, se apropriaram dessa narrativa do oitavo capítulo do livro de Atos, como se os primórdios do ministério do evangelho, entre os seus antepassados, tivessem origem nesse episódio; e consideram a conversão do eunuco etíope como cumprimento da passagem de Salmo 68.31. O primeiro ato do primeiro concílio ecumênico, realizado em Niceia (Con. Nic. cânon 1), foi o de admitir a plenos privilégios, na igreja cristã, incluindo a participação no ministério, os eunucos que não tivessem mutilado a si mesmos, mas que haviam sido vítimas dessa prática. Isso foi feito para crédito dos membros desse Concílio, que agiram conforme o espírito do NT ao assim se pronunciarem.

No que diz respeito à Etiópia em geral, o arqueólogo Rawlinson tem a dizer o seguinte: "Os monumentos comprovam, acima de qualquer dúvida, que os etíopes tomaram por empréstimo do Egito tanto a sua religião como os seus hábitos de civilização. Chegaram mesmo a adotar o egípcio como idioma da religião e da corte real, o que continuou até ruir o poder dos Faraós, quando seu domínio se confinou novamente até às fronteiras com a Etiópia. Foi através do Egito, igualmente, que o cristianismo passou para a Etiópia, o que ocorreu dentro do próprio período apostólico, como se demonstra pela história do eunuco da Rainha Candace".

III. História. A primeira referência bíblica a um etíope envolve a história de um escravo "etíope", que levou as novas da morte de Absalão a Davi (2Sm 18.21-23,31,32). O rei líbio do Egito, Sisaque, quando invadiu a Palestina, utilizou os préstimos de mercenários etíopes (2Cr 12.3), em cerca de 918 a.C.

O rei Asa sofreu um ataque da parte dos etíopes (2Cr 14.9-15). O comandante deles era Zerá. Mas o ataque etíope não obteve sucesso. É possível que esses atacantes tenham sido mercenários, que tinham sido instalados na Palestina pelo Faraó Sisaque.

Tiraca, rei da Etiópia, tentou barrar a invasão da Palestina pelas tropas assírias de Senaqueribe. Isso ocorreu durante o reinado de Ezequias, de Judá (2Rs 19.9; Is 37.9). Os assírios apelidaram zombeteiramente a Tiraca de *bordão de cana esmagada* (2Rs 18.21). E os assírios derrotaram facilmente a Tiraca, em Elteca. Tiraca foi novamente derrotado pelo rei Esar-Hadom, em vista do que se retirou definitivamente para a Etiópia. Tiraca governou a Etiópia de cerca de 689 a cerca de 664 a.C. Ele foi o terceiro e último Faraó da XXV Dinastia do Egito. Naquele período, a Etiópia havia conquistado a hegemonia sobre o Egito, embora esse domínio só se tenha prolongado por cinquenta anos. O centro etíope ficava em Tebas. O sobrinho e sucessor de Tiraca foi derrotado pelo exército assírio de Assurbanipal, que destruiu Tebas em cerca de 663 a.C. (Na 3.8).

O Faraó Psamético II (593-588 a.C.) empregou mercenários judeus contra a Etiópia, conforme se sabe através da décima terceira carta de Aristeas, ou através de Heródoto (2.161). Nessa época, uma guarnição judaica foi postada na ilha de Elefantina, a fim de guardar a fronteira entre o Egito e a Etiópia. Ver o artigo separado sobre *Elefantina*, quanto ao desenvolvimento de uma colônia judaica naquele lugar.

Jeremias foi tirado de uma cisterna (Jr 38.7-13) pela intervenção de um eunuco etíope, chamado Ebede-Meleque, o qual, na época, tinha uma posição de autoridade no palácio do rei Zedequias, de Judá, o qual governou de 597 a 587 a.C. e Jeremias garantiu a liberdade daquele etíope quando os babilônios apossaram-se de Jerusalém (Jr 39.15-17).

O rei Assuero, da Pérsia (identificado com Xerxes, 486-465 a.C.), governou pelo menos uma porção da Etiópia (Et 1.1; 8.9). Isso também é mencionado nas adições apócrifas ao livro de Ester (vede), em 13.1 e 17.1. Dario I, da Pérsia, continuou dominando ali.

Antíoco IV Epifânio, rei do norte, ou seja, da Síria (175-163 a.C.), aparentemente também contava com mercenários etíopes (Dn 11.43), embora o sentido desse texto não deixe de envolver algumas dúvidas.

Posteriormente, os etíopes conquistaram Siene, conforme nos dizem os Oráculos Sibilinos (5.194). Isso pode referir-se a uma expedição enviada ao Egito pela rainha Candace da Etiópia (24 a.C.), o que é mencionado por Estrabão (17.1,54).

Nas páginas do Novo Testamento, temos em Atos 8.27 uma menção à rainha Candace. O termo Candace era um título real da Núbia, que, aparentemente, significava "rainha-mãe". Ver o artigo separado sobre *Candace*. O tesoureiro dela, chamado no Novo Testamento de *eunuco etíope* (ver o artigo separado sobre ele), evidentemente era um prosélito do judaísmo, algo que facilmente pode ter acontecido, face ao grande contato que os israelitas tinham com os etíopes. Os modernos etíopes, ou abissínios, pensam que essas referências bíblicas dizem respeito a seus antepassados, pensando que a conversão do eunuco etíope foi cumprimento da profecia que há em Salmo 68.31.

IV. As Profecias Bíblicas e a Etiópia. Houve exilados judeus naquele país. Ha referências bíblicas que contêm predições de que eles retornariam após o exílio babilônico. (Ver Is 11.11; Sl 87.4). O trecho de Isaías 43.3 prediz que a Pérsia tomaria a Etiópia, a fim de libertar judeus cativos, ali retidos (E as passagens de Is 20.3,4; Ez 30.4,5,9 e Sf 2.12) predizem o julgamento da Etiópia. A Etiópia está incluída entre as forças que se aliarão a Gogue, que atacarão Israel nos últimos dias (Ez 38.5). Os *Oráculos Sibilinos* compreenderam mal essa passagem de Ezequiel e erroneamente localizaram Gogue na Etiópia. Mas, de acordo com Amós 9.7, Deus cuida dos etíopes; e a conversão final dos etíopes (aparece em: Sl 68.31; Is 45.14 e Sf 3.10). Esse lugar fará parte do reino de Deus, porquanto a graça de Deus abrange todos os povos. (BUD ND UL Z)

ETMA. Ver sobre *Nebo*.

ETNÃ

No hebraico, **"dom"**, **"presente"**. Esse é o nome de um neto de Assur, por intermédio de Hela, descendente de Judá (1Cr 4.7). Seu nome pode ter estado associado à cidade de Itnã (vede), localizada no sul de Judá, referida em Josué 15.23.

ETNI

No hebraico, **"meu presente"**. Ele foi um antepassado de Asafe, um levita gersonita. O nome ocorre por ocasião da menção do músico Asafe, em 1Crônicas 6.41. Em 1Crônicas 6.21, Jeaterai aparece como filho de Zerá, em vez de Etni. Provavelmente, uma ou ambas essas listas estão incompletas, de tal modo que os detalhes não se harmonizam entre si. Nas genealogias dos hebreus, a questão de *pai* e de *filho* algumas vezes são confusas; e, às vezes, uma *linhagem* está envolvida e não apenas uma questão de paternidade e filiação.

EÚDE

No hebraico, **"forte"**. Outros pensam em "unidade". Esse foi o nome de três personagens do Antigo Testamento, a saber: **1**. Um filho de Gera, da tribo de Benjamim, que foi um dos Juízes de Israel, ou melhor, que libertou uma parte de Israel, que havia caído sob o domínio dos moabitas. Eúde fez isso assassinando a Eglon, rei dos moabitas. Entre os benjamitas, o nome Gera era hereditário, por pertencer a uma família específica. (Ver Gn 46.21; 2Sm 16.5 e 1Cr 8.3,5). Esse Eúde é mencionado somente no livro de Juízes (3.15,16,20,21,23.26, e

4.1). Foi o segundo dos juízes ou libertadores de Israel e viveu por volta de 1340 a.C. A história do assassinato do rei Eglon aparece em Juízes 3.15-30. Eúde era ambidestro, isso o ajudou a realizar o seu plano. Obteve acesso à presença de Eglon como quem trazia o tributo enviado pelas tribos subjugadas por Moabe. Ocultou uma adaga entre suas vestes, sobre sua coxa direita. Tirou a adaga da bainha, com a mão esquerda e aplicou o golpe fatal. Ora, Eglon era um homem gordíssimo, e as Escrituras informam-nos de que a adaga ficou escondida em seu abdome, entre as dobras de gordura. O fato de que a justiça tinha de ser feita mediante um ato violento desse tipo indica o baixo estado de espiritualidade dos homens, que transforma os assassinos em heróis. É possível que certos heróis sejam homicidas e, nesse caso, isso é um outro comentário do miserável estado espiritual dos homens. Seja como for, no conflito armado que se seguiu, aquela região do território de Israel obteve oitenta anos de liberdade e paz. **2**. O terceiro dos sete filhos de Bilã, filho de Jedael e neto do patriarca Jacó. Ele é mencionado em 1Crônicas 7.10 e 8.6. Viveu em torno de 1690 a.C. **3**. Um descendente de Benjamim, progenitor de um dos clãs de Geba (1Cr 8.6). Aparentemente deve ser identificado com o Airã, de Números 26.38. E, nesse caso, era chamado por vários nomes, ou então os escribas copistas confundiram-lhe o nome. Ver sobre Ehi. Viveu em torno de 1690 a.C.

EUFRATES, RIO

O nome hebraico desse rio significa **"irromper"**. Em Deuteronômio 1.7 é chamado de "grande rio Eufrates". É mencionado como a fronteira leste das terras que Deus deu aos descendentes de Abraão. Em Gênesis 2.14, o rio Eufrates (ali chamado *Perath*, no original hebraico) é mencionado como um dos quatro rios que fluíam de um manancial comum até o jardim do Éden. Ver o artigo separado sobre o *Jardim do Éden*. Esse rio era o principal rio da Ásia Ocidental. Em Êxodo 23.31, é aludido como "o rio", embora nossa versão portuguesa diga "o Eufrates". Seus nomes modernos são *Fra su* e *Shatt el Fara*. Seus mananciais encontram-se na Armênia central, a não grande distância das margens do mar Euxino. Seu comprimento total, incluindo suas circunvoluções, é de 2.760 km É formado pela junção de dois grandes ribeiros, chamados Kara-Su e Mourad-Chai. Esses dois rios menores unem-se perto de Kaban Maden, cerca de 38° 58' de longitude norte, e 38° 30' de latitude leste. A partir dessa junção, o rio flui essencialmente na direção sudeste, até desaguar no golfo Pérsico. Em Korna, cerca de 160 km de sua foz, une-se ao rio Tigre. E daí para baixo, o rio toma o nome de Shatt-el-Arab. Nesse ponto, o rio tem uma profundidade entre três e cinco braças e a correnteza torna-se lenta. Ao longo de suas margens há aldeias e plantações. A mais importante cidade moderna, ao longo de sua rota, como Shatt-el-Arab, é Bassora. O degelo por volta dos primeiros dias de março, o que se estende até fins de maio. Então diminui de volume. É navegável por longa distância, a partir do mar, terra adentro, embora haja numerosos trechos de correnteza rápida. Navios a vapor podem subir pelo Shatt-el-Arab. Entre os rios Eufrates e Tigre é que ficava a célebre região da Mesopotâmia (um nome que significa "entre rios"). Nos tempos antigos, o rio sempre foi usado na navegação. Heródoto informa-nos de que embarcações traziam os produtos da Armênia até à Babilônia, descendo por esse rio. Várias importantes cidades antigas estiveram localizadas em suas margens, incluindo a cidade da Babilônia. Maria ficava situada em seu curso médio, não longe da junção com o rio Habur. O estratégico ponto de travessia para o norte da Síria era dominado pela cidade-fortaleza de Carquêmis (vede).

Esse rio servia de linha vital, tal como o Nilo o era para o Egito. Muitos canais artificiais foram construídos ali para o transporte de água; e dessa maneira, o território em ambas as margens do rio era irrigado. Xenofonte afirmou que essa irrigação tornou o deserto em terras férteis. (Ver as seguintes referências bíblicas: Gn 2.14; 15.18; Dt 1.7; 11.24; Js 1.4, 2Sm 8.3; 2Rs 23.29; 24.7; 1Cr, 5.9; 18.3; 2Cr 35.20; Jr 13.4 ss e 51.63).

No Novo Testamento, o rio Eufrates figura por duas vezes: Em Apocalipse 9.14, quando é baixada a ordem para a soltura dos *quatro anjos* presos perto do rio. Isso indica que espíritos malignos serão soltos para vexar o globo terrestre nos últimos dias. E em Apocalipse 16.12, o sexto anjo é visto a derramar a sua taça de ira divina sobre o rio, de tal modo que o mesmo seca-se, preparando o caminho para as tropas dos reis do Oriente entrarem em batalha — a batalha de Armagedom (vede). Ver a NTI, em suas notas expositivas, em Apocalipse 16.12, quanto a explicações a respeito. (AM BE TEC)

EUNUCO

Descrição Geral. Um homem castrado. Grande número de autores antigos testifica sobre essa prática brutal, em várias regiões do mundo antigo. Josefo revela que as cortes de Herodes eram frequentemente servidas por eunucos, e também é verdade que os reis de Judá e de Israel, copiando seus vizinhos pagãos, empregavam os serviços de eunucos, em seus haréns reais. (ver 2Rs 9.32 e Jr 41.16). A lei de Moisés (ver Dt 23.1) excluía os eunucos do culto público, provavelmente porque essa e outras práticas, que envolviam mutilações, eram praticadas no paganismo, como parte da reverência prestada aos deuses pagãos. O evangelho de Cristo, entretanto, rejeita a todos esses preconceitos e limitações, conforme fica bem ilustrado em Atos 8.27.

Heródoto menciona que os eunucos eram muito procurados nos países do Oriente, por serem pessoas dignas de confiança (*Her*. viii.105), e algumas vezes a própria palavra "eunuco" indicava um oficial, sem nenhuma vinculação com a castração. A história antiga mostra-nos que não era incomum confiarem-se elevados cargos aos eunucos, tal como o tesoureiro da rainha Candace.

Havia três tipos de eunucos, a saber: **1**. Aqueles que *nasceram* tais, por motivo de algum defeito congênito. Segundo o Talmude Babilônico dos judeus, esses eram chamados "eunucos desde que viram o sol", isto é, desde o momento do nascimento. **2**. Os que se tornavam eunucos por terem sido *mutilados* pelos homens. **3**. Os eunucos *espirituais*, isto é, aqueles que se negavam os prazeres sexuais visando propósitos espirituais, que podiam ser ou não castrados.

Orígenes, um dos primeiros pais da igreja cristã, castrou a si mesmo, literalmente, a fim de melhor poder servir ao reino de Deus. Outros devotavam todo seu tempo e energia a Deus, nada lhes restando para as funções naturais do corpo; estes com razão poderiam ser designados de *eunucos espirituais*. (Ver as palavras do Senhor Jesus quanto a essa questão, em Mt 19.12). O judaísmo não teria encarado com aprovação esse terceiro tipo; e esse é um dos pontos onde o Senhor Jesus e o apóstolo Paulo se afastaram da doutrina judaica ordinária. (Ver as explicações de Paulo a respeito, no sétimo capítulo de sua primeira epístola aos Coríntios).

Em Mateus 19.12: *Porque há eunucos que nasceram assim e há eunucos que pelos homens foram feitos tais; e outros há que a si mesmos se fizeram eunucos por causa do reino dos céus. Quem pode aceitar isso, aceite-o.*

Há eunucos de nascença. Evidentemente há aqui a tentativa de incluir todas as modalidades do eunuquismo. A palavra *eunuco* vem de dois termos gregos; "eune", que significa "cama", e "echo", que significa "ter". O eunuco era o homem que tinha a responsabilidade de proteger e de cuidar do dormitório do harém oriental. Eram emasculados para garantir o cumprimento do seu serviço sem problemas de impulsos sexuais. Falando sobre os eunucos e descrevendo todas as possibilidades do eunuquismo, Jesus descreveu três tipos, dois por razões físicas, e um por razões éticas:

1. Eunucos de nascença: homens que nascem com defeitos físicos (ou mentais) que os tornam incapazes das funções sexuais. Os judeus chamavam tais homens de "eunucos do sol", isto é, pessoas que nunca viram o sol exceto no estado de eunuquismo. (T. *Bab. Uebamot*, fol. 75.1.79.2, *Maimôn. Hilch. Ishot.* c.2., seção 14). Por diversas vezes também foram chamados de "eunucos pelas mãos dos céus", a fim de serem distinguidos dos eunucos feitos assim por operações feitas pelos homens (T. *Bab. Yebamot*, fol. 80.2).

2. Eunucos os feitos pelos homens: aqui Jesus se refere aos emasculados por meio de intervenções *cirúrgicas*, e não "por nascimento". No tempo de Jesus, havia grande número dessas pessoas, especialmente aqueles que trabalhavam nos haréns orientais. Mas também se lê, na história antiga, muitos atos de barbaridade na forma de emasculação em tempos de guerra, como castigo contra os inimigos ou como atos de vingança. Alguns intérpretes, como Lange (*in loc.*), aplicam de forma espiritual ou moral essa segunda classe de eunucos, dizendo que a principal referência é aos homens que, por considerações sociais ou morais, se recusam a contrair matrimônio, como, por exemplo, para servirem melhor ao estado, ao governo ou à sociedade. Contudo, essa interpretação figurada não faz parte do significado do texto, e em geral é ignorada nos comentários.

3. Eunucos por causa do reino dos céus: há diversas interpretações acerca dessa terceira classe. *a*. Fala de pessoas casadas que agem como se não fossem, a fim de melhor servirem ao reino (ver Lange, *in loc.*). Os intérpretes negam ou ignoram essa possibilidade, pois de fato, é evidente que essa ideia nada tem a ver com o ensino de Jesus aqui. *b*. Compreende-se perfeitamente que a referência é aos homens que se *recusam* a contrair matrimônio para melhor servirem e adorarem ao Senhor. Essa recusa não implica no ato físico da castração, a despeito do fato de que, durante séculos, muitos homens têm feito isso por motivos religiosos; mas dizer tal é exagerar grandemente as implicações do texto. Lemos que Orígenes se castrou por ser extremamente *zeloso* em sua mocidade, e que foi subsequentemente excomungado pela igreja de Alexandria por causa desse ato. Lemos na história eclesiástica que isso se tornou um problema tão grande (homens que se emasculavam) que foi mister que a igreja antiga se pronunciasse contra o ato (ver a obra de Schaff, *History of the Apostolic Church*, §112, p. 448-454, e a obra de Lucius Waterman, *Post-Apostolic Age*, p. 337). *c*. Outro exagero do texto tem sido a prática observada pelas ordens religiosas ou pelo sacerdócio da igreja Católica Romana, ao transformar em *regra fixa* a necessidade do celibato, ao passo que Jesus deixou ao indivíduo o direito da livre escolha e indicou que poucos teriam capacidade para exercer o celibato com sucesso. Jesus jamais estabeleceu regra dessa natureza para os pregadores, e a história eclesiástica demonstra que a "regra" do celibato resultou de um processo prolongado, pelo que dificilmente tem base verdadeira neste texto de Mateus.

Entre aqueles que a si mesmos se fizeram eunucos "por causa do reino dos céus", temos João Batista, Jesus e Paulo (1Co 7.6,26), Barnabé (1Co 9.5,6) e, provavelmente, o apóstolo João, se é que podemos confiar na tradição da igreja grega, que o chamava de *o parthenos*, que é a expressão grega para "o virgem". É provável que essa interpretação possa incluir legitimamente os casos de pessoas que ficam solteiras depois da morte de um dos cônjuges.

Por causa do reino dos céus, indica que as considerações acerca do serviço e da adoração a Deus são as mais importantes para tais pessoas. O texto não ensina que mediante o ato os indivíduos possam merecer a admissão ao reino dos céus, conforme alguns têm ensinado, como disse Orígenes (Ad *regnum caelorum promeredum*). O mesmo declararam Hilário, Eutímio e Maldonado. O propósito do eunuquismo voluntário seria o de permitir ao indivíduo crente servir e adorar sem o tropeço dos obstáculos impostos pelo estado de casado. Paulo disse: *Quem não é casado cuida das cousas do Senhor, de como agradar ao Senhor* (1Co 7.32). E ainda: *Digo isto em favor dos vossos próprios interesses; não que eu pretenda enredar-vos, mas somente para o que é decoroso e vos facilite o consagrar-vos, desimpedidamente, ao Senhor* (1Co 7.35). Com relação ao casamento, Paulo declarou: ... *tais pessoas sofrerão angústia na carne, e eu quisera poupar-vos* (1Co 7.28).

Quem é apto. Jesus enfatiza aqui o eunuquismo voluntário, que se alicerça no "dom" de Deus, na inclinação pessoal e na capacidade do indivíduo em começar a cumprir com êxito as exigências do celibato. O número dos homens capazes disso deve ser diminuto, especialmente quando o celibato é praticado por motivos religiosos e como expressão da vida espiritual. Jesus ensinou claramente que o número de tais pessoas seria pequeno, e a história da igreja demonstra exatamente isso. Para o indivíduo capaz, que recebeu tal habilidade da parte de Deus, e que tem alvos elevados para alcançar no seu serviço ao Senhor, o celibato seria um ato inteligente e louvável.

EU SOU DE DEUS

I. Sentidos Envolvidos Nesse Nome. O pronome pessoal "eu", quando usado acerca de Deus, fazendo o texto falar na primeira (e divina) pessoa, adiciona dignidade e poder ao texto. Devemos supor que, quando ocorre tal uso, que o profeta envolvido estava recebendo alguma revelação direta, no tocante a questões importantes. Para exemplificar, ver Salmo 131.10. O poder de Deus é enfatizado em Gênesis 17.1. Em Êxodo 3.14 encontramos o nome divino *Eu Sou*, onde se destacam a sua autoexistência e a sua imutabilidade. Jesus empregou esse título como um de seus próprios nomes, sendo o mais corajoso uso do nome, em todo o Novo Testamento. Ver o artigo *Eu Sou de Jesus*.

Deus é aquele que existe sem qualquer causa, porquanto é autocausado e autossustentado. Os filósofos se referem à vida de Deus como necessária e independente. Deus não pode deixar de existir; e também não depende de qualquer outro ser, a fim de continuar existindo. Por ocasião da redenção, a alma humana recebe esse tipo de vida. (Ver João 5.25,26).

O Pai tem "vida em si mesmo". Esse tipo de vida ele conferiu ao Filho, embora reduzido ao nível humano (Jesus Cristo), por ser ele o administrador da vida. E o Filho de Deus, por sua vez, dá dessa vida aos filhos que estão sendo transformados à imagem de Cristo (Rm 8.29).

Atanásio e os pais alexandrinos da igreja fizeram a cristologia ser ligada intimamente à soteriologia. Cristo é a imagem de Deus, demonstrando a divindade do Pai. E os remidos, que compartilham da imagem de Cristo, necessariamente chegarão a compartilhar da plenitude da sua natureza divina (2Pe 1.4), mediante o poder transformador do Espírito Santo (2Co 3.18). Dessa forma é que os remidos chegarão a participar da plenitude de Deus, em sua natureza e em seus atributos. Isso envolve um processo finito, mas eternamente crescente. Ver Efésios 3.19. A plenitude de Deus reside em Cristo, o Logos, e daí é transferida para aqueles a quem ele redime (Cl 2.9,10). Com base em todas essas considerações, pois, podemos observar que o título divino, *Eu Sou*, também é um nome ligado à redenção, porquanto esse *Eu Sou* torna-se real para o homem, em sua própria natureza metafísica. Desse modo, o homem remido passa a compartilhar da vida necessária e independente de Deus. Nisso consiste a verdadeira imortalidade, que é privilégio exclusivo de Deus, e que envolve muito mais do que existir para todo o sempre.

II. Arcabouço Veterotestamentário. Moisés tinha uma difícil tarefa a realizar. Ele precisava liderar um povo que, facilmente, se rebelava e que exigia provas das credenciais de

EU SOU DE DEUS

Moisés. Era mister que ele tivesse algo com que pudesse convencer o povo de que Deus o havia autorizado a tirar Israel da escravidão no Egito (ver Êx 3.13). Assim, o grande nome divino, *Eu Sou*, foi-lhe revelado diante da sarça ardente, o que passou a ser a autorização divina de que Moisés precisava.

A sarça queimava e queimava, mas sem se consumir. Isso sugeria, simbolicamente, a eternidade da natureza de Deus. Quando Deus disse: *Eu Sou*, e então "Eu Sou o que Sou", ele quis dar a entender que eram removidas todas as barreiras do tempo, passado ou futuro, como elementos capazes de restringi-lo. Dessa forma, a história de Israel, que ocorria dentro do tempo, passou a ser dirigida por forças que existem fora do tempo. Deus, como governador do tempo, mas que vive fora do tempo, é Alguém em quem se poderia confiar, de que faria por Israel aquilo que seu destino requeria. O título divino "Eu Sou" identificava Deus com o povo de Israel de uma maneira independente do tempo. Coisa alguma, do passado, do presente ou do futuro pode cortar essa identificação. As palavras de Êxodo 3.15: *...assim serei lembrado de geração em geração...* estão ligadas ao nome *Eu Sou*, de Deus. Deus havia abençoado aos progenitores do povo de Israel. Israel fora levado para o cativeiro, no Egito; mas isso em nada anulara o poder de Deus. A história de Israel tem exibido claramente a fidelidade do Senhor ao seu povo terreno. As promessas feitas aos patriarcas antigos jamais falharão. O nome eterno de Deus, *Eu Sou*, serve de garantia disso.

III. O Original Hebraico Envolvido. Esse nome divino, em hebraico, é *'ehyeh*, que alguns estudiosos supõem que signifique "sou o que sou", ao passo que outros pensam em "serei o que serei". Ambas as traduções dão um bom sentido. O que Deus *fora* para Israel era uma questão de registro histórico. O que ele *foi*, continuaria *sendo* para sempre, ficando assim ressaltados tanto o presente quanto o futuro. Declarou o salmista: *Elevo os olhos para os montes: de onde me virá o socorro? O meu socorro vem do Senhor, que fez o céu e a terra* (Sl 121.1,2). As colinas são chamadas de "eternas". Elas continuam as mesmas, enquanto se passam muitas gerações em sucessão. Mas, o Senhor Deus é o criador das colinas eternas, sendo ele a expressão mesma da eternidade. Dele é que nos vem um socorro seguro. De eternidade em eternidade, ele é Deus (Sl 90.2).

Yahweh. Esse é o mais distintivo nome de Deus no Antigo Testamento, usado por inúmeras vezes. Vem da mesma raiz que o "Eu Sou" de Êxodo 3.14. Seu uso subentende que Deus entrou em relação de pacto com Israel, a quem ele sempre se mostrará leal, porquanto ele garante o cumprimento desse pacto, por ser ele o próprio Deus. A experiência nos ensina que quando os homens estabelecem acordo, não demora muito para esses acordos serem quebrados. Os governos entram em alianças; mas, quando as circunstâncias e os interesses pessoais mudam, os pactos são quebrados, violados e esquecidos. Porém, a fidelidade de Deus, e o fato de que ele vive fora do tempo garantem que os pactos estabelecidos entre Deus e os homens perdurem. (Ver o artigo separado sobre os *Pactos*).

IV. Para Uso em Tempos de Crise. É fácil alguém ter fé em meio à abundância e ao sucesso. Porém, quando essas coisas nos faltam, então a nossa fé pode oscilar. Israel esteve na Palestina, na época patriarcal; mas eis que sobreveio um golpe de má sorte, que se manifestou sob a forma de seca e fome, e Israel foi forçado a entrar no Egito. Esse foi o seu primeiro cativeiro. Com a passagem dos séculos, o povo de Israel passou por severo período de sofrimento no Egito. Não obstante, Deus estava presente, e o primeiro milagre de sua presença foi a preservação da identidade de Israel. É um fato admirável que em todos os cativeiros de Israel, como ao assírio e o babilônico, a identidade de Israel tenha sido preservada. Um milagre que já perdura por mais de dezoito séculos é o fato de que Israel, dispersa como nação entre as nações gentílicas no começo do século II d.C., tem sido capaz de manter sua identidade até hoje, tendo começado a retornar a sua própria terra em nossos próprios dias. Assim, tribulações aparecem de vez em quando, atingindo este ou aquele povo e indivíduos; mas Deus nunca se esqueceu de seu povo. Podemos ter a certeza de que ele endireitará todas as coisas para seu povo de Israel e para nós, que nele confiamos, e somos seu povo espiritual. Até mesmo quando nos desesperamos, Deus se faz presente e continua cuidando de nós. Os processos históricos podem precisar de muito tempo para se desenrolar. O elemento tempo está nas mãos de Deus. Mas, sendo fiel aos seus eternos propósitos, ele age chegado o tempo certo, e restaura.

V. Jesus Tomou para Si Esse Nome. Ver o artigo chamado *Eu Sou de Jesus*. Um dos usos mais ousados do Novo Testamento foi aquele em que Jesus aplicou a si mesmo o título divino de *Eu Sou*, conforme se vê em João 8.58. Esse nome não somente nos ensina a sua identificação com Deus Pai, e a sua participação na natureza divina plena, mas também subentende a sua identificação conosco; pois, assim como o *Eu Sou* do Antigo Testamento garantiu a permanência de Israel, com sua presença eterna e protetora, assim também o *Eu Sou* do Novo Testamento serve de garantia para o seu povo crente.

Os líderes judeus, embora cativos nos seus pecados e na sua rebelião, ainda assim apelavam para Abraão como seu pai espiritual, e se ufanavam nessa identificação. E chegavam a pensar que isso lhes garantia a salvação eterna. Jesus, porém, asseverou ousadamente que ele já existia antes de Abraão, porquanto era o *Eu Sou* do Antigo Testamento. Isso só poderia mesmo ser compreendido como a mais desabrida forma de blasfêmia, pelos seus primeiros ouvintes. Todavia, as heresias têm uma maneira toda especial de se tornarem novas ortodoxias e foi precisamente isso que aconteceu a Jesus e as suas reivindicações. (Ver o artigo sobre a *Divindade de* Cristo). A divindade de Cristo tornou-se a pedra angular para a nossa compreensão da encarnação. Mas também é a pedra angular do nosso entendimento sobre a mensagem da redenção, e o que essa mensagem tenciona realizar. É isso que temos comentado no primeiro ponto, acima.

Assim como o nome *Eu Sou* se refere à verdadeira imortalidade, em contraste com o tempo e as suas vicissitudes, assim também a nossa união com o *Eu Sou*, Jesus Cristo, garante a nossa mais autêntica imortalidade. Ver os artigos intitulados *Imortalidade* e *Divindade, Participação do Homem na*.

Eu Sou é um dos nomes divinos. Temos provido um artigo que trata sobre todos esses títulos divinos. (Ver *Deus, Nomes Bíblicos*). Em relação ao presente artigo, a discussão sobre a seção III.8, sobre *Yakweh*, é a que se reveste de maior interesse.

VI. O Eu Sou de Deus é o Eu Sou de Homem. Como poderemos saber que quando Deus declara o seu *Eu Sou isso é*, ao mesmo tempo, o poder que o homem tem para também dizer "eu sou"? Isso pode ser respondido de várias maneiras:

1. Deus, aquele que é eternamente, *existente*, concede *vida ao homem*. A vida é uma dádiva divina. Essa vida tanto pode ser biológica quanto espiritual. Deus é dotado de um tipo de vida que é necessário e independente. Mas a vida humana é contingente (pode não existir) e dependente (o homem só pode continuar vivendo mediante a vontade e o poder de Deus). No entanto, ao ser remido pelo sangue de Cristo, o indivíduo passa a compartilhar da vida *necessária* de Deus (vida que não pode não existir), a qual também é independente — a verdadeira imortalidade — e tudo pela graça de Deus. É nesse ponto que o homem deixa de ser perene para tornar-se "eterno". Por enquanto, o *tipo de vida* que Deus tem manifesta-se somente ao nível do espírito dos homens remidos; mas, quando da ressurreição, a "vida eterna" envolverá até mesmo o corpo do crente (ver 1Jo 3.1,2). Dessa forma, os remidos haverão de compartilhar plenamente do *tipo de vida divina*. E, visto que Deus diz *Eu Sou*, o remido também pode dizer "eu sou".

2. Vida Teleológica. Da mesma maneira que Deus é o planejador de todas as coisas, assim também os seus desígnios cumprem-se nos homens. Ele determinou para o homem um grande propósito para a nossa existência.

> Sentimos que nada somos, pois tudo é Tu e em ti;
> Sentimos que algo somos, isso também vem de ti;
> Sabemos que nada somos, mas Tu nos ajudas a ser algo.
> Bendito seja o Teu nome — Aleluia!
> (Alfred Lord Tennyson, *The Human Cry*)

3. O Poder da Vontade. O homem foi criado à imagem de Deus. Mas a queda no pecado afastou o homem da Mente Divina. Não obstante, o próprio fato de que o homem foi criado à imagem divina significa que ele ainda possui uma vontade que pode ser criativa, e não escrava do tempo e das circunstâncias. É com base nessa vontade que o homem é moralmente responsável. (Ver sobre o *Livre-Arbítrio*).

4. O Eu Sou Cristológico e o Eu Sou Antropológico. O homem é capaz de dizer "eu sou porque pode tornar-se filho de Deus, com a mesma natureza do Filho de Deus. Ele pode vir a compartilhar da imagem e natureza do Filho (ver Rm 8.29), da plenitude divina (ver Ef 3.19) e da própria natureza divina (ver 2Pe 1.4).

5. A Fórmula Soteriológica. Deus, o Eu Sou; Jesus, o Filho, o Eu Sou; os filhos remidos de Deus, o Eu Sou humano. Isso constitui a família divina. (Ver sobre *Eu Sou de Jesus*).

EU SOU DO HOMEM. (Ver *Eu Sou de Deus*, seção VI).

EVA

I. O Nome. No hebraico, *Hawwah*, com frequência definido como "doadora da vida", embora outros significados tenham sido sugeridos. A derivação é incerta, a tal ponto que um certo léxico fala em nove possibilidades. O relato do livro de Gênesis conecta o nome dessa mulher com a própria existência da raça humana. Adão chamou sua companheira de Eva, palavra que, no hebraico, aparentemente está relacionada ao termo hebraico *hayyah*, que significa "viver". Ela foi chamada assim porque se tornaria a mãe de todos os seres humanos. O nome lhe foi dado por Adão, após a queda no pecado (Gn 3.20).

II. Seu Relacionamento com Adão. O trecho de Gênesis 2.21,22 revela que Deus fez Eva, partindo de uma costela extraída de Adão. Alguns intérpretes aceitam o relato literalmente, mas outros só o aceitam simbolicamente. Neste último caso, estariam em foco a intimidade entre homem e mulher, a dependência da mulher ao homem, e, no caso de Eva, a dependência de toda vida humana a essa primeira mulher. A Bíblia também ensina a subordinação da mulher ao homem (1Tm 2.12,13). Tudo isso indica uma lição geral da vida, que nos instrui sobre o fato de que dependemos uns dos outros, o que nos ensina a amar e a ser amados, que é a maior das lições da vida.

Os eruditos liberais salientam que a questão da *costela* pertence às lendas tipicamente mesopotâmicas sobre a criação. Ver sobre *Cosmogonia* e sobre *Criação*. Ver também o artigo separado sobre o *Jardim do Éden*. Esses vários artigos ilustram como um fundo comum de informações foi aproveitado pelo autor do livro de Gênesis, como também pelos autores das histórias da criação, dentro da cultura da Mesopotâmia. O trecho de Gênesis 1.28 mostra-nos que um dos principais propósitos do casamento é a procriação. Alguns intérpretes modernos têm-se valido desse fato para sustentar que ter filhos é uma obrigação moral em *todos* os casamentos. Mas, contra essa opinião, outros estudiosos têm salientado que em um mundo superpovoado como o nosso, é quase impossível que se pense ser necessário que cada casal seja como foram Adão e Eva, procriadores. Muitos pensam que a propagação da raça humana não requer que todos os casais participem do processo. Na verdade, seria melhor se houvesse mais casais que deixassem outros casais encarregarem-se de gerar filhos, em um mundo já tão envolvido no problema da superpopulação.

III. Participação de Eva na Queda. A serpente esteve envolvida na tentação de Eva e alguma fruta não identificada foi o objeto de tentação. O fruto era capaz de fazer o homem distinguir entre o bem e o mal, como uma espécie de fruto de conhecimento limitado. Saber distinguir entre o bem e o mal, em certo sentido, guindou o homem à categoria de ser divino (Gn 3.22). E assim, para impedir que o primeiro casal se divinizasse ainda mais, tornando-se permanentemente imortal, se comesse do fruto da árvore da vida, Adão e Eva foram expulsos do jardim do Éden.

A história geral da tentação aparece no terceiro capítulo do livro de Gênesis. Temos ali alguns paralelos das lendas mesopotâmicas. Os artigos sobre o *Jardim do Éden* e sobre *Cosmogonia* fornecem detalhes a respeito. Os pais alexandrinos viam esses relatos como parábolas. (Ver sobre a *interpretação alegórica*). Os evangélicos fundamentalistas continuam a crer literalmente no relato bíblico, pensando que a ingestão de algum fruto poderia conferir conhecimento especial, e até mesmo a imortalidade. Porém, parece melhor extrair desses relatos lições espirituais, não interpretando literalmente tudo quanto está contido nesses relatos bíblicos. Seja como for, porém, o fato é que dali veio a queda. Portanto, temos nas primeiras páginas de Gênesis uma explicação singela de como o mal penetrou neste mundo. Muitos teólogos gostam de extrair lições dessa história, mas crendo que está envolto em mistérios como foi que o mal teve início neste mundo. Orígenes e os pais alexandrinos em geral, supunham que a alma do homem é preexistente, já tendo caído na eternidade (talvez juntamente com a rebelião dos anjos que acompanharam a Lúcifer). Somente bem mais tarde é que essa queda foi transferida para a cena terrestre. Isso faria a queda no pecado tornar-se inevitável. Dotadas de corpos humanos, as almas vieram a envolver-se em um tipo de dupla existência. Naturalmente, esse ponto de vista é platônico. Aprecio essa conjectura porque ela promete uma maneira mais frutífera de se pensar sobre o pecado verdadeiramente original (um pecado cósmico, e não somente edênico). Os teólogos que aceitam essa conjectura, usualmente associam a queda da alma humana à queda original dos anjos, conforme dissemos linhas acima. Também tem sido conjecturado que não houve, dentro da criação dos seres inteligentes, apenas uma, ou mesmo apenas duas quedas; antes, várias ordens de seres estariam envolvidos em suas respectivas e independentes quedas. Por outra parte, há estudiosos que acreditam que essas muitas ordens de seres já eram más desde o princípio, e que o que realmente sucedeu foi uma melhoria em face do estado original de maldade e degradação. Grandes mistérios circundam essas questões e coisa alguma que digamos é capaz de dar-lhes solução, porquanto a Bíblia faz silêncio sobre o ponto, como uma daquelas coisas que Deus não nos quis revelar. *As cousas encobertas pertencem ao Senhor nosso Deus...* (Dt 29.29a).

Seja como for, o relato de Gênesis diz-nos que toda espécie de resultado negativo sobreveio imediatamente após a queda no pecado: a maldição contra a serpente, que proveu o pano de fundo para a primeira promessa messiânica (Gn 3.15); a maldição contra a terra; o começo do labor árduo; a dificuldade da mulher, no parto; a submissão da mulher ao homem. E, de modo algum a coisa menor, a tendência de uma pessoa lançar a culpa sobre outra, por suas más ações. Adão, por assim dizer, disse a Deus: *Foi esta mulher, que Tu (Deus) me deste, que causou toda essa dificuldade*. (Ver Gn 3.12). Eva, por sua parte, lançou a culpa sobre a sutileza da serpente. Portanto, tornou-se tradicional afirmar (e talvez com razão) que as mulheres fazem coisas más por serem seduzidas a praticarem-nas, enquanto que os homens, de olhos bem abertos, fazem coisas más visando à sua própria vantagem.

São dados os nomes de apenas três dos filhos de Eva, todos homens: Caim (Gn 4.1); Abel (Gn 4.2) e Sete (Gn 5.3), embora seja dito que ela teve filhos e filhas (Gn 5.4). E este último ponto resolve muita objeção tola, como aquela que indaga onde Caim foi buscar mulher.

IV. COMPARAÇÃO COM O RELATO SOBRE O DEUS SUMÉRIO ENKI. Nos mitos sumérios sobre os deus *Enki*, é-nos dito que ele sofria de certo número de mazelas. Na tentativa de curar essas enfermidades, a deusa Ninhursague produziu uma deusa especial. Quando ele disse: "Dói em minha costela", ela replicou que fizera a deusa *Ninti* (que significa "senhora da costela") nascer para curá-lo e restaurá-lo à vida. Ora, Ninti também pode significar "senhora que transmite vida".

Os paralelos entre Eva e Ninti, tanto no tocante à definição de nomes, como no que concerne às funções, são por demais evidentes para negarmos qualquer conexão entre elas. Por esse motivo, alguns estudiosos têm dito que a narrativa bíblica mostra dependência aos mitos mesopotâmicos. Outros asseguram que o contrário é que está com a verdade. Porém, o mais provável é que ambos os relatos tenham tido uma origem comum, com modificações. E, se tomarmos a narrativa bíblica como uma parábola religiosa, então não teremos de enfrentar qualquer problema com a questão da *inspiração*. Por outra parte, se insistirmos em uma interpretação literal, então surgem problemas nesse setor. Quanto ao assunto da *Inspiração da Bíblia*, ver o artigo geral sobre as *Escrituras Sagradas*, em sua terceira seção.

V. EVA NO NOVO TESTAMENTO. No trecho de 2Coríntios 11.3, Paulo refere-se ao relato da tentação, por meio da serpente, com o propósito de mostrar quão fácil é o ser humano cair no erro, com sérias consequências. A passagem de 1Timóteo 2.11-14 ensina que Eva pecou porque tomou as circunstâncias em suas próprias mãos. Em seguida, Paulo recomenda que as mulheres crentes façam silêncio nos cultos, proibindo-as de trazerem mensagens, por estarem sujeitas à autoridade dos homens. Presumivelmente, visto que facilmente são enganadas, não deveriam comunicar a outros a mensagem divina. Nessa conexão, tornou-se uma tradição salientar que muitos dos cultos estranhos de nossos dias foram iniciados por mulheres.

EVIL-MERODAQUE

Esse nome é de origem acádica e significa "homem (ou servo) de Marduque". Marduque era um deus babilônico, Evil-Merodaque. Nas páginas da Bíblia, ele é mencionado somente por duas vezes (2Rs 25.27 e Jr 52.31). Foi filho e sucessor de Nabucodonosor, rei da Babilônia (vede). Quando subiu ao poder (562 a.C.), soltou o até então cativo rei de Judá, Jeoaquim, tratando-o com bondade e permitindo-lhe ter posição de autoridade sobre outros reis conquistados, detidos na Babilônia.

Documentos administrativos encontrados pela arqueologia, na Babilônia, que contêm listas de rações, como o azeite, referem-se a *Yakukinu* ou *Yakudu*, o que, provavelmente, refere-se a Jeoaquim, de Judá, mostrando como ele realmente viveu na Babilônia. Há uma tradição judaica, mencionada por Jerônimo, quando ele comentava sobre Isaías 14.29, que diz que a causa dessa bondade de Evil-Merodaque foi que ele mesmo fora prisioneiro por algum tempo, por ordem de seu próprio pai, Nabucodonosor, depois que este se recuperou de seus sete anos de loucura, por ter-se ofendido por algo feito por seu filho. Estando na prisão, presumivelmente tornou-se amigo pessoal de Jeoaquim e, uma vez libertado, lembrou-se dele. O mais provável, contudo, é que isso tudo não passe de uma invenção, para tentar explicar por que Evil-Merodaque mostrou-se atencioso para com Jeoaquim. Beroso, e também o cânon de Ptolomeu, revelam-nos que Evil-Merodaque acabou sendo assassinado por seu cunhado, Nerglissar, que talvez seja o mesmo Nergal-Sarezer de Jeremias 39.3,13. Sem importar exatamente como a coisa sucedeu, o fato é que, depois, Nerglissar subiu ao trono da Babilônia.

EVOLUÇÃO

(Ver o artigo sobre *Charles Darwin* quanto a material suplementar a este artigo. Ver também o artigo intitulado *Evolução e Ética*).

I. O TERMO E SUA DEFINIÇÃO. A palavra portuguesa evolução deriva-se do latim *e* (fora) e *volvere* (rolar). A ideia expressa é o evolver gradual, em subdivisões, com a produção de muitos. Isso é usualmente descrito como algo que passa do simples para o complexo, ou então como a origem da vida em suas múltiplas manifestações e formas. A evolução não tenta explicar origens absolutas, porquanto começa a partir da matéria já existente. Entretanto, os evolucionistas precisam supor que os elementos físicos do universo foram arranjados de tal modo, ou arranjaram-se a si mesmos de tal modo, talvez por algum tipo de evolução material primitiva, ou o surgimento da vida biológica se tornou possível. Por conseguinte, poderia ter havido alguma evolução cósmica, antes daquela que produziu formas entre as coisas animadas.

II. VÁRIOS PONTOS DE VISTA SOBRE A EVOLUÇÃO. 1. A *filosofia hindu* expõe uma espécie de desenvolvimento evolutivo, que começa com Brahman e acaba produzindo todas as coisas. A alma humana estaria envolvida nisso, tendo de atravessar todos os estágios de desenvolvimento, juntamente com outras coisas. Portanto, essa concepção vê o escopo inteiro do ser, desde o estado mineral até às formas de vida biológicas mais elevadas e complexas. **2.** *Anaximandro* (vede) um filósofo pré-socrático criou um sistema de evolução ao postular certo progresso no desenvolvimento das coisas vivas, e que teria começado nos oceanos. *Heráclito* (vede), em seus caminhos ascendente e descendente, e em sua ideia de fluxo, criou uma espécie de desenvolvimento evolutivo que abrange todas as coisas. *Empédocles* (vede) referia-se aos princípios de desenvolvimento e adaptação de todas as coisas, o que nos dá uma forma primitiva dessa doutrina. *Demócrates* (vede) ensinava uma espécie de evolução mecânica, na manipulação dos átomos, por ele postulados. **3.** *Platão*, em vez de pensar em uma evolução, pensava em uma involução, porquanto o real teria degenerado nos particulares (o nosso mundo físico). A alma humana também teria degenerado, ao vir a participar na matéria; mas, ao ser purificada, evolui espiritualmente, libertando-se novamente da matéria e retornando ao real, isto é, o mundo dos universais (vede). **4.** *Aristóteles* acreditava na fixidez das espécies; mas, dentro das espécies fixas ele via quatro tipos de causas (causa material, causa formal, causa eficiente e causa final), dentro das quais haveria uma progressão evolutiva em todas as coisas. **5.** O *estoicismo* (vede) com a sua doutrina de ciclos recorrentes, imaginava um mundo que teria evoluído do fogo primevo e que acabaria retornando ao mesmo. **6.** O *epicureanismo* (vede) lançava mão da teoria dos atomistas, adicionando à mesma o conceito de uma guinada, a fim de explicar como as coisas chegaram a ser o que são. Ver sobre *Epicuro* e *Lucrécio*. **7.** *O neoplatonismo* (vede) retinha as ideias de Platão, de que primeiramente teria havido uma involução, e somente depois uma evolução da alma humana. **8.** *Bruno* (vede) misturava a erudição grega com ideias científicas, do que resultava um mundo de multiversos, todos no processo de tornarem-se; e tudo isso debaixo da providencia divina. **9.** Os *filósofos franceses* (vede) faziam derivar o seu mundo de forças e entidades naturais, em que o ir-se tornando vai ficando, cada vez mais complexo. Ver sobre *Holbach*, que colocava o homem dentro desse esquema. **10.** *Leibniz* (vede) pensava em um mundo dinâmico, que consistiria em, mônadas; mas ele atribuía a evolução assim produzida ao poder de Deus, que atuaria como a Grande Mônada. **11.** *Vico* (vede) concentrava sua atenção sobre a evolução humana, e isso dentro da sociedade, vendo tal coisa como progressiva e cíclica. **12.** *Herder* (vede) aplicava a evolução à genética, como se os estados inferiores fossem evoluindo para estados superiores, como se o que é mais simples evoluísse para aquilo que é mais complexo. **13**. *Hegel* (vede), em sua doutrina sobre a tríada — tese, antítese e síntese — submetia todas as coisas a uma espécie de evolução, embora concebesse o Absoluto (o seu deus) como o poder por detrás do processo inteiro. **14**. *Schelling* (vede) pensava que o mundo teria evoluído por meio de algum poder vital. Ele rejeitava a simples evolução mecínica. **15**. *Comte* (vede), à semelhança de Herder, concentrava sua atenção sobre a evolução social e cultural. Ele pensava que a inquirição científica era uma espécie de desdobramento desse processo, bem como o seu estágio mais elevado. **16**. *Charles Darwin* (vede) fez um trabalho decisivo quanto ao problema da evolução biológica. Ele e outros, como A.R. Wallace (vede), desenvolveram o conceito da seleção natural e da sobrevivência dos mais aptos. Ficou assim firmada a mutabilidade de todas as espécies. Coisa alguma, porém, eles disseram a fim de explicar os começos absolutos. **17**. *Spencer* (vede) falava sobre a evolução como uma lei da natureza que opera com base na homogeneidade incoerente, partindo daí para a heterogeneidade coerente. **18**. *Charles Peirce* ensinava que as próprias leis da natureza encontram-se em estado de evolução e, por conseguinte, coisa alguma é fixa. **19**. *W.G. Sumner* (vede) aplicava a teoria de Darwin sobre a sobrevivência dos mais aptos às questões de economia. **20**. *Haeckel* (vede) aplicava as ideias de Darwin à metafísica e com isso criou uni naturalismo monista e panteísta. **21**. *Kropotkin* (vede) ensinava que a sobrevivência dos mais aptos deve envolver o princípio da ajuda mútua. **22**. *John Fiske* (vede) desenvolveu uma espécie de teísmo evolutivo. **23**. *S. Alexander* (vede) ensinava o princípio de uma evolução emergente. Essa *evolução* emergente (vede) ensina que novas qualidades podem vir subitamente à tona, que não podem ser reduzidas às qualidades antecedentes, e de uma,maneira como não se,poderia esperar da parte de um processo gradual. **24**. *Bergson* (vede) pensava ter descoberto o *élan vital* (vede) como a força por detrás da evolução. Esse poder Iria empurrando o mundo para coisas continuamente novas. **25**. *A.N. Whitehead* adaptava as ideias de Darwin à física moderna. **26**. *Smuts* (vede) propunha que o processo evolutivo ocorreu com a ajuda de vários saltos criativos, não estando limitado a meros processos graduais. **27**. *Teilhard de Chardin* (vede) supunha que o processo evolutivo procede da matéria Inorgínica, partindo daí para a esfera mental. Ele chamava isso de *noosfera*, isto é, "esfera da mente". Dessa maneira é que tomaria forma a evolução física, absorvendo formas não físicas. **28**. *McTaggart* (vede) embora sendo ateu (segundo definições cristãs) acreditava na existência da alma humana e sua sobrevivência ante a morte física, e pensava que a alma veio a existir mediante um processo evolutivo, como a mais elevada realização da evolução. A Mente absoluta era por ele concebida como a força por detrás desse processo. A Mente absoluta, vista por detrás desse processo, em última análise, é a *Ideia*. **29**. *Eruditos pragmáticos* têm encontrado certa justificação para o processo evolutivo, dentro da ética naturalista. Outro tanto se verifica quanto às suas ideias acerca da *gnosiologia* (vede).

III. Considerações Teológicas e Filosóficas

1. A questão do homem real, a alma. Desde o princípio temos chamado a atenção do leitor para esse importante fato. A ideia evolutiva de Darwin procurava explicar somente o homem biológico. Pode-se presumir que ele não cria na alma e nem pensava que valia a pena perder seu tempo no estudo da alma. Portanto, seus ensinos não abordavam o homem real, a alma humana. Eruditos no hebraico informam-nos que o relato de Genesis, sobre a origem do homem, nada tem a ver com qualquer suposto homem imaterial, e que o sopro da vida na estátua de barro só visa indicar que, desse modo, Deus animou a matéria, e não que ele insuflou nela uma alma. É verdade que o Pentateuco não aborda a doutrina da alma, e nem há ali qualquer consideração sobre recompensas ou punições na outra vida, para a alma imaterial. É evidente, pois, que nem Darwin e nem o livro de Gênesis abordam o homem real, a alma imorta . uanto a isso, ambos mostram-se deficientes; e penso que o homem que está realmente buscando a verdade, deveria reconhecer esses fatos. Por essa razão, não me sinto muito excitado ante toda a controvérsia a respeito da evolução e seu conflito com o registro do livro de Gênesis. A única coisa que está em jogo, em toda a sua exposição, é o corpo do homem, e não a sua alma. Para mim, portanto, esse é um assunto interessante, mas não vital.

Os pais alexandrinos buscavam o homem original no estado pré-adâmico, nos mundos celestiais, como companheiro dos anjos. Naturalmente, esse ponto de vista é platônico; e considero que há nisso uma certa verdade, embora inexata. Ver sobre a *Existência da Alma*. Em nosso artigo sobre a *Alma*, damos várias ideias acerca da origem da alma. Ver o artigo sobre *Darwin*, pontos quarto e quinto, no tocante a outros detalhes, que preenchem a ideia que tenho apresentado neste primeiro ponto, desta terceira divisão deste artigo.

2. O problema das origens. A evolução aos moldes de Darwin procura dizer como a matéria evoluiu até chegar a espécies biológicas; mas nada diz sobre a origem da matéria. Outros evolucionistas pensam que a matéria originou-se da *Mente*, conforme se vá na discussão sob a segunda seção deste artigo. O que está em jogo é a exatidão da narrativa do livro de Gênesis, sobre a questão da origem das espécies físicas, ou *sobre o modus operandi* dessa origem. Os teólogos que insistem em uma interpretação literal do relato de Gênesis, defrontam-se com uma série de problemas, visto que o relato bíblico é similar, em certos pontos críticos, às histórias de criação dos mitos pagãos mesopotâmicos. Temos ilustrado amplamente essa questão nos artigos sobre *Cosmologia*; *Criação*; *Adão*; *Eva* e *Jardim do Éden*. As tentativas de certos pensadores que querem fazer o mundo estar apenas com seis mil anos de existência são por demais ridículas para merecerem consideração séria. Sabemos que a luz de estrelas e galáxias, com dezesseis bilhões de anos luz, está chegando até nós. Portanto, a criação do universo deve ter, pelo menos, essa antiguidade. Os argumentos em prol de uma criação jovem, convenientemente, ignoram, esses fatos embora penetrem elaboradamente no aspecto biológico do problema todo. O que estou dizendo aqui é que todo teólogo honesto encontra problemas quando se trata das origens. Talvez, afinal de contas, a resposta é que simplesmente não saibamos o que, realmente, sucedeu. Todavia, isso não nos impede de tomar a posição teísta, declarando que embora o *modus operandi* do começo das espécies continue uma questão misteriosa, sabemos que o poder de Deus está por detrás de tudo.

3. Modernização da antiga cosmologia dos hebreus. Meus amigos, os antigos hebreus simplesmente não acreditavam no que hoje em dia se diz nas igrejas evangélicas a respeito das origens. O que eles acreditavam tem sido distorcido e adaptado. Desse modo, suas crenças são modernizadas, a fim de fazê-las harmonizar-se com a ciência moderna e com a teologia moderna. (Ver o artigo sobre *Astronomia*, quanto a uma demonstração sobre isso). Os teólogos honestos precisam enfrentar questões como essas.

4. Problemas com a evolução. Os próprios evolucionistas concordam que as evidências de que dispõem não são conclusivas, mas tão somente indicativas. Alguém já disse: "Os criacionistas têm certeza, sem evidências. Os evolucionistas têm evidências sem certeza". Se tomarmos um ponto de vista simbólico ou alegórico acerca do relato de Gênesis, então essa declaração torna-se adequada. Mas, se assumirmos uma posição literalista, tropeçaremos no problema que temos sugerido ao leitor, no artigo sobre a *Astronomia* e em outros artigos, mencionados sob o segundo ponto, acima. **a. Da matéria morta à matéria viva**. Se aceitarmos a evolução, então teremos de aceitar que a vida biológica pode, de alguma maneira, derivar-se de certas reações químicas, ainda desconhecidas. É verdade que faz pelo menos 20 anos agora que certas formas primitivas de vida foram produzidas por reações químicas. Porém, isso ainda está a grande distância de explicar o homem, embora, para alguns estudiosos, seja um passo inicial promissor. Os evolucionistas teístas não se sentem perturbados diante disso. Eles dizem que o homem está simplesmente aprendendo algo sobre os blocos de construção que Deus usou, quando produziu a vida. Também supõem que a mente divina esteve por detrás da questão inteira, pois, do contrário, não haveria os blocos de construção, com que começar, e nem a inteligência necessária para produzir toda aquela maravilhosa complexidade que todos podemos contemplar. **b. Da simplicidade para a complexidade**. Será, realmente, verdade, que no começo havia apenas formas de vida mais simples, das quais evoluíram formas de vida mais complexas? Os criacionistas respondem na negativa. Mas os evolucionistas oferecem um monte de evidências em apoio à sua resposta positiva. Seja como for, a imensa complexidade e inteligência que podemos observar na natureza certamente fala sobre mente e inteligência, por detrás de tudo, e não de simples forças mecânicas. A evolução mecânica, sem qualquer diretriz inteligente, requer um bocado de credulidade para ser aceita. Isso significa que os advogados dessa modalidade de evolução são céticos cheios de fé! **c. A seleção natural**. Há três problemas sérios que envolvem esse conceito. O *primeiro* é que o mesmo apenas oculta a ignorância, dando um nome a um mistério oculto a menos que admitamos que há uma inteligência envolvida em tudo. Seleção mecânica é uma contradição de termos. Somente uma mente é capaz de selecionar. Em *segundo lugar*, essa ideia nada faz para explicar o impressionante desígnio que há na chamada matéria inanimada. Em outras palavras, desde a matéria inanimada já encontramos um desígnio; mas então, nas formas biológicas, haveria um retrocesso para a seleção natural. É claro que a mente já fizera muita coisa, no campo do selecionamento, antes da seleção natural começar; mas isso é ignorado dentro da expressão absurda "seleção natural". Em *terceiro lugar*, é lógico supormos que a *mesma inteligência* que opera sobre a chamada matéria inanimada, também opere sobre as formas biológicas. A teoria da evolução não tem podido dissipar os mistérios envolvidos. Isso significa que, quando muito, essa é apenas uma teoria tentativa e muito incompleta. **d. A evolução depende do empirismo**. Estamos falando aqui sobre a variedade darwiniana, mecânica do conceito. Não há dúvida de que a experiência demonstrou que ninguém pode explicar adequadamente o mundo, e nem examinar bem os seus mistérios, se apelar somente para o empirismo. Há contribuições que também são feitas pela razão, pela intuição e pelas experiências místicas. Essas nos dão boas evidências em favor da existência de entidades não materiais, incluindo, acima de tudo, a alma humana. A própria ciência poderá vir a ser a campeã que, finalmente, demonstrará a dimensão não material do homem. Ver os artigos sobre a *Parapsicologia* e sobre as *Experiências Perto da Morte*, quanto a evidências. Qualquer teoria que ouse falar sobre o homem, utilizando-se apenas de métodos empíricos, e então, convenientemente, ignore o que o próprio empirismo diz sobre a imaterialidade, tem de enfrentar invencíveis dificuldades.

IV. Declaração Final. É mister uma tremenda credulidade para alguém acreditar na evolução puramente mecânica, postulada por alguns evolucionistas. A evolução teísta poderia estar com a razão, não criando qualquer problema teológico, se tomássemos o ponto de vista alegórico de Gênesis. A igreja Católica Romana, através de seus apologistas, tem aceitado a posição de que qualquer teoria cientificamente estabelecida sobre o desenvolvimento *biológico* é aceitável, do ponto de vista teológico (embora, nem por isso, seja verdadeira), se com isso não forem negados os ensinos da igreja acerca da criação sobrenatural e especial *da alma* humana. Em outras palavras, pode-se deixar o corpo físico aos cuidados de uma evolução teisticamente guiada, mas a alma pertence exclusivamente a Deus. Esse ponto de vista ganha força diante do fato de que o relato de Gênesis (visto pelo prisma dos antigos hebreus, e não pelo prisma dos cristãos modernos) não se refere à alma humana de modo algum. Pensamos que a posição desses apologistas católicos romanos é uma ideia útil, que merece a nossa consideração Por outra parte, afirmamos que ninguém, realmente, conhece a verdade a respeito das origens, exceto a afirmação de que a mente divina está por detrás de toda essa operação, desde o começo. Mas, o *modus operandi* dessa operação precisa continuar sendo discutido. Se a alma pertence a Deus, tendo provido dele e estando destinada a retornar a ele, então, qualquer doutrina concernente ao corpo físico, por mais interessante que seja, não é crítica para a nossa fé.

Considerando a Controvérsia. Irving Kristol, professor de pensamento social na escola graduada de negócios da Universidade de Nova Iorque, propôs uma abordagem que talvez seja útil na tentativa de encontrar uma maneira de abrandar o perene conflito que ruge entre os criacionistas e os evolucionistas. Ele sugere que visto haver tantas teorias conflitantes da evolução, não pode a evolução ser ensinada como uma simples teoria científica ortodoxa. Ensiná-la é, de fato, um exercício de dogmatismo. Em outras palavras, as teorias de evolução que se entrechocam criam muitas debilidades na teoria geral, furtando-lhe a aura de um fato científico.

Passo a citar o que ele escreveu no *New York Times*: "Segundo as coisas são, os fundamentalistas religiosos não estão longe do alvo quando afirmam que a evolução, conforme ela é geralmente ensinada, é assinalada por uma aresta antirreligiosa sem base. A transformação gradual da população de uma espécie em outra é apenas uma hipótese biológica, e não um fato biológico. As diferenças entre as espécies são tão profundas que (pelo menos para alguns cientistas) o próprio conceito da evolução torna-se questionável. A evolução deveria ser ensinada como uma ideia conglomerada, formada por hipóteses conflitantes, e não como uma certeza que não pode ser desafiada. O criacionismo é uma questão de fé, e não de ciência. Teologicamente falando é perfeitamente defensável, mas nada tem a ver com a biologia". Esse mesmo autor duvida do valor de forçar a questão (o criacionismo e a controvérsia que gira em redor do mesmo) até o nível das escolas públicas, achando que seria mais aconselhável que os cristãos bíblicos apresentem os seus pontos de vista nas igrejas, ao mesmo tempo em que, nas escolas públicas, as crianças de pais evangélicos não deveriam ser expostas a ensinamentos antirreligiosos, que lhes são forçados como se fossem fatos.

Evolução Espiritual. Ver o artigo com este título.

Escrevi um artigo separado sobre esse assunto, bastante detalhado. Um texto de prova da ideia que o homem evolui *espiritualmente* (não biologicamente) é 2Coríntios 3.18: *E todos nós, com o rosto desvendado, contemplando, como por espelho, a glória do Senhor, somos transformados de glória em glória, na sua própria imagem, como pelo Senhor, o Espírito.*

Para mim parece claro que a própria salvação, já nas dimensões celestiais, envolverá uma glorificação e uma transformação eternas, em que o crente vai sendo transformado à imagem do Filho de Deus, mediante o poder do Espírito Santo. Isso significa que os homens compartilharão da própria natureza divina (ver 2Pe 1.4), dotados da plenitude de Deus (ver Ef 3.19), conforme a imagem e a natureza do Filho de Deus (ver Rm 8.29), subindo sempre de um estágio de glória para outro, incessantemente (ver 2Co 3.18). Visto que há uma infinitude com a qual seremos cheios, não há que duvidar que haverá um enchimento infinito.

Estágios na Inquirição Espiritual; a Evolução da Vereda Espiritual. *a. Materialismo*. A alma é imersa no bem-estar físico, dominada pelo egoísmo, afligida pelo agnosticismo, pelo ceticismo e. talvez, até pelo ateísmo. *b. Superstição*. As evidências de poderes super-humanos são suficientes para convencer a alguns de que a abordagem materialista não pode explicar todos os fenômenos pelos quais passa um ser humano nesta vida. Há uma tomada inicial de consciência acerca de forças e entidades maiores que o ser humano. Mas bem pouco é reconhecido acerca de tais forças, e a imaginação cria toda espécie de mito e tabu. Ritos são efetuados na tentativa de aplacar as forças invisíveis. *c. Fundamentalismo*. Revelações divinas, através de profetas, proveem-nos Livros Sagrados, que quase sempre tornam-se objetos de adoração. Ver sobre a *Bibliolatria*, quanto a uma ilustração desse fenômeno. As principais atividades, durante esse estágio, são crenças rígidas e invenções de credos que, supostamente, conteriam todas as verdades importantes que devem ser cridas. *d. Filosofia*. Nesse estágio, os homens começam a pensar por si mesmos. Há uma espécie de despertar da autorresponsabilidade. As convicções religiosas são mantidas, mas há menos dependência ao mero dogma. Nesse estágio, os homens exibem maior respeito pela vida, e não meramente pela vida humana. A *tolerância* (*vide*) passa a ser um importante aspecto durante essa fase. *e. Perseguição e Perseverança*. A alma do indivíduo é afligida por profundos anelos espirituais. Há muita tensão interior, ou mesmo angústia, que se origina do intenso desejo de compreender os significados ocultos e os mistérios *f. A Vereda Mística*. A alma esforça-se por desvencilhar-se das muitas cadeias do dogma, dos costumes e dos preconceitos que a escravizam. É buscada a Presença do Espírito de Deus. A meditação e outros modos de avançar nas experiências místicas tornam-se parte da vida diária. É procurada a *união com Deus*. O indivíduo eleva-se acima do mundo da percepção dos sentidos, da razão e da intuição, e busca comunhão direta com Deus. Nesse estágio, o amor torna-se supremo no mundo ético, pois, em termos práticos, não há princípio maior que o amor. Aparece como que um elevado monte, a ser escalado ou ultrapassado, que representa as realizações espirituais. É possível escalar por um dos lados dessa montanha mediante a meditação, o misticismo subjetivo e a contemplação transcendental. Mas também é possível escalar essa montanha pelo lado oposto mediante a meditação, o misticismo objetivo e a metafísica intelectual. Ver o detalhado artigo acerca do *Misticismo*. Paulo disse que possuímos a mente de Cristo. Ver sobre o *Cristo-Misticismo*. O próprio apóstolo era homem dotado de muitas visões e experiências místicas, e parte do nosso Novo Testamento origina-se das coisas que ele aprendeu por meio de tais experiências. Paulo encarecia a *iluminação* (vide: Ef 1.18). Esteve no terceiro céu e ficou passado diante das coisas que ouviu e viu, embora não tivesse recebido a permissão de revelá-las, em sua maior parte (ver 2Co 12.1-3). Destarte, aproximou-se da presença de Deus e foi transformado. Essas experiências ajudaram-no em sua transformação segundo a imagem de Cristo (ver *Transformação Segundo a Imagem de Cristo*). Talvez não estivermos longe da verdade ao afirmarmos que a epístola aos *Gálatas* representa o estágio *fundamentalista* do desenvolvimento espiritual de Paulo, quando estava em conflito aberto com seus adversários. Mas a sua epístola aos *Efésios* representa o seu estágio místico, ao passo que o trecho de 2Coríntios cap. 13 confere-nos algumas informações sobre suas experiências pessoais durante esse avançado estágio. *g. Estágio Final*. Na verdade temos aí o processo eterno da *glorificação*. Ver os artigos intitulados *Visão Beatífica; Glorificação; Salvação e Transformação Segundo a Imagem de Cristo*. (AM B C E EP P R)

EXATORES, FEITORES

Há uma palavra e uma expressão hebraicas envolvidas neste verbete, a saber: **1**. *Nagas*, "cobrar", "extorquir". No particípio tem o sentido de "exator", "opressor". Este uso da palavra é empregado por quinze vezes (conforme se vê em Êx 3.7; 5.6,10,13,14 e Is 60.17). Em nossa versão portuguesa, na primeira e na última dessas referências é usada a tradução "exatores"; nas outras, "superintendentes". **2**. *Sar mas*, "chefe de recrutamento" ou "chefe de grupos". Usada somente em Êxodo 1.11, que nossa versão portuguesa traduz por "feitores".

Nas ostracas egípcias essa palavra e essa expressão são usadas com frequência. Ali são detalhadas as tarefas dos grupos que escavavam e construíam os túmulos dos Faraós, ou então os "superintendentes de trabalhos forçados". *Nagas* é de origem semítica antiquíssima, no semítico ocidental, provavelmente anterior à época de Moisés.

EXCLUSÃO. (Ver também *Excomunhão, Expulsão*).

1. Exclusão Eclesiástica. *a. Pano de Fundo*. A raiz primitiva dessa prática da exclusão era o *herem*, "banimento", do judaísmo, que era aplicado àqueles que desobedecessem gravemente à lei mosaica, pondo-se assim fora do rebanho e sujeitando-se a várias medidas disciplinares. (Ver Êx 30.22-38; Lv 17.4). O banimento podia tomar a forma de uma total exclusão da comunidade. Um desenvolvimento posterior foi o *nidduy*, mais leniente, que impunha apenas restrições sociais, e que só se prolongava por trinta ou sessenta dias. *b. No Novo Testamento*. Há referências neotestamentárias à prática judaica, como se vê em (Lc 6.22; Jo 9.22; 12.42 e 16.2). Jesus enfatizava a necessidade de disciplina. Para a igreja, ele determinou uma admoestação pessoal aos ofensores, seguida por uma admoestação mais formal, por parte da igreja inteira. O membro ofensor que não ouvisse nenhuma dessas admoestações, deveria ser então excluído. (Ver Mateus 18.15-17. Na era apostólica, a prática desenvolveu-se, conforme se vê em 1Co 5.2,7,13; 2Ts 3.14,15; 1Tm 1.20; Tt 3.10). Essas referências mostram que a disciplina era aplicada por razões morais e doutrinárias. A exclusão formal incluía a separação entre o excluído e a comunidade cristã, a fim de que aquele aprendesse que certas coisas precisam ser feitas ou precisam deixar de ser feitas, para que alguém seja aceito como membro. O trecho de 1João 5.16 parece envolver o equivalente cristão da sentença de morte para graves ofensores, embora exercida mediante a solicitação dirigida a Deus de que isso tenha lugar, e não por algum ato efetuado pelo homem. O trecho de 1Timóteo 1.20 cabe dentro dessa categoria. Tal ato pode tornar-se necessário, mas sempre será raro. Em todos os meus anos como membro de igreja e pastor, conheci apenas um caso desses. Certo homem, em uma igreja africana, no Zaire, estava promovendo a prostituição envolvendo membros da própria igreja local, solicitando mulheres crentes que quisessem participar. O missionário evangélico proferiu uma maldição contra ele. Dentro de poucos dias, bem nos degraus de entrada do templo, aquele homem morreu!

2. Propósito. A exclusão é retributiva e disciplinar. O indivíduo precisa pagar pelos erros que comete; mas também é do interesse da igreja restaurar os membros que erram, mediante esse ato.

Talvez a igreja Católica Romana seja a que tem desenvolvido a mais complexa forma de exclusão da moderna cristandade. Ela tem suas normas *vitandi* e *tolerati*. As primeiras são aquelas disciplinares mediante as quais a Santa Sé requer expressamente que certos indivíduos injuriosos à sua causa sejam repelidos pela comunidade católica, tanto no que concerne às atividades religiosas como também no que diz respeito às atividades sociais e comerciais. A outra forma de exclusão é aquela em que a separação não é completa, havendo tolerâncias. Os envolvidos podem continuar em todas as atividades normais, embora lhes sejam negados os sacramentos.

Quanto a essas questões, os grupos protestantes e evangélicos seguem mais de perto a simplicidade do Novo Testamento. Nas igrejas de governo eclesiástico tipo congregacional, o banimento só pode ser declarado por voto da maioria da congregação local da pessoa envolvida. Em igrejas com outro tipo de governo eclesiástico, a junta dos anciãos pode determinar a exclusão de alguém, mesmo sem a aprovação da congregação geral. Os ministros do evangelho devem ser excluídos por suas congregações ou pelo presbitério.

3. A Exclusão Maior e suas Causas. Essas causas podem ser várias: *a*. Privação de uma igreja local de seus direitos. *b*. Perturbação da paz na igreja ou no Estado. *c*. Falso testemunho ou promoção do mesmo. *d*. Impedimentos injustos ao casamento. *e*. Desrespeito às leis da igreja local, envolvendo atos injuriosos ou imorais. *f*. Violação das instituições eclesiásticas, especialmente no que concerne a freiras. *g*. Negação das doutrinas da igreja, com ensinamentos contrários. *h*. Promoção da cooperação com grupos religiosos prejudiciais aos interesses da igreja.

Nos casos extremos, o sepultamento cristão é negado aos ofensores, a menos que alguém possa testificar quanto ao arrependimento da pessoa envolvida, antes de sua morte. As autoridades católicas romanas, é claro, negam o sepultamento cristão aos suicidas. Ver o artigo separado sobre a *Disciplina*, que acrescenta detalhes que não figuram aqui. (AM B E NTI Z)

EXCOMUNHÃO, EXPULSÃO

Ver o artigo separado sobre *Exclusão* que oferece mais detalhes sobre *excomunhão*, especialmente como uma prática moderna. (Ver também sobre *Disciplina*).

Expulsar-vos-ão das sinagogas ... João 16.2.

Eis a descrição das formas que seriam assumidas por essa perseguição contra *os* crentes: *Expulsão* das sinagogas — o que era punição muito temível, pois até mesmo judeus totalmente irreligiosos dificilmente podiam suportá-la, já que a sociedade judaica inteira estava centralizada em torno da religião. As crianças estudavam nas sinagogas; ali também funcionavam os tribunais das cidades, onde tinha lugar a ação legal e civil. A vida judaica inteira era regulada pela sinagoga e estava entremeada pelas suas funções, incluindo toda a vida social. Por conseguinte, ser alguém expulso da sinagoga era ser virtualmente excluído da própria sociedade. O próprio Senhor Jesus foi expulso, e isso incluía a prática de que ninguém podia dirigir-lhe a palavra, recebê-lo em casa ou mostrar-lhe qualquer sinal de hospitalidade. Tudo isso fazia parte integrante e comum da expulsão da sinagoga. Aqueles que o seguissem de perto ou lhe mostrassem simpatia, teriam de sofrer a mesma sorte, segundo o rigor das regras judaicas de exclusão da sinagoga. O cego de nascença, que foi curado pelo Senhor Jesus, sofreu essa desgraça por ter tido a coragem de defender o Senhor Jesus, afirmando ser ele um profeta enviado da parte de Deus. (ver Jo 9.35). Além disso, quem era expulso da sinagoga estava sujeito a ser espoliado impunemente de todos os seus bens materiais, não lhe sendo permitido se ocupar das atividades de qualquer negócio ou comércio, e todos ficavam proibidos de comprar dele qualquer artigo.

Havia diversos graus de expulsão, mais leves e mais severos, e também podiam perdurar por tempo indefinido ou permanentemente. (Quanto a uma plena descrição desse costume judaico, ver as notas referentes a Jo 9.22 no NTI). Quanto à exclusão da comunidade cristã, ver Mateus 18.15-17. O Senhor Jesus asseverou que os seus discípulos, por serem seus discípulos, haveriam de ser tratados como indivíduos maus e desvairados, porquanto ele mesmo fora assim tratado, e pior ainda.

A forma mais violenta e final de expulsão era a *execução* do expulso, algo que os judeus realizavam como uma espécie de sacrifício oferecido a Deus, que supostamente havia sido ofendido pela blasfêmia do acusado. Lemos que algumas vezes isso ocorria súbita e espontaneamente, pois nos próprios terrenos do templo ocasionalmente alguém era executado sem qualquer julgamento, por causa de alguma suposta blasfêmia.

EXÉRCITO

1. O termo. No hebraico, *hayil*, que vem de uma raiz que significa força. No Novo Testamento temos o termo grego *strateuo*, servir no exército; e também *strateuma*, exército, tropas; *stratiotes*, soldado. Essas palavras são usadas na Bíblia de modo literal ou figurado.

2. Israel no tempo do êxodo. Cada homem de 20 anos para cima era um soldado (ver Nm 1.3). Cada tribo tinha seu batalhão, com seu próprio pendão e seu líder (ver Nm 2-2; 10.5,6,14). O exército movia-se de conformidade com sinais preestabeleci dos, e em suas próprias fileiras (ver Êx 13.18). O escriba do exército fazia a convocação e escolhia os oficiais necessários (ver Dt 20.5-9). O exército era dividido em pelotões de mil e de cem homens, com capitães sobre cada pelotão; e as famílias eram respeitadas nos arranjos assim feitos (ver Nm 2.34 e 31.14).

3. Os reis e os exércitos. Os reis estabeleciam um grupo de guarda-costas, o primeiro passo de um exército permanente e profissionalizado. Saul tinha três mil homens escolhidos (ver 1Sm 13.3; 14.53). Davi contava com seiscentos homens, antes de sua subida ao trono (ver 1Sm 23.13). Posteriormente, houve um número muito maior de soldados, com guardas veteranos (ver 2Sm 8.18; 1Cr 12.18). Davi estabeleceu uma milícia nacional com doze regimentos, com seus respectivos oficiais (ver 1Cr 27.1). Havia um comandante em chefe, o "comandante do exército", como Abner durante os dias de Saul, e Joabe, durante o governo de Davi. Em tempos posteriores, passaram a ser usados o cavalaria e um esquadrão de carros de guerra, principalmente porque os adversários de Israel usavam essas armas, pondo os israelitas em grande desvantagem (ver Js 17.16; Jz 1.19; 1Sm 13.5 e 2Sm 13.5). Salomão especializou-se nesse tipo de armamento, e dispôs de mil e quatrocentos carros de guerra e doze mil cavaleiros (ver 1Rs 10.26-29 e 9.19). A guarda pessoal era mantida de forma permanente (ver 1Rs 14.28), ao passo que a milícia era conservada em estado de prontidão, embora não fosse frequentemente convocada à guerra.

4. Números. Durante o êxodo, eram seiscentos mil homens (ver Êx 12.37). Nas fronteiras de Canaã, eram 601.730 homens. Durante o tempo de Davi, havia um milhão e trezentos mil homens (ver 2Sm 24.9). Em 1Crônicas 21.5,6 lemos sobre um número ainda maior de israelitas em armas. Em tempos posteriores a disciplina e os arranjos do exército eram copiados dos romanos pelos judeus, tal como os títulos dos oficiais.

5. O exército romano. Os romanos dividiam seus exércitos em legiões, cada qual variando em número de homens, embora usualmente contassem entre três mil a seis mil homens. Cada legião era dirigida por seis tribunos ou capitães superiores (ver At 21.31), que comandavam um por sua vez. A décima parte de uma legião, usualmente trezentos homens, era uma coorte (ver At 10.1). Com frequência essas coortes tinham nomes específicos, como a "Coorte Italiana" (At 10.1), ou a "Coorte Imperial" (At 27.1). As coortes, por sua vez, estavam divididas em três manípulas, e as manípulas em duas centúrias, as quais originalmente tinham cem homens, embora posteriormente esse número variasse, dependendo da estrutura numérica da legião. As centúrias estavam sob o comando dos *centuriões* (ver At 10.1,22; Mt 8.5 e 27.54). Além das legiões, havia coortes independentes, formadas por voluntários. É possível que a Coorte Imperial tivesse a função específica de servir de guarda pessoal do governante; e outras coortes tinham outras funções específicas.

6. Uso metafórico. Eliseu viu a hoste angelical com carros e cavalos (ver 2Rs 6.17); e uma teofania que Josué encontrou chamava-se *príncipe do exército do Senhor* (Js 5.13-15). No fim dos tempos, haverá a batalha final entre as forças do bem e as forças do mal, e o Senhor Jesus aparecerá como o Capitão dos *exércitos que há no céu* (Ap 19.14), que derrotará os exércitos de Satanás (vs. 19). Esses são termos metafóricos que indicam as forças espirituais que controlam os destinos humanos. A angelologia judaica falava não somente em anjos guardiães, mas também de anjos encarregados de nações. É apenas natural que nesta existência terrena, caracterizada por conflitos, termos como *armas* e *exércitos* sejam utilizados para descrever o nosso conflito espiritual (ver Ef 6.11 ss.). (ID ND UN)

EXÉRCITO DOS CÉUS. Ver Gênesis 2.1, sobre o *Exército dos Céus*.

1. O Termo. Essa expressão usualmente é associada às atividades dos exércitos. Por extensão, pode indicar qualquer grande agrupamento de coisas. O termo hebraico *sabu*, portanto, pode significar um grupo de pessoas, um contingente de trabalhadores, uma tropa de homens armados. No Antigo Testamento, usualmente encontramos a expressão "todas as hostes do céu". Deus é chamado, entre outros títulos de *Yahweh Sabaoth*, "Senhor dos Exércitos". Essa expressão também poderia significar "Deus é proteção", tendo seus poderes cósmicos em vista. Porém, o "exército" pode referir-se àqueles que estão sob as ordens de Deus, os anjos, os homens, ou mesmo as estrelas e demais corpos celestes de sua criação.

2. Um nome de Deus: Yahweh Sabaoth. O primeiro ponto introduz esse uso. Essa expressão, como um nome de Deus, é usada por quase trezentas vezes no Antigo Testamento, principalmente nos livros de Isaías, Jeremias, Zacarias, e Malaquias. Esse nome enfatiza o poder e a soberania de Deus, ocorrendo em contextos militares e apocalípticos. Aparece pela primeira vez em 1Samuel 1.3, em conexão com o santuário em Silo. As traduções geralmente dizem "todo-poderoso", como uma maneira de exprimir a ideia envolvida. O título surgiu como uma maneira de expressar o domínio de Deus sobre os corpos celestes, sobre os anjos, sobre o povo de Israel e sobre as nações do mundo. (Ver Jr 5.14; 38.17; 44.7; Os 15.5).

3. Os Corpos Celestes. Os exércitos envolvidos podem ser os corpos celestes, como o sol, a lua e as estrelas, que são retratados como se fossem um grande exército. O sol seria o rei, a lua a vice-regente, e as estrelas os seus assessores. O exército celeste acabou sendo adorado até por Israel, o que representa uma das mais antigas formas de idolatria, entre os povos. Israel caiu nessa modalidade de idolatria, em certos momentos de sua história. (Ver Dt 4.19; 2Rs 17.16; 21.3,5; Jr 19.13; Sf 1.5; At 7.42). Os trechos de Deuteronômio 4.19 e 17.3 proíbem essa prática.

4. As Multidões Angelicais. Em 1Reis 22.19 e 2Crônicas 18.18, somos informados de que o profeta Miqueias contemplou o exército dos céus de pé ao lado do trono de Deus, em conversa com ele. Em 1Reis 22.21, esses anjos são chamados de "espíritos". Ver Lucas 2.13 quanto a uma ideia similar. Talvez os filhos de Deus sejam as estrelas matutinas, em Jó 38.7.

5. O Povo de Deus, os Anjos e as Divindades. Todas essas ideias têm sido associadas ao trecho de Daniel 8.10-13, que menciona os exércitos do céu. Seja como for, que o povo de Deus foi assim chamado é evidente em Êxodo 7.4 e 12.41.

EXÍLIO. Ver os artigos separados sobre *Cativeiro Assírio, Cativeiro Babilônico e Cativeiro* (*Cativeiros*).

EX NIHILO

Expressão latina que significa **"proveniente do nada"**. Quanto a uma completa discussão sobre o modo da criação, incluindo a ideia do *ex nihilo*, ver o artigo geral sobre a *Criação*, terceira seção, onde o primeiro parágrafo discute especificamente sobre esse assunto. A segunda seção do mesmo artigo fornece-nos as várias ideias sobre as *Origens da Criação* e o sexto ponto aborda o conceito do *ex nihilo*. Essa ideia foi criada, a princípio, para afirmar que houve um tempo em que somente Deus existia, e que não podem ser verdadeiras as teorias como a do panteísmo e a das emanações divinas. Contudo, é lógico supormos que *ex nihilo nihil fit*, "do nada, nada se faz". Portanto, a maioria dos teólogos modernos fala em termos de Deus a criar os mundos por meio da energia de seu próprio Ser, a qual, de alguma maneira, foi transformada em matéria e em formas espirituais, diferentes de seu próprio Ser.

EX NIHILO NIHIL FIT

Expressão latina que significa **"do nada, nada se faz"**. Ela exprime o ponto de vista tradicional de que a existência não surgiu do nada. Ver os artigos sobre o *Nada,* sobre *Ex Nihilo* e sobre a *Criação,* este último em suas seções segunda e terceira.

ÊXODO

O livro de Êxodo, segunda seção da Torá, é chamado em hebraico de *We'ele*, ou às vezes, *Shemoth*, nomes derivados de suas palavras iniciais "Estes são os nomes" ou, mais abreviadamente, "nomes dos", pois esta seção da Torá começou com os nomes dos patriarcas que desceram do Egito. Em português, o termo *êxodo* é a forma latinizada que se derivou da Septuaginta, versão grega do Antigo Testamento (ex — fora + hodos — caminho = "saídas").

I. COMPOSIÇÃO

1. Autoria e Data. Semelhantemente ao que ocorre nos outros livros do Pentateuco, a questão da autoria de Êxodo divide os estudiosos em duas classes: **a. Ponto de Vista Conservativo**. Os conservativos reivindicam que Êxodo, tanto quanto o Pentateuco como um todo, foi escrito por Moisés. Eles admitem que talvez Moisés tenha usado fontes antigas, orais ou escritas, mas a despeito disso é o único autor dos cinco primeiros livros da Bíblia. Os que mantêm essa opinião suportam seu ponto de vista com base nas seguintes passagens de Êxodo: *i.* Duas vezes o livro declara que Deus falou para Moisés escrever (17.14; 34.27); *ii.* Uma vez o livro diz que Moisés escreveu (24.4); *iii.* Cristo declarou que Moisés escreveu (Jo 5.46,47); *iv.* Em Marcos 7.10, Cristo atribuiu também Êxodo 20.12 e 21.17 a Moisés; *v.* Em Marcos 12.26 Jesus se refere ao "livro de Moisés", contudo os conservadores admitem que neste trecho talvez Jesus estivesse referindo-se à tradição judaica que atribuía a Moisés a responsabilidade pelo conteúdo do livro. A autoria mosaica implicaria uma data provavelmente no século XIII a.C. **b. Ponto de Vista Crítico**. Os críticos afirmam que Êxodo é resultado da compilação dos documentos J.E.D e P(S) (ver o artigo correspondente no *Dicionário*) em que cada um desses documentos consistia em uma narrativa e numa série de leis.

O documento J é constituído de narrativas judaicas antigas, e seu autor revela interesse pelo reino judaico e seus heróis (850 a.C.). A palavra Yahweh (Jeová) é usada neste documento para referir-se a Deus.

O documento E contém as antigas narrativas aframitas originadas por volta de 750 a.C. O escritor de E demonstra interesse pelo reino do Norte de Israel e por seus heróis. Ele emprega o vocábulo *Eloim* em lugar de Yahweh (Jeová) para referir-se a Deus.

O documento D, também chamado Código Deuteronômico, foi encontrado no templo em 621 a.C. Esse documento aborda o fato de que o amor é a razão mesma do servir, e salienta a doutrina de um único altar.

O Código sacerdotal ou documento P (S) originou-se por volta de 500 a.C., todavia sua redação prorrogou-se até o séc. IV. a.C. Esse documento evidencia uma preferência por números e genealogias, distinguindo-se dos outros também quanto a seu ponto de vista sacerdotal e ritualístico.

Os críticos esclarecem que as fontes de Êxodo, além de distintas entre si, datam de um período bastante posterior aos eventos narrados. Eles acentuam também que o livro não só revela o trabalho de diferentes indivíduos, mas de diferentes escolas de registros históricos. Cada documento tem seu ponto de vista individual, assim como cada evangelho sinótico apresenta sua própria visão da vida de Cristo. Certo erudito disse que o livro de Êxodo era como uma grande sinfonia, a qual se pensou produzir uma harmonia uníssona, mas agora tem sido demonstrado que, em virtude de seus elementos intensamente discordes entre si, a harmonia produzida pode ser ainda mais rica.

2. Relação com o Restante do Pentateuco. A narrativa de Êxodo está intimamente relacionada com a de Gênesis, pois continua a história dos descendentes dos patriarcas do ponto em que Gn 50 parou, embora um tempo considerável tenha passado entre a morte de José e os primeiros eventos de Êxodo (1.7 ss.), período durante o qual o povo de Israel fora levado a posição de servidão. Depois de descrever a emigração do Egito, o livro relata a entrega da lei e da construção do tabernáculo. As regras para o sacrifício que seguem formam a primeira parte de Levítico. Êxodo não é tanto um livro independente quanto uma porção arbitrariamente definida de uma seção do Pentateuco que abrange três livros. A divisão entre Êxodo e Levítico é semelhante àquela entre 1 e 2Samuel ou entre 1 e 2Reis.

3. Ponto de Vista Literário. Como obra literária, Êxodo é inferior a Gênesis, embora algumas qualidades similares de estilo narrativo intenso e vigoroso estejam evidentes em certas porções. A despeito de algumas incertezas, este livro constitui valiosa fonte de história política e cultural. O conteúdo de Êxodo está dividido em partes quase iguais entre narrativa e seção legal. Os primeiros 19 capítulos são quase inteiramente narrativos, com exceção de pequenas seções legais, a saber, 12.14-27, 42-49; 13.1-16. O restante do livro trata solidamente da lei, com exceção do capítulo 24, que descreve o reconhecimento do pacto, e dos capítulos 32-34, que descrevem a rebelião do povo, a intercessão de Moisés e a renovação do pacto.

II. Historicidade. Grandes são os problemas de historicidade, rota percorrida e data do êxodo. Embora os pesquisadores não tivessem descoberto nenhuma prova contemporânea direta desse evento, uma série de evidências indiretas tem ajudado a esclarecer muitos detalhes. Os primeiros 12 capítulos descrevem principalmente as ocorrências da última parte do segundo milênio a.C. no Egito. Os eventos dos capítulos restantes aconteceram na península do Sinai. Um tratamento mais detalhado, concernente a história, localidade geográfica e cronologia é apresentado no presente artigo.

Nesta seção, limitamo-nos a apresentar um breve sumário de alguns aspectos importantes ressaltados pelos peritos no assunto: **1**. Embora considerável porção reflita aspectos da vida e história, escassos são os detalhes que poderiam indicar o tempo preciso dos eventos narrados. Em nenhuma ocasião o rei do Egito é mencionado pelo nome. "Faraó" ou "rei do Egito" são as duas formas empregadas para referir-se a esse governante. Acreditava-se que a data do êxodo poderia ser determinada caso fosse descoberto que o Faraó morreu afogado. Todavia, esse detalhe não tem sido esclarecido, e o texto de Êxodo nem mesmo indica que o rei necessariamente morreu afogado, mas somente que sofreu grande derrota, seus carros de guerra e sua carruagem afundaram, e seus capitães favoritos se afogaram. **2**. A declaração de Êxodo 1.8, *Entrementes se levantou novo rei sobre o Egito, que não conhecera a José,* sugere fortemente que a expulsão dos hicsos ocorreu no período entre a morte de José e o nascimento de Moisés. Neste caso, seria fácil entender por que o novo rei teria uma atitude hostil em relação àqueles que ele associava aos hicsos, que também eram asiáticos e dominaram o Egito durante um considerável período de tempo. **3**. A referência as cidades de Pitom e Ramssés em Êxodo 1.11 tem sido apontada como prova de que os eventos descritos não poderiam ter ocorrido até a XIX dinastia, considerando que os primeiros reis que levaram o nome Ramsés pertenciam àquela dinastia. Contudo, é possível que os nomes originais tenham sido substituídos no texto pelos nomes conhecidos posteriormente. A despeito do fato de que os Ramsés não reinaram até a XIX dinastia, poderia ter existido uma cidade com o nome Ramssés, pois o culto do deus RE ou RA alcançou proeminência em muitos períodos da história egípcia antiga e "mss" era um sufixo comum para nomes pessoais. **4**. A opressão egípcia é descrita como muito severa. Comprovando este fato, abundantes evidências do período da XVIII e XIX dianastia ilustram a crueldade dos egípcios em relação aos escravos e estrangeiros. O sinal hieroglífico representativo de um estrangeiro é a figura de um homem atado e com um ferimento sangrento na cabeça. Tal sinal é usado até mesmo em conexão com nomes de honrados reis estrangeiros com os quais os egípcios faziam acordos. Portanto, há evidências de crueldade dos egípcios em relação aos estrangeiros, às quais ajuntam os eventos relatados no início de Êxodo. No passado pensava-se que as grandes pirâmides do Egito eram resultado do trabalho dos hebreus durante a opressão, contudo essa ideia não é pertinente: as pirâmides provavelmente foram levantadas pelo menos mil anos antes da época do êxodo. **5**. Pesquisadores questionam a historicidade do êxodo e do evento do mar Vermelho, com base no fato de que as ruínas do Egito antigo não mencionam tais ocorrências. Essa objeção, todavia, baseia-se numa concepção errônea da natureza da arqueologia egípcia. Muitos dos registros cotidianos e das ruínas das casas do Egito antigo estão debaixo da bacia de água no Delta, a região onde a maioria das pessoas viveu. Embora abundantes, as ruínas do Egito antigo consistem principalmente em sepulcros e monumentos construídos no deserto para celebrar conquistas e vitórias egípcias. Derrotas como a partida dos israelitas e o insucesso do Faraó em recapturá-lo dificilmente resultariam na construção de monumentos. **6**. Outras questões são levantadas em relação à historicidade do livro de Êxodo, tais quais: *a*. Êxodo 1.5 declara que o número de pessoas que desceu para o Egito era setenta, contudo estudiosos observam que esse é um número meramente aproximado. *b*. A historicidade do capítulo 1 tem sido questionada com base no fato de que uma grande multidão, tal qual a dos israelitas, requeria mais do que duas parteiras para salvar a vida dos meninos hebreus. Por outro lado, deve-se observar que a passagem não afirma que havia somente duas parteiras. *c*. Há algumas objeções em relação à história de Moisés narrada no capítulo 2. Alguns estudiosos sugerem que a história do salvamento de Moisés através do cesto de junco seja uma da história de Sargon que também fora salvo através de um barco. Outros observam que a história de Sargon, é de origem mesopotâmica e dificilmente teria servido de base para uma história egípcia. Além disso, para as comunidades que viviam às margens do rio, esse incidente pode ser comparado ao de uma criança sendo abandonada na porta de uma casa atualmente e a existência de histórias com esse tema poderia ser perfeitamente independente. *d*. Aparentemente há uma contradição em relação ao nome do sacerdote de Midiã, que é chamado de Reuel em Êxodo 2.18 e de Jetro em Êxodo 3.1. Segundo os críticos, esses nomes devem ter pertencido a documentos diferentes, e o uso de ambos comprova a combinação desses documentos.

III. Quatro Áreas Salientadas

1. Redenção dos Hebreus da Terra do Egito. O livramento dos israelitas do poder opressivo do Faraó é um dos aspectos acentuados, pois esse fato condicionou a mente dos israelitas para as eras vindouras e estabeleceu um débito permanente de gratidão para com aquele que os livrou da escravidão. Metaforicamente esse livramento salienta a importância da redenção da escravidão do pecado na vida de todo aquele que é remido por intermédio de Cristo, representado pelo cordeiro pascal (Exô. 12.1-14).

2. Estabelecimento do Pacto. O pacto fundamentou-se no fato de que Deus, tendo redimido seu povo, tinha o direito de esperar dele aliança e lealdade. (Referências à redenção, sobre a qual o pacto se baseia: 19.4-6; 20.2; 22.21; 23.9-15). Para Deus, os remidos se tornaram o povo de seu pacto, e ele prometeu protegê-los e dirigi-los. Em troca, eles deveriam obedecer à sua lei.

3. A Lei. A declaração do pacto inicia-se com o grande sumário da lei moral dos Dez Mandamentos e apresenta a seguir várias leis importantes para a vida daqueles que são destinados a formar uma nação santa e um povo consagrado a Deus.

4. O Culto. Este tema é referido em Êxodo 3.5,6 e nas regras da Páscoa no capítulo 12, que estabeleceram na mente das gerações subsequentes a natureza da redenção de Deus e a necessidade de participação individual e pessoal. A questão de reverência é tratada especialmente nos capítulos 25-31, que descrevem os preparativos para a construção do tabernáculo e a separação dos sacerdotes, e no relato da construção do tabernáculo nos capítulos 35-40.

IV. Conteúdo
A. Os Hebreus no Egito (1.1-12.36).
  1. A opressão (1.1-22).
    a. Os descendentes de Jacó no Egito (1.1-14).
    b. Moisés nos é apresentado (1.15-22).
  2. Preparação dos representantes de Deus (2.1—4.31).
    a. Nascimento e educação de Moisés (2.1-10).
    b. Moisés mata um egípcio e foge para Midiã (2.11-22).
    c. Moisés é chamado por Deus (2.23—3.22).
    d. Deus concede poderes a Moisés (4.1-17).
    e. Moisés regressa ao Egito (4.18-31).
  3. Tentativas de sair do Egito (5.1—7.13).
    a. Moisés e Arão falam ao Faraó (5.1-5).
    b. O Faraó intensifica a opressão (5.6-14).
    c. Moisés, rejeitado por Israel e encorajado por Deus (5.15—6.13).
    d. Genealogias de Moisés e Arão (6.14-27).
    e. Moisés fala novamente ao Faraó (6.28—7.13).
  4. As dez pragas (7.14-11.10).
    a. As águas tornam-se sangue (7.14-25).
    b. Rãs (8.1-15).
    c. Piolhos (8.16-19).
    d. Moscas (8.20-32).
    e. Peste nos animais (9.1-7).
    f. Úlceras nos homens e nos animais (9.8-12).
    g. Chuva de pedras (9.13-35).
    h. Gafanhotos (10.1-20).
    i. Trevas (10.21-29).
    j. A morte dos primogênitos é anunciada (11.1-10).
  5. A instituição da Páscoa (12.1-28).
  6. Realização da décima praga: morte dos primogênitos (12.29-36).
B. Os hebreus no deserto (12.37—18.27).
  1. A saída dos israelitas do Egito (12.37-51).
    a. Consagração dos primogênitos (13.1-16).
    b. Deus guia o povo pelo caminho (13.17-22).
  2. O Faraó tenta reconquistar Israel (14.1—15.21).
    a. Perseguição contra Israel (14.1-14).
    b. Travessia do mar (14.15-25).
    c. Os egípcios perecem no mar (14.26-31).
    d. Hino de vitória (15.1-21).
  3. Experiências no deserto (15.22—18.27).
    a. As águas amargas tornam-se doces (15.22-27).
    b. Deus manda o Maná (16.1-36).
    c. A água da rocha de Refidim (17.1-7).
    d. Amaleque ataca os israelitas (17.8-16).
    e. Jetro visita e aconselha a Moisés (18.1-27).
C. Os hebreus no monte Sinai (19.1—40.38).
  1. Estabelecimento do Pacto Divino (19.1—24.11).
    a. Preparação para o Pacto (19.1-25).
    b. Os Dez Mandamentos (20.1-17).
    c. O temor do povo (20.18-21).
    d. Leis acerca dos altares (20.22-26).
    e. Leis acerca de escravos (21.1-11).
    f. Leis acerca da violência (21.12-36).
    g. Leis acerca da propriedade (22.1-15).
    h. Leis civis e religiosas (22.16-31).
    i. O testemunho falso e a injúria (23.1-5).
    j. Deveres dos juízes (23.6-9).
    k. O ano de descanso (23.10-11).
    l. O sábado (23.12-13).
    m. As três festas (23.14-19).
  2. Promessas divinas (23.20-33).
  3. A aliança de Deus com Israel (24.1-11).
  4. Deus dá instruções no monte (24.12—31.18).
    a. Moisés e os anciãos sobem ao monte (24.12-18).
    b. Direções para a construção do tabernáculo (25.1—27.21).
    c. Direções quanto ao sacerdócio (28.1—29.46).
    d. Instruções suplementares (30.1—31.18).
  5. Idolatria do povo (32.1—33.23).
    a. O bezerro de ouro (32.1-6).
    b. A ira de Deus (32.7-10).
    c. Moisés intercede pelo povo (32.11-24).
    d. Moisés manda matar os idólatras (32.25-29).
    e. A Segunda Intercessão de Moisés (32.30-35).
    f. O anjo de Deus guiará o povo (33.1-23).
  6. Restabelecimento do pacto (34.1—35.3).
    a. As segundas tábuas da lei (34.1-9).
    b. A Lei. Desdobramento do Decálogo (34.12-28).
    c. As três festas (34.18-28).
    d. O rosto de Moisés resplandece (34.29-35).
    e. O sábado (35.1-3).
  7. Construção do tabernáculo (35.4—40.38).
    a. Ofertas para o tabernáculo (35.4-29).
    b. Obreiros para o tabernáculo (35.30—36.7).
    c. As partes do tabernáculo (36.8—38.20).
    d. O custo do tabernáculo (38.21-31).
    e. As vestes dos sacerdotes (39.1-31).
    f. Os utensílios do tabernáculo são terminados e apresentados (39.32-43).
    g. Deus manda Moisés levantar o tabernáculo (40.1-15).
    h. O tabernáculo é levantado (40.16-33).
    i. Manifestação divina de aprovação (40.34-38).

V. Seção Legal. As leis do livro de Êxodo têm como objetivos principais: **1**. Estabelecer regras detalhadas para a conduta das pessoas em muitas situações, originando ordem e justiça entre os homens; e **2**. regular o relacionamento dos redimidos com Deus. Outros códigos de lei têm sido descobertos, alguns bem mais antigos que o de Êxodo, a saber: Código de Hamurabi, rei da Babilônia, encontrado em 1901 (XVIII a.C.) — um código sumérico cerca de dois séculos mais antigo, e um outro babilônico mais velho ainda; o Código Hitita (XIV a.C.) e as Leis Assírias (XII). Um exame da natureza desses códigos em relação a Êxodo demonstra que uma diferença principal entre esses códigos e Êxodo é o fato de que os outros códigos são estritamente seculares, exceto quando ocasionalmente mencionam os privilégios ou responsabilidades dos sacerdotes. Êxodo, por outro lado, é pesadamente religioso: inclui regras para sacrifícios, festivais anuais e outros serviços religiosos.

Algumas semelhanças são também encontradas entre as leis de Êxodo e as de certos códigos, como por exemplo, a existência de dois tipos de lei, casuística e apodíctica, nos códigos Hititas e nas leis da Ásia Menor.

As leis *casuísticas*, também chamadas leis de sentença, referem-se a situações específicas, e formulam uma sentença à qual o criminoso deve ser submetido em tais situações. Estas leis geralmente iniciam com a partícula "se" introduzindo a descrição geral da situação.

Ocasionalmente a partícula "se" ocorre, acrescentando detalhes mais específicos da situação e introduzindo juntamente uma declaração da pena apropriada. As leis *apodícticas* consistem em declarações categóricas sobre os crimes, geralmente sem se referir à pena, como nos Dez Mandamentos, mas também acrescentado-a em certas ocasiões e simplesmente terminando a declaração com a frase "ele será morto", ou precedendo-a com a frase "amaldiçoado seja aquele que...". Albrecht Alt, o estudioso que sugeriu a divisão das leis do Antigo Testamento nesses dois tipos, é de opinião que as leis casuísticas do Pentateuco foram extraídas das leis cananitas, enquanto as leis apodícticas são de origem especificamente judaica. Alegando que ambos os tipos de leis são encontrados também nos tratados hititas e nas leis da Ásia Menor, Mendenhall refuta essa declaração. As porções seculares das leis indicam contatos com as leis de períodos anteriores; contudo, segundo os conservatistas, esse fato não coloca em questão a autenticidade das leis recebidas por Moisés.

As seções legais de Êxodo são extensivas e detalhadas. Os principais grupos são:

1. A leis dadas antes do Sinai compreendem a lei da Páscoa, a lei da consagração dos primogênitos e a lei do maná. Em Êxodo 12.3-13 o Senhor deu ordens explícitas quanto à cerimônia da Páscoa e em Êxodo 12.13-49 e 13.1-16 estabeleceu regras permanentes a respeito do grande festival anual e da consagração dos primogênitos. A lei do maná, em Êxodo 16.16; 23.33, estava relacionada à necessidade imediata de regular a arrecadação e o uso da comida.

2. Os Dez Mandamentos, também chamados Decálogo (em hebraico, as Dez Palavras), estão contidos em Êxodo 20.1-17, e são repetidos com pequenas diferenças em Deuteronômio 5.6-21. O caráter especial dos Dez Mandamentos, dizem os estudiosos bíblicos, reside: *a*. no fato de que eles foram "escritos pelo dedo de Deus" nas tábuas de pedra (Êx 31.18; 32.16; Dt 9.10) e *b*. no fato de que foram recitados para a nação de Israel como um todo. Isso está implícito em Êxodo 20.18,19 (ver o artigo assim intitulado no *Dicionário*) e é explicitamente declarado em Deuteronômio 5.4.

Os Dez Mandamentos distinguem-se das outras seções legais quanto a seu caráter sintético e formal de apresentar as leis. Esta seção consiste em um sumário das leis éticas, com poucos detalhes explicativos. Pena nenhuma é mencionada para a infração dos mandamentos.

A questão da originalidade dos Dez Mandamentos tem sido motivo de controvérsia entre os eruditos. Wellhausen e outros críticos afirmam que os Dez Mandamentos representam uma forma desenvolvida de lei, que dificilmente teria existido até o tempo do último reino israelita. A diferença de redação entre o mandamento de Sabá em Êxodo 20.8-11, e sua contrapartida em Deuteronômio 5.12-15, indica que o mandamento original era ou mais longo, incluindo assim ambas as formas, ou mais resumido, sendo apresentado portanto em forma de sinóptico. Os que acreditam na plena inspiração das Escrituras afirmam que os Dez Mandamentos incluem todas as palavras de ambas as passagens.

Quanto à *enumeração dos mandamentos*, há três formas principais: *a*. a enumeração de Josefo (*Antiq*. III.c.6, sec. 5); *b*. a enumeração do Talmude; e *c*. a enumeração de Agostinho. A maioria das igrejas protestantes não luteranas e a igreja grega seguem a enumeração de Josefo. A Igreja Católica Romana e a maioria dos luteranos seguem a enumeração de Agostinho.

A disposição dos mandamentos nas tábuas tem sido motivo de polêmica: *a*. Agostinho sugeriu que os três primeiros mandamentos estavam na primeira tábua, e os outros sete na segunda; *b*. Calvino sugeriu que quatro estavam na primeira e seis na segunda; *c*. Filo e Josefo afirmaram explicitamente que haviam cinco mandamentos em cada tábua.

3. O Livro do Pacto corresponde à porção de Êxodo 20.22 a 23.33. Essas leis abordam uma variedade de assuntos religiosos, morais, comerciais e humanitários. O livro do Pacto inicia-se com uma reiteração da advertência contra a idolatria e segue com instruções sobre tipos de altares (Êx 20.24-16). Princípios humanitários proporcionam o tema para a próxima seção, na qual são tratados problemas de relacionamento entre mestre e servo, preservação de propriedade, compensação de danos pessoais e preservação de direitos de propriedade. Esta seção acrescenta ainda mandamentos específicos contra imoralidade, bestialismo, espiritismo, hostilidade ao fraco e oprimido etc.

O Livro do Pacto consiste basicamente em leis casuísticas, contudo seu propósito não é o de fornecer um conjunto completo de leis para todos os diferentes tipos de problemas que possam eventualmente surgir, e, sim, indicar o tipo de punição que deve ser efetuado em algumas situações comuns.

4. Regulamentações para o tabernáculo e o estabelecimento do sacerdócio estão contidas entre Êxodo 25.1 e 31.17. Durante os quarenta dias e quarenta noites que Moisés permaneceu no monte, o Senhor deu-lhe instruções quanto ao sistema israelita de adoração. Planos para a construção do tabernáculo, bem como de sua mobília e utensílios, foram estabelecidos com precisão. Segue uma descrição do uso e da natureza dos implementos usados pelos sacerdotes, tais como: a bacia de bronze para as sagradas abluções, e a preparação do perfume e do óleo sagrados (Êx 30.17-38).

Depois de seguidas as instruções desses versos, homens contemplados com o espírito de Deus eram apontados para construir o tabernáculo e toda a sua mobília (31.1-2). As descrições do santuário, do sacerdócio e da forma do culto são seguidas por aquelas dos tempos e períodos sagrados (31.12 ss.). Sobre tempos sagrados há aqui referência somente ao sábado, e outros regulamentos são apresentados no que concerne às suas origens. A preparação do tabernáculo devia ter começado quando Deus entregou a Moisés as tábuas da lei, se o seu progresso não tivesse sido interrompido pelo ato de idolatria por parte do povo, e pelo seu consequente castigo pela ofensa, o que é o tema da narrativa nos capítulos 32-35. Contrária e em oposição a tudo o que tinha sido feito por Jeová para Israel e na presença de Israel, a terrível apostasia deste último se manifesta da maneira mais melancólica, como um ominosamente significante fato profético, que é incessantemente repetido na história de gerações subsequentes. A narrativa disso está intimamente ligada aos relatos precedentes à misericórdia e gratuita fidelidade de Jeová de um lado, e a descarada ingratidão de Israel do outro, intimamente associadas. Esta conexão forma a ideia central de toda a história da teocracia. Somente após a narrativa desse significativo evento é que o relato sobre a construção e o término do tabernáculo pode proceder (35-40). Tal relato se torna mais circunstancial a medida que o assunto mesmo ganha maior importância.

Acima de tudo, é fielmente demonstrado que tudo fora executado segundo os mandamentos de Jeová. Na História descritiva de Êxodo um plano fixo de conformidade com os princípios apresentados antes, é consistente e visivelmente carregado — através de todo o livro, dando-nos assim a mais certa garantia da unidade de ambos: livro e autor.

5. O Decálogo Ritual consiste em um grupo de leis dado em Êxodo 34.10-28. Alguns dos Dez Mandamentos e algumas das ordenanças religiosas do Livro do Pacto são repetidos neste trecho, exceto as leis casuísticas. A relação do Decálogo Ritual aos textos paralelos é um assunto polêmico. A teoria de que esta passagem é mais antiga do que os Dez Mandamentos propriamente ditos é bastante aceita.

VI. MILAGRES. O livro de Êxodo descreve um dos grandes períodos de miraculosa intervenção divina nas Escrituras. Os milagres desse livro podem ser classificados em três grupos:

1. Milagres que provaram aos israelitas que Moisés tinha sido realmente enviado por Deus; **2.** O milagre das pragas que caíram sobre o Egito como castigo; **3.** Milagres de providência e proteção divina no deserto. O milagre da sarça ardente, primeiro incidente de ordem sobrenatural do livro de Êxodo, não pertence a nenhum desses três grupos. Nesse incidente, Deus comunicou-se particularmente com Mosés, revelando-lhe sua missão. **4.** Entre os milagres que provaram a autenticidade da missão de Moisés, estão: ***a.*** a transformação da vara em serpente e vice-versa; ***b.*** O fenômeno da mão de Moisés que repentinamente se tornou leprosa e foi restaurada em seguida; ***c.*** O fenômeno da transformação da água em sangue. **5.** Com exceção da décima, as pragas do Egito até certo ponto consistiram em fenômenos que poderiam ocorrer naturalmente naquela região. Contudo, quatro aspectos peculiares dessas pragas provam o caráter sobrenatural desses fenômenos, a saber: ***a. a intensidade*** — foram fenômenos extremamente severos; ***b. a aceleração*** — aconteceram num curto período de tempo; ***c. a especificação*** — a terra de Gósen não foi atingida por certas pragas; ***d. a predição*** — Moisés podia prever quando a praga ocorreria. O caráter miraculoso da décima praga consistiu na intervenção divina fornecendo instruções aos israelitas sobre como proceder para que a vida de seus primogênitos fosse poupada. **6.** Entre os milagres de proteção e *providência divina* no deserto estão: ***a.*** a travessia do mar Vermelho; ***b.*** a coluna de nuvem durante o dia, e a coluna de fogo à noite, que guiaram o povo de Israel no deserto; ***c.*** a provisão de água em Mara e Refidim; ***d.*** provisão de alimento: codornizes e maná; e. a entrega dos Dez Mandamentos.

VII. Bibliografia. ALB AM ANET BA E C I IB IOT NAP NOT WBC WES S

ÊXODO (O EVENTO)

I. A Palavra. O termo português êxodo vem do grego *éksodos*, **"saída"**, **"partida"**. Na Bíblia, a palavra é usada em sentido especializado, aludindo à saída de Israel do Egito, após um longo período de servidão. Dali, o povo de Israel partiu para a Terra Prometida. A história é figura da *redenção*, mas é um acontecimento histórico, com considerável confirmação.

II. Caracterização Geral. O livro de Êxodo (ver o artigo abaixo) começa descrevendo como o povo de Israel estava escravizado no Egito. O povo de Israel desenvolveu-se essencialmente no Egito, desde que Jacó e sua família mudaram-se para o Egito, em período de grande fome. O livro de Êxodo fornece uma detalhada descrição sobre as provações e sofrimentos de Israel, no Egito. E também como Moisés foi elevado por Deus como o libertador. Esse livramento concretizou-se quando do *êxodo ou* "saída" do Egito e Israel foi para o deserto do Sinai. O resultado final do êxodo foi a conquista da Palestina, mais de quarenta anos depois.

Os capítulos doze a dezenove do livro de Êxodo proveem a descrição bíblica do êxodo, com os eventos que se seguiram. Nisso vemos como Deus usou o seu poder e glorificou o seu nome e o seu povo. Foi uma grande época na história da

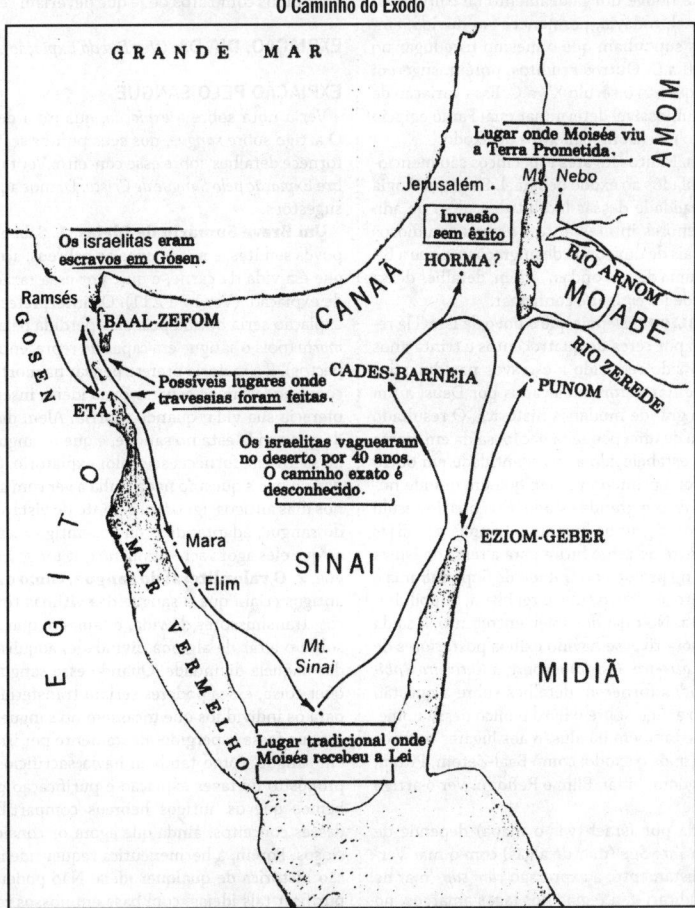

O Caminho do Êxodo

redenção humana. Terminou a dispensação patriarcal e a lei começou, em um estágio específico das vagueações de Israel no deserto. No quadro inteiro podemos ver a *Providência de Deus*. Deus havia guiado os hebreus até o Egito. Ali eles deixaram de ser o povo nômade que tinham sido e acostumaram-se com as lides agrícolas e com as artes, e assim adquiriram a mentalidade de uma sociedade bem radicada e progressista. Porém, o Egito não era lugar apropriado para o povo de Deus, pelo que Israel foi tirado dali, para o deserto, onde passaria por um período de preparação. Em seguida, o povo de Israel estabeleceu-se na Palestina. Grande parte da história subsequente e das características de nossa civilização giram em torno desse acontecimento, incluindo a própria concretização da esperança messiânica.

Esse evento assinalou o nascimento de Israel como uma nação, como também a instituição da teocracia e a dispensação da lei.

Os problemas da rota, da data e de outros detalhes do êxodo desde há muito vêm sendo discutidos pelos historiadores e teólogos. Há quem dispute a historicidade do evento; mas isso é apenas um exagero. Além do registro bíblico, temos o famoso tablete do Faraó Mernepta, que menciona a partida de Israel do Egito. Além dessas fontes informativas, há uma grande massa de evidências indiretas. O livro de Números pode ter exagerado o número de pessoas envolvidas, no recenseamento das tribos de Israel; mas há evidências históricas em apoio à ideia de mudanças dinásticas no Egito, bem como de movimentos de povos no Oriente Próximo, no meio do que caíram cidades da Palestina e houve um caldeamento de culturas. A data do êxodo de Israel, todavia, permanece em dúvida, embora muitos eruditos suponham que o mesmo teve lugar no começo do século XIII a.C. Outros eruditos, porém, sugerem uma data tão antiga quanto o século XV a.C. Essa variação de opinião torna quase impossível determinar qual Faraó egípcio teria estado envolvido nos acontecimentos do êxodo.

Áreas Geográficas. Muitos lugares específicos são mencionados na Bíblia, vinculados ao êxodo de Israel. E a arqueologia tem confirmado a realidade dessas localidades, além de adicionar muitos pormenores interessantes. Alguns estudiosos supõem que houve mais de uma onda de migrações, e que a Bíblia descreve apenas uma dessas ondas. Porém, detalhes dessa natureza são difíceis de investigar e confirmar.

III. Informes Bíblicos. Depois que o povo de Israel já residia no delta do Nilo por cerca de quatrocentos e trinta anos (Êx 12.40,41), tendo sido reduzido a escravos nas dinastias XVIII e XIX, Moisés e Aarão foram elevados por Deus, a fim de encabeçarem uma grande mudança histórica. O resultado disso foi a emergência de uma pequena nação, saída em massa de uma outra, tendo estabelecido a sua identidade em outro território. Essa não foi a primeira vez em que um grande número de pessoas saiu de um grande estado. Nos fins do século XV a.C., cerca de catorze grupos humanos (vindos de várias regiões), transferiram-se do reino hitita para a terra de Isuwa (conforme é descrito no prólogo do tratado de Suppiluliuma e Mattiwaza). Nesse caso, é verdade que o rei hitita, Suppiluliuma, os trouxe de volta. No caso de Israel, entretanto, a saída foi permanente, embora tivesse havido exílios posteriores de Israel. (Ver sobre o *Cativeiro Assírio*) e sobre o *Cativeiro Babilônico*. Artigos separados fornecem detalhes sobre a questão do êxodo, incluindo o artigo sobre o livro bíblico desse nome, quanto à *Data*, e onde também há alusão aos lugares onde os israelitas acamparam após o êxodo, como Baal-Zefom, Pitom, Ramssés, Sucote, Migdom, Sinai, Elim e Refidim. Ver o artigo sobre *Acampamento*.

A *rota exata* tomada por Israel (ver o mapa) depende de como relacionamos o *Yam Sup* (mar de algas) com o mar Vermelho. "No Antigo Testamento, a expressão *yam sup*, 'mar de algas' é usada para indicar: *a*. a região dos lagos amargos, no delta do Nilo, ao norte de Suez, ao longo da linha do atual canal de Suez; *b*. Os golfos de Suez e Ácaba e, talvez o próprio mar Vermelho, além desses" (NB). Ver o artigo sobre o *mar Vermelho*.

A Data. Os estudiosos da Bíblia têm abandonado o método genealógico de determinar datas. Visto que não há qualquer alusão, no Antigo Testamento, ao nome do Faraó envolvido no êxodo de Israel, muitas conjecturas têm sido feitas, mas nenhum resultado seguro tem sido obtido. O método genealógico, contudo, fornece uma data em torno de 1500 a.C. Contudo, alguns eruditos pensam que o êxodo ocorreu até cerca de três séculos depois disso. Os Faraós identificados incluem, em um extremo, Amenófis II (cerca de 1440 a.C.) e Ramsés II, no outro extremo. Ver o segundo ponto, chamado *Historicidade*, no artigo sobre o *Êxodo (Livro)*, quanto a alguns detalhes sobre esse problema.

IV. O Êxodo em Trechos Bíblicos Posteriores; Tipologia. A história do êxodo foi um marco na história de Israel, um evento que inspirou os escritores do resto do Antigo Testamento. Era mencionado como um período em que Deus exibiu seu poder e sua redenção, em favor de seu povo, como um exemplo do que o poder divino pode fazer em favor de um povo que anda na retidão. (Ver Jz 6.8,9,13; 1Sm 12.6,8; 1Rs 8.51; 2Cr 7.22; Ne 9.9; Sl 77.14-20; 78.12-55; 80.8; Jr 7.21-14; Dn 9.15). Lemos em Hebreus 13.13 que Jesus imitou o êxodo de Israel quando saiu do acampamento, onde nos espera para nos redimir totalmente. Em Hebreus 11.28,29, a observância da Páscoa e a travessia do mar Vermelho são apontados como atos de fé que deveriam ser imitados.

EXPIAÇÃO, DIA DA. (Ver *Dia da Expiação*).

EXPIAÇÃO PELO SANGUE

Ver a nota sobre a *expiação*, quanto a detalhes completos. O artigo sobre *sangue*, nos seus pontos segundo e terceiro,— fornece detalhes sobre esse conceito. Ver também o artigo sobre *Expiação pelo Sangue de Cristo*. Damos aqui apenas algumas sugestões.

Um Breve Sumário de Ideias. 1. Sabemos que os antigos povos semitas, e não apenas os hebreus, aceitavam que o sangue é a vida da carne, e que, por essa razão, o sangue servia de expiação. (Ver Lv 17.11). Os intérpretes argumentam se a expiação seria obtida pela *vida* perdida pela *vítima, ou por sua morte* (pois o sangue era capaz de representar ambos esses aspectos). E a maioria prefere pensar na morte. Porém, não vejo como poderíamos separar duas ideias inseparáveis. A vítima oferecia sua vida, quando morria. Além disso, há o conceito de que a vida está no sangue, e que o sangue, vertido quando do sacrifício, fornecia seu valor expiatório. Os intérpretes que negam que a questão nada tinha a ver com a ideia de expiação, nos dias antigos, ignoram o ponto de vista semita da natureza do sangue, adaptando o que os antigos semitas acreditavam ao que eles agora acreditam, no que tange à expiação pelo sangue. **2. O valor literal do sangue, como expiação**. Os povos antigos criam que o sangue das vítimas tinha poderes mágicos, transmissores de vida, e também que, ao ser derramado sobre o altar de alguma divindade, adquiria parte das virtudes daquela divindade. Quando esse sangue tocava em qualquer coisa, esses poderes seriam transferidos para o altar ou para os indivíduos que tocassem no sangue, ou sobre quem o sangue fosse aspergido. Exatamente por isso, havia batismos em sangue, como também havia sacrifícios cruentos, com o propósito de fazer expiação e purificação pelos pecados. Sabemos que os antigos hebreus compartilhavam de alguns desses conceitos, ainda que agora os consideremos supersticiosos. Porém, a hermenêutica requer fidelidade à compreensão histórica de qualquer ideia. Não podemos modernizar e purificar tais ideias, com base em nossos raciocínios *a priori*, imaginando que as antigas ideias sobre expiação não continham noções erradas, visto que tais coisas foram ordenadas por Deus. O tratado aos Hebreus é uma exposição sumariada da ineficácia dos sacrifícios de animais. Muitos hebreus obviamente assim pensavam, mas o trecho de Hebreus 10.4,11 declara iniludivelmente que tais sacrifícios jamais poderiam tirar pecados, sendo apenas memoriais dos pecados passados. É no Novo Testamento que entendemos que esses sacrifícios eram apenas simbólicos da expiação de Cristo, e que a morte de Cristo anunciou a remoção total daqueles sacrifícios simbólicos. **3**. Os sacrifícios de animais, do Antigo Testamento, *simbolizavam* a morte expiatória de Cristo, conforme somos ensinados no décimo capítulo da epístola aos Hebreus e em muitas passagens do Novo Testamento. (Ver a declaração geral a respeito, em Hebreus 7.27). **4**. Na expiação de Cristo, encontramos o poder místico do Espírito que purifica, perdoa e transforma, com base no ato salvador de Cristo. O Espírito Santo torna real, na vida dos indivíduos, aquilo que a expiação pelo sangue de Cristo preparou potencialmente; e o seu sangue vertido simboliza essa operação mística do Espírito. **5**. Porém, apesar de simbólico e místico, o sangue da expiação também tem um aspecto *histórico*. O ato tinha de ser realizado, a morte tinha de ser experimentada, o sangue precisava ser vertido. (B C E NTI)

EZBAI

No hebraico, **"brilhante"** ou **"bonito"**. Seu nome é mencionado exclusivamente em 1Crônicas 11.37. Ele foi o pai de Naari, um dos trinta poderosos heróis de Davi. O trecho paralelo de 2Samuel 23.35 diz "Paarai, arbita". Os eruditos não têm achado uma maneira convincente de harmonizar "Ezbai" com "Paarai, arbita". Se um desses trechos contém algum erro de transcrição, talvez seja melhor ficar com o trecho de 2Samuel 23.35. Comparar com Josué 15.52, que diz "Arabe". Arabe era o nome de uma cidade de onde vem o adjetivo locativo "arbita". Portanto, "Ezbai" aparentemente era o nome próprio daquele homem, ao passo que "arbita" era uma alusão àquela localidade.

EZBOM

Alguns estudiosos pensam que o sentido do nome é desconhecido, mas outros opinam que seria "esplendor". Esse é o nome de duas personagens bíblicas: **1**. Um chefe da tribo de Benjamim, filho de Bela (1Cr 7.7). Viveu em cerca de 1670 a.C. É estranho que apesar de Ezbom não ser mencionado em outros trechos entre os filhos de Bela, ele aparece nesse trecho juntamente com Iri, que não pertencia à tribo de Benjamim, pois era um gadita. Ele é chamado "Ozni", em Números 26.16. Por isso mesmo, alguns estudiosos pensam que tudo isso deve ser dito a respeito do Ezbom de número "dois", abaixo. Este viveu em torno de 1670 a.C. **2**. Um dos filhos de Gade, chefe de um dos clãs de Gade (Gn 46.16). Talvez seja o Ezbom que é chamado "Ozni", em Números 26.16.

EZEL

No hebraico, **"separação"**, **"partida"**. De acordo com o texto massorético (ver sobre o texto da *Masorah*), esse era o nome de uma pedra que havia perto da residência de Saul, e que foi a cena da despedida entre Davi e Jônatas. Porém, a Septuaginta e algumas traduções modernas dizem "o distante montão de pedras". A nossa versão portuguesa diz: ... *e fica junto à pedra de Ezel* (2Sm 20.19).

EZEM. Ver sobre *Azém*.

EZEQUE

No hebraico, **"briga"**, **"opressão"**. Era o nome de um benjamita, descendente de Saul e fundador de uma família de arqueiros (1Cr 8.39), algum tempo antes de 588 a.C.

EZEQUIAS

I. Caracterização Geral. Ezequias foi o décimo segundo rei do reino separado de Judá. Ele governou de 715 a 687 a.C. Era filho de Acaz e nasceu em cerca de 736 a.C. (Ver 2Rs 18.1,2; 2Cr 29.1). Era descendente de Davi e foi o pai de Manassés. O seu reinado é historiado em três lugares diferentes do Antigo Testamento (2Rs 18.1—20.21; 2Cr 29.1—32.33; Is 35.1—39.8).

O nome dele significa "Yahweh é a força". Foi um dos melhores reis de Judá, tendo se tornado conhecido por sua piedade pessoal e por suas atividades políticas vigorosas e bem-sucedidas. A narrativa sobre a sua vida, em 2Reis e em Isaías, é quase idêntica, excetuando que Isaías acrescenta o cântico de ação de graças de Ezequias, por haver-se recuperado de uma grave enfermidade. (Ver Isaías 28). O segundo livro de Crônicas enfatiza as suas reformas religiosas. As questões cronológicas atinentes à sua vida têm ocasionado consideráveis dificuldades para os estudiosos. É dito que a queda de Samaria ocorreu no sexto ano de seu reinado (2Rs 18.10), o que ocorreu em cerca de 722 a.C. No entanto, a invasão de Judá, pelas tropas de Senaqueribe, em 701 a.C., é posta no décimo quarto ano de seu reinado (2Rs 18.13). Por essa razão, muitos eruditos pensam que ele foi corregente com seu pai, Acaz, desde cerca de 729 a.C., e então tornou-se o único ocupante do trono, em cerca de 716 a.C. A duração de seu reinado também enfrenta algumas dificuldades. O último evento registrado de suas atividades como rei foi o livramento de Jerusalém, do exército de Senaqueribe (2Rs 19.35,36). Os registros assírios mostram que a invasão de Judá teve lugar em 701 a.C. A referência a Tiraca, rei da Etiópia, em 2Reis 19.19, tem ocasionado a ideia de que Senaqueribe invadiu Judá uma segunda vez, em cerca de 688 a.C.

As reformas religiosas dirigidas por Ezequias incluíram a derrubada dos bosques que havia nos lugares altos (Aserá), onde era cultivada a adoração de uma certa deusa pagã.

Durante o seu reinado, Judá foi invadida tanto por Sargão II quanto por Senaqueribe, ambos da Assíria. Uma vez que o suprimento de água de Jerusalém fora ameaçado, visto que era trazido de fora dos portões da cidade, e as fontes eram de fácil acesso para algum inimigo invasor, Ezequias ordenou a escavação de um túnel no monte Ofel, trazendo água das fontes de Giom, até dentro das muralhas de Jerusalém. Isso é descrito no quinto ponto deste artigo, As *Obras de Ezequias*. Quando Senaqueribe assediou Laquis, Ezequias ofereceu-lhe tributo, a fim de tranquilizar a situação. Mas Senaqueribe pressionou tanto que a situação ficou insuportável. Porém, quando Senaqueribe lançou cerco final a Jerusalém, o seu exército foi dizimado por uma praga e teve de retroceder. Desse acontecimento foi que surgiu a crença de que Jerusalém era invencível (2Rs 18.17; 19.37). O cativeiro babilônico, que ocorreu um tanto mais tarde, pôs fim a essa crença. Senaqueribe não conseguiu tomar Jerusalém, mas a destruição efetuada em Judá (o reino do sul) foi tão grande, que nunca mais teve a oportunidade de recuperar-se.

II. Cronologia. Ezequias reinou durante cerca de vinte e nove anos, e isso, ao que parece, cobriu o período de 716/715 a 687/686 a.C. Os eruditos encontram problemas com a data do período de Ezequias, no Antigo Testamento. Se adotarmos essas datas, então o Antigo Testamento poderá ser sincronizado com os registros da Síria, da Assíria, da Babilônia e do Egito.

Datas Importantes de Ezequias
- Seu nascimento (740 a.C.).
- Acaz, seu pai, corregente com Jotão (736).
- Damasco derrotada pelos assírios; Jotão morre; Os substitui a Peca, em Samaria (732).
- Salmaneser V torna-se rei da Assíria (727).
- A Assíria conquista Samaria (723).
- Sargão torna-se rei da Assíria (722).

- Acaz morre; Ezequias torna-se o único rei de Judá (716-715).
- Asdode é conquistada por Sargão II (711).
- Senaqueribe torna-se rei da Assíria (705).
- Ezequias adoece, mas recebe quinze anos extras de vida (701).
- Judá é libertada da pressão assíria (701).
- Manassés torna-se corregente com Ezequias (697).
- Senaqueribe destrói a Babilônia (689).
- Senaqueribe não consegue conquistar Jerusalém, na sua segunda tentativa (688).

III. Ezequias como um Reformador. As obras de reforma começaram no templo, que ele expurgou, reparou e reabriu para uso público. O templo havia sido negligenciado e poluído por anos de idolatria e decadência. Seu débil pai, Acaz, nada fizera para remediar a situação. Mas Ezequias restaurou as grandes festas anuais, especialmente a Páscoa. Derrubou os lugares altos e chegou a destruir a serpente de bronze de Moisés, que se transformara num objeto de adoração idólatra. (Ver 2Cr 29.1-36; 2Rs 18.3-7 e 2Cr 30).

IV. Aventuras Militares. Para começar, Ezequias combateu contra os filisteus, reconquistando várias cidades que seu pai havia perdido (2Cr 28.18), e até conquistou algumas cidades inteiramente filisteias (2Rs 18.8; Josefo, *Anti*. 9.13,3). Mas herdou a ameaça Assíria contra o seu reino. De 715 a.C. em diante, Ezequias teve de enfrentar uma série de invasões assírias. Judá havia emergido como o poder mais forte, no centro da Palestina, sob Uzias (750-740 a.C.). Porém, nos anos que se seguiram, a Assíria aumentou muito as suas forças, até que, em 723 a.C., Samaria, capital do reino do norte, foi tomada, tendo assim lugar o *cativeiro assírio* (vede). A expansão assíria foi temporariamente impedida, por meio da coalizão feita, no norte da Síria, da qual Azarias (Uzias), rei de Judá, havia participado, em cerca de 743 a.C. Jotão deu continuação a essa política, mas Acaz, pai de Ezequias, começou a ceder às pressões assírias, tendo pago tributo para preservar o resto de independência de que ainda desfrutava. Contudo, teve de pagar um alto tributo por essa independência. Os assírios derrotaram Peca, de Samaria, e Rezin, de Damasco; e a transigência diante desse poder estrangeiro fez com que a idolatria e o paganismo avançassem em grande escala no templo de Jerusalém.

Ezequias, pois, herdou essa calamitosa situação. Senaqueribe tornou-se rei da Assíria em 705 a.C. Ele conquistou certo número de cidades, na planície costeira. Ele afirmou ter conquistado quarenta e seis dessas cidades. Ameaçou reiteradamente a Ezequias, embora nunca tivesse conseguido conquistar Jerusalém. Em 701 a.C., seus planos foram atrapalhados por uma rebelião que estourou na Babilônia. Então ele retornou e destruiu aquela cidade-estado (689 a.C.). Aparentemente, ele fez outra tentativa de conquistar Jerusalém, mas sem êxito. Seja como for, ele jactou-se de ter engaiolado Ezequias, como um pássaro, dentro de Jerusalém. Embora Jerusalém, nessa ocasião fosse salva da destruição, a própria nação de Judá havia recebido um golpe paralisante. Ficou ao encargo da uma outra potência estrangeira destruir, afinal, Judá, o reino do sul. (Ver sobre o *Cativeiro Babilônico*). Senaqueribe, entretanto, foi assassinado por dois de seus filhos, em 681 a.C.

Não obstante, Senaqueribe havia reduzido a nação de Judá a uma sombra do que havia sido. Cerca de dois terços da população de Judá foi morta ou levada para o exílio e uma grande porção de seu território se perdeu. Contudo, alguma recuperação foi conseguida, antes que a estrela babilônica surgisse em cena, o que significou o pôr do sol de Judá.

V. As Obras de Ezequias. Ezequias tem se tornado famoso, entre os arqueólogos, por haver conseguido trazer água potável para Jerusalém, por meio de um túnel, atualmente chamado de Túnel de Siloé. (Ver 2Rs 20.20). É dito que ele tapou a fonte superior das águas de Giom, canalizando-as ladeira abaixo até o lado, oriental da cidade (2Cr 22.30). Visto que essas águas eram importantíssimas para o suprimento de Jerusalém, mas eram tão vulneráveis a qualquer ataque do inimigo, Ezequias cobriu a canalização externa e desviou essas águas para um túnel com 542 m de extensão, cavado na rocha sólida. Essas águas, chegando à cidade, eram armazenadas em um reservatório, no interior das muralhas. Túneis encontrados em Megido e em Gezer eram obras de engenharia similares.

Em adição a isso, Ezequias edificou um reservatório chamado Poço de Siloé. Tem cerca de 9,15 m de comprimento por 6,10 de largura. Jesus determinou que o cego fosse lavar-se ali, de acordo com João 9.7-11.

A Inscrição de Siloé. Um menino, vagueando pelas águas rasas do poço, encontrou essa inscrição inteiramente ao acaso, em 1880. Diz essa inscrição: "A escavação terminou. E esta é a história da escavação. Quando os trabalhadores ainda estavam levantando suas picaretas, cada qual na direção de seu vizinho e quando um metro e meio ainda precisava ser escavado, cada qual ouvia a voz do outro, do outro lado da escavação, pois havia uma fenda na rocha, no lado direito. E no dia em que a escavação terminou, os escavadores encontraram-se, picareta com picareta. E fluíram as águas para o poço, por quinhentos e quarenta metros; e a altura da rocha, acima de nossas cabeças, era de cinquenta metros". Essas palavras foram escritas em caracteres de hebraico clássico. O seu encontro foi uma das maiores descobertas arqueológicas. (ALB FIN S STA UN Z)

Houve outros três homens com o nome de Ezequias, a saber: **1**. Um filho de Nearias, da família real de Judá (1Cr 3.23). Ele viveu em cerca de 536 a.C. **2**. Um homem mencionado em conexão com Ater (Ne 7.21), que viveu antes de 536 a.C. **3**. Um antepassado do profeta Sofonias (Sf 1.1). Viveu antes de 630 a.C.

EZEQUIEL (A PESSOA)

No hebraico, *yekhezkale*, **"Deus fortalecerá"** ou **"Deus prevalecerá"**.

1. Família e História. O nome "Ezequiel" aparece em 1Crônicas 24.16, como cabeça de uma das ordens sacerdotais. O profeta Ezequiel era filho de Buzi (vede) e esteve entre aqueles judeus que foram deportados para a Babilônia. Ver sobre o *Cativeiro Babilônico*. As tradições dizem que ele era nativo de Sarera. Não dispomos de quaisquer informações sobre o começo de sua vida, pelo que a sua história começa em 2Reis 24.12-15, onde ele é descrito como membro da comunidade de judeus exilados, que se tinha estabelecido às margens do Quebar, um rio ou canal da Babilônia. É possível que sua deportação tenha ocorrido ao mesmo tempo que a do rei Jeoaquim, em 597 a.C. A aldeia em que ele vivia no cativeiro chamava-se Tel-Abibe. Depois de cerca de cinco anos de exílio, o Senhor o chamou como profeta, quando tinha talvez trinta anos de idade. Todavia, aquela referência também poderia indicar o trigésimo ano da nova era de Nabopolassar, pai de Nabucodonosor (vede). Ver Ezequiel 1.1. Uma referência incidental, em Ezequiel 8.1, informa-nos de que ele era homem casado e que tinha uma casa no exílio. Ezequiel 24.1,2,15-18 é trecho que informa que no dia em que Nabucodonosor cercou Jerusalém, a esposa de Ezequiel faleceu subitamente. Do que ela morreu, não nos é dito, mas podemos estar certos de que isso fazia parte dos planos divinos para Ezequiel, como preparação para a sua missão profética. Ezequiel não deveria lamentar-se e nem passar pelas cerimônias usuais do luto. Dessa maneira, Ezequiel tornou-se um sinal para Israel, como profeta que era, dos terrores que logo sobreviriam. Sabe-se que, no exílio, ele era homem de grande reputação e respeito, e os anciãos constantemente o consultavam (Ez 8.1; 11.25;14.1; 20.1 etc.). Com base na última data que ele menciona (Ez 29.17), que foi o vigésimo sétimo ano do cativeiro dos judeus, sabemos que seu trabalho se prolongou pelo espaço de 22 anos.

2. Características Pessoais. Ezequiel fora escolhido por Deus como profeta, e era dotado da energia, da força de vontade e das qualificações espirituais para ocupar o seu dificílimo ofício. Fora educado como hebreu e era zeloso pelas tradições de seus antepassados. Foi capaz de suportar privações e misérias e, em meio às mesmas, foi incansável em seus labores (Ez 4; 24.15,16). Era muito amado por seu povo (Ez 9.8,11-13), e também respeitado pelos líderes da nação judaica (Ez 8.1; 11.25). Viveu em uma época muito difícil, tendo sacrificado seus próprios interesses e afetos, a fim de servir melhor ao Senhor. As muitas visões que teve mostram-nos que ele foi um místico de primeira ordem. Ver sobre o Misticismo. Suas visões eram especialmente ricas em seus detalhes, sendo evidente que ele vivia na presença do Senhor. Praticamente nada vemos nele que se veja nos homens ordinários. Tudo quanto é relacionado a ele, mostra-o em meio a visões, profecias e serviço prestado. Até mesmo a morte de sua esposa foi mencionada quase incidentalmente, em meio a outras considerações sacerdotais e proféticas. Em contraste com ele, o seu contemporâneo, o profeta Jeremias, é descrito em termos pessoais e proféticos. Ezequiel também foi um dos contemporâneos de Daniel. Os escritos de Ezequiel mostram que ele era poeta e autor literário de considerável habilidade.

3. Seu Ministério Profético. O ministério de Ezequiel envolve duas divisões cronológicas principais, a saber: ***a***. de 592 a 586 a.C. Ezequiel advertia continuamente ao povo acerca da tempestade que se avizinhava (o cativeiro babilônico). O seu propósito era levar o povo de Judá ao arrependimento, restaurando Israel à sua fé histórica em Yahweh. ***b***. De 586 a 570 a.C. teve lugar a destruição da cidade de Jerusalém; o templo dali foi arrasado; Judá foi para o exílio. Ezequiel encontrava-se entre os exilados, tornando-se um de seus pastores, em uma terra estrangeira. Ezequiel estava na Babilônia quando Jerusalém foi destruída, tendo sido levado para a Babilônia antes desse acontecimento (Ez 3.21,22). Ver os capítulos 33 a 48 do livro de Ezequiel quanto à sua obra pastoral, na Babilônia. A primeira deportação ocorreu em 695 a.C. Daniel encontrava-se entre os cativos da primeira deportação, efetuada sob as ordens de Nabucodonosor. Então esse rei babilônico invadiu Judá novamente, em 597 a.C. e foi na oportunidade que o rei de Judá, Jeoaquim, além de muitos outros, incluindo Ezequiel, foram levados para o cativeiro. A terceira deportação ocorreu em 586 a.C., antes da destruição de Jerusalém e do templo. Essa foi a maior crise da história do reino de Judá; e foi durante esse período que Ezequiel mostrou-se ativo. Seu ministério fez soar o aviso, revelando as razões para tal sofrimento.

4. Sua Influência. Além da tremenda influência exercida por Ezequiel em sua própria época, sua personalidade e seus escritos aparecem em obras pseudepígrafas e nos escritos do Novo Testamento. Grande parte do simbolismo do Apocalipse foi tomada por empréstimo do livro de Ezequiel. Visto que nos dias de Ezequiel houve significativos desenvolvimentos na teologia dos hebreus, algumas vezes Ezequiel tem sido denominado de "pai do judaísmo". As doutrinas da imortalidade pessoal, da ressurreição e do profundo respeito pelas tradições dos pais (a legislação mosaica) tornaram-se as colunas da fé judaica posterior. Suas predições contribuíram muitíssimo para o estilo e o simbolismo apocalípticos, que ocuparam uma boa parte do período intermediário entre o Antigo e o Novo Testamentos. Outrossim, o misticismo da Cabala (vede) foi influenciado por Jeremias, por sua vida, por seus escritos e pelas tradições que circundaram a sua pessoa. No entanto, a escola de Shammai considerava o livro de Ezequiel como um livro apócrifo, na suposição de que o mesmo contém contradições com a lei mosaica. Também surgiram tradições em torno de sua pessoa. Somos informados de que ele foi morto na Babilônia, pelo chefe do povo judeu, por haver sido reprovado pelo profeta por motivo de idolatria e que ele foi sepultado no campo de Maur, no túmulo de Sem e de Arfaxade. Tradições dessa natureza geralmente são imprecisas e revestem-se de pouco valor histórico.

EZEQUIEL (O LIVRO)

Houve três deportações distintas do povo de Judá para a Babilônia. Daniel foi exilado quando da primeira dessas deportações. Ezequiel foi exilado quando da segunda delas. A destruição de Jerusalém e do templo ocorreu como um prelúdio da terceira deportação. Jeremias também era contemporâneo de Ezequiel. Quanto à deportação de Ezequiel, ver 2Reis 24.11-16. Tal como Daniel e o apóstolo João (este bem mais tarde, já dentro do cristianismo), Ezequiel profetizou na terra do exílio. E o método de Ezequiel assemelhava-se muito ao método de Daniel e João, repleto de símbolos e visões, ao que ele acrescentava atos simbólicos. No exílio, ele foi capaz de salientar a causa do infortúnio de Israel, a saber, seus muitos pecados e deslealdades (Ez 14.23). Seus propósitos incluíam o encorajamento dos cativos até que a vontade de Deus os libertasse para uma nova expressão nacional. Em sete grandes arranques proféticos, introduzidos pelas palavras *A mão do Senhor veio sobre mim*, ou coisa semelhante, Ezequiel entregou a sua mensagem. (Ver Ez 1.3; 3.14,22; 8.1; 33.22; 27.1; 40.1). Há outras predições introduzidas pelas palavras "Veio a mim a palavra do Senhor". Os eventos registrados nesse livro ocupam um período de cerca de 21 anos.

I. O Profeta Ezequiel. Apresentamos no *Dicionário* um artigo separado sobre o homem Ezequiel, que o leitor deveria consultar. Ele era filho de Buzi, pelo que ou era sacerdote ou filho de um sacerdote (provavelmente, ambas as coisas), tendo sido chamado por Deus como profeta, por ocasião da maior crise de Judá; e então tornou-se um dos pastores de todo o Israel no exílio. Foi chamado por Deus para o exílio profético no quinto ano do primeiro exílio judaico, que teve início em 598 a.C., ou seja, o seu trabalho profético começou em 593 a.C. Sua última mensagem vem datada do ano 571 a.C. (ver Ez 29.17). Dos vinte ou 22 anos em que ele serviu, cerca de três foram os mais difíceis da história da nação de Judá. Os severos modos e os ensinamentos morais de Ezequiel têm-lhe conquistado a alcunha de João Calvino de Judá.

II. Pano de Fundo Histórico. Antes do *cativeiro babilônico* de Judá, houve o *cativeiro assírio* que envolveu a nação do norte, *Israel* (ver no *Dicionário* sobre ambos os termos em destaque). A queda de Samaria, capital do reino do norte, ocorreu em 722 a.C. O domínio assírio sobre Judá começou em 721 a.C., quando caiu o reino do norte, mas Judá nunca se tornou uma província assíria, embora tivesse pago tributo regularmente aos reis assírios. Com o surgimento do reino caldeu, sob Nabucodonosor (605—562 a.C.), a situação de Judá piorou rapidamente. Em 598 a.C., Nabucodonosor invadiu Judá e levou para o cativeiro o seu rei, Jeoaquim, e muitos dos principais cidadãos dessa nação. O trecho de 2Reis 24.15 mostra-nos que Ezequiel se encontrava entre esses exilados. Os eruditos discordam quanto ao modo geral e ao número das deportações. Presumivelmente, antes disso, em cerca de 605 a.C., houve outra deportação, de tal modo que a deportação de Ezequiel foi a segunda de três deportações. Na Babilônia, Ezequiel continuou a advertir aos que tinham sido deixados na Judeia de que o pior ainda estava por vir. Os pecados nacionais, mormente a idolatria, eram as causas espirituais de todos esses infortúnios. O governo de Zedequias, em Judá, sob as ordens de Nabucodonosor, foi incapaz de controlar os rebeldes líderes do Estado judeu. A revolta irrompeu contra o domínio estrangeiro, em 588 a.C. Nabucodonosor não perdeu um instante. Em 586 a.C., a terra inteira de Judá jazia arruinada, Jerusalém estava destruída e saqueada e o templo não existia mais. E muitos outros milhares de judeus foram então deportados (na terceira deportação).

III. Períodos Pessoais e Proféticos de Ezequiel. O trabalho da vida de Ezequiel pode ser dividido em cinco períodos: **1**. Sua chamada (Ez 1.4-28); **2**. Seus atos simbólicos (Ez 4.1-3; 4.4-8; 4.9-17; 5.1-17; 12.1-16); **3**. Suas denúncias contra os pecados de Israel (Ez 8—11; 16 e 20); **4**. Seus ensinamentos sobre a responsabilidade humana (Ez 3.16-21; 8.4; 14.12-20; 33.1-29); **5**. Suas promessas de restauração de Israel (Ez 33.21 ss. e os capítulos 40—48, onde se encontram as mais notáveis visões de Ezequiel quanto ao futuro). Cronologicamente, suas obras dividem-se em dois períodos principais, a saber: *a*. De 593 a 586 a.C. repetidos avisos e atos simbólicos, com o intuito de levar o povo de Judá ao arrependimento, contidos em Ez 1—24. *b*. De 586 a 571 a.C. Ezequiel passa a agir como pastor dos cativos, no exílio, e também como mensageiro da esperança, no tocante à futura restauração, tópicos contidos em Ezequiel 33—48. Entre um bloco e outro de material, temos os seus oráculos contra as nações estrangeiras, nos capítulos 25 a 32. Algumas de suas mais brilhantes declarações encontram-se nessa porção, especialmente nos capítulos 27 e 28 e 30 e 31.

IV. Autenticidade, Unidade, Canonicidade

1. Autenticidade. A escola de *Shammai* (ver a respeito no *Dicionário*) considerava o livro de Ezequiel um livro apócrifo, sobre bases doutrinárias, supondo haver ali contradições com a lei mosaica. Isso pressupunha ou que Ezequiel não fora um profeta genuíno, ou que um pseudoprofeta usara o seu nome, para dar maior prestígio ao livro. Até o ano de 1924, o livro escapou a críticas sérias; mas, a partir de então, iniciou-se uma atividade que colocava em dúvida o livro como obra autêntica do profeta Ezequiel, exceuando algumas porções. Dos seus 1.273 versículos, Gustavo Hoelscher (*Hesekiel, der Dichter und das Buch,* 1924) elegeu 170 como genuinamente de Ezequiel. Esse julgamento radical, todavia, não foi largamente apoiado. No tocante às antigas críticas, o rabino Hananias escreveu um comentário sobre o livro, com o intuito, entre outras coisas, de harmonizá-lo com os ensinos de Moisés. Contudo, por causa de sua obscuridade, as visões do livro não eram lidas publicamente, e somente aqueles com mais de 30 anos de idade tinham permissão para lê-lo em particular. No entanto, desde os tempos antigos, o livro tem sido reputado uma profecia genuína; e até mesmo os críticos mais radicais veem nele a mão de autoria de Ezequiel, pelo menos quanto a alguns trechos.

2. Unidade. Até 1924, pouca dúvida fora lançada sobre a unidade do livro de Ezequiel. Em outras palavras, cria-se que um único autor havia escrito a obra inteira. Depois daquele ano, o livro tornou-se o fulcro de um temporal de críticas literárias. Gustavo Hoelscher (mencionado anteriormente) só atribuiu 170 versículos a Ezequiel. Um autor moderno, C.C. Forrgy, chegou ao extremo de chamar o livro de obra pseudepígrafa do século III a.C.! A maioria dos estudiosos, entretanto, supõe que o livro seja obra genuína de Ezequiel, embora com algumas pequenas adições, feitas por mãos posteriores. Até mesmo um livro drasticamente criticado revela um poderoso profeta e um homem de consideráveis habilidades literárias. A maior parte da crítica baseia-se em questões de estilo; mas isso nos transporta para uma subjetividade que não pode produzir nenhum resultado acima de toda dúvida.

3. Canonicidade. Ver no *Dicionário* o artigo intitulado *Cânon do Antigo Testamento*. A canonicidade do livro de Ezequiel foi estabelecida desde a antiguidade pelas autoridades judaicas, tendo sido confirmada pelas autoridades cristãs. Ben Siraque (Eclesiástico 49.8), um pouco antes de 320 a.C., usou o livro e considerou-o canônico. Nos dias dos rabinos Shammai e Hillel, o problema do cânon do Antigo Testamento foi calorosamente discutido.

Certos eruditos chamam alguns livros de *Antilegômenos*, usando a designação grega para referir-se a livros que não concordam com os demais e não merecem a mesma posição que outros. Vale dizer, livros não canônicos. Esses livros, na opinião deles, são: Ezequiel, Ester, Provérbios, Eclesiastes e Cantares. Certos indivíduos rejeitavam o livro de Ezequiel, mas nunca houve um esforço conjunto para tirá-lo da coletânea do Antigo Testamento. A questão maior era se esses livros deveriam ser usados ou não na leitura pública e nos propósitos litúrgicos. O Talmude (*Hag.* 1.13a) destaca o problema central. Os capítulos 40—48 contêm contradições com a Torá. O rabino Hananias supostamente encontrou soluções para o problema, mas nem todos os eruditos deixam-se convencer. Talvez esses capítulos de Ezequiel não devessem ser reputados como um reavivamento do judaísmo (com algumas corrupções) e, sim, como uma descrição do templo futuro, com suas cerimônias, o. que produziria algumas diferenças em comparação com a legislação mosaica original.

Na opinião dos pais da igreja, dos concílios e dos cânones, o livro de Ezequiel é solidamente defendido, sendo mencionado favoravelmente nos catálogos de Melti, Orígenes e Jerônimo.

V. Ezequiel no Novo Testamento e no Apocalipse. No Novo Testamento não há citações explícitas do livro, mas há empréstimos bem definidos. (Cf. Rm 2.24 com Ez 36.21; Rm 10.5 e Gl 3.12 com Ez 20.11; 2Pe 3.4 com Ez 12.22 e 20.11). As palavras *quem tem ouvidos, ouça* (Mt 11.15; Mc 7.16; Lc 14.35; Ap 2.7,11,17,29; 3.6,13; 13.9) talvez sejam um reflexo de Ezequiel 3.27. A solene advertência de que o juízo divino precisa começar pela casa de Deus (1Pe 4.17) provavelmente foi tomada por empréstimo de Ezequiel 9.6. O trecho de 2Coríntios 6.16 talvez combine e condense as passagens de Ezequiel 37.27 e Levítico 26.11 e 2Coríntios 6.18 parece repousar sobre Ezequiel 36.28.

Esses empréstimos são ainda mais óbvios e frequentes no livro de Apocalipse. Temos ali menção a Gogue e Magogue (Ez 38.2-22; 39.1-11 = Ap 20.8); à visão de Deus (Ez 1.22-28, com reflexos literários no Apocalipse); a voz de Cristo como o sonido de muitas águas (Ez 1.24, com reflexos em Ap 1.15 e 19.6). A figura simbólica do rio doador de vida, que flui do trono de Deus (Ap 22.1,2), é similar ao que se lê em Ezequiel 47.1-12. As águas e árvores curadoras, que produzem toda espécie de fruto, a cada mês (Ez 47.12), também foram incorporadas no texto de Apocalipse (cap. 22). A nova Jerusalém (Ap 21.10-27) é ideia tomada por empréstimo de Ezequiel 48.15-35.

Referências Joaninas. O Messias como Pastor (Ez 34.11-31) tem paralelos em João 10.1-39. Ver a vinha inútil em Ezequiel 15, que tem paralelo em João 15.15.

Apocalipses. Ver no *Dicionário* o artigo separado sobre *Apocalípticos, Livros.* As visões de Ezequiel contribuíram para as atitudes psicológicas que produziram a volumosa literatura apocalíptica, principalmente entre o século II a.C. e o século II d.C. O misticismo da *Cabala* (ver a respeito no *Dicionário*), igualmente, pelo menos em parte, depende do livro de Ezequiel. Autores apocalípticos tomaram por empréstimo certas ideias e símbolos de Ezequiel, de tal modo que a similaridade é notável. Por esse motivo, já houve até quem sugerisse que Ezequiel é um livro pseudepígrafo do século III a.C.

VI. Data. A data da compilação desse livro tem sido muito debatida. A maioria dos eruditos supõe que as datas fornecidas no próprio livro sejam dignas de confiança, de tal maneira que as atividades de Ezequiel teriam começado em julho de 593 a.C., prosseguindo até abril de 571 a.C. (ver Ez 1.1 e 29.17). Aqueles que rejeitam esses informes como pseudo-adições e truques literários, fornecem datas que vão de 691 a 230 a.C. Porém, uma data depois de 200 a.C. torna-se impraticável, devido ao fato de que Ben Siraque (Eclesiástico 49.8) manifesta conhecimento do livro de Ezequiel, tendo-o reputado como parte do cânon hebraico das Escrituras. A data mais remota supõe que o cativeiro de Israel (por parte dos assírios) predissesse a mesma sorte para Judá. Contudo, a ideia nunca obteve larga aceitação.

VII. PROVENIÊNCIA. O próprio livro afirma que foi escrito às margens do rio Quebar (um canal que ligava as cidades da Babilônia e Uruque), juntamente com Nipur, que, em acádico, chamava-se *nar Kabari*, significando "grande canal". No entanto, as descrições sobre a conquista de Jerusalém, na opinião de alguns estudiosos, sugerem que tenha havido a mão de uma testemunha ocular. (Ver Ez 8 e 11.1-13). Isso significa que Ezequiel estava realmente em Jerusalém, quando Nabucodonosor a atacou, e que o profeta a tudo testemunhou. Nesse caso, em algum tempo posterior, material produzido na Babilônia foi acrescentado ao livro, por um editor posterior. Contra essa posição, supõe-se que Ezequiel possa ter tido acesso ao relato feito por testemunhas da destruição de Jerusalém, sem a necessidade de ter testemunhado pessoalmente os fatos. Quanto a essa questão, parece melhor depender do testemunho dado pelo próprio livro. (Ver Ez 1.1).

VIII. PROPÓSITO E ENSINAMENTOS. O livro foi dado ao profeta Ezequiel a fim de avisar sobre o desastre envolvido no cativeiro babilônico, provocado pelos pecados pessoais e coletivos de Israel. Uma vez ocorridos os acontecimentos, o propósito foi fazer Ezequiel atuar como pastor, consolador e profeta da restauração da nação, segundo se vê em Ezequiel 37.11,15-24. O livro oferece a justificação para os horríveis acontecimentos que se desenrolaram. Esse é o tema dominante dos capítulos 8 a 33. O propósito espiritual do livro era para que os israelitas aprendessem a sua responsabilidade diante de Deus e se conduzissem de acordo com isso. Outrossim, foi-lhes garantido que as nações que exultavam por causa da queda de Israel haveriam de ter seu próprio severo julgamento (Ez 25.1—32.32). Foi prometida a restauração final de Israel, quando do reino davídico medianeiro (Ez 33.1; 48.35). A expressão "saberão que eu sou Deus" ocorre por mais de trinta vezes dentro da seção de Ezequiel 6.7—39.28.

Ensinamentos Importantes. Alguns dos temas centrais do livro são:

1. Conceitos Específicos de Deus. Ele é um Ser glorioso (1.2 ss.), que requer da parte dos homens santidade equiparada à sua santidade. A glória de Deus pode revelar-se em qualquer lugar, até mesmo entre os pagãos (3.23). O nome de Deus é "eu sou Yahweh" (em nossa versão portuguesa, "eu sou o Senhor") (6.7). Deus poupava seu povo, embora este fosse pecaminoso, por amor ao seu nome, a fim de eles não serem ridicularizados entre as nações (20.9,14,22). Eles retornarão do exílio não por merecerem tal misericórdia, mas por causa do nome do Senhor (36.22). A santidade de Deus é constantemente enfatizada (Ez 20.41; 28.22,25; 36.23; 38.16,23; 39.27). É prometida a exaltação do nome de Deus entre as nações gentílicas (Ez 28.22; 38.16,23).

2. Conceito de Israel. Israel foi escolhida para ser instrumento da glória de Deus, beneficiando espiritualmente a outras nações (20.5,14,22). Também havia a revelação de Deus em Israel, para o próprio benefício de Israel, por ser a nação que estava cumprindo a vontade do Senhor (39.23). Foram prometidos o triunfo e a salvação final, que serão obtidos devido à inexorável vontade de Deus (Ez 20.42-44; 36.11,37; 39.28,29).

3. Conceito da Responsabilidade Humana. Essa é frisada na expressão: ... *a alma que pecar, essa morrerá* (Ez 18.4). Um homem não transfere sua culpa a seu filho, como também não pode transmitir a sua retidão a seus descendentes (Ez 18; 14.12-20). Cada um haverá de receber sua própria recompensa ou punição (3.16-21; 18.19-32; 33.1-29). O profeta Ezequiel precisava cumprir fielmente a sua comissão, a fim de que não incorresse em culpa (33.1-6; 3.16-21).

4. Os Ensinamentos Proféticos. Os capítulos 40 a 48 oferecem-nos certa variedade de ensinamentos que incluem visões messiânicas, as futuras dificuldades de Israel e a restauração final; restauração do reino de Deus; a restauração das nações. O reino final de Deus só poderá tornar-se uma realidade mediante a intervenção e a presença pessoal de Yahweh entre os remidos, quando o Tabernáculo de Deus descer aos homens. ... *E o nome da cidade, desde aquele dia, será: O Senhor está ali* (Ez 48.35). A cultura de Israel é retratada como algo que continuará quando da era do reino. Os capítulos 38 e 39 têm sido largamente interpretados como elementos que farão parte da Terceira Guerra Mundial (ou então da Terceira e da Quarta Guerras Mundiais, segundo pensam outros intérpretes), de acordo com o que a Rússia e seus aliados serão derrotados, e Israel no futuro será finalmente confirmada na posição de cabeça das nações.

IX. ESBOÇO DO CONTEÚDO. Há quatro divisões principais do livro de Ezequiel:
I. *Chamada e Comissão de Ezequiel* (1.1—3.27).
II. *Profecias contra Judá e Jerusalém* (4.1—24.27).
III. *Profecias contra Nações Estrangeiras* (25.1—32.32).
  1. Condenação de Amom (25.1-7).
  2. Condenação de Moabe (25.8-11).
  3. Condenação de Edom (25.12-14).
  4. Condenação da Filístia (25.15-17).
  5. Condenação de Tiro (26.1—28.19).
  6. Condenação de Sidom (28.20-26).
  7. Condenação do Egito (29.1—32.32).
IV. *Profecias sobre Tribulações Futuras e sobre a Restauração Final* (33.1—48.35).
  1. Eventos Preliminares (33.1—39.29).
    a. Castigo dos ímpios (33.1-33).
    b. Os falsos pastores são eliminados e o verdadeiro Pastor é estabelecido (34.1-31).
    c. Restauração de Israel à sua terra (36.1-15).
    d. Restauração geral dos povos (36.16—37.28).
    e. Julgamento dos inimigos (38.1—39.24).
    f. As nações restauradas (39.25-29).
  2. A Adoração Durante a era do reino (41.1—48.35).
    a. O templo milenar (40.1—43.27).
    b. A adoração milenar (44.1—46.24).
    c. A terra milenar (47.1—48.35).

X. BIBLIOGRAFIA. ALB BA E ELL I TOR WBC WES Z

EZER

No hebraico, **"ajuda"**, embora uma variante, *Ezar*, signifique "união" ou "tesouro". Há passagens, em português, que grafam o nome como Eser, e outras como Ezer. Há seis homens com esse nome, nas páginas do Antigo Testamento: **1**. Um filho de Seir, o horeu, na terra de Edom. Ele é mencionado como um dos chefes do seu povo (Gn 36.21,30 e 1Cr 1.38— com a forma "Eser"). Três de seus filhos são mencionados em Gênesis 36.27 e 1Crônicas 1.42. Viveu por volta de 1900 a.C. **2**. Um homem da linhagem de Judá, pai de Husá (1Cr 4.4). Nada mais se sabe acerca dele. Viveu em torno de 1650 a.C. **3**. Um filho de Efraim, morto pelos habitantes de Gate, quando, juntamente com outros homens, tentava roubar gado pertencente a eles (1Cr 7.21). Viveu em cerca de 1680 a.C. **4**. Um chefe da tribo de Gade, que se pôs ao lado de Davi, quando este estava exilado em Ziclague (1Cr 12.9). Viveu em cerca de 1054 a.C. **5**. Um levita, filho de Jesua, que era maioral em Mispa. Ezer ajudou a reparar as muralhas de Jerusalém na época de Neemias (Ne 3.19). Viveu por volta de 446 a.C. **6**. Um sacerdote que era cantor e músico. Ajudou Neemias quando da dedicação das muralhas reparadas de Jerusalém (Ne 12.42). Viveu em cerca de 445 a.C.

EZIOM-GEBER

Ver também sobre *Elate*, um lugar das proximidades, e talvez até o mesmo.

No hebraico, "espinha do gigante". Era uma antiquíssima cidade, não distante de Elate, no braço oriental do mar

Vermelho. Ficava na extremidade norte do golfo de Ãcaba (vede). A leste ficavam e ficam as colinas de Edom; a oeste, as colinas da Palestina. O local é assinalado pelo moderno *Tell el Kheleifeh*. No Antigo Testamento, Eziom-Geber é mencionado pela primeira vez em Números 33.35, como um lugar onde os hebreus pararam, em sua jornada pelo deserto (Dt 2.8).

Do porto de Eziom-Geber foi que Salomão enviou a flotilha que havia mandado construir, até à terra de Ofir, de onde, no retorno dos navios, foram trazidos quatrocentos e vinte talentos de ouro. Foi fundada ali uma refinaria de cobre por mando de Salomão (1Rs 9.26). Esse local foi escavado pela American School of Oriental Research e pelo Instituto Smithsoniano. Complexas obras de tijolos, em vários níveis, ilustravam cinco séculos de ocupação humana. O aspecto mais importante foi a descoberta da refinaria de cobre. Foi essa a maior e mais complexa refinaria de cobre que já se encontrou, vinda do mundo antigo. Salomão ganhou muito dinheiro com a exploração do cobre, e assim aumentou a sua reputação de riquezas e sabedoria. No entanto, foi mediante a ajuda da técnica fenícia que aquele porto marítimo foi aberto, ajudando-o a estabelecer a sua indústria de cobre. Instalações de refino de metais, na ilha de Sardenha e na Espanha (onde ficava, de acordo com muitos, a cidade de Tartesso), eram chamadas *tarshish* (vede) -os navios que faziam o transporte do minério e do metal já preparado eram chamados navios de *tarshish* (em português, *navios de Társis*). Não há que duvidar de que o cobre era o principal produto de exportação de Salomão. Na volta, os navios de Salomão traziam certa variedade de produtos, obtidos em áreas ocupadas pelos árabes e pelos africanos. Unger chamou Salomão de "rei do cobre", tendo comparado Eziom-Geber com a cidade norte-americana de Pittsburgh (que produz grande quantidade de aço). Os produtos trazidos de volta para o porto de Eziom-Geber incluíam o ouro, o ébano, a prata, o marfim, os babuínos e os pavões (ver 1Rs 9.26-28; 10.11,12; 2Cr 8.17).

Alguns séculos mais tarde, Josafá (1Rs 22.48; 2Cr 20.36) mandou construir uma frota de navios mercantes para serem enviados a Ofir, a fim de restabelecer as linhas comerciais de Israel. Aliou-se a Acazias, de Israel, nesse projeto; mas os navios naufragaram no porto, e assim não puderam ir a Társis. Josafá tentou imitar Salomão, mas sua tentativa terminou em fracasso.

EZRAÍTA

Os intérpretes mais antigos dizem que essa palavra indica o nome de família dos descendentes de Zera (1Cr 2.6; 1Rs 4.31). Também é adjetivo gentílico que designa Hemã e Etã, autores dos Salmos 88 e 89 (no título de cada um). Em nossa versão portuguesa, esse adjetivo não figura em 1Crônicas 2.6, embora ali apareça o nome de Zera e de seus cinco filhos, entre os quais Etã e Hemã.

No entanto, W.F. Albright descobriu evidências em favor da interpretação de que o sentido dessa palavra é "aborígene", ou seja, um membro de uma família pré-israelita.

EZRI

No hebraico, **"minha ajuda"**. Nome de um supervisor dos cultivadores de plantio das terras reais, mencionado em conexão com o recenseamento de Davi, que o Senhor não aprovou, em 1Crônicas 27.26. Ezri era filho de Quelube. Viveu por volta de 1014 a.C.

FABRICANTE DE ÍDOLOS

Ver o artigo geral sobre a *Idolatria*. A idolatria sempre constituiu um bom negócio, uma boa fonte de renda, na antiguidade e nos tempos modernos. Isso pode ser facilmente comprovado pelo grande número de santuários, grutas e cidades santas que existem. A fabricação de ídolos tornou-se uma arte tão especializada que foram necessários artífices profissionais para fazê-los. Os homens primitivos satisfaziam-se com uma pedra com algumas poucas marcas, ou com alguma imagem crua de madeira. No entanto, os artífices começaram a fabricar ídolos de madeira, de pedra, de metal e até de pedras preciosas. Ídolos em miniatura, com a forma de amuletos, escaravelhos e joias exigiam considerável habilidade em sua fabricação. Os ídolos de prata ou de ouro geralmente eram fundidos ocos, porquanto um ídolo sólido ficava caríssimo, quando feito desses metais preciosos. No entanto, os indivíduos abastados e muitos templos pagãos tinham seus ídolos feitos de ouro ou de prata sólidos. Outras vezes, um revestimento de metal precioso recobria um cerne feito de chumbo. A prata e o ouro também eram batidos até formar folhas finas que então recobriam formas feitas de madeira, de pedra ou de metais menos dispendiosos (ver Is 30.22). Os ídolos eram decorados com pedras preciosas e com cadeias decorativas (Is 40.19). Nas residências antigas havia deuses da família, com frequência feitos de cerâmica, moldados à mão e decorados como se fossem figurinhas de Baal ou de outras divindades, espíritos, seres animalescos ou parecidos com homens. Os arqueólogos têm encontrado muitas dessas figurinhas em Gaal, na Síria. As mais impressionantes dentre elas consistiam em algum metal de valor inferior, recoberto com folhas de ouro. O trecho de Isaías 44.13 fornece-nos alguma ideia sobre a fabricação de ídolos de madeira. O versículo subsequente revela-nos como a madeira das árvores era usada nessa técnica, envolvendo, especialmente, o cedro, o olmeiro e o carvalho, as madeiras mais nobres. Sabemos que as diversas divindades tinham suas árvores sagradas especiais.

Os homens sempre se sentiram fascinados pelos animais, atribuindo aos mesmos certas qualidades divinas. Assim, temos a imagem do bezerro (de ouro, no caso que envolveu Aarão, Êx 32.2-4), e que Jeroboão duplicou em seus bezerros de ouro, postos em Betel e em Dã (1Rs 12.28,29).

Alguns intérpretes têm ficado desolados diante do fato de que a Bíblia menciona os ídolos que pareciam tão importantes para *Raquel* (Gn 31.19,34,35). Paulo provocou tremendo levante em Éfeso, quando ameaçou o lucro dos ourives, que fabricavam pequenos nichos da deusa Diana. Colhe-se a impressão de que aqueles ourives estavam muito mais interessados em não perder sua fonte de renda do que na honra de sua deusa. Ver Atos 19.23 ss. Um dos piores escândalos da cristandade tem sido a manufatura, o comércio e a veneração prestada a ídolos de santos. Respeitando devidamente o bem que tais pessoas têm feito em outros aspectos de suas atividades, o comércio com os ídolos constitui uma corrupção quase inacreditável, que continua sendo promovido por pessoas que deveriam saber e agir muito melhor do que o fazem. A idolatria é demonstração de que o indivíduo se afastou de Deus no seu próprio coração. *... andavam transviados, desviados de mim, para irem atrás dos seus ídolos...* (Ez 44.10).

FABRICANTE DE TIJOLOS

Ver o artigo detalhado sobre *Tijolos*. Este artigo descreve diversos métodos empregados pelos povos antigos na fabricação dos tijolos. Construir com tijolos representa, metaforicamente, as realizações de uma pessoa. O artigo mencionado comenta sobre isto também.

Um pai vale mais do que cem metros.

(George Herbert)

Quem honra seu pai viverá longos dias.

(Ec 3.6)

Instrui o menino no caminho em que deve andar e até quando envelhecer não se desviará dele.

(Pv 22.6)

Ao Senhor eu o entreguei por todos os dias que viver.

(1Sm 1.28)

Vós, filhos, sede obedientes a vossos pais no Senhor, porque isto é justo.

(Ef 6.1)

Vós, mulheres, sejeitai-vos a vossos maridos no Senhor, porque isto é justo.

(Ef 5.22)

Vós, maridos, amai vossas mulheres como Cristo também amou a igreja.

(Ef 5.25)

Deixará o homem seu pai e sua mãe e se unirá a sua mulher, e serão dois numa carne. Grande é este mistério: digo-o, porém, a respeito de Cristo e da igreja.

(Ef 5.31,32)

FACA

Quatro palavras hebraicas estão envolvidas nesse verbete, a saber: **1**. *Maakeleth*, "faca de mesa". Embora na antiguidade não houvesse talheres, conforme hoje os conhecemos, podemos traduzir esse tipo de faca assim, porquanto era usado para cortar alimentos. Essa palavra é usada por quatro vezes (Gn 22.6,10; Jz 19.29; Pv 30.14). **2**. *Chereb*, "espada", "adaga". Termo hebraico muito comum, usado por mais de quatrocentas e dez vezes (como, por exemplo: Js 5.2,3; 1Rs 18.28; Ez 5.1,2; Jz 3.16,21,22). **3**. *Salclcin*, "lanceta". Palavra usada apenas por uma vez, em Provérbios 23.2. **4**. *Machalap*, "faca". Palavra hebraica usada apenas por uma vez, em Esdras 1.9.

Variedade de Facas. Os arqueólogos têm encontrado uma variedade quase interminável de facas, feitas de muitos materiais, em muitos formatos e dimensões. As mais antigas facas que têm sido encontradas vêm do Egito, feitas de pedra. Facas de cobre, de bronze e de ferro vieram mais tarde. Heródoto (ii.86) menciona facas de pedra e de ferro, o que parece sugerir que assim que o homem aprendeu a trabalhar com metais, as facas de pedra, mais antigas, foram abandonadas, mas não imediatamente. Certas lascas de pederneira podiam transformar-se em facas afiadíssimas (Js 4.2), embora não fossem tão duráveis quanto as de metal. Algumas antigas facas de metal eram inscritas e decoradas. Em Laquis foi encontrada uma antiga faca dos hicsos, decorada. Vários formatos de adagas hititas têm sido encontrados em Bete-Seã, de cerca de 1470 a.C. Algumas vezes, as facas tinham cabos de marfim ou cravejados de joias. No Antigo Testamento, as facas de pederneira estavam ligadas aos rituais, como o da circuncisão (Êx 4.25; Js 5.2,3). Alguns intérpretes supõem que uma vez que os metais começaram a ser usados, as facas mais antigas, de pederneira (descobertas até bem dentro da era do bronze) continuaram sendo usadas para propósitos rituais, religiosos.

A maioria das facas que têm sido descobertas são adagas, usualmente com lâminas retas, com até 25 cm de comprimento. Algumas facas, entretanto, têm laminas curvas, e são maiores do que as facas retas. A alusão à automutilação dos sacerdotes de Baal (1Rs 18.28) quase certamente diz respeito a adagas curtas. As traduções geralmente fazem confusão entre as facas e as espadas. Provavelmente foi uma espada curta, usada para cortar alimentos, que Abraão esteve a pique de usar para sacrificar Isaque (Gn 22.6,10). Algumas facas tinham um único fio cortante, mas outras tinham dois fios. As podadeiras provavelmente eram facas curvas (Is 18.5).

Usos. Os judeus, tal como outros povos orientais, tinham facas de mesa para cortar carnes. O pão, entretanto, era partido em pedaços, com as mãos. Para a operação da circuncisão era usada uma faca (Js 5.2,3; Êx 4.25). Quando embalsamavam um cadáver, os egípcios usavam uma faca de pederneira, para fazer incisões (Heródoto ii.86). Os escribas hebreus afiavam o estilo de escrever com uma pequena faca, ou canivete (Jr. 36.23; no hebraico, *taar sopher*). Herodes, o Grande, costumava usar uma faca para cortar frutas, e tentou suicidar-se com a mesma, segundo Josefo (Anti. 17.7,1). A faca servia para cortar alimentos e também era um instrumento para abater e tirar a pele dos animais. Pequenas facas eram usadas como navalhas (Nm 6.5; Ez 5.1). As podadeiras de Isaías 18.5 e Joel 3.10 provavelmente eram facas longas e curvas. Além disso, não nos esqueçamos da guerra, quando a faca era o instrumento mais universalmente usado para matar os inimigos. Homero falou sobre a falta de misericórdia do bronze. Ver o artigo geral sobre Armas, Armadura.

Usos figurados. A faca é um excelente símbolo para indicar a violência e a matança. Em Provérbios 30.14, simboliza a atitude ávida, gananciosa. Se você é um glutão, então o trecho de Provérbios 23.2 recomenda que você ponha uma faca na garganta, para que deixe de comer tanto. Nesse simbolismo, a faca representa uma ameaça à vida e um fator restringidor de atos indesejáveis. Os sonhos e as visões apresentam facas para simbolizar coisas brilhantes, agudas e perfurantes, que podem incluir as qualidades de uma mente arguta. Duas facas juntas podem representar o desejo de que alguém morra, ou então a tentativa suicida de livrar-se de alguma situação aflitiva em extremo. Nesse caso, uma faca apontará para aquele que causa a aflição, e a outra para a pessoa que está sendo afligida. Freud opinava que qualquer instrumento aguçado ou pontudo, que apareça em um sonho, pode simbolizar o pênis, servindo de símbolo erótico. Entretanto, Freud limitou em demasia todos os impulsos humanos aos impulsos eróticos.

FACE

1. Termos Originais. As palavras hebraicas traduzidas na Bíblia por "face" falam sobre o próprio rosto, sobre o nariz, sobre os olhos e sobre o aspecto geral da fisionomia. A principal dessas palavras é *épanim*, usada por mais de quinhentas vezes, com os mais variados sentidos, como "face", "ira", "frente", "pessoa", "presença", "vista" etc. Quanto ao sentido de "face" (ver por exemplo: Gn 1.2,29; 2.6, 4.14; 6.1; 9.23; 16.8; 17.3,17; Êx 2.15; 10.28,29; Lv 9.21; Nm 6.25; Dt 1.17, Js 5.14 Jz 6-22; Rt 2.10; 1Sm 5.3,4; 2Sm 22.22; 1Rs 8.14; 2Rs 1.29,31; 1Cr 12.8; 2Cr 25.17,21; Ed 9.6,7; Et 7.8; Jó 1.11; Sl 5.8; Pv 7.15; Ec 8.1; Is 6.2; Jr 1.8; Lm 2.19; Ez 1.6,8; Dn 1.10; Os 5.5,15; Jl 2.6,20; Am 5.8; Mq 3.4, Na 2.10,11; Hc 1.9).

As palavras gregas são duas: **a**. *Ópsis*, "aspecto", "face", usada por três vezes (Jo 7.24; 11.44 e Ap 1.16). **b**. *Prósopon*, "rosto", "face", usada por setenta e quatro vezes, desde Mateus 6.16,17 até Apocalipse 22.4.

2. Usos Literais. O rosto das pessoas é frequentemente mencionado de modo literal, conforme se vê, por exemplo, em Gênesis 3.19 e Tiago 1.23. Mas também há alusão à face dos rebanhos (embora isso não transpareça em nossa versão portuguesa), à face dos seres angelicais, os serafins (Is 6.2) e à face das criaturas vivas, que estavam em redor do trono de Deus (Ap 4.7). Todavia, devemos atentar para o fato de que as alusões à face de Deus são expressões antropomórficas, representando, usualmente, a sua presença. Ver Números 6.25. Quanto a isso, ver o terceiro ponto, abaixo.

3. Usos Metafóricos. **a**. *As alusões à face de Deus* são antropomórficas e metafóricas. A expressão indica a presença de Deus ou alguma manifestação divina, possivelmente por meio de uma teofania. Era doutrina comum, entre os judeus, que ninguém podia ver a face de Deus e continuar vivo (Gn 32.30). Contudo, nessa mesma referência, percebe-se que Jacó viu a face de Deus e sobreviveu. O trecho de João 1.18 assevera enfaticamente que ninguém jamais viu Deus. Na passagem altamente antropomórfica de Êxodo 33.22 ss temos uma manifestação de Deus a Moisés. Ali é dito que Moisés não pôde ver a face de Deus, de tal modo que, quando passou diante dele a glória divina, Moisés só contemplou o Senhor pelas costas. Tais passagens só têm sentido se as interpretarmos misticamente e não literalmente, pois, de outra maneira, Deus teria de ser como um ser humano, dotado de rosto e de costas. Ora, os mórmons ensinam precisamente isso, dizendo que Joseph Smith viu Deus, literalmente. Deus teria um corpo um tanto semelhante ao nosso, embora não possa haver uma definição precisa a respeito. Os céticos e os fundamentalistas digladiam-se, apelando para toda forma de argumento inútil, e muitos intérpretes da Bíblia têm vindo engrossar a confusão. O que realmente está envolvido são diversos graus da glória divina, manifestados aos homens, e não alguma porção do suposto corpo de Deus. Na verdade, não sabemos o que significa ver o *ser* de Deus, e até que ponto isso é concebível. Os homens tateiam em busca de maneiras de expressar o que significa experimentar a presença de Deus, e o que eles dizem pode ser contraditório. As experiências místicas são inefáveis, sobretudo quando são de elevada ordem, e qualquer tentativa de expressá-las mediante a linguagem humana lançará uma luz duvidosa sobre a sua natureza real. A afirmação de João 1.18 reconhece essa verdade fundamental, pelo que afirma categoricamente que ninguém jamais viu Deus. **b**. *A Promessa*. Os eleitos verão a face de Deus. Essa é uma promessa que envolve a visão beatífica (vide). No artigo assim intitulado, procuramos definir o que sabemos e o que não sabemos sobre o assunto. A passagem de Mateus 5.8 afirma que os limpos de coração verão Deus. E Apocalipse 22.4 confirma que os servos do Senhor verão a sua face. **c**. *A Face de Cristo*. Em 2Coríntios 4.6 lemos sobre a luz de Deus, que resplandece em lugar tenebroso. Essa luz brilha em nossos corações e ilumina as nossas vidas. Essa é a mensagem da encarnação (vide) aquela revelação divina que nos foi conferida mediante a encarnação do Logos divino, em forma humana. Ver João 1.14,18, quanto a essa mensagem. **d**. *Deus às vezes oculta a sua face* (Jó 13.24), como quando a sua presença é aparentemente retirada, sem importar por que motivo isso aconteça. Ver também Salmo 27.9. Nesses períodos de trevas, os homens passam por grandes testes; mas estão sempre sujeitos à iluminação divina, à ajuda do Senhor, quando a disposição dos acontecimentos torna isso apropriado. O perdão dos nossos pecados é expresso por meio dessa mesma fórmula (Sl 51.9). **e**. *A oposição que Deus faz ao mal* e aos homens malignos é expressa através da ideia de que ele volta o seu rosto contra eles (Jr 44.11). **f**. *A luz da face de Deus*, voltada na direção de uma pessoa, indica que o Senhor mostrou o seu favor divino para com aquela pessoa. (Ver Sl 44.3, 67.1 e Dn 9.17). **g**. *A face de Deus também pode voltar-se contra alguém* que seja alvo de sua ira e de seu desprazer. (Ver Ap 6.16; Gn 16.6,8; Êx 2.15). **h**. *Os pães da proposição*, arrumados sobre a mesa que havia no Santo Lugar do Tabernáculo, são chamados de "pães da face" ou "pães da presença" (Êx 25.30), o que indica a presença de Deus simbolizada sob forma concreta. Ver o artigo geral sobre a Presença, que inclui também ideias sobre a face.

FACHO

No hebraico, *lappid*. Essa palavra é usada por quinze vezes, das quais apenas quatro com o sentido de "tocha", a saber (Jz 15.4; Na 2.3 e Zc 12.6). Também aparece com outros sentidos, como "lâmpada" e "relâmpago".

Uma tocha era feita com madeira resinosa, para queimar bem. O método mais usual de comunicação à distância em tempos de paz ou de guerra, na antiguidade, era por meio de sinais luminosos, com fachos. Esse método é mencionado no Antigo Testamento (Jr 6.1, por exemplo), e nos registros escritos achados em Amarna e Laquis. Mas também eram usados pendões ou bandeiras, para indicar quais dos hebreus usavam o vocábulo *nes*, que ocorre por vinte vezes no Antigo Testamento, como em (Nm 21.8, Is 49.22, 62.10; Jr 4.6,21; 51.12,27).

A noção de sinais de guerra ou de paz faz parte significativa das predições dos profetas de Israel. No hebraico é empregado o verbo "assobiar", no original, *sharaq*, para indicar a convocação de homens e de animais, em zombaria pela destruição sofrida por alguma cidade ou nação, família ou indivíduo (para exemplificar: 1Rs 9.8; Jó 27.23; Is 5.26; 7.18; Jr 19.8; Lm 2.15,16; Ez 27.36; Sf 2.15; Zc 10.9).

A ideia profética do assinalamento é transportada para as narrativas do evangelho, onde as alusões aos profetas veterotestamentários usualmente contêm o termo grego *semaíno*, "reportar", "indicar de antemão". Embora esse termo tenha o seu sentido ampliado para indicar algum portento miraculoso, continua significando sinais de origem divina, tendo em vista resultados cataclísmicos e eternos.

O termo grego *semaíno*, indica "de antemão", e ocorre por seis vezes no Novo Testamento (Jo 12.33 18.32; 21.19; At 11.28; 25.27; Ap 1.1). O substantivo *semeíon* aparece por setenta e duas vezes, de Mateus 12.38 até Apocalipse 19.20.

FAIA

No hebraico, *berosh*, palavra usada por vinte e uma vezes. As traduções têm interpretado essa palavra como alusiva ao cipreste, ao pinheiro e à faia. (As referências bíblicas são: 2Sm 6.5; 1Rs 5.8,10; 6.15,34; 9.11;2Rs 19.23; 2Cr 2.8; 3.5; Sl 104.17; Ct 1.17 (onde aparece em sua forma plural *berothim*); Is 14.8; 37.24; 41.19; 55.13; 60.13, Ez 27.5; 31.8; Os 14.8, Na 2.3 e Zc 11.2). Podem estar em foco espécies como o pinheiro de Alepo (Pinus halepensis), um tipo de cipreste (Cypressus sempervirens, ou o Pinus tinaster). A primeira dessas espécies pode atingir uma altura de dezoito metros e, devido à natureza de suas folhas, pode resistir a considerável período de seca. Medra abundantemente nas áreas montanhosas da Palestina. A última dessas três espécies atinge o dobro dessa altura e produz uma resina muito útil. A madeira dessa espécie é muito procurada, por ser forte e duradoura. Os portões de Constantinopla foram feitos com essa madeira e duraram por mais de mil anos. Se essa é a árvore em foco, então podemos compreender por que motivo os caibros da casa do rei e sua esposa foram feitos dessa madeira (Ct 1.17). O soalho do templo de Jerusalém também foi feito dessa madeira (Ez 27.5); e Davi mandou fazer instrumentos musicais dessa mesma madeira (2Sm 6.5; onde nossa versão portuguesa usa a tradução "faia"). Provavelmente esses instrumentos eram harpas e flautas. O tronco dessa árvore era usado para fabricar mastros de navios. Todavia, dentre as três espécies aludidas acima, a mais provável candidata é o cipreste (*Cypressus sempervirens*). Ver também o artigo *Cipreste*.

FAIXAS

No hebraico, *chathal*, palavra usada no plural apenas por uma vez, em Ezequiel 16.4 e que nossa versão portuguesa traduz por "envolta em faixas". Nesse caso, a ausência das faixas, simbolicamente falando por ocasião do nascimento de Jerusalém, representava que ela fora rejeitada. A forma nominal aparece em Jó 38.9, sob a forma de "fraldas", dentro da frase com paralelismo poético, segundo o modelo hebraico: ... *quando eu lhe pus as nuvens por vestidura, e a escuridão por fraldas?* Na tradução da Septuaginta, em ambos os trechos é usada a palavra grega *spárgana*, a qual também aparece em Lucas 2.7,12, onde nossa versão portuguesa a traduz por "enfaixar" e por "faixa", respectivamente, o que talvez seja um reflexo do uso que Ezequiel fez dela.

FALCÃO

No hebraico, *ayyah*, que figura por três vezes no Antigo Testamento (Lv 11.14; Dt 14.13 e Jó 28.7). Há considerável dificuldade quanto à identificação de animais e plantas na Bíblia, porque os antigos não os classificavam cientificamente, conforme se faz hoje em dia. Mesmo assim, os intérpretes concordam, de modo geral, que esse termo hebraico refere-se a essa ave de rapina, que pertence à família das águias, dos gaviões e dos milhanos (vide).

Há cerca de dez espécies diferentes de falcões na Palestina atual. Algumas dessas espécies são o falcão peregrino, o falcão de Lanner e o falcão francelho. Os maiores falcões atingem cerca de 45 centímetros de envergadura. Eles caçam somente presas vivas, como várias aves, pequenos roedores, lagartos e insetos. Cerca da metade dessas espécies vive permanentemente na Palestina, ao passo que a outra metade são aves migratórias.

FALDAS DE PISGA

No hebraico, **"fontes de Pisga"**. Esse nome indica certas nascentes e ravinas do monte Pisga (ver Dt 3.17 4.49; Js 12.3 e 13.20). A região ficava localizada em Moabe. (S Z)

FALSO TESTEMUNHO

Um falso testemunho é uma inverdade solenemente dita em tribunal ou, informalmente, em público ou de uma pessoa para outra, ou seja, uma mentira. O intuito é sempre prejudicar a outrem e tirar disso um benefício próprio. O Antigo Testamento proibia essa prática com linguagem severa (Êx 20.16; 23.1; Dt 5.20). De acordo com a lei do "olho por olho", ou seja, a *lex talionis*, conforme a vemos em Deuteronômio 19.16-21, uma testemunha falsa deveria receber a mesma penalidade que esperava que sobreviria ao falsamente acusado, se fosse condenado. Em dois trechos do Antigo Testamento é dito que Deus odeia as falsas testemunhas (Pv 16.19 e Zc 8.17). Jeremias 5.2 condenou as falsas testemunhas, que se fingiam piedosas e que diziam "Tão certo como vive o Senhor". Jesus referiu-se a essa prática como um dos principais pecados morais, tendo-o alistado juntamente com o homicídio, com o adultério, com o furto, com a fornicação e com a calúnia (Mt 15.19). O falso testemunho é um pecado contaminador (Mt 15.20). O trecho de Mateus 26.59 ss mostra-nos que Jesus foi vítima dessa prática pecaminosa. Outro tanto sucedeu a Estêvão (At 6.13). Jesus deixou claro que os seus discípulos sofreriam todos os abusos que também o haviam vitimado (Jo 15.18 ss.). Quanto a essa conexão, ver 1Pedro 3.16.

FALSOS PROFETAS

O Antigo Testamento via os falsos profetas com grande severidade. Descobertos, deveriam sofrer a pena capital (Dt 13.1-4). Algumas vezes, na história de Israel, os profetas falsos tomavam conta da cena, temporariamente. A adoração pagã foi ativamente promovida durante o reinado de Acabe. Oitocentos profetas falsos promoviam o culto pagão, mormente a adoração a Baal e a Asera (1Rs 18.20). Profetas mentirosos diziam aos reis de Israel o que eles queriam ouvir, e não a verdade (1Rs 22.6-23). Os verdadeiros profetas denunciavam os profetas falsos, juntamente com suas supostas visões (Jr 29.21-23).

FAMÍLIA

No Novo Testamento, os falsos profetas eram muitos (1Jo 4.1). Eram chamados *anticristos*. Jesus também caracterizou-os como lobos vestidos em peles de ovelhas (Mt 7.15). Paulo feriu com cegueira o falso profeta, Bar-Jesus (At 13.6,11). Jesus predisse que muitos profetas falsos surgiriam e realizariam milagres (Mt 24.24; Mc 13.22). O sétimo capítulo de Mateus mostra que os crentes deveriam ser bons imitadores dos profetas autênticos, para não serem confundidos com os falsos profetas.

O maior dos falsos profetas será o precursor do anticristo (vide). Ver Apocalipse 13.12-14 e o comentário sobre ele, no NTI. O falso profeta proverá poderosos sinais (milagres), em confirmação da autoridade do anticristo. Ver o artigo separado sobre *o Falso Profeta*.

Mateus 7.15: *Guardai-vos dos falsos profetas, que vêm a vós disfarçados em ovelhas, mas inteiramente são lobos devoradores.*

Acautelai-vos dos falsos profetas. Para evitar entrar pela porta larga, que corresponde à religião errada, o homem deve escolher determinado tipo de vida, caracterizado pela fé; e também deve evitar entrar no "caminho espaçoso", que é o curso de vida que inclui os anelos da existência terrena. Precisamos tomar cuidado com aqueles que advogam a vida errada, ensinando doutrinas pervertidas, os quais encorajam os homens a entrar pela porta larga podendo assim caminhar pelo caminho espaçoso. As interpretações em torno *dos falsos profetas* são: **1**. As autoridades religiosas dos judeus, como os fariseus. **2**. Os impostores, como Judas da Galileia (ver At 5.37; Josefo, de Bell Jd 2.13,47). **3**. Os profetas falsos da época cristã (Mt 24.11,24; ver também os vss. 21-23 deste capítulo). **4**. O ensino de Deus é geral, e por isso inclui todas essas ideias: qualquer indivíduo que mostre e ensine coisas que façam outros entrarem no caminho espaçoso. Provavelmente essa é a ideia de Jesus, neste caso. Ver também Atos 20.29, 30 e 2Pedro 2.1,2.

Disfarçados em ovelhas. Vestidos como ovelhas. Aqui há alusão à veste dos profetas, descrita em 3.4 e também em Hebreus 11.37. Todavia, Jesus não fala literalmente de roupas, mas usa essa expressão a fim de indicar a natureza da ovelha, isto é, que ela é gentil e mansa. Apresentando-se como ovelha, o lobo consegue intrometer-se entre elas. Mas come a carne das ovelhas. O profeta *falso* pode até viver literalmente das ovelhas (dinheiro), comendo assim a sua carne e vestindo-se com a sua lã. O *Didache* (ensino dos apóstolos) refere-se a certas pessoas, intitulando-as comerciantes de Cristo, pois da religião de Cristo fazem um meio de vida, um meio de ganhar dinheiro, como se fora qualquer outro negócio. De outra feita o Senhor Jesus falou desse tipo de espertalhão: *Todos quantos vieram antes de mim são ladrões e salteadores* (Jo 10.8). E mais adiante, no mesmo capítulo, fala acerca do "mercenário", que não é pastor verdadeiro e, por isso mesmo, não cuida das ovelhas.

Lobos roubadores. Indivíduos que não cuidam das ovelhas, pelo contrário, destroem-nas e não as salvam. Para conseguir seus objetivos, vinculados ao dinheiro ou ao sentimento de grandeza etc., estão prontos a sacrificar as ovelhas. (Ver 2Co 11.2,3,13,15, onde Paulo fala de tais pessoas).

Os lobos são mais perigosos do que os cães e os porcos selvagens (vs. 6). Os cães e os porcos se apresentam como inimigos hostis aos discípulos do reino. Os lobos, sendo animais selvagens mais perigosos, bravos e fortes, aparecem como profetas e se apresentam no meio das ovelhas. Na história da igreja lemos que apareceram no tempo oportuno como judaizantes (ver 2Co 11.13), e em vários lugares aparecem no mundo dos gentios, onde fora estabelecida alguma igreja cristã, na forma de gnósticos (ver 1Jo 4.1; 2Tm 4.1). Tais lobos sempre encontram as suas vítimas.

Mateus 24.11: *Igualmente hão de surgir muitos falsos profetas, e enganarão a muitos.*

Ver o vs. 5. A diferença entre aqueles descritos no vs. 5 e os que são mencionados aqui é que os primeiros são essencialmente uma espécie de falsos messias, ou pelo menos que se fazem líderes de movimentos tipo messiânicos, frequentemente com ligações políticas. A maioria daqueles mencionados neste versículo, os *falsos profetas*, tem-se levantado no seio da própria igreja. Alguns deles têm sido *antinomianos*, isto é, são libertinos que exageram as declarações do apóstolo Paulo de que o crente está livre da lei de Moisés. Muitos dos *gnósticos* pertenciam a essa classe, dizendo que não tem importância o corpo, por ser ele o guardião do mal, e que a morte do corpo é a única coisa capaz de livrar a alma, para que ela, então, siga para a inocência completa. Os que se guiavam por tais ideias pouco se importavam como tratavam o corpo ou quantos pecados de natureza carnal eram praticados, sem qualquer escrúpulo de consciência. Alguns desses homens tornaram-se líderes nas igrejas. Foi desses tipos que Paulo falou quando escreveu *Pois entre estes se encontram os que penetram sorrateiramente nas casas e conseguem cativar mulherzinhas sobrecarregadas de pecados, conduzidas de várias paixões* (2Tm 3.6). O ponto principal em foco não é tanto a atitude libertina, mas o fato de que havia mestres, nas igrejas, que ensinavam que não há mal algum nessas coisas, porque envolvem apenas o corpo que não tem importância alguma para a natureza moral do homem. Acerca dos tais, disse também o apóstolo: *Tendo forma de piedade, negando-lhe, entretanto, poder. Foge também destes* (2Tm 3.5).

Além disso, e por outro lado, havia também os gnósticos e outros de ação contrária, que enfatizavam *o ascetismo*, isto é, que maltratavam os seus próprios corpos e que se deixavam orientar por uma interminável lista de proibições contra uma multidão de coisas, seguindo um tanto a atitude dos fariseus. Havia aqueles que diziam: *Não manuseies isto, não proves aquilo, não toques aqueloutro* (Cl 2.21). Tinham regras quanto ao uso dos alimentos, observavam dias especiais, mostravam-se contrários ao casamento e proibiam qualquer uso do sexo, mesmo legítimo. Paulo sentiu-se obrigado a advertir seus ouvintes e leitores que esses, igualmente, eram falsos profetas.

Outrossim, havia também os *judaizantes*, que eram legalistas que pervertiam as doutrinas da graça e que tentavam conservar a igreja sob a lei de Moisés. O evangelho segundo os Hebreus (um evangelho apócrifo) parece ter sido escrito com o propósito definido de fazer da igreja uma instituição judaica, ignorando as revelações recebidas por Paulo e negando-as, revelações essas que dão à igreja o seu caráter distintivo. As epístolas de Paulo aos Efésios e aos Colossenses foram escritas a fim de combater diversas formas de heresia, incluindo a forma de gnosticismo que ensinava que Cristo era apenas *um* ser pertencente à ordem dos *anjos*, mas não divino.

A Apostasia dos Últimos Dias. O anticristo enganara quase toda a igreja, e através dele, o próprio Satanás será adorado em todo o mundo. Então, se realizará a *grande apostasia*. Ver os artigos separados sobre *Apostasia* e *Anticristo*.

FAMÍLIA

I. DEFINIÇÃO. A palavra família usualmente refere-se a um grupo de pessoas relacionadas entre si por laços de parentesco ou de matrimônio, como os pais e seus filhos, que vivem juntos em uma mesma residência. Um grupo assim usualmente pratica uma economia em comum, havendo um ou mais membros que contribuem para o sustento de todos. Por extensão, a palavra também indica algum grupo de pessoas com um mesmo antepassado, ou mesmo um grupo atualmente vivo, composto por muitas unidades familiares individuais. *Metaforicamente*, o vocábulo também é usado para indicar pessoas que não estão biologicamente relacionadas entre si, como sucede nas fraternidades, nos clubes sociais, compostos por pessoas que não têm qualquer conexão racial umas com as outras. *O clã*, por sua vez, é uma unidade familiar maior. Em certas culturas, os vínculos que formam um clã são bastante fortes.

Embora não com exclusividade, os povos semitas são os que mais dão valor ao sistema.

II. As Principais Funções da Família. Cinco principais funções da família podem ser mencionadas, a saber:

1. Relações sexuais. O ideal da maioria das religiões (que também faz parte das leis civis de muitos países) é que as atividades sexuais limitem-se ao âmbito da família. As leis judaicas contra os desvios sexuais, como o adultério, visavam, principalmente, a proteger a unidade da família.

2. Reprodução. É mister um longo tempo para fazer a prole humana tornar-se madura e autossuficiente. A família é a unidade de incubação e treinamento, com esse propósito. A reprodução fora dessa unidade representa um sério problema pessoal e social. A herança genética é um dos principais, se não mesmo o principal fator que determina o sucesso ou não de uma criança, neste mundo.

3. Questões econômicas. A luta pela sobrevivência econômica, com frequência, depende da solidariedade da unidade da família. Uma pessoa que ganhe um bom salário pode sustentar o grupo inteiro; e mais de um sustentador pode prover à família conforto e prosperidade material. A necessidade de sustentar os membros da família é a motivação por detrás do trabalho e das profissões, que são elementos básicos em qualquer sociedade.

4. Educação. A maioria das sociedades alicerça-se sobre a educação básica que a família provê para os seus membros, começando pela aquisição e aperfeiçoamento do idioma. Uma criança entra no sistema escolar público com vantagens ou desvantagens, tudo dependendo da qualidade da educação doméstica com que chega ali. A educação religiosa também começa no seio da família. Ver o artigo separado sobre a *Educação Cristã*.

5. Provisões e proteção. Não é fácil uma criança ficar só e enfrentar o mundo, contando apenas com suas próprias forças e recursos. Na escola, uma criança encontra forças no fato de que a *mamãe* está em casa, disposta a ajudar, e que o *papai* pode resolver todos os problemas que a avassalem. Além disso, um irmão maior poderá protegê-la das ameaças de outras crianças. Acresça-se a isso que também há o orgulho de família. A posição de uma família, no seio da sociedade, pode inspirar uma criança a procurar fazer tudo o melhor possível. Essa questão, todavia, pode ser exagerada, quando os filhos de certos pais são favorecidos, em vista do prestígio e poder econômico de certas famílias.

6. Afeto. Ninguém vive bem sem o amor e o apoio de outras pessoas. As relações afetuosas começam no seio da família.

III. A Origem da Família. Os primeiros capítulos do livro de Gênesis mostram que a família foi a primeira das instituições divinas. Os evolucionistas e antropólogos têm dúvidas a esse respeito, supondo que a família humana emergiu da ascensão evolutiva do homem, provavelmente por razões econômicas ou de proteção mútua. A extrema dependência da prole humana, em seus tenros anos ensina-nos, pelo menos, que, desde o princípio, deve haver mães que cuidem de seus filhos, o que já constitui uma unidade básica da família. De outro modo, a raça humana não poderia sobreviver. As evidências arqueológicas demonstram o fato de que onde existiu o homem, também existiu a família. Portanto, qualquer coisa dita em contrário não passa de especulação. Mesmo que os primeiros relacionamentos entre os sexos tivessem sido promíscuos, de tal maneira que não fossem formadas famílias, as mães eram protetoras, e, podemos supor, pelo menos ocasionalmente deve ter havido pais protetores e provedores, que muito devem ter contribuído para a criação dos filhos. Isso deve ter acontecido mesmo quando os homens tivessem outras mulheres que, com seus filhos, fossem objeto das atenções deles.

IV. Práticas de Casamento. Fornecemos um artigo separado sobre esse assunto, intitulado *Matrimônio*. As formas básicas do casamento são a monogamia (um homem e uma mulher); a *poligamia* (*um* homem e mais de uma mulher); a *poliandria* (*uma* mulher e mais de um homem) e o *casamento em grupo* (não há casais fixos e as crianças são criadas pela comunidade inteira). Normas sociais econômicas, filosóficas e religiosas é que determinam a forma predominante de casamento, em qualquer sociedade. A poliandria é rara; mas, quando ocorre, usualmente irmãos, pais e filhos recebem os favores sexuais de uma mesma mulher. O casamento em grupo, sugerido por Platão para as classes de elite da sociedade, e praticado em algumas comunidades utópicas de nosso tempo, como nas comunidades hippies, também é uma forma muito rara de matrimônio.

V. Alguma Informação Veterotestamentária sobre a Família. 1. O Antigo Testamento, no começo do livro de Gênesis, e os ensinos da Torá falam sobre a família como uma instituição divina para o desenvolvimento físico e espiritual da raça humana. O Antigo Testamento não tem uma palavra específica para indicar a ideia de "família", mas usualmente emprega a palavra "casa" quando alude à família (Rt 4.11; 1Cr 13.14; 2Cr 35.2,12; Sl 68.6). **2**. Na qualidade de *instituição divina*, a família está sujeita às ordenanças e às leis; e, em escala maior, a sociedade, composta de todas as famílias de uma comunidade, também está sujeita a essas normas. A monogamia, que vem desde o jardim do Éden (Mc 10.6-9), tornou-se o grande ideal da família; mas quase nunca é praticada na sociedade. **3. O Decálogo** (Êx 20.14,17) e o grande número dos preceitos levíticos (ver Lv 18.6-18; 20.14-21; 21.7-15) governavam a formação da família e a vida doméstica, entre os israelitas. Esses preceitos incluem questões como dotes, festividades, noivado, casamento, educação dos filhos etc. **4**. A família é a *unidade básica* da sociedade humana e de qualquer nação. Os pactos do Antigo Testamento foram estabelecidos com essas unidades maiores, existentes na humanidade. Ver o artigo separado sobre os *Pactos*. Todavia, apareceram dificuldades. Ló acabou se envolvendo com uma sociedade pagã (incluindo o homossexualismo e a total promiscuidade sexual prevalentes em Sodoma); Israel tornou-se um povo cativo no Egito. Apesar dessas coisas, o *êxodo* (vide) foi o acontecimento histórico que possibilitou a continuação da relação do pacto estabelecido com Deus. **5. A poligamia e o casamento levirato**. O livro de Gênesis mostra que a poligamia começou bem cedo, no gênero humano: ... *Lameque tomou para si duas esposas*... (Gn 4.19). Todos os patriarcas das primeiras gerações eram polígamos. As concubinas, incluindo aquelas que vinham da classe social dos servos, eram um elemento importante nas sociedades antigas. As leis da Babilônia, de Nuzi e de Hati demonstram a base comum que havia quanto a essas questões, que as sociedades mesopotâmicas compartilhavam, de modo geral, com a cultura dos hebreus. Destarte, a família tornou-se uma grande *salada*, com inúmeros meio-irmãos, com unidades e subunidades. Os intérpretes consideram isso uma erosão da ordem própria da família. Deveríamos considerar um fator que é frequentemente esquecido. As grandes matanças e intermináveis guerras e conflitos armados, naturalmente, deixam como saldo um grande número de mulheres solteiras. Ora, onde houver uma maioria de mulheres, a poligamia torna-se uma prática viável, e, talvez, até necessária, para a sobrevivência da sociedade e para seu bem, se não para a sua boa ordem. O papa João Paulo II mostrou-se especialmente preocupado acerca desse problema, e, por ocasião do sínodo de 1986, reagiu com consternação diante da declaração de um bispo católico romano da África, de que é impossível eliminar a poligamia na sociedade africana. No entanto, a experiência tem demonstrado que quando os missionários cristãos impõem a monogamia sobre católicos romanos que até então tinham vivido polígamos, as esposas que são descartadas tornam-se prostitutas, por faltar-lhes a educação e os meios para participarem da sociedade como mulheres responsáveis e independentes. Assim, quando lemos o Antigo Testamento e vemos a dilapidação constante da população masculina, devido a intermináveis conflitos, até que chegamos a simpatizar com a poligamia, como um meio de proporcionar às mulheres algum tipo de vida em família, ainda que não seja a situação *ideal*. Em qualquer sociedade, onde haja um número bem maior de mulheres do que de homens, a poligamia não oficial não demora a tornar-se a prática comum. A despeito de tudo isso, o ideal do casamento monógamo é louvável (Pv 5.15-19), mesmo que quase nunca tenha sido posto em prática na sociedade hebreia. O casamento levirato, segundo o qual um irmão ficava com a esposa viúva de um seu irmão falecido, se aquele casal não tivera filhos, tinha o intuito de preservar o nome, a posteridade e a herança da família. Ver Deuteronômio 25.5-10 e o artigo separado sobre a *Lei do Levirato*. **6.** Por quase todas as páginas da Bíblia evidencia-se a *responsabilidade da família* em treinar a criança no caminho da espiritualidade. Que essa é a substância do ensino do Antigo Testamento, ver Provérbios 22.6. Paralelamente, a família também era uma escola profissional, de tal maneira que os filhos tivessem um meio de vida. Ver o artigo separado sobre as *Escolas*. **7. A condição da mulher**. A antiga cultura judaica não provia para as mulheres uma posição muito elevada, com algumas notáveis exceções, naturalmente. Alguns rabinos chegaram ao extremo de debater se as mulheres tinham alma ou não. Um famoso ditado entre os rabinos dizia: "É preferível queimar a lei do que ensiná-la uma mulher". Nas cidades, as mulheres eram praticamente mantidas reclusas. Seus companheiros mais constantes eram os escravos e as crianças. Nas áreas rurais, onde a ajuda das mulheres era necessária no trabalho do campo, a liberdade delas era bem maior. Já vimos como a poligamia era a norma, e não a exceção. Os reis de Israel, de Salomão em diante, contavam com haréns elaborados e muitos filhos. Ver o artigo sobre *Davi*, onde há um quadro que mostra que, por onde ele ia, recolhia mais algumas mulheres como esposas ou concubinas, de tal modo que o autor sagrado nem tenta dar os nomes de todas elas. Quanto a informações mais detalhadas sobre esse assunto em geral, ver o artigo intitulado *Mulher, Posição da*. **8. A autoridade do homem**. Não há que duvidar que, nas sociedades antigas, o pai era o cabeça da família. Essa norma estava à raíz da sociedade patriarcal (Gn 3.16; 1Co 11.3-10). Um pai de família tinha direitos de vida e morte sobre os membros de sua família (Dt 21.18-21). O mais idoso pai sobrevivente, dentro da estrutura da família (bisavô, avô) retinha seu poder e autoridade dentro da sociedade patriarcal (Gn 9.25,27; 27.27-40; 48.15,20; 49). O pai era o responsável pela instrução religiosa e secular dos membros de sua família (Êx 12.26; Dt 6.20). A desobediência poderia resultar em punição capital (Dt 21.18).

VI. O Novo Testamento e a Família

1. A família de Jesus é a única família que é especificamente descrita no Novo Testamento, mas mesmo assim, há muitas especulações acerca da natureza exata da família de Jesus. Aqueles membros da família que são mencionados como seus irmãos e irmãs seriam filhos somente de José (não de Maria), de um casamento anterior? Seriam primos? Ou seriam filhos de José e de Maria, e portanto meio-irmãos de Jesus (visto que ele era filho somente de Maria)? Ver o artigo separado sobre a *Família de Jesus*, quanto a informações sobre esse assunto.

Podemos supor que a típica família judaica, dos dias de Jesus, não diferia muito das famílias antigas de outras nações, excetuando a questão da educação. Através da sinagoga, foi desenvolvido um sistema bastante elaborado de educação para os *meninos*, mas não havia idêntica instrução para as meninas. Nos tempos helenistas, havia escolas que promoviam os estudos das ciências e da filosofia, embora isso nunca tivesse sido uma característica importante da cultura judaica. Ver o artigo separado sobre a *Educação*, que fornece descrições detalhadas sobre essa questão, no que tange a uma comparação à cultura judaica e a outras culturas.

2. Jesus e a Família. Jesus apelou para os ditames originais da criação como diretriz quanto à organização da família, incluindo a ideia da monogamia (Mt 5.27-32; 18.19,20). Jesus utilizou-se da família a fim de ilustrar as principais qualidades éticas, como o amor, o perdão, a longanimidade de Deus e a paternidade de Deus. Também utilizou-se das crianças para ilustrar as qualidades da simplicidade e da inocência, a par com uma confiança profunda e implícita, com o intuito de ilustrar como devem ser os membros do reino de Deus (Mt 19.13-15). Vários dos milagres de Jesus estiveram ligados às famílias, às provações que elas sofrem, às cargas que elas precisam suportar. (Ver Mt 8.1-15; 9.18-26; 15.21-28; Jo 2.1-11; 4.46-54; 7.11-17; 11.1-46; 21.6-11).

3. Instruções Apostólicas. Trechos neotestamentários relativos à família são (1Co 7.1-28; 11.3; 2Co 6.14 ss.; Ef 5.22; Cl 3.18; 1Tm 5.8; 1Pe 3.1-7). No sétimo capítulo de 1Coríntios, Paulo mostra que preferia o celibato à vida de casado, para aqueles que tenham o dom de Deus para tanto. Ele via o casamento como um meio para o crente ter uma vida sexual legítima, incluindo como um resguardo contra a fornicação e o adultério. O homem é o cabeça da mulher, tal como Cristo é o cabeça do homem. Os casamentos deveriam ser contraídos somente dentro dos limites da fé espiritual comum e nunca com incrédulos. Se falarmos em termos de conceitos principais, temos os seguintes: o homem deve amar sua esposa, cuidando dela; a mulher precisa reverenciar seu marido e ser-lhe submissa; os filhos devem obedecer a seus pais.

No casamento há elementos místicos que fazem os cônjuges tornarem-se uma só carne, combinados de uma maneira misteriosa, que envolve suas energias vitais e espirituais. A união entre Cristo e a sua igreja também é chamada de um *mistério*, em Efésios 5.32. A sujeição da mulher ao marido, no casamento, talvez seja o grande tema isolado mais enfatizado, e isso dentro de um contexto espiritual. No dizer de Paulo, isso é *como convém no Senhor* (Cl 3.18). O chefe da família tem o dever de prover o necessário para a sua família (1Tm 5.8). O trecho de 2Coríntios 12.14 proibe a exploração das crianças (em sentido financeiro, e, podemos supor, em outros sentidos, igualmente) por parte dos pais, que poderiam ser tentados a viver explorando-as. Antes, os pais devem prover o necessário para os filhos. Todavia, isso não elimina o dever dos filhos de cuidarem de seus pais, quando eles ficarem idosos (Mc 7.11 ss.), mas regulamenta a conduta geral dos membros de uma família no tocante ao dinheiro. A família, como um todo, é objeto da instrução cristã (At 5.24 e 20.20). Tal como nas famílias judaicas, a instrução espiritual reveste-se de capital importância nas famílias cristãs. Passagens como as de Colossenses 3.18 ss e o quinto capítulo da epístola aos Efésios indicam que as famílias eram alvos de uma instrução especial; e podemos estar certos de que cada família cristã era uma escola, em si mesma. As igrejas locais, naturalmente, a princípio usavam as residências de certas famílias como lugares de adoração e de ensino. (Ver Rm 16.5,23; 1Co 16.19; Cl 4.15; Fm 2). Somente em séculos posteriores os cristãos começaram a construir edifícios separados com esse propósito, seguindo a ideia que já vinha sendo exemplificada pelas sinagogas (vide).

VII. Metáforas Espirituais e a Família.
1. A igreja é a casa espiritual de Deus (Ef 2.19; Hb 3.1-6). **2.** A igreja é a casa da fé (Gl 6.10). **3.** A salvação consiste na *filiação* e os filhos de Deus chegam a participar da própria natureza de seu Pai celeste (Rm 8.29; Cl 2.10; 2Pe 1.4). **4.** Como membros da família espiritual de Deus, somos *herdeiros* das riquezas celestiais e espirituais (Rm 8.15-17). **5.** Ter Deus como pai significa que devemos buscar as suas perfeições (Mt 5.48), como membros da família divina, e isso implica muitas e grandes

responsabilidades morais e espirituais. **6.** Ter Deus como pai também significa que contamos com os seus cuidados. Aquele que nota até a queda dos pardais, cuida de cada um de seus filhos (Mt 10.31). Ver também Mateus 6.8. O Pai sempre tem consciência de nossas necessidades. Esse é o pensamento introdutório da oração do Pai Nosso, no sexto capítulo de Mateus. Ver o artigo separado sobre a *Paternidade de Deus*. **7.** Cristo é o Filho e o herdeiro da casa de Deus, e através dele, também somos filhos e ele é o Filho mais velho da casa de Deus (Gl 3.23; 4.7; Rm 8.15-17). **8.** Os crentes também são servos e mordomos na casa de Deus (1Co 9.17; 1Pe 4.10). **9.** Os laços matrimoniais envolvem elementos místicos, com a comunicação de energias vitais, conforme presumimos. Assim, de algum modo misterioso, os cônjuges tornam-se uma só carne. Isso ilustra o mistério ainda maior da comunhão que há entre Cristo e a sua igreja, que é chamada de sua noiva. Ver Efésios 5.30 *ss*. **10**. O trecho de Apocalipse 21.2,9 mostra-nos que a futura glória da igreja pode ser comparada a uma *noiva* que se prepara para seu noivo. Portanto, o casamento pode ilustrar a união que vincula Cristo (o noivo) à igreja (a sua noiva). **11. Disciplina**. Todos os filhos cometem erros, e os pais, em determinadas ocasiões, precisam discipliná-los. Outro tanto ocorre na família celestial. Os filhos legítimos estão sempre sujeitos à disciplina do Senhor. Todavia, essa disciplina existe com a finalidade de beneficiar os filhos, e não meramente de castigá-los. Esse princípio é apresentado em Hebreus 12.5 *ss*. Creio que esse princípio aplica-se a qualquer juízo divino. Pois, apesar dos juízos de Deus parecerem severos (serão tão severos quanto for necessário), seu propósito é beneficiar os julgados, mesmo no caso dos incrédulos. Certamente isso fica entendido em 1Pedro 4.6, onde vemos que o juízo produzirá certa medida de vida espiritual; e o contexto (1Pe 3.18; 4.6, a descida de Cristo ao *hades*; vide) ensina-nos que estão em foco os *desobedientes* e não crentes. Ver o artigo separado sobre o *julgamento*. Deus é o Pai de todos os seres vivos, e não apenas dos seus eleitos. Logo, é natural esperarmos que o seu amor, expresso por meio de julgamento, venha a aplicar-se a todos. **12**. A família dos remidos não é a única família que pertence a Deus. Ver Efésios 3.15. O versículo anterior desse mesmo capítulo refere-se a Deus como Pai. Além disso, aprendemos que há famílias compostas de seres inteligentes (as quais, provavelmente, formam muitas ordens diversas), que não são seres humanos, que também têm Deus como Pai. A criação de Deus é muito vasta, a vida é imensa. Mas o amor de Deus permeia todas as coisas.

VIII. A Família e os Símbolos nos Sonhos e nas Visões. Os membros de uma família mantêm entre si um relacionamento intenso, íntimo, mas, às vezes infelizmente, hostil. Isso prove material para todos os tipos de representação simbólica, na vida dos sonhos. Amar, a necessidade de ser amado, rivalidades, a necessidade de comunhão e de independência etc., entram nos sonhos e são ilustrados por várias relações domésticas.

1. O Triângulo. Em primeiro lugar, temos o triângulo constituído por pai, mãe e filho. Apesar de que no seio das famílias haja grande comunhão e amor, a rivalidade, com frequência, vem fazer parte do quadro. Um marido pode sentir-se desprezado por parte de sua mulher, se esta der demasiada atenção a um filho pequeno. Uma esposa pode sentir-se desprezada por seu amor, se este trabalha demais e negligencia seus deveres domésticos. Os sonhos, pois, podem refletir tanto o afeto quanto a hostilidade inerente nesse triângulo doméstico normal. Mas há um triângulo pior, formado por marido, mulher e amante. Os sonhos que envolvem conflito e rivalidade podem refletir o mesmo. Algumas vezes, um sonho representa um amante como uma força destrutiva, advertindo sobre o iminente desmantelamento do casamento. Outras vezes, a coisa funciona ao contrário. A esposa (ou o esposo) é representada nos sonhos como um fator divisório, que impede ou ameaça destruir o amor conjugal.

2. Os Complexos de Édipo e de Electra (ver os artigos separados sobre ambos esses complexos) também são representados nos sonhos, usualmente por meio de símbolos ameaçadores, ou que provocam o senso de pejo. Quando uma pessoa se enamora de alguém que não é membro de sua família (se há oposição ao romance), então o novo amor pode ser simbolizado por um encontro *incestuoso*, em um sonho, simplesmente porque tal amor é proibido.

3. Sonhos de Morte dos Pais. Uma criança pode sentir-se sufocada pelo amor dominador do pai, da mãe ou de ambos, e então pode sonhar com a morte de um ou de ambos os pais, o que simboliza o seu intenso desejo de libertar-se das limitações impostas pela família. Um sonho desse tipo pode indicar, para a criança, a necessidade de separar-se de sua família. É como se o sonho dissesse: "É chegado o tempo de você levar a sua própria vida neste mundo".

4. Sonhos que Lançam os Pais no Descrédito. Um filho pode ser dependente demais de seus pais, ou por motivo de afeto ou por motivo de dinheiro e segurança. A criança pode sonhar que seu pai é um alcoólatra ou dotado de caráter desprezível, quando o pai não é nada disso. Tais sonhos tentam lançar os pais no descrédito, na esperança de romper com a exagerada dependência que o filho tem diante de seus pais.

5. Sonhos de Parricídio ou Matricídio. Um filho pode ter um sonho horrível assim quando precisa desesperadamente de independência. Naturalmente, tal sonho também pode ser um reflexo de seus sentimentos de hostilidade para com os seus genitores.

6. Sonhos de Rivalidade Entre os Filhos. Esse tipo de sonho pode refletir a competição pelo amor e pela atenção da parte dos pais, ou então pode refletir aquelas rivalidades naturais que surgem nas situações domésticas. O ato de matar um irmão ou irmã, em um sonho, pode subentender hostilidade em relação à pessoa morta no sonho, ou então o desejo de libertar-se de restrições representadas por tal pessoa. Consideremos a história de Caim e Abel.

7. Arquétipos. A mãe pode representar a força da vida; ou, negativamente, uma mãe terrível, superpossessiva e destruidora. O pai pode representar autoritarismo, opressão, ou então, positivamente, a autoridade na família e a proteção paternal.

8. O Filho ou a Filha como se Fosse o Próprio Trabalho. Um sonho comum é aquele que se utiliza da figura de um filho ou de uma filha como se fosse o próprio trabalho da pessoa, ou então o ideal que o sonhador está procurando trazer à realidade. É como uma espécie de nascimento. Ademais, trabalhar em um projeto assemelha-se a criar uma criança. Mesmo as pessoas sem filhos usam o símbolo da criança, em seus sonhos.

Bibliografia. Ver o artigo sobre o *Matrimônio*, e também AM CHE E H JUD ND.

FANUEL

No hebraico, **"a face de Deus"**. Nome de um aserita, pai da profetisa Ana, Lucas 2.36. É provável que Fanuel seja derivado de Peniel, Gênesis 32.30. Ana foi a profetisa que conheceu o menino Jesus, quando por José e Maria foi apresentado no templo, Lucas 2.36s.

FARAÓ

I. O Título e sua Origem. Faraó era o título dos reis do Egito. Trata-se de uma transliteração, para o hebraico, de um vocábulo egípcio que significa "casa grande". A princípio foi usado para referir-se ao palácio real da corte egípcia. Tal uso prevaleceu durante os reinos Antigo e Médio (ver o artigo sobre o *Egito*). As datas envolvidas foram o terceiro milênio e a primeira metade do segundo milênio a.C. Mas, pela metade da XVIII Dinastia (cerca de 1450 a.C.), o termo passou a ser

FARAÓ

aplicado ao próprio monarca, como uma espécie de sinônimo de "sua Majestade". A arqueologia tem podido confirmar esse uso em relação aos reinados de Tutmés III Tutmés IV, Aménofis IV e Aquenaton. A partir da XIX Dinastia, encontramos muitas referências literárias ao nome. Isso tem paralelo nas referências bíblicas dos livros de Gênesis e Êxodo. A partir da XII Dinastia (945 a.C.), o título com frequência aparecia vinculado a um outro, para efeito de distinção, como Faraó Sesonque, que foi encontrado em uma estela. No Antigo Testamento há paralelos a isso, como Faraó Neco e Faraó-Hoira.

Os reis egípcios eram chamados por uma elaborada lista de nomes, que incluía um nome pessoal frequentemente relacionado ao nome de uma divindade ou poder divino. *Faraó* parece ter sido a maneira mais popular de designar o monarca egípcio, quando era inconveniente repetir toda a lista de nomes.

II. O OFÍCIO DE FARAÓ.

O conceito do direito dos reis era vital para os egípcios. Faraó era tido como a personificação de algum deus em particular, ou dos deuses. Portanto, ele seria uma espécie de deus entre os homens, e de homem entre os deuses, possuidor de um ofício divino humano. Pelo menos em determinado período da história do Egito, sentia-se que o rei era um deus encarnado. Com o tempo porém, foi diminuindo essa elevada posição de Faraó. Como filho de Rá, Faraó era retratado como pessoa poderosíssima; mas, visto que Rá estava sujeito a outros deuses, por isso mesmo a posição de Faraó foi decrescendo cada vez mais. No tempo do Novo reino, esperava-se que os reis do Egito cumprissem as ordens dos deuses ou do deus, especialmente Amom, mantendo de pé o *maut*, ou seja, a ordem justa e correta de coisas, garantindo uma sociedade equitativa e estável. Visto que o Faraó era representante da divindade, também era o único sumo sacerdote da religião egípcia. Muitas descobertas arqueológicas têm ilustrado as funções religiosas de Faraó. Algumas das mais importantes funções religiosas eram efetuadas pelo próprio Faraó, por ocasião da celebração da festa em honra ao deus Amom, em Tebas, no começo do reinado de cada monarca. Porém, a maioria das funções religiosas era deixada ao encargo dos sacerdotes comuns.

As fortes tradições nacionais e religiosas investidas nos Faraós, sem dúvida alguma, foram responsáveis pelo fato de que, nas monarquias egípcias, talvez tenhamos o mais estável governo jamais produzido na história da humanidade. Poucas das dinastias egípcias foram perturbadas por lutas internas pelo poder da organização geral da sociedade, a proteção do Estado, a preservação das tradições políticas, culturais e religiosas.

A elevada posição de Faraó e sua íntima ligação com os deuses ajudam-nos a entender melhor o problema que Israel enfrentou no Egito. Não foi questão pequena aquela massa de gente abandonar o país, contra a vontade expressa do Faraó e, presumivelmente, contra a vontade dos deuses do Egito. Também não foi coisa de somenos essas imaginárias divindades perderem a batalha para Yahweh. Foi apenas natural, pois, que mesmo depois de o Egito ter sofrido tanto no conflito, um exército ter sido enviado atrás dos israelitas, na tentativa de forçá-los a voltar. Porém, isso apenas armou o palco para a cena mais humilhante para os egípcios e seus deuses.

III. OS FARAÓS MENCIONADOS NA BÍBLIA

1. No Tempo de Abraão. Ver Gênesis 12.12-20. Datar a época de Abraão tem sido uma tarefa difícil, visto que os estudos modernos têm mostrado que digna de confiança é a prática de datar por meio das genealogias. Se Abraão tiver de ser posto dentro do segundo milênio a.C. (2000-1800 a.C.), então isso o tornaria paralelo ao Reino Médio, talvez, mais especificamente, na XII Dinastia (1991-1786 a.C.). Nesse caso, os Faraós envolvidos seriam Amenemes (I—IV) ou Sesostris (I—III). Durante esse tempo, a capital do Egito ficava em Itete-Tawy, imediatamente ao sul de Mênfis. Os Faraós desse período também mantinham residência em Gósen.

2. No Tempo de José. Se situarmos José, filho de Jacó, em cerca de 1700 a.C., então teremos de dizer que ele viveu nos fins da XIII Dinastia, na época dos reis hicsos. Isso não combina com a cronologia massorética, e alguns estudiosos têm sugerido Amenemes (I—IV) ou Sesostris (I—III) como prováveis candidatos. Se estiveram envolvidos reis hicsos, então a mudança de uma dinastia para outra (em cerca de 1650 a.C.) poderia explicar a declaração bíblica de que o novo Faraó não conhecia José (Êx 1.8).

3. No Tempo da Opressão de Israel. Alguns estudiosos pensam que nos capítulos primeiro e segundo do livro de Êxodo estão em foco dois Faraós, ao passo que outros pensam apenas em um. Muitos supõem que o Faraó da opressão foi um, e que o Faraó do êxodo já foi outro. As identificações dependem das datas dessas ocorrências. Por isso, os eruditos continuam debatendo sobre a questão. Se aceitarmos a data anterior para o êxodo (cerca de 1441 a.C.), então o Faraó teria sido Tutmés III (cerca de 1482-1450 a.C.), ou algum dos Faraós opressores. Porém, aqueles que falam em uma data posterior para o êxodo, preferem pensar em Seti I (cerca de 1319-1301 a.C.), ou Enófis III, o que desconsidera a cronologia dos massoretas. Ver a discussão sobre a *Data do Êxodo*, no artigo sobre esse segundo livro da Bíblia.

4. No Tempo do Êxodo de Israel. Ver os capítulos quinto a décimo segundo do livro de Êxodo. Se favorecermos a data mais antiga para o êxodo, então deveremos pensar sobre Amenofis II, da XVIII Dinastia, (cerca de 1440 a.C.). Ele era filho do famoso construtor do império, Tutmés III. É significativo,porém, que não existam registros egípcios sobre esse período que aludam aos desastres do Egito, como aqueles que são narrados na Bíblia, em torno do êxodo de Israel. Nem há ali qualquer alusão à saída de um grande número de gente. Se Amenhotepe II foi o Faraó desse período, então seu filho mais velho pereceu na décima praga, mencionada em Êxodo 12.29. Os registros provam que Tutmés IV (cerca de 1425-1412 a.C.) foi o filho mais velho de Amenhotepe II, pelo que ele não esteve envolvido no incidente. Os eruditos modernos, em sua maior parte, parecem preferir situar o acontecimento um tanto mais tarde, sugerindo que Ramsés II, predecessor de Mernepta, é o mais provável candidato. Se essa opinião está certa, então estamos às voltas com a primeira metade do século XIII a.C.

5. O pai de Bitia, que se tornou esposa de Merede (ver 1Cr 4.18). Visto que não é possível determinar a data de Bitia, também é impossível identificar esse Faraó.

6. Nos Dias de Davi. O Faraó dos dias de Davi recebeu o príncipe, ainda menino, Hadade, de Edom, como refugiado, quando Joabe estava devastando o território de Edom (1Rs 11.14-22; cerca de 1010 — 970 a.C.). Davi foi contemporâneo da XXI Dinastia egípcia. Essa dinastia terminou com Psusenes II (cerca de 959—945 a.C.). Os Faraós que governaram durante os dias de Davi foram Amenemope, Osorcom e Siamum. Muitos eruditos pensam que Siamum e Tier Amenemope foram um mesmo Faraó. A história não nos tem deixado muitos detalhes concernentes a eles, pelo que não há como verificar se essa opinião está ao lado da verdade.

7. Um dos Sogros de Salomão. O harém de Salomão chegou a contar com princesas da casa real do Egito. O Faraó envolvido era um firme aliado de Israel, nessa época (cerca de 960-922 a.C.). Ele pode ter sido Siamum ou Psusenes II, da XXI Dinastia. A arqueologia descobriu um relevo quebrado de Siamum, ferindo um homem asiático que, provavelmente, reflete uma ação político militar, para manter em ordem os seus domínios. Isso teve lugar na Filístia e, nesse mesmo tempo, ele pode ter capturado a cidade de Gezer. Portanto, ele pode ter tido contactos com Israel, o que levou ao casamento, afinal. Gezer foi dada como dote à filha do Faraó que se casou com Salomão (1Rs 9.16).

8. O Faraó Referido em 1Rs 14.25,26. A alusão mais provável é a Sisaque I, que fundou a XXII Dinastia do Egito. Ele era de origem líbia.

9. Zerá, Vencido por Asa (2Cr 14.9-15). Provavelmente ele não foi um Faraó, pelo que os eruditos modernos não mais o identificam com Osorcom, conforme se chegou a pensar no passado.

10. Um Contemporâneo de Oseias. Oseias solicitou ajuda da parte do Faraó, a fim de escapar dos ameaçadores assírios (2Rs 17.4). Ele não é chamado Faraó em parte alguma da Bíblia, mas é possível que tenha sido o obscuro Osorcom, da XXII Dinastia.

11. A XXV Dinastia Egípcia foi Débil. Sebiteu enviou seu irmão, Tiraca, para a Palestina, na vã tentativa de fazer frente ao poder dos assírios, conforme é refletido em Isaías 30.1 ss. Ver também Isaías 36.6 e 37.9. Isso ocorreu por volta de 701 a.C.

12. Tiraca foi contemporâneo de Ezequias e Senaqueribe (Is 37.9), ajustando-se bem dentro da situação descrita no ponto anterior.

13. Neco foi o segundo rei da XXV Dinastia egípcia. Derrotou e matou Josias, rei de Judá, quando este último tentou impedir sua intervenção no conflito entre a Assíria e a Babilônia (2Rs 23.29). Porém, não foi capaz de consolidar suas conquistas na Palestina, visto que Nabucodonosor, da Babilônia, foi quem acabou dominando aquela região.

14. Hofra também pertencia à XXV Dinastia. Ele é mencionado diretamente na Bíblia somente em Jeremias 44.30; mas outras referências podem tê-lo em mente. Encorajou Zedequias, de Judá, a revoltar-se contra Nabucodonosor, mas não lhe deu o auxílio militar necessário, no momento da crise. Foi derrotado na Líbia e, posteriormente, foi destronado e morto, conforme Jeremias (44.30) havia predito.

15. Em Cantares 1.9 há uma *referência poética* à agilidade dos carros de combate do Egito. Faraó dirigia um cavalo escolhido dentre mil alasões. Ver o artigo geral sobre *Egito*, quanto a informações completas e bibliografia.

FARAQUIM

Foi o cabeça de uma família de servos do templo, que retornaram do cativeiro babilônico juntamente com Zorobabel (1Esdras 5.31). Seu nome não é incluído nas listas paralelas de Esdras 5.12 e Neemias 7.53.

FARFAR

No hebraico, **"rápido"**. Esse rio é mencionado na Bíblia somente em 2Reis 5.12. Sua localização é desconhecida atualmente, embora possa ter sido um dos dois tributários do El-Barara, que atravessa a cidade de Damasco. Todavia, também pode ter sido um dos dois rios principais, o El-Barara ou o El- Awaj. Nesse caso, o termo "Damasco", que aparece naquele texto bíblico, refere-se à planície inteira onde ficava a cidade de Damasco. O termo hebraico é similar ao árabe, que também significa "rápido", "ligeiro". Se está em foco o El-Awaj, então estamos falando sobre um rio com cerca de 65 quilômetros de extensão, que tem cerca de uma quarta parte do volume do El--Barara. Atravessa o wady el-Ajam, "o vale dos persas".

A Bíblia considera que a declaração de Naamã, de que os rios de Damasco eram melhores para alguém mergulhar neles do que nos lamacentos rios de Israel, referia-se especificamente ao rio Jordão (2Rs 5.10). Porém, os milagres de Deus ocorrem das maneiras mais inesperadas, capazes de consternar-nos, até que os aceitamos como eles são.

FAVAS

No hebraico, *pol*, palavra que figura somente em 2Samuel 17.28 e Ezequiel 4.9. Essa palavra pode apontar para o feijão ou para a ervilha. Muitos estudiosos opinam que a planta envolvida é a *Faba vulgaris*, que produz uma flor fragrante, semelhante a uma ervilha, seguida por longas e grossas vagens. Essa planta cresce até cerca de 90 cm de altura. A leguminosa dentro da vagem é redonda, graúda, e quando madura, é negra ou marrom. Os campos plantados com essa espécie podem ser reconhecidos de longe devido à fragrância característica, a começar em janeiro até meados de março. A leguminosa pode ser moída até tornar-se uma farinha, mas também pode ser cozida como um legume. O produto vem desde a antiguidade, tendo sido encontrado em ataúdes do Egito. Também servia-se o produto aos animais. O trecho de 2Samuel diz que entre os alimentos trazidos a Davi e seus homens estavam as favas. E o trecho de Ezequiel refere-se às favas como o material usado no fabrico de pães, quando faltava o trigo, em períodos de fome. (ND S UN Z)

FAUNA

Ver os artigos separados sobre *Animais, Adoração aos; Animais, Direitos e Moralidade dos; Animais no Antigo e no Novo Testamentos*. Cada animal mencionado nas Escrituras é comentado individualmente.

FEITIÇO, FEITICEIRO

No hebraico, *kashaph* e termos cognatos. Esse vocábulo aparece por seis vezes nas páginas do Antigo Testamento (Êx 7.11; Dn 2.2; Ml 3.5; Êx 22.18; Dt 18.10; 2Cr 33.6). No grego temos duas palavras a considerar: **1**. *Pharmakeía*, "feitiçaria", palavra usada por três vezes (Gl 5.20; Ap 9.21 e 18.23). O substantivo *pharmakeús*, "feiticeiro", aparece por duas vezes (Ap 9.21; 18.23). E o adjetivo *pharmakós*, "encantador com drogas" ocorre por apenas uma vez, em Apocalipse 22.15. **2**. *Mageía*, "mágica". Termo que ocorre somente em Atos 8.11. O verbo *mageúo* ocorre somente em Atos 8.9. E o adjetivo *mágos*, por seis vezes (Mt 2.1,7,16; At 13.6,8).

A palavra inglesa correspondente, *sorcery*, vem do latim, *sors*, "sorte", porquanto alude às adivinhações por meio do lançamento de sortes. Mas o termo inglês *sorcery* é aplicado a todas as formas de ocultismo e adivinhação, com todas as suas ramificações. O termo português *feitiço deriva-se de feito + iço* (iço, um sufixo que tem o sentido de ação, tendência, modo de ser). Esse vocábulo também pode significar falso, encantamento, fascínio, e também bruxaria, de modo geral ou como os malefícios feitos pelos feiticeiros. Ver o artigo geral e detalhado sobre *Bruxaria e Mágica*, e também sobre *Adivinhação*. Ver também sobre *Demônio, Demonologia*.

É simplista atribuir toda bruxaria à atividade dos demônios. Existem poderes humanos naturais que podem se manifestar e sempre haverá a fraude. Não obstante, não se pode duvidar que espíritos malignos existem, incluindo espíritos humanos desencarnados, que participam dessa atividade.

FENÍCIA

I. Nome, Raça e Caracterização Geral. Ver o artigo separado sobre *Canaã, Cananeus*. A Fenícia não era chamada por esse nome por seus habitantes. Eles chamavam todo o seu território (que cobria uma boa parte do que hoje é a Síria, o Líbano e a Palestina) de Canaã. E a eles mesmos, de cananeus. Esses são os termos empregados na Bíblia. Os gregos é que chamavam aqueles que viviam próximo das costas do Mediterrâneo oriental, que comerciavam com eles, de *fenícios*, uma alusão ao *corante púrpura* ali produzido e ao tecido tingido com esse corante. Já desde os dias de Homero (Odisseia), cerca de 750 a.C., encontramos o vocábulo grego *phoiníke*, de onde nos veio o termo "fenícios", na *Ilíada*. A palavra grega *phoinix* indica o corante púrpura. Essa palavra tem sido encontrada em tabletes escritos em miceniano linear B, de cerca de 1200 a.C. A palavra parece estar baseada no termo semítico *kenaani*, que também significa "corante púrpura". O vocábulo hurriano *kenaan* significava "terra da púrpura", tendo sido aplicado, primeiramente, à terra e, em seguida, ao povo de Canaã. Outros estudiosos pensam que

FENÍCIA

por detrás de tudo está o termo *phoinos*, que apontaria para a cor bronzeada dos habitantes da região. Ainda outros supõem que esteja em foco a *phoinix*, a "palmeira". Nesse último caso, os fenícios seriam os habitantes do "lugar de palmeiras". A maioria dos eruditos prefere a derivação do nome daquele corante, havendo também quem não veja qualquer vinculação entre os termos grego e semítico, embora ambos fossem usados para indicar os habitantes da região, de tal maneira que dizer "fenício" ou dizer "cananeu" é a mesma coisa.

Seja como for, esse povo pertencia a uma onda migratória que trouxe tribos beduínas do deserto, mais para o oriente, e as dispersou em várias áreas da Palestina. Essas migrações começaram em cerca de 3000 a.C. em suas divisões geográficas, eles tornaram-se os amorreus no norte da Síria e os cananeus da mesma área geral, posto que mais ao sul. Os arameus penetraram na região em uma posterior onda migratória, que incluiu os futuros hebreus.

Quanto ao idioma os cananeus eram um povo semita, pois seu idioma fazia parte do ramo ocidental desse grupo de línguas. O aramaico era uma língua irmã, tal como também o hebraico. O fenício era um dialeto cananeu. O idioma fenício tem a distinção de ter sido o primeiro a empregar, exclusiva e eficazmente, um sistema alfabético de escrita. Isso faz com que se torne a língua genitora de todas as línguas que adotaram um sistema alfabético em sua escrita. Esse alfabeto foi adotado pelos hebreus, pelos arameus, pelos árabes, pelos gregos e pelos romanos. Na tabela das nações (ver Gn 10.8-12), Canaã aparece como nome dos descendentes de Cão, e não de Sem. Com base nisso, alguns estudiosos têm pensado que eles não eram, originalmente, semitas e sim, camitas, mas que vieram a adotar, em algum período remoto de sua história, uma fala semítica. Acompanhar a história primitiva dos povos é uma tarefa quase impossível, e todas as evidências de que dispomos mostram que os cananeus eram um povo de origem semita.

II. LOCALIZAÇÃO GEOGRÁFICA.

O território dos fenícios, quando o mesmo se consolidou, era uma estreita faixa de terras que se estendia desde o rio que atualmente é chamado de Nahr el-Kebir, no extremo norte, até o monte Carmelo, ao sul, cobrindo uma distância de cerca de cento e noventa quilômetros. Em seu ponto mais largo, essa estreita faixa media apenas cerca de oito quilômetros, que ia desde o mar Mediterrâneo, a oeste, até os sopés das montanhas do Líbano, a leste. As principais cidades dessa área eram Tiro, Sidom, Sarepta, Caná, Aczibe, Biblos, Aco, Bete-Anata e Acsafe. Não obstante, o país nunca teve fronteiras bem definidas, e os cananeus nunca estiveram restritos a essa estreita faixa territorial. O antigo território fenício envolvia o que agora é a República do Líbano com a porção sul das costas sírias. A orla marítima dessa região é interrompida por rios e por agudos promontórios, que avançam mar adentro. Uma estreita mas fértil planície é limitada pela cadeia ocidental do Líbano, que atinge a altura máxima de 3000 m. Os rios incluem o Eleutero atualmente denominado al-Mah al-Kabir, que forma a fronteira entre o Líbano e a Síria; o Qadisha, que desemboca no mar, perto de Trípoli; o Ibrahim al-Kalb e o Leonte (atualmente chamado Litani ou al-Litani), que desembocam perto de Sidon. Na antiguidade, muitas espécies vegetais cobriam aquela planície incluindo cedros, pinheiros, ciprestes e vários tipos de junípero, sem falarmos no sândalo, que era um importante item comercial. Na época, o Líbano era densamente coberto de florestas; porém, a contínua exploração da madeira de construção, sem qualquer plano de replantio, acabou com as reservas florestais. Atualmente, há apenas algumas centenas de árvores, confinadas a minúsculos bosques. A área geográfica em que viviam os fenícios encorajou-os a se atirarem às lides do mar. Por isso é que os fenícios tornaram-se os mais famosos marinheiros da antiguidade, o que é mencionado no vigésimo terceiro capítulo do livro de Isaías.

III. HISTÓRIA

1. Supõe-se que as **primeiras migrações** que levaram esse povo à Palestina tiveram lugar em cerca de 3000 a.C. Heródoto (*Hist.* 1.1, 8.89) pensava que os fenícios haviam chegado por via terrestre, vindos do golfo Pérsico, então atravessaram o mar Vermelho e, tendo chegado, fundaram Sidon e outras cidades costeiras, ou próximas da orla marítima. Antes da chegada deles, recuando até 3500 a.C., a região era ocupada por uma raça mediterrânea, que vivia em cabanas circulares e sepultava os seus mortos em urnas de barro, conforme tem sido demonstrado por escavações em Gebal (Biblos). Esse povo foi sendo gradualmente substituído por semitas, chamados amorreus, embora esse nome não deva ser confundido com o dos amorreus mencionados no Antigo Testamento. Em cerca de 1800 a.C., havia um ativo comércio que se efetuava entre essa gente e os egípcios. Colônias foram então estabelecidas pelos fenícios em Ugarite, Acre, Dor e Jope. Além dessas, foram fundadas outras cidades, como Sidon, Tiro, Arvade, Beirute, Sumar e Uluza. Todas essas eram cidades-estado, que controlavam a área circundante, incluindo suas aldeias. Biblos (no latim *Byblus*), também chamada Gebal, manufaturava o papiro, que era transformado em papel, de cujo nome surgiu a designação que usamos para indicar as Escrituras Sagradas, Bíblia. Biblos é a única cidade fenícia que foi totalmente escavada pelos arqueólogos. Navios de Biblos são representados nos relevos egípcios datados do tempo de Saúre, da V Dinastia, cerca de 2500 a.C.

2. Dominação Egípcia. Durante alguns séculos, os fenícios estiveram sob a hegemonia egípcia. De fato houve um controle quase militar do território, durante as Dinastias egípcias XVIII e XIX (1570-1200). Cartas dirigidas por Rib-Adi, de Biblos, e de Abi-Milki, de Tiro, a Amenófis III, em Amarna, no Egito, mostram que, em cerca de 1400 a.C., Sumar e Beirute tinham obtido certo grau de independência e, juntamente com Sidon (que parece ter sido capaz de manter boa dose de independência o tempo todo), estavam fortificando as cidades cananeias contra os ataques de estrangeiros.

A soberania egípcia foi interrompida pelo advento dos hicsos, que, durante certo tempo, dominaram a Síria-Palestina e o Baixo Egito. Tutmés III, da XVIII Dinastia (1490-1436 a.C.), livrou-se dos hicsos e restaurou a supremacia egípcia. Seus relatórios acerca do que ele encontrou na Palestina permitem-nos saber como era a vida naquela época. Suas listas de despojos incluem vasos, panelas, facas de ouro, tabletes e cadeiras de marfim e objetos de luxo, feitos de ébano, entalhados a ouro.

3. Começo do Século XIV a.C. Os hititas e os amorreus invadiram as costas da Fenícia, tendo encontrado pouca resistência por parte dos egípcios. Os reis da região ficaram divididos em sua lealdade, pois alguns continuaram aliados dos egípcios, enquanto que outros bandearam-se para os invasores. Tiro queria ficar ao lado dos Faraós, mas Simira e Sidon juntaram-se aos invasores. Na época, o rei do Egito era o herético Amenhotepe IV (Icnaton, que reinou entre 1370 e 1353 a.C.). Seus arquivos foram descobertos em Tell el-Amarna, e a atividade literária ali representada confere-nos muitas informações quanto à natureza da época. Amenhotepe estava por demais ocupado com assuntos religiosos para preocupar-se com batalhas que estavam tendo lugar na Fenícia. Por isso dessa maneira que ele e seus débeis sucessores da XVIII Dinastia perderam o controle sobre seus domínios fenícios. Ramsés II (1290-1233 a.C.) restaurou algum poder egípcio na região mas não perdurou por muito tempo.

4. Independência. A região obteve um estado de independência que perdurou por cerca de três séculos (1200-900 a.C.). Então passaram a existir várias cidades-estados com seus próprios monarcas. Estes governavam sob a ideia do direito divino dos reis, com a ajuda de uma classe aristocrática. Algumas vezes era obtida a união de forças, quando se levantava algum inimigo comum; mas, em sua maior parte, cada cidade-estado era independente, comerciando de forma competitiva umas com as outras. Gradualmente foi surgindo uma confederação, com Sidom e, mais tarde, Tiro, como cabeças da mesma. Durante esse período, a área prosperou e o comércio, as artes e o artesanato atingiram a mais elevada expressão. Além disso, efetuava-se um intenso comércio marítimo, o que resultou em um quase exclusivo monopólio fenício. Os fenícios descobriram o Oceano Atlântico um de seus feitos marítimos mais notáveis. Posteriormente, conseguiram circunavegar a África. Tornaram-se pescadores, negociantes e agentes de ligação internacionais. Eles guiavam-se pela Estrela Polar. Os gregos aprenderam com os fenícios a arte da navegação e chamavam a Estrela Polar de *Estrela Fenícia*. O mar Mediterrâneo tornou-se assim um lago fenício. Os países às margens do Mediterrâneo ressentiam-se da falta de madeira de construção, trigo, azeite e vinho, e o comércio fenício supria aos mesmos desses produtos vitais. Porém, muitos outros produtos também estavam envolvidos nesse comércio, como o algodão, o vidro, os metais, os têxteis e o corante púrpura.

5. A Fenícia como senhora dos Mares. Sidon e Tiro tornaram-se centros todo-importantes do comércio na área do mar Mediterrâneo. Homero e os autores do Antigo Testamento chamavam os fenícios de *sidônios*. Ver *Ilíada, liv*. 6, 1.290. Homero mencionou vários itens do comércio deles, como ricas vestimentas, bordados e outros itens de luxo. O vigésimo sétimo capítulo de Ezequiel dá-nos uma descrição gráfica de Tiro como um porto e centro comercial. O mais bem conhecido monarca de Tiro foi Hirão (séc. X a.C.). Foi ele quem ofereceu a Salomão os arquitetos e os operários especializados para a construção do templo de Jerusalém, bem como a madeira de cedro necessária para a obra (1Reis 5.5- 11; 7.13-34, 2Cr 2.1-16). O templo de Israel foi decorado de acordo com motivos tipicamente cananeus, e seus sistemas rituais e sacrificiais eram similares aos dos cananeus. Salomão construiu uma flotilha com a ajuda dos tírios, tendo sido a primeira marinha mercante que os israelitas tiveram. Foram enviadas expedições em torno das costas da Arábia e da Africa Oriental (1Rs 9.26-28; 10.11; 2Cr 9.10). Uma princesa tiria (sidônia), de nome Jezabel, casou-se posteriormente com o rei Acabe (que reinou entre 875 e 853 a.C.), e introduziu no reino do norte as práticas idólatras dos cananeus. E uma filha de Jezabel, Atalia, casou-se com Jeorão, rei de Judá. A casa de marfim, de Acabe (ver 1Rs 22.39) tinha painéis de marfim cinzelado, bem como outras decorações, executadas por artífices fenícios.

6. Colônias. Como já seria de esperar, a comercialização do mundo antigo, por parte dos fenícios, resultou no fato de que eles estabeleceram colônias em muitos lugares. Havia inúmeras colônias, desde a Cilícia até o Egito, passando pela Sicília e pela Espanha, com alguns pontos na Gália e na Numídia no norte da África. Várias ilhas do Mediterrâneo também receberam ocupantes fenícios. Foi dessa maneira que muitas palavras de origem semítica foram adotadas por outros idiomas, sobretudo nomes próprios locativos, como Malta (no semítico, "refúgio"), Cartago (no semítico, "cidade nova"), e Cadmo (no semítico, "recém-chegado"). A irmã de Cadmo era *Europa*, que se tornou o apelativo de todo o continente europeu, afinal de contas. A Cadmo se tem creditado a introdução do alfabeto em outros países, bem como a construção da cidade de Tebas.

7. Cartago. Essa foi a mais rica e saudável de todas as colônias fenícias. Foi fundada em cerca de 814 a.C., por colonos tírios. Chegou a ampliar sua esfera de influência por larga porção do norte da África e do sul da Espanha. Manteve o seu poder até o começo do século VII a.C., quando o poder assírio começou a dilapidá-la. Não obstante, Cartago assumiu o papel de protetor das outras colônias, tendo-se tornado um pequeno império (segundo os padrões modernos), que se estendia desde a Cirenáica até a península ibérica.

8. O Avanço dos Assírios. Entre 884 e 859 a.C., sob Assurbanipal, a Assíria começou a exercer pressão sobre as cidades da Fenícia. Assurbanipal foi capaz de extrair tributo de Tiro, Sidon, Gebal e Arvade, recolhendo produtos como tecidos, corantes, metais preciosos, marfim e madeiras nobres. Salmaneser III enviou tropas armadas para a região e chegou a subjugá-la militarmente, em 841 a.C. Os portões de bronze do templo assírio, em Balawate, mostram como Tiro e Sidon tiveram de oferecer muitos presentes e produtos. Adade-Nirari III reduziu Tiro e Sidon ao estado de vassalagem, em 803 a.C. Hiramu, de Tiro, e Sibiti-Biili, de Gubla (Biblos), tiveram de enviar tributos a Tiglate-Pileser III, durante o seu ataque contra Arpada, em cerca de 741 a.C. Ao mesmo tempo, também sujeitou Menaém, rei de Israel. Tiro e Sidon caíram sob a supervisão direta de um oficial assírio, e pesadas taxas foram impostas, sob a forma de produtos e de metais preciosos. Em 734 a.C., Tiglate-Pileser capturou a fortaleza de Caspuna, que guardava os caminhos que levavam a Tiro e a Sidon, e que se tinham tornado aliadas para efeito de defesa mútua. Sargão continuou suas invasões da costa fenícia e obteve vários triunfos militares. Há relevos no Museu Britânico, provenientes de Nínive, que ilustram essas aventuras assírias. Esar-Hadom saqueou Sidon e transportou os seus habitantes para outra área, na nova cidade de nome Esar-Hadom, ou para aldeias das proximidades. Tiro foi destruída e saqueada por Assurbanipal, em 664 a.C. e, em vista disso, sucumbiu toda a esperança de autogoverno, por parte dos fenícios. Porém, não muito tempo depois, o próprio império assírio entrou em colapso, após a queda de sua capital, Nínive, em 612 a.C. O grande feito foi conseguido mediante o ataque conjunto dos medos, vindos do norte, e dos neobabilônios, vindos do sul.

9. Os Neobabilônios. Os herdeiros do poder assírio, os neobabilônios, resolveram tomar conta das costas marítimas fenícias. O Egito, pensando ainda em termos imperialistas, quis opor-se a isso. Em uma batalha que houve às margens do rio Eufrates, o exército egípcio foi derrotado por Nabucodonosor (605 a.C.). Então foram enviadas tropas babilônios para o sul, contra Jerusalém, a qual foi ocupada em 597 a.C. Assim Nabucodonosor destruiu o reino de Judá, e então atirou-se contra a Fenícia. Foram necessários treze longos anos para ele conquistar a cidade de Tiro (585-573). Isso resultou, finalmente, na vitória de Nabucodonosor, que os arqueólogos têm encontrado celebrada em duas estelas, encontradas perto do rio Dogue. Não houve mais nenhuma oposição interna, mas, como é usual, acabou se levantando um outro poder, a Pérsia.

10. A Pérsia. Ciro, o Grande, e seu exército persa (em 538 a.C.) destruíram o estado neobabilônico e assim ele obteve domínio sobre toda a Palestina, de um golpe só. A Palestina, pois, tornou-se uma das satrapias de seu vasto império. Sidon foi feita capital dessa satrapia, bem como a residência de um governador persa. Durante o período persa, o idioma aramaico tornou-se uma espécie de língua franca, e negociantes arameus acabaram substituindo os fenícios. Os negociantes gregos também interromperam seus negócios com eles o que pôs fim a uma grande época comercial. Durante cerca de dois séculos, os persas foram todo-poderosos, mas então surgiu no horizonte Alexandre, o Grande, da Macedônia.

11. Alexandre e seus Sucessores. Entre as muitas e abrangentes conquistas de Alexandre, destaca-se a captura da cidade de Tiro, por meio de um mole de terra especialmente construído com esse fim. Alexandre obteve a vitória. A destruição foi grande, mas a cidade, com o tempo, acabou se recuperando, e, à semelhança de Sidon, tornou-se próspera durante os períodos helênico e romano. O trecho de Mateus 15.21 fornece-nos alguns indícios nesse sentido. Suas conquistas ocorreram no século IV a.C., e o resultado das mesmas foi que a língua grega tornou-se o idioma internacional, o que continuou pelo império romano adentro, até que já no século II d.C., o latim, finalmente, sobrepujou, de todo, o grego. Após a morte prematura de Alexandre, a Fenícia tornou-se parte do reino sírio, governada pelos monarcas selêucidas. A porção sul era contestada pelos monarcas ptolomeus, do Egito.

12. Os Romanos. Em 66 a.C., o governo dos reis selêucidas foi substituído pelo governo dos romanos. Agora não havia mais cidades-estados fenícias, mas tão somente uma grande província romana naquela região. Novas estradas foram construídas, o comércio internacional foi encorajado, impostos foram abrandados e uma relativa paz foi mantida pelas tropas romanas, posicionadas em Beirute e em Baalbeque. Alguns habitantes daquela região eram seguidores de Jesus (ver Mc 3.7 ss., 7.24 ss.). A primitiva missão evangelizadora dos cristãos estendeu a igreja até aquela área (ver At 11.19; 15.3 e 21.2).

IV. Comercialismo. Tão grande foi o poder comercial dos fenícios, que a palavra "comércio" quase chega a ser sinônimo de "fenício". A história do povo fenício, conforme damos na terceira seção, acima, ilustra isso.

Fatores que encorajaram essa atividade. 1. Os fenícios perderam muito terreno para Israel, tendo sido forçados a obter a maior parte de seus recursos ocupando-se no comércio. Temos um caso moderno análogo no Japão, que, embora pobre em recursos naturais, tem-se tornado uma das nações mais industrializadas e comerciais do mundo, a despeito do exíguo território de que dispõe. **2.** As montanhas confinavam o território dos fenícios a uma estreita faixa de terra, forçando-os a voltarem toda a sua atenção para o mar. Foi dessa forma que eles desenvolveram as habilidades próprias da vida marítima, tendo podido lançar muitas colônias, próximas ou distantes. **3.** Os fenícios dispunham de amplo suprimento de madeira, de todas as variedades, incluindo o pinheiro, o cipreste e o cedro, que eles empregavam na construção de navios (Ez 27.9). Eram grandes conhecedores da indústria de extração de madeira (1Rs 5.6). No entanto, esqueceram-se de replantar os densos bosques que iam derrubando, de tal modo que lhes restou somente uma região estéril, onde antes havia grandes florestas. Eles fizeram da madeira um de seus produtos mais importantes. Seus dois grandes portos marítimos eram Tiro e Sidom, embora Biblos, Arvade, Arca, Sarepta e Ugarite também fossem portos importantes.

V. Arte e Literatura. As formas de arte dos fenícios combinavam elementos semitas, egípcios e hurrianos, porquanto sempre foram muito voltados para o sincretismo. Eles negociavam com muitos países e esse espírito também penetrou em suas atividades artísticas. Eles manufaturavam e trocavam joias, vasos, peças de cerâmica de toda a espécie, com o Egito, com a ilha de Creta, com a Grécia, e até com lugares bem distantes. Tornaram-se excelentes fabricantes de objetos de cobre, de bronze, de marfim e de vidro. Entre seus contemporâneos, não havia quem se lhes igualasse no trabalho com metais. Ao que parece, eles foram o primeiro povo a decorar vasos de metal com flores artificiais. A arqueologia tem demonstrado que as obras gregas do século VIII a.C. sofriam a influência das formas de arte dos cananeus.

A literatura dos fenícios, ao que parece, foi bastante volumosa. No entanto, somente fragmentos dos relatos mitológicos de Sanchuniaton, da Babilônia, e da história de Menandro, de Tiro, foram preservados até nós. Supõe-se que a atividade literária dos gregos foi influenciada pela correspondente atividade fenícia. É uma ironia que o povo que inventou o alfabeto tenha deixado tão escassa literatura, mas isso deve-se à frágil natureza do material de escrita que eles usavam (principalmente o papiro) e não por falta dessa forma de atividade. Em Ugarite, foi feita uma grande descoberta de tabletes de argila, entre 1929 e 1933. Tais tabletes datam do século XIV a.C. Esse material é de natureza essencialmente religiosa e ritualista.

Há notável paralelismo com as ideias dos hebreus e de sua literatura. Há elementos nos livros bíblicos de Jó, Salmos e Cantares de Salomão que muito se assemelham ao que dizem esses tabletes. O Baal de Ugarite "cavalga pelo céu", tal como Yahweh (ver Sl 68.4). O trovão é a voz de Baal, tal como é dito a respeito de Yahweh (ver Sl 29.3-5 e Jó 37.2-4). E o Salmo 29 é similar a certas outras expressões fenícias. O empréstimo de ideias e de formas literárias é uma constante entre as culturas, antigas e modernas; e, por essa razão, coisas desse jaez não nos deveriam surpreender.

VI. Religião. O pluralismo da religião fenícia era bem pronunciado, e suas práticas idólatras foram condenadas pelos profetas hebreus (ver 1Rs 18-19; Is 65.11). Pertencentes ao período mais antigo, conforme temos descoberto evidências, os textos de Ras Shamra falam sobre um elaborado culto e mitologia, em torno de Baal, também chamado *Meleque* (que significa "rei"). Nessa literatura também achamos menção a Sapis, um deus-sol, e a Quesepe (Mical), uma divindade do mundo inferior. Os cultos de fertilidade de Anate (Astarte) eram sincretistas, envolvendo elementos egípcios e semitas. Essa mescla produziu o culto de Adônis e de Tamuz, o primeiro dos quais tem sido identificado com o Osíris dos egípcios. O deus da cura era chamado Esmun (equivalente ao grego Asclépio). Cada cidade denominava *Baal* ao chefe de seu panteão, uma palavra que significa "senhor" ou "proprietário". Pelo menos em nome, esse culto emprestava uma espécie de unidade à religião idólatra dos fenícios. O chefe do panteão de Ugarite era *El*. Esse nome, que significa "força" ou "poderoso", era um dos nomes para Deus, no hebraico. Ver o artigo acerca de *El*. Ele tinha uma esposa de nome Elate, um filho de nome Alian e uma filha de nome Astarte. As *esposas* de Baal eram chamadas *baalates*. Elas quase sempre apareciam em duplas. Istar (no grego, *Astarte*), era a *baalate* de Biblos. A adoração a ela incluía a prostituição sagrada. Esse tipo de atividade, a propósito, é condenado em (Lv 18; 1Rs I e 19 e Jr 3.2). Em seus elementos fundamentais, o relato de Osiris e Ísis é a história sobre Tamuz e Istar. Quanto às formas mais remotas de adoração cananeia, contamos com os textos em escrita cuneiforme, compostos em acádico e ugarítico, com data entre 1600 e 1200 a.C. Algumas alusões a isso aparecem no Antigo Testamento e nos escritos de Filo de Biblos e de Eusébio, o historiador eclesiástico, que citou o primeiro, além de um outro autor, para nós desconhecido, chamado *Sanchuniaton*. Uma divindade extremamente popular era *Hade*, o filho de Dagan, que também era chamado *Baal*, "senhor". Além disso, temos o deus-mar, Iam; o deus da morte, Mote, o deus-lua, Iari; e o deus dos marinheiros, Melcarte. (ALBR AM GY LAM ND UN Z)

FENO

No hebraico, *chatsir*, **"ervas"**, que ocorre por vinte e uma vezes no Antigo Testamento. Visto que o feno nunca foi cultivado na Palestina, é errada a tradução "feno" para *chatsir*. Contudo, as traduções, aqui ou ali, traduzem esse termo por "feno". As ocorrências de *chatsir* (são: Pv 27.25; Is 15.6; 1Rs 18.5; 2Rs 19.26; Jó 40.15; Sl 37.2—90.5; 103.15; 104.14; 129.6, 147.8; Is 35.7; 37.27; 40.6,8; 44.4; 51.12; Jó 8.12; Nm 11.5). Nossa versão portuguesa da Bíblia traduz por "feno", esse vocábulo hebraico, somente em Provérbios 27.25. Interessante é que na última dessas referências, Números 11.5, a mesma palavra é traduzida por "alhos silvestres". Tanto no primeiro como no segundo desses dois casos que destacamos, temos uma interpretação, e não uma tradução.

A palavra grega correspondente a *chatsir* é *chórtos*, "erva" "relva" que figura por quinze vezes (Mt 6.30, 13.26, 11.19; Mc 4.28-6.39; Lc 12.28; Jo 6.10; 1Co 3.12; Tg 1.10,11; 1Pe 1.24 (citando Is 40.6,7); Ap 8.7 e 9.4).

O feno era secado e cortado, a fim de servir de ração para o gado. Por conseguinte, era um produto preparado. O trecho de

1Coríntios 3.12 talvez indique o feno, embora o sentido primário da palavra grega *chórtos*, daquele texto, seja erva, fazendo contraste entre a vegetação silvestre e as plantas cultivadas.

FÉRETRO

No hebraico, *mittah*, **"cama"**, e no grego, *sorós*, **"esquife"**. A palavra hebraica é usada por 29 vezes, e apenas por uma vez, em 2Samuel 3.31; podemos pensar em um "ataúde", onde o corpo de Abner, recém-assassinado por Joabe, em um ato traiçoeiro, estava sendo conduzido. Porém, é mais provável que se tratasse mesmo de um leito leve, como havia na antiguidade. A tradução portuguesa "féretro" evita definir o que seria o objeto.

A palavra grega *sorós* aparece exclusivamente em Lucas 7.14. O corpo do filho único da viúva estava sendo transportado em uma maca, tal como até hoje se vê nos funerais de islamitas pobres, onde os cadáveres são transportados sobre simples tábuas. Algumas vezes havia, para esse propósito, uma armação de vime. Naturalmente, os ricos tinham esquifes melhores do que os pobres. No grego clássico, a palavra em foco pode significar a *urna* onde eram guardados os ossos de um morto; mas seu uso, no Evangelho de Lucas, deve apontar para a *mittah dos* judeus.

FERIDA

No hebraico, *nega*, palavra que ocorre por setenta e sete vezes nas páginas do Antigo Testamento. Em nossa versão portuguesa, tal como em muitas outras versões estrangeiras, a palavra tem sido traduzida, na maioria das vezes, por praga. Mas, como a palavra hebraica é um termo geral que se refere a qualquer lesão da pele ou das membranas mucosas, aproveitamos o trecho de 2Crônicas 6.29, onde aparece, em nossa versão portuguesa, a tradução "chaga". Outras passagens onde, por exemplo, essa palavra hebraica ocorre: (Lv 13.42,43; Sl 38.11; Pv 6.33; Gn 12.17; 1Rs 8.37,38). É nos capítulos 13 e 14 de Levítico que a palavra hebraica aparece por nada menos de cinquenta e quatro vezes.

No grego, *élkos*, "úlcera", "abcesso". Esse vocábulo aparece no Novo Testamento por apenas três vezes (Lc 16.21; Ap 16.2 e 11).

Provavelmente, a palavra hebraica era usada para indicar (embora não com exclusividade) um tipo específico de ferida que se tornara comum entre o povo de Israel. Chama-se modernamente "úlcera do deserto", uma úlcera tropical que ocorre, principalmente, nas áreas desérticas do norte da África e do Oriente Médio. Esse tipo de úlcera assemelha-se a uma veia varicosa, surgindo principalmente nas pernas, no dorso das mãos e no rosto.

Nos dias bíblicos as úlceras e chagas deviam ser extremamente comuns, razão pela qual essa aflição é tão frequentemente mencionada nas Escrituras. O caso de Jó é um exemplo típico. Davi culpou a si mesmo por suas chagas. *Tornam-se infectas e purulentas as minhas chagas por causa da minha loucura* (Sl 38.5).

Em Israel, de acordo com a legislação mosaica, havia regras muito rígidas no tocante ao diagnóstico de todas as feridas. Em muitos casos, os pacientes eram forçados a total isolamento. É verdade que algumas dessas regras pareciam duras demais, mas a verdade é que elas ajudavam a retardar a propagação de doenças contagiosas, em uma época quando ainda nem se sonhava com antibióticos e com os modernos recursos da medicina.

Não sabemos dizer muita coisa sobre os medicamentos usados na antiguidade na cura das feridas, exceto que o bálsamo de Gileade é mencionado por repetidas vezes. O bálsamo de Gileade era uma resina muito fragrante, com a consistência de mel de abelhas. Era obtida de árvores arbustivas na margem leste do rio Jordão. Aqueles que têm trabalhado com os índios norte e sul-americanos, dizem que eles também usam resinas similares, que aliviam as dores, estimulam o tecido são em torno da ferida e ajudam a destruir os organismos que causam a infecção.

FERIR, QUEBRAR, MOER

Por detrás desses verbos portugueses temos uma série de verbos hebraicos e gregos, a saber: **1**. *Daka*, "ferir", palavra que ocorre por dezoito vezes (para exemplificar: Is 53.10; Sl 89.10). **2**. *Daqaq*, "triturar", palavra que ocorre por doze vezes (por exemplo: Is 28.28; Mq 4.13). **3**. *Rea*, "quebrar em pedaços", palavra que aparece por uma vez somente (Dn 2.40). **4**. *Shuph*, "ferir", palavra que ocorre por quatro vezes (para exemplificar: Gn 3.15). **5**. *Maak*, "esmagar", palavra que ocorre por três vezes, como em Levítico 22.24. **6**. *Ratsats*, "esmigalhar", palavra que aparece por dezenove vezes (por exemplo: 2Rs 18.21; Is 42.3; Dt 28.33; Am 4.1). **7**. *Thraúo*, "quebrar em pedaços", palavra grega que aparece por apenas uma vez, em Lucas 4.18, citando Isaías 58.6. **8**. *Suntríbo*, "esfregar com", palavra grega que ocorre por sete vezes (Mt 12.20, citando Is 42.3; Mc 5.4; 14.3; Lc 9.39; Jo 19.36, citando Sl 34.21; Rm 16.20 e Ap 2.27).

Há ainda muitas outras palavras hebraicas e gregas, que devem ser examinadas sob o verbete *Quebrar*. Mas as palavras dadas acima têm sido traduzidas com os sentidos de esmagar (Is 28.28) injuriar, oprimir (Lm 4.18), afligir, punir (Is 53.5) etc. Estritamente falando, deve-se pensar em um ferimento do qual a vítima consegue recuperar-se, mediante liquefação gradual e absorção dos tecidos danificados, durante cujo processo a área afetada muda de cor, no desenvolvimento da cura. Mas as referências bíblicas não incluem somente esse tipo de ferimento superficial, porquanto envolvem até mesmo a pulverização, a trituração, o esmigalhamento etc.

Usos figurados. **1**. A alma ferida indica dúvidas, temores, angústia e tribulações internas, por causa do pecado (Mt 12.20). **2**. A nação cheia de contusões aponta para as iniquidades que a marcam (Is 1.6; Jr 6.14). **3**. Cristo foi moído por causa dos nossos pecados, indicando os seus sofrimentos vicários (Is 53.5,10). **4**. Cristo esmagou a cabeça de Satanás quando destruiu as consequências de seus ímpios desígnios e de seus atos malignos (Gn 3.15; Rm 6.20). **5**. Os santos fracos são feridos quando ofendidos ou afligidos por Satanás ou falsos mestres, mas são divinamente protegidos (Is 52.3; Lc 4.18). **6**. O rei do Egito foi comparado a uma cana esmagada, em vista do estado debilitado de seu reino (2Rs 18.21). (HA S)

FERRAMENTAS. Ver sobre *Artes e Ofícios*.

Nas Escrituras, as ferramentas de trabalho são referidas de maneira apenas incidental, e usualmente, em conexão com as atividades próprias das artes e dos ofícios. Os hebreus não eram, usualmente, destros no emprego de ferramentas de trabalho. Antes de terem migrado para o Egito, eles formavam um clã pastoril. Chegando ali, não demorou muito para perderem sua liberdade, sendo reduzidos a uma condição de grande dependência, com nenhum vagar para se dedicarem às artes ou às profissões liberais. Por isso mesmo, quando da construção do tabernáculo, no deserto, o Espírito de Deus conferiu habilidades a certos homens, como Bezalel e Ooliabe (ver Êx 31.1-11; 35.30; 36.1), a fim de que tal trabalho pudesse ser executado. Mas, mesmo depois que os israelitas conquistaram a Terra Prometida, eles nunca se tornaram os melhores artesãos. Na época de Salomão, cerca de seiscentos anos depois da época de Moisés, tiveram de ser contratados artífices e operários fenícios, na construção do templo de Jerusalém. (Ver 1Rs 7.13). Todo esse atraso nesse campo de atividades impedia que os israelitas desenvolvessem suas próprias ferramentas. Na maioria das vezes, eles imitavam as ferramentas egípcias. Como lhes faltou o ferro durante muito tempo, suas ferramentas perdiam em qualidade em relação às ferramentas, utensílios e armas de outros povos, como os fenícios e os filisteus, para exemplificar.

Os que trabalhavam em madeira usavam serras de metal, provavelmente, do tipo egípcio de puxar, com os dentes voltados na direção do cabo. Essas serras também eram usadas para cortar pedras (cf. 1Rs 7.9, Is 10.15). Há uma tradição antiga que diz que Isaías, o profeta, foi executado ao ser serrado pelo meio (ver Hb 11.37). O mais provável é que os hebreus usassem malhos, na carpintaria, e não martelos (ver Jz 4.21; cf. 5.26). No entanto, nove palavras hebraicas diferentes são traduzidas como "machado", o que indica que havia diversos tipos desses úteis instrumentos de trabalho pesado. A lâmina desses machados corria paralela ao cabo, ou então formava um ângulo reto com o mesmo. E o próprio cabo podia ser mais longo ou mais curto. Lê-se na Bíblia que havia ferramentas de pedra, de bronze e de ferro; e os métodos de ajustar essas peças a seus cabos variavam consideravelmente (cf. Dt 20.19 e 19.5 com 2Reis 6.5 e Jr 10.3). Os machados também eram usados, com bastante frequência, como armas de guerra (Jz 9.48; Jr 46.22). Aliás, isso não se dava somente entre os hebreus. Os gauleses, por exemplo, gostavam muito de usar machados de guerra, e é fato bem conhecido entre nós que muitas tribos indígenas norte-americanas faziam o mesmo. Os carpinteiros também usavam raspadoras, plainas e formões, para obter diversos efeitos (ver Is 44.13), além de empregarem sovelas e verrumas para o ato de perfurar (ver Êx 21.6 e Dt 15.17).

A faca era de uso o mais generalizado possível, sendo empregada para toda espécie de trabalho. Usava-se a linha, com uma pedra ou um peso de chumbo em uma das extremidades, para servir de prumo, ou então sem esse peso, a fim de fazer medições. Sabe-se que os hebreus também usavam o compasso e algum tipo de esquadro, permitindo a obtenção de ângulos retos perfeitos. Também havia réguas, para o traçado de linhas retas. Há muitas referências bíblicas a esses itens e a esses atos.

Os pedreiros hebreus utilizavam-se de muitas das ferramentas que já mencionamos, embora também usassem uma certa variedade de martelos e marretas (ver 1Rs 6.7 e Jr 23.29). Formões, cunhas, pedras de abrasão, níveis, roletes e guindastes primitivos, também eram conhecidos entre eles. Poderíamos adicionar a essa lista moldes para tijolos, vários modelos de colher de pedreiro e picaretas (cf. O artigo sobre a *Inscrição de Siloé*, onde se vê que nessa inscrição há menção de umas poucas ferramentas não aludidas no Antigo Testamento).

Os ferreiros, em adição a algumas das ferramentas acima mencionadas, como o malho, também lançavam mão de um tipo especial dessa ferramenta, que figura em Isaías 41.7 (onde a nossa versão portuguesa a traduz por "martelo"). Sem dúvida, eles também contavam com a bigorna, com a fornalha, com os foles, com moldes diversos, com conchas para o metal derretido, com limas, com brocas etc. Por igual modo, eles também deviam conhecer as tenazes e até mesmo a bancada para fixar as peças a serem trabalhadas.

Na agricultura, as ferramentas usadas pelos hebreus incluíam o arado, a foice, o ancinho, o gancho, o aguilhão, o enxadão, o forcado, a pá, a peça de trilhar e o machado (ver 1Sm 13.21; 1Rs 7.40,45; Jl 3.13). As ferramentas de corte eram afiadas, quase sempre, mediante o uso de pedras próprias ou de limas (ver 1Sm 13.21). Os ferreiros conseguiam afiar os seus instrumentos também de outra maneira: aqueciam o metal, batendo então com um malho ou martelo, as beiradas da parte cortante de suas ferramentas.

Os oleiros hebreus dispunham de seu próprio conjunto de ferramentas, que incluía a roda do oleiro, o forno, as pás para mexer e retirar a massa, os raspadores, os buris, os cinzéis etc. Também havia outros ofícios, como o dos tecelões, dos tintureiros, dos pintores, dos fabricantes de tendas, dos joalheiros, dos gravadores, dos escultores, dos bordadores, dos costureiros etc., cada um dos quais com suas ferramentas e seus equipamentos especiais, condizentes com suas respectivas necessidades.

Essas ferramentas e utensílios, entre os antigos hebreus, como é óbvio, pouco tinham de sofisticação e precisão. Eles nunca tiveram coisa alguma parecida com o torno, com a fresa, com a serra elétrica, além de muitos outros equipamentos modernos comuns, pois o fabrico dessas ferramentas requer grande avanço tecnológico. Todavia, mesmo em comparação com outros povos da antiguidade, os hebreus deixavam muito a desejar. Eles foram muito mais um povo agrícola e pastoril, cuja grande produção sempre foi a literatura sagrada e as atividades religiosas, no que foram imbatíveis. As ciências, como a matemática, a engenharia, a medicina, a astronomia, e muitas outras, nunca ocuparam um lugar central nos interesses deles. Até mesmo a filosofia só entrou no horizonte deles quando começaram a helenizar-se e, portanto, da época de Alexandre, o Grande, em diante.

Usos Metafóricos. Ferramenta é qualquer coisa que o homem pode empregar para realização de alguma tarefa material ou para concretização de algum ideal. No sentido espiritual, a espiritualidade do indivíduo é essa ferramenta, porquanto, através dela, a pessoa pode cumprir sua missão na terra. Além disso, existem instrumentos como a preparação, a educação, a experiência profissional e o *conhecimento* ou *know how*.

FERREIRO

Ver sobre *Ofícios*. Há três palavras hebraicas envolvidas neste verbete, a saber: **1**. *Charash*, "artífice", "gravador". Palavra hebraica que ocorre por 29 vezes; como, por exemplo, (em 1Sm 13.19 e Is 54.16). **2**. *Charash barzel*, "trabalho em ferro", que aparece somente em Isaías 44.12. **3**. *Masger*, "ferreiro". Esse termo aparece por quatro vezes com esse sentido, em 2Reis 24.15,16;

O originador desse ofício foi Tubal-Caim (Gn 4.22). O contexto de 1Samuel 13.19 refere-se aos ferreiros filisteus, que foram os primeiros a trazer para a Palestina a arte de trabalhar com o ferro. O profeta Isaías fornece-nos uma boa descrição do trabalho de um ferreiro, em Isaías 44.12; mas a passagem encontra-se em meio a um trecho que descreve o fabrico de ídolos, mas nenhum ídolo de ferro foi encontrado até hoje. O trecho de Isaías 54.16 refere-se ao fabrico de certo artefato de ferro, embora esse artefato não seja especificado de modo definido, embora a versão portuguesa diga que o ferreiro fabricou uma *arma*; mas essa tradução tem por base o contexto, que possibilita tal tradução.

A palavra "ferreiro" (no hebraico, *masger*) é usada para descrever certa classe de artífices levada para a Babilônia por Nabucodonosor, por ocasião do exílio de Judá para aquele país; mas o sentido exato do termo hebreu é desconhecido hoje; entretanto, essa tradução, na verdade, não passa de uma conjectura (ver igualmente, 2Reis 24.24,16 e Jr 24.1 e 29.2).

FERRO

Há uma palavra hebraica, uma palavra aramaica e uma palavra grega envolvidas neste verbete, a saber: **1**. *Barzel*, "ferro", palavra hebraica que ocorre por setenta e cinco vezes, conforme se vê (por exemplo, em Gn 4.22; Lv 26.19; Nm 31.22; Dt 3.11; Js 6.19,24; Jz 1.19; 1Sm 17.7; 2Sm 12.31; 1Rs 6.7; 2Rs 6.6; 1Cr 20.3; 2Cr 2.6; 14.6; 19.24; Sl 2.9; Pv 27.16; Ec 10.10; Is 10.14; Jr 1.18; Ez 4.3; Am 1.3; Mq 4.13). **2**. *Parzel*, "ferro", palavra aramaica que só aparece no livro de Daniel, por dezenove vezes (2.33-35,40-43; 4.15,23; 5.4,23; 7.7,19). **3**. *Síderos*, "ferro", palavra grega usada somente por uma vez, em Apocalipse 18.12. A variante *sidéros*, "feito de ferro", ocorre por mais quatro vezes (Atos 12.10; Ap 2.27; 12.5; 19.15).

O ferro, em sua forma natural, como nos fragmentos de meteoritos, é conhecido pela raça humana há milênios. Porém, passou-se muito tempo antes de o homem desenvolver a tecnologia adequada para a produção de ferro, a partir do minério de ferro. A primeira alusão bíblica ao ferro aparece em Gênesis 4.22, que antecede a Idade do Ferro. É provável que o ferro, como meteorito, esteja em foco. Essa referência no livro de Gênesis mostra que o ferro era utilizado em objetos feitos desse metal, para o fabrico de instrumentos; mas devemos presumir que tal metal não existia em quantidade muito abundante. Algum ferro podia ser extraído da lava dos vulcões, aumentando um pouco a sua quantidade disponível.

Ao que parece, os hititas foram os primeiros a solucionar o problema da redução do minério de ferro em ferro, que então podia ser usado para fabricar implementos agrícolas, instrumentos, armas de guerra etc. Os filisteus levaram a arte do trabalho em ferro à Palestina, havendo evidências arqueológicas que demonstram que esse tipo de trabalho foi extensamente desenvolvido e usado pelo povo. Os trechos de Juízes 1.19 e 1Samuel 13.19-22 mostram que Israel, por esse motivo, encontrava-se em grande desvantagem militar, porquanto os filisteus possuíam armas e carros de combate feitos de ferro. Porém, durante os reinados de Davi e Salomão, o povo de Israel alcançou os seus vizinhos, no progresso do uso do ferro (1Cr 29.7). Naturalmente, antes do ferro, houve o uso extensivo do bronze, o que assinalou uma era arqueológica (2700 a.C.). O ferro marcou uma outra era. A era do ferro é datada entre 1200 e 300 a.C. Homero tem muitas referências ao ferro, em seus escritos, o que indica que, desde tempos bem remotos, os gregos sabiam explorar e usar o ferro. A arqueologia e as referências literárias antigas também mostram que os etruscos, os egípcios e os assírios sabiam trabalhar o ferro. Têm sido encontrados na região da antiga Assíria instrumentos de bronze recobertos de ferro. Quando o ferro começou a ser empregado, o cobre e o bronze continuaram sendo usados em armas de defesa, como os escudos, mas as armas ofensivas, como espadas, facas e lanças, eram feitas de ferro, porquanto esse metal é mais duro e pode receber um fio ou uma ponta mais permanente do que o bronze.

Nos dias de Davi, o ferro passou a ser usado em Israel em maior abundância do que o bronze. As conquistas militares dos filisteus serviram para dar aos israelitas o conhecimento do uso do ferro (ver 1Sm 13.19-22). Os filisteus tinham instalações de mineração e de fundição de ferro, em Gerar. Os trechos de Isaías 44.22 e Eclesiastes 38.28 nos dão alguma ideia sobre o trabalho de forja, em Israel. Alguns eruditos têm falado em termos do progresso do ferro, em Israel, nos dias de Davi e Salomão. O ferro era abundante, juntamente com o cobre, na Arabá, a região entre o mar Morto e o golfo de Ácaba, e as minas dali produziam minério de ferro durante o reinado de Salomão. Outros depósitos de ferro incluíam áreas próximas do monte Carmelo, do monte Hermom, a sudoeste de Midiã, em vários lugares da Síria, na ilha de Chipre, na costa do Ponto da Ásia Menor, e nas ilhas do mar Egeu.

Usos do Ferro, Segundo Referências do Antigo Testamento. Entre os despojos de guerra (Nm 31.22; 2Sm 8.8); na fabricação de carros de guerra; provavelmente veículos recobertos com placas de ferro com rodas recobertas de ferro (Js 17.16,18; Jz 1.19; 4.3,13); o leito do rei Ogue (Dt 3.11); a ponta da lança de Golias (1Sm 17.7); os ferros de machados e machados de guerra (Dt 19.5; 2Rs 6.5,6; Is 10.34); instrumentos feitos para cortar pedras (Dt 27.5), serras, arados etc. (2Sm 12.31), um estilete para gravar (Jó 19.24; Jr 17.1) algemas e correntes (Sl 105.18; 107.10).

O ferro é um dos mais abundantes metais da crosta terrestre, um pouco mais de cinco por cento do material que forma essa crosta. O ferro natural ou nativo é raro como material da crosta terrestre e quando é encontrado como tal, resulta da lava despejada pelos vulcões em erupção. A maioria dos meteoritos consiste em uma liga de ferro e níquel: 91% ferro e 8,5% níquel. Os cientistas também acreditam que o núcleo do globo terrestre também é uma combinação desses dois metais. Joias encontradas no Egito pré-dinástico (antes de 3400 a.C.) exibem o uso de ferro e do níquel provavelmente derivados de fragmentos de meteoritos. Quando o ferro é misturado ao níquel, torna-se infenso à ferrugem, o que explica sua longa duração, com pouca desintegração. A ferrugem, sem qualquer níquel, associado ao cobre, em instrumentos encontrados no Egito, é de cerca de 2700 a.C. Isso pode sugerir que ali havia fundições de minério de ferro desde épocas bem remotas. Isso é confirmado por remanescentes de antiquíssimas manufaturas de ferro, em locais da Síria e do Iraque. Uma data tão antiga quanto 7000-6000 a.C. tem sido sugerida para a descoberta inicial do ferro, visto que, no Egito, contas de ferro oxidadas têm sido encontradas, quase com essa antiguidade. Algumas contas encontradas em El Gerzeh, datam de cerca de 1000 a.C., e instrumentos de ferro começaram a ser feitos na IV Dinastia egípcia (cerca de 3100 a.C.). Alguns desses instrumentos têm sido encontrados no interior da grande pirâmide de Cufu, em Gizé. Supõe-se que instrumentos de ferro eram necessários para serem gravados os hieróglifos em pedras duras. Seja como for, a manufatura *comum* de armas, instrumentos e ornamentos feitos de ferro, só começou já na Idade do Ferro (cerca de 1200 a.C.).

Usos figurados. A força e a resistência físicas assemelham-se ao ferro (Dt 33.25; Mq 4.13; Jó 40.18; Dn 7.7,19). A quarta besta da visão de Daniel tinha dentes de ferro, e aparece como um animal de ferro, no segundo capítulo do livro de Daniel. O seu reino é visto como tendo artelhos compostos de ferro e barro, ou seja, com um ponto de fortaleza e um ponto de fraqueza. O império romano, em seu futuro reavivamento final, é assim retratado. Qualidades morais, como a inflexibilidade, de boa ou de má qualidade, também são assim retratadas (Jr 1.18; Is 48.4). Isso pode ser comparado com a metáfora de pessoas de dura cerviz, teimosos em seus caminhos malignos (Êx 32.9; 33.3,5; 1Cr 30.8). A seca prolongada produz um solo duro como o ferro (Lv 26.19). A escravidão é simbolizada por algemas de ferro (Dt 28.48). A aflição é simbolizada por uma fundição (Dt 4.20). O castigo divino é simbolizado da mesma maneira (Ez 22.18,20). Assim como o ferro pode ser usado para afiar o ferro, assim também um amigo melhora a fisionomia de um seu amigo. Em outras palavras, um amigo torna seu companheiro melhor em muitos sentidos. Os crentes aguçam-se mutuamente em suas graças e dons espirituais. Os mestres aguçam as mentes de seus alunos. A panela de ferro, de Ezequiel 4.3, parece indicar defesas contra o inimigo, como trincheiras, parapeitos, fortificações etc. Para Israel, isso servia de sinal de que o cativeiro babilônico avizinhava-se cada vez mais, e que os judeus precisavam preparar a sua defesa, o que, entretanto, seria inútil. Também falamos sobre uma vontade de ferro, indicando uma resolução firme, inflexível.

FERROLHO

No hebraico, *naal*, **"fechar"**. A palavra aparece por seis vezes. Indicava a tranca das portas de madeira ou de ferro que os hebreus usavam para fechar portas de casas (2Sm 13.17,18; Ct 5.5), portas de cidades (Ne 3.3,6; 13-15), portas de prisões (Is 45.2) etc. A raíz dessa palavra era idêntica ao vocábulo que se referia ao couro ou às sandálias. Talvez por isso a semelhança com a palavra para "ferrolho", pois tinham a forma de lingueta. É verdade que também havia portas dotadas de trancas de madeira ou de metal, mas também eram conhecidos os ferrolhos tipo lingueta. (Ver Ne 3.3,6,13-15). Portanto, havia dois sistemas: um deles precisava ser posto no lugar pelo lado de dentro (trancas) e o outro, por meio de uma chave, podia ser destravado pelo lado de fora (Jz 3.23 ss.). Ver também *trancas e fechaduras*.

FERRUGEM

No hebraico, *chelah*, "zinabre"; no grego, *brosis* "desgaste" ou "alimento", pois é palavra com duplo sentido, e *iós*, "ferrugem" ou "veneno". A oxidação de certos metais produz um depósito à superfície dos mesmos que, dependendo de sua natureza, chamamos de *zinabre ou* "ferrugem". A palavra hebraica aparece por cinco vezes, em Ezequiel 24.6,11,12; *brosis*, com o sentido de "desgaste", aparece em Mateus 6.19,20; e *iós* aparece por três vezes (Rm 3.13; Tg 3.8 e 5.3).

Nas referências bíblicas, a ideia tem conotações simbólicas. O zinabre que se forma em um tacho de bronze, onde a comida é preparada, torna-se símbolo da iniquidade não expurgada dos habitantes de Jerusalém, dentro da parábola de Ezequiel (24.6-13). Nos trechos do Novo Testamento, uma acusação similar é feita contra os acumuladores de riquezas mal adquiridas, sob o simbolismo do "desgaste" ou da "ferrugem" que ataca as moedas. Quanto a *iós*, nossa versão portuguesa a traduz por "veneno", (em Rm 3.13 e Tg 3.8); e *por ferrugem*, em Tiago 5.3. Em qualquer um dos casos, a questão é se a ferrugem testifica sobre a duração passageira das riquezas materiais, ou se está em foco o testemunho de que os ricos preferem acumular riquezas, permitindo que as mesmas se estraguem, do que beneficiar seus semelhantes. Talvez esta última ideia ajuste-se melhor ao contexto, pois, no simbolismo apocalíptico, a ferrugem sempre é uma força viva vingativa (ver TDNT, III, p. 335).

No hebraico *yeraqon*, "palidez", "esverdeado". As referências bíblicas a certo fungo comum, que atacava as plantações, na Palestina, devido à umidade atmosférica. Se uma plantação sofreu tal ataque, isto constituiu uma calamidade, pelo que a ferrugem era considerada um castigo divino. Essa palavra hebreia aparece por cinco vezes (em Dt 28.22; 1Rs 8.37; 2Cr 6.28; Am 4.9; Ag 2.17). O trecho de 1Reis 8.37 registra uma oração feita por Salomão, no sentido de que Israel fosse livrado dessa praga. A condição oposta era o sopro dos ventos quentes em tempos de seca. (Ver Dt 28.22-24; 1Rs 8.37; 2Cr 6.28). Ambos os extremos eram indesejáveis e todos os extremos usualmente são indesejáveis.

FERTILIDADE, CULTOS DE

Era natural que os homens celebrassem a fertilidade dos campos, dos animais e dos seres humanos em meio a observâncias especiais, sacrifícios e culto religioso, porquanto a sua própria existência depende dessas coisas. Nas religiões primitivas, deuses e deusas representavam ciclos de vida e de fertilidade. Assim, no caso de divindades concebidas como do sexo masculino, a sua vida, as suas forças, o seu casamento e os seus ciclos de vida eram vinculados às estações do ano: a primavera, ao nascimento ou à ressurreição do deus; o verão, ao seu florescimento máximo; o outono, ao seu declínio, e o inverno, à sua morte e perda da fertilidade. Um importante mito antigo consistia na busca, feita pela deusa terra, por seu filho ou amante perdido (de acordo com diferentes representações). As lendas de Istar e Tamuz, na Babilônia, de Ísis e de Osíris, no Egito, e de Deméter e Perséfone, na Grécia, representam todas elas o ciclo anual de decadência e reavivamento da natureza, ou de nascimento (ou ressurreição) e morte, com uma interminável repetição desse mesmo processo, ano após ano. Um importante livro sobre esse assunto foi publicado em 1906. Seu autor, James G. Frazer, procurou provar que certo número de cultos promoviam a fertilidade das plantações, dos animais e dos homens, celebrando a morte e a subsequente ressurreição do mesmo deus. Também havia o casamento sagrado de um deus com uma deusa, com a subsequente geração da vida, o que também era um tema muito comum nas religiões antigas.

1. No Egito. Osíris teria sido morto por seu irmão, Sete; mas, teria sido reanimado por sua esposa, Ísis. Por isso, Osiris passou a ser associado à ideia da ressurreição.

2. Na Mesopotâmia. O deus sumério *Dumuzi* (no acádico, *Tamuz*), que originalmente foi apenas um rei de Ereque, mas depois deificado e feito consorte da deusa Inana, faleceu. Então Inana (ou Istar) teria descido ao *hades*, a fim de ali ressuscitar seu amante. Essas duas divindades, pois, também estavam envolvidas em uma lenda de matrimônio sagrado. É verdade que histórias sobre descidas ao *hades* são comuns em muitas culturas antigas; e isso deve ser ligado à percepção humana de que a morte não é o fim de toda a oportunidade, e que há possibilidade de avanço espiritual e de renovação, mesmo após a morte física. Assim também, nos livros apócrifos do Antigo e do Novo Testamentos, encontramos relatos de descidas ao *hades*, e esse conceito reaparece em 1Pedro 3.18-4-6 e em Efésios 4.8 ss. Ver o artigo separado sobre a *Descida de Cristo ao Hades*.

3. Na Grécia. Ali, a deusa Perséfone (Core), representava o debilitamento da vegetação. Lemos que ela teria sido sequestrada e conduzida ao *hades*. Sua mãe, Deméter, ficou a lamentar por ela. Uma religião misteriosa desenvolveu-se em torno da história, os *Mistérios de Core*, celebrados em Elêusis.

Zeus teria enviado Hermes, a fim de trazê-la de volta à terra. Porém, visto que ela comera parte de uma romã que lhe fora dada por Hades, seu marido, ela só podia passar dois terços do ano, no mundo visível, em companhia de sua mãe. A outra terça parte do ano ela tinha de passar no *hades*, como deusa da morte. Naturalmente, isso corresponde, de certo modo, às estações do ano, e o tempo em que Perséfone ficaria no *hades* corresponderia ao inverno. Isso posto, essa história de uma descida ao *hades* expõe um sucesso apenas parcial; mas, pelo menos, ali é embalada a esperança de que, por esse meio, a vida pode ser restaurada. Na mente grega, a imortalidade aparece ligada a essa história, o que se tornou uma parte dos mistérios eleusianos.

A história de Adônis é outro exemplo grego que ilustra o motivo da morte-hades-ressurreição. Adônis, intensamente amado pela deusa Afrodite, teria sido morto na metade do verão por um javali. Ao chegar o inverno, ele seria muito lamentado, através das desolações resultantes, próprias dessa estação do ano. Afrodite ficaria inconsolável e faria formas de vida vegetal renascerem com base no sangue de Adônis. Ela simplesmente não queria desistir dele. E fez pressão sobre Zeus, para que o enviasse de volta do *hades* à terra. Entrementes, Perséfone se enamorara de Adônis. Em vista disso, Zeus resolveu o problema com uma meia-medida. Decretou que Adônis deveria viver metade do ano na terra, com Afrodite; e a outra metade do ano no *hades*, com Perséfone. Uma vez mais, encontramos a situação da primavera-inverno, ou seja, da morte e da ressurreição. A morte de Adônis era lamentada intensamente no culto dos gregos; e a sua ressurreição era celebrada em meio a grandes festividades e muita licenciosidade. Uma das características dessas festividades eram os *jardins de Adônis*. Eram expostos vasos com plantas; mas essa vida dissipava-se rapidamente, outra vez, mostrando como Adônis ficaria transitando entre a terra e o *hades*. Alguns eruditos supõem que o trecho de Isaías 17.10 refere-se aos jardins de Adônis, quando ali lemos sobre "plantações formosas".

O homem anela por livrar-se definitivamente da morte e do *hades*. Essas são aspirações humanas comuns, ocultas no mais secreto recesso de seu espírito. Suas próprias religiões e mitos tentam resolver esses problemas, mediante uma esperança profética.

4. Yahweh e o Casamento Sagrado. Alguns estudiosos têm pensado que uma parcela dos ensinos sobre Yahweh, de Israel, envolve ideias tomadas por empréstimo dos cultos de fertilidade dos cananeus. Nesse caso, Yahweh teria tido um casamento sagrado, conforme se via, por exemplo, na adoração a Baal. Eles acreditam que o simbolismo usado no Antigo Testamento, de Yahweh como um noivo, e de Israel como uma noiva, seria um reflexo desse antigo culto pagão. E outros também supõem que os conceitos fundamentais da imortalidade, do servo sofredor e da paternidade de Deus derivam-se desses antigos motivos e das ideias dos cultos de fertilidade.

5. O Novo Testamento e Esses Motivos Antigos. Alguns estudiosos, naturalmente, não creem na ressurreição literal de Jesus Cristo. Alguns supõem que o relato do Novo Testamento é a mera continuação do tipo de coisas que descrevemos acima. Cristo seria apenas uma outra figura, parecida com Adônis e Osíris. É inútil tentar negar o motivo da ressurreição, nas religiões antigas, segundo têm negado alguns eruditos conservadores. Mas, aqueles que estudam os escritos clássicos têm plena confiança nesse fator, no pensamento grego. Na realidade, porém, a nossa atitude deveria ser diametralmente oposta a isso. Se os povos antigos anelavam por não ser deixados no *hades*, mediante a descida de algum poder divino, até aquele lugar subterrâneo, quão profundamente nos deveríamos regozijar de que, em Cristo, ambos esses anelos do espírito humano tiveram cumprimento! Karl Jung demonstrou que a psique humana abriga diversos motivos fundamentais. Esses motivos transparecem através da arte, da literatura, da religião e dos mitos. As histórias que os homens contam são apenas lendárias, mas a realidade que provoca esses mitos é algo perfeitamente real. Anelamos por receber a vida e o livramento. Por essa razão é que a literatura envolve noções de ressurreição e histórias de descidas ao *hades*. Há algo de grandemente significativo no fato de que o Novo Testamento promove ambos esses conceitos, assegurando-nos que essas coisas, realmente, eram anunciadas pelos primitivos ministros cristãos. Ver o artigo separado sobre *Baal* (*Baalismo*). Talvez ali tenhamos uma antiga narrativa sobre morte e ressurreição vinculada às estações do ano, com a morte do inverno e a ressurreição da primavera. Nesse artigo há uma descrição sobre a ideia de como esse culto a Baal pode ter influenciado certas crenças do povo de Israel. Não há sentido em tentar negar as aspirações dos povos antigos, que incluíam os motivos da *morte-hades-ressurreição*. Devemos perceber como essas aspirações foram perfeitamente cumpridas na experiência de Jesus Cristo. (AM E OS Z)

FESTA DAS SEMANAS. Ver sobre *Festas* (*Festividades*) *Judaicas*, II. 4. b.

FESTA DAS TROMBETAS. Ver sobre *Festa* (*Festividades*) *Judaicas*, II. 4. f.

FESTAS E COLHEITAS. Ver sobre *Festas* (*Festividades*) *Judaicas*.

FESTAS E FESTIDADES DA IGREJA. Ver o artigo separado sobre o *Calendário Eclesiástico*.

FESTAS (FESTIVIDADES) JUDAICAS

I. CARACTERIZAÇÃO GERAL. As festas assinalam importantes momentos de transição ou acontecimentos de vulto na vida do indivíduo, de uma comunidade ou de uma nação. Datas importantes, como aniversários, aquelas que comemoram acontecimentos significativos, as estações do ano que envolvem a fertilidade, a colheita, ciclos anuais importantes, casamentos, nascimentos, falecimentos, circuncisão, a maioridade, suposto eventos na vida dos deuses, salvadores, heróis, santos etc., geralmente os homens transformam em motivo para algum tipo de festa ou festividade. Visto que Israel era, essencialmente, uma nação que promovia o culto religioso e não as ciências e as artes, aquela nação desenvolveu muitas festividades importantes que refletiam aspectos da sua adoração religiosa. Além de ocasiões como as que sugerimos acima, o povo de Israel também comemorava coisas como o desmame de um filho ou de um herdeiro, a tosquia das ovelhas, além de ocasiões especiais para esta ou aquela família.

II. FESTIVIDADES DO ANTIGO TESTAMENTO

1. **Festividades Particulares**. Muitas das modalidades de festas alistadas no primeiro ponto deste artigo, acima, podem ser encontradas nas páginas do Antigo Testamento. Exemplos disso, são: casamentos (Gn 29.22); o desmame de uma criança (Gn 21.8); aniversários natalícios (Gn 40.20); a chegada ou a partida de hóspedes (Gn 19.3; 27.30); a tosquia das ovelhas (Dt 18.4; 1Sm 25.2,8,36), os negócios de estado (2Sm 3.20; Et 1.3; Dn 5.1); entretenimentos diversos (Et.5.4,14; 7.2,7); qualquer ocasião especial (Jó 1.4,5; Is 5.12).

Festas Comunais. As festas que envolviam a nação inteira eram festividades comunais ou nacionais e são descritas abaixo:

2. **Festividades Semanais: o sábado**. O dia de sábado foi santificado pelo Senhor, a fim de comemorar o ato da criação (Gn 2.1-3). Sua instituição formal teve lugar após o êxodo (Êx 16.23). Também relembrava o descanso que o Senhor conferiu a Israel, libertando esse povo da servidão aos egípcios (Dt 5.12-15). Assim sendo, o sábado tornou-se sinal do pacto que Deus estabeleceu com Israel. O sábado era observado desde o pôr do sol (de nossa sexta-feira) até o pôr do sol (de nosso sábado) (Êx 20.12,13). Nenhum trabalho podia ser executado nesse dia, sob pena de morte (Êx 31.14). Essa provisão, todavia, foi exagerada pelas tradições judaicas até um ponto ridículo. Assim, alguns judeus, do período dos Macabeus, permitiram-se ser massacrados no dia de sábado, em vez de se defenderem para que não o profanassem (1Macabeus 2.38-41). Ver o artigo separado sobre o *Sábado*. Ver também os artigos intitulados *Domingo*, *Dia do Senhor* e *Domingo*, *Identificação com o Sábado*, no tocante às atitudes cristãs a respeito desse dia de guarda.

3. **Festividades Mensais: a Lua Nova**. No início de cada novo mês lunar, ofertas especiais eram feitas, a fim de cumprir os requisitos da lei mosaica (Nm 28.11-15; Ed 3.5). Eram tocadas as trombetas (Nm 10.10), as atividades normais cessavam e eram conferidas instruções religiosas (Is 1.13,14). Paulo, naturalmente, via todas essas festas como sombras das realidades espirituais vindouras e não recomendava essa observância para os cristãos e nem se opunha a ela (Cl 2.16). As fases sucessivas da lua nos fazem lembrar a contínua provisão de Deus e o seu dom do tempo.

4. **Festividades Anuais**. Os detalhes sobre essas festividades aparecem nos artigos separados, sobre os pontos abaixo discriminados: **a. A Páscoa**. Ver o artigo separado com esse título. Essa festa comemorava a última praga do Egito, do que resultou o livramento de Israel da servidão (Êx 21.11,21,27,43,48). A Páscoa (ou festa dos Pães Asmos) era uma das três festividades anuais importantes, sendo observada no décimo quarto dia do primeiro mês do ano judaico. Por sete dias, só se podia comer pães sem fermento e nenhum trabalho podia ser realizado. O primeiro e o último dias eram dias de convocação solene e eram oferecidos holocaustos (Nm 28.16-25; Dt 16.1-8). Paulo alegorizava essa festa, vendo Jesus Cristo como nosso Cordeiro Pascal, que foi sacrificado por nós. Conforme ele mostra, 1Coríntios 5.7, o ato de evitar o fermento tipificava o abandono de toda insinceridade. **b. Festa das Semanas ou Pentecostes**. Essa festa também era chamada *festa da colheita* e *festa das primícias* (Êx 23.16; 34.16,22; Nm 28.26). Originalmente, era uma celebração da colheita. Posteriormente, tornou-se conhecida como *festa de Pentecostes* (vide), porquanto era celebrada no quinquagésimo dia a partir do sábado com que começava a Páscoa. Fazia-se uma convocação do povo, e eram oferecidas as ofertas e os holocaustos determinados. O trecho de Tobias 2.1 diz que a festa de Pentecostes é a festa sagrada das sete semanas, o que explica a derivação desse seu último nome. No século II d.C., e daí por diante, essa festa tornou-se um memorial da outorga da lei, no monte Sinai, talvez cinquenta dias após a Páscoa (T.B. Pesahaim 68b). A outorga do Espírito Santo, de acordo com o registro do segundo capítulo do livro de Atos, ocorreu nesse dia festivo. Portanto, temos ali o Pentecostes cristão, que assinala o Espírito Santo como aquele que veio guiar na vida cristã, em substituição à lei mosaica. Ver o artigo separado sobre o *Pentecostes*. **c. Festa das Tendas ou Tabernáculos**. Essa festa tinha lugar no sétimo mês do calendário judaico, cinco dias após o dia da Expiação e prosseguia por sete dias (Êx 23.16,17; 34.22). O primeiro e o oitavo dias desse período

eram dias de descanso. Eram feitas tendas toscas, com ramos de palmeiras, folhas e raminhos; e, durante aquela semana, o povo habitava nessas tendas. Essa experiência comemorava como Israel fora forçado a viver, quando Deus os tirou do Egito (Lv 23.33-43). Todas as famílias de Israel e a comunidade inteira tinham um período de intenso regozijo, porquanto estavam celebrando a sua libertação (Dt 16.13-15). Eram oferecidos sacrifícios especiais. Eram recolhidos frutos próprios da estação, em memória à provisão divina, que sempre fora adequada, mesmo nos momentos mais cruciais. **d. Dia da Expiação**. Ver o artigo separado com esse título e também sobre *Expiação*. Essa observância ocorria no décimo dia do mês sétimo, *Tisri* (Nm 29.7-11). Havia todo um cerimonial de expiação simbólica, do qual participavam os sacerdotes e o povo. Era enviado ao deserto o bode Azazel (vide), que simbolizava o ato de dissipar os pecados do povo. (Ver Lv 16.8,10,26, no tocante a esse particular). Era um dia de ritual, de descanso e de jejum. Havia uma santa convocação e muito se lamentava pelos pecados, paralelamente à atitude de arrependimento. **e. Dia do Ano Novo**. Os eruditos debatem se, no antigo Israel, havia mesmo ou não essa celebração. Em caso positivo, provavelmente seguia o modelo da festa babilônica *Akitu*, que ocorria na primavera de cada ano. Essa festa celebrava a renovação do reinado do deus *Marduque* sobre os seus seguidores. Alguns estudiosos acreditam que o reinado de *Yahweh*, sobre Israel, era similarmente observado. Esses veem evidências para essa opinião em Salmo 47,93,96-99, os chamados "salmos de entronização". Se isso é verdade, então é possível que uma festa similar tenha sido realizada por Jeroboão, no oitavo mês do calendário judaico. Isso servia como festa alternativa, no reino do norte, para a festa que se celebrava em Jerusalém, no reino do sul, após a divisão do reino em dois, Israel e Judá (ver 1Rs 12.32). Contra essa teoria, temos o argumento de que não há qualquer menção clara, na Bíblia, a uma festa assim no primeiro mês do ano judaico. A festa das trombetas tinha lugar no sétimo mês e não no primeiro mês, ou *Nisã*. O trecho de Êxodo 12.2 mostra que Nisã era o primeiro mês judaico. Os livros apócrifos, bem como os escritos de Josefo e de Filo não mencionam qualquer festa do Ano Novo, embora faça parte dos informes dados em um tratado intitulado *Rosh Ha-Shanah* (no hebraico, "dia do ano novo"). Exatamente qual a antiguidade dessa observância e qual a sua natureza exata, permanecem pontos debatidos. Alguns intérpretes supõem que a festa das trombetas era, originalmente, a festa do Ano Novo, mas que foi transferida para o outono. **f. Dia das Trombetas**. É possível que, no começo essa fosse uma festividade celebrada no Ano Novo, embora o ponto seja motivo de debates. (Ver Nm 29.1 e Lv 23.24). Esse dia sempre caía em um sábado. Eram oferecidos sacrifícios e o labor cessava. Era também tempo de arrependimento e de exercícios religiosos. Era efetuada no primeiro dia do sétimo mês judaico. Alguns pensam que as trombetas referem-se à convocação do povo e que poderia ser um ato profético acerca do recolhimento e restauração do povo de Israel. A tradição não se mostra clara sobre o que o toque das trombetas indicava.

III. Festividades Após o Exílio Babilônico

1. Purim. Essa festa (ver o artigo separado a respeito) tinha lugar nos dias 14/15 do mês de *Adar* (mais ou menos, nosso mês de março). Comemorava o livramento de Israel por intermédio da rainha Ester. Ver Ester 9. Foi estabelecida por Mordecai, no tempo do rei, Assuero, da Pérsia. Era dia de festas e alegria, que comemorava a derrota de Hamã. E isso fornece a eterna esperança de que o povo de Deus sempre será livre dos esquemas diabólicos. A observância dessa festa é confirmada em 2Macabeus 15.36. Ali, essa festa chama-se *Dia de Mordecai*. Em tempos posteriores, passou a ser observada com a inclusão da leitura do livro de Ester, nas sinagogas. As pessoas comiam, bebiam, alegravam-se e trocavam presentes.

2. Hanukkah ou Dedicação. Essa era uma festa que não é mencionada no Antigo Testamento. Celebrava a recuperação e purificação do templo de Jerusalém, por Judas Macabeu, em 164 a.C., depois que fora contaminado por Antíoco IV Epifânio. Também é chamada de *Festa das Luzes*, porque começava com o acender de uma vela, no primeiro dia, com duas, no segundo, e assim sucessivamente, até haver oito velas, no último dia. Ver *T.B. Sabbath*, 21b. Começava no dia 25 de dezembro (mês de *Quideu*, do calendário judaico). O trecho de João 10.22 chama-a de "festa da dedicação".

3. Dia de Nicanor. Depois de 160 a.C., no décimo terceiro dia do mês de *Adar*, havia uma comemoração da vitória sobre Nicanor, general sírio. Ver 1Macabeus 13.51,52. Ver o artigo separado sobre *Nicanor*.

IV. Gráfico do Ano Sagrado dos Judeus
FESTAS (FESTIVIDADES)
Ano Sagrado Judaico

Mês	Festas e Observação
Nisã (abril)	14 - Páscoa 15 - Pães asmos 21 - Encerramento da Páscoa
Sivã (junho)	6 - Pentecostes, sete semanas após a Páscoa: outorga da lei mosaica
Tisri (outubro)	1- Festa das Trombetas (*Rosh Hashanah*). 2 - Começo do ano civil 10 - Dia da Expiação 15 - Festa dos Tabernáculos 21 - Grande Hosana
Quisleu (dezembro)	25 - Festa das Luzes (*Hanukkah*)
Adar (março)	13 - Festa de Nicanor 14 - Festa de Purim

V. Festas e Festividades do Novo Testamento

1. Festas Judaicas Ali Mencionadas. Sábado, Páscoa, Pães Asmos (Mt 26.17; Mc 14.1; Lc 22.1; Jo 7.2); Tabernáculos, dedicação (Jo 10.22), pentecostes (At 2). São aludidas nada menos que quatro festas da Páscoa, durante os dias do ministério de Jesus: João 4.45; 5.1; 6.4; 12.1 ss. Nessa ocasião era costumeiro soltar algum prisioneiro (Mt 27.15; Mc 15.6).

2. Interpretações Alegóricas. **a**. Cristo é o nosso Cordeiro Pascal (1Co 5.7 ss.). **b**. Sábados, luas novas e dias festivos eram apenas sombras das realidades superiores que nos são dadas em Cristo (Cl 2.16,17). **c**. O sábado simboliza o nosso eterno descanso e redenção em Cristo (Hb 4.1 ss.). **d**. A expiação refere-se ao sacrifício perfeito e final de Cristo, na qualidade de nosso Sumo Sacerdote (Hb 8.1 ss.).

3. Fim da Observância de Festas Simbólicas. Em Jesus Cristo não é mais necessário observar dias especiais; mas se alguém quiser observá-los, tem a liberdade para fazê-lo. Se o crente quiser observar ou não, deve fazer tudo para agradar o Senhor (Rm 14.4 ss.).

4. Festividades Gerais. Jesus repreendeu os fariseus porque tanto se preocupavam em ocupar os melhores lugares nas festas religiosas e nos banquetes, por quererem ostentar-se (Mt 23.6). Havia festividades que comemoravam eventos especiais, à parte das festas nacionais mencionadas no Antigo Testamento, o que fica subentendido em Lucas 14.13. Jesus fez-se presente a uma festa de casamento, no decorrer da qual realizou o seu primeiro milagre (Jo 2.8 ss.).

5. Festas Pagãs. As comunidades religiosas pagãs e as guildas comerciais tinham seus dias de comemoração, quando ofereciam carnes aos ídolos. Essas carnes eram expostas, durante algum tempo, no interior dos templos; e, em seguida, eram trazidas para os banquetes. Um cristão, que se fizesse presente a um desses banquetes, enfrentava uma questão de consciência, de difícil solução. O apóstolo Paulo permitia liberdade quanto a essa questão, mas eliminou totalmente o consumo de tais carnes e a participação em tais banquetes, se isso fosse ofensivo para algum irmão na fé (1Co 10.27). O trecho de Apocalipse 2.14,20 demonstra que, em alguns lugares, onde havia cristãos, essa prática era simplesmente proibida, uma posição mais radical que aquela expressa por Paulo.

6. A Festa de Amor. A Ceia do Senhor ou Eucaristia era celebrada, nos dias do cristianismo primitivo, juntamente com uma refeição e não consistia somente na ingestão de pequena quantidade de pão e de vinho. De fato, a palavra "ceia" indica uma refeição. Esse banquete era chamado *agapé*, no original grego. Ver o artigo sobre *Eucaristia*. Ver também sobre essa palavra grega, no NTI, nas notas expositivas sobre Judas, 12.

7. Festa de Casamento Espiritual. Jesus lançou mão do símbolo de uma festa de casamento a fim de ilustrar a concretização futura do reino de Deus, entre os homens. Isso ele fez na parábola das dez virgens (Mt 25.1 ss.), do casamento do filho do rei (Mt 22.2 ss) e do grande banquete (Lc 14.15 ss.). Jesus comparou o seu relacionamento com os seus discípulos com aquele vínculo de amizade que une um noivo e os seus convidados (Mt 9.15). E João Batista aparece como o amigo ou padrinho do noivo, por ter sido o precursor desse relacionamento amistoso (Jo 3.29). No último livro da Bíblia também temos menção à festa de casamento do Cordeiro (Ap 19) quando a igreja, a Noiva de Cristo, entrará em sua glória, por ocasião da *parousia* (vide). A universalidade da mensagem do evangelho é referida sob o simbolismo de um banquete que atrai seres humanos provenientes de todos os lugares, do Oriente e do Ocidente, para virem banquetear-se juntamente com Abraão, Isaque e Jacó (Mt 8.11).

8. A vida cristã inteira, por causa de suas alegrias e múltiplas bênçãos, é apresentada sob a figura de uma festa (1Co 5.8).

9. O Banquete do Juízo Final. O julgamento divino é retratado como um banquete com sacrifícios (Is 34.5 ss., Ez 39.17). Esse simbolismo também é empregado em Apocalipse 19.17 ss., referindo-se ao julgamento que ocorrerá por ocasião da *parousia*, quando então os ímpios serão julgados e suas carnes serão consumidas pelas aves. Está em pauta o *Armagedom* (vide).

VI. FESTAS E FESTIVIDADES DO JUDAÍSMO MODERNO
- Sábado (cada sétimo dia, do pôr do sol ao pôr do sol).
- Páscoa (*pesach*), mês de Nisã, dias 15-22. Quatro dias intermediários são observados por alguns judeus. Os judeus reformados observam somente o primeiro e o sétimo dias.
- Semanas (*shabuot*), mês de Sivã, dias 6 e 7. Os judeus reformados observam somente o primeiro dia. O nono dia do mês de Ab (*Tishab' Ab*), não é observado pelos judeus reformados.
- Expiação (*yom ha Kippurim*), mês de Tisri, décimo dia.
- Tabernáculos (*sukkot*), mês de Tisri, dias 15 a 20. Os dias intermediários são observados de vários modos, por diferentes grupos judeus, como dias semifestivos. O primeiro e o oitavo dias são observados pelos judeus reformados, em vez de observarem o primeiro, o segundo, o oitavo e o nono dias, conforme fazem outros judeus. Celebrações adicionais seguem-se ao vigésimo primeiro dia de *Tisri*: o Grande Hosana, não observado pelos judeus reformados, no dia 21. Há uma solene assembleia, no dia 22. Há regozijo por causa da lei mosaica, não observada pelos judeus reformados, no dia 23.
- Dedicação, uma festa religiosa de oito dias, que envolve semiferiados.
- Purim (*Ta'anit Esther*), no mês de Adar, dias 14 e 15, que não é observado pelos judeus reformados. Essa festa é combinada com a festa do lançamento de sortes.

Várias Festas Religiosas Secundárias. Lua Nova, Dia Menor da Expiação (um dia de jejum antes da lua nova); *K Lag-Bo-omer*, no dia 15 dos meses de *Shebat* e de *Ab* (no meio do inverno e no meio do verão, um tanto paralelo ao nosso Dia da Árvore). Há várias celebrações locais entre diferentes comunidades judaicas. Nenhuma dessas festas secundárias, contudo, é observada pelos judeus reformados. (AM E MOR ND Z)

FIAÇÃO

Trata-se da antiga arte de torcer fibras naturais para formar um fio contínuo, mais tarde usado no fabrico de tecidos. Essa habilidade é mencionada tanto no Antigo quanto no Novo Testamentos. Suas origens perdem-se na mais remota antiguidade. Os restos pertencentes à era paleolítica dão sinais de que os homens sabiam costurar e cerzir, sendo perfeitamente possível que a fiação já fosse também conhecida por eles. Desse período têm sido encontradas excelentes agulhas de ossos, com buracos bem feitos. Portanto, é possível que eles usassem fibras afiadas e não tendões ou tiras de couro bem finas. Desde a mais remota antiguidade havia fibras vegetais, sobretudo o algodão e o linho. É mesmo possível que a arte da fiação tenha surgido nas culturas à beira dos vales de rios onde essas plantas eram cultivadas. Os primeiros instrumentos, de uma era ainda não mecânica, foram o gancho, usado como um fuso, e a vareta curta, usada como roca, onde o fio ficava enrolado. Visto que esses instrumentos eram feitos usualmente de madeira, não sobreviveram até nós e só aparecem ilustrados nas pinturas e gravuras dos túmulos antigos. Em certos lugares da Palestina também têm sido encontrados carretéis de pedra onde o fio ficava enrolado. É possível que o raro vocábulo hebraico *kishor* seja uma alusão a um desses carretéis de pedra. Ver Provérbios 31.19, onde a nossa versão portuguesa diz "fuso".

O verbo hebraico que significa "fiar" (*tavah*) aparece somente em Êxodo 35.25,26, dentro do contexto das ofertas feitas pelos israelitas para o levantamento do tabernáculo, no deserto. Em Israel, a fiação era um trabalho tipicamente feminino. Por isso, as tradições rabínicas registram a admiração dos judeus quando encontraram homens babilônios que fiavam. E a literatura judaica profana refere-se aos vários tipos de fios, bem como o uso que tiveram na construção do tabernáculo e do templo de Jerusalém.

No Novo Testamento, o verbo grego *nétho*, "fiar", aparece somente por duas vezes, em Mateus 6.28 e em Lucas 12.27, sempre como ilustração acerca dos lírios do campo, que "não trabalham nem fiam". E esse verbo grego também é usado pela Septuaginta para traduzir as passagens do livro de Êxodo que falam em fiar, embora seja usada uma forma variante do termo grego, *néo*, "fiar".

Os gregos sabiam fiar, o que é ilustrado em um bom número de pinturas feitas em vasos antigos, além de ser uma arte aludida por grande número de autores clássicos, em verso e em prosa, entre os quais podemos citar Eurípedes e Aristófanes. Como já dissemos, entre os judeus, era um trabalho deixado ao encargo das mulheres. Jesus, em um de seus sermões, vincula a ideia de trabalho árduo. De fato, a fiação era um trabalho necessário e constante, na antiga cultura do Oriente Próximo e Médio.

FIANÇA, FIADOR

No hebraico temos a considerar duas palavras e, no grego, uma, a saber: **1.** *Arubbah*, "fiança", "garantia". Esse vocábulo ocorre apenas uma vez, em Provérbios 17.18. **2.** *Arab*, "garantia". Palavra empregada por vinte e uma vezes (conforme se vê, por exemplo, em Gn 43.9; 44.32; Jó 17.3; Sl 119.122; Pv 6.1; 11.15 e 20.16). **3.** *Égguos*, "garantia", "fiança". Termo grego usado somente por uma vez, em Hebreus 7.22.

No Antigo Testamento, em todas as ocorrências das duas palavras hebraicas envolvidas, há alusão a alguma pessoa que

FIDELIDADE

se torna fiadora ou responsável por outra. De acordo com a legislação mosaica, um fiador era a pessoa que "intervinha" (no hebraico *arab*) em favor do devedor insolvente e que assumia a responsabilidade pelo pagamento da dívida. Isso o fiador fazia conseguindo o pagamento por parte do devedor, ou desembolsando do próprio bolso a quantia devida.

O ato de intervenção era simbolizado pelo ato de "dar as mãos", conforme se vê, por exemplo, em Jó 17.3; Provérbios 6.1 etc., embora a expressão nunca apareça em nossa versão portuguesa, talvez porque não seria entendida pelo leitor comum. De acordo com as passagens envolvidas, ninguém deveria tornar-se fiador de outrem, precipitadamente, isto é, sem antes considerar cuidadosamente se poderia ou não assumir a responsabilidade pela dívida da outra pessoa. O livro de Provérbios por várias vezes mostra a insensatez de quem se responsabilizava pela dívida de outrem.

No Novo Testamento (Hb 8.22), Jesus intervém como o "garantidor" ou "fiador" das promessas de Deus que nos foram feitas como parte integrante do novo pacto. Em virtude de sua vida, morte expiatória, ressurreição e ascensão à glória celeste, Jesus Cristo tornou-se a garantia divina de que a salvação que foi iniciada em nossas almas, mediante a morte expiatória de Cristo, será necessariamente completada, até a salvação plena, ou seja, até a redenção do corpo. Ver Romanos 8.11: *Se habita em vós o Espírito daquele que ressuscitou Jesus dentre os mortos, esse mesmo que ressuscitou Cristo Jesus dentre os mortos vivificará também nos vossos corpos mortais, por meio do seu Espírito, que em vós habita.* Ver também o artigo intitulado *Dívida, Devedor*.

FIDELIDADE

1. Definição Geral. A *fidelidade* é caracterizada pela firmeza e pela certeza de propósitos, por uma atitude e uma conduta justas, pela devoção de alguém a uma pessoa ou a uma causa, pela incorruptibilidade, pela sinceridade, pela confiabilidade, pelo cumprimento das promessas e votos feitos e pela lealdade sincera.

As ideias contrárias à fidelidade são a infidelidade, a falsidade, a volubilidade, a duplicidade, a indignidade etc.

2. A Fidelidade de Deus. As ideias básicas da fidelidade de Deus são que o Senhor não é arbitrário e nem displicente, mas antes, é sempre confiável quanto a tudo que diz e prometeu, pois suas palavras são verazes e seguras. Deus aplica essas suas qualidades para benefício dos homens. É um ponto fundamental da fidelidade de Deus que ele é *benévolo*. O amor de Deus é que governa a sua Fidelidade. Ele comprometeu-se em fazer o bem para os homens; e o evangelho mostra de que maneira. A fidelidade de Deus é grande (Lm 3.23), é extensa (Sl 36.5) e é permanente (Sl 100.5). A fidelidade de Deus é demonstrada por sua lealdade aos *pactos* (vide). Deus é leal aos seus pactos (Dt 7.9). Contudo, Deus esconde o rosto daqueles que não têm fidelidade, ou seja, que não correspondem à sua própria fidelidade (Dt 32.20).

Um atributo divino. A fidelidade, como um atributo divino, denota a certeza de que tudo quanto Deus declarou ser sua intenção fazer, terá pleno cumprimento. Isso diz respeito às bênçãos temporais (1Tm 4.8; Sl 84.11). Também diz respeito às bênçãos espirituais (1Co 1.9). Ajuda os homens a enfrentarem as aflições e as perseguições (1Pe 4.12,13). A fidelidade de Deus está envolvida em aflições que purificam os homens (Hb 12.4-12), capacitando-os a perseverar (Jr 31.40). Finalmente, a fidelidade de Deus contribui para a glória eterna dos remidos (1Jo 2.25).

3. A Fidelidade dos Homens. Existem pessoas que cumprem as suas obrigações (Pv 13.17), cuja palavra é veraz e digna de confiança (Pv 14.5). Essa fidelidade deriva-se do próprio Deus (Hc 2.4). Os homens participam da fidelidade de Deus, de modo a entrarem na glória eterna (1Co 1.9; 1Ts 5.24). Essa fidelidade capacita-os a triunfar sobre os sofrimentos (1Pe 4.19). Esses participam da imutável felicidade de Deus (2Tm 2.13), contanto que exerçam fé e sigam os padrões da emergente fidelidade divina. Os homens fiéis desincumbem-se de seus deveres com exatidão e entusiasmo (Mt 25.21,23), como mordomos (Lc 12.42; 1Co 4.2), e como testemunhas (Ap 2.13).

A fidelidade humana reflete-se no serviço prestado ao Senhor (Mt 24-25), na declaração da palavra de Deus (Jr 23-28; 2Co 2.17), na ajuda ao próximo (3João 5) sendo exercitada em todas as coisas (1Tm 3.11). A fidelidade humana é uma qualidade rara (Pv 20.69) é abençoada por Deus (1Sm 26.23; Pv 28.20). É demonstrada em situações que requerem a atitude de confiança (2Rs 12.15; Ne 13.13).

4. Homens Fiéis da Bíblia. José (Gn 39.22,23); Moisés (Nm 12.7; Hb 4.2); Davi (1Sm 22.14); Hananias (Ne 7.2); Abraão (Ne 9.8); Daniel (Dn 6.4); Paulo (At 20.20,27); Timóteo (1Co 4.17); Tíquico (Ef 6.21), Epafras (Cl 1.17) Onésimo (Cl 4.9); Silvano (1Pe 5.12); Antipas (Ap 2.13).

5. Declarações Fiéis. As epístolas pastorais contêm cinco declarações que são chamadas *de fiéis,* (a saber: 1Tm 1.15; 3.1; 4.9; 2Tm 3.11; Tt 3.8). Além disso, as palavras de Cristo são denominadas de fiéis e verdadeiras, em Apocalipse 21.5 e 22.6.

FÍGADO. Ver *Orgãos Vitais*, Ponto 4.

FIGUEIRA

No hebraico, há duas palavras envolvidas e, no grego, três palavras, a saber: **1**. *Teenah*, "figo", "figueira". Palavra hebraica usada por trinta e oito vezes no Antigo Testamento (como, por exemplo, em Gn 3.7; Dt 8.8; Nm 13.23; Jz 9.10,11; 2Rs 20.7; Sl 105.33; Pv 27.18; Is 34.4; 38.21; Jr 5.17; 8.13; 24.1-3,5,8; Jl 1.7,12; Am 4.9; Zc 3.10). **2**. *Pag*, "figo verde", termo hebraico usado somente em Cantares 2.13. **3**. *Sukon*, "figo", termo grego que aparece por quatro vezes (Mt 7.16; Mc 11.13; Lc 6.44 e Tg 3.12). **4**. *Suke*, "figueira". Vocábulo grego usado por dezesseis vezes (Mt 21.19-21, 24.32; Mc 11.13-21; 13.28; Lc 13.6,7; 21.29; Jo 1.49,51; Tg 3.12 e Ap 6.13. 5). *Olunthos*, "figo verde". Palavra grega usada somente em Apocalipse 6.13.

Descrição. A *Ficus carica*, que é seu nome científico, é um receptáculo oco, expandido, que contém flores no seu interior e é uma fruta muito suculenta. As flores permanecem ocultas à vista, a menos que o fruto seja cortado ao meio. Há figos de várias espécies, que foram e continuam sendo um dos artigos favoritos na alimentação dos países do Oriente Próximo e Médio. É usado em estado natural ou como passa, numa forma seca. Até hoje, na Palestina, há figos cultivados e figos naturais. Se for bem cultivada, uma figueira pode atingir nove metros de altura, e o seu crescimento é muito rápido. Se for deixada sem cultivo, em um lugar seco e rochoso, a árvore permanece anã, espalhando-se por cima das rochas, sempre muito baixa. O figo tem um formato um tanto similar à pera. Suas dimensões dependem da espécie plantada. Na extremidade do pedúnculo, há uma pequena abertura por meio da qual certo inseto polinizador, chamado vespa do figo, pode entrar. Quando o figo maduro é ingerido, sementes granulosas são esmagadas pelos dentes. E essas sementes são o verdadeiro fruto da figueira. A parte comestível é apenas o receptáculo protetor que contém os frutos, as *sementes*. No Oriente, há duas colheitas anuais distintas, a cada ano. Os figos de inverno amadurecem em maio ou junho, e os figos de verão amadurecem em fins de agosto ou em setembro. Visto que há duas colheitas anuais, é possível ficar recolhendo figos durante nove a dez meses, na Palestina. Ali, quando uma dessas colheitas falha, isso representa uma catástrofe agrícola.

Uma figueira, se não for atacada por insetos ou por certas enfermidades, pode sobreviver por quatrocentos anos. Plínio mencionou seis variedades, conhecidas em seus dias. Além dos figos, a figueira produz boa sombra, devido à massa compacta

Figueira
1. Davis, John D., 1854-1926, Novo Dicionário da Bíblia / [Tradução: J.R. Carvalho Braga]. – Edição ampliada e atualizada – São Paulo, SP: Hagnos 2005.

de suas grandes folhas verdes. A árvore geralmente é plantada à beira de poços, para manter fresca a água dos mesmos.

Usos figurados. 1. Independência financeira e posse de propriedades. Um dos ideais dos israelitas consistia em que cada indivíduo tivesse sua própria vinha e sua própria figueira, dando a entender seu próprio lugar, com as necessidades básicas da vida à mão, em suas próprias terras, ou produzidas por seu próprio labor. Lemos em 1Reis 4.25: *Judá e Israel habitavam confiadamente, cada um debaixo da sua videira, e debaixo da sua figueira, desde Dã até Berseba, todos os dias de Salomão*. Naturalmente, textos assim aludem à *segurança pessoal*. **2**. A figueira, portanto, é um sinal simbólico de *prosperidade* material. **3**. Se a figueira não produz, então o resultado é a miséria e a aflição, segundo se vê em Salmo 105.33. **4. A esterilidade espiritual** é representada pela figueira estéril (ver Lc 13.6-9). **5**. A esterilidade espiritual, oculta pela *ostentação*, é simbolizada pela figueira que tem muitas folhas, mas nenhum fruto (Mt 21.19). **6**. A figueira *amaldiçoada por Jesus* (Mc 11.13,21) simbolizou a sua consternação diante de uma evidente esterilidade. Apesar de que esse incidente teve lugar em uma época do ano em que não era esperado que houvesse figos maduros (começo do mês de abril), é possível que houvesse figueiras que produzissem figos antes da época, quando localizadas em lugares favoráveis. Seja como for, a lição é clara: algumas pessoas produzem muitas folhas, como se fossem espiritualmente muito produtivas, embora isso não corresponda à sua realidade. **7**. As figueiras, quando ainda jovens, para que frutifiquem como é mister, precisam ser adubadas com estrume (Lc 13.8). Isso simboliza a *necessidade de cultivo* dos frutos do Espírito (Gl 5.22,23). **8**. Quando fracassa a safra dos figos, isso simboliza *o julgamento divino* (Is 34.4; Jr 5.17; Jl 1.7; Os 2.12). **9**. Ezequias utilizou-se de uma pasta de figos, a fim de curar uma úlcera que lhe apareceu no corpo (2Rs 20.7; Is 38.21). O símbolo disso é a *cura* da alma mediante os frutos espirituais. **10**. Quando falhava a colheita dos figos, isso envolvia uma verdadeira calamidade nacional, para Israel (Jr 5.17; Hc 3.17). Por igual modo, é uma calamidade pessoal o indivíduo não produzir frutos espirituais em sua vida. **11**. Adão e Eva tentaram encobrir a sua nudez, com aventais feitos de folhas de figueira, costuradas umas às outras, depois de caírem no pecado (Gn 3.7). Ali, o simbolismo é *negativo*. Eles tinham estado revestidos de luz, como seres imortais. Mas agora, foram forçados a ocultar sua nudez, produzida pelo pecado e pela consciência do mesmo, com uma cobertura muito humilde e malfeita, uma provisão inadequada. O homem, em sua queda e degradação, é reduzido a meios ridículos para tentar ocultar a sua má condição. Ele precisa de redenção, o que foi simbolizado pelo fato de que o próprio Deus revestiu-os com peles de animais (Gn 3.21), sem dúvida representando a iniciativa divina na obra da redenção, como também o sangue de Cristo, vertido por nós, no Calvário.

FILEMOM, EPÍSTOLA A

A epístola de Paulo a Filemom é breve e foi dirigida em nome de Paulo e de Timóteo a favor de Onésimo. Esse Onésimo havia fugido da casa de seu senhor, talvez levando consigo algum dinheiro furtado de seu senhor (Fm 18,19), tomando o caminho de Roma. Converteu-se ali através do ministério do apóstolo Paulo (Fm 10). O apóstolo poderia retê-lo em sua companhia, mas não quis fazê-lo sem o consentimento de Filemom (Fm 13,14). Julgou necessário que Onésimo, que agora era cristão, deveria procurar o perdão de seu senhor, e ao mesmo tempo, esperava que Filemom o recebesse e perdoasse a falta de seu escravo. Por isso enviou Onésimo a seu senhor, pedindo-lhe que o recebesse, não como servo, mas como um irmão em Cristo muito amado (Fm 16), lembrando-lhe ao mesmo tempo a caridade que tinha usado com os irmãos e prometendo pagar-lhe o dano que poderia ter sofrido com a fuga de Onésimo (Fm 18,19). Essa carta revela a sensibilidade do apóstolo Paulo e o modo pelo qual respeitava o relacionamento com seus amigos. Ao mesmo tempo, ilustra o efeito do cristianismo sobre a convivência recíproca, promovendo o espírito de amor e os princípios de justiça destinados à reorganização social. Quando Onésimo levou essa carta a Filemom, foi acompanhado por Tíquico que, por sua vez, também foi portador de outra carta para a igreja de Colossos (Cl 4.7-9), e a epístola aos Efésios (Ef 6.21,22). As três epístolas foram escritas ao mesmo tempo em Roma, pelo ano 61 ou 62 d.C. Apesar de breve, a epístola a Filemom foi sempre reconhecida como legítima produção do apóstolo; encontra-se na versão siríaca e na antiga versão latina, nomeada no fragmento Muratori, aceita por Marcion, citada por Orígenes e incluída por Eusébio na lista dos livros autênticos e indisputáveis, servindo ao mesmo tempo de esteio para garantir a autoria das outras epístolas a ela associadas.

FILHOS DE DEUS

No hebraico temos três expressões diferentes, a saber: ***a.** bene ha-elohim*, "filhos de Deus" (Gn 6.2-4; Jó 1.6; 2.1); ***b.** bene elohim*, "filhos de Deus" (Jó 38.7); e ***c.** bene elim*, "filhos do poderoso" (Sl 29.1). No grego, *uioi theou ou uioi tou theou*, ambas as formas com o sentido de "filhos de Deus".

I. No Antigo Testamento. O sentido da expressão em Gn 6.1-4 é o centro de um dos mais complicados problemas exegéticos do Antigo Testamento. A questão pode ser enfeixada através da seguinte indagação: A quem se refere esse título: a divindades pagãs, a governantes pagãos, aos anjos ou aos descendentes da linhagem de Sete, filho de Adão? Embora divindades pagãs e governantes pagãos, na antiguidade, fossem intitulados "filhos de Deus", não há como provar ou não que tal sentido esteja vinculado a essa expressão do livro de Gênesis. Mas em algumas passagens como Jó 1.6 e 2.1, bem como Daniel 3.25, a expressão parece denotar anjos ou "seres angelicais". A ideia é que os anjos caídos tiveram relações sexuais com mulheres humanas e geraram filhos. No entanto, essa interpretação esbarra com uma formidável objeção: em parte alguma das Escrituras os anjos aparecem como corruptores da humanidade. Mais ainda, Jesus disse que os anjos são seres assexuados, segundo se depreende de Mateus 22.30.

Aqueles estudiosos que preferem pensar nos "filhos de Deus", em Gênesis 6.1-4, como descendentes de Sete, salientam que a expressão *ha-elohim*, em todas as outras passagens em que ela aparece no Novo Testamento, regularmente aponta para o único e verdadeiro Deus, o que elimina a expressão qualquer sentido pagão. Eles também argumentam que o Antigo Testamento não desconhece a ideia da relação entre Deus e seus adoradores, como a de um Pai e seus filhos. Isso pode ser visto em (Dt 32.5; Sl 73.15 e Os 11.1), onde a palavra "filhos" ou "filho" relaciona seres humanos a Deus. Em Oseias 1.10, a frase *Vós sois filhos do Deus vivo* tem a mesma significação. Por todos esses motivos, a maioria dos eruditos modernos rejeita esse ponto de vista que interpreta a expressão "filhos de Deus" como seres sobrenaturais, comparando-a com outros trechos veterotestamentários onde aparece a mesma expressão, e que só apontam para seres humanos. Portanto, a fim de explicar a expressão, em Gênesis 6.1-4, alguns eruditos pensam que ela foi ali introduzida por um compilador, como uma introdução à narrativa sobre o dilúvio (vs. 5-8). No entanto, a intenção do escritor original era explicar o surgimento de uma raça de gigantes, na antiguidade. Por conseguinte, alguns especialistas evocam o testemunho de Judas 6 e 7, com paralelo em 2Pedro 2.4 ss., onde é destacado o pecado desnatural dos homens de Sodoma, que seguiram "após outra carne". Ver sobre *Antediluvianos; Gigantes; Nefilim; e Refaim*.

II. No Novo Testamento. Há duas palavras gregas que têm sido traduzidas como "filho" e cujo sentido deve ser aqui distinguido. Uma delas é *téknon*, e a outra *uiós*. A primeira indica um filho por descendência natural, enquanto que a segunda olha a filiação mais do ponto de vista de uma mera relação legal. Referindo-se aos regenerados, João, que enfatiza a ideia de filiação por nascimento, usa *téknon*, mas Paulo, muito mais interessado em frisar a ideia de filiação pelo seu aspecto legal, ou seja, como uma adoção, uma prática bastante conhecida entre os romanos, mas inteiramente desconhecida entre os judeus, usa a palavra *uiós*, para indicar a mesma relação filial. (Ver Jo 1.12; Rm 8.14,16,19; Gl 4.6,7 e 1Jo 2.1,2).

Espiritualmente falando, os homens, por natureza, não são "filhos de Deus". Antes, aqueles que não estão em Cristo são "filhos da ira" (Ef 2.3), ou "filhos da desobediência (Ef 2.2). Os tais não são controlados pelo Espírito de Deus (Rm 8.14), mas por uma atitude de desobediência e rebeldia (Ef 2.2-4). Para que os homens se tornem "filhos de Deus", no sentido neotestamentário, é mister que se tornem tais, mediante a regeneração e a adoção, através da sua aceitação de Jesus Cristo como Salvador e Senhor (Jo 1.12,13; Gl 3.26).

A fraternidade universal ensinada pelo Novo Testamento não se deriva do fato de que todos os homens descendem de Adão, embora esse aspecto também seja destacado (ver Rm 5.12), mas está diretamente vinculada à fé no Senhor Jesus Cristo, como o único divino Salvador do mundo. Outro tanto se dá no caso da paternidade de Deus. Pois, se é verdade que todos dele "somos geração" (At 17.28), por força da criação, também é verdade que, espiritualmente, Deus só se torna o Pai dos regenerados pelo Espírito Santo.

A filiação espiritual já é uma posse presente dos crentes em Cristo (1Jo 3.2). No entanto, ela só se completará quando da segunda vinda de Cristo (Rm 8.23), quando então o homem interior do crente por assim dizer virá para fora, pois, até então, passa incógnito neste mundo, não sendo jamais reconhecido pelos seus semelhantes quanto à sua verdadeira identidade espiritual. Somente então serão revelados aos olhos de todos os filhos de Deus (2Co 5.10). E João deixou escrito: *Amados, agora somos filhos de Deus, e ainda não se manifestou o que havemos de ser. Sabemos que, quando ele se manifestar, seremos semelhantes a ele, porque havemos de vê-lo como ele é* (1Jo 3.2). Esse e os trechos que lhe são paralelos ensinam o mais elevado conceito bíblico sobre o que significa alguém ser um "filho de Deus".

As bênçãos próprias de quem é "filho de Deus" são por demais numerosas para serem todas descritas aqui, a menos que falemos em sentido bem abreviado. Os filhos de Deus são peculiarmente amados pelo Pai (Jo 17.23), e ele cuida deles com desvelo paternal (Lc 12.27-33). Eles receberam o nome da família divina (Ef 3.14,15 e 1João 3.1), como também a aparência dos membros da família divina (Rm 8.29). Foi derramado em seus corações o amor da família divina (Jo 13.35; 1Jo 3.14). Todos os filhos de Deus recebem o espírito filial (Rm 8.15; Gl 4.6). E eles são preparados para prestar um serviço filial (Jo 14.23, 24 e 15.8). São castigados pelo Pai, quando erram (Hb 12.5-11). São consolados pelo Pai (2Co 1.4) e a sua herança está à espera deles (Rm 8.17 e 1Pe 1.3-5).

Entre as evidências de que alguém é um autêntico "filho de Deus", poderíamos citar: ser dirigido pelo Espírito de Deus (Rm 8.14 e Gl 5.18). Ser dotado de confiança infantil em Deus (Gl 4.5). Desfrutar da liberdade do acesso a Deus (Ef 3.12). Amar os irmãos na fé (1Jo 2.9-11 e 5.1) e ser obediente ao Pai (1Jo 5.1-3).

III. Sumário de Usos. 1. Seres criados, em sentido geral, são chamados "filhos de Deus". Os seres angelicais são assim denominados (Jó 1.6; 2.1; 38.7 e, talvez, Gn 6.1-4). **2**. Os *homens*, criados segundo a imagem de Deus, incluindo a raça humana inteira. Isso fica subentendido desde o relato da criação (Gn 1.26-28), que ensina que o homem foi criado à imagem de Deus. Assim, Adão aparece como "filho de Deus" (Lc 3.38). Os homens podem ser filhos de Deus obedientes ou filhos de Deus rebeldes (Ez 20.21). O trecho de Atos 17.28 diz que todos os homens são "geração" de Deus. **3**. *Israel*, como nação (Os 1.10; Jr 3.14; 4.22; Jl 2.23; Gl 4.28). O povo de Israel foi escolhido em Abraão, para anunciar uma mensagem espiritual a todos os homens, a fim de que, mediante a salvação, os homens pudessem tornar-se filhos espirituais de Deus. Em um certo sentido espiritual, os israelitas eram filhos de Deus, e outros povos, não (Mc 7.27). No entanto, o Filho do homem (Jesus Cristo) veio buscar os filhos perdidos (Lc 19.9 ss.). O amor paternal de Deus levou-o a amar todos os homens, e a buscar todos como filhos (2Pe 3.9; Lc 15.3-7). A verdadeira filiação encontra-se no relacionamento espiritual do homem diante de Deus, e não por motivo de criação (Mt 3.9). **4**. *Filhos de Deus mediante a fé* (Jo 8.44). No sentido espiritual, alguns são filhos do diabo (Jo 8.44). A filiação ocorre por meio da nossa transformação segundo a imagem do Filho (Rm 8.29). Ver a quarta seção, onde esse pensamento é devidamente desenvolvido. **5**. *O singular Filho de Deus* é o Logos, que, em sua encarnação, veio a chamar-se Jesus Cristo (Hb 1.2). (Ver também Jo 1.3,14; 3.16; 10.36; Mt 17.5). Apresentamos um artigo separado sobre esse tema, intitulado *Filho de Deus*.

IV. Filiação, Sinônimo de Salvação. Ser filho de Deus, no sentido espiritual, não é meramente um título poético. Mas significa estar sendo transformado segundo a imagem do Filho de Deus, ou seja, ir adquirindo sua natureza moral e metafísica (Rm 8.29). Trata-se da mesma coisa que participar da natureza divina, de maneira real, posto que finita (2Pe 1.4), por meio do poder transformador do Espírito Santo, que nos vai transformando de um estágio de glória para outro (2Co 3.18). Isso quer dizer que a alma humana acaba assumindo toda a plenitude da divindade, tal como sucedeu ao Filho (Cl 2.9,10). Mas, visto que há uma infinitude com que seremos enchidos, deve tambem haver um enchimento infinito. Ao dizermos essas coisas, estamos falando sobre o que está implicado na própria *salvação* (vide). Trata-se de um processo eterno, visto que a sua mais elevada expressão, a *glorificação* (vide) é uma interminável transformação, segundo a qual o que é finito vai absorvendo o que é infinito. Ver os artigos separados: *Filhos (Crianças) de Deus; Filhos Espirituais de Deus; Filiação* e *Divindade, Participação na, pelos Homens*.

FILHOS DO ORIENTE

Essa expressão é usada para descrever povos que viviam a leste da Palestina (Gn 29.1), indicando especificamente os habitantes de Harã na Mesopotâmia. É dito sobre Jó que ele era um deles (Jó 1.3). O trecho de 1Reis 4.20 dá a entender que eles eram renomados por sua sabedoria. Os *magos*, referidos em Mateus 2.1, talvez fizessem parte dos filhos do Oriente.

FILHOS DOS PROFETAS

No hebraico, *bene ba-nabiim*. Essa expressão hebraica figura por onze vezes nas páginas do Antigo Testamento, indicando os membros de alguma ordem ou guilda de profetas, dentro da comunidade antiga de Israel. Todavia, a expressão ocorre somente nos livros de 1 e 2Reis, correspondendo à época dos profetas Elias e Eliseu. Não há qualquer ideia de descendência física, porquanto está em foco uma classe ou guilda.

Na verdade, haveria várias guildas ou ramos diferentes de uma mesma guilda, em várias localidades, a saber: *a*. Em Betel (2Rs 2.3), *b*. Em Jericó (2.5); *c*. Em Gilgal (4.38); *d*. na região montanhosa de Efraim (5.22). No entanto, todas elas eram "dirigidas" pelo mesmo profeta, ao qual chamavam de senhor (2Rs 2.3 ss.; no hebraico, *adon*). O primeiro "senhor" foi Elias. Quando este foi arrebatado para o Senhor, foi substituído por Eliseu que era membro de uma daquelas guildas. A promoção precisava ser reconhecida pelos demais membros da guilda, e a comprovação era se o novo "senhor" havia recebido ou não os poderes do antigo "senhor" (2Rs 2.8,14).

Muitos estudiosos das antiguidades judaicas acreditam que os "filhos dos profetas" tinham um tipo de vida monástica que se aproxima do monasticismo cristão. Assim, eles construíam edifícios para serem usados pela comunidade (2Rs 6.1 ss) e compartilhavam de uma mesa comum (2Rs 4.38-44). No entanto, sabe-se que alguns deles eram casados, o que significa que não havia entre eles um celibato obrigatório (2Rs 4.1 ss.). Os filhos dos profetas trabalhavam sob as ordens do líder ou "senhor"; e, geralmente, buscavam a sua aprovação quanto àquilo que realizavam (2Rs 2.16-18; 6.1 ss.). No entanto, também podiam agir por conta própria (1Rs 20.35).

Embora a expressão hebraica correspondente a "filhos dos profetas", que era uma expressão técnica, não ocorra fora dos livros de Reis, há outras indicações da existência de comunidades de profetas. Provavelmente, esse é o caso do "grupo de profetas", sobre o qual lemos nos dias de Saul e de Samuel (1Sm 10.5 ss., 19.20). Por semelhante modo, nos casos em que algum numeroso grupo de profetas é mencionado (1Rs 18.4,19;22.6), parece haver nisso alguma indicação de que se tratava de uma comunidade profética. Os grupos que agiam juntos, designados apenas como "profetas", no plural, provavelmente também eram comunidades de profetas (2Rs 23.2; Jr 26.7,8,11). Portanto, embora chamados "filhos dos profetas" somente nos dois livros de Reis, essas comunidades proféticas continuaram existindo durante todo o período da monarquia. Finalmente, a expressão "discípulo de profeta" (Am 7.14; no hebraico, *ben nabi*), embora no singular, deveria ser entendida como alusão ao fato de que Amós negava ser membro de alguma comunidade de profetas.

FILIGRANA

Essa palavra portuguesa refere-se a trabalho ornamental feito com fios ou arames. Alguns estudiosos têm pensado que certos engastes de ouro referidos em passagens como Êxodo 28.13,14,26, 39.6,16-18, envolvessem joias e trajes especiais que empregavam filigranas. O trecho do Salmo 45.13, de acordo com alguns eruditos, deveria ser traduzido por ... *a sua vestidura é adornada com filigrana dourada*, em vez de ... *a sua vestidura é recamada de ouro*. A arqueologia tem ilustrado essa arte com exemplos encontrados no antigo Oriente, e também com exemplares descobertos no Egito, entre joias funerárias. Símbolos divinos figuram em pedras semipreciosas, em intrincadas filigranas. Os próprios fios de metal são de ouro ou de prata. O termo latino *filum* significa "fio", "cordão", sendo essa a raiz da palavra portuguesa "filigrana".

FILIPENSES, EPÍSTOLA AOS

Nome dos naturais, ou dos habitantes de Filipos (Fp 4.15). A epístola do apóstolo Paulo aos Filipenses é a sexta das epístolas do Novo Testamento. Foi escrita pelo apóstolo, associado ao nome de Timóteo e dirigida a todos os santos em Jesus Cristo que se achavam em Filipos, com os bispos e diáconos (1.1), foi uma das primeiras igrejas que o apóstolo fundou na Europa; escreveu-a estando na prisão (1.7,13,14,16). Em que prisão estaria ele? Em Cesareia ou em Roma? Parece que estava sob os cuidados da guarda pretoriana (1.13); envia saudações de todos os santos e com muita especialidade dos que eram da família de César (4.22). Muitos dos que o cercavam interessavam-se na propagação do cristianismo (1.14-18). Estas referências bem como a linguagem que ele emprega, indicam claramente que essa carta foi escrita em Roma durante o primeiro encarceramento.

A data provável deve ser o fim do ano 62 ou 63, de acordo com os seguintes fatos: **1**. Ele havia estado por algum tempo em Roma (1.12); **2**. Estava à espera de ser colocado em liberdade (1.25; 2.23,24); **3**. Os filipenses tinham lhe enviado recursos (4.10), por mão de Epafrodito. Este havia adoecido em Roma, notícia que muito entristeceu os filipenses, do que Epafrodito teve conhecimento (2.26). Depreende-se disso, que já havia decorrido um espaço de tempo considerável desde a chegada do apóstolo à capital do império. A epístola foi escrita primeiramente para agradecer a oferta que a igreja de Filipos lhe enviara; mais de uma vez havia recebido socorro dessa igreja (4.15). Aproveitou a oportunidade para também prevenir os irmãos contra os erros de doutrina em que poderiam cair: é carta de um pastor dirigida a seu rebanho. Não visava a corrigir abusos, nem acudir a alguma crise moral da igreja, e sim ministrar conselhos necessários à vida prática dos cristãos. Ao mesmo tempo, a epístola ilumina a situação de Paulo em Roma. Foi Epafras quem a levou (2.25,30), o qual tendo-se restabelecido da sua enfermidade, estava a ponto de voltar a Filipos.

A epístola pode dividir-se nas seguintes seções: **1**. Introdução (1.1,2). **2**. Gratidão aos irmãos pela sua fidelidade, manifestações de amor para com eles e votos pela sua santificação (1.3-11). **3**. Narra o modo pelo qual Deus o havia tratado, que apesar de preso, podia anunciar o evangelho; fala da oposição sofrida por parte de alguns; congratula-se pela difusão da doutrina de Cristo; revela seu desejo de morrer e de estar com os irmãos, e faz exortações para que permaneçam firmes na fé (1.12-30). **4**. Exorta-os a manter a unidade espiritual, com espírito abnegado, segundo o exemplo de Cristo que devem ter sempre diante de si (2.1-18). **5**. Promete lhes enviar Timóteo, esperando ao mesmo tempo em que ele próprio iria ter com eles, enviando em primeiro lugar a Epafrodito (2.19-30). **6**. Ordena-lhes que se alegrem no Senhor, buscando as recompensas que Cristo oferece, e condena aqueles que mal empregam a liberdade do evangelho entregando-se aos apetites carnais, cf. 3. **7**. Conclui exortando a cada um e a todos, a se alegrarem no Senhor, a viverem contentes na santidade do Senhor. Termina reconhecendo as dádivas recebidas e manifesta seu amor e alegria, enviando diversas saudações (10.23). Tem-se colocado em dúvida a unidade da epístola. Policarpo, que foi discípulo do apóstolo João, em carta aos filipenses, escrita entre o ano 110 a 115, alude casualmente ao apóstolo Paulo, como tendo escrito cartas a eles dirigidas (Polic. 3.2), e, por conseguinte, afirma a existência de duas cartas juntas em uma só epístola como agora existe. A primeira compreendia os capítulos 2 a 3.1, e a segunda, desde o capítulo 3.2, até o capítulo 4.23. A legitimidade de cada uma das duas cartas hipotéticas nada sofre com essa teoria. As palavras de Policarpo parece que foram mal interpretadas, porque ele conheceu a epístola do mesmo modo que também a conhecemos atualmente. Falando no plural em referência à carta de Paulo, segundo o costume do tempo, era um modo de dar mais força à expressão. O esforço que se tem feito para provar a existência de duas cartas em uma só, não tem encontrado o apoio desejado. A epístola, em si, presta-se a uma análise muito satisfatória. Transições abruptas de assuntos pessoais para outros de ordem geral, ou a introdução de novo pensamento, quando o autor parece estar já no fim, como se dá no capítulo 3, são muito comuns em cartas de correspondência pessoal, como o são as epístolas do Novo Testamento.

FILISTEUS, FILÍSTIA

I. Nome e Caracterização Geral. As palavras hebraicas usadas para designar os filisteus e seu território aparecem no singular, *pelisti* (usualmente com o artigo), no plural, *pelistim* e, com menor frequência, *pelistiyyim*, sem o artigo. O território deles era chamado *eres pelistim*, ou Filístia. E dessas palavras, naturalmente, é que temos a palavra moderna "Palestina". Alguns estudiosos têm sugerido que esse nome deveria ser identificado com o vocábulo egípcio *prst* (na escrita hieroglífica, o "r" substitui o "e"), bem como a palavra assíria, em escrita cuneiforme, *plastu*. Há referências egípcias que procedem desde Ramsés III (cerca de 1188 a.C.). Alguns eruditos não têm podido encontrar uma provável etimologia semítica, pelo que há quem os considere arianos ou, talvez, originalmente indo-europeus. Todavia, há eruditos que pensam que eles teriam tido origem semita. As evidências arqueológicas apontam para uma origem micena (grega).

Entre 1200 e 1000 a.C., eles foram os principais inimigos do povo de Israel; e, com base nessa circunstância, sabemos bastante coisa sobre a história dos filisteus, o que, de outro modo, teria permanecido na obscuridade.

Os filisteus eram um povo aguerrido, que ocupava uma faixa de território na porção sudoeste da Palestina, chamada Filístia. Eles dominavam o mar daquelas costas e estabeleceram-se ao longo das costas marítimas do sudoeste da Palestina, desde Jope, mais ao norte, até Gaza, mais ao sul. Seus frequentes ataques contra Israel tornaram-se a principal razão pela qual o povo judeu desejou tornar-se uma monarquia. Eles sentiam que essa modalidade de governo poderia organizar melhor a nação para enfrentar aquele povo tão hostil.

II. Origem e Raça. Os trechos de Gênesis 10.14 e 1Crônicas 1.12 permitem-nos entender que os filisteus vieram de Casluim, filho de Mizraim (Egito), filho de Cão. Posteriormente, eles vieram de Caftor (Am 9.7; Jr 47.4). Há monumentos que mostram que os filisteus invadiram a Palestina, juntamente com outros povos do mar, na época de Ramsés III (1195— 1164 a.C.). Ramsés foi capaz de oferecer-lhes resistência, mas os invasores sobreviveram na Síria e, finalmente, chegaram à porção sudeste da Palestina. Tendo-se estabelecido ali, deram seu nome à *Filístia*, atual Palestina (Jl 3.4). Sabe-se que a área em redor de Gerar e de Berseba era ocupada pelos filisteus pelo menos desde a época dos patriarcas. (Ver Gn 21.32 e 26.1).

Há muitas controvérsias sobre a origem e a raça dos filisteus. Alguns eruditos pensam que Caftor é a mesma coisa que a ilha de Creta. O termo *queretitas* significaria *cretenses*, e o termo *queretitas* parece haver sido aplicado pelo menos a alguns deles. Ver 1Samuel 30.14. Então em Ezequiel 25.16, os termos filisteus e queretitas são usados paralelamente. Os queretitas faziam parte da guarda pessoal de Davi, e isso poderia indicar que ele recrutou alguns filisteus que, sem dúvida alguma, se tinham convertido à fé judaica. Se os filisteus vieram, originalmente, das costas do mar Egeu, então, como é evidente, eles não eram semitas. Confirmando isso, os arqueólogos salientam que a cerâmica e outros artefatos dos filisteus eram do tipo principalmente miceno (não minoano), embora haja evidências de outras influências também. A palavra *miceneano* significa pertencente a Micenas, ou seja, a civilização que havia em certas partes da Grécia, na Ásia Menor, na Sicília e em outros lugares próximos, antes do avanço dos helenos. Segundo se pensa, eles teriam atingido o zênite de seu poder em cerca de 1400 a.C. Micenas ficava cerca de trinta e dois quilômetros a sudeste do local de Corinto.

Outros eruditos procuram defender a ideia de uma origem semita para os filisteus. Esses alicerçam-se sobre bases essencialmente linguísticas. Os nomes de suas cidades eram tipicamente semíticos. O estudo dos monumentos assírios tem demonstrado que muitos nomes próprios de pessoas e lugares, relacionados aos filisteus, são de origem semita. Além disso, suas crenças religiosas tendem por classificá-los entre os povos semitas. Portanto, parece seguro que, pelo menos quanto ao idioma, mesmo que não quanto à origem racial, eles eram semitas. O peso das evidências arqueológicas, entretanto, põe-se em favor de uma origem não semítica para os filisteus. Ver a sexta seção, a seguir.

III. Território. Acompanhando o que foi dito acima, chegamos a uma localização às margens do mar Egeu, talvez incluindo a ilha de Creta como o território originalmente ocupado pelos filisteus. Porém, alguns estudiosos associam-nos a Gerar, nas proximidades do Egito (Gn 21.32), como o lugar central de onde eles se propagaram. Seja como for, eles chegaram a ocupar cinco cidades principais, na faixa costeira da Palestina ou das proximidades, a saber: Azoto (Asdode), Gaza, Ascalom (Asquelom) (na costa marítima), Gate e Ecrom, estas duas últimas alguns quilômetros interior adentro. Essas cidades constituíam a *pentápolis* dos filisteus. A região por eles ocupada era chamada *Filístia*. Esse território tinha apenas cerca de cem quilômetros de extensão, de norte a sul, e muito menos do que isso de largura, de leste a oeste.

IV. História. A história remota dos filisteus é obscura, tal como é obscura a origem deles. Portanto, é possível que eles fizessem parte da antiga história dos gregos, incluindo a do mar Egeu e a da ilha de Creta. As migrações, pois, conduziram-nos até as fronteiras do Egito, em Gerar. Uma alternativa é que fossem um povo que já se encontrasse naquela região desde muito tempo, cuja história anterior perdeu-se completamente. Seja como for, foi naquela região que eles viviam, durante o período dos patriarcas hebreus. Tanto Abraão quanto Isaque negociaram com um rei filisteu chamado Abimeleque, em Gerar. Alguns estudiosos pensam que essa referência é anacrônica, por pensarem que os filisteus só começaram a migrar para a Palestina em 1200 a.C. Até o momento não há qualquer prova extrabíblica para confirmar a presença dos filisteus, na região onde também viveu Abraão, na Palestina. Ver Gênesis 21.32; 26.1. Por outra parte, não há qualquer evidência em contrário.

Ramsés III, Faraó do Egito, defendeu-se com sucesso das invasões dos chamados *povos do mar*, incluindo os filisteus (cerca de 1188 a.C.). Mas também sabemos que, nos séculos XII e XI a.C., existiam colônias de filisteus no delta do rio Nilo e na fronteira sul entre o Egito e a Núbia. No entanto, a maior parte dos filisteus estabeleceu-se na porção sudoeste da terra de Canaã, o que comentamos na terceira seção, chamada *Território*. Presume-se que eles absorveram quase todos os outros povos, que estavam no lugar, antes de sua invasão. Com base em sua *pentápolis* (ver acima), eles assediaram seus vizinhos, e durante o período dos juízes de Israel tornaram-se os mais ferrenhos adversários de Israel. Isso tomou forma principalmente em associação ao juiz Sansão (Jz 13-16), o que ocorreu no começo do século XI a.C. Eles então controlavam certas áreas pertencentes às tribos de Dã e Judá (Jz 14.4 e 15.11), e muitos da tribo de Dã mudaram-se mais para o norte, na tentativa de obter alguma tranquilidade (ver Jz 18.11,29).

Foi o conflito contínuo com os filisteus que historicamente forçou a formação da monarquia de Israel, o que ocorreu por motivos de proteção. Davi declarou guerra aos filisteus, tal como se deu com Salomão, seu filho, o que sujeitou totalmente os filisteus à nação de Israel. Davi conquistou Gate e os territórios circunvizinhos (1Cr 18.1) e, segundo presumimos, debilitou tremendamente os filisteus. Salomão sujeitou Gezer (1Rs 9.16). Salomão controlava um território que ia desde as margens do rio Eufrates até a terra dos filisteus, e até as fronteiras com o Egito (1Rs 4.21). Ao que parece, eles continuaram controlando suas três cidades costeiras, mas então deixaram de ser uma ameaça militar para Israel.

Após a divisão da nação de Israel em duas partes, os reinos do norte e do sul (respectivamente, Israel e Judá), Judá não mais foi ameaçada pelos filisteus, embora Israel tivesse sofrido algumas pressões. Durante o reinado de Acaz (o décimo primeiro rei de Judá) os filisteus, entretanto, conseguiram reconquistar algumas de suas antigas possessões (2Cr 28.18 e Is 14.28-32). Todavia, um ano mais tarde, Tiglate-Pileser III subjugou os filisteus, por causa de sua deslealdade. Naquela altura dos acontecimentos, os assírios tornaram-se o poder dominante na Palestina. Samaria teve de vergar-se diante dos assírios, e Judá, sob o reinado de Acaz, tornou-se um reino vassalo retendo uma precária e incompleta independência. O rei Ezequias revoltou-se contra tal situação. Em sua rebelião, ele também atacou os filisteus, em Gaza (2Rs 18.8). Ezequias é o último rei, mencionado nas Escrituras, a ter qualquer ligação com os filisteus. O rei da Babilônia, Nabucodonosor, conquistou as cidades da Filístia e deportou para outros lugares os habitantes da região. Isso assinalou o fim permanente dos filisteus. Durante o tempo dos macabeus, o território que antes pertencera aos filisteus ficou novamente sob o controle do povo de Israel. Entretanto, Pompeu, o romano, anexou a região, transformando-a em uma parte da província da Síria.

V. Elementos de sua Cultura

1. Religião. Juntamente com tantos povos antigos, os filisteus eram um povo intensamente religioso. Suas vitórias militares eram celebradas na *casa dos deuses* (1Sm 31.9) para mostrar que eles dependiam de suas divindades, para delas receber ajuda. Eles levavam ídolos de seus deuses, às suas batalhas (2Sm 5.21). Sabemos que os filisteus tinham três deuses principais, pelo que formavam uma sociedade politeísta. Esses três deuses eram Dagom, Astarote e Baalzebube, todos os três dotados de nomes de origem semítica. Essa circunstância tem encorajado alguns eruditos a pensar que os filisteus eram semitas, conforme se salientou na segunda seção, acima. Eles tinham templos em Gaza (Jz 16.21; 23.30) e em Asdode (1Sm 5) e, mui provavelmente, em Bete-Seã (1Cr 10.10), onde Dagom era venerado. A fim de honrar Astarote, templos foram construídos em Asquelom (Heródoto, *Hist.* 1.105). Mui provavelmente, essa adoração é enfocada em 1Samuel 31.10. Um templo em honra a Beelzebube foi construído em Ecrom (2Rs 1.1-16). Dagom (nome derivado de *dag*, "peixe") era para eles um poderoso deus. Ele era representado dotado de rosto e mãos humanos, mas com a cauda de um peixe (1Sm 5.4). Foi para o interior desse templo que a arca da aliança, tomada dos israelitas, foi levada (1Sm 5.2). Foi a essa divindade que os filisteus agradeceram, quando Sansão foi, finalmente, dominado (Jz 16.23,24). Os guerreiros filisteus usavam pequenas imagens desse deus, quando se dirigiam à batalha (2Sm 5.21). De mistura com sua religião havia a mágica e a adivinhação (Is 2.6).

2. Governo. Um governo unificado predominava na pentápolis dos filisteus. Cinco senhores (no hebraico, *seranim*) eram as principais autoridades deles. Como chefes de cidades, eles controlavam poderes menores na Filístia. A autoridade de um desses senhores (príncipes) podia ser anulada pela autoridade dos demais, visando ao bem de todos (1Sm 29.1-7). Eles atuavam como governantes e conselheiros (1Sm 5.8). Eles possuíam autoridade em sentido geral (Jz 16.5-8), bem como um poder civil, executivo (1Sm 5.11). Em tempos de guerra eles tornavam-se chefes militares (1Sm 7.7, 29.1-7). Cada uma das cinco cidades filisteias controlava a região circunvizinha porquanto eram cidades-estados. Todavia, não sabemos dizer como os principais chefes filisteus obtinham o poder, como eram selecionados.

3. Linguagem. É óbvio que uma vez na Palestina, os filisteus ou perderam o seu antigo idioma e adotaram uma língua semita, ou então seu idioma absorveu muitas palavras de origem semítica, especialmente nomes próprios. Certamente, todos os nomes da Bíblia associados aos filisteus são de origem semita. Alguns pensam que a palavra que significa "senhores" ou "príncipes" (*seranim*) pode ser associada à ideia de "tiranos", uma palavra de origem asiática ou pré-grega. Alguns selos (sobre tabletes de argila) descobertos em Asdode assemelham-se à escrita cipriominoana, o que nos fala de uma origem cretense. Porém, não temos certeza se esses selos devem ser associados ou não aos filisteus. A linguagem desses selos permanece incerta até mesmo quanto à sua origem.

4. As descobertas arqueológicas (ver a seção VI, abaixo) ilustram alguns elementos da cultura dos filisteus. As descrições sobre a armadura de Golias mostram-nos que eles estavam já dentro do primeiro estágio da Idade do Ferro, sendo claro que eles controlavam as fundições de ferro e mantinham Israel destituído de ferreiros (1Sm 13.19-22). Fundições de ferro têm sido encontradas apenas em lugares que, antigamente, eram ocupados por filisteus, a saber: em Asdode, Tel Qasile, Tel Jemmeh e Tel Mor. Os filisteus também eram ourives competentes (1Sm 6.4,5). De modo geral, eram competentes em várias artes e ofícios e a arqueologia tem demonstrado que, do ponto de vista material, a cultura deles era superior à cultura dos israelitas.

VI. Arqueologia

1. Mineração e Fundição. Descrevi isso sob a quinta seção, ponto quatro.

2. Inscrições. Sob o nome *prst*, os anais de Ramsés III (1185 a.C.) referem-se a esse povo. Essas inscrições aludem a aventuras militares. Já desde o século XIV a.C., nas cartas de Tel el-Amarna, há menção dos povos do mar, que talvez incluíssem os filisteus. Relevos feitos no templo de *Medinet Habu* mostram que esses povos chegaram com seus familiares e seus pertences em vagões e embarcações, e podemos supor que os *prst* faziam parte do grupo. Um outro grupo humano, os *tkr*, também faziam parte dos recém-chegados; são retratados como quem usava turbantes feitos de penas de aves, que se elevavam verticalmente de uma faixa horizontal. Um turbante similar foi encontrado em um disco de argila, encontrado em Faistos, na ilha de Creta. Esse turbante foi atribuído ao século XVII a.C., embora alguns estudiosos pensem no século XV a.C. As inscrições assírias mencionam a Filístia como um de seus inimigos. Uma inscrição de Adade-Nirari III (810-782 a.C.) é a primeira dessas inscrições. As inscrições de Tiglate-Pileser III, Sargão e Senaqueribe também mencionam esse povo. Documentos em escrita cuneiforme, do tempo do exílio de Judá na Babilônia, mencionam os filisteus entre os povos que foram deportados.

3. Cerâmica. Na Filístia têm sido encontrados objetos de cerâmica desde o século II a.C. A decoração dessas peças é similar à do material encontrado nas regiões do mar Egeu. De fato, alguns eruditos têm classificado vários itens como pertencentes à arte cerâmica micena, isto é, derivações de originais da área do mar Egeu. Porém, também há outras influências, como a cipriota, a egípcia e a palestina local. Os principais itens são canecas de cerveja coloridas de amarelo, com bicos (o que sugere que os filisteus eram bebedores de cerveja), xícaras, vários modelos de jarras, com coloridos em vermelho e preto, e muitos desenhos em espirais e círculos concêntricos e entrelaçados, imagens de aves e de animais.

4. Costumes de Sepultamento. Nenhum cemitério verdadeiro tem sido encontrado nas cinco principais cidades dos filisteus. Todavia, túmulos retangulares têm sido desenterrados em Tel Fara, parecidos com os túmulos da época micena. Esquifes de argila, com uma das extremidades dotada de relevo moldado, incluindo uma representação da cabeça e das mãos do falecido, também têm sido achados. Algumas vezes também foram incluídos braços moldados, em relevo, sobre a tampa dos esquifes. Alguns deles trazem aqueles turbantes com penas, que antes mencionamos. Esquifes similares têm sido encontrados no Egito, notadamente em Tell el-Yehudieh, no delta do Nilo.

5. Revelos em Medinet Habu. Desenhos feitos pelos filisteus, sob a forma de relevos, têm sido encontrados no templo de Ramsés III, em Medinet Habu, perto de Tebas, no Egito. As figuras humanas são retratadas como homens bem barbeados, usando capacetes decorados com canas ou penas, similares aos capacetes emplumados de Creta. As vestes deles incluíam o saiote curto da área do mar Egeu. Aparecem armados de lanças, espadins, escudos redondos e adagas triangulares. Essas armas contam-nos uma grande parte da história desses povos, no tocante aos israelitas. Essa história consistia principalmente em guerras, matanças e conflitos que, algumas vezes, favoreciam um lado, às vezes outro. Tudo isso serve de triste comentário sobre a natureza decaída do homem, exibindo o guerreiro tribal violento, com seus deuses, que o encorajavam a continuar a matança. Até hoje os homens continuam se mostrando violentos. (AM DOT KA KE (1970) ND UN Z)

FILOSOFIA JUDAICA

1. A Preocupação Final. Talvez Israel tenha sido a única nação da história que tem sido essencialmente religiosa, acima de qualquer outra consideração, e cuja literatura, legislação e formas de governo têm sido inspiradas por Deus. Seja como for, sempre foi uma característica dos hebreus preocupar-se com questões finais. Mesmo que o pensamento dos hebreus tenha começado no *henoteísmo* (há muitos deuses, mas nós reconhecemos somente um Deus), não demorou para que eles adotassem o *monoteísmo* (vide). A doutrina da imortalidade, porém, só entrou no judaísmo bem posteriormente. No Pentateuco não há referências ou ensinos claros sobre a alma. Embora as leis mosaicas fossem complexas e obrigatórias, não há ali qualquer promessa de recompensa ou de punição eternas, circunstância essa que seria quase impossível de imaginar se ali houvesse qualquer doutrina da alma.

2. Filosofia da História. O Antigo Testamento representa uma filosofia da história. Desde o começo aparece Deus, como o criador de todas as coisas. É criado o homem e, dentre a humanidade, é escolhida uma nação que passa a servir de veículo da mensagem espiritual. Toda a sua história é teisticamente controlada. Sua história é linear, começa no tempo, e passando de um evento para outro, até chegar a um clímax, na exaltação dessa nação acima de todas as demais, mediante o cumprimento do reino messiânico prometido nas Escrituras Sagradas. O ponto final dessa história será uma espécie de era áurea, onde o conhecimento do Senhor propagar-se-á por todo o orbe, e uma utopia geral é concretizada.

3. A Filosofia do Livro. Vários povos antigos tinham livros sagrados, pelo que, quanto a esse particular, Israel não foi um caso isolado. A posse de livros sagrados indica uma atitude filosófica. Isso significa que ali há fé no *teísmo* (vide), que há um Deus que revela a si mesmo e à sua vontade, e que ele está perto do profeta que é escolhido para guiar o povo. A própria Bíblia não apresenta nenhum sistema filosófico) embora contenha certo número de conceitos filosóficos básicos. Conforme acabamos de afirmar, temos na Bíblia reflexos claros do teísmo e de uma filosofia da história. Além disso, no livro de Jó, encontramos um tratamento sobre o problema do mal, além de uma sabedoria popular filosófica nos livros de Provérbios e Eclesiastes, este último tendo sofrido alguma influência da cultura grega.

4. O Problema do Mal. Neste dicionário apresentamos um longo e detalhado artigo sobre esse problema, visto que se trata de um dos mais espinhosos problemas da filosofia e da teologia. Ver sobre *Problema do Mal*. A grande questão é como pode haver tanto sofrimento aparentemente sem sentido, em face do fato de que há um Deus todo-poderoso, todo-bondoso e que tudo sabe. O livro de Jó aborda diretamente esse problema. Trata-se de uma abordagem profunda e altamente artística, mas muitos teólogos sentem-se perturbados ante algumas de suas conclusões. Nesse caso, o sofrimento ocorreu por causa de uma espécie de aposta entre Deus e Satanás. Deus queria provar que a perseverança de Jó derivava-se de seu amor a ele e de motivos apropriados e não somente por causa de sua prosperidade material. Os supostos consoladores de Jó, que então se apresentaram a ele, na realidade eram seus adversários, e salientaram o *problema do pecado* como a causa de seus sofrimentos. Jó negou isso peremptoriamente e, mui provavelmente, não erramos quando dizemos que ele estava correto em sua avaliação, ainda que, no fim do livro, quando Deus lhe exibiu a sua glória, Jó reconheceu seu próprio estado pecaminoso e miserável. Ver Jó 42.1-6. Jó termina arrependendo-se disso (vs. 6), embora isso não signifique que os seus consoladores molestos tivessem vencido na argumentação. Ele era um miserável pecador, o que se tornou evidente quando a glória de Deus foi revelada; mas, não fora *por causa disso* que Jó fora testado tão severamente. Antes, o teste serviu para que ficasse demonstrada a genuinidade de sua espiritualidade. Talvez a história da intromissão de Satanás, com que o livro começa, tenha servido somente de introdução literária, não devendo ser levada por demais a sério no tocante ao problema do mal. Mas, talvez, também explique muita coisa que, de outra maneira não teria explicação.

No fim, Jó é grandemente abençoado, tendo recebido muito mais do que havia perdido. Ora, muitos teólogos sentem-se infelizes justamente com esse final feliz, porquanto isso dificilmente caracteriza o problema do mal. Para eles, parece que as tragédias gregas são muito mais realistas quanto a esse aspecto. Na vida real, um homem é esmagado diversas vezes, é triturado, e, então, é pulverizado, para nunca mais soerguer-se. E o resto da história fica por conta do destino da alma, porquanto é inútil esperar o triunfo deste lado da existência. Geralmente, precisamos ter uma fé que não espere por reversões neste lado da vida. No entanto, às vezes é aqui mesmo que Deus nos abençoa. Pelo que agradecemos ao Senhor por essas bênçãos menores, mas muito apreciadas, que nos reivindicam a retidão que temos em Cristo. O livro de Jó, pois, termina com uma direta *intervenção divina*, para mostrar que Deus não esquece a um dos seus servos fiéis, e termina com uma reversão após as mais obscuras condições.

Há um estranho detalhe no livro de Jó, notado por todos os estudiosos, que é o fato de que o mesmo nunca apela para a lei. Seria isso motivado pelo fato de que foi escrito antes da outorga da lei, sendo assim o mais antigo dos livros do Antigo Testamento? Ou teria sido porque foi escrito já no período helenista, sendo uma espécie de estudo filosófico, embora refletindo uma posição judaica ortodoxa? Ver o artigo sobre *Jó*.

5. Os Tempos Helenistas. As conquistas militares de Alexandre, o Grande, levaram a cultura grega a entrar em contato direto com o judaísmo. As primeiras referências dos gregos aos judeus julgam-nos uma raça de filósofos, provavelmente, porque preocupavam-se com as questões últimas da vida, tal como o faziam os gregos. Mas, quando as ideias do helenismo entravam em choque com as ideias judaicas, isso produzia duas reações opostas. A ortodoxia estreita rejeitava todas as influências pagãs, e muitos chegaram mesmo a lamentar que a Bíblia hebraica tivesse sido traduzida para o grego, na Septuaginta (vide). Porém, outros judeus tentavam acomodar-se adaptando a religião hebraica à filosofia grega. Havia muitos elementos comuns, de tal modo que se podia chegar até a uma espécie de harmonia. O principal filósofo judeu, que procurou obter tal harmonização, foi Filo, um filósofo neoplatônico voltado para o Antigo Testamento. Ver o artigo separado sobre Filo. Josefo também nos forneceu alguns comentários filosóficos, embora tivesse sido, principalmente, um historiador dos judeus. Alem disso, o livro canônico de Eclesiastes e certos livros apócrifos, como Sabedoria de Salomão e 4Macabeus demonstram interesses filosóficos nítidos.

6. Começo da Era Cristã. Do século III d.C. em diante, houve centros do pensamento judaico que continuaram ensinando por vários séculos, nos países do Oriente de fala aramaica. A literatura do período, especialmente o *Talmude*, apresenta bem pouca filosofia sistemática, mas vários aspectos de sua teologia eram obviamente influenciados por ideias gregas e persas. Com o surgimento do *calão* islâmico (filosofia empregada para justificar as crenças religiosas), houve o ressurgimento da atividade filosófica. Entre os judeus, os *caraltas* (vide) revoltaram-se tanto contra a filosofia quanto contra as interpretações rabínicas. Eles datam dos séculos IX a XII d.C. E formavam uma espécie de movimento de retorno à Bíblia. Isso não fez cessar nem as interpretações rabínicas e nem as especulações filosóficas, mas levou os rabinos e os filósofos a buscarem melhores maneiras de defender seus pontos de vista e suas atividades.

7. A Cabala. As datas para o desenvolvimento dessa tradição judaica são 500 a 1000 d.C. Ver sobre a *Cabala*. Isso consistia essencialmente no desenvolvimento das tradições místicas judaicas, com muita dose de especulação filosófica, que não fazia parte do judaísmo primitivo. Importantes cabalistas foram Moses Nahmanides, Ibn Gabirol e Yehudah Hallevi.

8. Do Século X d.C. em Diante. O calão dos islamitas, o neoplatonismo e o aristotelismo exerceram grande influência sobre os pensadores judaicos da Idade Média. As reivindicações e metodologias conflitantes da razão e da revelação foram discutidas, como também as provas da existência de Deus e os seus atributos, o determinismo divino em contraste com o livre-arbítrio humano, e as questões sobre a lei e a ética. O mais destacado filósofo judeu desse período foi Moses Maimônides, sobre quem damos um artigo separado. A Cabala foi uma atividade paralela a essa, onde florescia certa tradição mística. Hasdai Crescas e Isaac Abarbanel (1437-1508) pensavam que os filósofos judeus tinham ido longe demais na tentativa de identificarem Aristóteles com Moisés e expuseram o seu protesto. Quase toda essa atividade teve lugar em países islâmicos, ou então na Espanha. Nas terras cristãs, os judeus eram oprimidos, e não tinham liberdade para fazer funcionar suas escolas de investigação. Porém, na Itália da época da Renascença, houve alguma expressão nesse sentido, quando então surgiu Baruque Spinoza, na Holanda, no século XVII. Na Alemanha, o primeiro filósofo judeu de nota foi Mosés Mendelssohn (1629-1786). Após a sua época, filósofos judeus continuaram a participar, e mais livremente, da vida cultural europeia.

9. O Iluminismo. O judaísmo ortodoxo lutava para manter sua tradição e, por isso mesmo, com frequência opôs-se aos desenvolvimentos do Iluminismo, sobretudo a sua tendência para enfatizar demasiadamente a ciência rejeitando reivindicações religiosas. Por outra parte alguns judeus abandonaram totalmente a sua fé tendo sido arrebatados pela febre provocada pelo Iluminismo. Entre esses dois extremos, havia aqueles que faziam tentativas para harmonizar os mesmos, com alguma fragmentação no tocante ao judaísmo tradicional. Essa grande diversidade impossibilita-nos agora identificar certos aspectos da filosofia judaica da época. Simplesmente houve vários filósofos judeus que promoviam sistemas diferentes.

10. O Século XIX. O idealismo alemão, dentro das teorias de Kant, de Schelling e de Hegbel influenciou os pensadores judeus. Nachman Krochmal (1785-1840), Salomão Formstecher (1808-1889), Samuel Hirsch (1815-1889) e Mortiz Lazarus (1824-1903) podem ser contados entre os tais. Krochmal foi pioneiro no estudo crítico das fontes históricas, com vistas a definir a essência do judaísmo. Isso preparou o caminho para a ciência do judaísmo (*Wissenschaft des Judentums*), promovida por Leopoldo Zuns (1794-1886) e Abrazo Geiger (1810-1874). Como sempre, alguns se opuseram à invasão da filosofia, conclamando os judeus a voltarem ao judaísmo, conforme o mesmo aparece na revelação do Antigo Testamento. S.L. Steinheim e S.D. Luzatto são contados entre esses homens.

O *sionismo*, uma nova filosofia política, surgiu no século XIX. Ver o artigo separado sobre esse assunto. Filósofos judeus ativos nesse campo foram A.H. Ginsberg (1856-1927), A.D. Gordon (1856-1922). Por sua vez, A.I. Kook (1865-1935) e Martin Buber (1879-1965) misturaram o misticismo com essa filosofia.

11. O Século XX. Hermann Cohen (1842-1918) desenvolveu um sistema de *idealismo* e exerceu profunda influência sobre o pensamento judaico. Leo Baeck (1873-1956), Bubere Franz Rosenzweig (1886-1929) desenvolveram alguns de seus pensamentos e o sionismo continuou sendo uma das principais forças entre os filósofos judeus. Buber e Rosenzweig também incorporaram em seu sistema certos elementos do existencialismo (vide).

O nazismo de Hitler destruiu grande parte da vida cultural judaica na Europa, assinalando o fim de uma época, incluindo todos os esforços para harmonizar o judaísmo com o idealismo alemão. Depois disso, a linguagem filosófica do judaísmo tornou-se predominantemente inglesa, e os Estados Unidos da América do Norte, o lugar mais importante de expressão do judaísmo. Entrementes, os ideais preliminares do sionismo tiveram cumprimento, posto que parcial, no reavivamento da nação judaica, após a Segunda Guerra Mundial, a partir de 1918. Um filósofo judeu de nomeada foi M.M. Kaplan, que combinou uma forma extremada de naturalismo com a manutenção das formas tradicionais da observância religiosa dos judeus. O existencialismo, porém, continuou exercendo alguma influência, como nos escritos de A.J. Heschel (1907-1972).

12. Ética — A Grande Contribuição da Filosofia Judaica. Embora o Antigo Testamento não seja um manual de princípios éticos, em qualquer sentido formal, nenhuma outra obra escrita, excetuando talvez o Novo Testamento, tem exercido tão vasta influência sobre o pensamento ético do mundo. Essa influência tem envolvido tanto a ética individual quanto a ética social. O Antigo e o Novo Testamentos, juntamente com os códigos legais romanos, têm sido os mais decisivos fatores na formação das leis civis dos países da Europa e da América. Ver o artigo separado sobre a Ética do *Antigo Testamento*.

FINEIAS

No hebraico, ao que parece, **"oráculo"**. Há quem pense que a origem dessa palavra é egípcia. Tem sido confirmada por descobertas arqueológicas da época do novo reino egípcio (séculos XVI a XII a.C.). Outros estudiosos pensam que o sentido dessa palavra ainda não foi determinado, e ainda outros pensam que quer dizer "boca de bronze". Esse é o nome de três personagens da Bíblia, a saber: **1**. Um filho de Eleazar, neto de Aarão, o sumo sacerdote. (Ver Êx 6.25; 1Cr 6.4,50; Ed 7.5). Era homem zeloso e de ânimo quente. Os israelitas estavam acampados nas planícies de Moabe e lamentavam os pecados a que haviam sido seduzidos pelos midianitas. Um dos príncipes de Judá, de nome Zinri, levou uma mulher midianita, chamada Cozbi, à sua tenda. Fineias, naturalmente, compreendeu o intuito e, indignado, seguiu o casal. Entrou na tenda e traspassou ambos com a sua lança (Nm 25.7 ss.). Esse ato de zelo espiritual chamou a atenção de Moisés, que outorgou a Fineias responsabilidades sacerdotais, na época em que Josué andou fazendo guerra contra os midianitas (Nm 31.6 ss.). Foi-lhe prometido que o sacerdócio permaneceria em sua família (Nm 25.7-11), o que ocorreu em cerca de 1435 a.C. Após a conquista do território de Canaã, quando os guerreiros das duas tribos e meia do além Jordão estabeleceram um altar não autorizado, Fineias esteve à testa da delegação ali enviada para denunciar aquelas tribos por tal ato. Porém, os representantes das tribos de Rúben, Gade e da meia tribo de Manassés explicaram que o altar era apenas um memorial das vitórias de Israel e de sua dependência a Deus, e não um lugar onde seriam oferecidos sacrifícios. O esclarecimento foi aceito, e todos os envolvidos sentiram-se satisfeitos. Ver Josué 22.5 ss. Quando da divisão da terra, ele recebeu uma porção de terras como sua propriedade particular, uma colina no monte Efraim que recebeu seu nome, Gibeá, pertencente a Fineias. Foi ali que Fineias sepultou seu pai (Js 24.33). Aparentemente, ele era líder dos levitas coreítas (1Cr 9.20). Após a morte de Eleazar, Fineias tornou-se sumo sacerdote (o terceiro da série). Após o ultrajante tratamento à concubina do levita viajante, em Gibeá de Benjamim, foi Fineias quem afirmou, corretamente, que dali resultaria o apropriado juízo divino (Jz 20.28). Seus anos finais foram passados na obscuridade, até onde diz respeito à história bíblica registrada. Presumivelmente, foi sepultado na colina de Efraim, onde também havia sepultado seu pai (Js 24.33). **Símbolo**. Fineias tem atraído os estudiosos da Bíblia como exemplo de um sacerdote levita devoto (Sl 106.30,31). Sua vida de fé, com atos apropriados, lhe foi imputada "por justiça, de geração em geração, para sempre". Declaração parecida é feita acerca de Abraão, em Gênesis 15.6 e Romanos 4.3: *Ele creu no Senhor, e isso lhe foi imputado por justiça*. **2**. Um levita, pai de Eleazar, que ajudou Meremote a pesar os vasos sagrados do templo (Ed 8.2 e 1Esdras 8.36), que viveu em torno de 458 a.C. O sentido da passagem bíblica mencionada, porém, pode ser que Eleazar era da *família* do Fineias original, visto que, no hebraico, o vocábulo *pai* pode ser usado para indicar um antepassado distante. **3**. O segundo filho de Eli (1Sm 1.3; 2.34; 4.4,11,17,18; 14.3). Esse Fineias foi morto, juntamente com seu irmão, pelos filisteus, quando estes capturaram a arca da aliança. Antes desse evento, esse homem já demonstrara o seu mau caráter e muito entristecera seu pai.

Fora da narrativa bíblica, temos mais dois homens com o nome de Fineias. Assim, esse foi o nome do último sumo sacerdote, antes de Tito haver destruído a cidade de Jerusalém, no ano 70 d.C. Ver Josefo, *Guerras 4.3,8*. Por semelhante modo, esse também foi o nome do último tesoureiro do templo de Jerusalém o qual, quando essa cidade caiu diante dos romanos em 70 d.C., entregou alguns dos tesouros do templo aos invasores. Ver Josefo, *Guerras 6.8,3*.

FIO DE PRATA

A única alusão bíblica ao fio de prata fica em Eclesiastes 12.6,7: ... *antes que se rompa o fio de prata, e se despedace o copo de ouro, e se quebre o cântaro junto à fonte, e se desfaça a roda junto ao poço, e o pó volte à terra, como o era, e o espírito volte a Deus, que o deu*. Temos aí várias declarações poéticas que apontam para a dissolução provocada pela morte física. Os intérpretes têm-se irteressado especialmente pela referência ao "fio de prata". Isso é assim porque, uma experiência comum, dentro do processo da morte física, é que a pessoa vê uma espécie de corda umbilical, que tem a aparência de filamentos de eletricidade, que vinculam o corpo material do homem à sua alma imaterial. Se esse fio for partido, o processo da morte torna-se irreversível.

Esse fio de prata também pode ser visto nos casos de *projeção da psique* (vide). Podemos supor que o fio de prata serve de canal de transmissão de energias vitais, da parte não material do homem para a sua parte material. Por outro lado, não há certeza se a referência ao "fio de prata", em Eclesiastes 12.6, que algumas vezes é visto por ocasião da morte ou das projeções da psique, realmente diga respeito a esse fenômeno, que até a parapsicologia tem estudado com grande interesse. Alguns estudiosos supõem que, no livro de Eclesiastes, a alusão seja à coluna vertebral ou à língua (que emudeceria por ocasião da morte) ou então, poeticamente, que seria uma alusão ao *vínculo* entre a alma e o corpo, sem qualquer alusão específica a qualquer poder ou energia literal. Mas, sem importar se a Bíblia refere-se ou não ao *fio de prata* que algumas pessoas têm visto, nos primeiros estágios da morte (ou que outras pessoas presentes podem ver, durante o processo da morte), esse "fio" sem dúvida é uma realidade. Ver o artigo geral sobre *Experiências Perto da Morte*. Na experiência da morte física, o ato de ver o fio de prata é apenas um dentre vários itens envolvidos. A ciência moderna está dando grande atenção a essa experiência. De fato, no momento, essa é a nossa maneira mais frutífera de tentar provar a existência da alma e a sua sobrevivência ante a morte física, do ponto de vista científico. Ver o artigo geral sobre a *Imortalidade*, que inclui um artigo sobre esse assunto, do ângulo dos homens de ciência. Ver também o artigo intitulado: *Abordagem Científica à Crença na Alma e em sua Sobrevivência ante a Morte Física*.

FIRMAMENTO

No hebraico, *raqia*. Esse vocábulo aparece por dezessete vezes no Antigo Testamento (Gn 1.6-8,14,15,17,20; Sl 19.1;150.1; Ez 1.22,23,25,26;10.1 e Dn 12.3).

O termo hebraico está ligado a uma forma verbal que significa "eles martelaram", como se alguém tivesse martelado metais. Dentro do contexto cosmológico, isso poderia subentender alguma suposta entidade, nos céus, com formato côncavo, como se fosse uma taça invertida. Contudo, as evidências em favor de tal ideia não são conclusivas, porém, o trecho de Gênesis 1.6 indica, definidamente, algum tipo de barreira *sólida* que separaria a massa de águas superiores da massa de águas inferiores. E, com base em outras fontes informativas, bíblicas e rabínicas, obtemos uma boa ideia do que os hebreus pensavam sobre a *cosmogonia*. Oferecemos um artigo sobre esse assunto. Ver também sobre *Astronomia*, onde temos exposto um gráfico que ilustra as antigas ideias dos hebreus quanto à natureza da criação. Finalmente, ver sobre a *Criação*. O que fica óbvio, em tudo isso o que se diz a despeito da atividade dos intérpretes, as referências bíblicas que incluem ideias sobre cosmogonia demonstram claramente que os hebreus, juntamente com todos os povos antigos, tinham ideias bastante cruas sobre a natureza do universo.

Quando os intérpretes dizem que o firmamento é um *espaço expandido*, onde se encontram os corpos celestes (objetos sólidos), mas que esse espaço é chamado de "firmamento" por ser considerado como algo durável, eles apelam para um truque, a fim de evitar reconhecer que a Bíblia não é um livro escrito para ensinar ciência, pelo que nem sempre declara exatamente as questões da cosmologia. Nenhum livro existe que declare com exatidão esse assunto, visto que a nossa ignorância a respeito ainda é grande e o nosso conhecimento é bem diminuto. E a revelação bíblica não nos fez avançar muito nessa direção, mesmo porque não nos foi outorgada para ensinar-nos fatos científicos e, sim, para ensinar-nos como ajustar nosso relacionamento com Deus e com nossos semelhantes. Na verdade, porém, a nossa fé não depende desse tipo de conhecimento, sobre fatos científicos. Fazer a fé repousar sobre tais questões é convidar ao desastre. Contudo, a ciência nos apresenta outras e novas ideias, quanto a muitos campos do mundo material; todavia, não nos ensina coisa alguma sobre as origens. Sempre que os cientistas tentam falar sobre as origens, apenas especulam, pois a ciência não dispõe de meios para investigar como as coisas começaram, mas somente como elas são agora, que já foram criadas. Portanto a ciência atua de modo completamente separado dos documentos espirituais, cujas declarações sobre assuntos científicos são apenas incidentais e, por muitas vezes, inexatas, refletindo conhecimento dos homens na época em que eles foram escritos (com raríssimas exceções, quando Deus quis revelar fatos científicos, embora não se referisse aos mesmos como tais).

Quanto a outras referências bíblicas sobre o *firmamento*, (ver Ez 1.22; Dn 12.3; Êx 24.10; Ap 4.6). A palavra hebraica *raqia*, traduzida geralmente por "firmamento", aparece por nove vezes no primeiro capítulo do livro de Gênesis. De conformidade com a cosmologia babilônica e hebraica, havia um *mar* acima do firmamento. E o firmamento separaria os céus da terra, numa espécie de universo em dois pisos. No trecho de Apocalipse 4.6, o vidente João viu um "mar" diante do trono de Deus, embora diferente daquele imediatamente acima do firmamento. O "mar" visto por João parecia feito de cristal, parecendo ser o soalho ou base que apoiava o trono de Deus. Há um empréstimo literário, em Apocalipse, do trecho de Ezequiel 1.22, que envolve o firmamento.

FLECHA

Ver o artigo geral sobre *Armas, Armadura*, quanto a uma descrição das armas antigas, bem como o seu sentido literal e metafórico nas Escrituras. O arco e a flecha eram uma arma crítica para os antigos, porquanto possibilitava o ataque a certa distância. Os arcos antigos tinham uma única curva; e, às vezes, duas. A corda usualmente era de nervo de boi, enquanto que as flechas eram feitas de canas ou de madeiras leves, armadas com pontas de metal. Algumas vezes o arco era feito de bronze (ver Sl 18.34). Alguns arcos tinham grande tamanho (ver Zc 9.10). A fim de ser posta a corda, a extremidade inferior era mantida firme com o pé, o que explica a expressão "armar o arco". Muitos povos antigos usavam o arco e a flecha, como os assírios, os elamitas, os egípcios, os filisteus, e, entre os israelitas, as tribos de Benjamim, Rúben, Gade e Manassés, cujos membros eram exímios atiradores com arco e flecha (ver 1Cr 5.18; 12.2; 2Cr 15.8). Os exércitos gregos e romanos também tinham seus arqueiros, que formavam as tropas leves.

Usos metafóricos. **1**. A flecha indica calamidade, enfermidade e aflição (Jó 6.4 e Dt 32.23). **2**. O relâmpago é a flecha de Deus (ver Sl 18.14; 144.6 e Hc 3.11). **3**. Um perigo súbito e inevitável (Sl 19.5). **4**. A língua enganadora (ver Sl 119.4). **5**. Uma palavra ferina (ver Sl 64.3). **6**. Falso testemunho (ver Pv 25.18). **7**. Porém, em Salmo 127.4,5, simboliza crianças bem treinadas. Assim os filhos são instrumentos de poder e ação de um homem dotado de capacidade. **8**. A flecha também pode falar da energia eficiente e irresistível da palavra de Deus nos lábios do Messias (ver Sl 45.6 e Is 54.2). (ND S)

FLORESTA

No hebraico temos a considerar quatro palavras, a saber: **1**. *Choresh*, "floresta", "mato". Palavra hebraica empregada por uma só vez com esse sentido, em 2Crônicas 27.4. **2**. *Yaar*, "floresta", "lugar espalhado". Esse termo hebraico ocorre por trinta e oito vezes com o sentido de "floresta", embora também signifique "madeira". (Ver, por exemplo, 1Sm 22.5; 1Rs 7.2; 2Rs 19.23; 2Cr 9.16,20; Sl 50.10; Is 9.18; 10.18,19,34; 21.13; 56.9; Jr 5.6; 10.3; 46.23; Ez 15.2,6; 19.10; Os 2.12; Am 3.4; Mq 3.13; Zc 11.2). **3**. *Yaarah*, "floresta", "lugar espalhado". Palavra hebraica que ocorre somente por uma vez, em Salmo 29.9. **4**. *Pardes*, "paraíso". Termo hebraico derivado do persa, que é usado apenas por uma vez, em Neemias 2.8. Em nossa versão portuguesa temos a palavra "matas". Alguns estudiosos pensam que essa palavra também significa "jardim".

Na Palestina da antiguidade, as florestas cobriam vastas áreas. Porém, a dilapidação dos recursos naturais, por parte dos homens, tem deixado muitos lugares destituídos de árvores, onde antes havia grandes bosques naturais.

Usos Bíblicos. **1**. *A floresta dos cedros do monte Líbano* (1Rs 7.2; 2Rs 19.23; Os 14.5,6). Antigamente, foi uma extensa floresta. A floresta do Líbano era a mais vasta floresta que havia na Palestina. Salomão empregou cem mil madeireiros, os quais trabalharam durante cinquenta e cinco anos a fim de proverem a madeira de cedro para o templo, para os palácios, para a casa do tesouro etc, segundo presumimos, para outras edificações também. Milhões de metros de madeira flutuavam desde Tiro até Jope, que servia de porto para a cidade de Jerusalém. Essa floresta também era rica em pinheiros e sândalo. Supõe-se que ninguém pensou em impor ali um programa de conservação e restauração. Há evidências de que antes de Israel ter entrado na Terra Prometida, grande parte da Síria e da Palestina era recoberta de florestas. No entanto, a ganância dos homens destruiu essas florestas, e também podemos supor que as modificações climáticas que houve ali também desempenharam sua parte nessa destruição. Antigamente havia uma floresta de tamareiras no vale do rio Joroão, desde o lago de Genesaré até o mar Morto. Josefo (37-95 d.C.) informa-nos que mesmo em seus dias, uma floresta de tamareiras, perto de Jericó, cobria cerca de onze quilômetros de território. Havia florestas de carvalhos nas regiões montanhosas da Palestina. Um inseto que vivia nessa floresta produzia o corante escarlate que os israelitas usavam. **2**. O nome *casa da floresta do Líbano*, em 1Reis 7.2, 10.17,21 e 2Crônicas 9.16,20, refere-se a um lugar construído por Salomão, em Jerusalém ou nas proximidades. E a madeira para essa construção provinha das florestas de cedro do Líbano. Ou então, por causa de seu vasto número, aquelas árvores dispersas eram denominadas floresta. **3**. *A floresta dos carvalhos* dos montes de Basã era uma outra notável área recoberta de densa vegetação (Ez 27.6). **4**. Também havia uma floresta na área ocupada pelos homens de Efraim. **5**. O bosque de Betel (2Rs 2.23,24) refere-se a uma área densamente arborizada, situada na ravina que descia até à planície de Jericó. **6**. Lemos em 1Sm 14.25 que os israelitas passaram por uma floresta, quando perseguiam os filisteus. **7**. Também havia uma área coberta de florestas, no deserto de Zife, onde Davi se ocultou (1Sm 23.15 ss). **8**. Havia um bosque em Herete, no sul do território de Judá. Davi retirou-se para aquele lugar, a fim de escapar das intenções assassinas de Saul (1Sm 22.5). Todavia, desconhece-se a localização exata desse bosque.

O arqueólogo W.F. Albright recolheu evidências de que, na Idade do Bronze Média (2000-1500 a.C.), grandes florestas cobriam boa parte da região montanhosa da terra de Canaã, que atualmente desapareceram inteiramente.

Usos Metafóricos. **1**. Para denotar uma cidade, um reino ou um grande número de pessoas (Ez 15.2). **2**. Aqueles que estão maduros para o julgamento são ameaçados pela ira de Deus como um incêndio que destrói uma floresta (Is 10.17,18). **3**. Uma floresta pode simbolizar a *falta de frutificação*, quando contrastada com áreas agrícolas cultivadas (Is 29.17; 32.15; Jr 26.18). **4**. O exército assírio também chegou a ser chamado de "floresta", devido ao grande número de seus soldados (Is 10.18,19; 32.19). No entanto, a ira do Senhor era capaz de reduzi-los a nada, como um incêndio que se propaga. **5**. Jerusalém foi chamada de "bosque do campo do Sul", em Ezequiel 20.46, porquanto ficava situada na parte sul da terra de Canaã. Os caldeus, quando a atacaram, marcharam na direção sul. **6**. Uma árvore tem muitos símbolos, nos sonhos e nas visões. Ela pode denotar a *árvore da vida*, a fonte da existência eterna, com suas qualidades muito variadas, como a complexidade de ramos que há em uma grande árvore. Uma árvore também pode ser um símbolo fálico, como o pinheiro e outras árvores do mesmo formato. Uma árvore desarraigada fala sobre conflito, derrota, impotência ou castração. Uma árvore também pode simbolizar a mãe de uma pessoa, a origem de sua vida física. Uma árvore firmemente arraigada pode simbolizar a perda da liberdade, mas também pode indicar firmeza. Uma árvore transplantada pode simbolizar mudanças, instabilidade ou falta de frutificação. A casca de uma árvore pode apontar para a proteção que uma pessoa busca contra o mundo ou contra algum perigo.

FOGO

No hebraico há cinco palavras envolvidas, e no grego, duas, a saber: **1**. *Ur*, "luz", "fogo". Palavra hebraica usada por cinco vezes com o sentido de fogo (Is 24.15; 31.9; 44.16; 47.14; Ez 5.2). **2.** *Esh*, "fogo". Termo hebraico empregado por trezentas e sessenta e quatro vezes, desde Gênesis 19.24 até Malaquias 3.2, em trinta e quatro dos 39 livros do Antigo Testamento. É a palavra hebraica mais comum para "fogo", na Bíblia. **3.** *Eshshah*, "fogo". Palavra hebraica e aramaica, usada por apenas duas vezes (Jr 6.29 e Dn 7.11). **4.** *Beerah*, "fogo", "ardência". Palavra hebraica usada apenas por uma vez, em Êxodo 22.6, na segunda vez em que a palavra "fogo" aparece em nossa versão portuguesa, nesse versículo. Na primeira menção a "fogo", nesse versículo, é usado o termo hebraico mais comum, *esh*. **5.** *Nur*, "fogo". Palavra aramaica usada somente no livro de Daniel (3.22, 24-27; 7.9). Aparece por sete vezes, ali. **6.** *Pur*, "fogo". Palavra grega que ocorre por setenta vezes. Alguns exemplos: (Mt 3.10-12; 7.19; Mc 9.22,43,48 (citando Is 66.24); At 2.3,19 (citando Joel 3.3); Tg 3.5; 5.3; 1Pe 1.7; Ap 1.14; 2.18; 9.17,18; 13.13; 15.2; 21.8). **7.** *Purá*, "fogueira", "pira". Palavra grega usada por duas vezes (Atos 28.2,3).

1. Usos Bíblicos Literais. Os antigos hebreus usavam o fogo para cozinhar, para aquecer ambientes e para servir de iluminação. (Ver Gn 18.6; Êx 12.9,39; Lv 2.14; Is 47.14; Jo 18.25; At 28.2; Lc 15.8; Mt 5.15). Essas referências ilustram aqueles três empregos principais do fogo. Além desses usos mais comuns, o fogo também era empregado para processar minérios brutos. Uma vez que o metal fosse extraído do seu minério, era aquecido ao fogo até dissolver-se, a fim de ser moldado. (Ver Ez 22.18-20; Êx 32.24; Nm 31.22 ss e Jr 6.29).

Modos de Acender o Fogo. Havia aquele modo de produzir fogo brocando um pedaço de madeira que, aquecido, acabava irrompendo em chamas. Esse método tem sido confirmado até nos hieróglifos egípcios. Também havia o método comum e universal de bater uma pederneira sobre pedaços de pirita de ferro, o que vinha acontecendo desde os tempos neolíticos. Não se deixava o fogo apagar, a fim de facilitar o seu uso, pois a produção do fogo constituía um pequeno problema. E em tempos ainda mais remotos, provavelmente o fogo era conseguido ao acaso, como quando a queda de um raio produzia chamas. E então era mister não deixar as chamas se apagarem.

2. Usos Militares. A crueldade dos homens levou-os a usar o fogo contra os seus inimigos. O fogo é muito eficaz para infligir intensos sofrimentos, pondo um fim rápido a qualquer resistência. Tochas inflamadas eram lançadas contra as instalações do inimigo. Isso explica o uso de tochas no ataque de Gideão contra o acampamento dos midianitas, em Juízes 7.16. Cidades eram incendiadas e muitas pessoas pereciam em meio às chamas. A história mostra que muitas pessoas foram envolvidas nessa forma de destruição. No Antigo Testamento, podemos ler sobre os incêndios que destruíram Jericó (Js 6.24; 8.19), as aldeias dos benjamitas (Jz 20.48); de Ziclague, pelos amalequitas (1Sm 30.1); de Jazer, por Faraó (1Rs 9.16); do templo e dos palácios de Jerusalém, por parte de Nabucodonosor (2Rs 25.9). Era costume incendiar o equipamento militar do inimigo, e não meramente as suas instalações. Muitas fontes literárias da antiguidade falam sobre essas táticas, entre muitos povos. Por exemplo, Statius, Theb. 4.5,7; Strobaeus, Serm., part. 194; Michaelis, em Symbol. Liter. Bremens, 3,254.

3. Punição Capital. Os desvios sexuais eram punidos na fogueira (Lv 20.14). Os corpos dos inimigos e dos criminosos eram consumidos na fogueira, uma vez que eles fossem mortos (Js 7.25). O trecho de Daniel 3.22,24 e seu contexto refere-se à punição capital pelo fogo, fora da cultura de Israel.

4. Usos e Regulamentos Religiosos. Não era permitido acender fogo em dia de sábado, provavelmente como medida para impedir algum labor desnecessário, como o cozinhar (Êx 16.23; 35.3). Talvez para fins de aquecimento, braseiros eram acesos no dia anterior, que então eram mantidos a queimar. O fogo desempenhava um importante papel na adoração efetuada no tabernáculo e no templo de Jerusalém, onde os altares de incenso e das ofertas queimadas requeriam tal coisa. O fogo, no altar de Deus, era uma chama eterna (Lv 6.13). Esse fogo era a fonte das chamas usadas no altar dos holocaustos. Não se podia usar fogo estranho (proveniente de qualquer outra fonte) (ver Lv 10.1; Nm 3.4; 26.61). No Antigo Testamento há mais de cem referências às estipulações que governavam as ofertas queimadas, concentradas principalmente nos livros de Levítico, Números e Deuteronômio. Em algumas raras ocasiões, chamas divinas consumidoras desceram sobre os sacrifícios postos sobre o altar, como nos casos de Aarão (Lv 9.24); Davi (1Cr 21.26); Salomão (2Cr 7.1) e Elias (1Rs 18.38).

5. O Fogo Ligado à Idolatria. Nas culturas antigas era comum fazer sacrifícios humanos na fogueira. Moisés advertiu o povo de Israel a não imitar os cananeus, que praticavam tal abominação (Dt 12.31; Lv 18.21). Apesar disso, essa prática brutal algumas vezes chegou a ser usada em Israel (2Rs 16.3; 21.16; Is 30.33). Os templos e os ídolos dos povos conquistados eram queimados pelos vitoriosos; e, algumas vezes, Israel assim fez (Dt 7.5,25; 12.3; 13.16; Is 33.12).

6. A Presença Divina e as Teofanias. As manifestações de Deus algumas vezes faziam-se acompanhar pelo fogo (Êx 3.2; 13.21,22; 19.18; Dt 4.11). O fogo representava a presença do Senhor, bem como a sua glória (Ez 1;4,13), a sua proteção (2Rs 6.17), a sua santidade (Dt 4.24), os seus juízos (Zc 13.9), a sua ira contra o pecado (Is 66.15,16); o seu Santo Espírito (Mt 3.11; At 2.3). Também devemos levar em conta as chamas da sarça ardente, na experiência de Moisés, e da coluna de fogo, no deserto, que orientava o povo de israel e representava a presença de Deus (Êx 32; 13.21; 19.18). A referência, em 2Reis 1.9-12 e 2.11 às carruagens e cavalos de fogo, diz respeito à presença do Senhor, que se manifestou de modo súbito, em arrebatamento. A presença protetora de Deus evidenciou-se nos cavalos e nos carros de fogo, da experiência de Eliseu (2Rs 6.17).

7. Como Símbolo do Juízo Divino. Há algumas referências ao fogo, no Antigo Testamento, no tocante à ira de Deus e ao juízo contra o pecado. Isso, sem dúvida, sugeriu a escritores sagrados posteriores que o juízo divino consiste em fogo literal. Assim a ira de Deus é assemelhada ao fogo (Dt 32.22; Jr 4.4; 15.14; Ez 22.21). Seu ciúme e sua ira consumiriam a terra inteira, como uma grande fogueira (Sf 1.18). Sua ira derrama-se como fogo, na metáfora usada por Naum (1.6). Deus é comparado a um fogo devorador (Dt 4.24). Em Gênesis 19.24, lemos que Deus destruiu as cidades de Sodoma e Gomorra mediante fogo. Além disso, o fogo de Deus consumiu duzentos e cinquenta levitas rebeldes, porquanto fizeram um oferenda não autorizada (Nm 16.35). Também é usada a linguagem metafórica que fala no verme que não morre e no fogo que não se apaga (Is 66.24), que se refere ao estado dos indivíduos lançados na *Geena*.

Nos *livros pseudepígrafos*, que foram escritos no período intermediário entre o Antigo e o Novo Testamentos, temos o desenvolvimento do conceito de que um certo segmento do *hades* caracteriza-se pelas chamas constantes, como um lugar de juízo e de tormentos. Se alguém dedicar tempo a ler o livro de 1Enoque, por exemplo, descobrirá ali abundantes evidências a esse respeito, e que, segundo muitos pensam, é extraveterotestamentário, embora possa ter sido sugerido pelos versículos acima alistados. O Novo Testamento, em alguns lugares, mormente no Apocalipse 20, relacionado à sua doutrina do lago de fogo, utilizou-se da ideia que aparece nos livros pseudepígrafos. Ver sobre *Lago do Fogo*. Em Enoque 38.5 e 48.9, os ímpios são entregues por Deus nas mãos dos santos, na presença de quem eles queimam como a palha no fogo e afundam na água como se fossem pedaços de chumbo. Ver também Sibyll. 3.196-200; 252-253. No Enoque Eslavônico (2Enoque) encontramos um *rio de fogo*, no décimo capítulo.

Quanto a versículos neotestamentários, além daqueles já mencionados (ver Ap 19.20; Mt 3.12; 7.19; Mc 9.43), que têm sido usados como textos de prova em favor de um inferno com chamas literais. Porém, deveríamos observar, em primeiro lugar, que essa doutrina foi tomada por empréstimo dos livros pseudepígrafos. E, em segundo lugar, que o julgamento dos crentes também terá lugar por meio do fogo (1Co 3.13 ss.). Os intérpretes, entretanto, não pensam que, nesta última passagem, devamos pensar em chamas literais. Ademais, no mesmo trecho onde lemos sobre chamas eternas, também lemos sobre o verme que não morre, mas ninguém pensa que devemos entender o "verme" como algo literal (ver Mc 9.44,46,48). Tentar atormentar uma alma imaterial mediante chamas literais seria como lançar pedras contra o sol. Ver o artigo geral sobre o *Julgamento*.

8. Outros Usos Simbólicos. Algumas vezes, as chamas do altar dos holocaustos eram chamadas, simplesmente, de *fogo* (Êx 19.18; Lv 1.9; 2.3; 3.5,9). A presença de Deus, conforme já se viu na sexta seção, é representada pelo fogo. O fogo também simboliza um amor intenso (Ct 8.6), mas também a língua injuriosa (Sl 120.4; Pv 16.27; Tg 3.5), a impiedade (Is 9.18), a pureza, a majestade e o terrível aspecto de Deus (Dt 4.24; Hb 12.29; Is 10.17). O Messias submete o seu povo à prova, como se fosse um fogo, e destrói os seus inimigos da mesma maneira (Ml 3.2; Ez 8.2). O Espírito Santo é assemelhado ao fogo, porquanto ilumina, purifica, destrói o pecado e desperta o amor (Mt 3.11; At 2.13; Is 4.4). Os anjos são como o fogo, puros, temíveis e velozes (Sl 104.4). Os ímpios são perigosos como o fogo (Pv 6.27). A palavra de Deus assemelha-se ao fogo, porquanto submete a teste os estados e as condições das almas dos homens; ela aquece, suaviza e purifica, como também ameaça (Jr 5.14 e 23.29).

FOICE

Há duas palavras hebraicas e uma palavra grega envolvidas neste verbete, a saber: **1**. *Chermesh*, "gancho colhedor", "foice". Essa palavra hebraica aparece por duas vezes (Dt 16.9 e 23.25). **2**. *Maggal*, "foice", "faca grande". Esse termo hebraico é usado por duas vezes, igualmente (Jr 50.16 e Jl 3.13). **3**. *Drépanon*, "foice", "gancho colhedor". Esse vocábulo grego é empregado por oito vezes, sete delas no livro de Apocalipse (Mc 4.29; Ap 14.14-19). O termo é comum nos documentos escritos em hebraico e aramaico, pouco antes do início da era cristã. O uso que a palavra tem, no Novo Testamento, apresenta a foice à moda do profeta de Joel, ou seja, como instrumento da ira divina, mediante a qual Deus operará grandes transformações na terra e no universo.

FOLE

No hebraico, *mappuach*, vocábulo que aparece somente em Jeremias 6.29, embora subentendido em (Is 54.16 e Ez 22.21), quando há menção a chamas. Os foles vêm desde a antiguidade remota, já sendo conhecidos no Egito e em outras antigas culturas. Eram usados na forja ou na fornalha, sendo operados à mão, ou com os pés. Eram feitos com peles de animais, de maneira a haver uma câmara de ar. Eram munidos na ponta com um tubo de bambu ou de metal, O combustível usado geralmente era a madeira. Simples abanos podiam fazer o mesmo trabalho dos foles; mas, o trabalho com metais, que precisava de mais poder, podia ser feito mais convenientemente com o auxílio de foles. Foles foram encontrados em um túmulo perto de Tebas, com o nome inscrito de Tutmés III. Pequenos foles, operados à mão, eram usados em certos trabalhos com metais. A arte da metalurgia passou dos povos que habitavam na Anatólia para os semitas do Crescente Fértil. Ver o artigo sobre *Artes e Ofícios*. (ID ND UN)

FOME

A fome é um dos meios pelos quais Deus castiga os homens. Mas isso não significa que qualquer escassez já seja um castigo divino. Nosso mundo caótico envolve muitos elementos desagradáveis e misteriosos. Os trechos de Gênesis 21.10; 26.1 e Atos 11.28 registram períodos de fome sem vincular aos mesmos qualquer significação espiritual. Não obstante, a fome está incluída no quadro da providência divina (Am 4.6; Ap 6.8). Faz parte da fé da maioria das religiões que Deus está por detrás das forças da natureza e é capaz de controlá-las; e também que, algumas vezes, ele causa ou permite que essas forças sejam destrutivas com propósitos disciplinadores (1Rs 17.1; 18.17, 18; Ag 1.6,9-11; 2.16,17). O cavalo negro da morte, no sexto capítulo do Apocalipse, inclui os elementos da escassez e da fome. Ver o artigo separado sobre *Cavalos, os Quatro do Apocalipse*. Por outro lado, a fertilidade e a abundância estão associadas à divina aprovação (Is 4.2; 41.19; Os 2.21; Am 8.13). Assim, encontramos estas duas fórmulas: obediência e prosperidade (Sl 1.1-3; Pv 3.7-10; Is 1.19), e desobediência e necessidade (Lv 26.14-16). A experiência humana demonstra, como é óbvio, que nem sempre isso ocorre exatamente assim. Pois os ímpios também prosperam, e os piedosos são perseguidos e padecem necessidade.

1. Períodos de Fome nas Escrituras. Esses períodos envolveram as vidas de Abraão (Gn 12.10); Isaque (Gn 26.1); José (Gn 41-47); Rt (Rt 1.1); Davi (2Sm 21.1); Elias (1Rs 17 e 18), Eliseu (2Rs 4.38; 6.24; 7.20), Zedequias (2Rs 25.3); Cláudio, imperador romano(At 11.28; Josefo, *Anti.* 20.2,5).

2. Fome figurada. O trecho de Amós 8.11 diz como haverá, algum dia futuro, a fome de ouvir as palavras do Senhor, em face da desobediência do povo de Israel.

3. Fomes dos Tempos Modernos. Entre as nações modernas, as fomes mais devastadoras têm sido aquelas da Índia e da China. Milhões de pessoas morreram no período de poucos anos de grandes fomes, em 1769-1770, 1836, 1863 e 1900 na Índia. Na China, fomes devastadoras tiveram lugar em 1877-1879 e 1920-1921. Calcula-se que na atualidade, não levando em consideração a recente fome que houve na Etiópia, cerca de doze mil pessoas morrem a cada dia, por motivo de inanição. Adicione-se a isso que muitos milhões de pessoas vivem em um constante estado de má nutrição e enfermidade crônicas, embora consigam manter-se vivos. Calcula-se que, de fato, mais da metade da população do mundo sofre de desnutrição.

As fomes são causadas por desastres naturais, como as inundações, os fracassos nas colheitas, as secas, a superpopulação, as técnicas agrícolas inadequadas. Segundo os conhecedores do assunto, é precisamente esta última causa que tem produzido a fome que tem havido, ultimamente, na República Democrática do Congo. O transporte maciço de alimentos, enviados aos países em necessidade, têm impedido muita miséria humana. A desnutrição, sobretudo quando envolve a falta de proteínas, produz a apatia, a perda dos cabelos, mudanças na pigmentação da pele, crescimento retardado das crianças, a inchação do fígado, anemia e endemia geral. As pessoas mal-nutridas também mostram-se mais susceptíveis a todas as formas de enfermidade e a inteligência torna-se embotada, por causa de um cérebro mal-alimentado. De fato, no caso de infantes, danos cerebrais irreversíveis são o efeito mais comum da falta de nutrientes.

Obrigações Morais. A igreja, o Estado e o próprio indivíduo têm a responsabilidade de ajudar aos necessitados. De todas as medidas, a mais eficaz é a boa instrução, que pode fazer desaparecer, a longo prazo, as causas da desnutrição.

FONTE

Há cinco palavras hebraicas e uma palavra grega envolvidas neste verbete, a saber: **1**. *Bayir*, "poço", "cisterna". Palavra hebraica usada por apenas uma vez, em Jeremias 50.15. **2**. *Mabbua*, "fonte". Termo hebraico empregado por três vezes no Antigo Testamento (Ec 12.6; Is 35.7 e 49.10). **3**. *Mayan*, "fonte". Vocábulo hebraico usado por 23 vezes (conforme se vê, por exemplo, em Gn 7.11; 8.12; Lv 11.36; Js 15.9; 1Rs 18.5;

2Cr 32.4; Sl 74.15; 114.8; Pv 5.16; 8.24; 25.26; Ct 4.12,15; Is 41.18; Os 13.15; Jl 3.18). **4**. *Magor*, "fonte". Palavra hebraica que ocorre por dezoito vezes (conforme se vê, por exemplo em Lv 20.18; Sl 36.9; Pv 5.18; 13.14; 14.27; Jr 2.13; 17.13; Os 13.15; Zc 12.1). **5**. *Ayin*, "olho", "olhos d'água", "fonte". Palavra hebraica que pode significar *manancial;* esta palavra é usada onze vezes com o sentido *de fonte* (Gn 16.7; Nm 33.9; Dt 8.7; 33.28; 1Sm 29.1; 2Cr 32.3; Ne 2.14; 3.15; 12.37; Pv 8.28). **6**. *Pegé*, "fonte", "origem". Palavra grega usada por onze vezes (Mc 5.29; Jo 4.6,14; Tg 3.11; Ap 7.17; 8.10; 14.7; 16.4; 21.6).

Usos da Palavra. Pode estar em vista um lugar bem regado (Sl 84.6), uma inundação da parte do mar (Gn 7.11; 8.2), um manancial de água que jorre do subsolo (Ec 12.16; Is 35.7), uma cisterna ou fonte, ou mesmo qualquer escavação no solo onde possa ser encontrada água (Jr 6.7), uma fonte que, na língua hebraica, pode ser usada como um mero prefixo, como no caso de En-Gedi (1Sm 24.1), En-Rogel, que era uma fonte próxima de Jerusalém (2Sm 17.17; 1Rs 1.9), ou então com base na palavra para "escavar", embora também usada para indicar uma fonte (Pv 25.26). No Novo Testamento só é usada uma palavra grega para indicar "fonte", ou seja, *pegé*.

Usos figurados. Quinze usos figurados distintos: **1**. Deus é a fonte de nosso bem-estar espiritual e material (Sl 36.9; Jr 17.13). **2**. A graça divina é a fonte de nossos benefícios (Sl 87.7). **3**. O Messias é a grande fonte das nossas bênçãos (Zc 13.1). **4**. A graça de Deus assemelha-se a uma fonte (Is 41.18; Jl 3.18) **5**. Israel é a fonte de uma numerosa posteridade (Dt 33.28). **6**. Uma boa esposa é uma fonte de bênçãos para um homem (Pv 5.18). **7**. A sabedoria espiritual é uma fonte que refrigera os justos (Pv 16.22;18.4). A igreja é uma fonte (Ct 4.12; Is 58.11) **8**. A salvação é a fonte de todo o nosso bem-estar espiritual (Jr 17.13). **9**. Uma fonte é um agente purificador (Zc 13.1) l. A vida é simbolizada por uma fonte (Sl 36.9). Nossa dependência a um bom suprimento de água é óbvia, se quisermos continuar vivos. Além disso, a alma precisa da água da vida. Diz um certo hino:

Fonte Tu, de toda a bênção,
Vem o canto me inspirar.
Dons de Deus que nunca cessam,
Quero em alto som louvar.

Além disso: **10**. Os filhos são fontes, e a prole de Jacó aparece como a sua fonte, porquanto lhe serviam de meios de ajuda e conforto. No devido tempo, os filhos também tornam-se fontes para seus próprios filhos (Pv 5.16; Dt 33.28). **11**. As fontes e os mananciais denotam a prosperidade, bem como meios da prosperidade material (Os 13.5). **12**. Na adversidade, as fontes secam, do que resulta o deserto (Sl 107.33). **13**. Nas visões e nos sonhos, a fonte representa a grande mãe, o gênero feminino, ou então alguma mulher em particular; mas também representa o *renascimento*, por intermédio do que uma pessoa torna-se uma nova criatura. Beber à beira de uma fonte pode indicar a participação na sabedoria e nas bênçãos espirituais; mas, em um nível físico, pode significar as atividades sexuais, visto que todos os *apetites* podem denotar as mesmas.

FONTE DE ROGEL

No hebraico *'ên-rogel*, **"fonte do espião"**, ou **"fonte do pisoeiro"**. Nome de uma fonte junto à cidade de Jerusalém e perto do vale de Hinom, na linha divisória entre Judá e Benjamim, Josué 15.7; 18.16. Segundo o historiador Josefo, a fonte de Rogel ficava dentro do jardim do rei, Antig. 7.14,4. Durante a revolta de Absalão, Jônatas e Aimaás fizeram ali ponto de observação, a fim de poderem avisar Davi dos perigos que a ameaçavam. Perto, ficava a pedra de Zoelete, em que Adonias imolou vítimas quando conspirava para tomar conta do reino de seu pai, 1Reis 1.9. É quase universalmente aceito que o local da fonte é o atual *Bir Ayyub*, o poço de Jó, logo abaixo da junção do vale de Hinom com o vale de Cedrom, ao sul de Jerusalém. Esse poço tem 41,25 metros de profundidade; a parte superior é revestida de muro até o meio, e daí para baixo, aberto em rocha viva. Não é propriamente uma fonte, e por isso apresenta sérias objeções quanto a ser o local da antiga Rogel, *cf*. Gênesis 17.7 (v. 7). A razão de pensarem que o poço é o local da antiga fonte é porque em certas épocas do ano abrem-se ali vários olhos de água.

FONTE DO DRAGÃO

Esse era o nome de uma fonte ou poço que havia perto de Jerusalém, provavelmente no vale de Hinom. Neemias dirigiu-se até ali, certa noite, tendo passado pela Porta do Vale e chegando até a Porta do Monturo, quando desejou inspecionar as muralhas de Jerusalém, que haviam sido destruídas por um incêndio (ver Ne 2.13). O local exato dessa fonte é desconhecido atualmente.

FONTE, PORTA DA

A porta da Fonte é mencionada em Neemias 2.14; 3.15 e 12.37. Era um dos portões de Jerusalém, localizado no lado sudeste das muralhas, que foram reconstruídas depois do exílio babilônico. Aparentemente ficava abaixo do Tanque de Siloé (vide), paralelamente ao vale do Cedrom. Era chamada desse modo porque esse portão dava acesso ao tanque de Siloé, também chamado de tanque do Rei.

FORCA

No hebraico, *ets*, **"árvore"**, **"madeiro"**. Essa palavra hebraica ocorre por trezentas e vinte e uma vezes no Antigo Testamento; mas, por oito vezes, aparece no livro de Ester com o sentido de "forca". (Ver Et 5.1,4; 6.4; 7.9,10; 8.7; 9.13,25). E somente no livro de Ester a palavra em pauta tem esse sentido.

Hamã, inimigo dos judeus, homem dotado de grande autoridade diante do monarca persa, havia mandado preparar uma forca, na esperança de poder enforcar nela Mordecai, primo e pai de criação de Ester. Mas Deus fez as coisas correrem de tal modo que Hamã foi quem terminou sendo enforcado no seu próprio instrumento de execução capital. E Mordecai foi livrado da morte. Os eruditos não conseguem concordar entre si quanto à natureza exata desse instrumento de execução. A razão principal é que o termo hebraico é genérico, indicando "árvore", "madeiro". Em segundo lugar, a execução por enforcamento não era uma forma usual de execução na Pérsia, onde tiveram lugar os eventos historiados no livro de Ester. Parece melhor, em terceiro lugar, pensarmos em um "poste" ou "estaca", como tradução da palavra envolvida no livro de Ester. Isso indicaria a empalação (vide em *Crimes e Castigos*). Contudo, no Antigo e no Novo Testamentos encontramos casos de verdadeiro enforcamento, como o de Aitofel, em 2Samuel 17.23, e o de Judas Iscariotes, em Mateus 27.5.

FORJAR

Esse verbo aparece no Salmo 119.69, dentro da frase *Os soberbos têm forjado mentiras contra mim...* Esse uso do verbo "forjar" está de acordo com a maneira de dizer em português. No entanto, no original hebraico o verbo usado significa outra coisa. Ali o verbo é *taphal*, "costurar". Na verdade, o verbo hebraico é usado por mais duas vezes, em Jó 13.4 e 14.17. Nossa versão portuguesa diz, na segunda dessas passagens: *... e terias encoberto as minhas iniquidades*, quando a ideia é antes de costurar essas iniquidades, como que dentro de um saco, referido na primeira metade desse versículo. E, na primeira dessas passagens, diz a nossa versão portuguesa: *Vós, porém, besuntais a verdade com mentiras...* quando a ideia é que os acusados costuravam verdades juntamente com mentiras.

Quanto à ideia de forjar, ver o artigo geral sobre *Metal, Metalurgia*. Ver também sobre *Artes e Ofícios*.

FORMA DE ÍDOLO

No hebraico, *semel*, uma palavra que aparece por cinco vezes no Antigo Testamento. Tem o sentido de "similitude", "semelhança", "figura". A expressão toda, "forma de ídolo", aparece em nossa versão portuguesa em Deuteronômio 4.16: ... *para que não vos corrompais, e vos façais alguma imagem esculpida na forma de ídolo, semelhança de homem ou de mulher*... (Ver também 2Cr 33.7,15 e Ez 8.3,5).

Um ídolo sempre é esculpido ou moldado segundo a semelhança de alguma coisa, como uma figura humana, um animal ou algum ente imaginário. Pode estar em pauta qualquer imagem fundida ou esculpida.

FORMIGA

A palavra hebraica significa **"rastejante"**. Ocorre em Provérbios 6.6 e 30.25. Pertence à família *Himenóptera* (que significa asas membranosas), da qual há mais de mil espécies. As formigas aladas são o elo sexual da espécie, as demais são operárias e soldados assexuados, formando a esmagadora maioria. As formigas vivem em colônias de poucas dúzias até aos milhões. Algumas são vegetarianas, outras, carnívoras. Algumas vivem em árvores, e outras, em formigueiros, escavados no solo. Algumas vivem independentes dos homens, mas outras são pestes domésticas.

Uso metafórico. Ver Provérbios 6.6-8 e 30.35. O texto sugere a saúva, embora muitas espécies ajuntem seu mantimento durante o verão. Estão em foco previsão e prudência, paralelamente ao trabalho árduo, características essas que os homens fariam bem em imitar. Devemos fazer nosso trabalho com sabedoria aproveitando as oportunidades, ou criando oportunidades para nosso bem-estar. A saúva, durante a primavera e o começo do verão, coleta sementes provindas de uma vasta área, as quais são levadas ao formigueiro. Os talos são tirados e levados para fora do formigueiro, o que torna a entrada do formigueiro conspícua. O trabalho árduo e a previsão envolvidos na operação proveem a base de uma lição moral. O trecho de Pv 30.25 aponta para a debilidade física das formigas; mas, a despeito disso, mostram que são diligentes.

Fatos concernentes às formigas: **1**. Ajuntam vastas quantidades de grãos em seus formigueiros. **2**. Localizam seus formigueiros *perto* de boas áreas de suprimento. **3**. Comem suas provisões recolhidas durante os meses frios. **4**. Encorajam certos outros insetos a recolherem e armazenarem os ovos das formigas, juntamente com seus próprios ovos, havendo nisso um fator adicional para a sobrevivência da espécie. Lições morais podem ser extraídas de cada um desses fatores. (FA S UN Z)

FORMOSA, PORTA. Ver *Porta Formosa*.

FORNALHA

Neste verbete devemos levar em conta cinco palavras hebraicas e uma palavra grega, a saber: **1**. *Attun*, "fornalha", "forno". Palavra aramaica que aparece por dez vezes, sempre no terceiro capítulo do livro de Daniel (vs. 6,11,15,17,19-23,26). Trata-se de um forno grande, com abertura no alto, usado para moldar coisas (Dn 3.22,23). Ao nível do chão havia uma porta, por onde o metal era extraído (vs. 26). Esse tipo de fornalha era usado para infligir punição capital por parte dos persas (Jr 29.22; Os 7.7; 2Macabeus 7.5). Esse tipo de fornalha, usualmente, tinha forma de cúpula. Quando ali era queimado algum combustível, a fumaça ascendia sob a forma de uma coluna escura; e a destruição de Sodoma e Gomorra é comparada a isso (Gn 19.28). E quando o Senhor Deus veio ao encontro dos israelitas, no monte Sinai, houve algum tipo de manifestação que se assemelhava à fumaça de uma fornalha, que ascendia (Êx 19.18). **2**. *Kur*, "fornalha", "cadinho". Palavra hebraica que ocorre por nove vezes (Dt 4.20; 1Rs 8.51; Pv 17.3; 27.21; Is 48.10; Jr 11.4; Ez.22.18,20,22) Essa era uma fornalha feita de pedra calcária, um forno para o fabrico de tijolos. Os hebreus conheciam o processo do refinamento, provavelmente uma técnica que aprenderam no Egito. (Ver Pv 17.3; 27.21; Ez 22.18 *ss*., e Dt 4.20). **3**. *Tannur*, "forno". Esse vocábulo grego aparece por quinze vezes (Gn 15.17; Ne 3.11; 12.38; Is 31.9; Êx 8.3; Lv 2.4; 7.9; 11.35; 26.26; Sl 21.9; Os 7.4,6,7; Ml 4.1). Esse tipo de forno era cilíndrico, usado para propósitos domésticos, como o cozimento de pães. Era um fogão ou forno, relativamente pequeno. Ver Gênesis 15.17. Também é referido, com um nome grego, em (Mt 13.42; Ap 1.15; 9.2). Os árabes modernos continuam usando tal utensílio de cozinha. **4**. *Alil*, "fornalha". Palavra hebraica usada somente por uma vez, em Salmo 12.6. **5**. *Káminos*, "fornalha". Termo grego empregado por quatro vezes (Mt 13.42,50; Ap 1;15; 9.2).

Fundição e Refinamento. Eram usadas fornalhas a fim de fundir o minério de ferro, para fundir e refinar o ouro, a prata, o cobre, o estanho e o chumbo. Certos tipos de fornalha eram usados para o fabrico de peças de cerâmica, tijolos etc. A indústria da metalurgia estava florescendo por volta de 2000 a.C. e muitas instalações de mineração e fundição têm sido descobertas pela arqueologia, ao longo da margem da Arabah. Uma dessas instalações, bem grande, foi encontrada em Mene'iyyeh, cerca de trinta e quatro quilômetros ao norte do golfo de Ácaba. Uma outra foi encontrada em Khirbet en-Nahas, cerca de oitenta e quatro quilômetros mais ao norte. A maior de todas as minas de cobre do antigo Oriente Próximo foi descoberta em Tell el-Kheleifeh (Ezion-Geber; vide), na extremidade sul do *wadi* Arabah. Foi explorada no século X a.C., provavelmente por Salomão. Uma grande indústria desenvolveu-se em torno da exploração do cobre. Carvão vegetal era usado como combustível. Essa fundição continuava operando no século V a.C. Várias fundições têm sido encontradas na própria Palestina, entre as quais poderíamos mencionar Ain Shems, Tell Jemmeh, Tell Qasile, perto da moderna cidade de Tel Aviv.

Usos figurados. Quase todas as referências que há na Bíblia a fornalhas são figuradas: **1**. O estado de provação é comparado com o calor e o refinamento em uma fornalha (Dt 4;20; Is 48.11). **2**. As promessas de Deus são dignas de confiança e são puras, sem defeito ou qualquer tipo de poluição, como se fosse a prata purificada por sete vezes em uma fornalha. As promessas de Deus, pois, são como a prata pura. (Ver Sl 12.6). **3**. A natureza transitória do homem e a desintegração física na qual ele naturalmente cai, por causa da idade avançada, são comparadas a dias que estão sendo consumidos na fumaça e a ossos que estão sendo queimados em uma fornalha (Sl 102.3). **4**. O juízo divino é simbolizado por uma fornalha, em Mateus 13.42 e Apocalipse 9.2. **5**. Cristo, que virá a fim de julgar, e que é glorioso e severo em suas maneiras, assemelha-se ao metal que foi refinado em uma fornalha. O bronze refinado é um metal duro, simbolizando o poder esmagador de Cristo, quando ele tiver de tratar com os seus inimigos (Ap 1.13,15).

FORNO

Há três palavras hebraicas e duas palavras gregas envolvidas no verbete: **1**. *Kibshan*, "forno", "fornalha". Palavra hebraica usada por quatro vezes (Gn 19.28; Êx 9.8,10); **2**. *Tannur*, "forno". Vocábulo hebraico empregado por quinze vezes (por exemplo: Êx 8.3; Lv 2.42; 6.26; Sl 21.9; Os 7.4,6,7; Ml 4.1; Gn 15.7). **3**. *Kur*, "fornalha", "crisol". Termo hebraico usado por nove vezes (Dt 4.20; 1Rs 8.51; Pv 17.3; 27.21; Is 48.10; Jr 11.4; Ez 22.18,20,22). **4**. *Káminos*, "forno". Palavra grega usada por quatro vezes (Mt 13.42,50 e Ap 1.15; 9.2). **5**. *Klíbanos*, "forno". Palavra grega usada por duas vezes (Mt 6.30 e Lc 12.28).

Os fornos antigos eram usados para cozinhar, para assar, para queimar o óxido de cálcio, para fundir os minérios ou para o fabrico de peças de cerâmica. Usualmente, os fornos eram feitos de pedra calcária (ou outro tipo de rocha). Tinham forma oblonga terminando em cúpula. Nessa cúpula havia uma abertura, por onde escapava a fumaça. Uma outra abertura, existente na parte inferior do forno, permitia a inserção de combustível. Os fornos antigos produziam muita fumaça, o que explica a descrição de Sodoma e Gomorra (Gn 19.28) e a descrição do que sucedeu no monte Sinai quando Deus veio ao encontro de Moisés (Êx 19.18), em cujos trechos há uma comparação com fornos.

Os fornos usados no fabrico do pão eram de formato diferente. Eram feitos mediante um buraco no solo, com cerca de sessenta centímetros de largura onde era inserido um cilindro feito de cerâmica. Esse cilindro era aquecido, e a massa era então posta em seus lados aquecidos. Ver referências a fornos dessa natureza (Êx 8.1; Lv 2.4; 7.9; 11.35 e 26.26). No trecho de Salmo 21.9 há uma ilustração figurada do julgamento e da ira de Deus, que queimam como uma fornalha ardente. Os sofrimentos experimentados pelos judeus, quando do cativeiro babilônico, são simbolizados pela figura de um forno, Em Lamentações 5.10. O dia do julgamento divino é comparado a um forno, em Malaquias 4.1. Uma das torres das muralhas de Jerusalém era chamada *Torre dos Fornos* (Ne 3.11; 12.38). O nome dessa torre devia-se ao fato de que, nas proximidades, havia fornos para o fabrico de pães e de tijolos. O tipo de forno que, no Novo Testamento é chamado *klíbanos* (ver Mt 6.30 e Lc 12.28), era feito de cerâmica. Era uma jarra grande, usada para cozer o pão. Era aquecido pondo-se o combustível em seu interior. Quando já estava suficientemente quente, as brasas e cinzas eram aquecidas, e a massa era posta em seu interior. Ver os artigos separados sobre *Cozinha* e *Cozinheiro*.

FORNOS DE TIJOLOS

No hebraico, *malben*, palavra que aparece por apenas três vezes (2Sm 12.31; Jr 43.9 e Na 3.14). Entre os antigos israelitas, o modo usual de construção era fazê-las de tijolos de argila, com reforços, com a palha misturada à massa, uma técnica que eles aprenderam no Egito. Poucos tijolos queimados têm sido encontrados na Palestina. Porém, na época de Davi, provavelmente existiam fornos de tijolos, onde se fabricavam tijolos mais duros e permanentes (2Sm 12.31). Esses fornos pareciam-se com os fornos de assar pães. Tijolos queimados, bem como fornos de tijolos, têm sido encontrados na Mesopotâmia, em grande abundância; porém, não ao longo dos rios Nilo e Jordão. As referências bíblicas a "fornos de tijolos" (no hebraico *malben*), que se veem em trechos como (2Sm 12.31; Jr 43.9 e Na 3.14), conforme pensam alguns intérpretes, não se refeririam realmente a isso. Antes, seriam alusões aos *moldes* usados para fazer tijolos de argila, nada tendo a ver com fornos. Porém, a fornalha ardente de Daniel 3.6,11; 5.19-23, mui provavelmente era um forno de tijolos. Ver também Jeremias 29.22. Através de uma carta babilônica, de cerca de 1800 a.C., sabemos que esses fornos de tijolos eram usados com a finalidade de punição capital. Salmo 21.9 provavelmente diz respeito a esse fato. Um forno para cozer peças de cerâmica foi encontrado em escavações feitas em Nipur, onde talvez tenham sido encontrados tijolos do tipo fabricado na Babilônia. (IB ND)

FORNOS, TORRE DOS

Essa torre é mencionada somente em Neemias 3.11 e 12.38. A expressão designa uma das torres da muralha média ou segunda, de Jerusalém, que ficava localizada no ângulo noroeste, perto da porta da Esquina. Ficava próxima da intersecção da presente rota da Via Dolorosa com a rua de Estêvão. Alguns pensam que ficava na rua dos Padeiros, mencionada em Jeremias 37.21. Essa torre foi restaurada por Neemias após o exílio na Babilônia (Ne 3.11 e 12.38). O nome dessa rua provavelmente deveu-se à circunstância de que havia fornos de padeiros, naquela área.

FORQUILHA

No hebraico, *mizreh*. Esse vocábulo hebraico ocorre somente por duas vezes em todo o Antigo Testamento (Is 30.24 e Jr 15.7. Em nossa versão portuguesa, o termo hebraico é traduzido por "forquilha", em Isaías, mas por "pá", em Jeremias. Se, conforme a opinião de alguns estudiosos, está em vista a forquilha, um implemento agrícola com seis dentes usado no ato de separar o grão de cereal de sua palha, então em ambos os trechos deveríamos ter a tradução "forquilha".

Outro tanto pode ser dito em relação ao termo grego *ptúon*, que aparece somente por duas vezes no Novo Testamento, em Mateus 3.12 e em Lucas 3.17. Nossa versão portuguesa traduz esse termo grego por "pá". No entanto, as maiores autoridades filológicas do grego dizem que devemos pensar em um instrumento dotado de dentes (sem importar quantos eles fossem), que era usado para separar o grão de cereal de sua palha. Ver também sobre *Garfo*.

FORRAGEM

Ver o artigo geral sobre a *Agricultura*. Cereais e gramíneas serviam de alimentos para os animais domésticos, e a produção dos mesmos era um dos grandes empreendimentos da agricultura antiga, tanto quanto da moderna. O termo hebraico *mispo* deriva-se de uma raiz que significa "misturar", "colher" (ver Gn 24.25, 32; 42.27; 43.24; Jz 19.19,21; Is 30.24). O termo "misturado", pois, indica uma mistura de grãos e ervas, juntamente com sal e ervas aromáticas. A mistura era então posta na água, para fermentar. Uma ração comum para os animais consistia em palha cortada misturada com cevada, trigo e outros cereais, formando uma espécie de feno. A cevada era o grão mais comumente usado na alimentação dos animais. Eram bolos feitos de feijões e cevada, com algumas tâmaras esmagadas e misturadas à massa.

FORTALEZA

Construção destinada para a proteção e a resistência aos ataques inimigos. Em Provérbios 18.19, tem o nome de cidade forte. Davi tomou a fortaleza de Siló aos jebuseus e habitou nela, pelo que chamou a Cidade de Davi, 1Crônicas 11.5,7. Josafá edificou fortalezas em forma de torres nas cidades de Judá, 2Crônicas 17.12, e Jotão fez o mesmo nos montes e bosques de Judá, 27.4. A fortaleza que Neemias construiu, presume-se que veio a ser a Torre Antônia, em que o apóstolo Paulo foi recolhido preso em Jerusalém.

FORTE, FORTIFICAÇÃO

Ver o artigo separado sobre *Cidade Cercada*. Ficamos perplexos diante da selvageria e da brutalidade dos homens, que fazem de outros homens suas principais vítimas. Na verdade, em certo sentido a história da humanidade é a história de matanças, torturas e barbaridades. Consideremos as vastas quantias que, em nossos dias, as nações estão gastando para se armar e matar seus semelhantes. A questão inteira ilustra a grande malignidade do espírito humano, como também a que ponto caiu a espiritualidade do ser humano. Atualmente, uma das principais maneiras de entreter, na televisão, no teatro, no cinema e na rua (na vida real) é a violência. Os criminosos confessam que sentem estranhos prazeres quando ferem e matam. Pessoas civilizadas, e até mesmo supostamente espirituais, desfrutam de programas de televisão com base na violência. Tudo isso revela muito sobre a depravação do espírito humano.

Na antiguidade, toda cidade de qualquer tamanho ou qualidade dispunha de muralhas, fortificações, torres de vigia, terraplenos e portões fortificados, tudo a fim de fornecer proteção não somente de ataques possíveis, mas de ataques inevitáveis da parte de inimigos que vinham para destruir, matar e estuprar. Os grandes épicos da história humana, como a *Ilíada* de Homero, ou a Odisseia, são histórias grandiosas de matanças e destruições. Lamentamos quando lemos o Antigo Testamento e percebemos quanto o povo de

Israel esteve envolvido em todo esse sangrento drama, ao mesmo tempo em que eles eram chamados de *o povo de Deus*. E, em certas ocasiões, Deus foi quem os enviou para destruírem e matarem. Quando os espiões de Israel estiveram na terra de Canaã, observaram e então prestaram relatório sobre como as cidades dos cananeus eram pesadamente fortificadas e cercadas por grandes muralhas. Isso não impediu os israelitas. E, uma vez que as cidades cananeias foram conquistadas, elas foram cuidadosamente reparadas e refortificadas, porquanto uma guerra nunca põe fim às guerras. A arqueologia tem descoberto muralhas com 4,5 m. a 6 m. de espessura. E, com frequência, as grandes cidades tinham muralhas dentro de muralhas. Na verdade, os homens temiam os homens, e com todas as boas razões. Algumas dessas muralhas tinham até seis metros de altura. Muitas daquelas muralhas eram de pedra sólida. Além disso eram escavados fossos em torno delas, algumas vezes cheios de água, a fim de dificultar ao máximo a aproximação do inimigo dessas muralhas e, muito mais, serem elas derrubadas. Porém, os homens conseguiam realizar qualquer coisa, em seu desvairado desejo de matar e saquear.

Torres eram construídas nas esquinas das muralhas, permitindo que os defensores das cidades pudessem antecipar os ataques vindos de fora (2Cr 14.7). Fortificações eram edificadas sobre as muralhas e por dentro delas, a fim de ajudarem na defesa. Os portões sempre foram pontos de fraqueza. Os ladrões costumam observar os hábitos de uma família. Quando as portas são deixadas abertas, o que, às vezes, só acontece depois de muitos dias, eles atacam. A mesma coisa sucedia na antiguidade. A maioria das cidades contava com mais de um portão nas muralhas que circundavam a área. Esses portões precisavam ser fortificados e guardados por homens armados. Os portões geralmente eram feitos de duas folhas, recobertas de bronze para não serem atacados pelo fogo (Sl 107.16, Is 45.2). E o suprimento de água de uma cidade também era um ponto vulnerável em sua defesa, pelo que tinham de ser construídos condutos subterrâneos; ou então a cidade precisava ser construída em redor de fontes de água, que não pudessem ser poluídas ou desviadas de fora dos portões.

A arqueologia muito tem feito para ilustrar o ponto, mediante suas escavações em Jericó e em outras localidades antigas. Em Jericó, o arqueólogo John Garstand localizou uma série de cidades muradas, uma acima da outra, nas cidades enumeradas A, B, C e D, que foram iniciadas em cerca de 3000 a.C. A cidade "D" foi aquela conquistada por Josué, em cerca de 1500 a.C. Ela contava com uma dupla muralha de tijolos. Primeiramente havia uma maciça muralha com 1,80 m. de espessura. Então havia uma muralha interna, com o dobro dessa espessura. As duas muralhas estavam distantes uma da outra entre três e quatro metros. Fortificações similares foram encontradas em Betel. Um elaborado sistema de fortificações protegia a cidade de Jerusalem, do tempo dos jebuseus, a qual, finalmente, foi conquistada por Davi.

Na época da monarquia, em Israel, foram construídas elaboradas fortificações pelos monarcas de Israel e de Judá, em muitos lugares. Saul fortificou Gibeá (Tell el-Ful?), um lugar cerca de seis quilômetros ao norte de Jerusalém. O local foi escavado em 1922-1923, por W.F. Albright. Tinha pelo menos duas muralhas e uma ladeira artificial, que dificultava muito a aproximação do inimigo. Também contava com moles de pedra, e uma grande escadaria de pedra, pela qual o inimigo precisava subir, tornando-se alvo fácil para os defensores da cidade.

Construções Egípcias. Os egípcios construíam grandes muralhas, torres e portões, o que tem sido amplamente ilustrado pelas descobertas arqueológicas, pelas pinturas tumulares etc. Povos ainda mais antigos simplesmente amontoavam pedras, escavavam trincheiras e construíam torres, no esforço da defesa. Mais tarde, entretanto, a construção de muralhas passou a ser feita com grande técnica, mediante o uso de pedras e tijolos. Muitas trincheiras foram escavadas e, afinal, se mostraram inúteis como defesa.

Métodos de Ataque. Com tanta preparação defensiva, como poderia um inimigo atacar e conquistar com sucesso uma cidade? Antes de tudo, os fossos eram atulhados, ou então eram transpostos por pontes toscas. Grandes aterros eram feitos, para que os soldados pudessem subir até o alto das muralhas porquanto algumas delas eram tão grossas que simplesmente não podiam ser derrubadas. Torres móveis de madeira também eram feitas, para poupar tempo no ataque. Aríetes podiam abrir brechas em muralhas que não fossem espessas demais, ou que não fossem bem construídas. Uma vez que se fizesse uma brecha em uma muralha, ela perdia todo o seu valor como defesa. Os homens que operavam as máquinas para derrubar as muralhas eram protegidos por outros soldados, que procuravam conter os defensores das muralhas. Naturalmente, muitas vidas perdiam-se em ambos os lados da refrega, mas muitas perdas de vida não conseguem estacar a loucura dos homens.

Há décadas, um ditador russo disse ao presidente Kennedy, dos Estados Unidos da América, que a perda de alguns milhões de vidas russas não era um preço demasiadamente grande para pagar pelo triunfo do comunismo. Os homens não regenerados sempre deram bem pouco valor à vida humana.

Mas, voltando aos métodos de ataque contra as antigas cidades muradas, escadas eram usadas para escalar muralhas acima, com pesadas perdas de vidas. Eram desfechados ataques em vários pontos (e portões) ao mesmo tempo, a fim de enfraquecer a resistência dos defensores, encerrados dentro das muralhas. Catapultas eram capazes de lançar grandes pedras para dentro dos muros, matando assim muitos. Tochas acesas eram lançadas para dentro da cidade. Chuvas de flechas e dardos crivavam as casas e as ruas das cidades sitiadas. Os habitantes de algumas cidades cercadas padeciam muita fome e necessidade, pois as tropas não permitiam a saída e a entrada de quem quer que fosse. Esse método de sujeição pela fome era empregado quando as cidades eram fortes demais para serem subjugadas de outra maneira. Também eram cortados os suprimentos de água potável. A cidade de Samaria conseguiu resistir aos assírios durante dois anos, mas a combinação de vários métodos, finalmente, a derrotou.

O Terror que Então Tinha Lugar. Uma vez que uma cidade de fosse capturada, então havia incêndios, matanças, saques e violências sexuais. A história descreve como as forças de Nabucodonosor obliteraram muitas cidades da Judeia, incluindo a própria Jerusalém. Tudo isso contribuía para que as pessoas se tornassem muito religiosas, pois somente a alma entregue à proteção da divindade pode sentir-se segura em circunstâncias assim. No começo da era cristã, Tito imitou Nabucodonosor muito bem, destruindo a cidade de Jerusalém, no ano 70 d.C. No entanto, ele poupou cidades menores da Judeia.

Usos Metafóricos. 1. Um juiz ou soberano postava-se no portão principal da cidade a fim de ouvir as queixas ou resolver problemas do povo. Portanto "sentar-se ao portão" era brandir o poder e a autoridade. **2.** Deus é uma fortaleza para aqueles que estão em necessidade, para quem eles podem fugir em momentos de perigo (Sl 18.2; Na 1.7). **3.** Perder a própria fortaleza é perder poder ou autoridade, e entrar em período de debilidade (Is 17.3). **4.** Derrubar uma fortaleza é derrotar e humilhar (Is 25.12). **5.** A defesa de um homem bom está nas rochas dos montes, e isso refere-se à proteção divina (Is 33.16). **6.** Deus serve de torre e fortaleza entre o seu povo, garantindo assim a proteção deles (Jr 6.27). Diz o trecho de Salmo 91.1,2: *O que habita no esconderijo do Altíssimo, e descansa à sombra do Onipotente, diz ao Senhor: Meu refúgio e meu baluarte, Deus meu, em quem confio.*

FRALDAS

No hebraico, *shul*, palavra que aparece por onze vezes nas páginas do Antigo Testamento (como em Jr 13.22,26; Lm 1.9; Na 3.5). Aparentemente a fralda era uma peça de pano que cobria a parte inferior do corpo e a sua remoção importava em opróbrio.

FREIOS DOS CAVALOS

Nem no Antigo Testamento hebraico e nem no Novo Testamento grego encontramos palavras que correspondam ao termo português "freio", quando pensamos em cavalos. As palavras hebraica e grega (respectivamente, *metheg* e *chalinós*) indicam o conjunto inteiro de arreios, para controlar a posição da cabeça desses animais de montaria. O termo hebraico é usado por quatro vezes (Sl 32.9; 2Rs 10.28; Pv 26.3 e Is 37.29). O termo grego é usado por duas vezes apenas (Tg 3.3 e Ap 14.20). Nossa versão portuguesa usa a palavra "freios" em ambas essas passagens.

Os romanos chamavam de *frenum lupatum* a um freio dentado, que podia infligir dor em um cavalo relutante. O museu Arqueológico Jordaniamo exibe um freio de origem síria, pertencente ao segundo milênio a.C., com argolas munidas com espigões, voltados pra dentro em cada extremidade, a fim de aguilhoar a boca do cavalo pelo lado de fora. Para efeito de comparação, ali é igualmente exibido um freio com junta, de fabricação antiga, mas parecido com os de fabricação moderna. Em muitos casos, em vez de freios, usava-se uma corda passada pelo nariz do cavalo, método esse também usado nos casos do camelo e da mula.

Usos Metafóricos. **1**. Na epístola de Tiago (3.2 e contexto) a ideia é que a língua, apesar de ser um membro tão pequeno, à semelhança dos freios dos cavalos, é dotada de poderes que não condizem com seu reduzido tamanho. **2**. Em Apocalipse 14.20 a ideia é a da vastidão da matança, quando da batalha de Armagedom. O sangue se juntará até a altura geral das bocas dos cavalos, por uma extensão de cerca de duzentos quilômetros ao redor! Talvez haja um exagero tipicamente oriental, para efeito de ênfase. **3**. O trecho de 2Samuel 8.1 encerra um nome próprio, no original hebraico, *Metheg-ammah*, que incorpora a palavra hebraica que significa "arreios". Nossa versão portuguesa prefere traduzi-lo por "rédeas da metrópole". O nome talvez indicasse o poder de restrição que a cidade exercia sobre as regiões circunvizinhas e, talvez, sobre seus próprios cidadãos, (G IB NTI Z)

FRESSURA

Vem de um termo hebraico, *gereb*, que significa **"dentro"**, **"interno"**, indicando as vísceras de algum animal. Era palavra usada para indicar as partes internas do cordeiro pascal (Êx 12.9) ou de outros animais sacrificados nos holocaustos. Leis elaboradas governavam a maneira de preparar e usar as várias porções internas dos animais.

FRIGIDEIRA

No hebraico, *marchesheth*, um vocábulo que aparece por somente duas vezes, no livro de Levítico (2.7,9). A frigideira era um vaso fundo, usado para cozinhar alimentos. Provavelmente era uma chaleira, embora verdadeiras frigideiras também fossem usadas. Seja como for, a referência bíblica ao utensílio deve indicar alguma espécie de chaleira ou caldeirão, onde se punham carnes para cozinhar. Provavelmente era um utensílio mais fundo que a "assadeira" (no hebraico, *machabath*; Lv 2.5), usado para cozer pães. Ver o artigo geral sobre *Cozinhar, Cozinheiro*.

FRUTO

Uma paiavra hebraica principal é usada no Antigo Testamento, e uma palavra grega principal é usada no Novo Testamento.

Mas há várias outras palavras hebraicas e uma palavra grega, com esse mesmo sentido, ou com ideia paralela: **1**. *Peri*, "fruto", palavra hebraica usada por cerca de cento e quinze vezes (conforme se vê, por exemplo, em Gn 1.11,12; 3.2; Êx 10.15; Lv 19.23-25; Nm 13.20; Dt 1.25; 2Rs 19.29,30; Ne 9.36, Sl 1.3; Pv 1.31; Ec 2.5; Ct 2.3; Is 3.10; Jr 2.7 Lm 2.20; Ez 17.8,9; Os 9.16; Jl 2.22; Am 2.9; Mq 6.7; Zc 8.12; Ml 3.11). **2**. *Eb*, "fruto", palavra hebraica e aramaica, usada por quatro vezes (Ct 6.11; Dn 4.12,14,21). **3**. *Yebul*, "aumento", palavra hebraica usada por treze vezes, das quais três com o claro sentido de "fruto" (Dt 11.17; Hc 3.17; Ag 1.10). **4**. *Lechem*, "pão", "fruto". Com o sentido de fruto aparece de forma clara por uma vez, em Jeremias 11.19. **5**. *Meleah*, "plenitude", "fruto". Palavra hebraica usada por duas vezes (Dt 22.9 e Nm 18.27). **6**. *Nib*, "declaração". Com o sentido metafórico de "fruto dos lábios", aparece por uma vez, em Malaquias 1.12. **7**. *Tebuah*, "renda", "fruto". Palavra hebraica empregada por 42 vezes (conforme se vê por exemplo, em Êx 23.10; 25.3,15,16,21,22; Dt 22.9; 33.14; Js 5.12; 2Rs 8.6; Pv 10.16). **8**. *Tenubah*, "aumento", "fruto". Palavra hebraica usada por três vezes com o sentido de "fruto" (Jz 9.11; Is 27.6; Lm 4.9). **9**. *Karpós*, "fruto", palavra grega que ocorre por sessenta e quatro vezes no Novo Testamento (Mt 3.8,10; 7.16-20; 12.33; 13.8,26; 21.19,34,41,43; Mc 4.7,8,29; 11.14; 12.2; Lc 1.12; 3.8,9; 6.43,44 8.8; 12.17; 13.6,7,9; 20.10; Jo 4.36; 12.24; 15.2,4,5,8,16; At 2.30; Rm 1.13; 6.21,22; 15;28; 1Co 9.7; Gl 5.22; Ef 5.9; Fp 1.11,22; 4.17; 2Tm 2.6, Hb 12.11; 13.15; Tg 3.17,18; 5.7,18; Ap 22.2). **10**. *Génnema*, "produção", "fruto". Palavra grega que aparece por quatro vezes (Mt 3.7; 12.34; 23.33; Lc 3.7).

Além dessas palavras gerais, havia termos especializados no hebraico, conforme se vê na lista abaixo: **1**. *Qayits*, "fruto de verão", "primícias". Palavra usada por vinte vezes (segundo se vê, por exemplo, em Gn 8.22; 2Sm 16.1,2; Sl 32.4; Pv 6.8; Is 16.9; Jr 8.20; 48.32; Am 3.15; 8.1,2; Mq 7.1; Zc 14.8). **2**. *Dagan*, "trigo", palavra usada para indicar o produto do cultivo agrícola. Estão em foco os cereais em geral, como o trigo, a cevada, as lentilhas etc., ou então fibras e outros plantios, como o linho, o algodão, a pimenta, o pimentão, e até mesmo, segundo pensam alguns estudiosos, o arroz. O termo aparece por trinta e nove vezes (conforme se vê, para exemplificar, em Gn 27.28,37; Nm 18.27, Dt 7.13; 11.14; 2Rs 18.32; 2Cr 31.5, Ne 5.2,3,10,11; Sl 4.7; Is 36.17; Lm 2.12; Ez 36.29; Os 2.8,9,22; Jl 1.10,17; 2.19; Ag 1.11; Zc 9.17). **3**. *Tirosh* "fruto da vinha", mas também palavra usada para indicar as uvas secas. A palavra é usada por trinta e oito vezes (conforme se vê, por exemplo, em Gn 27.28,37; Nm 18.12; Dt 7.13; 11.14; 12.17; Jz 9.13; 2Rs 18.32; 2Cr 31.5; Ne 5.11; 10.37,39; Sl 4.7; Pv 3.10; Is 24.7; 36.17; Jr 31.12; Os 2.8,9,22; 4.11; Jl 1.10; Mq 6.15; Ag 1.11; Zc 9.17). As uvas eram secas ao sol e preservadas em quantidade considerável (1Sm 25.18; 2Sm 16.1; 1Cr 12.40; Os 3.1). As azeitonas eram consumidas ao natural, ou então eram espremidas para produção do azeite (Mq 6.15). **4**. *Yitshar*, "azeite". Essa palavra hebraica também indicava frutos produzidos em pomar, como as tâmaras, as azeitonas, as romãs, as castanhas etc., referindo-se àqueles frutos que podiam ser preservados para serem consumidos durante os meses quentes, em contraste com aqueles mencionados no primeiro ponto, *qayits*. A raiz da palavra *yitshar* significa "brilhante", "resplendente". É usada por 22 vezes (Nm 18.12; Dt 7.13; 11.14; 12.17; 14.23; 18.4; 28.51; 2Rs 18.32; 2Cr 31.5; 32.28; Ne 5.11; 10.37,39; 13.5,12; Jr 31.12; Os 2.8,22; Jl 1.10; 2.19,24; Ag 1.11).

Preceitos Mosaicos sobre os Frutos. As árvores frutíferas eram consideradas imundas por três anos após o seu plantio. A produção do quarto ano pertencia ao Senhor. Somente do quinto ano em diante seus frutos podiam ser livremente consumidos pela população em geral. Isso impedia a colheita prematura e também a destruição das menores, além de relembrar aos israelitas (no quarto ano após o plantio) que Deus é a origem de todos os frutos e benefícios colhidos pelos homens. Ver Deuteronômio 20.19,20.

Variedade de Frutos. O clima diversificado da Palestina, devido aos desníveis topográficos, naturalmente permitia a produção de grande variedade de frutos. Os frutos mais comuns eram a banana, a laranja e outras frutas cítricas, as tâmaras, as rosáceas em geral, o dióspiro, a jujuba, as uvas, os figos, as azeitonas, as romãs, as amoras pretas, vários tipos de melão, o feijão, as amêndoas e as ameixas. As laranjas são ali produzidas por nada menos de seis meses a cada ano, e as uvas, quase por esse período. Os frutos plantados em jardim podem ser colhidos quase durante todos os meses do ano.

Usos Metafóricos. **1**. *O Fruto do Espírito*, ou seja, virtudes e qualidades morais e espirituais, cultivadas pelo Espírito de Deus na personalidade do crente. Ver Gálatas 5.22,23. Há um longo e detalhado artigo sobre o assunto, sob o título *Fruto do Espírito*. **2**. As *promessas messiânicas*. Cristo é o fruto da terra (ver Is 4.2). **3**. Os *doze frutos* referidos em Apocalipse 22.2 referem-se à abundância e prosperidade que haverá no estado eterno, especificamente no caso das riquezas espirituais. Alguns aceitam a menção de forma literal, mas dificilmente isso concorda com a realidade futura. Esses frutos haverão de restaurar, no sentido espiritual, o perdido jardim do Éden. **4**. *Os frutos do evangelho* são os próprios homens, quando se convertem do pecado e do paganismo; e também apontam para as obras que, subsequentemente, eles chegam a produzir (ver Cl 1.6; Rm 1.13). **5**. Os *santos* são frutos recolhidos (ver 27.6; Jo 4.36) e produzem frutos de justiça (ver Mt 7.18; 12.33; Gl 5.22-24; Pv 11.30; Fp 1.11 e Tg 3.18). **6**. *Os filhos* são o fruto do ventre (ver Êx 21.22; Sl 21.10; Os 9.16; Gn 30.2; Dt 7.13). Os filhos também são chamados frutos dos rins referindo-se aos poderes reprodutivos do homem (At 2.30). Também são chamados frutos do corpo (ver Sl 132.11; Mq 6.7). **7**. *O fruto do procedimento*, bom ou mau, é o resultado dos atos de cada indivíduo (ver Pv 1.31; Is 3.10; Jr 6.19). **8**. *O fruto das próprias mãos* é o lucro, o ganho, ou a jactância (ver Is 10.12). **9**. *O fruto da boca* são as palavras boas ou más de uma pessoa (ver Pv 12.14; 18.20; Hb 13.15). **10**. Os *frutos bons* são as boas obras (Fp 1.11) incluindo as contribuições caridosas (Rm 15.28). **11**. *Os frutos do arrependimento* são as evidências de que a pessoa se converteu ao Senhor (Mt 3.8). **12**. *O fruto dos ímpios* são as suas más obras (Mt 7.16). **13**. *O fruto para a morte* são as coisas malignas, que promovem a morte espiritual (Rm 7.5,13; Tg 1.15). **14**. As *obras infrutuosas das trevas* são as obras más que os homens praticam, mediante as quais demonstram que pertencem ao reino das trevas; e essas obras, ao final, produzem malefícios para seus praticantes, em vez de benefícios (ver Ef 5.11). Do ponto de vista espiritual, as obras de tais pessoas são infrutíferas, ou seja, não produzem bons resultados espirituais. **15**. *O fruto produzido no devido tempo* consiste na prosperidade, material e espiritual (Pv 1.3; Jr 17.8). **16**. *Símbolos nos Sonhos e nas Visões*. O fruto simboliza a realização do indivíduo, o "produto" de seus labores, materiais ou espirituais, os benefícios que ele recolhe de seus atos. O ato de florescer indica que alguém está prestes a realizar o seu potencial. Após a inflorescência vem o próprio fruto. Um fruto de formato alongado pode ser um símbolo fálico. Uma fruta pode representar a reprodução, em sentido literal. Os figos, as peras e outras frutas de formato similar podem representar os órgãos externos femininos. A maçã pode simbolizar a tentação. O ato de furtar maçãs pode indicar o desejo ou mesmo o ato de seduzir. O melão pode simbolizar a gravidez.

FUMAÇA

No hebraico há quatro palavras envolvidas e, no grego, uma, a saber: **1**. *Keheh*, "fraco", "débil". Essa palavra ocorre somente em Isaías 42.3, onde a nossa versão portuguesa diz: ... *nem apagará a torcida que fumega*... **2**. *Ashan*, "fumaça". Palavra hebraica que aparece por 25 vezes (conforme se vê em Gn 15.17; Êx 19.18; Js 8.20,21; Jz 20.38,40; 2Sm 5.4; 9.18; Os 13.3; Jl 2.30; Na 2.13). **3**. *Ashan*, "esfumaçar". Palavra hebraica que aparece somente por duas vezes (Êx 20.18; Is 7.4). **4**. *Qitor*, "vapor", "fumo". Vocábulo hebraico que ocorre por quatro vezes (Gn 19.28; Sl 119.83; Sl 48.8). **5**. *Kapnós*, "fumaça". Palavra grega que é usada por treze vezes (At 2.19 (citando Joel l3.3); Ap 8.4; 9.2,3,17,18; 14.11; 15.8; 18.9,18 e 19.3).

A ideia de fumaça é usada de quatro maneiras diferentes nas páginas da Bíblia Sagrada, a saber: **1**. Um símbolo visível da presença invisível de Deus em uma de suas manifestações divinas. No caso do pacto estabelecido entre Deus e Abraão, enquanto este dormia, viu ... *um fogareiro fumegante, e uma tocha de fogo que passou entre aqueles pedaços* (Gn 15.17). Quando Moisés encontrou-se com Deus, no monte Sinai, *todo o monte Sinai fumegava* (Êx 19.18). Uma vez terminado, o templo de Jerusalém ficou cheio de fumaça, quando Isaías contemplou o Senhor em visão (Is 6.4) e então esse profeta predisse como segue: *Criará o Senhor, sobre todo o monte de Sião e sobre todas as suas assembleias uma nuvem de dia e fumo e resplendor de fogo chamejante de noite...* (Is 4.5). No livro de Apocalipse, a visão de João sobre a tenda do testemunho no céu mostra-nos que *o santuário se encheu de fumaça, procedente da glória de Deus e do seu poder, e ninguém podia penetrar no santuário* (Ap 15.8). Embora não seja explicitamente afirmado, podemos supor que as referências às automanifestações divinas, em passagens como Êxodo 3.2; 13.21; Números 10.34 e 14.14, incluem também a presença de fumaça. **2**. O fogo simbólico da ira de Deus é acompanhado por fumaça, segundo se lê em Salmo 18.8: *Das suas narinas subiu fumaça e fogo devorador, da sua boca saíram brasas ardentes*. Cf. Jó 41.20. Moisés advertiu contra a idolatria, dizendo: *O Senhor não lhe quererá perdoar; antes fumegará a ira e o seu zelo sobre o tal homem, e toda maldição escrita nesse livro jazerá sobre ele...* (Dt 29.20). E o salmista clamou: *Por que nos rejeitas, ó Deus, para sempre? Por que se acende a tua ira contra as ovelhas do teu pasto?* (Sl 74.1). **3**. A fumaça dos sacrifícios e do incenso queimado é mencionada em trechos como Ezequiel 8.11 e Salmo 66.15. O vidente João viu a fumaça do incenso elevando-se até os céus. ... *e da mão do anjo subiu à presença de Deus o fumo do incenso, com as orações dos santos* (Ap 8.4). **4**. A fumaça também representa aquilo que é transitório, passageiro. Por exemplo, os inimigos (Sl 37.20;68.2); os idólatras (Os 13.3); os dias (Sl 102.3); e os céus (Is 51.6). Ver também sobre o *Incenso*.

FUNDAMENTO

Ver os artigos separados sobre *Fundamento da igreja, Cristo como; Fundamento da igreja, Pedro como* e *Fundamento dos Apóstolos e Profetas*.

I. AS PALAVRAS ENVOLVIDAS. Há sete palavras hebraicas envolvidas, e duas gregas, a saber: **1**. *Yasad*, "fundar", "fundamento". Essa palavra aparece por 31 vezes com esse significado (como, por exemplo, em Êx 9.18; 1Rs 7.10; 2Cr 31.7; Jó 38.4; Sl 102.:25; Is 48.13; Js 6.26; 1Rs 5.17; Ed 3.10; Zc 4.9). Há duas formas variantes: *Yesod*, "fundamento", "fundo", usada por treze vezes (conforme se vê, por exemplo, em 2Cr 23.5; Jó 4.19; 22.16; Sl 137.7; Pv 10.25; Lm 4.11, Ez 13.14; 30.4; Mq 1.6; Hc 3.13). *Yesudah*, "fundamento", palavra que ocorre apenas uma vez, em Salmo 87.1. **2**. *Musad*, "alicerce", "fundamento". Esse termo hebraico figura por duas vezes (2Cr 8.16 e Is 28.16). Há uma variante, *musadah*, que aparece uma só vez, com o mesmo sentido: (Ez 41.8). **3**. *Makon*, "base", "alicerce", "habitação", e que ocorre apenas uma vez, com o sentido de "fundamento": (Sl 104.5). **4**. *Shath*, "príncipe", "coluna", "fundamento", e que aparece uma única vez, com o sentido de "fundamento": (Sl 11.3). **5**. *Oshyoth*, "fundamentos". Palavra que aparece apenas uma vez: (Jr 50.15). **6**. *Ushshin*, "fundamentos". Esse termo ocorre por três vezes, e é de origem aramaica: (Ed 4.12; 5.16; 6.3). **7**. *Mosadoth,* "fundamentos", "alicerces". Palavra hebraica que é usada por treze vezes (Dt 32.22; 2Sm 22.8,16; Sl 18.7,15; 82.5; Pv 8.29; Is 25.18; 40.21; 58.12; Jr 31.37; Mq 6.2). **8**. *Katabolé,* "alicerce", "fundamento". Vocábulo hebraico que figura por onze vezes (Mt 13.35 (citando Sl 78.2); 25.34 Lc 11.50; Jo 17.24; Ef 1.4; Hb 4.3; 9.26; 1.11; 1Pe 1.20; Ap 13.8 e 17.8). **9**. *Themélios, alicerce,* "pedra de alicerce", que aparece por dezesseis vezes (Lc 6.48,49; 14.29; At 16.26; Rm 15.20; 1Co 3.10-12; Ef 2.20; 1Tm 6.19; 2Tm 2.19; Hb 6.1; 11.10, Ap 21.14,19). O verbo correspondente, *themelióo,* "fundar", "alicerçar", ocorre por seis vezes (Mt 7.25; Lc 6.48; Ef 3.18; Cl 1.23; Hb 1.10 (citando Sl 102.26) e 1Pe 5.10).

Algumas dessas palavras hebraicas e as duas palavras gregas são usadas na Bíblia tanto em sentido literal quanto em sentido figurado.

Desde os tempos mais antigos, os construtores reconheceram a necessidade de alicerces firmes para suas construções.

II. No Antigo Testamento. O termo hebraico *yasad,* "fixar", fundamentar" "alicerçar" é usado nas Escrituras para indicar todo tipo de alicerce, como do altar (Êx 29.12), da terra (Sl 24.2; Is 24.18), de edifícios (Jr 50.15), do mundo habitado (Sl 18.15), da cúpula dos céus (Am 9.6), de Israel (Is 44.11), de Sião (Is 14.32), dos justos (Pv 10.25) e do templo de Salomão (1Rs 5.17). Portanto, estão em foco, no uso dessa palavra, tanto alicerces literais quanto metafóricos.

Às vezes, um edifício era levantado sobre alguma superfície natural sólida, como uma rocha. Ou então pedras eram postas à superfície, com o propósito de servirem de alicerce. Porém, um alicerce verdadeiro era "assentado", isto é, posto sobre escavações feitas na terra (Is 28.16). Um alicerce era essencial para a durabilidade e fortaleza de uma parede ou muralha (Jr 50.15). Os alicerces do templo de Salomão tinham as dimensões de quatro por cinco metros utilizando blocos de pedra cuidadosamente talhados, conforme se aprende em 1Reis 5.17, 6.37 e 1Crônicas 22.2. Os alicerces do segundo templo foram feitos em dois estágios. Primeiramente, nos dias de Ciro, rei da Pérsia, foi levantada uma muralha de retenção, para formar uma plataforma nivelada. Então o rei Dario permitiu que se enchesse de terra o lugar, como um terraço (Ed 6.3). E, sobre o mesmo, foi lançado um outro alicerce (Ed 3.10 e Zc 4.9).

Nos países gentílicos antigos, havia uma prática de consagração dos alicerces de edifícios importantes com algum sacrifício humano, chamado de "pacto do limiar". Mas os arqueólogos, apesar de terem encontrado muitos esqueletos nessas edificações de povos gentílicos, nunca encontraram coisa similar nas construções dos israelitas. O trecho de 1Reis 16.34, talvez, tenha em vista esse tão bárbaro costume, quando assevera que Hiel, o betelita (vide), edificou Jericó, e "morreu-lhe Abirão, seu primogênito", e então, que *quando lhe pôs as portas, morreu Segube, seu último filho, segundo a palavra do Senhor que falara por intermédio de Josué, filho de Num.*

III. No Novo Testamento. Por nada menos de dez vezes a palavra grega *katabolé* é empregada no Novo Testamento para indicar os fundamentos do mundo. Como exemplos disso, ver Mateus 13.35 e Lucas 11.50. O vocábulo grego *themélios* (algo lançado) aparece por dezesseis vezes, usualmente em sentido figurado. Como exemplos disso, ver o fundamento que um homem usa para sobre o mesmo edificar a sua vida (Lc 6.58), e também Cristo como o fundamento de sua igreja (1Co 3.11). Cristo também é a principal pedra de esquina, ao mesmo tempo em que, de acordo com essa outra metáfora, os apóstolos são pedras que fazem parte do alicerce (Ef 2.20 e Ap 21.14,19). Não há nisso qualquer contradição, porquanto Cristo é o único fundamento no tocante à salvação, mas os profetas e apóstolos fazem parte do alicerce sobre o qual a igreja cristã está sendo erigida. Os judeus costumavam afirmar a mesma coisa acerca dos patriarcas israelitas, que serviram de alicerces da nação judaica. Outros usos neotestamentários da ideia de fundamento podem ser vistos na lista de usos metafóricos da palavra, logo abaixo.

IV. Usos Metafóricos. **1**. Fundamentos com o sentido de origem (ver Jó 4.19). O homem reside em uma casa de barro e a sua origem encontra-se no pé. Esse conceito tem paralelo na narrativa de Gênesis 2.7 e 3.19. **2**. Fundamento com o sentido de *começo,* como os fundamentos do mundo (ver Mt 13.35; 25.34). **3**. O Messias é o fundamento lançado em Sião (Is 28.16; 1Co 3.11). **4**. Os apóstolos e profetas do Novo Testamento fazem parte do alicerce da igreja de Cristo (Ef 2: 20). **5**. Pedro, juntamente com os demais apóstolos (Mt 16.18 e 18.15-18), faz parte do alicerce da igreja, como uma construção histórica, mas não no tocante à questão da salvação, que depende exclusivamente de Cristo. **6**. Jesus Cristo é o único fundamento da igreja, no tocante àquele sobre quem construímos e em quem alicerçamos a nossa expectativa de salvação (1Co 3.11). **7**. A fé cristã é o alicerce de nossa vida (2Tm 2.19). Ver o trecho de Provérbios 10.25, que exprime ideia similar. **8**. O homem sábio constrói sobre um alicerce de sabedoria e realização espirituais, evitando as areias das vicissitudes humanas, das falsas doutrinas etc. (Lc 6.48). **9**. A cidade de Deus (composta por todos os remidos no sangue de Cristo) está alicerçada sobre a verdade e sobre o poder de Deus (Hb 11.10). **10**. Há alicerces sobre os quais se apoiam os pilares do céu, visto como montanhas, sobre os quais repousa a abóbada do firmamento (2Sm 22.8). Alguns consideram poético esse tipo de linguagem, mas os antigos hebreus aparentemente acreditavam nessas coisas de maneira literal. Isso é amplamente ilustrado no artigo sobre a *Astronomia,* neste dicionário.

FUNDAMENTO, PORTA DO

A passagem de 2Crônicas 23.5 é a única onde esse portão de Jerusalém é denominado dessa maneira, fazendo-o em conexão com a execução da usurpadora Atalia (2Cr 23.1-15). Também esse portão é chamado de "portão Sur" (vide), em 2Rs 11.6. A Septuaginta, entretanto, chama-o de "portão dos caminhos". Alguns eruditos supõem que se trata da mesma "entrada dos cavalos" (2Cr 23.15), que mui provavelmente era uma conexão entre o palácio real e o templo de Jerusalém. A tradição judaica afiança-nos que essa porta era chamada "do fundamento" porque ali é que os alicerces do santuário foram lançados pela primeira vez. Os judeus chamavam esse portão da cidade por nada menos de cinco designações diferentes.

FUNDIÇÃO. Ver sobre *Metais e Metalurgia.*

FUNERAIS. Ver o artigo sobre *Sepultamento, Costumes de.*

FURTO. Ver sobre *Crimes e Punições.*

No hebraico, *ganab,* "furtar", vocábulo que ocorre por trinta e nove vezes (conforme se vê, por exemplo, em Gn 30.33; 31.19,20,26,27,30,32,39; 44.8; Êx 20.15; Lv 19.11; Dt 5.19; 24.7 Js 7.11; 2Sm 19.41; 2Rs 11.2; 2Cr 21.11; Jó 27.20; Pv 6.30; 9.17; Jr 7.9, 23.30, Os 4.2; Ob 5; Zc 5.3). No grego temos a palavra *klépto,* "furtar", usada por onze vezes (Mt 6.19,20; 19.18 (citando Êx 20.13,15); 27.64; 28.13; Mc 10.19; Lc 18.20; Jo 10.10; Rm 2.21; 13.9 (citando Êx 20.14,15); Ef 4.28.)

Furtar é um dos pecados humanos mais comuns. Algumas vezes os homens furtam por autêntica necessidade; mas, na maioria das vezes, furtam por motivo de sua preguiça, ou porque gostam mesmo de furtar, devido a uma atitude mental distorcida. Há pessoas que furtam quando não têm necessidade disso, porquanto querem enriquecer mais ainda, mesmo que já tenham o bastante. O ladrão apossa-se daquilo que não lhe pertence, que é propriedade de outrem. Esse furto pode ser de bens materiais, de afeições, de tempo etc., através de meios ilegítimos. Existe o furto espiritual, não meramente de

FURTO

coisas materiais. Assim, pode-se furtar a fé de uma pessoa, como também sua moralidade, sua autoconfiança, seu autorrespeito, seus direitos e não apenas suas posses.

1. O mandamento que proíbe o furto faz parte da legislação mosaica original. Ver sobre os *Dez Mandamentos*. O Antigo Testamento inclui proibições referentes ao furto, ao dano às propriedades e ao mau uso das propriedades ou objetos pertencentes ao próximo (ver Êx 21.33,34; 22.5,6; 22.4,7,9; 20.15; Gn 31.31; 2Sm 23.21). **2**. O furto é uma abominação (Jr 7.9,10) sobretudo quando praticado contra os pobres (Pv 22.22). Nesse aspecto está incluída a fraude (Lv 19.13) . **3**. Não pagar salários justos é um furto (Lv 19.13; Tg 5.4). **4**. O furto é um pecado que contamina os culpados (Mt 15.20). **5**. Os ímpios são inclinados ao furto (Sl 119.61); a cobiça promove o furto (Am 3.10). **6**. Aqueles que consentem com o furto também tornam-se culpados (Jó 24.14; Ob 5). **7**. Geralmente quem furta também mata (Jr 7.9; Os 4.2). **8**. Paira uma maldição sobre o ladrão (Os 4.2,3; Ml 3.5). O furto provoca a ira de Deus (Ez 22.29,31). **9**. O pecado do roubo é um daqueles vícios que exclui as pessoas do reino celestial (1Co 6.10). **10**. Os tesouros celestes não estão sujeitos ao furto (Mt 6.20). **11**. Aqueles que se convertem à fé cristã não somente não deveriam mais furtar, como também deveriam suprir aos seus semelhantes o necessário, em atos de caridade (Ef 4.28): *Aquele que furtava, não furte mais; antes, trabalhe, fazendo com as próprias mãos o que é bom, para que tenha com que acudir o necessitado.*

G

GAÃ
No hebraico, **"queimar"**. Era filho de Naor, irmão de Abraão. Sua mãe era a concubina de Naor, Reumá (Gn 22.24). Seu nome também tem sido interpretado como "negridão". Viveu em torno de 1860 a.C.

GAAL
No hebraico, **"nojo"**, **"escaravelho"**, **"aborto"**, Era o nome de um filho de Ebede (Jz 9.26-41). Ele foi a Siquém em companhia de seus irmãos e ali açulou o povo para revoltar-se contra Abimeleque. Por ocasião da festa, na qual os siquemitas ofereceram as primícias de seus produtos, no templo de Baal, Gaal, em meio à festa de bebidas, atiçou ainda mais os ânimos do povo contra o ausente Abimeleque. Gaal vangloriou-se de que se desfaria de Abimeleque. Mas mensageiros informaram Abimeleque acerca da rebelião que estava sendo provocada. Zebul, governante de Siquém, continuou em sua lealdade a Abimeleque. A noite, Abimeleque postou suas tropas em derredor da cidade. No dia seguinte eles aproximaram-se, e então Zebul invocou Gaal para mostrar a sua força e derrubar Abimeleque. Porém, Gaal e suas forças foram esmagadoramente derrotados e postos em fuga. Abimeleque, muito infeliz com o acontecido, capturou a cidade de Siquém, destruiu-a e semeou a região com sal. O profeta viu isso como um justo juízo contra Siquém, porquanto seus habitantes haviam apoiado Abimeleque, no assassinato dos seus setenta irmãos, a fim de consolidar a sua autoridade. Várias figuras bíblicas tiveram o nome *Abimeleque*, e o artigo separado sobre esse nome preenche os detalhes concernentes à narrativa aqui relatada.

GAAR
No hebraico, **"espreitador"**, palavra que se refere aos filhos de Gaar, que se achavam entre os netinins que retornaram da Babilônia, terminado o exílio, em companhia de Zorobabel (Êx 2.47; Ne 7.49). Eles viveram por volta de 536 a.C.

GAAS
No hebraico, **"tremor"**. Essa palavra designa um monte do território de Efraim, ao norte do qual ficava Timnate-Sera, célebre porque ali é que se achava o túmulo de Josué (Js 24.30; Jz 2.9). Eusébio afirmava que, em seus dias, o local ainda era conhecido. Um *wadi* localizado na mesma área também tinha esse nome (2Sm 23.30; 1Cr 11.32). Um dos trinta heróis de Davi vieram dessa região, segundo se vê nas referências que acabamos de dar. Todavia, o local exato é desconhecido atualmente, embora devesse ficar cerca de trinta quilômetros ou pouco mais a sudoeste de Siquém.

GABA
No hebraico, **"outeiro"**. Nome de uma cidade dentro dos limites de Benjamim (Js 18.24), que foi partilhada aos sacerdotes, 21.17. Não se deve confundir com Gibeá de Saul (Is 10.29), Gabee, ou Geba, localizava-se no extremo norte do reino de Judá, 2Reis 23.8; Zacarias 14.10. Uma aldeia com o mesmo nome assinala o local da antiga cidade, 11 km ao nordeste de Jerusalém, e uns quatro km a sudoeste de Micmás.

GABAI
No hebraico, esse nome significa **"coletor de impostos"**. Era o nome de um dos chefes da tribo de Benjamim, que veio residir em Jerusalém, após o cativeiro babilônico (Ne 11.8). Viveu em cerca de 445 a.C.

GABATÃ
Esse é o nome pelo qual é chamado o eunuco que armou um conluio contra o rei Assuero, da Pérsia. Mordecai descobriu o que estava sucedendo e revelou a questão ao rei, por meio de Ester. Isso é mencionado nas adições a Ester (12.1). Em Ester 2.21 ele é chamado Bigtã, o que se repete em Ester 6.2, embora algumas versões, neste último versículo, digam *Bigtana*. Ele e um homem que planejou com ele, foram executados. Ele viveu em torno de 520 a.C.

GABRIEL
Esse vocábulo hebraico significa **"homem de Deus"** ou **"herói de Deus"**. Esse é o nome de alguns dos poucos anjos cujos nomes pessoais são dados nas Escrituras. (Ver Dn 8.16 e 9.21). Ver o artigo separado sobre *Anjo*, onde apresentamos uma elaborada descrição sobre a doutrina que circunda os anjos.

Na Bíblia há várias alusões a esse ser. Ele foi enviado a Daniel a fim de explicar-lhe várias visões que tivera (Dn 8.16; 9.21). Anunciou o nascimento de João Batista a seu pai, Zacarias (Lc 1.11). Dialogou com a Virgem Maria a respeito do nascimento de Jesus, o Messias (Lc 1.26). O trecho de Daniel 12.1 sugere que Miguel tem sido o especial campeão angelical da nação de Israel, e que também será o defensor especial de Israel, durante a Grande Tribulação (vide).

A angelologia inclui a ideia de que cada nação conta com um anjo ou com anjos que cuidam do bem-estar dessa nação. E, naturalmente, todos estamos familiarizados com a doutrina do anjo da guarda (sobre o que damos um artigo separado). Alguns anjos recebem tarefas e missões especiais. Gabriel parece preencher o serviço de um mensageiro, despachado para realizar missões especiais, de vários tipos. Li sobre duas aparições modernas desse anjo. Uma delas foi a um professor universitário anglicano, o qual foi instruído, em suas visões, a dar início a uma nova comunidade religiosa a fim de preparar um povo para enfrentar grandes dificuldades que são esperadas para a nossa própria época. Dessas comunidades surgirá a ajuda para recuperar a humanidade, após a Grande Tribulação. Também tem sido dito que esse anjo foi o poder que expeliu o espírito que possuíra o homem envolvido no livro (e no filme) *O Exorcista*. O indivíduo realmente envolvido foi um homem, e não uma adolescente conforme aparece na versão cinematográfica que tem sido popularizada. Seja como for, depois de terem falhado os melhores esforços de vários padres católicos romanos, o homem possuído afirmou que o anjo Gabriel se pôs visivelmente a seu lado, e então ordenou ao espírito mau, também visível: "Saia". Daquele momento em diante, a possessão terminou. Subsequentemente, o homem casou-se e tem levado uma vida normal.

O caso que envolveu o professor anglicano tem sido amplamente investigado por oficiais daquela denominação, e eles têm confirmado a validade da experiência, mesmo que não possam provar a participação específica do anjo Gabriel nesse incidente. Não é possível averiguar essas coisas ao ponto da certeza; mas podemos saber, com certeza, que existem grandes espíritos não humanos que acodem em nosso socorro, quando isso se faz mister. Eles são espíritos ministradores, que visam ao benefício daqueles que haverão de herdar a vida eterna (Hb 1.14).

Apesar de podermos duvidar, com certa dose de razão, das elaboradas angelologias que várias fés religiosas têm criado, a realidade de poderes sobre-humanos, que operam em nosso favor, é bem confirmada nas experiências religiosas e não apenas na literatura. No livro pseudepígrafo de 1Enoque, quatro grandes arcanjos são nomeados: Miguel, Rafael, Gabriel e Uriel. Ali, eles anunciam a Deus a corrupção dos homens e recebem várias missões para cumprir. Nos escritos rabínicos, Gabriel é apresentado de pé, diante do trono do Senhor, perto do pendão que representa Judá. Os islamitas demonstram grande respeito por Gabriel, afirmando que foi ele quem entregou uma cópia completa do Alcorão a Maomé. Naquele documento ele é chamado de Espírito da verdade e de Espírito Santo. Também aparece como um grande poder, que far-se-á presente ao julgamento dos homens, no último dia.

No livro de 1Enoque, achamos quatro funções distintas de Gabriel, a saber: **1.** Ele é um anjo que castiga (1Enoque 10-9); **2.** Ele é um poder no paraíso, que domina as serpentes e dá ordens aos querubins (1Enoque 20.7); **3.** Ele é um intercessor em favor dos homens (1Enoque 40.6,9); **4.** Ele é um poder que executará julgamento contra os anjos caídos (1Enoque 64.6).

GADE

No hebraico, esse nome significa "fortuna". Trata-se do nome de várias personagens e de certas coisas ligadas ao Antigo Testamento.

1. O Sétimo Filho de Jacó. Era filho de Zilpa, criada de Lia, concubina de Jacó. Ele foi chamado assim para indicar que uma tropa (ou muitos filhos) ou a boa fortuna, estava chegando (Gn 30.9-11). Seu irmão pleno e mais jovem era Aser, pois todos os outros filhos de Jacó eram apenas seus meio-irmãos, por terem tido outras mães (quatro, ao todo). Gade nasceu quando Jacó jornadeava na região de Labão, em Padã-Arã, durante os sete anos em que trabalhou a fim de pagar por Raquel, sua segunda esposa. Nenhum incidente envolvendo Gade, com exclusividade, é narrado no Antigo Testamento; mas somente aquilo em que ele participou juntamente com toda a família patriarcal. Desceu do Egito com a sua própria família (esposa e filhos). Teve sete filhos: Zifiom, Hagi, Suni, Esbom, Eri, Arodi e Areli (ver Gn 46.16). Alguns desses nomes aparecem com formas variantes, em Números 25.16. Em seu leito de morte Jacó predisse que tropas haveriam de atacar Gade, mas que ele, por sua vez, atacaria em seus calcanhares. Isso constituiu um jogo de palavras com o sentido do seu nome Gade (ver Gn 49.9). Os amonitas, pois, cumpriram essa predição. Os homens de Gade contra-atacaram, o que reflete as guerras tão predominantes no Antigo Testamento e, de fato, por toda a história da humanidade.

2. A Tribo de Gade. Quando essa tribo saiu do Egito, foram encabeçados por Eliasafe, filho de Geul. Dispunham de 45.650 homens aptos ao serviço militar. Porém, durante as vagueações pelo deserto do Sinai, seu número diminuiu para 40.500. (Ver Nm 1.24,25; 26.15-18). A totalidade do povo de Israel era de 603.550 homens, o que quer dizer que o número de Gade era um pouco menor que um doze avos do total. O espião que eles enviaram, para examinar a terra de Canaã, foi Geuel, filho de Maqui (Nm 13.15). Juntamente com os rubenitas, eles solicitaram e receberam terras em herança a leste do rio Jordão, entre Rúben, mais ao sul, e Manassés, mais ao norte (Dt 32; 33.20, 21). Mas, soldados gaditas ajudaram na conquista dos territórios cananeus a oeste do rio Jordão. No monte Ebal, eles concordaram com as maldições da lei, impostas sobre os desobedientes (Dt 27.13; Js 1.12,14; 4.12). Após sete anos, eles voltaram aos seus lares, porque a conquista da terra de Canaã estava essencialmente terminada (Js 22). O trecho de 1Crônicas 12.8-15,37,38 fala sobre a ajuda que eles prestaram a Davi, na luta contra os homens fiéis a Saul e como se fizeram presentes quando da coroação de Davi como rei de Israel. Os árabes e os amorreus mantiveram os gaditas em contínuo estado de conflito armado, tal como fora predito por Jacó (Gn 29.19; Dt 33.20; 1Cr 5.19 ss.). Nos dias de Jerobozo II, eles obtiveram o triunfo na guerra e conquistaram muitos despojos. Mas, quando Tiglate-Pileser levou o reino do norte, Israel, os gaditas compartilharam dessa triste sorte e juntamente com os rubenitas, foram levados para a Assíria. Foi então que os amonitas e moabitas conquistaram o território vago (1Cr 4.18-26; Jr 48.18-24; 49.1).

Gade é incluído na divisão das terras, predita para o futuro Israel restaurado (Ez 48.27). O nome *Gade* aparece como nome de um dos portões da futura cidade restaurada de Jerusalém (Ez 48.34). Doze mil gaditas, segundo está predito, farão parte dos cento e quarenta e quatro mil israelitas, selados por ocasião da futura Grande Tribulação (Ap 7.5).

3. O Território de Gade. Terminada a conquista da terra de Canaã, a cada tribo de Israel foi dada uma parcela, como herança, na Palestina. A "terra de Gade" é uma alusão bíblica àquela porção que os homens dessa tribo receberam (1Sm 13.7; Jr 49.1). Ficava situada a leste do rio Jordão, em Gileade, ao norte do território que coube a Rúben, e separada do território dos amonitas pelo rio Jaboque. De acordo com 1Crônicas 5.11, os gaditas ampliaram o seu território para leste, até Salcá, embora Moisés, originalmente, tivesse alocado esse território à tribo de Manassés (Dt 3.10,13). Porém, compreendamos que é muito difícil traçar linhas fronteiriças exatas entre tribos de atividades pastoris. Em Josué 13.25, a terra de Gade é chamada de "metade da terra dos filhos de Amom". Isso não porque os amonitas, então, fossem os donos dessas terras, mas porque a porção ocidental das margens do rio Jaboque antes tivera esse nome. As cidades principais da tribo eram chamadas de "cidades de Gileade" (Js 13.25).

4. Gade, o Profeta. Um profeta, contemporâneo de Davi, teve esse nome. Provavelmente, ele pertencia à escola dos profetas, dirigida por Samuel e que, desde o começo, ligou-se ao filho de Jessé (1Sm 22.5). Observações bíblicas sobre suas atividades proféticas aparecem em 2Samuel 24.11 ss.; 1Crônicas 21.9 *ss* e 29.25. Ele escreveu uma crônica sobre o reinado de Davi, a qual, por certo, foi usada como fonte informativa na história da época, segundo aparece na Bíblia, em 1Crônicas 29.29, em cerca de 1062 a.C. Ele participava do ministério musical efetuado no templo (2Cr 29.25) e, sem dúvida alguma, estava vinculado à corte real, em Jerusalém.

Talvez o incidente mais conhecido que envolveu esse homem tivesse sido sobre a questão do recenseamento feito por Davi, contrariamente à vontade do Senhor. Davi precisou ser castigado por sua arrogância, e foi Gade quem levou a ele o recado do Senhor, dando-lhe três alternativas: três anos de fome; três meses de derrotas, às mãos de seus inimigos; ou três dias de pestilência. Davi preferiu a terceira alternativa e, em três dias, morreram de peste setenta mil homens. O anjo da morte estava de pé, na eira de Araúna (Ornã), o jebuseu (1Cr 21.15), quando Deus determinou que a praga cessasse. Naquele lugar, foi construído um altar comemorativo. Davi ofereceu holocaustos sobre o mesmo e a dificuldade passou (2Sm 24.10-25; 1Cr 21). Posteriormente, aquela área em geral tornou-se o sítio onde foi construído o templo de Jerusalém.

5. Gade, uma Divindade Pagã. (Ver Is 65.11). Essa divindade, representada como um ídolo, era considerada um deus da fortuna ou boa sorte. Sua adoração envolvia vários povos semitas. Ele é mencionado em conexão com *Meni* (Destino). Isaías preferiu uma predição de condenação contra aqueles que participassem de tal veneração. Sua adoração também era popular entre os cananeus, havendo santuários vinculados a ele, em várias localidades, conforme é evidenciado por certos nomes combinados, como Baal-Gade (Js 11.17), Migdal-Gade (Js 15.37). Seu nome também aparecia em nomes combinados para pessoas, como Gadi e Gadiel (Nm 13.10,11).

Alguns eruditos têm-no identificado com o Marduque, dos babilônios, e com Júpiter, dos romanos. Também é possível que sua adoração estivesse envolvida com a lua e com o sol, o que também sucedia a Júpiter, que era reputado como um corpo celeste da boa sorte.

6. Gade, uma Planta. (Ver Êx 16.31 e Nm 11.7). Em nossa versão portuguesa, essa planta aparece como o "coentro", em ambas essas referências. Lemos ali que o maná assemelhava-se à planta "gade", de cor branca. Se o coentro é a tradução certa, então devemos pensar no seu nome científico, *Coriandrum sativam*. A semente (fruto) dessa planta é de formato globular, de cor esverdeada. Seu odor e seu gosto são agradáveis. Um óleo volátil é extraído da mesma.

7. Gade, o Vale. Esse era o nome do lugar onde foi iniciado o recenseamento determinado por Davi. As traduções diferem quanto à questão. Ver 2Samuel 24.5. Algumas dizem "na direção de Gade", outras dizem "o rio de Gade" e, ainda outras, "o vale de Gade" (conforme diz nossa versão portuguesa). A *Aroer* que aparece nesse texto, provavelmente alude a uma cidade ao norte das margens do rio Arnon, e esse seria rio ou vale em questão. Seja como for, a extremidade sul do território da Transjordânia está em foco, como a localização geral do mesmo.

GADI

Esse nome vem de um termo hebraico que significa "fortuna". Era o nome de um filho de Susi, filho de Sodi, que foi enviado por Moisés a fim de explorar a terra de Canaã, juntamente com os outros onze espias (Nm 13.11). Viveu, portanto, em torno de 1490 a.C.

Esse nome também designa um filho de Matatias e irmão de Judas Macabeu. Essa família, com seus muitos membros, liderou uma revolta dos judeus contra os governantes selêucidas, da Síria. Ver 1Macabeus 2.2.

Finalmente, também era o nome do pai do rei Manaém, de Israel, o qual, posteriormente, assassinou Salum e reinou em seu lugar (2Rs 15.14). Viveu em torno de 740 a.C. O nome *Cadl*, talvez, seja uma forma abreviada de Gadiel, que significa "Deus é a minha fortuna".

GADITAS

Eram os descendentes de Gade (vide), o sétimo filho de Jacó e, portanto, membros da tribo desse nome. Ver sobre *Gade*, segundo ponto.

GADO VACUM

Um animal importantíssimo para muitas culturas, antigas e recentes. Diversas palavras hebraicas e gregas são assim traduzidas nas Escrituras, talvez indicando variedades raciais. Ver o artigo sobre o *Touro*, quanto a informações que acompanham o presente verbete. Parte da riqueza de Abraão consistia em gado vacum. Desde então, os israelitas têm criado esse tipo de animal. Na antiguidade, além de servir de alimento, o gado era usado nos sacrifícios cruentos. Até mesmo no Egito, o gado era entregue aos cuidados de boieiros e criadores. Uma das palavras hebraicas traduzidas como gado na verdade significa *possessão*, sendo verdade que muitos indivíduos calculavam seus bens materiais em termos de quantas cabeças de gado possuíam. Essa palavra, entretanto, tem um sentido geral, incluindo outros animais, como cavalos, asnos, ovelhas e bodes, animais também muito importantes para a economia de Israel, que era um país essencialmente agrícola.

A adoração sacrificial a Yakweh requeria esse animal (Lv 22.27). Era um animal limpo, pelo que sua carne podia ser usada na alimentação humana. Além disso, antes da era da mecanização, esse animal era útil para transporte de pesadas cargas, como puxar carroças, arados etc. (vide).

Itens de sua História. O gado vacum descende de um grupo de raças de *Bos primogenius*. Ver sobre o *Boi Selvagem*. Vem sendo domesticado pelo menos desde os primeiros tempos neolíticos, aparentemente depois dos bodes e ovelhas, e, provavelmente, inicialmente na parte sudoeste da Ásia. Esse animal, forte e grande, precisou encontrar uma situação agrícola bem desenvolvida para começar a ser domesticado, porquanto precisava ser alimentado e confinado em áreas adequadas para isso. A carne deve ter sido a principal razão de sua domesticação, embora também devamos pensar no leite e no couro. Este último pode ser usado para o fabrico de muitos artigos úteis, incluindo trajes de trabalho, muito duradouros. Antes da era do bronze, muito antes da época dos patriarcas de Israel, o gado já fazia parte da cena agrícola de grande parte do Oriente do vale do rio Nilo. Gradualmente, esse animal tornou-se o animal domesticado de maior importância para o homem, conforme sucede até os nossos dias. As estimativas calculam que a população vacum do mundo moderno é de cerca de setecentas milhões de cabeças. A arqueologia tem descoberto inúmeras evidências de gado, em seus muitos usos e aplicações, na Mesopotâmia e no Egito. E, naturalmente, havia o touro sagrado do Egito e o incidente que envolveu Aarão, o que mostra que o povo de Israel não estava isento do absurdo da adoração a esse animal. Ver o artigo sobre o *Boi Ápis*. Mosaicos e selos de muitos locais, pertencentes ao quarto e ao terceiro milênios a.C. mostram gado em grande variedade de situações e usos. Relevos pintados em templos e modelos, retratam várias espécies de gado, com diferentes colorações. O culto ao touro propagou-se, e encontrou sua expressão mais elevada na Creta da época minoana. Esse culto teve muitas expressões, pelo que havia homens-touros, touros alados e todos os tipos de representação, na arte e na arquitetura.

Na Palestina, segundo os registros históricos mais antigos, bem como nos registros bíblicos vemos que o gado era largamente usado. Para os hebreus, o gado significava riqueza material, animais para os sacrifícios, alimento abundante, couro para vestuário e para muitos outros usos. Estes animais também foram de prestimosa ajuda em muitos serviços pesados. Abraão trouxe gado do Egito, e os hebreus, por ocasião do êxodo, levaram consigo rebanhos de gado. Os hebreus tornaram-se habilidosos criadores de gado, tendo desenvolvido várias espécies desse animal. Os bois eram usados para lavrar os campos e trilhar os grãos de cereal, bem como para mover cargas de todas as espécies. A experiência moderna demonstra que o gado criado em áreas de grande calor precisa ser resistente às altas temperaturas; e essa é uma das qualidades do gado vacum, pelo que era capaz de prosperar no vale do rio Jordão.

As palavras hebraicas envolvidas são as seguintes: **1.** *Behemah*, "gado". Palavra hebraica usada por cento e oitenta e nove vezes (por exemplo: Gn 1.24-26, 2.20; Êx 20.10; Lv 1.2; 5.2, Nm 3.41; Dt 2.35; 3.7; Js 8.2,27; Sl 50.10; Is 46.1; Zc 2.4). **2.** *Beir*, "besta". Palavra usada por seis vezes (por exemplo: Nm 20.4 e Sl 78.48). **3.** *Miqueh*, "possessão". Palavra usada por setenta e cinco vezes (para exemplificar: Gn 4.20; 13.2,7; Êx 9.3-7,19-21; Nm 20.19; Jó 36.33; Is 30.23; Jr 9.10; Ez 38.12,13). A palavra grega envolvida é *kténos*, "gado", "animal", que aparece por quatro vezes no Novo Testamento: (Lc 10.34; At 23.24; 1Co 15.39 e Ap 18.13). Tal como no caso da palavra hebraica *miqneh*, acima, uma variante desta palavra grega significa "propriedade", "possessão", isto é, *ktéma*, (que aparece em Mt 19.22; Mc 10.22; At. 2.45 e 5.1).

GAETÃ

No hebraico, **"insignificante"**, embora alguns pensem em "vale queimado". Esse foi o nome de um dos netos de Esaú e quarto filho de Elifaz (Gn 36.11; 1Cr 1.36), que era chefe de um clã edomita. Viveu em algum tempo depois de 1740 a.C.

GAFANHOTO. Ver *Praga de Gafanhotos*.

GAFANHOTO DEVORADOR

No hebraico, *yelek*, palavra que figura por nove vezes nas páginas do Antigo Testamento (Jl 1.4; 2.25; Na 3.15,16; Sl 105.34; Jr 51.14,27. Ver sobre *Praga de Gafanhotos*.

GAI

Esse nome, que só aparece como uma variante de *Gate* (vide), significa "vale", no hebraico. Em alguns manuscritos, esse nome ocorre em 1Samuel 17.52, onde o lugar aparece, juntamente com Ecrom, como o limite até onde os israelitas perseguiram os filisteus, depois que Davi triunfou em batalha pessoal contra Golias.

GAIOLA

No hebraico, *kelub*, "gaiola" ou "cesto". Palavra usada no Antigo Testamento por três vezes (Jr 5.27 e Am 8.1,2) e subentendida em Jó 41.5. Ao que parece, os israelitas guardavam pássaros em gaiolas, embora nenhuma informação a esse respeito tenha chegado até nós. Um pássaro preso em uma gaiola simboliza a privação de liberdade, podendo aparecer nos sonhos como uma limitação imposta à alma, ou autoinfligida, ou aplicada por força externa. Também pode indicar o confinamento no *hades*.

O termo grego *fulake*, que aparece por quarenta e cinco vezes no Novo Testamento, com o sentido mais comum de "prisão" aparece em Apocalipse 18.2 por duas vezes, nas palavras em itálico, na citação desse trecho: *...covil de toda espécie de espírito imundo e esconderijo de todo gênero de ave imunda e detestável*.

Uma espécie de lugar fechado, tipo caixa, para reter animais ou aves, usualmente feito de varas trançadas, barras etc. Alguns tradutores têm traduzido as palavras armadilha ou ardil por gaiola. Em Jeremias 5.27 e Amós 8.1,2, temos uma gaiola ou cesto. Em Ezequiel 19.9 há outra palavra hebraica tomada por empréstimo do assírio *sigaru*, usada para indicar uma gaiola ou prisão. No grego temos as palavras *angos*, "vaso", "receptáculo", usadas na LXX, em Amós 8.1,2; *galeagra*, "gaiola" ou "armadilha para animais", na LXX, em Ezequiel 19.9; *pagis*, "armadilha", usada na LXX, em Jeremias 5.27, e, no Novo Testamento, (em Lc 21.35; Rm 11.9; 1Tm 3.7; 6.9; 2Tm 2.26); *phulaké*, "vigia", "guarda", usada em Apocalipse 18.2, para indicar uma prisão ou detenção domiciliar, e não uma gaiola. Nesse sentido, a palavra é usada pelos escritores gregos em geral, aparecendo por cento e dezessete vezes na LXX.

Usos figurados. O futuro império do anticristo será como uma gaiola, com toda a variedade de aves imundas e odiosas (Ap 18.2). Isso refere-se às corrupções humanas, moral e espiritualmente falando. Em Jeremais 5.27, lemos que as casas dos homens abrigam engano e traição, tal como as gaiolas retêm toda espécie e variedade de aves. O Prisma de Taylor, no Museu Britânico, exibe Senaqueribe afirmando que encerrou Ezequias "...como um pássaro engaiolado, em Jerusalém", sem dúvida dando a entender que o sujeitara à humilhação, por suas ações militares. (G HA I UN)

GAITA DE FOLES. Ver o artigo sobre *Música e Instrumentos Musicais*.

GAIVOTA

No hebraico, *shachaph*, palavra que aparece por duas vezes em todo o Antigo Testamento (Lv 11.16 e Dt 14.15). Na Palestina há várias espécies de gaivotas, num total de mais de vinte, algumas residentes e outras migrantes. Algumas dessas espécies vêm do sul, sobrevoando o golfo de Ácaba e pousando em Eliate, antes de prosseguirem terra adentro. Mas outras espécies chegam, fugindo do clima frio, de outras procedências. Entre essas espécies há aquela de dorso negro e aquela de cabeça negra. Quando elas chegam podem ser observadas por toda a parte, às margens do mar Mediterrâneo e do mar Vermelho, no lago da Galileia ou em qualquer acúmulo de água, que lhes ofereça refúgio e alimentos. Quase todas as espécies de gaivotas são comedoras de detritos, pelo que são aves imundas, de acordo com as instruções levíticas. Algumas traduções dizem gaivota, nessas duas referências, acima citadas (como a nossa versão portuguesa), mas outras traduções preferem pensar em algum outro pássaro. A *King James Version* fala sobre o "cuco" e a RSV (também inglesa), diz "gaivota", no que é secundada pela *Berkeley Version*. Já a *Edição Revista e Corrigida* prefere o "cuco", em ambas essas passagens. Ver o artigo geral sobre *Aves da Bíblia*.

GALAL

No hebraico, **"pesado"** (?), embora outros pensem em "grandalhão", "roliço". Há três levitas chamados por esse nome, a saber: **1**. Um filho de Asafe (1Cr 9.15). Viveu em torno de 536 a.C. **2**. Um filho de Jedutum (Ne 11.17). Foi avô de Obadias (ou Abda), que retornou da Babilônia, após o exílio (1Cr 9.16). Viveu por volta de 445 a.C. **3**. Um membro da família de Elcana, que retornou do cativeiro babilônico (1Cr 9.16). Também viveu em torno de 445 a.C. A maioria dos eruditos identificam os homens de número dois e três, como um só.

GÁLATAS, EPÍSTOLA AOS

Carta dirigida às igrejas da Galácia (1.2), dando a entender que existia certo número delas em diferentes partes daquele território. Quais foram elas, depende do sentido que se empregar ao termo Galácia. A data da epístola também depende dessa solução. Se a Galácia é a província romana e se as igrejas referidas na epístola se originaram na primeira viagem missionária do apóstolo, Atos 13 e 14, segue-se que foi escrita no final da segunda viagem, uma vez que, segundo Gálatas 4.13, ele visitou duas vezes a Galácia. Por esses cálculos, a data da epístola deve ser posterior à data em que foram escritas as epístolas aos tessalonicenses, por não conterem alusão alguma aos ataques do judaísmo. Se porém, o termo se refere à própria Galácia, e se foi evangelizada na segunda viagem (At 16.6), então a epístola não poderia ter sido escrita antes da estada em Éfeso, uma vez que, em Atos 18.23, se menciona a sua segunda viagem à Galácia. De conformidade com esse raciocínio, conclui-se que o apóstolo se dirige a seus leitores como se ele fosse o seu único pai espiritual (Gl 4.13-20; 5.1), apesar de ter sido acompanhado por Barnabé em sua primeira viagem. Ainda mais: diz o apóstolo Paulo que os gálatas o receberam como a um anjo de Deus (4.14), declaração esta dificilmente combinada com as experiências conhecidas da sua primeira viagem. A maior parte dos teólogos é dessa última opinião, e conclui que a Galácia foi evangelizada na segunda viagem, e que a epístola deve datar dos anos 55 ou 56. Outros, porém, opinam por uma data mais recente por lhes parecer existir muita semelhança com a epístola aos Romanos, que foi escrita antes, isto é, no inverno de 57 ou 58. Sejam quais forem os leitores da epístola, e qual a data em que foi escrita, os motivos que lhe deram origem foram as influências de certos judaizantes que se intrometeram nas igrejas, atacando a autoridade apostólica de Paulo, e ensinando ser necessário observar as leis mosaicas. Diziam que Paulo não era apóstolo como os outros foram; que ele havia recebido as doutrinas pela boca de outros. Parece que também o acusavam de ser inconsistente em referência à sua doutrina sobre a liberdade dos gentios em não observarem a lei. Atacavam-no desse modo e persuadiam os conversos a observarem as leis judias. Sendo o próprio evangelho o objeto da sua oposição, Paulo escreve a epístola com grande intensidade de sentimentos e com argumentos vigorosos.

A epístola aos Gálatas é a carta magna da liberdade cristã. Depois da introdução (1.1-10), em que ele proflíga a facilidade com que deram ouvidos a outro evangelho, pregado por falsos mestres, e afirma com veemência a origem divina do evangelho por ele pregado, passa a defender a sua autoridade apostólica, que lhe foi outorgada por Cristo, sem dependência de homem algum (1.11 até o cap. 2.21). Evoca em seu auxílio a igreja de Jerusalém e o apoio dos demais apóstolos, em favor de sua autoridade (2.1-10), e que (2.11-21), nunca alterou o seu ensino, mesmo quando o apóstolo Pedro, pela sua conduta, parecia opor-se a ele. No cap. 3, defende a doutrina da justificação pela fé somente, apelando, em prova disto, para a experiência que haviam recebido (3.1-5); para o ensino das Escrituras, acerca do caminho da salvação pela fé primitiva do patriarca Abraão (3.6-9); e para certos fatos, integralmente ensinados na Escritura, a respeito da lei, que exige obediência perfeita para ser salvo, resultando daí a maldição sobre todos os que procuram justificar-se por meio dela (3.10-12); que Cristo nos remiu da maldição da lei, tendo sido feito ele mesmo maldição por nós (3.13-14); que Deus ratificou o pacto da salvação pela fé com Abraão e a sua posteridade; portanto, a lei que foi dada muito tempo depois, não o faz nulo (3.15-18); antes veio a servir de disciplina temporária, ensinando que o pecado é a transgressão dos mandamentos da lei de Deus (3.19,20); e que, portanto, a lei servia de pedagogo para conduzir-nos a Cristo (3.21.24). No cap. 4, o apóstolo aduz mais três razões que deveriam induzi-los a ser fiéis ao Evangelho, a saber: a analogia com os direitos dos filhos garantidos pela lei civil (4.1-11); o afeto, que lhe mostraram, recebendo-o como a um Deus (4.12-20); e a ilustração que a narrativa de Gênesis fornece no caso de Hagar e Sara com seus filhos (4.21-31). Nas caps. 5 e 6 até o v. 10, faz aplicação da lei da liberdade, porém adverte-os para que não abusassem dela, usando-a com candura e com boa consciência. Os versículos finais, cap. 6.11-18, escritos de próprio punho, compendiam a substância de suas instruções.

A epístola aos Gálatas é de imenso valor: **1**. É importante pelas minúcias que fornece, referentes à vida do apóstolo. A harmonia dessa carta com a história contida em Atos dos Apóstolos, referente ao relacionamento de Paulo com a igreja, tem sofrido sérias contestações, mas nem por isso deixa de ter a seu favor abundantes provas, (veja *Paulo* e as notas cronológicas no artigo a respeito da primeira visita de Paulo a Jerusalém depois de convertido) (Gl 1.18,19; At 9.26-29), e sobre o concílio de Jerusalém, (Gl 2.2-10, e At cap. 15). **2**. A epístola vem provar também que os outros apóstolos estavam de pleno acordo, apesar de lhe ser dada a evangelização dos gentios. **3**. Apresenta-nos um esboço mais resumido, e com especial aplicação do mesmo plano de salvação e a mesma ideia da dispensação hebraica, mais detidamente elaborada na epístola aos Romanos. Estando todos os homens sob a lei e condenados por ela, a salvação torna-se impossível. Cristo somente pode salvar, uma vez que, pela sua morte, se tornou obediente à lei em lugar do pecador. A lei nunca foi colocada para salvar alguém, mas para ser um pedagogo para nos guiar a Cristo. Abraão foi salvo pela fé, e somente pela fé, como filhos de Abraão, é que podemos ser salvos e participar das bênçãos e das promessas a ele feitas. O judaísmo, como método de salvação, é falsa interpretação do próprio Antigo Testamento; a distinção odiosa entre judeus e gentios desapareceu. A declaração dessas verdades fez do cristianismo uma religião universal, em vez de ser uma seita judia. A epístola aos Gálatas serviu de constante estudo aos primitivos escritores cristãos, notadamente Policarpo, na epístola a Diogneto, e por Justino Mártir, durante a primeira metade do segundo século, e a Melito, na segunda metade, e, no fim do mesmo século, a Ireneu, Clemente de Alexandria e a Tertuliano. Encontra-se na antiga versão latina e na lista do fragmento Muratori.

GÁLBANO

No hebraico, *"brancura"*. Trata-se de uma resina gomosa, com um forte odor de bálsamo. No hebraico a palavra é *chelbenah*, que ocorre apenas por uma vez, em Êxodo 30.34. Era cerca de uma quarta parte do incenso sagrado. Tem sido identificado com a *F. galbaniflua ou* com a *F. rubricaulis*. Ambas as espécies medram na Pérsia. Além de serem usadas como perfume ou incenso, essas substâncias eram usadas como medicamento, como um antiespasmódico. Essas substâncias são graxas, pegajosas e granuladas. Quando misturadas a perfumes ou ao incenso, isso tanto intensifica quanto prolonga o poder desejado. A planta, de aparência como a da samambaia, tem grosso pedúnculo e flores amarelas. A folhagem, como a da samambaia, é perene. A goma exsuda da parte inferior da haste, em gotas que podem ser recolhidas.

GALEEDE

No hebraico, **"monte de testemunhas"**. Jacó deu nome a uma pilha de pedras, que havia empilhado como memorial do pacto estabelecido entre ele mesmo e Labão. Esse nome, dado por Jacó, foi *Galaade*. Mas Labão, em seu próprio idioma, chamou-o *Jegarsaaduta*, que significa a mesma coisa em aramaico. (Ver Gn 31.44-54). Uma refeição comunal acompanhou o estabelecimento da aliança. A questão ilustra uma prática comum entre os amigos israelitas, quando se tratava de estabelecer acordos. Algumas vezes, uma estela servia ao mesmo propósito. (Ver Gn 28.18; Js 4.39; 22.26-28). É bem possível que o território da Transjordânia se chamasse Gileade, por causa de algum acordo estabelecido ali. O sentido dessa palavra, Gileade, não está acima de dúvidas, e alguns eruditos pensam que está relacionado ao nome Galaade.

GALILEIA

I. Caracterização Geral. Ver o artigo separado sobre *Galileu*. Essa palavra vem do hebraico, *galil*, que significa "círculo", "anel", ou seja, um *distrito ou região*. Conforme o conhecemos, esse nome é uma transliteração para o grego. O nome da região é antiquíssimo, ocorrendo sob as formas hebraicas *galil* e *galilah* (Ver Js 20.7; 23.32; 1Rs 9.11; 2Rs 15.29). Lê-se em Isaías 9.1: ... *Galileia dos gentios*... Ver também 1Macabeus 4.15 e Mateus 4.15. Essa palavra designa uma das três principais divisões da Palestina, na época de Jesus; as outras divisões eram a Judeia e a Samaria.

Antigas Fronteiras. Pouca informação temos que nos capacite a determinar as antigas fronteiras da Galileia, e podemos supor com segurança que não havia uma geografia política fixa na área chamada Galileia. O termo aparece pela primeira vez quando da conquista da terra de Canaã por parte do povo de Israel. A cidade de nome Cades, na região montanhosa de Naftali, de acordo com Josué 20.7; 21.32 e 1Crônicas 6.76, ficava na Galileia. Com base em várias referências bíblicas, podemos supor que esse termo incorporava o território de Naftali (2Rs 15.29), a área tribal de Aser, com a cidade de nome Cabul, na Galileia, e é a mesma referida em 1Reis 9.11-13 e Josué 19.27, e talvez também envolvesse o distrito tribal de Zebulom (Is 9.1). Se essas observações estão certas, então podemos afirmar que, de modo geral, a Galileia do Antigo Testamento é a mesma do Novo Testamento.

II. Localização Geográfica. Já vimos quais eram as antigas fronteiras. Durante os períodos dos macabeus e da dominação romana, o termo Galileia designava a porção norte da Palestina, a oeste do rio Jordão e do mar da Galileia.

A demarcação exata da região da Galileia, nos tempos do AT, é tarefa difícil. Entretanto, suas dimensões como província, sob o jugo romano, são conhecidas. Formava um território *retangular* de cerca de 65 quilômetros de norte a sul, e de quarenta quilômetros de leste a oeste. A leste, tinha por demarcação fronteiriça o rio Jordão e o mar da Galileia, e ficava a pouca distância do Mediterrâneo, por causa da extensão da *Siro-Fenícia* na direção sul. Originalmente compunha-se de territórios determinados para as doze tribos. A influência gentílica era forte, porquanto

Mar da Galileia
Davis, John D., 1854-1926, *Novo Dicionário da Bíblia* / [Tradução: J.R. Carvalho Braga]. – Edição ampliada e atualizada – São Paulo, SP: Hagnos 2005.

a região estava cercada de populações gentílicas por três lados. Dessa maneira, a Galileia passou a contar com uma população mista e diversificada, o que era causa do desprezo com que a tratavam os judeus mais "puros" do sul da Palestina (ver Jo 7.52). A maioria dos lugares que Jesus conheceu já desapareceu, e isso sem deixar vestígio. As florestas da Galileia, dos tempos neotestamentários, foram substituídas pelo "maquis", um arbusto característico das costas do mar.

III. LUGAR DA VIDA E DO MINISTÉRIO DE JESUS. Os Evangelhos sinópticos, Mateus, Marcos e Lucas, enfocam a atenção sobre o ministério de Jesus na Galileia, de tal modo que somente alguns lugares ali mencionados não se encontram naquele distrito. Em contraste, o Evangelho de João concentra a atenção principalmente sobre o ministério de Jesus em Jerusalém. Essa circunstância é comentada no artigo sobre o Evangelho de João, partes quatro e dez. Somente cerca de 10% do material do quarto Evangelho tem paralelos nos Evangelhos sinópticos. As cidades da Galileia, cujos nomes foram imortalizados por causa do ministério de Jesus ali, incluem Cesareia, Filipos, Tiberíades, Corazim, Séforis, Jocneã, Betsaida, Nazaré, Caná, Cafarnaum, Naim, Cesareia da Palestina e Ptolemaida. Jesus foi criado em Nazaré e estabeleceu o quartel-general de sua missão em Cafarnaum (ver Mt 4.13). Isso cumpriu uma notável predição que se encontra no livro de Isaías, o que é referido em Mateus 4.14-17. Os primeiros e principais discípulos de Jesus eram provenientes da Galileia, segundo se aprende em Mateus 4.18 ss. Foi também na Galileia que o Senhor apareceu pela primeira vez aos seus discípulos, após a sua ressurreição. Ver Mateus 28.7.

IV. DADOS HISTÓRICOS. 1. Não temos muitas informações sobre essa área, antes da conquista do território por parte de Israel. As evidências arqueológicas mostram que havia habitantes ali desde as eras Calcolítica e do Bronze (cerca de 4000-2000 a.C.). Escavações efetuadas em Megido e Bete-Seã mostram isso. Existiam textos de execração egípcios, dos séculos XX e XIX a.C., que mencionavam certas cidades da Galileia, como Aco, Acsafe, Bete-Seã e, talvez, Cades e Bete-Semes. O controle egípcio sobre a região evidencia-se pelas listas de nomes da campanha militar de Tutmés III, de Ramsés II e de outros. As cartas de Tell el-Amarna (cerca do século XIV a.C.) dizem-nos como o Egito perdeu essa área e como outras potências vieram ocupar a mesma.

2. Quando da conquista da terra de Canaã, Israel passou a controlar toda aquela região geral. Os povos cananeus foram derrotados. Ver Josué 11.1-11. A Galileia foi dividida entre quatro tribos diferentes, conforme lemos em Josué 19.10-39. Israel habitava principalmente em áreas não povoadas da Galileia, tendo-se mesclado etnicamente com os cananeus e com outros povos da região. Talvez somente Issacar obteve êxito na expulsão dos cananeus de seu distrito (Jz 1.30-33). Gideão combateu contra os midianitas e amalequitas e os derrotou (Jz 6), embora suas vitórias não tivessem sido nem completas e nem permanentes.

3. O Período do Reino de Israel. O rei Saul unificou em um bloco as tribos de Israel. Pôs a Galileia e a via Maris (a principal rota comercial da região) sob o seu controle. Os filisteus restringiram os territórios ocupados pelo povo de Israel; mas, na época de Davi, eles foram derrotados, e os israelitas começaram a controlar melhor a Galileia. O rei Hirão, do Tiro, embora cananeu, ajudou Salomão a edificar o templo. Como pagamento, Salomão ofereceu-lhe o controle de vinte cidades da Galileia; mas, após tê-las examinado, Hirão as devolveu a Salomão (1Rs 9.10-14; 2Cr 8.1,2).

No período subsequente, do reino dividido, Asa, rei de Judá, juntamente com Ben-Hadade I, da Síria, combateu contra Israel, na Galileia. A região continuou sendo disputada por Israel e por Arã (Síria). Onri e Acabe recuperaram as perdas territoriais que ali tinham sido sofridas, mas Hazael (ver 2Rs 10.32) tornou a reconquistá-las. Jeroboão, filho de Joás, libertou a região da dominação estrangeira durante algum tempo (ver 2Rs 14.25 ss.). Depois, porém, houve a invasão encabeçada por Tiglate-Pileser III, rei da Assíria, em 734 a.C., e quase sodas as cidades da Galileia caíram sob o seu domínio (2Rs 15.29; 16.7). Quando caiu a capital Samaria, em 722 a.C., esse foi o fim do reino do norte, Israel, ali e em qualquer outro lugar.

4. Vários poderes, em sucessão, vieram a governar a Galileia, como a Assíria, a Babilônia, a Pérsia, a Grécia, os monarcas selêucidas, os macabeus e finalmente, os romanos, acompanhando a história geral do resto do povo de Israel.

5. Nos Tempos do Novo Testamento. Em 47 a.C., Roma enviou Herodes, o Grande, a fim de conquistar a Galileia. Isso foi conseguido militarmente, de tal modo que, a princípio, ele era ali apenas um chefe militar e não um rei. Livrou a região de assaltantes e homens violentos (ver Josefo, *Anti.* 14.9,2). Em 37 a.C., Herodes tornou-se rei dessa e de outras regiões. Isso prosseguiu até o ano 40 d.C. Então seu filho Antipas subiu ao poder, fazendo de Tiberíades a sua capital. Portanto, ele era o governador do período da vida de Jesus, excetuando o período de sua infância Os zelotes opunham-se ao domínio romano e tinham sua base mais forte na Galileia. Alguns dos discípulos de João Batista pertenciam a esse grupo. Pelo menos um dos discípulos de Jesus também havia pertencido ao partido dos zelotes. As dificuldades com o governo romano manifestavam-se de várias maneiras. No ano 40 d.C., Calígula determinou que Petrônio, governador da Síria, erigisse uma estátua em honra ao imperador, no templo de Jerusalém. As reações dos judeus ao ato foram radicais. Muitos milhares de judeus reuniram-se, durante quarenta dias, em Tiberíades e Ptolemaida, a fim de protestar contra o suposto sacrilégio. Petrônio teve de desistir da ideia. Quando Agripa I faleceu, a antiga Galileia foi dividida quanto à autoridade política. Uma porção ficou ao encargo de Agripa II, até o ano 100 d.C. Roma administrava a outra parte da Galileia por intermédio de outros governantes.

A oposição dos judeus a Roma continuou a intensificar-se, tendo atingido um ponto culminante na revolta que exigiu a invasão romana. No ano 70 d.C., Jerusalém foi destruída, e toda Galileia ficou sob o governo romano direto. Quando Herodes Agripa morreu, em 100 d.C., a Galileia foi anexada à província romana da Síria.

Uma vez destruída Jerusalém, os estudiosos e rabinos judeus refugiaram-se na Galileia. Tiberíades foi escolhida para ser o novo centro da fé judaica. Foi ali que o Talmude (vide) veio à existência. Em data posterior, os eruditos massoretas atuaram ali e o resultado foi o texto padronizado do Antigo Testamento em hebraico, intitulado texto massorético. Ver o artigo sobre a *Massorah*.

V. Outros Pontos de Interesse. Josefo nos dá a informação interessante de cerca de três milhões de habitantes. Havia ali muitas aldeias com mais de quinze mil habitantes (*Guerras* 3.3,2). Isso permite-nos entender como é que tão grandes multidões podiam seguir Jesus. Uma grande rota comercial atravessava a Galileia, ligando Damasco ao Egito, por meio do Wadi 'Ara, em Megido, com rotas alternativas em Tasheque e Jocneã. Em Megido, a estrada dividia-se em três, uma delas seguia para o oriente, para Bete-Seã, passando além de Astorete, a capital do Basã, até ligar-se com a estrada do Rei, em Damasco. Também havia outras rotas secundárias. Uma estrada principal estava localizada na Alta Galileia, que ia de Tiro até Abel-Bete-Maaca, no sopé do monte Hermom. Isso abria a Galileia para o Oriente Próximo. Josefo considerava os homens da Galileia corajosos e sinceros (ver *Guerra* 3.3,2). O período do Antigo Testamento nos apresenta os seguintes indivíduos notáveis: Baraque, Gideão, Jonas e Elias. Doze dos discípulos de Jesus eram da Galileia. Além disso, quando alguém fala em "o Galileu", todos sabem de quem se trata. (AH AM EW SMI Z)

GALILEIA, MAR DA

Esse corpo de água potável tem vários nomes, como mar da *Galileia* (Mt 4.18), mar de *Quinerete* (Nm 34.11) e lago de *Genesaré* (Lc 5.1). Tem a forma de pera, está localizado no norte da Palestina e é formado pelo alargamento do rio Jordão, em certo trecho de seu curso. Fica a 212 m abaixo do nível do mar, com quase dezoito quilômetros de comprimento, e, cerca de treze quilômetros de largura. Sua profundidade média é de 45 m. Fica situado em uma grande bacia, formada por uma grande falha geológica. O Jordão deságua no mesmo, vindo do norte, onde suas águas ficam avermelhadas e turvas.

O lago também é alimentado por muitas fontes em suas margens. No entanto, suas águas são relativamente límpidas. Contudo suas praias ao norte e a leste são barrentas e rochosas. Mas suas margens ocidentais descem em uma inclinação suave. Durante certa metade do ano as colinas ao redor ficam desnudas de vegetação; porém, durante a primavera aparece uma vegetação subtropical. Os peixes eram e continuam sendo abundantes no lago, e a indústria de pesca ali sempre foi uma atividade importante para os habitantes das cidades que margeiam o lago. O monte Hermom, sempre encimado por neve, não fica muito longe e o ar resfriado, ao encontrar-se com o ar morno do vale, pode causar súbitos e violentos tufões sobre o lago, o que fica demonstrado em Marcos 4.37.

Em torno de suas praias há antigas ruínas, mas quase todas as cidades mencionadas nos tempos bíblicos, até mesmo do Novo Testamento, desapareceram com pouquíssimos vestígios. Contudo, há as ruínas de Tell Hum (Cafarnaum), Kerazeh (Corazim) e Taricheae, conhecido como um antigo lugar que exportava peixes. Outras identificações são extremamente precárias. Nos dias do Novo Testamento, nada menos de nove cidades, de não menos de quinze mil habitantes cada uma, em média, estavam localizadas em suas praias.

O mar da Galileia, que fica cerca de noventa e seis quilômetros ao norte de Jerusalém, ajudava a determinar o tipo de vida que se levava em toda a região ao derredor. As ocupações dos habitantes incluíam a agricultura, a fruticultura, o tingimento de tecidos, o curtume, a pesca e a fabricação de embarcações. Todas essas atividades, mais ou menos importantes, dependiam desse lago e de seus tributários, a fim de prosseguirem. Jesus realizou muitos de seus trinta e três milagres historiados em redor desse lago. Ele usava Cafarnaum (vide) como seu quartel-general de labores na Galileia, onde também passou a maior parte da sua vida.

GALIM

No hebraico, **"montões"**. Esse era o nome de uma aldeia localizada no território de Benjamim, ao norte de Jerusalém, perto de Gibeá, de Saul e de Anatote. (Ver 1Sm 25.44, Is 10.30). A Septuaginta diz que essa cidade ficava no território de Judá. Parece que entre os versículos 59 e 60 do décimo quinto capítulo de Josué, na Bíblia hebraica, foram omitidos os nomes de várias cidades, que a Septuaginta preservou. Há estudiosos que pensam que isso ocorreu acidentalmente. Nessa lista, Galim é agrupada com as cidades que ficavam a sudoeste de Jerusalém, o que deve explicar a confusão quanto à localização, que varia entre Benjamim e Judá. Seja como for, a cidade é mencionada como o lugar onde vivia Palti, a quem foi entregue Mical, esposa de Davi. O local de Galim é atualmente desconhecido.

GALINHAS

A única menção a aves domesticadas, no Antigo Testamento, em conexão com a provisão de mesa diária de Salomão, aparece em 1Reis 4.23. A palavra hebraica ali envolvida, *barburim*, tem sido traduzida como gansos, peixes cevados, galinhas da angola etc. Nossa versão portuguesa diz "aves cevadas". O mais provável é que esteja em foco o *Centropus aegyptius*, uma espécie de cuco, que, em alguns países, até hoje é considerado um saboroso acepipe. Seja como for, a nossa galinha descende do *Gallus gallus* da Índia, uma ave que ali aparece nas florestas. Há evidências de sua domesticação desde 2000 a.C. A galinha apareceu no Egito antes do século XIV a.C., trazida do Oriente. É bem possível que os israelitas tivessem conhecimento dessa ave nessa época. Por volta de 500 a.C., a galinha já era conhecida por todo o mundo grego. A partir de cerca de 600 a.C., há um selo, descoberto em Tell El-Nasbeh, com a gravura de um galo de briga. Portanto, a partir desse tempo, a ave era conhecida na Palestina. Esse selo tem estampado o nome de Jaazanias, oficial do rei (2Rs 25.33). Naturalmente, isso não prova que a ave fosse domesticada e estivesse servindo como item da alimentação dos israelitas nessa época. O ganso tem uma história mais antiga na Palestina. A imagem do ganso tem sido encontrada em gravuras feitas em marfim, encontradas em Megido, pertencentes a cerca de 1000 a.C. Portanto, é possível que essa única referência à palavra hebraica *barburim* diga respeito ao ganso.

No Novo Testamento. Encontramos o canto do galo, mencionado como uma medida de tempo, em conexão com a negação de Pedro quanto a Jesus Cristo (Mt 26.34,74; Mc 14.30; Lc 22.34; Jo 18.27). No entanto, os galos não costumam cantar em horas certas, embora a crendice popular assim o diga. De fato, eles cantam a qualquer hora da noite, se assim quiserem fazê-lo, e ninguém pode fazê-los fechar o bico durante as primeiras horas da manhã. No entanto, não seguem o relógio de nenhum homem. Nos trechos de Mateus 23.37 e Lucas 13.34 temos menção à galinha, que junta seus pintinhos sob as asas, a fim de protegê-los, como ilustração de como Cristo gostaria de recolher aqueles que o rejeitavam, se ao menos quisessem confiar nele. (I ID UN)

GALO

Para nós, um galo é o macho da família dos galináceos. Mas muitas fontes informativas esclarecem que, para os hebreus, os galos eram os machos de várias espécies de aves domésticas. As traduções mostram-se um tanto confusas a esse respeito, parcialmente porque vários pássaros mencionados na Bíblia são de identificação duvidosa. Portanto, podem estar em foco cisnes, gansos e galinhas d'Angola. Em 1Reis 4.23 lemos sobre "aves cevadas", que faziam parte do cardápio de Salomão. Há alguma probabilidade de que lhe eram servidas galinhas domésticas. Ver o artigo geral sobre as *Aves da Bíblia*. De fato, a única menção a aves domésticas aparece nessa referência. Não sabemos dizer quando o costume começou entre os hebreus. A *Mishna* informa-nos que os judeus não criavam galinhas em Jerusalém, por causa das coisas santas que havia na cidade, uma explicação que não entendemos quanto ao seu alcance. A galinha não era considerada uma ave imunda, e podia ser comida livremente. Mas, por causa de seu hábito de ciscar o chão e de agitar insetos imundos, não podia ser criada perto dos lares dos judeus. Todavia, quem quisesse poderia criar galinhas fora das cidades.

A domesticação de aves para consumo humano teve origem na Ásia, até onde é possível investigar a questão, embora não se saiba o local exato onde isso teve início. A galinha era conhecida na Índia, mas não no Egito. Os gregos obtinham pássaros domesticados da Pérsia. E é provável que os romanos tenham introduzido a prática na Palestina. Isso tem levado muitos intérpretes a pensarem que as aves cevadas de 1Reis 4.23 não eram galinhas.

É no Novo Testamento que temos menção clara ao galo. Em todas as referências do Novo Testamento, essas aves aparecem em conexão com a negação de Cristo, por parte de Pedro (Mt 26.34,74,75; Mc 14.30,68), excetuando unicamente a menção ao canto do galo, com designação do amanhecer, em Marcos 13.35.

Por ocasião da última ceia, Jesus predisse que Pedro haveria de negá-lo por três vezes, antes que o galo cantasse. Todas as quatro narrativas sobre a questão afirmam que o galo cantou imediatamente após a negação de Pedro. Mas Marcos 14.30,72 fala em um segundo cantar do galo. Detalhes e fantasias têm sido acrescentadas à narrativa bíblica, como aquela que diz que aquele galo específico fora preparado para a tarefa. Provavelmente, tudo quanto Jesus quis dizer era que Pedro haveria de negá-lo ainda bem no começo do dia. Não é provável que Jesus estivesse pensando no próprio canto do galo. Seja como for, a questão não se reveste de maior importância. Há uma igreja, em Jerusalém, que comemora o evento, chamada de igreja de São Pedro em Galicanto. Ver sobre o *Cantar do Calo*.

GAMADITAS

A palavra ocorre exclusivamente em Ezequiel 27.11. O original hebraico parece ter o sentido de "homens valorosos". Todavia, a Septuaginta tem, no grego *phulakés*, que significa "guardas", "sentinelas". O vocábulo é usado pare aludir a certos indivíduos que ocuparam as torres de Tiro. Algumas traduções, entretanto, interpretam a palavra como se fosse um nome próprio, e não uma função, dizendo algo como "homens de Gamade". Alguns eruditos têm pensado em interpretações como "pigmeus", "guerreiros", "capadócios" etc.

GAMO

No hebraico, *zemer*, um animal de duvidosa identificação. A palavra aparece exclusivamente em Deuteronômio 14.5. As identificações vão desde a girafa, ao gamo e à cabra montês. Nossa versão portuguesa prefere pensar no "gamo". A "camurça", que é outra possibilidade, é um pequeno antílope que vive nas montanhas da Europa, não podendo ser o animal em questão. Muitos estudiosos preferem pensar na "cabra montês" Na área do Sinai, provavelmente era um animal abundante nos dias bíblicos, e até hoje existe essa espécie naquela região.

GAMUL

No hebraico, **"recompensado"**, ou, talvez, **"desmamado"**. Esse foi o nome do chefe do vigésimo segundo turno de sacerdotes que serviam, alternativamente, no templo de Jerusalém. Na época de Davi, os sacerdotes recebiam suas incumbências mediante o lançamento de sortes (1Cr 24.17).

GANÂNCIA

1. Definição. A ganância é um desejo ansioso e egoísta, quando o egoísmo busca satisfação própria. É a paixão pelas riquezas (a avareza), é a cobiça. A ganância expressa-se de muitas formas diferentes. O ganancioso busca, acima de tudo, satisfazer às necessidades do organismo, nos campos do sexo, do vestuário e do luxo, incluindo tudo quanto está dedicado aos cuidados e à decoração do corpo físico. Também envolve o desejo por alimentos, em excesso e em grande variedade. Quando um desejo é bom, por mais intenso que seja, não é denominado ganância.

2. No Tocante à Bíblia. Desejos excessivos e mal orientados são proibidos pelo décimo mandamento (ver Êx 20.17 e Dt 5.21). Jesus advertiu acerca da escravidão da ganância (Lc 12.15; Mt 6.19-24). Essa é uma das obras da came, sendo um dos principais vícios humanos (Rm 1.29). A lista de vícios preparada por Paulo, contudo, dá maior proeminência aos pecados sexuais. A ganância é uma forma de idolatria (ver Cl 3.5). A ganância perturba a vida social e não somente a vida do indivíduo (Pv 28.25). O ganancioso dá demasiado valor às riquezas temporais, o que pode desviá-lo inteiramente das realidades espirituais (Sl 10.3; Mt 6.24). A ganância é uma das grandes características dos ímpios e apóstatas (Rm 1.29). Os ociosos também se tornam gananciosos (Pv 21.26). É uma desgraça para o crente (1Tm 3.3; Ef 5.3). Esse pecado origina-se no coração do indivíduo (Mc 7.22,23). O seu resultado é a injustiça e a opressão (Pv 28.20; Mq 2.2). A ganância é um dos principais vícios ameaçando a salvação da alma (1Co 6.10 e Ef 5.5).

3. Uma Atitude Espiritual Apropriada. Desejar coisas é um sentimento legítimo, contanto que seja orientado para os valores espirituais. Lemos em Colossenses 3.2: *Pensai nas cousas lá do alto, não nas que são aqui da terra*. E declarou Agostinho: "Que essas coisas não ocupem a minha alma; que Deus a ocupe" (*Confissões* 10.51). Ver o artigo mais detalhado, sobre a *Cobiça*.

GARÇA

No hebraico, *anaphah*, uma espécie de ave (que aparece somente por duas vezes, em Lv 11.19 e Dt 14.18). Como no caso de todos os animais e pássaros mencionados na Bíblia, não há certeza, entre os tradutores, quanto à ave em foco, neste caso. Essa palavra hebraica tem sido variadamente traduzida por águia, papagaio, andorinha etc. Mas a ave mais provavelmente em vista é a garça. A referência em Levítico 11.19 alista essa ave como imunda como imunda para os israelitas. Ver o artigo separado sobre *Limpo e Imundo*, que oferece os conceitos gerais sobre a questão, incluindo alimentos proibidos. Esse pássaro pertence à família das *Charadriidae*. Tem asas longas e pontudas e cauda curta. Encontra-se largamente disseminada pela Europa, pela Ásia e pelo norte da África. Alimenta-se de lesmas, vermes, rãs e outros pequenos animais. É provável que seus hábitos alimentares tenham-na feito ser incluída entre os alimentos proibidos na legislação levítica. A expressão bíblica "a garça segundo a sua espécie", que aparece naqueles dois trechos bíblicos, provavelmente, indica que havia várias espécies pertencentes ao gênero.

GAREBE

No hebraico, **"coceira"**, **"escama"**. No Antigo Testamento, nome de um acidente geográfico e de uma pessoa, a saber: **1**. Nome de um outeiro que ficava próximo da cidade de Jerusalém, aludido somente em Jeremias 31.39. Servia de marco para os limites futuros da cidade. Alguns estudiosos têm-no identificado com o Gólgota, ou então com Bezeta. A verdade, porém, é que o local é desconhecido, e os eruditos não concordam nem mesmo com o ponto cardeal, em relação a Jerusalém, onde o mesmo estaria localizado. **2**. Nome de um descendente de Jetro ou Jeter, um itrita, um dos trinta heróis guerreiros de Davi, (2Sm 23.38; 1Cr 11.40). Os itritas eram uma família de Quiriate-Jearim (vide). No entanto, outros intérpretes opinam que Garebe deve ter sido um nativo da aldeia de Jatir (vide), porquanto entendem que a palavra original envolvida seria similar (apenas com uma mudança de pontos vocálicos) àquela que aparece no texto padrão. Seja como for, os itritas eram descendentes de Jetro ou Jeter, o que lhes explica o nome.

GARFO

No hebraico, *mazleg* (no plural, *mizlagoth*). Essa palavra figura por duas vezes com a primeira forma: (1Sm 2.13,14). E, como forma feminina plural, figura por cinco vezes (Êx 27.3; 38.3; Nm 4.14; 1Cr 28.17 e 2Cr 4.16). O garfo era um instrumento usado no tabernáculo a fim de remover alguma porção de carne que fervia no caldeirão (1Sm 2.13,14). A julgar pela diferença de nomes empregados, parece que havia mais de um tipo de garfo usado com esse propósito. Mas, visto que contamos somente com os nomes desses instrumentos no hebraico, é impossível oferecermos qualquer descrição mais detalhada sobre os mesmos, a não ser que aquele tipo mencionado em 1Sm tivesse três dentes. Ver também sobre *Forquilha*.

GARMITA

No hebraico, talvez, **"ossudo"**. Essa palavra é usada como um apelativo de Abiqueila, descendente de Judá, através de Calebe, filho de Jefuné. Seu nome ocorre somente em 1Crônicas 4.19. Ele deve ter vivido em torno de 1400 a.C. O significado desse apelido não tem explicação, e permanece obscuro. Não passam de conjecturas as ideias de que ele seria um homem de ossatura forte, ou então que era homem muito vigoroso.

GATE

A palavra hebraica significa **"lagar"**. Esse era o nome de uma das cinco cidades dos filisteus, dirigida por um de seus muitos príncipes ou senhores, desde a época de Josué até uma data comparativamente tardia. O nome dessa cidade é mencionado por 33 vezes no Antigo Testamento (Js 11.22; 1Sm 5.8; 6.17; 7.14; 17.4,23,52; 21.10,12; 27.2-4,11; 2Sm 1.20; 15.18; 21.20,22; 1Rs 2.39-41; 2Rs 12.17; 1Cr 7.21; 8.13; 18.1; 20.6,8; 2Cr 11.8; 26.6; Sl 56 (título) e Mq 1.20).

Em Gate, quando Josué efetuou sua conquista, ainda havia ali anequins, uma raça de gigantes; aparentemente essa raça conseguiu perpetuar-se até algum tempo mais tarde. Golias, o famoso gigante morto por Davi, era natural de Gate. Ver Josué 11.22 quanto *aos filhos de Anague ou anaquins*.

Os habitantes de Gate eram os *geteus* (2Sm 6.10,11 e 15.18). No texto hebraico, em Josué 13.3, isso aparece sob a forma de *gitti ou gittim*. As outras cidades filisteias importantes eram Gaza, Asdode, Asquelom e Ecrom. Todas essas cidades estavam localizadas (incluindo Gate) na fronteira sul da Palestina, e cada uma contava com seu próprio príncipe ou rei (Js 13.3; 1Sm 6.17). O constante estado de guerra que havia na antiguidade fazia com que todas as cidades antigas fossem muradas, e Gate não era exceção à regra (2Cr 26.6). Ver também o artigo sobre *Forte, Fortificação*.

Dados Históricos. Homens de Gate mataram alguns israelitas por tentarem furtar o seu gado (1Cr 7.21 e 8.13). Os filisteus capturaram a área da aliança, levando-a para Asdode e, então, para Gate (quando houve uma série de infortúnios) e daí para Ecrom. Os infortúnios prosseguiram, pelo que eles enviaram a arca da aliança de volta aos israelitas (1Sm 5.6-10; 6.17). Os filisteus foram um vexame constante para Israel, nos dias de Samuel (1Sm 9.16; 10.6; 13.3,5,19; 14.21; 17.1; 23.27). Davi matou o gigante Golias, que era natural de Gate (1Sm 17.4,23; 2Sm 21.20). Isso conferiu algum descanso a Israel. Anaquins residentes em Gate foram mortos por Davi. Eles tinham seis dedos em cada mão e seis artelhos em cada pé. Apesar de antigas desavenças, quando fugia de Saul, Davi refugiou-se em Gate (1Sm 21.10-15; Sl 56.1). Na sua segunda visita ali, ele levou consigo as várias esposas e seiscentos homens; e Aquis, o rei, não somente recebeu-o bem, como também lhe deu a cidade de Ziclague para servir de residência (1Sm 27.1-28). Davi devolveu o favor (1Sm 28.1,2). As cidades filisteias de Gate e Asquelom são mencionadas no lamento de Davi por causa da morte de Saul e Jônatas (2Sm 1.20). Davi acabou conquistando Gate e as aldeias ao derredor (1Cr 18.1).

Aquis, mesmo assim, continuou sendo chamado rei de Gate (1Rs 2.39-41), mas, evidentemente, tornara-se subserviente a Davi. Reoboão fortificou a cidade de Gate (2Cr 11.8). Hazael, de Damasco, capturou-a nos fins do século IX a.C. (2Rs 12.17). Uzias derrubou as suas muralhas, quando andou guerreando na Filístia (2Cr 26.6). Mas Amós, em data posterior, descreveu a cidade como pertencente aos filisteus (Am 6.2), o que nos permite comprovar que a mesma vivia mudando de mãos, ou então, que na época daquele profeta, a cidade estava em estado de vassalagem ao território de Judá. Sargão, da Assíria, capturou a cidade com a área em derredor, nos fins do século VIII a.C., ou seja, em 715 a.C. Gate, juntamente com Asdode, Judá, Edom e Moabe, havia formado uma frente unida contra a Assíria, mas sem proveito. A partir desse tempo, Gate saiu inteiramente das páginas da história, de tal modo que, atualmente, sua localização é incerta. Ela tem sido identificada com Tell es-Safi, a pouco mais de dezenove quilômetros ao norte de Asdode, e com Tell Shekh Ahmed el-'Areini, perto de 'Araz el-Menshiyeh, cerca de 24 quilômetros a leste de Asquelom, e cerca de onze quilômetros ao sul de Tell es-Safi. Aparentemente, o nome era comum, visto que quatro ou cinco cidades foram assim denominadas, nos tabletes de Tell el-Amarna. Isso talvez deva-se ao fato de que o nome significa "lagar", e muitas localidades podem ter sido assim designadas.

GATE-HEFER

No hebraico, **"lagar de escravação"**. Esse era o nome de uma cidade situada na fronteira entre Zebulom e Naftali (Js 19.3). Foi o lugar onde nasceu o profeta Jonas (ver 2Rs 14.25), o qual tem sido identificado com a moderna el-Meshed, que fica cerca de cinco quilômetros a nordeste de Nazaré. Essa tradição favorece a conexão dessa localidade com o profeta Jonas. Jerônimo, no século IV d.C., testificou que o túmulo de Jonas ainda era conhecido em seus dias, cerca de três quilômetros de Seforis, que seria em Gate-Hefer, embora nos seja impossível averiguar quão exata é uma tradição como essa. Pelo menos, as evidências arqueológicas mostram que o lugar vinha sendo habitado pelo menos desde o tempo de Jonas. Um outro túmulo, identificado como o lugar do sepultamento de Jonas, encontra-se em Nínive, antiga capital da Assíria. Onde Jonas teria sido, realmente, sepultado? A questão, contudo, é secundária, e não nos deve preocupar muito.

GATE-RIMOM

No hebraico, **"lagar de Rimom"**, isto é, **"lagar da romã"**. Esse foi o nome de dois lugares diferentes referidos no Antigo Testamento, a saber: **1**. Uma cidade do território de Dã, entregue aos levitas. Ficava na planície da Filístia, perto de Jope. É mencionada somente em Josué 19.45; 21.24. **2**. Uma cidade levítica que ficava no território da meia-tribo de Manassés, na porção oeste do rio Jordão. Foi então entregue às famílias dos filhos de Coate. Essa cidade é mencionada duas vezes, em Josué 21.25 e em 1Crônicas 6.69. Muitos eruditos pensam que tanto em Josué 21.24 quanto em Josué 21.25 há menção a uma única cidade. Nesse caso, esta cidade seria a Bileã referida em 1Crônicas 6.70. O manuscrito B, da Septuaginta, diz *Ibatha* (Bileã), no vs. 25, omitindo a segunda menção a Gate-Rimom, conforme se vê, por exemplo, em nossa versão portuguesa. Bileã ficava situada cerca de 24 quilômetros a sudeste de Megido. No entanto, devemos notar que a primeira Gate-Rimom (vs. 24), aparece como pertencendo à tribo de Dã, ao passo que a segunda Gate-Rimom (vs. 25), aparece como pertencente à meia-tribo de Manassés. Parece-nos que basta isso para mostrar que eram duas cidades diferentes, e não uma só.

GATO

Supõe-se que o gato era um útil animal doméstico em Israel, embora não haja qualquer referência ao mesmo, nem no Antigo e nem no Novo Testamento. No Egito, como se sabe, algumas vezes o animal era adorado como uma divindade. É possível que, por essa razão, os gatos não eram comumente criados entre os israelitas, embora o touro também fosse um objeto comum de adoração dos egípcios. A verdade é que as pessoas podem passar bem sem os gatos, embora não tão bem sem o gado vacum. No livro de Baruque, o animal é mencionado como habitante comum dos templos pagãos. O emprego de gatos, nos templos antigos, sem dúvida estava associado ao fato de que eles caçam e matam os ratos, os quais seriam abundantes em lugares onde se abatiam animais para serem sacrificados.

O gato era considerado um animal imundo, a julgar pela classificação levítica. Portanto, se os israelitas criavam gatos, certamente não seriam animais domésticos de estimação. Talvez fosse apenas um animal usado como caçador de ratos. No entanto, os povos vizinhos a Israel usavam gatos como animais de estimação. A arqueologia tem encontrado muitas representações e figuras de gatos, no Egito. Parece que ali os gatos pareciam-se mais com as espécies selvagens da Europa. Uma estatueta de marfim, representando um gato, foi encontrada em Laquis, pertencente a cerca de 1700 a.C. Isso talvez sugira que o gato era um animal comum ali, embora também possa indicar que a estatueta fora importada do Egito. Têm sido encontrados muitos gatos mumificados no Egito, o que testifica sobre a posição divina que esses animais ali desfrutavam. A deusa-gata Baste era a protetora da metade oriental do delta do rio Nilo. O centro de seu culto ficava em Bubastis, um lugar mencionado no trecho de Ezequiel 30.17, e onde essa cidade é chamada Pi-Besete. (S Z)

GAVIÃO

No hebraico, *nets*, uma palavra que aparece por três vezes (com esse sentido: Lv 11.16; Dt 14.15 e Jó 39.26). Nossa versão portuguesa diz "falcão", na última dessas referências. No mundo existem cerca de dezoito espécies de gavião, variando em tamanho desde uma ave bem pequena até pássaros volumosos. O termo é usado para incluir desde o gavião, o pardal até o abutre. Mas a maioria das traduções e versões elimina o milhafre, que é um falconídeo. Cabe aqui, novamente, um reparo feito em outros verbetes. As palavras hebraicas referentes às espécies animais por muitas vezes confundem os estudiosos, pois os hebreus não classificavam cientificamente a fauna e a flora, dando nomes às espécies muito mais pela aparência das mesmas.

Até hoje a região da Palestina é rica em aves de rapina. As disposições levíticas proibiam a ingestão de suas carnes (Lv 11.13). Ver o artigo separado sobre *Limpo e Imundo*, que inclui comentários sobre os animais assim classificados, juntamente com as leis que governavam essas questões, em Israel.

Usos Metafóricos. O gavião é um símbolo de crueldade sem misericórdia. A maioria das espécies compõe-se de caçadores implacáveis. Além disso fala-se em *olhos de gavião*, indicando aqueles que observam atentamente aos outros, a fim de tentarem descobrir algo que possam criticar nas pessoas. Ou então, a visão fantasticamente aguçada do gavião pode ser empregada como figura para a percepção aguda, física ou mental.

GAZA

I. CARACTERIZAÇÃO GERAL. Gaza era uma das principais cidades dos filisteus, na parte sudoeste da Palestina. Era aquela que se achava mais ao sul, a pequena distância das margens do mar Mediterrâneo, no caminho que levava da Palestina ao Egito. Ficava situada à margem da estrada de Ácaba a Hebrom, que atravessa quase todo o comprimento do grande *wady* el-Arabá. Trata-se de um local habitado pelos homens desde a mais remota antiguidade, mencionada em Gn 10.19. Era originalmente habitada pelos aveus, que foram finalmente expulsos pelos caftorins (ver sobre *Caftori* Deu 2.23). Assinalava a fronteira sul da terra de Canaã (Gn 10.19). Josué conquistou essa cidade,

Gaza
Davis, John D., 1854-1926, *Novo Dicionário da Bíblia* / [Tradução: J.R. Carvalho Braga]. – Edição ampliada e atualizada – São Paulo, SP: Hagnos 2005.

ampliando a sua campanha militar até aquele lugar (Js 10.41). No entanto, Josué poupou os anequins ou gigantes, que ali viviam (ver Js 11.21,22). Quando o território foi partilhado entre as tribos de Israel, essa área tornou-se parte de Judá (Js 15.47). O reino de Salomão incluía esse lugar (1Rs 4.24). Ezequias feriu os filisteus até Gaza (2Rs 18.8). A história de Israel corre em contínuo paralelo com a história dos filisteus, visto que esses dois povos viviam em constante contato e conflito. Às vezes vencia um dos lados e outras vezes, o outro.

A antiga Gaza era chamada *Deserto de Gaza*, tendo sido destruída pelo rei hasmoneano Alexandre Janeu, em 93 a.C. em 57 a.C., Cabínio, governador romano, fundou a nova cidade de Gaza, um tanto mais próxima do mar Mediterrâneo. Alguns arqueólogos e historiadores localizam o local do batismo do eunuco etíope cerca de três quilômetros ao norte de Azoto, perto do cômoro da cidade de Asdode, dos filisteus. Ali fica o único lugar onde havia água potável naquela porção da rota das caravanas que levava a Gaza. Em tempos antigos, Gaza fora uma cidade fortificada, que resistiu a Alexandre, o Grande, por nada menos de cinco meses. Foi novamente destruída pelos romanos, depois que começou a guerra destes com os judeus, em cerca de 70 d.C. Gaza era uma das cinco principais cidades da Palestina. (Quanto às histórias do AT, associadas com *Gaza*, ver os trechos seguintes: Dt 2.23; Gn 10.19; Js 10.41; 11.21,22; 13.3; 15.47; Jz 1.18; 16.1-3,21-31; Jr 47.1; Am 1.6,7 e Sf 2.4 e 9.5).

É bem provável, embora não seja certo, que a antiga cidade de Gaza seja atualmente representada por Tell El-Ajjul, cerca de quase quatro quilômetros da costa do Mediterrâneo. O arqueólogo Flinders Petrie escavou ali de 1930 a 1934, e descobriu cinco níveis distintos de ocupação humana, as primeiras quatro camadas pertencentes à Idade do Bronze Média, e a quinta pertencente à Idade do Bronze Posterior (3000 a.C.—1000 a.C.).

O novo local, fundado por Gabínio, governador romano, que fica mais próximo do mar Mediterrâneo, também tem sido explorado pela arqueologia, porém, sendo uma localidade ocupada hoje em dia, não têm sido muito satisfatórios os resultados obtidos nessas escavações.

"Gaza era aldeia que ficava cerca de quatro quilômetros da beira-mar; era a última cidade pela qual passavam os viajantes que iam da Fenícia ao Egito, e ficava na entrada do deserto, de conformidade com a narrativa dada por Adriano, em Exped., Alex. liv. ii. cap. 25". (Adam Clarke, *in loc.*).

II. LOCALIZAÇÃO E CARACTERÍSTICAS GEOGRÁFICAS. Além daqueles particulares mencionados na primeira seção, acima, devemos observar que Gaza ficava cerca de oitenta quilômetros a noroeste de Jerusalém e a quase cinco quilômetros terra adentro, para quem parte das margens do Mediterrâneo. Ficava cerca de dezenove quilômetros ao sul de Asquelom, uma outra das grandes cidades filisteias. Gaza ficava situada em uma colina, em meio a uma planície fértil, e contava com quinze fontes de água fresca, o que fazia a agricultura da região ser muito próspera. Tornou-se um centro de comércio, bem como um lugar onde exércitos estacavam, a fim de refrigerar suas tropas e suas montarias.

III. Dados Históricos. A primeira referência bíblica a Gaza acha-se em Gênesis 10.19, onde ela é mencionada como uma das cidades fronteiriças dos cananeus. Já existia e prosperava antes mesmo do período de Abraão, quando o território dos cananeus ia desde Sidom (ao norte), até Gerar e Gaz (a sudoeste). Os mais antigos habitantes do lugar foram os aveus (Dt 2.23). Nos dias de Josué, os aveus e os cananeus controlavam toda aquela área (Js 13.3,4). Gaza é mencionada no monumento de Tutmés III, que usava a mesma como base de suas guerras contra a Síria (cerca de 1480 a.C.). A invasão da Palestina, por parte dos filisteus, ocorreu em cerca de 1200 a.C., e foi então que Gaza se tornou uma das principais cidades da Filístia. Quando Israel também chegou àquela região geral, houve séculos de entrechoques, em que a sorte das armas sorriu ora para um lado ora para outro. Antes desse acontecimento, e durante longo tempo, o Egito havia dominado a região (séculos XV e XIV a.C.). O tablete n° 320 de Tell el-Amarna alude às relações entre o Egito e essa área, ainda que ali a cidade de Gaza não seja especificamente mencionada. E o tablete n° 289 dessa mesma coleção menciona Gaza e refere-se a dificuldades com os *'Apiru*, o que, quase sem dúvida alguma, é uma referência aos hebreus, que estavam conquistando a terra. Até 1200 a.C., o Egito exerceu grande influência sobre a região, conforme nos mostra o Papiro Anati I, dos fins da XIX Dinastia egípcia.

Foi em Gaza que Sansão realizou seu feito de prodigiosa força física de arrancar os portões da cidade, levando-os até Hebrom (Jz 16.1-3). Mais tarde, porém, terminou encarcerado naquela mesma cidade (Jz 16.21). Foi nessa cidade que os filisteus expuseram-no ao ridículo público, depois de lhe terem cegado ambos os olhos. Foi ali que eles celebraram sua vitória, em honra a seu deus, Dagom. E também foi ali que Sansão derrubou a casa onde estavam os filisteus em grande número, ao quebrar as colunas que sustentavam a mesma (Jz 16.33 ss.).

Salomão estendeu o seu reino até aquela cidade (1Rs 4.24); mas a mesma acabou voltando aos filisteus (1Sm 6.17; 2Rs 18.8). Ezequias obteve ali uma vitória temporária (2Rs 18.8). Em 734 a.C., Tiglate-Pileser III fez de Gaza uma cidade tributária da Assíria. Esse monarca assírio recebeu ouro, prata, vestes de linho e outros itens valiosos, que lhe foram enviados pelos habitantes dessa cidade. Gaza, pois, tornou-se parte do império assírio, embora os filisteus tivessem continuado a exercer alguma influência sobre aquela região.

Em 704-681 a.C., Senaqueribe guerreou contra as cidades de Judá e as dominou (701 a.C., 2Reis 18.13), e, então, trancou Ezequias em Jerusalém como se ele fosse um pássaro engaiolado, conforme ele se jactou. O país foi devastado em redor, embora Jerusalém se tivesse aguentado ainda por algum tempo. Um certo Silibel tornou-se governador de Gaza, mas sujeito à Assíria. Outros dirigentes filisteus também governaram, mas como meros títeres. Depois a região foi dominada pelos persas, somente para estes serem, por sua vez, derrotados por Alexandre, o Grande, em 332 a.C. Foi então que Gaza tornou-se uma cidade helenista. Durante o período romano, a mesma tornou-se um centro da igreja cristã. As tradições afirmam que Filemom, a quem Paulo escreveu uma das epístolas do Novo Testamento, foi o primeiro pastor ou bispo de Gaza. A única referência a essa cidade, no Novo Testamento, fica em Atos 8.26, onde se menciona uma estrada que ia de Jerusalém a Gaza. Diodoro (19,80), referiu-se a uma antiga Gaza; e também pode ter havido uma nova Gaza, construída ligeiramente mais ao sul da cidade original. Josefo refere-se a Gaza como uma das cidades costeiras (Anti. 14.4,4), sendo bem provável que ele estivesse aludindo à nova cidade. É possível que as palavras que encontramos nesse trecho do Novo Testamento, "este se acha deserto", seja uma alusão à estrada que atravessava o deserto, e que ia até Gaza. Estrabão (16.2, 30) também disse que Gaza ficara deserta (no grego, *éremos*), após a sua destruição por parte das tropas de Alexandre, o Grande; mas é provável que ele se tenha equivocado, querendo referir-se a Alexandre Janeu.

Em 66 d.C., Gaza foi atacada e destruída por um contingente de judeus rebeldes, segundo nos diz Josefo (Guerras 11.18,1). Porém, visto que chegaram até nós moedas pertencentes ao período de 68 a 74 d.C., temos de concluir ou que essa destruição foi parcial, ou que não demorou a ser reconstruída a cidade. Nos séculos II e III d.C., a cidade era um próspero centro da cultura greco-romana. A igreja cristã tinha ali um de seus centros de atividade. No entanto, os árabes ocuparam-na em 634 d.C. O segundo califa, Omar I, governou e prosperou ali. O túmulo de Hasim, o bisavô de Maomé, está localizado ali, de acordo com uma tradição islâmica. Al-Shafi'i, o principal sistematizador da lei islâmica, nasceu ali, em 767 d.C. Durante as cruzadas, o lugar foi temporariamente cristianizado de novo, e foi ali erigida a chamada igreja de São João. Entretanto, a cidade tornou a cair nas mãos dos árabes e, posteriormente, esse templo cristão tornou-se a atual grande mesquita islâmica da cidade.

Os turcos conquistaram a cidade em 1517. Napoleão conquistou-a em 1799. Os britânicos dominaram-na durante a Segunda Guerra Mundial. Durante o mandato britânico sobre a Palestina, Gaza tornou-se a sede do governo do distrito do mesmo nome. Terminado esse mandato, o exército egípcio ocupou o lugar, em 1948. Em uma área com apenas trezentos e noventa quilômetros quadrados, tornou-se o abrigo de cerca de duzentos e cinquenta mil refugiados árabes, que passaram a ocupar a área juntamente com seus oitenta mil habitantes originais. De acordo com os termos da Resolução da Partilha da Palestina, das Nações Unidas, de 29 de novembro de 1947, Gaza e suas cercanias haveriam de formar parte de um estado árabe palestino, mas, os conflitos que houve pouco depois impediram essa realização. A chamada Faixa de Gaza continuou sob o controle dos egípcios até 1967, quando, novamente, passou para as mãos do estado de Israel. Sua população atual é de cerca de meio milhão de habitantes. Nenhuma pesquisa arqueológica de vulto tem sido possível em Gaza. Ver o artigo geral sobre *Filisteus, Filístia*. (AM PRI SMI)

GAZALI, AL. Ver *Al-Gazali*.

GAZÃO

Vem de uma palavra hebraica derivada do termo que significa **"lagarta"** (ver Am 4.9). Esse foi o nome de um dos chefes de uma família de netinins que foi o nome que retornaram após o cativeiro babilônico, em companhia de Zorobabel (em 536 a.C.), e que fixaram residência em Jerusalém. (Ver Ed 2.28; Ne 7.51). A forma variante *Gazera* aparece em 1Esdras 5.31.

GAZARA. Ver sobre *Gezer*.

GAZELA

No hebraico, *tsebi*, "gazela". Esse mamífero é mencionado por catorze vezes (ver Dt 12.15, 22; 14.5; 15.22; 2Sm 2.18; 1Rs 4.23; 1Cr 12.8; Pv 6.5; Ct 2.1,9,17; 3.5; 8.14 e Is 13.14). Trata-se de um antílope pequeno, de formas graciosas, com chifres recurvos e olhos grandes e gentis (gênero *Gazella*). Até hoje é comum no norte da África e na Arábia. Já foi comum em muitas regiões da Palestina e países adjacentes, mas agora o local mais próximo dali, onde aparece, é o Curdistão. Ver *Veado*, quanto à discussão geral a respeito desse animal.

GAZER. Ver sobre *Gezer*.

GAZERA

Ver 1Macabeus 4.15; 7.45 e 13.43. Esse é um dos nomes alternativos da cidade de *Gezer* (vide). Em Esdras 2.48 e Neemias 7.51, essa cidade aparece com o nome de *Gazão* (vide).

GAZEZ

Esse nome vem de um termo hebraico que, provavelmente, significa "tosquia" ou "tosquiador". Esse é o nome de duas personagens, referidas no Antigo Testamento, em um único versículo, 1Crônicas 2.46. **1**. Um filho de Calebe por meio de Efá, sua concubina. Viveu por volta de 1520 a.C. **2**. Um neto de Calebe, filho de Jefuné. Esse Gazez era filho de Hará. Viveu por volta de 1500 a.C. Uma outra opinião é que a palavra "Gazez" pode referir-se a uma família calebita derivada de um filho ou irmão de Hará. Essa é a opinião de muitos comentadores modernos, em contradistinção à ideia exposta em "um" e "dois", acima, de que seriam dois homens com esse mesmo nome, um filho e outro neto de Calebe.

GEADA

No hebraico, *qerach*. Essa palavra significa "cristal", "gelo" e "geada". Nesse último sentido aparece por três vezes (Gn 31.40, Jó 37.10 e Jr 36.30). Há uma outra palavra hebraica, *chanamal*, que também tem sido traduzida por "geada", em algumas traduções, mas que, na realidade, significa "saraiva". Ver Salmo 78.47, onde a nossa versão portuguesa a traduz por "chuvas de pedra".

Uma segunda palavra hebraica é *kephor*, "geada", que também figura por três vezes (Êx 16.14; Jó 38.29 e Sl 147.16). Essa palavra vem de um verbo que significa "cobrir", podendo referir-se a geada verdadeira, ao gelo ou à neve.

Uma leve camada de geada é frequente em certos períodos do ano, na Palestina. Assim, sobre a superfície de uma lagoa, aparece uma camada fina de gelo. O clima, na região, é bastante divergente. A neve precipita-se nos lugares mais elevados, embora não em quantidade e nem frequentemente. Além disso, há regiões de deserto nas terras baixas. A geada forma-se quando a temperatura cai subitamente, por causa de correntes de vento e massas de ar. No clima da região da Palestina também caem a saraiva, a neve e o orvalho gelado.

GEAZI

Há quem pense que, no hebraico, o nome significa "negador" ou "diminuidor", mas outros pensam que significa "vale da visão". Esse foi o nome de um servo especial e de confiança de Eliseu. Ele é mencionado por doze vezes, pelo seu próprio nome (2Rs 4.12,14,25,27,29,31; 5.20,21,25; 8.4,5).

A história relatada sobre ele, nas Escrituras, em cada lance acompanha incidentes da vida de seu senhor. Os incidentes específicos, relacionados a ele, são os seguintes: **1**. Em 1Reis 4, Geazi sugere a Eliseu que a melhor maneira de recompensar a mulher sunamita, por sua bondade e gentileza, seria prometer-lhe um filho. Com o tempo, nasce o menino; mas, quando já andava, a criança morre. Geazi é enviado pelo profeta a fim de deitar o cajado de profeta sobre a criança, na esperança de fazê-la reviver. Mas isso não funcionou, pelo que Eliseu precisou ir pessoalmente, a fim de ressuscitar o garoto. **2**. Em 2Reis 5, lemos a narrativa sobre a cura da lepra de Naamã. Este desejou recompensar Eliseu com dinheiro, mas o profeta não estava interessado no dinheiro. Em um momento de cobiça, Geazi resolveu ficar com o dinheiro para si mesmo. Por essa razão, ele foi atrás do general sírio, dizendo-lhe, mentirosamente, que Eliseu havia mudado de parecer. Geazi ficou com o dinheiro, mas, logo em seguida, foi castigado apanhando lepra. Não obstante, foi declarado limpo, e pôde continuar em companhia de seu senhor. Não sabemos dizer se ele foi afetado ou não pela verdadeira lepra, porquanto várias afecções da pele, chamadas de "lepra" no Antigo Testamento, não eram a verdadeira lepra. Os antigos não tinham meios para classificar de modo estrito as enfermidades. **3**. Em 2Reis 8.1-6 encontramos Geazi a narrar ao rei Jorão os grandes feitos de Eliseu, bem como as operações da *Providência de Deus*. Sucedeu que enquanto a narrativa estava sendo feita, a mulher cujo filho tivera sua vida restaurada apareceu diante do rei reclamando suas terras e sua casa que lhe haviam sido usurpadas, enquanto ela estivera ausente, durante um período de fome. O rei ficou impressionado pela coincidência e atendeu-a sem tardança. Na verdade, existem coincidências significativas. Ver o artigo sobre o *Acaso*.

GEBA

No hebraico, **"colina"**, **"altura"**. Em algumas traduções aparece com a forma de *Gaba*. (Ver Js 18.24; Ed 2.26; Ne 7.30). Esse era o nome de uma cidade do território de Benjamim, a nordeste de Gibeão e a leste de Geba. Foi entregue à tribo de Levi (Js 21.17; 1Cr 6.60). O local foi usado como acampamento, por Saul e Jônatas, quando se opunham aos filisteus, localizados em Micmás (1Sm 13.16). Davi combateu esses mesmos adversários, nesse mesmo lugar (2Sm 5.25). Em Esdras 2.26 e Neemias 7.30, o nome é dado em relação àqueles que retornaram do cativeiro babilônico. Os benjamitas vieram a residir ali, após o exílio babilônico. E dali saíram cantores que ajudaram na dedicação do novo templo de Jerusalém (Ne 10.29). Todavia não deveria ser confundida com a Gibeá de 1Samuel 13.3. Os eruditos identificam-na com a moderna Jeba, a onze quilômetros a nordeste de Jerusalém e a três quilômetros a leste de Ramá.

GEBAL

No hebraico, uma linha. Provavelmente indica uma "fronteira". Esse é o nome de uma cidade e de um distrito, referidos nas páginas do Antigo Testamento.

1. A cidade chamada por esse nome era uma antiquíssima cidade fenícia, cujos habitantes dedicavam-se ao comércio por todo o mar Mediterrâneo. Modernamente é chamada Bebeil, cerca de quarenta quilômetros ao norte de Beirute. Essa cidade é mencionada somente em Josué 13.5 e 1Reis 5.18. O nome grego dessa cidade era Biblos, isto é, "livro", visto que ali se fabricava um tipo de papel, feito com canas de papiro. No trecho de Josué 13.5 encontramos o vocábulo "gibleus", que eram os habitantes de Gebal. Em 1Reis 4.18 aprendemos que Salomão contratou dali certos pedreiros, para que ajudassem na construção do templo de Jerusalém. Também eram peritos construtores de navios e marinheiros (Ez 27.9). Populações dessa área ajudaram na colonização da área do mar Mediterrâneo. Ver o artigo separado sobre a *Fenícia*. Os fenícios, naturalmente, eram cananeus. Ver sobre *Canaã* e *Cananeus*. O comércio era muito ativo entre esse lugar e o Egito, e as embarcações empregadas nesse intercâmbio eram chamadas viajantes *de Biblos*. Os artigos importados eram equipamentos para a construção de navios, madeiras para construção e para móveis, pinho, cedro para muitos usos, incluindo para a feitura de esquifes de múmias, resinas para mumificação etc. As importações incluíam o papel, vasos de ouro e de prata, perfumes, tecidos de linho, cordas e couros de gado vacum. A lenda do sacerdote Wen-Amon menciona o couro como um dos produtos envolvidos no comércio que estava sendo promovido entre o Egito e Biblos, em cerca de 1100 a.C. As cartas de Tell el-Amarna também mencionam esse comércio entre o Egito e Biblos. As escavações arqueológicas têm mostrado que esse lugar vinha sendo ocupado pelos homens desde cerca de 5000 a.C. O sarcófago de Airão, rei de Biblos, tem inscrições alfabéticas, as quais foram um estágio dentro do desenvolvimento do alfabeto fenício.

Dados Históricos. A arqueologia tem mostrado que essa área vinha sendo ocupada desde os tempos neolíticos, ou seja, desde o quinto milênio a.C. Desse remoto período foram encontradas ruínas de muralhas antigas, um castelo e um templo. Ali havia vilas, bem como por toda a parte ocidental da Ásia, já nesse tempo. Na era calcolítica posterior, Gezer e Gebal tinham uma população que vivia em cabanas circulares ou retangulares. Eles usavam prata nos seus enfeites, e sepultavam seus mortos em grandes urnas de barro.

No quarto milênio a.C., havia um florescente comércio entre essa região e o Egito. Inscrições em selos evidenciam que as rotas comerciais atravessavam a Palestina e a Síria.

Em cerca de 2800 a.C., Gebal foi incendiada, embora não muito depois tivesse sido reconstruída. Isso sucedeu durante a época do antigo reino do Egito. Gebal era uma virtual colônia do Egito, um lugar-chave pare seu comércio exterior e também para suprimento de cedros vindos do Líbano. O templo de Baaltis foi erigido durante esse tempo, e o Egito tinha participação ativa no culto que ali se processava.

Pelos fins do terceiro milênio a.C., já havia sido desenvolvida uma escrita silábica em Gebal, que utilizava hieróglifos egípcios adaptados. Inscrições feitas sobre chapas de cobre nos dão ideia desse tipo de escrita. Os nomes pessoais e locativos envolvidos são semíticos, provavelmente amorreus.

O Egito desfrutou de sua era mais próspera durante o reino médio (XII Dinastia). Nesse tempo, a maior parte da Palestina, incluindo a área de Gebal, esteve sobre o domínio egípcio, e Gebal servia como colônia egípcia. Era importante como entreposto comercial.

As chamadas cartas de Tell el-Amarna incluem mais de cinquenta missivas que o rei Ribadi, de Gebal, enviou ao Faraó, rei do Egito. Ele permanecia fiel ao Egito. Foi nesse período histórico que os *habiru* (Hb) estavam conquistando a terra de Canaã.

Na época de Ramses II (cerca de 1290-1224 a.C.), Gebal, além de suas atividades comerciais, também atuava como fortaleza de fronteira para a província egípcia de Canaã. Os povos do mar (vide) destruíram essa cidade em 1194 a.C., quando estavam a caminho do Egito, contra o qual guerrearam. Isso debilitou o Egito, afrouxando o seu domínio sobre a região de Gebal.

O poder assírio dominou todo o mundo antigo e, sob os monarcas Assurnasirpal (883 — 859 a.C.), Tiglate-Pileser III (745 — 727 a.C.), Senaqueribe (705 — 681 a.C.), Esar-Hadom (681 — 669 a.C.) e Assurbanipal (669 — 627 a.C.), Gebal foi submetida a essa potência estrangeira, tendo sido forçada a pagar tributos.

À medida que outros poderes mundiais foram surgindo, como a Babilônia, a Pérsia, a Grécia e Roma, a cidade de Gebal, com toda a área em derredor, tornou-se, sucessivamente, sujeita a cada um deles. Também há ruínas de um castelo construído pelas cruzadas, no século X d.C.

2. Indicando um distrito geográfico, esse nome aparece em conexão com Amom, Amaleque, Moebe e Edom. A única referência bíblica a esse distrito fica em Salmo 83.7, estando em foco uma área ao sul do mar Morto, perto da cidade de Petra, em Edom. Essa região, a nordeste de Edom, também era conhecida por Temã. Os habitantes da região se aliaram aos moabitas e aos árabes, contra Israel.

GEBER

No hebraico, **"guerreiro"** ou **"forte"**. Esse é o nome de duas personagens que figuram nas páginas do Antigo Testamento, a saber: **1.** Geber, filho de Uri (1Rs 4.19), que estava encarregado do distrito de Gileade, da parte oriental do rio Jordão e do sul de Ramote-Gileade. Alguns eruditos supõem que esse Geber, e o de número "dois", abaixo, teriam sido o mesmo indivíduo. Viveu em torno de 1020 a.C. **2.** Ben-Geber (1Rs 4.13). Foi um dos oficiais de Salomão, encarregado de prover suprimento alimentício para a corte real. Foi governador do distrito de Ramate-Jair e o distrito de Argobe. Se não era o mesmo homem do número "um", acima, então era filho daquele. Viveu por volta de 1000. a.C. Por um erro tipográfico, lemos *Ben-Geder* em nossa versão.

GEBIM

No hebraico, **"fontes"**, **"cisternas"**, **"valetas"**. Esse nome refere-se a uma aldeia do território de Benjamim, mencionada na lista de lugares conquistados pela Assíria. Esse nome ocorre exclusivamente em Isaías 10.31. Ficava localizada entre Mademena e Nobe. Eusébio, em seu *Onomasticon*, identificou a cidade de *Geba* com essa localidade, o que seria o moderno *wadi el-Gib*; mas há muitas dúvidas quanto a tal identificação. Outras sugestões são Khirbet ed-Duweir e Bath el-Battash, embora não haja certeza sobre coisa alguma. Comparar com *Gobe*.

GEDALIAS

No hebraico, **"Yahweh é grande"**, ou então **"engrandecido por Yahweh"**. Esse foi o apelativo de cinco personagens referidas no Antigo Testamento, a saber: **1.** Um filho de Jedutum e seu segundo auxiliar no coro de levitas organizado por Davi para os cultos religiosos do templo de Jerusalém. Seu nome ocorre somente em 1Crônicas 25.3,9. Viveu por volta de 960 a.C. **2.** Um filho de Amarias e avô do profeta Sofonias (Sf 1.1). Viveu em torno de 635 a.C. **3.** Um filho de Pasur, um daqueles que faziam oposição ao profeta Jeremias (Jr 38.1-3). Viveu por volta de 590 a.C. **4.** Um sacerdote da época de Esdras, que se casara com uma mulher estrangeira e teve de se divorciar dela após o exílio (Ed 10.18). Viveu em torno de 456 a.C. **5.** O filho de Aicão e neto de Safã, secretário do rei Josias. Foi nomeado governador de Judá, por Nabucodonosor, após a destruição de Jerusalém, em 583 a.C. Seu nome ocorre por 27 vezes (2Rs 25.22-25; Jr 39.14; 40.5-9, 11,16; 41.1-4,6,9,10,16,18; 43). **6.** Isso ocorreu quando o poder da Babilônia atingira o seu ponto culminante. Seu pai fora um homem moderado, que havia protegido Jeremias, e os babilônios julgaram que ele daria continuidade à política de seu genitor, pelo que lhes pareceu aceitável como governador nomeado. Ver Jeremias 26.24. De fato, herdou a moderação de seu pai e o respeito por Jeremias (Jr 40.5 ss.). Nebuzaradã ordenou-lhe que protegesse o profeta (Jr 39.11-14). Gedalias estabeleceu o seu governo em Mispa, para onde tinham acorrido muitas pessoas, em face do avanço do exército babilônico. Ele procurou ajudar àqueles que haviam fugido, evitando envolvimentos e intrigas políticas e militares. Por essa razão, rejeitou o esquema de Joanã, filho de Careá, pare assassinar Ismael, filho de Netenias. Todavia, a moderação de Gedalias não impediu que fosse envolvido nos acontecimentos em um período de grande violência. Após somente dois meses de governo, ele e muitos líderes judeus e soldados babilônicos, ali acampados, foram mortos por Ismael. Os judeus sobreviventes fugiram para o Egito, a fim de tentarem escapar da indignação dos babilônios, que certamente se faria sentir em breve. Jeremias foi forçado a acompanhá-los ao Egito. Esse evento pôs fim a todas as esperanças de Israel poder manter qualquer forma de independência, sob o domínio da Babilônia. O que restava do povo de Israel agora achava-se na própria Babilônia, até após o retorno do exílio babilônico, quando começou uma nova fase na história do povo de Israel. A tradição judaica honra Gedalias, rememorando o seu nome com um dia de jejum. Essa celebração ocorre no terceiro dia do mês de *Tisri*, que teria sido a data de seu falecimento. (Ver Zc 7.5, 8.19). Foi encontrado um selo em Laquis, com a seguinte inscrição: "De Gedalias, que está sobre a casa".

GEDER

No hebraico, **"murada"**. Foi uma cidade real dos cananeus, conquistada por Josué. É mencionada somente em Josué 12.13, em toda a Bíblia. Ficava perto de Debir (vide). Alguns a têm identificado com Cedor (vide). Essa cidade ficava localizada na planície de Judá, na vertente ocidental da região montanhosa de Judá, na Sefelá. Um cidadão dessa localidade, chamado de "o gederatita", e cujo nome pessoal era Jozabade, é mencionado em 1Crônicas 12.4. Ele se aliou a Davi, em Ziclague. Porém, outros estudiosos pensam que sua terra natal era *Gederá* (vide), no território de Benjamim. Assim sendo deveria ser identificada com a moderna Jidireh ou com a Khirbet Gudeira, embora não haja certeza quanto a isso.

GERERÁ

No hebraico, **"curral de ovelhas"**. Nome de uma cidade de Judá. Essa palavra reflete a forma feminina de Geder (vide). É mencionada somente em Josué 15.36. E a forma plural desse nome é Gederote (Js 15.41). Era um dos catorze locais da Sefelá (colinas baixas), alistados em Josué 15.33-36. Era local do nascimento de certos artífices habilidosos que serviam como oleiros do rei (1Cr 4.23). Vários locais modernos têm sido sugeridos como a identificação certa, principalmente Jidiré, cerca de 6,5 km a noroeste de Zorá e Estaol. Todavia, nada podemos dizer de certo quanto a isso. Interessante é observar que a *Gadara* (vice) do Novo Testamento, provavelmente, emprestou seu nome da antiga palavra hebraica que está sendo discutida.

GEDERATITA. Ver sobre *Geber*.

GEDERITA

Um nativo do Geder ou do Gedorá (vide). Era um epíteto de Baal-Hanã, um homem que foi nomeado por Davi como supervisor de seus bosques de oliveiras e de sicômoros, nas planícies baixas de Judá (1Cr 27.28). Deve ter vivido em torno de 1000 a.C.

GEDEROTAIM

No hebraico, **"dois currais de ovelhas"**. O trecho do Josué 15.33-36 menciona catorze cidades, e essa é a última delas. A Septuaginta traduz por "Gederá e seus currais de ovelhas", dando a entender que não haveria qualquer lugar distinto (em contraste com Gederá, vide). Mas isso seria tradução do hebraico Gederothaim, e não Gederothaim, conforme diz o texto massorético. Se porventura tratava-se de uma cidade distinta, então podemos presumir que ficava perto de Gederá; porém, não podemos dizer mais do que isso.

GEDEROTE

Essa é a forma plural de *Gederá* (vide). Significa "currais de ovelhas". Aparece na lista de cidades que figuram em Josué 15.37-41, ou seja, as cidades a sudoeste de Jerusalém. Era uma cidade da planície de Judá, que os filisteus tomaram do rei Acaz (2Cr 28.18). Parece que Gederote não é o mesmo lugar que Gederá. Sua localização geral pode ser determinada por sua associação com outras cidades mencionadas naquela lista. Alguns eruditos têm-na identificado com a *Gedrom* do período dos Macabeus (1Macabeus 15.39; 16.9). Esta tem sido identificada com a moderna cidade de Qatra, mas esta parece ficar por demais para o ocidente. Nada certo pode ser dito a respeito.

GEDOR (CIDADES)

No hebraico, **"muralha"**. Esse era o nome de várias cidades aludidas no Antigo Testamento, a saber: **1**. Uma antiga cidade dos montes de Judá (Js 15.58), a pouca distância de Hebrom. Parece que Penuol, pai de Gedor (ver abaixo), foi o fundador dessa cidade. Comparar com 1Crônicas 4.4. Ela tem sido identificada com Khirbet Gedur, perto de Belém. Talvez fosse a cidade em que habitava Josabade, o gederatita (1Cr 12.4). Alguns de seus habitantes se aliaram a Davi, em Ziclague, quando ele fugia de Saul (1Cr 12.7). Entretanto, outros estudiosos pensam que se tratava de uma cidade distinta. Se era uma localidade distinta (Js 15.58 e 1Cr 12.7), não relacionada ao mesmo lugar, então poderia ser identificada com a moderna Khirbet Gadeirah, a norte de El Jib. **2**. Uma cidade de Benjamim (1Cr 12.7), discutida sob o primeiro ponto, acima. **3**. Uma cidade de Judá (1Cr 4.18), que talvez deva ser identificada com a de número "um", acima. **4**. Uma cidade que, ao que parece, ficava ao sul dos montes de Judá, circundada por férteis pastagens, e que antes havia sido ocupada pelos amalequitas. (Ver 1Cr 4.39).

GEDOR (INDIVÍDUO)

No hebraico, **"muralha"**. Esse era o nome de um filho de Jeiel, de Gibeom. Ele era benjamita, antepassado do rei Saul (1Cr 8.31 e 9.37). Ele viveu por volta de 1100 a.C.

GEENA

No hebraico, **"vale do Hinom"**. Era um vale a sudoeste de Jerusalém, onde, antigamente, era praticada a adoração a Moloque (2Rs 23.10). Com o tempo, o local tornou-se o monturo da cidade, onde havia fogo a queimar continuamente o lixo. Esse nome, pois, tornou-se símbolo da punição futura (1Esdras 27.3; 2Esdras 7.36). Os apocalipses judaicos deram ao mundo religioso as suas *imagens* sobre o juízo. Tais imagens vieram a repousar, de modo literal e popular, nas descrições do julgamento futuro. Em alguns lugares, o Novo Testamento incorporou essas descrições. Daí, obtemos a ideia de chamas literais como a forma de julgamento futuro. Além disso, a palavra Geena tem sido traduzida por "inferno", em muitas traduções, nos trechos de (Mt 5.22,28,30; 10.28; 18.9; 23.15,33; Mc 9.43,45,47 e Lc 12.5). Também podemos supor que a Geena equivale ao "lago do fogo", (referido em Ap 19.20; 20.10,14,15). Ver o artigo separado sobre o *Lago do Fogo*, uma imagem que também foi tomada por empréstimo dos livros pseudepígrafos. As pessoas que insistem que as chamas em questão devem ser entendidas literalmente, também insistem que os vermes do texto do nono capítulo de Marcos também são literais.

O Julgamento (vide) não se torna menos literal se intepretarmos as chamas e os vermes de modo figurado. Por outro lado, deveríamos ser sábios o suficiente pare reconhecer que as descrições dos livros pseudepígrafos sobre o julgamento final, o que, em alguns trechos são refletidas no Novo Testamento, não têm a palavra final acerca do juízo divino. Assim O trecho de 1Pedro 4.6 refere-se a um julgamento remediador, de tal modo que podemos afirmar que a ira de Deus é um dedo da sua amorosa mão, pois o julgamento tanto é retributivo quanto é remediador. Cristo, em sua descida ao *hades*, levou a mensagem do evangelho àquele lugar, universalizando a oportunidade de salvação, embora nem todos aceitem a oferta. Ver o artigo sobre a *Descida de Cristo ao Hades*. O mistério da vontade de Deus consiste em restaurar aos não remidos, formando uma unidade em torno de Cristo (Ef 1.9,10,23). O julgamento final desempenhará certo papel, para efetuar esse grande alvo, visto que Deus pode fazer melhor certas coisas, através do julgamento, do que através de qualquer outro meio. Minha opinião sobre essa questão aparece no artigo geral sobre a *Restauração*. O julgamento será tão severo e exato quanto tiver necessidade de ser e, em seu aspecto punitivo, perdurará por tanto tempo quanto tiver de sê-lo, a fim de produzir o mistério da vontade de Deus. Essa é a esperança que o evangelho nos apresenta, a qual tem sido obscurecida mediante a insistência sobre a preservação do ponto de vista das obras pseudepígrafas sobre o julgamento. Mas a revelação bíblica vai além desse ponto, apresentando grandes possibilidades de alegria para toda a humanidade.

Visto que somente uma pequena minoria finalmente virá a ser *remida* (ao passo que todos os outros serão meramente *restaurados*), o julgamento prosseguirá para sempre, porquanto terá sido perdido aquilo que poderia ter sido ganho (a salvação, na forma de participação na natureza divina: ver 2Pe 1.4; Cl 2.10). Isso constituirá uma perda indescritível, não sendo uma perda desprezível. Não obstante, a graça de Deus é realmente profunda e ampla, provendo uma outra operação sobre as almas, através de Cristo, certamente também gloriosa e magnificente, embora fique muito aquém da obra da salvação. Por quanto tempo o dia da redenção haverá de continuar é uma questão de pura especulação. A narrativa bíblica sobre a descida de Cristo ao *hades* assegura-nos que a morte biológica do indivíduo não assinala o fim de sua oportunidade. Minha própria opinião é que essa oportunidade continuará pelos ciclos da eternidade e também que os homens que não foram remidos serão diversificados em várias espécies do ser, os quais não participarão da natureza divina (o que chamamos de "salvação"). Isso posto, essa participação é impedida pela evolução espiritual do próprio indivíduo, que não atinge o ideal do plano remidor. Todavia, mediante o propósito restaurador de Deus, que faz parte do mistério de sua vontade, haverá uma certa recuperação dos perdidos, mesmo que eles jamais cheguem ao nível espiritual dos salvos. O primeiro capítulo da epístola aos Efésios certamente indica que muitas eras estarão envolvidas em todo esse processo. Eis a razão pela qual tenho especulado que estamos tratando de espécies espirituais e de um processo evolutivo espiritual. Para que uma alma humana venha a participar da natureza divina, têm de ocorrer grandes transformações metafísicas, a fim de que seja obtida uma natureza totalmente diferente. Especulo, pois, que o mesmo tipo de processo assinalará o que sucede às almas não remidas, posto que isso venha a envolver essência e natureza diferentes das dos remidos. O trecho de 2Coríntios 3.18 certamente refere-se a muitos ciclos de evolução espiritual, sempre atingindo estados superiores de glória. Visto que há uma infinitude com que seremos enchidos, sem dúvida também haverá um enchimento infinito. O que é finito jamais chegará a compartilhar da infinitude de Deus, mas poderá ir-se aproximando cada vez mais da infinitude divina, desfrutando de uma crescente plenitude, interminavelmente. Conhecemos pouquíssimo sobre essas questões, embora alguns de nossos conceitos revistam-se de tremendas implicações. E o que sabemos ultrapassa em muito as antigas ideias de estagnação, de um céu fixo para os remidos e de um inferno fixo para os perdidos. Essas ideias simplificam demasiadamente as questões envolvidas e nada nos esclarecem quanto às futuras operações da vontade de Deus, conforme elas são sugeridas, por exemplo, em Efésios 1.9,10. Tenho a confiança de que a missão de Cristo, com base no amor universal de Deus, realizará, finalmente, muito mais do que certos ramos da cristandade estão antecipando atualmente. Em caso contrário, então o amor de Deus realmente é limitado, seu plano apresenta defeitos, e a missão de Cristo falhou quase inteiramente. Ver o artigo separado sobre Hinom.

GELILOTE

No hebraico, **"círculos"**. Esse era o nome do uma localidade existente nas fronteiras do território da tribo de Benjamim, mencionada somente em Josué 18.17. Ficava no extremo sul da tribo de Benjamim. Na descrição da fronteira norte da tribo de Judá, a mesma localidade aparece como Gilgal, em Josué 15.7. Por esse motivo, alguns estudiosos pensam que Gilgal é a forma correta do nome. No entanto, essas duas passagens abordam possessões de duas tribos diferentes, pelo que os versículos envolvidos não falam sobre a mesma coisa. A palavra Gilgal significa "círculo", provavelmente, referindo-se a algum círculo feito de pedras, que assinalava um local, talvez uma fronteira. Provavelmente a palavra Gelilote era usada em sentido topográfico, para indicar "fronteiras" ou "área", não havendo uma cidade com esse nome específico.

GELO

No hebraico, *qerach* ou *qorach*, que aparece por apenas três vezes no Antigo Testamento (Jó 6.16; 38.29 e Sl 147.17), com esse sentido, embora também signifique "geada" e até "cristal". Com o sentido de "geada", também ocorre por três vezes (a saber: em Gn 31.40; Jó 37.10 e Jr 36.30). E, com o sentido de "cristal", é usada por uma vez, em Ezequiel 1.22. O sentido literal dessa palavra hebraica é "liso". Os povos do extremo norte da terra sem dúvida apreciariam o sentido dessa palavra hebraica para "gelo", pois sabem que o gelo é liso e escorregadio, provocando muitas quedas e acidentes durante os meses de inverno.

Na Palestina, a neve depositada no inverno pode atingir cerca de sessenta centímetros de espessura, na cadeia montanhosa central. Isso é, realmente, muito pouco, em comparação com o que sucede nos países mais próximos do círculo ártico. Em Jerusalém, mui ocasionalmente a água gela. Em Ezequiel 1.22, a mesma palavra hebraica é usada para indicar "cristal", visto que muitos antigos supunham que o cristal de rocha (um minério), seria apenas água permanentemente congelada. Em Jó 6.16, a palavra é usada figuradamente, para descrever amigos traiçoeiros. Esses são como torrentes de água, turvas de gelo. O gelo pode simbolizar a indiferença, a hostilidade, o perigo, a ausência de vida, alguma ameaça à vida, a estagnação, os obstáculos à vida, embora também envolva a ideia de preservação, visto que o frio extremo pode ser usado com esse propósito.

GEMALI

Talvez **"condutor de camelos"**, embora muitos estudiosos prefiram pensar em um sentido incerto. Era o nome do pai de Amiel, príncipe ou dirigente de Dã, que se achava entre os espias escolhidos pare explorar a terra de Canaã, antes da entrada do povo de Israel ali (Nm 13.12, única ocorrência do nome). Viveu em torno de 1490 a.C. Foi um dos dez ospias a dar um relatório pessimista do que viram na terra de Canaã. Em resultado, não teve permissão de entrar na Terra Prometida, mas pereceu no deserto.

GEMARA

Ver o artigo geral sobre o *Talmude*. A palavra *Gemara* vem do árabe e significa "aprendizado". É usada para referir-se aos comentários dos eruditos rabínicos da *Mishna* (vide), que era o código das leis judaicas, formulado pelo famoso rabino Judá I, o patriarca de seus colegas, no começo do século III d.C. Esse código tornou-se o livro de texto das academias palestinas e babilônicas. As discussões orais e escritas desse código foram recolhidas e reduzidas a um escrito posto em boa ordem. Chegaram até nós sob a forma de um Talmude palestino e de um Talmude babilônico. O primeiro originou-se nas academias da terra santa, nos séculos III e IV D.C; e o segundo, nas academias da Babilônia, nos séculos III, IV e V D.C O *Talmude* inclui tanto a *Mishna* quanto os *comentáttos*, isto é, a *Gemara*. Os mestres da Gemara eram chamados *Amoraim* (intérpretes). Muitos deles abordavam materiais que comentavam como se fossem materiais inspirados. Isso significa que haveria o Antigo Testamento inspirado, e também as tradições relativas ao mesmo, igualmente consideradas inspiradas.

GEMARIAS

No hebraico e no aramaico, **"Deus aperfeiçoou"**, ou *Yahweh fez acontecer*. Esse era o nome de quatro pessoas mencionadas na Bíblia: **1**. Um filho de Milquias, enviado pelo rei Zedequias a Nabucodonosor, que levou uma mensagem de Jeremias aos judeus cativos na Babilônia (ver Jr 29.3). Tal comunicação advertia-os acerca de falsos profetas, que os iludiam com promessas de pronto retorno à sua própria pátria. Viveu em torno de 590 a.C. **2**. Um filho de Safã, escriba do templo de Jerusalém nos dias de Jeoaquim. Baruque leu em voz alta as profecias de Jeremias, aos ouvidos do povo, na câmara de Gemarias, vinculada ao novo portão do templo, construído pelo rei Jotão (Jr 26.10; ver também 2Rs 15.35). Micaias, filho de Gemarias, tendo relatado o acontecido a seu pai, produziu as circunstâncias em que Baruque foi convidado a repetir a leitura daquelas profecias, dessa vez no palácio real. Na reunião que então houve, outros escribas e conselheiros estavam presentes, os quais narraram todas essas questões ao rei. Ver Jeremias 26.10-24. Isso aconteceu em cerca de 607 a.C. **3**. O filho de um certo Hissilieú, mencionado no óstraco I de Laquis um caco de barro que data da época de Jeremias. Também tinha o nome de Gemarias. **4**. Um oficial militar judeu no Egito, em Elefantina, também atendia por esse nome. Ele é mencionado em dois papiros escritos em aramaico (Cowley 22 e 33). Seu pai aparece ali com o nome de Iedonias.

GENEALOGIA

Ver os artigos separados sobre *Genealogia de Jesus, o Cristo*, e *Genealogias*.

I. DEFINIÇÃO GERAL E CONSIDERAÇÕES PRELIMINARES. Genealogia é o estudo da origem, da descendência e da relação entre famílias. Essa palavra deriva-se do grego *genos*, "raça", e *logos*, "discurso". No caso de algumas nações antigas, as genealogias revestiam-se de grande importância, pois as sociedades eram organizadas segundo linhagens tribais. Dentro da cultura dos hebreus, as genealogias preservavam as identificações tribais e as possessões sob forma de terras, sendo muito importantes para uma cultura nitidamente agrícola. Cada geração constitui um grau, sem importar se partimos de um homem para seus ascendentes ou de um homem para seus descendentes. Os pais e os filhos de um homem estão relacionados a ele no *primeiro* grau. Seus avós e seus netos estão relacionados a ele no *segundo* grau. Essa questão é muito importante para a determinação da questão de casamentos legais entre pessoas de uma mesma família. De acordo com as leis civis, irmãos e irmãs estão relacionados entre si no segundo grau, primos-irmãos, no quarto grau, e primos secundários, no sexto grau. Certas culturas também permitem casamentos entre parentes no quarto grau; mas, geneticamente falando, isso é perigoso.

A *lei canônica* considera irmãos e irmãs relacionados entre si no primeiro grau (cada qual está um grau afastado dos pais comuns). E os primos-irmãos estão relacionados no terceiro grau. O costume, nos países cristãos, tem proibido casamentos entre parentes no quarto grau, de acordo com suas leis civis. As leis nacionais mais antigas refletiam isso muito bem; mas as leis modernas mostram-se mais liberais quanto à questão. O parentesco por *afinidade* é um relacionamento criado pelos laços do casamento. Os graus de afinidade também são calculados da mesma maneira que as relações sanguíneas. Alguns povos mostram-se extremamente sensíveis para com casamentos dentro de uma mesma família. Os chineses, para exemplificar, não permitem o casamento de pessoas com o mesmo nome de família, sem importar qual o grau de parentesco.

II. USOS DA PALAVRA NO ANTIGO TESTAMENTO. A palavra hebraica *yahas* ocorre somente por uma vez em todo o Novo Testamento, como um substantivo, dentro da expressão *seper hayyahas*, "livro da genealogia" (Ne 8.5). Ali, refere-se ao registro daqueles que retornaram a Jerusalém em companhia de Sesbazar, após o cativeiro na Babilônia. Em sua forma verbal, a palavra ocorre em Esdras, Neemias e Crônicas, com a ideia de "registrar-se mediante uma genealogia". (Ver Ed 2.62; 8.1,3; Ne 7.5,64; 1Cr 4.33; 5.1,7,17; 2Cr 4.33; 5.1,7,17; 7.5). O termo hebraico *toledot*, "geração", é usado no sentido de "história genealógica". O termo pode referir-se a linhas familiares específicas, ou então pode ter o sentido vago como registro geral de nomes, sem especificar quaisquer relações de família.

III. A IMPORTÂNCIA DOS REGISTROS GENEALÓGICOS. Os hebreus davam grande importância às genealogias, conforme vimos no primeiro ponto, acima. Seus registros contêm genealogias que se estendem por um período de mais de três mil e quinhentos anos, desde a história da criação de Adão até o cativeiro de Judá (cativeiro babilônico). Além disso, na obra de Esdras-Neemias vemos a mesma preocupação, referente ao período após o cativeiro.

O trecho de Esdras 2.63 diz, expressamente, que alguns que vieram de Jerusalém procuraram os seus registros genealógicos. Parte desse interesse consistia no desejo de preservar a função sacerdotal dentro da linhagem das famílias, segundo era especificado na legislação mosaica e na prática. A divisão da nação hebreia inteira em tribos, e a alocação de cada tribo à sua herança, na forma de território, e então cada família de cada tribo, como sub-herança fazia dos registros genealógicos algo de extrema importância, pois era a base econômica daquele povo voltado para as atividades agrícolas. A expectação messiânica, descendente dos patriarcas, por meio de Davi, também era um importante aspecto do grando valor dado aos registros genealógicos. Os Evangelhos de Mateus e de Lucas enfatizam esse aspecto. Era mister que Jesus fosse da casa de Davi, pois o Messias tinha de vir daquela linhagem. (Ver Lc 20.41; Mt 1.1; 12.35, Lc 1.27; Jo 7.42 e Rm 1.3).

A **Literatura rabínica** afiança que, após o cativeiro babilônico, os judeus mostraram-se extremamente cuidadosos em preservar seus registros genealógicos (*Babyl. Gemar*. vol. 14.2). Josefo afirmava que era capaz de provar que descendia da tribo de Levi, mediante *registros públicos* disponíveis. Ver *De Vita sua*, par. 998. E ele também aludiu que, a despeito dos cativeiros e dispersões sofridos por Israel, as tábuas genealógicas nunca foram negligenciadas. Durante o período de dominação romana, entretanto, houve grande destruição desses registros genealógicos e a preservação das linhagens tornou-se um empreendimento privado e, sem dúvida, inexata. Também sabemos que tanto as genealogias públicas quanto as genealogias bíblicas, com frequência, envolviam muitos hiatos, alguns deles graves, pelo que consideráveis inexatidões penetraram na questão mesmo nos tempos antigos, antes do começo do cristianismo.

IV. TIPOS DO GENEALOGIAS BÍBLICAS. Há três tipos de genealogias nas páginas da Bíblia: **1**. Em 1Crônicas 1.1 *ss* encontramos uma simples lista de nomes. Podemos supor que essa lista seja apenas representativa e não exaustiva. **2**. Em Neemias 7.5, a genealogia aparece como uma simples lista daqueles que voltaram do cativeiro babilônico, sem qualquer referência a relações de família. **3**. Também existem listas detalhadas (mas algumas vezes, representativas) de listas de relações de família. (Ver Gn 5, 1Cr 6.33-43; Ed 7.1-5; e, no Novo Testamento, como exemplo disso, Mt (primeiro capítulo) e Lc 3.23).

V. AS GENEALOGIAS COMO UM INSTRUMENTO DA CRONOLOGIA. O arcebispo Ussher (vide), fazendo cálculos com base nas genealogias do livro de Gênesis, chegou à conclusão de que a criação teve lugar em 4004 a.C. Concedendo uma margem de erro de alguns séculos (ou mesmo milênios), muitos eruditos bíblicos têm utilizado esse tipo de cálculo. Seja como for, mediante esse cálculo, ficamos com um globo terrestre jovem demais, totalmente contrário àquilo que a ciência tem sido capaz de demonstrar. Além disso, esse método não tem como explicar por que motivo a luz continua vindo de galáxias distantes dezesseis bilhões de anos luz.

B. B. Warfield mostrou que as genealogias da Bíblia contêm hiatos (*The Antiquity and Unity of the Human Race, Studies in Theology*, 1932). As passagens de Esdras 7.1-5 e Mateus 1.1-17 contêm genealogias representativas, não exaustivas, completas. Isso pode ser demonstrado mediante a simples comparação com os registros do Antigo Testamento. Também poderíamos indagar quantos desses registros do Antigo Testamento também são representativos, e não definitivos. Ver Gênesis 5 e 11. O estudioso conservador, Merrill F. Unger, disse sobre esse ponto: "Usar essas listas genealógicas de Gênesis a fim de calcular a data da criação do homem (cerca de 4004 a.C.), conforme fez o arcebispo Ussher, não somente é algo destituído de base, a partir do estudo comparativo das genealogias que há na Bíblia, como também é algo incontestavelmente provado como equivocado, mediante os fatos da arqueologia moderna. A duração total do período desde a criação do homem até o dilúvio, e do dilúvio até Abraão, não é especificada nas Escrituras. Que as genealogias dos capítulos quinto e décimo primeiro do livro de Gênesis são drasticamente abreviadas contendo nomes altamente seletivos, é um ponto sugerido pelo fato de que cada lista contém apenas dez nomes, de Adão até Moisés e desde Sem até Abraão. É perfeitamente evidente que a *simetria* foi o alvo na construção dessas listas genealógicas, e não uma linhagem ininterrupta de pai para filho" (no artigo "Genealogy", em *Bible Dictionary*). E esse mesmo autor continua a fim de dizer que o mesmo princípio atuou nas genealogias de Jesus, em Mateus e Lucas. Ver o artigo separado sobre a *Genealogia de Jesus, o Cristo*, como ampla demonstração desse fato.

Naturalmente, não há manipulação das genealogias que possa fazer Adão retroceder até o começo da criação da terra, porque então já estaremos manuseando com bilhões de anos e não apenas com milhares de anos. Tenho expressado tudo isso no artigo sobre a *Astronomia*, onde é discutida a imensa antiguidade da criação. Ver também sobre *Criação*, especialmente as suas seções II e VII.

Uso no antigo Oriente Próximo. A arqueologia tem mostrado que genealogias representativas, compostas de modo simétrico, eram uma prática comum entre os povos vizinhos ao povo de Israel. Na lista de reis sumérios, *Mes-kiag-Nanna* é chamado de filho de Mes-anni-padda, mas as descobertas arqueológicas têm mostrado que, na realidade, foi seu neto. A *palavra filho*, conforme se vê no vocabulário da língua hebraica, é usada frouxamente pare indicar *descendente*. O rei Tiraca (cerca de 670 a.C.) refere-se a Sesostris III (cerca de 1870 a.C.), como seu pai, embora cerca de mil e duzentos anos separassem um do outro. As genealogias árabes exibem o mesmo tipo de fenômeno. Não há qualquer razão para supormos que as genealogias dos hebreus fossem diferentes das de seus vizinhos.

VI. LISTAS GENEALÓGICAS DO ANTIGO TESTAMENTO
- De Adão a Noé (Gn 4 e 5; 1Cr 1.1-4).
- Descendentes de Caim (Gn 4.17-22).
- Descendentes de Noé com as listas das nações descendentes de Sem, Cão e Jafé (Gn 10; 1Cr 1.1-23).
- De Sem a Abraão (Gn 11.10-26; 1Cr 1.24-27).
- Os descendentes de Abraão através de Quetura (Gn 25.1-4, 1Cr 1.32,33).
- Descendentes de Naor (Gn 22.20-24).
- Descendentes de Ló (Gn 19.37,38).
- Descendentes de Ismael (Gn 25.12-18; 1Cr 1.29-31).
- Descendentes de Esaú (Gn 36; 1Cr 1.35-54).
- Descendentes de Jacó: por meio de Lia (Gn 46.1-6); por meio de Bila (Gn 46.7,8); por meio de Zilpa (Gn 46.9,10); por meio de Raquel (Gn 46.11,12).
- Descendentes de Rúben (Gn 46.9; Êx 6.14; Nm 26.5-11; 1Cr 5.1-10).
- Descendentes de Simeão (Gn 46.10; Êx 6.15, Nm 26.12-14, 1Cr 4.24-43).
- Descendentes de Levi (Gn 46.11; Êx 6.16-26; 1Cr 6.1-53). Encontramos aqui uma das qualificações para o sacerdócio, visto que esse ofício estava limitado de acordo com dados genealógicos.
- Descendentes de Judá (Gn 46.12; Nm 26.19-22; 1Cr 2.3; 5.33, 9.4). A linhagem real, de Salomão a Josias, é ali delineada. Ver 1Crônicas 3.10-15.
- Descendentes de Issacar (Gn 46.13; Nm 26.23-25; 1Cr 7.1-5).
- Descendentes de Zebulom (Gn 46.14; Nm 26.23-25; 1Cr 7.1-5).
- Descendentes de Dã (Gn 47.23; Nm 26.47-50; 1Cr 7.13).
- Descendentes de Gade (Gn 26.16; Nm 26.15-18; 1Cr 5.11-17).
- Descendentes de Aser (Gn 46.17; Nm 26.28-37; 1Cr 7.30-40).
- Descendentes de José (Gn 46.20; Nm 26.28-37; 1Cr 7.14-27; através de Efraim e Manassés, que Jacó aceitou como seus próprios filhos, segundo se vê em Gn 48.5,12).
- Descendentes de Benjamim (Gn 46.21; Nm 26.38-41; 1Cr 7.6-12; 7.1,40; 9.8; 35.44). Essa era a linhagem de Saul (1Cr 8 e 9).
- Listas miscelâneas de vários indivíduos, que correspondem a certos períodos da história de Israel: ***a***. Os levitas da época de Davi (1Cr 15.5-24) ***b***. Josafá (2Cr 17.8); ***c***. Ezequias (2Cr 29.12-14); ***d***. Josias (2Cr 34.8-13), ***e***. Zorobabel e Joaquim (Ne 12.1-14); ***f***. Neemias (Ne 10.2-13).
- Registros de nomes, e não de genealogias, embora instâncias em que a palavra hebraica correspondente é empregada: listas de famílias e indivíduos que retornaram a Jerusalém, do cativeiro babilônico, em companhia de Zorobabel (Ne 7.5-63; Ed 2.2-61; 8.2-14; Ed 10.18-43; Ne 10.1-27; 11.4-19; 1Cr 9.3-17).

VII. LISTAS GENEALÓGICAS DO NOVO TESTAMENTO. Em Mateus 1.1 temos o termo grego *genesis* traduzido como "genealogia". Além disso, temos referências às genealogias gnósticas, que dizem respeito a supostas emanações da divindade, nada tendo a ver com as genealogias da Bíblia, em 1Timóteo 1.4 e Tito 3.9. O trecho de Hebreus 7.6 tem a forma verbal, *geneologeo*, que significa "seguir a linhagem ancestral", referindo-se ao caso de Melquisedeque, que não tinha genealogia, no tocante ao seu ofício sacerdotal.

Há somente duas genealogias reais no Novo Testamento, ambas relacionadas a Jesus, o Messias. Ver na *Enciclopédia de Bíblia, Teologia e Filosofia* um artigo separado sobre isso, intitulado *Genealogia de Jesus, o Cristo*.

VIII. GENEALOGIAS NA MODERNA IGREJA CRISTÃ. A única denominação cristã que tem dado maior atenção a essa questão, fazendo das genealogias uma parte integral de sua fé religiosa, é a igreja de Jesus Cristo dos Santos dos Últimos Dias (os mórmons). Essa denominação tem os mais completos registros genealógicos dentre quaisquer outras organizações no mundo. Esses registros são conservados em câmaras subterrâneas, nos sopés das montanhas Rochosas, em *Salt Lake City*, estado de Utah, nos Estados Unidos da América do Norte. São instalações tão seguras que somente uma bomba atômica, diretamente atirada contra esse alvo, seria capaz de destruí-las. Os mórmons acreditam em batismo pelos mortos (1Co 15.29; ver uma completa exposição a respeito nas notas expositivas no NTI, supondo que isso prové mérito para os espíritos desincorporados, que poderiam ou tirar vantagem desse batismo por procuração, ou desconsiderar o mesmo (dependendo do exercício de sua livre vontade). Se um desses espíritos aceitar os méritos assim providos, poderia atingir a plena redenção, de conformidade com a doutrina mórmon. Os registros genealógicos, pois, ajudam na prática do batismo pelos mortos, substituídos por seus parentes vivos, ou mesmo por outros, sem nenhuma relação de parentesco. (ISBE ND NTI WHG Z)

GENERAL

Segundo o uso moderno, esse vocábulo refere-se à mais alta patente militar de um exército, ainda que, em alguns países, haja uma patente ainda mais elevada, a de marechal, como é o caso do Brasil. Em algumas traduções da Bíblia, o termo é usado, nas páginas do Antigo Testamento, para indicar elevados oficiais militares. Mas há traduções alternativas como príncipe, chefe, comandante etc. (Ver 1Cr 27.34; Gn 12.15; Ap 6.15; At 25.23). Talvez o cargo militar mais próximo do generalato que encontramos, nas páginas do Antigo Testamento, seja o caso de Joebe, que comandou, com notável perícia, as operações militares de Davi. Ver o artigo separado sobre ele. Ver o artigo sobre *Exército*.

GÊNESIS

O livro de Gênesis constitui a primeira seção da Torá ou Livro da Lei. Em hebreu é chamado *Bereshîth* (no começo), vocábulo derivado das palavras iniciais do livro. O nome português originou-se da Septuaginta (grego *génesis*), por intermédio da Vulgata Latina. Em conformidade com o conteúdo do livro, o vocábulo "gênesis" significa "começo".

Há uma série de problemas relacionados ao livro de Gênesis que são tratados em artigos separados. Esses artigos, além de examinar os problemas, acrescentam muitas informações sobre os assuntos do livro. Talvez a maior dificuldade do livro seja a *historicidade* dos acontecimentos narrados antes do tempo de Abraão. Ver no *Dicionário* os artigos chamados *Cosmogonia, Cosmologia, Criação, Antediluvianos, Dilúvio, Éden, Cronologia* e *Adão*.

I. IMPORTÂNCIA DO LIVRO. A importância do livro de Gênesis tem sido acentuada em três aspectos principais: teológico, literário e histórico.

1. Teológico. O livro de Gênesis contém grande teologia e deve ser considerado o "começo de toda teologia". Os principais conceitos de Deus como um ser supremo, onipotente e extremamente sábio são introduzidos nesse livro. Gênesis oferece também um tratamento teológico às questões da origem do mundo, origem do homem, origem do pecado, e aos problemas da queda do homem do estado de graça, do plano de redenção, do julgamento e da providência divina. O livro narra como um remanescente da raça humana foi providencialmente poupado e preparado de maneira tal para permitir o crescimento do plano de redenção, sob a direção do Pai, para toda a humanidade.

2. Literário. O livro de Gênesis é considerado uma das grandes obras literárias de todas as épocas. Seu autor descreve de maneira vigorosa as atividades de Deus como guia da criação e da história. Os contos individuais, verdadeiras obras-primas de narrativas interessantes e intensas, são entrelaçados inteligentemente, não prejudicando assim a unidade do tema. O livro segue um plano lógico e em geral evita detalhes desnecessários. Suas personagens são apresentadas não como figuras mitológicas, mas como seres humanos reais, passíveis de faltas e de virtudes. Quem escreveu Gênesis observou a vida de duas perspectivas: exterior e interior. Do lado exterior considerou as coisas materiais; do lado interior considerou os desejos, as ambições, as alegrias, as tristezas, o amor e o ódio.

Os assuntos tratados no livro incorporam uma rara combinação do simples com o complexo. Temas vitais para o homem, envolvendo suas mais profundas necessidades e aspirações, são tratados de maneira extremamente simples, quase infantil. Este fato é importante no sentido de que a mensagem do livro pode ser captada até mesmo pelos menos instruídos.

A importância literária desse livro é ainda ressaltada pelas frequentes referências feitas a ele nos outros livros das Escrituras. Segundo alguns afirmam, Gênesis é o alicerce mesmo dos outros livros do Pentateuco.

3. Histórico. Como história, os primeiros capítulos de Gênesis ilustram somente o status da cosmologia hebraica daquela época. Do capítulo 12 em diante, por outro lado, o caráter histórico do livro é fortalecido. A autenticidade da história patriarcal e do autor é evidente nesses capítulos. Nem as falhas na história de Abraão, nem os pecados crassos dos filhos de Jacó (dentre os quais os pecados de Levi, o progenitor da raça sacerdotal), foram ocultados.

O mesmo autor, cujos princípios morais são tão censurados pelos antagonistas de Gênesis, com relação ao relato sobre a vida de Jacó, produz na história de Abraão uma figura de grandeza moral que somente poderia ter-se originado em fatos reais.

A fidelidade do autor se manifesta principalmente: **1**. na descrição da expedição dos reis da Alta Ásia para a Ásia Ocidental; **2**. nos relatos a respeito da pessoa de Melquisedeque (Gn 14); **3**. na descrição dos detalhes circunstanciais envolvidos na compra de um cemitério hereditário (Gn 23); **4**. na genealogia das tribos árabes (Gn 25); **5**. na genealogia de Edom (Gn 36); **6**. E nos impressionantes detalhes que são entretecidos com as narrativas gerais. No relato de José, a história patriarcal entra em contato com o Egito; e, quanto às narrativas fornecidas pelos escritores clássicos antigos, bem como os monumentos do Egito, acrescentam esplêndidas confirmações. Por exemplo, o relato apresentado em Gênesis 47.13-26, que descreve como os Faraós se tornaram proprietários de todas as terras, exceto aquelas pertencentes aos sacerdotes, é confirmado pelos escritos de Heródoto (II.84). Submetendo-se o livro de Gênesis a um exame minucioso, outros dados similares podem ser encontrados. Do ponto de vista crítico, Gênesis é considerado uma fonte primária da história antiga.

II. COMPOSIÇÃO. A unidade de composição não só do livro de Gênesis, mas de todos os livros do Pentateuco, tem sido um tema polêmico entre os críticos. O caso de Gênesis tem sido particularmente investigado e, como a questão da unidade do livro está intimamente relacionada ao problema de autoria, apresentaremos a seguir duas principais linhas de pensamento sobre o assunto: **1**. O ponto de vista conservativo; **2**. O ponto de vista crítico.

1. Ponto de Vista Conservativo. A teoria conservativa reivindica que o livro de Gênesis foi recebido por Moisés como revelação direta de Deus, pois Moisés evidentemente tinha contatos imediatos com Deus. Defendendo a teoria da autoria mosaica, os conservativos oferecem os seguintes argumentos: *a*. Considerando as evidências internas que provam que Moisés escreveu pelo menos algumas porções dos livros do Pentateuco, parece plausível assumir que ele tenha escrito a obra inteira, inclusive Gênesis. *b*. A matéria tratada de Êxodo a Deuteronômio exige uma subestrutura como Gênesis. Sentindo essa necessidade, Moisés talvez tenha usado o material disponível da época e feito uma compilação dessa matéria na forma de tradição antiga. *c*. Passagens como João 5.46 e ss., em que Jesus se refere aos "escritos de Moisés", podem ser interpretadas como escritos meramente atribuídos a Moisés. Por outro lado, essas passagens podem igualmente ser interpretadas como pronunciamentos da autoria mosaica desses escritos. *d*. A *Comissão Bíblica da* igreja Católica sugere que, embora Moisés seja o autor do Pentateuco, talvez ele tenha empregado pessoas para trabalhar sob sua direção como compiladores. Esta seria uma maneira de explicar as diferenças estilísticas do livro.

2. Ponto de Vista Crítico. Empregando o método de análise do texto, os críticos modernos afirmam que pelo menos três fontes distintas serviram de base para o livro de Gênesis: P, E e J. Alguns fanáticos no estudo das fontes literárias têm fragmentado essas fontes em subfontes, contudo, como essas subdivisões não os têm conduzido a nenhuma conclusão importante, nos limitaremos ao tratamento das três fontes citadas acima, as quais foram provavelmente baseadas no tradicional. A fonte *P(S)*, de caráter basicamente formal e estatístico, relata o tipo de material que os *sacerdotes* cultivavam, como, por exemplo, Levítico 1-16. Contudo, momentos de grandeza são também encontrados nesta fonte, a saber, Cantares 1. P é a fonte mais recente das três, provavelmente pertencendo ao período entre os séculos V e VI a.C.

A fonte *E* e a fonte *J* se distinguem principalmente pelo emprego respectivo dos nomes *Elohim* e *Jeovah* para Deus. Além desta diferença, o documento *E* se apresenta intimamente relacionado em suas partes, formando assim um todo sólido. O documento J, por outro lado, não apresenta a mesma solidez, mas é de natureza meramente complementar, fornecendo detalhes nos pontos em que E se torna abrupto e deficiente. A fonte E pertence provavelmente ao século VIII a.C.; e a fonte J, ao século IX a.C. Ver no *Dicionário* o artigo separado sobre a teoria J. E. D. P.(S.). Ver também sobre o *Pentateuco*.

Os críticos modernos reivindicam que essas fontes foram subsequentemente combinadas pela mão de um autor final cujo nome é desconhecido. Os antagonistas do ponto de vista crítico mantêm que Gênesis foi escrito por um único autor, e que o uso de dois nomes diferentes para Deus não deve ser atribuído à origem do livro em duas fontes distintas, mas aos diferentes significados desses nomes. Talvez essa observação seja plausível com referência aos nomes de Deus, todavia as diferenças de estilo e vocabulário que claramente distinguem porções do livro de Gênesis ainda permanecerão misteriosas se essa explicação for aceita.

Data e Lugar. Os estudiosos que aceitam a autoria mosaica do livro de Gênesis são compelidos a explicar algumas passagens da obra como notas de rodapé adicionadas posteriormente pelos copistas. (Exemplos: 12.6; 13.7; 14.17 e partes de 36.9-43.) O lugar de origem do livro sugerido por eles é a península do Sinai. Os críticos que não reivindicam autoria mosaica oferecem datas tentativas somente para as fontes individuais, como mencionado anteriormente. Quanto à cópia final, só se sabe que foi compilada depois do exílio, afirmam eles. O local da compilação é desconhecido.

III. Conteúdo. O livro de Gênesis pode ser esboçado de várias maneiras:

1. Esboço Histórico. É o esboço mais geral e popular, que divide o livro em duas partes principais. *a*. **História Primordial**. Capítulos 1 a 11: tratam de assuntos de natureza universal, tais como a origem da terra e a origem da raça humana. *b*. **História Patriarcal**. Capítulos 12 a 50. Estes capítulos relatam a história dos antepassados de Israel. Cerca de dez histórias são apresentadas no livro (2.4; 5.1; 6.9; 10.1; 11.10,27; 25.12,19; 36.1; 37.1), dentre as quais algumas se ocupam de personagens importantes, a saber, Terá, Isaque, Jacó e José. Algumas histórias tratam de importantes categorias, tais como terra e céu, ou os filhos de Adão e os filhos de Noé; outras tratam de personagens como Ismael e Esaú. Apesar de não oferecer um tratamento profundo sobre dificuldades sugeridas pelo texto, este esboço é eficaz, pois enfatiza a direção de Deus na história da humanidade e mostra como ele usou diversas pessoas para cumprir seus propósitos finais.

2. Esboço Temático. Divide o livro em quatro assuntos principais: *a*. Livro do Princípio (1—11). *b*. Livro da Fé (12—25). *c*. Livro da Luta (26—35). *d*. Livro da Direção (36—50).

3. Esboço Detalhado do Conteúdo:
I. *História da Criação* (1.1—2.3).
  1. Criação do céu e da terra (1.1—23).
  2. Criação dos seres viventes (1.24—2.3).
II. *História Humana* (2.4—11.32).
  1. Criação do homem (2.4—17).
  2. Criação da mulher (2.18—25).
  3. Queda do homem (3.1—24).
  4. Multiplicação da raça humana: Caim e Abel (4.1-7).
  5. O primeiro homicídio (4.8-26).
  6. A genealogia de Sete (5.1—32).
  7. A corrupção do gênero humano (6.1-12).
  8. A pena do dilúvio (6.13—8.22).
  9. O pacto de Deus com Noé (9.1-29).
  10. Os descendentes de Noé (10.1-32).
  11. Uma língua universal (11.1-6).
  12. A confusão das línguas (11.7-32).
III. *História dos Patriarcas: A Escolha de Abraão, Isaque, Jacó e Judá* (12.1—23.20).
  1. Abraão entra na Terra Prometida (11.27-14.24).
  2. Pacto e promessa de um filho (15.1-18.16).
  3. A história dos patriarcas (18.17—19.23).
  4. Destruição de Sodoma e Gomorra (19.24-38).
  5. Sara, Isaque e Ismael (20.1-23.20).
IV. *Isaque* (24.1-26.35).
  1. Isaque e Rebeca casam-se (24.1-67).
  2. Morte de Abraão e nascimento dos filhos de Isaque (25.1-34).
  3. Isaque vai a Gerar; renovação da promessa (26.1-35).
V. *Jacó* (27.1—36.43).
  1. Jacó trapaceia o irmão e obtém a bênção de seu pai (27.1-46).
  2. Jacó foge para Arã e Deus renova a promessa em Betel (28.1-22).
  3. Os casamentos de Jacó em Arã (29.1-30).
  4. Nascimento dos filhos de Jacó (29.31—30.24).
  5. Labão faz novo pacto com Jacó (30.25-43).
  6. Retorno de Jacó para a Terra Prometida (31.1—34.31).
  7. Renovação da promessa em Betel (35.1-29).
  8. Os descendentes de Esaú (36.1-43).
VI. *Judá e José* (37.1—50.26).
  1. José vendido por seus irmãos e transportado para o Egito (37.1-36).
  2. Judá e Tamar (38.1-30).
  3. José na casa de Potifar (39.1-23).
  4. José na prisão (40.1-23).
  5. José interpreta os sonhos do faraó (41.1-37).
  6. José como governador do Egito (41.38-57).
  7. Os irmãos de José vão ao Egito pela primeira vez (42.1-38).
  8. Os irmãos de José retornam ao Egito (43.1-34).
  9. A família de José no Egito (44.1-47.31).
  10. Jacó abençoa seus filhos (48.1—49.28).
  11. Morte de Jacó e José (49.29—50.26).

IV. Teologia. De certo modo, o livro de Gênesis constitui a primeira filosofia da história, embora não se baseie em argumentos, mas em convicções. Não há no livro todo nenhuma tentativa de provar que Deus existe, ou que realmente agiu tal qual o autor relata. Alguns pontos de vista importantes a respeito da doutrina de Deus emergem desse livro, a saber: **1. Deus é o único e supremo monarca do universo e de seu povo**. O livro mantém um monoteísmo latente, preparando o alicerce para declarações tais como a de Deus. 6.4. **2. Deus é onipotente**. Através de sua poderosa palavra, ele pode criar o que bem desejar. **3. Deus é onisciente**. Ele soube o local do esconderijo de Adão e Eva no jardim, bem como o fato de que Sara riu secretamente dentro da tenda. Ele está também presente longe da casa ancestral, como Jacó surpreendidamente descobre em Gênesis 28.16. **4. Deus é extremamente sábio**. Ele criou um universo integrado, no qual todas as coisas demonstram perfeita eficiência segundo o uso e o propósito designados. **5. Deus tem profunda misericórdia e amor por sua criação**. Isto é evidente principalmente no que se refere ao homem, obra-prima da criação. Deus não só criou o homem, mas providenciou-lhe tudo aquilo de que precisava para sobreviver. O homem caiu do estado de graça, mas Deus preparou um plano de redenção; guiou e protegeu o caminho dos patriarcas para que esse plano fosse cumprido. **6. Deus se revelou a seu povo**. Às vezes num sonho (31.11), outras vezes através de um misterioso agente, "o anjo do Senhor" (31.11).

Este livro oferece também uma clara noção da natureza do homem: **1**. O homem é uma criatura dotada de parte material e parte imaterial. **2**. O homem é dotado de livre-arbítrio: pode dizer "sim" ou "não" à tentação. **3**. O homem foi criado como um ser superior, obra-prima de Deus, livre de qualquer mancha. Mas ai! O homem caiu do estado de graça. A história da queda, por sua vez, embora soe estranha para muitos ouvidos modernos, ainda é objeto de estudo em ética e em religião. O autor de Gênesis observou que um grande desastre

poderia emergir de uma desobediência aparentemente *trivial*.
4. O homem será restaurado: os dois elementos básicos para a redenção são: graça da parte de Deus e fé da parte do homem. Gênesis 15.16 declara que Abraão creu nas promessas do Senhor: *E creu ele no Senhor, e foi-lhe imputado isto por justiça*. Esta passagem figura proeminentemente no desenvolvimento da teologia de Paulo (Rm 4.3,9,22,23).

V. Descobertas Arqueológicas. Descobertas arqueológicas modernas têm desvendado o mundo de Gênesis. Civilizações nos arredores da Palestina estão sendo descobertas com todas as suas riquezas e variedades. A existência de povos tais como os horitas e os hurrianos (até recentemente apenas nomes) tem sido confirmada. A civilização dos amoritas, enterrada por muitos séculos, está emergindo lentamente. Atualmente pode-se afirmar que os hititas foram poderosos conquistadores que influenciaram o curso da história no passado.

Temas como Criação, Paraíso e Dilúvio são achados também em muitas mitologias do mundo. Tabletes de barro encontrados na Mesopotâmia contêm muitos mitos cujos temas e detalhes também estão presentes no livro de Gênesis.

Na história da criação há algumas semelhanças entre os registros hebraicos e os babilônicos: **1**. Ambas as histórias registram um caos antigo. Até mesmo o nome para esse caos é semelhante em cada língua. **2**. Segundo os dois relatos, houve luz antes de os astros serem criados. **3**. Há paralelismo também nas crônicas do Dilúvio: os deuses mandaram a inundação, mas salvaram um homem que construiu um navio para se abrigar da tempestade. O homem testa o término da catástrofe soltando pássaros e oferece sacrifícios quando tudo está terminado.

Há também algumas diferenças drásticas entre as narrativas hebraicas e babilônicas: **1**. A história hebraica mantém um monoteísmo latente; os outros relatos são de natureza politeísta. **2**. Os princípios morais registrados na história hebraica são extremamente mais altos que os das outras civilizações. Descobertas espetaculares na cidade de Ur dos Caldeus são de grande importância para o conhecimento da história da civilização, todavia de menos relevância direta para as narrativas bíblicas. É mister observar que, num local não muito distante de Ur, os escavadores encontraram evidência de uma inundação de comparável tamanho. No entanto, dizem os críticos, isso não prova a historicidade de Gênesis 6—8, pois foi provado que muitas vezes na história diferentes áreas da Mesopotâmia foram inundadas.

O mundo cultural dos patriarcas tem sido iluminado pelos achados do segundo milênio a.C. em Nazu (perto da moderna Kirkuk). Foram encontrados nessa localidade inúmeros documentos que ilustram detalhadamente diversos costumes patriarcais. Por exemplo, quando a estéril Sara deu à Abraão uma escrava, Hagar, para que concebesse filhos, ela estava fazendo exatamente a mesma coisa que as mulheres de Nazu faziam. A única diferença era o fato de que as últimas eram proibidas de maltratar a escrava. O ato da venda dos direitos de primogenitura feito por Esaú, bem como os problemas de Jacó na obtenção da esposa de sua escolha, são entendidos com mais clareza através desses tabletes (tabletes Nazu). Unger afirma que "o grande serviço que a pesquisa arqueológica está desenvolvendo no período mais antigo da história bíblica demonstra que o quadro dos patriarcas apresentado em Gênesis se ajusta perfeitamente ao estilo de vida da época" (Unger, *Archaeology and the Old Testament*, p. 120).

VI. Considerações Finais. Esta introdução referiu-se a alguns problemas peculiares do livro de Gênesis, tais como autoria e historicidade. Essas questões têm sido objeto de controvérsia entre os eruditos, todavia nada tem sido tão polêmico no livro como o tema da criação. Há um estridente conflito entre o ponto de vista da ciência moderna e o relato desse livro sobre as origens do mundo.

GENTIO

1. O Vocábulo. Quanto ao vocábulo "gentio" precisamos examinar tanto o original hebraico quanto o original grego: *a*. No hebraico, *goyim*, que significa "nações" ou "estrangeiros", em contraste com Israel. Essa palavra quase sempre aparece no plural no Antigo Testamento. (Ver Gn 10.5; Jz 4.3; Is 11.10; 42.1,6; 49.6,22; 54.3; 61.6; Jr 4.7; 4.22; Lm 2.9; Ez 4.13; Os 8.8; Mq 5.8 etc). *b*. No grego, *ethnos*, termo genérico que indica "nação", mas incluindo a nação de Israel. (Ver Mt 24.7; At 2.5) (e também Is 7.5 e 23.2). Paulo contrasta judeus e gentios em Romanos 2.9,10. Mas ali usa o termo grego *ellen* a fim de indicar qualquer pessoa que não fosse judia, que não falasse o grego. Ver também João 7.35 e Romanos 3.9 quanto a esse uso do termo. Tal uso explica-se porque, nos dias do Novo Testamento, o grego tornara-se a língua universal, e quem falasse o grego nem sempre era de sangue grego.

2. Os Pactos e o Caráter Ímpar de Israel. Deus tem estabelecido com a humanidade vários pactos. Aquele que foi estabelecido com a nação de Israel, na península do Sinai, distinguiu essa nação de todas as outras nações (Gn 12.2; 18.18; 22.18; 26.4). E todas as demais nações passaram a ser os "gentios". Essa é a característica que fez de Israel uma nação sem igual no mundo (Dt 26.5; Êx 19.6). Essa singularidade sempre teve efeitos sobre o relacionamento entre Israel e todas as demais nações (Êx 24.10; Lv 18.24,25; Dt 15.6).

3. As Poluições das Nações. Grosseira idolatria e imoralidade caracterizavam as nações gentílicas, más qualidades essas que, constantemente, ameaçavam o caráter ímpar de Israel (1Rs 14.24), e que acabaram resultando em juízo contra o povo de Israel (2Rs 17.7 ss.). Entre esses juízos, os cativeiros assírio e babilônico foram os exemplos supremos. A luta contra a poluição moral e as constantes denúncias dos profetas de Israel contra as nações, fizeram com que o termo *gentio* assumisse um tom pejorativo. Um judeu estigmatizava um seu compatriota chamando-o de gentio ou de cobrador de impostos. Ver Mateus 18.71. Esse sentimento era tão profundo e forte que Tácito foi levado a observar que os judeus "consideravam o resto da humanidade com todo o ódio que se vote a inimigos" (*Nist.* 5.5). Um judeu piedoso nunca entrava na casa de um gentio, com receio do ficar contaminado e assim ficar cerimonialmente impuro. Ademais, sempre que possível, quando estava viajando, evitava áreas e cidades dos gentios, pelo mesmo motivo.

4. Os Gentios e a Espiritualidade. Desde o começo mesmo de Israel como nação, por meio de Abraão, Deus estendeu o seu favor aos povos gentílicos. O próprio pacto abraâmico previa que os gentios seriam abençoados, juntamente com a nação de Israel (Gn 22.18). Nele (Abraão) todas as nações seriam abençoadas. Nisso é que podemos ver a razão do caráter ímpar de Israel: essa nação seria o mestre e o guia espiritual das nações. Isso nada tinha a ver com a ideia de se orgulharem os israelitas e desprezarem as demais nações. A superioridade da nação de Israel só existia para que os israelitas fossem os mediadores da mensagem e das bênçãos de Deus às nações (ver Is 61.6). Em outras palavras, Israel deveria ser uma nação missionária entre as demais nações, e o mundo deveria ser o seu campo missionário. Porém, por haverem rejeitado o seu próprio Messias, os filhos de Israel foram temporariamente cortados, e a missão deles foi interrompida pela era do reino. (Ver Rm 11.11-35). Política e nacionalmente, Israel agora precisa ser pisada pelos gentios até que o relógio de Deus traga-os de volta à sua posição original de mestres (ver Lc 21.24). Entretanto, chegará o tempo em que todo o povo de Israel será salvo, não havendo como aplicar isso somente ao remanescente do período da Grande Tribulação. (Ver Rm 11.25-27. Ver o artigo separado sobre a *Queda e Restauração de Israel*).

5. A Missão da igreja entre os Gentios: a igreja Gentílica. Não foi fácil aos crentes judeus aprenderem que a Nova

GENTIOS, ÁTRIO DOS

Fé tinha, como sua prioridade máxima, a evangelização das nações, embora isso seja uma clara provisão da Grande Comissão (ver Mt 28.19,20). Pedro, embora apóstolo, precisou receber uma visão especial a fim de poder emendar devidamente esse ponto (ver At 10.9 ss.). Um apóstolo especial, encarregado dos gentios, foi nomeado, Paulo, o qual trabalhou mais abundantemente do que todos os demais, assim garantindo o sucesso de sua missão (ver Gl 2.9 e 1Co 15.10). O amor de Deus visa a todos os homens (Jo 3.16) e a expiação de Cristo tem efeitos absolutamente universais (ver 1Jo. 2.2). Quanto à missão da igreja entre os gentios, ver textos como (At 9.15; 10.45; 11.1,18; 13.42; 15.3,7,12,14; 18.6; 22.21; 26.17,20; 28.28; Rm 1.13; Gl 2.2; Cl 1.27). O termo *cristianismo gentílico* salienta o fato de que, quase desde os seus primórdios, a igreja cristã primitiva contava com mais membros gentílicos do que com membros judeus. Então teve início a evangelização do mundo, e uma *noiva gentílica* (a igreja), tem sido chamada pare pertencer a Cristo (Ef 5.27 ss.). De acordo com o trecho de Atos 11.20 ss., elementos não-judeus foram admitidos, em primeiro lugar, pela igreja cristã de Antioquia. Israel foi apenas o começo. Dentro do período de atuação de Paulo, todos os principais lugares do mundo então conhecido haviam sido evangelizados (ver Cl 1.6).

6. Os Gentios e as Promessas do reino. De acordo com as profecias bíblicas relativas ao reino, o Messias tornar-se-á a luz dos povos gentílicos (Is 42.6), a salvação haverá de ampliar-se até os confins da terra (Is 49.6), os gentios haverão de buscar ao Senhor (Is 11.10); a terra encher-se-á do conhecimento do Senhor, assim como as águas cobrem o leito do mar (Is 11.9).

7. Os Gentios e a Restauração. O propósito restaurador de Deus ampliar-se-á para muito além do período do reino, período esse que opera como uma espécie de preparação para as eras eternas. O mistério da vontade de Deus (ver Ef 1.9, 10) haverá de produzir uma restauração universal, que atingirá todas as almas humanas de todos os tempos. Contudo, antecipo que isso atuará em dois níveis: a redenção, que alcançará apenas a minoria dos eleitos, levando-os à participação na natureza divina (ver 2Pe 1.4; Cl 2.10; 2Co 3.18); e a restauração, que envolverá uma realização secundária, embora também gloriosa, da missão de Cristo. Ver o artigo separado sobre a *Restauração*, quanto a detalhes completos sobre essa doutrina.

GENTIOS, ÁTRIO DOS. Ver *Átrio dos Gentios*.

GENUBATE

No hebraico, **"furto"**. Nome do filho de Hedade, o idumeu, e de uma princesa egípcia, irmã de Tapenes, a rainha do Faraó que governava o Egito já perto do fim do reinado de Davi. Viveu em cerca de 1000 a.C. Ele fugiu de Edom, quando Davi invadiu o país. Todos os homens daquele exército, que foram aprisionados, foram mortos. Seu nome aparece somente em 1Reis 11.20.

GERA

Vem do termo hebraico *ger*, **"residir temporariamente"**. Esse nome era muito aplicado a pessoas da tribo de Benjamim, desde o período patriarcal até o exílio babilônico. Podemos enumerar três homens com esse nome, nas páginas do Antigo Testamento: **1**. O filho de Bela, neto de Benjamim (1Cr 8.3). O apelativo ocorre novamente em 1Crônicas 8.5,7, onde talvez esteja em foco a mesma pessoa, embora haja eruditos que pensam que está em foco outra pessoa (número "dois", abaixo). Em Gênesis 46.2, esse homem aparece como filho de Benjamim. Encontrava-se entre os descendentes de Jacó, quando o patriarca migrou para o Egito, em cerca de 1871 a.C. Interessante é que em 1Crônicas 7.7, o lugar onde esperaríamos ser mencionado Gera, é ocupado por Uzias. Em face disso, muitos estudiosos pensam que o trecho envolve alguma confusão. A maioria dos nomes, em Gênesis 46.21, deve ser entendida como nomes de chefes, mas Gera é nome omisso, em uma lista similar em Números 26.38-41. **2**. O pai (ou ancestral) de Eúde, o juiz (Jz 3.15). Viveu por volta de 1295 a.C. **3**. O pai de Simei. Foi este último quem amaldiçoou Davi, quando ele fugia de Absalão (2Sm 16.5; 19.16,18; 1Rs 2.8). Viveu antes de 966 a.C. Gera, antepassado de Eúde, e Gera, antepassado de Simei, podem ter sido a mesma pessoa.

GERA (PESSOAS)

No hebraico, provavelmente, **"peregrino"**, alguém que fica em um país somente por algum tempo. Nesse caso, o nome derivar-se-ia do termo *ger*, "peregrinar". Nas páginas do Antigo Testamento, nome de três benjamitas que viveram em épocas diferentes, a saber: **1**. Um filho de Bela e neto de Benjamim, um dos patriarcas de Israel. (Ver 1Cr 8.3,5,7). Em Gênesis 46.21, ele aparece como um dos irmãos de Bela e portanto, filho de Benjamim. Em 1Crônicas 7.7, o nome "Uzi" aparece no lugar do nome de Gera. Há estudiosos que pensam que a passagem de 1Crônicas 5.3,5,7 não alude somente a um homem com esse nome e, sim, a dois, ou mesmo três. Neste último caso, há um Gera mencionado no terceiro versículo outro do começo do quinto versículo, e ainda um terceiro Gera mencionado, no sétimo versículo, que seria o pai de Uzá e Aiude. O filho de Bela viveu por volta de 1871 a.C. **2**. O pai ou antepassado de Eúde, o juiz (ver Jz 3.15). Viveu por volta de l295 a.C. **3**. O pai de Simei. Este último amaldiçoou Davi, quando esse rei fugia de Absalão (2Sm 16.5, 19.16,18; 1Rs 2.8). Viveu antes de 966 a.C.

GERAÇÃO

Há vários pontos que precisamos considerar quanto a essa palavra:

1. Na Filosofia. A palavra *geração* vem do latim *generara* (gerar, criar). A palavra é usada para exprimir um dos conceitos aristotelianos sobre as mudanças, como oposto da *corrupção*. A geração seria uma mudança do não-ser para o ser, ao passo que a corrupção seria a mundança do ser para o não ser. A geração e a corrupção relativas são tipos de alteração, ou de mudança de *qualidade*. Aristóteles tinha três tipos básicos de mudança, e esse era um deles. Além desse tipo, teríamos mudanças quanto à quantidade e quanto à mudança de lugar. As alterações envolveriam tanto o crescimento como a diminuição da massa dos organismos.

2. Usos Bíblicos. Há dois termos hebraicos e quatro termos gregos a ser considerados, ou seja: *a*. No Antigo Testamento o termo hebraico *toledot*, que ocorre por dez vezes no livro de Gênesis (2.4; 5.1; 6.9; 10.1; 11.10,27; 25.12,19; 27.2 e 36.1), com o sentido de história genealógica. A Septuaginta, usualmente, traduz esse termo hebraico pelo grego *genesis*, que também é a palavra empregada em Mateus 1.1, referindo-se à genealogia de Jesus. *b*. No Antigo Testamento, o termo hebraico *dor*. Essa palavra pode referir-se a algum período específico de tempo (Gn 15.16; Dt 23.2,3,8; Is 51.9; 58.12; Sl 45.17; 72.5). Esses períodos podem ser passados ou futuros. Essa palavra também pode referir-se a alguma classe de homens, como uma *geração perversa e deformada* (Dt 32.5), ou como uma "linhagem do justo" (Sl 14.5). *c*. No Novo Testamento, o termo grego *genesis*, que é usado com diversos sentidos: em Mateus 1.1, aparece como registro genealógico de Jesus; em Mateus 1.18 e Lucas 1.14, como o nascimento de Cristo; em Tiago 1.23, como o rosto natural da pessoa, o rosto com que a pessoa nasceu; em Tiago 3.6, refere-se ao curso da natureza (literalmente, "curva do nascimento"). Alguns estudiosos supõem que em Mateus 1.1, esteja em foco a história inteira de Jesus o Cristo, como equivalente à expressão portuguesa "livro da história de". Nos mistérios órficos, esse vocábulo aparece com o sentido de "roda da origem humana". Simplício, sobre Arist. *De Caelo*, 2, par. 377. *d*. No Novo Testamento, o termo grego *genea*. A Septuaginta usou essa palavra para traduzir o termo hebraico *dor* (2.b). Ela indica as pessoas que vivem em um determinado tempo (Mt 11.16); ou uma determinada extensão de tempo (Lc.1.50). Também refere-se aos componentes de uma genealogia (Mt 1.17). Pode indicar uma família, um clã ou uma descendência (Josefo, *Anti.* 17.20). Também pode apontar para uma nação, conforme se vê em Mateus 24.34 e Lucas 21.32. O período de tempo ocupado por uma geração é o sentido dessa palavra em Dionis. *Hal.* 3.15, em Phil. *Mos. 1,7;* em Josefó, *Anti. 5.336* e também em Gênesis 50.23. Uma *era* é, igualmente, um significado possível dessa palavra (ver Mt 1.17 e I Clemente 50.3). **e**. No Novo Testamento, a palavra grega *gennema,* "criança" ou "prole" (Mt 3.7; 12.34; 23.33; Lc 3.7). Faz parte da denúncia severa de João Batista: *Raça de víboras...* (Mt 3.7). **f**. No Novo Testamento, a palavra grega *genos,* "raça", como se vê dentro da expressão "raça eleita", de 1Pedro 2.9, que indica os eleitos como um todo.

Na linguagem bíblica, uma geração, que corresponde ao período ocupado pela existência de toda uma geração, usualmente, aparece como um período médio de 40 anos, como, por exemplo, o período de tempo em que Israel vagueou pelo deserto. Aquela ficou conhecida como "geração do deserto". Quanto à expressão que se encontra em Mateus 24.34, *não passará esta geração,* ver o artigo separado com o título de *Geração que Não Passa.*

3. A Geração Eterna do Filho de Deus. Essa difícil questão teológica é abordada em um artigo separado, intitulado *Geração Eterna* (vide).

GERAR

No hebraico, **"região"** ou **"lugar do pernoite"**. Gerar era a principal cidade dos filisteus, nos dias de Abraão e de Isaque, localizada na fronteira sul da Filístia, não muito longe de Gaza. Foi visitada por Abraão, após a destruição de Sodoma (Gn 20.1), e também por Isaque, quando houve uma seca no resto da terra de Canaã (Gn 26.1). A região era fértil e adequadamente regada. Foi a sede do primeiro reino filisteu de que temos notícia. Ficava entre os dois desertos de Cades e de Sur. Quanto à sua localização perto de Gaza e Beersebá, ver Gênesis 10.19, 20.1 e 26.1,26. Nos dias de Abraão, os habitantes da região eram aguerridos e dedicados ao pastoreio. Abimeleque, cujo sentido é "pai de reis", aparentemente, era um título hereditário, e não monárquico eletivo, e esse era o título dos governantes da Filístia.

Os reis dali cobiçaram as esposas respectivas de Abraão e de Isaque, sem saberem que elas eram tais, porquanto aqueles patriarcas apresentaram-nas como suas irmãs. A Bíblia Anotada de Scofield refere-se às inverdades assim ditas por esses patriarcas como seus "lapsos em Gerar". Devemo-nos lembrar, entretanto, que, naquela época, os monarcas locais tinham poderes absolutos sobre todas as mulheres, tanto do local quanto das que entrassem em seus domínios. Se um desses chefes desejasse uma mulher casada e o marido da mesma objetasse, isso poderia significar, facilmente, a morte dele e a incorporação da mulher no harém real; e ninguém podia protestar. Assim, as mentiras pespegadas por esses dois patriarcas foram arriscadas, mas, potencialmente salvaram-lhes a vida. De certa feita, ouvi uma professora de Escola Dominical referir-se a esse caso com indignação, dizendo: "Abraão não protegeu sua esposa, nesse incidente". No entanto, a intenção de Abraão foi precisamente a de proteger sua esposa, disposto a sacrificar a virtude dela, a fim de salvar a própria vida e, quem sabe, a vida de Sara. E quem sabe mais o que poderia ter acontecido!

Lemos em 2Crônicas 14.13,14 que, posteriormente, Asa, rei de Judá, derrotou os invasores etíopes tendo-os perseguido até Gerar. Em seguida, os judeus saquearam toda aquela região.

Os eruditos supõem que os filisteus só vieram a ocupar realmente a área de Gerar várias centenas de anos depois da época de Abraão e de Isaque. Porém, podemos adiantar que o livro do Gênesis refere-se a Abimeleque como o rei daquele lugar, de modo geral, o qual veio a cair sob o domínio dos filisteus posteriormente (Gn 26.1).

O antigo local de Gerar tem sido identificado com o *Tell Abu Hureirah,* cerca de quinze quilômetros a sudeste de Gaza e a pouco mais de 24 quilômetros a noroeste de Berseba. Escavações arqueológicas têm mostrado que a região vem sendo ocupada desde o período do Bronze Médio (1800-1600 a.C.). Tell Jemmeh também tem sido escolhido como o local da antiga Gerar. Fica um pouco mais perto da orla marítima. A arqueologia dá informações sobre a localidade desde o período do Bronze Posterior, incluindo até o período bizantino. Muitos dos objetos ali achados indicam que era um lugar rico, provavelmente localizado em uma lucrativa rota de caravanas. Altares de incenso, pertencentes aos séculos VI até IV a.C., são decorados com homens e camelos, o que demonstra a existência de um sistema comercial formal.

GERAR, GERADO

No hebraico temos *yalad,* "gerar", "produzir". Palavra de uso frequente no Antigo Testamento, usada por cerca de pelo menos quinhentas vezes, de Gênesis ao livro de Zacarias. No grego temos *gennáo,* "gerar", que figura por cerca de cem vezes, desde Mateus 1.2 até 1João 5.18.

A ideia é frequentemente usada no sentido literal, como se vê nas genealogias do Antigo e do Novo Testamentos. Mas a importância da palavra, bem como os conceitos nela envolvidos, encontra-se mais em seus usos metafóricos.

1. Em Salmo 2.7, em relação ao rei davídico que era esperado (o Messias), temos o ponto de vista de adoção.

2. Porém, quando diz respeito a Cristo, vamos além disso, nas páginas do Novo Testamento. Assim, temos o *Filho unigênito de Deus,* em João 3.16. A palavra "unigênito" significa "único de sua espécie", ainda que, provavelmente, tenhamos ali a ideia de uma *eterna geração:* o Filho nunca teve começo, mas sempre foi o Filho. Nesse caso, o termo refere-se à posição de Cristo e sua relação com a deidade, não se devendo pensar em qualquer ponto dentro do tempo. Esse conceito é necessário para preservar a ideia de eternidade, dentro do conceito trinitariano, segundo o qual um dos membros da Trindade eterna (ver o artigo) é o Filho, segundo também declara João: *E o Verbo se fez carne, e habitou entre nós, cheio de graça e de verdade, e vimos a sua glória, glória como do unigênito do Pai* (Jo 1.14).

3. Na Literatura Joanina. Existem aqueles que nasceram de Deus (Jo 3.5,6). Ver sobre a *regeneração.* Os trechos de Gálatas 4.5 e Romanos 8.15 (ver as notas a respeito no NTI) aludem à adoção espiritual, e, sob esse símbolo, são ilustrados certos aspectos da filiação. Mas também se destaca o fato de que há necessidade de nascimento do alto ou regeneração, mediante o que uma nova e exaltada espécie de ser vindo à existência. Essa nova espécie de ser humano chegará a compartilhar plenamente da própria forma de vida de Deus, a sua essência e natureza (2Pe 1.4), moldada segundo o tipo de vida exibida pelo Filho (Rm 8.29; 2Co 3.18). Dentre todos os conceitos religiosos, esse é o mais elevado de todos. (ver Jo 1.12,13; 1Jo 3.9; 4.7; 5.1,4,18). Aprendemos na Bíblia que o Espírito Santo é o agente que produz esse nascimento espiritual. Por exemplo: *... ele nos salvou mediante o lavar regenerador e renovador do Espírito Santo* (Tt 3.5). Lemos que Cristo também nasceu de Deus (1Jo 5.18). Sem dúvida está em foco a unidade de essência, conforme também se aprende em João 10.30. E essa mesma unidade de essência, quanto à natureza, também é prometida aos filhos de Deus. *... e como és tu, ó Pai, em mim e eu em ti, também sejam eles em nós...* (Jo 17.21).

Aquele que nasceu de Deus vence o mundo (1Jo 5.4). Aquele que nasceu de Deus purifica-se a si mesmo, na expectativa da *parousia* ou segunda vinda de Cristo (ver o artigo) (1Jo 3.2,3).

Finalmente, aquele que nasceu de Deus pratica a lei do amor, o que serve de comprovação de seu novo nascimento e de sua consequente espiritualidade (1Jo 4.7). Esse é o nosso mais elevado princípio ético. (A B NTI)

GERIZIM

Esse monte, que significa **"habitantes do deserto"** ou **"lugar desértico"**, é mencionado na Bíblia somente por quatro vezes (Dt 11.29; 27.12; Js 8.33 e Jz 9.7). Ver também sobre o monte *Ebal*. O monte Gerizim fica situado defronte do monte Ebal, olhando por cima do vale de Siquém. Esse vale tem cerca de cinco quilômetros de comprimento, sendo estreito o suficiente para que um grito seja ouvido de um lado para o outro. O monte se eleva cerca de 869 m acima do nível do mar Mediterrâneo, em seu lado ocidental. A parte ainda mais alta do Hermon, onde já cai a neve, fica um pouco mais para o norte. Do cume do monte Gerizim pode-se avistar a maior parte da Palestina. Fica no centro de Samaria, próximo de Siquém, cerca de dezesseis quilômetros a sudeste da cidade de Samaria. Os locais sagrados de Siquém e do poço de Jacó são facilmente avistados dali. Tornou-se importante como um dos centros da adoração dos samaritanos, chegando a rivalizar com Jerusalém (ver Jo 4.20). Naturalmente, a região também é sagrada para os judeus, porquanto foi por ali que Abraão e Jacó entraram na Palestina (ver Gn 12.6; 33.18). Jacó edificou um altar, cavou um poço e comprou um terreno onde, mais tarde, os filhos de Israel sepultaram os ossos de José (Js 24.32).

Os montes Gerizim e Ebal também foram o local onde Josué reuniu o povo de Israel, em preparação para a conquista da Terra Prometida. O monte Gerizim tornou-se o símbolo das bênçãos proferidas sobre os obedientes, ao passo que o monte Ebal tornou-se o símbolo das maldições divinas sobre os desobedientes (Dt 11.29, 27.11-14). Foi no monte Gerizim que Josué leu a lei de Moisés à assembleia inteira dos filhos de Israel (Js 8.30-35), mas o altar foi erigido no monte Ebal (Js 8.30).

Esses acontecimentos ilustram o fato de que a mulher, à beira do poço de Jacó, disse a verdade ao Senhor Jesus: *Nossos pais adoravam neste monte...* (Jo 4.20), talvez dando a entender que Jerusalém era um centro secundário e espúrio de culto a Yahweh. Jesus, porém, rejeitou a ideia de lugares especiais, como importantes para a adoração a Deus, afirmando que os verdadeiros adoradores cultuam a Deus em espírito e em verdade (Jo 4.23).

A tradição localiza o altar erigido por Abraão para sacrificar Isaque em Gerizim. Mas não sabemos se essa tradição está com a razão.

Durante os reinados de Davi e Salomão, a adoração de Israel estava centralizada e unificada em Jerusalém onde também o templo foi construído. Mas, quando ocorreu a divisão do reino (Israel, ao norte, e Judá, ao sul), Jeroboão fez de Siquém a capital do reino do norte; e isso fomentou, uma vez mais, o caráter sagrado de Gerizim. Ele desencorajava propositalmente a adoração em Jerusalém, a fim de fortalecer a sua facção política (1Rs 12.25). Chegou mesmo ao extremo de instituir a adoração ao bezerro, em Betel e em Dã, o que constituiu gravíssimo pecado. O resultado de tudo isso foi uma nova e separada religião, com seu centro em Siquém e no monte Gerizim.

O rei da Assíria se apossou da região e estabeleceu ali povos pagãos, que trouxe de outras regiões de seu império. E ordenou que um sacerdote de Israel ensinasse ao pequeno remanescente judaico a sua religião. Mas, apesar de isso representar uma certa restauração religiosa, também continha elementos de perversão (2Rs 17.24-34).

Terminado o cativeiro, Manassés, por permissão de Alexandre, o Grande, edificou um templo em Gerizim; e os samaritanos aliaram-se ao culto que ali se processava. Mas ali havia uma forma poluída de culto, incluindo a idolatria. Esse templo, posteriormente, foi destruído por João Hircano (cerca de 128 a.C.). Porém, até hoje uma seita samaritana oferece ali um sacrifício pascal no alto do monte Gerizim, de acordo com as prescrições do décimo segundo capítulo do livro de Êxodo. E outras observâncias religiosas também são ali efetuadas, conforme se vê nos parágrafos abaixo.

O relato sobre as origens do templo samaritano, em Gerizim, naturalmente, absorveram elementos apócrifos. Com base em referências bíblicas, como Neemias 4 e 13.28, juntamente com várias tradições, Josefo (ver *Anti.* 11.8, 2) expôs a ideia de que o evento que levou ao estabelecimento desse culto foi o matrimônio de Manassés, filho de um sumo sacerdote de Jerusalém, com a filha de Sambalate, um oficial gentílico em Samaria. Manassés recebeu ordem para abandonar sua esposa pagã, mas Sambalate sugeriu que ele construísse um templo rival. E foi assim, ao que se presume, que surgiu o templo em Gerizim, que alguns datam dos dias de Alexandre, o Grande (cerca de 330 a.C.). Porém, outros estudiosos dizem que isso ocorreu um século antes. Seja como for, o que se sabe com certeza é que, na época dos macabeus, esse templo foi arrasado até o chão (ver Josefo, *Anti.* 13.9,1; *Guerras* 1.11,6).

O monte Gerizim é atualmente chamado *Jebel et-Tor*, e os atuais samaritanos conservam sua antiga reverência pelo local, conservando as tradições atinentes ao mesmo por mais de dois milênios. O monte Gerizim é utilizado para cerimônias relativas à Páscoa, ao Pentecostes e à festa dos Tabernáculos. Os samaritanos identificam esse monte com o monte Moriá (vide), de Gênesis 22.2, onde Deus teria posto o seu nome (Dt 12.5).

GERSITAS

Esse é o nome de uma das tribos cananeias cujas terras foram confiscadas por ocasião da invasão da Palestina pelo povo de Israel. O nome aparece somente em 1Samuel 27.8. É provável que essa gente habitasse na cidade de *Gezer* (vide). Há uma nota detalhada, sobre esse lugar, sobre a sua história etc. As cartas de Tell el-Amarna dizem *Gazri*, nome esse que, provavelmente, refere-se ao mesmo povo. Alguns supõem que o nome seja uma corrupção produzida por escribas (mediante ditografia; vide), em lugar de *gesuritas* (ver sobre *Gesur*). Outros eruditos, porém, rejeitam essa conjectura. Também há aqueles que supõem que não está em foco Gezer, e, sim, o monte Gerizim, e que a alusão seria aos habitantes daquela área, não estando ela tão ao norte como era o caso de Gezer.

GÉRSON

Esse nome é de procedência estrangeira, tomado por empréstimo pelo vocabulário dos hebreus. Seu significado é incerto, mas os eruditos supõem que esteja relacionado ao termo hebraico *garas*, "expulsar". Portanto, poderia signficar algo como "fugitivo". (Ver Êx 2.22). Todavia, a palavra pode ser corruptela de uma forma estrangeira original envolvendo um jogo de palavras verbais de alguma sorte. Seja como for, o nome designa três pessoas diferentes, nas páginas do Antigo Testamento: **1**. O filho mais velho de Moisés, dos dois que lhe nasceram na terra de Midiã. Sua mãe foi Zípora. O outro filho de Moisés chamava-se Eliezer. (Ver Êx 2.22 e 18.3). Esses dois homens eram simples levitas, ao passo que os filhos de seu tio, Aarão, desfrutavam de todos os privilégios próprios do sacerdócio, brandindo muito maior autoridade (1Cr 23.15). Aparentemente, Moisés era imune ao nepotismo, uma atitude rara entre os líderes e os políticos. A Bíblia informa-nos somente quanto ao seu nascimento, à sua circuncisão e à sua genealogia. Seu nome veio a ser vinculado a um dos clãs levitas. (Ver Êx 24.24-26). Viveu por volta de 1500 a.C. O trecho de Juízes 18.30 afirma que a família de Jônatas, que servia ilegalmente como sacerdotes em Dã, até o cativeiro assírio, descendia de Gérson. Davi empregou alguns dos descendentes de Gérson, juntamente com os descendentes de Eliezer. Sebuel foi um dos principais gersonitas; e Reabias foi um filho de Eliezer, e também um grande líder. (Ver 1Cr 23.15-17). Outro Sebuel, séculos mais tarde, descendente de Gérson (nossa versão diz "filho de Gérson") foi o tesoureiro-mor de Davi (1Cr 26.24,25). **2**. O filho mais velho de Levi (1Cr 6.16,17,20,43,62,71 etc.). Viveu por volta de 1700 a.C. **3**. Um líder do clã de Fineias, que, por isso mesmo, é chamado de seu *filho*, atendia por esse nome. Encontrava-se entre os que voltaram com Esdras do cativeiro babilônico. (Ver Ed 8.2). Viveu por volta de 450 a.C.

GERSONITAS

Adjetivo gentílico que indica os descendentes de Gérson, um dos filhos de Levi, filho de Jacó (ver Nm 3.21; 4.24,27; Js 21.33). Ver o artigo separado sobre *os Levitas*. No livro de Números os gersonitas são divididos em dois clãs: *Libni*, o mesmo Ladã de Números 3.18,21; e *Semei* (Nm 3.18,21). No recenseamento feito no deserto, os gersonitas somaram em sete mil e quinhentos homens (ver Nm 3.22). A localização dos gersonitas era a ocidente do tabernáculo (Nm 3.23). Parte da responsabilidade deles consistia em transportarem as dez cortinas de linho, as onze cortinas de pelos de cabra, as duas cobertas da tenda, feitas de peles de animais, as cortinas da porta do tabernáculo, além de algum outro equipamento. Ver Números 2.25,26. Eles empregavam dois vagões puxados por quatro bois cada um, nesse mister.

Após a conquista da terra santa, aos gersonitas foram dadas possessões entre os descendentes de Issacar, de Aser e de Naftali, bem como entre a meia tribo de Manassés, na Transjordânia (Js 21.6; 27.33; 1Cr 6.1-43; 62,71-76). Suas terras ficavam no extremo norte, em ambas as margens do rio Jordão.

Embora tivessem se localizado tão longe de Jerusalém, os gersonitas compartilhavam, entusiasmados, da adoração centralizada que havia ali. Asafe era gersonita, e foi um dos principais músicos da época de Davi (1Cr 16.4,5). Outros gersonitas importantes foram Hemã, filho de Joel (1Cr 15.17); Jeieli, Zetã e Joel, que estavam encarregados do tesouro do templo, também foram homens importantes, dentre os gersonitas. (Ver 1Cr 26.21-22; 23.8). O trecho de 1Crônicas 23.7-10 contém uma lista de gersonitas que trabalhavam no templo de Jerusalém.

Alguns gersonitas participaram das reformas instituídas por Ezequias, conforme se aprende em 2Crônicas 29.12-15. Durante o reinado de Josafá (ver 2Cr 20.14 ss.), Jaaziel, um dos descendentes de Asafe, foi pregador e líder religioso importante. Terminado o cativeiro babilônico, o único clã gersonita mencionado na Bíblia é o de Asafe (vide). (Ver Ed 3.10 e Ne 11.17).

GERUTE-QUIMÃ

No hebraico, **"hospedaria de Quimã"** ou **"hospedaria da saudade"**, provável sentido da palavra hebraica por detrás de "Quimã". Esse lugar, posto que próximo da cidade de Belém, permanece não identificado. Talvez derive o seu nome de um filho de Barzilai (2Sm 19.37-40). Joanã e seus companheiros ali permaneceram enquanto planejavam descer ao Egito, após o assassinato de Gedalias, quando Nabucodonosor, imperador da Babilônia, o havia nomeado governador sobre o que restava da Judeia, após o cativeiro babilônico e a deportação dos habitantes da Judeia para outros lugares, em cerca de 586 a.C. (Ver Jr 41.17).

GESÃ

No hebraico, **"imundo"**, embora alguns prefiram pensar no sentido de "firme" ou "forte". Foi o terceiro filho de Jadai, descendente de Calebe (1Cr 2.47). Viveu por volta de 1210 a.C.

GESÉM

Palavra derivada do árabe, com o sentido de "chuva". Mas há outros significados possíveis, como "volume" ou "substância". Ainda outros estudiosos pensam que o sentido da palavra deve ser dado como desconhecido. Seu nome figura exclusivamente no livro de Neemias (2.19 e 6.1,2,6). Ele era um árabe inimigo dos judeus e de Neemias, depois que os judeus voltaram do cativeiro babilônico para a terra santa. Planejou contra a vida de Neemias, em cerca de 445 a.C. Alguns têm suposto que ele fosse samaritano, mas seu título árabe pode identificá-lo apenas como governador de Edom, e não como um idumeu. Outros eruditos, entretanto, têm-no identificado com um rei do norte da Arábia, cujo nome aparece em uma inscrição de Deão, na Arábia, ou então, sob forma modificada, *Gashm, rei de Quedar*, em uma inscrição aramaica descoberta no Egito. Sabemos que os monarcas daquela região tiravam proveito do comércio palestino, por causa das rotas comerciais que atravessavam a Palestina, vindas da Arábia, até as costas do mar Mediterrâneo. Onde houver dinheiro, aí manifestar-se-á a política, e onde houver a política, aí surgirão conflitos. Gesém, pois, opunha-se aos desígnios do governo judaico, tomando-o como sedicioso, e sujeitando-o ao ridículo. Por essa razão foi que Gesém participou ativamente no conluio de Tobias, contra a segurança de Neemias (ver Ne 2.19 e 6.2-9).

GESUR

Um pequeno principado arameu a leste do rio Jordão e ao sul de Maacá, que se tornou território de Manassés (ver Dt 3.14 e 2Sm 15.8). (UN)

GESUR, GESURITAS

O sentido do vocábulo hebraico por detrás desses termos é incerto, embora uma conjectura razoável seja "ponte". Gesur era um país que ficava na margem oriental do rio Jordão, e os gesuritas eram um povo que habitava perto do Sinai.

1. O País. Esse território pertencia à Síria, contíguo à fronteira norte de Israel, no lado oriental do rio Jordão, entre o monte Hermom, Maaca e Basã (Dt 3.13,14; Js 12.5. Ver também 2Sm 15.8 e 1Cr 2.23). A área ocupada pelas populações dali, juntamente com os meacatitas, ficava nas fronteiras do território outorgado a Jair, o manassita (Dt 3.14). O trecho de Josué 12.5 mostra-nos que a conquista da Terra Prometida, pelos israelitas, chegou até aquele ponto. Aquela gente não foi deslocada do território e, naturalmente, os seus descendentes vieram a tornar-se motivo de dificuldades para os israelitas. Gesur, juntamente com Arã (Síria), conquistou Havote-Jair, que antes pertencera a Jair, o manassita, juntamente com outros lugares (1Cr 2.23). Na época de Davi, essa região tinha um rei de nome Talmai. Sua filha, Maaca, tornou-se uma das muitas esposas de Davi (2Sm 3.3). Ela foi a mãe de Absalão, que, quando cresceu, refugiou-se com seu avô materno, em Gesur, depois de haver mandado assassinar traiçoeiramente seu meio irmão, Amom, porque este violentara sua irmã, Tamar. Absalão ficou ali por três anos, antes de voltar ao território de Israel (2Sm 14.23,32; 15.8).

2. Os Habitantes. Esse povo vivia ao sul do território dos filisteus, já no Sinai. Quando da conquista da Terra Prometida, o território deles não fora, originalmente, conquistado pelos israelitas (Js 13.2). Quando Davi refugiou-se junto a Aquis, rei de Gate, desfechou ataques armados contra os gesuritas e contra outras populações. Mas, iludido pelas aparências, Aquis pensava que eram ataques de Davi contra sua própria gente, os israelitas (1Sm 27.8). Por esse motivo, Aquis pensou que Davi se alienara totalmente de seu povo de Israel, e que, por isso mesmo, residiria entre a gente dele, como seu servo permanente. É difícil entendermos toda a matança em que Davi se meteu, durante esse tempo, porquanto matava todos, homens, mulheres e até animais. John Gill, comentando sobre 1Samuel 27.10, afirma que Davi matou tanta gente com o propósito bem definido de enganar Aquis, a fim de que pudesse residir mais confortavelmente entre os filisteus, mas ajunta que não deveríamos defender tanto derramamento de sangue. Sem dúvida, tudo isso constituiu um crime da parte de Davi. A sua razão para tanta matança era eliminar qualquer relatório sobre o que ele andava fazendo, a fim de que Aquis não viesse a descobrir que ele não estava atacando os israelitas. É realmente difícil entender alguns dos *heróis* da fé. Mas, afinal, eles foram apenas homens, com tantos defeitos como quaisquer outros homens.

GÉTER

O significado desse nome não é conhecido. Todavia, foi o nome do terceiro dos filhos de Arã. Ele é mencionado somente por duas vezes em duas passagens do Antigo Testamento (Gn 10.23 e 1Cr 1.17). Nesta última passagem, ele aparece como um dos filhos de Sem, quando, na realidade, era um dos seus descendentes, através de Arã. Viveu por volta de 2200 a.C., ou mesmo antes disso. Mas, nenhum povo, nação ou população tem sido identificado como seus descendentes diretos.

GEZER

1. O Nome. No hebraico, essa palavra significa **"precipício"** A tradução da Septuaginta diz Gazera; mas aparece com a forma de *Geder*.

2. Localização. Gezer é uma antiquíssima cidade que ficava localizada à margem noroeste da Sefelá, acima da planície marítima, cerca de vinte e nove quilômetros a noroeste de Jerusalém e a vinte e sete quilômetros a sudeste de Jafa. Dali obtém-se uma ótima visão da planície de Ono (Ne 6.2). Essa planície era atravessada, na direção norte-sul, por uma estrada, que era a principal rota marítima da região. Uma estrada lateral, que conduzia à região montanhosa, através de Belém, levava diretamente a Gezer. Ocupava uma posição estratégica, visto que guardava uma das poucas estradas que levava de Jerusalém a Jafa. (Ver 2Sm 5.25 e 1Cr 14.16), quanto a referências bíblicas a essa localidade.

3. História. Gezer fora uma cidade real dos cananeus, situada naquilo que se tornou a porção ocidental do território da tribo de Efraim. Até onde vão os registros históricos, foi mencionada pela primeira vez por Tutmés III, na lista de cidades que ele conquistou, quando de sua primeira campanha naquela região. Ali o nome da cidade aparece como *q-dj-r*. Em uma estela, esse Faraó mencionou prisioneiros feitos em Gezer. Um tablete, em escrita cuneiforme, menciona os gitim (Gath ou Gitaim). Gezer imiscuiu-se nas muitas batalhas e intrigas que o povo da área encetou contra o Egito. Os governantes de Gezer procuraram ocupar cidades e áreas chaves que guardavam as rotas que conduziam a Jerusalém. Porém, o Faraó Merzepta intitulou-se de "redutor de Gezer", o que dá a entender que ele conseguiu dominar a oposição ao Egito que ali havia. Sua vitória ali é descrita em uma estela que os arqueólogos descobriram. Quando da XVIII Dinastia egípcia, foi posta sob a direção de um governador egípcio (1570 a.C. e depois). Porém, obteve alguma independência e, na época da conquista da Terra Prometida, pelos filhos de Israel, a cidade contava com seu próprio rei, Horão.

Já desde 3000 a.C., Gezer era um centro importante, tendo-se tornado uma virtual fortaleza. Por esse motivo foi que Josué (no século XIII a.C.) tendo atacado aquela área em geral, nunca conseguiu expelir os cananeus daquela região. (Ver Js 10.33; 16.5,10 e Jz 1.29). Israel obteve ali poder suficiente pare forçar os habitantes a pagarem tributo e proverem labor forçado. Os levitas coatitas receberam a cidade como herança, bem como toda a região em redor, que, como já dissemos, fazia parte do território de Efraim. (Ver Js 21.21; 1Cr 6.67). Quando Davi estabeleceu a sua capital em Jerusalém, declarou guerra aos filisteus, tendo-os perseguido até Gezer (2Sm 5.25; 1Cr 14.16). No século X a.C., o rei do Egito capturou e arruinou Gezer. O que sobrou, ele deu à sua filha, como presente de casamento. Por esse motivo é que Salomão reconstruiu a cidade (1Rs 9.16,17).

Não mais se ouve falar em Gezer, nas páginas da História, até a conquista da mesma pelos assírios, no tempo de Tiglate-Pileser, ou em sua campanha contra a Filístia (734 a.C.), ou em seu ataque contra Israel (733 a.C.). A arqueologia tem descoberto um relevo que fala sobre a conquista do lugar por esse monarca assírio. Dois tabletes, escritos em assírio, em escrita cuneiforme, encontrados entre as ruínas de Gezer mostram que Tiglate-Piteser estabeleceu ali uma colônia. Subsequentemente, o controle do lugar retornou à Judeia, sob Josias, e talvez também sob Ezequias.

Há algumas evidências de que alguns que retornaram do cativeiro babilônico estabeleceram residência em Gezer. Isso apesar de que o trecho de 1Esdras 5.31, onde alguns manuscritos dizem "filhos de Gezer", diga em manuscritos de qualidade superior, "filhos de Gazem". Aparentemente, Gezer esteve envolvida no conflito entre a XXIX Dinastia egípcia e a Pérsia (398-393 A,C,), conforme uma laje de pedra, encontrada na área, parece dar a entender.

Antes do aparecimento dos macabeus, Gezer era uma cidade gentílica. Quando os governantes selêucidas foram derrotados, eles retiraram-se para Gezer, como um lugar de refúgio (ver 1Macabeus 4.15 e 7.45). Baquides fez da cidade uma fortaleza (1Macabeus 9.52; Josefo, Anti. 13.1,3). Baquides (vide) foi governador da Mesopotâmia durante os dias de Antíoco Epifânio e general do exército sírio na época de Demétrio Soter. Simão Macabeu conquistou a cidade de Gezer, segundo nos diz Josefo (*Guerras* 1.2,2; *Anti.* 13.6,7). Mas Antíoco Sidete reconquistou a cidade (Josefo, *Guerras* 1.2,5; Anti. 13.7,3).

Quando do domínio romano, Gezer já havia perdido sua anterior importância, tendo sido reduzida a uma pequena aldeia. Na era bizantina, uma outra cidade, cerca de sete quilômetros de distância, para o sul-sudeste, Emaús-Nicópolis era muito mais importante do que Gezer. Eusébio, em seu *Onomástico* 66.19-68.2, descreve essa outra cidade.

4. Arqueologia. O local de Gezer foi identificado por C. Clermont-Ganneau, em 1870. Várias inscrições foram ali encontradas. O arqueólogo R.A.S. Macalister escavou as ruínas de Gezer em *Ten Jezer*, em 1902, e muitas escavações foram efetuadas durante o período de 1902-1909. Mais trabalho arqueológico foi ali desenvolvido em 1934, por A. Rowe. Em anos mais recentes, outros arqueólogos têm continuado as escavações, incluindo o *Hebrew Union College* e a Escola Bíblica e Arqueológica de Jerusalém, sob a direção de G.E. Wright. Ruínas ali achadas têm sido datadas dos períodos Calcolítico, Bronze Antigo I, II e III, Bronze Médio II, Bronze Posterior, Idade do Ferro e épocas das dominações persa, helenista e romana. Foi encontrado um portão que procede da época de Salomão. (ALB in JPOS, IV, 1924; ALB em BASOR, vol. 41; 1931; idem, n° 89, 1943; H. Darrell Lance, em BA, XXX, 1967, MACA (1912); ND UN Z)

GIA

No hebraico, **"fonte"**. Um lugar, não identificado, mencionado somente em 2Samuel 2.24. Outros estudiosos preferem pensar no sentido de "cascata" ou "ravina", para essa palavra. Estava na rota da fuga de Abner, quando fugia de Joebe e Abisai, depois de haver morto Aseel, seguindo a derrota das forças de Esbeal, pelas tropas de Davi. O local é mencionado em conexão com a colina de Amá.

GIBAR

No hebraico, **"herói"** ou **"poderoso"**, nome do antepassado de noventa e cinco pessoas que voltaram do cativeiro babilônico com Zorobabel (Ed 2.20). No trecho paralelo de Neemias 7.25, aparece o nome *Gibeom* em lugar de Gibar. Visto que essa lista de Neemias relaciona as pessoas às suas cidades de origem, e não a seus antepassados, no registro que se segue imediatamente, em Esdras 2.21, é incerto qual teria sido o original.

GIBEÁ

No hebraico, **"colina"**, **"outeiro"**. Nome usado com esse sentido em muitas passagens do Antigo Testamento, tanto para indicar várias localizações geográficas como até mesmo de uma pessoa. Visto que Israel era uma região montanhosa, na maior parte de seu território, não é surpreendente que muitas localidades tivessem sido denominadas Gibeá.

1. Quanto a localidades que tinham esse nome, devemos notar que vários nomes usados no Antigo Testamento derivam-se da mesma raiz, do que resulta uma certa confusão. Assim, há os nomes Geba, Gibeá, Gibeate e Gibeom. O texto massorético exibe considerável confusão no que concerne a esses nomes. Quanto a esse texto, ver sobre a *Massorah*. Assim Gibeom, uma das principais cidades dos *heveus* (Js 11.19) é confundida com Gibeá de Saul (2Sm 21.6), e também como Geba, mencionada em 1Crônicas 14.15. E, então, para confundir as coisas ainda mais, a Gibeom de 1Crônicas 14.16, na realidade, é a mesma que a Geba de 2Samuel 5.25. Geba e Gibeá, mui provavelmente, referem-se ao mesmo lugar e são frequentemente confundidas. Em Juízes 20.31, não há como fazer com que o caminho ali mencionado na realidade fosse de Gibeá a Gibeá, pelo que deveríamos pensar de Gibeá a Geba. Nossa versão portuguesa resolve a dificuldade dizendo ... *para Gibeá do Campo*. Mas, dois manuscritos posteriores do texto massorético, em vez disso, dizem "para Geba". Contudo, em Juízes 20.10, Geba, sem dúvida é Gibeá. Nossa versão portuguesa diz ali: ... *Gibeá de Benjamim*. Na verdade, Geba é a forma masculina do nome, ao passo que Gibeá é a forma feminina do mesmo nome, e parece que as duas formas eram usadas intercambiavelmente. Assim, se o leitor sentir-se confuso diante de tantos nomes parecidos, pelo menos poderá consolar-se diante do fato de que os eruditos também têm ficado confusos.

2. Gibeá era o nome de uma cidade na região montanhosa de *Judá* (Js 15.27), identificada com a moderna *el Jab'ah*, situada cerca de dezesseis quilômetros a noroeste de Beit Immar. Talvez fosse essa a cidade natal de Micaía, a mãe de Abias, rei de Judá (2Cr 13.2). Dando-lhe o nome de Babaata Eusébio e Jerônimo situavam-na a doze milhas romanas de Eleuterópolis, afirmando que ali é que residia o profeta Habacuque. Ficava cerca de treze quilômetros e meio a sudoeste de Jerusalém.

3. Também havia uma Gibeá nas colinas de *Efraim*, uma área que pertencia a Fineias, neto de Aarão. Foi ali que Eleazar, o sacerdote, foi sepultado (Js 24.33). Josefo (Anti. 5.1,29) chegou a mencioná-la; mas, atualmente, sua localização é desconhecida. O *Onomástico* de Eusébio situava-a a cinco milhas romanas de Gofna, na estrada para Neápolis (Siquém). Ela ficava cerca de quinze milhas romanas ao norte de Jerusalém. Alguns estudiosos têm-na identificado com o *wady el-Jib*, a meio caminho entre Jerusalém e Siquém.

4. Gibeá também era uma cidade de *Benjamim* (1Sm 13.5), também chamada "Gibeá de Saul" (1Sm 11.4). Era assim chamada porque foi ali que Saul nasceu (1Sm 10.26). Ele usou a cidade como sua residência, quando era rei de Israel (1Sm 13-15). Nos tempos de Davi, depois que ele passou a controlar Israel, os gibeonitas enforcaram sete dos descendentes de Saul, nas muralhas de Gibeá, a fim de fazer expiação pela matança que ele provocara entre os habitantes daquele lugar (2Sm 21.6). A Septuaginta diz "Gibeom" nesse lugar. Antes disso, o local serviu de cena de um crime desumano, registrado em Juízes 19.12 ss., por causa do qual os benjamitas foram quase exterminados. No conflito intenso que se seguiu, foram mortos quarenta mil homens das outras tribos, e vinte e cinco mil homens de Benjamim, tudo por causa de concupiscência sexual envolvendo a concubina de um levita. O levita desmembrou o corpo de sua concubina e enviou pedaços do mesmo a várias porções de Israel, exigindo vingança. Os israelitas aniquilaram a localidade, mas pouparam quatrocentas virgens para serem esposas dos seiscentos homens benjamitas sobreviventes (Jz 19-21). E as outras mulheres, que se faziam necessárias, foram trazidas de Silo.

W. F. Albright começou a fazer escavações nesse lugar, em 1922. O local moderno chama-se *Tell el-Ful*, que significa "colina dos Feijões". Fica cerca de cinco quilômetros ao norte de Jerusalém. O local dá mostras de ter sido habitado por muitos povos. Seu primeiro nível representa o fim da Idade de Bronze e o começo da era do Ferro, quando então foi construída ali uma fortaleza (perto do fim do século XII a.C.). Esse lugar foi incendiado mais ou menos nesse tempo; e alguns estudiosos identificam isso com a destruição descrita no livro de Juízes 19 e 20, ligada ao relato mencionado no parágrafo anterior. O lugar continuou desabitado por cerca de um século depois disso. O segundo nível representa a época de Saul. Novamente tornou-se uma fortaleza. Um arado de ferro foi um dos itens ali encontrados. Os filisteus, porém, destruíram-na e, novamente, a mesma ficou desabitada, somente para vir a ser habitada novamente, algum tempo mais tarde. Porém, após os dias de Davi, a cidade foi abandonada novamente pelo espaço de mais um século. O terceiro nível revelou uma fortaleza que foi usada entre os séculos IX e VII a.C. Esse lugar pode estar vinculado à Geba mencionada em 1Reis 15.22, e onde, provavelmente, o nome correto deve ser Gibeá (nossa versão portuguesa diz "Geba"). Essa fortaleza foi destruída por Nabucodonosor; e seguiu-se então um abandono por diversos séculos. O lugar foi novamente fortificado na época dos macabeus. Judeus residiram esporadicamente no local, até a destruição de Jerusalém, no ano 70 d.C. E, a partir dessa data, o local nunca mais foi habitado. Um curioso achado arqueológico foi encontrado nesse local. Uma manjedoura de pedra foi achada ali, com data aproximada do tempo do nascimento de Jesus Cristo. Pode-se supor que a manjedoura mencionada por ocasião do nascimento de Jesus era similar a essa. Ver as notas expositivas no NTI, em Lucas 2.7, quanto a informações sobre a manjedoura de Jesus.

5. Há uma outra Gibeá em 1Samuel 10.10, chamada de "Gibeá-Eloim" em 1Samuel 10.5. Essa localidade tem sido identificada com Ram Allah; mas outros estudiosos preferem identificá-la com Gibeá de Saul. No entanto, o mais provável é que tenha sido um lugar distinto, provavelmente o mesmo que Geba Ram Allah onde Saul mostrou-se ativo e onde residia. Saul visitou esse lugar, mas, aparentemente isso ocorreu antes de ter escolhido o local como sua residência.

6. Gibeá em *Quiriate-Jearim*. Foi nessa localidade que a arca da aliança foi guardada em segurança depois que os filisteus a devolveram aos israelitas, até que Davi, finalmente, transportou-a para Jerusalém (2Sm 6.3,4; ver também 1Sm 7.1,2).

7. Certo homem, chamado Gibeá, era descendente de Calebe (1Cr 2.49). O nome de seu pai era Seva, cuja mãe era Maaca, uma das concubinas de Calebe (1Cr 2.48). Viveu em cerca de 1410 a.C.

GIBEÁ DE SAUL. Ver sobre *Gibeá*, quarto ponto.

GIBEATE

Em algumas versões (embora não em nossa versão portuguesa, que diz "Gibeá"), esse é o nome de uma cidade da tribo de Benjamim, perto de Jerusalém (Js 18.28). Alguns identificam esse lugar com a Gibeá de Benjamim (ver sobre Gibeá, quarto ponto, chamada "Gibeá de Saul"), que ficaria cerca de oito a dez quilômetros ao norte de Jerusalém. Mas outros estudiosos preferem pensar em uma cidade diferente, embora próxima daquela.

GIBEATITA

Adjetivo gentílico que indica um nativo de Gibeá (vide). É adjetivo aplicado a Semaa, pai de dois benjamitas que, a princípio, serviam a Saul, mas que depois bandearam-se para Davi (1Cr 12.3).

Gibeom
Davis, John D., 1854-1926, *Novo Dicionário da Bíblia* / [Tradução: J.R. Carvalho Braga]. – Edição ampliada e atualizada – São Paulo, SP: Hagnos 2005.

GIBEOM

1. O Nome. No hebraico, *ghibhon*, significa "colina", "outeiro". Ver o artigo separado sobre *Gibeá*, uma palavra que vem da mesma raiz, e que designa várias cidades mencionadas no Antigo Testamento. Gibeom era uma cidade que ficava cerca de dez quilômetros a noroeste de Jerusalém, na estrada para Jope.

2. Caracterização Geral e História. Gibeom foi uma célebre cidade dos dias do Antigo Testamento. O nome não ocorre no Novo Testamento. Era uma grande cidade, originalmente uma das capitais dos heveus. (Ver Js 11.19). É mencionada pela primeira vez no Antigo Testamento em conexão com o engano que seus habitantes pespegaram em Josué. Eles induziram-no não somente a entrar em liga com eles assim poupando-os do extermínio, mas também a fazer guerra contra cinco reis, que os tinham ameaçado. (Ver Js 9.3-17). Assim agindo, eles escaparam da mesma sorte que tinham tido as cidades de Ai e Jericó. Josué entrou em acordo com os embaixadores de Gibeom, antes de saber que eles eram da cidade, a qual, naturalmente, fazia parte da lista das cidades que precisavam ser conquistadas. O tratado incluiu as aldeias de Quefira, Beerote e Quiriate-Jearim. Mas embora Josué tivesse cumprido a palavra empenhada não os destruindo, reduziu-os à servidão, de tal modo que se tornaram lenhadores e puxadores de água. (Ver Js 9.23). A circunstância criada por esse acordo provocou a batalha de Bete-Horom, durante a qual houve o famoso longo dia de Josué. (Ver Js 10). Em nosso artigo sobre a *Astronomia*, quinto ponto, discutimos vários itens interessantes na Bíblia, relativos a esse assunto.

Finalmente, a região foi entregue a Benjamim, como possessão, e então a cidade foi declarada cidade dos levitas. (Ver Js 18.25 e 21.17). Após a destruição de Nobe, por parte de Saul, o tabernáculo foi armado em Gibeom, onde permaneceu até a construção do templo de Jerusalém. (Ver 1Cr 16.39; 1Rs 3.4,5 e 2Cr 1.3 ss).

Os gibeonitas levavam uma vida precária entre os israelitas. Saul, aparentemente, só tolerava a presença deles. No entanto, lemos acerca de uma grande matança contra os gibeonitas, que ele promoveu (2Sm 21.1 ss.). Nos dias de Davi, eles exigiram que fosse feita justiça contra esse ato, em razão do que sete dos filhos de Saul foram entregues aos gibeonitas, os quais foram por eles executados. Somente Mefibosete foi poupado.

O conflito entre os soldados de Joabe e os soldados de Abner teve lugar em Gibeom; mas a luta não envolveu os nativos do lugar (2Sm 2.12 ss.). Joabe ganhou a batalha, mas não foi capaz de deitar mão em Abner.

Salomão foi até Gibeom a fim de oferecer sacrifícios, e foi ali que Deus sondou-o acerca de seus mais profundos desejos. Salomão escolheu a sabedoria, e não vantagens pessoais e materiais, e acabou ganhando até mesmo esse tipo de vantagens (1Rs 3.4; 2Cr 1.3 ss.). Nessa época, Gibeom era um dos lugares altos onde se efetuava um culto idólatra, o que prevaleceu ali por longo tempo. Como um dos *lugares altos*, Gibeom é mencionada novamente por duas vezes (em 1Cr 16.39 e 21.29).

Com base em Jeremias 41.16, aprendemos que, após a destruição de Jerusalém por Nabucodonosor, Gibeom tornou-se, novamente, a sede do governo de toda aquela região.

Cerca de quinhentos anos depois da associação de Gibeom com Salomão, Melatias e outros naturais de Gibeom ajudaram Neemias a reconstruir as muralhas de Jerusalém. (Ver Ne 3.7, ver também Ne 7.25). Um falso profeta de Gibeom era chamado Hananias e Jeremias predisse a sua morte (Jr 28.1 ss.). As genealogias de 1Crônicas 8.29 e 9.35 mencionam um homem de nome Gibeom; e o mais provável é que se tratasse de um homem da cidade de Gibeom.

3. A Arqueologia e a Cidade de Gibeom. James B. Pritchard, da Universidade do Estado da Pennsylvania, dirigiu as escavações em Gibeom, nos verões dos anos de 1956, 1957, 1959 e 1960. Essas escavações foram feitas no local chamado modernamente *el-Jib*. Foram encontrados restos arruinados de habitações, que remontam à era do Bronze Antigo e Médio II. Uma ocupação pertencente à era do Bronze Posterior talvez tenha sido o lugar conhecido por Josué. Pertencente à Idade do Ferro Antigo, foi escavado um grande poço seco, com uma escadaria que descia por suas paredes internas, até uma profundidade de 10,70 m escavada na rocha. Dali descem outros degraus, descendo por um túnel por outros cinquenta metros, até uma câmara com água. Esse túnel contava com noventa e três degraus, escavados na rocha sólida. Os arqueólogos não têm muita certeza quanto à razão dessa construção; mas parece que ali havia um manancial de água. É possível que o *açude de Gibeom*, mencionado em 2Samuel 2.13, seja precisamente essa construção. Em data posterior, um outro túnel foi aberto até uma fonte fora das muralhas da cidade, a fim de obter maior suprimento de água para a cidade. Nas asas de várias jarras ali encontradas, havia selos reais, juntamente com os nomes dos proprietários e daquela cidade, Gibeom. Essa escavação, provavelmente, foi feita no século VII a.C., conforme demonstram as descobertas feitas naquela área em geral. A esse mesmo período pertence uma extensa indústria de fabrico de vinhos. Jarras fechadas de vinho eram guardadas em adegas frescas, escavadas na rocha. As asas das jarras tinham nomes familiares aos leitores da Bíblia, como Amarias, Azarias e Hananias. A abundância de jarras encontradas, talvez, indique que elas estavam relacionadas à indústria produtora de vinhos do local. Adegas para estocar vinhos, cortadas na rocha, chegavam ao número de sessenta e seis.

Uma grande necrópole foi desenterrada, pertencente aos tempos romanos. Vários túmulos e um columbário estavam entre as coisas descobertas. Muitos artefatos foram recuperados dentre essas descobertas, incluindo excelentes espécimes de cerâmica. (AM ND PRIT (1962) UM Z)

GIBEONITAS

Ver o artigo sobre *Gibeom*. O termo *gibeonitas* refere-se aos habitantes da cidade de Gibeão, como também, talvez, dos habitantes das três aldeias circunvizinhas de Gibeom, Quefira, Beerote e Quiriate-Jearim (Js 9.17). Temos relatado a história dessa gente, no tocante a Israel, no artigo sobre *Gibeom*, pelo que não repetimos aqui esse material. Após o tempo de Saul, não há menção aos gibeonitas como um povo distinto, mas eles podem ser considerados como parte dos *netinins* (vide). Eles foram perdendo importância como um povo, por causa das matanças sofridas. Os gibeonitas eram contados entre os mais antigos habitantes da terra de Canaã. O trecho de Josué 11.19 chama-os de *heveus*. Alguns dentre os tetinins foram nomeados servos do templo de Jerusalém (1Cr 9.2), com base no que, entendemos que houve um processo de absorção, fazendo de alguns deles, senão mesmo da maioria deles, israelitas. Além das referências gerais a essa gente, houve um poderoso guerreiro gibeonita, que foi um dos heróis de Davi, que fez parte de sua guarda pessoal de trinta valentes, chamado "Ismaías" (1Cr 12.4). Um outro gibeonita foi Melatias, que ajudou Neemias a reconstruir as muralhas de Jerusalém, após o cativeiro babilônico.

GIBETOM

No hebraico, **"altura"** ou **"cômoro"**. Esse era o nome de uma cidade dos filisteus que ficava nos territórios ocupados pela tribo de Dã (Js 19.44). Foi entregue aos levitas como sua possessão. Foi ali que Baasa matou Nadabe (1Rs 15.26). Onri atacou a cidade e conquistou-a dos filisteus. Também foi ali que Onri foi proclamado rei, e foi dali que ele partiu, a fim de declarar guerra ao renegado rei Zinri, o qual foi morto, e cujo lugar Onri ocupou. Ver o relato inteiro em 1Reis 16.11-20. O local antigo tem sido identificado com o moderno Tell Melat. Gibetom era uma importante fortaleza no ramo oriental do chamado Caminho do Mar, a rota utilizada por Tutmés III em suas campanhas militares contra a Síria, e por Esar-Hadom, em seu ataque contra o Egito.

GIDALTI

No hebraico, **"tornei grande"** ou **"magnifiquei (a Deus)"**. Esse era o nome de um levita coatita, filho de Hamã. Este último atuava no templo de Jerusalém como cantor, e Gidalti era dessa mesma profissão. (Ver 1Cr 25.4,6,7). Eles faziam parte do vigésimo segundo dos 24 turnos de sacerdotes que cuidavam do culto divino (1Cr 25.29). Gidalti e treze irmãos tocavam a trombeta de chifre, nos cultos do templo. Isso aconteceu por volta do ano 1000 a.C. Diversos dos nomes dados no quarto versículo não podem ser explicados como nomes hebreus, e isso tem servido de problema para os intérpretes. Alguns estudiosos supõem que não se tratam de nomes próprios, mas de um versículo de um salmo ou de uma lista de salmos. Por outro lado, o conhecimento que temos do hebraico antigo não é tão grande assim; e, por isso mesmo, os nomes poderiam ser nomes semíticos aceitáveis, embora não os conheçamos através de qualquer outra fonte informativa.

GIDEÃO

I. NOME E PANO DE FUNDO BÍBLICO. Essa palavra vem do hebraico e significa "lenhador" ou "guerreiro". Ele era filho de Joá, o abiezrita, da tribo de Manassés, que residia em Ofra, em Gileade, do outro lado do rio Jordão. Ele foi o quinto juiz de Israel, segundo os registros bíblicos. Em Juízes 7.32 e 7.1, ele também é chamado *Jeruboal*, que significa "que Baal se esforce" ou então "que Baal pleiteie". E o nome Jerubesete aparece em 2Samuel 11.21, um nome que significa "que a vergonha se esforce". Esses nomes eram sobrenomes.

II. CARACTERIZAÇÃO GERAL. Gideão foi quem libertou os israelitas dos midianitas. O relato aparece no livro de Juízes capítulos sexto ao oitavo. Os midianitas, que eram nômades árabes dos desertos da Síria e da Arábia, tinham invadido a porção central da Palestina. Em um de seus muitos súbitos ataques, eles mataram os irmãos de Gideão, em Tabor. Foi então que Gideão recebeu uma experiência mística, na qual o Anjo do Senhor chamou-o, com o intuito de fazer dele o libertador de Israel. E foi-lhe dito que derrubasse o altar de Baal e erigisse, no lugar do mesmo, um altar dedicado a *Yahweh*. Por causa desse feito, ele obteve o apodo de *Jerubaal* (ver III.2). Gideão reuniu uma pequena força (muito menor do que seria necessária para a tarefa), e surpreendeu os midianitas sob a escuridão da noite. E foi capaz de empurrá-los na direção do rio Jordão, capturando e matando dois dos príncipes midianitas, Orebe e Zeebe. Gideão continuou a perseguição, até as margens do rio Jordão, e ali alcançou os reis midianitas Zeba e Zalmuna, aos quais prontamente executou.

Visto que agora Gideão era um herói militar e realizara um importante serviço, Israel quis fazer dele um rei. Os reis eram úteis especialmente para fins de organização e proteção. Quando Israel exigiu um rei, o propósito deles era, essencialmente, esse. Mas, para surpresa geral, Gideão não estava interessado em tornar-se rei. Só queria os brincos de ouro que havia tomado como parte dos despojos de guerra. Isso lhe foi concedido, e, com esse material, ele fez uma *estola* sacerdotal, a fim de honrar a Yahweh. A estola era uma espécie de veste sacerdotal. (Ver Jz 8.27). Essa estola, provavelmente, foi pendurada em algum lugar conspícuo da cidade de Ofra. Era apenas um memorial, mas os israelitas transformaram-na em um ídolo. Em outras palavras, tornou-se o centro de atração de um santuário religioso, sendo provável que petições e promessas fossem feitas ali, conforme se vê nos modernos santuários idólatras. O texto bíblico denomina isso de "prostituição", conforme podemos ler em Juízes 8.27, visto que toda idolatria desvia os homens para longe da adoração ao Senhor, sendo uma infidelidade espiritual. A questão inteira pois tornou-se prejudicial para Gideão e seus familiares. Mas, seja como for, o serviço prestado por Gideão, livrando Israel de seus adversários, foi um dos pontos altos na história de Israel, antes da monarquia. Por isso é que, nos livros proféticos, encontramos a expressão "dia dos midianitas", para indicar um evento significativo. (Ver Is 9.4). Esse evento tornou-se ainda mais significativo porque aquele foi um acontecimento provocado por Deus, sem a ajuda humana.

III. EVENTOS SIGNIFICATIVOS E LIÇÕES DA VIDA DE GIDEÃO. 1. Gideão surgiu em cena em um *período necessário* da história de Israel. Os midianitas e amalequitas, além de outras tribos nômades, tinham invadido e saqueado Israel. Israel ainda não havia centralizado o governo. As tribos eram desunidas e desorganizadas. Cada indivíduo fazia aquilo que melhor lhe agradasse (Jz 21.25). A idolatria era comum. As plantações dos israelitas eram regularmente saqueadas e destruídas, deixando-os passar fome. Em meio a toda essa tribulação, os israelitas clamaram ao Senhor. Gideão, pois, foi a resposta dada por Deus. Ele era o homem da hora e do momento. Cada um de nós tem alguma missão significativa a cumprir, alguma singularidade que pode ser útil para o propósito divino. (Ver Ap 2.17).

2. A Intervenção Divina. O Anjo do Senhor anunciou a chamada divina a Gideão (Jz 6.11 ss.). Gideão pediu um sinal confirmatório de que tivera uma genuína visitação da providência divina, e o Anjo fez com que o alimento posto sobre uma pedra fosse instantaneamente consumido, quando tocou no mesmo com a ponta de seu cajado. Diante disso Gideão reconheceu que seu visitante era o próprio Anjo do Senhor, e exclamou: *Ai de mim, Senhor Deus, pois vi o Anjo do Senhor face a face* (Jz 6.22). Naturalmente, essa é uma grande lição, e a nossa fé religiosa deveria levar-nos na direção das realidades espirituais, para encará-las de frente. A mera ortodoxia doutrinária jamais satisfaz à alma humana. Precisamos, igualmente, do toque místico em nossas vidas, para que seja criada e mantida uma fé vital. Ver o artigo sobre *Desenvolvimento Espiritual, Meios do*.

Atendendo à comissão divina, Gideão teve a coragem de derrubar o altar de Baal, derrubando também o bosque que era usado como lugar de adoração a essa divindade pagã. Em lugar de Baal, Gideão levantou um altar a Yahweh, e ali fez oferendas ao Senhor. Foi então que Gideão foi apelidado de Jerubaal, "que Baal pleiteie", isto é, em seu próprio favor, visto que seu altar fora derrubado. O povo queria executar Gideão pelo que ele tinha feito, mas Joás conseguiu persuadir o povo de que se Baal fosse realmente um deus, ele poderia defender-se sem ajuda humana.

3. A Famosa Porção da Eira. O Espírito do Senhor estava com Gideão, mas, a despeito disso, ele não tinha muita certeza. Por isso, requereu um sinal da parte de Deus, para mostrar que, realmente, era intenção de Deus livrar Israel por intermédio dele. Ele era apenas um agricultor, sem qualquer treinamento para a guerra; e, além disso, era temível a tarefa que lhe fora dada, que facilmente poderia custar-lhe a própria vida. Assim, solicitou um sinal divino. E isso nos fornece a história das duas porções da lã que ele deixou ao relento (Jz 6.37 ss.). Uma só porção de lã não lhe pareceu suliciente. Apesar da primeira prova ter-lhe sido atendida, ele continuou na dúvida. Mas, quando o sinal lhe foi concedido pela segunda vez, a porção de lã ficou seca e o terreno ao redor ficou úmido com o orvalho, então ele reconheceu que, de fato, Deus estava com ele. Esse relato é familiar para qualquer criança da Escola Dominical, e continua a encantar-nos. Quem de nós já não expôs a sua porção de lã para submeter a teste a vontade de Deus? Algumas vezes, funciona; de outras vezes, não. Mas, seja como for, a providência divina cuida de todos nós, se buscarmos honestamente a vontade de Deus.

4. Trabalhando com Pouca Coisa. Gideão ansiava por reunir uma força armada para medir forças com os midianitas. Deus, porém, não precisava dos planos e nem das forças de Gideão. Pelo contrário, diminuiu o Senhor o número dos homens e armas. Todos aqueles que não tivessem coragem de lutar, podiam retirar-se. Portanto, nada menos de vinte e dois mil homens o fizeram, e somente dez mil restaram. Mas isso ainda era mais do que Deus precisava, embora Gideão precisasse desesperadamente. Mas um teste, para ver quem beberia água à beira do rio sem desviar a vista para a frente, permitiu que somente trezentos homens armados continuassem. Todos os que beberam água como cães, lambendo-a com a língua, foram enviados para casa. No entanto, os midianitas e os amalequitas formavam um grande exército, contra os quais foram uma praga de gafanhotos, e os seus camelos não tinham número. Eram como a areia do mar, por causa de sua grande multidão (Jz 7.12). Gideão, em meio aos preparativos para a batalha, foi encorajado por uma experiência mística, uma visita noturna do Anjo do Senhor (Jz 7.9 ss.). Nessa visão, foram dadas a Gideão instruções vitais. Em seguida, Gideão conseguiu ouvir um sonho que um dos soldados inimigos tivera, e que predizia a vitória dos israelitas (Jz 7.13,14). Gideão acreditou no sonho, pois compreendeu que se tratava de um sinal que Deus permitira que lhe fosse dado. E isso tudo muito o encorajou.

Foi criado o *notável estratagema* dos cântaros e das tochas. Cada um dos trezentos homens de Gideão recebeu uma trombeta, cântaros vazios e tochas dentro dos cântaros. Aproximando-se do acampamento do inimigo no escuro, quando os soldados midianitas estavam dormindo, primeiramente partiram os cântaros, produzindo grande ruído. Então gritaram juntos: "Pelo Senhor e por Gideão!" As tochas acesas davam a impressão de que, por detrás dos trezentos homens, havia um grande exército pronto para atacar. O resultado do estratagema é que o terror apossou-se dos soldados midianitas. Muitos fugiram em desabalada confusão; e outros, em estado de pânico, lançaram-se contra as gargantas de seus colegas. O resultado disso foi uma grande matança entre os midianitas com completa derrota do inimigo. E vários dos líderes principais estavam entre os mortos.

A lição é óbvia; e, para nós, vital, em muitos casos. Deus pode fazer muita coisa contando com bem pouco, podendo obter vitórias inesperadas. O relato também representa uma intervenção divina, em que o homem fez a sua pequena parte, parte essa que, por si mesma, teria sido insuficiente. Notemos que todo o ocorrido foi preparado por sinais e comunicações espirituais. O sétimo capítulo do livro de Juízes conta a história em sua inteireza.

5. A Estola: Sinal e Idolatria. Temos comentado a esse respeito na segunda seção, intitulada *Caracterização Geral*. Vemos ali como uma coisa boa pode ser distorcida ao ponto de levar um homem piedoso a cair numa armadilha, através da astúcia e distorção mental de outras pessoas.

6. Gideão Rejeita a Glória Terrena. Muitos militares tornaram-se os grandes líderes de seus países. As pessoas admiram o poder, a decisão e as glórias obtidas em campo de batalha. Gideão entretanto, foi uma exceção a isso, tendo rejeitado a ideia de tornar-se rei de Israel. O povo de Israel precisava de organização e de proteção (Saul, finalmente, foi escolhido como rei, a fim de prover essas coisas à nação), mas Gideão sabia que o trono não era o lugar que lhe competia. Na determinação da vontade de Deus, algumas vezes é importante sabermos o que precisa deixar de ser feito, mesmo quando pareça lógico realizar isto ou aquilo. (Ver Jz 8.22 ss).

7. Um Período de Paz. A vitória sobre os midianitas trouxe um período de paz e tranquilidade para Israel. Gideão nunca mais precisou fazer o papel de guerreiro. Antes, encontramos Gideão vivendo entre seus muitos filhos, nada menos de setenta, visto que conforme dizem as Escrituras, ele ... *tinha muitas mulheres* (Jz 8.30). O notório *Abimeleque* (vide), foi um desses filhos de Gideão, e acabou entrando pelo mau caminho. Por ocasião da morte de Gideão, Abimeleque assassinou todos os seus irmãos, com a única exceção do mais jovem, Jotão, que conseguira ocultar-se. (Ver Jz 8.28-32 e cap. 9). Gideão, entretanto, viveu até avançada idade; e, quando faleceu, foi sepultado no sepulcro de Joás, seu pai, em Ofra, sua cidade natal.

IV. GIDEÃO NO NOVO TESTAMENTO. No Novo Testamento, Gideão obtém um lugar de honra na lista dos heróis, no décimo primeiro capítulo da epístola aos Hebreus (vs. 32). Ele foi um dos que subjugaram um reino por meio da fé. A expressão "dia dos midianitas" parece ter-se tornado proverbial para indicar alguma libertação divina, sem a ajuda humana (ver Is 9.4). Isso é algo que precisamos relembrar. Todos nós podemos ter o nosso próprio "dia dos midianitas", quando o poder de Deus faz alguma coisa acontecer que está acima de nossas forças. Desse modo, tal como no caso de Gideão, Deus obtém para si mesmo toda a glória, e nós temos a oportunidade de nos maravilharmos diante de sua graça. (AM G IB YAD Z)

GIDEL

No hebraico, **"grande"**. Esse é o nome de dois homens, mais conhecidos nas Escrituras através de seus descendentes, a saber: **1**. Um ascendente de uma família de netinins, ou servos do templo. Eles retornaram em companhia de Zorobabel do exílio babilônico (vide). (Ver Ed 2.47 e Ne 7.49). No trecho paralelo de 1Esdras, em lugar de Gidel aparece *Catua*. **2**. Um ascendente de outra família de servos do templo, da época de Salomão. A referência específica é aos descendentes dele, que retornaram do cativeiro babilônico em companhia de Zorobabel (Ed 2.56 e Ne 7.58). Eles o acompanharam na mesma caravana. Os filhos originais dos servos de Salomão descendiam de prisioneiros de guerra, sujeitados a labores forçados (ver Js 9.23 e 1Reis 9.21).

GIDEONI

No hebraico, **"guerreiro"**. Esse era o nome do pai de Abidã, um príncipe da tribo de Benjamim, e um daqueles que foram nomeados para fazer o recenseamento do povo de Israel na península do Sinai. Gideoni viveu por volta de 1490 a.C. O seu nome aparece por cinco vezes no Antigo Testamento (Nm 1.11; 2.22; 7.60,65 e 10.24).

GIDOM

No hebraico, **"detonação"**, **"derrubada"**. Esse foi o lugar para onde os guerreiros restantes da tribo de Benjamim fugiram, diante das demais tribos de Israel. Os benjamitas caíram no erro de dar apoio aos algozes da concubina de um levita. O levita desmembrou o corpo morto de sua concubina e enviou pedaços para todo o Israel, exigindo vingança. (Ver Jz 20.45).

Aparentemente, Gidom ficava situada entre Gibeá e a colina de Rimom. No entanto, o local exato é desconhecido para a erudição bíblica moderna. Sabe-se apenas que ficava cerca de cinco quilômetros a leste de Betel.

GIGANTES

Várias palavras hebraicas têm sido traduzidas por "gigante". Nenhuma delas significa, especificamente, um "gigante". Mas, devido à maneira como foram usadas, vieram a ser associadas a raças de gigantes. As lendas antigas associavam pessoas de estatura incomum como se fossem prole de mulheres com criaturas angelicais. O trecho de Gênesis 6.4 é assim interpretado por alguns estudiosos, e não há que duvidar que pelo menos alguns rabinos assim compreendiam esse versículo. Por exemplo, o vocábulo hebraico *nefil*, um dos termos envolvidos, na realidade significa "valentão" ou "tirano". O Targum de Jônatas menciona esses seres, chamando-os pelos nomes de Sancezai e Uziel, e classifica-os como anjos caídos. O mesmo conceito tem sido promovido em várias obras pseudepígrafas do período intermediário entre o Antigo e o Novo Testamentos. A maioria dos especialistas na Bíblia não leva isso muito a sério, mas é possível que esse tivesse sido o sentido na mente do autor original do livro de Gênesis. Seja como for, oferecemos abaixo um sumário das passagens onde ocorre a palavra "gigantes": **1**. *Nefil (nefilim)*, que se deriva do verbo *nafal*, "cair", o que nos permite traduzir aquela palavra por "caídos". Temos aqui a questão mencionada no parágrafo anterior, que envolve o trecho de Gênesis 6.4. Minhas fontes informativas estão divididas quanto à questão da interpretação. Alguns estudiosos entendem ali a menção a *anjos caídos* pelo que os gigantes envolvidos seriam uma *prole desnatural* (Unger). John Gill, em contraste com isso, embora mencione essa interpretação, refere-se a eles como seres humanos naturais especialmente debochados (portanto, *caídos*). Nesse caso, a expressão "filho de Deus" refere-se a homens espiritualmente dotados, e não a anjos ou seres não humanos de qualquer espécie. Alguns intérpretes admitem a força desses argumentos; mas declaram que, quer gostemos quer não, isso é o que o texto ensina, e que, naturalmente, o texto fala de uma lenda. Mas há quem prefira interpretar a passagem como o rompimento da separação entre a linhagem piedosa de Sete e a linhagem ímpia de Caim, em razão do que o testemunho sobre Yahweh, que fora entregue à linhagem de Sete, acabou falhando (ver Gn 4.26). A mesma palavra hebraica aparece em Números 13.33, referindo-se a um povo agigantado, chamado de os *anaquins*, *ou* filhos de Aneque. **2**. *Refaim*. Essa palavra significa "fortes". Refere-se a uma raça de gente que vivia no lado oriental do rio Jordão. Eles emprestaram o seu nome a um vale perto de Jerusalém. Os intérpretes referem-se às tribos originais de Moebe, Edom e Amom, nos dias de Abraão (cerca de 1950 a.C.). Quedorlosomer, segundo as Escrituras, derrotou-os quando se aliaram uns com os outros. No período da conquista da Terra Prometida (cerca de 1440 a.C.), Ogue, rei de Basã, representava o que restava ainda desse povo. (Ver Dt 3.11, Js 12.4 e 13.12). O trecho de 2Samuel 21.6,18,20,22 (ver também 1Cr 20.4,6,8) refere-se a certos filisteus como "descendentes dos gigantes", homens de elevada estatura. **3**. *Anaquins*, ou seja, "filhos de Anaque". No capítulo treze de Números, os espias enviados por Moisés, em preparação para a conquista da Terra Prometida, encontraram essa gente. Os vs. 32 e 33 mencionam homens de *grande estatura*, que faziam os homens de Israel assemelharem-se a gafanhotos. Eram os filhos de Anaque. A passagem de Deuteronômio 9.2 mostra que a estatura gigantesca dessa gente tornara-se proverbial. Nos dias de Moisés, eles habitavam nas regiões de Hebrom (Js 11.22). Havia três clãs principais, encabeçados por Aimã, Sesai e Talmai, todos eles filhos de Aneque (Nm 13.22). Josué conseguiu destruir essencialmente esses clãs (Js 11.21; Jz 1.20). **4**. *Emins*. O trecho de Deuteronômio 2.10 menciona essa raça de gigantes, que habitava na região de Moabe. Lemos, em Gênesis 14.5 e Deuteronômio 2.11, que eles eram tão altos e numerosos quanto os enamins. **5**. *Zanzumins*. (Ver Dt 2.20). Esses formavam uma raça de gigantes que habitavam na terra de Amom. Quando da conquista da Terra Prometida, esse povo também foi essencialmente destruído. **6**. *Gibor*, que significa "homem poderoso" ou "valente" (conforme se vê em Gn 6.4; Js 1.14 e 1Sm 9.1). Em algumas traduções, como em Jó 16.14, dizem "gigante" (nossa versão portuguesa diz "guerreiro", uma tradução bem provável). A Septuaginta diz *gigas* (gigantes) em (Gn 6.4; 10.8,9; 1Cr 1.10; Sl 29.5; 33.16; Is 3.2) e várias outras passagens. **7**. *Referências Miscelâneas*. Da Gate dos filisteus, onde moravam os anequins, é que veio o famoso gigante Golias (1Sm 17.4). Alguns dizem que ele descendia dos refains, um remanescente dos quais fugira para a Filístia. De acordo com a Bíblia, sua altura era de seis côvados e um palmo, ou seja, fazia dele um homem com 2,75 m de altura. Isso pode parecer impossível; mas eu conheci pessoalmente um lutador profissional que tinha 2,45 m de altura. Basta adicionar mais trinta centímetros para que se chegue à altura de Golias. Ver o artigo separado sobre *Golias*. Dois outros gigantes filisteus são mencionados em 2Samuel 21.16-22. As mitologias babilônica e grega mencionam gigantes e seres imortais de imensa estatura, capazes de ter filhos com mulheres humanas, em paralelo com a possível interpretação de Gênesis 6.4. W.F. Albright, em seu livro, *From the Stone Age to Christianity* (p. 226), menciona essas lendas, supondo que elas refletem a crença de que, no caso de Israel, estariam em foco os *deuses astrais*, que teriam sido criados por Yahweh. No Antigo Testamento, esses seres são chamados de "filhos de Deus", e seriam capazes de gerar filhos em mulheres humanas. Aqueles que leem a literatura clássica sabem da facilidade com que, ali, os deuses (ou as deusas) eram capazes de ter relações sexuais com os seres humanos, produzindo os chamados *heróis* da antiguidade. Sem dúvida, havia esse tipo de doutrina, sendo possível que o trecho de Gênesis 6.4 seja apenas um reflexo dessa ideia. Contudo, trata-se apenas de um *mito*.

GIGANTES, VALE DOS. Ver sobre *Refains, Vale dos*.

GIGITAS

Ver o artigo geral sobre *Gate*. Os gigitas eram os habitantes desse lugar, conforme se vê em Josué 13.13. Seiscentos deles aliaram-se a Davi, tornando-se parte integrante de suas tropas (2Sm 15.18,19). Talvez fossem mercenários. Obede-Edom, que guardou a arca da aliança durante algum tempo, era um gigita (2Sm 6.10), talvez por haver ele nascido ali, embora levita. Mais provavelmente, porém, ele foi assim chamado por ser natural de Gate-Rimom, uma cidade dos levitas.

GILALAI

No hebraico, **"pesado"**, **"rolante"** ou **"sujo"**. Alguns pensam no sentido "(o Senhor) rolou para fora"; mas outros acreditam que a palavra é de origem incerta. Seu nome ocorre somente em Neemias 12.36. Foi um sacerdote, dentre um grupo de outros, que tocou instrumentos musicais de Davi, por ocasião da consagragão das muralhas de Jerusalém, sob a direção de Esdras. Viveu ele em torno de 445 a.C. O nome, porém, não aparece na versão da Septuaginta, ao relatar o ocorrido.

GILBERT DE LA PORREE

Suas datas foram 1076-1154. Foi o maior lógico do século XII. Foi bispo de Poitiers. Representava um realismo moderado, uma posição de meio termo entre Platão e Aristóteles. Ver o artigo sobre os *Universais*. Ele ensinava que a Trindade divina deve sua existência e unidade ao fato de que compartilham comumente de sua substância. Deus é puro ser, a forma mesma da existência. As três pessoas da Trindade seriam Deus por participarem dessa forma pura. A forma pura seria uma só, mas as pessoas participantes da mesma seriam três. Isso posto, é mister distinguir entre Deus como ser puro (monoteísmo) e Deus como triúno. Essa distinção levou De La Porree a enfrentar dificuldades. Seus pontos de vista foram condenados como heterodoxos. Bernardo de Clairvaux opunha-se a ele e à sua ideia sobre a Trindade. O sínodo de Rheims, contudo, deu apoio a suas obras, sob a condição de que ele corrigisse suas opiniões sobre a Trindade.

Por longo tempo, o *Livro dos Seis Princípios* foi tido como de sua autoria; mas muitos eruditos modernos duvidam da validade desse parecer. Temos dele, entretanto, duas obras: *Comentário sobre Boethius* e *De Trinitate*.

GILBOA, MONTE

O hebraico parece significar **"fonte borbulhante"**. Há uma fonte cerca de oitocentos metros a leste da cidade de Jezreel, que fica localizada no extremo ocidental do monte Gilboa. E é possível que o nome desse monte se tenha derivado dessa fonte. A colina do Hermom, que alguns chamam de Pequeno Hermom, faz parte da cadeia montanhosa que corre paralela à cadeia onde está o monte Gilboa. E, no meio das duas cadeias, fica o vale de Jezreel. Esse vale também é chamado de planície de Esdrelom. A cadeia de Gilboa ficava no território da tribo de Issacar (2Sm 1.21). Nesse lugar, Saul e seus três filhos foram mortos em batalha contra os filisteus (1Sm 28.4; 31.1,8; 1Cr 10.1). Davi compôs um belo hino fúnebre quando ouviu falar sobre isso, a fim de expressar sua tristeza. Nesse hino, pois, há várias notas sobre as condições geográficas da região. Ver 2Sm 1.19,25. Atualmente, essas colinas são chamadas *Jebel Fukua*; mas o nome antigo ainda é retido pela aldeia de nome Jelbon, que fica localizada em outro monte da mesma cadeia montanhosa.

Essa cadeia montanhosa tem apenas cerca de treze quilômetros de comprimento, e cerca de cinco a oito quilômetros de largura. O pico mais alto chama-se, atualmente, Xeque Burqan, com apenas 517 m de altura. Muitas batalhas notáveis tiveram lugar naquela área. Perto de Megido, para sudoeste da planície de Esdrelom, o Faraó Tutmés III lutou contra os cananeus, cerca de oitocentos e cinquenta anos antes das forças do Faraó Neco terem matado o rei Josias, em Megido (2Rs 23.29). Débora derrotou Sísera, ajudado pelo ribeiro de Quisom, que começa no monte Gilboa (Jz 5.21). Perto dessa área, Gideom obteve a sua extraordinária vitória sobre os midianitas (Jz 6.33). Em Jezreel (vide), a casa de Onri construiu uma capital do verão (1Rs 18.45 e 2Reis 9.15). Essa cidade ficava no espigão do monte Gilboa, cerca de sessenta metros acima da superfície da planície. Ocupava uma posição estratégica sobre a principal rota comercial do Egito para Damasco (o chamado "Caminho do Mar"; vide), bem como sobre a principal estrada entre o litoral do mar Mediterrâneo e o rio Jordão. Foi em Gilboa que Jeú assassinou Jorão, de Israel, e sua mãe, Jezabel. Partindo dali, ele perseguiu, alcançou e assassinou Acazias, de Judá (ver o nono capítulo de 2Rs).

GILEADE

O Nome. O nome hebraico pode significar "monte do testemunho", talvez relacionado ao árabe, *julaad*, "íngreme", "áspero". Mas a maioria dos estudiosos prefere pensar que o sentido permanece incerto. Gileade designa uma região montanhosa a leste do rio Jordão; também é o nome de uma cidade e de várias pessoas, referidas no Antigo Testamento:

I. A Região Montanhosa

1. O Nome. O trecho do Gênesis 31.47,48 leva-nos a crer que o nome significa "monte do testemunho", embora por derivação popular e não por etmologia científica (no hebraico, *ga-led*). Parece que, a princípio, o nome era da cidade existente na região, que então emprestou seu nome ao monte próximo. Por

Gileade
Davis, John D., 1854-1926, *Novo Dicionário da Bíblia* / [Tradução: J.R. Carvalho Braga]. – Edição ampliada e atualizada – São Paulo, SP: Hagnos 2005.

outro lado, a palavra árabe *julaud*, "íngreme", "áspero", parece apropriada pare descrever a região, sendo bem possível que essa seja a verdadeira derivação do nome Gileade.

2. A Área Desse Nome. A área geral é a região da antiga Palestina (atualmente chamada Jordânia), situada a leste do rio Jordão. Era chamada Galaaditi, na época dos macabeus. Porém, o termo não era usado com precisão e uniformidade. Algumas vezes, a área indicava a região inteira a leste do Jordão (ver Gn 37.25; Js ;22.9 ss 2Sm 2.9 2Reis 15.29; Am 1.13; Ez 47.18). Outras vezes, o elevado platô de Moabe é excluído; mas tudo quanto está ao norte disso, até Basã, é incluído (ver Dt 3.10; Js 13.11; 2Rs 10.33). A fronteira sul de Gileade não se estendia tanto como sucedia segundo o uso popular do nome, pois o distrito de Jezer não estava incluído nesse uso (Nm 32.1; 2Sm 24.5,6). A área, falando em termos gerais, ia desde o lago da Galileia até a extremidade norte do mar Morto, ou seja, tinha cerca de noventa e sete quilômetros de comprimento e trinta e dois quilômetros de largura. Ao norte estava limitada por Basã, ao sul, por Moabe e Amom (ver Gn 31.21, Dt 3.12-17).

3. Conexões Tribais. Durante a sua história, Gileade algumas vezes aparecia associada à tribo de Gade, e outras vezes, à tribo de Manassés. A fronteira norte da tribo de Gade era o rio Jaboque ou a cidade de Masnaim, que tem sido explorada pelos arqueólogos ao sul do rio Jaboque. Gileade aparece como pertencente à tribo de Gade (em Jz 5.17, Nm, 32.39 *ss.*; Dt 3.15). Mas, alguns trechos bíblicos, como Deuteronômio 3.13 e Números 32.39 *ss.*, associam-na com a tribo de Manassés. Os homens das tribos de Rúben e Gade queriam esse território, devido às boas terras de pastagem ali existentes, para os animais que criavam (ver Dt 3.12-17).

4. Dados Históricos. A arqueologia tem mostrado que a porção norte de Gileade vinha sendo habitada desde nada menos que o século XXIII a.C. Quando Israel invadiu a Terra Prometida, ali residiam os amorreus e os moabitas. Moisés desejava atravessar o território deles; mas, como a permissão para tanto lhe foi negada, disso resultou o usual conflito armado com sua matança. Em resultado, a tribo de Gade ficou com o território (Nm 21). Os homens das tribos de Manassés e de Gade gostaram da área do outro lado do rio Jordão, pelo que Moisés concordou em ceder-lhes aquelas terras sob a condição de que prometessem que, primeiramente, ajudariam as demais tribos de Israel a conquistarem as terras a oeste do rio Jordão. Isso foi feito, segundo se vê no capítulo vinte e dois do livro de Josué. Uma vez que as terras ao ocidente do Jordão foram conquistadas, as terras do lado oriental do Jordão, ocupadas por aquelas tribos, nem sempre ajudaram o resto de Israel em tempo de crise, conforme é demonstrado com o conflito contra Sísera (Jz 5.17). Durante o tempo dos juízes, os amonitas assediaram os israelitas em Gileade. Sob a liderança do Jefté, essa opressão foi aliviada (Jz 11). Os efraimitas sentiam-se infelizes com Jefté e outros gileaditas, por não haverem sido convidados a participar da luta pela libertação. Por essa razão, houve uma pequena guerra civil, na qual a tribo de Efraim foi derrotada. Ao fugirem, os homens de Efraim tinham de atravessar os vaus, mas os gileaditas os bloquearam. Todo aquele que quisesse atravessar tinha de pronunciar "Chibolete"; mas, se dizia "Sibolete", não podendo exprimir bem o vocábulo, era morto. Ver a história toda no décimo segundo capítulo do livro de Juízes.

Os amonitas, entretanto, continuaram mostrando-se pestíferos para Israel. Saul, pois, combateu-os tendo obtido uma grande vitória em Jabes-Gileade (1Sm 11). Após sua derrota e morte, Abner fez o filho de Saul, Is-Bosete, ser rei em Gileade (2Sm 2.8,9). Davi ingiu para Gileade, quando Absalão obteve, temporariamente, o mando da nação. A batalha decisiva contra Absalão, que resultou em sua morte teve lugar em Gileade (2Sm 18). Então Gileade foi incluído no recenseamento feito por Davi (2Sm 24.6). Elias era natural de Gileade (1Rs 17.1), havendo, no seu caso, uma distinção peculiar contrária ao costume judaico: sua genealogia não é dada.

Damasco, da Síria, foi o inimigo que andou atacando essa região de Israel nos séculos IX e VIII a.C. O profeta Amós condenou a extrema crueldade dos atos dos sírios (Am 1.13). Oseias queixou-se da grande iniquidade dos habitantes de Gileade (Os 6.8). Quando Israel e Judá entraram em aliança para pôr fim ao domínio sírio em Ramote-Gileade (1Rs 22.1-4), Acabe morreu na batalha. Jeú estabeleceu um pacto com Salmaneser III, em cerca de 837 a.C. para manter longe o poder assírio. Mas o rei Oseias terminou servo do rei da Assíria (ver 2Rs 17.3). Hazeel, da Síria, sujeitou uma parte dos territórios de Israel, incluindo Gileade (2Rs 10.33). Tiglate-Pileser III invadiu tanto Israel quanto Judá, e derrotou ambas essas nações. Muitos cativos foram levados para o exílio, incluindo muitos de Gileade (2Rs 15.29). Judá continuou existindo, mas muito debilitada. A nação de Israel, porém, terminou nessa oportunidade. Josias, de Judá, apossou-se de Gileade. Mas, quando a Babilônia invadiu toda aquela região, Judá perdeu controle em toda a parte, incluindo Gileade. O profeta Obadias profetizou a restauração de Gileade à tribo de Benjamim (vs. 19). Após o cativeiro babilônico, Tobias foi nomeado governador do território de Amom, que ficava contíguo à província de Gileade, e começou a reinar como subordinado ao monarca persa. Em 163 a.C., Judas Macabeu recuperou, temporariamente, a região de Gileade (Galaade), e transportou muitos de seus habitantes para Judá (1Macabeus 5.9-54). Nos dias do Novo Testamento, Gileade passara a fazer parte da *Pereia* (vide).

II. A Cidade de Gileade. Alguns estudiosos pensam que em Oseias 6.8 é mencionada uma cidade com o nome de Gileade. Diz nossa versão portuguesa: *Gileade é a cidade dos que...* Mas outros intérpretes pensam que deveríamos entender o trecho como se dissesse que Gileade era como *uma cidade* cheia de iniquidade. Visto que não há qualquer outra menção, bíblica ou não, a uma cidade com esse nome, parece que temos de ficar com essa segunda interpretação. Nesse caso, "Gileade" foi nome usado por esse profeta em um sentido diferente do usual.

III. O Bálsamo de Gileade. Ver o artigo separado sobre *Bálsamo*. Os trechos de Jeremias 8.22; 46.11 e 51.8 mostram que essa substância, uma goma aromática, era considerada dotada de propriedades medicinais. Era um artigo do comércio, presumivelmente produzido em Gileade, ou, de alguma outra maneira, estava associado a Gileade (ver Gn 37.25 e 43.11). Um hino evangélico moderno usou esse nome como símbolo da cura espiritual de almas "enfermas pelo pecado".

IV. Três Homens de Nome Gileade. **1**. Um filho de Maquir e neto de Manassés (Nm 26.29,30), que viveu por volta de 1800 a.C. Os maquiritas, pois, eram gileaditas. (Ver Nm 26.29, 30; 27.1,32, 40; 36.1; Js 17.1; Jz 5.17; 1Cr 2.21 e 7.14). **2**. O pai de Jefté (Jz 11.1,2). Mas outros pensam que "Gileade" é ali usado como personificação de uma comunidade (ver vs. 7,8). Se foi, realmente, um indivíduo, então deve ter vivido por volta de 1250 a.C. **3**. Um descendente de Gade e ancestral dos gaditas de Basã (1Cr 5.14). Viveu por volta de 780 a.C. O nome "Gileade" refere-se, pois, a uma tribo gadita.

GILEADITAS

Esse adjetivo pátrio (aparece em Jz 12.4,5; Nm 26.29 e Jz 10.3), referindo-se a um ramo da tribo de Manassés, que descendia de Gileade (ver 4 a, no artigo *Gileade*). Parece que eles eram subestimados por israelitas de outras procedências. Juízes 12.4 refere-se a isso, quando diz: *Ajuntou Jefté todos os homens de Gileade, e pelejou contra Efraim; e os homens de Gileade feriram Efraim, porque este dissera: Fugitivos sois de Efraim, vós gileaditas, que morais no meio de Efraim e de Manassés*. Essa declaração parece referir-se aos gileaditas como um punhado obscuro de gente, destituídos de fama, que habitavam entre duas tribos famosas e nobres. Ver o artigo sobre *Gileade*.

GILGAL

I. O Nome. Esse nome significa **"círculo"**. Talvez a alusão seja a um círculo feito com pedras, usado para assinalar um território. O sentido básico do vocábulo é "rolante", derivado do hebraico *galal*, "rolar". O uso original da palavra *Gilgal* é curioso. Depois que Israel escapou do Egito, foi dada a Josué a ordem divina de que o sinal da circuncisão deveria ser aplicado a todos os israelitas, a fim de ser renovada a antiga identidade deles com Abraão. Esse ato de circuncisão, portanto, foi referido como um "rolar para longe o opróbrio do Egito", dentre o povo de Israel. Ora, o local onde isso foi feito foi precisamente Gilgal. Ver Josué 5.9 e seu contexto. Subsequentemente, o nome foi empregado para designar várias outras cidades de Israel.

II. Várias Cidades
1. Gilgal Perto de Jericó. Essa cidade ficava a leste da antiga cidade de Jericó, situada entre esta e o rio Jordão. Esse é o lugar referido no quinto capítulo do livro de Josué, o acima descrito em relação à origem do uso do termo. Um monumento de pedras foi levantado ali (Js 4.19,20), que pode ter tido ou não o formato de um círculo. Todavia, é possível que esse não tenha sido o motivo do uso original do termo, visto que a circuncisão foi a razão para o uso da palavra. A Páscoa foi observada nesse lugar, e dali os israelitas lançaram-se à marcha em redor de Jericó, durante sete dias. As circunstâncias indicam que Gilgal foi usada como uma espécie de acampamento geral enquanto que as localidades em volta foram sujeitadas a ataques. Josué foi encontrado ali pelos gibeonitas, depois que Ai fora destruída; e, novamente, depois que ele erigira um altar no monte Ebal (Js 8.30; 9.6). Foi de Gilgal que os israelitas partiram, a fim de defender Gibom; e foi para ali que eles retornaram, após conquistar a vitória (Js 10.15,43).

Juízes 2.1 e 3.19, provavelmente, referem-se à mesma Gilgal. A arca da aliança foi transferida para Silo; mas Gilgal continuou sendo um importante lugar para Israel, como uma das três cidades que faziam parte do circuito de Samuel (1Sm 7.16). Saul utilizava-se de Gilgal como base de operações, quando lutava contra os amalequitas. Foi ali que ele tentou explicar sua desobediência, por não haver extirpado completamente o povo proscrito por Deus. Isso provocou a famosa sentença de Samuel: *Eis que o obedecer é melhor do que o sacrificar, e o atender, melhor do que a gordura de carneiros* (1Sm 15.22). Posteriormente, vários profetas de Israel denunciaram Gilgal. (Ver Os 9.15; Am 4.4). Nos dias de Samuel, a cidade estava intimamente associada a Betel. Alguns eruditos supõem que a Gilgal em questão deve ser entendida como aquela mencionada em 2Reis 2.1, a cidade descrita sob o ponto "2" a seguir. No século VIII a.C., na época entre Uzias e

Ezequias, Gilgal tornou-se o centro de uma adoração inadequada, formalizada, o que também ocorreu no caso de Betel. Uma estrada ligava essas duas cidades e ao que tudo indica, estavam vinculadas por fortes laços uma com a outra (2Rs 2.1,2). Miqueias (6.5) relembrou o povo de Israel sobre esse lugar e sobre a responsabilidade deles de darem testemunho sobre a retidão e sobre o poder salvador de Deus.

2. A Gilgal Associada a Elias e a Eliseu. (Ver 2Rs 2.1,2; 4.38). Pensa-se que esse lugar ficava situado cerca de 6,5 km de Betel e Silo. Descrevemos esse lugar no último parágrafo sobre a Gilgal descrita sob "1". É possível que a moderna cidade de Jilmiliah, um pouco ao norte de Betel, assinale o local antigo. Foi nessa Gilgal que Eliseu lançou ervas na panela envenenada, tornando comestível a comida que estava sendo ali preparada.

3. A Gilgal da Galileia. O trecho de Josué 12.23 alista o rei de Goim, em Gilgal, como um dos monarcas vencidos por Israel. Algumas traduções dizem ali "rei das nações de Gilgal", o que corresponde, mais de perto, ao texto hebraico. A Septuaginta diz "Galileia". A tradução inglesa *Revised Standard Version* diz "o rei de Goim na Galileia" (vertendo o trecho para o português). Os goiim, mui provavelmente, foram um dos povos deslocados de sua terra em razão da conquista da Terra Prometida por Israel. Nenhuma identificação certa dessa Gilgal (se essa é a forma correta do texto) tem sido feita; mas, por causa de lugares nomeados juntamente com ela, pode-se afirmar, com plena confiança, que a mesma ficava localizada entre o mar Mediterrâneo e a Galileia, na porção norte de Samaria.

4. A Gilgal da Fronteira de Judá. Essa Gilgal ficava defronte da subida para Adumim, que fica no lado sul do vale do filho de Hinom (Js 15.7). O trecho de Josué 18.17 fala sobre uma certa cidade, chamada *Gelilote* em termos similares, de tal modo que é possível que esses nomes refiram-se ao mesmo lugar. Na verdade, Gilgal e Gelilote, vêm de uma mesma raiz. A única diferença é que Gelilote é a forma feminina plural de Gilgal. Alguns estudiosos pensam que a mesma cidade descrita sob "1" está em pauta. Caso contrário, devemos pensar em uma cidade um pouco mais para o ocidente.

5. A Gilgal Perto do monte Ebal. Esse lugar é mencionado em Deuteronômio 11.30. Alguns têm identificado essa cidade com a Gilgal mencionada no ponto "1", mas o trecho de Deuteronômio 11.29 parece requerer uma identificação diferente, visto que esta cidade ficava nas proximidades dos montes Ebal e Gerizim.

6. Bete-Gilgal. Esse foi o lugar de onde vieram cantores para participar da dedicação da muralha recém-construída de Jerusalém, nos dias de Esdras e Neemias. Essa também poderia ser a Gilgal descrita no ponto "1", mas alguns eruditos supõem que seria ainda um outro lugar com esse mesmo nome, e que ainda não foi identificado. (Ver Ne 12.29).

III. A ARQUEOLOGIA E GILGAL. Estamos agora abordando o caso da Gilgal do ponto 2. **1**. James Muilenburg escavou a área e identificou a moderna Khirbet el-Mefjir, perto de Jericó, como o local da antiga Gilgal. Fica a pouco menos de dois quilômetros a nordeste de Tell es-Sultan, que é a mesma Jericó do Antigo Testamento. Mas há quem ponha em dúvida essa opinião, disputando, especialmente, acerca da antiguidade do lugar. Acha-se ali o palácio Umaiada do califa Hisã (724-732 d.C.). Khirbet en-Nitleh, a cinco quilômetros a sudeste de Jericó, é um outro local que poderia assinalar a antiga Gilgal. Ruínas bizantinas de considerável extensão têm sido encontradas ali. Josefo (*Anti. 5.6,4*) situava Gilgal a quarenta estádios do vau do Jordão, que atualmente é identificada como *al-Maghatas*. Ficava a dez estádios de Jericó. Isso poderia coincidir com a identificação feita por Muilenburg, ou seja, *Khirbet el-Mefjir*. Seja como for, cerâmica feita durante a Idade do Ferro foi encontrada nas escavações feitas por Muilenburg pelo que foi ocupada pelo menos desde 1000 a.C. Isso elimina a crítica contra a antiguidade da ocupação do lugar, mesmo que não nos faça retroceder até as datas a que pertencem algumas referências bíblicas.

GILGAMÉS, EPOPEIA DE

A principal obra da antiga literatura assírio-babilônica é o *Épico de Gilgamés*. Conta a história das explorações e aventuras heroicas de Gilgamés. Provavelmente, por detrás da história há algum rei que realmente existiu, mas a narração sobre a sua vida viu-se envolvida por uma nuvem de lendas, aventuras e fantásticas descrições. Seja como for, na qualidade de governante de Uruque, bem como seu amigo, Enquidu, eram seres meio-homens, meio-touros. Em relação à Bíblia, esse épico assume grande importância para nós, porquanto preserva uma antiga história sobre o dilúvio. Supostamente foi um relato contado a Gilgamés por seu antepassado, Utnapistum, a quem ele buscara quando, em uma peregrinação, procurava o segredo da imortalidade. A versão melhor preservada desse épico vem da biblioteca assíria de Assurbanipal. A versão babilônica desse épico, provavelmente, foi composta em cerca de 2000 a.C., alicerçada, em parte, sobre as lendas sumárias do período de 3000 a.C., ou mesmo antes. Uma tradução dessa versão para o inglês, em versos livres, foi publicada por Wiiliam Ellery Leonad, intitulada *Gilgamesh, Epic of Old Babylonia*, em 1934. Em nosso artigo sobre o *Dilúvio de Noé*, há mais detalhes sobre a questão. Ver a terceira seção desse artigo.

Gilgamés é o herói do certo número de lendas e mitos poéticos. Alguns pensam que essa personagem viveu em 4000 a.C. Ele é descrito de várias maneiras. Alguns relatos fazem dele um homem nobre e justo, de grande força e coragem; mas outros relatos fazem dele um homem violento e vil, um tirano cheio de truques e astúcias. As mais importantes peças literárias são os doze tabletes do *Épico de Gilgamés*.

Sumário do Conteúdo. **1**. *Primeiro Tablete*. Gilgamés governou Uruque como um tirano. Os deuses, não tendo gostado disso, levantaram um oponente, um homem selvagem chamado Enquidu. Mas Gilgamés percebeu que seu adversário poderia ser arruinado por meio de uma prostituta. **2**. *Segundo Tablete*. A prostituta teve êxito em seu trabalho, e Enquidu torna-se igual a qualquer outro homem. Então Gilgamés e Enquidu entram em grande luta corporal; e, nesse processo, vêm a respeitar-se e tornar-se amigos um do outro. **3**. *Terceiro Tablete*. Juntos, os dois preparam-se para lutar contra o monstro Huvava. **4**. *Quarto Tablete*. Há preparações exaustivas para o combate. **5**. *Quinto Tablete*. O conflito é descrito. **6**. *Sexto Tablete*. Istar resolve seduzir Gilgamés e cria o Touro Celeste a fim de punir Gilgamés, se ele resistir à sedução. Mas Gilgamés e Enquidu matam o touro. **7**. *Sétimo Tablete*. Istar fica furiosa e convence os deuses a matarem Enquidu por meio de uma praga. **8**. *Oitavo Tablete*. Gilgamés lamenta a morte de Enquidu. **9**. *Nono Tablete*. Abalado diante dos tristes acontecimentos, Gilgamés começa a pensar sobre a imortalidade. E começa a vaguear, em busca da imortalidade. **10**. *Décimo Tablete*. Em sua busca pela imortalidade, Gilgamés conversa com diversas personagens mitológicas sobre a natureza da mortalidade. Em suas vagueações, finalmente encontrou o sumério chamado Utnapistim, que estava destinado pelos deuses a não perecer no dilúvio. **11**. *Décimo Primeiro Tablete*. Temos então um relato detalhado sobre o dilúvio. Esse tablete tem sido cuidadosamente estudado pelos eruditos da Bíblia. O que se torna imediatamente óbvio é que há ali muitos paralelos da narrativa bíblica. Mas também há algumas diferenças significativas, especialmente no campo teológico, da moral, acerca dos deuses etc. A própria narrativa é uma peça literária brilhante, cheia de suspense e de aventura. Alguns eruditos alemães do século XIX pensavam que a obra apresentava uma personagem que é um possível tipo de Cristo, em seu ofício messiânico. A questão é de que maneira esse épico está relacionado à Bíblia. Alguns supõem que se trata de uma corrupção e elaboração da história de Noé. Porém, seu conteúdo imediatamente impossibilita tal teoria. Também não podemos pensar que a história da Bíblia seja uma adaptação dessa lenda. Antes, o mais provável é que ambos os relatos dependam (pelo menos em parte) do acúmulo de histórias sobre o dilúvio, existente na Mesopotâmia, com suas adaptações e adornos peculiares. O que é indiscutível é que a narrativa da Bíblia é de natureza muito mais elevada, com sua teologia calcada sobre o monoteísmo e a moralidade sólida. Ver o artigo geral sobre o *Dilúvio de Noé*. **12.** *Décimo Segundo Tablete*. A despeito de todos os seus heroicos esforços, Gilgamés não consegue obter a imortalidade. E isso é lamentado no último tablete. (HEI THOM)

GILÓ, GILONITA

No hebraico, **"exílio"**. Era uma cidade do território de Judá, localizada nos montes do extremo sul desse território (Js 15.51). Era a cidade natal de Aitofel (2Sm 15.12), e onde ele acabou cometendo suicídio (2Sm 17.23). O adjetivo gentílico gilonita é aplicado somente a esse homem, em toda a Bíblia. Aitofel era um dos conselheiros de Davi. O local da cidade tem sido identificado com a moderna *Khirbet Jala*, que fica a poucos quilômetros a noroeste de Hebrom.

GIMEL

No hebraico, **"camelo"**. Essa é a terceira letra do alfabeto hebraico. Corresponde à letra grega *gramma* e ao nosso "g". No Salmo 119, aparece na terceira seção onde cada verso começa com essa letra, no texto original hebraico. (Ver Sl 119.17-24).

GINATE

Os estudiosos não sabem o que essa palavra significa no hebraico. O pai de Tibni chamava-se *Ginate*. Tibni e Onri entraram em conflito porque ambos queriam tornar-se rei, quando Zinri suicidou-se após ter assassinado Elá, filho de Baasa (1Rs 16.21 ss.). Cerca de metade do povo queria Tibni como rei; e a outra metade, Onri. Tibni tornou-se o sexto rei da nação do norte, Israel, sob essas circunstâncias confusas. Mas, após quatro anos, a facção de Onri venceu. Tibni faleceu e Onri começou a reinar em cerca de 886 a.C.

GINETOM

No hebraico, esta palavra tem um sentido incerto, embora talvez signifique *jardineiro*. Esse foi o nome de um dos sacerdotes que assinou o pacto encabeçado por Neemias (Ne 10.6). Era cabeça de uma família que se mostrou ativa depois do exílio babilônico. (Ver também Ne 12.4,7,16). Seu filho, Mesulão, é mencionado como um dos contemporâneos do sumo sacerdote Joiaquim (Ne 12.16). Isso ocorreu entre 536 e 410 a.C. em algumas versões, também aparece a forma *Ginetôi*, como nome desse homem, forma essa que alguns eruditos pensam ser uma corrupção. Seja como for, a mesma pessoa está em foco.

GINZO

No hebraico, **"sicômoro"**. Esse era o nome de uma das cidades que os filisteus tomaram de Acaz (2Cr 28.18). Ficava localizada no sul do território de Judá. As perdas territoriais e materiais sofridas por Acaz, às mãos dos filisteus, que coincidiram com os ataques dos filhos de Edom, levaram-no a apelar para Tiglate-Pileser, da Assíria (2Cr 28.16). A cidade de Ginzo é mencionada na Bíblia somente nessa conexão. Trata-se do local moderno chamado *Jimzu*, que fica a poucos quilômetros ao norte de Gezer (vide). Está localizada a cinco quilômetros de Lude (atualmente chamada Lida).

GIOM (FONTE)

A palavra hebraica correspondente significa **"irrompimento"**. Duas fontes principais supriam Jerusalém de água potável, nos dias do Antigo Testamento, e Giom era a mais importante das duas. Ficava localizada no vale do Cedrom, logo abaixo da colina oriental chamada Ofel. Essa fonte era coberta para protegê-la de violação por inimigos, visto que estava localizada fora das muralhas da capital. Foi construído um conduto especial, a fim de trazer água dali até o centro da cidade. A água, pois, era trazida até uma cisterna, dentro das muralhas da cidade. Ezequias havia perguntado: *Por que viriam os reis da Assíria, e achariam tantas águas?* (2Cr 32.2-4). Para garantir que não sucederia assim, foi construído um túnel (o túnel de Ezequias), escavado na rocha sólida, com 542 m de comprimento. Obras similares foram efetuadas em Megido e em Gezer (vide), o que significa que a obra não era nenhuma novidade da engenharia. Muito antes disso, em cerca de 2000 a.C., os jebuseus haviam cortado uma passagem através da rocha sólida, desde o topo da colina de Ofel, de onde baixavam cântaros de água por meio de uma fenda de doze metros, a quinze metros da fonte de Giom. Essa fenda foi encontrada em cerca de 1867, em uma expedição arqueológica encabeçada por Charles Warren. Em 1891, foi descoberto um canal feito à superfície do solo, que trazia água de Giom até o antigo açude de Siloé, localizado perto da extremidade sudeste da cidade.

É possível que, quando Davi invadiu a cidade, tivesse obtido acesso a mesma através daquela fenda (ver 2Sm 5.6-9). Giom foi escolhida como o local da unção de Salomão como rei (1Rs 1.33,38,45), o que, provavelmente, teve um sentido simbólico, associado às propriedades transmissoras de vida da água, porquanto aquela fonte de água era tão vital para a sobrevivência de Jerusalém. Em tempos posteriores, foi construído um aqueduto, a fim de assegurar um suprimento de água ainda mais abundante (Is 7.3). O túnel de Ezequias (vide) é o esforço de engenharia mais significativo, no tocante a essa fonte, nos tempos pré-exílicos. Após o cativeiro babilônico, esse manancial não era suficiente, e vários aquedutos tiveram de ser construídos, a fim de trazer água ainda de mais longe. Pôncio Pilatos construiu um desses aquedutos ou reparou um aqueduto já existente, com fundos retirados do templo, o que causou não pequena agitação entre o povo judeu.

GIOM (RIO)

Giom vem do hebraico e significa **"irrompimento"**. Esse nome, além da famosa fonte com esse nome (ver sobre *Giom (Fonte)*, também era a designação de um dos quatro rios que banhavam o Éden, onde Adão e Eva foram criados e postos pelo Senhor Deus. Alguns eruditos supõem que a referência é a um dos quatro braços de um mesmo rio que atravessava o Éden, rio esse que se dividiria em quatro, após deixar para trás a área. (Ver Gn 2.10-14). Mas outros eruditos pensam que Giom era apenas um canal que ligava entre si os rios Tigre e Eufrates. As alterações geológicas, as mudanças de leito de rios etc., fazem com que qualquer declaração dos estudiosos, quanto a essa questão, seja precária. Os estudiosos liberais simplesmente duvidam da autenticidade de *quatro* rios (dois além dos grandes rios, Tigre e Eufrates) e dizem que o relato sobre o jardim do Éden é mitológico, e que, por isso mesmo, não podemos determinar acidentes geográficos ali existentes. Ver o artigo separado sobre o *Éden*. Na narrativa bíblica parece haver um único rio que se dividia em quatro braços menores. O fato, porém, é que os rios Tigre e Eufrates não se originam de um manancial comum, pelo que a topografia local da atualidade não se ajusta a esse antigo relato bíblico. É possível, porém, que algum grande terremoto, ou mesmo a mudança de polos magnéticos tenha obliterado completamente qualquer configuração geográfica antiga. Ver o artigo separado sobre *Polos, Mudança dos*, e sobre o *Dilúvio*, em sua segunda seção.

GIRGASEUS

Esse é o nome de uma das sete principais tribos que residiam na terra de Canaã, e que Israel deslocou dali. (Ver Gn 10.16;

15.21; Dt 7.1; Js 3.10; 24.11; 1Cr 1.14 e Ne 9.8). O nome da principal cidade deles era Carquisa, nome que, ao que parece, ocorre em textos hititas em escrita cuneiforme, embora tal identificação não seja certa. É possível que o nome signifique "clientes de um deus" (provavelmente Ges, que era um deus sumério da luz). O culto de Ges entrou na Palestina em cerca de 2000 a.C. Nos textos ugaríticos há os *gros*, que alguns estudiosos supõem tratar-se do mesmo povo (aparece em escritos do século XIII a.C.). Disputa-se sobre a antiga localização desse povo, mas alguns supõem que eles ocupavam a área a leste do lago da Galileia. Talvez fossem um ramo dos heveus. Em nove dos dez lugares onde encontramos listas das tribos de Canaã, o nome deles é omitido, embora sejam mencionados na décima dessas listas, onde então os heveus não são mencionados; e daí deriva-se aquela conjectura. Josefo (Anti. 1.6,2) desconhecia qualquer povo desse nome que tivesse permanecido entre o povo de Israel. R. Nachman, nos comentários judaicos, afirma que, temendo o avanço dos israelitas, os girgaseus retiraram-se para a África. Talvez isso esteja alicerçado sobre a circunstância que, embora estivessem condenados à destruição (Gn 15.20,21; Dt 7.1; Js 3.10), eles são omitidos nas listas daqueles que, efetivamente, foram destruídos (ver Dt 20.17). No entanto, são mencionados como um povo com quem os israelitas misturaram-se por casamento (Jz 3.1-6). É possível, pois, que alguns deles tivessem fugido, e outros tivessem ficado. Em Gênesis 10.16, encontramos o termo "girgaseus" como descendentes do quinto filho de Canaã.

GITAIM

No hebraico, **"dois lagares"**. Esse era o nome de um lugar ou cidade, para onde os habitantes de Beerote fugiram, em busca de refúgio (2Sm 4.3). Esse lugar ficava localizado perto de Beerote, no território de Benjamim. Beerote era uma cidade dos gibeonitas (Js 9.17). Nesse lugar, alguns israelitas estabeleceram-se, após retornarem do cativeiro babilônico (Ne 11.33). Esse nome, no hebraico, aparece no *dual*, o que, de acordo com a opinião de alguns eruditos, significa que duas cidades, com o mesmo nome, são ali referidas. Nesse caso, o segundo lugar ficava a noroeste de Jerusalém, no local da moderna Kurbet-Hazzur. E o lugar, no território de Benjamim, tem sido identificado com a Gamteti das cartas de Tell el-Amarna, localizada em Ramleh, ou nas proximidades.

GITITE

Essa palavra aparece, em algumas versões, nos títulos dos Salmos 8, 81 e 84. Nossa versão portuguesa diz, em todos esses três lugares: ... *segundo a melodia: Os lagares*... Entretanto, os eruditos não têm muita certeza sobre o que está em foco aí. Trata-se de um substantivo feminino no hebraico. Têm sido feitas as seguintes conjecturas: **1**. Podia ter sido um instrumento musical, feito ou usado originalmente em Gate, uma das principais cidades da Filístia. Ver sobre *Gate*. **2**. Ou então esses três salmos eram entoados na época da vindima, visto que o vocábulo talvez se relacione à palavra hebraica que significa "lagar". (Ver Ne 13.15). Poderíamos dizer, nesse caso, que o três salmos em questão eram chamados por algum título como Salmos da Vindima. **3**. Ou estaria em foco algum tipo de melodia, criada em Gate. Unger diz que talvez esteja em foco "A Marcha de Guarda Gitia". Não diz, entretanto, onde ele obteve tal informação. Nossa versão portuguesa parece refletir as ideias segunda e terceira.

GIZONITA

Essa palavra figura somente em 1Crônicas 11.34, onde é um apelativo dado a Bené-Hasém, que fazia parte dos heróis guerreiros de Davi. Trata-se de um nome no gênero masculino, derivado de alguma cidade ou localização, sem dúvida de origem gentílica (provavelmente cananeia). A localização é desconhecida atualmente, mas, no livro de 2Samuel, o homem assim chamado aparece como filho de Jasém, o que poderia significar que Gizom era o nome do lugar. Contudo, nada sabemos acerca de uma cidade de nome *Gizom*. Outros estudiosos sugerem *Gizó*, afirmando ainda que "gizonita" é uma corrupção de *gunita*. Nesse caso, encontramos em Números 26.48, uma referência a esse lugar e a essa gente. Lemos ali: ... *de Guni, a família dos gunitas*.

GLOBOS

No hebraico, *gullah*, nome dado aos capitéis de forma globular que havia nas colunas fronteiriças do templo de Jerusalém, mencionados por cinco vezes, em (1Rs 7.41,42; 2Cr 4.12,13). Todavia, essa palavra hebraica ainda é usada por mais duas vezes (em Ec 12.6 e em Zc 4.3). Na primeira dessas duas passagens, nossa versão portuguesa diz "corpo". Em Zacarias 4.3, nossa versão portuguesa omite a palavra, embora se perceba que a alusão é à palavra "vaso", que aparece no versículo anterior.

GLÓRIA

I. Definição Geral. A glória consiste em honra exaltada, em louvor ou reputação, ou em alguma coisa que ocasiona o louvor ou é o objeto desse louvor. O termo pode ser sinônimo de "adoração" ou de "louvor adorador". Também pode significar esplendor, magnificência ou bem-aventurança, em sentido terrestre ou celestial. Outrossim pode referir-se a resplendor ou brilho, às emanações de luz, ao halo imaginado em torno de figuras santificadas, ou ao esplendor e brilho do Ser divino. A própria presença de Deus pode ser chamada de glória, por causa de seu estado exaltado.

II. Ideias do Antigo Testamento a Respeito. Vários termos hebraicos são usados para indicar a ideia de "glória". O vocábulo mais comum é *kabod*, que se deriva de *kabed*, "ser pesado", dando a ideia de alguma coisa importante. Por extensão metafórica vem a indicar valor, dignidade, esplendor, algo revestido de *substância* espiritual. A palavra era usada para aludir à estatura ou ao peso físico de uma pessoa, ou então às *riquezas* ou à *posição social* de alguém. (Ver Gn 45.13 quanto a esse sentido). Assim José era homem investido de alta posição, e rico, o que explica a sua glória. As riquezas eram esplendorosas (Et 5.11; Sl 47.16 *ss.*; Is 16.14; 17.4; 61.6). Os exércitos eram considerados a glória visível de uma nação (Is 8.7). Uma grande multidão de pessoas, pertencentes a um rei, constituíam a sua glória (Pv 14.28).

Especificamente, no que tange a Deus, a sua glória é a sua espantosa presença, as suas perfeições, os seus atributos, a sua santidade. A glória de Deus é a expressão da sua santidade, tal como a saúde manifesta-se sob a forma de beleza física. (Ver Êx 33.18; 16.7,10; Jo 1.14). A ideia de glória com beleza também pode ser vista no fato de que a glória do Líbano eram suas florestas de cedros (Is 60.13), a glória das ervas são as suas flores (Is 40.6). O próprio Deus, por causa de seu amor, bondade e poder, é a glória de seu povo (Jr 2.11; Zac 2.5). Quanto à glória, como *resplendor*, ver Ezequiel 1.4,14,18; 11.22 *ss.* A aparência divina é de uma majestade gloriosa (Êx 24.17). O *valor* intrínseco que se manifesta claramente é uma manifestação de glória.

III. Ideias do Novo Testamento a Respeito

1. Usos Diversos. Em 1Pedro 2.20, temos a única ocorrência do termo grego *kléos*, que significa *renome*, em cuja passagem a nossa versão portuguesa traduz por "glória" ao dizer: ...*que glória há, se, pecando e sendo esbofeteados por isso, o suportais com paciência?*... Em todas as demais ocorrências da ideia, no Novo Testamento, temos ou o verbo grego *daksázo*, que ocorre por sessenta vezes (de Mt 5.16 até Ap 18.7), ou então o substantivo grego *dóksa*, que ocorre por cento e sessenta e cinco vezes (desde Mt 4.8 até Ap 21.26). Ambos esses termos derivam-se de outro vocábulo grego, *dakéo*, que significa "pensar", "considerar", "parecer", "ser influente". O substantivo *dóksa* envolve os conceitos de brilho, resplendor (conforme se veem em At 22.1; 2Ts 1.9; 2Pe 1.17; Ap 15.8; 19.1; 21.11,13; 2Co 3.7 *ss* etc).

O estado dos remidos, na vida vindoura, aparece como um estado glorioso. O Senhor Jesus entrou em sua glória, isto é, em seu estado de exaltação, de perene felicidade, de poder total (Lc 24.25). O mesmo termo, porém, é usado a respeito de sua gloriosa preexistência. (Jo 17.5,22,24). O homem é um *reflexo* da pessoa de Deus, ou seja, uma manifestação secundária da glória de Deus (1Co 11.7). Podem estar em foco as ideias de esplendor e magnificência, coisas que atraem os olhos e ofuscam a mente (Mt 4.8; Lc 4.6; Ap 21.24,26). Também pode estar em foco o resplendor meramente humano (1Pe 1.24).

Além disso, no Novo Testamento e na literatura extrabíblica da época, essa palavra grega podia significar "fama", "renome", "honra". (Ver Lc 2.14; Gl 1.5; 1Co 10.31; 2Co 4.15; Fp 1.11; At 12.23; Rm 4.20; Ap 19.7; I Clemente 20.12 e 50.7).

No plural, *dóksai*, essa palavra pode ser usada como um termo que alude aos *seres angelicais* dotados de considerável poder e magnificência (2Pe 2.20; Jd 8 e Testamento de Judas 24.2). A "glória" para a qual temos sido chamados aponta para o futuro estado de exaltação, nos mundos celestiais (1Pe 1.3). No sentido de *honra*, encontramos o vocábulo usado em (Js 5.41,44 e 8.54). Em João 9.24 e 12.43, a palavra significa "louvor". Em Lucas 14.10 e Romanos 11.36, transparece a ideia de "adoração".

2. No Tocante a Cristo. Cristo, como o Logos e Filho de Deus, existia em estado de glória antes de sua encarnação (Jo 17.5,22,24). Cristo é o mistério de Deus manifestado em favor da salvação dos homens, um mistério rico e glorioso (Cl 1.27). O resplendor de Cristo é a sua glória divina (Hb 1.3). Cristo é glorioso por ser a própria imagem de Deus (Jo 1.14). Acima de todos, ele glorificou ao Pai em sua pessoa e em sua vida terrena (Jo 17.4). O trecho de 2Coríntios 8.9 enfatiza as riquezas de sua pessoa e de sua manifestação; e Filipenses 2.6 afirma que o Cristo subsiste na forma de Deus, ou seja, é um Ser glorioso. Por causa da encarnação, podemos obter um vislumbre da glória de Cristo, segundo nos ensina o primeiro capítulo do Evangelho de João. Encarnado, o Filho glorificou ao Pai e o tornou conhecido (Jo 1.18; 17.4,6). Ele era a própria *shekinah* de Deus, que veio habitar entre os homens (Jo 1.14; Ap 21.3). Os milagres efetuados por Jesus Cristo foram vislumbres do poder de sua glória, que ele nos concedeu (Jo 2.11 e 11.40). Por ocasião de sua transfiguração, a sua glória tornou-se manifesta de forma mais intensa (Mt 17.1 ss.), porquanto, normalmente, enquanto esteve neste mundo, essa glória era contida, para que os homens pudessem suportar a presença de Jesus. A glória de Cristo também foi vista em sua ressurreição e ascensão (Mt 27 e 28). Mesmo após a sua ressurreição e ascensão, as Escrituras referem-se a manifestações diversas de sua glória, como quando de seu aparecimento a Estêvão (At 7.55 ss.), a Saulo de Tarso (At 9), ou nas várias visões e experiências místicas que foram fontes da inspiração divina das Sagradas Escrituras. (Ver 1Jo 1.1 *ss*). Cristo foi ressuscitado mediante a glória do Pai (Rm 6.4). Foi elevado para a glória (1Tm 3.16). Agora encontra-se na *glória*, à mão direita de Deus (At 2.33; 7.55 *ss.*; 1Co 15.27; Ef 1.20 e Fill 2.9 ss.).

IV. A Glória Escatológica e a Salvação do Homem. O homem é o reflexo ou imagem de Deus, bem como a sua glória (1Co 11.7). Em Cristo, pois, isso terá cabal cumprimento no estado eterno. Os remidos estão sendo transformados segundo a imagem de Cristo (Rm 8.29), passando por muitos estágios de glória (2Co 3.18), até que venham a compartilhar da plenitude de Deus (Ef 3.19) participando da natureza divina, a exemplo de Cristo posto que de maneira finita (Cl 2.10; 2Pe 1.4). Chegaremos, pois, a compartilhar do corpo glorioso de Jesus Cristo ressuscitado. Em outras palavras, receberemos corpos novos, imateriais, espirituais, que servirão de veículo apropriado para a alma remida, nos lugares celestiais (Fir. 3.21). Compartilharemos também da gloriosa herança de Cristo (Ef 1.18), e as riquezas de sua glória haverão de transparecer em nós e através de nós (Rm 9.23). Então é que Cristo será glorificado em seus santos (2Ts 1.10). Haverá a coroa da glória, que importará na participação das perfeições e atributos divinos (2Tm 4.8). O próprio estado eterno, celestial, é chamado de "glória", por motivo de sua indescritível magnificência e resplendor (Cl 3.4).

A *parousia* de Cristo (vide) manifestar-se-á de maneira gloriosa (Mt 16.27; Mc 8.38). Jesus voltará ao mundo em poder e grande glória (Mt 24.30). Sentar-se-á em um trono de glória (Mt 19.28; 25.31). Uma vez no céu, haveremos de contemplar a sua glória (1Pe 4.13; Tlto 2.13). Popularmente, o próprio céu é chamado de "glória". E isso tem alguma base nas Escrituras. Ver Salmo 73.24 e João 17.24. A glória de Deus pode ser vista em Jesus Cristo, sendo refletida pela igreja (2Co 4.3-6). Cristo estabeleceu conosco uma nova aliança (2Co 3.7-11), que é desfrutada tanto agora como no estado eterno, na glória celestial (2Pe 4.14 e Rm 8.18). *Ver os artigos separados sobre a Glória de Cristo, sobre a Glória de Deus e sobre a Glorificação.*

GLUTÃO

No hebraico, *zalal*, que aparece por quatro vezes com esse sentido (Dt 21.20; Pv 23.20,21; 28.7). No grego, *phágos*, que ocorre por duas vezes (Mt 11.19 e Lc 7.34). A palavra hebraica envolve a ideia de "leveza", de "falta de dignidade", o que significa que um indivíduo qualquer entrega-se à frivolidade, comendo, bebendo e divertindo-se. Essa palavra indica mais do que meramente a pessoa que come demais, o que também é glutonaria. E o vocábulo grego *phágos* significa aquele que come demais. Deriva-se do verbo *phagein*, forma infinitiva, tempo presente; é substituído pelo aoristo, *esthío*.

O trecho de Deuteronômio 21.20 refere-se a esse vício dentro do contexto de um filho rebelde, que também é glutão e beberrão. De acordo com a legislação judaica, esses pecados (ou a combinação dos mesmos) tornavam o indivíduo culpado digno da pena de morte. O vício da glutonaria é repreendido em Provérbios 23.21. Os trechos de Mateus 11.19 e Lucas 7.34 referem-se a esse vício em conexão com as acusações assacadas contra Jesus. Na verdade Jesus nunca foi asceta. Mas estava longe de ser um glutão e beberrão. O trecho de Tito 1.12 fala em "ventres preguiçosos (no grego, *gastéres argaí*). O termo grego *gastér* significa "porções internas", incluindo o estômago; mas pode indicar, metaforicamente, um glutão, que vive para satisfazer o estômago.

O conceito da glutonaria, pois, sempre aparece associado a outros excessos pecaminosos. Lemos que os antigos romanos, em seus festins e banquetes, provocavam o vômito, para que pudessem tornar a comer: comiam e vomitavam, comiam e vomitavam. Apesar de ser muito repelente, e a despeito de que nem todos combinem o comer em excesso com uma vida devassa, mesmo assim é errado sobrecarregar o corpo com alimentos demasiados. Um pregador ou ministro obeso (a menos que seja de algum problema glandular) é uma propaganda má para o evangelho. Pois, ao mesmo tempo em que ele prega contra outros vícios, ele mesmo vive preso, tão obviamente, ao vício de comer em demasia. Suas enxúndias servem de demonstração pública de que é um homem viciado. Ver o artigo geral sobre os *Vícios*.

GOBE

No hebraico, **"oco"** ou **"poço"**. Outros estudiosos pensam que o sentido é *locustário*, um tipo de gafanhoto. Parece ter sido um lugar plano onde aconteceram duas batalhas entre os hebreus e os filisteus (2Sm 21.18,19). Em 1Crônicas 20.4, que é trecho paralelo, alguns manuscritos e versões dizem *Gezer*, em vez de Gobe. Isso ocorre em nossa versão portuguesa também. Além disso, algumas cópias da Septuaginta dizem *Nobe*, em lugar de Gobe; e ainda outras cópias dizem *Gate*. Logo, houve alguma corrupção no texto. Alguns eruditos supõem que Gobe ficava perto de Gate, o que talvez explique essa última variante. Mas, a autenticidade do nome Gobe é sugerida pelo fato de que, algumas vezes, os amigos davam nomes às suas cidades e outros acidentes geográficos, segundo os nomes de insetos e outros animais. Este argumento é válido se Gobe significa, realmente, *locustário*.

GOEL (REMIDOR)

Essa é a palavra hebraica que significa **"remidor"**, quando aponta para o trabalho do *parente remidor*.

1. Caracterização Geral. Quando da conquista da Terra Prometida, a cada tribo de Israel foi dado um certo território, e cada família recebeu seu terreno. A lei judaica tinha provisões severas tendentes à preservação das propriedades das famílias. Assim, quando uma pessoa qualquer, pressionada pela pobreza, via-se na iminência de vender suas terras, era dever do parente remidor intervir e redimir a propriedade da família. Igualmente, se uma pessoa se vendesse como escrava, a fim de saldar uma dívida sua, o parente remidor estava na obrigação de saldar a dívida de seu parente. (Ver Lv 25.25; Rt 4.4; Lv 25.47 ss). Além disso, o parente remidor deveria agir como intermediário nos casos em que uma pessoa desejava fazer restituição a um parente. Se não houvesse parente remidor, então a compensação ficava com o sacerdote, como representante de Yahweh, o Rei de Israel (Nm 5.6 ss.). Com base nos capítulos três e quatro do livro de Rute, tem-se inferido que entre os deveres do parente remidor (no hebraico, *goel*, vide), havia o dever de casar-se com a viúva de um parente falecido; mas a lei do levirato limitava essa obrigação a algum irmão solteiro do falecido. É provável, porém, que o parente mais próximo, ao remir um terreno, também se casasse com a viúva, embora permaneça em dúvida até onde ia essa obrigação.

Um tipo de Cristo. Nesse costume antigo, como é óbvio, há um tipo de Cristo como nosso Redentor. A redenção envolve a família inteira de Deus, e o nosso Irmão mais velho, Jesus Cristo, é o nosso redentor. Ver o artigo geral sobre a *Redenção*.

2. O *goel* ou "remidor" era responsável para comprar de volta as propriedades que algum seu irmão (ou parente) tivesse vendido, e que, de outra maneira, acabaria por perder-se (Lv 25.25,26). Usualmente, tais propriedades eram vendidas, a fim de saldar dívidas. A pessoa também poderia receber, finalmente, alguma restituição que fosse devida a algum parente seu. Se não houvesse nenhum parente para receber tal restituição, então um sacerdote qualquer ficava com a restituição, como representante de Yahweh que ele era (ver Nm 5.6 ss.).

3. O parente remidor (se fosse irmão da pessoa remida) tinha a responsabilidade de restaurar e preservar o bom nome de um seu irmão, que tivesse falecido sem filhos. Então precisava ficar com a viúva de seu irmão, como se fosse a sua própria esposa. A isso se chamava de *casamento levirato*. Dessa maneira, nasceriam crianças que haveriam de preservar as propriedades e os direitos da família. O ato também preservava o bom nome do falecido (ver Dt 25.5; ver também Gn 28.8). Boaz é um exemplo desse ato dos mais conhecidos pelos alunos de Escola Dominical, embora ele não fosse irmão do falecido, mas apenas um seu parente. Ver os capítulos terceiro e quarto do livro de Rute. Ao que parece, estritamente falando, Boaz não estava na obrigação de prestar esse serviço, visto que não era irmão do falecido marido de Rute, e nem há qualquer evidência bíblica de que um parente distante qualquer tivesse essa obrigação. Portanto, Boaz usou de uma certa medida de graça, em todo o incidente. É possível que em determinadas ocasiões, o parente mais próximo (não um irmão) sentisse a obrigação de cumprir tal dever. O parente mais próximo tinha o direito de redimir as propriedades, e que, pelo menos em certas oportunidades, aparentemente envolvia também a necessidade de casar-se com a viúva do parente falecido.

4. Visto que o assassinato de um parente envolvia o fato de que ele era cortado de sua parentela e de suas possessões terrenas, era dever de seus parentes vingar o morto. Essa era a tarefa que cabia ao vingador do sangue (ver Nm 35.23-34; Dt 19.1-3). Ver o artigo separado sobre essa questão, intitulado *Parente, Vingador do Sangue*.

5. Deus como o *Goel*. Deus, a fonte originária de toda a vida, redime os homens da morte espiritual e confere-lhes uma eterna possessão (Is 40-46; Jó 19.25). Davi chamou Deus de seu *goel* e de sua força (Salmos 19.14, onde a nossa versão portuguesa diz ... *Senhor, rocha minha e redentor meu*). O trecho de Provérbios 23.11 chama Deus de *goel do órfão*. Isaías usa esse termo hebraico por nada menos do que treze vezes, indicando o divino *goel* (Is 41.14; 43.14; 44.6; 47.7; 48.17; 49.26; 54.5,8; 60.16; 63.16). O ato de Deus, como o divino redentor, estava condicionado ao fato de seu povo abandonar o pecado (Is 59.20).

6. Cristo é o nosso *Goel*. Quanto a isso, basta examinar trechos neotestamentários (como Mt 20.25; Tt 2.14; 1Pe 1.18,19; Cl 1.13; 1Ts 1.10).

GOGUE

Não se conhece o signitlcado dessa palavra, no hebraico. Todavia, alguns estudiosos arriscam o sentido de "monte elevado". Nas páginas do Antigo Testamento, aparece como nome de dois indivíduos; e, no Novo Testamento, parece estar em pauta alguma localização geográfica, combinada com outra, chamada Magogue: **1**. Um rubenita, neto de Joel, aludido somente em 1Crônicas 5.4. Viveu por volta de 1600 a.C. **2**. O governante *Magogue*. Ver o artigo *Gogue e Magogue*. Esse Gogue, ao que parece, foi uma personagem histórica, príncipe de Meseque e Tubal. Alguns estudiosos interpretam as passagens envolvidas (Ez 38.2,3,14,16,18; 39.1,11), como se elas dissessem "príncipe de Ros, Meseque e Tubal". Então pensam que *Ros* corresponderia à Rússia, Meseque corresponderia a Moscou e Tubal a uma cidade e um rio que se deriva desse nome, um tanto mais para o oriente de Moscou. Nossa versão portuguesa interpreta o nome *Ros* como "cabeça" (sentido literal da palavra hebraica), dizendo: ... *príncipe e chefe de Meseque e Tubal*...

Alguns eruditos têm identificado Gogue como Giges, rei da Lídia, em cerca de 660 a.C., que os assírios chamavam de *Gugu*. Tal nome acabou tornando-se uma metáfora para indicar algum poderoso inimigo de Israel, prenunciando uma tremenda batalha que Israel terá de enfrentar, nos últimos dias, antes da segunda vinda de Cristo, conforme se explica no artigo sobre *Gogue e Magogue*.

GOGUE E MAGOGUE

O trecho de Apocalipse 20.8 reflete, evidentemente, Ezequiel 38 e 39, no que concerne a Gogue, chefe e príncipe de Magogue. Naquela passagem do Novo Testamento, lemos: ... *Satanás será solto da sua prisão, e sairá a seduzir as nações que há nos quatro cantos da terra, Gogue e Magogue, a fim de reuni-los pare a peleja*... Há dois detalhes que precisamos destacar aqui: primeiro, conforme a linguagem usada o indica, nesse trecho do Novo Testamento "Gogue" não é mais um indivíduo, e, sim, uma localização geográfica, um extremo de uma região cujo outro ponto extremo seria Magogue. O livro de Ezequiel parece referir-se a um acontecimento anterior ao milênio, e até mesmo à batalha final do Armagedom, não fazendo parte da mesma (ver Ap 20.7-9), ao passo que o Apocalipse alude a uma ocorrência que haverá ao término do milênio.

A batalha do Armagedom, sem interessar quais as suas proporções exatas, será o último conflito armado da história da humanidade, de nação contra nação. O alvo do ataque será Israel, e os atacantes serão todas as outras nações do globo. Já no caso da batalha referida em Ezequiel 38 e 39, embora o alvo também seja a nação de Israel, os atacantes serão vários aliados provenientes do norte de Israel, encabeçados por Gogue, o príncipe. E, no caso da rebeldia final contra o governo milenar do Senhor Jesus, aludido no livro de Apocalipse, as nações estarão de pleno acordo entre si. Conjuntamente, tentarão oferecer resistência ao Senhor Jesus, lideradas pelo próprio Satanás.

Sete Visões de como Satanás é derrubado e seu Governo Termina, Ap 19.11-21.8.

Revolta de Gogue e Magogue (20.7-10): *Depois do Milênio*. A felicidade imensa do Milênio terminará ainda com uma outra revolta. Os homens, de algum modo, embora tenham vivido em um meio ambiente propício, não aprenderão a ser leais a Deus por meio de Cristo. Portanto, Satanás encontrará terreno fértil quando, por permissão divina, receber outra oportunidade de corromper os homens. O episódio de Gogue e Magogue se baseia verbalmente sobre Ezequiel 38.39; mas, profeticamente, aqueles capítulos se referem à Terceira Guerra Mundial, quando haverá uma batalha decisiva na Palestina, entre o anticristo e sua federação de dez reinos, por um lado, e a Rússia e seus aliados por outro. Este último grupo será derrotado fragorosamente. Portanto, o autor usa uma passagem para expressar-se verbalmente, mas faz tal predição relacionar-se a um período posterior ao milênio, no que se constituirá a revolta final, e não algo antes da tribulação. Naturalmente, pensamos que ambas as predições são verazes: Ezequiel ter-se-ia reportado a um acontecimento, e o vidente João ter-se-ia reportado a outra ocorrência, mas, em ambos os casos, estarão envolvidos exércitos russos. As tradições apocalípticas judaicas manuseiam as predições sobre Gogue e Magogue de modos diversos; algumas dão a entender que tudo será antes do reino messiânico, e outras, depois e, ainda outras, durante o reino messiânico. (Ver *Abodah Zarah* 3b; Her. *Apocalipse* de Elias; *Lactanius* "Instituições Divinas" vii.26, *Epítome* 72; *Apocalipse Siríaco de Esdras* 12-13 e I *Enogue* 56.5-8). Todas essas previsões têm em comum, porém, que o ataque é desfechado contra a aparentemente indefesa nação de Israel, especificamente, Jerusalém. Isso se dará no caso da Terceira Guerra Mundial e, uma vez mais, depois do milênio. No primeiro caso, é atacada a nação literal de Israel; no segundo caso, são atacados os mártires que reinarão em Jerusalém.

Apocalipse 20.7: *Ora, quando se completarem os mil anos, Satanás será solto da sua prisão*.

Satanás será solto. Satanás será solto para que submeta os homens a um teste final, por permissão de Deus. Teriam os homens aprendido permanentemente sua lição? Teriam eles aprendido a ser leais realmente a Deus, mediante Cristo? A maioria, sim! Mas alguns, não! Isso é o que aprendemos nesta seção. O milênio será um período de instrução, de prova, e não apenas um paraíso, a idade áurea, embora também seja isso. Este versículo mostra, por igual modo, que Satanás em nada estará mudado, mas os homens terão de aprender isso mediante horrenda demonstração. Somente Deus pode exigir com razão a lealdade da parte dos homens.

Sua prisão. Esse será o abismo ou "hades", conforme se vê nos três primeiros versículos deste capítulo. O anjo tê-lo-á amarrado com grande corrente, fechado à chave e selado a porta de entrada do abismo. Mas essa situação será revertida. Satanás sairá do *hades*, tal como antes sucedera ao anticristo (ver Ap 17.8) e reiniciará a sua carreira de engano e destruição. Dessa vez, entretanto, será entravado quase imediatamente, após o que é enviado para o juízo final (ver Ap 20.10).

Outras ideias sobre o sétimo versículo: 1. Assim como Satanás não terá aprendido sua lição mediante o castigo, assim também homens ímpios e desvairados parecem estar fora do alcance do poder redimidor de Deus, o que é pensamento extremamente solene. *Ah! se o meu povo me escutasse, se Israel andasse nos meus caminhos!* (Sl 81.13). **2**. No primeiro paraíso, Satanás teve permissão de usar suas artes maléficas.

Conseguiu enganar o homem e conduzir a humanidade ao desastre. Por igual modo, no segundo paraíso, ele terá sucesso idêntico; mas isso não conduzirá a uma tribulação universal, conforme sucedera na primeira investida. **3**. A nova tentativa de seduzir os homens, por parte de Satanás, exaure a paciência de Deus, conforme se vê nos versículos seguintes. **4**. Satanás terá de ser solto novamente a fim de mostrar de uma vez por todas, à criação inteira, que ele não pode ser reformado, devendo ser rejeitado total e finalmente. É incorrigível. Os homens, por sua vez, serão testados quanto à sua lealdade. Ninguém pode prestar a Deus mero serviço de lábios. Essas duas razões, e talvez outras, estão envolvidas como explicação de por que Satanás será solto de novo. A lição é que os homens, na verdade, têm de nascer de novo, se tiverem de ser realmente santos e dedicados ao Senhor. Não poderá haver imitações infalíveis diante da prova; outrossim, a verdadeira santidade é necessária para a participação na verdadeira vida eterna do estado eterno (ver Hb 12.14 e Rm 3.21).

Apocalipse 20.8: *e sairá a enganar as nações que estão nos quatro cantos da terra, Gogue e Magogue, cujo número é como a areia do mar, a fim de ajuntá-las para a batalha*.

Seduzir as nações. Satanás é o grande mentiroso, o pai da mentira, e agora agirá novamente segundo seu caráter inerente (ver Jo 8.44). Nele não há verdade; é o máximo do engano. Em contraste, Deus tem somente o bem em sua natureza. Já o homem é uma mistura de bem e de mal. Mas Satanás nada tem de bem em sua pessoa. Quando ele dá a aparência de ser bom, fá-lo com motivos perversos e ulteriores. Assim, se ele faz algo por alguém, conferindo-lhe algum pedido, por exemplo, é somente com o propósito de trazer-lhe algum mal final, após ter-lhe conquistado a confiança. Os homens precisam compreender isso. Portanto, Satanás será solto de sua prisão infernal, para que demonstre o que ele realmente é, que em nada mudou. Seu oferecimento de uma lealdade alternativa, uma vez que fracasse, deixará claro que somente Deus merece a confiança dos homens, somente ele pode ser a fonte de bondade e realização. (Pode-se ver como o "engano" tem sido a tarefa principal de Satanás, no livro de Apocalipse, (Ap 12.9); 13.14; 19.20 e 20.3).

As nações que há nos quatro cantos da terra. Em outras palavras, todas as nações, ainda que os inimigos provenientes do norte de Israel, a terra de Gogue e Magogue, venham a ser os principais envolvidos nessa revolta. Os antigos, não entendendo que a terra é redonda, supunham que fosse quadrada, com quatro cantos, o que explica essa expressão. João, por sua vez, usa a linguagem popular de seus dias (ver Ap 7.1 no NTI quanto a outra referência a isso, e onde essa ideia é comentada).

Gogue o Magogue. Há várias alusões a esses nomes nos apocalipses judaicos, todas as quais envolvem inimigos de Israel. Mas o seu ataque é variadamente situado antes, durante ou depois do reino messiânico (ver *Abodah Zarah* 3b, Apocalipse Hebraico de *Elias*; Lactâncio, *Instituições Divinas* vii.27, *Epítome* 72, Apocalipse Siríaco de *Esdras* 12-13 e 1*Enoque* 56.6-8). A dependência literária desses nomes, porém, provavelmente se prende a Ezequiel 38-39. Aquela predição, contudo, se refere a uma luta antes do estabelecimento do reino de Cristo, durante o período da "grande tribulação", naquilo que consideramos seja a Terceira Guerra Mundial, em que o anticristo e sua federação de dez reinos se lançarão contra a Rússia e seu aliados. A batalha decisiva terá lugar na Palestina, e as forças russas serão completamente derrotadas. A Rússia ocupará a Palestina toda e as nações árabes circunvizinhas, a fim de fazer cessar o contínuo conflito entre os árabes e israelenses e controlar o petróleo do mundo. O anticristo, com sua federação, se arrojará contra a Rússia, na Palestina. Disso resultará uma guerra atômica, com vastíssima destruição. Com a derrota da Rússia, o anticristo reinará supremamente, excetuando o poder da China. A batalha do Armagedom, pois, será a guerra contra a China, depois que esta tiver conquistado grande parte da Rússia e da Europa. O encontro das forças do anticristo e das forças chinesas será, uma vez mais, na Palestina. Será outro conflito armado terrível, que destruirá nações inteiras. Também haverá intervenções da natureza, talvez com a mudança dos polos e o rearranjo dos continentes, o que deixará como sobreviventes apenas pequena parte da humanidade. Deus fará intervenção de várias maneiras e, finalmente, será estabelecida a idade áurea. Entretanto, após os mil anos do reinado de Cristo, a paz e a harmonia serão *novamente* interrompidas, por outro levante das nações contra Deus, evidentemente encabeçadas pela Rússia e seus aliados do norte. Essa revolta final é que está em foco em Apocalipse 20.

A identificação de Gogue e Magogue não é indubitável. Os comentadores estão divididos quanto às seguintes possibilidades: **1**. Seriam os inimigos de Israel vindos do norte, sem distinção de nações particulares. **2**. Seriam os inimigos em geral de Israel, sem identificação de localidade (uso espiritual). **3**. Alguns veem aqui os godos e outros antigos povos guerreiros. **4**. Josefo identificava os citas como descendentes de Magogue, um povo da Sibéria ocidental. Isso, naturalmente, nos leva a uma possível identificação com a Rússia. **5**. Na opinião de alguns, "Magogue" é a designação da nação ou nações envolvidas, ao passo que "Gogue" seria o seu príncipe ou chefe (ver Ez 38.2). Nessa referência, "Meseque" é identificado por alguns como "Moscou"; "Tubal" seria a cidade de *Tobolsk*. Se isso é verdade, então a Rússia está claramente em foco. Pelo menos é certo que Gogue e Magogue são usados como nomes simbólicos para indicar todos os adversários do Messias, da igreja cristã e da nação de Israel; mas cremos que a identificação da Rússia, neste ponto, *é quase certa*.

Para a peleja. Nessa oportunidade a batalha não será grande, porquanto haverá a intervenção divina, que porá fim a tudo (ver o nono versículo). Mas, é interessante notar que as três grandes batalhas dos fins dos tempos, aquela referida em Ezequiel 38-39, durante a tribulação; a batalha de Armagedom (ver o artigo separado sobre este assunto), após a tribulação, a qual dará início à "parousia"; e após o milênio, essa guerra de Gogue e Magogue, todas terão como ponto central a terra da Palestina, o território do povo escolhido de Deus.

O número desses é como a areia do mar. Eles conquistarão muitos aliados. Quão estranho, mas quão típico será tudo! Os homens, embora ricos materialmente e, segundo todas as aparências, espiritualmente abençoados, podem permanecer inconversos, prestando apenas serviço de lábios a Cristo. E é isso que sucederá durante o milênio. Porém, não se tendo convertido em seus corações, serão presa fácil para o último e grande engano de Satanás. Revoltar-se e mostrarão que sua natureza humana é decaída, a despeito do fato de que viverão em um meio ambiente perfeito, o da idade áurea. *Importa-vos nascer de novo* (Jo 3.3-5).

Outras ideias sobre o oitavo versículo: **1**. Satanás terá de ser derrotado novamente, em sua promoção do mal, a fim de que o mundo inteiro veja a que ponto isso leva. Mas os homens têm tremenda dificuldade para aprender essa lição. **2**. "Os cães atacam aos leões, as feras atacam aos homens, os bárbaros e selvagens atacam a igreja de Deus. Todas essas são batalhas efetuadas devido aos motivos mais puramente instintivos, cuja racionalidade nem precisamos tentar provar. Na antítese de Caim e Abel, na realidade foi o mortal que assaltou ao imortal" (Lange, *in loc.*). A maldade não tem racionalidade, e se revoltará em meio mesmo à era de ouro.

GOIM

Essa é a palavra hebraica, no plural, que significa **"nações"**. Alguns estudiosos opinam que o termo procede do acádico, *gayum*, "tribo". Na linguagem do Antigo Testamento, porém, indica a ideia de "raças pagãs, não judaicas". Quanto às suas conexões geográficas, o vocábulo veio a ser associado à porção nordeste da Síria. Um território governado por um certo Tidal, mencionado em Gênesis 14.1, é chamado por esse nome. Além disso, há uma força armada gentílica, na Galileia, derrotada pelas tropas comandadas por Josué que tem esse nome (ver Js 12.23). Em Juízes 4.1,13, o nome de uma localidade *Harosete-Hagoim*, parece ser outra alusão a essa ideia, indicando uma área da Galileia. E outro tanto deve ser dito acerca de Isaías 9.1: ... *nos últimos (tempos) tornará glorioso o caminho do mar, além do Jordão, Galileia dos gentios*.

Onde Goim estaria localizada, depende de como identificarmos *Tidal*. A maioria dos estudiosos identifica Tidal como um nome hitita ou sírio (nosse último caso, relacionado a *Tudalia*). E esse é o nome de uma certa região da Síria. Porém, a ideia de que a palavra "goim" refere-se, coletivamente, aos povos não-israelitas, não é bem recebida pela maioria dos estudiosos.

GOLÃ

No hebraico, **"cativo"**, embora haja quem pense no sentido "redondo". Esse é o nome dado a uma aldeia levítica de Basã, no território da tribo de Manassés, (em Dt 4.43; Js 20.8; 21.27 e 1Cr 6.71). A pequena província de Gaulonite deriva seu nome dessa cidade. Refere-se ao distrito que ficava a leste do mar ou lago da Galileia.

Golã era uma das três cidades de refúgio da porção leste do rio Jordão. As outras duas cidades de refúgio eram Bezer e Ramote (Ver Dt 4.43). Tornou-se a principal cidade da província de Gaulonite, que foi uma das quatro províncias em que Basã foi dividida, após o cativeiro babilônico. Pode ser identificada com a moderna Sahem el-Golan, cerca de vinte e dois quilômetros e meio de Afeque (Hipos). Alguns eruditos pensam que sua localização exata ainda precisa ser descoberta. Golã foi cena tanto de uma derrota, como, posteriormente, de uma vitória alcançada por Alexandre (Josefo, Anti. 13.13,5). Nos dias do Novo Testamento, pertencia à tetrarquia de Filipe. Segundo Eusébio, o nome Gaulã (Golã) era o nome de uma grande aldeia, que emprestou seu nome a todo o território circunvizinho.

Golã
Davis, John D., 1854-1926, *Novo Dicionário da Bíblia* / [Tradução: J.R. Carvalho Braga]. – Edição ampliada e atualizada – São Paulo, SP: Hagnos 2005.

GOLFINHO. Ver *Texugo* (*Dugongo*).

GOLFO DE ÁCABA

Trata-se do braço nordeste do mar Vermelho. Para oeste fica a península do Sinai. Para leste, a terra de Midiã (deserto da Arábia). O termo hebraico que indica o mar Vermelho (mar de Sargaços) é usado em sentido amplo para aludir à região dos lagos Amargos, no delta do Nilo, e os golfos de Suez e Ácaba, e talvez o próprio mar Vermelho. No hebraico, *yam sup* refere-se ao golfo de Ácaba, pelo que a cidade portuária de Eziom-Geber (Eliate) é declarada como cidade situada no golfo chamado em hebraico *yam sup* (ver 1Rs 9.26). Enquanto vagueava pelo deserto, Israel recebeu ordens para ir de Cades-Barneia para internar-se no deserto *pelo caminho do mar Vermelho* (ver Nm 14.25; Dt 1.40,41 e 2.1). Após uma segunda permanência em Cades-Barneia, Israel foi novamente "pelo caminho do mar Vermelho", a fim de rodear o território de Edom, que ficava a leste de Arabá (ver Nm 21.4 e Jz 11.16). O golfo de Ácaba mui provavelmente está aqui em foco. O trecho de Êxodo 23.31 pode ser outra referência bíblica a esse local. (Z)

GOLIAS

1. Seu Nome. Segundo alguns estudiosos, a palavra hebraica significa "exílio". Porém, se o nome está relacionado a uma raiz árabe similar, então significa "forte", "vigoroso". Golias foi um guerreiro gitita, durante a época do reinado de Saul (século XI a.C.).

2. Descendência. Apesar de Golias ser chamado de filisteu, parece que, racialmente, ele era descendente dos amigos refains, uma conhecida raça de gigantes da antiguidade, e dos quais apenas um remanescente ainda sobrevivia nos dias de Saul. Alguns refains haviam-se refugiado junto aos filisteus, aliando-se a eles. Os amonitas haviam dispersado os refains (Dt 2.19 ss.).

3. História Relatada. A passagem de Números 13.32,33 registra a história dos espias que, ao voltarem, expuseram o seu relatório sobre os ocupantes da Palestina e as possibilidades de conquista. Afirmaram eles que ali havia "gigantes". Eram os filhos de Anaque; e, em confronto com eles, os israelitas pareciam gafanhotos. No entanto, algumas décadas depois, Josué foi capaz de extirpar totalmente os anequins das montanhas e de Hebrom. Nenhum deles restou na terra de Israel, embora ainda pudessem ser encontrados em Gate, uma das principais cidades da Filístia. Asdode também acolheu alguns deles. Ora, Golias era um gigante de Gate. Na qualidade de guerreiro filisteu, ele entrou em choque com Saul e, por conseguinte, com Davi. Arrogantemente, valendo-se de sua gigantesca estatura, Golias desafiava qualquer israelita a um combate singular com ele. Mas seu desafio não era aceito, dia após dia. Davi, que visitava a região onde se realizaria a batalha entre israelitas e filisteus, a fim de levar alimentos para seus irmãos, que faziam parte do exército israelita, tomou conhecimento da situação. E então, em nome de Israel, acabou aceitando o desafio lançado por Golias, na esperança de livrar Israel de tão grave ameaça. Habilidoso com a funda, por causa de seu trabalho como pastor de ovelhas, que precisava proteger seus animais das feras do campo, ele rejeitou quaisquer outros instrumentos de guerra. E, com uma pedrada certeira, na testa de Golias, conseguiu abater por terra o gigante. Ato contínuo, Davi decepou a cabeça do gigante com a própria espada deste. Nas Escrituras, a história é contada no capítulo 17 de 1Samuel.

4. A Estatura de Golias. O trecho de 1Samuel 17.4 informa-nos que Golias tinha seis côvados e um palmo de altura. Isso significa que ele tinha 2,75 m de altura. Alguns céticos têm duvidado disso. Porém, conheci pessoalmente um lutador profissional que tinha 2,45 m. Portanto, mais trinta centímetros e chegaríamos à estatura de Golias. De fato, alguns esqueletos humanos têm sido encontrados até com 3,20 m de altura. Os especialistas calculam, com base na envergadura desses esqueletos, que tais homens pesariam entre quatrocentos e quinhentos quilos. É interessante que esses esqueletos têm sido encontrados precisamente na região do Oriente Próximo, onde também viviam os anaquins e outras raças de gigantes da antiguidade. A armadura de Golias (cota de malhas) pesava cerca de 57 kg, e a ponta de sua lança sete quilos (1Sm 17.5,7). Depois de sua morte, a princípio a sua espada foi guardada em Nobe, sob jurisdição dos sacerdotes. Porém, o sacerdote Abimeleque entregou-a a Davi, quando este fugia de Saul (1Sm 21.9; 22.10).

5. Problemas do Texto Bíblico. A passagem de 2Samuel 21.19 atribui a morte de Golias a um certo Elanã, mas, em 1Crônicas 20.6 lemos que esse homem abateu Lami, irmão de Golias. Alguns eruditos têm procurado solucionar o problema, afirmando que o Golias envolvido nesse incidente foi um gigante diferente, embora do mesmo nome; mas muitos estudiosos não aceitam essa explicação. A maioria deles pensa que houve um erro qualquer de cópia, o que parece uma explicação mais provável do que aquela que supõe que Davi nunca matou gigante nenhum, e que, somente postoriormonte, a fim de glorificá-lo (visto ter-se tornado rei de Israel), o feito da morte de Golias foi atribuído a ele. Ver o artigo separado sobre *Elanã*, segundo ponto, onde aparece um sumário de explicações sobre esse problema.

6. As Lições Morais. O relato sobre Davi e Golias tem sido usado para ilustrar como uma pessoa pode vencer, contando com a força do Senhor, quando seus próprios recursos são fracos e inadequados. Uma outra lição é sobre a coragem. Algumas vezes, é preciso coragem para defrontar e vencer um inimigo ou uma situação adversa. A coragem é aventureira, não desanimando diante de circunstâncias contrárias ou de cálculos racionais. Outros relatos de grande coragem física são aqueles de Jônatas, filho de Saul, o qual, sozinho, lutou contra toda uma guarnição de filisteus (1Sm 14.6-15); de Moisés, que resistiu a certo número de pastores ameaçadores (Êx 2.16-19); e de Gideão, que se dispôs a enfrentar uma grande multidão, com apenas trezentos homens (Jul. 7).

GÔMER

No hebraico, **"perfeicão"** ou **"término"**. Esse é o nome de duas personagens da Bíblia: **1**. O filho mais velho de Jafé, filho de Noé. Gômer foi pai de Asquenaz, Rifate e Togarma (Gn 10.2,3). Em Ezequiel 38.6, Gômer é descrito como um povo aguerrido, aliado de Magogue (cujo governante é chamado Gogue), proveniente do norte. É muito provável que seus descendentes tenham sido os cimérios (no acádico, *gimmirrai*; no grego, *kimmeroi*). A história relata que os cimérios foram forçados a sair da região que hoje é o sul da Rússia, pelos citas. Os cimérios então atravessaram as montanhas do Cáucaso e entraram na Ásia Menor (atual Turquia) aí pelos fins do século VIII a.C. No século VII a.C., eles lutaram contra os assírios, conquistaram Urartu, subjugaram a Frígia e a Lídia, e invadiram as cidades gregas da costa ocidental da Ásia Menor. Heródoto informa-nos que esse povo habitava no Maetis, na Quersoneso Auriana. Os cimérios eram arianos de raça. Estrabão, Plutarco e Heródoto ajuntam que os cimérios, em data bem remota, estabeleceram-se ao norte do mar Negro, tendo dado o seu nome à Criméia, a antiga Quersoneso Taurica. Mas, tendo sido expulsos de seus territórios pelos citas, eles refugiaram-se na Ásia Menor, no século VII (Heródoto, *Hist*. 4.12). As referências bíblicas a Gômer, no livro de Ezequiel, são bastante vagas. Só podemos compreender que está em foco algum inimigo bárbaro, que descerá do norte nos últimos dias. Josefo (Anti. 1.6,1) diz que os ancestrais dos gálatas formavam uma colônia celta, de nome *Gômer*. Os *Gômeri* podem ser equiparados aos címbrios dos tempos dos romanos, bem como aos *cymry* do País de Gales. Os nomes Cambria e antiga Cumberlândia parecem preservar aquele antigo nome. Os povos celtas chegaram a ocupar toda a Europa ocidental, a região atualmente ocupada pelas ilhas britânicas, Portugal, Espanha, França, Suíça, e partes da Alemanha, da Áustria e da Checoslováquia. Também ocuparam parte da Bélgica e o extremo norte da Itália. Os chamados povos eslavos também contam com forte porcentagem de sangue celta. O povo brasileiro, descendente direto de portugueses, também conta com boa porcentagem de sangue celta. Na Espanha, os galegos formam a população de mais puro sangue celta da península. Há muitos brasileiros descondentes de espanhóis da Galícia. **2. Nome da filha de Diblaim**. Ela foi uma prostituta que se tornou esposa ou concubina do profeta Oseias (Os 1.3), em cerca de 785 a.C. Simbolizava, portanto, a adúltera nação de Israel, posteriormente restaurada. Oseias teve vários filhos com essa mulher, os quais receberam nomes próprios simbólicos para ensinar aos israelitas certas lições morais e espirituais. Alguns intérpretes, entretanto, opinam que o relato inteiro sobre Oseias e Gômer deve ser entendido metaforicamente, por suporem impossível que um profeta do Senhor pudesse, realmente, casar-se com uma prostituta. Oseias recebe ordens do Senhor para casar-se mais tarde com uma mulher adúltera; e alguns estudiosos supõem que seria essa mesma mulher, a qual, por algum tempo, ou abandonara Oseias, ou fora repelida por ele, por haver-se prostituído. Não há certeza, contudo, que essa mulher adúltera tenha sido a mesma Gômer; mas, em caso positivo, então temos nisso uma lição sobre cura e restauração espirituais. Os filhos de Oseias e Gômer tinham estes nomes: Jezreel, lo-Ruama e lo-Ami (vide, quanto às lições tencionadas através desses nomes próprios).

GOMORRA

A palavra hebraica parece significar **"submersão"**. Um termo árabe cognato possível é *ghamara*, "inundar". Gomorra foi uma das cidades da planície, ao sul do mar Morto, destruída juntamente com Sodoma, como castigo divino, para servir de lição universal. (Ver Gn 10.19; 13.10; 19.24,28).

Gomorra tornou-se proverbial, juntamente com Sodoma (vide), como lugar onde imperava uma intolerável iniquidade, até chegar à sua total destruição. No Novo Testamento, Jesus, Paulo, Pedro e Judas referem-se a Sodoma e Gomorra como antigos exemplos da ira retributiva de Deus. (Ver Mt 10.15; Rm 9.29; 2Pe 2.7 e Jd 7).

A primeira referência bíblica a Gomorra dá-nos a entender que essa cidade ficava situada ou no extremo sul ou no extremo leste do território dos cananeus (Gn 10.19). Os informes bíblicos indicam que o distrito do rio Jordão, onde Gomorra estava localizada (juntamente com Sodoma, Admá, Zeboim e Zoar), era uma área produtiva e próspera, densamente povoada, em cerca de 2054 a.C. Essas cidades estavam todas localizadas no vale de Sidim (Gn 14.3), uma região atualmente recoberta por um lençol de água, no extremo sul do mar Morto. Juntamente com Sodoma e outras cidades da região, Gomorra foi derrotada por uma confederação de reis mesopotâmicos, que invadiu o vale do rio Jordão, ao tempo de Abraão.

Ló, sobrinho de Abraão, talvez por razões financeiras, resolveu viver entre os ímpios pagãos da região. Então ocorreu a destruição, da qual Ló só foi salvo mediante a intervenção de Abraão. Em cerca de 2050 a.C., a região foi devastada por uma imensa conflagração. Lemos em Gênesis 14.10 que na região havia muitos poços de betume. Por toda a área em redor, até hoje podem ser encontrados depósitos naturais de betume. A área fica localizada bem em cima de uma falha geológica, sujeitando-a a muitos tremores de terra. Muitos intérpretes acreditam que o desastre que atingiu a região incluiu um terremoto, e talvez até alguma forte erupção vulcânica, dando a impressão de que o que ocorreu foi apenas um desastre natural. Mas outros estudiosos creem em uma intervenção divina, paralelamente a perturbações dos elementos naturais. Ao que parece, sal e enxofre foram expelidos do solo para o ar, de tal modo que, literalmente, choveu "enxofre e fogo", da parte do Senhor, sobre toda aquela planície (Gn 19.24). A história que envolve a esposa de Ló, que foi transformada em estátua de sal, provavelmente reflete o fato de que ela foi apanhada pela erupção, não tendo conseguido escapar. O monte de Sodoma, que os árabes conhecem pelo nome de Jebel Usdum, é uma massa de sal com oito quilômetros de comprimento, na direção norte-sul, na extremidade sudeste do mar Morto, o que nos faz lembrar da narrativa bíblica. Tácito (*Hist.* 5.7) e Josefo (*Guerras* 4.4) informam-nos que as ruínas das cidades da planície continuavam visíveis em sua época. Segundo todas as indicações, desde aqueles dias, a região veio a ser coberta pelas águas do extremo sul do mar Morto, formando um trecho onde as águas são mais rasas que o normal.

GONZOS, DOBRADIÇAS

Há duas palavras hebraicas envolvidas: **1**. *Tsir*, "forma", "gonzo", usada apenas por uma vez com esse sentido, em Provérbios 26.14. **2**. *Poth*, "gonzo", "abertura", também usada somente por uma vez com esse sentido, em 1Reis 7.50. Em nossa versão portuguesa, temos a tradução "gonzos", no primeiro caso; e "dobradiças", no segundo caso.

Os antigos não tinham dobradiças, conforme as conhecemos atualmente. As portas, no Oriente Médio, giravam sobre gonzos, feitos em uma extremidade superior e em outra extremidade inferior de um dos lados da porta. As perfurações onde ficavam encaixados os gonzos ficavam na verga e no batente da porta. O uso metafórico, no livro de Provérbios, é interessante. Uma porta não sai do seu lugar, embora gire em torno de seus gonzos. Por igual modo, o preguiçoso revolve-se no seu leito, mas não vai a parte alguma e nada faz.

GORDURA

Há cerca de doze palavras hebraicas envolvidas na ideia, a saber: **1**. *Cheleb*, "gordura", "a melhor parte", "tutano". Essa palavra ocorre por oitenta e oito vezes, nas páginas do Novo Testamento, (conforme se vê, por exemplo em Gn 4.4; Êx 23.18; Lv 3.3,4,9,10, 14,16,11; 4.8,9,19,26,31,35; 17.6; Nm 18.17; Dt 32.14,38; Jz 3.22; 1Sm 2.15,16; 2Sm 1.22; 1Rs 8.64; 2Cr 7.7; 35.14; Sl 17.10; Is 1.11 43.24; Ez 39.3,19; 44.7,15). **2**. *Beri*, "gordo", "firme". Palavra usada somente uma vez (Ez 34.20). **3**. *Bari*, "gordo", "firme". Palavra que aparece por seis vezes (Gn 41.4,18,20; Jz 3.17; 1Rs 4.23; Zc 11.16). **4**. *Dashen*, "gordo", "opulento". Palavra que figura por dez vezes. (Dt 31.20; Sl 22.29; 92.14; Is 30.23; Pv 11.25; 13.4; 28.25; Is 34.6,7; Pv 15.30). **5**. *Mashmannim*, "substâncias gordurosas". Palavra que é utilizada por seis vezes, embora no plural só apareça por uma vez, em Neemias 8.10. **6**. *Peder*, "gordura", "graxa". Palavra usada somente por três vezes (Lv 1.8,12; 8.20). **7**. *Shaman*, "engordar". Palavra usada por cinco vezes (Ne 9.25; Is 6.10; Dt 32.15 e Jr 5.28). **8**. *Shemen*, "azeite", "óleo". Palavra empregada por quatro vezes (Is 25.6; Is 28.1,4). **9**. *Shamen*, "oleoso", "gorduroso". Palavra usada por oito vezes (Gn 49 20; Nm 13.20; 1Cr 4.40; Ne 9.25,35; Ez 34.14,16; Hc 1.16). **10**. *Marbeq*, "engorda", "estábulo". Com o primeiro sentido, aparece apenas por uma vez (1Sm 28.24). **11**. *Meri*, "cevado". Palavra usada por cinco vezes (1Rs 1.9,19,25; Am 5.22; Is 1.11). **12**. *Beri basar*, "gordo na carne". Expressão hebraica que só aparece por duas vezes (Gn 41.2,18).

Consideremos os quatro pontos abaixo: **1**. Essa palavra é usada pela primeira vez na Bíblia em Gênesis 4.4, onde se lê que Abel ofereceu das primícias de seu rebanho e da gordura do mesmo, uma oferenda ao Senhor. **2**. A legislação mosaica afirmava que toda a gordura dos animais oferecidos em holocausto ao Senhor pertencia a ele (Lv 3.14-17; 7.30). **3**. Os capítulos terceiro a sétimo de Levítico especificam que as porções gordas dos animais sacrificados, como as entranhas, os rins, o fígado e a cauda das ovelhas, eram pertencentes ao Senhor. Essas porções precisavam ser sacrificadas juntamente com o animal morto (Êx 23.18). **4**. Alguns estudiosos têm pensado que ao povo de Israel foi proibido comer gordura; mas a proibição envolvia somente os animais sacrificados nas cerimônias religiosas. Isso torna-se claro (em Dt 12.15,16 21-24). Essa proibição alicerçava-se sobre a ideia de que a gordura é a porção mais rica do animal, pelo que só podia pertencer àquele que é a Fonte originária de tudo, Deus. Outras nações observavam práticas similares, aparentemente com base no mesmo tipo de filosofia.

Uso figurado. O sangue era considerado como a vida da carne, em algum sentido místico e misterioso, e não apenas em sentido biológico (Lv 17.14). Contudo, era reputado de importância secundária em relação à carne, sobretudo as porções gordas. A gordura simbolizava a saúde, o vigor físico e a abundância. É por isso que, no hebraico, encontramos expressões como "gordura da terra", "gordura da tribo" ou "gordura do azeite", indicando sempre as porções seletas disto ou daquilo, conforme o caso. (Ver Gn 45.18; Sl 81.16; Dt 32.14; Nm 18.12; 2Sm 1.22).

Na atualidade, alguém ser "gordo", em algumas culturas, é sinônimo de ser "forte". Mas a ciência tem demonstrado os efeitos prejudiciais da gordura, na dieta. Além disso, cada vez mais se pensa que a figura do gordo é antiestética. Uma expressão comum para indicar várias qualidades negativas é: "Ele só tem gordura, mas não músculos".

GÓSEN

O sentido dessa palavra é desconhecido. Esse é o nome de três localidades geográficas, nas páginas da Bíblia, a saber:

1. Gósen era uma província ou distrito do Egito, onde Jacó e sua família estabeleceram-se, a convite de José, e onde eles e seus descendentes permaneceram por um período de quatrocentos e trinta anos (Gn 40.10; 46.28; 50.8; 56.37; Êx 7.22; 8.26). A Bíblia, porém, não fornece descrições precisas acerca da extensão e das fronteiras desse território. Só há indicações que dão uma ideia geral a respeito. Ficava no lado leste do rio Nilo, o que pode ser deduzido com base no fato de que não se lê que Jacó e sua gente atravessou para o outro lado do rio Nilo, como também não houve necessidade de que, quatro séculos mais tarde, os israelitas o atravessassem, quando do êxodo. O trecho de Êxodo 13.17,18 dá a impressão de que a terra de Gósen ficava contígua à Arábia. Ver também Gênesis 45.10. O relato do livro de Êxodo mostra que não ficava muito distante do mar Vermelho. Provavelmente, ficava no Baixo Egito, no lado leste do ramo Pelúsico do rio Nilo, perto de Hierópolis. "Terra de Gósen" e "Terra de Ramssés" são expressões que apontam para uma só região. Israel inicíou o êxodo da cidade de Ramssés (Êx 12.37; Nm 33.3), uma cidade que eles mesmos tinham ajudado a edificar. (Ver Êx 1.11). Visto que eles tinham de trabalhar em Pitom (ver Êx 1.11), Gósen não pode ter ficado muito longe desse lugar. Gósen ficava localizada na estrada da Palestina ao Egito. A antiga cidade de Ramssés tem sido localizada ou em Tânis (Zoã), ou perto da moderna aldeia de Qantir. E os eruditos modernos pensam que esta última é a escolha mais provável. O *wadi* Tumilat assinala o sítio da antiga Pitom, que ficava na parte sudeste do Delta do Nilo. Ver o artigo separado sobre *Pitom*. Com base nesses detalhes, Gósen pode ser situada no território entre Saft el Henneh, no sul (na extremidade ocidental do *wadi* Tumilat), e Qantir e El Salhieh, que ficam no norte e no nordeste.

A porção oriental do delta do Nilo seria um local apropriado, pois ficava perto da corte real (Gn 14.10). José servia ao seu Faraó (provavelmente hicso) em Mênfis (um lugar perto da moderna cidade do Cairo). Essa localização também se ajusta bem ao local da entrevista que Moisés teve com Faraó, em Pi-Ramssés (Êx 7-12). A região era fértil e excelente para pastagens e vários tipos de cultivo agrícola. Entretanto, os Faraós não davam tanto valor a essa região quanto valorizavam outras regiões do Egito, por estar muito distante dos canais de irrigação do rio Nilo. Esse território ampliava-se por cinquenta a 65 quilômetros, tendo como centro o *wadi* Tumilat e indo desde o lago Timsa até as margens do Nilo. Tânis era chamada de Casa de Ramssés (cerca de 1300-1100 a.C.). Esse local foi a região onde habitaram os hebreus até saírem do Egito, e também permaneceu essencialmente imune às várias pragas que, por ordem de Deus, atingiram o Egito (Êx 11.2,3; 12.35,36).

2. Gósen da Palestina. Esse era o nome de um distrito existente no sul da Palestina (Js 10.41; 11.16). Ficava localizado entre Gaza e Gibeom. As campanhas militares encabeçadas por Josué levaram-no por toda a região montanhosa, pelas terras do sul (Neguebe), pelas terras baixas (Sefelá), e pelas vertentes dos montes (Asedote) da porção ocidental da Palestina. Os informes bíblicos especificam a área desde Cades-Barneia até Gaza, e também "toda a terra de Gósen até Gibeom" (Js 10.41).

3. A Cidade de Gósen. Essa cidade é mencionada em associação a Debir, Socó e outras cidades da região montanhosa de Judá (Js 15.51). Ficava localizada na porção sudoeste de Judá. A cidade de Gósen ficava no distrito de Gósen (segundo ponto, acima), sendo provável que o distrito derivava o nome dessa cidade. Tem sido identificada com o Tell el Dharíriyeh, a pouco mais de dezenove quilômetros a sudoeste de Hebrom; ou então, conforme outros estudiosos têm pensado, ficava um pouco mais para leste desse lugar.

GOZÃ

No hebraico, **"alimento"**. Essa cidade é mencionada por cinco vezes no Antigo Testamento (2Rs 17.6; 18.11; 19.12; 1Cr 5.26; Is 37.12). Nossa versão portuguesa, tal como outras versões estrangeiras, dá impressão, em três dessas cinco passagens, que se trata de um rio, e não de uma cidade. Os trechos que mostram que, na verdade, era uma cidade, são 2Reis 19.12 e Isaías 37.12, onde aparece uma lista de cidades destruídas pelos assírios, nos dias do reinado de Senaqueribe.

Gozã era uma cidade da mesopotâmia, localizada às margens do rio Habor, um tributário do rio Eufrates. Ficava a leste da imponente cidade patriarcal de Harã, e noroeste de Nínive, capital do império assírio. Muitos hebreus foram deportados para essa cidade, em 722 a.C., por quanto o reino do norte, Israel, ficou essencialmente devastado. (Ver 2Rs 17.6; 18.11; 19.12 e Cr 5.26). O nome assírio dessa cidade era *Guzanu*. O moderno *Tell Halaf* assinala o local dessa antiga cidade. Fica às margens do rio Kabur (no Antigo Testamento, Habor), onde o mesmo cruza as fronteiras entre a Síria e a Turquia, cerca de trezentos e vinte quilômetros a leste da extremidade nordeste do mar Mediterrâneo.

A partir de 1911, vêm sendo feitas escavações arqueológicas nessa localidade. Ali têm sido descobertas evidências de uma antiga civilização, que remonta cerca de 4000 a.C. Os arqueólogos ficam impressionados diante da qualidade e da beleza das peças de cerâmicas ali achadas. Essas explorações arqueológicas também têm trazidos à superfície tabletes pertencentes aos séculos VIII e VII a.C., onde aparecem inscritos vários nomes de origem semita. Esses nomes poderiam estar relacionados à presença de exilados israelitas, que estariam vivendo alí, durante aquele período da história.

GRALHA

Essa palavra, no hebraico original, aparece somente em Levítico 11.18 e Deuteronômio 14.16, como uma das aves vedadas ao consumo dos israelitas. Mas a identificação da ave é muito problemática, e as versões variam desde o cisne até a coruja cornuda. É difícil saber de onde os revisores de nossa Bíblia portuguesa colheram a ideia de que se tratava da gralha. A verdade, porém, é que uma opinião é tão válida quanto outra qualquer, pois é impossível sugerir uma tradução consciente do termo hebraico. A LXX sugere a íbis, ave da qual há oito espécies na Palestina, embora nada há que apoie tal tradução. Modernamente, Driver sugeriu a "corujinha". É impossível que o cisne seja a tradução correta. O cisne mudo é um visitante dos lagos e dos rios, durante o inverno, mas o mais provável é que os israelitas desconhecessem essa ave, sobretudo no deserto. Além disso, ninguém atina com a razão pela qual o cisne poderia ser considerado uma ave imprópria para o consumo humano, ou imunda.

GRANADA

No hebraico, *nophek*, um termo que aparece por quatro vezes (em Êx 28.18; 39.11; Ez 27.16 e 28.13). Nossa versão portuguesa diz "esmeralda", em todas as quatro passagens, o que também sucede em outras versões. No entanto, o sentido da palavra hebraica parece ser mais "carbúnculo", "rubi", "granada".

A granada envolve um grupo isomórfico de minerais de mistura com o cálcio, o magnésio, o manganês e o ferro, juntamente com o alumínio e o cromo. Os nomes dos diversos minerais do grupo são a andradita, o piropo, o magnésio-alumínio, a espessartita, o manganês-alumínio, a almandina e o ferro-alumínio. As granadas são relativamente comuns, bem distribuídas em formações rochosas. Usualmente têm um tom vermelho escuro, embora também possam ser róseas, marrons, amarelas, negras ou mesmo verdes. Algumas são mesmo incolores. Os espécimes de cores mais claras são usados como gemas, com nomes variados como rubis do Cabo, carbúnculos, pedras cinamon demantoide, essonita, rodonita e topezita. A granada também é um abrasivo industrial importante. É largamente usada para alisar a borracha e o couro. Ver também sobre a *Esmeralda*.

Restam muitas dúvidas sobre o sentido exato de muitas palavras hebraicas, sobretudo no tocante à fauna, à flora, a pedras preciosas e semipreciosas etc. Isso explica as opiniões contraditórias dos estudiosos, quando se referem a essas questões.

GRANDE (GRANDEZA)

A principal palavra hebraica é *gadol*, usada por mais de quatrocentas e cinquenta vezes com esse sentido, desde Gênesis 1.16 até Malaquias 4.5. Outra palavra hebraica importante é *rab*, "muito", "abundante", usada por quase quinhentas vezes, desde Gênesis 6.5 até Zacarias 14.13. No grego também temos duas palavras que podemos considerar com proveito: *megas*, "grande" (utilizada por cento e noventa e cinco vezes, desde Mt 2.10 até Ap 21.12); e *polús*, "muitos", "numerosos" (que aparece por quase quatrocentas vezes, desde Mt 2.18 até Ap 19.12).

Como vemos, a ideia de pluralidade também está incluída, de tal modo que uma multidão pode ser chamada de "grande". A iniquidade humana, que provocou o dilúvio, como castigo, era *grande* (Gn 6.5). Tal palavra também é usada para indicar pessoas dotadas de alguma qualidade notável ou que tenham feito alguma coisa prodigiosa. No Novo Testamento, a palavra grega *megas* é usada para indicar coisas volumosas ou espaçosas (Mc 14.15); para quem tenha idade avançada (Rm 9.12); para indicar os ricos (Hb 10.35); para algum sonido forte (Ap 1.10); para o que é importante (Ef 5.32). A palavra grega *polús* indica a ideia de *muitos*, de "grande número" (ver Mt 7.22, para exemplificar). É muito frequente, sobretudo no livro de Apocalipse, onde ocorre por nada menos de oitenta e duas vezes.

Neste artigo, porém, queremos destacar, principalmente, a ideia de *grandeza espiritual*. Aquele que lança mão dos diversos meios de crescimento espiritual haverá de obter esse tipo de grandeza. Ver o artigo sobre *Desenvolvimento Espiritual, Meios do*. O Senhor Jesus lançou a regra básica quanto a isso. O crente que quiser ser grande, deve ser servo de todos, ou seja, deve pôr em execução, de maneira suprema, a lei do amor (ver Mt 20.27). Viver a lei do amor é uma prova da espiritualidade (1Jo 4.7 ss.). Ver o artigo geral sobre o *Amor*. Jesus demonstrou quão grande era, espiritualmente falando, ao lavar os pés de seus discípulos (Jo 13). Jesus mostrou-se grande em espiritualidade pessoal e em obras poderosas. No entanto, cada pessoa é singular, dotada de uma missão especial a cumprir (Ap 2.17). O ponto culminante da grandeza da alma humana é atingido na sua transformação segundo a imagem de Cristo (Rm 8.29), o que lhe permitirá obter a própria plenitude de Deus (sua natureza e seus atributos) (Ef 3.19), fazendo-a participar da natureza divina, como verdadeiro filho de Deus, de acordo com a natureza e a imagem do Filho, Jesus Cristo (2Pe 1.4).

GRANDE MAR

Esse é um dos nomes bíblicos dados ao mar *Mediterrâneo* (vide). Algumas vezes era chamado simplesmente de "o mar", como em (Nm *13.29*, Js 16.8 e Jn 1.4). E também aparece o nome *grande mar* (Nm 34.7; Js 9.1; Ez 47.15), por causa da grande extensão dessa massa de água. Além disso, era chamado de "mar ocidental", porquanto a terra dos hebreus estava localizada, em sua extremidade oriental, estendendo-se daí para o ocidente (Dt 11.24; 34.2; Jl 2.20; Zc 14.8). Detalhes mais completos a respeito aparecem no artigo referido por nome.

GRÃO. Ver os artigos gerais sobre *Agricultura e Alimentos*.

No hebraico, *tseror*, palavra que significa **"sacola"**, "grão" e **"pedregulho"**. Com o sentido de *grão* aparece somente por uma vez, em Amós 9.9, onde diz o Senhor: *...sacudirei a casa de Israel entre todas as nações, assim como se sacode trigo no crivo, sem que caia na terra um só grão*. Portanto, nessa única menção, a palavra é usada em sentido metafórico.

No grego encontramos o vocábulo *kokkos*, "grão", "semente", que ocorre por sete vezes (Mt 13.31; 17.20; Mc 4.31; Lc 13.19; 17.6; Jo 12.24; 1Co 15.47). Esse termo tem sua raiz na palavra grega que significa "círculo", "redondo".

Na antiga nação de Israel os mais importantes produtos agrícolas eram grãos ou cereais de vários tipos, além do vinho e do azeite, conforme se lê, nessa ordem, em Deuteronômio 7.13 e 11.14. As sementes dos grãos eram plantadas logo no começo da estação chuvosa, correspondendo ao nosso mês de outubro. A cevada era o cereal que amadurecia primeiro (março e abril do ano seguinte), e o trigo amadurecia de uma semana a um mês mais tarde, dependendo do regime das chuvas. Mas esse amadurecimento dos grãos também dependia da altitude do terreno cultivado. A colheita maior se dava logo no começo de junho, da qual participavam todos os membros da família. Eram usadas pequenas foices de aço nesse mister, e o grão era separado da palha, em terrenos preparados para isso (as eiras), com a ajuda de animais, que arrastavam pesos para lá e para cá, repetidamente. O grão assim trilhado era lançado no ar, para o vento separar, definitivamente, a palha do cereal. Então os grãos eram guardados em grandes receptáculos e, chegado o momento de seu uso, era moído até, tornar-se farinha.

Grãos ou Cereais Mencionados na Bíblia. 1. O trigo era o cereal mais valorizado na antiguidade, sendo cultivado em todos os lugares onde o clima o permitia (Gn 41.2; Êx 29.2). O trigo era utilizado na feitura de vários tipos de pão. Mas as espigas também eram torradas e comidas inteiras, sem qualquer preparação especial. O melhor trigo da Palestina era cultivado nos vales férteis de Jezreel, de Samaria e da Galileia. Nos tempos da dominação romana, o Haurã, na Transjordânia, era um dos grandes celeiros de cereais do Império Romano. **2**. A *cevada*, depois do trigo, era o grão mais comum da Palestina. Podia ser cultivada em solos de qualidade inferior, e seu período de amadurecimento também era mais curto. Era o alimento dos pobres e dos animais. (Ver Jz 7.13, Ez 4.9; Jo 6.9, 1Rs 4.28). Há uma espécie de cevada selvagem que cresce na Galileia, estendendo-se para o nordeste, na direção do deserto da Síria. É provável que as variedades cultivadas, naquela região toda, se derivassem desse tipo. Era a forragem universal de cavalos, mulas e asnos (1Rs 4.28), embora também fosse usada no fabrico do pão dos pobres (Ez 4.9). Por ser um artigo barato, era usado na chamada oferenda de ciúmes (Nm 5.15), e também podia ser usado como pagamento das prostitutas (Os 3.2; Ez 13.19). Um bolo de cevada aludia à pobreza ou à baixa condição social de alguém (Jz 7.13). **3**. A *espelta* era uma espécie de trigo inferior, que medrava no Egito (Êx 9.32) e na Palestina (Is 28.25). Algumas vezes era usada misturada com o trigo, no fabrico do pão (Ez 4.9). Algumas traduções traduzem ali por "centeio", mas os eruditos concordam que o centeio não era conhecido entre os hebreus. **4**. O *painço* era um grão muito miúdo, mais ou menos como a semente de mostarda, usado como forragem para os animais. Nossa versão portuguesa omite tanto esse cereal como um outro elemento, na lista de Ezequiel 4.9. Há uma considerável conclusão quanto a esses dois últimos nomes da lista. O *painço* é traduzido, em algumas versões, por "milho", embora se saiba que o milho, na época, só era conhecido pelos índios da América, sendo desconhecido na Ásia, na Europa e na África, antes do descobrimento do novo mundo, já em 1492. E, quanto ao outro elemento, algumas versões dizem "aveia", o que não corresponde aos fatos, pois o termo hebraico correspondente, *kussemet*, era a "espelta", um tipo inferior de trigo (ver o segundo ponto). O *painço* corresponde ao termo hebraico *dochan*, usado somente por uma vez, precisamente em Ezequiel 4.9, sendo um dos dois termos omitidos pela nossa versão portuguesa.

Ilustração. Israel era uma nação agrícola, e era natural que rabinos e mestres, incluindo o Senhor Jesus, usassem metáforas baseadas na vida agrícola para propósitos didáticos. Assim, temos as parábolas do semeador (Mt 13.3-23; Mc 4.3-20); do joio e do trigo (Mt 13.24-30); da semente que cresceu secretamente (Mc 4.26-29); do rico com seus celeiros transbordantes de cereais (Lc 12.16-21) e do grão de trigo que cai no chão, morre, mas depois ressuscita sob a forma de abundante produção (Jo 12.24). Paulo também só utilizou da ideia do trigo que morre e depois floresce, como símbolo da ressurreição (1Co 15.36). Em Amós 9.9 temos uma metáfora em que Israel, entre as demais nações do mundo, haverá de sofrer tribulações e perseguições, sacudida para lá e para cá; mas, no fim, segundo a promessa divina, será restaurada, não havendo perecido inteiramente.

Grãos, guardados em jarras tampadas, têm sido encontrados pelos arqueólogos. Têm sido assim encontrados grãos de trigo, de cevada, de espelta e de aveia, entre os escombros de Jericó. Um ponto interessante é que, antes dessas descobertas arqueológicas, muitos especialistas pensavam que a aveia era desconhecida na Palestina, devido ao fato de que a palavra hebraica correspondente jamais aparece no Antigo Testamento. Também para admiração de todos, alguns grãos, descobertos pelos arqueólogos, acabaram brotando e produzindo fruto!

GRÉCIA

Derivado de *Graicoi*. **1**. Nome de uma tribo do Epiro e dos gregos em geral. Saiu de uso, sendo substituído pela designação de helenistas, mas empregado novamente por Sófocles, que o reviveu. **2**. Nome de um país pequeno situado a sudeste da Europa, famoso na história dos povos antigos, limitado ao norte pelas montanhas do Olimpo; ao sul, pelo Mediterrâneo; a leste, pelo mar Egeu, e a oeste, pelo mar Jônico, que atualmente faz parte do Mediterrâneo, e pelo mar Adriático, ou golfo de Veneza. A sua posição geográfica deu-lhe grandes vantagens, no tempo em que o Mediterrâneo era a estrada real da civilização. A história autêntica, a começar com os primeiros monumentos escritos, data da primeira Olimpíada no ano 776 a.C. Antes dessa época, inclusive o período dos tempos heroicos, a história da Grécia está de tal modo misturada com a lenda, que é difícil separar a verdade do mito. Todavia, parece certo que os gregos descendiam de quatro tribos, cada uma das quais pretendia proceder de uma fonte comum, o seu antecessor Heleno. Dessas quatro tribos, os eólios e os aqueus representaram papel saliente nos tempos heroicos. Homero, algumas vezes, empregava a palavra aqueus, falando do povo grego. As outras duas tribos, os dóricos e os iônicos, aparecem mais em evidência nos tempos históricos. Deles descendiam respectivamente os atenienses e os espartanos. O período histórico mais remoto, desde 776 a 500 a.C., pode considerar-se como o período do desenvolvimento de cada um dos Estados de que se formou a nação. Os Estados eram teoricamente independentes entre si, porém unidos pela linguagem, pela literatura, pelos jogos e pelo desenvolvimento nacional. Ocorreram frequentes alianças políticas. Durante esse período, lançaram-se os fundamentos da arquitetura, da arte, da literatura e da filosofia. Em tempos mui remotos já tinha sua designação geográfica entre os hebreus, sob o nome de Javã, isto é, Jonia (Gn 10.4), porém mencionada como um país dos limites da terra (em Is 66.19; Ez 27.13; Jl 3.6). Cerca de 500 a.C., a Grécia aparece na tela da história, enfrentando o grande poder da Pérsia, primeira potência do mundo. No ano 546, já o rei Ciro havia tomado Sárdis, capital da Lídia, início da sujeição das cidades gregas da Ásia ao jugo persa. No reinado de Dario, os exércitos persas atravessaram o Helesponto e submeteram a Macedônia em 510 a.C. As cidades gregas da Ásia revoltaram-se contra os seus conquistadores nos anos 500 a 495 a.C. Os gregos da Europa desbarataram os persas na grande batalha de Maratona em 490, e depois de lhes infligirem reveses das Termópilas, foram além com as vitórias de Salamina em 480, de Plateia e Mícale em 479. As lutas com a Pérsia deram em resultado que a Grécia ficou sob a suserania de um Estado. O primeiro Estado que assumiu a supremacia sobre todo o país, foi Atenas, que a conservou durante 70 anos. Todas as energias da nação nos últimos 28 anos empregaram-se na guerra do Peloponeso, começada por umas pequenas contendas entre Corinto e as suas colônias, e se generalizou de tal modo que envolveu todas as forças de terra e mar, em luta entre Esparta e Atenas, do que resultou a queda do poder ateniense. Seguiu-se depois o período da supremacia de Esparta, passando por sua vez a Tebas, que durou até o ano 338 a.C., quando toda a Grécia caiu em poder de Filipe da Macedônia e foi incorporada ao seu império. No tempo das conquistas de Alexandre, o Grande, a Grécia entrou pela primeira vez em contato com a Judeia. Em sua passagem para a Pérsia, Alexandre entrou na Palestina que se lhe submeteu sem resistência (veja *Alexandre*). Desde esse tempo, a influência da Grécia espalhou-se rapidamente e tomou pé firme nos países situados ao lado oriente do mar Mediterrâneo. Até mesmo depois das conquistas do império romano, a influência da Grécia, pela sua língua, pela sua cultura e pela sua filosofia, dominou até o ponto de entrar na própria religião judaica. No tempo de Cristo, a língua grega era falada em todo o mundo civilizado. Após a morte de Alexandre, o Grande, o império macedônio passou às mãos de seus generais que o dividiram entre si. A princípio, a própria Grécia ficou sendo patrimônio de um dos filhos de Alexandre, mas, breve, este, bem como todos os filhos do grande imperador, foram mortos e o império se tornou presa do mais forte, até que finalmente caiu em poder dos romanos. A última guerra contra Roma resultou a batalha de Leucópetra, 146 a.C., em que a Grécia passou a ser província do império romano. A divisão do império, em império do Oriente e império do Ocidente, reviveu a influência grega por algum tempo. O império do Oriente sobreviveu ao império do Ocidente, porém, afinal, com a tomada de Constantinopla pelos turcos em 1453 a.C., teve o seu fim. Alguns dos trabalhos mais ardorosos do apóstolo Paulo se realizaram na Grécia e notadamente em Atenas e Corinto, não falando nas viagens pela Acaia, que naquele tempo representava a antiga Grécia.

GRELHA

No hebraico, *mikbar*, palavra que é usada por seis vezes no Antigo Testamento, sempre no livro de Êxodo (27.4; 35.16; 38.4,5,20; 39.39). Essa palavra indica qualquer coisa "torcida" ou "bordada", ou então uma gelosia, um trabalho trançado. A passagem de Êxodo 27.4 fala sobre uma espécie de grade de bronze, que rodeava a porção inferior do altar dos holocaustos (vs. 5). Nessa grelha de bronze havia quatro argolas, onde se punham varas, permitindo que o altar fosse transportado (Êx 27.4,7).

Os estudiosos não têm muita certeza sobre a serventia dessa grelha, mas as sugestões apresentadas são que ela recebia as brasas acesas, ou então que protegia o altar, agindo como suporte para todo material posto sobre o mesmo. Escreveu John Gili: "Uma chapa de bronze com perfurações, para permitir a passagem do sangue que escorria dos corpos de animais sacrificados ou as cinzas dos mesmos, uma vez queimados... servia para receber as brasas e os ossos que caíam de sobre o altar, e assim podia denotar a pureza do sacrifício de Cristo. (*in loc.*). Nesse caso, seria uma espécie de instrumento santificador do altar. Em seguida, John Gill sugere que as varas não ficavam na grelha, mas passavam *por* ela, na parte inferior da mesma.

GRILHÕES

Há três palavras hebraicas e uma palavra grega que devem ser consideradas neste verbete, a saber: **1**. *Kebel*, "grilhão". Esse termo hebraico ocorre por somente duas vezes (Sl 105.18 e 149.8). **2**. *Ziqqim*, "cadeias", "grilhões". Palavra hebraica usada por quatro vezes com esse sentido: (Jó 36.8; Sl 149.8; Is 45.14 e Na 3.10). **3**. *Nechosheth*, "bronze", mas, algumas vezes, palavra hebraica empregada com o sentido de "grilhões", (como em 2Sm 3.34, 2Cr 33.11, 36.6 Jz 16.21 e 2Rs 25.7). **4**. *Péde*, "grilhões (para os pés)", pois até se deriva da palavra grega que significa "pó", *pós, podós*. É vocábulo grego usado por três vezes (Mc 5.4 e Lc 8.29).

Os grilhões eram algemas, amarras ou qualquer outra coisa que prendesse as mãos ou os pés, ou mesmo o corpo inteiro de uma pessoa. Os arqueólogos têm descoberto dois tipos básicos de grilhões: aqueles para as mãos, que as amarravam ao pescoço do indivíduo; e aqueles para os pés, que ligavam um pé ao outro para que não tivessem movimentos. (Nos trechos de Jz 16.21; 2Sm 3.34; 2Rs 25.7 e 2Cr 33.11) temos grilhões feitos de bronze. O ferro mencionado em Miqueias 5.4 e em Lucas 8.29 sem dúvida aponta para grilhões feitos desse metal ainda mais forte que o bronze. Na Bíblia temos a trágica história de Sansão, ligado com grilhões de cobre ou de bronze (ver Jz 16.21); Manassés e Zedequias foram reis de Judá presos com grilhões, pelos caldeus, e transportados para a Babilônia (2Cr 33.11), e também o homem possuído por um espírito imundo, que era amarrado com grilhões para não atacar outras pessoas (Mc 5.4). Os egípcios empregavam grilhões de madeira, bem como aqueles feitos de metal. O trecho de Atos 28.20 refere-se a uma cadeia, usada como grilhões.

Usos figurados. A passagem de Eclesiastes 7.26 encerra uma descrição gráfica sobre a mulher imoral. Seu coração assemelha-se a redes e armadilhas, e as suas mãos são como grilhões de ferro, que prendem e aprisionam. O homem que procura agradar a Deus, haverá de escapar de tal mulher. Assim também, todos os vícios e todas as doutrinas falsas podem atuar como grilhões, por serem imoralidades espirituais e, portanto, cadeias. A missão de Cristo liberta os cativos (Ef 4.8). Jesus veio a este mundo anunciando o livramento aos cativos do pecado e da degradação. Essa é a mensagem central do evangelho. (Ver Lc 4.18).

GRILO

No hebraico, *chargol*, vocábulo que aparece exclusivamente em Levítico 11.22. Os nomes dos insetos na Bíblia usualmente se encontram em contextos que abordam animais puros e imundos. Ver o artigo sobre *os Alimentos*, onde há uma seção que trata desses alimentos permitidos ou não. Ver também o artigo intitulado Limpo e Imundo, que acrescenta algo mais àquelas informações, destacando o problema inteiro da pureza ou impureza cerimonial e alimentar. É muito difícil identificar os insetos específicos mencionados, pois os antigos não usavam uma linguagem científica quando se referiam à fauna e à flora. O artigo sobre *Gafanhoto* ilustra essa dificuldade. O *chargol* pertence à família do gafanhoto, visto que possuía asas e saltava em vez de arrastar-se. As três famílias dos insetos saltadores são classificadas entre os *orthopera* (gafanhotos, locustas e grilos). É evidente que a palavra hebraica em questão refere-se a um desses insetos, embora não haja certeza acerca de qual dos três. Mas o besouro está fora de questão, visto que não salta.

GRINALDAS

No Novo Testamento, essa é a tradução, em português, da palavra grega *stémma*, "círculo", "coroa", "grinalda". Esse vocábulo aparece somente em Atos 14.13, apontando para um dos objetos que os sacerdotes de Zeus trouxeram para adornar Paulo e Barnabé, julgando que eles fossem deuses em figura humana.

Uma palavra hebraica que talvez signifique a mesma coisa é *livyah*, que ocorre somente por duas vezes, em Provérbios 1.9 e 4.9. No entanto, a maioria dos estudiosos pensa que o sentido dessa palavra hebraica é "diadema", o que já seria coisa diferente. Ver o verbete *Diadema*. Ver também sobre *Ornamento*.

GUARDA

Uma guarda podia ser constituída por um único indivíduo ou por vários indivíduos encarregados de vigiar e proteger outra pessoa, outras pessoas, ou apenas coisas ou lugares. No Antigo Testamento, quatro palavras hebraicas estão envolvidas: **1**. *Tabbah*. A princípio, essa palavra hebraica significava *executor real*, mas, com o tempo passou a indicar uma "guarda pessoal", como a do Faraó (Gn 37.36; 39.1) ou a de Nabucodonosor (2Rs 25.8-10). Davi contava com um grupo de seiscentos mercenários estrangeiros, representantes dos queretitas e dos peletitas. Benaia era um desses homens, atuando como capitão deles (2Sm 20.23). Eles acompanharam Davi em sua fuga de Absalão (2Sm 15.18), e, posteriormente, formaram a escolta de Salomão, no dia em que foi coroado (1Rs 1.38,44). Davi tinha trinta guerreiros poderosos, que agiam como guarda pessoal especial (2Sm 23.8 ss.). O número deles é dado em 2Samuel 23.18. **2**. *Mishmaath*, que vem da raiz *sama*, "ouvir", "responder". Essa palavra aparece em 2Samuel 23.23, indicando uma guarda pessoal, embora algumas traduções digam "concílio". **3**. *Mishmar*, "guarda", "vigia". Ocorre por um total de 22 vezes, com sentidos como "prisão", "cárcere" etc. Com o sentido de "guarda", porém, ocorre por três vezes (Ne 4.22,23; Ez 38.7). **4**. *Ratsim*, "corredores". Eram mensageiros e guardas do rei, conforme se vê em 1Samuel 12.17.

No Novo Testamento, em Atos 28.16, lemos que Paulo foi entregue a um "soldado que o guardava". O termo grego *stratopedarches* é usado ali. Esse vocábulo indicava um tribuno legionário ou capitão de tropas. Porém os melhores manuscritos omitem essa palavra, dizendo que Paulo ficou ali em companhia de um soldado que o guardava.

Também sabemos que o templo de Jerusalém dispunha de guardas, ou seja, de uma polícia do templo, escolhidos dentre os levitas. Eles mantinham a ordem no templo, e impediam que os gentios entrassem em áreas proibidas (ver Mt 27.65). A Mishnah informa-nos que havia vinte e quatro pontos, no templo e na área circundante, que eram vigiados. Em Marcos 6.27, encontramos menção ao "executor". No original grego temos o termo *speculator*, um latinismo que só aparece nesse texto. Esses homens não só agiam como guardas, correios, mas também como executores. No latim clássico, entretanto, essa palavra significava um "espião", "observador" ou "vigia". A raiz verbal da mesma era *specio*, "olhar", "observar". O termo grego cognato é *spekto*. Herodes Antipas, pois, ordenou que um homem com esse título trouxesse até ele a cabeça de João Batista, em uma bandeja, conforme se lê em Marcos 6.27.

Finalmente, encontramos o vocábulo grego *koustodia*, para indicar a guarda que ficou vigiando o túmulo de Jesus, conforme se lê em Mateus 27.66.

Usos Espirituais e Metafóricos. **1**. O poder preservador e guardador de Deus cuida de seu povo (Sl 17.8; 33.13; Pv 3.26; Is 26.3). **2**. Os anjos estão encarregados de guardar os santos (Lc 4.10 e Sl 9.11,12). **3**. O trecho de Colossenses 3.3 ensina-nos que as vidas dos crentes estão ocultas com Cristo, em Deus, o que indica total proteção. Devemos entender essa proteção principalmente em sentido espiritual, e não tanto em sentido físico. Ver o artigo sobre *Anjo da Guarda*.

GUARDA PESSOAL

Uma pessoa ou grupo de pessoas que interpõem seus corpos entre a pessoa a ser guardada de alguma ameaça, potencial ou real. Além disso, a expressão dá a entender a guarda da segurança física de outrem. Nas Escrituras, Davi é a primeira pessoa mencionada a ocupar tal ofício. De fato, ele era o capitão de um grupo de militares que protegiam o rei Saul (1Sm 22.14). Aquis, rei de Gate, declarou que Davi poderia ser sua guarda pessoal. Isso sucedeu quando Saul buscava Davi para tirar-lhe a vida (1Sm 28.2). Posteriormente, o próprio Davi contou com uma guarda pessoal, composta de trinta guerreiros, tendo por comandante Benaia (2Sm 23.23). Nebuzaradã era capitão da guarda pessoal do rei da Babilônia. Ele veio com tropas a Jerusalém e destruiu, mediante incêndio provocado, praticamente a cidade inteira (2Rs 25.8). (Z)

GUARDA, PORTA DA

Algumas traduções dizem **Porta da Prisão**. O item em questão era uma porta existente na cidade de Jerusalém, referida em Neemias 3.31 e 12.39. Ficava na esquina nordeste da cidade. O trecho de Neemias 12.39 diz-nos que o segundo grupo enviado por Neemias, por ocasião da dedicação das muralhas da cidade, estacou diante dessa porta. No entanto, John Gill informa-nos de que esse não era, propriamente, um portão da cidade, mas do átrio da prisão, levando o leitor ao trecho de Neemias 3.25. Ver o artigo intitulado *Pátio do Cárcere, Pátio da Guarda*. Isso ficava perto do palácio do rei (Jr 20.1,2; 32.2).

GUARDA PRETORIANA. Ver *Pretoreana, Guarda*.

GUARNIÇÃO

Há duas palavras hebraicas (com variantes) e uma palavra grega envolvidas neste verbete, a saber: **1**. *Matstsab*, "posto", "guarnição". Com o sentido de "guarnição", ocorre por sete vezes (1Sm 13.23; 14.1,4,6,11,15; 2Sm 23.14). Sob a forma *matstsabah*, "posto", aparece somente uma vez em 1Samuel 14.12. A mesma coisa se diz acerca da forma *matstsebah*, que ocorre somente em Ez 26.11. **2**. *Netsib*, "posto", "guarnição". Esse vocábulo hebraico é utilizado por nove vezes, com o sentido de "guarnição": (1Sm 10.5; 13.3,4; 2Sm 8.6,14; 1Cr 11.16; 18.13; 2Cr 17.2). **3**. *Phrouréo*, "montar guarda". (Essa palavra grega ocorre apenas em 2Co 11.32; Gl 3.23; Fp 4.7 e 1Pe 1.5).

A palavra hebraica *netsib* também indica um "oficial" que é colocado em algum posto conquistado, dando a entender que ele contava com uma guarnição militar. Uma guarnição consiste em um destacamento de tropas armadas, usualmente tendo a seu encargo alguma fortaleza ou área fronteiriça estratégica. Assim, os filisteus puseram guarnições na região de Judá, mas Davi, após muita luta contra eles, foi capaz de submetê-los, conforme lemos no décimo quarto capítulo de 1Samuel. Tendo feito isso, ele mesmo postou guarnições de israelitas em Edom e na Síria. Em tempos posteriores houve uma guarnição em Jerusalém, conhecida como *barracas* ou *acrópolis*. Ver sobre *Antônia, Torre de*. Sua posição estratégica explica como o comandante da guarnição (em grego, *chiliarchos*) foi capaz de intervir tão prontamente, livrando Paulo das mãos da turba, que o ameaçava (ver At 22.3 ss.). Damasco também contava com uma guarnição de soldados romanos (ver 2Co 11.32), a qual foi empregada, inutilmente, para impedir o escape de Paulo.

GUDGODÁ

No hebraico, **"incisão"**, **"perfuração"**. Os israelitas estiveram nesse local, nas circunvizinhanças de Cades-Barneia, quando vagueavam pelo deserto antes de conquistarem a Terra Prometida. Sob essa forma, o nome aparece por duas vezes em Deuteronômio 10.7. Em Números 33.33, o nome do mesmo lugar aparece como Hor-Gidgade, um nome que, aparentemente, significa "caverna de Gidgade". Os eruditos sugerem que ficava perto do *wadi* Hadahid. É possível que a diferença de grafia, entre o trecho de Deuteronômio e o de Números, deva-se, principalmente, a sinais vocálicos, escolhidos pelos massoretas (vide).

GUEL

No hebraico, **"majestade de Gade"**. Esse era o nome do filho de Maqui, dirigente da tribo de Gade. Ele esteve entre os doze espias que foram enviados para explorar a Terra Prometida (Nm 13.15), em cerca de 1440 a.C. Ele foi o representante da tribo de Gade, e esteve entre aqueles que apresentaram um relatório pessimista, calcado sobre a incredulidade.

GUERRA

Há dois artigos, neste dicionário, que fornecem muitas informações sobre as guerras da antiguidade: *Armaduras e Armas* e *Forte, Fortificação*. Além das informações ali prestadas, oferecemos o que se acha neste verbete, como segue:

Declaração Introdutória. O general George Patton, um grande militar norte-americano da Segunda Guerra Mundial, escreveu à sua esposa, diretamente do campo de batalha, asseverando: "Gosto da guerra e estou me divertindo muito". Ele e o general Bradley chegaram a uma cena onde se dera uma batalha, com muita destruição, destroços, veículos incendiados e cadáveres atirados por todo o lado. Patton exclamou: "Que Deus me ajude! Mas eu gosto disto!" Noutra ocasião, Bradley disse a Patton: "Eu fui treinado para a guerra. Mas você gosta da guerra". Um famoso personagem dos desenhos animados, o marinheiro Popeye, disse em uma cena: "Luto pelo que é direito, e também como diversão". O zelo com que os homens guerreiam reflete a depravação da natureza humana. Quedamo-nos admirados diante da brilhante e nobre literatura de Homero, quando ele compôs a *Ilíada* e a *Odisseia*, mas ficamos perplexos diante do fato de que a guerra é o pano de fundo de tudo quanto ele escreveu. Também ficamos admirados quando lemos sobre as matanças em que os hebreus estiveram envolvidos, e grande parcela do Antigo Testamento está voltada para os temas guerreiros. Houve, então, tantas matanças que nos parecem sem sentido! É notável que tal literatura, como é a do Antigo Testamento, tenha provindo de um contexto desses. O próprio Deus é ali retratado como o Grande General, que ordenou aquelas carnificinas. Mas, mesmo admitindo-se que os povos vizinhos a Israel mereciam ser julgados, por causa de suas inúmeras corrupções, ainda assim é difícil ver Deus como o promotor desses combates. Mas, nem sempre Deus faz aquilo que os homens (até mesmo homens piedosos) supõem que ele faz. Os homens imaginam Deus segundo a própria imagem deles.

Além disso, há a questão dos valores. É verdade que a guerra tem feito os homens inventarem coisas que chegam a ser úteis, em tempos de paz. Posto que a necessidade é a mãe das invenções, com frequência, as guerras têm dado motivo para a invenção de coisas que, depois, já em tempos de paz, mostram ser de utilidade. Mas, nem por isso a guerra é justificada. Noutras ocasiões, é necessário que pessoas religiosas se armem, a fim de se defenderem. Ver o artigo separado sobre as *Guerras*

GUERRA

Religiosas. Porém, coisas que algumas vezes são necessárias, não são reflexos necessários da santidade e nem mesmo daquilo que é desejável.

O comandante Sanguinário

Não é mau. Que toquem.
Que os canhões estrondem e os aviões bombardeiem,
Proferindo suas prodigiosas blasfêmias.
Não é mau, é chegado o tempo.
A maior violência ainda é O comandante para
Gerar valores neste mundo.
Quem se lembraria do rosto de Helena,
Se lhe faltasse o terrível halo de lanças?
Não choreis, deixai-os tocar,
A velha violência não é antiga demais
Para gerar novos valores.

(Robinson Jeffers)

I. Descrições Vívidas. Na Bíblia não faltam descrições sobre como os homens matam ou são mortos. Uma das primeiras expressões do pecado, entre os homens, foi o homicídio (ver o terceiro capítulo de Gênesis). Na primeira profecia messiânica há menção a uma contínua hostilidade (Gn 3.15). A consumação desse drama é retratada com a vinda do Rei guerreiro, que porá fim a todo o mal que há na terra (Ap 19.11-21). O próprio milênio, inaugurado em seguida, não será capaz de eliminar a guerra das mentes dos homens. Além disso, antes do milênio haverá a maligna missão do anticristo (vide), o qual provocará, pelo menos, uma guerra mundial, ou mesmo duas ou três. Ver o artigo sobre *Profecia, Tradição da, e a Nossa Época*.

Se tivéssemos de escolher um texto do Antigo Testamento que melhor refletisse uma selvageria desnecessária, parece que 1Samuel 27.8 ss teria de ser selecionado. Vemos ali que Davi (durante o período em que procurava se esconder de Saul) encabeçava vários ataques contra populações em redor, não deixando ninguém com vida, que pudesse servir de testemunha de suas matanças. Naturalmente, nesse processo, ele ajuntou a maior quantidade possível de despojos. No texto sagrado aprendemos que pelo menos alguns desses ataques foram efetuados meramente para enganar Aquis, que estava dando abrigo e proteção a Davi. Esse homem, pois, supunha que Davi estava combatendo contra os seus próprios compatriotas hebreus, sendo essa, precisamente, a impressão que Davi queria dar-lhe, a fim de que o asilo não lhe fosse negado. Lemos em 1Samuel 26.11: *Este era o seu (de Davi) proceder por todos os dias que habitou na terra dos filisteus*.

II. Guerra Entre Várias Nações Antigas

1. Os Sumérios. Evidências literárias e arqueológicas confirmam a habilidade com que os sumérios guerreavam. Eles foram um povo semita que ocupara o sul da Babilônia antes de 3000 a.C. Eles dispunham de carros de guerra com quatro rodas, arcos e flechas de guerra e outros equipamentos militares. As armaduras deles eram, realmente, impressionantes. Ver sobre *Armadura, Armas*. Foi encontrado um capacete de ouro sólido, com data de antes de 2500 a.C., feito com grande arte. Adagas com lâmina de ouro, flechas com ponta de pederneira, cabeças duplas de machado e lanças com ponta de cobre têm sido encontrados entre os artefatos fabricados pelos sumérios. A famosa *falange* dos gregos, está provado, foi uma formação de combate criada pelos sumérios.

2. Os Egípcios. Os egípcios, que eram camitas, contavam com grandes exércitos; mas eles também alugavam mercenários, como os núbios, de pele negra, que os ajudavam em suas expedições ao estrangeiro. O soldado egípcio comum contava com um equipamento militar incrível. Ele levava consigo um escudo de couro, um arco de guerra composto, com flechas de ponta de pederneira, uma longa lança, uma espada recurva e, algumas vezes, adicionava a isso um machado de guerra. Os soldados egípcios usavam uniforme. A partir de cerca de 1550 a.C., os egípcios começaram a usar cavalos em suas batalhas juntamente com carros de combate. Foram criados entre eles muitos modelos de dardos, de lanças, de flechas e de adagas.

Os egípcios também levantaram grandes fortalezas, na tentativa de impedir o avanço de exércitos invasores inimigos. Ver o artigo separado sobre *Forte, Fortificação*. A região das cataratas do Nilo, no Alto Egito, era protegida por muitas fortalezas, o que também se verificava na área do delta desse rio. As minas egípcias de turquesas e de cobre, na península do Sinai, também eram protegidas por fortalezas. Os egípcios não eram grandes marinheiros, mas sabemos que Ramsés III usou uma flotilha de guerra contra a confederação líbia, no século XII a.C.

3. Os Assírios. A narrativa bíblica dá uma atenção particular aos assírios, visto que o primeiro grande cativeiro (do norte de Israel) foi efetuado por esse povo semita. Durante algum tempo eles dominaram a região dos rios Tigre e Eufrates, tendo ampliado as suas fronteiras, mediante ataques selvagens contra os povos circunvizinhos. Nínive (vide) era uma de suas capitais. A começar pelo século IX a.C., nos tempos de Assurnasirpal II (depois dele vieram outros monarcas, como Salmaneser III e, um pouco mais tarde, Tiglate-Pileser III, Sargão II, Senequeribe e Esar-Hadom) os assírios impuseram a sua hegemonia sobre aquela porção geográfica do mundo antigo. Seus ataques cruéis e incansáveis faziam os outros povos tremerem. Eles eram muito habilidosos no emprego de toda a espécie de armamento, tendo-se tornado famosos por seus precisos ataques de cavalaria ligeira e por seus ataques com carros de combate. Ver sobre o *Cativeiro Assírio*.

4. Os Caldeus Babilônios. Esse povo foi o responsável pelo segundo cativeiro de Israel (que envolveu o reino do sul, Judá). Ver o artigo separado sobre o *Cativeiro Babilônico*. Os babilônios, que eram uma miscigenação de povos semitas, camitas e jafetitas, mas com preponderância semita, ainda eram guerreiros mais hábeis do que os assírios, embora talvez não fossem tão cruéis. Por isso mesmo, eram mais temidos do que os assírios tinham sido. Eram grandes mestres no uso da cavalaria e dos carros de combate. O trecho de Habacuque 1.6-9 revela as habilidades deles. Ezequiel, por sua vez, nos fornece uma impressionante lista sobre o equipamento militar deles: eles usavam armadura que protegia o corpo inteiro, contavam com cavaleiros treinados com condutores de carros de combate e de bastões, e atacavam em grandes números. Tinham capacetes, escudos e paveses (ver Ez 23.24).

III. Guerra Entre os Hebreus. É pensamento solene que podemos ser mortos em um instante, não chegando a ver o fim do dia. Os leitores das obras clássicas estão familiarizados com as elaboradas preces e rituais religiosos que os gregos faziam, quando estavam em guerra. Entre eles, os heróis eram mortais que se tinham imortalizado, de idades secundárias cuja maior glória era terem combatido com valentia. Destarte, a guerra era considerada uma virtude. Os hebreus, por igual modo, faziam da guerra um aspecto de sua teologia. Para eles, Deus era um grande General, e outros generais eram aqueles indivíduos que fossem capazes de eliminar algum inimigo por meio da violência. A Terra Prometida foi conquistada por ordem expressa de Yahweh, conforme o livro de Josué nos informa. Os hebreus buscavam orientação divina acerca da guerra, mediante o *Urim* e o *Tumim* (vide) (ver Jz 1.1; 20.2,27,28; 1Sm 14.37; 23.3; 28.6 e 30.8). Outras vezes, era algum profeta quem dava instruções sobre essas questões (ver 1Rs 22.6; 2Cr 18.5). A arca da aliança chegou a ser levada, em certas ocasiões, aos campos de batalha, na esperança de que ajudasse na matança dos inimigos, por ser um símbolo da presença de Yahweh (1Sm 4.4,18; 14.18). Os antigos não se incomodavam em declarar guerra. Usualmente, um ataque traiçoeiro começava as hostilidades. Quando muito, alguns espiões eram enviados previamente, para obterem conhecimento sobre as forças e as defesas do inimigo. (Ver Nm 13.7; Js 2.1; Jz 7.10;

1Sm 26.4). Assim como Israel conquistou a Terra Prometida mediante campanhas militares, assim também a perdeu, mediante a guerra, com dois cativeiros consequentes. As profecias bíblicas põem Israel no meio de mais guerras futuras. Os místicos modernos dizem-nos que o povo de Israel converter-se-á ao cristianismo como resultado da Terceira Guerra Mundial. Essa e a Quarta Guerra Mundial reduzirão de tal maneira o número dos povos gentílicos que, no milênio (vide), Israel se tornará a cabeça das nações.

IV. Métodos e Costumes das Guerras dos Hebreus. Poderíamos alistar aqui nove pontos, quanto a esse aspecto da questão: **1**. Da mesma maneira que se fazia entre os gregos, os hebreus também faziam sacrifícios de animais, antes de suas batalhas (1Sm 7.9 e 13.9). **2**. Um discurso bem-feito pelo comandante tinha o intuito de preparar psicologicamente os soldados para a refrega (2Cr 20.20). Esse discurso, entre os hebreus, também podia ser feito por um sacerdote (Dt 20.2). **3**. Era dado um sinal para marcar o começo da luta (1Sm 17.42; Is 42.13 e Ez 21.22). **4**. Nos primeiros tempos, a nação de Israel não contava com cavalos ou com carros de guerra, mas essas coisas acabaram sendo incorporadas, em imitação a povos circunvizinhos,. Havia combates corpo a corpo, e também pelejas a distância, mediante dardos atirados com arcos. Portanto, a agilidade e a força física eram qualidades quase indispensáveis a um bom soldado (2Sm 1.23; 2.18 e 1Cr 12.8). **5**. Várias estratégias eram empregadas, como, por exemplo, as emboscadas (ver Js 8.2,12; Jz 20.26), e o elemento surpresa também era considerado muito útil (Jz 7.16). **6**. Algumas vezes, a fim de poupar tempo e alguns poucos milhares de vidas, eram escolhidos campeões ou representantes, de ambos os lados contendores, para resolverem a disputa (1Sm 17; 2Sm 2.14). É curioso que, na década de 1970, o ditador africano, Idi Amim, propôs a solução de uma disputa, com um dos países vizinhos, mediante uma luta de boxe entre ele e o governante do outro país. Ele era um bom boxeador, com muita experiência nesse esporte e além disso, pesava cerca do dobro de seu oponente. Desnecessário é dizer que nunca houve o tal encontro de boxe. Uma violência muito maior foi necessária para resolver aquelas diferenças. **7**. Quando uma cidade ou fortaleza era cercada, o lugar em redor ficava coalhado de tropas (Ez 4.4; Mq 5.1). A linha do círculo assim formada servia de linha básica de operações. Eram feitas rampas de terra, que davam para o alto das muralhas da localidade cercada (2Sm 20.15; 2Rs 19.32). Dessas rampas, os atacantes atiravam dardos e outros projéteis (2Rs 25.1; Jr 52.4; Ez 4.2 e 26.8). Aríetes eram empregados para abrir brechas nas muralhas e, se isso fosse impossível, eram feitas escadas por onde os soldados atacantes subiam, até o alto das muralhas. Naturalmente, os defensores resistiam com todas as suas forças. (Ver Ez 4.2 e 21.22). O povo de Israel só começou a usar os carros de guerra e as armaduras pesadas bem tarde, coisas essas com que os seus adversários já estavam bem acostumados muito antes dos hebreus. Cavalos também eram criados e treinados, especialmente, para a guerra. A multiplicação de cavalos foi, originalmente, proibida a Israel e a seus reis (Dt 17.16). Mas essa proibição acabou sendo arredada para um lado. **8**. *Maus-tratos Dados aos Prisioneiros de Guerra.* Apesar de todas as leis que regulamentavam o tratamento dado aos prisioneiros, muitas atrocidades eram cometidas contra eles. Mas, os povos antigos em geral não tinham leis que protegessem os prisioneiros de guerra. Os corpos dos mortos eram mutilados e saqueados (1Sm 31.8; 2Macabeus 8.27). Os sobreviventes das batalhas eram, com frequência, torturados, mutilados ou mortos (Jz 9.45; 2Sm 12.31;Jz 1.6). Também eram levados em cativeiro ou vendidos como escravos. Os povos conquistados também recebiam a mesma sorte. Ver os artigos sobre os cativeiros assírio e babilônico. **9**. *Celebração da Vitória.* Monumentos eram erigidos, usualmente na forma de uma grande pilha de pedras, em comemoração aos triunfos na guerra (ver 1Sm 7.12; 2Sm 8.13). Troféus tomados dentre os despojos eram exibidos em lugares conspícuos (1Sm 21.9; 2Rs 11.10). Cânticos e danças comemoravam as vitórias, e grande parte da população vitoriosa participava dos festejos (Êx 15.1-21; Jz 5; Judite 16.2-17; 1Macabeus 4.24).

V. Alexandre e a Guerra. Ver o artigo separado sobre *Alexandre, o Grande*, que descreve a sua incrível habilidade guerreira, e as consequências disso para o mundo. No que tange às Escrituras, podemos afirmar que duas coisas principais resultaram das conquistas militares de Alexandre. A primeira foi que ele espalhou a cultura grega a todos os lugares do mundo então conhecido, conseguindo homogeneizar a humanidade, culturalmente falando, como um preparativo para o advento do evangelho cristão. O Novo Testamento reverbera isso até certo ponto, manifestando o sincretismo de ideias que resultou dessa homogeneização cultural. Para exemplificar, a doutrina do Logos, e o ponto de vista platônico do mundo, proeminentes nos escritos de João e na epístola aos Hebreus, respectivamente. Acresça-se a isso que o grego *koiné* tornou-se a língua franca, que agiu como veículo de comunicação que espalhou a todo o mundo greco-romano e até mesmo para fora do mesmo, a mensagem do cristianismo, tanto sob a forma do volume escrito do Novo Testamento, como verbalmente, através das atividades dos missionários cristãos.

VI. Os Romanos e a Guerra. Os romanos nunca foram pensadores originais, mas eram muito bons na utilização e desenvolvimento de ideias alheias. Isso tanto sucedia no terreno das operações bélicas, como em tudo o mais. Assim, aos povos que iam conquistando, também iam-nos unificando e agregando ao seu império. Todos os territórios conquistados tornavam-se províncias romanas, uma parte do todo. Para tanto, eram empregados todos os recursos de guerra dos impérios anteriores, como o uso de armaduras, as estratagemas, a conquista de fortalezas, o emprego de novas armas e de novos métodos de combate, um bom suprimento fornecido às linhas de frente etc. A fim de manterem e consolidarem as suas conquistas, as legiões romanas eram postadas em todos os pontos estratégicos, de onde podiam controlar as fronteiras e os interiores do império. O Novo Testamento demonstra a quase onipresença da força militar romana. Jesus e seus discípulos podiam contemplar, ao redor deles, o poder de Roma. Estando já encravado na cruz, o lado de Jesus foi transpassado pela lança de um soldado romano, e outros soldados haviam jogado sortes ao pé de sua cruz. Paulo, em diversas ocasiões, esteve em contato com acampamentos ou destacamentos romanos. Em todas as cidades por onde ele pregou, havia a presença das legiões romanas. Cláudio Lísias, a fim de proteger esse apóstolo, quando foi enviado a Cesareia, para ali ser julgado civilmente, enviou duzentos infantes, duzentos lanceiros e setenta cavaleiros, a fim de garantir a chegada segura de Paulo. E Paulo nos fornece uma detalhada descrição do exército romano, na sua época, em Efésios 6.10-20, aplicando isso para nos ensinar lições espirituais muito proveitosas.

VII. A Guerra nas Páginas do Novo Testamento. Nos dias do Antigo Testamento, a guerra era uma atividade de Deus. Ver a oitava seção, intitulada *A Guerra e a Religião*. Assim era porque esse era um meio de ameaçar, punir ou levar a vitória à *nação* de Israel, pelo que fazia parte integral da vida da comunidade religiosa e política de Israel. Porém, nos dias do Novo Testamento, o elo nacional se rompera, e então a guerra se tornara uma questão do poder do vencedor sobre o vencido. Um soldado não era mais o "meu filho", ou o "filho do vizinho", mas era o conquistador, o *opressor*. **1**. O trecho de Lucas 3.14 nem condena e nem elogia o soldado, mas apenas busca regulamentar a sua conduta. **2**. Jesus encarava a guerra como uma parte inevitável da depravada sociedade humana, um sinal dos tempos, uma constante na vida humana (Mt 24.6). **3**.

Porém, os violentos sofrerão violência, sendo essa uma lei ética universal (Mt 26.52). **4**. O poder militar avulta por detrás da lei, sendo essa uma das razões pelas quais as autoridades civis precisam ser obedecidas, embora haja melhores razões do que isso (Rm 13.1-6), das quais a Bíblia também fala. **5**. No Novo Testamento há várias *metáforas militares*, que nos fornecem lições espirituais. Ver a nona seção, onde essas metáforas são alistadas. **6**. O Armagedom (vide) será uma oportunidade em que a guerra roduzirá as potências pagãs a zero, de tal modo que Israel poderá guindar à posição de cabeça das nações.

VIII. A Guerra e a Religião
1. A Guerra na Sociedade do Antigo Testamento. Em Israel, a vida nacional começou por meio de uma conquista militar, que teria sido determinada por Yahweh, sendo essa a mensagem central do livro de Josué. Essa conquista foi mantida por meio de inúmeros ataques e contra-ataques, matanças intermináveis de parte a parte. Em todas as páginas do Antigo Testamento, vemos Yahweh a encorajar o seu povo terreno nesse empreendimento. Vários nomes e descrições de Deus, note-se, assumem uma natureza militar como *Homem de Guerra* (Êx 15.3; Is 42.13), Senhor dos Exércitos (Êx 12.41; 1Sm 11.45) etc. É provável que essa expressão tenha em vista tanto exércitos terrenos quanto exércitos celestiais. A guerra era algo tão importante em Israel que veio à existência um documento chamado *Guerras do Senhor*. Ver sob o título *Guerras do Senhor, Livro das*. O Senhor é um Capitão militar que encabeça um exército (2Cr 13.12). Ele é quem envia seu povo a lutar (2Cr 20.22; Sl 144.1). Algumas vezes, Deus luta sozinho, enquanto seu povo contempla (2Cr 20.17). É Deus quem debilita um inimigo e livra o seu povo (Dt 20.13).

A arca da aliança era considerada um sinal da presença de Deus, sendo levada à batalha a fim de garantir a ajuda e a proteção de Deus. Os preparativos para a guerra, e a guerra propriamente dita, eram santificados (Jr 6.4; Jl 3.9). Eram feitos os sacrifícios apropriados (Jz 6.20,26). O grito de guerra incluía o nome divino (Jz 7.18,20). Deus cumpria a sua vontade, entre as nações, por meio da guerra. O povo de Deus, Israel, sobrevivia a tudo. Por outro lado, a guerra também era usada como um instrumento de punição do povo de Deus (Hc 1.6; Is 10.5 ss.; Jr 25.1-9; Ez 21.8-23). Os falsos profetas previam a paz, quando a guerra estava iminente (Jr 28). Em meio a toda essa glorificação da guerra (pois quem era maior herói do que o prodigioso matador?), houve momentos em que a consciência humana protestou. Assim, a Davi, não foi permitido edificar o templo, por causa de seu envolvimento em tantas matanças (1Rs 5.3). O profeta Isaías predisse um dia melhor, quando, finalmente, a paz prevaleceria, e as armas de guerra seriam transformadas em instrumentos pacíficos (Is 2.4; ver também Mq 4.3). O Messias e o Príncipe da Paz (Is 9.6). Os inimigos de Deus haverão de sofrer uma derrota definitiva (Dn 7 e 10; Zc 14; Sl 110).

2. O Novo Testamento distancia os crentes dessa filosofia bélica, porque não havia mais uma nação protegida que se envolvia em guerras. Como é óbvio, Jesus inaugurou uma nova atitude, chegando mesmo a recomendar o amor aos nossos inimigos (Mt 5.44). Ver a seção sétima quanto a outras ideias, que abordam a questão da guerra sob o ponto de vista do Novo Testamento.

3. O Pacifismo. Oferecemos um artigo separado, neste dicionário, sobre esse assunto. Há algo de radicalmente errado com as nações que enviam homens para matar os homens de outra nação. Há algo de gigantescamente absurdo no empenho com que as armas são estocadas com o propósito específico de espalhar a morte, gastando importâncias colossais, que poderiam solucionar os principais problemas econômicos e sociais. Portanto, o *pacifismo* é um nobre ideal. A dificuldade é que, por enquanto, o pacifismo anda cada vez mais desacreditado. Antes da Segunda Guerra Mundial, o pacifismo era bastante forte na Inglaterra. Porém, quando as hordas nazistas começaram a se apossar de grandes pedaços da Europa continental, e a existência da própria Inglaterra era ameaçada, os pacifistas ingleses deixaram de ser pacifistas. Eles compreenderam que somente a violência poderia pôr fim à violência. Alguns pacifistas, mesmo em nossos dias, têm-se oferecido para servir em exércitos, contanto que não peguem em armas. E muitos desses têm demonstrado grande coragem, tendo até sido condecorados por sua bravura. Esses têm servido em corpos médicos, hospitais ou dirigindo caminhões até a linha de frente da batalha.

IX. Usos figurados
1. O conflito do homem contra a morte é retratado como uma guerra (Ec 8.8). **2**. Deus é descrito como um homem de guerra e como capitão de exércitos (Êx 15.3; 2Cr 13.12). **3**. As atividades bélicas demonstram a malignidade dos ímpios (Sl 55.21). **4**. Uma armadura, com seus diferentes itens, fornece uma elaborada metáfora das virtudes espirituais e do uso das mesmas (Ef 6.12 ss.). **5**. Os inimigos de nossa salvação precisam ser derrotados (Rm 7.23; 2Co 10.3; Ef 6.12; 1Tm 1.18). **6**. O anticristo fará guerra contra os santos de Deus (Ap 11.7). **7**. O crente individual é um soldado de Cristo que precisa manter a disciplina apropriada, e a firmeza de propósitos que lhe convém, se tiver de ser bem-sucedido (1Tm 1.18; 2Tm 2.3,4). **8**. A cruz proveu uma retumbante vitória sobre os inimigos da alma (Cl 2.15). **9**. O Armagedom (vide), embora se espera que seja uma batalha literal que, finalmente, derrote os poderes malignos deste mundo, sendo uma das causas do soerguimento de Israel como cabeça das nações, também deve ser entendido figuradamente; como representação de qualquer grande conflito entre o bem e o mal. **10**. O último inimigo a ser derrotado é a própria morte (1Co 15.26).

BIBLIOGRAFIA. AL I IB ND NTI UN YAD Z

GUERRAS DO SENHOR, LIVRO DAS

O trecho do Números 21.14 ss refere-se a um antigo livro com esse título, tendo feito algumas citações do mesmo. A citação termina mencionando *Moabe*, mas é possível que os vs. 17 e 18, como também 27-30, contenham alguns fragmentos desse mesmo livro. Parece que essa obra era uma espécie de coletânea de canções populares, onde eram comemoradas várias vitórias. Yahweh é o Capitão dos Exércitos, e também aquele que dá a vitória ao seu povo. O Livro dos Justos, mencionado em 2Samuel 1.18, aparentemente, era uma obra similar. Os eruditos pensam que ambas as obras pertenciam à época de Davi. A Septuaginta apaga a referência ao livro, havendo até estudiosos que dizem que a omissão representa o texto em sua forma original.

GUERREIRO

No hebraico, *gibbor*, **"poderoso"**. Palavra que aparece por cento e sessenta vezes no Antigo Testamento (por exemplo: Gn 6.4; Js 1;14; Jz 6.12; 1Sm 9.1; 2Sm 10.7; 23.8,9,16,17,22; 1Rs 1;8; 1Cr 7.7,9,11,40; 2Cr 13.3; Sl 33.16; Is 3.2; Jr 5.16; 9.23; 14.9; Jl 2.7; Zc 9.13). A palavra tem sido variadamente traduzida. Em 1Samuel 17.4,23, há uma expressão hebraica que significa "homem que intervém", isto é, que defende uma causa. Um dos casos mais representativos foi o do combate singular entre Golias, o gigante filisteu, e Davi, o pastorzinho de Judá, relatado nesse capítulo do primeiro livro de Samuel. Era comum, na antiguidade, decidir-se uma questão enviando dois representantes, um de cada facção em conflito, para lutarem em lugar do grupo inteiro. Isso evitava o derramamento de muito sangue em batalha. Há um exemplo desse costume na *Ilíada* de Homero (3.69; 7.65 ss.). Páris solicitou de Heitor que o pusesse "no meio", a fim de lutar contra Menelau e decidir a questão.

GUNI

No hebraico, **"protegido"**. Há dois indivíduos com esse nome, nas páginas do Antigo Testamento, a saber: **1**. O

Segundo filho de Naftali, fundador da família dos gunitas. Seu nome é mencionado por três vezes no Antigo Testamento (Gn 46.24; Nm 26.48 e 1Cr 7.13). Seus descendentes, os gunitas (vide), são mencionados em Números 26.48. Eles tornaram-se parte da tribo de Gade, que herdou Gileade. Guni viveu por volta de 1700 a.C. **2**. O pai de Abdiel, e um dos chefes entre os gaditas. Mencionado somente em Números 26.48. Viveu por volta de 1400 a.C.

GUNITAS

Eram os descendentes de Guni (vide). Esse adjetivo pátrio aparece somente em Números 26.48. Com o tempo, vieram a fazer parte da tribo de Gade, e habitaram em Gileade.

GUR

No hebraico, **"filho"**. Uma subida na qual Acazias foi ferido, ao fugir de Jeú (ver 2Rs 9.27) em cerca de 883 a.C. A Septuaginta, porém, interpreta que esse era o nome de um vale. Por outro lado, W.F. Albright, grande estudioso moderno, identificou esse nome com uma cidade cananeia, também chamada Gurar. Esse nome foi encontrado em um tablete escrito no século XV a.C., descoberto em Taanaque. É possível que essa *subida* fosse para a cidade desse nome. Somente maiores estudos locais poderão tirar todas as dúvidas que ainda cercam o assunto.

GUR-BAAL

No hebraico, **"filhote de Baal"**, ou então, segundo outros estudiosos, "habitação ou jornada de Baal". A Septuaginta interpreta o nome como "sobre a rocha". Esse era o nome de uma cidade ou distrito do Negueve, habitado por árabes. Uzias conquistou o local (ver 2Cr 26.7). Parece que esse local ficava situado entre a Palestina e a Península Arábica, mas ainda não foi identificada com certeza.

HAASTARI

Nome de uma família que descendia de Judá, que ocorre somente em 1Crônicas 5.6. O nome parece significar "mensageiro" ou "guia de mulas". Ele aparece como homem que descendia de Asur, por meio de sua segunda esposa, Naará. Ele viveu por volta de 1618 a.C.

HABACUQUE (O PROFETA E O LIVRO)

I. O Profeta. No hebraico, o nome dele significa "**abraço amoroso**" ou, então, "**lutador**". Habacuque foi um dos mais distinguidos profetas judeus. Sua obra aparece entre as dos chamados oito profetas menores. Essa palavra, "menores", nada tem a ver com a estatura do indivíduo ou com a importância de sua obra, mas apenas com o volume dos escritos, em contraste com os "profetas maiores", como Isaías, Jeremias e Ezequiel, cuja produção foi bem mais volumosa. Não dispomos de informação segura sobre o lugar de nascimento, sobre a parentela e sobre a vida de Habacuque. Obras apócrifas dizem algo a respeito, mas suas informações são conflitantes, pois, mui provavelmente, foram forjadas. O pseudo-Epifânio (de Vitis Prophet, opp. tom. 2.18, par. 247) afirma que ele pertencia à tribo de Simeão, tendo nascido em um lugar de nome Baitzocar. Dali, supostamente, ele fugiu para Ostrarine, quando Nabucodonosor atacou Jerusalém. Mas, depois de dois anos, voltou à sua cidade natal. Porém, os escritores rabínicos fazem Habacuque ser da tribo de Levi, além de mencionarem um lugar diferente de seu nascimento (Huetius, Dem. Evang. Prop. 4, par. 508). Eusébio informa-nos que havia em Ceila, na Palestina, um proposto túmulo desse profeta. Nicefo (Hist. Eccl. 12.48) repete essa informação. Todavia, ainda há outras histórias contraditórias.

Alguns estudiosos pensam que ele era o filho da mulher sunamita mencionado em 2Reis 4.16 ou, então, que seria o "atalaia" referido em Isaías 21.6. Outros pensam que ele também esteve na cova dos leões, em companhia de Daniel. Esta última informação aparece na obra apócrifa Bel e o Dragão (vs. 33 ss.). Mas tudo parece ser tão imaginário quanto o que aparece nas obras apócrifas.

O próprio livro de Habacuque presta-nos bem poucas informações. O trecho de Habacuque 3.19 indica que ele estava oficialmente qualificado para participar do cântico litúrgico do templo de Jerusalém, e isso parece indicar a exatidão da informação que o aponta como um levita, visto que estava encarregado da música sacra. É curioso que não nos seja dado o nome de seu pai, nem a sua genealogia, algo contrário aos costumes judaicos. Elias também pode ser mencionado como uma das grandes personagens do Antigo Testamento, cuja genealogia não é dada.

II. Caracterização Geral. Habacuque viveu em tempos dificílimos. À semelhança de Jó, ele enfrentou o problema do sofrimento dos justos. Ver no *Dicionário* o artigo sobre o Problema do Mal. Por que razão um Deus justo silencia e nada faz, quando os ímpios devoram aqueles que são mais justos do que eles (1.13)? A resposta certa é que devemos deixar a questão aos cuidados da vontade soberana de Deus, crendo que ele continua sendo soberano, e que, a seu próprio modo e no tempo certo, usará de estrita justiça com todos os seres humanos, incluindo os ímpios. Destarte, ... *O justo viverá por sua fé* (Hc 2.4), uma famosa declaração que posteriormente foi incluída no Novo Testamento. Alguns eruditos sugerem que uma melhor tradução, nesse versículo, seria "o justo viverá por sua fidelidade" (Rm 1.17; Gl 3.11 e Hb 10.38,39) não contém aplicações exatas. O ensino parece ser que os caldeus produziriam muita destruição, mas, no fim, haveriam de ser julgados, por sua vez. Entrementes, os justos confirmariam sua espiritualidade e sua maneira de viver piedosamente, vivendo em fidelidade, de acordo com os princípios da justiça, o que se reveste de grande valor diante de Deus.

O livro de Habacuque, na verdade, é um poema em duas partes, que alude à queda final da Babilônia, com pequenas interpolações nos capítulos primeiro e segundo. O terceiro capítulo parece ser um salmo acrescentado. Alguns eruditos pensam, para esse livro, em uma data entre 612 e 586 a.C.; mas, se Habacuque se encontrava no exílio, então seu poema, mais provavelmente, foi escrito entre 455 e 445 a.C., quando a Pérsia começou a mostrar que era suficientemente forte para derrotar a Babilônia e assim impor a justiça divina sobre aquele império. Habacuque ansiava por ver isso suceder, a fim de que fosse feita justiça contra um brutal opressor de Israel, sem importar os meios usados para tanto. O poema termina com o pronunciamento de uma lamentação sobre a Babilônia. Características distintivas de outros escritos proféticos, como uma ética específica, assuntos religiosos e um esboço da reforma do povo de Deus, não fazem parte do livro, que parece muito mais uma explosão de indignação contra a Babilônia, que levara a nação de Judá para o cativeiro, espalhando miséria e matanças generalizadas entre os judeus.

III. Data. Os eruditos não estão acordes quanto à questão da data. A única referência histórica clara é aos caldeus, em Habacuque 1.6. E, com base nisso, a profecia tem sido datada no fim do século VII a.C., após a batalha de Carquêmis, ocorrida em 605 a.C. Nessa batalha, os caldeus derrotaram os egípcios, dirigidos pelo Faraó Neco, nos vaus do rio Eufrates, e marcharam para o Ocidente, a fim de dominar Joiaquim, de Judá. Entretanto, alguns estudiosos pensam que esse versículo se refere aos gregos (com o nome de quitim, o que aludiria à ilha de Creta; ver no *Dicionário* sobre Quitim). Nesse caso, estaria em foco a invasão de Alexandre, que partira do Ocidente, no século IV a.C., e não as invasões de Nabucodonosor, dirigidas do norte e do leste. Todavia, não existe evidência textual em favor dessa conjectura. O trecho de Habacuque 1.9 refere-se ao grande número de cativos que houve, o que parece refletir o cativeiro babilônico.

No entanto, se Habacuque escreveu esse poema como um exilado, então a data mais provável é algum tempo entre 455 e 445 a.C. Mas a ideia mais comum é de que a data fica entre 610 e 600 a.C. Outros estudiosos, porém, salientam que o trecho de Habacuque 1.5 mostra-nos que o soerguimento da potência em pauta ocorreu como uma surpresa, pelo que não seria provável uma data tão tardia quanto 612 a.C., quando os babilônios capturaram Nínive, ou 605 a.C., quando eles derrotaram o Egito. Para que tenha havido o elemento surpresa, supõe-se que uma data mais recuada deva ser concebida, como os últimos anos do reinado de Manassés (689—641 d.C.), ou então os primeiros anos do reinado de Josias (639—609 a.C.), quando a ameaça babilônica ainda era remota. Outros pensam que a Assíria é que está em vista, e não a Babilônia. Não obstante, é possível que a ameaça babilônica fosse antiga (com base na posição do autor sagrado, dentro da história), mas somente em cerca de 612 a.C. tenha-se tornado crítica para a nação de Judá.

IV. Estilo Literário e Unidade. A profecia de Habacuque apresenta três estilos literários distintos: **1**. O trecho de 1.2—2.5 é um tipo de diálogo entre o profeta e Deus, que parece refletir porções do segundo capítulo do livro de Jó. **2**. A passagem de 2.6-20 é o pronunciamento de "cinco ais" contra uma nação iníqua, mais ao estilo de outros livros proféticos do Antigo Testamento. **3**. O terceiro capítulo é um longo poema, até certo ponto similar aos salmos, na forma em que os encontramos, aparentemente tendo em vista um uso litúrgico. Por causa dessa grande variedade de estilos, muitos têm pensado que o livro, na verdade, seja uma compilação, que gira em torno do tema comum da teodiceia, isto é, a justificação dos caminhos de Deus, em face de tanta maldade como há no mundo. Assim, há uma unidade temática, mas com grande divergência de estilo, o que sugere que diferentes matérias, de diversos autores, foram compiladas por algum editor.

Quase todos os eruditos liberais rejeitam a unidade do livro. Mas a maior parte dos conservadores (alguns de forma hesitante) aceita a unidade desse livro profético. Alguns supõem que a divergência quanto ao estilo possa ser explicada conjecturando-se que um mesmo autor, em ocasiões diferentes, escreveu o material, e então, finalmente, ele mesmo reuniu todo o material, formando um único livro. A adaptação do terceiro capítulo, para fins litúrgicos, poderia ter sido obra de outra pessoa, que trabalhasse como músico levita no templo de Jerusalém. É significativo que o Comentário de Habacuque, encontrado entre outros materiais escritos da primeira caverna do Qumran (ver no *Dicionário* sobre mar Morto, Manuscritos do e sobre Khirbet Qumran), omita o terceiro capítulo desse livro. Todavia, os comentários encontrados em Qumran são irregulares, e essa omissão pode ter sido propositada, nada refletindo no tocante à unidade do livro. Albright conjecturava que o Salmo de Habacuque, embora formasse uma unidade juntamente com o resto, continha reminiscências acerca do mito do conflito entre Yahweh e o dragão primordial do Mar ou do Rio. Porém, tal ideia requer que se façam trinta e oito emendas sobre o texto massorético, para que ele perde inteiramente a sua força.

V. Pano de Fundo e Propósito. Grandes eventos históricos haviam sacudido o mundo, pouco antes de este livro ter sido escrito. Israel, a nação do norte, fora levada para o cativeiro, pelo poder da Assíria. Mas o poderoso império assírio fora subitamente esmagado. Os egípcios haviam sido derrotados pelos caldeus. Portanto, surgira uma nova potência mundial, e Judá encontrava-se entre suas vítimas potenciais. Nabucodonosor estava expandindo o seu poder; e, dentro de um período de aproximadamente vinte anos, os caldeus já haviam varrido Judá, em sucessivas ondas atacantes, provocando ali uma destruição geral. Além disso, os poucos judeus que haviam sido deixados em Judá acabaram deportados para a Babilônia, em 598 e 597 a.C. Isso deixara toda a terra de Israel vazia de hebreus, mas reocupada por estrangeiros, em vários lugares estratégicos. Os profetas culpavam o declínio e a gradual apostasia de Israel por essas calamidades. O trecho de Habacuque 1.2-4 descreve a depravação que ali se instalara. Contudo, a própria Babilônia era um exemplo máximo de corrupção. Como é que Deus poderia usar tal instrumento, a fim de punir aqueles que eram mais justos que esse instrumento, especialmente levando em conta que nem todo Israel e Judá haviam apostatado? O propósito principal do livro, pois, é a apresentação de uma teodiceia (ver a respeito no *Dicionário*). O profeta deseja justificar os atos de Deus, em face da iniquidade do opressor, que fora usado como instrumento de castigo contra Israel. Quanto a isso, o livro de Habacuque está filosoficamente relacionado ao livro de Jó. Ver no *Dicionário* sobre o Problema do Mal. E outro propósito era a demonstração de que o instrumento usado por Deus para punir Israel, visto que era iníquo, seria castigado no seu tempo próprio. A justiça deve ser servida em todos os sentidos, embora, algumas vezes, os meios divinamente usados para produzi-la sejam estranhos e difíceis de entender.

A arrogância humana contém em si mesma as sementes de sua própria destruição (Hc 2.4). Porém, o indivíduo fiel pode confiar na bondade de Deus, mesmo em meio aos sofrimentos físicos e ao julgamento. Desse contexto foi que se originou o versículo que diz ... *O justo viverá por sua fé* (ou por sua fidelidade)... Fazemos aqui uma citação. "Como é claro, o pleno sentido paulino da fé não pode ser encontrado nessa passagem bíblica frequentemente citada (ver Rm 1.17, Gl 3.11 e Hb 10.38)" (ND).

VI. Canonicidade e Texto. A aceitação da autoridade do livro de Habacuque nunca foi posta seriamente em dúvida. Ele tem retido a sua posição de oitavo dos profetas menores, nas coletâneas e nas citações referentes à autoridade. Albright referiu-se à questão como segue: "O texto encontra-se em melhor estado de preservação do que geralmente se supõe, embora sua arcaica obscuridade o tornasse um tanto enigmático para os primeiros tradutores. Ele propôs cerca de trinta alterações no texto massorético, na esperança de poder compor um texto mais correto. No entanto, o descobrimento do Comentário de Habacuque, em Qumran, não alterou o nosso conhecimento sobre o texto. De fato, embora esse material sirva de boa fonte informativa quanto às ideias dos essênios, não tem nenhum valor para a interpretação do próprio livro de Habacuque. O texto possibilitou, no entanto, a restauração de textos originais, em alguns lugares onde antes havia dúvidas. Esse material dá testemunho sobre a unidade dos capítulos primeiro e segundo; mas, por omitir o terceiro capítulo, empresta maior crédito à opinião de que isso se deveu à adição feita por algum compilador, não sendo obra do autor original.

VII. Conteúdo e Mensagem
A. *As Queixas do Profeta* (1.1—2.20).
  1. Deus faz silêncio, apesar da iniquidade de Israel (1.2-4).
     Deus responde que uma nação inimiga julgará Israel (1.5-11).
  2. Deus julga, usando uma nação mais ímpia que a nação julgada (1.12—2.20).
     a. Deus silencia, aparentemente, e olvida-se da crueldade dos caldeus (1.12—2.1).
     b. Deus responde, revelando que Israel será salvo, mas a Babilônia será destruída (2.2-20).
B. *Os Salmos do Profeta, na Forma de uma Oração* (3.1-19).
  1. A teofania do poder (3.2-15).
  2. A persistência da fé (3.16-19).

A ira de Deus espalha a destruição. Mas é precisamente através disso que a nação de Israel é salva de suas próprias corrupções. O aspecto subjetivo da mensagem de Habacuque é que os justos viverão por sua fé. À parte de Isaías (7.9 e 28.16), nenhum outro profeta salientara o significado da fé e da oração confiante, da maneira que o fez Habacuque. Embora a terra seja desnudada pelos juízos divinos, o profeta regozijar-se-ia no seu Senhor (Hc 3.17,18). O tema central da profecia de Habacuque é que o justo viverá por sua fé (Hc 2.4), o que reaparece no Novo Testamento, sendo aplicado em significativos contextos (Rm 1.17; Gl 3.11 e Hb 10.38,39).

VIII. Bibliografia. ALB AM E I IB WBC WES WHB YO

HABAÍAS

No hebraico, **"Yahweh ocultou"** ou **"Yahweh protege"**. (Ver Ed 2.61; Ne 7.63 e 1Esdras 5.38). Esse era o nome do cabeça de uma família de sacerdotes que retornaram à Palestina após o cativeiro babilônico (vide), em companhia de Zorobabel. Visto que a genealogia deles não estava em ordem, não receberam permissão de servir como sacerdotes. O tempo foi cerca de 536 a.C.

HABAZINIAS

No hebraico, seu nome talvez signifique **"lâmpada de Yahweh"**. Seu nome ocorre somente por uma vez, em Jeremias 35.3. Habazinias era o pai de um certo Jeremias e avô do chefe recabita, Jaazanias, ao qual o profeta Jeremias testou com vinho. Viveu em algum tempo antes de 609 a.C. O teste feito por Jeremias era para ver se os recabitas seriam obedientes à ordem do antepassado deles, de que, entre outras coisas, não beberiam vinho.

HABILIDADE, MÃO DE OBRA. Ver sobre *Artes e Ofícios*.

HABIRU, HAPIRU

A semelhança entre esse nome e hebreu, é evidente. Porém, os estudiosos têm mostrado que é mais abrangente que o nome "israelita". Isso é evidente porque se deriva do nome de Éber (Gn 10.24), filho de Selá e neto de Sém, em honra a quem os hebreus eram assim chamados. Éber viveu oito gerações antes de Jacó (Israel), que deu nome aos israelitas. Isso posto, todos os israelitas eram *iberi* (Hb), mas nem todos os hebreus eram israelitas.

Os nomes *habiru* e *hapiru* têm sido encontrados em textos com escrita cuneiforme, no sul da Mesopotâmia, na Ásia Menor e em Mari, que datam de tempos tão remotos quanto o século XX a.C. As cartas de Tell El-Amarna (século XIV a.C.) também contêm esses nomes. A forma ugarítica é *'apiruma*, enquanto que a forma hebraica é *ibri*. É curioso que as referências a essa gente situam-nos fora de outras ordens sociais, pois constituíam-se essencialmente de pessoas destituídas de terras. Na Babilônia, os habirus serviam como mercenários, no exército babilônico; e outros, em Nuzi, venderam-se à servidão, a fim de conseguirem ao menos sobreviver. Cartas enviadas por Abdi-Hiba, de Jerusalém, a Aquenatom, do Egito, mencionam esse povo como uma ameaça à segurança dos habitantes da Palestina. Talvez isso se refira à invasão encabeçada por Josué em seus estágios iniciais.

A palavra *Éber*, a base do nome desse povo, significa "travessia", o que poderia aludir ao caráter nômade deles. Porém, também poderia significar "ultrapassadores". Os ciganos imediatamente nos vêm à mente: povos que não têm nenhuma terra fixa, que sempre vivem entre outros povos, que estão sempre se mudando de lugar para lugar, que nunca se tornam parte da ordem de qualquer sociedade.

O trecho de Gênesis 14.13 chama Abraão de *hebreus* e José também é chamado por esse nome (Gn 41.12). Os israelitas consolidaram um dos ramos do povo hebreu, fazendo desse ramo uma nação organizada, mas sempre houve *habiru* não israelitas.

HABITAÇÃO

Há um certo número de referências bíblicas, literais e figuradas, que empregam a ideia de habitação, morada. **1**. (Em Nm 24.21, 1Cr 6.54, Ez 6.6; 37.23). Temos a palavra *oshab*, "assento", que a nossa versão portuguesa traduz por "habitação", "lugares habitáveis", e, estranhamente, na última dessas referências, "apostasias", o que representa uma interpretação, e não uma tradução. **2**. (Em 2Cr 30.27; 36.15; Sl 90.1; Jr 51.37). Temos a palavra hebraica *maon*, "habitação", e que nossa versão portuguesa traduz por essa palavra, ou então por "morada", "refúgio". **3**. O vocábulo hebraico *naveh* é outra dessas palavras; esta é usada por trinta e duas vezes. Significa "lar", "habitação". (Para exemplificar, ver Êx 15.13; 2Sm 15.25; Jó 5.3; Pv 3.33; Is 27.10; 32.18; 35.7; Jr 10.25; 25.30; 31.23; 50.7,19, 44, 45). **4**. *Zebul*, "habitação". Palavra hebraica empregada por cinco vezes (2Cr 6.2; Is 63.15; Hc 3.11; Sl 49.14; 1Rs 8.13).

Essas são as principais palavras hebraicas envolvidas. São substantivos, havendo vários verbos cognatos.

No grego também há várias palavras envolvidas, a saber: **1**. *Katoiketérion*, "habitação". Esse termo é usado por duas vezes somente: (Ef 2.22 e Ap 18.2). **2**. *Katoikía*, "casa de habitar", palavra grega usada somente em At 17.26, embora o verbo correspondente, *katoikéo*, "residir", apareça por quarenta e cinco vezes (Mt 2.23 até Ap 17.8). **3**. *Oiketérios*, "habitação", palavra grega usada somente por duas vezes (2Co 5.2 e Jz 6). **4**. Em 1Coríntios 4.11, nossa tradução portuguesa diz "morada", onde o original grego diz "estamos desestabelecidos", o que dá a ideia de que Paulo e outros apóstolos do Senhor não tinham residência fixa, pois eram pregadores ambulantes. Ali a palavra grega usada é o verbo *astatéo*, que é um *legomenon hapax*.

Linguagem Simbólica. 1. Sião aparece como a habitação de Deus (Sl 132.13). **2**. O tabernáculo armado no deserto era o lugar onde Deus resolveu manifestar sua presença, onde ele simbolicamente residia (Êx 37.1; Lv 26.11). **3**. O céu é o lugar da habitação de Deus (Dt 26.15; Sl 123.1). **4**. O próprio Deus é o lugar onde habita o justo, o seu refúgio ou fortaleza (Sl 90.1; 91.1). **5**. Deus habita na luz, o que alude à glória de sua presença e manifestação (1Tm 6.16; 1Jo 1.7). **6**. A encarnação de Cristo é retratada como um ato mediante o qual ele armou tenda entre nós (Jo 1.14). Essa ideia fica oculta na maneira como nossa versão portuguesa traduz esse versículo, mas ela é clara no original grego e em algumas versões modernas, em outras línguas. **7**. Deus habita entre seu povo e comunga com eles (Gn 9.27). **8**. Deus estabeleceu sua residência, no Novo Testamento, no seio da igreja (Ef 3.17-19), o que ele realiza mediante a presença do seu Santo Espírito (1Co 3.16; 2Tm 1.14). **9**. A palavra de Deus deve residir ricamente nos crentes (Cl 3.16; Sl 119.11). Dessa forma é que ela exerce sobre eles a sua influência moral e espiritual. **10**. Babilônia aparece na Bíblia como residência de demônios, o que reconhece que há uma habitação profana, de poderes malignos, entre os homens (Ap 18.2). **11**. Satanás manifesta-se de modos especiais, em alguns lugares ou em algumas pessoas, e isso é referido como se ele estivesse residindo nesses lugares ou nos indivíduos (Ap 2.13). **12**. Após a sua ressurreição, Jesus ascendeu aos céus a fim de preparar-nos um lugar, uma habitação condigna para o seu povo, para a sua igreja (Jo 14.2). **13**. A "casa do Pai" consiste em muitas "moradas", o que fala de multiplicidade de habitações nos mundos celestiais (Jo 14.2). Isso já reflete a palavra grega *moné*, "aposento", empregada somente em João 14.2 e 23.

HABOR

No hebraico, **"reunião"**. Nas páginas do Antigo Testamento, esse é o nome de uma região geográfica e de um rio, a saber: **1**. Uma região da Média, para onde foram transportados contingentes das dez tribos de Israel, durante o cativeiro assírio (vide). Os responsáveis por isso foram Tiglate-Pileser (1Cr 5.26) e, posteriormente, Salmaneser (2Rs 17.6; 18.11). A região tem sido identificada com a região montanhosa entre a Média e a Assíria, que Ptolomeu chamava de *Carboas* (Geog. 6.1). Porém, a maior parte dos estudiosos pensa que apenas a similaridade de nomes sugere tal identificação. Habor ficava às margens do rio Gozan e, ao que parece, esse rio chama-se, modernamente, Kizzil-Ozan. Várias ruínas têm sido encontradas naquela região, apontando para várias antigas ocupações humanas da área. **2**. O rio *Habor*. Esse rio da Mesopotâmia tem sido identificado com o moderno rio Khabur. Flui para o sul, atravessando Gozã e após pouco mais de trezentos quilômetros, deságua no ramo oriental do rio Eufrates. Os israelitas deportados pelos assírios foram instalados em suas margens, conforme se vê naquelas referências bíblicas. Alguns estudiosos modernos continuam pensando que se trata do rio que, em grego, se chamava *Charboras*. Na antiguidade, toda aquela região foi densamente povoada, e vários cômoros têm sido escavados ali. O arqueólogo Layard encontrou ruínas de procedência assíria, naquela região.

HACABA

Chefe de uma família de servidores do templo, cujos descendentes retornaram com Zorobabel. (Ver 1Esdras 5.30). Ele é chamado Hagaba em Esdras 2.45.

HACALIAS

No hebraico, **"trevas de Yahweh"**. Esse foi o nome do pai de Neemias. Mas, a respeito dele não temos mais informações do que isso. (Ver Ne 1.1 e 10.1). Ele viveu por volta de 446 a.C.

HACMONITA, TAQUEMONI

No hebraico, **"habilidoso"**, um termo usado para designar um ou mais homens e os seus descendentes: **1**. Um homem conhecido como pai (ou antepassado) de Jasobeão, um dos poderosos guerreiros de Davi (ver 1Cr 27.2 e 11.11). Nesta última referência, o filho de Hacmoni é chamado de *hacmonita*. Porém em 2Sm 23.8 (trecho paralelo), encontramos o nome próprio *Taquemoni*. Muitos eruditos, entretanto, pensam que esse nome próprio envolve um erro textual. **2**. A família de Jeiel, que era um dos servos de Davi (1Cr 27.32). Ele era "filho de Hacmoni" (conforme a nossa versão portuguesa), o que também é dito acerca de Jasobeão (em 1Cr 11.11 em nossa versão portuguesa, "Jasobeão, hacmonita"). No entanto, no original hebraico, a maneira de dizer é uma só. O pai de Jasobeão era Zabdiel (1Cr 27.2). Lemos, em 1Crônicas 27.3, que ele era dos filhos de Perez e, portanto, da tribo de Judá.

HACUFA

No hebraico, **"incitação"**. Esse homem era a cabeça de uma família de netinins, os servos do templo, que voltaram do exílio babilônico em companhia de Zorobabel. São mencionados em (Ed 2.51; Ne 7.53 e 1Esdras 5.31).

HADADE

No hebraico, provavelmente, **"trovão"**. Esse foi o nome de uma das principais divindades dos sírios, de um deus arameu, e de quatro homens, nas páginas do Antigo Testamento: **1**. *A divindade síria*. Ver o artigo geral sobre os *Deuses Falsos*. Como título de uma divindade, essa palavra, mui provavelmente, significa "trovejador". No hebraico, a forma do nome é *hadad*, e, no assírio *haddu*. Era o equivalente amorreu do deus das tempestades, Baal, segundo os textos de Ras Shamra. O deus grego, Zeus, também é retratado a controlar os deuses e os homens com o seu famoso raio. Os antigos personificavam e deificavam as forças da natureza. Um templo consagrado a Hadade foi construído em Alepe, que os arqueólogos têm investigado. Hadas ou Adad era um deus assírio babilônico que controlava os ventos, as tempestades, o relâmpago, a chuva e o trovão. Na Assíria, ele também aparecia como um deus da guerra. Na Síria, era chamado *haddu* e não *adad*. Sua adoração disseminou-se pela Palestina, pela Síria e pela Mesopotâmia, mais ou menos a começar pela época de Abraão. Era o equivalente ao Baal dos cultos de fertilidade de Ugarite e de Canaã. Envolvia muitas características, em um sincretismo que misturava as ideias envolvidas em muitos deuses. Falava com uma voz de trovão; era um deus que morria e ressuscitava, à semelhança de Tamuz, da Mesopotâmia; era um guerreiro montado em um touro, armado de maça de guerra e de um raio, e, em seu capacete, havia os chifres de um touro. Um monolito de Salmaneser chama-o de "o deus de Alepo". O Antigo Testamento, porém, nunca menciona especificamente essa divindade pagã. **2. A divindade arameia**. Esse deus dos arameus tem sido identificado com o deus das condições atmosféricas, chamado Romom (no hebraico, Rimon; vide). O nome Hadade aparece em muitos nomes compostos arameus, como Hadadezer, Ben-Hadade (filho de Hadade) etc. **3**. Um filho de Ismael, neto de Abraão, tinha esse nome. (Ver Gn 25.15; 1Cr 1.30). Ele viveu por volta de 1900 a.C. Foi o oitavo dos doze filhos de Ismael. Algumas traduções dizem Hadar, em Gênesis 25.15, mas Hadade, em 1Crônicas 1.30, seguindo diferentes variantes no hebraico. **4**. Um dos reis de Edom, cujo pai chamava-se Bedade (Gn 36.35,36; 1Cr 1.46,47). Ele derrotou os midianitas na planície de Moabe e fez da cidade de Avite a sua capital. Viveu por volta de 1500 a.C. **5**. Outro rei de Edom, que sucedeu a Baal-Hanã no trono. Fez de Paí a sua capital. Sua esposa chamava-se Meetabel (1Cr 1.50). Em Gênesis 36.39 ele é chamado Hadar. Viveu por volta de 1015 a.C. Ele foi o último dos primeiros reis idumeus. Na infância, escapou do massacre que Joabe promoveu. **6**. Um príncipe idumeu, que viveu na época de Salomão, isto é, por volta de 1015 a.C. É mencionado em 1Reis 11.14,17,19,21,25. Escapou do massacre encabeçado por Joabe, e fugiu para o Egito, na companhia de outros. Ali foi bem tratado pelo Faraó e acabou se casando com uma cunhada do monarca egípcio. Genubate, filho desse casamento, foi criado como um dos filhos do Faraó. Quando Davi faleceu, Hadade resolveu reconquistar o território que havia perdido, mas o rei do Egito não o apoiou no plano. Porém, Hadade retornou de qualquer modo a Edom e causou a Salomão algumas dificuldades. Instigou os edomitas e desfechou ataques contra várias localidades. Obteve um êxito limitado em seus esforços.

HADADEZER

No aramaico, **"Hadade é ajudador"**. Ele era rei de Zobá, na Síria, nos tempos de Davi. Seu território estendia-se para leste até às margens do Eufrates, e para o sul até à fronteira com Amom. O Antigo Testamento refere-se a ele como quem entrou em vários choques armados com Davi. Sofreu sua primeira derrota diante de Davi nas vizinhanças do rio Eufrates, em cerca de 984 a.C. Houve grande matança, com o envolvimento de várias cidades. Hadadezer perdeu muitos homens, e Davi tomou muito de seu equipamento como despojos. (Ver 2Sm 8.3 ss e 1Cr 18.3 ss). Nessa batalha, vieram sírios de Damasco ajudar a Hadadezer, pelo que Davi matou vinte e dois mil sírios.

Os amonitas, ato contínuo, formaram uma liga com outros arameus, a fim de apresentarem uma frente sólida contra Davi. Eles insultaram embaixadores que Davi tinha enviado, raspando suas barbas (ver 2Sm 10.1-6). Em vista disso, Davi enviou forças armadas contra eles, sob o comando de Joabe. Este obteve uma notável vitória; mas Hadadezer não desistiu. Retirou-se para o território a leste do rio Eufrates e reuniu um novo e mais poderoso exército, sob o comando de Sofaque, seu general. Dessa vez a ameaça era suficientemente séria para fazer com que Davi fosse pessoalmente à cena da batalha. A vitória de Davi foi tão definitiva que o poder de Hadadezer sofreu um golpe fatal. Outros governos, que se tinham sujeitado a ele, aproveitaram a oportunidade para se livrarem de seu jugo. Dessa maneira, Davi estendeu o seu poder sobre todos aqueles territórios envolvidos. (Ver 2Sm 10.15-18). Davi estabeleceu uma guarnição armada em Damasco, e recebia tributos por parte de Hadadezer.

HADADRIMOM

Esse nome é a combinação dos nomes de duas divindades sírias, *Hadade* e *Rimom*, formando um título que significa "lamentação por Hadade". Hadadrimom era um deus da vegetação, cujo nome forma combinação com Romom, o deus das tempestades, que figura em fontes extrabíblicas. Os textos de Ras Shamra demonstram que Hadade era o nome apropriado para designar Baal.

Nas páginas da Bíblia, Hadadrimom designa uma localidade, existente no vale de Megido (Zc 12.11), onde os judeus efetuaram uma cerimônia de lamento nacional, em face da morte do rei Josias, na última batalha em que ele participou, na famosa planície de Esdrelom. (Ver 2Rs 23.29 e 2Cr 35.23). Jerônimo identificava esse lugar como Maximianópolis, uma aldeia próxima de Jezreel. Mas alguns intérpretes supõem que essa palavra não tem o intuito de identificar uma localidade e, sim, o próprio estado de lamentação. Outros identificam esse lugar com a região moderna Rummaneh, ao sul de Megido. Seja como for, a grande lamentação que assinalou a morte de Josias, às mãos de Neco II, Faraó do Egito, em cerca de 609 a.C., foi tão grande que se tornou proverbial. E o termo *hadadrimom* veio a simbolizar tal lamentação, sem importar se está em pauta ou não alguma localidade específica.

HADASSA

No hebraico, **"murta"**. Hadassa era o nome judaico original de Ester (ver Et 2.7). Todavia, foi-lhe dado um novo nome, *Ester* (vide).

HADES. Ver também sobre *Sheol*.

I. HADES NA MITOLOGIA GREGA. Originalmente, *Hades* era o nome do deus do submundo que, segundo os gregos, ficava no seio da terra. *Hades* era o filho de *Cronos* (Tempo), o deus mais alto. *Zeus*, outro filho de *Cronos*, finalmente o substitui através do uso de força. Assim, ele ficou sendo o deus mais poderoso da mitologia grega. *Hades* continuava reinando no submundo, compartilhando seu poder com sua esposa, *Persefone*. Com o desenvolvimento da mitologia, o termo *hades* começou a ser usado para significar o *próprio submundo*, a habitação dos fantasmas de homens desencarnados. No início, estes seres foram representados como entidades sem razão ou qualquer vida real. Gradualmente, uma vida real foi atribuída a eles, e assim se tornaram *espíritos* e não fantasmas. Mas o *hades* foi descrito como a habitação dos espíritos bons e maus e somente depois de maior desenvolvimento da doutrina é que os espíritos bons receberam no submundo um lugar bom, em contraste com o estado miserável dos espíritos maus.

II. NA SEPTUAGINTA. Na versão LXX (Septuaginta) do AT (a tradução do original hebraico do AT para o grego), a palavra *hades* passou a ser usada para traduzir o termo hebraico "sheol", lugar dos espíritos desencarnados, igualmente tanto bons quanto maus, tanto os que se encontram na bem-aventurança quanto os que sofrem o justo castigo de seus pecados. Algumas traduções vernáculas, entretanto, têm obscurecido a ideia do "hades", traduzindo essa palavra por "inferno", o que dá a entender algum lugar horrível de punição ardente. O próprio termo "hades", entretanto, não indica necessariamente nem bem-aventurança e nem castigo, embora também possa indicar qualquer dessas situações, dependendo do sentido tencionado no contexto em que o vocábulo aparece.

Os empregos da palavra são bastante amplos, porquanto pode ela significar tanto simplesmente a *morte*, sem qualquer pensamento especial sobre as condições que existem antes da morte (que parece ter sido o uso hebraico mais antigo do vocábulo), bem como no pensamento grego dos tempos mais remotos, quando não havia ainda surgido a ideia de almas imortais a residirem nesse lugar, mas quando muito, apenas, alguma forma de fantasma vazio, que não retinha a inteligência e a memória do indivíduo ali parado; mas também pode significar o lugar dos espíritos desencarnados. Os judeus calculavam que esse lugar estaria dividido em duas porções, uma para os ímpios e outra para os justos. Nesse caso, algumas vezes surge a ideia da existência de uma parede fina como papel entre essas duas porções. Isso significaria que embora não houvesse comunicação entre essas duas divisões, e embora não pudessem passar mensageiros de uma para outra parte, o que ocorria em um dos lados podia ser observado do outro.

O lado bom desse lugar recebeu o nome *de paraíso*, de "seio de Abraão" etc. E, naturalmente, existem outras descrições fabulosas sobre toda a questão na literatura judaica, embora nenhum intérprete as leve a sério, por não serem tais descrições inspiradas divinamente e dignas de confiança. A palavra "Tártaro" (igualmente de origem grega), tem sido usada para fazer alusão àquela parte do *hades* onde os homens são punidos. Essa palavra é usada no NT Exclusivamente na passagem de 2Pedro 2.4. Mas o próprio Senhor Jesus empregou a palavra *geena*, a fim de referir-se ao lugar de punição; e, se tivesse sido indagado sobre a identificação desse lugar, mui provavelmente teria concordado que a parte "má" do *hades* é a que estava em foco. (Ver o artigo sobre *Geena*, que também aborda o simbolismo contido nesse termo.)

O trecho de Lucas 16.19-31 pinta tanto o rico como Lázaro, no "hades", o que preserva a ideia judaica da natureza daquele lugar. (Comentários sobre esse lugar podem ser encontrados nessa referência bíblica no NTI. Tal palavra ocorre também em passagens como Mt 11.23; 16.18; Lc 10.15; At 2.27,31; Ap 1.18; 6.8; 20.13,14).

A ideia de que o lado bom do *hades* foi eliminado desde a ressurreição de Cristo, tem base na ênfase dada por Paulo ao *terceiro* céu (ver 2Co 12.1-4); e a declaração paulina de que Cristo levou cativo o cativeiro (ver Ef 5.8-10), o que supostamente significa o transporte dos bons espíritos para outro lugar, não está bem fundamentada nas Escrituras, e certamente não é consubstanciada por qualquer das referências bíblicas geralmente apeladas para isso. Muitas evidências demonstram que continua em existência o mundo intermediário, sob muitas formas fora de nossa capacidade de investigação plena. Poderíamos afirmar, pois, que não sabemos grande coisa sobre esse mundo intermediário, que continuará existindo até o julgamento final, quando o *hades* entregará os seus mortos, e for estabelecido o julgamento eterno, conforme lemos em Apocalipse 20.13,14. Acreditamos, todavia, que na era da graça os verdadeiros convertidos vão para os "lugares celestiais", esferas mais altas do que "o lado bom" do *hades*.

Embora o vocábulo *hades* possa fazer alusão à simples morte física, nada dando a entender sobre a vida após-túmulo, contudo, é muito provável que não seja esse o sentido que lhe é atribuído neste passo bíblico, conforme E.H. Plumptre observa (*in loc.*): "A morte de Cristo foi uma morte verdadeira, e apesar de que o seu corpo foi posto no sepulcro, a sua alma partiu para o mundo dos mortos, que é o 'sheol' dos hebreus e o 'hades' dos gregos, para continuar ali a obra remidora que ele havia iniciado à face da terra, e aqui temos, uma vez mais, uma interessante coincidência com a linguagem de Pedro (ver 1Pe 3.19), quanto à obra de Cristo que foi pregar aos *espíritos em prisão*".

III. PORTAS DO INFERNO (Mt 1.18). "Portas do inferno", ou melhor, portas do hades, era uma expressão oriental para indicar a corte, o trono, o poder e a dignidade do reino do mundo inferior. No AT (como aqui neste texto), indica o poder da morte. A ideia principal é que a igreja nunca será destruída por qualquer poder, nem mesmo pela morte ou pelo resultado da morte e nem pelo reino do mal. A igreja é eterna; a morte ou qualquer outro poder oculto e perverso jamais poderá ser vitoriosa sobre ela. "Reino de Satanás" é uma interpretação que os intérpretes em geral não aceitam, embora a promessa de Cristo, naturalmente, tenha incluído a ideia de que Satanás e seus agentes (seu reino) jamais poderão vencer a igreja edificada sobre a rocha. As portas do *hades* abrem-se para devorar a humanidade inteira, e fazem-no com êxito; mas Cristo e sua igreja vencerão esse poderoso inimigo. Esse reino da morte será abolido por Cristo (ver as seguintes passagens: Is 25.8; 1Co 15.15 e Ef 1.19,20). Esse trecho implica, naturalmente, luta contra o reino do mal, mas ensina, principalmente, a vitória sobre a morte, com todas as suas implicações. Há bons intérpretes, porém, como Erasmo, Calvino e outros, que interpretam o trecho como a vitória final sobre Satanás. A vitória sobre a morte, realmente, deve incluir essa ideia, pelo menos por implicação. Essa expressão, "porta do hades", é comum na literatura judaica (fora do AT), mas também se encontra em Isaías 28.10 e em Sabedoria de Salomão 16.13. Na passagem de Apocalipse 6.8 o símbolo da morte é mais personificado, pois a *morte* é apresentada montada em um cavalo e seguida pelo *hades*.

IV. NA LITERATURA HEBRAICA. Não há nenhum conceito simples de "hades", nem na literatura judaica, anterior aos tempos neotestamentários, nem no próprio NT A ideia hebraica original do "após-vida" é que não havia "após-vida". Portanto, até mesmo nos primeiros cinco livros do AT, apesar de ali ser ensinada a existência da vida espiritual, não é ensinada a possibilidade de "vida espiritual para os homens".

Os comentários dos mestres judeus, acerca desses livros, bem como de seu uso no NT, parecem subentender tal coisa; mas esses livros, considerados em si mesmos, não ensinam a possibilidade do "após-vida" para os homens. O estágio seguinte, no pensamento judaico, no tocante a isso, é similar aos conceitos gregos com seu "hades" (a região "invisível" dos espíritos). Então os judeus vieram a crer (tal como o criam os gregos) que o *hades* era um lugar literal, localizado no centro da terra. Para esse lugar desceriam todos os espíritos humanos, bons e maus, sem qualquer distinção; e ali não teriam qualquer existência real, com memória e consciência; antes, arrastar-se-iam em uma vida sem formas, como se fossem energias desgastadas, e não seres reais.

Gradualmente, entretanto, veio a aceitar-se que os "espíritos" possuem existência real de alguma modalidade. Assim o *hades* se tornou lugar de punição ou de recompensa. Essa ideia de que o *hades* é lugar de recompensa ou de punição, surgiu primeiramente na religião persa, de onde parece que penetrou no judaismo. Já que o "hades" prometia recompensa ou castigo, foi natural que daí se pensasse estar o mesmo dividido em "duas regiões distintas". E assim essa ideia veio a fazer parte da doutrina do "hades". Todos esses "estágios" de desenvolvimento dessa ideia podem ser traçados na literatura judaica, e mais de um estágio desses é refletido nas páginas do NT Como exemplo disso, considere-se o décimo sexto capítulo do Evangelho de Lucas, onde se percebe a *divisão* do *hades* em porção pertencente aos bons e porção pertencente aos incrédulos. A ideia no Apocalipse é de que todos os espíritos descem ao *hades*, com exceção dos "mártires", que passam diretamente para os "céus", um lugar glorioso e totalmente distinto do *hades*. Seja como for, para o vidente João, o "hades" era um lugar *intermediário*, e não permanente. Isso perdurará até que o estado eterno divida os homens em suas habitações devidas. As almas dos crentes martirizados aguardam, nos céus, pela primeira ressurreição (ver Ap 20.4-6), ao passo que os demais mortos permanecerão no *hades*, aguardando a Segunda ressurreição, ou ressurreição geral (ver Ap 20.12,13).

No livro de Apocalipse, tal como no pensamento grego, o "hades" parece ser distinguido do *mundo inferior*, do qual um anjo tem a chave (ver Ap 9.1 e ss.). Parece que o "*mundo inferior*" pertence a espíritos horrendamente malignos, piores que os ímpios mortos. Essa distinção, entretanto, parece não ser geralmente observada nas páginas do NT

O *hades* do NT é equivalente ao "sheol" do AT, ainda que, conforme já foi destacado, o "sheol" *não* representa um *único* conceito, mas muitos, formando uma série que mostra estágios cada vez mais desenvolvidos. Por conseguinte, o "sheol" pode significar apenas "estado de morte", e não "estado onde habitam os mortos". Contudo, por toda a parte, a Septuaginta (tradução do original hebraico do AT para o grego, feita antes da era cristã) traduz "sheol" por "hades". O termo grego "hades" envolve um desenvolvimento similar como conceito.

V. A Descida de Cristo ao Hades. Os trechos de 1Pe 3.18-20 e 4.6 descrevem a descida misericordiosa de Cristo ao *hades*, a fim de que ele ali anunciasse, às almas perdidas, o evangelho. A maior parte da igreja cristã tem reconhecido a descida de Cristo ali como uma *melhoria, ou* até mesmo para "oferecer a salvação" aos perdidos daquela região. Porém, alguns grupos evangélicos dos tempos modernos têm chegado a rejeitar essa doutrina com base, *"a priori",* no que Cristo poderia ter feito ou não (segundo a opinião deles), já que isso entraria em cheque com suas rígidas ideias sobre o que deverá ser o julgamento. A despeito dessas objeções, não há que duvidar que esses versículos ensinam uma missão misericordiosa de Cristo entre as almas perdidas. É possível *(mas não provável)* que João, o vidente, se tenha referido a esse conceito ao falar das "chaves" brandidas por Cristo, as quais, como é óbvio, podem abrir ou fechar aquele lugar temível, que pode ser aberto no caso de todos quantos aceitarem sua misericórdia. As fronteiras eternas não serão traçadas senão quando da "parousia" ou segundo advento de Cristo. Tais fronteiras não são determinadas quando da morte física de qualquer indivíduo. O julgamento final não ocorrerá senão após o "milênio", conforme fica claro no vigésimo capítulo do livro de Apocalipse. (Ver 1Pe 4.6 quanto ao estabelecimento dos limites eternos, por ocasião da "parousia", que é conceito neotestamentário comum). (Ver o artigo sobre a *Descida de Cristo ao Hades*).

VI. Hades — O Abismo (Ap 9.1). Poço do abismo (Ap 9.1). O grego seria mais literalmente traduzido ainda como "fenda do abismo". O termo grego *phrear* pode significar ou "poço" ou "fenda", que desce até o subsolo. A própria ambiguidade do vocábulo grego tem provocado a ambiguidade de sua tradução e interpretação. Alguns têm preferido pensar que o próprio "hades" está em foco, mas outros pensam que se trata de uma *fenda* que conduz ao *hades*, mas não o próprio *hades*. E ainda outros imaginam que se trata de uma fenda que leva a algum poço, ou ao próprio poço, inteiramente distinto do *hades*, por ser o lugar da habitação desses seres eminentemente malignos. Não há modo indiscutível para determinar qual a interpretação correta, mas a discussão abaixo deixa implícito que a "fenda" e o "hades" representam uma e a mesma coisa, ou então diferentes locais de uma única grande área de julgamento.

Outrossim, não há nenhuma interpretação isolada e absolutamente certa sobre o próprio *hades*. Originalmente, o lugar era reputado como a prisão que abrigava *os fantasmas* dos mortos; mas ali viveriam não realmente como almas sobreviventes, e, sim, como sombras sem bom senso, a vaguearem ao redor. Mais tarde, a ideia de "autêntica sobrevivência" veio a fazer parte da doutrina. Finalmente, surgiu a ideia da "separação" entre os "bons" e os "maus" havendo "galardões" para os primeiros e "punições para os segundos. Por conseguinte, a cada vez em que o "hades" é mencionado, não podemos ter a certeza (a menos que o próprio contexto entre em detalhes) acerca do "estágio" do desenvolvimento da doutrina do "hades" que ali se reflete. (Ver no NTI as notas expositivas em Lc 16.23 e Ap 1.18, quanto a maiores detalhes sobre essa doutrina). O trecho de 2Pedro 2.4 emprega o vocábulo "Tártaro". Originalmente, era uma região ainda mais inferior e desgraçada que o *hades*. O *hades* era considerado como algo que estava no coração da terra. Nesse caso, o Tártaro estaria bem no centro do globo, sendo reputado como um lugar de dores e castigos especiais. Gradualmente, entretanto, o conceito de "Tártaro" se foi mesclando com o conceito de "hades", a tal ponto que tanto uma como outra palavra puderam ser usadas para indicar o mesmo lugar. (Ver o artigo sobre *Tártaro*. Ver também 2Pe 2.4).

No Apocalipse, essa "fenda do abismo" também é mencionada em Apocalipse 11.7, 17.8 (lugar de onde subirá a "besta"), e 20.1,2 (onde se lê que ali serão lançados a besta e o próprio Satanás). Ali ficarão até o fim do milênio, após o que serão lançados no lago do fogo, o lugar do castigo final (ver Ap 14.11, onde, sem que seja empregado esse nome, evidentemente também há alusão a essa "fenda", mostrando que os seguidores do anticristo haverão de compartilhar de sua sorte). Comparando-se entre si todas essas referências, chegamos à conclusão de que o vidente João estava aqui descrevendo a "porção má" do *hades*, e não algum lugar distinto do mesmo. Cumpre-nos observar que "a morte e o hades" serão lançados no "lago do fogo", juntamente com os perdidos, e supomos que o "diabo", a "besta" e seu "falso profeta" (mencionados no trecho de Apocalipse 20.10) participarão dessa sorte. Portanto, do "hades" serão transferidos para o definitivo "lago do fogo". Já que o vigésimo capítulo do Apocalipse não estabelece distinção entre o "hades" e a "fenda" (no grego, *"phrear"*), fazendo com que os perdidos, o anticristo, Satanás etc. Estejam associados ao "hades", ao passo que, em Apocalipse 9.1 e em Apocalipse 11.7 e 17.8, estão vinculados à "fenda do abismo"; somos forçados a concluir que o "hades" e essa "fenda" são uma e a mesma coisa, a menos que o autor simplesmente estivesse falando a respeito de "vários compartimentos do hades", ou então de diversas localidades do mesmo lugar em geral, existentes no âmago da terra.

O Apocalipse não faz o contraste entre a *geena* e o *hades;* mas é possível que nesse livro, o "lago do fogo" seja a mesma coisa que a "geena" é nos Evangelhos.

O "abismo" ou "fenda" nas páginas do AT Consideremos os pontos seguintes: **1**. Talvez haja ali alusão a algum abismo subterrâneo que fecha um grande oceano "não da superfície", conforme fica implícito em Salmo 33.7. A Oração de Manassés, em seu terceiro capítulo, indica que os amigos imaginavam a existência de uma "fenda" que conduziria a esse mar subterrâneo, desde a superfície. Esse conceito não tem qualquer relação com o presente texto. **2**. O abismo era considerado como lugar apropriado para os inimigos de Yahweh (ver Am 9.3; Jó 41.24 LXX). Supunha-se que esse abismo seria uma imensa fenda na terra, e não um mar subterrâneo. (Ver Is 24.21,22 e 51.9). Esse abismo seria equivalente ao *hades*, mas, até este ponto, nunca fora considerado como um lugar onde há fogo. Essa ideia penetrou posteriormente, não antes de 100 a.C.

O abismo, na literatura judaico apocalíptica. O primeiro livro de Enoque expõe certo ensinamento a esse respeito. (Ver 1Enoque 17.7,8 e 18.12-16). Ali é considerado como lugar de punição de anjos caídos. Supomos que seria um compartimento do "hades", de alguma maneira. Não haveria ali água, nem pássaros, mas seria um lugar caótico, horrendo e invadido pelo fogo. Em alguns trechos o "abismo" era situado na terra, mas em outros escritos, como em Enoque 22.2, 28.12,15,31.3, o abismo é situado nos confins da terra e dos céus, conforme os conhecemos. Seria um lugar de confinamento "temporário". Em 1Enoque 10.6,13; 18.11; 21.7-10; 54.6; 56.4; 90.24,25; 118.11 aparece como um lugar de castigo eterno, um autêntico *inferno*, um lugar além dos céus e da terra. Nos escritos apocalípticos judaicos há diversos nomes para esse lugar; "o abismo de fogo" (1Enoque 10.3); o "abismo" (1Enoque 21.7). Nesta última passagem esse lugar é situado na terra, entrando-se no mesmo através de uma "fenda", conforme se vê aqui, no Apocalipse. Em 1Enoque 18.11 esse lugar é chamado de grande *abismo*, e em 1Enoque 54.6 é chamado de *fornalha ardente*. É óbvio que certas descrições do castigo futuro no Novo Testamento foram emprestadas diretamente dos livros pseudepígrafes, como 1Enoque. Também, é óbvio que alguns trechos do Novo Testamento olham para além deste tipo de doutrina sobre o julgamento. Ver o artigo sobre o *Julgamento*. Ver também o artigo sobre *Restauração*.

O mesmo conceito de julgamento contra Satanás, os anjos e os homens perdidos é pintado como um "deserto de fogo", mas o trecho de 1Enoque 108.3 o situa para além dos limites da terra. O conceito do *lago de fogo* do Apocalipse, sem dúvida, foi emprestado da literatura pseudepígrafe.

Conforme se pode ver, há muitos conceitos e muitos nomes para esses conceitos, pelo que também nunca poderemos ter certeza do que está em pauta. Em primeiro lugar, é declarado que Satanás e os seus anjos estão destinados a residir eternamente em tais lugares. Mais adiante se vê que os homens terão parte em tudo isso. Nos Evangelhos, poderíamos supor que a "geena" é lugar de castigo exclusivamente dos homens; mas talvez essa impressão seja dada porque os autores dos Evangelhos não tinham nenhum motivo para mencionar a punição dos anjos naqueles lugares, em que o apelativo "geena" lhes parecia termo apropriado para referir-se àquele lugar de "punição".

HADIDE

No hebraico, **"apontada"**, **"aguda"**. Uma cidade do território de Benjamim. (Ver Ed 2.33 e Ne 7.37; 11.34). Eusébio e Jerônimo falaram sobre duas cidades, uma chamada Adita, e outra Adi, uma das quais ficava perto de Gaza, enquanto que a outra ficava perto de Dióspolis ou Lida. Esta última, mais provavelmente, corresponde a Hadide. Nos textos dados, figura juntamente com Lode e Ono. Provavelmente, também é a mesma Adida de 1Macabeus 12.38 e 13.13. Os estudiosos identificam-na com a moderna el-Haditheth, que fica entre cinco a sete quilômetros a nordeste de Lida. Josefo (*Anti*. 13.11,5) informa-nos que Simão Macabeu a fortificou, conforme também o fez Vespasiano, tempos mais tarde (*Guerras* 4.9,1). Perto desse lugar, Aretas III derrotou Alexandre Janeus (*Anti*. 13.15,2).

HADLAI

No hebraico, **"descanso"** ou **"guarda de dia santo"**. Esse foi o nome de um homem da tribo de Efraim, cujo filho, Amsa, era chefe da tribo, durante o reinado de Acaz, rei de Judá (2Cr 28.12). Viveu por volta de 758 a.C.

HADORÃO

No hebraico, **"Hadar é exaltado"**. Nas referências originais, parece haver alguma alusão aos *adoradores do fogo*. Esse é o nome de três personagens do Antigo Testamento: **1**. Nome de um filho de Joctã, dado também a seus descendentes, uma das tribos árabes (ver Gn 10.27 e 1Cr 1.21). Viveu antes de 2000 a.C. **2**. Um filho de Toú, rei de Hamate, que foi congratular Davi, por sua vitória sobre Hadadezer (1Cr 18.10), em cerca de 984 a.C. A passagem paralela de 2Samuel 8.10 diz "Jorão". Mas muitos especialistas pensam que isso envolve um erro textual, embora outros pensem que Jorão é apenas uma contração de Hadorão. **3**. Nome de um homem que foi um dos oficiais de Davi, Salomão e Reoboão (2Cr 10.18). Seu nome, em 1Reis 4.6, aparece com a forma de *Adonirão*; e, em 2Samuel 20.24, aparece com a forma de *Adorão*. Josefo, ao referir-se a esse homem, também grafa o seu nome com essa forma, *Adorão*. Nos dias do rei Reoboão, ele encabeçava o departamento de trabalhadores forçados. Por causa disso, tornou-se tão odiado pelo povo de Israel, que acabou sendo apedrejado até à morte (ver 2Cr 10.18).

HADRAQUE

No hebraico, é uma palavra de sentido incerto, embora alguns eruditos arrisquem o significado de "volta periódica". Em Zacarias 9.1, aparece como um território. Muitos eruditos pensam que se trata de uma região da Síria, que também ocorre em monumentos assírios posteriores, com a forma de *Hatarrika*. Seria uma região localizada às margens do rio Orontes, ao sul de Hamate e ao norte de Damasco. A referência do livro de Zacarias faz o lugar aparecer juntamente com os nomes de Damasco, Hamate, Tiro e Sidom.

Se está em foco uma cidade, então ficava na porção noroeste do Líbano, pelo que a referência em Zacarias não seria a um território da Síria. A cidade com esse nome ficava cerca de vinte e seis quilômetros de Alepo, para o sul.

HA-ELEFE. Ver sobre *Elefe*.

HAFARAIM

No hebraico, **"poço duplo"**. Esse era o nome de uma cidade do território de Issacar. Ocorre somente em Josué 19.19. Eusébio informa-nos de que havia um lugar com esse nome, a dez quilômetros de Legio. Ali há, atualmente, uma aldeia chamada el-Afuleh, cerca de dez quilômetros a nordeste de Lejun, o que talvez identifique as antigas localidades. Sisaque, rei do Egito, mencionou a cidade original em uma lista de localidades por ele conquistadas, em cerca de 918 a.C. Outros estudiosos, porém, identificam-na com a moderna *Khirbet el-Farrihye*, que fica ligeiramente ao sul do Carmelo. E também há quem pense em et-Taiyibeh, como a localização mais correta. Essa última fica cerca de dezesseis quilômetros a noroeste de Belém.

HAGABA

No hebraico, **"gafanhoto"**. Outros estudiosos pensam no sentido *torto*. Esse era o nome do chefe de uma família de servos do templo que retornaram a Jerusalém em companhia de Zorobabel. (Seu nome figura em Ed 2.45 e Ne 7.48). Também ocorre no livro Apócrifo de 1Esdras 5.30. Ele viveu por volta de 536 a.C.

HAGABE

No hebraico, **"torto"**, Os filhos de Hagabe estavam entre os netinins, ou servos do templo, que voltaram para Jerusalém, em companhia de Zorobabel. Esse nome ocorre exclusivamente em Esdras 2.45. Ver também sobre *Hagaba,* nome que aparece nesse mesmo versículo. Ele também viveu na época daquele, cerca de 536 a.C.

HAGAR

Consideremos estes pontos a seu respeito:
1. Nome hebraico. No hebraico temos uma palavra de sentido incerto, que talvez signifique "estrangeira", ainda que outros estudiosos prefiram o sentido de "fugir" (ver Gn 21.4,10).
2. Identificação. Hagar era nativa do Egito, serva e depois concubina de Abraão. Se o nome dela significa "estrangeira", provavelmente tal nome lhe foi dado quando ela foi recebida no clã de Abraão. Alguns supõem que ela foi uma escrava dada a Abraão pelo Faraó, durante sua visita ao Egito (ver Gn 12.6). Entretanto, alguns preferem pensar que a derivação do nome vem do verbo "fugir", e isso se referia à sua fuga final (ver Gn 16.6).
3. Hagar como concubina de Abraão. (2050 a.C.). Sara continuava estéril, e Abraão precisava ter um herdeiro. Por esse motivo, Hagar foi dada a Abraão como concubina, o que era uma prática oriental comum. Hagar tornou-se mãe por procuração, uma prática que atualmente vai-se tornando mais e mais comum, através da inseminação artificial. O orgulho e o ciúme tomaram conta dos corações. Sara teve ciúmes da nova situação de mãe, de Hagar. E Hagar encheu-se de orgulho e senso de superioridade sobre Sara, por causa disso. Nas sociedades polígamas orientais, a primeira e principal esposa mantinha ascendência sobre as demais esposas. Em vista disso, as queixas de Sara contra Hagar foram atendidas por Abraão (ver Gn 21.9 ss.). Mas tudo estava sendo dirigido pelo Senhor, cujo pacto teria continuação com Isaque, filho de Abraão e Sara. Os descendentes de Ismael sempre foram duros adversários dos descendentes de Isaque. Esses dois irmãos também ilustram a doutrina da eleição divina, segundo Paulo esclarece em Gl 4.21-31.
4. Fuga de Hagar. A fuga forçada de Hagar levou-a em direção à sua própria terra, o Egito. Sua rota conduziu-a a Sur, através da região arenosa e desabitada, a oeste da Arábia Pétrea, com 240 km de extensão, entre a Palestina e o Egito. Era uma rota comumente seguida, pelo que ela não se perdeu. O anjo do Senhor encontrou-a próxima de uma fonte, recomendando que retornasse à sua senhora e se mostrasse submissa, acrescentando a promessa de que seu filho, Ismael, teria inúmeros descendentes.
5. A volta. O lugar onde Hagar recebeu sua visão passou a ser chamado de Beer-lahai-roi, "fonte do Deus visível". Partindo dali, ela voltou a Sara e foi recebida de volta. O filho de Hagar, Ismael, recebeu um nome que significa "Deus ouvirá". Isaque nasceu somente catorze anos mais tarde. Quando Isaque tinha dois ou três anos de idade, Ismael ofendeu grandemente a Sara, zombando do menino. Por esse motivo, Hagar foi definitivamente expulsa de casa por Sara, e Ismael acompanhou sua mãe (ver Gn 21.9 ss.).

Abraão, apesar de muito condoer-se de Hagar e Ismael, anuiu ante a decisão de Sara. Longe de casa, Ismael adoeceu, e Hagar ficou esperando pela morte do rapazinho. Porém, o anjo do Senhor interveio novamente, orientando-a na direção de uma fonte. Nada mais somos informados na Bíblia acerca de Hagar, exceto o que diz respeito a Ismael, que se estabeleceu no deserto de Parã, nas circunvizinhanças do Sinai, onde terminou casando-se com uma mulher egípcia (ver Gn 21.1-21). Ismael tornou-se um dos progenitores das tribos árabes, especialmente aquelas mais ao sul da Arábia, as quais, curiosamente, têm uma ascendência hebraico-egípcia. Ver o artigo sobre *Ismael.*
6. Metáfora de Paulo, em Gálatas 4.21-31. Como já dissemos, Paulo aplica alegoricamente o relato sobre Hagar para indicar que aquela escrava e seu filho representavam o antigo pacto com Israel, ao passo que Sara e Isaque retratam o caminho da graça e da liberdade que caracteriza o novo pacto, firmado com todos os crentes de qualquer raça. Essa aplicação do relato deve ter sido repelente para os judeus, os quais não podiam ver como eles poderiam ser considerados descendentes de Ismael. Fisicamente não o são, mas apenas espiritualmente, enquanto se mantêm na incredulidade. (Ver o NTI sobre Gl 4.21 ss., onde são dadas notas expositivas completas a esse respeito). (TH UN Z)

HAGARENOS

Ao que parece, esse vocábulo aponta para os descendentes de Hagar (vide). Esse nome figura apenas por três vezes, no Antigo Testamento (1Cr 5.10,19,20). Eles eram uma tribo árabe ou arameia, que vivia na região leste de Gileade. Nos dias de Saul, Israel derrotou por duas vezes essas tribos, tendo-as saqueado, conforme era costume na época; e finalmente, conquistou totalmente as terras deles (1Cr 5.10,19,22). Jaziz, o hagareno, foi nomeado por Davi para cuidar dos rebanhos do rei. O trecho de Salmo 83.6 refere-se a essa gente, agrupando-os juntamente com Moabe, Edom e os ismaelitas. Eles eram inimigos de Israel, e viviam na Transjordânia. Uma inscrição de Tiglate Pileser III (745—727 a.C.) menciona os hagarenos. Os estudiosos não conseguem afirmar com certeza se eles descendiam mesmo de Hagar. E, em caso negativo, qual a origem desse vocábulo?

HAGI

No hebraico, **"festivo"**. Esse era o nome do segundo filho de Gade (Gn 46.16 e Nm 26.15). Foi o fundador de uma família que se tornou conhecida pelo nome de "hagritas" (ver 1Cr 11.38), embora nossa versão portuguesa diga ali apenas "Mibar, filho de Hagri". Ele viveu por volta de 1670 a.C.

HAGIÓGRAFA

Esse vocábulo vem do grego *ágios,* "sagrado" e *grapho,* "escrever", pelo que significa **"escritos sagrados"**. Essa designação é de origem cristã, referindo-se à terceira divisão do cânon hebraico das Escrituras do Antigo Testamento. Essas divisões são as seguintes: **1. A Lei**, também conhecida por Pentateuco, compõe-se dos cinco primeiros livros do Antigo Testamento. Esses são os livros de Moisés. **2. Os Profetas**. Essa divisão subdivide-se em *profetas anteriores,* começando com Josué e terminando com 1 e 2Reis, e *profetas posteriores,* de Isaías a Malaquias. **3. Os Escritos** (Hagiógrafa) são os seguintes livros: Salmos, Provérbios, Jó, Cantares de Salomão, Rute, Lamentações, Eclesiastes, Ester, Daniel, Esdras, Neemias, 1 e 2Crônicas (treze livros ao todo). No Talmude, o livro de Rute aparece em primeiro lugar, nessa lista.

Essa divisão parece ter sido criada nos meados do século II a.C., mas o nome *Hagiógrafa* é de invenção cristã. Josefo (*Ápion* 1.38-41) segue grosso modo essa divisão, mas inclui apenas quatro livros nessa terceira seção. É significante a observação de que o livro de Daniel, de acordo com esse arranjo, não aparece entre os livros proféticos. Mas, de acordo com a terceira seção restrita, de Josefo, é possível que Daniel tivesse sido posto entre os livros proféticos. Os quatro livros incluídos por Josefo, nos *escritos*, foram: Salmos, Cantares de Salomão, Provérbios e Eclesiastes. Jesus dividia o Antigo Testamento em três partes: a Lei, os Profetas e os Salmos (ver Lc 24.44). É possível que o termo "Salmos", dentro dessa passagem, designe a *Hagiógrafa* inteira, embora isso seja apenas uma conjectura.

HAGITE

No hebraico, **"nascida em dia festivo"**. Esse era o nome de uma das muitas esposas de Davi. Ela era mãe de Adonias, que nasceu em Hebrom, onde Davi havia estabelecido a sua capital. O nome dela é mencionado por cinco vezes ao todo: (2Sm 3.4; 1Rs 1.5,11; 2.13 e 1Cr 3.2). Ela viveu por volta de 1053 a.C.

HAGRI

No hebraico, **"perambulador"**, **"excursionista"**. Seu nome ocorre somente em 1Crônicas 11.38. Ele foi pai de *Mibar* (vide), um dos trinta poderosos guerreiros de Davi. Muitos estudiosos pensam que esse nome era uma forma corrompida de Bani, o gadita, que aparece no trecho paralelo de 2Samuel 23.36. Ele viveu por volta de 1040 a.C.

HALA

No hebraico, um nome próprio de sentido incerto. Tal palavra, porém, designa um distrito ou uma cidade da Média, às margens do rio Cabur, provavelmente perto de Gozã. Foi para ali, entre vários outros lugares, que os assírios deportaram muitos dos filhos de Israel (ver sobre o *Cativeiro Assírio*). Os trechos bíblicos que mencionam esse nome são (2Rs 17.16;18.11 e 1Cr 5.26).

Os arqueólogos e os historiadores não têm sido capazes de identificar com certeza essa região ou cidade. Vários lugares têm sido propostos, como Hilacu (na Cilícia), Halacu (perto de Quircuque), Calcítia (referida por Ptolomeu, perto de Gozã) e Calá (esta última de fama bíblica; vide). Neste último lugar, têm sido encontrados nomes tipicamente hebreus; mas é difícil ver como Hala poderia ter provindo de Calá.

HALAQUE, MONTE

No hebraico, **"desnudo"**. Indica uma montanha destituída de vegetação, localizada na fronteira sul das conquistas militares de Josué (ver Js 11.17 e 12.7). Esse monte tem sido identificado com o Jebel Halaq, no lado noroeste do *wadi* Marra, e a oeste da subida de Acrabim (vide; Nm 34.4; Js 15.3).

HALI

No hebraico, **"joia"** ou **"colar"**. Esse era o nome de uma cidade existente na Fenícia e que mais tarde ficou fazendo parte do território de Aser (Js 19.25). Essa cidade é mencionada juntamente com Elcate, Beten e Acsafe. Desconhece-se, entretanto, o local moderno dessa cidade.

HALLEL

Essa palavra hebraica significa **"louvor"**. Serve de subtítulo dos Salmos 113—118, os quais, na liturgia judaica, eram usados durante a lua nova e as festas dos Tabernáculos, do Chanukah, de Pentecostes e da Páscoa. A expressão "Grande Hallel" aplica-se ao Salmo 136 (ou aos Salmos 120-136), onde há vinte e seis reiterações da palavra "louvor". Por sua vez, os Salmos 113—118 são denominados de Hallel Egípcio ou Hallel Comum.

Enquanto o templo de Jerusalém continuava de pé, esse Hallel era repetido por dezoito dias a cada ano; mas era entoado à noite somente durante o período da Páscoa. Nessa ocasião, era dividido em partes. Os Salmos 113 e 114 eram entoados antes da refeição, imediatamente antes de ser ingerido o segundo cálice; os Salmos 115 a 118 eram entoados após ser cheio o quarto cálice. A isso é que se refere o trecho de Mateus 26.30 (repetido em Mc 14.26): *E, tendo cantado um hino, saíram para o monte das Oliveiras*. É provável que esteja em vista a última porção desse Hallel, embora alguns eruditos suponham que esteja em pauta o Grande Hallel, ou seja, o Salmo 136.

HALOÉS

No hebraico, **"sussurrador"**, **"encantador"**. Era o nome do pai de Salum. Este último ajudou a reparar as muralhas de Jerusalém (Ne 3.12). Seu pai esteve entre aqueles que assinaram o pacto estabelecido com Esdras (Ne 10.24). Haloés viveu por volta de 445 a.C.

HALUL

No hebraico, **"esburacada"**. Uma cidade existente na região montanhosa de Judá, mencionada apenas em Josué 15.58. Até hoje existe essa cidade, cerca de 6,5 km ao norte de Hebrom.

HAMÃ

No hebraico, **"célebre"**, **"magnificente"**. Nas adições apócrifas ao livro de Ester, o seu nome aparece com a forma de Amã, de acordo com a Septuaginta (Et 12.6; 16.10,17). Também era nome aplicado antigamente ao planeta Mercúrio. Hamã era um dos oficiais favoritos do rei da Pérsia, Xerxes, atuando como seu primeiro ministro. Na Bíblia, é mencionado somente no livro de Ester (vide). Era filho de Hamedata, o agagita.

Tornou-se Hamã um figadal adversário de Mordecai, primo da rainha Ester. E isso porque, sendo judeu, Mordecai recusava-se a prostrar-se diante do rei ou de qualquer de seus oficiais, o que parecia um profundo desrespeito para Hamã. Por ser um agagita (Agague era uma espécie de título dos reis amalequitas), é bem possível que ele pertencesse a uma linhagem real. É provável que seus antepassados tivessem chegado à Pérsia como cativos. Mas, sendo homem inteligente e astuto, Hamã subiu a um elevado posto no governo. Provavelmente, Mordecai era por ele considerado como um competidor pelo poder, ou como um dos favoritos do monarca persa. O ciúme e a inveja transmuturam-se na ira assassina, e Mordecai foi assinalado por Hamã para ser morto. Hamã estava resolvido a livrar-se de Mordecai, mas seu plano ambicioso tinha por intuito produzir a matança de toda a comunidade judaica do império persa (uma antiga manifestação de genocídio, do que Hitler é um exemplo mais recente). Hamã preparou uma forca (vide), ou talvez uma estaca de empalação (vide), onde Mordecai seria executado. Em seguida, Hamã cuidaria em desfazer-se de todos os judeus.

Mordecai recebeu notícias dos planos homicidas de Hamã e utilizou-se de Ester, sua prima, que se tornara a rainha de Xerxes, para que ela intercedesse em favor dele mesmo e em favor dos judeus em geral. Ester atuou por meio do esquema de dois banquetes. No primeiro banquete, ela conseguiu fazer Xerxes conferir muitas honrarias a Mordecai, por serviços prestados antes à coroa, e que ainda não haviam sido recompensados. No segundo banquete, ela informou o rei acerca dos planos de Hamã. Tomando conhecimento do plano traiçoeiro, Xerxes reagiu com violência, e ordenou que Hamã fosse executado na mesma forca que havia sido preparada para Mordecai. Algumas vezes, conforme diz um ditado popular, "o feitiço vira contra o feiticeiro", punindo aqueles que se voltam contra os inocentes. Como medida de segurança, Xerxes mandou ou permitiu a execução dos dez filhos de Hamã. Essa era uma maneira comum de proceder, por parte dos monarcas antigos.

A festa de Purim, celebrada pelos judeus, relembra esses acontecimentos, trazendo à memória do povo de Israel um exemplo de como a *Providência de Deus* atua em favor deles. O relato sobre Hamã aparece nos capítulos terceiro e nono do livro de Ester. Posteriormente, a festa de *Purim* causou dificuldades entre os cristãos e os judeus, porque estes últimos tinham o mau gosto de pendurar uma efígie representando Hamã em uma estrutura parecida com uma cruz. Os cristãos consideravam isso uma blasfêmia, pensando que os judeus tinham uma segunda intenção ao usarem para isso uma cruz. O imperador Teodósio II (*Cod. Theod.* 16.8,18) proibiu qualquer prática dessa natureza. Ver o artigo geral sobre *Festas* (*Festividades*) *Judaicas*.

HAMALEQUE

No hebraico, **"o rei"**. Nome do pai Jerameel (Jr 36.26). O nome de Jerameel dá a entender que descendia de sangue real.

HAMATE

No hebraico, **"fortaleza"**, **"murada"**. Era uma cidade da Síria, cerca de duzentos quilômetros ao norte de Damasco. Na qualidade de cidade-estado algumas vezes foi chamada *de pequeno reino da Síria*. Zobá ficava mais para o leste; Reobe, mais para o sul. Esse lugar foi conquistado pelos israelitas, e veio a ser a fronteira norte da Terra Prometida (Nm 13.21). Cercada de colinas, tinha um clima quente e úmido.

A arqueologia tem mostrado que foi fundada ainda no período neolítico, tendo sido destruída em cerca de 1750 a.C., provavelmente pelos hicsos, embora não contemos com provas diretas para essa especulação. Todavia, sabe-se que Tutmés III (1502-1448 a.C.) tomou a cidade e a área geral em redor, quando o Egito controlava a Síria. Em cerca de 900 a.C., tornou-se a capital dos hititas, bem como o centro de um pequeno reino. Os arqueólogos têm descoberto muitas evidências acerca desse período.

Os assírios invadiram essa área sob Salmaneser III (cerca de 860-825 a.C.). Ele encontrara a resistência de uma federação de quinze reis, entre os quais estavam os monarcas de Damasco, de Israel e de Hamate. Uma feroz batalha, ocorrida em 854 a.C., deixou as questões longe de serem resolvidas. Três anos mais tarde, Salmaneser III foi novamente repelido pela liga. No entanto, ele se mostrou um atacante incansável, e foi capaz de destruir e saquear várias cidades da área. Finalmente, derrotou a liga de quinze reis. Tiglate-Pileser III, da Assíria (745-727 a.C.), obrigou Hamate a pagar tributos. Sargão II destruiu a cidade, em 720 a.C., tendo levado muitos dali para o cativeiro. Ele colocou alguns israelitas em Hamate, a fim de repovoar o lugar (Is 11.11). O Antigo Testamento contém várias referências à conquista de Hamate pelos assírios. (Ver 2Rs 18.34; 19.13; Is 10.9; 36.19; 37.13; Am 6.2). A referência em Amós 6.2, que chama a cidade de Hamate de "grande", indica algo de sua antiga importância.

Os babilônios, por seu turno, chegaram a controlar a cidade. (Ver Jr 49.23; Zc 9.2). Ezequiel profetizou que as fronteiras do norte do território de Israel algum dia estender-se-iam até Hamate (Ez 47.6 e 48.1).

As conquistas de Alexandre, o Grande, fizeram todo o território em redor de Hamate tornar-se parte do império dele. Após a sua morte, a dinastia dos selêucidas passou a dominar a área. Antíoco IV Epifânio rebatizou a cidade com o nome de *Epifania* (ver Josefo, *Anti.* 1.6,2). Quando os macabeus guerrearam contra os selêucidas, Jônatas enfrentou o exército de Demétrio perto de Hamate. Juntamente com o resto da Palestina, essa região acabou nas mãos dos romanos, antes da época de Cristo, e essa era a sua situação, nos dias do Novo Testamento.

No local, há uma cidade moderna, construída em redor do cômoro da antiga cidade. Chama-se Hama e tem uma população de cerca de sessenta e cinco mil habitantes. Escavações arqueológicas efetuadas ali têm desenterrado nada menos que doze níveis de ocupação, a começar pelo período neolítico.

Hamate de Naftali. Em nossa versão portuguesa, há uma outra cidade, cujo nome é grafado do mesmo modo, embora com diferenças no original hebraico. No original, pois, seu nome significa "fortes termais". Essa outra cidade é referida na Bíblia somente por uma vez, em Josué 19.35. Ficava localizada próxima da moderna Hamman Tabarihye, famosa por seus banhos termais, cerca de três quilômetros ao sul de Tiberíades, nas praias ocidentais do mar da Galileia. Alguns estudiosos identificam-na com Hamom (1Cr 6.76), com Hamote-Dor (Js 21.32) ou com Emaús, mencionada por Josefo (*Anti.* 18.2,3, *Guerras* 4.1,3). As referências a essa cidade, no Talmude, situam-na cerca de um quilômetro e meio de Tiberíades. Eles a chamavam de *Chammath*, "banhos termais". Atualmente existem três *humann*, ou fontes de águas aquecidas, naquela região, cujas águas sulfurosas correm todas para um mesmo lugar, cerca de quase dois quilômetros ao sul da cidade moderna. O trecho de Josué 21.32 chama o lugar de Hamote-Dorte, mas em 1Crônicas 6.76 lemos apenas Hamom.

HAMATE (PESSOA)

O nome desse homem figura exclusivamente em 1Crônicas 2.55. A única informação que possuímos dele é que ele foi o pai da casa de Recabe, e que ele era um dos queneus (vide).

HAMATE, ENTRADA DE

Essa era a área na fronteira sul do território controlada pela cidade de Hamate (vide). Essa era a fronteira norte ideal, profetizada, de Israel. Mas somente nos tempos de Davi, de Salomão e de Jeroboão II, a fronteira norte de Israel chegou, realmente, até ali. (Ver Nm 13.21; 34.8; Js 13.5; Jz 3.3; 1Rs 8.65; 2Rs 14.25; 1Cr 13.5; 2Cr 7.8; Am 6.14). Ezequiel previu o tempo em que a fronteira norte de Israel estender-se-ia até aquele ponto (Ez 47.16,20). É impossível, entretanto, determinar exatamente qual o ponto geográfico referido, embora saibamos que ficava em algum lugar entre as montanhas do Líbano e do Antilíbano, provavelmente na porção mais baixa do vale do On. Uma estrada que conduzia a Hamate atravessava a região. O trecho de Números 13.21 situa a entrada de Hamate, juntamente com Reobe, perto do território de Dã. Alguns eruditos dizem que está em pauta o vale do Orontes, entre Antioquia e a Selêucia, que fazia parte da Coele-Síria, no território de Ribla.

HAMATE-ZOBÁ

Essa era uma cidade conquistada por Salomão. Ficava localizada perto de Tadmor (2Cr 8.3, sua única ocorrência em toda a Bíblia). Alguns estudiosos a têm identificado com *Hamate* (vide), mas há outros que pensam que o sufixo Zobá mostra que era uma cidade distinta daquela. Poderia ser, portanto, uma cidade existente no território de Zobá, um reino arameu, registrado nos anais assírios, e que se estendia até às margens do Eufrates, no século X a.C., servindo de ameaça para o império assírio. Mas, visto que o sufixo Zobá significa "fortaleza", há também aqueles eruditos que pensam que temos aí apenas uma referência a Hamate. Na verdade, os estudiosos não têm conseguido chegar a uma opinião unânime a respeito.

HAMATEUS

Esse é o patronímico de certos descendentes de Canaã, que residiam no extremo norte da Palestina. Por esse motivo, é possível que a menção envolva os habitantes de Hamate (vide). Essa palavra, *hamateus*, ocorre no Antigo Testamento por duas vezes (Gn 10.18 e 1Cr 1.16), onde também são mencionados os naturais de outros lugares.

HAMEDATA

No hebraico, "dado por Hom". Seu nome aparece somente no livro de Ester, por cinco vezes (Et 3.1,10; 8.5; 9.10,24). Ele foi o pai de Hamã, o agagita, que era um dos cortesãos do rei da Pérsia (Assuero ou Xerxes?). Hamedata deve ter vivido por volta de 550 a.C.

O nome "agagita", dado tanto a Hamedata quanto a seu filho, provavelmente era um título nobiliárquico, talvez indicando que sua família pertencia à corte real dos amalequitas, visto que Agague era um título real entre eles, tal como Faraó o era entre os egípcios. O que se sabe sobre Hamã aparece no artigo sobre ele. Mas, quanto a Hamedata, só possuímos essas informações.

HAMOLEQUETE

No hebraico, **"a rainha"**. Essa palavra aparece somente em 1Crônicas 7.18. Nossa versão portuguesa grafa o nome com "H" maiúsculo, como se fosse um nome próprio feminino; mas os Targuns dizem "que reinou". Portanto, se, realmente, está em foco um nome próprio, então a alusão é à filha de Maquir e irmã de Gileade. Mas, se os Targuns estão certos, então o texto meramente diz que a irmã de Gileade reinou, sem especificar o nome dela. As tradições judaicas afirmam que ela governou toda a região de Gileade, e que por causa desse fato, a linhagem dela foi preservada nas genealogias. Ela viveu em algum tempo entre 1874 e 1658 a.C. Entre seus três filhos estava Abiezer, de cuja família proveio o grande juiz, Gideão (vide).

HAMOM

No hebraico, **"quente"**, **"ensolarado"** e, talvez, "incandescente". Esse era o nome de duas cidades mencionadas nas páginas do Antigo Testamento: **1**. Uma cidade levítica da tribo de Naftali, outorgada aos gersonitas (1Cr 6.70). Tem sido identificada pelos estudiosos com Hamate (vide) aludida em Josué 19.35 e, talvez, seja a mesma Hamote-Dor, de Josué 21.32. **2**. Uma cidade do território de Aser (Js 19.28). Aparentemente, ficava localizada a meio caminho entre o território de Naftali e a cidade de Sidon. Alguns eruditos têm-na identificado com 'Ain Hamul, cerca de dezesseis quilômetros ao sul de Tiro; mas não há certeza quanto a isso. Outros sugerem Umm El 'Awamid, perto de Ras en-Naqurah, mas essa identificação também é incerta. Renan (Mission de Phenice, p. 708 ss) encontrou duas inscrições fenícias em honra a Paal Hamom, em Khirbet Ummel-'amud, que fica perto da costa marítima imediatamente ao norte da Escada de Tiro (vide).

HAMONA

No hebraico, **"multidão"**. O trecho de Ezequiel 39.16 prediz que o sepultamento de Gogue e seu exército ocorrerá nesse lugar. Os estudiosos desconhecem qualquer cidade na Palestina com esse nome. Talvez se trate de um uso metafórico do termo. Visto que haverá uma tremenda matança, qualquer lugar onde isso venha a suceder poderá ser chamado de Multidão. Alguns leem o texto que ali existe como se fosse "e todas as suas multidões", em Ezequiel 39.11. A nossa versão portuguesa prefere interpretar esse nome como "Vale das Forças de Gogue". Outros estudiosos opinam com esse nome em foco a cidade de Bete-Seã, e que Hamona é uma interpolação. Parece melhor entender Hamona simplesmente como nome figurado do lugar onde aqueles adversários de Israel, dos tempos do fim, serão sepultados, sem qualquer tentativa de identificar alguma cidade com esse nome.

HAMOR

No hebraico, **"asno"**. Era o nome de um príncipe de Siquém. Ele foi o pai de Siquém, que desvirginou Diná (vide). Ela era a filha caçula de Jacó (Gn 34.2). Em Atos 7.16, Estêvão asseverou que "nossos pais" foram sepultados em um túmulo que Abraão comprara dos filhos de Hamor, em Siquém. Porém Abraão adquiriu um túmulo em Macpela, e não em Siquém (Gn 23.17 ss.), e Jacó foi sepultado ali. As soluções que têm sido propostas para essa discrepância são expostas nas notas expositivas do NTI, em Atos 7.16. Quanto à história geral que envolveu Diná, ver o artigo acerca dela.

HAMOTE-DOR

No hebraico, **"fontes termais"**. O nome dessa cidade aparece somente em Josué 21.32. Era uma cidade levítica, no território de Naftali, entregue à família de Gérson. Provavelmente deve ser identificada com Hamate (vide), a menos que houvesse duas cidades com o mesmo nome, que, atualmente, não podem ser distinguidas uma da outra. Provavelmente é a moderna cidade de Hamman Tabariyeh, um pouco mais ao sul de Tiberíades.

HAMUEL

No hebraico, **"calor de Deus"** ou "ira de Deus". Também há quem pense na interpretação "sol de Deus". Esse era o nome do filho de Misma e pai de Zacur. Ele era da tribo de Simeão (1Cr 4.26). Deve ter vivido por volta de 1200 a.C.

HAMUL

No hebraico, **"compadecido"**, **"poupado"**. Era um dos filhos de Perez (Gn 46.12; 1Cr 2.5), cabeça de uma família que tinha o seu nome (Nm 26.21). Viveu por volta de 1870 a.C. Neste último versículo eles são chamados de "hamulitas".

HAMUTAL

No hebraico, **"parente do orvalho"**. Esse era o nome de uma filha de Jeremias, de Libna, que veio a tornar-se esposa de Josias, o rei, e mãe de Jeoacaz e de Zedequias, ambos reis de Judá. (Ver 2Rs 23.31; 24.18; Jr 5.2). Viveu por volta de 632 ou 619 a.C.

HANÃ

No hebraico, **"misericordioso"**; nome de nove homens, referidos nas páginas do Antigo Testamento, a saber: **1**. Um dos chefes da tribo de Benjamim (1Cr 8.23), que viveu em cerca de 1500 a.C. Mas os eruditos diferem muito quanto à cronologia de sua época. **2**. O sexto filho de Azel, descendente de Saul (1Cr 8.38 e 9.44), e que viveu por volta de 588 a.C. **3**. Um filho de Jigdalias (Jr 35.4), que viveu por volta de 600 a.C. Seus filhos viviam em uma das câmaras do templo de Jerusalém. Presume-se que eles se ocupavam de serviços no templo. **4**. O filho de Maaca. Ele foi um dos trinta poderosos guerreiros de Davi (1Cr 11.43). Viveu por volta do ano 1000 a.C. **5**. Os filhos de Hanã retornaram entre os netinins ou servos do templo, depois do cativeiro babilônico (vide), em companhia de Zorobabel. (Ver Ed 2.46 e Ne 7.49). O tempo foi cerca de 536 a.C. **6**. Um levita que ajudou Esdras a instruir o povo quanto à lei mosaica, após o cativeiro babilônico (Ne 8.7). Uma pessoa com o mesmo nome, em Neemias 10.10, conforme a maior parte dos eruditos, seria o mesmo indivíduo. Ele viveu por volta de 410 a.C. **7**. Um dos chefes do povo, que assinou o pacto com Neemias, terminado o cativeiro babilônico (Ne 10.26). Viveu por volta de 410 a.C. **8**. Um dos filhos de Zacar. Seu trabalho consistia em cuidar dos fundos provenientes dos dízimos, sob o poder de Neemias (Ne 13.13). Viveu por volta de 410 a.C. **9**. Ainda um outro homem que assinou o pacto com Neemias (Ne 10.22). Viveu por volta de 410 a.C.

HANAMEL

No hebraico, **"Deus é gracioso"**, embora também possa significar "Deus deu". Esse era o nome de um dos filhos de Salum, e tio de Jeremias. Ele vendeu um campo a Jeremias, antes do cerco de Jerusalém pelos babilônios. Esse foi um ato simbólico, mostrando a fé de que os negócios finalmente voltariam ao normal em tempos normais. Jeremias, o comprador, a despeito das calamidades do momento, tornou-se assim o proprietário daquelas terras, que havia adquirido. Ver Jeremias 32.6-15. Hanamel, como levita que era, não podia vender terras pertencentes à casta sacerdotal; ou então, nesse tempo, o preceito de Levítico 25.34 havia caído em desuso. Porém, é possível que aquelas terras pertencessem ao lado materno de sua família; e, nesse caso, tais terras podiam ser vendidas.

HANANEEL
No hebraico, **"Deus favoreceu"**. Esse foi um israelita que emprestou seu nome a uma das torres de Jerusalém (ver Ne 3.1; 12.39; Jr 31.38; Zc 14.10).

HANANEEL, TORRE DE
Essa torre fazia parte das muralhas de Jerusalém (Ne 3.1 e 12.39). Ficava localizada perto da esquina nordeste da cidade, não muito distante da Porta das Ovelhas. Esse portão ia desde esse ponto até à torre. Não se sabe dizer por que motivo a torre tinha esse nome. Sabe-se, porém, que a Torre de Antônia (vide), finalmente, substituiu a torre de Hananeel.

HANANI
No hebraico, **"gracioso"**. Esse foi o nome de vários homens que figuram nas páginas do Antigo Testamento: **1**. O filho de Hemã, um profeta que ajudou Davi. Ele era o cabeça do décimo oitavo turno de sacerdotes que serviam no templo de Jerusalém (1Cr 25.4). Ele viveu em cerca de 1014 a.C. **2**. Um profeta que atuou na época do rei Asa, de Judá. O rei mandou detê-lo e lançá-lo na prisão. Isso foi ocasionado pela declaração do profeta de que o monarca perdera a oportunidade de dominar os sírios inimigos. (Ver 2Cr 16.7). Alguns eruditos supõem que esse mesmo homem era pai de um outro profeta de nome Jeú (1Rs 16.7), mas, as circunstâncias e a cronologia parecem contrárias a essa suposição. **3**. Um sacerdote do tempo de Esdras, que se casara com uma mulher estrangeira (Ed 10.20), e viu-se obrigado a divorciar-se dela. Viveu em cerca de 459 a.C. Ver também 1Esdras 9.21. **4**. Nome de um irmão de Neemias. Ele trouxe notícias de Jerusalém a Susã, a respeito da miserável condição dos judeus que haviam retornado do cativeiro babilônico. (Ver Ne 1.2). Posteriormente, foi nomeado governador de Jerusalém (Ne 7.2). Viveu por volta de 455 a.C. **5**. Um sacerdote, um músico que oficiou na cerimônia da purificação das muralhas de Jerusalém, que haviam sido reconstruídas ainda bem recentemente (Ne 12.36). Viveu por volta de 445 a.C.

HANANIAS
No hebraico, **"a bondade de Yahweh"**. Esse é o nome de nada menos de catorze homens, referidos nas páginas do Antigo Testamento: **1**. Um dos filhos de Zorobabel, e pai de Pelatias e Jesaías (1Cr 3.19,21). Sua época foi em torno de 536 a.C. Ele figura na genealogia de Jesus. **2**. Um benjamita, filho de Sasaque (1Cr 8.24). Tornou-se cabeça de um dos clãs da tribo de Benjamim. Viveu por volta de 605 a.C. **3**. Um dos filhos de Hemã. Era músico e profeta; cabeça do sexto dos 24 turnos de sacerdotes que serviam no templo de Jerusalém (1Cr 25.4,23). Viveu em cerca de 1014 a.C. **4**. Um comandante militar sob o rei Uzias (2Cr 26.11). Viveu em cerca de 803 a.C. **5**. Um filho de Azur, gibeonita. Foi um falso profeta que fez oposição a Jeremias. Ele provocou uma rebelião entre o povo de Israel, e a sentença divina de morte foi proferida contra ele. Ele profetizava entusiásticas profecias de imediata restauração e volta do cativeiro babilônico para Israel, e assim insuflava falsas esperanças em Israel. (Ver Jr 28). Sua época foi por volta de 596 a.C. **6**. O pai de Zedequias, um príncipe de Judá, da época de Jeoaquim (Jr 36.12). Viveu em cerca de 605 a.C. **7**. O avô de Jerias, capitão da guarda que deteve o profeta Jeremias, sob a falsa acusação de que ele tencionava desertar para os babilônios (Jr 37.13-15). Viveu por volta de 589 a.C. **8**. Um dos companheiros de Davi, cujo nome foi alterado para Sadraque (vide), pelos babilônios (Dn 1.6,7; 1Macabeus 2.59). Viveu em cerca de 550 a.C. **9**. Um levita, filho de Bebai, que se casara com uma mulher estrangeira, durante o exílio babilônico, mas teve de divorciar-se dela após retornar a Jerusalém (Ed 10.28; 1Esdras 9.29). Viveu em cerca de 459 a.C. **10**. Um sacerdote que tinha por encargo preparar os perfumes e unguentos (Êx 30.22-38; 1Cr 9.30). Ele reparou uma parte das muralhas de Jerusalém sob a liderança de Neemias (Ne 3.8). Sua época foi cerca de 446 a.C. **11**. Um homem que ajudou a reconstruir as muralhas de Jerusalém, sob a orientação de Neemias. A parte que lhe coube ficava acima da Porta Oriental (Ne 3.30). Alguns eruditos identificam-no com o mesmo Hananias anterior (sob o número dez, acima). **12**. Um governador das fortalezas ou portas de Jerusalém, que esteve associado a Neemias após o cativeiro babilônico. Há comentários sobre a sua piedade pessoal. (Ver Ne 7.2). Ele era fiel e temia a Deus mais do que muitos (Ne 7.2). Viveu por volta de 446 a.C. **13**. Um líder dos judeus, que assinou o pacto com Neemias, terminado o cativeiro babilônico (Ne 10.23). Viveu por volta de 446 a.C. **14**. Um sacerdote que esteve presente à dedicação das muralhas de Jerusalém, depois que elas tinham sido refeitas, terminado o cativeiro babilônico (Ne 12.12,41). Ele era chefe de um dos 24 turnos sacerdotais que serviam ao templo. Viveu por volta de 446 a.C.

HANATOM
No hebraico, **"dedicada à graça"** ou **"favorecida"**. Esse era o nome de um lugar ou cidade, na fronteira norte da tribo de Zebulum (Js 19.14), cerca de meio caminho entre o mar da Galileia e o vale de Jifitael. Os tabletes de Tell el-Amarna (do século XIV a.C.) dão duas referências a esse lugar. Os anais de Tiglate-Pileser III (747-727 a.C.) também mencionam esse lugar por uma vez. Tem sido, como tentativa, identificado com o moderno Tell el-Badeiwiyeh, um lugar ligeiramente ao norte de Nazaré, embora a localização exata seja desconhecida.

HANES
Alguns estudiosos pensam que esse nome significa "Mercúrio". Era uma cidade do Egito, nas vizinhanças de Zoã (Tânis), mencionada na Bíblia somente em Isaías 30.4. Outros identificam-na com Heracleópolis Magna, capital da parte norte do Alto Egito, cerca de oitenta quilômetros ao sul de Mênfis, um pouco ao sul de Fayyum. Durante as dinastias XXV e XXVI era uma cidade importante (cerca de 715—600 a.C.). Outros eruditos identificam-na com Heracleópolis Parva, na porção oriental do Delta do Nilo. Ainda outros estudiosos pensam que era outro nome de Tapanes, uma cidade fortificada na fronteira oriental do Egito. A paráfrase aramaica da passagem nos transmite essa ideia. Entretanto, é possível que a palavra *Hanes* não indique qualquer lugar ou cidade, mas, antes, seja uma transliteração do vocábulo egípcio *hwtnsw*, que significa "mansão do rei". Nesse caso, tudo quanto temos no texto é o fato de que o rei do Egito contava com um palácio para sua conveniência em Zoã (Tânis).

HANIEL
No hebraico, **"graça de Deus"**. Esse é o nome de dois homens, mencionados nas páginas do Antigo Testamento: **1**. Nome de um filho de Éfode, que era um dos líderes da tribo de Manassés (Nm 34.23). Ele foi nomeado para ser superintendente da distribuição das terras que ficavam a oeste do rio Jordão. Ele viveu por volta de 1618 a.C. **2**. Um dos filhos de Ula. Foi guerreiro e príncipe da tribo de Aser. É mencionado somente em 1Crônicas 7.39. Viveu por volta de 720 a.C.

HANOQUE
No hebraico, **"iniciado"**. Foi nome de duas personagens referidas no Antigo Testamento: **1**. O terceiro filho de Midiã, neto de Abraão e Quetura (Gn 25.47). Tornou-se cabeça de

um dos clãs midianitas. No trecho paralelo de 1Crônicas 1.33, seu nome aparece com a forma de Enoque. Viveu por volta de 1800 a.C. **2**. O filho mais velho de Rúben (Gn 46.9; Êx 6.14; 1Cr 5.3). Foi o fundador do clã dos hanoquitas, sobre quem se lê em Números 26.5. Viveu por volta de 1700 a.C.

HANRÃO

No hebraico, **"vermelho"**. Ele era o filho mais velho de Disom (1Cr 1.41). Em Gênesis 36.26, seu nome aparece com a forma de Hendam, "agradável". Ele era bisneto de Seir, o horeu. Viveu por volta de 1700 a.C.

HANUKKAH

No hebraico, **"dedicação"**, **"consagração"**. Esse é o nome de uma festividade judaica que durava oito dias, comemorando a rededicação do templo de Jerusalém, em 165 a.C., depois que os macabeus haviam derrotado os exércitos siro-gregos, na guerra de libertação dos judeus. As principais personagens nessa guerra foram Antíoco IV Epifânio e Judas Macabeu, sobre quem damos artigos separados neste *Dicionário*. Essas comemorações começam no vigésimo quinto dia do mês de *quisleu*, durante o inverno (Jo 10.22). Os macabeus purificaram o templo, depois que o mesmo foi contaminado, como se fosse uma espécie de purificação do helenismo que ali se instalou, e não meramente uma purificação do próprio templo. Essa festa também é chamada de Festa das Luzes. Isso se originou da lenda de que um pequeno receptáculo de azeite não contaminado supriu o combustível para acender as lâmpadas durante os oito dias da festa original. Desde então, luzes, como tochas, lâmpadas e velas, têm sido uma característica proeminente nessa celebração. Ver comentários adicionais sobre essa festa, no artigo geral intitulado *Festas* (*Festivais*) *Judaicas*. Ver especialmente o ponto III. 2 do mesmo.

HANUM

No hebraico, **"gracioso"** ou **"favorecido"**. Há três homens com esse nome, nas páginas do Antigo Testamento: **1**. Nome do filho do sucessor de Naás, rei dos amonitas. Algumas vezes, as boas intenções são mal-interpretadas, e daí seguem-se desgraças. Naás, pai de Hanum, mostrara-se amigável para com Davi. E assim, quando Hanum subiu ao trono de Amom, por ocasião do falecimento de seu pai, Davi lhe enviou uma embaixada, a fim de congratulá-lo e de oferecer condolências, por causa da morte de seu pai. Hanum, porém, deve ter lido perversas intenções da parte de Davi, e, dessa forma, ofendeu grosseiramente aos embaixadores judeus. Suas barbas foram cortadas pela metade e suas vestes foram cortadas de modo a deixar as nádegas aparecendo. Ora, a barba era muito respeitada pelos antigos hebreus (ver sobre a *Barba*), pelo que danificá-la era um dos piores insultos. Hanum, porém, sem dúvida, sabia que Davi não aceitaria essas coisas pacificamente. Talvez ele até estivesse querendo provocar uma guerra e, se assim foi, Davi não o decepcionou. Hanum conseguiu o apoio de outros reis sírios, mas a aliança foi derrotada em duas batalhas principais. Seguiu-se uma tremenda matança, o que era usual, e os amonitas perderam a independência. Os seus cidadãos foram reduzidos a trabalhos forçados. Davi obteve um rico despojo, incluindo uma magnífica coroa de ouro, cravejada de pedras preciosas. Assim, a vida continuava como sempre tivera sido, nos dias de Davi. Sobi, irmão de Hanum, ficou sendo o governante de Moabe, vassalo de Davi. (O nome de Hanum aparece nos trechos de 2Sm 10.1-4; 2Cr 19.2-4,6). Hanum deve ter vivido por volta de 1037 a.C. **2**. Em Neemias 3.13 há menção a um certo Hanum que, juntamente com pessoas de Zanoa, reparou a Porta do Vale, nas muralhas de Jerusalém. Ele viveu por volta de 445 a.C. **3**. Em Neemias 3.30 há menção a um certo Hanum, o sexto filho de Zalafe, que reparou as muralhas de Jerusalém, uma porção acima da Porta dos Cavalos. Os estudiosos estão divididos quanto às suas opiniões se esse terceiro capítulo de Neemias fala apenas sobre um homem ou sobre dois homens com esse nome. Seja como for, eles eram contemporâneos (ver o ponto "2", acima).

HAPIZEZ

No hebraico, **"dispersão"**. Era o nome de um sacerdote, descendente de Aarão. Sua família constituía o décimo oitavo turno dentre os 24 turnos de sacerdotes que serviam aos ritos religiosos instituídos por Davi (1Cr 24.15). Viveu por volta de 1030 a.C.

HAQUILÁ

No hebraico, **"trevas"** ou **"escuro"**. Esse era o nome de um monte cerca de dezesseis quilômetros ao sul de Jericó, onde Davi se ocultou de Saul, quando este o perseguia, com o intuito de matá-lo (1Sm 23.19 e 26.3). Saul acampou nesse monte. Ficava próximo do deserto de Zife, o moderno Tell ez-Zif, ao sul de Hebrom. Porém, o local específico, mencionado na Bíblia, nunca foi identificado. Jônatas Macabeu construiu ali a fortaleza de Massada (vide), famosa na história judaica.

HARA

No caldaico, **"montanha"**. A Vulgata Latina diz Ara, ao passo que a Septuaginta omite o nome. Para esse e outros lugares (Hala, Habor e o rio Gozã), Tiglate-Pileser III, da Assíria, levou as tribos de Rúben, Gade e a meia-tribo de Manassés. Ver sobre o *Cativeiro Assírio*. Isso ocorreu entre 734 e 732 a.C. O nome dessa cidade ocorre somente em 1Crônicas 5.36 em toda a Bíblia. Visto que aqueles outros nomes locativos designavam lugares ou acidentes geográficos da Mesopotâmia, na parte norte da mesma, sabe-se que ali também deveria ficar Hara. Todavia, no trecho paralelo de 2Reis 17.6 e 18.11, Hara não é mencionada.

O texto hebraico diz "cidades dos medos", mas a Septuaginta diz "montanhas dos medos". Alguns estudiosos supõem que o texto, em 1Crônicas 5.26, sofreu alguma forma de alteração. É possível que as palavras "dos medos" tenham sido apagadas, e que a palavra "montanhas" tenha sido acrescentada. Se essa conjectura é correta, então o nome *Hara* designa uma região montanhosa a leste do vale do rio Tigre. Unger, um erudito moderno, comentando sobre o lugar chama-o de uma *província* da Assíria. Seja como for, ficava localizada na parte ocidental da Assíria, entre os rios Tigre e Eufrates.

HARÃ (LUGAR)

No hebraico, **"ressecado"**. Se transliterássemos o nome para o português teríamos *Charan*. O texto grego da Septuaginta diz *Charran* (ver também At 7.4), e a Vulgata Latina, *Charrae*.

Essa localidade ficava localizada cerca de trinta e dois quilômetros a sudeste de Urfa (Edessa), às margens do rio Bali. Ficava na estrada principal que partia de Nínive até as margens do rio Eufrates e era um centro comercial importante, que mantinha contato com portos comerciais, tal como Tiro (ver Ez 27.23). Há escavações que mostram que vinha sendo habitada pelo menos desde 3000 a.C. A princípio foi dominada pelos assírios, e por longo tempo foi uma capital provincial assíria (chamada Tartã). Posteriormente tornou-se capital dos assírios, até que foi capturada pelos babilônios, em 609 a.C. As ruínas dessa localidade, até hoje existentes, pertencem, em sua maioria, ao período da dominação romana, no qual o local da cidade ficava nas proximidades de Harã, perto do lugar onde os partos derrotaram Crasso (53. a.C.). E outra parte dessas ruínas pertence a ocupações posteriores, por parte de governantes sabeus e islamitas, quando esse lugar recebeu o nome de Carrae. Por isso é que, no texto da versão da Septuaginta, essa localidade recebe um nome similar, isto é *Charran*. (Ver o artigo sobre "Abraão"). Ele é mencionado aqui como o progenitor da nação judaica; e isso nos mostra que Estêvão (At 7.4) começou a sua narrativa acompanhando a história da nação desde o seu ponto mais remoto.

Esse era o nome de uma cidade da Mesopotâmia, situada cerca de trinta e dois quilômetros a sudeste de Urfa (Edessa), às margens do rio Balique, um tributário do grande Eufrates. Ficava na porção noroeste da Mesopotâmia. Alguns estudiosos pensam que o nome dessa cidade deriva-se de Harã, pai de Ló. Porém, essa conjectura não tem qualquer base histórica. Abraão, depois de haver sido chamado por Deus, de Ur dos Caldeus, ficou em Harã durante algum tempo, até que seu pai, Terá, faleceu. Então, Abraão prosseguiu até à terra de Canaã (Gn 11.31,38; At 7.4). Parte da família, entretanto, permaneceu em Harã. Foi isso que armou o palco para visitas posteriores ao lugar, como quando o servo de Abraão foi enviado até ali, a fim de obter esposa para Isaque (ver Gn 24), ou como quando Jacó fugiu para evitar a ira de seu irmão, Esaú, a quem havia enganado (ver Gn 28.10). O trecho de Ezequiel 27.23 refere-se aos negociantes de Harã, que negociavam com os tírios. Foi perto de Harã que o exército romano foi derrotado pelos partas, quando foi morto o triúnviro Crasso.

Nos tempos antigos, Harã ficava localizada em uma importante rota comercial, que vinculava a Babilônia às margens do mar Mediterrâneo, fazendo-a prosperar. Escavações arqueológicas têm descoberto evidências de habitação, naquela localidade, até o terceiro milênio a.C. Salmaneser I, no século XIII a.C., conquistou-a. Uma inscrição de Tiglate-Pileser I (cerca de 1115 a.C.) também menciona o lugar. Durante muito tempo, Harã foi uma capital provincial assíria, mas acabou destruída, por causa da sua rebeldia. Todavia, foi restaurada por ordem de Sargão II.

Assur-Urbalite, o último rei da Assíria, tornou Harã a sua capital, em 612 a.C., depois que Nínive foi destruída pelos babilônios. Foi nessa ocasião que os assírios tentaram impor-se, pela última vez. Porém, os assírios não foram bem-sucedidos, e o império assírio chegou a um final súbito. Assur-Urbalite teve de abandonar Harã em 610 a.C. Isso deixou os babilônios no firme controle de vastos territórios. Harã foi sucessivamente governada, depois disso, por zoroastrianos, cristãos nestorianos, islamitas e cruzados. Atualmente, uma pequena aldeia árabe assinala o local antigo.

HARÃ (PESSOAS)

Há três homens com esse nome, nas páginas da Bíblia, a saber: **1**. Um filho de Terá, irmão de Abraão e Naor. Ele era o pai de Ló, e tinha duas filhas chamadas Milca e Iscá. Ver Gênesis 11.27-31. Faleceu antes de seu pai, Terá, o que parece ter sido um caso raro, porquanto é mencionado. Muitos estudiosos têm pensado que esse nome significa ou "forte" ou "iluminado". Ele viveu por volta de 1990 a.C. Interessante é observar que Iscá, filha de Harã, é considerada por alguns antigos como a mesma Sara, esposa de Abraão. Entre esses poderíamos citar Josefo. Contudo, não se sabe qual a base para essa opinião. **2**. Um levita gersonita, da família de Simei, que viveu nos dias de Davi (1Cr 23.9). Viveu por volta de 1014 a.C. **3**. Um filho de Calebe e sua concubina, Efá, tinha esse nome (1Cr 2.46). Ele viveu por volta de 1618 a.C.

HARADA

No hebraico, **"lugar de terror"**. Esse era o nome da vigésima quinta estação ou ponto de parada dos israelitas, quando vagueavam pelo deserto do Sinai. O local é mencionado somente em Número 33.24. Ficava em algum ponto entre o monte Sefer e Maquelote, embora se desconheça o local preciso.

HARAÍAS

No hebraico, **"Yahweh protege"**. Esse era o nome do pai de Uziel. Ele foi um ourives que ajudou a reparar as muralhas de Jerusalém, sob a direção de Zorobabel, depois que os israelitas retornaram do cativeiro babilônico (ver Ne 3.8). Viveu por volta de 445 a.C.

HARARITA

Esse termo refere-se a três homens, ligados de alguma forma aos trinta poderosos guerreiros de Davi. Foram Samá, filho de Agé, o hararita (2Sm 23.11), Sama, o hararita, e Aião, filho de Sarar, ararita (2Sm 23.33). Ver, igualmente, 1Crônicas 11.35. Desconhece-se o nome *hararita* fora das páginas da Bíblia. O mais provável é que se refira a alguma cidade ou território. Entretanto, outros estudiosos supõem que a palavra significa apenas "montanhês", como palavra derivada do termo hebraico *har*, "montanha".

HARÁS

No hebraico, **"pobreza"**. Esse é o nome de dois homens, que figuram nas páginas do Antigo Testamento; ou dos livros apócrifos do mesmo: **1**. Nome do avô de Salum. Ele era marido de Hulda, uma profetisa que viveu nos dias de Josias (2Rs 22.14 e 2Cr 34.22). Em algumas versões, seu nome aparece com a forma de Hasrás, em 2Reis 22.14. **2**. O cabeça de um clã que atuava como servos do templo restaurado de Jerusalém, após terem voltado do cativeiro babilônico em companhia de Zorobabel (1Esdras 5.31). Esse nome não aparece nas listas paralelas dos livros de Esdras e Neemias.

HARBONA

No hebraico, **"guia de asnos"**. Esse era o nome de um dos eunucos de Assuero ou Xerxes, mencionado no livro de Ester. Seu nome é mencionado apenas por duas vezes na Bíblia, em Ester 1.10 e 7.9. Ele agia como camareiro-mor. Foi ele quem, por ordem do rei persa, trouxe a rainha Vasti à sua presença (Et 1.10). E também foi ele quem sugeriu a Hamã que preparasse uma forca para a execução do judeu Mordecai (Et 7.9).

HARÉM

Esse vocábulo vem do árabe, *harim*, isto é, algo proibido ou sagrado. Deriva-se da raiz verbal *harama*, "proibir". Essa palavra é usada entre os islamitas para indicar os *aposentos* reservados às mulheres, como também para as esposas e concubinas que ocupam tais aposentos, e para os lugares santos reservados exclusivamente aos fiéis. A ideia envolvida em um harém é a noção de reclusão. A reclusão das mulheres era um antigo costume dos semitas, visto que aquelas sociedades eram sempre polígamas. As muitas mulheres de um homem eram abrigadas em lugares de acesso difícil, exceutando para pessoas autorizadas. O islamismo não inventou tais práticas; tão somente sancionou-as, incorporando-as na vida privada e religiosa dos seus adeptos.

O que nos admira mais, porém, é a poligamia que havia entre os hebreus. Ver o artigo separado sobre esse assunto. Quanto a uma ilustração, ver o gráfico onde estão alistadas as esposas e concubinas do rei Davi. De forma um tanto frívola, muitas mulheres são assim mencionadas, mas sem que seus nomes sejam revelados, porque o autor sagrado não tinha a informação, ou porque pensava ser muito tedioso entrar em tais detalhes. Naturalmente, um dos filhos de Davi, Salomão, foi o campeão dos proprietários de harém em Israel, pois o seu harém tinha mil mulheres, entre esposas e concubinas!

Não nos devemos olvidar, entretanto, que os antigos monarcas orientais tinham haréns numerosos, muitas vezes por razões políticas, ou então para obterem maior prestígio entre seus súditos. É bem possível que muitas mulheres, nesses haréns, nunca tivessem contato sexual com seus proprietários. Por outra parte, o sexo era considerado muito livre para os homens, mas muito limitado para as mulheres, o que, em si mesmo, envolve uma contradição difícil de reconciliar. O Senhor

Jesus ensinava o ideal de uma mulher para um homem, embora esse ideal dificilmente se tenha cumprido na sociedade judaica.

De todos os haréns do islamismo, os haréns dos sultões otomanos eram os mais renomados e glamourosos. Essa prática teve começo no *serralho* (palácio) de Constantinopla (atual Istambul). A coisa acabou se desenvolvendo em uma instituição, abrigando, sob um mesmo teto, esposas, concubinas, parentes, escravas e eunucos. Era a mãe do rei quem dirigia essa sociedade em miniatura. Os eunucos, quase todos eles negros, agiam como guardas de segurança. E, visto que elas não tinham muitas coisas para fazer, as esposas e concubinas, nesses haréns, tornaram-se famosas por seus conluios em busca de poder político, especialmente aquele relacionado à sucessão no trono. Muitos assassinatos políticos e muitos dramas estranhos ocorreram, em conivência com as intrigas iniciadas nos haréns.

Mediante a influência da civilização ocidental, a começar pelo século XIX, foi entrando em declínio a instituição do harém no Oriente Próximo e Médio. Mas a prática nunca desapareceu de todo. Em 1926, a poligamia foi declarada ilegal na Turquia. E foi isso que eliminou totalmente o sistema naquele país. Ver os artigos separados sobre *Monogamia* e *Matrimônio*.

HARIFE

No hebraico, **"outonal"**, palavra usada em referência às estações do ano, como também ao regime de chuvas daquela época, ou a pessoas nascidas naquela estação.

Esse era o nome de um israelita cujos descendentes voltaram para Jerusalém terminado o cativeiro babilônico (vide). Eles totalizavam cerca de cento e doze pessoas. Talvez Harife seja o mesmo Jora, referido em Esdras 2.18. Ver também Neemias 7.24. Toda essa gente assinou o pacto com Neemias e Esdras. Tal nome aplicava-se tanto ao cabeça do clã como ao próprio clã.

HARIM

No hebraico, **"consagrado"**, embora outros estudiosos pensem em "nariz chato". Esse era o nome de duas famílias e de um indivíduo, a saber: **1**. Uma família que retornou do cativeiro babilônico (vide), em companhia de Zorobabel. Os homens dessa família tinham-se casado com mulheres estrangeiras, e tiveram de divorciar-se delas, a fim de que Israel pudesse ter um novo começo como nação. Eles assinaram o pacto com Neemias. (Ver Ed 2.32 e Ne 7.35). Eles não faziam parte de uma família sacerdotal. **2**. Nome de uma família sacerdotal que retornou a Jerusalém após o cativeiro babilônico, em companhia de Zorobabel. Eles tinham-se casado com mulheres estrangeiras, e tiveram de se separar delas. Firmaram o pacto com Neemias (Ed 10.21 e Ne 10.5). O trecho de 1Crônicas 24.8 mostra que havia uma família com esse nome que pertencia ao terceiro turno dos sacerdotes, o que pode ter tido conexões com essa gente, mencionada depois do cativeiro babilônico. **3**. Nome do pai de Malquias, o qual, juntamente com Hassube, filho de Paate-Moabe, ajudou a reparar parte das muralhas de Jerusalém, após o cativeiro babilônico. Ele pertencia a uma ou outra das duas famílias mencionadas acima, embora não haja certeza a respeito de qual delas. (Ver Ne 3.11).

HARMOM

Esse é o nome de um dos lugares para onde o povo de Samaria haveria de ser exilado. Essa localidade é mencionada exclusivamente em Amós 4.3. Porém, não se conhece qualquer lugar com esse nome, nem na história e nem na arqueologia. Muitas correções do texto têm sido propostas, por causa desse nome desconhecido, mas nenhuma das sugestões tem sido satisfatória. Algumas traduções dizem ali Armom. O Targum sobre esse texto diz "montes da Armênia". Outras traduções dizem "Armom Mona", e isso, por sua vez, tem sido identificado com o reino de Mini (vide), mencionado juntamente com o monte Ararate (um monte da Armênia), mencionado no trecho de Jeremias 51.27.

HARODE

No hebraico, **"tremor"** ou **"terror"**. Nas páginas do Antigo Testamento, esse é o nome de um ribeiro e de uma localidade, a saber: **1**. No caso do riacho, é possível que esse nome se tenha derivado da maneira rápida como o mesmo fluía. Gideão e seus homens acamparam às margens do mesmo quando se preparavam para lutar contra os midianitas. (Ver Jz 7.1). Alguns estudiosos têm sugerido que o terror da guerra é que deu nome a esse ribeiro; mas essa sugestão não é tão provável quanto a outra. O teste da maneira de beber água teve lugar às margens desse ribeiro. Alguns eruditos também supõem que Saul acampou perto desse riacho, pouco antes da fatal batalha contra os filisteus, durante a qual morreu (ver 1Sm 29.1). **2**. Também havia uma localidade com esse nome, talvez porque ficava próxima desse ribeiro. Era a cidade natal de dois dos trinta poderosos guerreiros de Davi: Samá (2Sm 23.25) e Elica (mesmo versículo). Nesse versículo, ambos são chamados "haroditas".

HARODITA

Dois dos heróis de Davi eram chamados assim: Samá e Elica (2Sm 23.25). Em 1Crônicas 11.27, Elica não é mencionado, e "harodita" é alterado para a forma "harorita". Esse locativo deriva-se de *Harode* (vide).

HAROÉ

No hebraico, **"o profeta"**. Esse nome encontra-se nas listas genealógicas de Judá, onde Haroé é mencionado como um dos filhos de Sobal (1Cr 2.52). Pensa-se que ele é o mesmo homem chamado Reaías (vide), em 1Crônicas 4.2. Ele deve ter vivido por volta de 1450 a.C.

HAROSETE-HAGOIM

No hebraico, **"floresta dos gentios"**. Acredita-se que esse nome indicava uma cidade, mencionada por três vezes no quarto capítulo do livro de Juízes (vs. 2, 13 e 16). Todavia, pensa-se que ali havia uma "floresta", realmente, com base na circunstância de que a área perto dessa cidade cananeia era densamente arborizada nos tempos antigos. Ficava localizada ao norte da Palestina e era a cidade natal de Sísera (ver Jz 4.2). Foi a partir dali que ele avançou contra as forças comandadas por Baraque (vs. 13), mas para onde ele fugiu, depois que foi derrotado (vs. 16). Se era uma cidade cananeia, então não admira que tivesse sido chamada de *Hagoim*, ou seja, "dos gentios". Várias tentativas de identificação têm sido propostas, como *Tell 'Amr* e *Tell el-Harbaj*. Outros estudiosos identificam esse lugar com a Muhrashti das cartas de Tell el-Amarna, o que o situaria na planície de Sarom.

HARPA. Ver sobre *Música e Instrumentos Musicais*.

Tendo cada um deles uma harpa (Ap 5.6). O termo grego *kithara* não indicava um instrumento semelhante à nossa "harpa", mas antes, se assemelhava mais a um violão ou guitarra. De fato, pode-se notar que a palavra "guitarra" está etimologicamente vinculada ao vocábulo grego *kithara*. Originalmente, tinha formato triangular, com sete cordas. Mais tarde, o número de cordas foi aumentado para onze. Josefo menciona modelos dotados de dez cordas, as quais eram tangidas com um "plectrum" ou pequena peça de marfim. O cântico dos cento e quarenta e quatro mil será acompanhado por essas "guitarras" (ver Ap 14.2 e ss.), tal como no caso do cântico de Moisés, entoado por aqueles que obtiveram a vitória sobre o anticristo (ver Ap 15.2 e ss.). A própria guitarra talvez não tenha qualquer simbolismo especial, exceto que é o "instrumento" dos louvores celestiais; pelo que também supomos que as palavras e as vidas dos seres celestiais, que servem de glória para Deus, estão

HARPISTA
Davis, John D., 1854-1926, *Novo Dicionário da Bíblia* / [Tradução: J.R. Carvalho Braga]. – Edição ampliada e atualizada – São Paulo, SP: Hagnos 2005.

aqui simbolizadas ou, pelo menos, salientadas. Esse louvor prestado com a vida e com as palavras soa como se fosse uma música celestial, cheia de harmonia, graça e agradabilidade. Antigamente, o louvor a Deus era acompanhado com harpas, conforme se vê em Salmo 33.2. O louvor é similar à música, porquanto se trata de uma entidade intricada, com sua harmonia inerente, que é agradável até aos ouvidos de Deus.

HARPISTA/TANGEDOR

Tradução da palavra hebraica *Menaggen*, empregada em 2Reis 3.15, que significa tocador de um instrumento de corda como a harpa ou a lira. Os hebreus usavam a música para acalmar as crises nervosas. Quando Saul se sentia perturbado pela influência de um espírito maligno, a harpa de Davi acalmava seu furor, 1Samuel 16.14-23. A música serviu também para os exercícios religiosos dos profetas, 1Samuel 10.4-10. Eliseu chamou um harpista para tocar diante dele enquanto esperava que Deus lhe falasse, 2Reis 3.15. A música acalmava o espírito do profeta, auxiliava-o a concentrar-se e alegrava seu espírito. "A profecia", diz Maimônides, "não habita onde há melancolia, nem onde existe apatia, e sim onde reina a alegria".

HARSA

No hebraico, **"encantador"**. Esse era o nome de um clã, um dos grupos de netinins, cujos descendentes se encontravam entre aqueles que retornaram em companhia de Zorobabel, da Babilônia para Jerusalém, após o exílio babilônico (Ed 2.52 e Ne 7.54). Isso ocorreu por volta de 536 a.C. No trecho de 1Esdras 5.32, eles são chamados Careá. Nos tempos de Neemias, esse clã contribuiu para aqueles que serviam no templo de Jerusalém.

HARUFITA

Essa é uma designação dada a Sefatias, que viera ajudar a Davi, em Ziclague (1Cr 12.5). Ele foi um guerreiro benjamita. O texto hebraico varia quanto à grafia dessa palavra, entre *harufita* e *harifita*. Alguns estudiosos supõem que há a conexão desse nome com Harefe, que aparece em 1Crônicas 2.51, ou então com a família de Harife, que ocorre em Neemias 7.24 e 10.19. Se excetuarmos essas possibilidades, o nome permanece obscuro, embora todos os estudiosos reconheçam que deve se referir a algum clã em Israel.

HARUM

No hebraico, **"exaltado"**. Nome de um indivíduo obscuro, dentro da genealogia de Judá (ver 1Cr 4.8), acerca de quem nada se conhece, além de seu nome.

HARUMAFE

No hebraico, **"nariz rachado"**. Esse era o nome do pai de Jedaías. Harumafe ajudou a reparar as brechas da muralha de Jerusalém, depois que os israelitas voltaram do cativeiro babilônico (vide). Seu nome ocorre somente em Neemias 3.10. Ele viveu por volta de 446 a.C.

HARUZ

No hebraico, **"industrioso"**. Foi o pai de Mesulemete, esposa do rei Manassés, e mãe de Amom, rei de Judá (2Rs 21.19). Ele viveu por volta de 698 a.C.

HASABIAS

No hebraico, **"Yahweh deu atenção"**. Esse é o nome de vários homens, aludidos nas páginas do Antigo Testamento, a saber: **1**. Dois levitas meraritas (1Cr 6.45 e 9.14). **2**. Um filho de Jedutum (1Cr 25.3,19), chefe de um grupo de músicos (o décimo segundo), nomeados para os cultos no templo de Jerusalém. **3**. Um levita coatita de Hebrom, a quem Davi nomeou como seu representante, para cuidar das coisas na porção ocidental do rio Jordão (1Cr 26.30). **4**. Um filho de Quemuel, que serviu como chefe levita, nos dias de Davi (1Cr 27.17). **5**. Um dos chefes levitas, da época do reinado de Josias. Notabilizou-se por ter dado ofertas liberais para os sacrifícios (2Cr 35.9 e 1Esdras 1.9). As variantes desse nome são Assabias e Sabias. **6**. Um levita que retornou do cativeiro babilônico juntamente com Esdras (Ed 8.19; 1Esdras 8.48). As variantes do nome desse homem são Asebia e Asebias. **7**. Um sacerdote que ficou encarregado dos tesouros do templo de Jerusalém, que foram trazidos para esta cidade, terminado o cativeiro babilônico (Ed 8.24; 1Esdras 8.54). Uma variação desse nome é Assanias. **8**. Um chefe que ajudou a reparar as muralhas de Jerusalém, depois do cativeiro babilônico, e que governava metade do distrito de Queila (Ne 3.17). Ele também assinou o pacto com Neemias (Ne 10.11; 12.24). **9**. Um sacerdote da época do reinado de Jeoaquim que serviu como sumo sacerdote. Ele foi cabeça de um clã de Hilquias (Ne 12.21). O trecho de Esdras 10.25 traz a variante Malquias, mas a Septuaginta diz Asabia, o que concorda com o trecho de 1Esdras 9.26, onde o grego diz *Asibias*.

HASABNÃ

Provavelmente, essa é uma forma variante de Hasabias (vide). Era o nome de um chefe do povo, que selou o pacto com Neemias, terminado o cativeiro babilônico (ver Ne 10.25).

HASABNEIAS

No hebraico, **"pensamento de Yahweh"** ou **"Yahweh considera"**. Esse é o nome de duas personagens do Antigo

Testamento: **1**. O pai de Hatus, que ajudou a reparar as muralhas de Jerusalém, após o cativeiro babilônico (Ne 3.10). Viveu por volta de 445 a.C. **2**. Um levita que ajudou na questão do grande jejum efetuado sob a liderança de Esdras e Neemias, quando o pacto foi selado e votos foram renovados, para o novo começo da nação de Israel, após o cativeiro babilônico (Ne 9.5). Ele viveu por volta de 410 a.C. Tem sido identificado com o mesmo Hasabias de Esdras 8.19,24 e de Neemias 10.11; 11.22; 12.34.

HASADIAS
No hebraico, **"Yahweh ama"**. Esse foi o nome de um descendente da linha real de Judá. Aparentemente, ele era um dos filhos de Zorobabel (1Cr 3.20). Parece haver nascido depois que o povo judeu voltou do cativeiro babilônico, em cerca de 536 a.C.

HASBADANA
No hebraico, **"inteligência para julgar"**. Ele era um líder do povo, que ajudou na leitura da lei aos ouvidos do povo que retornara do cativeiro babilônico (Ne 8.4). Ele viveu por volta de 410 a.C. Provavelmente, ele foi um levita, conforme se pode depreender do trabalho que lhe foi dado para fazer. O trecho paralelo de 1Esdras 9.44 tem a forma Nabarias.

HASMONA
No hebraico, **"gordura"**. Esse era o nome de um dos locais de descanso, onde os israelitas acamparam durante suas vagueações pelo deserto, após terem saído do Egito. A próxima parada deles foi Moserote (Nm 33.30), que ficava nas proximidades do monte Hor (comparar Dt 10.6 com Nm 33.30). Em Deuteronômio 10.6, esse lugar é chamado Moserá (vide).

HASSELÃ, AÇUDE DE
No hebraico, **"poço do aqueduto"**. Há várias opiniões a respeito de sua identificação. Era um reservatório próximo da Porta da Fonte (Ne 3.15). Alguns estudiosos opinam que é a mesma coisa que o "açude do rei" (Ne 2.14); outros pensam no "açude inferior" (Is 22.9). Apesar de que muitos o identificam com o Poço de Siloé, o mais provável é que se trata de um reservatório separado, que fazia parte do complexo sistema de fornecimento de água de Jerusalém, alimentado pela fonte de Giom (ver 2Cr 32.30).

HASSENAÁ
No hebraico, **"espinhoso"**. Esse era o nome do chefe de um clã cujos membros reconstruíram a Porta do Peixe, que havia nas muralhas de Jerusalém, terminado o exílio babilônico. (Ver Ne 3.3). Esse clã pertencia à tribo de Benjamim. (Ver 1Cr 9.7). Talvez o nome Senaá seja o mesmo que Hassenaá. (Ver Ed 2.35 e Ne 7.38). Ver o artigo sobre *Senaá*.

HASSUBE
No hebraico, **"inteligente"**, **"cheio de consideração"**. Com grafias variantes, pessoas com esse nome são mencionadas em 1Crônicas 9.14 e Neemias 3.11,23. Alguns estudiosos pensam que devemos pensar em mulheres, com nomes quase idênticos. Ajudaram a reconstruir as muralhas de Jerusalém, após o cativeiro babilônico, sem importar se eram homens ou mulheres.

Um desses dois assinou o pacto com Esdras, comprometendo-se a dar apoio às antigas tradições judaicas (Ne 10.23).

Também houve o chefe de um clã de Merari, da tribo de Levi. Era pai de um homem chamado Semaías, que se estabeleceu em Jerusalém, depois do cativeiro babilônico (1Cr 9.14 e Ne 11.15).

HASUBÁ
No hebraico, **"consideração"**. Nome de um dos filhos de Zorobabel (1Cr 3.20).

HASUFA
No hebraico, **"consideração"**. Nome de um dos clãs que faziam parte dos netinins ou servos do templo, que retornaram do cativeiro babilônico em companhia de Zorobabel (Ed 2.43). Isso aconteceu em cerca de 536 a.C. em Jerusalém, serviam no templo.

HASUM
No hebraico, **"rico"**, **"distinto"**. Esse é o nome de dois homens, que figuram nas páginas do Antigo Testamento: **1**. Nome de um dos príncipes dos levitas, que estava presente quando Esdras leu a lei diante do povo, terminado o exílio na Babilônia. (Ver Ne 10.18). Ele viveu por volta de 536 a.C. **2**. Os filhos de Hasum, totalizando duzentos e vinte e três, retornaram a Jerusalém em companhia de Zorobabel, após o cativeiro babilônico (Ed 2.19 e Ne 7.22). Sete deles tinham-se casado com mulheres estrangeiras, e foram obrigados a divorciarem-se delas (Ed 10.33). O chefe desse clã assinou o pacto com Neemias (Ne 10.18). Isso aconteceu por volta de 536 a.C.

HATÁ
No hebraico, **"veracidade"**. Esse era o nome de um eunuco que vivia no palácio de Xerxes (Assuero), e que servia a Ester. Foi através dele que Ester ficou sabendo do plano de Hamã para matar Mordecai e destruir os judeus (ver Et 4.5,6,9,10). Ele viveu por volta de 478 a.C.

HATATE
No hebraico, **"terror"**. Ele era filho de Otniel, e neto de Quenaz, da tribo de Judá. Seu nome aparece somente em 1Crônicas 4.13. Isso fez dele neto-sobrinho de Calebe (1Cr 4.13 deve ser comparado com Jz 1.13). Ele viveu por volta de 1170 a.C.

HATIFA
No hebraico, **"ladrão"**. Ele era chefe de um clã que fazia parte dos netinins ou servos do templo, os quais retornaram do cativeiro babilônico em companhia de Zorobabel (Ed 2.54; Ne 7.56), em cerca de 536 a.C.

HATIL
No hebraico, **"ondeado"**. Essa era o nome de um homem, chefe de um clã (e, portanto, do próprio clã), alguns dos quais retornaram com Zorobabel do cativeiro babilônico (Ed 2.57; Ne 7.59), em cerca de 536 a.C. Eles descendiam dos servos de Salomão. O trecho de 1Esdras 5.34 dá o nome desse clã como *Hagia*.

HATITA
No hebraico, **"exploração"**. Nome do chefe de um clã (e, portanto, nome do próprio clã), cujos descendentes retornaram do cativeiro babilônico no tempo de Zorobabel (Ed 2.42; Ne 7.45). Eles serviam como porteiros dos portões da cidade. Eles viveram por volta de 536 a.C.

HATUS
Alguns estudiosos pensam que esse nome significa "contencioso". Outros opinam que o sentido desse nome é desconhecido. Esse foi o nome de três pessoas que figuram nas páginas do Antigo Testamento: **1**. Um descendente do rei Davi, que retornou em companhia de Esdras, do cativeiro babilônico (1Cr 3.22, Ed 8.2; 1Esdras 8.29). Há variantes desse nome, como Letus e Atus. Ele viveu por volta de 446 a.C. **2**. Um filho de Hasabneias, que ajudou a Neemias na reconstrução das muralhas de Jerusalém (Ne 3.10), em cerca de 446 a.C. **3**. Um homem que assinou o pacto da renovação dos costumes e da religião judaicos, juntamente com Neemias (Ne 10.4; 12.2). Esse Hatus era sacerdote. Ele viveu por volta de 445 a.C. Alguns estudiosos identificam-no com um dos dois outros homens desse

nome. Assim, essa lista pode aumentar até cinco pessoas, ou então pode ser limitada a somente três.

HAURÃ

No hebraico, **"oco"** ou **"terra negra de rocha basáltica"**. A referência específica é a um planalto vulcânico extinto, coalhado de cômoros, a leste do lago da Galileia e ao sul de Damasco e do monte Hermom. Portanto, o nome aplica-se também à região geral que equivale, grosso modo, à Basã referida no Antigo Testamento. A região tem cerca de cento e trinta quilômetros quadrados, com uma elevação de cerca de seiscentos metros. A região começou sendo chamada Basã, nos dias do Antigo Testamento, depois, Haurã; e, finalmente, Auranites, já no período greco-romano. Mas, em tempos modernos, começou a ser chamada outra vez pelo nome Haurã. No Antigo Testamento, a palavra "Haurã" aparece somente em Ezequiel 47.16,18, que menciona a região como uma fronteira ideal (ou profética) da terra de Canaã. Esse nome encontra-se também em textos egípcios pertencentes à Dinastia XIX, bem como em antigas inscrições assírias.

Sabe-se surpreendentemente pouco sobre a história dessa região, até o século I a.C. Sabemos que os homens da tribo de Manassés estabeleceram-se nessa região; mas, em tempos posteriores, poucos israelitas podiam ser ali encontrados. Salomão impôs tributo à região; mas, raramente, Israel conseguiu controlá-la. Essa área ficava essencialmente a leste do mar da Galileia, embora também se estendesse para o norte e para o sul desse lago. Distava das margens do mesmo apenas entre sessenta e quatro dias e oitenta quilômetros; mas, nos tempos antigos, isso representava muito território hostil.

Alexandre Janeu (que foi um dos macabeus; ver sobre os *Hasmoneanos*) obteve controle sobre o Haurã, mas os nabateus não cessavam de agitar as coisas ali. Herodes, o Grande, governou uma boa fatia dessa área; e quando faleceu, seu filho, Filipe, governou-a como uma tetrarquia distinta (ver Lc 3.1), ainda que, na época, não fosse, realmente, uma área pertencente aos judeus. O imperador Calígula, após a morte de Filipe, deixou essa região nas mãos de Herodes Agripa II. Quando este morreu, o imperador Trajano anexou-a à província romana da Síria. O cristianismo estabeleceu-se nessa região até cerca de 632 d.C., quando hordas islâmicas, provenientes da Arábia, conquistaram-na, o que fez a igreja cristã desaparecer dali.

A região de Haurã era conhecida por sua atividade vulcânica e pela fertilidade de seu solo, o que fazia da mesma uma importante área agrícola. Ali se produzia cereal para Damasco e para a Palestina. Em nossos dias, a área é bastante estéril, sem qualquer árvore, de qualquer espécie. Ver o artigo separado sobre *Basã*.

HAVILÁ

No hebraico, **"circular"**. É nome de duas pessoas e de duas regiões geográficas, nas páginas do Antigo Testamento: **1**. O segundo filho de Cuxe tinha esse nome, embora nada saibamos acerca dele, além de seu nome (Gn 10.17 e 1Cr 1.9). **2**. Um filho de Joctã, descendente de Sem (Gn 10.29 e 1Cr 1.23), também era chamado assim. Esse nome veio a indicar clãs ou povos; e alguns estudiosos supõem que os homens de números "1" e "2" seriam ancestrais de clãs, e talvez nunca tivessem existido como indivíduos. Os nomes associados a eles indicam uma possível área de ocupação ao sul da Arábia e dali até o Babe el-Mandebe, na África. Também é possível que uma tribo mais forte tivesse absorvido uma tribo menor, do mesmo nome. **3**. Uma região nas vizinhanças do Éden tinha esse nome. O rio Pisom corria através desse território e ali havia ouro, bdélio e a pedra de ônix (Gn 2.11,12). Não há como localizar essa área, visto que as descrições geográficas dadas na Bíblia, quanto ao presumível local do Éden, não se ajustam a quaisquer características geográficas atuais, naquela área em geral. Aqueles que aceitam que a narrativa é de natureza metafórica ou poética, em relação ao jardim do Éden, supõem que é inútil tentar identificar quaisquer localizações geográficas dentro do relato bíblico. **4**. O nome de um distrito que, aparentemente, ficava ao norte de Sabá, na Arábia, localizado entre Ofir e Hazarmavete. Ismaelitas nômades (ver Gn 25.18) habitavam na região. Os amalequitas (1Sm 15.7) também estavam associados a essa região. Suas fronteiras parecem ter sido modificadas de tempos em tempos, embora a área ficasse na área geral da península do Sinai e na porção noroeste da Arábia. Saul guerreou ali, contra os amalequitas. Alguns estudiosos supõem que a Havilá referida em 1Samuel 15.7, na verdade, seja uma palavra mal grafada, que deveria aparecer com a forma de *Haquilá*, uma colina que havia naquela área (1Sm 23.19; 26.1,3). A identificação dessa região com o jardim do Éden, parece ser fantasiosa. Seja como for, nenhuma localização exata de qualquer dos dois lugares, chamados na Bíblia de "Havilá", tem sido feita.

HAVOTE-JAIR

No hebraico, **"cabanas de Jair"**. Pertenciam aos árabes. Um grupo de cabanas tornava-se uma vila ou aldeia. Um distrito chamado por esse nome é mencionado em Números 32.41 e Deuteronômio 3.14. Ficava do outro lado do rio Jordão, na terra de Gileade. Tornou-se possessão da meia tribo de Manassés. (Ver Js 13.30; 1Cr 2.22,23; 1Rs 4.13; Jz 10.4). Alguns estudiosos pensam que a área fazia parte de Basã, antigo território pertencente ao rei Ogue (Dt 3.14). Jair figura como o conquistador de toda aquela região (Dt 3.14; 1Cr 2.23 ss.). Não há que duvidar que, com base nessa circunstância, a região, com suas cabanas, veio a ter o nome de Jair (Nm 32.41). A passagem de Josué 13.29,30 menciona sessenta localidades ocupadas, que devem ter sido minúsculos povoados. Em 1Reis 4.13, essas localidades são mencionadas como parte do distrito de Ben-Geder. Ele era um dos homens do pessoal administrativo de Salomão, em Ramote-Gileade. Porém, não há certeza se a alusão a sessenta grandes cidades, com muralhas e ferrolhos de bronze, localizadas em Argobe (parte de Basã), tem qualquer alusão às originais aldeias de Jair. O trecho de 1Crônicas 2.22,23 menciona 23 cidades na terra de Gileade. Portanto, haveria dois grupos de sessenta aldeias, e um grupo de 23 aldeias, na terra de Gileade. Se há qualquer relação entre essas aldeias (se elas devem ser consideradas idênticas, ou não), continua sendo uma questão debatida entre os eruditos. Jair, gileadita, juiz em Israel, governou esse povo por 22 anos. Seus trinta filhos montavam em trinta jumentos, e tinham trinta cidades de nome Havote-Jair. Entretanto, esse Jair é um homem diferente do Jair mencionado em Números 32.41, por causa de quem as aldeias originais da área receberam o nome.

HAZAEL

1. O Nome. Hazael é um nome próprio hebraico que significa "El vê" ou "aquele a quem Deus contempla". O nome divino hebraico, *El,* aparece em combinação com outras palavras, em muitos nomes pessoais. *El* tem o significado básico de "forte", sendo utilizado em várias línguas semitas, e não meramente em hebraico. Ver o artigo geral sobre *Deus, Nomes Bíblicos de.* O nome *El* é discutido na terceira seção desse artigo.

O nome *Hazael* ocorre em inscrições cuneiformes assírias, onde aparece como um dos oponentes de Salmaneser III. Esses textos mostram-nos que os assírios sabiam que Hazael era um usurpador (tendo-o chamado de "filho de ninguém"), e que o seu antecessor fora eliminado à traição.

2. Relação com os Reis de Israel e de Judá. Hazael foi um dos mais poderosos reis da Síria, tendo-a governado de 843 a 796 a.C. Foi contemporâneo de Jeorão, em seus últimos poucos anos de reinado, e depois, de Jeú e Jeoacaz, de Israel, e também de Jeorão, Acazias, Atalia e Joás, reis de Judá. Seu nome figura no Antigo Testamento pela primeira vez em 1Reis 19.15-17. Deus mandou Eliseu ungir Hazael como próximo rei da Síria. Isso foi feito no monte Horebe. Quando ocorreu a unção, Hazael era um alto oficial da corte de Ben-Hadade II, rei da Síria (2Rs 8.7-9). O motivo desse encontro com Eliseu, foi que Hazael havia sido enviado ao profeta a fim de consultá-lo quanto às possibilidades de recuperação da saúde de Ben-Hadade.

3. A Entrevista com Eliseu. Eliseu já havia predito a sua ascensão ao trono da Síria, tendo-o ungido para tal ofício (ver 1Rs 19.15). O rei Ben-Hadade adoeceu. Preocupado com a sua condição, enviou Hazael para consultar o profeta, em Damasco. Uma grande caravana de camelos, com quarenta animais, acompanhou a delegação real, o que mostra o grande prestígio de Eliseu como homem santo e profeta. À pergunta feita por Hazael, sobre a saúde do rei, Eliseu respondeu que a enfermidade não o mataria, mas que o rei morreria, de qualquer maneira. A entrevista entre Hazael e Eliseu foi muito emocional. Olhando para Hazael, Eliseu chorou. Ao lhe ser perguntado por que chorava, Eliseu respondeu que podia perceber os males que Hazael haveria de cometer. O profeta entristeceu-se diante de um homem poderoso, que haveria de usar o seu poder para matar e destruir.

4. Hazael Mata Ben-Hadade. Aparentemente, Hazael queria matar o rei, de modo que tudo parecesse ter sido uma morte natural. Ele ensopou na água um pano grosso e o pôs sobre o rosto do rei. O rei estava fraco e débil, e não ofereceu qualquer resistência. Desse modo, foi sufocado, sem que qualquer circunstante notasse o que estava sucedendo (2Rs 8.8). Isso ocorreu em cerca de 885 a.C. O profeta do Senhor havia previsto tal coisa, de que Deus era testemunha. Algum dia, Hazael haverá de pagar pela sua traição.

5. Hazael e as Guerras. Durante cerca de quarenta anos, Hazael esteve cumprindo as predições de Eliseu. Informes do Antigo Testamento dizem-nos como ele guerreou contra Acazias e Joás, reis de Judá, e também contra Jeorão, Jeú e Jeoacaz, reis de Israel (2Rs 8.28; 9.14; 10.32; 12.17; 13.3; 2Cr 22.5). Usualmente, ele conseguia sair-se vencedor nas batalhas. Devastou assim as fronteiras de Israel e de Judá. Lançou cerco a Jerusalém, e só se retirou quando os tesouros do templo e do palácio lhe haviam sido entregues. Tão poderosas eram as suas forças, que somente após a sua morte Israel foi capaz de estabilizar-se. Seu filho, Ben-Hadade III, substituiu-o no trono, depois de seu falecimento, em cerca de 815 a.C. Contudo, Jeoás, de Israel, foi capaz de derrotá-lo por três vezes (ver 2Rs 13.24,25). A reputação de Hazael como destruidor perdurou por muito tempo na memória dos hebreus. Cerca de um século mais tarde, Amós relembrou seu nome como símbolo do ponto culminante do poder sírio, e previu o julgamento dos sírios, por causa das maldades que haviam cometido (Am 1.4).

6. As Inscrições em Escrita Cuneiforme. As inscrições assírias em escrita cuneiforme revelam-nos quão maligno foi Hazael. Ele desempenhou um importante papel em algumas das campanhas de Salmaneser III. Uma dessas inscrições, achadas em uma laje de pavimento, em Calá, relembra como Salmaneser, em 842 a.C., guerreou contra Hazael, a quem derrotou, tendo-lhe abatido seis mil soldados e quatrocentos e setenta de seus cavaleiros. E também tomou um grande despojo, incluindo muitos carros de combate. No entanto, não foi capaz de capturar Damasco. Assolou Haurã (vide), bem como um grande território em derredor, tendo destruído muitas cidades da região. Jeú é mencionado como alguém que pagava tributos a Hazael. Outra inscrição refere-se a Hazael como "filho de ninguém", o que, provavelmente, significa que ele havia usurpado o trono, não pertencendo à linhagem real. Entre os itens que os assírios levaram como despojo estavam os objetos de marfim que haviam feito parte da armação lateral de uma cama. Entre esses objetos havia uma inscrição com os dizeres: "Bar Ama nosso Senhor Hazael, no ano de...". Outra peça de marfim, talvez do mesmo leito, tinha um relevo mostrando um deus ou rei, segundo o estilo fenício arameu. Alguns estudiosos supõem que ali podia estar uma efígie do próprio Hazael.

HAZAÍAS

No hebraico, **"Yahweh vê"**. Esse era o nome de um homem de Judá, descendente de Selá (Ne 11.5), que viveu por volta de 536 a.C. Ele veio residir em Jerusalém, depois da volta de um remanescente do cativeiro babilônico.

HAZAR-ADAR

No hebraico, **"vila de Adar"**. Ora, Adar significa "eira" ou então "lugar aberto". Hazar-Adar era o nome de uma localidade no deserto ao sul da Palestina, entre Cades-Barneia e Amom (Nm 34.4). Alguns identificam-na com a Hezrom mencionada em Josué 15.4. Também pode ser a Adar mencionada nesse mesmo versículo de Josué, embora alguns estudiosos duvidem dessa identificação. Seja como for, ficava na fronteira sul de Judá. Talvez a moderna Khirbet el-Qudeirat corresponda ao antigo local.

HAZAR-ENÃ

No hebraico, **"vila das fontes"**. Esse era o nome de uma aldeia que assinalava a fronteira de Israel (Nm 34.9; Ez 47.17; 48.1). Provavelmente, a sua posição ficava a nordeste de Damasco. Tem sido identificada com a Kiryatein, na estrada para Palmira. Ficava na fronteira entre a Palestina e Hamate. Alguns eruditos identificam-na com a moderna Hadr, que fica ao pé do monte Hermom.

HAZAR-GADA

No hebraico, **"aldeia da fortuna"**, uma cidade mencionada somente em Josué 15.27, que ficava no extremo sul do território de Judá. Ficava entre Moladá e Hesmom. Desconhece-se o local moderno dessa aldeia.

HAZAR-SUAL

No hebraico, **"aldeia de chacais"**. Esse era o nome de uma cidade que ficava ao sul do território de Judá, situada entre Hazar-Gada e Berseba (Js 15.28; 19.3; 1Cr 4.28). O trecho de Neemias 11.27 menciona o lugar, após o cativeiro babilônico, visto que foi repovoado. O lugar começou como possessão de Judá mas acabou fazendo parte do território de Simeão. Desconhece-se o local moderno.

HAZAR-SUSIM

No hebraico, **"aldeia de cavalos"**. Nome de uma cidade no sul do território de Judá, que veio a fazer parte das possessões de Simeão (1Cr 4.31; Js 19.5). Salomão criava cavalos ali, vendendo-os então aos heteus e aos sírios (1Rs 4.26; 9.19; 10.29). O local tem sido identificado com a moderna Shalat Abu Susein, que fica a leste do *wadi Far'ah*.

HAZARMAVÉ

No hebraico, **"aldeia da morte"**. Esse era o nome de um dos filhos de Joctã (Gn 10.26; 1Cr 1.20). Esse homem e seus filhos estabeleceram-se na parte sul da Arábia, no wadi Hadramaute, a cujo lugar deram o nome dele. Os historiadores têm identificado essa localidade com os *chatramotitai* dos gregos, uma das quatro principais tribos do sul da Arábia, descritas por Estrabão (16.4,2). Eles tornaram-se célebres pelo seu comércio com incenso. A moderna Hadramaute é um vale muito frutífero, que corre paralelamente às costas marítimas da Arábia, por cerca de trezentos e vinte quilômetros. Os dias de glória dessa região foram do século V a.C. até o século I ou II d.C., quando abrigou uma grande civilização. Sua capital era Shabwa.

HAZAZOM-TAMAR

No hebraico, **"poda das palmeiras"**. Esse era o antigo nome de En-Gedi, aludida em Gênesis 14.7. Em 2Crônicas 20.2, a cidade é chamada de Hazazom-Tamar. Essa era uma antiquíssima cidade da Síria, tão antiga como qualquer outra da área, contemporânea de Sodoma e de Gomorra. Já existia quando Hebrom foi fundada. Era ocupada pelos amorreus e pelos amalequitas. Foi conquistada por Quedorlaomer e pelos seus reis aliados. Sua identificação com En-Gedi revela-nos a sua antiga localização. Ficava no lado ocidental do mar Morto, embora o local exato ainda não tenha sido descoberto, embora seja certo que não ficava muito longe de Sodoma e de Gomorra. Talvez fosse a mesma Tamar que foi fortificada por Salomão (1Rs 9.18). Ezequiel nos diz que a cidade ficava na extremidade sudeste de Israel (Ez 47.19 e 48.28). O *wadi* Hasasa, a noroeste de '*Ain-jidi*, preserva ainda o antigo nome.

HAZELELPONI

No hebraico, **"sombra"**. Esse é o nome de uma mulher judia, mencionada em 1Crônicas 4.3, irmã de Jezreel, descendente de Judá. Mas, visto que a palavra hebraica é antecedida pelo artigo definido, alguns supõem que deveríamos traduzi-la por "as irmãs" dos filhos de Etã.

HAZER-HATICOM

No hebraico, **"aldeia do meio"**. Nome de um lugar que figura em uma profecia de Ezequiel (47.16), que ficava nas fronteiras da região de Haurã (vide). Esse nome era profético e ideal, e não necessariamente que o local existisse na época daquele profeta. No entanto, alguns eruditos pensam que a palavra é um erro escribal para Hazar-Enã (vide).

HAZEROTE

No hebraico, **"aldeias"**. Esse era o nome da terceira parada ou acampamento dos israelitas, depois que eles partiram do Sinai, em suas andanças pelo deserto. Ficava a quatro ou cinco dias de marcha daquele monte. Foi ali que Miriã e Aarão murmuraram contra Moisés (Nm 11.35; 12.16). A murmuração dizia respeito a seu casamento com uma mulher cuxita, bem como à ideia de que Deus falava somente por meio de Moisés. É possível que 'ain Khadra assinale o local antigo. Ficava cerca de 48 quilômetros a nordeste do Jebel Musa, a caminho da Áqabah. Dali, Israel partiu para o deserto de Parã.

HAZIEL

No hebraico, **"visão de Deus"** ou **"Deus vê"**. Nome de um filho de Simei, um levita gersonita (1Cr 23.9). Ele era um chefe tribal da família de Ladã. Viveu por volta de 960 a.C.

HAZO

No hebraico, **"vidente"**. Foi um dos filhos de Naor e Milca (Gn 22.22). O nome veio a designar um dos clãs naoritas. Uma inscrição de Esar-Hadom tem o nome *Hazu*, o que fez os estudiosos pensarem que provavelmente aponta para essa mesma gente. Talvez Hazo tenha vivido em Ur da Caldeia, ou em algum lugar próximo, em cerca de 2100 a.C.

HAZOR

No hebraico, **"aldeia"** ou **"ambiente cercado"**. Várias cidades e um distrito eram chamados por esse nome, nos dias do Antigo Testamento, a saber: **1**. Uma das principais cidades do norte da Palestina era chamada assim (Js 11.10). Ficava perto do lago Merom (ou Hulé), e era a capital de Jabim, um poderoso rei cananeu. Ele pediu aos reis vizinhos para ajudá-lo contra os israelitas invasores, comandados por Josué. Ele e seus aliados foram derrotados, e ele foi morto (Js 10.1,10-13; Josefo, *Anti*. 5.5,1). Na época de Débora e Baraque, os cananeus recuperaram uma parte do território que haviam perdido, e reconstruíram Hazor. Jabim era o rei que governava o lugar, nesse tempo. Tornou-se, pois, um instrumento para castigar Israel, por causa de suas transgressões, e o número dos israelitas foi grandemente reduzido. Mas, Débora e Baraque livraram o povo de Israel das opressões de Jabim, e Hazor voltou à posse de Israel, tornando-se parte da herança de Naftali. Hazor foi reconstruída e melhorada por Salomão, juntamente com outras cidades da área (1Rs 19.15). Era uma das cidades fortificadas da Galileia, que os assírios, nos dias de Tiglate-Pileser, tomaram, quando invadiram a Palestina pelo norte (2Rs 15.29), o que finalmente resultou no cativeiro assírio. Nesse tempo, Hazor foi novamente destruída.

Hazor tem a distinção de haver sido a maior cidade do período. Em seu pico, tinha cerca de quarenta mil habitantes. Sua data recua até cerca de 2700 a.C., embora seu tempo mais florescente tivesse sido no segundo milênio a.C. Era um centro comercial político e militar, por encontrar-se em uma localização estratégica. Ficava ao norte do mar da Galileia, cerca de 24 quilômetros de suas margens, e ao sul de Kadeish, cerca de dezesseis quilômetros. O lago Merom (ou Hulé) (vide), ficava entre essas duas localidades. Após ter sido destruída pelos assírios, a cidade foi reconstruída por mais de uma vez, mas nunca mais recuperou a sua antiga importância.

Escavações em Hazor e Referências Literárias à Mesma. Hazor é mencionado nas cartas de Tell el-Amarna (vide) (227.3a e 228.23 ss.), do século XIV a.C. O local foi identificado, em 1926, com o Tell el-Qedah, a oito quilômetros ao sul do lago Hulé (Merom), na Galileia. Escavações maiores, porém, só começaram ali em 1955. Essas foram continuadas em 1958, por uma expedição israelense. Tem sido demonstrado que o cômoro principal foi fundado no terceiro milênio a.C. A porção mais baixa da ocupação foi posteriormente adicionada, na primeira porção do segundo milênio a.C., provavelmente pelos hicsos. A porção mais baixa da cidade era mais do que um recinto fechado para guardar cavalos e carruagens (conforme alguns têm pensado). Os restos descobertos demonstram que uma grande cidade, talvez com quarenta mil habitantes, ocupava o local. A mais antiga inscrição em língua acádica foi achada em uma jarra de cerâmica, nesse lugar. Tinha o nome de *Is-me-ilam*, o qual, provavelmente, era o nome de um negociante da Mesopotâmia. A parte mais baixa da cidade perdurou por cerca de quinhentos anos, e então foi destruída, presumivelmente por Josué. Um templo cananeu e um pequeno santuário foram encontrados ali. A porção mais baixa da cidade foi deixada desabitada; mas as evidências colhidas mostram que tanto cananeus quanto israelitas habitavam no lugar. O portão de uma cidade e parte de uma muralha foram desenterrados, provavelmente da época de Salomão. Um edifício público sobre pilastras foi escavado. Provavelmente pertencia à época de Acabe. É claro que havia uma fortaleza no local, naquele tempo; mas também há indícios de destruição e incêndio, na mesma época. Supõe-se que isso sucedeu quando da invasão dirigida por Tiglate-Pileser III, que destruiu a cidade em cerca de 732 a.C. (ver 2Rs 15.29).

Outras referências extrabíblicas a *Hazor* aparecem nos textos de execração egípcios, do século XIX a.C. Hazor era uma cidade cananeia que chegou a ameaçar a posição do império egípcio. Ela aparece como *ha-su-ra*, nos arquivos de Mari, da primeira porção do segundo milênio a.C. Os textos babilônicos mencionam-na como um importante centro político na rota entre a Mesopotâmia e o Egito. Fontes egípcias alistam essa cidade sob o controle de vários reis do Egito: Tutmés III, Amenhotepe II e Seti I, nos séculos XV e XIV a.C. As cartas de Tell el-Amarna, do século XIV a.C., mencionam-na. Seu rei é ali chamado de *sar hazura*. Ela também é mencionada em um papiro egípcio (Anatasi I), dentro de um contexto militar. A arqueologia tem demonstrado abundantemente que a importância dada ao lugar, nas Escrituras Sagradas, é historicamente correta.

2. Uma cidade da Judeia, no Neguebe, também tinha esse nome (Js 15.23). Entretanto, até hoje essa localidade não foi identificada pelos arqueólogos.

3. A Nova Hazor, ou Hazor-Hadata (Js 15.25) era um lugar no sul do território de Judá. Mas ainda não foi identificado. Ver o artigo a seu respeito.

4. Queriote-Hezrom, também chamada Hazor (ver Js 15.25), era uma localidade na porção sul do território de Judá, que os estudiosos ainda não identificaram.

5. Uma cidade pertencente à tribo de Benjamim (Ne 11.33), talvez seja a mesma que a moderna Khirbet Hazzur.

6. Uma área localizada em algum ponto do deserto da Arábia, a leste da Palestina. Foi ali que o profeta Jeremias entregou um de seus oráculos contra um povo árabe seminômade ou transumante (ver Jr 49.28,30,33). Eles tornaram-se vítimas de Nabucodonosor, rei da Babilônia.

HAZOR-HADATA

Essa combinação de palavras hebraicas significa "Nova Hazor". Hazor significa "lugar fechado" ou "aldeia". O nome designa uma localidade mencionada em Josué 15.25, como uma das cidades pertencentes à tribo de Judá. Algumas traduções separam os dois nomes, como se Hazor e Hadata fossem duas cidades distintas. Seja como for, desconhece-se a localização exata do lugar, embora seja sabido que ficava entre o mar Morto e o golfo da Áqaba. A Septuaginta omite o nome. Alguns estudiosos identificam o lugar com el-Hadeira, a sudeste de Tuwani.

HE

A quinta letra do alfabeto hebraico. Corresponde ao nosso *h* e é classificada como um fonema fricativo laríngeo. Aparece na quinta seção de Salmos 119, onde cada verso começa com essa letra, no texto hebraico. Essa letra tem um formato bastante parecido com as letras hebraicas *alefe* e *tau*, e isso tem provocado alguns erros de grafia, e também identificações equivocadas.

HÉBER

No hebraico, **"sócio"**. Esse é o nome de várias pessoas referidas nas páginas do Antigo Testamento: **1**. Um filho de Berias, que era da tribo de Aser (Gn 46.17; Nm 26.45; 1Cr 7.31 ss.). O nome tribal, *heberitas*, deriva-se desse nome. Aparece em Números 26.45. Ele deve ter vivido por volta de 1640 a.C. **2**. Um descendente de Hobabe, filho de Jetro e irmão da esposa de Moisés. Foi a esposa dele quem matou Sísera, em cerca de 1410 a.C. Ele também é chamado de *queneu* (vide), em Juízes 4.11,17; 5.24, o que parece ter sido um nome que designava o povo particular a que ele pertencia (Jz 1.16). Parece que ele acabou se separando de sua própria gente e estabelecendo-se perto de Quedes, a oeste do mar da Galileia (Jz 4.11). Viveu por volta de 1360 a.C. **3**. Um chefe de um dos clãs de Judá também era chamado assim. Ele era filho de Merede e pai de Socó (1Cr 4.18). Viveu por volta de 1400 a.C. **4**. Um dos filhos de Elpaal, chefe de um dos clãs da tribo de Benjamim (1Cr 8.17). Viveu por volta de 1400 a.C. **5**. Um dos sete chefes dos gaditas de Basã (1Cr 5.13). Entretanto, ele e o homem que aparece como número "seis", abaixo, tinham um nome grafado de maneira diferente em hebraico, que significa "produção" ou "broto". **6**. Um dos filhos de Sasaque, da tribo de Benjamim (1Cr 8.22). Embora o nome dele apareça em português também como *Héber*, a forma hebraica é levemente diferente dos quatro primeiros homens com esse nome nesta lista, e significa "produção" ou "broto". Ver também o quinto homem com esse nome.

HEBRAICO

I. Algumas Características. O hebraico é uma antiga língua semítica, que pertence ao ramo norte-ocidental dessa família de línguas. Era uma língua que se escrevia com um alfabeto não pictográfico desde o princípio, embora fosse um desenvolvimento de outras formas escritas semíticas. Ver o artigo geral intitulado *Alfabeto*. O hebraico antigo, quanto à sua escrita, foi transformado e usado na literatura rabínica; e foi revivido pelo movimento sionista, já nos tempos modernos. Caracteriza-se pela estabilidade de seus fonemas consonantais. Consiste em uma raiz de três fonemas consonantais, que forma a base da construção da língua. O vocabulário, como um todo, alicerça-se sobre raízes com três fonemas, com o auxílio de vogais interpoladas, com a adição de prefixos e sufixos, e a duplicação de raízes consonantais, de conformidade com regras bem regulares.

O hebraico é bastante diferente, em sua estrutura, em relação às línguas indo-europeias. Tem menos tempos verbais, não tem particípio, e não tem formas separadas para indicar os modos condicional, subjuntivo e optativo. Contudo, mediante vários modos, o hebraico evoluiu um elaborado sistema de vozes. Há três vozes ativas, três vozes passivas e uma voz reflexiva, todas com as mesmas formações de tempos verbais básicos. A sintaxe do hebraico é extremamente simples. Caracteriza-se por uma maneira de expressão não abstrata, concisa e incisiva, que servia de excelente instrumento para a poesia épica e lírica. O hebraico usado no Antigo Testamento envolve um pequeno vocabulário, pobre em adjetivos descritivos e em substantivos abstratos. Tanto na antiguidade quanto hodiernamente, o hebraico era escrito da direita para a esquerda, o oposto da nossa maneira de escrever, que é da esquerda para a direita.

II. Origem das Palavras Semíticas e Hebraicas. A palavra semítico deriva-se de Sem, o filho mais velho de Noé. O hebraico estava intimamente ligado ao idioma antigo de Ugarite, capital de um pequeno reino da costa norte da Síria, atualmente chamada Ras Shamra; e também estava vinculado ao idioma dos fenícios e dos moabitas. Nas páginas do Antigo Testamento, o hebraico é chamado de *língua de Canaã* (ver Is 19.18 e Ne 13.24). Portanto, embora os hebreus sejam um povo semita, seu idioma é tipicamente cananeu. Ao que parece, vários povos semitas absorveram línguas cananeias (e, portanto, camitas), talvez por miscigenação. Isso se vê facilmente entre os hebreus. O termo *hebraico* foi usado pela primeira vez para designar esse idioma, nos escritos de Ben-Siraque, em cerca de 130 a.C. Ver também o artigo *Hebreus*, quanto às várias teorias sobre a origem e os usos da palavra *hebreu*.

III. O Alfabeto Hebraico. O hebraico tem vinte e duas letras consoantes, embora, posteriormente, a letra *s* tivesse adquirido duas formas, pelo que se poderia dizer que contava com vinte e três letras consoantes. Essas letras, tal como se dava com as letras gregas, também representavam números.

O ALFABETO HEBRAICO

Letra Hebraica	Nome	Equivalente Português	Valor Numérico
א	Alefe	—	1
ב	Bete	B ou V	2
ג	Gimel	G	3
ד	Dalete	D	4
ה	He	H	5
ו	Vave	V	6
ז	Zain	Z	7
צ	Hete	Kh	8
עח	Tete	T	9
י	Iode	I ou Y	10

HEBRAICO

כּ	Cafe	Kh	20
ל	Lâmede	L	30
מ	Mem	M	40
נ	Num	N	50
ס	Sameque	S	60
ךְ	Ain	—	70
פ	Pê	P ou F	80
שׁ	Tsadê	TS	90
ק	Cufe	K	100
ר	Rês	R	200
שׁ	Sin	Sh ou S	300
ת	Tav	T ou Th	400

IV. USO DO HEBRAICO NA PALESTINA. O hebraico foi adaptado pelos israelitas que falavam o aramaico (após o cativeiro babilônico), com pesadas misturas com o aramaico, além de outras línguas indígenas da Palestina. Palavras derivadas de outros idiomas, como os dialetos aramaicos, o acádico, o árabe, o persa e o grego também foram acrescentadas, tudo o que serviu para enriquecer o anterior pequeno vocabulário hebraico. Tal como sucede a todos os idiomas, o hebraico foi-se modificando de um período histórico para outro (ver o ponto "sete"). O hebraico bíblico (clássico) difere do hebraico empregado na Mishnah, e é muito diferente do hebraico moderno. Já desde bem antes da época de Jesus (século III a.C.), o hebraico bíblico deixara de ser falado pelo povo judeu. E uma língua irmã, o aramaico, havia tomado o lugar do hebraico. As referências neotestamentárias ao hebraico não aludem ao hebraico clássico, e, sim, ao aramaico. (Ver Jo 5.2; 19.13,17,20; At 21.40; 22.2 etc). Ocorrem algumas palavras e mesmo frases em aramaico, no Novo Testamento grego, como *talitha cumi* (Mc 5.41), *Eloi, Eloi, lama sabachthani* (Mc 15.34) e *maranata* (1Co 16.22), o que é explicado na exposição (*in loc.*), do NTI.

O hebraico clássico continuou sendo usado na liturgia das sinagogas, da mesma forma que a igreja cristã ocidental reteve o latim, com propósitos litúrgicos. Algumas cartas foram encontradas entre os materiais encontrados nos manuscritos do mar Morto, escritas em hebraico, o que significa que o idioma hebraico não morrera inteiramente. Três fragmentos de orações de agradecimento foram encontrados em Dura-Europus (com data de meados do século III d.C.), o que demonstra que alguns cristãos hebreus continuaram a usar, embora de forma limitada, o hebraico clássico, em sua adoração.

V. MANEIRA DE ESCREVER. O idioma hebraico era escrito somente com consoantes, sem vogais. Mas, por volta do século V a.C., começaram a aparecer ajudas para a leitura, que vários eruditos atualmente chamam de *matres lectionis*. Três letras semivocálicas eram ocasionalmente inseridas, indicando os fonemas *a, e, i*, ou então *o, u*. Porém, um completo sistema de vocalização, empregando sinais para indicar as vogais, só apareceu no século VI d.C. Três sistemas diferentes desenvolveram-se. Na Babilônia e na Palestina, sinais vocálicos eram postos acima das consoantes (as vogais supralineares). No sistema tiberiano, os sinais vocálicos eram postos por baixo das consoantes (as vogais *infralineares*). Esses sinais vocálicos têm a aparência de grupos de pontos ou traços. Esse modo infralinear foi adotado para o hebraico impresso. Pontuação e entonação extra-alfabéticas também vieram a ser adotadas. Modernamente, a pronúncia que se ensina aos alunos de hebraico é a pronúncia sefardita (judeus espanhóis).

VI. CUIDADOS NA ESCRITA. Os piedosos escribas judeus tinham o maior cuidado quando copiavam manuscritos, preservando as letras consoantes do hebraico. Faziam-no tão meticulosamente, que até os erros de cópia foram sendo preservados. Os manuscritos do mar Morto (vide) têm provado que importantes variantes têm ocorrido, e que, em alguns trechos, a Septuaginta tem preservado um texto mais antigo que aquele que transparece no chamado texto massorético (vide). Porém, é óbvio que os manuscritos hebraicos eram copiados com muito maior cuidado do que o foram os manuscritos gregos do Novo Testamento. Os escribas anotavam variantes e correções à margem dos manuscritos, e também explicavam ou substituíam vocábulos obsoletos. Também faziam a tentativa para identificar erros no texto, com notas à margem, mas deixavam intacto o próprio texto. O texto sagrado é chamado *ketib* (o escrito), ao passo que as notas marginais eram o *gere* (o que deve ser lido).

VII. SUMÁRIO DOS FATOS HISTÓRICOS. As origens absolutas dos idiomas do mundo estão inteiramente perdidas para nós. Alguns teólogos supõem que os idiomas sejam um dom de Deus, e não o desenvolvimento gradual de um longo período de tempo. Os evolucionistas opinam que os povos selvagens precisaram de milênios para desenvolver a linguagem. Porém, é muito difícil imaginar que meros selvagens pudessem ter desenvolvido as grandes complexidades dos idiomas antigos, meramente dando nomes aos objetos, para em seguida dar nomes às ações. Na verdade, o que sabemos a respeito do mistério das origens dos idiomas é *zero*.

Quando Abraão entrou na Palestina, ele trouxe consigo um idioma semítico; mas esse não era o mesmo que o hebraico bíblico posterior. Se Abraão e Moisés pudessem ter-se encontrado, só poderiam ter conseguido comunicar-se com imensa dificuldade. Quando Moisés e os filhos de Israel entraram na Palestina, depois de terem passado quatrocentos anos no Egito, trouxeram consigo um idioma semítico, mas esse era muito diferente, em várias coisas, do idioma que, finalmente, foi usado para ser escrito o Antigo Testamento. Todavia, eruditos conservadores têm procurado desenterrar evidências arqueológicas, na tentativa de mostrar que a língua falada por Moisés era essencialmente aquela do Pentateuco bíblico. Porém, estudiosos mais liberais creem que há provas de que o hebraico da Bíblia foi um idioma adotado pelos hebreus. Em outras palavras, Israel adotou o idioma de Canaã, que já se falava ali, antes de eles chegarem à região.

"Estudos comparativos modernos de linguística têm demonstrado que o hebraico faz parte do grupo noroeste de uma família de línguas semíticas. Falado na terra de Canaã, foi adotado pelos hebreus, quando se estabeleceram na região" (AM). Provavelmente, se aceitarmos um meio-termo nessa controvérsia, chegaremos mais perto ainda da verdade dos fatos. Nenhum povo simplesmente abandona a sua própria língua, para adotar outra, embora falada na região para onde aquele povo se mudou. Os hebreus trouxeram consigo um idioma semítico, e encontraram um idioma semito-cananeu; e, gradualmente, amalgamaram os dois. Assim sendo, em um certo sentido, podemos falar sobre a adoção de uma língua, nesse caso, visto que o idioma de Canaã foi uma fonte e uma influência importante. A mistura de dois idiomas parecidos produziu um terceiro, e esse terceiro é justamente o hebraico bíblico.

Uma ilustração mais recente. Tribos germânicas invadiram as ilhas britânicas, no século V d.C. Ali elas encontraram uma língua celta. Elas não adotaram o celta; mas não demorou muito para que o anglo-saxão que essas tribos trouxeram se tornasse no inglês; e isso em um período comparativamente curto. Ora, o inglês é bastante diferente do alemão, embora seja ainda mais distante do celta das primitivas tribos que ali residiam. Por semelhante modo, a língua semítica que o povo de Israel trouxe consigo do Egito misturou-se com o idioma que já era falado na Palestina, do que resultou um idioma distinto. Nos casos em que as pessoas são essencialmente analfabetas, e onde a literatura não é generalizada, as mudanças que ocorrem em um idioma qualquer são muito rápidas.

Seja como for, o fato é que o idioma resultante, o hebraico bíblico, estava bem relacionado aos idiomas da antiga Ugarite, dos fenícios e dos moabitas. Sua versão escrita descendia do semítico do norte, ou escrita fenícia.

Com as únicas exceções dos capítulos dois a sexto de Daniel e dos capítulos quarto a sétimo de Esdras, o Antigo Testamento inteiro foi escrito em hebraico clássico. Naturalmente, podemos encontrar naqueles 39 livros vários níveis de expressão histórica do mesmo idioma. O primeiro capítulo de Gênesis, por exemplo, reflete uma versão antiquíssima do hebraico, mas já no segundo capítulo do mesmo livro temos uma versão bem mais recente da mesma língua. Isso quer dizer que o primeiro capítulo de Gênesis preserva registros escritos bem antigos.

As narrativas do Antigo Testamento, que descrevem os contactos entre os hebreus e outros povos que habitavam em Canaã, demonstram que eles se comunicavam uns com os outros com facilidade. Isso significa que os vários ramos dessa língua deviam estar bem espalhados, e que eram bem relacionados entre si, mais ou menos como no caso do espanhol e do português. (AM DU DV GES GOR ND UN Z)

HEBREUS, EPÍSTOLA AOS

A 14ª. das epístolas do Novo Testamento, segundo o arranjo de nossas Bíblias.

I. Propósito. Pelo seu conteúdo, observa-se que foi endereçada aos judeus que haviam abraçado o cristianismo. A ninguém mais se adaptam os seus argumentos. Eles estavam em risco de voltar ao judaísmo, pelas influências externas e pela oposição social (2.1; 3.12; 4.1,11; 5.12; 6.6; 10.23-25,29). Tinham se convertido recentemente (5.12), pela pregação dos primeiros missionários (2.3). Sofreram grandes perseguições, 10.32-34, e haviam socorrido as necessidades dos santos (6.10; 10.34). Não há referência a cristãos vindos do gentilismo. O perigo para a igreja estava na volta às obras da lei e ao ritualismo judeu. Essas alusões só aos cristãos vindos do judaísmo podiam convir, e a eles, sem dúvida, como a alguns outros judeus do oriente, a que a epístola foi dirigida.

II. Autoria. O seu autor tem sido muito questionado. Mesmo na igreja antiga, as opiniões eram divididas, embora nunca houvesse dúvida quanto à sua canonicidade e inspiração. A primitiva igreja do Oriente a recebeu como sendo do apóstolo Paulo, a despeito de não ter muita semelhança com as outras cartas do mesmo apóstolo, e cujas diferenças pretendiam explicar. Clemente de Alexandria acreditava que Lucas a havia traduzido do original hebraico. Nas igrejas ocidentais, logo no princípio, foi negada a autoria de Paulo. Tertuliano a atribuiu a Barnabé. Na igreja do Ocidente, a sua história continua a ser obscura, até onde chega o nosso conhecimento. Finalmente, a opinião da igreja do Oriente foi aceita: a epístola é anônima. Todavia, o cap. 2.3 parece dizer que o autor não era apóstolo; mas o seu conteúdo diz que, se o autor não tinha sido apóstolo, era pelo menos um dos que receberam o evangelho por meio de outros, o que não se deu com o apóstolo Paulo (cf. Gl 1.11-24). Pelo que se lê no cap. 13.18,19, conclui-se que o escritor conhecia muito bem os seus leitores, mas que infelizmente estava longe deles. No cap. 13.23, há uma referência a Timóteo, insuficiente para provar que o apóstolo Paulo seja o seu autor, nem tampouco a frase "os nossos irmãos da Itália vos saúdam", no cap. 13.24, prova que autor estivesse na Itália. O conteúdo da epístola e o estilo impressionam de modos divergentes. Com certeza, não é tradução do hebraico. A doutrina tem muito em comum com as ideias do apóstolo Paulo, se bem que a verdade é apresentada de maneira um pouco diferente. A linguagem contém grande elemento clássico, e o estilo parece, a muitos críticos, mais doce, mais elegante e menos impetuoso do que o do apóstolo. A falta de endereço de que a epístola se ressente não se encontra em qualquer das epístolas de Paulo. O autor dessa epístola usa em suas citações do Antigo Testamento a tradução grega, ao passo que o apóstolo se mostra mais familiarizado com o texto hebraico. Há, contudo, lugar para opinião distinta sobre o autor. Várias sugestões se têm feito por aqueles que negam ao apóstolo Paulo a autoria da epístola. Lutero pensa que foi escrita por Apolo. Se não é mais provável que tenha sido Barnabé que tem a seu favor alguns testemunhos da antiguidade, e que em Atos dos Apóstolos aparece como mediador entre os judeus cristãos e Paulo; e essa epístola procura equilibrar, na mente do leitor, a doutrina amplamente difundida nas epístolas paulinas.

III. Conteúdo. A análise seguinte mostra o pensamento da epístola: **1.** O autor começa estabelecendo a superioridade do cristianismo a toda a revelação prévia e possível, devida à dignidade de Cristo, superior a todos os órgãos de revelação anterior, cap. 1, fato este que nos vem advertir que não se deve desprezar o evangelho, cap. 2.1,4. A humilhação de Cristo não constituiu dificuldade, pois, por isso mesmo, ele se fez o nosso Salvador e sumo sacerdote, cap. 2. Ele, pois, é superior em dignidade ao próprio Moisés, 3.1-6; as admoestações contra a incredulidade, existentes na velha revelação, feitas a Israel, são aplicáveis contra a incredulidade, a respeito da nova revelação, 3.7 até o cap. 4.13. **2.** Em seguida, a epístola mostra o valor do sacerdócio de Jesus Cristo, 4.14-16, explicando a sua natureza e mostrando o que Cristo fez; e que estava predito o seu ofício sacerdotal, cap. 5; depois, em termos delicados, ainda que enérgicos, os repreende por se haverem subtraído à plena verdade do evangelho, cap. 6, mostrando a superioridade de Cristo como sacerdote, tipificado em Melquisedeque, em confronto com a instrução levítica, ab-rogada com todos os seus rituais, pela excelência do sacerdote da nova dispensação, cap. 7. **3.** A seguir, uma exposição do sacerdócio de Jesus Cristo, cujas funções exerce no céu, que, por serem invisíveis, nem por isso deixam de ser eficientes. Em seu ministério, Jesus realiza os tipos, confirma as promessas e supre as imperfeições do ritual antigo, cap. 8.1 até o cap. 10.18. **4.** A quarta seção que vai do cap. 10.19 até o 12.29, os exorta a viver de conformidade com essas verdades sem desfalecimento na sua fé, e a renovarem a sua confiança em Cristo; a conservarem a sua associação cristã, 10.19-25; descreve o perigo da descrença consequente à apostasia, 10.26-31; os incita a recobrar o seu antigo zelo, 10.32-39; lhes patenteia os exemplos dos heróis da fé, cap. 11, e o próprio Jesus, 12.1-3, ordenando-lhes que considerem as atuais provações como processos divinos, preparatórios a uma gloriosa salvação, 12.4-29. **5.** No capítulo 13, acrescenta algumas exortações especiais.

IV. Conclusão. Essa epístola é a única em que o título de sacerdote é aplicado a Cristo; porém a substância dessa doutrina encontra-se difundida em todos os outros escritos do Novo Testamento; representa o cristianismo como o complemento e o objetivo da velha dispensação; anuncia claramente o caminho da salvação, previamente ensinado pelos tipos e rituais antigos. Fornece, portanto, o argumento mais conclusivo para firmar a fé daqueles hebreus vacilantes. Sem essa epístola, os ensinos do Novo Testamento seriam incompletos. Parece que foi escrita na Itália e fora da cidade de Roma, o que se infere do capítulo 13.24; era conhecida por Clemente de Roma no ano 96, e provavelmente foi escrita entre 65 e 68, quando ainda o templo de Jerusalém estava em pé, 13.10-14.

HEBREUS (POVO)

Os eruditos têm proposto várias derivações para a palavra "hebreu", embora não tenham conseguido chegar a uma solução unânime a respeito: **1.** Os eruditos mais antigos, seguidos por alguns dos tempos modernos, supunham que a palavra vem de *Éber*, neto de Sem e antepassado de Abraão (Gn 10.24; 11.16). Essa palavra significa "oposto", "d'além", "do outro lado". Héber deriva-se desse nome, igualmente. **2.** Outros estudiosos, observando o sentido básico de *Éber*, supõem que *hebreus* refere-se a povos que vieram "do outro lado", isto é, de algum grande rio como o Tigre ou o Eufrates. Nesse caso, Abraão seria alguém que "atravessou" para o outro lado, que emigrou de sua terra, a fim de residir em uma nova terra. **3.** Ainda elaborando o sentido de "do outro lado" da palavra *Éber*, alguns estudiosos veem uma referência aos antigos hebreus como um povo nômade, que "atravessou" terras em suas peregrinações. **4.** Desde a descoberta dos tabletes de Tell el-Amarna (vide), os hebreus da Bíblia têm sido ligados aos povos chamados *habiru*, presumivelmente de raça semita, um dos ramos dos quais, finalmente chegou à Palestina. Isso tem sido aceito por muitos estudiosos, posto que alguns deles pensem que *habiru* não seja um nome com conotações raciais. **5.** Alguns pensam que a palavra *habiru* descreve uma posição jurídica social, e não um povo. As referências descobertas pela arqueologia, em acádico, têm trazido à luz o fato de que essa palavra pode ser entendida como "mercenários". Os trechos (de Êx 21.2 *ss*.; 1Sm 14.21 e Jr 34.9-11,14) poderiam conter a palavra a fim de descrever a posição legal de servidão ou *escravidão*, em contraste com a situação de pessoas livres. Nesse caso, o trecho de Jeremias 34.14 envolveria o sentido de "o escravo, teu irmão". Alguns pensam que a palavra indica a ideia de "nomadismo", nada tendo ver com alguma identificação racial.

Os eruditos, pois, continuam debatendo, embora pareça haver uma significativa simpatia para a quarta dessas posições, visto que os israelitas realmente eram peregrinos, provenientes de vários territórios, de onde "atravessaram" para a Terra Prometida. Em outras palavras, os hebreus eram peregrinos. Esse significado tem um dedicado sentido metafórico. Os hebreus tipificariam a própria raça humana, que se encontra em uma peregrinação nesta terra de lágrimas, visto que o lar da alma humana não é neste mundo. O trecho de Hebreus 11.13 refere-se à natureza peregrina de Abraão e dos primeiros patriarcas, quando diz: *Todos estes morreram na fé, sem ter obtido as promessas, vendo-as, porém, de longe, e saudando-as, e confessando que eram estrangeiros e peregrinos sobre a terra.*

E 1Pedro 2.11 aplica essa mesma metáfora aos crentes, ao escrever: *Amados, exorto-vos, como peregrinos e forasteiros que sois, a vos absterdes das paixões carnais que fazem guerra contra a alma.*

Seja como for, os hebreus eram um ramo arameu (de Arã, no sudoeste da Ásia; vide) dos semitas, que desceu para a Palestina, tornando-se o povo de Israel. O termo *judeu* (*yehudim*, proveniente do estado de Judá) não começou a ser usado senão já no tempo do cativeiro babilônico. Contudo, as origens do hebreus permanecem na obscuridade. Alguns estudiosos supõem que seus antepassados eram nômades do deserto da Arábia, até à primeira porção do segundo milênio a.C., e que, dali, conforme continua essa suposição, eles migraram em massa para o crescente fértil. Um dos clãs, que incluiria a família de Abraão, veio a habitar em Ur dos caldeus. Finalmente, dali eles desceram para a Palestina. Gerações posteriores desceram ao Egito, conforme o Antigo Testamento afirma, ao relatar-nos a história de José. Após algumas centenas de anos, ainda como uma identidade racial, conduzidos por Moisés, eles voltaram à Palestina e reconquistaram aquele território. Após a queda de Jerusalém, já no ano 70 d.C., o povo *judeu* veio a ser um termo genérico para indicar os *hebreus*. Foi assim, finalmente, que "judeus" e "israelitas" tornaram-se sinônimos.

Artigos a serem consultados, acerca dos hebreus: **1**. Hebraico. **2**. Hebreus. **3**. Hebreus, Literatura dos. **4**. Antigo Testamento. **5**. A Ética do Antigo Testamento. **6**. *Israel, História de*. **7**. Israel, Religião de. **8**. A Filosofia Judaica

HEBREUS, HISTÓRIA DOS. Ver sobre *Israel, História de*.

HEBREUS, LITERATURA DOS

Desde a antiguidade, Israel tem sido uma nação que se distingue por sua literatura. Suas duas grandes contribuições à humanidade têm sido a sua religião e a sua literatura. Todavia, nos campos da ciência e da filosofia, não devemos pesquisar entre os hebreus. O idioma hebraico e suas aplicações literárias têm tido uma longa e mui complexa história.

I. O Antigo Testamento. O Antigo Testamento é uma coletânea de livros que preserva cerca de mil anos de atividade literária em Israel (de 1200 a 200 a.C.). As referências, dentro do próprio Antigo Testamento, mostram-nos que houve muitos outros livros produzidos pelos hebreus, mas que não foram incluídos, finalmente, no cânon do Antigo Testamento. A Bíblia hebraica está dividida em três seções principais, a saber: **1**. Os livros de Moisés, o Pentateuco; **2**. Os Profetas; **3**. As Hagiógrafas, ou Escritos Santos.

O Pentateuco começa com a narrativa da criação; narra a história da queda do homem, o surgimento de Abraão, o nascimento de uma nova nação, Israel, a servidão sofrida no Egito; a outorga da lei mosaica, após a saída do Egito; e a conquista da Terra de Canaã (Palestina).

Os Profetas estão divididos em *profetas anteriores*: Josué, Juízes, 1 e 2Samuel, 1 e 2Reis; e em *profetas posteriores*: Isaías, Jeremias, Ezequiel e os doze, ou seja, os profetas chamados "menores", porque seus livros eram menos volumosos que os daqueles três primeiros, e não porque estes livros fossem menos importantes ou seus autores fossem inferiores, conforme alguns têm pensado.

As Hagiógrafas, ou Escritos Santos, incluem: Salmos, Provérbios, Jó, Cantares, Lamentações, Eclesiastes, Ester, Daniel, Esdras, Neemias e 1 e 2Crônicas.

Na Bíblia há uma grande variedade de estilos literários, incluindo obras de cunho devocional histórico, profético, poético e filosófico. Oferecemos um artigo separado sobre o *Antigo Testamento*, onde fornecemos uma detalhada descrição sobre esses estilos literários diversos.

II. Literatura Pós-Antigo Testamento. As obras chamadas "apócrifas" são intituladas "deutero-canônicas" pela igreja Católica Romana, desde que o concílio de Trento (vide) declarou-se em favor da canonicidade das mesmas. Os protestantes e evangélicos, porém, preferem reter o termo *apócrifos* para indicar aqueles livros que nunca foram incluídos no cânon do Antigo Testamento pelos judeus. Entretanto, a igreja da Inglaterra assume uma espécie de posição intermediária entre esses dois extremos, quanto a esses livros, dando-lhes mais atenção e usando-os mais do que fazem outros grupos protestantes, embora não lhes dando idêntica posição de livros inspirados, juntamente com os livros que, verdadeiramente, fazem parte do cânon veterotestamentário. Ver o artigo separado sobre os *Livros Apócrifos*.

As obras intituladas "pseudepígrafes" formam uma outra atividade literária do antigo povo judeu, no período que fica entre o Antigo e o Novo Testamentos. Esses livros são essencialmente desconhecidos pelos evangélicos de hoje, excetuando o caso dos eruditos, porém, é preciso admitir que neles há muita coisa que influenciou ideias constantes no Novo Testamento. Quanto a isso, ver especialmente os artigos sobre 1 e 2Enoque. Ver também o artigo separado sobre as *Pseudepígrafes*.

III. Escritos Interpretativos. O Antigo Testamento veio a ser encarado como literatura sagrada, tendo havido um selecionamento de livros, no decurso de vários séculos, para determinar o cânon dessa literatura sacra, isto é, quais livros deveriam ser inclusos na coletânea. Ver o artigo sobre o *Cânon*. Antes mesmo de esse processo completar-se, surgiu a necessidade de interpretar os escritos sagrados. A interpretação, quando assume o aspecto de autoridade, torna-se um meio de proteger os Livros Sagrados. Quase todos os hebreus perceberam a necessidade disso, apesar dos inevitáveis abusos. Entretanto, no judaísmo, periodicamente, surgiram movimentos "de volta às Escrituras", que deploravam os comentários e as teologias forçados. O clamor que diz "as Escrituras somente" não foi uma característica exclusiva do período da Reforma Protestante.

Esse lema parece conter uma verdade de que precisamos; mas, sob investigação, topa com dois problemas principais: **1**. Se não houver uma interpretação eclesiástica que sirva de padrão, para testar as ideias e determinar os significados, inevitavelmente surgem interpretações particulares e denominacionais, que se tornam autoritárias para indivíduos ou grupos. Pergunto: A interpretação de indivíduos ou de denominações será, realmente, melhor que a dos concílios? Visto que as Escrituras, através da interpretação, podem ser distorcidas para terem muitos sentidos, às vezes até no tocante a doutrinas capitais, naturalmente surgiu toda essa plêiade de denominações e seitas. **2**. Isso significa, como é óbvio, que a ausência de alguma autoridade central resulta em fragmentação, conforme se vê no número interminável de grupos protestantes e evangélicos. Assim, apesar de indivíduos e grupos clamarem em altas vozes: "As Escrituras, somente" essa declaração contém (ocultamente!) a ideia de como eu ou a minha denominação interpreta as Escrituras. O abuso que se faz, do outro lado da cerca, é que há o absurdo de concílios que, supostamente, não podem incorrer em erro, o que não passa de um dogma, nada tendo a ver com a verdade dos fatos.

Muitos teólogos também proclamam ousadamente que a interpretação não é o único problema envolvido, visto que as próprias Escrituras não estão inteiramente isentas de erro. Sempre será a tendência da mente religiosa (em contraste com a mentalidade científica) inventar o mito da inerrância. Isso sucede para efeito de conforto mental. Deveríamos salientar que essa doutrina é uma tradição ou um dogma, e não um ensino das próprias Escrituras. Na realidade, todos os cristãos já anularam esse ensino, quer tenham consciência disso, quer não. Pois todos os cristãos aceitam a natureza geralmente inferior da revelação veterotestamentária, em comparação com a revelação neotestamentária. E, como é lógico, aquilo que é inferior está em erro, mesmo que seja por insuficiência de informação.

Os hebreus estavam errados, quando supunham que sua revelação bíblica era perfeita e final. O sistema sacrificial deles era uma forma religiosa primitiva, que já foi ultrapassada há muito. Suas ideias de justificação pelas obras foram deixadas para trás pelo apóstolo Paulo. A visão de Deus, no Novo Testamento, é superior àquela retratada em grande parte do Antigo Testamento. A doutrina da imortalidade da alma não emergiu claramente no Antigo Testamento, apesar de ser uma das principais preocupações da humanidade inteira. E, por que haveríamos de pensar que o próprio Novo Testamento seja homogêneo? Paulo nos mostrou que não é assim. Cada vez que ele falou sobre um — *mistério* — introduziu um avanço que deixou obsoletas as ideias anteriores, mesmo quando essas ideias já estavam contidas em outros livros do Novo Testamento. A verdade é progressiva; a revelação é progressiva, a iluminação espiritual é progressiva. As tradições, porém, deixam tudo isso estagnado; e há muito que é apenas tradicional, tanto nos círculos protestantes quanto nos círculos católicos romanos. Tudo isso, pois, mostra a necessidade de interpretação, e até mesmo da revisão da interpretação. Consideremos os pontos abaixo:

1. A Halakah e a Haggadah. O Antigo Testamento foi sujeitado a um exame meticuloso até o fanatismo. Isso criou dois corpos de conhecimento. O primeiro chama-se *Halakah*, ou "curso". Essa foi a atividade que desenvolveu credos e regras de ação: o que se deve e o que não se deve fazer. O segundo desses corpos de conhecimento, a *Haggadah*, que significa "narrativa", incorpora muitos ensinamentos, da mais diversa natureza, derivados das narrativas bíblicas, das orações, dos provérbios e de todos os escritos que não eram usados especificamente para formar a *Halakah*. Uma clara linha demarcatória foi traçada entre as Escrituras, propriamente ditas, e essa atividade interpretativa. Havia desacordos quanto a muitas questões, a despeito do que, foi crescendo um corpo de interpretações autoritárias.

2. A Mishnah. Esse é o nome da redução, à forma escrita, da atividade interpretativa que acabamos de descrever. O rabino Akiba foi o responsável pela redução original a esse respeito. Seus discípulos, especialmente o patriarca, o príncipe rabino Judá (também conhecido por Judá ha-Nasi), continuaram e consolidaram os esforços de Akiba. Essa atividade ocorreu entre 135 e 220 d.C., mas muitas coisas ali contidas tinham raízes antigas, tanto nas tradições escritas quanto nas tradições orais. Ver o artigo separado sobre a *Mishnah*.

3. O Talmude, a Mishnah e a Gemara. Historicamente falando, a literatura talmúdica desenvolveu-se em duas camadas. A primeira delas, e também a mais antiga, era a *Mishnah*. A segunda era a *Gemara*. Esta segunda camada de interpretações e ensinamentos desenvolveu-se depois da *Mishnah*. A palavra *Gemara* significa "ensino", embora alguns pensem que significa "completar". Há um artigo separado sobre a *Gemara*, neste *Dicionário*. Trata-se, essencialmente, de um comentário sobre a Mishnah. Está alicerçada essa obra sobre as discussões acadêmicas dos estudiosos judeus da Palestina e da Babilônia. A matéria ali constante foi desenvolvida principalmente por duas escolas, a saber: *a*. a escola palestina, essencialmente o trabalho feito pelos tiberianos, nos séculos III e IV d.C.; *b*. a escola babilônica, um trabalho efetuado em Sura, Neardea, Siporis e Pumbedita, desde o século III até os fins do século V d.C. Ver o artigo separado sobre o *Talmude*.

4. A Midrash. A base desse vocábulo é a palavra hebraica *dorash*, que significa "sondagem". De modo geral, a palavra significa "explicação". Essa atividade produziu tratados exegéticos sobre o Antigo Testamento, desde o século IV até o século XII d.C., os quais ficaram fazendo parte específica da *Haggadah*. Ver o artigo separado sobre a *Midrash*. Além de comentários, anotações e iluminações gerais do Antigo Testamento, também há homilias (sermões), sobre versículos ou passagens do Antigo Testamento. Essa literatura foi bastante extensa, e parte da mesma chegou até os nossos dias.

IV. A Literatura Medieval dos Hebreus. Na Idade Média, a literatura dos hebreus foi mais diversificada do que nas épocas anteriores da história deles. Continuaram a ser produzidos comentários bíblicos, embora também houvesse obras sobre gramática, lexicografia, exegese, poesia, filosofia e ciências. Parte dessa literatura foi escrita em árabe e em grego. Durante a Idade Média, surgiram novos comentários sobre a Bíblia, entre os judeus. De fato, esse trabalho prossegue entre eles até os nossos dias. Para citar exemplos dessa atividade, encontramos o comentário da maior parte do Antigo Testamento e sobre o Talmude, por Solomon ben Isaac (Rashi), um judeu francês do século XI. Entre os séculos XII e XIV d.C., várias figuras de menor importância trabalharam sobre os escritos de Rashi, fazendo adições e modificações. No norte da África e na Espanha, sob *Migash*, mas, principalmente, sob Moses ben Maimon (1135-1204 d.C.), continuaram sendo preparados comentários sobre o Antigo Testamento e sobre o Talmude. Maimonides ou Maimon, além dessa obra de comentário, produziu uma completa codificação das leis judaicas. Jacó ben Asher foi um famoso estudioso do século XIII d.C. Ele compilou o *Turim*, um código legal em quatro volumes, que abordava todos os aspectos da vida judaica. No século XVI apareceu a obra de José Caro, *Shulhan Arukh* (A Mesa Posta). Essa obra tornou-se uma espécie de código padronizado das leis e tradições do povo judeu.

A Influência Grega. Quando viviam debaixo da dominação islâmica, visto que os árabes eram fortemente influenciados pelas ideias gregas, especialmente as de Aristóteles, os próprios judeus, a partir do século X d.C., foram impelidos a tentar coisas novas. Disso resultaram tratados científicos, sobre medicina, matemática e filosofia. Quase todas essas obras foram escritas em árabe, com alguma mistura com caracteres hebraicos. O *humanismo* também tornou-se um dos temas explorados pelos judeus. Gramáticas, dicionários e obras teológicas em hebraico vieram à tona. O racionalismo tornou-se um dos instrumentos interpretativos favoritos, mediante o que as visões dos profetas foram interpretadas como visões em estado desperto. Aos milagres também foi dada uma interpretação racionalista.

A Filosofia. Temos um artigo separado, intitulado a *Filosofia Judaica*, que oferece um estudo geral, incluindo a parte histórica dessa atividade, entre os judeus.

V. A CABALA: O PODER DO MISTICISMO. Começando desde o século II a.C., houve um forte elemento místico no seio do judaísmo. Isso atingiu sua expressão mais madura na Cabala. Damos um artigo separado sobre esse assunto. O texto fundamental dessa atividade foi o de Zohar, que escreveu em um aramaico mais ou menos artificial, em cerca de 1280 d.C. A Cabala tornou-se uma espécie de sistema teosófico (ver sobre a *Teosofia*) para tentar explicar Deus, o homem e o universo. O movimento produziu um enorme acúmulo de literatura, que foi sendo produzido por vários séculos. Até hoje, muitos milhões de pessoas perpetuam esse movimento, em vários lugares do mundo.

VI. A RENASCENÇA E A REFORMA PROTESTANTE. A Renascença, nos finais do século XV, reaviva o interesse pelos clássicos, o que influenciou os escritores judeus a retornarem à Bíblia, escrevendo novamente comentários bíblicos. Pico della Mirandola colecionou manuscritos em hebraico. Johannes von Reuchlin compilou uma gramática moderna, para o estudo do hebraico. Esse hebraísta alemão promoveu o estudo do Antigo Testamento, dos Targuns e da história e das tradições judaicas. Moses Hayyim Luzzatto (1707—1747) foi um místico, poeta e dramaturgo judeu, o qual participou da renascença italiana.

O período da Reforma Protestante amorteceu os estudos judaicos específicos. Muitos judeus tornaram-se ricos, nesse tempo, e interessavam-se mais em explorar a ideia de como viver bem entre os gentios. Porém, a *Haskalah*, um período de iluminação, abrilhantou um tanto esse quadro. Entre aqueles que promoveram o movimento, destaca-se Moses Mendelssohn (1729—1786). Apareceram livros e periódicos, promovendo a causa. Obras sobre ciência ética e muitos outros assuntos formavam a base de uma nova literatura dos hebreus. Naphtali Wessely escreveu uma obra épica sobre Moisés e o êxodo. Menahem Lefin traduziu para o hebraico, tipo Mishnah, a obra de Maimonides, *Guia para os Perplexos*. Isaac Erter escreveu peças satíricas contra uma ortodoxia estagnada. Solomon Rapoort foi um importante estudioso da história. Nachman Krochmal foi um filósofo da história judaica.

Na Rússia, no século XIX, os judeus produziram uma importante literatura, do ponto de vista do movimento da Haskalah. O poeta Abraham Lebensohn foi um escritor prolífico. Seu filho, Micah Joseph, também foi um poeta muito dotado. Abraham Mapu produziu uma novela em hebraico. Peretz Smolenskin escreveu diversas novelas nesse idioma.

VII. O DESPERTAMENTO DO NACIONALISMO. Os judeus, durante muitos séculos espalhados entre as culturas gentílicas, começaram a voltar seus pensamentos para Israel. Os fins da década de 1880 podem ser considerados como um tempo quando essas ideias andaram no auge. Para exemplificar, Hayim Nachman Bialik expressou o seu amor pela humanidade, mas também exibiu seu grande apego às antigas tradições judaicas. Seus poemas impeliram os judeus da Rússia à autodefesa, bem como a uma renovada atitude judaica. Saul Tschernikhoviski exortava os judeus a voltarem aos antigos valores de sua herança cultural. Davi Shimoni identificava-se com aqueles que tinham começado a falar sobre uma Nova Palestina. Ensaios em prosa também refletiam um renovado interesse por Israel e pelas coisas judaicas.

VIII. DESDE A PRIMEIRA GUERRA MUNDIAL PARA CÁ. O desastre econômico e civil imperou na Europa depois da Primeira Grande Guerra (1914-1918). A reconstrução de uma pátria judaica na Palestina tornou-se uma das principais preocupações para muitos judeus. Muitos judeus imigraram para a Palestina, entre eles, muitos autores que haviam produzido grande variedade de obras literárias. Entre os importantes poetas da época destaca-se Isaac Lamdan, cujo poema épico, *Massada*, inspirou nos judeus um antigo nacionalismo e heroísmo. Desse modo, o sionismo (vide) ia ganhando terreno. Novelistas promoviam o tema. Até recentemente, tal tipo de literatura era produzido por homens nascidos na Europa, que haviam migrado para Israel e que escreviam para os judeus que viviam pelo mundo inteiro. Em 1966, S.Y. Agnon obteve o prêmio Nobel de literatura. Ele foi o primeiro judeu a conquistar essa honraria. Havia migrado para Israel em 1910. Autores como Mosheh Smilansky e Hayyim Hazaz pintaram a vida em Israel.

Desde a Segunda Guerra Mundial, a literatura assumiu as formas mais diversas possíveis. Considerando as minúsculas dimensões do moderno estado de Israel, e sua pequena população (atualmente, 7,8 milhões, segundo a Embaixada de Israel no Brasil.), naquele país tem aparecido uma literatura pujante. Em 1960, foram publicados mil trezentos e setenta e um títulos naquele país. Três quartas partes eram escritos originais, e uma quarta parte consistia em traduções de outras línguas para o hebraico. A taxa de produção literária, em comparação com o número de habitantes de Israel, permanece uma das mais elevadas do mundo. (AM E WAX)

HEBREUS, RELIGIÃO DOS. Ver sobre *Israel, Religião de*.

HEBROM

I. O NOME. Esse nome, no hebraico, significa "comunidade", "confederação", "aliança". O nome mais antigo do lugar era Quiriate-Arba, "tetrápolis". O nome árabe da localidade é *El Khalil*, "amigo de Deus". Não se sabe dizer que aliança fez o lugar reunir quatro cidades (e nem quais quatro cidades foram envolvidas). Porém, deduz-se pela história, que usualmente essas alianças tinham natureza militar.

II. LOCALIZAÇÃO E GEOGRAFIA. Essa cidade ficava situada no sul da Palestina, no território de Judá, cerca de vinte e nove quilômetros ao sul de Jerusalém, a 31°, 32', 30" de latitude norte, e a 35°, 8' e 20" de longitude leste. É a cidade da Palestina que está em maior altitude, isto é, a 972 m acima do nível do mar Mediterrâneo. Está situada entre duas serras montanhosas, com um vale entre as duas serras. Em 1966, sua população era de quarenta mil habitantes. Muitas fontes e poços podem ser encontrados na área em geral.

III. ESBOÇO DA HISTÓRIA E DAS DESCOBERTAS ARQUEOLÓGICAS. Hebrom é mencionada por cerca de cinquenta vezes no Antigo Testamento. Por cinco dessas vezes, ela é mencionada por seu antigo nome, Quiriate-Arba (Tetrápolis). Sabemos que ela foi construída ou reconstruída sete anos antes de Zoã (no grego, Tânis), no Egito (Nm 13.22), o que ocorreu em cerca de 1728 a.C., durante o período dos hicsos. Porém, há evidências arqueológicas de ocupação humana desde 3300 a.C. Desde então, vem sendo ocupada continuamente. Escavações feitas ali, entre 1964 e 1966, têm revelado que a história de Hebrom é deveras antiga. Uma muralha com cerca de nove metros de espessura foi desenterrada, pertencente ao Período do Bronze Médio II. Muitas outras porções de edificações foram encontradas, na mesma ocasião. Há evidências de ocupação humana no período calcolítico (cerca de 3000 a.C.), e também no Período do Bronze Primitivo I. Foi desenterrada uma casa do período da monarquia hebreia (séculos XI e X a.C.). Também encontraram-se indícios das invasões de Senaqueribe e da destruição do lugar pelas tropas de Nabucodonosor. A arqueologia também tem confirmado sinais do período helenista, com a descoberta de fornos e de peças de cerâmica daquela época. Um sistema de armazenamento de água também data desse período. Também foi encontrado um extenso cemitério, onde havia muitos artefatos. Nessa mesma área, foi desenterrado um palácio residencial islâmico, e, por baixo de seu pátio, havia restos de ocupação do tempo dos romanos. Naturalmente, os arqueólogos têm encontrado ali todos os períodos da ocupação islâmica, até os nossos próprios dias.

Informes Bíblicos. A princípio, Hebrom era chamada Quiriate-Arba (Tetrápolis) (Gn 23.2; Js 14.15; 15.13); e também *Manre*, nome derivado de um nome amorreu semelhante (Gn 13.18). Também sabemos que ali habitavam cananeus e anaquins (Gn 23.2; Js 14.15; 15.13). Nos tempos de Abraão (Gn 13.18), de Isaque e de Jacó (Gn 35.27), eles passaram algum tempo em Hebrom. Nos dias de Abraão, os residentes eram os filhos de Hete (ou hititas). Foi deles que Abraão comprou o campo de Macpela, com sua caverna, que passou a ser usada como sepulcro da família (Gn 23). Foi ali que Sara, Abraão, Isaque, Rebeca, Jacó e Lia foram sepultados (Gn 49.31; 50.13). Josefo afirma (*Anti*. 2.8,2) que os filhos de Jacó, com a exceção de José, também foram sepultados ali. O local tradicional desse cemitério jaz dentro da Haram el-Halil, "Cerca do Amigo", que é uma referência a Abraão como "o amigo de Deus" (Is 41.8).

Quando o povo de Israel estava prestes a entrar na Terra Prometida, doze espias foram enviados ali, para obter informações. Eles exploraram a região de Hebrom, tendo descoberto que, na ocasião, ela era povoada pelos filhos de Anaque, ou anaquins (Nm 13.22,28,33). Os israelitas, encabeçados por Josué, invadiram aquela área. Embora tivessem enfrentado uma coligação de várias tribos, que se aliaram para enfrentá-los, os israelitas conquistaram a cidade. A região foi entregue a Calebe, que expulsou os anaquins de seus territórios (Js 10.36, 37; 14.6-15; 15.13,14; Jz 1.20). Tornou-se, então, uma das cidades de refúgio, tendo sido alocada aos sacerdotes e levitas (Js 20.7; 21.11,13). Quando Davi tornou-se rei de Judá, fez de Hebrom sua primeira capital e residência real. E ali ele reinou pelo espaço de sete anos e meio, período em que nasceram quase todos os seus filhos. Também foi ungido rei de Israel em Hebrom (1Sm 2.1-4,11; 1Rs 2.11; 2Sm 5.1,3). Foi depois disso que Davi transferiu sua capital para Jerusalém. Talvez essa mudança e a consequente perda de prestígio tenha sido um fator que levou os habitantes de Hebrom a apoiarem Absalão em sua revolta contra seu pai, Davi (2Rs 15.9,10).

Hebrom, bem mais tarde, foi fortificada por Reoboão (2Cr 11.10). Após o cativeiro babilônico, tornou a ser ocupada (Ne 11.25, onde Quiriate-Arba aponta para Hebrom). Posteriormente, os idumeus apossaram-se da área, mas Judas Macabeus tomou deles a cidade (1Macabeus 5.65). Durante a revolta dos judeus contra os romanos (66—70 d.C.), a cidade foi ocupada por Simão bar-Giora; mas, finalmente, foi atacada e incendiada pelos romanos (Josefo, Guerras 4.9,7,9). Josefo também informa-nos que, em seus dias, os túmulos dos patriarcas continuavam conhecidos. Eusébio e Jerônimo mencionaram Hebrom em seus escritos, referindo-se a essa cidade como o lugar dos sepulcros dos patriarcas hebreus.

Dominação Islâmica. Saladino capturou Jerusalém em 1187 d.C., quando Hebrom também caiu em seu poder. Então a cidade de Hebrom teve seu nome alterado, pelos islamitas, para El-Khalil, "o amigo de Deus". Além de ser considerado um local sagrado, por ser o local tradicional de sepultamento dos patriarcas, as tradições árabes dizem que Maomé passou por ali em sua viagem noturna para o céu. Em 1168 d.C. Hebrom tornou-se a sede de um bispado cristão; mas, posteriormente, voltou ao controle dos árabes.

IV. A MODERNA HEBROM. A principal porção residencial da cidade moderna fica nos sopés das colinas que correm na direção leste e norte, com uma expansão na direção da serra para sudoeste, e até às fraldas do nordeste, do Gebel er-Rumeida, que é o local do cômoro da antiga cidade de Hebrom. A cidade estende-se para as extremidades norte e ocidental do vale, para ambos os lados de uma ampla avenida, que faz parte da estrada que conduzia a Jerusalém. Esse vale continua até à extremidade inferior do *wadi* Tuffa, o vale das Maçãs. Na área há muitas fontes e mananciais. A agricultura da região produz maçãs, ameixas, figos, romãs, abricós, castanhas de várias espécies, melões e muitos legumes. Seu principal marco territorial é o *Haram el-Kahalil*, o local identificado como o sepulcro do patriarca Abraão, a antiga caverna de Macpela, e o *Deir el-Arba'in*, o local tradicional do sepultamento de Rute e de Jessé. Os estudiosos parecem concordar que essas identificações são autênticas. Somente com grandes dificuldades, quaisquer cristãos são admitidos naquelas áreas, consideradas sagradas.

HEBROM (PESSOAS)

Há dois homens com esse nome, nas páginas do Antigo Testamento, a saber: **1**. O terceiro filho de Maressa, o qual, ao que tudo indica, foi avô de Calebe, descendente de Judá (1Cr 2.42,43). Ele viveu por volta de 1400 a.C. **2**. O terceiro filho de Coate, neto de Levi, e irmão mais novo de Anrão, que foi o pai de Moisés e de Aarão (Êx 6.18; Nm 3.19; 1Cr 6.2,18; 23.12,19). Seus descendentes são chamados hebronitas, em Números 3.27, e em outras referências bíblicas. Ele viveu por volta de 1600 a.C.

HÉFER

No hebraico, **"poço"** ou **"fonte"**. Esse era o nome de três personagens, referidos no Antigo Testamento, e também de uma cidade, a saber: **1**. O filho caçula de Gileade (Nm 26.32), e cabeça de um clã que ficou conhecido pelo seu nome. Ele viveu por volta de 1618 a.C. Ver também Josué 17.2,3. Esse clã pertencia à tribo de Manassés. **2**. Um filho de Naará, que era uma das esposas de Assur (1Cr 4.6). Ele viveu por volta de 1612 a.C. **3**. Um dos trinta poderosos guerreiros de Davi (1Cr 11.36). Ali ele é cognominado de mequeratita. **4**. Uma cidade de Canaã, que foi conquistada por Josué (Js 12.17). O local moderno da cidade é desconhecido.

Além disso, em 1Reis 4.10, há menção à "terra de Héfer", que ali aparece como o terceiro distrito administrativo, criado por Salomão. Ben-Hesede (vide) é que estava encarregado desse distrito. O local ainda não foi identificado pelos estudiosos modernos.

HEFZIBÁ

No hebraico, **"meu deleite está nela"**. Nas páginas do Novo Testamento, esse nome é aplicado tanto a uma rainha quanto à cidade de Jerusalém, como um futuro nome que lhe será dado, a saber: **1**. A esposa do rei Ezequias e mãe do rei Manassés (2Rs 21.1). Ela viveu por volta de 690 a.C. **2**. Um nome que, segundo a profecia de Isaías (62.4), finalmente será aplicado à cidade de Jerusalém.

HEGAI

No hebraico, **"eunuco"**. Esse era o nome de um dos camareiros de Assuero (ou Xerxes). Ele cuidava das mulheres do harém real (Et 2.8,15). Viveu por volta de 479 a.C. Recebeu a tarefa de ajudar na escolha de uma nova rainha da Pérsia, em substituição a Vasti. Sabe-se que entre as virgens disponíveis, Ester foi a escolhida.

HEGLAM. Ver sobre *Gera*.

HELÁ
No hebraico, **"ferrugem"**. Esse era o nome de uma das esposas de Assur, antepassado dos homens de Tecoa (1Cr 4.5). Eles pertenciam à tribo de Judá. Ela viveu por volta de 1612 a.C.

HELÃ
No hebraico, **"abundância"**. Esse era o nome de uma localidade onde Davi obteve uma notável vitória militar sobre os sírios. Ele tomou muitos despojos, incluindo cavalos e carros de combate (2Sm 10.16,17). Aparentemente, o local não ficava muito longe do rio Eufrates. O trecho de Ezequiel 47.16, na Septuaginta, parece situar o local ao norte de Damasco, para quem vai para Hamate. Alguns estudiosos, porém, identificam-no com a moderna *'Alma* (antiga Alema), mencionada em 1Macabeus 5.26. Os textos de execração egípcios (de cerca de 1850 a.C.) dizem que o local ficava ao sul de Damasco, em Hurã (vide), o que concorda com sua identificação com a moderna *'Alma*.

HELBA
Esse lugar também era conhecido como Quelba. O significado dessa palavra é *gordura*, provavelmente uma referência à grande fertilidade da região em redor. Esse era o nome de uma das cidades do território de Aser (Jz 1.31). Os israelitas não obtiveram êxito na tentativa de expulsar dali os cananeus. Alguns estudiosos identificam essa cidade ou com Alabe (Jz 1.31; vide), ou com Helbade (não mencionada na Bíblia), em *Khirbet el-Mahalib*, a oito quilômetros ao norte de Tiro, já nas costas mediterrâneas.

HELBOM
No hebraico, **"gorda"**. Esse nome acha-se somente em Ezequiel 27.18, onde é mencionado o vinho produzido nesse lugar, dentre os vários produtos trazidos para venda no mercado de Tiro. Tem sido identificada com a Halbun que fica cerca de vinte e um quilômetros ao norte de Damasco. Fica situada em um estreito vale entre escarpas nuas e muito íngremes. Essa área é famosa por seus vinhos, desde a antiguidade. Estrabão (15.735) nos informa que era um vinho muito procurado pelos assírios, babilônios e persas.

HELCAI
No hebraico, **"nomeado"**, **"apontado"**. Esse era o nome de um sacerdote dos dias de Jeoaquim, o sumo sacerdote (Ne 12.15). Helcai viveu por volta de 556 a.C. Esse nome deve ser entendido como forma abreviada de Helquias, que significa "Yahweh é a minha porção". Ele era cabeça da casa sacerdotal de Meraiote. Retornou a Jerusalém, em companhia de Zorobabel, terminado o cativeiro babilônico.

HELCATE
No hebraico, **"suavidade"**, **"liso"**. Nome de uma cidade existente nas fronteiras da tribo de Aser (Js 19.25). Foi dada como parte das possessões dos levitas gersonitas (Js 21.31), sendo uma das quatro cidades que couberam a essa tribo (ver 1Cr 6.75, onde uma forma variante desse nome é Hucoque). Alguns eruditos têm identificado o antigo lugar com a moderna *Khirbet el-Harbaj*, que fica cerca de vinte e um quilômetros ao sul de Aco e cerca de quarenta e cinco quilômetros a oeste do extremo sul do mar da Galileia.

HELCATE-AZURIM (CAMPO DAS ESPADAS)
No hebraico, **"campo dos fios da espada"**. Outros estudiosos preferem a tradução simples de "campos dos fios". Nossa tradução portuguesa prefere "Campo das Espadas". Talvez haja uma alusão a formações rochosas muito agrestes. Está em foco uma região perto do poço de Gibeom (ver 2Sm 2.16). O mais provável é que esse nome foi dado com base na circunstância de um duelo sangrento, que teria tido lugar ali. Naquele lugar, doze homens de Joabe combateram contra doze homens das forças de Abner, até à morte. A Septuaginta traduz esse nome como *campo das emboscadas*, como se houvesse derivação do verbo hebraico *emboscar*, em vez do termo hebraico que significa "pederneira" ou "fio de espada".

HELDAI (HELEDE)
No hebraico, "mundanismo". Nome de duas pessoas, mencionadas no Antigo Testamento: **1**. Um netofatita, descendente de Otniel, encarregado de um dos turnos sacerdotais, que operavam no templo de Jerusalém (1Cr 17.15). Viveu por volta de 1014 a.C. Foi um dos famosos trinta guerreiros de Davi, tendo sido nomeado capitão de vinte e quatro mil homens. Servia no décimo segundo mês. Muitos estudiosos pensam que o Helede de 1Crônicas 11.30 seria o mesmo homem. Mas o Helebe de 2Samuel 23.29, provavelmente, é um erro de transcrição. **2**. Nome de um homem que fez parte de um grupo de judeus, que trouxe ouro e prata da Babilônia, a fim de ajudar aos exilados que haviam retornado do cativeiro babilônico (vide), juntamente com Zorobabel (Zc 6.10). Com essas doações, foi feita uma coroa para o sumo sacerdote chamado Josué (Zc 6.10,14). Nesse décimo quarto versículo, porém, ele é chamado Helem, o que pode ser um apelido, ou então houve ali um erro de transcrição escribal.

HELEBE
No hebraico, **"gordura"**. Nome dado a Helede, em 2Samuel 23.29. É possível que seja esse o nome original alterado por algum erro de cópia, o que é muito comum.

HELEFE
Uma cidade que assinalava a fronteira sul do território de Naftali, a nordeste do monte Tabor (Js 19.33). A localização moderna é *Khirbet 'Arbathah*.

HELEM
No hebraico, "sonho". Nome de duas personagens do Antigo Testamento: **1**. Bisneto de Aser e irmão de Samer (1Cr 7.35), talvez o mesmo homem chamado Hotão, no versículo trinta e dois do mesmo capítulo. Ele viveu por volta de 1440 a.C. **2**. Um ajudante de Zacarias (Zc 6.14). Esse nome, mui provavelmente, envolve um erro escribal em lugar de Helede, que aparece no versículo trinta e dois desse mesmo capítulo.

HELENIZAÇÃO DO CRISTIANISMO
Penetração no cristianismo de crenças e práticas originadas em cultura pré-cristã ou não cristã da antiga Grécia. De modo geral, esse processo vem sendo considerado ultimamente como um desenvolvimento positivo pela maioria dos teólogos católicos romanos e ortodoxos, enquanto a maioria dos protestantes vê a helenização do cristianismo como uma corrupção da fé.

Além de um nível superficial, todavia, torna-se quase impossível documentar a helenização com algum grau de certeza. O NT foi escrito em grego seguindo a prática e o estilo já estabelecidos no judaísmo helênico, e não como inovação cristã. Há muito debate sobre se a interpretação apostólica do AT foi seriamente afetada pelas ideias gregas ou não. Acreditou-se por algum tempo que João 1.1-14 refletiria a doutrina médio-platônica do *Logos*, possivelmente transmitida por meio de Fílon de Alexandria, mas essa hipótese tem sido fortemente questionada pela erudição moderna, que tende a enfatizar as raízes hebraicas do Evangelho de João.

As questões se tornam ainda mais complexas quando nos voltamos para o período pós-apostólico. O cristianismo se espalhou no Império Romano helênico mais do que em qualquer outro lugar, e isso certamente deixou suas marcas. Justino Mártir chega a alegar que Sócrates e Platão fossem como que cristãos antes de Cristo, e a crença de que o platonismo fosse uma espécie de AT gentílico, preparando os gregos para a vinda de Cristo, tornou-se mais tarde difundida. Houve também seitas sincretistas, agora conhecidas, de modo genérico, entre as "gnósticas", que procuravam mesclar ideias pagãs com cristãs de diferentes formas. Talvez o desenvolvimento mais significativo entre esses tenha sido a ampla adoção do método alegórico de interpretação (usado anteriormente por escritores judaicos, como Fílon), para superar dificuldades que as mentes gregas costumavam sentir na compreensão do texto literal das Escrituras. Por usar esse método, Orígenes e outros foram capazes de poder harmonizar o cristianismo com o platonismo médio (e o posterior neoplatonismo), mas em detrimento deste.

Até onde as tendências helenizantes tenham sido responsáveis pelo desenvolvimento da doutrina cristã, eis uma questão de considerável controvérsia. Os conservadores, em geral, argumentam que os credos e outras afirmações doutrinárias cristãs foram uma reação à influência do "helenismo", termo que após o século IV se tornou sinônimo de abuso, mesmo entre os gregos — os quais, em consequência, passaram a se chamar a si mesmos de *rōmaioi*, em vez de *hellēnes*. Os liberais, contudo, argumentam que o dogma é, por si mesmo, um conceito filosófico. De acordo com eles, o cristianismo não helenizado teria sido muito mais pluralista em sua teologia e provavelmente não teria insistido que Jesus Cristo era Deus encarnado. Alguns deles consideram até o Islã, em termos, como certa reação semítica ao cristianismo helenizado, embora isso possa ser, certamente, uma simplificação exagerada daquilo que constitui, sem dúvida, um desenvolvimento complexo.

(**G. L. Bray**, B.D., M.Litt., D.Litt., professor de Estudos Anglicanos, *Beeson, Divinity School*, Universidade de Samford, Birmingham, Alabama, EUA.)

BIBLIOGRAFIA. J. Daniélou, *Gospel Message and Hellenistic Culture* (London & Philadelphia, 1973); E. Hatch, *The Influence of Greek Ideas on Christianity* (New York, 1888); M. Hengel, *Judaism and Hellenism*, 2 vols. (London, 1974; R. H. Nash, *Christianity and the Hellenistic World* (Grand Rapids, MI, n.d.).

HELEQUE

No hebraico, **"porção"**. Nome de um dos descendentes de Gileade, fundador de uma família que tinha o seu nome (Nm 26.30). Vários de seus descendentes foram pessoas influentes (Js 17.2). Ele viveu por volta de 1612 a.C. A linhagem de Heleque retrocede até José, pai de Manassés.

HELEZ

No hebraico, **"força"**. Nome de dois indivíduos e de uma tribo: **1**. Um dos trinta poderosos guerreiros de Davi (2Sm 23.26; 1Cr 11.27). Nesta última passagem, ele é chamado de efraimita. Aparece como capitão do sétimo turno de sacerdotes, que serviam no templo de Jerusalém (1Cr 27.10). Viveu por volta de 1014 a.C. **2**. Um filho de Azarias, da tribo de Judá (1Cr 2.39), descendente de Jerameel. Viveu antes de 1017 a.C. **3**. Nome de um clã do qual o homem de número "2" era o cabeça. Esse clã também era conhecido pelo nome de jerameelitas.

HELIÓPOLIS

No grego, **"cidade do sol"**. O nome dado a essa cidade, em Jeremias 43.13, é Bete-Semes (vide), que significa "Casa do Sol". Todavia, outras cidades também eram conhecidas pelo nome de Bete-Semes, conforme aquele artigo nos mostra. (Ver Gn 41.45,50; 46.20). O deus-sol era chamado *Rá*, pelos egípcios. Heliópolis ficava cerca de dezesseis quilômetros a nordeste do Cairo, no Egito. Era a cidade onde se faziam os maiores estudos científicos do Egito. Outras cidades, como Roma e Constantinopla, furtaram seus adornos, a fim de embelezarem a si mesmas. Dois magníficos obeliscos de granito vermelho de Siena, que o Faraó Tutmés III (em cerca de 1490-1450 a.C.) havia posto diante do templo do deus Rá, atualmente podem ser vistos às margens do rio Tâmisa, em Londres, e no *Central Park*, de Nova Iorque. Um único obelisco permanece no antigo lugar, em Heliópolis. Esse obelisco foi levantado por Senworsrete I, em cerca de 2000 a.C., em honra a Rá-Horus do Horizonte. Tal obelisco data do tempo da cidade bíblica de Om (vide). É na moderna Heliópolis que fica o mais importante aeroporto do Egito. Conforme poder-se-ia supor com base em tal nome, a antiga cidade tornou-se famosa por seus elaborados ritos, em honra ao deus-sol. De fato, era esse o mais importante centro religioso do antigo Egito.

A partir da V Dinastia egípcia (que começou em cerca de 2500 a.C.), cada Faraó recebia o título de "filho de Rá". Os sacerdotes de Heliópolis brandiam uma grande autoridade, e não meramente uma posição religiosa forte. Heliópolis também foi um grande centro de erudição antiga. A história nos informa que o estadista grego, Sólon, bem como os filósofos gregos Tales, Platão e Eudoxo passaram ali algum tempo, estudando. Na época de Heródoto (cerca de 450 a.C.), a cidade já havia entrado em um período de declínio, o que se acentuou ante a fundação da biblioteca de Alexandria (vide sobre *Alexandria, Biblioteca de*), o que transferiu o centro da erudição antiga para aquele lugar (cerca de 305 a.C.). Quando o historiador e geógrafo grego Estrabão visitou Heliópolis, em 24 a.C., descobriu que as escolas dali estavam quase desertas. Atualmente, pouco resta da antiga cidade. Seus templos foram todos destruídos, e as pedras dos mesmos foram empregadas em outras edificações. O único monumento restante é o obelisco de granito vermelho, a que já nos reportamos. Tem a altura de vinte metros, e traz estampado o nome de Sesostris I (que reinou de 1971 a 1928 a.C.). Esse obelisco assinalava, originalmente, o local onde havia um grande recinto fechado e um complexo de estruturas, utilizado na adoração e culto a Rá (Rá Atom), durante a XII Dinastia.

O livro de Gênesis informa-nos de que José, filho de Jacó, casou-se com uma filha do sacerdote do templo de Om (Heliópolis). As tradições extrabíblicas (geralmente lendárias e, portanto, indignas de confiança) asseveram que José e Maria descansaram em Heliópolis, quando levaram o infante Jesus ao Egito, para escapar da sanha homicida de Herodes.

HELIÓPOLIS (BAALBEQUE)

Os gregos também chamavam a cidade de Baalbeque, na antiga Síria, de *Heliópolis*, "cidade do sol". Ver o artigo separado sobre *Baalbeque*.

HELOM

No hebraico, **"forte"**. Nome do pai de Eliabe, chefe da tribo de Zebulom (Nm 1.9; 2.7; 7.23,29; 10.16). Ele viveu por volta de 1658 a.C.

HELQUIAS. Ver sobre *Hilquias*.

HEM

No hebraico, **"graça"**, **"favor"**. Nome de um dos filhos de Sofonias (Zc 6.14). Alguns estudiosos identificam-no com o Josias de Zacarias 6.10. Porém, outros tradutores não compreendem a palavra hebraica *hem* como um nome próprio, e assim traduzem o versículo como "em favor do filho de Sofonias". Assim diz também a Septuaginta. Ele foi mencionado entre aqueles que depositaram suas coroas no templo de Jerusalém. Viveu por volta de 519 a.C.

HEMÃ

A forma portuguesa reflete dois nomes diferentes no hebraico, a saber: **1**. Um filho de Lotã, filho mais velho de Seir (Gn 36.22). Todavia, a nossa versão portuguesa diz ali *Homã*, em vez de Hemã. Isso se repete em 1Crônicas 1.39. Muitos estudiosos pensam que Homã é a forma correta do nome. No hebraico, o nome significa "violento", "furioso". Viveu por volta de 1800 a.C. **2**. Um filho de Zera, filho de Jacó e Tamar, sua nora. Seu nome ocorre em 1Reis 4.31 e 1Crônicas 2.6. No hebraico, esse nome significa *fiel*. Viveu por volta de 1640 a.C. **3**. Há um outro Hemã (no hebraico, "fiel"), filho de Joel e neto do profeta Samuel, descendente de Coate. Seu nome ocorre por catorze vezes no Antigo Testamento (1Cr 6.33; 15.17,19; 16.41,42; 25.1, 4-6; 2Cr 5.12; 29.14; 35.15 e Sl 88, no título, *Hemã, ezraíta*). Viveu por volta de 1060 a.C. Ele é chamado de um dos "cantores", em 1Crônicas 15.19. Ele foi o primeiro dos três principais levitas a quem foi dada a incumbência de dirigir a música vocal e instrumental do santuário, na época de Davi.

HENA (CIDADE)

No hebraico, **"terra baixa"**, mas outros estudiosos preferem pensar em um sentido desconhecido. Era uma das seis cidades cujos deuses não teriam sido capazes de salvá-las dos exércitos atacantes de Senaqueribe, conforme Rabsaqué (vs. 28) salientou. O nome dessa cidade ocorre por três vezes no Antigo Testamento (2Rs 18.34; 19.13 e Is 37.13).

Provavelmente, essa cidade ficava localizada na Mesopotâmia, em conexão com Hamate, Arpade e outras, que foram derrubadas por Senaqueribe, antes de suas tropas virem a invadir a Judeia. Alguns estudiosos identificam-na com a cidade de *Ana*, às margens do rio Eufrates. A menção sobre a derrota dessas cidades, que Rabsaqué proclamou em altas vozes, tinha por intuito intimidar o rei Ezequias, enfraquecendo a sua fé em Deus, quando os exércitos de Senaqueribe estavam acampados em redor de Jerusalém.

HENA (PLANTA)

Algumas traduções dizem "cânfora", em lugar de hena, nos trechos de Cantares 1.14 e 4.13. A espécie vegetal em foco é a *Lawsonia inermis*, um arbusto de cor rósea, e que tem um odor similar ao da rosa. É largamente cultivada no Oriente, devido ao corante que a mesma produz. Suas folhas são reduzidas a pó e depois em uma pasta, usada na cosmetologia. Moffatt traduz o trecho de Cantares 1.14 como: *Meu querido é meu ramo de flores de hena*, o que se assemelha muito à tradução que aparece em nossa versão portuguesa: *Como um racimo de flores de hena... é para mim o meu amado*.

A substância produzida com base nessa planta era usada para dar colorido às unhas das mãos e dos pés, às pontas dos dedos, e até mesmo às barbas dos homens e às crinas dos cavalos. Algumas jovens chegavam a colorir as solas de seus pés com essa tintura. Curiosamente, na África, no Zaire, até hoje prevalece uma prática similar.

HENADADE

No hebraico, **"favor de Hadade"**. Esse era o nome de um levita que ajudou a reconstruir as muralhas de Jerusalém, depois do cativeiro babilônico. Seu nome figura em Esdras 3.9. Ele era cabeça de uma casa de sacerdotes que retornaram em companhia de Zorobabel. Ele se encontrava entre aqueles que selaram o pacto estabelecido com Esdras (ver Ne 10.9). Viveu por volta de 535 a.C.

HENDÃ

No hebraico, **"agradável"**. Era filho mais velho de Disã, um dos filhos de Seir. Em 1Crônicas 1.41, ele é chamado Hanrão. Com a forma de Hendã, o nome aparece somente em Gênesis 36.26. Ele viveu por volta de 1700 a.C.

HERDEIRO. Ver também *Herança*.

1. Palavras Envolvidas. No hebraico há um vocábulo envolvido e, no grego, três, intimamente ligados entre si, a saber: ***a***. *Yarash*, "herdeiro". Essa palavra hebraica ocorre por quase quarenta vezes com esse sentido, que não é o único. (Por exemplo: Gn 15.3,4; 21.10; 2Sm 14.7; Pv 30.23; Jr 49.1,2; Mq 1.15). ***b***. *Kleronómos*, "herdeiro". Substantivo grego que é usado por quinze vezes (Mt 21.38; Mc 12.7; Lc 20.4; Rm 4.13,14; 8.17; Gl 3.29; 4.1,7; Tt 3.7; Hb 1.2; 6.17; 11.7 e Tg 2.5). ***c***. *Kleronomia*, "herança". Substantivo grego empregado por catorze vezes (Mt 21.38; Mc 12.7; Lc 12.13; 20.14; At 7.5; 20.32; Gl 3.18; Ef 1.14,18; 5.5; Cl 3.24; Hb 9.15; 11.8 e 1Pe 1.4). ***d***. *Kleronoméo*, "herdar", um verbo grego que aparece por dezoito vezes (Mt 5.5; 19.29; 25.34; Mc 10.17; Lc 10.25; 18.18; 1Co 6.9,10; 15.50; Gl 4.30 (citando Gn 21.10); 5.21; Hb 1.4,14; 6.12; 12.17; 1Pe 3.9; Ap 21.7).

A forma reforçada, *sugkleronómos*, "herdeiro juntamente com", aparece por quatro vezes (Rm 8.17; Ef 3.6; Hb 11.9 e 1Pe 3.7).

Ver o artigo paralelo sobre *Herança*, que aborda longamente o uso metafórico dessa palavra, além de dar detalhes sobre as leis e as práticas envolvidas com a questão, nos tempos antigos.

2. Textos do Antigo Testamento. Números 27.1-11 e Deuteronômio 21.15-17 são as passagens veterotestamentárias que abordam especificamente a questão das heranças. A moderna prática de se fazer um testamento escrito, deixando bens a outrem, não era conhecida na nação de Israel, nos dias antigos. Aquele que deixava uma herança a outrem, fazia-o por meio de instruções orais, embora suas provisões devessem ajustar-se às leis vigentes.

3. Leis e Costumes. ***a***. O filho mais velho tornava-se o cabeça da família, quando seu pai falecia; e uma dupla porção da herança paterna cabia a ele, ou seja, recebia duas vezes mais que seus outros irmãos. (Ver Dt 21.17). ***b***. Era possível a um herdeiro vender a sua herança, por sua livre vontade (Gn 25.29-34), ou então perdê-la, por motivo de delito sério (como no caso de Rúben; Gn 35.22). Porém, a lei não permitia que um pai desse, como herança, a um filho mais novo, mais do que a seus outros irmãos, por motivo de favoritismo (Dt 21.15-17). ***c***. No começo da história de Israel, os filhos das concubinas não recebiam qualquer herança (Gn 21.10); mas a história mostra-nos que essa lei foi modificada, com a passagem do tempo. ***d***. As filhas não obtinham qualquer herança, a menos que um homem não tivesse herdeiros homens. ***e***. Se um homem morresse sem qualquer filho, então a herança precisava ser outorgada a alguma outra pessoa, de acordo com a seguinte escala de preferência: *i*. uma filha; *iii*. um irmão ou irmãos; *iii*. um tio ou tios; *iv*. depois disso, quem fosse o parente masculino mais próximo (Nm 27.1-11). ***f***. Uma viúva não podia tornar-se herdeira, pois, se o fosse, a propriedade herdada sairia da posse da família proprietária, o que era estritamente proibido. Se uma viúva não tivesse filhos, ela poderia permanecer como membro da família de seu marido, se casasse com algum irmão solteiro de seu marido, ou então, poderia retornar à família de seu pai (Gn 38.11; Lv 22.13). ***g***. Entretanto, uma viúva podia conservar consigo aquilo com que contribuíra para o casamento, bem como quaisquer presentes que seu marido lhe tivesse dado. Se seus filhos já fossem adultos, estavam na obrigação de cuidar dela. ***h***. Se uma filha viesse a herdar qualquer coisa (no caso de não haver nenhum herdeiro do sexo masculino), então ela teria de permanecer dentro da família de seu pai, a fim de que nenhuma propriedade fosse perdida por essa família (Nm 36.6-9). Mas, se ela insistisse em se casar com um homem que não pertencesse à sua tribo, então perderia sua herança, passando-a para a próxima pessoa a quem a herança coubesse por direito. Parece que esse preceito, entretanto, nem sempre era observado (1Cr 2.34-36).

4. Usos Metafóricos. Aqueles que recebem a salvação de Deus, em Jesus Cristo, são herdeiros de Deus Pai e coerdeiros com Jesus Cristo, o Filho. (Ver Rm 4.14; Gl 3.29; Ef 3.6). Oferecemos mais detalhes sobre os usos espirituais e metafóricos sobre a ideia de *herança*, no artigo com esse título.

HERDER, JOHANN GOTTFIRED VON

Suas datas foram 1744 —1803. Ele foi um filósofo alemão. Nasceu em Mohrungen, na parte oriental da Prússia. Estudou em Konigsberg, sob Emanuel Kant e J.G. Hamann. Trabalhou como tutor e pastor evangélico. Tornou-se pregador da corte em Weimar, em 1776, através da influência de Goethe. Ali ficou residindo até o fim de seus dias. Era amigo e discípulo de Lessing e, juntamente com Goethe, tornou-se um dos líderes do *Movimento Sturm e Drang* (vide). Dedicava-se muito às pesquisas e à escrita, apesar de suas pesadas responsabilidades domésticas. Nos seus últimos anos de vida, rejeitou algumas das ideias de Kant, o que o fez entrar em muitas controvérsias. Por exemplo, ele negava que as proposições matemáticas são juízos sintéticos *a priori*. Antes, proclamou a natureza tautológica da matemática. Atacou o Iluminismo (*Aufklarung*), quanto a quatro pontos: **a**. Sua teoria da linguagem; **b**. Seu conceito da mente e da personalidade humanas; **c**. Sua atitude para com a poesia e as artes; **d**. Sua abordagem da história e do desenvolvimento histórico.

Ideias: 1. A cultura de qualquer povo repousa sobre fatores, distintamente, intelectuais e emocionais. Esses fatores geralmente são herdados geneticamente, embora também sofram a influência do meio ambiente. Ele cria que cada cultura deve ser julgada por seus próprios méritos, e não por algum exame comparativo entre elas. "Shakespeare não era nenhum Sófocles, Milton não era Homero, e Bolingbroke não era Péricles" (*Ideen*, livro 13, cap. 7). A ciência atualmente está descobrindo coisas admiráveis sobre a herança genética, que estão levantando questões de ordem espiritual e moral, mostrando que o meio ambiente desempenha um papel muito menos importante, sobre a vida humana, do que antes se pensava. Ver o artigo sobre a *Genética*. Herder, pois, fundou o método genético de análise histórica. **2**. Como consequência prática dessa crença, ele advogava a ideia de que os poetas, escritores etc. deveriam evitar imitar outras culturas, dando lugar à espontaneidade, como força controladora de seus esforços. Por que motivo os poetas contemporâneos imitariam os poetas clássicos, por exemplo? **3. A linguagem** é um dos principais meios para o desenvolvimento de qualquer cultura. Em primeiro lugar, segundo ele supunha, a linguagem desenvolveu-se da cultura, imitando os sons e ruídos da natureza. Naturalmente, essa declaração simplista em nada contribui para solucionar o mistério de como o homem obteve a linguagem, e por que motivo os idiomas antigos são muito mais complexos do que os modernos. **4. A religião**, segundo ele sentia, também é produto da natureza e da cultura, especificamente do impulso do homem para explorar a natureza. As primeiras religiões, por isso mesmo, assemelham-se muito aos mitos e à poesia das antigas culturas. As religiões são uma forma de mito e poesia, uma tentativa do homem para entender os mistérios que ele encontra na natureza. O cristianismo deve o seu poder superior ao seu elemento de excelência moral. **5. Psicologia**. Herder objetava à divisão da mente em vários segmentos, intitulados razão, vontade, desejo etc.; a cada um deles se atribui alguma função específica. Ele cria que o raciocínio, a percepção, os sentimentos, a vontade e todos os fatores mentais são uma só unidade, e não atribuíveis a diferentes áreas da mente. Ele declarava que o homem interior, com todas as suas forças negativas, estímulos e impulsos, é *apenas um*. Ele objetava ao dualismo radical, no tratamento dos problemas corpo-mente, e preferia uma espécie de teoria do duplo aspecto, onde a mente e o corpo físico formam uma unidade, como aspectos de uma única realidade. Ver sobre o *Problema Corpo-Mente*. Ele tem sido acusado de haver antecipado o *behaviorismo* (vide), mas as suas ideias eram mais próximas do *vitalismo* (vide), conforme demonstra a sua doutrina do *kraft*. Ele concebia o *kraft* como uma espécie de força vital básica, não-humana, que não admite qualquer definição em termos humanos, mas que seria um elemento básico à vida inteira, em todos os seus aspectos. **6. Filosofia da História**. Ele aplicava a isso a mesma ideia que aplicava às artes. Cada raça humana tem a sua própria história, influenciada pelas suas próprias condições, hereditariedade e meio ambiente; os padrões de uma raça ou povo não podem ser aplicados a outra raça ou povo. Apesar disso envolver uma certa verdade, devemo-nos lembrar, por outro lado, que aquilo que *existe* não é necessariamente *certo*. Um povo ou indivíduo pode ter defeitos, erros, e até mesmo cometer crimes. A religião e a filosofia existem a fim de ajudar a corrigir esses erros, e não meramente para reconhecer que eles existem. A história da humanidade é um processo de evolução que leva na direção do ideal da humanidade. **7. Herder, Fundador de Disciplinas**. Ele vivia, por assim dizer, obcecado pelas ideias de crescimento e desenvolvimento, razão pela qual é considerado um dos fundadores das religiões comparadas, da mitologia comparada e da filologia comparada.

HERES

No hebraico, **"monte do sol"**. Esse é o nome do uma pessoa e de vários acidentes geográficos, mencionados nas páginas do Antigo Testamento: **1**. Nome de um levita que voltou, em companhia de Zorobabel, terminado o cativeiro babilônico (1Cr 9.15). Seu nome não se acha na lista paralela de Neemias 11.15,16. Seu trabalho era cuidar do tabernáculo. Viveu por volta de 536 a.C. **2**. Nome de um monte perto de Agalom, na fronteira dos territórios de Judá e de Dã. A região fora habitada pelos amorreus, antes de Israel ter conquistado a terra santa (Jz 1.35). Aijalom e Saalbim são mencionadas em conexão com esse lugar Uma cidade ali localizada chamava-se Ir-Semes, ou seja, Bete-Semes, conforme se pode deduzir mediante uma comparação de Juízes 1.34,35 com Josué 19.41,42. A história registra que Israel não foi capaz de expelir os amorreus daquela região. **3**. Em Juízes 8.13 lemos sobre a "subida de Heres", que se refere a um lugar a leste do rio Jordão, de onde Gideão voltou, após ter derrotado os reis Zobá e Zalmuna. Contudo, o texto envolve problemas. Algumas versões dizem "antes de o sol surgir", como se houvesse um modificador adverbial, e não um nome geográfico. E a própria questão topográfica também envolve dúvidas. **4**. Em Isaías 19.18 há menção à "Cidade do Sol", mais literalmente, "cidade de Heres". Está em foco a mesma cidade que, em outros lugares, aparece com o nome de *Heliópolis* (vide). O profeta predisse que ela seria uma das cinco cidades do Egito que falariam o idioma de Canaã e que se mostrariam leais a Yahweh.

HERESIA

Significa um desvio doutrinário, a partir de verdades fundamentais ensinadas pelas Escrituras e pela ortodoxia da igreja cristã, e a propagação ativa de tal desvio. A palavra grega de origem, *hairesis*, que aparece nove vezes no NT, tinha a acepção inicial de escola de pensamento, ou seita: assim, a seita dos saduceus (At 5.17), dos fariseus (At 15.5; 26.5) e dos nazarenos, ou seja, dos cristãos (At 24.5; 28.22). Em Atos 24.14, Paulo cita propositadamente o fato de "o caminho" (*hodos*) ser então chamado de "seita" (*hairesis*), porque *hairesis* já tinha, nessa ocasião, uma conotação negativa.

Em sentido secundário, *hairesis* passou a ter o significado de cisma, ou de facção que se desenvolvia dentro da igreja devido a forte espírito partidário ou falta de amor (1Co 11.19; Gl 5.20). O uso que Paulo faz do adjetivo *hairetikos* (herético) em Tito 3.10 sugere que o herege é pessoa divisora ou facciosa.

Reflexo desse significado, e que veio a predominar no uso cristão, é quanto à doutrina teológica falsa. Assim, 2Pedro 2.1 se refere às "heresias destruidoras" de falsos mestres que negavam a pessoa e obra de Cristo.

Escritos de muitos pais da igreja contêm advertências contra o ensino herético. Inácio (m. 98/117) compara a heresia à ação de drogas letais (*Trall*. 6.1-2) e a ataque de feras ou cachorros raivosos (*Eph*. 7.1). Ireneu escreveu seu tratado *Contra heresias* para refutar os vários erros gnósticos no mundo do século II, instando os cristãos a "evitarem toda doutrina herética, ateia e ímpia" (III, 6.4). Clemente de Alexandria insiste em que as heresias fluem de presunção, vaidade e manuseio deliberadamente errado das Escrituras (*Strom*. VII.15). Tertuliano alega que "os filósofos são os pais dos hereges" (*Contra Hermógenes* 8), e Cipriano acrescenta: "Satanás inventou heresias e cismas, com os quais arruinou a fé, para corromper a verdade e dividir a unidade" (*Unidade da igreja* 3).

Em certo sentido, a história da igreja é a história das heresias. No século II, o gnosticismo e o marcionismo perverteram a doutrina ortodoxa de Deus. Mais tarde, várias formas de modalismo (ver monarquianismo) e arianismo corromperam a doutrina de Cristo. O apolinarismo, o nestorianismo e o monofisismo trataram inadequadamente a questão das duas naturezas de Cristo. No tempo da Reforma, o socinianismo negou a Trindade e a eficácia da obra expiatória de Cristo, como fez mais tarde o unitarianismo. Nos tempos modernos, o neoprotestantismo tem negado a personalidade de Deus, a expiação substitutiva de Cristo e a inspiração divina das Escrituras.

A igreja primitiva defendeu-se do ensino herético apelando para a "regra de fé" ou "regra da verdade", sumários breves das verdades cristãs essenciais (ver Credos). Ireneu lamenta que os hereges não seguissem as Escrituras nem a tradição originada dos apóstolos e preservada nas igrejas por meio da sucessão de presbíteros (*Contra heresias* III.2). Tertuliano acrescenta que "nada conhecer em oposição à regra de fé é conhecer todas as coisas" (*Prescrição de hereges* 7). A fluida "regra de fé" daria origem a instrumentos mais precisos para refutar as heresias e definir a fé, como as formulações do tipo Credo Apostólico, Credo Niceno, Definição de Calcedônia e Credo de Atanásio (ver Concílios; Credos). Desde os tempos da Reforma, grupos protestantes têm distinguido a verdade da heresia em muitas afirmações confissionais, como a Fórmula de Concórdia, os Trinta e Nove Artigos e a Confissão de Westminster.

Walter Bauer (1877-1960), em seu livro *Orthodoxy and Heresy in Earliest Christianity* [Ortodoxia e heresia no cristianismo primitivo] (1934), adianta a tese radical de que a igreja de Roma reescreveu a história da igreja primitiva, fazendo de sua interpretação do cristianismo primitivo a visão "ortodoxa" e apontando outros mestres cristãos primitivos como "hereges" e imorais. De acordo com Bauer, formas de cristianismo que vieram a ser entendidas como "heréticas" eram anteriores e até mais difundidas que o chamado ensino "ortodoxo". Assim, muitos movimentos cristãos na igreja primitiva comumente vistos como heterodoxos podem ser considerados como tendo constituído expressões primitivas autênticas da religião de Jesus.

Todavia, o cônego H. E. W. Turner rejeita a tese de Bauer em seu livro *The Pattern of Christian Truth* [O padrão da verdade cristã] (1954). Embora admita ter havido certa flexibilidade no ensino cristão primitivo, Turner argumenta que o cristianismo primitivo, universalmente, sustentava três espécies de "elementos fixos": **1**. "fatos religiosos" cruciais, como o Deus criador e o divino Cristo como o redentor histórico; **2**. a centralidade da revelação bíblica; e **3**. o credo e a regra de fé. Os cristãos, diz ele, "viviam trinitariamente antes da evolução da ortodoxia nicena" (p. 28).

A maioria das autoridades evangélicas concorda que os dados da história e teologia da igreja primitiva mostram que a ortodoxia era anterior e mais difundida do que acredita Bauer.

Na verdade, os ensinos de Jesus e dos apóstolos foram sumarizados em data anterior à da "regra de fé" e dos escritos dos Pais Apostólicos. A fé ortodoxa foi atacada por oponentes heréticos (seitas gnósticas, Marcião, Ário, etc.), mas estes foram refutados pelos apóstolos e pais da igreja primitiva, tanto no Oriente quanto no Ocidente. As autoridades evangélicas, igualmente, concordam que a narrativa de Bauer do triunfo da "ortodoxia" romana carece de credibilidade.

Devido à tendência moderna contra verdades atemporais e proposicionais e a crença de que a fé é uma questão de experiência vivida, a noção de heresia tem sido substancialmente diluída no cristianismo não evangélico. Por exemplo, Karl Rahner, trabalhando a partir da visão ética da verdade como uma realidade vivida, vê a heresia como deixar de alcançar uma existência autêntica no ponto em que Deus se encontra com uma pessoa. Para ele, mais do que propriamente o repúdio de doutrinas específicas, a heresia compreende atitudes subjetivas, como indiferença espiritual e espírito crítico. A responsabilidade principal dessa "heresia latente" é mais do cristão individualmente do que do magistério da igreja.

Todavia, o NT expressa séria preocupação com as "falsas doutrinas" (1Tm 1.3; 6.3) e coloca a mais alta prioridade sobre a manutenção dos padrões de "sã doutrina" (2Tm 1.13; *cf*. 1Tm 6.3). As Escrituras instam os cristãos a estar alertas contra o engano doutrinário (Mt 24.4) e a evitar a heresia, guardando cuidadosamente o conteúdo puro do evangelho (1Co 11.2; Gl 1.8).

(**B. Demarest**, B.Sc., M.Sc., M.A., Ph.D., professor de Teologia Sistemática do Denver Seminary, Colorado, EUA.)

BIBLIOGRAFIA. W. Bauer, *Orthodoxy and Heresy in Earliest Christianity* (Philadelphia, 1971; London, 1972); J. D. G. Dunn, *Unity and Diversity in the New Testament: An Inquiry into the Character of Earliest Christianity* (Philadelphia, 1977); K. Rahner, *On Heresy* (New York, 1964); T. Robinson, *The Bauer Thesis Examined* (New York, 1988); H. E. W. Turner, *The Pattern of Christian Faith: A Study in the Relations Between Orthodoxy and Heresy in the Early Church* (London, 1954).

HERETE

Nome de um bosque ou floresta que ficava no território de Judá, localizado entre Adulão e Giló. O termo hebraico significa "moita". Foi ali que Davi se ocultou, depois que partiu de Moabe (1Sm 22.5). Algumas versões trazem a grafia variante Harete. Alguns estudiosos supõem que a moderna aldeia chamada Khirbete Qila assinala a antiga localização.

HERMOM

No hebraico, **"pico"**. Trata-se de um monte na fronteira extrema do norte de Israel, do outro lado do rio Jordão. Os hebreus conquistaram dos amorreus aquela região (Dt 3.8). O espigão sul da cadeia dos montes do Antilíbano corre paralelo à cadeia do Líbano, mas separado da mesma pelo vale de Bewaa. O monte Hermom fica nesse espigão. Atinge a altitude de cerca de 2.814 metros acima do nível do mar, sendo o monte mais elevado da Síria. Sua altura permite que esse monte possa ser avistado de quase toda a Palestina, desde o mar Morto. A neve recobre esse monte a maior parte do ano, razão pela qual os árabes chamam-no de *monte de cãs*. A neve que se dissolve nessa área serve de principal suprimento de água do rio Jordão, ou seja, a água que finalmente chega ao mar Morto. O monte Hermom é calvo, visto que ali não crescem árvores, da linha de onde chega a neve para cima. Existem dois outros picos montanhosos que não são muito menos altos do que o próprio Hermom, pelo que ali há um grupo de três elevados picos montanhosos.

Desde os tempos do Antigo Testamento, esse monte foi respeitado como um lugar santo. Têm sido encontradas as ruínas de vários templos, em sua base. Nesse monte habitam muitas

HERODES

espécies de animais, como lobos, leopardos e o famoso urso da Síria. Abaixo da linha onde chega a neve, há grande abundância de árvores, incluindo o pinheiro, o carvalho e o álamo.

Referências Bíblicas. Os amorreus chamavam esse monte de Senir. O termo *Siriom* (uma forma variante) ocorre em Salmo 29.6. (Senir é o nome que aparece em Dt 3.9; 1Cr 5.23; Ct 4.8; Ez 27.5). O trecho de Deuteronômio 4.48 diz *Siom, que é Hermom*. A passagem de Cantares 4.8 fala sobre o *cume de Senir e de Hermom*. O Hermom ficava na fronteira norte do reino dos amorreus (Dt 3.8 e 4.48), fazendo parte do território chamado "reino de Ogue, em Josué 12.5 e 13.11. Josué levou as suas conquistas militares até ali (Js 11.17; 12.1 e 13.5), e o território da tribo de Manassés chegou a ter ali uma de suas fronteiras. O trecho de Josué 11.3 localiza os hititas como um povo que habitava no sopé do monte Hermom. Baal era uma divindade adorada ali, pelo menos em certo período da história, conforme aprendemos em Juízes 3.3, onde o lugar é chamado de "monte de Baal-Hermom". Os arqueólogos têm encontrado restos de santuários no pico mais elevado desse monte.

Muitos eruditos supõem que o "alto monte", referido em Mateus 17.1 e Marcos 9.2, ou então "monte", em Lucas 9.28, são referências ao monte Hermom. A narrativa da *transfiguração* de Jesus está em pauta nessas referências.

No período romano, um centro sagrado e pequenos santuários foram construídos em suas faldas. O ponto mais elevado era circundado por uma muralha de tijolos, sendo provável que ali também houvesse um altar, embora, atualmente, não se veja qualquer resto do mesmo. Havia uma câmara escavada na própria rocha, no planalto sem dúvida com algum propósito religioso. Os habitantes de Paneias e do Líbano contavam com um templo, no cume do monte Hermom. No século X d.C., esse monte tornou-se centro da religião dos drusos. Em Hasbeia, nas suas vertentes ocidentais, foram encontrados os livros sagrados de uma seita, por um grupo de arqueólogos franceses, em 1860. Os árabes deram ao monte o nome de *Jebel Esh-Sheikh*, isto é, "monte do chefe". Provavelmente, isso deriva-se da circunstância de que foi ali que o principal líder religioso dos drusos fixou residência.

"Não há que duvidar que um dos picos sulistas do Hermom foi a cena da transfiguração. Nosso Senhor viajou desde Betsaida, nas praias noroestes do mar da Galileia, até às costas de Cesareia de Filipe. Partindo dali, ele levou os seus discípulos até a uma elevada montanha, onde se transfigurou diante deles. Depois disso, ele retornou a Jerusalém, passando pela Galileia. Comparar Marcos 8.22-28 com Marcos 9.2-13, 30-33. Durante muitos séculos, uma tradição dos monges atribuiu essa honra ao monte Tabor, mas agora sabe-se que o verdadeiro monte da transfiguração foi o Hermom" (S., citando Kitto).

HERODES

Nome de vários governadores da Palestina e regiões vizinhas, ou partes delas. Há três Herodes mencionados no Novo Testamento e mais um com o nome de Agripa.

I. HERODES, O GRANDE. Segundo filho de Antipas Idumeu, ou Antipater e de sua esposa Cipros, perttencente à mesma raça, Antig. 14.1,3,7,3. Verifica-se que o rei Herodes por nenhum dos lados, descendia da raça judia. Os idumeus haviam sido conquistados por João Hircano no ano 125 a.C. e compelidos a serem circuncidados e a adotar o judaísmo, e, por isso eram nominalmente judeus. Antipater foi nomeado governador da Judeia por César, no ano 47 a.C., Antig. 14.8,3,5. Tinha cinco filhos, Fasael, Herodes, José, Feroras, e a filha Salomé, Antig. 14.1,3. Fasael, o mais velho, foi governador de Jerusalém e de suas vizinhanças, nomeados por seu pai; e Herodes Filho, passou a governar a Galileia, tendo apenas 25 anos de idade, 14.9,2. Depois do assassinato de Antipater, em 43 a.C. Marco Antônio visitou a Síria e nomeou tetrarcas os outros dois irmãos a quem entregou a direção dos negócios públicos da Judeia, 14.13,1. Mais tarde, foram duramente hostilizados por Antígono, último rei da família dos macabeus, e pelos partas. Fasael caiu nas mãos de ambos, e se suicidou. Os romanos foram induzidos por Antônio a esposar a causa de Herodes, seguindo-se a guerra com Antígono e os partas, em que José foi morto em combate, 14.15,10. Jerusalém foi tomada, e Herodes ficou sendo rei da Judeia no ano 37 a.C. Os sobreviventes da família de Antipater eram agora Herodes, Feroras e Salomé, casada com seu tio José, Antig. 15.3,5; Guerras, 1.22,4. Depois da morte de José por causa de adultério, no ano 34 a.C., Salomé casou com Costubarus, idumeu de boa família, que Herodes fez governador da Idumeia e de Gaza, Antig. 15.7,9; Guerras 1.24,6. Divorciou-se dele, Antig. 15.7,10, e foi compelida a desposar Alexas, amigo de Herodes, Guerras 1,28,6. Durante o reinado de Herodes, ela tramou contra a família de Herodes, porém conservou-se fiel a ele. Herodes legou-lhe Jamnia, Azoto e Fasaelis perto de Jericó, Antig. 17.6,1,8,1,11,5. Salomé acompanhou Arquelau, filho de Herodes, a Roma, quando este foi ali para obter o praz-me imperial para subir ao trono, com o plano aparente de auxiliar a sua pretensão; mas, o verdadeiro plano era justamente o contrário, Guerras 2.2,1-4. Salomé morreu no ano 10 da era cristã, quando Marcus Ambívio era procurador, Antig. 18.2,2. Feroras, filho mais moço de Antipater, Antig. 14.15,4, viveu quase tanto quanto Herodes; era sócio no governo, com o título de tetrarca, e recebia as rendas do país a este do Jordão, Guerras 1.24,5. Por mais de uma vez, foi acusado de conspirar contra a vida de Herodes, fato que estava em prova, quando Herodes morreu. A morte de Feroras impediu que fosse julgado, Antig. 17.3,3. Herodes, o Grande, teve dez mulheres, Antig. 17.1,3; Guerras 1.27,4. A primeira mulher foi Dóris, de uma família desconhecida de Jerusalém da qual teve um filho por nome Antipater, que tomou parte ativa nos acontecimentos do reinado de Herodes, conspirando contra a vida de outros filhos de Herodes para assegurar para si a posse do trono. Pouco antes da tomada de Jerusalém, quando Herodes se fez rei, esposou a segunda mulher, a bela e casta Mariana, neta de Hircano, que lhe deu três filhos, Alexandre, Aristóbulo e o mais moço, que morreu sem deixar prole, e duas filhas, Cipros e Salâmpsio. Mariana foi morta no ano 29 a.C., Antig. 15.1,4. Cinco anos depois, casou com Mariana, filha de Simão, a quem ele elevou às funções de sumo sacerdote, 15.9,3; 18.5,4. Herodes teve mais duas mulheres, suas sobrinhas, cujos nomes se ignoram, e que morreram sem deixar filhos. Além delas, esposou Maltace, samaritana, Cleópatra, de Jerusalém, Palas, Faedra e Elpis. A história não faz referência nem às duas sobrinhas, nem às últimas cinco mulheres de Herodes. Os filhos das outras mulheres ocupam lugares de destaque na História. Mariana, filha do sacerdote Simão, teve Herodes. Maltace foi mãe de Arquelau, Herodes Antipas e de uma filha de nome Olímpias; Cleópatra teve dois filhos, Herodes e Filipe. Começaram cedo as perturbações domésticas do reinado de Herodes, pelo ódio que ele provocou contra si, por parte da amável Mariana, e que culminaram, na última década de seu reinado, quando seus filhos atingiram à maioridade. A história doméstica gira eventualmente em torno dos oito filhos: Antipater, filho de Dóris; Alexandre e Aristóbulo, filhos de Mariana; Herodes, filho de Mariana, filha do sacerdote Simão; Arquelau e Antipas, filhos de Maltace; e Herodes e Filipe, filhos de Cleópatra. Alexandre se casou com Glifira, filha de Arquelau, rei da Capadócia. Tiveram dois filhos, cuja história é vazia de interesse, Antig. 16.1,2; Guerras 1.24,2. Aristóbulo se casou com sua prima Berenice, filha de Salomé, irmã de Herodes, e foi pai de cinco filhos, alguns dos quais representaram importante papel na História. Desses dois filhos da saudosa Mariana, Antipater, o primogênito de Herodes, era muito desconfiado.

A sua desconfiança explodiu em ódio contra seus irmãos paternos pela evidente intenção de seu pai, em postergar os seus direitos de primogênito, Guerras 1.22,1. Tanto fez com o círculo de seus cortesãos, para envenenar o espírito de Herodes, que este os mandou matar no ano 7 ou 6 a.C. e nomeou Antipater seu herdeiro; e a Herodes, filho de Mariana, filha de Simão, sucessor dos direitos de Antipater, Antig. 16.11,7; 17.3,2; Guerras 1.29,2. A ordem dessas nomeações obedecia às idades de cada um; sendo que Arquelau e Antipas, Herodes e Filipe eram mais moços que Herodes, filho de Mariana. Em seguida, Antipater acusou Salomé, irmã de Herodes, e a seus filhos, Arquelau e Filipe, que estavam sendo educados em Roma, de conspirarem contra a vida de Herodes.

A denúncia desse crime veio atingir o próprio Antipater, que com seu tio Feroras, irmão de Herodes, foram acusados de tentar contra a vida do rei. Feroras morreu, porém Antipater foi encarcerado. O rei Herodes, então, suspeitou que as acusações contra Alexandre e Aristóbulo, que ele havia mandado executar, fossem falsas, pelo que alterou as suas disposições testamentárias, nomeando Antipas seu sucessor, deixando de lado Arquelau, irmão mais velho, e Filipe sobre os quais pesavam ainda suspeitas, Guerras 1.32,7. Logo depois, mandou matar Antipater, e alterou de novo as suas disposições, dando o reino a Arquelau, e fazendo Antipas tetrarca da Galileia e de Pereia, e Filipe, tetrarca de Bataneia, Traconitis e Auranitis; e dando algumas cidades a sua irmã Salomé, Antig. 17.8,1; Guerras 1.33,7. Pela morte de Herodes, foram respeitadas as suas disposições, exceto em referência a Arquelau, que foi, afinal, confirmado pelo imperador Augusto, não como rei, mas sim como etnarca da Judeia, Antig. 17.11,4,5. Herodes, filho de Mariana, filha de Simão, tinha se casado com Herodias, filha de seu irmão paterno Aristóbulo, morto por Herodes. Ela, porém, o abandonou e casou com Herodes tetrarca, seu cunhado.

O nome do primeiro marido desapareceu da História. O mesmo aconteceu a Herodes, filho de Cleópatra, e irmão do tetrarca Filipe, de quem nunca mais se falou (veja *Herodias e Filipe*). Aristóbulo, como já foi dito, se casou com sua prima Berenice, filha de Salomé, de quem teve cinco filhos, Guerras 1.28,1. Herodes, Agripa, Aristóbulo, Herodias e Mariana. Herodes se casou com Mariana, filha de Olímpias, filha de Herodes, o Grande, com a samaritana Maltace; Agripa se casou com Cipros, filha de Salâmpsio e Fasael, o mais moço, filho de Fasael, irmão de Herodes, o Grande; Aristóbulo se casou com Jotape, filha de um rei de Emesa; Herodias se casou sucessivamente com dois tios, como já se disse; e Mariana se casou com Antipater, filho de Dóris, Antig. 18.5,4; Guerras 1.28,5; *cf.* 4. Três desses filhos de Aristóbulo são digno de nota, a saber: Herodes, Agripa e Herodias. Essa Herodias foi a mulher que coroou as suas infâmias, pedindo que sua filha exigisse a cabeça de João Batista que estava na prisão. Herodes que havia sido feito rei de Calcis, depois da morte de sua mulher tomou sua prima Berenice, filha de Agripa para esposa. Agripa veio a ser o rei Agripa I; casou-se e teve um filho e três filhas. Três destes são mencionados na Escritura; Agripa II e as duas famosas Berenice e Drusila. À parte a história doméstica que guindou ao poder a família de Herodes, e as intrigas entre os seus componentes, tratemos da história política do reinado de Herodes. Logo após haver sido nomeado governador da Galileia, no ano 47 ou 46 a.C. entrou em conflito com o sinédrio por ter mandado executar sumariamente alguns salteadores, sem permissão formal desse concílio. Por este motivo, foi citado para julgamento, comparecendo acompanhado de um corpo de guardas para intimidar o concílio. Foi absolvido por falta de provas. A bem de seus interesses, procurou estar em paz com os sucessivos representantes das facções que disputavam entre si a direção do império romano. Obteve o generalato que lhe foi conferido por Sexto César, presidente da Síria, aparentado com o grande Júlio César; depois de algum tempo, ganhou o favor de Cássio, o mais perverso dos assassinos do grande ditador. Depois lançou a sua sorte com Marco Antônio, um dos principais vingadores da morte de Júlio César. Não foi ainda a última vez das suas manobras. Pelo ano 41 a.C., Herodes passou a tetrarca da Galileia por nomeação do imperador Antônio, e tendo ido a Roma, após novas vicissitudes, no ano 40 a.C., mais como fugitivo do que como visitante, o seu patrono induziu o senado romano a lhe conferir o título de rei dos judeus. Foi no ano 37 a.C., que ele, com o auxílio de Socius, general de Antônio, conseguiu tomar Jerusalém e começar o seu reinado. Pelo seu casamento com Mariana, neta de Hircano, e filha de Alexandre, filho de Aristóbulo, conseguiu se aliar à família dos hasmoneus. Então, julgava ele consolidar a sua posição, afastando possíveis competidores. Ele mandou matar os principais membros da família de Antígono, em número de 45. Logo depois, Aristóbulo, irmão de Mariana, rapaz de 17 anos, que Herodes havia elevado às funções de sumo sacerdote, foi asfixiado em um banheiro, por ordem do mesmo Herodes, um ano depois de assumir o pontificado. No ano 31 a.C. teve a mesma sorte o avô de Mariana, ancião de 80 anos, Antig. 15.1,2; 3.3; 6.2. A atenção de Herodes desviou-se dessas atrocidades para a nova crise que se acentuava. O seu patrono Antônio havia sido totalmente derrotado por Otávio na batalha de Actio, no dia 2 de setembro do ano 31 a.C. A situação tornava-se crítica para Herodes. Porém, ele fez um eloquente e judicioso discurso ao vencedor Otávio, que lhe valeu o perdão por haver sido partidário de Antônio. Entregou-se cordialmente ao homem que tinha ofendido, dedicando-lhe afeto que durou o resto da vida, recebendo em troca, certo aumento nos seus domínios, Antig. 15.6,5-7; 10,3. O assassinato do irmão de Mariana e do avô alterou sensivelmente os sentimentos do casal. Dia a dia se tornaram mais tensas as relações conjugais, até que afinal por uma acusação falsa, ela foi condenada à morte. Seguiu-se o remorso que lhe alterou as faculdades mentais, quase até a loucura, Antig. 15.7,7; 17.6,5; Guerras 1.22,5; 33,5. Em parte para afastar de si ideias sinistras, em parte para agradar a Otávio, então imperador Augusto, construiu teatros, estabeleceu jogos, ambos inconsistentes com o judaísmo. Também reconstruiu, ampliou e encheu de belezas, um lugar chamado Torre de Estrato, dando-lhe o nome de Cesareia em honra de seu patrono, que mais tarde passou a ser a capital da província romana da Palestina, Antig. 15.8,5; 9,6; *cf.* Atos 23.23,24. Para agradar os judeus, reconstruiu e embelezou o templo, entre os anos 19 e 11, ou 9 a.C. O nascimento de Cristo ocorreu no fim da vida de Herodes, quando já havia eliminado quantos julgava seus rivais, e as perturbações domésticas haviam chegado ao seu apogeu. Tinha matado os seus dois filhos, Alexandre e Aristóbulo, e recentemente Antipater, por terem conspirado contra a sua vida. É quando lhe vieram dizer que um menino da linhagem de Davi havia nascido para ser rei dos judeus. A fim de enfrentar o novo perigo, mandou matar todos os meninos que havia em Belém e em todo o seu termo, que tivessem dois anos e daí para baixo (Mt 2.1-19). Foi esta uma das últimas atrocidades de Herodes. Finalmente, uma enfermidade repugnante e mortal o subjugou. Foi buscar alívio nas águas sulfurosas de Calirói, nas fontes de Zerca, que derramam para as bandas do mar Morto. Essas águas ficaram denominadas por alguns: *os banhos de Herodes*. Pouco resultado houve, Antig. 17.6,5. Sentia que a morte se avizinhava e que muitos se alegrariam. Então, pediu a sua irmã Salomé e a Alexas, seu marido, que encerrassem no circo de Jericó os principais dentre os judeus, e que lhes dessem a morte, logo que ele expirasse, a fim de que houvesse lágrimas pela sua morte. Ocorreu sua morte no ano 4 a.C., quando estava com 70 anos de idade, e o 34º. ano de seu reinado, contados desde o tempo em que foi nomeado rei. Quando a notícia de sua morte se espalhou, colocaram em liberdade os prisioneiros do circo e a morte do tirano causou vivas demonstrações de regozijo em vez de ser acompanhada de lágrimas e lamentações.

II. HERODES TETRARCA. Filho de Herodes, o Grande, e de sua mulher Maltace, a samaritana. Tinha sangue idumeu e algumas gotas de sangue judeu. Era conhecido por Antipas, ou simplesmente Herodes, Antig. 17.1,3; 18.5,1; 6.2; Guerras 2.9,1, para distingui-lo do outro Herodes da família, Herodes Antipas. Foi irmão de Arquelau e mais moço do que ele, Antig. 17.6,1; Guerras 1.32,7,33,7. Ele e seu irmão paterno Filipe, receberam educação em Roma, Antig. 17.1,3. Pelo segundo testamento de seu pai, o reino lhe pertencia, 6.1, porém pelas últimas disposições testamentárias, foi nomeado tetrarca da Galileia, e o reino passou a Arquelau, 8, 1. Apesar disso, entrou em competência com o irmão para obter a posse do reino, sem resultado, Antig. 17.11,4; Lc 3.1. Levantou muros em Séforis que veio a ser a capital do reino. Também cercou de muros a cidade de Betaranfta na Pereia e nela edificou um palácio. Essa cidade recebeu o nome de Júlias, em honra da filha de Augusto, Antig. 18.2,1 (veja *Bete-Harã*). Tiberíades também foi por ele edificada, 3. Casou-se com uma filha de Aretas, rei dos árabes nabateanos, cuja capital foi Petra. Depois, estando em Roma com seu irmão Filipe, se apaixonou pela mulher desse seu irmão, divorciou-se da filha de Aretas, sua legítima esposa, e se casou com Herodias. Esta imoralíssima transação produziu seus resultados naturais. Herodias tinha um espírito másculo e Herodes era um fraco. Ela veio a ser o seu gênio mau; fez dele o instrumento do mesmo modo que Jezabel havia feito de Acabe. Aretas, ressentindo pela ofensa contra sua filha, declarou guerra a Herodes que levou a termo com bons resultados, 5, 1. Herodias causou o assassinato de João Batista (Mt 14.1-13); Antig. 18.5,2. Por causa de sua malícia, nosso Senhor o chamou de raposa (Lc 13.31,32). Esse Herodes tinha seus imitadores porque o Evangelho se refere ao fermento de Herodes (Mc 8.15) (veja *Herodianos*). Quando a fama de Jesus se estendeu por toda parte, a consciência atribulada de Herodes fê-lo recear que João Batista houvesse ressuscitado dentre os mortos (Mt 14.1,2). Estava em Jerusalém por ocasião da morte de Jesus. Pilatos enviou o Divino Mestre à presença de Herodes; este julgou oportuno observar a prática de um milagre que não lhe foi concedido, pelo que, ele e seus homens o desprezaram. Nesse dia ficaram amigos Herodes e Pilatos, porque antes eram inimigos (Lc 23.7-12,15; At 4.27). A elevação de Agripa, irmão de Herodias, ao trono, enquanto seu marido continuava como tetrarca, despertou a inveja dessa mulher orgulhosa, que induziu Herodes a ir a Roma em sua companhia, pedir uma coroa para si. Porém Agripa enviou, às escondidas, cartas a Roma ao imperador Calígula, acusando Herodes de estar em pacto secreto com os partas, pelo que foi banido para Lião na Gália, 39 d.C, onde morreu, Antig. 18.7,1,2; Guerras 2.9,6.

III. HERODES, O REI. Josefo o denominou simplesmente Agripa. Ambos os nomes se combinam, passando a ser conhecido por Herodes Agripa I, para distingui-lo de Herodes Agripa II, perante a qual o apóstolo Paulo compareceu. Agripa I era filho de Aristóbulo, filho de Herodes, o Grande, e de Mariana, neta de João Hircano. Educado em Roma com Drusus, filho do imperador Tibério, e Cláudio, Antig. 18.6,1,4. A morte de Drusus e a falta de recursos levaram-no a interromper os estudos e a voltar para a Judeia, 2. No ano 37, fez outra viagem a Roma, levando novas acusações contra Herodes tetrarca, Antig. 18.5,3; Guerras 2.9,5. Não regressou à Judeia quando concluiu os seus negócios, mas permaneceu em Roma, cultivando relacionamentos que poderiam lhe servir no futuro. Entre eles, conseguiu a amizade de Caio, filho de Germânico, que, logo depois veio a ser o imperador Calígula, Antig. 18.6,4; Guerras 2.9,5. Por causa de expressões veementes em favor de Caio, Tibério mandou prendê-lo. Seis meses depois, Caio era imperador, e o nomeou rei da tetrarquia, governada por seu falecido tio, Filipe, e também da tetrarquia de Lisânias, Antig. 18.6,10. No ano 39, o imperador baniu Herodes tetrarca, e ajuntou a sua tetrarquia ao reino de Agripa, 7, 2. Agripa se ausentou do reino por algum tempo e foi residir em Roma, 8, 7. Durante a sua estada em Roma, conseguiu que o imperador desistisse do plano de erguer sua estátua no templo de Jerusalém, 8, 7, 8. Depois do assassinato de Calígula, colocaram Cláudio em seu lugar. Agripa ainda estava em Roma e agiu como intermediário entre o senado e o novo imperador, para que assumisse o cargo, visto relutar em aceitá-lo. Em recompensa, deram-lhe a Judeia e Samaria para aumento de seus domínios, que então eram iguais aos de Herodes, o Grande, Antig. 19.3-5; Guerras 2.11,1-5. Começou então a construir um muro na parte norte da cidade com o fim de recolher um dos subúrbios, o que lhe foi proibido continuar, Antig. 19.7,2. Mandou matar à espada o apóstolo Tiago, irmão do apóstolo João (At 12.1,2), e prender o apóstolo Pedro (At 12.3-19). Em Cesareia, em dia assinalado, vestido em trajes reais, assentou-se no seu tribunal, e fazia um discurso ao povo que o aclamava, tributando-lhe honras divinas. Subitamente, porém, o anjo do Senhor o feriu, e comido de bichos, expirou (At 12.20-23); Antig. 19.8,2, no ano 44, com 54 anos de idade, deixando quatro filhos, três dos quais são mencionados na Escritura. Agripa, Berenice e Drusila, Guer. 2.11, 6.

IV. AGRIPA OU HERODES AGRIPA II. Era filho de Herodes Agripa I, e, como tal, bisneto de Herodes, o Grande, e irmão das famosas Berenice e Drusila, Guerras 2.11,6. Por ocasião da morte de seu pai, no ano 44, tinha ele 17 anos de idade, e residia em Roma, onde foi educado na residência imperial, Antig. 19.9,1,2. O imperador Cláudio foi induzido a não nomeá-lo para o trono de seu pai em vista da sua pouca idade, ficando a Judeia aos cuidados de um procurador. Agripa continuou em Roma. Sucessivamente secundou os esforços dos embaixadores da Judeia para obter a permissão de conservar as vestimentas oficiais do sumo sacerdote, sob a sua direção 20.1,1. Quando seu tio Herodes, rei de Calcis, morreu, pelo ano 48, Cláudio lhe deu o pequeno reino do Antilíbano, 5.2; Guerras 2.12,1; 14.4; cf. 1.9,12, de modo que veio a ser o rei Agripa II. Assumiu a causa dos comissários que tinham ido a Roma para se oporem ao procurador Cumanus e aos samaritanos, conseguindo que o imperador lhes desse audiência, Antig. 20.6,3; Guerras 2.12,7. No ano 52, Cláudio o transferiu do reino de Calcis para um domínio mais vasto, formado pela tetrarquia, composta de Bataneia, Traconitis e Gaulonites, a tetrarquia de Lisânias e a província de Abilene, Antig. 20.7,1; Guerras 2.12,8. A constante convivência com sua irmã Berenice deu ocasião a escândalo, Antig. 20.7,3. No ano 54 ou 55, Nero aumentou os seus domínios com as cidades de Tiberíades e Tariqueia na Galileia, e Júlias na Pereia, 8, 4. Quando Festo substituiu Félix na procuradoria da Judeia, Agripa foi a Cesareia para saudá-lo, acompanhado de Berenice. Nessa ocasião, o apóstolo Paulo estava na prisão. Festo levou o caso ao conhecimento de Agripa, e na manhã seguinte o apóstolo compareceu diante do procurador, do rei e de Berenice, para defender-se, no que foi bem-sucedido (At 25.13 até 26.32). Logo depois, Agripa aumentou as dependências do palácio dos hasmoneus em Jerusalém, Antig. 20.8,11, alargou e enriqueceu de belezas Cesareia de Filipos e estabeleceu exibições teatrais em Beritus, 9, 4. Quando começaram as perturbações que ocasionaram a guerra contra a Judeia, tentou persuadir os judeus a não resistirem ao governador Fadus, no exército romano, Guerras 2.16,2-5,17; 18,9; 19,3. Quando rebentou a guerra, bandeou-se para o lado de Vespasiano, sendo ferido no sítio de Gamala, 3.9,7,8,10,10; 4.1,3. Depois da tomada de Jerusalém, transferiu-se com Berenice para Roma, onde foi investido na dignidade de pretor. Morreu no ano 100.

HERODES, PALÁCIO DE

Palácio-fortaleza, construído por Herodes, o Grande, no ano 24 ou 23 a.C., Antig. 15.9,1,3, no ângulo noroeste da cidade alta, junto às torres de Hípico, Fasael e Mariana, com as quais formava tão resistente baluarte que estimulou a admiração dos próprios romanos, Guerras 5.4,4; 5.8; 6.8,1; 9.1. O seu lugar está atualmente ocupado por uma cidadela moderna, ao lado da porta de Jafa. As três torres foram construídas de pedras brancas. A torre Hípico era quadrada, cujos lados mediam 25 cúbitos de comprimento, ou 13 metros. Até a altura de 30 cúbitos, ou 15,24 m, tinha sido construída de sólida alvenaria; sobre essa elevação existia um reservatório com a profundidade de 20 cúbitos, ou 10,16 m, e ainda sobre ele, erguia-se uma casa de dois pavimentos, com 25 cúbitos de altura, ou 12,7 m, encimada com ameias de dois cúbitos de altura, ou 1,1 m, guarnecidas de torreões de 1,52 m de altura. O total da elevação era de 80 cúbitos ou 40,64 m. A torre Fasael era mais larga do que as outras. Formava um cubo de sólida alvenaria, medindo 40 cúbitos em cada direção (20,32 m), encimada com um claustro com a altura total de cerca de 46 m. A construção terminou pelo ano 10 a.C., Antig. 16.5,2. A torre Mariana tinha metade das dimensões desta, menos na altura que media cerca de 26 m. Herodes a adornou magnificamente como convinha, em honra de sua esposa Mariana. O palácio, propriamente dito, estava situado na parte sul das torres, circundado de muralhas, defendidas por torreões levantados a igual distância uns dos outros. No centro, havia áreas descobertas, plantadas de bosque, ladeadas de numerosos apartamentos, entre os quais, se distinguiam dois pelo seu tamanho e beleza, denominados Cesareum e Agrippium, em honra de seus amigos, Antig. 15.9,3; 10.3; Guerras 1.21,1; 5.4,4. Esse palácio foi ocupado por Sabinus, procurador da Síria, Antig. 17.10,2,3; Guerras 2.3,2,3. Pilatos o adornou interiormente de broquéis de ouro em honra do imperador Tibério; deu-se-lhe o nome de casa dos procuradores (Philo, de legat. ad Caium, 38 e 39). O procurador Florus acomodava-se nesse palácio, onde havia seu tribunal e no qual ordenava a execução das penas de açoites e crucificação, Guerras 2.14,8 e 9. No princípio da luta contra os romanos, os judeus sediciosos lançaram-lhe fogo. As três poderosas torres resistiram às chamas e foram conservadas como testemunha da espécie da cidade que haviam destruído, Guerras 2.17,8; 7.1,1.

HERODIANOS

Nome de um partido político do tempo de Cristo que evidentemente defendia a família de Herodes. Esses Herodes não pertenciam propriamente à geração judia, mas suplantaram a família real e até a linhagem sacerdotal. Mantinham-se apoiados pelos seus amigos de Roma. Se os herodianos defendiam a posição da família de Herodes no exercício das funções reais e sacerdotais, colocavam-se em completo antagonismo contra os fariseus, com os quais, no entanto, se uniram em Jerusalém para comprometer Jesus na questão de pagar ou não o tributo a César (Mt 22.16; Mc 12.13). Na Galileia, ligaram-se outra vez para conspirarem contra a vida de Jesus (Mc 3.6, *cf.* 8.15). Se esse partido apoiava a família de Herodes, por ser representante dos interesses nacionais contra o governo estrangeiro, neste caso, a ligação com os fariseus justifica-se perfeitamente.

HERODIAS

Nome da filha de Aristóbulo e irmã paterna de Herodes Agripa I. Casou-se com Herodes, filho de Herodes, o Grande, e de sua mulher Mariana, filha do sacerdote Simão. O marido de Herodias tem o nome de Filipe no Novo Testamento, não o tetrarca (Mt 14.3; Mc 6.17). É outro Filipe distinto do tetrarca, conhecido por Herodes Filipe (veja *FILIPE*). Seu irmão paterno, Herodes tetrarca, apaixonou-se por ele e com ela se casou, depois de divorciar-se de sua mulher, filha do rei Aretas da Arábia. Por sua vez, ela havia abandonado seu esposo, Antig. 18.5,1,4; 6.2; 7.2; Guerras 9, 6. João Batista condenou esse consórcio ilegal, pelo que, Herodias planejou a sua morte.

Em um dia, em que sua filha Salomé dançava perante Herodes, e na presença dos dignitários da corte, de tal modo caiu nas graças do rei que ele prometeu dar-lhe tudo o que ela pedisse. Herodias aproveitou o ensejo para induzir sua filha a pedir a cabeça de João Batista. O rei se entristeceu, mas devido ao juramento e pelos que estavam à mesa, mandou trazer-lhe (Mt 14.3-12; Mc 6.17-29; Lc 3.19,20; *cf.* Pv 6.26). Quando Herodes tetrarca foi exilado, Herodias o acompanhou, Antig. 18.7,2; Guerras 2.9,6. Salomé, filha de Herodias, casou-se com o tetrarca Filipe, filho de Herodes, o Grande. Ficando viúva, casou-se de novo com seu primo Aristóbulo, filho de Herodes, irmão do rei Agripa e bisneto de Herodes, o Grande, Antig. 18.5,4.

HESBOM

No hebraico, **"prestação de contas"**. Alguns estudiosos também pensam no significado "inteligência", para esse nome. Hesbom era uma cidade na porção sul do território dos hebreus, do outro lado do rio Jordão. Ficava cerca de vinte e nove quilômetros a leste do rio Jordão, cerca de oitenta quilômetros a leste de Jerusalém, e catorze quilômetros e meio ao norte de Madaba, localizada entre os riachos Jaboque e Arnom. O trecho de Números 21.25-30 informa-nos de que, originalmente, a cidade pertencia aos moabitas. Seom, rei dos amorreus, conquistou a cidade, fazendo dela a sua capital. Posteriormente, os israelitas apossaram-se da cidade, quando estavam a caminho de Canaã. Depois que o povo de Israel estabeleceu-se na terra santa, Hesbom ficou na fronteira dos territórios das tribos de Rúben e de Gade, embora conferida à tribo de Rúben (Nm 32.37). Eles a reconstruíam. Tempos depois, os homens da tribo de Gade tomaram conta dela, entregando-a a levitas meraritas como sua possessão (Js 21.39; 1Cr 6.81). Passado algum tempo, os moabitas tornaram a conquistar a cidade, fato esse mencionado nas denúncias de dois profetas (Is 15.4; 16.8,9; Jr 48.2,34,45 e 49.3).

A moderna aldeia de Hesban assinala o local antigo. Os arqueólogos têm encontrado ruínas ali, principalmente da época da ocupação romana. Essas ruínas cobrem os lados de uma colina, de onde se enxergava um largo território, e de onde ruínas de outras cidades antigas também podem ser vistas. Um reservatório de água, em ruínas, talvez, esteja associado às "piscinas de Hesbom", mencionadas em Cantares 7.4. Antigos condutos de água têm sido encontrados ali. Sem dúvida, faziam parte do sistema incorporado àquelas piscinas. Esses condutos ficam no *wadi* Hesban, que flui perto da cidade, quando caem chuvas.

HESMOM

No hebraico, **"gordura"**. Esse era o nome de uma cidade do território de Judá, mencionada em Josué 15.27. Ficava na porção sudeste de Judá, perto de Bete-Pelete. Alguns estudiosos pensam que esse seria o lugar do nascimento dos *hasmoneanos* (vide). Nesse caso, ou eles teriam recebido o nome de família com base nessa cidade, ou então, muito menos provavelmente, a cidade teria adquirido seu nome por causa deles. Josefo usou o termo *hasmoneano* a fim de referir-se à família dos *Macabeus* (Anti. 12.6,1).

HETE (LETRA)

Alguns preferem a transliteração portuguesa Quete. Trata-se da oitava letra do alfabeto hebraico. Ver o artigo sobre o Alfabeto. Aparece também no começo da oitava seção do Salmo 119. Cada letra dessa seção começa com essa letra, um antigo artifício literário para efeito de memorização.

HETE

No hebraico, **"terror"**, **"medo"**. Esse era o nome do antepassado dos hititas. Ele era o filho mais velho de Canaã, e habitava na parte sul da Terra Prometida, perto de Hebrom (Gn 10.15; 23.3,7 e 25.10). Efrom ou Hebrom era descendente de

Hete. Nos dias de Abraão, Hibrom era um lugar habitado pelos descendentes de Hete. Alguns estudiosos têm conjecturado que havia uma cidade chamada Hete; mas nenhuma evidência tem sido achada para consubstanciar tal suposição. As esposas de Esaú foram chamadas "filhas de Hete" (Gn 27.46), embora algumas traduções digam ali "hititas". Esse povo é mencionado por ocasião da compra da caverna de Macpela, por Abraão, que era usada como sepulcro da família (Gn 23; 25.10; 49.32). O fato de Rebeca aconselhar Jacó a não se casar com alguma mulher hitita (Gn 26.46 e 28.1), mostra-nos que os hebreus e os hititas não se ajustavam bem um ao outro.

HETERODOXIA

Essa palavra vem de dois termos gregos, *héteros*, "outro, de espécie diferente", e *doxa*, "opinião". Uma opinião heterodoxa é uma opinião que se opõe a uma opinião ortodoxa. Antes de poder ser definido aquilo que é heterodoxo, é preciso que se tenha um padrão de ortodoxia. Como é óbvio, várias denominações cristãs são acusadas por outras denominações de embalarem opiniões heterodoxas, e vice-versa, o que também ocorre no caso de ideias heréticas. A Bíblia é usada como padrão, mas os defensores de opiniões contraditórias conseguem acusar-se mutuamente. A palavra "heterodoxia", com frequência, é usada como sinônimo de "heresia"; mas outras vezes, indica apenas um grau secundário de desvio, ou de algum desvio sobre questões de pouca importância, em comparação com o que está envolvido nas heresias. Ver o artigo detalhado sobre *Heresia*.

HETEUS

Nome de um povo conhecido também pela designação de filhos de Hete, ligados pelo sangue, ou pela conquista com os povos de Canaã (Gn 10.15; 23.3). Ocuparam durante alguns séculos, a região que se estende desde o norte da Palestina até o Eufrates. Entre as suas cidades, contava-se Cades, sobre o Orontes, Hamate e Carquemis (Js 1.4; 1Rs 10.29). Já nos tempos de Abraão, grupos de heteus tinham se localizado na própria Canaã, e parece que haviam adotado a língua do país. Abraão os encontrou em Hebrom e deles comprou a caverna de Macpela (Gn 23.1-20; 35.9). Esaú casou com duas mulheres da raça dos heteus (26.34,35; 36.2). Os espias que Moisés enviou a reconhecer a terra, encontraram os heteus ocupando as montanhas de Canaã (Nm 13.29). Tomaram parte na guerra contra os conquistadores hebreus, capitaneados por Josué (Js 9.1,2). Também foram encontrados entre as tribos que auxiliaram Jabim, rei de Hazor, na grande batalha em que foi desbaratado a terra, encontraram os heteus ocupando as montanhas de Canaã (11.3). O homem que traiu a cidade de Luz, ou Betel, edificou uma segunda Luz na terra dos heteus (Jz 1.26). Depois da conquista de Canaã por Josué, os heteus ainda permaneceram no país, e estreitaram laços de relacionamento com os israelitas (3.5,6). Aimeleque, um dos companheiros de Davi, era heteu (1Sm 26.6). Urias, contra o qual Davi pecou tão torpemente, pertencia à mesma raça (2Sm 11.3,17,21). Salomão lançou tributos sobre os heteus, com outras tribos que haviam ficado no país (1Rs 9.20,21; 2Cr 8.7,8). Esse rei possuía mulheres heteias no seu harém (1Rs 11.1). Os *kheta*, ou *khita*, dos monumentos egípcios, os *hatti* das inscrições assírias e os *keteioi* de Homero, Odisseia, 11.521, eram os mesmos heteus da Bíblia. Sabe-se, pelos monumentos do Egípcio e da Assíria, e pelas ruínas dos heteus, que o poder desse povo se estendia desde o Arquipélago até o Eufrates, com duas cidades capitais, Carquemis ao norte e Cades ao sul sobre o Orontes. Durante cerca de quinhentos anos, estiveram em luta contra os egípcios, salvo algumas tréguas de paz, travando grandes batalhas com Tutmés III, 16 séculos antes de Cristo e com Seti I e Ramsés II. O sítio de Cades pelo último monarca egípcio foi celebrado em um poema épico pelo poeta Pentaur. Durante quatrocentos anos,
a começar em 1100, a.C., lutaram contra os assírios, resistindo até o ano 717 a.C., quando Sargom, rei dos assírios, tomou Carquemis, e pôs termo ao império heteu. Esculturas dos heteus com hieroglíficos pouco legíveis, têm sido encontradas em Carquemis, em Hamate, e em grande extensão da Ásia Menor. Os heteus constituíram uma raça forte; raspavam a barba, usavam chapéus de forma cônica e túnicas largas; sapatos de bico arrebitados, presos com tiras ao redor dos artelhos. Esse tipo de calçado ainda é utilizado pelos camponeses da Ásia menor, muito cômodo para proteger os pés no tempo da neve. Os heteus também usavam luvas, com um compartimento para o polegar e outro para os quatro dedos, com as quais cobriam o antebraço. Talvez, estes, sejam vestígios dos tempos em que os heteus habitavam nas montanhas da Armênia e nas cordilheiras do Tauro, cobertas de neves eternas.

HETLOM

No hebraico, **"embrulhada"**. Uma cidade mencionada em Ezequiel 47.15 e 48.1. Alguns estudiosos pensam que o nome significa "fortificada". Essa cidade marcava a fronteira norte de Israel. No livro de Ezequiel, essa cidade aparece como o marco fronteiriço *ideal*, o que significa que, na verdade, não era assim. O lugar é desconhecido, embora alguns tenham pensado na moderna Heitela, a nordeste de Trípolis.

HEVEUS

No hebraico quer dizer **"aldeões"**. Um povo que descendia de Canaã (ver Gn 10.17), e que originalmente ocupava a porção mais ao sul daquele território da Palestina, paralela à costa do Mediterrâneo, que os filisteus ou caftorinos posteriormente ocuparam (ver Dt 2.23). Visto que o território dos heveus é mencionado em Josué 13.3, em adição a cinco estados filisteus, parece que o mesmo não estava incluído no território desses últimos, e que a expulsão dos heveus deveu-se a uma invasão filisteia, antes daquela mediante a qual os cinco principados filisteus foram fundados. O território deles começava em Gaza e se estendia para o sul, até o rio do Egito (ver Dt 2.23), formando aquele que se tornou o reino unido dos filisteus de Gerar, na época de Abraão, quando não ouvimos falar sobre uma variedade de estados filisteus. Lemos em Deuteronômio 2.23 que a pátria original dos heveus chamava-se Hazerim, conforme algumas versões. Mas, na Bíblia portuguesa, nesse último trecho citado, o nome deles é grafado *aveus*.

HEXATEUCO

Essa palavra vem do grego, *hex*, "seis", e *teuchos*, "rolo", "livro", "instrumento". A referência é aos cinco primeiros livros da Bíblia, que alguns eruditos vieram a considerar uma unidade natural, da mesma maneira que o Pentateuco refere-se aos cinco primeiros livros da Bíblia. Esses cinco *livros* são tidos como uma unidade natural, visto que a tradição judaica piedosa atribuía todos eles a um único autor, Moisés. Esses cinco livros, pois, vieram a adquirir uma autoridade ímpar, sendo chamados de cinco livros de Moisés ou *Torá*. Esses livros contam a história da origem das coisas e a doação da lei, em que a espiritualidade e os pontos distintivos dos hebreus vieram à existência.

Adição de Outro Livro aos Cinco. No século XVII, alguns eruditos começaram a examinar o conteúdo dos cinco livros, à luz de suas promessas ainda não cumpridas, mas que foram cumpridas no livro de Josué. A eles pareceu que o Pentateuco era incompleto, a menos que se adicionasse o livro de Josué. No século XIX, os estudiosos haviam concluído que esses livros haviam sido compostos com base em quatro documentos primitivos, designados pelas letras J.E.D.P. (S.). Isso indica uma característica essencial de cada suposto documento original. Essas letras significam: J (aqueles escritos onde Deus é comumente conhecido pelo título Yahweh ou Jeová, o que indicaria um escritor específico ou uma escola específica de escritores, que não estiveram envolvidos nas outras porções que vieram a fazer parte do Pentateuco e do Hexateuco). E (aqueles escritos em que o nome divino comum é Elohim, o que, novamente, ao que se presume, teriam sido preparados por outros escritores, que teriam favorecido esse nome divino). D (o autor da lei reiterada, ou seja, do livro de Deuteronômio). S (sacerdotal, que apontaria para o autor ou autores que nos deram os textos que tratam sobre o sacerdócio levítico, suas leis, regulamentos etc.). Há quatro artigos, neste dicionário, intitulados *J.E.D.P. (S.)*, onde ofereço descrições mais completas sobre os materiais envolvidos em cada um desses supostos documentos. Ver também o artigo intitulado *Código Sacerdotal*, quanto ao material que faria parte do suposto documento S. Ver sobre *J.E.D.P. (S.)*.

Há eruditos que acreditam que Josué também esteve envolvido nessas fontes informativas, pelo que deveriam ser consideradas uma parte natural de uma unidade formada por seis livros. Em anos recentes, a teoria dos documentos J.E.D.P. (S.) tem sido posta em dúvida quanto a muitos pontos. Alguns eruditos pensam que a teoria não ultrapassa o livro de Números. Além disso, D não aparece antes de Deuteronômio, mas continua até o fim de 2Reis. Por essas razões, outras classificações têm aparecido, como a do Tetrateuco (os quatro primeiros livros da Bíblia considerados como uma unidade), que teria tido uma conclusão que foi perdida, ou então que foi incorporada nos livros de Josué e Juízes. Ademais, a narrativa deuteronômica tem sido considerada por alguns como um relato que vai desde o Deuteronômio até 2Reis, inclusive, o que significaria que esses livros estariam alicerçados sobre fontes informativas separadas.

Se, antigamente, houve um hexateuco, pode-se supor que, posteriormente, Josué foi um livro que recebeu uma posição subordinada por lhe faltarem a teologia, os ritos e as instituições que distinguiam o judaísmo. Sua história de intermináveis conquistas, de derramamento de sangue e de crueldades, embora muito importante com propósitos históricos, talvez tenha sido reputada fora de sintonia com os livros anteriores, impedindo-o de formar uma unidade literária juntamente com os mesmos. Nesse caso, o Pentateuco elevou-se acima de outros escritos sagrados e tornou-se a base do judaísmo inteiro, a *Torá*. Se isso, realmente, sucedeu, então o Hexateuco era a unidade literária original, e o Pentateuco surgiu mais tarde, por razões teológicas.

Os labores dos estudiosos, que têm procurado descobrir vários níveis de fontes informativas, e um certo número de autores para o Hexateuco, sem dúvida, têm produzido alguns resultados positivos, do ponto de vista bíblico e histórico. No entanto, há muitas teorias em conflito umas com as outras, e não podemos pensar que aquilo que eles têm feito é destituído de erro final. Certo autor descobriu nada menos de dezoito escritores e editores no Hexateuco! Podemos estar certos de que houve pouco mais de dois ou três, e que também houve trabalho de editoração. Porém, mais do que isso, já resulta de pura especulação.

Os eruditos que defendem a natureza ímpar do Pentateuco, oferecem para isso as seguintes razões: **1**. Josué, naturalmente, é continuação e incorporação de muito material proveniente do Pentateuco; mas, nem os judeus e nem os samaritanos lhe deram posição de igual importância às dos cinco primeiros livros. Os samaritanos talvez ansiassem por exaltar o livro de Josué, visto que encerra possíveis textos de prova que favorecem o monte Gerizim, acima de Sião, como o centro legítimo da adoração. Há muita coisa no livro de Josué para recomendar o nacionalismo samaritano. O próprio Josué era um herói efraimita, que convocou as doze tribos para se reunirem a ele em Siquém, à sombra do monte Gerizim (Js 8.32). Importantes eventos ocorreram ali, conforme está registrado no livro de Josué; e, no entanto, os samaritanos apegaram-se ao Pentateuco como sua autoridade maior. **2**. A tradição que apoiava a autoria mosaica do Pentateuco não incorporava o livro de Josué. Sem importar o que pensamos sobre a exatidão dessa tradição, pelo menos ela mostra que ao livro de Josué conferiu-se uma posição inferior, em relação ao Pentateuco. Apesar de todas as suas virtudes, Josué não foi um legislador inspirado, embora tivesse sido um fidelíssimo executor da *Torá*.

HEZIOM

No hebraico, **"visão"**. Esse era um rei da Síria, pai de Tabrimom (1Rs 15.18). Alguns estudiosos pensam que ele é o mesmo Rezom, filho de Eliada (1Rs 11.23). No texto hebraico original, Heziom e Rezom são nomes extremamente parecidos entre si. Ele viveu em algum tempo anterior a 928 a.C.

HEZIR

No hebraico, **"porco"**. Esse era o nome de duas pessoas, nas páginas do Antigo Testamento: **1**. Um sacerdote encarregado do décimo sétimo turno, dentre os 24 turnos de sacerdotes que cuidavam do templo de Jerusalém. Ele viveu na época da Davi (1Cr 24.15), ou seja, por volta de 1014 a.C. **2**. Nome de um homem cuja família retornou do cativeiro babilônico, e que veio residir em Jerusalém. Ele assinou o pacto com Neemias (Ne 10.20). Viveu por volta de 410 a.C.

HEZRAI. Ver sobre *Hezro*.

HEZRO

No hebraico, **"ambiente cercado"**, uma forma alternativa de Hezrai, que aparece em 1Crônicas11.37. Esta última forma ocorre em 2Samuel 23.35. Ele foi um dos trinta poderosos guerreiros de Davi. Era carmelita. Viveu por volta de 1046 a.C.

HEZROM

No hebraico, **"cercado"** ou **"murados"**. Esse é o nome de duas personagens e de uma localidade, no Antigo Testamento: **1**. Um filho de Rúben, filho de Jacó (Gn 46.9; Êx 6.14; 1Cr 4.1; 5.3). Foi o fundador de uma família conhecida por seu nome (Nm 26.6). Viveu por volta de 1874 a.C. **2**. Um filho de Perez e antepassado de Davi (Gn 46.12; Rt 4.18). Viveu por volta de 1856 a.C. **3**. Uma cidade perto da fronteira sul do território de Judá (Js 15.3). Ficava entre Cades-Barneia e Adar. O trecho de Números 34.4 a chama de Hazar-Hadar.

HICSOS

Os hicsos formavam um corpo misto de vários povos, que, vindos da região da Síria, entraram no Egito, no século XVIII a.C. Só foram, finalmente, expulsos da região do delta do Nilo, em cerca de 1580 a.C., pelo Faraó Amose I, fundador da XVIII Dinastia egípcia.

Hicsos é uma transliteração do egípcio, com o sentido de "governantes de terras estrangeiras". Apesar de misturados, parece que a herança racial principal deles era formada por semitas da região noroeste ocupada pelos descendentes de Sem. Eles governaram o Egito, constituindo as dinastias XV e XVI. Sua capital era em Avaris-Tânis, no delta do rio Nilo. Até onde se sabe, foi Meneto, um historiador egípcio do século III a.C., quem os chamou, pela primeira vez, pelo nome de *hicsos*. Alguns estudiosos interpretam tal nome como "reis pastores". O termo egípcio *shushu* (pastores), tem sido confundido como *shosu* (terras estrangeiras).

As ideias mais antigas sobre esse povo incluíam as noções de que eles teriam sido um povo asiático muito numeroso, etnicamente distinto, muito habilidoso nas artes da guerra, sabendo usar carros de combate puxados a cavalo, e que havia entrado no Egito como um furacão. Mas as descobertas feitas por estudiosos recentes mostram-nos que houve apenas uma

HIDAI

mudança de governantes em um Egito debilitado, no fim do Reino Médio. Primeiramente, houve um processo de infiltração lenta, antes que houvesse a invasão por um número maior de hicsos, até que o equilíbrio de poder pendeu para o lado dos hicsos, às expensas dos egípcios. Primeiro eles se apossaram do delta do Nilo e, dessa cabeça de ponte, finalmente se espalharam por todo o Egito, dominando-o inteiramente. Assim, entraram elementos asiáticos na cultura egípcia, embora mesmo assim prevalecessem as características da cultura egípcia.

Parece que, realmente, foi nessa época que houve a introdução do carro de guerra puxado a cavalo, no Egito. Os hicsos usavam armas de bronze, bem como o arco composto, que trouxeram da Ásia. Mas os egípcios adotaram essas novas armas e, de fato, quando se revoltaram contra os hicsos, séculos depois, se utilizaram desse armamento superior.

Alguns eruditos creem que o começo da carreira de José, filho de Jacó, no Egito, deve ter coincidido com a XIV Dinastia egípcia e com o começo do período de dominação dos hicsos. As evidências arqueológicas mostram-nos que eles exerceram alguma influência sobre a Palestina. Construíram espaçosos abrigos de barro para os seus cavalos, um tipo de construção que os arqueólogos também têm encontrado em Jericó, em Siquém, em Laquis e em Tell el-Ajjul. Os hicsos também levantaram muitos templos em honra a Baal, e a deusa-mãe também parece haver sido reverenciada por eles. Objetos de adoração dos hicsos, como figurinhas nuas, serpentes e pombas têm sido desenterrados pelos arqueólogos. Os governantes hicsos adotaram o estilo faraônico, chegando mesmo a se chamarem de filhos de Rá, um dos títulos que os Faraós davam a si mesmos. A adoração do grande deus dos hicsos, Baal, não era vista como legítima pelos egípcios. Há antiquíssimos escaravelhos que indicam que certos estrangeiros galgaram postos administrativos importantes no Egito; e isso ajusta-se bem ao caso de José, embora tais escaravelhos (vide) nada tenham a ver diretamente com ele. (AM E SET)

HIDAI

Alguns estudiosos pensam que o sentido desse nome é desconhecido; mas outros opinam que significa "poderoso" ou "chefe". Esse era o nome de um dos trinta poderosos guerreiros de Davi (2Sm 23.30). Ele era efraimita, da área dos bosques de Gaás. No trecho paralelo de 1Crônicas 11.32, ele é chamado Hurai. É possível que Hidai seja uma forma corrupta de Hurai, embora não se conheçam as razões para tal variante.

HIDEQUEL

Nome de um dos rios que banhavam o jardim do Éden (Gn 2.14). Aparentemente, era nome equivalente ao Tigre (ou então, era um nome que os hebreus davam a esse rio). Visto que as descrições dadas naquele trecho não se ajustam à topografia atual, qualquer identificação é simplesmente impossível. Os eruditos liberais supõem que a passagem é poética e parcialmente imaginária, pelo que nenhuma localização específica teria de ser determinada. Antes, qualquer tentativa nesse sentido seria fútil.

HIDROPISIA. Ver o artigo sobre *Doenças*.

HIEL

No hebraico, **"vida de Deus"**. Esse era o nome de um homem nativo de Betel, que reconstruiu Jericó, mais de quinhentos anos após a sua destruição, quando Israel conquistou a Terra Prometida. Ele viveu no tempo de Acabe, rei de Israel. Ao reconstruir a cidade, ficou sujeito à maldição que fora proferida contra ela (ver 1Rs 16.34). Essa maldição predizia a morte do primogênito do homem que reconstruísse Jericó, e Hiel perdeu dois filhos, enquanto reconstruía a cidade. Um terceiro filho morreu, ao terminar a construção. Isso teve lugar por volta de 915 a.C. Alguns estudiosos supõem que Hiel sacrificou seus filhos em holocaustos, e assim cumpriu pessoalmente a maldição, talvez na esperança de que nada além disso sucederia a ele e ao seu projeto, se assim fizesse. Porém, esses filhos também podem ter morrido de enfermidade, ou por causa de algum acidente. Seja como for, a maldição teve cumprimento. E, além disso, Jericó continuou sendo uma cidade importante por muitos séculos depois disso.

HIENAS

No hebraico, *iyyim*, um vocábulo que aparece somente por três vezes, em Isaías 13.22, 34.14 e Jeremias 50.39. As traduções variam muito quanto ao sentido dessa palavra, indo desde "lobo" até a alguma ave de rapina. Entretanto, a tradução "hiena", escolhida por nossa versão portuguesa, parece ser a mais acertada, segundo vários estudiosos modernos, embora não haja certeza absoluta quanto a isso.

Em outra passagem, Jeremias 12.9, onde aparece o termo hebraico *tsabua*, que nossa versão portuguesa traduz por "ave de rapina", os rabinos, nos escritos talmúdicos, traduziram por "hiena", e isso tem causado considerável confusão entre os eruditos modernos. Em uma outra passagem, 1Samuel 13.18, a expressão "vale de Zeboim" poderia ser traduzida por "vale das hienas", visto que a mesma raiz hebraica está em foco.

A hiena é um animal carnívoro, que se alimenta de cadáveres, e é mais encorpado que o lobo. Tem cabeça grande, queixadas poderosas e as pernas dianteiras são bem mais compridas que as traseiras. A espécie de hiena mais comum, que vive na Palestina, é malhada. Seu *hábitat* vai desde a Índia, passando pelo sudoeste da Ásia e chegando até o leste e o norte da África. Em nossos dias, a população de hienas na Palestina está extremamente reduzida.

A hiena é um animal muito ousado, que caça em bandos pequenos, fazendo como presa até mesmo as zebras, além de muitos outros animais. Além de se alimentar de animais mortos, também causa muitos estragos na fauna viva. Usualmente tem um a quatro filhotes por ano. Seu período de gestação é de três meses. A hiena pode viver até cerca de 25 anos.

HILQUIAS

No hebraico, **"Yahweh é minha porção"**. Nos livros apócrifos, seu nome é escrito com formas variantes, como Helquias (Ed 1.8), Helchias (1Esdras 8.1) e Quelquias (Baruque 1.1,7). Esse foi o nome de vários homens, quase todos eles sacerdotes de Israel, a saber: **1**. Um levita merarita, filho de Anzi, descendente de Merari (1Cr 6.45,46). Foi antepassado de Etã. Viveu em cerca de 1014 a.C. **2**. Outro levita merarita, filho de Hosa, um contemporâneo de Davi (1Cr 26.11). Também viveu por volta de 1014 a.C. **3**. O pai de Eliaquim, que trabalhava como um oficial da corte do rei Ezequias (2Rs 18.18,26; Is 22.20; 36.3). Viveu por volta de 713 a.C. **4**. O pai do profeta Jeremias, mencionado em Jeremias 1.1, e que muitos estudiosos pensam ter sido descendente de Abiatar, o sumo sacerdote dos dias do rei Davi, a quem Salomão removeu do ofício, quando apoiou Adonias. Sabe-se que Jeremias era da família sacerdotal de Anatote (1Rs 2.26). Hilquias viveu em cerca de 628 a.C. **5**. O pai de Gemarias, que era contemporâneo de Jeremias (Jr 29.3). Ele desempenhava as funções de embaixador, representando o rei Zedequias diante de Nabucodonosor, algum tempo antes de 587 a.C. **6**. O sumo sacerdote dos dias de Josias, ativo nas reformas religiosas instituídas por esse rei de Judá. Ele encontrou o livro da lei no templo (2Rs 22.4-14; 23.4; 1Cr 6.13; 2Cr 34.9-22). Viveu por volta de 650 a.C. **7**. Um chefe entre os sacerdotes que retornou com Zorobabel, do cativeiro babilônico (Ne 8.4; 11.11; 12.7,21). Viveu por volta de 445 a.C. **8**. Um sacerdote que ajudou a Esdras, quando foi lida a lei diante do povo, como parte das reformas religiosas ocorridas após o cativeiro babilônico (Ne 8.4).

Vale de Hinom
Davis, John D., 1854-1926, *Novo Dicionário da Bíblia* / [Tradução: J.R. Carvalho Braga]. – Edição ampliada e atualizada – São Paulo, SP: Hagnos 2005.

Alguns estudiosos pensam que se trata do mesmo Hilquias de número sete, acima. Viveu por volta de 445 a.C. **9**. Um antepassado de Baruque, servo de Jeremias (Baruque 1.1,7). **10**. O pai de Susana (Susana 2.29,63).

HIM. Ver sobre *Pesos e Medidas*.

HINOM, VALE DE

Esse vale circunda Jerusalém na parte sul, abaixo do monte Sião. Na Bíblia, esse vale é frequentemente mencionado em conexão com os cruéis ritos a Moloque, que foram imitados pelos reis e pelo povo de Israel (Js 15.8; 18.16; Ne 11.30; Jr 7.31; 19.2). Quando Josias derrotou essa idolatria, ele profanou o vale de Hinom, lançando no mesmo ossos de mortos, a pior de todas as poluições, entre os hebreus. Desde então, o lugar tornou-se uma espécie de monturo, onde sempre havia algum lixo queimando e lançando fumaça. Foi por causa dessa circunstância que apareceu a ilustração da *Geena* (em hebraico, "vale de Hinom") (ver Mt 5.22,23; Mc 9.43; Jo 3.6). De fato, a certa altura das tradições dos hebreus, pensava-se que aquele lugar seria a própria entrada para o inferno, pois, na antiga cosmogonia, julgava-se que o lugar dos mortos seria no interior do globo terrestre.

Esse vale formava parte da fronteira entre os territórios de Judá e de Benjamim. Ficava situado entre o lado sul, pertencente aos jebuseus, isto é, Jerusalém, e En-Rogel (ver Js 15.7 ss.). Em En-Rogel fica a atual fonte da Virgem. O vale de Hinom é o mesmo vale do Cedrom, que corre ao sul de Jerusalém, de leste para sudeste. Porém, se era o que atualmente se chama Bir Eyyub, então há duas outras possibilidades: ou era o vale Tiropoeano, que parte do centro de Jerusalém para o sudeste, ou então era o vale que circunda a cidade nos lados oeste e sul, o qual, em nossos dias, chama-se *wadi* al-Rababi. Todos esses três vales, em sua extremidade sudeste, terminam perto do poço de Siloé. E muitos eruditos pensam que esse *wadi* é a identificação geográfica correta do antigo vale de Hinom. Seja como for, o vale tinha má reputação, pois, além de ser um monturo, onde eram cremados corpos de criminosos e queimado o lixo da cidade etc., segundo certas predições, seria o lugar de uma futura grande destruição, por juízo divino. (Ver Jr 7.31-34), onde é chamado de "vale da Matança".

HINOS HEBRAICOS E JUDAICOS

1. Sabemos que havia uma música religiosa formal na antiga religião de Israel, antes da época de Daví; mas ele, como músico habilidoso que era, e escritor de muitos salmos, deu à música uma posição importante e institucionalizada no culto dos hebreus. Temos descrito isso com detalhes no artigo *Hino* (Hinologia), seção I, *Pano de Fundo do Antigo Testamento*. **2**. Os salmos e cânticos sacros, baseados na Bíblia, formam o tesouro de hinos da congregação judaica. **3**. Poemas pós-talmúdicos receberam o título de *piyyut* (do termo grego *poiesis*, "poesia"). A princípio, essas composições, que não se derivavam diretamente das Escrituras, eram escritas por autores que hoje desconhecemos. **4**. Do século VII d.C. em diante, nomes de compositores de hinos tornaran-se conhecidos por nós, com Jose ben Jose, Hannai e Eleazar Kalir. Saadia Gaon (falecido em 942 d.C.) produziu *piyyut* devocionais. A escola hispano-arabe produziu os hinos de Salomão ibn Gabirol, Moisés e Abraão ibn Esdras, e também Jeudá Halevi. E também houve os *piyyut didáticos* de Yannai e Kalir, bem como seus discípulos dos ritos romano-germânicos. A tendência da época era versificar e musicar homilias rabínicas; e assim certos hinos vieram a ser vinculados a ocasiões específicas, como festividades e eventos importantes da vida religiosa. **5**. Algumas das composições *piyyut* entraram na liturgia da congregação judaica, embora em face de inflexível oposição, da parte de muitas pessoas. As objeções aludidas estavam baseadas sobre estes pontos: ***a***. muitas delas não estavam alicerçadas sobre a *Bíblia*; ***b***. algumas continham problemas doutrinários; ***c***. algumas tendiam perturbar a liturgia e os costumes aceitos; ***d***. algumas eram obscuras ou crípticas em sua linguagem. Não obstante, algumas das mais inspiradas entre essas composições foram retidas, e tornaram-se tradicionais. **6**. O judaísmo reformado introduziu hinos em línguas e liturgias modernas. A primeira coletânea de hinos foi publicada, em 1810, por Israel Jacobsen. Também houve *Hinário de Hamburgo*, de 1845, que foi largamente usado na Alemanha e nos Estados Unidos da América. Seguiram-se outros hinários como o *Hinário da Escola Sabática*, de Isaque S. Moses, de 1920; o *Livro de Cânticos Judaicos*, de A.Z. Idelsohn, de 1929; e o *Hinário União*, publicado por rabinos norte-americanos. A fim de mostrar a extensão dos hinos hebreus, foi lançada a obra de I. Davidson, *Coletâneas de Poesias Hebreias Medievais* (4 volumes, 1924—1933), com cerca de trinta e cinco mil verbetes, embora algumas dessas poesias sejam seculares. Em seguida, poderíamos mencionar a *Coletânia de Poesias Hebreias Orientais* (10 volumes, 1914—1933), com diversos milhares de textos com músicas e orações. Essa seleção é universal, refletindo hinos que têm aparecido dentre a comunidade judaica internacional.

HIPOCRISIA

1. A Palavra e suas Definições. Essa palavra vem do verbo grego que significa "replicar". O substantivo era usado para indicar "aquele que replica" e no uso e desenvolvimento desse vocábulo, veio a assumir o significado de *ator*, partindo da ideia de que os atores replicam uns aos outros. Finalmente, o termo passou a significar "ator" quanto a coisas sérias, até adquirir o sentido moderno de "hipócrita". Essa palavra é usada por vinte vezes no Novo Testamento (sempre nos Evangelhos sinópticos), sempre em mau sentido. Lucas usou a forma verbal por uma vez (Lc 20.20), com o sentido de "fingir". As autoridades religiosas profanavam a prática religiosa, transmutando-a em uma peça de teatro, chegando ao cúmulo de atrair as multidões, que aplaudiam o espetáculo que davam. E a recompensa delas era o aplauso que recebiam.

No Antigo Testamento encontramos o termo hebraico *hanep*, que significa "poluído", "ímpio". A raiz dessa palavra, *hnp*, indica aquilo que é sagrado. Em algumas ocorrências dessa palavra, a Septuaginta traduz por *hipócrita* (como em Jó 34.20; 36.13), mas essa é apenas uma das traduções possíveis, não sendo o seu uso básico. Em Isaías 32.6, segundo a nossa versão portuguesa, o vocábulo hebraico *khoneph* é traduzido por "usar de impiedade". (A raiz hebraica, acima mencionada, aparece em trechos como Jó 13.16; 15.34; 17.8; 20.5; 27.8; 34.30; 36.13; Pv 11.9 e Is 9.17). A ideia básica é a de alguém que usa de duplicidade, mostrando-se assim ímpio e insincero, culpado de levar uma vida fingida, hipócrita.

A *hipocrisia* consiste em fingir alguém ser aquilo que não é como se estivesse representando ser melhor do que, na realidade, o é. Essa é a base do falso orgulho. Alguém gostaria de ser algo significativo. Não sendo isso, o indivíduo apresenta ao público uma fachada de bondade que é falsa ou exagerada. Os sinônimos são a dissimulação, o farisaísmo, o fingimento e a falsa pretensão. O engano sempre faz parte da vida ou dos atos hipócritas.

"A hipocrisia é o ato de simular qualidades de personalidade, de caráter moral e de convicções religiosas ou outras crenças que, na verdade, não estão presentes no indivíduo, o qual assume uma aparência falsa. Se o termo *hipocrisia* é aplicado, no uso comum, à dissimulação deliberada ou à insinceridade intencional, não deveria ser limitado somente à ideia de um engano consciente. Pois esse termo pode também aludir de modo coerente, embora nem sempre bem aceito, às *distorções* inconscientes de algum ideal professado, às discrepâncias ou incoerências não reconhecidas que prevalecem entre aquilo que os homens dizem defender, na teoria, e a qualidade de personalidade que eles demonstram na pratica diária". (E)

2. Referências e Ideias Bíblicas. Oferecemos uma completa revisão sobre as referências veterotestamentárias e seu uso, na seção 1. No Novo Testamento, o termo grego *upókrisis*, "hipocrisia", aparece somente por sete vezes (Mt 23.28; Mc 12.15; Lc 12.1; Gl 2.13; 1Tm 4.2; Tg 5.12; 1Pe 2.1). O adjetivo *upokritês*, "hipócrita", figura por vinte vezes (Mt 6.2,5,16; 7.5; 15.7; 16.3; 22.18; 23.13-15,23,25,27,29; 24.51; Mc 7.6; Lc 6.42; 11.44; 12.56; e 13.15). Todos esses usos ocorrem nos Evangelhos sinópticos, envolvendo, essencialmente, a denúncia de Jesus contra os líderes religiosos, cuja espiritualidade não correspondia à ostentação deles em público.

Ideias Bíblicas. Deus reconhece e detecta os hipócritas (Is 29.15,16); Cristo reconhecia-os e detectava-os (Mt 22.18); Deus não encontra prazer algum na hipocrisia (Is 9.17); um hipócrita não pode apresentar-se diante de Deus, esperando o seu favor (Jó 13.16); os hipócritas são cegos por sua própria vontade (Mt 23.17,19); os hipócritas são justos aos seus próprios olhos (Lc 18.11), e também apreciam a ostentação (Mt 6.2,5), e, além disso, são censuradores, condenando ao próximo (Mt 7.3-5; Lc 13.14,15); promovendo as tradições humanas, em vez da verdade divina (Mt 15.1-3); e requerem muitas práticas religiosas triviais, às quais emprestam um exagerado valor (Mt 23.23,24). Além disso, se exibem uma forma externa de piedade, não possuem a verdadeira espiritualidade (2Tm 3.5); professam a fé religiosa, mas não a praticam (Ez 33.31,32; Mt 23.3; Rm 2.17-23); falam sobre coisas grandiosas, mas seus atos não correspondem àquilo que dizem (Is 29.13, Mt 15.8). Gloriam-se nas meras aparências (2Co 5.12); insistem em ter privilégios especiais (Jr 7.4; Mt 3.9). Outrossim, oprimem aos incapazes (Mt 23.14); apreciam ocupar lugares proeminentes (Mt 23.6,7); a adoração deles não é aceita por Deus (Is 1.11-15); procuram destruir outras pessoas com as suas calúnias (Pv 11.9). A hipocrisia está ligada à apostasia (1Tm 4.2); impede o crescimento na graça divina (1Pe 2.1). Há um *ai* pronunciado contra os líderes religiosos hipócritas (Mt 23.12); o castigo divino aguarda por esses (Js 25.34; Is 10.6; Mt 24.51).

3. Exemplos Bíblicos de Hipocrisia. Caim (Gn 4.3); Absalão (2Sm 15.7,8); os judeus, em tempos de desvio e apostasia (Jr 3.10); os fariseus (Mt 16.3); Judas Iscariotes (Mt 26.49); os herodianos (Mc 12.13,15); Ananias (At 5.1-8); Simão (At 8.13-23); até mesmo Pedro e Barnabé caíram em pecado de hipocrisia, no tocante ao tratamento que deveria ser dado aos crentes gentílicos, no começo da dispensação do evangelho, conforme nos informa Paulo, em Gálatas 2.13.

4. Um Emprego Filosófico Útil. Os filósofos existenciais fornecem-nos um certo discernimento sobre a questão da hipocrisia. Eles se referem à hipocrisia com o nome de existência não *autêntica*. Quando alguém se amolda à opinião e às expectativas públicas, em vez de seguir os ditames de sua própria consciência, então está levando uma existência não-autêntica. A busca pela *autenticidade* é uma das principais preocupações do homem verdadeiramente justo. A Bíblia insiste em que devemos ser autênticos em nossas palavras e em nossas ações.

5. Todos os Religiosos são Hipócritas. É fácil chamarmos outras pessoas de hipócritas; e é ainda mais fácil sermos tão arrogantes que nos consideramos autênticos, enquanto todas as outras pessoas seriam destituídas de autenticidade. A verdade é que todas as pessoas religiosas, incluindo até mesmo as sinceras, e até mesmo aquelas que buscam diligentemente pela autenticidade, em certo grau, são hipócritas. Isso é verdade porque o ideal está sempre acima de nossa capacidade de *realização*. Além disso, a nossa tendência é tentar apresentar diante dos outros a ideia de que temos atingido melhor os ideais de sinceridade e autenticidade do que na realidade o fizemos. E não somente isso, mas também conseguimos enganar a nós mesmos, pensando que somos melhores do que, na realidade, o somos. Portanto, não somente somos hipócritas diante de nossos semelhantes, mas até mesmo diante de nós. Todavia, isso *não anula* qualquer genuína espiritualidade. Devemos continuar subindo na direção do ideal. A hipocrisia tem muitos níveis. Parte da inquirição espiritual consiste em ir eliminando a hipocrisia, juntamente com muitos outros defeitos de caráter, debilidades e vícios.

A *humildade* é uma virtude, e nos ajuda a anular a hipocrisia. Ver o artigo sobre esse assunto.

HIPÓSTASE

Substantivo grego, que, na teologia oriental, tornou-se a designação padrão de cada pessoa da Trindade divina. Seu termo latino mais próximo e equivalente é *persona*.

A palavra tem uma ampla gama de significados não técnicos (*cf*. suas ocorrências no NT em 2Co 9.4; 11.17; Hb 1.3; 3.14; 11.1), apresentando em filosofia e teologia uma acepção de "ser, realidade substancial" com referência à natureza ou à substância da qual consiste uma coisa (*cf*. Hb 1.3) ou à sua particularidade. Contra o monarquismo, Orígenes insistia que Pai, Filho e Espírito eram *hipóstases* eternamente distintas. Até o século IV (p.ex., o Credo de Niceia, em 325), a palavra *hipóstase* era usada quase que em intercâmbio com *ousia* (ver Substância), mas Basílio e seus companheiros capadócios atribuíram-lhe a relevância de designar as três apresentações objetivas de Deus, restringindo *ousia* para a divindade como única. Essa diferenciação corresponderia, em sentido amplo, a uma só *substantia* e três *personae*, em termos teológicos latinos — só que causou confusão, pois *substantia* teria como equivalente etimológico grego *hipóstase*, e não *ousia*.

A diferença entre *hipóstase* e *ousia* é sutil, porque ambas falam de entidades ou seres avulsos. *Ousia* refere-se mais à essência ou natureza interna (Deus, quanto à sua divindade), enquanto *hipóstase* diz respeito mais à individualidade objetiva e concreta das três pessoas (de que o termo latino correspondente mais próximo seria *subsistentia*).

Em cristologia, o Concílio de Calcedônia (451) distinguiu entre a hipóstase única do ser encarnado de Cristo e suas duas *physeis*, naturezas (divina e humana), unidas naquilo que os teólogos alexandrinos chamavam de "união hipostática". (Eles haviam anteriormente usado a palavra *physis* quase no sentido de hipóstase, para o ser único de Cristo.) Após Calcedônia, o debate continuaria, sobre a integridade da natureza humana de Cristo — se carecia ou não de um centro ou foco pessoal e se era ou não uma natureza estritamente não pessoal (*anipostática*), como ensinavam os teólogos a exemplo de Cirilo de Alexandria. (Alguns dos teólogos antioquinos atribuíam uma hipóstase à natureza humana de Cristo). A hipóstase única, afirmada por Calcedônia, era geralmente interpretada como o *Logos*, o Verbo Divino.

Uma solução para o problema foi propiciada por Leôncio de Bizâncio (m. *c.* 543), cuja vida permanece obscura, mas que foi provavelmente um monge palestino que viveu alguns anos em Constantinopla. Leôncio escreveu obras tanto contra os nestorianos como contra os monofisistas, usando de categorias aristotélicas de um modo novo a serviço da definição cristológica. De acordo com a interpretação tradicional, seu ensino, basicamente inspirado em Cirilo, declarava que a humanidade de Cristo, embora *anipostática*, era *enipostática*, "intra-hipostática", i.e., tinha sua subsistência pessoal na pessoa do *Logos*, embora ainda preservando, como os adeptos de Calcedônia afirmavam, suas propriedades características. O Deus encarnado encerrava dentro de si mesmo, desse modo, a perfeição da natureza humana. Essa noção de *enipostasia* (o termo grego *enhypostatos*, já usado anteriormente pelos neoplatonistas) viria a ser desenvolvida por Máximo, o Confessor, e João Damasceno.

Uma recente reinterpretação, de D. B. Evans (*Leontius of Byzantium: an Origenist Christology* [Leôncio de Bizâncio: uma cristologia baseada em Orígenes], Washington, 1970), alega que para Leôncio tanto a natureza divina quanto a humana eram enipostáticas, na hipóstase de Jesus Cristo, que não era a do *Logos*. Essa visão, que torna Leôncio um seguidor de Orígenes em cristologia e que é devida a Evágrio, o Pôntico (346-399), escritor pioneiro em espiritualidade monástica, tem encontrado razoável aceitação (p.ex., J. Meyendorff, *Christ in Eastern Christian Thought* [Cristo no pensamento cristão oriental], New York, 21975), mas também muita resistência (p.ex., J. J. Lynch, *in: TS* 36, 1975, p. 455-471; B. Daley, *in: JTS* 27, 1976, p. 333-369).

(**D. F. Wright**, M.A., reitor da Faculdade de Teologia e catedrático de História Eclesiástica do *New College*, Universidade de Edimburgo, Escócia.)

BIBLIOGRAFIA. J. N. D. Kelly, *Early Christian Doctrines* (London, 51977), G. L. *Prestige, God in Patristic Thought* (London, 1959); H. M. Relton, *A Study in Christology* (London, 1917); M. Richard, *Opera Minora*, vol. II (Turnhout & Louvain, 1977), capítulos sobre hipóstase e sobre Leôncio.

HIRA

No hebraico **"esplendor"**. Esse era o nome de um adulamita amigo de Judá, segundo se vê em Gênesis 38.1,12. A Septuaginta diz "seu pastor", em lugar de "seu amigo", e as palavras hebraicas envolvidas podem ser assim interpretadas. Todavia, preferimos pensar que a tradução "amigo" é que está correta.

HIRÃO

No hebraico, **"nascido nobre"**. Nome de três personagens ligadas à narrativa bíblica, de alguma maneira, a saber: **1**. Hirão, rei de Tiro, que teve negociações com Davi e Salomão, enviando carpinteiros, pedreiros e madeireiros a Davi, ajudando-o a construir seu palácio (2Sm 5.11). Depois, negociou com Salomão, após a morte de Davi, entrando em aliança com ele, de natureza mais íntima, em relação a qualquer outro período da história de Israel. Alguns estudiosos distinguem entre o Hirão que negociou com Davi, e o Hirão que entrou em aliança com Salomão, pensando que este último seria neto do primeiro. Quase todas as minhas fontes informativas pensam, porém, que se trata de um único indivíduo. Seja como for, o Hirão que tratou com Davi mostrou ter-lhe muito respeito. Então Salomão subiu ao trono de Israel, e Hirão estabeleceu com ele um pacto (seria ou não seu neto?), suprindo-lhe madeira e operários especializados, para a construção do templo de Jerusalém. O nome *Hirão* parece ser de derivação fenícia. A forma fenícia desse nome era Hirom (ver 1Rs 5.10,18; mas nossa versão portuguesa diz ali, igualmente, "Hirão").

Isso seria uma abreviação de *Airão* (ver Nm 26.38), que significa "meu irmão é o (deus) exaltado". Seja como for, as descobertas arqueológicas mostram que o plano do templo judeu seguia um modelo comum aos templos fenícios. Isso significa que a influência estrangeira era grande, e o labor de estrangeiros possibilitou a ereção da estrutura. Salomão pagou parte da dívida assumida, mediante o comércio, especialmente com trigo e azeite de oliveira (1Rs 5.2-11). E, naturalmente, os operários foram pagos por Salomão. Esses operários eram especializados nos mais variados misteres. Entre eles havia até bordadores e entalhadores (2Cr 2.3-7). Após o levantamento do templo, as relações entre judeus e fenícios continuaram cordiais e vitais. Salomão deu a Hirão vinte aldeias na Galileia e em troca recebeu cento e vinte talentos de ouro (1Rs 9.10-14). Isso fez parte de um acordo sobre questões fronteiriças, com vantagens econômicas para ambos os lados. Todavia, Hirão devolveu as aldeias, julgando-as dotadas de pouco valor. Salomão e Hirão também cooperaram no comércio marítimo. Suas duas frotas importavam ouro, prata e artigos raros, como macacos, pavões, marfim e outros itens do comércio (1Rs 10.22; 2Cr 9.21). Hirão supria marinheiros experientes, (segundo se vê em 1Rs 9.26-28 e 2Cr 8.17), visto que os israelitas nunca foram bons marinheiros. Josefo (Apion I.17,18) diz-nos que o pai de Hirão era Abibalo, que fora rei de Tiro antes dele, e que Hirão e Salomão trocaram intensa correspondência, consultando-se entre si sobre vários problemas e ideias. Salomão compartilhou sua sabedoria com esse rei de Tiro. Morreu com a idade de 53 anos, após um próspero reinado de 34 anos. Josefo também o mencionou, em *Anti.* 8.2,6,7. Ele tomou por empréstimo informes dos historiadores Menandro e Dio. A história também nos informa que Hirão guerreou contra Chipre, a fim de obrigar o pagamento de tributos, além de ter fortificado a ilha de Tiro, onde edificou templos a Astarte-Melquarte (mais tarde chamada Hércules). Também adornou outros templos. Clemente de Alexandria e Taciano asseveraram que uma filha de Hirão casou-se com Salomão, o que parece ser correto. Sabemos, com base em 1Reis 11.1,2, que havia mulheres sidônias entre suas esposas. **2**. Hirão era filho de uma viúva da tribo de Dã, e seu pai era um homem de Tiro. Ele foi enviado pelo rei do mesmo nome a fim de executar as principais obras do interior do templo de Jerusalém, provendo os vários utensílios necessários para os ritos sacros (1Rs 7.13,14,40). É possível que o fato de que ele era meio israelita tenha servido de fator que facilitou sua seleção para a tarefa. Em 2Crônicas 2.13 e 4.11,16, ele é chamado Hurão (em nossa versão portuguesa *Hirão-Abi*). Viveu por volta de 1000 a.C. **3**. Outro Hirão, rei de Tiro, é mencionado nos anais reais do grande conquistador assírio, Tiglate Pileser III (744-727 a.C.), acerca de quem nada se sabe, e que nem ao menos desempenha qualquer papel no relato bíblico.

HISSOPO

A planta que, atualmente, tem esse nome é a *Hyssopus officinalis*, uma erva medicinal arbustiva, da família da menta, que chega até cerca de sessenta centímetros de altura, com pequenos cachos de flores azuis. Todavia, os estudiosos não se têm sentido capazes de identificar a planta bíblica desse nome, havendo muitas opiniões a respeito. Na Bíblia há onze referências a essa planta, nove no Antigo Testamento, e duas no Novo Testamento (Êx 12.22; Lv 14.4,6,49,51,52; Nm 19.6,18; 1Rs 4.33; Sl 51.7; Jo 19.29 e Hb 9.19). A menção mais notável é a do Evangelho de João, posto que foi mediante essa planta que, um pouco de vinagre, embebido em uma esponja, foi levado até os lábios do Senhor Jesus.

Essa referência tem sido motivo de debates, visto que alguns eruditos pensam que o hissopo não era uma planta de ramos suficientemente longos para poder ser usada com essa finalidade. Há uma variante textual que dá o termo latino correspondente à *lança,* supondo que um soldado ergueu a esponja, embebida em vinagre, na ponta de sua lança. Dou amplas explicações a respeito, *in loc.,* no NTI. De fato, algumas traduções têm adotado *lança* como o verdadeiro texto, apesar do fato de que essa variante conta com menos evidências textuais nos manuscritos antigos. Quanto ao comprimento do ramo de hissopo, devemo-nos lembrar que, em contraste com as ideias dos artistas sobre a crucificação, os executados não ficavam tão distantes do solo como se vê nas gravuras, pelo que não seria necessário o uso de qualquer planta de ramos longos. Certas espécies de hissopo, sem dúvida, poderiam ter realizado o trabalho.

A referência em Hebreus 9.19,20 diz que Moisés usou hissopo a fim de aspergir o sangue dos animais sobre todo o povo e sobre o *livro*. De fato, os informes históricos nos mostram que o livro, propriamente dito, não foi aspergido com sangue. E esse aparente equívoco do autor da epístola aos Hebreus tem feito os céticos se regozijarem, e os harmonizadores fanáticos chorarem e buscarem toda forma de explicação distorcida. Esse tipo de atividade é ridículo, porquanto coisas triviais como essas são completamente destituídas de importância para a fé, nada tendo a ver com a *autoridade* das Escrituras. Além disso, como é natural, não foi a multidão inteira que foi salpicada de sangue, mas apenas alguns representantes, que estariam mais próximos de Moisés na ocasião; outra questão sem importância.

Aparecem instruções dadas a Moisés, em Êxodo 12.22. Ele deveria tomar um ramo de hissopo e mergulhá-lo no sangue do cordeiro, na bacia. Então esse sangue seria aplicado à verga e às ombreiras da porta de entrada das casas dos israelitas, como um meio de protegê-los do anjo da morte. Esse foi o começo da Páscoa; e, daí por diante, tornou-se costumeiro observar algum memorial a respeito. O hissopo também era usado nos ritos de purificação dos leprosos (Lv 14.4,6), nos casos de pragas (Lv 14.49-52) e por ocasião do sacrifício da novilha vermelha (Nm 19.2-6; Hb 19.19). Outrossim, o trecho de Salmo 51.7 usa o termo em alusão à purificação espiritual, como metáfora que indica que Deus nos purifica do pecado.

As identificações do hissopo incluem as seguintes espécies vegetais: **1**. O orégano sírio, chamado cientificamente de *Origanum maru L.*; **2**. O orégano egípcio, cujo nome científico é o *aegypticum* L; **3**. O *hissopo* mencionado em 1Reis 4.33 pode ter sido uma samambaia (a *Capparis sicula*) que crescia em paredes, visto que era diferente daquela usada nos ritos da Páscoa; **4**. E o "hissopo" usado por ocasião da crucificação do Senhor Jesus pode ter sido a *Sorghum vulgare,* uma erva do tipo milho, que podia atingir a altura de 1,80 m.

A planta moderna, *hyssopus officinalis* não medrava nem na Palestina e nem no Egito, pelo que dificilmente pode ter sido a planta em questão. Provavelmente, estão em pauta várias plantas, nas diversas referências bíblicas, o que pode ter incluído algumas das plantas mencionadas.

HISTÓRIA

A história bíblica é a narração dos fatos que servem de base à religião da Bíblia (cf. Mc 10.2-9; Rm 15.4; 1Co 10.11). Divide-se em quatro períodos distintos: **I**. A criação do universo mostrando a relação do mundo com Deus; introdução à história do homem; **II**. Esboço da história da humanidade com a introdução à história do povo escolhido; **III**. História do povo escolhido em seu relacionamento com Deus, e preparação para a vinda de Cristo; IV. História do estabelecimento da igreja entre as nações.

I. Criação do Universo mostrando a relação do mundo com Deus e a introdução à história do homem, Gênesis 1.1 até 2.3 (veja *Criação* e *Sábado*). A grande doutrina consiste em mostrar que Deus é o Criador e o Senhor de todas as coisas. Nega o materialismo e o ateísmo. Ensina que Deus é ente pessoal e onipotente, cuja manifestação na história humana é incontestável.

II. Esboço da História do Homem mostrando a relação da raça humana com Deus, e a introdução à história do povo escolhido, Gênesis 2.4 até 11.26. Os acontecimentos desse período são objeto de observação, transmitidos pelo testemunho humano. Divide-se em duas partes, marcadas pelo Dilúvio. A narrativa é simétrica: dez gerações antes do Dilúvio, desde Adão até Noé, inclusive; e dez gerações, depois do Dilúvio, desde Sem até Abraão, inclusive, cap. 5; 11.10-26. O período pós-diluviano divide-se em duas partes começando com Pelegue, em cujos dias se fez a divisão da terra. Desde Sem até Pelegue, inclusive, há cinco gerações; e desde Réu até Abraão, inclusive, cinco gerações. No período antediluviano, temos o pacto com Adão, quebrado pela desobediência; o curso da maldade humana, o castigo pelo Dilúvio e o livramento de Noé. No período pós-diluviano, temos o pacto incondicional feito com o patriarca Noé, os novos preceitos dados por Deus ao homem, o aumento da população, a crescente independência ou afastamento dos preceitos divinos, o castigo pela confusão das línguas e a dispersão dos povos. A genealogia, desde Sete até Abraão, está devidamente registrada, junto à origem comum com as outras famílias da terra. A bacia, do Tigre e do Eufrates, foi o local dos acontecimentos desse período, pelo menos, todas as minudências históricas e geográficas se referem a essa região, 2.14; 8.4; 10.10; 11.2,28. Desse centro saíram os povos em todas as direções, especialmente para o ocidente e para o sul, sem que as altas montanhas impedissem a sua marcha, cap. 10. No fim desse período, o mundo habitado, até onde relata a História, estendia-se desde o mar Cáspio, montanhas do Elã e o golfo Pérsico ao oriente e parte ocidental, até as ilhas gregas e as praias fronteiras da África; e desde as vizinhanças do mar Negro, ao norte, até o mar Arábico, ao sul. O período de tempo, decorrido entre Adão e Abraão, é calculado em 1946 anos, mas deve ser mais longo (veja *Cronologia*). Esse período que é mais extenso do que o tempo decorrido desde o nascimento de Cristo até os dias atuais, é notável pela escassez de milagres, no sentido em que a Escritura emprega esse termo (veja *Milagres*). Com a história pessoal do homem começam as teofanias, raras na verdade, mas que ocupam lugar importante na história da revelação (Gn 3.8s). Durante esse período, o homem progrediu em civilização. Havia sido criado com aptidões, e recebeu poderes para dominar a natureza. Avançou, passando desde o estado de nudez, ao uso de folhas das árvores para se cobrir e desde o uso das peles (Gn 2.25; 3.7,21), às roupas feitas de tecidos; do alimento das frutas nativas passou à alimentação obtida pelo trabalho rural e à carne dos rebanhos (Gn 1.29; 4.2). As habitações primitivas eram incertas e foram substituídas pelas tendas portáveis; depois vieram as habitações fixas, 4.17, e as grandes cidades construídas de tijolos, 11.3,4; da família passou à tribo e da tribo ao estabelecimento de nações, 10.10. Do tempo em que não existiam meios de fabricar instrumentos de trabalho até o tempo em que faziam instrumentos musicais, 4.21,22. Nesse período, também a linguagem simples desdobrou-se em dialetos e idiomas, 10.5; 11.1,6,9. O homem reconheceu o dever de andar na presença de Deus em santidade de vida, (3.2,3,10; 4.7; 5.22; 6.9; fez distinção entre animais puros e impuros, 7.2; 8.20; levantou altares e adorou a Deus com sacrifícios e dons, 4.3,4; 8.20, e lhe dirigiu preces, 4.26. A religião sofreu decadência, 6.2,5, e a idolatria progrediu, Josué 24.2 (veja *Gênesis, Éden, Adão, Satanás, Abel, Caim, Enoque, Dilúvio, Noé, Babel*).

III. História do Povo Escolhido em que se observam a relação entre ele e Deus, e os preparativos para a vinda de Cristo. Esse período difere do precedente em que o local para os acontecimentos passa, do vale do Tigre e do Eufrates, para a Palestina. Canaã é o centro. A duração desse período, começando com o nascimento de Abraão, diz Usher, que é de 1996 anos. Com certeza, há erros nesse cálculo, mas se ambos os períodos são iguais ou se o total é de alguns centos de anos a mais ou a menos é coisa que não se pode verificar, nem pelos dados da Bíblia nem por outros estranhos a ela. No princípio desse período e em outras ocasiões posteriores, além dos vários modos pelos quais Deus se revelava aos homens, apareceu também em teofanias. Nesse período se compreendem três das quatro grandes épocas de milagres, que são o livramento do cativeiro do Egito e o seu estabelecimento na terra de Canaã sob o comando de Moisés e Josué; a luta de morte entre os adoradores de Jeová e de Baal, nos dias de Elias e de Eliseu e durante o cativeiro da Babilônia. Essas épocas de milagres estão separadas entre si por espaços seculares, nos quais raramente ocorriam milagres. Esse período, por amor à clareza, pode dividir-se em seções acompanhando os graus sucessivos do desenvolvimento do povo de Deus como segue:

1. Tribo independente em Canaã sob o governo de Abraão, Isaque e Jacó. O patriarca era o sacerdote, e o responsável pelo governo da tribo. (veja a história dessa seção nos artigos *Abraão, Sonho, Visões, Teofania, Melquisedeque, Isaque e Jacó*.

2. O povo das 12 tribos em escravidão no Egito por muito tempo (veja *Egito, José, Faraó, Milagres, Êxodo, Mara, Maná, Codornizes, Refidim*).

3. Nação independente constituída no Sinai. Chegando ao Sinai, o povo constituiu-se em nação, aceitando o pacto que Deus lhe propôs, contido nos Dez Mandamentos, que ao mesmo tempo era a sua carta constitucional. Jeová é o rei que habita no Tabernáculo que está no meio de seu povo, revela-se aos profetas e aos sacerdotes, e exerce as funções de poder legislativo, judicial e executivo por meio das leis que decreta, pelos juízes que pronuncia e pelos oficiais que ele constitui. A nação era: *a. Uma irmandade de 12 tribos* sob uma constituição religiosa e com um santuário comum, Êxodo 19; 1Samuel 7. O sumo sacerdote era o chefe representativo, auxiliado pelos profetas, e ocasionalmente pelos chefes, como Moisés (veja *Sinai, Teocracia, Tenda, Tabernáculo, Levítico, Campo*). Deixando o Sinai, os israelitas dirigem-se para Cades. Pela fraqueza de sua fé, tiveram de regressar ao deserto, onde peregrinaram durante 38 anos (veja *Números, Deserto, Coré*). Finalmente, rodearam o país de Edom e acharam saída pelas cabeceiras do Arnom. Seguiu-se a conquista do país pelo lado do oriente do Jordão (veja *Seom e Ogue*). O centro de operações localizou-se no vale desse rio (veja *Sitim, Balaão, Baal-Peor, Midiã, Deuteronômio*). Por ocasião da morte de Moisés atravessaram o Jordão, conquistaram e possuíram a terra de Canaã (veja *Josué, Canaã, Siló*). Depois de se estabelecerem na terra conquistada, ocorreu a morte de Josué, que foi substituído, a intervalos, por outros indivíduos de capacidade e influência em número de 15, que conduziram o povo na guerra contra os inimigos e que exerciam as funções governamentais (veja *Juízes, Samuel*). Forças unidas operaram nos tempos dos juízes, demonstrando seu grande poder. Infelizmente, obstáculos de ordem natural, pequenas divergências e interesses locais, por vezes os separaram. Existem brilhantes exemplos de piedade e de amor filial e, ao mesmo tempo, o espetáculo humilhante de um povo seduzido pela idolatria (veja *Juízes*). Durante esse período, manifestou-se a fraqueza e os descobriram os defeitos do coração humano, referentes ao pacto com Deus. Logo no princípio mostraram falta de fé em Deus, como se observa nos acontecimentos de Cades; nos ciúmes entre as tribos que provocaram a rebelião de Coré e de seus companheiros contra o sacerdócio de Arão e contra a supremacia política de Moisés e a facilidade com que o povo se entregava à idolatria, demonstrava na adoração do bezerro de ouro e nas seduções do culto de Baal-Peor. Os grandes erros políticos da época foram o pacto que Josué fez com os gibeonitas e o descuido da tomada de Jerusalém — erros e defeitos que tiveram consequências desastrosas na história do povo de Israel. *b. A Monarquia das 12 Tribos*. O povo havia se descuidado de consolidar a centralização nacional que tinha sido contemplada nos planos religiosos, deixou-se dominar por sentimentos de bairrismo e acostumou-se a deixar o Senhor e se entregar a ídolos. A atitude ameaçadora das nações vizinhas produziu nos israelitas a necessidade de organizar um governo forte e de eleger um chefe militar. Samuel estava velho. Esqueceram-se das sábias provisões que Deus tinha feito e pediram um rei. Ao lado do sumo sacerdote e do profeta estava agora um governador permanente, investido de poder supremo, em lugar dos juízes que Deus havia instituído. Saul foi o primeiro rei, que não fundou dinastia, por desconhecer as funções privilegiadas do sumo sacerdote e profeta; finalmente, o modo pelo qual desobedeceu às ordens explícitas de Deus, foi causa de ser rejeitado e escolhido Davi para receber a coroa (veja os livros de Reis, Samuel, Saul, Davi). No tempo de Davi, as 12 tribos se unificaram depois de uma guerra civil que durou sete anos. Jerusalém foi tomada dos jebuseus e constituída capital civil e religiosa do reino. Os limites se estenderam, pela conquista, para além do norte de Damasco, sendo feitos tributários os povos vencidos. Edom foi colocado sob governo de procuradores de Davi (veja *Jerusalém*). A Davi sucedeu Salomão que erigiu o templo de Jerusalém, embelezou a cidade, levantou fortificações; a fama de Israel estendeu-se grandemente. Porém, o peso de tributos afligiu o povo. Depois da morte de Salomão, seu filho deixou de atender às reclamações populares que pediam diminuição de impostos, o que provocou a revolta das dez tribos contra a casa de Davi (veja *Salomão, Reoboão, Israel*). *c. A monarquia reduzida à tribo de Judá*. Dez tribos se revoltaram, formando um novo reino cismático e apóstata. As causas que provocaram a revolta eram várias e remotas (veja *Israel*). O reino de Judá tinha maior força, força natural, pela posição em que se encontrava, por ter a capital, o governo organizado, por ser o centro religioso, onde o povo se acostumou a ter força moral, consistindo na adesão à linha dos reis legítimos, que sempre foi grande elemento histórico, em ter a verdadeira religião que exerceia grande influência, na consistência de ser fiel a Jeová e, finalmente, em possuir reis mais piedosos. Era objeto de cuidados providenciais da parte de Deus que ali mantinha o conhecimento e a adoração de si mesmo entre os homens, preparando o advento do Messias. A história religiosa de Judá nesse período foi assinalada por sensível declínio nos dias de Reoboão, 1Reis 14.22, e outra vez, nos dias de seu filho Abião, 15.1-3, e ainda nos dias de Jorão e Acazias, 2Reis 8.27. A causa desse declínio religioso é atribuída a Salomão que introduziu no reino a idolatria, para ser agradável às mulheres estrangeiras com as quais havia se casado. A mãe de Reoboão era amonita, para quem Salomão construiu um lugar alto em honra a Moloque, a quem havia sacrificado. Jorão era genro de Acabe e Jezabel. Cada um desses períodos de decadência religiosa foi seguido de um movimento reformador. Um destes foi no tempo do rei Asa, e outro no tempo de Joás; este mesmo, mais tarde, se apartou do Senhor, dando ocasião a outra reforma religiosa, que ainda foi seguida pelo domínio da idolatria sob a perniciosa influência do rei Acabe. Começou, nesse período a invasão dos assírios. A nação enfraquecida pela separação das tribos e degenerada pela idolatria, não podia oferecer resistência aos inimigos. Estes avançaram até chegar à conquista do Reino do Norte, o reino de Israel (veja *Israel, Samaria, Sargom*). *d. A monarquia de Judá isolada*. O Reino do Sul estava então exposto aos ataques dos assírios, e mais tarde, aos dos seus sucessores os babilônios (veja *Ezequias, Senaqueribe, Manassés, Nabucodonosor*). As condições religiosas do povo não eram boas, apesar dos grandes esforços dos profetas Isaías, Jeremias e Miqueias, que trabalhavam para adiantar a verdade religiosa. Os seus reis, com exceção de Ezequias e Josias, não foram muito fiéis a Jeová. Havia um partido idólatra na corte, que se tornou triunfante nos dias de Acaz. A idolatria obteve fundas raízes no povo; as reformas encetadas pelos reis atingiam mui superficialmente a nação. O país estava invadido por idólatras estrangeiros, e caminhava para o seu fim. O exército de Nabucodonosor visitou Jerusalém em curtos intervalos, durante duas décadas, e de cada vez fazia prisioneiros que transportava para a Babilônia, e afinal, em 587 a.C., tomou a cidade e a incendiou. O povo hebreu não pôde conservar os elementos de sua força nacional, não habitou à sombra do Altíssimo, e, por isso sucumbiu (veja *Judá*).

4. Judá
   a. Um povo cativo
   b. Judá exilado na Babilônia (veja *Cativeiro*).
   c. Judá na Palestina. No primeiro ano de seu reinado na Babilônia, 538 a.C., Ciro publicou um decreto permitindo aos judeus voltar à Palestina e reconstruir o templo. Quarenta e três mil exilados aproveitaram essa oportunidade e voltaram à pátria com Zorobabel. Essa colônia era: *i. Província do império persa subordinada à província Além do Rio*. Permaneceu assim por 200 anos. Duas vezes foi governada por autoridades de seu próprio país, nomeadas pelo rei da Pérsia (veja *Zorobabel* e *Neemias*). A maior parte do tempo de sua servidão, os negócios civis estavam sob a jurisdição de um sátrapa de Além do Rio. Competia-lhe nomear delegados para Judá e pedir homens e dinheiro. O governo local, porém, era exercido pelo sumo sacerdote, que passou a ser considerado chefe político e religioso da nação. Logo que chegaram os exilados da Babilônia, deu-se início às fundações do templo. A obra foi progredindo sob as exortações dos profetas Ageu e Zacarias, apesar das interrupções e da oposição sofrida, terminando no ano 515 a.C. Os muros foram levantados sob a direção de Neemias, autorizado pelo rei Artaxerxes, em 445 a.C. (veja *Jerusalém*). Nessa ocasião, também o sacerdote Esdras estava na cidade, zelando pela guarda da lei de Deus, e trabalhando em prol da pureza religiosa (veja *Esdras* e *Cânon*). Pelo ano de 365 a.C., travou-se uma disputa entre dois irmãos acerca do sacerdócio, terminando pelo assassinato de um deles dentro do próprio templo. Esse fato deu lugar a que Bagoses, general do exército de Artaxerxes Mnemom, entrasse no templo (Antig. 11.7,1). Em março ou abril de 334 a.C., Alexandre da Macedônia atravessou o Helesponto, derrotou os persas, e, continuando a sua marcha, no ano seguinte teve vitória sobre Dario Codomano em Isso, desfiladeiro perto do ângulo nordeste do Mediterrâneo, submeteu a Síria e entrou em Jerusalém. Depois de uma jornada de constantes vitórias, volta-se para o oriente até Punjabe, e morre na Babilônia, no mês de junho de 323 a.C. (veja *Alexandre*). *ii. A Judeia sujeita ao Egito*. Ptolomeu Soter disputou a posse da Palestina que fazia parte da Síria depois da morte de Alexandre, apoderando-se dela, em 320 a.C., conservando-a sob seu domínio, com pequenas interrupções até 198 a.C., quando as crueldades de Ptolomeu Filopáter levaram os judeus a pedir proteção de Antíoco, o Grande (veja *Ptolomeu*). Durante esses 122 anos foram governados pelos seus sumos sacerdotes, sujeitos ao rei do Egito. Nesse tempo as Escrituras hebraicas foram trasladadas para a língua grega em Alexandria, no Egito (veja *Versões*). *iii. A Judeia sujeita à Síria*. Antíoco, o Grande, arrebatou a Palestina do Egito em 198 a.C., pela vitória alcançada sobre Ptolomeu Filopáter em Paneias. Os sírios protegeram o partido grego que pretendia helenizar a nação, e também tentaram, pela força, impor aos judeus o culto idólatra. A tirania sacrílega dos sírios tornou-se intolerável à parte religiosa do povo de modo a provocar revolta dos macabeus, em 166 a.C. (veja *Ginásio, Jasom, Antíoco*). Seguiu-se um período de independência sob o governo dos reis-sacerdotes macabeus, que durou desde o ano 166, até a tomada de Jerusalém pelo general Pompeu, em 63 a.C., porém os macabeus continuaram na posse do trono até o ano 40 a.C., quando Herodes, o Grande, foi nomeado rei da Judeia pelo senado de Roma. Herodes começou o seu reinado pela tomada de Jerusalém no ano 37 a.C. Durante esse período, os saduceus e os fariseus eram reconhecidos como partidos dominantes, exercendo grande influência política e religiosa (veja *Fariseu, Saduceus, Concílio*). *iv. A Judeia sob o domínio romano*. Durante esse período, os negócios da Judeia foram administrados por delegados do império romano. O primeiro foi Herodes, o Grande, depois Arquelau e mais tarde por governadores, exceto entre 41 e 44 d.C., quando Herodes Agripa I exerceu as funções de rei (veja *Judeia, Herodes, Procurador*). A má administração desses procuradores exasperou o povo que se lançou na revolta. Uma guerra obstinada e furiosa ensanguentou a Judeia desde o ano 66 até a queda de Jerusalém no ano 70. O restante do povo judeu que ficou na Palestina não pôde mais entrar em Jerusalém, e desapareceu a existência nacional. No tempo ainda em que a Judeia era nação e nos dias do rei Herodes, nasceu Jesus de Nazaré, começando, então, novo período da história bíblica.

IV. História do Estabelecimento da igreja, que deveria alcançar todas as Nações.

1. Jesus Cristo prepara o estabelecimento da sua igreja, pelo exemplo, pelo ensino e pela redenção (veja *Jesus, Evangelho, Apóstolo*).

2. A igreja entre os judeus. A igreja foi estabelecida por Jesus ressuscitado. Dez dias mais tarde, no Pentecostes, o Espírito Santo prometido manifestou-se e a obra da igreja foi iniciada com o sermão do apóstolo Pedro, com as primeiras conversões e pelos primeiros batismos (veja *Pentecostes, Espírito Santo, Língua, Batismo, igreja*). Alguns anos depois, talvez durante uns seis anos, a igreja sofreu as dificuldades, naturalmente originadas pelas imperfeições dos crentes e pela perseguição; mas, foi crescendo em pureza e em número (veja *Ananias, Diáconos, Estêvão*). A perseguição que irrompeu por ocasião da morte de Estêvão, espalhou os irmãos para fora de Jerusalém, começando, então, a ser evangelizados os judeus da Palestina e da Síria. O evangelho entrou em Samaria e nas cidades costeiras, desde Gaza até Cesareia (veja *Filipe*). Com o intuito de perseguir os crentes, que se achavam nas colônias judias de Damasco, Saulo encaminhou-se para lá, e, no caminho, ouviu a voz de Jesus que o chamava, destinando-o a ser o apóstolo dos gentios. A visão do apóstolo Pedro em Jope, com o seu complemento, na conversão de Cornélio, e com o derramamento do Espírito Santo, abriu os olhos da igreja para ver a verdade, já conhecida teoricamente que o Espírito Santo seria dado indistintamente a judeus e a gentios (veja *Cornélio*). Em Antioquia, os judeus crentes, oriundos do ocidente e que haviam sido impelidos pela perseguição, consequente à morte de Estêvão, começaram a pregar, também aos gregos, a doutrina de Jesus, Atos 11.20, passando os crentes a ser chamados de cristãos, não mais identificados com os judeus. A igreja estava então aparelhada para empreender a evangelização dos gentios. Estava praticamente conhecida a verdade acerca da comunhão espiritual de judeus e gentios na dispensação cristã.

3. A igreja entre os judeus e os gentios. Paulo e Barnabé, chamados pelo Espírito Santo, começaram a evangelização dos judeus e dos gentios na Ásia Menor. Surgiu, então, a questão sobre a obrigatoriedade da circuncisão dos gentios convertidos. O concílio de Jerusalém resolveu o caso com firmeza, recusando submetê-los ao rito da circuncisão e à observância da lei de Moisés, insistindo somente na prática de obrigações morais e de expedientes necessários a satisfazer a opinião pública. Estavam, pois, garantidos os direitos dos gentios convertidos. Na segunda viagem missionária, o apóstolo Paulo, sob a direção do Espírito Santo, foi a Trôade e, em visão, foi instruído a estender os seus trabalhos à Europa, trabalho esse iniciado em Filipos e concluído em Roma.

HISTÓRIA DA TEOLOGIA

Tal como o que é dito a respeito de Deus, a teologia é dada pelo próprio Deus por meio das Escrituras. Mas essa teologia primária e básica implica uma resposta humana na forma de estudo teológico e de formulação, i.e., a exposição da teologia primária, reflexão sobre ela e sua apresentação e aplicação. Consequentemente, surgem um pensamento e uma prática teológicos que exigem uma constante revisão, avaliação e correção à luz da norma bíblica. Nesse processo, podem se discernir historicamente quatro divisões: as eras patrística, medieval, reformada e moderna.

I. ERA PATRÍSTICA. A era patrística diz respeito ao período de estudo teológico que começa com os Pais apostólicos, alcança o clímax com o grande período da formulação trinitária e cristológica e termina com o declínio de Roma.

Após algum empenho cristológico fragmentário, filósofos convertidos deram, nessa era, os primeiros passos considerados teológicos, procurando apresentar o evangelho sob a forma de apologias (cf. Justino) para governantes e as classes sociais mais cultas. Contatos com o pensamento pagão, porém, conduziram aos riscos do gnosticismo e da especulação, que nem mesmo homens como Clemente e Orígenes, em Alexandria, conseguiram evitar de todo ao buscarem alvos semelhantes na catequese.

A prática do ensino exercida por Ireneu, Tertuliano e Hipólito mostrou-se de uma influência mais estabilizante, se não menos formativa. Suas obras, apoiadas pela formulação do cânon e lançando mão do ministério e da tradição históricos, logo moldariam o pensamento da igreja em matéria de cristologia e soteriologia.

Segue-se uma preocupação com os problemas levantados pela confissão básica de Jesus Cristo como Senhor. Todo desvio concebível e toda ênfase exagerada emergiram durante esse longo debate, à medida que os teólogos ajustavam aos dados bíblicos o seu vocabulário metafísico (p.ex., em termos como "natureza", "pessoa" e "substância"). Todavia, em meio a embates e confusão, a igreja viria a forjar as afirmações nicena e calcedoniana, em um processo em que a discussão conciliar contaria com uma participação teológica importante. Às discussões então travadas, deve-se um tanto do melhor da teologia patrística, por parte de bispos ou presbíteros teólogos como Atanásio, os pais capadócios, Cirilo de Alexandria e Cirilo de Jerusalém (c. 315-386) e Jerônimo, quer seja em um contexto pastoral, polêmico, confessional ou catequético.

Ao mesmo tempo, as controvérsias pelagiana e donatista testificam das preocupações antropológicas e eclesiológicas da igreja mesmo na parte mais densa do debate cristológico. Essas questões capacitaram Agostinho, em particular, a desenvolver uma forte doutrina tanto do pecado original quanto da graça eletiva, de um lado, e uma doutrina mais rígida da igreja e dos sacramentos, de outro lado. O episódio pelagiano anunciou também a emergência do monasticismo como contexto de reflexão teológica, um desenvolvimento importante tendo em vista o papel posterior dos mosteiros na preservação das Escrituras e no cuidado da educação teológica.

Por trás de outras questões, estava a questão central da expiação, apresentada de diversas formas, especialmente a de um resgate, mas que dava o devido realce ao que, de outra forma, poderia parecer um debate com sentido obscuro. Era, afinal, por causa da obra mediadora de Cristo que sua divindade precisava ser asseverada contra os arianos, sua unidade contra os nestorianos e sua humanidade contra os apolinarianos e eutiquianos (ver Monofisismo). A Bíblia, que supria os dados primários, formava o centro permanente de interesse nas várias formas de estudo textual, tradução, exposição e aplicação catequética e homilética. De especial importância foi a distinção entre a exposição alegórica, de Alexandria (cf. Orígenes), e a exegese mais natural, de Antioquia (ver Hermenêutica).

Em razão de seu raio de ação e variedade, a era patrística resiste a uma generalização simples. Produziu figuras notáveis que usaram de ferramentas disponíveis para fazer teologia de significado duradouro. De modo geral, foi fiel às Escrituras, que tinha em alta conta, e as estudou com assiduidade. Deixou estabelecidas para todas as gerações doutrinas bíblicas essenciais, mesmo que expressas no que, frequentemente, consideramos um vocabulário estranho ou fora do comum. Ainda assim, influências filosóficas e ascéticas militaram contra um entendimento bíblico mais autêntico, melhor preservado em sua essência nos meios pastoral, confessional e catequético. Em particular, muito da teologia patrística ficou exposta aos riscos dos intrometimentos racionalista e dualista. Mesmo a teologia pastoral e a catequética, conquanto resguardando melhor o tesouro cristão essencial, abriram a porta à subversão, sob as formas de um novo legalismo e de eclesiasticismo. Sob esse aspecto, a era patrística preparou o terreno para o crescimento de muitos males no pensamento e na prática teológica posteriores.

II. ERA MEDIEVAL. A era patrística termina com Gregório, o Grande, no Ocidente, e João Damasceno, no Oriente. Segue-se um período comparativamente menos influente, em que a ortodoxia se torna mais rígida no Oriente, os bárbaros levam à necessidade de recomeço no Ocidente, um cisma separa os dois e a cláusula *filioque* se constitui em um ponto extremo de divisão doutrinária. Durante a confusa era de reajustamento no Ocidente, os mosteiros e as escolas catequéticas exercem um papel vital, copiando manuscritos, treinando o clero e produzindo notáveis eruditos como Beda (c. 673-735) e Alcuíno (c. 735-804). O debate sobre a predestinação expandiu-se durante algum tempo com Gottschalk, enquanto Radbert e Ratramnus, em Corbie, se engajaram em uma discussão sobre a presença eucarística, que ganharia renovação, com ímpeto maior, no século XI, entre Berengário e Lanfranc (c. 1005-1089), e reemergência na época da Reforma (p.ex., na Inglaterra de Eduardo VI e Maria Tudor).

O período medieval mais desenvolvido veria passar o destaque, das escolas monásticas e catedrais, para as universidades recém-formadas, com faculdades devotadas especificamente ao estudo teológico e cursos importantes de preparo para qualificações, reconhecidas, em teologia. É bem verdade que Anselmo procederia de um ambiente monástico, em Bec, trazendo consigo uma nova tentativa de fé buscando o entendimento, em assuntos como a existência de Deus e a razão da encarnação e da expiação. Mas Abelardo, com seu racionalismo inquisidor, já pertencia ao período formativo tempestuoso de nova erudição, das escolas.

A redescoberta da filosofia grega daria vez, em seguida, à questão total de fé e razão. Mais tarde, os nominalistas, como Guilherme de Occam, tenderiam a dar magnitude ao papel da fé em submissão à soberania divina. Tomás de Aquino, contudo, tomaria o caminho mediano que, por fim, seria tão poderoso quanto influente. Admitia ele que a filosofia poderia dar algum conhecimento de Deus ao permitir o uso liberal de seus recursos. Todavia, atribuía ainda o verdadeiro conteúdo do conhecimento cristão à revelação apreendida pela fé.

O escolasticismo absorveria, em vez de extinguir, as formas mais antigas do estudo teológico, extraindo muito de sua força das ordens monásticas, das recém-fundadas ordens dos dominicanos e franciscanos e contando com o apoio da hierarquia eclesiástica e das autoridades seculares. Sua superioridade de método e organização garantiria seu sucesso, tanto na prática quanto em sua aplicação ao âmbito total de problemas teológicos. Sua contribuição só não foi totalmente benéfica porque, a par de suas promulgações oficiais, tal como as do Quarto Concílio de Latrão, em 1215, ajudaria a estabelecer várias ideias distorcidas, p.ex., purgatório, penitência, graça infusa, fé implícita, transubstanciação e sacrifício eucarístico. No entanto, entre seus aspectos valiosos, destacam-se a transmissão de doutrinas históricas e o pensamento seminal sobre a expiação, seja na forma da teoria da satisfação de

HISTÓRIA

Anselmo, seja na abordagem subjetiva de Abelardo, na orientação cristológica de Bernardo de Claraval ou na apresentação equilibrada de Tomás de Aquino. Tornou sensível a necessidade de um comprometimento bíblico, como pode ser visto nos extensos comentários, na citação de textos de referência comprobatórios das afirmativas e em apelos mais diretos, como os de Wyclif e Hus. A exegese alegórica infestou muito da obra bíblica, mas a exegese natural teve seus adeptos, e Tomás de Aquino chegou a esboçar os limites dos cuidados para uso do método alegórico. O escolasticismo preservou também as doutrinas da graça, embora por vezes de uma forma mais racionalista, semipelagiana ou exageradamente sacramentalista. Sustentou, ainda, um bom espírito de pesquisa, que somente em estágios posteriores degeneraria em minúcias formais tediosas. Suas virtudes, em muito, puderam compensar os problemas que colocariam definitivamente em perigo a empreitada escolástica, entre os quais a melhora da educação teológica somente para alguns poucos a expensas de muitos e o consequente declínio daí resultante do conhecimento teológico pelo povo e mesmo pelo sacerdócio.

III. Era reformada. Por volta do começo do século XV, o escolasticismo, embora retendo sua utilidade, havia perdido sua força construtiva. Novas influências se infiltraram em universidades mais antigas (p.ex., Cambridge), ou levaram à fundação de outras, mais atualizadas (p.ex., Wittenberg). A recuperação das línguas bíblicas, uma exegese mais direta, a publicação de textos dos Pais da igreja e o desenvolvimento da imprensa se uniram para produzir uma mudança no currículo educacional teológico e uma recondução à piedade simplificada, como a preconizada por Erasmo, ou a uma teologia bíblica mais profunda, como a de Lutero. Apesar de todas as diferenças entre luteranos, calvinistas e mesmo radicais em questões periféricas, a teologia centrada na Bíblia teria suficiente homogeneidade para justificar o título único de "reformada".

Era, basicamente, uma teologia bíblica, em seu sentido direto. A filosofia poderia estar presente, mas não formava essencialmente sua base ou estrutura. A exposição das Escrituras no original como regra suprema de fé estava em primeiro lugar em seu esquema. Para poder pensar ou falar a respeito de Deus, a pessoa deveria ser ensinada, antes de tudo, pelo próprio Deus. O estudo dos textos sagrados, sustentado pela oração e iluminado pelo Espírito Santo, deveria informar e dirigir toda reflexão. A razão tinha o papel apenas de ser orientada para a Bíblia e colocada a serviço do uso bíblico. Comentários inspirados no senso comum natural serviam somente como base, e não como coroação, do estudo teológico, na obra de Lutero, Calvino ou Bullinger. O foco bíblico da teologia reformada logo a tornaria capaz de expor metodologias falsas, para destronar autoridades concorrentes e corrigir aberrações doutrinárias e práticas.

Por ser bíblica, a teologia reformada reconquistou as verdades evangélicas essenciais. Era cristológica, não apenas no sentido de reter dogmas estabelecidos, mas no de encontrar somente em Cristo a base da aceitação. Lutero, Zuínglio, Calvino e os radicais compartilhavam da percepção do próprio Cristo como a base, o centro e o tema da mensagem. Era uma teologia da fé em Cristo como nossa única sabedoria e justiça. Voltada para Cristo pela fé, tornou-se uma teologia do evangelho, se não sem qualquer dialética da lei judaica (ver Lei e Evangelho). Lutero recuperaria com ela o entendimento da justificação; Calvino, admiravelmente, a relacionaria à santificação; e todos os demais reformadores enfatizariam a impotência do pecador e a onipotência de Deus quanto à graça eletiva e à reconciliação.

O ministério e os sacramentos receberiam também o devido valor como meios de graça, mas somente no contexto do ministério supremo do Espírito. Assim foi feito na aplicação prática. Aqui estava uma teologia que reformava as escolas, mas não permanecia nelas; fluía para o púlpito, e do púlpito para a vida cristã, transformando a piedade pessoal e coletiva, com a eliminação do sacrifício da missa, procissões, peregrinações, devoções, promessas, relíquias e coisas como essas, moldando a conduta mais adequada à liberdade e ao poder do evangelho, à medida que eram agora franqueados mediante a tradução para línguas nacionais e a exposição clara das Escrituras.

Os reformadores não desfrutavam da infalibilidade que eles mesmos negavam a outros. Estavam expostos a influências mundanas contemporâneas, cometendo erros, tendo disputas sobre assuntos importantes ou não tanto assim, deixando por vezes de ensinar verdades essenciais e enfatizando demasiadamente outras. Todavia, revitalizaram o estudo teológico por fazer a obra apropriada da teologia, a ela conferindo uma base verdadeira, alcançando uma combinação feliz de poder acadêmico, espiritual e prático, promovendo a autoridade das Escrituras e aceitando a necessidade de submeter toda fé e prática ao escrutínio bíblico.

IV. Era moderna. Infelizmente, muita coisa do Ocidente, assim como do Oriente, resistiu à correção promovida pela Reforma, embora não sem se dar início a outras mudanças significativas. Em consequência, a era moderna ocidental se caracteriza pela presença constante de duas forças separadas, mas interativas, cada qual com suas próprias tensões e cada qual em contato cada vez maior com o Oriente.

No tocante ao catolicismo romano, a teologia continuou nas escolas, nas ordens e nos novos seminários. Muito dela tomou um rumo polêmico (cf. Belarmino). O agostinianismo renovado do jansenismo levou a uma tentativa abortada de reconstrução no século XVII, enquanto a empreitada missionária abria debate a respeito do relacionamento entre cristianismo e cultura. O liberalismo encontrou forte resistência católica no século XIX e começo do século XX. O ultramontanismo (ver Papado), com sua ênfase na igreja (católica) e em seu ofício de doutrinação, resultaria na decretação da infalibilidade papal, em 1870; e a mariologia, ressurgente, desembocaria nos dogmas da imaculada conceição de Maria (1854) e de sua assunção corporal ao céu (1950). Todavia, o rejuvenescimento do estudo bíblico culminaria no Concílio Vaticano II (1962-1965), com suas reformas práticas, redefinições e relativização das formulações tradicionais. A preparação dos católicos para uma discussão ecumênica fazia parte dessa tendência mais esperançosa.

Na esfera não romana, teólogos universitários do século XVII moldaram as ortodoxias luterana e reformada em debate mútuo e como resposta aos católicos, aos radicais e aos arminianos. Os teólogos carolinos, na Inglaterra, desenvolveram sua própria *via media*, enquanto os puritanos acrescentaram um interesse prático, unindo-se aos escoceses para levar uma teologia confessional ao clímax na Assembleia de Westminster, além de terem oferecido talvez, com Jonathan Edwards, a contribuição mais significativa à teologia americana.

No século XVIII, que traria posteriormente a expansão da universidade, a ênfase nos estudos bíblicos deu uma virada mais racionalista e empirista. Isso provocou o questionamento das Escrituras, mas trouxe também imensos ganhos no conhecimento de seu contexto humano. Os vários movimentos do protestantismo liberal tentaram preencher o abismo daí resultante com religião natural (deístas), experiencialismo subjetivo (Scheleiermacher), moralismo (Ritschl) e evangelho social (Walter Rauschenbusch, 1861-1918). Por sua vez, os movimentos contrários desenvolviam preocupação por santidade, a ênfase princetoniana sobre inerrância bíblica (Hodge e Warfield), tentativa de integração pelo catolicismo liberal (Gore) e a nova concentração bíblica e cristológica de Barth.

Do século XX em diante, mostra-se uma face negativa e outra positiva. O liberalismo, dominante nas escolas mais antigas, tem-se dissolvido em movimentos sucessivos, como a demitização, de Bultmann, a teologia da morte de Deus, a teologia da libertação e o catolicismo romano atenuado, de Kung. Todavia, a teologia bíblica, histórica e hermenêutica tem desfrutado de um crescimento sadio, com a obra de Barth tendo revivido o interesse dogmático, o diálogo ecumênico constituindo um modo frutífero de estudos teológicos e, por meio de seminários, publicações e eruditos, o evangelicalismo oferecendo uma contribuição significativa ao ensino, à literatura, ao pensamento e à difusão da teologia.

No decorrer de toda a era moderna, a teologia tem passado por uma formulação super-rígida ou pelo intrometimento de forças estranhas. Não obstante, tem experimentado uma expansão sem paralelo do conhecimento bíblico, um contínuo testemunho da norma bíblica e reconstituições comparáveis, por sua força e grandeza, às de quaisquer outras épocas. Em caso de situações ambivalentes, o estudo teológico, buscado intensamente e de muitas formas, sustenta a promessa de resultados genuinamente fiéis, informados pelas Escrituras, sob o Espírito, na revelação que Deus faz de si mesmo e de sua obra reconciliadora em Cristo.

(**G. W. Bromiley**, M.A., Ph.D., D.Litt., D.D., professor titular emérito de História da igreja e Teologia Histórica do Fuller *Theological Seminary*, Pasadena, Califórnia, EUA.)

BIBLIOGRAFIA. G. W. Bromiley, *Historical Theology* (Grand Rapids, MI, 1978); H. Cunliffe-Hones (ed.), *History of Christian Doctrine* (Edinburgh, 1978); A. Harnack, *History of Dogma*, 7 vols. (London, 1894-1899); P. Hodgson & R. H. King (eds.), *Christian Theology* (Philadelphia, 1982); P. Schaff, *Creeds of Christendom*, 3 vols. (New York, 1877).

HISTÓRIA DO ANTIGO TESTAMENTO

Ver os seguintes artigos: *História*: seção II, Historiografia Bíblica; IV, História Bíblica Cronológica; VI, A Bíblia e a História, Significados. *Cronologia do Antigo Testamento e Antigo Testamento*. Ver especialmente sobre *Israel, História de*.

HITITAS, HETEUS

I. O TERMO. O termo heteu ou hitita (esta última é a forma que lhe dão os estudiosos seculares) deriva-se de *chittiy*, que designa os descendentes de *Cheth*, de onde se deriva o termo português "heteu". Essa palavra, *cheth*, significa "terror". Só podemos pensar que essa palavra referia-se ao terror que tribos selvagens impunham sobre os seus vizinhos, embora a razão para tal nome nos seja desconhecida.

Usos Eruditos Desse Termo: **1**. O nome dos habitantes aborígenes do planalto central da Ásia Menor. O nome mais exato desses povos é *hatianos*. **2**. Imigrantes indo-europeus que se estabeleceram na Anatólia central, em cerca de 2000 a.C. Eles chamavam seu idioma de nesita (*nesumnili*). **3**. Um povo que fundou várias cidades-estados no norte da Síria, durante o primeiro milênio a.C. Esses povos eram estados vassalos dos hititas da Anatólia, e os historiadores conhecem-nos como neoitias. **4**. Os assírios e os hebreus do primeiro milênio a.C. usavam esse termo para designar todos os habitantes do antigo império hitita e suas dependências sírias, sem importar seu idioma ou suas afiliações étnicas originais. Isso significa que o termo incluía certa variedade de grupos étnicos, os verdadeiros hititas e aqueles que não eram tais.

II. CARACTERIZAÇÃO GERAL. Os hititas foram um antigo povo que fundou um poderoso império na Ásia Menor e no norte da Síria em cerca de 2000-1200 a.C. Conhecemos o idioma falado por eles por meio de inscrições hieroglíficas e textos cuneiformes sobre tabletes de argila. Entre 1906 e 1910 foram descobertos alguns de seus arquivos em escrita cuneiforme, em milhares de tabletes de argila, em Boghar-Keui, na Turquia (o país moderno onde aquele antigo povo residia na Ásia Menor). Esses textos datam de cerca de 1400 a.C. O idioma deles tinha conexões bem definidas com as línguas indo-europeias,

embora algumas diferenças sejam tão grandes que a natureza exata desse idioma e de sua raça permanece um mistério. Havia ali alguma mistura antiga de povos e de línguas, que não podemos mais acompanhar. Supõe-se que o império hitita da Síria foi fundado em cerca de 1800 a.C., por alguma raça indo-europeia (com misturas), que se estabeleceu na Ásia Menor, cerca de duzentos a quatrocentos anos antes disso. A capital deles, na Ásia Menor, era Hatusas, que ficava na Anatólia central, perto da atual aldeia turca de Bogazkoy. Supõe-se que, antes de terem ocupado aquela parte da Ásia Menor, eles teriam vivido na península balcânica, desde cerca de 2500 a.C. Dali talvez possamos ligá-los com a cultura Kurgan, que fazia suas sepulturas em poços, nas estepes eurasianas, no quarto milênio a.C. Quando chegaram negociantes assírios à Anatólia central, algum tempo antes de 1900 a.C., já encontraram os hititas naquele lugar. Essa gente se havia misturado com os hatianos indígenas, formando várias cidades-estados.

III. ESBOÇO HISTÓRICO. A história mais antiga desses povos aparece na seção II, Caracterização Geral.

1. O Reino Antigo. Em cerca de 1650 a.C., a posição dominante entre várias cidades-estados, que pertenceram aos antigos hititas, foi conquistada por Hatusilis I, que estabeleceu sua capital em Hatusas. Isso marcou a fundação formal do que se conhece como império hitita. Os primeiros cento e cinquenta anos desse reino são conhecidos pelos historiadores como *Reino Antigo*. Esse período foi assinalado por guerras e conflitos por motivos econômicos e comerciais. Um ativo comércio com os assírios foi interrompido quando os hurrianos cercaram os territórios dos hititas. O poder dos hititas moveu-se na direção do Eufrates e do norte da Síria, onde o comércio era mais próspero. Hatusilis tentou conquistar a extremidade norte da rota comercial com o Eufrates, que partia de Alepo, na Síria, mas fracassou. Porém, seu sucessor, Mursilis I, obteve êxito, e não somente conquistou Alepo, mas também avançou pelo Eufrates abaixo e capturou a cidade da Babilônia, em 1595 a.C. Todavia, isso não perdurou por muito tempo. Ele havia espalhado demais as suas forças. Teve de recuar e foi assassinado no caminho de volta. Seguiu-se então um período de anarquia.

2. O Reino Médio. O império hitita estava em declínio, embora Telepino tenha conseguido um reavivamento parcial. Os hurrianos aumentavam cada vez mais o seu poder, e conquistaram o norte da Síria, até então em poder dos hititas, estabelecendo assim o reino de Mitani. Os egípcios exerciam fortíssima influência sobre as costas orientais do mar Mediterrâneo. O reino médio dos hititas perdurou entre 1500 e 1450 a.C.

3. O Novo reino. Tudalias I foi um poderoso governante que fez o poder dos hititas atingir seu ponto culminante em cerca de 1450 a.C. Territórios perdidos foram reconquistados, além de novos territórios; e as riquezas aumentaram. O norte da Síria foi retomado, e as porções oeste e noroeste da Anatólia passaram a ser controladas, como também Isuwa, a leste, que é uma região em redor da moderna Elezigue, onde havia e continua havendo ricas minas de cobre.

Seguiu-se a isso um novo período de declínio, quando o rei de Arzawa (um reino que havia na porção ocidental da Anatólia) atacou. Buscou-se então uma aliança com o Egito, por meio de casamentos entre as famílias reais. O poder dos hititas ressurgiu com Supiluliumas, em cerca de 1380 a.C. Ele recuperou territórios perdidos, incluindo Isuwa, destruiu Mitani e reorganizou o norte da Síria. Chegou mesmo a estender a influência hitita até dentro do Egito. A viúva do Faraó Tutancamom desejava estabelecer a paz e formar uma aliança com os hititas, casando-se com um filho de Supiluliumas, mas o plano falhou quando o príncipe, que foi enviado para se casar com esta mulher, foi assassinado.

Prosseguiram vicissitudes boas e más. Mursilis II conquistou a porção oeste da Anatólia. Ele reinou de 1345 a 1310 a.C.

Arzawa tornou-se um reino vassalo dos hititas. Várias cidades-estados formaram um tampão contra inimigos em potencial.

Os egípcios, novamente, vieram a exercer a sua influência. Durante o reinado de Muwatalis (cerca de 1310-1294 a.C.), chocaram-se os egípcios contra os hititas, em Cades, sobre o rio Orontes. Os egípcios tiveram de se retirar, mas os hititas sofreram pesadíssimas baixas. Entrementes, o poder dos assírios ia aumentando.

Desde o tempo do rei Hatusilis III (cerca de 1287— 1265 a.C.), o poder hitita entrou em rápido declínio. Arzawa e outras cidades-estados vassalas, mais para o oeste, romperam o juro, e reduziram tanto as dimensões territoriais quanto a capacidade militar dos hititas. Hatusilis III, a fim de preservar o que ainda lhe restava, teve de entrar em aliança com os egípcios. Os assírios ocuparam as minas de cobre de Isuwa. O rei Supiluliumas III (1225— 1200 a.C.) produziu alguma mudança temporária para melhor, mas não o bastante para salvar do desastre o império hitita.

O golpe final não foi desfechado pelos assírios, mas veio do noroeste. Os historiadores não sabem dizer que elementos compunham essa força atacante; mas o fato é que acabou com o império hitita. Alguns historiadores supõem que a força principal compunha-se de acaeanos (gregos), da época da guerra de Troia (cerca de 1230-1210 a.C.). Ondas de "povos marítimos" deram fim aos hititas, e, juntamente com eles, acabou-se também a cidade-estado de Ugarite. Marca-se o fim do império hitita em cerca de 1190 a.C. Os historiadores reputam os hititas como o terceiro mais influente poder do Oriente Médio, da época em que foram proeminentes, rivalizando com o Egito e com a Mesopotâmia.

IV. REFERÊNCIAS BÍBLICAS AOS HETEUS. Há quatro alusões diretas na Bíblia aos hititas (que a Bíblia chama de heteus), além de catorze outras referências a esse povo, como descendentes de Hete (ver Gn 10.15). Nos dias de Abraão, uma tribo de hititas localizava-se perto de Hebrom (Gn 23.1-20). Foi dos heteus que Abraão comprou um terreno com uma caverna, que passou a servir de cemitério da família. Esaú casou-se com esposas heteias (Gn 26.34,35; 36.2). Os espias que Moisés enviou encontraram hititas localizados na região montanhosa (Nm 13.29). Um ramo do povo heteu movera-se para a Palestina, conforme essas referências bíblicas deixam claro; e, ao tempo da conquista da Terra Prometida, eles formaram uma força que se opunha ao avanço de Israel (Js 9.1,2; 11.3). Os habitantes de Luz formaram uma nova comunidade em território heteu, segundo vemos em Juízes 1.26. Quando Israel apossou-se da terra, os heteus foram ou aniquilados ou expulsos, mas outros permaneceram, misturando-se por casamento com os conquistadores. Foi assim que havia heteus entre os seguidores e heróis guerreiros de Davi (1Sm 26.6). Urias, marido de Bate-Seba, a quem esse rei de Israel matou, para ficar com sua viúva, era um heteu (2Sm 11.3). Salomão contava com mulheres heteias em seu harém (1Rs 11.1). A última menção dos hititas cananeus, na Bíblia, aparece já na época de Salomão (2Cr 8.7). Depois disso, os heteus desapareceram como uma raça distinta, pois o que restara deles casara-se com a população hebreia em geral.

V. RELIGIÃO DOS HETEUS. Os hititas ou heteus eram um povo extremamente politeísta, que misturava as suas próprias divindades com os deuses do Egito e da Babilônia. Eles tinham, em seu panteão, *mil deuses*. E, apesar de não dispormos de uma lista completa dos mesmos, o número de divindades mencionadas é impressionante. Encontramos nomes que representam um grande número de culturas, revelando a natureza sincretista da teologia deles. Esses nomes refletem as seguintes culturas: a hática, a luwiana, a palaiana, a hurriana, a mestita, a sumeriana, a acádica e a cananeia. Esses povos não eram exclusivistas, mas procuravam harmonizar entre si elementos estrangeiros. O chefe masculino do grande panteão heteu era o deus das tempestades; e a divindade feminina suprema era uma divindade solar. Cada rei contava com seu próprio deus protetor. Os hititas ocupavam lugares que, posteriormente, se tornaram centros cristãos, como Tarso, Icônio, Listra e cidades que nos são familiares no livro de Atos e nas epístolas paulinas. É possível que a Diana dos efésios estivesse vinculada à Ártemis dos heteus. Estes retiveram a adoração da antiga deusa-mãe da Anatólia, uma divindade solar chamada Arina. A ansiedade dos heteus, por adotarem deuses locais dos lugares por onde se espalhavam, provavelmente devia-se ao desejo que tinham de promover, por toda a parte, os seus favores, em causa própria. O rei era responsável pela manutenção da adoração e dos ritos. Desastres eram preditos por adivinhações, e mágicas eram usadas para afastar os infortúnios.

VI. LÍNGUA E LITERATURA DOS HETEUS. Os milhares de tabletes de argila, encontrados em Boghar-Keui, na Turquia, entre 1906 e 1910, refletem sete idiomas distintos: o hático (língua dos aborígenes); o *nesita* (língua dos indo-europeus que tinham invadido o reino de Hatusas) o *luwiano e o palaico*, ambos dialetos indo-europeus relacionados ao nesita; o sumério e o *acádico*. Porém, a vasta maioria desses tabletes está escrita em nesita. Palavras que indicam uma derivação indo-europeia incluem: mekki, "muito"; *pada*, "pé"; *watar*, "água"; *kard*, "coração"; *genu*, "joelho"; pahhur, "fogo". As inflexões gramaticais também são definidamente indo-europeias. O hitita é uma antiga forma de língua indo-europeia que muito tem servido para encontrarmos a significação de palavras antigas. A escrita hieroglífica hitita aproxima-se mais do luwiano do que do nesita. Há algumas diferenças em relação às línguas indo-europeias, partindo-se do nesita, levando os eruditos a suporem que houve alguma antiga mistura com alguma língua não europeia.

Essa literatura está ligada a rituais religiosos, mas também contém um considerável número de relatos mitológicos. Material estrangeiro, vindo de composições épicas em hurriano, cananeu e babilônico encontraram seu caminho até o material escrito dos hititas. Também podemos pensar nos anais dos reis hititas, que nos provêm vívidas narrativas históricas. Nesse material encontramos a análise de causas e efeitos, nos negócios do império hitita. A história serve para guiar-nos nas pesquisas futuras. (AM BRU (1948) E EIS UN Z)

HIZQUI

No hebraico, **"Yahweh é força"**. Ele era um dos filhos de Elpaal, descendente de Benjamim (1Cr 8.17). Viveu em cerca de 1400 a.C.

HOÃO

No hebraico, **"aquele a quem Yahweh incita"**. Ele foi um dos reis de Hebrom, um dos cinco reis dos amorreus que assediou Gibeom, juntamente com Adonizedeque. Ambos foram enforcados por ordens de Josué (Js 10.3). Isso ocorreu em cerca de 1612 a.C.

HOBÁ

No hebraico, **"oculta"**. Esse era o nome de uma localidade (talvez um lugar vazio entre os montes, conforme o nome parece indicar), que ficava ao norte de Damasco. Abraão chegou àquele lugar quando perseguia os reis que haviam saqueado Sodoma. (Ver Gn 14.15). Tem sido identificado com a moderna Hoba, que fica cerca de oitenta quilômetros ao norte de Damasco, na estrada para Palmira.

HOBABE

No hebraico, **"amado"**. Esse nome acha-se apenas por duas vezes em toda a Bíblia, em Números 10.29 e Juízes 4.11. Ele foi o sogro de Moisés, de acordo com a primeira dessas passagens, mas a segunda delas pode ser interpretada como se ele fosse cunhado de Moisés.

Uma outra complicação é que a primeira dessas passagens diz que ele era um midianita, mas, na segunda delas, lemos que ele era queneu. A Septuaginta diz *Hobabe, o queneu*. E, a fim de complicar ainda mais as coisas, os trechos de Êxodo 3.1; 4.18 e 18.1 dizem que *Jetro* era o sogro de Moisés. Além disso, o trecho de Êxodo 2.18 faz Reuel ser o sogro de Moisés, onde se lê que ele era um sacerdote midianita. As tradições islâmicas dizem que Hobabe era outro nome de Jetro, embora não tenhamos como provar essa assertiva. Outros estudiosos identificam Reuel com Jetro, e essa poderia ser uma interpretação possível, que emergiria da comparação entre Êxodo 2.18,21 e Êxodo 3.1. Ou então, poderíamos supor que uma ou mais corrupções entrou nos textos sagrados a respeito. Qualquer que seja a verdade da questão, Hobabe entra no relato bíblico porque Moisés lhe pediu para servir de guia de Israel, no deserto. O relato bíblico não nos diz qual foi a resposta dele, mas o silêncio parece indicar que ele anuiu diante do desejo de Moisés. O trecho de Juízes 4.11 menciona os seus descendentes.

HODAVIAS

No hebraico, **"louvor de Yahweh"**. Esse é o nome de quatro personagens que aparecem nas páginas do Antigo Testamento, a saber: **1**. O chefe de um clã da meia-tribo de Manassés que viveu no lado oriental do rio Jordão (1Cr 5.24). Ele viveu por volta de 720 a.C. **2**. Um filho de Hassenua, que era um benjamita (1Cr 9.7). Ele viveu por volta de 588 a.C. **3**. Um levita que deu seu nome a uma numerosa família (Ed 2.40). Membros dessa família retornaram a Jerusalém, com Zorobabel, terminado o cativeiro babilônico. O trecho de Neemias 7.43 chama-o de Hodeva. Foi também o fundador da família dos Bene-Hodavias. Viveu por volta de 638 a.C. **4**. Um descendente do rei Davi (1Cr 3.24), que deve ter vivido por volta de 445 a.C.

HODE

No hebraico, **"majestade"**, **"esplendor"** ou **"ornamento"**. Esse era o nome de um dos filhos de Zofa, descendente de Aser (1Cr 7.37). Ele viveu em algum tempo antes de 1017 a.C.

HODES

No hebraico, **"lua nova"**. Esse era o nome de uma das esposas de Saaraim, que aparece nas genealogias de Benjamim. Ver 1Crônicas 8.9. Viveu por volta de 1400 a.C.

HODEVA. Ver sobre *Hodavias*, número três.

HODGE, CHARLES (1797-1878)

O mais conhecido defensor da teologia calvinista conservadora procedente do seminário presbiteriano de Princeton, New Jersey, desde sua fundação em 1812 até sua reorganização em 1929. Hodge chegou de sua Filadélfia natal em 1812 para estudar no Princeton College, onde se converteu durante um período de reavivamento. Ingressou então no seminário, tornando-se estudante dedicado e muito amigo de Archibald Alexander (1772-1851), professor de Teologia. Em 1822, foi designado professor de Literatura Oriental e Bíblica em Princeton, sendo transferido em 1840 para a cátedra de Teologia Exegética e Didática, cargo ao qual, com a morte de Alexander, foi-lhe acrescentado o magistério de Teologia Polêmica, em 1851.

Bem antes, no entanto, Hodge comprovara seu valor como vigorosa voz da teologia reformada conservadora contra uma variedade de propostas alternativas. Particularmente nas páginas da *Princeton Review*, revista que editaria por quase cinquenta anos, Hodge revelou-se verdadeiro leão em assuntos de controvérsia. Seus adversários variavam, no espectro teológico — desde Schleiermacher e outros teólogos românticos do pensamento da subjetividade interior, passando pelos representantes do Oxford Movement (ver Teologia Anglo-Saxônica) e do catolicismo romano conservador do século XIX, até opositores seus americanos, como Charles G. Finney, Hofracde Bushnell, John W. Nevin (1803-1886) e Philip Schaff (1819-1893), de Mercesburg, ou Nathaniel W. Taylor (1786-1858) e Edwards Amasa Park (1808-1900), da Nova Inglaterra.

O ponto de vista de Hodge era consistente. Lutava por uma melhor compreensão do calvinismo dos séculos XVI e XVII. Denunciava os riscos de experiências religiosas não verificadas, fosse sob a forma do sofisticado romantismo europeu ou do reavivalismo americano de fronteira. Defendia o método científico, entendido em termos do empirismo de Francis Bacon, como o modo próprio de organizar os ensinos infalíveis das Escrituras. Mas o que mais o afligia eram os posicionamentos que desvalorizavam as mais elevadas convicções calvinistas a respeito da soberania divina na salvação ou que valorizavam exageradamente a capacidade moral da natureza humana não regenerada. Poderia, algumas vezes, parecer excessivamente racionalista nessas polêmicas e ocasionalmente se equivocava quanto à desvantagem de seus oponentes; mas, de modo geral, conduzia suas polêmicas em nível bem elevado. Após sua morte, disse dele o teólogo luterano C. P. Krauth que "tão gratificante quanto ter Hodge como aliado era o prazer de tê-lo como antagonista" (A. A. Hodge, *Life of Charles Hodge*, p. 616).

Embora Hodge haja empreendido seus maiores esforços em defesa do calvinismo, seus interesses eram mais amplos. Foi autor de excelentes comentários de Romanos, Efésios e 1 e 2Coríntios. Escrevia frequentemente sobre questões eclesiásticas presbiterianas. Redigiu numerosas exposições do ensino cristão para leigos, das quais *The Way of Life* [O modo de vida] (1841) foi talvez a mais notável em sua maneira natural e límpida de escrever e seu poder afetivo. Hodge escrevia ainda significativa objeção ao evidente assalto de Darwin à ideia do desígnio (*What is Darwinism*? [Que é o darwinismo?], 1874). Comentava com frequência e de forma convincente as questões públicas, assumindo geralmente posição conservadora em questões sociais. Resumiu seu ensino em sala de aula durante toda a sua vida em sua obra *Systematic Theology* [Teologia sistemática], em 1872, obra que, tal como muitos de seus outros escritos, permanece sendo reeditada e em uso nos dias de hoje.

Tem sido observado que essa sua *Systematic Theology* e alguns de seus principais ensaios polêmicos parecem negligenciar o papel do Espírito Santo e das dimensões não cognitivas da fé. Em outros escritos, no entanto, como seus comentários e obras para o laicato, esses aspectos da experiência cristã recebem atenção muito maior. Hodge provavelmente não integra os vários aspectos de seu pensamento tão cuidadosamente quanto se poderia desejar. Mas sua obra continua sendo a mais eficaz abordagem americana do calvinismo no século XIX. É abrangente em seus enfoques, espiritualmente sensível em seus pontos de vista e desafiadora no pensamento, em sua defesa dos autênticos reformados.

(**M. A. Noll**, B.A., M.A., Ph.D., professor de História do Wheaton College, Illinois, EUA.)

BIBLIOGRAFIA. *Systematic Theology*, 3 vols. (New York, 1872-1873); *Essays and Reviews: Selections from the Princeton Review* (New York, 1857).

W. S. Barker, The Social Views of Charles Hodge (1797-1878): *A Study in 19th-century Calvinism and Conservantism*, *Presbyterion*. *Covenant Seminary Review* 1 (1975), p. 1-22; A. A. Hodge, *The Life of Charles Hodge* (New York, 1880); J. O. Nelson, Charles Hodge (1797-1878): Nestor of Orthodoxy, in: Willard Thorp (ed.), *The Lives of Eighteen from Princeton* (Princeton, NJ, 1946); D. F. Wells, Charles Hodge, in: idem (ed.), *Reformed Theology in America* (Grand Rapids, MI, 1985); idem, *The Stout and Persistent Theology* of Charles Hodge, *CT* XVIII:23 (30 Aug. 1974), p. 1015.

HODIAS

No hebraico, "esplendor de Yahweh". Esse é o nome de cinco pessoas, mencionadas no Antigo Testamento, a saber: **1**. O cunhado de Naã, da tribo de Judá (1Cr 4.19). Ele viveu em torno de 1400 a.C. **2**. Um levita que ajudou Esdras na leitura e interpretação da lei, quando o povo judeu foi instruído, após haver retornado do cativeiro babilônico (Ne 8.7). Ver também Esdras 9.45. Algumas traduções trazem a forma alternativa de *Auteas*. Ele viveu por volta de 445 a.C. Ver também Neemias 9.5; 10.10,13. **3**. Dois levitas do mesmo nome, que assinaram o pacto com Neemias (ver Ne 10.10,13). Há eruditos, porém, que pensam estar em foco somente um indivíduo. **4**. Um dos líderes de Israel que assinou o pacto com Neemias (Ne 10.18). Conforme se vê no fim do segundo ponto, há considerável confusão quanto a esses nomes, se seriam mesmo cinco pessoas, ou não, ao todo.

HOFNI E FINEIAS

Hofni é um vocábulo que significa "lutador", "pugilista". Fineias quer dizer, em hebraico, "boca de serpente". Recentemente, recebi a carta de um homem que desde há muito está interessado em minha obra literária, apoiando-a com doações em dinheiro. Ele e sua esposa criaram um certo número de filhos. Ele dizia que, do ponto de vista social e econômico, eles estão bem, "mas não diante do Senhor; e isso nos entristece". Os pais que tentam criar seus filhos, para que se interessem pelas coisas espirituais, nem sempre são bem-sucedidos. Esse foi o caso de Eli, o sumo sacerdote, e seus dois filhos, Hofni e Fineias.

Hofni e Fineias tinham deveres sacerdotais, que cumpriam em Silo; mas não eram sacerdotes do Senhor, em seus corações. Combinavam a sensualidade com a ganância, o que somente se intensificava com a passagem dos anos. A conduta errônea deles deixava os habitantes de Israel indignados, até que a ruína despencou sobre a família de Eli (ver 1Sm 2.12-17). A primeira comunicação divina acerca disso foi feita através do menino Samuel (1Sm 2). Ironicamente, Hofni e Fineias foram ambos mortos no mesmo dia, durante a batalha em que a arca da aliança foi tomada pelos filisteus (1Sm 4.11), em cerca de 1141 a.C. Ver o artigo separado sobre *Eli*.

Nem sempre é verdade que se treinarmos uma criança no caminho em que ela deve andar, não se afastará do mesmo quando envelhecer (ver Pv 22.6). Estudos recentes, no campo da genética, mostram que as pessoas herdam de seus genitores tanto a personalidade quanto as qualidades morais. Sem importar se a alma exerce controle ou não sobre isso., podendo assim influenciar a vida do indivíduo para melhor ou para pior (no veículo físico que está prestes a ocupar), essa é uma questão que os teólogos e outros pesquisadores estão estudando. Seja como for, a mensagem parece ser que os pais deveriam receber menor crédito pelos filhos que se saem bem, mas também deveriam não aceitar tanto senso de culpa por causa dos filhos que se desviam. Como é óbvio, os pendores para o mal são herdados, mas podem ser contrabalanceados pela espiritualidade. Contudo, nem sempre é o que sucede. Por igual modo, as tendências para o bem são herdadas, embora essas tendências possam ser anuladas pelas tentações e pelos lapsos. O trinamento, sem dúvida, é importante, como também o é o meio ambiente; mas existe um desconcertante poder naquilo que foi geneticamente herdado. Ao assim afirmarmos, contudo, não queremos desculpar os pais por não se terem esforçado mais; mas, ao mesmo tempo, os pais podem derivar algum conforto do fato de que cada indivíduo, afinal de contas, tem o seu próprio relacionamento com Deus; e cada alma, em um sentido bem amplo, é o capitão de seu próprio destino. As influências que exercemos fazem parte do quadro; mas aquilo que o indivíduo faz de si mesmo é o fator mais importante.

HOFRA (FARAÓ)

Ver o artigo geral sobre *Faraó*, seção III, onde os vários Faraós referidos na Bíblia são alistados. Esse é o décimo quarto Faraó daquela lista.

HOGLA

No hebraico, talvez, **"pardoca"**. Esse era o nome da terceira das quatro filhas de Zelofeade, por causa de quem a lei mosaica foi alterada de tal modo que uma filha tornou-se capaz de herdar as propriedades de seu pai, se ela não tivesse nenhum irmão. (Ver Nm 26.33; 27.1; 36.11; Js 17.3). Ela pertencia à tribo de Manassés. Embora essa alteração tivesse trazido mudanças que pareciam radicais, foi minimizada em seu alcance pela disposição de que ela precisava casar-se com algum membro da tribo de seu pai, a fim de que nenhuma porção da herança da família passasse para alguma outra tribo.

HOLOCAUSTO

Sua palavra vem do grego *holos*, "inteiro", e *kaustos*, "queimar". A Septuaginta usa essa palavra para traduzir o termo hebraico *olah*, que significa "trazido a Deus". Um sinônimo, *kalil*, significa "queima completa", referindo-se ao consumo dos sacrifícios em sua totalidade, incluindo os órgãos internos, a gordura e tudo o mais, até tudo tornar-se em cinzas. A *olah* era oferecida como expiação pelo pecado. Outros sacrifícios expiavam pelos pecados particulares, mas a *olah* visava a uma *expiação* geral (vide). Os *holocaustos*, no decorrer da sua história, eram efetuados privada e publicamente. Posteriormente transformaram-se na *tamid* diária, o grande sacrifício nacional, em favor de toda a nação de Israel. Essa cerimônia é que deu origem à oração judaica diária, que prevalece no judaísmo moderno.

Em um sentido secundário, o termo é usado para indicar qualquer grande e terrível destruição, como a destruição de seis milhões de judeus, por determinação de Adolf Hitler, durante a Segunda Guerra Mundial. Qualquer grande destruição, sem importar a sua causa, pode ser assim denominada.

HOLOM

No hebraico, **"arenosa"**. Esse foi o nome de duas cidades em Israel: **1**. Uma cidade que havia na região montanhosa de Judá, mencionada em Josué 15.51, que foi dada aos sacerdotes (Js 21.15). No trecho de 1Crônicas 6.58, essa cidade aparece com o nome de Hilém. Alguns estudiosos têm-na identificado com Khirbet 'Alin, a noroeste de Hebrom. **2**. Uma cidade das planícies de Moabe, contra a qual o profeta Jeremias proferiu julgamento (Jr 48.21). Ela é mencionada em conexão com Jaaza e Dibom, mas sua localização exata permanece desconhecida.

HOMENS A PÉ

No hebraico, *regli*, **"homem de infantaria"**, palavra que ocorre por dez vezes (Nm 11.21; 1Sm 4.10; 15.4; 2Sm 10.6; 1Rs 20.29; 2Rs 13.7; Jr 12.5; Jz 20.2; 2Sm 8.4; 1Cr 18.4). Uma outra palavra hebraica é *ruts*, "correr", que aparece em 1Samuel 22.17, mas que a nossa versão portuguesa traduz por "aos da guarda". O exame desses trechos mostra que a palavra hebraica *regli* é usada em quatro sentidos principais: ***a***. um infante (termo militar), ***b***. um corredor; ***c***. um guarda; ***d***. um mensageiro. O primeiro desses sentidos é o mais constantemente empregado. A distinção entre um infante e um outro soldado qualquer é que o infante combatia a pé, ao passo que os outros montavam a cavalo ou iam em carros de guerra. Em Êxodo 12.37, a palavra simplesmente indica homens que seguem a pé, em suas andanças.

HOMENS VALENTES (PODEROSOS)

Nossa versão portuguesa diz "homens valentes", ajuntando que eles eram homens de "renome". Isso aparece no trecho de

Gênesis 6.4, onde também somos informados de que os "gigantes" eram uma prole das filhas dos homens e dos filhos de Deus, que foram homens poderosos (no hebraico, *geborim*).

Husai chamou Davi e seus homens de *geborim*, o que, em nossa versão portuguesa, corresponde a "valentes" (2Sm 23.8-39). Esse título também era dado aos poderosos trinta guerreiros que atuavam como guarda pessoal desse monarca.

Os homens têm a tendência de glorificar a fortaleza física, a violência e a matança. Os homens habilidosos nessas violências, e que são capazes de dominar outros homens, são os "heróis". As verdadeiras qualidades espirituais não são muito valorizadas neste mundo.

HOMICÍDIO

Podemos falar em termos de homicídio justificado e de homicídio não justificado. Mas esse fato, por si mesmo, mostra o baixo nível espiritual em que se acham os homens. Em qualquer estado espiritual elevado, não existe tal coisa como matar outro ser.

I. A Palavra e suas Definições. Esse vocábulo vem do latim *homo*, "homem", e *caedere*, "matar" ou "cortar". Em latim, um assassino é um *homicida*, tal como em português. Apesar de que, estritamente falando, a morte de um homem, provocada por um animal, poderia ser chamada de um *homicídio*; o termo refere-se sempre à morte de um ser humano provocada por outro ser humano. Universalmente, os homicídios são divididos em justificáveis e criminosos (ou não justificáveis). O homicídio justificado, por sua vez, é classificado sob diferentes títulos, conforme mostramos nos parágrafos abaixo. Algumas autoridades categorizam o *suicídio* (vide) com base nas definições acima, embora, como é óbvio, o suicídio seja uma categoria (do ponto de vista moral) do homicídio.

II. Homicídio Justificado. Poderíamos estar justificados por tirar a vida a outrem? A Bíblia e as leis civis, de modo geral, respondem com um "sim". Abaixo damos as formas justificáveis de homicídio: **1**. Segundo se vê no Antigo Testamento, a *execução religiosa*, por causa de crimes morais ou religiosos, e não meramente por causa de crimes civis, ocorreu com frequência. Nos países árabes, por seguirem o *Alcorão* (vide), até hoje há execuções religiosas ocasionais; mas, nos países ocidentais, esse tipo de execução não é mais considerado justificável. **2**. Por motivo de defesa própria. **3**. O ato de matar que resulta da tomada da defesa de alguém que esteja correndo perigo ou esteja sendo ameaçado ou assaltado de alguma maneira grave. A pessoa defendida não precisa pertencer à família do defensor. **4**. Uma pessoa pode matar outrem, de modo justificável, a fim de impedir um crime de qualquer tipo, mesmo que tal crime não ameace a vida daquele contra quem isso é feito. Por exemplo, um guarda, em um banco, pode tirar a vida a um assaltante do banco. Ou um homem pode matar a um estuprador em potencial, que ameace executar a sua ação. **5**. Execuções determinadas pelo Estado. Os criminosos que tiverem cometido crimes graves, usualmente, quando tiraram a vida de alguém, em muitos países do mundo são, por sua vez, executados com a pena capital. **6**. Em tempos de guerra, os soldados não somente são solicitados a matar, mas também são tidos por heróis quando matam muitos. Audey Murphy, um famoso soldado do exército norte-americano, de certa feita, estando sozinho, matou mais de duzentos soldados alemães, destruiu vários tanques e equipamento pesado, e as pessoas nunca deixaram de admirar-se de seus feitos, não só nessa, mas também em outras ocasiões. Ele era uma máquina de matar, e tornou-se um herói nacional por causa de sua incrível habilidade. Na Bíblia, os trinta heróis guerreiros de Davi ficaram com seus nomes gloriosamente registrados, por haverem morto muitos homens. **7**. *Homicídios Acidentais*. Temos aí um caso de *homicídio desculpável*, e não tanto de homicídio justificável, porquanto esses homicídios acidentais resultam da falta de cuidado, de estados de alcoolismo etc. A lei é que decide quais punições devem ser aplicadas, como breves períodos de encarceramento ou de detenção doméstica etc.

Acidentes puros e inevitáveis, quando alguém mata, por exemplo, uma criança que passa correndo, atravessando o trajeto de um veículo, não são castigados segundo a lei. Os homicídios desculpáveis, com frequência, são denominados "homicídios não premeditados", uma classe de matança sem culpa, diante dos quais a justiça não se manifesta senão a fim de inocentar.

III. Homicídio Não Justificado. A expressão "homicídios premeditados" é usada para distinguir tais casos dos homicídios justificáveis. Além disso, esses homicídios premeditados são divididos em homicídios de primeiro grau e homicídios de segundo grau. Os homicídios de primeiro grau incluem casos não somente em que houve malícia, mas também premeditação, com o propósito voluntário e planejamento deliberado de destruir a vida alheia. A condição mental que leva a essa classe de homicídios, geralmente, chama-se "premeditação maliciosa". E, se alguém termina por matar uma pessoa a quem não queria matar, por causa de alguma vicissitude das circunstâncias, embora o tenha feito com aquela atitude mental, isso é considerado como um homicídio premeditado com "transferência de intenção". Exemplifiquemos a situação com a ilustração de um homem que ataca a outro, o qual é defendido por uma terceira pessoa. Essa terceira pessoa é morta, mas não a vítima tencionada. Isso ainda envolve um homicídio premeditado de primeiro grau. Esses homicídios de primeiro grau também incluem casos como a morte provocada durante um assalto ou outro crime semelhante. Todos os indivíduos envolvidos em casos de incêndio culposo, furto, estupro e roubo que resultem em mortes, embora estas não tenham sido planejadas, são culpados de homicídio de primeiro grau. Além disso, em alguns países, matar um policial ou outro oficial do governo é considerado, automaticamente, um homicídio de primeiro grau.

Homicídio de segundo grau. Esse caso também não é justificável, embora considerado menos culpado que os homicídios de primeiro grau. Por exemplo, os crimes que envolvem paixão, quando um homem mata um amante ou sedutor de sua esposa. Ou então, os crimes cometidos durante discussões ou brigas, embora não houvesse malícia e premeditação anteriores.

Os homicídios não justificáveis podem assumir a forma de um acidente, provocado pelo descuido com que alguém agia, sendo um acidente que poderia ter sido evitado. Um homem que se alcoolize e mate outrem em um acidente, em resultado de estar embriagado, não pode justificar o seu crime. Porém, casos assim não envolvem homicídio de primeiro ou de segundo grau. Esses casos são rotulados como *homicídio culposo*. Mas, se uma morte foi causada por puro acidente, então trata-se de *homicídio involuntário*. Dentro dessa categoria cabem aqueles casos em que, por exemplo, os pais não cuidam apropriadamente de seus filhos, no tocante à saúde e à alimentação, e eles chegam a morrer por causa disso.

IV. Ideias Bíblicas Sobre o Homicídio. O sexto mandamento da lei mosaica condena todo homicídio ilegal (ver Êx 20.13). A lei do amor ensinada por Cristo engloba a condenação do homicídio (ver Mt 22.29). O assassínio é tratado como um dos crimes humanos mais horrendos, nas Escrituras Sagradas, devendo ser punido com a morte do culpado (Nm 35.31). Caim foi o primeiro homicida do mundo (Gn 4.8). No entanto, recebeu o equivalente a uma sentença perpétua. Casos de homicídio justificável, como nas execuções de criminosos, são ilustrados em trechos bíblicos, como Gênesis 9.6 e Números 31.7,8. Jesus defendeu a mulher apanhada em flagrante adultério, e impediu a sua execução, ainda que, de acordo com as normas veterotestamentárias, ela devesse ser sumariamente executada. Ver João 8.7. Porém, o Novo Testamento concorda com o Antigo Testamento, em defesa da lei (ver 1Pe 2.13,14); e se as leis requerem punição capital para os casos de homicídio não justificável, podemos encontrar textos de prova neotestamentários que aprovam isso. Ver o décimo terceiro capítulo de Romanos, quanto a uma declaração mais extensa do princípio envolvido.

V. Punição Capital. Ver o artigo separado com esse título. Ver também sobre *Crimes e Castigos*.

HORA

No Antigo Testamento: Ver o artigo geral sobre *Tempo*. A palavra hebraica assim traduzida é *sa'a*, e a palavra grega é *ora*. No Antigo Testamento, essa palavra nunca é usada para designar um vinte e quatro avos do dia, visto que os hebreus não dividiam um dia em vinte e quatro partes iguais. A divisão mais primitiva do dia, na sociedade hebreia, era: manhã, meio-dia e tarde (Gn 1.5; 43.15). A noite era dividida em vigílias: a primeira, a média e o amanhecer (Êx 14.24; Jz 7.9; Lm 2.19). Ao que parece, os babilônios foram os primeiros, ou estiveram entre os primeiros, a dividir o dia em doze partes iguais, e Heródoto afirma (*História*, 2.109) que os gregos derivaram esse costume dos babilônios. O relógio de sol de Acaz (2Rs 20.11; Is 38.8) provavelmente também era de origem babilônica. Ver o artigo geral sobre *Vigília*.

No Novo Testamento: 1. Uma hora pode indicar um *breve período de tempo* (Mt 26.40). **2**. Há referências gerais ao tempo, como terceira, sexta e nona horas, o que corresponde às nossas 9 horas, 12 horas e 15 horas. A adoração era regularmente observada no templo de Jerusalém, nas horas terceira e nona (At 2.15; 3.1), quando ocorriam os holocaustos matinais e vespertinos. **3**. Um doze avos de um dia é um período indicado somente em João 11.9, em todo o Novo Testamento. Contudo, há alusões, em outras passagens, que mostram que, naquele tempo, já existia a noção de que o dia tem doze horas. Assim, encontramos menção à segunda hora (At 19.34), à sétima hora (Jo 4.52) e à décima hora (Jo 1.39). **4**. Uma *hora* pode indicar um ponto específico no tempo, um momento, um instante. (Ver Mt 8.13; 9.22 e 15.28). **5**. Um tempo determinado, como uma intervenção divina nas atividades humanas (Mt 24.36,44,50; 25.13; Mc 13.32; Ap 3.3,10; 9.15; 14.7,15; 18.10). **6**. Os principais eventos, ou tempos, quando certas coisas deveriam acontecer, como, por exemplo, na vida de Jesus. Cada uma dessas horas fora estabelecida pelo desígnio de Deus Pai. (Ver Jo 2.4, 12.23,27; 13.1; 17.1; Mt 26.45; Mc 14.35; Lc 22.53). Isso refere-se à providência divina, que determina os eventos e as ocasiões em que tais acontecimentos devem ter lugar. O artigo sobre *Tempo, Divisões do* fornece-nos mais detalhes, com a ajuda de um gráfico.

HORÃO

No hebraico, **"elevado"**, **"exaltado"**. Um rei de Gezer tinha esse nome. Ele saiu em socorro de Laquis, quando Josué cercara essa cidade, mas foi derrotado e morto. Ver Josué 10.33.

HOREBE

No hebraico, **"seco"**, **"deserto"**. O monte de Deus na península do Sinai (Êx 3.1; 18.5), onde a lei foi entregue a Israel (Dt 4.10-15; 5.2; 1Reis 8.9; 19.8). Os nomes Horebe e Sinai aparecem designando o mesmo monte em diversos lugares, por exemplo: Horebe (em Êx 17.6; Dt 1.6; 1Reis 8.9; 19.8; Sinai em Êx 19.11; 24.16; 31.18; Lv 7.38; 25.1; Dt 33.2; Jz 5.5). Esse fenômeno tem sido explicado por diversos modos. Dizem que os dois termos não se referem exatamente ao mesmo lugar. Horebe é o nome da cordilheira, e Sinai, um dos pontos salientes (Hengstenberg e Robinson). Segundo a opinião de Gesenius, Horebe é o nome da parte inferior ou do pico do

MONTE HOREBE
Davis, John D., 1854-1926, *Novo Dicionário da Bíblia* / [Tradução: J.R. Carvalho Braga]. – Edição ampliada e atualizada – São Paulo, SP: Hagnos 2005.

monte Sinai, ou a parte do Norte e mais abaixo da cordilheira, enquanto que o Sinai ficava mais para o sul, era o ponto mais elevado. De outro lado, os dois termos empregam-se para representar o mesmo objeto. Ewald pensa que o nome Sinai era o antigo e que Horebe era o nome moderno da mesma montanha (*cf.* Jz 5.5). (Veja Êx 19.1; e o contexto, 18.13 até 19.6; e 19.11, no contexto v. 9-13).

HORÉM

No hebraico, **"devoto"**. Esse era o nome de uma cidade fortificada do território de Naftali (Js 19.38). Ficava ao norte da Galileia, embora não se saiba, hoje em dia, qual a sua localização exata.

HORESA

No hebraico, **"floresta"**. Esse era o nome de um lugar onde Davi se refugiou quando fugia de Saul. Esse local ficava no deserto de Zife. Ali Davi e Jônatas firmaram um pacto (1Sm 23.15-19). Khirbet Khoreisa tem sido sugerida como o local da antiga localidade. Fica cerca de dez quilômetros ao sul de Hebrom.

HOREUS

1. O Nome e sua Identificação. Nomes alternativos, que aparecem nas traduções, são *hori* e *horins*. Os horeus têm sido identificados com certos "habitantes das cavernas" (em nossa versão portuguesa, "enlaçados em cavernas"; ver Is 42.22). Talvez haja nisso uma alusão a mineiros. Outros estudiosos, entretanto, pensam que esse nome está ligado ao termo egípcio *hurru*, uma designação de povos da região da Síria-Palestina. Esses povos, juntamente com Israel, figuram na estela de Merenptá, com data por volta de 1220 a.C. Essa palavra egípcia aponta para os hurrianos, um povo não semita, que fazia parte da população indígena da Síria, no século XVIII a.C., e que também havia ocupado a área chamada Suburu, ou seja, a região do Eufrates: Habur-Tigre.

Sob a liderança do reino de Mitani, eles chegaram a ocupar uma posição dominante na Síria, no sul da Turquia e no leste da Assíria, desde cerca de 1550 a.C., até que os assírios conseguiram subjugá-los, em cerca de 1150 a.C. Essa gente aparece em tabletes em escrita cuneiforme, de Tell Taanach e de Siquém, bem como nas cartas de Tell el-Amarna, especificamente na carta de Arade-Hepa, de Jerusalém, e na carta hurriana de Tushrata a Amenhotepe IV, do Egito. Todavia, alguns eruditos afirmam que as várias referências veterotestamentárias existentes não se ajustam a esse povo. Por exemplo, os nomes pessoais dos *horeus*, conforme se vê em Gênesis 36.20-30, não se ajustam aos padrões hurrianos, mas antes, parecem ser nomes tipicamente semitas. Ora, os hurrianos não eram um povo semita. E os predecessores dos idumeus, aparentemente, não foram hurrianos.

O nome *horeus* aparece em Gênesis 34.2 e Josué 9.7; e a Septuaginta retém ali esse nome. Quanto ao trecho de Isaías 17.9, tanto o texto massorético quanto a Septuaginta substituem o nome por outras formas. Por essas razões, alguns eruditos supõem que ali há menção aos horeus ocidentais e aos horeus orientais, sabendo-se que estes últimos foram os antecessores dos idumeus, na região. Nesse caso, os horeus ocidentais não eram semitas; mas os horeus orientais o eram. Aqueles do ocidente eram aparentados dos hurrianos, que aparecem nos textos extrabíblicos do segundo milênio a.C. Adicionemos a isso que a palavra, quando se refere aos horeus orientais, significa "habitantes das cavernas", ao passo que a etimologia do nome dos horeus ocidentais é obscura, aparentemente, não relacionada ao outro nome, embora similar ao mesmo.

2. Referências Bíblicas. Os horeus foram derrotados por Quedorlaomer e pelo exército mesopotâmico invasor (Gn 14.6). Eles eram governados por chefes locais (Gn 36.29,30; em nossa versão portuguesa, "príncipes"). Entretanto, os descendentes de Esaú praticamente exterminaram-nos (Dt 2.2,22). O nome deles está relacionado ao termo hebraico "hor", que significa "monte" ou "caverna". Se eles não eram mineiros, então, eram uma população primitiva que realmente residia em cavernas. Essa gente parece não estar relacionada em coisa alguma aos hurrianos; mas também não existem evidências arqueológicas que iluminem a cultura deles.

3. Os Hurrianos. Temos procurado mostrar que provavelmente houve dois povos diferentes, que foram confundidos um com o outro, devido à similaridade entre seus nomes. No entanto, um desses povos era de origem semita, e o outro, não. Ver o artigo separado sobre os *Hurrianos*.

HOR-GIDGADE

Ver também sobre *Gudgodá*. Esse nome significa "buraco no monte". Foi o trigésimo terceiro lugar onde Israel acampou, durante suas marchas pelo deserto (ver Nm 33.32,33). O nome *Gudgodá* (Dt 10.7), evidentemente, é um nome alternativo. Alguns têm identificado esse lugar com o *wadi* Ghagaghed.

HORI

No hebraico, **"habitante das cavernas"**. Há três pontos que precisamos destacar a respeito: **1**. Esse era o nome de um dos filhos de Lotã, filho de Seir e irmão de Hemã (Gn 36.22; 1Cr 1.39), que viveu por volta de 1964 a.C. **2**. Também era o nome do pai de Safate, que foi representante da tribo de Simeão, entre os espias enviados para investigar a terra de Canaã, antes da invasão dos israelitas naquele território (Nm 13.5). Isso teve lugar algum tempo antes de 1657 a.C. **3**. Além disso, em Gênesis 36.30, no original hebraico, *Hori*, com o artigo definido prefixado, tem o sentido de "o horeu" (em nossa versão portuguesa, "os horeus"), conforme se vê, igualmente, em Gênesis 36.21, 29.

HORMÃ

No hebraico, **"devoção"**. Esse nome poderia significar "devotado à destruição", ou então, a alusão poderá ser a um antiquíssimo culto religioso. Esse era o nome de uma cidade que foi tomada dos cananeus pelas tribos de Judá e Simeão (Jz 1.17; Nm 21.3; Jz 19.4; 1Cr 4.30). Seu nome original era Zefate. Era uma importante cidade do rei cananeu do sul da Palestina (Js 12.14), estando localizada perto do lugar onde os israelitas foram molestados pelos amalequitas, quando, contra o conselho de Moisés, eles tentaram entrar na terra de Canaã por aquele caminho. (Ver Nm 14.45 e comparar com Nm 21.1-3 e Dt 1.44).

Quando Israel conquistou a Terra Prometida, esse lugar foi alocado à tribo de Judá (Js 15.30); mas, posteriormente, ficou sob a posse da tribo de Simeão (Js 19.4 e 1Cr 4.30). Os trechos de Josué 15.30 e 1Samuel 30.30 indicam que o lugar ficava perto de Ziclague. Albright, nos tempos modernos, identificou-o com Tell es-Seri'ha, cerca de vinte quilômetros a noroeste de Berseba. Nesse lugar houve uma extensa civilização pertencente à Era do Bronze Posterior, mas que continuou ocupado até dentro da Idade do Ferro. Tell es-Seba', cerca de cinco quilômetros a leste de Berseba, também tem sido sugerida como o local antigo. O passo de es-Sufa, a sudeste dali, também tem sido mencionado pelos estudiosos, embora tudo não passe de conjecturas. Qualquer identificação precisa corresponder à área em torno de Ziclague. O trecho de Josué 12.14 localiza o local entre Geder e Arade. E o trecho de Josué 15.30 o situa entre Quesil e Ziclague, ao passo que o trecho de Josué 19.4 localiza-o entre Betel e Ziclague. Por sua vez, a passagem de Josué 15.30 indica que ficava no extremo sul, já perto da fronteira com Edom.

HOR, MONTE

No hebraico, essa palavra *hor* significa "monte". Há dois montes com esse nome, nas páginas da Bíblia, a saber: **1**. Um monte na Arábia Pétrea, localizado nos confins da Idumeia, que faz parte da cadeia montanhosa de Seir ou Edom. Esse monte ficava na linha fronteiriça do território de Edom (Nm 20.23). Israel fez uma pausa ali, durante suas peregrinações depois de ter deixado Cades (Nm 20.22; 33.37). Dali, os israelitas foram para Zalmona (Nm 33.41), a caminho do mar Vermelho (Nm 21.4). E quando estavam acampados em Cades, Aarão morreu, na presença somente de Moisés e de Eleazar, filho de Aarão. (Ver Nm 20.23 ss). Uma identificação tradicional do lugar é aquele feito por Josefo (*Anti.* 4.4,7), isto é, perto da cidade de Petra, o elevado pico montanhoso Jebel Nebi Harun, que atinge 1465 m de altura, a oeste de Edom. Porém, isso fica longe de Cades, o que contradiz tal informação com o que diz a Bíblia. Um outro monte, Jebel Madurah, perto da extremidade ocidental do *wadi* Feqreh, um pouco mais para o sudoeste dos passos de es-Sufah e de el-Yemen, parece ajustar-se melhor à narrativa bíblica. Fica na confluência das fronteiras de Edom, de Canaã e do deserto de Zim. Esse monte fica cerca de 24 km a nordeste de Cades, na fronteira nordeste de Edom. Sua proximidade de Cades ajusta-se às descrições bíblicas. Israel começou a se desviar, para circundar o território de Edom, no monte Hor (Nm 21.4), pelo que foi possível Aarão ser sepultado naquela área (Cades), ... *perante os olhos de toda a congregação*. **2**. Um monte existente ao norte da Palestina, entre o mar Mediterrâneo e a aproximação a Hamate (Nm 34.7,8), também se chamava monte Hor. Esse monte assinalava a fronteira norte da Terra Prometida. Sem dúvida era um pico proeminente da cadeia do Líbano. As sugestões modernas são o monte Hermom e o Jebel Akkar, este, um contraforte do Líbano, embora os estudiosos não estejam certos quanto a essa questão.

HORONAIM

No hebraico, **"duas cavernas"** ou **"dois buracos"**. Esse era o nome de uma cidade dos moabitas (Is 14.5 e Jr 48.3,5,34). Josefo (*Anti.* 8.23; 14.2) chamou essa cidade, igualmente, de Holón.

O profeta Isaías proferiu oráculos contra Horonaim (Is 15.5), tal como o fez Jeremias (Jr 48.5). Ficava localizada no sopé de uma descida (Jr 48.5) provavelmente em uma das estradas que levavam do platô dos moabitas até à Arabá, embora sua localização exata nunca tenha sido determinada. Alguns estudiosos identificam-na com a moderna el-'Arak. Alexandre Janeu tomou Horonaim dos árabes; mas João Hircano devolveu-a ao rei Aretas, conforme aquelas referências de Josefo o demonstram. Aparentemente, o povo de Israel não conseguiu conquistar o lugar, quando invadiu a Terra Prometida.

HORONITA

Não se sabe com certeza de onde esse termo se deriva. Alguns pensam que a sua raiz é Bete-Horom, ao passo que outros sugerem Horonaim. Sendo um adjetivo gentílico, foi usado para indicar Sambalate, em Neemias 2.10,19 e 13.2. Se Bete-Horom é a suposição correta, então Sambalate era samaritano mas, se devemos pensar em Horonaim, então ele seria um moabita. Josefo o chamou de *quteano*, de onde vieram os samaritanos (*Anti.* 11.7,2). Ver o artigo separado sobre *Sambalate*.

HOSA

No hebraico, **"esperançoso"**. Esse é o nome de uma personagem e de uma cidade, nas páginas do Antigo Testamento: **1**. Um levita merarita, porteiro do templo. Foi nomeado para tal cargo por Davi (1Cr 16.38; 26.10,11,16). Antes de ser-lhe conferida essa tarefa, fora feito porteiro da tenda que abrigava a arca da aliança, que fora trazida para Jerusalém (1Cr 16.38). Ele e seus familiares, depois que começaram a trabalhar no templo, tornaram-se os responsáveis para conseguir seis guardas para o portão ocidental. **2**. Hosa também era o nome de uma cidade da tribo de Aser, a qual, em certa altura de sua história, ficava na linha da fronteira, quando esta se voltava na direção de Tiro, já perto de Aczibe (Js 19.29). Aparentemente ficava ao sul da cidade de Tiro. Alguns estudiosos modernos têm-na identificado com a aldeia de El Ghazieh, embora o local não seja conhecido com qualquer grau de certeza.

HOSAÍAS

No hebraico, **"Yahweh salvou"**. Esse é o nome de duas personagens bíblicas, ambas do Antigo Testamento: **1**. Um homem que conduziu em cortejo os príncipes de Judá, quando da celebração por causa do término da reconstrução das muralhas de Jerusalém, nos dias de Neemias (Ne 12.32), o que sucedeu por volta de 446 a.C. **2**. O pai de Jezanias ou Azarias. Hosaías foi um dos líderes do povo após a queda de Judá, que resultou no cativeiro babilônico. Ele foi se aconselhar com Jeremias, no tocante a ficar ou não em Jerusalém. (Ver Jr 42.1; 43.2 e comparar com 2Rs 25.23,24). A questão envolvia um remanescente da tribo de Judá que não fora deportado. Isso ocorreu por volta de 586 a.C.

HOSAMA

No hebraico, **"aquele a quem Yahweh ouve"**. O trecho de 1Crônicas 3.18 menciona esse homem como um filho de Jeconias (Jeoaquim), o penúltimo dos reis de Judá. Contudo, os filhos de Jeconias não são mencionados noutra passagem, juntamente com outros membros da família (ver 2Rs 24.12,15). Além disso, o trecho de Jeremias 22.30 fala de Jeconias como um homem "como se não tivera filhos". Nossa versão portuguesa não diz categoricamente que ele não teve filhos, mas apenas que ele foi como se não os tivera tido. Mas pensando na passagem diz, realmente, que Jeconias não teve filhos, alguns estudiosos imaginam que houve alguma corrupção na genealogia da família real, no terceiro capítulo de 1Crônicas. É possível que esse filho tenha nascido depois que as Escrituras disseram que ele seria sem filhos, o que pode ter acontecido durante o tempo do cativeiro babilônico, do qual Jeconias participou. O tempo foi cerca de 597 a.C.

HOSANA

Essa palavra portuguesa passou pelo grego, derivado do hebraico, *hosha'na*. *Hosha* significa "salvar"; *na* significa "rogar", "orar". Portanto, temos aí uma exclamação ou invocação, dirigida a Deus: "Ó, salva-nos"; ou então: "Ó, salva agora".

Seria um pedido de assistência divina. Encontra-se em Salmo 118.25. Posteriormente, porém, veio a tornar-se uma jubilosa exclamação, cujo intuito é louvar a Deus. Em Marcos 11.9,10 e seus paralelos em Lucas e Mateus, é uma exclamação usada dessa maneira. Talvez pudéssemos dizer que o povo de Israel desejava que o Filho de Davi fosse preservado e se firmasse em sua missão. Mais provavelmente ainda, seria apenas uma exclamação de júbilo, acolhimento e honra, sem qualquer alusão ao seu sentido original. Ver Jeremias 31.7, quanto a esse uso posterior.

Essa exclamação fazia parte da festa dos Tabernáculos. O sétimo dia dessa festividade veio a ser conhecido como o Grande Hosana, ou Dia de Hosana. Essa festa era celebrada no mês correspondente ao nosso setembro, imediatamente antes do começo do ano civil. O povo levava palmas, murtas etc. Ver Josefo (*Anti.* 13.13,6; 3.10,4). Eles repetiam os versículos 25 e 26 do Salmo 118, que começam com a palavra Hosana. Quando essa palavra era proferida, todos sacudiam os ramos que traziam nas mãos. Foi em face desse detalhe que a festa veio a ser chamada, alternativamente, de Hosana. As mesmas coisas eram observadas na festa de *Encaenia*, ou festa da reconsagração do templo de Jerusalém, instituída por Judas Macabeus (1Macabeus 10.6,7; 2Macabeus 13.51; Ap 7.9). Clamores de Hosana e o sacudir de palmas e ramos também faziam parte dessa festa, como expressão de júbilo.

Para os cristãos, essas palavras são melhor conhecidas por causa de sua associação com a entrada triunfal de Cristo, em Jerusalém. Ver o artigo sobre a *Entrada Triunfal*. As pessoas, estando acostumadas a expressar sua alegria dessa maneira, fácil e naturalmente transferem os mesmos atos quando querem saudar a Jesus, sem qualquer referência àquela festa religiosa. Isso acontecia espontaneamente, nas festas religiosas.

HOSPEDARIA

No hebraico temos a considerar uma palavra, e no grego, duas, quanto a este verbete, a saber: **1**. *Malon*, "acampamento", "hospedaria". Essa palavra ocorre por oito vezes (conforme se vê em Gn 42.27; 43.21; Êx 4.24; Js 4.3,8; 2Rs 19.23; Is 10.29 e Jr 9.2). O sentido básico dessa palavra é "permanecer", "demorar-se". **2**. *Katáluma*, "descanso", "parada". Esse substantivo também significa *soltura*. Com o sentido de "hospedaria" aparece somente por uma vez, em Lucas 2.7. **3**. Πανδοχηεισον, "casa de receber", "estalagem". Esse vocábulo também só aparece por uma vez, em Lucas 10.34.

Ver o artigo separado sobre a *Hospitalidade*. As hospedarias eram uma das formas de prover hospitalidade.

Nos comentários rabínicos sobre o trecho de Josué 2.1 (comparar com Josefo, *Anti.* 5.1,2), Raabe é chamada de "estalajadeira". Sabemos que as antigas hospedarias eram covis de ladrões e prostitutas, sendo possível que Raabe tivesse uma dupla ocupação: provia hospitalidade e sexo. Nessa conexão, é curioso que os esquimós das regiões do extremo norte do continente norte-americano ofereçam, aos viajantes que por ali passem, tanto a hospitalidade comum como uma mulher para ficar com o viajante durante a noite, mulher essa que, com frequência, é a esposa do hospedeiro! Todavia, essa prática está vinculada a casas particulares, e não a hospedarias. Minhas fontes informativas a esse respeito dizem que as estalajadeiras, com frequência, eram também prostitutas, nos tempos dos romanos. Condições como essas encorajavam a hospitalidade em residências particulares, para nada dizermos sobre os perigos físicos e econômicos com que se defrontavam os viajantes. Sabemos, pelas páginas da história, que nos tempos pré-romanos, isto é, nos tempos gregos, as hospedarias eram comuns. Por causa dos perigos próprios desses lugares, os ricos mantinham seus próprios postos de parada, que em latim eram chamados *deversoria*, ou "casas de hospedagem". Além das mulheres que se envolviam com as estalagens, lemos que escravos e libertos também se ocupavam na supervisão de tais lugares.

Um dos mais importantes incidentes do nascimento de Jesus foi o fato de que não havia lugar na estalagem, para José e Maria (Lc 2.7), o que tem sido usado como ilustração da relutância dos homens em receberem o Salvador, em incontáveis sermões. Provavelmente, a estalagem em questão era uma espécie de casa de hóspedes, e não qualquer coisa parecida com um hotel moderno. A palavra grega *katáluma* é usada para referir-se ao *cenáculo*, onde Jesus comeu a Páscoa em companhia de seus discípulos (Mc 14.14).

A hospedaria da história do bom samaritano (Lc 10.34) é mencionada mediante o uso de uma palavra grega diferente, πανδοχηεςιον, que significa "toda recebedora" (tradução literal) ou "estalagem". Supõem os estudiosos que há ali menção a uma hospedaria comercial verdadeira, em contraste com o quarto de hóspedes da história de Jesus. Existe atualmente uma hospedaria chamada Khan Hathrur, localizada entre Jerusalém e Jericó, que talvez seja similar àquelas dos tempos antigos. Consiste em um grande edifício com um portal em arcada, que permite a entrada para um pátio, com um poço bem no centro. Os lugares que existem atualmente, em rotas de caravanas, assemelham-se muito a isso. Algumas dessas estalagens têm dois pisos, lugares para guardar bagagens e animais, além de salas para os hóspedes dormirem.

Os antigos *khans*, postos de hospedagem para as caravanas, eram lugares onde homens e animais podiam descansar, comer e dessedentar-se, estando localizados perto de riachos, poços ou mananciais (Êx 4.24; Gn 42.37). Sempre havia alguma construção, circundando um pátio aberto, com arcadas em redor e um terraço (Jr 9.2). Com a passagem do tempo, esses lugares passaram a ser equipados com salas para os viajantes dormirem. Outrossim, havia espaço para os viajantes armarem suas próprias tendas, se quisessem fazê-lo. Assim, embora o sistema começasse bem simples, houve desenvolvimentos interessantes, com a passagem dos séculos. Muitas estalagens modernas (chamadas motéis ou hotéis) são lugares de grande luxo ambiental. Nos Estados Unidos da América do Norte, onde a palavra "motel" está associada a turismo (e não à prostituição, como no Brasil), as principais estradas dispõem de motéis que são verdadeiras cidades em miniatura, com lojas, postos de gasolina, piscinas etc.

HOSPITALIDADE

Essa palavra portuguesa deriva-se do termo latino *hospitalis*, que significa "de um hóspede". A hospitalidade, pois, é a cortesia que oferecemos a algum hóspede ou convidado. Consiste na prática de mostrar-se gentil e generoso para com os visitantes e, por extensão, para com qualquer outra pessoa. O Novo Testamento grego, para indicar essa ideia, emprega o vocábulo *philoksenia*, que significa "amor aos estranhos". Na forma nominal, a palavra é usada somente por duas vezes, em todo o Novo Testamento, em Romanos 12.13 e em Hebreus 13.2. Em sua forma adjetivada é usada por três vezes (1Tm 3.2, Tito 1.8 e 1Pe 4.9) com o sentido de "hospitaleiro". As duas primeiras dessas passagens referem-se aos deveres dos anciãos ou diáconos das igrejas; e a última delas recomenda a prática geral da hospitalidade, entre os irmãos.

I. Declaração Geral. Hebreus 13.2: *Não vos esqueçais da hospitalidade, porque por ela alguns, sem o saberem, hospedaram anjos.* (Quanto a versículos-chaves sobre a *hospitalidade*, uma forma de amor, e onde aparecem notas expositivas detalhadas, ver Rm 12.13 no NTI; quanto à ideia de "dado à hospitalidade", ver 1Tm 3.2; a mesma expressão usada acerca dos líderes eclesiásticos, como uma das qualidades requeridas da parte deles, ver ainda Tito 1.8, bem como as notas expositivas ali existentes no NTI, sobre o tema "amante da hospitalidade". Ver também 1Pe 4.9 e 1Tm 5.10, onde se vê que a hospitalidade é um dos testes do caráter cristão).

A hospitalidade deve ser prestada sobretudo aos estranhos (ver Hb 13.2), aos pobres (ver Is 58.7; Lc 14.13), e até mesmo aos inimigos (ver 2Rs 6.22,23 e Rm 12.20). (Quanto a vários exemplos de hospitalidade, ver os episódios que envolveram Melquisedeque, em Gn 14.18; Abraão, em Gn 18.3-8; Ló, em Gn 19.23; Labão, em Gn 24.31; Jetro, em Êx 2.20; Manoá, em Jz 13.15; Samuel, em 1Sm 9.22; Davi, em 2Sm 6.19; Barzilai, em 2Sm 19.32; a mulher sunamita, em 2Rs 4.8; Ne, em Ne 5.7; Lídia, em At 16.15; Jasom, em At 17.7; Mnason, em At 28.3; Públio, em At 28.7; Gaio, em 3João 5,6).

Nos dias do NT era necessário que os cristãos acolhessem irmãos na fé que eram viajantes, porquanto as antigas hospedarias viviam infestadas de assaltantes e prostitutas, e havia poucos lugares públicos onde um crente se sentisse à vontade para passar a noite ou para ali hospedar-se por breve período. (Ver Theophraustus, Char. 6.5). Josefo (ver *Antiq*. vi.1) preserva uma tradição judaica no sentido de que Raabe, a prostituta, era proprietária de uma hospedaria. Podemos mesmo supor que a maioria das hospedarias antigas eram pouco mais do que bordéis.

II. Uma Prática (Hábito). ... *praticando-a, sem o saber, acolheram anjos...* O autor sagrado vê nisso um incentivo especial à hospitalidade; é que alguns, praticando-a, tiveram o grande privilégio de abrigar, temporariamente ao menos, seres angelicais, os quais, sem dúvida alguma, por alguns momentos, se transformavam para que parecessem homens. Naturalmente, alguns dos pais da igreja, como Orígenes, especulavam que os anjos não são diferentes da alma humana, pertencendo ao mesmo "tipo" de ser, exceto que não caíram em pecado, tendo retido, por isso mesmo, os atributos e poderes espirituais que, no homem, foram tremendamente debilitados por causa do pecado. No AT temos várias histórias de contato entre os homens e os anjos, em que homens ofereceram hospedagem a anjos. (Ver o décimo oitavo capítulo de Gênesis: Sara e Abraão; ver, no décimo nono capítulo do mesmo livro, Ló; ver o décimo terceiro capítulo do livro de Juízes: Manoá). (Ver também Mc 14.8, At 12.16. E, nos escritos clássicos, ver Aristófanes, *Vespas*, 517; *Heródoto* i.44; *Hom*. il.xii,273.) Os gregos entretinham a noção de que qualquer estranho poderia ser um deus disfarçado.

III. Uma Virtude Cardinal. "A hospitalidade era, peculiarmente, uma virtude oriental. No Livro dos Mortos, do Egito, um juízo elogiador era conferido a quem tivesse alimentado os famintos e vestido os nus. No AT abundam as ilustrações da prática da hospitalidade; a hospitalidade dos árabes e beduínos é familiar, através dos escritos de viajantes pelo Oriente. Grande valor era dado a esse dever, por parte dos gregos, conforme aparece constantemente nos escritos de Homero e outros. A hospitalidade, realmente, era considerada um dever religioso. O estranho ficava sob a proteção especial de Zeus, o qual era chamado "o deus do estrangeiro" (no grego, *zenios*). Os romanos reputavam uma impiedade qualquer violação dos ritos de hospitalidade. Cícero disse: 'Parece-me eminentemente apropriado que os lares de homens distinguidos se abra para hóspedes distintos, e é uma honra para a república que aos estrangeiros não falte qualquer tipo de liberalidade em nossa cidade'. (*De Off*. ii.l8)". (Vincent, *in loc*.).

Pode-se observar, no trecho de Mateus 25.40, que o próprio Jesus se identificou com os necessitados e desabrigados, considerando que o tratamento dado aos mesmos era tratamento dado à sua pessoa. Essa passagem ensina-nos que o amor a Deus é expresso pelo amor ao próximo. A grande maioria dos homens é incapaz de amar Deus diretamente, pela ascensão mística da alma. Mas todos os homens podem amar Deus e seu filho, amando os outros. Isso, espiritualmente falando, é que dá corpo à hospitalidade. Filo, comentando sobre a narrativa da visita angelical a Abraão, diz: "Ninguém se mostra tardio na prática da hospitalidade; mulheres e homens, escravos e livres, igualmente, empenham-se por servir aos estrangeiros".

Os escritores morais entre os judeus alistavam a hospitalidade como uma dentre as seis mais importantes virtudes que um homem pode ter, e que serão galardoadas no mundo vindouro. (Ver Talmude *Bab. Sabbaat*, fol. 127.1).

IV. O Valor da Hospitalidade: Expressão do Amor. Qual é o valor da hospitalidade? A mais importante lição deste versículo, além daquela atinente ao batismo, é o fato óbvio da hospitalidade de Lídia. ... *e nos constrangeu a isso*... Ela convenceu aqueles mestres cristãos, que vinham de tão longe, a permanecerem em sua casa, tendo-lhes provido todo o necessário para o seu conforto. Os missionários cristãos eram estrangeiros em uma terra estranha, mas ela fez o que estava ao seu alcance para que se sentissem à vontade. Contraste-se esse tratamento com os que, usualmente, eram enfrentados: perseguições, ódio e desconfiança.

Devemos notar, além dessas sugestões, que a importância da hospitalidade é frisada pelo fato de que se trata de um dos requisitos do caráter daquele que aspira ao pastorado: *É necessário, portanto, que o bispo seja irrepreensível, esposo de uma só mulher, temperante, sóbrio, modesto*, hospitaleiro, *apto para ensinar*. (1Tm 3.2). Essa condição é repetida no trecho de Tito 1.8: ... *antes, hospitaleiro, amigo do bem, sóbrio, justo, piedoso, que tenha domínio de si...* Por semelhante modo, é uma virtude recomendada no caso de todos os crentes, como uma das características que devem acompanhar a piedade cristã: *...compartilhai as necessidades dos santos, praticai a hospitalidade...* (Rm 12.13). Pedro também descreve a hospitalidade como uma das virtudes cristãs: *Sede mutuamente hospitaleiros, sem murmuração* (1Pe 4.9).

A hospitalidade é uma importante virtude, porque é uma forma prática de alguém dar *de si mesmo*; e aqueles que mais dão de si mesmos são os que mais se assemelham a Jesus Cristo, que nunca poupou coisa alguma de si mesmo, em seu serviço aos outros. Aqueles que servem aos seus semelhantes, na realidade estão servindo a Deus e a seu Cristo, conforme aprende-se claramente em Mateus 25.35, bem como no contexto geral desse versículo. Quiçá em nossa ansiedade de meditar sobre a verdadeira doutrina e de ensiná-la, tenhamo-nos olvidado da doutrina prática do amor e da simpatia humanos, que obviamente se revestem de tanta importância na totalidade dos ensinamentos do Senhor Jesus. O exame feito no código de ética do Senhor, isto é, nos capítulos quinto a sétimo do Evangelho de Mateus, o *sermão da montanha*, revela-nos essa verdade claramente. Tiago também expressou esse conceito geral ao escrever: *A religião pura e sem mácula, para com o nosso Deus e Pai, é esta: visitar os órfãos e as viúvas nas suas tribulações, e a si mesmo guardar-se incontaminado do mundo* (Tg 1.27).

Na vereda que é preciso tomarmos, em nosso retorno a Deus, o amor é o fator isolado mais importante da expressão do caráter. Foi Deus e seu Filho que amaram supremamente este mundo perdido e corrupto, e aquele que conhece a Cristo haverá de imitar quase naturalmente essa qualidade. O caminho de volta para Deus torna-se mais curto, a estrada da perfeição é mais breve, quando é liberalmente agraciada pelo amor aos próprios semelhantes. Crescemos até à estatura de Cristo, muito mais prontamente, quando exercemos esse espírito e somos possuídos por essa atitude, que é o vínculo da perfeição, no dizer do apóstolo Paulo. (Ver Cl 3.14). O amor, entretanto, é um dos aspectos do fruto do Espírito Santo, segundo lemos no trecho de Gálatas 5.22, o que significa que é um produto do desenvolvimento espiritual, e não meramente uma emoção humana. Ver o artigo sobre *Amor*, como princípio orientador no seio da família de Deus. (Ver Jo 14.21 e 15.10).

V. No Antigo e no Novo Testamento. No mundo bíblico, hospitalidade era uma virtude altamente valorizada, especialmente entre aqueles que viviam como nômades. Desse modo, um viajante podia evitar as antigas estalagens, sempre tão infestadas de ladrões e prostitutas. Desse modo, ele conseguia abrigo, alimento e descanso. Em alguma outra ocasião, chegaria a sua vez de retribuir à hospitalidade. Ver o artigo separado intitulado *Hospedaria*.

No Antigo Testamento: Exemplos dessa prática podem ser vistos nas vidas de Melquisedeque (Gn 14.18); de Abraão (Gn 18.3-8); de Ló (Gn 19.2,3); de Labão (Gn 24.31); de Jetro (Êx 2.20); de Manoá (Jz 13.15); de Samuel (1Sm 9.22); de Davi (2Sm 6.19); de Barzilai (2Sm 19.32); da mulher sunamita (2Rs 4.8); de Neemias (Ne 5.17) e de Jó (Jó 31.17,32).

A mais famosa narrativa sobre hospitalidade, em todo o Antigo Testamento, foi o incidente no qual Abraão entreteve, sem o saber, três anjos. Isso tornou-se uma espécie de promessa, no sentido de que a hospitalidade poderia ser uma fonte de visitação celestial; e assim um outro motivo veio encorajar essa virtude. A hospitalidade, entre os povos nômades, foi preservada em Israel, mesmo depois da conquista da Terra Prometida, quando os israelitas deixaram de vaguear. A hospitalidade servia de meio de intercomunicação entre culturas diferentes, como no caso de Salomão, que recebeu muitos estrangeiros, a fim de compartilharem de sua mesa suntuosa (1Rs 4.22 *ss*., 10.4 ss.). Neemias, o governador de Jerusalém, servia a mesa, diariamente, a cento e cinquenta seus compatriotas, além de muitos estrangeiros (Ne 5.17 ss.). O costume ditava que um hóspede podia ficar com seu lugar de descanso e alimentação por três dias consecutivos. Quando ele partia, sua segurança era garantida por certa parte do percurso. Naturalmente, havia abusos, como no caso de Ló (Gn 19.1-8), ou do idoso homem de Gibeá (Jz 19.16-24).

No Novo Testamento: Os exemplos de hospitalidade, nos dias do novo pacto, são os dos samaritanos (Jo 4.40); de Lídia (At 16.15); de Jasom (At 17.7); dos habitantes da ilha de Malta (At 28.2); de Públio (At 28.7); de Gaio (3João 5,6); e, naturalmente, de Paulo, que ficou no lugar de Filemom, quando isso foi necessário (Fm 22).

Havia hospedarias nas cidades principais; mas, por causa dos frequentes furtos e do assédio constante das meretrizes, muitos viajantes preferiam encontrar lugar em casas particulares.

Jesus praticou o espírito da hospitalidade, acolhendo as multidões (Mc 6.30-44; 8.1-10). Mas ele mesmo tirou vantagem da hospitalidade alheia (Lc 7.36-50; 14.1-14; 10.38-42; Mt 26.6-13; Lc 24.29-32). A hospitalidade ajudava os ministros do evangelho, enquanto viajavam em suas jornadas evangelísticas, como quando Pedro foi recebido por Cornélio, em Cesareia (At 9.43; 10.5; 23-48). Há vários outros exemplos disso, acima. A hospitalidade é ordenada aos crentes em geral (Rm 12.13 e 1Pe 4.9), é requerida da parte dos ministros de Cristo (1Tm 3.2; Tt 1.8), e serve de comprovação do caráter cristão (1Tm 5.10). Os estrangeiros deveriam receber a hospitalidade dos residentes locais (Hb 13.2), e até mesmo os inimigos (Rm 12.20).

VI. Implicações Éticas. **1**. Aquele que quiser ser servido, também deve servir ao próximo. Ninguém é tão grande que não precise da ajuda alheia. E ninguém é tão humilde que não possa servir a outros. **2**. A hospitalidade é um dever (Gn 18.1-8; 19.1-11; Rm 12.20; 1Tm 3.2). **3**. A hospitalidade deveria ser uma expressão de amor, e não uma medida egoística que é capaz de garantir para o indivíduo, em ocasião futura, a ajuda que esse indivíduo poderá vir a precisar. Por isso mesmo, Jesus falou especificamente contra a hospitalidade que é oferecida com propósitos interesseiros (Lc 14.12). **4**. Deus é um doador sem medidas (Jo 3.16; Rm 5.6 ss.). Isso nos prové o exemplo necessário, para agirmos em consonância com nossa posição de filhos de Deus.

HOTÃO

No hebraico, **"anel de selar"**. Esse é o nome de duas personagens mencionadas no Antigo Testamento: **1**. Um membro da tribo de Aser, cujo nome encontra-se nas genealogias, em 1Crônicas 7.32. Talvez se trate do mesmo Helém do vs. 35 do mesmo capítulo. Viveu por volta do 1640 a.C. **2**. Um homem de Aroer era assim chamado. Ele foi pai de dois dos trinta poderosos guerreiros de Davi (1Cr 11.44). Viveu por volta de 1000 a.C.

HOTIR

No hebraico **"(Deus) deixa"**, ou seja, **"(Deus) torna abundante"**. Ele era o décimo terceiro filho de Hemã que, com onze de seus parentes, estava encarregado da vigésima primeira divisão dos cantores levitas (1Cr 25.4,28). Viveu por volta de 1000 a.C. Os últimos nove nomes daquela lista não se acham em qualquer outra nomenclatura hebraica, pelo que alguns estudiosos têm pensado que seriam sinais introdutórios a salmos. Ou então, conforme outros supõem, os nomes dos filhos de Hemã foram alterados para que fossem códigos de salmos, em razão do que seriam nomes parcialmente artificiais. Mas, pelo menos, sabemos que o autor de 1Crônicas pensava que essas palavras envolviam nomes próprios genuínos.

HUCOQUE

No hebraico, **"nomeado"**. Essa era uma cidade perto do monte Tabor, que assinalava a fronteira ocidental do território de Naftali (Js 19.34). Tem sido identificada com a moderna Yaquq, que fica a noroeste de Genesaré, na antiga fronteira entre Zebulom e Naftali. Robinson e Van de Velde identificam-na desse modo. Uma outra cidade de Hucoque, em 1Crônicas 6.75, no território de Aser. E a passagem de Josué 21.31 apresenta essa cidade com o nome de Helcate (vide), que é apenas uma forma alternativa do mesmo nome.

HUFÃO

No hebraico, **"homem da costa (marítima)"**. Esse foi o nome de um dos filhos de Benjamim. Ele foi o fundador do clã dos hufamitas (ver Nm 26.39). Em Gênesis 46.21 e 1Crônicas 7.12, seu nome aparece com a forma de *Hupim*.

HUL

No hebraico, **"círculo"**. Esse era o nome do segundo filho de Arã, que era filho de Sem (Gn 10.23). A região ocupada por sua família ficou conhecida pelo nome de Hulé, embora não se saiba qual a sua localização. Josefo e Jerônimo situavam esse lugar na Armênia, mas outros preferiam pensar no sul da Mesopotâmia ou Caldeia. Ainda outros preferem pensar no Líbano. Atualmente, há um distrito chamado Huleh, perto do lago Merom, o que pode ser o lugar em foco.

HULDA

No hebraico, **"doninha"**. Esse era o nome da esposa de Salum. Ela era profetisa. Durante o reinado de Josias, ela residia em Jerusalém, no bairro chamado Cidade Baixa. (Ver 2Rs 22.14-20; 2Cr 34.22-28 e comparar com Sf 1.10).

Um rolo da lei mosaica fora descoberto naquele lugar, pelo sumo sacerdote Hilquias, em cerca de 623 a.C. Hulda foi consultada no tocante a denúncias contidas no rolo. Em vista disso, ela anunciou julgamento contra Jerusalém, para um futuro não muito distante; mas também afirmou, diante de Josias, que isso sucederia somente depois de sua morte.

Só tomamos conhecimento da existência dessa mulher por acidente, por causa dessa circunstância. Observamos que os profetas Jeremias e Sofonias agiam ativamente como tais, nesse tempo, pelo que é curioso que essa mulher tenha sido consultada pelo próprio rei. Só podemos supor que o ofício de profetisa, embora menos frisado no Antigo Testamento que o de profeta, deve ter sido consideravelmente respeitado, embora talvez menos do que nas culturas pagãs.

Alguns intérpretes encontram um problema na sorte que ela declarou para o rei Josias. Ela disse que ele seria recolhido aos seus pais "em paz". No entanto Josias morreu em batalha (2Rs 23.29,30). Portanto, ou a profetisa falhou quanto a esse detalhe, conforme muitos intérpretes pensam, ou então, a paz de que ela falou deve ser compreendida como comparativa: Josias não morreu em um período de grande catástrofe nacional.

HUMANIDADE (NATUREZA HUMANA)

O pressuposto básico do Novo Testamento é que o homem é uma criatura de natureza dupla, pois participa da natureza dos animais, através de seu corpo físico, e também da natureza dos espíritos, porquanto tem espírito. Algumas filosofias reduzem o homem à mera natureza humana, negando ou pondo em dúvida a realidade da dimensão espiritual humana. O termo pode falar sobre a natureza básica, conforme acabamos de sugerir, pois também pode envolver uma espécie de sinônimo de "gentileza" e de "bondade", de um tratamento justo e equitativo dado a outras pessoas, além de indicar ações feitas de modo humano. Além disso, o termo é um coletivo que fala sobre certo ramo da erudição, em contraste com as ciências naturais e sociais. Esse ramo do conhecimento, as *humanidades*, inclui disciplinas como línguas, literatura, filosofia, teologia, história e as artes em geral.

No tocante à natureza humana, ver os artigos separados sobre *Problema Corpo-Mente; Dicotomia, Tricotomia; Imortalidade; Alma* e *Sobre-ser*.

I. Pressupostos Teológicos Básicos sobre a Natureza Humana. 1. O homem é um ser criado, produto da intervenção divina (Gn 1). **2.** Originalmente, o homem ocupava um estado superior ao qual agora ocupa, caracterizado pela inocência e, talvez, pela imortalidade (embora muitos estudiosos duvidem deste último ponto). **3.** Os pais alexandrinos, além de outros, anteriores e posteriores, como muitos da igreja Ortodoxa Oriental, supunham que o relato de Gênesis conta apenas a história física do homem. A alma, segundo eles, seria preexistente, talvez tendo tido origem juntamente com os anjos. Essa ideia retrocede até Platão, sendo comum às religiões orientais. Para Platão, a alma participaria dos *universais* (vide), o que faria dela uma parte da eternidade sem qualquer começo real. Por ocasião da individualização, haveria uma espécie de começo, embora não da substância. **4.** Nas religiões orientais, a alma é uma entidade simples, dotada de manifestação individualizada. Ali encontramos uma alma que se assemelha mais aos anjos guardiães do cristianismo. Essa alma seria a supervisora de mais de um corpo físico de cada vez, tal como a palma da mão tem cinco dedos, mas a palma (o "eu" superior) unificaria os cinco dedos (manifestações corporais individualizadas), formando uma unidade. Nas religiões orientais, a alma pode passar por muitas *reencarnações*. Ver *Sobre-ser*. **5.** A maioria das religiões postula uma *queda*, mediante a qual o homem perdeu sua glória e poder original, descendo a um estado inferior do ser. Para algumas delas, a alma preexistente caiu em degradação por motivo de curiosidade, e a peregrinação no corpo (ou nos corpos) físico teria sido o castigo em face da experiência com a materialidade e seus males. Os conceitos hebraico-cristãos falam no homem dotado de corpo desde o começo, embora a porção material do homem apareça como um grande empecilho, a julgar pelo sétimo capítulo de Romanos. A matéria, por si mesma, não é considerada má (conforme, erroneamente, alguns grupos religiosos têm pensado, incluindo o gnosticismo), embora puxe a alma para trás, como fator prejudicial ao seu progresso, a menos que seja devidamente controlada e utilizada. **6.** *No cristianismo*, temos a ideia do pecado *original* do homem, que afetou a raça humana inteira, por infecção espiritual, de tal modo que todos os homens já nascem pecadores. O trecho de Salmo 51.5 é usado como texto de prova. Não há muitos trechos bíblicos em apoio a essa ideia, mas a experiência humana, sem dúvida, favorece a ideia de o homem ser defeituoso desde o começo. O meio ambiente explica algumas coisas, mas não certos aspectos da natureza humana básica. **7.** A depravação humana desconhece limites. Todas as fés religiosas estudam esse problema, como também quase todas as filosofias. A política, naturalmente, fica necessariamente envolvida. Freud fomentou uma psicologia calvinista, tendo afirmado que as crianças são tão culpadas quanto o próprio pecado. Teologicamente, temos a declaração bíblica clássica a respeito, no terceiro capítulo de Romanos. As religiões não concordam entre si sobre até que ponto o homem é bom, e até que ponto é mau, e nem como esses dois pontos extremos atuam. Algumas delas têm um ponto de vista otimista, segundo o qual o livre-arbítrio humano prevalece. Ali o homem é descrito como o poder criativo, que realmente pode mudar as coisas. Há algumas provas disso. Por outro lado, temos as declarações de algumas teologias que dizem que o homem não passa de um verme. Entra aí o problema do *livre-arbítrio* humano e do *determinismo* divino (vide), para o qual ainda não se encontrou qualquer solução adequada. Temos artigos sobre ambas as questões, onde o leitor adquirirá maiores informações. Muitos místicos têm defendido a ideia de uma fagulha divina restante no homem; e isso também exprime uma certa verdade, embora seja difícil de harmonizar com o ensino bíblico da depravação humana. Paulo parte da ideia de que ambos os princípios são verdadeiros, segundo se vê em Filipenses 2.12, mas, mesmo assim, falta-nos uma maneira lógica de explicar como a vontade divina coopera com a vontade humana, sem destruir esta última. **8**. *A conversão e a transformação.* Quase todas as religiões supõem que o homem está sujeito a uma mudança radical, através da providência e das operações divinas. Os crentes tendem por crer em conversões instantâneas. As religiões orientais preferem prolongar as coisas, mediante várias reencarnações. Contudo, o alvo é o mesmo: fazer do homem aquilo que ele não é; aumentar suas qualidades espirituais; transformar o homem. No cristianismo aprende-se que o homem pode ser uma nova criatura em Cristo, que é o Salvador e Transformador da alma. (Ver 2Co 5.17). Ver os artigos sobre assuntos como *Conversão, Santificação, Salvação* e *Glorificação.* **9**. *O Destino do Homem.* Quase todas as religiões prometem que, no futuro, haverá um homem espiritualizado, que habitará em alguma esfera espiritual (uma dimensão que contrasta com a presente, onde o homem é um ser dotado de materialidade, que habita na materialidade).

Segundo muitas religiões orientais, o destino do homem seria participar, finalmente, da divindade, embora em sentido finito. O cristianismo, segundo mostram certos trechos do Novo Testamento, aceita esse conceito. O trecho de 2Pedro 1.4 fala sobre a nossa participação na natureza divina; e Efésios 3.19 refere-se à nossa participação em toda a plenitude de Deus, que não poderia ser real a menos que haja uma genuína participação na essência divina. Por sua vez, Romanos 8.29 promete ao crente a transformação à imagem do Filho, e isso, necessariamente, inclui a participação em sua essência. Ver também Colossenses 2.10. Participamos de sua plenitude. 2Coríntios 3.18 é trecho que nos mostra que isso ocorrerá mediante muitos estágios de transformação espiritual, operada pelo Espírito de Deus. É isso o que aguarda pelos *remidos*, pelos *eleitos*.

Além disso, há a missão restauradora de Cristo, que abrangerá todos os homens, em consonância com o mistério da vontade de Deus (ver Ef 1.9,10). Ver o artigo sobre a *Restauração*, onde damos amplas descrições sobre esse conceito, estabelecendo o contraste entre a redenção e a restauração. Seja como for, antecipo que o homem se desdobrará em várias espécies espirituais, em uma espécie de evolução espiritual. A espécie superior compor-se-á dos remidos, participantes da natureza divina. Outras espécies não participarão da natureza divina, embora o trabalho do restaurador seja, neles, magnificente. O juízo divino será um dos meios empregados para produzir esse resultado, e não um meio de torná-lo impossível. Ver o artigo sobre *O Julgamento Divino*. Pessoalmente, não antecipo qualquer estagnação no estado humano, em qualquer fase, em qualquer ponto da eternidade futura; porém, dispomos de pouca informação sobre isso, e temos de entrar no campo das especulações para dizer qualquer coisa a respeito. Quanto a esse ponto temos de nos contentar com crenças pias, e não com dogmas. No entanto, meu ponto de vista é otimista, pois tenho ilimitada fé no poder do Redentor-Restaurador para fazer bem, admiravelmente bem, o seu trabalho.

II. SUMÁRIO DAS IDEIAS BÍBLICAS. **1**. Uma criação especial trouxe o homem à existência. A teoria da evolução entrou em choque com essa ideia bíblica. Ver sobre a *Evolução*, quanto a uma discussão sobre esse problema. **2**. Os eruditos judeus dizem que a teologia dos hebreus não concebia a criação original do homem como a combinação de um corpo físico e de uma alma imaterial. De fato, no Pentateuco, não há vestígio algum desse ensino. Também devemos levar em conta que apesar da grande ênfase sobre a ética, não há, em parte alguma do Pentateuco, algum apelo quanto à vida futura (nem através da imortalidade, e nem mesmo através da ressurreição), como meio de galardoar aos bons e de punir aos maus. É impossível supormos, se a primitiva teologia hebreia tivesse antecipado uma vida futura, que ela teria deixado de lado a ideia de recompensas ou castigos pela conduta de cada indivíduo. E mesmo quando começa a aparecer a ideia da imortalidade da alma, nos salmos e nos profetas, essa noção aparece sem elaborações, não havendo ali qualquer doutrina formada a respeito. Ver o artigo separado sobre *a Imortalidade*. **3**. Pela época em que foi escrito o livro de Daniel, já se desenvolvera uma doutrina da ressurreição, com a promessa de recompensa ou punição, dependendo da vida de cada um, se sábia (reta) ou insensata (injusta). Porém, um inferno de chamas só surgiu na teologia dos hebreus quando da escrita do livro pseudepígrafe de 1Enoque (o Enoque etiópico, assim chamado, por haver chegado até nós essencialmente, em uma tradução para o etiópico) Ver o artigo separado sobre *1Enoque*. Um dos pais da igreja disse, pitorescamente, que "as chamas do inferno foram acesas em 1Enoque". Informes assim nos dão a entender que as doutrinas passam por um período de desenvolvimento, não podendo ser aquilatadas somente pelo modo como terminaram no Novo Testamento. É curioso notar que onde se desenvolveu a doutrina de um juízo de fogo (em 1Enoque e outros livros pseudepígrafes), apareceu também a doutrina da descida ao *hades*, por parte de homens santos, a fim de aliviar os terrores daquele lugar. Esse tema também reaparece no Novo Testamento, como em 1Pedro 3.18-4.6. Ver o artigo separado sobre a *Descida de Cristo ao Hades*. Tais ideias estão obviamente ligadas ao destino do homem, conforme comentei sob o ponto 1.9. No judaísmo, encontramos grande variedade de ideias, que vão desde o aniquilamento, passando pelo resgate do *hades*, e daí até à rigidez de sofrimentos eternos, embora isso só tenha ocorrido já no judaísmo posterior. Quanto a uma demonstração disso, ver o artigo sobre o *Inferno*. **4**. *O Homem como a Imagem de Deus.* Apesar de o homem fazer parte da natureza, tendo sido formado do pó da terra (Gn 2.7), como participante de muitos aspectos da vida dos animais irracionais (Gn 18.27; Jó 10.8,9; Sl 103.14; Ec 3.19,20), também foi feito à imagem de Deus (Gn 1.27). Há teólogos que pensam que isso inclui uma triunidade, semelhante à divina Trindade (o homem seria composto de corpo, alma e espírito); mas isso já é transferir a teologia cristã para o Antigo Testamento. Muitos estudiosos explicam isso em sentido moral. A criatura humana tornou-se capaz de participar de algo das qualidades morais e espirituais de Deus. **5**. A posição do Antigo Testamento sobre o homem impõe um moralismo muito estrito. São pesadas as exigências de Deus ao ser humano. Há um rígido código moral a ser seguido. Isso distinguiria os homens, claramente, dos animais. É verdade que a fé dos hebreus, mais que as antigas religiões, enfatizava os requisitos morais de Deus à humanidade, e também que grande parcela do Antigo Testamento aborda a questão. Do homem esperava-se que fosse moralmente corajoso. Isso torna-se importante, como uma doutrina metafísica, quando descobrimos que a nossa transformação metafísica, à imagem de Cristo, depende da nossa transformação moral. Outros pontos de vista básicos das Escrituras aparecem na primeira seção deste artigo. **6**. O Novo Testamento adotou a doutrina do homem como um ser criado à imagem de Deus, e isso veio a tornar-se parte da doutrina da salvação. Agora a imagem de Deus, conforme ela existe no Filho, pode ser reproduzida nos outros filhos de Deus, de tal modo que, metafisicamente e quanto à essência, eles tornam-se filhos de Deus. Jesus Cristo é a verdadeira imagem de Deus (Cl 1.15; 2Co 4.4). O homem é transformado segundo a imagem e a semelhança de Deus, de acordo com o grande modelo, Cristo (Rm 8.29), por atuação do Espírito (2Co 3.18). Damos uma declaração mais completa a esse respeito em 1.9.

III. IDEIAS FILOSÓFICAS E TEOLÓGICAS.

1. Platão pensava que o homem tanto é uma imitação dos *universais* (vide), quanto se torna partícipe dos mesmos em sua alma eterna. Conforme conhecemos o homem, ele é uma unidade tripartível, composta de mente, vontade e paixões. O destino do homem seria a reabsorção pela divindade. **2**. Para Aristóteles, o homem seria uma alma racional, distinto do reino animal. Mas deixou em aberto a questão que indaga se aquilo que é distintivo no homem pode sobreviver ou não à morte biológica. **3**. Hsun Tzu pensava no homem como um ser naturalmente maligno, pelo que o homem precisaria de uma constante e dura disciplina. **4**. Agostinho reputava o homem como uma união de corpo e alma, caído no pecado, mas motivado a atingir a felicidade eterna, que chegaria à sua mais elevada expressão na *visão beatífica* (vide). **5**. Guilherme de Ockham (vide) entendia que o homem é um *suppositum intellectuale*, um ser racional autoexistente, semelhante a Deus. Ele combinava o intelecto e a vontade, no homem, como uma única essência, fazendo dessas duas qualidades uma única faculdade. **6**. Para La Mettire (vide), o homem seria apenas uma máquina, um mecanismo destituído de alma. **7**. Holbach (vide) supunha que o homem é uma criatura egoísta, cujas motivações são sempre egocêntricas. **8**. Unamuno (vide) não se deixava impressionar pela racionalidade do homem como a sua característica distintiva, dizendo que o homem é apenas carne e ossos. Como uma criatura assim inferior, contudo, o homem teria fome e sede da imortalidade, gastando grande parte de suas energias nessa busca, de um modo ou de outro. **9**. Cassirer (vide) pensava no homem como um ser no qual há muitos símbolos, dizendo que o homem só pode ser conhecido indiretamente, mediante o estudo desses símbolos. **10**. Ortega y Gasset (vide) não enfatizava a natureza humana, dizendo que o homem é apenas uma história. **11**. O *materialismo* (vide) supõe que o homem é apenas uma entidade material, dotada de um cérebro capaz de coisas notáveis, embora sem nada de misterioso, com alguma porção imaterial. **12**. O *comunismo* (vide), em sua modalidade materialista, supõe que o homem é apenas um animal envolvido na tese, antítese e síntese dos eventos econômicos. **13**. Os filósofos e teólogos cristãos têm defendido diferentes posições sobre o que significa o homem ter sido criado à *imagem* de Deus. Os mórmons, que creem na materialidade de Deus, supõem que a sua forma material foi reproduzida no homem. A antiga teologia judaica enfatizava o aspecto moral do homem, como a sua participação na imagem de Deus. Os teólogos conservadores supõem que, por ocasião da queda, o homem perdeu as qualidades essenciais da imagem de Deus, as quais só lhe são devolvidas por ocasião da redenção. Muitos creem que a imagem de Deus foi retida, sobretudo nos poderes racionais do homem. Outros supõem que a *fagulha divina* continua existindo, podendo ser atiçada pelos ensinos morais, filosóficos e religiosos. Agostinho, por sua vez, via a imagem de Deus no homem, em sua razão e sua capacidade de buscar e obter conhecimentos sobre a sua própria alma e sobre Deus. A razão do homem ajuda-o a distinguir entre o bem e o mal, algo que, presumivelmente, os animais irracionais não possuem. O homem, como um ser racional, pode pecar, mas até mesmo essa capacidade de pecar mostra que ele retém algo da imagem de Deus. Os teólogos da Idade Média supunham que o homem, antes da queda no pecado, além de ter a imagem de Deus, também possuía o *donum superadditum*, isto é, capacidades sobrenaturais. Mas, por ocasião da queda, teria perdido as mesmas, embora tivesse continuado a ter a imagem de Deus, refletida na vontade, na moralidade e no amor. Lutero dizia que o homem perdeu a imagem de Deus por ocasião da queda. Assim, se um homem tiver de usar sua vontade para o bem, se tiver de amar e usar corretamente a sua racionalidade, terá de receber de volta a imagem de Deus, por meio da regeneração. Porém, alguns dos reformadores rejeitaram esse ponto de vista como extremado, referindo-se à imagem de Deus como algo que o homem possuiria em proporções maiores ou menores e, por consequência, negando que a tivesse perdido totalmente, para então a mesma lhe ser restaurada. A imagem de Deus no homem teria sido apenas deformada, e não perdida, por ocasião da queda no pecado. Para Karl Barth, a imagem de Deus não corresponde às qualidades de um homem, porquanto dependeria das relações mantidas por ele. Visto que Deus é um ser trino, mantendo consigo mesmo um certo relacionamento, outro tanto sucedeu ao homem, quando recebeu a mulher, por exemplo; e, daí por diante, estabeleceram-se relações entre cada homem e seus semelhantes. O homem também seria capaz de estabelecer relações com Deus. Deus prometeu ligar o homem a si mesmo, mediante um pacto. Em Cristo, a imagem tornou-se manifesta quando ele chamou a igreja para ser sua noiva mística. Isso posto, para que tenhamos a verdadeira imagem de Deus, devemos olhar não para cada indivíduo isolado, mas para Jesus Cristo e sua Noiva (a igreja), pois somente assim entenderemos algo sobre como Deus é e como ele age. **14**. A seriedade do pecado não é apenas um conceito bíblico. Freud ensinava um tipo de psicologia calvinista, segundo o qual as crianças são amedrontadas por toda espécie de monstro, que lhes atormenta as mentes. Os teólogos liberais têm ido longe demais por verem bondade no homem corrompido; mas os teólogos ultraconservadores também têm exagerado na outra direção, nada encontrando no homem e nem reconhecendo a sua liberdade, capaz de fazer escolhas genuínas e de ser um ente criativo, capaz de realizar coisas estupendas. Os evolucionistas ensinam que o homem vem melhorando gradativamente, em vez de ter piorado, conforme a teologia tem dito. Porém, é inegável que o homem está profundamente corrompido em sua depravação. Duas guerras mundiais muito têm contribuído para destruir o exagerado otimismo dos liberais, pois isso frisou, uma vez mais, a necessidade que o homem tem de ser regenerado. Barth asseverou que não podemos dizer que o homem se desviou total e completamente de Deus, não porque o homem tenha retido algumas qualidades boas, mas porque Deus, como Pai, não permite que assim aconteça a seus filhos desviados.

Outrossim, em relação ao problema do pecado, temos de considerar quanto o homem é capaz ou incapaz de aceitar a graça divina. O calvinismo radical afirma a total incapacidade do homem. Mas o liberalismo radical reduz o problema a tão pequenas dimensões, que a graça divina torna-se desnecessária para recuperar o homem. Wesley punha-se em posição de meio-termo, ao afirmar que apesar de a queda ter tirado do homem a sua capacidade de corresponder, contudo, em Cristo, mediante a graça *preveniente* (vide), ao homem é dada a capacidade e a liberdade que ele precisa para escolher Cristo e seu caminho. Assim, quem quiser, pode vir a Deus. Ver os artigos sobre o *Calvinismo* e sobre o *Arminianismo*.

HUME, DAVID (1711-1776)

É tal a influência de Hume sobre a filosofia no mundo de fala inglesa de nosso século que ele tem sido referido como fundador da moderna filosofia da religião. Em sua filosofia, de modo geral, ele pode ser, na verdade, considerado como descendente radical de Locke, usando e desenvolvendo a ênfase deste sobre o papel da experiência-sentido (ver Empirismo) no conhecimento para alcançar o ceticismo epistemológico. Quaisquer que sejam, no entanto, os méritos dessa qualificação, Hume anunciou teses distintivas e independentes , e que ainda são vigorosas — como, por exemplo, sobre a atribuição errônea de julgamentos morais mais à razão do que ao sentimento, ou o equívoco de supor que a observação ou a inferência pode estabelecer uma conexão causal como matéria do fato empírico.

Dois aspectos do pensamento religioso de Hume têm exigido atenção especial: **1**. No celebrado Livro X de sua obra *Enquiry Concerning Human Understanding* [Inquirição a respeito do conhecimento humano] (1748), ele desafia a razoabilidade da crença em milagres. A probabilidade de os milagres ocorrerem, segundo Hume, é menor do que a probabilidade de um relato falso; portanto, ninguém pode alegar uma base racional para a crença neles. A definição de milagre dada por Hume, sua relação para com as leis da natureza e as asseverações do filósofo quanto à sua impossibilidade científica poderão levar à conclusão de que ele rejeitava os milagres até mesmo em tese. Todavia, esse veredicto, especialmente no tocante ao contexto da obra acima citada, não é correto. A investigação das bases da concordância a determinadas alegações lhe bastaram para levar à conclusão de que milagres não poderiam constituir o fundamento de uma religião confiável. **2**. Em sua obra, publicada postumamente, *Dialogues Concerning Natural Religion* [Diálogos a respeito da religião natural] (1779), Hume descarta a validade de um argumento que tenha por base um mundo que, conforme se considera, existe por ordem do Deus do cristianismo tradicional. Para ele, não somente tal argumento seria falho, como também nem remotamente poderia ter sucesso em demonstrar os atributos morais de Deus, como tradicionalmente descritos. A discussão clássica de Hume aborda um número de questões constantemente significativas de teologia filosófica, tais como o problema do mal e a coerência do teísmo. Contudo, no contexto do século XVIII, demolir o argumento do "desígnio" já por si só constituía uma séria ameaça às bases da crença teísta.

Alguns estudiosos têm sustentado que Hume, por livrar o cristianismo da falsa dependência das ideias malevolamente concebidas de "racionalidade", prestou um serviço à fé. Mas não há dúvida de haver pouca coisa de diretamente útil ou estimulante para o crente que se possa encontrar em sua obra. Hume pode não ter sido um ateu, mas sua empreitada, de modo geral, prejudicou os meios tradicionais de falar ou de crer em Deus, sem proporcionar uma alternativa positiva compatível com o cristianismo. Seus seguidores, adotando seu espírito e sua argumentação, todavia, ainda sobrevivem.

(**S. N. Williams**, M.A., Ph.D., professor de Teologia Sistemática do *Union Theological College*, Belfast, Irlanda do Norte.)

BIBLIOGRAFIA. *Dialogues Concerning Natural Religion*, ed. N.K. Smith (Edinburgh, 1947).

R. M. Burns, *The Great Debate About Miracles: from Joseph Glanvill to David Hume* (London, 1981); A. Flew, *Hume's Philosophy of Belief* (London, 1961); J. C. A. Gaskin, *Hume's Philosophy of Religion* (London, 1978); N. K. Smith, *The Philosophy of David Hume* (London, 1941).

HUMILDADE

I. DEFINIÇÃO. A palavra portuguesa "humildade" vem do termo latino *humilitas* (*humilitatis*), que significa "baixeza", "vileza". A humildade, pois, é a qualidade de ser humilde, em contraste com a atitude da arrogância. O conceito incorpora ideias de gentileza e submissão. A pessoa humilde é cortês, e não rude. A humildade é uma atitude de modesta autoestima. É uma condição na qual o orgulho é rejeitado, é a isenção da arrogância. No cristianismo, supõe-se que a humildade seja uma das virtudes principais, que nos resguarda do orgulho humano, o qual anula, tão facilmente, os propósitos da graça. Também envolve o senso de sermos meras criaturas, débeis e indignas diante de Deus, como também de humildade diante dos homens. Condescende diante de homens de posição inferior. Reconhece a própria dependência à graça e à provisão de Deus. Reconhece em Deus a fonte de todo o bem-estar, de todas as realizações. Declarou Paulo, em sua humildade: *Mas, pela graça de Deus, sou o que sou...* (1Co 15.10).

II. OPINIÕES CONTRÁRIAS. Nem todos os sistemas éticos louvam a humildade. Aristóteles, talvez refletindo uma atitude grega comum, em sua obra, *Nichomachean Ethics*, elogiou a autossuficiência altiva como uma virtude. No polo oposto, ele criticou a arrogância como um dos vícios de excesso, embora tivesse degradado a *humildade* como um vício de deficiência. Ver o artigo separado sobre o *Meio-Termo Áureo*, quanto a uma explicação das doze virtudes cardeais de Aristóteles, com seus vícios de excesso ou de deficiência. Os termos empregados por Aristóteles foram: a *virtude* (o termo médio) e a *magnanimidade*.

Nietzche (vide), em sua filosofia sobre o super-homem, onde Deus aparece como morto, não abriu nenhum lugar para a humildade, o que, para ele, seria uma qualidade que os poderosos louvam nos fracos, mas somente com a finalidade de mantê-los em sujeição. Os poderosos diriam: "É uma virtude ser fraco e submisso"; e os débeis seriam estúpidos o suficiente para acreditarem nessa mentira. Para ele, exaltar o servilismo como se fosse uma virtude cardeal, como faz o cristianismo, seria ridículo demais para precisar de refutação. A humildade seria a negação da verdadeira humanidade. Em contraste com isso, Kierkegaard via o homem separado por um infinito abismo, o que o afastaria de Deus, e ajoelhado. Portanto, na opinião deste último, a humildade é apropriada para a sua condição natural. Agostinho, por sua vez, pensava que a humildade é necessária para a verdadeira santidade, visto que o indivíduo arrogante não vai muito longe, com Deus, na espiritualidade. Além disso, a humildade seria a base de um serviço altruísta, onde um indivíduo serve verdadeiramente a outrem, e não ao seu próprio "eu", de alguma maneira disfarçada.

III. Ensinos Bíblicos Sobre a Humildade. **1**. A humildade é necessária para quem quiser servir a Deus (Mq 6.8). **2**. É uma das principais características dos santos (Sl 34.2). **3**. Vem antes da honra (Pv 15.33). **4**. Aqueles que são humildes veem suas orações serem respondidas por Deus (Sl 9.12; 10.17). **5**. Os humildes usufruem da presença de Deus (Is 57.15). **6**. Deus livra os humildes de seus inimigos (Jó 22.29). **7**. A humildade antecede à honra (Pv 22.4). **8**. A humildade é uma excelente virtude (Pv 16.19). **9**. A humildade pode afastar os juízos temporais (2Cr 7.14; 12.6,7). **10**. Os humildes recebem ainda maior graça (Pv 3.34; Tg 4.6). **11**. Cristo é o exemplo supremo de humildade (Mt 11.29). **12**. Os humildes são os maiores no reino de Cristo (Mt 18.4; 20.26-28). **13**. A humildade deve ser usada como uma veste espiritual (Cl 3.12; 1Pe 5.5). **14**. Os santos devem andar na humildade (Ef 4.1,2). **15**. Há uma falsa humildade que precisa ser evitada (Cl 2.18,23). **16**. A falta de humildade é condenada (2Cr 33.23; Dn 5.22). **17**. As aflições produzem a humildade (Dt 8.3; Lm 3.20). **18**. A humildade é uma bendita virtude (Mt 5.3). **19**. O lava-pés dos discípulos, por Jesus, foi uma ilustração de humildade (Jo 13.3 ss.). **20**. Os grandes exemplos bíblicos de humildade foram: Abraão (Gn 18.27); Jacó (Gn 32.10); Moisés (Êx 3.11, 4.10); Js (Js 7.6); Gideão (Jz 6.15); Davi (1Cr 29.14); Ezequias (2Cr 32.26); Jó (Jó 42.6); João Batista (Mt 3.14); o centurião romano (Mt 8.8); a mulher cananeia (Mt 15.27); Isabel (Lc 1.43); Pedro (Lc 5.8); Paulo (At 20.19); Jesus (Mt 11.29; Fp 2.5-8).

IV. TERMOS BÍBLICOS. Há três palavras hebraicas e duas palavras gregas que precisam ser consideradas neste verbete, a saber: **1**. *Anah*, "humilde", "aflito". Essa palavra ocorre por cerca de quinze vezes (conforme se vê, por exemplo, em Êx 10.3; Dt 8.2,3,16; 21.14; Jz 19.24; Sl 35.13; Ez 22.10,11).

Esse vocábulo tem os sentidos de "olhar para baixo", de "rebaixar-se", de "ser gentil", de ter "um espírito humilde". **2**. *Kana*, "humilhar-se" ou "ser humilhado", "ser subjugado". É palavra usada por cerca de 36 vezes (conforme se vê, por exemplo, em 1Rs 21.29; 2Rs 22.19; 2Cr 7.14; 12.6,7,12; 30.11; 32.26; 33.12,23; 34.27; 36.12). **3**. *Shaphel*, "depressão", "afundamento", "humilhação". Esse termo é usado por trinta vezes (conforme se vê, por exemplo, em Pv 16.19; Jr 13.18; Jó 5.11; Ec 12.4; Ez 17.6,24; 21.26). **4**. *Tapeinoprosúne*, "humildade", "humildade mental". Esse substantivo grego ocorre por sete vezes (Atos 20.19; Ef 4.2; Fp 2.3; Cl 2.18,23; 3.12; 1Pe 5.5). **5**. *Tapeinós*, "humilde". Esse adjetivo grego ocorre por oito vezes (Mt 11.29; Lc 1.52; Rm 12.16; 2Co 7.6; 10.1; Tg 1.9; 4.6 (citando Pv 3.34); 1Pe 5.5).

HUNTA

No hebraico, **"fortaleza"**. Esse era o nome de uma cidade da região montanhosa de Judá (Js 15.54). Sua localização nunca foi identificada pelos estudiosos modernos.

HUPA

No hebraico, **"cobertura"**, **"proteção"**. Esse foi o nome de um sacerdote que serviu nos dias do reinado de Davi. Ele estava encarregado do décimo terceiro turno dos sacerdotes que serviam no templo de Jerusalém (1Cr 24.13). Viveu por volta de 1014 a.C. Era descendente de Eleazar e de Itamar, filhos de Arão.

HUR

No hebraico, **"buraco"** ou **"prisão"**. Suas conexões etimológicas têm sido muito debatidas. Tal nome pode estar relacionado aos *horeus* ou aos *hurrianos* (ver os artigos a respeito deles) e portanto, a Gênesis 14.6. Além disso, o termo acádico *huru* significa "criança do sexo feminino"; e alguns estudiosos pensam que essa é a base da forma hebraica derivada. Em Nuzi e em outros lugares, o nome Hur era usado para significar "filho de" ou então "menino querido de (alguma divindade)". Ou então, tal nome poderia estar ligado ao nome do deus egípcio *Hor*. Seja como for, há pelo menos cinco homens chamados por esse nome, nas páginas do Antigo Testamento: **1**. Um homem de Judá, mencionado em conexão com Moisés e Aarão. Quando Moisés enviou Josué em expedição armada contra os amalequitas, então Moisés, Aarão e Hur subiram juntos a um monte. Enquanto Hur e Aarão (ver Êx 17.10) soerguiam as mãos de Moisés, enquanto ele orava, o exército de Israel prevalecia em batalha. Mas, quando Moisés subiu ao monte Sinai para receber a lei, Aarão e Hur ficaram encarregados do acampamento de Israel (Êx 24.14). **2**. O avô de Bezalel, e pai de Uri. Foi a Bezalel que o Senhor encheu do Espírito de Deus para que pudesse ser o principal encarregado da construção do tabernáculo. De acordo com Josefo, ele teria sido marido de Miriã, irmã de Moisés. Ver *Antiq*. 3.54. (Ver Êx 31.2; 25.30; 38.22; 2Cr 1.5). Hur teve outros três filhos, além de Uri, os quais foram fundadores de Quiriate-Jearim, de Belém e de Bate-Gader. Alguns estudiosos têm identificado esse Hur com o primeiro mencionado acima. E alguns escritos rabínicos apresentam-no como filho de Miriã, e não como seu marido. **3**. Um rei midianita que foi morto juntamente com Balaão e quatro outros governantes. Ele era oficial de Seom, rei dos amorreus. (Ver Nm 31.1-8, Js 13.21). Viveu por volta de 1170 a.C. **4**. O pai de um dos doze comissários de Salomão (1Rs 4.8). Esse Hur estava encarregado do distrito do monte Efraim. Algumas traduções grafam o seu nome como Ben-Hur (conforme faz a nossa própria versão portuguesa), embora outros especialistas pensem que tal expressão não deveria ser considerada como um nome próprio e, sim, apenas como "filho de Hur". Ele viveu por volta de 960 a.C. **5**. Um homem referido como "filho de Hur", de nome *Refaías*, aparece como cogovernante juntamente com Neemias. Ele ajudou na reconstrução das muralhas de Jerusalém. Viveu por volta de 445 a.C. Ver Ne 3.9.

HURÃO

No hebraico, "nascido nobre". Esse foi o nome de três personagens que aparecem no Antigo Testamento: **1**. O filho mais velho de Bela, um benjamita, neto de Benjamim (1Cr 8.5). **2**. Essa forma do nome de um dos reis de Tiro, da época de Davi, aparece em 2Crônicas 2.3,11; 8.2; 9.10. Em outras passagens, seu nome aparece com a forma de Hirão (vide). Esse homem era aliado de Davi e de Salomão. **3**. Um artífice, natural de Tiro, que Salomão empregou no trabalho de construção do templo (2Cr 2.13; 4.11,16). Seu nome aparece como Hirão em 1Reis 7.13,40,45. Em algumas traduções, ele é chamado de *Huramabi*, que significa "Hurão é meu pai". O intercâmbio dos nomes Hurão e Hirão deve-se à similaridade das letras hebraicas *vav* (transliterada como u ou como w) e *yod* (transliterada como i ou y). Os escribas, por qualquer descuido, substituíam uma dessas letras pela outra.

HURI

No hebraico, **"trabalhador em linho"**. Esse era o nome do pai de Abiail, chefe da tribo de Gade (1Cr 5.14), que viveu por volta de 781 a.C. Ele residia em Basã ou Gileade.

HURRIANOS

Os estudiosos têm confundido os hurrianos com os horeus; mas, nosso artigo sobre esses povos aborda a questão, fazendo a devida distinção entre esses dois povos. Os horeus eram um povo de origem semita, ao passo que os hurrianos eram indo-europeus.

I. Localização Geográfica. Os hurrianos têm sido localizados porque os textos cuneiformes trazem a palavra *hurri*. A língua escrita deles, em várias descobertas, tem sido localizada por todo o antigo Oriente Próximo, desde a antiga Nuzi, a leste dos rios Tigre e Eufrates, até Hatusa, no centro da Ásia Menor, e até mesmo na Palestina. Evidências sobre a existência deles também têm sido achadas no Baixo Egito (porção norte do Egito). Entretanto, o território que eles ocupavam, principalmente, estendia-se por cerca de seiscentos e quarenta quilômetros, na direção sudeste-noroeste, o que, em sua porção mais larga, tinha uma quarta parte dessa extensão, localizada para o nordeste, mas fazendo fronteira com o território da antiga Assíria. Em termos modernos, os hurrianos ocupavam as áreas fronteiriças onde a porção noroeste do Irã fica contígua à parte central leste da Turquia. Diversas fontes informativas antigas chamam esse povo de *hurri*, incluindo aquelas fontes acádicas de Nuzi, Mari, Hatusa e Alalaque ou as ugaríticas e egípcias. Com base nessas referências, depreendemos alguma ideia de como esse povo se havia espalhado por um extenso território, ainda que, em termos da geografia moderna, eles não ocupassem grande área territorial.

II. Idioma. As evidências relativas à linguagem dessa gente dizem respeito somente à área de Urartu, perto do lago Van. Têm sido encontradas inscrições que ilustram a linguagem de Urartu, desde 900 até 600 a.C. Os dois idiomas parecem ter sido aparentados entre si, e também às línguas do Cáucaso (antiga Armênia), e isso faz deles antigos indo-europeus, embora não possamos falar em termos mais precisos, porquanto as evidências de que dispomos são escassas.

III. Informes Históricos. Os hurrianos já estavam localizados no Oriente Próximo, cerca de meados do terceiro milênio a.C., ou seja, em cerca de 2300 a.C. Nessa ocasião, eles ocupavam a região dos montes Taurus, desde Urkis, a norte de Carquêmis, até o território de Namar, a região em redor do lago Van. Sabe-se que reis daquela região governavam a Assíria que ficava imediatamente a sudoeste do território deles.

Nomes hurrianos estão associados à lista dos reis assírios, entre 2200 e 2000 a.C., pelo que parece ter havido intercâmbio entre povos, que obtinham e perdiam o mando. Além disso, há outros nomes dessa lista que não são nem assírios e nem hurrianos, o que sugere que ainda outros povos estiveram envolvidos nesses eventos.

Sabe-se que os hurrianos andaram perturbando os hititas, em cerca de 1700 a.C. Isso ocorreu durante o reinado do rei hitita Hatussili I. Seu sucessor, o rei Mursili II (cerca de 1595 a.C.), fez seus exércitos atravessarem a Síria, a fim de saquearem a Babilônia, mas, no caminho, entraram em choque com os hurrianos. Foi entre 1600 e 1400 a.C. que os hurrianos atingiram o clímax de seu poder e influência, que envolvia até a Síria. Os reinos da Cilícia e de Alacá, mais ao sul, parecem ter sido dominados pelos hurrianos. O rei Supiluliuma I, de uma nova dinastia hitita, parece ter sido hurriano. Por essa época, a religião hurriana parece ter incorporado ideias religiosas dos hititas, e muitas novas divindades começaram a ser adoradas. Os hurrianos também estabeleceram o reino de Mitani cuja capital era Wasucâni, no curso médio do rio Eufrates. Esse reino, em seu auge, dominou toda a área circundante, mas os nomes de alguns dos monarcas envolvidos não eram hurrianos, pelo que deve ter havido uma nova mistura de povos. Por esse tempo (cerca de 1400 a.C.), houve uma intensa correspondência e comércio entre os hurrianos e a XVIII Dinastia egípcia. Várias princesas mitanas tornaram-se esposas de Faraós egípcios. Entre as cartas de Tell el-Amarna encontra-se a carta Mitani que continua sendo uma das principais fontes informativas sobre a língua dos hurrianos. O rei Supiluliuma I destruiu o reino Mitani em cerca de 1380 a.C. e o que restou dos hurrianos foi muito mais a influência cultural do que o poder político. E essa influência deixou marcas permanentes em várias culturas, inclusive na cultura dos hebreus.

IV. OS HURRIANOS E A CULTURA HEBREIA. A principal influência exercida pelos hurrianos era sentida no norte da Mesopotâmia, na Ásia Menor e na Síria. Uma área secundária de influência dos hurrianos era o sul da Palestina. Abraão migrou para a Palestina passando por Harã e, naturalmente, deve ter sido influenciado pelos costumes que presenciou, naquele lugar. Alguns costumes mencionados nos registros veterotestamentários sobre os patriarcas hebreus têm sido melhor compreendidos pelo conhecimento que se tem adquirido sobre a Mesopotâmia, onde os hurrianos eram o fator dominante. Tabletes com escrita cuneiforme de Nuzi, uma colônia hurriana, no norte do Iraque, na porção leste do rio Tigre, têm ilustrado vários costumes que aparecem nos relatos do Antigo Testamento. Os tabletes de Tell el-Amarna indicam que um antigo governante de Jerusalém, antes de o povo de Israel ter vindo ocupar o lugar, foi chamado de servo da deusa *Hepa*. Essa é a forma abreviada de Hebate ou Hepate, que era a mais importante divindade do panteão dos hurrianos, consorte do deus Tesube. Davi, pois, adquiriu o local para a construção do templo, de um sucessor jebuseu dos servos de Hepa (ver 2Sm 24.18 ss.). O nome desse rei era Araúna (ou Ornã), e alguns eruditos veem nesse nome um apelativo tipicamente hurriano. Tabletes de argila, descobertos em Taanaque e em Siquém, na porção central da Palestina, trazem nomes tipicamente hurrianos, o que mostra ter havido uma mistura de influências cuja natureza exata é difícil determinar. Alguns eruditos associam os jebuseus, os horeus e até os heveus com os hurrianos; porém, pelo menos no caso dos horeus, parece que tal identificação não é correta. Os horeus eram semitas, e não da raça indo-europeia.

HUS, JOÃO (1372/3-1415)

Reformador checo, mártir, Hus foi pregador de raro poder, assim como erudito e teólogo. Sustentava como verdade básica que as Escrituras possuem autoridade incomparável, como "a lei de Deus". Considerava a tradição da igreja, especialmente o ensino dos pais primitivos até Agostinho, fonte de doutrina, com a ressalva de estar também sujeita à autoridade superior da Bíblia. A mesma condição se aplicava às declarações dos líderes da igreja, em todos os tempos, as quais até mesmo leigos estariam autorizados a desafiar, se inconsistentes com as Escrituras. Por isso mesmo, preconizava firmemente que a Bíblia deveria ser colocada disponível para todo o povo, em tradução em sua língua nacional.

Isso lhe serviu de base para duras críticas aos abusos de poder e riqueza pela igreja de sua época. Essas ideias, especialmente expressas em seu admirável livro *De ecclesia* [A igreja] (1413), o levaram à condenação e morte nas mãos do Concílio de Constança, em 1415.

Para Hus, a igreja no sentido real da palavra, é a totalidade da comunhão dos eleitos. É o corpo místico de Cristo, cujo único cabeça é o próprio Senhor — nesse sentido, o papa, portanto, não pode ser cabeça da igreja. Como instituição terrena, contudo, a igreja de Roma seria uma comunhão misturada, já que os não predestinados — os não eleitos — faziam parte dela também. Cargos e funções na igreja, por si sós, não colocavam ninguém entre os eleitos. Esse entendimento agostiniano da natureza da igreja sugeria que os cardeais, até mesmo o próprio papa, poderiam pertencer aos não predestinados, em vez de aos eleitos. Na verdade, o contraste total entre a vida extravagante desses homens e a pobreza de Cristo levantava profundas suspeitas a respeito da sua posição espiritual.

A verdadeira igreja, segundo ele, é mais ampla do que a comunhão da igreja de Roma, incluindo todos aqueles no mundo que confessam, como Pedro o fez, que Cristo é o Filho do Deus vivo. Essa fé é a rocha sobre a qual a verdadeira igreja está fundada. Hus entendia a fé no sentido católico, como "fé formada pelo amor, acompanhada pela virtude da perseverança".

Se o papa assumir para si a vida virtuosa de Cristo, ele é o vigário de Cristo. Todavia, sua autoridade é apenas espiritual, não civil. Por outro lado, não é nada próprio que qualquer sacerdote exerça poder coercitivo e, assim, Hus chega à conclusão de que não há nenhuma justificativa para o uso de violência para erradicar heresias. Aceitava Hus haver sete sacramentos, exigindo, porém, uma ênfase mais firme sobre o caráter espiritual da igreja. Assim, com respeito à penitência, insistia que somente Deus pode perdoar o pecado, tendo o sacerdote autoridade apenas para declarar o perdão de Deus na absolvição. Era adepto da doutrina da transubstanciação na eucaristia, mas enfatizava não estar o corpo de Cristo presente de forma material nos elementos, sendo, sim, uma presença somente sacramental.

É incorreto pensar ser o ensino de Hus um mero eco do de Wyclif. Honrava esse seu predecessor, mas era um judicioso usuário de seus livros. Foi, enfim, um reformador católico moderado, mas com toda a razão admirado pelos protestantes, por causa da sua correta atitude com relação à autoridade bíblica, seu intenso interesse por uma reforma na igreja e sua insistência no senhorio de Cristo sobre a igreja, tendo contribuído significativamente para pavimentar o caminho para a iluminação espiritual que culminaria na Reforma Protestante.

(**R. T. Jones**, D.Phil., D.D., D.Litt., ex-reitor do Coleg Bala-Bangor, Bangor, Irlanda do Norte.)

BIBLIOGRAFIA. D. S. Schaff, trad., *John Hus' De Ecclesia* (New York, 1915); D. S. Schaff, *John Huss* (London, 1915); M. Spinka, *John Hus* (Princeton, NJ, 1968).

HUSÃ

No hebraico, **"pressa"**. Esse nome aparece nas genealogias de Judá, em 1Crônicas 4.4 e 27.11, embora não haja certeza se designa um indivíduo ou uma localidade. Poderia ser uma aldeia, na região montanhosa de Judá; ou poderia ser um indivíduo ali residente. Mas também poderia ser o nome de uma família.

HUSAI

No hebraico, **"apressado"**. Esse foi o nome de um homem, ou talvez, de dois homens, que figuram nas páginas do Antigo Testamento: **1**. Um certo homem é chamado de arquita, amigo íntimo de Davi. Tendo sido informado sobre a rebeldia de Absalão, e de que Davi fugira de Jerusalém, Husai veio ao encontro deste último com a cabeça coberta de pó e suas vestes rasgadas, em sinal de lamentação pelo que acontecera. Husai queria acompanhar Davi, mas este sentiu ser melhor deixá-lo como espia, que o informasse sobre os movimentos de Absalão. Desse modo, Davi esperava que os planos de Aitofel fossem frustrados (2Sm 15.32). Husai, de fato, conseguiu frustrar os desígnios de Aitofel (2Sm 15.32), o que permitiu a Davi tempo para se firmar, antes de ser caçado pelos homens leais a Absalão. Esse foi o fator que provocou o suicídio de Aitofel, bem como a derrota final de Absalão (2Sm 16.16-18 e 18.5). **2**. Em 2Reis 4.16 lemos sobre "Baaná, filho de Husai", que vivia em Aser e Bealote. Baaná foi um dos doze oficiais que ajudavam a prover o necessário para a corte de Salomão. Alguns estudiosos têm pensado que esse Husai, pai de Baaná, teria sido o mesmo de número "um", acima. Porém, as condições geográficas, tão diferentes, dificultam muito essa identificação.

HUSÃO

No hebraico, **"apressadamente"**. Nome do rei de Edom que foi o sucessor de Joabe (Gn 36.34,35; 1Cr 1.45,46). A Septuaginta identifica-o com o Husã que aparece no livro de Jó, mas não há certeza quanto a isso. Ele era descendente de Esaú e deve ter vivido por volta de 1500 a.C.

HUSIM

No hebraico, **"apressados"**. Esse foi o nome de várias personagens mencionadas no Antigo Testamento: **1**. Um dos filhos de Dã (Gn 46.23). Em Números 26.42, seu nome aparece com a forma de *Suã*. **2**. Um filho de Ir, um benjamita (1Cr 7.12). Esse nome pode ter sido um sobrenome de família, designando, coletivamente, os filhos de Ir. **3**. O nome de uma das duas esposas de Saaraim, que aparece na genealogia de Benjamim (1Cr 8.8,11). Ela viveu por volta de 1618 a.C.

HUZABE

Essa palavra não ocorre em nossa versão portuguesa. Em Naum 2.7, corresponde a uma obscura palavra hebraica, que tem sido interpretada de várias maneiras. Visto que alguns pensam que ela parece significar "está fixo", ou "está determinado", nossa versão portuguesa diz "Está decretado". Outros estudiosos têm pensado que está em foco alguma rainha assíria, embora a história não fale sobre nenhuma rainha assíria com esse nome. A versão *Revista de Almeida* grafa o nome como se fosse um nome próprio. Mas outras versões portuguesas, julgando tratar-se, talvez, de uma cidade, dizem "... a cidade-rainha...".

Sem dúvida, são necessários estudos mais profundos para encontrar a solução para essas obscuridades.

IBHAR
No hebraico, **"Deus escolhe"**. Foi um dos filhos de Davi, nascido em Jerusalém (1Cr 3.6, 2Sm 5.15). Sua mãe era uma das esposas de Davi, e não alguma concubina, embora o seu nome não seja determinado. Nasceu entre Salomão e Elisua. Viveu por volta de 1044 a.C.

ÍBIS
Tradução da palavra hebraica *Tinshemeth*, que significa respiração, inflação. Assim era chamada uma ave da família dos *longirrostros*, considerada ave imunda segundo a lei cerimonial (Lv 11.17,18; Dt 14.16). A mesma palavra aplica-se para réptil da classe dos lagartos ou camaleões (Lv 11.30). Tristram avalia que esse pássaro talvez seja a *galínula purpúrea*, *Porphyrio caeruleus*, ou a brilhante íbis, *Ibis falcinellus*.

IBLEÃ
No hebraico, **"povo devorador"**. Esse era o nome de uma das cidades do território de Issacar, e que mais tarde passou para a posse de Manassés (Js 17.11). Porém, os israelitas não foram capazes de expulsar dali os cananeus (Jz 1.27). Ficava localizada entre Dor e Megido, perto do passo de Gur (2Rs 9.27). Esse nome aparece com a forma de Bileã, em 1Crônicas 6.70. Nesse trecho aprendemos que a cidade foi dada à família de Coate, como cidade levítica. Guardava um dos quatro ou cinco passos da via Maris, no ponto mais ao sul do vale de Jezreel. O lugar vinha sendo ocupado desde a remota antiguidade, e seu nome figura na lista de Tutmés III, no século XV a.C., onde são mencionadas cento e dezenove cidades cananeias. Aparece como a cidade de número quarenta e três nessa lista, com o nome de *Ybr 'm*. Em Josué 17.11, onde nossa versão portuguesa (e outras) diz "em Issacar e em Aser", a tradução mais correta seria "nas fornteiras de Aser". O rei Acazias, de Judá, foi morto perto desse lugar (na subida de Gur), por Jeú (2Rs 9.27). Além disso, Salum assassinou Zacarias, rei de Israel, perto dali (2Rs 15.10). Isso torna-se ainda mais claro se, em vez de "diante do povo", for traduzido por "em Ibleã", conforme pensam alguns eruditos. O local é atualmente ocupado por Khirbet Bil 'ameh, ao norte de Siquém, cerca de dezesseis quilômetros a sudeste de Megido.

IBNEIAS
No hebraico, **"Deus edifica"**. Esse era o nome de um benjamita, filho de Jeroboão. Ele voltou do cativeiro babilônico (vide), a fim de residir em Jerusalém (1Cr 9.8). Ele foi um chefe tribal que viveu por volta de 536 a.C.

IBNIJAS
No hebraico, **"Deus edifica"** ou **"edificação de Yahweh"**. Ele era benjamita, pai de Reuel. Voltou do cativeiro babilônico e passou a residir em Jerusalém, em cerca de 536 a.C. (Ver 1Cr 9.8).

IBRI
No hebraico, **"hebreu"**. Um levita merarita, filho de Jaazias e contemporâneo de Davi. Viveu por volta de 1014 a.C. (Ver 1Cr 24.27).

IBSÃO
No hebraico, **"fragmento"**. Nome de um descendente de Issacar, da família de Tola. (Ver 1Cr 7.2).

IBZÃ
No hebraico, **"brilhante"**, embora alguns pensem no sentido "rápido" ou "maldoso". Foi o décimo juiz de Israel, cuja história é registrada em Juízes 12.8-10. Julgou o povo de Israel por sete anos. Era de Belém, talvez uma cidade com esse nome, no território de Zebulum, e não em Judá, embora os eruditos disputem sobre essa questão. Sua morte, provavelmente, foi pouco depois de 1080 a.C. Tornou-se famoso pelo grande número de filhos. Tinha trinta filhos e trinta filhas. E juntou considerável fortuna por meio de seus casamentos. Cada um de seus filhos também se casou.

Nos tempos dos juízes de Israel, eles brandiam uma autoridade que se aproximava da autoridade de um rei, embora a história subsequente mostre que os próprios israelitas faziam distinção entre os dois ofícios. Citações extraídas dos textos ugaríticos, bem como os trechos de Isaías 40.23 e Amós 2.3 mostram a natureza real e magisterial do governo dos juízes. Também agiram, com frequência, como libertadores de opressões estrangeiras e como árbitros (Jz 2.16; 4.4,5; 1Sm 7.15-17). Josefo (*Anti.* 5.7,13) refere-se à terra dele como Belém de Judá; mas isso é rejeitado pela maioria dos eruditos. Quase sempre, se não mesmo sempre, esse lugar era especificamente mencionado como "de Judá" ou de "Efrata". O trecho de Josué 19.15 menciona uma Belém no território de Zebulum, que é a moderna Beit Lahm, a oeste de Nazaré e ao norte de Megido. Por meio de algum tipo de confusão, Ibzã esteve identificado com o Boaz da história de Rute. Ver o Talmude *Baba Bathra* 91a.

Alguns eruditos procuram mostrar que os juízes Ibzã, Jefté, Elom e Abdom só exerciam autoridade sobre a área da Transjordânia, e essencialmente durante a opressão dos amonitas.

ICABÔ
No hebraico, *'Ikabod*, **"onde está a glória?"**, que pode significar "inglória". Originalmente, foi usada para indicar que "a glória do Senhor partiu". Esse é o nome de um filho de Fineias. Sua esposa deu a seu filho esse nome, ao ouvir dizer que os filisteus haviam tomado e levado embora a arca da aliança (1Sm 4.19-22). Ela estava já sentindo as dores de parto quando ouviu o acontecido. O relato torna-se ainda mais dramático diante do fato de que, ao mesmo tempo, seu marido foi morto em batalha. Outrossim, Eli, avô da criança, juiz de Israel pelo espaço de quarenta anos (ver 1Sm 4.18), ao ouvir as notícias de que a arca fora tomada e de que seus dois filhos, Hofni e Fineias, haviam morrido, caiu de costas, quebrou o pescoço e morreu. Assim, quando o menino estava nascendo, sua mãe não podia ser consolada pelas mulheres que procuravam animá-la em face do nascimento da criança, a única coisa positiva em meio a diversos acontecimentos consternadores.

ICÔNIO
Nome de uma cidade da Ásia Menor, atualmente Turquia, descrita por Xenofonte como a última cidade da Frígia, indo para o oriente, *Anábase*, 1.2,19. Sob o domínio do império grego e do romano, a cidade de Icônio serviu de capital da Licaônia. Situada em lugar fértil, nas planícies da Licaônia. Barnabé e Paulo a visitaram na primeira viagem missionária, tanto na ida quanto na volta (At 13.51,52; 14.1-6,19-22; *cf.* 16.2; 2Tm 3.11). Sua história não tem solução de continuidade. É conhecida pelo nome de *Konya* e serve de capital à província de *Karaman*; é grande cidade, cercada de muros construídos com materiais de antigas ruínas.

IDADE

Idade avançada. Há várias questões envolvidas, a saber: **1**. Atingir idade avançada com frequência é considerado na Bíblia como uma bênção divina, uma recompensa pela piedade (ver Jó 5.36; Gn 15.15; Ef 6.3). Isso está ligado a vários atos, que prometem especificamente que quem os fizer atingirá avançada idade, como ser obediente aos pais ou devolver ao ninho o passarinho pequeno caído do mesmo. **2**. Mas a idade avançada traz suas dificuldades, por causa de problemas de saúde e de incapacidade física (ver Sl 71.9; 1Sm 3.2; Gn 48.10; 2Sm 19.35; 1Rs 1.1-4, e especialmente, Ec 12.1-5). **3**. Deus continua cuidando da pessoa idosa (ver Is 46.4), em antecipação à glória futura (ver Sl 73.24). **4**. A idade avançada é um tempo de reflexão sobre como Deus guiou a pessoa a cada passo do caminho (ver Sl 37.35), permanecendo fiel até o fim. O Senhor é retratado não somente como uma criança, mas também como um homem varonil, coroado de cabelos brancos (ver Ap 1.14) a fim de "lembrar-nos que ele é importante à vida inteira, do começo ao fim". **5**. A mentalidade oriental respeitava e honrava a idade avançada, e as cãs eram tidas como sinal de honra, e não como um sinal de debilidade (ver Pv 20.29). Não honrar os idosos traz o mal a qualquer nação (ver Is 3.5, Lm 5.12). **6**. Contudo, a idade avançada só é honrosa quando coroa uma vida de retidão (Pv 16.31). **7**. A experiência é um valioso mestre, pelo que a idade avançada deveria produzir a sabedoria (ver Jó 12.20; 15.10; 32.7). Reoboão caiu no erro fatal de rejeitar o conselho dos mais velhos. **8**. A igreja do Novo Testamento deve ser governada por anciãos.

Extensão e idade da responsabilidade: Até os 13 anos, o menino judeu era considerado menor; e a menina, até os 12 anos, mais um dia, embora fossem necessários mais seis meses para que ela atingisse a idade da plena responsabilidade. A Mishnah Abot 5.21 determina que a idade própria para o casamento é aos 18 anos; mas outros autores falavam em até 12 anos, para as mulheres.

Um homem poderia esperar viver até os 70 anos, e se morresse aos oitenta, podia ser considerado idoso (Baba Batra 75a e Sl 90.10). Chegar à idade avançada era considerado uma bênção espiritual em Israel (Gn 15.15; Jó 5.26). Cria-se que os anos trazem consigo sabedoria e virtudes espirituais (Jó 12.20; 15.10). Fator de longevidade era o tratamento respeitoso dado aos pais (Ef 6.3, onde se pode ver notas completas a respeito, no NTI). (E NTI)

IDADE DA RESPONSABILIDADE. Ver o artigo intitulado *Infantes, Morte e Salvação dos*.

IDALA

No hebraico, **"exaltado"** (?). Esse era o nome de uma cidade do território de Zebulom, perto da sua fronteira ocidental (ver Js 19.15). É mencionada juntamente com Sinrom e Belém. Os estudiosos têm identificado o antigo local com a moderna Khirbet el-Hawarah, que fica cerca de um quilômetro e meio a sudoeste de Belém.

IDBÁS

No hebraico, **"doce de mel"**. Esse era o nome de um homem de Judá, que aparece como o pai de Etã. Provavelmente, ele descendia do fundador de Etã, uma cidade da tribo de Judá, ou, então, tudo quanto se deve entender é que ele era habitante daquele lugar. (Ver 1Cr 4.3).

IDEALISMO

Doutrina metafísica, o idealismo é a visão de que tudo que realmente existe são a mente e suas ideias. Embora sejam possíveis versões de caráter secular do idealismo (p.ex., fenomenalismo), seu expoente mais notável, George Berkeley, desenvolveu uma versão teísta, motivo suficiente para combater as consequências supostamente ateístas da doutrina da substância material, de John Locke, segundo a qual os objetos do mundo externo são substâncias dotadas de conjuntos de qualidades primárias e secundárias. Admitindo-se que um pensamento seja uma imagem mental, é possível obter uma versão idealista plausível de teologia cristã, como Berkeley mostra e Jonathan Edwards e outros parecem ter sustentado, mas isso raramente pode ser considerado como a visão mais natural. Pois embora o decreto ou pensamento de Deus de que x existirá ou acontecerá seja uma condição necessária e suficiente para x existir ou acontecer, não se deduz daí que x seja, por si só, uma ideia na mente de Deus.

Nas filosofias de Kant e Hegel, o idealismo é uma consequência da "revolução copérnica" de Kant — sua visão de que a mente que conhece contribui para o caráter do que é conhecido. De acordo com Hegel, a realidade se desenvolve historicamente de uma maneira dialética em relação à ideia absoluta, e a distinção entre o sujeito conhecedor e o objeto conhecido é uma realidade conveniente e convencional mais do que uma propriedade que corresponda à realidade como ela é.

A influência do idealismo transcendental ou absoluto sobre a teologia cristã é exercida principalmente por versões do idealismo pós-kantiano. Negando, com Kant, qualquer possibilidade de conhecer Deus por meio da razão ou da revelação, o idealismo entende a fé cristã em termos imanentes e basicamente éticos. O evangelho cristão não é a proclamação da redenção do pecado pela oferta do Deus-homem de si mesmo, mas um modo de vida que consiste na observância de ensinos éticos de Jesus de Nazaré, em um empenho em vir a produzir o reino de Deus na terra. Essa perspectiva é característica da teologia, por exemplo, de Albrecht Ritschl.

O idealismo se tornou influente na Inglaterra e no mundo de fala inglesa por meio dos escritos de S. T. Coleridge e F. D. Maurice (ver Socialismo Cristão) na Inglaterra e dos Cairds (Edward, 1835-1908, e seu irmão John, 1820-1898) na Escócia, sendo importante fonte do liberalismo teológico protestante.

Kant deu destaque à chamada prova moral da existência de Deus, mas, para ele, a moralidade se encontra à parte do mandamento divino, sendo colocada ênfase quanto à autonomia humana em criar e endossar a lei moral. Em termos de teologia cristã, segundo Kant, a criatura assume alguns de seus papéis do Criador, dando ao mundo sua firmeza moral e legislando a lei moral.

Em sentido menos técnico, idealismo diz respeito à manutenção e à propagação dos *ideais*, como opostos a *ideias*. Embora sustentando perfeita conformidade à vontade de Deus ou à imitação de Cristo como ideais, a teologia cristã tem-se acautelado, tipicamente, contra o pensamento de que tais ideais possam ser alcançados ou alcançáveis nesta vida, considerando isso como perfeccionismo, que deixa de levar em conta, com a devida seriedade, o efeito do pecado que reside no homem, mesmo no homem regenerado.

(**P. Helm**, M.A., professor de História e Filosofia da Religião do King's College, Londres, Inglaterra.)

BIBLIOGRAFIA. A. C. Ewing, *Idealism: A Critical Survey* (London, 1969); B. M. G. Reardon, *From Coleridge to Gore* (London, 1971); W. H. Walsh, *Hegelian Ethics* (London, 1969).

IDO

No hebraico, **"oportuno"**. Esse foi o nome de várias personagens que figuram nas páginas do Antigo Testamento, a saber: **1**. O pai de Abinadabe. Este era encarregado de um dos doze distritos criados por Salomão. Ele tinha autoridade sobre Maanaim (1Rs 4.14). Viveu por volta de 995 a.C. **2**. Com base em uma raiz hebraica diferente, com o sentido de "belo favorito", esse era o nome de um levita da família de Gérson. Ele também é chamado Adaías, em 1Crônicas 6.41, embora Ido, em 1Crônicas

IDOLATRIA

6.21. Era filho de Joá e pai de Zerá. Foi um dos antepassados de Asafe (vide). **3**. Com base em uma raiz hebraica com o sentido de "amorável", temos o nome de um chefe da meia-tribo de Manassés, que residia do outro lado do Jordão (1Cr 27.21). Foi nomeado líder por Davi, e era filho de Zacarias. **4**. Um homem que, durante o cativeiro babilônico (vide), casou-se com uma mulher estrangeira. Então, ao voltar a Jerusalém, foi forçado a divorciar-se dela, a fim de que a comunidade judaica fosse devidamente restaurada. Seu nome, com essa forma, só ocorre em 1Esdras 9.35 (um dos livros apócrifos); mas, em Esdras 10.43 ele recebe o nome de Jadai. **5**. Um profeta de Judá, que cuidava dos rolos públicos, durante os reinados de Reoboão e Abias, e que escreveu crônicas que serviram de fontes informativas do cronista de Salomão (2Cr 9.29), de Reoboão (2Cr 12.15) e de Abias (2Cr 13.22). Josefo afirmava que esse homem fora enviado a Jeroboão, em Betel, e que, finalmente, foi morto por um leão, por haver desobedecido suas instruções (1Rs 13). Ver *Anti*. 8.9,1. **6**. O chefe de um grupo de levitas de Casifia, que supriu Esdras com levitas e servos do templo, após o retorno do cativeiro babilônico (Ed 8.17, 1Esdras 8.45,46). Trinta e oito levitas e duzentos e cinquenta servos do templo responderam à sua chamada. Isso talvez indique que Ido era chefe dos servos do templo, e assim descendia daqueles gibeonitas encarregados do trabalho braçal do tabernáculo e do templo. Com base na circunstância de que Judá, embora no cativeiro, gozava de boa margem de liberdade na observação de sua fé religiosa e na preservação da antiga ordem de coisas, é possível que uma coisa estivesse relacionada à outra. **7**. Um membro da família sacerdotal que retornou a Jerusalém juntamente com Zorobabel (Ne 12.4,6,16). O vs. 16 apresenta-o como pai de Zacarias; portanto ele pode ter sido o mesmo homem do número "8", abaixo. Viveu por volta de 536 a.C. **8**. Avô do profeta Zacarias (Zc 1.1,7; Ed 5.1; 6.14). Disputa-se se esse foi ou não o mesmo homem do número anterior, acima.

IDOLATRIA
I. Definições e Caracterização Geral

1. Essa palavra vem do grego, *eidolon*, "ídolo", e *latreuein*, "adorar". Esse termo refere-se à adoração ou veneração a ídolos ou imagens, quando usado em seu sentido primário. Porém, em um sentido mais lato, pode indicar a veneração ou adoração a qualquer objeto, pessoa, instituição, ambição etc., que tome o lugar de Deus, ou que lhe diminua a honra que lhe devemos. Nesse sentido mais amplo, todos os homens, com bastante frequência, se não mesmo continuamente, são idólatras. Naturalmente, essa condição surge em muitos graus; e um dos principais propósitos da fé religiosa e do desenvolvimento espiritual é livrar-nos totalmente de todas as formas de idolatria. Paulo, em Colossenses 3.5, ensina-nos que a cobiça é uma forma de idolatria. Isso posto, qualquer desejo ardente, que faça sombra ao amor a Deus, envolve alguma idolatria.

2. "A *idolatria* consiste na adoração a algum falso deus, ou a prestação de honras divinas ao mesmo. Esse deus falso pode ser representado por algum objeto ou imagem. Esse termo usualmente inclui a ideia da dendrolatria, da litolatria, da necrolatria, da pirolatria e da zoolatria... O estado mental dos idólatras é radicalmente incompatível com a fé monoteísta. A idolatria é má porque seus devotos, em vez de depositarem sua confiança em Deus, depositam-na em algum objeto, de onde não pode provir o bem desejado; e, em vez de se submeterem a Deus, em algum sentido submetem-se às perversões de valor representadas por aquela imagem". (H)

3. Na idolatria há certos elementos da *criação* que usurpam a posição que cabe somente a Deus. Podemos fazer da autoglorificação um ídolo, como também das honrarias, do dinheiro, das altas posições sociais. Praticamente, tudo quanto se torne excessivamente importante em nossa vida pode tornar-se um ídolo para nós. A idolatria não requer existência de qualquer objeto físico. Se alguém adora um deus falso, sem transformar em deus alguma imagem, ainda assim é culpado de idolatria, porquanto fez de um *conceito* uma falsa divindade.

4. Uma Rua de Mão Dupla de Trânsito. A antropologia tem mostrado amplamente que as religiões dos povos geralmente começam na idolatria, e então progridem para uma forma de fé mais pura que, finalmente, rejeita os tipos primitivos de conceitos que requeiram a presença de algum ídolo. Quando a fé de um povo vai-se tornando mais intelectual e espiritual, menor se vai tornando a necessidade de crassas representações materiais. Por outro lado, algumas vezes a idolatria resulta da degeneração de uma fé anteriormente superior. Vemos isso no Novo Testamento, em vários lugares, no tocante a Israel, a certas alturas de sua história. É admirável como a crueza domina essa questão. Em muitos lugares do mundo, da Índia à Sibéria, da Melanésia às Américas, simples toras de madeira têm sido erigidas em memória de pessoas amadas ou de heróis já falecidos; e, então, essa tora de madeira ou pedra torna-se um objeto de adoração, porquanto muitos supõem que o espírito da pessoa retorna para residir ali. Um culto religioso então desenvolve-se, quando tal imagem é alvo de preces e oferendas, a fim de aplacar aquele suposto espírito. Na Escandinávia e nos países germânicos, os arqueólogos têm encontrado pedras e toras de madeira escavadas, com propósitos religiosos.

"A tendência de atribuir uma residência material a alguma divindade, ou, geralmente, de prestar culto ao espírito, em termos tangíveis, é algo tão comum que quase se torna um sinal universal da cultura humana. A idolatria está presente na grande maioria das religiões do mundo, incluindo o hinduísmo e o budismo. Aparentemente, não é proibida no zoroastrismo. Mas é proibida pelo islamismo. O relato bíblico do povo de Israel, que adorou o bezerro de ouro, ao pé do monte Sinai, é uma prova de idolatria no judaísmo primitivo. Os mandamentos contra a adoração a outros deuses e contra o fabrico de imagens são injunções específicas contra a idolatria" (AM). Esse autor, que acabamos de citar, deveria ter incluído o fato de que o cristianismo é uma das grandes religiões que, em alguns de seus segmentos, pratica a idolatria. Por que motivo uma imagem de uso cristão seria prova menor de idolatria do que uma imagem venerada no hinduísmo ou no budismo?

5. A Vasta Extensão da Idolatria. Nosso artigo chamado *Deuses Falsos* apresenta um sumário do que se sabe acerca dos deuses falsos que têm sido adorados pelos homens; e a lista é tão extensa que causa admiração. O panteão mesopotâmico compunha-se de mais de mil e quinhentos deuses. Os mais conhecidos dentre eles eram Samás, Marduque, Sin e Istar, a qual era a deusa do amor carnal. Nabu era o patrono da ciência e da erudição. Nergal era o deus da guerra e da caça. Quase todas as atividades e aspirações dos homens têm sido representadas por alguma prática idólatra.

6. Natureza Corrompida da Idolatria. Toda idolatria é corrupta. Paulo supunha que os ídolos representam forças demoníacas. Ver 1Coríntios 10.20. A religião dos cananeus era repleta de corrupções morais, que ameaçavam continuamente a Israel. Havia todos os tipos de abusos sexuais, como a prostituição sagrada, associados aos cultos de fertilidade, nos quais Baal e Astarte eram adorados, sem falarmos em cultos onde havia orgias de bebidas alcoólicas. Também havia o sacrifício de infantes na fogueira. A radicalidade dessa forma de idolatria foi a razão por detrás do mandamento da eliminação de toda forma de idolatria, com a destruição das imagens, colunas e estátuas, e com a destruição dos lugares altos onde esses ritos eram efetuados. (Ver Dt 7.1-5; 12.2,3).

II. Os Ídolos e as Imagens
Um ídolo representa alguma divindade, ou então é aceito como se tivesse qualidades divinas por si mesmo. Em qualquer desses casos aquele objeto recebe adoração. Contudo, é possível haver uma imagem, sem que

essa seja adorada, como no caso dos querubins que havia no templo de Jerusalém. Sem dúvida, esses querubins não eram adorados, formando uma exceção acerca da proibição de imagens. Uma imagem também pode ser um amuleto que é concebido como dotado de alguma forma de poder de proteger, de ajudar ou de permitir alguma realização; mas um amuleto não é necessariamente adorado. Isso posto, apesar de representar alguma crença supersticiosa, um amuleto não é obrigatoriamente uma forma de idolatria. E, naturalmente, é possível a posse de uma imagem esculpida ou uma pintura, representando algum santo ou herói religioso, sem que a mesma seja adorada, por ser apenas um lembrete de que se deveria emular as qualidades morais e espirituais de tal santo. Por outro lado, quando tais imagens são "veneradas", então é provável que, na maioria dos casos, esteja sendo praticada a idolatria. As estátuas dos mestres jainistas e confucionistas são comuns; mas nunca são veneradas como deuses ou poderes divinos. Eles são relembrados como grandes mestres e suas imagens são apenas memoriais desse fato. As divindades da natureza, com frequência, eram adoradas sem o uso de quaisquer objetos materiais; mas, quando os homens começaram a pensar nos deuses como *espíritos*, e esses habitando nos mais variados objetos, então todo tipo de objeto e representação material passou a ser adorado. Assim, o sol, a lua e as estrelas eram concebidos como lugares de habitação de divindades, como se fossem as próprias divindades, razão pela qual eram adorados diretamente. Algumas vezes, as imagens só são adoradas mediante alguma forma de cerimônia, que, supostamente, lhes transmitiria vida, ou seja, fazem delas manifestações localizadas de alguma divindade. O esforço por retratar os imaginários poderes de alguns deuses tem criado imagens fantasticamente grotescas. As religiões da Babilônia e do Egito levavam a sério a ideia de que um deus ou espírito divino podia residir em algum objeto material. O hinduísmo e o budismo têm feito intenso uso de ídolos para ajudar o povo comum a adorar. Os elementos mais intelectuais dessas religiões asseveram que as imagens de escultura são meras representações das divindades; mas, ao nível popular, essa delicada distinção inexiste, conforme se vê na igreja Católica Romana e na igreja Ortodoxa Oriental. O islamismo destruiu todos os ídolos em Meca, proibindo a feitura de qualquer representação material do ser divino. O zoroastrismo, embora inclua formas de idolatria, nunca representou a divindade com forma humana.

III. Deuses Falsos. Temos um artigo separado sobre esse assunto, com esse título, mostrando a natureza muito abrangente da idolatria, juntamente com muita informação de interesse geral para os estudiosos da Bíblia.

IV. Ensinos Bíblicos Sobre a Idolatria. O segundo mandamento da lei de Deus proíbe qualquer forma de idolatria. (Ver Êx 20.3-5). A idolatria dos hebreus, quando ocorria, não só incluía a adoração a deuses falsos, mediante imagens ou sem elas, mas também a adoração a Yahweh, embora através de símbolos visíveis (Os 8.5,6; 10.5). No Novo Testamento, qualquer coisa muito desejada, que suplante a comunhão com Deus ou a impeça, é considerada idolatria (1Co 10.14; Gl 5.20; Cl 3.5). "A teologia moral cristã insiste em ver qualquer desejo desordenado, que veja o objeto de tal desejo como a fonte última do bem e a base do bem-estar do indivíduo, é idolatria" (H)

1. Formas de Idolatria na Bíblia. A adoração a imagens (Is 44.17), o oferecimento de sacrifícios a imagens (Sl 106.38; At 7.41), a adoração a deuses falsos (Dt 30.17; Sl 81.9), o serviço prestado a outros deuses (Dt 7.4), o temor a outros deuses (2Rs 17.35), a adoração ao verdadeiro Deus, mas por meio de alguma imagem (Êx 32.46 e Sl 10.6,18,20), a adoração a demônios (Mt 4.8,10; 1Co 10.20), o manter ídolos no próprio coração (Ez 14.3,4), a adoração aos espíritos dos mortos (Sl 106.28), a cobiça (Ef 5.5; Cl 3.5), a sensualidade (Fp 3.19), a redução da glória de Deus em uma mera imagem (Rm 1.23), a adoração aos corpos celestes (Dt 4.19).

2. Descrições Bíblicas da Idolatria. Ali a idolatria é uma abominação (Dt 7.25), é odiosa para Deus (Dt 16.22), é vã e tola (Sl 115.4-8), é destituída de proveito (Jz 10.14; Is 46.7), é irracional (At 17.29; Rm 1.21-23), é contaminadora (Ez 20.7; 36.18).

3. Adjetivos Aviltadores. Os ídolos e as imagens de escultura são deuses estranhos (Gn 35.2), são novos deuses (Dt 32.17), são deuses fundidos (Êx 34.17), são imagens de escultura (Is 45.20), são destituídos de sentido (Sl 115.5,7), são mudos (Hc 2.18; 1Co 12.2), são abomináveis (Is 44.19), são pedras de tropeço (Ez 14.3), não passam de vento e confusão (Is 41.29), são como o nada (Is 42.24; 1Co 8.4), são impotentes (Hb 10.5), são vaidades (Jr 18.15), são vaidades dos gentios (Jr 14.22).

4. Castigos Prometidos aos Idólatras. A morte judicial (Dt 17.2-5), o banimento (Jr 8.3; Os 8.5-8), a exclusão do céu (1Co 6.9,10; Ef 5.5; Ap 22.15), o julgamento da eternidade (Ap 14.9-11; 21.8).

"Não houve nenhum período da história dos hebreus em que esse povo estivesse isento da atração exercida pelos ídolos. Raquel tomou os *terafins* (deuses domésticos, representados por figurinhas de barro) com ela, quando Jacó e seus familiares fugiram de Labão (Gn 31.34). Os israelitas adoraram os ídolos do Egito durante sua jornada ali e não desistiram deles, nem mesmo quando foram tirados da escravidão por Moisés (Js 24.14; Ez 20.8-18)". (Z) Esse autor continua a fim de mostrar a idolatria através de toda a história de Israel: no Sinai (Êx 32), em suas vagueações pelo deserto (Nm 25.1-3; 31.16), imediatamente antes de entrarem na Terra Prometida (Dt 4.15-19), no tempo dos juízes de Israel (Jz 2.11-13; 6.25-32; 8.24-27), no tempo de Salomão, através da influência de suas muitas esposas estrangeiras (1Rs 11.1-8), no tempo de Jeroboão, quando houve a adoração ao bezerro de ouro (1Rs 12.25-33) durante o reinado de Reboão, em Judá (1Rs 14.21-24) sob Acabe, em Israel (1Rs 16.32), o que levou Elias a desafiar tal idolatria (1Rs 14.21-24), nos dias do profeta Amós (Am 5.26), nos dias de Oseias (Os 2.16,17; 8.4-6), nos dias de Isaías (Is 2.8; 40.18-20; 41.6; 44.9-20), nos dias de Jeremias (Jr 2.23-25; 10.2-10; 11.13; 23.13,14). E talvez uma das razões pelas quais aqueles que retornaram do cativeiro babilônico tiveram de desfazer-se de suas esposas estrangeiras com as quais se tinham casado, eram as práticas idólatras que elas haviam introduzido em suas famílias (Ez 10.3,19).

No Novo Testamento, Jesus estendeu os pecados até os seus íntimos motivos (Mt 5.21 ss.). Assim, no caso da idolatria, qualquer coisa que ocupe excessivamente o nosso tempo, às expensas da espiritualidade, é uma manifestação de idolatria (Ef 5.5; Cl 3.5; Fp 3.19, onde a glutonaria é especificamente mencionada).

V. A Idolatria na Igreja. O que digo sobre isso aparece no artigo *Iconoclasmo* (*Controvérsias Iconoclásticas*). Ver também sobre *Imagens* e *Ídolos*. Os intelectuais cristãos, tal como seus colegas budistas, dizem que as imagens de escultura são apenas memórias de qualidades dignas de emulação, de santos ou heróis espirituais, o que, presumivelmente, ajudaria os religiosos sinceros a copiarem tais virtudes. Entretanto, o povo comum não é sofisticado o bastante para separar a imagem da adoração à divindade ou santo. E nem significa grande coisa a autêntica distinção entre adoração e veneração. O resultado disso é que a idolatria tornou-se muito comum na igreja cristã, tanto no Oriente quanto no Ocidente. E, apesar de os grupos protestantes e evangélicos terem removido as formas mais crassas de idolatria, de seu culto, ainda assim há muitas formas sutis de idolatria que ali são cultivadas. Quem não se mostra ocasionalmente cobiçoso? Quem não tem desejos desordenados? Quantos escapam da idolatria sob a forma de glutonaria ou sensualidade? Além disso, há variedades religiosas de idolatria, como a *bibliolatria* (vide). Uma forma comum de idolatria consiste em idolatrar o credo denominacional, o que, geralmente, se faz com uma atitude arrogante. O coração humano fora da igreja ou dentro dela, no Oriente ou no Ocidente, pende para a idolatria, e uma parte do crescimento espiritual consiste na eliminação gradual de todas as formas de idolatria, até as mais sutis.

ÍDOLO. Ver sobre *Idolatria*.

ÍDOLOS E IMAGENS. Ver sobre *Idolatria*, seção II.

IDUEL
Nome de um dos principais chefes dos judeus nos dias de Esdras. Ele é chamado de Ariel, em Esdras 8.16. A forma alternativa, Iduel, aparece em 1Esdras 8.43.

IDUMEIA
1. O Nome. Essa palavra vem de uma forma grega, *Idoumaia*, do termo hebraico para *Edom*. Originalmente, o nome derivava-se de *Edom* (vide), filho de Isaque, que também era conhecido como *Esaú* (vide). Significa "vermelho". Esse nome, ao que parece, derivava-se de sua cor avermelhada, quando ele nasceu (ver Gn 25.25). Esse nome foi reforçado, em seu sentido, pelo incidente sobre o guisado avermelhado (ver Gn 25.30).

2. A Região. A região que chegou a ser chamada *Edom* estendia-se para ambos os lados da *Arabá*, e sua porção ocidental chegava a Cades (ver Nm 20.16). Ficava de ambos os lados dos grandes vales de El Ghor e de El Arabá, entre o mar Morto e o golfo Elanítico do mar Vermelho. Esaú instalou-se nesse distrito, e ali ficou durante o tempo de vida de seu pai, de tal modo que, gradualmente, sua posteridade tomou posse da região. A bênção profética de Isaque mencionava essa terra como pertencente aos descendentes de Esaú (Gn 27.38,40; Dt 2.5-12,22). O monte Seir (Gn 14.6) ficava nessa área, sendo descrita na Bíblia antes de ser chamada de Edom. A província greco-romana continha um território maior do que o Edom original. As novas fronteiras incluíam os desertos do Negebe e a Sefelá, bem como os locais de Laquis e Hebrom. O trecho de Marcos 3.8 usa a forma grega do nome, em relação ao ministério de Jesus naquele território.

Quanto a uma completa descrição sobre esse lugar, seu território, história etc., ver o artigo sobre *Edom*, *Idumeus*.

IE-NAÁS
No hebraico, **"cidade da serpente"**. Era uma cidade de Judá, que alguns supõem ter recebido tal nome devido à abundância de serpentes no local. Mas também é possível que ali se tivesse praticado a adoração à serpente. Teína é chamado de pai desse lugar, em 1Crônicas 4.12. Sua localização é desconhecida, mas talvez ficasse perto de Beit Jibrin, onde há um lugar chamado Deir Nahhas, que poderia assinalar o antigo local.

IEZER
Essa é uma forma contraída do nome Abiézer. Essa forma mais curta acha-se em Números 26.30. Ver sobre *Abiézer*.

IFDEIAS
No hebraico, **"Yahweh redime"**. Ele descendia de Benjamim (1Cr 8.25), e viveu por volta de 1600 a.C. Era um dos chefes da tribo de Benjamim, e residia em Jerusalém.

IFTÁ
No hebraico, **"irrompimento"**. Esse era o nome de uma cidade na Sefelá de Judá, alistada juntamente com Libna, Eter, Asã, Asná, Nezibe, e outras, em Josué 15.43. Tem sido identificada com a moderna aldeia de Tarqumiya, a leste de Laquis.

IFTAEL
No hebraico, **"El (Deus) abre"**. Refere-se a um vale na fronteira norte do território de Zebulom, mencionado em Josué 19.14,26. Entretanto, é desconhecida a sua localização exata.

IGAL
No hebraico, **"que Deus redima"**. Esse nome figura como apelativo de várias pessoas, nas páginas do Antigo Testamento, a saber: **1**. Um filho de José, representante da tribo de Issacar, que foi um dos espias enviados a explorar a Terra Prometida, preparando-a para ser invadida (Nm 23.7; 14.37). Viveu por volta de 1657 a.C. **2**. Um filho de Natã de Zobá, e um dos trinta poderosos guerreiros de Davi (2Sm 23.36). Viveu por volta de 1040 a.C. O nome aparece com a forma de Joel, em 1Crônicas 11.38. **3**. Um filho de Semaías e descendente de Zorobabel (1Cr 3.22). Viveu por volta de 406 a.C.

IGDALIAS
No hebraico, **"Deus é grande"**. Nome do antepassado de alguns homens que contavam com um aposento no templo, nos dias do profeta Jeremias (Jr 35.4), o que sucedeu por volta de 606 a.C.

IGREJA
Tradução do grego *ekklesia*, que nos Estados da Grécia significava a reunião dos cidadãos convocados às assembleias legislativas, ou para outros fins (At 19.32,41). Os escritores sagrados empregam essa palavra para designar uma comunidade que reconhece o Senhor Jesus Cristo como supremo legislador, e que congregam para a adoração religiosa (Mt 16.18; 18.17; At 2.47; 5.11; Ef 5.23,25). Como os discípulos de Jesus se multiplicassem por diversas cidades, o plural igrejas começou a ser empregado, considerando como uma igreja a comunidade cristã de cada localidade (At 9.31; 15.41; Rm 16.4; 1Co 7.17; 1 Ts 2.14). A palavra também se emprega para a casa ou templo onde se reúne uma igreja particular. A doutrina protestante, a este respeito, é que a igreja pode existir independente de ter uma forma visível, porque ela tanto é visível quanto invisível. A igreja invisível se compõe de todos que estão realmente unidos a Cristo (1Co 1.2; 12.12,13,27,28; Cl 1.24; 1Pe 2.9,10). Não é uma organização externa. Os seus membros são conhecidos de Deus, ainda que não possam ser identificados com exatidão pela vista humana; muitos deles estão no céu, ou ainda por nascer. A igreja visível consiste de todos que professam estar unido a Cristo. Os apóstolos ocupavam uma posição especial de autoridade (At 5.2; 6.6; 1Co 12.28; Ef 2.20; 2Pe 3.2), porém, eles não eram os únicos no governo da igreja: os anciãos, os bispos, também exerciam funções governativas (At 15.2,4,6,22,23; 1Tm 4.14; 5.17; 1Pe 5.1). Os oficiais da igreja local eram os anciãos ou bispos e os diáconos (At 6.3; 14.23; 20.17; 1Tm 3.1,8; Tt 1.5-9). Os apóstolos, às vezes, nomeavam comissões para serviços especiais (1Tm 1.3; Tt 1.5). O culto público da igreja era modelado pelo culto da sinagoga; consistia de pregação (Mt 28.20; At 20.7; 1Co 14.19,20-36, leitura da Escritura, Tg 1.22; 1 Ts 5.27; *cf*. At 13.15, oração 1Co 14.14,16, cânticos, Ef 5.19; e hinos, Ef 5.14; 1Tm 3.16; administração do batismo e da Ceia do Senhor, Mt 28.19; At 2.41; 1Co 11.18-34, e ofertas, 1Co 16.1,2). Quando os dons espirituais se manifestavam, também havia profecia e dom de línguas.

IIM
No hebraico, **"círculos"** ou **"montões"**. Há duas localidades com esse nome, no Antigo Testamento: **1**. Uma cidade no extremo sul do território de Judá (Js 15.29). **2**. Uma forma abreviada para Ijé-Abarim (vide), mencionada em Números 33.45. Nossa versão portuguesa, no entanto, também grafa o nome, nesse versículo, como Ijé-Abarim.

IJÉ-ABARIM

No hebraico, **"montões do além"**. Esse era o nome de um lugar onde Israel parou, em suas vagueações pelo deserto. Ficava entre Obote e o vale de Zerede ou Dibom-Gade (Nm 21.11,12, 33.44,45). Ficava localizado no território de Moabe ou nas proximidades do mesmo, conforme se depreende de Números 33.44 e 21.11.

IJOM

No hebraico, **"ruína"**. Esse era o nome de uma cidade da porção norte da Palestina, no território de Naftali. Ficava no vale de Hulé, cerca de catorze quilômetros e meio ao norte de Abel-Bete-Maaca. Esse vale é limitado a oeste pelo rio Litânia, e a leste pelo monte Hermom. Foi capturada por Ben-Hadade, da Síria (1Rs 15.20), e, posteriormente, por Tiglate-Pileser, da Assíria (2Rs 15.29).

Vários textos antigos, extrabíblicos, confirmam a existência do lugar. Foi achada uma figurinha que continha um texto de execração (do século XIX a.C.), onde o nome dessa cidade aparece com a forma de *c'yn*. Tutmés III alista 119 cidades em Canaã, e Ijom aparece como a de número noventa e cinco. A lista de Tiglate-Pileser III, das cidades daquela região, não a menciona, embora mencione outra cidade, que lhe ficava bem próxima. Os eruditos têm identificado o local com o moderno Tell Dibbin, perto de Merj'ayun, que parece preservar o antigo nome. As escavações ali feitas, porém, não têm desenterrado quaisquer peças de cerâmica da Idade do Ferro II (900-600 a.C.), conforme se poderia esperar, com base em referências bíblicas, relativas aos reis que teriam governado a cidade durante aquele período.

ILAI

No hebraico, **"supremo"**. Era um aoíta um dos trinta poderosos guerreiros de Davi (1Cr 11.29). Ele é chamado de Zalmom, nas listas paralelas de 2Samuel 23.28. Viveu por volta de 1046 a.C.

ILIADUM

Talvez esse seja outro nome do homem também chamado Henadade, em Esdras 3.9. Em 1Esdras 5.58, aparece o nome *Iliadum*. Foi antepassado de alguns levitas que ajudaram a reconstruir o templo de Jerusalém, terminado o cativeiro babilônico.

IMAGEM (NA BÍBLIA)

Ver os artigos *Idolatria: Imagem de Deus, Cristo como; Imagem de Deus, o Homem como*. Ver também *Imagem (na Filosofia)*.

1. Quanto a Objetos Materiais. Esses objetos eram usados para representar deuses ou poderes cósmicos, ou então eram reputados dotados de qualidades divinas, em si mesmos. Vários termos hebraicos foram usados no Antigo Testamento, para indicá-los: ***a. Pesel***, que indicava todo tipo de imagem esculpida em madeira ou pedra. Tais imagens variavam em tamanho, desde figurinhas até maciças estátuas. Algumas vezes, eram feitas formas grotescas, para representar as necessidades básicas e as aspirações do povo, como os ferozes deuses da tempestade, do julgamento, dos castigos, dos órgãos sexuais, além de formas representando estranhas e imaginárias criaturas irracionais. Todas as imagens desse tipo foram proibidas na legislação hebraica, sendo atacadas pelos profetas. (Ver Êx 20.4; Lv 21.1; Dt 5.8; Is 41.20; 44.15; Jr 8.19; Os 11.2; Mq 5.13). ***b. Masseka***. Essa palavra era usada para indicar as imagens fundidas, de cobre, prata ou ouro. O exemplo mais notório é o bezerro de ouro, de Aarão (Êx 32.4), bem como a vigorosa idolatria encabeçada por Jeroboão (1Reis 14.9). Essas imagens também foram condenadas pelos autores bíblicos (Êx 34.17; Lv 19.4; Sl 116.19; Is 30.22; Os 13.2; Hc 2.18). ***c. Hammanim***, palavra usada para indicar as "imagens do sol" (Lv 26.30; Is 17.8; Ez 6.4), embora também apontasse para os altares de incenso. ***d. Teraphim***, palavra usada para indicar os deuses domésticos, as figurinhas, as estatuetas etc. (Gn 31.19; 1Sm 19.13; Ez 21.21), equivalentes às imagens e gravuras de santos, em muitos lares da cristandade. Eram usados nas devoções pessoais, como se pudessem proteger e fazer prosperar as famílias. Outrossim, eram empregados para efeito de adivinhação. ***e. Selem***. No segundo capítulo de Daniel, a grande figura de metal, do sonho de Nabucodonosor, é assim chamada. Era uma imensa imagem de ouro, de prata, de bronze, de ferro e de barro. Tal palavra também chegou a ser aplicada a seres humanos vivos (ver Sl 73.20 e Ez 16.17).

2. Usos Teológicos do Termo. *a*. O homem foi criado à imagem de Deus (Gn 1.27; 9.6). Oferecemos um artigo separado sobre o assunto: *Imagem de Deus, o Homem como*. Esse artigo é detalhado e fornece ampla explicação sobre a teologia envolvida. *b*. Cristo como a imagem de Deus (ver Cl 1.15). Ver o artigo separado: *Imagem de Deus, Cristo como*.

3. Imagem no Novo Testamento. *a*. O homem é chamado de a imagem (no grego, *eikon*) de Deus, em 1Coríntios 11.7. Ver o artigo acima mencionado. *b*. Cristo é chamado de a imagem (no grego, *eikon*) de Deus, em Colossenses 1.15. Ver o artigo mencionado acima. *c*. Em Apocalipse 13.14, o termo grego *eikon* é usado para indicar a adoração a ídolos. Em Mateus 22.20, essa mesma palavra refere-se à efígie de César, estampada em uma moeda.

IMAGEM, SEMELHANÇA

No hebraico, *tselem*, "imagem". Essa palavra, que tem a mesma forma no aramaico, é usada por 32 vezes (Gn 1.26,27; 5.3; 9.6; Nm 33.52; 1Sm 6.5,11; 2Rs 11.18; 2Cr 23.17; Sl 39.6; 73.20; Ez 7.20; 16.17; 23.14; Am 5.26; Dn 2.31,32,34,35; 3.1-3,5,7,10,12,14,15,18,19).

No grego, *eikón*, palavra que aparece por 23 vezes no Novo Testamento (Mt 22.20; Mc 12.16; Lc 20.24; Rm 1.23; 8.29; 1Co 11.7; 15.49; 2Co 3.18; 4.4; Cl 1.15; 3.10; Hb 10.1; Ap 13.14,15; 14.9,11; 15.2; 16.2; 19.20; 20.4).

Esses dois termos, o hebraico e o grego, são vinculados aqui à ideia de *imagem*, acerca da qual continuaremos a tecer considerações.

Imagem. O homem foi criado à imagem de Deus; e também haverá de receber a imagem de Cristo (Gn 1.26,27 e Rm 8.29). As palavras são plásticas, e seria legítimo pressionar a ideia de que a participação na *natureza essencial* está em pauta. Por outra parte, as palavras podem envolver a ideia de *semelhança*, sem a participação na natureza básica. Os teólogos usualmente explicam que o homem participa da natureza moral e espiritual de Deus, embora não de sua divindade essencial. Porém, a mensagem do evangelho é que o homem poderá vir a participar da natureza essencial do Pai e do Filho (2Co 3.18; Cl 2.10; 2Pe 1.4). Jesus Cristo aparece como o εισκον do Pai (2Co 4.4); e, uma vez mais, coisa alguma pode ser provada somente pelo apelo ao significado da palavra. Ver o artigo sobre a *Divindade de Cristo*.

Semelhança. Sob esse título devemos estudar três palavras gregas diferentes, cada qual com seu sentido especializado, a saber: μορπηsε (forma), *homoíoma* (semelhança) e *schema* (formato). Esses são vocábulos importantes, que desempenham o seu papel no estudo sobre a encarnação de Cristo, e os teólogos buscam entender perfeitamente o seu sentido. Há quem pense que algumas dessas palavras indicam uma real participação na divindade, e que outras indicam mais a participação na humanidade, por parte de Cristo, o *Logos*. Novamente, porém, nada pode ser provado meramente mediante o apelo ao sentido das palavras. Apresento uma completa explicação a respeito, nas notas expositivas do NTI, em Filipenses 2.6-8, onde são usadas essas três palavras. Apresento aqui o sumário daquelas notas expositivas: ***a. Morphe***. Esse vocábulo pode significar mera aparência externa, embora também possa indicar a participação na essência. O fato de que o trecho

IMAGEM DE ESCULTURA

de Filipenses 2.6 salienta que o Filho é igual ao Pai, força-nos a aceitar aqui a interpretação que pensa em identidade de natureza essencial. **b. Homoíoma**. Quando Cristo tomou a forma (μορπησε) de servo, também assumiu a semelhança (*homoíoma*) de ser humano (Fp 2.7). Novamente, a palavra *homoíoma* poderia apontar simplesmente para a ideia de aparência, mas não de substância idêntica com a humanidade, em cujo caso a palavra apoiaria as ideias *docéticas*. Ver sobre o *Docetismo*. No entanto, por si mesma, a palavra também pode indicar a participação na essência, que produz a forma ou semelhança, o que, por sua vez, indicaria o real e essencial participação na natureza humana, por parte de Jesus Cristo. Podemos supor que Cristo não poderia ter tido a semelhança da natureza humana, sem ter também a substância dessa natureza, no entanto, nada podemos provar através do mero apelo do sentido das palavras empregadas. O exame de um léxico mostrará ao leitor a ambiguidade de que venho falando. **c. Schema**. Lemos em Filipenses 2.7 que Cristo adquiriu a "figura humana". Isso indica a aparência externa, o formato. O formato externo deste mundo, conforme se aprende em 1Coríntios 7.31, está passando. Esse termo grego refere-se à aparência externa e não essência. De fato, se Paulo tivesse empregado somente essa palavra, teríamos de aceitar o *docetismo*. Uma vez mais, podemos supor que Cristo assumiu a figura humana, mas isso porque participava da verdadeira natureza humana, e não que fosse humano somente na aparência. A descrição paulina sobre a humilhação de Cristo não é teologicamente precisa, e os vocábulos por ele usados não devem ser pressionados. Antes, o ensino geral deve ser extraído de vários textos correlatos. Ver o artigo sobre a *Humilhação de Cristo*, onde oferecemos uma exposição do trecho da epístola aos Filipenses, onde as palavras aqui mencionadas são examinadas.

IMAGEM DE ESCULTURA

No hebraico temos uma palavra usada no singular ou no plural, a saber: **1.** *Pesel*, "imagem esculpida" ou "imagem cortada". O termo aparece por 31 vezes no Antigo Testamento (Êx 20.4; Lv 26.1; Dt 4.16,23,25; 5.8; 27.15; Jz 17.3,4; 18.14,17,18,20,30,31; 2Rs 21.7; 2Cr 33.7; Sl 97.7; Is 40.19,20; 42.17; 44.9,10,15,17; 45.20; 48.5; Jr 10.14; 51.17; Na 1.14; Hc 2.18). **2.** *Pesilim* (forma plural de *pesel*), empregada por 21 vezes (Dt 7.5,25; 12.3; 2Rs 17.41; 2Cr 33.19; 34.7; Sl 78.58; Is 10.10; 21.9; 30.22; 42.8; Jr 8.19; 50.38; 51.47,52; Os 11.2; Mq 1.7; 5.13; 2Cr 33.22; 34.3,4).

A raiz dessa palavra hebraica vem de "esculpir". Havia ídolos esculpidos em madeira, em pedra ou em metais. Em contraste com isso, uma imagem de fundição (vide) era moldada em um molde. A lei mosaica contra a idolatria não permitia o fabrico de qualquer imagem esculpida, mesmo que não tivesse finalidades de práticas idólatras (Êx 20.4,5; Dt 5.8), embora os *querubins* do tabernáculo tivessem sido flagrantes exceções. As imagens "fundidas" também foram proibidas pela lei mosaica, conforme se vê, por exemplo, em Êxodo 32.4 e 34.17.

Esse mandamento antiidólatra era bastante abrangente. Não se podia fabricar imagens de qualquer coisa existente nos céus, na terra ou no mar. A tendência humana para a idolatria é quase invencível, pelo que pode fazer imagens dos objetos que menos se prestam para a adoração, contanto que chamem a sua atenção. Quando a Terra Prometida foi conquistada por Israel, formas de idolatria de todos os tipos foram sistematicamente destruídas (Dt 7.5; 12.3). Apesar disso, mesmo em Israel, periodicamente, a adoração a imagens foi adotada (Jz 17.3,4; 2Rs 21.7; Is 42.17). A causa parcial disso era a influência errada dos povos vizinhos, que eram todos idólatras; mas o próprio coração humano inclina-se para toda a modalidade de desvio, acerca do que os homens apresentam as desculpas e justificativas mais absurdas. Essa proibição mosaica contra a idolatria desencorajou o povo de Israel de ocupar-se em artes imitativas, de tal modo que a pintura, a escultura etc., nunca se desenvolveram em Israel, fazendo contraste com outros povos. Ver o artigo sobre a *Arte*. Mas, tanto no tabernáculo do deserto como no templo de Jerusalém havia objetos que requereram as artes da escultura e da gravação, como os dois querubins que havia no Santo dos Santos (Êx 25.18), os ornamentos florais do candeeiro de ouro (Êx 24.34), as cortinas bordadas do santuário (Êx 26), e a serpente de bronze (Nm 21.8,9). No templo havia figuras pintadas ou gravadas sobre as paredes, e também havia a grande baleia de bronze que repousava sobre doze bois de bronze. Podemos entender apenas que essas figuras foram permitidas como exceções, não podendo servir de precedentes para tais práticas, fora daqueles centros de adoração. Ver também o artigo geral sobre a *Idolatria*.

IMAGEM DE NABUCODONOSOR, A

O trecho de Daniel 3.1 informa-nos de que o rei Nabucodonosor, Babilônia, fez uma imagem de ouro, que tinha sessenta côvados de altura (cerca de 30 m), e uma largura de seis côvados (cerca de 3 m). Sem dúvida era feita de algum material recoberto com placas de ouro; e até mesmo isso deve ter custado uma fortuna incalculável, em face das dimensões gigantescas da estátua. Supõe-se que a imagem fosse feita de folhas de metal com uma fina cobertura de ouro. Se o objeto inteiro era recoberto de ouro, então era um espetáculo sem igual na história humana. O tabernáculo de Israel tinha móveis recobertos de ouro (Êx 38.30; 39.3 *ss.*; comparar com Is 40.19 *ss.*, 41.7 e Jr 10.3 *ss.*). Referências clássicas exibem um uso similar do ouro, como em Heródoto (*Hist.* 1.183); Plínio (*Cartas* 33.34; 34.9,10). Alusões nos livros apócrifos e pseudepígrafes demonstram a mesma coisa: Bel e o Dragão 7; Epístola de Jeremias 7.54-56. Também é possível que aquela imagem, posta sobre o seu pedestal, tivesse alcançado essa extraordinária altura de cerca de 30 metros. Talvez alguma divindade fosse honrada mediante aquela imensa imagem; mas honra principalmente o próprio Nabucodonosor e seu império, simbolizando a adoração aos deuses que ele dizia deverem ser adorados, como exibição de total obediência ao monarca. Naturalmente, deixar de anuir era considerado um ato de traição; e isso explica as dificuldades em que Daniel caiu, ao recusar-se a adorar a imagem.

Alguns intérpretes supõem que a adoração a Yahweh, no Antigo Testamento, envolvia alguma forma de idolatria; e até essa imagem de Nabucodonosor tinha esse propósito, visto que ele já havia reconhecido a supremacia de Yahweh (ver Dn 2.47,48). Porém, tal ideia é extremamente improvável. Se esse tivesse sido o caso, então é quase certo que uma situação tão peculiar teria levado o autor do livro de Daniel a comentar a questão. Outros estudiosos supõem que a adoração ao bezerro de ouro, que Aarão fundira, também envolvia a adoração idólatra a Yahweh; mas a narrativa bíblica soa muito mais como um simples lapso em que Israel tornou a adorar o boi Ápis, egípcio. Seja como for, o fato é que houve ali um autêntico sincretismo, onde a verdade e o erro se misturaram, conforme por tantas vezes tem sucedido, por onde a igreja cristã se tem propagado, o que pode ser tão deletério quanto o paganismo mais franco. Mediante esse sincretismo idólatra, a fé não é abandonada de todo, mas é pervertida.

IMAGEM ESCULPIDA (FUNDIDA).
Ver o artigo geral sobre a *Idolatria*.

Era expressamente proibido ao povo de Israel fabricar imagens esculpidas ou fundidas. (Ver Êx 20.4; Dt 5.8). Imagens ou representações de deuses imaginários eram feitas em materiais como pedra, madeira, pedras preciosas, argila, mármore etc. Também eram feitas derramando-se metais fundidos em moldes, quando então eram usados materiais como o ouro, a prata, o ferro, o bronze etc. (Ver Is 40.18-20, Lv 19.4,

Dt 27.15). O bezerro de ouro preparado por Aarão foi feito de metal fundido (Êx 32.4), como também o foram os bezerros levantados por Jeroboão, em Dã e Betel (1Rs 14.9).

A lei mosaica proibia tal ação (Êx 34.17; Lv 19.4). Os profetas condenaram a prática, juntamente com qualquer forma de idolatria (Is 30.22; Os 13.2; Hc 2.18). Essa legislação, como é obvio, impedia que Israel se tornasse uma nação que cultivasse as artes plásticas, embora, estritamente falando, estas não fossem proibidas por lei. Tais leis não se aplicam às artes, enquanto os produtos dessa atividade não forem venerados ou adorados.

IMER

No hebraico, **"cordeiro"**. Esse aparece como nome de vários homens que figuram nas páginas do Antigo Testamento: **1**. *Um sacerdote*, chefe do décimo sexto turno mensal, dentro das divisões sacerdotais, durante o reinado de Davi (1Cr 24.14). Viveu por volta de 1014 a.C. Seu nome tornou-se fixo àquele turno sacerdotal por gerações sucessivas. Após o retorno do cativeiro babilônico, o clã de Imer era o segundo mais numeroso na restaurada nação de Israel (Ed 2.37; Ne 7.40). **2**. *Pasur*, um sacerdote dos dias de Jeremias, pertencia a esse clã (Jr 20.1). Embora ali chamado filho de Imer, sabemos que, de acordo com o costume judaico, ele era seu *descendente*. Esse homem pertencia ao décimo sexto turno de sacerdotes levíticos. Todavia, não se trata do mesmo *Pasur* mencionado em Jr 21.1, que já pertencia ao quinto turno, e do qual Malquias era o cabeça ancestral (1Cr 24.9). **3**. *O fundador* de uma família que retornou a Jerusalém, após o cativeiro babilônico (Ne 7.41). Talvez se trate do mesmo pai de Mesilemote (Ne 11.13) e de Mesilemite (1Cr 9.12), cujos descendentes tornaram-se líderes em Israel, após o cativeiro babilônico. Provavelmente, ele foi um daqueles que tiveram de se desfazer de suas esposas estrangeiras (Ed 10.20), por volta de 536 a.C. Essa pessoa tem sido identificada com os homens de números *um* e *dois*, acima, por alguns estudiosos. **4**. *Um homem* que voltou a Jerusalém, terminado o cativeiro babilônico, mas que não foi capaz de provar sua árvore genealógica (Ed 2.59; Ne 7.61). **5**. *O pai de Sadoque*, que ajudou a reconstruir as muralhas de Jerusalém, em 446 a.C. É mencionado em Neemias 3.29. Alguns estudiosos o têm identificado com o terceiro desta lista de cinco.

IMITAÇÃO DE CRISTO

A expressão desse ideal do discipulado cristão tem variado amplamente, sendo seu significado, sua possibilidade e sua validade frequentemente questionados. Todavia, quando quer que o discipulado seja levado a sério, o ideal tem ressurgido, conduzindo ao reexame de seu fundamento bíblico.

A imitação de Cristo é sugerida por todos os Evangelhos e mais explicitamente ensinada nas epístolas (*cf.* 1Co 11.1; Fp 2.5; Hb 12.1-3; 1Pe 2.21; 1Jo 2.6; 4.7-11). No pensamento cristão pós-NT, o tema pode ser encontrado a partir dos pais apostólicos. Algumas vezes, como aconteceu com Francisco de Assis, aparece de forma literal; mas geralmente, no entanto, destaca-se na devoção à humanidade de Cristo, na teologia mística. Continuou em voga no catolicismo após Teresa de Ávila (1515-1582), como tema da espiritualidade francesa no século XVIII e inspirou diversos reformadores e idealistas posteriores, entre os quais Charles de Foucauld (1858-1916) e seus seguidores, os Pequenos Irmãos e as Pequenas Irmãs de Jesus.

A obra desse título, comumente atribuída a Thomas à Kempis (*i.e.*, de Kempen, *c*. 1380-1471), tem tido uma grande popularidade. Thomas foi educado na piedade reformadora dos Irmãos da Vida Comum, vivendo por toda a sua existência em um estabelecimento agostiniano próximo a Zwolle. O título se aplica, na verdade, somente ao primeiro capítulo. O livro é um guia para a comunhão espiritual com Deus.

No protestantismo, as dificuldades de Lutero com essa doutrina têm obscurecido a aceitação que Calvino fez dela. Lutero não encontrou nas distinções feitas na espiritualidade medieval entre a imitação de Cristo ativa e passiva uma reflexão adequada do ensino bíblico sobre a graça e a união com Cristo. Declarando que "não é a imitação que faz os filhos, mas a filiação é que faz os imitadores", preferiu falar da conformidade a Cristo. Enfatizou também a vocação cristã individual contra os ideais de qualquer padrão fixo de imitação, como a vida monástica ou os literais excessos da Reforma Radical.

Apesar da influência de Lutero, no entanto, o ideal voltou a emergir novamente sempre que pessoas como William Law ou Kierkegaard convocaram os crentes para o discipulado levado a sério. A interpretação da imitação de Cristo na atual teologia protestante pode ser descrita como uma combinação de assimilação parcial do pensamento de Kierkegaard com uma reação contra Schleiermacher e seus sucessores, que parecem enfatizar Cristo como exemplo à custa de Cristo o Redentor. Isso tem produzido: movimentos significativos, embora não concluídos, para um novo entendimento do assunto (Bonhoeffer); sua aprovação qualificada (Barth); ou, ainda, sua rejeição (Bultmann).

A exegese mais recente do NT tende a desconsiderar a imitação de Cristo, interpretando categoricamente "imitação" como "seguir" e "obedecer" (*cf.* W. Michaelis, *Mimenomai*, *TDNT* IV, p. 659-674). Contudo, pode-se questionar sobre quanto dessa interpretação foi afetada pelo agnosticismo a respeito do Jesus histórico ou pressuposições a respeito da natureza existencial da fé. No caso de Bultmann, isso claramente envolve uma ênfase sobre as palavras, mais do que as ações, de Jesus, assim como uma tendência de ver a conexão de Jesus com o crente somente em termos de resposta individual e isolada aos mandamentos. Essa tomada de posição não somente elimina a prática das virtudes na imitação de Cristo, como também não deixa quase conteúdo algum à ideia de caráter cristão, desconhecida na teologia moral tradicional. A remoção da imitação de Cristo da ética ou seu confinamento à teologia mística ou à espiritualidade individual é também sugerida pela teologia da libertação. Tudo isso leva, no entanto, a que a imitação e o seguir a Cristo Jesus assumam um lugar na teologia sistemática como fonte de conhecimento em cristologia, pois "é o seguir real a Jesus que capacita alguém a entender sua realidade" (J. Sobrino).

(**P. N. Hillyer**, B.D., Ph.D., ex-lente de Teologia do Bishop's College, Calcutá, Índia.)

BIBLIOGRAFIA. W. Bauder, Disciple, *NIDNTT*, p. 490-492; M. Griffiths, *The Exemple of Jesus* (London, 1985); J. M. Gustafson, *Christ and the Moral Life* (New York, 1968); E. Malatesta (ed.), *Imitating Christ* (Wheathampstead, 1974); E. J. Tinsley, *The Imitation of God in Christ* (London, 1960); R. E. O. White, *Biblical Ethics* (Exeter, 1979).

IMNÃ

No hebraico, **"Deus restrinja"**, embora haja dúvidas quanto a isso. Esse é o nome de três personagens do Antigo Testamento: **1**. O filho mais velho de Aser, fundador de uma família que tinha o seu nome (1Cr 7.30). Viveu por volta de 1874 a.C. **2**. O pai de Coré, o levita que estava encarregado do portão oriental do templo e das ofertas voluntárias nos tempos do rei Ezequias (2Cr 31.14). Viveu por volta de 726 a.C. **3**. Um filho de Helém, descendente de Aser, e um dos líderes daquela tribo (1Cr 7.35). Viveu por volta de 1618 a.C.

É curioso que, em nossa versão portuguesa, os dois primeiros têm seu nome grafado como Imná, mas, o terceiro, como Imna.

IMORTALIDADE

O AT carece de um termo inteiramente distinto para imortalidade, embora Provérbios 12.28, por exemplo, contenha a expressão hebraica "não morte" ('al-mãwet). Assim diz literalmente o texto original hebraico: "No caminho da justiça está a vida [eterna]; o trilhar do seu caminho é a não morte (= a imortalidade)". Nas relativamente poucas ocasiões em que o AT expressa uma esperança positiva com relação ao futuro (p.ex., Jó 19.26; Sl 17.15; 49.15; 73.24; Is 26.19; 53.10-12; Dn 12.3,13), essa esperança é apresentada em termos que implicam não propriamente imortalidade, mas ressurreição.

Três termos gregos expressam a ideia de imortalidade no NT: *athanasia*, "não mortalidade" (1Co 15.53,54); *aphatharsia*, "incorruptibilidade" (Rm 2.7); e *aphthartos*, "incorruptível" (1Pe 1.4). A imortalidade denota a imunidade a qualquer espécie de decadência e morte (aspecto negativo), resultante do fato de se ter ou de se compartilhar a vida eterna divina (aspecto positivo).

Primeira a Timóteo 6.16 assevera inequivocamente que somente Deus possui imortalidade (*cf.* Rm 1.23; 1Tm 1.17). Por possuir Deus em si mesmo fontes inesgotáveis de vida e energia (Sl 36.9; Jo 5.26; 1Tm 6.13), a decadência e a morte são estranhas à sua Pessoa. Jamais morrerá, porque é, para sempre, a vida (Jr 10.10). A imortalidade de Deus implica sua santidade inviolável e sua vida perpétua. Justamente como o homem é mortal, porque pecador (Rm 5.12), Deus é imortal porque é santo (1Tm 6.16). Quando Jesus ressuscitou dentre os mortos (Rm 6.9; Ap 1.18), sua imortalidade foi reconquistada, e não, propriamente, alcançada.

Segundo parece indicar a narrativa de Gênesis, o homem não foi criado, na verdade, imortal ou mortal (ver Gn 2.17; 3.22), mas, sim, com a possibilidade de se tornar qualquer dos dois, dependendo de sua resposta em relação a Deus. Foi criado, sim, *para* vir a ter imortalidade, em vez de *com* imortalidade. Essa visão é coerente com o que diz 1Timóteo 6.16. Deus é inerentemente imortal, mas o homem é somente imortal de modo derivativo, ou seja, tendo recebido a imortalidade como dom divino gracioso (Rm 2.7). Assim, potencialmente imortal por natureza, o homem se torna realmente imortal por meio da graça. Paulo descreve a imortalidade, portanto, como uma aquisição futura (1Co 15.52-54), e não uma possessão presente; como um privilégio reservado aos justos (Rm 2.6.7, 10; 1Co 15.23, 42, 52-54), e não um direito inalienável de toda a humanidade ou uma propriedade da alma humana.

A imortalidade está intimamente ligada à vida eterna e à ressurreição. A vida eterna é o aspecto positivo da imortalidade (o compartilhar da vida divina), enquanto a imortalidade é o aspecto futuro da vida eterna. A ressurreição, ou a transformação, no caso daqueles que estejam vivos no segundo advento de Cristo (1Co 15.51-54), é o meio de o homem ganhar imortalidade (Lc 20.35,36; At 13.34,35; 1Co 15.42), que garante que o estado de ressurreição gloriosa seja permanente.

Portanto, dado o claro ensino de Paulo de que a imortalidade é dom divino que será adquirido somente pelos justos e mediante futura ressurreição ou transformação, pode-se concluir que as Escrituras nos ensinam uma "imortalidade condicional" para o homem. Condicional no sentido de que após a ressurreição somente haverá imunidade da morte corporal e espiritual para aqueles que estejam "em Cristo". Não no sentido, porém, de que somente os crentes viverão para sempre e de que os incrédulos serão todos aniquilados. As advertências do NT sobre as consequências eternas de se rejeitar a Cristo (Mt 25.46; 2Ts 1.9) deixam claro que os primeiros cristãos rejeitavam tanto o universalismo como o aniquilamento.

Platão argumenta em favor da imortalidade da alma em sua função racional ou divina, enquanto Aristóteles reserva a divindade e eternidade para o "intelecto ativo", a operação mais elevada da alma. Sob influência de Platão, a igreja cristã tem afirmado a "imortalidade da alma", no sentido de que a alma de cada pessoa tem, pelo *fiat* divino, uma subsistência imortal (por exemplo, na Confissão de Fé de Westminster, XXXII).

Embora o conceito que se acha incorporado nessa expressão seja certamente bíblico, a expressão em si não é encontrada nas Escrituras, em que os termos "imortal" e "imortalidade" são usados a respeito da ressurreição física futura dos crentes (1Co 15.52-54), nunca a respeito do presente estado terreno das "almas". Há ainda o perigo de que se creia ser a alma humana como intrinsecamente imortal, contrariando 1Timóteo 6.16. De acordo com as Escrituras, o que é imortal é o crente ressuscitado, bem como o relacionamento Criador-criatura (o que inclui tanto o crente quanto o descrente).

Os teólogos cristãos têm defendido a imortalidade da alma (no sentido platônico de subsistência imortal) sobre bases diversas: **1**. sendo imaterial e indivisível por natureza, a alma é independente do corpo e indestrutível; **2**. somente uma vida futura pode levar à necessária fruição as capacidades e a dons da natureza humana, assim como retificar as desigualdades e injustiças do presente; **3**. a crença instintiva, universal e persistente da humanidade de vida após a morte argumenta a favor dessa realidade.

(**M. J. Harris**, M.A., Dip.Ed., B.D., Ph.D., ex-professor de Exegese do Novo Testamento e de Teologia da *Trinity Evangelical Divinity School*, Deerfield, Illinois, EUA.)

BIBLIOGRAFIA. J. Baillie, *And the Life Everlasting* (Oxford, 1934); H. C. C. Cavallin, *Life After Death*, part 1 (Lund, 1974); K. Hanhart, *The Intermediate State in the New Testament* (Groningen, 1966); M. J. Harris, *Raised Immortal* (London, 1983); J. H. Leckie, *The World to Come and Final Destiny* (Edinburgh, 1918); C. H. Moore, *Ancient Beliefs in the Immortality of the Soul* (Oxford, 1931); G. W. E. Nickelsburg Jr., *Resurrection, Immortality and Eternal Life in Intertestamental Judaism* (Oxford, 1972).

IMPIGEM BRANCA

No hebraico, *bohaq*. Esse termo ocorre somente por uma vez, em Levítico 13.39, onde diz a nossa versão portuguesa: *...então o sacerdote o examinará; se na pele aparecerem manchas baças, brancas, é impigem branca que brotou na pele; está limpo*. Em algumas versões, a ideia é que se trata de uma afecção mais grave, como o pênfigo, o impetigo, a eczema de crostas ou a psoríase. Há outras que falam apenas em sardas. Porém, os especialistas opinam que se trata de qualquer dessas enfermidades. Contudo, o sacerdote precisava fazer o seu diagnóstico, porquanto a pele esbranquiçada também podia ser um sintoma de lepra em seus estágios iniciais. O mais provável é que, quando a condição era declarada não contagiosa, era apenas o vitiligo, áreas irregulares de pele, que perderam a pigmentação natural. Essas áreas esbranquiçadas desenvolvem-se de um centro para fora, geralmente começando em torno de um pelo do corpo. A causa é desconhecida. É uma condição desfiguradora, que causa má impressão visual, mas não é perigosa.

As mulheres egípcias estavam acostumadas com o vitiligo. É corrente que elas readquiriam a coloração normal da pele mascando certas plantas encontradas ao longo das margens do rio Nilo. O tingimento das manchas brancas também era uma medida a que muitas pessoas apelavam antigamente, tal como ocorre em nossos próprios dias.

IMPRECAÇÃO, SALMOS DE

Vários salmos consistem em orações que imploram que Deus derrame a sua ira sobre os inimigos do salmista. Ver especialmente os Salmos 55, 59, 64, 79, 109 e 137. Algo similar acha-se em Jeremias 2. Essas declarações contradizem os ensinos de Jesus em Mateus 5.43-48 e as instruções de Paulo, em Romanos 12.17 *ss*., onde é proibido o espírito de vingança. Quando um profeta profere julgamento contra uma pessoa ou nação, fala em nome de Deus, e isso é muito diferente de um guerreiro, como Davi, que pedia que seus adversários sofressem terrores. Isso não quer dizer que os inimigos de Davi não merecessem a ira de Deus; porém, deveríamos recordar que o próprio Davi ocupou-se em muitas matanças desnecessárias, que não passavam de assassinatos. Assim, era atitude duvidosa que um homicida rogasse para Deus julgar outros homicidas. Certamente não nos encontramos, nesses trechos, em terreno, tipicamente neotestamentário, não havendo manipulação que consiga tal coisa.

Quando Tiago e João apelaram a Jesus, para destruir os samaritanos (ver Lc 9.54,55), o Senhor exprimiu um senso moral mais elevado que aquele encontrado nos salmos imprecatórios, e em muitos lugares do Antigo Testamento, se tivermos de interpretá-los literalmente. É um erro supormos que as pessoas, nos tempos do Antigo Testamento, tivessem a mesma iluminação moral e espiritual que vemos no Novo Testamento. Se aceitarmos esse fato, não teremos a necessidade de defender vários atos que, para nós, são contrários à verdadeira natureza de Deus e aos seus requisitos. Devemos notar que Jesus repreendeu Tiago e João, condenando a *atitude* que eles mostraram possuir. Contudo, sobre bases veterotestamentárias, aqueles autores podem até ser elogiados, visto que exprimiam a sua esperança de que os oponentes da causa de Deus fossem severamente julgados!

IMPRENSA

O trecho de Levítico 19.28 proibia aos judeus que fizessem "marcas" no corpo humano, aquilo que modernamente chamamos de *tatuagem*. Quanto à impressão de páginas impressas mediante tipos móveis, que mais corretamente que as tatuagens chamamos de "imprensa", essa só começou em cerca de 1450 d.C., há cerca de quinhentos e cinquenta anos. Isso posto, as palavras de Jó 19.23: *Quem me dera fossem agora escritas as minhas palavras! Quem me dera fossem gravadas em livros*, refere-se à escrita sobre algum manuscrito, ou então às palavras esculpidas sobre a rocha, conforme também nos mostra o versículo seguinte. Livros com páginas (chamados *códices*), conforme os conhecemos atualmente, só apareceram a partir do século II d.C. Antes disso eram usados rolos de papiro ou pergaminho.

A imprensa com tipos móveis possibilitou o tremendo avanço do conhecimento, conforme conhecemos atualmente, nas questões seculares e religiosas. Os manuscritos bíblicos eram muito raros (pois eram laboriosamente copiados à mão), e eram guardados nas sinagogas ou nos templos cristãos. Poucos indivíduos possuíam uma cópia completa das Escrituras. Quando tinham alguma cópia, geralmente era de porções breves da Bíblia, e não a coletânea inteira de seus 39 livros (no Antigo Testamento), ou de seus 27 livros (no Novo Testamento).

Os gregos deram ao judaísmo e ao cristianismo o veículo de comunicação universal na época da eclosão do cristianismo, ou seja, o idioma grego, em sua variante *koiné* (vide). As conquistas militares de Alexandre, o Grande, propagaram esse idioma para todas as partes do mundo civilizado de então. E os romanos, por sua vez, deram aos cristãos as boas estradas do império, que possibilitaram a rápida propagação da mensagem cristã. Por sua vez, a imprensa conferiu ao cristianismo os modernos meios de comunicação escrita que têm ajudado imensamente o movimento missionário cristão, embora esse veículo também tenha servido para propagar como nunca todas as ideias falsas, filosóficas ou religiosas. A imprensa também contribuiu para estancar o cortejo de variantes textuais, resultantes do trabalho de cópia à mão. Essas variantes textuais chegaram a cerca de vinte mil, embora a esmagadora maioria dessas variantes não se revista de maior importância, porquanto envolvem mais questões de soletração e transposições de pequenos trechos, com certa repetição de material.

IMPUREZA

A lei fazia distinção entre o puro e o impuro (Lv 10.10); por exemplo, os animais eram puros ou impuros, não santos e profanos. A impureza, quando não resultava de ato voluntário, não tinha caráter moral; excluía o homem do santuário (7.20,21), e da comunhão de Israel, mas não interrompia a comunhão com Deus pela oração. Ao mesmo tempo que definiam a impureza, em alguns casos era reforçada pelo mandamento: *Sede santos porque eu sou santo* (11.44,45). Conservar-se puro queria significar que a pessoa estava separava para fins sagrados e que, como pertencente a Deus, era santa para o Senhor e não devia tocar o que era imundo. Além disso, a impureza era símbolo do pecado. A pureza física era diferente da pureza cerimonial: não eram sinônimas, visto que elas, às vezes, coincidiam. O conforto e as exigências sociais reclamam limpeza corporal. Os hebreus se purificavam diversas vezes durante o dia, sem que a lei cerimonial o exigisse. A lei do bom senso, que governa os homens em seus recíprocos relacionamentos, foi instintivamente observada pelas pessoas religiosas, quando se aproximavam de Deus, expressas em mandamentos e instituições (Êx 19.12,14; 30.18-21; Js 3.5). A impureza cerimonial, para a qual havia meios de sanar, ocorria de modo especial, e se limitava a certos atos e vários processos: **1**. Com o cadáver de um homem (Nm 19.11,22), era de caráter mais grave, porque o efeito do pecado se manifesta com mais evidência na morte do corpo e na dissolução da carne. A impureza ocasionada desse modo durava sete dias e só desapareceria pela água da aspersão. As cinzas da vaca vermelha, oferecida pelo pecado, eram deitadas fora do campo, em um lugar limpo. Aquele que levava as cinzas, depois de ter lavado os seus vestidos, ficava imundo até a tarde (v. 7-12,22). **2**. A lepra no indivíduo, nas vestes, ou na habitação, Levítico 13 e 14. O leproso era excluído da sociedade humana (13.46), e para sua purificação, a lei exigia ablução e sacrifícios especiais. **3**. As secreções naturais e mórbidas dos órgãos genitais, cap. 15, inclusive a impureza puerperal, cap. 12. A concepção e a parturiente, em si, não eram pecado, porque foram ordenadas pelo Criador, Gênesis 1.27,28; contudo, as suas consequências, no homem ou na mulher, quer voluntárias, quer não, constituíam impurezas. As leis de reprodução são comuns ao homem e aos animais inferiores. Por mais legítimas que sejam essas leis, lá no céu nem os homens terão mulheres, nem as mulheres homens. É bem provável que a sentença pronunciada contra Eva, por causa do pecado, se reproduz em conexão com o parto. **4**. A impureza provinha também de participar das carnes de animal imundo, ou de ter contacto com o seu caráter, ou com o de um animal limpo, sujeito à decomposição pela morte, Levítico 11.

IMUNDÍCIA. Ver *Limpo* e *Imundo*.

Estão envolvidas seis palavras hebraicas e cinco palavras gregas, nesse verbete, a saber: **1**. *Tumah*, *"imundícia"*. Palavra hebraica que figura por 33 vezes (segundo se vê em Lv 5.3; 7.20,21; 14.19; Nm 5.19; Jz 13.7,14; 2Sm 11.4; Ed 6.21; Lm 1.9; Ez 22.15; 24.11,13; 36.25). **2**. *Niddah*, "impureza". Palavra hebraica usada por quatro vezes, com esse sentido (2Cr 29.5; Ed 9.11; Lv 20.21; Zc 13.1). **3**. *Tsoah*, "excremento", "imundícia". Palavra hebraica que aparece por cinco vezes (Pv 30.12; Is 28.8; 4.4; 2Rs 18.27 e Is 26.12). **4**. *Iddim,* "coisas que passam". Palavra hebraica usada somente por uma vez, em Isaías 64.6. **5**. *Tso*, "imundícia". Palavra hebraica que aparece por duas vezes: Zacarias 3.3,4. **6**. *Alach*, "ficar imundo". Vocábulo hebraico empregado por três vezes (Jó 15.16; Sl 14.3 e 53.3). **7**. *Akatharsía*, "imundícia". Palavra grega que ocorre por dez vezes (Mt 23.27; Rm 1.24; 6.19; 2Co 12.21; Gl 5.19; Ef 4.19; 5.3; Cl 3.5; 1Ts 2.3; 4.7). **8**. *Akáthartos*, "imundo". Adjetivo grego usado por 31 vezes (Mt 10.1; 12.43; Mc 1.23,26,27; 8.11,30; 5.2,8,13; 6.6; 6.25; 9.25; Lc 4.33,36; 6.18; 8.29; 9.42; 11.24; At 5.16; 8.7; Rm 14.28; 1l:8; 1Co 7.14; 2Co 6.17 (citando Is 53.11); Ef 5.5; Ap 16.13; 17.4; 18.2). **9**. *Rúpos*, "sujeira", "imundícia". Palavra grega usada somente por uma vez, em 1Pedro 3.21. **10**. *Rupóo*, "agir de modo imundo". Palavra grega usada somente por uma vez, em Apocalipse 22.11. **11**.

Molusmós, "contaminação". Palavra grega usada apenas por uma vez, em 2Coríntios 7.1.

As referências bíblicas são à imundícia literal e à imundícia figurada. Qualquer coisa feia, suja ou contaminadora pode estar em pauta. (Ver 2Cr 19.5 e Ed 6.21), quanto a referências literárias, para exemplificar. Em Ezequiel 22.15 está em pauta a imundícia cerimonial. O termo também é usado para indicar vestes, móveis ou utensílios imundos, conforme se vê, por exemplo, em Isaías 4.4 e 28.8, mas onde a impureza cerimonial está em pauta.

Usos figurados. **1**. Impureza moral (Ez 36.25; 2Co 7.1; Tg 1.21). **2**. Nossa retidão é como trapos de imundícia (Is 64.6, onde há alusão à menstruação da mulher, mas que as traduções suavizam, por motivos compreensíveis). **3**. Até mesmo os melhores cristãos, ou os apóstolos, segundo a estimativa carnal deste mundo pervertido, seriam como o lixo mais imundo (1Co 4.13). **4**. As poluições morais e pecaminosas do homem interior, do coração, são comparadas com a imundícia (Is 4.4; Ez 6.21). **5**. O dinheiro obtido por meios injustos, ou que substitui coisas mais dignas, é imundo (Tt 1.7,11; 1Pe 5.2). Aos ministros do evangelho é recomendado que evitem tal coisa. **6**. O indivíduo que diz o que não deve tem uma boca imunda (Cl 3.8). **7**. Os pecados que contaminam são chamados imundos (Ap 22.11) como também a depravação ética (Tg 1.21). De modo geral, podemos afirmar que esse termo descreve, graficamente, diversas modalidades da depravação humana.

A Espiritualização do Conceito. Nos escritos dos profetas do Antigo Testamento já se vê um claro aprofundamento do conceito da imundícia e da purificação. Ali a questão deixa de ser meramente cerimonial, para ser uma questão moral que envolve contaminação espiritual. Por exemplo, Isaías reconhece essa contaminação em si mesmo, quando clama: *Ai de mim! Estou perdido! Porque sou homem de lábios impuros*... (Is 6.5). Ou então quando confessa: *Mas todos nós somos como o imundo, e todas as nossas justiças como trapo da imundícia; todos nós murchamos como a folha, e as nossas iniquidades, como um vento, nos arrebatam* (Is 64.6). Similar a isso é a declaração falada por Deus aos homens: *E ali haverá bom caminho, caminho que se chamará o Caminho Santo; o imundo não passará por ele, será somente para o seu povo*... (Is 35.8).

Para contaminações meramente cerimoniais eram suficientes ritos e cerimônias. Mas os profetas viram muito bem que, para a poluição moral, só mesmo a expiação feita pelo próprio Senhor. Deixemos novamente Isaías falar pelos profetas, quanto a esse aspecto mais profundo da questão. *Mas ele foi traspassado pelas nossas transgressões, e moído pelas nossas iniquidades; o castigo que nos traz a paz estava sobre ele, e pelas suas pisaduras fomos sarados. Todos nós andávamos desgarrados como ovelhas; cada um se desviava pelo caminho, mas o Senhor fez cair sobre ele a iniquidade de nós todos* (Is 53.5,6). Naturalmente, o ponto de vista do Novo Testamento olvida inteiramente o aspecto meramente cerimonial da nossa contaminação; o que ali se destaca é a poluição moral e espiritual. Por isso mesmo, a expiação, pelo sangue de Cristo ocupa lugar cêntrico, dentro do sistema cristão ... *Cristo, tendo-se oferecido uma vez para sempre, para tirar os pecados de muitos, aparecerá segunda vez, sem pecado, aos que o aguardam para a salvação* (Hb 9.28).

O judaísmo, em qualquer de suas fases históricas, nunca chegou a esse nível de entendimento sobre a questão. Todo judeu que chega lá, naturalmente, já se converteu ao Messias, Jesus Cristo. Em consonância com isso, as decisões da igreja cristã, tomadas por ocasião do concílio de Jerusalém, reconheceram o primado da purificação espiritual, em relação à mera purificação cerimonial: "... Deus, que conhece os corações, lhes deu testemunho, concedendo o Espírito Santo a eles, como também a nós nos concedera. E não estabeleceu distinção alguma entre nós e eles, *purificando-lhes pela fé, os corações*" (At 15.8; o itálico é nosso). Para Paulo e para o autor da epístola aos Hebreus, a contaminação é algo de natureza essencialmente espiritual, operado no coração pelo poder do Espírito Santo, e não por qualquer rito externo. *Porque o reino de Deus não é comida, nem bebida, mas justiça, e paz e alegria no Espírito Santo. Aquele que deste modo serve a Cristo, é agradável a Deus e aprovado pelos homens* (Rm 14.17,18). *... nem haja alguma raiz de amargura que, brotando, vos perturbe e, por meio dela, muitos sejam contaminados* (Hb 12.15). Por isso mesmo qualquer rito cristão de purificação (como o batismo em água) é puramente simbólico, retratando de uma maneira externa uma realidade interna. *... para que a santificasse, tendo-a purificado por meio da lavagem de água, pela palavra* (Ef 5.26). E novamente: *... Deus vos escolheu desde o princípio para a salvação, pela santificação do Espírito e fé na verdade, para o que também vos chamou mediante o nosso evangelho, para alcançar a glória de nosso Senhor Jesus Cristo* (2Ts 2.13,14). Ver também o artigo sobre a *Purificação*.

IMUNDO. Ver o artigo intitulado *Limpo e Imundo*.

INCENSO

Tradicionalmente, esse é o símbolo da oração. (Ver Lv 16.12,13; Sl 141.2 e Lc 1.9). O vidente João transferiu para o templo celestial aquilo que era praticado no templo terreno. Edersheim, ao descrever o oferecimento de incenso no templo, fornece-nos a seguinte descrição: "Quando o presidente baixava a ordem de que 'chegara a hora do incenso', a multidão inteira, do lado de fora, saía do átrio mais interno e se prostrava diante do Senhor, de palmas voltadas para cima, em oração silenciosa. Era aquele o momento mais solene, quando, por todos os vastos edifícios do templo, descia profundo silêncio sobre a multidão que adorava, ao passo que, dentro do próprio santuário, o sacerdote punha o incenso sobre o altar de ouro, e as nuvens odoríferas ascendiam diante do Senhor, o que serve de imagem simbólica das coisas celestiais, no Apocalipse" (ver Ap 8.1,3). As orações feitas pelos sacerdotes e pelo povo, nessa porção do culto, foram registradas pela tradição, como segue: É verdade que Tu és *Yahweh*, nosso Deus, o Deus de nossos pais, és nosso Rei e o Rei de nossos pais; és nosso Salvador e a Rocha da nossa salvação: és nosso Ajudador e Libertador. Teu nome vem de toda a eternidade, e não há Deus além de ti. Aqueles que foram libertados entoam para ti um novo cântico, como Rei, dizendo: 'Reinará *Yahweh*, que salve a Israel'. (Isso pode ser comparado ao cântico de Moisés, em Ap 15.3, e ao "novo cântico" que aparece no nono versículo do oitavo capítulo de Apocalipse).

I. Definições e Palavras Empregadas. A palavra portuguesa *incenso* vem do latim, *incensus*, o particípio passado de *incendere*, "acender". O incenso é feito de uma substância aromática que, quando é queimada, exala um odor agradável. Duas são as palavras hebraicas traduzidas por "incenso", na Bíblia portuguesa, a saber: **1**. *Qetoreth*, "incenso", "perfume". Essa palavra, com suas variantes, *qetorah*, *qatar* e *quitter*, todas elas derivadas do verbo que significa "criar odor mediante queima", ocorre por cerca de cento e setenta e oito vezes (conforme se vê, por exemplo, em Êx 25.6; 39.38; 40.5,27; Lv 10.1; 16.12,13; Nm 4.16; 16.7,17,18,35,40,46,47; 1Sm 2.28; 1Cr 6.49; 28.18; 2Cr 2.4; 13.11; Sl 66.15; 141.2; Is 1.13; Ez 8.11; 16.18; 23.41; Dt 33.10; Ml 1.11; Jr 44.21). A forma verbal dessa palavra refere-se não só ao oferecimento do incenso propriamente dito, mas também ao odor do fumo dos sacrifícios, que, na concepção dos hebreus, era agradável a Yahweh ver Sl 66.15). **2**. *Lebonah*, "olíbano". Essa palavra aparece por vinte e uma vezes no Antigo Testamento. (Por exemplo (Êx 30.34; Lv 2.1,15,16; Nm 5.15; 1Cr 9.29; Ne 13.9; Ct 3.6; 4.6,14; Is 43.23; 66.3; Jr 6.20; 41.5). No hebraico, essa palavra vem da mesma raiz que significa "branco".

Todos os eruditos insistem em que o olíbano não é a mesma coisa que o incenso, mas era uma outra substância, também perfumada. É possível que esse nome se derive das florestas do Líbano, porquanto ali era costume crescerem plantas que produziam gomas odoríferas. Há uma nota na *Bíblia Anotada de Scofield* sobre Êxodo 30.34 que afirma que o olíbano não deve ser confundido com o incenso, e onde também se lê que o olíbano era *adicionado* ao incenso, embora também pudesse ser usado independentemente. Seja como for, o Antigo Testamento não nos revela de que essa substância era feita, ao passo que há instruções específicas acerca da preparação do incenso.

No Novo Testamento também encontramos duas palavras gregas envolvidas: **1**. *Thumíama*, "incenso". Esse termo grego figura por seis vezes (Lc 1.10,11; Ap 5.8, 8.3,4, 18.13). Os ingredientes usados para o fabrico do incenso, na cultura hebreia, aparecem em Êx 31.34,35. A substância assim composta era, então, partida em pedacinhos, que eram queimados. Visto que a fórmula era conhecida, não havia razão alguma para as classes mais afluentes não produzirem incenso para seu uso particular. Entretanto, isso era estritamente proibido, sob pena de exclusão (Êx 30.37,38), pois o incenso só podia ser usado para finalidades sagradas. O verbo, *thumiáo*, aparece em Lucas 1.9. **2**. *Líbanos*, "olíbano". Essa palavra ocorre por duas vezes no Novo Testamento (Mt 2.11 e Ap 18.13). Corresponde à palavra hebraica *lebonah* (ver acima). Essa substância foi um dos presentes dos magos (vide), ao menino Jesus.

II. Caracterização Geral e Uso Entre os Hebreus. O incenso é uma substância seca, resinosa, aromática, de cor esbranquiçada ou amarelada, de gosto amargo ou pungente. Posto no fogo, o incenso queima durante muito tempo, emitindo uma chama constante e muito odorífera. Várias árvores do gênero *Boswellia*, que crescem na Índia, na África e na Arábia, produzem essa goma através de incisões feitas em sua casca. São bastante comuns as referências a essa substância na literatura antiga. Heródoto, Célsio e a própria Bíblia (ver acima), referem-se ao incenso.

O produto era importante no comércio da antiguidade, que seguia as rotas de caravanas comerciais entre o sul da Arábia e daí até Gaza e Damasco, conforme se percebe em Isaías 50.6. A substância fazia parte da composição do óleo da unção (Êx 30.34), sendo queimada, juntamente com outras substâncias, durante a oferta de manjares (Lv 6.15). Em sua forma pura, o incenso era posto sobre os pães da proposição (Lv 24.7). Um dos presentes oferecidos pelos magos, ao infante Jesus, foi essa substância (Mt 2.11). Os intérpretes opinam que esse incenso simbolizava o ministério sacerdotal de Cristo. Seja como for, é verdade que o incenso simboliza o fervor religioso. A palavra grega correspondente, *líbanos*, tal como o vocábulo hebraico, também significa "branco". As árvores do gênero Boswellia estão aparentadas à espécie de terebinto. Elas produzem flores com formato de partículas brancas, verdes e com as pontas róseas.

Entre os hebreus havia um uso não-religioso do incenso. É de se presumir que, nesse caso, a fórmula não fosse a mesma da do incenso usado nos rituais do tabernáculo e do templo. O incenso era usado como motivo de prazer (Pv 27.9); pelas prostitutas, em seus festins (Ez 23.41); nos funerais dos reis (2Cr 16.14; 21.19; Jr 34.5); finalmente, era passado em redor, em taças, após algum banquete (ver Mishnah, *Berakoth*, 6.6).

Sabemos que, na adoração pagã, como na de Baal, o incenso era usado, o que foi condenado pelos profetas hebreus (1Rs 11.8). O trecho de Levítico 26.30 menciona altares pagãos para incenso. Incenso era queimado, nos santuários dos *lugares altos*, o que também era condenado (1Rs 22.43), provavelmente porque esses lugares estavam vinculados a uma grosseira idolatria. Há trechos, como Isaías 1.13; 66.3 e Jeremias 20, onde o incenso é condenado em associação à adoração ao Senhor; mas, provavelmente, isso visava àquela adoração vazia, meramente ritualística. A serpente de metal foi adorada juntamente com incenso, até que Ezequias pôs fim ao costume (2Rs 18.4).

O incenso veio a fazer parte dos ritos do templo, onde era oferecido em incensários especiais, como no dia da expiação, ou para a purificação das ofertas de manjares. O sacerdote oferecia o santo incenso aromático pela manhã e à tardinha, sobre o altar de ouro, diante do véu. Aarão fez isso (Êx 30.1-10), como também o fizeram os sacerdotes que eram escolhidos por lançamento de sortes, para servir no templo (ver Mishnah, *Tamid* 2.5; 5.2,4; 6.1-3 e Lc 1.9). Um interessante ponto a observar é que, no judaísmo moderno, não é mais usado o incenso.

III. O Altar do Incenso. Ver o artigo separado com esse título.

IV. Uso do Incenso na igreja Cristã. Por motivo de suas conexões com o paganismo, o incenso não foi usado nos meios cristãos até o fim do século IV d.C. Há menções específicas ao incenso, entretanto, em Antioquia da Síria, desde 594 d.C., e em Roma, a partir do século VIII d.C. Entretanto, o oferecimento de incenso, nos templos cristãos, só começou no século XIV. A igreja Católica Romana, a igreja Ortodoxa Oriental e a igreja Alta Anglicana empregam incenso em seus ritos. É queimado ali o incenso, em um vaso com tampa, dotado de frestas, chamado, *incensário* (vide), nas missas solenes, nas bênçãos, nas vesperais, nos funerais e em outras ocasiões. Na bênção da vela pascal, cinco grãos de incenso representam os *cinco ferimentos* (vide) do Senhor Jesus crucificado e ressuscitado. A fragrância aromática do incenso aponta para a virtude; sua queima simboliza o zelo; e o fumo que sobe refere-se às orações em sua ascensão aos lugares celestiais.

V. Usos Simbólicos. Acabamos de mencionar alguns usos simbólicos do incenso, na igreja cristã, a saber: **1**. Orações que sobem ao trono de Deus são o sentido de Apocalipse 5.8. **2**. Esse mesmo versículo (Ap 5.8), aludindo especificamente a seres espirituais que manuseiam o incenso, provavelmente indica algum trabalho mediatório em favor dos santos, por delegação de Cristo. Que os anjos eram os mediadores das orações, era uma doutrina judaica comum. O trecho de Apocalipse 8.3,4 menciona, especificamente, o trabalho dos anjos como mediadores nas orações, o que é simbolizado pela fumaça de incenso. O incenso, com sua agradável fragrância, simbolizava as orações aceitas diante de Deus (Sl 141.2), tal como a fumaça das ofertas queimadas era tida como agradável para Yahweh. O incenso oferecido pelos judeus nos holocaustos da manhã e da tarde representava as orações feitas na oportunidade (Lc 1.10). **3**. A beleza da sabedoria (Ec 24.15). **4**. O conhecimento de Cristo (2Co 2.14). **5**. O fato de que Deus possui e governa o mundo inteiro era simbolizado pelas diversas substâncias componentes do incenso, de acordo com *Filo*, "Quem é o Herdeiro das Coisas Divinas?", e com Josefo (*Guerras* 5.5). **6**. O incenso, com suas muitas qualidades (mistura de elementos) e com sua suave fragrância, simboliza as excelências de Cristo.

INCESTO

1. Definição. Incesto é palavra que vem do latim, *incestus*, "não casto". Essa palavra latina é formada por *in*, "não", e *castus*, "casto". Todavia, no seu uso comum, indica certo tipo de imundícia moral, ou seja, contactos sexuais entre pessoas aparentadas mui estreitamente, o que as impede de contraírem casamento legal.

2. Caracterização Geral. O incesto é um relacionamento heterossexual proibido pelos costumes da sociedade e pelas leis. Envolve pessoas de parentesco por demais próximo, o que lhes veda o matrimônio legal. Assim, quase todos os povos desaprovam os relacionamentos sexuais entre um pai e sua filha, entre uma mãe e seu filho, e entre irmão e irmã. Todavia, a história provê notáveis exceções quanto ao caso de irmãos e irmãs. No antigo Egito, entre indígenas do Peru e do Havaí, por exemplo, a união entre irmãos e irmãs não somente era permitida, mas até era requerida, a fim de manter a "pureza" do sangue real.

Em algumas sociedades, a regra do incesto é mais rígida do que em outras. Ali é proibido o casamento entre pessoas com qualquer grau de parentesco, sem importar quão distante seja esse grau. Assim, na China, uma pessoa não contrai matrimônio com outra pessoa que tenha o mesmo nome de família, mesmo que se desconheça o mais remoto grau de parentesco.

E, em algumas sociedades primitivas, cada pessoa precisa escolher o cônjuge fora de sua própria tribo. Em outras culturas, como aquelas onde prevalecem várias castas, o oposto se dá: cada indivíduo tem de se casar dentro de sua própria tribo, sem qualquer mistura de castas.

3. O Incesto na Sociedade Hebreia. Ver os artigos separados *Matrimônio* e *Crimes e Castigos*.

O décimo oitavo capítulo de Levítico dá as proibições veterotestamentárias relativas ao incesto. Especialmente, ficam vedados casamentos entre um filho e sua mãe; com a madrasta; com uma irmã ou meia-irmã; com uma neta, filha de um filho ou de uma filha; com a filha de uma madrasta; com uma tia, irmã do pai ou da mãe; com a esposa de um tio pelo lado paterno; com uma nora; com uma cunhada; com uma mulher e sua filha, ou com uma mulher e sua neta; com a irmã de uma esposa ainda viva. Exemplos de incesto, encontrados na Bíblia, aparecem em trechos como (Gn 19.30-35; 35.22; 49.4; 2Sm 13.7-14; Ez 22.10,11 e 1Co 5.1-5).

As leis levíticas concernentes ao incesto, bem como as penas impostas, figuram em Levítico 20.11-21. A pena usualmente imposta era a sentença de morte. Punição menos severa era aplicada nos casos de alguém que (aparentemente) se casasse com uma tia ou com uma cunhada (presumivelmente, após a morte de seus respectivos cônjuges), que não tivessem ainda tido filhos. Paulo, ao abordar um notório caso de incesto (1Co 5.1-5) pediu à igreja de Corinto que orasse para que o culpado fosse entregue a Satanás, a fim de que morresse, ou que talvez ocorreria por acidente, enfermidade, ou quem sabe o quê.

4. Razões do Tabu do Incesto. *a. Razões Religiosas.* Em algumas sociedades, as relações incestuosas eram e continuam sendo proibidas por causa de ensinos contidos em documentos sagrados, que se propõem como revelações divinas sobre a questão. Isso indica que o incesto envolve um erro moral do ponto de vista divino. A ética teísta parte do pressuposto de que as leis éticas fundamentais foram instituídas por Deus. *b.* O incesto contribui para a desestabilização da sociedade, porquanto perturba as fronteiras específicas do casamento legítimo. *c.* Alianças são estabelecidas entre distintos grupos, mediante trocas de noivas. A fim de garantir o sucesso dessa ideia, as tribos e as famílias que são aparentadas entre si, perto demais, ficam excluídas nessa troca de noivas. *d.* De acordo com as modernas pesquisas genéticas, as leis sobre o incesto também evitam muitos defeitos genéticos, que se acentuariam nos filhos de pessoas aparentadas perto demais entre si.

INCHAÇÃO

No hebraico, *seeth*. Esse termo aparece em Levítico 13.2,10,19,28,43; 14.56. Está em foco a intumescência da parte afetada do corpo humano. Com frequência, essa inchação é causada pela inflamação devida à presença de substâncias nocivas nos tecidos, como um pouco de sangue vertido dos vasos, resultante de algum ferimento ou machucadura, uma ferroada de inseto, ou como a picada de alguma serpente venenosa. Ver também sobre *Veneno*. Qualquer dessas coisas é capaz de dissolver células do sangue, causando a retenção de fluidos nas partes afetadas. O entupimento de vasos linfáticos ou de vasos sanguíneos também pode causar inchação. Um dos casos mais horríveis de entupimento dos vasos linfáticos é o da *elefantíase*, doença proveniente da Índia, que faz os membros afetados (geralmente as pernas, os antebraços ou os seios femininos) incharem de modo que chegam a ser repulsivos. Visto que a inchação impede a circulação do sangue, a pele começa a morrer, com o aparecimento de nódoas esverdeadas que parecem limo, sobretudo quando ataca os pés. Estes incham tanto que se deformam, parecendo-se, então, com as patas de um elefante. Os homens são forçados a usar calças com bocas largas. Toda a porção afetada fica arroxeada e de horrível aspecto. A vítima acaba morrendo de gangrena. Em nosso país, a condição infelizmente tornou-se comum em Belém do Pará. O mosquito é o veículo transmissor da doença.

Certos tumores, como o câncer, também podem produzir incrível inchação. (Ver Lv 13.2; Nm 5.21 e At 28.5). Certos tipos de inchação, segundo vemos no décimo terceiro capítulo de Levítico, eram devidos à lepra. Dizem os entendidos que apesar de os métodos de exame serem primitivos, os diagnósticos, assim feitos, eram seguros.

INCIRCUNCISÃO

Há duas palavras hebraicas a serem consideradas, como também duas palavras gregas, no caso deste verbete, a saber: **1**. *Arel*, "incircunciso". Esse termo hebraico aparece por 35 vezes (conforme se vê, por exemplo, em Gn 17.14; Êx 6.12,30; Lv 19.23; Js 5.7; Jz 14.3; 1Sm 14.6; 17.26,36; 2Sm 1.20; Is 52.1; Jr 6.10; 9.26; Ez 28.10; 31.18; 44.7,9). **2**. *Orlah*, "incircuncisão". Palavra hebraica que ocorre por uma vez com esse sentido, em Jeremias 9.25, embora ocorra por mais treze vezes, com o sentido de "prepúcio". **3**. *Akrobustía*, "incircuncisão". Vocábulo grego que é usado por vinte vezes (em At 11.3; Rm 2.25-27; 3.30; 4.9-12; 1Co 7.18,19; Gl 2.7; 5.6; 6.15; Ef 2.11; Cl 2.13; 3.11). **4**. *Aperítmetos*, **"não circuncidado"**. Palavra grega que ocorre somente por uma vez, em Atos 7.51.

Nas Sagradas Escrituras, essa palavra é usada tanto em sentido literal quanto em sentido figurado. Nas páginas do Antigo Testamento, a incircuncisão representava a incredulidade e a desobediência diante da aliança estabelecida entre Deus e o povo de Israel (Jr 6.10; 8.25). No sentido simbólico, os israelitas rebeldes tinham um *coração incircunciso*, e para aqueles que faziam ouvidos moucos para com a verdade, Deus tinha os ouvidos *incircuncisos* (Jr 6.10).

Quando chegamos ao Novo Testamento, os judeus incrédulos, embora fisicamente circuncidados, eram espiritualmente incircuncisos (ver Rm 2.28,29).

Mas certos gentios, embora fisicamente incircuncisos, são considerados circuncidados, quando observam a retidão da lei (Rm 2.25-27). Quando alguém é regenerado, cai por terra a distinção entre os circuncisos e os incircuncisos (1Co 7.19; Gl 5.6; 6.15; Cl 3.11), porquanto a regeneração faz todos os crentes, judeus ou gentios, se unirem em um único corpo de crentes (Ef 2.11-22). Isso é assim porque a circuncisão nada tem a ver com a justificação. Abraão foi justificado mediante a fé, quando ainda não fora circuncidado, conforme se aprende em Romanos 4.9-12. *Como, pois, lhe foi atribuída a justiça? Estando ele já circuncidado ou ainda incircunciso? Não há regime da circuncisão e, sim, quando incircunciso* (vs. 10).

INFANTES, MORTE E SALVAÇÃO DOS

Diversas Ideias. Imaginemos que está sendo efetuada uma corrida com dez lances, para ver qual é a melhor explicação acerca do que acontece àqueles que morrem ainda na infância. Nessa corrida, há oito atletas, que são os seguintes:

I. O Limbo. O catolicismo romano, procurando solucionar o problema da morte dos infantes e da questão da justiça, tem-se mostrado relutante em enviar tais almas para o inferno. Porém, também não se tem disposto a enviá-las para o céu. Visto que tais almas parecem ficar, naturalmente, dentro de uma categoria *indefinida*, por isso mesmo o catolicismo romano criou um lugar especial para essas almas excepcionais.

O *limbo* é imaginado como um lugar de felicidade e utilidade, mas não onde se possa ter a visão beatífica de Deus. Contra esse ponto de vista (embora haja uma certa racionalidade a respeito), temos o fato de que tal lugar foi inventado *ad hoc*, com o propósito específico de solucionar um enigma. Naturalmente, as Escrituras Sagradas fazem o mais completo silêncio sobre esse imaginário lugar.

Deveríamos frisar aqui que a doutrina católica romana assevera que os infantes *batizados* pela igreja, que morrem na infância, estão em segurança, e que as suas almas vão para o céu, e não para o limbo. Somente os infantes não-batizados é que iriam para o limbo. E os adultos que não são responsáveis pelos seus atos, como os mentalmente deficientes, também iriam para o limbo, de acordo com a teologia católica romana.

II. O Inferno do Calvinismo. Os calvinistas radicais não encontram qualquer problema diante da morte de infantes. Visto que Deus já escolheu, antes do nascimento de cada pessoa, qual é o destino de cada um (o céu ou o inferno), faz bem pouca diferença quando uma pessoa morre. Se alguém é um não-eleito, então, automaticamente é enviado para o inferno. Todavia, alguns evangélicos simplesmente não podem aceitar essa crueza. Esses acreditam que, de alguma maneira, o amor de Deus deve salvar aquelas almas, embora sejam pecadoras desde o nascimento (de acordo com a doutrina bíblica). Apesar de o primeiro capítulo da epístola aos Romanos poder ser empregado como texto de prova do ponto de vista do calvinismo radical, muitos evangélicos têm relutado em apelar para essa passagem da Bíblia. Esse primeiro capítulo de Romanos ensina o que a *nua* justiça de Deus seria, *se* ele a quisesse aplicar. Porém, a começar no terceiro capítulo dessa epístola, Paulo diz-nos que a justiça divina não é nua. O amor e o propósito de Deus, no evangelho, transcendem a uma justiça nua. A verdade da questão é que o oposto da *injustiça* não é a justiça, e, sim, o *amor*. Essa é outra maneira de dizer que a justiça de Deus jamais se manifesta sem estar revestida pelo amor e pela misericórdia divinos. Sua justiça nunca é nua.

III. A Idade da Responsabilidade. Os protestantes e evangélicos de todas as denominações aceitam essa outra invenção: as almas dos infantes que morrem vão para o céu, visto ainda não terem atingido a idade da responsabilidade. Esse é um conceito impossível, e uma criação não menos forjada que o limbo dos católicos romanos. Os teólogos não aceitam a passagem de 2Samuel 12.23 como um texto de prova viável para a noção de que a alma do filho infante de Davi foi para o céu. Nenhuma doutrina dessa grande envergadura poderia estar fundamentada em uma declaração como essa, no Antigo Testamento. Se as almas dos infantes que morrem vão para o céu, simplesmente por terem morrido, então há duas maneiras de uma pessoa ser salva. Porém, as *almas*, e não os corpos, é que são pecadoras.

Os pecadores não podem chegar ao céu sem se encontrarem com Cristo e escolherem voluntariamente o seu caminho. Por conseguinte, não pode haver coisa alguma de automático quanto ao transporte de almas para o céu, sem importar a idade com que as pessoas morrem. Além disso, a ideia é uma clara *racionalização ad hoc*, não menos que a ideia do limbo. De fato, esse é o equivalente protestante do limbo. Não há nenhum ensinamento bíblico, que favoreça tal conceito. Na verdade, não existe qualquer ensinamento bíblico acerca do problema do que acontece às almas cujos corpos físicos morrem na infância. Em consequência disso, infelizmente, no tocante a uma questão tão importante quanto essa, somos forçados a buscar em redor por alguma resposta, e as racionalizações tomam o lugar da teologia séria. Mas, se alguém não quiser investigar a questão, então simplesmente poderá deixá-la aos cuidados da vontade de Deus, confessando a sua ignorância a respeito. Porém, uma das coisas que os teólogos *não* gostam de fazer é confessar a sua ignorância. Como resultado, há um cortejo de racionalizações que invadem a igreja, mascaradas de verdades. Os católicos romanos, que não dependem exclusivamente das Escrituras Sagradas como sua autoridade, contam com as decisões dos concílios e dos papas para ajudá-los a definir tais questões. E os dogmas delas sobre a questão, para eles, fazem parte da teologia. Porém, a "idade da responsabilidade", criada pelos grupos protestantes, não conta com qualquer autoridade que lhe dê validade, ainda posto que muitos evangélicos falem a respeito, como se tivessem conseguido extrair a ideia da própria Bíblia.

Uma *alma* não é um infante. Ela é um poder espiritual, moral e intelectual como qualquer outra alma, embora sua permanência em um corpo físico seja extraordinariamente breve. Toda alma precisa tomar suas próprias decisões. Nenhuma alma pode ganhar um transporte gratuito para o céu, meramente porque o seu corpo físico cedeu diante da morte biológica. Isso contradiz duas importantes doutrinas bíblicas: a responsabilidade moral e a necessidade de um encontro com Jesus Cristo, e de escolher ou não o seu caminho.

Alguém poderia argumentar que a graça de Deus cuida da questão, forçando todas as almas, cujos corpos morrem na infância, a *aceitarem* a oferta de salvação. E se não forem incluídas *todas* as almas, então já terá sido anulado o espírito da doutrina da idade da responsabilidade, visto que *algumas* almas, cujos corpos morrem antes do começo da idade da responsabilidade moral, não terminariam chegando ao céu. E seríamos forçados a explicar por que razão *algumas* almas conseguem chegar lá, mas outras não. Porém, a ideia envolvida nessa doutrina é que *todas* essas almas obtêm transporte gratuito até o céu.

Acresça-se a isso a questão da justiça. Poderíamos considerar justo que algumas almas cheguem ao céu meramente porque os seus corpos físicos duraram apenas alguns momentos, enquanto que outras almas tiveram o *infortúnio* de ultrapassar dos sete ou oito anos de idade, tornando-se assim pessoas responsáveis? O meu argumento é que *todas* as almas, sem importar por quanto tempo seus corpos físicos perdurem, *são responsáveis*. Por conseguinte, precisam enfrentar Cristo, suas reivindicações e seu evangelho, para tomarem *a sua própria decisão* acerca do seu próprio destino eterno. Isso também é uma racionalização; mas, pelo menos, um tanto melhor, visto que concorda com as exigências gerais da missão de Cristo.

Se você reler o que escrevi sobre o assunto, haverá de encontrar racionalizações quase a cada linha, no tocante a argumentos favoráveis e a argumentos contrários a esse conceito. Assim sucede, porque a *questão inteira* é uma racionalização. Não se pode obter textos de prova extraídos das Escrituras, sobre esse assunto, exceto por meio de inferências. Ora, uma vez que começamos a *inferir*, já estamos racionalizando. Em consequência disso, para mim, essa doutrina da idade da responsabilidade não tem a menor autoridade, a menos que se possa demonstrar que ela é uma racionalização de caráter superior, em comparação com outras racionalizações. No entanto, rejeito a sua superioridade.

IV. A Não Entrada ou Não Criação das Almas. Temos aqui duas ideias, combinadas uma com a outra, por se revestirem de uma certa similaridade. *Imaginemos o seguinte caso*: Uma alma que já existe está em vias de encarnar-se em um corpo humano. Mas a alma sabe que aquele corpo morrerá ainda bem jovem. A fim de evitar a consternação de uma breve viagem, a alma simplesmente não entra no corpo. Tal corpo nasce sem alma, vive por alguns dias e morre. Nesse caso de mortalidade infantil, não haveria qualquer problema, porquanto nenhuma alma jamais esteve associada àquele corpo. O corpo foi apenas uma entidade animal, e não, um verdadeiro ser humano. Tudo isso, porém, não passa de uma racionalização, sem qualquer valor, até onde posso ver as coisas. Para pior, levanta uma série de problemas. O principal desses problemas é que assim teríamos um bom número de infantes e de crianças (em alguns países, formando uma considerável porcentagem) que não são seres humanos, de acordo com qualquer definição teológica. Em outras palavras, elas não serão seres mortais-imortais, ao mesmo tempo (compostos de corpo e alma), conforme são todos os seres humanos, por definição.

Imaginemos um outro caso: Deus está prestes a criar uma alma para um corpo físico, que deverá nascer (na teologia, essa ideia é chamada *criacionismo*). Porém, Deus sabe que aquele corpo humano não perdurará por muito tempo. Assim sendo, Deus acaba não criando uma alma para aquele corpo. Dessa maneira, obtém-se o mesmo efeito que aquele descrito no primeiro caso, embora provocado por um ato diferente. Neste segundo caso, a decisão é de Deus; no primeiro, a decisão é da própria alma. Tanto um caso quanto o outro estão sujeitos às mesmas objeções seriíssimas.

V. A Contínua Oportunidade da Igreja Oriental. A morte de um infante deveria ser considerada como um incidente relativamente sem importância, visto não exercer qualquer efeito sobre o destino espiritual da alma. Não diminui e nem acrescenta coisa alguma. Uma alma humana que habitasse um corpo físico débil, simplesmente mudar-se-ia para alguma dimensão espiritual, onde, finalmente, teria a oportunidade de conhecer os fatos sobre Cristo e *aceitar ou rejeitar* o seu evangelho. Dessa maneira, seria responsável por seus próprios atos, no mesmo sentido e no mesmo grau que o seria qualquer outra alma humana. Não receberia qualquer privilégio especial, mas também não sofreria qualquer prejuízo por haver-se associado a um corpo físico apenas por um breve tempo. Como texto de prova, poderíamos aplicar a narrativa da descida de Cristo ao *hades*. Se Jesus anunciou o seu evangelho no *hades*, então ali deve ter havido muitas almas que poderiam ouvi-lo, para então aceitá-lo ou rejeitá-lo, e que viveram em associação com um corpo físico apenas por um breve período de tempo. A contínua oportunidade, postulada pelas igrejas orientais, por conseguinte, poderia acontecer em algum lugar diferente do *hades*, que é apenas um dentre muitos mundos espirituais.

Se aceitarmos esse ponto de vista, teremos evitado o *limbo* dos católicos romanos, afirmando que o limbo católico romano é permanente, ao passo que um mundo de renovadas oportunidades espirituais, de acordo com as igrejas orientais, não é um lugar dominado pela estagnação. As almas confinadas ao limbo jamais podem avançar para a salvação (vindo a aceitar Cristo), e nem podem terminar no *hades* (por terem rejeitado Cristo). A narrativa da descida de Cristo ao *hades* pode ser usada como texto de prova dessa ideia; mas, nesse caso, será mister fazê-lo por meio de uma inferência, porquanto não existe qualquer ensinamento bíblico direto sobre a questão. E, visto que tal doutrina nos deixa, novamente, dependentes de uma mera inferência, teremos produzido uma outra racionalização, ou seja, mais um *atleta* a competir com outros, na *pista de corrida*.

VI. Os Níveis Existentes no Hades. Essa ideia é apenas uma variante da ideia exposta acima. Suponhamos que diferentes gradações de julgamento (uma doutrina que conta com textos de prova no Novo Testamento) requeiram a existência de vários níveis de confinamento no *hades*, ou, talvez, várias *esferas* de julgamento que, coletivamente, sejam chamadas de *hades*. Ora, visto que as almas são pecadoras, então qualquer alma liberada de seu corpo físico (por haver morrido na infância) necessariamente terá ir a um lugar de *julgamento*. A justiça requer tal coisa. Até esse ponto concordamos com o segundo dos oito *atletas*, ou seja, o inferno do calvinismo. Mas, a fim de evitarmos as asperezas da doutrina calvinista, podemos supor que existem níveis de existência, no *hades*, que não são inteiramente maus, mas para onde até mesmo vidas úteis podem ser levadas, embora isso nada tenha a ver com a existência no céu.

Agora, as almas estão no *hades*. Devemos pensar que elas ficarão ali para sempre, estagnadas naquele *nível de rebaixamento?* Ou devemos pensar que elas terão a oportunidade de encontrar-se com Cristo, ou com um de seus missionários no *hades*, a fim de poderem tomar uma decisão negativa ou positiva? E, se tomarem uma posição positiva, serem preparadas para o céu? A narrativa bíblica da descida de Cristo ao *hades* confere-nos o direito de afirmar que as almas do *hades*, mesmo ali, poderão ser beneficiadas pelo evangelho de Cristo. Todavia, uma alma que esteja no *hades*, seguindo suas pervertidas inclinações naturais, poderá rejeitar essa oportunidade, afundando para mais severas regiões de julgamento.

Meus sentimentos pessoais acerca desse *atleta* é que ele projeta uma certa luz sobre toda a questão, embora menos esclarecedora que no caso do quinto *atleta*. Contudo, isso apenas emite uma opinião acerca de diferentes racionalizações. Não há quaisquer informações *bíblicas* acerca do que acontece às almas que deixaram corpos infantes que morreram.

VII. A Reencarnação

1. A Reencarnação no Novo Testamento como uma Crença Popular. É uma tradição antiquíssima entre os judeus, que Elias haveria de voltar ao mundo, antes do aparecimento do Messias, quando teria uma outra missão terrena. O que a maioria das pessoas não sabe é que era uma doutrina sincretista padrão, entre os judeus do período entre o Antigo e o Novo Testamentos, que *muitos* dos profetas do Antigo Testamento teriam mais de uma missão sobre a terra. Esse conceito transparece em Mateus 16.14: Jesus era um grande mestre e uma poderosa figura profética. O que as pessoas de sua época diziam sobre a sua identidade? Alguns pensavam que ele seria Jeremias, ou algum outro dos profetas do Antigo Testamento. Se acompanharmos essa declaração nos comentários, descobriremos que a maioria desses comentários admite que a reencarnação era uma crença popular entre os judeus da época de Cristo. Por exemplo, muitos rabinos identificavam Jeremias com Moisés. Adam Clarke diz a esse respeito: "A doutrina da metempsicose ou transmigração das almas era bastante generalizada, pois sobre essa base é que eles acreditavam que a alma de João Batista, de Elias, de Jeremias ou de algum outro dos profetas, voltara à vida no corpo de Jesus".

John Gill, por sua vez, acompanha essa crença nos escritos rabínicos. Trechos bíblicos, como Provérbios 8.22-31 e Jeremias 1.5 eram interpretados como se ensinassem a preexistência da alma. Josefo (ver *Antiguidades* 18.1,2), informa-nos especificamente que a reencarnação era uma doutrina ensinada tanto pelos essênios quanto pelos fariseus. Ver também Josefo (*Guerras* 2.8,10,11). No nono capítulo do Evangelho de João, quando os discípulos indagaram a Jesus, por causa do pecado de quem certo homem nascera cego, quando também sugeriram que talvez fosse por causa do pecado do próprio cego, eles estavam aludindo à reencarnação, conforme afirmam quase todos os comentários que tenho consultado. No entanto, seus autores não concordavam com a conclusão sugerida pelos discípulos de Jesus. Naqueles dias, aparentemente devido à influência da doutrina dos fariseus, os apóstolos chegaram a admitir a reencarnação como um acontecimento comum entre os homens. Posteriormente, entretanto, talvez tenham deixado de crer nessa ideia. Pelo menos, é óbvio que eles não incorporaram essa crença em seus escritos.

Alicerçados nessas referências, obtemos a ideia de que o conceito da reencarnação era uma *crença* comum entre os judeus dos tempos de Jesus, uma crença compartilhada por muitos judeus cristãos. Porém, não se trata da mesma coisa que um dogma ou um artigo soteriológico de fé.

2. A Reencarnação no Novo Testamento como um Dogma. Somos informados de que o anticristo voltará do *hades* e se reencarnará (ver Ap 11.7; 17.10,11). Alguns documentos cristãos muito antigos designavam Nero como o homem que deveria ser esperado de volta do *hades*, como o anticristo. William Newell, em sua exposição sobre o livro de Apocalipse, aceitava essa ideia. DeHann, por sua vez, afirmava que Judas Iscariotes haveria de reencarnar-se, para ser o anticristo. Além disso, as duas testemunhas mencionadas em Apocalipse 11.3 *ss.*, conforme muitos estudiosos, seriam Moisés e Elias, reencarnados. Nesse caso, pelo menos, Moisés poderia ser considerado como uma reencarnação. A tradição de que Elias haveria de voltar era uma antiga tradição judaica, podendo ser incorporada nesse texto, como também em Marcos 9.11. Não quero elaborar muito esse ponto, visto que a maioria dos evangélicos acredita em uma forma limitada de reencarnação, levada a efeito com propósitos especiais. Isso, entretanto, não é a mesma coisa que uma reencarnação generalizada, para todos os seres humanos.

Pode-se usar o Novo Testamento para mostrar que a reencarnação era uma crença popular entre os judeus e os primitivos cristãos. Também podemos usá-lo a fim de mostrar que se espera que em alguns casos especiais, pelo menos, isso ocorra, e sobre bases dogmáticas. Porém, é tempo perdido tentar provar, mediante o Novo Testamento, que a reencarnação generalizada seja uma verdade. Se isso tiver de ser provado, terá de sê-lo com base em documentos fora do Novo Testamento. Inteiramente à parte de religiões não-cristãs, alguns cientistas pensam que eles estão conseguindo reunir evidências que podem ser interpretadas em favor da noção da reencarnação, como um acontecimento bastante comum. Esse enigma só poderá ser solucionado, negativa ou positivamente, sobre bases *científicas*, e não sobre bases dogmáticas. Não se sabe dizer por quanto tempo será preciso fazer pesquisas, e nem se sabe dizer qual conclusão, finalmente, será obtida.

Continuo às voltas com o problema. *Imaginemos* este caso: Uma alma entra em um corpo. Esse corpo vive por dois anos, e então morre. Em vez de partir para ficar no céu, no inferno, no limbo ou em alguma outra dimensão espiritual da existência, mediante a vontade de Deus, é determinado que essa alma seja recambiada à terra, para ocupar outro corpo físico. Em outras palavras, aquela alma reencarna-se. Essa resposta envolve certa simplicidade que chega a ser atrativa e que evita todas as contorções e especulações teológicas que caracterizam as ideias anteriores. Entretanto, a simplicidade não é, *necessariamente*, sinal de veracidade, a despeito do que os filósofos têm dito a respeito da navalha de Ockham. Ockham opinava que, na busca de qualquer solução, devemos evitar as complicações e as multiplicações de conceitos ou entidades espirituais, aceitando a forma *mais simples*, entre as possíveis. Porém, nem sempre a verdade é simples. Seja como for, a reencarnação ocupa lugar entre as possíveis racionalizações. Ela não é uma resposta bíblica; mas as outras possibilidades também não o são. Trata-se apenas de mais um *atleta* na pista. Quando escrevi meu livro sobre as evidências científicas em favor da existência da alma, considerei essa resposta como a mais provável entre as respostas disponíveis. Porém prossigamos para o oitavo *atleta*.

VIII. Um Corredor Desconhecido. Devemos crescer no conhecimento da verdade, e onde não tivermos conclusões certas, poderemos esperar alguma resposta *melhor*, que nunca antes fora considerada. Talvez, até agora, essa resposta esteja completamente fora do alcance de nossa experiência e conhecimento. Porém, em face do crescimento, uma nova resposta aparece, satisfazendo a uma questão que antes envolvera um enigma. Pode haver nessa *corrida* um *atleta* desconhecido, capaz de esclarecer a questão. Talvez haja uma resposta, oculta nos conselhos de Deus, que possa preencher o vácuo com que nos defrontamos, no que tange a essa questão.

Retornemos à minha metáfora dos oito *atletas* na *pista de corridas*. Um deles vencerá na *corrida* de dez lances, e a sua vitória haverá de nos dizer o que sucede às almas daqueles que morrem ainda durante a infância. Há vários anos, quando eu estava estudando esses *atletas*, percebi que o sétimo deles, a Reencarnação, estava levemente à frente dos demais. Neste momento, quando os examino novamente, os *atletas* acabaram de completar o sexto lance, e ainda há um grande trajeto a ser percorrido por eles até o fim. Somente o tempo nos revelará quem será o campeão. Contemplando-os em uma *curva da pista*, percebo que dois deles estão na frente dos demais. Um deles é o corredor de número sete, a *Reencarnação*. E, ao seu lado, vem o *corredor* da *Contínua Oportunidade*, segundo pensam as Igrejas orientais ortodoxas. Passam por mim bem próximos um do outro, mas mesmo assim, dá para perceber que o de número sete está ligeiramente à frente, embora dê sinais de cansaço. Ou estarei enganado?

Meus amigos, não conheço *quem* realmente tenha
a resposta para esse enigma.
Nossos pequenos sistemas têm sua época,
Têm sua época, mas logo isso passa.
São apenas lamparinas que bruxoleiam,
Ao lado de tua Luz, ó Senhor,

(Russell Champlin)

INIMIGO

1. A Palavra. A raiz latina dessa palavra portuguesa é *inimicus*, formada por *in* (não) e *amicus* (amigo), ou seja alguém que é inamistoso. Usualmente, também estão envolvidas no termo as ideias de ressentimento, oposição, desígnios maliciosos e prejudiciais. Os sinônimos são: adversário, antagonista, competidor, oponente e rival. Sentimentos hostis estão envolvidos na *inimizade* (ver o artigo separado sob esse título).

No Antigo Testamento há quatro palavras hebraicas principais, envolvidas: ***a***. *Oyeb*, "inimigo". Palavra que ocorre por cerca de duzentas e oitenta vezes, desde Gênesis 22.17 até Sofonias 3.15. ***b***. *Ar*, "inimigo", "acordado". Palavra hebraica e aramaica usada por três vezes (1Sm 28.16; Sl 139.20; Dn 4.19, aramaica). ***c***. *Tsar*, "adversário", "restringidor", "afligidor". Termo usado por sessenta e oito vezes, desde Gênesis 14.20 até Naum 1.2. ***d***. *Sane*, "aquele que odeia". Palavra usada por cinco vezes com esse sentido (Êx 1.10; 2Sm 19.6; 2Cr 1.11; Pv 25.21; 27.6).

No Novo Testamento encontramos a palavra grega *echthrós*, *inimigo*, que figura por trinta e duas vezes (Mt 5.43,44; 10.36; 12.25,28,39; 22.44 (citando Sl 110.1): Mc 12.36; Lc 1.71,74; 6.27,35; 10.19; 19.27,43; 20.43; At 2.35; 13.10; Rm 5.10; 11.28; Rm 12.20 (citando Pv 25.21); 1Co 15.25,26; Gl 4.16; Fp 3.18; Cl 1.21; 2Ts 3.15; Hb 1.13; 10.13; Tg 4.4; Ap 11.5,12).

Essas diversas palavras exprimem ideias como hostilidade ou ódio. Palavras menos frequentemente usadas têm, no hebraico, os sentidos de desprezo, rivalidade etc. Usualmente, a inimizade é criada por causa de algum abuso contra a lei do amor. No entanto, há coisas que deveríamos odiar e combater. Há coisas que fazem oposição à verdade e ao evangelho, como também há indivíduos assim contrários.

2. Usos no Antigo Testamento. Os inimigos do povo de Israel eram as nações gentílicas, os seus adversários em períodos de guerra e vários indivíduos que se fizeram inimigos pessoais. Os inimigos de Deus eram os pagãos, os injustos, os ímpios e os adversários do povo de Israel. Mas, dentro do povo de Israel também havia inimigos de Deus (Is 1.24 ss.). Ver também Sl 6.10 e 54.3 *ss*., nessa conexão. A primeira inimizade que houve no mundo resultou em homicídio (Gn 4.5-8).

A inimizade é o oposto do amor e, usualmente, não tem bases justas (Lv 19.18). O povo de Israel foi instruído a amar até mesmo os estrangeiros que habitassem em Israel (Lv 19.34). Estão ali em foco os estrangeiros *residentes*. Sempre tenho lido que os mandamentos sobre o amor, no Antigo Testamento, diziam respeito somente às relações entre os próprios israelitas, em contraste com o Novo Testamento, que não limita o amor a fatores raciais ou nacionais, mas esse trecho de Levítico 19.34 sem dúvida mostra que nem sempre era assim. Pelo menos os estrangeiros residentes em Israel deveriam ser estimados, conforme aquele versículo estipula.

Aqueles que fazem oposição aos propósitos de Deus tornam-se seus inimigos e isso podia incluir o próprio povo de Israel (Lm 2.4; Is 1.24,25). Deus haverá de vingar-se dos seus inimigos (Jr 46.10; Sl 97.1,3). A vingança era sancionada pela lei levítica até mesmo nos casos de indivíduos que queriam fazer justiça com as próprias mãos (Lv 24.19-21). Mas isso era uma extensão das leis civis, governada por restrições. Os tipos de vingança concordavam com a *lex talionis*, ou seja, vingança de acordo com o mesmo tipo e nas mesmas proporções (Êx 21.24 ss.). O ódio aos inimigos nacionais é expresso em termos fortes nas páginas do Antigo Testamento. Ver Salmo 137.8,9. Fica entendido que os inimigos de Israel também eram inimigos de Deus (Gn 12.3; Êx 23.22). Mas, quando o povo de Deus entregava-se ao pecado, tornava-se inimigo de Deus (Jr 21.4-6). E, então, Deus levantava inimigos estrangeiros que castigassem Israel (Is 9.11). Em seu desespero, os israelitas algumas vezes chegaram a pensar que Deus os entregara às mãos de seus inimigos, sem causas adequadas (Sl 89.38-45).

3. Usos no Novo Testamento. A palavra *echthrós*, usada no Novo Testamento com o sentido de "inimigo", é usada de modo muito variado, indicando: inimigos militares (Lc 19.43); outras nações (Lc 1.71,74); adversários pessoais (Rm 12.19-21, Gl 4.16); os adversários dos cristãos (Mt 10.36, Rm 11.28, Ap 11.5,12); aqueles que fazem oposição a Deus por meio de suas atitudes e ações (Lc 19.27; At 13.10; Rm 5.10; Fp 3.18). A morte e os poderes espirituais da malignidade também são inimigos nossos (1Co 15.25 ss., Cl 2.15), como é o caso de Satanás (Mt 13.39; Lc 10.19; 1Pe 5.8).

4. Ensinos Neotestamentários Superiores sobre os Inimigos. O trecho de Mateus 5.43 ss ensina-nos a amar os nossos inimigos. Não há nenhum paralelo desse ensinamento no Antigo Testamento. No Antigo Testamento, os israelitas eram ensinados a amar seus compatriotas e os estrangeiros residentes. Os demais estrangeiros eram objetos de ódio, visto que Israel mantinha-se em conflito contínuo e forçado com os seus vizinhos. Portanto, certas passagens do Antigo Testamento aproximam-se do mandamento que diz: *Amarás o teu próximo, e odiarás o teu inimigo* (Mt 5.43), fazendo um sumário de trechos do Antigo Testamento, conforme se vê em Deuteronômio 20.16-18. Isso pode ser comparado com os trechos de Salmo 26.5; 31.6; 139.21,22. Paulo reforçou o ensino do Senhor Jesus quanto a essa questão. O trecho clássico sobre essa questão é Romanos 12.19-21. Esse, entretanto, é um ensino que poucas pessoas põem em prática. Geralmente, nem mesmo tentam fazê-lo. Viver de acordo com a lei do amor resulta do cultivo dos vários aspectos do fruto do Espírito (Gl 5.22). E quando alguém é capaz de amar seus próprios inimigos, então o seu amor está realmente desenvolvido. Por outra parte, a *lex talionis* concorda com a natureza humana, em seu estado natural, não regenerada.

5. A Inimizade e a Teologia do Evangelho Cristão. O pecado leva os homens a tornarem-se inimigos de Deus (Rm 5.8 ss.). No entanto, é precisamente nesse estado de inimizade que o evangelho chega até nós oferecendo-nos reconciliação com Deus (Rm 5.10). O fato de que podemos reconciliar-nos com Deus quando ainda somos inimigos significa que agora, na qualidade de *filhos*, seremos salvos pela sua vida e que chegaremos a participar em sua forma de vida (Rm 5.10,11; Cor. 3.18). A cruz de Cristo trouxe a paz ao campo cósmico de batalhas. Homens que, em sua mente, têm sido inimigos de Deus, são reconciliados com Deus por meio do evangelho (Cl 1.20,21). Essa esperança deve ser anunciada a todos os homens, de todos os lugares (Cl 1.23). (B H Z)

INOCÊNCIA, INOCENTE
1. Definição e Caracterização Geral. Essa palavra vem do latim, *in*, "não", e *nocens*, "nocivo", "prejudicial". Envolve o estado de inculpabilidade, de pureza espiritual, de impecabilidade, de liberdade de qualquer culpa, juntamente com a ausência de qualidades que prejudiquem ou sejam nocivas. Também chega a ser sinônimo de gentileza e de ingenuidade, e também, por outro lado, de falta de conhecimento, de ignorância quanto às maneiras de pensar e de agir de homens mundanos. O vocábulo designa a qualidade de quem é livre de atitudes e ações prejudiciais, de quem não é maculado pela maldade, de alguém inexperiente nas maldades deste mundo.

Adão e Eva aparecem, no começo do relato bíblico, como um casal inocente, visto que ambos eram sem pecado, não sabendo ainda o que era a maldade. As pessoas, muitas vezes, anelam pela inocência, e lamentam quando essa é perdida pelos jovens que vão desabrochando para a vida.

As culturas antigas postulavam uma era quando imperou a inocência, ou no passado distante, ou que ainda se instaurará no futuro. A todas essas propostas eras chamamos de *idades áureas*. Hesíodo tinha algo para dizer a esse respeito, mas os escritos de Homero transportam-nos para uma atmosfera literária onde os próprios deuses já viviam sobrecarregados de maldade e malícia. Essas representações antropomórficas foram combatidas por alguns filósofos, como Xenófanes e Platão, que procuraram elevar o conceito de divindade na cultura grega. O ceticismo e o cinismo lançam dúvidas sobre todos os valores tradicionais da sociedade, e os céticos e cínicos não consideram que a inocência seja um valor a ser cultivado, se é que, em algum tempo, houve *inocência*.

Na teologia patrística era muito valorizada a instrução de Jesus (Mc 10.13-16) sobre a necessidade de termos uma atitude própria de criança, se quisermos receber a graça de Deus, que nos leva à salvação. Assim, naqueles escritos, a *innocentia*, também chamada *simplicitas*, aparece como o alicerce da inquirição espiritual, fazendo contraste com a altivez própria do paganismo. O movimento monástico surgiu supostamente a fim de promover o ideal de cultivar a simplicidade e inocência de vida. Mas, como tudo que é humano, a coisa degenerou a tal ponto que chegou a escandalizar a corte papal, e algumas ordens monásticas tiveram de ser descontinuadas, diante do grito geral da sociedade contra aqueles religiosos. As esposas e as filhas dos cidadãos sérios corriam o constante perigo de perderem a fidelidade e a virgindade, assediadas pelos varões que procuravam a santidade no celibato!

Certos movimentos filosóficos, com elementos do Iluminismo (especialmente Rousseau) e do idealismo alemão (sobretudo Schelling), bem como do transcendentalismo norte-americano (conforme é visto em Walden e no Livro da Comunidade Agrícola), têm encorajado as pessoas a tentar recapturar a simplicidade primitiva, que, segundo eles supunham, seria nativa à natureza humana. Ledo engano! O comunismo, por igual modo, tem postulado inutilmente a teoria de que a humanidade começou em condições de inocente simplicidade, em meio a um feliz comunismo; mas que então, por meio da cobiça pelo lucro capitalista, a sociedade humana veio a tornar-se vítima dos erros da escravatura, do feudalismo e do capitalismo. Parte do retorno aos bons e antigos dias seria atingido se os homens voltassem à inocência original.

A inocência, segundo é ensinado na Bíblia, consiste na restauração do estado adâmico, o que começa no perdão dos nossos pecados, através do dom da graça divina, o que sucede mediante a missão de Cristo, mas que só terminará quando de nossa transformação segundo a imagem de Cristo, por ocasião de seu segundo advento. A inocência ética consiste no esforço do crente em manter uma consciência limpa. Quando esse alvo é absoluto, ainda para a atual existência terrena, então temos um mito, e não uma realidade. Contudo, esse mito da perfeição impecável tem sido promovido até por denominações cristãs inteiras, cuja existência gira mesmo em torno de tal ensino. Para mostrar a impraticabilidade disso, basta-nos citar um trecho bíblico claro: *Se dissermos que não temos pecado nenhum, a nós mesmos nos enganamos, e a verdade não está em nós* (1Jo 1.8).

2. Ensinos Bíblicos Sobre a Inocência. Várias palavras hebraicas e gregas estão envolvidas nesse conceito da "inocência": *a. Zaku*, "pureza", palavra aramaica que só ocorre por uma vez, em Daniel 6.22. *b. Chaph*, "seguro", "coberto". Palavra hebraica que aparece somente por uma vez, em Jó 33.9. *c. Chinnam*, "gratuito", embora usada com o sentido de "inocente", por uma vez, em 1Reis 2.31, onde nossa versão portuguesa traduz por "sem causa". *d. Naqah*, "inocente", "inocentado", "livre de culpa". Essa palavra hebraica ocorre por trinta e nove vezes (conforme se vê, por exemplo, em Jó 9.28; Sl 19.28; Pv 6.29; 28.20; Jr 2.35). *e. Naqi*, "inocente", "inocentado", "livre de culpa". Esse termo hebraico aparece por 42 vezes. Ver, por exemplo, (Êx 23.7; Dt 19.10,13; 27.25; 1Sm 19.5; 2Rs 21.16; 24.4; Jó 4.7; 9.23; 27.17; Sl 10.8; 15.5; Pv 1.11; 6.17; Is 59.7; Jr 2.34; 7.6). *f. Athoos*, "inocente", "sem culpa". Essa palavra grega figura somente por duas vezes, em Mateus 27.4,24. Na Septuaginta, essas palavras hebraicas geralmente são traduzidas pelo termo grego *díkaios*, "reto", "justo". *f. Katharós*, "puro", "limpo". Esse termo grego aparece por 25 vezes (Mt 5.8; 23.26; 27.59; Lc 11.41; Jo 13.10,11; 15.3; At 18.6; 20.26; Rm 14.20; 1Tm 1.5, 3.9; 2Tm 1.3; 2.22; Hb 10.22; Tg 1.27; 1Pe 1.22; Ap 15.6; 19.8,14; 21.18,21).

A inocência, aos moldes bíblicos, nunca é conseguida mediante observâncias legalistas, mas através das provisões da graça divina e da fé. A questão só se completará por ocasião da parousia (vide). Diz 1Tessalonicenses 5.23,24: *... o vosso espírito, alma e corpo sejam conservados íntegros e irrepreensíveis na vinda de nosso Senhor Jesus Cristo. Fiel é o que vos chama, o qual também o fará.*

3. Características Éticas da Inocência. *a.* A doutrina da inocência é abusada quando é reduzida à alegada perfeição impecável. Ver os artigos sobre *Perfeccionismo e Igrejas de Santidade*. Ver também sobre *Pecado, VI; Perfeição Impecável*, onde damos uma discussão detalhada a respeito. Apesar de ser nosso alvo buscar a inocência, uma consciência clara e aquilo que diz respeito à piedade, uma perfeição ética, utópica, é essencialmente uma distorção da augusta santidade de Deus e da incapacidade do homem, como criatura que ele é, para participar dessa santidade perfeita antes de chegar à glorificação, o que só sucederá por ocasião da *parousia* (vide). *b.* O mundo zomba da inocência, mas podemos ter a certeza de que essa zombaria está alicerçada sobre a malignidade, algumas vezes até abertamente diabólica. Há uma malignidade no pecado, à qual os próprios crentes precisam aprender a não dar atenção, ajustando-se um tanto à mentalidade mundana, embora sem nunca aprová-la. Paulo convidou-nos a quebrar os moldes deste mundo, buscando conformidade com a mente divina (ver Rm 12.1,2). *c.* Existem certos sistemas éticos que procuram definir a conduta ideal; e quase todos os sistemas éticos reconhecem o problema do pecado, ainda que, na filosofia, esse termo nunca seja usado com o sentido que lhe é dado na teologia. Ver o artigo geral sobre *Ética*. *d.* A inocência reflete a qualidade mental das crianças, e não apenas a ausência de pecado. Nesse sentido, é o contrário da altivez, da presunção e do dolo. Jesus requer essa qualidade de parte de seus discípulos. *Em verdade vos digo que, se não vos converterdes e não vos tornardes como crianças, de modo algum entrareis no reino dos céus* (Mt 18.3). Essa atitude inclui uma humildade que promove a devoção a Deus, de toda a mente e de todo o coração. *e.* O termo "inocente" é usado para indicar as crianças, antes da suposta idade da responsabilidade. Pessoalmente, rejeito essa noção, visto que o pecador é a alma, e a alma não é uma criança, ainda que abrigada em um corpo infantil. A alma, desde o começo, mui provavelmente, em um estado preexistente desde antes de tomar corpo físico, é um ser responsável. Ver o artigo sobre *Infantes, Morte e Salvação dos*, onde expresso minhas opiniões sobre a inocência e o estado espiritual dos infantes.

INRA

No hebraico, **"teimoso"**. Filho de Zofá, descendente de Aser (1Cr 7.36), e que foi um dos chefes daquela tribo. Viveu por volta de 1612 a.C.

INRI

No hebraico, **"eloquente"**. Esse é o nome de duas personagens que aparecem no Antigo Testamento: **1**. Um homem da tribo de Judá, filho de Bani, da família de Perez (1Cr 9.4), que viveu algum tempo antes de 536 a.C. Ele se achava entre os exilados que voltaram do cativeiro babilônico para residir em Jerusalém. **2**. O pai de Zacur que ajudou a reconstruir as muralhas de Jerusalém nos dias de Neemias (Ne 3.2). Isso ocorreu algum tempo antes de 446 a.C.

INSCRIÇÕES

O latim por detrás dessa palavra é (*inscriptionis*), "uma escrita sobre". O termo latino *inscriptus* é o particípio passado de *inscribere*, "inscrever". Em um sentido geral, uma inscrição é qualquer coisa que se escreva sobre um objeto; mas, segundo o uso arqueológico do termo, estão em foco escritas gravadas sobre objetos encontrados pelos arqueólogos, vindos de antigas culturas, que nos auxiliam a compreender a natureza delas, bem como parte de sua história.

As inscrições, nesse sentido arqueológico, incluem cartas, palavras ou símbolos gravados ou pintados sobre materiais de grande duração, como pedra, argila, metal, terracota, marfim etc., com o intuito de transmitir alguma mensagem, registrar eventos, ou talvez, em alguns casos, meramente decorar.

O estudo das inscrições muito tem feito para aumentar o conhecimento dos homens modernos sobre as civilizações antigas. Entre as mais bem conhecidas inscrições da civilização ocidental estão os vasos pintados e os mármores com gravuras em baixo relevo da antiga Grécia, bem como os selos e as moedas das civilizações da Mesopotâmia e do rio Nilo que remontam até 3000 a.C. Naturalmente, inscrições também têm servido de preciosas fontes informativas sobre as culturas chinesa, maia, tolteca e asteca (estas três últimas nas Américas). As inscrições, como é óbvio, têm sua contraparte moderna nas pedras angulares dos edifícios, nas placas comemorativas etc. Essa arte chama-se *epigrafia*.

I. Contribuição das Inscrições. As inscrições têm sido uma das mais valiosas fontes informativas dos arqueólogos. Até cerca de cem anos atrás, os estudiosos tinham de limitar-se a referências históricas literárias, como, por exemplo, os livros de Josefo, historiador judeu que viveu imediatamente após a época de Cristo. Atualmente, porém, a arqueologia tem encontrado grande massa de informações nas próprias terras bíblicas. As inscrições encontradas pelos arqueólogos nos revelam muita coisa sobre leis, tratados, condições sociais, motivos das populações, crenças (inclusive aquelas de natureza religiosa) etc. Além de meras pequenas inscrições, a arqueologia tem encontrado vastas bibliotecas, valiosíssimas para o estudo de culturas antigas. Na área dos rios Tigre e Eufrates, têm sido encontradas muitas inscrições feitas sobre argila, o material mais comumente achado ali. No Egito muitas inscrições eram feitas sobre a pedra, mas também na forma de pintura. Na Grécia têm sido encontradas muitas inscrições pertencentes aos séculos IV e V a.C., especialmente em Atenas. As mais antigas inscrições em grego foram gravadas da direita para a esquerda, ao estilo dos hebreus. Mas, com a passagem do tempo, o grego passou a ser escrito da esquerda para a direita, como o nosso português. E também existem inscrições escritas verticalmente, de cima para baixo, conforme se vê, por exemplo, no japonês.

As inscrições públicas visavam transmitir instruções às massas populares, geralmente sendo colocadas em lugares movimentados. As inscrições feitas sobre túmulos tinham significado religioso. Inscrições particulares, com frequência, tinham uma finalidade decorativa, embora até mesmo essas, em muitos casos, nos forneçam informações valiosas.

II. Inscrições Antes de Israel Estabelecer-se na Terra Prometida

1. Os textos de execração do Egito, pertencentes aos séculos XIX E XX a.C. Nomes de inimigos, suas cidades, além de outras informações, eram escritos sobre figurinhas ou vasos de argila, os quais eram então quebrados. Isso equivalia mais ou menos à prática dos umbandistas e outros, que atravessam bonecos com agulhas, na esperança de prejudicar as suas vítimas vivas. Textos assim fornecem-nos informações sobre as condições sociais, militares e governamentais dos povos que os prepararam.

2. Os textos dos Faraós do Egito. Além das inscrições em escrita hieroglífica que nos dizem algo sobre os tempos e os reinados de vários reis egípcios, há os escritos mais extensos como os de Tutmés III (cerca de 1490-1436 a.C.), encontrados no templo de Amom, em Carnaque, onde aparecem alistados os nomes de cento e dezenove cidades e aldeias, capturadas pelos egípcios em Canaã e na Síria. Esses escritos nos fornecem grande iluminação quanto aos centros populacionais dessas áreas, naquele tempo. Outros documentos escritos revelam o inter-relacionamento entre o Egito e a Palestina, nos tempos de vários Faraós, como Ramsés II (cerca de 1290-1223 a.C.), Ramsés III (cerca de 1179—1147 a.C.), além de outros. Esse material, também, nos fornece algumas informações sobre os hititas e os hurrianos. E na própria palestina têm sido encontradas inscrições relativas ao Egito. Três estelas (duas de Seti I, antecessor de Ramsés II, e uma do próprio Ramsés III) foram deixadas em Bete-Seã por tropas egípcias que ocuparam aquele lugar em certo período histórico. Ali, lê-se sobre a captura de Bete-Seã. Em uma dessas estelas há menção aos *habiru* (vide), que muitos estudiosos pensam ser os hebreus.

3. Inscrições Sumério-acadianas. Têm sido encontradas bibliotecas inteiras, pertencentes a essa cultura, como milhares de textos inscritos sobre argila queimada. Entre esse material se encontra a lista de reis sumérios, onde aparecem os nomes dos mais antigos governantes da Mesopotâmia. Todavia, essa lista é parcialmente mitológica, visto que aparecem ali os nomes de somente oito monarcas antediluvianos, os quais teriam coberto, ao todo, um período fantástico de 241.200 anos.

Muito se tem podido aprender sobre as opiniões desses povos quanto à lei e à moral, conforme se vê no código de Hamurabi (cerca de 1792-1750), que encontra alguns paralelos na Bíblia. Ver o artigo separado intitulado *Hamurabi, Código de*. Outras coleções de material antigo, que nos oferecem informes sobre leis e questões morais, foram encontradas em Ur, da época do rei Ur-Namu (cerca de 2060 a.C.), e das épocas dos reis Bilalão, de Esnuna (cerca de 1930 a.C.), e Lipite-lstar, de Isin (cerca de 1865 a.C.).

Em Mari, no curso médio do rio Eufrates, foi encontrada uma coleção de vinte mil tabletes, pertencentes aos séculos XIX e XVIII a.C. Esse material revela muita coisa sobre costumes sociais, leis etc., que ilustram muitas coisas da época bíblica patriarcal. Material similar foi encontrado em Nuzi, na porção noroeste da Mesopotâmia que ilustra muitos costumes dos hurrianos. Esse material também lança luz sobre certas questões referidas na Bíblia.

4. Inscrições Ugaríticas. O ugarítico era um dos dialetos cananeus que contava com uma escrita alfabética, mas cuja escrita era tipo cuneiforme. Em nenhum local tem sido encontrado grande acúmulo desse material; mas o material pertencente a essa categoria, encontrado espalhado por toda a Palestina, tem sido considerável. Os fragmentos mais antigos pertencem ao século XIV a.C., contendo informações de cunho religioso, além de outras.

5. Textos em Escrita Alfabética. Tem sido encontrado algum material em escrita protosinaitica, pertencente, principalmente, aos séculos XVI e XV a.C. Esse material foi achado em Serebite. Embora não sejam abundantes, tais inscrições ilustram estágios no desenvolvimento do alfabeto, além de nos darem algumas informações sobre as culturas da época. E algumas dessas informações iluminam as condições bíblicas da época.

III. Inscrições da Época da Terra Santa Ocupada por Israel

1. Egípcias: **a. Mernepta** (cerca de 1224 - 1216 a.C.) deixou hinos de vitória em uma estela, achada em seu túmulo, em Tebas. Essa mensagem duplica aquilo que ficou inscrito no templo de Amom, em Carnaque. Israel é mencionado entre os povos inimigos derrotados. **b. Ramsés III** (cerca de 1179-1147 a.C.). Ele diz que repeliu os chamados povos do mar, entre os quais estavam os filisteus, que se estabeleceram nas costas marítimas da Palestina, depois que foram expulsos do Egito. Relatos sobre as lutas que houve aparecem no templo mortuário de Ramsés, em *Medinet Habut*. **c. A Literatura de Sabedoria**. Os escritos de Amenemope assemelham-se, quanto ao estilo, a algumas declarações do livro de Provérbios, na Bíblia, especialmente o trecho de Provérbios 22.17—23.14. **d. Sisaque**, também conhecido como Sosenque, guerreou contra Israel, nos dias de Reoboão (1Rs 14.25,26, 2Cr 12.2-9). Há uma inscrição, no templo de Carnaque, que dá uma lista de cidades que ele teria conquistado, confirmando as informações que aparecem em 2Crônicas 12. Jerusalém não foi capturada, mas lhe foi imposto um pesado tributo. E os escudos de ouro, de Salomão, foram entregues aos egípcios, entre outros tesouros. As histórias dos reis da Assíria, contadas em suas inscrições, suplementam aquilo que a Bíblia nos diz. Na inscrição monolítica de Salmaneser III (858—824 a.C.), Acabe é mencionado como um dos adversários dos assírios. Os sírios e israelitas tornaram-se aliados, por breve tempo, para enfrentar a ameaça assíria. Certa inscrição menciona a batalha de Qarqar, em 853 a.C., que houve durante esse conflito. O obelisco negro de Salmaneser III refere-se à submissão de Jeú aos sírios. *Tiglate-Pileser III* (744—727 a.C.) deixou registrado que Menaém, de Israel, precisou pagar-lhe tributo, o que também é mencionado em 2Rs 15.19,20, além de descrever a guerra siro-efraimita, que envolveu Acaz, de Judá, o que tem paralelo bíblico em 2Reis 16.5-18. Há inscrições que dizem como *Sargão I* (721—705 a.C.) destruiu Samaria e deportou os israelitas (ver também 2Rs 18.9,12). Senaqueribe (704—681 a.C.) narra suas guerras na Palestina, jactando-se de suas vitórias sobre uma longa lista de cidades palestinas. Ele conta como pôs Ezequias em uma gaiola, embora sem mencionar os detalhes que aparecem em 2Reis 18.17-35. Ele estabeleceu seu quartel general em Laquis, o que é confirmado na Bíblia. *Esar-Hadom* (680-669 a.C.) chama ao rei Manassés, de Judá, seu vassalo. *Assurbanipal* (668-633 a.C.) descreve como invadiu a Palestina.

2. Babilônicas. As inscrições que nos chegaram do período babilônico narram o colapso do império assírio, com a queda de Nínive. Cerca de trezentos tabletes foram recuperados na Babilônia, de cerca de 595-570 a.C., o tempo em que Nabucodonosor governou (605-562 a.C.). Jeoaquim, rei de Judá, é mencionado entre os muitos cativos e vassalos. Material escrito, procedente da Babilônia, também descreve Nabonido, Ciro e outros, que tiveram algum relacionamento com o povo de Israel.

3. Hebreias. Pertencentes ao século XII a.C., temos três cabeças de lanças inscritas, mui provavelmente, com os nomes de seus donos. Lâminas de metal, com nomes indecifráveis, têm sido encontradas, pertencentes ao século XI a.C. Estações de plantio são alistadas em inscrições achadas em Gezer (século X a.C.). Inscrições fenícias do século X a.C. ilustram o desenvolvimento do alfabeto. Uma dessas inscrições, bastante longa, foi encontrada em Caratepe, na parte leste da Cilícia, com material paralelo em escrita hieroglífica hitita. A chamada *pedra moabita* (vide), do século IX a.C., fala sobre o rei Onri, de Israel, além de fornecer detalhes sobre a história desse período do Antigo Testamento. Essa é a única Inscrição significativa, no dialeto dos moabitas, que era um ramo da língua cananeia. Registros da entrega de azeite e vinho, pertencentes ao século VIII a.C., foram encontrados em Samaria, sob a forma de cerca de setenta *ostraca* (vide). Cerca de vinte e uma *ostraca*, do século VI a.C., foram achadas em Laquis, fornecendo-nos detalhes da época de Zedequias. A *inscrição de Siloé* (vide) foi encontrada em um antigo túnel, em Jerusalém, da época de Ezequias. Descreve como os engenheiros israelitas escavaram o túnel. Também há duas *ostraca* achadas em *Tell Kasileh* (século VIII a.C.), que mencionam o comércio de azeite e ouro, que Israel fazia com o Egito. Inscrições fúnebres encontradas em Siloé, um lugar perto de Jerusalém, nos chegaram desde os tempos de Ezequias. Na fortaleza de *Matzad Hashabyahu*, várias *ostraca* foram achadas. Uma delas contém uma carta escrita em hebraico, do século VII a.C. Materiais perecíveis, como o papiro e o pergaminho, não perduravam por tanto tempo na Palestina, como o faziam no Egito, de clima bem mais seco, razão pela qual não muito desse material chegou até nós. Os chamados manuscritos do mar Morto são uma notável exceção desse fato. Ver o artigo intitulado *mar Morto, Manuscritos (Rolos) do*. Centenas de inscrições relativamente sem importância, inscritas em hebraico, sobre todo tipo de objetos, como selos, pesos, jarras e cabos de armas, moedas, ossuários, *ostraca* etc., têm sido encontradas. Essas inscrições abordam a maior variedade de imaginável de assuntos, e outras são apenas ornamentais.

4. Aramaicas. Uma estela encontrada perto de Alepo, na Síria, confirma o texto de 1Reis 15.18, ao falar sobre Ben-Hadade. Uma inscrição feita sobre marfim, de Arslan Tash, contém o nome Hazael também mencionado em 2Reis 8.15. Várias inscrições em aramaico nos dão detalhes sobre a história dos reinos aramaicos, além de mencionarem lugares específicos de grande interesse, como Nerabe e Assur. A história de uma colônia judaica em Elefantina, no Alto Egito, tem sido aclarada por papiros encontrados. Isso já nos vem do período persa. Dentre os manuscritos mais importantes aramaicos, estão aqueles descobertos no mar Morto. Ver o artigo *mar Morto, Manuscritos (Rolos) do*.

5. Gregas. Durante o período helenista, era comum as sinagogas judaicas conterem inscrições que honravam reis pagãos. De fato, havia até sinagogas com os nomes dessas figuras. Desde a época de Antíoco III (223-187 a.C.), uma inscrição em grego conta como os seus soldados lançaram confusão no norte da Palestina, perto de Hefizibá. Uma inscrição feita sobre o mármore, em Acre, menciona Antíoco VII, sendo uma dedicação feita a Zeus Soter, o principal deus do panteão grego. Inscrições em grego têm sido achadas em lugares de sepultamento, em Maresa (159-119 a.C.), em Samaria, mais ou menos da época dos monarcas ptolomeus. Em Kefar Yasif, a nordeste de Acre, foi encontrada uma inscrição em pedra calcária, que era uma dedicatória, posta sobre um altar devotado a deuses orientais, Hadade e Atargates. Muitos fragmentos de papiro foram encontrados na areia dos desertos egípcios, ilustrando a vida das épocas de onde procederam, ou seja, imediatamente antes da era cristã, que foi o período helenista.

6. Latinas. Inúmeras inscrições em latim têm sido encontradas, lançando luz sobre o período de dominação romana. Para os estudiosos do Novo Testamento é de especial interesse a inscrição encontrada em um antigo teatro de Cesareia. Representa uma dedicatória em honra ao imperador Tibério, ali posta por Pôncio Pilatos. Ver o artigo separado intitulado *Escrita*. (AM THO Z)

INSENSATO, INSENSATEZ

No hebraico há quatro palavras envolvidas, e no grego, também quatro: **1**. *Evil*, "insensato". Esse termo hebraico ocorre por 26 vezes (conforme se vê, por exemplo, em Sl 107.17; Pv 1.7; 7.22; 24.7; 27.3,22; Is 10.11; Os 9.7). **2**. *Kesil*, "autoconfiante". Palavra hebraica que aparece por sessenta e nove vezes, quando usada como adjetivo (conforme se vê, por exemplo, em Sl 49.10; 94.8; Pv 1.22;32; 3.35; 8.5; 10.18;23; 28.26; 29.11,20; Ec 2.14-16; 4.5; 5.3,4; 9.17; 10.2,12). **3**. *Nabal*, "vazio", "tolo". Palavra hebraica que figura por dezoito vezes (conforme se vê em 2Sm 3.33; 13.13; Jó 30.8; Sl 14.1; 53.1; Pv 17.7,21; 30.22; Jr 17.11). **4**. *Sakal*, "cabeça dura". Termo hebraico que aparece por sete vezes como adjetivo (Ec 2.19; 10.3,14; 7.17; Jr 4.22; 5.21). **5**. *Anóetos*, "destituído de mente". Termo grego que aparece por seis vezes (Lc 24.25; Rm 1.14; Gl 3.1,3; 1Tm 6.9; Tt 3.3). **6**. *Ásophos*, "destituído de sabedoria". Palavra grega que é utilizada por apenas uma vez, em Efésios 5.15. **7**. *Áphron*, "desatento". Palavra grega que é usada por onze vezes (Lc 11.40; 12.20; Rm 2.20; 1Co 15.36; 2Co 11.16,19; 12.6,11; Ef 6.17 e 1Pe 2.15). **8**. *Morós*, "rebelde", "insensato". Vocábulo grego usado por catorze vezes (Mt 5.22; 7.26; 23.17,19; 25.2,3,8; Mc 7.13; 1Co 1.25,27; 3.18; 4.10; 2Tm 2.23 e Tt 3.9). O substantivo, *moría*, ocorre por cinco vezes (1Co 1.18,21,23; 2.14; 3.19).

1. Características da Insensatez. *a*. Não ter conhecimento de Deus (Tt 3.3). *b*. Negar a Deus na teoria e na prática (Sl 14.1). *c*. Blasfemar contra Deus e achar nele defeito (Sl 74.22). *d*. Zombar e desvalorizar o pecado (Pv 14.9). *e*. Odiar o conhecimento espiritual e desprezar a instrução (Pv 1.22 e 15.5). *f*. Não se interessar pela compreensão espiritual (Pv 18.2). *g*. Praticar o mal e permanecer nas trevas espirituais (Ec 2.14). *h*. Deleitar-se no pecado (Pv 10.23). *i*. Mostrar-se corrupto (Sl 14.1), autossuficiente (Pv 14.8), falar muito, mas não pôr em prática a religião (Mt 25.2-12), intrometer-se nos negócios alheios (Pv 20.3), caluniar ao próximo (Pv 10.18), ser um mentiroso (Pro.10.18), ser preguiçoso (Ec 4.5), irar-se com facilidade (Ec 7.9), mostrar-se contencioso (Pv 18.6), buscar a companhia de tolos (Pv 13.20), ser idólatra (Jr 26), confiar no dinheiro (Lc 12.20). *j*. O insensato pode ouvir o evangelho, mas não lhe dá atenção (Mt 7.26). *k*. Os insensatos só podem esperar pelo castigo divino (Sl 107.17; Pv 19.29).

2. Seus Contrários. *a*. A busca pela sabedoria; a inquirição espiritual; o cultivo da espiritualidade; o cultivo da santidade. *b*. Levar uma vida enérgica, industriosa, cheia de propósito. Ter alvos na vida e buscá-los com denodo. Anular a própria ignorância, mediante o aprendizado. Buscar a sabedoria espiritual e aplicá-la (Ef 1.17 ss.). Aceitar a mensagem do evangelho (Rm 2.20; Tt 3.3-5; 1Co 1.21-25).

3. Quando é Legítimo ser Insensato? O sério discipulado cristão pode envolver que o crente se torne um tolo, por amor a Cristo. Na verdade, os crentes dedicados não são tais, porém, as pessoas comuns assim os consideram (1Co 4.10; At 26.24). Entretanto, a verdadeira insensatez será evitada pelos discípulos sérios de Cristo (Ef 5.4).

INSPIRAÇÃO

1. A Inspiração e as Escrituras. Quanto a quase tudo que tenho a dizer sobre o assunto, ver o artigo *Escrituras*, segunda seção, *Inspiração das Escrituras*; e quinta seção, *Níveis e Tipos de Inspiração*. Damos o que consideramos ser uma importante declaração sobre a questão, no último parágrafo do artigo sobre o *Alcorão*. A leitura desses artigos fornece, com detalhes, as coisas que podem ser ditas sobre a inspiração de escritos sagrados, além de outros assuntos afins. Ver, igualmente, sobre a *Infalibilidade*, (que inclui a ideia da inerrância das Escrituras). Muitos teólogos têm asseverado que essa palavra só pode ser aplicada ao próprio Deus. Nada mais é infalível, além de Deus, e as declarações em contrário terminam em alguma variedade de idolatria, porquanto atribui um atributo divino, exclusivo a alguém ou a alguma coisa.

2. A Inspiração e o Misticismo. Misticismo é o termo usado quando indicamos que poderes externos e superiores a nós podem entrar em contato conosco, comunicando-se conosco. A isso se dá o nome de *misticismo objetivo*, a forma mais comum de misticismo no Ocidente. Se Deus quer revelar algo e um profeta recebe essa comunicação em um transe, por inspiração, em qualquer de suas formas, mediante a apreensão intuitiva, então o profeta terá recebido uma experiência mística. Já o *misticismo subjetivo*, comum no Oriente, é o ensino que diz que a alma é um grande depósito de conhecimentos e de sabedoria, e que esse depósito pode ser sondado pela visão interior, que nos é conferida através da meditação e dos estados de consciência alterados que ela produz. Ver o artigo geral sobre o *Misticismo*, quanto a uma completa explanação a respeito. Por enquanto, basta-nos esclarecer que a revelação e a inspiração são subcategorias do misticismo.

3. A Revelação e a Inspiração. É verdade que essas duas palavras podem ser usadas como sinônimas. Porém, a revelação pode indicar o ato de Deus por meio do qual ele revela importantes verdades que podem ser ou não incorporadas, mais tarde, em um livro ou em uma coleção de livros sagrados. Em contraste, a inspiração pode aludir a uma revelação menos formal, mais de cunho pessoal, com vistas a guiar ou instruir o indivíduo. Isso pode fazer parte do seu aprendizado, por intermédio do que tal indivíduo torna-se habilitado para cumprir a sua missão. Em um sentido inferior, a inspiração consiste na infusão ou implantação de uma ideia, como uma espécie de influência espiritual, que opera sobre a pessoa e a transforma.

Alguns grupos cristãos, como a Sociedade de Amigos, ou quacres, têm dado muito valor à inspiração pessoal com o propósito de se compreender as Escrituras, quando o indivíduo recebe ensinamentos diretos que podem ser sugeridos ou não pelas Sagradas Escrituras. Isso faz parte do ministério do Espírito Santo, sendo o toque místico na vida, e muito importante para o desenvolvimento espiritual. Quando isso é exagerado além das medidas, já teremos chegado a novas escrituras, que tendem por suplantar a Bíblia Sagrada. É o caso, para exemplificar, dos escritos da sra. White, muito prezados pelos Adventistas do Sétimo Dia. Alguns hinos cristãos, mui definidamente, foram inspirados nesse sentido, como também outros escritos.

4. Inspiração, um Fator Comum e Vital à Experiência Humana. Dentro do *campo religioso*, podemos falar em *iluminação* (vide). Temos aí a obra iluminadora do Espírito sobre a mente humana, para que esta entenda melhor o que seja a espiritualidade e seus requisitos. Faz parte do crescimento espiritual, da compreensão de tudo quanto está envolvido na inquirição espiritual: o conhecimento de Deus, do Filho, das obras do Espírito e do que essas coisas significam para nós. (Ver Ef 1.18 e 1Co 2.6-16). É possível termos abertos os *olhos da alma*.

Em outros campos. A inspiração opera na ciência, bem como em todas as linhas da experiência e do empreendimento humano. Trata-se de uma experiência universal, aliada à *intuição* (vide). Não se pode duvidar de que a mente humana pode sondar uma inteligência e um conhecimento além de sua própria experiência e da capacidade cerebral do homem. Ver o artigo sobre a *Mente Cósmica Universal*. Coisas que dizem respeito à vida e à morte estão inscritas na consciência humana, de várias maneiras, e não somente da maneira individual.

Edison e outros cientistas, e o próprio Albert Einstein, têm atribuído algumas de suas ideias e invenções a forças maiores que suas realizações cerebrais. A inspiração opera sobre as artes, a música, a poesia etc., e até sobre a filosofia. Quanto mais aprendo, mais acredito nisso.

5. A Inspiração e a Autoridade. Em qualquer campo, religioso ou não, se algo foi inspirado, então, mui naturalmente, terá mais autoridade do que aquilo que não é inspirado, pelo menos quanto a certas questões. Todavia, é inútil falarmos em perfeição, quando estamos tratando dessas coisas. Nada existe de perfeito e destituído de erro, exceetuando o próprio Deus; e a inspiração, por mais valiosa que seja, não é capaz de dar-nos um conhecimento perfeito, porquanto sempre será algo incompleto. É o que disse o próprio Paulo, em certo trecho: *... porque em parte conhecemos, e em parte profetizamos...* (1Co 13.9). Ver o artigo geral sobre a *Autoridade*. A igreja Católica Romana, a igreja Ortodoxa Oriental e alguns grupos anglicanos supõem que os concílios ecumênicos da igreja cristã foram inspirados, e que a seus pronunciamentos deveríamos conferir a mesma autoridade que os católicos romanos dão ao papa, no tocante às suas declarações *ex cathedra*.

6. Fontes de Inspiração. As mesmas fontes que nos dariam experiências místicas também são as fontes inspiradoras. Na inspiração objetiva, temos Deus, o Espírito Santo, Cristo, os santos (estes últimos dentro do catolicismo romano), os espíritos angelicais, e até mesmo espíritos humanos desencarnados (segundo o espiritismo). Na inspiração subjetiva, como já dissemos, a própria alma humana é o armazém de conhecimento e de sabedoria, o qual pode ser explorado mediante certos métodos. Sócrates tinha grande fé nas capacidades da alma humana. Ele acreditava em uma mente cósmica ou universal como fonte inspiradora; e isso seria outro modo de inspiração que requer o nosso respeito. A alma humana teria acesso à alma cósmica; e a mente humana teria acesso à mente cósmica.

7. Critérios para Julgamento de Inspiração verdadeira e Falsa. Muitos desses critérios são os mesmos que aqueles usados para determinar a autoridade do cânon das Escrituras, quando estamos tratando com documentos sagrados. Damos abaixo algumas sugestões gerais: ***a. A autoridade da igreja*** através de seus concílios, ministros etc. ***b. A coerência da mensagem dada***, em comparação com outras mensagens reputadas válidas. É importante que a comunidade interessada compreenda tal mensagem. ***c. A universalidade da mensagem***. Seitas e grupos locais dificilmente podem ser considerados autoritários quanto a questões religiosas, se é que a massa total da igreja permanece na ignorância de fatos supostamente revelados e inspirados. ***d. Coerência interna: moralidade e razão***. Nenhuma inspiração verdadeira haverá de nos encorajar a praticar atos imorais, ilegítimos ou dúbios. Esse é o grande teste moral, uma questão importantíssima. Outro aspecto disso é o teste da *razão*. Não deveríamos abdicar de nossa capacidade de raciocinar, só porque algum grupo ou indivíduo diz que recebeu uma inspiração reveladora. A razão é que nos pode resguardar de abusos e fanatismos. É justo supormos que a razão nos foi outorgada como salvaguarda, e nós não deveríamos sacrificá-la, embora também não lhe possamos conferir uma importância exagerada. O misticismo pode transcender à razão, mas, usualmente não deveria contrariar a razão. ***e. Atitude desinteressada***. Algumas pessoas dizem ter recebido inspiração reveladora somente para promoverem seus próprios sistemas, em prejuízo de outros. Em uma verdadeira experiência mística, o "eu" e seus múltiplos interesses desaparecem, e o Espírito universal se manifesta. ***f. Inteligibilidade***. Visto que a inspiração visa a comunicar alguma mensagem, poderíamos aplicar esse critério. Precisamos aprender algo que serve de ajuda à maneira pela qual pensamos e agimos. Devemos repelir os excessos, os abusos, os absurdos. **g. Praticalidade**. Aquilo que nos for dado pela inspiração revelada precisa revestir-se de senso prático, para nossas próprias pessoas, para nossas próprias vidas.

Esses vários critérios não são absolutos. São meras sugestões sobre o que deveríamos pensar sobre a inspiração. Dão-nos orientações. (E EP W Z)

INTERCESSÃO

1. A Palavra e Caracterização Geral. A palavra intercessão vem do latim, *intercedere*, "ficar entre". Sua raiz é *inter*, "entre", e *cedere*, "passar" "ir". Interceder é apelar em favor de alguém. Quando é aplicada à oração, essa palavra dá a entender as intercessões feitas diante de Deus ou de alguma elevada autoridade espiritual, em favor de outrem. Em algumas porções da igreja, a prática das preces em favor dos mortos está incluída na questão, visto que na igreja Ortodoxa Oriental o estado dos *perdidos* não é considerado fixo ou final antes do julgamento do último dia, ao passo que na igreja Católica Romana o estado dos *fiéis* não é considerado fixo antes do julgamento final.

A palavra hebraica *paga*, "interceder", originalmente significa "ferir sobre", e, por extensão, "assediar com petições". Quando esse insistente tipo de oração era feita, em favor de outra pessoa, então a palavra tomava o sentido de *intercessão*. E a palavra grega correspondente é *entugchano*. Essa palavra ocorre por cinco vezes no Novo Testamento (At 25.24; Rm 8,26,34; 11.2 e Hb 7.25). O significado básico dessa palavra é "encontrar", "voltar-se para", "aproximar-se de", "apelar", "fazer petição". O indivíduo aproxima-se do poder divino a fim de fazer suas petições. A forma nominal *enteuksis* significa "pedido", "petição", "oração", "intercessão". Essa palavra encontra-se somente por duas vezes em todo o Novo Testamento: (1Tm 2.1 e 4.5). A passagem de 1Timóteo 2: 1 recomenda um amplo ministério de intercessão por todas as classes de pessoas.

No Antigo Testamento, nos livros poéticos, encontramos exemplos de intercessão (ver Jó 1.5; 42.8; Sl 20; 25.22; 35.13). Muitos exemplos podem ser vistos nos livros proféticos (ver Is 6; 25; 26 e 37; ver também Jr 10.23 ss., 14.7 ss.; Ez 9.8; 11.13 Dn 9.16-19). O trecho de Malaquias 2.7 subentende que os sacerdotes mostravam-se negligentes em seu trabalho de intercessão. Joel 2.17 mostra-nos que os sacerdotes e ministros tinham por obrigação realizar esse serviço. A intercessão é muito enfatizada nos livros históricos. Ver a história de Abraão e sua intercessão em favor dos sodomitas (Gn 18.22-33). No tocante a Jacó, ver Gênesis 48.8-23. Moisés intercedeu em favor do rebelde povo de Israel (Êx 32.31,32), e Samuel seguiu esse exemplo (1Sm 15.11).

No Novo Testamento vemos que Jesus ensinou a necessidade de intercedermos até mesmo pelos nossos inimigos (Mt 5.44). Disso o próprio Senhor Jesus deu o exemplo (Lc 22.32; Jo 17), e a igreja primitiva o imitou nisso (At 12.5-12; 13.3). O Espírito Santo intercede por nós (Rm 8.26), tal como agora o faz o Cristo exaltado à glória celestial (Hb 9.24).

A intercessão é um ato resultante da prática da lei do amor, visto que todos os seres humanos são carentes; deveríamos preocupar-nos com a satisfação dessas necessidades, sobretudo quando essas necessidades são espirituais. A intercessão é a confissão de nossas necessidades e de que dependemos de Deus. Algumas vezes, precisamos da intervenção divina direta em nosso favor. Sempre precisamos do divino auxílio no tocante às nossas necessidades, sejam elas físicas ou espirituais, a fim de que também possamos cumprir, como é devido, a missão de cada um de nós neste mundo.

2. A Intercessão dos Crentes. Ver o artigo sobre a *Oração*, especialmente o nono ponto, *Intercessão Mútua*. Na família divina, o Filho de Deus intercede pelos filhos de Deus, o Espírito Santo intercede pelos filhos de Deus, e espera-se que estes últimos intercedam uns pelos outros. Cristo nos deixou exemplo disso: (Lc 22.32; Jo 17.9-24). A oração intercessória nos é ordenada (1Tm 2.1; Tg 5.14,16). Deveríamos interceder em favor de todos os homens (1Tm 2.1), por todos quantos ocupam posições de autoridade (1Tm 2.2), pelos ministros (2Co 1.11; Fp 1.29), pela igreja como um todo (Sl 122.6; Is 62.6,7), por todos os santos (Ef 6.18), pelos patrões (Gn 24.12-14), pelos servos (Lc 7.2,3), pelas crianças (Mt 15.22), pelos nossos compatriotas (Rm 10.1), pelos enfermos (Tg 5.14), pelos que nos perseguem (Mt 5.44), pelos nossos inimigos (Jr 29.7), pelos que mostram ter inveja de nós (Nm 12.13), por aqueles que nos abandonam (2Tm 4.16). Os ministros do evangelho deveriam orar pelos membros de suas igrejas (Ef 1.16; 3.14-19; Fp 1.4), para que tomem coragem (Tg 5.16). É um pecado negligenciarmos a oração intercessória (1Sm 12.23). Além disso, a oração intercessória beneficia ao próprio intercessor (Jó 42.10).

Os exemplos bíblicos de oração intercessória incluem Abraão (Gn 18.23-32), Moisés (Êx 8.12; 32.11-13), Samuel (1Sm 7.5), Salomão (1Rs 8.30-36), Elias (2Rs 4.33), Ezequias (2Cr 30.18), Isaías (2Cr 32.20), Davi (Sl 25.22), Daniel (9.3-19), Estêvão (At 7.60), Pedro e João (At 8.15), a igreja de Jerusalém (At 12.5), Paulo (Cl 1.9,12), Epafras (Cl 4.12) e Filemom (Fm 22).

3. A Intercessão de Cristo. O décimo sétimo capítulo de João mostra a preocupação do Filho de Deus pelos filhos de Deus, mormente no tocante ao bem-estar espiritual deles. O trecho de Lucas 22.32 mostra que Jesus atarefava-se nesse ministério. E as passagens de Romanos 8.34 e Hebreus 7.25 referem-se ao Cristo exaltado aos céus a interceder em favor de seus irmãos. O Espírito de Deus nos seria dado mediante a intercessão de Cristo (Jo 14.16,17) e é por meio dele que somos conduzidos a toda a verdade. Os crentes enfrentam muitos adversários, mas o trabalho intercessório do Filho de Deus garante para os filhos uma peregrinação bem-sucedida até à glória final (Rm 8.34 e seu contexto). Somos salvos até às últimas consequências, em virtude da intercessão de Cristo (Hb 7.25). A eficácia desse ministério depende do ato expiatório de Cristo (Rm 8.34), o que significa que sua missão salvadora é que dá eficácia à sua intercessão. E Hebreus 7.25 mostra que essa intercessão de Cristo em nosso favor ocorre dentro do contexto de seu sumo sacerdócio. Ver também 1João 2.1,2 quanto a essa questão. A intercessão é um dos aspectos da provisão do amor de Deus em prol de toda a humanidade.

4. A Intercessão do Espírito Santo. Nosso principal texto bíblico a esse respeito é o de Romanos 8.26. Esse versículo indica um ministério bastante geral que deve incluir todo tipo de petição. Supomos que o Espírito de Deus "traduz" as nossas orações, tornando-as mais eficazes e espirituais. Ele se preocupa com todas as nossas necessidades físicas e espirituais; e, na qualidade de alter ego de Cristo, compartilha do ministério de intercessão de Cristo. O Espírito intercede por nós em consonância com a vontade de Deus, e profere coisas que não podemos entender, isto é, ... *com gemidos inexprimíveis*. Devemos entender que esses gemidos não poderiam ser expressos pela mente humana, embora sejam plenamente compreensíveis para a mente divina.

Algumas Questões e Controvérsias Teológicas. No segundo século de nossa era cristã, os mártires eram tidos no maior respeito e suas orações eram grandemente valorizadas. Muitos cristãos chegaram a crer que os mártires continuariam intercedendo em favor dos crentes, ainda no corpo, mesmo depois da morte desses mártires. E muitos dos primeiros pais da igreja acreditavam no poder dos anjos e dos santos como intercessores em favor da igreja, devido à posição de que desfrutavam no céu. Um possível texto de prova do ministério intercessório dos anjos é o de Apocalipse 8.3, onde o incenso oferecido simboliza as orações dos santos, mediadas por um anjo. Filosoficamente falando, podemos apresentar o

INTERDIÇÃO

argumento de que a comunhão dos santos é mantida e exercida pela intercessão mútua; e muitos acreditam que esse liame não é quebrado nem mesmo pela morte física e nem pela entrada nas dimensões celestiais.

Vigilâncio, que nasceu em cerca de 370 d.C., atacou a crença na intercessão dos santos e dos anjos. Desde então muitos estavam apelando para a ajuda dos tais, esperando que aqueles poderes espirituais intercedessem diante de Cristo ou de Deus. Essa prática, como é óbvio, envolve um modo de ver gnóstico (ver sobre o *Gnosticismo*), onde Deus aparece como um Ser que só pode ser abordado através de uma série de intercessores, dele emanados. Jerônimo fazia oposição vigorosa a essa prática. De fato, para nós *há um só Deus e um só Mediador entre Deus e os homens, Cristo Jesus, homem* (1Tm 2.5). Não obstante, o catolicismo romano defende essa prática com base na ideia da comunhão de todos os santos. E outro tanto ocorre no seio da igreja Ortodoxa Oriental, onde a expressão *a grande intercessão* indica aquela mútua intercessão da qual participariam todos os membros da família de Deus.

Durante a Reforma protestante, os grupos oficiais e independentes vieram a rejeitar o tipo de intercessão que não se restringe a Cristo e ao Espírito Santo. Todavia, o primeiro Livro da Oração Comum (1549), da comunidade anglicana, retinha o conceito e a prática da intercessão universal entre todos os crentes, deste mundo e do outro, embora não haja ali qualquer referência a supostos méritos humanos. A edição de 1552 rejeitou a ideia de orações pelos mortos, embora retendo a menção aos espíritos que *partiram* deste mundo, como um ato memorial. No entanto, alguns anglicanos oram em favor dos mortos, visto que acreditam que o estado deles só será fixado por ocasião do julgamento do trono branco, e as recentes liturgias anglicanas autorizam essa prática. Ver o artigo separado sobre a *Oração Pelos Mortos*. Sabemos que as orações pelos mortos eram uma antiquíssima característica das religiões pagãs, e que pelo menos alguns judeus adotaram essa prática (ver 2Macabeus 39.44). Por volta do século III d.C., essa prática já se havia generalizado na cristandade. Inscrições existentes nas catacumbas (vide) mostram-nos que essa prática entre os cristãos é realmente antiga. Os textos de prova bíblicos, usados em prol dessa prática, como (1Co 15.29; 2Tm 1.16,18 e 4.19), nunca foram aceitos de modo generalizado, como se essa fosse a única interpretação possível, a qual, de fato, é muito forçada.

INTERDIÇÃO

Palavra que indica uma antiga prática religiosa, demonstrando certo desprazer ou disciplina. Israel e seus vizinhos praticavam o interdito. No início da história de Israel, a prática era usada contra os cananeus e outros povos pagãos circunvizinhos. Nesse caso, está em foco o "extermínio". Essa prática prossegue até hoje naquelas regiões do mundo, pois jamais elas gozaram de paz permanente. (Ver Êx 23.31,32; 34.13; Dt 7.2; Js 6.17,21). Algumas vezes o interdito era decretado contra os israelitas ofensores, como no caso de Acã e sua casa (ver Js 7.25). A mesma sorte era ameaçada contra Israel se chegasse a apostatar (ver Dt 8.19,20 e Js 23.15). A prática variava desde total extinção de pessoas e animais, até à extinção somente de pessoas (ver Dt 20.10 ss.).

É possível que aos poucos a prática tivesse desaparecido, visto que da última vez em que ela foi mencionada, lemos que Davi ordenou que dois terços dos moabitas capturados fossem mortos (ver 2Sm 8.2). No trecho de Ezequiel 10.8, a ideia é a de exclusão e confisco de propriedades, feita contra os exilados que se recusassem a reunir-se em Jerusalém no prazo de três dias, após terem retornado da Babilônia. Ver o artigo sobre *exclusão*.

O interdito moderno. Temos os seguintes casos possíveis: **1.** Uma exclusão ou denúncia oficial eclesiástica. **2.** Temos uma multa imposta pelas autoridades eclesiásticas devido a sacrilégio ou algum crime cometido. **3.** Na história da Alemanha, vê-se o interdito como uma forma de decreto (ver o artigo a respeito). Nesse caso, honras e privilégios das pessoas atingidas eram removidos, e havia proibições impostas. Pessoas, comunidades e até mesmo cidades inteiras podiam ser atingidas. (E PED)

INTRODUÇÃO BÍBLICA

Essa expressão é usada para indicar aquele ramo dos estudos teológicos que trata da crítica literária e da crítica histórica. É empregada por alguns como sinônimo de alta crítica. Era costume antigo prefixar cada escrito bíblico com uma breve nota referente ao autor, ao lugar de origem e aos destinatários da obra. Atualmente, informes dessa natureza, embora mais elaborados, são o tema abordado pelos críticos e intérpretes, quando estudam os vários livros da Bíblia. Essa atividade é variadamente intitulada de alta crítica, crítica literária ou introdução bíblica. (E)

INVEJA

No hebraico, *qinah*, "zelo", "ciúmes", "inveja". Essa palavra é empregada por 42 vezes (como, por exemplo, em Jó 5.2; Pv 14.30, 27.4, Ec 4.4; 9.6; Is 11.13; 26.11; Ez 35.11). Também é usado o adjetivo "invejoso", no hebraico, *qana* (conforme se vê em Sl 37.1; 73.3; Pv 24.1,19).

No grego, *phthónos*, "inveja", "ciúmes". Esse vocábulo ocorre por nove vezes (Mt 27.18; Mc 15.10; Rm 1.29; Gl 5.21; Fp 1.15; 1Tm 6.4; Tt 3.3; Tg 4.5; 1Pe 2.1). Algumas versões também traduzem como tal o vocábulo grego *zélos*, mas este último tem mais o sentido de "zelo", "ardor".

A inveja é um sentimento sempre negativo, ao passo que o zelo pode ser negativo ou positivo. A inveja é uma das maiores demonstrações de mesquinharia humana, causada pela queda no pecado. Os invejosos chegam a fazer campanhas de perseguição contra suas vítimas, as quais, na maioria das vezes, não têm qualquer culpa por haverem despertado tal sentimento nos invejosos. Geralmente os mal-sucedidos têm inveja dos bem-sucedidos. Essa é uma tentativa distorcida para compensar pelo fracasso, glorificando ao próprio "eu" e procurando enxovalhar a pessoa invejada. Está baseada, portanto, na mais pura carnalidade. Muitas vítimas da inveja já descobriram que a melhor maneira de evitar o invejoso é fugir dele. Uma pessoa bem-sucedida não pode abandonar o seu sucesso, somente para satisfazer o invejoso, tornando-se um fracassado como ele.

A palavra portuguesa "inveja" vem do latim *invidere*, que significa "em" (contra) e "olhar para" ou seja, olhar para alguém com maus olhos, de modo contrário, com base no ódio sentido contra esse alguém. A inveja sempre envolve um certo ressentimento. Mas alguns conseguem disfarçar muito bem a sua inveja, transmutando-a em zelo por alguma causa, mas sempre com alguém a ser combatido sem verdadeiras causas. O homem é um ser extremamente egoísta, ressentindo-se diante do sucesso ou da boa sorte de seus semelhantes.

No Antigo Testamento. Os Dez Mandamentos (vide) proíbem o sentimento invejoso, embora ali a própria palavra hebraica, *qinah*, não seja usada. Mandamentos específicos contra a inveja podem ser encontrados nos livros de Salmos, de Provérbios e em vários outros contextos. (Ver, por exemplo, Sl 37.1; 73.2,3; Pv 3.31; 23.17; 24.1,19). O trecho de Eclesiastes 4.4 encerra uma interessante observação sobre o assunto. Ali os homens são exortados a trabalhar e a desenvolver suas habilidades pessoais, quando sentirem inveja de outrem. Assim, uma coisa boa pode resultar de uma atitude errada. O homem é capaz de qualquer coisa ruim. Exemplos veterotestamentários de inveja podem ser encontrados nas vidas de Jacó e Esaú, Raquel e Lia, os irmãos de José e ele mesmo. Os irmãos de José venderam-no como escravo, movidos por pura inveja. Um dos relatos mais tocantes da Bíblia é o de Hamã e Mordecai, no livro de Ester. A inveja tem sido motivo para muitas histórias pervertidas, para muitos dramas humanos.

No Novo Testamento. Dentro da lista de vícios humanos, preparada por Paulo, em Romanos 1.29, a inveja ocupa posição proeminente, associada ao homicídio e ao ódio contra Deus. Isso é muito sugestivo, pois parece que o invejoso, não podendo atacar a Deus diretamente (a quem considera a causa de seu insucesso), volta-se contra um outro ser humano, que parece ameaçá-lo com o seu sucesso (real ou imaginário). O trecho de Gálatas 5.19 alista a inveja como uma das obras da carne, que formam contraste direto com o cultivo dos frutos do Espírito (vs. 22 ss.). Paulo advertiu Timóteo para não se envolver em controvérsias e disputas mórbidas, as quais conduzem, entre outras coisas, à inveja (1Tm 6.4). Tito também foi devidamente instruído quanto à inveja (Tt 3.3). O caso mais trágico de inveja, nas páginas da Bíblia, é o dos líderes judeus, que fizeram de Jesus Cristo a vítima de sua inveja (Mt 27.18). O distorcido motivo deles era tão óbvio que o próprio Pilatos, governador romano, percebeu o mesmo, embora fosse homem fraco demais para pôr-se ao lado do direito (Mc 15.10 ss.). O trecho de Tg 4.5 tem um possível uso positivo do termo grego *phthónos*, ao referir-se ao intenso amor de Deus pelo homem, que o leva a ter ciúmes da amizade humana. É por isso que a nossa versão portuguesa traduz esse termo por "ciúme", evitando a confusão com o sentido negativo daquela palavra grega. A versão inglesa *Revised Standard Version* diz *yearns jealously*, que aqui traduzimos para "anela com ciúmes". O *ciúme* de Deus em relação ao seu povo é uma noção que vem do Antigo Testamento, pelo que aparece com grande naturalidade na epístola de Tiago, que escrevia uma obra do ponto de vista judaico-cristão. Contudo, comparar com Gálatas 4.17,18. Seja como for, a inveja é uma atitude diabólica, conforme asseveram 1João 3.12, Sabedoria 2.24 e I Clemente 3. A inveja, como já dissemos, é uma das obras da carne, pelo que é natural para o ser humano decaído (Gl 5.21). Na teologia moral posterior, a inveja é alistada entre os *pecados mortais* (vide).

IQUES

No hebraico, **"perverso"**. Foi pai de Ira, o tecoíta, um dos trinta poderosos guerreiros de Davi, e capitão do sexto regimento de seu exército (2Sm 23.26; 1Cr 11.28; 27.9). Viveu por volta de 1046 a.C. Sua divisão armada consistia em vinte e quatro mil homens.

IR

No hebraico, **"cidade"**. Um benjamita mencionado em 1Crônicas 7.12 que talvez seja o mesmo Iri, que aparece no vs. 7 desse mesmo capítulo. Ver também sobre *Iri*. Era pai de Supim e Hupim. Alguns estudiosos identificam-no com um filho de Benjamim mencionado em Gênesis 46.21, Rôs; mas tal coisa é bastante improvável.

IR-SEMES

No hebraico, **"cidade do sol"**. Um lugar pertencente à tribo de Dã (Js 19.41). Talvez fosse idêntica a Bete-Semes (vide), onde foi construído um templo para a adoração ao sol, em tempos posteriores (1Rs 4.9).

IRÃ

No hebraico, **"citadino"**. Foi um líder idumeu em monte Seir (Gn 36.43 e 1Cr 1.54). Muitos pensam que ele foi contemporâneo dos reis horeus. Teria, portanto, vivido por volta de 1600 a.C.

IRA (PESSOA)

No hebraico, **"cidadão" ou** "vigilante". Esse foi o nome de várias personagens que figuram no Antigo Testamento: **1**. Um tecoíta, filho de Iques. Ira foi um dos trinta poderosos guerreiros de Davi, que faziam parte de sua guarda pessoal. (Ver 1Cr 11.28; 2Sm 23.26). Foi comandante do sexto regimento de tropas, segundo se vê em 1Crônicas 27.8. Viveu entre cerca 1046 e 1014 a.C. **2**. Um itrita, outro dos trinta poderosos guerreiros de Davi. (Ver 2Sm 23.38 e 1Cr 11.40). Viveu na mesma época do primeiro. **3**. Um jairita, que foi chamado de sacerdote de Davi (2Sm 20.26). É impossível que ele tivesse ocupado uma verdadeira posição sacerdotal, visto que era da tribo de Manassés. De acordo com a opinião de alguns, é possível que algumas exceções fossem abertas, no sacerdócio, no caso de indivíduos especiais. No entanto, o mais provável é que ele funcionasse como uma espécie de capelão ou conselheiro religioso de Davi; e, assim sendo, seu ministério sacerdotal era extra-oficial. Ele também é mencionado em 1Crônicas 18.17. Viveu por volta de um pouco antes do ano 1000 a.C.

IRA DE DEUS

1. Essa expressão não indica alguma emoção, como se o Senhor Deus, em cólera, frustração e ódio, se voltasse violentamente contra os seus adversários, conforme esse termo frequentemente é usado, quando aplicado aos homens.

2. Pelo contrário, trata-se de um termo técnico que aponta para o "julgamento". (Ver o artigo sobre o *Julgamento*).

3. A ira de Deus (julgamento) inclui as seguintes considerações: **a. Ela é retributiva**. Em outras palavras, os homens terão de pagar por todo o mal que tiverem praticado, como também pelo bem que tiverem deixado de fazer. Essa retribuição será minuciosa, seguindo a lei da colheita segundo a semeadura, em detalhes precisos. (Ver no NTI as notas em Gl 6.7,8 sobre esse conceito). Essa lei é que determinará a extensão da retribuição. **b**. Ela será mitigada pelas obras do indivíduo, pois os não eleitos que tiverem praticado boas obras não receberão a mesma retribuição que receberão aqueles que praticaram muitas maldades e poucas ações boas. **c. O julgamento** (a ira de Deus) tem um aspecto remediador e restaurador e não apenas retributivo. Esse conceito é comentado em 1Pedro 4.6 no NTI, onde não está contida a ideia no texto sagrado. **d**. O julgamento contribuirá para trazer à existência a "restauração" referida em Efésios 1.10. Não fará com que os não eleitos se tornem eleitos; e nem reverterá seus destinos eternos. Mas conferirá aos não eleitos uma vida digna de ser vivida, uma glória secundária, onde Cristo será honrado e será o alvo de toda a existência, porquanto ele terá de ser tudo para todos (ver Ef 1.23). **e**. Os não remidos não participarão da natureza divina (o "pleroma" de Cl 2.10), mas *tornar-se-ão* uma espécie de ser inteiramente diferente, de ordem inferior. Mesmo assim, sua glória, afinal, será muito grande. **f**. O julgamento envolve sofrimento. Esses sofrimentos exercerão um efeito remediador. Mas o julgamento significa que os perdidos nunca chegarão a obter o destino que lhes era possível atingir em Cristo. Nesse sentido é que serão "destruídos", quanto ao propósito essencial em potencial, que tiveram na vida. Esse conceito de julgamento é muito mais temível que a ideia de mero sofrimento, por mais intensos que sejam tais sofrimentos. **g**. Falando assim, usamos termos comparativos, e não absolutos em si. É errado baixar a missão de Cristo, diminuindo o nosso conceito sobre a sua grandeza. A glória da restauração dos não-eleitos será maior do que as descrições na igreja sobre a glória dos eleitos. E a glória dos eleitos será maior do que a descrição na igreja sobre o próprio Deus. Ver o artigo separado sobre *Restauração* que entra em detalhes sobre este assunto.

4. **Não há nenhuma contradição entre a ira de Deus e seu amor**. De fato, os dois servem ao mesmo propósito. A ira de Deus é um dedo da mão amorosa de Deus. É severa mas esta própria severidade realiza o trabalho de restauração, *através* de um julgamento tão severo, que *deve ser* usado para cumprir seu propósito benéfico. É isto que 1Pedro 4.6 ensina. Ver o artigo separado sobre *Julgamento*. Ver a *Descida de Cristo ao Hades*.

IRADE

No hebraico, **"fugitivo"**. Era um dos filhos de Enoque, o patriarca antediluviano, da linhagem de Caim (Gn 14.18). Era neto de Caim.

IRI

Ver sobre *Ir*, provavelmente outra forma do mesmo nome. Esse nome também é mencionado em 1Esdras 8.62. Ver igualmente sobre Urias, em Neemias 3.4,21. Alguns duvidam da identificação desse homem com aquele que é mencionado em 1Crônicas 7.7, e que algumas versões também dão em Gênesis 46.21.

IRMÃ

Ver o artigo sobre a *Família*.

No hebraico, *'ahoth*; no grego, *adelphe*. Esse termo era usado pelos hebreus com a mesma latitude de significado com que usavam a palavra "irmão". Indicava um grau de parentesco que damos literalmente à palavra "irmã", ou à palavra "meia-irmã", ou, simplesmente, uma parenta próxima, como uma "prima" (ver Mt 13.56, Mc 6.3). Sara era chamada de irmã de Abraão (Gn 12.13; 20.12) embora fosse, na realidade, apenas sua meia-irmã. Também há estudiosos que pensam que ela seria apenas sobrinha de Abraão, como Ló. Procurarmos aclarar a questão no artigo intitulado *Sara*.

Usos Metafóricos. Existem as *irmãs em espírito*, ou seja, aquelas que concordam completamente conosco sobre alguma questão, ou que compartilham de aspirações e planos similares. *Assuntos relacionados* entre si, como a astronomia e a astrologia, também são chamados de ciência irmãs. As pessoas unidas umas às outras pelas mesmas convicções religiosas são chamadas de irmãos e irmãs. Ver 1Timóteo 5.2, como um exemplo disso no Novo Testamento. Mas também devemos pensar no uso profissional dos termos. Assim, as freiras são chamadas de "irmãs", porquanto, em seu serviço religioso, atuam como irmãs espirituais da comunidade a que servem.

IRMÃO

No hebraico, *ach*, palavra usada por cerca de cento e sessenta vezes (por exemplo: Gn 4.2,8,11,21; 9.5; Êx 4.14; 7.1; Lv 16.2; Nm 6.7; Dt 1.16; 2Sm 1.26; 2.22; 1Rs 1.10; 2Cr 31.12; Jó. 1.13; Sl 35.14; Is 3.6; Jr 9.4; Ez 18.18; Ml 1.2; 2.10). No grego, *adelphós*, palavra usada por cerca de 340 vezes, desde Mateus 1.2 até Apocalipse 22.9. Tanto o termo hebraico como o grego têm vários sentidos nas Escrituras, a saber: **1**. Um irmão no sentido natural, progênie do mesmo pai e da mesma mãe, ou apenas de um deles (Mt 10.2; Lc 3.1,19; 6.14). **2**. Um parente próximo, incluindo primos (Gn 13.8; 14.16; Jo 7.3; At 1.14). **3**. Outra pessoa do mesmo país, raça ou família (Mt 5.47; At 3.22; Hb 7.5; Êx 2.11). **4**. Alguém de idêntica posição ou dignidade, mas sem parentesco de sangue (Jó 30.29; Pv 18.8; Mt 23.8). **5**. Um discípulo (Mt 15.40; Hb 2.11,12). **6**. Alguém da mesma fé religiosa (Am 1.1; At 9.30; 1Co 5.11). **7**. Um associado, colega de ofício ou de dignidade (Ed 3.2; 1Co 1.1; 2Co 1.1). **8**. Alguém da mesma natureza humana (Gn 13.8; Mt 5.22-24; Hb 2.17; 8.11). **9**. Aquele que cumpre a vontade de Deus é irmão de Jesus (Mt 12.50).

Dentro da comunidade cristã, o termo "irmão" é usado para indicar o amor mútuo, a compaixão e o respeito por aqueles que confiam em Cristo e pertencem à mesma família espiritual. Os textos do Oriente Próximo mostram que as culturas em redor tinham usos similares, paralelos aos acima enunerados. Ver o artigo separado sobre os *Irmãos de Jesus*.

IRPEEL

No hebraico, **"Deus curará"**. Nome de uma cidade do território de Benjamim, localizada entre Requém e Tarala (Js 18.27). Provavelmente, ficava localizada na região montanhosa a noroeste de Jerusalém. Ela tem sido identificada por alguns eruditos com a moderna Rafate, a norte de Gibeão.

IRU

No hebraico, **"cidadão"**. Era o nome do primeiro dos filhos de Calebe, filho de Jefuné (1Cr 4.15). Viveu por volta de 1618 a.C. Provavelmente, seu nome real era *Ir*, e a letra u foi acrescentada como a conjunção simples *e*. Nesse caso, o texto deveria dizer: Ir e Elá e Naã, em vez de Iru, Elá e Naã.

IS-BOSETE

No hebraico, **"homem de vergonha"**. Nome de um dos filhos mais moços de Saul, que antes se chamava *Esbaal*, "homem do Senhor", que lhe foi mudado para *Is-Bosete*, "homem da vergonha". Essa mudança de nome foi devido, talvez, a ter desaparecido a glória da casa de Saul, ou porque o nome Baal havia caído em desprezo por causa da associação de ideias com o culto nefando dessa divindade, 2Samuel 2.8; 1Crônicas 8.33; 9.39. Is-Bosete não assistiu à batalha desastrosa de Gilboa, se lá estava, fugiu em tempo, para salvar a vida. Pela morte de Saul, Davi assumiu a soberania sobre Judá somente porque as outras tribos recusaram obediência ao novo rei, proclamando o nome de Is-Bosete para seu rei, por ser legítimo sucessor de Saul. Tinha Is-Bosete 40 anos, e reinou apenas dois anos, em meio a constantes perturbações, 2Samuel 2.8-10. A capital do reino era Maanaim, situada ao oriente do Jordão, 2Samuel 2.8,12. Foi infeliz na guerra com Davi para alcançar o governo sobre as 12 tribos, 2Samuel 2.12 até o cap. 3.1. Tendo feito grave acusação contra Abner, seu poderoso auxiliar na guerra contra Davi, este, em represália, declarou-se partidário de Davi a quem ofereceu os seus serviços. Como condição de ser aceito, Davi exigiu que lhe trouxesse sua mulher Mical, que se achava em poder de Paltiel, 2Samuel 3.6-21. Quando Abner foi morto em Hebrom, Is-Bosete perdeu o ânimo, 2Samuel 3.27; 4.1. Tendo sido assassinado, levaram a cabeça a Davi em triunfo. Por ordem de Davi, sepultaram a cabeça de Is-Bosete com grandes honras no sepulcro de Abner em Hebrom, e os assassinos foram castigados com a morte, 2Samuel 4.5-12. Extinguindo-se a dinastia de Saul, restou apenas um de seus netos, 2Samuel 4.4.

IS-HODE

No hebraico, **"homem honrado"**. Ele era um manassita, filho de Homolequete, irmã de Gileade (1Cr 7.18). Por causa de seu chegado parentesco com Gileade, provavelmente, era homem influente. Viveu por volta de 1400 a.C.

IS-SEQUEL

Em várias traduções, no trecho de Esdras 8.18; essa palavra hebraica não é traduzida como um nome próprio e, sim, algo parecido com o que vemos em nossa versão portuguesa, "homem entendido", que é o sentido literal do vocábulo. Todavia, há quem pense que a tradução ali deve ser como se fora um nome próprio. Esdras, em Aava, precisava de sacerdotes levitas que o ajudassem, e, entre eles, achou esse homem. Era um dos filhos de Mali, filho de Levi, filho de Jacó. Isso deve ter ocorrido por volta de 460 a.C.

IS-TOBE

Literalmente, no hebraico, **"homens de Tobe"**, precisamente o que encontramos em nossa versão portuguesa, em 2Samuel 10.6,8. Tobe era um pequeno principado arameu, fundado no século XII a.C. Ficava localizado ao sul do monte Hermom e de Damasco. É local mencionado juntamente com Zobá, Maaca e Reobe. Jefté residiu ali como um foragido (Jz 11.3,5). Davi teve alguns conflitos com os habitantes daquele lugar (2Sm 10.6 ss.).

ISAÍAS

I. ISAÍAS, O PROFETA

1. Cenário. O versículo de introdução do livro de Isaías situa o profeta durante os reinados de Uzias, Jotão, Acaz e Ezequias,

ISAÍAS

reis de Judá. O trecho de Isaías 6.1 refere-se, especificamente, à morte do rei Uzias, o que pode ser datado em cerca de 735 a.C. Sem importar o que pensemos sobre os problemas que envolvem a unidade do livro (ver a terceira seção), não há razão alguma para duvidarmos de que o profeta Isaías viveu nessa época. Isaías, o filho de Amós, proclamou sua mensagem à nação de Judá e em sua capital, Jerusalém, entre 742 e 687 a.C., o que foi um período crítico para o reino do norte, por causa da invasão assíria, que resultou no cativeiro assírio (ver a respeito no *Dicionário*). Partes do livro parecem refletir um tempo posterior ao cativeiro babilônico (capítulos 40—66) conforme alguns supõem, o que já teria acontecido após a época de Isaías. Discutimos sobre essa questão na terceira seção.

2. O Nome. No hebraico, Yeshayahu ou Yeshaya, uma combinação de duas palavras hebraicas cuja tradução seria "salvação de Yahweh". Historicamente, Isaías acompanhou Amós e Oseias, que ministraram na nação do norte, Israel. Miqueias foi contemporâneo de Isaías e também trabalhou no reino do sul, Judá.

3. Sua Vida. Sabemos que o nome do pai de Isaías era Amós (Is 1.1), e que sua esposa era profetisa, embora não saibamos dizer em qual capacidade (Is 8.3). Coisa alguma se sabe sobre seus primeiros anos de vida. Com base em Isaías 6.1-8, alguns conjecturam que ele era um sacerdote. No entanto, outros pensam que ele pertencia à família real. Isso se alicerça sobre tradições judaicas, as quais, naturalmente, não nos podem dar certeza do que dizem. O certo é que, aos seus dois filhos, foram dados nomes que simbolizavam a iminência do juízo divino. O primeiro deles, "Um Resto Volverá" (no hebraico, *Shear-yashub*; Is 7.3), parece que já era homem feito nos dias de Acaz. O outro filho, chamado "Rápido-Despojo--Presa-Segura" (no hebraico, *Maher-shalal-hashbaz*; Is 8.3), tal como seu irmão, recebeu um nome simbólico. É possível que, nesses dois nomes, estejam em pauta tanto o cativeiro assírio quanto o cativeiro babilônico. Quando a nação do norte foi levada em cativeiro, a nação do sul só conseguiu permanecer precariamente, pagando tributo (2Cr 28.21).

Calcula-se que, durante 40 anos, Isaías atuou ativamente como profeta do Senhor em Judá. Se, afinal de contas, Isaías não pertencia à aristocracia, pelo menos sua habilidade literária confirma sua excelente educação. Sabemos que o seu grande centro de atividades foi Jerusalém, embora não saibamos a que tribo ele pertencia. Mas ele levava a sério o seu ofício, usando roupas de linho cru e uma capa de pelos de cor escura, vestes próprias de quem lamentava, porquanto o que ele previa para o povo de Israel era extremamente desastroso.

4. Período do Ministério de Isaías. *a*. Nos tempos de Uzias (783-738 a.C.) e de Jotão (750-738 a.C., como regente, e 738-735 a.C., como governante único). Nesse primeiro período, Isaías pregava o arrependimento, mas não conseguiu convencer a quem quer que fosse. Então proferiu um terrível julgamento que estava prestes a desabar sobre a nação. *b*. O segundo período de seu ofício profético começou no início do reinado de Acaz (735-719 a.C.), até o reinado de Ezequias. *c*. O terceiro período começou com a ascensão de Ezequias ao trono (719-705 a.C.) até o décimo quinto ano do seu reinado. Depois disso Isaías não mais participou da vida pública, embora tivesse continuado a viver até o começo do reinado de Manassés. As tradições antigas dizem que ele foi martirizado sendo serrado ao meio, e é possível que o trecho de Hebreus 11.37 faça alusão a isso.

5. Escritores. Além do livro que tem seu nome (ou, pelo menos, uma porção maior do livro), Isaías escreveu uma biografia do rei Uzias (2Cr 26.22) e outra de Ezequias (2Cr 32.32). Contudo, essas biografias, com o tempo, se perderam. A obra chamada Ascensão de Isaías (ver a respeito no *Dicionário*), naturalmente, nada tem a ver, historicamente falando, com o profeta Isaías.

ROLO DE ISAÍAS
Davis, John D., 1854-1926, *Novo Dicionário da Bíblia* / [Tradução: J.R. Carvalho Braga]. – Edição ampliada e atualizada – São Paulo, SP: Hagnos 2005.

Estilo e Poder. O sexto capítulo nos deixa em um terreno eminentemente místico. Isaías era homem dotado de visões e experiências místicas (ver no *Dicionário* o artigo sobre o Misticismo). O que ele via e experimentava servia para dar grande poder ao que ele escrevia. Naquele sexto capítulo, ele registrou a visão que teve de Yahweh; e, apesar de todo o nosso conhecimento de Deus ser necessariamente parabólico, nessa visão a glória de Deus resplandece mediante a inspiração dada ao profeta. Alguns de seus oráculos mais candentes foram aqueles que descreveram a queda então iminente de Samaria diante dos assírios (ver Is 9.9—10.4; 5.25-30; 28.1-4). Notáveis oráculos messiânicos encontram-se nos trechos de Isaías 9.1-7; 11.1-9; 32.1-8. Os capítulos 40—48 encerram, virtualmente, uma teologia sobre os atributos de Deus. Apresentamos no *Dicionário* um artigo separado que considera a questão com detalhes, intitulado *Isaías, seu Conceito de Deus*. Isaías escrevia com vigor e eloquência sem iguais, entre todos os demais profetas do Antigo Testamento. Com toda a justiça, pois, ele é considerado o principal dos profetas escritores. Seus escritos antecipavam os ensinamentos bíblicos sobre a graça divina. Sua linguagem é rica e repleta de ilustrações. Seu estilo é severo, apesar de imponente. Suas aliterações e bem calculadas repetições ilustram grande habilidade literária, colocando seus escritos numa classe toda à parte. Ele jamais se precipitava em suas palavras, as quais fluíam graciosamente. A parábola da vinha (Is 5.1-7) serve de excelente exemplo do uso poderoso que ele fazia das palavras. Suas doutrinas normativas eram o reinado e a santidade de Yahweh. Com base nisso, segue-se, necessariamente, o julgamento divino contra os desobedientes. A Assíria estava aterrorizando Israel, mas como um terror enviado por Deus contra um povo desobediente. Todavia, Deus permanecia no controle das coisas. Coisa alguma acontece de surpresa para ele. O propósito de Deus terá de prevalecer, finalmente (Is 14.24-27; 28.23 ss.). Apesar de suas profecias melancólicas, Isaías previu o dia do triunfo do Bem. Chegará, afinal, o tempo em que a terra encher-se-á do conhecimento de Yahweh, assim como as águas cobrem o mar (ver Is 11.9).

II. PANO DE FUNDO HISTÓRICO. *O próprio livro de Isaías* (ver 1.1) informa-nos de que esse profeta viveu durante os reinados de Uzias, Jotão, Acaz e Ezequias, reis de Judá. O trecho de Isaías 6.1 menciona a morte do rei Uzias (cerca de 735 a.C.). Miqueias, outro profeta, foi seu contemporâneo que trabalhou em Judá. O período da vida de Isaías foi crítico. No tocante a Israel, é um dos períodos mais abundantemente confirmados pelo testemunho histórico e por evidências arqueológicas. Foi o tempo em que os grandes monarcas assírios, Tiglate-Pileser III, Salmaneser IV, Sargão e Senaqueribe,

ISAÍAS

lançaram-se à tarefa de universalizar o império assírio. Parte desse esforço foram as campanhas militares contra o norte da Palestina, que incluía as nações de Israel e Judá. Parece que Isaías iníciou seu ministério público em cerca de 735 a.C. e continuava ativo até o décimo quinto ano do reinado de Ezequias (cerca de 713 a.C.). Talvez ele tenha vivido até bem dentro do reinado de Manassés. As tradições judaicas afiançam que no período desse rei é que Isaías foi serrado pelo meio (ver Martírio de Isaías, cap. 5), ao que possivelmente alude o trecho de Hebreus 11.37, embora referências e tradições dessa ordem não possam ser comprovadas, sendo talvez meras conjecturas. Seja como for, O trecho de Isaías 1.1 não menciona Manassés, e isso é uma omissão significativa, se Isaías viveu todo esse tempo. Seja como for, seu ministério público poderia ter-se ampliado por quarenta anos; e certamente não envolveu menos do que 25 anos.

Se os capítulos 40 a 66 não foram originalmente escritos por Isaías, conforme pensam alguns, então poderíamos dizer que as profecias de Isaías abordavam, essencialmente, a ameaça assíria, bem como a razão dessa ameaça, ou seja, a teimosa desobediência de Israel, a par da indiferença religiosa e da corrupção moral. Se esses capítulos, porém, pertencem genuinamente a Isaías, então devemos considerá-los profecias, e não história. Em outras palavras, dificilmente Isaías teria sobrevivido até o tempo do exílio babilônico, que é o pano de fundo desses capítulos. Porém, ele pode ter visto profeticamente aquele período histórico. Os estudiosos conservadores preferem tomar o ponto de vista profético. Mas os eruditos liberais consideram que esses capítulos são um reflexo histórico, e não declarações preditivas. Nesse caso, teriam sido escritos por outro autor. Se isso é mesmo verdade, então o livro unificado de Isaías aborda tanto o cativeiro assírio quanto o cativeiro babilônico. Ver no *Dicionário* artigos separados sobre ambos. E ver a terceira seção, que aborda a questão da unidade do livro de Isaías.

Acabe e seus aliados detiveram temporariamente o avanço assírio, por ocasião da batalha de Qarqar, em 854 a.C.; mas isso não fez com que os assírios desistissem de seus ideais de conquista territorial. Tiglate-Pileser III (745—727 a.C.) invadiu o oeste, conquistou a costa da Fenícia e forçou certos reis, como Rezim, de Damasco, e Menaém, de Samaria (além de vários outros), a pagarem tributo. O trecho de 2Reis 15.19-29 revela-nos isso. Ali esse rei é chamado Pul, que era o seu nome nativo, conforme se sabe mediante fontes informativas babilônicas. Em cerca de 722 a.C. Ele conquistou grande fatia da Galileia e deportou daquela região as duas tribos e meia de Israel que ocupavam a área. E fez com que aquelas populações se misturassem a outras, conforme era seu costume (2Rs 17.6-24).

Salmaneser V (726—722 a.C.) seguiu na esteira de seu pai, quanto às conquistas militares. Peca, rei de Israel, foi assassinado. Seu sucessor, Oseias, tornou-se vassalo da Assíria. Seguiu-se um cerco de três anos da capital, Samaria, até que o reino do norte, Israel, foi destruído, em 722-721 a.C. Amós e Oseias foram os profetas do Senhor que predisseram isso. Alguns pensam que Sargão teria sido o monarca assírio que, finalmente, conquistou Samaria e completou a derrota do reino do norte. Seja como for, o trabalho de destruição se completou. Sargão continuou reinando até 705 a.C., tendo ainda feito muitas guerras contra a Ásia Menor, contra a região de Ararate e contra a Babilônia.

Senaqueribe, filho de Sargão (705—681 a.C.), invadiu Judá, nação que já se sujeitara a pagar tributo à Assíria. Acaz pagou tributo a Tiglate-Pileser III, e Ezequias foi forçado a fazer o mesmo a Senaqueribe. Foram capturadas quarenta e seis cidades de Judá, e Ezequias, em Jerusalém, ficou engaiolado como se fosse um pássaro, embora a própria cidade não tenha sido sucumbido. Então Senaqueribe foi assassinado, e seu filho, Esar-Hadom (ver Is 37.38), continuou a opressão contra Judá. Alguns pensam que foi por esse poder que Manassés ficou detido por algum tempo na Babilônia (2Cr 33.11). Judá não caiu totalmente diante da Assíria, mas ficou extremamente debilitada, tornando-se uma sombra do que havia sido antes disso.

A Babilônia veio então a substituir a Assíria como potência mundial dominante e foram os babilônios que, finalmente, derrubaram os habitantes de Judá e os levaram em cativeiro. Os capítulos 40 em diante do livro de Isaías cobrem esse período, profeticamente (conforme dizem os estudiosos conservadores) ou historicamente (conforme dizem os estudiosos liberais, que, por isso mesmo, atribuem esses capítulos finais de Isaías a outro autor, que não aquele profeta).

Conforme se pode ver, Isaías (ou o deutero-Isaías?) viveu na época em que impérios caíram e se levantaram. Em sua confiança de que nada de mal poderia acontecer a um obediente povo de Israel, ele partia da ideia de que as tribulações do povo de Deus se deviam a causas morais e espirituais, e não apenas políticas e militares. Ele pressupunha que Deus controla todas as coisas, e que todo o desastre que recaiu sobre Israel poderia ter sido impedido, se o povo de Deus se tivesse mostrado fiel ao Senhor. Porém, o que sucedeu foi precisamente o contrário. As nações de Israel e Judá haviam caído em adiantado estado de decadência moral e espiritual. Na primeira metade do século VIII a.C., tanto Israel (sob Jeroboão II, cerca de 782-753 a.C.) quanto Judá (sob Uzias) haviam desfrutado de um período de grande prosperidade material. Foi uma espécie de segunda época áurea, perdendo em resplendor somente diante da glória da época de Salomão. Os capítulos dois a quatro de Isaías nos fornecem indicações sobre isso. Mas, ao mesmo tempo em que prevalecia a riqueza material, prevalecia a pobreza espiritual, incluindo a mais desabrida idolatria, que encheu a terra (Is 2.8). De tão próspera e elevada situação, Israel e Judá em breve cairiam. A Assíria deu início à derrubada, e a Babilônia a terminou.

"Isaías, em seu ministério, enfatizava os fatores espirituais e sociais. Ele feriu as dificuldades da nação em suas raízes—sua apostasia e idolatria—e procurou salvar Judá da corrupção moral, política e social. Porém, não conseguiu fazer com que seus compatriotas se voltassem para Deus. Sua comissão divina envolvia a advertência de que sobreviria o castigo fatal (Is 6.9-12). Dali por diante, ele declarou, ousadamente, a inevitável queda de Judá e a preservação de um pequeno remanescente fiel a Deus (Is 6.13). Todavia, alguns raios de esperança alegram as suas predições. Através desse pequeno remanescente, ocorreria uma redenção de âmbito mundial, quando viesse o Messias, em seu primeiro advento (Is 9.2,6; 53.1-12). E, por ocasião do segundo advento do Messias, haveria a salvação e a restauração da nação (Is 2.1-5; 9.7; 11.1-16; 35.1-10; 54.11-17). O tema de que Israel, um dia, será a grande nação messiânica no mundo, um meio de bênção para todos os povos (o que terá cumprimento somente no futuro), que fez parte tão constante das predições de Isaías, tem atraído para ele o título de profeta messiânico" (Unger, em seu artigo sobre Isaías).

III. UNIDADE DO LIVRO: ISAÍAS E OS CRÍTICOS

1. Ponto de Vista Tradicional. No século XVIII, a unidade do livro de Isaías começou a ser questionada. Até então, o livro inteiro era aceito como produção literária do profeta Isaías, e de mais ninguém. Pode-se notar que uma nova figura nos capítulos 1, 2, 7, 13, 20, 37 a 39. Em apoio a essa contenção, deve-se observar que todos os manuscritos do livro de Isaías o apresentam como uma unidade. Não há menção histórica de que algum outro autor esteve envolvido no preparo de qualquer porção dessa produção. Um dos mais bem preservados manuscritos dentre os manuscritos do mar Morto é um completo rolo de Isaías, com data de cerca de 150 a.C. Não há nenhuma evidência de interrupção no começo do capítulo 40, conforme alguns eruditos liberais querem dar a entender.

2. Um Autor Distinto para os Capítulos 40—66. O primeiro a sugerir um autor distinto de Isaías foi o erudito alemão Doderlein. Esses capítulos finais do livro de Isaías foram chamados de deutero-Isaías. Presumivelmente, um autor desconhecido, que teria escrito durante o exílio babilônico, teria produzido essa adição aos primeiros trinta e nove capítulos.

3. Outra Divisão: o trino-Isaías. Eruditos posteriores pensaram ter encontrado ainda um terceiro autor, no capítulo 55 do livro de Isaías, pelo que uma terceira divisão do livro foi proposta, envolvendo os capítulos 56 a 66.

4. Explicações das Divisões. Os capítulos 40 a 55 consistem uma coletânea de poemas em um novo estilo rapsódico, que alguns atribuem ao período do exílio babilônico de Judá. A crítica da forma (ver no *Dicionário* o artigo intitulado Crítica da Bíblia) procura separar os elementos dessa seção. Ali encontramos alusões a Ciro, como uma figura que começava a levantar-se. Seria isso uma predição, ou seria história? E também há menção à iminente queda da Babilônia dos caldeus. Se essa seção teve origem imediatamente após a queda da Babilônia, o que ocorreu a 29 de outubro de 539 a.C., então a composição dessa segunda suposta seção do livro de Isaías deve ter sido feita durante esse tempo, ou alguns anos mais tarde. Ciro é especificamente mencionado em Isaías 44.28 e 45.1. A menos que tenhamos aí uma afirmação profética, podemos pensar seriamente na possibilidade da existência de um deutero-Isaías, porquanto não haveria como Isaías tivesse sobrevivido desde o cativeiro assírio até o cativeiro babilônico. Pois ele teria de viver por mais de duzentos anos! Diferenças de estilo, de terminologia e de expressões, quanto a certas ideias, são adicionadas ao argumento histórico. Muitos eruditos modernos, por isso mesmo, creem que essa porção do livro de Isaías deve ser considerada história, e não profecia.

Os capítulos 56 a 66 são uma coletânea de poemas similares aos dos capítulos 40 a 45. Muitos eruditos creem que foram escritos pelo mesmo autor daquela seção. E, nesse caso, então houve somente um deutero-Isaías e não um trino-Isaías. Outros eruditos opinam que essa seção reflete uma escatologia mais avançada, típica de tempos posteriores. Daí supõem que esses capítulos tenham sido, realmente, produzidos mais tarde que a época de Isaías. Além disso, esses estudiosos acham que há um interesse maior pelo culto, nessa seção, que seria distinto das outras duas porções do livro. Segundo eles, o conteúdo sugere uma data entre 530 e 510 a.C., talvez da época dos contemporâneos de Ageu e Zacarias. E alguns estudiosos pensam que os capítulos 60 a 62 devem ser atribuídos a uma época ainda posterior. Outros creem que o próprio trino-Isaías consiste apenas na coletânea de poemas escritos por vários autores. Uma data tão tardia quanto 400 a.C. tem sido atribuída a essa alegada terceira seção. Dizem esses estudiosos que os vários autores envolvidos faziam todos parte da escola de Isaías, pelo que o livro de Isaías teria sido uma compilação de material recolhido no processo de muitos anos. A continuar nesse pé, vai ver que cada capítulo do livro de Isaías teve um autor diferente! Já há quem pense que essa escola de seguidores de Isaías usava seu livro original como um livro de texto, ao qual, periodicamente, foram adicionados novos capítulos!

Respostas dos Defensores da Unidade do Livro de Isaías. 1. O ponto de vista tradicional merece consideração. Todos os manuscritos antigos favorecem a ideia da unidade do livro de Isaías. As evidências históricas também. Não há nenhum relato sobre alguma escola de Isaías que tenha compilado gradualmente algum manual profético. Não há evidência histórica em favor de um segundo ou um terceiro Isaías. **2**. O argumento acerca do estilo poderia ter algum peso, pois sabe-se que todo autor tem sua maneira distinta de exprimir-se, um vocabulário próprio, e ideias específicas que ele gosta de enfatizar. Todavia, as diferenças não são maiores do que aquelas encontradas, por exemplo, nas obras de Shakespeare ou nas obras mais volumosas de outro autor qualquer. Além disso, ao escrever sobre diferentes assuntos, qualquer pessoa se utiliza de uma maneira toda própria para expressar-se. Um autor que escreva prosa também pode escrever poemas; e seu estilo então varia, e bastante. A história nos dá muitos exemplos disso. Um só autor que escreva poesias fica diferente quando escreve em prosa. Além disso, um Isaías mais idoso, que tivesse escrito certas porções de seu livro mais tarde na vida, poderia ter adquirido certas ideias e certos maneirismos de estilo diferentes da época em que ainda era jovem. Para julgarmos a questão, tornar-se-ia mister, antes de tudo, que fôssemos mestres do hebraico. É quase impossível julgar questões que envolvam estilo. Julgo que poucos dos críticos e poucos dos defensores da unidade do livro de Isaías dominam o hebraico o bastante para fazerem as afirmações que fazem com grande grau de seriedade. E mesmo que tivéssemos tal conhecimento, ainda assim é difícil julgar questões de estilo. **3**. A crítica que afirma que os capítulos 40—66 são históricos, e não proféticos, repousa sobre a suposição de que não há capacidade verdadeiramente profética. O fato de o nome de Ciro ser mencionado é, para os críticos, uma clara indicação de que esta porção de Isaías foi escrita depois do cativeiro babilônico. Sabemos, todavia, que o homem possui o poder de precognição, fato esse abundantemente ilustrado através dos estudos da parapsicologia. É raro, obviamente, que um místico moderno preveja nomes muito antes dos acontecimentos, mas até isto acontece. Também não devemos esquecer o poder de Deus que dá aos profetas uma capacidade extraordinária. Supomos que Isaías fosse um verdadeiro profeta capaz de prever o futuro. Os estudos mostram que todas as pessoas, nos seus sonhos, têm uma previsão do futuro. De fato, a experiência psíquica mais comum é o sonho precognitivo. (Ver no *Dicionário* o artigo sobre Sonhos). Sendo este o caso, não é um grande pulo de fé acreditar que o profeta de Deus, com capacidades além das dos homens comuns, poderia ter verdadeiras visões do futuro remoto. Portanto, a menção de Ciro, por nome, embora incomum em profecias, não é impossível. **4**. *O argumento derivado de diferenças de ideias e ênfase* é o mais fraco de todos. Nos capítulos 1—39, temos a ênfase sobre a majestade de Deus. A segunda parte do livro é, de fato, mais interessada no culto religioso, seus ritos, leis etc., mas isto dificilmente comprova um autor distinto. Qualquer livro pode ter estes tipos de variações sem indicar que outro escritor esteja envolvido. Diferenças de temas e de ênfase ocorrem em todas as peças de literatura reconhecidas como dos mesmos escritores. Autores até incorporam contradições de ideias e acontecimentos, e erros crassos. Mas tais coisas não indicam, necessariamente, uma mudança de escritor.

IV. Autoria e Data. A maior parte dos eruditos acredita que o mesmo escritor produziu os capítulos 1—39. Alguns acham que esta porção sofreu algumas interpolações. O nome de Isaías aparece em 1.1; 7.3; 13.1; 20.2,3; 37.2,5,6,21; 38.1,4,21; 39.3,5,8. É curioso que não apareça depois do capítulo 39, o que é, sem dúvida, um peso em favor da suposição de que os capítulos 40—66 tenham sido escritos por outro autor. De qualquer maneira, o que cremos sobre a autoria, naturalmente, tem efeito sobre a(s) data(s) que atribuímos ao livro ou a suas partes distintas.

Na seção III, pontos um e quatro, oferecemos várias conjecturas acerca da data da composição do livro de Isaías. As ideias diferem desde cerca de 750 a.C. até cerca de 400 a.C., dependendo de quantos autores aceitarmos estar envolvidos nessa obra. Se um único autor escreveu o livro inteiro, então é possível que parte tenha sido escrita tão cedo quanto 750 a.C., embora outras porções só tenham sido escritas no tempo do reinado de Ezequias, o que seria nada menos que uma geração mais tarde. Ezequias é mencionado várias vezes nesse livro, incluindo em 1.1 (o último nome da lista de reis). (Ver também Is 36.1,2,4,7,14-16,22; 37.1,3,5,9; 38.1,2,35,39; 39.1-5,8). Isaías profetizou durante os dias do reinado de Uzias (791—740 a.C.), sendo possível que uma parte do livro tenha vindo dessa época, com outras porções acrescentadas no ano 700 a.C., embora Isaías tenha sido o autor de todas essas porções.

V. Cânon e Texto. Isaías é o mais longo e, em vários sentidos, o mais rico dos livros proféticos do Antigo Testamento. E a canonicidade desse livro é tão antiga quanto aquela atribuída a qualquer outro livro profético do Antigo Testamento. A experiência demonstra que os escritos e as predições de um profeta garantem sua aceitação e reconhecimento, quase imediatos, se o seu autor foi uma figura notável. Podemos supor que a preservação dos escritos de Isaías, e sua contínua aceitação durante todo o tempo, desde que ele escreveu, confirmem sua posição no cânon desde o século VIII a.C. Todavia, não dispomos de evidências literárias comprobatórias acerca do livro de Isaías. O trecho de Eclesiástico 48.22-25 (de cerca de 180 a.C.) refere-se às visões do profeta Isaías, sendo esse o primeiro informe histórico a respeito de que dispomos. A passagem de 2Crônicas 32.32 menciona as visões do profeta Isaías, correspondentes à época da morte do rei Ezequias, ou seja, cerca de 700 a.C. Este livro vem de depois do cativeiro babilônico, pelo que foi escrito bastante tempo depois do próprio Isaías. As tradições judaicas atribuem o livro de 2Crônicas a Esdras (cerca de 538 a.C.), embora alguns estudiosos liberais pensem que ele só foi escrito no século III a.C. Seja como for, a referência é nossa mais antiga informação sobre Isaías, dentro da Bíblia, mas fora do próprio livro de Isaías. Serve de confirmação do grande poder espiritual de Isaías, como profeta. E podemos supor que reflita a posição canônica de seu livro, que, desde o começo, recebeu condição quase canônica, tornando-se plenamente canônico não muito depois de sua morte.

Texto. Antes da descoberta dos *Manuscritos (Rolos) do mar Morto* (ver a respeito no *Dicionário*), não havia rolos de Isaías de antes da época de Cristo. Os estudiosos tinham de confiar na exatidão geral do chamado texto massorético (ver também no *Dicionário*). A LXX não difere em grande coisa daquele texto. E a cópia completa do livro de Isaías, descoberta nas cavernas que margeiam o mar Morto, é bastante parecida com o texto tradicional, exceto quanto à vocalização, à soletração de palavras e a outros pequenos pontos, como um uso diferente de artigos, de certas preposições e de certas conjunções. As variações são mais numerosas do que os tradicionalistas poderiam esperar, mas não tão grandes a ponto de alterar qualquer ideia ou a substância da mensagem do livro. Há evidências de que os escribas dos séculos anteriores a Cristo se mostraram muito cuidadosos na cópia, embora não tão cuidadosos quanto os escribas judeus da época medieval. Seja como for, o texto massorético (ver no *Dicionário* o artigo intitulado Massora) pode ser atualmente acompanhado, em todos os seus pontos essenciais, de volta até cerca de 150 a.C., data em que foi escrito o rolo de Isaías encontrado nas cavernas de Qumran, perto do mar Morto.

VI. Isaías e seu Conceito de Deus. Os capítulos 40 a 48 apresentam um notabilíssimo estudo acerca de Deus e seus atributos. Textos de prova extraídos desses capítulos têm sido tradicionalmente usados pelos teólogos como bases de várias asserções. Apresentamos no *Dicionário* um artigo separado sobre esse assunto, com o título de Isaías, seu Conceito de Deus.

VII. Ideias Teológicas. Quanto a doutrina de Deus no livro de Isaías, oferecemos um artigo separado. Ver sob a seção sexta. Outros notáveis ensinos e ênfases do livro de Isaías são os seguintes:

1. Contra a Idolatria. O lapso de Israel nesse pecado e em outros levou Isaías a escrever seu livro, porquanto viu que o desastre esperava o desobediente povo de Israel. O trecho de Isaías 40.12-31 é uma ótima peça literária contra os ídolos mudos, que pessoas insensatas fabricam em substituição a Deus. Outras condenações da idolatria acham-se em (Is 2.7,8,18,21,22; 57.5-8). Ver também no *Dicionário* o artigo sobre a Idolatria.

2. A Providência e a Soberania de Deus. Deus governa os indivíduos e as nações. Esta é uma verdade que empresta grande peso à profecia, porquanto Deus age a fim de corrigir os pecadores em seus erros; e essa correção, às vezes, é feita de maneira desastrosa para os desobedientes. A Assíria aparece como instrumento nas mãos de Deus, em Isaías 10.5. A vara da ira de Deus, a Assíria, foi enviada para punir a hipócrita nação de Israel (vs. 6). Contudo, a providência divina também tem o seu lado positivo. Pode abençoar e destina-se a abençoar àqueles que se arrependem e vivem em consonância com os verdadeiros princípios espirituais. Deus exerce controle sobre a cena internacional, conforme é ilustrado em certas porções dos capítulos 10 e 37 do livro de Isaías.

3. O Pecado do Homem. Quanto a esta questão, há vívidas descrições no livro de Isaías. Esse pecado é escarlate (Is 1.18); por causa do pecado o coração dos homens se afasta para longe de Deus (Is 29.13), seus pés correm para praticar o mal, e eles se apressam por derramar sangue inocente (Is 59.7). Aqueles que rejeitam o pecado podem esperar pelo favor divino (Is 56.2-5). Deus ouve a causa dos oprimidos (Is 1.23). Os orgulhosos são repreendidos, mas os humildes são exaltados (Is 22.15-25).

4. Redenção. Esse é um dos principais temas do livro de Isaías. Por isso mesmo, este profeta tem sido chamado de "o evangelista do Antigo Testamento". Suas declarações proféticas têm um caráter nitidamente messiânico. Ele via quão inadequados eram os sacrifícios de animais e os ritos religiosos (Is 1.11-17; 40.16). Apesar disso, aconselhava a devida observância das obrigações religiosas (Is 56.2; 53.10). O capítulo 53 encerra a famosa passagem do Servo sofredor (o Messias), com tanta frequência citada pelos cristãos como texto de prova acerca de Jesus e de seu caráter messiânico, como o grande sacrifício expiatório. O capítulo 55 salienta a salvação eterna posta à nossa disposição. Isaías 55.5 prediz a salvação das nações gentílicas.

5. Os Poemas do Servo. Esses poemas talvez se refiram a Israel ou Jacó, indicando mais especificamente a nação de Judá. Porém, há ocasiões em que esses poemas que se referem claramente ao Messias, o Filho de Judá. Alguns eruditos, que não dão o devido valor à profecia e objetam à prática de alguns de torcer o texto a fim de encontrar ali menções ao Messias, afirmam que essas passagens são referências estritamente contemporâneas à nação de Israel. O exame de todas essas passagens, porém, demonstra o inegável tom messiânico de algumas delas. (Ver Is 41.8-53; 42.1-9; 49.1-6; 50.4-10; 44.1,2,21,26; 45.4 e 48.20). Ezequiel mostrou-nos a dualidade de uso que se encontra no livro de Isaías. O trecho de Isaías 37.25 chama de servos de Deus tanto a nação de Israel quanto o Rei messiânico. Notemos como, em Isaías 42.1-6, o servo é ungido pelo Espírito de Deus para uma grandiosa obra de testemunho e de julgamento. Esses versículos descrevem o Messias e o trecho de Mateus 12.18-21 cita a passagem de Isaías.

6. Escatologia. Acima de tudo, Isaías é um livro profético, e destacar todas as profecias seria apresentar, virtualmente, uma tabela do conteúdo do livro. A natureza constante desse elemento, pois, encontra-se na décima seção, intitulada Esboço do Conteúdo. As predições sobre o reino de Deus (em Is 2.1-5; 11.1-16; 25.6—26.21; 34 e 35, 52.7-12; 54; 60; 65.17-25; 66.10-24.) A ressurreição de Cristo e a sua volta aparecem em Is 25.6—26.21. Isaías 34 apresenta Edom como o inimigo escatológico do povo de Deus, em um sentido simbólico. O quarto versículo desse capítulo foi citado por Jesus acerca de sua própria vinda (Mt 24.29), como também é feito em Apocalipse 6.14. O retorno de Israel à sua terra e o reino milenar de Cristo são descritos em Isaías 35. Certas profecias a curto prazo dizem respeito, essencialmente, à invasão e ao cativeiro assírio (Is 10.5 ss.; 36). O trecho de Isaías 39, porém, olha para mais adiante no tempo, o cativeiro babilônico de Judá. Isaías 53 é a passagem messiânica mais notável de Isaías, onde são descritos os sofrimentos de Cristo.

VIII. Citações de Isaías no Novo Testamento

ISAÍAS	NOVO TESTAMENTO
1.9	Rm 9.29
6.9	Lc 8.10
6.9-10	Mt 13.14-25, Mc 4.12; At 28.26,27
6.10	Jo 12.40
7.14	Mt 1.23
8.8,10 (LXX)	Mt 1.23
8.12-13	1Pe 3.14-15
8.14	Rm 9.33; 1Pe 2.8
8.17 (LXX)	Hb 2.13
8.18	Hb 2.13
9.1-2	Mt 4.15-16
10.22	Rm 9.27,28
11.10	Rm 15.12
22.13	1Co 15.32
25.8	1Co 15.54
26.20	Hb 10.37
28.11-12	1Co 14.21
28.16	Rm 9.33; 10.11; 1Pe 2.6
29.10	Rm 11.8
29.13 (LXX)	Mt 15.8-9; Mc 7.6-7
29.14	1Co 1.19
40.3	Mt 3.3, Mc 1.3, Jo 1.23
40.6-8	1Pe 1.24-25
40.13	Rm 11.34; 1Co 2.16
42.1-44	Mt 12.18-21
43.20	1Pe 2.9
43.21	1Pe 2.9
44.28	At 13.22
45.21	Mc 12.32
45.23	Rm 14.11
49.6	At 13.47
49.8	2Co 6.2
49.18	Rm 14.11
52.5	Rm 2.24
52.7	Rm 10.15
52.11	2Co 6.17
52.15	Rm 15.21
53.1	Jo 12.38; 10.16
53.4	Mt 8.17
53.7-8 (LXX)	At 8.32-33
53.9	1Pe 2.22
53.12	Lc 22.37
54.1	Gl 4.27
54.13	Jo 6.45
55.3 (LXX)	At 13.34
56.7	Mt 21.13; Mc 11.17; Lc 19.46
59.7-8	Rm 3.15-17
59.20-21	Rm 11.26-27
61.1-2	Lc 4.18-19
61.6	1Pe 2.9
62.11	Mt 21.5
64.4	1Co 2.9
65.1	Rm 10.20
65.2	Rm 10.21
66.1-2	At 7.49-50

Os escritores do Novo Testamento muito se utilizaram dos escritos de Isaías. Há pelo menos sessenta e sete citações claras desse livro, no Novo Testamento, a saber:

Que Isaías previu a vinda do Messias é fato aceito por todo o Novo Testamento. Algumas das citações anteriores são didáticas; mas a maioria delas é de natureza preditiva sobre o Cristo ou sobre as circunstâncias de seu período na terra. Algumas delas podem ser aplicadas ao novo Israel, a igreja conforme se vê em 1Pedro 2.9 (Is 43.20,21). Outras situam Israel em relação à igreja, como em Romanos 9.27,28 (Is 10.22 e 1.9). A natureza dessas predições tem feito o livro de Isaías ser chamado de "o evangelho do Antigo Testamento".

IX. Problemas Especiais do Livro. 1. *A unidade do livro de Isaías*, discutida na terceira seção, anteriormente. **2.** *O nascimento virginal de Jesus* (cf. Is 7.14 e sua citação em Mt 1.22,23). Esse problema tem sido considerado suficientemente importante para merecer no *Dicionário* um artigo separado: ver Nascimento Virginal de Jesus: História e Profecia em Isaías 7.14 e Mateus 1.22,23. **3.** *O problema do significado da palavra "servo"*. Ver sob a oitava seção, quinto ponto. **4.** *O problema da profecia preditiva*. Os eruditos liberais não se deixam impressionar pela tradição profética, supondo que os eruditos conservadores estejam sempre vendo coisas, no texto do Antigo Testamento, como se ali estivesse o Novo Testamento potencial. Segundo diz esse mesmo argumento, os conservadores estariam sempre procurando encontrar predições acerca dos últimos dias (que corresponderiam à nossa própria época), o que, para os liberais, é uma atividade sem proveito. Apesar de essa acusação ter certa dose de razão, não há como negar a existência e a exatidão da tradição profética. Esse problema destaca-se mormente na questão da unidade do livro. O próprio Isaías poderia ter previsto Ciro, chamando-o por seu nome próprio? Ou outro autor qualquer teria estado envolvido na escrita desses capítulos 40 a 66 de Isaías, tendo vivido em tempos posteriores, pelo que escreveu história, e não profecia preditiva? Ver uma discussão sobre isso em III.4, e também a subseção seguinte, Respostas do Livro de Isaías, em seu terceiro ponto.

Embora seja verdade que o Messias não é mencionado no Antigo Testamento com a extensão que alguns intérpretes supõem, é muito difícil imaginar que Isaías não escreveu sobre o o

Messias em muitos trechos do seu livro. A oitava seção deste artigo lista grande número de profecias de Isaías referidas no Novo Testamento, nas quais a teoria das profecias messiânicas é abundantemente comprovada. Assim, se os intérpretes modernos, que encontram alusões claras ao Messias, no livro de Isaías, estão equivocados, também o estavam os escritores sagrados do Novo Testamento, o que é um absurdo.

X. Esboço do Conteúdo
Em Quatro Divisões Principais

1. **Profecias de Cumprimento a Curto Prazo** (Is 1.1—35.10). Temos aí a condenação da nação de Israel por causa de suas corrupções, com predições de desastres produzidos pela invasão e pelo cativeiro assírio. Várias outras nações também são denunciadas, havendo predições de condenação contra elas.
2. **Capítulos Históricos** (Is 36.1—39.8). Descrição da invasão pelas tropas de Senaqueribe. A enfermidade de Ezequias e sua recuperação. Menção à missão de Merodaque-Baladã.
3. **Profecias Preditivas sobre a Babilônia** (Is 40.1—45.25). Antecipação da invasão e do cativeiro babilônico. Para os estudiosos conservadores, isso envolve predição, mas muitos estudiosos liberais preferem pensar que esta seção do livro de Isaías é histórica, tendo sido escrita por algum outro autor, que eles intitulam de deutero-Isaías.
4. **Várias Profecias Preditivas** (Is 46.1—66.24). Esta seção contém muitas e diferentes profecias, sobre vários assuntos, além de diversos ensinamentos morais e espirituais. Essa quarta seção não pode ser esboçada de forma coerente, por causa da natureza miscelânea do material ali constante, reunido sem nenhuma estrutura interna.

Um Esboço Detalhado

I. *Profecias e Instruções a Curto Prazo (1.1—35.10)*
  1. Judá e Jerusalém e Acontecimentos Vindouros (1.1—13.6)
    a. Introdução ao livro e ao seu assunto (1.1-31)
    b. A purificação e a esperança milenar (2.1—4.6)
    c. Punição de Israel devido ao seu pecado (5.1-30)
    d. A chamada e a missão de Isaías (6.1-13)
    e. Predição acerca do Emanuel (7.1-25)
    f. Invasão e cativeiro assírio (8.1-22)
    g. Previsão acerca do Messias (9.1-21)
    h. O látego assírio (10.1-34)
    i. A restauração e o milênio (11.1-16)
    j. O culto durante o milênio (12.1-6)
  2. Denúncias contra Várias Nações (13.1—23.18)
    a. Babilônia (13.1—14.23)
    b. Assíria (14.24-27)
    c. Filístia (14.28-32)
    d. Moabe (15.1—16.14)
    e. Damasco (17.1-14)
    f. Terras para além dos rios da Etiópia (18.1-7)
    g. Egito (19.1-25)
    h. A conquista da Assíria (20.1-6)
    i. Áreas desérticas (21.1—22.25)
    j. Tiro (23.1-18)
  3. O Estabelecimento do reino de Deus (24.1—27.13)
    a. A grande tribulação (24.1-23)
    b. A natureza do reino (25.1-12)
    c. A restauração de Israel (26.1—27.13)
  4. Judá e Assíria no Futuro Próximo (28.1—35.10)
    a. Catástrofes e livramentos (28.1—33.24)
    b. O dia do Senhor (34.1-17)
    c. O triunfo milenar (35.1-10)
II. *Descrições Históricas (36.1—39.8)*
  1. A invasão de Senaqueribe (36.1—37.38)
  2. Enfermidade e recuperação de Ezequias (38.1-22)
III. *Profecias Concernentes à Babilônia (40.1—45.13)*
  1. Consolo para os exilados: promessa de restauração (40.1-11)
  2. O caráter de Deus garante o consolo (40.12-31)
  3. Yahweh castigará a idolatria por meio de Ciro (41.1-29)
  4. O Servo de Yahweh, o Consolador (42.1-25)
  5. Restauração: a queda da Babilônia (43.1—47.15)
  6. Exortação para que sejam consolados os restaurados do cativeiro babilônico (48.1-22)
IV. *O Servo e Redentor e as Coisas Finais (49—64)*
  1. Livramento final do sofrimento pelo Servo de Deus (49—53)
  2. A salvação e as suas bênçãos (54 e 55)
  3. Repreensão a Judá por causa de seus pecados (56—58.15)
  4. O Redentor divino redimirá Sião (58.16-62)
  5. A vingança do Messias e a oração de Isaías (63.7—64.12)
  6. A resposta de Deus e o reino prometido (65 e 66)

XI. Bibliografia
AM BA BW DEL E GT I IB IOT ND UN WBC WG WES YO YO(1954) Z

ISAQUE

I. Caracterização Geral. A história da vida de Isaque aparece nos capítulos 21 a 29 do livro de Gênesis. Isaque era filho de Abraão e Sara, e foi o segundo dos três patriarcas hebreus: Abraão, Isaque e Jacó. Era filho gerado por promessa divina e por divina intervenção, o que fez dele um apto símbolo de Cristo, o Filho de Deus à gloria. Seu nome significa "risos" (comparar com Sl 15.9 e Amós 7.9,16), embora essa mesma palavra hebraica também signifique "zombaria", o que, naturalmente, não se ajusta ao contexto de Gênesis. A razão desse nome é explicada na seção II A Origem do Nome.

Isaque foi circuncidado como um filho prometido, porquanto nele é que a aliança com Abraão (e, portanto, o pacto messiânico) teria continuação. Ver o artigo separado, *Pacto Abraâmico*. Quando Isaque tinha seus oito anos de idade, houve o seu sacrifício potencial, de onde extraímos lições espirituais de grande valor moral, mas que, por si mesmo, não pode ser justificado através de qualquer sã teologia. Ver esse problema na terceira seção deste artigo. Seja como for, o povo terreno de Deus, escolhido, descenderia de Abraão, passando por Isaque. Destarte, no relato, encontramos as raízes de uma grande nação, o povo de Israel.

Após a morte de Sara, Abraão enviou um seu servo dileto à Mesopotâmia, a fim de encontrar ali esposa para Isaque. Isso teve o propósito de preservar os laços raciais de Abraão, pois as jovens da região onde ele habitava não eram aceitáveis com esse propósito. Teria sido desastroso para a nação em formação envolver-se com os cananeus pagãos. Isso serve de tipo da noiva espiritual que seria buscada para Cristo, o grande Filho da promessa. Quanto à tipologia da vida de Isaque, ver a seção VI. Foi assim que Isaque adquiriu Rebeca como sua esposa. Eles permaneceram sem filhos durante muitos anos; mas, finalmente, nasceram-lhes os irmãos gêmeos, Esaú e Jacó. E Jacó veio a tornar-se o terceiro dos grandes patriarcas hebreus, através dos quais se formou o povo de Israel, por meio de quem o pacto messiânico foi perpetuado.

A fome, provocada pela seca, forçou Isaque a levar sua família para Gerar. Em uma terra estrangeira, e tendo de enfrentar possíveis perigos, ele julgou ser necessário apresentar sua esposa como se fosse sua irmã, duplicando o que Abraão fizera, muitos anos atrás (ver Gn 12.10-20). Apesar de Abraão e Isaque terem sido ambos severamente criticados, porque supostamente "negaram" e não deram "proteção" às suas respectivas esposas, devemos lembrar que os chefes das pequenas tribos antigas podiam fazer qualquer coisa que quisessem com as mulheres do lugar, incluindo aquelas que passassem pelo seu território. Todavia, estamos falando acerca de tribos selvagens e pagãs, cujos costumes eram tão diferentes das comunidades civilizadas de hoje em dia. Apesar de Rebeca ser prima de Isaque, e apesar do uso lato que os antigos faziam de termos como irmão, irmã, pai etc., não se pode negar que o intuito de Isaque foi o de enganar os habitantes de Gerar, a respeito da verdadeira identidade de Rebeca, em relação a ele. Mediante tal esquema, mesmo que ela tivesse de perder sua virtude, pelo menos salvar-se-ia a vida dela (e, por que não dizer, a dele também). Muitos homens modernos, se se vissem em tais circunstâncias, fariam algo similar. Mas Abimeleque, o chefe de Gerar, ao surpreender Isaque brincando com Rebeca, percebeu de pronto que ela era esposa dele, e não irmã; e, chamando Isaque à sua presença, repreendeu-o pelo engodo. E Isaque confessou que agira daquele modo com medo de perder a vida. Felizmente para Isaque e Rebeca, Abimeleque era homem probo, e chegou a proibir que qualquer homem de seu povo fizesse qualquer malefício, a Isaque ou à sua esposa. Até mesmo entre os pagãos podemos encontrar algumas virtudes. *Quando, pois, os gentios que não têm lei, procedem por natureza de conformidade com a lei, não tendo lei, servem eles de lei para si mesmos. Estes mostram a norma da lei, gravada nos seus corações...* (Rm 2.14,15).

Com o tempo, Isaque prosperou; e isso serviu para despertar a inveja dos filisteus em derredor. A fim de evitar problemas, ele se mudou para Berseba, onde erigiu um altar. E novamente recebeu as promessas e as bênçãos de Deus. A *Providência de Deus* estava em operação, a despeito dos perigos que apareciam e desapareciam.

Quando Isaque tornou-se homem idoso, débil e cego, preparou-se para transmitir a última bênção a seu filho primogênito (embora gêmeo), Esaú, que era seu filho favorito. Entretanto, Rebeca preferia Jacó, e ansiava para que este recebesse a bênção paterna. Daí originou-se o relato, contado por tantas vezes, de como Isaque foi enganado pelo disfarce de Jacó, que o levou a supor que estava abençoando Esaú. Foi assim que Jacó foi confirmado como o "suplantador", conforme o seu nome também significa. Esaú, por sua vez, recebeu uma bênção secundária, e ficou muito indignado por causa disso. Isso criou um longo período de conflitos entre os dois irmãos, o que poderia ter resultado em alguma grave violência, se Jacó não tivesse abandonado a região. Jacó voltou à Mesopotâmia, a fim de arranjar esposa, enquanto Isaque, Rebeca e Esaú permaneceram na Palestina.

Finalmente, Isaque faleceu, com cento e oitenta anos de idade, e foi sepultado por seus dois filhos, na caverna de Macpela, perto de seus pais e de sua esposa, Rebeca, que já havia falecido algum tempo antes. E os dois irmãos, Esaú e Jacó, adversários durante tantos anos, fizeram as pazes. Os antigos ódios foram ultrapassados; e, pessoalmente, acredito, que a graça de Deus, de alguma maneira, também chegou a beneficiar Esaú, apesar da má reputação dele na antiga tradição rabínica, o que transparece no nono capítulo da epístola aos Romanos.

II. A Origem do Nome. No tocante às circunstâncias de seu nascimento, lemos que várias pessoas riram-se. Abraão riu-se quando lhe foi revelado que ele teria um filho na sua velhice (Gn 17.17), o que também foi a reação de Sara, a mãe de Isaque (Gn 18.12). E ainda outros sentiram vontade de rir, quando souberam do que estava sucedendo (Gn 21.6). Sara foi repreendida por Deus, por ter rido, o que foi interpretado como sinal de falta de fé no poder de Deus. E, quando ela negou que se tinha rido, foi repreendida novamente. Mas Sara mentiu por motivo de temor. Seja como for, a promessa divina teve cumprimento. Mas, com base nessa circunstância de que várias pessoas riram-se, o menino recebeu o nome de Isaque, "riso", no hebraico. O riso original fora divertido, e não zombeteiro, embora refletindo certa fraqueza de fé. Todavia, nesse riso também podemos perceber o *júbilo* diante do cumprimento das promessas de Deus, que, finalmente, resultou na vinda do Messias a este mundo, através da linhagem de Isaque.

Lemos nos textos ugaríticos que o deus *El* costumava rir-se. Algo semelhante se acha no segundo salmo. Talvez Isaque fosse um nome comum, baseado na crença da existência de um deus risonho. Mas, no tocante ao Isaque da Bíblia, é quase certo de que seu nome lhe foi dado por causa dos vários incidentes de riso.

III. Sacrifício Humano por Deus? Não há que duvidar que esse é o aspecto mais difícil do relato bíblico sobre Isaque. De fato, é um dos mais árduos problemas de todo o Antigo Testamento. Aqueles que tentam apoiar a teoria de que não existe revelação divina progressiva, encontram boa variedade de maneiras para desculpar *Yahweh* por ter dado a Abraão a ordem de sacrificar seu filho, Isaque. Todo esse esforço é inútil. Por que não confessar logo que estamos ali tratando com um primitivo conceito acerca de Deus, que foi totalmente ultrapassado pela tradição religiosa hebreia-cristã, tendo então sido abandonado como inaceitável?

Sentimo-nos desolados diante do vigésimo segundo capítulo de Gênesis. Nenhuma explicação pode aliviá-lo de sua demonstração de uma religião primitiva. Mesmo que Abraão tivesse crido, sinceramente, que Deus requerera dele um sacrifício humano, e isso do seu próprio filho, é impossível crermos que *Deus*, realmente, tivesse feito a ele tal exigência. Abraão certamente errou (embora em boa fé), apesar de seu estado espiritual avançado. Podemos extrair do relato boas lições morais, mas é catastrófico para a fé religiosa sã a suposição de que Deus, sob quaisquer circunstâncias, tivesse ordenado que se oferecesse um sacrifício humano. Mais tarde, na legislação de Israel, os sacrifícios humanos foram estrita e enfaticamente proibidos. (Ver Lv 18.21). A pena de morte foi imposta aos desobedientes (Lv 20.2,3).

Contudo, a lição espiritual que se sobressai nesse relato é a da suprema dedicação de Abraão ao Senhor, uma dedicação desde o próprio lar. A fé religiosa requer de nós todos, se quisermos ser sinceros, que nossos filhos devam ser a primeira coisa que dedicamos a Deus. Naturalmente, temos nesse incidente um tipo do sacrifício do Filho de Deus. Deus amou de tal maneira o mundo, que deu o seu próprio Filho (Jo 3.16). O primeiro mandamento da lei mosaica determina que amemos a Deus de todo o coração e de todas as nossas forças; em seguida, em grau de importância, temos o mandamento para amarmos ao próximo como a nós mesmos. Abraão pois, demonstrou esse tipo de amor a Deus, sem importar o quão equivocado fosse o seu ato.

Uma outra lição que se evidencia aqui é que as pessoas religiosas, a despeito de suas boas intenções e grande sinceridade, podem estar equivocadas naquilo que fazem e creem, embora essa seja uma lição que todos preferimos olvidar: a arrogância cega.

IV. As Notáveis Características de Isaque. Isaque foi o único dos três grandes patriarcas hebreus que nasceu na Terra Prometida e nunca a abandonou. Acima dos outros dois, ele ancorava a história de Israel àquela região. Esse relato também nos mostra como a linhagem prometida passava por Jacó, ao passo que Esaú deu origem aos idumeus. Deus tem os seus escolhidos. Essa é uma das ilustrações mais claras da Bíblia — usada por Paulo — para mostrar o fato. *E ainda não eram os gêmeos nascidos, nem tinham praticado o bem ou o mal (para que o propósito de Deus, quanto à eleição, prevalecesse, não por obras, mas por aquele que chama), já lhe fora dito a ela (Rebeca): O mais velho será servo do mais moço. Como está escrito: Amei a Jacó, porém, me aborreci de Esaú* (Rm 9.11-13).

O relacionamento de Isaque com Deus caracterizava-se pela passividade, pela confiança instintiva, pela submissão e pela devoção (Gn 22.7; 25.21). Jacó referiu-se a Deus como "o Temor de Isaque" (Gn 31.42,53), o que demonstra a completa devoção de Isaque ao Senhor. No Talmude e no judaísmo posterior, Isaque simbolizava a submissão do povo de Israel à inexcrutável vontade de Deus. Isso, naturalmente, estava vinculado à história de como Isaque submeteu-se a ser sacrificado a Deus, sem queixas e questionamentos.

Os intérpretes julgam como fraqueza de caráter o fato de Isaque ter mentido acerca de sua esposa e de sua preferência por Esaú (o que se deveria ao fato de que Esaú caçava e satisfazia ao apetite de Isaque; Gn 25.28). Ou, pelo menos, esses incidentes mostrariam lapsos sérios na vida de Isaque. Mas, dificilmente poderíamos julgar o caráter geral de um homem por causa de dois incidentes difíceis de julgar, ou mesmo por causa de alguma atitude errada e persistente, de algum tipo. É verdade que a bênção que Isaque tencionava proporcionar a Esaú, finalmente foi dada a Jacó, por desígnio divino; e isso não por causa do próprio Jacó e, sim, por causa do plano divino relativo ao povo de Israel, porquanto esse povo seria divino instrumento mediante o qual o Messias chegaria ao mundo e cumpriria a sua missão terrena.

"A vida de Isaque, julgada segundo normas mundanas, pode parecer inativa, ignóbil e infrutífera; mas os anos de vida imaculada, de oração, de atos graciosos, de ações de graças diárias, em meio a atividades tipicamente pastorais, não devem ser julgados por esse prisma, embora não nos pareçam espetaculares. O caráter de Isaque talvez não tenha exercido nenhuma influência dominante sobre a sua geração e sobre as gerações subsequentes, mas foi suficientemente assinalada e coerente para conquistar o respeito e a inveja da parte de seus contemporâneos. Seus pósteros sempre lhe deram uma honra idêntica à que dão a Abraão e a Jacó. Esse nome chegou mesmo a ser usado como parte de uma fórmula empregada pelos mágicos egípcios dos tempos de Orígenes (*Contra Celso* 1.22), empregada como eficaz para amarrar demônios que quisessem conjurar" (Smith, *Dicionário Bíblico*).

V. Isaque nas Páginas do Novo Testamento. Além das duas vezes em que Isaque aparece na genealogia de Jesus (ver Mt 1.2 e Lc 3.34), há outras referências a ele, como na expressão ... *o Deus de Abraão o Deus de Isaque e o Deus de Jacó*... (Mt 22.23; Mc 12.26; Lc 13.28 e 20.37). Lucas repete essa fórmula em Atos 3.13, como parte de um dos sermões de Pedro. No sétimo capítulo de Atos, no discurso defensivo de Estêvão, Isaque é mencionado em conexão com a narrativa da história de Israel (vs. 8 e 32). E as passagens de Romanos 9.7,10 e Gálatas 4.28 enfatizam Isaque como um filho prometido, que serve de ilustração sobre a posição favorecida do novo Israel (a igreja), que também seria um filho prometido. O trecho de Hebreus 11.9 ressalta a vida de peregrinações dos patriarcas (entre os quais estava Isaque), como herdeiros que foram da promessa divina de salvação. Hebreus 11.17 menciona o sacrifício de Isaque, por parte de Abraão, como um ato de fé. O fato de que ele foi preservado vivo representa a ressurreição (vs. 19). E o versículo vigésimo mostra-nos que a bênção dada por Isaque a Jacó era profética, sem dúvida alguma envolvendo a promessa messiânica, que passava por Isaque. O trecho de Tg 2.21 refere-se ao sacrifício de Isaque por parte de Abraão, como prova de que um crente é justificado, igualmente, por suas obras de fé, e não somente pela fé, o que o contexto afirma enfaticamente, especialmente no versículo vigésimo quarto. Muitos pensam que temos nisso uma típica interpretação rabínica, que Tiago usou para defender sua tese. Ver sobre o *Legalismo*.

VI. Tipologia. 1. O servo que foi enviado por Abraão a fim de obter esposa para Isaque serve de símbolo do Espírito Santo, que está buscando uma noiva para Cristo. De acordo com esse tipo, Abraão simboliza Deus Pai, e Isaque representa Deus Filho. E a noiva é a igreja; ver Gênesis 24. **2.** O nascimento de Isaque, que foi miraculoso, representa o nascimento virginal do Filho. (Ver Gn 21.1,2). **3.** O sacrifício de Isaque simboliza o sacrifício de Jesus Cristo, o Filho de Deus. (Ver Rm 8.32). Deus ... *não poupou a seu próprio Filho*... E o Filho de Deus também foi obediente até à morte (Fp 2.5-8), exibindo a mesma atitude que a de Isaque, diante da morte. **4.** Isaque, como filho da promessa, também simboliza todos os filhos da promessa, que, coletivamente, formam a igreja. (Ver Gl 4.28). **5**. Os filhos espirituais de Abraão, todos os quais passam através de Isaque, simbolizam o novo Israel, a igreja (ver Gl 4.28). **6**. Isaque também simbolizava a nova natureza do crente, nascido *segundo o Espírito* (Gl 4.29). **7. A Providência de Deus**. É curioso que, contra todas as expectativas, Isaque não morreu em face da enfermidade que o levou a abençoar apressadamente Jacó e Esaú. Parece que ele ainda viveu por cerca de mais trinta anos, até que, finalmente, morreu, já com 180 anos de idade. Portanto, viveu por mais tempo que Abraão ou que Jacó. Isso contém uma lição para nós. O propósito de Deus, operante em nossas vidas, garante que elas sejam vividas em consonância com a tabela de tempo de Deus, e que nem mesmo enfermidades sérias podem frustrar os desígnios do Senhor. Além disso, notemos a intervenção divina. A bênção acabou sendo outorgada a Jacó embora Isaque tivesse planejado de outro jeito. Essa é uma preciosa lição acerca da providência divina em nossas vidas, e do que tanto necessitamos.

ISBÁ

No hebraico, **"ele louvará"**. Esse era o nome de um descendente de Judá, pai ou fundador de Estemoa (1Cr 4.17). Era filho de Merede e Bitia, esta, filha do Faraó. Alguns identificam-no com o Isi do vs. 20 desse mesmo capítulo, ou então, com o Naã do versículo 19. Viveu por volta de 1600 a.C.

ISBI-BENOBE

No hebraico, **"meu assento está em Nobe"**. Ele era um dos gigantes ou refains. Levava uma lança cuja ponta de bronze pesava trezentos siclos, ou seja, cerca de 3,4 kg. O siclo equivalia a 11,4 gramas. (Ver 2Sm 21.16). Ele era um dos quatro filhos nascido a um gigante que vivia entre os filisteus, na cidade de Gate. (Ver 2Sm 21.22). Esse gigante, que já se preparava para tirar a vida de Davi, extremamente fatigado na batalha, foi morto por Abisai, filho de Zeruia. Isso aconteceu por volta de 1018 a.C.

ISCÁ

No hebraico, **"vigilante"**. Esse era o nome de uma filha do irmão de Abraão, Harã. Era irmã de Ló (Gn 11.29). As tradições judaicas e também Jerônimo (*Quaest*. sobre o Gênesis) identificavam-na com Sara. Isso também é mencionado por Josefo (*Anti*. 1.6,5).

ISCARIOTES

No hebraico, **"homem de Queriote"**. Designação de Judá, o traidor (Mt 10.4; Lc 6.16, filho de Simão, Jo 6.71). O emprego desse epíteto serve para distingui-lo do outro apóstolo chamado Judas (Lc 6.16; At 1.13,16). Parece que Judas era natural de Queriote, ao sul de Judá (Js 15.25), ou talvez de Coreai, do limite nordeste da Judeia (Antig. 14.3,4; Guerras 1.6.5). No códice Beza, essa palavra é escrita *apo Karyotou* em todos os lugares do quarto evangelho, e do mesmo modo no códice Sinaítico, no cap. 6.71 do mesmo evangelho. Segue-se, pois, que Judas era natural da Judeia; todos os outros apóstolos foram naturais da Galileia.

ISHI (NOME DE DEUS)

Em nossa versão portuguesa encontramos a tradução dessa palavra hebraica como "meu marido". Oseias predisse que esse nome seria usado por Israel, no futuro, ao referir-se a Deus, em vez de usar o nome *Baali* (em nossa versão portuguesa, "meu Baal"), porquanto esse último nome estava associado à adoração pagã ao deus *Baal* (vide). (Ver Os 2.16).

ISI

No hebraico, **"salutar"**. Nome de várias personagens bíblicas, a saber: **1**. O filho de Apaim, um descendente de Judá, e pai de Sesã (1Cr 2.31). Pertencia à casa de Hezrom, e viveu em cerca de 1612 a.C. **2**. Antepassado de vários simeonitas, que encabeçaram uma expedição de quinhentos homens armados. Eles tomaram o monte Seir dos amalequitas, que se haviam apossado do mesmo (1Cr 4.42). Esse Isi viveu em cerca de 726 a.C. **3**. O pai de Zoete e de Ben-Zoete (1Cr 4.20). Ele viveu por volta de 1017 a.C. **4**. Um chefe da tribo de Manassés, que se tornou conhecido por sua bravura. Ele vivia na região leste do rio Jordão (1Cr 5.24), por volta de 720 a.C.

ISMA

No hebraico, "desolado". Esse era o nome de um descendente de Judá (1Cr 4.3). Aparentemente era filho do fundador de Etã (vide). Sua vida esteve associada à aldeia de Belém (vs. 4). Viveu por volta de 1612 a.C. Os nomes de seus irmãos eram Jezreel e Idbas.

ISMAEL

1. O Nome. "Ismael", **"Deus ouve"**. A raiz básica é *El*, um nome comum aplicado a Deus, que significa "forte" ou "força". Ver o artigo sobre *Deus, Nomes Bíblicos de*. A essa raiz está vinculada a palavra hebraica que significa "ouvir". Portanto, esse nome pode ser interpretado como "Deus ouve", "Deus ouviu" ou "Deus ouvirá". Em Gênesis 16.11, lemos: ... *a quem chamarás Ismael, porque o Senhor te acudiu na tua aflição*. Deus ouvira Hagar quando ela clamara a ele, em grave momento de necessidade. O trecho de Gênesis 21.17 mostra-nos que o Senhor também ouviu a voz de Ismael. Assim, em ambos os casos, encontramos em atuação a *Providência de Deus*.

2. Circunstâncias de seu Nascimento. No Oriente Próximo e Médio era muito importante para as mulheres casadas que elas tivessem filhos. Se uma mulher casada fosse estéril, era costume ela prover filhos e herdeiros para seu marido, por algum outro meio. Um meio comum consistia em dar ela uma serva ou escrava, ou mesmo várias, a seu marido, para lhe servirem de concubinas. E os filhos nascidos do concubinato eram criados pela esposa legítima, ficando sob seu controle. Portanto, temos aí um antigo caso de mães substitutas, com a diferença que, na atualidade, essas mães recebem uma certa quantia em pagamento, a fim de dar à luz uma criança. O modelo antigo envolvia concubinas que, naturalmente, era um método mais satisfatório em vários sentidos. Tal como nos tempos modernos, o método antigo também causava conflitos, conforme se vê no caso de Hagar e Ismael. Visto que Hagar era serva de Sara, Ismael era considerado filho legal de Sara. Têm sido encontradas evidências arqueológicas em favor dessa prática. Um caso especializado é mencionado no código de Hamurabi, ponto 146 (que envolvia uma sacerdotisa). No entanto, naquela porção do mundo antigo havia uma lei generalizada no sentido de que a mãe escrava não podia fazer prevalecer os seus direitos sobre a mãe livre. Às escravas não se permitia que fossem arrogantes ou exigentes. Ora, o trecho de Gn 16.4 mostra-nos que Hagar, tendo concebido, desprezava Sara, no íntimo. E mostrou-se orgulhosa e altiva. Ela, e não Sara, é quem pudera dar um filho a Abraão! E Sara sentiu-se profundamente ofendida diante disso, conforme se vê no quinto versículo, onde também Sara falou na "afronta" sofrida. Sara, pois, exigiu justiça da parte de Abraão. E assim Sara, promovendo seus próprios direitos, mas esquecendo-se da caridade e do espírito de conciliação, perseguiu Hagar, ao ponto que esta acabou fugindo.

O Anjo do Senhor, entretanto, saiu no encalço de Hagar, porquanto havia um propósito divino em andamento, que requeria que Hagar e Ismael ficassem, por mais algum tempo, em companhia de Abraão. O Anjo do Senhor encontrou Hagar no deserto, perto de uma fonte de água, e a enviou de volta, recomendando que ela se submetesse a Sara, sua senhora. Foi esse o primeiro conflito árabe-judaico. Hagar obedeceu, totalmente admirada de que "vira Deus", mas continuava viva para contar o fato. Incidentalmente, percebemos a convicção comum ao primitivo judaísmo, de que ver o Anjo do Senhor era a mesma coisa que ter visto o Senhor.

Em todo esse incidente também encontramos uma lição sobre as intervenções divinas. Fazemos as coisas de acordo com a nossa razão ou com as nossas paixões, as quais nos dominam em grande parte, se não a razão, então, as paixões. Porém, Deus tem uma ideia diferente da nossa, e intervém. No caso de Hagar, doutra sorte, provavelmente, ela pereceria no deserto, juntamente com o filho que trazia no ventre. No entanto, uma nação poderosa haveria de nascer dela, e isso de acordo com os propósitos de Deus (Gn 16.11 ss.). Algumas vezes, precisamos da intervenção divina em nossas vidas, para reconduzir-nos à trilha certa, ou para ajudar-nos a enfrentar obstáculos que não poderíamos transpor sozinhos. Ver o artigo separado sobre Hagar.

3. Sumário da Vida de Ismael. Hagar, que era egípcia, evidentemente estava retornando de sua fuga de Sara. O anjo interveio e enviou Hagar de volta a Abraão. Ismael nasceu quando Abraão tinha cerca de 86 anos de idade (Gn 16.16). Naquele tempo, ele vivia perto de Hebrom (Gn 13.18). E quando Ismael chegou aos 13 anos (Gn 17.1), Deus estabeleceu um pacto com Abraão, que incluía a necessidade da circuncisão de todos os homens que viviam em sua casa. Ismael, pois, foi incluído na operação.

Ao que parece, Abraão se sentia muito apegado a Ismael, porquanto quando lhe foi anunciado que um filho nasceria de Sara, e que através desse filho, Isaque (vide), a promessa constante no pacto abraâmico (vide) teria cumprimento, Abraão disse a Deus: *Oxalá viva Ismael diante de ti* (Gn 17.18). Porém, Deus tinha um plano diferente, pois de Ismael procederia uma grande nação, mas de Isaque, o filho da promessa, descenderia a nação de Israel, que seria o meio da vinda do Messias a este mundo!

Algum tempo depois, nasceu Isaque. Hagar e seu filho caíram em desfavor e foram expulsos, e então puseram-se a vaguear pelos lugares ermos em redor de Berseba. O trecho de Gênesis 21.9 indica que Ismael tomou uma atitude hostil contra Isaque. O sentido exato, desse versículo, não é claro, e tem sido interpretado de várias maneiras. Uma interpretação comum é que Ismael havia zombado do infante Isaque por ocasião da cerimônia do desmame. Talvez tudo quanto temos aí seja aquele ciúme comum de um irmão mais velho diante de um irmão mais novo, que lhe ameaça a posição. Usualmente, tais coisas acabam sendo ajustadas, mas Sara não tinha paciência para tentar a conciliação, e exigiu, novamente, que Abraão expulsasse a *egípcia* e o filho dela. Abraão fez o que Sara exigiu, embora com bastante relutância. Alguns intérpretes judeus exageram a questão, dizendo que Ismael era uma ameaça à integridade física de Isaque, ou então, que Ismael praticava a idolatria e tentara arrastar Isaque à mesma prática.

O trecho de Gênesis 21.14 *ss* registra uma história comovente. Abraão, triste no coração, levantou-se cedo pela manhã e preparou pão e água para Hagar, para que ela levasse em sua jornada de volta ao deserto. Então ela pôs as provisões sobre o ombro e partiu, levando consigo Ismael. Ela adotou uma vida de nômade, no deserto de Berseba, não muito distante da tenda de Abraão. Mas, houve um momento, antes disso, em que ela pôs Ismael debaixo de uns arbustos, para deixá-lo morrer à míngua. E foi sentar-se longe dele, a fim de não ser testemunha do evento. Então Ismael chorou, e Deus precisou fazer uma segunda intervenção em favor dele. O Anjo do Senhor apareceu novamente. Foi reiterada a promessa de que uma grande nação procederia dele. É Deus quem controla os destinos, e não as vicissitudes da vida humana. Hagar foi orientada na direção de certo manancial de água, e assim a vida dela e de seu filho foram salvas. Ela e Ismael continuaram a viver no deserto de Parã. E, sendo egípcia, Hagar providenciou para que, com o tempo, Ismael obtivesse uma esposa egípcia.

É interessante observarmos que apesar de Ismael não ter sido um filho prometido, ainda assim tinha um destino que era importante aos olhos de Deus. Por conseguinte, houve duas provisões divinas: uma delas, através de Isaque, com propósitos específicos; e outra, através de Ismael, com propósito específico e, embora diferente, igualmente útil. Por igual modo, no trato de Deus com a humanidade, há a redenção dos eleitos, mas também há a restauração dos não eleitos, afinal. Ver sobre *Redenção* e sobre *Restauração*. As ideias de Deus sempre são mais amplas que as ideias humanas, sempre mais universais e mais satisfatórias.

4. O Filho Rejeitado. Alguns intérpretes frisam que o ato de expulsar um filho era algo contrário aos costumes antigos daquela região do mundo. Castigar, sim, restringir privilégios, sim. Mas, expulsar? Além disso, as razões dadas — Ismael zombou de Isaque, exibindo ciúmes — dificilmente justificariam uma reprimenda tão severa. E, se alguns intérpretes pensam que o texto dá mostras de que Ismael estava ameaçando seriamente a vida de Isaque, o próprio Antigo Testamento não indica tal coisa nem de longe. O que mais se pode deduzir do texto sagrado é que Sara foi assaltada por um violento ataque de ciúmes; e, quer creiamos quer não, ela parece que exercia bastante ascendência sobre Abraão, que, desejando manter bons relacionamentos com ela, dispôs-se a praticar um ato contrário à natureza. Outros intérpretes salientam que o termo hebraico *tsachaq*, que nossa versão portuguesa traduz por "caçoava" (ver Gn 21.9), na verdade indica que tudo quanto Ismael estava fazendo era "brincar" com Isaque. Essa é a tradução que aparece, por exemplo, na *Revised Standard Version*. E a tradução portuguesa da Imprensa Bíblica Brasileira diz apenas: *Sara viu brincando o filho de Agar, a egípcia*. Isso poderia envolver Isaque, ou não, visto que essa parte é suprida por alguns tradutores, não fazendo parte do original hebraico. Seja como for, parece que o ato de Ismael foi inocente, sem manifestar qualquer hostilidade contra Isaque. Mas Sara meramente foi atacada por violento surto de ciúmes, e simplesmente não queria que houvesse qualquer competição contra Isaque. O filho dela era um príncipe, enquanto que o filho da escrava era perfeitamente supérfluo. Quanto a esse incidente, meramente supõe que o problema é que Sara não queria que houvesse um competidor de seu filho. E assim, não mandou Ismael embora por causa de qualquer coisa que ele tivesse feito. E o fato de que Abraão anuiu à voz de Sara mostra-nos o poder que Sara exercia sobre ele. Algumas mulheres, na verdade, são poderosas. Poderíamos dizer: "Eu a teria posto no seu devido lugar". Porém, é muito difícil pôr certas mulheres no lugar delas. Felizmente, nem todas as mulheres são desse tipo.

Todavia, a lição que nos convém aprender não é como são certas mulheres e, sim, observar que a despeito de todos os empecilhos, o propósito de Deus relativo a Isaque não pôde ser impedido, e teve seu devido cumprimento, o que também aconteceu no caso de Ismael.

5. Incidentes Posteriores de sua Vida. Ismael cresceu no deserto, tornou-se arqueiro e teve mulheres egípcias. Teve doze filhos (Gn 25.13-15), presumivelmente de uma só mulher, que também lhe deu uma filha, de nome Maalate (Gn 28.9). Todavia, há estudiosos que pensam que todos esses filhos não eram de uma única mulher, embora o próprio texto sagrado não diga tal coisa.

Ismael e Isaque Unidos na Morte de Abraão. (Ver Gn 25.9). Visto que, no Oriente, os funerais ocorriam pouco depois da ocorrência da morte do indivíduo, podemos concluir que a vida nômade de Ismael acabou levando-o até perto de onde Abraão residia. Também podemos supor que Ismael recebeu algum dote, sob a forma de propriedades, da parte de seu pai, nessa ocasião, ou antes disso, visto que aquele fez a mesma coisa com os filhos de Quetura (Gn 25.6).

Nada mais é dito na Bíblia a respeito de Ismael, exceto que ele morreu com 137 anos de idade. Seus doze filhos deram nomes a doze tribos (cumprindo assim a promessa divina acerca de uma grande nação). E Maalate, sua filha (talvez entre várias), tornou-se uma das esposas de Esaú (ver Gn 28.9). Ao contrário do que alguns pensam, Ismael não foi o fundador das nações árabes, porquanto antes disso essas tribos semitas já tinham tido seu começo; mas Ismael contribui para a formação da nação árabe, com a tribo que dele descendia.

6. Descendentes de Ismael. (Ver Gn 25.12-16 e 1Cr 1.29-31), que proveem essa informação. Assim como Jacó teve doze filhos, e cada um deles originou uma das tribos de Israel, assim também sucedeu a Ismael, cujos doze filhos tornaram-se cabeças de tribo. A mesma coisa é dita acerca de Naor (ver Gn 22.21-24). A menos que isso envolva mera coincidência, então, é possível que haja algum tipo de padrão organizacional dos povos daquela área do mundo, que envolvia o número doze como uma normativa. Ver o artigo separado sobre os *Ismaelitas*.

7. Ismael no Novo Testamento. Ismael não é chamado por nome em nenhuma porção do Novo Testamento; mas Paulo faz alusão a ele, em Gálatas 4.29-31, embora sem mencionar o seu nome. Ali, Ismael é chamado de "o filho da escrava", que foi expulso da casa paterna como alguém que era perseguido e não poderia ser herdeiro juntamente com "o filho da livre" (Isaque). Isso se alicerça sobre as interpretações rabínicas sobre a conduta de Ismael, e não sobre o próprio texto do Antigo Testamento. Paulo tirou vantagem disso a fim de se queixar de como a nova fé, o cristianismo, estava sendo perseguida pela antiga fé, o judaísmo. E fez da lei um equivalente à condição de *escrava* de Hagar e seu filho; mas a liberdade equivale à justificação pela fé, da nova *religião*. Esse uso alegórico (metafórico) deve ter parecido extremamente amargo e incoerente para a mente judaica. Pois, fazer do judaísmo o filho de Hagar, e do cristianismo, o filho prometido, de Sara, certamente deve ter parecido uma blasfêmia para qualquer judeu que lesse os escritos de Paulo. Embora a ilustração paulina seja poderosa, tem sido questionada até mesmo por alguns intérpretes cristãos, no tocante à sua coerência e lógica. Na verdade, Paulo também interpretava alegoricamente o Antigo Testamento. Ver sobre *Interpretação Alegórica*. O uso que ele fez dessa interpretação empresta crédito a esse modo de interpretar, contanto que não seja exagerado e nem seja usado com exclusividade. Sabe-se que alguns rabinos gostavam muito de usar a interpretação alegórica. Paulo lançava mão desse modo de interpretar com certa raridade.

ISMAEL (OUTROS)

Ver o artigo sobre *Ismael*, filho de Abraão e Hagar. Outros indivíduos do mesmo nome, referidos nas páginas do Antigo Testamento, são os seguintes: **1**. Um filho de Azael, descendente de Saul através de Meribaal ou Mefibosete (1Cr 8.38 e 9.44). Viveu em algum tempo antes de 588 a.C. **2**. Um homem de Judá, cujo filho (ou descendente), Zabadias, governava a tribo de Judá nos dias do rei Josafá (2Cr 19.11). Viveu por volta de 875 a.C. **3**. Um filho de Joanã, que era capitão de cem homens e que ajudou Joiada, na substituição da usurpadora Atalia pelo legítimo pretendente do trono, Joás, ainda menino (2Cr 23.1). Viveu por volta de 877 a.C. **4**. Um filho de Pasur, que foi forçado a divorciar-se de sua esposa estrangeira, com quem se casara durante o cativeiro babilônico, depois que ele retornou a Jerusalém. (Ver Ed 10.22). Isso ocorreu em cerca de 456 a.C. **5**. O assassino de Gedalias, que fora nomeado superintendente do remanescente de Judá, que fora deixado na Palestina quando do cativeiro babilônico. Gedalias tinha de prestar contas de seu governo aos babilônios. O motivo de seu assassinato, ao que parece, era debilitar ainda mais e destruir o que fora deixado da tribo de Judá na Palestina. Outros atos de traição certamente se seguiram. Gedalias havia sido avisado sobre o conluio, e alguém se oferecera para matar Ismael, antes que ele pudesse matar Gedalias. Gedalias, porém, não creu na informação. O rei dos amonitas, Baalis, entre os quais Ismael se refugiara na época do cativeiro babilônico, convenceu-o a perpetrar o crime. Talvez Ismael tivesse pensado que ganharia alguma posição de autoridade, ou seria recompensado de alguma outra maneira. Talvez Ismael pertencesse à família real, mas não se sabe se ele era filho ou não do rei Zedequias. Seja como for, após o assassinato, ele fez um certo número de reféns, entre os quais o profeta Jeremias e as filhas do rei Zedequias, e retornou aos amonitas. Porém, foi alcançado por Joanã, amigo de Gedalias, perto das águas de Gibeom; Ismael conseguiu escapar com oito de seus auxiliares, e continuou a residir entre os amonitas. (Ver o relato inteiro nos trechos de Jr 40.7—41.18 e 2Reis 25.23-25).

ISMAELITA

(Ver Gn 37.25,27,28). Esse termo, nesses versículos, refere-se a certo descendente de Ismael (vide). O vocábulo foi usado como uma designação genérica de povos árabes, ainda que, estritamente falando, Ismael tivesse sido o progenitor de somente certas tribos, através de doze filhos que se tornaram chefes de suas respectivas tribos. Em seu sentido estrito, esse nome aplica-se somente àqueles doze clãs. Foi aplicado, porém, a Jeter, pai de Amasa, por Abigail, irmã de Davi (1Cr 2.17). Porém, em 2Samuel 17.25, ele é chamado de israelita. Portanto, é possível que ele tivesse sido israelita, embora chamado de ismaelita porque vivia no território dos ismaelitas, Além disso, Ismael tornou-se um nome comum entre os israelitas (ver 1Cr 8.38; 9.44; 2Cr 19.11; 23.1; Ed 10.22), pelo que nem sempre uma ascendência não israelita era indicada por esse nome. (Ver Gn 25.12-16 e 1Cr 1.29-31) quanto aos descendentes de Ismael, bem como o sexto ponto do artigo sobre *Ismael*.

Maomé dizia-se descendente de Ismael. Visto que, historicamente falando, os árabes têm sido cuidadosos sobre suas genealogias; a exemplo dos judeus, é possível que a reivindicação dele fosse autêntica. Dando margem à miscigenação entre várias tribos, especialmente com os joctanitas e os queturaítas, quase chega a ser correto chamarmos os árabes de ismaelitas.

ISMAÍAS

No hebraico, **"Yahweh ouvirá"**. Esse era o nome de duas personagens do Antigo Testamento: **1**. Um gibeonita, líder daqueles que abandonaram Saul e se bandearam para Davi, tendo-se juntado a ele em Ziclague (1Cr 12.4). A família de Saul também era de Gibeom (1Cr 8.28,30,33). Ele viveu por volta de 1020 a.C. **2**. Um filho de Obadias, um chefe nomeado por Davi para a tribo de Zebulom (1Cr 27.19). O propósito de Davi era organizar melhor a nação. Isso ocorreu por volta de 1014 a.C.

ISMAQUIAS

No hebraico, **"Yahweh sustentará"**. Esse era o nome de um levita que, por ordem do rei Ezequias, ficou encarregado das oferendas sagradas (2Cr 31.13). Ele viveu por volta de 726 a.C.

ISMERAI

No hebraico, **"que Deus preserve"**. Esse era o nome de um descendente de Benjamim. Ele era filho de Elpaal, que vivia em Jerusalém (1Cr 8.18). Viveu por volta de 588 a.C.

ISPA

No hebraico, talvez signifique **"ele arranhará"**. Outros pensam em "forte", "robusto". Esse era o nome de um benjamita, da casa de Berias. (1Cr 8.16). Viveu por volta de 1400 a.C.

ISPÃ

No hebraico, **"ele esconderá"**, embora outros pensem no sentido "forte", ou "robusto". Era um dos filhos de Sasaque, residente em Jerusalém. Era um chefe da tribo de Benjamim (1Cr 8.22). Viveu por volta de 588 a.C.

ISRAEL

Quanto a definições e usos desse termo, ver a primeira seção do artigo intitulado *Israel, História de*.

Este *Dicionário* oferece muitos artigos que abordam o povo de Israel por vários ângulos. Ver os seguintes:

1. *Antigo Testamento*
2. *Cronologia do Antigo Testamento*
3. *Ética do Antigo Testamento*
4. *Filosofia da História*
5. *Filosofia Judaica*
6. *Hasmoneanos*
7. *Hebraico*
8. *Hebreus (Povo)*
9. *Hebreus, Literatura dos*
10. *Israel, Constituição de*
11. *Israel de Deus*
12. *Israel, História de*
13. *Israel, Reino de*
14. *Israel, Religião de*
15. *Judá, Reino de Judá*
16. *Judaísmo*
17. *Legalismo*
18. *Lei no Antigo Testamento*
19. *Pactos*
20. *Período Intertestamental*
21. *Profecia: Tradição da, e a Nossa Época*
22. *Queda e Restauração de Israel*
23. *Rei, Realeza*

O Antigo Testamento conta a história completa de Israel, de sua religião, de suas leis, de sua ética e de sua filosofia.

O nome *Israel* tem feito parte da tradição judaica, desde seu primeiro aparecimento, no Antigo Testamento, em Gênesis 32.28. Lemos ali sobre como o anjo lutou com Jacó. Tendo prevalecido na luta, Jacó exigiu uma bênção da parte do anjo, que concedeu e, ao mesmo tempo, mudou o nome de Jacó para *Israel*, que significa "Deus luta". ... *pois como príncipe lutaste com Deus e com os homens, e prevaleceste*. Do indivíduo, Jacó, o nome se estendeu aos seus descendentes, que então formaram a nação de Israel. No século XX, esse antigo nome, Israel, tornou-se a designação do país restaurado. O moderno estado de Israel, estabelecido em 1947, é um dentre mais de cinquenta estados soberanos que têm vindo à existência desde que terminou a Segunda Guerra Mundial.

ISRAEL (Jacó). Ver *Jacó*.

ISRAEL, CONSTITUIÇÃO DE

Este *Dicionário* contém muitos artigos relacionados a Israel. Ver o artigo *Israel*, onde há uma lista.

Introdução. Israel não era o único país que dependia muito de alegadas informações e inspiração divina como princípios normativos de governo e de padrões de vida em geral. De fato, quando lemos a história das nações antigas, com suas leis e seus costumes, ficamos impressionados com o grande poder que a religião exerce sobre todos os aspectos da vida delas. Mas, apesar de Israel não estar isolada quanto a esse particular, talvez, dentre todas as nações, seja ela aquela que melhor exemplifique a operação do princípio divino, em cooperação com o poder civil e secular. Talvez até seja um erro falar sobre qualquer coisa secular em Israel, se estivermos falando sobre teorias. Deus propusera-se a governar todas as coisas, individual e coletivamente. Na prática, houve muitos desvios e abusos dessa situação. Seja como for, em Israel temos a mescla da constituição *civil* com a lei *divina*; e, pelo menos em teoria, as duas coisas não podiam ali ser separadas.

I. O Israel Patriarcal. Deus falou com Abraão, Isaque e Jacó. As leis estabelecidas por eles resultaram de convicções religiosas. Enquanto residissem na terra de Canaã, estariam livres da opressão estrangeira. Eles promoveram uma sociedade agrícola e pastoril, e tinham a liberdade de mover-se dentro da Terra Prometida conforme bem quisessem fazê-lo (Gn 13.6-12). Usaram da violência sempre que precisaram vingar-se de alguma injúria sofrida (Gn 14). Todavia, não tentavam sujeitar a si mesmos os seus vizinhos, e tratavam os chefes das tribos como iguais, estabelecendo acordos com eles (Gn 14.13,18-24; 21.22-32; 26.16; 27.33; 31.44-54). Dentro do sistema patriarcal, os pais eram reis e os filhos eram súditos. Infrações graves podiam causar a perda da herança, ou alguma outra punição severa, incluindo a execução capital (Gn 49.3,4; 1Cr 5.1; Gn 21.14). As bênçãos ou as maldições que os pais podiam proferir sobre seus filhos eram, respectivamente, altamente prezadas ou temidas. Noé amaldiçoou seu neto, Canaã (Gn 9.25); Isaque abençoou Jacó (Gn 27.28,38); Jacó abençoou seus filhos (Gn 49). Quando o pai de uma família morria, o filho mais velho tornava-se o chefe da mesma e assumia a autoridade de seu pai. Os direitos do filho primogênito eram grandes. Nas questões religiosas, o pai era o sacerdote da família, e o responsável pelas questões espirituais de seus familiares. Sua palavra era lei (Gn 7.20; 12.7,8; 35.1-3).

A forma patriarcal de governo, no primeiro Israel, incluía a provisão de que quando novas unidades familiares se estabeleciam, com o casamento dos filhos, o pai, agora avô, retinha grande dose de autoridade sobre a sua família, que assim se ampliava (Gn 38.24; 42.1-4,37,38; 43.1-13; 50.15-17).

À medida que os números aumentavam, tornava-se mister criar um governo suprafamília, mediante a nomeação de magistrados ou governadores, que exerciam autoridade sobre os vários clãs. Esses anciãos tornavam-se os chefes dos clãs, e tinham autoridade sobre as famílias que constituíam cada clã, e não meramente sobre as suas próprias famílias (Êx 3.16). Eram escolhidas por causa de sua idade e sabedoria superior. Os *shoterim*, ou oficial de Israel, brandiam grande autoridade. (Êx 5.14,15,19). Dentro do contexto egípcio, parece que essas pessoas eram nomeadas pelos egípcios, como uma maneira de estabelecer sobre os israelitas um controle indireto.

II. O Israel Teocrático. O povo de Israel foi redimido da servidão no Egito. Os israelitas encaminharam-se para o deserto. No deserto do Sinai foi instituída uma nova forma de governo. Deus outorgou a lei a Moisés, a qual se tornou o padrão para todo modo de proceder pessoal, social e governamental. O cotejo entre essa e outras legislações da época, sobretudo aquelas da Mesopotâmia, demonstra um considerável *fundo comum* de ideias. As provisões da lei mosaica eram bastante abrangentes, incluindo questões como a proteção da propriedade privada, da liberdade individual, da segurança, da paz e de tudo quanto dissesse respeito ao culto religioso. É significativo que a base dessa legislação, os Dez Mandamentos (vide), exerce uma grande ascendência sobre as mentes dos homens, até hoje, quanto a seus aspectos, religiosos ou não. É interessante que essa lei tencionava fazer com que um povo santo se consagrasse a um Deus Santo. Destarte, os israelitas formavam uma espécie de reino de sacerdotes, embora também contassem com um sacerdócio formal, a fim de assegurar a propagação e a proteção dos princípios religiosos que eram reputados indispensáveis. Essas leis eram escudadas em severas sanções, incluindo a pena de morte para os infratores graves (entre as quais havia várias que, hoje em dia, não seriam consideradas muito sérias).

Juízes. Nos tempos de Moisés, conforme os registros históricos, ele assumia uma tremenda responsabilidade na aplicação da lei. Esse arranjo nem sempre funcionou suavemente, pois todo povo desgosta-se diante de uma autoridade por demais centralizada. À medida que o povo de Israel se multiplicou, juízes foram nomeados, dotados de muitos dos poderes de um rei-sacerdote, visto que controlavam tanto as questões civis quanto as religiosas (Dt 1.17; 19.17). Quase todos os juízes após a época de Moisés provinham da tribo de Levi. O sumo sacerdote de Israel era o principal expositor da lei religiosa. Em casos difíceis eram consultados o *Urim* e o *Tumim* (vide). Deus enviou profetas que esclareceram alguns pontos. Apesar do governo assim descentralizado, Deus era considerado o verdadeiro rei de Israel. E após os tempos de Josué, os juízes formais de Israel passaram a atuar como reis-sacerdotes, o que foi um passo preliminar na instituição do ofício real. A questão da constituição do povo de Israel, na época do reino unido e dividido, é abordada nos artigos *Israel, História de; Israel, Reino de, e Judá, Reino de*.

III. A Constituição Civil de Israel

1. Significação. Está em foco a classificação das pessoas que envolviam a sucessão e o direito de herança de terras, de propriedades e de direitos adquiridos.

2. Em virtude do fato de que o povo de Israel estava dividido em doze tribos que eram os descendentes de Jacó, todas as instituições nacionais tinham de levar em conta esse fato. As doze tribos formavam a *casa de Israel*, que era genealogicamente dividida em várias tribos (Js 7.14,16-18). As tribos, por sua vez, eram divididas em famílias ou clãs; então vinham as casas ou grupos familiares e finalmente cada família individual.

3. As Tribos. As unidades familiares se uniam em grupos maiores chamados tribos. Cada tribo era uma espécie de comunidade em miniatura com seus próprios direitos. Também havia príncipes ou chefes de tribos que formavam uma espécie de reinos dependentes e que também dispunham de poderes religiosos. Com base nos registros sagrados, parece que as doze tribos foram mantidas em Israel mesmo depois que elas partiram do Egito; e isso foi confirmado no deserto como norma. As tribos eram conservadas unidas mediante a herança genética e os laços culturais.

4. As Famílias ou Clãs. Os conglomerados de famílias ou clãs eram unidades menores dentro das tribos. O clã (no hebraico *mishpahoth*, "circulo de aparentados") era a subunidade básica de cada tribo. Com base no capítulo 26 de Números, parece que as doze tribos eram constituídas por 57 famílias ou clãs já perto do fim dos quarenta anos de vagueação pelo deserto.

5. As Casas. O termo hebraico correspondente é *bayith*, "casa", ou então *beth ab*, "casa do pai". Os clãs eram constituídos por casas ou famílias, no sentido de um grupo de famílias talvez composto por bisavô, avô, pai, filhos e os vários inter-relacionamentos por casamento. Dentro dessa unidade havia um tipo de poder patriarcal. O pai nunca perdia completamente a autoridade sobre seus filhos embora estes se casassem e formassem unidades familiares distintas. O avô continuava exercendo certo controle sobre as atividades e negócios de seus descendentes. As autoridades dentro dessas unidades familiares podiam ser chamadas de *anciãos*; mas um ancião também era o governante de um clã, a unidade maior. (Ver Js 23.2; 24.1; Dt 18.21; 21.1-9).

6. O Homem, a Unidade Básica. É uma filosofia ética comum que o valor de uma sociedade começa pela valorização do indivíduo. Apesar de a maioria dos homens exercer pouca influência sobre a comunidade onde vivem, alguns exercem uma influência significativa que extrapola suas próprias unidades familiares. O aprimoramento da família, da comunidade e da nação depende do caráter espiritual de cada indivíduo formador dessas unidades. É nesse ponto que a fé religiosa torna-se tão importante. O quinto capítulo da epístola aos Romanos ensina-nos que um homem nunca vive isolado, pois faz parte da sociedade em que vive. A redenção, a despeito de ser individual, também tem um aspecto coletivo. O indivíduo e a sua comunidade avançam ou retrocedem juntos.

IV. PROPÓSITOS HISTÓRICOS DE ISRAEL. É doutrina comum supor que Israel, como uma nação incluindo suas várias constituições, estava escudada sobre o plano divino de tal modo, que o propósito de Deus sempre atuava com finalidades remidoras. Pode-se mesmo dizer que os propósitos de Deus entraram na comunidade de maneira significativa, através de Israel. Mas aquilo foi apenas o começo de um desenvolvimento, e não o fim, pois os propósitos de Deus não se limitam ao povo, os quais também foram estabelecidos com propósitos específicos (ver At 17.26 ss.). O propósito divino básico é a redenção, embora existam muitos propósitos secundários, relativos à vida física, terrena, e que também são importantes. A terra tem um destino, que se cumprirá através das nações da terra e das atividades das mesmas. Esse propósito não envolve apenas uma escola que prepara os homens para a existência nos lugares celestiais.

ISRAEL, HISTÓRIA DE

Quanto a uma lista de artigos que abordam Israel por vários ângulos, como a sua religião, a sua lei, a sua ética, o seu reino etc., ver o artigo desse nome.

I. DEFINIÇÕES E USOS DO TERMO. Os intérpretes têm dado diferentes traduções para a palavra Israel. Basicamente, significa "Deus esforça-se, pois compõe-se de duas palavras hebraicas, *yisra e el* (esta última um dos termos comuns para Deus, e que significa "forte"). O verbo hebraico *sara* significa "esforçar-se". No contexto da primeira vez em que essa palavra é usada no Antigo Testamento (Gn 32.28), onde Jacó lutou com o anjo e prevaleceu, quando seu nome foi alterado de Jacó para Israel, temos a palavra hebraica *sarita*, "tendo-se esforçado". A declaração bíblica inteira diz: *Já não te chamarás Jacó e, sim, Israel, pois como príncipe lutaste com Deus e com os homens, e prevaleceste*. O trecho de Gênesis 35.10 reafirma a mudança do nome de Jacó. Ali o Senhor diz a Jacó: *O teu nome é Jacó. Já não te chamarás Jacó, porém Israel será o teu nome. E lhe chamou Israel*. Dali por diante, o nome Israel aparece por todo o Antigo Testamento, em alternância com Jacó. Visto que a nação hebreia multiplicou-se a partir da linhagem de Jacó, o nome *Israel* veio a designar a nação inteira. Além disso, os patriarcas que deles descenderam são chamados de "filhos de Israel".

O termo *Israel* também tem sido interpretado como se significasse "que tem poder diante de Deus", ou então "lutador de Deus". Mas outros interpretam o nome como se fosse "príncipe com Deus". Winder, em seu léxico hebraico, dá o sentido *pugnator Dei*. Talvez a melhor tradução de todas seja "Contendor com Deus", porque Jacó, ao lutar com o anjo, tomou isso como uma espécie de confrontação pessoal com o próprio Deus. E chamou o lugar onde a luta ocorreu de *Peniel*, dizendo: *Vi Deus face a face, e a minha vida foi salva*. (Gn 32.30). Ora, *Peniel* significa "face de Deus". A ideia mais ousada de todo o incidente é que Jacó lutara com o próprio Deus, e prevalecera; e, por isso mesmo, foi abençoado de modo todo especial, por motivo de sua diligência e vitória. Por sua vez, a nação de Israel recebeu bênçãos especiais de Deus, como representante dele entre as nações, como agente do desígnio messiânico.

Usos do Termo Israel. **1**. Um nome alternativo do homem Jacó, conforme já explicado. **2**. Nome da nação hebreia, descendente de Jacó, com base em Gênesis 24.7. Os *israelitas* eram as doze tribos de Israel, também chamados de "filhos de Israel" (Js 3.17; 7.25; 8.27, Jr 3.21), "casa de Israel" (Êx 16.31; 40.38). A nação inteira foi personificada como se fosse uma pessoa, chamada filho de Deus: *Israel é meu filho, meu primogênito* (Êx 4.22; Nm 20.14; Is 41.8; 42.24). O primeiro uso extrabíblico, estrangeiro, desse termo, em alusão aos hebreus, aparece em uma inscrição de Merenptá, Faraó do Egito, em cerca de 1230 a.C. Várias outras ocorrências do nome Israel, em inscrições de inimigos dessa nação, têm sido encontradas. **3**. Alguns intérpretes pensam que, em Isaías 49.3, temos um uso messiânico desse termo, referindo-se a Cristo como o Servo de Deus: *Tu és o meu servo, és Israel, por quem hei de ser glorificado*. **4**. Os trechos de Esdras 6.16; 9.1 e Neemias 11.3 parecem aplicar o termo Israel aos sacerdotes e levitas, destacando-os do restante da nação. **5**. O nome Israel foi conferido a dez das tribos, após a divisão dessa nação nos reinos do norte (dez tribos) e do sul (duas tribos). (Ver 2Sm 2;9,10,17,28; 3.10; 10.40-43; 1Rs 12.1). Em contraste com isso, as duas tribos do sul (Judá e Benjamim) foram chamadas de reino de Judá. Finalmente, o termo *judeu* derivou-se de Judá, tendo chegado a designar todo o povo de Israel. Os reis das dez tribos eram chamados "reis de Israel" e os reis de Judá e Benjamim eram chamados "reis de Judá". Isso posto, os profetas falaram *Israel* e *Judá* como nações distintas (Os 4.15; 5.3; 6.10; 7.1; 8.2,3,6,8; 9.1,7; Am 1.1; 2.6; 3.14; Mq 1.5; Is 5.7). Porém, em Isaías 8.14 os dois reinos são chamados de "duas casas de Israel". **6**. Terminado o cativeiro babilônico, o termo *Israel* novamente veio a designar a nação inteira, apesar do fato de que a maioria daqueles que voltaram a residir em Jerusalém pertencia à tribo de Judá. Mas, por essa altura, o termo "judeu" também se tornou comum, o que é exemplificado nos livros apócrifos e no Novo Testamento. **7. O Uso Espiritual**. Algumas vezes há alguma referência ao *verdadeiro Israel*, ou seja, os fiéis, aqueles que se distinguiam por sua sinceridade e piedade, em contraste com outros membros dessa nação, que não eram tais. (Ver Sl 73.1; Is 45.17; Jo 1.47; Rm 9.6; 11.26; Gl 6.16). **8. O Uso Cristão**. A igreja cristã veio a ser chamada de novo Israel, ou Israel espiritual. (Ver 1Pe 2.9; Gl 6.16, e comparar com Rm 4.11,12 e 9.6). Ver o artigo separado intitulado *Israel de Deus*.

II. CARACTERIZAÇÃO GERAL. Apresentamos aqui um sumário da história de Israel, alguns aspectos da qual desenvolvemos com detalhes nestes artigo separado.

1. O *Pacto Abraâmico* (vide). Esse pacto armou palco para o desenvolvimento e o caráter da nação de Israel; e Abraão foi o pai em quem foram investidas as bênçãos e os desígnios de Deus.

2. A linhagem escolhida passava por Jacó, que recebeu o novo nome de *Israel*, conforme foi descrito longamente nos parágrafos acima.

3. A nação de Israel desenvolveu-se numericamente no Egito, mas mesmo ali, naquele tempo, conforme mostra a inscrição de Merenptá (cerca de 1230 a.C.), o termo *Israel* já era aplicado à nação. É provável que esse desenvolvimento se tivesse dado na forma de doze tribos, e que esse arranjo foi confirmado e teve continuação (e não que foi iniciado) após o *êxodo* (vide). Os filhos de Jacó foram denominados *filhos de Israel*, por serem tribos que descendiam dele (Êx 1.1). Os filhos de Jacó foram chamados *filhos de Israel*, tal como as tribos que deles descendiam (Êx 1.1). Além disso, encontramos as alternativas "tribos de Israel". (Gn 49.16,28), "congregação de Israel" (Êx 24.4) e "casa de Israel" (Êx 5.1).

4. O êxodo (vide) fez com que a nação que se multiplicara no Egito fosse enviada ao deserto, onde ficou vagueando por 40 anos. Foi então que a lei foi dada a Israel. Ver o artigo separado sobre *Lei no Antigo Testamento*, quanto a detalhes completos. A lei, acima de qualquer outro fator, distinguiu Israel de todas as demais nações do mundo. Nesse tempo, a nação tornou-se uma *teocracia*. Ver o artigo separado intitulado *Israel, Constituição de*. Isso ocorreu por volta de 1200 a.C.

5. A Conquista da Terra. Diversas datas têm sido sugeridas para essa conquista. A cronologia do Antigo Testamento não é um assunto fácil de deslindar. Ver sobre *Cronologia do Antigo Testamento*. Uma data padrão para a conquista é cerca de 1200 a.C., mas outros têm sugerido uma data tão remota quanto 1400 a.C. O livro de *Josué* narra as vicissitudes da conquista.

6. Os Juízes. O livro com esse título conta a história desse período. Israel continuou sendo uma nação teocrática, mas os juízes atuavam como se fossem reis-sacerdotes, embora lhes faltasse uma completa organização, com o apoio de um exército, conforme sucedia no caso dos reis. A ausência de organização centralizada tendia para o individualismo e o caos (ver Jz 21.25). O livro de Juízes narra um total de sete apostasias, com sete períodos de servidão e sete nações pagãs opressoras, com sete livramentos correspondentes. O período coberto foi de cerca de trezentos anos, que alguns estudiosos pensam ter começado em 1400 a.C. Os problemas cronológicos são muitos, conforme nosso artigo sobre esse assunto demonstra laboriosamente.

7. Os Reis. Samuel (vide), o maior dos juízes de Israel, que foi um líder carismático, talvez o líder hebreu mais significativo entre Moisés e Davi, objetou ao estabelecimento da monarquia em Israel; porém, os israelitas queriam um rei que os protegesse, pois isso lhes parecia o melhor método. As guerras e as matanças jamais cessaram; e, para viver dessa maneira era mister contar com forças armadas, o que resultou em um exército permanente, sob o comando do rei. Saul (vide) tornou-se o primeiro rei de Israel. Imediatamente começaram guerras contra os amonitas e os filisteus. Enquanto Saul deu ouvidos aos conselhos de Samuel, as coisas correram regularmente bem. Porém, quando as hostilidades entre os dois aumentaram, houve uma brecha entre eles, e Saul declinou rápida e perigosamente. Foi morto em batalha contra os filisteus, no monte Gilboa. A ameaça dos filisteus, que sempre fora grande, agora estava mais perigosa do que nunca. A morte de Saul ocorreu por volta de 1010 a.C. Os livros de 1 e 2Samuel nos fornecem os detalhes de sua história.

8. Davi. Ele era membro da tribo de Judá, e foi através dele, um guerreiro decidido e violento, que o jugo filisteu foi quebrado, afinal. Davi havia sido um comandante militar nos dias de Saul, e sua habilidade em combate despertara a inveja do idoso monarca. Assim, Davi teve de fugir para o exílio, até que as circunstâncias permitiram que ele se tornasse rei. Quando Saul foi morto, imediatamente Davi foi aclamado rei de Judá. Dois anos mais tarde, as tribos de Israel estavam unidas debaixo de seu governo. Davi capturou a cidade de Jerusalém (que então se tornou sua capital), no sétimo ano de seu governo. E os filisteus tornaram-se seus vassalos, através de uma série de brilhantes vitórias. Ele desenvolveu a vida religiosa do seu país, especialmente organizando a classe dos músicos que serviam no templo. O próprio Davi era um habilidoso músico.

Davi conseguiu formar um império que se estendia desde a fronteira com o Egito e desde o golfo de Ácaba, até o alto rio Eufrates. Ver o artigo separado acerca de Davi, quanto a considerações sobre a história inteira. Os reis Saul, Davi e Salomão, que governaram sobre uma unida nação de Israel, datam de cerca de 1020 a cerca de 922 a.C. O povo do período do império unido era chamado de "povo de Israel" (2Sm 18.7), de "filhos de Israel" (1Rs 6.13), de "congregação de Israel" (1Rs 8.5,14,55), de "casa de Israel" (2Sm 1.2), ou simplesmente, de "Israel" (2Sm 2.10). Mas, até mesmo nessa época já se fazia a distinção entre Israel e Judá (ver 2Sm 12.8; 21.2; 24.9), ao passo que "a casa de Israel" era constituída pelas duas porções, Israel e Judá.

9. Salomão. Ele era filho de Davi e Bate-Seba (2Sm 12.24). Salomão herdou o império de Davi. Embora homem mais pacífico do que Davi, Salomão também teve sua cota de matanças, tanto em batalha quanto pessoalmente. Todavia, não conduziu qualquer campanha militar importante. Ver o artigo separado sobre ele. Por ser um homem comparativamente pacífico (o que concordava com o sentido de seu nome, no hebraico), foi-lhe permitido por Deus construir o templo de Jerusalém, assim fomentando o aspecto religioso da vida de Israel. Salomão empregou muito trabalho estrangeiro na construção do templo, principalmente de origem fenícia. Seu reinado de comparativa paz permitiu-lhe desenvolver o comércio e a indústria, e o resultado disso foi um reino muito rico, com muito luxo pessoal e tempo para ele entrar em dificuldades espirituais. O fato de que ele tolerou a idolatria, por amor às suas esposas estrangeiras, tornou-se um fato destacado. Salomão foi um grande edificador, mostrando-se tão intenso construtor quanto seu pai, Davi, fora um intenso líder militar. Empregou trinta mil israelitas em trabalhos forçados (1Rs 5.13 ss.). Também empregou operários cananeus; mas, quando isso se mostrou inadequado, empregou o método de campos de trabalho. A impopularidade dessa política trabalhista provocou o assassínio de Adonirão, superintendente das equipes de trabalho forçado (1Rs 4.6; 5.14; 12.18).

A questão tornou-se tão séria que se estendeu até o tempo do sucessor de Salomão, seu filho Reoboão. Reeboão recusou-se a tomar qualquer providência de melhoramento a respeito, e essa foi a razão da divisão da nação em dois reinos, o do norte, Israel, e o do sul, Judá (1Rs 12.4 ss.). Mas, voltando à época de Salomão, este se atirou a um intensivo programa de construção e prometeu dar duas cidades da Galileia a Hirão, como recompensa pela ajuda financeira dada por este (1Rs 10.11 ss.). Todavia, vários atos opressivos de Salomão levaram o povo israelita a perder a estima por ele, e a boa vontade deles. Seu ambicioso programa de edificação, portanto, custou-lhe um preço exorbitante, ajudando a armar o palco para a divisão do reino de Israel em dois, conforme dissemos acima.

Salomão também substituiu as tradicionais fronteiras tribais por distritos administrativos: doze na porção norte do rei (1Rs 4.7 ss.), e talvez um só em Judá. A fim de viver luxuosamente, cobrava impostos escorchantes, reduzindo seus súditos a uma situação econômica difícil. Entrementes, ele corrompeu a vida religiosa da nação, permitindo o funcionamento de cultos idólatras estrangeiros, e até mesmo participando deles. Esses foram pecados gravíssimos, especialmente para quem era dotado de tão profunda sabedoria. Salomão multiplicou esposas e cavalos, contra todo o bom conselho dado pelos profetas.

10. Reoboão e Jeroboão. Reoboão sucedeu a seu pai Salomão, no trono. Foi o último rei do império unido (governou em cerca de 922-915 a.C.), e também foi o primeiro a reinar somente no reino de Judá. Contudo, não houve outra família reinante em Judá senão a de Davi, até o cativeiro babilônico. Mas o reino de Israel foi governado por várias dinastias. A continuação de más normas financeiras, instituídas por Salomão, além das rivalidades pessoais entre Reoboão e Jeroboão, produziram a permanência da divisão entre o reino do norte e o reino do sul. Sua arrogante recusa de anuir às condições impostas pelo povo, conforme se vê no registro de 1Reis 12.14, levaram dez tribos a retirar dele a lealdade, e Reoboão ficou contando com o apoio somente das tribos de Judá e Benjamim, com os levitas que ali viviam.

Jeroboão. Foi ele quem encabeçou o protesto, e quando Reoboão permaneceu firme em sua recusa de aliviar os pesados impostos, Jeroboão e seus parceiros, indignados, resolveram retirar sua lealdade a Reoboão. Separaram-se da opressora casa de Davi. E assim Jeroboão tornou-se rei de dez das tribos de Israel, excetuando Judá e Benjamim. Reoboão preparou um grande exército para atacar o norte; mas o profeta Semaías convenceu-o de que tudo acontecera por vontade divina (1Rs 12.22-24). Isso impediu a guerra civil. Reoboão herdou o gosto pelo luxo de seu pai; mas, pelo menos, quanto às questões espirituais, foi superior a Jeroboão, que não demorou muito para levar as dez tribos de Israel à mais horrenda idolatria.

Jeroboão (vide) era efraimita, filho de Nebate. Calcula-se que seu governo no reino do norte deu-se, aproximadamente, entre 931 e 910 a.C. (Ver 1Rs 11.26-14.20; 2Cr 10.2-13.20). Ele havia servido a Salomão como um dos líderes sobre turmas de trabalhos forçados, no norte (1Rs 11.28). O profeta Aías havia previsto dificuldades futuras, por causa das normas seguidas por Salomão (às quais Reoboão deu continuidade), e a divisão do reino em dois tornou-se inevitável (1Rs 11.29 ss.).

Jeroboão criou santuários religiosos rivais, em Dã e Betel, para dar ao seu povo alternativas de adoração em Jerusalém (que não tinha mais acesso fácil para eles). Alguns supõem que a adoração ao bezerro foi instituída por ele. Outros pensam que as estátuas de bezerros representavam divindades, ou mesmo que eram apenas pedestais sobre os quais, supostamente, o invisível Yahweh se postaria. Seja como for, eles ameaçavam a verdadeira fé, porquanto encorajavam o sincretismo da adoração a Yahweh com o culto de fertilidade de Baal, motivo porque foram tão acerbadamente condenados (ver 1Rs 13.1 ss.; 14.14-16). E os cultos instituídos pelos diversos reis de Israel perpetuaram o pecado de Jeroboão (1Rs 16.26).

11. O Reino de Israel. Desde o começo do reinado de Jeroboão (cerca de 931 a.C.), até à queda da capital do reino, Samaria, quando Oseias era o rei (cerca de 752 a.C.), houve dezenove reis, durante um período de cerca de 210 anos. Quanto aos reis de Israel e suas respectivas datas, ver a terceira seção, *Cronologia do Reino Dividido,* onde oferecemos um gráfico a respeito.

A data da divisão do reino é variadamente calculada entre 983 e 931 a.C. Dificuldades cronológicas e aparentes contradições são abundantes. Ver o artigo separado sobre *Israel, Reino de,* quanto a maiores detalhes.

12. O Cativeiro Assírio. Ver o artigo separado sobre esse assunto. Salmaneser, rei da Assíria, conquistou o reino do norte, Israel, bem como sua capital, Samaria, que caiu em 721 a.C. A deportação dos israelitas do reino do norte foi tão completa que o país perdeu quase inteiramente o seu caráter hebreu. Foi trazida gente do estrangeiro, o que deu o retoque final na *des-hebraização* do país. Todavia, a verdade é que na própria província de Samaria, embora cheia de estrangeiros, prosseguiu a religião de Israel até certo ponto, ou conforme se lê em 2Reis 17.26, eles desejavam ... *servir o Deus da terra.* Não obstante, permaneceu no reino do norte um remanescente israelita, embora em Números estonteantemente, pequenos. A mistura desses com os estrangeiros produziu os desprezados samaritanos, um povo misto, racial e religiosamente falando, que os judeus puros nunca aceitaram de bom grado.

13. O Reino de Judá. Reoboão foi o primeiro rei do reino do sul, Judá, e Zedequias foi o último dessa dinastia. Um total de vinte reis governou ali, desde 936 a.C., quando ocorreu a divisão do reino em dois, até o cativeiro babilônico, em 586 a.C. Ver os dois artigos separados, *Judá, Reino de,* e *Cativeiro Babilônico.* Isso cobre um período de cerca de 350 anos.

Quase todos aqueles que foram levados para o cativeiro babilônico pertenciam à tribo de Judá, embora alguns exilados procedessem do reino do norte, que fixaram residência no norte da Mesopotâmia e na Média. Também havia exilados de Judá no Egito. O profeta Ezequiel, juntamente com um bom contingente de exilados judeus, vivia em Tel-Abibe, à beira do rio Quebar, um canal que havia próximo da cidade de Nipur. Outros locais povoados por judeus eram Tel-Harsa, Tel-Melá e Casifia.

Escrevendo aos exilados judeus na Babilônia, o profeta Jeremias recomendou que construíssem casas, plantassem jardins e vivessem de maneira normal. Esse conselho foi aceito, e os judeus receberam certo grau de liberdade, podendo ser dirigidos no exílio por seus próprios líderes, os anciãos. Alguns deles prosperaram nos negócios, e outros chegaram a galgar postos de mando no exílio. Assim, Daniel chegou à posição de conselheiro do rei. O rei da Babilônia, Evil-Merodaque (562-650 a.C.), tirou o rei Jeoaquim da prisão, permitindo-lhe viver no palácio real da Babilônia. Jeremias e Ezequiel se esforçaram por melhorar a qualidade espiritual da vida dos exilados, ressaltando diante deles as catástrofes que lhes tinham sobrevindo em resultado de sua teimosa desobediência, e que uma vida correta e justa poderia reverter essa sorte. É possível que os capítulos 41 a 66 do livro de Isaías também tenham sido escritos para os exilados judeus na Babilônia, oferecendo-lhes o consolo da providência divina, que é o fator normativo em toda a história da humanidade. Todavia, alguns estudiosos pensam que esses capítulos são de natureza profética, e não histórica. Ver sobre *Isaías,* terceira seção, intitulada *A Unidade do Livro.*

14. O Poder Persa. A área do mundo que interessa aos estudiosos da Bíblia esteve sob o poder persa de 538 a 533 a.C. Ciro (cerca de 559-530 a.C.) foi o instrumento usado por Deus para livrar Israel do cativeiro, segundo nos mostra a passagem de Isaías 41-66. Ciro capturou a Babilônia em 539 a.C., e isso armou o palco para o estágio de modificações radicais, que afetaram a história de Israel. Ele praticava normas políticas internas liberais e mesmo benévolas, tendo permitido a reconstrução do templo de Jerusalém, e também o retorno dos judeus que quisessem voltar à Terra Prometida. Sesbazar, um príncipe judeu, foi nomeado governador de Judá, e ele conduziu a primeira leva de judeus que retornou à Palestina. Um outro grupo retornou em companhia de Zorobabel, sobrinho de Sesbazar e seu sucessor como governador de Judá. Sacerdotes e levitas faziam parte do grupo que voltou com Zorobabel.

A reconstrução do templo de Jerusalém começou em 520 a.C. Os profetas Ageu e Zacarias encorajaram o povo; e o rei Dario I (522-486 a.C.), da Pérsia, deu seu apoio e cooperação ao projeto. Em 515 a.C. estava completo o segundo templo de Jerusalém. Não tinha a glória e o esplendor do templo de Salomão, mas serviu para restabelecer o culto religioso dos judeus, em Jerusalém, dando aos mesmos uma nova esperança e determinação. Esdras, um sacerdote e escriba, foi um instrumento disciplinador e restaurador das práticas religiosas tradicionais. Todavia, a data de seu retorno é disputada entre os estudiosos. Pode ter acontecido já no tempo de Artaxerxes I (465-424 a.C.); mas, se aconteceu nos dias de Artaxerxes II, então sucedeu entre 404 e 358 a.C. O trecho de Neemias 8.1,2,5,6,9; 12.36 parece requerer a data mais recuada, a época de Artaxerxes I.

Neemias, que havia sido o copeiro-mor do rei da Pérsia, chegou a Jerusalém, como governador nomeado, em 445 a.C., no vigésimo ano de governo de Artaxerxes I. Sua autoridade lhe fora conferida pelo monarca persa, a fim de reconstruir as muralhas de Jerusalém, e o governo persa chegou a suprir ajuda material com essa finalidade. Judá opôs-se aos samaritanos, encabeçados por seu governador, Sambalate, por Tobias, governador israelita de Amom, e por Gesém, que, segundo inscrições, parece ter sido o rei dos árabes quedaritas, do noroeste da Arábia.

Mas, apesar de toda a oposição, Neemias e seus seguidores cumpriram seu propósito. Neemias foi o primeiro a assinar o pacto nacional, cujo intuito era restaurar Israel, material e espiritualmente. A lei teria de ser obedecida; os casamentos com estrangeiros foram descontinuados; foi vedado aos israelitas casarem-se com samaritanos; e, finalmente, foram restabelecidos os ritos religiosos judaicos. Esdras e Neemias, destarte, restauraram a nação de Israel, e atuaram como poderosas forças que moldaram as atitudes judaicas pelo resto da história da nação, até hoje. Os conflitos havidos entre Neemias e Sambalate dividiram Israel de Samaria, e as hostilidades se agravaram, perpetuando-se por muitos séculos exaustivos.

15. A Comunidade Judaica de Elefantina. Muitos judeus não voltaram do exílio. Mas permaneceram fora da Palestina, em vários lugares, e prosperaram materialmente. Um desses lugares era Elefantina, uma ilha perto do Aswan, no Egito, às margens do rio Nilo. Uma guarnição armada de judeus foi postada ali, pelos persas. O judaísmo daquele lugar passou por grandes modificações, incluindo o fim do oferecimento de animais em sacrifício, mas com a adição de ideias e práticas pagãs, devido à influência persa e egípcia. Quanto a detalhes completos sobre essa questão, ver o artigo separado intitulado *Elefantinos, Papiros*.

16. O Poder Grego. A dominação grega sobre as terras que interessam aos estudiosos da Bíblia perdurou de 333 a 167 a.C. Alexandre, o Grande (336-323 a.C.) foi a força que produziu mudanças radicais e duradouras na Palestina. Ele derrotou militarmente Dario III, em Isso, perto da fronteira entre a Ásia Menor e a Síria, e logo marchou em triunfo por toda a Síria e a Palestina, para nada dizermos acerca do mundo conhecido na época. Alexandre solicitou a ajuda do sumo sacerdote de Israel, Jadua; mas este negou-se a isso, já se tendo comprometido com o rei Dario. Porém, coisa alguma era capaz de fazer Alexandre estacar. Quando Alexandre já se aproximava de Jerusalém, Jadua teve um sonho que o avisava para submeter-se ao grego. E foi o que ele fez, recebendo Alexandre em paz. Isso impediu uma grande matança entre os judeus, e também encorajou Alexandre a manter um relacionamento pacífico com os judeus. E foi-lhes permitido um considerável grau de autonomia. Josefo, historiador judeu, narrou a visita de Alexandre a Jerusalém.

Alexandre morreu ainda jovem, de malária e excesso de bebidas alcoólicas. Os seus maiores generais assumiram a direção e dividiram entre si o seu vasto império. A Palestina ficou com Ptolomeu I (323-283 a.C.), que também governava o Egito. Dele é que surgiu a linhagem dos reis ptolomeus, catorze ao todo. Oferecemos um artigo separado sobre esses monarcas. Além disso, todo aquele período intertestamental é descrito em um artigo separado, *Período Intertestamental*.

17. Os Selêucidas. A Síria ficou com outro general de Alexandre, *Seleuco* (vide). Daí surgiu o governo selêucida sobre a Síria. No começo, a Palestina ficou sob a esfera de influência dos selêucidas, mas depois passou para as mãos dos ptolomeus, apesar de que haja algumas disputas históricas a esse respeito. O poder ptolemaico permaneceu na Palestina durante cerca de cem anos, até 198 a.C. Nesse tempo, a cidade de Alexandria cresceu muito em importância, pois lá havia uma numerosa comunidade judaica. Foi nessa época que veio à existência a Septuaginta (também conhecida como LXX), tradução do Antigo Testamento do hebraico para o grego. O fato é que os judeus prosperaram sob os reis ptolomeus, e Alexandria tornou-se um poderoso centro da erudição judaica.

18. Antíoco o Grande. Esse homem reconquistou a Palestina, e esta voltou ao controle dos selêucidas. Em 175-164 a.C., os judeus foram severamente perseguidos por *Antíoco Epifânio* (vide), que estava resolvido a exterminá-los e a helenizar toda a Palestina. Esse é o *pequeno chifre* de Daniel 8,9, descrito nessa passagem profética. No ano de 168 a.C., Antíoco Epifânio profanou o templo de Jerusalém, oferecendo uma porca sobre o altar dos holocaustos. Ele tornou-se assim o tipo mais vívido do ainda futuro *anticristo* (vide). Antíoco Epifânio cometeu muitas atrocidades contra os judeus, incluindo a tentativa de destruir todos os manuscritos do Antigo Testamento. Seus excessos é que provocaram a revolta dos *macabeus* (vide), o que resultou no período de independência política dos israelitas, antes de a perderem novamente para os romanos.

19. Os Hasmoneanos (macabeus) e a Independência de Israel. O período de independência israelita também é conhecido como período *macabeu, ou hasmoneano*. O nome de família dos macabeus era *Hasmom*. Matatias, um sacerdote, tinha cinco filhos cujos nomes eram Judas, Jônatas, Simão, João e Eleazar. Judas foi guerreiro de considerável habilidade, tendo reunido as forças necessárias para a libertação dos judeus. Em 165 a.C., Judas purificou e reconsagrou o templo de Jerusalém, um acontecimento que passou a ser comemorado pela *Festa da Dedicação*. A partir daí, pois, houve um período de cem anos de independência política. Porém, essa liberdade terminou em 63 a.C., quando os romanos se apossaram da Palestina. Ver o artigo separado sobre os *Hasmoneanos*, quanto a uma descrição detalhada sobre esse período da história de Israel.

20. O Poder Romano. A dinastia hasmoneana havia caído em decadência; facções adversárias disputavam o poder, conforme a descrição detalhada do artigo a respeito deles. Roma tomou isso como o motivo (ou a desculpa) para invadir a Palestina, o que sucedeu em 63 a.C. Sob o comando de Pompeu, os romanos se apossaram da Palestina. E Antípatre, um idumeu (descendente de Esaú), foi nomeado governador da Judeia. A Judeia incluía, na verdade, terras pertencentes à Galileia, à Samaria, à própria Judeia à Traconite e a Pereia (terras essas intituladas algumas vezes, coletivamente, de *Judeia*). Essas divisões políticas haviam sido estabelecidas durante o período sírio, mas permaneceram durante a maior parte do tempo do período de domínio romano, que se seguiu. Foi com Antípatre que começou o governo dos *Herodes* (ver o artigo separado sobre eles). Herodes, o Grande, era filho de Antípatre. Os *herodianos* (vide) eram o partido político que favorecia a linhagem dos Herodes como um artifício para evitar o governo romano direto. Muitos consideravam a sucessão dos Herodes como se fosse o *Messias*; mas muitos judeus abominavam esse partido e seus representantes. Foi no tempo do governo do tetrarca Herodes (também chamado Ântipas, um dos filhos mais novos de Herodes, o Grande; Lc 3.19) que Jesus Cristo morreu e ressuscitou.

21. O Nacionalismo e a Revolta dos Judeus. Israel nunca se sentiu à vontade sob governo estrangeiro. As revoltas eram inevitáveis. Enquanto os herodianos procuravam promover as boas relações com Roma, os zelotes e outros grupos radicais pensavam que podiam realizar o que os macabeus tinham feito, liberando uma vez mais a Palestina do poder estrangeiro. Somente assim, segundo pensavam, poderia ser preservada e promovida a verdadeira fé de Israel. *Judas, o Galileu* (At 5.37) enganou os judeus. Mas sua derrota e morte não desencorajou o movimento em geral. Finalmente, em 66 d.C., a tempestade, que se tinha concentrando e ameaçava já por tanto tempo, irrompeu de súbito. Por cem anos, os romanos haviam dominado a Palestina, mas a mão de ferro dos romanos usara uma luva de veludo. Entretanto, em 66 d.C., eles tiraram essa luva. A rebelião dos judeus cada vez mais intensa, provoou aos olhos de Roma que sua política de relativa tolerância, na Palestina, fora um equívoco. Durante quatro anos, fez-se sentir a ira dos romanos. Jerusalém caiu, finalmente, e vastas áreas, por toda a Palestina, foram destruídas. A destruição foi tão completa que apenas recentemente, em Cafarnaum, foi desenterrada pelos arqueólogos uma verdadeira sinagoga do século I d.C. Até recentemente não havia tais evidências, e as sinagogas que haviam sido encontradas datavam somente do século III d.C. em diante. O lindo templo de Herodes, o Grande, foi totalmente demolido, e a terra foi deixada em total desolação.

O incrível é que os judeus se revoltaram novamente em 132 d.C., e uma vez mais os romanos sentiram que tinham de arrasar até ao rés do chão a Palestina inteira. Dessa vez, o país foi despovoado de judeus, e assim começou a grande dispersão que perdurou até o nosso próprio tempo, quando, em 1948, após a Segunda Guerra Mundial, novamente Israel tornou-se um estado independente.

A igreja cristã desenvolveu-se, em seus aspectos positivos e negativos; a nação de Israel foi temporariamente posta de lado, nos propósitos de Deus; porém, podemos esperar pela restauração de Israel, como algo que está previsto nas profecias bíblicas. Ver o artigo separado sobre isso, intitulado *Queda e Restauração de Israel*. Esse artigo explica as razões para a rejeição de Israel, discutindo também a esperança de Cristo, quando, por ocasião da volta de Jesus, ela se tornará uma nação cristã, oficialmente falando.

III. GRÁFICOS ILUSTRATIVOS DOS REIS DE ISRAEL E JUDÁ

1. O reino unido
   De Saul a Salomão — 120 anos, 1095 - 975 a.C.
   Escrituras: 1Sm 8—1Reis II
   1Cr 10—2Cr 9.
2. O Reino Dividido — Israel e Judá
   Israel: De Jeroboão a Oseias — 209 anos, 931-722 a.C.
   Judá: De Reoboão a Zedequias — 345 anos, 931-586 a.C.
   Israel e Judá separadas: 209 anos, 931-722 a.C.
   Judá sozinha: 136 anos, 722-586 a.C.
3. Gráfico Comparativo do Reino Dividido com Profetas e Poderes Estrangeiros Dominantes
   Escrituras: 1Reis 12.2—2Reis 18.12
   1Cr 10—28.
   Ver este gráfico no artigo *Rei, Releza*.
4. O Reino Isolado: Judá Sozinha
   De Ezequias (sexto rei judaico) a Zedequias — 136 anos, 722-586 a.C.
   Escrituras: 2Rs 18.13-25; 2Cr 29-36.

IV. O REINO DE ISRAEL

Apresentamos um artigo separado sobre esse tema, onde damos uma breve descrição sobre os reinados dos reis de Israel, para servir de suplemento do presente artigo. Sob o título *Judá, Reino de*, temos informações gerais sobre aquela divisão política da antiga Israel, onde também damos um sumário do governo de cada um dos reis da mesma.

V. FILOSOFIA DA HISTÓRIA

Quando abordamos a história de Israel, precisamos lembrar de duas coisas; a primeira é o interesse pela história, fortíssimo em Israel, pois muitos judeus se têm tornado historiadores. Israel sempre foi uma nação que procurou enfatizar a história, talvez mais do que qualquer outra das nações da terra. É geralmente reconhecido que a história exposta por vários autores do Antigo Testamento, a começar pela época da monarquia (1095 a.C.), é muito exata, a despeito dos problemas que envolvem questões cronológicas. Em segundo lugar, Israel tinha uma filosofia da história. Deus era tido como o poder por detrás do processo histórico humano. A história, para eles, tinha uma razão específica para existir, tendo sido instituída por Deus. De acordo com a filosofia judaica, a história prossegue em sentido linear, de um evento para o próximo, desdobrando assim o propósito divino. E chegará a um ponto culminante divinamente direcionado. Ver o artigo separado *Filosofia da História*, que nos dá ideias sobre vários filósofos, bem como a postura filosófica do Antigo e do Novo Testamentos.

BIBLIOGRAFIA. ALB AM ANET BA E HALL ID IOT ND PF PFE SMI SMIT STA YO Z

ISRAEL, REINO DE

Este artigo serve somente de suplemento a vários outros artigos que têm sido escritos acerca de Israel, ou acerca de assuntos que tratam diretamente com Israel. Ver uma lista de artigos dessa natureza sob o título *Israel*. Ver especialmente o artigo *Israel, História de*.

A fim de suplementar a matéria oferecida, apresentamos aqui um sumário das vidas e da influência dos reis de Israel, o reino do norte. No artigo sobre *Judá, Reino de*, temos a mesma coisa quanto à porção sul da nação.

Os reis de Israel: De Jeroboão a Oseias. Ver os artigos separados sobre cada um deles, quanto a maiores detalhes que aqueles que aqui oferecemos.

Ver os gráficos existentes no artigo *Rei, Realeza*. Esses gráficos comparam os reis de Judá com os de Israel (as porções sul e norte da nação dos descendentes de Abraão).

Israel, o reino do norte (931-722 a.C.), um período de cerca de 345 anos.

Os artigos sobre *Jeroboão* e *Reoboão* explicam por que Israel se dividiu em duas nações: a do norte e a do sul. E o artigo sobre o *Cativeiro Assírio* explana como terminou o reino do norte, Israel.

As Escrituras que narram a história do reino dividido são 1Reis 12 a 2Reis 18.12 e 2Crônicas 10-28.

Lista e Descrição dos Reis de Israel, o Reino do Norte:

1. Jeroboão (931 a.C.) reinou por 22 anos (1Rs 11.28). Tinha sido um ativo oficial do governo de Salomão. Foi encorajado pelo profeta Alas. Encabeçou uma revolta contra as normas trabalhistas de Salomão. Este último procurou executá-lo. Então Jeroboão fugiu para o Egito. Voltou a Israel e separou as dez tribos do norte do reino de Israel, tendo estabelecido o reino do norte, que assumiu o nome de "Israel", contrastante com Judá (formada por Judá e Benjamim). Estabeleceu uma adoração separada, em Dã e Betel, que rivalizava com a adoração em Jerusalém; mas, nesse tempo, o profeta Aías predisse a queda e o cativeiro do reino de Israel, por causa de seus pecados (1Rs 14.10,15). Josias foi chamado por nome, trezentos anos antes de seu nascimento (1Rs 13.2), o que teve o devido cumprimento (2Rs 23.15-18). Os estudiosos liberais, entretanto, pensam que isso envolve história, e não profecia.

2. Nadabe (911 a.C.) reinou por dois anos (1Rs 14.20). Era filho de Jeroboão. Perpetuou os caminhos ímpios de seu pai. Foi morto por Baasa, que também exterminou a casa de Jeroboão.

3. Baasa (909 a.C.) reinou por 24 anos (1Rs 15.16). Assassinou Nadabe, filho de Jeroboão, a fim de se apossar do trono. Fez guerra contra Judá. Esta contratou os assírios para atacarem Baasa.

4. Elá (887 a.C.) reinou por dois anos (1Rs 16.14). Era filho de Baasa. Era oficial militar; vivia debochadamente. Quando estava alcoolizado, foi assassinado por Zinri, que também exterminou a sua família.

5. Zinri (886 a.C.) reinou por apenas sete dias (1Rs 16.15 ss.). Apesar de haver governado por apenas uma semana, mostrou-se muito sanguinário, tendo executado a casa inteira de Elá. Suicidou-se assim que começou a governar.

6. Onri (886-875 a.C.) reinou por doze anos (1Rs 16.21 ss.). Foi o recordista na maldade, entre todos os reis de Israel, embora soubesse governar. O seu poder e habilidades eram tão extraordinários que Israel chegou a ser chamada de "a terra de Onri". Fez de Samaria a capital do reino, em substituição a Tirza (1Rs 14.17; 15.33). A pedra Moabita (vide) menciona Onri, como também o fez a inscrição de Adade-Nirari (808-783 a.C.). O Obelisco Negro, de Salmaneser III (860-825), fala sobre o tributo pago por Jeú, sucessor de Onri. Uma expedição feita pela Universidade de Harvard encontrou os alicerces do palácio de Onri, além de muitas relíquias antigas.

7. Acabe (875-854 a.C.) reinou por 22 anos (1Rs 16.29-22.40). Chegou mesmo a ultrapassar Onri em iniquidade, pois ninguém pode se esquecer de Acabe e de sua indigna esposa, Jezabel. Esta era uma princesa sidônia, má, violenta e sem escrúpulos, que encorajou Acabe em sua idolatria, bem como em toda forma de pecados e atos de violência. Acabe tornou-se devoto do deus pagão, Baal. Jezabel construiu um santuário em honra a esse deus, em Samaria, e mantinha 850 sacerdotes nesse culto. A adoração de Yahweh foi abolida de Israel (1Rs 18.13,19). O profeta Elias fez oposição ao casal real (1Rs 17-2Reis 2). Acabe encerrou o seu governo com um crime brutal contra Nabote, e então foi morto, em guerra com a Síria. Em uma inscrição, Salmaneser jacta-se de suas vitórias militares sobre Acabe. Sua casa de marfim foi descoberta pelos arqueólogos. As paredes dessa residência eram apaineladas com peças de marfim. Muitas relíquias foram descobertas, demonstrando a vida luxuosa de Acabe.

8. Acazias (855-854 a.C.) reinou por dois anos (1Rs 22.51 e 2Reis 1). Foi corregente com seu pai, Acabe, e imitou toda a iniquidade dele.

9. Jorão (854-843 a.C.) reinou por doze anos (2Rs 3-9). Foi um monarca essencialmente mau e corrupto. Foi morto por Jeú (2Rs 9.24). Durante o seu governo, o rei de Moabe, que havia pago tributo a Acabe, rebelou-se (2Rs 3.4-6). Essa passagem também refere-se à sua tentativa fracassada de tornar a sujeitar a si os moabitas. A pedra Moabita presta-nos informações sobre a questão. Essa inscrição foi encontrada em 1868, em Dibom, Moabe, a 32 quilômetros a leste do mar Morto. Mesa, rei de Moabe, mandou fazer essa inscrição.

10. Jeú (843-816 a.C.) reinou por 28 anos (2Rs 9 e 10). Tornou-se famoso por sua impiedade. Fora oficial da guarda pessoal de Acabe, e testemunha do assassínio de Nabote. Ouviu Elias proferir a condenação da casa de Acabe. Foi ungido por Eliseu para ser o próximo rei. Destruiu a casa de Acabe. Erradicou o baaslismo, mas passou a perpetuar muitas iniquidades. Era homem incansável, que não mostrava tréguas e nem misericórdia. Matou Jorão, rei de Israel, Jezabel, Acazias, rei de Judá (genro de Acabe), setenta filhos de Acabe, e toda espécie de associado e amigo daquele monarca. Jeú era um látego terrível. Algumas vezes, homens maus são levantados por Deus para realizarem missões negativas, e isso não os transforma em personagens de boa índole. Quando Jeú estava ocupado com uma sanguinária revolta dentro das fronteiras de Israel, Hazael, rei da Síria, conquistou Gileade e Basã, regiões pertencentes a Israel, a leste do rio Jordão (2Rs 10.32,33). Em seu tempo, os assírios tornaram-se uma ameaça mais evidente; e Jeú não demorou a encontrar dificuldades com a nova potência que se erguia no Oriente.

11. Jeoacaz (820-804 a.C.) reinou por dezessete anos (2Rs 13.1-9). O seu período de governo foi muito difícil, por causa dos constantes ataques desfechados pelos sírios.

12. Joás (806-790 a.C.) reinou por dezesseis anos. Guerreou contra os sírios, e reconquistou algumas das cidades perdidas por seu pai, Jeoacaz. Guerreou também contra Judá, e chegou a pilhar Jerusalém.

13. Jeroboão (790-749 a.C.) reinou por 41 anos (2Rs 14.23-29). Era filho de Joás, e deu prosseguimento às vitórias militares contra os sírios, com a ajuda de Jonas, o profeta. Restaurou a glória e o poder do reino do norte. No entanto, deixou-se envolver pela idolatria e por certas abominações, e foi repreendido pelos profetas Amós e Oseias.

14. Zacarias (748 a.C.) reinou por seis meses (2Rs 15.8-12). Seguiu nos passos iníquos de seus antepassados e foi assassinado por Salum, que se apossou do trono de Israel.

15. Salum (748 a.C.) reinou por um mês apenas (2Rs 15.13-15). Matou o rei Zacarias, para tomar seu lugar. Menaém, filho de Gadi, assassinou-o e reinou em seu lugar.

16. Menaém (748-738) reinou por dez anos (2Rs 15.16-22). Matou Salum para reinar em seu lugar. Perpetuou a iniquidade de todos os seus antecessores. Encontrou dificuldades com os assírios e teve de pagar um elevado tributo, para evitar que eles se apossassem do território de Israel.

17. Pecaías (738-736 a.C.) reinou por dois anos (2Rs 15.23-26). Perpetuou o mal. Peca, filho de Remalias, e capitão do exército, matou-o em Samaria, juntamente com seus associados, e começou a reinar em seu lugar.

18. Peca (748-730 a.C.) reinou por vinte anos. Talvez tivesse sido corregente com Menaém e Pecaías e era um poderoso militar. Tendo a Síria como aliada, atacou Judá. E Judá precisou apelar para o socorro dos assírios. O exército assírio invadiu tanto Israel quanto a Síria, e levou os habitantes do norte e da porção oriental de Israel para a Assíria. Isso constituiu o chamado *cativeiro galileu*, de 734 a.C. Do reino do norte, Israel, restou somente Samaria. (Ver 2Cr 28 e Is 7), quanto à narrativa bíblica a respeito.

19. Oseias (730-721 a.C.) reinou por nove anos (2Rs 17). Matou Peca a fim de governar em seu lugar (2Rs 15.30). Foi o último dos reis de Israel. Pagou tributo à Assíria, mas fez um pacto secreto com o Egito. Foi em seu tempo que os assírios deram o golpe de misericórdia contra Israel, levando para o exílio o que restara de seus habitantes e conquistando a capital, Samaria, em 722 a.C. Os profetas de seus dias foram Oseias, Isaías e Miqueias. O reino do norte, Israel, perdurou por cerca de duzentos anos, e todos os seus reis imitaram as atitudes pecaminosas de Jeroboão, fundador do reino. Diz certa inscrição de Tiglate-Pileser, rei da Assíria: "Peca, rei deles, foi derrubado; pus Oseias sobre eles. Dele recebi dez talentos de ouro e mil talentos de prata". Os assírios cercaram Samaria pelo espaço de três anos, e, finalmente, a conquistaram. Estrangeiros foram trazidos para ocupar o território. Finalmente, uma população mista desenvolveu-se ali, tomando o nome de samaritanos, e uma forma de judaísmo modificado prevaleceu na região. Ver os detalhes a respeito, no artigo intitulado *Cativeiro Assírio*.

ISRAEL, RELIGIÃO DE

Este *Dicionário* oferece grande número de artigos atinentes a Israel. Quanto a uma lista dos títulos dos artigos mais importantes, ver sobre *Israel*. A história geral de Israel aparece no artigo *Israel, História de*. Aspectos separados da cultura e da fé de Israel são abordados em separado, como no artigo *Lei no Antigo Testamento* etc. O presente artigo concentra sua atenção sobre os aspectos religiosos da história e da cultura de Israel.

1. Primórdios. Talvez possamos dizer que o começo formal da fé judaica teve lugar no livro de Gênesis, que funciona como base de certas crenças sobre Deus e descreve o início das cerimônias e práticas religiosas. A comparação entre as crenças e os costumes religiosos patriarcais e aqueles das culturas da Mesopotâmia demonstra claramente grande interdependência. Embora falemos sobre revelações, temos de considerar que não existem revelações feitas no vácuo, e nem elas desprezam completamente os elementos culturais já existentes. Para exemplificar, sabe-se que os místicos quase sempre interpretam suas visões e informações gerais, obtidas através das experiências místicas, segundo diretrizes das religiões nas quais se criaram. Nunca deveríamos ignorar os elementos históricos e culturais, quando estivermos estudando qualquer fé religiosa, mesmo que tal fé afirme ter sido dada mediante revelação direta. Um exemplo notório disso, nos tempos modernos, é o material que os mórmons afirmam ter sido dado, por revelação, a Joseph Smith, como o livro de Mórmon, a Pérola de Grande Preço e os Documentos e Pactos. Esses livros abordam muitas questões teológicas que surgiram no século XIX, quando as alegadas revelações foram feitas, embora uma grande parte pertenceria à época antes de Cristo, oculta na terra por quase dois milênios. Os profetas usam suas visões para reforçar suas crenças teológicas. Contudo, nem todas as crenças têm origem na experiência visionária. Não admira, pois, que o judaísmo antigo compartilhasse de muitas crenças religiosas juntamente com os povos vizinhos, e que a passagem do tempo tenha modificado, e, em alguns casos, purificado certas crenças. Esse processo foi ajudado pelas visões e escritos dos profetas do Antigo Testamento.

Segundo insistem alguns eruditos, *Yahweh* teria sido, a princípio, um deus tribal, que no processo do tempo, assumiu ares de universalidade na mente do hebreus. E muitos deles asseveram que uma vez que o politeísmo franco foi abandonado pelos hebreus, o passo seguinte foi o *henoteísmo* (vide), que afirma que apesar de haver muitos deuses, somente um entra em contato conosco, o único que devemos adorar. Esse deus, usualmente, é apresentado como mais poderoso do que todos os outros. Isso importa em politeísmo teórico, mas em monoteísmo prático. Alguns supõem que essa ideia predominava em Israel, desde Moisés até o exílio, visto que Yahweh cada vez mais se universalizava e singularizava, mas tudo mui gradualmente, após muito desenvolvimento histórico. Os eruditos conservadores, é claro, negam esse ponto de vista, e até mesmo muitos estudiosos liberais de nossos dias declaram que Moisés era monoteísta. Pelo menos é certo que o conceito de Deus desenvolveu-se a partir de conceitos mais primitivos da deidade, que foram sendo aprimorados com o passar do tempo. Esse desenvolvimento pode ser visto até mesmo dentro do Antigo Testamento, mormente no Novo Testamento. No livro de Gênesis, pois, encontramos um Deus que vinha passear e conversar com o homem com grande facilidade, algo característico do pensamento grego primitivo, com seus deuses e heróis que facilmente entravam em contato com os homens. Porém, gradualmente Deus se foi tornando mais augusto e transcendental, e menos um capitão de exército etc. Certamente é preciso alguém ser cego para não perceber a diferença entre o Deus de Elias e o Deus de Jesus Cristo. É inútil, pois, negarmos o princípio da revelação progressiva. Se negarmos esse fato, que avanço poderia ter havido no Novo Testamento, em relação ao Antigo?

Também é claro que tanto no Antigo quanto no Novo Testamento houve uma revelação progressiva. Não fora isso, e Paulo não poderia ter falado em mistérios, ou seja, a revelação de segredos e doutrinas divinos que, até o tempo em que foram desvendados, eram desconhecidos. Ver o artigo chamado *Mistério*, e também sobre *Inspiração*. Tudo o mais neste mundo cresce e evolui. E por que pensaríamos que somente a teologia forma exceção a essa regra?

2. Desenvolvimento. Os pais alexandrinos da igreja estranharam certas apresentações de Deus no Antigo Testamento, sobretudo diante de atos brutais que eram atribuídos a Deus, mas que uma compreensão sã da divindade não podia aceitar sem qualquer modificação. Assim, a fim de preservarem os valores morais e espirituais dos relatos e declarações do Antigo Testamento, sem se envolverem em qualquer crença literal ou sanção de certas coisas, eles lançaram mão da interpretação alegórica (vide). Assim, para exemplificar, pode-se admitir que o sacrifício potencial de Isaque, por parte de Abraão, contém lições morais e espirituais valiosas, sem termos de admitir que Deus, realmente, tenha ordenado um sacrifício humano. Ver o artigo sobre *Isaque*, seção III, quanto a uma completa discussão sobre esse assunto. As crenças patriarcais e as práticas religiosas deles tinham muitos pontos em paralelo com as crenças e práticas religiosas da Babilônia, e a lei mosaica tinha muito em comum com os códigos legais da época. Ver o artigo sobre *Hamurabi, Código de*, que fornece ilustrações adequadas a esse respeito.

3. Quanto a propósitos comparativos, o leitor deveria ler o artigo sobre *Dilúvio de Noé*, onde se demonstra como as crenças antigas dos patriarcas eram compartilhadas por muita coisa existente na cultura mesopotâmica. Quanto a informações adicionais e iluminadoras, ver também sobre *Gilgamés, Epopeia de*.

4. Uma Nação Sacerdotal. Nos tempos patriarcais, o pai da família era o sacerdote da mesma. Com Moisés, entretanto, esse ofício foi institucionalizado, e uma tribo de Israel foi escolhida para cuidar do culto religioso formal. Seja como for, Israel, como um *reino de sacerdotes*, tornou-se parte da consciência religiosa. Isso foi transferido mui naturalmente para a igreja cristã, o novo Israel, de natureza eminentemente espiritual. (Ver Ap 1.6 e 6.10).

5. As Instituições de Israel. As Instituições tipicamente judaicas, que realmente chegaram a distinguir Israel das outras nações, começaram com a lei mosaica. Isso proveu não somente os princípios fundamentais de todos os atos, individuais, sociais e nacionais, mas também outorgou a Israel o seu *Livro*, as suas leis e práticas, sob forma concreta, a base de toda a instrução do povo de Israel. Essa legislação era tão abrangente e sugestiva (quando não especificava coisas) que todos os aspectos da vida nacional e individual, em Israel, eram regulamentados por ela.

6. Conceito de Inspiração e Revelação Divina. Desde o princípio, conforme nos mostra o livro de Gênesis, a mente dos hebreus preocupou-se em entrar em contato com Deus e manter esse contato, aprendendo sobre ele e obedecendo às suas leis. Essa preocupação foi reforçada pelas revelações dadas através de Moisés. Era natural que os livros sagrados terminassem formando um cânon. Assim, temos como diretriz das crenças e práticas religiosas uma base literária aceita como dotada de origem divina. Ver os artigos chamados *Cânon* e *Revelação*. Ver também sobre *Misticismo*. A revelação é apenas uma subcategoria do misticismo. O pressuposto básico é que Deus existe, estando interessado em comunicar-se com o homem e, realmente, comunicando-se. Nessa comunicação é que surgem nossas crenças e leis fundamentais. O contato com o ser divino transcende às limitações da razão e da percepção dos sentidos, dando-nos um meio de obter conhecimentos de uma maneira não inerente a essas qualidades. Outrossim, o contato com o Ser divino promove a espiritualidade, e não apenas o conhecimento; e isso serve de alicerce de toda a crença religiosa.

7. Lutas Contra a Idolatria. Até mesmo durante as vagueações de Israel pelo deserto, segundo o registro do livro de Êxodo, ocasionalmente, esse povo foi tentado a cair na idolatria. Mas, quando lemos o relato bíblico sobre os reis de Israel (ver o artigo chamado *Israel, Reino de*, que sumaria a história de todos os dezenove reis de Israel), ficamos desolados em ver como Israel, durante séculos, foi, essencialmente, uma nação idólatra, em contraste com Judá, o reino do sul, que teve menos comprometimento com a idolatria. É difícil entendermos como a lei de Moisés e as antigas instituições de Israel não exerceram maior poder sobre a mentalidade nacional. Profetas como Elias e Eliseu tentaram promover a antiga fé, em meio a tantos apostatados.

8. O Crescente Conceito de Deus. É notável o quanto a teologia cristã acerca de Deus se alicerça sobre os escritos do profeta Isaías, especialmente nos capítulos 40 a 66 de seu livro. Apresentamos um artigo separado sobre essa questão. Ver Isaías, *seu Conceito de Deus*.

9. A Tradição Profética. Israel era uma nação que acreditava no poder que os profetas tinham, tanto para instruir quanto para prever o futuro. Portanto, temos uma série de livros proféticos no Antigo Testamento, e falamos sobre os profetas maiores e menores, dependendo do volume de material que eles nos legaram. O livro de Daniel tornou-se a grande inspiração dos escritos proféticos e apocalípticos do período intermediário entre o Antigo e o Novo Testamentos. Ver os artigos intitulados Livros Apócrifos e Apocalípticos, Livros (*Literatura Apocalíptica*). O Novo Testamento também apresenta esse ponto de vista no capítulo 24 de Mateus, no capítulo 13 de Marcos, no capítulo 2 de 2Tessalonicenses, e, acima de tudo, no livro do Apocalipse.

O Messias. O conceito messiânico é importantíssimo dentro da Bíblia, tendo-se desdobrado a partir de Isaías e Daniel. No período intermediário, essa atitude prosseguiu nos livros apócrifos de 1 e 2Enoque (vide), além de outros escritos judaicos do mesmo período. O Novo Testamento aponta em Jesus, o Cristo, o cumprimento de todas as esperanças messiânicas. E na missão terrena de Jesus, o Novo Testamento vê parte importante da missão do *Logos* (vide).

10. Ezequiel foi um profeta que enfatizou a responsabilidade moral, que é a base de toda a ação ética verdadeira.

11. Recompensa e Castigo. Um dos pontos mais admiráveis da lei de Moisés eram suas promessas de recompensa e suas ameaças de castigo, no caso da obediência ou da desobediência, respectivamente, mas promessas que nada tinham a ver com o céu e ameaças que nada tinham a ver com o inferno. Conforme alguém já disse: "As chamas do inferno foram acesas somente em 1Enoque". De fato, seria uma incoerência prometer o céu aos obedientes à lei, quando a lei é o ministério da condenação, segundo diz Paulo: *Todos quanto, pois, são das obras da lei, estão debaixo da maldição; porque está escrito: Maldito todo aquele que não permanece em todas as cousas escritas no livro da lei, para praticá-las.* E é evidente que pela lei ninguém é justificado diante de Deus, porque o justo viverá pela fé (Gl 3.10 ss.). No Pentateuco não temos qualquer ensino claro sobre a alma, embora trechos isolados possam ser destacados que mostram que alguns hebreus acreditavam no após vida. A doutrina da alma, como ensino direto e claro, só aparece nos salmos e nos livros proféticos. Somente depois disso aparece com nitidez a doutrina da *ressurreição*, em face da qual as almas serão conduzidas ou à glória eterna ou à vergonha eterna, depois da presente vida. Isso é enfatizado em Daniel 12.2. E esse conceito veio a popularizar-se no período intermediário, entre os dois testamentos, no judaísmo, e daí passou para o cristianismo.

12. A salvação pessoal se desenvolveu naturalmente a partir da crença na alma e na ressurreição do corpo. Essa doutrina foi ensinada claramente, pela primeira vez, pelos *hassideanos* (vide), nos séculos IV e III a.C. Esses conceitos tornaram-se básicos no farisaísmo, em contraste com a posição dos saduceus. Naturalmente, no Novo Testamento, a salvação pessoal é uma das doutrinas dominantes. Ver sobre *Salvação* e sobre *Imortalidade*.

13. O Mundo Intermediário. Referimo-nos aqui ao período de vida da alma, antes da ressurreição. No judaísmo de antes e da época do cristianismo encontrava-se a mesma variedade de ideias que achamos atualmente na igreja cristã. Assim, entre alguns prevalecia a doutrina do *sono da alma*. Ou seja, de acordo com certas crenças primitivas dos hebreus, alguns pensavam que a alma morre juntamente com o corpo, embora a vida do indivíduo viesse a ser renovada por ocasião da ressurreição. Mas também, havia aqueles que não criam na vida após-túmulo, de maneira alguma, julgando que a morte física é o fim de tudo, o que parece refletir-se no trecho de Eclesiastes 9.10: *... porque no além, para onde tu vais, não há obra, nem projetos, nem conhecimento, nem sabedoria alguma.* Isso concorda com o pensamento hebreu mais primitivo, uma das razões pelas quais Moisés não tentou encorajar a busca pela retidão com a promessa do céu, e nem desencorajar a prática do mal com a ameaça do inferno. E alguns pensam que no décimo segundo capítulo de Eclesiástico temos um pós-escrito, de um autor diferente, que deu ao livro um final de sabor ortodoxo. Diz Eclesiastes 12.7: *... e o pó volte à terra, como o era, e o espírito volte a Deus, que o deu.* De acordo com esse versículo, a sobrevivência da alma diante da morte física é uma realidade, e também fica subentendida a futura ressurreição do corpo. Porém, a verdade é que antes mesmo do décimo segundo capítulo de Eclesiastes fica subentendida a sobrevivência da alma, juntamente com a ideia de um ajuste de contas diante de Deus, o que mostra que o autor sagrado não deixava de crer na imortalidade. Lemos em Eclesiastes 11.9: *Alegra-te, jovem, na tua juventude, e recreie-se o teu coração nos dias da tua mocidade; anda pelos caminhos que satisfazem ao teu coração e agradam aos teus olhos; sabe, porém, que de todas estas cousas Deus te pedirá conta.*

Sabemos, com base em 2Macabeus 12.39, que muitos judeus do período intermediário, antes da inauguração do Novo Testamento, acreditavam que o estado dos mortos não era fixo, podendo ser afetado pelas preces dos vivos. Naturalmente, para a igreja Católica Romana, para quem os livros apócrifos fazem parte do cânon do Antigo Testamento, aquele versículo de 2Macabeus é autoritário, como se o mesmo desse respaldo à doutrina do *purgatório* (vide). No entanto, foi somente por ocasião do concílio de Trento, já em meados do século XVI, que os livros apócrifos foram considerados canônicos pelo catolicismo romano. "Excetuando o protestantismo moderno, a oração em favor dos mortos, herdada do judaísmo, tem sido uma prática cristã universal. Essa prática não precisa de qualquer apoio escriturístico específico, muito menos de 2Macabeus 12.39. Pois certamente é um corolário necessário da doutrina cristã da comunhão dos santos" (C). Ver os artigos intitulados *Purgatório* e *Estado Intermediário*.

14. A Reencarnação. Sabemos que tanto as escolas dos fariseus quanto as escolas dos essênios ensinavam a doutrina da reencarnação. A reencarnação era uma doutrina importante da *Cabala* (vide), a escola mística do judaísmo. No Novo Testamento mesmo, há casos especiais de reencarnação, como os de Elias, das duas testemunhas do Apocalipse II e do anticristo. Este último, terá sido um dos antigos imperadores romanos, que, saindo do *hades*, viria à terra em uma nova missão maligna (Ap 17.8,10,11). No caso do anticristo temos a doutrina de uma alma humana que sairá do *hades* e reencarnará. O trecho de 1Pedro 4.6 indica que o *hades* não é, necessariamente, um lugar permanente para as almas perdidas, mesmo porque ali se processa um trabalho missionário. Ver o artigo sobre a *Descida de Cristo ao Hades*. Refletindo uma doutrina judaica popular sobre a reencarnação, alguns judeus pensavam que Jesus fosse o retorno de algum dos antigos profetas de Israel (ver Mt 16.14). A significação teológica disso é que, na concepção de muitos judeus, havia *oportunidade* de salvação mesmo após a morte física. Além disso, havia a crença de que muitos dos profetas do Antigo Testamento continuariam os seus labores através desse processo, pelo que, assim, seriam perpetuados tanto o trabalho missionário no *hades* quanto o ofício profético na terra. Ver o artigo separado sobre a *Reencarnação*, que apresenta um completo estudo sobre a questão, com argumentos pró e contra.

15. O Problema do Mal. Um dos mais complicados e vexatórios problemas da teologia e da filosofia é o problema do mal. Como reconciliar as doutrinas da bondade, da onisciência e da onipotência de Deus com o mal reinante, com os desastres e tragédias que podemos observar no mundo? O livro de Jó é uma primitiva resposta a esse problema. É perturbador que ali Deus seja retratado a barganhar com o diabo sobre a tentação à que Jó seria sujeito, com o resultado de que ele terminou sofrendo horrores, somente para ficar provado um ponto. Mas talvez aquela fosse apenas uma maneira literária de introduzir o problema, que não deva ser considerado como parte integral do argumento. A mensagem principal do livro parece ser que o mal pode sobrevir a um homem bom, inteiramente à parte do problema do pecado, embora os consoladores molestos de Jó tivessem insistido em que seus problemas tinham de se derivar de seu pecado. Todavia, no fim Jó confessou o seu pecado, ao ser cotejado com o próprio Deus (Jó 40.4; 42.1-6; esse último versículo fala em *arrependimen*to). Mas, o fato de que ele era um pecador miserável e cheio de limitações não parece ser a *razão* por detrás de seus sofrimentos. Se assim fosse, então os oponentes de Jó estavam com a razão na avaliação que fizeram. Jó 42.7 mostra-nos que Deus ficou indignado com eles, pelo que fizeram, e isso não é reivindicação em favor da argumentação deles. Antes, o livro de Jó parece indicar a ideia de que os sofrimentos podem proceder de algum lugar dentro da inescrutável vontade de Deus; que esses sofrimentos são controlados por Deus; e que, no fim o homem bom é abençoado. Ver o artigo separado sobre o *Problema do Mal*.

16. O Monoteísmo. Essa foi a mais primitiva contribuição do judaísmo ao pensamento religioso. Muitos estudiosos liberais estão concordando, atualmente, que Moisés foi um monoteísta e um henoteísta. A grande pluralidade de deuses, bons e maus, concebida pelos povos pagãos, apenas obscurecia o conceito do divino, por parte dos homens. Xenófanes objetava ao conceito popular dos gregos acerca dos deuses como uma degradação e uma invenção da mente humana. Somente o Deus que se revelou aos hebreus era o Deus verdadeiro (todos os demais sendo apenas imaginários), um Deus justo que requer justiça da parte dos homens. A lei mosaica demonstra isso, ao mostrar a pecaminosidade de todos os homens, ao confrontá-los com um reto padrão de justiça, a justiça de Deus.

17. Uma Ética Superior e Nacional. Acima de todas as outras nações, Israel era uma nação fundamentada sobre um código de princípios éticos que qualquer comunidade humana bem formada exigiria. Não havia entre os israelitas o que hoje chamamos de secular, em contraste com o religioso. Todas as coisas, na vida nacional, faziam parte do desígnio divino, e cada aspecto da vida teria de ser governado pela lei moral.

18. As Leis Universais. Os fariseus ensinavam que a salvação pessoal só podia ser obtida por membros da fé judaica através do estudo e da observância cuidadosos da lei mosaica, que havia sido dada especificamente a Israel. Mas também ensinavam que todos os homens podiam obter a salvação, mediante a observância dos sete princípios morais básicos da legislação mosaica. Conforme os fariseus entendiam, essas leis aplicar-se-iam a todos os descendentes de Noé, ou seja, todos os povos do mundo. Esses sete princípios seriam aqueles leis que proíbem a idolatria, a blasfêmia, o homicídio, as irregularidades sexuais, o furto, a crueldade contra os animais, e, positivamente, a necessidade de estabelecer a retidão civil.

19. A Duradoura Influência do Farisaísmo. Os escritos talmúdicos são produtos da tradição farisaica. Não dispomos de obras escritas antigas geradas pelas tradições dos saduceus. Portanto, o judaísmo que sobreviveu no mundo é, essencialmente, filho do farisaísmo.

20. A Influência da Filosofia. Quanto a uma completa declaração a esse respeito, ver o artigo chamado *Filosofia Judaica*. Era natural que o judaísmo, em contato com grandes centros de filosofia, como Alexandria, se deixasse influenciar pelas ideias filosóficas de Aristóteles e de Platão, mormente deste último. Alguns judeus se esforçaram por reconciliar a sabedoria grega com as revelações dadas aos hebreus. Esse artigo traça a história e os principais pensamentos que emergiram desse esforço. De modo geral, podemos dizer que, quanto a alguns aspectos, o judaísmo produziu certas ideias melhores que aquelas contidas no Antigo Testamento, sobretudo no tocante à imortalidade da alma, sobre o que o Antigo Testamento é fraco, embora essa doutrina seja saliente no Novo Testamento.

21. Elementos Essenciais da Fé Judaica. Se levarmos em conta não só o Antigo Testamento, mas também o que ensinava o judaísmo posterior, poderemos afirmar que os princípios abaixo são fundamentais: uma doutrina de Deus na qual Deus é eterno, santo, onisciente, onipotente, transcendental e imanente ao mesmo tempo, existente fora do tempo e totalmente transcendental; a lei é autoritária, mas a sua verdadeira interpretação aparecerá no Talmude; as Escrituras do Antigo Testamento, como um corpo literário, esboçam nossas crenças e práticas básicas; no que concerne ao homem, deve-se afirmar que ele é dotado de dignidade, imortalidade e personalidade individual; durante a era messiânica haverá a redenção final da humanidade.

22. A Interpretação e a Autoridade. Não há qualquer corpo judaico central capaz de expor uma interpretação final e autoritária do judaísmo. Cada rabino bem instruído pode examinar o Talmude e outros escritos afins, como sua orientação pessoal, e como base das instruções que der a outros. Na prática, e por consenso informal, os principais mestres rabínicos de cada geração são reconhecidos como intérpretes autoritários. Porém, a autoridade deles envolve somente aqueles indivíduos e grupos que os aceitam como líderes espirituais. Outras comunidades judaicas precisam ter seus próprios mestres orientadores. Não obstante, visto que todos eles partem das mesmas bases, há uma espécie de concórdia geral entre eles, pelo menos no tocante a pontos básicos. A isso temos que ajuntar que somente os rabinos de tendências liberais fazem exceção a isso, que não aceitam aquelas bases, necessariamente, como autoritárias. Temos vários artigos a respeito do *Judaísmo*, que suplementam o presente artigo.

BIBLIOGRAFIA. AM E HOS KRAU WG (1969) Z

ISRAEL (JACÓ)

Ver sobre *Jacó*. Ver a definição e os vários usos desse nome na primeira seção do artigo intitulado *Israel, História de*.

ISRAELITA

Alguém que pertence a alguma das doze tribos de Israel. Quanto a uma completa descrição sobre o uso do termo "Israel" (e, portanto, "israelita"), ver o artigo intitulado *Israel, História de*, seção primeira.

ISSACAR

1. A Pessoa. Issacar vem de uma palavra hebraica que significa "ele trará recompensa". Esse era o nome do nono filho de Jacó (e o quinto de Lia), que nasceu por volta de 1750 a.C. Outros estudiosos derivam seu nome de *ish*, "homem", e *sakar*, "salário", ou seja, "trabalhador contratado" (Gn 30.18; 35.23 e Nm 26.25). Sabe-se que ele nasceu em Padã-Harã, mas praticamente nada é registrado na Bíblia acerca de sua vida. Tinha quatro filhos e desceu com eles ao Egito, em companhia de Jacó (Gn 46.13; Êx 1.3). Ali compartilhava da vida que tinham todos os patriarcas hebreus; mas não se sabe de qualquer de seus atos distintivos. Issacar morreu no Egito e ali foi sepultado. Sua família dividiu-se em quatro tribos; mas finalmente consolidou-se como a tribo de Issacar. (Ver Nm 26.23,24; Gn 46.13).

Um Outro Issacar. Houve um sacerdote coraíta com esse nome, que trabalhava como porteiro, durante o reinado de Davi. (Ver 1Cr 26.5).

2. A Tribo. A tribo de Issacar era formada pelos descendentes do homem desse nome, descrito na primeira seção, através de quatro famílias principais: (Gn 46.13; Nm 26.23-25 e 1Cr 7.1). Quando foi feito o recenseamento em Israel, Issacar contava com 54.400 homens, o que fazia deles a quinta mais populosa tribo de Israel. (Ver Nm 1.28,29). Quando do segundo recenseamento, esse número já havia aumentado para 64.300 homens, o que fazia da tribo a terceira mais numerosa. Quando o povo de Israel marchava pelo deserto, Issacar posicionava-se a leste do tabernáculo. Essa posição era compartilhada por Judá e Zebulom (Nm 2.3-8). Nesse tempo, o chefe da tribo era Natanael, filho de Zuar (Nm 1.8). Seu sucessor foi Igal, que era filho de José. Ele foi um dos doze espias enviados para investigar a Terra Prometida, antes da invasão israelita (Nm 13.7). Paltiel apareceu em seguida como chefe da tribo que ajudou Josué a dividir a terra invadida, depois que a mesma foi conquistada (Nm 32.26).

O trecho de Josué 19.17-23 alista mais de uma dúzia de cidades pertencentes à tribo de Issacar, depois que ela se estabeleceu na Terra Prometida. Porém, os arqueólogos não têm conseguido determinar a localização exata da maioria delas.

Tola, um dos juízes de Israel, era da tribo de Issacar (Jz 10.10). Dois dos reis de Israel, reino do norte, eram de Issacar, Baasa e seu filho, Elá (1Rs 15.27). Débora e Baraque também eram da tribo de Issacar. O cântico triunfal de Débora menciona a tribo, cujos homens participaram da batalha contra Sísera. Essa batalha teve lugar na planície de Issacar. Um dos benefícios dessa vitória é que foi obtida uma passagem livre entre os israelitas da região montanhosa de Efraim e os israelitas que viviam na Galileia.

Pela época de Davi, a tribo já havia aumentado para 87.000 homens (1Cr 7.5). Quando Salomão reorganizou Israel em distritos administrativos, em vez de doze tribos, o território de Issacar tornou-se uma província independente (1Cr 4.17).

Na divisão ideal do território da terra santa, conforme se vê na visão de Ezequiel (48.25), o território de Issacar aparece entre os das tribos de Simeão e Zebulom. Issacar, Simeão e Zebulom teriam três portões, no lado sul da nova Jerusalém. Esses portões são chamados pelos nomes dessas tribos (Ez 48.33). A tribo de Issacar é mencionada em Apocalipse 7.7, onde doze mil homens daquela tribo figuram como selados para o serviço do Senhor.

3. O Território de Issacar. A fronteira oriental da tribo de Issacar era o rio Jordão. Para oeste, esse território estendia-se exatamente até a meio-caminho para o Grande Mar, ou mar Mediterrâneo. Compreendia a totalidade da planície de Esdrelom e os distritos circunvizinhos, e era considerado o celeiro da Palestina. O território de Manassés fazia fronteira com o de Issacar a oeste e ao sul. Suas principais cidades eram Megido, Taanaque, Suném, Jezreel, Bete-Seã, Endor, Afeque e Ibleã. Os montes de Tabor e Gilboa, e o vale de Jezreel, eram elementos geográficos importantes do território de Issacar. O rio Quisom atravessava esse território.

ISSIAS

No hebraico, **"Yahweh emprestará"**. Esse é o nome de cinco pessoas cujos nomes aparecem na Bíblia: **1**. Um levita, filho de Uziel, da casa de Coate (1Cr 23.20; 24.25). Ao que parece, ele viveu na época de Davi. **2**. Um membro da tribo de Issacar (1Cr 7.3). Também viveu na época de Davi. **3**. Um dos trinta poderosos guerreiros de Davi (1Cr 12.6). **4**. Um filho de Recabias, neto de Moisés, através de Eliezer. Viveu na época de Davi e foi cabeça de uma numerosa família que tinha o nome de seu pai (1Cr 24.21; ver também 23.17; 26.25). Também é chamado de Jesaías, em algumas versões (mas não na nossa versão portuguesa), em 1Crônicas 12.6 e 23.20. **5**. Um israelita que retornou do cativeiro babilônico e que, em consonância com o pacto firmado, divorciou-se de sua mulher estrangeira (Ed 10.31). Ele tem sido identificado por muitos estudiosos com o Asaías de 1Esdras 9.32. Viveu por volta de 520 a.C.

ISTALCURO

Um israelita que teria retornado do cativeiro babilônico em companhia de Esdras, no tempo de Artaxerxes (1Esdras 8.40). Na passagem canônica paralela, em Esdras 8.14, encontramos "Utai, dos filhos de Istalcuro", segundo alguns manuscritos, o que, sem dúvida, é uma corrupção do texto original, que diz "Utai e Zabude". Viveu por volta de 520 a.C.

ISVÃ

No hebraico, **"plano"**. Esse era o nome do segundo filho de Aser, filho de Jacó e Zilpa (Gn 46.17; 1Cr 7.30). Viveu em algum tempo entre 1850 e 1640 a.C.

ISVI

No hebraico, **"igual"**. Nome de duas personagens mencionadas nas páginas do Antigo Testamento: **1**. O terceiro filho de Aser, filho de Jacó e Zilpa (Gn 46.17; Nm 26.44; 1Cr 7.30). As traduções grafam o nome de várias formas, nessas três passagens, mas não a nossa versão portuguesa, que traz uma única grafia. Ele foi o fundador de uma família que tomou seu nome, os isvitas (ver Nm 26.44). **2**. Um filho do rei Saul e Abinoã (1Sm 14.49). No entanto, em 1Crônicas 8.33 e 9.39, seu nome aparece com a forma de *Esbaal* (vide). E, em 2Samuel 2.10, lê-se *Is-Bosete* (vide).

ITAI

No hebraico, **"oportuno"**. Foi o nome de duas pessoas que figuram na Bíblia: **1**. Um filho de Ribai, de Gibeá, um dos trinta poderosos guerreiros de Davi (2Sm 23.29; 1Cr 11.31). Ele viveu por volta de 1046 a.C. **2**. Um filisteu de Gate que se uniu a Davi e tornou-se comandante de seiscentos homens e suas respectivas famílias. Quando Absalão revoltou-se contra seu pai, esse homem acompanhou Davi na fuga. Então tornou-se comandante de uma terça parte do pequeno mas experiente exército de Davi, ocupando um posto militar idêntico ao de Joabe e de Abisai (2Sm 17.2,5,12). O trecho de 2Samuel 15.20 refere-se aos seus "irmãos". Isso mostra que Davi contava com vários estrangeiros no seu exército, entre os quais também havia filisteus. Itai participou da batalha na floresta de Efraim, quando Absalão foi morto (2Sm 15.18-22; 18.2,5).

ITÁLIA

Nome geográfico que, no quinto século a.C., se dava a um pequeno distrito do extremo sul da península italiana, mas que, gradualmente, se estendeu a toda a região. Já no primeiro século da nossa era, tinha o mesmo significado que agora tem. Nos tempos apostólicos, a Itália, com a maior parte do mundo civilizado, estava sob o governo de Roma. Uma corte chamada italiana achava-se destacada na Síria (At 10.1). Áquila e Priscila, descendentes de judeus, residiram por algum tempo na Itália (At 18.2). O apelo que o apóstolo Paulo fez para o tribunal de César o obrigou a embarcar para a Itália (At 27.1-6). O navio em que ia navegou toda a costa da Itália, desde Régio até Putéoli (At 28.13-16). Na epístola aos Hebreus, diz-se: *Os nossos irmãos da Itália vos saúdam* (Hb 13.24), dando a entender que ali existiam cristãos, além dos que habitavam em Roma, (*cf.* At 28.14). No tempo da Roma imperial, o estado do país, em comparação com a capital, era miserável.

ITAMAR

No hebraico, **"ilha das palmeiras"**. Esse era o nome do quarto filho de Aarão, irmão mais velho de Moisés. Itamar foi consagrado ao sacerdócio juntamente com os seus irmãos (Êx 6.23 e Nm 3.2,3). Sabemos que a propriedade do tabernáculo foi deixada aos seus cuidados (Êx 38.21), e que ele supervisionava a atuação das seções levíticas de Gérson e Merari (Nm 4.28); mas, à parte disso, não temos informações mais específicas acerca dele.

Itamar e seus descendentes ocuparam a posição de sacerdotes comuns até que o sumo sacerdócio passou para essa família, na pessoa de Eli. Entretanto, são desconhecidas as causas dessa transferência de sumo sacerdócio. Abiatar, deposto por Salomão, foi o último sumo sacerdote dessa linhagem, quando então o ofício reverteu à linhagem de Eleazar, na pessoa de Sadoque (1Rs 2.34).

Os dois irmãos mais velhos de Itamar, Nadabe e Abiú, foram executados a mando do Senhor, por terem oferecido fogo estranho sobre o altar (Lv 10; Nm 3.4; 26.1). Quando Israel vagueava pelo deserto, ele era líder dos levitas (Êx 38.21), e também dos gersonitas (Nm 4.28) e dos meraritas (Nm 4.33; 7.8). O trecho de Esdras 8.2 mostra que a família de Itamar sobreviveu como um clã distinto, terminado o cativeiro babilônico.

ITLA

No hebraico, **"suspenso"** ou **"exaltado"**. Algumas traduções grafam seu nome como Jetlá. Esse era o nome de uma cidade do território de Dã, localizada em algum ponto entre Aijalom e Elom (Js 19.42). O local exato nos é desconhecido.

ITMÃ

No hebraico, **"orfanato"**. Esse era o nome de uma porção sul de Judá (Js 15.23), localizada em algum ponto entre Hazor e Zife. É mencionada juntamente com Quedes e Telém, pelo que, provavelmente, ficava perto da fronteira do deserto. O local exato é desconhecido na atualidade.

ITMA
No hebraico, **"extenso"**. Nome de um moabita que era um dos trinta guerreiros seletos de Davi, segundo se vê na lista complementar de 1Crônicas 11.46.

ITRÃ
No hebraico, **"excelência"** ou **"proeminente"**. Nome de duas personagens bíblicas: **1**. Um horeu, filho de Disom e neto de Seir (Gn 36.26; 1Cr 1.41). À semelhança de seu pai, ele parece ter sido chefe do clã dos horim (ver Gn 36.30). Viveu por volta de 1970 a.C. **2**. Um descendente de Aser, aparentemente filho de Zofa (1Cr 7.37). Alguns estudiosos têm-no identificado com o mesmo Jeter do versículo seguinte. Ver sobre *Jeter*, número dois. Nesse caso, teria vivido por volta de 1540 a.C.

ITREÃO
No hebraico, **"resíduo do povo"**. O sexto filho de Davi, nascido em Hebrom. Sua mãe era Eglá (2Sm 3.5; 1Cr 3.3). Viveu por volta de 1045 a.C.

ITRITAS
Nome de um dos quatro clãs que viviam em Quiriate-Jearim, que eram os itrigas, os puteus, os sumateus e os misraeus (1Cr 2.53). Dentre os itritas saíram dois dos trinta poderosos heróis do exército de Davi, cujos nomes eram Ira e Garebe (2Sm 23.38 e 1Cr 11.40). Alguns supõem que o Jeter mencionado em 2Samuel 17.25 (ver sobre *Jeter*, número um) é outra forma do nome Itra. Ele era cunhado de Davi, sendo possível que ele tenha originado um dos clãs de Israel. Outros estudiosos pensam que Jetro, sogro de Moisés, fizesse parte dos itritas, o que só seria possível se eles não fizessem parte de Israel. Ainda outros imaginam que esse nome se derivava de *Jatir*, um distrito montanhoso de Judá.

IVA
Enquanto alguns estudiosos pensam que o sentido dessa palavra é desconhecido, outros preferem pensar em "esconderijo" ou em "céu, o deus Iva". Essa cidade assíria é nomeada por três vezes no Antigo Testamento (2Rs 18.34; 19.13 e Is 37.13). Em 2Reis 17.24, também temos a designação *Ava*, que certamente se refere à mesma cidade assíria. Alguns eruditos têm-na identificado com a *Hite* da Babilônia e com a *Is* aludida por Heródoto (*Hist.* 1.179).

A localidade tornou-se famosa por suas fontes betuminosas, que até hoje produzem com abundância. Talvez se trate da mesma *Aava*, referida em Esdras 8.15 *Hite* ficava no lado leste do rio Eufrates, entre Sefarvaim e Hena. Os eruditos não estão muito certos quanto à localização da antiga cidade.

IYYAR
Um nome posterior para o mês de *Zive*, do calendário judaico. Era o segundo mês dos hebreus, correspondendo ao nosso mês de maio. Todavia, esse nome, *Iyyar*, não aparece nas páginas da Bíblia. Ver o artigo sobre o *Calendário Judaico*. Ver também sobre Zive (mencionado em 1Rs 5.1,37; Dn 2.31 e 4.33).

IZAR
No hebraico, **"unguento"**. Esse é o nome de duas personagens que figuram nas páginas do Antigo Testamento: **1**. Um neto de Levi, segundo filho de Coate (Êx 6.18,21; Nm 3.19; 16.1; 1Cr 6.2,18). Em 1Crônicas 6.22, Aminadabe aparece em lugar de Iazar, como filho de Coate e pai de Coré. Muitos estudiosos pensam que se trata de um erro de transcrição, visto que no vs. 38 reaparece o nome de Izar, como deve ser. Seus descendentes tornaram-se conhecidos como os izaritas. Ele viveu por volta de 1440 a.C. **2**. Um descendente de Judá também tinha esse nome. A sua mãe era Hela. Algumas traduções, porém, dão seu nome como *Jezoar*, e ainda outras, como Zoar. Ver 1Crônicas 4.7. Viveu por volta de 1500 a.C.

IZARITAS
Uma família de levitas que descendia de Izar (vide), filho de Coate (Nm 3.27). Nos dias de Davi, Selomote era o cabeça desse clã (1Cr 14.22). Ele e seus irmãos estavam encarregados do tesouro do templo (1Cr 24.22; 26.23,29).

IZIAS
Seu nome não aparece nos livros canônicos do Antigo Testamento, mas figura em 1Esdras 9.26. Era da família de Parós. Quando do cativeiro babilônico (vide), ele se casou com uma mulher estrangeira; mas, ao retornar a Jerusalém, viu-se forçado a divorciar-se dela, a fim de manter o pacto estabelecido por Israel.

IZLIAS
No hebraico, **"retirado"**, **"preservado"**. Nome de um filho de Elpaal, da tribo de Benjamim (1Cr 8.18). Algumas traduções dão seu nome como Jezias. Ao que parece, ele era um clã, e residia em Jerusalém, em cerca de 590 a.C. Nada mais se sabe a seu respeito.

IZRAÍAS
No hebraico, **"Yahweh produzirá"** ou **"Deus resplandece"**. Era descendente de Issacar, neto de Tola, e o filho único de Uzi (1Cr 7.3). Seu nome aparece com a forma de Jesraías, em Neemias 12.42. O filho de Uzi e o homem que aparece no trecho referido do livro de Neemias não são uma mesma pessoa. O primeiro data de cerca de 1000 a.C., mais ou menos na época de Davi, e o outro, de cerca de 446 a.C., na época de Neemias.

IZRI
No hebraico, **"jererita"**. Nome de um levita, líder da quarta divisão de cantores, organizados por Davi (1Cr 25.11). Provavelmente, trata-se do mesmo Zeri, filho de Gedutum, conforme se vê em 1Crônicas 25.3. Viveu por volta de 1000 a.C.

J

JÁ
Forma abreviada de um dos nomes de Deus *Yahweh*. Todavia, tal forma nunca aparece em nossa versão portuguesa. Em outras versões, ela aparece em Salmo 68.4, por exemplo. É mister esclarecer que os nomes hebraicos de Deus (*El, Adonai* e *Yahweh* e suas variantes) só ocorrem no Antigo Testamento e nunca no Novo Testamento. No Novo Testamento os nomes principais são *Theós* e *Kúrios*, traduzidos, respectivamente, por "Deus" e "Senhor". A tradução do novo mundo das Escrituras Sagradas, em seu Apêndice, dá a entender que o nome "Jeová" (corruptela de *Yahweh*) aparece por 237 vezes no Novo Testamento, e que a forma abreviada, "Já", figura por quatro vezes, em Apocalipse 19.1,3,4,6. No entanto, nenhum manuscrito grego do Novo Testamento jamais foi encontrado contendo essas palavras hebraicas. No caso desses quatro versículos do Apocalipse, achamos as palavras gregas *theós* e *kúrios*. O Novo Testamento foi escrito em grego!

No Antigo Testamento, a palavra *Já* aparece em muitas palavras hebraicas compostas, especialmente no caso de nomes pessoais. O intuito era emprestar ao nome um certo ar de imponência e excelência. Ver o artigo sobre *Deus, Nomes Bíblicos*, de, 111.8, *Yahweh*.

JAACÃ
No hebraico, **"lutador"**. Nome do pai de Bene-Jaacã, (em Nm 33.30-32 e Dt 10.6), que deu origem ao nome de um lugar onde os israelitas acamparam, após terem saído do Egito. Ele era filho de Ezer, filho de Seir, o horeu (1Cr 1.42). Nessa referência, seu nome aparece com a forma de Jaacã, ao passo que em Gênesis 36.27 esse nome aparece como Acã. Alguns eruditos supõem que em Números 33.32 haja alusão a uma localidade apenas, e não a algum indivíduo que deu seu nome a essa localidade. Mas, se Jaacã foi mesmo uma pessoa, então deve ter vivido por volta de 1440 a.C.

JAACOBÁ
Na Septuaginta, *Iakabá*. O sentido da palavra, no hebraico, é "que a deidade proteja". No entanto alguns estudiosos pensam que esse nome é simples variante de Jacó, que significa "suplantador" ou "segurador do calcanhar". Jaacobá foi um próspero descendente de Simeão, um dos príncipes da tribo. Ele emigrou para o vale do Gedor nos dias de Ezequias, o rei (cerca de 710 a.C.). Ver 1Cr 4.36 e comparar com 1Cr 4.24-68.

JAALÁ
No hebraico, **"cabrito selvagem"**. Nome de uma família que retornou do cativeiro babilônico (vide) e fixou residência em Jerusalém. Foram alistados como membros dos "filhos dos servos de Salomão" (ver Ed 2.56; Ne 7.60). Isso aconteceu por volta de 536 a.C.

JAAR
No hebraico, *ya'ar*, "floresta". Normalmente no AT esta palavra significa "floresta", mas em Salmo 132.6, a palavra pode significar a cidade de Quiriate-Jearim (vide), sendo uma abreviação daquele nome. A arca do pacto permaneceu lá mais de que vinte anos, antes de ter sido recuperada (1Sm 7.1,2; 1Cr 13.5). Mesmo em Salmo 132.2, a palavra pode significar simplesmente "floresta", na opinião de alguns eruditos.

JAARÉ-OREGIM
O nome significa **"bosques dos tecelões"**. Porém, *oregim* parece haver sido uma inserção descuidada de um escriba qualquer (2Sm 21.19). Ele era o pai de Elanã. Elanã teria morto o gigante Golias, o gitita. Porém, em 1Crônicas 20.5, lemos que ele matou Lami, irmão de Golias. Alguns eruditos pensam que esta última passagem é a correta, e que um outro erro primitivo esteja envolvido no texto de 2Samuel. Isso ocorreu por volta de 1080 a.C.

JAARESIAS
Enquanto alguns eruditos opinam que o sentido desse nome é desconhecido, outros pensam que significa **"Yahweh dá um leito"**. Designa um chefe da tribo de Benjamim, que residia em Jerusalém (1Cr 8.27). Ele viveu por volta de 588 a.C.

JAASAI
No hebraico, **"eles farão"**. Nome de um homem da família de Bani, que se casou com uma mulher estrangeira, durante o cativeiro babilônico, e foi obrigado a divorciar-se dela, quando Israel se reestabeleceu na Palestina. (Ver Ed 10.37). Ele viveu por volta de 457 a.C.

JAASIEL
No hebraico, **"aquele a quem Deus criou"**. Era filho de Abner e primo do rei Saul (1Cr 27.21). É chamado Jasiel, em 1Crônicas 11.47, em algumas versões, embora seu nome não seja assim alterado, em nossa versão portuguesa. Foi um dos chefes da tribo de Benjamim. Nessa última referência, aprendemos que ele era um dos heróis do exército de Davi. Alguns eruditos pensam que cada uma dessas referências aponta para uma pessoa diferente.

JAATE
No hebraico, **"união"**, **"unidade"**, embora outros especialistas prefiram a tradução "arrebatará". Nome de várias personagens do Antigo Testamento: **1**. Um neto de Gérson, filho de Judá (1Cr 4.2). Foi pai de Aumai e Laade. Viveu por volta de 1600 a.C. **2**. Um descendente de Gérson, filho de Levi (1Cr 6.20). Viveu por volta de 1450 a.C. **3**. Um filho de Selomote, um levita coatita (1Cr 24.22). Viveu por volta de 1014 a.C. **4**. Um levita merarita que supervisionou os reparos do templo de Jerusalém, após o cativeiro babilônico (2Cr 34.12). Viveu por volta de 623 a.C. **5**. O chefe da casa mais numerosa de sua tribo, filho de Simei, filho de Ladã (1Cr 23.10,11). Alguns estudiosos identificam-no com o mesmo Jaate que aparece em segundo lugar nesta lista.

JAAZIAS
No hebraico, **"aquele a quem Yahweh consola (ou fortalece)"**. Foi o terceiro filho de Merari, um levita que viveu nos dias de Salomão (1Cr 24.26,27), em cerca de 1010 a.C.

JAAZIEL
No hebraico, **"Deus vê"**. Nome de vários homens que figuram nas páginas do Antigo Testamento: **1**. Um homem que desertou da causa de Saul e se bandeou para Davi, quando este estava exilado em Ziclague (1Cr 12.4). Tornou-se, então, um dos poderosos guerreiros de Davi. Viveu em cerca de 1055 a.C. **2**. Um sacerdote e trombeteiro de Benaia, cujo dever era comparecer nas ministrações em volta da arca, depois que este a

trouxe para Jerusalém (1Cr 16.6). Ele viveu por volta de 1043 a.C. **3**. Um levita coatita que viveu na época de Davi. Sua casa aparece enumerada nos textos sagrados em 1Crônicas 23.19 e 24.23. **4**. O filho de Zacarias, um levita que foi impulsionado pelo Espírito a encorajar Josafá, mediante sua predição do triunfo contra o poderoso exército formado pelos moabitas, amonitas e meunins (2Cr 20.14-17). Viveu por volta de 896 a.C. **5**. Um dos descendentes dos filhos de Jaaziel, chefe dos filhos de Secanias, que retornou do exílio babilônico em companhia de Esdras (Ed 8.5). Isso aconteceu em cerca de 459 a.C. Alguns eruditos pensam que há aqui alguma corrupção textual, e que o texto deveria dizer algo como "filhos de Zatoé" ou "filhos de Zati". Seja como for, Jaaziel foi o ancestral da família de exilados que retornou à Palestina nos dias de Esdras.

JABAL

No hebraico, **"derramamento"**. Nome de um rio que atravessa a região a leste do rio Jordão, e que, após seguir um curso quase exatamente de leste para oeste, deságua no rio Jordão, cerca de 48 quilômetros ao sul do mar da Galileia. As Escrituras mencionam esse rio como a fronteira que separava o reino de Seom, rei, dos amorreus, do reino de Ogue, rei de Basã (Js 12.2). Posteriormente, parece ter sido a linha fronteiriça entre a tribo de Rúben e a meia tribo de Manassés. As referências bíblicas a esse rio são (Gn 32.22; Nm 21.24; Dt 2.37; 3.16; Js 12.2; Jz 11.13,22). Nasce perto de Amã e percorre um curso de cerca de 97 km Atualmente é chamado de *wadi* Zerqa, ou seja, "rio azul". Jacó vadeou esse rio (Gn 32.22), na ocasião em que teve de lutar com o anjo. O nome hebraico desse rio é muito semelhante a "e lutou", sendo possível que o nome desse rio tenha sido originado nessa circunstância, com ligeira alteração, a fim de que signifcasse "fluente".

Os arqueólogos têm encontrado muitos locais anteriormente ocupados no *wadi ez-Zerka* e cercanias. Várias cidades mencionadas na Blblia ficavam às suas margens ou nas proximidades. O vau referido na história de Jacó ainda não foi identificado, mas Penuel (Gn 32.31), provavelmente, é a moderna *Tulul edh-Dhahab*, que não fica muito longe de Sucote.

JABES

No hebraico, **"seco"** ou **"ressecado"**. Era tanto o nome de uma localidade como o nome de uma pessoa, nas páginas do Antigo Testamento, a saber: **1**. Era uma forma abreviada de Jabes-Gileade (ver o artigo seguinte), uma cidade do território da meia tribo de Manassés. **2**. Era o nome do pai de Salum, o décimo quinto rei de Israel, o reino do norte (2Rs 15.10). Esse rei assassinou o rei Zacarias e apossou-se de seu trono (2Rs 15.10,13,14). Alguns eruditos supõem que o nome poderia indicar que Salum era nativo da cidade de Jabes, e não que esse tenha sido o nome de seu genitor. Em Isaías 7.6, há um uso dessa natureza, onde a expressão "o filho de Tabeel" significa que havia um certo homem natural dessa localidade.

JABES-GILEADE

Esse nome significa **"Jabes que ficava em Gileade"**. *Jabes* quer dizer "seca" ou "ressecada". Era uma cidade que pertencia à meia-tribo de Manassés, portanto, do outro lado do rio Jordão. É possível que o local seja atualmente marcado por Tell Abu-Kharza, no lado norte do *wadi yabis*. Esse *wadi* entra no rio Jordão, vindo do Oriente, cerca de quarenta quilômetros ao sul do mar da Galileia. Nos dias de Eusébio, o grande historiador da igreja, Jabes ainda existia como cidade. Ficava cerca de dez quilômetros de Pella, na direção de Gerasa. Os cômoros duplos de *Tell el-Mezbereh* e *Tell Abu-Kharaz* parecem identificar o local. Os arqueólogos têm encontrado ali cerâmica e outros artefatos da época de Saul; e esses cômoros ficam suficientemente próximos do rio Jordão para se ajustarem aos informes bíblicos acerca do local. Há algumas décadas, o Tell el-Mazlub era identificado como o local da antiga Jabes, mas esse cômoro fica distante demais de Bete-Seã, que era próxima, e onde foram sepultados os corpos decapitados de Saul e Jônatas. Lemos que os homens de Jabes-Gileade recuperaram os cadáveres de Saul e Jônatas, em Bete-Seã, levaram-nos para Jabes, e ali sepultaram-nos condignamente (1Sm 31.8-13, 1Cr 10.8-12). O Tell el-Mazlub poderia ser melhor identificado com a cidade natal de Eliseu, Abel-Meolá (ver 1Rs 19.16).

Narrativas Bíblicas e Jabes-Gileade. Um dos relatos mais chocantes da Bíblia é aquele que narra como um levita e sua concubina foram passar algum tempo com os parentes dela, em Belém. Em seguida, eles foram para Gibeá. Neste lugar, os homens que ali residiam exigiram que o levita lhes fosse entregue, para abusarem sexualmente dele. Mas o hospedeiro do casal recusou-se a isso, oferecendo aos homens sua filha virgem e a concubina do levita, na esperança de assim salvar vidas, porquanto enfrentavam uma multidão enlouquecida. Os homens abusaram da concubina do levita a noite inteira. Não somos informados sobre o que aconteceu à virgem. Mas, seja como for, a concubina do levita morreu após ter sofrido tantos abusos.

O levita então desmembrou o corpo de sua concubina morta e enviou os pedaços a todo o território de Israel, para mostrar quão grande ultraje havia sido cometido pelos homens da tribo de Benjamim. Esse incidente, pois, deu início a uma guerra entre a tribo de Benjamim (da qual fazia parte a cidade de Gibeá) e as outras onze tribos. A princípio, a batalha mostrou-se indecisa; mas, finalmente, os homens da tribo de Benjamim foram quase completamente aniquilados. O relato é registrado nos capítulos 19 a 21 do livro de Juízes. Esse capítulo vigésimo primeiro narra que ninguém de Jabes-Gileade quis lutar contra os homens de Benjamim. Assim sendo, forças de Israel, a fim de mostrar seu desprazer diante dessa falta de cooperação, foram à cidade e mataram todos os seus habitantes, excetuando quatrocentas virgens donzelas. E essas foram dadas aos quatrocentos homens restantes da tribo de Benjamim, como esposas. Ao que parece, Jabes foi repovoada por pessoas vindas de lugares circunvizinhos, especialmente por gileaditas.

O trecho de 1Samuel 2 conta a história seguinte. O amonita Naás atacou a cidade. Foram cometidas muitas atrocidades. Então Saul saiu em socorro da cidade e derrotou Naás. Esse ato obteve para Saul a lealdade de Jabes-Gileade e de toda a região da Transjordânia. Mostramos acima como os habitantes dessa cidade, tempos depois, deram a Saul e a seu filho Jônatas um sepultamento decente, em face da lealdade que lhes votavam. Davi, pois, elogiou e recompensou os habitantes de Jabes-Gileade pelo serviço assim prestado a Saul e a Jônatas (2Sm 2.4-6). Posteriormente, Davi mandou remover os ossos desses dois homens dali, a fim de sepultá-los no território da tribo de Benjamim, juntamente com Quis, pai de Saul (2Sm 21.10-14).

JABEZ

No hebraico, **"aquele que entristece"**. Esse era o nome de uma cidade e de um homem, nas páginas do Antigo Testamento, a saber: **1**. Uma cidade do território de Judá onde habitavam as famílias dos escribas (1Cr 2.55). Esses homens descendiam de Calebe. Os especialistas pensam que o lugar ficava perto de Belém. **2**. Um homem que era cabeça de uma família da tribo de Judá (1Cr 4.9,10), e que viveu em cerca de 1444 a.C. Era conhecido por seu caráter honrado. É possível que *Zobeda*, que figura no vs. 8, seja uma forma corrompida do mesmo nome.

JABIM

No hebraico, **"discernidor"**, **"inteligente"**. Esse é o nome de dois reis diferentes de Hazor, a saber: **1**. Um rei de Hazor,

JABNE

líder de uma aliança de povos cananeus que ofereceram resistência à invasão israelita dirigida por Josué. Ele era um dos mais poderosos príncipes da área. Parece que governava toda a porção norte do país. Após a derrota de Jabim, Hazor foi destruída, e o rei e outros chefes foram executados (Js 11.10-12). O relato faz-nos lembrar quão numerosos eram os cananeus, e, assim sendo, o poder que os israelitas tiveram de enfrentar em sua conquista da Terra Prometida. Esses inimigos foram descritos como ... *muito povo, em multidão como a areia...* (Js 11.4). Escavações feitas há algumas décadas, em Hazor, mostraram que o lugar podia conter uma população de cerca de quarenta mil habitantes, e isso sem incluir as populações em derredor, em outros territórios, mas igualmente em relação de aliança com os habitantes de Hazor. **2.** Um outro monarca de Hazor tinha esse nome. Provavelmente, descendia daquele primeiro. (Ver Jz 4.2). Ele oprimiu o povo de Israel por vinte anos. O motivo espiritual dado para isso foi a idolatria de Israel. Jabim é ali chamado de "rei de Canaã", o que significa que ele deve ter sido o poder dominante na época, naquela área. Contava com novecentos carros de combate de ferro (Jz 4.3), o que constituía uma formidável força armada na época. O comandante desse exército era Sísera. Sísera foi um dos mais renomados generais da época. Mas, apesar de seu poder e habilidades, Baraque e Débora obtiveram grande vitória sobre ele, na planície de Esdrelom, em cerca de 1285 a.C. Foi assim que o povo de Israel obteve liberdade, por algum tempo. Ainda houve algumas batalhas, mas Israel continuou prevalecendo, de tal modo que isso levou à ruína total de Jabim e à subjugação de seus territórios, por parte dos israelitas (Jz 4). A vitória de Israel sobre Jabim e Sísera foi cantada festivamente, segundo se vê no quinto capítulo do livro de Juízes. Desse modo, a vitória foi imortalizada em uma notável peça de literatura.

JABNE

Ver sobre *Jabneel*, a primeira das duas cidades com esse nome. *Jabne* era uma cidade filisteia, localizada entre Jope e Asdode (2Cr 26.6), que foi capturada pelo rei Uzias. Houve um conflito armado constante, entre os danitas e os filisteus daquela área, fazendo com que a localidade trocasse de mãos por várias vezes. O rei Uzias obteve uma vitória temporária sobre as cidades filisteias de Jabe, Gate e Asdode. Josefo chamava o lugar de *Jamnia*. A moderna Jebuah, uma vila de bom tamanho, assinala o local antigo. Fica cerca de três quilômetros da beira-mar, e a pouco mais de onze quilômetros ao sul de Jope.

Informes Históricos. Como uma cidade antiga, que vem sendo ocupada continuamente até os nossos próprios dias, é natural que ela conte com uma longa história. Em 332 a.C., Alexandre, em sua marcha através da Palestina, passou pelo lugar, conquistando e matando ao longo do caminho. Chegou a Gaza, que lhe custou dois meses para ser conquistada, e então passou o inverno no Egito.

As forças dos macabeus, sob José e Azarias (ver 1Macabeus 5.52-55), atacaram o lugar, sem qualquer sucesso, quando era um importante posto militar denominado Jamnia, pertencente aos reis selêucidas (ver 1Macabeus 4.15; 10.69; 15.40). Posteriormente, Judas atacou o lugar e incendiou o seu porto (ver 2Macabeus 12.8). Em 147 a.C., teve lugar a famosa batalha de Jamnia. Israel obteve então uma grande e decisiva vitória, embora a cidade tivesse continuado a ser ocupada pelas forças selêucidas. Então essas forças usaram Jabené e um fortim que construíram à margem do riacho do Cedrom (perto da moderna Gedera), fazendo desses dois lugares fortalezas de onde podiam lançar ataques contra os judeus. João e Judas Hircano atacaram esses fortes e derrotaram-nos.

Quando o poder romano invadiu a região, essa cidade e algumas outras, próximas da orla marítima e pelo interior, receberam autonomia. Porém, o imperador, César Augusto, em cerca de 30 a.C., adicionou Jamnia ao reino de Herodes. Posteriormente, passou para os domínios de Salomé, irmã de Herodes. Mais tarde ainda, Salomé deu a cidade a Júlia, a imperatriz. Porém, em 67 d.C., Vespasiano capturou-a, juntamente com outras cidades da área.

É provável que o evangelista Filipe tenha visitado esse lugar em sua jornada missionária pela região (ver At 8.40). Tornou-se o quartel general do Sinédrio exilado, após a queda de Jerusalém, e até à segunda revolta dos judeus, o que ocorreu em 132 d.C. em cerca de 100 d.C., ocorreu ali o *Sínodo de Jamnia* que reviveu o cânon dos escritos sagrados dos judeus.

JABNEEL

No hebraico, "edificado por Deus". Nome de duas cidades mencionadas nas Escrituras Sagradas, a saber: **1**. Uma cidade na fronteira de Judá, próxima ao mar (Js 15.11). Provavelmente é a mesma cidade chamada Jabné, em 2Crônicas 26.6. Ver sob esse título. Essa cidade ficava entre Jope e Gaza, perto da costa marítima. Era um importante local, perto da Via Maria, e também era chamada Jamnia. A moderna cidade de Yavne assinala o local antigo. **2**. Uma cidade na fronteira do território de Naftali (Js 19.33). Ela tem sido identificada com o Tell en-Na'am. Um certo lugar, que o Talmude também designa como Jabneel, tem sido identificado com um lugar diferente, isto é, com Kh. Yamma. A moderna aldeia de *Yavneel* fica perto do sítio antigo.

JABOQUE

No hebraico, **"fluir fora"** ou **"adiante"**, o nome de um rio que atravessa a região a leste do Jordão, que, depois de um curso quase perfeitamente do leste para o oeste, entra no Jordão cerca de 48 km abaixo do mar da Galileia. Nas Escrituras, este rio é mencionado como formador da margem que separou o reino de Seom, rei dos amorreus, daquele de Ogue, rei de Basã (vs. 4).

Depois este mesmo rio formou a margem entre as tribos de Rúbem e a meia-tribo de Manassés. (Ver Gn 32.22; Nm 21.24; Dt 2.37; 3.16; Js 12.2; Jz 11.13 e 22). Este rio tem sua fonte inicial perto de Annom; tem um comprimento de um pouco mais de 100 km Hoje se chama *Wadi Zerqa* que significa *rio azul*. Jacó atravessou este rio um pouco antes de sua "luta livre" com o anjo (Gn 32.22). Assim, a palavra hebraica para este rio é semelhante à palavra *lutar* e é possível que o nome tenha surgido originalmente, deste verbo, com uma mudança pequena para que ela significasse *fluido*.

A arqueologia tem encontrado muitas evidências de habitação ao longo deste rio, na área do Wadi ez-Zerqa. Diversas cidades bíblicas se localizaram ao longo dele. O lugar da travessia de Jacó não pode ser localizado, mas alguns eruditos sugerem que *Peniel* (vide, Gn 32.31) provavelmente ficava perto.

JACÃ

Há quem suponha que essa palavra hebraica significa **"perturbador"**. Designa um dos chefes da tribo de Gade que teria vivido em torno de 1100 a.C. (Ver 1Cr 5.13).

JACINTO

Trata-se de uma gema, uma variedade de zircônio mineral (sílica de zircônio). Usualmente tem cor vermelha, embora também apareça com tons de alaranjado e marrom. É uma pedra transparente, sem importar a cor. Nos tempos antigos, esse vocábulo incluía um coríndon azul, uma safira ou uma turqueza. O mais provável é que, em Apocalipse 21.10, esteja em foco uma safira. Plínio usava esse nome para indicar uma gema de coloração dourada. A palavra também figura em algumas traduções (como a nossa versão portuguesa), em Êxodo 29.19 e 39.12 em relação ao peitoral do sumo sacerdote de Israel, mas ali parece estar em foco uma gema amarela. A Septuaginta usa esse vocábulo para descrever certas peças do tabernáculo, onde as traduções dizem "azul". A maioria dos eruditos supõe que, usualmente, onde a Bíblia diz jacinto (no hebraico, *leshem*), está em pauta alguma forma da nossa safira.

JACÓ

I. O Nome. O Jacó do Antigo Testamento era o filho mais novo de Isaque e Rebeca, e o terceiro dos patriarcas hebreus históricos: Abraão, Isaque e Jacó. Tinha um irmão gêmeo, levemente mais velho que ele, Esaú. Sua íntima identificação com a nação de Israel, que se desenvolveu da sua linhagem, torna-se imediatamente evidente pelo fato de que seu nome foi alterado para *Israel*, depois do incidente de sua luta com o anjo (Gn 32.28). Dali por diante, a nação inteira de Israel, que se multiplicou partindo dos doze filhos de Jacó, veio a ser assim denominada. O termo hebraico por detrás do nome "Jacó" é *Yaakov*, provavelmente, uma forma abreviada da palavra que significa "Deus protege". No entanto, em Gênesis 25.26 o nome é explicado como se significasse "aquele que segura pelo calcanhar", posto que, por ocasião de seu nascimento, Jacó emergiu do útero materno segurando o calcanhar de seu irmão gêmeo, Esaú. Daí é que vem o sentido secundário de "suplantador", isto é, "alguém que toma o lugar de outro, mediante astúcia". Isso alude ao incidente em que Jacó, mediante engano, furtou a bênção paterna de Esaú, e por causa do que Jacó obteve ascendência sobre seu irmão gêmeo. O fato de que Esaú também perdeu seu direito de primogenitura para Jacó fez parte dessa atividade dele como suplantador (ver Gn 27.36). Sem dúvida alguma, "Deus protege" é o sentido original do nome, e as outras ideias derivam-se de uma etimologia popular e, talvez, mediante um jogo de palavras: "Este homem, cujo nome é *Deus protege*, de fato é um agarrador de calcanhar e um suplantador!" A raiz *'qb* tem sido encontrada entre os *povos* dos grupos semitas ocidentais, como os amorreus. O mesmo vocábulo hebraico que tem por base a palavra *calcanhar* também é um elemento básico do verbo que significa "enganar", provavelmente como um termo homófono. Apesar de esse nome ter sido encontrado em fontes extrabíblicas, à parte do patriarca Jacó, ninguém mais foi chamado por esse nome. No período helenista, entretanto, o nome começou a ser largamente usado. Há mais de trezentas referências a Jacó no Antigo Testamento, e 24 ocorrências no Novo Testamento. Quase uma quarta parte do volume de Gênesis devota-se diretamente a traçar a biografia de Jacó. E o período de vida desse patriarca ocupa metade do volume do mesmo livro.

II. Israel e seus Significados. Quando Jacó lutou com o anjo de Deus e prevaleceu, e então exigiu dele uma benção, tornou-se apropriada a alteração de seu nome de Jacó para *Israel*. Isso assinalou um significativo avanço em sua vida, em preparação para o desenvolvimento da nação de Israel. O nome *Israel* faz parte da tradição judaica desde que apareceu pela primeira vez no Antigo Testamento, em Gênesis 32.28. O anjo deu a Jacó esse novo nome que significa "Deus luta". Naturalmente, deve-se entender que essa luta refere-se ao ato de prevalecer, mediante o qual Jacó recebeu a bênção que desejava, para daí por diante ser considerado um príncipe de Deus, por meio de quem a nação se desenvolveria, debaixo da proteção e bênção especiais de Deus. Portanto, do indivíduo o nome foi transferido a todos os seus descendentes, por meio de seus doze filhos. A antiga designação tornou-se também o nome oficial da restaurada nação, o Estado de Israel. A moderna nação de Israel foi organizada em 1948, sendo um dentre mais de cinquenta estados soberanos que vieram à existência desde o término da Segunda Guerra Mundial.

Era natural que esse nome envolvesse muitos usos diferentes. No artigo sobre *Israel, História de*, na primeira seção, alistamos oito usos diferentes, incluindo aqueles que dizem respeito à igreja cristã.

III. Informes Históricos Sobre sua Vida

1. Extensão do material bíblico que versa sobre Jacó. Metade do volume do livro de Gênesis conta a sua história (ver Gn 25-50). Condições e costumes constantes nessa narrativa têm sido ilustrados na literatura não bíblica, e também através de muitas descobertas arqueológicas. Isso demonstra a autenticidade do relato bíblico, e do fato de que Jacó não é nenhuma figura mitológica, inventada para ser o pai de uma nação, conforme se dá no caso dos mitos de vários povos amigos.

2. As Datas de Jacó. Sua data tradicional aproximada é de 1800 a.C. Porém, é notoriamente problemático encontrar datas precisas para o tempo dos patriarcas hebreus. No nosso artigo, *Cronologia do Antigo Testamento*, abordo essa questão. Correlações exatas e explícitas entre o relato de Gênesis e outras narrativas históricas (não bíblicas) são difíceis de encontrar; depender das datas que nos são fornecidas nas genealogias, é uma maneira precária de fazer qualquer cálculo. Há evidências de que Jacó viveu durante o século XVIII a.C. Nesse caso, ele viveu no tempo da dominação do Egito pelos invasores hicsos. Sua data faria a vida de Abraão ter acontecido nos séculos XX e XIX a.C., havendo evidências bíblicas e arqueológicas em favor disso.

3. Circunstâncias do Nascimento de Jacó. A concepção de Jacó ocorreu como resposta à oração (Gn 25.26). Ele foi o segundo filho gêmeo de Isaque e Rebeca. Seu irmão, levemente mais velho, era Esaú. Nasceu segurando o calcanhar de Esaú, o que, de acordo com uma etimologia popular (e talvez por via de um jogo de palavras), deu-lhe o nome de Jacó. (Ver sob a primeira seção quanto a uma completa explicação desse nome. Ver Gn 25.26). O cabeludo Esaú tornou-se um homem que gostava de viver ao ar livre, como bom caçador. Jacó, por sua vez, era homem introvertido e tranquilo, que preferia habitar em tendas (Gn 25.26,27). Houve tensões entre os dois gêmeos desde o seu nascimento. Isaque tinha preferências por Esaú, mas Rebeca tinha em Jacó o seu filho favorito.

4. Real Relação Entre Jacó e Esaú. Eles nasceram para se tornarem personagens bem diferentes uma da outra, conforme se vê no parágrafo acima. Suas diferenças tornaram-se ainda mais irreconciliáveis quando Esaú vendeu seu direito de primogenitura a Jacó, em troca de um prato de lentilhas cozidas (ver Gn 25.30). Esaú vendeu sua primogenitura em um ato impulsivo, quando não conseguiu caçar nenhum animal; e, estando com muita fome, vendeu aquele direito por tão pouco. Os tabletes de Nuzi confirmam o fato de que o direito de primogenitura podia ser vendido. Os intérpretes percebem uma espécie de indiferença, por parte de Esaú, no tocante ao seu privilégio como primogênito. Seria mesmo difícil explicar por que razão ele fez assim, a menos que ele tivesse alguma atitude básica de indiferença para com seus direitos religiosos. Metaforicamente, isso fala sobre sua indiferença espiritual sobre questões importantes, um sinal típico do homem carnal. Esse foi o primeiro ato suplantador de Jacó, a ser registrado na Bíblia, através do qual ele adquiriu o seu nome. O segundo desses atos ocorreu quando ele enganou seu pai, Isaque, e recebeu a bênção paterna que se destinava a Esaú (Gn 27). Tal bênção, uma vez conferida, não podia mais ser revogada (Gn 27.33 ss.), um detalhe igualmente ilustrado nos tabletes de Nuzi. Dessa forma, Jacó tornou-se o porta-bandeira da promessa messiânica, e o cabeça da raça eleita, segundo aprendemos em Romanos 9.10 *ss*. Esaú teve de se contentar então com uma bênção secundária, e com territórios menos férteis que aqueles prometidos a Jacó, isto é, *Edom*. Ver o artigo com esse título, quanto a maiores esclarecimentos. Desnecessário é dizer que Esaú ficou furioso, tornando necessário que Jacó fugisse. Jacó, pois, fugiu para a terra natal de Rebeca, em Padã-Harã (ver Gn 26.41-28.5). Rebeca tinha a esperança que Jacó se casasse com uma mulher dentre a parentela dela, porquanto Esaú se casara com mulheres hititas (ver Gn 26.34 e 27.46).

5. O Incidente de Betel. A caminho de Berseba para Harã, Jacó parou para descansar, em Betel, que era chamada Luz, antes de receber aquele nome. Ali Jacó recebeu a visão da escada, com anjos que subiam e desciam pela mesma, posta entre a terra e o céu. Ele ficou sumamente admirado com a divina manifestação, e rebatizou o local com o nome de *Betel*, "casa de Deus" (Gn 28.18,19). Jacó consagrou uma décima parte de toda a sua renda a Deus (Gn 28.10-22), aparentemente de forma perpétua. Betel (vide) ficava cerca de cem quilômetros de Berseba, pelo que esse incidente ocorreu ainda no começo de sua jornada, provavelmente com o propósito de infundir-lhe coragem. A Jacó, pois, foi garantida a proteção divina. O pacto-abraâmico foi confirmado com Jacó nessa oportunidade (Gn 28.3,4), pelo que os propósitos divinos estavam em operação, apesar das vicissitudes da vida de Jacó, a despeito de seus fracassos misturados com sucessos. Jacó erigiu um altar ali, e fez seus votos, incluindo o pagamento de dízimos a Yahweh.

6. Jacó em Harã, Sujeito a Labão. Aproximando-se de Harã, Jacó veio até um poço que havia fora da cidade. Ali conheceu sua prima, Raquel. Imediatamente amou-a com grande amor, e assim começou um dos maiores romances de amor que há na história antiga. Raquel levou Jacó a Labão, tio dele e irmão de Rebeca. Jacó estava apaixonado por Raquel e concordou em trabalhar para Labão, pelo espaço de sete anos, a fim de tê-la como esposa (Gn 29.1 ss.). O trecho de Gênesis 29.20 revela-nos que Jacó trabalhou durante os sete anos, os quais ... *lhe pareceram como poucos dias, pelo muito que a amava.* Essa é uma fantástica declaração, na qual eu não teria crido se não a tivesse lido diretamente na Bíblia. Jacó quis receber o seu pagamento, Raquel. Labão concordou mas, mediante um artifício, pôs Lia em lugar de Raquel, quando o casal se retirou para a tenda deles. Jacó só descobriu que fora ludibriado no dia seguinte, em plena luz do dia. Essa é outra incrível declaração sobre a qual nem quero comentar. Mas, pelo menos, podemos estar certos de que, naquele momento, Jacó deve ter-se sentido como Esaú, a quem ele havia enganado em proveito próprio. E foi assim que, para desposar Raquel, Jacó teve de comprometer-se que serviria a Labão por outros sete anos, com a diferença que ela lhe foi dada como esposa em antecipação pelo serviço, de tal maneira que, no decurso de uma semana, Jacó estava com duas esposas ao mesmo tempo. E Labão ia prosperando com o fiel trabalho prestado por Jacó, tendo compreendido que a presença de Jacó atraía bênçãos. E Jacó também foi prosperando materialmente, visto que a mão de Deus estava com ele.

As Esposas e os Filhos de Jacó

Lia	Raquel	Bila	Zilpa
1. Rúben	12. José	5. Dã	7. Gade
2. Simeão	13. Benjamim	6. Naftali	8. Aser
3. Levi			
4. Judá			
9. Issacar			
10. Zebulom			
11. Diná			

N.B. — Os números indicam a ordem dos nascimentos.

Rúben, primogênito de Jacó, nasceu de Lia. Três outros filhos de Lia seguiram-se, a saber: Simeão, Levi e Judá. Raquel, sem filhos, deu Bila a Jacó, para que ela tivesse filhos em nome dela. Dessa união, pois, nasceram Dã e Naftali. Zilpa, criada de Lia, tornou-se a segunda concubina de Jacó, e dessa nova união nasceram Gade e Aser, além de uma filha, Diná. Em seguida, Lia deu à luz Issacar e Zebulom. Finalmente, Raquel teve o muito querido e amado José. (Ver Gn 29.1-30.24). Passados mais alguns anos, Raquel também teve Benjamim. Dessa maneira, encontramos os doze filhos de Jacó, dos quais vieram as doze tribos de Israel. José não se tornou cabeça de alguma tribo; mas seus dois filhos, Manassés e Efraim, tornaram-se cabeças de tribos. Isso daria treze tribos, mas doze é o número tradicional, visto que Levi tornou-se um clã sacerdotal, que não herdou territórios. Assim quando Levi aparece como uma tribo, então Efraim e Manassés são reputados como a tribo de José (ver Nm 26.28, Js 17.14,17). Em Apocalipse 7.14 *ss.*, Dã é excluído e José substitui Efraim. Ver esses problemas discutidos no NTI, em Apocalipse 7.5.

7. Jacó Parte de Harã. As relações entre Jacó e Labão não demoraram nada a azedar. Jacó sofreu às mãos de seu tio, Labão, o mesmo tratamento que Jacó havia conferido a Esaú, o que mostra que a lei da colheita segundo a semeadura estava operando. Todavia, Labão prosperava, porquanto Jacó era fiel e operoso, e Labão nunca teria abandonado a situação se o próprio Jacó não tivesse desistido. Reunindo sua família e suas propriedades, Jacó partiu de Padã-Harã a fim de retornar à sua terra de Canaã, o que ocorreu em cerca de 1960 a.C. Labão só descobriu a fuga de Jacó ao terceiro dia; mas, quando a percebeu, saiu ao encalço do sobrinho e genro com um grupo armado. Todavia, Deus fez intervenção e advertiu Labão a que não tentasse fazer qualquer mal a Jacó. Assim, não sendo capaz de fazer qualquer coisa de radical, ao alcançar Jacó, limitou-se a repreendê-lo severamente. Por que Jacó partira secretamente? Por que havia enganado seu tio? Por que havia levado suas filhas e netos, sem dar-lhe uma oportunidade de despedir-se? E, acima de tudo, por que Jacó cometera o ultraje de furtar seus deuses domésticos (seus santos protetores)?

Dessa vez, pelo menos Jacó disse a verdade. Ele temia o que Labão poderia querer fazer contra ele. E calculou que, no mínimo, mandá-lo ia vazio, e que os seus familiares e os seus bens seriam forçados a ficar em Padã-Harã. No tocante aos terafins ou deuses domésticos, Jacó afirmou que não os havia tirado, e que qualquer um que o tivesse feito poderia ser executado. (Raquel não contara a Jacó que ela é quem furtara os tais deuses). Labão procurou e apalpou por toda parte e nada achou. Raquel estava assentada sobre a sela de seu camelo, e os deuses estavam ocultos debaixo da sela. Ela estava serenamente sentada, com um ar de inocência. E disse a Labão que ele teria de desculpá-la, pois não podia levantar-se, visto que estava menstruada. Os ídolos permaneceram seguramente ocultos debaixo da sela, porquanto uma mulher, e tudo quanto ela tocasse, era considerado imundo, estando ela nesse período. Pelo menos assim se dava na lei mosaica posterior, e podemos supor que a crença era anterior a essa data.

Jacó ficou observando a busca com grande ansiedade, mas, quando viu que coisa alguma pertencente a Labão havia sido achada, ele então tomou coragem. Era a sua vez de repreender severamente Labão. Que maldade ele havia alguma vez feito a Labão? Por que o seu salário, durante todos aqueles anos, lhe havia sido negado? Por que Labão mudara para pior o seu salário por dez vezes? Jacó acusou Labão de ser um enganador e um homem duro, dizendo que sabia que se anunciasse a sua intenção de voltar à sua terra, Labão fá-lo-ia regressar de mãos abanando. E, concluindo sua argumentação, Jacó relembrou a Labão que Deus havia aprovado a *Raquel* sua fuga, ao advertir que Labão não deveria tentar tolhê-lo. A discussão perdurou mais um pouco, sem produzir qualquer resultado. Finalmente, Labão sugeriu que eles firmassem um acordo. E Jacó concordou. Eles levantaram uma grande pedra, como coluna, e também fizeram um montão de pedras. Esses emblemas eram testemunhas dos termos do acordo. Dessa circunstância é que vieram aquelas imortais palavras: *Vigie o Senhor entre mim e ti, quando estivermos apartados um do outro.* Essas palavras têm servido de grande consolo quando pessoas que se amam têm de se separar, provocando muitas lágrimas. Jacó chamou o monumento de *Galeed*, "monte do testemunho"; e Labão chamou-o de *Mizpah*, "posto de vigia". Labão também avisou a Jacó de que se ele não cuidasse bem de suas filhas, então entraria em dificuldades. Em seguida, invocaram o Deus de Abraão e Naor (avô de Abraão), como testemunha do acordo estabelecido. Jacó jurou pelo *Temor de Isaque*, nome dado a Yahweh com base na circunstância da bem conhecida reverência de Isaque ao Senhor Deus. Jacó ofereceu sacrifícios e houve um banquete. Eles se banquetearam a noite inteira e, ao amanhecer, os dois partiram cada um em sua direção. Labão, o idoso espertalhão, amava as suas filhas e seus netos, e, com o coração saudoso, beijou-os, abençoou-os e deixou-os partir. Quão difícil é deixarmos ir os nossos filhos, o círculo familiar desmanchando-se para que se formem outros círculos familiares, e nós avançando em anos! Apesar das grandes disputas, das mentiras, dos enganos e das astúcias, tudo termina da mesma maneira: mais uma daquelas dolorosas separações familiares que a minha própria família, com seus ramos internacionais, tem sofrido por tantas vezes. Ver o capítulo 31 de Gênesis, quanto a essa narrativa bíblica.

O Relato é Tão Humano. Houve alguns elementos religiosos distorcidos, houve a velha idolatria que domina tanto o coração humano, transformando os homens em tolos; houve mentiras, egoísmo, enganos. No entanto, também houve amor; e cada um, à sua maneira, a despeito de seus defeitos, estava cumprindo o desígnio divino. Essa é uma cena em miniatura do próprio drama humano. A fim de estabelecer o acordo que fizeram, tiveram de invocar a Deus como testemunha. Se Deus não for chamado como testemunha dos lances da vida humana, essa vida não terá sentido.

8. A presença de Deus. A separação teve lugar, e Jacó, agora uma unidade familiar distinta, começou a viver uma nova fase em sua vida. Ansioso, ele encetou sua nova caminhada. Quase imediatamente em seguida, porém, o quadro ameaçador foi aliviado. Um grupo de anjos encontrou-se com ele no caminho, e Jacó exclamou, admirado: *Este é o acampamento de Deus* (Gn 32.2). E Jacó denominou o lugar de *Maanaim*, "dois exércitos", evidentemente referindo-se aos dois grupos, o seu próprio grupo, composto por pessoas mortais como ele, que o acompanhavam, e o outro grupo, formado pelos anjos imortais. Temos aí uma ótima lição, ensinada com maiores detalhes no décimo primeiro capítulo da epístola aos Hebreus. O grupo imortal cuida do grupo mortal e o guia pelo caminho.

9. O Antigo Problema Entre Jacó o Esaú. A fuga de Jacó necessariamente fá-lo-ia atravessar o território ocupado por Esaú. Por essa razão, enviou mensageiros à sua frente, que anunciassem sua aproximação. Jacó temia tanto por sua vida como pelas vidas dos seus, segundo se vê em Gênesis 32.6-8. E então soube que Esaú estava vindo ao seu encontro com uma companhia de quatrocentos homens, o que, para Jacó, representava um poderoso e hostil exército. Fora capaz de enfrentar Labão, com a ajuda de Deus, mas, poderia enfrentar Esaú? A vida é assim. Nenhuma vitória é definitiva e vence a guerra. Precisamos avançar para novos conflitos, procurando obter novas vitórias.

Em seu temor e aflição, Jacó fez a única coisa ao seu alcance. Voltou-se para Deus, para que o livrasse. Em oração, lembrou ao Senhor que ele é quem o enviou naquela jornada de retorno à sua terra natal. Lembrou-o acerca do pacto abraâmico e da parte do Senhor nesse pacto. Agora, restava Deus cumprir tudo quanto havia dito, visto que Jacó estava impotente, diante de Esaú que se aproximava.

10. Jacó Torna-se Israel. Jacó traçou planos elaborados para salvar o máximo que pudesse, no caso de Esaú promover um massacre (Gn 32.16 ss.). Porém, o método de Deus era simples. Quando Jacó estava sozinho, veio ao seu encontro um anjo, e começou uma furiosa luta física. Essa luta durou a noite inteira. Jacó era forte, e o anjo não era capaz de vencê-lo. Portanto, tocou no nervo de sua coxa e a deslocou, embora a luta tivesse continuado. Quando a madrugada chegou, Jacó anunciou que não deixaria o "homem" ir-se embora, a menos que o abençoasse (Gn 23.26). Dessa bênção é que se derivou a mudança do nome de Jacó, o suplantador e enganador, para *Israel*, fazendo com que Jacó se tornasse um príncipe diante de Deus, aquele que se *esforça e prevalece* em suas lutas (Gn 32.28). Jacó tornou-se alguém dotado de *poder diante de Deus*. Jacó chamou o lugar onde isso ocorreu de Peniel, ou seja, "face de Deus", pois, ao defrontar-se com o Anjo do Senhor, isso foi a mesma coisa que se ter defrontado com o próprio Deus e, no entanto, a sua vida fora preservada. Ele quis saber a identidade do anjo, mas essa identidade não lhe foi conferida. Assim, podemos passar por grandes experiências místicas, mas muitas coisas continuam ocultas de nós.

11. Jacó e Esaú Encontram-se. Chegou o dia de prestação de contas. Aproximou-se a companhia que vinha com Esaú. Jacó, temeroso, enviou à sua frente suas esposas e seus filhos, a fim de tentar tocar o coração de Esaú e fazê-lo sentir misericórdia. Porém, tudo era desnecessário. Esaú não estava mais irado. Os anos haviam varrido sua ira e amargura. E tudo se resumiu em uma daquelas tocantes reuniões de família, após tantos anos de separação. Esaú nem ao menos estava interessado nos liberais presentes que Jacó lhe oferecia. Respondeu que tinha de sobra. Portanto, todos os elaborados planos de Jacó para aplacar seu irmão, foram inúteis. Deus já havia cuidado da situação. Nesse ponto do relato, encontramos outro grande versículo que deveria servir de modelo em todas as relações domésticas: Jacó humilhou-se diante de Esaú e prostrou-se por sete vezes; mas Esaú não poderia ter dado menor atenção às homenagens. *Esaú correu-lhe ao encontro, lançou-se-lhe ao pescoço e o beijou, e eles choraram* (Gn 33.4). O antigo conflito e o coração iracundo desapareceram subitamente, e o amor cobriu uma multidão de pecados.

Esaú observou o grande número de pessoas que estavam em companhia de Jacó, suas esposas, seus filhos, seus criados e todos os animais. Admirado, indagou quem era toda aquela gente. Jacó falou-lhe sobre como Deus o havia feito prosperar; e isso é o que explica todas as boas coisas que acontecem conosco. Então Jacó forçou Esaú a aceitar alguns generosos presentes, que Esaú aceitou com relutância. Jacó afirmou: *... aceita o presente da minha mão; porquanto tenho visto o teu rosto, como se tivesse visto o rosto de Deus, e tu te agradaste de mim* (Gn 33.10).

Pouco depois, os dois irmãos separaram-se em paz e amizade, o que prevaleceu durante todo o resto de suas vidas. E não se encontraram de novo senão quando chegou o tempo de sepultar o pai deles, Isaque, na sepultura da família (Gn 35.29).

12. Jacó Retorna a Betel. Jacó entrou em conflito com os habitantes de Siquém. Sua filha, Diná, foi violentada, e dois dos filhos dele vingaram-se sanguinariamente dos homens daquele lugar, quase exterminando-os (Gn 34). Mediante uma ordem divina, Jacó voltou a Betel. Ali é que ele tinha visto os anjos subindo e descendo pela escada que ia da terra ao céu, há mais de vinte anos, e erigira um altar em honra a Yahweh. Mas, antes de encetar viagem, ordenou que todos quantos estavam em sua companhia se desfizessem de seus deuses estrangeiros e se purificassem. Podemos supor que foi nessa ocasião que foi dado sumiço aos ídolos do lar que Raquel trouxera de Padã-Harã. Todos os ídolos foram enterrados sob um carvalho, perto de Siquém; e, pouco depois, Deus renovou o pacto abraâmico com Jacó, em Betel.

13. Perda de Duas Vidas Queridas. Em viagem entre Betel e Efrata, Raquel, a amada esposa de Jacó, morreu de parto, ao dar à luz seu segundo filho Benjamim (Gn 35.20). Não demorou muitos anos para José ser vendido como escravo pelos seus próprios irmãos; e Jacó foi enganado por seus filhos, os quais disseram que tinham encontrado uma peça do vestuário de José, toda ensanguentada, dando a entender que teria sido morto por alguma fera. Ver Gênesis 37. Nesta vida, depois de algumas alegrias, sempre há algumas lágrimas; e ninguém está isento de inevitáveis sofrimentos neste mundo.

A vida
Feliz aquele que em modesta lida
Isento da ambição e da miséria,
No regaço do amor e da virtude
A vida passa. Mais feliz ainda
Se, das turbas ruidosas afastado,
À sombra do carvalho, entre os que adora,
Sente a existência deslizar tranquila,
Como as águas serenas do ribeiro;
Mas, que digo! Nem esse, infindos males
Comuns a todos, seu viver não poupam.

(Soares de Passos, Portugal)

14. Os Filhos de Jacó Descem ao Egito. Veio a fome, e todos padeceram muito. No Egito, mediante seu dom profético, José soubera da aproximação do período de fome, tendo interpretado corretamente os sonhos do Faraó. Assim, em meio ao flagelo da natureza, os egípcios tinham abundância de víveres. E Jacó enviou seus filhos ao Egito, para adquirirem alimentos, tendo conservado em sua companhia somente Benjamim (seu favorito, na ausência de José), temendo que alguma tragédia também o atingisse. Os filhos de Jacó retornaram com bom suprimento de cereais, mas informaram a Jacó que o *oficial* que tinham visto no Egito pensara que eles eram espiões; e, como prova de que não eram, havia exigido que levassem seu irmão mais novo, Benjamim, na próxima vez em que descessem ao Egito. Naturalmente, esse oficial era José, embora seus irmãos ainda não tivessem descoberto isso.

Pressionados no Egito, e sob suspeita, eles lembraram seu crime de terem vendido José como escravo. Simeão foi retido no Egito, como garantia da volta dos demais irmãos. A fome continuou e o suprimento de alimentos se esgotou. Tornava-se necessária outra viagem, e assim Jacó, com relutância, permitiu que Benjamim também fosse com eles, dessa vez. E os irmãos de José chegaram novamente ao Egito. Foi conseguido um encontro com José, a quem seus irmãos conheciam somente como um duro oficial egípcio. Simeão foi solto, e todos os irmãos de José estavam presentes. Quando José viu Benjamim, seu único irmão que não era meio-irmão, filho de sua mãe, Raquel, deixou-se dominar pela emoção e teve de fazer uma retirada estratégica, para não chorar diante de todos. Controlou-se e voltou, e foi servido um banquete. Finalmente, os irmãos de José foram despedidos e partiram. Mas a taça de prata de José havia sido posta na sacola de Benjamim. Essa taça seria usada para adivinhações, no dizer de José, não havendo certeza se ele disse isso para fingir-se um egípcio ou se ele usava mesmo a tal taça como uma espécie de bola de cristal. Assim, um grupo de homens saiu ao encalço dos irmãos de José e, feita uma busca, encontrou-se a taça na saca de Benjamim. E, por causa do *crime*, Benjamim foi declarado escravo; Judá fez então uma longa exposição procurando convencer o "oficial egípcio" a aceitá-lo em lugar de Benjamim, pois a permanência de Benjamim no Egito fatalmente faria o pai deles morrer de tristeza. José estava iniciando uma longa e elaborada charada; mas, de súbito, vencido por suas emoções, mandou para fora todos os circunstantes, exceto os seus irmãos. Então José prorrompeu em choro, em voz alta, de modo que os egípcios ouviram tudo. Então José anunciou sua verdadeira identidade, dizendo: "Eu sou José. Vive ainda meu pai?" E os seus irmãos não sabiam como responder, tão pasmos estavam diante dele (ver Gn 45.3). Sentiam-se consternados, uns miseráveis, sentindo todo o peso de seus pecados; José, entretanto, consolou-os, assegurando-lhes que o desígnio de Deus é que permitira que tudo aquilo acontecesse, a despeito dos maus propósitos que tinham inspirado o ato deles, ao vender seu próprio irmão como escravo.

Sabemos que todas as coisas concorrem para o bem daqueles que amam Deus, daqueles que são chamados segundo o seu propósito (Rm 8.29).

15. Jacó Desce ao Egito. Quando o Faraó e outros oficiais egípcios souberam que os irmãos de José estavam entre eles, ficaram muito satisfeitos e sugeriram que Jacó fosse chamado ao Egito, onde poderia desfrutar de grande abundância. Os irmãos de José apressaram-se a voltar à Terra Prometida; e, ali chegando, contaram a Jacó a incrível história de José. E, como eles haviam trazido de volta provas palpáveis de que José estava vivo, Jacó, finalmente deixou-se convencer de que seus filhos estavam dizendo a verdade. O quadragésimo sexto capítulo de Gênesis relata a descida de Jacó ao Egito.

Após algum tempo, a bonança haveria de transformar-se em um longo período de servidão, à outra casa reinante do Egito. Os descendentes de Jacó multiplicaram-se no Egito, formando uma numerosa nação. Mas foi preciso Moisés surgir, a fim de que Deus pusesse fim à escravidão dos filhos de Israel.

O capítulo 49 de Gênesis registra as bênçãos proferidas por Jacó a seus filhos, e o último versículo daquele capítulo registra sua morte. E o último versículo do último capítulo de Gênesis registra a morte de José. Jacó faleceu com a idade de 147 anos (ver Gn 45.28), em cerca de 1854 a.C. Seu corpo foi embalsamado e transportado com grande cuidado para a terra de Canaã, sendo sepultado no sepulcro da família, onde já estavam seus genitores e sua esposa Lia, na caverna de Macpela (Gn 50.1,13). No entanto, quando José morreu, o seu corpo foi embalsamado e posto em um esquife, no Egito.

O cativeiro de Israel no Egito perdurou por cerca de 430 anos, de acordo com o texto hebraico, mas apenas 2 anos, de conformidade com a Septuaginta. (Ver Êx 11.40). Estêvão, em Atos 7.6, arredonda esse número para quatrocentos anos. Quanto a esses anos, há problemas de harmonia, que são discutidos no artigo intitulado *Cronologia do Antigo Testamento* 5.d.3. Pouco antes de morrer, José fez seus irmãos prometerem que, quando saíssem do Egito, levariam consigo o seu corpo. Essa promessa foi cumprida por Moisés (Êx 13.19). E seus ossos foram finalmente sepultados em Siquém (Js 24.32), no sepulcro da família, com o resto dos mortos da família patriarcal.

IV. Seu Caráter. A primeira coisa que nos impressiona na vida de Jacó é que, apesar de suas fraquezas e fracassos, em muitas oportunidades ele teve experiências místicas que em muito alteraram o curso de sua vida. O propósito dessas experiências não era apenas o de abençoá-lo pessoalmente, pois também envolvia a nação de Israel e, finalmente, a promessa messiânica. Jacó mostrou-se muito afetuoso com a sua família. E herdou a astúcia de Rebeca, que também era própria de seu tio, Labão. Havia momentos em que Jacó perdia o ânimo; mas logo se lançava aos cuidados de Deus. Foi homem que passou por muitas provações e recuos, embora também tivesse alcançado vitórias súbitas e gloriosas. Sua desonestidade e astúcia eram neutralizadas por seus momentos de grandes vitórias e avanços espirituais. Sua história é o relato de um homem que, começando sua vida como suplantador e enganador, terminou sendo um príncipe diante de Deus, mediante o propósito remidor.

V. SENTIDOS ESPIRITUAIS E METAFÓRICOS. **1**. Os vários incidentes da vida de Jacó foram muito usados nos escritos judaicos a fim de ilustrar grandes e numerosas lições espirituais. Temos indicado algo sobre isso, ao longo deste artigo. **2**. O **Talmude** usa a vida de Jacó para ilustrar a vida da própria nação de Israel. Sua vida é ali entendida como emblemática da sorte do povo de Israel. Motivos morais são vistos em todos os seus atos, e muitos detalhes lendários têm ornado o relato do Antigo Testamento, como acréscimos tradicionais. Assim como Jacó teve muitos momentos de triunfo e de derrota, mas Deus sempre esteve com ele, intervindo por ele, sempre que necessário, assim também tem acontecido à nação de Israel, ao longo dos séculos. **3**. Há 24 referências a Jacó no Novo Testamento, algumas das quais visam a ensinar-nos alguma lição espiritual. Ver especialmente Atos 7.8-16, que contém um sumário da vida de Jacó. Ver também Romanos 9.10 ss e Hebreus 11.20,21, onde Jacó aparece como um modelo da vida de fé. **4**. A transformação de Jacó em Israel ilustra como o homem não-remido, dotado de um caráter moral questionável, pode tornar-se um príncipe diante de Deus, mediante o propósito remidor. **5**. A vida de Jacó ilustra como o plano divino mostra-se ativo, no caso de indivíduos e de nações, de tal modo que o valor da vida é garantido, bem como, finalmente, uma digna realização. **6. Usos figurados com o Nome de Jacó**. *O Deus de Jacó* é o Deus de Israel (Êx 3.6; 4.5; 2Sm 23.1; Sl 20.1; Is 24). Deus também é denominado de "o poderoso de Jacó" (Sl 132.2). A *casa de Jacó* corresponde à nação de Israel (Êx 19.3; Is 2.5,6; 8.17). O povo judeu está em foco, nas seguintes expressões: a semente de Jacó (Is 45.19; Jr 33.26), os filhos de Jacó (1Rs 18.31, Ml 3.6), ou simplesmente, Jacó (Nm 23.7; 10.23; 24.5). "Em Jacó" significa "entre o povo judeu".

VI. A Arqueologia e a Vida de Jacó. Em Nuzi, entre 1925 e 1941, foram descobertos cerca de quatro mil tabletes de argila, ilustrando certos aspectos dos relatos sobre os patriarcas hebreus, sobretudo Jacó. Naturalmente, a luz se projetou mais sobre aquela área da Mesopotâmia, com o resultado de que se sabe mais sobre aquela região do que sobre qualquer outra região da Mesopotâmia. Nuzi ficava cerca de catorze quilômetros e meio a oeste da moderna cidade de Kirkut, na parte nordeste da Mesopotâmia, no atual Iraque, e cerca de cento e sessenta quilômetros da fronteira com o Irã, mais para nordeste. Os tabletes ali achados tratam sobre cidadãos comuns, em contraste com os de Mari, que abordavam a família real. Ver os artigos separados sobre *Nuzi* e *Mari*, quanto a maiores detalhes.

Ilustrações dos Tabletes de Nuzi sobre a Vida Patriarcal nos Dias Bíblicos

1. Adoção. Não há relato direto de adoção, no Antigo Testamento; mas Abraão, antes de Isaque ter nascido, pensou em fazer de Eliezer de Damasco seu filho e herdeiro adotivo (Gn 15.2). A lei de Israel não tem qualquer provisão sobre adoções, mas em Nuzi essa questão era regulamentada por lei. Um homem sem filhos podia adotar um filho que levasse avante o nome e a herança da família. Alguns veem um certo paralelo no relacionamento entre Labão e Jacó (Gn 29-31), como se houvesse entre eles uma situação de adoção. Um filho adotivo podia tomar como esposa uma filha de seu pai adotivo, mas não podia tomar uma segunda esposa, fora do círculo da família. O paralelo disso com o caso de Labão e Jacó é duvidoso.

2. A Venda da Primogenitura. Isso tem um paralelo direto com as leis mencionadas no material encontrado em Nuzi. Os privilégios de um filho primogênito podiam ser transferidos para outro. Isso envolvia tanto um filho adotivo como um filho autêntico. Em certo caso mencionado, o direito de primogenitura foi vendido em troca de três ovelhas, mais do que o preço pago por Jacó a Esaú, mas, mesmo assim, bastante humilde.

3. Os Deuses Domésticos, ou Terafins. Raquel ansiava por assenhorar-se daqueles ídolos, que representavam os deuses da família (Gn 31.34). Os tabletes de Nuzi esclarecem que a posse desses ídolos emprestava o direito de liderança da família, bem como a herança paterna. Labão tinha filhos para quem a herança seria transmitida. Ficava subentendido que Jacó, se ficasse com aqueles ídolos, poderia suplantar novamente a seus cunhados, obtendo a maior parte da herança deixada por Labão. É perfeitamente possível, pois, que os motivos de Raquel fossem econômicos, e não meramente religiosos. Isso permite-nos ver a natureza séria da ofensa. (Ver Gn 31.19,30,35).

4. O Nome Jacó. O sentido básico desse nome é *que El (Deus) proteja* (no hebraico, *Ya' qub 'el*). Esse nome tem sido encontrado em tabletes do século XVIII a.C., descobertos em Chagar Bazar, no norte da Mesopotâmia. O nome Jacó também foi encontrado como nome locativo, na lista de lugares de Tutmés III, do século XV a.C.

5. As Criadas de Lia e Rebeca. Os críticos têm duvidado do relato sobre como Labão deu criadas às suas duas filhas, criadas essas que, posteriormente, tornaram-se concubinas de Jacó. Eles supõem que tais informes são interpolações posteriores, com base no documento chamado *S* (sacerdotal). Ver o artigo separado sobre *Código Sacerdotal*, e outro sobre *J.E.D.P.(S)*, as alegadas fontes do Pentateuco. Todavia, os tabletes do Nuzi ilustram o costume.

6. Os Nomes Divinos. *Os* tabletes de Mari, em escrita cuneiforme, em número de cerca de vinte mil, ilustram os nomes divinos que figuram no livro de Gênesis, falando sobre *Yawi-Addu* e sobre *Yawi-el*, que seriam paralelos de *Yahweh* e *El*, nomes comuns dados a Deus, no Antigo Testamento. Ver sobre *Deus, Nomes de*.

7. Vida Nômade. Os tabletes de Mari também ilustram a vida nômade dos habitantes da região da Mesopotâmia, os cananeos, suteanos e benjamitas, e isso lança alguma luz sobre as vidas dos patriarcas hebreus e, mais tarde, as vagueações do povo de Israel pelo deserto.

Bibliografia. AM E GOR(1940) GOR (1937) GORD HUN MILL ND UN Z

JACTÂNCIA

Há cinco palavras hebraicas e três palavras gregas, a saber: **1**. *Gadal*, "engrandecer-se". Palavra hebraica usada por cerca de 110 vezes. Mas apenas por algumas vezes com o sentido de jactar-se. (Por exemplo: Ez 35.13; Is 10.15; Dn 11.36,37). **2**. *Halal*, "louvar-se". Palavra hebraica usada por mais de 160 vezes, embora apenas por algumas vezes com o sentido de jactar-se. (Por exemplo: 1Rs 20.11; Sl 10.3; 44.8; Pv 20.14; 27.1). **3**. *Kabad*, "fazer-se pesado" (fazer-se importante). Palavra hebraica usada por mais de 110 vezes, embora apenas por algumas vezes com o sentido de jactar-se. (Por exemplo: 2Cr 25.19; Pv 12.9). **4**. *Amar*, "falar sobre si mesmo". Palavra hebraica usada por mais de 450 vezes, mas apenas por algumas vezes com o sentido de jactar-se. (Por exemplo: Sl 94.4; 1Rs 20.5). **5**. *Yamar*, "exaltar-se". Palavra hebraica usada por duas vezes (Is 61.1 e Jr 2.11). Mas o sentido de jactância aparece-se só na primeira referência. **5**. *Kaucháomai*, "jactar-se". Palavra grega usada por 33 vezes. (Por exemplo: Rm 2.17,23; 2Co 5.12; 7.14; 10.8-17; Gl 6.13,14; Tg 1.9; 4.16). **6**. *Katakaucháomai*, "jactar-se contra". Palavra grega usada por quatro vezes. (Ver Rm 11.18, Tg 2.13,14). **7**. *Megalauchéo*, "engrandecer-se com palavras". Palavra grega usada apenas em Tiago 3.5.

As várias palavras hebraicas e gregas traduzidas com o sentido de jactar-se envolvem as ideias de gloriar-se, louvar-se, bendizer-se, embora também possam ser usadas transitivamente e não no reflexivo, quando então também podem ter um bom sentido. Assim, aquele que se jacta de si mesmo, erra; mas aquele que se ufana no Senhor exerce uma forma de louvor a Deus, e age corretamente. (Ver Sl 44.8; 2Co 7.14). Todavia, os homens podem jactar-se si mesmos, de outros homens, ou até mesmo da lei, embora falsamente (Rm 2.17; 2Tm 3.2).

1. Natureza da Jactância. Quando a jactância é errada, envolve uma confiança equivocada no poder, no sucesso ou nas posses materiais (Jr 9.22; Sl 52.1; 49.7; Dt 8.11-18). Ousa rejeitar a providência divina, com base no sucesso pessoal obtido (Tg 4.15,16). Confia em si mesma, e não na graça divina (1Co 1.31). A verdadeira retidão é conferida através do método da graça-fé (Tt 3.5); mas os fariseus jactavam-se de que, em si mesmos, muita coisa havia para ser louvada (Lc 18.9-14). Jactância e ufania são opostos.

As causas psicológicas da jactância são: *a*. Um indivíduo quer ser *reconhecido* em seu valor, por outras pessoas, e sabe que, somente em raras ocasiões os outros haverão de louvá-lo espontaneamente. Isso posto, ele louva-se na presença de outros, na esperança de que vejam seu valor, de acordo com uma sóbria estimativa das coisas. *b*. Um homem busca ganhar *confiança* em si mesmo, pelo que formula declarações que o encoragem a atingir esse estado de confiança própria. *c*. Um homem quer elevar-se acima de outros, que são seus rivais. *d*. Um homem quer *ocultar inadequações*, pelo que se encobre com uma cortina de fumaça de jactâncias.

2. Objetos de ufania legítima. *a*. Deus (Sl 44.8). *b*. A cruz (Gl 6.14). *c*. Os frutos da cruz e suas implicações (Rm 5.1-3). *d*. A generosidade cristã para com nossos semelhantes (2Co 9.2,3). *e*. Autoridade espiritual (2Co 10.8). *f*. Experiências espirituais especiais, que ajudam o indivíduo a cumprir sua missão e glorificam a Cristo (2Co 10.13,15; 12.11). (B NTI)

JADA

No hebraico, **"conhecedor"**. Esse era o nome de um irmão de Samai, filho de Onã e neto de Jerameel (1Cr 2.28,32). Ele viveu em cerca de 1450 a.C.

JADAI

No hebraico, **"Já guia"**. Mas outros pensam em **"judeu"**. Ele tinha seis filhos que aparecem na genealogia de Calebe (1Cr 2.47). Alguns eruditos opinam que esse nome refere-se a uma concubina de Calebe, e não a um de seus descendentes do sexo masculino.

JADAI

No hebraico, **"amado"**. Algumas traduções dizem Jadau, **"sabedor"**. Ele pertencia ao clã de Nebo e, durante o cativeiro babilônico, casara-se com uma mulher estrangeira. Ao retornar a Jerusalém, foi obrigado a divorciar-se dela, a fim de que pudessem ser reestabelecidos os costumes religiosos dos judeus. Ver Esdras 10.43. Viveu por volta de 446 a.C.

JADIEL

No hebraico, **"unidade de Deus"**, ou então, de acordo com outros, "Deus dá alegria". Ele era um dos chefes da meia-tribo de Manassés (1Cr 5.24). Era conhecido como um poderoso guerreiro. Viveu por volta de 612 a.C.

JADO

No hebraico **"sua união"** (?). Esse era o nome de um gadita, filho de Buz e pai de Jesisai (1Cr 5.14). Deve ter vivido em algum tempo entre 1093 e 782 a.C.

JADOM

No hebraico, **"juiz"**. Esse era o nome de um meronotita que ajudou a reparar as muralhas de Jerusalém, após o retorno de Judá do cativeiro babilônico (Ne 3.7). Ele viveu por volta de 445 a.C. Josefo (*Anti.* 8.9) dá esse nome ao homem de Deus (cujo nome não aparece no Antigo Testamento) que veio de Judá até à presença de Jeroboão, a fim de adverti-lo das consequências de seu pecado (1Rs 13). Esse homem, por sua vez, é identificado pela tradição judaica com o mesmo *Ido* de 2Crônicas 9.29. Mais do que isso é impossível determinar.

JADUA

No hebraico, **"conhecedor"**. Nome de duas personagens bíblicas: **1**. Um levita que assinou o pacto com Neemias, terminado o cativeiro babilônico, quando da restauração de Israel em Jerusalém (Ne 10.21). Ele viveu por volta de 445 a.C. Esse pacto significava que agora Israel podia voltar aos caminhos trilhados por seus antepassados, seguindo a lei do Senhor. **2**. Um filho de Jônatas, o sumo sacerdote. Ele foi o último dos sumos sacerdotes a ser mencionado no Antigo Testamento (Ne 12.11,22). Viveu em cerca de 520 a.C. Retornou do cativeiro babilônico com o grupo liderado por Zorobabel. Foi sumo sacerdote durante o reinado de Dario, o persa. Josefo menciona um sacerdote com esse nome, em seu relato da entrada de Alexandre, o Grande, em Jerusalém (*Anti.* 11.8,2) e alguns identificam-no com o sacerdote em pauta. Entretanto, as datas parecem por demais separadas para que isso corresponda à realidade dos fatos, a menos que o homem tenha vivido até uma idade extremamente avançada.

JAEL

No hebraico, **"cabra selvagem"**, nome da esposa de Héber, o queneu. A história dela é relatada em Juízes 4.17-22. Sísera, famoso comandante cananeu, levara a pior em uma batalha contra Israel, e estava fugindo. Deixou seu carro de guerra e fugia a pé. Chegando às tendas do povo de Héber, refugiou-se na tenda do próprio Héber. É que não havia hostilidades entre a família de Héber e os cananeus Os queneus, habilidosos artífices em metais, tinham suprido vários itens de que os cananeus precisavam. Porém, a verdade é que o próprio Héber vivia separado dos outros queneus (Jz 4.11), e, aparentemente, não compartilhava dos bons sentimentos que Sísera esperava encontrar. Héber estava ausente, mas Jael, talvez não podendo evitar a invasão de sua tenda por parte do general fugitivo, fingiu acolhê-lo amigavelmente. Ela o cobriu com um tapete, e ele, estando cansado, não tardou a adormecer. E, enquanto ele dormia, ela lhe tirou a vida, enterrando uma estaca de tenda em sua têmpora. Esse ato foi celebrado no famoso Cântico de Débora, em Juízes 5.24-31, como parte da vitória de Israel sobre os cananeus, que sob a liderança do seu rei, Jabim, vinham oprimindo os israelitas já por vinte anos.

JAFÉ

I. Informações Gerais. No hebraico, **"espalhado"**, com o sentido de que **"Deus engrandecerá"** (Gn 9.24). Era um dos três filhos do Noé. É difícil dizer qual a sua posição entre os outros dois, porquanto ele é mencionado em último lugar em trechos como (Gn 5.32; 6.10; 7.13; 9.18,23,27; 1Cr 1.4). Todavia, seus descendentes aparecem em primeiro lugar em Gênesis 10 e 1Crônicas 1.5-7. Além disso, o trecho de Gênesis 9.22, 24 parece afirmar que Cão, pai de Canaã, era o mais jovem dos três. Porém, em Gênesis 10.21, temos uma afirmação que pode ser interpretada como se dissesse que Jafé era o segundo e não o terceiro dos filhos de Noé. *Importantes incidentes* em sua vida incluem estes pontos: ele foi uma das oito pessoas que participaram das experiências salvadoras da arca de Noé, durante o período do dilúvio universal. Ver sobre o *Dilúvio*. Terminado o dilúvio, Noé plantou uma vinha; e, colhendo a uva e tomando o vinho, ficou alcoolizado. Cão, o filho mais jovem de Noé quebrou uma rígida lei moral da época, que proibia um filho de ver a nudez de seu pai. Em seu estupor de alcoolizado, Noé jazia nu em seu leito, e Cão observou a cena divertido. Ao que parece, ele contou o acontecido a seus dois irmãos; e eles, horrorizados diante da infração, entraram de costas onde jazia Noé, e cobriram-no com alguma coisa (Gn 9.20-27). Quando Noé despertou e ficou sabendo do ato de Cão, lançou sobre ele uma maldição (que, na verdade recaiu sobre seu neto, Canaã, filho de Cuxe), mas abençoou a Sem e a Jafé, que haviam respeitado a sua nudez. Os descendentes de Sem e Jafé haveriam de prosperar; mas os descendentes de Cão, através de Canaã, haveriam de ser escravos dos descendentes daqueles.

Alguns intérpretes têm pensado que essa maldição fez de Cão um negro, o que explicaria por que, até os fins do século passado, muitos negros foram escravizados. Porém, isso é ler no texto sagrado o que não está ali escrito, além de ser uma tentativa de encontrar na Bíblia um texto que sirva de prova para a instituição cruel da escravatura. Na verdade porém, as mais diferentes raças e indivíduos já foram escravizados no passado; e a escravidão negra é um fenômeno relativamente recente. A Bíblia, por sua vez, não nos fornece qualquer explicação de como surgiu a raça negra. O mais provável de tudo é que se trate de uma das potencialidades da raça humana, uma das variações possíveis dentro de uma espécie, a espécie humana. Sabemos que as condições de clima podem causar tanto o enegrecimento quanto o embranquecimento da pele; mas é totalmente impossível que essas condições justifiquem tudo, em face da cronologia bíblica depois do dilúvio ser tão curta. Lembremos que o dilúvio é situado em cerca de 2400 a.C.! Acresça-se a isso que a raça negra possui características físicas, excluída a questão da cor da tez, que não podem ser explicadas por qualquer processo físico normal de que tenhamos conhecimento. Certas coisas terão de permanecer um mistério. Por outro lado, a teoria da evolução, que alguns consideram uma possível explicação alternativa, também se vê a braços com dificuldades intransponíveis, quando se lança à explicação de coisas como essa.

O que se sabe é que os cananeus da época de Josué foram subjugados e que as suas terras lhes foram tomadas pelos israelitas invasores; e podemos supor, com muita razão, que isso cumpriu, pelo menos em parte, a maldição lançada por Noé.

A predição da propagação dos descendentes de Jafé por muitos territórios cumpriu-se à risca, embora muitos eruditos disputem quanto a como isso aconteceu exata e detalhadamente. Os estudiosos liberais supõem que questões dessa ordem revestem-se de pouco valor genealógico real, e que é impossível que raças tão diversas, com suas distintas qualidades, poderiam ter descendido de um único genitor dentro do tempo indicado pela genealogia bíblica. Pela fé, os eruditos conservadores levam a sério as genealogias constantes na Bíblia, embora também não contem com qualquer explicação, científica ou não, para justificar a grande diversidade de raças que acabou surgindo na terra. Novamente, entramos em mistérios insondáveis.

II. Raças Descendentes de Jafé. As informações que os intérpretes nos fornecem a esse respeito diferem grandemente entre si. A Bíblia informa-nos que ele foi o pai de Gômer, Magogue, Javã, Tubal, Meseque e Tiras (Gn 10.2 e 1Cr 1.4). Isso faria de Jafé o genitor das raças caucasianas e indo-europeias, além de outras. O trecho de Gênesis 10.2 ss também nos dá a impressão de que seus descendentes migraram para as terras em redor do Mediterrâneo ("as ilhas das nações", em Gn 10.5). Certas tradições árabes faziam de Jafé um dos antigos profetas; e, na enumeração dos seus filhos, faziam dele o pai dos *gin* ou *dshin* (os chineses); os seklab (os eslavos); e os *manchurges*, os *gomaris* (os turcos) os *calages*, os *gozar*, os *rôs* (os russos); os *sussans, gaz* ou *torages* (?) As tremendas diferenças físicas das raças sinotibetanas são tão difíceis de explicar como aquelas que caracterizam as raças negras, e pelas mesmas razões. Naturalmente, os cientistas modernos atribuem as diferentes raças humanas a mutações genéticas, e não meramente a influências climáticas, supondo que o ser humano já exista há mais de um milhão de anos, e não a algo parecido com seis mil anos. Alguns desses cientistas pensam que várias raças devem sua existência a diferentes antepassados animais, pelo que nem todos os ramos da humanidade descenderiam de um mesmo e único genitor, Adão. Naturalmente, o ensino bíblico não concorda com isso. Paulo deixou bem claro: *O Deus que fez o mundo e tudo o que nele existe... de um só fez toda raça humana...* (At 17.24-26).

Para os evolucionistas, as grandes diferenças raciais entre os seres humanos só podem ser explicadas em termos evolutivos. A teoria da evolução das espécies parece oferecer uma explicação lógica, excetuando a questão das origens absolutas; mas, sob um exame mais detido, apresenta muitas dificuldades, porquanto nenhum argumento convincente pode transpor um prodigioso salto evolutivo que poderia levar um ser humano a deixar o mundo dos animais irracionais para ingressar no mundo dos homens racionais e dotados de uma alma eterna. Além disso, se há variantes dentro de uma mesma espécie (por exemplo os cães), nunca se conseguiu comprovar que uma espécie qualquer seja capaz de evoluir de outra, e daí evoluir ainda para uma outra. E, quando há variações, a tendência é sempre voltar ao tipo original, seguindo as leis genéticas de Mendel, e jamais progredir para outra espécie, deixando para trás a espécie supostamente original. Novamente, pois, chegamos a mistérios insolúveis. E a Bíblia em nada pode ajudar-nos quanto a essas questões, pois não foi escrita para revelar questões dessa natureza, e sim, como o homem pode corrigir seu relacionamento com Deus e seus semelhantes. Ver ainda o artigo intitulado *Antediluvianos*, que aborda os problemas da antiguidade da raça humana, em maiores detalhes.

Identificações: Tentativas de Identificação das Raças Associadas a Jafé. *Povos Antigos: Gômer:* os antigos cimérios; *Magogue:* os diversos povos mongóis; *Madai:* os medos e persas; *Javã:* os gregos; *Tubal* e *Meseque:* povos da porção oriental da Turquia e do centro norte da Ásia; *Tiras:* os "tirsenol" das ilhas do mar Egeu, talvez incluindo os etruscos. À medida que esses povos se foram multiplicando, foram ocupando áreas geográficas cada vez mais distantes do ponto de onde todos se irradiaram, após a torre, de Babel. *... ali confundiu o Senhor a linguagem de toda a terra, e dali os dispersou por toda a superfície dela* (Gn 11.9). Naturalmente, nesta dispersão não devemos incluir somente os descendentes de Jafé, mas também os de Cão e de Sem, embora a tendência dispersiva fosse maior entre os descendentes de Jafé, segundo também o seu nome indica. Os descendentes de Gômer, para exemplificar, com a passagem do tempo, podiam ser encontrados em uma faixa que ia desde o que é hoje o norte da Índia até à porção mais ocidental da Europa, incluindo, entre outros, os celtas (vide) e os germânicos (vide), estes últimos, descendentes de Azquenaz, um dos filhos de Gômer.

III. Gráfico Comparativo dos Descendentes de Jafé, Cão e Sem. Escrituras envolvidas: Gênesis 10.1-32; 11.11-26 e 1Crônicas 1.4-27

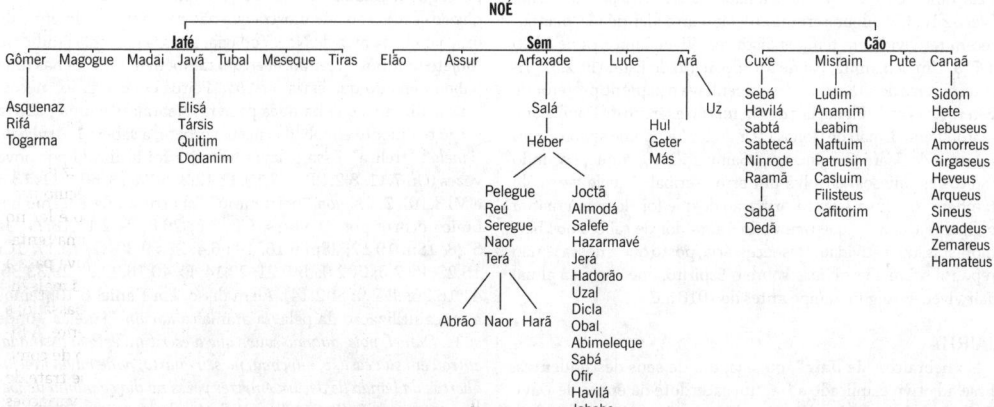

JAFLETE

No hebraico, **"aquele a quem Deus livra"**. Ele era filho de Héber, filho de Aser. Foi pai de três filhos e de uma filha (1Cr 7.32,33). Viveu em torno de 1856 a.C., mas, conforme outros, 1658 a.C.

JAFLETI

Essa localidade, cujo nome tem um sentido desconhecido, é mencionada somente por uma vez em todo o Antigo Testamento, em Josué 16.3, dentro do contexto da determinação das fronteiras de Manassés e Efraim, tribos descendentes de José. A forma da palavra, no original hebraico, indica um adjetivo pátrio, "jafletitas"; mas a nossa versão portuguesa preferiu traduzir como se essa fosse a designação de uma cidade ou aldeia, Jafleti.

JAFLETITAS

Parece que um ramo dos descendentes de Jaflete estabeleceu-se ao longo da ilha fronteiriça entre as tribos de Efraim e Dã (Js 16.3). Porém, alguns estudiosos pensam que esse nome se refere a um dos povoados cananeus originais. Após a divisão da Terra Prometida, o território foi alocado aos descendentes de José. Ficava perto da fronteira de Efraim, perto de Bete-Horon.

JAGUR

No hebraico, **"estalagem"**. Nome de uma cidade no sul de Judá (Js 15.21). Ficava perto da fronteira com Edom, embora não se saiba qual o local exato.

JAIR

No hebraico, **"iluminador"**, ou então **"Yahweh ilumina"**. Esse é o nome de quatro personagens referidos no Antigo Testamento, a saber: **1**. Um filho de Segube, da tribo de Manassés (pelo lado de sua mãe) e da tribo de Judá (pelo lado de seu pai). Tornou-se conhecido por sua expedição bem-sucedida contra o reino de Basã, o que parece ter estado vinculado à conquista do território a leste do rio Jordão. Finalmente, ele se estabeleceu naquela parte da Argobe que fazia fronteira com Gileade. Nessa região havia 23 aldeias, coletivamente chamadas de Havote-Jair, ou seja, "aldeias de Jair". (Ver Nm 32.41; Dt 3.14; Js 13.30; 1Cr 2.22; 1Rs 4.13). Ver o artigo separado sobre Havote-Jair. Suas datas são disputadas, mas alguns têm sugerido cerca de 1450 a.C. **2**. Um outro Jair foi o oitavo dos juízes de Israel. Ele era natural de Gileade, no território de Manassés, na Transjordânia. Pode-se supor que ele descendia do Jair descrito acima. Governou durante 22 anos, com grande conforto e riquezas materiais. Tinha trinta filhos que montavam em trinta jumentos, e também tinha trinta cidades, a Havote-Jair, mencionada no parágrafo acima. Essas circunstâncias têm levado alguns estudiosos a confundi-lo com o Jair mencionado no primeiro ponto, acima. (Ver Jz 10.3,5). Alguns eruditos defendem a identidade, mas parecem ter vivido em tempos distintos. Viveu em cerca de 1180 a.C. **3**. Um benjamita, pai de Mordecai, tio de Ester (Et 2.5). Viveu em cerca de 518 a.C., e desempenhava o papel de protetor de Ester. **4**. O pai de Elanã, um dos heróis do exército de Davi. Elanã matou Lami, irmão de Golias (1Cr 20.5). Seu nome aparece com a forma de Jaaré-Oregim, em 2Samuel 21.19, o que, segundo muitos estudiosos, envolve um erro escribal. Aquele versículo também contém a falsa informação de que foi ele quem matou o gigante Golias, o que tem dado muita dor de cabeça aos harmonistas, uma atividade desnecessária, posto que a nossa fé não repousa sobre a letra, mas sobre o Espírito, que ensina a alma. Jair viveu em algum tempo antes de 1018 a.C.

JAIRITA

No hebraico, **"de Jair"**, ou seja, um de seus descendentes. Esse adjetivo é aplicado a Ira, um sacerdote da época de Davi. O Jair em questão, mui provavelmente, é o primeiro na lista dos quatro desse nome, mencionados no artigo intitulado Jair. (Ver Nm 32.41 e Dt 3.14).

JALÃO

No hebraico, **"aquele a quem Deus oculta"**. Era filho de Esaú e Aolibama, e veio a tornar-se um dos chefes dos idumeus. (Gn 36.5,14,18; 1Cr 1.35). Viveu por volta de 1740 a.C.

JALEEL

No hebraico, **"Deus aflige"**. Nome de um dos filhos de Zebulom e fundador de uma família tribal (Gn 46.14; Nm 26.26).

JALOM

No hebraico, **"residente"**, **"habitante"**. Ele era filho de Esdras, mencionado na genealogia de Judá (1Cr 4.17). Viveu em torno de 1618 a.C.

JAMAI

No hebraico, **"robusto"**. Nome de um dos príncipes de Issacar da família de Tola (1Cr 7.2).

JAMBRES. Ver sobre *Janes* e *Jambres*.

JAMIM

No hebraico, **"lado direito"** ou **"mão direita"**. Esse foi o nome de várias personagens mencionadas no Antigo Testamento: **1**. Um dos filhos de Simeão, filho de Jacó (Gn 46.10; Êx 6.15). O trecho de Números 26.12 alude a seus descendentes como jaminitas. Viveu em cerca de 1856 a.C. **2**. Um filho de Rão, que foi um homem importante da casa de Hezrom (1Cr 2.27). Ele viveu em cerca de 1650 a.C. **3**. Um sacerdote (ou levita) que ajudou Esdras em suas instruções ao povo de Israel, quanto à lei mosaica, terminado o cativeiro babilônico (Ne 8.7; 1Esdras 9.48). Viveu por volta de 410 a.C.

JAMNIA, JAMINITAS. Ver sobre *Jabneel*.

JANAI

No hebraico, **"responsivo"**. Esse era o nome de um chefe gadita (1Cr 5.12). Um dos antepassados de Jesus também teve esse nome, segundo se lê em Lucas 3.24.

JANELA

Nada menos de sete palavras hebraicas têm sido traduzidas, nas diversas versões, por "janela", embora nem sempre isso corresponda à realidade dos fatos, porquanto algumas poderiam ser melhor traduzidas por outros termos em português, como "vista", "respiradouro", "objeto luminoso". Destacamos a palavra *tsohar*, que ocorre em Gênesis 6.16, que nossa versão portuguesa traduz por *Farás ao seu redor uma abertura de um côvado de alto...*, o que mostra que não se tratava realmente, de uma janela na arca de Noé. Todavia, se essa palavra significava "objeto luminoso", então, *abertura* também nos dá apenas uma pálida ideia do que seria o *tsohar*. Feitos esses reparos necessários, diremos que há duas palavras hebraicas e uma palavra grega realmente envolvidas neste verbete, a saber: **1**. *Arubbah*, "janela", "treliça". Essa palavra hebraica foi utilizada por nove vezes (Gn 7.11; 8.2; 2Rs 7.2,19; Ec 12.3; Is 24.18; 60.8; Os 13.3 e Ml 3.10). **2**. *Challon*, "perfuração", "abertura". Esse termo hebraico ocorre por 31 vezes. (Gn 8.6; 26.8; Js 2.15,18,21; Jz 5.28; 1Sm 19.12; 2Sm 6.16; 1Rs 6.4; 2Rs 9.30,32; 13.17; 1Cr 15.29; Pv 7.6; Ct 2.9; Jr 9.21; 22.14; Ez 40.16,22,25,29,33,36; 41.16,26; Jl 2.9; Sf 2.14). Além disso, em Daniel 6.10, temos a única utilização da palavra aramaica *kavvin*, "janelas", onde se lê: *Daniel, pois, quando soube que a escritura estava assinada, entrou em sua casa, e, em cima, no seu quarto, onde havia janelas abertas da banda de Jerusalém, três vezes no dia se punha de joelhos, e orava...* **3**. *Thurís*, "janelas". Vocábulo grego empregado por apenas duas vezes em todo o Novo Testamento: (At 20.9 e 2Co 11.33). A primeira dessas passagens faz parte de um texto famoso, a ressurreição de Êutico, pelo apóstolo Paulo: *Um jovem, chamado Êutico, que estava sentado numa* janela, *adormecendo profundamente durante o prolongado discurso de Paulo, vencido pelo sono, caiu do terceiro andar abaixo, e foi levantado morto*.

As descobertas arqueológicas apontam para uma grande variação nas janelas da antiguidade, quanto a detalhes como dimensões, frequência, ornamentação, formato e maneiras de fechar a abertura na parede. Assim, nos dias de Jeremias as mansões dos ricos contavam com inúmeras janelas, para mero efeito de ornamentação, o que mereceu a zombaria do profeta: *Ai daquele que edifica a sua casa com injustiça, e os seus aposentos sem direito; que se vale do serviço do seu próximo sem paga, e não lhe dá o salário; que diz: Edificarei para mim casa espaçosa, e largos aposentos, e lhe abre* janelas... (Jr 22.13,14).

Os baixos relevos que chegaram até nós dos tempos antigos, com frequência, apresentam as janelas fechadas com grelhas de pedra ou com treliça de madeira; e também ornamentadas com projeções ou reentrâncias. E algumas janelas abriam para sacadas. A mãe de Sísera, de acordo com o cântico de Débora, esperava por ele, olhando por uma janela, protegida por uma grade (ver Juí 5.28). A Casa do Bosque do Líbano, que fez parte dos grandiosos projetos de construção de Salomão, contava com três fileiras de janelas, umas defronte das outras, provavelmente ao estilo sírio (ver 1Rs 7.4).

No templo de Jerusalém também havia janelas, provavelmente localizadas no Lugar Santo, bem no alto da parede, para efeito de iluminação, e não para que as pessoas, do seu interior, olhassem para fora, ou para que, de fora, se pudesse ver o que ocorria ali dentro. Nos dias do império romano já encontramos vidraças, colocadas às janelas de muitas casas; mas, como esse uso só apareceu bem mais tarde, não parece que na Palestina houvesse vidraças nas janelas. Antes, as janelas eram protegidas por cortinas interiores, por painéis de madeira etc., quando o frio aumentava ou quando fazia muito vento. As treliças ou grades, mais ou menos com a mesma função das modernas venezianas, serviam para evitar que os observadores externos vissem as pessoas que estavam pelo lado de dentro das janelas.

Não há palavra, no Antigo Testamento, para "chaminé". Na verdade, há uma antiga tradução inglesa que usa a palavra "chaminé" em Oseias 13.3. Porém, no hebraico encontramos apenas *arubba* (vide item 1.). Nossa versão portuguesa corrige esse erro de interpretação, dizendo: "Por isso serão como... fumo que sai por uma *janela*". É que as janelas, na antiguidade, também eram aberturas por onde saía a fumaça que se fazia no interior das edificações, no ato de cozinhar ou de acender uma fogueira para aquecer o ambiente.

Simbolismo da Janela. Logo na primeira menção à "janela", na Palavra do Senhor, encontramos esse termo usado metaforicamente: ... *romperam-se todas as fontes do grande abismo, e as comportas* (no hebraico, *arubbah*) *dos céus se abriram*... Nossa versão portuguesa prefere dizer aí "comportas", embora a palavra hebraica, na realidade, signifique "janelas". Uma outra passagem que nos chama a atenção é a de Isaias 24.18, que diz: *E será que aquele que fugir da voz do terror cairá na cova, e se sair da cova, o laço o prenderá, porque as represas* (no hebraico, *arubbah*) *do alto se abrem, e tremem os fundamentos da terra*. O contexto mostra que o profeta falava do tempo do fim, quando haverá tremendos cataclismos por todo o Universo. Em um belo sentido positivo, prometendo bênçãos, há uma outra menção simbólica à janela, no trecho de Malaquias 3.10: *Trazei todos os dízimos à casa do tesouro, para que haja mantimento na minha casa, e provai-me nisto, diz o Senhor dos Exércitos, se eu não vos abrir as* janelas *do céu, e não derramar sobre vós benção sem medida*! Linda promessa de progresso material, aos dizimistas!

JANES E JAMBRES

Esses nomes, mui provavelmente, eram de origem egípcia, e talvez estivessem relacionados a nomes aramaicos que significam, respectivamente, "aquele que seduz" e "aquele que se rebela". O trecho de 2Timóteo 3.8 chama assim aos mágicos egípcios que se opuseram a Moisés diante do Faraó. O próprio Antigo Testamento, entretanto, não dá seu nomes (ver Êx 7.11,12,22). A história é contada em Êxodo 7 e 8, no Antigo Testamento.

2Tm 3.18: *É assim como Janes e Jambres rasistiram a Moisés, assim também estes resistem à verdade, sendo homens corruptos de entendimento e réprobos quanto à fé.*

1. Os Nomes. *Janes e Jambres*. Esses nomes não figuram nas páginas do AT, e nem mesmo nos escritos de Filo ou de Josefo, no tocante ao conflito de Moisés com os mágicos do Egito. No entanto, são frequentemtee citados nessa conexão, no Talmude, de onde passaram para a literatura cristã primitiva, conforme se vê neste ponto. Supostamente, esses dois homens se encontravam entre os mágicos egípcios, na corte do Faraó, que tentaram impedir a libertação dos israelitas, ao repetirem vários dos milagres realizados por Moisés. "Pelo menos desde o primeiro século de nossa era, havia em circulação uma espécie de livro judaico que provavelmente ridicularizava e os desmascarava (Janes e Jambres), transformando-os em um típico exemplo do mundo bem como a sabedoria dos 'sábios' que se opõem à verdade é desmascarada naquilo que realmente é, 'insensatez'. A sorte dos oponentes de Paulo teria exatamente o mesmo fim dos opositores de Moisés. A despeito de alguns sucessos da parte deles (ver o sexto versículo deste capítulo e também 2Tm 2.16,18), 'não iriam muito longe'. A loucura deles seria amplamente desvendada, tal como sucedeu no caso de Janes e Jambres". (Gealy, *in loc*.).

Os nomes de Janes e Jambres figuram em um Targum de Jônatas, em mais de um lugar, em um dos quais temos o seu comentário sobre a passagem de Êxodo 1.15. Numênio, o filósofo, refere-se a Janes e Jambres como escribas egípcios, famosos por seus escritos acerca da artes do ocultismo. (*Apud* Euseb. Praeparat. Evangel. 1.9, p. 411). O Targum de Jônatas sobre Números 22.22; Zohar sobre Números, fol. 78,3 e o *Chronicon Josis.*, fol. 6.2, fazem de Janes e Jambres filhos de Balaão, principais entre os mágicos egípcios. Porém, o Targum de Jônatas, sobre Êxodo 1.15, acrescenta a informação bastante dúbia de que eles se tinham convertido ao judaísmo, tendo sido os inspiradores da feitura do bezerro de ouro. (Assim também diz Zohar sobre o Êxodo, fol. 1.75, e sobre Números, fol. 78.3). Tal como no caso de todas as tradições, muitos adornos têm sido adicionados através dos séculos, à história desses personagens. (Ver a simples narrativa bíblica sobre a questão, no sétimo capítulo do livro de Êxodo). E nos escritos cristãos primitivos também aparecem esses nomes. (Ver Orígenes, *ad Matth*. 27.9 e 23.37, onde Orígenes se refere a um livro que tinha por título os nomes deles). Plínio também fez alusão a eles. (Ver *História Natural* xxx.1,11; *Apul. Apol*., cap. xc). Outro tanto se dá no caso do evangelho apócrifo de Nicodemos, em seu quinto capítulo.

2. Variantes Textuais. Em vez do nome grego Jannes, conforme se vê em C (1), Euthalius (manuscritos conhecidos por ele), temos a forma *Ioannes*, (Jo). E em vez da forma normal "lambres", vários manuscritos ocidentais como FG It (dg), a Vulgata, o gótico e os escritos de alguns dos pais da igreja, como Cipriano, Hipólito, Lúcifer, Ambrosiastro e Agostinho, dizem "Membres", o que, segundo as tradições judaicas, é forma paralela do mesmo nome. Essas formas, entretanto, são secundárias.

3. Resistiram a Moisés. De que maneira? Procurando duplicar os seus prodígios, o que fizeram com êxito parcial, embora lhes faltasse real poder. Imitavam o poder de Deus através das artes mágicas, nas quais reside um grande poder, conforme estudos sérios o demonstram. Tal poder pode ser puramente humano, manipulado pela força da alma humana, pois o homem também tem espírito.

Muitos creem que o paralelo entre aqueles homens que se opuseram a Moisés e os "hereges gnósticos" indica que parte da atração deles residia em seu ocultismo, devido às suas artes mágicas. Sabemos, efetivamente, que muitos gnósticos eram praticantes das artes mágicas, pelo que este paralelo mui provavelmente é legítimo. As mulheres sempre demonstraram ter uma tendência natural por se deixarem atrair pelo ocultismo, pelo que também a maioria dos "médiuns" espíritas são mulheres. E esse falso poder dos mestres hereges, que imitava os dons autênticos do Espírito Santo, agia como poder de atração sobre muitos novos convertidos. Parece-nos que eles curavam, falavam em línguas, profetizavam, faziam declarações inspiradas etc., fazendo tudo quanto se pode fazer mediante o uso legítimo dos dons espirituais, tal como os mágicos egípcios duplicavam tudo quanto Moisés ia fazendo.

4. Resistiram à verdade, isto é, a verdade que há na pessoa de Jesus, conforme interpretada e mediada por Paulo, a "doutrina paulina ortodoxa", tal como no sétimo versículo deste capítulo.

5. Corrompidos na mente. No grego é *kataphtheiro*, que significa "destruir", "arruinar", e, portanto, no passivo, "arruinado na mente", "depravado nos processos intelectuais", e isso porque a alma entenebrecida não pode raciocinar corretamente. A maldade embota as faculdades intelectuais, de tal modo que apesar de toda a erudição e de todas as habilidades adquiridas, a verdade permanece oculta. Dentro dessa categoria, precisam ser situados muitos intelectuais, cujo conhecimento mais serve para afastá-los do que para aproximá-los da verdade. Agostinho declarou: "Creio, para que possa compreender". Sim, porque a "esfera da verdadeira fé" é acompanhada de "luz", pelo que também a verdade pode ser assim encontrada. Já a esfera do ceticismo é circundada de trevas, sendo impossível a verdade divina ser descoberta em tal meio ambiente.

6. Réprobos. No grego é *adokimos*, isto é, "desaprovado", palavra usada para indicar o teste dos metais das moedas, quando o teste é negativo. Por essa razão é que a tradução inglesa de Williams, aqui vertida para o português, diz ... *simuladores na fé*... Ver 1Coríntios 9.27, onde se vê Paulo preocupado em não ser achado *desaprovado* enquanto pregava para outros. A mesma palavra grega é aqui empregada: "São eles como metal vil, não cunhado; e não deveriam passar como dinheiro legítimo, porquanto não alcançam o padrão certo". (Adam Clarke, *in loc.*). "São rejeitados ao serem testados". (Faucett, *in loc.*).

Quanto à fé. A tradução inglesa RSV diz ... *simulam a fé*..., combinando a ideia que aparece no fim do parágrafo anterior, com a fé, como modificadora. Mas, quanto ao próprio texto sagrado, a fé deve ser aqui entendida como "objetiva", isto é, "aquilo em que se crê", o "credo", e que nestas "epístolas pastorais", com frequência, indica a "fé cristã", o "cristianismo ortodoxo". No tocante a isso, tais indivíduos são simuladores; embora se professem mestres da fé, substituíram-na por uma fé fingida. São "simuladores" no meio da verdade. Foram testados pelo Senhor e foram declarados falsos. Eram mestres de novidades e doutrinas prejudiciais e não da "verdadeira doutrina cristã".

Uma obra sadoquita da literatura de Qumran refere-se a Belial, que teria criado *Yohaneh* e seu irmão, em fase de fazerem oposição a Moisés e a Aarão (ver 7.19 *das pseudepígrafes*). O Talmude Babilônico traz os nomes *Yohane* e *Mamre* (Menahoth 85a). As lendas judaicas associam-nos a Balaão, como se fossem de uma mesma família; mas há bem pouco valor nas tradições que têm surgido em torno desses nomes. As tradições não gostam de deixar hiatos em nosso conhecimento, sendo provável que tudo quanto seja dito sobre essas duas personagens, talvez incluindo até mesmos os seus nomes, sejam puras invenções, ou quase.

JANGADA. Ver *Navios e Embarcações*.

JANIM
No hebraico, **"sono"**. Nome de uma cidade do território de Judá, no distrito montanhoso perto de Hebrom. Ficava perto de Bete-Tapua (Js 15.53). Alguns arqueólogos identificam o local com a moderna *Beni Na'im*, a leste de Hebrom.

JANLEQUE
No hebraico, **"que Deus dê domínio"**. Esse era o nome de um chefe da tribo de Simeão (1Cr 4.34). Ele parece ter vivido na época do rei Ezequias (ver o vs. 41). Sua família invadiu o vale do Gedor, em cerca de 711 a.C.

JANOA
No hebraico, **"tranquila"**. Esse é o nome de duas cidades que figuram nas páginas do Antigo Testamento, a saber: **1**. Uma cidade existente nas fronteiras de Efraim (Js 16.6,7). Tem sido identificada com a moderna Khirbet Hanum, cerca de onze quilômetros a sudeste de Siquém. **2**. Uma cidade no norte da Galileia, no território de Naftali, que foi capturada por ocasião da primeira invasão das tropas de Tiglate-Pileser, rei da Assíria, nas preliminares do cativeiro assírio (ver 2Rs 15.29). Parece que ficava localizada entre Abel-Bete-Maaca e Cades e tem sido identificada com a moderna aldeia de *Yanuh*.

JAQUE
No hebraico, **"obediente"**, **"piedoso"**. Os eruditos encontram dificuldades com esse nome, que parece ter sido um homem de Massá (Pv 30, no título; ver também Pv 31). No título do trigésimo capítulo de Provérbios, Jaque aparece como pai de Agur, que teria sido o autor de *apotegmas*, isto é, os capítulos 30 e 31 do livro de Provérbios. Um *apotegma* é uma máxima instrutiva e sucinta. Essa palavra vem do grego, *apó*, "da parte de" e *phthengesthai*, "falar". Todavia, outros estudiosos compreendem esse nome como se fora um título místico de Davi. Ainda outros identificam-no com Salomão. Uma outra conjectura é que Agur seria Ezequias, ou algum outro príncipe desconhecido de Judá. A ideia mais comum é que Jaque aponta para Davi, e que Agur, seu filho, seria Salomão, o qual, pelo menos, foi autor de alguns dos provérbios. Entretanto, a verdade da questão pode ser que alguns dos provérbios foram escritos por Agur, e que tanto ele quanto Jaque fossem pessoas para nós desconhecidas. Essa ideia é confirmada em parte pela observação de que Massá (o lugar de origem de Jaque) era uma tribo da Arábia (ver Gn 25.14). Isso significaria, por sua vez, que pelo menos alguns dos provérbios refletiriam a literatura de sabedoria dos povos árabes. Ver o artigo separado sobre *Massá*.

JAQUIM
No hebraico, **"ele (Deus) estabelecerá"**. Esse é o nome de várias personagens que aparecem nas páginas do Antigo Testamento e também de uma coluna: **1**. O quarto filho de Simeão, pai da tribo desse nome, os jaquinitas (Gn 46.10; Êx 6.15; Nm 26.12). Ele viveu por volta de 1700 a.C. em 1Crônicas 4.24, ele é chamado de *Jaribe* (vide). **2**. O cabeça de uma família descendente de Aarão, cabeça do vigésimo primeiro turno Sacerdotal (1Cr 24.17). Viveu em torno de 1015 a.C. **3**. Um sacerdote que voltou a residir em Jerusalém após o cativeiro babilônico (1Cr 9.10; Ne 11.10). Ele viveu por volta de 445 a.C. É possível que esse nome se refira a um lugar, e não a um indivíduo. Nesse caso estaria em pauta o vigésimo primeiro turno sacerdotal, o qual Jaquim era o antepassado. **4**. Nome de uma das colunas do templo de Salomão. A outra coluna chamava-se Boaz. (Ver 1Rs 7.21 e 2Cr 3.17).

JARÁ
Um nome egípcio de significação incerta. Esse era o nome de um escravo egípcio de Sesã, um jerameelita, que se casou

com a filha de seu senhor (1Cr 2.34,35). Isso resultou em sua alforria, naturalmente. Sesã não tinha filhos do sexo masculino, e assim sua posteridade continuou através desse casamento. Sem dúvida, Jará era um prosélito do judaísmo. O relato parece pertencer ao período em que Israel esteve no Egito. E é exatamente por essa razão que é difícil entender como um egípcio acabou sendo escravo de um israelita. Quanto a esse problema, nem mesmo o notável John Gill, grande comentador batista do passado, conseguiu dar-me qualquer ajuda.

JARDIM

No hebraico temos três vocábulos envolvidos, e no grego, um, quanto a este verbete, a saber: **1**. *Gan,* "jardim". Palavra hebraica usada por 42 vezes (conforme se vê, por exemplo, em Gn 2.8-10; 13.10; Dt 11.10; 1Rs 21.2; 2Rs 9.27; Ct 4.12; Is 51.3; Jr 31.12; Lm 2.6; Ez 28.13; 31.8,9; Jl 2.3). **2**. *Gannah*, "jardim". (Termo hebraico que aparece por doze vezes: Nm 24.6; Jó 8.16; Ec 2.5; Is 1.29,30; 61.11; 65.3; 66.17; Jr 29.5,28; Am 4.9 e 9.14). **3**. *Ginnah*, "jardim", (palavra hebraica que ocorre por apenas quatro vezes: Et 1.5; 7.7,8; Ct 6.11). **4**. *Képos*, "jardim", "pomar", "plantação". (Palavra grega que é utilizada por cinco vezes: Lc 13.19; Jo 18.1,26; 19.41).

As palavras hebraicas (especialmente *gan*) traduzidas por *jardim*, referem-se a lugares de cultivar flores (Ct 6.11), especiarias (Ct 4.16), pomares (Can, 6.11), condimentos (Dt 11.10) e até mesmo parques (2Rs 9.27; 21.18,26). Diversos jardins são mencionados nas Escrituras, como o do Éden (vide), (Gn 2.9,10,15,18), o jardim de Acabe (1Rs 21.2), os jardins reais perto da fortaleza de Sião (2Rs 21.18; 25.4), os jardins reais dos reis da Pérsia, em Susã (Et 1.5; 7.7,8), o jardim de José de Arimateia (Jo 19.41) e o jardim de Getsêmani (Jo 18.1). Os jardins eram usualmente protegidos por cercas ou muros. Josefo expressa especificamente isso, em *Guerras* 5.7. E os trechos de Neemias 2.8 e João 20.15 mostram que havia jardineiros profissionais. Nos jardins não se plantavam apenas flores belas e fragrantes, mas também arbustos, árvores e árvores frutíferas, que hoje chamaríamos de pomares. (Ver Gn 2.8; Jr 19.5; Am 9.14). Alguns se especializavam em produtos particulares, como castanhas (Ct 6.11), romãs (Ct 4.28), azeitonas (Dt 8.8; 1Cr 27.28), videiras (Ct 7.12). Isso não aponta para nenhuma cultura exclusiva e, sim, que essas eram as espécies principais cultivadas neste ou naquele lugar.

A maioria dos jardins era localizada perto de algum bom suprimento de água, como um riacho, segundo as passagens de Gênesis 2.9 *ss* e Isaías 1.30. Na antiguidade, a Palestina era densamente arborizada. Porém, séculos de abuso e destruição da natureza, sem qualquer tentativa de preservação e restauração, deixaram a região, essencialmente desnuda de vegetação. Por essa razão, os jardins e pomares é que aliviavam a situação de esterilidade. Apesar de que muitas residências tinham seus jardins particulares, geralmente era nos subúrbios que jardins e pomares eram cultivados, longe das massas populacionais. E, mesmo no caso de jardins particulares, muitos eram localizados a boa distância das residências. Esses jardins, pois, ofereciam lugares de descanso e de beleza natural, como propriedades miniaturas da família, não muito distantes do lar. As famílias mais abastadas contavam com uma casa separada, em seu jardim, para onde podiam recolher-se por algum tempo, desfrutando das belezas da natureza. Além disso, esses jardins eram usados para ocasiões e celebrações especiais, onde eram efetuados banquetes, danças e música. Acrescente-se a isso que em muitos jardins havia sepulcros, onde os familiares falecidos eram sepultados, (segundo se vê, por exemplo, em Gn 23.19,20; 1Sm 25.1 e Mc 15.46). Os gregos também tinham esse costume. Ver Heliodoro, *Aethiop.* 1.2, parte 35. E, igualmente, os romanos (Suetônio, *Galba,* 20).

Os hebreus, que não contavam com uma classe de médicos profissionais, cultivavam ervas medicinais em seus jardins, o que também era comum nos países do Oriente. (Ver Jr 8.22).

JARDIM DO ÉDEN
Davis, John D., 1854-1926, *Novo Dicionário da Bíblia* / [Tradução: J.R. Carvalho Braga]. – Edição ampliada e atualizada – São Paulo, SP: Hagnos 2005.

Os jardins também eram lugares prediletos para oração e meditação (Gn 24.63; Mt 26.36; Jo 18.1,2). Naturalmente, havia toda espécie de abuso quanto a essa prática, incluindo a idolatria (1Rs 14.23; 2Rs 16.4, 17.10; Is 1.29; 45.3; Jr 2.20; 3.6; Ez 20.28).

Usos figurados. **1**. Um jardim bem regado (ver Is 58.11; Jr 31.12) simbolizava a fertilidade. Essa fertilidade podia ser da mente, do espírito, literal, ou até sob a forma de prosperidade material. **2**. Uma árvore plantada perto de águas (como em um pomar) era um emblema dos justos, que prosperam. (Ver Jr 17.8; Sl 1.3). **3**. Um jardim destituído de água (ver Is 1.30) indicava uma situação de esterilidade, como se fosse um deserto de areia. **4**. Nos sonhos e nas visões, um jardim pode simbolizar a vida interior do indivíduo, ou seja, o cultivo de sua natureza e de suas qualidades espirituais e morais. Também está em foco o cultivo geral da personalidade. **5**. Nos sonhos e nas visões, um jardim também pode indicar aquilo que uma pessoa estiver produzindo, os frutos de seus labores, os resultados de suas atividades profissionais. **6**. Ainda nos sonhos ou nas visões, se um jardim aparece tomado por sementes daninhas e arbustos retorcidos, isso significa que a pessoa tem defeitos em seu caráter, que estão estrangulando as suas melhores qualidades. **7**. O jardim do Éden simboliza o paraíso perdido, como também as oportunidades perdidas. **8**. Um jardim, quando é associado ao amor romântico, simboliza a reclusão privilegiada, algum lugar ou relação harmoniosa, que duas pessoas conservam somente para elas mesmas.

JARDIM DE UZÃ

Esse era o jardim real, que havia perto da fortaleza de Sião (2Rs 21.18 e 25.4). Ficava perto de En-Rogel, que, provavelmente, é a moderna Bir Ayyub. Ver o artigo geral sobre *Jardim*.

JARDINEIRO

Ver o artigo geral sobre *Jardim*. Desde os dias antigos, os jardineiros eram uma classe profissional que cuidava dos jardins e pomares. Ver Jó 27.18 e João 20.15. Porém, muitas famílias também cuidavam de seus próprios jardins, sem qualquer ajuda externa. Muitos jardins da antiguidade incluíam o cultivo de frutas, o que lhes emprestava um certo valor comercial. Nesses casos, fazia-se mister a assistência de jardineiros profissionais. Também havia jardins dedicados a ritos religiosos, como aqueles do deus pagão Baal (2Rs 10.19-23). Nesses casos, jardineiros profissionais e/ou religiosos (pertencentes à classe sacerdotal) cuidavam dos jardins. Paulo era fabricante de tendas, mas demonstrou algum interesse e conhecimento de jardinagem, o que é refletido em Romanos 11.17,19, 23,24, o que talvez indique que ele era um jardineiro amador. Isaías também empregou uma metáfora própria de jardinagem (17.10). O livro Cantares de Salomão demonstra profundo interesse pela jardinagem, e seu autor deve ter sido grande apreciador dessa arte da jardinagem.

JAREBE

No hebraico, **"adversário"** ou então **"que ele contenda"**. Nome de um rei mencionado em Oseias 5.13 e 10.6. Alguns eruditos supõem que se trata de um título simbólico do rei da Assíria. A julgar por seu paralelo com o nome Assur, é possível que esteja em foco um país, e não um indivíduo. A história nada nos diz a respeito de algum monarca assírio com esse nome. Todavia, alguns estudiosos opinam que Jarebe era um outro nome de Sargão, o destruidor da cidade de Samaria, em 722 a.C. Também é possível que tenhamos nesse nome um jogo de palavras: "O rei da Assíria, o homem ansioso por começar uma luta". Todavia, outros estudiosos pensam que o significado dessa palavra é "grande", em cujo caso esse termo funcionaria como um adjetivo qualificativo, e não como um nome próprio. Os estudiosos não têm conseguido apresentar qualquer argumento conclusivo acerca de qualquer das alternativas que têm sido propostas.

JAREDE

No hebraico, **"descida"** ou **"terra baixa"**. Esse é o nome de dois indivíduos mencionados nas páginas do Antigo Testamento, a saber: **1**. Um patriarca antediluviano, pai de Enoque (Gn 5.15-20; 1Cr 1.2; Lc 3.37). É possível que tenha vivido por volta de 3712 a.C. Faleceu com a idade de 962 anos. Nossa versão portuguesa grafa *Jarete*. **2**. Um homem da tribo de Judá, aparentemente filho de Esdras e Jeudia. Foi o fundador da cidade de Gedor (1Cr 4.18). Algumas versões grafam seu nome com a forma de *Jerede*. É muito difícil determinar a época em que ele viveu.

JARIBE

No hebraico, **"adversário"** ou **"ele contenda"**. Nome de várias personagens mencionadas na Bíblia e em livros apócrifos, a saber: **1**. Um filho de Simeão, também chamado Jaquim (ver 1Cr 4.24; Gn 46.10; Êx 6.15 e Nm 26.12). Viveu por volta de 1720 a.C. **2**. Um dos chefes de clã enviados por Esdras da Babilônia a Jerusalém, a fim de buscarem levitas, antes do retorno à Palestina, para que pudessem se ocupar nas funções que lhes cabiam. (Ver Ed 8.16; 1Esdras 8.44). Isso aconteceu por volta de 459 a.C. **3**. Um sacerdote que, na época do cativeiro babilônico (vide), casara-se com uma mulher estrangeira e foi compelido a divorciar-se dela, depois que o povo de Israel retornou à sua terra (Ed 10.18, 1Esdras 9.19). Isso aconteceu por volta de 459 a.C. **4**. Nome de uma pessoa que também é chamada Joiaribe, em 1Macabeus 14.29.

JARMUTE

No hebraico, **"altura"**, **"colina"**. Esse era o nome de duas antigas cidades da Palestina, a saber: **1**. Uma cidade nas terras baixas de Judá (Js 15.35), que foi reocupada pelos israelitas que voltaram à terra santa, terminado o cativeiro babilônico (Ne 11.29). Um de seus antigos monarcas, Pirão, foi um daqueles que foram executados em Maquedá, por terem planejado assassinar o povo de Gibeom, que se aliara ao povo de Israel (Js 10.3,5,23 e 12.11). Josué derrotou a coligação dos cinco reis de Jerusalém, Hebrom, Jarmute, Laquis e Eglom, cujas forças combinadas não puderam resistir ao poder de Josué. **2**. Uma cidade de Issacar que se tornou possessão dos levitas gersonitas, após a divisão da terra, após a invasão feita pelos israelitas. Tornou-se então uma das cidades de refúgio (Js 21.29). Em Josué 19.21, ela é chamada de Remete; em 1Crônicas 6.73 de *Ramote*. A localização moderna é desconhecida.

JAROA

No hebraico, **"lua nova"**. Ele era chefe da tribo de Gade e residia em Basã (1Cr 5.14). Sua época foi por volta de 750 a.C.

JARRO

No hebraico, *baquq*, palavra que aparece por três vezes (1Rs 14.3; Jr 19.1,10). Esse vocábulo hebraico indica um pequeno recipiente para água, azeite ou perfume. Os antigos hebreus, juntamente com povos contemporâneos, contavam com receptáculos de muitos formatos e serventias. Ver verbetes como *Vasos*, *Cerâmica*, *Cozinha* etc.

JASEÍAS

No hebraico, **"Yahweh vê"**. Esse era o nome do um dos quatro homens que ou apoiaram ou se opuseram a Esdras, quando este exigiu que os israelitas que se tivessem casado com mulheres estrangeiras, durante o cativeiro babilônico, se divorciassem delas. (Ver Ed 10.15). O sentido de "apoio", dado a Esdras, é confirmado em 1Esdras 9.14 e na tradução da Septuaginta. Porém, no Antigo Testamento hebraico, as palavras em questão exprimem a ideia de oposição, que aqueles quatro homens teriam feito a Esdras. (Ver 1Cr 21.1, 2Cr 20.23, Dn 11.14). Diferentes traduções adotam ou a ideia de apoio, ou a ideia de oposição. Nossa versão portuguesa encontra uma solução interessante. Diz que dois desses homens se opuseram a Esdras, e que os outros dois o apoiaram, seguindo a *Revised Standard Version*. Outro tanto ocorre na *Berkeley Version, in Modern English*. É possível que tenhamos aí a verdadeira tradução da passagem em foco, Esdras 10.15.

JÁSEM (HASEM); BENÉ-JÁSEM

No hebraico, **"filho do rico"**. Ele foi um dos trinta guerreiros poderosos de Davi (1Cr 11.34). Ele era gizonita (vide). A passagem paralela, em 2Samuel 23.32, diz "filho de Jásem" (em nossa versão portuguesa, Bené-Jásen). Os estudiosos pensam que essa é apenas uma forma variante do nome Bené-Hasém. Ele deve ter vivido por volta de 1014 a.C. Uma tradução variante fá-lo ser pai de um dos heróis de Davi, e não um dos heróis, propriamente dito.

JASOBEÃO

No hebraico, **"povo que volta"**. Nome de vários indivíduos que figuram nas páginas do Antigo Testamento: **1**. Um dos trinta poderosos guerreiros de Davi. Ele era filho de Zabdiel, um hacmonita. Desertou de Saul e bandeou-se para Davi, que se achava exilado em Ziclague. A Bíblia narra que, de certa feita, matou trezentos homens, em uma única batalha (1Cr 11.11). O trecho paralelo de 2Samuel 23.8 refere-se ao taquemonita Josebe-Bassebete, que seria o principal entre os três maiores heróis de Davi, que brandiu sua lança e matou nada menos de oitocentos homens em uma única batalha. Os estudiosos pensam que as palavras que ali se acham, "filho de Taquemoni" sejam uma corruptela de *Haquemonita*, e que está em foco o mesmo Jasobeão, embora chamado por outro nome. Os "três", ao que parece, eram uma elite seleta dentre os heróis de Davi, um círculo mais íntimo dos trinta guerreiros de Davi. Visto que os números 300 e 800, escritos por extenso, começam no hebraico com a mesma letra, é possível que tenha havido uma confusão não proposital no trecho de 2Samuel 23.8, e que a verdadeira cifra seja trezentos. Contudo, John Gill salienta que apesar de oitocentos homens ser um número significativo, não o é mais do que o feito de Sangar, que matou seiscentos, com um aguilhão de bois; ou do que o feito de Sansão, que matou mil homens, com a queixada de um jumento. Alguns rabinos também explicaram que estiveram envolvidas duas batalhas. Em uma delas, Jasobeão teria morto trezentos homens; e na outra, oitocentos. E há várias outras tentativas de harmonização; porém, visto que são todas conjecturas, em nada nos ajudam a resolver essa questão de diferença numérica. Diz a Septuaginta, em 2Samuel 23.8: *Ele brandiu a sua lança contra oitocentos soldados de uma só vez*, dando a ideia de que ele precisou enfrentar uma força formidável, e não que ele tivesse realmente morto todos eles. Porém, essa tradução pode ter sido propositalmente distorcida, a fim de evitar um feito tão fantástico. Jasobeão deve ter vivido por volta do 1050 a.C. **2**. Um coreíta que descendia de Coate, e, por conseguinte, um levita (1Cr 12.6). Viveu mais ou menos na mesma época do primeiro desse nome.

JASOM

No hebraico, **"saudável"**. **1**. Nome de um dos dois mensageiros, enviados a Roma por Judas Macabeus para pedir auxílio contra os sírios, (1Mac 8.17). Parece que um dos filhos desse macabeu renovou essa aliança, (12.16). **2**. Nome de um sumo sacerdote, filho de Simão II, que exerceu essa função desde 174-171, a.C., e que usou sua influência para helenizar os judeus, (2 Mac 4.7-26). **3**. Nome de um homem de Cirene e autor de uma história da guerra judia para conquistar a sua liberdade, 175-160 a.C., (2 Mac 2.23). **4**. Nome de um cristão parente do apóstolo Paulo (Rm 16.21). Era de certo aquele Jasom que morava em Tessalônica e que hospedou Paulo e Silas, quando eles visitaram a cidade. Por ocasião do tumulto que se deu ali, Jasom foi arrastado para fora de sua casa conduzido à presença dos magistrados da cidade, sendo solto mediante caução (At 17.5-9).

JASPE

Há uma palavra hebraica e uma palavra grega envolvidas, a saber: **1**. *Yashepheh*, que aparece por três vezes no Antigo Testamento (Êx 28.20; 39.13 e Ez 28.31). **2**. *Iáspis*, termo grego que figura por quatro vezes, todas no Apocalipse (4.3; 21.11,18,19).

O trecho de Êxodo 28.20 menciona essa pedra que era usada no peitoral do sumo sacerdote de Israel. No livro de Apocalipse (21.19) aparece como um dos materiais usados nos alicerces da nova Jerusalém. O jaspe é uma espécie opaca de quartzo, uma sílica de grão muito fino (dióxido de sílica), aliada à calcedônia e à pederneira. Aparece com certa variedade de cores: vermelho, marrom, amarelo, verde, azul e negro. As pedras com cores mais claras são usadas como gemas. O jaspe do Egito dispõe de faixas de diferentes tons de marrom. Ocorre em nódulos, tal como sucede à ágata. Da mesma forma que outras sílicas de grão fino, o jaspe é depositado pela água circulante, ou a água do subsolo ou em soluções hidrotermais de origem ígnea. A palavra hebraica e a palavra grega envolvidas incluíam mais pedras do que aquelas que hoje em dia chamaríamos de *jaspe*. As referências antigas incluíam diversos tipos de variedades translúcidas e delicadamente coloridas de quartzo (as calcedônias), e também o que hoje chamamos de *crisópraso*. Atualmente, porém, esse nome limita-se às variedades ricamente coloridas e estritamente opacas. Os antigos usavam o jaspe (em termos modernos) no fabrico de selos, cilindros etc. Além disso, as antigas palavras hebraica e grega também incluíam o que hoje chamamos de jade.

JASUBE

No hebraico, **"aquele que volta"**. Nome de dois homens que figuram nas páginas do Antigo Testamento: **1**. O terceiro dos quatro filhos de Issacar, que fundou a família chamada *jasubitas* (Nm 26.24; 1Cr 7.1). Entretanto, em Gênesis 46.13, ele é chamado Jó. Viveu em cerca de 1556 a.C. **2**. Um daqueles israelitas que se tinham casado com alguma mulher estrangeira, na Babilônia, durante o cativeiro dos judeus ali, mas que, quando do retorno à Palestina, foi obrigado a divorciar-se dela para que a sociedade de Israel pudesse ser restaurada à sua pureza. Ver Ed 10.29. Isso ocorreu por volta de 459 a.C.

JASUBI-LEÉM

No hebraico, **"devolvedor do pão"**. Ao que parece, descendia de Selá (1Cr 4.22) e viveu por volta de 995 a.C. Contudo, alguns intérpretes creem que o texto em foco significa que Noemi e Rute *retornaram*, do lugar onde tinham estado, para Belém da Judeia, terminando o período de escassez de alimentos. Ainda outros opinam que está em pauta um lugar perto de Maresa, situado no lado ocidental do rio Jordão. A *Revised Standard Version*, em inglês, diz "e retornou a Leém", referindo-se a Sarafe, que governava em Moabe. É preciso reconhecer que há um erro primitivo no texto, que nos impossibilita de entender a passagem com maior satisfação.

JATÃO

De acordo com Tobias 5.13, um dos livros apócrifos. Jatão era filho de Semaías e irmão de Ananias, parentes de Tobias. Em algumas traduções aparece, nesse trecho, a forma variante do nome, Jônatas.

JATIR

No hebraico, **"redundante"**. Esse era o nome de uma das nove cidades que foram entregues à tribo de Judá, para os levitas da família de Coate (Js 15.48; 21.14; 1Cr 6.57). Davi enviou despojos para esse lugar, após sua vitória sobre os amalequitas, em Ziclague (1Sm 30.27). Ela tem sido identificada com a moderna *Khirbet 'Attir*, cerca de 21 quilômetros a sudoeste de Hebrom.

JATNIEL

No hebraico, *aquele a quem Deus confere*. Ele foi o quarto filho de Meselemias, porteiro do tabernáculo (1Cr 26.2), que viveu por volta de 1014 a.C. Era um coreíta.

JAVÃ

No hebraico, **"efervescente"**, embora alguns pensem que o sentido do nome é desconhecido. Era o nome de uma pessoa, o quarto filho de Jafé, e, portanto, neto de Noé. Por extensão, tornou-se o nome designativo de seus descendentes e dos lugares que eles vieram a ocupar.

1. Javã foi o quarto filho de Jafé (Gn 10.2,4; 1Cr 1.5,7), e viveu em algum tempo depois de 2500 a.C. Alguns eruditos supõem que ele foi o progenitor dos povos originais da Grécia e de certas ilhas do mar Egeu, e também da porção sul da península italiana, embora não se possa dizer essas coisas com certeza absoluta. Ver o artigo sobre *Jafé*, quanto a especulações sobre as origens e os descendentes desse filho de Noé, onde também há um gráfico que ilustra a questão. Etimologicamente, o nome *Javã* corresponde à *Jônia* (no grego antigo, *Ialon*), e foi usado pelos profetas do Antigo Testamento para denotar os descendentes de Javã na Jônia, nas costas ocidentais da Ásia Menor, e, por extensão, também na Grécia na Macedônia etc., porquanto havia descendentes seus até mesmo em certas regiões costeiras do mar Negro. O trecho de Isaías 66.19 refere-se a Javã, juntamente com Társis, Lud, Pute e Tubal, como nações distantes às quais seriam enviados missionários que falariam a respeito da glória de Yahweh e da restauração de Jerusalém. Para os judeus, essas nações representavam os limites ocidentais do mundo que eles conheciam. Os trechos de Daniel 8.21; 10.20 e 11.2 identificam Javã com o império greco-macedônio de Alexandre, pelo que o *bode* que marrava vindo do Ocidente era o rei de Javã. As passagens de Daniel 10.20 e 11.2 falam sobre vários conflitos representam nações que envolveriam o povo de Javã. Ezequiel 27.13 é trecho que vincula Javã a Tubal e Meseque, como comerciantes em bronze e em escravos. Joel 3.6 condena Tiro porquanto vendia como escravos cidadãos de Judá e Jerusalém a Javã. Zacarias 9.13 prediz o triunfo final de Israel sobre Javã, o que, naquele texto, evidentemente representa nações aguerridas dentre as quais a Grécia era o exemplo mais destacado. **2**. O trecho de Ezequiel 27.19 menciona Javã de tal modo que parece requerer uma localização na Arábia. seu comércio com Tubal e Meseque é enfatizado, um comércio que envolvia o tráfico de escravos. Os estudiosos têm-se sentido confusos diante dessa referência de Ezequiel, que remove Javã do Ocidente; e eles não têm conseguido dar uma explicação definitiva. Sucede, porém, que os descendentes de Javã sempre foram grandes colonizadores, não sendo difícil conjecturar que até mesmo na região da Arábia houvesse uma forte colônia deles, em alguma época passada, embora isso não passe de uma conjectura. Todavia, a Septuaginta diz "vinho", em vez de *Javã* (palavras similares aparecem no texto hebraico original), dando a entender que pode ter havido alguma forma de erro primitivo no original hebraico. Nesse caso, a dificuldade de localização geográfica estaria removida, visto que Javã nem estaria em foco nessa referência.

Os descendentes de Javã estavam destinados a exercer poderosíssima influência sobre a civilização antiga. Além de eles terem sido os herdeiros da civilização babilônica e medo-persa, a própria civilização romana só é corretamente caracterizada quando a denominamos de greco-latina. Países tão distantes entre si, como a Rússia e Portugal, exibem sinais de influência grega, desde o idioma até à cultura e a própria etnia. Todo o sul da Itália (berço da civilização latina em sua porção norte) era grego. Durante muitos séculos essa região da porção austral da bota italiana foi conhecida como Magna Grécia. Isso tem reflexos até hoje, incluindo a forma de gesticulação das pessoas, quando falam. Todo italiano é muito gesticulador, mas os italianos do sul gesticulam à moda dos gregos, e não segundo o resto da Europa, conforme fazem os italianos do centro e do norte da Itália!

JAVALI

A palavra hebraica, *chazir*, aparece por seis vezes no Antigo Testamento. (Ver Lv 11.7; Dt 14.8; Sl 80.13; Pv 11.22; Is 65.4; 66.3,17). Esse termo hebraico indicava tanto o porco doméstico como as variedades silvestres. Os hebreus, os egípcios, os árabes, os fenícios e outros povos das proximidades não eram consumidores de carne de porco ou javali. No entanto, em período posterior, do outro lado do mar da Galileia, e em algumas regiões do Egito, o porco, domesticado, passou a ser usado como um dos itens da alimentação. No Egito, os criadores de porcos eram tidos como uma classe muito baixa; e, naturalmente, os hebreus desprezavam tais homens por causa de seus conceitos religiosos. O javali não ataca o homem, se não for molestado, mas enfurece-se quando atacado. Sabe-se que grupos de javalis podem atacar até mesmo os grandes felinos. No Brasil há dois tipos de javali, o caititu e o queixada. O primeiro é menor, mas às vezes anda em bandos numerosos, e homens e animais o respeitam, incluindo a própria onça, o maior felino de nossas florestas.

Nos tempos do Antigo Testamento, os javalis eram abundantes na Palestina, e até hoje podem ser encontrados naquela região do mundo. Os javalis foram domesticados desde os tempos mais remotos, como por exemplo, no Egito, antes de 3000 a.C. O *hábitat* desse ungulado ia desde o norte da Ásia, atravessando toda a Europa até às ilhas britânicas. Os islamitas, tanto quanto os judeus, não consomem carne de porco, embora alguns judeus, nos dias de Jesus, preferissem ignorar as proibições mosaicas (Mt 8.30). Ou o trecho falaria de alguma comunidade gentílica? Também parece que alguns judeus antigos consumiam carne de porco (Is 66.17). A proibição mosaica encontra-se em Levítico 11.7 e Deuteronômio 14.8. Sabe-se que o porco é o hospedeiro de um tipo de parasita que pode ser transferido para o organismo humano, mediante a ingestão de carne de porco mal cozida, e que pode ser perigoso para a saúde do homem podendo até mesmo matá-lo. Naturalmente, os Judeus antigos não sabiam disso, pelo que aquela proibição mui provavelmente alicerçava-se, psicologicamente, sobre os hábitos imundos desse animal, capaz de comer quase qualquer coisa.

Usos Metafóricos. **1**. A mulher indiscreta e de baixa moral é comparada a esse animal (Pv 11.22). **2**. A queda moral de uma pessoa é simbolizada através do ato de cuidar dos porcos (Lc 15.15). **3**. O trecho de Mateus 8.31 sugere a associação dos demônios com os porcos. Os judeus chegavam mesmo a pensar que uns e outros pertenciam à mesma ordem de seres. **4**. Os mestres falsos, que entram em contato com as ideias cristãs, mas posteriormente retornam às ideias e costumes dos pagãos, são assemelhados aos porcos, em sua natureza (2Pe 2.22). (G HA ND UN)

JAVE. Ver sobre *Yahweh*.

JAZA

No hebraico, **"repisada"**, pois diz respeito a alguma eira. Esse era o nome de uma cidade da Transjordânia, onde houve uma batalha decisiva entre os israelitas e Seom, rei dos amonitas (Nm 21.23, Dt 2.32, Jz 11.20). Essa cidade fora entregue aos levitas meraritas da tribo de Rúben (Js 13.18; 21.36; 1Cr 6.78). Posteriormente, os conquistadores babilônios destruíram a cidade. Jaza foi denunciada profeticamente por Jeremias (ver Jr 48.21,34 e Is 15.4). Na época, a cidade era ocupada pelos moabitas. A pedra Moabita (vide) apresenta o rei Mesa a dizer que o rei de Israel residiu em Jaza enquanto fez guerra contra ele, mas que dali foi expulso e que Mesa passou a controlar a cidade, assim aumentando os territórios moabitas. Por isso é que, naquelas duas referências acima, dos livros proféticos, a cidade aparece como pertencente a Moabe. Não há qualquer certeza quanto à identificação moderna da cidade.

JAZANIAS

No hebraico, "Yahweh ouve". Nome de quatro personagens que aparecem nas páginas do Antigo Testamento: **1**. O filho de um maacatita (2Rs 25.23; Jr 40.8), que viveu por volta de 588 a.C. Ele se aliou a Gedalias, governador nomeado pelos babilônios para governar o remanescente de Judá, quando do exílio babilônico. Talvez seja o mesmo Jazanias mencionado em Jeremias 40.8 e 42.1. Parece que ele recuperou parte dos despojos tomados por Ismael, filho de Netenas (Jr 41.11 ss.), e então foi para o Egito com o resto dos judeus revoltados (Jr 43.4,5). **2**. Um filho de Jeremias (não o profeta), um chefe dos recabitas (Jr 35.3). Ele se mostrou leal às ideias e às práticas de seus genitores, e o profeta Jeremias usou-o como ilustração de lealdade cujo exemplo deveria ter sido seguido pelos judeus (Jr 35.3). **3**. Um filho de Safã. Ezequiel viu-o em uma visão oferecendo sacrifícios a ídolos, em Jerusalém (Ez 8.11). Isso ocorreu por volta de 593 a.C. **4**. Um filho de Azur, um iníquo príncipe de Judá, contra quem Ezequiel recebeu ordens para profetizar (Ez 11.1). Ele foi uma das 25 pessoas contra quem a atenção do profeta Ezequiel foi dirigida. Isso aconteceu por volta de 594 a.C.

JAZEEL

No hebraico, **"Deus confere"**. Nome do primogênito de Naftali (Gn 46.24). Foi ele o fundador do clã dos jazeelitas (Nm 26.48). Ele viveu por volta de 1856 a.C.

JAZER

No hebraico, talvez, **"ele ajuda"**. Esse era o nome de uma cidade dos amonitas, em Gileade, no lado oriental do rio Jordão. Foi conquistada dos amorreus quando Israel invadiu a Terra Prometida (Nm 23.32). Foi uma das quatro cidades pertencentes à tribo de Gade que foram entregues aos levitas (Js 21.39). Alguns dos mais habilidosos e destemidos guerreiros de Davi vieram daquela localidade (1Cr 26.31). Finalmente, os moabitas conquistaram a área e fizeram de Jazer uma de suas cidades fronteiriças (Is 16.9; Jr 48.12). Isso teve lugar pouco depois da queda de Samaria. Nos tempos helenistas, os amonitas estiveram de posse de Jazer; mas Judas Macabeu tomou-a deles. Isso teve lugar em cerca de 164 a.C. (1Macabeus 5,7,8). O local tem sido identificado com o *wadi* Sa'ib, perto de es-Salt. Outras identificações também têm sido propostas, como Khirbet Sar (Qasr es-Sar), cerca de oito quilômetros a oeste de Amam, perto do *wadi* esh-Shita; e também Khirbet es-Sireh, cerca de um quilômetro e meio ao norte de Khirbet Sar. Mas a verdade é que a questão da localização exata da antiga cidade continua em aberto.

JAZERA

No hebraico, **"guiado de volta por Deus"**. Um sacerdote, neto de Imer (1Cr 9.12), filho de Mesulão. Em Neemias 11.13, ele é chamado de Azi, filho de Mesilemote. Encontrava-se entre aqueles que retornaram do cativeiro babilônico a fim de ajudar a reestabelecer o povo de Israel em Jerusalém, em cerca de 536 a.C.

JAZIZ

No hebraico, **"proeminente"**. Todavia, alguns duvidam desse ou de qualquer outro significado sugerido. Esse era o nome de um hagarita que estava encarregado do gado de Davi, provavelmente a leste do rio Jordão (1Cr 27.31). Ele viveu por volta de 1014 a.C.

JEALELEL

No hebraico, **"louvador de Deus"**, ou então **"que Deus resplandeça"**. Esse era o nome de dois personagens que ocupam as páginas do Antigo Testamento: **1**. Um descendente de Judá, mas cujos pais não são mencionados, embora o sejam quatro filhos seus (1Cr 4.16). Ele viveu em cerca de 1618 a.C. **2**. Um levita merarita. Seu filho Azarias participou da restauração do templo de Jerusalém, nos tempos de Ezequias (2Cr 29.12). Viveu por volta de 719 a.C.

JEARIM

No hebraico, **"florestas"**. Esse era o nome de uma montanha, localizada na fronteira norte do território de Judá (Js 15.10). Essa montanha era forrada por florestas o que lhe explica o nome. A cidade de Balá ou Quiriate-Jearim ficava localizada ali. Há no local uma serra montanhosa cerca de treze quilômetros de distância de Jerusalém, que lhe fica mais para o Oriente, e onde fica localizada a moderna aldeia de Saris.

JEATERAI

No hebraico, **"aquele que é guiado por Yahweh"**. Esse era o nome de um levita gersonita, antepassado de Asafe (1Cr 6.21). No vs. 41 daquele trecho, porém, ele é chamado de Etni, o que, segundo alguns eruditos, representa um erro escribal.

JEBEREQUIAS

No hebraico, **"aquele a quem Yahweh abençoa"**. Ele era o pai de certo Zacarias (não o profeta desse nome), que Isaías contratara como testemunha de seu casamento com *a profetisa* (Is 8.2). Isso ocorreu em cerca de 739 a.C. Ele também era testemunha das profecias de Isaías contra a Síria e Efraim.

JEBUS

No hebraico, **"pisada"**. Um antigo nome de Jerusalém, quando ainda era uma cidade cananeia, nas colinas do sudoeste da Palestina, naquilo que, posteriormente, veio a chamar-se de Sião (Js 15.8; 18.16,28; Jz 10.10; 1Cr 11.4,5). Davi foi quem capturou a Jerusalém jebusita (2Sm 5.8). A arqueologia tem demonstrado que Jebus era fortificada por duas fortes muralhas. A cidade antiga ficava ao sul da área do templo, que veio a tornar-se o centro de adoração em Israel. Até onde a história nos pode fazer recuar, Jebus já existia, muitos séculos antes da época de Davi. Os jebuseus (vide) deram o seu nome à cidade, e não o contrário, conforme frequentemente acontece.

Os eruditos também dizem que "Jerusalém" é um nome antiquíssimo dessa cidade, ao ponto de, talvez, ser ainda mais antigo que Jebus. Se isso é verdade, então quando Davi chamou a cidade de "Jerusalém", isso foi a restauração de um nome antigo, e não uma mudança de nome. Referências bíblicas, como a de Josué 10.1,3,5, mostram que esse nome existia desde antes da invasão israelita, e o trecho de Josué 15.8 mostra-nos que os dois nomes já eram usados para indicar o mesmo lugar, no tempo daquela invasão.

Melquisedeque (Gn 14.18), da época de Abraão, era rei de *Salém*, o que significa pacífica. Por sua vez, *Jerusalém* significa "alicerce da pacífica". E isso quer dizer que, nos dias de Abraão, já havia a raiz do nome *Jerusalém*. É possível que o nome original significasse "fundada em paz", e que *Salém* fosse uma forma abreviada do nome original, "Jerusalém". Um informe egípcio, do século XIX a.C., menciona *Urusalumim*, com quase absoluta certeza, uma menção à antiga cidade de Jerusalém. A correspondência de Tell el-Amarna, do século XIV a.C., diz *Urusalím*, uma outra antiga evidência da antiguidade desse nome. O trecho de Josué 15.8 traz a forma variante "jebuseu", que é explicada como uma menção a Jerusalém. Ver os artigos separados sobre *Jebuseu (s)* e *Jerusalém*.

JEBUSEUS

Ver o artigo sobre *Jebus* (Jerusalém), a principal cidade dos antigos jebuseus. O jebuseus estavam entre as sete populações cananeias condenadas à destruição pelos escritores bíblicos. Os jebuseus usualmente aparecem em último lugar nas listas. (Ver Gn 10.16; 15.21; Êx 3.8,17; 13.5; Dt 7.1; 20.17; Js 3.10, 9.1; 11.3; 12.8; 24.11; Jz 3.5; 1Rs 9.20; 1Cr 1.14). Os jebuseus eram uma das mais poderosas nações de Canaã que se estabeleceram próximas do monte Moriá, onde construíram a cidade de Jerusalém. Chamaram-na de Jebus, segundo o nome de seu próprio primeiro antepassado, que pertencia à linhagem de Canaã, filho de Cão. (Ver Gn 10.6,15).

Josué e seu exército conseguiram derrotá-los, tendo efetuado grande morticínio e destruição, matando Adonizedeque, o rei deles (Js 10). Todavia, os jebuseus não foram totalmente subjugados, conseguiram reter Jebus como sua capital (Jz 1.8). Só foram inteiramente desapossados nos tempos de Davi (2Sm 5). Mas a propriedade particular foi respeitada e alguns jebuseus puderam ficar com suas terras, mesmo nos tempos de Davi. Isso levou à circunstância que o local onde o templo foi finalmente edificado, até então era propriedade particular de Araúna, um jebuseu. Davi, entretanto, comprou aquele terreno, embora Araúna tivesse oferecido o mesmo como uma dádiva (2Sm 24.18-25). Os trechos de Esdras 9.1 e Neemias 9.8 são outras referências bíblicas a esse povo. E no livro apócrifo de Atos dos Apóstolos há uma alusão a uma certa caverna, em Chipre, onde a raça dos jebuseus, ao que se diz, antes tinham vivido. Além disso, nessa mesma obra apócrifa, há menção a um jebuseu piedoso, que seria parente do imperador Nero.

Visto que os jebuseus ocupavam a faixa fronteiriça entre Judá e Benjamim (Js 15.63, Jz 1.21), eles serviriam como inconveniências para ambas essas tribos de Israel. Mas nenhuma dessas duas tribos foi capaz de deslocar inteiramente os jebuseus. As referências nos livros de Esdras e Neemias subentendem que os jebuseus continuaram a existir como uma tribo pagã distinta, até mesmo após o cativeiro babilônico.

A Arqueologia e os Jebuseus. **1**. Os arqueólogos têm localizado a Jerusalém dos jebuseus na colina oriental, ao sul do terreno mais elevado sobre o qual Salomão, no século X a.C., erigiu o suntuoso templo. **2**. Os jebuseus não ocupavam esse terreno mais elevado, porque ali havia um templo cananeu que era tido como um local sagrado, que devia permanecer desocupado. **3**. A área tornou-se um minúsculo terreno em forma triangular, embora pesadamente fortificado. Seus limites eram os vales do Cedrom, Tiropoeano e Sedeque. Contava com um bom suprimento de água potável na fonte de Giom. **4**. Davi utilizou-se de um túnel a fim de invadir a cidade. Esse túnel fazia parte do sistema de transporte de água, que os cananeus haviam construído para trazer água desde um ponto fora da cidade para um reservatório localizado no interior da cidade murada. Esse sistema, juntamente com um outro, similar, construído por Ezequias, rei de Judá (2Rs 20.20), tem sido explorado pelos arqueólogos. A questão é descrita no artigo separado *Giom, Fonte de*. Ver também os artigos *Aquedutos Antigos* e *Ezequias*, quinto ponto, quanto às construções desse rei, incluindo o seu famoso aqueduto. **5**. Várias escavações arqueológicas têm revelado os limites originais da antiga cidade de Jebus, juntamente com suas várias expansões, feitas posteriormente. Têm sido encontradas porções das muralhas da cidade e outras fortificações de Jebus, incluindo o grande portão do lado ocidental. Algumas dessas construções remontam a um tempo tão recuado quanto 2000 a.C. **6**. A cidade capturada por Davi, vista de cima, tinha o formato de uma gigantesca pegada humana com cerca de 380 m de comprimento por cerca de 137 m. de largura. Isso fazia de Jebus uma cidade levemente maior do que a antiga Jericó, quando os cananeus exerciam controle sobre a mesma. Contava com altas muralhas e outras fortificações militares, mostrando assim o problema de estratégia que Davi precisou enfrentar. A menos que ele tivesse encontrado uma maneira astuciosa de penetrar na cidade, através de seu sistema de fornecimento de água, ter-lhe-ia sido praticamente impossível conquistá-la, por mais maciças que fossem as forças que pudesse lançar contra ela.

JECAMEÃO

No hebraico, **"o povo levantar-se-á"**. Ele era levita, o quarto filho de Hebrom, no arranjo dos levitas estabelecido por Davi (1Cr 23.19; 24.23). Ele viveu em torno de 960 a.C.

JECAMIAS

No hebraico, **"Yahweh levantar-se-á"** ou **"Yahweh estabelecerá"**. Esse foi o nome de duas personagens da Bíblia: **1**. Um homem da tribo de Judá, filho de Salum (1Cr 3.18). Descendia de Judá. Viveu nos dias do rei Acaz, em cerca de 730 a.C. **2**. O quinto filho do rei Jeconias (1Cr 3.18). Nasceu durante o cativeiro babilônico em cerca de 598 a.C.

JECOLIAS

No hebraico, **"capaz por meio de Yahweh"**. Esse era o nome da mãe do rei Azarias (Uzias), de Judá (2Rs 15.2; 2Cr 26.3). Ele viveu por volta de 810 a.C.

JECONIAS

No hebraico, **"Yahweh estabelece"**. Há três personagens do Antigo Testamento canônico e em seus livros apócrifos com esse nome: **1**. O penúltimo rei de Judá, cujo nome é mencionado (em 1Cr 3.16,17; Et 2.6; Jr 24.1; 27.20; 28.4; 29.2). E, no Novo Testamento, na linhagem do Senhor Jesus, em Mateus 1.11,12. Ele viveu por volta do ano de 599 a.C. **2**. Um levita que viveu nos dias do rei Josias. Em 2Crônicas 35.9, seu nome aparece com leve forma variante: Conanias. Com a forma de Jeconias, somente em 1Esdras 1.9. **3**. O filho de Josias, que foi rei de Judá (1Esdras 1.34).

O nome Jeconias é uma forma alternativa de Jeoaquim.

JECUTIEL

No hebraico, **"Deus sustentará"**. Esse nome está relacionado ao termo árabe *gata*, "sustentar", "nutrir". Ele era filho de Esdras e uma "mulher judia", que algumas pessoas pensam que se deve traduzir como nome próprio *Jeudia* (vide), e que outros pensam ser a mulher de *Hodias* (vide). Ele fundou a cidade de Zanoa (vide) (1Cr 4.18). Isso ocorreu em cerca de 1618 a.C. Ele era descendente de Judá, através de Merede (vide).

JEDAÍAS

No hebraico, **"louvado por Yahweh"**. Nome de várias personagens que figuram na Bíblia, a saber: **1**. Um chefe do segundo turno de sacerdotes, depois que Davi os dividiu em vinte e quatro grupos (1Cr 24.7). Ele viveu por volta de 1014 a.C. Talvez tenha sido o antepassado dos 973 sacerdotes que retornaram a Jerusalém, após o término do cativeiro babilônico, mencionados em Esdras 2.36 e Neemias 7.39. **2**. Um sacerdote que serviu na época do sumo sacerdote Josué (1Cr 9.10; Ne 11.10), e que, ao que parece, era seu aparentado (Ed 2.36; Ne 7.30). Provavelmente, ele é o mesmo indivíduo mencionado em Neemias 12.6, que foi honrado com uma coroa pelo profeta, segundo o registro de Zacarias 6.14. Viveu em cerca de 530 a.C. **3**. O pai de Sinri e antepassado de Ziza (1Cr 4.37) mencionado na história de Semaías, com quem estabeleceu residência no vale do Gedor. Viveu por volta de 700 a.C. **4**. O filho de Harumafe, um dos edificadores das muralhas de Jerusalém, quando as mesmas foram restauradas após o cativeiro babilônico. Ver Neemias 3.10. Ele viveu em cerca de 446 a.C.

JEDIAEL

No hebraico, **"conhecido por Deus"**. Há três ou quatro homens que podem ser identificados com esse nome, nas páginas do Antigo Testamento: **1**. Um patriarca da tribo de Benjamim. Seus descendentes foram enumerados entre os guerreiros, quando do recenseamento feito por Davi (1Cr 7.6,10,11). É possível que ele tenha sido o mesmo homem que é chamado de Asbel em 1Crônicas 8.1. Alguns eruditos pensam que ele pertencia a uma família de Zebulom. Ele viveu por volta de 1700 a.C. **2**. Um levita coreíta, filho de Meselemias, que serviu como porteiro do templo de Jerusalém nos dias de Davi (1Cr 26.1,2). Viveu por volta de 1700 a.C. **3**. O filho de Sinri, um dos poderosos guerreiros de Davi, que foi para o exílio em companhia dele em Ziclague, quando Davi fugia de Saul (1Cr 11.45; 12.20). Isso ocorreu por volta do ano 1000 a.C. **4**. Um manassita que se aliou a Davi em Ziclague e que se tornou um de seus poderosos guerreiros (1Cr 12.20). Entretanto, alguns o identificam com o mesmo Jediael que ocupa o terceiro lugar nesta lista. Viveu por volta de 1000 a.C.

JEDIAS

No hebraico, **"unidade de Yahweh"**, embora outros preferiram interpretar como "que *Yahweh* se alegre". Nome de dois homens que figuram nas páginas da Bíblia: **1**. Um representante dos filhos de Subael, que parece ter estado encarregado de uma das divisões dos serviços prestados no templo de Jerusalém (1Cr 24.20). Ele viveu em cerca de 1014 a.C. **2**. Um meronotita que estava encarregado das jumentas de Davi e mais tarde, de Salomão (1Cr 27.30). Viveu por volta de 1014 a.C.

JEDIDA

No hebraico, **"amada"**. Esse era o nome da mãe do rei Josias. Ela era filha de Adaías. Era esposa do rei Amom (2Rs 22.1). Ela viveu por volta de 650 a.C.

JEDIDIAS

No hebraico, **"amado por Yahweh"**. O profeta Natã deu essa alcunha a Salomão, filho de Davi declarando ser esse o nome de Deus para ele, como garantia de que Deus estava investindo nele e usaria a sua vida. (Ver 2Sm 12.25).

J.E.D.P. (S.)

Essas letras são abreviações das alegadas quatro fontes do Pentateuco (ou Hexateuco). Segundo alguns estudiosos, essas quatro fontes teriam sido entretecidas para formar aqueles documentos sagrados. Isso equivale a dizer que Moisés não foi o autor desses livros, embora algumas de suas ideias e instituições tivessem sido incorporadas aos mesmos. A teoria dá a esses livros datas muito distantes e posteriores dos dias de Moisés, querendo levar-nos a crer que tradições, tanto orais quanto escritas (mas principalmente orais), teriam sido coligidas bem mais tarde, através de um ou mais editores, formando assim livros como Gênesis, Êxodo, Levítico etc.

J. Esse símbolo é usado para indicar um dos componentes dos livros em questão, além de porções de 1 e 2Samuel. Significa Jeová (isto é, *Yahweh*), que é um nome divino comum e enfático, no material proveniente dessa suposta fonte. Os eruditos dividiram essa fonte em duas partes, de tal modo que até mesmo *J* deveria ser visto como mais de um autor ou compilador. Ver o artigo separado sobre *J*, quanto a maiores detalhes. Pertenceria aos séculos X e IX a.C.

E. Essa letra é usada para simbolizar outra das fontes formadoras do Pentateuco (ou Hexateuco). Significa Elohim, o nome divino enfático e característico dessa suposta fonte. Os estudiosos acreditam que porções de 1 e 2Samuel também se valeram dessa fonte. Teria sido escrito no reino do norte, talvez no território de Efraim, em cerca do século VIII a.C. Os eruditos disputam sobre a sua independência, alguns supondo que meramente seria uma parte de *J, D* e *S*, e não uma entidade literária separada, argumentando que parte desse material teria sido trabalho de um editor ou editores, e não uma genuína fonte informativa. Ver também sobre *E*.

D. Essa letra é usada para simbolizar outra suposta fonte do Pentateuco (ou Hexateuco), além de material incorporado em 1 e 2Reis e Jeremias, além de outros livros do Antigo Testamento, talvez. Esse símbolo indica o autor ou autores do livro de Deuteronômio, além de uma escola de historiadores que teria agido como editores, após a publicação do livro de Deuteronômio (o que teria sido feito somente em 621 a.C.). Esses editores teriam empregado o mesmo vocabulário e outras ideias típicas do livro, de Deuteronômio e outros. Dali é que teriam saído materiais incluídos em Josué, Juízes, 1 e 2Reis e Jeremias. Ver o artigo sobre *D*.

P(S). *P priesty*, em inglês, corresponde a S., "sacerdotal", em português. Estaria sob consideração o código *sacerdotal*, uma das alegadas fontes informativas do Pentateuco (ou Hexateuco). Ao que alguns presumem, incluindo Êxodo 25—31; 35—40; Lv 1—16, Números 1.1—10.28, além de outras seções, como porções do livro de Gênesis, porções de Êxodo 1—24; Lv 17—26; Números 11—36 e trechos de Deuteronômio 31—34, além de uma boa parcela de Josué. Alegam esses teóricos que seria uma fonte "sacerdotal" por causa de suaênfase sobre as cerimônias, os ritos e as funções sacerdotais da fé judaica. Teria sido uma fonte produzida no século V a.C. Quanto a uma descrição completa a respeito, ver o *Código Sacerdotal*.

S. Uma outra fonte informativa, também chamada S por alguns eruditos, é utilizada para indicar certa fonte informativa de Gênesis (capítulos 1—11 e 14—18). Essa fonte é atribuída ao século X a.C. Ver sobre isso no artigo S. Esse S representa Sul ou Seir, seu alegado lugar de origem.

Desnecessário é dizer que essa teoria J.E.D.P. (S.) tem servido de campo de batalha que envolve eruditos liberais e conservadores, porquanto destrói a unidade literária do Pentateuco, negando a autoria mosaica e conferindo datas bem posteriores aos livros envolvidos. Temos provido discussões sobre essas questões, nos artigos sobre os livros em questão. Questões como diferenças de vocabulário, de esitilo , de referências históricas e do tipo e antiguidade do idioma hebraico empregado, são destacadas como razões para a opinião de que vários autores e editores estiveram envolvidos na escrita e compilação daqueles primeiros livros da Bíblia Sagrada.

JEDUTIUM

No hebraico, **"aquele que louva"**. O homem com esse nome era um levita da família de Merari. Foi um dos quatro grandes mestres da música do templo (1Cr 16.41,42; 25.1). Esse nome também designa os seus descendentes, que também foram músicos notáveis em seu tempo (2Cr 25.15; Ne 11.17). Os subtítulos dos Salmos 39, 62 e 77 mostram que esses salmos talvez fossem recitados com acompanhamento musical, ou, então, há alusão a algum tipo especial de instrumento musical, usado no acompanhamento dos salmos em questão, quando eram recitados. O Jetudum original também era conhecido pelo nome de Etnã (1Cr 6.44), que talvez tivesse sido seu nome original. Ao que parece ele era dotado tanto de dons musicais quanto de dons proféticos (1Cr 25.1,3). Era um vidente real (2Cr 35.15), e, mui provavelmente, ocupava-se em adivinhações e predições, e não meramente em prestar conselhos ao rei. A família que descendia dele continuou a oficiar, terminado o exílio babilônico (Ne 11.17).

JEEZQUEL

No hebraico, **"Deus fortalecerá"**. Nome de um sacerdote que era o cabeça do vigésimo turno de sacerdotes, na época de Davi (1Cr 24.16). Ele viveu por volta de 1000 a.C.

JEFONÉ

No hebraico, **"vivaz"**, **"ágil"**, ou, então, como alguns interpretam, "ele está pronto". Esse é o nome de duas pessoas, nas páginas da Bíblia: **1**. O pai de Calebe, companheiro de Josué na espionagem na terra de Canaã, antes da conquista daqueles territórios. (Ver Nm 13.6; 14.5,30,38; 26.65; 32.12; 34.19; Dt 1.36; Js 14.6,13,14). Ele viveu em torno de 1700 a.C. **2**. O filho mais velho de Jeter (Itrã), um descendente de Aser (1Cr 7.38). Ele viveu em cerca de 1017 a.C.

JEFTÉ

No hebraico, **"abridor"**, **"ele abrirá"** ou **"El (Deus) abrirá"**. O sentido final do nome pode ser **"liberdade"**.

1. Caracterização Geral. Jefté foi o nono juiz de Israel. Pertencia à tribo de Manassés. Ele foi um grande guerreiro de Israel, filho de Gileade e de uma concubina sua, ou de uma prostituta. Foi expulso de casa pelos seus irmãos, e refugiou-se na terra de Tobe (vide). Quando os amonitas atacaram militarmente a nação de Israel, Jefté retornou de seu exílio e apelou para os anciãos dos israelitas, encorajando-os a defender Israel. Jefté tomou a sério a sua responsabilidade. Em primeiro lugar, fez um voto, prometendo que se obtivesse a vitória, ofereceria em sacrifício (em holocausto) a primeira pessoa que viesse a encontrar-se com ele, proveniente de sua casa, quando voltasse da esperada vitória. As coisas complicaram-se quando essa primeira pessoa foi a sua própria filha única. Ele cumpriu seu voto dois meses mais tarde. Dali por diante, as mulheres de Israel passaram a observar quatro dias de lamentação pela virgindade da filha de Jefté, a cada ano. A última campanha de Jefté, contra os efraimitas revoltosos, também obteve pleno sucesso. (Ver Jz 11.1—12.7).

2. Informes Históricos. **a**. Por causa de seu nascimento ilegítimo é que ele fora expulso da sua casa paterna, tendo ido fixar residência em Tobe, um distrito da Síria, não muito longe de Gileade (Jz 11.1-3). Em Tobe, Jefté tornou-se o chefe de um bando de homens violentos, que "ganhavam" a vida mediante violências. No Oriente, nos dias da antiguidade, tal atividade era considerada honrosa, se os objetos dos ataques fossem inimigos, quer públicos quer particulares, mormente se se sentisse que tais inimigos mereciam tal tratamento. Seja como for, foi durante esse tempo que Jefté adquiriu suas habilidades violentas que, mais tarde, foram postas a bom uso, em defesa de Israel. **b**. Após a morte de Jair, pai de Jefté, os israelitas, por causa de suas idolatrias e correções, tornaram-se sujeitos à opressão dos filisteus, a oeste do rio Jordão, bem como dos amonitas, para o Oriente. Dezoito anos de agonia levaram os israelitas de volta a uma melhor espiritualidade, e eles procuraram em Deus a libertação de seus inimigos. O tempo era cerca de 1143 a.C. *c.* As tribos israelitas da Transjôrdania decidiram fazer oposição violenta contra os amonitas, e Jefté foi escolhido como o melhor líder da revolta. Jefté aceitou o convite, e tornou-se um prestigioso guerreiro. Surpreendentemente, no começo ele tentou barganhar com os amonitas, solucionando a disputa por meios pacíficos. Mas seus esforços diplomáticos redundaram em nada. Isso fez com que a violência se tornasse a única alternativa para livrar Israel de seus adversários ocupantes. *d. O Voto Precipitado.* Jefté anelava pelo triunfo, razão pela qual fez um voto *precipitado*, o de que sacrificaria em holocausto a primeira pessoa que viesse recebê-lo, vindo de sua casa, se ele retornasse a ela vitorioso. Ver sobre esta loucura em Juízes 11.30,31. Os versículos 3-33 explicam como os amonitas foram totalmente derrotados, com tremendas perdas. Jefté voltou vitorioso para casa. Mas, tragicamente, a primeira pessoa a vir ao seu encontro foi a sua filha única. Houve música e danças em celebração à vitória. Mas Jefté sentia-se tão derrotado quanto os amonitas. E Jefté declarou: *Ah! filha minha, tu me prostras por completo...* (Jz 11.35). Jefté explicou à sua filha única o voto que fizera, e a donzela só pediu mais dois meses de vida, a fim de chorar sua virgindade com suas amigas. Os dois terríveis meses passaram-se, e o horrendo sacrifício foi consumado. *e.* Em seguida, Jefté precisou lutar contra os perturbadores efraimitas, no lado ocidental do rio Jordão. Os efraimitas não estavam satisfeitos, porque não haviam compartilhado do combate e da vitória sobre os amonitas. Foi na batalha que se seguiu, entre os seguidores de Jefté e os efraimitas, que houve a famosa história da pronúncia da palavra Chibolete, que os efraimitas pronunciavam como Sibolete. Essa palavra significa "espiga de trigo". Dessa forma, os efraimitas podiam ser facilmente identificados, e muitos deles foram mortos quando não conseguiam pronunciar direito a palavra sugerida. Ver o relato em Juízes 12.1-6.

3. Governo e Morte de Jefté. Jefté julgou Israel durante seis anos (Jz 10.6; 12.7). Ao que parece, ele conseguiu governar em paz. Corria, aproximadamente, 1105—1099 a.C. Sua autoridade parece ter-se limitado à região a leste do rio Jordão, a Transjordânia. Finalmente, Jefté faleceu e foi sepultado em sua terra nativa, em uma das cidades de Gileade (Jz 12.7).

4. Caráter de Jefté. Jefté era um homem intenso. Ele vivera temerariamente, matou muitos e fez um famoso voto precipitado, que, mui estupidamente, foi cumprido. Como é óbvio, ele era homem de vontade férrea, embora ele se tivesse mostrado primitivo em sua fé religiosa. A sua tentativa de negociar com os amonitas mostra-nos que a violência não era o único aspecto de seu caráter. Soluções rápidas, por meios violentos, eram o costume da época, e Jefté foi apenas um produto de sua época.

5. O Problema do Voto. Os intérpretes têm transformado em campo de batalha essa questão do voto de Jefté. Jefté realmente cumpriu o seu horrendo voto? Alguns respondem na afirmativa e outros, na negativa. Aqueles que respondem com um "não" inspiram-se na crença dogmática de que isso não pode ter acontecido em Israel, ou, então, temem que possam compreender que Deus, realmente, aprovou e aceitou o ato.

a. Argumentos em Apoio a que o Sacrifício foi Efetuado. Os textos bíblicos envolvidos deixam claro que Jefté fez o voto e o cumpriu. Além disso, por que as mulheres de Israel lamentariam pela filha de Jefté, se o voto não tivesse sido cumprido? Apesar de os sacrifícios humanos terem sido proibidos pela legislação mosaica (ver Dt 18.10; 12.30,31; Lv 18.21; 20.2; Sl 106.37,38; 7.31; Ez 16.20,21), não há razão alguma para supormos que essas leis foram observadas 100%. Além disso, temos o exemplo de Abraão, no caso de Isaque, que poderia ter servido de precedente para casos especiais, embora, via de regra, a legislação mosaica fosse obedecida. Sabemos, por meio da história, que continuaram em Israel os sacrifícios humanos, apesar das leis em contrário. Finalmente, os registros bíblicos mostram que o próprio Jefté foi um homem violento, que, durante anos, ganhou a vida atacando outras pessoas. Sua primitiva fé religiosa não o impediu, pois, de oferecer um sacrifício humano, e o seu passado violento levou-o a aceitar e praticar atos absurdos, como esse do sacrifício de sua própria filha única. Provavelmente, ele estava bem convencido de que Deus aprovara o seu voto, o que estaria evidenciado pelo fato de que derrotara completamente o inimigo. E assim sendo, não temeu executar o seu voto, sacrificando a filha única. Sem dúvida, ele classificava isso como um *ato especial*, embora não aprovasse uma prática generalizada de sacrifícios humanos, de adultos ou de infantes.

b. Argumentos Contra a Realidade do Sacrifício. O principal desses argumentos estriba-se sobre a proibição mosaica, supondo que Jefté não teria ousado contradizê-la. Porém, o argumento da coerência na observação da lei mosaica não é muito forte. Além disso, alguns distorcem o próprio texto sobre o voto. O trecho de Juízes 11.31, então, é interpretado como se dissesse: "... quem primeiro da porta de minha casa me sair ao encontro, voltando eu vitorioso dos filhos de Amom, esse será do Senhor, ou (em vez de e) eu o oferecerei em holocausto". Mediante essa sutil alteração imaginária, Jefté teria tido uma opção, indicando que a pessoa em foco poderia ser consagrada ao serviço do Senhor, e não com um holocausto que pusesse fim a sua vida terrena. É verdade que a palavra hebraica envolvida pode ser assim traduzida, mas o texto inteiro clama contra tal alteração na tradução. Além disso, o vs. 38, onde as mulheres de Israel aparecem a lamentar pela virgindade da filha de Jefté, é interpretado como se indicasse que elas lamentavam não por sua morte, mas pelo fato de que ela teria de permanecer como virgem, separada para o serviço do Senhor, como tal. A condição normal das jovens, em Israel, era casarem-se e terem filhos, e, se não fosse esse o caso, então fazia-se lamentação pela donzela. Porém, a virgindade da filha de Jefté foi lamentada, não porque ela tivesse permanecido no celibato pelo resto da vida, e, sim, porque seria morta quando ainda virgem, pelo que não tivera tido oportunidade de ter filhos, o que era considerado uma desgraça em Israel. Outrossim, sendo ela morta, isso significaria que Jefté não teria quem lhe continuasse o nome, visto que ela era filha única. E isso também era considerado uma calamidade em Israel.

c. Comentário sobre o Voto de Jefté. Que o voto de Jefté foi cumprido, tenhamos a certeza. Isso é apenas uma evidência da natureza primitiva da fé de um homem violento. Não há razão para supormos que Deus tenha dado a Jefté a sua notável vitória *porque* ele fizera aquele voto, ou, que, depois da vitória, houvesse qualquer *necessidade* de cumprir o voto. Jefté é que criara a questão toda. Deus não esteve envolvido em tão estúpido ato. As pessoas acusam Deus de toda espécie de coisas ridículas, e até mesmo injuriosas e prejudiciais, e inventam coisas estúpidas em suas mentes. O trecho de Juízes 11.29 mostra-nos que Deus usa as pessoas até mesmo quando elas pensam e agem de forma estúpida.

JEÍAS

No hebraico, **"Yahweh vive"**. Nome de um dos porteiros da arca, quando Davi a transportou para Jerusalém. Ele foi nomeado porteiro em favor da arca (1Cr 15.24). Viveu por volta de 1000 a.C.

JEIEL

No hebraico, **"que El viva"**. Esse foi o nome de dez ou onze homens que aparecem nas páginas do Antigo Testamento, a saber: **1**. Um levita que serviu nos dias de Davi no ministério musical, que era muito importante para Davi (que também era músico consumado). Foi Davi quem mais desenvolveu a música sacra em Israel. Jeiel ministrava diante da arca do Senhor (1Cr 15.18,20 e 16.5). Muitos pensam que ele é o mesmo Jeías do vs. 24 desse mesmo capítulo 15 de 1Crônicas. E tem sido identificado com o Jeiel de 1Crônicas 23.8, um dos filhos de Ladã, e que estava encarregado dos tesouros da casa do Senhor (1Cr 29.8). Viveu por volta do ano 1000 a.C. **2**. Um levita gersonita que alguns estudiosos identificam com o homem que acabamos de descrever. Seu pai era Ladã. Os levitas que serviam no tabernáculo também se tornaram servos do templo (1Cr 23.8 e 29.8). **3**. Um filho de Hacmoni, que, ao que parece, trabalhava como tutor real, na porção final do reinado de Davi (1Cr 27.32). Viveu por volta de 1000 a.C. Serviu tanto aos filhos de Davi como a Jônatas, tio de Davi. **4**. Um filho de Josafá, rei de Judá (1Cr 21.2). **5**. Um levita que serviu durante os dias de Ezequias. Era filho de Hemã, um cantor que atuava no culto sagrado (2Cr 29.14). Uma variante de seu nome é *Jeuel*. Entre seus deveres estava o de cuidar do tesouro guardado no templo de Jerusalém (2Cr 31.13). Viveu por volta de 726 a.C. **6**. Um dos governantes da casa de Deus, que contribuiu para a renovação do culto no templo, nos dias de Josias (2Cr 35.8). Viveu por volta de 623 a.C. **7**. O pai de Obadias. Juntamente com outros duzentos e dezoito homens, retornou do cativeiro babilônico a Jerusalém, em companhia de Esdras (Ed 8.9). Isso aconteceu em cerca de 459 a.C. **8**. O pai de Secanias, dos descendentes de Elão (Ed 10.2), que se casara com uma mulher estrangeira ao tempo do cativeiro babilônico, mas que foi forçado a divorciar-se dela quando o povo de Israel renovou seu pacto de cultuar ao Senhor, em Jerusalém. Viveu por volta de 457 a.C. **9**. Um sacerdote que se casara com uma mulher estrangeira, nos dias do cativeiro babilônico, e que precisou divorciar-se dela quando Israel renovou seu pacto com o Senhor, ao retornar a Jerusalém (Ed 10.21). Ele viveu por volta de 459 a.C. **10**. Um dos filhos de Israel que precisou divorciar-se de sua esposa estrangeira, com quem se casara durante o cativeiro babilônico, para que pudesse participar da renovação do pacto de Israel com o Senhor, em Jerusalém (Ed 10.26), o que aconteceu em cerca de 459 a.C. **11**. Um dos filhos de Hotão, o aroerita. Ele era membro da guarda militar de Davi, cujo nome foi incluído na lista suplementar de 1Crônicas 11.44. Seu tempo foi em torno de 1046 a.C.

JEIRA
Ver sobre *Pesos e Medidas*. Essa medida, *Jeira*, é mencionada no Antigo Testamento (em Êx 30.13; Lv 27.25; Nm 3.47; 18.16 e Ez 45.12).

JEIZQUIAS
No hebraico, **"aquele a quem Yahweh fortalece"** (pois tem o mesmo sentido do nome Ezequias). Ele era filho de Salum, um dos cabeças da tribo de Efraim. Diante da sugestão feita pelo profeta Obede, insistiu em mostrar clemência para com os prisioneiros tomados da tribo de Judá (2Cr 28.12), em cerca de 738 a.C. Ele se opôs a que cativos judeus fossem trazidos para Samaria, nos dias do rei Acaz.

JEJUM
Abstinência de alimentação ou o espaço de tempo em que se dá o jejum. Há duas espécies de jejum, o voluntário e o involuntário. **1**. Jejum involuntário, ocasionado por acontecimentos que nos tiram o apetite. Desta natureza, foi, provavelmente, o jejum de Moisés durante os 40 dias que esteve no Sinai (Êx 34.28; Dt 9.9), o de Elias, quando caminhava para Horebe (1Rs 19.8), o de Jesus durante a tentação no deserto (Mt 4.2; Mc 1.13; Lc 4.2), e o de Paulo (2Co 6.5). **2**. Jejum voluntário, por motivos religiosos. Neste sentido é, muitas vezes, observado em períodos de tempo marcados pela lei. É para observar-se a ausência, na lei de Moisés, de preceitos sobre o jejum. Não se encontra, o verbo jejuar, ou o substantivo jejum, em todo o Pentateuco. Se há prescrições a seu respeito, elas vêm em linguagem ambígua, como esta: *Afligireis as vossas almas* (Lv 16.29; Nm 29.7). A primeira vez que se fala em jejum voluntário é no caso de Davi que recusou alimentar-se quando suplicava a Deus pela vida de seu filho, fruto de seu amor criminoso com a mulher de Urias, 2Samuel 12.22. Outros exemplos de abstinência voluntária se encontram nos últimos livros do Antigo Testamento (Ed 8.21; Ne 9.1; Et 4.3; Sl 35.13; 69.10; 109.24; Dn 6.18; 9.3). Em certos casos de públicas calamidades, proclamavam-se jejuns, Jr 36.9; Jl 1.14, com o fim de humilhar a alma (Sl 35.13; 69.10), de atrair a misericórdia divina (Is 58.3,4). O jejum público significava que peso de culpas repousava sobre o povo e que ele precisava humilhar-se diante de Deus, 1Samuel 7.6; 1Reis 21.9,12. O jejum verdadeiro é aquele que envolve a abstinência da iniquidade e dos prazeres ilícitos, Isaías 58. Em tempo do profeta Zacarias, foram ordenados jejuns, no quarto, quinto, sétimo e décimo mês, Zacarias 8.19, para comemorar o princípio das calamidades com o sítio de Jerusalém, no décimo mês, 2Reis 25.1; o cativeiro, no quarto mês, 2Reis 25.3; Jeremias 52.6,7; a destruição do templo no quinto mês, 2Reis 25.8,9, e o assassinato de Gedalias e dos judeus que estavam com ele, no sétimo mês, 2Reis 25.25. Ana servia a Deus de dia e de noite, em jejuns e orações, Lucas 2.37. O fariseu jejuava duas vezes por semana, Lucas 18.12. Quando os formalistas religiosos jejuavam, desfiguravam os rostos; esta prática Jesus denunciou no Sermão do Monte, Mateus 16.16,17. Os discípulos de João Batista jejuavam, mas os de Jesus não faziam o mesmo, enquanto estavam em sua companhia (Mt 9.14,15; Mc 2.18,19; Lc 5.33-35). Depois da morte e ressurreição de Cristo, eles jejuavam (At 13.3; 14.23). Não há preceitos que obriguem os cristãos a jejuar, tampouco que digam que sua prática não seja necessária.

JALEEL
No hebraico, **"esperando em Deus"**. Nome do terceiro dos três filhos de Zebulom (Gn 46.14; Nm 26.26). Ele foi fundador da família que tinha o seu nome, os jaleelitas. Viveu por volta de 1700 a.C.

JEMINA
No hebraico, **"pomba"**. Esse era o nome da filha mais velha de Jó, que lhe nasceu depois que lhe foi restaurada a sua saúde e a sua prosperidade material (Jó 42.14). Ela e suas duas irmãs viveram em torno de 2200 a.C. De acordo com essa avaliação quanto ao tempo, Jó aparece como quem viveu na época dos patriarcas mais antigos de Israel. Porém, a questão tem suscitado aguda controvérsia. Ver sobre o livro de *Jó*, quanto à questão da sua *Data*.

JEMUEL
No hebraico, **"dia de Deus"**. Esse era o nome do um dos filhos de Simeão, filho de Jacó (Gn 46.10, Êx 6.15). Em Números 26.12 e 1Crônicas 4.24, ele é chamado *Nemuel* (vide). Ele viveu em cerca de 1700 a.C. Alguns estudiosos interpretam o significado de seu nome como "Deus é luz".

JEOACAZ
No hebraico, **"Yahweh vê"**, ou, na opinião de outros, **"Yahweh tomou conta"**. Esse nome equivale a Joacaz, uma abreviação daquele. Várias pessoas eram chamadas assim, na Bíblia: **1**. Um filho de Jeú, rei de Israel, e que sucedeu a seu pai, em 856 a.C., tornando-se o décimo segundo monarca de Israel. Reinou durante dezessete anos (2Rs 10.35). Deu prosseguimento aos maus caminhos da casa de Jeroboão. Os sírios, sob a liderança de Hazael e Ben-Hadade, atacaram-no, tendo prevalecido sobre ele até que o reduziram a praticamente nada.

Humilhado, clamou ao Senhor, e, então, veio-lhe o livramento, provavelmente na forma de seu filho Jeoás (vide), que foi capaz de expulsar os sírios e restabelecer o reino de Israel (2Rs 13.1-9,25). No tempo de Jeoacaz, a Síria chegou a controlar praticamente todo o território de Israel, o reino do norte. Porém, apesar de todas as suas tribulações, o rei de Israel não se desvencilhou do culto idólatra de Betel ou da adoração a Aserá, que era, então, extremamente comum (2Rs 13.6; 21.3). Pelo menos, entretanto, houve um reavivamento religioso parcial, que o levou a buscar o Deus de Israel. A obscura referência a um "salvador de Israel" talvez aponte para o filho de Jeoacaz, conforme dissemos acima; ou então a alusão é a Adade-Nirari III, o monarca assírio que começou a debilitar o poder dos sírios em cerca de 805 a.C. Todavia, outros sugerem que quem está em foco é Eliseu. Ver o artigo sobre *Israel, Reino de*. **2**. O décimo sétimo rei de Judá, o reino do sul. Ele também era conhecido como Salum (Jr 22.11,12). Era filho de Josias. Seu governo começou e terminou no mesmo ano, 608 a.C. Fora escolhido para suceder a seu pai, mas foi deposto pelo Faraó Neco, apenas três meses mais tarde (2Rs 23.30-34; 2Cr 36.1-4). *Salum* é uma forma abreviada de Selemias. Albright pensava que tivéssemos aí um nome pessoal, e não um nome oficial de coroa. O Faraó Neco exercia grande poder sobre a região em derredor do Egito, nomeando ou aprovando reis de povos estrangeiros. Visto que Jeoacaz havia sido nomeado sem a sua aprovação, ele pôs Jeoaquim (o irmão de Jeoacaz) em seu lugar. O monarca judeu deposto, a princípio, foi levado aprisionado para Ribla, na Síria; mas acabou encarcerado no Egito, onde veio a falecer (2Rs 23.30-35; 2Cr 36.1-4; 1Cr 3.15; Jr 22.10-12). Ver o artigo sobre *Judá, Reino de*. **3**. Esse nome é uma forma variante de Acazias, o filho de Jeorão, rei de Judá, em 842 a.C. (2Cr 21.17; 25.23). **4**. Acaz é apenas uma forma abreviada de Jeoacaz. Acaz também foi rei de Judá. O nome completo foi encontrado em uma inscrição de Tiglate-Pileser III, da Assíria.

JEOADA

No hebraico, **"Yahweh adorna"**. Nome de um dos filhos de Acaz, bisneto de Meribaal, descendente de Saul (1Cr 8.36). Seu nome aparece com a forma do Jaerá, na passagem paralela de 1Crônicas 9.42. Viveu por volta de 1037 a.C.

JEOADÃ

No hebraico **"Yahweh agradou"**. Ela era a esposa do rei Joás (2Rs 14.2, 2Cr 25.1), e mãe de Amazias, rei de Judá. Viveu, aproximadamente, entre 862 e 837 a.C.

JEOAQUIM

No hebraico, **"Yahweh estabeleceu"**, ou então "que o Senhor levante". Ele foi o décimo oitavo monarca de Judá. Ver o artigo sobre *Judá, Reino de*, quanto a uma visão panorâmica desse reino, que se separou da porção norte. A porção norte passou a ser conhecida como Israel e a porção sul, como Judá.

1. Relações Familiares. Jeoaquim era o segundo filho de Josias. Originalmente, seu nome era Eliaquim. Seu equivalente, *Jeoaquim*, foi-lhe dado pelo Faraó Neco, do Egito. Sua mãe chamava-se Zebuda, filha de Pedaías, de Rumá (2Rs 23.36). Ele nasceu em 633 a.C. Reinou, aproximadamente, entre 609 e 598 a.C. A forma *Yoqim*, do mesmo nome, foi encontrada em um selo de procedência desconhecida, do século V a.C.

2. Caracterização Geral e Circunstâncias de sua Ascensão ao Trono. Quando Josias, seu pai, faleceu, seu irmão mais jovem, Jeoacaz, também chamado Salum (Jr 22.11), foi feito rei. Três meses mais tarde, porém, o faraó, tendo retornado de uma campanha militar na área do rio Eufrates, removeu Jeoacaz do trono, tornando rei a Eliaquim (Jeoaquim). Sendo este o filho mais velho de Josias, o trono lhe cabia por direito; mas o ato também serviu para demonstrar a autoridade de Faraó, visto que o Egito era o poder dominante na área, na época. Naturalmente, Jeoaquim era apenas um príncipe subordinado à autoridade egípcia. Começou a reinar em 608 a.C., tendo permanecido no trono por onze anos.

Embora o jugo egípcio fosse pesado, o destino haveria de reduzir Jeoaquim a uma servidão ainda pior. A fim de satisfazer a seus senhores egípcios, Jeoaquim foi forçado a cobrar pesados impostos do povo judeu (2Rs 23.35). Ele edificou grandes obras públicas incluindo suntuosos edifícios, mediante o uso de labor forçado (Jr 22.13-17). Jeremias e Habacuque repreenderam sua desintegração religiosa. É que as reformas religiosas de Josias haviam sido revertidas, e formas religiosas egípcias haviam sido introduzidas em Judá (Ez 8.5-17). Ademais, Jeoaquim foi um governante cruel. Muito sangue inocente foi derramado (2Rs 24.4). O profeta Urias foi assassinado, por ter ousado fazer-lhe oposição (Jr 26.20), e Jeoaquim combateu o próprio profeta Jeremias (Jr 36.26). Josefo descreveu Jeoaquim como um indivíduo "injusto e maligno, não inclinado para Deus" (*Anti*. 10.5,2). De fato, ele chegou mesmo a desenvolver o mau exemplo deixado por Manassés (2Rs 24.3). E a predição de Jeremias, de que ele teria uma morte violenta e desonrosa (Jr 36.30), finalmente teve cumprimento, mas, quando a predição foi feita, Jeoaquim não lhe deu qualquer atenção. Sua desatenção diante da palavra de Deus tornou-se famosa. Quando Jeudi leu diante dele um rolo, contendo palavras de reprimenda enviadas por Deus, através do profeta Jeremias, o próprio monarca encarregou-se de cortar o rolo com um canivete e lançá-lo despedaçado às chamas de um braseiro à sua frente (Jr 36.22).

3. Relações com Nabucodonosor. Em seu quarto ano de governo (602 a.C.), Jeoaquim foi atacado militarmente por Nabucodonosor, que cercou Jerusalém. A cidade foi capturada, e Jeoaquim foi levado em cadeias para a Babilônia (2Cr 26.6). Muitas outras pessoas também foram deportadas na ocasião. Com a passagem do tempo, Jeoaquim foi restaurado à sua autoridade em Jerusalém, mas as perdas de Judá foram consideráveis. Uma grande quantidade dos vasos sagrados e do tesouro do templo foi levada para a Babilônia. No ano seguinte após o assédio babilônico, os egípcios foram derrotados pelos babilônios; e foi assim que a Babilônia acabou exercendo total controle sobre a Palestina, demonstrando a loucura de Jeoaquim, que tanto confiara nos egípcios. Ver Jeremias 42.2; 44.24-30. No entanto, Jeremias já havia advertido o rei acerca dessa falsa confiança. Foi depois desse aviso que o monarca judeu despedaçou e queimou o rolo das predições de Jeremias, conforme já dissemos. Jeoaquim acabou se rebelando novamente contra o poder babilônico, porquanto queria libertar-se dos pesados encargos econômicos que lhe haviam sido impostos por Nabucodonosor. Por três anos sofreu essa imposição antes de recusar-se a dar mais tributo (2Rs 24.1).

4. Estertores Finais. Nabucodonosor não tinha pressa, mas, no devido tempo, enviou seus exércitos novamente contra Jerusalém. Foi ajudado por tropas enviadas pelos sírios, moabitas e amonitas. Foram necessários apenas três meses e dez dias para completar a matança. Josefo (*Anti*. 10.6,7) revela-nos que Jeoaquim foi morto após a captura, via execução. Seu cadáver ficou exposto, fora das muralhas da cidade, sem ninguém lamentar por ele. Isso ocorreu a 6 de dezembro de 598 a.C. Tinha apenas trinta e seis anos de idade. Jeremias havia predito, em termos exatos, o seu horrendo fim (Jr 22.18 ss.). O trecho de 2Reis 24.6 nada nos informa no tocante a seu sepultamento. Foi sucedido no trono por seu filho, Joaquim.

Não seria vantajoso para Nabucodonosor destruir Judá completamente. Era preferível que permanecesse como vassalo para pagar-lhe tributo. Além disso, Judá poderia atuar como um posto avançado contra os egípcios. Assim sendo, Nabucodonosor permitiu a continuação da nação de Judá, mas segundo as condições por ele impostas. Deportou muita gente nessa oportunidade, nobres e pessoas de nomeada, em número de cerca de três mil. Entre elas estava Ezequiel, que, mais tarde, foi chamado por Deus para profetizar na Babilônia, por bastante tempo, enquanto Israel continuava no cativeiro.

5. Discrepâncias. O trecho de Jeremias 36.20 afirma que Jeoaquim não tinha sucessor ao trono, para dar continuidade à linhagem de Davi. Porém, a passagem de 2Reis 24.6 afirma que Joaquim, seu filho, chegou a reinar em seu lugar. Os estudiosos conservadores, que sentem necessidade de harmonizar tudo e que fazem disso uma parte integral de sua fé, asseveram que *sentar-se* no trono, dá a entender algum grau de permanência, mas que Joaquim só ficou no poder por três meses. O trecho de 2Crônicas 36.6 afirma que Nabucodonosor prendeu Jeoaquim com cadeias e o levou para a Babilônia. Mas, em 2Reis 24.6, lemos que seu corpo foi lançado fora dos portões de Jerusalém (ver também Jr 22.19). Se dermos crédito a Jeremias como quem fez uma predição correta, mas quisermos preservar as declarações dos escritores históricos, então teremos de usar vários esquemas, na tentativa de harmonizar os dois informes. É possível que ele tenha sido preso com cadeias, com o intuito de transportá-lo assim à Babilônia, mas que esse propósito não se cumpriu, afinal. Antes, ele foi executado. Ou então, realmente, ele foi levado cativo, foi solto novamente, e então, finalmente, cumpriu-se o horrendo fim que lhe dera a profecia de Jeremias. Embora essas suposições viessem a corrigir muita coisa, ainda assim permaneceria de pé a contradição verbal. As Escrituras simplesmente não nos fornecem todos os detalhes. Questões assim são totalmente destituídas de importância, exceto para os céticos, que gostam de encontrar justificativas para sua falta de fé, ou então, para os ultraconservadores, que pensam que é impossível que a Bíblia contenha esse tipo de problemas. Ambas essas atitudes são irracionais e desnecessárias, nada tendo a ver com a fé religiosa e com a espiritualidade.

6. O Caráter de Jeoaqulm. A Bíblia sempre frisa se algum monarca de Judá ou Israel foi um rei bom ou mau, pois há uma evidente preocupação com o caráter moral e espiritual dos governantes de Israel. Desafortunadamente, informes favoráveis são dados em relação aos heróis, hábeis em liquidar os inimigos, se essa habilidade porventura ajudou a libertar Israel de seus adversários. Seja como for, acima de qualquer outra coisa, Israel era uma nação voltada pare o culto religioso e para a fé; os reis que violaram esses princípios foram severamente criticados pelos profetas do Senhor, e seus atos foram responsabilizados pelas misérias e problemas que Israel teve de enfrentar com as potências estrangeiras. Um rei não podia pecar como um indivíduo isolado. Seus atos sempre lançavam a nação inteira no infortúnio. Temos aí uma importante lição. É difícil a pessoa pecar apenas para si mesma. Sempre ferimos a outros com nossos atos e nossas atitudes errados. Ora, Jeoaquim foi um idólatra, que encorajou abominações em Israel, e também se tornou culpado de muitos crimes pessoais e de sangue. (Ver Jeremias 19 e 2Reis 24.4). As indignidades sofridas por seu cadáver demonstraram o desprazer do povo com aquilo que ele fora e fizera (Jr 26.20-23). Acompanhando a atitude geral dos políticos, ele construiu para si mesmo magnificentes palácios, ao mesmo tempo em que o povo empobrecia diante de pesados impostos, que ele precisava pagar ao Egito e à Babilônia(Jr 22.14,15)

JEOIARIBE

No hebraico, **"Yahweh defende"**, ou então **"Yahweh pleiteia"**. (Ver 1Cr 9.10 e 24.7). Ele era o cabeça do primeiro dos 24 turnos de sacerdotes que foram organizados por Davi, para cuidarem melhor do culto sagrado. Jeoiaribe viveu por volta de 1014 a.C. Alguns dos seus descendentes encontravam-se entre aqueles que retornaram do cativeiro babilônico, a fim de virem residir em Jerusalém assim sendo, o seu turno sacerdotal foi preservado. (Ver Ne 11.10 e 12.6).

JEORÃO

No hebraico, **"exaltado por Yahweh"**. A forma abreviada desse nome, *Jorão*, encontra-se em algumas versões (como na nossa versão portuguesa), em (2Sm 8.10; 2Rs 8.10,16,21,23 etc.; 9.14 etc.; 1Cr 3.11; 26.25 e 2Cr 22.5,7). A forma abreviada também aparece na genealogia de Jesus, em Mateus 1.8. Houve um rei de Judá com esse nome, e também um rei de Israel:

I. JEORÃO, REI DE ISRAEL. 1. Jeorão, de Israel, era filho de Acabe e Jezabel, e foi o sucessor de seu irmão Acazias, no trono de Israel, que morreu sem filhos. Ele foi o nono rei do reino do norte, e governou durante doze anos. (Ver 2Rs 1.18; 3.1). Reinou entre 853 e 842 a.C., aproximadamente. Ver o artigo sobre *Israel, Reino de*.

2. Uma Ímpia Tradição no Governo. Jeorão aderiu às normas pecaminosas e deletérias de Jeroboão, que tanto corromperam o reino do norte, Israel, incluindo a adoração aos bezerros de ouro. A despeito disso, quando Jezabel, sua mãe, ainda vivia, ele descontinuou as práticas idólatras em torno de Baal, que ela havia introduzido no reino e queria manter a qualquer preço. É possível que esse ato correto tenha resultado de sua reflexão sobre a sorte de seu irmão (ver 2Rs 3.2). Todavia, a observação feita por Eliseu, em 2Reis 3.13, parece indicar que o rompimento do o culto a Baal não fora completo. A crônica sobre esse monarca está interligada à história de Eliseu (2Rs 1.17—9.29).

3. Problemas Cronológicos. O autor dos livros de Reis suprimiu, deliberadamente, os nomes dos reis de Israel, em seus relatos concernentes a Elias e a Eliseu. Portanto, não sabemos dizer por quantas vezes a palavra *rei* refere-se a Jeorão ou a algum outro monarca, cujo nome não é fornecido. Seja como for, parece que Elias sobreviveu pelo menos até o sexto ano do reinado de Jeorão (2Cr 21.12), ao mesmo tempo em que Eliseu deu início a seu ministério nos dias desse mesmo monarca. Ao que parece, Jeorão viveu durante os sete anos de fome que haviam sido preditos por Eliseu diante da mulher sunamita (2Rs 8.1). Nesse caso, quase todos os grandes feitos de Eliseu também foram realizados durante o governo desse rei. Logo, Elias foi testemunha poderosa em favor de Deus, embora isso tivesse produzido apenas resultados mistos sobre a nação.

4. A Revolta dos Moabitas. Israel havia sujeitado esse povo a pagar tributo. Mas, quando Acabe foi morto, o rei Mesa procurou tirar vantagem do período conturbado que se seguiu, a fim de se livrar de Israel. E negou pagar tributo, que consistia em cem mil ovelhas e cem mil carneiros, com a sua lã. Acazias ainda governou durante um breve período, mas não foi capaz de enfrentar a revolta. Todavia, Jeorão teve tempo mais do que suficiente, bem como forças, para pôr fim à questão. Na ocasião, Josafá, rei de Judá, ajudou Israel na empreitada, um auxílio que os comentadores consideram uma desgraça. A campanha quase fracassou, quando os soldados se viram ameaçados de extinção, por falta de água. Mas Eliseu realizou um de seus grandes feitos, tendo sido assim obtida a vitória sobre os moabitas (2Rs 3.4-27). Essa aliança pôs fim à casa de Acabe, por meio de Jeú, sucessor de Jeorão. Mas, depois disso, o acordo que fora estabelecido entre Israel e Judá acabou dando lugar a renovadas hostilidades entre os reinos do norte e do sul.

5. Ben-Hadade, Rei da Síria. Por muito tempo Jeorão foi perturbado por esse homem e suas aguerridas tropas. Não fora Eliseu, para intervir, e as coisas teriam, realmente, chegado a uma premência incalculável. Na realidade, o registro sobre essas tribulações parece que foi preservado especificamente para ilustrar o tremendo poder de Eliseu. Eliseu tinha a desconcertante capacidade de saber o que Ben-Hadade estava planejando fazer, sem necessidade alguma de espiões. A espionagem psíquica está sendo atualmente estudada, tanto na Rússia quanto nos Estados Unidos da América do Norte! Ver o trecho de 2Reis 6.1-23, quanto à narrativa que envolve Ben-Hadade. Samaria foi livrada da fome, quando a cidade estava sendo assediada pelos sírios, sendo esse outro episódio no qual houve decisiva participação de Eliseu (2Rs 6.24-33 e cap. 7). Um intervalo nas hostilidades deu motivo para o caso da cura de Naamã, o general sírio que era leproso, outro dos feitos de Eliseu (2Rs 5).

6. Hazael assassinou Ben-Hadade a fim de se apossar do trono sírio. Jeorão fortaleceu Ramote-Gileade para fazer frente aos sírios; e nem bem Hazael se sentara no trono da Síria, Jeorão resolveu submeter a situação à prova. Hazael acabou levando a melhor na batalha contra Jeorão, que saiu ferido. Jeú era o general do exército de Israel. Ele era um hábil general que, por volta dessa época, foi ungido por Eliseu para ser o próximo rei. Imediatamente ele partiu para Jezreel, a fim de exterminar a casa de Acabe. Jeorão foi a primeira das vítimas de Jeú, tendo morrido por causa de uma flecha atirada ao acaso, em Jezreel (2Rs 9.24-26). Isso cumpriu uma profecia de Eliseu, segundo o registro de 1Reis 21.21-29.

Jeorão foi o último rei da dinastia de Onri, que foi o pai de Acabe. Jeú garantiu que assim fosse, mediante o extermínio de toda a família real e de todos os oficiais do culto a Baal (2Rs 9 e 10). A dinastia de Acabe, pois, governara em Israel pelo espaço de 44 anos (2Rs 8.25-29; 9.1-20).

II. Jeorão, Rei de Judá. 1. Jeorão, de Judá, foi o filho mais velho de Josafá, e também seu sucessor no trono. Ele começou a reinar (separado de seu pai) quando tinha 35 anos de idade (cerca de 853 a.C.), tendo permanecido como rei de Judá pelo espaço de doze anos (2Rs 1.17; 3.1). Esteve associado a seu piedoso pai nos últimos anos de seu governo; mas isso parece não lhe ter beneficiado em coisa alguma. As Escrituras relacionadas à sua vida são 2Crônicas 21 e 2Reis 8.16-19. Excetuando o espaço de alguns poucos meses, quando então seu filho, Acazias, reinou depois dele, o seu governo correspondeu aos últimos oito anos do reinado de Jeorão, do reino do norte, Israel. Ele foi o quinto rei de Judá. Ver o artigo intitulado *Judá, Reino de*.

2. Primeiras Influências Negativas. Jeorão casou-se com Atalia, filha de Acabe e Jezabel. O exemplo de Jezabel parece ter sido mais poderoso sobre ele do que sobre Josafá, que foi um governante justo. No começo de seu reinado, a fim de estabelecer a sua autoridade e eliminar qualquer competição, Jeorão mandou matar seus irmãos, juntamente com muitos nobres. Em seguida, ele firmou a adoração a Baal (2Rs 8.18, 19). Elias advertiu-o dos desastres futuros (2Cr 21), mas ele ignorou todos os avisos do profeta. Podemos presumir que sua esposa era o poder real por detrás de tudo; mas, considerando seus grandes malefícios, devemos concluir que ele mesmo era indivíduo suficientemente mau para não precisar de muito encorajamento na prática da iniquidade.

3. Ocorreu, então, uma série de calamidades. Os idumeus revoltaram-se, e não mais enviaram o tributo que até então tinham sido forçados a pagar. Foi assim que os idumeus estabeleceram sua independência permanente, conforme havia sido profetizado há muito (ver Gn 27.40). Em seguida revoltou-se uma cidade fortificada, Libna (2Cr 21.10). Também houve perturbações externas, sob a forma de uma invasão da parte de filisteus e árabes, que chegaram a entrar no palácio real, matando as esposas e os filhos de Jeorão, excetuando Jeoacaz, o caçula (2Cr 22.1). E aqueles que residiam no palácio, que não foram mortos, foram tomados como reféns, juntamente com muitos bens.

4. Jeorão não escapou pessoalmente do juízo contra suas maldades. Acabou contraindo uma incurável e dolorosa enfermidade nos intestinos, que, finalmente o matou. E a Bíblia informa-nos que ele morreu em grande agonia, e que "se foi sem deixar de si saudades". Além disso, apesar de haver sido sepultado na cidade de Davi, não lhe deram a honra de ser posto nos túmulos dos reis (ver 2Cr 21.19,20).

5. Um caráter negro. Jeorão foi o primeiro rei de Judá a evitar uma disputada sucessão ao trono, mediante o ato abominável de assassinar seus próprios irmãos, além dos nobres que poderiam perturbá-lo. Prostituiu as filhas de Judá através dos infames ritos de Astarte, e estabeleceu em Judá a idolatria a Baal. O que mais admira, em tudo isso, é que ele conseguiu reverter totalmente tudo que era de bom que seu piedoso pai, Josafá, tinha conseguido realizar.

6. Uma discrepância. Em 2Reis 1.17, é nos dito que Jorão, filho de Acabe, começou a reinar no segundo ano de Jeorão, filho de Josafá. Porém, 2Reis 8.16 afirma que Jeorão, de Judá, começou a reinar no quinto ano de Jorão, de Israel, o que reverte a situação e fala em datas diferentes. Aqueles que insistem em harmonia a qualquer custo, lembram-nos que Jeorão, de Judá, teria reinado em parceria com seu pai, pelo que Jorão, de Israel, pode ter começado a reinar quando Jeorão, de Judá, ainda era corregente. E então, no quinto ano do reinado de Jorão, de Israel, Jeorão teria começado a reinar sozinho. Nesse caso, Jeorão, de Judá, teria reinado juntamente com seu pai por cinco anos. **Uma outra discrepância**. O trecho de 2Crônicas 21.16,17 afirma que os filhos de Jeorão foram levados em cativeiro, ao passo que 2Crônicas 22.21 diz que eles foram mortos. Os harmonistas sugerem que, a princípio, eles foram tomados cativos; mas que então foram mortos, já no cativeiro. Detalhes como esses não são importantes, exceto para os céticos, que estão sempre à cata de algo para ferir a fé; ou, então, para os harmonistas, que pensam que qualquer discrepância é uma grande ameaça à fé. Ambas as posições são infantis, e nada têm a ver com a fé religiosa e com a espiritualidade.

JEOSABEATE

Forma variante do nome *Jeoseba* (vide), conforme se vê em 2Crônicas 22.11

JEOSAFÁ

No hebraico é *yehôshaphat*, **"Jeová é juiz". 1**. Nome de um dos filhos de Ailude e cronista-mor de Davi e Salomão, 2Samuel 8.16; 10.24, 1Reis 4.3. **2**. Nome de um dos sacerdotes designados para tocar a trombeta diante da arca, quando foi levada da casa de Obede-Edom para a cidade de Davi, 1Crônicas 15.24. **3**. Nome de um dos filhos de Parua e governador de Issacar por ordem de Salomão, 1Reis 4.17. **4**. Nome de um filho do rei Asa e seu sucessor no trono de Judá. Parece que esteve associado com seu pai no governo, no fim de seu reinado, e também no 11º. ano do reinado de Onri, 1Reis 16.28,29, ficando sozinho no governo depois da morte de Asa, pelo ano de 871 a.C., 22.41,42. Reinou 25 anos, inclusive o tempo em que governou com seu pai. Tinha 35 anos quando subiu ao trono. Sua mãe se chamava Azuba, filha de Salai, 1Reis 22.41,42; 1Crônicas 17.1. Foi bom rei; serviu a Jeová e não colocou sua confiança nos ídolos, 1Reis 22.43; 2Crônicas 17.3, apesar de não ter destruído os altos, porque o povo ainda sacrificava neles e queimava incenso, 1Reis 22.43. Recebeu grandes bênçãos de Deus. No terceiro ano de seu reinado, enviou príncipes e levitas da sua corte para ensinarem a lei nas cidades de Judá, levando consigo o Livro da Lei do Senhor, 2Crônicas 17.7-9. Deste modo se espalhou o terror do Senhor por todos os reinos, e não se atreviam a pegar armas contra Jeosafá. Os filisteus e os árabes pagaram-lhe tributos, v. 10 e 11, edificou em Judá fortaleza em forma de torres, e cidades muradas, 12-19; pôs termo às divergências entre Israel e Judá, desde os tempos de Reoboão; fez paz com Israel. Casou um filho com a princesa Atalia, filha de Acabe, 1Reis 22.44; 2Reis 8.18-26. Quando percebeu que Jeová o protegia, tomou coragem e derrubou os altos e os bosques, 2Crônicas 17.5,6. Extirpou também da terra o restante dos efeminados que tinham ficado desde o tempo de seu pai Asa, 1Reis 22.46. Pelo ano 853 a.C., visitou o rei de Israel, e este o persuadiu a juntar as suas forças armadas às suas, com o fim de retomar aos sírios Ramote de Gileade. Vestindo a armadura real de Acabe, entrou na batalha. Acabe foi mortalmente ferido, e Jeosafá escapou, não obstante as suas insígnias reais, 1Reis 22.1-38; 2Crônicas 18.1-34. Regressando à pátria, foi repreendido pelo profeta Jeú, filho de Hanani, por se haver fraternizado com tal homem como era Acabe, 2Crônicas 19.1,2. Continuou a sua obra reformadora na religião e no Estado, promovendo a adoração de Jeová, e nomeando juízes nas cidades fortificadas de Judá e estabelecendo tribunais formados de levitas, sacerdotes e leigos, da mais alta sociedade de Jerusalém, 2Crônicas 19.4-11. Logo que começou essa reforma, os amonitas, os moabitas e os edomitas confederados invadiram o reino de Judá pelo lado do sudeste, acampando em En-Gadi ao lado ocidental do mar Morto. Jeosafá invocou as promessas de livramento pedidas por Salomão, 2Crônicas 6.24-30; 20.9. Jaaziel profetizou a vitória e Jeosafá saiu de encontro ao inimigo, levando à sua frente os cantores que louvaram ao Senhor Deus de Israel em altas vozes. A vitória foi alcançada sem combate. Os exércitos confederados lutaram entre si e se deram a morte, 20.1-30. Depois disto, travou Jeosafá amizade com Acazias, rei de Israel, e conveio com ele que equipassem navios que fossem a Társis e construíram navios em Eziom-Geber. Porém, Eliezer, filho de Dodá de Meresa, profetizou a Jeosafá, dizendo: Pois que tu fizeste aliança com Acazias, destruiu o Senhor as tuas obras e despedaçaram-se as tuas naus e não puderam ir a Társis. Acazias tentou partilhar com Jeosafá novas aventuras que foram repelidas, 2Crônicas 20.35-37; 1Reis 22.48, 49. Em 852 a.C., ou mais tarde, Jorão, rei de Israel, pensou em tornar tributário a si o reino de Moabe, e, para consegui-lo, pediu auxílio a seu cunhado Jeosafá. Jorão dera mostras de piedade, operando uma reforma em seu reino, 2Reis 3.2, pelo que Jeosafá não se negou a auxiliá-lo, alcançando parciais resultados, 2Reis 3.4-27. Jeosafá morreu aos 60 anos de idade no ano 850 a.C., e foi sepultado na cidade de Davi, deixando seu filho Jorão no trono, 1Reis 22.50. **5**. Nome de um filho de Ninsi e pai de Jeú, rei de Israel, 2Reis 9.2,14. **6**. Nome de um homem de Matani e um dos valentes de Davi, 1Crônicas 11.43. **7**. Nome de um sacerdote que tocou a trombeta diante da arca, quando a conduziram para Jerusalém, 1Crônicas 15.24.

JEOSEBA

No hebraico, literalmente, **"Yahweh, juramento dela"**, que se deve interpretar como "adoradora de Yahweh. Ela era filha de Jorão, irmã de Acazias e tia de Joás, todos eles reis de Judá. Joiada, o sumo sacerdote, era marido de Jeoseba, conforme o registro de 2Reis 11.2. O trecho de 2Crônicas 22 apresenta o nome dela com a forma de Jeosabeate (vide), onde ela figura como filha do rei Jeorão e irmã de Acazias; e, com base nisso, alguns estudiosos têm pensado que ela era filha de Jeorão por meio de outra esposa, e não de Atalia. Foi Jeoseba quem resgatou o infante Joás do massacre da linhagem real, por crime de Atalia. Joás foi ocultado no palácio real, e, posteriormente, no templo (2Rs 11.2,3; 2Cr 22.11,12). Então, Joás passou a ser criado como um dos outros filhos de Jeoseba (2Cr 23.11). Finalmente, Joás (vide) tornou-se o rei de Judá.

JEOVÁ. Ver sobre *Yahweh*.

Uma variação *non-sense* do nome Yahweh. Outra variação é *Javé*. Ver o artigo geral sobre *Deus, Nomes Bíblicos de*, onde estão incluídas muitas informações sobre esse nome particular. Ver sobre *Yahweh* e os diversos nomes combinados com esta designação.

Yahweh era o nome pessoal do Deus de Israel. Que a forma *Yahweh* é a forma correta, pode-se provar mediante transcrições para o grego. Quando, pela primeira vez, foram inseridos os sinais representando fonemas vogais, na Bíblia hebraica, já no século VII d.C., as letras vogais da palavra hebraica aDoNaY, "Senhor", foram escritas intercaladas com as consoantes YHWH, produzindo assim o nome artificial Jeová. Esse não era, realmente, um nome divino; mas muitos, temendo pronunciar *Yahweh*, como apelativo por demais sagrado, passaram a usar Jeová como um substituto aceitável. Portanto, Jeová é um híbrido sem base bíblica nenhuma, que começou a ser usado de modo geral, como um dos nomes de Deus, no século XIV d.C. Isso ocorreu porque os eruditos cristãos da época não reconheceram a natureza híbrida da forma Jeová.

Esse nome hebraico de Deus também aparece com as formas abreviadas de *Yah* (Êx 15.2, etc; em português, "Já") e *Yahu* ou *Yeho*. Estas duas últimas formas aparecem em inscrições hebraicas e assírias, e também nos papiros escritos em aramaico. Mas o nome abreviado original parece ter sido *Yaw*, que tem sido identificado com um dos nomes divinos pagãos encontrados nos documentos de Eras Shamra (vide), provenientes do norte da Fenícia, do século XV a.C. Alguns especialistas supõem que o nome Yahweh não foi cunhado por Moisés, e nem por qualquer dos demais autores bíblicos; antes, seria um nome *pré-mosaico*, como um antigo nome de Deus que Moisés usou, tal como a moderna palavra portuguesa "Deus" é apenas o aportuguesamento do termo latino *Deus*, que como é óbvio, antecede ao uso português por muitos e muitos séculos. Os trechos de Êxodo 3.13-15 e 6.4 parecem indicar que esse nome começou a ser usado no Antigo Testamento como se tivesse havido uma revelação especial do nome. Gênesis 4.26, por sua vez, parece dar a entender uma origem não hebreia, ou seja, quando esse nome começou a ser usado pelos hebreus, teria sido tomado por empréstimo de alguma fonte extrabíblica. Seja como for, a raiz do nome, sem dúvida, é antiquíssima, sendo provável que aparecesse entre os nomes de divindades mesopotâmicas. Alguns supõem que Moisés chegou a adorar *Yahweh*, mediante seu casamento com a filha de um queneu, em Midiã (Êx 3.1 ss.; 18.12-24). A isso se chama de *teoria quenita*, o que, como é óbvio, é uma teoria rejeitada por muitos intérpretes conservadores, pois não querem aceitar a ideia de que os nomes de Deus, na Bíblia, possam ter tido origem pagã. Seja como for, a forma mais longa, YHWH, é confirmada desde o século IX a.C., como na pedra Moabita (vide). De acordo com uma etimologia popular, essa forma estaria ligada ao verbo hebraico *ser* (ver Êx 3.14), pelo que se referiria ao ser eterno de Deus, que é a fonte originária de todos os seres, não dependendo de qualquer outro ser para a sua vida e continuação em existência. Em termos teológicos isso aponta para a vida *independente e necessária*. Deus não deriva de outrem a sua forma de vida, e a sua forma de vida não pode deixar de existir. Todas as demais formas de vida dependem de sua vida, e todas as outras formas de vida, se excluirmos o fator da graça divina, são vidas não necessárias. Em outras palavras, as demais vidas *podem* deixar de existir. A verdadeira imortalidade, para a alma humana, ocorre mediante a transformação segundo a imagem do Filho, que compartilha da forma de vida do Pai, que é independente e necessária, conforme já dissemos. Um grande mistério! (Ver Rm 8.29; Cl 2.10; 2Co 3.18 e o artigo intitulado *Transformação Segundo a Imagem de Cristo*).

O general Abraham Ramiro Bentes, historiador brasileiro, de origem judaica, de cultura judaica bem reconhecida, autor de vários livros, diz o seguinte acerca do nome Yahweh: "... tendo o tempo inacabado, no semítico, o valor do futuro e do presente, assim traduzimos (o mesmo): "Eu Serei Sempre Quem Era". Os velhos comentários tinham uma compreensão neste sentido". (*Das Ruínas de Jerusalém à Verdejante Amazônia*, Edições Bloch, p. 3). De conformidade com esse abalizado parecer, o nome *Yahweh, pois,* apontaria para a eternidade e a imutabilidade da pessoa de Deus.

Objeções dos Eruditos Conservadores. Alguns eruditos, relutando em admitir qualquer origem pagã para os nomes divinos na Bíblia, supõem que o trecho de Êxodo 6.3, que diz: ... *mas pelo meu nome, O Senhor* (no hebraico, *Yahweh*), *não lhes* *fui conhecido*, não subentende que os hebreus não conhecessem e nem usassem esse nome, até que foi adotado para ser usado, nos dias de Moisés e, sim, que os judeus, então, começaram a ter um *conhecimento experimental* desse nome, em suas vidas espirituais. Esse conhecimento experimental lhes foi dado mediante o livramento da servidão ao Egito. Antes disso, como pastores na Palestina, Abraão, Isaque e Jacó conheciam Deus com o nome de *El Shaddai*, "o Todo-Poderoso". Naturalmente, sabemos que *El* (com várias combinações) era um antigo nome mesopotâmico para Deus, que certamente já era usado antes do tempo de Abraão. Assim, no caso desse nome, também temos um uso pré-hebreu. Seja como for, o argumento, na realidade, não faz sentido. O que importa é a nossa experiência com o Ser Divino, e não as palavras e suas origens, que usamos como nomes de Deus.

Usos Comparativos dos Nomes Yahweh, Elohim e Shaddai. Yahweh é o mais frequentemente usado dos nomes de Deus, no Antigo Testamento. O uso que se faz dos nomes Yahweh e Elohim deu margem à teoria das fontes designadas por esses nomes. Ver o artigo sobre *J.E.D.P. (S.)*, que oferece detalhes sobre essa questão. Em uma visão em Horebe (Êx 3), Moisés ficou sabendo do nome "Yahweh"; mas, é evidente que esse nome é anterior a Moisés, juntamente com suas variações. Pois ocorria em combinações, como no nome da mãe de Moisés, Joquebede (Êx 6.20). O trecho de Êxodo 6.2,3 indica que *Yahweh* não era um nome conhecido pelos patriarcas da nação de Israel, que conheciam Deus como *Adonai ou El Shaddai* (vide). O escritor do livro de Jó, que situa seu livro como se tivesse historiado um episódio dos tempos patriarcais, usa o nome *Yahweh* apenas por uma vez (Jó 12.9), o que talvez seja um anacronismo, porquanto Jó talvez reflita um acontecimento ainda anterior a Moisés. O nome mais comumente usado por Jó é *Shaddai*. No livro de Salmos, *Elohim* é usado com mais frequência do que *Yahweh*.

Origem do Nome Yahweh. Já tecemos comentários sobre esse ponto. Há muitas especulações no tocante à questão. Alguns têm procurado vincular esse nome a divindades indo-europeias, ou mesmo do Egito e até da China. Outros veem esse nome como o apelativo de uma das muitas deidades semíticas, supondo que o mesmo foi, finalmente, adotado pelos hebreus. Faltam-nos informações detalhadas e precisas, pelo que a questão deverá permanecer na semiobscuridade.

O Eterno. Alguns estudiosos supõem que o melhor sentido para *Yahweh* seja o *Eterno*. Ver a citação do general Abraham Bentes, que confirma a ideia. No tocante aos homens, na obtenção da verdadeira imortalidade, para que eles venham a tornar-se verdadeiramente eternos, e não meramente perenes, a questão é discutida, quando se fala na vida independente e necessária de Cristo, que ele tem doado aos regenerados. Ser eterno é compartilhar da forma de vida de Deus. Ser perene e existir para sempre dotado apenas de uma imortalidade *dependente*. É interessante observar que Platão já fazia esse tipo de distinção, pelo que ela não tem origem meramente cristã.

JEOVÁ-JIRÉ. Ver *Yahweh-Jiré*.

JEOVÁ-NISSI. Ver *Yahweh-Nissi*.

JEOVÁ-SAMA. Ver *Yahweh-Sama*.

JEOVÁ-SALOM. Ver *Yahweh-Salom*.

JEOVÁ-TISIDKENU. Ver *Yahweh-Tisidkenu*.

JEOVISTA (ELOÍSTA)

Também são usados os termos *javista* e *yahvista*. Está em foco um hipotético autor do Pentateuco (ou Hexateuco), que teria usado, de forma predominante, o nome hebraico para Deus, *Yahweh*. Isso é contrastado com o uso predominante de *Elohim*, que teria sido usado por um outro hipotético escritor, autor dos mesmos livros. O autor que preferia o nome *Elohim* é chamado, dentro dessa teoria, de *eloísta*. Quase todos os eruditos modernos da Bíblia rejeitam a autoria mosaica dos livros em questão, supondo que dois ou mesmo vários autores estiveram envolvidos na produção dos cinco ou seis primeiros livros da Bíblia e que as produções literárias deles teriam sido reunidas por um ou mais editores. Os artigos providos sobre o Pentateuco e sobre o livro de Josué fornecem maiores detalhes sobre essas questões. Ver também o artigo sobre *J.E.D.P. (S.)*, cujo propósito é o de sumariar o problema da autoria desses livros da Bíblia.

A história escrita pelo *Jeovista* é aceita como mais antiga que a narrativa do *Eloísta*. Alguns datam aquele primeiro autor em cerca de 950 a.C. Seu alvo principal foi o de contar os relacionamentos de Yahweh com Israel, ao tempo da conquista da terra de Canaã. Os textos envolvidos enfatizariam a supremacia de Yahweh, talvez refletindo um henoteísmo (vide), e não um monoteísmo (vide). No livro de Gênesis, Yahweh é retratado como o criador do mundo, o Pai de um povo seleto. Esse Deus que teria aparecido aos patriarcas era como um ser humano, era como um ser angelical.

No registro produzido pelo *eloísta*, que cobriria o mesmo período histórico, mas que teria vivido em cerca de 700 a.C., teríamos um tipo mais moderno de interpretação histórica. A pesada linguagem antropomórfica é um tanto suavizada através de expressões teológicas mais elevadas. Elohim seria ouvido, mas nunca visto. Ele usava os seus profetas, mas ele mesmo ocultava-se da visão humana, em uma exaltada majestade da qual os homens não podem aproximar-se.

O Editor ou Editores. A obra editorial teria ocorrido no século VII a.C. Aquelas duas fontes (juntamente com outras, sem dúvida), foram reunidas, formando uma unidade. No século IV., conforme diz ainda essa teoria, um terceiro autor, pós-exílico, adicionou os códigos legais. E foi assim que foi produzido o Hexateuco (os primeiros cinco livros de Moisés, e o livro de Josué).

JEOZABADE

No hebraico, **"Yahweh dá"**. Esse é o nome de três homens, nas páginas do Antigo Testamento: **1**. Um levita, filho de Obede-Edom, que trabalhava como porteiro do templo de Jerusalém, ao tempo de Davi (1Cr 26.4,15). Ele viveu por volta de 1014 a.C. **2**. Um capitão da tribo de Benjamim, que controlava mais de 180.000 homens. Ele serviu nos dias do rei Josafá, em torno de 910 a.C. (Ver 2Cr 17.18). **3**. Um filho de Somer, a mulher moabita que conspirou contra o rei Joás, e acabou por assassiná-lo em seu leito, segundo se lê em 2Reis 12.21 e 2Crônicas 24.26. Isso ocorreu em cerca de 837 a.C. O texto de 2Crônicas identifica-o como filho de Sinrite, a moabita. Portanto, essa mulher, sua mãe, era conhecida por esses dois nomes diferentes.

JEOZADAQUE

No hebraico, segundo uns, **"Yahweh é justo"**; segundo outros, "Yahweh justifica". Esse era o nome de um dos filhos de Seraías, e pai de Josué, o sumo sacerdote (1Cr 6.14,15; Ag 1.1,12,14; 2.2,4; Zc 6.11). Sucedeu a seu pai no ofício sumo sacerdotal (1Cr 6.14,15), e, finalmente, sofreu o cativeiro, nos dias de Nabucodonosor. Viveu em torno de 588 a.C. Crê-se que ele tenha morrido no exílio, visto que seu filho Josué oficiava como sumo sacerdote, depois que Judá retornou do cativeiro para Jerusalém (Ag 1.1,12,14; 2.2,4; Zc 6.11). Uma forma abreviada de seu nome, *Jozadaque*, aparece em alguns trechos bíblicos, como (Ed 3.2,8; 5.2; 10.18; Ne 12.26); e, também, em livros apócrifos, como 1Esdras 5.5,48,56; 6.2; 2.19 e Eclesiástico 49.12.

JERÁ
No hebraico, **"mês"**. Esse foi o nome do quarto filho de Joctã (1Cr 1.20 Gn 10.26). Ele foi o fundador de uma tribo árabe que parece ter-se estabelecido perto de Hazarmavete e Hadorã.

JERAMEEL
No hebraico, **"Yahweh terá compaixão"**. Esse é o nome de três homens que figuram nas páginas do Antigo Testamento, a saber: **1.** Um filho de Hezrom, neto de Perez e bisneto de Judá. Seus descendentes eram chamados jerameelitas (1Cr 2.9,26,27,33,42). Ele viveu em cerca de 1628 a.C. Uma estranha vocalização do nome Calebe (chamado Quelubai, em 1Cr 2.9), esconde o fato de que Jerameel era irmão de Calebe, o grande companheiro de Josué (Nm 13.6; 14.1-10). Os jerameelitas habitavam no Neguebe, a porção sul do território de Judá, pelo menos até os dias de Davi (1Sm 27.10; 30.29). Finalmente, foram absorvidos na população geral e perderam sua posição distintiva. **2.** Um levita merarita, da família de Quis, era assim chamado. Ele representava a sua tribo, na organização do serviço religioso, por Davi (1Cr 24.29). Seu pai, Quis, não tinha qualquer parentesco com o pai do rei Saul, que era benjamita. Viveu em torno de 960 a.C. **3.** Um filho de Hameleque, um dos dois homens nomeados pelo rei Jeoaquim para deterem o profeta Jeremias (Jr 36.26). O rei Jeoaquim deu-lhe essa triste incumbência; Jerameel deveria prender tanto Jeremias quanto Baruque, o seu amanuense. Pouco antes, o rei havia queimado o rolo que continha as profecias de Jeremias. Jerameel estava cultivando um triste destino com seus atos de arrogância. Os textos envolvidos não deixam claros se o pai de Jerameel era "o rei", (conforme aparece em algumas traduções e na Septuaginta), ou se era um certo Hameleque, que era amigo de Jeremias. Nossa versão portuguesa prefere esta última possibilidade. (Ver Jr 36.27 e comparar com 38.6). O texto hebraico pode ser entendido de uma ou de outra maneira.

JERAMEELITA
Esse adjetivo pátrio designa os descendentes de *Jerameel* (vide, número 1).

JEREDE
No hebraico, **"descida"**. Há dois homens com esse nome, no volume da Bíblia: **1.** Um judaíta, pai de Gedor (1Cr 4.18). As traduções também grafam seu nome com a forma de Jarede. Ele também é mencionado em Gênesis 5.15-20. Ele foi um dos patriarcas antediluvianos. **2.** Ao que tudo indica, um filho de Esdras, da tribo de Judá, e de sua esposa "judia", tinha esse nome. Ele aparece como o pai ou fundador de Gedor (1Cr 4.18). Viveu em cerca de 1640 a.C.

JEREMAI
No hebraico, **"habitante das alturas"**. Esse era o nome de um dos filhos de Hasum. Ele contraíra matrimônio com uma mulher estrangeira, ao tempo do cativeiro babilônico, e fora forçado a divorciar-se dela, após um remanescente de Judá ter voltado a Israel. Ver Esdras 10.33, e, nos livros apócrifos, 1Esdras 9.34. Jeremai viveu em torno de 459 a.C.

JEREMIAS (O PROFETA)
Ver sobre *Jeremias* (o Livro). Nada menos de nove personagens figuram com esse nome, nas páginas do Antigo Testamento. Trataremos, antes de tudo, com o profeta Jeremias, um dos maiores profetas do Antigo Testamento, e então, em artigo separado, falaremos sobre os outros oito homens com esse nome.

I. O NOME. O nome Jeremias foi construído em torno do nome hebraico de Deus, *Yahweh*. Significa **"Yahweh estabelece"**. Temos mais informações autênticas sobre ele do que sobre qualquer outra figura exponencial do Antigo Testamento.

II. A FAMÍLIA DE JEREMIAS. Ele era filho de Hilquias, que operava em Anatote, no território de Benjamim (Jr 1.1). Muitos estudiosos têm pensado que seu pai foi o sumo sacerdote do mesmo nome (2Rs 22.8), que encontrara o rolo do livro da lei, no décimo oitavo ano do reinado de Josias. Porém, muitos eruditos pensam que isso é improvável, pois Jeremias, em seus escritos, não menciona nada disso. Naturalmente, seu pai era sacerdote, mas não, necessariamente, aquele sumo sacerdote. O nome Hilquias era bastantte comum na época. Além disso, os sacerdotes que residiam em Anatote eram da casa de Abiatar (1Rs 2.26,35), enquanto que o sumo sacerdote era da linhagem de Eleazar, a começar por Sadoque (vide). Salomão havia banido Abiatar para Anatote, e desta linhagem nunca mais surgiu um sumo sacerdote. O próprio Jeremias nunca serviu como sacerdote. Ele cresceu em Anatote e ficou familiarizado com a vida rural daquele lugar. Sem dúvida, ele aprendeu sobre os escritos dos profetas anteriores, e tinha excelente educação religiosa.

III. INFORMAÇÕES HISTÓRICAS E BIOGRÁFICAS

1. Período do Ministério Profético de Jeremias. Jeremias viveu em um período histórico crucial tanto para Judá quanto para o Oriente Próximo e Médio em geral. O império assírio havia declinado e caído. Sua capital, Nínive, fora capturada pelos caldeus e pelos medos, em 612 a.C. Sete anos mais tarde, por ocasião da batalha de Carquêmis, os egípcios e os remanescentes dos assírios foram derrotados pelos caldeus. Assim, a nova potência mundial veio a ser o império neobabilônico, governado por uma dinastia caldeia, cuja figura principal era a do rei Nabucodonosor II, que governou em cerca de 605—562 a.C. O minúsculo reino de Judá havia sido vassalo da Assíria, antes disso. Mas teve de mudar a sua lealdade primeiramente para o Egito e, então, para a Babilônia; mas, finalmente, caiu com a captura de Jerusalém, em 587 a.C. Seguiu-se então o famoso cativeiro babilônico. Ver o artigo separado sobre o *Cativeiro Babilônico*.

2. Começo de sua História e Chamada. Jeremias residia na cidade rural de Anatote, uma aldeia cerca de três quilômetros a nordeste de Jerusalém. Quando ainda era bem jovem, recebeu sua chamada divina e foi nomeado profeta pelo Senhor Deus (Jr 1.4-10). Como era usual, ele sentiu sua incapacidade para tão elevada tarefa; mas a vontade de Deus acabou prevalecendo. Logo ele recebeu duas visões, uma de uma vara de amendoeira, e outra, de um caldeirão fervente, cuja boca estava voltada para o norte (Jr 1.11-19). A vara de amendoeira simbolizava a ameaça do governo pelo poder estrangeiro de Nabucodonosor. E o caldeirão fervente tem um sentido óbvio, porque todas as invasões vindas do Oriente atacavam Israel pelo norte. Assim, a ira divina, sob a forma de guerra e cativeiro, logo devastaria Judá. O juízo divino viria da parte do norte. Foi assim que Jeremias deu início a suas predições, a começar em cerca de 627 a.C., até algum tempo depois de 580 a.C., provavelmente. Já no Egito. Ele deu início ao seu ministério no décimo terceiro ano de Josias, cerca de sessenta anos após a morte de Isaías. Sofonias e Habacuque foram contemporâneos seus, na primeira parte dos seus labores; e Daniel foi outro contemporâneo seu, na segunda metade de suas atividades.

3. Relacionamento com Cinco Reis. **a. Josias**. Parece que Jeremias ajudou Josias em sua política reformadora (2Rs 23.1 ss.). Alguns eruditos, porém, duvidam disso, porque essas reformas foram de natureza cúltica. Porém, é possível que tais reformas fossem mais profundas do que isso. A descoberta do rolo da lei, por Hilquias, ajudou no movimento reformista. Jeremias já era profeta fazia cinco anos, quando isso sucedeu. E possível que os capítulos primeiro a sexto do livro de Jeremias descrevam condições antes daquelas mudanças começarem a ter lugar. O trecho de Jeremias 11.1-8, talvez, referia-se ao seu entusiasmo em favor dessas reformas. Josias foi morto, ao oferecer resistência ao Faraó Neco (610-594 a.C.), e Jeremias lamentou a morte desse rei de Judá (Jr 22.10). ***b. Jeoacaz***. Esse monarca de Judá governou por somente três meses, e nada sabemos acerca do relacionamento de Jeremias com ele. O Faraó Neco depôs Jeoacaz e impôs a Judá um pesado tributo (2Rs 23.31-33). Jeoaquim, irmão de Jeoacaz, foi nomeado rei em seu lugar, por autoridade de Neco. Jeremias também lamentou o destronamento de Jeoacaz e seu exílio, no Egito (Jr 22.10-12). ***c. Jeoaquim***. Este reinou de 608 a 597 a.C. Ele foi apenas um vassalo do poder egípcio. Ora, Jeremias era o principal representante do grupo que favorecia a supremacia dos caldeus. Isso o expôs a um grande perigo, e ele foi aprisionado. Chegou a ser proposta a pena de morte (Jr 26.11 ss.). Alguns dos príncipes de Judá tentaram protegê-lo, apelando para o precedente estabelecido por Miqueias, o morastita, que havia profetizado tempos antes de Jeremias. Os oráculos de Jeremias, contra o Egito (ver Jr 46.3-12), pois, atraíram muitas perturbações contra ele; mas não nos deveríamos esquecer que ele também estava denunciando os pecados do povo judeu e isso servia somente para aumentar o ódio que cresceu contra ele. Por ocasião da batalha de Carquêmis, na primavera de 605 a.C., os caldeus derrotaram as forças combinadas dos egípcios e dos remanescentes do exército assírio. Jeremias havia previsto esse choque (Jr 46.3-12). Jeremias sabia que a ocasião de Jerusalém ser destruída estava bem próxima. Jeoaquim reteve o tributo que deveria pagar a Nabucodonosor (cerca de 601 a.C.), e este reagiu, enviando um exército para cercar Jerusalém. O rei Jeoaquim, ao que tudo indica morreu antes de o cerco ter início. Seu filho Joaquim rendeu-se, entregando Jerusalém aos babilônios, em 597 a.C. ***d. Joaquim***. Em Jeremias 22.24,28 e 24.1, o nome dele aparece com a forma de Jeconias. Outras traduções dizem "Conias", nessa primeira referência. Ele sucedeu no trono a seu pai, e colheu a péssima colheita que fora semeada por Judá e seus governantes anteriores. Tinha apenas dezoito anos de idade quando subiu ao trono, e ficou ali somente por três meses (2Rs 24.8). Jerusalém rendeu-se em 587 a.C., e Joaquim e muita gente de Judá foram levados para o cativeiro. Jeremias lamentou esse acontecimento, segundo se lê em Jeremias 13.15-19. Jeremias havia predito a sorte de Joaquim, que o profeta lamentou em Jeremias 22.24-30. Trinta e seis anos mais tarde Joaquim foi libertado, pelo filho e sucessor de Nabucodonosor (2Rs 25.27-30). ***e. Zedequias***. Nabucodonosor nomeou, para o trono, Zedequias, tio de Joaquim. Os registros históricos dos babilônios confirmam essa informação bíblica. Zedequias era o filho mais novo de Josias, e foi o último rei de Judá. Foi um governante fraco, que procurava contrabalançar as facções adversárias que lutavam pelo poder, em Judá. Ele começou a ouvir mais Jeremias do que seus antecessores, porém já era tarde demais para isso fazer qualquer diferença. Zedequias governou por dez anos, pagando tributo à Babilônia. Quando Zedequias deixou de pagar o tributo e firmou um acordo com o Egito, Nabucodonosor perdeu a paciência e enviou um exército para pôr fim à cidade de Jerusalém. Isso teve lugar em agosto de 587 a.C. Jeremias opusera-se à rebelião de Zedequias contra Nabucodonosor, sabendo que somente o sofrimento poderia resultar daí (Jr 27.1-22). Por causa de suas predições de destruição, que, obviamente, estavam tendo cumprimento, Jeremias foi detido, acusado de querer desertar para o inimigo e lançado em uma masmorra (Jr 27.11-16). Posteriormente, foi removido para um cárcere no pátio da guarda, perto do palácio real (Jr 27.17-21). Em seguida, esse profeta foi acusado de traição, e lançado em uma cisterna sem água, mas apenas com lama. Teria morrido ali, se Ebede-Meleque não interviesse. Então, Jeremias foi transferido para o pátio da guarda (Jr 38.13), onde o rei chegou a conferenciar secretamente com ele (Jr 38.14-28).

Jeremias foi capaz de perceber o fim do cativeiro que então começava, embora soubesse que esse cativeiro perduraria por setenta anos. Os falsos profetas estavam dizendo que o exílio babilônico perduraria somente por dois anos. Seja como for, Jeremias comprou um terreno, pertencente a um seu primo, em Anatote, a fim de mostrar que ele tinha fé que os judeus voltariam do cativeiro babilônico, a despeito das nuvens carregadas que tinham vindo encobrir a nação de Judá (ver Jr 32.1-15). Foi então que Jeremias predisse a restauração de Judá (Jr 32.36-44; 33.1-26), o que, de fato, ocorreu, no tempo determinado. As crônicas históricas da Babilônia concordam com os trechos de (2Rs 24.10-17; 2Cr 36.17 e Jr 52.28), quanto aos detalhes que cercaram essa questão. A destruição de Jerusalém ocorreu em 587 a.C., e Jeremias foi para Mispa, porém, uma grande multidão foi transportada para a Babilônia. Jeremias, entretanto, foi bondosamente tratado pelos babilônios.

4. Relações entre Jeremias e Nabucodonosor. Nabucodonosor deu a seu comandante, Nabuzaradã, a ordem de libertar Jeremias e seguir qualquer conselho que fosse dado pelo profeta. É estranhíssimo que o monarca pagão respeitasse ao profeta mais do que o próprio povo deste! (Ver Jr 39.11,12). A Jeremias foi dado escolher ficar com o seu povo, no exílio, ou permanecer em Jerusalém, com o remanescente minúsculo que ali seria deixado. Jeremias preferiu ficar em Jerusalém, tendo-se transferido para Mispa, o moderno Tell en-Nasbeh, cerca de treze quilômetros ao norte de Jerusalém. Assim, Jeremias ficou com o povo que permaneceu em Judá, cujo novo governador nomeado, pelos babilônios, era Gedalias. No entanto, não demorou para Gedalias ser assassinado, e Joanã tornou-se o próximo líder do povo judeu. Jeremias aconselhou o povo a seguir a liderança de Joanã e permanecer na Palestina (Jr 42.7 ss.). Mas os judeus, em seu espírito revoltado, recusaram-se a isso, novamente acusando o profeta de estar-se bandeando para o inimigo. E foram para o Egito, forçando Jeremias a acompanhá-los (Jr 43.6,7). Estando no Egito, Jeremias continuou o seu ministério espiritual e profético, procurando desviar os judeus de suas iniquidades e erros obstinados (Jr 44).

5. Morte de Jeremias. O livro de Jeremias não narra o que, finalmente, sucedeu a Jeremias. Presume-se que ele tenha morrido no Egito. Há uma tradição aludida por diversas fontes, que diz que Jeremias foi apedrejado até à morte, pelos seus próprios correligionários, em Tafnes, no Egito. Uma tradição alexandrina diz que os ossos de Jeremias foram levados àquele lugar por ordem de Alexandre, o Grande. Uma outra tradição afirma que quando Nabucodonosor conquistou o Egito, Jeremias e Baruque escaparam para a Babilônia. Ali, ele teria vivido durante algum tempo, até morrer em paz. Não há como julgar qual dessas tradições é a correta.

IV. A ARQUEOLOGIA E O PROFETA JEREMIAS. As chamadas *Cartas de Laquis*, dezoito *ostraca* escritas em hebraico, no antigo alfabeto fenício, descobertas em 1935 por J. L. Starkey, em um depósito contíguo ao portão externo da Laquis, têm lançado muita luz sobre os tempos e as circunstâncias da vida de Jeremias. Um homem de nome Hosaís escreveu essas cartas a um outro, chamado Joás. Ao que parece, Joás era um oficial sob as ordens de Nabucodonosor, em Laquis. Cerca de dez anos antes Nabucodonosor havia atacado e incendiado a cidade. Posteriormente, em 588 a.C., Nabucodonosor arrasou a cidade, no mesmo ano em que Jerusalém foi atacada, embora mais cedo naquele mesmo ano. Essas cartas revestem-se de grande valor paleográfico, pois até usam expressões comuns ao livro de Jeremias. De modo geral, elas ilustram itens interessantes, correspondentes ao período de Jeremias.

As Crônicas Babilônicas proveem para nós muitas informações que concordam diretamente com o relato de Jeremias. Outros detalhes, que não figuram na narrativa bíblica, ilustram a vida daquele tempo. Abaixo damos exemplos disso:

Como príncipe coroado, Nabucodonosor dirigia o exército babilônio na Assíria (606 a.C.). Nabucodonosor derrotou Neco II, do Egito, em Carquêmis e Hamate (605 a.C.; ver Jr 4.62; 2Rs 23.29; 2Cr 35.20). Suas conquistas deram-lhe a vitória na

Síria e na Palestina e também contou com governantes vassalos em Judá. Nesse tempo, morreu seu pai, e ele se tornou o rei, a 6 de setembro de 605 a.C. Jeoaquim tornou-se seu vassalo (Jr 25.1). Nabucodonosor sofreu um recuo temporário, ao ser derrotado pelos egípcios. Foi então que Judá transferiu sua lealdade para o Egito, novamente. Porém, isso foi um grave equívoco. Nabucodonosor voltou, mais forte do que nunca. Jeremias (ver 27.9-11) advertiu o povo de Judá quanto a essa má escolha, e previu triunfo após triunfo para os babilônios. Então, Nabucodonosor derrotou as tribos árabes de Quedar, e apossou-se da região a leste do rio Jordão, conforme Jeremias havia predito que aconteceria (Jr 49.28-33). Nabucodonosor continuou e tomou Jerusalém. Jeoaquim já havia sido morto, pelo que o monarca babilônico pôs Joaquim em lugar daquele. Mas Joaquim só persistiu por três meses. Muitos cativos judeus foram enviados para o exílio, na Babilônia. Nabucodonosor entrou em guerra contra os elamitas (Jr 49.34). Quando Zedequias, rei de Judá, rebelou-se e recusou-se a pagar mais tributos à Babilônia, provocou a queda final de Jerusalém, em 586 a.C. Mais judeus ainda foram deportados para a Babilônia, em 582 a.C. (Jr 52.30). Isso sucedeu no vigésimo terceiro ano do governo de Nabucodonosor.

V. O Caráter e a Contribuição de Jeremias. Jeremias viveu em dias de declínio e queda do reino de Judá. Ele nasceu em cerca de 640 a.C. e morreu em cerca de 570 a.C. Seu ofício profético, pois, ampliou-se por mais de quarenta anos. Jeremias recebeu a desagradável tarefa de advertir sobre os envolvimentos e as destruições que um poderoso inimigo, que não dava quartel, haveria de impor. Os falsos profetas, porém, eram sempre otimistas, predizendo o bem, embora falsamente, para a nação de Judá. Jeremias, por sua vez, anunciava a terrível verdade. A exatidão de suas predições era tão grande que os seus compatriotas sentiam que, de algum modo, ele era responsável pelos acontecimentos adversos, perseguindo-o como se fosse um traidor. Porém, Jeremias nunca se esquivou da tarefa, mesmo diante de falsas acusações e de ameaças de morte. Seu senso de missão era muito forte, e ele serviu com grande zelo até o fim, um fim que, segundo alguns, foi a morte de um mártir, às mãos de sua própria gente.

As lamentações de Jeremias demonstram a profundeza de seu amor por seu próprio povo; sua chamada à retidão exibe sua piedade que jamais se comprometeu. As perseguições que sofreu tornaram-no um homem que experimentou muitas aflições (Lm 3.1). Por reiteradas vezes, ele precisou arrostar o ódio e palavras ofensivas e atos vis de homens ímpios, que se tinham levantado como autoridades e líderes. Mas Jeremias confrontou fielmente aquela gente, com a mensagem que Deus lhe dera, sem nunca se comprometer, enquanto os falsos profetas só anunciavam coisas boas. Jeremias quebrou um vaso diante dos anciãos do povo, ao sul de Jerusalém, e assim proclamou a inevitável derrocada do reino de Judá (Jr 19.1-15). Foi açoitado por causa disso; seus rolos escritos foram queimados; foi detido e ameaçado de morte. O mais incrível é que foram os adversários, os babilônios, que o trataram bem, libertando-o e dando-lhe a escolha de tomar seu rumo.

Provavelmente nos dias de Zedequias, Jeremias denunciou os falsos pastores do povo (Jr 23), e isso fê-lo ser odiado por todos. Os judeus preferiram continuar na rebeldia e na iniquidade, a dar ouvidos à mensagem do profeta de Deus. Quando os babilônios lhe deram a chance de ir para a Babilônia, onde, sem dúvida alguma, seria bem tratado, Jeremias preferiu ficar com o remanescente desprezível de Judá. Então foi forçado pelo povo a ir para o exílio, no Egito. Mas Jeremias permaneceu fiel à sua chamada profética, até que foi executado pelos seus próprios concidadãos (se pudermos confiar nas tradições). Assim, a perseverança e a fidelidade eram suas principais qualidades de caráter. Suas profecias, que nos relatam as coisas que sucederam, e que nos fornecem mais informações biográficas sobre ele, do que no caso de qualquer outro autor bíblico, serve de imortal contribuição, tanto do ângulo histórico quanto do ângulo religioso. Jeremias tem sido apodado de apóstolo Paulo do Antigo Testamento; e o apóstolo Paulo tem sido chamado de Jeremias do Novo Testamento, o que serve de atributo apropriado para ambos. Paulo, tal como Jeremias, era homem de tristezas, que lamentava a apostasia de Israel, e sofreu muitas perseguições às mãos de seu próprio povo.

Bibliografia. Ver sobre Jeremias (O Livro do Antigo Testamento).

JEREMIAS (O LIVRO)

No artigo do *Dicionário* intitulado *Jeremias (o Profeta)*, apresentamos muito material que se aplica, naturalmente, à sua obra, o livro profético do Antigo Testamento que leva o seu nome. Vários pontos do esboço anterior referem-se a materiais específicos dados no artigo sobre o próprio profeta Jeremias. A esse material adicionamos informações sobre o livro propriamente dito.

I. Jeremias, o Profeta. Ver completas descrições no *Dicionário*, no artigo *Jeremias (o Profeta)*.

II. A Arqueologia, Jeremias e Nabucodonosor. Examinar esse material sob a seção IV do artigo sobre *Jeremias (o Profeta)*, no *Dicionário*.

III. Caracterização Geral do Livro. As profecias de Jeremias, em forma de livro, tomaram o nome do próprio profeta, que, em hebraico, era *Yirmeyahu* ou *Yirmeyah*, "Yahweh estabelece". O seu ministério estendeu-se pelo menos durante quarenta anos da história de Judá, a qual terminou em tragédia, com o *cativeiro babilônico* (ver a respeito no *Dicionário*).

Propósito. O intuito de Jeremias era conclamar o povo de Judá ao arrependimento, visto que ele via a potência do norte, Babilônia, a erguer-se, pela providência divina, para castigar uma nação desobediente como era Judá. Ele exortou os habitantes de Jerusalém a abandonar sua apostasia e idolatria. Jeremias via um cativeiro de setenta anos delineando-se no horizonte (Jr 25.1-14) e sabia que o conflito entre três potências mundiais, a Assíria, o Egito e a Babilônia, terminaria com o triunfo desta última. O profeta advertiu os judeus acerca de pactos firmados com o Egito, que redundariam em desastre, a longo prazo. Visto que Jeremias previu um resultado desfavorável para Judá, que era um pequeno reino entalado no meio de lutas entre poderes gigantescos, esse profeta acabou merecendo a desconfiança de seu próprio povo, e foi desprezado. Suas profecias de condenação soavam estranhas, quando comparadas às palavras consoladoras dos falsos profetas. Todavia, a esperança messiânica resplandece em seus escritos, onde é prometida a restauração e a glória final, para Israel e para Judá, juntamente. (Ver Jr 23.5 ss.; 30.4-11; 31.31-34; 33.15-18). Ele previu a manifestação do justo *Ramo de Davi*, *Yahweh-Tsidkenu* (ver a respeito no *Dicionário*). (Ver também Jr 23.6; 30.9). Jeremias profetizou cerca de sessenta anos após Isaías. Seus contemporâneos foram Sofonias e Habacuque (no começo), e Daniel (mais tarde). Jeremias precisou relacionar-se com cinco dos reis de Judá, o que nos fornece uma porção essencialmente histórica do seu livro. Isso é comentado detalhadamente no artigo *Jeremias (o Profeta)*, seção III.3, no *Dicionário*. As predições de Jeremias incluem os grandes eventos do cativeiro babilônico; a restauração após setenta anos; a dispersão universal dos judeus; o recolhimento final de Israel; a era do reino; o dia do juízo dos poderes gentílicos.

O livro de Jeremias pode ser dividido em três seções bem gerais, a saber: **1**. capítulos 1—25, profecias contra Judá; **2**. capítulos 46—51, narrativa acerca de Jeremias, o profeta, e predições contra potências estrangeiras; **3**. capítulo 52, um apêndice histórico extraído de 2Reis 24.18 ss. Várias fontes informativas podem estar envolvidas, algumas delas provavelmente adicionadas por autores posteriores ou editores.

Uma dessas fontes diz respeito aos discursos de Jeremias, ou seja, os trechos de Jeremias 7.1 ss.; 11.1 ss.; 18.1 ss.; 21.1 ss.; 25.1 ss.; 32.1 ss.; 34.1 ss.; 35.1 ss.; 44.1 ss. Os eruditos liberais supõem que os capítulos 46—51 sejam, essencialmente, derivados de outras fontes, que não o profeta Jeremias. Os oráculos indubitavelmente genuínos, no parecer de alguns, seriam os capítulos 1—25, que vieram do rolo original escrito por Baruque (o que é mencionado em Jr 36.32). Os capítulos 26—44 enfocam a atenção sobre os acontecimentos externos. Os capítulos 30 e 31 formam uma coletânea especial de dizeres, que alguns supõem ter sido acrescentada ao livro em tempos posteriores. Uma característica ímpar do livro são as chamadas "confissões" de Jeremias, os trechos de (Jr 11.18-23; 12.1-6; 15.10-21; 17.12-18; 18.18-23; 20.7-18). Essas confissões revelam a relação pessoal entre Jeremias e Deus.

IV. RELAÇÕES ENTRE JEREMIAS E CINCO REIS DE JUDÁ. No artigo do *Dicionário* intitulado *Jeremias (o Profeta)*, seção III.3, temos este material para o leitor. A terceira seção daquele artigo aborda a história que é contada no livro de Jeremias, e que o leitor faria bem em consultar.

V. AUTORIA E INTEGRIDADE DO LIVRO. Jeremias, filho de Hilquias, pertencia a uma família sacerdotal que vivia em Anatote, cidade de Benjamim. Ele foi o autor do livro que traz o seu nome (Jr 1.1). Há mais informações biográficas sobre ele do que sobre qualquer outra figura profética do Antigo Testamento. Não há que duvidar que o livro pertence, genuinamente, a Jeremias, embora certas porções possam ter sido adicionadas posteriormente por editores. E também é claro que Jeremias se valeu de mais de uma fonte informativa, que incorporou em sua obra.

1. Jeremias Ditava a Baruque. Uma boa porção do volume (os liberais concordam com os capítulos 1—25) foi ditada a Baruque, o amanuense de Jeremias. Esses capítulos formavam o rolo que foi queimado pelo rei Jeoaquim (Jr 36.23). No entanto, foi ditada uma segunda edição, que incluía material novo (Jr 36.32). Em seguida, aparecem seções que foram compostas posteriormente, embora ainda de autoria de Jeremias, conforme nos sugerem os trechos de Jeremias 21.1 e 24.1.

2. O capítulo 52 do livro de Jeremias é um óbvio empréstimo de 2Reis 24.18, 25 e 30, que foi adicionado por algum editor.

3. Evidências de Autenticidade. Além das evidências internas, no próprio livro, temos as confirmações dos relatos que demonstram a validade das predições de Jeremias, como o caso dos setenta anos de cativeiro, que se tornaram um fato histórico. (Ver Dn 9.2; Jr 25.11-14; 29.10; 2Cr 36.21; Ez 1.1) e Josefo (*Anti.* 10.5,1). O livro de Jeremias é muitas vezes citado no Novo Testamento como uma profecia autêntica. (Ver Mt 2.17,18 (Jr 31.15); 21.13; Mc 11.17; Lc 19.46 (Jr 7.11); Rm 11.27 (Jr 31.33 ss.); Hb 8.8-13 (Jr 31.33 ss.). A tradição talmúdica afirma detalhes sobre a vida e as predições de Jeremias.

4. Integridade. É patente que o volume de Jeremias foi escrito em vários estágios, acompanhando os sucessos históricos e as predições de Jeremias pertencentes àqueles acontecimentos. Os estudiosos liberais veem, nessa atividade, o trabalho de um ou mais editores. Sabemos que a primeira edição dos capítulos 1-25 do livro foi destruída e precisou ser reescrita. Não sabemos dizer quanto trabalho editorial foi feito pelo próprio Baruque. Mas sabemos que o arranjo, algumas vezes, não é cronológico. O fato de que a versão hebraica massorética difere consideravelmente da Septuaginta serve de prova absoluta de que deve ter havido mais de uma edição do livro de Jeremias. Mas aqueles que procuram identificar o trabalho dos possíveis editores diferem muito entre si, no tocante às suas reconstruções, baseadas muito mais em sentimentos subjetivos do que naquilo que, realmente, deve ter acontecido. Talvez Baruque tenha refeito alguns dos discursos de Jeremias, redigindo-os com suas próprias palavras, embora preservando-lhes a substância. Apesar de isso poder exprimir uma verdade, não há como prover tal suposição, nem como descobrir o modo pelo qual isso foi feito. Alguns estudiosos pensam que os capítulos 46—51 não pertencem, essencialmente, a Jeremias; antes, seriam adições feitas posteriormente, embora não haja nenhuma razão compelidora que apoie tal argumento. O apêndice formado pelo capítulo 52 mui provavelmente foi acrescentado pelo próprio Baruque, ou por algum editor posterior. O ministério de Jeremias espraiou-se pelo governo de cinco monarcas de Judá. Se quisermos obter uma sequência cronológica dos seus escritos, teremos de dar um novo arranjo a eles. O professor C. Lattey sugeriu a seguinte disposição, que segue os reis envolvidos no relacionamento com Jeremias: **a. Josias.** Caps. 1-20 (excetuando 12.7—13.27). **b. Jeoacaz.** Nada foi escrito em seu tempo. **c. Jeoaquim.** Caps. 12.7–13.27; 21; 25; 27; 28; 33.35; 36; 45. **d. Joaquim.** Caps. 13.18 ss.; 20.24-30; 52.31-34. **e. Zedequias.** Caps. 24; 29; 37; 38; 51.59,60 (advertências); 30-33 (promessas de restauração); 21; 34; 37-39 (o cerco babilônico); 40-44 (após a queda de Jerusalém); 46-51 (profecias contra várias nações); 52 (apêndice). O material inicial cobriu um período de 23 anos, desde o décimo terceiro ano de Josias (626 a.C.) até 604 a.C. Esse material foi destruído durante o quinto ano do reinado de Jeoaquim, mas Baruque o reescreveu. E *então adicionou* algo a esse material (Jr 36.32).

O texto da Septuaginta nos dá uma versão mais breve que o texto hebraico. Ora, usualmente é o texto mais breve que se revela o original. É muito mais natural que os escribas tenham expandido do que condensado os textos que copiavam. A diferença é cerca de uma oitava parte, pelo que não é muita coisa. Na Septuaginta, os oráculos contra as nações estrangeiras (caps. 46—51) aparecem depois de Jeremias 25.13, e a sequência desses oráculos também encerra algumas diferenças. Tais diferenças poderiam ser explicadas com base em duas versões do livro de Jeremias; ou, então, poderíamos supor que o trabalho de editores é que produziu isso. O texto hebraico tem sido tradicionalmente preferido; devemos relembrar que dificilmente poderia mesmo ser diferente disso, pois que estudioso hebreu teria preferido a tradução da Septuaginta à versão em seu próprio idioma? Os materiais autênticos incluídos nas propostas *adições* não servem de argumento em favor da originalidade, mas apenas mostram que um ou mais editores estiveram envolvidos, tendo adicionado material histórico genuíno, que é confirmado nos registros babilônicos. As omissões que aparecem na Septuaginta (Jr 28.1-33; 29.16-20; 33.14-26; 39.4-13; cap. 52, além de alguns outros pequenos trechos) são difíceis de explicar. Por que motivo um tradutor teria deixado essas passagens de lado, propositadamente? Não há resposta para esse problema; mas, considerando o que sucede nas atividades dos escribas, parece que os tradutores da Septuaginta preferiram representar a forma original do livro, ao passo que o texto hebraico foi por eles concebido como uma expansão dessa forma original. Nada de certo se pode dizer quanto a essa questão, contudo.

VI. A CRONOLOGIA HISTÓRICA E JEREMIAS. Os eventos principais e suas datas, no que se relacionam ao livro de Jeremias, são os seguintes:

• 686 a.C.: O reinado de Manassés.
• 648 a.C.: O nascimento de Josias.
• 642 a.C.: Amom substitui Manassés como rei.
• 633 a.C.: Josias busca renovação espiritual (2Cr 34.3). Morte de Assurbanipal, rei da Assíria. Ciaxares torna-se rei da Média.
• 628 a.C.: Reformas religiosas de Josias.
• 627 a.C.: Chamada divina de Jeremias.
• 626 a.C.: Nebopolassar torna-se rei da Babilônia.
• 621. a.C.: Acha-se o rolo da lei, depois utilizado na reforma.
• 609 a.C.: Josias é morto em Megido. Jeoacaz governa por três meses. Jeoaquim assume o poder, em Jerusalém.

JEREMIAS (O LIVRO)

- 605 a.C.: Os babilônios derrotam o Egito e a Assíria, em Carquêmis. Daniel e outros são levados à Babilônia (Dn 1.1). Nabucodonosor torna-se rei da Babilônia.
- 604 a.C.: A Palestina paga tributo a Nabucodonosor.
- 601 a.C.: Os egípcios derrotam momentaneamente os babilônios.
- 598 a.C.: Fim do reinado de Jeoaquim; os babilônios invadem Jerusalém. Joaquim torna-se rei de Judá; governa por três meses e é deportado para a Babilônia.
- 597 a.C.: Zedequias torna-se rei de Judá.
- 588 a.C.: Cerco de Jerusalém, iniciado a 15 de janeiro.
- 587 a.C.: Jeremias é encarcerado pelos judeus (Jr 32.1,2).
- 586 a.C.: Fuga de Zedequias diante dos babilônios (2Rs 25.2,3; Jr 39.4; 52.5,7). Destruição de Jerusalém (2Rs 25.8-10). Gedalias, governador temporário de Judá, é assassinado. Jeremias o apoiava. Os judeus vão para o Egito e levam Jeremias.
- ?: Morte (e martírio) de Jeremias, no Egito.

VII. Esboço do Livro

I. *Chamada de Jeremias, Avisos e Mensagem aos Judeus* (1.1—29.32)
  A. Oráculos de Condenações
    1. Contra o pecado e a ingratidão (2.1—3.5)
    2. A destruição virá do norte (3.6—6.30)
    3. Os judeus seriam exilados (7.1—10.25)
    4. O pacto rompido: sinal do cinto (11.1—13.27)
    5. A seca (14.1—15.21); sinal do profeta solteiro (16.1—17.18); avisos acerca do sábado (17.19-27)
    6. O sinal da casa do oleiro (18.1—20.18)
  B. Oposição aos Anciãos e Líderes
    1. Abusos contra Jeremias e seu encarceramento (19.21—20.18)
    2. Seu conselho a Zedequias (21.1-14)
    3. Contra os reis e os falsos profetas (22.1—24.10)
    4. Contra as nações (25.1-38)
    5. Jeremias escapa da execução (26.1-24)
    6. Oposição a Jeremias, em Jerusalém e na Babilônia (27.1—29.32)
II. Várias Profecias, da Subida ao Trono ao Cativeiro de Zedequias (30.1—39.18)
    1. Vislumbres de restauração (30.1—33.26)
    2. Uma nova aliança (30.1—31.40)
    3. Um sinal sobre a restauração (32.1-44)
    4. O pacto davídico (33.1-26)
    5. Desintegração do reino de Judá (34.1-39.18)
    6. O exemplo dos recabitas (34.1-22)
    7. Queda de Jerusalém (37.18)
III. Profecias em Judá, Após o Cativeiro (40.1—42.22)
    1. Mensagem ao remanescente, na Palestina (40.1—41.18)
    2. Aviso para os judeus não descerem ao Egito (cap. 42)
IV. *Jeremias no Egito* (43.1—45.5)
V. *Profecias contra Nações e Cidades* (46.1—51.64)
    1. Egito (46.1-28)
    2. Filístia (47.1-7)
    3. Moabe (48.1-47)
    4. Amom (49.1-6)
    5. Edom (49.7-22)
    6. Damasco, Quedar e Hazor (49.23-33)
    7. Elão (49.34-39)
    8. Babilônia (50.1—51.64)
VI. *Apêndice*
    1. Queda e cativeiro de Judá (52.1-30)
    2. Libertação de Joaquim (52.31-34)

VIII. Alguns Conceitos Básicos de Jeremias — Sua Mensagem.

1. O Livre-arbítrio e o Determinismo. Jeremias viu o soerguimento inevitável da Babilônia, que subjugaria a Assíria e o Egito. Nesse jogo pelo poder, a nação de Judá seria reduzida a nada. Apesar de predizer tais eventos como inevitáveis, ainda assim Jeremias cria na genuinidade da chamada de Judá ao arrependimento (o que poderia evitar toda a tragédia). Em outras palavras, Judá poderia ter escapado ao terror. Essa circunstância levanta a antiga questão da interação entre o livre-arbítrio humano e o determinismo divino. Para tal questão, não há resposta absolutamente adequada. Deus usa o *livre-arbítrio* humano, sem destruí-lo, embora não saibamos dizer como. Quanto a um estudo completo sobre essa questão, examinar os dois artigos intitulados *Livre-arbítrio* e *Determinismo*, no *Dicionário*. Ver também acerca da *Predestinação*. No que diz respeito a indivíduos, pelo menos no tocante à questão do desenvolvimento espiritual, uma verdade inegável parece ser que os eventos que inevitavelmente devem suceder em uma vida são autoescolhidos. Em outras palavras, a própria pessoa seleciona os acontecimentos principais de sua vida, os quais determinarão o curso que ela seguirá. Porém, esses eventos que determinam o destino de uma pessoa não são em grande número, de tal modo que a maior parte daquilo que um homem faz, fá-lo por sua livre agência. Porém, naquilo que dirige o destino da alma, o indivíduo não o faz por meio de seu livre-arbítrio; antes, segue os ditames de sua alma, em consonância com a direção e a *Providência de Deus*, que delega tais poderes aos homens. Além disso, como é óbvio, há eventos tanto pessoais como independentes do indivíduo (mas que exercem profundo efeito sobre a sua vida), os quais são intervenções diretas ou diretivas de Deus. Depois de dizermos isso, vemos que alguma luz foi projetada sobre o problema, embora muitas perguntas continuem sem resposta. **2. Conceitos de Deus**. Conforme fica implícito no primeiro ponto, Deus é o poder controlador das atividades humanas, embora não seja infenso, como Ser Supremo, àquilo que o homem quer e faz. Ele é o Criador e o Senhor Soberano que governa todas as coisas, nos céus e na terra: (Jr 5.22,24; 10.12 ss.; 23.23 ss.; 27.5). Um completo monoteísmo era a crença de Jeremias. Não havia nenhum toque de *henoteísmo* (ver a respeito no *Dicionário*) em seu sistema doutrinário. Para ele, os deuses das nações nem eram entidades (10.14 ss.; 14.22). A vontade divina é suprema sobre todas as coisas (Jr 18.5-10; 25.15-38; 276-8). **3**. A presciência de Deus é absoluta (Jr 17.5-10). **4**. O amor de Deus desconhece limites (Jr 2.2; 31.1-3). **5**. Deus é a fonte originária da vida de todos os seres vivos (Jr 2.13; 17.13). **6**. Deus requer justiça e obediência (Jr 7.1-15). **7**. As abominações a Deus incluem os sacrifícios oferecidos aos deuses pagãos (Jr 7.30 ss.; 19.5), embora também sejam abominações as oferendas de um povo rebelde e pecaminoso (Jr 6.20; 7.21 ss.; 14.12). **8. A idolatria** (ver a respeito no *Dicionário*) é salientada como uma espécie de ofensa capital contra Deus. Baal, Moloque e a rainha do céu são especificamente condenados pelo profeta. Havia ídolos pagãos no próprio templo de Jerusalém (Jr 32.34). Em Jerusalém, crianças estavam sendo oferecidas em holocausto a Baal e a Moloque (Jr 7.31; 19.5; 32.35). Jeremias lamentava a grande apostasia que invadira Judá, mormente porque ele via a ira de Deus preparando a Babilônia para ser a vara do castigo contra o seu povo terreno. **9. A imoralidade** foi condenada como uma forma de idolatria. As pessoas imaginam deuses de acordo com os seus próprios vícios (Jr 5.1-6; 7.3-11; 23.10-14). A corrupção moral tem uma maneira de abafar o temor a Deus no coração dos homens. Os próprios sacerdotes tinham-se deixado envolver nisso (Jr 5.30 ss.; 6.13-14; 14.14). Em meio à sua imoralidade e idolatria, Judá conseguiu manter sua religiosidade. Mas Jeremias proclamou que a lei moral é mais importante do que as práticas religiosas e cerimônias. O povo de Judá reverenciava a arca (Jr 3.16), as tábuas da lei (31.31 ss.), o templo de Jerusalém (7.4,10 ss.; 11.15), o sinal da circuncisão (4.4; 6.10; 9.26) e o sistema de sacrifícios (6.20; 7.21 ss.; 11.15; 14.2), mas estava afundado na corrupção moral. Isso também tipifica a igreja organizada conforme a vemos hoje em dia no mundo. Uma porca pode ser sacrificada sobre o altar, na forma de música irreverente e de práticas profanas, ao mesmo tempo que o pastor emprega seu sermão, presumivelmente, a fim de convocar os homens ao arrependimento. **10. Julgamento**. O profeta pregou o julgamento divino, explicando que este haverá de descarregar-se contra os homens desobedientes. Mas também ensinou que o arrependimento pode arredar o castigo. Jeremias tinha em mente, especificamente, a invasão por parte da Babilônia (Jr 1.13-16; 4.11,12; 5.15-19; 6.1-15). A Babilônia, pois, era um látego usado por Deus como instrumento, embora também servisse de medida corretiva, porquanto todos os juízos divinos são remediadores em sua natureza, e não meramente vingativos. Ver no *Dicionário* o artigo geral sobre o *Julgamento.* **11.** Nem todas as religiões são iguais, nem todas as fés religiosas são genuínas. Existem *religiões falsas.* Jeremias manifestou-se contra os falsos profetas, que tão facilmente enganavam o povo (Jr 8.10-17; 14.14-18; 23.9-40). A principal falsidade deles consistia em pregar uma mensagem otimista, ao mesmo tempo que Deus só pensava em castigar o seu povo terreno. **12**. A esperança, em meio ao juízo divino à condenação, era um tema constante nas predições de Jeremias. O exílio de Judá era inevitável, embora não houvesse de perdurar para sempre. Haveria de redundar em um digno propósito, visando o bem do povo judeu, em última análise (Jr 19.10; 25.11). Nisso consiste a própria natureza do julgamento. O julgamento tem um aspecto *remediador,* não sendo mera reparação e, menos ainda, vingança. Ver o trecho de 1Pedro 4.6, que ensina essa verdade no tocante ao julgamento dos incrédulos. O próprio *hades* tem um aspecto remediador, conforme se vê no relato bíblico da *descida de Cristo ao hades* (ver no *Dicionário* a respeito). A esperança de Jeremias, em meio ao juízo divino iminente, deu origem a um ato de fé, quando ele comprou um terreno em Anatote (não distante de Jerusalém), pois sabia que o povo de Judá haveria de retornar à sua pátria. É lamentável que o próprio Jeremias tenha sido assassinado no exílio (no Egito), o que significa que o ato de compra do terreno era simbólico, não lhe tendo trazido nenhuma vantagem pessoal. Porém, Deus também estava controlando a situação, e podemos ter certeza de que o profeta nada perdeu, mas somente teve a ganhar. **13. A Convocação à Religião Vital**. À semelhança de Paulo, no segundo capítulo da epístola aos Romanos, Jeremias viu que as formalidades religiosas externas são inúteis, a menos que haja uma correspondente vitalidade espiritual, na alma. A confiança de Judá no templo, nos sacrifícios animais, no sacerdócio e no sinal da circuncisão era inteiramente inútil, sem a santidade e a dedicação da alma aos princípios espirituais (Jr 2.8; 5.13; 7.4-15; 8.8; 21—26). É mister que os princípios da lei sejam inscritos no coração dos homens, e não meramente em alguma superfície de escrita (Jr 31.31-34; 32.40). Se os símbolos externos fossem destruídos, isso não seria o fim do relacionamento eficaz de Deus com os homens (Jr 33.14-26). Suas alianças continuariam, mesmo sem símbolos externos. Essa é uma verdade que os ramos sacramentalistas da igreja cristã ainda não conseguiram absorver. **14. Contemplando a Esperança Messiânica**. Jeremias viu um brilhante e novo dia, que haveria de raiar, apesar da melancolia do momento. Em primeiro lugar, haveria uma restauração do povo de Israel à sua terra, no tempo certo (Jr 30.17-22; 32.15,44; 33.9-13). Em segundo lugar, haveria o estabelecimento do governo do Príncipe messiânico sobre Israel (Jr 23.5 ss.) e sobre todas as nações da terra (Jr 3.17; 16.19; 30.9). **15. A Essência da Fé Religiosa**. Os homens ficam ofuscados e escravizados às formas religiosas externas, cerimônias e instituições. Porém, a fé religiosa genuína é, essencialmente, uma condição moral e espiritual, na qual a alma é unida a Deus (Jr 31.31-34). Esse foi um dos temas fundamentais da prédica do Senhor Jesus, conforme fica demonstrado pelo sermão da montanha (Mt 5—7), um tema que teve continuidade nos escritos de Paulo, do qual o segundo capítulo de Romanos é um bom exemplo.

IX. BIBLIOGRAFIA. AM ARC BRI BRIG(1966) E EIS G I IB ID ND UN WIS Z

JEREMIAS (OUTROS)

Ver o artigo geral intitulado *Jeremias (O Profeta).* Além do profeta, outras oito pessoas aparecem com esse nome, no Antigo Testamento. Quanto ao significado do nome *Jeremias,* ver o artigo sobre o profeta desse nome. **1**. Um guerreiro gadita que se aliou a Davi, em seu exílio, no deserto, em Ziclague, quando Davi fugia de Saul (1Cr 12.10). Ele viveu em torno de 1061 a.C. **2**. Um benjamita que também veio juntar-se às forças de Davi, no deserto em Ziclague, quando Davi fugia de Saul (1Cr 12.4). Viveu em cerca de 1053 a.C. **3**. Um outro gadita que veio reunir-se a Davi, nas mesmas condições dos casos anteriores (1Cr 12.13). Viveu em cerca do 1050 a.C. **4**. Um chefe da meia-tribo de Manassés, que vivia na Transjordânia (1Cr 5.24). Ele viveu em cerca de 782 a.C. Aparentemente, viveu na época do cativeiro assírio. **5**. Um nativo de Libna e pai de Hamutal, a esposa do rei Josias. Ele foi um daqueles que se casaram com mulheres estrangeiras, ao tempo do exílio babilônico, e que, após o retorno a Jerusalém, foi forçado a divorciar-se dela. A esposa de Josias foi mãe de Jeoacaz (2Rs 23.31) e de Zedequias (2Rs 24.18; Jr 52.1). Ele viveu em torno de 632 a.C. **6**. Um filho de Habizinias e pai de Jaazanias, o recabita, a quem o profeta Jeremias testou com uma oferta de vinho (Jr 35.3). Isso ocorreu em cerca de 536 a.C. **7**. Um sacerdote, cabeça de um dos turnos que servia no templo de Jerusalém (Ne 12.1,34). Ele viveu por volta de 450 a.C. **8**. Um dos trombeteiros, por ocasião da celebração das recém-reparadas muralhas de Jerusalém. Talvez seja idêntico ao Jeremias anterior (número 7). É mencionado em Neemias 10.2. Ainda que seja um indivíduo diferente, também viveu por volta de 450 a.C.

JEREMIEL

Esse é o nome de um suposto arcanjo, que responde às perguntas a ele dirigidas pelos mortos justos, conforme o registro de 2Esdras 4.36. Alguns identificam-no com o Ramiel de 2Baruque 55.3 com o Remiel de 1Enoque 20.8. Ver os artigos sobre os *Anjos* e sobre *Rafael,* onde oferecemos material tradicional a respeito dos arcanjos. Ver também o artigo sobre *Gabriel.*

JEREMOTE

No hebraico, **"alto"**, **"inchado"** ou **"grosso"**. Em algumas traduções (mas não na nossa versão portuguesa), aparece a forma alternativa *Ramote,* em Esdras 10.29. Várias personagens bíblicas aparecem com esse nome, a saber: **1**. Dois benjamitas chamavam-se Jeremote (1Cr 7.8; 8.14). O segundo talvez possa ser identificado com o Jeroão de 1Crônicas 8.27. Eles viveram em torno de 588 a.C. **2**. Um levita merarita, filho de Musi (1Cr 23.23). Ele é chamado *Jerimote,* em 1Crônicas 24.30. Viveu em cerca de 960 a.C. **3**. Um descendente de Hemã (1Cr 25.22). No quarto versículo daquele capítulo, ele é chamado de *Jerimote.* Viveu em cerca de 960 a.C. **4**. Um chefe da tribo de Naftali, que viveu durante o reinado de Davi (1Cr 27.19). O texto massorético grafa seu nome como *Jerimote.* **5**. Um dos filhos de Elão, que se casara com uma esposa estrangeira, durante o exílio de Judá na Babilônia. Quando do retorno de Judá a Jerusalém, ele foi forçado a divorciar-se de sue esposa estrangeira (Ed 10.27). Ele viveu em torno de 456 a.C. **6**. Um dos filhos de Zatu, que se casara com uma mulher estrangeira, durante o tempo do cativeiro babilônico, e que, ao retornar a Jerusalém, foi forçado a divorciar-se dela (Ed 10.27). Ele viveu em torno de 456 a.C.

JERIAS

No hebraico, **"Yahweh é o fundamento"**. Um levita coatita, filho de Hebrom (1Cr 23.19; 24.23). Ele era chefe dos hebronitas, ao tempo do rei Davi. Viveu em torno do ano 1000 a.C.

JERIAS

No hebraico, **"temor de Yahweh"**, embora alguns pensem apenas em "ver". Era filho de Selemias. Seu nome chegou até nós porque foi ele quem deteve Jeremias, sob a acusação de que esse profeta planejava desertar para os caldeus (Jr 37.13,14). Era guardião da porta de Benjamim, em Jerusalém. Viveu por volta de 597 a.C.

JERIBAI

Ele foi um dos valentes guerreiros de Davi, sendo mencionado em 1Crônicas 11.46. O trecho de 2Samuel 22 apresenta uma lista desses guerreiros, e o livro de 1Crônicas também dá alguns deles. Esse homem aparece entre os heróis extras, mencionados em 2Crônicas. Ele é o segundo filho de Elnaão. Deve ter vivido em torno de 1000 a.C.

JERICÓ
Davis, John D., 1854-1926, *Novo Dicionário da Bíblia* / [Tradução: J.R. Carvalho Braga]. – Edição ampliada e atualizada – São Paulo, SP: Hagnos 2005.

JERICÓ

I. O NOME. O nome "Jericó" tem sua origem e seu sentido incertos, embora pareça significar "lugar perfumado", ou então "cidade da lua". Talvez esteja relacionado à palavra hebraica *yeriho*, que vem da mesma raiz que *yareah*, "lua". Nesse caso, a razão para o uso original desse termo provavelmente esteve ligada ao deus-lua dos semitas ocidentais, *Yarih* ou *Yerah*, conforme foi sugerido pelo arqueólogo W. Albright. Quanto a referências veterotestamentárias sobre essa localidade (ver Nm 22.1; 26.3; 31.12; 33.48,50; 36.13; Dt 32.49; Js 2.1,2; 3.16; 4.13; 5.10; 6.1,2,25; 16.1,7; 18.12,21; 2Sm 10.5; 1Rs 16.34; 2Rs 2.4,5,15,18; 1Cr 6.78; 10.15; 2Cr 28.15, Ed 3.24; Ne 3.2; 7.36; Jr 39.5; 52.8). Nas páginas do Novo Testamento, essa cidade é mencionada em (Mt 20.29; Mc 10.46; Lc 10.30; 18.35; 19.1 e Hb 11.30). Assim, a cidade é mencionada por cerca de setenta vezes no Antigo Testamento, e por seis vezes no Novo Testamento.

II. INFORMES GEOGRÁFICOS. Jericó era uma antiquíssima cidade, construída na espaçosa planície onde o vale do Jordão alarga-se entre os montes de Moabe e os precipícios ocidentais. Ficava situada na rota que o povo de Israel vinha seguindo, depois da travessia do rio Jordão, sob as ordens de Josué, em preparação para a conquista da Terra Prometida (Js 3.16). Jericó fica quase diretamente a leste do mar Morto, cerca de vinte quilômetros das margens do mesmo, e diretamente a leste de Betel, da qual desta cerca de quinze quilômetros. Ficava cerca de trinta quilômetros a nordeste de Jerusalém. O local da antiga Jericó é assinalado, hoje em dia, por um cômoro em forma ovoide, muito desgastado, chamado Tell es-Sultan. Isso fica nos subúrbios da cidade moderna. Uma estrada moderna passa pelo lado oriental do cômoro. Perto desse cômoro fica a fonte de Ain es-Sultan, que provia água na antiguidade e, sem dúvida, foi uma das razões para o local ser ocupado desde tempos remotos. O próprio cômoro tem cerca de quatrocentos metros de comprimento, no eixo norte-sul, e cobre uma área de cerca de dez acres, ou seja, pouco mais de 40 mil metros quadrados. Nos dias do Novo Testamento, a Jericó de Herodes ficava localizada cerca de um quilômetro e meio a oeste da cidade moderna, sendo representada pelas ruínas que ocupam ambas as margens do *wadi* Qelt. Esse local é chamado de Tulo Abu el-Alyiz. As colinas da Judeia elevam-se abruptamente a oeste desses dois lugares. A área fica a 250 m. abaixo do nível do mar. Naquela região, no passado, várias cidades diferentes, com o nome de Jericó, floresceram e declinaram.

III. INFORMES HISTÓRICOS. As escavações efetuadas por Carl Watzinger (1907 e 1908) e por John Garstang (1929-1936) demonstraram que havia uma comunidade dos tempos neolíticos naquele local onde Jericó, finalmente, foi erigida, uma comunidade de cerca do quinto milênio a.C. Três cidades foram construídas naquela área, na Idade do Bronze (3000 a 1200 a.C.). A terceira dessas cidades era a aldeia cananeia que foi capturada por Josué, e então destruída, em cerca de 1400 a.C. Ver o décimo sexto capítulo do livro de Josué. Subsequentemente, a cidade foi reconstruída por Hiel, o betelita conforme se aprende em 1Reis 16.34. Há provas de que as cidades assim construídas foram destruídas tanto pelos homens quanto por catástrofes naturais, como guerras e terremotos.

Jericó era uma parada obrigatória para as tribos nômades. Antes da invasão israelita, nos dias de Josué, no começo da Idade do Bronze, invasores nômades destruíram aquele lugar. Isso sucedeu em cerca de 2300 a.C. Esses invasores têm sido identificados pelos estudiosos como amorreus. Os cananeus que viviam no local migraram para a área, talvez desde 1900 a.C. Lemos em Números 13.29: ... *os amorreus habitam na montanha; os cananeus habitam ao pé do mar e pela ribeira do Jordão*. Esses fatos são ilustrados por fontes arqueológicas e extrabíblicas.

Os túmulos que têm sido escavados em Jericó ilustram o tipo de vida que ali havia, nos tempos patriarcais. Excelentes peças de cerâmica, mesas de madeira com três ou quatro pernas, ferramentas, camas, cestas, caixas de armazenamento, pratos, travessas, vários tipos de armas, e até mesmo produtos alimentícios, como carne e frutas (preservados pelo gás metano, em alguns desses túmulos) têm sido desenterrados.

Algum grande cataclismo atingiu o local, em cerca de 1550 a.C. Jericó, assim sendo, foi abandonada de 1550 a 1400 a.C. A invasão israelita ocorreu no século XIII a.C., quando os cananeus ocupavam o local. Não é abundante o material que tem sido recuperado daquele tempo, embora seja o suficiente para confirmar que o local era habitado. Há períodos da história antiga de Jericó que sofreram o desgaste próprio do tempo, e muita coisa continua escondida por debaixo das estruturas modernas, que não podem ser removidas. O relato do Antigo Testamento, a respeito da conquista encabeçada por Josué, aparece nos capítulos terceiro e oitavo do livro de Josué. A Jericó capturada por Josué era apenas uma pequena aldeia. A cidade principal, na conquista liderada por Josué, na Palestina, era Hazor, embora alguns estudiosos tenham pensado que Jericó fosse a cidade mais importante da região. A ênfase da Bíblia sobre Jericó deve-se ao fato de que ela foi uma espécie de primícia da conquista, que prometia muito mais por vir, e não que a cidade foi de conquista difícil, como se mostrasse que todas as cidades que os israelitas ainda teriam de conquistar fossem igualmente difíceis.

A narrativa veterotestamentária, como é óbvio, envolve Raabe, que, como é incrível (devido à graça divina e o seu contato com os israelitas da época), acabou fazendo parte da genealogia de Jesus Cristo (Mt 1.5). O livro de Josué informa-nos

ESCAVAÇÕES DE JERICÓ
Davis, John D., 1854-1926, *Novo Dicionário da Bíblia* / [Tradução: J.R. Carvalho Braga]. – Edição ampliada e atualizada – São Paulo, SP: Hagnos 2005.

acerca da natureza caótica da época, e Jericó participava desse estado de coisas. Nenhum resto substancial da cidade antiga tem sido encontrado, pertencente àquele período. Podemos supor, pois, que Jericó, na época de Josué, era apenas uma aldeia em declínio.

Josué proferiu uma maldição contra o lugar (Js 6.26). A Bíblia informa-nos que, subsequentemente, houve ali alguma atividade humana. A área, como um oásis, foi ocupada por Eglon, rei de Moabe (Jz 3.14). Alguns representantes de Davi passaram algum tempo ali, depois de terem sido ofendidos por Hanum, de Amom (2Sm 10.4).

Nos dias do rei Acabe, Hiel, de Betel, tentou reconstruir a cidade de Jericó (século IX a.C.), porém, as evidências arqueológicas sobre isso são escassas. Hiel perdeu seus filhos mais velhos e mais jovens, e isso foi interpretado como cumprimento da maldição lançada por Josué, segundo se lê em 1Reis 16.34. Isso nos leva aos tempos de Elias e Eliseu (2Rs 2.4,5,18-22). Eliseu purificou as águas amargosas que ali havia.

Jericó chegou ao seu ponto final no tempo do cativeiro babilônico, nos dias de Zedequias, o último rei de Judá (2Rs 25.5; 2Cr 28.15 Jr 39.5; 52.8). Os trechos de Esdras 2.34 e Neemias 7.16 aludem a uma ocupação do local durante o período de dominação persa; mas a população consistia apenas de 345 pessoas. Todavia, eles ajudaram no soerguimento das muralhas de Jerusalém (Ne 3.2).

Árabes, cruzados e turcos chegaram ao local, utilizando-se das águas de suas fontes, e o ocuparam. Porém, essa ocupação foi feita cerca de três quilômetros para sudeste do antigo local que havia nos dias do Antigo Testamento. A atual cidade de Jericó expandiu-se ao ponto de circundar o antigo cômoro.

IV. NO NOVO TESTAMENTO E POSTERIORMENTE. Após ter passado de mão em mão, Jericó foi adquirida por Herodes, o Grande, que construiu uma nova cidade um tanto ao sul do local antigo. Ele a romanizou, dando-lhe um hipódromo, um anfiteatro e um palácio. As ruínas do local erigido por Herodes chamam-se, hoje em dia, Tulul Abut el-Alayia. No inverno, o clima da região é quente e agradável, o que explica a escolha feita por Herodes. Uma pequena fortaleza foi erigida ali, em uma estrada que vai do vale do Jordão até Jerusalém.

Herodes usava essa cidade como sua *capital de* inverno. Fora embelezada com estruturas de estilo helênico, por Herodes, o Grande, e por seu filho, Arquelau. Contava com um palácio de inverno, uma fortaleza, um teatro e um hipódromo. Os arqueólogos têm podido desenterrar indícios das atividades que havia nesse edifício. A arquitetura da Jericó do NT era romana e, diferentemente das aldeias de origem cananeia e judaica, Jericó estava ornamentada com árvores como o sicômoro, a qual cresce somente no vale do rio Jordão e na costa do mar Mediterrâneo. Pequenas peças de madeira, usadas para sustentar o muro de uma torre que foi descoberta em Jericó (segundo foi demonstrado pela Escola de Florestas de Yale), eram feitas de sicômoro.

Essa cidade estava situada nos vaus do rio *Jordão*, na fronteira com a Pereia e na planície mais rica da Palestina. Ficava cerca de 24 quilômetros de Jerusalém, e estava cerca de 1.100 metros abaixo do nível do mar, e oferecia violentos contrastes com a capital. Herodes, o Grande empenhou-se em extenso programa de edificações ali, e sabemos, pelas descobertas arqueológicas, que havia duas Jericós, a mais antiga (pertencente à história judaica), e a que foi construída pelos romanos. Mas esta última ficava bem próxima da primeira e, na realidade, não passava de uma continuação daquela. Produzia certo número de importantes produtos, incluindo o bálsamo, e era uma próspera comunidade comercial ao tempo de Jesus. Era um centro de cobrança de impostos. Zaqueu era o chefe desse ofício lucrativo na cidade e, naturalmente, era rico (ver Lc 19.1-10). Provavelmente Jesus viajara pelo lado oriental do Jordão e cruzara o vau perto de Jericó. Essa cidade foi o último estágio de sua jornada. Ali ele abriu os olhos de dois cegos e foi proclamado Messias. Mediante sua morte e ressurreição, o que ocorreu pouco depois, ele abriu os olhos de um mundo cego pelo pecado. Evidentemente, a cidade foi totalmente reconstruída, e, subsequentemente, ornamentada por Herodes, o Grande. Era uma cidade ornamentada de palmeiras. No entanto, pelo século XII d.C., não restava qualquer indício da existência dessa cidade. Atualmente, uma miserável localidade está situada no local chamado Richa ou Ericha, e a área perdeu todas as suas antigas palmeiras. O clima é quente e doentio. Tal como no caso de muitas localidades, lembramo-nos melhor de Jericó porque Jesus esteve ali também.

Lucas registra certa permanência de Jesus ali, na casa de Zaqueu. A parábola dos servos e dos talentos, como acontecimento associado a Jericó, foi registrada também por Lucas. Lucas situa o milagre da cura do cego antes desses outros acontecimentos. (Lc diz: *um* cego; Mc fala em dois). Marcos esclarece que o cego se chamava *Bartimeu*. Segundo a gramática do grego indica, a exclamação "Senhor, Filho de Davi, tem misericórdia de nós!" foi repetida por diversas vezes. Bartimeu parecia ser mais insistente em seu clamor que o outro, e a multidão não conseguiu fazê-lo calar-se. Essas multidões acompanhavam Jesus em grande número. A cidade construída por Herodes foi destruída pelos persas e pelos árabes, e ainda uma outra Jericó foi edificada ali pelos cruzados, no local onde se acha a moderna cidade de Jericó. Com a partida dos europeus, o local tornou-se cada vez menos importante. A aldeia moderna fica na estrada de Jerusalém para Amam, estando localizada em uma região agrícola que é fertilizada pela fonte de Eliseu, uma fonte poderosa localizada na falda ocidental do Tell es-Sultan. Muitos turistas costumam visitar esse lugar, que conta com fontes termais, uma igreja grega, uma igreja latina e um mosteiro russo. Jericó tornou-se parte do mandato britânico sobre a Palestina, em 1920; após a guerra árabe israelita de 1948-1949, Jericó foi incluída no reino hasemita da Jordânia. A região tem uma população de cerca de cem mil pessoas; mas a própria vila conta com não mais de dez mil habitantes.

V. Escavações Arqueológicas. Sumário: **1**. Há evidências que apontam para a ocupação do local desde os tempos neolíticos, ou seja, antes de 4500 a.C. **2**. Há provas de que no período calcolítico (4500-3000 a.C.) houve uma série de cidades edificadas ali. Isso é ilustrado por evidências arqueológicas modestas. O professor Garstang atribuiu letras aos vários níveis da cidade, como cidade A (3000 a.C.), cidade B (2500 a.C.), cidade C (1500 a.C.). Esta última era uma cidade maior que as outras, pertencente ao período dos hicsos. **3**. Foi a cidade D que foi capturada por Josué. Na época, Jericó era ocupada por filisteus. Contava com um palácio, reparado, pois pertencia à cidade anterior, e também contava com uma dupla muralha de tijolos. A muralha exterior tinha 1,80 m. de espessura. A muralha interior, com um vão de cerca de 4 m. Em média, entre ela e a muralha externa, tinha 3,00 m. de espessura. Originalmente, tinha cerca de 9 m de altura. Na época, Jericó ocupava uma área de cerca de 12 acres (cerca de 48 mil metros quadrados). Era um lugar compacto, havendo casas até mesmo entre as muralhas externa e interna, o que explica a situação em que Raabe fez os espias descerem muralha abaixo com a ajuda de uma corda, pendurada na janela de sua casa, visto que ela residia na muralha (Js 2.15). As muralhas da cidade D evidenciam uma violenta destruição, em consonância com a narrativa bíblica. A muralha exterior ruiu ladeira abaixo, enquanto que a muralha interior, com as suas casas, ficou a descoberto, no espaço assim deixado. Os detalhes ajustam-se às descrições do sexto capítulo do livro de Josué. **4**. A cidade E veio a tomar o lugar da cidade D, porém, só foi construída em 860 a.C., nos dias do rei Acabe. **5**. As escavações iniciadas em 1950 desenterraram o palácio e a fortaleza de Herodes. **6**. As escavações efetuadas na Jericó do Antigo Testamento, no ano de 1952, encontraram, principalmente, artefatos do período pré-literário. **7**. Há evidências da Jericó dos tempos bizantinos, que foi construída entre um quilômetro e meio e dois quilômetros a leste de Jericó, por Herodes. A atual cidade foi construída acima do nível da localidade bizantina, embora se tenha expandido até dentro da área da Jericó do Antigo Testamento.

Bibliografia. AM KELS KENY UM Z.

JERIEL
No hebraico, **"achado por Deus"**. Jeriel era um dos filhos de Tola, um dos seis cabeças da tribo de Issacar, durante os dias de Davi (1Cr 7.2). Ele viveu em torno de 1020 a.C.

JERIMOTE
No hebraico, **"alturas"**. Esse foi o nome de várias personagens que figuram nas páginas do Antigo testamento: **1**. Um filho de Bela, um chefe guerreiro que pertencia à tribo de Benjamim (1Cr 7.7). Ele viveu em torno de 1860 a.C. **2**. Um guerreiro e arqueiro benjamita, que se aliou a Davi, em Ziclague, quando Davi fugia de Saul (1Cr 12.5). Viveu em cerca de 1040 a.C. **3**. Um filho de Bequer, cabeça de uma das famílias benjamitas (1Cr 7.8). Ele viveu em cerca de 1017 a.C. **4**. O líder dos sacerdotes merariatas, ao tempo em que o recenseamento foi feito por determinação de Davi (1Cr 24.30). Ver sobre *Jeremote*, número dois. **5**. Um filho de Hemã, cabeça do décimo quinto turno dos músicos que serviam nos cultos sagrados organizados por Davi (1Cr 25.4,22). Viveu em torno de 1020 a.C. **6**. Um filho de Azriel, capitão da tribo de Naftali, durante os dias de Davi e Salomão (1Cr 27.19). Viveu em cerca de 1010 a.C. **7**. Um dos filhos do rei Davi. Sua filha, Maalate, foi a primeira esposa de Reoboão. Visto que ele não aparece na lista dos filhos de Davi, é possível que ele tivesse sido filho de uma concubina. Porém, Davi teve tantas esposas e concubinas que teria sido possível que alguns dos filhos tivessem sido esquecidos na alistagem. Ver 2Crônicas 11.18, onde esse homem é mencionado. **8**. Um levita, um dos supervisores do templo nos dias de Ezequias, rei de Judá (2Cr 31.12). Ele viveu em cerca de 729 a.C.

JERIOTE
No hebraico, **"cortinas"** ou **"timidez"**. Esse era o nome da segunda esposa de Calebe, filho de Hezrom (1Cr 2.18). Ele viveu em cerca de 1440 a.C. A interpretação do texto envolvido é duvidosa, sendo possível que Jeriote tivesse sido filha, e não esposa de Calebe. O texto massorético ficou corrompido naquele ponto. Jeriote pode ser outro nome de Azuba, a esposa de Calebe, se interpretarmos o *waw* hebraico com o sentido de "a saber", e não com o sentido de "e". Ou então, naturalmente, pode significar que Azuba, antes de se casar com Calebe, fora esposa de um homem chamado Jeriote. Na verdade, não há como solucionar definitivamente o problema.

JEROÃO
No hebraico, **"compassivo"**. Esse é o nome com que aparecem oito personagens diferentes, nas páginas do Antigo Testamento, a saber: **1**. Um filho de Eliú (Eliabe ou Eliel) e avô de Samuel (1Sm 1.1; 1Cr 6.27,34). Ele viveu em torno de 1142 a.C. Era efraimita, mas mesmo assim foi incluído na genealogia levítica. Provavelmente, era um levita não praticante, que fora fixar residência em Efraim, embora não oriundo dali. Seja como for, no período dos juízes houve muitas práticas duvidosas, sendo possível que um levita, na verdade, fosse um efraimita. (Ver Jz 17.7—18.31). **2**. Um residente de Gedor. Ele era pai de dois arqueiros benjamitas que se aliaram a Davi, em seu exílio em Ziclague, guando fugia de Saul (1Cr 12.7). Jeroão viveu em torno de 1055 a.C. **3**. O pai de Azareel, que era chefe da tribo de Dã, nos dias de Davi e Salomão (1Cr 27.22), algum tempo antes de 1017 a.C. **4**. Um líder da tribo de Benjamim (1Cr 8.27), que viveu em cerca de 588 a.C. Talvez ele seja a mesma pessoa descrita abaixo, no número cinco. **5**. O pai de Ibneias, que se tornou um chefe benjamita, em Jerusalém (1Cr 9.8), por volta de 536 a.C. Seu filho viera estabelecer-se em Jerusalém antes dele, logo após o cativeiro babilônico. **6**. O filho de Pasur, descendente de Aarão, que pertencia à casa de Imer (Ne 11.12). Ele viveu em cerca de 530 a.C. Alguns estudiosos identificam-no com o sétimo desta lista. Pertencia a uma família sacerdotal, e seu filho prestou um bom serviço, em seus dias. **7**. O filho de Pelaias e pai de Adaías, que veio residir em Jerusalém, terminado o exílio babilônico (Ne 11.12), em cerca de 440 a.C. Alguns estudiosos pensam que ele pode ser identificado com a personagem anterior, número seis desta lista. **8**. O pai de Azarias. Ele era um comandante militar que ajudou o nosso sacerdote, Joiada, a derrubar a rainha apóstata, Atalia (2Cr 23.1). Joás tornou-se rei, com a ajuda de sua ação. Corria, segundo os cálculos, o ano de 836 a.C.

JEROBOÃO
Jeroboão foi o primeiro rei da nação do norte, Israel, quando Israel e Judá tornaram-se reinos distintos. Para melhor entender a história envolvida, o leitor deveria examinar os seguintes artigos: *Israel, História de; Israel, Reino de Judá, Reino de*. No artigo intitulado *Rei, Realeza*, há um gráfico que comparar os reinos de Judá e Israel com várias outras nações ao redor, ilustrando assim os períodos históricos correspondentes, e seus principais acontecimentos.

I. O Nome. Hb, **"povo multiplicado"** ou **"que se multiplique"** Esse nome tem sido ilustrado mediante a descoberta de um belo selo de jaspe, que retrata um leão a rugir. Tem estampada uma inscrição: *Ishm 'bd yrb 'm*, ou seja, "pertencente a Sema, ministro de Jeroboão".

II. Informes Históricos
1. Família de Jeroboão. Ele era filho de Nebate, um efraimita. Sua mãe chamava-se Zerua (1Rs 11.26).
2. Exaltado por Salomão. Salomão estava levantando fortificações em Milo, perto da cidadela de Sião. Foi então que ele observou um ambicioso jovem que estava ajudando nos trabalhos. E Salomão elevou-o à posição de superintendente

sobre a questão da cobrança de impostos e trabalhos forçados, no tocante à tribo de Efraim (1Rs 11.28) Isso aconteceu logo após 960 a.C.

3. Práticas Opressivas de Salomão. As condições de trabalho eram ruins, os impostos eram altos demais, e isso gerou a insatisfação geral. Jeroboão, pois, tornou-se o cabeça de um movimento de rebelião. Uma predição feita por Aías, que dizia que, finalmente, Jeroboão seria elevado à posição de rei, provavelmente encorajou-o a encabeçar a revolta (1Rs 11.29-40).

4. Conspirações e Fuga. A questão foi crescendo, e Salomão começou a perceber que Jeroboão servia de ameaça para seu governo. A execução foi planejada mas Jeroboão fugiu para o Egito. Ali chegando, Jeroboão foi protegido pelo Faraó Sisaque, onde permaneceu até que ocorreu a morte de Salomão, em cerca de 926 a.C. (Ver 1Rs 11.40). A Septuaginta contém um comentário duvidoso, quanto à sua autenticidade, acerca do exílio de Jeroboão, em parte alicerçado sobre as experiências de Hadade, segundo o registro de 1Reis 11.14-22. O Faraó Sisaque não permitiu que essa amizade pusesse cobro à invasão dos territórios de Judá e de Israel, pelas tropas egípcias.

5. Tentativa de Reconciliação e Nova Revolta. Reoboão, filho do rei Salomão, subiu ao poder. Aparentemente, Jeroboão encabeçava uma delegação cujo intuito era obter melhores condições para o povo comum, mormente no tocante às condições de trabalho e aos impostos. Mas Reoboão, em sua juventude e arrogância, respondeu rispidamente à petição, prometendo um tratamento até mais duro que aquele que fora dado por seu pai. As dez tribos haviam comissionado Jeroboão quanto à sua incumbência, sendo apenas natural que, quando a tentativa fracassou, elas o tivessem convocado para tornar-se o monarca de uma nação independente, as dez tribos do norte, que, depois, tomaram o nome de *Israel*, em contraste com as duas tribos do sul, Judá e Benjamim, que ficaram formando o reino de Judá.

6. A Nova Capital, Siquém. Os primeiros atos de Jeroboão tiveram por fim ampliar o abismo entre as duas nações em que se dividiu o povo israelita, e o estabelecimento de uma capital rival foi a medida mais importante nesse sentido. Por razões desconhecidas, a capital *de facto* era Penuel, a oeste do rio Jordão, onde ficava a sede do governo nortista. Posteriormente, Jeroboão retornou à porção leste do Jordão, e fixou residência permanente em Tirza (1Rs 12.25; 15.21,33; 16.6 ss.; Js 12.24). Além de perturbações políticas, havia também as dificuldades religiosas. Jeroboão, cansado de tentar impedir o fluxo de peregrinos que se dirigia, anualmente, ao templo de Jerusalém, capital do reino do sul, acabou fundando santuários idólatras em Dã e Betel.

7. Os Bezerros de Ouro de Dã e Betel. Os intérpretes, provavelmente, estão com a razão ao suporem que a adoração ao bezerro de ouro, instituída por Jeroboão, era uma maneira de homenagear Yahweh, posto que mal-orientada, e não uma franca idolatria pagã. Havia um costume semita comum de considerar as deidades como entronizadas sobre as costas de animais. É possível que Yahweh fosse concebido como sentado nas costas dos dois bezerros de ouro, de tal modo que aquela idolatria fosse uma maneira distorcida de adorar Yahweh! Porém, quão moderno tudo isso parece! Quão triste é que certos segmentos da cristandade estejam fazendo exatamente esse tipo de coisa. Promovem uma forma de idolatria que, segundo pensam, honra a Deus e ao seu Cristo! (ver 1Rs 12.26-33). Nem Deus e nem os profetas do Senhor concordaram com tal forma de idolatria. Jeroboão corrompeu as leis antigas. Ele estabeleceu o seu sacerdócio particular, composto de indivíduos que não pertenciam à tribo de Levi. Ele instituiu suas próprias comemorações e uns próprios dias de oferecimento do sacrifícios. Ele erigiu lugares para uma adoração espúria, em lugares altos, seguindo o costume pagão.

8. Denúncias dos Profetas. Jeroboão deu início a um curso de ação que só poderia resultar na destruição. Um dia, quando ele oficiava, oferecendo incenso nos holocaustos, como se fosse um rei sacerdote (imitando a prática egípcia), um profeta, que é chamado apenas de "homem de Deus", passava e observou a cena. Este lamentou a idolatria e profetizou no local que um descendente de Davi, que se chamaria "Josias", haveria de pôr fim às práticas idólatras de Jeroboão, sacrificando sobre os altares nos altos, os sacerdotes estabelecidos por esse rei de Israel. Também predisse a destruição dos altares idólatras. Jeroboão, porém, não gostou do que o profeta dissera, e ordenou que ele fosse preso. Jeroboão estendeu o braço, em um gesto de comando, e seu braço ficou imediatamente seco. O altar rachou pelo meio, e então Jeroboão precisou pedir por misericórdia, para que seu braço lhe fosse restaurado. Isso lhe foi concedido, pela graça divina, através da oração feita pelo profeta. Jeroboão, em seguida, mostrou-se generoso, e queria que o homem fosse à sua casa para uma refeição, o que, naturalmente, o profeta recusou.

9. Mais Idolatria e Declínio. Os pecadores raramente aprendem as suas lições e se arrependem. Jeroboão não foi uma exceção a isso. Ele continuou com sua obstinação. Seu filho, Abias, adoeceu gravemente; e Jeroboão enviou sua esposa para inquirir do profeta Aías se havia possibilidades de recuperação. O profeta, porém, reconheceu a mulher, que viera disfarçada, e predisse a morte do filho do casal. Nem bem ela chegou de volta, o menino morreu. Jeroboão nunca se recuperou totalmente do golpe, e das diversas circunstâncias que se estabeleceram. E morreu não muito depois (1Rs 14.1-20).

III. A Dinastia de Jeroboão. Na qualidade de primeiro rei secessionista de Israel, Jeroboão governou por 22 anos (1Rs 14.20), isto é, de 931 a 910 a.C., embora outros estudiosos falem nas datas de 921-901 a.C. Seu filho, Nadabe, governou apenas por dois anos, e foi assassinado por Bassa (1Rs 15.25-30). A breve dinastia de Jeroboão caiu sob o peso de seus próprios pecados e corrupções, embora ele tivesse sido escolhido como rei, no começo de sua carreira, a fim de opor-se a uma série de corrupções da parte de Salomão, mas que Reoboão ameaçava continuar. Quão comum isso é, no campo da política em geral! Isso, naturalmente, cumpriu a profecia de Aías, registrada em (1Rs 14.2-18 e 15.27-30).

IV. Suas Guerras e Dificuldades. No começo, Jeroboão teve de lutar com Reoboão, rei de Judá, e com Abias, também de Judá (1Rs 14.30; 15.5; 2Cr 12.15). No quinto ano de seu governo, seu antigo amigo e protetor, o Faraó Sisaque, do Egito, invadiu a Palestina, prejudicando tanto Judá quanto Israel (1Rs 14.25 ss.). A Bíblia não menciona o envolvimento da nação do norte, nessa invasão; mas a inscrição sobre o triunfo de Sisaque, achada em Carneque, alista a derrota do Taanaque, Sunem, Reobe, Maanaim e Megido, cidades essas que pertenciam ao reino do norte, Israel. Contudo, Abias obteve uma decisiva batalha sobre Jeroboão (2Cr 13.1-22). Jeroboão perdeu a cidade de Betel, além de outras cidades das proximidades das fronteiras. Nadabe subiu ao trono da nação do norte, mas não permaneceu ocupando-o por longo tempo. A dinastia, desse modo, chegou ao fim, conforme já foi descrito. Aqueles foram tempos agitados para um homem que abandonara a sua herança, e para a sua descendência. Jeroboão começou opondo-se ao erro, mas terminou praticando um número de erros muito maior.

V. Problemas Textuais. O período da vida de Jeroboão, antes de tornar-se rei, é narrado em três versões diferentes: uma delas pertence à Septuaginta, e as outras duas ao texto massorético, em hebraico: **1**. O texto hebraico de 1Reis 11.26—12.24 não é seguido exatamente em três menções existentes na Septuaginta. Em 1Reis 11.43, a Septuaginta contém uma expansão, dizendo que Jeroboão, ao ouvir a notícia da morte de Salomão, foi à sua cidade, Sarira, na região montanhosa de Efraim. Isso significa que ele deixou o seu exílio, no Egito. Ao que se presume, isso o preparou para a revolta que encabeçou. Muitos manuscritos da Septuaginta omitem 1Reis 12.2 e uma parte do versículo seguinte, que aparecem no texto hebraico. Em 1Reis 12.12a são acrescentadas as palavras ...*e todo Israel veio ao rei Reoboão, no terceiro dia*. Isso transparece em nossa versão portuguesa, que diz: *Veio, pois, Jeroboão, e todo o povo, ao terceiro dia, a Reoboão*. **2**. O trecho de 1Reis 12.24, segundo a Septuaginta, é diferente do texto hebraico, havendo diversas adições. Ali Jeroboão é vilipendiado, e ele aparece sob uma luz adversa. Faz sua mãe, Sarira, ser uma meretriz, e não dá o nome de seu pai. Diz que ele tentou apossar-se do poder até mesmo nos dias de vida de Salomão. Ora, isso difere do texto massorético em 1Rs 11.27. A Septuaginta também afirma que chegando ao Egito, Jeroboão casou-se com a filha mais velha e mais proeminente do Faraó Sisaque, Ano, que lhe deu um filho chamado Abias. Isso pode ser comparado com o relato sobre o rebelde Hadade, em 1Reis 11.14-22, que é muito similar ao que diz a Septuaginta, naquela "glosa", sobre Jeroboão. Por essa razão, alguns eruditos pensam que foi dali que se retirou aquele acréscimo. Temos ali o relato de um profeta que foi enviado a Jeroboão para instruí-lo a rasgar uma peça de vestuário em doze pedaços, dizendo-lhe, sarcasticamente, que ficasse com dez pedaços, com os quais se vestiria. Todos os detalhes, pois, aparecem ali com o intuito de degradar Jeroboão e suas intenções. **3**. Em 1Reis 11.26-12.24, achamos outras diferenças. Em 1Reis 11.43, a Septuaginta afirma que Jeroboão voltou do exílio, no Egito, assim que ouviu falar sobre a morte de Salomão. O texto massorético, em 1Reis 12.1-3, diz que Reoboão veio a Israel e reuniu uma assembleia em Siquém, a fim de ser nomeado rei. Ao mesmo tempo, Jeroboão retornou a Israel. Qual foi o papel de Jeroboão nas negociações com Reoboão? O texto massorético deixa Jeroboão em segundo plano, em 1Reis 12.3 e 12. A Septuaginta deixa-o no pano de fundo, omitindo os versículos em pauta. Os estudiosos, pois, têm procurado avaliar essas diferenças. Alguns supõem que a Septuaginta envolve glosas sem autoridade. Outros pensam que há alguma fonte histórica fidedigna por detrás desses pontos, razão pela qual o texto massorético, quanto a esses particulares, deve ser considerado secundário. Mas, após uma longa e intrincada troca de pontos de vista, se conclui que o texto massorético deve ser preferido. Todavia, é feito o reparo de que, pelo menos, algumas das informações históricas não devem ser consideradas sem valor histórico, sobretudo quando abordam a permanência de Jeroboão no Egito.

JEROBOÃO II

Ele foi o décimo terceiro (ou décimo quarto, se Tibini for contado) rei de Israel. A princípio governou como corregente (793-782 a.C.), e então como monarca único (782-753 a.C.; mas há quem prefira 786-746 a.C.).

1. Família. Jeroboão II foi filho e sucessor de Jeoaás; foi o quarto monarca da dinastia de Jeú (vide).

2. Expansões do seu reino. Jeroboão II conseguiu ampliar as fronteiras da sua nação até à Transjordânia, desde a Arabá (vide) até as fronteiras com Hamate. Isso cumpriu uma profecia de Jonas (2Rs 14.25). É mister usar as descobertas arqueológicas para descrevermos essa expansão, visto que a narrativa bíblica é muito abreviada. (Ver 2Rs 14.23-29 e 1Cr 5.17). Os assírios debilitaram o reino de Ben-Hadade, e Jeroboão II aproveitou-se disso para recuperar a Transjordânia, que fora tomada por Ben-Hadade. Os assírios, muito ocupados algures, não fizeram oposição ao expansionismo de Jeroboão II, durante todo o tempo em que ele viveu. Naturalmente, depois de sua morte, os assírios tornaram a penetrar na região.

3. Prosperidade Econômica e Social e Naufrágio Espiritual. Os dias de Jeroboão II foram assinalados pela prosperidade material. De fato, a nação do norte, Israel, nunca desfrutou de tão grande prosperidade desde os dias de Salomão. Todavia a vida religiosa da nação de Israel estava caótica. Os livros dos profetas Oseias e Amós refletem essa degradação. (Ver Os 6.4-10; 10.1-15; Am 2.6-8; 3.13-4.5).

4. O Fim da Prosperidade Material. Quando Jeroboão II faleceu, seu filho, Zacarias, o sucedeu. Mas só permaneceu no trono por seis meses, e então foi assassinado. Isso pôs fim à dinastia de Jeú, que fora condenado desde o começo, em face de seus muitos erros. (Ver 2Rs 15.8-12). Somente trinta anos depois disso, Israel, a nação do norte, deixou de ser uma nação, em face da invasão assíria e o subsequente cativeiro de Israel.

5. Dados Arqueológicos. Vários arqueólogos têm feito escavações importantes em Samaria, tendo confirmado o seu esplendor e as suas riquezas, no século VIII a.C. Jeroboão II construiu várias fortificações, a começar por uma grande muralha dupla que, em alguns lugares, tinha a espessura de dez metros. Suas fortificações ajudam-nos a entender por que os assírios precisaram de três anos completos para capturar a cidade (2Rs 17.5). Um magnificente palácio de pedra calcária, com torres e um espaçoso átrio externo, fazia parte de seu programa de construções. Alguns estudiosos tem pensado que Acabe foi o responsável por essa construção; mas os arqueólogos modernos têm descoberto que o autor da mesma foi, de fato Jeroboão II. Em Megido, foi descoberto um selo de jaspe, com a inscrição "Sema, servo de Jeroboão". Essa inscrição aponta para Jeroboão II, e não para Jeroboão I. O trabalho de arte nesse selo, representando um leão a rugir, é impressionante. Edificações simples, de tijolos, foram substituídas por casas de pedra talhada, e o país enriqueceu muito (Am 3.15; 5.11; 1Rs 22.39). Havia muitas festividades, danças e folguedos, geralmente acompanhadas por práticas morais duvidosas (Am 6.4-6). A religião degenerou, acompanhando o baixo nível moral (Am 4.4; 5.5; 8.14). Amós 7.9 é passagem que prediz que a espada visitaria a casa de Jeroboão. Isso poderia indicar morte violenta para o próprio Jeroboão, mas sabemos que ele morreu de morte natural, em 746 a.C. Mas seu filho e sucessor, Zacarias, após haver ocupado o trono real apenas por seis meses, foi assassinado. O trecho de 2Reis 14.29 registra a morte de Jeroboão, e tudo indica que se tratou de uma morte natural.

JERÔNIMO (C. 347-420)

Batizado jovem na igreja de Roma, Jerônimo manteve uma relação duradoura com esta, apesar de haver vivido seus últimos anos no Oriente. Em seus primeiros anos, procurou levar uma vida solitária e monástica no deserto, mas concluiu que o isolamento era uma atitude cristã inapropriada. Contudo, permaneceu sendo destacado expoente dos ideais de castidade e de um ascetismo modificado. Devido a esse seu posicionamento, bem como à sua reputação de erudito da Bíblia, ganhou a admiração de um grupo de mulheres aristocráticas romanas piedosas, de quem se tornou mestre e conselheiro.

A maior realização de Jerônimo constitui sua tradução da Bíblia. Vigoroso defensor de referência às línguas originais, reformulou completamente as traduções latinas então existentes. O fruto desse trabalho foi a obra que ficou conhecida como Vulgata. Todavia, as tentativas de Jerônimo de restringir o cânon do AT ao que estava escrito em hebraico (ver Escritura) não encontrou resposta alguma até o tempo da Reforma.

Paralelamente, Jerônimo dedicou-se também a uma série de comentários, particularmente sobre os profetas do AT. Esses comentários contêm valiosas informações sobre assuntos filológicos e topográficos, mas raramente apresentam um substancial enfoque teológico. Jerônimo não contribuiu também de modo significativo para os debates teológicos de sua época, aos quais se acercava invariavelmente com certa aspereza. Seu posicionamento contra Orígenes, por exemplo, parece ter sido determinado mais por uma dissidência de caráter pessoal do que por uma reflexão teológica, já que em seus anos jovens havia demonstrado grande admiração pela vasta erudição de Orígenes. O mesmo pode-se aplicar a seu antipelagianismo, pois Jerônimo parece não revelar muito entendimento das questões teológicas então em jogo.

(**G. A. Keith**, M.A., D.Phil., professor, Ayr, Escócia.)
BIBLIOGRAFIA
J.N.D. Kelly, *Jerome* (London, 1975).

JERUBAAL

No hebraico, **"que Baal contenda"**, ou então, **"que Baal aumente"**. Esse foi o apelido dado a Gideão, quando ele destruiu o altar de seu pai, dedicado a Baal, que fora levantado em Ofra. A ideia por detrás desse apelido era que se Baal fosse alguma coisa, então que ele contendesse contra Gideão, por haver derrubado o seu altar. Outros supõem que esse nome não era apenas uma alcunha, mas um verdadeiro nome pessoal de Gideão, refletindo a cultura sincretista em que ele vivia, e também que esse se tornou o seu nome mais proeminente, após seu ato de iconoclasmo. E então, quando, finalmente, o nome Baal se tornou quase pejorativo, em Israel, o seu nome foi alterado para "Jerubesete", segundo se lê em 2Samuel 11.21. Ver o artigo sobre *Jerubesete*. Quanto ao relato sobre como Gideão profanou o bosque e derrubou o altar de Baal, ali existente, (ver Jz 6.31,32; 7.1; 8.29,35; 9.1,2,5,16,19,24,28,57; 1Sm 12.11).

JERUEL

No hebraico, **"achado por Deus"**. Esse era o nome de certa porção do deserto de Judeia, localizada entre Tecoa e En-Gedi. Foi ali que o rei Josafá derrotou a coligação militar dos amonitas, moabitas e meunitas (2Cr 20.16). Essa área ficava a oeste do mar Morto, e na parte sul do território de Judá; mas, a sua localização exata é desconhecida atualmente. Tem sido identificada com a região ao sul do *wadi* el-Ghar, que se estende desde o mar Morto até às vizinhanças de Tecoa. Atualmente chama-se *el-Hasasah*.

JERUSA

No hebraico, **"possuída"** ou **"tomada em casamento"**. Esse era o nome da filha de Sadoque, que se tornou a rainha do rei Uzias. Foi a mãe de Jotão, rei de Judá (2Rs 15.33 e 2Cr 27.1). Ela viveu em cerca de 738 a.C.

JERUSALÉM

I. O NOME. Jerusalém é uma das mais antigas cidades do mundo a ter sido continuamente ocupada; e tem recebido vários nomes através de sua história. Apesar de a etimologia do nome não ser indubitável, aparentemente é de origem semítica, estando relacionado esse nome ao termo hebraico *shalom*, ou *shalem*, "paz". Em Gênesis 14.18 encontramos que o nome do local era *Salém*. Isso posto, nos dias de Abraão a cidade já era chamada por um nome relacionado a "Jerusalém". É possível que o nome original signifique "fundada em paz", e que Salém fosse uma forma abreviada desse nome. Os tabletes de Tell el-Amarna, do século XIV a.C., dizem: *Urusalim*, "cidade da paz". Os assírios chamavam-na de *Ursalimmu*. Os gregos e os romanos usavam a transliteração e adaptação do nome, *Hierosoluma*. Os árabes lhe dão o nome de *El Kuds*, "cidade santa". O trecho de Jos.15.18 fala sobre os ... *jebuseus do sul, isto é, Jerusalém*... Essas eram designações cananeias. Temos ventilado essa questão em artigos separados, conforme indicamos abaixo.

Em Isaías 52.1, Jerusalém é chamada de *'ir haz-kodesh*, "cidade santa", um significado que, sem dúvida, se acha por detrás das adaptações feitas pelos gregos e romanos, desse nome. Sendo a sede do templo e dos ritos sagrados, Jerusalém era, proeminentemente, uma cidade santa, o lugar onde Deus fazia a sua presença conhecida, e onde a sua mensagem era anunciada claramente.

JERUSALÉM
Davis, John D., 1854-1926, *Novo Dicionário da Bíblia* / [Tradução: J.R. Carvalho Braga]. – Edição ampliada e atualizada – São Paulo, SP: Hagnos 2005.

No tocante a *Salém*, seu sentido é evidente, "paz". Porém, o sentido da primeira porção do nome, isto é, "Jeru", é obscuro. As conjecturas têm incluído as ideias de "possessão" e de "fundação". O cognato assírio diz "cidade da paz". E isso pode significar que, de algum modo, aquela primeira porção do nome, "Jeru", signifique "cidade". Nesse caso, porém, essa palavra não tem origem hebraica.

II. JEBUS, A ANTIGA JERUSALÉM CANANEIA. Quanto a esse aspecto da história de Jerusalém, e dos nomes ali envolvidos, ver os artigos separados sobre *Jebus* e *Jebuseus*.

III. SITUAÇÃO GEOGRÁFICA E TOPOGRÁFICA. Jerusalém fica situada em meio às colina da Judeia, a cinquenta e seis quilômetros a leste do mar Mediterrâneo, em uma elevação com cerca de 730 m. Fica próxima ao cume de uma larga cadeia montanhosa, cerca de 56 quilômetros a leste de Jope, à beira do mar Grande (mar Mediterrâneo), e cerca de 29 quilômetros a oeste da extremidade norte do mar Morto, e a pouco mais de 35 quilômetros das margens do rio Jordão. A serra montanhosa onde se acha Jerusalém estende-se sem interrupção desde a planície de Esdrelom até uma linha imaginária, traçada entre a extremidade sul do mar Morto e a esquina sudeste do mar Mediterrâneo. Todo esse terreno é rochoso e íngreme, atravessado por vales profundos, que correm na direção leste-oeste, a cada lado do rio Jordão, ou começando às margens do Mediterrâneo, na direção leste. O território em redor de Jerusalém é de formação calcária, não sendo muito fértil. Rochas emergem à superfície, e por toda a parte há grandes pedras soltas. Ali cultiva-se a oliveira, mas os cereais são melhor produzidos nas regiões de Hebrom e de Nablus. Nas elevações maiores, não medram bem nem a parreira e nem a figueira.

Jerusalém não tem porto marítimo (no que se diferencia de Tiro, Sidom e Alexandria, por exemplo). Não obstante, conta com um bom suprimento de água, proveniente da antiga fonte de Giom (vide; também chamada fonte da Virgem). Jerusalém situa-se em um platô elevado, com descidas bem pronunciadas na direção sudeste. A serra para leste é formada pelo monte das Oliveiras. O acesso à cidade, vindo de todas as direções, exceto do norte, é impedido por três ravinas profundas, que se juntam no vale de Siloé, perto da fonte de Bir Eyyub, que fica a sudeste da cidade. O vale oriental é o Cedrom. O vale ocidental é atualmente chamado de *wadi* al-Rababi, que, mui provavelmente, corresponde ao antigo vale de Hinom. Uma terceira ravina atravessa a cidade dividindo-a pelo meio antes de continuar na direção sul, e levemente para o leste, onde finalmente encontra-se com as outras duas ravinas. É possível que Mactés (vide), referida em Sofonias 1.11, fizesse parte dessa ravina. Josefo chamava-a de vale Tiropoeano (o vale dos fabricantes de queijo). Foi feita uma tentativa deliberada para atulhar as depressões, sem falarmos nos atulhamentos naturais, causados pela erosão e pelos abalos sísmicos. O resultado disso é que camada após camada de entulho se tem empilhado em alguns lugares da cidade, até uma profundidade de cerca de trinta metros.

Jerusalém consiste em cinco *colinas* formadas por duras pedras calcárias cenomanianas. Três dessas colinas ficam a leste do vale Tiropoeano. A menor delas, que fica mais para o sul, tem uma crista de cerca de 670 m acima do nível do mar. Essa situação, com seus declives e estreitas gargantas, faz dessa porção da cidade aquela que mais facilmente podia ser defendida. As escavações arqueológicas têm demonstrado que essa era a Sião original, ou seja, a Cidade de Davi (2Sm 5.7).

Os vales que cortam a área dividem a cidade em colinas distintas. O vale central divide a cidade naquilo que se chama de Colina Ocidental, que na realidade, consiste em duas elevações. O Gólgota tradicional e o local do sepultamento de Jesus tem-se tentado localizar o Gólgota na elevação noroeste da cidade. A Colina Oriental, por sua vez, está dividida em *três* seções. Josefo chamava a seção norte de *Bezeta*, que é a elevação maior. A porção central é onde fica a Mesquita de Omar, ou seja, a colina onde, originalmente, foi levantado o templo de Jerusalém. A seção sul é a parte mais baixa, e fica fora das atuais muralhas da cidade. É evidente que essa era a Sião anterior à chegada dos israelitas, que veio a tornar-se a Cidade de Davi. A descoberta, ali feita, de ruínas, de fontes e de obras hidráulicas, parece confirmar essa forte conjectura.

IV. CARACTERIZAÇÃO GERAL. Jerusalém é a principal e mais sagrada cidade da Palestina. Tem existido como cidade e como capital, além de lugar sagrado, há mais de três mil anos. Aparece, no começo, mencionada com o nome de Ursalimmu, nas cartas de Tell el-Amarna, pertencentes ao século XIV a.C., embora a referência bíblica à mesma, em Gênesis 14.18, reflita uma antiguidade ainda mais remota do que isso, retrocedendo, talvez, até cerca de 2000 a.C. Desconhece-se a sua origem absoluta, mas a sua história total conhecida cobre, desse modo, um período de quatro mil anos!

Quando Jerusalém é mencionada nas cartas de Tell-el-Amarna, ela já era uma importante cidade-estado do sul da Palestina. Alguns têm aludido a essa cidade como a mais antiga cidade do mundo, embora tal declaração seja impossível de se comprovar. Nos tempos históricos mais remotos, era a capital dos jebuseus, uma subdivisão dos habitantes pré-israelitas da Palestina. Naquele tempo, a cidade era reputada como inexpugnável. No entanto, foi capturada por Davi, em cerca de 1000 a.C. Ele deu a ela (ou a uma parte da mesma) o nome de "Cidade de Davi", tornando-a capital de seu reino. Quarenta anos mais tarde, seu filho reinante, Salomão, erigiu ali o famoso templo. Após a divisão do povo de Israel em dois reinos rivais (o do norte, Israel, e o do sul, Judá), Jerusalém continuou sendo capital do reino do sul, Judá. Suas rivais do norte eram Siquém e Samaria, no reino nortista de Israel. Continuou sendo a capital da nação de Judá por cerca de 450 anos e, então, foi capturada e destruída pelos babilônios, em 586 a.C. e os seus habitantes, em sua esmagadora maioria, foram deportados para a Babilônia. Os historiadores chamam a esse episódio de *cativeiro babilônico* (vide) Terminado o exílio babilônico, Jerusalém tornou-se, de novo, a capital judaica, embora não tivesse demorado muito a cair novamente em mãos estrangeiras. Os macabeus (vide), restauraram-lhe a independência, mas ela acabou ficando sob os romanos, que puseram fim às fortes rivalidades entre os judeus. Nos anos 70 e 132 d.C., os exércitos romanos destruíram a cidade de Jerusalém. Em 132 d.C., os judeus foram expulsos da cidade e proibidos de ali entrarem. Isso deu origem à grande Dispersão (vide), que só começou a ser revertida em nossos próprios dias, em 1948, quando da formação do moderno estado de Israel. Os islamitas dominaram a cidade em 636 d.C. Por causa de suas persistentes associações religiosas, os judeus, os islamitas e os cristãos consideram-na uma cidade sagrada. Os islamitas pensam que ela só perde em importância religiosa para Meca e para Medina, na Arábia. Conforme alguém observou, Jerusalém é "santa demais por seus próprios méritos", e tem havido contínuas lutas pela posse da mesma, agitando-a o tempo todo.

A moderna Jerusalém compõe-se da histórica Cidade Antiga e da Cidade Nova. Quanto à Cidade Nova, a maior parte vem sendo edificada a partir de 1860. Sua atual população excede trezentos mil habitantes. Em 1948, após a decisão das Nações Unidas, de dividir os territórios do moderno mandato britânico na Palestina em estados israelenses e árabes, os árabes passaram a controlar a Cidade Antiga. Essa situação reverteu-se na guerra árabe-israelense de 1967, quando Israel tomou posse de toda a antiga seção da cidade. Desde o começo, ela teve uma porção nova. Desse modo, a cidade de Jerusalém foi unificada, e todos os locais sagrados da mesma estão agora sob o controle do governo israelense. E isso é visto, por muitos estudiosos da Bíblia, como um cumprimento profético. Diríamos que isso, pelo menos, dá início ao cumprimento de certas profecias. Jerusalém é, principalmente, um centro religioso cultural e administrativo, embora também haja ali um certo número de empreendimentos industriais. A Cidade Antiga continua sendo um chamariz tremendo de atividades turísticas e de peregrinos. A arqueologia tem feito ali algumas de suas mais notáveis descobertas.

V. Esboço da História de Jerusalém. A ocupação mais antiga de Jerusalém provavelmente vem desde a Idade da Pedra. Há alguma evidência arqueológica de que houve habitantes de cavernas, nas faldas do vale do Cedrom, perto da fonte dos Degraus, que é o suprimento natural de água potável mais próximo, naquela área. Pederneiras e ossos de animais evidenciam essa ocupação. Em cerca de 2500 a.C., esses ocupantes foram substituídos por invasores semitas do ramo cananeu. Também há provas arqueológicas do uso de tendas, da domesticação de animais, e, posteriormente, de uma atividade agrícola regular.

Os mais antigos registros escritos aparecem em Gênesis 14.18, que aludem ao período de cerca de 2000 a.C. Nesse tempo, o misterioso *Melquisedeque* (vide) era o monarca do lugar, talvez um semita, racialmente falando. Uma povoação controlada pelos egípcios aparece nas oito tábuas das cartas de Tell el-Amarna. Tell el-Amarna é o local da antiga capital do Faraó egípcio, Amenhotep IV. Esses tabletes vieram dos arquivos reais da corte egípcia, e pertencem a cerca de 1400 a.C. Foram missivas enviadas ao Faraó pelo então rei de Jerusalém, *Abd--Khiba*, que era vassalo daquele. Nesse tempo, Jerusalém parece ter sido uma pequena fortaleza, cercada por uma pequena cidade, em uma colina. Naquelas cartas, Abd-Khiba implorou a ajuda militar do Faraó, visto que estava enfrentando o assédio dos Khabiri (Hb?), que estavam invadindo a terra. Os jebuseus, com o tempo, vieram a substituir aquela gente, no local de Jerusalém. Ver sobre *Jebus* e sobre os *Jebuseus*.

Quando o povo de Israel penetrou na terra de Canaã, Jerusalém estava em poder de uma tribo semita indígena, os jebuseus, governada por um rei de nome Adonizedeque. Jerusalém não foi conquistada nessa ocasião, provavelmente por causa de suas defesas naturais, e durante esse tempo tinha o nome de Jebus. Após algum tempo, como é evidente, parte da cidade foi ocupada pelos israelitas; mas, finalmente, sob o governo de Davi, ocorreu a sua captura e apropriação final por parte de Israel. Davi estabeleceu sua primeira capital em Hebrom; mas percebendo o valor estratégico de Jerusalém, devido à sua posição central privilegiada, resolveu conquistá-la a qualquer preço. A cidade foi conquistada por ataque de surpresa (2Sm 5.6-8). Daí por diante passou a ser chamada pelo nome de Sião. A cidade recém-conquistada foi transformada

LOCALIZAÇÃO DO TEMPLO DE JERUSALÉM HOJE OCUPADO PELA MESQUITA DE OMAR
Davis, John D., 1854-1926, *Novo Dicionário da Bíblia* / [Tradução: J.R. Carvalho Braga].
– Edição ampliada e atualizada – São Paulo, SP: Hagnos 2005.

na capital israelita foi embelezada, e pouco tempo depois Salomão edificou ali o primeiro templo.

Grande parte da história da cidade de Jerusalém, nas páginas do AT, fala sobre guerras e conflitos até que, finalmente, Nabucodonosor, rei da Babilônia, destruiu a cidade e o templo no ano de 587 a.C. Depois ela passou para o domínio persa. A cidade continuou em ruínas, até que Neemias a restaurou, no século V a.C. Alexandre, o Grande, pôs fim ao poder persa, no fim do século IV a.C. e após a sua morte, um de seus generais, Ptolomeu, fundador da dinastia egípcia que tem o seu nome, incluiu Jerusalém em seus domínios. No ano de 198 a.C., a cidade caiu nas mãos de Antíoco III, o rei selêucida da Síria. Judas Macabeu liderou uma revolta dos judeus contra os selêucidas, e, em 165 a.C., foi reconsagrado o templo de Jerusalém. Judas Macabeu e seus sucessores gradualmente foram conquistando a independência da Judeia, e assim se foi formando a dinastia hasmoneana que governou a Judeia até meados do século I a.C. A fim de pôr ponto final às facções em luta, entre os hasmoneanos, que haviam imposto uma situação de guerra civil na Judeia, o novo poder mundial, o império romano, interveio na situação, e Jerusalém passou para a órbita romana (63 a 54 a.C.). Por determinação de Roma é que Herodes, o Grande, foi nomeado rei da Judeia.

Os judeus se revoltaram contra os romanos, no início do ano de 66 d.C., e Tito destruiu a cidade no ano de 70 d.C. Ocorreu outra revolta, e, em cerca de 132 d.C., Adriano destruiu uma vez mais a cidade, expulsando dali todos os judeus. Eles foram proibidos de habitarem na cidade, até que Constantino a fez santuário cristão, no primeiro quartel do século IV d.C. Foi no período do governo de Constantino que se erigiram diversos santuários que supostamente assinalam os locais antigos de maior interesse da vida de Cristo, tal como a igreja do Santo Sepulcro etc. Mas não há que duvidar que a maioria dessas indicações é errônea. No ano de 614 d.C., os persas destruíam parcialmente a cidade, e em 636 d.C., o imperador bizantino a recuperou. Em 637 d.C., os islamitas a conquistaram, encabeçados pelo califa Abd. al-Malik, e foi erigida a mesquita de Omar. No século XI d.C., turcos semibárbaros desapossaram os árabes. As cruzadas, no ano de 1099 d.C., restituíram Jerusalém a mãos *cristãs*. Mas Saladino a reconquistou em 1187 d.C., e a cidade caiu em mãos egípcias. Em 1517, os turcos otomanos a tomaram. Em 1542, o Sultão Suleimã, o Magnificente, reconstruiu e ornou a cidade. Os turcos otomanos conservaram a Palestina até o fim da Primeira Grande Guerra, quando tropas britânicas, sob o comando do general Allenby, a conquistaram. De 1917 a 1948 a Palestina esteve debaixo de mandato britânico; e no ano de 1948 a Palestina foi dividida entre árabes e Judeus. A guerra árabe-judaica de 1967 restituiu a Israel a cidade antiga de Jerusalém, em sua inteireza, bem como alguns outros territórios que estavam nas mãos dos árabes.

VI. Jerusalém e a Arqueologia. As escavações feitas por Sir Charles Warren revelaram que os habitantes de Jerusalém, de cerca de 2000 a.C., fizeram uma passagem na rocha, similar àquelas de Gezer e de Megido, garantindo suprimento de água vindo da fonte de Giom. Já falamos sobre evidências arqueológicas, relativas a tempos mais antigos ainda, sobre possíveis habitantes de cavernas, perto do local de Jerusalém. Ver a seção V, no seu começo. A partir da caverna onde a fonte de Giom desaguava, havia um túnel horizontal, colina adentro, cerca de onze metros na direção oeste, e, então, cerca de sete metros e meio na direção norte. Isso era um conduto de água que levava a uma antiga caverna que atuava como reservatório. Estendendo-se daí para cima havia um túnel vertical, chamado Fenda de Warren, com cerca de doze metros de altura. Temos um artigo separado sobre essa admirável obra de engenharia antiga, intitulado *Warren, Fenda* (*Escavação*) *de*. Parece provável que foi por meio dessa fenda que Davi obteve acesso até à fortaleza de Jerusalém, que, até então, tinha a reputação de ser inexpugnável. (Ver 2Sm 5.7). Alguns estudiosos porém, creem que ele simplesmente escalou as muralhas, com pesadas perdas humanas, sem dúvida.

Outras curiosas descobertas foram as construções chamadas de *Arco de Robinson* e *Arco de Wilson*. São restos de antigas pontes de pedra, que ligavam os palácios hasmoneanos à testa nordeste da colina ocidental, na área do templo. O arco de Robinson parece ter tido cerca de doze metros de extensão. Um antigo viaduto cruzava o vale Tiropoeano, composto de oito arcos em sucessão. Sir Charles Warren descobriu o arco que recebeu o seu nome, quando explorava o sítio geral de Jerusalém. Na extremidade sul do arco, ele encontrou um *Salão Maçônico*. Parte do trabalho em tijolos pode ser vista, até hoje, na porção inferior da cidadela e da área ampliada do templo, trabalho de Herodes. Sem dúvida, isso foi visto pelo Senhor Jesus, tal como o túmulo de Absalão, que data dos dias de Herodes. Todavia, não se trata do real túmulo de Absalão, até onde as evidências nos permitem opinar.

Existem certas localidades, em Jerusalém, que têm sido identificadas como lugares autênticos, associados à vida de Cristo. (Ver as seguintes notas no NTI: sobre Calvário, Mt 27.33; sobre o túmulo de Cristo (chamado o túmulo de Gordon, Mt 27.60; sobre uma confirmação arqueológica da pessoa de Pilatos, Mt 27.11. Sobre a destruição de Jerusalém, ver Lc 21.6). Outras descobertas incluem o seguinte: um grande número de ossuários (caixas empregadas para guardar ossos de mortos) foi encontrado, que datam da era de Jesus, com nomes gravados em hebraico, aramaico e grego. Esses nomes ilustram quão comuns eram nomes como Jesus, Judas, Ananias, Lázaro, e muitos outros, com os quais estão familiarizados os leitores do NT No tocante às descobertas arqueológicas que ilustram as edificações de Herodes, ver o artigo sobre o *Período Intertestamental*.

O Muro das Lamentações também fornece provas da mão construtora de Herodes. Ao norte do templo existem remanescentes da fortaleza dos macabeus, que ele reconstruiu e designou de Antônio, em memória a Marco Antônio. Herodes edificou outras fortalezas e muralhas para proteção da cidade conquistando a admiração dos próprios romanos quando estes tomaram Jerusalém, em 60 d.C. É possível que o mais magnificente dos edifícios construídos por Herodes tenha sido o templo de Jerusalém. Grande número de autores antigos exalta a beleza dessa estrutura, feita de mármore branco polido e que, no dizer de Josefo, à distância se parecia com um monte de neve. Somente duas peças remanescentes de pedra têm sido identificadas com certeza como porções daquele templo. Uma delas foi encontrada em um cemitério e outra perto da porta de Santo Estêvão. Numa delas há uma advertência gravada nestes termos: "Nenhum estrangeiro pode entrar para além da barreira e da muralha ao redor do templo. Quem for apanhado será o único responsável pela morte (pena) que se seguir". Atualmente, a área do antigo templo jaz dentro do santo recinto que os islamitas veneram como o 2º mais importante depois de Meca e de Medina na Arábia. Chamam este lugar, o *nobre santuário*. Acredita-se que o átrio central da fortaleza de Antônia fosse o pavimento chamado *Gábata* (ver Jo 19.13), o qual foi descoberto. Fica localizado abaixo do arco de *Ecce Homo*, pertencente à era de Adriano (120 d.C.).

VII. A Jerusalém dos Dias de Davi e de Neemias.
Dos dias de Davi. Davi conquistou o povoado e a fortaleza de Jerusalém, capturando-os dos jebuseus. Em seus dias, Jerusalém ficava localizada na colina sudeste, e tinha o formato, visto do alto, de uma gigantesca pegada humana com cerca de 380 m de comprimento e 125 m. de largura. Essa área fechava cerca de oito acres. Isso pode ser contrastado com os trinta acres de Megido. Manassés, em cerca de 687 a.C., construiu uma muralha exterior no lado ocidental da fonte de Giom, no vale, até a entrada da porta do Peixe (ver 2Cr 33.41), o que representou uma considerável expansão de território.

Dos Dias de Neemias. Os informes bíblicos acerca da Jerusalém dos dias de Neemias — o que deve ter representado uma espécie de último estágio bíblico do território que essa cidade recuperou — devem ser considerados parciais, visto que não há ali qualquer tentativa de descrever a cidade inteira. Seja como for, através desses informes podemos obter alguma ideia sobre como era, então, a cidade de Jerusalém.

A muralha de Neemias seguia, como é patente, a direção da muralha mais antiga. Porém, chegada à torre Hípica, perto do atual portão Jafa, ampliava-se na direção noroeste e, evidentemente, engolfava o portão da Esquina. Então dirigia-se para o norte e era interrompida pela porta de Efraim, pela porta Antiga e pela porta do Peixe. E chegava até ao ângulo noroeste da área do templo. Ao norte, a muralha chegava à área onde ficavam o Calvário e o chamado túmulo de Gordon (vide).

Descrições Detalhadas. O terceiro capítulo do livro de Neemias fala sobre os seguintes detalhes da cidade de Jerusalém: **1**. a Porta das Ovelhas (vs. 1); **2**. a Torre dos Cem (também chamada Meá) (vs. 1); **3**. a Torre de Hananeel (vs. 1) **4**. a Porta do Peixe (vs. 3); **5**. a Porta Velha (vs. 6); **6**. a Porta do Vale (vs. 13); **7**. a Porta do Monturo (vs. 13); **8**. a Porta da Fonte (vs. 15); **9**. O Açude de Asselá (vs. 15); **10**. O Açude Artificial (vs. 16); **11**. a Casa dos Heróis (vs. 16); **12**. a Casa das Armas (vs. 19); **13**. a Porta da Casa de Eliasibe (vs. 20); **14**. a torre que sai da casa real superior (vs. 25); **15**. a Porta das Águas (vs. 26); **16**. a torre grande e alta (vs. 27); **17**. O muro de Ofel (vs. 27); **18**. a Porta dos Cavalos (vs. 28); **19**. a Porta Oriental (vs. 29); **20**. a Porta da Guarda (vs. 31). Ao que parece, essas designações davam pontos estratégicos das muralhas e da área de Jerusalém. Além dessa lista, há outros informes, acerca da Porta de Efraim e da Porta do Gado (Ne 12.39). Ao que parece, a Porta de Efraim era uma designação alternativa para a Porta Velha (ver Ne 8.16 e 12.39). E também são mencionados outros locais de Jerusalém, como Siloé, que deve ser identificado como o açude de Hasselá (no. 9, na lista).

Os eruditos continuam debatendo quanto às distâncias envolvidas; e, em alguns casos, quanto à localização exata dos locais mencionados. Seja como for, K. Kenhon calculou que as muralhas de Jerusalém, ao tempo de Neemias, deveriam estender-se por cerca de 4.500 metros, em circuito. Sem dúvida, parte dessa construção incluía a incorporação de partes das antigas muralhas, que não haviam sido destruídas. Ver a ilustração sobre a muralha de Neemias, que inclui a menção a alguns dos itens acima mencionados.

VIII. Jerusalém e a Profecia Bíblica.
Alguns estudiosos estão afeitos à interpretação literal de todas as profecias bíblicas, deixando pouco espaço para o que é simbólico e místico.

Jerusalém também é manipulada desse jeito. De fato, é difícil dizer quais predições apontam literalmente para Jerusalém, e quais o fazem de modo simbólico ou místico, apontando para a Jerusalém celestial. Temos um artigo detalhado, intitulado *nova Jerusalém*, que nos dá exemplos de conceitos místicos, embora muitos eruditos mesmo nesse caso, concebam alguma estrutura literal, com ruas de ouro e portões de pérolas literais.

Itens a Notar: **1**. Em primeiro lugar, temos a nova Jerusalém (vide). **2**. A vinda visível de Cristo (ver sobre a *Parousia*) estará associada à cidade de Jerusalém. Somos informados de que Cristo e os seus santos descerão sobre o monte das Oliveiras (Is 35.10; Zc 14.4,5; At 1.11). Exércitos gentios terão assolado a cidade (Zc 12.2; 14.2), mas o retorno de Cristo haverá de resgatá-la da total destruição. Os judeus arrepender-se-ão e serão restaurados (Is 4.3,4; Zc 2.10; 13.1; 14.5; Ml 3.2,5). Então, Israel fará parte integrante da igreja de Cristo (Zc 12.5; Rm 11.26). Isso armará o palco para a inauguração do reino milenar de Cristo. Todavia, essa questão tem dividido os intérpretes. Alguns compreendem toda essa descrição em um sentido espiritual, apesar de admitirem que o segundo advento de Cristo será uma intervenção visível do Senhor Jesus. A despeito disso, esses intérpretes não acreditam que o reino de Cristo será material e visível, e sim, místico e espiritual, posto que perfeitamente real, porquanto o poder de Cristo produzirá uma grande intervenção divina na história humana. E a segunda vinda de Cristo, ainda conforme esse ponto de vista, dará início a um novo ciclo de história mundana e espiritual. Outros estudiosos, por sua vez, compreendem a questão em termos perfeitamente reais, supondo que Jesus Cristo (ou o Davi ressurreto, seu Filho) haverá de reinar literalmente em uma Jerusalém física, que se tornará a capital do mundo restaurado. **3. A Jerusalém do Milênio**. Ao chegarmos a esse ponto, deparamo-nos com os mesmos debates sobre simbologia ou literalismo, conforme destacamos acima. Várias predições podem ser entendidas como se ensinassem que Jerusalém será a capital do mundo milenar e

MURO DAS LAMENTAÇÕES
Davis, John D., 1854-1926, *Novo Dicionário da Bíblia* / [Tradução: J.R. Carvalho Braga]. – Edição ampliada e atualizada – São Paulo, SP: Hagnos 2005.

restaurado, o novo mundo que emergirá do período da Grande Tribulação (vide). (Ver Jr 31.40; 33.16; Zc 8.4,5; 14.20,21). A lei de Deus propagar-se-á por todo o mundo, a partir de Jerusalém, o que resultará em uma vasta e mundial diferença (Mq 4.1-4). O resultado será a submissão geral à vontade de Deus (Is 23.18; 45.14). Uma nova espécie de adoração universal, uma nova fé religiosa, com seu centro em Jerusalém, será a grande consequência (Is 60.3, Zc 14.16,17). Alguns milenistas radicais, chamados quiliastas, supõem que será restaurado o antigo sistema de sacrifícios (Ez 43.20,21), mas isso importa em um literalismo extremo. O trecho de Hebreus 9.12-28 ensina-nos que a morte expiatória de Cristo pôs fim a tais simbolismos. Não é provável que o segundo advento de Cristo restaure aquilo que foi ab-rogado. Aquela passagem de Ezequiel, e seu contexto em geral, sem dúvida fala do tempo pós-exílico e sua restauração, embora, provavelmente, também prediga, simbolicamente, a restauração futura, milenar. A própria natureza passará por um novo ciclo, de condições climáticas mais favoráveis que atualmente (Is 65.25; Ez 47.1-12; Zc 14.10). Naturalmente, os amilenistas (vide) espiritualizam todas as descrições bíblicas sobre o milênio. Alguns deles chegam a pensar que a dispensação da igreja, a nossa dispensação, é que é o milênio! Se assim fosse, então, o milênio é algo bem horrível, com suas intermináveis guerras, vícios e a rebelião generalizada contra Deus! Ver o artigo separado sobre o *Milênio*. Ver também sobre o *amilenismo*, em um artigo separado. Como é óbvio, o artigo *Milênio* é mais detalhado que esse. **4. A Jerusalém Pós-Milenar**. Os derradeiros informes proféticos que temos a respeito de Jerusalém são aqueles que aparecem em trechos (Ez 38 e 39; Is 33.20; 65.17,18; Mq 4.7; Ap 21.2,9,18,19,21). Gogue e Magogue haverão de atacar a cidade de Jerusalém e os lugares santos de Deus, terminado o milênio. Porém, o julgamento divino haverá de cair sobre eles. Jerusalém, porém, continuará a existir como a capital política e religiosa do mundo. E o estado final da igreja de Cristo é identificado com a cidade santa, a nova Jerusalém, onde, sem dúvida alguma, encontramos um sentido místico, e não literal. **5. Indicações Dadas pelos Místicos Modernos**. É deveras significativo que os místicos contemporâneos (não necessariamente evangélicos) estejam prevendo uma era áurea, sem importar se a chamam de milênio ou não, que haverá de ser inaugurada imediatamente após uma grande destruição mundial. Também é significativo que eles contemplem a nação de Israel a elevar-se, gloriosa, dentro dessa era áurea, com o surgimento de uma nova fé religiosa. Essa nova fé seria uma graduação acima do cristianismo presente, fazendo com que a capital religiosa do mundo volte a ser Jerusalém. Por assim dizer, Jerusalém tornar-se-á uma nova Roma, porque o ofício papal terá desaparecido, e o centro do mais numeroso grupo cristão não mais se achará na antiga capital do império romano. E, assim como Roma protegeu e fomentou a civilização pelo espaço de mil anos (a Idade Média), em um período extremamente obscuro e difícil para os homens, assim também a futura Jerusalém servirá de centro de progresso e de bênção para a humanidade, após o agitadíssimo período da Grande Tribulação.

IX. Lugares Interessantes da Moderna Jerusalém. **1**. A chamada cidade Antiga está mais ou menos dividida em quatro bairros: o bairro *Islâmico*, que é o mais extenso de todos, na porção nordeste; o bairro *Cristão*, a noroeste, onde também fica localizada a igreja do Santo Sepulcro; o bairro *Armênio*, a sudoeste, e o bairro *Judeu*, a sudeste. **2**. A Cidade Antiga contém as sedes da igreja Católica Romana, da igreja Ortodoxa Grega e dos patriarcados armênios. Tanto as Igrejas Ortodoxas orientais quanto a igreja Anglicana têm bispos ali sediados. **3**. Os monumentos árabes incluem o local do templo e do palácio de Salomão, onde foram erigidas as mesquitas Azsa e de Omar. A mesquita de Omar é um edifício de madeira em formato octogonal, em que cada lado tem uma largura de 20,3 m. Pelo lado de dentro, essa estrutura é decorada com mármore e ladrilhos de porcelana. Os lados externos dão frente para os pontos cardeais e subcardeais, e cada um desses lados tem um portão quadrado, encimado por um arco em voluta. **4**. A igreja do Santo Sepulcro contém uma pequena capela. Tem uma cúpula de quase 20 m de diâmetro. Ali também fica localizado o sítio tradicional (mas não verdadeiro) do Gólgota. Também existem outras 22 capelas, e certo número de templos e edifícios eclesiásticos. **5**. A via Dolorosa, ao longo da qual Jesus transportou a cruz, até o Calvário, tem sido delineada pelos estudiosos. **6**. O monte das Oliveiras é um local muito significativo, intensamente visitado pelos turistas. **7**. O poço de Betesda também já foi identificado. **8**. O Calvário e o Túmulo de Gordon (vide) vieram à luz a partir de 1881, como locais mais prováveis da morte e do sepultamento do Senhor Jesus. Ver os artigos separados sobre o *Túmulo* de *Gordon* e sobre *Sepulcro, Santo, Sepulcro* do.

A cidade Nova. Esse é um lugar onde há edifícios de pedra clara, de ruas largas e de muitos logradouros públicos belos. Essa parte da cidade é moderna e funcional. Ali fica a sede do Rabinato Principal e a sede da Agência Judaica para a Palestina, como também a Organização Sionista Mundial, que juntamente com o Fundo Judaico Nacional e o Fundo da Fundação Palestina fazem parte da Agência Judaica. Há muitas escolas de rabinos e muitas organizações religiosas, para nada dizermos sobre o grande número de igrejas cristãs e sinagogas judaicas. As instituições de ensino superior incluem a Universidade Hebreia e o Centro Médico da Universidade Hadassah. Numerosos projetos residenciais têm sido desenvolvidos ali, a partir de 1949.

Bibliografia. AM ALB AV CHI KEN (1964) ND UN SI (1954) SMI SMI (1908) Z.

JESAÍAS

No hebraico, **"Yahweh salvou"**. Várias pessoas figuram, com esse nome, nas páginas do Antigo Testamento: **1**. Um filho de Hananias, filho de Zorobabel (1Cr 3.21). Ele viveu por volta de 536 a.C. **2**. Um filho de Jedutum, chefe da oitava divisão dos cantores, sob a tutela do pai dele (1Cr 25.3,15). Ele viveu em torno de 1015 a.C. **3**. Um levita que ajudava a supervisionar o tesouro de Davi (1Cr 26.25). Ele era descendente de Anrão, por meio de Moisés. Ele viveu em torno de 1015 a.C. **4**. Um elamita que retornou do cativeiro babilônico em companhia de Esdras (Ed 8.7; 1Esdras 8.33). Viveu em cerca de 459 a.C. **5**. Um levita merarita que retornou do cativeiro babilônico com Esdras (Ed 8.19; 1Esdras 8.48). Viveu em cerca de 459 a.C. **6**. O pai de Itiel, um benjamita. Alguns de seus descendentes estavam entre aqueles que foram escolhidos, por sorte, para residir em Jerusalém, terminado o cativeiro babilônico (Ne 11.7). Isso ocorreu por volta de 445 a.C.

JESANA

No hebraico, **"antiga"**. Esse era o nome de uma cidade, com os seus arrabaldes, que Abias tomou de Jeroboão. Ficava perto de Betel e Efraim (2Cr 13.19; 1Sm 7.12). Sem dúvida, ficava perto da fronteira entre Judá e Israel. Tem sido identificado com *Isanas*, que servia de quartel-general do general sírio que operava sob as ordens de Antígono. Foi ali que Herodes, o Grande, obteve grande vitória militar sobre o rei da Síria, segundo nos informa Josefo (*Anti*. 14.15,12). O local moderno talvez seja Burj el-Isaneh, ao norte de Jerusalém. Ou pode ser Ain Sinia, a poucos quilômetros ao norte de Betel.

JESARELA

No hebraico, **"reto diante de Deus"**. Ele foi o chefe do sétimo dos 24 turnos em que foram divididos os músicos levitas (1Cr 25.14). No segundo versículo do mesmo capítulo, ele é chamado *Asarela*. Ele viveu em torno de 1015 a.C.

JESEBEABE
No hebraico, **"assento do pai"**. Ele era o chefe do décimo quarto turno de sacerdotes, que serviam no tempo de Davi (1Cr 24.13). Viveu em torno de 1015 a.C.

JESER
No hebraico, **"retidão"**. Esse era o nome do primeiro filho de Calebe e de sua esposa, Azuba (1Cr 2.18). Viveu em cerca de 1440 a.C.

JESIMIEL
No hebraico, **"que Yahweh estabeleça"**. Esse era o nome de um chefe da tribo de Simeão (1Cr 4.36). Nos dias de Hezequias, Jesimiel migrou para o vale de Gedor, com o propósito de descobrir melhores regiões de pasto para seu gado, e ali ficou residindo. Ele viveu em torno de 711 a.C.

JESIMOM
No hebraico, **"ermo"**, **"deserto"**. Essa palavra, no hebraico, era usada como um substantivo comum, sem aludir a qualquer lugar específico; mas, quando usada com o artigo definido, então referia-se a algum lugar específico, como: **1**. O deserto da Judeia está em foco, (em 1Sm 23.19,24 e 26.1,3). Ficava localizado a sudeste de Hebrom, nas vizinhanças de Zife (vide). **2**. A região de Pisga, em Moabe, a nordeste do mar Morto (Nm 21.20,23,28). É interessante que o deserto, na mente e no vocabulário dos hebreus, era referido por meio de um termo que aponta não somente para desolação, mas também para devastação. Os israelitas evitavam o deserto, o máximo possível. Mas, sendo mister atravessar alguma área desértica, isso era feito da maneira mais expedita possível. Os habitantes do deserto eram alvo das suspeitas dos israelitas e de outros povos. Assim, os egípcios chamavam-nos de "residentes da areia", e isso em tom de desdém.

Uso figurado. Uma nação que fosse derrotada e cujos habitantes fossem deportados tornava-se um *deserto* (Jr 22.6; Os 2.3-5). Os antigos meios de transporte tornavam os desertos lugares perigosos. Por essa razão, os desertos eram considerados ameaçadores, símbolos do infortúnio.

JESISAI
No hebraico, **"idoso"**. Esse era o nome de um filho de Jacó, e pai de Micael. Ele foi o ancestral de uma tribo que tinha esse nome, que vivia em Gileade, e cujas genealogias foram registradas no tempo de Jotão (1Cr 5.14). Viveu em torno de 782 a.C.

JESOAÍAS
No hebraico, "Yahweh perturba". Ele era um chefe simeonita, descendente de Simei (1Cr 4.36). Ele atacou os camitas, nos dias de Ezequias, em cerca de 711 a.C.

JESSÉ
Embora o significado dessa palavra, no hebraico, seja incerto, alguns arriscam a interpretação, **"firme"**.

1. Família. Jessé foi pai do rei Davi. Era filho de Obede e neto do próspero belemita Boaz e de sua esposa moabita, Rute. (Ver Rt 4.17,22; 1Cr 2.12; Mt 1.5,6; Lc 3.32). Naturalmente, isso faz de Jessé um dos antepassados de Jesus Cristo. Ao que parece, ele era um abastado proprietário de terras. Tinha oito filhos, conforme aprendemos em (1Sm 16.1-13 e 17.12). Desses, o caçula, Davi, foi quem deixou uma marca permanente na história de Israel.

Jessé também tinha duas filhas, Zeruia e Abigail (1Cr 2.13-17). Essas duas mulheres tornaram-se genitoras de guerreiros bem conhecidos, que serviam no exército de Davi, a saber: Joabe, Abisai e Asael (de Zeruia), e Amasa (de Abigail). Não há como explicar por que razão Abigail é chamada de filha de Naás, em 2Samuel 17.25. Talvez esse fosse outro nome de Jessé. E, no caso de Naás ser um nome feminino, então está ali em foco a mãe de Abigail. Ou, então, as filhas provinham de um primeiro casamento da mãe delas, fazendo delas enteadas de Jessé.

2. História. O próprio Jessé não figura como homem importante. A Bíblia narra como Samuel ungiu Davi, ainda um mancebo, como o futuro rei de Israel, em 1Samuel 16.1-13. Os sete filhos mais velhos de Jessé foram sendo rejeitados um a um pelo Espírito do Senhor, embora tivessem impressionado fisicamente ao profeta. Quando Samuel soube que havia um *oitavo* filho de Jessé, ainda adolescente, que estava no campo, cuidando das ovelhas, só se deu por satisfeito depois de havê-lo ungido. No entanto, parece que, na ocasião, Jessé e Davi não compreenderam bem tudo quanto estava implícito naquela unção.

Davi era conhecido como bom músico. A próxima cena da história conduz-nos ao momento em que Saul enviou um mensageiro para buscar Davi, para que este fosse tocar a sua harpa no palácio real, a fim de aliviar a natureza melancólica do monarca benjamita (1Sm 16.14 ss.). Jessé anuiu ante a ordem do rei e lhe enviou Davi, juntamente com generosos presentes, o que talvez mostre algo de sua abastança. E Davi ficou na corte real, atuando como músico (e, segundo podemos bem supor, ocupado também em outros misteres e treinamentos), segundo se aprende em 1Samuel 16.22,23.

Quando o gigantesco Golias (vide) andou ameaçando as tropas de Israel, Jessé enviou Davi ao acampamento, a fim de levar víveres a seus irmãos que faziam parte das tropas de Saul. Ninguém sabia que Davi terminaria sendo o grande campeão de Israel, abatendo o gigante. Davi aceitou o desafio lançado por Golias, e o abateu com o auxílio de uma funda, e foi imortalizado (1Sm 17.17 ss.).

Jessé e seus familiares foram enviados por Davi para o território de Moabe, quando Davi se tornou vítima da inveja doentia de Saul, e teve de fugir para não perder a vida, ele mesmo. É evidente que os familiares de Davi passaram anos em Moabe, sem quaisquer incidentes negativos (1Sm 22.2-4).

3. Decisão Quanto ao Nome de Jessé. Jessé não era grande figura, ainda que fosse homem abastado. E assim, quando Saul quis zombar de Davi, chamou-o de *o filho de Jessé* (1Sm 20.17, 30,31; 22.7,8; 22.9; 2Sm 20.1; 1Rs 12.16). No entanto, esse título de zombaria foi revertido pelo povo de Israel, que passou a usá-lo respeitosamente, conforme se vê em (2Sm 23.1; 1Cr 10.14; Sl 72.20; At 13.12).

4. Uma Designação Messiânica. Jessé é mencionado dentro de um contexto messiânico, em Isaias 11.1, onde o futuro Messias e Rei de Israel é chamado de descendente de Jessé: *Do tronco de Jessé sairá um rebento, e das suas raízes um renovo*. A expressão *raiz de Jessé* é uma referência ao Messias, em Isaías 11.10. Paulo também usou essa expressão, em Romanos 15.12, a fim de identificar Jesus com as passagens messiânicas do Antigo Testamento. O nome de Jessé, mui obviamente, foi incluído na lista dos antepassados de Jesus (em Mt 1.5,6 e Lc 3.32).

JESUA
No hebraico, **"Yahweh ajuda"** ou **"Yahweh é salvação"**. Esse foi o nome de muitos homens ou lugares, nas páginas do Antigo Testamento, a saber: **1**. Uma cidade onde alguns descendentes de Judá vieram habitar, após retornarem do cativeiro babilônico (Ne 11.26). Talvez fosse a mesma Sema de Josué 15.26, ou Seba, em Josué 19.2. Tem sido identificada com o *Tell Es-Sa'weh*. **2**. Um sacerdote da época de Davi, que foi o chefe do nono curso de sacerdotes (1Cr 24.11). Ele viveu por volta de 1015 a.C. **3**. Um filho de Jozadaque, sumo sacerdote que retornou com Zorobabel, terminado o cativeiro babilônico, em cerca de 536 a.C. Parece ter nascido no exílio, ou, então, já era homem muito idoso quando se tornou sumo sacerdote. Encorajou os judeus em seu trabalho de reconstrução

e em sua rededicação à antiga adoração. Aliou-se a Zorobabel na oposição aos esquemas ardilosos dos samaritanos (Ed 4.3). Encorajou o reinício das obras, que haviam sido interrompidas, e que foram retomadas no segundo ano do reinado de Dario Histapes (Ed 5.2; Ag 1.12). Vários pronunciamentos do profeta Ageu foram endereçados a Jesua (que nossa versão dá como "Josué") (Ag 1.1; 2.2). Seu nome (com a forma de "Josué") ocorre em duas das profecias simbólicas de Zacarias (Zc 3.1-10 e 6.11-15). Essas passagens apresentam o povo judeu primeiramente vestido em trajes próprios de um escravo, mas, em seguida, em novas e gloriosas vestimentas de liberdade. Na segunda representação simbólica, Josué usa coroas de prata e de ouro, símbolos das coroas sacerdotal e real de Israel, que haveriam de ser unidas no adorno de cabeça do esperado Messias. Interessante é observar que o nome de Josué, filho de Num, aparece com a forma de "Jesua", em Neemias 8.17, o que significa que *Josué* e *Jesua* eram formas intercambiáveis, provenientes da mesma raiz. Naturalmente, dessa palavra hebraica é que se deriva o nome grego *Iesous* (por meio de transliteração), e também é daí que se deriva a palavra portuguesa *Jesus*. **4**. Josué, filho de Num, é chamado Jesua, em Neemias 8.17. **5**. Um levita cujo trabalho consistia em distribuir as oferendas sagradas nas cidades sacerdotais, nos dias do rei Ezequias. (Ver 2Cr 31.15). Ele viveu em torno de 726 a.C. **6**. Um descendente da pessoa ou lugarejo chamado Paate-Moabe. Sua gente, em número de 2.812, retornou do cativeiro babilônico (Ed 2.6; Ne 7.11). Nossa versão portuguesa dá seu nome como Jesua-Joabe. O tempo desse retorno foi cerca de 536 a.C. **7**. Um levita cujo nome é mencionado juntamente com o de Cadmiel, cujos descendentes, em número de 74 (chamados "filhos de Hodovias"), regressaram à Judeia, após o exílio babilônico (Ed 2.40; Ne 7.43), em cerca de 436 a.C. **8**. O pai do levita Jozabade. Esdras nomeou-o para cuidar das ofertas para o culto sagrado (Ed 8.33). Isso ocorreu em cerca de 459 a.C. **9**. O pai de Ezer. Este ajudou a reparar as muralhas de Jerusalém, sob a direção de Neemias (Ne 3.19). Ele viveu em torno de 446 a.C. **10**. Um levita, chefe de uma casa, que desde o começo ajudou Neemias nas reformas instituídas em Judá, após o retorno dos judeus do cativeiro babilônico. Pode-se interpretar o texto em que seu nome figura (Ne 9.5; ver também Ne 8.7; 9.4; 12.8,24) como se dissesse que era "filho de Cadmiel". Mas é possível que isso envolva um erro de transcrição. Os eruditos preferem pensar em "... Jesua Cadmiel...", ou seja, como dois homens sem qualquer parentesco entre si. E isso faria desse Jesua o mesmo que aparece no número 7 desta lista, acima.

JESURUM

No hebraico, **"reto"**, **"justo"**. Esse é um nome poético e honorífico outorgado a Israel, em Deuteronômio 32.14, 33.5,26, Isaías 44.22. Esse nome aponta para uma nação ideal, santa em sua natureza e cônscia de seu alto chamamento. O trecho de Deuteronômio 32.15 usa essa palavra como repreensão, porque o elevado ideal não fora atingido; mas, nas demais passagens, o uso é positivo. Gesênio pensava que essa palavra se referia a "um pequeno povo justo", um título dado afetuosamente, talvez aliado a uma ideia similar, no *livro dos Justos*. (Js 10.13 e 2Sm 1.18; no hebraico, *sepher jasher*, que se parece com *Jesurum*), e onde, novamente, o povo de Israel está em foco.

JESUS

Quem é Jesus? Quanto daquilo que se tem revelado sobre ele é confiável? Qual a real importância de seu ministério na Palestina do século I? São estas as questões principais discutidas pelos estudiosos do NT dos nossos dias.

I. Questões atuais sobre Jesus. Questões sobre Jesus têm constituído um dos enfoques centrais (e sintomáticos) dos principais movimentos teológicos nestes últimos três séculos. O racionalismo do Iluminismo, apesar de todas as suas falhas, pressionou essas questões de modo inegavelmente útil, forçando a igreja a assumir seriamente sua própria confissão de que Deus em Jesus não havia meramente se voltado mais intensamente para o mundo, mas, sim, realmente ingressado nele. Tal pressão produziria o chamado "questionamento sobre o Jesus histórico", registrado e criticado por A. Schweitzer, que, em contraste, ofereceu um Jesus apocalíptico, firmemente ancorado no judaísmo do século I (como era este então concebido), em quase tudo bastante diverso das necessidades e expectativas religiosas do começo do século XX.

Crítica diferente foi feita pelo teólogo protestante alemão Martin Kähler, que argumentava, já em 1892, que a busca pelo "Jesus histórico" baseava-se em equívoco e era teologicamente sem valor. Essa posição foi desenvolvida de modo diverso por Barth e Bultmann, negando esse último, resolutamente, até a possibilidade, se não a importância, do conhecimento de qualquer detalhe a respeito da "personalidade" de Jesus, categoria com a qual Schweitzer tinha procurado fazer o Jesus do século I relevante para as eras subsequentes. O que a igreja precisava, segundo Bultmann, era de um "Cristo da fé", do Senhor vivo conhecido no presente. Uma chamada "nova busca", iniciada por Käsemann, como um antídoto para o docetismo potencial do posicionamento de Bultmann, conseguiu modificar o ceticismo deste somente em grau limitado.

Desde a metade da década de 1970, contudo, um novo movimento distinto, uma terceira "busca", teve início, considerando o cenário histórico judaico e a tarefa de pesquisa atual com maior seriedade que a maioria de seus predecessores. Isso pode ser encontrado em livros (bem diferentes entre si) de B. F. Meyer, Geza Vermes, A. E. Harvey, M. Borg e E. P. Sanders. Um aspecto dos estudos modernos sobre Jesus é uma renovada consciência da importância do assunto para o relacionamento contemporâneo entre judeus e cristãos. Nesse sentido, escritores judeus têm até procurado "reivindicar" Jesus como um bom judeu interpretado erroneamente por seus seguidores subsequentes. Poucas questões importantes têm sido levantadas, na verdade, nessa nova fase de estudos, mas é potencialmente promissor o modo pelo qual os problemas vêm sendo colocados, a despeito de ceticismos como o de Kähler, que ainda acolhe qualquer obra histórica sobre Jesus, mesmo aquelas cuja utilidade teológica para a igreja não seja imediatamente evidente.

Dentro da presente erudição, existe assim, ainda, ampla divergência sobre a massa de informações que nos é colocada disponível a respeito de Jesus. Esse estado de coisas tem, pelo menos, o mérito de chamar a atenção para o fato de que a maioria das reconstituições inclui ou exclui determinados materiais não por motivos objetivos, nem por causa de pontos de vista em particular da crítica da fonte dos Evangelhos, mas, sim, por causa da hipótese geral do historiador sobre o assunto. Vai se tornando cada vez mais claro que a antiga separação liberal entre atos e valores de "evento" e "interpretação", entre, enfim, "história" e "teologia", revela-se insatisfatória. Todo relato do passado envolve seleção e, portanto, interpretação: três pessoas foram crucificadas na chamada "sexta-feira santa", de modo que até já o fato de dizer que "Jesus morreu" naquele dia seleciona a morte de Jesus como a mais importante. Dizer então que "Jesus morreu por nós" não é se deslocar do evento em si para a interpretação, mas, sim, vindicar que o evento em si tem uma importância particular. O fato de que tal linguagem permeia os Evangelhos, no entanto, não os invalida como fontes históricas: significa, simplesmente, que eles devem ser lidos com sensibilidade incomum.

II. Jesus no contexto histórico

1. Qualquer tentativa de reconstituir a história de Jesus, no seu sentido mais pleno, deverá começar pelo contexto judaico (ver também Paulo). O estudo moderno do judaísmo do século I tem revelado um quadro mais variado do que o usualmente proposto por aqueles que simplesmente descrevem o judaísmo, e os fariseus em particular, em cores sombrias, a fim de contrastar com a joia radiante do evangelho. Três aspectos se destacam no judaísmo do século I: *a.* a crença em um Deus criador que havia firmado um pacto com Israel; *b.* a esperança de que esse Deus ingressasse na história humana para reafirmar seu pacto, sustentando Israel contra os seus inimigos (uma metáfora disso seria a ressurreição do povo de Deus); *c.* a determinação de apressar esse fato idealizado, permanecendo leal às obrigações pactuais, conservadas como joias engastadas na lei (Torá). Os debates no judaísmo tendiam a enfocar o modo exato como a esperança seria cumprida ou sobre detalhes precisos da obrigação pactual.

Para muitos judeus, a esperança se cristalizava na expectativa de um Messias (*i.e.*, um rei "ungido", da família de Davi), que lideraria a libertação que Deus traria a seu povo. Acima praticamente de tudo, o templo era o foco da vida e da esperança nacionais; mais do que meramente o lugar de oração ou sacrifício, era o símbolo da presença de Deus com seu povo, o sinal de que ele não tinha se esquecido deles. O templo e o Messias estavam juntos na mente judaica: o templo original tinha sido construído pelo filho de Davi (Salomão), e a vinda do Filho de Davi restauraria o templo à sua glória prometida e suprema.

Jesus, então, nasce em um povo cujas aspirações nacionais eram fortes demais para serem constantemente esmagadas pelo insensível governo romano, assim como constantemente incitado a reagir por líderes revolucionários em potencial. Era uma época em que quase todos os judeus, de qualquer condição, buscavam a Deus para que implantasse seu reino, seu governo soberano na terra, e, assim, assumisse a causa judaica, em cumprimento à sua antiga promessa.

2. A mensagem de Jesus consistia no anúncio de que havia raiado o tempo do cumprimento da promessa. O reino de Deus, longamente aguardado, estava agora às portas. Ele via a si mesmo, e era visto por seus contemporâneos, como um profeta, trazendo a Palavra de Deus a seu povo. Todavia, boa parte de seu ministério teve de ser dedicada a explicar, em palavras, símbolos e atos, que, embora as aspirações da nação estivessem agora prestes a ser satisfeitas, o cumprimento da promessa não seria propriamente como os judeus esperavam. Muitas das parábolas se destinam a responder à objeção dominante tanto no judaísmo moderno quanto no antigo: se o reino de Deus está realmente aqui, por que o mundo continua ainda a ser como é? A resposta de Jesus é que o reino está presente aqui como o fermento é introduzido na massa; igual a uma semente, que cresce secretamente; semelhante, enfim, ao convite do rei para as festivas bodas do filho, às quais acabam sendo chamadas a participar outras pessoas, para ocupar o lugar de seus convidados, faltosos. Seu ministério, na verdade, põe em prática a advertência de João Batista aos judeus (Mt 3.9): *Não pensem que vocês podem dizer a si mesmos: 'Abraão é nosso pai'. Pois eu lhes digo que destas pedras Deus pode fazer surgir filhos a Abraão.*

Assim, Jesus chama Israel a se arrepender de sua ambição nacionalista e a segui-lo em uma nova visão do propósito de Deus para seu povo. A intransigente resistência a Roma deveria ser substituída por amor e oração pelos inimigos. O alvo de Israel teria de ser radicalmente redefinido: o pecado, não Roma, era seu real inimigo. Os exorcismos de Jesus mostram a cura de Deus a seu povo Israel, pertencendo às narrativas de controvérsias (p.ex., Mc 2.1—3.6), como parte de sua batalha permanente contra as forças do mal, que chega ao clímax na cruz (*cf.* Mt 4.1-11; 8.28-34; 12.22-32; 27.39-44). Suas curas de cegos, aleijados, surdos e mudos, assim como seu chamado aos pobres e rejeitados para desfrutarem de comunhão consigo, tudo, enfim, que dependesse da fé como a resposta apropriada a Jesus, indicam sua reconstituição do povo de Deus (Lc 13.16; 19.9,10). Para quem tivesse "olhos para ver", a ressurreição, *i.e.*, a reconstrução de Israel, já havia começado (Lc 15.1,2, 24,32; 16.19-31).

3. Juntamente com o anúncio feito por Jesus da (paradoxal) inauguração do reino de Deus, encontramos uma advertência constante: se a nação se recusar a voltar atrás de sua rota de colisão com os propósitos de Deus, o resultado inevitável será uma terrível devastação nacional. Jesus expressa essa advertência em linguagem-padrão das profecias apocalípticas. Exatamente como Jeremias havia profetizado que o "Dia do Senhor" consistiria não na salvação de Jerusalém das mãos de Babilônia, mas, pelo contrário, em sua destruição pelos caldeus, assim também Jesus avisa que a vinda do verdadeiro reino haveria de significar, dentro de uma geração, a destruição daquela nação, daquela cidade e daquele templo que haviam dado suas costas aos autênticos propósitos para os quais haviam sido chamados e escolhidos por Deus (p.ex. Lc 13.1-9,22-30,34,35). Essa advertência está no cabeçalho do grande discurso (Mt 24; Mc 13; Lc 21) em que é predita a destruição iminente de Jerusalém, bem como do templo.

4. Em ambos esses elementos do ministério de Jesus encontramos: uma autorreferência velada, embora constante; e as sementes do conflito com as autoridades judaicas que levaram Jesus à morte. Assim: *a.* Na recepção de Jesus aos pecadores e desprezados e em sua pregação das boas-novas do reino aos pobres e humildes, há a sugestão constante de que ser aceito por ele é o mesmo que receber as boas-vindas do próprio Deus de Israel à membresia de seu verdadeiro povo. O chamado dos doze discípulos aponta para o mesmo ponto, significando a renovação das doze tribos, com Jesus não na posição de *primus inter pares*, mas, sim, como aquele que chama esse Israel renovado à existência. Ele traça o verdadeiro destino da nação para si mesmo, cumprindo ele mesmo o chamado de Israel, imitando a Deus na santidade da misericórdia e de não separação do mundo (Lc 6.27-36) e convocando outros a ingressarem em sua verdadeira vocação em segui-lo. O título Filho do homem, que aparentemente usava como autodesignação favorita, poderia ter sido ouvido com significado simplesmente "Eu" ou "alguém semelhante a mim"; mas também poderia significar uma sugestão da descrição apocalíptica em Daniel 7, em que um Israel sofredor é visto como uma figura humana que subjuga os "animais" (*i.e.*, as nações estrangeiras) e que é protegido por Deus. Existem evidências de que essa figura representativa de Israel fosse ao tempo de Jesus já considerada como messiânica. Não seria de surpreender, portanto, encontrar Jesus sendo considerado Messias durante seu tempo de vida: o título em si mesmo não quer dizer mais do que "o representante ungido de Israel por meio do qual Deus está redimindo seu povo", muito embora Jesus estivesse engajado no cumprimento desse título, também, com um novo significado. Assim, na advertência à nação, a repetição constante de "dentro de uma geração" indica que a destruição iminente de Jerusalém viria inevitavelmente sobre a geração que rejeitara *a ele próprio*: acima e além de quaisquer ideias de um conhecimento especialmente inspirado, Jesus sabia que ele era a Palavra definitiva e categórica de Deus para seu povo, cuja rejeição poderia significar prontamente o *Juízo* (*cf.* Lc 23.31). *b.* Além de seu anúncio do reino, a ação de Jesus encontrou forte oposição por parte de vários grupos, particularmente dos fariseus, com os quais, em outros assuntos, Jesus tinha muito em comum. Seus ataques radicais sobre a observância escrupulosa do sábado e das leis *kosher* (purificação, limpeza, regulamentos alimentares) objetivavam não tanto o "legalismo" em si, mas os símbolos-chave do nacionalismo judaico. Podem ser, assim, diretamente correlacionados com ações como a aceitação dos cobradores de impostos, considerados entre os judeus como colaboracionistas de Roma. Jesus, desse modo, como o haviam sido Elias e Jeremias, por exemplo, era tido por alguns como um traidor da causa nacional. Ao mesmo tempo, no entanto, há evidências, que dão suporte à impressão transmitida pelos escritores do evangelho, de que a aristocracia nacional (os saduceus, os quais se mantinham no poder como marionetes dos romanos), ficaria alarmada diante de alguém que, considerado profeta e arauto do reino de Deus, pudesse inflamar um sentimento nacionalista (embora a intenção de Jesus estivesse muito longe disso).

5. Todos esses elementos do ministério de Jesus aparecem juntos nos eventos que, pelo menos nos evangelhos sinópticos, agrupam-se na última semana de sua existência terrena. Jesus entra em Jerusalém aparentemente em um cumprimento deliberado da profecia messiânica. Pratica de forma simbólica o juízo de Deus sobre o templo, que se tornara o ponto focal da ambição nacional espúria. Envolve-se em controvérsia com os fariseus e saduceus, apontando para sua própria rejeição final iminente por parte deles como o clímax da renúncia de Israel ao chamado de Deus (Lc 20.9-19) e sugerindo que o Messias poderia ser muito mais que um simples líder nacionalista (Lc 20.41-44). Faz predições finais sobre o juízo iminente de Deus sobre a nação judaica (em linguagem caracteristicamente apocalíptica, frequentemente mal interpretada por muitos como que se referindo ao fim do mundo). Celebra a Páscoa com seus discípulos, revestindo a ocasião de um novo significado, apontando não para o passado, para o êxodo, mas para a própria morte, como a verdadeira redenção do povo de Deus. Após a traição por um dos doze, é processado por causa de uma denúncia que, igual a tudo o mais em sua vida e obra, desafia a separação dos elementos "religioso" e "político": suas palavras contra o templo e alegações de messianidade são mais uma vez enfatizadas em sua resposta final ao sumo sacerdote (Mc 14.62), alegando que o destino de Israel e sua longamente esperada restauração por Deus após o sofrimento estava para ser cumprida nele e, ao que tudo indicava, nele somente. Jesus executaria a tarefa de Israel; e, tendo pronunciado o julgamento iminente de Israel, sob a forma da ira de Roma, que viria a ser a de Deus, iria à frente de Israel e tomaria o julgamento sobre si mesmo, bebendo o cálice da ira de Deus, de modo que seu povo não precisasse bebê-lo (Mc 14.36; 20.45, etc.).

Em sua crucificação, portanto, Jesus se identificou plenamente (ainda que paradoxalmente) com as aspirações de seu povo, morrendo como o legítimo "rei dos judeus", o representante do povo de Deus, cumprindo para Israel e consequentemente para o mundo o que nem o mundo nem Israel poderiam cumprir para si mesmos. À pergunta: "Por que Jesus morreu?", há, tradicionalmente, duas espécies de resposta: a teológica ("Ele morreu por nossos pecados") e a histórica ("Ele morreu porque apontou os erros das autoridades"). Essas duas respostas acabam sendo dois modos de dizer a mesma coisa. Na crise nacional derradeira de Israel, o mal do mundo, alinhado contra o povo de Deus, e o mal dentro do próprio povo de Deus se destacaram e, como matéria histórica, colocaram Jesus à morte. Tal como a história do êxodo é o relato de como Deus redimiu a Israel, assim também a história da cruz é a narrativa de como Deus redimiu o mundo por meio de Israel, em pessoa, em Jesus, o Messias.

6. Dentro dessa história, não vindo de fora nem sobreposto a ela, é que podemos traçar o início da doutrina da encarnação, que já no tempo de Paulo (ver Fp 2.5-11) se tornara propriedade comum da igreja primitiva. A tarefa para a qual Jesus sabia que fora chamado e à qual foi obediente era a que, em termos do AT, só poderia ser realizada pelo próprio Deus (Is 59.15-19; 63.7-9; Ez 34.7-16). Consciente de uma vocação específica do próprio Deus de Israel, o homem Jesus dirigiu sua vida em confiante fé e obediência, tornando implícita e explícita a vindicação que, se não fosse verdadeira, seria blasfema. Falou e agiu com autoridade autêntica. Sob essa luz, podemos entender a expressão "Filho de Deus", que no AT é um título para Israel e o Messias e que no NT se transforma em veículo de uma verdade maior, que inclui, mas transcende, a ambos. O Deus que pode ser visto ativo no ministério e especialmente na morte de Jesus é exatamente o Deus de Israel, o Deus de amor e fidelidade pactual. O amor que aparentemente contrairia impureza em contato com os doentes e pecadores, mas que veio a ser doador de vida, está plenamente revelado na cruz, quando o próprio Deus assume o papel de rei dos judeus, conduzindo seu povo em triunfo contra o verdadeiro inimigo.

7. A ressurreição (ver Ressurreição de Cristo) é, desse modo, a demonstração de Deus de serem verdadeiras as afirmativas feitas durante o ministério que alcançou seu clímax na cruz. *Nós esperávamos*, disseram os discípulos no caminho de Emaús, *que era ele que ia trazer a redenção a Israel* (Lc 24.21), dando a entender que "estávamos equivocados: ele morreu crucificado". A ressurreição provou que eles tinham estado certos o tempo todo, e que a cruz, longe de ser a falha da missão messiânica de Jesus, era sua realização culminante.

À luz da expectativa judaica, uma ressurreição não física seria uma contradição em termos. Ao mesmo tempo, porém, os judeus esperavam a ressurreição de todos os justos mortos somente no final dos tempos, não a de um homem dentro da continuação da história humana; de modo que a ressurreição de Jesus aconteceu dentro da remodelação total da expectativa então corrente quanto ao reino de Deus. Aquilo que fora vislumbrado em seu ministério - uma ordem mundial renovada e um povo de Deus renovado, chamado a de novo se reunir - tinha sido levado à realização. Foi deixado aos seguidores de Jesus, capacitados por seu Espírito, implementar sua concretização mediante missões mundiais, averiguando quais as suas implicações em matéria de adoração e reflexão teológica.

(**N. T. Wright**, M.A., D.Phil., reitor de Lichfield.)

BIBLIOGRAFIA. E. Bammel & C. F. D. Moule (eds.), *Jesus and the Politics of His Day* (Cambridge, 1984); M. Borg, *Conflict, Holiness and Politics in the Teachings of Jesus* (New York/Toronto, 1984); J. W. Bowker, *Jesus and the Pharisees* (Cambridge, 1973); G. B. Caird, *Jesus and the Jewish Nation* (London, 1965); A. E. Harvey, *Jesus and the Constraints of History* (London, 1982); B. G. Meyer, *The Aims of Jesus* (London, 1979); J. M. Robinson, *A New Quest of the Historical Jesus* (London, 1959); E. P. Sanders, *Jesus and Judaism* (London, 1985); E. Schillebeeckx, *Jesus: An Experiment in Christology* (TI, London, 1979); A. Schweitzer, *The Quest of the Historical Jesus* (TI, London, 1954); G. Vermes, *Jesus the Jew* (London, 1973).

JESUS (NÃO O CRISTO)

O Nome. Nas modernas línguas europeias, como em português, a palavra Jesus deriva-se da transliteração desse nome de origem hebraica para o grego, *Ieosous*. O nome hebraico é *Jehoshua*, cuja forma contraída é Josué ou Jesua (vide). Esse nome significa "ajuda de Yahweh" ou "Salvador" (Nm 13.17; Mt 1.21). A sua transliteração para o grego reflete a contração do nome, no aramaico, *Yesu*. (Ver Ne 3.19).

Há quatro personagens na Bíblia que são chamadas por esse nome, além do próprio Senhor Jesus, que, naturalmente, o imortalizou. **1**. Josué (vide), filho de Num, o líder militar do povo de Israel durante a conquista da terra de Canaã. Em Atos 7.45 e Hebreus 4.8, de acordo com algumas versões, seguindo a versão grega do nome, encontramos o nome Jesus; mas nossa versão portuguesa, em ambos os casos, diz "Josué", acertadamente. **2**. Um ancestral de Jesus Cristo, que viveu em cerca de 500 a.C., conforme se vê em Lucas 3.29. Algumas traduções, seguindo certa variante, que aparece no texto grego, dizem *José*. Nossa versão portuguesa diz "Josué", novamente de modo acertado. **3**. Na Septuaginta, o nome ocorre naqueles livros que são considerados apócrifos. O autor do livro de Eclesiástico é chamado pelo nome de Jesus. De acordo com Josefo, grande historiador judeu da época apostólica, doze notáveis vultos judeus tiveram esse nome, em vários períodos históricos. De fato, o nome tornara-se comum entre os judeus do período helenista. **4**. Um certo judeu cristão, chamado *Justo* (vide) também se chamava "Jesus", conforme se vê em Colossenses 4.11, onde ele aparece como um dos obreiros que trabalhavam com Paulo. Ele viveu em cerca de 64 d.C.

JETER

No hebraico, **"abundância"** ou **"excesso"**. Esse é o nome de várias personagens que figuram nas páginas do Antigo Testamento, a saber: **1**. Um ismaelita (1Cr 2.17). Algumas versões grafam seu nome como Itra. Ele era o pai de Amsa, que liderou a revolução de Absalão contra Davi. Sua esposa era Abigail, irmã de Davi (1Cr 2.17). Em 2Samuel 17.25, ele é chamado de "israelita", embora seja considerado "ismaelita", em 1Crônicas 2.17. Muitos estudiosos pensam que "israelita" seja uma corrupção do texto original, ou mesmo um erro primitivo do autor original. Seu nome significa, no hebraico, "excelência". Viveu por volta de 1050 a.C. **2**. Um descendente de Aser, que teria tido três filhos: Jefoné, Pispa e Ara. Teria vivido por volta de 1540 a.C. (Ver 1Cr 7.38). **3**. O primogênito de Gideão (Jz 8.20). Viveu por volta de 1250 a.C. **4**. Um filho de Jerameel, filho de Hezrom (1Cr 2.32). Viveu por volta de 1400 a.C. **5**. Um filho de Esdras, descendente de Calebe, o espia (1Cr 4.17). Viveu por volta de 1400 a.C. **6**. O sogro de Moisés tinha esse nome, ainda que, mediante um erro escribal, seu nome apareça com a forma de *Jetro* (vide).

JETETE

Enquanto alguns estudiosos opinam que o sentido desse nome é incerto, outros arriscam falar em "sujeição". Ele foi um chefe idumeu, que viveu no monte Seir. Esse nome também pode ter sido o nome de um clã, provavelmente formado pelos seus descendentes. (Ver Gn 36.40 e 1Cr 1.51). Viveu por volta de 1470 a.C.

JETRO

No hebraico, **"abundância"**, **"excesso"**, **"superioridade"**, **"excelência"**. Esse era o nome do sogro de Moisés. Ele foi sacerdote e príncipe de Midiã. Parece que, entre os midianitas, os seus príncipes automaticamente também oficiavam como sacerdotes. Há uma certa confusão no tocante ao nome desse homem, que a Bíblia não se dá ao trabalho de explicar. Ele é chamado *Reuel*, em Êxodo 2.18 e Números 10.29. Em Juízes 4.11, ele é chamado de Hobabe; mas, em Números 10.29 Hobabe parece ser o filho de *Reuel* (Jetro). Todas as demais passagens, onde aparece esse homem, dão o seu nome como Jetro. É possível que os nomes Reuel e Jetro fossem ambos nomes desse homem, o que não era um caso único. Moisés passou quarenta anos em seu exílio em Midiã, enquanto se preparava para o seu ofício de *Libertador* de Israel, em companhia de Jetro, e de uma de suas filhas, e de com a qual se casou, Zípora (vide Êx 3.1; 4.18).

Não somos informados quanto à religião que Jetro promovia; mas é vão tentar ligá-lo a *Yahweh*, o Deus dos judeus, conforme este se revelou a Moisés, na sarça ardente (ver Êx 6.3). Todavia, segundo alguns estudiosos, *Yahweh* pode ter sido uma das divindades dos midianitas, embora muito duvidemos disso. Seja como for, residindo Moisés com seu sogro, aquele recebeu uma teofania da parte do Deus de Abraão. Na oportunidade, Moisés estava cuidando das ovelhas de seu sogro. Então, ele reconheceu sua comissão divina como *libertador* de Israel da servidão egípcia. Moisés tomou sua esposa e seus filhos e viajou para o Egito. Posteriormente, entretanto, enviou de volta a Midiã, talvez como uma medida de segurança. O décimo oitavo capítulo do livro de Êxodo registra a narrativa comovente de como, depois que Moisés conseguiu retirar, com sucesso, do Egito, o seu povo de Israel, e estava acampado no deserto, Jetro, juntamente com seus familiares (incluindo a esposa e os filhos de Moisés, que tinham sido deixados em Midiã), vieram visitar Moisés, no deserto. Jetro estava muito satisfeito com o que Moisés fizera, e deu ao Deus de Israel o crédito pela operação inteira. Foi então que Jetro reconheceu a superioridade de Yahweh sobre todos os deuses das nações, tendo-lhe oferecido sacrifícios e ofertas queimadas. Jetro observou como Moisés estava trabalhando arduamente, a fim de tentar solucionar os inúmeros problemas que o povo de Israel lhe trazia para julgar; e o aconselhou a nomear assessores, em vez de tentar atuar como juiz exclusivo. E Moisés aceitou o conselho de seu sogro, tendo nomeado juízes e líderes de mil, de cem, de cinquenta e de dez (ver Êx 18.24,25). Após esse incidente, Jetro partiu para a sua própria terra.

Por causa do crítico envolvimento de Jetro nessas questões práticas atinentes ao começo da história do povo de Israel, alguns estudiosos têm pensado que a sua influência também se fez sentir até na religião, ensinada por Moisés. E alguns deles vão ao extremo de ensinar que Yahweh não era um nome de Deus conhecido e usado por Moisés, e, sim, que Jetro foi quem teria introduzido esse nome divino na religião hebreia. Ver o artigo sobre *Jeová*, quanto a uma discussão sobre essa questão. Se essa sugestão é verdadeira, então Jetro seria um sacerdote de *Yahweh* entre os midianitas; podemos presumir que Yahweh era uma espécie de deus de algum sistema quase henoteísta. Ver o artigo sobre o *Henoteísmo*. Contra essa ideia, porém, encontramos a menção a Yahweh em Gênesis 4.26; 6.3,5; 12.1,4 e em outros trechos desse mesmo livro. Alguns afirmam, todavia, que, nessas passagens, temos material posterior que veio a ser combinado com o material mais antigo, mediante o trabalho de um editor ou editores. Damos informações sobre a questão, no artigo sobre *Jeová*, além de mais detalhes no artigo intitulado *Jeovista* (*Eloísta*). Ver também o artigo sobre *J. E. D. P.*(*S*) acerca da teoria de muitos documentos complicados que teriam servido de fontes do Pentateuco ou Hexateuco. Uma coisa que parece indiscutível, entretanto, é que Yahweh não era um nome de Deus exclusivamente usado pelos hebreus (e talvez nem mesmo originalmente). Antes, era um nome de Deus bem conhecido entre as tribos do Oriente Médio e Próximo. Sabemos que os midianitas descendiam de Abraão por meio de Quetura (Gn 25.2,4; 1Cr 1.32,33), sendo possível que Yahweh fosse um dos nomes do Ser divino entre eles. Em português, usamos a palavra latina para Deus, isto é, *Deus;* mas isso não significa que adoramos alguma divindade pagã romana. Há evidências arqueológicas, entretanto, em favor de amálgamas e empréstimos, nas religiões antigas, e a fé de Israel exibe evidências desse fato. Parece melhor confessarmos que nenhuma fé religiosa, à face da terra, incluindo o cristianismo, é destituída de qualquer mistura, com elementos provenientes do passado. É indubitável que todos erramos em algumas de nossas crenças e práticas, por mais sinceros que possamos ser, e por mais que gostemos de afirmar que a nossa fé é pura.

Uma ilustração de mistura com a religião dos queneus (midianitas):

No vale de Tinra, não muito longe do extremo norte do mar Vermelho, vários objetos de interesse têm sido achados pelos arqueólogos. Um desses objetos é uma serpente de cobre dourado. Os estudiosos bíblicos lembram-se de que enquanto os israelitas vagueavam pelo deserto, Moisés fez uma serpente de metal (Nm 21.9). Mui provavelmente, a serpente de cobre era um item religioso vinculado à adoração à serpente dos midianitas. Moisés, como é sabido, casou-se com Zípora, filha de um sacerdote midianita, tendo passado nada menos de quarenta anos convivendo com aquele povo. Embora, como é provável, ele não desse à serpente o mesmo valor que eles davam, é facilmente possível que seu uso, naquele incidente da serpente de metal, tenha sido inspirado por experiências que ele tivera entre os midianitas e com a religião deles.

JETUR

No hebraico, **"cercado"**. Jetur foi um dos doze filhos de Ismael (Gn 25.15; 1Cr 1.31). Uma tribo descendia dele, retendo o seu nome. Esse povo vivia a leste da área norte do rio Jordão. Alguns estudiosos têm identificado Jetur com os itureanos do Novo Testamento. Ver sobre a *Itureia*. O lugar é mencionado somente por uma vez na Bíblia, em Lucas 3.1.

JEÚ (COMPANHEIRO DE DAVI)

Esse Jeú foi um guerreiro benjamita que se aliou a Davi, em Ziclague, quando Davi fugia de Saul. Ver 1Crônicas 12.3. Viveu em cerca de 1055 a.C.

JEÚ (FILHO DE HANANI)

Quanto ao sentido do nome Jeú, ver o artigo sobre *Jeú (o Rei)*. Esse Jeú, filho de Hanani, foi um profeta que foi enviado por Deus para proferir juízo contra Baasa, rei de Israel. A condenação assemelhar-se-ia ao que sobreviera à casa de Jeroboão (1Rs 16.1-7). Anos mais tarde, Jeú recebeu a tarefa de reprovar Josafá, por causa de sua tola aliança com Acabe, de Israel (2Cr 19.2). Parece que Jeú trabalhara como cronista durante o reinado de Josafá (2Cr 20.34). Ele viveu em cerca de 928—886 a.C. Foi um autor que deixou para a posteridade um comentário sobre o reinado de Josafá, que foi incluído no livro de Reis (que nossa Bíblia moderna desdobra em 1 e 2Rs, livros canônicos), conforme somos informados em 2Cr 20.34.

JEÚ (FILHO DE JOSIBIAS)

Ele foi um simeonita que migrou para o vale de Gedor. Foi um dos chefes da tribo de Simeão (1Cr 4.35). Viveu por volta de 711 a.C.

JEÚ (FILHO DE OBEDE)

Esse Jeú era da tribo de Judá, filho de Obede e pai de Azarias (1Cr 2.38). Viveu por volta de 1612 a.C.

JEÚ (O REI)

1. Nome e Família. O sentido desse nome é incerto, embora uma boa suposição pareça ser que se trata de uma abreviação de *Yehohu*, "Yahweh é ele". Porém outros estudiosos ligam esse nome ao assírio *Jaua*, "é Já", onde *Já* aparece como um nome divino. Gesênio opinava que esse nome significa *Yahweh é ele*, o que poderia ser uma afirmação da singularidade de Yahweh, ou seja, do monoteísmo. Seu avô foi Ninsi, e seu pai, Josafá. Em sua juventude, cavalgava atrás de Acabe, como elemento de sua guarda pessoal, como quando o maligno rei desceu a Jezreel, a fim de tomar posse da vinha obtida mediante falsa acusação e homicídio.

2. A figura Predita. O ato de Acabe teve por base a profecia condenatória por parte de Elias, dirigida contra esse monarca. E Jeú, desde o começo, foi apontado como o instrumento pelo qual o rei seria destruído. (Ver 1Rs 19.15-17). Temos aí um dos muitos exemplos bíblicos da operação da lei da colheita segundo a semeadura (ver Gl 6.7,8). Eliseu, que também foi impulsionado para fazer a mesma predição, viu-a cumprida durante os dias do filho de Acabe, Jeorão. Jeú era o comandante do exército de Jeorão. Na época, estavam ocorrendo choques com os sírios. Jeorão foi forçado a fugir para Jezreel, a fim de recuperar-se dos ferimentos recebidos. Jeú foi deixado no controle das tropas. Então, Eliseu enviou um dos filhos dos profetas para que ungisse Jeú rei de Israel. E a primeira tarefa do novo rei foi a de exterminar a casa de Acabe. Outros oficiais do exército imediatamente puseram-se ao lado de Jeú, consolidando assim a sua autoridade. (Ver 2Rs 9.1-16).

3. A Matança de Acabe e sua Casa. Jeú foi a Jezreel, a fim de matar. Ele e os seus partidários foram vistos ao aproximarem-se; Jeú foi reconhecido por causa da maneira furiosa como guiava seu carro de combate. Isso posto, ele veio a tornar-se

REI JEÚ
Davis, John D., 1854-1926, *Novo Dicionário da Bíblia* / [Tradução: J.R. Carvalho Braga]. – Edição ampliada e atualizada – São Paulo, SP: Hagnos 2005.

símbolo dos cocheiros ligeiros e temerários. O rei Jeorão foi pessoalmente ao encontro do grupo (depois que os dois mensageiros antes enviados não lhe foram mandados de volta). O rei Acazias, de Judá, também estava de visita, com um grupo, e também saiu para encontrar-se com Jeú. Jorão saudou Jeú e indagou se ele vinha em paz. Jeú respondeu, atrevidamente, embora com toda a razão, que enquanto a mãe de Acabe estivesse promovendo a imoralidade e a idolatria em Israel, juntamente com outros atos de traição, não poderia haver paz. E imediatamente tornou-se claro, para Jorão, que havia planos de violência, e ele gritou para Acazias: "Há traição, Acazias". Jorão tentou fugir, mas Jeú era excelente arqueiro e com uma flecha atravessou o coração do monarca. O rei Acazias, de Judá, também foi morto. E o cadáver de Jorão foi lançado no campo de Nabote por onde acabara de passar, em sua tentativa de escapar. (Ver 2Rs 8.16-25). A morte de Acazias não se deu no local. Ferido, ele fugiu para Megido, mas ali morreu.

4. A Morte de Jezabel. Jeú avançou na direção da cidade de Jezreel. Jezabel, a rainha, apareceu em uma janela do palácio, a fim de saudá-lo. Provavelmente ela tentou intimidá-lo, pois estava em casa, protegida por seus guardas e soldados. Mas Jeú não temeu, e entrou em um jogo de autoridade, exigindo que os guardas dela se bandeassem para ele. Vários eunucos apareceram na janela com Jezabel, e prontamente puseram-se ao lado de Jeú. E os eunucos lançaram Jezabel janela abaixo. No instante seguinte, a orgulhosa e má mulher era apenas um cadáver sangrento, no pátio do palácio. Foi pisada por cavalos, e seu sangue espalhou-se em derredor. Quando vieram recolhê-la, para sepultá-la, não restava muita coisa de seu cadáver. Encontraram seu crânio, seus pés e as palmas de suas mãos. Os cães haviam devorado o que os cavalos pisoteadores tinham deixado. E assim, de forma tão literal e excitante, a profecia de Elias e de Eliseu teve cumprimento. (Ver a narrativa toda em 2Rs 9.30-37). A lei da colheita segundo a semeadura tinha operado novamente.

5. A Casa de Acabe é Julgada. Jeú desafiou os príncipes da casa de Acabe a estabelecerem um governante e lutarem contra ele, Jeú. Porém, já tinham visto o bastante, e submeteram-se a ele. No dia seguinte haveria um encontro, quando os príncipes e oficiais teriam de defrontar-se com Jeú. Jeú proclamou que era o instrumento de Deus para purificar a sujeira que Acabe e Jezabel haviam feito. E então determinou a imediata execução de todos os membros da família de Acabe, e de todos os ex-oficiais do governo anterior. (Ver 2Rs 10.1-11). Todavia, a matança ainda não havia terminado. Jeú foi até Samaria, capital do reino do norte, Israel. A caminho, ele encontrou 42 parentes de Acazias, rei de Judá, e matou-os (ver 2Rs 10.12-14; 2Cr 22.8). Eles tiveram a infelicidade de estar em visita àquele lugar, e foram envolvidos na violência.

6. A Adoração a Baal Termina. Jeú era uma máquina de extermínio. Declarou que iria a um sacrifício em honra a Baal, e assim reuniu todos os profetas falsos de Baal, para a ocasião.

Profetas e sacerdotes reuniram-se, vindos de toda a nação de Israel, e todos quantos não quisessem comparecer foram ameaçados de morte. Foram feitas ofertas em uma festividade, embora tudo não passasse de mero espetáculo. No momento certo, Jeú ordenou que todos os seguidores de Baal fossem mortos, e que todos os ídolos fossem destruídos. Isso foi feito com precisão absoluta, de tal modo que a adoração a Baal foi extinta em Israel. (Ver 2Rs 10.15-28).

7. Pecados e Limitações de Jeú. Jeú não conseguiu eliminar a adoração ao bezerro de ouro, em Betel e em Dã, e por isso continuou o pecado de Jeroboão, que havia promovido essa forma de idolatria. Em recompensa pelo que fez, foi prometido a Jeú que a sua dinastia prolongar-se-ia por quatro gerações. Mas, em castigo pelo que fizera de errado, sua dinastia não passaria de quatro gerações. Ademais, muitas dificuldades ocorreram, sob a forma de guerras com Hazael, o rei da Síria. Israel não prosperou durante o reinado de Jeú.

8. Informações Extrabíblicas. Hazael assolou todo o território da nação do norte, Israel, a leste do rio Jordão (2Rs 10.32,33). Informações dadas no chamado Obelisco Negro informam-nos de que Jeú acabou por submeter-se ao poder de Salmaneser III, da Assíria. Talvez Jeú se tenha sujeitado a isso para escapar dos ataques de Hazael, da Síria.

9. A Morte de Jeú. O homem violento acabou tendo uma morte violenta. Jeú *dormiu* com seus pais, e foi sepultado em Samaria. Jeoacaz, seu filho, passou a reinar em seu lugar. Jeú governara Israel, em Samaria, pelo espaço de 28 anos.

10. Caráter e Avaliação de Jeú. Jeú realizou o plano de livrar a nação de Israel da família de Acabe e da influência religiosa de Baal. As Escrituras elogiam-no por causa disso, apesar da extrema violência com que ele agia. Quanto dessa violência partia dele mesmo, no esforço de consolidar a sua autoridade uma atitude tão comum para os governantes, ninguém sabe dizê-lo. Ficamos consternados diante das lutas e matanças, tão comuns às sociedades primitivas. Contudo, a chamada civilização moderna não é menos violenta que a antiga. Se há alguma diferença, é que as armas modernas ainda são mais letais.

É difícil determinar a razão da incoerência de Jeú, quando ele deixou intacta a adoração ao bezerro de ouro. Qual falha, no zelo, produziu isso? Porventura ele não precisou eliminar essa adoração, a fim de consolidar seu poder? E o seu zelo religioso pôde ser assim tão facilmente limitado? Alguns estudiosos têm sugerido que Jeú apenas serviu de instrumento em favor de uma causa, mas que ele mesmo não foi um homem reto e justo. Naturalmente, isso sucede, pois o próprio anticristo (vide) será um instrumento que produzirá o governo do Messias, como uma de suas consequências. Só Deus pode julgar retamente o caráter de uma pessoa. E, em todos os casos, ele precisa balancear entre o bem e o mal, porquanto ninguém é totalmente bom e totalmente mau.

Jeú não tinha a piedade do seu pai, mas não lhe faltavam determinação, coragem e audácia. Sendo um instrumento da providência divina, apesar de seus defeitos de caráter, ele salvou Israel de um declínio quase fatal, que teria levado a nação do norte ao paganismo. Ver o artigo abaixo, *Jeú (Simbólico)*.

JEÚ (SIMBÓLICO)

O trecho de 2Reis 9.20 diz-nos que Jeú, o décimo monarca do reino do norte, Israel (governou de 843 a 816 a.C.), costumava dirigir *furiosamente* o seu carro, dando a entender que ele pudera ser identificado, à distância, por meio de sua maneira radical de dirigir. Jeú, pois, tornou-se símbolo dos motoristas velozes e temerários. Um tanto mais seriamente, Jeú também é símbolo das pessoas que têm muitos defeitos pessoais e cometem muitos erros, mas, que, apesar disso, são usadas por Deus como *instrumentos*, visando a alguma boa causa.

JEUBÁ

No hebraico, **"ele ocultará"** ou **"Yahweh ocultará"**. Ele era filho de Semer, da tribo de Aser, e viveu no tempo de Berias (1Cr 7.34), ou seja, em cerca de 1618 a.C.

JEÚDE

No hebraico, **"Judá"** ou **"louvor"**. Esse era o nome de uma cidade localizada no território de Dã, entre Baalate e Bene-Beraque (Js 19.45). Tem sido identificada com a moderna el--Yadudiyeh, cerca de treze quilômetros a sudeste de Jafa. A Septuaginta, naquele texto de Josué, diz *Azor*. Provavelmente, isso originou-se de uma forma variante do texto hebraico, ou de uma interpretação quanto à sua identificação.

JEUDI

No hebraico, **"judeu"** ou **"homem de Judá"**. Ele era filho de Netanias. Foi enviado para convidar Jeremias a trazer o rolo de suas predições e lê-lo diante dos príncipes reunidos de Judá. Posteriormente, Jeudi leu pessoalmente esse rolo diante do rei, Jeoaquim. Ver Jeremias 36.14,21,23. Isso ocorreu em cerca de 605 a.C. O nome de seu avô era Cusi. Isso dá a entender que Jeudi não era um judeu nativo e, sim, estrangeiro naturalizado.

JEUDIA, MULHER JUDIA

No hebraico, **"judia"** ou **"mulher de Judá"**. Em algumas traduções (como a nossa versão portuguesa) lemos que as palavras hebraicas correspondentes são interpretadas como um adjetivo pátrio, "mulher judia", e não como um nome próprio, "Jeudia". É provável que essa palavra *judia* tenha sido usada para distinguir essa mulher de uma outra mulher egípcia, mencionada no mesmo versículo (1Cr 4.18), embora nossa versão portuguesa nem mencione nesse texto a tal mulher egípcia. Seja como for, está em pauta a segunda esposa de Merede (vide). Isso ocorreu em cerca de 1612 a.C.

JEUEL

No hebraico, "protegido por Deus". Há três personagens na Bíblia com esse nome, a saber: **1**. Um homem da tribo de Judá, cuja família estabeleceu-se entre os exilados que voltaram do cativeiro babilônico (1Cr 9.6). Seiscentos e noventa dos seus descendentes retornaram, em cerca de 536 a.C. **2**. Um levita que ajudou o rei Ezequias em suas reformas religiosas (2Cr 29.13), em cerca de 700 a.C. **3**. Assim chamava-se um israelita que voltou juntamente com Esdras, do cativeiro babilônico (Ed 8.13; 1Esdras 8.39). Isso ocorreu por volta de 445 a.C.

JEÚS

No hebraico, **"forte"**, **"apressado"**, ou mesmo **"coletor"**. Esse foi o nome de quatro personagens que aparecem nas páginas do Antigo Testamento: **1**. O filho mais velho de Esaú e de sua esposa Aolibama (Gn 36.5,14,18; 1Cr 1.35). Ele nasceu em Canaã; mas, posteriormente, tornou-se um dos chefes dos idumeus. Viveu em torno de 1960 a.C. **2**. O primeiro filho de Bilã, chefe de um clã benjamita. Ele viveu na época de Davi, por volta de 1000 a.C. (1Cr 7.10,11). **3**. Um levita, um dos quatro filhos de Simei, dentre os gersonitas. Era irmão de Berias. Visto que eles tiveram muitos filhos, foram considerados um terceiro ramo da família (1Cr 23.10,11). Jeuel viveu em cerca de 1014 a.C. **4**. O primeiro dos três filhos de Reoboão, cuja mãe, ao que tudo indica, era Abiail, a sua segunda esposa (2Cr 11.19). Ele viveu em cerca de 973 a.C. **5**. No hebraico, "coleta" ou "reunir". Esse era o nome de um filho de Eseque, um descendente de Saul (1Cr 8.39). Jeús viveu em cerca de 588 a.C.

JEUZ

No hebraico, **"conselheiro"**. Ele era o chefe de uma casa benjamita, aparentemente um filho de Saaraim e de Hodes, sua segunda esposa (1Cr 8.10). Ele viveu por volta de 1618 a.C.

JEZABEL

1. Nome. No hebraico, **"casta"**, um nome totalmente inapropriado para ela e para sua homônima do Novo Testamento. Quanto à Jezabel do Antigo Testamento, ver 1Reis 16 e 2Reis 11.

2. Família. Jezabel era filha de Etbaal, rei de Tiro. Tornou-se a esposa de Acabe, rei de Israel, a nação do norte, em cerca de 918 a.C. Ela pertencia a um clã fenício, tendo sido natural que ela tivesse trazido consigo as ideias e as práticas de seu povo. Ela foi uma tremenda força corruptora em Israel, além do fato de que Acabe já tinha sua própria pesada dose de problemas. Embora chamado de *rei dos sidônios* (1Rs 16.31), Etbaal, o pai de Jezabel, na verdade era o monarca da Fenícia inteira. Etbaal consolidou a sua autoridade através de vários homicídios. Começou a reinar com 36 anos e manteve-se no trono por 32 anos, e então, morreu. Desse modo, o começo de sua dinastia, embora banhada no sangue, conseguiu firmar-se no poder. Seu bisneto foi o último membro dessa dinastia. Ele morreu noventa e quatro anos após Etbaal ter subido ao trono, o que significa que essa dinastia de quatro gerações durou por quase um século.

3. Casamento com Acabe. A lei mosaica havia proibido o casamento entre israelitas e pagãos; mas essa regra foi frequentemente ignorada, mormente quando havia interesses políticos envolvidos. O casamento de Jezabel com Acabe a imortalizou de modo negativo, dentro do registro bíblico, fazendo dela um permanente exemplo que deve ser evitado. A união de Acabe e Jezabel tinha por finalidade ratificar uma aliança feita entre Israel e Tiro, pelo que Onri, pai de Acabe, procurou eliminar a hostilidade de Damasco contra Israel (cerca de 880 a.C.). O que é incrível, nessa aliança, foi a licença dada a Jezabel para dar prosseguimento ao culto ao seu deus nativo, Baal, em Samaria, cidade que veio a tornar-se a sua nova residência. Esse compromisso não pôs fim, de modo algum, às lutas entre Damasco e Samaria. (Ver 1Rs 16.31-33).

4. A Introdução da Idolatria em Israel. Conforme já vimos, Jezabel não foi tolhida, mas antes, foi encorajada a continuar com seu culto idólatra. Ela não estava disposta a fazer disso uma questão pessoal. Com fervor fanático, ela estabeleceu o culto a Baal por toda a nação de Israel, além de tentar ab-rogar a adoração a Yahweh. O trecho de 1Reis 6.30-34 conta-nos sobre a apostasia de Acabe, atribuindo-a diretamente a Jezabel. Talvez Acabe nem precisasse de ajuda para desviar-se, mas Jezabel apressou o naufrágio espiritual dele. Destarte, Acabe tornou-se o mais iníquo de todos os monarcas de Israel, que possam ser mencionados, embora seja duvidoso que a mera influência de uma mulher tivesse conseguido isso. Seja como for, a maçã já estava apodrecida. Samaria, a capital da nação do norte, Israel, foi envolvida nessa apostasia, inicialmente; então, a podridão espalhou-se por toda a nação. Foi instituído um programa sistemático para fazer desaparecer, em Israel, qualquer oposição à adoração a Baal. Os profetas do Senhor foram assassinados e aqueles que escaparam tiveram de refugiar-se. Centenas de fiéis israelitas foram mortos. Entrementes, Baal ia ganhando todas as batalhas. Muitos dos profetas de Baal foram abrigados e sustentados pela rainha Jezabel, até mesmo no recinto do palácio real. Ver 1Reis 18.17-19.

5. Choque com Elias. Uma das mais famosas histórias, relatadas na Escola Dominical e em inúmeros sermões, é a do confronto entre Jezabel e o profeta Elias. (Ver 1Rs 18 e 19). Os profetas do Senhor tinham-se escondido, ou seja, aqueles dentre eles que haviam conseguido sobreviver. Elias teve a coragem de vir a público sozinho, lançar o seu protesto. Assim, ele se tornou o único defensor *público* da fé ancestral de Israel. E Elias terminou tendo de defrontar-se, sozinho, com 850 profetas de Baal (1Rs 18.1-40). Nisso Elias triunfou espetacularmente, resultando no massacre dos profetas de Baal. Todavia, isso em nada diminuiu a determinação e a arrogância de Jezabel. E Elias sentiu-se ameaçado e refugiou-se na região do Sinai, visto que Jezabel jurara vingança e, por ser rainha, tinha a autoridade para tanto. Muitas piadas sem graça têm sido inventadas sobre como Elias foi capaz de enfrentar mais de oitocentos profetas de Baal, e sair-se vencedor, mas teve de fugir de uma *mulher*, Jezabel. Esquecem-se que ela era a rainha. Quem não teria fugido diante de tal mulher? Elias derrotara os profetas de Baal de um golpe; mas o problema constituído por Jezabel precisava de tempo para ser resolvido.

6. O Assassinato de Nabote. Acabe mostrou a sua debilidade quando cedeu diante dos planos traiçoeiros, enganadores e violentos de sua mulher, Jezabel. Acabe cobiçava a vinha de Nabote, e queria apossar-se dela. Mas Nabote recusava-se a desfazer-se da sua herança paterna (o que era muito importante para todos os israelitas em Israel e em Judá); e Acabe hesitava em lançar mão da violência para conseguir o seu intento. No entanto, Jezabel não via qualquer problema no impasse. E conseguiu subornar falsas testemunhas, que acusaram Nabote de blasfêmia, e este acabou sendo morto apedrejado. Acabe tomou posse da vinha de Nabote. Mas isso assinalou o começo do fim, para Acabe e Jezabel. O profeta Elias proferiu a condenação do casal real. Predisse que os cães lamberiam o sangue de Acabe, no mesmo local onde o sangue de Nabote fora derramado; e que os cães comeriam as carnes de Jezabel, perto das muralhas de Jezreel (1Rs 21.19,23).

7. Cumprimento das Predições Condenatórias. A passagem de 1Reis 22.29-40 conta o fim de Acabe, em harmonia com a profecia de Elias. E o trecho de 2Reis 9.1-37 narra o fim de Jezabel. Jezabel continuou reinando por dez anos após a morte de Acabe. A morte de seu marido não ensinou qualquer lição a Jezabel. Ela foi a rainha-mãe durante todo o reinado de Acazias, e depois durante a vida de Jeorão. Quando Jeorão foi morto por Jeú, Jezabel vestiu-se esplendidamente (2Rs 9.30) e ficou esperando por Jeú, sem saber que ele estava prestes a cumprir a predição feita por Elias. Ela zombou de Jeú, mas não conseguiu fazer estacar aquele homem terrível, poderoso e sem misericórdia. Ela havia encontrado um adversário à altura. De fato, posteriormente, Jeú mostrou ser um homem corrupto e violento. Mas, devemos admitir que ela enfrentou a morte com determinação e coragem! Jezabel nunca foi capaz de exibir qualquer sabedoria, no tocante às escolhas que fazia. Ela faleceu em cerca de 842 a.C. É curioso observar que os três filhos dela, Acazias, Jeorão e Atalia (se é que Jezabel era mesmo a mãe desta última), em seus nomes, continham referências ao nome de Yahweh, e não de Baal, embora, sem dúvida, isso pouco significasse para Jezabel.

8. A Má Influência Perdurou. A nação do norte, Israel, não entrou em reforma moral e religiosa somente em face da morte de Jezabel. A queda de Israel no pecado deveu-se, pelo menos em parte, à culpa dela. Ela quase pôs fim à casa de Davi. Jeú exterminou a casa de Onri (841 a.C.), e a adoração a Baal foi suprimida. Não obstante, muitos males continuaram, conforme se vê no artigo acerca de Jeú (vide). Os quarenta anos da dinastia de Jeú foram tempos continuamente perturbados, tanto com inimigos externos quanto com conflitos internos. O cativeiro assírio não estava muito distante.

9. O Caráter de Jezabel. Essa rainha sidônia de Israel combinava os piores elementos da prepotência, da violência e da licenciosidade das rainhas orientais da antiguidade. A iniquidade dela era tão grande que se tornou proverbial, conforme vemos em 2Reis 9.22. De fato, ela obteve um lugar permanente, nas Escrituras Sagradas, como símbolo de iniquidade e barbaridade femininas. Em Apocalipse 2.20, seu nome é usado simbolicamente como tipo de líder feminino que corrompeu a igreja cristã primitiva, provavelmente algum tipo de profetisa gnóstica. Ver o artigo intitulado *Jezabel* (*Novo Testamento*).

JEZANIAS. Ver *Jazanias*.

JEZER

No hebraico, **"formação"**. Ele foi o terceiro filho de Naftali (Gn 46.24; Nm 26.49; 1Cr 7.13). Ele viveu em cerca de 1656 a.C. Foi o fundador da casa dos *jezeritas* (vide).

JEZERITAS

Esse é o nome dos descendentes de Jezer (vide). Eles são mencionados somente em Números 26.49.

JEZIEL

No hebraico, **"assembleia de Deus"**. Ele era um dos filhos de Azmavete. Foi um guerreiro benjamita que se uniu a Davi, em Ziclague, quando Davi fugia de Saul (1Cr 12.3). Jeziel viveu em cerca de 1000 a.C.

JEZRAÍAS

No hebraico, **"Yah brilhará"**. Ele era levita superintendente dos cantores que atuaram por ocasião da dedicação das muralhas reconstruídas de Jerusalém, depois que os judeus retornaram do cativeiro babilônico. Ver Neemias 12.42. Viveu em torno de 445 a.C.

JEZREEL

No hebraico, **"semeado por Deus"**. Esse é o nome de várias pessoas e lugares, nas páginas do Antigo Testamento, a saber: **Pessoas. 1**. Um descendente de Judá, pertencente à família do pai ou fundador de Etã (1Cr 4.3). Parece que foi ele o fundador da cidade que tinha seu nome, existente no território de Judá (Js 15.56), e que viveu em torno de 1612 a.C. O texto massorético diz "país" de Etã. Nossa versão portuguesa diz: *Estes foram os filhos do pai de Etã...* **2**. Um nome simbólico de um dos filhos de Oseias (Os 1.4). Esse nome anunciava que *o sangue de Jezreel* seria vingado. Estava em memória a matança feita por Jeú. Podemos supor que todos os atos violentos do povo de Israel estavam sendo relembrados, simbolizados pelos atos de Jeú. Há um jogo de palavras entre os dois nomes: Israel e Jezreel. Esses nomes são fundidos, e o castigo que sobreviria a Jezreel, sobreviria, igualmente, a Israel. Assim, o desaparecimento de Israel, como nação, foi profetizado através do nome daquele filho de Oseias. Deus estava resolvido a *semear* o julgamento destrutivo em Israel, conforme o sentido do nome "Jezreel", isto é, "Deus semeia". Estava no horizonte o cativeiro assírio da nação do norte, Israel.
Lugares. 1. Uma cidade nas montanhas de Judá, mencionada em Josué 15.56. Parece que era natural dali a primeira esposa de Davi, *Ainoã* (ver 1Sm 25.43); 27.3; 30.5; 2Sm 2.2; 3.2; 1Cr 3.1). Essa localidade é alistada juntamente com várias outras, herdadas pela tribo de Judá. Ao que tudo indica, ficava ao sul ou sudeste de Jerusalém, embora sua localização moderna seja desconhecida. Entretanto, alguns estudiosos pensam que a Jezreel associada àquela primeira esposa de Davi era um lugar diferente desse. **2**. Uma cidade da tribo de Issacar (Js 19.18). Os reis de Israel possuíam ali um palácio e uma corte, embora Samaria fosse a metrópolis do reino do norte. Esse lugar é mencionado por várias vezes no relato sobre Acabe. Foi ali que ocorreu o drama que cercou a vinha de Nabote (1Rs 18.45,46, cap. 21). De acordo com uma predição de Elias, foi também ali que Acabe encontrou a morte, por haver permitido o assassínio de Nabote, e por causa de seus inúmeros outros delitos. A dinastia de Acabe também foi extinta por Jeú. (Ver 2Rs 9.14-37; 10.1-11). Após esse incidente, não mais ouvimos menção à cidade de Jezreel, senão já em Oseias (1.4 e 2.22). É possível que o local tenha sido virtualmente abandonado. Pelo menos é certo que os monarcas de Israel o fizeram. Os trechos do livro apócrifo de Judite 1.8; 4.3 e 7.3 mencionam essa cidade, mas já com o nome mais recente de Esdrelom (vide). Quanto a detalhes sobre a matança realizada por Jeú, em Jezreel, ver o artigo separado sobre *Jeú*. Nos dias de Eusébio e Jerônimo, dois dos chamados pais da igreja antiga, Esdrelom continuava sendo uma populosa aldeia, então chamada Esdraela. Também era conhecida como Stradela (*Itin. Hieros.* par. 586). No tempo das cruzadas, os francos chamaram-na de *Parvum Gerinum*, ao passo que os árabes lhe davam o nome de *Zerin*. Tem sido identificada com a moderna aldeia de *Zerin*, ao pé do monte Gilboa, a meio-caminho entre Megido e Bete-Seã. Situada em um lugar elevado, ela domina o vale que jaz a leste de Bete-Seã. **3. O vale de Jezreel** (Js 17.16; Jz 6.33; Os 1.5). Esse vale fica situado entre as serras dos montes Gilboa e Moré. Seu extremo leste é limitado pelo rio Jordão. É a porção sudeste de um vale mais extenso que divide a Galileia, ao norte, de Samaria, ao sul. O vale de Megido também é parte do vale de Jezreel. Ao tempo da conquista da Terra Prometida, essa região era ocupada pelos cananeus. Sua principal cidade era Bete-Seã. Os cananeus dispunham de carros de combate de ferro, que lhes permitia manobrarem na planície. Quando Gideão era juiz de Israel, os midianitas, os amalequitas e outros povos habitavam nesse vale. Foi nesse vale que Gideão e seus trezentos homens aterrorizaram o inimigo e obtiveram uma tremenda vitória (ver Jz 7). Duzentos anos depois de Gideão, Saul foi derrotado ali pelos filisteus (1Sm 29.1-11; 31.1-6). **4. Torre de Jezreel**. Essa era uma fortificação existente na cidade de Jezreel (2Rs 9.17). **5. Campo de Jezreel**. Esse era um campo ou terreno contíguo à cidade de Jezreel, onde ocorreu o crime de Acabe e Jesabel contra Nabote, e também a morte de Acabe (2Rs 9.10,21,36). **6. Muros de Jezreel**. As muralhas da cidade, onde havia uma trincheira que protegia a cidade de ataques inimigos. Foi perto dali que ocorreu o assassínio de Nabote (1Rs 21.23). **7. Fonte próxima de Jezreel**. Foi perto dessa fonte que Saul e suas tropas acamparam antes da batalha do monte Gilboa (1Sm 29.1). Na região continua havendo um abundante suprimento de água, devido a fontes existentes a leste da moderna cidade de *Zerin*, que corresponde a Esdrelom e a Jezreel, em tempos mais antigos. Ver os artigos sobre *Esdrelom* e sobre *Zerin*. **8. Sangue de Jezreel**. Isso alude à cidade como o lugar de derramamento de sangue, primeiro aquele provocado por Acabe, no caso do assassinato de Nabote e, em segundo lugar, pela sangrenta eliminação da casa de Acabe, por ato violento de Jeú. (Ver Os 1.4). Essa referência bíblica mostra que apesar de Jeú ter cumprido uma diretiva divina concernente à dinastia de Acabe, ele também mostrou ser um homem cruel e sanguinário, que servia, em primeiro lugar, aos seus próprios interesses, pelo que precisou ser, ele mesmo, julgado por Deus.

VALE DE JEZREEL
Davis, John D., 1854-1926, *Novo Dicionário da Bíblia* / [Tradução: J.R. Carvalho Braga]. – Edição ampliada e atualizada – São Paulo, SP: Hagnos 2005.

JESREELITAS

Um habitante de Jezreel (vide), no território de Issacar (1Rs 21.1,4,6,7,15,16; 2Rs 9.21,25). Ainoã, esposa de Davi, é chamada de "jezreelita", ou seja, natural de Jezreel (1Sm 27.3; 30.5; 2Sm 2.2; 3.2; 1Cr 3.1).

JIDLAFE

No hebraico, **"chorão"** ou **"lacrimejante"**. Esse foi o nome do sétimo filho de Naor (irmão de Abraão) e de Milca, sua esposa (Gn 2.22). Ele viveu em torno de 2300 a.C.

JÓ

Parece que o sentido desse nome é **"retorno"**. Mas outros estudiosos pensam no sentido **"odiado"**. Há dois homens com esse nome, no Antigo Testamento:

1. O terceiro filho de Issacar (Gn 46.13). Ele também é chamado *Jesube*, em Números 26.24 e 1Crônicas 7.1. A forma hebraica desse nome é *'yyob*, conforme se vê nos Textos de Execração, guardados em Berlim, onde se refere a um certo príncipe que governou na área de Damasco, na Síria, no século IX a.C. Também acha-se nas cartas de Tell el-Amarna. Ver o artigo sobre *Tell el-Amarna*. Essa correspondência data de cerca de 1400 a.C. Nesse material, a pessoa aludida era príncipe em Pella, Edom. Formas desse nome, nos idiomas modernos, derivam-se da sua forma grega, pelo que não se assemelham muito ao hebraico. A forma original do nome, ao que tudo indica, era *yyab*, que parece significar "onde está meu pai?", e que, portanto, poderia significar "sem pai". Esse nome sugere orfanado ou ilegitimidade. A forma hebraica da palavra era uma modificação de *ayyab*, mediante o desaparecimento de um fonema gutural entre vogais.

2. Jó, do Livro de Jó. Quanto a explicações sobre a derivação e o significado de seu nome, ver acima, em número "um". Alguns supõem que Jó nunca, realmente, existiu, e que o livro de seu nome é apenas uma novela romântico-filosófica, e não um livro verdadeiramente histórico. De fato, é significativo que não há qualquer registro genealógico desse homem; e alguns reputam isso como um sinal inequívoco da natureza não histórica desse homem e de toda a sua história. Todavia, esse argumento se vê debilitado pelo fato de que um profeta tão importante como foi Elias (cuja historicidade não é posta em dúvida pelos eruditos) também não tem a sua árvore genealógica registrada na Bíblia. Portanto, a questão genealógica não pode ser absoluta, ainda quando a ausência de tal genealogia possa parecer-nos indício de não historicidade. Jó aparece como habitante da terra de Uz (Jó 1.1), o que, segundo alguns estudiosos, ficava situada em algum ponto entre Damasco da Síria, ao norte, e Edom, ao sul, ou seja, nas estepes a leste da Síria-Palestina. A ausência de informes geográficos específicos, ou mesmo de alusões geográficas, que poderiam ajudar-nos a identificar o lugar onde esse homem residia, também é considerada, por alguns estudiosos, como prova da não historicidade da personagem e do livro que leva seu nome. Jó é chamado de ... *o maior de todos os do Oriente* (Jó 1.3); mas isso é uma descrição tão vaga que, para todos os efeitos práticos, não tem utilidade. Quanto a outros comentários a respeito, ver sobre *Jó* (o *Livro*), *sob Proveniência*, terceira seção.

Jó é a figura central do livro de Jó, cujas amargas experiências com o *problema do mal* (vide) nos tem fornecido um estudo antigo, de natureza filosófico-teológica sobre a questão. Esse é um dos mais difíceis problemas da filosofia, da teologia e da vida humana em geral. Fora do próprio livro, Jó é mencionado na Bíblia em Ezequiel 14.14,20 e Tiago 5.11, onde é comentada a sua notável resistência. A narrativa gira em torno dos sofrimentos de Jó, o que levanta a indagação: "Como pode sofrer assim um homem justo?"

Se Jó foi uma figura humana literal, conforme cremos, então ele pode ter sido um xeque que vivia perto do deserto da Arábia, nos tempos dos patriarcas do Antigo Testamento (não há qualquer menção à lei mosaica, nesse livro de Jó). É possível que Jó fosse uma personagem histórica, e que um autor posterior, conhecendo a história mediante a tradição oral, a tenha reduzido à forma escrita. Mas, por essa altura, a genealogia e o arcabouço histórico de Jó se tinham perdido, pelo que esses detalhes não foram registrados, ainda que importantes para a mentalidade dos hebreus. O próprio livro pode datar de tão tarde quanto o século VII a.C., ou mesmo depois do exílio babilônico, ou seja, pertenceria ao século V ou mesmo ao século IV a.C. Todavia, é muito difícil que um autor judeu tivesse esquecido a lei de Moisés.

Jó é apresentado como homem piedoso e justo, ao ponto de o próprio Deus admirá-lo. Mas, em face de um desafio lançado por Satanás, quanto à genuinidade da retidão de Jó (embora este não tivesse conhecimento desse desafio), este foi submetido a grandes provas e padecimentos pessoais. Para complicar as coisas, chegaram os molestos *consoladores* de Jó. Na verdade, esses homens foram detratores e algozes mentais, embora seus discursos fossem bastante eloquentes, a certos momentos. A própria esposa de Jó foi envolvida no redemoinho do desespero, tendo convidado Jó para amaldiçoar Deus e morrer (Jó. 2.9). Os consoladores de Jó defendiam a teoria de que o sofrimento sempre resulta das más ações. Tal explicação, a despeito de legítima, não é completa, porquanto há homens que sofrem sem terem praticado o mal, e, às vezes, desde o berço. Esse é o problema crucial investigado no livro, embora, como é claro, Jó fosse um mero pecador como o são todos os homens. Contudo, não foi por *essa* razão que ele estava *sofrendo*. O próprio Jó insistia em que essa não era a razão de seus sofrimentos, apesar de todos os protestos de seus amigos. Ele assegurava que seus sofrimentos eram desproporcionais para os seus pecados, e apelou para que o próprio Deus lhe conferisse uma *resposta*. Até hoje os homens continuam a clamar a Deus, enquanto outros amaldiçoam ou tornam-se ateus, simplesmente porque nenhuma resposta satisfatória tem sido encontrada para esse problema. Contudo, há respostas sugestivas, que, talvez, nos possam satisfazer. O fato foi que, finalmente, Deus falou pessoalmente com Jó. Este ficou satisfeito diante da *visão beatífica* que lhe foi dada e, como é natural, desprezou a sua própria condição pecaminosa. Porém, o livro de Jó não atribui os sofrimentos daquele homem ao fato de que ele era um pecador.

Por sua vez, Deus é apresentado como um Ser gracioso, poderoso e sábio. E a resposta para o problema do sofrimento, segundo podemos deduzir, é que devemos deixar a questão ao encargo da inescrutável vontade do Senhor. Deus vindicou a causa de Jó. Os amigos de Jó, entretanto, não estavam com a razão. Jó foi restaurado em sua saúde e em sua sorte, tendo-se tornado ainda mais próspero do que antes. O livro, por assim dizer, diz-nos: "Não se sabe a resposta para o problema do mal; mas devemos confiar n'aquele que nos deu resposta, aguardando com toda a confiança e esperança". Todavia, em meio a seus problemas, os homens continuam a busca, o que é perfeitamente legítimo. Acresça-se a isso que o Novo Testamento nos tem fornecido algumas valiosas sugestões de natureza teológica e filosófica. Ver o estudo detalhado a respeito, no artigo O *Problema do Mal*. O artigo sobre o *Livro de Jó* também aborda esse problema. Ver seção V onde uma discussão ampla é apresentada.

A resposta especial de Jó é que a *presença* de Deus, *experimentada*, resolve todos os nossos problemas na terra e nos céus. Naquela *Presença* sabemos, extra-racionalmente (intuitiva e misticamente), que Deus está no seu trono e que tudo está bem no mundo, mesmo sem meios adequados para explicar como. Isto não é a confiança de um argumento teológico, mas sim, a confiança da *alma* que chegou perto da presença de Deus, e *sentiu* a resposta. Ver Jó 19.25-27.

JÓ (O LIVRO)

I. CARACTERIZAÇÃO GERAL. Este livro reflete episódios da época patriarcal, quando a lei mosaica ainda não havia sido promulgada. Os intérpretes antigos e alguns modernos continuam favorecendo a data mais antiga do livro. Ver sobre *Data*, na quarta seção deste artigo. Todavia, quase todos os intérpretes modernos, embora acreditem que houve, realmente, um homem de nome Jó, que é a figura central do livro desse nome, e que ele deve ter vivido na época dos patriarcas hebreus, acreditam que a narrativa primeiramente circulou sob a forma de tradições orais, até que foi reduzida à forma escrita, aí pelo século V ou IV a.C. Quanto a especulações sobre a historicidade de Jó, ver o artigo sobre Jó, 2. *Jó do Livro de Jó*. Uma das razões para a defesa de uma data posterior do livro é que ele pertence à chamada literatura de sabedoria, dentro da tradição judaica, literatura essa pertencente a um período posterior. Além disso, talvez reflita uma grande crise de fé criada na mente nacional judaica, pelos cativeiros assírio e babilônico. Nesse caso, o livro não seria mera peça pessoal, refletindo os conflitos de um indivíduo isolado acerca do problema do mal, e, sim, um tipo de busca dos judeus por uma resposta acerca das aflições que Israel sofreu como nação. A antiga doutrina judaica, tão forte no Antigo Testamento, acerca da regularidade e previsibilidade da retribuição divina, foi perturbada pelos imensos sofrimentos da nação às mãos de povos pagãos que, sem dúvida, eram mais corruptos do que os judeus. O décimo nono capítulo de Jó mostra-nos que o homem que é sábio conserva a sua crença na retidão e na vindicação dada por Deus aos retos. A esperança da vindicação após a morte (uma resposta comum para o problema do mal) acha-se em Jó 19.25-27.

Os consoladores de Jó, que eram apenas atormentadores, não podiam perceber outra coisa além de uma retribuição divina regular, precisa e previsível. Para eles, Jó estava sofrendo porque merecia tal coisa, o que, segundo pensavam, fatalmente mostraria ser a verdade, apesar da capa de justiça com que Jó se vestia.

Alguns eruditos pensam haver problemas com o arranjo do material, supondo que algum editor, ou editores, de uma época posterior, tivessem feito adições que só teriam servido para lançar o livro na confusão. O capítulo 21, diferentemente dos capítulos primeiro a décimo nono, retrata um Jó cético, que condenou a si mesmo e, então, foi levado à sabedoria *divina* no capítulo 28. Após uma espécie de discurso de despedida, que contém um juramento de liberação (caps. 30 e 31), que seria, basicamente, um paralelo aos discursos dos capítulos terceiro a décimo nono, quanto à atitude, aparece uma reprovação *desnecessária* por parte de certo Eliú (caps. 32—37). Então o próprio Deus força Jó a retratar-se (caps. 38 e 39). Isso posto, parece haver consideráveis mudanças de atitude entre os capítulos terceiro a décimo nono, por um lado, e as porções subsequentes do livro. E alguns estudiosos supõem que isso reflita adições feitas posteriormente. Todavia, isso poderia ser reflexo apenas de um confuso arranjo e tratamento, por parte do próprio autor sagrado que, ao abordar uma questão espinhosa, não se mostrou muito metódico quanto, talvez, gostaríamos que ele tivesse sido. As presumíveis adições seriam os capítulos 28, 32-37 e 38 e 39.

Alguns estudiosos também supõem que o prólogo (Jó 1 e 2) e o epílogo (Jó 42.7-17) tenham sido adições feitas ao corpo original do livro. Outros eruditos têm criticado a filosofia que transparece na obra, supondo que as tragédias gregas sejam superiores, pois, nessas tragédias, quando um homem sofre, nunca mais se recupera. E dizem que isso é mais realista diante da vida. No entanto, Jó recuperou-se e prosperou mais do que antes. Todavia, a vida também nos mostra casos de recuperação diante do sofrimento, mesmo nesta vida, não havendo nisso nada que possa ser considerado contrário à realidade. Mediante essa recuperação de Jó, o autor sagrado estava dizendo que a providência divina é capaz de nos surpreender. Em primeiro lugar, devido a razões desconhecidas, o homem sofre; e a única razão para isso é a inescrutável vontade de Deus. Em segundo lugar, para consternação daqueles que acreditavam que Jó era um homem iníquo, subitamente ele voltou a prosperar materialmente. E isso prova que a resposta simplista para o problema do sofrimento, de que este resulta de erros cometidos, nem sempre explica o que está acontecendo entre os homens. Por outro lado isso também prova que não podemos afirmar que Deus nunca abençoa os pecadores. Assim, os eruditos que não apreciam a bela e surpreendente recuperação de Jó — como se isso sempre fosse contrário à experiência humana, o que já vimos que não é assim — apegam-se à ideia de que o epílogo do livro foi uma adição posterior, com o intuito de vindicar, artificialmente, a causa de Jó, de tal modo que "tudo está bem com aquilo que termina bem", o que, conforme sabemos, não corresponde à mensagem que o autor sagrado queria transmitir.

Outro Propósito. O livro de Jó provê uma resposta ou várias respostas para o problema do mal, sobre o que tratamos especificamente na quinta seção. Não há que duvidar que esse é o principal problema a ser ventilado no livro. Porém, em adição a isso, também é seguro que o autor sagrado estava sondando as profundezas da fé de um ser humano, mesmo diante do sofrimento moral e físico. Todavia isso constitui apenas uma das respostas possíveis para o problema do sofrimento. Um indivíduo pode lançar-se nos braços da graça, do amor e do poder de Deus, sofrendo no escuro, escudado exclusivamente em sua fé. De alguma maneira, em algum lugar, Deus está no seu trono, e tudo corre bem no mundo, a despeito de teimosas evidências humanas em contrário.

Qualidade Estética. Alfred, Lord Tennyson, que foi um poeta de grande envergadura, considerava o livro de Jó como "o maior poema dos tempos antigos e modernos". "Esteticamente falando, Jó é a produção literária suprema do gênio dos hebreus". (E)

Admiráveis Qualidades Intrínsecas. É de estranhar que um livro que nada exiba de caracteristicamente israelita, onde a lei mosaica nunca é promovida, tenha encontrado lugar seguro no cânon hebraico da Bíblia. Essa posição do livro de Jó nunca foi seriamente desafiada. Podemos apenas supor que a sua qualidade estética seja tão grande que ninguém jamais ousou desafiar seu direito ao rol dos livros divinamente inspirados. Outrossim, o livro reflete uma experiência humana crítica, sendo uma busca por respostas para certas duras experiências humanas, pelas quais todos os povos se interessam.

II. O Homem Jó; Problema de Historicidade. Sob o título Jó, segundo ponto, (ver a respeito no *Dicionário*) falamos sobre a origem e o significado do nome Jó, além de apresentarmos uma discussão sobre o problema da historicidade do livro. Esse artigo também procura fazer uma descrição abreviada da caracterização do homem Jó, no livro que traz o seu nome.

III. Proveniência. Se o livro de Jó não é uma obra histórica e, sim, uma novela filosófico-religiosa, uma parte da literatura de sabedoria judaica, então não importa muito a investigação acerca de onde o livro foi escrito. Mas, se trata de uma obra histórica, então temos o informe, em Jó 1.3, de que o relato ocorreu no "Oriente", com "o maior de todos os do Oriente". Mesmo nesse caso, porém, o autor sagrado, outro que não o próprio Jó, poderia ter escrito acerca de Jó, um homem do Oriente, sem que ele, o autor, residisse ali. Apesar de não podermos determinar onde o livro foi escrito, pode ser que o forte caráter aramaico do livro indique que foi produzido em um centro aramaico de erudição. Se o livro realmente deriva-se da época dos patriarcas (ver sobre *Data*, seção IV), então esse lugar poderia ter sido em algum ponto perto de *Araam Naharaim* (a Araam dos Dois Rios), ao norte da Mesopotâmia. Nos fins do segundo milênio a.C., tribos arameias deslocaram-se para o sul e se estabeleceram nas fronteiras entre a Babilônia e a Palestina, continuando a controlar a rota de caravanas que atravessava a área de Cabur. E foi então que Alepo e Damasco tornaram-se centros dos arameus. O trecho de Jó 1.17 poderia indicar um tempo quando os caldeus ainda estavam vivendo como seminômades, isto é, antes de 1000 a.C. Mas, se o livro de Jó pertence a uma data comparativamente posterior, então todas as especulações dessa natureza têm pouco ou nenhum valor, no que diz respeito à proveniência desse livro.

"Parece que Jó foi uma personagem histórica que passou por experiências incomuns. Ele, talvez, fosse um xeque que vivia próximo ao deserto da Arábia, em uma época similar à dos patriarcas hebreus. O autor do livro usou de licença poética, e assim transformou a narrativa sobre os sofrimentos de Jó em um memorável drama". (AM)

Jó é apresentado como homem que vivia na terra de Uz (Jó 1.1), que alguns estudiosos supõem que ficasse situada em algum ponto entre Damasco da Síria, ao norte, e Edom, ao sul, ou seja, nas estepes a leste da Síria-Palestina. Porém, mesmo que essa informação seja correta, isso não significa que o autor do livro residia ali. A conclusão é que não dispomos de informação certa quanto a esse particular.

IV. Data, Autoria e Integridade do Livro

1. Data. O livro é encaixado, bem claramente, dentro do período dos patriarcas hebreus. Não há nenhuma menção à lei mosaica, como também coisa alguma distintamente judaica no livro. Alguns eruditos supõem que houvesse uma tradição oral, que preservava a narrativa, fora de Israel, antes de ter sido posta em forma escrita, por algum israelita desconhecido. A isso podem ter sido feitas adições, da parte de um editor ou editores posteriores, como um prólogo, alguns dos capítulos finais e o epílogo. Se Jó foi uma personagem histórica, então poderíamos datá-lo dentro dos limites amplos entre 2000 e 1000 a.C. Várias descrições, como a longa vida de Jó, o fato de que suas riquezas eram aquilatadas sob a forma de gado, e o que o relato parece refletir uma vida nômade (própria das tribos dos sabeus e dos caldeus), ajustam-se ao segundo milênio a.C., melhor que qualquer outra época posterior. Isso faz de Jó um homem que viveu há muito tempo no passado, talvez até algum tempo antes de Abraão. Por outro lado, visto que o livro faz parte da literatura de sabedoria dos judeus, muitos têm pensado que sua compilação pertence a um tempo muito posterior a isso. As opiniões a respeito divergem muito umas das outras, indo desde o segundo milênio até o século IV a.C. Encontraram-se fragmentos do livro de Jó entre os manuscritos do mar Morto, o que elimina a data ultraposterior de 200 a.C., como alguns eruditos têm arriscado. Todavia, esse livro poderia refletir especulações filosóficas, sobre o problema do mal, especificamente o *porquê* dos sofrimentos de certos homens bons, o que já pertence ao período pós-exílico dos judeus. Os judeus estavam então meditando sobre como grandes tragédias podem sobrevir aos homens, conforme os próprios judeus tinham sofrido às mãos dos assírios e dos babilônios. Ideias comuns sobre como operam a divina providência e a retribuição, estavam sendo testadas pelos acontecimentos históricos, e o livro de Jó pode ter sido uma tentativa para provar respostas para esse problema.

2. Autoria. Em vista do ambiente patriarcal que transparece no livro, a tradição judaica piedosa tem pensado que *Moisés* foi o autor do livro de Jó (*Baba Bathra* 14v ss.), embora isso, segundo outros, esteja fora da realidade. O próprio livro não nos fornece nenhuma indicação de que Jó tenha escrito qualquer porção da obra. Isso posto, temos um autor desconhecido que viveu em um período desconhecido. "A menção aos bandos de caldeus (Jó 1.17), e o uso da arcaica palavra *qesitah* (42.11, em nossa versão portuguesa, "dinheiro") apontam, meramente, para a antiguidade da história, e não para a sua presente forma escrita. Os eruditos modernos têm variado na data do livro, desde os dias de Salomão até cerca de 250 a.C., embora as datas mais populares variem entre 600 e 400 a.C., apesar do que há uma tendência crescente em favor de datas posteriores. Os argumentos com base no assunto, na linguagem e na teologia, provavelmente, favorecem uma data até posterior à de Salomão; mas, visto que o livro é *sui generis* dentro da literatura dos hebreus, e que a linguagem empregada é tão distintiva (alguns eruditos chegam a pensar que se trata de uma tradução de um original aramaico, enquanto que outros consideram que seu autor teria vivido fora da Palestina), qualquer dogmatismo deriva-se de fatores subjetivos e preconcebidos". (ND)

3. Integridade. Na primeira seção, *Caracterização Geral*, demos as razões pelas quais alguns eruditos duvidam que o livro inteiro tenha sido escrito por um único autor. As porções atribuídas a algum outro autor-editor são o prólogo (caps. 1 e 2), a descrição sobre o hipopótamo (40.10—41.25), os discursos de Eliú (32.1—37.24), o capítulo vigésimo primeiro, e o epílogo (42.7-17). Alguns estudiosos dizem que os capítulos 28, 32-37 e 38-39 também são adições. Porém, até onde podemos ver as coisas, as razões contra e a favor da autoria original dessas seções são puramente subjetivas, e nada de positivo pode ser provado. É verdade que uma grandeza essencial de expressão poética percorre a obra inteira; mas, tanto podem ter havido dois ou três poetas envolvidos, como também somente um. Além disso, qualquer autor pode inserir material tomado por empréstimo; e, nesses pontos, certa incongruidade ou diferença de estilo pode ser observada, interrompendo a suavidade do fluxo da apresentação, sem que isso indique a contribuição feita por algum outro autor.

Segundo esses críticos, os discursos de Eliú são rejeitados como originais (Jó 32.1—37.34), porque ele não é mencionado no epílogo, onde os amigos de Jó foram repreendidos. Porém, se o epílogo foi acrescentado por algum autor posterior, por que ele omitiu esse nome? Deveríamos supor que os discursos de Eliú tivessem sido incluídos no livro após a adição do epílogo? Novamente, entramos em um raciocínio meramente subjetivo, não havendo como fazer nenhuma afirmação absoluta acerca do problema assim levantado. E nem isso é necessário para a crença na divina inspiração do livro. Todos os livros da Bíblia contêm seus elementos humanos, e nenhum deles foi escrito em um vácuo, para então ser hermeticamente fechado. Os eruditos que fazem a fé depender dessas coisas enfatizam aquilo que se reveste de pouca ou nenhuma importância, exceto que essas coisas, mui naturalmente, desempenham um papel legítimo na análise e na avaliação literárias.

V. O Problema do Mal

Oferecemos ao leitor um detalhado artigo sobre o *Problema do Mal* (ver a respeito no *Dicionário*). O livro de Jó é o único livro da Bíblia que aborda especificamente esse problema, ao mesmo tempo que é um dos mais extensos escritos que têm sido preservados desde tempos antigos. Alguns estudiosos negam que o tema principal do livro seja esse problema, preferindo sugerir que o livro realmente perscruta as profundezas da fé que um homem é capaz de ter, diante de inexplicáveis sofrimentos. Porém, isso, por si mesmo, faz parte do problema do mal. No que consiste o problema do mal? Esse é o problema que consiste em explicar como é que pode haver tanta maldade no mundo. Existe o *mal natural*: os acidentes, as inundações, os terremotos, os incêndios, as enfermidades e, acima de tudo, a morte, a qual parece ser o ponto culminante dos males naturais. Existem males que não se derivam diretamente da vontade e dos atos maus dos homens. Essas são coisas naturais que afligem todas as pessoas. Esses são "atos de Deus", conforme alguns dizem. Existe também o *mal moral*, males que se derivam diretamente da vontade e dos atos pervertidos e maldosos dos homens, como as guerras, as matanças, a desumanidade do homem contra o homem. Essa questão toda envolve Deus: Se existe um Deus todo-sábio (que conhece até o futuro), todo-poderoso e todo-amoroso, então por que há tanta maldade e sofrimento neste mundo? Não podemos lançar a culpa de tudo sobre a perversidade humana. Jó ficou muito doente, e sua carne, por assim dizer, desprendeu-se de seus ossos. Isso foi uma enfermidade, parte dos males naturais. Por que Deus permite o sofrimento? Por que o homem bom sofre? Por que os homens maus não são julgados? Por que razão os ímpios prosperam? Qual é o resultado final do sofrimento? Haverá algum dia sem sofrimentos? Estas são perguntas que os homens costumam fazer, perplexos. Apesar de não haver respostas absolutas e perfeitas, nosso artigo sobre o problema do mal procura dar aos leitores as respostas que existem. Mas, todas essas respostas funcionam melhor quando são outras pessoas que sofrem. Quando temos de enfrentar alguma grande tragédia, então as respostas que existem não nos parecem muito boas.

Razões do Sofrimento, Segundo o Livro de Jó. Seja como for, o livro de Jó procura nos fornecer algumas respostas para o problema do mal. Abaixo, oferecemos um sumário: **1.** Os discursos dos amigos molestos de Jó fornecem a resposta-padrão, que está sendo posta em dúvida, por este livro: Deus castiga os ímpios com o sofrimento. Segundo os amigos de Jó, a retribuição divina é a grande resposta. Mas, apesar de haver nisso alguma razão, Jó nos é apresentado como um homem *inocente* das acusações de que o acusavam, pelo que *os seus* sofrimentos não podiam ser atribuídos àquelas acusações. Mesmo quando ele se confessou pecador, e declarou que se arrependia, isso não foi feito a fim de explicar *por que* ele estava sofrendo, mas serviu apenas para mostrar que todos os homens, diante de Deus, devem assumir uma posição de humildade, como pecadores que são. (Ver Jó 42.6). **2.** Os discursos de Eliú salientaram o princípio de que o sofrimento é uma *disciplina* para os justos, o que corresponde a um princípio verdadeiro, embora, por certo, não seja *a* resposta no caso específico de Jó. (Ver Jó 33.16-18; 27.30; 36.10-12). **3.** Jó 19.25,26. Os remidos participam de uma gloriosa vida pós-túmulo, pelo que todos os sofrimentos terrenos e temporários são ali obliterados. Essa é uma boa resposta-padrão, sem dúvida, mas não é ainda o principal argumento do livro. Seja como for, essa resposta tenta pôr na correta perspectiva o problema do sofrimento humano. Nós, como seres mortais, exageramos a importância das coisas temporais e transitórias desta vida. Pode haver desígnio ou não nessas coisas; mas elas duram por algum tempo, e logo se acabam. **4.** Há profundezas da fé que os justos podem obter, e que lhes conferem coragem para enfrentar seus sofrimentos, sem duvidarem da providência e dos desígnios de Deus. Apesar disso também não são uma resposta definitiva para o problema, é uma espécie de solução para aqueles que estão sofrendo no presente. Um homem, mediante a sua fé, impõe-se à sua situação adversa, obtendo nisso razão para prosseguir, significado, desígnio e esperança. **5.** O texto sagrado declara que Deus atua em todo o universo, trazendo chuvas à terra onde nenhum homem existe (Jó 38.26), que Deus está cônscio do mal e dos sofrimentos (personificados nos monstros, hipopótamo e crocodilo, Jó 40.15—41.34). É óbvio que Deus cuida dos homens e observa os seus sofrimentos. Apesar de, talvez, não sabermos qual a *razão* de nossos sofrimentos, pelo menos tomamos consciência da bondade e da providência permanentes de Deus, o qual permite todas essas coisas, e assim podemos descansar no Senhor. **6.** A presença de Deus. Essa é a resposta final e mais excelente do livro de Jó. Poderíamos dizer: "Estive com o Senhor, e sei que não pode sobreviver ao homem, finalmente, um dano permanente". Essa é a resposta mística, a resposta que envolve a presença majestática e consoladora de Deus. Na presença de Deus, talvez os nossos argumentos intelectuais não *melhorem;* mas a nossa fé em sua providência

torna-se *invencível*. Os místicos que têm experimentado a presença divina têm chegado ao extremo de negar a existência do mal, exceto como um fator que envolve a ausência do bem, ou seja, aquilo que contrasta com o bem positivo. Todos os atos de Deus estão encobertos dos olhares humanos, embora vejamos muitas luzes. Há cores brilhantes e escuras, formando um grande desenho, como em um tapete. As cores escuras fazem destacar a beleza das cores brilhantes; e, juntas, essas cores, brilhantes e escuras, produzem uma beleza singular. Alguns místicos afirmam que o mal e o sofrimento perfazem as cores escuras daquele simbólico tapete, e que, finalmente, tudo é bom, tudo é necessário; tudo faz parte da beleza de todas as coisas. Na presença de Deus, pois, sentimos isso, embora, talvez, nos faltem argumentos intelectuais para afirmar tal coisa de modo inteligente. Na presença de Deus, pois, encontramos sua vontade inexcrutável, e nos inclinamos, reverentes, sabendo que até o mal redundará em bem para nós, embora não saibamos dizer de que maneira. Quando a alma comunga com Deus, ela sabe que Deus está em seu trono, e que tudo está bem no mundo. Talvez não disponhamos de respostas intelectuais, mas podemos experimentar a presença daquele que nos dá as respostas, e é em momentos como estes que sabemos que o Consumado Artista nunca cai em erros e equívocos. O criador de todas as coisas indagou de Jó: *Acaso, anularás tu, de fato, o meu juízo? Ou me condenarás, para te justificares?* (Jó 40.8). Jó não ficou satisfeito com as respostas que lhe foram dadas e, sim, com a comunhão imediata com o Ser divino. Foi isso que levou Jó, à semelhança dos grandes profetas, a dizer: *Eu te conhecia só de ouvir, mas agora os meus olhos te veem* (Jó 42.5). E todas as soluções possíveis para o mal que há neste mundo são encontradas em face dessa visão beatífica. **7**. O prólogo tem por finalidade dar-nos a resposta (ou, pelo menos, uma resposta), desde o começo. Satanás, percebendo a prosperidade de Jó, e como Deus elogiou seu fiel servo, pôs então em dúvida a lisura de Jó, propondo submeter a teste a autenticidade da sua bondade. Jó seria bom por ser verdadeiramente justo, ou seria bom somente porque Deus o havia abençoado? Em outras palavras, a sua bondade era autêntica justiça de alma, ou seria uma bondade *egoísta*, alicerçada sobre a prosperidade material? Seguiu-se o terrível teste de Jó. Se levarmos em conta isso, de forma literal, e não como um esquema literário para introduzir a narrativa, então temos aí um mui perturbador ensino de que os justos podem sofrer meramente porque os poderes malignos querem submetê-los a teste; e, mais perturbador ainda é o pensamento de que Deus coopera para que os justos sejam submetidos a essas provas! Portanto, é melhor compreendermos esse prólogo (provavelmente escrito por um autor diferente daquele que compôs o grande poema) como um artifício literário, e não como algo cuja intenção era mostrar que as Escrituras ensinam que os poderes malignos podem fazer uma espécie de barganha com Deus, com o resultado de que os justos acabam sofrendo injustamente.

VI. Esboço do Conteúdo
1. Prólogo. O teste é proposto e aceito (caps. 1 e 2).
2. Primeira Série de Discursos. O discurso de Jó e de seus três amigos molestos (caps. 3—14).
   a. Jó seria culpado, pelo que estava sendo punido. Essa é a razão do sofrimento humano.
   b. Jó nega tal acusação.
3. Segunda Série de Discursos. Os três amigos molestos de Jó discursam e recebem sua resposta (caps. 15—21).
4. Quarta Série de Discursos. Elifaz e Bildade apresentam novos argumentos e Jó lhes dá resposta (caps. 22—33).
5. Discursos de Eliú (caps. 32—37)
   a. O propósito da aflição (caps. 32—33)
   b. Vindicação da pessoa de Deus (cap. 34)
   c. As vantagens da piedade (cap. 35)
   d. Deus é grande, e Jó é ignorante (caps. 36 e 37)

e. Eliú faz a valiosa observação de que o sofrimento pode servir-nos de disciplina.

6. Os Discursos de Deus (caps. 38—42.6). Na presença de Deus, a solução deve ser sentida, mesmo quando não intelectualizada.

a. Deus é todo-poderoso e majestático! Jó percebe sua pequenez e sente a vaidade de suas palavras (38.1—40.5).

b. O poder de Deus contrasta com a fraqueza humana. Jó se arrepende e demonstra a humildade que cabe bem ao homem. A *presença* de Deus experimentada garante a solução final para o problema do mal (40.6—42.6).

7. *Epílogo*. Os molestos consoladores de Jó são repreendidos. Deus reverte a fortuna de Jó, e a paz e a abundância material substituem a enfermidade e a carência (42.7-17).

VII. Bibliografia. AM B DH G I IB ND NTI PAT PF PF (1841).

JOA

No hebraico, **"Yahweh revive"**. Nome de duas personagens bíblicas: **1**. Um filho de Berias, o benjamita. Ele foi chefe da tribo e residia em Jerusalém (1Cr 8.16), em cerca de 588 a.C. **2**. Um tizita, que foi enumerado entre os poderosos guerreiros de Davi, tendo assumido a defesa deste contra Saul. Seu irmão também pertencia ao grupo. (1Cr 11.45). Sua época foi em torno de 1000 a.C.

JOÃ

No hebraico, **"Yahweh é meu irmão"**. Esse foi o nome de quatro personagens que aparecem no Antigo Testamento, a saber: **1**. Um filho de Asafe, que era o cronista dos dias do rei Ezequias. Foi um dos membros da embaixada enviada ao general assírio, para tratar de assuntos relativos à invasão assíria. Os enviados receberam uma mensagem insultante. (Ver 2Rs 18.18,26; Is 36.3,11,22). Isso ocorreu em cerca de 719 a.C. **2**. Um filho ou descendente de Zima (1Cr 6.21). Ele pode ser corretamente identificado com o Etã do vs. 42 daquele mesmo capítulo, a menos que os nomes de uma dessas listas sejam parcialmente omitidos na outra lista. Seja como for, Joá assessorava Ezequias em suas reformas religiosas (2Cr 29.12). Joá viveu em cerca de 719 a.C. **3**. Um filho de Obede-Edom (1Cr 26.4). Era descendente de Coré, e foi um dos sacerdotes nomeados por Davi para guardar o portão sul do templo de Jerusalém e a casa de Asupim, um armazém ou átrio existente no templo (vs. 15). Isso aconteceu por volta de 1000 a.C. **4**. Um filho de Joacaz, cronista que trabalhava para o rei Josias. Foi nomeado superintendente dos reparos feitos no templo (2Cr 34.8). Isso ocorreu em cerca de 639 a.C.

JOABE

No hebraico, **"Yahweh é (seu) pai"**. Esse é o nome de três homens que figuram nas páginas do Antigo Testamento: um capitão do exército de Davi; o filho de Seraías e o Joabe dos tempos de Zorobabel.

I. O Capitão do Exército de Davi

1. Sua Família. Joabe era filho de Zeruia, meia-irmã de Davi (2Sm 2.18). Josefo (Anti. 7.1,3) diz-nos que o nome de seu pai era Suri. A Bíblia diz que seu sepulcro está em Belém (2Sm 2.32). Isso nos permite concluir que a família de Joabe era nativa de Belém, ou, pelo menos, ali residia. Joabe era sobrinho de Davi; mas, não foi por essa razão que ele se tornou comandante das tropas de Davi. Joabe era uma máquina de matar. Visto que Zeruia, ao que parece, era uma das filhas mais velhas de Jessé, e que Davi era o filho mais jovem de Jessé, é provável que Joabe e Davi fossem, mais ou menos, da mesma idade. Amasa, que substituiu Joabe como comandante, em duas ocasiões, era primo de Joabe, e também era sobrinho de Davi, através de Abigail, sua outra irmã (1Cr 2.17).

2. Detalhes Históricos de sua Vida. *a*. Ouvimos falar em Joabe, pela primeira vez, em conexão com seus irmãos Abisai e Asael, que eram guerreiros do exército de Davi, quando entraram em luta com Abner, porque preferiam que Isbosete, descendente de Saul, se assentasse no trono de Israel. De fato, Isbosete chegou a ocupar o trono por breve período (2Sm 2.8 ss.). Mas Abner perdeu a batalha. Quando fugia, com relutância matou Asael, que era bem jovem, e o vinha perseguindo (2Sm 2.13-32), o que ocorreu por volta de 1000 a.C. *b*. Joabe planejou vingar-se, mas não executou imediatamente o plano. Quando Abner visitou Hebrom, depois que abandonou a causa de Isbosete, e queria fazer de Davi o rei de uma unida nação de Israel, Joabe ralhou com Davi, acusando Abner de traição. Enviou mensageiros atrás de Abner, para o trazerem de volta, e prontamente o matou. Davi ficou muito insatisfeito com o ocorrido; mas, ao que parece, era impotente para fazer qualquer coisa a respeito (2Sm 3.8-39). *c*. Joabe tornou-se comandante em chefe do exército de Davi. Joabe estava sempre onde havia alguma luta. E ele era sempre mortal para os adversários. Os *jebuseus* (vide) controlavam o lugar onde Davi estabeleceu, finalmente, a sua capital, Silo, uma parte da antiga cidade de Jerusalém. Ver o artigo sobre *Jebus*. Joabe ousou atacar o lugar, pois, ao que parece, queria fazer algo de heroico que fizesse Davi esquecer-se da atrocidade que ele cometera ao matar Abner. O fato de que Joabe capturou o monte Sião é registrado em 2Samuel 5.6 ss.; 1Crônicas 11.4 ss. Davi prometeu a patente de general supremo a qualquer um que conquistasse a fortaleza dos jebuseus. Alguns estudiosos pensam que Joabe entrou na cidade por meio do túnel que trazia para a cidade o seu suprimento de água. Mas outros opinam que ele simplesmente escalou as muralhas, com pesadas perdas em vidas. Seja como for, a tarefa foi realizada e Davi obteve a sua cobiçada fortaleza. Joabe reteve sua posição militar durante muitos anos, tendo servido fielmente a Davi (2Sm 5.6 ss.; 8.16; 20.23; 1Cr 11.4 ss.; 18.15, 27.34). Davi, com frequência, ia à batalha com o seu exército, mas Joabe estava sempre presente, a fim de garantir a vitória com suas inteligentes estratégias e com a sua incrível habilidade de matador. *d. Guerras Específicas de Joabe*. Contra os amonitas e os sírios (2Sm 10.1 ss.). Contra Edom, ocasião em que Joabe eliminou grande parte da população masculina, sepultando os cadáveres nos túmulos de Petra (1Rs 11.15,16). O príncipe idumeu fugiu para o Egito, e só retornou à sua terra quando ouviu dizer que haviam morrido tanto Davi quanto Joabe (1Rs 11.21,22). Contra os amonitas, novamente, Joabe tomou a arca da aliança e assediou a cidade de Rabá (2Sm 11.1,11). Os israelitas sofreram alguns pesados reveses, no início. E então Joabe conquistou a parte baixa da cidade. Ele convidou Davi para que viesse e tomasse a cidadela, provavelmente querendo que o rei ficasse com o crédito principal da vitória, embora não houvesse nenhuma razão pela qual o próprio Joabe não pudesse fazê-lo. E assim aconteceu (2Sm 12.26-28). *e. O caso com Amasa*. Davi não se mostrou especialmente grato a Joabe, ao oferecer a patente de generalíssimo a Amasa, na tentativa de conciliar o partido que favorecia Absalão, quando este se revoltou contra seu pai, Davi. Amasa havia comandado o exército de Absalão (2Sm 19.13). Mas Amasa não se mostrou eficaz, sem dúvida, em parte, porque o exército de Joabe não seguia com fervor o novo comandante. Embora Amasa fosse seu próprio primo (pois ele filho da irmã de sua mãe), Joabe removeu o competidor mediante o assassínio, que alguns consideram um ato ainda mais traiçoeiro do que no seu caso com Abner. Ver 2Samuel 20.1-13 quanto ao relato inteiro. A violência, os golpes de traição e a selvageria que transparecem nos relatos do Antigo Testamento deixam-nos boquiabertos, mas esses relatos são realistas, pois isso é que o homem é. O aspecto absurdo aparece quando os homens, antigos ou modernos, lançam a culpa dessas coisas sobre Deus. *f. Joabe apoia Adonias como* *pretendente ao trono*. Adonias era o herdeiro natural do trono de Israel, por ser o filho mais velho de Davi. E quando Davi ainda vivia, houve uma demonstração popular em favor de Adonias. Joabe deu apoio à causa de Adonias. Mas essa foi a única vez em que ele errou nos cálculos. Salomão foi quem ascendeu ao trono. Salomão fez abortar a demonstração, e compreendeu que teria de neutralizar Joabe, se quisesse reter o trono. **g. Morte de Joabe**. Joabe e seus seguidores estavam marcados para serem destruídos. Joabe refugiou-se diante do altar, que deveria dar-lhe imunidade. Mas, o que Salomão se importava com isso? Salomão enviou Benaia para executar Joabe, e foi exatamente isso que aconteceu (1Rs 2.28 ss.; Nm 35.33). Conforme diz um dos comentários que examinamos: "Esse período da história (de Israel) foi violento e primitivo, e Joabe era apenas um produto de sua época". Naturalmente, esse comentário também deve ser aplicado a Salomão. **h. O caráter de Joabe**. Joabe era homem de coragem e de grande habilidade militar. Era homem de tremenda ousadia, muito destemido; mas também era traiçoeiro e selvagem. Era leal a seus amigos, e serviu a Davi durante muito tempo. Todavia, mostrava-se destituído de misericórdia e sanguinário com seus inimigos. Foi um dos mais notáveis guerreiros de Israel, mas também o mais inescrupuloso. Não era destituído de sentimentos religiosos; mas, como poderia ser ele um homem espiritual, derramando tanto sangue?

II. Joabe, Filho de Seraías. Esse Joabe era descendente de Quenaz (irmão mais jovem de Calebe), segundo aprendemos em Juízes 1.13. Ele era da tribo de Judá. Foi o pai ou fundador da tribo dos que viviam no Vale dos Artífices (1Cr 4.13,14). Alguns estudiosos têm identificado esse local com o *wadi Arabah*. Jerônimo diz que os arquitetos do templo foram escolhidos dentre seus filhos, e que por essa razão esse Joabe foi chamado de pai ou príncipe dos ferreiros (no hebraico, *charashim*).

III. Joabe dos Tempos de Zorobabel. Esse Joabe foi chefe das mais numerosas famílias que retornaram a Jerusalém, terminado o cativeiro babilônico, em companhia de Zorobabel (Ed 2.6; 8.9; Ne 7.11). A época era cerca de 445 a.C. Alguns dos exilados retornaram com Esdras (Ed 8.9), ao passo que outros voltaram com Zorobabel (1Cr 4.13,14; Ne 11.35).

JOACAZ

Em 1Esdras 1.34, essa é a forma em que aparece o nome de *Jeoacaz* (vide). O trecho neotestamentário de Mateus 1.11 diz *Jeconias* (vide).

JOANÃ

No hebraico, *Yahweh tem sido gracioso*, ou *Yahweh dá*. Esse é o nome de vários homens do Antigo Testamento. O nome bíblico João é um derivado do mesmo, após passar pelo grego. No hebraico é *Iohanan*. Há dez homens com esse nome, no Antigo Testamento: **1**. Um dos oficiais que reconheceu Gedalias como governador da Judeia, depois que Jerusalém foi capturada e que a maioria dos cidadãos de Judá fora exilada para a Babilônia. Atuou como capitão do exército de Judá, durante o cerco da cidade. Foi a Mizpá, com outros líderes (ver Jr 40.8,13) e avisou Gedalias sobre o plano traçado por Ismael para assassiná-lo (Jr 40.14). Quis impedir o assassinato, tirando a vida de Ismael, antes que este cometesse o crime (Jr 40.16). Mas Gedalias não tomou qualquer providência, e acabou assassinado. Então Joanã encabeçou um grupo contra Ismael (Jr 41.11) e o alcançou perto das águas de Gibeom (Jr 41.12), e libertou os reféns que Ismael havia tomado (Jr 41.14). Todavia, o próprio Ismael escapou, juntamente com outros oito homens (Jr 41.15). Os demais foram levados a Gerute-Quimã, perto de Belém (Jr 41.16,17). Joanã pediu que Jeremias opinasse se o remanescente de Judá deveria permanecer na Judeia ou se deveria se exilar no Egito, temendo que os babilônios os atacassem. Jeremias aconselhou, enfaticamente, que os judeus deveriam permanecer em sua própria terra. Desse modo, Jeremias se declarou favorável aos babilônios, uma atitude extremamente corajosa. Ver Jeremias caps. 42, 43.2,3. Então Joanã levou todo o povo restante, incluindo Jeremias e Baruque, para o Egito (Jr 43.5-7), onde, ao que se presume, Jeremias faleceu. Isso ocorreu em cerca de 587 a.C. **2**. O filho mais velho de Josias, rei de Judá (1Cr 3.15). Nada mais é dito sobre ele, pelo que ou ele faleceu ainda jovem, ou sua vida não se caracterizou por acontecimentos notáveis. Viveu em torno de 639 a.C. **3**. O quinto filho de Elioenai, descendente de Zorobabel (1Cr 3.24). Viveu em torno de 400 a.C. Tem sido identificado com o Naum mencionado em Lucas 3.25, como um dos antepassados do Senhor Jesus. **4**. Um filho de Azarias, cujo pai tinha o mesmo nome. Ambos foram sumos sacerdotes (1Cr 6.9,10). Alguns estudiosos têm-no identificado com Joiada (2Cr 24.15). Servia no templo de Salomão. 1Reis 4.2 menciona seu pai como sumo sacerdote dos dias de Salomão. **5**. Um dos guerreiros de Davi, que veio se juntar a ele em Ziclague, quando Davi fugia de Saul. Provavelmente era um benjamita (1Cr 12.4). Os guerreiros benjamitas podiam atirar flechas e usar a funda com ambas as mãos. **6**. Um homem da tribo de Gade, o oitavo dos gaditas que se uniu a Davi em Ziclague, quando Davi fugia de Saul. Foi um dos grandes guerreiros de Davi (1Cr 12.12), sendo contado entre aqueles habilidosos no uso da lança e do escudo. **7**. O chefe de uma família que descendia dos filhos de Azgade (Ed 8.12). A frase "o filho de Catã" deve ser lida como "Joanã, o filho caçula", ou, então, "Joanã, o menor". Ele encabeçou um grupo de 110 homens que deixaram a Babilônia após o cativeiro, e voltaram a Jerusalém, em companhia de Esdras. **8**. O pai de Azarias, que foi chefe da tribo de Efraim. Insurgiu-se contra os israelitas da nação do norte por fazerem escravos dos judeus da nação do Sul, (2Cr 28.12). O texto massorético dá seu nome com a forma de *Iehohanan*. Ele viveu em cerca de 735 a.C. **9**. Um filho de Tobias, contemporâneo de Neemias (Ne 6.18). O texto massorético grafa seu nome como Jônatas. Ele era um amonita que se casou com a filha de Mesulão, o sacerdote. Seu tempo de vida girou em torno de 445 a.C. **10**. Um neto de Eliasibe, o sumo sacerdote. Joanã tornou-se também sumo sacerdote, durante o reinado de Dario II (Ne 12.12,23). O texto massorético grafa seu nome como *Iehohanan*. Ele ficou desolado diante dos casamentos mistos que tiveram lugar durante o tempo do cativeiro babilônico, até que foram tomadas medidas drásticas para anular esses casamentos.

JOÃO BATISTA

Filho de Zacarias e Isabel. Foi o precursor de Jesus, enviado para preparar-lhe o caminho. João descendia de pais crentes e piedosos e pertencia a uma geração sacerdotal, tanto por Isabel quanto por Zacarias, ambos descendentes de Arão (Lc 1.5). Ao mesmo tempo, Isabel era prima da virgem Maria que pertencia à tribo de Judá, v. 36. Os pais de João Batista moravam em uma cidade, situada na região serrana de Judá, v. 39, talvez em Juta, que era a cidade sacerdotal de Hebrom. Quando Zacarias, no exercício das suas funções sacerdotais, oferecia o incenso no templo de Jerusalém, o anjo Gabriel lhe apareceu e anunciou que ele seria pai de um filho que se chamaria João, que seria nazareno como Sansão e Samuel, que seria cheio do Espírito Santo, desde o ventre de sua mãe e que viria preparar o povo para o Senhor (Lc 1.8-17). João Batista nasceu no ano 5 a.C. Passou os primeiros anos no deserto, perto de sua casa, a ocidente do mar Morto, v. 80. No ano 28 d.C., apareceu a pregar no deserto do Jordão. Acredita-se que exerceu o seu ministério durante um ano sabático, 3.1,2, em que o povo descansava dos trabalhos rurais, e, portanto, em condições de atender às pregações do Batista. Começou anunciando uma nova dispensação, proclamando a vinda de um novo reino, o reino de Deus e o batismo do Espírito Santo (Mt 3.2,11), a fim de preparar o povo, para receber Cristo, (v. 3,8), apresentá-lo na pessoa de Jesus (Jo 1.15), e mostrar nele a união entre as duas dispensações como sendo o cordeiro de Deus, (v. 29,30). Falava com clareza e grande fervor à enorme multidão que, de toda parte, afluía a ouvi-lo. Insistia sobre a necessidade de pronto arrependimento, porque o reino de Deus estava próximo. Os penitentes, depois de confessar seus pecados, eram por ele batizados no Jordão, e, por isso, passou a chamar-se João Batista, para distingui-lo de outros de igual nome. O batismo que ele realizava, simbolizava a purificação do pecado. Ele, porém, não o considerava suficiente e falava de outro profeta que viria após de si, que batizaria com o Espírito Santo e com fogo, maior do que ele, e ao qual não era digno de desatar a correia das sandálias (Mt 3.5-12). Não obstante confessar-se inferior a Jesus, nosso Senhor foi a ele para receber de suas mãos o batismo. João relutou, para dar provas de que sabia que Jesus era o Messias, e somente o batizou em obediência à sua palavra, v. 13-17. Seus pais o haviam instruído sobre a pessoa de Jesus. As instruções recebidas eram agora confirmadas pela descida do Espírito Santo em forma de pomba, repousando sobre Jesus por ocasião de seu batismo. Por esse sinal, ficava autorizado a declarar que Jesus era o Cristo (Jo 1.32,33). O profeta Malaquias anunciou a vinda de Elias, antes do grande e terrível dia do Senhor, para converter o coração dos filhos a seus pais, e o coração dos pais a seus filhos. João negou que fosse Elias em pessoa (Jo 1.21); definiu a sua missão e as suas características, citando simplesmente (Is 40.3). Ele veio, porém, no espírito e poder de Elias (Ml 4.5, 6; cf. Lc 1.17), foi o mensageiro enviado para aplainar o caminho do Senhor diante de Cristo (Ml 3.1, cf. com Mc 1.2). Jesus aplicou essas predições a João (Mt 11.10,14; 17.12,13). Havia semelhanças entre os dois homens até no modo de vestir, que pela simplicidade e rudeza simbolizava o desprezo ao mundo com os seus refinamentos; as maneiras e os hábitos de vida eram próprios a homens que viviam nos desertos e não nos palácios dos reis (2Rs 1.8; Mt 3.4; 11.8; Mc 1.6). Convém que ele cresça e que eu diminua, disse João, falando de Jesus (Jo 3.25-30). O ministério de João foi curto, mas o efeito enorme. Afinal, pelos fins do ano 27, ou princípios de 28 d.C., foi encarcerado por haver denunciado a ilegitimidade das relações de Herodes tetrarca com a mulher de seu irmão Filipe (Lc 3.19,20). Quando estava detido, teve dúvidas sobre o valor dos métodos de Jesus para o adiantamento de sua obra, e talvez, sentindo-se abandonado e esquecido, enviou dois de seus discípulos a Jesus para saber se era ou não o Messias prometido. Em resposta, Jesus apelou para o testemunho de suas obras. Retirando-se eles, Jesus aproveitou a ocasião para fazer o panegírico de João (Mt 11.2-15), João foi o maior de todos os profetas, por ter o privilégio de preparar o povo para o aparecimento de Cristo e apresentá-lo como o Cordeiro de Deus que tira o pecado do mundo. O ódio da adúltera Herodias foi causa da morte de João. Ela persuadiu sua filha que agradara a Herodes, dançando em sua presença e da sua corte, a pedir a cabeça de João Batista, a qual lhe foi dada. O corpo decapitado de João Batista foi em seguida tomado pelos seus discípulos, que o sepultaram. Morto que foi o mestre, recordaram-se de suas palavras, referentes ao Cordeiro de Deus, e passaram a ser discípulos de Jesus (Mt 14.3-12; Mc 6.16-29; Lc 2.19,20). Josefo atribui a morte de João Batista ao ciúme de Herodes, devido à sua grande influência entre o povo. Diz também o escritor judeu, que a derrota do exército de Herodes na guerra contra o rei Aretas, que ocorreu logo depois, foi considerada como castigo divino por causa da morte de João. Diz ainda o historiador Josefo que o lugar onde esteve preso o Batista e onde foi decapitado é a fortaleza Maquereus que agora se nomeia por Makaur (Antig. 18.5,2). Essa fortaleza situa-se nas montanhas da parte oriental do mar Morto, 10 km ao norte do Arnom, e sobre um cabeço de forma cônica de 1.300 m acima do referido mar. Ainda se podem ver as ruínas das muralhas que circundavam a antiga fortaleza, dentro da qual existem profunda cisterna e duas prisões. Uma delas teria sido a que foi preso e morto João Batista.

JOÃO, EPÍSTOLAS DE

1João. A primeira epístola de João é evidentemente escrita pelo autor do quarto Evangelho. Encontra-se nela a mesma fraseologia característica em ambos os livros e a mesma construção das sentenças. A epístola destinava-se a quem já tinha conhecimento do evangelho do mesmo autor. Os dois escritos foram dirigidos às mesmas igrejas, e segundo a opinião de muitos, a epístola era um suplemento do Evangelho. As primeiras palavras fazem lembrar o prólogo do Evangelho. Nas duas se encontram passagens paralelas em quase todos os versículos. A epístola considera o mundo como inimigo da igreja, e campo de suas operações, (2.2,15-17; 4.3-5; 5.4,5,19). Adverte os crentes contra as heresias opostas à integridade da pessoa de Cristo, (2.18-26; 4.1-3; 5.6-10). Essas feições da epístola se harmonizam com a data e os objetivos do evangelho. As duas produções são da mesma origem e da mesma época. A epístola aplica à vida cristã a verdade, cuja revelação histórica está no evangelho. A epístola, bem como o Evangelho, foram elaborados por um apóstolo, um daqueles que estiveram em contato pessoal com Cristo, (1.1-3,5; 4.14), e escreve com autoridade, como apóstolo que era, (1.4; 2.1; 4.6-14). Para perceber o quanto ele se identificou com os ensaios de seu Senhor, basta observar a semelhança que existe entre a epístola e os discursos de Cristo no Evangelho. A autenticidade dessa epístola é comprovada pelo testemunho de Ireneu e do Fragmento Muratori. As citações que dela fazem Policarpo, Papias e outros, provam que já no princípio do segundo século, estava em uso na igreja. A linha de pensamento pode ser esboçada da seguinte forma: depois da introdução, (1.1-4), em que o apóstolo expõe o objeto do seu ministério, que não é outro senão declarar aos homens as manifestações do Verbo da Vida, a fim de que possam ter comunhão com os apóstolos, ele ensina que o caráter divino, conforme Cristo o revelou, deve determinar o caráter da vida interior e exterior dos crentes, (1.5, até o cap. 2.6), exorta-os a se amarem uns aos outros, adverte-os contra as influências mundanas e contra as doutrinas heréticas, (2.7-27). Em seguida, insiste sobre a necessidade de fazerem sempre o que é justo e permanecerem no amor de Deus, para terem confiança no dia do Juízo. Com a Segunda Vinda de Cristo se manifestará a nossa filiação com ele, expressa pela obediência e pelo amor, cap. 4. Faz lembrar a seus leitores que o modo de se provar a existência do Espírito de Deus conosco consiste na verdadeira confissão de ser Jesus Cristo a encarnação do Filho de Deus, e que o que tem o Filho tem a vida e o que não tem o Filho não tem a vida, (5.12). Concluindo, (5.13-21), resume, em termos muito delicados, as doutrinas ensinadas na epístola para o fim de confirmá-las na fé e na comunhão com Deus, aludindo solenemente aos fatos históricos e espirituais em que se devem basear para a firmeza de sua fé.

2João. Em completa harmonia com as reservas que o apóstolo guarda na primeira epístola, quanto ao nome de seu autor, na segunda epístola ele se denomina *O Presbítero*, à semelhança do apóstolo Pedro (1Pe 5.1), nome que Papias dá a todos os apóstolos. Nessa segunda carta, dirige-se à Senhora Eleita e a seus filhos, manifestando sua alegria por ter achado que alguns deles andavam na verdade, e adverte-os contra os perigos de doutrinas heréticas. A epístola tem apenas 13 versículos e por isso não é de estranhar que se encontrassem poucas referências a ela nos escritores primitivos. Todavia, as provas externas de sua autenticidade são mais evidentes do que era para se esperar. Os mais antigos testemunhos históricos dão ao apóstolo João a sua autoria. Clemente de Alexandria mostra-se muito conhecedor, ao menos com uma das pequenas epístolas de João, e Ireneu cita as palavras dos versículos 10,11, como pertencentes a João, o discípulo do Senhor. A autenticidade dessa epístola prova-se exuberantemente pelas notáveis coincidências de linguagem e de pensamento com a primeira epístola, eliminando toda a ideia de falsificação. Pensam alguns que a Senhora Eleita representa a igreja, supõem outros que seja uma pessoa que tinha o nome de *Kyria*, que em grego quer dizer senhora.

3João. Outra epístola com apenas 14 versículos, dirigida pelo presbítero ao caríssimo Gaio, elogiando-o pela hospitalidade que havia dispensado aos irmãos, particularmente aos peregrinos, estimulando-o a imitar tudo que é bom. Há uma referência a certo Diótrefes, que a ele se opôs; e outra, a Demétrio, de quem todos davam bom testemunho. Não se pode identificar outro nome igual, mencionado em o Novo Testamento. Parece ter sido pessoa proeminente em uma das igrejas da Ásia, sem contudo exercer funções eclesiásticas. Essa epístola, como as precedentes, é notável pelo estilo e pelos pensamentos, de modo que não se pode negar pertencer ao mesmo autor. Todas as epístolas de João, bem como a de Tiago, as de Pedro e a de Judas, são denominadas epístolas "católicas" ou gerais, por não serem dirigidas a igrejas particulares, nem a individualidade, mas às congregações em geral. A primeira epístola de João foi dirigida, sem dúvida, às igrejas da Ásia, às quais havia sido igualmente dirigido o quarto Evangelho. As duas últimas epístolas de João não se ajustam muito bem à designação de católicas por serem dirigidas a pessoas específicas. Foram assim classificadas por causa da sua brevidade, e de estarem juntas à primeira das cartas.

JOÃO, EVANGELHO DE

O título prefixado ao quarto Evangelho de acordo com a crença universal da igreja primitiva, dá a entender que o livro foi escrito pelo apóstolo João. Como os outros Evangelhos, não contém o nome de seu autor. Porém, as considerações sobre sua evidência interna, e externa, confirmam a crença tradicional de ser autêntico.

I. Evidência Interior. 1. O escritor era um dos apóstolos, conforme se deduz pelo emprego da primeira pessoa do plural, 1.14, e talvez 21.24, e de pequenas passagens descritivas, a respeito da impressão que os discípulos receberam pelos acontecimentos da vida de Cristo (1.37; 2.11,17; 4.27,54; 9.2; 11.8-16; 12.4-6,21,22; 13.23-26; 18.15; 19.26,27,35; 20.8 e as categóricas declarações do capítulo 21.24). O autor fala "do discípulo a quem Jesus amava", (13.23; 19.26.20.2; 21.7,20,21, que no cap. 21.24, diz ser o próprio autor). Todos os apóstolos são mencionados nominalmente nesse livro, exceto Mateus, Tiago, filho de Alfeu, Simão Zelador e os filhos de Zebedeu. Os três primeiros não pertencem ao pequeno círculo dos discípulos íntimos. Somente a um deles, conviria esse título, e Tiago, filho de Zebedeu, que foi morto logo no princípio dos trabalhos apostólicos, Atos 12.2, João era o único sobrevivente, v. 3. Prova-se que o escritor desse Evangelho pertencia à raça judia pelo hebraísmo de seu estilo, escrevendo em grego, v. 4. Demonstra conhecimento muito íntimo da geografia, da história e dos costumes dos judeus durante o ministério de Cristo, (1.21,28,46; 2.6; 3.23; 4.5,27; 5.2,3; 7.40-52; 9.7; 10.22,23; 11.18; 18.28; 19.31), e dá mais pormenores pessoais do que qualquer outro dos evangelistas. A evidência interior harmoniza-se perfeitamente com a pessoa do discípulo amado. Não se podem exigir provas mais evidentes, em falta de informações mais explícitas. Contudo, o capítulo 21.24 quase supre esta falta, porque de acordo com o testemunho unânime da história primitiva do cristianismo, João foi o apóstolo que viveu mais, firmando a crença de que chegaria até a Segunda Vinda de Cristo. O capítulo 21 é evidentemente um aditamento que ele fez ao seu Evangelho, que a princípio concluía com o cap. 20. Tudo prova que João foi o autor de todo o livro.

II. Evidência Exterior. O testemunho de Ireneu (nascido entre 115 e 125, e que foi bispo de Lyon na última parte do segundo século), discípulo de Policarpo, que por sua vez o foi de João, é explícito, afirmando que o apóstolo João escreveu seu Evangelho em Éfeso, quando já existiam os outros três. Esse testemunho é em si mesmo conclusivo, confirmado por uma série de outros testemunhos, muito próximos à idade apostólica. Não resta dúvida de que a primeira epístola pertence ao autor do Evangelho, cuja autoridade apostólica se confirma pelo uso que Policarpo fazia dela no ano 110, e Papias no ano 130-140. As cartas de Inácio, ano 100, provam que o Evangelho Segundo João corria entre as igrejas da Ásia Menor, no princípio do segundo século, como livro inspirado e de autoridade espiritual. Justino Mártir, d.C. 150, utilizava-o livremente e o menciona como fazendo parte das "memórias dos apóstolos", que, diz ele, se chamavam evangelhos, escritos pelos apóstolos e seus companheiros. O "Ensino dos apóstolos" contém grande cópia de passagens que só poderiam ter origem no quarto Evangelho. Quando fosse possível duvidar disto, a recente descoberta do evangelho apócrifo de Pedro mostra que o quarto Evangelho, com os outros três, fazia parte da narrativa em que se baseava o pseudo Pedro para escrever o seu livro. O Diatessaron de Taciano não era outra coisa mais que uma harmonia dos Evangelhos usada nas igrejas em que os quatro se combinam. O manuscrito dos evangelhos siríacos, recentemente descoberto por Mrs. Lewis, prova que no segundo século os nossos quatro Evangelhos foram aceitos pelas igrejas da Síria. Finalmente, prova-se que até os heréticos gnósticos do segundo século aceitavam o quarto Evangelho como apostólico. Por esse modo cabalmente se confirma a crença de que esse livro havia sido escrito pelo apóstolo João e recebido nas igrejas como tal, desde a idade pós-apostólica. Diz ainda a tradição que foi escrito na Ásia Menor, talvez em Éfeso, nos fins do primeiro século. Os adversários de Jesus ele denomina simplesmente "os judeus", (1.19; 2.18; 5.10; 7.15 etc.), explica as festas dos judeus, (6.4; 7.2; 11.55; 19.31), denomina o mar da Galileia, segundo o modo pagão de mar de Tiberíades, (6.1). No prólogo de seu Evangelho, representa Cristo como o Verbo de Deus, aludindo a um período da História em que o cristianismo confrontava com as tendências filosóficas dominantes da Ásia Menor, o que vem explicar o fim para que o livro foi elaborado: dar testemunho de Cristo como sendo o Filho de Deus encarnado para Salvador do mundo, (20.30,31). Dá a entender que conhecia os outros evangelhos, cujas narrações suplementava. Omite os grandes discursos de Jesus, respondendo aos ataques dos judeus contra a sua divindade, e explicando aos discípulos os mistérios referentes à sua pessoa e às suas relações espirituais. Testemunha pessoalmente acerca de Jesus em oposição às heresias da época que negavam a ressurreição de Cristo e alguns aspectos de sua pessoa. Desse modo, combinava também, muito naturalmente, várias reminiscências pessoais resultando daí um retrato completo da pessoa de Cristo sob o ponto de vista da sua natureza divina e humana. O Evangelho Segundo João abre com um prólogo, (1.1-18), no qual o apóstolo resume a grande verdade que se manifestaria na vida de Cristo: a existência de uma segunda pessoa divina, cujo ofício seria revelar a pessoa de Deus que ele denomina de "Verbo", que além de ser a origem da vida universal e a luz da criação, fez-se carne em Jesus Cristo, que revela Deus a todos aqueles que creem, comunicando-lhes a salvação. Em seguida relata: **1.** O testemunho de João Batista e do próprio Jesus, aos primeiros discípulos, (1.19 até o cap. 2.11). **2.** A revelação que Cristo faz de si mesmo por uma série de atos e de discursos, dirigidos a seus inquiridores ou aos seus adversários, (2.12 até o cap. 12.50); inclusive: **a.** o testemunho que ele deu na primeira Páscoa (2.12-25, e o colóquio com Nicodemos, 3.1-21), com o novo testemunho de João Batista, (v. 22-36); **b.** a conversa com a mulher samaritana, (4.1-42); **c.** o segundo milagre na

Galileia, (v. 43-54); **d.** defesa de sua autoridade divina e dignidade de sua pessoa, cap. 5; **e.** falando de si como sendo o Pão da Vida, cap. 6; **f.** nova defesa de sua autoridade e de sua dignidade na festa dos tabernáculos, caps. 7 e 8; **g.** a cura do cego e a parábola do bom pastor, 9.1 até o cap. 10.21; **h.** testemunho final aos judeus, (v. 22-24); **i.** ressurreição de Lázaro e suas consequências, cap. 11; **j.** seu testemunho em Betânia, quando ali entrou triunfante, e a visita dos gregos que desejavam vê-lo, cap. 12.3.

Revelação que Cristo faz de si mesmo em conexão com a sua morte e ressurreição cap. 13.1 até o 21.25, inclusive **1**. Seus discursos finais em companhia dos discípulos, (caps. 13 a 17); **2**. Sua prisão, julgamento e morte no Calvário, em que dá testemunho particularmente diante de Pilatos, referente à sua pessoa e à sua obra, caps. 18 e 19; **3**. A ressurreição e certos testemunhos a ela referentes, caps. 20 e 21. Tudo isto servia para confirmar que na natureza humana de Jesus, existia ao mesmo tempo a natureza divina do Filho de Deus, que pela sua pessoa, pelos seus ensinos e pela sua obra redentora revelou o Pai e alcançou a vida eterna para todos os que o recebem. Assim, pois, João representava a missão de Jesus como o apogeu da revelação divina a fim de que os crentes possam alcançar aquela luz que consiste em conhecer a suprema verdade, e possuir a vida que consiste na união espiritual com Deus, resultando daí o perfeito bem e a salvação eterna. Estes sinais, diz ele, *foram escritos para que creiais que Jesus é o Cristo, o Filho de Deus, e para que, crendo, tenhais vida em seu nome,* (Jo 20.31).

JOÃO, O APÓSTOLO

Era filho de Zebedeu e irmão de Tiago, que foi morto no reinado de Herodes Agripa I (Mt 4.21; At 12.1,2), pelo nome de Jesus. Era mais novo que Tiago, e filho de Salomé, irmã da mãe de Jesus. Seu Pai era pescador no mar da Galileia, com seus dois filhos, seus auxiliares (Mc 1.19,20). João assistiu à pregação do Batista no Jordão, e foi, evidentemente, um dos discípulos, que com André, viram o Cordeiro de Deus que o Batista lhes apontava (Jo 1.35-40). Sem dúvida, acompanhou Jesus até a Galileia e assistiu ao casamento em Caná, (2.1-11). Ainda não havia sido chamado para o apostolado, limitando a sua atividade às lides do mar, em companhia de Pedro e do pai (Lc 5.10). Desta ocupação Jesus os foi tirar para o seguirem (Mt 4.21,22; Mc 1.19,20), e depois foram chamados apóstolos (Mt 10.2). Jesus denominou-os *boanerges*, "filhos do trovão", talvez por causa do seu temperamento forte (Mc 3.17). A impetuosidade desses homens, ainda não dominados pela graça, manifestou-se quando João repreendeu a um que expelia demônios em nome de Cristo e não os acompanhava (Lc 9.49), e, vendo seu mestre rejeitado pelos samaritanos, desejavam que fogo do céu os consumisse (52-56). Mostraram-se egoístas quando se uniram a sua mãe que solicitava lugares de honra para seus dois filhos ao lado de Jesus no futuro reino. Ao mesmo tempo, revelaram grande zelo pelo Mestre, declarando-se prontos a dar a vida por ele (Mt 20.20-24; Mc 10.35-41). Os defeitos naturais da sua natureza foram vencidos pela graça, convertendo-os em elementos de força e de glória. João era homem de profundo conhecimento espiritual e dotado de disposições efetivas, que o levaram a ser o discípulo que Jesus particularmente amava. Foi um dos três que Jesus escolheu para estar com ele e assistir ao milagre da ressurreição da filha de Jairo (Mc 5.37; Lc 8.51), para ser testemunhas de sua transfiguração (Mt 17.1; Mc 9.2; Lc 9.28), e para presenciar a agonia, no Getsêmani (Mt 26.37; Mc 14.33). Na última ceia, estava ao lado de Jesus, sentado à mesa (Jo 13.23). Acompanhou o seu Mestre desde o Jardim até o palácio do sumo pontífice, deste era conhecido, dali foi para o Calvário. Estando na cruz, prestes a expirar, Nosso Senhor recomendou sua mãe aos cuidados amorosos do discípulo amado que a tomou para sua casa (18.15; 19.27). Quando soube que o sepulcro de Jesus estava vazio, correu em companhia de Pedro para certificar-se da verdade que o Salvador havia ressuscitado, 20.1-10. Em companhia de outro discípulo, ele viu o Senhor vivo, na tarde de um dia, e uma semana depois, tornou a vê-lo (Lc 24.33-43; Jo 20.19-30; 1Co 15.5). Em companhia dos demais, foi ele para a Galileia, como Jesus havia ordenado, e outra vez viu o Senhor (Mt 26.32; 28.10-16; Jo 21.1-7). Quando estavam ali em consequência de uma errônea compreensão, correu entre os discípulos a notícia de que João não morreria (Jo 21.22). Depois da ascensão, esse apóstolo residiu por algum tempo com os dez em um quarto alto de Jerusalém (At 1.13), e depois do Pentecostes, foi companheiro de Pedro em trabalho missionário, (3.1). Ambos sofreram prisão por ordem das autoridades judias, (4.19). Os dois foram em comissão a Samaria auxiliar o trabalho que Felipe havia começado, 8.14. João foi um dos que permaneceram em Jerusalém durante a perseguição que assaltou a igreja nascente, e ali ainda se achava, quando Paulo visitou a cidade, depois da sua primeira viagem missionária (15.6; Gl 2.9). Cinco dos livros do Novo Testamento trazem o seu nome: o quarto Evangelho, três epístolas e o Apocalipse. Diz a tradição que foi em Éfeso que terminou o seu ministério. É possível que as sete igrejas da Ásia estivessem algum tempo sob seus cuidados (Ap 1.11). Escreveu o Apocalipse, talvez no ano 95; quando estava degredado na ilha de Patmos, por causa da Palavra de Deus e do testemunho de Jesus (Ap 1.9). Quando Nerva assumiu o governo do império, deu-lhe a liberdade e ele regressou a Éfeso. Policarpo, Papias e Inácio foram seus discípulos. Ireneu, que foi discípulo de Policarpo, relata que ele continuou a residir em Éfeso até a sua morte, no reinado de Trajano.

JOAQUIM

No hebraico, **"que Yahweh estabeleça"**. Há outras formas do mesmo nome, formas contraídas, como Jeconias e Conias. (Ver esses nomes em 1Cr 3.16 *ss* e Jr 22.24). Ele foi o décimo nono e penúltimo dos reis de Judá, filho de Jeoaquim. Ver o artigo separado sobre *Judá, Reino de*. Ver também sobre *Rei, Realeza*, que apresenta um gráfico comparativo dos reis de Israel e Judá, juntamente com monarcas contemporâneos dos poderes gentílicos.

1. O Nome. A raiz hebraica é *knn*, de onde se derivam vários nomes próprios. A forma cananeia parece ter sido *yakin-el* (BASOR XCIX, 1945). Também há o nome acádico *Yaukin*, relacionado ao mesmo (BA, 52, 1942). É provável que Jeoaquim e suas variantes fossem nomes de coroa, isto é, de reis e linhagens reais. O nome encontra-se em tabletes de ração babilônica e em um selo de Eliaquim, mordomo de *Aukin* (*ywkn*, uma forma variante). Conias, uma forma abreviada de Jeconias, é usada por Jeremias (22.24; 37.1).

2. Cronologia. Joaquim reinou apenas por três meses e dez dias (2Cr 36.9). Ele subiu ao trono por ocasião do falecimento de seu pai, e mostrou ter uma autoridade precária, em tempos perturbados (sua autoridade fora concedida pelos babilônios), tendo reinado até à captura de Jerusalém, que tem sido datada em 16 de março de 597 a.C., de acordo com as crônicas babilônicas. Esse evento deu início ao cativeiro babilônico, sobre o qual oferecemos um artigo detalhado, onde há detalhes concernentes ao pano de fundo em Judá e seu último rei. Joaquim faleceu em dezembro de 598 a.C.

3. Reinado. Quando seu pai foi morto, em cerca de 597 a.C., o rei da Babilônia permitiu que Joaquim o sucedesse. Na época, tinha apenas 18 anos de idade (2Rs 24.8), embora o trecho de 2Crônicas 36.9 diga que ele tinha apenas 8 anos. (Mas nossa versão portuguesa diz "18" anos em ambas essas passagens). Muitas tentativas têm sido feitas, pelos harmonizadores, para explicar essa discrepância. Talvez a melhor ideia apresentada é que ele reinou por dez anos em parceria com seu pai, pelo que, quando começou a "reinar" sozinho, tinha

18 anos. Mesmo assim, é muito difícil explicar como um menino de oito anos teria sido corregente com seu pai. O mais provável é que os "8 anos" de 2Crônicas 36.8 seja em erro escribal, requerendo apenas a falta da letra hebraica *yodh* para mudar dezoito para oito. Uma outra discrepância do texto hebraico envolve o tempo da captura. Em 2Reis 24.12, lemos que isso teve lugar durante o oitavo ano do reinado de Nabucodonosor. Mas, em Jeremias 52.28, isso teria acontecido no sétimo ano do reinado desse mesmo monarca babilônio. Essa pequena diferença pode ter surgido ou é devida a uma maneira diferente de computar os anos de governo de Nabucodonosor, ou devido a um pequeno erro quanto às letras hebraicas, usadas para representar números.

Um outro problema é se Joaquim morreu ou não sem filhos, o que teria sido um julgamento divino proferido contra ele. Essa *falta de filhos* é compreendida por alguns como se isso quisesse dizer que não haveria quem o sucedesse no trono, pertencente à sua linhagem, e não que ele jamais tivesse gerado filhos. O trecho de 1Crônicas 3.17,18 mostra que ele tinha filhos, usando ali seu outro nome, *Jeconias*. Discrepâncias dessa natureza nada têm a ver com a fé, e nem nos deveríamos atirar a frenéticas atividades para harmonizar coisas que, agora, não podemos mais harmonizar.

Ele governou apenas por três meses e dez dias (2Cr 36.9; Js, *Anti.* 6.9). Esse breve período é descrito em 2Reis 24.8-16 e 2Crônicas 36.9. O trecho de Jeremias 32.24-30 observa como, nesse breve período, Joaquim conseguiu praticar o que era mau aos olhos do senhor, dando motivos morais para o juízo divino que não tardou a recair sobre ele. Josefo informa-nos de que Nabucodonosor, que havia nomeado Joaquim, mudou de parecer sobre a questão e voltou para tornar a cercar Jerusalém. E, então, levou aprisionados o jovem rei, sua mãe e muitos de seus compatriotas judeus. A crônica babilônica também narra a história, onde ficamos sabendo que a cidade teve sua queda final e absoluta a 16 de março de 597 a.C.

O jovem tio de Joaquim, Matenias, que recebeu o nome de Zedequias, foi nomeado para sucedê-lo (2Rs 24.17; Jr 27.1). Porém, ele se tornou apenas governador do pouco que sobrara em Judá, pelo que tanto Jeremias quanto Ezequiel consideraram Joaquim como o último rei legítimo de Israel. Estritamente falando, o último rei de Judá foi Zedequias, embora tudo não tivesse passado de uma farsa. Não obstante, é verdade que houve uma outra invasão de tropas babilônias em seus dias, que desfechou o golpe final e fatal contra Judá.

Na Babilônia, Joaquim tornou-se um hóspede real sustentado às custas da corte babilônica. Seu nome aparece com a forma de *Ya'u-kin*, nos registros babilônicos, que datam de 595—570 a.C. Ele tinha em sua companhia cinco filhos, aparentemente nascidos no cativeiro. Suas propriedades, em Judá, eram gerenciadas pelo mordomo Eliaquim. Quando Nabucodonosor morreu, as coisas melhoraram bastante para Joaquim, pois ele foi tirado da prisão e deixado no palácio real da Babilônia (1Rs 25.27-30; Jr 52.31-34). O benfeitor de Joaquim foi o próprio filho de Nabucodonosor, Evil-Merodaque. Ver o artigo separado sobre *Evil-Merodaque*. Não sabemos dizer por que razão Evil-Merodaque mostrou-se tão generoso. Os escritores rabínicos afiançam que Evil-Merodaque havia sido encarcerado por seu próprio pai, pelo que teve compaixão de um colega de prisão. Presumivelmente, Evil-Merodaque e Joaquim conheceram-se na prisão. Porém, não há como comprovar a veracidade dessa informação. Poderia ser mera criação dos rabinos, que buscavam uma razão para a generosidade de Evil-Merodaque.

4. A Arqueologia e Joaquim. Algumas descobertas notáveis ilustram a vida desse último rei de Judá. Perto do Portão de Istar, na cidade da Babilônia, foram encontrados cerca de trezentos tabletes de argila, com escrita cuneiforme (595—570 a.C.), descrevendo suprimentos de cevada, azeite e outros itens alimentares que foram dados a artesãos e operários cativos, que haviam sido deportados de outras partes para a Babilônia. O rei Joaquim, de Judá, é especificamente mencionado, com o nome de *Yaukin*, rei de *Yahud* (Judá). Cinco de seus filhos também são mencionados, juntamente com o governador ou auxiliar deles, chamado ali pelo nome de *Kenaiah*.

"Esses tabletes, descobertos por E.F. Weidner, apontam para o fato de que diversos dos filhos (do rei Joaquim) lhe nasceram antes de 592 a.C., e que o mais velho, Sealtiel, pai de Zorobabel, nasceu mais tarde, em cerca de 598 a.C., o que faz de Zorobabel, ao tempo da reconstrução do segundo templo (cerca de 520-516 a.C.), um tanto mais idoso do que geralmente se tem pensado" (UN).

Uma outra impressionante descoberta foi a de asas de jarras de barro, encontradas em Bete-Semes e Quiriate-Sefer (ver sobre *Debir*), com um antigo escrito fenício, com as palavras "pertencente a Eliaquim, mordomo de Yaukin". Parece que esse mordomo ficou encarregado das possessões de Joaquim, em Jerusalém e nas imediações, na esperança de que, finalmente, fosse capaz de retornar à Terra Prometida. Zedequias, seu sobrinho, que se tornou rei em seu lugar, não confiscou essas propriedades, provavelmente na esperança de que as coisas pudessem voltar à normalidade. É possível que os babilônios o considerassem o legítimo rei de Judá, embora o retivessem na prisão. Nesse caso, Zedequias era reputado apenas um regente. Todavia, o profeta Jeremias não compartilhava de tais sentimentos, pois afirmou que a posteridade de Jeconias (ou Joaquim) não haveria de reinar (Jr 22.24-30).

JOÁS

Alguns estudiosos pensam que a palavra hebraica é a contração de Jehoash, nome esse que significa **"dado por Yahweh"**. Mas outros encontram uma raiz árabe para o nome, com o sentido de "dar", ou uma raiz assíria, com o significado de "força". Albright, por sua vez, defendia a raiz ugarítica *'usn*, sinônimo de *ytnt*, "presente", tendo proposto o sentido do nome como "que o Senhor dê". Esse foi o nome de várias personagens do Antigo Testamento:

1. O filho de Acazias e que foi o oitavo rei de Judá. Ele começou a reinar em 878 a.C., com a idade de 7 anos, e reinou durante quarenta e um anos. **a. Salvo da Morte na Infância**. Atalia usurpou o trono por seis anos. Ainda infante, Joás foi salvo do massacre que varreu a família real, mediante um ato corajoso de Jeoseba, esposa do sacerdote Joiada. Joás foi ocultado na casa dela, onde foi criado (2Rs 11.1-3). Atalia, após a morte de seu filho, Acazias, promoveu o massacre; e somente a intervenção divina não permitiu que ela obtivesse sucesso completo. **b. Posto no Trono**. As coisas foram feitas de modo secreto e habilidoso. Atalia, que era avó de Joás, não tinha consciência da conspiração. Pessoas importantes bandearam-se a causa de Joás. Ele era o único membro sobrevivente da linhagem real de Davi. Joás foi levado ao átrio do templo no dia marcado, e, então, foi ungido e coroado rei. Houve grande entusiasmo popular e gritos de "Viva o rei". O incidente tomou Atalia inteiramente de surpresa. Ela foi levada ao templo e executada. Isso teve lugar em 837 a.C., quando Joás tinha apenas 7 anos de idade. Ver o relato todo em 2Crônicas 23. **c. Reformas Iniciais**. O trecho de 2Crônicas 23.16 ss mostra-nos que Joás começou bem a sua carreira, sem dúvida por causa da influência e liderança de Joiada, o sumo sacerdote. Os altares de Baal foram derrubados e foi estabelecido um novo pacto com Yahweh. O trecho de 2Crônicas 24.2 afirma especificamente que Joás agiu direito enquanto Joiada viveu. Foram restaurados o templo do Senhor e as instituições religiosas da nação. Joiada faleceu com a idade de 130 anos e teve um sepultamento solenemente honroso. **d. Apostasia**. As coisas pioraram rapidamente, na vida e na atuação de Joás, após o falecimento de Joiada. A idolatria foi restaurada.

JOATÃO

Zacarias, filho de Joiada, que atuava como sumo sacerdote, protestou e foi executado. O mais incrível é que isso foi feito por ordem do rei (2Cr 24.21). Zacarias, em face da morte, pronunciou uma maldição divina sobre o rei, maldição essa que mostrou ser fatal para o rei. **e. Dificuldades, Juízo Divino e Morte**. O reinado de Joás prolongou-se por 41 anos (835— 796 a.C.). Não foi um governo distinguido, e foi maculado por muitos erros e dificuldades. Seu reino foi devastado pelos sírios, nos dias de Hazael. Seus exércitos foram dizimados por um inimigo muito inferior em número. Joás só conseguiu impedir a destruição de Jerusalém entregando os tesouros do templo aos sírios. Finalmente, Joás foi assassinado, por um de seus próprios oficiais. Seu corpo não foi sepultado nos túmulos reais, embora Joiada tivesse sido sepultado naquele cemitério. Joás, juntamente com Acazias e Amazias, são omitidos na genealogia de Jesus, em Mateus 1.8.

2. O Filho e Sucessor de Jeoacaz, no trono de Israel. Esse Joás foi o décimo segundo monarca do reino do norte, Israel. Ele foi o terceiro rei da dinastia de Jeú. Reinou durante dezesseis anos, a partir do trigésimo sétimo ano de Joás, de Judá, até o décimo quinto ano de Amazias (2Rs 13.10-19,25; 14.8-16,23). Ele seguiu o exemplo negativo de seus antecessores, pois manteve a adoração aos bezerros de ouro. Apesar disso, houve algumas coisas boas, feitas por ele. A condenação de seu reinado, segundo está registrado em 2Reis 13.11, aparentemente, refere-se à primeira metade de seu governo. Um longo conflito com a Síria quase levou Israel, o reino do norte, ao fim. Porém logo depois, a maré começou a virar em favor de Israel, principalmente porque os assírios estavam atacando e debilitando a Síria. Nesse conflito, o profeta Elias dava sua ajuda e seu encorajamento constantes. Joás também precisou guerrear contra Amazias, de Judá, o que fez com relutância, embora com sucesso. Joás capturou e assolou Jerusalém, tendo levado reféns para garantir o bom comportamento do rei de Judá. Também levou muitas riquezas da cidade. Todavia, Joás não viveu por muito mais tempo, depois disso. Morreu em paz e foi sepultado em Samaria, conforme o registro de 2Reis 13.9-25 e 14.1-17. Jeroboão II (vide) foi o seu sucessor.

3. O Pai de Gideão. Joás, pai daquele juiz, foi um homem idólatra, talvez porque quisesse obter o apoio da parte do povo, durante a ocupação midianita. Ele dedicou um altar a Baal (Jz 6.11; 29-31; 7.14; 8.13,29,32). No entanto, protegeu seu filho, Gideão, daqueles que desejavam vingar-se deste, por haver derrubado os altares de Baal. Joás foi sepultado em Ofra, onde residia (Jz 8.29-32).

4. Um "filho" mais novo de Acabe, que já ocupava uma jurisdição subordinada ou, então, foi nomeado governador, enquanto seu pai desfechava um ataque contra Ramote-Gileade (1Rs 22.26; 2Cr 28.25). Alguns intérpretes pensam que a palavra "filho", que aparece na primeira dessas referências, não deve ser interpretada literalmente. Estaria em pauta um jovem da linhagem real, embora não fosse filho biológico de Acabe. Seja como for, Joás aprisionou Micaías, o profeta, por haver o homem de Deus denunciado uma expedição conjunta contra Ramote-Gileade. Isso aconteceu por volta de 853 a.C.

5. Um descendente de Selá, filho de Judá (1Cr 4.22). Ele é mencionado entre aqueles que dominaram Moabe.

6. Um filho de Semaa. Ele era benjamita e um dos guerreiros que se aliaram a Davi, em Ziclague, quando Davi fugia de Saul (1Cr 12.3). Viveu em torno de 1030 a.C.

7. Um dos oficiais de Davi, encarregado dos armazéns de azeite e de outros produtos de Davi (1Cr 27.28). Ele continuou a ocupar tal ofício nos dias de Salomão. Viveu por volta de 1000 a.C.

8. Um filho de Bequer, e chefe de um clã de Benjamim, nos dias de Davi (1Cr 7.8). Viveu em torno de 1020 a.C.

JOATÃO

O filho de Uzias, conforme o registro da genealogia de Mateus, em Mateus 1.9. Ver também sobre *Jotão*. Esse nome significa **"Yahweh é reto"**. Viveu por volta de 785 a.C.

JOBABE

No hebraico, **"uivar"**, **"clamar"**, **"toque de trombeta"**. Esse foi o nome de várias personagens do Antigo Testamento, a saber: **1.** O filho caçula de Joctã (Gn 10.29; 1Cr 1.23). Os estudiosos não têm conseguido localizar sua tribo, sendo mesmo possível que nenhuma tribo tenha se originado dele. Outros filhos de Joctã deixaram tribos no sul da Arábia. **2.** Um dos reis de Edom (Gn 36.33,34; 1Cr 1.44,45). Ele era filho de Zerá, de Bosra, e residia ali, e é o segundo monarca da lista daqueles reis. **3.** Um dos reis nortistas (ou chefes de tribo) que governavam sobre Madom. Josué o derrotou de acordo com Josué 11.1. Ele viveu em torno de 1400 a.C. **4.** Um benjamita, chefe de clã, o primeiro dos filhos de Seraim a ser chamado por nome. Sua mãe era Hodes (1Cr 8.9). **5.** Um filho de Elpaal, um benjamita que residia em Jerusalém (1Cr 8.18). Viveu em cerca de 588 a.C.

JOCDEÃO

No hebraico, **"queima do povo"**. Esse era o nome de uma cidade da região montanhosa de Judá (Js 15.56). Aparece juntamente com os nomes de Maom, Carmelo e Zife, e é chamada de *Jorqueão*, em 1Crônicas 2.44. Tem sido identificada com Khirbet Raqa', ao sul de Hebrom.

JOCMEÃO

No hebraico, **"o povo erguer-se-á"**. Nome de uma cidade do território de Efraim, e que finalmente ficou como possessão dos levitas da família de Coate (1Cr 6.68). No trecho paralelo de Josué 21.22 essa mesma cidade aparece com o nome de *Quibzaim* (vide). Ao que parece, devido à sua menção em 1Reis 4.12, ela ficava situada no vale do rio Jordão, na fronteira leste do território de Efraim.

JOCNEÃO. Ver *Jocmeão*.

JOCNEÃO

No hebraico, **"o povo será lamentado"**. Era uma cidade da tribo de Zebulom, que foi dada aos levitas da família de Merari (Js 19.11; 21.34). Em Josué 12.22 aparece com o nome de *Jocneão do Carmelo*, por causa de sua proximidade daquela região. Na lista das cidades, nas passagens mencionadas, provavelmente estão incluídas as principais cidades que participaram na guerra como aliadas de Hazor contra Israel. Jocneão tem sido identificada com o moderno *Tell Quinum*. No hebraico, esse cômoro chama-se *Tel Yoqueam*. Jocneão era uma das praças fortes que guardavam as rotas que atravessavam o Carmelo. Ficava em um dos desvios da principal estrada comercial que corria na direção norte-sul (via Maris). Esse desvio ia desde Megido até à planície de Aco. Jocneão aparece no centésimo décimo terceiro lugar na lista de 119 cidades que Tutmés III, do Egito, capturou. Napoleão usou a rota que as forças de Tutmés III haviam seguido, em sua marcha contra Acre.

JOCSÃ

No hebraico, **"armador de cilada"** ou **"passarinheiro"**. Esse era o nome do segundo filho de Abraão e Quetura. Seus filhos, Seba e Dedã, ao que tudo indica, foram os antepassados dos sabeus e dedanitas, que habitavam em certa região da Arábia Feliz (Gn 25.2,3; 1Cr 1.32). Alguns estudiosos pensam que esse nome deve ser identificado com o *Joctã* de Gênesis 10.25,26. Ver sobre *Joctã*.

JOCTÃ

No hebraico, **"pequeno"**. Esse foi o nome do segundo filho de Sem ((Gn 10.25,26,29; 1Cr 1.19). Supõe-se que foi o progenitor de treze tribos do sul da Arábia. Os árabes chamam-no de Catã, reconhecendo-o como um dos patriarcas de sua raça. Traços dos nomes de seus filhos podem ser encontrados em vários lugares da Arábia. As tribos árabes originais viviam sem se misturar com outros povos, até que Ismael, filho de Abraão e Hagar, com os filhos dele, também se estabeleceram ali. Houve então a miscigenação, e os povos daí resultantes são conhecidos como *mos-árabes* ou *mostae-árabes*, isto é, "árabes mistos".

JOCTEEL

No hebraico, **"veneração a Deus"**. Esse é o nome de duas cidades mencionadas no Antigo Testamento: **1**. O rei Amazias deu esse nome à cidade de Petra, ou Sela, capital da Arábia Petrea, quando ele a tomou dos idumeus (2Rs 14.7; 2Cr 25.11-13). **2**. No território de Judá havia uma cidade desse nome (Js 15.38). Ficava localizada entre Mispa e Laquis. O local exato da mesma é desconhecido atualmente.

JODÁ

Variante do nome **"Judá"**, que significa **"louvor"**, e que, em nossa versão portuguesa, aparece somente em Lucas 3.26,27, como um homem que foi um dos ancestrais de Jesus. No livro apócrifo de 1Esdras 5.58, há menção a um Jodá, filho de Iladum, chefe de uma família levita, após o retorno dos judeus do cativeiro babilônico. Em Esdras 3.9 ele é chamado "Judá". Em Ed 2.40 ele é chamado Hodavias, e, em Neemias 7.43, de Hodeva. Um filho de Josué, filho de Josadaque, segundo 1Esdras 9.19. Em Esdras 10.18 ele é chamado *Gedalias* (vide).

JOEDE

No hebraico, **"Yahweh é testemunha"**. Nome de um homem da tribo de Benjamim, que vivia em Jerusalém, nos dias de Neemias, após o retorno dos judeus do exílio babilônico. (Ver Ne 11.7). Seu nome não aparece na lista paralela de 1Crônicas 9.7. Ele viveu em torno de 520 a.C.

JOEL (LIVRO DE)

Quanto ao significado do nome *Joel*, ver no *Dicionário* o artigo *Joel (Não o Profeta)*.

I. CARACTERIZAÇÃO GERAL. Joel foi um profeta do reino de Judá, que alguns pensam ter agido em cerca de 800 a.C., enquanto outros imaginam ser dos tempos pós-exílicos. Mas, apesar de suas profecias terem sido dirigidas especificamente ao reino do sul, Judá, a sua mensagem é universal. Se aceitarmos a data mais antiga, então o seu ministério se deu durante o reinado de Joás (2Cr 22—24). Assim sendo, é possível que tenha conhecido Elias, quando ainda era menino, e por certo era contemporâneo de Eliseu. Joel escreveu uma obra-prima poética, falando sobre a devastadora praga de gafanhotos que havia assolado a Palestina. Todavia, seu poema profético envolve quatro mensagens centrais. Além da espantosa devastação produzida pelos gafanhotos (símbolo da ira divina, além de poder predizer outros juízos divinos), Joel também falou sobre a frutificação renovada da terra, sob a condição de arrependimento; o dom do Espírito, nos últimos dias; e o julgamento final das nações que tinham perseguido ou causado dano à nação de Israel. Os estudiosos conservadores veem sentidos escatológicos ainda mais profundos em seus escritos, afirmando que eles se aplicam ao final da nossa dispensação. De fato, o esquema profético de Joel é o mais completo do Antigo Testamento, embora o autor nos apresente esse esquema em largas pinceladas. Só o Novo Testamento vai mais longe na abrangência de sua visão. Naturalmente, em um livro pequeno como o de Joel, não há detalhes, que os demais livros proféticos se encarregam de preencher. Não foi à toa que Pedro, no primeiro sermão da igreja cristã, tenha citado diretamente somente Joel e Davi! (Ver At 2.14-36).

Para alguns eruditos, o livro de Joel não foi escrito somente por um autor; segundo eles, houve uma série de suplementos, da parte de outros autores, que seriam nacionalistas e escatologistas militantes. Esses acreditam que tudo o que se lê de Joel 3.1 em diante é suplementar. Além disso, um editor jeovista (alguém que favorecia o uso do nome divino Yahweh) teria feito alguns acréscimos nos caps. 1 e 2, procurando converter a descrição da praga de gafanhotos em uma profecia sobre o dia do juízo divino. Nesse caso, Joel teria originalmente narrado, com grande brilhantismo, a praga de gafanhotos, que havia devastado campos, pomares e vinhedos, além de haver convocado o povo de Judá ao jejum e à oração, para que a devastação dos insetos terminasse. Finalmente, Joel teria registrado o livramento que se havia seguido, mediante ações de graças. Usualmente, quando os eruditos veem a mão de vários autores em um livro, mormente se esse é pequeno, como o de Joel, eles se estribam sobre meras razões subjetivas, escudando-se naquilo que este ou aquele supõe que o autor sagrado deva ter escrito. E os argumentos contrários são igualmente subjetivos, de tal modo que quase sempre esses debates são inócuos, e não levam a nada. Os eruditos conservadores, como é natural, não gostam de ver os livros da Bíblia perturbados e manipulados, quase como se isso fosse contrário à divina inspiração. Os estudiosos liberais, por sua vez, em seu afã por sondar, examinar e entender pequenos detalhes, quase sempre se acham capazes de encontrar mais de um autor em qualquer obra escrita. Mas, se houve mesmo um só ou mais de um autor, em qualquer livro da Bíblia, isso nada tem a ver com a sua espiritualidade, e só deve tornar-se uma questão de debate se puder aprimorar o nosso conhecimento acerca das qualidades históricas e literárias da obra em discussão.

Na lista dos doze profetas menores, segundo o cânon hebreu, Joel aparece em segundo lugar; mas, na *Septuaginta* (ver a respeito no *Dicionário*), aparece em quarto lugar. O texto massorético exibe os quatro capítulos tradicionais; mas as versões da Septuaginta trazem três, combinando os capítulos 2 e 3 em 2.1-27,28-32. A Vulgata Latina também segue esse arranjo.

A profecia de Joel parte da praga de gafanhotos, agravada por seca e fome subsequentes. Essa praga se assemelhava a um exército devastador, que atravessou, marchando, a região inteira da Palestina. Isso levou o profeta a meditar em termos mais amplos, sobre o juízo divino vindouro. Alguns estudiosos veem aí uma predição sobre os cativeiros assírio e babilônico, e, além disso, um quadro escatológico sobre o futuro Dia do Senhor. Tal juízo requer arrependimento da parte dos homens, pelo que lemos: *Rasgai o vosso coração, e não as vossas vestes, e convertei-vos...* (2.13), o que aponta para um autêntico arrependimento, e não para mero cerimonial religioso. A lamentação também é requerida (1.14; 2.15). Os sacerdotes deveriam tomar a liderança, conclamando o povo ao arrependimento e à retidão de vida; porém, somente uma conversão genuína será capaz de salvar, no dia da tribulação (2.12-17). Deus é misericordioso com os penitentes (2.14).

O estilo de Joel é dramático e prende a atenção do leitor. Os processos da natureza, bem como aqueles provocados pelos homens, estão sob o controle de Deus, de tal modo que, em todas as vicissitudes da vida, a nossa responsabilidade primária é diante de Deus. O juízo divino não consiste em mera vingança. Antes, é um meio de produzir o bem, visando especificamente esse bem, embora precise preencher o seu ofício retributivo. A salvação é prometida aos humildes e aos arrependidos. É interessante observar que Pedro, ao empregar as predições de Joel, convocou o povo judeu a arrepender-se.

Se procurarmos por duas contribuições distintivas do livro de Joel, poderemos apontar para sua ênfase sobre o Dia do Senhor e sobre o derramamento do Espírito Santo sobre todo o povo de Deus. O Novo Testamento ensina-nos que o cumprimento primário dessas predições se deu no dia de *Pentecostes* (ver a respeito no *Dicionário*), dez dias após a ascensão do Senhor Jesus, conforme se vê no segundo capítulo do livro de Atos. Mas o cumprimento maior espera pelo próprio *Dia do Senhor* (ver também a respeito no *Dicionário*), aquela série de acontecimentos que culminará com o segundo advento de Cristo e o estabelecimento do reino milenar de nosso Senhor, Jesus Cristo.

II. Joel e a Autoria do Livro de Joel

1. Joel. Praticamente nada conhecemos a respeito de Joel, e as próprias tradições não nos ajudam muito. Sabemos que ele atuou como profeta no reino do sul, Judá, e que seu livro era listado como o segundo dos profetas menores. O nome de seu pai era Petuel (Jl 1.1; At 2.16). Ele vivia em Judá, talvez em Jerusalém. A data de seu ministério é disputada. Alguns o situam tão cedo quanto 800 a.C., pelo que ele seria contemporâneo do rei Uzias e de profetas como Amós e Isaías, tendo talvez até conhecido Elias e Eliseu. A obscuridade de Joel tem mesmo feito alguns eruditos opinar que sua realidade histórica é duvidosa.

2. Autoria. Temos aqui um problema de integridade. Em outras palavras, uma pessoa só escreveu o livro inteiro, ou, em sua forma presente, o livro é uma compilação? Isso é mais bem tratado na primeira seção, *Caracterização Geral*.

III. Data. As datas atribuídas ao livro de Joel variam muito. Alguns o situam pouco depois da divisão de Israel em dois reinos: Israel e Judá, ou seja, algum tempo depois de 932 a.C. Outros pensam que Joel escreveu no tempo de Malaquias, em cerca de 400 a.C., ou mesmo mais tarde. Se a praga de gafanhotos teve por intuito advertir, metaforicamente, sobre as invasões assíria e babilônica, com os subsequentes dois cativeiros, então o livro é de origem pré-exílica, talvez nos dias de Joás, rei de Judá, que reinou em cerca de 835—832 a.C.

Argumentos em Favor da Data Mais Antiga: **1**. O estilo e a atitude geral do livro são diferentes dos livros de Ageu, Zacarias e Malaquias, profetas pós-exílicos. Sua linguagem e estilo pertencem mais ao período da literatura clássica dos hebreus. **2**. Joel parece paralelo ao livro de Amós, e este último parece ter feito uso de certas ideias de Joel, como Joel 3.16 (em Amós 1.2) e Joel 3.18 (em Amós 9.13). **3**. Os adversários de Israel, no livro de Joel, são os fenícios, filisteus, egípcios e idumeus (3.4), e não os assírios e babilônios, que assediaram Israel e Judá bem mais tarde. **4**. A posição de Joel, como o segundo livro da lista dos profetas menores (embora quarto, na Septuaginta), indica uma data mais antiga do livro. **5**. Joel 1.1—2.7 é similar às profecias de Jeremias, sobretudo às de Isaías (4.2,3). **6**. Joel não faz nenhuma alusão aos assírios e babilônios, o que parece inconcebível caso ele tivesse vivido quando essas potências estavam levantando-se ameaçadoras. Se o cativeiro assírio e o cativeiro babilônico já tivessem ocorrido, é difícil imaginar por que ele não teria tecido nenhum comentário a respeito. E se certos trechos de Joel, de acordo com alguns, seriam referências a esses cativeiros, então deve-se responder que são trechos proféticos preditivos e não históricos, como ocorre Oseias 6.11 e Miqueias 1.16.

Argumentos em Favor da Data Mais Recente: **1**. Joel 3.1 é uma clara referência ao cativeiro babilônico, se partirmos da ideia de que temos aí um informe histórico, e não uma profecia preditiva. **2**. Os eruditos encontram mais de vinte paralelos literários com os profetas posteriores, como Malaquias e Obadias, contradizendo os pontos 2 e 5, anteriores. As fontes informativas que temos investigado não bastam nesses alegados paralelos, porém devemos supor que eles sejam satisfatórios, para alguns estudiosos, como evidências. Todavia, isso enfraquece bastante o argumento, podendo até mesmo invalidá-lo. **3**. A descrição de Joel sobre a adoração religiosa parece refletir um país unido, e não dividido, e isso situaria o livro, quanto ao tempo, após o retorno de Judá do cativeiro babilônico. Não há alusões à adoração idólatra nos lugares altos etc., o que fez parte importante da história de Judá, antes do cativeiro. Nenhuma menção é feita ao reino do norte, provavelmente porque ele não mais existia. Judá, agora, era Israel; as circunstâncias que prevaleciam após o exílio babilônico, assim como o retorno de Judá, transparecem no fato de que "Judá" e "Israel" são nomes usados como sinônimos (2.27; 3.2,16,20). **4**. A expressão de Joel, *opróbrio, para que as nações façam escárnio dele* (2.17,19), é típica dos tempos pós-exílicos. **5**. Os "muros" referidos em 2.9 talvez sejam as muralhas restauradas por Neemias, em Jerusalém, em 444 a.C. **6**. Os gregos são mencionados, mas não como o poder mundial dominante (3.6). O predomínio grego só ocorreu após Alexandre, o Grande (336—323 a.C.). **7**. Sidom ainda haveria de ser julgada (3.4), mas isso não aconteceu senão quando Artaxerxes III realizou o julgamento, vendendo os sidônios à escravidão, em cerca de 345 a.C. **8**. Várias palavras hebraicas de uso tardio, como "ministros" (1.9,13; 2.17); "lanças" (2.8); "vanguarda" e "retaguarda" (2.20); o pronome pessoal "eu", que Joel dá como *ani*, mas que o hebraico mais antigo dizia *anoki*. (Ver Jl 2.27; 3.10,17). **9**. A ênfase escatológica é similar àquela dos profetas posteriores, isto é, Ezequiel, Sofonias, Zacarias e Malaquias.

Datas Anteriores e Posteriores. Alguns estudiosos afirmam que a porção original do livro de Joel reflete o período pré-exílico (1.1—2.27), mas o restante do livro é de origem pós-exílica. Essa teoria poderia explicar os vários argumentos que defendem as datas anteriores e posteriores para o livro. Na verdade, não há como solucionar o problema da data do livro de Joel, nem a ausência dessa informação prejudica, em sentido algum, a tremenda mensagem divina que o livro nos oferece.

IV. Pano de Fundo Histórico e Propósito. A grande praga de gafanhotos e o julgamento divino, ou dia do juízo, simbolizado por aquela praga, foram o que deu origem a este livro. Grandes pragas de gafanhotos ocorriam periodicamente, no Oriente Próximo, até onde a história é capaz de registrar, pelo que é impossível identificar qualquer praga particular, como aquela mencionada por Joel. Se este livro foi escrito em tempos pré-exílicos, em antecipação ao castigo das nações de Israel e de Judá pelos assírios e babilônios, respectivamente, então esse foi um dos motivos da composição do livro. O motivo imediato dos oráculos de Joel foi o incidente da severa praga de gafanhotos. Todavia, uma coisa não podemos esquecer: Joel antevia um julgamento divino final, no dia do Senhor. E alguns eruditos vinculam as profecias de Joel ao *Armagedom* (ver a respeito no *Dicionário*), através da invasão da Palestina por parte de potências gentílicas do norte (Jl 2.1-10). A destruição desses exércitos invasores aparece em Jl 2.11. O arrependimento da nação de Israel, no fim, é visto em Jl 2.12-17. Também há menção à infusão ou derramamento do Espírito, em bases mundiais, em Joel 2.12-17, nos *últimos dias* (o que para nós ainda parece futuro). Todavia, devemos entender que, para Pedro, o início do cristianismo já marcava os "últimos dias" (ver At 2.16,17). O retorno do Senhor Jesus ao mundo (a *parousia*; consultar sobre esse termo no *Dicionário*) é visto em Joel 2.30-32, e o recolhimento do disperso povo de Israel, em sua própria terra, em Joel 3.1-16. Em seguida, aparecem as bênçãos do reino milenar (Jl 3.17-21). Quantos desses informes são realmente proféticos, e quanto os cristãos têm lido nessas predições, continuará sendo motivo de debates, até que os acontecimentos preditos realmente aconteçam. Naturalmente, o livro faz do arrependimento a condição *sine qua non* para que alguém estar espiritualmente preparado para aqueles momentosos acontecimentos finais.

V. Alguns Pontos Teológicos Distintos do Livro. **1**. Se admitirmos que o livro de Joel contém predições sobre os últimos dias desta dispensação, então a mensagem dele é crucial para que possamos formar um completo esquema escatológico. "É notável que Joel, tendo surgido no começo mesmo da profecia escrita (836 a.C.), seja o livro que nos fornece a visão mais completa da consumação de toda a profecia escrita" (SCO, in loc.). As observações feitas por Joel naturalmente dependem, em grande parte, da data em que o livro foi composto e, em segundo lugar, da aplicação correta das predições em questão. Se Joel só falava sobre uma praga de gafanhotos e sobre a necessidade de Israel se arrepender, em face dessa praga, então o livro é ridiculamente destituído de importância! **2**. A posição exclusiva dada à nação de Israel, na economia divina, é muito enfatizada. Joel afunila ainda mais o esboço de sua atenção: somente um remanescente, dentro do povo de Israel, será salvo, e não a casa inteira de Israel (2.32). Naturalmente, essa visão é menos abrangente que a de uma restauração universal de todas as coisas, como a que se vê em Atos 3.20,21 e Efésios 1.9,10. Joel vai até onde Paulo também foi (ver Rm 11.26), pois ambos acreditavam na conversão final de todos os escolhidos dentre o povo de Israel. **3**. O derramamento universal do Espírito Santo aparece em Joel 2.28,29. Os cristãos primitivos aplicavam isso ao Pentecostes e a seus resultados, conforme se vê em Atos 2.16 ss., mas não exclusivamente a eles, porque o restante do Novo Testamento prevê um derramamento muito maior e cabal do Espírito Santo, durante o período da Grande Tribulação, com uma colheita de almas inigualável em toda a história do mundo: *Depois destas coisas vi, e eis grande multidão que ninguém podia enumerar, de todas as nações, tribos, povos e línguas, em pé diante do trono e diante do Cordeiro, vestidos de vestiduras brancas, com palmas nas mãos, e clamavam em grande voz, dizendo: Ao nosso Deus que se assenta no trono, e ao Cordeiro, pertence a salvação* (Ap 7.9,10). **4**. Uma figura messiânica todo-importante não figura no livro de Joel. **5**. Joel via claramente como o propósito e as obras de Deus acompanham e influenciam os processos históricos no mundo, uma visão teísta, em contraste com a posição do deísmo. Ver no *Dicionário* sobre o *Teísmo* e sobre o *Deísmo*. **6. O Dia do Senhor**. "As duas grandes contribuições de Joel à religião bíblica encontram-se em sua ênfase no Dia do Senhor e no derramamento do Espírito de Deus sobre todos os povos" (AM). Quanto a referências sobre o *Dia do Senhor*, ver Joel 1.15; 2.1,11,31; 3.14. Ver no *Dicionário* o artigo separado sobre o *Dia do Senhor*.

VI. Esboço do Conteúdo
I. O Dia do Senhor Exemplificado (1.1-20)
   1. O profeta (1.1)
   2. A praga de gafanhotos (1.2-7)
   3. O arrependimento de um povo aflito (1.8-20)
II. O Dia do Senhor nas Profecias Bíblicas (2.1-32)
   1. Os exércitos invasores (2.1-10)
   2. O exército do Senhor no Armagedom (2.11)
   3. O remanescente penitente (2.18-29)
   4. Sinais da vinda do Senhor (2.30-32)
III. O Julgamento das Nações (3.1-19)
   1. A restauração de Israel (3.1)
   2. O julgamento das nações (3.2,3)
   3. Condenação da Fenícia e da Filístia (3.4-8)
   4. Edom e Egito desolados (3.17-19)
IV. As Bênçãos do Milênio (3.20,21)
   1. Judá é restaurada e perpetuada (3.20)
   2. O Senhor sobre seu trono, em Sião (3.21)
VII. Bibliografia. AM G HARR I IB PF PU SCO

JOEL (NÃO O PROFETA)

No hebraico, **"Yahweh é Deus"**; em sua forma abreviada, *Yahu*. Esse é o nome de várias personagens que figuram nas páginas do Antigo Testamento, exceutando o famoso profeta desse nome: **1**. O mais velho dos dois filhos de Samuel, que foram nomeados por ele como juízes, em Berseba. Eles perverteram o ofício, aceitavam peitas e, de modo geral, tornaram-se culpados de conduta imoral e injusta (1Sm 8.3). Esse Joel foi pai de Hemã, que foi cantor, dirigente da música, no santuário de Davi (1Cr 6.33; 15.17). **2**. Um levita coatita, filho de Azarias e pai de Elcana (1Cr 6.36). Foi um dos antepassados do profeta Samuel. Essa linhagem incluía três homens com o nome de Elcana e dois com o nome de Joel, conforme se vê em 1Crônicas 6.33-38. Mui provavelmente ele é o Joel que ajudou Ezequias em suas reformas religiosas (2Cr 29.12). Viveu por volta de 719 a.C. **3**. Um descendente de Simeão, um membro das famílias que emigraram para o vale de Gedor (1Cr 4.35). Viveu em cerca de 715 a.C. **4**. Um descendente de Rúben, que vivia no lado oriental do rio Jordão. Não se sabe que grau de parentesco ele tinha com Rúben. (Ver 1Cr 5.4,8). **5**. Um dos chefes da tribo de Gade, que residia em Basã (1Cr 5.12). Viveu em torno de 782 a.C. **6**. O terceiro filho de Israías, e que era chefe da tribo de Issacar nos dias de Davi. Viveu por volta de 1000 a.C. **7**. Um dos grandes guerreiros de Davi, irmão de Natã (1Cr 11.38). Ele é chamado de "Jigeal, filho de Natã", em 2Samuel 23.36, o que nos deixa em dúvida quanto ao grau de parentesco que eles mantinham entre si. **8**. Um levita, um dos chefes da família de Gérson. Seu clã consistia em 130 homens. Foi nomeado para ajudar a trazer a arca da aliança até Jerusalém, nos dias de Davi (1Cr 15.7,11). Viveu em cerca de 1000 a.C. Tem sido identificado com o mesmo homem que aparece como o terceiro filho de Ladã (1Cr 23.8), e também como o filho de Jeiel, que era um dos que guardavam os *tesouros da casa do Senhor* (1Cr 26.22). **9**. Um filho de Pedaías, que era oficial da meia tribo de Manassés, durante o tempo do reinado de Davi (1Cr 27.20). Sua época foi cerca de 1000 a.C. **10**. Um levita coatita, filho de Azarias, e que ajudou a santificar o templo de Jerusalém, durante as reformas religiosas instituídas por Ezequias (1Cr 29.12). Viveu em cerca de 726 a.C. **11**. Um filho de Nebo, contemporâneo de Esdras. Ele se casara com uma mulher estrangeira durante o cativeiro babilônico, e foi forçado a divorciar-se dela após o retorno do remanescente para Jerusalém. (Ver Ed 10.43). O tempo foi cerca de 456 a.C. **12**. Um filho de Zicri, que era um dos superintendentes dos benjamitas que vieram residir em Jerusalém, terminado o cativeiro babilônico (Ne 11.9). Ele viveu por volta de 536 a.C. **13**. O profeta que escreveu o livro de Joel. Quanto àquilo que se sabe sobre ele, pessoalmente, ver o artigo sobre o livro de Joel, seção II.

JOELA

No hebraico, **"Deus está arrebatando"**. Um filho de Jeroão, de Gedor. Outros estudiosos interpretam seu nome como "outrossim". Quando Davi fugia de Saul e foi para Ziclague (1Cr 12.7), Joela foi um dos guerreiros que se aliou a Davi, tendo ido com ele para aquela localidade. Ele era benjamita ou judaíta. Viveu na época de Davi.

JOELHO, AJOELHAR-SE

Há uma palavra aramaica, uma palavra hebraica e uma palavra grega envolvidas nesse verbete que fala sobre uma parte do corpo humano, a saber: **1**. *Arkubah*, palavra aramaica usada apenas por uma vez, em Daniel 5.6. **2**. *Berek*, palavra hebraica empregada por 25 vezes (como em Gn 30.3; Dt 28.35; Jz 7.5,6; 1Rs 8.54; 2Rs 1.13; 2Cr 6.13; Ed 9.5; Jó 3.12; Is 35.5; Ez 7.17; Dn 6.10; Na 2.10). **3**. *Gónu*, palavra grega que ocorre por doze vezes (Mc 15.19; Lc 5.8; 22.41; At 7.60; 9.40; 20.36; 21.5; Rm 11.4 (citando 1Reis 19.18); 14.11 (citando Is 45.23); Ef 3.14; Fp 2.10; Hb 12.12).

A oração e a homenagem ao Senhor podem assumir muitas formas, incluindo determinadas posições do corpo como símbolos de humildade, súplica e intenso interesse. No Oriente Próximo, era costume pôr-se de pé nas orações públicas, enquanto que o ato de ajoelhar-se confinava-se a atos de obediência e submissão.

Usos Específicos. **1**. Gênesis 30.3, 50.23 e Jó 3.12 referem-se aos joelhos de uma maneira que dificilmente pode ser compreendida sem informações em um bom comentário. Sendo aparentemente estéril, Raquel deu Bila a Jacó, a fim de que essa serva desse filhos em lugar dela. E o primeiro desses versículos diz: ... *e eu traga filhos ao meu colo por meio dela*. Assim diz nossa versão portuguesa, mas isso representa uma interpretação, pois o original diz algo como *para que ela* (Bila) *dê à luz sobre os meus joelhos*. Isso poderia significar que Bila se sentaria sobre os joelhos de Raquel, na hora do parto; porém, mais provavelmente ainda, isso significa que ela daria à luz um filho que, mais tarde, seria posto sobre os joelhos de Raquel, para ela segurá-lo como se fosse seu próprio bebê. Isso significaria que Bila estaria dando à luz um filho que seria considerado pertencente a Raquel. Em Gênesis 50.23, lemos que foi sobre os joelhos de Jacó que os filhos de seus descendentes vieram a descansar, o que deve significar que nasceram para que ele os segurasse e reconhecesse como seus, como patriarca que era. Em Jó 3.12, pergunta aquele patriarca: *Por que houve regaço que me acolhesse?* Essa pergunta equivale a *Por que nasci, vindo a descansar nos joelhos de minha mãe?* Outros pensam que seriam os joelhos da parteira, a qual, imediatamente após o nascimento, seguraria a criança no colo. Ou a referência poderia ser ao pai da criança, o qual, segurando o recém-nascido, demonstrava com isso ser ele o pai, o que estava reconhecendo e recebendo o seu filho. Alguns supõem que, em Israel, quando um homem acolhia uma criança pequenina em seu colo, estava reconhecendo assim ser o pai daquela criança, como uma futura cidadã de Israel. **2**. Ajoelhar-se diante de alguém é um símbolo universal de *submissão*. Quase todas as inúmeras cartas cuneiformes mencionam o ato de ajoelhar-se ou prostrar-se diante de um superior. A arqueologia demonstra o costume na Babilônia, no Egito e entre os cananeus, em suas obras de arte e em seus desenhos. Algumas vezes, o ato consistia, primeiro, em total prostração, e então a pessoa se ajoelhava. (Ver Sl 95.6; Mc 1.40; 15.19, Mt 17.14). **3. Uma postura de oração**. Jesus, em sua agonia no horto, caiu de rosto em terra, orando a Deus. Muitas pinturas exibem-no ajoelhado. Talvez isso também tenha sucedido. (Ver Mt 26.39). Seja como for, no trecho de Atos 20.36, vemos que Paulo ajoelhou-se a fim de orar. Paulo alude ao seu costume de ajoelhar-se, quando orava, em Efésios 3.14. **4**. *O senhorio universal de Cristo* é retratado pelo ato de ajoelhar-se, por parte de todos os seres inteligentes, diante dele (Fp 2.10). Esse ato de ajoelhar-se terá um aspecto restaurador, não sendo apenas uma obediência forçada. Em outras palavras, o senhorio universal de Cristo está alicerçado sobre a ideia da restauração (Ef 1.10).

JOEZER

No hebraico, **"Yahweh é ajuda"**. Um guerreiro que se aliou a Davi, em Ziclague, quando Davi fugia de Saul (1Cr 12.6). Não há certeza se ele era benjamita ou judaíta. Viveu na época de Davi.

JOGBEÁ

No hebraico, **"outeiro"**. Esse era o nome de uma cidade de Gileade. Foi fortificada pelos descendentes de Gade (Nm 32.35). Quando Gideão perseguia os midianitas, fez um circuito em torno dessa cidade, a fim de atacá-los pela retaguarda (Jz 8.11). O lugar tem sido identificado com a moderna Khirbet el-Ajbeihat, cerca de onze quilômetros a noroeste de Aman.

JOGLI

No hebraico, **"exilado"**. Foi pai de Buqui. Foi chefe tribal de Dã, e foi escolhido para ajudar na distribuição dos territórios na porção oeste da terra de Canaã, entre as tribos de Israel (Nm 34.22). Viveu em cerca de 1380 a.C.

JOGOS ATLÉTICOS

A mente humana não pode ser continuamente séria. É legítimo, e até mesmo necessário, que as pessoas participem de atividades que sejam mentalmente relaxantes, mesmo que tais atividades não realizem coisa alguma por si mesmas. Alguns jogos atléticos, pois, ajudam as pessoas a aprenderem alguma coisa, que pode ser até mesmo de natureza positiva. Porém, quase todas essas atividades atléticas visam, tão-somente a entreter. Os esportes melhoram as condições físicas e mentais dos participantes. Os jogos de palavras podem melhorar o vocabulário e o uso da linguagem das pessoas. Porém, um jogo atlético não precisa ser útil e nem preencher um propósito digno, e o simples relaxamento conseguido justifica a prática dos jogos atléticos.

I. Antigos Jogos Atléticos e as Terras Bíblicas. As evidências arqueológicas mostram que os jogos atléticos são tão antigos quanto a própria civilização. Um bom tabuleiro de jogos, de Ur (baixa Mesopotâmia), com data de cerca de 3000 a.C., fornece-nos prova de que desde a mais remota antiguidade havia interesse por coisas assim. Têm sido encontrados dados em todos os locais habitados pelo homem no mundo antigo. Esses dados eram feitos de vários materiais, como o marfim, cerâmica, madeira, metais etc. Tabuleiros de jogar têm sido descobertos pertencentes à XVIII Dinastia do Egito (cerca de 1560-1350 a.C.). Porém, no Egito, o jogo mais antigo que se conhece é um tabuleiro com homenzinhos feitos de cerâmica. Não sabemos como esse jogo funcionava, todavia. Esse tabuleiro data de cerca de 5000 a.C. Uma outra forma de tabuleiro de jogar foi encontrado em Abidos, de cerca de 2900 a.C. Era feito de alabastro róseo. Estiletes de marfim, com um dos lados pintado de negro, evidentemente, eram usados como se fossem dados. Bolinhas de gude têm sido encontradas pertencentes desde a XVIII Dinastia egípcia. Um completo jogo, com várias peças, foi encontrado em Tell Beit Mirsim (Quiriate-Sefer). Estava em um palácio real, o que mostra que a realeza, algumas vezes, preenchia seus momentos de lazer com jogos. Os hicsos (que invadiram o Egito e, durante algum tempo, dominaram-no) tinham um tabuleiro quadrado de marfim, que usava dados em formato de pirâmide.

As descobertas arqueológicas e os *textos literários* demonstram o amor que os egípcios e os babilônios tinham por vários testes de força, como levantamento de pesos e combates corpo a corpo. Porém, é inútil supormos que Jacó, somente porque lutou com um anjo, tivesse treinado qualquer tipo de luta (ver Gn 32.21-26), embora certos intérpretes bíblicos não concordem com essa avaliação. Outros supõem que a expressão "perna juntamente com coxa", que aparece em algumas versões, como por exemplo, a Edição Revista e Corrigida da tradução de J.F. de Almeida, da Sociedade Bíblica do Brasil, em Juízes 15.8 (embora não na versão portuguesa que serve de base para este dicionário), reflete alguma espécie de luta técnica. Outros também supõem que o combate em grupo, mencionado em 2Samuel 2.14, começou como uma espécie de competição em forma de luta livre. O arco e a flecha, aparentemente, era um jogo em que a habilidade era desenvolvida com propósitos mais práticos (1Sm 20.20; Jó 16.13; Lm 3.12). É verdade que em relevos assírios, um dos esportes ilustrado é o do arco e flecha, que os assírios não usavam somente com finalidades guerreiras.

Uma forma de xadrez era jogado no Elão e na Babilônia, desde o terceiro milênio antes da era cristã. Têm sido descobertos tabuleiros de jogos em Nínive, em Tell Half e na Síria, embora não se saiba dizer como esses jogos operavam. Um tabuleiro extremamente elaborado e bem decorado foi descoberto na ilha de Creta. Era trabalhado em ouro, prata, marfim e cristal, o que demonstra que, para algumas pessoas, jogar era uma atividade importantíssima. Brinquedos, bonecas, animais em miniatura e outros objetos eram usados pelas crianças da antiguidade. Bonecas com juntas móveis e com cabelos, tipo vida real, têm sido encontradas. Brinquedos encontrados em Tell Beit Mirsim incluem apitos, reco-recos e bonecas. No

Egito, os cidadãos mais abastados ocupavam-se na caça, e a pesca era um esporte. O equipamento que usavam era bastante elaborado, incluindo cajados entalhados, bumerangues de madeira, arpões, lanças para pescar e anzóis de bronze.

II. A Cultura dos Hebreus e os Jogos Atléticos.

É possível que a luta livre fosse um esporte na antiguidade (ver Gn 32.24-26; 2Sm 2.14 e Jz 15.8). O arco e a flecha eram usados na guerra, mas também serviam de esporte (1Sm 20.20; Jó 16.13; Lm 3.12). As crianças tinham jogos infantis nas ruas (Zc 8.5), alguns dos quais imitavam coisas que elas viam nos adultos, incluindo casamentos e funerais. Isso é refletido em Mateus 11.16. Há algumas evidências de que as crianças hebreias imitavam os jogos egípcios como jogos de mão, cabo de guerra, lançamento e apanhamento de bolas, o uso de raquetes, folguedos com modelos de animais, carros em miniatura e outros brinquedos. As bonecas com juntas móveis podem ter sido objetos de culto e não brinquedos infantis. E talvez a guarda de pássaros mansos (ver Jó 41.5) também fosse considerada um esporte.

A cultura dos hebreus caracterizava-se pelo uso do vinho, pelos banquetes, pelo regozijo, pela dança, pelo regozijo em comunidade, e essas atividades eram muito comuns entre os israelitas. (Ver Jr 21.4; Jz 9.27; 11.34; 21.21; 1Rs 1.40; Êx 15.20). Essas atividades celebravam todas as ocasiões embora também servissem apenas como diversão, conforme essas referências bíblicas mostram bem. Uma forma de entretenimento entre os adultos consistia em reunir-se e contar piadas (Jr 15.17; Pv 26.19). As pessoas fazem coisas assim quando não costumam usar sua imaginação de maneira mais proveitosa, mas tal atividade, até os nossos próprios dias, continua sendo muito comum nas pequenas cidades, onde não há qualquer forma de entretenimento constante.

Parece que os hebreus contavam com certos eventos esportivos públicos, vinculados às atividades militares. Nesses jogos, aos jovens eram ensinadas habilidades militares, como o uso do arco e da flecha ou então da funda (ver 1Sm 20.20; 35.40; Jz 20.16; 1Cr 12.2). Até hoje os homens se ocupam em jogos de guerra, a fim de que, chegado o momento da necessidade, saibam como ferir e matar com maior eficácia. O Talmude menciona jogos com dados, uma prática provavelmente derivada do Egito. Os jogos públicos, excetuando aqueles com propósitos militares, não faziam parte da cultura dos hebreus, conforme sucedia entre os gregos e os romanos. Os hebreus consideravam os jogos gregos como atividades próprias dos pagãos. Assim, quando Jason erigiu um ginásio, isso foi considerado um ato tipicamente helenista (1Macabeus 1.14; 2Macabeus 4.12-14). Paulo, em seus escritos, aludiu por várias vezes a eventos esportivos, embora, nos ensinos de Jesus, haja uma notável ausência a menções a essa atividade humana, excetuando a sua alusão aos jogos infantis de rua (ver Mt 11.16,17). Sem dúvida, isso reflete uma diferença cultural entre os dois. Paulo era um típico greco-romano, ao passo que Jesus era um típico palestino.

III. Os Esportes entre os Gregos.

O ideal grego era: corpo são e mente sã. Os esportes competitivos eram altamente desenvolvidos nas cidades-estados dos gregos. Os jogos gregos mais elaborados e célebres eram quatro: **1**. *Os jogos istmianos*, efetuados no ístmo de Corinto, em um bosque consagrado a Poseidon. Isso começaram em 589 a.C., sendo efetuados no primeiro mês da primavera, sendo no segundo e no quarto anos de cada Olimpíada. As Olimpíadas eram efetuadas de quatro em quatro anos, entre duas celebrações sucessivas dos jogos olímpicos. Os gregos antigos calculavam o tempo por meio desses períodos. **2**. *Os jogos nemeanos*, celebrados no vale de Nemeia, em honra a Zeus. **3**. Os *jogos olímpicos*, celebrados em honra a Zeus em Olímpia. **4**. *Os jogos pitianos*, realizados na planície Crisseana, perto de Delfos, a partir de 586 a.C. Estes ocorriam a cada quatro anos, no terceiro ano após cada Olimpíada. Os jogos olímpicos eram celebrados a cada quatro anos.

É claro que os esportes gregos eram efetuados de mistura com a religiosidade pagã. E talvez seja em parte por esse motivo que os hebreus criticavam qualquer coisa assim, e não participavam de tal atividade. Esses jogos incluíam oferendas, principalmente a Zeus, mas também a outras divindades. Além disso, havia muitas formas de competição de corridas de saltos, de lançamento de lança, de lutas de boxe, de corridas de bigas e também o pancrácio (um misto de boxe e luta livre), a corrida com armaduras, competições entre arautos e trombeteiros etc. A princípio, essas competições eram franqueadas aos homens livres de pura ascendência helênica, mas posteriormente, os romanos começaram a participar. Os jogos eram observados até mesmo por escravos e bárbaros, mas as mulheres não podiam participar dos mesmos. Todos os competidores deveriam apresentar-se bem preparados, após terem treinado, pelo menos, durante dez meses. Juízes oficiais eram nomeados para declarar os vencedores. Os competidores que usassem de engano, ou que desobedecessem às regras dos jogos, eram desqualificados. Os prêmios incluíam, originalmente, artigos de valor; mas, com a passagem do tempo, os vencedores recebiam apenas uma coroa de louros, feita com folhas da sagrada oliveira brava, que teria sido cultivada, pela primeira vez, por Neracles. Os atletas visitantes também recebiam muitas honras, incluindo prêmios em dinheiro, depois de terem voltado para suas respectivas nações de origem. Herodes, o Grande, introduziu jogos assim na Palestina, tendo-se então tornado comuns teatros e grandes anfiteatros de pedras. A arqueologia tem demonstrado amplamente essa situação na Palestina, À medida que se foi processando a helenização do Oriente Próximo, os jogos e esportes dos gregos foram-se tornando mais e mais comuns nas terras bíblicas. As muitas alusões de Paulo aos esportes demonstram isso. Ver a quarta seção, abaixo. O mundo pagão do período neotestamentário dava grande valor às diversões, tal como sucede em nossos próprios dias.

IV. Esportes e Jogos Atléticos no Novo Testamento.

1. Jogos infantis de rua (Mt 11.16,17). **2**. Corridas de bigas (provavelmente) (Fp 3.13 ss.). **3**. Corridas a pé (mais provavelmente) (Fp 3.13,14). Temos nesse trecho uma excelente aplicação espiritual relacionada à chamada à salvação, a percorrer o próprio percurso da corrida cristã e a obtenção do prêmio final, isto é, o destino humano dentro da salvação providenciada por Deus. Essa passagem bíblica tem inspirado muitos sermões, muitas lições. **4**. O trecho de 1Coríntios 9.24-27 fala sobre a necessidade que todo atleta tem de treinar e de seguir as regras à risca. Essa ilustração também foi usada por Epicteto, um filósofo estoico romano, e sem dúvida, foi tomada por empréstimo do fundo estoico pelo apóstolo Paulo, cujos ensinamentos éticos com frequência contêm metáforas e lições estoicas. Nessa passagem, Paulo alude a vários esportes, o que está anotado no NTI, *in loc*. Ele ilustrou como a vida espiritual precisa ser conduzida com disciplina e treinamento, porquanto, somente dessa maneira, podem ser produzidos vencedores. Nem todos os homens que competem saem-se vencedores. Um atleta precisa tornar-se um *mestre* em seu esporte, para poder triunfar. O crente bem-sucedido também deve ser um mestre da sua fé e da prática da mesma. **5**. O trecho de 2Timóteo 2.4 frisa que nenhum atleta é coroado, por haver obtido a vitória, a menos que tenha obedecido às regras do jogo. Nesse passo bíblico, o apóstolo exorta Timóteo para que fosse disciplinado, diligente, capaz de dominar sua fé cristã, a fim de que pudesse viver a vida cristã com poder e sucesso, cumprindo a sua missão. **6**. A passagem de 2Timóteo 4.8 menciona a "coroa da justiça" que esperava por Paulo, por haver terminado com sucesso a sua carreira. Ele havia guardado a fé e também havia terminado a sua carreira.

JOIADA

Na qualidade de atleta espiritual, inevitavelmente, ele haveria de receber a coroa da vitória. O trecho de 1Pedro 5.4 repete esse pensamento geral. **7**. As passagens de Gálatas 2.2; 5.7, Filipenses 2.16 e Hebreus 12.1,2 referem-se à corrida, para o que um mínimo de vestuário era usado, e durante a qual o atleta não transportava nenhum peso. A nuvem de testemunhas refere-se aos espectadores de qualquer corrida. Os pesos a serem evitados são os pecados e os obstáculos à prática apropriada da vida cristã. **8**. 1Coríntios 15.32 é trecho que alude ao brutal esporte romano que consistia em forçar homens (usualmente criminosos ou prisioneiros de guerra, que eram indesejáveis) a lutar com feras, nas arenas. É possível que as "feras" aludidas no texto fossem os adversários *humanos* de Paulo, animalescos em sua maneira de tratar seus semelhantes, porém, alguns intérpretes pensam que a alusão deve ser entendida literalmente. Todavia, a interpretação metafórica parece ser preferível. Os adversários de Paulo eram quais feras, fortes e brutais, cujo intuito era matar e destruir. **9**. Paulo afirma, em 1Coríntios 4.9, que os apóstolos eram como um *theatron*, um teatro, um espetáculo para os homens e para os anjos, em face dos abusos que sofriam, o que, provavelmente, incluía a sujeição a diversões brutais dos romanos. Talvez o circo romano esteja em foco. Os lutadores e gladiadores eram forçados a ficar combatendo até a morte. Esses podiam ser cativos de guerra ou criminosos. Algumas vezes, seres humanos eram forçados a lutar com feras. Os espectadores contemplavam tudo entre gritos, e ficavam satisfeitos somente quando viam o sangue jorrar e seus semelhantes perderem a vida. Paulo ilustra o sacrifício e os perigos envolvidos em ser um seguidor de Cristo, mediante cenas comuns em seus dias. Muitos viam os sofrimentos dos cristãos com uma alegria perversa. **10**. O trecho de 1Timóteo 4.8 afirma que o exercício físico tem algum valor, embora bem menor do que o exercício espiritual e moral, que visa ao desenvolvimento da alma, mediante a piedade, ou temor a Deus. Os esportes e os jogos, portanto, estão incluídos nesses valores secundários. Paulo, pois, reconheceu sua relativa utilidade. Porém, ele não se esquece de acautelar-nos para reconhecermos os grandes e duradouros valores da vida, as realidades do Espírito de Deus.
V. Usos Simbólicos. **1**. O jogo da vida: as vicissitudes, os ganhos, os riscos, as reversões desta vida terrena. **2**. Metáforas esportivas abundam nos sonhos e nas visões daqueles que se ocupam em tais atividades, usualmente retratando conflitos, atividades profissionais, esperanças a serem atingidas, alvos a serem obtidos etc. **3**. Os jogos de baralho simbolizam a estratégia que alguém pode empregar em qualquer empreendimento humano. **4**. Jogos e esportes simbolizam a vitalidade, o esforço dirigido em busca de alguma vitória ou realização. (FAL MU PM UN Z)

JOIADA

No hebraico, **"conhecido por Deusoito"**, ou **"o Senhor reconheceu"**. Esse é o nome de várias personagens da Bíblia, a saber: **1**. O pai de um dos notáveis guerreiros de Davi, de nome Benaia (2Sm 8.18; 20.23; 23.20,22; 1Rs 1.8,26, etc). Ele viveu em algum tempo antes de 1046 a.C. **2**. Um dos filhos de Benaia, um dos principais conselheiros de Davi, conforme somos informados em 1Crônicas 27.34. É provável que ele tivesse sido a mesma pessoa que aquela acima (número um). **3**. Um sumo sacerdote dos tempos de Acazias e Atalia. Seu nome é melhor relembrado por sua participação na reintegração do jovem Joás ao trono. Joás havia sido salvo do massacre com que Atalia, sua avó, quisera exterminar a linhagem real de Davi. Dali por diante, Joiada foi um fiel conselheiro de Joás. (Ver 2Reis 11 e 12 e 2Crônicas 23 e 24). A determinação de Joiada foi demonstrada pelo fato de que durante seis anos, ele e sua esposa, Jeosabeate, irmã do rei Acazias, ocultaram o sobrinho dela, Joás, nos recintos do templo. Durante todo esse tempo, Atalia, filha de Acabe e mãe do rei Acazias, reinou como usurpadora. Finalmente, porém, Atalia foi executada, fora do recinto do templo. Enquanto Joás era menor de idade, Joiada era quem, realmente, governava o país. Ele destruiu os santuários dedicados a Baal e organizou os levitas, a fim de que pudessem dedicar-se devidamente à adoração ao Senhor. Arranjou duas esposas, a fim de garantir que haveria sucessão real (2Cr 24.3), e reparou o templo de Jerusalém, por insistência de Joás. Joiada faleceu com 130 anos de idade, e foi sepultado no túmulo real, em reconhecimento por seus relevantes serviços prestados à nação, por sua coragem e determinação. O trecho de 2Crônicas 24.17 *ss* mostra que assim que Joiada faleceu, a nobreza do reino não demorou a rebelar-se contra suas estritas tradições religiosas. **4**. Um príncipe aaronita que veio aliar-se a Davi, em Hebrom (1Cr 12.27). Viveu por volta de 1048 a.C. **5**. O sumo sacerdote dos tempos de Seraías, mas que foi deposto por Zedequias. Sofonias foi nomeado em lugar dele (Jr 29.25-29). **6**. Um sumo sacerdote de Israel, sucessor de Eliasibe ou Joasibe, que viveu na época de Neemias, isto é, em cerca de 434 a.C. (Ver Ne 12.10,11,22, 13.28). **7**. Um filho de Paseia, um sacerdote que ajudou a reparar a Porta Velha, após o cativeiro babilônico quando Neemias restaurou as muralhas de Jerusalém. Ver Neemias 3.6. Viveu em torno de 435 a.C.

JOIAQUIM

No hebraico, **"Yahweh estabelece"**. Foi sumo sacerdote em Israel. Era filho daquele Jesus (vide), que, em companhia de Zorobabel, liderou o primeiro grupo de exilados que voltou da Babilônia para Jerusalém. Seu filho se chamava Eliasibe (Ne 12.10,12,16). Viveu em torno de 445 a.C.

JOIARIBE

No hebraico, **"Yahweh contentará"**. Esse foi o nome de três personagens que figuram nas páginas do Antigo Testamento, a saber: **1**. Um silonita (descendente de Selá, filho de Judá). Ele é alistado na genealogia de Masseias (Ne 11.5). Viveu em torno de 445 a.C. **2**. Um homem que retornou com Esdras do cativeiro babilônico (Ed 8.16). Ele atuou como um dos dois mestres que Esdras usou para obter servos do templo, que se ocupariam em trabalhos sagrados. **3**. Um fundador de um dos turnos sacerdotais (Ne 12.6). Terminado o cativeiro babilônico, seus descendentes se mostraram ativos, sob a direção de Neemias. (Ver Ne 11.10 e 12.19). Viveu em torno de 536 a.C.

JONÃ

Talvez seja modificação da palavra hebraica yôhanan, **"Jeová tem sido gracioso"**. Nome de um dos antecessores de Cristo e que viveu cerca de 200 anos depois de Davi, Lucas 3.30.

JONADABE

Algumas versões grafam esse nome com a forma de *Jeonadabe*. Há três homens com esse nome, nas páginas do Antigo Testamento. Esse nome significa **"Yahweh impele"**. Mas outros estudiosos interpretam-no como **"Yahweh é nobre"** ou **"Yahweh é liberal"**. **1**. Um sobrinho de Davi, filho de Siméria, irmão de Davi. Jonadabe era homem inescrupuloso e cheio de truques, pelo que causou muitas dificuldades. Ajudou a seu primo e amigo, Amom, filho de Davi, a obter satisfação para seus desejos incestuosos, o que resultou na violentação de Tamar. Tamar era meia-irmã de Amom e irmã de Absalão. Por causa disso Amom acabou sendo assassinado por ordens de Absalão. Daí resultou uma guerra civil, com a consequente brecha política em Israel. Apesar de toda essa participação de Jonadabe, parece que, pelo menos durante algum tempo ainda, ele continuou a desfrutar de intimidade com a casa real (2Sm 13.1-33). **2**. Um descendente de Recabe (ver acerca dos *recabitas*). Ele foi o genitor desse povo nômade, que persistia em viver desse modo a qualquer custo, várias gerações depois dele. Uma das esposas de Davi era recabita (1Cr 2.55). **3**. Outro descendente de Recabe (ver acerca dos *recabitas*). Ele era vulto liderante entre os *queneus* (vide) (1Cr 2.55), aparentado à família de uma das esposas de Moisés (Jz 4.11). Estabeleceu-se no extremo norte da terra de Canaã (Jz 4.6,11). Parte de sua gente, contudo, estabeleceu-se na parte sul da Palestina (Jz 1.16; Nm 24.21). Os informes sobre Jonadabe (2Rs 10.15 ss) e sobre sua gente (Jr 35.2,3,5) mostram-nos que gente interessante eles eram. Eles eram um povo nômade ou seminômade, dedicados aos costumes ensinados por Moisés, embora de práticas ascéticas. Jeremias salientou que eles eram um povo obediente às suas tradições de família, provendo um bom exemplo nos dias do ímpio Jeoaquim. Ver Jeremias 35.1-10, onde a casa dos recabitas é descrita como totais abstêmios de vinho, que nada plantavam, mas residiam em tendas e peregrinavam entre o resto do povo de Israel. Jonadabe era um zeloso adorador de Yahweh, e ajudou Jeú a suprimir a adoração a Baal (2Rs 10.15,23). Em 1Crônicas 3.18 encontramos o nome *Nedabias* que é uma forma variante desse nome, mediante a transposição de dois dos fonemas que o constituem.

JONAS (O LIVRO E O PROFETA)
I. Caracterização Geral
1. Ideias dos Intérpretes Liberais. Os intérpretes liberais supõem que Jonas seja o último dos livros proféticos do Antigo Testamento, escrito no século III a.C., por algum autor anônimo. Se isso é verdade, então ele escolheu um meio ambiente de cerca de quinhentos anos antes, para dar colorido de antiguidade ao seu livro. Outrossim, isso significaria que *Jonas* é uma novela religiosa com o propósito de ensinar lições morais e espirituais, mas sem nenhum traço de historicidade. Ver a quarta seção, *Historicidade*, quanto a esses problemas.

2. Interpretação Alegórica. De acordo com essa interpretação, em contraste com os sentimentos antiestrangeiros de Jonas, os pagãos são ali apresentados como pessoas ansiosas por arrepender-se de seus pecados e por abraçar novos conceitos religiosos, a fim de evitarem as horrendas predições de condenação feitas por Jonas.

Na verdade, o livro mostra a universalidade da autoridade do Deus do povo de Israel. Jonas não foi capaz de escapar dele meramente fugindo da Palestina. E, de acordo com a interpretação alegórica, o conceito de um Deus nacional e vingativo, que Jonas teria, é substituído no livro pela noção de um Deus gracioso, tardio em irar-se e cheio de misericórdia. Destarte, o livro serviria como uma espécie de alegoria que ensina que o povo de Israel precisava ser menos beligerante, mais tolerante e mais ansioso por propagar suas vantagens religiosas, para benefício das nações pagãs. Além disso, o Deus concebido por Jonas também seria pequeno demais, pois o conceito que o profeta fazia de Deus não lhe faria justiça, fechando-o em uma prisão de orgulho e exclusivismo nacionais.

Alguns estudiosos veem em tudo isso uma figura das nações de Israel e de Judá, que tiveram de ir para o cativeiro (assírio e babilônico, respectivamente). Antes desses exílios literais, as duas nações escolhidas já se tinham condenado ao cativeiro, devido à sua apostasia. Esses exílios talvez sejam simbolizados pelos três dias em que Jonas passou no ventre do grande peixe. Pelo menos, alguns estudiosos pensam ser isso o que o livro realmente está ensinando. A interpretação alegórica naturalmente ignora o contexto histórico em que o autor do livro põe a personagem principal, Jonas. Se a teoria sobre o exílio está com a razão, então o livro seria apenas uma espécie de sátira acerca das atitudes bitoladas e atrasadas de Israel, ao mesmo tempo que o profeta Jonas apareceria apenas como uma figura romântica, mas não histórica. Por outro lado, se Jonas foi um profeta autêntico e histórico, essas mesmas lições transparecem claramente no relato, sem prejuízo algum. É claro que essas lições se aplicam igualmente bem a todos os grupos religiosos ou indivíduos que são prisioneiros de seus próprios preconceitos, que, por assim dizer, impõem sobre si mesmos uma forma de exílio, em relação ao resto da humanidade, merecendo tanta compaixão como quaisquer outros prisioneiros.

3. Pano de Fundo Histórico. Essa é a posição que os eruditos conservadores assumem com seriedade, mas que os liberais pensam ser apenas um artifício literário artificial. Dizemos mais a esse respeito na seção IV, *Historicidade*.

Nenhum período histórico é indicado no próprio livro de Jonas, mas, como é evidente, o tempo tencionado é durante ou pouco antes do reinado de Jeroboão II, em que as bem-sucedidas conquistas militares de Israel ampliaram os seus territórios, e houve grande prosperidade material daquele reino, durante o reinado daquele monarca. Nesse caso, o livro data de cerca de 850 a.C.

Alguns estudiosos supõem que o arrependimento em massa dos habitantes de Nínive poderia ter sido facilitado por sua tendência pelo monoteísmo (com uma espiritualidade que se aprimorou naquela geração), o que ocorreu durante o reinado de Adade-Nirari III, cujas datas foram cerca de 810-783 a.C. Outrossim, houve grande praga durante o reinado de Assurdã III (cerca de 771-754 a.C.), o que poderia ter impelido os ninivitas a mostrar-se receptivos a uma mensagem de condenação, como a que houve, por meio de Jonas, com o subsequente arrependimento em massa daquela gente. Apesar de tudo, alguns eruditos argumentam em favor de uma data posterior para o livro de Jonas. Examinamos a questão na quinta seção, *Data*.

4. Caráter Ímpar do Estilo e da Mensagem de Jonas. O livro de Jonas não consiste em uma coletânea de *oráculos*, conforme usualmente se vê nos livros proféticos do Antigo Testamento. Antes, é uma espécie de esboço biográfico sobre um importante incidente na vida do profeta Jonas. Outrossim, ele não estava ministrando em favor do povo de Israel, e, sim, em favor de um povo estrangeiro, em contraste com todos os demais escritores proféticos do Antigo Testamento. Em seu simbolismo, o livro repreende os preconceitos do povo de Israel, mas também prevê a experiência crucial de morte e ressurreição de Jesus, o Messias prometido, pois foi com esse sentido que o próprio Senhor Jesus interpretou a experiência de Jonas com o grande peixe, em Mateus 12.39-41.

II. O Nome. Podemos comparar o nome de Jonas com o trecho de Salmo 74.19, onde a nação de Israel é chamada de "rola", sendo que o termo hebraico *Jonas* significa "pomba". Esse era um nome próprio pessoal muito comum em Israel. O pai de Simão Pedro tinha esse nome (ver Mt 16.17 e, no *Dicionário*, o artigo intitulado *Barjonas*). Nesse artigo, aprendemos que os tradutores confundem, no Novo Testamento, no tocante ao pai de Simão Pedro, os nomes *Jonas* e *João*. O nome Jonas, *pomba*, era, ao que parece, dado pelas mães a seus filhos como um título afetuoso, pois a pomba é uma ave que demonstra muito carinho com outros membros de sua espécie, sobretudo no ato de cruzamento. Modernamente, tornou-se um símbolo bem conhecido da "paz". Nas Escrituras vemos que vários nomes de animais eram dados a pessoas, como são os casos de *Dorcas*, que no grego significa "gazela", ou de *Raquel*, que no hebraico significa "ovelha". Nomes de flores também eram empregados da mesma maneira.

III. O Profeta Jonas e a Autoria do Livro. Muitos eruditos liberais acreditam que nunca existiu um profeta com o nome de Jonas, porquanto o livro que traz esse nome seria, na opinião deles, apenas uma *novela* religiosa. Embora Jesus o tivesse mencionado por nome (ver Mt 12.39-41), eles supõem que nem por isso o Mestre tenha afirmado a *existência histórica* de Jonas, mas apenas citado em apropriada passagem do livro de Jonas, a fim de ilustrar a sua própria experiência de morte e ressurreição. Outros estudiosos, contudo, insistem que a referência de Jesus a Jonas confirma a sua historicidade. O trecho de 2Reis 14.25 registra o cumprimento da profecia de Jonas, chamando-o de *filho de Amitai*, além de identificar a sua cidade natal como Gate-Hefer (mencionada em Josué 19.13). Ficava no território de Zebulom, cerca de oito quilômetros ao norte de Nazaré. Há uma lenda que faz de Jonas o filho da viúva de Sarepta, o jovem a quem Eliseu enviou para ungir Jeú, a fim de que se tornasse o próximo rei de Israel. Mas os eruditos não levam essa lenda a sério. Outros estudiosos salientam que, embora tenha havido um Jonas histórico, isso não significa que ele escreveu o livro, apesar do fato inegável de que o livro relata um incidente muito importante de sua vida.

Argumentos contra Jonas como Autor do Livro. **1**. O livro fala sobre um profeta Jonas, mas não afirma que foi ele quem escreveu o texto. O livro seria uma biografia, mas não uma autobiografia. **2**. A ligação do livro com um Jonas histórico, que era um profeta conhecido, seria apenas um artifício literário, e não uma séria afirmação histórica. Isso era um expediente extremamente comum na antiguidade. Os livros pseudepígrafos são a melhor demonstração desse fato. **3**. As referências a Jonas, no livro, estão na terceira pessoa do singular. Embora alguns autores se refiram a si mesmos na terceira pessoa, isso favorece mais a ideia de uma biografia (verdadeira ou romântica), e não a ideia de uma autobiografia. **4**. Há fortes argumentos em prol de uma *data posterior* (ver a quinta seção, a seguir) para o livro de Jonas. Nesse caso, é impossível que Jonas, filho de Amitai, tivesse sido o autor do livro. Seu nome pode ter sido arbitrariamente escolhido como aquele que experimentou o que o livro descreve; ou então ele não estava em vista, desde o começo da narrativa. Nesse caso, para essa *novela*, o nome de Jonas foi arbitrariamente selecionado, sem que houvesse tentativa alguma de identificá-lo como uma personagem histórica. **5**. Vários argumentos são contrários à historicidade do livro; e essa argumentação também tem sido empregada pelos críticos contra a historicidade da personagem central, Jonas. Ver sob a quarta seção, a seguir, quanto a pormenores sobre esse item, onde são expostos os contra-argumentos a essas críticas.

Respondendo a essas objeções, observamos o seguinte. **1**. Visto que o próprio livro de Jonas em parte alguma diz quem foi o seu autor, o assunto perde a importância, exceto como uma curiosidade para algumas pessoas. Dificilmente podemos testar a ortodoxia ou a espiritualidade de alguém, defendendo ou atacando Jonas como o autor do livro. Aquilo que cremos sobre esse ponto demonstra somente o quanto confiamos ou não nas tradições que têm aparecido, através dos séculos, sobre o livro de Jonas. **2**. Sem importar se o uso do nome de Jonas (tendo em mente uma personagem histórica) é um artifício literário ou não, isso jamais poderá ser determinado com segurança. A alusão do Senhor Jesus a Jonas parece afirmar a sua historicidade. Mas dificilmente alguém poderia argumentar sobre a historicidade da personagem Jonas meramente com a ajuda de uma citação, pois é impossível determinar o intuito do Senhor Jesus ao fazer essa citação. Os liberais supõem que o próprio Jesus poderia ter-se equivocado quanto à questão em foco, se é que ele pensava em Jonas como uma figura histórica. Naturalmente, Jesus teria confiado nas tradições judaicas, ou teria pensado que a questão não era importante e nem merecesse ser discutida. **3**. A referência que o autor faz a si mesmo, na terceira pessoa do singular, é uma prática literária comum, e nada pode ser dito a favor ou contra a autoria de Jonas, tomando-se por base referências indiretas a ele. Esse ponto, pois, deve ser considerado neutro. **4**. Os argumentos que dizem respeito à data do livro aparecem na quarta seção, chamada *Historicidade*.

IV. HISTORICIDADE. Na primeira seção, *Caracterização Geral*, chamamos a atenção para os problemas envolvidos na historicidade do livro de Jonas. Listamos a seguir os argumentos específicos sobre essa historicidade:

1. Os aramaísmos do livro apontam para uma data posterior, distanciando-o dos dias de Jonas, filho de Amitai. Porém, essa objeção é muito enfraquecida pelo fato de que os aramaísmos também ocorrem em livros antigos do Antigo Testamento, sendo encontrados até mesmo nos épicos de Ras Shamra, encontrados em Ugarite, que datam de cerca de 1400 a.C.

2. Tropeços Históricos. Um erudito tão respeitável quanto Robert Pfeiffer supõe que a designação do imperador da Assíria como "rei de Nínive" (Jn 3.6), e que a descrição de Nínive como "cidade muito importante" (Jn 3.3), sejam asserções historicamente infundadas. Um autor que pertencesse à época sobre a qual escrevia sem dúvida saberia melhor que isso, diz ele. Nínive foi local de palácios reais assírios desde remota antiguidade, mas não foi elevada à posição de capital do reino assírio, senão já nos dias de Sargão II (722-702 a.C.). Apesar de a capital desse império não ser Nínive, na época de Jonas, o que poderia impedir o imperador assírio de ser chamado de seu "rei"? Apesar de a designação comum, no Antigo Testamento, ser "rei da Assíria", não há nada de estranho quanto à pequena variante, "rei de Nínive". No tocante às dimensões da cidade, como é óbvio, nos dias de Jonas, Nínive não era tão grande assim. Isso posto, as interpretações supõem que os "três dias" mencionados no livro de Jonas falam sobre o tempo que Jonas precisou para pregar nas praças da cidade, e não sobre o tempo que ele gastou para atravessar a cidade a pé, como se estivesse a medi-la em sua extensão. Na época, Nínive tinha cerca de seiscentos mil habitantes. E, embora isso não pareça muito grande, de acordo com os padrões modernos, significa uma gigantesca cidade para os padrões antigos. Quando muito, o autor sagrado "exagerou" sobre o tamanho da cidade. Os pregadores sempre calculam as dimensões de suas audiências mais do que elas realmente são! Devemos admitir, porém, que o trecho de Jonas 3.3 parece afirmar claramente que seriam necessários três dias de caminhada para que um homem atravessasse a cidade, apesar dos esforços de alguns eruditos para verem a questão sob outro prisma. Quanto a mim, não me preocupo com o tamanho de Nínive, e nem se o autor exagerou um pouco ou não. Mesmo que ele tivesse exagerado as dimensões da cidade, isso não provaria nada contra a historicidade do relato bíblico. Apenas mostraria que o autor caiu em algumas inverdades, muito próprias da exagerada linguagem oriental.

Há duas estranhas atividades que surgem em discussões dessa natureza. A primeira delas é que os estudiosos liberais, em sua ansiedade por descobrir problemas na Bíblia, dão imensa importância a pequenos detalhes, a fim de tentarem consubstanciar sua posição. E a segunda é que os eruditos conservadores não hesitam em distorcer os textos sagrados, a fim de que digam coisas que, na verdade, não dizem, porquanto eles são incapazes de tolerar (psicologicamente) a ideia de que, nas Santas Escrituras, podem ser encontrados quaisquer equívocos, de qualquer natureza. Ambas essas atividades são bastante infantis, e nada têm a ver com a fé e a espiritualidade.

3. O Relato sobre o Grande Peixe. Os estudiosos liberais simplesmente não veem como um homem poderia sobreviver por três dias no ventre de uma baleia, ou de nenhum peixe. Não creem que qualquer espécie de peixe seja capaz de engolir um homem vivo. Daí, pensam que essa porção do relato sobre Jonas deve ser apenas uma ficção *divertida*, e que, por causa disso, devemos pôr em dúvida a história inteira, como uma produção literária destituída de seriedade. Histórias sobre peixes, dizem eles, fazem parte das lendas e do folclore. E os eruditos conservadores, pensando como os liberais conseguiram marcar um tento, chegam ao extremo de dizer que Deus criou um *peixe especial* para engolir Jonas. Para exemplificar isso, vemos que até a prestigiosa enciclopédia *Zondervan* precisou apelar para o sobrenatural, a fim de dar foros de autenticidade ao relato sobre o grande peixe de Jonas. Lemos ali: "Aceitando o sobrenatural — preparou o Senhor um grande peixe (1.17) — teremos removido toda a dificuldade". Outros estudiosos conservadores apelam para o dogma. Assim, Jesus falou sobre o peixe. Logo, teria de ser um peixe real, e não mera lenda. No entanto, ambas as abordagens são desnecessárias. Incidentes fartamente documentados mostram que algumas espécies de baleias são capazes de engolir um homem; e também que alguns homens realmente sobreviveram a tão bizarra experiência. Ver a sexta seção, *História do Grande Peixe*, onde há uma demonstração desse fato.

4. Poder Demasiado na Pregação de Jonas. Alguns eruditos não conseguem crer que um judeu cheio de preconceitos, ao pregar sua mensagem de condenação, fosse capaz de fazer vergar os orgulhosos ninivitas. Uma canção popular americana exalta a cidade de Chicago. Uma das coisas que se diz nessa canção é que Chicago é cidade tão incomum que nem Billy Sunday foi capaz de fechá-la. Billy Sunday foi um pregador de tal modo poderoso que, em certas cidades onde ele pregava, havia mudanças tão radicais na conduta do povo que as forças policiais puderam ter o seu número reduzido. Não obstante, ele não teria conseguido vergar Chicago! E assim também, os liberais não veem como Jonas teria podido submeter os ninivitas! Os conservadores, por sua parte, apelam para o poder de Deus. É possível que Nínive tenha passado por uma melhoria espiritual, tendo abraçado o monoteísmo, depois que seus habitantes sofreram uma praga devastadora. Essa praga poderia ter abrandado o fanatismo pagão dos ninivitas, preparando a cidade para a pregação de Jonas. Já comentamos sobre isso em I.c., *Pano de Fundo Histórico*. Devemos observar, porém, que toda essa discussão é fútil e supérflua. Nossa crença sobre o que Jonas poderia ter feito depende apenas de nossos sentimentos subjetivos sobre o poder de sua prédica. Nada há de estranho, porém, quanto a conversões em massa, ou quanto a multidões se deixarem influenciar por uma retórica inflamada. Consideremos como Hitler conseguia arrebatar multidões de seus ouvintes alemães, com alguns discursos.

5. O Livro de Jonas tem Escopo Universal. A leitura do Antigo Testamento dá-nos a impressão de que o povo de Israel era exclusivista. O livro de Jonas, todavia, reflete uma atitude universalista, que caracteriza os tempos posteriores daquela nação. Assim, na opinião de alguns, não passa de um *anacronismo* o interesse de Deus pelos ninivitas. Isso no caso de insistirmos sobre uma data mais antiga para o livro. Mas, contra isso, frisa-se o fato de que o pacto estabelecido com Noé (Gn 9.9) tinha em mira todos os povos; e também que o pacto abraâmico (Gn 12.1 ss.) apresenta-o claramente como pai espiritual de muitas nações; ou, pelo menos, em Abraão todas as famílias da terra seriam abençoadas. Isso pode ser confrontado com Isaías 42.6,7 e 49.6. Talvez houvesse muitos judeus exclusivistas, mas a própria Bíblia não assume tal posição!

Seja como for, os judeus, desde os tempos mais remotos, consideram o livro de Jonas uma obra histórica. Ver alusões a isso em 3Macabeus 6.8; Tobias 14.4,8 e Josefo (*Anti*. 9.10,2). Jesus também considerou Jonas uma personagem histórica (Mt 12.9 ss.; 16.4 ss.; Lc 11.29). É verdade que alguns eruditos modernos pensam que a passagem de Mateus 12.9 é uma interpolação posterior. Porém, não há evidência disso nos manuscritos.

V. Data. Se partirmos do pressuposto de que foi Jonas, filho de Amitai, quem escreveu o livro que leva seu nome, então essa obra foi produzida em cerca de 750 a.C. Tudo depende, porém, da historicidade do livro (o que é ventilado na quarta seção, *Historicidade*) e na suposição de que o autor foi o Jonas que é a figura central do livro. Uma data tão recente quanto 200 a.C. poderia ser aceita, se o livro não passasse de uma novela religiosa, segundo alguns têm dito. Pelo menos sabe-se que o livro deve ter sido escrito antes do livro apócrifo de Eclesiástico (49.10), que alude à existência dos livros dos doze profetas menores. O trecho de Tobias 14.4,8 tece referências ao livro de Jonas, e a maioria dos estudiosos pensa que o livro de Tobias foi escrito antes do ano 200 a.C.

Argumentos em Favor de uma Data Mais Recente. Vários dos pontos expostos na quarta seção, Historicidade, os quais afirmam que o livro não está ligado ao período histórico aceito pela tradição, também se aplicam à questão de uma data mais recente do livro. A isso, adicionamos: **1**. O trecho de Jonas 3.3 parece falar sobre Nínive como cidade que não mais existia quando o autor sagrado escreveu o livro. O texto diz ali: "... Nínive era...". Porém, contra esse argumento tem sido salientado que há uma construção gramatical similar, no caso de Emaús, quando a cidade continuava existindo (ver Lc 24.13). Admite-se, todavia, que é estranho dizer-se que Nínive "era", se ela continuava existindo quando o autor sagrado escreveu. **2**. O autor do livro de Jonas parece ter tido conhecimento de profetas posteriores, e ele chega a aludir aos escritos deles. Assim, conforme alguns estudiosos pensam, o trecho de Jonas 3.10 reflete Jeremias 18.1 ss.; o de Jonas 3.5 reflete Joel 1.13 ss.; o de Jonas 3.9 reflete Joel 2.14, e o de Jonas 4.2 reflete Joel 2.13. Todavia, o que sentimos sobre essa questão depende, em muito, daquilo que quisermos ler nas entrelinhas do texto sagrado ou deixar de fora das passagens envolvidas. **3**. O salmo de ação de graças (Jn 2.1-9) reflete os salmos canônicos, alguns dos quais, segundo se supõe, foram compostos posteriormente, não tendo sido da autoria de Davi. Mas os estudos mostram que os salmos, grosso modo, refletem a antiga literatura cananeia, devendo ser reputados como antiquíssimos.

A atribuição do livro de Jonas a uma data mais recente repousa sobre o tipo de mensagem que o leitor percebe no livro. Se a obra é alegórica e reflete um período no qual o judaísmo se universalizava, então a data posterior faz sentido. Mas se o livro é de natureza histórica, então precisamos afirmar que houve alguma universalização nos sentimentos de Israel, desde bem antes do *período helenista* (ver a respeito no *Dicionário*). Os argumentos em favor e contra uma data mais recente, como se vê, não são conclusivos.

VI. História do Grande Peixe: sua Historicidade e Tipologia. Uma das características interessantes do livro de Jonas, se não a mais notável, é o relato de como Jonas foi engolido por um grande peixe (presumivelmente, uma baleia), mas foi capaz de sobreviver à prova, apesar de ter permanecido no ventre do peixe por três dias! Há possibilidades científicas de uma coisa assim, realmente, suceder?

1. Historicidade da Narrativa. Ver sob a quarta seção, *Historicidade*, em seu terceiro ponto, *O Relato sobre o Grande Peixe*. Ali damos uma boa descrição sobre como os liberais e os conservadores têm argumentado sobre este item. O material que se segue mostra que, de fato, tal coisa pode acontecer.

Será possível ser engolido por uma baleia e continuar vivo para contar a história? A ciência responde "Não", mas a resposta correta é "Sim". Os registros oficiais do Almirantado Britânico fornecem evidências documentadas sobre a espantosa aventura de James Bartley, um marinheiro britânico que foi engolido por uma baleia e escapou com vida para contar a história! O sr. Bartley estava fazendo sua primeira viagem (que terminou também sendo a única) como marinheiro de um navio baleeiro, cujo nome era *Estrela do Oriente*, em fevereiro do ano de 1891. Estavam algumas centenas de quilômetros a leste das ilhas Falkland, no Atlântico Sul.

Em certo momento foi arpoada uma grande baleia, que então mergulhou às profundezas abissais. Quando ela subiu para respirar, ocorreu que seu corpanzil esmigalhou o bote, e muitos homens caíram no mar. Dois homens não puderam ser encontrados, e um deles era o sr. Bartley. Depois de muito serem procurados, foram dados finalmente por perdidos.

Pouco antes do pôr do sol, naquele mesmo dia, a baleia moribunda flutuou até à superfície. A tripulação rapidamente prendeu uma corda na baleia e a arrastou até o navio-mãe. Posto que era tempo de verão, foi necessário despedaçar imediatamente o gigantesco animal. A baleia foi sendo cortada em pedaços. Pouco depois das onze horas da noite, os exaustos tripulantes removeram o estômago e o enorme fígado da baleia. Esses pedaços foram levados para a coberta e notou-se que havia algum movimento no interior do estômago da baleia.

Fizeram uma grande incisão no estômago da baleia, e apareceu um pé humano. Era James Bartley, dobrado em dois, inconsciente, mas ainda vivo. Bartley soltava grunhidos incoerentes ao recuperar um pouco mais a consciência, e durante cerca de duas semanas pendeu entre a vida e a morte. Passou-se um mês inteiro antes que pudesse contar perfeitamente a história do que lhe acontecera.

Lembrava-se de que, quando a baleia atingiu o bote, ele foi atirado no ar. Ao cair, foi engolfado pela gigantesca boca da baleia. Passou por fileiras de minúsculos e afiados dentes, e sentiu uma dor lancinante. Percebeu que estava escorregando por um tubo liso, e então desapareceu na escuridão. De nada mais se lembrava, senão depois de ter recuperado a consciência, uma vez libertado do estômago da baleia.

Muitos médicos de vários países vieram examiná-lo. Viveu mais *dezoito anos* depois dessa experiência. Sua pele ficara com uma desnatural coloração esbranquiçada, mas ele não sofreu outros maus efeitos além desse. Na lápide de seu túmulo foi escrito um breve relato de sua experiência, com o acréscimo: "James Bartley, 1879 a 1909, um moderno Jonas" (extraído do livro *Stranger Than Science*, por Frank Edwards, p. 11-13).

2. Tipologia. A experiência de Jonas é um tipo de como Jesus, o Cristo, haveria de ficar retido em um sepulcro, para ressuscitar dentre os mortos, três dias mais tarde. Esse símbolo era um "sinal" para os mestres judeus incrédulos, os quais estavam submetendo Jesus a teste, quanto às suas reivindicações messiânicas. Jesus repreendeu aqueles que queriam receber o sinal, como necessário, porque isso comprovava que aqueles homens perversos estavam espiritualmente cegos. Em tal estado de trevas, precisavam de sinais e não eram capazes de reconhecer as realidades espirituais. Jesus recusou-se a realizar algum grande milagre, a fim de autenticar suas reivindicações. Ele já havia feito isso, com abundância. E eles já tinham rejeitado todos os sinais que ele fizera. Portanto, o Senhor lhes ofereceu um sinal bíblico. Por assim dizer, Jonas *morreu* e então retornou *à vida*. Por semelhante modo, Jesus morreria, de fato, mas ressuscitaria. Ver no *Dicionário* os artigos intitulados *Ressurreição* e *Ressurreição de Cristo*. O Senhor ressurreto tornou-se o doador da vida eterna àqueles que nele confiam, que passam a ser moldados segundo a sua imagem. Parte da condenação de Jesus aos mestres incrédulos consistiu no fato de que os ninivitas, habitantes de uma cidade pagã, se tinham arrependido em face da pregação de Jonas. E, no entanto, aquele que era muito maior do que Jonas pregara e mostrara sinais aos teimosos mestres judeus, mas estes se recusaram a arrepender-se. Isso significava que Deus haveria de tratar com eles com grande severidade. A ressurreição de Jesus Cristo, como é claro, foi o *sinal* final e definitivo das reivindicações de Jesus, como Messias prometido e Salvador.

VII. Ocasião e Propósitos do Livro. O livro de Jonas é uma ilustração veterotestamentária da verdade contida em Jo 3.16. "Deus amou o mundo de tal maneira", que tomou as providências para que houvesse uma missão de misericórdia, com a finalidade de prover remédio para o pecado e para a degradação moral e espiritual. Se Deus teve tanto interesse pela sorte de Nínive, então todos os povos devem ser vistos como objetos de seu amor.

Se os estudiosos liberais estão com a razão, então um dos propósitos do livro de Jonas era atacar os preconceitos judaicos, mostrando que Deus está interessado nos pagãos, e não meramente no povo de Israel. Nesse caso, teríamos um propósito polêmico no livro. Também poderíamos encarar esse propósito como didático. O autor não estaria sendo beligerante. Estava meramente procurando ensinar Israel acerca do interesse de Deus pelos demais povos da terra. O perdão divino é muito amplo; seu amor vai desde os mais altos céus até os mais profundos infernos.

Outro propósito possível era mostrar que a própria nação de Israel deveria interessar-se pelas missões às nações. Nesse caso, o livro é uma espécie de antigo evangelho, cujo intento é impelir à atividade missionária.

O Julgamento é Remediador. Deus não tem prazer na destruição e na dor. Contudo, destruição e dor podem ser aplicadas quando se fazem necessárias. O juízo divino tem por escopo produzir nos homens o arrependimento. O trecho de 1Pedro 4.6 mostra que esse princípio continua atuante no pós-túmulo, e não apenas durante a vida biológica do indivíduo.

VIII. Pontos de Vista Teológicos. **1**. *Deus é o governante universal*, razão pela qual tem o direito de convocar qualquer nação ao arrependimento. **2**. Na qualidade de governante universal, Deus também é *o juiz universal*. Se os homens não derem ouvidos à sua chamada ao arrependimento, então Deus os julgará (Jn 3.4). **3**. Deus, contudo, é o *Salvador universal*. Jonas foi enviado para salvação de Nínive, e não para obter a destruição da cidade. O próprio profeta sentiu-se contrariado quando Nínive se arrependeu e foi poupada. Ele gostaria de ter visto o cumprimento de sua profecia de condenação. Deus, porém, não concordou com essa atitude. (Ver Jn 4.10,11). **4**. **O Abundante Amor de Deus**. O amor de Deus é permanente e abundante (Jn 4.2). Chega mesmo a envolver os animais irracionais (ver o vs. 11). Assim chegou aos pagãos. Não era coisa pequena, se Nínive viesse a perecer. Vemos aí, novamente, a mensagem de João 3.16, que contraria uma aplicação exclusivista do amor de Deus a qualquer grupo. Isso se volta contra todo o tipo de exclusivismo, incluindo o *calvinismo* radical (ver a respeito no *Dicionário*). **5. Os Preconceitos Exclusivistas São um Erro**. É moralmente errado alguém ser um bitolado religioso, que nada pode ver de bom além de seu próprio grupo ou denominação. É bom o homem ter uma visão mais universal, reconhecendo que Deus é verdadeiramente o Pai de todos os povos, embora uma paternidade divina e especial no caso dos remidos (que podem ser de qualquer raça, nação, seita ou denominação, não nos esqueçamos disso). **6. A Motivação Missionária**. Devemos preocupar-nos com a propagação da mensagem espiritual e com a salvação das almas. **7**. *O propósito remediador do julgamento divino* já foi abordado, na sétima seção, último parágrafo.

IX. Esboço do Conteúdo
1. Chamada ao Profeta Desobediente (cap. 1)
   a. A fuga de Jonas (1.1-3)
   b. A confissão de Jonas (1.8-12)
   c. Jonas engolido pelo grande peixe (1.13-17)
2. Jonas Livrado pela Misericórdia Divina (cap. 2)
3. Nova Comissão Divina e Obediência de Jonas (cap. 3)
   a. Jonas em Nínive (3.1-4)
   b. Os ninivitas se arrependem (3.5-9)
   c. A cidade de Nínive é poupada (3.10)
4. A Consternação de Jonas e os Cuidados de Deus (cap. 4)
   a. A indignação de Jonas (4.1-4)
   b. A história da trepadeira (4.5-10)
   c. O amor de Deus por todos os homens (4.11)

X. Bibliografia. AM I IB LAE PR PU YO Z

JÔNATAS

No hebraico, **"dado por Deus"**. Foi sempre um nome comum entre os israelitas, em todos os períodos de sua história. Na Bíblia há vários homens assim chamados:

1. Um Filho de Gérson, neto de Moisés (Jz 18.30). Ele era levita. Sua história é contada em Juízes 17 e 18. Esses relatos formam uma espécie de apêndice ao livro de Juízes, sendo do provável que os eventos ali registrados ocorreram após a morte de Josué. Jônatas residia em Belém. Os levitas estavam recebendo uma manutenção insuficiente. E parece que

Jônatas, querendo melhorar de vida, foi para o monte Efraim e, no caminho, hospedou-se na casa de Mica. Ali, tornou-se uma espécie de diretor do culto religioso, o que lhe deu a oportunidade de exercer o seu ofício, ao mesmo tempo em que ganhava mais dinheiro (Jz 17.7-13). Não muito depois que ele iniciou sua nova carreira, espias danitas foram, em busca de regiões que pudessem ocupar mais ao norte, chegaram à casa de Mica. Foram bem recebidos ali. Mais tarde, um grupo de seiscentos danitas, a caminho de Laís, pararam na casa de Mica. E levaram os itens pertencentes ao culto recém-instalado, como a estola sacerdotal, os terafins e a imagem de escultura. Jônatas foi convidado a acompanhá-los, e a ideia foi a de estabelecer aquele tipo de adoração idólatra no lugar para onde estavam indo. Jônatas aceitou o convite que lhe fizeram, e se tornou o sacerdote dos danitas. Mica protestou contra o "furto", mas sem que fosse ouvido. E foi assim que, desse tempo em diante, até à época do cativeiro assírio, Jônatas e seus descendentes continuaram sendo sacerdotes dos danitas, na cidade de Laís, que acabou tendo seu nome mudado para Dã. Alguns intérpretes supõem que essa adoração envolvia a apostasia contra *Yahweh*; mas há aqueles que negam isso, supondo que a adoração danita foi antes uma adaptação do culto a *Yahweh*. O que é inegável é que havia três pontos condenáveis: **1**. Foi estabelecido um rito religioso que diferia do original; **2**. Esse novo rito era uma forma idólatra; **3**. O sacerdócio danita não era autorizado, pois um levita não tinha o direito de arrogar-se à posição de sacerdote, oficiando sobre um sistema separado de adoração. Além disso, finalmente, esse culto danita acabou mesclando-se com a adoração aos bezerros de ouro, que Jeroboão estabeleceu naquele lugar.

Discrepância? Jônatas era um autêntico descendente de Moisés, pelo que se indaga: Por que ele foi chamado de "filho de Manassés", em Juízes 18.30? Esse versículo foi modificado para dizer "filho de Moisés", em muitas traduções. É provável que o nome Moisés (no hebraico, *Mosheh*) tenha sofrido uma interpolação, mediante a qual foi adicionado um *num* (a letra *m*, em hebraico), o que alterou o nome para "Manassés". E tal alteração pode ter sido feita a propósito por algum escriba que queria salvar Moisés da desgraça de ter um de seus descendentes associado com a adoração idólatra estranha.

2. Jônatas, o filho mais velho de Saul, rei de Israel, e herdeiro presuntivo do trono de Israel. Mas, por decisão divina, Davi foi rei em lugar dele. (Ver 1Sm 14.8; 1Cr 8.33; 9.39). ***a. Circunstâncias Históricas***. Israel guerreou contra os filisteus, e isso deu a Jônatas a oportunidade de mostrar sua coragem e suas qualidades de príncipe em Israel. Somos informados como, com a ajuda única de seu escudeiro, ele surpreendeu e derrotou uma guarnição de filisteus em Micmás, um dos atos de maior coragem no relato do Antigo Testamento. (Ver 1Sm 14.1-14). Visto que se dava então tanto valor ao poder militar e a atos de audácia, certamente isso qualificou Jônatas para suceder a seu pai no trono. Saul, ansioso pela vitória, havia votado tolamente que qualquer um que comesse qualquer coisa antes da noite seria executado. Jônatas, não sabendo disso, ao entrar no bosque, encontrou algum mel silvestre e comeu do mesmo. Saul, aderindo ao seu estúpido voto, esteve a pique de executar seu próprio filho heroico; mas outros israelitas impediram que tal coisa acontecesse (1Sm 14.16-52). Quanto a votos infelizes, ver também o artigo sobre *Jefté*. ***b. Um Querido Amigo de Davi***. Davi também demonstrou ser homem de extraordinária coragem pessoal. Seu ato de coragem, ao enfrentar o gigante Golias, e ao obter sobre ele a vitória, impressionou profundamente Jônatas, e isso deu início a uma duradoura e fiel amizade entre os dois. ***c. A Intercessão de Jônatas***. Jônatas aceitou com boa atitude a nomeação de Davi para ser rei, mas Saul resolveu matar o candidato escolhido por Deus. Naturalmente, Saul ficou muito aborrecido diante da amizade entre Davi e seu próprio filho, Jônatas; isso fez com que não só Davi mas também Jônatas ficassem sujeitos à morte. Davi, afinal, foi forçado a fugir, mas a amizade entre Davi e Jônatas prosseguiu. Eles se encontraram em Ezel e estabeleceram um segundo pacto, comprometendo-se a lutar pela segurança um do outro. Davi também jurou que demonstraria bondade para com a família de Jônatas. Mas quando Saul tomou conhecimento do que ocorria, certo dia quase matou seu próprio filho Jônatas, ao lançar contra ele uma lança. É que Jônatas tentara reverter os maus intentos de seu pai contra Davi. Por isso, Davi teve de permanecer exilado, e Jônatas só se encontrava com ele quando as circunstâncias o permitiam (1Sm 20.1-42). O último encontro entre os dois foi na floresta de Zife, durante a busca de Saul por Davi. Eles porém fizeram um acordo perante o Senhor, e separaram-se novamente (1Sm 23.15-18). ***d. A Batalha de Gilboa***. A Bíblia nada mais nos revela sobre Jônatas, até chegar a descrever a batalha de Gilboa. Jônatas, Saul e dois irmãos de Jônatas foram mortos ali, pelos filisteus (1Sm 31.2,8). Seu cadáver foi transportado para Jabes de Gileade, onde também foi sepultado (vs. 13). Posteriormente, o corpo de Jônatas foi levado para Zela, juntamente com o cadáver de seu pai, e ali foi sepultado, no território da tribo de Benjamim (2Sm 21.12-14). ***e. A Lamentação de Davi***. A lamentação de Davi por seu amigo, Jônatas, fornece-nos uma das mais belas páginas da poesia dos hebreus. Ver 2Samuel 1.17 ss. ***f. Mefibosete***, filho de Jônatas, tinha apenas 5 anos de idade quando seu pai foi morto (2Sm 4.4). Davi mostrou favores especiais a Mefibosete, quando subiu ao trono, cumprindo assim o pacto estabelecido com Jônatas. (Ver 1Sm 20.15, 1Cr 9.40). As propriedades de Saul foram devolvidas a Mefibosete e ele era convidado diário à mesa real, em Jerusalém (2Sm 9). ***g. O Caráter de Jônatas***. Os estudos modernos feitos sobre a herança genética mostram-nos que devemos receber menos crédito quando nossos filhos se saem bem, e menos culpa quando se saem mal. Jônatas era o oposto de seu pai. Jônatas era homem generoso, justo e completamente destituído de inveja. Em contraste com o espírito traiçoeiro de Saul, Jônatas era leal. Era homem dotado de grande coragem e determinação, capaz de amar verdadeiramente. Uma outra característica significativa sua era que, a despeito de todos os erros cometidos por seu pai, ainda assim ele se pôs ao lado de seu pai, combatendo junto com ele até o fim. Os dois foram companheiros na morte.

3. O Filho de Abiatar, o sumo sacerdote. Foi esse outro Jônatas quem comunicou a Adonias e a seus apoiadores, perto da fonte de Rogel, que Davi havia nomeado Salomão como seu sucessor ao trono (1Rs 1.42,43). Quando Davi fugia de Absalão, Jônatas foi com seu pai até o monte das Oliveiras (2Sm 15.36) a fim de aliar-se à causa de Davi. Juntamente com Aimaás, filho de Sadoque, ele atuou como mensageiro de Davi, durante seu exílio, mantendo-o informado sobre a situação. Ele residia em En-Rogel (2Sm 17.17), e recebia informações de Jerusalém, as quais, ao contínuo, transmitia a Davi. Quando eles foram descobertos ali, fugiram para Baurim, e esconderam-se em um poço (1Sm 17.17-21). Ele viveu em cerca de 966 a.C.

4. O Filho de Simei (2Sm 21.21). O nome de seu pai aparece com a forma de Simeia, em 1Crônicas 20.7. Esse Jônatas era sobrinho de Davi, visto que Simei ou Simeia era um dos irmãos de Davi. Ele matou um gigantesco parente de Golias, e se tornou um dos principais guerreiros de Davi (2Sm 21.21; 1Cr 20.7). Parece que ele foi nomeado como secretário do gabinete real (1Cr 27.32). Alguns estudiosos supõem que ele foi o guerreiro do exército de Davi descrito abaixo, no número cinco. Todavia, segundo outros, pode ter sido idêntico à pessoa que aparece em oitavo lugar nesta lista, abaixo.

5. Um Filho de Sama, o Hararita. (Ver 2Sm 23.33). Foi um dos trinta mais valentes guerreiros do exército de Davi. Em 1Crônicas 11.34, ele aparece como filho de "Sage, o hararita".

6. O Filho de Jada, irmão de Jeter. Ele era sobrinho de Samai, pai de Pelete e Zaza. Descendia de Jerameel, que se tornara aliado da tribo de Judá (1Cr 2.32 ss.). Visto que Jeter não teve filhos, sua linha continuou através dos dois filhos de Jônatas, Pelete e Zaza (1Cr 2.32,33).

7. O Filho de Uzias. Esse Jônatas atuou como superintendente dos armazéns provinciais, durante o reinado de Davi (1Cr 27.25).

8. Um Tio de Davi (1Cr 27.32). Esse Jônatas mostrou ser um homem sábio e excelente conselheiro. Dava a Davi boa orientação e conselhos. Também trabalhou como escriba. Alguns traduzem a palavra hebraica *dod*, não como "tio", e, sim, como "parente". (Ver 2Sm 21.21 e 1Cr 20.7). Nesse caso, ele foi o mesmo homem que é chamado filho de Simei, um irmão de Davi e, portanto, seu "sobrinho".

9. O Pai de Ebede. Esse homem era um dos filhos (ou descendentes) de Adim. Esse Jônatas retornou do cativeiro babilônico junto com Esdras, acompanhado por cinquenta homens (Ed 8.6). Isso ocorreu por volta de 457 a.C. Esse Jônatas também é mencionado em 1Esdras 8.32.

10. Um Filho de Asuel. Juntamente com Jaseias, filho de Ticvá, esse Jônatas ajudou a divorciar os homens de Judá de suas esposas estrangeiras, com quem se haviam casado no tempo do cativeiro babilônico. Isso fez parte das reformas religiosas que foram efetuadas quando o remanescente judeu retornou a Jerusalém e reiniciou a prática seguida pelos antigos hebreus. Isso ocorreu em cerca de 457 a.C. Nossa versão portuguesa, seguindo a tradução inglesa *Revised Standard Version*, traduz a passagem onde ele aparece na Bíblia (Ed 10.15), como se ele se opusesse a esses divórcios, em vez de implementá-los. Ver também 1Esdras 9.14, que o menciona.

11. O Filho de Joiada. Esse Jônatas foi pai de Jadua. Ambos foram sumos sacerdotes (Ne 12.1). Em Neemias 12.22, ele é chamado "Joanã". Josefo (*Anti.* 11.7,1,2) revela-nos que ele assassinou seu próprio irmão Jesus, no templo, porque este último estava procurando arrebatar-lhe o sumo sacerdócio. Jesus agia sob a influência de Bagoses, o general persa. Coisas incríveis acontecem no campo religioso! Seja como for, ele retornou do cativeiro babilônico em companhia de Zorobabel e Josué.

12. Um Sacerdote da Família de Maluqui. Ele serviu no sacerdócio levítico durante o sumo sacerdócio de Joiaquim (vide) (Ne 12.14). Ele atuou, aproximadamente, entre 549 e 536 a.C.

13. Um Filho de Semaías. Esse Jônatas era pai de Zacarias, um sacerdote que tocou a sua trombeta por ocasião da dedicação da muralha que foi construída em redor de Jerusalém, após o cativeiro babilônico, em cerca de 536 a.C. (Ver Ne 12.35). Talvez ele seja o mesmo Jônatas referido em Neemias 12.18, pelo que não abrimos espaço para outro Jônatas, mas identificamos as duas menções como a um único indivíduo.

14. O Secretário de Zedequias, Rei de Judá. Sua casa serviu de prisão, onde ficou detido o profeta Jeremias (Jr 37.15,20; 38.26). Isso ocorreu por volta de 589 a.C.

15. Um Filho de Careá (Jr 40.8). De acordo com o texto massorético, que é seguido por várias traduções, como é o caso da nossa versão portuguesa, "Jônatas" aparece depois de "Joanã". No entanto, há outras traduções, como a *Revised Standard Version*, que omitem o nome, como uma ditografia ou repetição do nome "Joanã". Esse nome também é omitido pela Septuaginta, nesse trecho, bem como na passagem paralela de 2Reis 25.23. Se esse Jônatas realmente existiu, então ele esteve entre aqueles que tiveram uma conferência com Gedalias, o governador nomeado pelos babilônios sobre o remanescente de Judá, ainda no começo do cativeiro babilônico.

16. Um Filho de Matatias. Seu apodo era Afus (1Macabeus 2.5). Ele foi o sucessor de Judá, e foi um dos principais líderes da revolta dos judeus, conforme a narrativa dos livros dos Macabeus. Todavia não tinha tanta habilidade estratégica quanto Judá, embora sua capacidade como diplomata fosse maior. Foi aprisionado por Trifo, em um ato de traição, e embora Simão tenha pago resgate, acabou sendo assassinado (1Macabeus 12.48 ss.).

17. Um dos filhos de Absalão, a quem (Jônatas) Simão enviou com um exército judeu a Jope. Jônatas foi capaz de conquistar a cidade (1Macabeus 13.11).

18. Um sacerdote que liderou o povo em oração de ação de graças, no culto religioso que teve lugar quando da dedicação do templo reconstruído em Jerusalém (2Macabeus 1.23).

JOPE

1. O Nome. No hebraico, esse nome significa **"bela"**. As tradições dizem-nos que esse nome foi dado a essa cidade por causa do brilho do sol que sua casas e edifícios refletiam. Além disso, Jope ficava situada em um pitoresco porto de mar, cerca de 56 quilômetros a noroeste de Jerusalém, o que, sem dúvida, contribuiu para a cidade receber tal nome. Em nossa versão portuguesa, em Josué 19.46, também encontramos a grafia *Jope*, enquanto que outras versões dizem algo como *Jafo*.

2. História Antiga. Jope é uma cidade antiquíssima. É enumerada na lista de cidades conquistadas por Tutmés III (século XV a.C.). Também é mencionada nas cartas de Tell el--Amarna (vide), dos primórdios do século XIV a.C. Depois que Israel conquistou a Terra Prometida, foi aquinhoada à tribo de Dã (Js 19.46). Seu porto tornava Jope o porto natural de Jerusalém. Até Jope é que Hirã fazia flutuar as toras de madeira que ele cortava no Líbano (2Cr 2.16). No entanto, nada mais lemos a respeito dessa cidade, até que o nome aparece novamente em Jn 1.3. Quando Jonas decidiu que seria melhor deixar Nínive sem a sua presença, então fugiu para *Jope*. Ali, apanhou um navio que estava de partida para Társis, provavelmente uma cidade na costa atlântica da Espanha, e, por conseguinte, na direção diametralmente oposta para quem deveria ir da Judeia a Nínive. Isso ocorreu em cerca de 743 a.C., nos tempos de Salmaneser III. Supõe-se que quando Tiglate-Pileser III invadiu a Palestina, tendo capturado Gaza e outros lugares, Jope aparecia entre as suas conquistas. Posteriormente, Senaqueribe chegou à Palestina e abafou uma revolta, na qual o reino de Judá esteve envolvido, nos dias do rei Ezequias. E Jope foi uma das cidades a ser destruída pelos assírios. Todavia, mais tarde, a cidade foi reconstruída,

JOPE
Davis, John D., 1854-1926, *Novo Dicionário da Bíblia* / [Tradução: J.R. Carvalho Braga]. – Edição ampliada e atualizada – São Paulo, SP: Hagnos 2005.

embora não se saiba quem o fez. Seja como for, nos dias de Esdras, Jope servia de porto comercial para onde eram trazidas toras de cedro do Líbano, para a reconstrução do templo de Jerusalém. Ver Esdras 3.7. No século IV a.C., parece ter sido dada pelos persas a Esmunazar, rei de Sidom. Mas, quando Sidom revoltou-se e foi arrasada por Artaxerxes III, Jope parece ter-se tornado uma cidade livre.

Jope não escapou à atenção de Alexandre, o Grande. Ele fez de Jope o centro de sua autoridade na região. Foi ele quem alterou o nome da cidade de *Yapho* para Jope, um novo nome que tinha por intuito honrar a filha do deus grego dos ventos. E foi ali que ele começou a cunhar moedas. Os sucessores de Alexandre lutaram por causa da cidade. Em 301 a.C., Ptolomeu tomou a cidade, e os egípcios passaram a controlá-la, o que o fizeram até 197 a.C. Depois disso, Jope tornou-se porto pertencente ao império selêucida. Durante o período dos macabeus, a sua importância se devia ao fato de que era uma base militar. Antíoco IV usou seu porto quando tentou helenizar a Palestina à força. Judas Macabeu incendiou as instalações portuárias e passou a exercer controle sobre Jope; mas Jônatas Macabeu acabou perdendo o controle da cidade. Simão Macabeu transformou-a em uma cidade inteiramente judaica. Os romanos chegaram à região e, em 63 a.C., Pompeu fez dela uma cidade livre. Foi devolvida ao controle dos judeus por Júlio César, e Herodes, o Grande, governou-a a partir de 37 a.C. Porém, os habitantes judeus da cidade lhe faziam forte oposição, o que o inspirou a construir um novo porto, em Cesareia, cerca de 64 quilômetros ao norte de Jope. (Ver Jo 1.3; At 9.36; 10.5; 11.5,13).

Modernamente, esta cidade, se chama Jafa e é cidade portuária de Jerusalém. No trecho de Josué 19.46 é denominada "Jafo". Sua forma grega é Loppe e, no árabe, é *Yafa*, de onde procede a forma moderna da palavra "Jafa". Essa cidade fica a 56 quilômetros de Jerusalém, e tem servido como sua cidade portuária há muitos séculos. É o único porto natural entre a baía de Aco (isto é, a baía do Haifa) e a fronteira com o Egito. Sua história é longa, e já era cercada de muralhas nos dias de Tutmés III (mencionada nas listas de suas cidades). Nos dias dos macabeus, era guarnecida por tropas sírias, até que foi capturada por Simão Macabeu. Pompeu devolveu-a à Síria em 63 a.C., mas, dentro de vinte anos, voltara novamente à posse dos israelitas. Durante a guerra judaico-romana, Vespasiano a capturou. E assim, durante a sua história, tem trocado de mãos por muitas vezes.

Nos dias que correm, ela foi ultrapassada por sua vizinha maior, Tel Aviv, e na realidade se transformou apenas em um subúrbio sulino da mesma. As duas cidades, juntas, formam uma só municipalidade. Aos turistas geralmente se mostra uma mesquita que supostamente assinala o local da casa de Simão, o curtidor; mas essas identificações ordinariamente são fictícias. De conformidade com as lendas gregas, era famosa como o local onde Andrômeda fora amarrada, ao ser entregue por Perseu. (Ver *Estrabão xvi*, p. 759; e Josefo, *Guerras dos Judeus*, i.6 §2). Na narrativa do profeta Jonas, a cidade aparece como porto de onde partiam navios em direção a Társis na Espanha (ver Jn 1.3).

3. No Novo Testamento. Tabita, também chamada Dorcas, residia ali (At 9.36-42). Ela era uma excelente obreira cristã, a quem Pedro ressuscitou dos mortos. Pedro esteve residindo em Jope por algum tempo, hospedado na casa de um certo Simão, o curtidor. Durante essa sua permanência em Jope, ele recebeu a sua crucial visão sobre o lençol cheio de animais imundos; nessa visão o apóstolo ouviu palavras que lhe ensinavam a não considerar imundo o que Deus havia purificado, aceitando os gentios convertidos a Cristo como iguais aos judeus convertidos, como membros da novel igreja cristã. Na verdade, tornara-se mister resolver a questão mediante uma direta intervenção divina, concedendo iluminação a Pedro (At 9.36-42). Partindo de Jope, Pedro foi pregar a Cornélio e seus familiares e amigos, no porto rival de Cesareia (At 10.1-48). E foi assim que teve começo oficial a missão gentílica da igreja apostólica, embora, como é óbvio, gentios já tivessem sido evangelizados antes daquela oportunidade.

4. Jope e a Revolta dos Judeus. Jope foi um dos lugares onde os judeus rebelados estabeleceram-se militarmente, quando buscavam obter independência do domínio romano. Eles fortificaram a cidade, mas os judeus não encontraram dificuldades para destruir as fortificações, assumindo controle da cidade. O procônsul sírio, Céstio Galo, passou a comandar o poder romano na cidade. Tempos depois, os judeus tornaram a fortificar a cidade, que, novamente, entrou em choque com os romanos. Os romanos invadiram de novo a área, transformando-a em um acampamento militar, em 68 d.C. Moedas romanas eram cunhadas ali. Os arqueólogos têm descoberto moedas que pintam a vitória de Roma sobre a flotilha judaica, que foi destruída em Jope.

5. Informes Geográficos e Topográficos. Jope, como já dissemos, servia de porto de mar para Jerusalém. Ficava cerca de 64 quilômetros a noroeste de Jerusalém. Era o único porto natural em toda a área que medeia entre o Egito e Aco (no Novo Testamento, Ptolemaida). O porto era formado por um cabo rochoso que se projeta mar adentro. A elevação maior dessa formação rochosa natural é de cerca de 38 m. Há recifes que formam um semicírculo malfeito, localizados entre cerca do 920 metros distantes da praia. Isso significa que as embarcações tinham de entrar vindas do norte, porquanto os recifes impediam o acesso vindo de qualquer outra direção. Havia praias arenosas, que recebiam pequenos barcos. Atualmente, a cidade se chama Jafa, sendo um subúrbio da moderna cidade israelense de Tell Aviv. Tell Aviv e Jafa, na verdade, formam uma única municipalidade. Há uma mesquita no suposto local onde ficava a residência de Simão, o curtidor.

6. Na Mitologia Grega. Há uma rocha que emerge à entrada do porto de Jope. Segundo a lenda, esse foi o lugar onde Andrômeda estava acorrentada, quando Perseu matou o monstro.

JOQUEBEDE

No hebraico **"glorificada por Deus"** ou **"Yahweh é a glória"**. Esse era o nome de uma filha de Levi, irmã de Coate, esposa de Anrão, mãe de Aarão, irmão de Moisés e Miriã (Êx 6.20; Nm 26.59) Alguns eruditos põem em dúvida o sentido desse nome, que parece ser composto com o nome divino Yahweh (ver sobre *Yahweh* e sobre *Jeová*). Isso eles alegam, porque estão convencidos de que o uso do nome divino *Yahweh* vem de antes da época de Moisés. Há evidências, porém, de que esse nome divino realmente pré-datava os dias de Moisés e que era usado entre os povos semitas antigos. Ver o artigo sobre Jetro. Em Êxodo 6.20, está registrado que Joquebede era irmã do pai de Anrão, pelo que era a tia de seu próprio marido. Visto que casamentos entre parentes assim chegados foram posteriormente proibidos (ver Lv 18.12), várias tentativas têm sido feitas para anular essa informação, interpretando-a de alguma outra maneira. O exemplo de Abraão (Gn 20.12), todavia, mostra que essas tentativas são anacrônicas. Joquebede viveu em cerca de 1520 a.C. A Septuaginta, em Êxodo 6.20, fez dela a prima de seu marido, mas isso deve refletir uma antiga introdução feita por copistas, com base no que dissemos acima, acerca de casamentos proibidos por motivo de parentesco muito próximo.

JOQUIM

No hebraico, **"Yahweh estabelece"**. Esse nome é uma forma contraída de *Joaquim* (vide) Um homem com esse nome era filho de Selá e neto de Judá (1Cr 4.22). Jerônimo (*Quast. in Paral.*) dizia que ele era o mesmo Elimeleque (vide), esposo de Noemi.

JORA

No hebraico, **"aspersão"**. Nome de família dos descendentes do Jora original. Esses descendentes alcançavam o número de 112 pessoas, que retornaram do exílio babilônico à Palestina, em companhia de Zorobabel (Ed 2.18, 1Esdras 5.16). Em Neemias 7.24, esse mesmo homem é chamado de Harife (vide). Essa volta dos descendentes de Jora a Jerusalém ocorreu em cerca de 536 a.C.

JORAI

No hebraico, **"aspersão"** ou **"chuvoso"**. Trata-se de uma forma variante do nome Jora (vide). Um homem desse nome, um gadita, residia em Gileade, na região de Basã. Sua genealogia foi registrada nos dias de Jotão, de Judá (1Cr 5.13), em cerca de 782 a.C. Jorai foi um dos chefes dos gaditas.

JORÃO

No hebraico, **"exaltado por Yahweh"**, ou então **"Yahweh é exaltado"**. Esse nome é uma forma abreviada de Jeorão (vide). O nono rei de Israel tinha esse nome. Têmo-lo descrito com o nome mais longo, Jeorão. Também houve um rei de Judá cujo nome era Jeorão (vide), filho de Josafá (1Rs 22.50). Além desses dois homens, houve outros que sempre são chamados "Jorão", a saber: **1**. Um filho de Toí, que foi enviado para congratular Davi por sua vitória sobre Hadadezer rei de Zobá (2Sm 8.9-12). Ele também é chamado Hadorão (vide), em 1Crônicas 18.10. Viveu por volta de 986 a.C. **2**. Um levita, antepassado de Selomite, que viveu na época do rei Davi (1Cr 26.25). **3**. Esse era o nome de um sacerdote dos dias de Josafá, cuja incumbência era a de instruir o povo quanto à lei mosaica. Seu trabalho foi desenvolvido nas cidades de Judá (2Cr 17.8). **4**. Um capitão do exército, nos tempos do rei Josias (1Esdras 1.9). Em 2Cr 35.9 é chamado pelo nome de "Jozabade" (vide).

JORDÃO (RIO)

I. O Vale do Jordão. Ver o artigo separado sobre *Jordão* (*Vale*). Ao que ali foi dito, adiciono aqui alguns detalhes. Uma fenda natural, na direção norte-sul, separa as montanhas do Líbano das montanhas do Antilíbano. Um pouco mais ao sul, essa fenda é cheia pelo rio Jordão e pelo mar Morto, numa extensão total de cerca de 240 quilômetros. De fato, a fenda continua para o sul, mediante o *wadi* Arabá, o golfo de Ácaba do mar Vermelho, e entra na África, sempre para o sul, até Tanganica. E o vale do Jordão é a formação geológica mais espetacular dessa região inteira. As montanhas que ladeiam o vale do Jordão chegam até 1200 m de altura, o que faz tremendo contraste com as partes mais baixas do vale, que descem até cerca de 396 m abaixo do nível do mar, no fundo do mar Morto.

O rio Jordão, em seu curso superior, passa por canhões. Um pouco mais abaixo fica o Zor, ou seja, a planície de aluvião que costumava ser inundada nos períodos de cheia do rio, conforme somos informados em Josué 3.15. Nessa área havia uma vegetação luxuriante. Nos tempos antigos, leões percorriam toda aquela região (Jr 49.19). Através dos séculos, o rio foi mudando de curso, conforme o demonstram as modernas fotografias aéreas. A maior parte do vale não se presta para a agricultura. Ali chove pouco, e a temperatura da parte sul do rio Jordão é extremamente elevada durante boa parte do ano. Até mesmo à noite, a temperatura cai pouquíssimo.

II. Caracterização Geral. O rio Jordão nasce nos montes do Antilíbano, a oeste do monte Hermom. O rio dirige-se para o sul passando pelo mar da Galileia e, finalmente, deságua no mar Morto. No seu curso superior, ao norte, forma as fronteiras sírio-israelense e jordano-israelense. Seu curso sul fica completamente dentro do vale do Jordão. Na guerra dos Seis Dias, em 1967, que houve entre Israel e os países árabes coligados, toda a porção do vale do Jordão, na margem ocidental do rio, veio a ser ocupada pelas tropas de Israel. O rio

RIO JORDÃO
Davis, John D., 1854-1926, *Novo Dicionário da Bíblia* / [Tradução: J.R. Carvalho Braga]. – Edição ampliada e atualizada – São Paulo, SP: Hagnos 2005.

Jordão tem uma extensão de cerca de 320 quilômetros no total. Seu curso vai de 70 m acima do nível do mar até 396 m. abaixo do nível do mar. Seu principal tributário é o Iarmuque. O vale do Jordão, ao sul do lago da Galileia, é uma grande depressão, com cerca de 105 quilômetros de extensão. Essa depressão chama-se *Ghor*.

O rio Jordão não é navegável. Porém, possui um tremendo potencial hidrelétrico. Há várias características desse rio que o tornam sem igual no mundo. Além de ser o rio que fica em nível mais baixo, em relação ao nível do mar, tem conhecido a ocupação humana, em ambas as suas margens, desde os tempos mais remotos. É o principal rio da terra santa. De fato é o maior rio perene da Palestina. A história bíblica tornou o rio Jordão um rio mundialmente conhecido, e o incidente do batismo de Jesus, em suas águas, deu-lhe uma notoriedade inteiramente em desproporção com suas dimensões e sua utilidade.

III. O Nome. Jerônimo (em cerca de 400 d.C.) mencionou uma tradição que dizia que o nome Jordão deriva-se dos nomes de dois outros rios: o *Jor*, que nasceria em Banias, e o *Dã*, que se originaria em Tell el-Kadi, ou seja, "Jor" + "Dã". Mas isso é extremamente fantasioso. De acordo com Gênesis 13.10, o rio já era conhecido por *Jordão* muito antes de a tribo de Dã ter dado seu nome a Lesém (Js 19.47) ou Laís (Jz 18.29). A palavra hebraica é *hah-yordane*, "o Jordão" que significa *aquele que desce*. O rio desce rapidamente de nível desde suas cabeceiras até o mar Morto; esse fato, sim, deu origem ao nome do rio. O artigo definido (no hebraico, *hah*) sempre faz parte integrante do nome desse rio, exceto em Salmo 42.6 e Jó 40.23. Os árabes chamam o rio de *esh-Sheriah*, "lugar irrigado". O verbo correspondente ao substantivo, no hebraico, significa "descer". Todavia, alguns eruditos têm proposto uma outra possível origem do nome. A palavra hurriana para "água" é *iar*, que é semelhante à primeira parte do nome do rio Jordão. E a segunda parte da palavra assemelha-se ao hurriano para "juiz". Daí obtemos o significado de "o rio é o juiz", o que poderia refletir a antiga prática de lançar um suspeito de crime dentro do rio. Se sobrevivesse, então era declarado inocente da acusação. É muito difícil avaliar a validade dessa suposição. Por isso mesmo, a outra explicação é mais aceita geralmente.

IV. Formadores. O Jordão nasce nos montes do Antilíbano, e é formado por quatro riachos principais: **1. O Hasbani**, que mana de uma grande fonte, chamada *'Ain Furar*, localizada perto de Haabeya. Ali a altitude é de cerca de 520 m. acima do nível do mar. A laguna ali existente é muito profunda, talvez 300 m. de profundidade. **2. O Banias**, que nasce perto das ruínas de Banias (antiga Cesareia de Filipe Mt 16.13), no sopé do monte Hermom, onde a elevação é de 348 m acima do nível do mar. **3. O Ledã**, que nasce em uma grande fonte de água, no lado ocidental do Tell el-Kadi, "cômoro do juiz", situado no local da antiga cidade de Dã. Uma poderosa nascente brota do solo, naquele ponto. Josefo chamava essa nascente de "pequeno Jordão", sendo esse o caudal mais poderoso dos quatro formadores do Jordão. **4. O Esh-Shar ou Bareighit**, que é um pequeno tributário. Além desses quatro principais formadores, há um grande número de pequenos riachos, provenientes de nascentes dos montes do Líbano. Também há um alagadiço acima do lago Hulé, que também contribui para formar o rio Jordão.

V. Curso do Rio. Como já dissemos, o rio Jordão nasce nos montes do Antilíbano. Atravessa, então, dezenove quilômetros vale do Jordão abaixo, e penetra em uma área turbulenta e poluída, pelo espaço de pouco mais de onze quilômetros. Em seguida, atravessa um alagadiço com cerca de dezesseis quilômetros de extensão. Então, desemboca no lago Merom, também chamado Hulé. Continua seu curso na direção sul e, após, mais dezenove quilômetros e meio, entre o lago ou mar da Galileia. Sai novamente na parte sudeste desse lago e, flui por cerca de 97 quilômetros, até desaguar no mar Morto. Seu comprimento total é de cerca de 320 quilômetros. Desce do uma altitude de 70 m até uma depressão de 396 m. abaixo do nível do mar.

VI. Pontes e Vaus. Nenhuma ponte foi construída para travessia do rio Jordão, senão já nos dias dos romanos. Por essa razão, era preciso vadear o rio em cerca de uma dúzia de lugares diferentes, onde as águas eram suficientemente rasas para permitir a travessia de homens e animais, a pé. Visto que havia tantos lugares onde era possível vadear o rio, esse rio nunca serviu de fronteira defensiva. Podemos supor que Abraão vadeou o rio um pouco acima ou um pouco abaixo do mar da Galileia, ao entrar na Terra Prometida. No Antigo Testamento há algumas alusões a vaus. Conforme somos informados em Josué 2.7, os oficiais de Jericó procuraram pelos espias de Israel em todos os vaus do Jordão. Os efraimitas, liderados por Eúde, derrotaram os moabitas, nos vaus do Jordão (Jz 3.28). Os melhores lugares para tais travessias eram nas desembocaduras dos tributários principais, porque, nesses trechos, o entulho depositado pelos tributários criava uma espécie de baixio, permitindo a travessia a pé. Mas o Jordão, em quase todo o seu curso, é de pouca profundidade e de corrente bastante rápida, impróprio para a navegação.

Pontes. Os engenheiros romanos construíram varias pontes, atravessando o rio Jordão. As ruínas de algumas dessas pontes podem ser vistas até hoje. Há três pontes principais: **1**. na desembocadura do Iarmuque; **2**. no local onde o rio deixa para trás o mar da Galileia; **3**. Em Damiya. Nos tempos modernos, seis pontes foram construídas para cruzar o rio. Elas são a ponte Allenby, a leste de Jericó; a ponte Damiya, abaixo da boca do Jaboque; a ponte Xeque Hussein, a leste de Bete-Seã; a ponte das Filhas de Jacó, ao norte do mar da Galileia; e mais duas pontes ao sul do mar da Galileia.

VII. Tributários. O rio Jordão recebe águas de outros rios menores, ao longo de seu curso. Aquele que fica mais ao norte é o Iarmuque. Embora menos extenso, traz quase o dobro do volume de águas em relação ao rio Jordão, até aquele ponto. Drena grande parte de Gileade e de Basã (na moderna Síria e no norte da Transjordânia). Os gregos chamavam-no de Ieroumaks. Nos tempos modernos, os jordanianos desviaram boa parte de suas águas para fazer funcionar uma usina hidrelétrica. E essas mesmas águas, uma vez usadas, são empregadas em um canal de irrigação que corre paralelo ao Jordão. A antiga cidade de Gadara, uma das cidades de Decápolis, ficava acima onde deságua o Iarmuque.

O *wadi Bira* (também chamado Nahal Tavor) entra no Jordão, vindo do Ocidente, cerca de 6,5 km abaixo do Iarmuque. Mais ou menos à mesma altura, mas vindo do Oriente, o *wadi Arab* deságua no Jordão. Mais abaixo, encontramos, a leste, o *wadi Tayibeh*, e, a oeste, o *Nahal Harod* (Jalude). Esse último tributário foi onde os homens do Gideão beberam água, e onde Gideão escolheu seus homens, dependendo da maneira como bebessem (Jz 7.1 ss.). O *wadi Jurm* flui diante de Pela e vai adiante, entrando no rio Jordão, vindo do leste, cerca de oito quilômetros abaixo da ponte de Xeque Hussein. Isso não fica longe de Harod, que fica ligeiramente mais abaixo. Então, mais oito quilômetros rio abaixo, encontramos o *wadi Yabis*. Na Bíblia há menção a Jabes-Gileade, que deu a esse riacho o seu nome. Descendo mais oito quilômetros topamos com o *wadi Malih*, que contribui com bem pouca água; e, um pouco mais abaixo, outros dois riachos, o *waid Kufrinji* e o *wadi Rajib*.

Cerca de 65 quilômetros acima do mar da Galileia, o rio *Jaboque* deságua no rio Jordão, vindo do Oriente. Esse rio tem suas nascentes perto de Aman, e servia de fronteira oriental para os antigos amonitas. Flui através do vale que separa a porção norte da porção sul de Gileade. Perto de sua desembocadura ficava a antiga cidade mencionada na Bíblia, Adã (que agora se chama Damija; Js 3.16). Foi ali que as águas estancaram, para Josué e o povo de Israel atravessarem. Atualmente existe uma ponte no local. O *wadi Far'ah* é o próximo tributário do Jordão. Fica perto da cidade que a Bíblia chama de Tirza (1Rs 15.21; 16.8). Fica localizada cerca de onze quilômetros ao sul do Jaboque.

Descendo um pouco mais, achamos o *wadi Malha*, que drena as regiões a oeste do rio Jordão. Oito quilômetros abaixo aparece o *wadi Nimrin*, localizado imediatamente acima da moderna ponte Allenby. E, a quase cinco quilômetros acima do mar Morto, flui para o Jordão o *wadi Abu Gharaba*. Portanto, há um total de onze riachos perenes que fluem para o rio Jordão, vindos da Transjordânia. E há um certo número de tributários que fluem apenas parte do ano.

VIII. Informes Históricos. Além de sua situação geográfica incomum, que tem distinguido o rio Jordão, há muitos episódios históricos a serem considerados, que tiveram lugar em regiões associadas a esse rio. Esses acontecimentos têm dado a esse rio uma notoriedade universal.

1. As evidências arqueológicas demonstram que a região em volta do rio Jordão vinha sendo habitada desde os tempos pré-históricos, desde a Idade da Pedra Média. Também houve habitações ali no Período do Bronze Médio. Que as condições têm mudado muito, é evidenciado pela descoberta de ossos de elefantes e rinocerontes, além de outros animais que, há milênios, desapareceram das proximidades do rio Jordão. Uma antiquíssima cidade neolítica, que desconhecia a cerâmica, foi descoberta em escavações arqueológicas feitas em Tell Es-Sultan, a Jericó referida no Antigo Testamento. Ver sobre *Jericó*, onde se explica que várias cidades, nos tempos antigos, foram construídas naquela área, e que a Jericó do Antigo Testamento e a Jericó do Novo Testamento não eram a mesma cidade, embora ocupassem praticamente o mesmo local. No vale do rio Iarmuque têm sido encontrados artefatos pertencentes a antigas civilizações.

2. Nos Tempos do Antigo Testamento. a. Ló preferiu residir na planície do Jordão, porque ali havia água abundante (Gn 13.10). Essa é a primeira menção que a Bíblia faz a esse local, em cerca de 2000 a.C. **b**. Jacó vadeou o rio Jordão (Gn 32.10), provavelmente acima ou abaixo do mar da Galileia. Naquele tempo, Jacó estava tendo dificuldades com seu irmão, Esaú, e precisou fugir dele. **c**. *Durante e após a conquista da Terra Prometida*, por Israel, a área do rio Jordão tornou-se parte importante da história de Israel, a partir de cerca de 1400 a.C. Quando houve a divisão do território entre as tribos de Israel, o rio Jordão passou a ser usado como limite natural entre as tribos. Manassés ocupou a fronteira mais extensa, na parte ocidental e na parte oriental do rio, chegando quase da Galileia até Jericó. O território de Naftali se estendia para o sul do mar da Galileia, e também para o norte, até chegar a incluir as cabeceiras do rio Jordão. A oeste, Benjamim e Judá tinham um pequeno trecho das margens do rio Jordão. E, na parte oriental, Gade também contava com um trecho. Detalhes sobre essas questões aparecem em Números 32 e 34 e em Josué 13-19. **d. A Memorável Travessia de Josué**. Esse relato aparece em Josué 3.14-17. Em Adã teve lugar um milagre que possibilitou a travessia do Jordão. Provavelmente, o prodígio esteve relacionado ao transporte da arca para o outro lado do rio. Explicações naturalísticas falam até em uma deslocação de terreno como causa do milagre. E a história tem demonstrado que isso, realmente, ocorre periodicamente, fazendo as águas do rio represarem-se temporariamente. Alguns estudiosos pensam que o *momento exato* desse deslizamento de terras foi a parte miraculosa. Nada existe de incomum na suposição de que Deus usa acontecimentos naturais de maneiras incomuns. **e.** *Várias travessias* são mencionadas, que dizem respeito ao rio. Os gileaditas atravessaram o Jordão quando perseguiam um inimigo (Jz 12.5 *ss*); Absalão atravessou o rio quando procurava se refugiar (1Sm 17.24); Elias atravessou o rio quando fugia de Acabe e Jezabel (1Rs 17.3,5). **f.** Eliseu recomendou que o general leproso, Naamã, mergulhasse no Jordão por sete vezes, o que curou o homem (2Rs 5.10). **g.** A parte metálica de um machado se perdeu nas águas revoltas. E o machado flutuou a mando de Eliseu (2Rs 6.1-7). **h.** O *hipopótamo* de Jó não temia flutuar nas águas do Jordão (Jó 40.23). **i.** *Leões* que habitavam em regiões adjacentes às áreas do Jordão foram mencionados por Jeremias (49.19) e por Zacarias (11.3). Nenhum leão tem sido visto naquela área, durante muitos e muitos séculos.

3. Nos Dias do Novo Testamento. **a. O ministério público** de Jesus começou às margens do rio Jordão, quando foi ali imerso por João Batista (Mt 3.13-17). E, naturalmente, o próprio João Batista fez história ali, em sua missão de precursor do Messias. O lugar do batismo de Jesus tem ocasionado muita discussão, embora sem resultados certos. Nada menos de sete santuários diferentes, alegadamente, assinalam o lugar desse acontecimento. Pelo menos sabe-se que João batizava perto de Enom, nas proximidades de Salim, que fica a poucos quilômetros ao sul de Bete-Seã (Jo 3.23). **b.** Sem dúvida, Jesus atravessou o Jordão por muitas vezes, a caminho de Nazaré, se ele, a exemplo dos residentes de Nazaré e da Galileia em geral, evitasse atravessar a Samaria, quando ia a festas religiosas em Jerusalém. Isso talvez explique a presença de Jesus, em Jericó, quando ele curou o cego (Mt 20.29-34). Lucas nos diz que ele estava atravessando a cidade de Jericó. (Ver Lc 19.1 *ss*). **c.** A grande confissão messiânica de Simão Pedro, em Cesareia de Filipe (Mt 16.13 *ss*.; Mc 8.27 *ss*.), teve lugar perto das cabeceiras do rio Jordão.

IX. Cidades do Vale do Jordão. **1.** Conforme já se notou, várias cidades pré-históricas, de várias raças, existiram nesse lugar, antes de qualquer informe bíblico a respeito. Só podemos indagar quantas cidades devem ter aparecido e desaparecido, com suas diferentes culturas e civilizações! Ver o artigo sobre os *Antediluvianos*, quanto a especulações sobre tais raças. Alguns até pensam que devemos incluir raças pré-adâmicas! **2.** Existem nomes nativos para *côموros*, o que pode indicar a existência de aldeias ali em tempos pré-históricos. **3. Jericó e Bete-Seã** têm histórias que remontam aos tempos calcolíticos. Ambas as cidades eram lugares importantes, segundo a história do Antigo Testamento. Ver os artigos separados sobre esses lugares. Houve muitas cidades com o nome de Jericó. Destruições e reconstruções eram o que mais acontecia ali. Jericó do Antigo e do Novo Testamentos, embora construídas na mesma área geral, não eram uma mesma cidade, mas uma sucessão de cidades. Bete-Seã (chamada *Sitópolis* por Heródoto; é a mesma *Beisan* dos tempos modernos) ficava na bacia do Nahal Jalude, perto da extremidade sudeste do vale de Jezreel. **4. Bete-Ierá**, uma localidade que não é mencionada no Antigo Testamento, contava com uma considerável população, a julgar pelos artefatos que os arqueólogos têm conseguido trazer à luz ali. Ficava perto da desembocadura do rio Jordão, ao sair do lago da Galileia, e vinha sendo habitada desde tempos tão antigos quanto a Era do Bronze. **5.** Os textos de execração egípcios mencionam *Reobe* (perto de Bete-Seã, um pouco mais para o sul; ver Nm 13.21), e também *Zaretã* (ver Js 3.16), que ficava ao norte de Adão na desembocadura do Jaboque, um dos tributários do Jordão. *Adão* é a moderna Pela, que também é mencionada nos textos egípcios, embora o lugar não seja mencionado no Antigo Testamento. Veio a tornar-se uma das cidades de Decápolis (vide). **6. Sucote** *é* mencionada em Gênesis 33.17, em conexão com as viagens de Jacó. Salomão fundiu os objetos de bronze para o templo, nesse lugar (1Rs 7.46; 2Cr 4.17). Tem sido identificada com o moderno Tell Deir-Alla. **7. Zafom**, mencionada em Josué 13.27, também figura nas cartas de Tell el-Amarna (vide). Ficava ao norte de Zaretã. **8. Gilgal**, um subúrbio de Jericó, foi usada como base de operações, por Josué (Js 4.19). **9. Jabes-Gileade**, identificada como o Tell el-Meqbereh (ver 2Sm 2.4), ficava perto da boca do *wadi Yabis*. **10**. Bete-Arabá (Js 16.6,61; 18.22) tem sido identificada como 'ain el-Gharabeh. **11. Lo Debar** foi residência temporária de Mefibosete, o neto aleijado de Saul, e a quem Davi favoreceu, ao tornar-se rei. Io-Debar tem sido identificada com a moderna *Umm ed-Debar*, localizada ao sul de Umm Qeis, na margem oriental do Jordão. (Ver 2Sm 9.3-6). **12**. As cidades do vale do Jordão mencionadas nas páginas do Novo Testamento são: *Jericó* (Mt 20.29; Mc 10.46; Lc 10.30; 18.35; 19.1); *Betabara*, um lugar perto de onde João Batista batizava, na margem oriental do Jordão (Jo 3.23). O mesmo texto menciona *Enom*, perto de Salim (Umm el-'Amdan). Ficava ao sul de Bete-Seã. *Betsaida*, na margem norte do mar da Galileia, também pode ser considerada uma cidade do vale do Jordão.

X. Nos Tempos Modernos. No decurso da história, Judá entrou novamente em cativeiro, em face do poder romano, após o ano 70 d.C. Daí por diante o rio Jordão não mais assinalou as fronteiras políticas de Israel, ou de qualquer outro país, até os tempos em que vivemos. A partir da época dos romanos, ambas as margens desse rio passaram a constituir uma só unidade.

Terminada a Primeira Grande Guerra, em 1918, o rio Jordão, porém, uma vez mais se tornou uma fronteira política. Passou a dividir o reino hasemita da Transjordânia (no Oriente), do Mandato Britânico sobre a Palestina (no Ocidente). E mesmo após as decisões de 1947 e 1948, acerca da divisão da terra entre judeus e árabes, e a subsequente Guerra dos Seis Dias, de 1967, pelo menos, parcialmente, o rio continuava servindo de divisão entre esses dois Estados. Terminada a guerra árabe-israelense, o rio Jordão, desde a Galileia até o mar Morto, veio a ser a linha do cessar fogo entre os dois Estados. Desse modo, o nome *Jordão* reapareceu, uma vez mais, nos cabeçalhos dos jornais.

XI. Uso Simbólicos. **1.** Alguns intérpretes veem no curso do rio Jordão um quadro sobre a vida humana. Começa como uma nascente; chega a ser uma torrente, descendo rapidamente terreno abaixo, passa por muitas vicissitudes, chega à maturidade no mar da Galileia; faz muitas circunvoluções e meandros e chega à morte no mar Morto. **2.** Esse rio tem sido usado em canções e na literatura, para indicar a divisão entre a vida física e a vida do após-túmulo, divisão essa que todos precisamos atravessar, por ocasião da morte. Por isso mesmo, há um hino que diz: "Não terei de cruzar sozinho o Jordão". E também há uma canção popular, que diz com grande entusiasmo: "O rio Jordão é profundo e largo; esfria o corpo, mas não a alma". Então vem a linha triunfal: "Miguel remou o barco e atravessou. Aleluia". Além disso, há aquele hino que fala sobre o crente, de pé "sobre as margens agitadas do Jordão", com olhares saudosos e anelantes pela Terra Prometida.

Nos sonhos e nas visões, os rios simbolizam a vida; as curvas e meandros de um rio indicam as reviravoltas da vida, até que a pessoa chegue ao seu destino. E, naturalmente, a travessia de um rio indica a transição da vida para a morte.
BIBLIOGRAFIA. AM BAL CHE GL (1960) GL (1946) SMI UN Z

JORDÃO (VALE)

A palavra hebraica significa **"decaimento"**, "aquele que desce". (Js 18.18; Dt 11.30; Ez 47.18). Essas várias referências dão ao vale diferentes nomes, como "planície" e "deserto". Seu nome moderno é *El Ghor*. O vale do Jordão é uma fissura (uma brecha que apareceu em face de uma falha geológica). Tem mais de 260 quilômetros, e começa imediatamente ao sul do lago Hulé, onde começa a fissura abaixo do nível do mar, e vai até à ponta da Arabá, no extremo sul. Nesse ponto final, o terreno já se elevou novamente ao nível do mar. O vale do Jordão varia em largura de três a 24 quilômetros. Seu curso leva o vale até tão baixo quanto 86 m. abaixo do nível do mar. E o fundo do mar Morto chega até 396 m. abaixo do nível do mar. O rio Jordão (vide) corre na garganta formada por esse vale.

Características especiais desse vale, se excetuarmos o próprio rio Jordão, são os dois grandes lagos, o Hulé e o da Galileia. O primeiro tem dezenove quilômetros de comprimento, e o segundo tem 85 quilômetros. Há grandes extensões de terra arável, no vale do Jordão, especialmente nas imediações de Genesaré de Belém e de Jericó. A ação vulcânica foi a principal força geológica que criou esse vale. Podemos imaginar que os abalos sísmicos também tiveram sua devida participação, visto que duas longas cobras de pedra calcária foram forçadas para cima, na direção norte-sul, com uma crista diagonal que fecha o mar Morto do mar Vermelho, isolando o primeiro e transformando-o em um lago extremamente salgado. Essa elevação da crista originalmente engolfou um trecho do mar, e o conteúdo salino do lago assim formado tem sido mantido por não haver saída para as águas do lago, com o resultante acúmulo dos sais que se vão depositando lentamente.

O vale do Jordão está dividido em seis seções distintas: **1**. O vale de Beka'a, ou vale entre os Líbanos; **2**. O Jordão superior, desde suas cabeceiras no sopé do monte Hermom, atravessando o lago Hulé e chegando até o lago ou mar da Galileia; **3**. O próprio lago da Galileia; **4**. a porção média e baixa do rio Jordão, até Jericó; **5**. O mar Morto (vide); **6**. Do mar Morto até o golfo de Ácaba, que é o *wadi* 'Arabah.

A Mais Funda Depressão na Terra. O vale do Jordão forma a mais funda depressão que existe no planeta Terra. O fundo do mar Morto chega a nada menos que 400 m. abaixo do nível do mar. Por causa desse grande declive geográfico é que se deu a esse vale o seu nome, que, no hebraico, significa "aquele que desce". Ver outros detalhes a respeito, no artigo *Jordão* (Rio), primeira seção.

JORNADA, VIAGEM

Uma jornada ou viagem é a remoção de uma pessoa de um lugar para outro. No caso dos judeus, isso tinha importância em relação às leis estritas que governavam a guarda do dia de sábado. Uma *jornada de dia de sábado* era considerada legítima, pelos israelitas, como uma distância de dois mil côvados, ou seja, pouco menos de um quilômetro. Se qualquer judeu jornadeasse mais do que isso, para longe de uma cidade, em dia de sábado, estava sujeito a um castigo corporal. Naturalmente, se a sinagoga que ele frequentava ficasse mais distante do que isso, então fazia-se uma exceção, porquanto, antes de mais nada, todas as caminhadas naquele dia deveriam ter o propósito específico de chegar à sinagoga. (Ver 2Rs 4.23 e At 1.12).

Uma jornada de um dia, ao que tudo indica, era de cerca de 25 a 32 quilômetros, dependendo da resistência de cada um. As codornizes que Deus permitiu que os israelitas juntassem, para delas se alimentarem, tinham-se espalhado em redor do acampamento de Israel o equivalente a essa distância (Nm 11.31). Provavelmente foram necessários cerca de onze dias de jornada para os israelitas cobrirem a distância do Sinai a Cades-Barneia, uma distância de cerca de 180 quilômetros (ver Dt 1.2). Quando os romanos construíram suas famosas e bem feitas estradas, a jornada de um dia aumentou, embora animais continuassem sendo o principal meio de viajar. Essas estradas foram extremamente úteis para a disseminação do evangelho, dentro do império romano. E assim, lugares distantes do império romano (que tinha, mais ou menos, a mesma área do Brasil, se incluirmos, no mesmo, o mar Mediterrâneo) puderam ser alcançados facilmente, em uma época em que não havia locomoção rápida.

JORNADA DE UM SÁBADO

Expressão que aparece somente uma vez na Bíblia, em Atos 1.12. No grego é *sabbáton odós*, "estrada de um sábado". Muitos estudiosos pensam que se trata de uma medida de distância, algo similar à unidade egípcia de mil passos duplos, e que era o limite da distância que uma pessoa podia percorrer durante o descanso do sábado. A expressão tornou-se comum, para indicar uma distância relativamente curta. Os estudiosos, geralmente, pensam em um quilômetro. Essa é, mais ou menos, a distância entre o monte das Oliveiras e Jerusalém, isto é, do portão Oriental de Jerusalém ao atual local da igreja da ascensão, no monte das Oliveiras.

Crê-se que isso teve origem no período mosaico, na injunção que proibia os israelitas deixarem o acampamento para colherem o maná em dia de sábado (ver Êx 16.29). No Targum de Jerusalém esse mandamento prescreve: "Que nenhum homem caminhe desde seu lugar mais de dois mil côvados, no sétimo dia". Ora, o côvado é calculado em cerca de 46 cm. Outro cálculo baseava-se na área pertencente às cidades levíticas, que envolviam as terras ao redor das muralhas, ou seja dois mil côvados de todos os lados (ver Nm 35.5). Um outro cálculo alicerçava-se sobre a suposta distância entre a arca e o povo, tanto no acampamento como quando em marcha (ver Js 3.4). Sem importar qual o cálculo exato, a proibição dizia respeito somente à distância dos portões da cidade para fora. Dentro da própria cidade, sem importar quão extensa fosse ela, não havia qualquer limitação de distância.

O intuito da provisão era assegurar um sábado tranquilo, sem azáfama e bulha (ver Êx 16.29). Também tinha o propósito de manter os adoradores israelitas dentro da área do centro de sua adoração. O motivo era nobre, mas, infelizmente, transformou-se em um estéril legalismo. Por isso, houve tentativas casuísticas para evitar o preceito. Entretanto, havia uma exceção legítima. Se alguém fosse apanhado a certa distância, estando de viagem, poderia caminhar até o abrigo mais próximo sem temor. Todavia, havia esquemas simples mas engenhosos para multiplicar a distância que podia ser percorrida. Um desses esquemas consistia em escolher uma árvore ou uma rocha, a certa distância, pôr ali algum alimento, e declarar: "Que aqui seja a minha residência". Ah! A astúcia dos homens!

JORQUEÃO

No hebraico, **"dotado por Yahweh"**. Alguns supõem que, em 1Crônicas 2.44, haja menção a um judaíta descendente de Calebe. Outros pensam que a alusão é a uma localidade que deve ser identificada com a *Jocdeão* (vide), de Josué 15.56. A nossa versão portuguesa, à semelhança de outras, é bastante vaga: "Sema gerou Raão, pai de Jorqueão". Mas a impressão que daí se colhe é que o avô se chamava Sema, o filho, Rema, e Jorqueão, o neto.

JOSA

No hebraico, **"presente de Yahweh"**. Esse foi o nome de um chefe simeonita (1Cr 4.34). Ele atacou os pastores camitas, em Gedor, sem provocação, e os exterminou ocupando suas terras. Isso sucedeu em cerca de 711 a.C.

JOSAFÁ

Esse nome, que significa **"Yahweh julgou"**, é o nome de cinco personagens das páginas do Antigo Testamento, a saber: **1**. Um oficial da corte de Davi que trabalhava como cronista. (Ver 2Sm 8.16; 20.24; 1Cr 18.15). Continuou a trabalhar para Salomão, quando este sucedeu a seu pai, Davi. Sua época de atividades foi entre cerca de 984 a 965 a.C. Era filho de Ailude. **2**. Um dos doze intendentes do rei Salomão. Josafá era filho de Parua (1Rs 4.17). Controlava o distrito de Issacar. Viveu por volta de 960 a.C. **3**. O pai do rei Jeú, e filho de Ninsi (2Rs 9.2,14). Ele viveu por volta de 842 a.C. **4**. Um sacerdote que teve a missão de tocar a trombeta, perante a arca, quando esta estava sendo transportada da casa de Obede-Edom para Jerusalém, em cerca de 982 a.C. (Ver 1Cr 15.24). **5**. O quarto rei de Judá, reino do sul, e sexto da linhagem real de Davi. Ele era filho do rei Asa, quando o sucedeu no trono, com a idade de 35 anos. Continuou reinando por 25 anos, de 873 a 849 a.C. Foi contemporâneo de vários reis de Israel, Onri, Acabe, Acazias e Jeorão. Os profetas Elias e Eliseu estiveram ativos durante o seu reinado, posto que atuavam muito mais no reino do norte, Israel.

Uma curiosidade bíblica é que o seu notável governo foi quase inteiramente omitido nas narrativas dos livros de Reis. Os trechos de (1Rs 15.24; 22.1 ss.; 2Rs 1.17; 3.1; 7.27; 8.16,24,25 e 12.18) dão detalhes meramente incidentais sobre ele, quando se referem ao que estava acontecendo, paralelamente, no reino do norte, Israel. Entretanto, as Crônicas nos fornecem quatro longos capítulos sobre Josafá (ver 2Cr 17-20). Além disso, 1Crônicas 3.10 e 2Crônicas 22.9 nos dão mais algumas informações sobre Josafá. As Crônicas frisam o caráter piedoso de Josafá, e como ele reviveu antigas práticas e costumes do judaísmo. A estranha omissão que se vê nos livros de Reis poderia dever-se ao fato de que, naqueles livros, o autor ou autores estavam mais ocupados com a descrição de como o reino do norte, Israel, estava se precipitando em sua queda, pelo que qualquer outra coisa, ao que parece, era muito secundário em suas mentes.

Itens Interessantes e História Geral. ***a. Governo de Josafá***. Os três primeiros anos de seu governo ele os fez em substituição a seu pai cuja doença nos pés o deixava incapacitado (1Rs l4.24 e 22.41-50). Desde o começo, ele mostrou ser zeloso na defesa de uma fé hebraica pura. Resistiu à idolatria que se avultara em Judá. Tentou derrubar os bosques dos lugares altos e, de maneira geral, eliminou a idolatria. Em tudo isso, porém, obteve êxito apenas parcial (1Rs 22.43; 2Cr 17.6 e 20.33). Escolheu mestres, dentre os sacerdotes e os levitas, e os enviou para que instruíssem ao povo nas cidades de Judá. O propósito disso foi levar os judaítas a aderirem aos ensinamentos da lei (2Cr 17.7-9). ***b. Atos de Coragem***. Os atos de Josafá tornaram-no alvo da proteção divina, e houve muita prosperidade em seu reinado. Uma parte disso consistiu em sua vitória sobre os filisteus, que foram forçados a pagar-lhe tributo, o que também aconteceu com os árabes. Ele dispunha de um considerável poder militar. 2Crônicas 17.10 ss nos fornecem detalhes sobre essas questões. ***c. Normas Militares***. (Ver 2Cr 17.1,2). Ele levantou defesas contra os ataques de Onri, rei de Israel, reino do norte. Seu pai, Asa, tivera choques constantes com Israel (2Cr 16.11 ss., 1Reis 15.32). Quando Josafá e Acabe tiveram de enfrentar os sírios, um inimigo comum, eles estabeleceram um acordo de proteção mútua. O profeta Micaías opôs-se a essa aliança; mas Josafá insistiu quanto ao pacto. A batalha de Ramote-Gileade quase mostrou ser fatal a Josafá, provando assim a veracidade das palavras daquele profeta. Acabe foi morto durante essa batalha com os sírios, os quais ganharam a batalha com facilidade. Mas Josafá conseguiu escapar, e voltou para Jerusalém. (Ver 1Rs 22.1 ss., 2Cr 18-19.1). ***d. Reformas Religiosas***. O profeta Jeú repreendeu Josafá por sua tolice. Sem dúvida, a questão inteira lhe ensinou uma profunda lição, e ele procurou compensar por seu erro, mediante outras reformas, de natureza religiosa. Então, ele estabeleceu agências que promoviam a fé religiosa, no estilo da antiga e unificada nação de Israel. Ele examinou e aprimorou as administrações locais, com vistas às questões tanto seculares quanto religiosas. Ele estabeleceu um supremo concílio de sacerdotes, levitas e outros líderes, que solucionavam problemas advindos dos tribunais provinciais. (Ver 2Cr 19.4-11). ***e. Comércio***. Josafá restabeleceu um considerável comércio marítimo, que havia sido iniciado por Salomão. Judá mantinha controle sobre os portos do golfo Elanítico, portos esses usados no comércio com Ofir. O reino do norte, Israel, desejou participar desse negócio e, finalmente, isso azedou a questão inteira. As embarcações naufragaram. Uma nova tentativa foi feita, em aliança com o reino do norte. Dessa vez as coisas funcionaram um pouco melhor; mas o empreendimento não perdurou por longo tempo. (Ver 2Cr 20.35-37; 1Rs 22.49). ***f. Muitas Guerras***. Um detalhe consternador nos registros bíblicos é a ocorrência de guerras contínuas. Como é óbvio, isso caracteriza a história humana inteira. A suposta teocracia esteve continuamente envolvida nessa atividade, dando-nos razões para indagar por que motivo os ensinamentos divinos não fizeram grande diferença quanto a essa questão. Depois da morte de Acazias, rei de Israel, o seu sucessor, Jorão, persuadiu Josafá a unir-se a ele em uma expedição contra os moabitas. Os exércitos aliados, da nação do norte e da nação do sul, foram salvos por um miraculoso suprimento de água, e eles obtiveram a vitória. (Ver 2Rs 3.4-27). Essa questão, embora tivesse obtido sucesso inicial, só provocou a ira dos moabitas, os quais persuadiram aos amonitas, aos sírios e aos idumeus a retaliarem contra Judá. Tudo isso causou a Josafá uma profunda consternação, visto que ele supunha que a nova ameaça significaria a sua derrota inevitável. Por isso mesmo, ele muito orou e clamou ao Senhor. Jeaziel, um levita, recebeu do Espírito Santo a informação de que Judá obteria a vitória, sem receber muitos golpes. A vitória de Judá começou a esboçar-se quando os inimigos aliados começaram a lutar entre si; como resultado, acabaram se autodestruindo, o que permitiu que Josafá terminasse seu reinado e a sua vida em paz. (Ver 2Cr 20). ***g. Morte***. Josafá viveu até os 70 anos, e morreu após ter reinado por 25 anos. Isso ocorreu em cerca de 896 a.C. Jeorão, seu filho, que havia atuado como corregente nos últimos anos de sua vida, sucedeu-o no trono. Uma declaração de Josefo, grande autor judeu da época dos apóstolos de Cristo: "Ele (Josafá) foi sepultado com magnificência, em Jerusalém, porquanto havia imitado os atos de Davi" (*Anti.* 9.3,2). (Ver também o relato em 1Cr 21). ***h. Caráter Espiritual***. A espiritualidade de Josafá avulta entre as mais bem formadas, entre os monarcas de Judá. Ele incorreu em erros, mas a sua vida, considerada como um todo, foi espiritualmente positiva. Ele se mostrou leal para com a fé de seus antepassados, puro em seus motivos e em seus atos. Todavia, quando se sujeitou à influência de terceiros, fracassou. Não foi bem-sucedido em todas as suas reformas, embora tenha envidado para isso seus melhores esforços. Também errou no tocante à sua política de casamentos mistos com a família reinante do reino do norte, visando a vantagens políticas e militares. E isso produziu muitos frutos amargos. (Ver 1Rs 2.48,49 e 2Cr 20.35-37).

JOSAFÁ, JEOSAFÁ

1. Um mitenita que era um dos guardas especiais de Davi, ou seja, um dos trinta poderosos guerreiros ao seu serviço. Evidentemente, ele veio do território a leste do Jordão (1Cr 11.43). Viveu em torno de 1000 a.C.

2. Um sacerdote que recebeu a incumbência de tocar a trombeta diante da arca da aliança (1Cr 15.24). Também viveu em cerca de 1000 a.C.

Deve-se observar que, no hebraico, há ligeira modificação na grafia do nome, em relação aos outros cinco homens com esse mesmo nome, na Bíblia.

JOSAFÁ, VALE DE

No hebraico, **"vale onde Yahweh julga"**. Esse vale limitava Jerusalém em sua porção leste, separando essa cidade do monte das Oliveiras. O trecho de Jl 3.2-12, diz-nos que o Senhor, no futuro, haverá de reunir os exércitos de todas as nações nesse vale, e ali contenderá com aquelas nações. Muitos intérpretes, com base nessas referências bíblicas, supõem que essa seja uma profecia sobre uma espécie de julgamento contra as nações, naquele lugar. Mas outros pensam que se trata de uma alusão histórica, pensando estar em pauta alguma grande vitória militar dos judeus, talvez com a ajuda de Nabucodonosor, que teria derrotado velhos inimigos de Israel, similar à vitória de Josafá quando ele derrotou a liga formada pelos amonitas, moabitas e idumeus (2Cr 22.22-26). Ainda há outros que pensam que a questão inteira é *simbólica* apenas, como se ali houvesse tão-somente uma alusão metafórica, ao "vale da decisão", quando estaria em jogo alguma questão crucial, do que poderia resultar ou a vitória ou a derrota. Em Joel 3.14, de fato, lemos que esse profeta falou sobre o "vale da decisão". A passagem de Zacarias 14.2 também alude a esse vale. Muitos estudiosos pensam que se trata do vale de Cedrom (vide).

Identificações. Desde o século IV d.C., a identificação comum do vale de Josafá, ou vale da decisão, tem sido o vale de Cedrom. Eusébio e Jerônimo referiram-se a isso, em suas obras enciclopédicas. Mas Eusébio chamou esse vale de "vale de Hinom" (em um artigo, em sua obra *Onomasticom*; vide). Jerônimo, porém, prefere pensar no vale de Cedrom. Mas outros, pensando que aquela referência do livro de Joel é apenas simbólica, pensam que é inútil tentar qualquer identificação geográfica real.

O Vale e o Julgamento. As tradições judaicas, islâmicas e cristãs referem-se a esse vale em termos do julgamento final. Por causa disso, membros de todas essas três fés têm organizado cemitérios nas faldas do vale. O livro pseudepígrafe de 1Enoque (53.1) localiza o juízo final em um profundo vale, perto de Hinom. Tudo isso, porém, é fantasioso. O conceito do juízo final, associado a um vale próximo de Jerusalém, ficou perpetuado em um dos portões das muralhas orientais dessa cidade. O portão que dá para o vale de Cedrom passou a ser conhecido como Porta do Vale de Josafá. A Vulgata Latina identifica esse portão com a Porta da Revista de Tropas (em nossa versão portuguesa, "Porta da Guarda", segundo Ne 3.31). No hebraico, essa porta é chamada *Miphkad*, "lugar apontado". Na Vulgata Latina encontramos *Porto Judicialis*, "porta do julgamento". Dois pórticos da Porta de Ouro estão associados, dentro das tradições islâmicas, à "misericórdia" e à "contrição". Parte do vale do Cedrom, que dá de frente para esse portão, é chamada pelos islamitas de *Djahannum*, "Geena" (vide). O vale em questão foi chamado Vale de Josafá, depois que Josafá morreu. Em 2Samuel 18.18, também é denominado de "vale do rei" (vide).

Coisas Interessantes no Vale de Josafá. Foi ali que Absalão erigiu uma coluna, e alguns estudiosos supõem que ele foi sepultado nesse vale. O túmulo que tem sido considerado pertencente a Absalão aparece como adjacente ao de Tiago e ao de Zacarias; mas tudo isso data de um período posterior, pelo que sua autenticidade é muito precária. A fonte de Geom, o poço de Siloé, o túnel de Ezequias e a fonte de En-Rogel, o jardim do Getsêmani, a basílica da Agonia e o campo do Oleiro são locais associados a esse vale.

Uso Cristão figurado. A profecia de Joel, onde esse vale é mencionado, segundo a tradicional opinião cristã, representa o lugar do juízo das nações, imediatamente depois do segundo advento de Cristo, advento esse que inaugurará a era do reino milenar.

JOSAVIAS

No hebraico, **"Yahweh é suficiente"**. Era filho de Elnaal. Foi um dos guerreiros especiais de Davi (1Cr 11.43), chamados de "os trinta". Sabe-se dele apenas que era filho de Elnaal. Viveu por volta de 1000 a.C.

JOSBECASA

No hebraico, **"sentado na dureza"**. Era um dos filhos de Hemã, o principal líder da música no tempo de Davi. Seu nome aparece em 1Crôncas 25.4,24. Viveu em cerca de 1015 a.C.

JOSÉ

Esse é o nome de um dos patriarcas hebreus, o primeiro filho de Jacó e Raquel. Várias outras personagens do Antigo Testamento também têm esse nome. No Novo Testamento, esse era o nome do marido de Maria. Nos tempos modernos, tornou-se um dos nomes pessoais masculinos de maior divulgação. Quatorze pessoas na Bíblia têm este nome.

No Antigo Testamento. *José, o Patriarca*.
No Novo Testamento
I. NOME E CARACTERIZAÇÃO GERAL. José vem de uma palavra hebraica que significa "Yahweh acrescentará", ou, então, "que Yahweh adicione". Muitas pessoas tiveram esse nome, no Antigo Testamento. Porém, o mais conhecido e mais significativo desses personagens foi o patriarca José, o décimo primeiro filho de Jacó e de sua esposa favorita, Raquel. Provavelmente, José viveu em cerca de 1678-1570 a.C., embora essas datas continuem sendo disputadas. Parece que ele viveu na época dos reis hicsos, dominadores do Egito. (Ver Gn 37-50). José, filho favorito de Jacó e de sua esposa Raquel, sonhou que receberia ascendência sobre os seus irmãos. Eles foram tomados de inveja, por causa disso e do favoritismo demonstrado por Jacó por José, e acabaram vendendo-o como escravo. Mas, no decurso dos acontecimentos, José se tornou o superintendente da casa de Potifar, alto oficial egípcio. A mulher de Potifar, em várias ocasiões, tentou seduzir José, ao que ele resistiu resolutamente. Para vingar-se, ela o acusou falsamente de ter tentado violentá-la. E Potifar mandou lançar José no cárcere.

Na prisão, José mostrou que era vidente, e isso chegou aos ouvidos do Faraó, que precisou que seus estranhos sonhos fossem interpretados. José mostrou que era o homem talhado para a ocasião, e salvou o Egito (e muitos povos ao derredor), em um período de fome que perdurou sete anos. E o Egito se tornou fornecedor de víveres durante aquele período crítico, até mesmo para Jacó, seus onze filhos e as famílias deles, por causa das habilidades proféticas de José. José tornou-se conhecido como homem sábio, e foi nomeado como uma espécie de primeiro ministro, com amplos poderes, estando sob as ordens exclusivas do próprio monarca egípcio. A fome forçou os irmãos de José a buscarem provisões alimentícias no Egito. Sem que soubessem disso, os irmãos de José negociaram com ele. Mediante ameaças bem colocadas, José conseguiu reunir todos os seus irmãos, incluindo Benjamim, filho de Raquel, o único que era seu irmão por parte de mãe, além de Jacó, no Egito. Antes da descida de Jacó ao Egito, José perdeu a paciência com o drama que estava criando e revelou sua verdadeira identidade aos seus irmãos. A consternação deles, diante de suas anteriores injustiças contra José, foi aliviada pelo amor demonstrado por José, pois o amor cobre multidão de pecados. (Ver 1Pe 4.8).

O relato foi registrado pelo autor do livro de Gênesis, a fim de explicar como Israel veio a ser um povo escravizado no Egito. Isso pavimentou o caminho para a libertação da servidão no Egito, por intermédio de Moisés. Os ossos de José foram

JOSÉ

levados para fora do Egito, nos dias de Moisés, por ocasião do êxodo, e foram novamente sepultados em Siquém. Naturalmente, o espírito de José, muito antes disso, fizera sua jornada para o mundo dos espíritos e da luz celestial.

II. A Família de José. Ver o artigo sobre *Jacó*, onde apresentamos um gráfico que mostra o crescimento da família patriarcal de Israel, bem como a origem das suas doze tribos. José foi o primeiro filho de Jacó e Raquel. Raquel era a esposa amada e favorita de Jacó. O único irmão por parte de pai e mãe de José era Benjamim. O relato do romance de Jacó e Raquel aparece em Gênesis 29.1-20. Ver o artigo sobre *Jacó*, quanto a detalhes. Naturalmente Jacó se mostrava parcial em favor de José. E uma das provas disso foi a *túnica talar de mangas compridas* (Gn 37.3). Isso despertou o antagonismo dos irmãos mais velhos de José, contra ele. Esse antagonismo piorou diante dos sonhos proféticos de José, que mostravam que ele teria ascendência sobre seus irmãos. Ver o artigo geral sobre os *Sonhos*, onde se mostra que até os sonhos das pessoas comuns exercem uma função precognitiva. Vários irmãos de José resolveram tirar-lhe a vida; mas Rúben interveio e fê-lo ser lançado em um poço seco, de onde tencionava retirá-lo mais tarde, quando houvesse oportunidade para isso. Mas, antes que ele pudesse livrar José, um grupo de ismaelitas surgiu, e enquanto Rúben estava ausente, os outros irmãos venderam José aos ismaelitas, como escravo. E os ismaelitas levaram José ao Egito. Esses incidentes mostram que o caráter da família patriarcal estava longe de ser ideal (a própria família que seria a origem das doze tribos de Israel). A Bíblia nunca oculta as faltas e os pecados de seus heróis. Por outro lado, o desígnio divino consegue operar, a despeito das falhas e dos defeitos humanos, e isso explica como sucedeu que essa família foi escolhida para a tarefa de produzir uma nação que seria fonte de mensagem espiritual ao mundo inteiro, a nação da qual haveria de nascer o Messias.

III. Informes Históricos. Nas seções I e II, temos o esboço dos eventos históricos da vida de José, além de uma série de incidentes que acabou levando-o ao Egito. A partir desse ponto, continuamos aqui o exame da narrativa bíblica.

1. Adversidades de José no Egito. No Egito, José foi vendido ao capitão da guarda pessoal do Faraó Potifar. Ele agiu corretamente, e mereceu a confiança de Potifar. Mas a esposa de Potifar observou que ele era um rapaz atraente, e resolveu seduzi-lo. O texto bíblico nos mostra que os ataques da mulher eram persistentes, exigindo uma resistência permanente da parte de José. José não cedeu; mas, por causa disso, acabou sendo lançado na prisão, visto que Potifar acreditou na mentira de sua esposa, acerca das supostas intenções de José. Os bons nem sempre se dão bem! Mas, quando o Faraó teve, por sua vez, o sonho que muito o deixara perturbado, queria saber sua interpretação. Foi assim que José foi convocado à presença de Faraó. E foi capaz de interpretar o duplo sonho, de que haveria sete anos de fartura, seguidos de sete anos de fome. José foi tirado da prisão e, em seguida, tornou-se o segundo mandatário do reino. Ver Gênesis 41.1-45, quanto à narrativa inteira. **2**. José *apodreceu* na prisão por dois anos; mas um bom desígnio divino estava em andamento. Uma boa lição que podemos extrair desse período da vida de José é que o livramento dele, de uma série de acontecimentos adversos, não foi algo imediato e automático. Durante muito tempo (treze anos), desde que ele tinha 17 anos de idade, José sofreu uma série de reveses. Por ter agido corretamente, tornou-se um encarcerado. Por dois longos anos *mofou* na prisão, embora inocente. Contudo, o plano de Deus a seu respeito estava em andamento. O tempo favorável a José ainda chegaria. As coisas não estavam sucedendo por mero acidente. As próprias coisas más têm um propósito, com aplicações legítimas, segundo se aprende em Romanos 8.28: *Sabemos que todas as cousas cooperam para o bem daqueles que amam Deus, daqueles que são chamados segundo o seu propósito*. Assim sendo, quando nos achamos em meio a uma situação adversa, poderá parecer-mos que essa situação perdurará para sempre; mas Deus faz com que as coisas terminem redundando em nosso favor, afinal de contas. As próprias adversidades são elementos do destino determinado por Deus para nosso bem e para a nossa utilidade. José, mesmo, jamais teria planejado ser vendido ao Egito como escravo. Mas isso fazia parte vital de seu final e glorioso destino. **3**. Os irmãos de José foram forçados a descer ao Egito. É interessante a observação de que foi a fome que abriu a oportunidade de José subir ao poder, no Egito, e também foi o que forçou os seus irmãos a irem buscar ali alimentos. Foi então que José deu início à sua charada, que terminou quase em um drama. Como se fosse um oficial egípcio rígido (pois seus irmãos não o reconheceram, após se ter passado treze anos), José tratou seus irmãos com muito rigor. José fez indagações sobre a família deles. A fim de que tivesse Benjamim (seu único irmão por parte de pai e mãe) à sua frente, José reteve Simeão como refém. Então, quando Benjamim estava retornando à Palestina com eles, José criou um artifício para fazer Jacó vir ao Egito, no episódio da taça de prata. De acordo com José, essa taça de prata, era por ele usada em adivinhações (talvez funcionasse como uma espécie de bola de cristal, uma vez cheia de água), foi escondida na sacola de Benjamim. E os irmãos de José foram alcançados no caminho por um grupo enviado por José, a fim de que se verificasse quem teria "furtado" a taça. Judá acabou se oferecendo para permanecer como escravo, em lugar de Benjamim, a quem José queria reter no Egito, a fim de que Benjamim pudesse retornar a Jacó. No entanto, no caso de José, Judá sentira tão pouca consciência, quando José estava no poço e rogava para não ser vendido como escravo a estrangeiros! **4. Fim da Charada**. José estava fazendo o papel de um oficial egípcio inflexível. Subitamente, porém, foi dominado pela emoção. Ordenou que todos os assessores egípcios saíssem do salão, e seus soluços foram ouvidos pelo palácio inteiro. Ele, então, revelou a seus irmãos a sua verdadeira identidade, e eles ficaram perplexos diante da mudança de sorte de José. O austero oficial egípcio não era outro senão o próprio irmão deles, José, a quem tinham vendido como escravo, aos mercadores ismaelitas. Eles temiam que ele quisesse tirar vingança; mas a verdade é que José não era homem vingativo. **5. O Mal Acabou Redundando em Bem**. O trecho de Gênesis 50.20 encerra uma declaração clássica sobre as operações da vontade de Deus, uma espécie de Romanos 8.28 do Antigo Testamento. Aquilo que os irmãos de José planejaram como uma *maldade*, Deus transformou em *bem*. As vidas de um certo número de pessoas foram assim preservadas, em tempos dificílimos, porque os eventos, ainda que pareçam improváveis, cooperam juntamente, tendo em vista algum resultado positivo. **6. Vindicação dos Sonhos de José**. Os irmãos de José chegaram a dizer-lhe: *Eis-nos aqui por teus servos* (Gn 50.18). E, ao proferirem essas palavras, se prostraram diante dele. Destarte, teve cumprimento o sonho preditivo de José acerca de seu predomínio sobre seus irmãos, embora ele mesmo não estivesse querendo qualquer posição, ostentação ou dominação. Não obstante, é algo ótimo quando Deus vindica os nossos sonhos e faz as coisas operarem em nosso favor, de acordo com esses sonhos preditivos. **7. Provisões para os Patriarcas de Israel**. José cuidou de seus irmãos e de seus *filhos* (Gn 50.21). A graça e a provisão de Deus são suficientemente amplas para todos. O Banco Celeste cuida de todas as nossas necessidades, apesar de nossas falhas e defeitos. **8. A Vida Útil e a Morte de José**. José e toda a sua família ficaram unidos no Egito, e muitos anos felizes se passaram. No entanto, os filhos de Israel eram estrangeiros exilados no Egito. O desígnio de Deus haveria de alterar finalmente essa situação. José foi capaz de predizer o livramento do povo de Israel do Egito (Gn 50.24). A preocupação de José era a de que os israelitas não deixassem seus ossos no Egito, por ocasião do futuro êxodo. José faleceu com a idade avançada de 110 anos, e o livro de Gênesis termina com a melancólica observação de que "o puseram num caixão no Egito" (Gn 50.26). Isso ocorreu em cerca de 1800 a.C. **9. A Promessa a José Foi Cumprida**. O trecho de Êxodo 13.19 informa-nos de que Moisés levou os ossos de José, quando o povo de Israel deixou o Egito. Os ossos de José foram sepultados em Siquém (Js 24.32). Os ossos de José ficaram no Egito cerca de trezentos anos, antes de serem levados para a Terra Santa.

IV. CRONOLOGIA. Se seguirmos as indicações do texto massorético, então teremos de situar o relato sobre José em cerca de 1871 a.C., ou seja, durante a XII Dinastia do Egito. Muitos eruditos modernos, porém, têm alegado certo número de razões, negando tal possibilidade. Eles pensam que seria muito improvável que um jovem estrangeiro semita tivesse obtido tal autoridade no Egito, conforme sucedeu a José. Por isso, pensam que o mais provável é que sua época coincidiu com o período de dominação dos hicsos, que eram *semitas*. Porém, a história revela-nos bem pouco acerca desse período; e, por esse motivo, é difícil tomar decisões firmes a respeito da questão. Seja como for, o período de 1750-1550 a.C. foi um período agitado e confuso no Egito. Nesse caso, o *novo* rei, o Faraó que *não conhecera a José* (Êx 1.8) poderia referir-se a um dos Faraós do Novo Império, depois que os odiados hicsos asiáticos foram expulsos do Egito. Uma outra evidência possível para essa conjectura é que os israelitas residiam na planície de Tanis, que era chamada *campo de Zoã* (Sl 78.12). Essa era a capital hicsa no Egito. Visto que os hicsos eram um povo semita, podemos facilmente imaginar como José, um semita, poderia ter recebido tão grande autoridade. Os registros egípcios mostram a presença de muitos semitas no Egito, na época atribuída a José. Em um registro de nomes de prisioneiros, 45 são nomes semíticos, pertencentes a cerca de 1740 a.C. Essa lista se acha no chamado *papiro Brooklyn* (35.1446). Nomes semíticos familiares aos nossos ouvidos são ali achados como Jacó, Issacar, Aser, Jó e Menaém. Além disso, temos os túmulos dos Beni Hassã, com suas pinturas, que retratam negociantes semitas que entraram no Egito. O relato egípcio, "Conto dos Dois Irmãos", encerra um paralelo da história de José e da mulher de Potifar, relatada em Gênesis 39.7-23. Esses diversos paralelos da história de José favorecem essa data posterior para a sua carreira na terra dos Faraós.

V. ARQUEOLOGIA. Sob a seção IV, temos vários itens de interesse arqueológico, que poderiam indicar que a história de José teve lugar no tempo do domínio hicso no Egito. Alguns estudiosos têm posto em dúvida a essência do relato, ou seja, que Jacó e seus filhos desceram ao Egito, somente porque José os convidou para virem residir ali. Porém, o arqueólogo W.F. Albright não vê qualquer dificuldade quanto a isso, porque sua história pessoal está por demais entretecida com a história dos primeiros passos do povo de Israel. Em favor do exílio dos israelitas no Egito, encontram-se registros de nomes semíticos naquele lugar, segundo já se mencionou, na quarta seção. Apesar de os nomes ali achados pertencerem, essencialmente, a nomes típicos da tribo de Levi, é realmente muito precário o argumento daqueles que dizem que somente indivíduos da tribo de Levi estiveram exilados no Egito. Esse fato certamente ter-se-ia refletido na história do povo hebreu.

Além desses informes, temos pequenos indícios, no Pentateuco, que nos fornecem informações sobre a vida egípcia. Esses indícios têm sido confirmados pelas descobertas arqueológicas. Um desses itens é a expressão "copeiro-chefe", em Gênesis 40.2. Esse era um ofício revestido de muita honra, conforme os documentos egípcios confirmam. As inscrições tumulares egípcias, em muitas pinturas, ilustram as condições de fome pelas quais os egípcios passaram. Uma dessas inscrições menciona, especificamente, sete anos de escassez, nos dias do Faraó Zozer, da III Dinastia, ou seja, cerca de 2700 a.C. Também há provas abundantes que ilustram o interesse dos egípcios pela interpretação de sonhos e outras formas de adivinhação. Mágicos e videntes eram figuras importantes na cultura egípcia. Certas informações têm seu paralelo em Gênesis 39.4; 41.40; 41.42,43. A mumificação (Gn 50.2) é um item sobre o qual o relato bíblico concorda com os registros históricos egípcios. É bem provável que o corpo de José tenha sido mumificado, o que talvez explique por que, cerca de trezentos anos mais tarde, ele pôde ser levado do Egito para a Palestina. Os monumentos egípcios falam sobre o número 110 como o ideal para uma vida longa e feliz (ver Gn 50.22), e é bem possível que esse número específico seja um reflexo desse ideal, e não o tempo real da vida de José. O trecho de Gênesis 47.11 se refere ao "melhor da terra", como o lugar onde a família de José se estabeleceu. Isso foi na porção oriental do delta do Nilo, em redor do *wadi* Tumilat, havendo evidências históricas que confirmam essa assertiva. No túmulo de um dos oficiais de Senwosrete II, cujo nome era Khnumhotep, existente em Beni Hassã, há uma cena esculpida de imigrantes semitas, ocupados no comércio com o Egito. Os cabelos negros dos semitas descem, compridos, até os ombros, e suas barbas terminam em ponta, o que se sabe corresponder à verdade, no caso dos povos semitas. Eles traziam pintura para os olhos e conduziam lanças, arcos e flechas. Além disso há nomes cananeus (semitas) para certas localidades do delta do Nilo. Entre esses nomes podemos citar Sucote (Êx 12.37), Baal-Zefom (Êx 14.2), Migdol (Êx 14.2), Zilu (o cômoro de Abu Zeifah) e Gósen (Êx 8.22; 9.26). É claro, pois, que houve uma mescla de culturas, a semítica e a egípcia, durante o tempo de José no Egito, que a Bíblia testifica em tão interessante narrativa.

VI. CARÁTER DE JOSÉ E LIÇÕES ESPIRITUAIS Tipo de Cristo. Este artigo enfatiza várias lições que podemos extrair da vida de José. Abaixo damos um sumário dessas lições: *a. O Caráter de José*. José sofreu perseguições e tremendas reviravoltas na vida, mas não ficou amargurado com essas coisas, e nem com a maneira como a vida o maltratou. *b.* José combinava em si as qualidades de uma elevada moral, de grande simplicidade, de inteligência e de vontade férrea, tudo o que o impulsionava fortemente para a frente. *c*. Sua vida foi a vida de um homem. Ele foi vendido como escravo, e precisou reverter a sua situação. Ele foi um homem do destino. Os próprios acontecimentos negativos contribuíram para fazê-lo progredir, bem como para abençoar àqueles que viviam ao seu derredor. *d*. Por meio dele, houve provisão alimentar para muitas outras pessoas. Através dele, os propósitos espirituais se desdobraram, afetando para melhor os destinos de outras pessoas, incluindo a nação inteira de Israel, em seus primórdios. *e*. Ele foi capaz de cumprir o propósito de sua vida, contra grandes forças de oposição, e por meio de acontecimentos muito improváveis, como aquele de ter-se tornado o primeiro ministro do Egito, saído diretamente do cárcere. *f*. José foi um homem místico. Parte de seu sucesso se deveu ao fato de que ele era capaz de exercer dons espirituais. O toque místico é um dos meios do desenvolvimento espiritual. Ver o artigo sobre o *Misticismo*. *g*. De maneira suprema, José se identificou com o desígnio espiritual que atuava através do povo de Israel. Ele nem ao menos queria que seus ossos permanecessem no lugar do exílio. Ele aguardava um país melhor, um destino mais alto, celestial.

JOSEBE-BASSEBATE

Ver sobre *Jasobeão*. Ele matou, em uma única ocasião, trezentos homens.

JOSEFO

Essa é a forma como aparece o nome *José*, de acordo com algumas versões, em 1Esdras 9.34. O trecho paralelo de Esdras 10.42 diz *José*.

JOSIAS

No hebraico, **"fundado por Yah"**, ou **"Yah sustenta"**. Ele foi o décimo sétimo rei de Judá. Ver o artigo geral sobre o *Reino de Judá*. A forma grega do nome, que transliterada para o português é *Iosías*, encontra-se em Mateus 1.10,11.

1. Caracterização Geral. Era filho de Amom, a quem sucedeu no trono como o décimo sétimo monarca de Judá, a nação do sul. Seus anos de governo real foram cerca de 639-609 a.C. Tornou-se rei com a tenra idade de oito anos. A Bíblia diz a seu respeito: *Fez ele o que era reto perante o Senhor, andou em todo o caminho de seu pai Davi e não se desviou nem para a direita nem para a esquerda.* (2Rs 22.2). Josias iniciou a reforma do culto no templo de Jerusalém, aboliu a idolatria por todo o seu reino e começou a restaurar, materialmente, o templo. Durante o seu governo foi achado o livro da lei (o que, na opinião de alguns eruditos modernos, tornou-se posteriormente o âmago do nosso livro de Deuteronômio), por Safã, o escriba. Esse documento, com a ajuda do sumo sacerdote Hilquias, foi utilizado por Josias como a base e a inspiração de suas reformas religiosas. Josias foi morto por ocasião de uma batalha, em Megido, onde tentara cortar a marcha do exército egípcio para o norte. Foi sucedido no trono por seu filho, Jeoacaz II.

2. Sumário de Informes Históricos. *a.* Josias sucedeu a seu pai, Amom, como rei de Judá, em cerca de 639 a.C. (2Rs 22.1). Desde o começo ele governou com um propósito reto, não se desviando do Senhor em coisa alguma (vs. 2). Foi contemporâneo do profeta Zacarias (Zc 6.10). *b.* Seu governo foi depois do reinado aterrorizante de Manassés, de que se tornou culpado seu pai Amom. Mas o anterior desgoverno de seu avô e de seu pai foi corrigido por Josias (2Cr 34.2; ver também 2Rs 22.1,2). *c. Purificação religiosa de Judá*. Sem dúvida, nos seus primeiros anos de governo, Josias foi monarca apenas de nome. Mas, tão cedo quanto os seus 16 anos de idade, ele já começara a impor sua vontade, com a eliminação da idolatria e a purificação geral das formas religiosas e práticas. Quando ele estava com 20 anos de idade, esse era um fenômeno generalizado em Judá. Ele chegou mesmo a execrar as sepulturas dos sacerdotes idólatras que tinham participado da apostasia das gerações anteriores. E os ossos deles foram consumados nos altares e, então, esses altares foram derrubados. (Ver 2Cr 34.3-7). *d. O templo é reparado*. Isso teve lugar no décimo oitavo ano de seu reinado. A tarefa foi deixada ao encargo de Safã, o secretário de Estado, a Maaseias, governador de Jerusalém, e ao cronista Joá. (Ver 2Rs 22.3-7; 2Cr 34.8-13). *e. Descobrimento do livro da lei*. Não se sabe qual a natureza exata e o conteúdo dessa descoberta. Hilquias, o sumo sacerdote, enquanto fazia reparos no templo de Jerusalém, descobriu um volume que continha pelo menos uma parte dos livros de Moisés, o Pentateuco. Visto que o povo se surpreendeu diante das coisas que ouviu é claro que o sistema de guarda das Escrituras havia falhado, mantendo o povo na virtual ignorância da herança escrita da fé dos hebreus. Alguns estudiosos supõem que, por esse tempo, o livro de Deuteronômio ainda não havia sido escrito, e que o que foi encontrado foi o âmago que veio a produzir esse livro. Nesse caso, a descoberta não foi de nenhum grosso volume. O décimo segundo capítulo de Deuteronômio fala em favor da centralização do culto religioso; visto que as reformas religiosas de Josias visavam precisamente a isso, alguns estudiosos associam esse achado com o livro de Deuteronômio. Porém, isso não serve de evidência conclusiva dessa opinião, sendo melhor admitirmos que não sabemos qual o conteúdo do livro que foi achado por Hilquias. Josias sentiu-se alarmado diante das penalidades impostas pela lei, quanto a diversas transgressões, e consultou a profetisa Hulda. Ela afirmou que dias de intenso sofrimento estavam a caminho, mas que Josias, pessoalmente, não haveria de viver o bastante para ser testemunha dos mesmos. A leitura da lei levou ao estabelecimento de um solene pacto, o que foi ratificado pela observância da Páscoa no tempo determinado. (Ver 2Rs 22.8-23.3; 2Cr 34.29-33). *f. O juízo divino continuaria de pé*. A ira do Senhor ainda cumpriria seus propósitos (2Rs 23.21-23,26; 2Cr 35.1-19), e isso sobreviria sob a forma do cativeiro babilônico. Os capítulos segundo a sexto de Jeremias indicam que apesar de Josias ser homem sincero diante do Senhor entre o povo, as reformas foram apenas superficiais. Naturalmente, isso não bastou para impedir a iminente invasão da parte de potências estrangeiras, com os tremendos efeitos que isso teria para Judá. Seja como for, as reformas instituídas por Josias foram mais profundas que as de Ezequias; porém, ocorreram tarde demais e não conseguiram impedir o desastre nacional de Judá. *g. Morte de Josias*. Josias morreu por ocasião da batalha de Megido, em 609 a.C. Essa morte tanto foi trágica quanto desnecessária, pelo menos do ponto de vista humano. Neco II, Faraó egípcio, marchava pela Palestina, a fim de ajudar aos assírios, que estavam a pique de ser derrotados pelos babilônios, em Harã. Josias talvez pensasse que o avanço das forças egípcias, cruzando o território de Judá, fosse uma invasão contra a própria nação de Judá. E ofereceu oposição aos egípcios (2Rs 23.29,30; 2Cr 35.20-24). Foi assim que ele foi morto em batalha (2Rs 33.25). A morte de Josias foi lamentada tanto por Jeremias quanto por Sofonias. O livro de Jeremias menciona Josias por dezoito vezes, conforme se vê, por exemplo, em Jr 1.2,3; 3.6; 22.11,18, e o livro de Sofonias menciona Josias uma vez (Sf 1.1).

III. HISTÓRIA CONTEMPORÂNEA. Quando Josias começou a reinar, o poder dos assírios já estava em franco declínio. Psamético I, Faraó do Egito, estava fortalecendo suas forças, especialmente nas costas marítimas da Filístia. Quando Nabopolassar tornou-se o rei da Babilônia (novembro de 626 a.C.), isso predisse, de forma definida, o fim do império assírio, que os babilônios não demoraram a derrubar. Porém, o Egito procurando evitar a extinção final da Assíria, por temer o inimigo comum, a Babilônia, aliou-se aos assírios. Isso ocorreu em cerca de 616 a.C. Nínive caiu em 612 a.C. Não obstante, as forças assírias ainda não estavam mortas, e controlavam diversos lugares. A Alta Mesopotâmia, com a ajuda dos egípcios, foi mantida por algum tempo pelos assírios.

Mas a derrota final da Assíria ocorreu em *Carquemis* (vide). À proporção que a Assíria declinava, maior era a independência de Josias e de seu reino, Judá. A renovação do pacto (622 a.C.) pode ser encarada como um desafio à Assíria e às suas formas religiosas. É possível que a morte de Josias tenha ocorrido em resultado de seu desejo de obter uma independência ainda maior de qualquer dominação estrangeira, na esperança de restabelecer o reino de Davi. Porém, o poder dos babilônios era uma força imbatível que nunca desistia, conforme o profeta Jeremias não se cansava de salientar, e que os líderes de Judá teimavam em não acreditar. O resultado final, para Judá, como todos sabemos, foram os setenta anos de exílio na Babilônia.

JOSIAS (CONTEMPORÂNEO DE ZACARIAS)

Esse Josias era filho de Sofonias. Zacarias fez da casa de Josias o lugar onde se reuniram os principais líderes judeus que haviam retornado do cativeiro babilônico. A assembleia foi convocada a fim de coroar Josué (ou *Jesua*, vide), o sumo sacerdote. Isso ocorreu por volta de 519 a.C. (Ver Zc 6.10).

JOSIBIAS

No hebraico, **"Yahweh fará habitar"**. Ele foi um chefe simeonita (1Cr 4.35). Viveu em torno de 800 a.C.

JOSUÉ (LIVRO)

Ver o artigo separado sobre *Josué (Pessoa)*, onde se discute o sentido do nome pessoal Josué.

I. CARACTERIZAÇÃO GERAL. *Josué* é um dos livros históricos do Antigo Testamento, incluído entre *os Profetas*

Anteriores, dentro do cânon hebreu. Outras vezes, é agrupado juntamente com os primeiros cinco livros da Bíblia, o Pentateuco, formando então o *Hexateuco*. Muitos eruditos creem que esses seis livros formam uma unidade, por estarem alicerçados sobre fontes comuns de informação. O livro de Josué contém a narração da invasão da Terra Prometida pelo povo de Israel, com o resultado de que a maior parte da Palestina foi conquistada e colonizada pelas doze tribos de Israel. Os caps. 1-12 de Josué contam a invasão; os caps. 13-21 relatam a divisão da terra entre as doze tribos; e os caps. 22-24 nos dão os atos e discursos finais de Josué.

Josué foi o sucessor de Moisés. As tradições judaicas dão-nos como o autor do livro que tem seu nome (*Baba Bathra* 14v). Muitos eruditos, porém, supõem que narrativas anteriores tenham sido entremeadas, formando uma obra composta, mediante o trabalho de um ou mais editores posteriores. Em sua forma atual, muitos acreditam ser um produto essencial da escola deuteronômica de historiadores, também chamada fonte informativa *D*. Material tradicional mais antigo, proveniente das fontes *J* e *E*, também teria sido entretecido na narrativa. Ver *no Dicionário* o artigo sobre *J.E.D.P.*(*S*) quanto a uma completa discussão sobre essas supostas fontes informativas. Cada uma das fontes também é examinada separadamente, sob cada uma dessas quatro letras.

A posição padrão acerca da conquista da Terra Prometida é que ela foi executada por Israel como nação unificada, e não pelo esforço de tribos separadas, em diferentes épocas. Além disso, a conquista é considerada como tendo sido um sucesso imediato. Esse, pelo menos, é o quadro apresentado pelo livro de Josué, não havendo fatores históricos contrários a essa opinião geral. Um grande número de descobertas arqueológicas confirma a exatidão geral do livro de Josué. Naturalmente, os capítulos 15-17 de Josué, como também o trecho de Juízes 1- 2, exibem falhas, algumas das quais só foram corrigidas com a passagem dos séculos, enquanto outras só puderam ser remediadas plenamente nos dias de Davi e Salomão. Estamos falando de falhas na conquista da Terra Prometida, e não no relato histórico dos livros de Josué e Juízes.

A autoria do livro, sem importar se de Josué ou de alguma outra pessoa, que teria agido como historiador, é essencialmente a autoria de um único escritor. Não obstante, à semelhança de qualquer historiador, ele contou com várias fontes históricas. Talvez as teorias envolvidas no conceito do *J. E. D. P.* (*S*) (ver a respeito no *Dicionário*) consignam explicar a questão de modo genuíno. Seja como for, Josué pertence ao grandioso corpo de literatura judaica que inclui livros como Deuteronômio, Josué, Juízes, 1 e 2Samuel, e 1 e 2Reis. Essa coletânea narra a história do povo de Israel desde Moisés até a queda de Jerusalém, em 587 a.C. O escritor escreveu do ponto de vista do código deuteronômico (ver Dt 4.44—30.20), o qual incorporou corajosamente logo no início de seu livro. Juntamente com a narrativa, pois, ele teria incorporado a ideia de *D*, que mostra que as vitórias e a prosperidade de Israel sempre dependeram da obediência espiritual às exigências da lei divina. Esse conceito dominou o judaísmo desde então. Em consequência, a história da conquista da terra tornou-se uma espécie de alegoria sobre como um homem espiritual, ou uma nação espiritual, pode realizar grandes coisas e cumprir significativo destino, uma vez que as condições espirituais para tanto sejam observadas.

Alguns datam o livro na época do próprio Josué, cerca de 1440 a.C. Outros, porém, pensam que o livro só foi escrito após o cativeiro babilônico. Os estudiosos liberais parecem sempre preferir uma data mais recente. Todavia, podemos admitir que o livro recebeu alguma contribuição editorial, após o retorno do exílio babilônico. Ver uma completa discussão sobre o problema da data do livro, na terceira seção deste artigo.

Uso Proposto de Fontes Informativas. **1**. *D*. Temos aí o uso de matéria já existente, oral e/ou escrita. A história geral de Josué, além do propósito teológico de ilustrar como um homem (ou uma nação) espiritual pode obter sucesso, é questão bem destacada. **2**. Nos caps. 13-21 de Josué, o historiador *D* continua a empregar várias listas que relacionavam as fronteiras das tribos, tendo descrito, de modo generalizado, como se deu a distribuição de terras. Essas listas não pertenciam às novas divisões políticas e gerenciais criadas por Salomão, conforme alguns estudiosos têm erroneamente pensado (ver 1Rs 4.7-19). Todavia, há quem acredite que a questão das cidades de refúgio e das cidades dos levitas, nos capítulos 20 e 21, refletem uma época posterior, talvez tão tarde quanto o século X a.C. **3**. Outros estudiosos supõem que os itens pertencentes às fontes informativas *J* e *E* tenham sido entretecidos nos primeiros doze capítulos do livro. Nesse caso, os editores posteriores de *J* e *E* talvez tenham reescrito certas porções do livro. Essa teoria, contudo, não conta com grande acolhida por parte dos eruditos mais recentes. **4**. Alguns estudiosos veem *P* nas listas das tribos e das terras que lhes foram alocadas (conforme se vê em Js 15.20-62). Porém, com igual propriedade, esse tipo de material poderia ser atribuído a *D*. Ver detalhes sobre a questão da fonte informativa *D* na seção *VI.1, Problemas Especiais*.

Embora o livro de Josué conte sua história do ponto de vista teológico, não há razão para duvidarmos da historicidade essencial de sua narrativa.

"Após longos anos de vagueação pelo deserto, finalmente foi dada permissão aos israelitas para que conquistassem a Terra Prometida. A história de Josué é a história da conquista da Palestina. Tal como quase todos os relatos sobre batalhas, não é uma história agradável. E muitos sentem — sem dúvida, com razão — que o Deus de Josué estava infinitamente distante do Deus de Jesus. Nesse livro, o Deus de Israel parece uma deidade puramente nacional, um Deus das Batalhas, cujo poder manifestar-se-ia, principalmente, no desfechamento de guerras santas".

(*Introduction to Joshua*, RSV, edição comentada, Oxford)

O conceito de Deus elaborado pelos homens foi melhorando com o desdobramento gradual da revelação divina; e é fácil aos homens atribuir a Deus as suas próprias atrocidades. Isso não significa, porém, que Deus esteja ausente ou inativo, mas tão somente que é precário atribuir a ele tudo quanto fazemos, ou as maneiras pelas quais o fazemos.

II. Pano de Fundo Histórico. **1**. Os patriarcas estiveram jornadeando na terra de Canaã, durante a Idade do Bronze Média (2100-1550 a.C.). Abraão chegou em Siquém e Betel (Gn 12) em cerca de 2000 a.C. Desde então, os genitores da nação de Israel passaram a viver na Palestina ou no Egito. **2**. Vem, então, o relato sobre *José*, que foi vendido ao Egito. Ele acabou assumindo a segunda posição de maior mando no Egito (cerca de 1991-1785 a.C.), durante o tempo da XII Dinastia egípcia. Esse ponto, porém, é muito disputado pelos estudiosos. Alguns eruditos preferem pensar que Josué governou o Egito durante a época dos intrusos semitas, os reis hicsos. Nesse caso, o período de Josué foi cerca de 1750 a.C. Ou mesmo mais tarde. E o rei que não conhecera a Josué pode ter sido o primeiro rei que se elevou ao trono do Egito, depois da expulsão dos hicsos (Êx 1.8), não pertencendo à raça semita. Quanto a maiores informações sobre essas conjecturas, ver o artigo sobre *José*, seção IV, *Cronologia*. Se a data posterior para a carreira de José estava correta, então ele deve ter falecido em cerca de 1570 a.C. **3. O Cativeiro de Israel no Egito**. Os descendentes de Jacó, pois, após José, foram escravizados no Egito, visto que, então, José tornou-se um fator desconhecido ali. O cativeiro no Egito parece ter durado entre duzentos e trezentos anos. **4. O Êxodo**. A data desse grande evento também é intensamente debatida pelos intérpretes. Alguns pensam que ele ocorreu em cerca de 1445 a.C., ou seja, cerca de quinhentos anos antes de Salomão ter erigido o templo de

Jerusalém. Mas há quem pense que o êxodo ocorreu na XIX Dinastia egípcia (135—1200 a.C.). Ver *no Dicionário* os artigos sobre *Cronologia* e *Êxodo*. Seja como for, Moisés foi levantado pelo Senhor, com o proposto de pôr fim ao cativeiro de Israel no Egito. **5**. Vieram, então, os *quarenta anos de vagueação de Israel* pelo deserto, que atuaram como uma espécie de resfriamento e período de planejamento, um tempo de preparação para a conquista da Terra Prometida. Em parte, foi uma espécie de retorno à pátria, uma renovação dos antigos modos de viver. Parece que, a essa altura dos acontecimentos, as doze tribos de Israel já estavam bem formadas, podendo ser distinguidas claramente uma das outras, e assim elas entraram na Terra Prometida. Josué e seus exércitos encontraram o país dividido em muitas pequenas cidades-estados, sempre se hostilizando mutuamente, mas unindo-se quando tinham de combater contra algum intruso comum. As cartas de *Tell el-Amarna* (ver a respeito *no Dicionário*) fornecem-nos esse tipo de quadro, em concordância com os detalhes que encontramos no livro de Josué. **6**. *Josué* é livro que relata como Israel invadiu a terra de Canaã, apossou-se dela (com várias falhas, deixando que muitos nativos continuassem no território), e então dividiu o país em regiões, cada qual pertencendo a uma tribo. Quanta coisa precisou ser corrigida mais tarde, e se as conquistas consumiram um tempo mais dilatado do que aquilo que nos é dito (pois pode ter havido uma espécie de condensação das narrativas), não sabemos dizê-lo. No entanto, podemos confiar na mensagem geral que ali nos é exposta, sem nos preocuparmos muito com detalhes cronológicos.

III. Autoria e Data

1. Josué como Autor. Se aceitarmos Josué como o autor do livro que leva seu nome, conforme assevera uma antiga tradição cristã, então a data atribuída ao livro pode variar entre c. de 1400 e 1200 a.C., ou um pouco mais, conforme sugerimos nas especulações sob o ponto II, que tratam do pano de fundo histórico do livro. Entretanto, quase todos os eruditos modernos acreditam que o livro, na verdade, é uma obra anônima. Nesse caso, um autor desconhecido o compilou em alguma data após a conquista da Palestina ser fato inteiramente consumado. Nesse caso, a questão seria: *Quão mais tarde* o livro de Josué foi escrito, depois da conquista de Canaã? As próprias fontes históricas, sem dúvida, são anteriores à escrita do livro, por algum tempo. A maioria dos eruditos liberais parte do pressuposto de que o livro foi escrito ou algum tempo antes, ou bem pouco tempo depois do cativeiro babilônico (586 a.C.). Estão envolvidos nesse ponto problemas como autoria e fontes, conforme se vê na teoria J.E.D.P. (S.) (ver a respeito *no Dicionário*), sobre o que discutimos na seção VI, *Problemas Especiais*, ponto primeiro (onde se examina a fonte informativa D, considerada por alguns a principal fonte informativa do livro de Josué). Alguns pensam que os capítulos 1 e 2 de Josué se apoiaram na fonte *E*; que a maior parte dos capítulos 1-12 está alicerçada em *D*; e, então, em alguns trechos desses capítulos transparecem informes derivados da fonte *S*. A fonte informativa *J* (por sua vez, seria vista em Js 5.13,14; 9.6 e 17.14-18). Adições baseadas em *D*, que não representam grande volume, são vistas em (1.1-18; 10.17-43; 11.10-12.24; 21.43—22.6 e no cap. 23). Esse tipo de análise, porém, é rejeitado por outros críticos, para nada dizermos sobre os eruditos conservadores. Também têm sido sugeridas as mais arbitrárias divisões para o livro. A teoria mais simples a que se chegou é que é inútil tentar deslindar tão grande complexidade de fontes informativas, embora a fonte *D* seja a mais pesadamente envolvida no livro. Por essa razão é que o livro de Josué tem sido chamado de "inteiramente deuteronômico" em sua natureza.

2. Um Autor Antigo Desconhecido? Mesmo que se suponha ter sido desconhecido o autor do livro de Josué, é bastante provável que ele tenha incorporado material antiquíssimo que remontava à época do próprio Josué, ou de alguém intimamente ligado a ele. Josué ordenou que se fizesse por escrito uma descrição do território (Js 18.9). Ele poderia ter escrito pessoalmente as palavras do pacto renovado, com vários estatutos e ordenanças para o povo de Israel, no livro da lei de Deus, em Siquém (Js 24.25,26). Talvez ele também tenha escrito pessoalmente o juramento acerca de Jericó e a maldição que sobreviria a qualquer reconstrutor futuro daquela cidade. Comparar Josué 6.26 com 1Reis 16.34. Além disso, devemos observar que 1Reis 16.34 diz que a maldição foi proferida pelo Senhor, "por intermédio de Josué, filho de Num". E isso pode indicar que uma forma escrita da maldição foi redigida pelo próprio Josué. Naturalmente, Josué não pode ter sido o autor final do livro. Pois Josué 24.29,30 registra a sua morte, o que evidencia a atividade de algum editor ou autor posterior. O Talmude afirma que Eleazar, o sumo sacerdote, adicionou esse apêndice, e que o seu filho, Finéias, acrescentou o último versículo (Js 24.33), a fim de dar o toque final ao livro (*Baba Bathra* 14b-15).

3. As Narrativas de Testemunhas Oculares. O material mais antigo deve ter incorporado algum relato de *testemunhas oculares* diretas. O trecho de Josué 5.1 diz que o Senhor bloqueou o rio Jordão "até que passamos". O pronome "nós" é empregado em Josué 5.6, embora não apareça em nossa versão portuguesa, que prefere usar a terceira pessoa do plural. Alguns itens indicam condições anteriores a Davi, como o fato de que os cananeus ainda estavam na posse de Gezer (Js 16.10, cf. 1Rs 9.16). Saul massacrou muitos gibeonitas e queria destruir todos eles (2Sm 21.1-9). Nos dias de Josué, Sidom (e não Tiro) era a principal cidade fenícia, situação que só foi revertida bem mais tarde. (Ver Js 11.8; 13.6 e 19.28). Os cananeus dominavam a Palestina nos dias de Josué. Mais tarde, os filisteus é que tiveram essa distinção. O território que Josué queria tomar era essencialmente cananeu (Js 13.2-4). Depois de 1200 a.C., os filisteus entraram armados na planície costeira da Palestina, conforme informam os registros egípcios de Ramsés III. Esses dados históricos mostram que há material antiquíssimo no livro de Josué, embora não nos revelem quando eles foram incorporados nem quando o livro foi publicado pelo próprio Josué ou outro autor.

4. Um Autor Sacerdotal? O sacerdote Finéias pode ter sido o autor de certas partes do livro de Josué. Ele era filho e sucessor de Eleazar, o sumo sacerdote, e foi uma das colunas de Israel, naquele tempo (Nm 25.7-13). Ele, e não Josué, foi a figura mais proeminente na solução das disputas em torno do altar erigido pelas duas tribos e meia que preferiram residir na parte oriental do vale do Jordão (Js 22.10-34). Ou, então, algum sacerdote associado a Finéias poderia ter feito contribuições para o livro. Isso tem sido sugerido por alguns, *devido* ao interesse todo especial que se dá, no livro de Josué, às *cidades de refúgio* (ver a respeito *no Dicionário*; ver também Js 20.7, 21.13), bem como as questões atinentes às 48 cidades dos levitas (Js 21.11-13). Há uma longa lista das fronteiras e cidades de Judá (Js 15.1-63), o que pode indicar que ali ficava o território dos sacerdotes envolvidos. Outras fronteiras e terras são citadas apenas de passagem. (Ver os caps. 16 e 17). Tais especulações, entretanto, são curiosas e podem refletir a verdade da questão, mas é difícil julgar tais coisas.

5. Dependência Literária. Seja como for, o autor sagrado parece ter dependido dos livros de Números e Deuteronômio quanto a algum de seu material, que Josué pode ter utilizado, se é que, realmente, *Moisés* escreveu o Pentateuco. Porém, se temos nisso, igualmente, um produto das fontes informativas J.E.D.P. (S.) (ver a respeito no *Dicionário*), então teremos voltado a uma data posterior para o *Hexateuco* (ver também no *Dicionário*) inteiro. Seja como for, visto que o livro de Josué, embora traga o seu nome, não afirme quem teria sido o seu autor (pelo que é uma obra anônima), isso significa que não podemos dizer que é teste de ortodoxia alguém afirmar ou negar a autoria do livro a Josué, filho de Num. Outrossim, nem sempre a palavra *ortodoxia* é sinônimo de *veracidade*. *Tradições*, e não fatos, compõem uma boa porção daquilo que, em teologia, se tem chamado de *ortodoxia*. A isso sintome na obrigação de adicionar que as disputas sobre questões como essas pouco ou nada têm a ver com a espiritualidade, pois essas questões não são cruciais e em nada afetam a fé de quem quer que seja. Ao mesmo tempo, se quisermos entender as situações históricas dos livros que formam a Bíblia, é bom que as examinemos, evitando atitudes hostis para com aqueles que de nós discordem.

IV. DESTINO E PROPÓSITO.

Duas características distinguiam o antigo povo de Israel: **1**. a preocupação com a história, **2**. a preocupação com o material religioso escrito, que agisse como guia nas crenças e na conduta. As palavras de Moisés (o Pentateuco) foram postas sob forma escrita desde o começo, como testemunho escrito sobre o relacionamento entre Yahweh e o povo de Israel. A esses escritos mosaicos foram adicionados os registros das vitórias de Israel na conquista da terra de Canaã, o que envolve significados tanto históricos quanto teológicos. O livro de Josué foi escrito tendo em vista a edificação moral e espiritual do povo de Israel, como parte de sua herança histórica e religiosa. As Escrituras eram lidas diante do povo, e a substância delas era explicada por sacerdotes eruditos. Mui provavelmente, poucas pessoas sabiam ler, e as poucas que podiam fazê-lo não tinham obras manuscritas. Os manuscritos existentes tornaram-se um dos principais tesouros da nação, sendo guardados ciosamente pelos sacerdotes. O trecho de Neemias 8.9 reflete esse costume de fazer leituras bíblicas em público, o que, segundo supomos, é um costume antiquíssimo em Israel. Historicamente falando, o intuito do livro de Josué é dar continuação à história sagrada da nação de Israel. Essa história é sagrada porque, segundo a crença de Israel, o processo histórico daquele povo era controlado por forças divinas. E, naturalmente, concordamos com isso. Portanto, para Israel a história era um aspecto importante da teologia. A mensagem do livro de Deuteronômio, de que Israel seria abençoada enquanto obedecesse a Deus, mas amaldiçoada quando fosse desobediente ao Senhor, é o conceito mais central da teologia histórica do livro de Josué.

O registro sagrado tinha por finalidade instruir e inspirar o povo de Israel em sua inquirição espiritual e em sua expressão como nação escolhida pelo Senhor, a fim de que pudesse cumprir seus propósitos especiais e seu destino ímpar no mundo. Nos livros proféticos posteriores do Antigo Testamento, encontramos a exortação, dirigida a Israel, para que voltasse a aderir ao pacto mosaico (ver Ne 9.30; Zc 7.8-12). Portanto, o respeito pelas raízes era tido como a chave para a correta conduta. Deus é capaz de cumprir todas as suas promessas (ver Js 21.45), mas ele precisa encontrar uma reação favorável por parte de seu povo, que assim preencha as condições divinamente impostas. Deus envolve-se diretamente na história da humanidade, e até nos menores detalhes (ver no *Dicionário* sobre o *Teísmo*, em contraste com o *Deísmo*). Isso é absolutamente ilustrado no Antigo Testamento. Consideremos, só para exemplificar, o incidente em que Acã esteve envolvido. Ele cometeu um erro, e a comunidade inteira sofreu por causa desse erro (ver Js 7.1,18-20,24 e 11.1-15). A história era muito importante nos escritos sagrados dos hebreus. Mas essa história nunca foi escrita somente com finalidades históricas. As lições morais e religiosas estão sempre na base de todos os escritos históricos dos hebreus.

"O livro de Josué demonstra a fidelidade de Deus às suas promessas, a qual guiou Israel até a terra de Canaã, conforme também os tirara do Egito (Gn 15.18 e Js 1.2-6). A narrativa da conquista é altamente seletiva e abreviada. Os acontecimentos enumerados foram considerados suficientes para servir aos propósitos que os autores sagrados tinham em mente" (UN).

V. CANONICIDADE; TEXTO; TRADUÇÕES

1. Canonicidade. O livro de Josué era classificado na coletânea de livros sagrados dos hebreus como parte dos *Profetas Anteriores*. Esses informes cobrem o período histórico que vai da conquista da Terra Prometida ao exílio babilônico. É isso o que encontramos nos livros de Josué, Juízes, 1 e 2Samuel, e 1 e 2Reis. Naturalmente, a porção mais fundamental desse cânon são os cinco livros de Moisés, o *Pentateuco* (ver a respeito no *Dicionário*). Todavia, a história teológica de Israel começa no livro de Deuteronômio, mas como parte integrante do Pentateuco. Josué dá continuidade a esse relato e, pelo menos em parte, depende dele.

Alguns eruditos supõem que a fonte informativa *D* seja a mais saliente no livro de Josué e no livro de Deuteronômio, razão pela qual haveria tão íntima vinculação entre eles. Josefo falava sobre os Cinco Livros, distinguindo-os dos treze livros proféticos que vinham em seguida. O tempo atribuído por Josefo a esses treze livros era da morte de Moisés até o reinado de Artaxerxes. (Ver *Contra Ápion* 1.7,8). Apesar de muitos estudiosos considerarem a suposta unidade de seis livros (o hexateuco) uma teoria inventada (porquanto nem os judeus nem os samaritanos reuniram assim esses seis livros), torna-se claro que Josué demonstra certa dependência ao livro de Deuteronômio. Ver a seção VI, *Problemas Especiais*, primeiro ponto. O livro de Josué fornece uma apropriada conclusão para o Pentateuco. As condições adversas ali relatadas, quando Israel estava cativo no Egito, são inteiramente revertidas na Terra Prometida, restaurando assim as esperanças dos tempos patriarcais. Por isso mesmo, a canonicidade do livro de Josué era comumente aceita em Israel, embora os samaritanos, e, posteriormente, os saduceus, reconhecessem somente a autoridade dos cinco livros de Moisés, o Pentateuco. Josué, porém, obteve posição sólida no cânon reconhecido pelos fariseus. E essa era a posição mais popular e aceita entre o povo de Israel. E a primitiva igreja cristã, concordando com a maneira farisaica de pensar acerca dessas questões canônicas, aceitava o cânon do Antigo Testamento inteiro (o cânon Palestino, como era chamado). Na igreja antiga também foram aceitos livros que faziam parte do cânon chamado *Alexandrino* (ver a respeito no *Dicionário*), que incluía vários dos livros apócrifos. Ver também o artigo *Livros Apócrifos*, quanto a uma discussão sobre problemas canônicos relativos a esses livros, e o verbete intitulado *Hexateuco*, quanto a pormenores, e onde também listamos as objeções levantadas contra essa teoria.

2. Texto. O texto hebraico do livro de Josué é essencialmente puro. Alguns poucos e óbvios erros escribais penetraram no texto — e foram perpetuados pelo texto massorético. Ver no *Dicionário* o artigo sobre a *Massorah*. Entre os manuscritos achados em *Qumran* (ver no *Dicionário* sobre *Khirbet Qumran*), popularmente chamados *Manuscritos do mar Morto*, havia fragmentos do livro de Josué. A Septuaginta mostra ser uma boa tradução do texto hebraico do livro de Josué, o que também é demonstrado no que concerne ao restante do Antigo Testamento. Algumas vezes, porém, a Septuaginta exibe um texto superior aos manuscritos massoréticos típicos. Tal fenômeno, porém, deve ser averiguado individualmente, visto que nenhuma declaração geral envolve todos os casos possíveis. Ver no *Dicionário* o artigo separado sobre *mar Morto, Manuscritos*.

3. Traduções. No parágrafo anterior, vimos a importância da tradução da Septuaginta, no caso do livro de Josué. A tradução da Septuaginta não difere do texto hebraico em nenhum sentido apreciável. No entanto, é fraca quanto à tradução dos nomes geográficos, pelo que os nomes hebraicos (transliterados, e não traduzidos) quase sempre são preferidos. Há versões mais longas e mais breves da Septuaginta do livro de Josué. Os escribas tendem muito mais a alongar os livros do que abreviá-los, visto que os comentários escribais aumentam o texto. As primeiras versões latinas baseavam-se quase inteiramente na

Septuaginta, e não no texto hebraico. A versão de Jerônimo, porém, foi feita diretamente do hebraico. As traduções modernas dependem essencialmente do texto massorético, embora os textos críticos tenham a vantagem de contar com a evidência representada pelas versões, mormente a Septuaginta.

VI. PROBLEMAS ESPECIAIS

1. Fontes Informativas. Deve-se pensar na teoria J.E.D.P. (S.) (ver a respeito no *Dicionário*) e, especialmente, na relação entre D (ver também no *Dicionário*) e Josué. Sob as seções I e III. 4 e 5, damos as informações essenciais sobre as fontes propostas para o livro de Josué. Temos visto que, excetuando a fonte informativa D, as teorias que cercam a questão são bastante incertas e até mesmo contraditórias. Que o livro de Josué é Deuteronômio, é fato que se pode demonstrar até com certa facilidade.

Josué em Relação a Números e a Deuteronômio: **a**. Comissão de Josué. (Cf. Js 1.1-9 com Dt 31). **b**. Extensão das promessas. (Cf. Js 1.3,4 com Dt 11.24). **c**. Informações sobre as tribos orientais. (Cf. Js 1.12-15 com Nm 32 e Dt 3.18 ss). **d**. Ebal. (Cf. Js 8.30-35 com Dt 27). **e**.Conquistas na Transjordânia. (Cf. Js 12.1-6 com Nm 21.21-35 e Dt 2 e 3; 4.45-49). **f**. Divisão da Terra Prometida. (Cf Js 13.6,7 com Nm 24.7 e Dt 1.38). **g**. Fixação na Transjordânia. (Cf. Js 13.8-14 com Nm 32.33-42 e Dt 2.32 ss). **h**. Josué e Eleazar. (Cf. Js 14.1 com Nm 34.7 e Dt 1.28-36). **i**. A herança de Calebe. (Cf Js 14.6 ss. com Nm 14.24 e Dt 1.28-36). **j**. A fronteira sul. (Cf. Js 15.1-4 com Nm 34.3-5). **k**. As filhas de Zelofeade. (Cf. Js 17.3-6 com Nm 27.1-11). **l**. Comissão sobre o aloçamento de terras. (Cf. Js 18.4-10 com Nm 34.17 ss). **m**. Cidades de refúgio. (Cf. Js 22 com Nm 35.9 ss. e Dt 19.1-13). **n**. As cidades dos levitas. (Cf. Js 21 com Nm 35.2-8).

Alguns intérpretes têm chegado ao extremo de propor uma história deuteronômica, na qual Josué aparece como o segundo livro dessa história. Outros estudiosos repelem terminantemente a teoria que diz que houve uma fonte informativa comum para os livros de Deuteronômio e Josué, supondo que somente em certo número de casos tenha havido material paralelo de diferentes autores. Os desacordos entre os críticos têm fortalecido a causa dos conservadores, que relutam em considerar que aquela teoria é necessária, visto que seu intuito consiste em tentar demonstrar uma data posterior para o Pentateuco e para o livro de Josué, a fim de que nem Moisés nem Josué sejam autores dos livros que lhes são atribuídos. Além disso, alguns eruditos preferem manter o Pentateuco como uma unidade separada para estudos, sem se envolver nas controvertidas teorias que circundam a ideia do *Hexateuco* (ver a respeito no *Dicionário*).

Parece-me que somente um erudito do Antigo Testamento e do idioma hebraico muito profundo poderia fazer um juízo inteligente sobre essas questões. Com base no que tenho lido, eu diria o seguinte: A teoria do J.E.D.P.(S) (ver a respeito no *Dicionário*), considerada como um todo, não parece explicar as fontes informativas do livro de Josué. Mas a fonte informativa D parece figurar fortemente nesse livro. Alguns críticos dizem que o livro de Josué tem um estilo deuteronômico, mas outros negam tal estilo. Pelo menos a teologia deuteronômica se evidencia no livro de Josué: se alguém obedecer à lei de Deus, prosperará, e isso envolve tanto indivíduos quanto nações.

2. O Tratamento Dado aos Cananeus. Como todas as narrativas sobre guerras, o relato de Josué é bastante brutal e selvagem. Não apenas os estudiosos modernos, mas também os antigos intérpretes cristãos tiveram dificuldades em explicar a questão. Podemos atribuir a Deus toda aquela matança, tantas coisas feitas das maneiras mais violentas? Deus é realmente o Deus dos Exércitos? Não há uma diferença muito grande entre o Deus retratado no livro de Josué e o Deus retratado no Novo Testamento, que se manifestou em Jesus Cristo?

Em defesa da visão de Deus no livro de Josué, temos argumentos que dizem que a ira divina contra o pecado é parte necessária da teologia. Às vezes, os homens chegam a extremos de maldades que merecem um tratamento muito severo. Além disso, há intérpretes que assumem a posição extremada do *voluntarismo* (ver a respeito no *Dicionário*), ensinando que aquilo que Deus quer é correto, sem importar a nossa atitude para com a questão. Essa posição se parece muito com a antiga teoria grega, que dizia: "O poder é direto". Mas essa teoria deveria ser rejeitada com base em uma revelação mais iluminada sobre a natureza de Deus. Sabemos que os cananeus eram excessivamente malignos (ver Lv 18.21-24), e também que existe tal coisa como contaminação pelo mau exemplo (ver Dt 7.1-5). Sabemos que a religião dos cananeus era tremendamente imoral (o que tem sido demonstrado pelas escavações arqueológicas em *Ras Shamra*). O principal deus dos cananeus, *El*, era uma espécie de Zeus brutal e imoral. Seu filho, *Baal* (ver a respeito no *Dicionário*), também não servia de bom exemplo para homens piedosos. Ao admitir tudo isso, indagamos até que ponto podemos fazer uma comparação entre Yahweh por um lado, e El e Baal, por outro. Outrossim, não podemos evitar reconhecer que as representações de Yahweh, no Antigo Testamento, em certos trechos não se diferenciam grandemente das representações de El, na literatura antiga não bíblica. Além disso, tanto *El* quanto *Yahweh* são nomes compartilhados pelas culturas dos assírios, dos babilônios e dos hebreus. Não admira, pois, que elas também compartilhassem ideias religiosas, e não meramente nomes divinos. De fato, sabemos que havia essa herança comum de ideias. Até hoje, os homens se deleitam em culpar Deus de tudo quanto eles pensam e fazem; e até mesmo homens bons recorrem a esse estratagema. Pessoalmente, tenho cuidado com o uso de nomes divinos, relutando em juntar a palavra "Senhor" a tudo quanto penso ou faço. Em contraste, há pessoas que vivem dizendo: "O Senhor me disse isto", "O Senhor levou-me a fazer isto ou aquilo". O "Senhor", pois, quase se tornou um bichinho de estimação envolvido pelas pessoas em todas as coisas tolas que elas pensam ou fazem, como a escolha da cor do automóvel ou o lugar a ser visitado nas próximas férias. E assim os homens envolvem o nome de Deus em coisas que o Senhor não está nem um pouco interessado, por serem extremamente triviais.

Alguns problemas no Antigo Testamento não são nada triviais. Em primeiro lugar, eu gostaria de frisar que a própria revelação bíblica é algo progressivo, não sendo de admirar que as ideias dos homens acerca de Deus se aprimorem, à medida que eles se espiritualizam e se tornam capazes de ter uma concepção mais nítida da deidade. É inútil imaginar que Josué se encontrava no mesmo nível de compreensão de Jesus ou dos vários autores do Novo Testamento, quando eles falavam a respeito de Deus. Sabemos que, por muitas vezes, não menos que os gregos e muitos outros povos, Israel agiu como qualquer tribo selvagem e saqueadora. Como poderíamos negar esse fato? A história fala por si mesma!

Consideramos o Caso de Davi. A época de Davi deve ter sido mais iluminada que os dias de Josué. No entanto, quando Davi fugia de Saul e se refugiava em Ziclague, que lhe fora dada como residência por Aquis, rei de Gate, ele iniciou uma série de ataques de terror e matanças nas áreas circunvizinhas. Por que ele agiu assim? O trecho de 1Samuel 27.10 ss. revela o motivo, ele fazia isso para impressionar a Aquis, dando a ideia de que estava atacando à sua própria gente, quando, na verdade, atacava inimigos de Israel. 1Samuel 17.9 diz que ele a ninguém deixava vivo, nem homem, nem mulher, nem animal. Aquis aceitou a mentira, supondo assim que Davi se alienara totalmente de Israel, pelo que seria seu servo (de Aquis) para sempre.

As palavras de Jesus por certo devem ter um peso decisivo em qualquer discussão desse tipo. Quando os seus discípulos quiseram invocar fogo do céu para consumir os samaritanos, que tinham negado hospitalidade a Jesus e seu grupo, imitando assim uma figura nada menor que Elias, Jesus os repreendeu e declarou: *Vós não sabeis de que espírito sois. Pois o Filho do homem não veio para destruir as almas dos homens, mas para salvá-las* (Lc 9.51-56). A ignorância e a falta de maturidade espiritual continuam afirmando que não há diferença entre as atitudes refletidas no Antigo Testamento e aquelas refletidas no Novo Testamento, no tocante à pessoa de Deus. Mas o que ganharíamos com a hipótese de que as ideias dos homens não melhoram, à medida que eles são iluminados e sua espiritualidade se desenvolve? Poderíamos asseverar que não há diferença entre o Antigo e o Novo Testamento sobre uma questão tão importante quanto a natureza de Deus? Deus não mudou, mas nossa compreensão sobre a natureza divina certamente melhorou.

A ira de Deus é uma realidade, mas apenas é um dedo de sua amorosa mão. Ele julga os homens a fim de melhorá-los. O juízo divino é remediador, e não apenas retributivo. Ver no *Dicionário* os artigos denominados *Ira de Deus* e *Ira*. Ver 1Pedro 4.6 quanto à natureza remediadora do julgamento divino. Notemos que, na passagem petrina, os perdidos estão em foco. A cruz do Calvário foi um julgamento, mas também serve de medida do amor que Deus tem pelos homens perdidos.

Conclusão. Temos de admitir o propósito de Deus atuante através da entrada dos patriarcas hebreus na Palestina, segundo o registro de Gênesis. Também devemos reconhecer que o propósito de Deus se manifestou no cativeiro egípcio. Outrossim, seria ridículo dizer que Deus não estava com Moisés, nem realizou uma obra grandiosa, tirando Israel do Egito. Além disso, dentro do plano de Deus, era necessário que Israel, uma vez mais, ocupasse a Palestina, a fim de preparar o caminho para o Messias e para os futuros desenvolvimentos espirituais, em escala mundial. Porém, quase não podemos desculpar a maneira como a conquista da Terra Prometida foi efetuada, com excessos de brutalidade. Em tempos menos selvagens, Deus poderia ter feito a mesma coisa de maneira diferente, sem tanto morticínio. Mas, se tribos e nações selvagens começarem a lutar, então teremos um registro como aquele do livro de Josué. Isso não significa, todavia, que tais atos concordavam com a natureza de Deus, mas somente que essas coisas naturalmente ocorreram em face do tipo de material humano com o qual Deus teve de tratar, diante do primitivismo e da violência dos tempos em que aqueles acontecimentos se deram. Em outras palavras, usa-se o material de que se dispõe, mas isso não significa que aquilo que é feito reflete a natureza e os ideais divinos.

O Testemunho do Livro de Jonas. O livro de Jonas é o João 3.16 do Antigo Testamento. Jonas foi enviado para salvação de um povo pagão, e o verso final do seu livro mostra-nos que Deus estava interessado até na vida dos animais, para nada dizermos sobre os seres humanos. Acresça-se a isso o próprio trecho de João 3.16, no Novo Testamento. Deus enviou o seu filho amado para salvar os pecadores e não para destruí-los. A destruição física faz parte do programa de purificação de Deus, mas as matanças violentas e excessivas que acontecem por ocasião das guerras dificilmente se coadunam com a natureza de Deus.

3. O Longo Dia de Josué (Js 10.13). A palavra de ordem de Josué realmente fez o sol parar? Ver no *Dicionário* o artigo separado sobre esse assunto, intitulado *Bete-Horom, Batalha de (O Dia Longo de Josué)*.

4. O Represamento das Águas do Jordão (Js 4.15 ss.). Temos aí uma divisão, em miniaturas, das águas do mar Vermelho, uma reiteração daquele prodígio. Houve, realmente, uma intervenção divina, que fez com que as águas do rio se avolumassem, ou um deslizamento de terras, convenientemente, ocorreu no momento crucial?

VII. Problemas Arqueológicos. As evidências arqueológicas que nos podem ajudar a respeito do livro de Josué permanecem incertas. Quanto a Jericó, sabemos que no local foram erguidas diversas cidades com esse nome. Alguns arqueológicos, como Kathleen M. Kenyon, acreditam possuir provas de que ali não havia nenhuma habitação na Idade do Bronze Média (1550 a 1400 a.C.). As evidências acerca da Idade do Bronze Posterior foram apagadas. Túmulos e outros itens testificam acerca da ocupação do lugar na Idade do Bronze Posterior II, pertencente ao século XIV a.C. Essa evidência pode favorecer uma data mais remota para a composição do livro de Josué, embora as questões atinentes a isso permaneçam incertas.

Ai até hoje não foi localidade identificada com certeza. As ruínas de et-Tell, 3 km e pouco a leste-sudeste de Betel, têm sido consideradas um local possível, mas as escavações no local não provam que ele tenha sido ocupado durante as Idades do Bronze Médio e Posterior, quando devemos datar o livro de Josué. Restos de fortificação foram encontrados, pertencentes a um período ainda mais antigo (cerca de 2900-2500 a.C.), da Idade do Bronze Anterior, ou de um período mais recente (cerca de 1200 a 1000 a.C.), de tal modo que a Ai dos dias de Josué ainda não foi descoberta pelos arqueológicos. (Ver Js 8.1-29). Outras escavações, feitas nas vizinhanças de Khirbet Haiyan e em Khirbet Khudriya não produziram nenhuma prova de ocupação humana que corresponda à época de Josué. Talvez Ai fosse apenas um posto militar avançado, e não uma cidade, o que poderia explicar a ausência de evidências arqueológicas correspondentes aos dias de Josué. Outros supõem que, nos capítulos 7 e 8 de Josué, esteja em pauta a destruição de Betel, e não de Ai. E as dúvidas que cercam a verdadeira data do livro de Josué apenas se somam às incertezas que circundam toda a questão. Ver no *Dicionário* os artigos separados sobre *Jericó* e *Ai*.

VIII. Teologia Distintiva do Livro. 1. O problema da matança dos cananeus, pelos israelitas, foi abordado na seção VI. 2. Isso nos envolve na visão de Deus dada pelo livro de Josué. **2.** O livro de Josué certamente apresenta-nos uma grande fé no destino determinado por Deus. Enfrentando grandes forças contrárias, Israel entrou em uma terra que era desconhecida para aquela geração, e mesmo assim venceu. Eles creram que Deus era quem ordenava sua vida e obras. E assim cumpriram, com sucesso, os propósitos que lhes foram atribuídos. **3.** O tema do *teísmo* (ver a respeito no *Dicionário*) é bem destacado. É Deus quem controla a história humana e nela intervém. Ele não é uma figura distante, divorciada de sua criação, conforme prega o *deísmo* (ver também no *Dicionário*). **4.** A fidelidade de Deus ao seu pacto é um dos temas dominantes. Ver no *Dicionário* o artigo sobre *Pactos*. (Cf. Dt 7.7 e 9.5,6). **5. O monoteísmo** (ver a respeito no *Dicionário*) é ilustrado no livro especialmente através da determinação de extirpar o povo e a religião dos cananeus. (Cf. Gn 15.16; Êx 20.2-6; Dt 7). **6.** A necessidade de um discipulado autêntico e resoluto é o tema geral do livro de Josué; sem isso, a conquista da Terra Prometida teria sido impossível. **7.** Vários tipos simbólicos podem ser encontrados no livro de Josué. (Ver a seção IX, quanto a isso).

IX. Tipologia. 1. Tipos Cristológicos. *Estas cousas lhes sobrevieram como exemplos, e foram escritas para advertência nossa...* (1Co 10.11). O trecho de Hebreus 4.1-11 usa o relato da conquista da terra de Canaã para ilustrar como entramos no descanso de Deus, ou seja, na vida eterna, que é a grande Terra Prometida. Josué não deu ao povo final e verdadeiro descanso (Hb 4.8), pelo que resta um descanso espiritual (vs. 9). Compete a nós buscar esse estado bem-aventurado (vs. 11). A desobediência e a dureza de coração são nossos inimigos. Moisés (representante da lei) não foi capaz de conduzir o povo de Israel até o interior da Terra Prometida. Josué (representante de Cristo e da graça divinal) foi quem conseguiu fazer isso. Como é sabido, *Josué* foi um tipo de Jesus, o Cristo. E Cristo é o comandante que vence a batalha, lutando juntamente com seu povo, com seu exército. No sentido cristão, Jesus, o Cristo (cujo nome é o equivalente neotestamentário de Josué, Salvador) é quem provê um lar na Terra Prometida celestial, providenciando descanso para nós, após as vitórias espirituais que obtivermos neste mundo. **2. Lutas e Vitórias Espirituais**. A vida de todo homem espiritual e sério é uma luta em busca da vitória, e cada vitória é uma espécie de conquista da Terra Prometida. **3**. A experiência da redenção é prefigurada pelo fato de que o povo de Israel foi batizado em Moisés, na nuvem e no mar (1Co 10.2). Os homens obtêm posição espiritual quando o Espírito os imerge no corpo de Cristo (1Co 12.13; Ef 1.3; Rm 6.2,3). Essa posição espiritual consiste na união com Cristo e na participação na redenção que há em seu sangue. **4**. A travessia do Jordão é uma figura simbólica da morte física, através da qual chegamos à vida plenamente espiritual. **5**. A terra de Canaã pode tipificar nosso encontro com os adversários espirituais e nossa subsequente vitória sobre eles; ou, então, pode apontar para o céu, os mundos da luz, visto que esses mundos celestes são equivalentes à Terra Prometida. **6**. Os vários povos inimigos, em torno da Terra Prometida, como os cananeus, os fariseus, os heveus etc., aludem aos nossos adversários espirituais, aos quais precisamos vencer (Ef 6.12). **7. As cidades de refúgio** (Js 20). Há segurança espiritual em Cristo, abrigando-nos do pecado e seus efeitos. **8. A divulgação do território** (Js 13.1—21.45). Em nossa herança espiritual há variedade e abundância. Vale a pena perseguir a santidade. Há abundância espiritual para todos, em nossa herança eterna.

X. Esboço do Conteúdo
I. *A Conquista de Canaã* (1.1—12.24)
   1. *Preparação* (1.1—5.12)
     a. Josué é comissionado (1.1-9)
     b. Josué dá orientações (1.10-18)
     c. Os espias são enviados (2.1-24)
     d. A travessia do rio Jordão (3.1—5.1)
     e. O povo é circuncidado em Gilgal (5.2—12)
   2. *Várias Campanhas Militares* (5.13—12.24)
     a. Jericó e Ai são capturadas (5.13—8.29)
     b. Um altar é erigido no monte Ebal (8.30-35)
     c. O logro dos gibeonitas (9.1-27)
     d. Conquista do sul de Canaã (10.1-43)
     e. A campanha no norte de Canaã (11.1-15)
     f. Sumário das conquistas (11.16—12.24)
II. *Fixação de Israel na Terra de Canaã* (13.1—24.33)
   1. Josué recebe instruções (13.1-7)
   2. As tribos orientais recebem sua herança (13.8-33)
   3. As tribos ocidentais recebem sua herança (14.1—19.51)
   4. As cidades de refúgio (20.1-9)
   5. Designação das cidades de Levi (21.1-45)
III. *Consagração do Povo Escolhido* (22.1—24.28)
   1. Concórdia com as tribos orientais (22.1-34)
   2. Admoestações finais de Josué aos líderes (23.1-16)
   3. Um pacto nacional estabelecido em Siquém (24.1-28)
IV. *Epílogos: Morte de Josué e Conduta Subsequente de Israel* (24.29-33)

XI. Bibliografia
AH ALB AM BRI IB ROW ROW (1950) YAD YO

JOSUÉ (PESSOAS)

Ver o artigo separado sobre o livro de Josué, relacionado ao primeiro homem que, na Bíblia, recebeu esse nome. Houve um total de quatro homens com esse nome, nas páginas do Antigo Testamento:

Josué, filho de Num, assistente e sucessor de Moisés
1. Nome. Esse nome deriva-se do hebraico, *Yehoshua*, "Yahweh é salvação". Moisés mudou o nome dele, de Oseias ("salvação"), para *Yehoshua*. (Ver Nm 13.16 e 13.8). Esse é o equivalente veterotestamentário de Jesus. A Septuaginta traduziu aquele nome hebraico para o grego, *Iesous*, a forma grega do nome hebraico.

2. Família. Ele era filho de Num, que era filho de Elisama, príncipe da tribo de Efraim (Êx 33.11; Nm 1.10).
3. Informes Históricos. *a*. Considerando-se a habilidade de Josué como estrategista militar, é possível que ele tivesse sido um soldado profissional, treinado no Egito. A arqueologia dá-nos conta de que estrangeiros eram contratados pelo exército egípcio. Moisés usou Josué como seu comandante militar, contra o ataque dos amalequitas, em Refidim (Êx 17.8-16). A tarefa de Josué era organizar aquele bando de ex-escravos, que tão recentemente haviam obtido a liberdade, organizando com eles um exército respeitável. A tarefa, pois, não era nada pequena. *b*. Josué era o ministro pessoal e assistente de Moisés, quando este recebeu a lei (ver Êx 24.13; 32.17). *c*. Josué foi um dos espias enviados para obter uma visão geral da terra a ser conquistada. Ele foi um dos dois únicos que deram um relatório bom, e encorajaram o ataque (Nm 14.6-9). *d*. O povo de Israel, como um todo, foi proibido de entrar na Terra Prometida, em face de desobediência e incredulidade. Somente Josué e Calebe tiveram permissão, dentre aquela geração inteira, de entrar na Terra Prometida (Nm 26.65; 32.12; Dt 1.34-40). *e*. Josué foi comissionado para ocupar a liderança, após o falecimento de Moisés. Josué, pois, tornou-se o novo pastor de Israel (Nm 27.12-17). Ele recebeu a autoridade divina de Moisés (Nm 27.20). Foi ordenado por Moisés para assumir seu novo posto (Nm 27.21-23; Dt 3.21-28). *f*. A tarefa de Josué consistia em liderar Israel na conquista da terra de Canaã (Js 1-12). Se exceturamos uma comunidade que, através de engodo, conseguiu assinar um acordo de não agressão com Josué, ele conseguiu exterminar os habitantes de Canaã até o último homem, exceturando aqueles lugares onde obteve vitórias apenas parciais. *g*. Quando a totalidade da Palestina havia sido conquistada, Josué recebeu a tarefa de averiguar que a mesma fosse dividida entre as doze tribos (Js 13-21). *h*. Josué foi homem de notável habilidade como líder, conforme se vê em seu trabalho capaz, como o general dos exércitos de Israel (Js 1-12), em sua capacidade de conduzir espiritualmente os israelitas, estabelecendo os acordos apropriados (Js 8.30-35); ao orar pedindo poder e orientação espirituais, e recebendo as mesmas (Js 10.10-14); em seu respeito pela mensagem espiritual e pelo uso que fazia da mesma, o que tanto o ajudou a conduzir corretamente o povo de Deus (Js 1.13-18; 8.30-35, 11.12,15; 14.1-5, 23.6). Quando da divisão da terra, ele mostrou ser um hábil administrador (Js 13-21). *i*. Foi Josué quem deu ao sistema tribal dos israelitas sua forma fixa, impondo o elemento do acordo para fixação de terras específicas entre as diversas tribos (Js 24.1-28). *j*. **Idade avançada e morte**. Quando o fim de sua vida terrena aproximava-se, Josué quis consolidar os ganhos que obtivera. Convocou uma assembleia, com representantes de todo o povo de Israel, e apresentou um solene discurso e incumbência, relembrando-os sobre o que fora realizado, e exortando-os a guardarem a aliança e continuarem na fé de seus pais. Em Siquém, foi renovada a aliança com o Senhor. Josué faleceu com a idade de 110 anos, e foi sepultado em sua cidade, Timnate-Sera, pertencente à tribo de Efraim (Js 24.29). Isso ocorreu em cerca de 1365 a.C.

4. Tipos. Na seção IX, no artigo sobre *Josué (Livro)*, em seu primeiro ponto, mostramos como Josué é símbolo de Cristo. Ele foi o *Jesus* do Antigo Testamento. Ambos conduzem à Terra Prometida, e ambos receberam uma autoridade acima da de Moisés. Aquela seção sublinha certo número de outros tipos que se encontram no livro de Josué, que são bastante instrutivos.

5. Caráter de Josué. Foi Josué quem disse a Israel: *... escolhei hoje a quem sirvais... Eu e a minha casa serviremos ao Senhor*. (Js 24.15). Isso exprimiu a atitude que Josué teve durante toda a sua vida. Ele foi uma personagem das mais fulgurantes do Antigo Testamento, a quem o próprio Moisés não fez muita sombra. Sentimo-nos infelizes diante de tanta matança que houve na conquista da terra de Canaã. Ver sobre *Josué*

(*Livro*), seção VI. *Problemas Especiais*, segundo ponto, *O Tratamento Dado aos cananeus*, quanto a uma discussão sobre essa questão. É óbvio que Josué sempre cumpriu o seu dever, sem nenhum grande desvio, sem nunca haver cometido qualquer grave infração, o que também se vê no caso de todos os outros grandes vultos do Antigo Testamento. Josué serve de ilustração do homem que confronta alguma imensa dificuldade, mas a vence, porquanto nele não havia nem dúvida e nem hesitação, de tal modo que, com coragem e resolução, ele foi capaz de realizar a tarefa que o Senhor lhe deu.

Josué, um nativo de Bete-Semes. Esse foi um israelita, proprietário do campo onde chegou a carruagem que trazia a arca da aliança, ao retornar da terra dos filisteus. (Ver 1Sm 6.14,18). Ele viveu em cerca de 1076 a.C.

Josué, governador de Jerusalém, no começo do reinado de Josias. Um dos portões da cidade recebeu nome, com base em seu nome. (Ver 2Rs 23.8). Ele viveu em cerca de 621 a.C.

Josué, também chamado Jesus, filho de Jeozadaque. Ver sobre *Jesua*, terceiro item.

JOSUÉ, DIA LONGO DE. Ver sobre *Bete-Horom, Batalha de* (*O Dia Longo de Josué*).

JOTÃO

No hebraico, **"Yahweh é perfeito"** ou **"Yahweh é reto"**. Esse é o nome de três personagens que aparecem no Antigo Testamento:

1. O mais jovem dos setenta filhos legítimos de Gideão. Ele foi o único filho de Gideão que escapou ao massacre da família, determinado por Abimeleque (Jz 9.5). Jotão avisou os habitantes de Siquém acerca da maldade de Abimeleque, mediante a parábola das árvores que escolheram o espinheiro como rei. Essa honra havia sido declinada pelas nobres espécies, como o cedro, a oliveira e a videira. (Ver Jz 9.5 ss). Mas a advertência foi ignorada pelos siquemitas, e a calamidade sobreveio três anos mais tarde (vs. 57). Após ter bradado essa corajosa parábola ou apólogo, diante do perigo que corria, Jotão fugiu e não mais se ouve falar dele nas Escrituras. Supomos que ele viu o julgamento divino cair contra Abimeleque, embora não possamos ter certeza disso. Seja como for, em uma batalha, em Tebez, Abimeleque morreu quando uma mulher jogou muralha abaixo uma pedra superior de moinho, que caiu sobre sua cabeça. A pancada não o matou instantaneamente. Então, ele ordenou que o seu escudeiro acabasse de matá-lo com a sua espada, a fim de que não se dissesse que uma mulher o havia matado. A lei da colheita segundo a semeadura estava novamente em funcionamento.

2. O décimo rei de Judá, filho de Uzias, e que sucedeu a seu pai no trono, em 758 a.C. Na época, ele tinha 25 anos de idade. Reinou por dezesseis anos. Seu pai ficara leproso e fora excluído da vida pública, pelo que seu filho, Jotão, tornara-se o monarca virtual. (Ver 2Rs 15.5). Tornou-se rei único cerca de dez anos mais tarde. Ver o artigo geral chamado *Reino de Judá*. ***a. Aprendendo pela força do exemplo***. Jotão não conseguiu corrigir todas as práticas corruptas que haviam sido implantadas no meio do povo, em Judá; mas, pelo menos, fez o esforço. ***b. Um governo próspero***. Jotão, como quase todos os reis, também teve de guerrear. Suas campanhas militares foram bem-sucedidas. Uzias fizera os amonitas pagarem tributo a Israel. Quando adoeceu, porém, esse tributo foi descontinuado; mas Jotão conseguiu subjugar novamente os amonitas. (Ver 2Cr 26.8; 27.5,6). Esse predomínio tinha valor comercial. Jotão recebia, como tributo, prata, trigo e cevada. ***c. Obras públicas***. Jotão reconstruiu o portão principal do templo de Jerusalém, tornando-o mais magnificente do que antes. Novas fortificações foram construídas na cidade. Várias outras cidades foram edificadas e fortificadas em Judá, e também foram erigidas torres e outras obras de defesa, no deserto. (Ver 2Cr 26). A reconstrução de Jerusalém pode ter feito parte de um plano mais ambicioso, para ampliar as muralhas da cidade de forma a engolfarem os bairros mais distantes, aumentando assim a capacidade de resistência da cidade. Posteriormente, Ezequias construiu uma nova muralha norte e, Manassés completou o circuito, o que pode ter sido feito em continuação do plano original de Jotão. ***d. Profetas contemporâneos***. Estiveram ativos, nos dias de Jotão, os profetas Isaías, Oseias e Miqueias. ***e. Morte de Jotão***. Jotão foi muito lamentado pelo povo, e foi sepultado no sepulcro dos reis (2Rs 15.28; 2Cr 27.3-9). Morreu em cerca de 735 a.C.

3. Jotão, filho de Jadai, um descendente de Calebe, segundo todas as aparências.

JOTBÁ

No hebraico, **"bondade"** ou **"coisa agradável"**. Esse era o nome da cidade onde residia Haruz, cuja filha, Mesulemete (vide), tornou-se a mãe do rei Amom, conforme o registro de 2Reis 21.19. Essa cidade tem sido identificada com Jotapata, chamada modernamente Khirbet Jefat, a onze quilômetros ao norte de Seforis. O Talmude refere-se a uma cidade de nome Jotbate, a catorze quilômetros e meio de Nazaré, e alguns estudiosos têm-na identificado com Jotbá, embora isso seja improvável. O mais provável é que sejam lugares diferentes um do outro.

JOTBATA

No hebraico, **"deleite"**, **"coisa agradável"**. Esse era o nome do vigésimo nono acampamento de Israel no deserto, entre Hor-Gidgade e Abrona (Nm 33.33,34; Dt 10.7). Era um lugar onde havia água potável abundante, "terra de ribeiros de águas", diz-nos a passagem de Deuteronômio. Interessante é que, em nossa versão portuguesa, Jotbata aparece como "Jotbatá", e Hor-Gidgade como "Gudgodá", na passagem de Deuteronômio. Alguns estudiosos têm identificado Jotbata com a moderna 'Ain Tabah, ao norte do golfo de Ácaba.

JOZABADE

No hebraico, **"Yahweh dotou"**. Essa é a forma contraída do nome *Jeozabade* (vide). Houve nada menos de dez homens com esse nome, nas páginas do Antigo Testamento: **1**. Um filho de Somer e de Sinrite, a moabita. Ele conspirou com Jozacar a fim de assassinar Joás, rei de Judá (837-800 a.C.). Queria fazer isso por causa das vantagens políticas. Assassinou o filho do sacerdote Joiada, cuja esposa havia protegido o infante Joás dos planos homicidas de Atalia (2Rs 12.21; 2Cr 24.26). Esteve de algum modo envolvido no assassinato de Joás, por seus próprios oficiais. É provável que algum parente deles tenha sido executado, e eles quisessem vingar-se da morte dele. Isso ocorreu em cerca de 839 a.C. **2**. Três homens que se aliaram a Davi, em seu exílio, em Ziclague, quando ele fugia de Saul, tinham o nome de *Jozabade*. Eram hábeis no manejo do arco e flecha e da funda. Um deles era benjamita, de Gederá (1Cr 12.4). Os outros dois eram da tribo de Manassés (1Cr 12.20). É possível, entretanto, que houve tantos indivíduos com esse nome, que um deles surgiu nas cópias por ditografia, no vigésimo versículo. **3**. Um benjamita que se mostrou ativo durante o reinado de Josafá. Ele comandava dezoito mil homens armados (2Cr 17.18). **4**. O segundo filho de Obede-Edom, um coraíta. Davi nomeou-o porteiro (1Cr 26.40). Viveu em torno de 1000 a.C. **5**. Um chefe levita dos dias do rei Ezequias. Serviu sob Conanias e Simei, na questão dos dízimos e das contribuições (2Cr 31.13). Viveu em cerca de 719 a.C. **6**. Um chefe dos levitas, que serviu durante o reinado de Josias (2Cr 35.9). Foi superintendente das ofertas e das coisas dedicadas ao templo. Viveu em cerca de 623 a.C. **7**. Um filho de Jesua, um levita, que serviu em Jerusalém terminado o cativeiro babilônico, sob a direção de Esdras (Ed 8.33). Alguns identificam-no como o homem do mesmo nome, mencionado em Esdras 10.23, que se casou com uma mulher estrangeira durante o cativeiro, e da qual precisou divorciar-se depois que o remanescente de Israel voltou a Jerusalém. Além disso, ele pode ter sido o homem, do mesmo nome, que instruiu o povo na lei de Moisés, conforme o registro de Neemias 8.7. Uma outra referência a esse mesmo homem encontra-se em Neemia 11.16. **8.** Um filho de Pasur, um sacerdote, que se casara com uma mulher estrangeira, durante o cativeiro babilônico, mas teve que se divorciar dela após o retorno do remanescente de Judá a Jerusalém (Ed 10.22). Ele viveu em torno de 456 a.C.

JOZACAR

No hebraico, **"lembrado por Yahweh"**. Era filho da amonita Simeate e de um dos assassinos do rei Joás de Judá (2Rs 12.21). Em 2Crônicas 24.26, ele é chamado pelo nome de Zabade. Muitos eruditos pensam que esse nome, Zabade, representa um erro escribal. Seu companheiro no assassinato foi *Jozabade* (vide, número um). Isso ocorreu em cerca de 839 a.C.

JOZADAQUE

Uma forma contraída de Jeozadaque (que aparece em 1Cr 6.14 etc.). A forma contraída aparece em Esdras 3.8; 5.2; 10.18 e Neemias 12.26. Esse nome significa "Yahweh é grande". Ver o artigo sobre *Jeozadaque*.

JUBAL

No hebraico, **"riacho"**. Era descendente de Caim, filho de Lameque e Ada. Ele aparece na Bíblia como o inventor da *kinnor* e do *ugab*, que alguns traduzem, respectivamente, por *harpa* e *órgão*, enquanto que outros preferem traduzir por *lira* e *gaita*. (Ver Gn 4.21). O nome dele, talvez, tenha alguma vinculação com o *Yobel*, o chifre de carneiro. Nesse caso, como músico que era, tinha um nome associado àquele instrumento de sopro.

JUBILEU, ANO DE

I. CARACTERIZAÇÃO GERAL. Segundo a analogia do descanso semanal do último dia da semana, cada *sétimo ano* foi designado como um período de descanso para as terras agricultáveis, que deveriam ser deixadas por cultivar (Êx 23.10,11). Um *sábado de sábados* (49 anos) deveria anteceder o *ano de jubileu*. Portanto, passavam-se cinquenta anos para que houvesse um novo *ano de* jubileu. Naquele quinquagésimo ano, pois: **1**. a terra teria de ser deixada sem cultivo; **2**. a terra deveria voltar ao seu anterior proprietário; **3**. Os escravos hebreus deveriam ser postos em liberdade. Há muitos eruditos modernos que pensam que essa legislação foi observada raramente e que ela existia mais como um ideal do que como uma realidade. Ver os preceitos em Levítico 25.10 ss. Seja como for, é verdade que a lei judaica posterior rescindiu alguns elementos das provisões bíblicas, ao mesmo tempo em que confirmou outros desses elementos.

II. O NOME. A palavra portuguesa "jubileu" corresponde ao termo hebraico *yobel*, que também indica a **"clarinetada"** tirada de um corno de carneiro. Essas clarinetadas anunciavam as festas religiosas e os dias santificados. A palavra acabou indicando o próprio chifre de carneiro. O termo *jubileu*, em português, indica o regozijo do dia; vem do latim, *jubilum*, um *grito* de alegria. Sua presença nas traduções modernas, referindo-se ao *ano de jubileu*, vem do nome que lhe dá a Vulgata Latina, *annus jubilei* ou *jubileus*.

III. REFERÊNCIAS BÍBLICAS. A lei do ano do jubileu acha-se registrada em Levítico 25.8-55, cujo trecho se deve comparar com Levítico 27.16-25. Uma judia herdeira deveria casar-se somente com algum homem de sua própria tribo, pois, do contrário, sua propriedade não reverteria à sua tribo, nem mesmo no *ano de jubileu* (Nm 36.4). É curioso que o *ano de jubileu* não é mencionado em nenhuma outra porção das Escrituras canônicas ou dos livros apócrifos, o que confirma a suposição de que as leis atinentes ao *ano de jubileu* não eram praticadas, mas somente permaneceram como um ideal que nunca foi plenamente atingido.

IV. PROVISÕES DA LEI
1. As Provisões de Levítico 25.8-17. *a*. O ano de Jubileu deveria ser anunciado no dia da expiação, no quinquagésimo ano; *b*. as terras deveriam reverter aos seus proprietários originais; *c*. Os escravos hebreus deviam ser libertados; *d*. a semeadura, a vindima e a colheita eram proibidas no *ano de jubileu*; *e*. provisões adequadas tinham de ser feitas com antecedência para o *ano de jubileu*. **2. As Provisões de Levítico 25.25-38**. *a*. As terras podiam ser remidas no período do *ano de jubileu*; *b*. A remissão de terras, nas cidades, era limitada a um ano. Se a oportunidade não fosse aproveitada, não mais poderia haver remissão de terras nas cidades. *c*. As terras pertencentes aos levitas não estavam sujeitas a essa legislação. *d*. Os pobres podiam tornar-se casos de caridade de uma comunidade, se necessário, a fim de que houvesse uma distribuição melhor das riquezas materiais, beneficiando toda a sociedade. **3. As Provisões de Levítico 25.39-55**. *a*. Os escravos hebreus deviam ser postos em liberdade; mas, mesmo antes do *ano de jubileu*, os escravos hebreus não podiam ser sujeitos aos rigores da servidão, por parte de seus compatriotas. *b*. Os hebreus que tivessem ficado obrigados a servir a estrangeiros poderiam remir a si mesmos, ou um parente podia remi-los. Nesse caso, parte do preço tinha de ser pago, dependendo dos anos que ainda restassem até o *ano de jubileu*. Doutra sorte, só poderiam ser libertados no *ano de jubileu*. Ao que parece, os estrangeiros precisavam respeitar as leis de Israel, tendo de libertar seus escravos hebreus, mesmo sem compensação adequada, se isso fosse necessário.

V. PROPÓSITOS DA LEI A RESPEITO
1. Esses Preceitos Tinham um Lado Econômico. O equilíbrio de riquezas materiais era restaurado com a reversão das terras aos seus proprietários e com a libertação dos escravizados. O monopólio de alguns, embora não fosse totalmente evitado, pelo menos ficava bastante restrito. **2. Esses Preceitos eram Humanitários**. A opressão econômica reduz a varonilidade e o autorrespeito dos indivíduos, para nada dizermos sobre o potencial que cada homem tem de trabalhar e produzir. Era bom libertar os escravos e reverter as propriedades aos seus antigos donos. Leis como essa do *ano de jubileu* tendem por reduzir a agressão dos ricos contra os pobres e por refrear a ganância.

VI. RELAÇÃO COM O ANO SABÁTICO. O trecho de Levítico 25.1-7 vincula a lei do *ano de jubileu* ao sétimo ano. Ver também Êxodo 23.10,11. Damos um artigo pormenorizado sobre o *Ano Sabático*. Os escravos, de acordo com o ano sabático, eram libertados após seis anos contínuos de serviço (Dt 15.1-19). Mas, nesse mesmo período de sete anos, as terras não eram devolvidas aos seus proprietários originais. Como é patente, havia outras leis de libertação, às quais Jeremias se referiu. (Ver Jr 34.14). O trecho de Neemias 10.31 também parece aludir a alguma lei que não estava sendo observada. Se essa lei era, especificamente, *a lei do ano sabático* e a *lei de jubileu*, ou não, é algo muito difícil de determinar. Parece que outras estipulações legais tinham sido feitas, além dessas. É significativo que tanto Alexandre, o Grande, quanto Júlio César cancelaram o tributo relativo aos anos sabáticos. Josefo (*Anti*. 16.2; 15.1,2) alude à observância das leis pertinentes. Ele também menciona o *ano de jubileu* (*Anti*. 3.12,3), e, aparentemente, considerava que cada quinquagésimo ano era o ano seguinte ao sétimo ano sabático. O ponto de vista oficial da Mishna (vide) é que o *ano de jubileu* foi abolido após o exílio babilônico (*Sebi'it*. 10.3). Várias razões são oferecidas para essa abolição. É que haviam entrado abusos. As pessoas incorriam em dívidas, sabedores de antemão que poderiam evitar pagá-las; ou, então, vendiam terras, sabendo que poderiam recuperá-las de novo.

VII. O Problema do Ano Bissexto. O trecho de 1Macabeus 6.49 subentende a natureza antiprática de um ano nacional sem cultivo das terras. Muitos eruditos supõem que, com frequência, isso não era praticado, apesar de menção ao costume por parte de autores como Josefo. Mas, é possível que essa suspensão do cultivo fosse alternado de distrito em distrito, de tal modo que em nenhuma época havia uma suspensão nacional do plantio, exceto nos primeiros anos da história do povo de Israel. As passagens bíblicas que se referem à suspensão do plantio têm deixado os intérpretes em dificuldades, e não sabemos dizer quão rigorosa e regularmente essas leis eram observadas.

VIII. Tipologia. O ano de jubileu refere-se à redenção que há em Cristo, e aos benefícios advindos de sua missão terrena, de modo geral. Todos os homens, ricos e pobres, beneficiam-se com base nessa missão, e nenhum homem é esquecido, porquanto Deus amou o mundo de tal maneira que fez provisão adequada para o bem-estar espiritual e material dos homens. Em Cristo encontramos provisão e herança (ver Rm 8.17). É deveras significativo que há passagens bíblicas que aludem, em primeiro lugar, à escravidão espiritual da qual somos libertados, a fim de que cheguemos a desfrutar dos privilégios próprios de filhos de Deus.

JUCAL

No hebraico, **"Yahweh é capaz"**. (Ver Jr 37.3 e 38.1). Ele é descrito como um dos príncipes que o rei Zedequias enviou a Jeremias, a fim de pedir conselhos e rogar suas orações pelo reino (Jr 37.3). Entretanto, quando de sua volta, Jucal uniu-se àqueles que exigiam a morte daquele profeta. No original hebraico, nessas duas passagens de Jeremias, há uma diferença na grafia de seu nome, razão pela qual algumas traduções dão seu nome como *Jeucal*, em Jeremias 37.3, mas como Jucal, em Jeremias 38.1. Nossa forma portuguesa dá uma só forma, *Jucal*, em ambas essas referências. Jucal viveu em torno de 589 a.C.

JUDÁ

No hebraico, *Yehudah*, **"seja ele (Deus) louvado"** ou **"seja ele celebrado"**. Esse foi o nome de várias personagens bíblicas, como também de uma das doze tribos de Israel, do território pertencente àquela tribo, e, finalmente, do reino que tinha esse nome, depois de Salomão, desde os dias de seu filho, *Roboão* (vide).

I. Indivíduos de Nome Judá

1. Judá, o Patriarca

a. Nome. Ver acima, sob *Judá. b. Família.* Ele foi o quarto filho de Jacó e Lia. Seus irmãos por parte de pai e mãe foram Rúben, Simeão e Levi (mais velhos que ele), e Issacar e Zebulom (mais novos que ele) (Gn 29.35). Viveu em torno de 1950 a.C. De acordo com a Bíblia, Judá casou-se com uma mulher cananeia, com a qual teve três filhos: Er, Onã e Selá. Com a passagem dos anos, conforme nos mostra o relato bíblico, ele gerou dois filhos gêmeos, com sua nora Tamar: Peres e Zera. *c. Informes Históricos.* Foi Judá quem sugeriu aos outros nove irmãos que José fosse vendido aos ismaelitas, em vez de ser morto. Não temos razão para acreditar que ele não tenha agido movido por um espírito humanitário. (Ver Gn 37.26,27). Entretanto, alguns pensam que ele agiu assim por puro egoísmo. É como se ele tivesse pensado: "Se o matarmos, que vantagem isso nos dará? Vamos vendê-lo. E, então, obteremos algum dinheiro". O relato sobre seu casamento e sobre os seus filhos aparece no capítulo 38 de Gênesis. Após vários acontecimentos importantes com seus filhos e uma nora, ele acabou gerando dois filhos (gêmeos) com sua própria nora, por astúcia desta, que se disfarçara de prostituta. Assim, sem consciência do que estava fazendo, Judá acabou praticando incesto. Tamar queria filhos a qualquer custo; e, ao escolher seu próprio sogro (então ela vivia como viúva, quando deveria estar casada com o filho mais novo de Judá, Selá, mediante a lei do casamento levirato; vide), provavelmente estava pensando que, dessa maneira, ele tomaria conta dela e dos filhos. Er, o filho mais velho de Judá e que se casara com Tamar, havia falecido, não deixando filhos. Presume-se que o costume do casamento levirato já operava, antes mesmo de sua formalização, em Deuteronômio 25.6. Assim, ela, uma vez viúva, casou-se com o segundo filho de Judá, Onã. Mas este também morreu. E Selá, que ainda era muito jovem, teria que crescer um pouco para casar-se com ela. Todavia, Selá cresceu, mas Judá, temendo a morte de seu terceiro filho, foi adiando indefinidamente o terceiro casamento. E foi isso que armou o palco para o incesto de Judá e Tamar. *O caso de Onã.* Tendo-se casado com sua cunhada, por força do casamento levirato, Onã praticava o *coitus interruptus*, derramando o sêmen no chão. Daí se originou a expressão "pecado de Onã", que é a *masturbação* (vide). (Ver Gn 38.8 ss). e Deus lhe tirou a vida, igualmente. Por promessa de Judá, Tamar ficou esperando que Selá se tornasse adulto, para casar-se com ela. Mas, como Judá não cumpria nunca a sua palavra, ela traçou um plano astuto. O que nos chama aqui a atenção foi a facilidade com que ela conseguiu seduzir seu sogro, o patriarca Judá, ao fingir-se de prostituta! Judá lhe havia dito, anos antes: *Permanece viúva em casa de teu pai, até que Selá, meu filho, venha a ser homem* (Gn 38.11). O pai dela residia em Adulão. As mulheres rejeitadas por muitas vezes se desesperam, e dispõem-se a fazer qualquer coisa! *d. Liderança.* Embora Judá não tivesse sido o primogênito de Jacó, foi *poderoso entre seus irmãos, e dele veio o príncipe* (1Cr 5.2). Por essa razão, assumiu a posição de liderança. Vemos aspectos dessa liderança nas jornadas ao Egito, por ocasião da prolongada fome de sete anos (Gn 43.3-10). Ele desempenhou o papel de mediador, quando a taça de José foi encontrada entre as coisas pertencentes a Benjamim. Foi o apelo eloquente e intenso de Judá, diante de José, em favor da família, que levou José a não mais poder conter-se, o que o levou a revelar a seus irmãos a sua verdadeira identidade, pondo fim à charada que ele vinha planejando e executando com tanta maestria. (Ver Gn 44.16-34). Judá também enviou Jacó para preparar o caminho diante dele, para que se instalasse na terra de Gósen (Gn 46.28). Porém, nada mais nos é dito no livro de Gênesis, acerca de Judá, senão na descrição final das bênçãos de Jacó a seus doze filhos, no trecho de Gênesis 49.1-12. Naturalmente, foi de Judá que se originou a tribo de Judá e, finalmente, o reino de Judá. E foi da linhagem de Judá, por meio de Peres, filho de Judá, e de Tamar, que veio o Senhor Jesus. E o termo *judeu?* Essa designação também se deriva do nome daquele patriarca. Ver o artigo sobre *judeu*, quanto à origem e aos usos desse vocábulo.

2. Um levita que voltou a Jerusalém, terminado o cativeiro babilônico, em companhia de Zorobabel, também se chamava Judá. (Ver Ne 12.8). Isso ocorreu em cerca de 536 a.C. Talvez ele seja o mesmo homem cujos filhos são mencionados em Esdras 3.9, como pessoas que também ajudaram na reconstrução do templo de Jerusalém.

3. Um filho de Senua, um benjamita, que foi oficial do governo em Jerusalém, *o segundo sobre a cidade* (Ne 11.9). Talvez esse Judá fosse o prefeito de Acra, a Cidade Baixa. Ele viveu em cerca de 445 a.C.

4. Um sacerdote ou levita que é descrito como quem seguia os líderes judeus em torno da porção sul das muralhas reconstruídas de Jerusalém, depois que Judá voltou do cativeiro babilônico, e que seu remanescente fixou residência em Jerusalém. (Ver Ne 12.34). Talvez ele seja o mesmo músico mencionado em Neemias 12.36. Deve ter vivido em torno de 445 a.C.

II. A Tribo de Judá

1. Descendência. O genitor dessa tribo foi Judá. A tribo de Judá era uma das seis tribos (metade das tribos) que descendiam diretamente de Lia, esposa de Jacó. As demais seis

JUDÁ (HISTÓRIA)

tribos descendiam de Raquel, Bila e Zilpa (duas, de cada uma dessas três mulheres).

2. Informes Históricos. Nada de especial é dito acerca da tribo de Judá, no relato atinente ao êxodo e às vagueações pelo deserto, antes da conquista da Terra Prometida. O trecho de Números 2.9 informa-nos de que Judá era a tribo líder vanguardeira. Os números dos dois recenseamentos (Nm 1.27 e 26.22) não apresentam aumentos significativos na população judaíta.

Acã, que pertencia à tribo de Judá, causou um incidente desagradável, provocando com isso (como causa espiritual) a derrota militar de Israel diante da cidade de Ai (Js 7). *Calebe* foi o representante da tribo de Judá, como um dos espias enviados a explorar a Terra Prometida (Nm 13.6). Quanto à porção da terra que coube à tribo de Judá, ver o terceiro ponto, abaixo. Durante o tempo dos *juízes* (vide), a tribo de Judá manteve uma certa independência das outras tribos. Os homens da tribo aceitaram Saul, o benjamita, como primeiro rei da nação de Israel, embora, ao que pareça, com uma certa atitude de resistência passiva. Isso pode ficar subentendido pelo fato de que eles supriram um miserável contingente para o exército de Saul, quando este combatia contra os amalequitas (1Sm 15.4). *Davi*, que pertencia à tribo de Judá, desagradou aos efraimitas, quando removeu a capital e o centro da adoração religiosa para Jerusalém. Esse foi um dos fatores da subsequente divisão da nação em Israel (dez tribos) e Judá (duas tribos). As duas nações assim formadas, por várias vezes, se hostilizaram. Destarte, a tribo de Judá tornou-se o *reino de Judá*, unida somente a uma outra tribo, Benjamim, além de alguns elementos de *Simeão* e *Levi* (ver os artigos sobre essas duas tribos). Essa divisão em duas nações ocorreu durante o começo do reinado de *Reoboão* (vide), filho de Salomão, que nascera em cerca de 975 a.C., e que o sucedera no trono. Seguiram-se muitos conflitos e guerras, tanto com a nação do norte, Israel, como com certas nações estrangeiras, como o Egito, a Síria, e, finalmente, a Babilônia, que assolou o território de Judá, e levou para o cativeiro a maior parte de sua população. Isso aconteceu em cerca de 586 a.C. Ver o artigo separado sobre o *Cativeiro Babilônico*.

3. Território. Ver a *seção III* quanto a maiores detalhes. Judá foi a primeira das tribos de Israel a receber os territórios que lhe foram alocados, a oeste do rio Jordão. Seu território incluía cerca de uma terça parte da Terra Prometida, a oeste do rio Jordão. Suas fronteiras aparecem em Josué 15.20-63. O trecho de Josué 19.1,9 registra que uma parte desse território, mais ao sul, foi dada à tribo de Simeão. A tribo de Judá ocupava as terras altas da Palestina, estando elas limitadas, ao norte, por porções de Dã e de Benjamim; a oeste e a leste, pelo mar Mediterraneo e pelo mar Morto, respectivamente; e a fronteira sul estendia-se até onde era possível o plantio. Os conflitos com os filisteus fizeram os judaítas retrocederem de parte de seu território, permitindo assim que os homens da tribo de Simeão ocupassem uma faixa do território, que, ao que parece, atuava como *tampão* contra ataques estrangeiros.

4. Uma Invasão Anterior por Judá? A Independência da Tribo de Judá. Alguns estudiosos têm pensado que a tribo de Judá teria capturado seus territórios antes da invasão geral da Terra Prometida, sob a liderança de Josué. O trecho de Juízes 1.1-20 conta a conquista de territórios por parte de Judá e Simeão. Todavia, a arqueologia moderna tende por mostrar que a opinião daqueles estudiosos está equivocada. Seja como for, o fato de que os judaítas não conseguiram conservar Jerusalém, no princípio (ver Jz 1.8,21), bem como o outro fato da existência da tetrápolis dos gibeonitas, que se manteve em estado de semi-independência (ver Js 9; 2Sm 21.1,2), criaram uma espécie de barreira psicológica entre Judá e as tribos centrais, mais ao norte. É possível que isso tenha sido um dos fatores que, posteriormente, levaram à divisão de Israel em duas nações, ainda que, durante várias gerações, todas as tribos continuassem unidas, e até aceitassem Jerusalém, em Judá, como a capital do reino unido. Também pode-se dizer, com muita razão, que a topografia montanhosa de grande parte do território de Judá proveu uma espécie de barreira geográfica entre Judá e as demais tribos. Nos dias de Davi, Judá tornou-se a tribo dominante em Israel, embora a tribo de Efraim disputasse essa hegemonia. Estavam sendo semeadas sementes que, finalmente, provocaram a divisão do povo de Israel em duas nações.

III. O Território Ocupado por Judá. O trecho de Josué 15.1-63 fornece-nos detalhes sobre o território conferido à tribo de Judá. Na verdade, a tribo nunca ocupou efetivamente todas as terras que lhe foram outorgadas. Sob a seção 11. 3., *Território*, mostramos quais as fronteiras de Judá, em largas pinceladas. O território de Judá era caracterizado por montanhas e colinas. Trata-se de um planalto semidissecado, que se projeta, mais ou menos, na direção norte-sul. Primariamente, era um território próprio para atividades pastoris, embora com trechos bons para a agricultura. Suas fronteiras naturais proviam defesas em todas as direções, excetuando o norte. Nas colinas ocidentais havia vales profundos; ao sul havia o deserto do Neguebe; e a leste havia o deserto da Judeia.

As informações bíblicas sobre as cidades do território de Judá referem-se também às suas fronteiras (Js 15.1-12). Os lugares ocupados no Neguebe são aludidos em Josué 15.21-32; os lugares ocupados nas terras baixas são mencionados nos vss. 33-47 daquele mesmo capítulo; os lugares na região montanhosa aparecem nos vss. 48-60 do mesmo capítulo; os lugares ocupados no deserto são mencionados nos vss. 61 e 62 do mesmo capítulo. Uma parte da fronteira norte era com o território de Benjamim (Js 18.11-28), e outra parte era com o território de Dã (Js 19.40-48).

IV. O Reino de Judá. Ver o artigo separado sob esse título.

JUDÁ (HISTÓRIA). Ver sobre *Reino de Judá*.

JUDÁ (PESSOAS). Ver sobre *Judá, 1. Pessoas Chamadas Judá*.

JUDÁ, REINO DE. Ver sobre *Reino de Judá*.

JUDÁ (TERRITÓRIO E LUGARES OCUPADOS). Ver sobre *Judá, II. 3. Território*, e também *seção III. O Território Ocupado por Judá*.

JUDÁ (TRIBO DE). Ver sobre *Judá, II. Tribo de Judá*.

JUDAÍSMO

Sob o título Israel, apresentamos mais de vinte artigos atinentes aos hebreus, sua cultura, história, governo e fé religiosa. Assim, o que poderíamos dizer sobre o *judaísmo*, já foi coberto em outros artigos. Portanto, este artigo aborda as *filosofias* que se desenvolveram dentro do arcabouço do judaísmo. Também temos um artigo separado que se intitula *Filosofia Judaica*. As definições e usos do termo *Israel* aparecem na primeira seção do artigo intitulado *Israel, História de*. Ver também sobre *Judaísmo Conservador; Judaísmo Reformado* e *Judaísmo Ortodoxo*.

Definições do Judaísmo. O termo judaísmo deriva-se de Judá. O cativeiro assírio marcou o fim do reino do norte, Israel (cerca de 722 a.C.); isso deixou Judá em ascendência, porquanto o reino do sul (Judá) permaneceu intacto como nação, por cerca de mais de cento e cinquenta anos. Mas, então, veio o *cativeiro babilônico* (cerca de 586 a.C.), que pôs fim temporariamente ao *reino de Judá* (vide). Passados setenta anos, voltou à Palestina um remanescente, composto quase inteiramente de pessoas pertencentes à tribo de Judá. Para todos os propósitos práticos, pois, Judá tornou-se a nação de Israel. E, então, os termos *judeu* (vide) e *israelita* (vide) tornaram-se intercambiáveis. Isso posto, o termo *judaísmo* veio a designar tudo quanto diz respeito a Israel. A história judaica, a sociedade judaica, a sua forma específica de governo (a teocracia), e as crenças e costumes religiosos, fazem parte do que se *chama judaísmo*. No que concerne à fé religiosa, o *judaísmo* é uma palavra que se refere àquele sistema que se tornou a religião que deu origem ao cristianismo e que também forneceu muitos elementos ao islamismo. Dentro do próprio judaísmo desenvolveu-se todo um conjunto de ideias filosóficas, embora o judaísmo não fosse, especificamente, uma filosofia. Este artigo, pois, desenvolve esse tema.

I. ORIGENS E IDEIAS RELIGIOSAS DO JUDAÍSMO. Historicamente, o judaísmo veio à existência quando foi firmado o *pacto abraâmico* (vide). Ver o artigo geral sobre *Pactos*. Desde o começo, o judaísmo foi uma religião revelada e não uma religião natural ou filosófica. Em outras palavras, tal como o cristianismo, o judaísmo repousa sobre o *misticismo* e sobre a sua subcategoria, a *revelação*. Ver os artigos separados sobre *Misticismo* e *Revelação*. Os triunfos e as derrotas do povo de Israel sempre foram medidos em termos de sua espiritualidade e lealdade a *Yahweh*. A história de Israel sempre esteve intimamente ligada à vontade de Deus, tudo dependendo das reações do povo de Israel, em anuência ou desobediência. Os monarcas de Israel foram sempre aquilatados, essencialmente, não por seu desempenho militar ou econômico, e, sim, pela retidão deles diante de Yahweh, ou pela ausência dessa retidão. Os judeus, portanto, sempre foram o *Povo do Livro*, porquanto, para eles, a Bíblia sempre foi o grande padrão (embora não exclusivo) de leis e de conduta coletiva e pessoal. Dentro desse arcabouço, do ponto de vista filosófico, poderíamos alistar vários importantes conceitos que se foram desenvolvendo.

1. O Monoteísmo. É bem provável que o clã que se tornou no povo israelita foi subindo do politeísmo para o *henoteísmo*, e daí para o *monoteísmo*. Ver os artigos sobre essas questões. Seja como for, o *monoteísmo* veio a ser o conceito central do judaísmo. Não há Deus fora de Yahweh. Esse único Deus é Alguém que se revela a si mesmo. Ele é a base própria do conhecimento espiritual e das normas éticas. A justiça pessoal é requerida pelo judaísmo, como o caminho da salvação. O judaísmo original não tinha uma visão clara sobre a imortalidade da alma e sobre a vida após-túmulo. Esses conceitos faziam parte de desenvolvimentos que só surgiram bem mais tarde. Quanto a esse aspecto, o judaísmo chegou a ficar atrasado em relação a certas religiões orientais e às filosofias ocidentais, porquanto a revelação que Israel recebeu foi gradual, à medida que os profetas recebiam suas revelações e escreviam os seus livros e ministravam seus ensinamentos.

2. O Cânon Bíblico e os Documentos Judaicos de Apoio. O *cânon da Bíblia* provia um padrão sólido para a cultura, para a religião e para as filosofias que apareceram no seio do judaísmo. Várias outras obras, porém, foram surgindo, a fim de interpretar as Escrituras, conforme se vê a seguir. A eclosão do cristianismo forçou a fixação do cânon do Antigo Testamento. Porém, mesmo então, surgiram vários padrões canônicos. Os saduceus e os samaritanos aceitavam como canônicos somente o Pentateuco, os cinco livros de Moisés. O chamado "cânon protestante", que consiste nos 39 livros do Antigo Testamento, coincide com o consenso de opinião na Palestina, sobretudo entre os fariseus. E também há o "cânon alexandrino", refletido na versão da Septuaginta do Antigo Testamento, que inclui os livros apócrifos. Esse se tornou a Bíblia dos judeus da dispersão. Ver o artigo geral sobre *Cânon do Antigo Testamento*, quanto a maiores detalhes.

Mas, em qualquer desses casos, a autoridade central, no judaísmo, sempre foi o livro da Lei, a *Torá* (vide). O texto da lei parece ter-se fixado em torno do século V a.C. Os eruditos conservadores modernos, todavia, insistem sobre uma data bem anterior a essa. O texto da lei requeria interpretação, razão pela qual vieram à existência o *Talmude* (vide) e a *Midrash* (vide). O Talmude inclui as estipulações civis e religiosas que não se acham na Torá, além de explicações e ampliações das leis da Torá e do próprio Talmude. A *Mishnah* (vide) é parte integrante do Talmude, como uma espécie de sumário da lei oral que havia entre os séculos V a.C. e II d.C. A Mishnah está ligada à *Gemara* (vide), que amplia e explica a Mishnah. Também deveríamos observar que o próprio Talmude pode ser dividido no *Talmude palestino*, completado aí pelo século V d.C., e o *Talmude babilônico*, que só foi terminado no século VII d.C. O material exegético, chamado Midrash, foi desenvolvido entre os séculos IV e XII d.C. A Midrash é constituída pela *Halakha*, que contém as leis judaicas tradicionais, juntamente com preceitos minuciosos, que não se encontram na lei escrita, e pela *Haggadah*, composta pelas interpretações livres que incluem certo número de parábolas ilustrativas, com base em ensinos e sugestões das Escrituras. Ver os artigos separados intitulados, neste dicionário, *Halacá* e *Hagadá*.

3. A Importância Crucial da Lei. A lei mosaica predominava em Israel. Mas ela exigia interpretação, conforme vimos no segundo ponto, acima. Para tanto, havia necessidade de uma estrutura eclesiástica que fornecesse *intérpretes* autorizados. No começo, Moisés foi o supremo legislador. Aarão, seu irmão, foi nomeado sumo sacerdote. Mais tarde houve a descentralização, sob a forma de autoridades civis e autoridades religiosas. Ver o artigo separado sobre *Israel, Constituição de*. O judaísmo posterior produziu o ofício formal dos *rabinos* (vide). Os rabinos eram juízes civis e mestres religiosos, ao mesmo tempo. Acima deles havia o *Sinédrio* (vide), o corpo governante máximo do judaísmo, bem atuante na época do surgimento do cristianismo. Esse tribunal superior tinha autoridade tanto civil quanto religiosa. O *sumo sacerdote* (vide) era tanto o chefe de Estado quanto o chefe religioso, porquanto essas duas funções eram inseparáveis em Israel. Os *escribas*, por sua vez, trabalhavam com os textos bíblicos, copiando-os e fixando a forma da lei e das Sagradas Escrituras, além de também serem os mestres populares. Finalmente, no judaísmo surgiram partidos, como o dos fariseus e os saduceus, que lutavam pela hegemonia no tocante à liderança civil e religiosa, e cujas ideias religiosas e filosóficas por muitas vezes entraram em choque. Nesse conflito, os fariseus, finalmente, levaram a melhor, pois o judaísmo moderno é apenas uma versão do farisaísmo. Não restaram documentos produzidos pelos mestres saduceus. Pode-se comparar os saduceus com as modernas *Testemunhas de Jeová* (vide), porquanto, tais como estas, negavam as realidades espirituais, como a existência de espíritos, de anjos etc., pois a posição deles era a do negativismo.

4. A Lei Escrita; A Dominação Romana; a Diáspora; a Universalização do Judaísmo. Esses foram importantes estágios do desenvolvimento do judaísmo. A diáspora, ou dispersão dos judeus, por mais desagradável que tenha sido para eles, foi uma força que universalizou o judaísmo. A destruição do templo de Jerusalém provocou a descentralização. A escola do rabino Johanan ben Zakkai foi importante no desenvolvimento de um sistema legal. O *Talmude*, entre outras coisas, finalizou a universalização do judaísmo. Apareceu então o conceito do Messias, inicialmente ventilado no livro de *Daniel*, e, então, nas obras pseudepígrafes (vide). Esse conceito concebia o aparecimento da era áurea, um período de paz universal, dentro do qual Israel tornar-se-ia cabeça das nações.

II. INSTITUIÇÕES E TRADIÇÕES JUDAICAS E A TRADIÇÃO FILOSÓFICA JUDAICA

1. Filo de Alexandria. Ver o artigo separado sobre ele. Notemos que continuamos com o *quinto ponto*, a fim de preservar pontos distintivos, embora, daqui por diante, esses pontos estejam mais especificamente ligados à tradição filosófica de Israel, e não às suas tradições religiosas. Alguns estudiosos têm dito que Filo era um Moisés que falava grego, mas outros opinam que ele se parecia mais como Platão falando em hebraico. Seja como for, temos aí uma verdade. Ele representava a tentativa de harmonizar o judaísmo com a filosofia grega. A fim de atingir o seu *desideratum*, ele precisou apelar para a interpretação alegórica do Antigo Testamento. Ele usava motivos neoplatônicos, vistos do ponto de vista dos ideais judaicos. Suas datas foram 30 a.C.-50 d.C.

2. Saadia ben Joseph Fayyumi. Suas datas foram 892-942 d.C. Ele pretendia harmonizar a filosofia à religião. Opunha-se ao sistema dos *caraítas* (vide). Esses esforçavam-se por retornar à Torá como a única autoridade em matéria religiosa, pelo que eles formavam um tipo de movimento de *volta à Bíblia*. Saadia respeitava e defendia a Torá, mas também promovia as ideias do Talmude e dos rabinos. Seus escritos incorporam a defesa do uso da *razão*, como algo necessário à fé religiosa. Portanto, por assim dizer, ele não guardava todos os seus *ovos* na *cesta* da revelação. Isso é típico dos filósofos religiosos. É claro que qualquer chamada *autoridade única* deve ser *interpretada*, devendo haver alguma forma de autoridade interpretativa. Em caso contrário, obtém-se *a fragmentação*, porquanto cada indivíduo torna-se a sua própria autoridade. Nesse processo de fragmentação, surgem muitos grupos religiosos, cada qual afirmando ser o melhor intérprete (ou mesmo o único intérprete) da autoridade bíblica. A razão, a filosofia e a comparação entre religiões, portanto, precisam tornar-se parte do processo, a fim de ser preservada a sanidade. *Saadia ben Joseph* (ver esse título) foi um gênio que estudou e escreveu sobre leis rabínicas, astronomia, liturgia, gramática, lexicografia e apologética. Em sua época, ele foi a maior autoridade sobre o judaísmo. Os intelectuais não se sentem à vontade diante de autoridades exclusivas e de sistemas restritos.

3. Harmonia Entre a Religião e o Conhecimento Geral, Através da Razão. Os filósofos judeus sefarditas do século XI d.C. em diante buscavam obter a harmonização entre a fé religiosa e o raciocínio filosófico. Uma figura fulgurante, dentro desse movimento, foi *Bahya ben Joseph ibn Paqudah* (vide). Ele desenvolveu uma teologia racional. O seu sistema ético alicerçava-se sobre o princípio da gratidão a Deus. Ele procurou sistematizar a ética judaica por via da expressão filosófica. Ele era influenciado pelo *neoplatonismo* (vide) e proveu um certo número de provas racionais da existência de Deus.

4. Avicebron (vide). Suas datas foram 1020-1070. Nasceu em Málaga, na Espanha. Era muito mais um filósofo do que um rabino. Desenvolveu o seu sistema sem considerar quaisquer razões religiosas. Sua obra era, essencialmente, neoplatônica, e os filósofos posteriores, com frequência, o citavam.

5. Judah Halevi (vide). Suas datas foram 1085-1143. Ele nasceu em Toledo, na Espanha, e deu prosseguimento à filosofia judaica sefardita (dos judeus do sul da Europa, norte da África e Oriente Próximo). Ele se opunha à doutrina aristotélica da eternidade da matéria e à doutrina platônica das emanações, defendendo o ensino bíblico da criação. Também combatia a doutrina do livre-arbítrio sem limites. Ele ensinava que a vontade do homem é restringida a certas esferas e escolhas possíveis. Dentro dessas esferas, o homem seria livre. Mas, haveria outras grandes esferas que estão fora da vontade humana. O poder do bem ou do mal, entretanto, está debaixo do controle humano, pelo que o homem é responsável pelos seus atos. Ele se opunha ao grupo dos caraítas (ver o sexto ponto, acima), apoiando os esforços dos rabinos e as tradições que eles desenvolviam. Halevi é considerado um grande poeta, além de ter sido notável filósofo.

6. Ibn Ezra (ver sobre *Ibn Ezra, Abraham Ben Meier*). Ele e sua família contribuíram para a filosofia, para a poesia, para a gramática e para as ciências. Moisés ben Jacó Ibn Ezra nasceu em Granada, na Espanha, e suas datas aproximadas são 1070-1138. Ele se tornou famoso por suas orações e por seus poemas; mas também era muito respeitado como filósofo.

Abraham Ben Meir Ibn Ezra (1092-1167) nasceu em Toledo, na Espanha, e tornou-se o mais bem conhecido dos eruditos judeus da Idade Média.

7. Moisés ben Maimon, conhecido também como Maimônides (vide), nasceu em Córdoba, na Espanha. Suas datas foram 1135-1204. Foi filósofo, teólogo, cientista e médico. No campo da filosofia, ele promovia a causa tanto da revelação quanto da razão, procurando encontrar o ponto de equilíbrio entre essas duas coisas. Ele favorecia a combinação da razão e da revelação contra o misticismo subjetivo, mas devemos lembrar que a própria revelação é uma subcategoria do *misticismo* (vide). As coisas podem perder o devido equilíbrio, e Maimônides interessava-se por restaurar o equilíbrio perdido quando os fanáticos diziam: "Eu vi!". Seu tratado filosófico mais famoso chamava-se *Guia para os Perplexos*. Ele também compilou uma obra gigantesca chamada *Segunda Torá ou, Mishnah Torá*. O alvo dessa obra era sistematizar o judaísmo inteiro. Incluía um credo dividido em treze artigos. Essa famosa obra *halakhica* (ver o segundo ponto) teve imenso valor para o judaísmo e continua sendo estudada e citada pelos eruditos atuais.

8. A Cabala. Algumas pessoas pensam que a letra (com apoio em argumentos, como única autoridade) e a *razão* (escudada na argumentação filosófica) são ambas meios muito deficientes quando se trata de obter a verdade. De fato, alguns pensam e estão convencidos de que a verdade é encontrada na pré-lógica, ou mesmo em proposições ilógicas, mas que não se afastam dos padrões ou modos de expressão dos homens. A Cabala exprimia o misticismo judaico. Ver sobre o *Misticismo*. O misticismo gnóstico já se fazia presente na Haggadah. Desenvolveu-se como uma revolta contra a lógica. As pessoas buscavam *a presença* de Deus. Essa presença substituiria toda a intelecção e todo esforço humanos. A alma humana entraria assim em harmonia e união com o Ser divino. As pessoas andavam atrás da perfeição, da santidade e da autopurificação, como maneiras de chegarem à presença divina. O instrumento usado nessa inquirição era a Cabala que, naturalmente, incorporava muitas ideias pagãs no campo dos conceitos, como a adivinhação. Não obstante, foi esse um esforço para permitir que o espírito dos homens se desenvolvesse e buscasse a verdade através do contato imediato com o Ser divino, e não mediante a manipulação de textos de prova autoritativos e de raciocínios filosóficos.

9. Misticismo Versus Razão. Maimônides tem sido citado a defender a razão. A Cabala era usada como a Bíblia do misticismo. As duas escolas de pensamento faziam oposição uma à outra, até o ano de 1305, quando o sínodo de Barcelona proibiu tanto o estudo secular quanto a leitura das obras de Maimônides, um ato duvidoso, apesar de espetacular! Isso provocou uma contra-proibição, expedida quando do sínodo de Montpellier. Esse sínodo excomungou aqueles que proibiam o estudo das ciências, ou que ousavam abusar das ideias de Maimônides. Os sínodos judaicos, em contraste com os de origem católica, tinham uma autoridade meramente local, pelo que os teólogos continuavam a disputar, cortar e queimar, o que é uma das grandes desgraças associadas à história religiosa, tanto no judaísmo quanto no cristianismo.

10. Levi ben Gershon (ver sobre *Gersonides; Gerson, Levi Ben*). Suas datas foram 1288-1340. Ele foi um sucessor aristotélico de Maimônides. Salientava o princípio da razão na determinação da verdade. Foi um filósofo judeu francês, nascido em Bagnols, no Languedoque. Também foi matemático e médico. Além das investigações filosóficas, ele promoveu as ciências em geral. A igreja cristã, através do papa Clemente VI, fez com que alguns de seus escritos fossem traduzidos para o latim, para que pudessem ser investigados pelos pensadores católicos. Spinoza adotou a teoria dos milagres de Gershon. Ele defendia a realidade dos milagres, embora limitasse severamente o papel deles na fé religiosa.

11. Hasdai ben Abraham Crescas revoltou-se contra a expressão da fé religiosa através de modos aristotélicos, promovendo a revelação como a base de qualquer sistema religioso. Suas datas foram 1340-1410. Parte de seu argumento repousava sobre a demonstração da insuficiência da razão como a única (ou mais importante) base da fé. Ele acreditava que a revelação é necessária para que saibamos qualquer coisa sobre as realidades espirituais.

12. O Talmude Versus a Cabala. Esse conflito era muito agudo no século XVII. Perturbou comunidades judaicas tanto na Europa quanto na Ásia. Por detrás desse conflito havia o ceticismo de alguns, no tocante às crenças judaicas tradicionais, e uma reação contra os excessos do cabalismo. *Uriel da Costa* (vide) promoveu o deísmo (vide) como uma alternativa para modos judaicos usuais de pensamento. Suas datas foram 1548-1647. *Spinoza* (vide) não era um judeu tradicional, religiosamente falando, embora muitas de suas ideias tivessem raízes no pensamento judaico. Ele opinava que o judaísmo tradicional deveria ter terminado juntamente com a destruição do templo de Jerusalém, em 70 d.C. Promovia o panteísmo filosófico. Temos um artigo detalhado sobre o seu pensamento. Suas datas foram 1632-1677.

13. Moisés Mendelssohn. Suas datas foram 1729-1786. Ver o artigo intitulado *Mendelssohn, Moisés*. Ele obteve a reputação de ser um hábil filósofo, na Alemanha onde vivia, e também um importante rabino, dentro da comunidade judaica. Frisava os usos da lei cerimonial, requeria a tolerância e também total liberdade de opinião. Empregava vários argumentos em defesa da ideia da imortalidade da alma e da existência de Deus. O homem busca, mas nunca obtém a unidade na variedade, porquanto o segredo da unidade é conhecido exclusivamente por Deus. Na busca pela verdade, precisamos da razão e do bom senso. Respeitamos os sistemas religiosos, mas não nos deveríamos limitar por nenhum desses sistemas.

14. O Movimento Reformado no Judaísmo. Um dos produtos do Iluminismo europeu foi o movimento de reforma no judaísmo. Punha-se ênfase sobre a razão e sobre a reformulação da liturgia. Os serviços religiosos eram efetuados nos idiomas vernáculos, e não no hebraico bíblico ou no aramaico. *Moisés Mendelssohn* foi uma figura importante que encorajou a eclosão desse movimento. O movimento propagou-se por toda a Europa oriental, renovando a vida cultural do povo judeu. Houve uma espécie de emancipação dos judeus no Ocidente, e isso despertou sentimentos antissemitas. Ver sobre o *Antissemitismo*. Nasceu o idioma hebraico moderno, e floresceu a literatura em *yiddish* (vide). A interpretação científica das Escrituras, dentro do judaísmo, também surgiu nesse tempo. Foi criada uma ciência do judaísmo por Krochmal, Rapoport e Zunz, e foram implantadas as sementes da distinção entre judaísmo ortodoxo, judaísmo reformado e judaísmo neo-ortodoxo. Ver o artigo separado sobre *Judaísmo Reformado*, quanto a mais detalhes. Ver também sobre *Judaísmo Conservador*.

15. Assidismo. Temos um artigo com esse título. Esse movimento influenciou muitos aspectos da cultura judaica. Foi apenas uma renovação da tradição mística do judaísmo, tendo influenciado a teologia, a música, a literatura e a filosofia dos judeus. A imanência de Deus, conforme ela é experimentada pelo homem, era a sua ênfase principal. Os líderes desse movimento foram perseguidos nos séculos XVIII e XIX, porquanto os judeus *ortodoxos* temiam o entusiasmo e os abusos do misticismo. *Martin Buber* (vide) foi um produto desse movimento, que acabou declinando, na segunda metade do século XIX.

16. O Neokantianismo e o Existencialismo. Hermann Cohen (vide) promoveu uma escola que ensinava o neokantianismo, em Marburgo; seu aluno, Franz Rosenweig (1886-1929), trabalhou juntamente com Buber, em uma tradução da Bíblia hebraica para o alemão. A filosofia deles era uma expressão do *existencialismo* (vide).

BIBLIOGRAFIA. AM COH(2) E EP JE JOH JUN P PHIL MOR MP MW

JUDAS

No grego é *ioudas*, do hebraico *yehûdah*, **"Judá"**.

1. Nome de um dos antecessores de Jesus, que viveu antes do exílio, Lucas 3.30.

2. Judas Macabeu, o terceiro dos cinco filhos do sacerdote Matatias, 1Macabeus 2.1-5. Seu pai, profundamente entristecido pela determinação de Antíoco Epifanes de introduzir a idolatria entre o povo judeu, começou a lutar pela liberdade religiosa. Com a morte de Matatias, em 166 a.C., Judas, para cumprir os desejos de seu pai, assumiu a direção militar, 2.66; 3.1, e alcançou logo uma série de vitórias. Um exército de sírios e samaritanos, sob o comando de Apolônio, saiu-lhe ao encontro; ele o derrotou e lhe tomou a espada (v. 10,11). Judas serviu-se dessa espada em todas as campanhas até o fim de sua vida (v. 12). Derrotou outro exército sírio, comandado por Serom, perto de Bete-Horom (v. 13-24); e talvez ainda em 166 a.C., alcançou uma batalha decisiva contra Gorgias, nas vizinhanças de Emaús (v. 27 até o cap. 4.25). No ano seguinte, Antíoco enviou um grande exército à Judeia, sob o comando de Lísias, que Judas derrotou em Bete-Zur (4.26-34). Em consequência desses sucessos, os judeus tomaram conta do templo, o purificaram e novamente o consagraram (v. 36-53). Este fato foi celebrado anualmente por uma grande festa, chamada da dedicação, João 10.22. Em continuação a essas guerras com a Síria, entraram em outras operações de guerra ofensiva contra as nações vizinhas, dirigidas por Judas e Simão seu irmão, 1Macabeus 5.9-54. Antíoco Eupator sucedeu a seu pai Antíoco Epifanes no trono da Síria, e reinou desde 164-162 a.C. Dirigido por Lísias, renovou a guerra com os judeus Lísias derrotou Judas em Betzacarias (6.28-47), e deu sítio a Jerusalém (v. 48-54), mas por causa de complicações internas, concluiu paz com Judas e retrocedeu para Antioquia. Os judeus reconheceram a suserania da Síria, com o livre exercício de sua religião (v. 55-61). Demétrio Soter, que reinou desde 162-150 a.C., favoreceu o partido helênico existente entre os judeus e elevou Alcimus ao posto de sumo sacerdote (7.1-20). Judas resistiu aos esforços desse sacerdote (23.24). Demétrio enviou um exército para proteger Alcimus, comandado por Nicanor, que foi derrotado em Cafarsalama e mais uma vez em Adasa, perto de Bete-Horom (v. 26-50). Seguiu-se uma paz de pouca duração. Então Judas entrou em negociações com os romanos para obter deles provas de amizade e auxílio (cap. 8). Antes de chegar a resposta do senado romano, Demétrio enviou novo exército, comandado por Baquides, no ano 160 a.C. Judas ofereceu vigorosa resistência ao invasor em Elasa, porém as suas tropas foram rechaçadas e ele perdeu a vida. Seus irmãos recolheram o cadáver e o sepultaram no jazigo da família em Modim (v. 19). A derrota do exército e a morte do chefe causaram profundo abatimento, porém o partido patriótico tomou ânimo e ofereceu o comando das forças a Jônatas, irmão de Judas (v. 23-31).

3. Judas, filho de Calfi, e um dos dois capitães que permaneceram junto de Jônatas Macabeu em Hazor, quando todos o abandonaram, e o habilitaram a reparar as perdas, 1Macabeus 11.70.

4. Judas, filho de Simão Macabeu, 1Macabeus 16.2. Por ordem de seu pai, tomou o comando do exército com seu irmão João para combater Cendebaeus. Os dois irmãos tiveram grande vitória sobre o general sírio perto de Cedrom e não distante de Azoto, v. 2-10, mas Judas sofreu graves ferimentos, v. 9. No ano 135 a.C., três anos depois da batalha, ele e seu irmão Matatias foram assassinados no castelo de Doque, por um membro da família em um banquete, ao mesmo tempo em que seu pai era igualmente morto, v. 14-17, Antig. 13.8,1.

5. Judas da Galileia, por ocasião do alistamento, chefiou uma revolta na qual pereceu e todos que o acompanhavam,

Atos 5.37. Josefo o denominou várias vezes galileu e só uma vez lhe deu o nome de gaulonita, da cidade de Gamala, querendo dizer que era de Gaulonitis, situada a oriente do Jordão. Parece que, com o auxílio de um fariseu de nome Saduque, Judas levou alguns a pensar que o alistamento feito por Quirino, era o princípio do movimento de servidão a que o governo os queria reduzir. Fundou uma seita filosófica cujo fim era reconhecer somente a Deus como o único governador, Antig. 18.1,1,6; Guerras 2.8,1. Josefo afirma que Judas teve êxito em levantar a revolta, e dá a entender que ele pereceu nesse movimento; e diz claramente que também os seus dois filhos morreram, Antig. 20.5,2. A consequência indireta dessa tentativa foi a criação de um partido denominado dos zeladores, que muito concorreu para fomentar as perturbações internas, e que provocou a tremenda guerra judaica entre 66-70 da era cristã.

6. Judas Iscariotes, era filho de Simão Iscariotes (Jo 6.71), e um dos apóstolos do Senhor, que entregou Jesus aos quadrilheiros, dando-lhe um ósculo. Denomina-se Iscariotes para distingui-lo de outro apóstolo de igual nome (Lc 6.16; Jo 14.22). O sobrenome parece indicar que era natural de Queriote, não sendo, portanto, da Galileia. A julgar pelo seu caráter, acompanhava Jesus, dominado pelo interesse que ele tinha sonhado no reino de Cristo. Jesus, sem declinar nome algum, havia anunciado que dentre os doze um o entregaria (Jo 6.70). Judas exercia o cargo de tesoureiro e era o que trazia a bolsa. Quando Maria de Betânia, quebrou a redoma de alabastro e derramou o precioso bálsamo sobre a cabeça de Jesus, Judas, em seu nome e de seus companheiros, denunciou esse ato como sendo um desperdício, pois poderia vender-se o bálsamo, aplicando o produto ao sustento dos pobres (Jo 12.5,6). Jesus o repreendeu carinhosamente, mas provocou nele um profundo ressentimento; e ele se levantando foi encontrar com os príncipes dos sacerdotes, oferecendo-se para entregar o seu Mestre. O preço ajustado foi de 30 moedas de prata, cerca de 19,50 dólares, preço de um escravo, naquele tempo. Daí por diante procurava oportunidade para entregar Jesus (Mt 26.14-16; Mc 14.10-11; Êx 21.32; Zc 11,12,13). Na ceia pascal, Jesus manifestou o seu desígnio de ser crucificado, por ocasião da festa denunciou o traidor. O diabo já tinha colocado no coração de Judas a determinação de o entregar (Jo 13.2). Quando Jesus declarou solenemente *Um de vós me há de entregar, cada um dos discípulos perguntava: Porventura sou eu, Senhor?*. Simão Pedro fez sinal a João para saber de Jesus quem era o de que ele falava. Jesus respondeu enigmaticamente, dizendo: *O que mete comigo a mão no prato esse é o que me há de entregar* (Mt 26.23; Mc 14.20; Jo 13.26); em termos mais familiares. O que come dão comigo, levantará contra mim o seu calcanhar, 18; Salmo 41.9. Parece que Jesus e Judas colocaram a mão no prato ao mesmo tempo, e Jesus pegando no pedaço de pão o deu a Judas (Jo 13.16). Atrás do bocado entrou nele Satanás (v. 27). Ele também perguntou: *Sou eu Mestre?. E Jesus respondeu: Tu o dissesse, o que equivale a dizer: És tu mesmo* (Mt 26.21-35). Os demais discípulos não entenderam o que Jesus queria dizer. Quando o Mestre disse: *O que fazes, faze-o depressa*, entenderam que falava de dar alguma coisa aos pobres, ou comprar as coisas que precisavam para o dia da festa. O traidor saiu logo a encontrar-se com os príncipes dos sacerdotes. É muito provável que Judas não estivesse presente à instituição da Santa Ceia. Esteve na ceia e participou dela com os demais (Mt 26.20), porém saiu logo depois de receber o bocado, João 13.30, e a eucaristia se deu após a ceia (Mt 26.26-29; Mc 14.22-25; Lc 22.19, 20). Lucas, descrevendo a solenidade da ceia, inverte a ordem dos fatos colocando em contraste o espírito de Jesus e o de seus discípulos (22.15-24). Depois que Judas abandonou a sala, a conversa de Jesus mudou de tom. Terminada a ceia, Jesus conduziu os 11 para o jardim de Getsêmani. Para lá se dirigiu Judas, acompanhado de uma multidão, armada de espada e de varapaus que eram os ministros, enviados pelos príncipes dos sacerdotes e pelos anciãos do povo. De acordo com um sinal previamente combinado, a fim de indicar aos soldados a pessoa de Jesus, Judas se adiantou e saudou o Mestre, beijando-o na face, e prenderam logo a Jesus (Mt 26.47-50). No dia seguinte, quando Judas se acalmou, soube da condenação de Jesus e que ia ser crucificado. Despertou nele o sentimento de sua enorme culpa e foi ter com os príncipes dos sacerdotes para dizer-lhes. *Pequei, entregando o sangue inocente*, e lançou diante deles as 30 moedas de prata. A sua consciência não estava tão cauterizada quanto a dos príncipes dos sacerdotes, que tendo seduzido o infeliz apóstolo, agora arrependido, viraram-lhe as costas, dizendo. *Que nos importa? Isso é contigo* (Mt 27.3-5). Saindo dali, Judas foi pendurar-se de um laço, rebentando pelo meio e derramando todas as suas entranhas (At 1.18). O salmo 109 fala de inimigos que perseguiram Davi em termos tais que encontram paralelo no proceder de Judas (Sl 109.8; At 1.20). Nenhum ato de coerção da parte de Deus levou ao seu destino aquele que era filho da perdição, a cumprir o seu destino (Jo 17.12). Não suplicou misericórdia, tacitamente a recusou.

7. Judas, nome de um dos doze apóstolos, distinto de Judas Iscariotes (Jo 14.22). Era filho ou talvez irmão de Tiago (Lc 6.16; At 1.13), também chamado Tadeu (Mt 10.3; Mc 3.18). Em outras versões encontra-se o nome Lebeu. Ambos os sobrenomes têm o mesmo sentido. Lebeu vem do hebreu e do aramaico *leb*, coração, e Tadeu se deriva do aramaico *thad*, que quer dizer seio de mãe, significando, ambos, filho amado.

8. Judas, irmão de Jesus, nome de um dos quatro irmãos do Senhor (Mt 13.55; Mc 6.3), provável escritor da epístola que tem nome igual.

9. Judas de Damasco, nome de um homem que morava em Damasco, na rua Direita, onde se alojou Paulo, depois de sua conversão (At 9.11).

10. Judas, cognominado Barsabás, nome de um homem de destaque na igreja de Jerusalém, escolhido com Silas para acompanharem Barnabé e Paulo a Antioquia, levando a carta do concílio de Jerusalém às igrejas da Síria e da Cilícia. Possuía dons proféticos. Nada se conhece de sua história subsequente (At 15.22,27,32). Tem o mesmo sobrenome que o discípulo José, proposto para apostolado. Talvez fosse irmão dele (At 1.23).

JUDAS, EPÍSTOLA DE

Escritor da epístola que tem o seu nome. Fala de si como sendo "irmão de Tiago", parecendo indicar o autor da epístola de Tiago, o mesmo que fazia parte ilustre da igreja de Jerusalém. Sendo assim, era irmão do Senhor e não apóstolo. Esta conclusão tem apoio na lista dos nomes dos irmãos do Senhor (Mt 13.55; Mc 6.3), e pelas aparentes indicações do v. 17 dessa epístola em que o seu autor dá a entender que não era apóstolo. Aqueles que identificam os irmãos do Senhor com os filhos de Alfeu, não obstante identificam Judas. Afora o simples nome, nada mais podemos saber, além das inferências que se podem tirar a respeito dos irmãos do Senhor, que não creram nele enquanto viveu sobre a terra (Jo 7.5), mas que depois da ressurreição se fizeram seus discípulos (At 1.14). Hegésipo, escritor eclesiástico, conta uma história interessante, conservada por Eusébio, Hist. Ec 3.20, que vem confirmar a possível inferência baseada na 1Corintios 9.5, de que ele era casado e que havia morrido antes do ano 80 d.C. A epístola católica de Judas é muito curta. Seu autor denomina-se servo de Jesus Cristo e irmão de Tiago, v. 1. É quase certo que esse Judas é irmão do Senhor (Mt 13.55; Mc 6.3). Dirige-se àqueles que são amados em Deus Pai e conservados e chamados pela graça de Jesus Cristo, v. 1. Contuto, de acordo com o caráter da epístola que parece ter sido escrita para uma ocasião especial e está cheia de alusões que somente seriam entendidas pelo povo judeu, parece que foi endereçada igualmente a uma corporação cristã que pelas necessidades do momento deixou de ser mencionada. É mais natural admitir que a epístola foi destinada aos cristãos vindos do judaísmo e que habitavam a Palestina. A epístola reflete-se bastante em 2Pedro 2 e deve ter sido escrita pouco tempo antes dela, cerca do ano 66. Os defensores da autenticidade da epístola 2Pedro e que discutem a sua prioridade à de Judas, dizem que foi escrita entre o tempo da morte de Pedro no ano 68 e a subida de Domiciano ao trono do império romano, no ano 81. A razão de fixar a data de 81 como o limite desse período baseia-se em uma tradição citada por Eusébio sob a autoridade de Hegésipo, que escreveu nos princípios do ano 170, pela qual se observa que Judas, irmão do Senhor, morreu antes do reinado de Domiciano, ou logo no princípio dele. A epístola teve por fim combater uma heresia nascente com tendências imorais, talvez semelhantes ao gnosticismo, condenadas nas epístolas pastorais e no Apocalipse, versículos 3,4,10,15,16,18, e destinadas a salvar as igrejas de sua influência perniciosa (v. 1, 2), assinala o motivo de a escrever (v. 3, 4), anuncia a condenação reservada para os falsos mestres (v. 5-16), mostra qual é o dever dos cristãos em tais circunstâncias (v. 17-23), terminando com uma rica e apropriada doxologia (v. 24,25). Sem dúvida por causa de sua brevidade, essa epístola não é claramente citada pelos pais da igreja. Na última parte do segundo século, contudo, sabe-se que era muito lida nas igrejas gregas e latinas; foi incluída na velha versão latina introduzida na lista do fragmento Muratori, citada e referida por Clemente de Alexandria e por Tertuliano e mais tarde por Orígenes e desde o princípio fez parte do Cânon cristão.

JUDEIA

1. Nome. O nome do território de *Judá* veio do patriarca desse nome e da tribo que tomou o seu nome. Ver o artigo sobre *Judá*. Ver a segunda seção do artigo, *A Tribo de Judá*, bem como a terceira seção do mesmo, *O Território de Judá*. Judeia é a designação greco-romana de uma área que, antes, incluía o reino de Judá. Na literatura judaica, esse nome aparece, pela primeira vez, em Tobias 1.18 como nome do reino de Davi. Pode indicar a parte ocidental da Palestina (ver Lc 23.5 e At 10.37). Estritamente falando, porém, indica a região mais sulista das três divisões tradicionais da antiga Palestina, do norte para o sul: Galileia (ao norte), Samaria (no centro) e Judeia (ao sul).

2. A Terra. A expressão "terra da Judeia" indica a região de Judá, em contraste com sua capital, Jerusalém (ver Mc 1.5; Jo 3.22). A Judeia era a porção do extremo sul das três principais divisões da terra santa (conforme se viu acima). Também denotava o reino de Judá, para distingui-lo do reino de Israel. Ver o artigo sobre *Judá*. Terminado o cativeiro babilônico, a Judeia tornou-se, essencialmente, o território ocupado pelo remanescente judeu, que voltara da Babilônia pare a Palestina. Então, o nome *Judeia* passou a significar a totalidade da Palestina, a oeste do rio Jordão (Ag 1.1,14 e 2.2).

3. Dimensões. De acordo com os padrões modernos, essa região da Judeia era minúscula. Mesmo que incluamos toda a planície marítima e o deserto, a sua área não tinha mais de 5.200 km². Entretanto, nunca incluiu a totalidade daquela planície marítima. À parte da Sefelá e da planície, a Judeia tinha apenas oitenta e oito quilômetros e meio de Belém a Berseba, no sentido norte-sul, e apenas cerca de 44 quilômetros na direção leste-oeste. Isso significa que tinha cerca de três mil e novecentos quilômetros quadrados apenas, metade deserto. A leste dessa região ficava o rio Jordão e seu vale; mais para oeste vinha a região montanhosa; e, mais para oeste ainda, a Sefelá ou colinas baixas. Finalmente, seguindo nessa mesma direção, vinha a planície marítima. Ao norte, a Judeia fazia fronteiras com a Samaria; estendendo-se para o sul da Judeia ficava o grande deserto que era apenas uma continuação do deserto do Sinai.

4. O Deserto da Judeia. João Batista pregava e imergia ali (Mt 3.1). E o Senhor Jesus foi ali tentado (Mt 4). O local exato pode ter sido ao norte dessa área, perto de Jericó. Certas porções desse deserto eram virtualmente desabitadas. O que se chama de "deserto da Judeia" fica ao longo da fronteira oriental da Judeia, já aproximando-se do mar Morto. Seis cidades localizadas naquela área são mencionadas em Josué 15.61 ss. O maior proveito da área era como terras de pastagem. Os viajantes que atravessam esse deserto enfrentam algumas extensões de território inteiramente destituídas de água. Porém, há pontos bem servidos por água, na sua fronteira oriental: Jericó; 'Ain Feshkah, a dezesseis quilômetros mais ao sul; 'Ain Jegi, Engedi, a 29 quilômetros mais adiante.

5. Estradas. Três estradas partem de Jericó, e seguem na direção noroeste, até Ai e Betel, a sudoeste de Jerusalém, e para o sul e para o sudoeste, até o baixo Cedrom ou até Belém. A última dessas estradas após cruzar o Cedrom, faz junção com a estrada que vem de 'Ain Feskah. A estrada que parte de Engedi bifurca-se em duas. Um dos ramos corre para noroeste, até Belém e Jerusalém. Essa estrada não era muito usada, visto que a região não era bem desenvolvida. O outro ramo parte para sudoeste, até Yuttah e Hebrom.

6. Topografia. A Judeia é assinalada por três características principais: o seu deserto, as suas colinas e os seus vales. As colinas são separadas umas das outras por vales e corredeiras. Essas colinas são de altitude moderada, mas são muito íngremes. A rocha de que se compõem transforma-se facilmente em solo, sendo então arrastado pelas águas das chuvas, formando terraços. Isso torna as colinas muito úteis para a agricultura, em longas e estreitas faixas de terra arável. Nos tempos antigos, as videiras e as oliveiras eram as espécies vegetais mais intensamente cultivadas. Mas, finalmente, as chuvas provocaram a erosão do solo, e daí resultou que ficaram somente rochas áridas, nuas e desoladas. Certas porções ainda contam com bosques, mas a quantidade de vegetação vem-se reduzindo cada vez mais.

Dois profetas nasceram no deserto da Judeia: Amós (em Tecoa) e Jeremias (em Anatote). O coração da Judeia sempre foi a região montanhosa, um planalto que se estende desde Betel até Berseba. Essa área inclui Jerusalém, Belém e Hebrom. Próximo de Jerusalém, o planalto eleva-se até cerca de 820 m. Em Hebrom, atinge os 1020 m de altitude. Esse era o centro da vida na Judeia, desde os tempos antigos como até hoje também. Esse planalto tem vertentes que descem na direção do Ocidente, através da Sefelá e daí até à planície marítima, até chegar às margens do mar Mediterrâneo. No seu lado oriental, aquele planalto vai descendo também, na direção do mar Morto e do rio Jordão. É justamente a leste dessa área que fica o chamado deserto da Judeia. Jericó era a região habitada mais importante da região. Ao longo das costas do Mediterrâneo, mas ainda dentro do território da Judeia, ficava a mais poderosa das cidades da Filístia. Após a conquista da Terra Prometida, essa área continuou a perturbar os habitantes de Judá. Em tempos posteriores, Jabneel (mais tarde chamada Jamnia) ficava localizada aí. Esse veio a tornar-se um importantíssimo centro da erudição rabínica.

7. Informes Históricos. As descobertas arqueológicas mostram que povos primitivos, de tempos pré-históricos, ocuparam o território que, posteriormente, veio a chamar-se Judeia. Porém, dentro da história conhecida, temos o seguinte: ***a. A conquista da Terra Prometida***, nos dias de Josué, deu à tribo de Judá esse território. Alguns eruditos supõem que essa parte da conquista foi efetuada antes de outras partes; mas as evidências demonstram justamente o contrário, em favor de uma invasão generalizada, da parte de todas as tribos de Israel. Contudo, o relato dessa conquista pode não ter chegado até nós em sua inteireza, pelo que contaríamos somente com alguns lances da mesma. O relato aparece em Josué 15.1-63. Judá, naturalmente, nunca ocupou todo o território que lhe foi alocado, e os filisteus, que ocupavam a faixa marítima, foram, durante séculos, uma constante

JUDEU

irritação para os homens da tribo. As informações sobre as fronteiras do território e sobre os locais ocupados aparecem em Josué 15.1-22. *b*. Quanto a uma narrativa detalhada da história desse território, ver o artigo separado sobre o *Reino de Judá*. Durante o tempo da nação unida de Israel, encontramos a história de Davi, que estabeleceu sua capital em Jerusalém, uma antiga fortaleza dos jebuseus. Seu neto, Roboão, viveu no tempo da divisão de Israel em dois países, Israel (ao norte) e Judá (ao sul); daí por diante, encontramos a história do reino de Judá. Isso começou em cerca de 934 a.C. *c*. O reino de Judá continuou por cerca de 350 anos, como unidade distinta da nação do norte, Israel. Houve muitas guerras durante esse período, tanto contra inimigos estrangeiros como contra a nação do norte, Israel. Os adversários estrangeiros foram o Egito, a Síria, e, finalmente, a Babilônia. O reino de Judá chegou ao seu fim pela brutal invasão e exílio, chamado de cativeiro babilônico. Jerusalém caiu em 586 a.C. Ver o relato a respeito, no artigo intitulado *Cativeiro Babilônico*. *d. Ciro*, o primeiro imperador persa, deu permissão aos cativos hebreus para retornarem à sua terra nativa. O templo de Jerusalém foi reconstruído e a nação teve prosseguimento. Judá e Israel tornaram-se, desde então, termos sinônimos, pois aqueles que retornaram pertenciam, essencialmente, à tribo e ao reino de Judá, com elementos esparsos das demais tribos, dentre as quais preponderavam indivíduos das tribos de Benjamim, Simeão e Levi. *e. Alexandre, o Grande*. Um dos resultados a longo prazo das conquistas militares de Alexandre foi o governo da dinastia *Selêucida* (vice) sobre Israel. *f. Sob os Hasmoneanos* (vide), Israel obteve um período de independência. Em 165 a.C., o templo foi purificado; não muito depois, foi obtida a independência política. Judas Macabeu foi o instrumento usado nessa vitória religiosa; seu irmão, Simão, foi o instrumento usado na outra vitória, política. Os livros apócrifos, 1 e 2Macabeus, narram a história toda. *g. O Domínio Romano*. A independência de Israel, obtida pelos Macabeus, perdurou somente por cerca de cem anos. A dinastia hasmoneana continuou até o décimo segundo descendente direto de Matatias, o pai dos cinco filhos originais que encabeçaram a revolta. Herodes, o Grande, executou esse último membro da família, em 29 a.C. A Palestina caiu sob o controle dos romanos em 63 a.C., e Antipater, com o título de procurador, foi designado para governar pelos romanos. O imperador romano era então Júlio César. Herodes reconstruiu o templo de Jerusalém e proveu um lindo exemplar de construção pare fins religiosos. Ele governou a Palestina inteira de 40 a.C. até 4 a.C. Seus filhos, Herodes e Arquelau, governaram Palestina de 4 a.C. a 6 d.C. Finalmente, foram depostos pelos romanos, que passaram a dirigir a Palestina por uma série de governadores. Em tudo isso estiveram envolvidos os três territórios da Judeia, Samaria e Idumeia. Esse tipo de governo, mediante governadores nomeados, perdurou de 6 a 41 d.C. O mais bem conhecido desses governadores, para os leitores da Bíblia, foi Pôncio Pilatos, aquele que precisou julgar a causa de Jesus. Ele governou de 26 a 36 d.C. Então começou a governar Herodes Agripa I, neto de Herodes, o Grande, e Agripa governou Palestina entre 41 e 44 d.C. Então os governadores romanos nomeados passaram a controlar novamente Israel, até que os judeus rebelaram-se contra os romanos. Essa rebelião durou de 66 a 73 d.C. E o ano de 70 d.C. assinalou a destruição de Jerusalém. Os judeus, porém, não desistiram, e forçaram os romanos a destruir Israel, da maneira mais brutal e definitiva, em 135 d.C. E isso iniciou o grande exílio de Israel, a diáspora, que só foi revertida em nossos próprios dias, quando foi formado o estado de Israel, em 1948. Todavia, ainda durante o período de dominação romana, Jerusalém foi reconstruída, mas sem a presença de judeus, pelo imperador Adriano que a rebatizou com o nome latino de Aelia Capitolina (132-135 d.C.). *h.*

Cristianismo. Jerusalém foi a primeira capital do cristianismo. As primeiras missões cristãs visavam apenas à Judeia. Centros foram estabelecidos em Belém, Eleuterópolis (*Beit Jibrin*) e Messana ('*Auja el-Hafir*). *i. Constantino*. Esse imperador romano reorganizou a Palestina, e reuniu a Judeia e a Samaria sob um único nome, *Palestina Prima*. *j. O Poder Islâmico*. A Judeia foi conquistada pelos árabes em 637 d.C., e eles continuaram dominando a região até que a mesma tornou-se parte do mandato britânico da Palestina, terminada a Primeira Grande Guerra. De 1099 a 1187 d.C., potências europeias cristãs controlaram temporariamente o território, em resultado das *cruzadas* (vide). *k. Partição*. Em 1948, o território da antiga Palestina foi dividido entre judeus e árabes. *l. Guerra dos Seis Dias*. Esse conflito, que teve lugar em junho de 1967, resultou no controle dos judeus sobre todo o território que havia pertencido à antiga Judeia.

BIBLIOGRAFIA. Ver no fim do artigo sobre o *Reino de Judá*.

Judeia em Atos 2.9. A inclusão da Judeia, na lista preparada por Lucas, tem deixado alguns intérpretes perplexos, visto que esse autor sagrado vinha dando uma descrição geral de supostos povos estrangeiros, que falavam diferentes idiomas da língua dos galileus. Mas o mais provável é que isso foi feito não meramente porque o aramaico da Galileia fosse levemente diferente do aramaico judaico, mas mais certamente para que a lista ficasse mais completa; pois seria indesculpável que Lucas, ao mencionar todas as nações representadas, não mencionasse os nativos da Palestina. O termo Judeia, neste caso, provavelmente tem seu emprego mais amplo como indicação de todos os habitantes da Palestina, e não meramente da Judeia em distinção às demais regiões da Palestina. Além disso, os leitores do livro de Atos, sendo romanos ou provenientes de países vizinhos, considerariam a Judeia como uma nação estrangeira, que falava um idioma diferente do das demais nações, o qual também foi ouvido naquele dia.

Mas também é possível que *Judeia*, neste caso, signifique a região da Palestina onde se falava o aramaico, que também incluía certas partes da Síria, conforme o termo é utilizado algumas vezes. Em diversos manuscritos e versões, a palavra "Judeia" é omitida, havendo muitas substituições, como Síria, Armênia, Índia, Lídia, Idumeia e outras. Mas tais substituições foram feitas por escribas, os quais, por propósitos interpretativos, não viam razão para a inclusão da Judeia. Diversos dos pais da igreja também fizeram essa alteração, pelo que Tertuliano, e Agostinho preferia substituir Judeia por "Armênia". Não obstante, em outras oportunidades, Agostinho deixou ali "Judeia". Jerônimo conjecturou que se trataria da "Síria", ao passo que Crisóstomo favorecia a *Índia*. Porém, nenhuma dessas substituições tem autoridade como representante do original, e "Judeia" sem dúvida alguma aparecia no texto original do livro de Atos.

Adjetivo com o sentido de "judaico". Depois da conquista pelos romanos, em 63 a.C., a palavra passou a ser usada para indicar toda a Palestina, incluindo a Samaria e Galileia. Às vezes, naquele tempo era usada para indicar a Palestina inteira com exceção da Samaria e da Galileia. O reino de Herodes, o Grande, incluía toda a Palestina e certas regiões a leste do rio Jordão, e se chamava "Judeia", (37-4 a.C.). O tetrarca Arquelau (4 a.C.-6. d.C.) reinava sobre uma região mais estreita, isto é, a oeste do Jordão, ao sul e a oeste do mar Morto e ao sul de Samaria, que também foi chamada "Judeia" mas que não incluía a Samaria. O distrito da Judeia e esses limites também constituíam a província romana da Judeia (6-41 d.C.). Após 44 d.C. O nome passou a incluir também a Galileia.

JUDEU

1. O Nome. No hebraico, esse adjetivo pátrio é *Yedudi*, um judaíta, um descendente de Judá, pertencente à tribo de Israel por ele originada. O patriarca Judá (vide) foi o quarto filho de Jacó e Lia. Seus irmãos de pai e mãe foram Rúben, Simeão e Levi (que eram mais velhos do que ele), e Issacar e Zebulom (que eram mais novos que ele). (Ver Gn 29.35). Ele viveu em torno de 1959 a.C. Seu nome, segundo muitos estudiosos, significa "seja ele (Deus) louvado". A raiz desse nome é *yadh*, que significa "louvar". Todavia, alguns estudiosos duvidam da derivação do nome *Judá* dessa raiz hebraica, embora nenhuma ideia melhor do que essa tenha sido apresentada pelos estudiosos.

2. Usos da Palavra. *a*. *A tribo de Judá* (2Rs 16.6). *b*. Nos textos assírios, pelo menos por volta do século VIII a.C., era um apelativo comum usado por não judeus a fim de se referirem aos hebreus em geral, ou seja, aos descendentes de Abraão. Assim, em Jeremias 34.9, esse nome é sinônimo de hebreu. *c*. Posteriormente, após a divisão dos reinos de Israel em reino do norte e reino do sul, esse termo veio a aludir ao reino do sul, composto por um núcleo básico das tribos de Judá e Benjamim, com misturas com Levi e com membros de outras tribos, em número mais reduzido. (Ver 2Rs 16.6; 25.25; Jr 32.12; 38.19; 40.11; 41.3; 52.28). *d*. Essa palavra também era usada para indicar o dialeto semita local, falado em Judá, ou, conforme a nossa versão portuguesa, o "judaico" (2Rs 18.26,28; Is 36.11 e Ne 13.24). *e*. A partir da época do cativeiro babilônico, visto que aqueles que retornaram à Palestina pertenciam, em sua maioria, à tribo de Judá, o povo inteiro de Israel veio a ser conhecido como os *judeus*. (Isso também aparece em 2Macabeus 9.17; Jo 4.9; At 18.2,24). Os termos *hebreu* e *judeu*, por conseguinte, tornaram-se sinônimos. *f*. **No Novo Testamento**, "judeus" indica todo o povo de Israel. Judia também era um adjetivo usado, conforme se vê em 1Crônicas 4.18 e Atos 16.1. (Ver a forma adjetivada em Gl 2.14 e Tito 1.14). (Ver esse uso em Rm 1.16; 2.9; 10.12; Gl 2.14, 3.28 e Cl 3.11). *g*. Algumas vezes, nos Evangelhos (no grego, *ioudaioi*), o termo "judeus" não se refere a todos judeus, mas somente aos seus líderes religiosos, especialmente o partido dos fariseus. Nesse caso, o termo pode ter um certo sentido pejorativo, porque os líderes religiosos do povo judeu rejeitaram Cristo. (Ver Jo 7.11,13; 11.8; 18.12).

3. Uso Metafórico e Espiritual. Paulo considerava verdadeiro judeu aquele que tivesse não somente a circuncisão física, mas também a *circuncisão* espiritual, mediante a regeneração. (Ver Rm 2.29; Fp 33.3; Cl 3.11 ss.; Dt 10.16, Jr 4.4). Isso reitera uma distinção que vinha sendo feita desde a antiguidade. Os verdadeiros judeus, pois, são os descendentes de Abraão que se convertem ao Messias, Jesus Cristo (Gl 3.29).

4. Uso Moderno. Em nossos dias, um judeu é um membro da nação de Israel, ou, então, alguém que descende de genitores judeus. Feita uma enquete em Israel, a opinião mais prevalente entre os cidadãos do estado de Israel foi que judeu é aquele que se sente judeu no coração. Os rabinos, contrariamente às genealogias bíblicas, que traçam a descendência sempre através do pai, dizem que judeu é aquele que tem "mãe" judia. Se aplicarmos essa regra, então nem Isaque e nem Jacó eram judeus! E muitas figuras tidas na mais alta conta, como grandes vultos judeus do passado, eram gentios, porque seus pais eram judeus, mas suas mães não o eram! As restrições religiosas, aplicadas a esse nome, em Israel moderno, desapareceram quase inteiramente, excetuando no caso dos ultraortodoxos. Contudo, um convertido ao judaísmo, naquela nação, sem importar qual a sua etnia original, é considerado um judeu.

5. Uso Pejorativo. Uma pessoa que empresta dinheiro (um agiota), ou, então, um indivíduo desonesto e cheio de truques em questões financeiras, por muitos é chamado de "judeu". O verbo judiar, que é de origem popular, em português, dá a ideia de maltratar fisicamente. Essa ideia, bastante infeliz, deriva-se da ideia de que os judeus maltrataram fisicamente Cristo.

JUDEUS

Os artigos que tratam sobre os judeus, a história, a religião, a filosofia deles etc., aparecem sob o título *Israel* (onde alistamos mais de vinte artigos interessantes). Ver também sobre *Judá*, *Reino de* e sobre *Israel*, *Reino de*. O artigo sobre o *Judaísmo* fornece uma detalhada descrição sobre os aspectos históricos da fé judaica, como uma das grandes religiões mundiais.

JUDITE

No hebraico, **"judia"**. Duas personagens vinculadas à Bíblia tinham esse nome, a saber: **1**. Uma das esposas de Esaú, filha de Beei, o heteu (Gn 26.34). **2**. A figura principal do livro de Judite, um dos livros apócrifos. Ela matou Holofernes, general de Nabucodonosor, e assim Jerusalém foi poupada. Ver sobre *Judite* (*Livro*), em sua segunda seção.

JUGO, CANZIS

No hebraico, *motah*. Com o sentido de **"jugo"**, **"ligadura"**, essa palavra aparece por oito vezes nas páginas do Antigo Testamento (Is 58.6,9; Jr 27.2 28.10,12,13; Ez 30.18). O significado literal dessa palavra hebraica é "barra". No entanto, os tradutores de nossa versão portuguesa mostraram-se muito pouco uniformes na tradução dessa palavra. Assim, em Isaías 58.6 e 9 encontramos a tradução "jugo"; Em todos os versículos de Jeremias, encontra-se "canzis", a tradução mais feliz. E, novamente, no trecho de Ezequiel, achamos "jugo". Vale a pena citar uma dessas referências: *Porventura não é este o jejum que escolhi, que soltes as ligaduras da servidão, deixes livre os oprimidos e despedaces todo jugo?* (Is 58.6). A ideia de despedaçar o jugo ficaria ainda mais clara se nossa versão dissesse aqui: "... e despedaces todos os *canzis*". Os *canzis* eram barras de madeira onde eram amarrados os braços da vítima, em posição estendida ao longo dessas barras. A barra era passada por cima do pescoço e apoiada sobre o mesmo, e a pessoa era obrigada a andar como se estivesse crucificada somente nos braços. O simbolismo é o de uma servidão pesada e incômoda. Visto que, na época, muitos israelitas oprimiam seus compatriotas, até mesmo através de medidas econômicas desonestas e exploradoras, é perfeitamente compreensível essa exigência do profeta em favor de melhores igualdades sociais. Todo o contexto mostra a violência reinante contra o ser humano, lançando luz sobre a passagem citada. Essa interpretação é confirmada em Jeremias, onde lemos: *Assim me disse o Senhor: Faze brochas e canzis, e põe-nos ao teu pescoço* (Jr 27.2).

O verbo correspondente a *motah*, isto é, *mot*, significa "tropeçar", "cambalear", e até mesmo no substantivo há a transmissão da ideia de um movimento cambaleante, como o de alguém que transportasse pesado fardo. Por isso mesmo, com o tempo, o substantivo veio a significar "barra", conforme já dissemos, e daí foi um pequeno salto para indicar "canzis".

Há uma outra palavra hebraica que deve ser levada em conta, e que nos permite fazer a transição para o Novo Testamento. Esse termo hebraico é *tsemed*, que significava, originalmente, "par" ou "junta de bois", e, com o tempo, veio a indicar *jugo*, porque os animais envolvidos ficavam presos um ao outro pela barra de madeira que os unia pelo pescoço. Assim, com o sentido de "par", essa palavra ocorre por quatro vezes nas páginas do Antigo Testamento (em Jz 19.3; 2Sm 16.1; Is 21.7,9). E, com o sentido de "jugo" ou "canzil", por sete vezes (em 1Sm 11.7;14.14; 1Rs 19.19,21; Jó 1.3; 42.12 e Jr 51.23). Lemos em Jó 1.3: *Possuía sete mil ovelhas, três mil camelos, quinhentas juntas de bois...*, onde nossa versão portuguesa, de acordo com a índole de nosso idioma, diz "juntas", apegando-se à ideia de "par", que está à raiz dessa palavra.

Quando chegamos ao Novo Testamento, encontramos a palavra grega *zeûgos*, que também significa "par" e "jugo", porquanto o desenvolvimento do termo deve ter sido o mesmo que sucedeu no hebraico. Esse vocábulo hebraico foi usado por duas vezes, ambas no Evangelho de Lucas 2.24 (citando Lv 12.8 e 14.19). Em seguida, aparece a palavra grega *zugós*, "barra", "jugo", "balança", que ocorre por seis vezes (Mt

11.29,30; At 15.10; Gl 5.1; 1Tm 6.1 e Ap 6.5). A mais conhecida dessas passagens é a primeira, onde se lê: *Tomai sobre vós o meu jugo, e aprendei de mim, porque sou manso e humilde de coração; e achareis descanso para as vossas almas. Porque o meu jugo é suave e o meu fardo é leve.*

Os conquistadores romanos compeliam os prisioneiros de guerra a marchar passando por baixo de algum arco triunfal, a fim de simbolizar a derrota e a servidão a que o povo daquela gente havia sido reduzido. A circuncisão, quando imposta aos gentios, era considerada um jugo pelos apóstolos de Jesus, o que demonstra que eles entendiam que Cristo nos libertou dessa imposição: *Agora, pois, por que tentais a Deus, pondo sobre a cerviz dos discípulos um jugo que nem nossos pais puderam suportar, nem nós? Mas cremos que fomos salvos pela graça do Senhor Jesus, como também aqueles o foram* (At 15.10,11). Os crentes da Galácia se tinham deixado cativar pelas ideias dos judaizantes, que ensinavam que o crente do Novo Testamento deve guardar a lei de Moisés e ser circuncidado, a fim de poder salvar-se (ver At 15.1,5). Nas instruções que o apóstolo Paulo deu àqueles crentes gálatas, ele chega a dizer: *Para a liberdade foi que Cristo nos libertou. Permanecei, pois, firmes e não vos submetais de novo a jugo de escravidão. Eu, Paulo, vos digo que, se vos deixardes circuncidar, Cristo de nada vos aproveitará. De novo testifico a todo homem que se deixa circuncidar, que está obrigado a guardar toda a lei. De Cristo vos desligastes, vós que procurais justificar-vos na lei, da graça decaístes* (Gl 5.1-4). Essa citação é longa, mas é extremamente esclarecedora, porquanto mostra-nos que, em Cristo, não temos mais qualquer obrigação de guardar a lei como meio de salvação. Pelo contrário, buscar a justificação, por esse meio, é demonstração de que a pessoa está desvinculada de Cristo, de que a sua fé não é vital.

É significativo que Clemente de Roma, em sua epístola, descreve os crentes como aqueles que ficaram sujeitos ao jugo da graça. A única maneira de entender isso é que ele estava pensando nas palavras de Jesus, registradas em Mateus 11.29,30, que já citamos.

Visto que uma balança com pratos equilibrados era feita mediante uma barra horizontal, lembrando assim os "canzis", por isso mesmo, no grego, uma balança também tinha o nome de zugós, conforme se vê em Apocalipse 6.5: *Então vi, e eis um cavalo preto, e o seu cavaleiro com uma balança* (no grego, *zugós*) *na mão.* Esse jugo do terceiro selo será o flagelo da fome, provocada por salários baixíssimos, segundo também é explicado no versículo seguinte: *E ouvi uma como que voz no meio dos quatro seres viventes, dizendo: Uma medida de trigo por um denário, três medidas de cevada por um denário; e não danifiques o azeite e o vinho.*

Várias espécies de animais de tração eram postas a trabalhar juntas, embora, geralmente, esses animais fossem de gado vacum. É interessante observar que a legislação mosaica proibia que se fizessem parelhas compostas de espécies diferentes, como um boi e um jumento. *Não lavrarás com junta de boi e jumento* (Dt 22.10). E isso devido às características tão diferentes desses animais, em relação um ao outro, como tamanho, força, regime de trabalho etc. Sem a menor dúvida, esse pensamento está à raiz de uma determinação como aquela apresentada pelo apóstolos dos gentios, aos crentes, em 2Coríntios 6.14,15: *Não vos ponhais em jugo desigual com os incrédulos; porquanto, que sociedade pode haver entre a justiça e a iniquidade? Que comunhão da luz com as trevas? Que harmonia entre Cristo e o Maligno? Ou que união do crente com o incrédulo?* A primeira frase, *Não vos ponhais em jugo desigual...* encerra uma palavra grega composta, *eterozugountes*, particípio presente do verbo *eterozugéo*, "pôr sob jugo com espécie diferente". Entretanto, estamos vivendo em uma época em que muitos crentes não observam esse princípio espiritual; mas fazem-no somente para sua própria infelicidade futura. Só o Senhor Jesus é capaz de livrar os crentes, que assim fazem,

das más consequências do ato. Se o crente tem por pai espiritual a Deus, e o incrédulo tem por pai espiritual ao diabo (ver 8.44), se um crente jovem chegar a contrair matrimônio com alguém que é incrédulo, qual será o seu sogro espiritual? Ora, no ensino de Jesus, o incrédulo é impelido a satisfazer aos caprichos de seu pai espiritual: "Vós sois do diabo, que é vosso pai, e quereis satisfazer-lhe aos desejos... " Por conseguinte, Paulo ordenava que os crentes não entrassem em "jugo desigual" com os incrédulos, a fim de que os mesmos não fossem as grandes vítimas de suas impensadas escolhas.

Animais acostumados ao jugo (conforme nós dizemos no Brasil, à "canga") eram usados para puxar arados, pedras, carroças e para fazer outros trabalhos pesados nos campos e nas cidades. Os arqueólogos têm descoberto que, no mundo antigo, eram empregadas muitas cangas, de formatos e utilizações diferentes; e isso desde os tempos mais remotos. Quanto mais recuado o período histórico, mais simples e toscos eram esses jugos. A complexidade só foi aparecendo com a passagem de muitos séculos.

JUIZ

Ver também sobre *Juiz, Eclesiástico*, e também uma completa lista dos *juízes* de Israel, no artigo sobre o livro de *Juízes*, oitava seção.

1. As Palavras Originais e seus significados. A palavra hebraica para "juiz" é *shaphat*. Ocorre por c118 vezes no Antigo Testamento, desde Gênesis 16 até Miqueias 4.3. O termo grego é *kritês*. Esse substantivo ocorre por dezoito vezes no Novo Testamento (Mt 5.25; 12.27; Lc 11.19; 12.14,58; 18.2,6; At 10.42; 13.20; 18.15; 24.10; 2Tm 4.8; Hb 12.23; Tg 2.4; 4.11,12 e 5.9).

Além de designar os indivíduos que tomam decisões sobre questões civis e religiosas, as palavras envolvidas falam sobre a tentativa de determinar causas (ver Êx 18.13). Entre os povos, as decisões judaicas são anunciadas de várias maneiras. Os juízes de Israel faziam-no verbalmente: "Tu és culpado!" ou "Tu és inocente!". Entre os romanos, marcava-se alguma espécie de material, como um tablete de argila ou um pedaço de papel, com um *A* (absolvido) ou com um *C* (condenado). Entre os gregos havia o costume de apresentar uma pedra branca ao acusado, para indicar sua inocência, ou uma pedra negra, para indicar sua culpa.

Outros Significados. Considerar (At 16.15), governar (Sl 58.11); punir, em consequência de julgamento condenatório (Hb 13.4; Ez 7.3-8; 22.2); censurar acerbadamente (Mt 7.1).

2. No Antigo Testamento. *a*. Yahweh é chamado, antes de todos, de Juiz dos homens. *Não fará justiça o Juiz de toda a terra?* (Gn 18.25). Deus julga os indivíduos e as nações com base em sua justiça absoluta (Gn 3.14 ss.; 6.3 ss.; 11.5 ss.; 15.14; 16.5; 20.3; 31.53). *b*. O chefe patriarcal de uma casa, na antiguidade, era o juiz de seus familiares e de seu clã (Gn 21, 22 e 27). *c*. Moisés era o único juiz da nação de Israel, depois que esta saiu da servidão, no Egito; mas Jetro, seu sogro, encorajou-o a distribuir tal responsabilidade, escolhendo juízes secundários. Disso resultou a primeira instituição de juízes. (Ver Êx 18.13-17; Dt 1.9-18). *d*. Na codificação que se seguiu, conforme se vê no livro de Deuteronômio, houve a nomeação de juízes e oficiais, de tal modo que cada cidade contasse com o seu próprio juiz (Dt 16.18 ss.). Se o caso assim o exigisse, os sacerdotes podiam ser convocados para atuar como juízes (Dt 17.8-13). *e*. Nos dias de Josué, houve juízes que atuavam nas cidades, mas que também eram membros de um concílio geral (Js 8.33 ss.; 24.1). *f*. Após a morte de Josué (conforme se vê no livro de Juízes), os juízes, na realidade, eram reis com autoridade limitada, e nem sempre o juiz supremo de Israel era a autoridade judiciária principal em *todo o Israel*. Às vezes, a questão era tribal, e não nacional. A autoridade dos juízes é descrita como proveniente de Yahweh (Jz 2.16). Eles eram

autoridades civis e religiosas, que decidiam casos, protegendo Israel da idolatria. Ocasionalmente, também tinham de tornar-se comandantes militares que livravam o povo de Israel de alguma opressão estrangeira (Jz 3.9,15). Por isso mesmo, o título "juiz" é aplicado a quinze pessoas diferentes que presidiram sobre Israel, de uma forma ou de outra, por um período de cerca de 350 anos, de acordo com a cronologia do bispo Usher, embora por um período mais breve, se tivesse havido juizados que se justapuseram. O período coberto por esses juízes vai da morte de Josué à ascensão de Saul ao trono.
g. *Entre os juízes* houve personagens notáveis, cujas histórias são interessantes e mesmo dramáticas. Poderíamos falar sobre os feitos de Otniel (Jz 3.9); de Sansão (Jz 13-16); de Débora, a profetisa (Jz 4.4 *ss*); de Samuel, que era profeta, que também ungiu (sob seu protesto), o primeiro rei de Israel, Saul (1 e 2Samuel). A opressão de adversários estrangeiros, contra quem os diversos juízes tinham obtido êxito apenas parcial, sempre foi a principal motivação por detrás do desejo que os israelitas tinham de ter um rei (1Sm 8.5; Dt 17.14-20).
h. *Sob a monarquia*, o ofício dos juízes continuou, posto que de forma modificada. Entretanto, o rei era o Juiz supremo, dotado de autoridade quase ilimitada (2Sm 15.2 ss.). Josafá nomeou juízes para todas as cidades fortificadas de Judá (2Cr 19.5 ss.), e em todas as demais cidades havia alguém dotado de autoridade civil e religiosa, com a responsabilidade de manter a ordem e tomar decisões. **i**. *Terminado o exílio*, Esdras nomeou juízes e magistrados, que tomariam conta das questões civis; mas também certificou-se de que o reavivamento das antigas crenças e dos antigos costumes religiosos fosse protegido (Ed 7.25 ss.). **j**. *Prestígio e Autoridade dos Juízes*. Algo do prestígio e da autoridade dos juízes pode ser entendido pelo fato de que eles também eram chamados "deuses" (no hebraico, *elohim*), por atuarem sob a direção de Deus (*Elohim*). (Ver Sl 82.1,6; Jo 10.34 ss).

3. No Novo Testamento. **a.** *Ideias Gerais*. Para facilitar as coisas, sempre foi norma dos romanos preservar, tanto quanto era praticamente possível, as estruturas governamentais dos povos conquistados. Na Palestina, em muitas aldeias, a vida continuou praticamente a mesma coisa que sempre fora. O juiz, em uma dessas aldeias, era homem revestido de grande autoridade, e agia conforme achava melhor, a menos que fosse pressionado. A história da viúva e do juiz que cedeu às exigências dela, com relutância, ilustra bem esse ponto. (Ver Lc 18.2 ss). Os *sinédrios* (*vide*) existiam dotados de tal autoridade que podiam ordenar o espancamento dos considerados culpados de infrações, embora não tivessem o poder de impor a punição capital (Mt 27.1 ss.). Entretanto, nem sempre essas decisões eram cumpridas. E, por outro lado, pressões sobre as autoridades romanas locais podiam distorcer a justiça. O caso clássico, quanto a isso, foi o simulacro de julgamento do Senhor Jesus. **b**. *A doutrina cristã* requer a obediência dos crentes a todos os governantes terrestres, incluindo os juízes (Rm 13.1 ss.). Essas autoridades são determinadas por Deus, mesmo que sejam pagãs. Ver 1Pedro 2.13, uma das principais passagens neotestamentárias sobre a autoridade dos oficiais do governo humano. Os *indivíduos* não podem arvorar-se em Juízes (Mt 7.1 *ss.*; Rm 2.1); nem podem tirar vingança (Rm 12.19-21). Deus é o Juiz Supremo (Rm 3.6; Hb 10.30; 12.23; Tg 4.12; 5.9). **c**. Cristo foi nomeado pare ser o futuro Juiz Supremo de toda a humanidade (Mt 25.31-46; Jo 8.16; At 10.42; 17.31; 2Tm 4.1; 1Pe 4.5; 1Co 15.24,28). **d**. Os crentes também atuarão como juízes (2Co 5.10 ss.). **e**. *Os conflitos entre crentes* devem ser resolvidos por juízes nomeados com essa finalidade, e não apresentando os casos às autoridades civis (pagãs) (1Co 6.1 ss.). **f**. *Durante o reino milenar*, os crentes atuarão como juízes e governantes, uma autoridade que lhes será dada pelo Rei (Lc 22.30; 1Co 6.2 *ss.*; Ap 20.4; ver também Dn 7.9,22,27, quanto a essa conexão).

JUÍZES (LIVRO DE)

I. CARACTERIZAÇÃO GERAL. O título "juízes" é conferido às quinze pessoas que presidiram os israelitas durante um período de 350 anos (ou pouco menos), entre o falecimento de Josué e a subida de Saul ao trono, como primeiro rei de Israel. Há estudiosos que pensam que esse período consistiu em apenas duzentos anos. As diferenças nos cálculos devem-se quase totalmente à possibilidade de justaposição entre os períodos em que os juízes governaram Israel. Esses períodos têm deixado perplexos os cronologistas. Juízes é o sétimo livro do Antigo Testamento. Israel havia escapado da servidão no Egito e conquistado, com sucesso, a Terra Prometida, mas muitos adversários permaneceram instalados em derredor, e gostariam de expelir os israelitas dali. Assim, Israel esteve em turbulência constante, e sob ameaça de extinção. Os juízes, pois, foram, entre outras coisas, libertadores de várias opressões estrangeiras. O livro de Juízes foi incluído entre os *Profetas Anteriores*, no cânon hebraico. Esse livro narra um período crítico da história de Israel.

O livro de Juízes consiste em três blocos bem definidos de materiais: **1**. um breve repasse da ocupação de Canaã pelos israelitas (Jz 1.1—2.5); **2**. a história dos juízes (2.6—16.31); **3**. E, finalmente, um apêndice que fala sobre a migração dos danitas e o conflito interno contra os benjamitas (Jz 17—21). Este livro está envolvido na controvérsia sobre a teoria J.E.D.P. (S.) (ver o artigo com esse título no *Dicionário*), que trata da questão das supostas fontes informativas dos primeiros livros da Bíblia. Aqueles que advogam essa teoria supõem que o bloco principal do livro (Jz 2.6—16.31) tenha procedido da escola deuteronômica de historiadores, que teriam tido acesso a informes históricos mais antigos, relacionados a um período muito antigo, e que seriam as fontes informativas *J* e *E*. Presumivelmente, os relatos sobre os juízes teriam sido preservados em uma espécie de arcabouço estereotipado. Esse material informativo teria sido manipulado e incluído no relato geral do livro. Em cada um dos casos, temos a história de alguma opressão estrangeira, o clamor dos israelitas a Yahweh pedindo livramento, e então, o próprio livramento. Os autores envolvidos encaram a história de Israel como uma série ou ciclos de apostasias e livramento, devido ao julgamento divino contra a transgressão, seguido pelo arrependimento do povo e sua restauração ao favor divino.

Os eruditos que defendem a teoria J.E.D.P.(S) supõem que a introdução do livro de Juízes (1.1—2.5) tenha sido adicionada posteriormente, derivada de material informativo mais antigo, paralelo de certos trechos do livro de Josué, especialmente em seus capítulos 15 a 17. Presumivelmente, o apêndice do livro de Juízes também estaria alicerçado sobre tal material. Além disso, eles creem que o relato sobre Abimeleque (Jz 9) e sobre certos juízes menores (Jz 10.1-5; 12.8-15), que seriam não deuteronômicos, foram uma adição posterior. Uma porção especial do livro seria o cântico de Débora (cap. 5). Essa é uma obra-prima da poesia hebreia primitiva, que mostra consideráveis habilidades literárias.

Os juízes foram líderes militares e religiosos, usualmente em defesa de tribos (uma ou duas), e nunca da nação inteira. Pois, até então, não havia nenhum governo centralizador em Israel. O livro está permeado pela crença, comum aos livros históricos do Antigo Testamento, de que Israel prosperava quando obedecia à lei de Deus, mas caía em desgraça, decadência e destruição quando não obedecia a essa lei. Muitos historiadores consideram simplista esse ponto de vista *teológico* da história. Seja como for, esse é um conceito fundamental que persiste tanto nos livros canônicos do Antigo Testamento quanto em seus livros apócrifos.

Muitos estudiosos supõem que o livro de Josué dê um relato muito otimista a respeito da conquista da Terra Prometida, sugerindo uma completa conquista daquele território.

Na verdade, porém, foram feitos muitos inimigos ferozes, que nunca perderam certos territórios, como também até tentaram apossar-se novamente dos territórios que haviam perdido. O primeiro capítulo do livro de Juízes deixa claro que a conquista militar, por parte de Israel, teve sucesso apenas parcial. Talvez os relatos de como Israel se defendeu dos ataques posteriores desses vários inimigos, antes de se tornar um reino unido sob Saul, tenham sido preservados como tradições das tribos envolvidas nos conflitos. O livro de Juízes, nesse caso, reuniria as histórias de como certos heróis locais derrotaram os vários adversários, tendo de enfrentar grandes dificuldades. Historicamente, é muito difícil determinar até que ponto Israel se sentia como uma única nação, e não um grupo de tribos frouxamente relacionadas, antes que houvesse um governo centralizador representado pelo rei.

O livro de Juízes reveste-se de capital importância para entendermos esse período de transição, dentro da história de Israel. O comentário dos editores finais do livro de Juízes, acerca dos frouxos laços que unificavam o povo de Israel, com suas doze tribos, é o seguinte: *Naqueles dias não havia rei em Israel: cada um fazia o que achava mais reto* (Jz 21.25). Não tivessem surgido aqueles heróis locais, que se levantaram para defender o que a conquista da Terra Prometida havia ganho, e Israel, como nação, bem poderia ter desaparecido durante aquele período. Para piorar ainda mais a situação, as tribos de Israel com frequência entraram em conflito interno, umas contras as outras. O livro de Juízes é a história da sobrevivência de um pequeno e ameaçado povo, que gradualmente se solidificou para formar uma nação que deixou uma marca perpétua na história da humanidade.

II. Pano de Fundo Histórico. 1. *Os patriarcas hebreus* estiveram jornadeando na terra de Canaã, durante a Idade do Bronze Média (2100-1550 a.C.). Abraão chegou em Siquém e Betel (ver Gn 12) em cerca de 2000 a.C. Desse tempo em diante, os genitores da nação de Israel viveram na Palestina. **2**. Em seguida, ocorreu o incidente no qual *José* foi vendido como escravo e levado para o Egito. Ele chegou ao segundo posto de autoridade naquele país em cerca de 1991-1786 a.C., durante a 12ª dinastia egípcia. Porém, esse ponto é intensamente disputado; e alguns preferem pensar que seu governo foi exercido durante o tempo dos intrusos semitas, os reis hicsos. Nesse caso, seu período foi cerca de 1750 a.C., ou mesmo depois. O rei que não conhecera a Josué pode ter sido o primeiro dos reis hicsos (ver Êx 1.8), ou então o monarca egípcio que pôs fim ao domínio dos hicsos. Quanto a maiores informações sobre essas conjecturas, ver no *Dicionário* o artigo sobre o patriarca *José*, quarta seção, *Cronologia*. Se a data posterior para a vida de José é a correta, então ele deve ter falecido em cerca de 1570 a.C. **3. O Cativeiro Egípcio**. Os descendentes de Jacó acabaram sendo escravizados no Egito, como minoria ameaçadora, porquanto José se tornara nessa época um fator desconhecido. O cativeiro no Egito pode ter durado entre duzentos e trezentos anos. **4. O Êxodo**. A data desse evento é muito debatida. Alguns pensam que ocorreu em cerca de 1445 a.C., ou seja, perto de 500 anos antes de Salomão haver construído o templo de Jerusalém. Mas outros estudiosos opinam que o êxodo aconteceu na XIX Dinastia egípcia (1350-1200 a.C.). Seja como for, Moisés foi levantado como profeta do Senhor no fim do grande cativeiro egípcio de Israel. **5**. Vieram, então, os quarenta anos de *vagueação pelo deserto*, que atuaram como um período de resfriamento e preparação para a invasão da antiga terra dos patriarcas hebreus, a Palestina. Seja como for, foi uma espécie de retorno genético e uma renovação da antiga confiança própria dos hebreus. Parece que as doze tribos de Israel eram formadas por unidades distintas umas das outras, mesmo quando estavam no Egito. Sem dúvida, isso foi confirmado quando a invasão da Terra Prometida se iníciou. Josué e seus exércitos encontraram o país dividido em muitas cidades-estados do regime tipo feudal, sempre guerreando umas contras as outras, embora também sempre dispostas a aliar-se para expelir qualquer invasor de fora. As cartas de *Tell el-Amarna* (ver a respeito no *Dicionário*) contam aspectos da história e fornecem pormenores que concordam com o relato do livro de Josué. **6. Josué** é livro que relata como o povo de Israel invadiu a terra de Canaã. Israel conquistou essencialmente o território, embora tivessem ficado bolsões por conquistar. Certos estudiosos pensam que o relato do livro de Josué é excessivamente otimista. O primeiro capítulo do livro de Juízes deixa claro que parte do território ficou sem ser conquistada. Seja como for, muitos nativos da terra continuaram vivendo ali sem serem molestados. Apesar dessa falha, o território foi dividido entre as doze tribos de Israel. Os eruditos disputam se a terra foi conquistada em uma única e prolongada campanha, ou se aconteceu em ondas sucessivas. O livro de Josué, de fato, pode fornecer-nos a condensação da questão, uma espécie de esboço histórico, e não uma narrativa contínua do que sucedeu. De qualquer modo, podemos confiar na historicidade geral do livro, não nos preocupando com detalhes dessa natureza. **7. Juízes**. Este livro relata o período que vai da morte de Josué até a unção de Saul como primeiro rei de Israel. Se esse período dos juízes durou 350 anos, conforme alguns dizem, então deve ter começado em cerca de 1350 ou 1375 a.C. Alguns limitam esse período em apenas duzentos anos; e, nesse caso, começou em cerca de 1225 ou 1250 a.C. Ver a primeira seção deste artigo, *Caracterização Geral,* quanto a uma declaração sobre a natureza desse período.

III. Arqueologia. A ocupação da Terra Prometida por parte de Israel foi obtida em um período relativamente curto e também foi uma conquista contínua. As explorações arqueológicas não mostram nenhuma interrupção no processo da conquista. As evidências colhidas nessas escavações indicam que os israelitas não eram nômades, que já haviam desenvolvido uma sociedade permanente e bem estruturada, ainda que, no período coberto pelos livros de Josué e de Juízes, eles não formassem uma nação estreitamente solidificada. Todavia, não eram bons arquitetos e construtores. As culturas que eles destruíram eram bem superiores no tocante à arquitetura e às artes. A invasão israelita baixou-lhes o nível de vida e acabou com muitas atividades artísticas. No entanto, os hebreus eram superiores em relação às nações religiosas, como também no registro dos fatos históricos e na produção literária. A arqueologia também tem ilustrado o fato de uma contínua ocupação cananeia, sobretudo das terras baixas (em Megido e Bete-Seã). Os cananeus contavam com exércitos mais bem preparados que os hebreus, incluindo carros de combate. Os israelitas, pois, muito aprenderam deles quanto a esses armamentos. Os trechos de (Js 11.13; 13.1 ss.; 17.16 e Jz 1.19,27) admitem que muitas áreas da terra de Canaã não foram ocupadas, porquanto os adversários dos israelitas eram simplesmente mais fortes que eles e estavam muito bem entrincheirados em suas fortalezas locais.

A falta de água restringia os cananeus a certas áreas da Palestina. As descobertas arqueológicas mostram que Israel trouxe do Egito ou então, desenvolveu grandemente o conceito de armazenar água potável em *cisternas* (ver a respeito no *Dicionário*). Era usada a forração das paredes das cisternas, tornando-se estanques. Essa invenção possibilitou a ocupação dos israelitas em áreas que, antes disso, haviam sido ocupadas muito esparsamente.

A ausência de santuários antigos, nos lugares ocupados pelos israelitas, é conspícua, segundo as descobertas arqueológicas. Mas isso talvez se deva à falta de durabilidade dos materiais usados ou, então, à proibição divina acerca da construção de santuários. (Ver Êx 20.24-26; Dt 12.1-7).

Artefatos pagãos, entretanto, têm sido encontrados pelos arqueólogos com relativa abundância. Figurinhas de argila, representando mulheres despidas, têm sido encontradas em conexão com as deusas cananeias da fertilidade. Talvez essas figurinhas fossem amuletos de boa sorte, pelo que serviriam a um duplo propósito. Nunca foram encontradas figurinhas representando homens despidos.

Megido e Taanaque. As evidências arqueológicas mostram que essas cidades não foram ocupadas ao mesmo tempo. Ficavam cerca de 8 km de distância uma da outra. Quando Débora e Baraque obtiveram a vitória na batalha de Taanaque, Megido já jazia em ruínas. Juízes 5.19 talvez reflita isso, porque Megido não é mencionada como uma localidade habitada então.

Pequenos reinos da Transjordânia continuaram a fustigar os israelitas, especialmente Moabe e Amom. A arqueologia tem mostrado que esses lugares eram bem habitados. Além disso, a ocupação do Neguebe (em sua porção mais ocidental) tem sido confirmada e ilustrada por várias descobertas. Outro tanto se pode dizer quanto à *Sefelá* (ver a respeito no *Dicionário*). figuras representando divindades e peças de cerâmica têm sido ali encontradas, fornecendo diversas informações. Uma das divindades filisteias era Dagan, uma antiga deidade dos amorreus.

Silo. O culto ali existente foi destruído. Esse fato não é mencionado no livro de Juízes, mas a tradição israelita o confirma em Salmo 78.60; Jeremias 7.12 e 26.6. O local foi destruído mediante um incêndio, conforme demonstram as evidências, em cerca de 1050 a.C. Sem dúvida, isso resultou da derrota sofrida por Israel, em Afeque (ver 1Sm 4). Nessa mesma época, os filisteus destruíram outras cidades israelitas, o que demonstra como o poder dos filisteus permanecia, apesar de todos os esforços das tropas israelitas. Ver no *Dicionário* o artigo separado sobre *Silo*.

IV. Propósito e Plano do Livro. O autor sagrado, como é óbvio, tinha um plano bem definido ao escrever o livro. Jz 2.11-23 demonstra isso. Nessa passagem o autor explicita os pontos principais de sua narrativa, segundo se vê a seguir: **1**. No primeiro capítulo do livro, ele diz até que ponto progredira a guerra contra os cananeus; quais tribos de Israel tinham obtido êxito e quais haviam falhado, não conseguindo dominar regiões alocadas; e também como se conseguiu impor tributo a alguns filisteus. O trecho de Juízes 2.1-10 dá-nos algumas informações nesse sentido. **2**. Em seguida, ele afirma a tese de sua teologia histórica, a saber, que o povo de Israel ia bem quando obedecia a Yahweh, mas ia mal quando não obedecia. A apostasia aparece como o principal impedimento ao pleno sucesso de Israel: *Porquanto deixaram o Senhor, e serviram a Baal e a Astarote* (Jz 2.13). O castigo era imposto, portanto, aos desobedientes: *Por onde quer que saíam, a mão do Senhor era contra eles para seu mal, como o Senhor lhes havia dito e jurado; e estavam em grande aperto* (Jz 2.15). Mas, quando se arrependiam, novamente as coisas lhes corriam bem (ver Jz 2.16,23). Presume-se que o desígnio do autor sagrado não era fornecer uma narrativa definitiva sobre o período dos juízes, e, sim, prover um esboço que ilustrasse a sua tese. Ele não queria apenas ser um cronista, mas desejava explicar por que houve um declínio moral, religioso e político em Israel; e por que finalmente impôs-se o surgimento da monarquia. E ele conclui com a melancólica observação de que, durante aquele período, predominava o caos, pois cada um fazia o que lhe parecia melhor, não havendo um governo central que unificasse as coisas. (Ver Jz 21.25).

V. Autoria e Data. Os eruditos liberais pensam ser inútil tentar descobrir um único autor do livro de Juízes, visto que a principal fonte informativa do livro, segundo eles creem, é *D* (a escola deuteronômica), e também há contribuições das fontes informativas *J* e *E*. Ver no *Dicionário* o artigo chamado *J.E.D.P. (S)* para detalhes. Todavia, o livro não inclui nenhuma menção a seu(s) autor(es), pelo que é uma obra anônima. Segundo alguns teóricos, *D* teria sido uma escola formada por editores ou historiadores que viveram no século seguinte ao da publicação do livro de Deuteronômio, que, segundo deles, teria sido lançado em 621 a.C. Esses homens teriam empregado o mesmo vocabulário e o mesmo estilo usado naquele livro. Presumivelmente, também foram os responsáveis pelas edições dos livros de Josué, 1 e 2Reis, e Jeremias, além do livro de Juízes e possivelmente porções de outros livros. Naturalmente, os eruditos conservadores consideram que essa data é tardia demais. No entanto, o próprio livro não nos fornece nenhuma declaração direta quanto ao tempo em que foi escrito, embora haja alusões que nos ajudam no tocante à questão, embora apenas parcialmente. O cântico de Débora (Jz 5.2-31) afirma ser uma composição contemporânea. Isso deve ter ocorrido em cerca de 1215 a.C. Mas o livro como um todo não pode ter sido compilado senão aproximadamente dois séculos depois, pois refere-se à captura e destruição de Silo (ver Jz 18.30,31), que ocorreu durante a juventude de Samuel (1Sm 4), por volta de 1080 a.C. O último evento registrado no livro de Juízes é a morte de Sansão (ver Jz 16.30,31), que se deu poucos anos antes da instituição de Samuel como juiz, ou seja, em cerca de 1063 a.C. e a alusão ao fato de que não havia rei em Israel deixa claramente inferido que a monarquia, então, já havia começado, visto que o autor sagrado parece estar comparando um tempo em que não havia rei, com o tempo então presente, em que havia sido instaurada a monarquia. Não parece que o autor sagrado estivesse *predizendo* sobre a monarquia. (Ver Jz 17.6; 18.1 e 26.25).

Saul tornou-se rei em cerca de 1043 a.C., pelo que a compilação do livro de Juízes deve ter sido depois disso, embora tenham sido incorporados materiais mais antigos, orais e escritos. O livro parece ter sido composto antes que Davi capturasse Jerusalém, o que sucedeu em 1003 a.C. (2Sm 5.6,7), porquanto não há nenhum indício, no livro, de que Israel tenha conquistado aquela cidade. Por todos esses motivos, muitos estudiosos supõem que o autor sagrado tenha escrito durante os anos de reinado de Saul, chegando mesmo a asseverar que *Samuel* foi o mais provável autor do livro. Naturalmente, ao assim precisarem, já estão conjecturando. Não há como negar ou confirmar essa conjectura, contudo, pois o próprio livro nada diz quanto à identidade do autor. É verdade que o Talmude (*Baba Bathra* 14b) assim afirma, mas não há nenhuma comprovação histórica de tal afirmação. A mesma tradição afirma que Samuel também escreveu o livro de Rute e os livros que levam o seu nome; informação que também não se submete à prova ou negação.

Juízes 1.21 declara que os jebuseus residiam em Jerusalém lado a lado com os filhos de Benjamim, até o dia em que o material sobre essa informação foi escrito, ou seja, antes da época de Davi. Todavia, é possível que isso inclua material mais antigo, deixado intacto por um compilador posterior (de depois dos tempos de Davi). Mas, se aceitarmos essa informação como dada pelo autor-compilador do livro de Juízes, torna-se plausível pensarmos em uma data que coincida com os dias de Saul, antes da época de Davi. Se o autor falava do ponto de vista da época de Saul, então é patente que sua obra consiste, na maior parte, em compilações, pois ele registrou coisas que haviam acontecido muito tempo antes. Isto posto, ele pode ter tido acesso a tradições antigas, de natureza oral e escrita, as quais podem ter sido preservadas por certas tribos de Israel, cujos heróis (Jz) eram decantados e cujas narrativas merecem ser preservadas.

VI. Integridade e Unidade. O ponto de vista dos liberais envolve-nos na teoria *J.E.D.P.(S)* (ver a respeito no *Dicionário*), conforme dito na primeira seção, *Caracterização Geral*. Ali dou um esboço das ideias concernentes aos vários materiais que um editor-autor teria reunido para formar o livro de Juízes. Os eruditos conservadores, apesar de defenderem a ideia de um único autor essencial (ou seja, a unidade do livro), admitem que ele deve ter sido mais um compilador do que um autor, conforme comentamos no último parágrafo da seção

V, anteriormente. A unidade de propósito do livro é salientada como prova de que houve um único autor, embora não se veja razão pela qual um editor não possa ter reunido e dado unidade ao trabalho de vários autores. Infelizmente, questões dessa natureza têm-se tornado desnessariamente o centro de debates e querelas, embora se revistam de pouca importância comparativa, exceto pelo fato de que é bom que saibamos o máximo possível a respeito dos livros da Bíblia. Pelo menos, nesses debates, nenhuma questão de fé é envolvida, e também não deveriam tais questões tornar-se padrão de julgamento sobre a espiritualidade de quem quer que seja.

Os eruditos têm salientado que o livro de Juízes divide-se em três partes naturais: **1**. A natureza incompleta da conquista da Terra Prometida, com descrições sobre como cada tribo se saiu na empreitada. **2**. Os repetitivos ciclos de apostasia, perda de liberdade e restauração das tribos de Israel. **3**. Um quadro de desorganização no qual Israel caiu antes do estabelecimento da monarquia, uma espécie de idade das trevas de Israel. Alguns estudiosos pensam que um único autor foi o responsável por essas três seções do livro. Outros veem a terceira dessas seções com a primeira seção. Porém, o que tenho lido a respeito mostra-se muito vago a respeito; e os eruditos conservadores não se sentem impressionados diante desses argumentos. Alguns dizem que os capítulos 9, 16 e 17-21 são destituídos de conteúdo religioso, pelo que não refletiriam um único e constante propósito do autor-editor, que sempre quis lembrar-nos de que Israel passou bem quando seguiu a retidão, mas deu-se mal quando se desviou do Senhor. Esses capítulos, pois, para esses intérpretes, seriam adições posteriores. Alguns deles veem dois trabalhos editoriais distintos, o primeiro no século VII a.C., que teria envolvidos os capítulos 9, 16 e 17-21; e, então uma segunda edição, presumivelmente no século VI a.C., quando os capítulos que haviam sido omitidos na primeira edição foram desenvolvidos ao livro. Desse modo, os citados capítulos teriam escapado aos comentários editoriais que caracterizam o restante do livro. Supostamente, a forma final do livro teve de esperar pelos primeiros anos do cativeiro babilônico. No entanto, as evidências acerca de todas essas conjecturas são apenas subjetivas, faltando-lhes consubstânciação histórica.

VII. Os Juízes de Israel. O livro de *Juízes* lista catorze juízes diferentes. Os nomes deles e as referências bíblicas atinentes a cada um aparecem na seção VIII, Conteúdo. A essa lista devem-se adicionar os nomes de Eli e Samuel. Débora deve ser contada juntamente com Baraque (em Jz 4.1—5.31). E Gideão e Abimeleque também devem ser associados um ao outro, formando um único juizado. Isso nos daria doze períodos de juizado no livro de Juízes. Mas, se contarmos os juízes individualmente, então acharemos catorze deles. Alguns estudiosos pensam que Abimeleque foi um usurpador, pelo que não deveria ser contado como um dos juízes.

Os nomes dos juízes representam heróis locais que se tornaram lendários na história das tribos de Israel. Os governos deles poderiam ter coberto um período de nada menos de quatrocentos anos. Os eruditos liberais creem que muitas lendas, ou mesmo mitos, penetraram nessas narrativas, tal como sucede em várias outras obras literárias do mundo, quando se trata de glorificar heróis nacionais. De fato, certos eruditos acreditam que Sansão representa o deus sol, e Débora, Samuel e ainda outros seriam tipos tradicionais de líderes semirreligiosos, semitribais, que talvez tenham mesmo existido, mas cujos relatos chegaram até nós de mistura com muitas lendas. Contra essa opinião pode-se salientar que uma das grandes características do povo de Israel sempre foi a sensibilidade diante da história. Acima de qualquer outro povo, os israelitas sempre trataram a história como uma questão séria, incluindo suas genealogias e seus registros históricos. Por essa razão, apesar de admitirmos que o livro de Juízes pode representar um esboço da história, ainda assim não há razão para duvidarmos da veracidade desse esboço histórico. No *Dicionário*, há artigos separados sobre cada um dos juízes de Israel.

VIII. Conteúdo
A. O Período Antes dos Juízes (1.1—2.5)
  1. Condições sociais e políticas (1.1-36)
  2. Condições religiosas (2.1-5)
B. Descrições de Juízes Específicos (3.7—16.31)
  1. Otniel (3.7-11)
  2. Eúde (3.12-30)
  3. Sangar (3.31)
  4. Débora e Baraque (4.1—5.30)
  5. Gideão e Abimeleque (6.1—9.57)
  6. Tola (10.1,2)
  7. Jair (10.3-5)
  8. Jefté (10.6—12.7)
  9. Ibzã (12.8-10)
  10. Elom (12.11-12)
  11. Abdom (12.13-15)
  12. Sansão (13.1—16.31)
C. Apêndices (17.1—21.25)
  1. A idolatria de Mica e Dã (17.1—18.31)
  2. O crime em Gibeá e seu castigo (19.1—21.25)

IX. Principais Ideias Teológicas. Poucos historiadores, ou mesmo nenhum, escrevem sem preconceitos ou propósitos subjetivos, que deixam transparecer em seus escritos. Toda a história é acompanhada de interpretação. Os historiadores bíblicos não são exceção a essa regra. O autor do livro de Juízes ansiava por destacar ideias espirituais e juízos morais, e tornou-se parte integrante de suas narrativas, mas com o intuito de mostrar-nos que certas coisas sucederam, ou não sucederam, em face das condições espirituais do povo de Israel. Isto posto, o livro de Juízes apresenta-nos uma história teológica, e não apenas um relato sobre condições sociais e políticas.

1. A ira de Deus volta-se contra o pecador (Jz 2.11,14). Israel era abençoado quando obedecia a Yahweh, mas castigado quando se rebelava. A nação de Israel só podia sobreviver, cercada como estava por poderosos adversários, mediante a graça divina. Esforços de cooperação que rendiam resultados positivos tinham de estar alicerçados sobre a lealdade coletiva a Deus (Jz 5.8,9,16-18). Os juízos corretivos de Deus tocavam tanto sobre cada indivíduo quanto sobre a sociedade israelita como um todo.

2. O arrependimento produz a misericórdia divina (Jz 2.16). As opressões de povos estrangeiros serviam de meios para corrigir as condições de decadência moral, e isso tinha em vista o bem de Israel (Jz 3.1-4).

3. O homem é, verdadeiramente, um ser decadente. Após cada livramento descrito no livro de Juízes, Israel escorregava novamente para a idolatria, o que exigia ainda outro ato de juízo divino e outro libertador. Parece que essa lição nunca foi absorvida, ou, então, que tinha de ser aprendida de novo a cada geração. Ver Juízes 2.19, que diz: *Sucedia, porém, que, falecendo o juiz, reincidiam e se tornavam piores do que seus pais, seguindo após outros deuses, servindo-se e adorando-os; nada deixavam das suas obras, nem da obstinação dos seus caminhos.* Uma sociedade individualista por excelência estava repleta de erros, pessoais e coletivos. *Naqueles dias não havia rei em Israel: cada qual fazia o que achava mais reto* (Jz 17.6 e 21.25).

4. Os sistemas centralizados no homem fracassam. Esta é a lição geral ensinada pelo livro de Juízes. Na história de Israel, apreende-se que a única esperança reside na espiritualidade. Os políticos mostram-se corruptos, quando não antes, pelo menos depois que galgam posições de autoridade.

X. Bibliografia. ALB (1936) AM I IB ID KR(2) ND PAY(2) PF UN YO Z.

JULGAMENTO DE DEUS DOS HOMENS PERDIDOS

No meu comentário sobre o Novo Testamento (*O Novo Testamento Interpretado*) expressei minhas opiniões essenciais sobre este assunto. Aqui dou um sumário das ideias, mas ao ponto 12, faço algumas adições.

1. O juízo dos perdidos será *eterno*, mas o *tipo* de julgamento envolvido se modificará, dependendo da reação e aproveitamento do ser que está sendo julgado. *O Universalismo* (vide), embora uma ideia atraente, não tem um alicerce muito sólido nas Escrituras. Não podemos considerar algumas passagens, como o primeiro capítulo de Éfesios isoladamente.

2. O juízo será de acordo com *as obras* de cada um, ou seja, será administrado de acordo com *graus* de gravidade. (Ver Rm 2.6 e Ap 20.12) e também o artigo intitulado *Julgamento, Segundo Obras*. O trecho de Mateus 23.14 fala da *maior condenação* de alguns, que tiveram maiores privilégios e oportunidades, mas agiram de modo contrário a isso.

3. O julgamento será *preciso*, obedecendo à lei da colheita segundo a semeadura. (Ver Gl 6.7, 8).

4. O juízo, se não conduz os perdidos ao estado da salvação, *melhorará* o estado deles, levando-os a um nível completo de lealdade e confiança no *Logos* (chamado Cristo na sua encarnação). Isto lhes conferirá uma existência útil e cheia de propósito, o que redundará na glória de Cristo, e no bem-estar das almas. Esta doutrina podemos inferir da missão de Cristo no *hades*, bem como dos efeitos necessários da restauração prevista no mistério da vontade de Deus (Ef 1.9,10). Ver especialmente a declaração de 1Pedro 4.6, que é a conclusão da história da descida de Cristo ao *hades*. Os homens serão *julgados* segundo *homens na carne* com o propósito específico de "viverem segundo Deus no Espírito", ou então, *segundo Deus vive no Espírito*, dando a entender uma vida espiritual *útil*, posto que inteiramente diversa da vida que os redimidos têm na sua participação na natureza divina (2Pe 1.4). Por conseguinte, o julgamento não será *apenas* "retributivo" (como a igreja ocidental tem ensinado, tradicionalmente), mas também terá finalidades disciplinadoras e *restauradoras* (como a igreja oriental, tradicionalmente, tem ensinado).

5. O primeiro capítulo de Éfesios certamente ensina que *todas* as coisas, por toda a parte, de todos os tempos, serão levadas *à unidade com Cristo*. Ver Éfesios 1.9,10 e o artigo separado sobre o *Mistério da Vontade de Deus*. Essa *unidade* não poderá efetivar-se com a *exclusão* de alguns (uma *eisegese* (vide), não uma exegese). A unidade deve incluir *todas as coisas* como o texto declara. Da mesma maneira que o Logos (Cristo) é o *Criador* de tudo, assim deve ser também o *restaurador* de tudo. Isto fica claro em Colossenses 1.16. Todas as coisas foram criadas *em Cristo*, isto é, tiveram sua pessoa como *padrão*, modelo e *razão* de ser (estando em foco sua glória e benefício). Todas as coisas também foram criadas por *ele*, ou seja, através de sua energia criadora. Todas as coisas foram criadas *para ele*, isto é, para sua glória e utilização. Essa criação *para ele* é definida no primeiro capítulo de Éfesios. Exige a *unidade de tudo*. A unidade encontrará no *Logos* o seu centro, de tal modo que tudo achará o propósito de sua existência na sua pessoa. Por conseguinte, há uma *restauração* universal envolvida na expressão *para ele*. O mistério da vontade divina é justamente esta restauração que incluirá tanto a *redenção* dos eleitos como a *restauração* dos não eleitos. Portanto, a missão de Cristo é vasta e tocará todos, afinal. O cântico do Cordeiro ascenderá até mesmo do *hades*, conforme se lê em Apocalipse 5.13. Tal cântico não será o cântico dos redimidos, embora seja um cântico de louvor pela bondade de Cristo, a qual ele dispensará, finalmente, por toda a parte e para todos. O *julgamento* será *um* dos meios para garantir este resultado feliz. O julgamento será exatamente tão *severo* como *deve* ser para efetuar o mistério da vontade de Deus. As eras futuras da eternidade serão envolvidas no processo da realização deste mistério.

6. Isso, naturalmente, eleva em muito nossa estimativa sobre a eficácia da missão de Cristo, em sua realização final. Erramos por observar somente os versículos que falam sobre o sofrimento eterno, negligenciando aqueles aspectos mais elevados da missão de Cristo. De fato, insultamos o Senhor por querer seguir apenas certas passagens bíblicas, negligenciando outras, e assim reduzindo as realizações de sua missão a quase nada.

7. A tragédia maior do juízo não é que os perdidos sofrerão, pois certamente isso lhes sucederá. Mas é, antes, que terão perdido o *destino* que poderiam ter obtido, sendo transformados segundo a imagem de Cristo e participando de sua natureza (ver Rm 8.29 e 2Co 3.18), participando da "plenitude de Deus" (ver Ef 3.19 e Cl 2.10) e, portanto, participando da própria divindade (ver 2Pe 1.4). A tragédia consistirá do que vierem a sofrer, sem importar o nível de lealdade a Cristo a que vierem a ser levados; não poderão jamais obter a vida dos eleitos, que a própria vida de Cristo. Sem dúvida, essa é uma perda *infinita* e essa é a tragédia da perdição. Erramos quando não consideramos esse aspecto da "perdição". Ver item 12 que modifica esta declaração.

8. O hades é uma sociedade. O mundo dos perdidos é uma sociedade. Não está destituída da presença de Deus, mas antes, é governada por Deus. Tem e terá propósito, conforme é esclarecido acima. Mas seus habitantes jamais poderão atingir a bem-aventurança dos eleitos.

9. As fronteiras eternas não são traçadas quando da morte física do indivíduo e, sim, serão traçadas quando da segunda vinda de Cristo, segundo se comenta nas notas expositivas acerca de 1Pedro 4.6 no NTI com muitas outras referências. O "lago do fogo" não será instituído senão após o milênio, conforme se aprende no vigésimo capítulo do livro de Gênesis. A missão de Cristo, até seu segundo advento, pode penetrar no próprio *hades*, conforme se vê com base em 1Pedro 3.18-20. A interpretação que diz que Cristo não desceu ao *hades*, mas que Noé, por meio do espírito de Cristo, pregou aos perdidos dos tempos imediatamente anteriores ao dilúvio (em lugar de Cristo), os quais morreram, mas estavam vivos nos dias de Noé, nem ao menos foi concebida senão já nos tempos de Agostinho. Todos os pais e concílios anteriores proclamaram a *realidade da descida* de Cristo ao *hades*, com os benéficos resultados disso dados ao espíritos confinados. A maioria dos intérpretes da igreja cristã continua firmada nesse ponto de vista, em graus variados. Dentre os dezesseis comentários consultados sobre a questão, doze concordam que Cristo fez algo para os perdidos do *hades*, a fim de melhorar-lhes o estado. A maior parte dos comentadores concorda que Cristo ali desceu a fim de oferecer a salvação a seus habitantes. Alguns insistem na ideia de *melhoramento, no lugar da oferta de salvação; e* a maior parte também crê que isso estabeleceu um precedente, que continuará até que a segunda vinda de Cristo trace barreiras eternas.

10. Os três pontos de vistas sobre o Julgamento. *a*. Em um dos extremos, encontramos aqueles intérpretes que supõem que o julgamento consistirá exclusivamente de retribuição, e que as condições das almas perdidas jamais serão modificadas em qualquer sentido. Esse ponto de vista resulta da aderência tenaz a alguns poucos textos de prova, que se prestam para provar tal noção incompleta. *b*. No extremo oposto, encontram-se aqueles estudiosos que imaginam que todos os homens se acharão, finalmente, entre os eleitos de Deus, e que a única diferença entre os homens será o "ponto dentro do tempo" em que tiverem de ser remidos. Essa é a posição do universalismo, uma bela ideia, sem dúvida, mas que não se acha nas Escrituras. *c*. O terceiro ponto de vista é o daqueles que declaram que os eleitos serão poucos, comparativamente falando, mas que a missão de Cristo terá efeitos universais, chegando a aprimorar a condição até mesmo dos perdidos, embora sem levá-los à salvação dos remidos. Essa interpretação se fundamenta sobre trechos bíblicos como Efésios1.10, onde é prometida a restauração geral de todas as coisas; como João 12.32, que parece indicar uma obra universal, deflagrada pela expiação e pela missão de Cristo, como Romanos 11.32, que indica que os julgamentos divinos sempre estarão envolvidos na misericórdia e terão propósitos beneficentes. A narrativa da descida de Cristo ao *hades*, naturalmente, também exerce papel preponderante nessa interpretação (ver 1Pe 3.18-4.6). O trecho de 1Pedro 4.6 quase certamente ensina que o julgamento divino terá aspectos restauradores em sua natureza, e não meramente retributivos. Por conseguinte, podemos antecipar (juntamente com a mensagem de Ef 1.10) que a restauração de todas as coisas ficará aquém da redenção dos eleitos. Todavia, a restauração emprestará propósito e bem-estar aos perdidos, porquanto Cristo haverá de tornar-se tudo para todos (ver Ef 1.23). Sem embargo, sem importar o que os perdidos venham a ganhar por meio disso, em comparação com a redenção dos eleitos, tais vantagens terão de ser reputadas uma perda infinita. (Quanto a detalhes sobre esses conceitos, ver as notas nas referências oferecidas no NTI. Ver também sobre a "universalidade da missão de Cristo", explicada nas notas referentes a João 14.6). Apressemo-nos a ajuntar que essa restauração de tudo será efetuada por intermédio do julgamento, não deixará este para um lado. O julgamento é o dedo da mão amorosa de Deus; mas o amor pode ser severo. O julgamento será severo, mas não será destituído de propósito. E visto que os perdidos não venham jamais a alcançar a salvação — embora sua condição venha a ser melhorada — isso significa que eles permanecerão debaixo da condenação para sempre, porque o julgamento é, essencialmente, aquele *estado* próprio de quem *não atingiu* a salvação. Todas as demais considerações concernentes à natureza do julgamento divino, em comparação com esse fator, são meramente triviais.

11. Sete são os grandes princípios do julgamento divino, segundo Romanos 2. *a*. O julgamento de Deus é segundo a verdade (ver o segundo versículo). *b*. É de conformidade com a culpa acumulada (ver o quinto vs). *c*. É de conformidade com as obras (ver o sexto versículo). *d*. É sem fazer acepção de pessoas (ver o décimo primeiro versículo). *e*. É segundo as obras realizadas, e não segundo o conhecimento (ver o décimo terceiro versículo). *f*. Atinge os segredos do coração (ver o décimo sexto versículo). *g*. É de acordo com a realidade, e não com a profissão religiosa (ver os versículos décimo sétimo a vigésimo nono).

12. Meus amigos, os comentários sobre o julgamento dos ímpios, dos pontos I a II, foram escritos (essencialmente) por mim na minha obra, *O Novo Testamento Interpretado*, que foi publicado em 1980. Estou acrescentando alguma coisa que modifica, em parte, as minhas opiniões sobre o Julgamento. Uma teologia estagnada fala que pensamos que já aprendemos tudo que há para aprender. Mas somente Deus realmente sabe a *teologia*. Nossos conhecimentos são imperfeitos e inexatos. Portanto, podemos progredir e melhorar no conhecimento. Triste é o dia quando alguém chega à arrogância de pensar que sabe toda a verdade.

Da covardia que teme novas verdades,
Da preguiça que aceita meias verdades,
Da arrogância que pensa saber toda a verdade
Ó Senhor, livra-nos!

(Arthur Ford)

Eis algumas modificações no meu modo de pensar sobre o Julgamento. *a*. Embora, restritamente, seja correto falar da posição dos perdidos, na restauração como *uma perda infinita*, (como falei sob o ponto 7), em comparação com aquela dos redimidos, hoje percebo que uma linguagem deste tipo degrada a obra restauradora do *Logos*; portanto me arrependo em ter falado isto. No artigo sobre *Restauração* procuro esclarecer melhor este assunto. Apresento também um artigo detalhado sobre a *Descida de Cristo ao Hades* que esclarece o assunto da larga missão de Cristo em favor dos homens perdidos. Efésios 4.7 *ss* mostra que a *descida* teve o *mesmo* propósito da *ascensão* de Cristo, isto é, de fazer de Cristo *tudo para todos*, para que ele possa encher tudo e todos. Assim, o *Logos*, chamado Cristo na sua encarnação, tinha três missões que formam uma unidade: a missão na terra, a missão no *hades*, e a missão nos lugares celestiais. Nada ficou fora do alcance de seu poder salvador-restaurador. Estas missões levam sua mensagem de graça, amor e bondade para todas as três esferas. *b*. Sob o ponto 9, declaro que o dia da oportunidade para a salvação é terminado pela *Parousia* de Cristo, não pela morte biológica de cada pessoa. Esta é uma posição da igreja histórica. Hoje acho que não podemos aplicar um dogma a este assunto. Especulo que a oportunidade é terminada para cada pessoa individualmente nas eras futuras da eternidade, através da evolução espiritual de cada uma. Os espíritos se tornarão em muitas espécies diferentes, assim fechando a porta contra a participação na natureza divina, do mesmo modo que os redimidos, através de muitos estágios de evolução espiritual, participarão mais e mais na natureza e atributos divinos (2Co 3.18). Haverá muitos estágios de glória. Pelo menos, é claríssimo para mim que uma única vida física é incapaz de determinar o destino de uma alma eterna. *c*. O julgamento será um dedo da mão amorosa de Deus, e de fato, operará através do amor. Será tão severo, e durará o tempo que for necessário (entrando nas eras da eternidade), para efetuar o mistério da vontade de Deus (Ef 1.9,10); isto é, promover e efetuar uma unidade gloriosa ao redor do Logos. Deus pode fazer algumas coisas melhor, através do julgamento, do que de qualquer outra maneira. Portanto, traga logo o julgamento! O julgamento, portanto, é uma medida de esperança, não de desespero final, embora traga desespero e sofrimento para *afinal* restaurar. Certamente 1Pedro 4.6 apresenta este tipo de julgamento. *d*. A visão do julgamento como somente desespero e somente retributivo, e também de fogo literal, é a visão dos Livros Pseudepígrafes (vide) do Velho Testamento. O Novo Testamento, em alguns lugares, emprestou esta visão. Mas em outros lugares, ultrapassou, consideravelmente, aquela visão pessimista. A missão de Cristo, em todas as suas dimensões, anulou aquela visão inadequada do julgamento. Grandes foram o amor e a misericórdia de Deus! Lá descanso minha fé.

Se estas dimensões diferentes do julgamento não forem a verdade, então o evangelho de Cristo trouxe péssimas prospectivas para a humanidade. Declarando-se em favor da salvação de todos os homens, falhou miseravelmente no seu propósito. É impossível pensar que o evangelho seja tão fraco. O oposto de injustiça não é justiça — é *amor*.

JULGAMENTO DE ISRAEL. Ver depois de *Julgamento de Jesus*.

JUMENTINHO

No hebraico encontramos duas palavras, e no grego, uma, a saber: **1**. *Ben*, "filho", mas com esse sentido em Gênesis 32.15 e 49.11. **2**. *Ayir*, "jumentinho". Palavra hebraica que aparece por quatro vezes (Jz 10.4; 12.14; Jó. 11.12; Zc 9.9). **3**. *Pôlos*, "jumentinho". Palavra grega que ocorre por doze vezes (Mt 21.2,5 (citando Zc 9.9), Mt 21.7; Mc 11.2,4,5,7; Lc 19.30,33,35; Jo 12.15).

Na Bíblia, pode estar em foco o filhote de um jumento ou de um camelo. Fora da Bíblia, a palavra também é usada para indicar um pônei. Ver o artigo geral sobre o *Asno*. A mais notável passagem bíblica que fala sobre um jumentinho é a de Zacarias 9.9, que prediz a vinda do rei de Israel montado sobre um desses animais. Todos os quatro Evangelhos falam sobre o cumprimento dessa predição (Mt 21.1-11; Mc 11.1-10; Lc

19.28-49 e Jo 12.12-19). Alguns eruditos têm pensado que o ato de Jesus, ao procurar um jumentinho para entrar em Jerusalém, montado nesse animal, foi um ato deliberado, alicerçado sobre a consciência que ele tinha de ser o Messias, quando chegou o momento de cumprir aquela profecia bíblica. O asno foi escolhido por ser um animal pacífico, usado no trabalho de tração, empregado em misteres humildes. O cavalo, por sue vez, era usado como animal de guerra. Seja como for, o asno era o animal comumente empregado no transporte de pessoas comuns. Jesus mostrou a sua humildade através dessa escolha. Quanto a comentários completos sobre a narrativa bíblica, ver a exposição no NTI, em Mateus 21.1-11.

JUMENTO SELVAGEM

Três palavras hebraicas estão envolvidas neste verbete, a saber: **1**. *Pere,* "jumento selvagem" ou "jumento livre". Esse termo aparece por nove vezes (Jó 6.5; 11.12; 24.5; 39.5; Sl 104.11; Is 32.14; Jr 2.24; 14.6 e Os 8.9). **2**. *Arad,* "jumento selvagem ou livre". Esse termo aparece somente por uma vez em todo o Antigo Testamento, em Daniel 5.21. **3**. *Arod,* "jumento selvagem ou livre". Outro vocábulo hebraico que só figura por uma vez na Bíblia, em Jó 39.5.

Ao que tudo indica, essa tradução é correta. Dizemos isso porque é muito difícil interpretar nomes de animais, plantas, objetos do reino mineral etc., sobretudo do Antigo Testamento, porquanto os antigos não classificavam cientificamente as espécies, mas davam-lhes nomes segundo a aparência geral das mesmas. Jumento selvagem ou onagro (segundo a classificação científica, *Equus hermionus*), essa espécie é classificada como um "meio-asno" pertencente a uma espécie distinta do verdadeiro asno selvagem, do qual se deriva o nosso burro.

Houve tempo em que o onagro era largamente distribuído, embora dividido em várias áreas geográficas, desde as fronteiras da Europa e da Ásia, ao sul, estendendo-se para o Oriente, passando pela Índia e daí até à Mongólia. Jó descreveu com toda a precisão o seu *hábitat*, ao dizer: *Quem despediu livre o jumento selvagem, e quem soltou as prisões ao asno veloz, ao qual dei o ermo por casa, e a terra salgada por moradas?* (Jó 39.5,6).

Pelos meados do século XIX, os jumentos selvagens já haviam sido extintos na Palestina, embora até hoje sobrevivam, em Números mais ou menos regulares, no Iraque. Também há sobreviventes na Índia e na Ásia central. Embora o onagro, por muito tempo, tenha sido considerado um animal que não pode ser domesticado, há evidências indiscutíveis sobre o fato de que esse animal era usado pelos sumérios para puxar carroças, o que é amplamente demonstrado no cemitério real de Ur (de cerca de 2500 a.C.) A identificação desse animal, entre eles, tem sido confirmada pelo estudo e comparação de ossos e carcaças, encontrados em Tell Asmar, embora não seja possível determinarmos se eles chegaram a ser plenamente domesticados ou se simplesmente foram capturados quando jovens, mais ou menos como acontecia aos elefantes.

O onagro tinha de ser arreado de uma maneira bem diferente dos cavalos. E isso sugere que o uso dos jumentos selvagens, como animais de tração, se baseava no uso de bois como animais de tração, e não que os que se utilizavam dos onagros estivessem acostumados com o uso de cavalos. No entanto, fora da Palestina, outros países próximos já usavam o cavalo. O fato é que assim que o cavalo era introduzido em alguma região, o jumento selvagem era deixado de lado, devido à eficiência muito maior do cavalo. O onagro era um animal quase branco, com os flancos amarelados e uma estreita faixa negra dorsal. A cauda terminava em tufo. Ver também sobre o *Asno.*

JUNCO

No hebraico temos duas palavras: *Agmom* usada por cinco vezes (por exemplo: Is 58.5); e *gome,* usada por quatro vezes (por exemplo: Êx 2.3, Is 18.2). Esta última palavra corresponde ao "papiro". O junco era uma planta alta, com colmo fino, que cresce nos alagadiços e que o vento facilmente dobra. Além do papel, a planta também era usada para o fabrico de pequenas embarcações e cestos (Êx 2.3). O colmo usualmente tem três metros de altura, e de cinco a oito centímetros de diâmetro na base. Uma área recoberta de papiro, com suas belas plumas chega a tornar-se bela. Dessa planta é que se deriva o nome do nosso *papel.*

Uso figurado. Inclinar a cabeça como um junco é demonstrar o sentimento de tristeza, real ou imaginário. Em Isaías 58.5, está em foco apenas a demonstração externa de tristeza, sem a correspondente tristeza interior.

JUNÍPERO (ARBUSTO SOLITÁRIO)

A palavra "junípero" não aparece em nossa versão portuguesa, em Jeremias 17.6 e 48.6, onde ocorre a palavra hebraica *arar ou aroer* (esta última forma, em Jr 48.6). Nossa versão portuguesa prefere traduzir por "arbusto solitário". A Edição Revista e Corrigida, em coedição com a Sociedade Bíblica do Brasil, diz ali "tamargueira". O sentido literal da palavra hebraica é "objeto nu" ou "objeto destituído". Junípero talvez seja a tradução mais provável, porquanto parece que se trata do junípero anão que está em foco, e que cientificamente se chama *Juniperus sabina* ou *juniperus phoenicia,* que medra bem no deserto, embora não seja comum na Palestina. Esse arbusto tem folhas pequenas, parecidas com escamas, e cresce no lado ocidental das montanhas de Edom. A espécie *Erica verticillata* é uma outra identificação possível. Essa é uma espécie de junípero que se acha no Líbano.

JUNTAS

1. A junção de ossos em qualquer corpo animal, como um corpo humano (Dn 5.6). **2**. As partes de uma armadura, que se justapõem (2Cr 18.33). **3**. Figuradamente temos a expressão: *todo o corpo, suprido e bem vinculado por suas juntas e ligamentos, cresce o crescimento que procede de Deus* (Cl 2.19; ver também Ef 4.16). Em foco estão os ofícios do Espírito e as graças da fé e do amor, das quais compartilham todos os crentes. Esses fatores são necessários para o desenvolvimento e o bom funcionamento do corpo místico de Cristo.

Em Hebreus 2.14, a expressão "juntas e medulas" aponta para as disposições secretas dos homens. A palavra de Deus, na qualidade de *espada* de Deus, penetra nessas disposições secretas e as revela. Essa mesma passagem alude à divisão entre alma e espírito, através da mesma função da palavra de Deus. Isso se tornou um dos fatores dentro da controvérsia *Dicotomia-Tricotomia* (vide).

JUNTURAS

No hebraico, *dabeq,* **"junta"**, **"ligação"**, palavra usada somente por três vezes (1Cr 22.3, Dt 4.4 e Pv 18.24). Com o sentido literal de algo que ligava as portas aos batentes, no caso do templo de Jerusalém, temos a primeira dessas referências. Nas outras há um sentido metafórico à palavra, que aparece, em nossa versão portuguesa, nas frases "vós que permanecestes fiéis" e "há amigo mais chegado do que um irmão". Não se sabe qual a natureza exata da juntura, em seu sentido literal.

JURAMENTOS

I. DEFINIÇÃO E SENTIDOS; PALAVRAS ENVOLVIDAS. Um juramento é uma solene confirmação em apoio a alguma declaração, ou então, uma *promessa,* reforçada por um apelo a Deus, a alguma coisa sagrada, a alguma elevada autoridade, a alguma testemunha, que garanta a sinceridade e a intenção de quem jurou que cumprirá a sua declaração. Nos tribunais, tal confirmação da veracidade de uma declaração torna a pessoa passível de punição por perjúrio, se ficar provado que uma declaração importante sua é falsa.

Um juramento também pode ser uma imprecação que,

presumivelmente, tenha o poder de prejudicar àquele contra quem a imprecação é proferida. Utiliza-se um juramento para afirmar a veracidade de uma declaração qualquer, quando não há evidências presentes com esse propósito. A credibilidade de uma assertiva é fomentada por um juramento (ver Êx 22.10,11, Nm 5.16 ss.). Jesus fez um juramento quando o Sinédrio duvidou de suas reivindicações messiânicas (Mt 26.63). Outrossim, um juramento submete aquele que jura ao escrutínio de Deus. Presume-se que ninguém juraria e mentiria, ao mesmo tempo. A Bíblia ensina-nos que Deus sempre tem consciência de nossos atos e de nossas palavras, e um juramento torna-nos responsáveis diante de Deus, ainda com mais força.

Os juramentos fazem-nos lembrar do fato de que os atos e as palavras que dizemos são questões sérias, mormente quando estão em jogo questões importantes. Em certa oportunidade, houve regozijo no caso dos juramentos, porquanto é satisfatório conclamar Deus como testemunha, nessas ocasiões (ver 2Cr 15.14,15). O próprio Deus deu-nos exemplo disso. Embora suas palavras nunca requeiram confirmação, os autores do Antigo Testamento encastoaram-nas em juramentos divinos, conforme se vê, por exemplo, em (Gn 22.16-18, Sl 110.4 e Hb 6.13). As promessas de Deus são irrevogáveis (Nm 23.19). Era questão muito séria um hebreu proferir o nome divino, usando-o em um juramento, para dar maior solenidade a uma declaração.

Palavras Envolvidas. No *hebraico* são usadas duas palavras referentes aos juramentos, a saber: **1**. *Alah, imprecação*. Essa palavra é baseada sobre o nome divino *El*. Essa palavra é usada por 35 vezes com o sentido de "juramento", "maldição", "imprecação" etc. (Por exemplo: Gn 24.41; 26.28; Lv 5.1; Nm 5.23; Dt 29.12,14; 1Rs 8.31; Is 24.6; Ez 16.59; Zc 5.3). Essa palavra também indica um *acordo* feito sob juramento (Gn 26.28, 2Sm 21.7), ou um apelo a Deus, para que seja testemunha de algo (Ne 10.29; Êx 22.11). **2**. *Shebuah*, "juramento". Essa palavra hebraica está baseada na palavra que significa *sete*, o número sagrado. Algumas vezes, os juramentos eram feitos com o acompanhamento de um ato em sete fases ou repetido por sete vezes, como se fosse uma enfática afirmação. Abimeleque deu a Abraão sete ovelhas, como juramento (Gn 21.29,30).

No grego temos o substantivo *órkos*, "promessa", "juramento". Em Hebreus 6.17, vemos que os juramentos eram usados como garantia de uma declaração qualquer. Jesus objetou à feitura frívola de juramentos, uma prática que se tornara muito comum entre os judeus (ver Mt 5.33 ss.), uma proibição reiterada em Tiago 5.12. Outras referências no Novo Testamento (são): Mt 14.7,9; 26.72; Mc 6.26; Lc 1.73; Ato. 2.30; Hb 6.16,7). Também temos a considerar o verbo grego *omoióo*, "jurar", que ocorre por quinze vezes no Novo Testamento (Mt 6.8; 7.24,26; 11.16; 13.24; 18.24; 22.2; 25.1; Mc 4.30; Lc 7.31; 13.18,20; At 14.11; Rm 9.29 (citando Is 1.9); Hb 2.17).

II. OS JURAMENTOS DE DEUS. Esse é um ponto comumente destacado em ambos os Testamentos. Deus é retratado na Bíblia como quem jurou, a fim de garantir a veracidade de suas declarações (Nm 23.19), a fim de que todos confiassem em suas promessas (Is 45.20-24). Deus jura por si mesmo, visto não ter ninguém maior que ele, por quem jurar (Hb 6.13). Deus jura pela sua santidade (Sl 89.13), por seu grandioso nome (Jr 44.26), por sua vida (Ez 33.11). Deus jura a fim de reforçar as suas ameaças de castigo contra os desobedientes (Sl 110.4-6). E Deus também jurou, garantindo a sua promessa de salvação, por meio de Cristo (Hb 7.20-28).

Pontos de Vista sobre os Juramentos de Deus. Realmente, estranhamos que Deus precise fazer juramentos, para ser crido pelos homens. Por essa razão, muitos intérpretes pensam que isso é uma demonstração do ponto de vista antropomórfico de Deus, e não algo que devamos aceitar em termos literais. Mas outros estudiosos, não tendo medo dos antropomorfismos, insistem em que Deus, literalmente, jurou. Parece que podemos aceitar a questão como *símbolo* de profundas verdades, isto é, símbolos usados pelos autores sagrados para falarem sobre verdades fixas. Se a questão é simbólica, então não há razão para supormos que Deus jurou, literalmente, diante de suas criaturas. Esses símbolos, porém, refletem grandes verdades relacionadas ao trato de Deus com os homens.

III. O ENSINO DE JESUS SOBRE OS JURAMENTOS. É deveras significativo que a questão dos juramentos foi abordada por Jesus, em seu doutrinamento sobre como devemos compreender a lei por um ângulo mais espiritual. Na qualidade de segundo Moisés, ele reinterpretou algumas importantes questões. No seu sermão da montanha, Jesus abordou os juramentos juntamente com outras questões importantes. O texto básico para isso é Mateus 5.33-37.

1. A Palavra do Primeiro Moisés. Mateus 5.33: *Outrossim ouvistes que foi dito aos antigos: Não jurarás falso mas cumprirás para com o Senhor os teus juramentos*.

Jesus prossegue com as ilustrações sobre a espiritualidade da lei, em contraste com a interpretação estrita das autoridades judaicas. Ele já ilustrara a mesma questão com três outras coisas: **1**. O sexto mandamento: Não matarás; **2**. O sétimo mandamento: Não adulterarás; **3**. a lei do divórcio. Agora usaria a quarta ilustração (vss. 33.37): os juramentos.

Não jurarás falso (Lv 19.12 e Êx 20.7) ... *não tardarás em cumpri-lo...* (Dt 23.22; ver Nm 30.1-16). O costume de jurar era mais antigo que a lei. Foi adotado pela lei civil como algo necessário (Êx 22.11). O que Jesus condena não é a simples ideia da lei, e, sim, como nos casos do sexto e do sétimo mandamentos, os abusos ao princípio. Os judeus classificavam os juramentos, e alguns eram reputados mais importantes, de acordo com o *objeto* sobre o qual o juramento era feito. Juravam pelo céu, pela terra, por cidades como Jerusalém, por partes do corpo humano, como a cabeça, pela sinagoga, pelo templo, e muitas vezes pelo nome de Deus (ou por respeito ao nome de Deus), modificando o som, às vezes fazendo o nome de Deus significar outra coisa, pelo modo de sua pronúncia. Às vezes usavam os nomes dos deuses dos gentios em seus juramentos. Até hoje, em questão de profanação e juramentos, não há povo como os orientais. As formas de juramento e profanação são infinitas. Os judeus consideravam que só o juramento feito em nome de Deus era importante e exigia cumprimento. Maimônides disse: *Se quis jurat per coelum, per terra, per solem, non est juramentum*. (Se alguém jura pelo céu, pela terra, pelo sol, não é juramento). Filo também mostra a atitude dos judeus quando afirma que os juramentos pela terra, pelo céu, e outros tantos juramentos, não eram obrigatórios. O desenvolvimento do costume de juramentos debilitou a moral da honestidade e da sinceridade entre o povo. A multiplicação de juramentos criou um espírito superficial, inclinado à mentira. Foi principalmente isso que Jesus censurou.

2. A Palavra de Jesus, o Segundo Moisés. Mateus 5.34: *Eu, porém, vos digo que de maneira nenhuma jureis: nem pelo céu, porque é o trono de Deus; De modo algum jureis*. Provavelmente Tiago 5.12 foi diretamente copiado desse texto. Quatro são as interpretações dessa expressão: *a*. Não jurar, se o juramento não estiver de acordo com a reverência devida a Deus. *b*. Não jurar ignorantemente, como os judeus. *c*. Não jurar de maneira superficial, como os judeus, ficando excluídos, entretanto, os juramentos civis, neste ensino. *d*. Trata-se de uma proibição *absoluta* para qualquer tipo de juramento sob qualquer circunstância.

3. O Ideal. Como ideal mais elevado, provavelmente seria melhor não jurar, especialmente na comunidade cristã. O homem honesto, aprovado por Deus e que vive no espírito da lei, jamais teria necessidade de jurar, bastando o simples *sim* ou *não*. Jesus interpreta o espírito da lei, o ideal da humanidade. Lembrando-nos disso, podemos afirmar que a simples interpretação das palavras de Jesus seria exatamente esta: "De modo algum jureis, nem pelo céu..." etc. Contudo, infelizmente a sociedade *não regenerada* não pode atingir tal ideal perfeito, porque há grande número de indivíduos indignos de confiança, e não seriam suficientes as simples palavras "sim" ou "não" para inspirar e garantir confiança nos tribunais de justiça. Assim, posto que a sociedade humana é imperfeita, tornam-se necessários os juramentos. Jesus não insistiria, por exemplo, para que o indivíduo que se irasse contra outrem fosse morto (vs. 22) e nem que o homem que cobiçasse outra mulher que não a sua arrancasse (literalmente) o seu olho direito. Assim sendo, Jesus também não proibiria juramentos exigidos pela lei, que fazem parte do costume legal em muitos lugares. Cristo proíbe o espírito *imprudente e orgulhoso* com que faziam grandiosas mas falsas declarações em nome de Deus, em nome do lugar onde Deus habita (os céus), ou em nome de algum lugar associado ao seu nome, como o templo de Jerusalém. Deus não é obrigado a apoiar esses juramentos imprudentes, e o homem santo não pode esperar que Deus o faça. O emprego do nome de Deus, nessas condições, não passa de uma forma de profanação. Como ideal perfeito, a proibição absoluta contra qualquer forma de juramento deve ser a interpretação correta; mas esse ideal não impediria o fato de ser esse o costume dos tribunais, que trata com homens imperfeitos e desonestos. Provavelmente Cristo expunha o ideal para o indivíduo, não incluindo os costumes próprios dos tribunais, isto é, não estava legislando.

Alguns comentaristas mostram que o próprio Jesus respondeu sob juramento (ver Mt 26.63,64). E os apóstolos usaram juramentos nas Escrituras (Gl 1.20; 2Co 1.23; Rm 1.9; Fp 1.8; 1Co 15.31). O Anjo do Senhor também jurou (Ap 10.6). Essas referências mostram que a lei dos juramentos não é norma absoluta para todas as circunstâncias.

4. Juramentos Específicos. *Nem pelo céu.* Não podemos jurar pelo céu porque está associado ao nome e à pessoa de Deus. O juramento pelo céu, portanto, é uma maneira de jurar pelo nome de Deus. Tal juramento foi e ainda pode ser uma forma de profanação. Deus não está obrigado a cumprir os desejos só porque usam o seu nome, especialmente quando profanam o seu nome.

Mateus 5.35: *nem pela terra, porque é o escabelo de seus pés; nem por Jerusalém, porque é a cidade do grande Rei.*

Nem pela terra. Porque a terra também está diretamente ligada a Deus, por ser o "estrado de seus pés" (ver Is 66.1). A cidade de Jerusalém é a cidade do grande Rei, isto é, Deus. (Ver Sl 48.2). Jurar por Jerusalém, pois, é uma maneira indireta de jurar pelo nome de Deus. Jesus diria que o cumprimento de todos esses juramentos seria obrigatório porque estão vinculados ao nome de Deus; mas também diria que, especificamente, o homem não tem o direito de usar o nome de Deus para garantir a validade de qualquer juramento. Outrossim, o homem honesto não tem necessidade de confirmar o juramento com qualquer outro nome além do seu.

Mateus 5.36: *nem jures pela tua cabeça, porque não podes tornar um só cabelo branco ou preto.*

Nem jures pela tua cabeça. Esse juramento provavelmente não era reputado como vinculado a Deus; por isso era usado como meio de jurar sem cometer profanação. Mas mesmo assim alguns opinam que tal juramento inclui profanação do nome de Deus, por ser o homem uma criatura feita por Deus à sua própria imagem. Essa é uma verdade, mas o restante do versículo mostra que não foi por essa razão que Jesus destacou esse juramento como exemplo. Cristo ilustra que o juramento feito pela própria cabeça constitui uma forma de *profanação*, apesar de não usar o nome de Deus, pois em realidade ninguém exerce controle sobre a própria vida e não pode mudar, pela sua vontade, nem mesmo a cor de seus cabelos. Se o homem não pode nem ao menos mudar a cor de seus cabelos, como seria possível a ele confirmar ou garantir qualquer juramento feito por sua cabeça? Portanto, isso é uma tolice. Não podemos tratar de coisas sérias, como os juramentos, de maneira superficial (e a despeito do fato de que alguém pode pensar não se tratar de questão séria). Além disso, a simples palavra do homem honesto deve ser suficiente. A cor de seus cabelos está fora do controle do homem, e por isso não pode servir de base para juramento algum

5. A Santidade da Linguagem. Mateus 5.37: *Seja porém, o vosso falar: Sim, sim; não, não; pois o que passa daí, vem do Maligno.*

Sim, sim... não, não. (Ver Tiago 5.12; 2Co 1.17,18). A repetição da palavra é a confirmação ou não da verdade. A garantia da honestidade do indivíduo deve ser a confiança na sua *simples palavra*. Provavelmente Jesus insistiria que tal honestidade deve ser inspirada pela consciência da presença de Deus e a relação do homem para com o Senhor. O homem cônscio da presença de Deus e que sente responsabilidade para com Deus não mente. Tal honestidade não requer a confirmação de qualquer juramento. E o juramento feito — pelo homem desonesto — não tem valor. A desonestidade desse homem se expressa não apenas na tendência em nos desviarmos da verdade pura, mas também na esperança de que nossos semelhantes façam a mesma coisa. A prática dos juramentos apenas agrava essa situação, porque o próprio juramento é usado para enganar, conformando de maneira séria uma desonestidade.

6. A Perversidade da linguagem. *Vem do maligno.* Alguns interpretam *do diabo,* que é o ser maligno (Eut., Zig., Cris., Teof., Beza, Zwínglio, Fritzche, Meyer e outros). Ninguém negaria que, segundo as ideias básicas do NT, todo mal tem origem na pessoa do diabo, direta ou indiretamente, mas a referência aqui é à perversidade dos homens que empregam o juramento com o fito de enganar e cumprir propósitos desonestos, profanando o nome de Deus nesse processo. Dificilmente tais homens usam de juramentos sem algum tipo de maldade. O próprio juramento tende a provocar a maldade. Não jures. Aquele que jura, mente. Aquele que mente, rouba. Que males não faria o homem?

IV. Gestos e Atos Acompanhantes. As palavras, por mais solenes que fossem, não eram consideradas suficientes, por aqueles que faziam juramentos. Certo ritual desenvolveu-se em torno dos juramentos, conforme se vê nos cinco pontos abaixo: **1.** A mão era estendida (Ez 17.18). **2.** A mão era erguida para o céu, como que apelando para Deus como testemunha (Dt 32.40). Nesse caso, quem jurava erguia sua mão direita (Dn 12.7; Ap 10.5,6). O próprio Deus aparece fazendo esse gesto (Is 62.8), o que é um puro antropomorfismo. **3.** Aquele que recebia o juramento punha a mão sob os órgãos genitais de quem jurava. Como eufemismo, é usada a palavra *coxa* (Gn 24.2; 47.29). Alguns intérpretes pensam que isso já representa um exagero! **4.** Aquele que proferia o juramento podia reforçá-lo dando um presente àquele a quem era feita a promessa (Gn 21.25-32). **5.** Sacrifícios de animais podiam ser oferecidos, para solenizar ainda mais os juramentos (Gn 15.9,10).

V. Juramentos e Provas. A questão das águas amargas, no caso de supostas mulheres adúlteras (ver Nm 5.11-31), era uma maneira de submeter à prova o juramento de inocência delas. Água benta era misturada com a poeira do chão do tabernáculo, e a isso adicionavam-se as imprecações (juramentos negativos). Isso era uma mistura de água não fervida, poeira retirada de onde tantas pessoas caminhavam, e alguma espécie de tinta de escrever. Não admira que, ao beberem a mistura, as mulheres se sentissem mal, o que, presumivelmente, mostraria que elas eram culpadas! Porém, na verdade, devemos pensar muito mais no aspecto psicossomático da questão. Uma mulher premida por sua consciência culpada, haveria de reagir negativamente. Naturalmente, a crença da época era que Deus protegeria a mulher inocente, ao passo que a mulher culpada sentiria tremenda dor de estômago. Verdadeiramente, palmilhamos aqui sobre um terreno religioso primitivo. Sabemos, pela história antiga, que coisas perigosas eram requeridas da parte daqueles que faziam juramentos, sempre com a ideia de que Deus protegeria os inocentes. Na Idade Média, era assim que os hereges (ou acusados de heresia) eram submetidos à prova. Lançavam um homem em um tanque de água, fazendo-o submergir. Se ele voltasse à tona, era inocente, e não morreria afogado! Ou, então, faziam-no caminhar sobre brasas vivas. Se fosse inocente, não se queimaria! Não admira que Jesus tenha proibido terminantemente os juramentos, considerando os abusos que geralmente vêm-se misturar aos juramentos. Seja como for, há algo de ridículo quando um homem invoca Deus para confirmar suas palavras, como se Deus tivesse de satisfazer os caprichos dos homens. Todavia, no caso da prova pela água amarga, Deus prometeu intervir, desmascarando a culpada e inocentando a inocente!

Provas Pela Água e Acordos Feitos Sob Juramento. Podemos pensar no dilúvio de Noé, na passagem de Israel em seco, pelo mar Vermelho, e na travessia do rio Jordão, por Josué e o povo de Israel. Essas foram provas pela água, que funcionaram como confirmações do pacto estabelecido por Deus com o seu povo. Ver esse conceito no Novo Testamento, em trechos como (1Co 10.2; 1Pe 3.21; 2Pe 3.5-7; Lc 12.50; Mc 10.38).

A ressurreição de Jesus pôs ponto final à prova da cruz do Calvário. E tanto a prova como o triunfo obtido por Cristo tornaram-se confirmações do valor da missão salvadora de Cristo.

VI. O Perjúrio. Era questão seriíssima profanar o nome de Deus, se tivesse sido proferido em um juramento (Lv 19.12). (Os trechos de Êx 20.7; Jr 34.18 e Ez 17.16-19) mostram que tal perjúrio não ficava sem o devido castigo. Por estranho que pareça, a questão dos juramentos foi distorcida de tal modo, que alguns pensavam que era correto mentir, contanto que a pessoa não escudasse a mentira em um juramento! O Senhor Jesus, em contraste com isso, condenou terminantemente os juramentos, afirmando que a palavra de um homem deve ser suficiente. Se um crente disser "sim", então que seja "sim", e se disser "não", então que seja "não" (Mt 5.37). Jesus insistia sobre a necessidade de integridade em nosso linguajar, embora os homens gostem de profanar sua linguagem de maneira frívola.

VII. Juramentos Tolos e Pecaminosos. Algumas vezes os homens fazem juramentos que os põem em situações ridículas e dolorosas. Jefté (vide), o nono juiz de Israel, fez um juramento tolo e pecaminoso, quando prometeu oferecer um sacrifício humano, se obtivesse a vitória militar sobre o inimigo. Ele jurou que sacrificaria a primeira pessoa que viesse saudá-lo, ao retornar vitorioso. Infelizmente, sua filha única foi quem veio ao seu encontro. Alguns meses mais tarde, ao que tudo indica, ele a sacrificou. (Ver Jz 11.34 ss). Pedro negou ao seu Senhor com juramento (Mt 26.72). O juramento feito por Herodes à filha de Herodias, resultou na decapitação e morte de João Batista (Mt 14.6-10). Os adversários de Paulo reforçaram suas intenções assassinas com juramentos (At 23.12-15). O juramento precipitado de Saul quase custou a vida a Jônatas (1Sm 14.24,25).

VIII. Juramentos Judiciais, Antigos e Modernos. **1**. Nos Tempos do Antigo Testamento, quando não havia evidências sobre alguma questão grave, e pessoas inocentes poderiam ser prejudicadas, ou pessoas culpadas poderiam nada sofrer, então a lei mosaica requeria juramentos, para que houvesse esclarecimento. As situações assim envolvidas eram as seguintes: **a**. Quando os bens que alguém deixara sob a guarda de outrem eram furtados ou destruídos (Êx 22.10,11). **b**. Quando alguém, que achara alguma propriedade perdida, fosse acusado de furto (Lv 6.3). **c**. Quando se suspeitava do adultério de uma esposa (Nm 5.11-28). **d**. Quando, sem sabê-lo, uma comunidade abrigasse um criminoso (Lv 5.1). Também havia juramentos que prometiam o cumprimento do dever ou a satisfação de condições, em um negócio (1Rs 2.43). A lealdade de um vassalo a um senhor qualquer podia envolver um juramento (Ec 8.2). **2. Nos Tempos Modernos**. Os juramentos podem envolver problemas morais e civis. Aqueles que aceitam os ensinos de Jesus talvez se recusem a fazer qualquer tipo de juramento, até mesmo em tribunais de lei. Os quacres nunca fazem juramentos de qualquer espécie. Alguns intérpretes suavizam a proibição de Jesus, dizendo que ele apenas se opunha aos abusos, mas Mateus 5.37 é contrário a essa interpretação. Por outro lado, se a lei de um país requer que se façam juramentos em tribunal, então, cada um deve resolver a questão à luz de sua consciência. O indivíduo poderá jurar, obedecendo à lei do país, segundo o ensino de Romanos 13.1 ss., ou então, pode não jurar, observando a estrita palavra de Cristo. Nesse caso, terá de sofrer as sanções impostas pela lei, por sua recusa. Em favor dos juramentos judiciais, porém, temos o caso do próprio Deus. O raciocínio é que se o próprio Deus jurou, então, seu povo também pode jurar. Além disso, em seu julgamento, Jesus atendeu a um apelo, com juramento (Mt 26.63). Se Jesus sentiu-se obrigado diante de um juramento, outro tanto pode suceder com os seus seguidores, se a lei de um país assim o requerer. (B DD H ID KLI UN Z)

JUROS

Esse é o lucro calculado sobre determinada taxa de dinheiro emprestado ou de capital empregado, rendimento ou interesse. O termo hebraico usado no Antigo Testamento é nasa, "conceder um empréstimo" (Dt 24.11, Is 24 2, Jr 15.10). Mas esse vocábulo também é usado para indicar juros ou usura (Êx 22.25). Uma outra palavra hebraica, massa, também pode ser usada com ambos esses sentidos. Assim, em Neemias 10.21 significa divida; mas, em Neemias 5.7, usura. A raiz verbal de nasa é nasak, "reivindicar interesse" (Dt 23.19), que vem de nesek, ou seja, "extorquir" (Sl 109.11). A palavra grega correspondente, usada no Novo Testamento, é tókos, "nascimento", "prole", envolvendo a ideia de que dinheiro gera dinheiro, um princípio bem conhecido da economia.

Quando discutimos a questão dos empréstimos entre os hebreus primitivos, deveríamos lembrar que um empréstimo podia ser pedido a fim de sustentar a própria vida física, considerando a profunda pobreza em que viviam muitos hebreus de vida nômade ou seminômade. Isso ilustra a seriedade dos empréstimos e das dívidas. O comércio escravagista era sustentado, pelo menos em parte, por pessoas que não podiam pagar as suas dívidas, as quais então eram vendidas como escravas, com essa finalidade. Apesar de as pessoas que faziam empréstimo raramente poderem esperar alguma misericórdia da parte de seus credores, havia estipulações veterotestamentárias pondo à disposição dos interessados os empréstimos (Dt 15.7-11). Paralelamente, um israelita não podia cobrar juros de um seu compatriota (Êx 22.25; Lv 25.36,37; Dt 23.19,20). De fato, os israelitas não deveriam tornar-se agiotas (Sl 15.5). No entanto, muitos deles praticavam a agiotagem, a despeito disso ser-lhes vedado pela lei mosaica, onde é condenada como desonesta e imoral (ver Pv 28.28; Ez 18.13; 22.12). Todavia, juros podiam ser legitimamente cobrados de estrangeiros que pedissem empréstimos (Dt 23.20). Sabemos que, nos dias do Novo Testamento, os juros cobrados sobre os empréstimos eram a regra econômica da época (Mt 25.27; Lc 19.23; Josefo, Guerras 2.17). Supõe-se que, na sociedade hebreia, a lei contra a cobrança de juros de algum "irmão" (compatriota israelita) prevalecia de modo geral, embora com abusos ocasionais.

Em outras culturas, conforme se vê em documentos provenientes da Babilônia, as taxas de juros cobradas eram elevadas. Esses empréstimos de alimentos e produtos vários eram pagos com o acréscimo de uma terça parte, como juros; e os empréstimos feitos a dinheiro (moedas de prata) tinham uma taxa de 20%. Em Nuzi (vide) as taxas de juros subiam até 50%. Poderíamos supor corretamente que essas taxas de juros nada tinham a ver com a inflação, porquanto estavam alicerçadas sobre a pura cobiça, que é sempre um importante fator em todos os cálculos econômicos. Em outras palavras, a inflação sobe artificialmente, e não por causa de imposições naturais do mercado.

Historicamente, os ensinos do judaísmo, do cristianismo e do islamismo condenam a usura. O terceiro concílio laterano (em 1179 d.C.) proibiu especificamente a prática dos usurários. As posturas da Bíblia e de Aristóteles são que "o dinheiro é estéril", ou seja, dinheiro não deve produzir dinheiro. Vale dizer, os bens é que devem ser considerados a riqueza de uma pessoa ou de uma sociedade. Quão contrário a isso é o sistema capitalista! Foi durante a Idade Média que a prática da agiotagem se tornou praticamente universal, e que as antigas ideias a respeito se desintegraram. Ver o artigo separado intitulado *Dívida, Devedor*, que acrescenta muitos detalhes omitidos pelo presente artigo. Além disso, aquele artigo inclui vários usos metafóricos acerca da questão das dívidas e dos devedores.

Onde o Dinheiro Prevalece, Aí Surgem Abusos. A prática de hipotecar terras, às vezes a juros exorbitantes, cresceu entre os judeus, durante o cativeiro babilônico, o que violava diretamente a antiga lei mosaica. Assim, Neemias precisou arrancar um juramento da parte de seus compatriotas, a fim de que esse abuso tivesse ponto final (Ne 5.3-13). Abusos são feitos até mesmo contra as leis mais humanas, e, com exagerada frequência, as próprias leis não são nada justas e humanas. A lei cristã do amor poderia dar solução a todos esses problemas se, realmente, fosse aplicada. O homem, em sua degeneração moral, não pende por ser generoso.

JUSABE-HESEDE

No hebraico, **"devolvedor da bondade"**. Os estudiosos não têm certeza sobre seus laços de família, devido à incerteza de interpretação dos textos que o envolvem. Alguns pensam que ele era filho de Pedaías (1Cr 3.20), mas fazem dele o último dos filhos de Zorobabel a ser chamado por nome. Talvez as duas diferentes listas de filhos, dos vs. 19 e 20 daquele capítulo, tivessem mães diferentes, ambas esposas de Zorobabel.

JUSTIÇA

I. Definições. A palavra portuguesa "justiça". vem do latim, *jus*, **"direito"**, **"lei"**. A justiça consiste na preocupação exata e escrupulosa pelos direitos alheios e pelo relacionamento do indivíduo com o Juiz Supremo, Deus. A justiça requer atos de retidão, e não meras palavras ou aceitação de certos ideais. O homem justo age corretamente, de forma altruísta. De acordo com a teologia cristã, ninguém pode ser justo por si mesmo. A justiça é um dos atributos comunicáveis de Deus, sendo investida no homem através de Cristo, por meio da conversão, da santificação e do contínuo ministério do Espírito Santo. É assim que o homem vai absorvendo a forma de justiça e da santidade divinas, não sendo mera produção humana, imitação daquela justiça e santidade. A justiça também consiste em *conformidade com uma reta conduta*. Mas a reta conduta é definida, em última analise, segundo padrões divinos de conduta e de ideais. Envolve qualidades de caráter, como a retidão, a equidade, a santidade, a correção, a razoabilidade. A justiça é uma *excelência moral,* cujo modelo ou padrão é Deus, e cujo agente é o Logos, o Filho de Deus. Quanto aos vocábulos bíblicos envolvidos, e seus respectivos significados, ver a seção III. 13.

II. Na Filosofia e na Ética

1. Os sofistas definiam a justiça como mera convenção social. Mudando os costumes sociais, muda também a justiça, porque esta seria dependente das condições prevalentes. Trasímaco, membro dessa escola, pensava que "poder é direito". Em outras palavras, quem tem autoridade determina as normas da sociedade. Isso seria uma forma de *voluntarismo*, mas no nível humano.

2. Platão objetava à visão relativista e voluntarista dos sofistas, afirmando que há o *universal* da justiça. Em outras palavras, a justiça é uma realidade dos mundos imateriais, invisíveis; a justiça que se vê em nosso mundo é apenas uma pobre imitação da verdadeira justiça, que é a divina. Em seu diálogo sobre as *Leis,* Platão singularizava os *universais* (vide) em *Deus,* pelo que, para ele, a justiça é um dos atributos de Deus. Deus, pois, é o supremo padrão da conduta correta, e somente em Deus reside a verdadeira justiça. Em sentido secundário, para Platão, a *justiça* é aquele estado que ocorre quando cada um ocupa a sua devida função, fazendo assim a sua contribuição para o todo, da melhor maneira possível.

3. Sócrates entendia as questões éticas em termos de conceitos da Mente Universal. Esse armazém mental e divino de ideias envolve o conceito da verdadeira justiça. Os homens imitam esse modelo, e aproximam-se do mesmo através da razão, mediante o uso de diálogos. O homem teria, em si mesmo, os conceitos da *Mente Universal,* podendo descobrir aquilo que já sabe, mediante a disciplina mental apropriada. A filosofia, por sua vez, seria a ciência que sonda a verdadeira teoria ética, procurando conhecê-la e pô-la em prática.

4. Aristóteles opinava que a justiça é o *meio termo* entre a injustiça que consiste em interferir com aquilo que pertence a outrem e o sofrer a interferência alheia naquilo que nos pertence. Ele se referia a duas manifestações da justiça: para que se faça justiça, o indivíduo precisa compartilhar dos recursos da coletividade ou Estado. Em outras palavras, deve ser-lhe conferida uma partilha equitativa. Além disso, as ofensas precisam ser devidamente punidas. Aos homens não deveria ser permitido que fossem injustos e prejudiciais, sem pagarem à altura por causa disso.

5. Tomás de Aquino e Locke concordavam que, para poder haver justiça, é necessário que haja uma ordem de coisas natural e racional, e que a razão pode conduzir-nos a essa situação, de uma maneira adequada. Naturalmente, Tomás de Aquino mostrava-se sensível para com a realidade da justiça divina, como o verdadeiro padrão por detrás da ordem que os homens conseguem estabelecer em sociedade. Locke preferia apelar para a abordagem empírica. Para ele, descobre-se a justiça mediante a experimentação guiada pela razão.

6. O pragmatismo assevera que aquilo que funciona bem é justo e bom, e que podemos chegar a esse estado mediante a experimentação. Visto que as sociedades diferem umas das outras, por isso mesmo a justiça, como todos os princípios éticos, é algo relativo (ver sobre o *Relativismo*). Para os pragmáticos, não existem valores éticos fixos, e nem verdade absoluta. A praticalidade ou função é a única prova de que algo é justo e bom, na opinião deles.

7. O positivismo lógico supõe, juntamente com o pragmatismo, que não existem valores fixos, mas enfatiza mais o papel da ciência no estabelecimento de valores relativos e funcionais. Não se apela, ali, para qualquer coisa divina, pertencente ao mundo espiritual. Para os positivistas lógicos, a justiça é algo meramente humano, determinado dentro de um contexto humano.

8. A ética situacional afirma que a justiça, ou seja, aquilo que é bom para ti e para mim, depende das vicissitudes das circunstâncias e das exigências que essas circunstâncias nos impõem. Mudando as circunstâncias, mudam os padrões. Outrossim, o que é bom para mim, neste momento, não é necessariamente bom para ti, e o que é justo para uma sociedade (dentro do contexto de suas experiências) não é necessariamente bom para outra sociedade (dentro do contexto de experiências diferentes). E até mesmo aquilo que é bom para mim é bom, neste momento, mais tarde poderá não ser bom para mim. Tudo é relativo, dependendo do fluxo permanente das coisas e das circunstâncias.

9. A ética absoluta ou rigorosa supõe que existem padrões éticos absolutos. Os homens não desenvolveriam o que é certo por meio da experimentação. Antes, eles sempre descobrem o que é direito. Uma forma de ética absoluta é o imperativo categórico de Kant: "Faça somente aquilo que gostaria que se tornasse uma lei universal". As religiões, de modo geral, visto que apelam para uma justiça e uma bondade divinas, dão apoio à ideia da justiça absolutista, embora, usualmente, valham-se das revelações e livros sagrados como padrões autoritários. O cristianismo ortodoxo representa um sistema ético rigoroso e o Novo *Testamento* é sua autoridade.

III. NA BÍBLIA

1. A base do conceito da justiça vem *através da revelação*. A revelação foi preservada, em forma escrita, nas Sagradas Escrituras. Elas nos foram dadas para nossa instrução, para ensinar-nos quais devem ser os padrões de nossa conduta, conforme se aprende em 2Timóteo 3.16,17: *Toda Escritura é inspirada por Deus e é útil para o ensino, para a repreensão, para a correção, para a educação na justiça, a fim de que o homem de Deus seja perfeito e perfeitamente habilitado para toda boa obra.* Isso permite que o homem espiritual seja equipado para poder pôr em prática todas as boas obras, com a mente esclarecida.

2. O teísmo (vide) é um importante e constante conceito ensinado na Bíblia. Há um Deus que se fez conhecido dos homens, que determina o que é certo e o torna conhecido, e que impõe a conduta própria, por meio da promessa de galardões ou da ameaça de julgamento.

3. A justiça é um produto das *operações do Espírito Santo*, que cultiva em nós os vários aspectos de seu fruto (Gl 5.22,23). Dessa forma, os atributos da justiça, que pertencem a Deus, são reproduzidos nos crentes. Ver a quinta seção do presente artigo, que aborda essa questão com detalhes.

4. *A justiça*, bem como os demais valores éticos, são entravados ou mesmo anulados pela rebeldia e carnalidade dos homens (Gl 5.19-21). Assim como o Espírito de Deus transmite sua bondade aos homens, assim também o *espírito do mal*, que se deriva de seres infernais, opera nos homens sem Deus (Ef 6.11 ss.). Nenhum ser humano peca sozinho; nenhum ser humano é injusto sozinho. Ele age prestando lealdade ao reino espiritual ao qual pertence e sob a influência do qual se encontra, seja o reino da luz, seja o reino das trevas. (Ver Gl 1.12,13).

5. Os crentes são derrotados espiritualmente pela *carnalidade*, podendo tornar-se instrumentos ou agentes da injustiça (1Co 3.1 e Rm 8.5-8).

6. Jesus Cristo é o agente da justiça, porquanto em sua imagem é que estamos sendo gradativamente transformados (Rm 8.29; 2Co 3.18), de modo a virmos compartilhar de seus atributos morais e espirituais, porquanto nos tornamos partícipes de sua natureza metafísica (Cl 2.9,10; 2Pe 1.4). E segundo se lê em 1Coríntios 1.30: *... Cristo Jesus, que se nos tornou, da parte de Deus, sabedoria, e Justiça, e santificação, e redenção.* Outrossim, ele é o justificador dos crentes: *... para ele mesmo ser justo e justificador daquele que tem fé em Jesus* (Rm 3.26).

7. Atitudes e Ações Específicas de Justiça. *a*. Devemos honrar, reverenciar e respeitar aos nossos superiores, governantes etc. Essa conduta é justa. (Ver Rm 13.1 *ss.*; Ef 6.1,3; 1Pe 2.17; 1Tm 5.17). *b*. Mostrar bondade pare com o próximo é uma ato de justiça (Pv 17.17). *c*. A prática da lei do amor é a base de toda a justiça humana (Gl 4.15; 5.22, 1João 4.7 ss.). *d*. No tocante às questões práticas, deveríamos pagar o que é direito ao próximo, tanto na questão do dinheiro (como os impostos), quanto na questão do respeito e da honra. O amor é a maior de todas as obrigações. (Ver Rm 13.7,8. Ver também Dt 24.14). *e*. Deveríamos ajudar ao próximo em momentos de necessidade (Tg 2). *f*. Não basta sermos *justos*, no sentido de exatos, mas também devemos ser bondosos, isto é, generosos, em nosso trato com o próximo (Rm 5.7). *g*. Os caminhos de Deus são verdadeiros e justos, e os homens devem imitá-lo, como o maior e mais elevado padrão de conduta (Ap 15.3. Ver também Jó 9.2; 37.23; Sf 3.5; Sl 84.14; 36.6). Esses versículos descrevem atos de Deus que estabelecem padrões para a conduta humana. *h*. *O voluntarismo* (vide) é um ensino refletido no nono capítulo da epístola aos Romanos. Uma coisa é boa porque assim o determinou a vontade de Deus, sem importar o que pensemos a respeito. Porém, outros trechos bíblicos contrabalançam esse ensino, afirmando que o Juiz de todas as coisas faz somente aquilo que é direito (como Gn 18.25). E podemos pressupor que nossa intuição e nossa razão diz-nos o que realmente é direito, visto que ambas essas funções dependem da comunhão com a presença divina e são sensíveis a ela.

8. A justiça de Deus requer a *retribuição*. Mas o próprio juízo divino também tem um aspecto *remediador*. Ver o artigo separado sobre *Julgamento de Deus dos Homens Perdidos*. Os dois polos da justiça divina são declarados em Romanos 1.32, em comparação com 1Pedro 4.6.

9. Há *atos de vindicação*, que contrabalançam a injustiça. Esses são atos de justiça (Jz 5.11; 2Sm 15.4; Sl 82.3; Is 58.2,3; Ec 7.15 e 8.14).

10. A justiça, embora vindicativa e retributiva, também deve manifestar-se temperada pela misericórdia. Não há *justiça divina crua*, ou seja, retribuição não condicionada pelo amor. O primeiro capítulo de Romanos mostra-nos que Deus não estaria errado se aplicasse uma justiça nua, constituída somente por vingança e retribuição. Porém, a partir do terceiro capítulo de Romanos, Paulo mostra-nos que, de fato, a justiça divina não opera dessa maneira inflexível. A intervenção do evangelho serve de prova desse fato. Aqueles a quem Deus tem de julgar, também procurou salvar, ele através da elaborada missão de Cristo, uma missão com um aspecto terreno, outro no *hades*, e outro no céu (1Pe 3.18-4.6).

11. Deus confere a justiça a quem nada merece; mas, então, espera que eles correspondam, buscando a justiça e a bondade (Is 1.17).

12. O justo viverá pela fé (Hc 2.4; Rm 1.17; Gl 3.11). Essa fé, por sua vez, é produto da atuação do Espírito. Ao viverem pela fé, os homens são reputados justos, em todo o seu relacionamento uns com os outros. A fé produz a justificação (vide); e a vida da fé obrigatoriamente envolve a santificação (vide).

13. Palavras Bíblicas para Indicar a Justiça. Os termos bíblicos, no hebraico, *tsedeq* e *tsadaqah*, como também o vocábulo grego *dikaiosune*, são traduzidos em português por "justiça" ou "retidão". Essas palavras são usadas no tocante a Deus e aos homens. A justiça aponta para uma conduta reta, um governo justo, o pagamento de dívidas a quem tem direito, a retribuição, a retidão nos atos, a regra da lei e o respeito à lei. Deus é justo quando julga, porque a sua retidão moral não pode permitir que a injustiça permaneça sem a devida resposta. Mas os atos de Deus nunca consistem apenas em retribuição, visto que a ideia inteira dos julgamentos divinos é a de restaurar aos ofensores (1Pe 4.6). Além dessas palavras, temos o vocábulo hebraico *yoser*, que indica a probidade ou retidão moral (Dt 9.5). No contexto físico, essa palavra significa "reto". *Tsedagah* também pode envolver a ideia de "conformidade". A conduta do homem precisa amoldar-se a retos padrões (Gn 30.33). A forma adjetivada do termo grego *dikaioo* é usada em Colossenses 4.1 (ou seja, *dikaios*), onde a referência é sobre como os proprietários de escravos deveriam tratar equanimemente os seus escravos. Deus é justo (no hebraico, *tsadig*) e Salvador (ver Is 45.21). Essas duas qualidades divinas nunca se manifestam isoladas uma da outra, pois, do contrário, não haveria justiça, segundo o conceito escriturístico.

O termo grego *dikaiosúne* pode indicar a "probidade de caráter", conforme se esperaria, por exemplo, da parte de um juiz (ver I Clemente 13.1; Ap 19.11; Rm 9.28; Is 10.22; na LXX), ou, então, "retidão" da parte de Deus ou dos homens (ver Mt

3.15; 5.6; At 10.35; Fp 1.11; Hb 12.11; Is. 56.1, na LXX; II Clemente 19.2). A *retidão outorgada por Deus* é um outro uso dessa mesma palavra. Ver a quinta seção deste artigo, onde há uma ampla descrição a respeito; ver também Romanos 5.17. Visto que essa palavra constitui uma virtude específica dos regenerados, torna-se um sinônimo virtual do cristianismo (Mt 5.10; 1Pe 3.14).

IV. A Justiça Divina. Com "justiça divina" indicamos o fato de que a justiça de Deus *deve julgar* o pecado e os pecadores. Isso deve ser contrastado com a seção V, *A Justiça de Deus*, que fala sobre como a justiça de Deus é conferida ao indivíduo regenerado. Em outras palavras, o atributo divino da justiça é transmitido aos homens, a fim de que se tornem justos, na qualidade de "filhos de Deus", compartilhando das qualidades morais de Deus. Os remidos chegam a compartilhar das qualidades morais de Deus, porque também compartilham de sua natureza metafísica, posto que em um sentido secundário, apesar de perfeitamente real. Temos um artigo separado, intitulado *Julgamento de Deus dos Homens Perdidos*, que procura mostrar que os juízos de Deus tanto são *retributivos* (pois corrigem as injustiças e causam sofrimentos onde esses são merecidos), quanto são *remediadores*. Os próprios sofrimentos têm por finalidade restaurar (ver 1Pe 4.6). Deus não faria qualquer injustiça se meramente aplicasse a parte retributiva do juízo, sem qualquer misericórdia, de forma final e sem qualquer esperança. O primeiro capítulo de Romanos mostra-nos isso. Mas, a começar pelo terceiro capítulo de Romanos, o apóstolo mostra-nos que a justiça de Deus nunca é aplicada cruamente, e, sim, sempre revestida de misericórdia e amor. O evangelho tempera o julgamento de Deus com a sua misericórdia e o seu amor. De fato, o julgamento divino é apenas um dedo da sua mão amorosa. A justiça e o julgamento são lados diferentes do mesmo amor. É que Deus pode fazer certas coisas melhor, através do juízo, do que através de qualquer outro meio. A cruz do Calvário foi um julgamento, mas também foi uma medida restauradora. Ver o artigo sobre *Cruz de Cristo, Efeitos da*. Ver também sobre *Descida de Cristo ao Hades*, acerca de como o julgamento divino dos injustos incluirá certa medida de misericórdia, tendente à redenção deles, sempre com base nas condições inarredáveis do arrependimento e da fé em Cristo. Isso teve lugar na própria dimensão da condenação, o que parece mostrar que a morte biológica não é o fim da oportunidade de salvação.

V. A Justiça de Deus. Romanos 1.17: *Porque no evangelho é revelada, de fé em fé, a justiça de Deus, como está escrito: Mas o justo viverá da fé.*

1. Essa *justiça* designaria a natureza intrinsecamente santa de Deus, o seu próprio caráter justo (ver Rm 3.5).

2. Talvez seja usada no sentido de que Deus vindica a sua justiça, ou seja, torna conhecida qual seja essa justiça.

3. Todavia, essa justiça não é meramente a descrição de um atributo divino, mas também subentende uma espécie de natureza que ele injeta nos remidos. Os homens, uma vez transformados segundo a imagem de Cristo, em sentido bem real e literal, participam da santidade de Deus (ver Mt 5.48). A passagem de Isaías 46.13 também contribui para esclarecer esse aspecto, onde lemos: *Faço chegar a minha justiça, e não está longe; a minha salvação não tardará; mas estabelecerei em Sião o livramento e em Israel a minha glória*. Isso indica a doação das perfeições morais aos remidos. E é a agência do evangelho que produz essa natureza moral nova nos homens.

A santidade de Deus se desenvolve nos homens por meio da atuação do Espírito Santo, e essa atuação tem prosseguimento até que os remidos atinjam a perfeição absoluta, quando então os crentes serão santos como é santo o seu Pai celestial. Isso pode envolver a eternidade inteira, mas no processo tem *início* quando do primeiro exercício da fé em Cristo e em seu evangelho, continuando nas experiências da conversão, da santificação, da regeneração e da glorificação. Essa modificação moral produz a modificação metafísica.

4. Essa justiça de Deus se manifesta por intermédio da fé, porquanto tem início através do princípio da fé, como também tem continuação e é sustentada pela fé, tudo o que é obra do Espírito Santo, que leva a alma humana a depender de Cristo. Por conseguinte, a justiça de Deus não se torna realidade por meio de alguma disciplina mental, e nem através de qualquer resolução intelectual, e nem mesmo por qualquer cerimônia religiosa. Mas depende exclusivamente da operação do *Espírito de Deus*. E, quando a alma de um indivíduo é sintonizada com essa operação, passa a exercer fé. Assim, pois, a fé consiste na sintonização da alma com Deus e seu Cristo, uma total entrega da personalidade inteira a Jesus Cristo, a fim de que possa ser operada na alma a elevada obra divina, descrita no presente versículo.

5. A justiça de Deus no homem, pois, não é apenas uma declaração legal, que afirma que um homem está perfeito em Cristo; antes, é a produção real dessa retidão no indivíduo; pois estar perfeito em Cristo é a mesma coisa de ter sido transformado por ele. É a esse aspecto de nossa salvação que denominamos de "santificação".

6. O adjetivo grego *dikaios* (reto, justo) vem da mesma raiz que deu a palavra *justiça*, que aparece no presente versículo; isso ilustra o sentido dessa palavra. *a*. Esse adjetivo é usado com relação a Deus e a Jesus Cristo. Com relação a Deu (1Jo 1.9; Jo 17.25; Ap 16.5 e Rm 3.26). Com relação a Cristo (1Jo 2.1; 3.7; At 3.14; 7.52 e 22.14). No presente versículo esse vocábulo indica a norma eterna da santidade divina. *b*. Esse adjetivo, "justo", também é usado com referência aos homens, não meramente para denotar um caráter reto, mas também dando a entender alguma forma de atribuição ou participação na própria santidade essencial de Deus. O termo *justiça* é utilizado como algo *possível* para a personalidade humana, na passagem de Romanos 6.13,16,18,20. Nesse trecho, o contexto mostra-nos que essa justiça decorre de nossa união espiritual com Cristo, na forma de um batismo espiritual, que é a identificação dos crentes com a morte e a ressurreição de Jesus Cristo, em condições místicas. Em outras palavras, os benefícios da morte de Cristo — morte para o pecado, desvencilhamento completo do poder e efeito do reino das trevas — e os benefícios de sua ressurreição são produzidos por uma forma de contato real com o Espírito Santo.

7. Portanto, por *justiça* devemos compreender o que é feito tanto na justificação como na santificação — os resultados dessas medidas divinas, operados na alma do crente. A forma verbal de "justificar", no grego, é *dikaioo*, o que, nas páginas do NT, pode algumas vezes significar alguma forma de pronunciamento judicial acerca dos direitos que um homem tem de ficar diante de Deus, em Cristo Jesus. Todavia, perderemos inteiramente de vista a ideia da justificação se ignorarmos o fato de que isso também significa *fazer justo*, não se resumindo a uma mera declaração sobre aquela retidão que decorre da posição correta do crente, diante de Deus, em Cristo.

Por meio da justificação, o indivíduo recebe o "dom da justiça". E é a pessoa que recebe esse dom que reina em Cristo, conforme aprendemos em Romanos 5.17. Assim sendo, a justificação não consiste em uma simples declaração estéril que reconhece a legítima posição de alguém em Cristo, mas antes, requer que tal indivíduo se torne verdadeiramente justo. Essa verdade não tem sido vista com muita clareza pela igreja cristã moderna, ainda que, felizmente, aquilo que aqui é comentado sobre a justificação é transferido para a doutrina da santificação, segundo a maioria dos sistemas teológicos.

"A retidão absoluta, tal como a graça e a verdade absolutas, revelou-se pela primeira vez no cristianismo. Trata-se daquela justiça que não somente instaura a lei da letra, e requer a retidão da parte dos homens e que, em seu caráter de juiz, profere a sentença e mata; mas é igualmente aquilo que finalmente se manifesta na união com o amor, ou seja, a graça divina em forma de retidão, produzindo essa retidão no homem..."; ou ainda, em suma:

"A justiça de Deus é a autocomunicação da retidão que procede da parte de Deus, que se torna justiça na pessoa de Cristo, o qual, em seus sofrimentos, como nossa propiciação, satisfez a justiça da lei (em consonância com as exigências da consciência), e que, mediante o ato da justificação, aplica ao crente, para santificação de sua vida, os méritos da expiação de Cristo". (Lange, em Rm 1.17).

BIBLIOGRAFIA. B DAVI I IB ND NTI QS

JUSTIFICAÇÃO

Termo que significaria, basicamente, o ato pelo qual o juiz, ou grupo de juízes, aceitava considerar e sustentar a argumentação, as provas e os testemunhos apresentados, em favor de sua causa ou pleito, por qualquer das partes, fosse acusadora ou acusada, em ação disputada perante ele — particularmente no tribunal hebraico, em que essa imagem se origina e todos os casos consistiam apenas em acusadores e acusados, não havendo promotor público nem advogado. Tendo ouvido as partes, suas alegações, provas, testemunhos, etc., o juiz, ou tribunal, fazia então seu pronunciamento em favor de uma delas, "justificando-a" com isso. Se fosse um pronunciamento a favor do acusado, esse ato seria considerado "absolvição", ou "livramento", deste, da acusação que lhe fora feita. A pessoa justificada era considerada "justa", "reta" (sobre essa terminologia, ver Justiça), não como uma descrição de seu caráter moral, mas, sim, como uma afirmação de seu estado perante o tribunal (estado que, idealmente, deveria ser equiparado pelo seu caráter, mas nem sempre o é aqui a questão).

Essa figura do tribunal é usada nas Escrituras para elucidar o relacionamento de Deus para com Israel, seu povo do pacto: a "justificação" denota a ação de Deus em restaurar a sorte de Israel após ele haver sido oprimido. É como se Israel, ou alguém em Israel, fosse réu inocente em um julgamento (ver Sl 43.1; 135.14; Is 50.8; Lc 18.7), cuja causa é defendida e sustentada pelo justo Deus do pacto. Quando os problemas de Israel aumentam no período pós-exílio, torna-se cada vez mais claro vir a ser necessário um dia de julgamento final, quando Deus corrigirá todos os erros e justificará seu povo de uma vez por todas. Essa noção, intimamente relacionada à esperança da ressurreição (a justificação por Deus de Israel após seu sofrimento), é firmemente sustentada no NT.

Ao mesmo tempo, porém, a expectativa de Israel é radicalmente redefinida no NT. Com o seu bom acolhimento aos acusados e pecadores, Jesus está determinado a justificação de Deus do grupo (aparentemente) errado de Israel — os pobres, os humildes, os deprezados. Eu lhes digo que este homem [o cobrador de impostos], e não o outro [o fariseu], foi para casa justificado diante de Deus (Lc 18.14). Como clímax bem coerente com seu paradoxal ministério, Jesus é levado à cruz condenado aparentemente por Deus. A ressurreição, no entanto, é imediatamente percebida pelos discípulos como a justificação de Deus, ou de Jesus (p.ex., At 3.14,15,26; 1Tm 3.16). Deus finalmente age dentro da história humana identificando seu povo do pacto e mostrando que Jesus, o "rei dos judeus", tão somente, e legitimamente, representava seu povo.

Justificação em Paulo e Tiago. Embora a *doutrina* da justificação seja de modo muito mais discutida no NT, seu *fato* é evidente por toda parte das Escrituras. Deus redefine seu povo do pacto em torno de Jesus. Toda a missão apostólica cristã é construída sobre esse fundamento. A Paulo, no entanto, cabe articular essa convicção plenamente, dela extraindo as implicações. Ele o faz em momento adequado, quando levanta a questão da identidade do povo do pacto (Rm 3.21—4.25; 9.30-10.13; Gl *passim*; Fp 3.2-11). Cinco pontos devem ser aqui observados:

1. A questão da justificação é um assunto de *membresia do pacto*. A questão subjacente em (por exemplo) Gálatas 3 e 4 é a de quem são os verdadeiros filhos de Abraão. A resposta de Paulo é que a membresia pertence a todos os que creem no evangelho de Jesus, seja qual for sua origem, nacional, étnica ou moral. **2.** A *base* desse veredicto é a *morte vicária (representativa) e a ressurreição do próprio Jesus*. Em vista do pecado universal, Deus somente poderá manter um pacto com os seres humanos se o pecado destes for considerado e solucionado, o que é alcançado pelo próprio Deus com a morte de seu Filho (Rm 3.24-26; 5.8,9). Jesus toma para si a maldição que teria evitado que a bênção prometida de Deus pudesse ser cumprida (Gl 3.10-14). A ressurreição é a declaração de Deus de que Jesus e, consequentemente, seu povo, são justos perante ele (Rm 4.24,25). **3.** O veredicto emitido na presente era, com base na fé (Rm 3.21-26), *antecipa corretamente o veredicto a ser emitido no julgamento final*, com base na vida total (Rm 2.1-16). (Sobre isso, ver Granfield, *Romans* [Romanos], vol. 1, p. 151-153). Esse "veredicto" futuro, na verdade, visto de outro ângulo, é simplesmente a própria ressurreição (Fp 3.9-11). A lógica dessa perspectiva "escatológica" pode ser explicada do seguinte modo: a fé é em si mesma o sinal da obra de Deus de dar vida, mediante o seu Espírito (1Co 12.3), e o que Deus começou ele completará (Fp 1.6). **4.** A justificação estabelece, portanto, *como nova entidade, a igreja*, o Israel renovado, diferente qualitativamente tanto do judeu quanto do grego, transcendendo as barreiras étnicas, nacionais e sociais (Gl 3.28). A parte mais crucial para Paulo, nesse ponto, era uma dupla convicção: de que não somente os convertidos pagãos ao cristianismo não precisavam se tornar judeus a fim de pertencerem plenamente ao povo de Deus; mas também que a tentativa de fazer isso seria uma verdadeira renúncia ao evangelho, implicando que a obra de Cristo na cruz era insuficiente ou mesmo desnecessária (Gl 2.21; 5.4-6). Ao mesmo tempo, no entanto, Paulo adverte os pagãos convertidos contra o erro oposto: imaginar que os judeus devessem ficar para sempre sem esperança — imagem espelhada no próprio erro judeu característico e que alguns teólogos pós-Reforma nem sempre têm evitado (Rm 11.13-24). **5.** "Justificação pela fé" é uma abreviação de "justificação pela graça mediante a fé" e, pelo menos no pensamento de Paulo, *nada tem que ver com o assumir-se, por isso, uma suspeita para com a boa conduta*. Pelo contrário: Paulo espera que os convertidos vivam de maneira apropriada à sua condição de membros do pacto (Rm 6 etc.). Isso se torna realmente indispensável se a fé não for simulada (2Co 13.5). Sua polêmica contra as "obras da lei", na verdade, não é dirigida contra aqueles que tentavam *ganhar* a membresia do pacto por meio de guardar a lei judaica (tais pessoas, ao que parece, não teriam existido no século I) mas, sim, contra os que procuravam *provar* sua membresia no pacto mediante a obediência à lei judaica. Contra esses, Paulo argumenta que: **a.** a lei não pode, de fato, ser guardada perfeitamente — ela simplesmente salienta o pecado; **b.** essa tentativa restringiria o pacto somente àqueles que seguem a lei judaica, enquanto o desejo de Deus, agora, é o de um povo, ou uma família, universal (Rm 3.27-31; Gl 3.15-22). Isso significa, também, que Tiago 2.14-26 não está em conflito com Paulo, mas, sim, expressa a mesma verdade, de uma perspectiva diferente. A fé que Tiago considera insuficiente é a do simples e vazio monoteísmo judaico (Tg 2.19); enquanto a fé de Abraão, por meio da qual Deus o declara participante do pacto em Gênesis 15 (Tg 2.23), é simplesmente cumprida logo depois, em Gênesis 22 (Tg 2.21).

Novo desenvolvimento. Superada a necessidade da posição polêmica de Paulo, a doutrina da justificação passa a ser reaplicada de um novo modo. Isso acontece com o seu desenvolvimento para uma visão global de como alguém se torna um cristão — noção bem mais ampla do que a do seu uso preciso e estrito no NT. Aliado à visão medieval da justiça de Deus como *iustitia distributiva* (ver Justiça), isso encorajaria a crença na prática de boas obras como um meio pelo qual alguém pode ganhar mérito ou o favor de Deus. Reagindo contra essa falsa suposição, Lutero não conseguiu, porém, evitar inteiramente o risco de fazer da própria fé um substitutivo para as obras e torná-la assim, por si mesma, uma realização meritória do homem. Sua falha em observar o conteúdo judaico, pactual e escatológico da doutrina de Paulo levou a dificuldades exegéticas (p.ex., o significado de Rm 2 e Rm 9—11) e problemas teológicos (o perigo de uma rejeição dualista da lei e a dificuldade em oferecer um fundamento completo para a ética), que viriam a afligir o pensamento protestante subsequente. O protestantismo popular tem, por exemplo, com frequência, eliminado a distinção entre justificação e regeneração, usando "justificação pela fé" como um lema para uma visão romântica e existencialista do cristianismo, corretamente criticada pelos católicos-romanos. As ideias católicas sobre a justificação continuam a ser influenciadas por Agostinho, que a via como a ação de Deus em *tornar* as pessoas justas, por meio do derramamento nos corações do amor para com ele próprio. Essa ênfase na mudança real que Deus efetua no pecador tem continuado na teologia católica-romana de hoje. O resultado é, significativamente, uma ampliação da referência da palavra, incluindo muito mais do que Paulo ou os reformadores pretenderam.

Debate atual. O debate atual a respeito da justificação tem conduzido a questões bem maiores que as preocupações específicas de Paulo. O acordo ecumênico sobre o assunto (cf. Kung, embora bem-vindo, nem sempre faz jus às nuanças do ensino bíblico. Assim, por exemplo, para Paulo, não é propriamente a doutrina da justificação, como se sabe, que constitui "o poder de Deus para a salvação" (Rm 1.16), mas, sim, o evangelho de Jesus Cristo. Observa Hooker ser perfeitamente possível alguém ser salvo por crer em Jesus Cristo sem jamais ter ouvido falar na justificação pela fé. O que essa doutrina proporciona, isto sim, é a certeza dada ao crente de que, embora sua obediência cristã seja ainda imperfeita, ele já é membro ou participante pleno do povo de Deus a partir de sua salvação. Essa certeza estabelece uma base e motivo para maior amor (e verdadeira obediência) a Deus. O ensino da justificação é, assim, um meio essencial pelo qual o fruto do Espírito — amor, alegria, paz, paciência, etc. (Gl 5.22) — possa ser produzido.

(**N. T. Wright**, M.A., D.Phil., reitor de Lichfield.)

BIBLIOGRAFIA. J. Buchanan, *The Doctrine of Justification* (London, 1961); C. E. B. Cranfield, *A Critical and Exegetical Commentary on the Epistle to the Romans*, 2 vols. (Edinburgh, 1975, 1979); Richard Hooker, *Sermon on Justification* (1612), in: I. Walton (ed.) *Works* (London, 1822, etc.); H. Kung, *Justification: The Doctrine of Karl Barth and a Catholic Reflection* (London, 1964); A. E. McGrath, *Iustitia Dei: A History of the Christian Doctrine of Justification*, 2 vols. (Cambridge, 1986); G. Reid (ed.), *The Great Acquittal* (London, 1980); J. Reumann, *"Righteousness" in the New Testament: "Justification" in the United States Lutheran–Roman Catholic Dialogue*, com respostas por J. A. Fitzmyer e J. D. Quinn (Philadelphia, 1982); H. N. Ridderbos, *Paul: An Outline of His Theology* (TI, Grand Rapids, MI, 1975).

JUSTOS, LIVRO DOS

A Septuaginta diz "livro do Justo", uma tradução do hebraico *sepher jashar*. Trata-se de um antiquíssimo escrito, que não mais existe, mencionado em Josué 10.13 e 2Samuel 1.18. A passagem do décimo capítulo de Josué informa-nos que o incidente da parada do sol ficara registrado no livro dos Justos. Quanto a esse evento, e suas muitas tentativas de explicação, ver o artigo sobre *Astronomia* 5.b. Com base nos minúsculos fragmentos que possuímos, mediante citações desse antiquíssimo livro, podemos supor que se tratava de uma composição poética e histórica, ou uma espécie de crônica que louvava os eventos e vitórias da vida nacional do povo de Israel. Esse livro deve ter sido muito bem conhecido na antiguidade, a julgar pelas referências ao mesmo, sem qualquer elaboração ou explanação. Josefo (*Anti.* 5.1,17) refere-se a esse livro como um dos rolos guardados no templo de Jerusalém. Jerônimo conjecturava que Jasar seria, na verdade, um outro nome aplicado ao livro de Gênesis, mas isso não se ajusta às citações com que contamos. Conforme outros acreditam, talvez fosse uma espécie de crônica contínua, que foi recebendo adições com a passagem dos anos, fazendo parte dos arquivos literários de Israel. As tradições e as lendas não gostam de deixar hiatos, pelo que esse livro foi "reproduzido" pelos escritores rabínicos, como se fora a última composição da literatura hagádica do judaísmo, onde aparece um livro de Jasar que nada tem a ver com a composição original. Essa obra rabínica foi escrita em um bom hebraico, cobrindo o tempo desde Adão até os juízes de Israel, dentro de um contexto cronológico. Todavia, há muitas invenções e interpolações feitas com elementos extraídos do Antigo Testamento. Além disso, muitos mitos são adicionados acerca de várias personagens veterotestamentárias, como duas jornadas feitas por Abraão, a fim de visitar o exilado Ismael, juntamente com o aparecimento de uma estrela miraculosa. Também há um relato pormenorizado do assassinato de Abel por Caim. É possível que essa posterior versão rabínica do livro tenha tido uma origem italiana, visto que o seu autor demonstra conhecer nomes e itens próprios daquele país.

Essa obra foi publicada sob forma impressa, pela primeira vez, em 1625. Uma outra obra, posto que com o mesmo título, foi escrita pelo rabino Tam, no século XIII. Essa outra obra era um tratado sobre leis judaicas. Em 1751, em Londres, Inglaterra, ainda uma outra obra atribuída a Jaser foi publicada. Tinha o fantástico título (próprio da época) de "O Livro de Jaser, com Testemunhas e Notas Explicativas do Texto, ao qual são Prefixadas Diversas Variantes". Mui curiosamente, essa obra, pelo menos em parte, voltava-se contra Moisés. Reivindicações e narrativas fantásticas foram atreladas ao livro. Porém, tudo não passava de uma forja de mau gosto, e logo caiu no mais bem merecido olvido. Wycliffe, um dos primitivos tradutores da Bíblia para o inglês, aparece ali como alguém que louvava a obra; mas isso também fazia parte da fabricação.

JUTÁ

No hebraico, **"fechada"**, **"enclausurada"**. Era uma cidade no território de Judá (Js 15.55), localizada perto do Carmelo. Foi alocada aos sacerdotes (Js 21.16). Tem sido identificada com a moderna *Yatta*, cerca de oito quilômetros a sudoeste de Hebrom. Essa cidade não é mencionada no texto paralelo de 1Crônicas 6.59.

KANT, IMMANUEL (1724-1804)

Por muitos anos professor de Lógica e Metafísica na Universidade de Königsberg, Prússia Oriental, Kant é hoje considerado figura seminal de destaque do período do Iluminismo. Sua imensa influência no campo total do pensamento, incluindo a teologia, provém de seu entendimento distintivo da natureza da fé e do conhecimento humano.

O desenvolvimento de duas tradições filosóficas serviu de base às ideias de Kant: do empirismo inglês e do racionalismo europeu continental. O empirismo, em seu entendimento da natureza da crença humana, colocava ênfase primordial sobre a experiência. O racionalismo enfatizava a importância dos princípios e das ideias inatas na mente humana. Kant, ao mesmo tempo que as une, permanece no clímax dessas duas tradições. Afirma, assim, a importância das experiências dos órgãos nos sentidos para o conhecimento humano. Mas argumenta também que a mente humana não é um receptor totalmente passivo dessas experiências. A mente, pelo contrário, encontra-se constantemente ativa na organização e classificação dos *materiais brutos* das experiências. Desse modo, impõe *sobre* toda experiência suas próprias categorias e conceitos distintivos ("formas de intuição" ou "ideias puras", que Kant denomina, como a dimensão sintética *a priori* do entendimento humano).

Aqui, contudo, surge uma questão evidente: se estamos impondo constantemente nossas próprias ideias e categorias sobre cada experiência, não será isso uma fonte de distorção e preconceito? Podemos, por exemplo, usar continuamente óculos tingidos de vermelho. Se assim for, cada coisa ou ser, sem exceção, parecerá ser somente vermelho. Isso não significa, no entanto, na verdade, que a totalidade da realidade seja somente vermelha.

É a resposta de Kant a esse problema que constitui sua contribuição mais importante para a filosofia. Kant sustenta que não podemos conhecer as *coisas em si mesmas*: todo conhecimento vem de certa perspectiva e por meio de um modo particular de entendimento. Todavia, argumenta ele, embora a mente humana imponha suas próprias formas de entendimento do mundo, o mundo deve apresentar determinado caráter a fim de poder *receber* essas formas de entendimento.

Um exemplo é seu ensino sobre a causalidade. O filósofo escocês David Hume havia argumentado que a experiência dos sentidos nunca poderia, por si mesma, fornecer-nos a ideia de uma conexão causal, mas somente a de conjunção constante (nunca teremos, por exemplo, uma experiência real dos sentidos do relacionamento causal entre a chama do fogão quente e a água fervendo; tudo o que poderemos experimentar será a conjunção constante ou coexistência desses dois eventos). De onde, então, vem a ideia da causalidade? A resposta de Hume foi a de que a mente é psicologicamente (e não racionalmente) predisposta a passar da conjunção constante para a conexão causal. Mas, adverte provocativamente, o fato de os seres humanos terem essas tendências psicológicas particulares não significa que o mundo material seja realmente de determinada natureza. É esta a base do ceticismo de Hume.

A filosofia do conhecimento de Kant é mais bem entendida pelo modo com que, nesse ponto, afasta-se da de Hume. Sua posição fundamental é a de que nossa experiência real da natureza (e do método, da regularidade e consistência que caracterizam essa experiência) resulta em um mundo ao qual as leis causais são aplicáveis. Somente determinada espécie de mundo seria capaz de *receber* nossos pré-entendimentos causais. Uma ordem da realidade que se caracterizasse pela anarquia natural e pelo acaso inadequado nunca poderia se *conformar* às nossas categorias fundamentais de causa e efeito. Há discordância filosófica sobre exatamente até que ponto Kant estabelece esse preceito. No entanto, fica claro, nele, o afastamento da ideia de Hume. Para Kant, a noção de causalidade se estabelece como uma parte autêntica do julgamento racional humano, por ser uma crença — juntamente com outras crenças fundamentais a respeito do mundo material —, que expressa as *condições da possibilidade de experiência*.

Muito embora essa abordagem filosófica estabeleça a possibilidade de um *conhecimento* distintivo do mundo material, para Kant ela confirma nossa incapacidade de *conhecer* qualquer coisa além: algo a respeito de Deus, da alma ou da vida depois da morte. Para ele, isso assim se apresenta porque não existe proposição teológica cuja verdade possa explicar o caráter das experiências que realmente temos. (Ao fazer essa afirmativa, Kant já havia rejeitado, por conta própria, as provas tradicionais da existência de Deus. Ver Teologia Natural). Para Kant, o problema essencial quanto ao conhecimento religioso não é uma deficiência de dados básicos (como seria o caso de um detetive que não prosseguisse em sua investigação pela falta absoluta de qualquer indício que fosse); mas, sim, é o Deus infinito que frustra para sempre nosso pré-entendimento: Ele está além do nosso sistema conceitual limitado, e não podemos, por isso, conhecê-lo em qualquer sentido substancial. As categorias mediante às quais apreendemos o mundo de experiência dos sentidos são, enfim, simplesmente impróprias para serem aplicadas ao conhecimento do infinito, do que não seja condicionado, do metafísico e do eterno. Desse modo, em religião, a *razão* demonstrativa deverá dar lugar à *fé prática*.

As implicações para a teologia, aqui, são evidentemente imensas. Se Deus é, em sentido mais estrito, incognoscível, então o objeto e o estudo próprio na teologia não é Deus, mas, sim, seriam os estados e sentimentos religiosos e suas expressões individuais e comunitárias. A teologia se torna, então, antropocêntrica. (Ver, por exemplo, o impacto direto do pensamento de Kant sobre a teologia de Schleiermacher). Do memo modo, e em consonância com esse antropocentrismo, as Escrituras deverão ser vistas como um registro descritivo da experiência religiosa humana, mas não tendo, além disso, autoridade alguma.

O que seria, então, para Kant, a fé prática? É inteiramente divorciada da razão? Embora, para ele, as crenças humanas sobre Deus, transcendência, livre-arbítrio, alma e imortalidade não estejam dentro do escopo da razão demonstrativa, constituem, todavia, *pressuposições práticas* da vida moral. Kant (contrariamente ao que algumas vezes se afirma) não argumenta que Deus seja a única fonte possível de julgamento moral — de uma moralidade objetiva. Argumenta, na verdade, que para se comprometer com a vida moral é mister fazer-se a pressuposição prática de um ser beneficente, com poder suficiente para poder unir a plena virtude à alegria (ou seja, produzir o *summum bonum*), assim como de um estado futuro em que a alma venha a desfrutar dessa união.

A ideia (antecipada por Hume) de que a mente está constantemente impondo seus próprios pré-entendimentos aos sucessivos itens da experiência é hoje parte do uso comum intelectual. É, por exemplo, ideia central nos atuais debates sobre interpretação bíblica (*cf.* Hermenêutica). É também, para citar apenas mais dois exemplos, um conceito-chave na sociologia do conhecimento e em muito do pensamento a respeito de relacionamento pessoal. Trata-se igualmente de uma concepção que, pelo menos nos escritos de Wittgenstein, continua a exercer um papel significativo na filosofia formal. Tudo isso testifica da considerável importância histórica da contribuição de Kant para o pensamento humano. Como figura de prol do Iluminismo, sua confiança autossuficiente no entendimento e na razão humanos o separa extremamente dos princípios mais fundamentais do cristianismo. Mas não seria sábio subestimar sua influência sobre a mente moderna.

(**M. D. Geldard**, M.A., vigário de St. John the Divine, Liverpool, Inglaterra.)

BIBLIOGRAFIA. *A Critique of Pure Reason*, trad. N. Kemp Smith (London, 1929); *Critique of Practical Reason*, trad. T. K. Abbott (London, 1909).

S. Körner, *Kant* (Harmondsworth, 1955); D. J. O'Connor (ed.), *A Critical History of Western Philosophy* (New York, 1964).

KIERKEGAARD, SØREN AABYE (1813-1855)

Em termos filosóficos, Kierkegaard pode ser considerado o pai do existencialismo. Opôs-se categoricamente à filosofia de Hegel, enfatizando, em contraste, o papel individual de decisão e de engajamento ativo com a verdade, dentro dos limites da existência concreta e finita. A verdade deve ser verdadeira "para mim". Em termos religiosos, considerava o propósito de seus escritos mostrar o que significava ser cristão. Isso era bastante diferente de ser "cristão nominal", como os cristãos da igreja estatal dinamarquesa de sua época. Em termos teológicos, rejeitou uma noção ultraintelectual da fé, refletindo intensamente sobre o papel da decisão ética e um estágio da fé que poderia ser visto como até transcendendo-a.

Kierkegaard nasceu e foi educado em Copenhague. Três conjuntos de eventos ou relacionamentos são especialmente importantes para a compreensão de seus escritos:

1. Søren cresceu sob a sombra de um pai dominante que, por sua vez, era perseguido por um sentimento de culpa. Mikaël, seu pai, acreditava que o próprio ato de haver amaldiçoado Deus na infância jamais poderia ser perdoado. Desse modo, exigia padrões elevados de sucesso acadêmico ao filho que se dedicou ao máximo a seus estudos para o agradar, em uma sombria atmosfera de dever, ansiedade e culpa. Todavia, Søren ficou profundamente chocado ao descobrir que o pai não era o homem moralmente reto que ele presumia que fosse. Sua figura de autoridade entrou em colapso, e ele passou a buscar descobrir o que significava viver como ele mesmo e por si mesmo. Por determinado período, experimentou declínio moral, mas a autodescoberta o levou posteriormente a uma experiência de arrependimento e fé.

2. Kierkegaard reassumira os estudos e havia começado o ministério pastoral na igreja Luterana quando se apaixonou profundamente por Regine Olsen. Mas tão logo eles se comprometeram, sentiu-se tomado de um sentido de completa indignidade. Viu-se compelido a deixar tanto o compromisso com a moça quanto sua vida de pastor. Ele interpretou seu "sacrifício" de renunciar a Regine em termos de vocação divina como a de Abraão para sacrificar Isaque. Matar o filho da promessa era certamente para Abraão algo na esfera paradoxal e um rompimento temporário da ética. Não obstante, o chamado de Deus teve, aparentemente, primazia sobre o racional e o ético. Para Søren, a quebra do compromisso foi o caminho do discipulado autêntico, em toda a sua solidão e contradição com as convenções.

3. Kierkegaard vivia agora uma vida isolada, de retiro. Começou a escrever prodigamente, produzindo mais de 20 livros nos anos que lhe restaram antes de sua morte prematura. Um terceiro evento, contudo, contribuiria mais ainda para sua angústia. Ele atacou o baixo padrão moral de um jornal satírico, *O Corsário*, e o jornal o refutou, tornando-o efetivamente objeto de ridículo público. Uma caricatura devastadora de sua pessoa o transformou em alvo de zombaria na Dinamarca. Ele interpretou isso como o preço de uma autêntica obediência cristã, em contraste com a despreocupada e não compromissada pseudo-fé dos "cristãos nominais" da igreja estatal dinamarquesa.

Individualismo. A vida de Kierkegaard parece ter constituído um verdadeiro contraste radical entre fé autêntica, individual, do mais elevado valor, e a aceitação não autêntica de valores secundários. Kierkegaard viu esse contraste em termos religiosos, escrevendo: "A fuga mais ruinosa de todas é estar escondido na multidão, numa tentativa de evadir-se da supervisão de Deus [...] numa tentativa de escapar de ouvir a voz de Deus, como indivíduo" (*Purity of Heart is to Will One Thing* [A pureza de coração está em desejar uma só coisa], London, 21961, p. 163). Continua, dizendo que "cada um deverá prestar contas a Deus como indivíduo".

No moderno existencialismo secular, esse princípio de Kierkegaard tornou-se basicamente negativo, como pode ser visto desde Nietzsche a Camus e Sartre. A existência autêntica é vista por estes em termos de rejeitar todas as convenções da sociedade burguesa ocidental e seu esperado comportamento predeterminado. A crítica de Kierkegaard, no entanto, dirigia-se a uma proclamação de segunda categoria da fé cristã: "O cristianismo tem sido *abolido* pela sua *expansão* — por esses milhões de cristãos nominais... (*Attack upon "Christendom"* [Ataque ao "cristianismo"], London, 1944, p. 237.) A ideia de se passar por "cristão", para ele, só poderia ser algo "astutamente planejado para tentar tornar Deus confuso em sua mente com todos esses milhões, dos quais ele não poderia descobrir senão que teria sido enganado, que não há neles um só cristão" (*ibid.*, p. 127). Para ele, na ventura da fé, o indivíduo permanece sozinho perante Deus. Kierkegaard escolheu para o seu próprio epitáfio somente as palavras: "Esse tal de indivíduo". No entanto, pagou um preço por seu individualismo. Em seu isolamento da igreja, sua fé foi sempre assolada por uma dúvida angustiante, embora visse nisso uma marca de autenticidade.

Participação e subjetividade. Segundo Kierkegaard, é simplesmente impossível adquirir a verdade passivamente de outros, porque a apropriação da verdade envolve um engajamento ativo com ela por parte do sujeito humano individual. Crucial em seu posicionamento é que "todo aquele que obtenha simplesmente um resultado como tal não o possui; pois não obtém o caminho" (*The Concept of Irony* [O conceito de ironia], London, 1966, p. 340). Tornar-se ativamente engajado em decisão, luta e reação é o que Kierkegaard chamava de "a tarefa de se tornar subjetivo". A subjetividade, em seu uso do termo, *não* significa a elevação arbitrária da opinião pessoal sobre as alegações da evidência objetiva. Ele define a subjetividade como algo "sendo mais afiado em um 'Eu' do que sem corte em uma terceira pessoa" (*Journals* [Diários], London/Princeton, NJ, 1938, p. 533). "A marca objetiva recai sobre *o que* é dito; a marca subjetiva recai sobre *como* é dito [...]. Assim, a subjetividade se torna a verdade" (*Concluding Unscientific Postscript* [Pós-escrito conclusivo não-científico], Princeton, NJ, 1941, p. 181).

Finitude e comunicação indireta. Kierkegaard ironicamente chamou a filosofia de Hegel de "o Sistema". Atacou Hegel por alegar, de fato, que a realidade poderia ser vista "eterna, divina e teocentricamente", quando, na verdade, segundo Kierkegaard, o filósofo é "apenas um pobre ser humano que existe, incapaz de contemplar a existência, seja eterna, divina ou teocentricamente" (*ibid.*, p. 190). Ele não teria concordado com o existencialismo secular moderno que reduz efetivamente a verdade a "uma questão de pontos de vista"; mas afirmava que a comunicação da verdade só se dá de forma indireta ou dialética. A verdade não é para ser apresentada pronta, como se pudesse ser reduzida às dimensões de um simples pacote. Assim, em seus primeiros escritos, Kierkegaard assina com pseudônimos, deixando ao leitor julgar entre uma e outra perspectiva de competência, de tal modo que a verdade fosse percebida mediante luta, engajamento e decisão. A verdade, para ele, não poderia jamais ser "examinada" com a pessoa estando acomodada em um confortável sofá situado em algum lugar além ou acima dos confins da finitude humana. Diz mais: "A verdade se torna inverdade na boca dessa ou daquela pessoa" (*ibid.* p. 181).

(**A. C. Thiselton**, B.D, M.Th., Ph.D., professor de Teologia da Universidade de Nottingham, Inglaterra.)

BIBLIOGRAFIA. *Obras:* além das mencionadas acima: *Either/Or*, 2 vols. (London, 1944); *Fear and Trembling* (London, 1954); *Philosophical Fragments* (Princeton, NJ/New York, 1936); *The Point of View* (London/New York, 1939); *Christian Discourses* (London/New York, 1939); *The Last Years: Journals 1853-1855* (London, 1965); R. Brettall (ed.), *A Kierkegaard Anthology*, (New York, 1946). TI de obra completa em desenvolvimento (Princeton, NJ, 1978-).

Estudos críticos, incluindo: E. J. Carnell, *The Burden of Søren Kierkegaard* (Grand Rapids, MI, 1965); H. Diem, *Kierkegaard's Dialectic of Existence* (Edinburgh, 1959); L. Dupré, *Kierkegaard as Theologian* (ET, London, 1963); W. Lowrie, *Kierkegaard* (London/New York, 1938); idem, *A Short Life of Kierkegaard* (Princeton, NJ, 1942); D. G. M. Patrick, *Pascal and Kierkegaard* (London, 1947).

KHIRBET QUMRAN

1. História e Arqueologia. No árabe, *Kirbet Qumran*, "ruína do wadi Qumran", um local perto da praia noroeste do mar Morto, onde o *wadi Qumran* flui das colinas da Judeia para o mar Morto. Há muito se conhece o lugar, mas só atraiu a atenção após 1947, quando, nas cavernas das proximidades, foram descobertos os manuscritos do mar Morto (vide). Escavações foram efetuadas em Khirbet Qumran, entre 1951 e 1955. Acredita-se agora que o complexo de edificações que veio à tona formava a sede da comunidade a que pertenciam esses manuscritos. Um cemitério, entre a localidade e o mar Morto, escavado originalmente em 1873, provavelmente era o cemitério da comunidade. Contém cerca de mil sepulturas. O local fica em um platô cerca de oitocentos metros da praia. Os edifícios mais antigos ali escavados datam dos séculos VIII e VII a.C., provavelmente ligados ao rei Uzias (2Cr 26.10). Esse local tem sido identificado com a Cidade do Sal (Js 15.62). O local fora abandonado, e somente no século II a.C. foi reocupado, em seu nível 1a. Mas somente em cerca de 110 a.C. (nível 1) o local tornou-se mais densamente habitado. Há indícios de um elaborado sistema de suprimento de água, trabalho de cerâmica, ferrarias, lavanderia, padaria, moinho, cozinhas, salão de refeições e salões de reuniões. Essa fase terminou em cerca de 30 a.C., evidentemente devido a um incêndio, e, poucos anos mais tarde, por causa de um terremoto, o que é mencionado por Josefo (*Anti.* 15.5,2). Em cerca de 4 a.C. O local foi reconstruído (nível 2), com a restauração das características da ocupação anterior. O local foi destruído pelos romanos, em 68 d.C., quando da primeira revolta judaica. Então o local foi transformado em uma fortaleza romana (nível 3), assim prosseguindo até o fim do século I d.C. O local foi novamente usado como centro de uma rebelião judaica, quando da segunda revolta dos judeus (132-135 d.C.), embora sem nenhum sério programa de reconstruções.

2. As Cavernas. As cavernas circundantes, onde foram encontrados os manuscritos do mar Morto, evidentemente estão associadas aos níveis 1b e 2. Foi encontrado um escritório em Khirbet Qumran que, quase certamente, envolvia a produção de manuscritos das Escrituras. Acredita-se que esses manuscritos foram depositados nessas cavernas, quando os romanos estavam prestes a destruir o local, em algum tempo antes de 68 d.C.

3. A Comunidade. A identidade da natureza exata da comunidade ali existente é um ponto em dúvida, mas a maioria dos eruditos acredita que eles eram essênios (vide). É possível que Plínio, o Velho, tenha-se referido a esse lugar em *História Natural* v.17, onde ele se refere à *En-Gedi* dos essênios. Ver o artigo separado sobre *mar Morto, Manuscritos do*.

KUYPER, ABRAHAM (1837-1920)

Filho de um ministro da igreja Reformada Holandesa, Kuyper nasceu em Massluis e se distinguiria na Universidade de Leiden como brilhante aluno e forte defensor do liberalismo. Durante seu primeiro pastorado, numa pequena vila de pescadores em Beesd, experimentou marcante conversão evangélica ao ler o romance inglês *The Heir of Redclyffe* [O herdeiro de Redclyffe], de Charlotte Yonge. Influenciado pela piedade calvinista simples de seus paroquianos, renovou seus estudos de teologia, tornando-se líder do movimento neocalvinista holandês.

Kuyper escreveu centenas de livros e artigos sobre tópicos tão diversos como política, literatura, filosofia e questões sociais. Em todos eles, procurou desenvolver uma visão cristã e consistente da vida e do mundo. Fundou dois jornais, a revista religiosa semanal *De Heraut* [O Arauto] e o jornal diário *De Standaard* [O Estandarte].

Em 1874, foi eleito para o parlamento holandês, como representante de um recém-fundado partido antirrevolucionário, que, seguindo a liderança de Groen van Prinsterer (1801-1876), era adversário dos princípios expressos pela Revolução Francesa e pelo liberalismo político. Tornou-se primeiro-ministro em 1900, mas perdeu seu posto em 1905, em grande parte devido à sua incapacidade de saber lidar eficientemente com uma tremenda greve dos ferroviários em 1902. De 1908 até pouco antes de sua morte, em 1920, foi membro da Segunda Câmara Holandesa do parlamento e continuou a editar o *De Standaard*.

Kuyper foi ativo na "luta pela escola cristã", propugnando por ajuda estatal às escolas cristãs privadas. Pouco depois, conduziria um grupo de crentes à separação vitoriosa da igreja estatal, fundando a Gereformeerd Kerk (igreja Reformada), independente, em 1886.

Teologicamente, desenvolveu os ensinos de Calvino sobre a graça comum a fim de proporcionar uma base para a ação social cristã. Deu também grande ênfase à importância do reino de Deus, ideia que parece haver absorvido de F. D. Maurice (1805-1872; ver Socialismo Cristão). Sua maior contribuição está no desenvolvimento da noção de "esfera-soberania", similar à ideia de "estruturas intermediárias" de Michael Novak e Peter Berger (n. 1929), como base para o desenvolvimento do pluralismo religioso, social e político. Não poucos movimentos cristãos contemporâneos podem ser delineados a partir de seu trabalho. Provavelmente o pensador evangélico mais conhecido dos que foram influenciados por ele seja Francis Schaeffer, cuja obra tem ajudado a popularizar algumas das ideias de Kuyper, como, entre outras, a chamada "maioria moral", que vingou nos Estados Unidos. Ativistas cristãos de esquerda têm sido influenciados por Kuyper, havendo na América do Norte um grande e crescente interesse em sua obra.

(**I. Hexham**, B.A., M.A., Ph.D., professor assistente do Departamento de Estudos da Religião da Universidade de Calgary, Alberta, Canadá.)

BIBLIOGRAFIA. A. Kuyper, *Lectures on Calvinism* (Grand Rapids, MI, 1898); *Principles of Sacred Theology* (Grand Rapids, MI, 1898); *The Work of the Holy Spirit* (Grand Rapids, MI, 1900).

P. Kasteel, *Abraham Kuyper* (Louvain, 1938); F. Vanderberg, *Abraham Kuyper* (Grand Rapids, MI, 1960).

LÃ

No hebraico devemos considerar duas palavras, e no grego, uma, isto é: **1**. *Amar*, palavra aramaica que aparece somente por uma vez em Daniel 7.9, onde se lê: *Continuei olhando, até que foram postos uns tronos, e o Ancião de dias se assentou; sua veste era branca como a neve, e os cabelos da cabeça como a pura lã...* **2**. *Tesemer*. Esse vocábulo hebraico foi usado por dezesseis vezes nas páginas do Antigo Testamento (Lv 13.47,48,52,59; Dt 22.11; Jz 6.37; 2Rs 3.4; Sl 147.16; Pv 31.13; Is 1.18; 51.8; Ez 28.18; 34.3; 44.17; Os 2.5,9). **3**. *Érion*, "lã". Palavra grega que figura por apenas duas vezes no Novo Testamento (Hb 9.19 e Ap 1.14).

Na Palestina, os carneiros eram, algumas vezes, negros ou amarronzados, uma característica recessiva que aparecew, mui providencialmente, entre o rebanho de Jacó, com muito maior frequência do que seria normal esperar, de acordo com as leis de hereditariedade, descobertas pelo monge Mendel. (Ver Gn 31.10). Ocasionalmente, porém, a lã era tingida de escarlate (ver Hb 9.19). A tosquia, feita em uma única peça, era a maneira ideal de se conseguir uma boa lã. A lã assim tosquiada era, primeiramente, lavada em água corrente, geralmente em algum riacho, e, em seguida, com sabão, até deixá-la quase branca. Após seca a lã, vinham os vários processos de bobinagem, fiação e tecitura. A lã de qualidade secundária era, geralmente, usada para estofar colchões e cobertores grossos. Muitas vezes a lã assim usada era aquela que sobrava nos vários processos de indústrialização.

A lã era tecida para com ela serem fabricadas vestes mais externas. Entre os israelitas, no fabrico de tecidos para uso como vestes humanas, nunca se misturava a lã com o linho (ver Dt 22.11), mormente no caso das vestes sacerdotais. Lê-se em Levítico 19.19: *nem usarás roupa de dois estofos misturadas*. Lê-se em Provérbios 31.10 e 13; *Mulher virtuosa quem a achará? Busca lã e linho, e de bom grado trabalha com as mãos*. A lã, em certas passagens do Antigo Testamento, também é símbolo de riquezas materiais, como em Ezequiel 27.19. E também servia como pagamentos de taxas e tributos. Assim, o rei de Moabe entregava a Israel, anualmente, *cem mil cordeiros, e a lã de cem mil carneiros* (2Rs 3.4). E a liberdade do Senhor é poeticamente fraseada como segue: *dá a neve como lã, e espalha a geada como cinza* (Sl 147.16). O povo da nação de Israel foi condenado porque, à semelhança de uma meretriz, ela recebia lã da parte de seus amantes, conforme se vê em Oseias 2.5: *Irei atrás de meus amantes, que me dão o meu pão e a minha água, e minha lã e o meu linho, o meu óleo e as minhas bebidas*. No entanto, logo adiante (vs. 9), o Senhor afirmou que, como castigo, haveria de tomar de volta essas coisas: *Portanto, tornar-me-ei, e reterei a seu tempo o meu grão, e o meu vinho; e arrebatarei a minha lã e o meu linho, que lhe deviam cobrir a nudez*.

Na cerimônia de purificação do tabernáculo e seus vasos e utensílios, em adição ao sangue e à água, foram usados lã tingida de escarlate e hissopo, por ocasião das aspersões cerimoniais (ver Hb 9.19). O mais provável é que essa lã consistisse em um estofo tingido de escarlate (ver Nm 1.96), queimado juntamente com a novilha, e usado na purificação dos leprosos (ver Lv 19.6). Aos sacerdotes cabia, por direito, a primeira porção, ou primícias, de muitos produtos, conforme se aprende em Deuteronômio 18.4: *Dar-lhes-ás as primícias do teu cereal, do teu vinho, e do teu azeite, e as primícias da tosquia das tuas ovelhas*. Um certo ato de Gideão tornou-se famoso, isto é, o de pedir que Deus umedecesse ou deixasse seca a lã que ele deixaria ao relento, conforme se vê em Juízes 6.37.

Deus promete que as injúrias e ofensas dos ímpios, contra os seus servos, serão reduzidas a nada, porque *a traça os roerá como um vestido, e o bicho os comerá como à lã* (Is 51.8).

A brancura da lã, que é símbolo da pureza de alma, é contrastada com o carmesim dos nossos pecados (Is 1.18). E também serve de comparação quanto a certas coisas, como a neve (Sl 147.16), ou os cabelos de Deus, quando apareceu a Daniel como o Antigo de dias (Dn 7.9), o qual reapareceu a João, na ilha de Patmos, *no meio dos candeeiros, um semelhante a filho de homem, com vestes talares, e cingido à altura do peito com uma cinta de ouro. A sua cabeça e cabelos eram brancos como a alva lã, como neve* (ver Ap 1.13-16, de cujo trecho essas palavras são apenas uma parte).

LAADE

No hebraico, **"opressão"**. Era o segundo dos dois filhos de Jaate, descendente de Judá (1Cr 4.2). Viveu em cerca de 1210 a.C.

LAAI-ROI

No hebraico, **"aquele que vive e me vê"**. Em algumas versões temos "poço de Laai-Roi", em Gênesis 24.62 e 25.11. E em Gênesis 16.14, Beer Laai-Roi. Mas nossa versão portuguesa, em todas essas três referências, diz "Beer-Laai-Roi". Ver o artigo intitulado *Beer-Laai-Roi*.

LAAMÃS

No hebraico, **"parecido com alimento"**. Nome de uma cidade existente na área de Laquis (vide), na planície da Judeia (no distrito da Sefelá; vide). (Ver Josué 15.40). Tem sido identificada com a Khirbet el-Lahm, que fica cerca de quatro quilômetros ao sul de Beit Jibrin (Eleuterópolis).

LABÃO

1. Nome. A palavra hebraica assim traduzida para o português significa "branco"; e, conforme alguns, também quer dizer "glorioso". Presumivelmente, o indivíduo assim chamado na Bíblia recebeu esse nome devido à brancura de sua tez, desde que nasceu.

2. Família. Ele era filho de Betuel e irmão de Rebeca (Gn 24.29; 25.20; 28.5) e, portanto, tio de Esaú e Jacó (Gn 28.2; 37.43). Foi o idoso e astuto homem que tanto teve a ver com a juventude de Jacó. Esse ramo da família de Abraão permanecera em Harã, depois que Abraão e Ló continuaram sua migração até a terra de Canaã. Tanto Isaque quanto Jacó receberam esposas das mulheres da família que tinha ficado em Harã. Naturalmente, Labão foi uma importante figura nas negociações que tiveram lugar para que Rebeca se tornasse esposa de Isaque (ver Gn 24). Também foi Labão quem enganou mais tarde Jacó, dando-lhe Lia como esposa, em lugar de Raquel, pela qual Jacó já havia trabalhado para Labão pelo espaço de sete anos. O logro, contudo, foi reparado, quando Raquel também lhe foi dada como esposa, uma semana mais tarde, em troca de mais sete anos de serviços. A paixão de Jacó por Raquel não conhecia limites, e ele serviu outros sete anos, em um total de catorze anos, por causa dela. Não fora a intervenção divina, talvez ele acabasse servindo ainda por mais tempo, por amor a ela.

3. Os Dois Enganadores Engalfinham-se em Duelo de Astúcia. Todo menino de Escola Dominical sabe quantas contorsões Jacó teve de fazer para libertar-se de Labão, com suas esposas, filhos e possessões materiais. Labão, que havia defraudado Jacó, viu-se assim defraudado (Gn 29 e 30). Jacó fugiu, mas Labão saiu em sua perseguição. E poderia mesmo tê-lo matado, não fora uma divina advertência, que recebeu por meio do um sonho. E os dois terminaram firmando um acordo (ver Gn 31) e, então, se separaram. Contamos o relato com detalhes, no artigo intitulado *Jacó*, pelo que não o repetimos aqui.

4. A Perda dos Ídolos da Família. Essas imagens não existiam meramente para efeito de adoração idólatra. Na antiguidade oriental, aquele que possuísse os "ídolos do lar" poderia tornar-se o chefe da família e o herdeiro principal. O aspecto "econômico" da questão, sem dúvida, fez parte do desejo que Raquel exibiu por manter a posse daqueles objetos. Labão também muito ansiou tê-los de volta, mas Raquel ocultou-os, assentando-se sobre eles (que ficaram escondidos debaixo da sela de seu camelo) e afirmando que não podia levantar-se por estar em seu período de menstruação. E havia costumes antigos que impediam que ela fosse revistada. Esse relato ilustra a forma primitiva da religião que os hebreus tinham na época. Esse primitivismo é mantido por grandes segmentos da cristandade, onde se usam imagens de santos, quadros, ícones, gravuras etc. O lado melhor do incidente aparece quando Jacó, ao retornar a Betel, onde se encontrara antes com o Anjo do Senhor (vide), ordenou que todos os ídolos que estivessem com seus familiares fossem enterrados debaixo de um carvalho, perto de Siquém (Gn 35.2-4). Todos precisamos aprender essa lição. Se quisermos desfrutar da presença do Senhor, temos de sepultar todos os nossos ídolos, todos os nossos "deuses estrangeiros".

5. Labão Desaparece da Narrativa Bíblica. Depois que Jacó e Labão separaram-se, não mais se ouve falar em Labão, nas páginas da Bíblia. Sem dúvida ele foi ali mencionado em função de Jacó, e não por seus próprios méritos.

6. Os Tabletes de Nuzi. O estudo dos *tabletes de Nuzi* (vide) tem projetado muita luz sobre a história dos patriarcas hebreus, incluindo a época de Jacó. Esse material esclarece, entre outras coisas, o furto dos *terafins* ou deuses do lar. (Ver Gn 31.17-35).

LÁBIO

1. Palavras Empregadas. *a*. No hebraico, *saphah*, "lábio", "beira". Com o sentido de lábios formadores da boca humana, essa palavra ocorre por cento e doze vezes; dando a ideia de "linguagem", catorze vezes. Em outras quarenta e quatro vezes, a palavra aparece com outros sentidos, relativos a "beira", "beira-mar" "extremidade" etc. (Ver Gn 22.17; 41.3; Êx 6.12,30; Nm 30.6,8; Dt 23.23; Jó 2.10; Sl 12.2,3; Pv 4.24; Ec 10.12; Ct 4.3,11; Is 6.5,7; Ml 2.6,7), como alguns exemplos. *b*. No grego temos o vocábulo *cheílos*, "lábios", que aparece por sete vezes no Novo Testamento (Mt 15.8 (citando Is 29.13); Mc 7.6; Rm 3.13 (citando Sl 140.4); 1Co 14.21 (citando Is 28.11); Hb 11.12; 13.15; 1Pe 3.10 (citando Sl 34.14). Dessas sete vezes, seis referem-se aos lábios bucais humanos, e uma vez (em Hb 11.12), à beira-mar.

Há também uma outra palavra hebraica, *sapham*, que se refere ao lábio superior, ou bigode, nos contextos em que o ato de cobrir o mesmo aparece como um sinal de pejo ou lamentação (ver Lv 13.45).

2. Atos Atribuídos aos Lábios. Esses atos podem ser literais ou metafóricos. Os lábios são cobertos em ocasiões de vergonha ou lamentação, conforme se vê acima. Os lábios falam (Jó 27.4); regozijam-se (Sl 71.23); tremem de medo (Hc 3.16); guardam o conhecimento (Pv 5.2); louvam (Sl 63.3); pleiteiam (Jó. 13.6); emitem qualidades éticas refletindo o que se acha na mente e no coração (Jó 12.20); possuem a capacidade de falar (Gn 11.1; Is 19.18); ocupam-se em maledicência e conversação fútil (Pv 17.4; Ez 36.3); mentem (Sl 120.3); mostram-se incircuncisos, refletindo defeitos morais e espirituais de seus donos, quando esses defeitos podem ser expressos por meio da linguagem humana (Êx 6.12,30), e são perversos (Sl 4.24). Abrir os lábios significa falar (Jó 11.5); refrear os lábios é calar-se (Sl 40.10; Pv 10.19); os lábios requeimando é estar ansioso por dizer ou afirmar algo (Pv 26.23); afrouxar os lábios significa demonstrar desprezo ou zombaria (Sl 22.7); ter os lábios impuros indica não estar apto para transmitir a mensagem do Senhor (Is 6.5,7).

O mesmo padrão é seguido nas referências neotestamentárias. Os lábios exprimem louvor e honra a Deus, embora muitas vezes sem refletirem as verdadeiras condições do coração, distante de Deus (Mt 15.8); os lábios enganam (Rm 3.13); têm a capacidade de proferir a palavra de Deus, no dom de línguas (1Co 14.21); produzem o fruto do louvor (Hb 13.5), e deveriam ser controlados para não falarem o que é errado (1Pe 3.10).

LABOR

Ver o artigo separado intitulado *Trabalho, Dignidade e Ética do*. Ver também sobre *Preguiça e Ódio*, que contém certo número de citações úteis sobre a questão do labor e do lazer.

1. Palavras Envolvidas. O termo hebraico *avodah*, usualmente, indica a realização de alguma tarefa específica. Outras palavras hebraicas, como *melaka* (Gn 2.2; Êx 20.9; 1Cr 4.23) e *maaseh* (Gn 5.29; Êx 5.13; Pv 16.3) indicam toda forma de labor, trabalho e canseira. Não nos podemos esquecer do termo hebraico *yegia*, "labor", "canseira", que ocorre por dezesseis vezes (Gn 31.42; Dt 28.33; Ne 5.13; Jó 10.3; 39.11,16; Sl 78.46; 109.11; 128.2; Is 45.14; 55.2; Jr 3.24; 20.5; Ez 23.29; Os 12.8; Ag 1.11). No grego, devemos pensar em palavras como *kópos*, "trabalho exaustivo", que aparece por dezoito vezes no Novo Testamento (Mt 26.10; Mc 14.6; Lc 11.7; 18.5; Jo 4.38; 1Co 3.8; 15.58; 2Co 6.5; 10.15; 11.23; 27; Gl 6.17; 1Ts 1.3; 2.9; 3.5; 2Ts 3.8; Ap 2.2; 14.13; e, então, *érgon*, que ocorre por cento e cinquenta e duas vezes, desde Mt 5.16 até Ap 22.12). Estão envolvidas todas as formas de trabalho e esforço, físicas ou espirituais, mundanas e religiosas do dia a dia ou idealistas.

2. A Maldição Primeva. O trecho de Gênesis 3.19 parece indicar que o trabalho, pelo menos como uma atividade cansativa, resultou do pecado, aparecendo como algo desagradável e indesejável. Há pessoas que vivem como se essa fosse a palavra final sobre o trabalho, e assim, evitam-no totalmente. Porém, e resto das Escrituras exalta o trabalho produtivo e refere-se com desdém à preguiça e à inatividade.

3. Principais Conceitos Bíblicos Sobre o Trabalho. *a. O trabalho é produção*. Aos homens foram dadas as tarefas originais da gerência e mordomia, da produção, da preservação e da reprodução. (Ver Gn 1.28; 2.5). *b. O trabalho com disciplina*. A alienação resultante da queda no pecado deveria ser parcialmente revertida pelo trabalho do homem. Ao que se presume, o trabalho árduo faz o homem pensar mais corretamente, e também menos tendente a ocupar-se em atividades duvidosas. O trabalho, pois, é uma espécie de preparo para que o homem dê atenção aos valores espirituais. (Ver Gn 3.16-24 e Gl 3.24,25). A lei não podia justificar, mas podia guiar. O labor, por igual modo, não faz expiação pelo pecado, mas pode dirigir os pensamentos dos homens para coisas mais nobres e construtivas. O labor foi imposto aos homens como uma disciplina, por causa do pecado, e as modernas instituições de correção têm demonstrado o valor e a razão desse conceito. *c. O conceito sócioeconômico*. Um dia de *descanso* foi dado com o propósito de recuperação física e de culto religioso. Porém, seis dias são dedicados ao trabalho. (Ver Êx 20.8,9; Hb 4.9,10). A estrutura da sociedade e qualquer benefício social dependem da correta utilização dessa provisão. Os empregadores têm a responsabilidade de recompensar devidamente àqueles que trabalham (Lc 10.7; 1Tm 5.19). Aqueles que não trabalham são condenados (Tg 5.4). As *injustiças* praticadas pelos homens, nesse campo, têm criado a necessidade de guildas e uniões trabalhistas. No mundo do Novo Testamento, e também

antes e depois, a *escravidão* (vide) foi o meio inventado por homens opressores, que queriam obter a realização de serviços de maneira barata. Apesar de o cristianismo não ter tornado ilegal a escravidão (mesmo porque no começo não tinha força para tanto), pelo menos fez aplicar o princípio do amor a essa instituição, a qual, finalmente, em meio a muitas marchas e contramarchas, foi descontinuada. **d. A preguiça é condenada**. As palavras de Paulo: *Se alguém não quer trabalhar, também não coma* (2Ts 3.10), tornaram-se famosas. Ele acreditava que o ócio conduz a toda forma de pecado, conforme o demonstra o contexto daquele versículo, **e. Não devemos tirar proveito do próximo**. Paulo ensinou que o crente deve trabalhar, não somente para sustentar-se a si mesmo, mas também para ajudar a outros, com o que lhe sobejar (ver Ef 4.28). *O Didache* (vide), obra cristã antiga, também chamado *Ensinos dos Doze Apóstolos*, mostra-se muito severo sobre essa questão. Um profeta professo, que permanecesse com seu hospedeiro por mais de três dias (e, especialmente, se pedisse dinheiro) ficava automaticamente desqualificado de seu ofício. Quem inveja um parasita que evita o trabalho?
4. O Princípio Espiritual. Há galardões, em sentido espiritual, para o homem que cumpre a vontade de Deus, realizando bem as suas tarefas. Essa realização ele fará por si mesmo, mas também a fim de poder beneficiar a outras pessoas. Isso inclui as missões espirituais, mas estas podem envolver tarefas seculares, sob a vontade do Senhor. Ver os artigos separados chamados *Coroas* e *Galardões*. (Ver trechos bíblicos como 1Co 3.11 ss.; 15.48 e Ap 14.13).
5. 4 Espiritualidade do Labor. Um homem pode ser ricamente abençoado com dons naturais e espirituais, mas tudo será vão se tais habilidades não forem usadas visando à glória de Deus e ao serviço ao próximo, como expressões da lei do amor. (Ver Ef 6.5 ss.; 1Tm 6.1,2). O verdadeiro labor, de alguma maneira, também consiste em servir ao Senhor, embora esse labor seja aquilo que denominamos de "secular" (ver Rm 12.11; 1Co 10.31).
6. A Tarefa Divinamente Determinada. Devemos ter em mente que as vidas humanas têm certo propósito. Cada vida envolve um plano, e vários propósitos devem ser cumpridos por cada indivíduo, mediante o seu labor. Por esse motivo, cada pessoa, sem importar o *tipo* de trabalho que esteja desempenhando, cumpre uma tarefa e um propósito divinamente determinados, se estiver cumprindo a vontade de Deus (Ef 6.5 ss.). Todo trabalho é honroso, devendo ser realizado como uma comissão divina (Ap 14.13). Costumamos separar o *secular* do *espiritual*, mas, visto que o homem é um ser espiritual, que recebe missões específicas para realizar, por isso mesmo, todo trabalho, se for honesto e estiver dentro da vontade de Deus para cada pessoa, tem um aspecto espiritual.

LAÇADAS
No hebraico *lulaoth* (ver Êx 26.4,5,10,11; 36.11,12,17). A palavra hebraica significa, literalmente, **"enrolamento"**. As cortinas do tabernáculo eram seguras no lugar por meio de "laçadas". Supõe-se que essas laçadas eram feitas com pelos de cabra, transformados em cordas. Eram tingidas de azul, a cor celeste (Êx 26.4; 36.11). O tabernáculo tinha cortinas de linho de cerca de 14 m de comprimento por 2 m de largura. Essas cortinas foram costuradas uma ao lado da outra, a fim de formar cinco jogos, e nos lados de cada um desses jogos é que foram postas as laçadas. Havia cinquenta laçadas em cada jogo desses. Esses jogos de cortinas ficavam presos um ao outro mediante as laçadas, presas a ganchos de ouro. Ver o artigo geral sobre o *Tabernáculo*.

LACUM
No hebraico, **"castelo"**, **"defesa"**. Esse era o nome de uma cidade na fronteira do território de Naftali. Evidentemente, não ficava longe da extremidade sul do lago Merom (Js 19.33). A moderna tentativa de identificar essa cidade diz que seria Khirbet el-Mansurah, localizada no alto do *wadi* Fejjas.

LADA
Desconhece-se o sentido desse vocábulo hebraico. Todavia, alguns estudiosos arriscam o significado "tempo fixo" ou "festividade". Ele foi o segundo filho de Selá, filho de Judá. Foi o pai (ou fundador) de Maresa (1Cr 4.21). Viveu em torno de 1400 a.C.

LADÃ
Alguns estudiosos pensam que o sentido dessa palavra é incerto. Outros acham que significa "nascido em dia de festa". Há dois homens com esse nome, nas páginas do Antigo Testamento: **1**. Um efraimita, filho de Taã e avô de Elisama. Este último foi um dos chefes efraimitas ao tempo do êxodo. Ladã viveu em cerca de 1540 a.C. **2**. Um dos filhos de Gérson, filho de Levi. (Ver 1Cr 23.7-9 e 26.21). Há uma nota marginal que o chama de *Libni*. Porém, alguns eruditos pensam que esses nomes apontam para dois indivíduos diferentes e que Ladã foi um descendente de Gérson mais distante do que Libni. Simei, que aparece em 1Crônicas 23.7 e 9, segundo alguns estudiosos, seria um descendente do Libni.

LADRÃO
Em sentido geral é o nome que se dá a todo aquele que apodera do que não lhe pertence (Jo 12.6), quer o faça em particular, quer nas vias públicas (Lc 10.30; Mt 6.20). Os ladrões de estrada convertiam-se às vezes em fomentadores de revolta contra as leis romanas, como fez Barrabás (Mc 15.7), que, compelido pelas circunstâncias, e pelo desejo de roubar, se libertou das mãos da polícia, para viver como salteador. A lei mosaica decretava que o ladrão era obrigado a restituir em dobro o que havia furtado e no caso de impossibilidade, seria vendido pelo tempo necessário até pagar todo o roubo. Se um ladrão fosse achado arrombando uma casa e ferido morresse, aquele que o feriu não seria culpado de sua morte. Se, porém, matasse o ladrão já de dia, seria culpado de morte (Êx 22.1-4). Os ladrões que foram crucificados com Jesus, com certeza eram mais que ladrões, segundo o termo grego que lhes foi aplicado, e pelo gênero de castigo a que foram condenados, Guerras 2.13-2; mesmo porque um deles reconheceu a justiça de sua condenação (Lc 23.41). Ambos improperavam a Jesus, v. 44; um deles, porém, sentiu-se tocado pela mansidão de espírito e pelas palavras do Salvador que pedia perdão para seus inimigos, e dominado por um profundo arrependimento e temor de Deus em seu coração, e reconhecendo que Jesus era inocente e que seria rei após a morte, rogou-lhe: *Senhor lembra-te de mim quando entrares no teu reino* (Lc 23.30-43).

LAEL
No hebraico, **"consagrado a El (Deus)"**. Era pai de Eliasafe, e foi um dos gersonitas, na época do êxodo do Egito (Nm 3.24). Viveu em torno de 1510 a.C.

LAGARTO
1. Palavras Empregadas. Seis palavras hebraicas são usadas no Antigo Testamento, presumivelmente cada uma das quais denotando uma espécie diferente, a saber: **a**. *Tsab*, "tartaruga", embora esteja em pauta o lagarto grande (Lv 11.29). Nossa versão portuguesa, corretamente, traduz a palavra por "lagarto". **b**. *Anaqah*, "furão", segundo algumas versões. Nossa versão portuguesa traduz acertadamente essa palavra por *geco*, ou seja, a lagartixa comum. É a única espécie que pode emitir algum som (Lv 11.30) **c**. *Koach*, camaleão. Nossa versão portuguesa traduz essa palavra por "crocodilo da terra". Literalmente, a palavra hebraica significa "leão da terra", um nome derivado de

LAGO

sua aparência física. Essa espécie tem a capacidade de mudar de coloração, adaptando-se às sombras gerais do ambiente em que estiver. Aparece também por uma só vez, em Levítico 11.30. *d. Letaah*, "lagarto". Esse é o nome dado no Talmude para a espécie *Lacertílio*. (Ver Lv 11.30). *e. Chomet*, que algumas versões traduzem por "lesma" ou "caracol", indica o "lagarto da areia", conforme também diz, acertadamente, a nossa versão portuguesa. (Ver Lv 11.30). *f. Tinshemeth*, que aparece por três vezes (Lv 11.30; 11.18 e Dt 14.16). Nossa versão traduz essa palavra por "camaleão" e "gralha". Há quem a tenha traduzido por "toupeira" e até por "cisne". No entanto, os eruditos opinam que está em foco alguma espécie de camaleão.

Talvez o "geco", sobre o qual se lê em Provérbios 30.38 (no hebraico, *semanith*), também pertença ao gênero. No entanto, há traduções que dizem "aranha". Conforme é fácil observar, identificações exatas não são possíveis. Os estudiosos têm comentado sobre quatro dessas seis palavras como de sentido incerto.

2. Espécies de Lagartos e Descrições. Os lagartos são répteis da subordem *lacertílio*. Juntamente com a subordem das *Serpentes* (cobras), formam a ordem científica chamada *Squamata*. Existe um total de cerca de três mil espécies de lagartos. Eles preferem viver em lugares quentes. Somente uma variedade é capaz de sobreviver no círculo Ártico. Mas são muito abundantes nos desertos. Cento e vinte e sete espécies vivem nos Estados Unidos da América do Norte; trezentas, no sudoeste asiático, e sessenta, na Europa. Seus corpos praticamente não produzem calor, pelo que precisam do calor do meio ambiente para a manutenção de sua vida. Buscam abrigar-se para evitar os extremos de calor ou frio, e, a baixas temperaturas, entram em hibernação. Vivem em buracos no solo, em arvores e em arbustos. Ha uma espécie que entra no mar a fim de alimentar-se de algas. Os lagartos variam muito de tamanho, desde os mais minúsculos gecos, que não chegam bem aos 5 cm, até o gigantesco *Varanus komodoensis*, que pode atingir três metros de comprimento. Eles se alimentam de insetos, plantas, cadáveres em decomposição, outros lagartos, cobras, pequenos animais, anfíbios, e até pequenos mamíferos. Reproduzem-se por meio de ovos. Algumas espécies deitam lojo seus ovos, mas outras conservam esses ovos em seus corpos até estarem prontos para serem chocados. Os lagartos usam vários esquemas de proteção, incluindo grande velocidade (algumas espécies correm até à velocidade de 24 km por hora (quase sete metros por segundo). Usam suas caudas como defesa contra pequenos animais, sacudindo-as como chicotes. Outras espécies sabem disfarçar-se, mudando de cor conforme o meio ambiente. Há algumas espécies que fazem certas projeções de pele levantar-se, dando a impressão de que seu tamanho aumenta, ou, então, emitindo sangue dos olhos, a fim de distrair algum inimigo. Há espécies que mordem. Mas o único lagarto venenoso que se conhece é o monstro *gila*, que vive nos desertos mexicanos e norte-americanos.

Os inimigos dos lagartos são os pássaros, os animais mamíferos, e várias espécies de répteis, outros lagartos, parasitas internos, acarinos, carrapatos e principalmente o homem. Eles têm todos os cinco sentidos admiravelmente aguçados. Os lagartos são úteis porque destroem os insetos. Além disso, certas espécies têm sua pele tratada para transformar-se em couros finos. Em certas regiões do mundo, os homens chegam a comer lagartos.

3. Informes Bíblicos. O trecho de Levítico 11.30 proíbe a ingestão de lagartos, por parte dos israelitas. Nessa referência há seis diferentes espécies mencionadas, todas proibidas.

Tocar em um lagarto morto era tornar-se cerimonialmente impuro até o cair do sol, quando o início de um novo dia (entre os hebreus o dia terminava e começava ao cair do sol no horizonte) libertava o indivíduo (vs. 32). Na Palestina, as espécies incluem a lagartixa (*Zootica muralis*), o lagarto da areia (*Lacerta agilis*); o lagarto verde (*Lacerta viridis*); o geco e o camaleão.

4. Espécies de Lagartos da Palestina. Embora a Bíblia mencione somente sete espécies (e, talvez, nem todas as palavras envolvidas indiquem lagartos), há cerca de quarenta *espécies* conhecidas de lagartos na Palestina. As lagartixas e os lagartos verdes são muito abundantes, podendo ser vistos por toda a parte. Excetuando as aves, esses são os vertebrados mais conspícuos naquela região do mundo.

5. Simbolismo. Os estudos clínicos têm mostrado que, nos sonhos, um lagarto pode significar "pensar de maneira bitolada", ou seja, ver somente um dos lados de uma questão que tem mais de um lado. Além disso, forças primitivas podem estar em foco, porquanto há uma aparente ligação entre os lagartos e os *dinossauros*, nome este que significa "lagartos terríveis".

LAGO

No grego, *limne*. Essa palavra aparece por onze vezes no Novo Testamento, a saber (Lc 5.1,2; 8.22,23,33; Ap 19.20; 20.10,14,15 e 21.8). As referências no Evangelho de Lucas aludem especificamente ao lago de Genesaré, também chamado lago da Galileia ou mar da Galileia. Ver sobre *Galileia, Mar da*. As referências no livro de Apocalipse aludem ao "lago do fogo" (vide).

Há muitos lagos na Síria e na Palestina. O mais importante deles é o chamado *mar da Galileia*. Também devemos pensar nas "águas de Merom" (Js 11.5,7), no Yammuneh, no Lebanon, a oeste de Baalbeque, e, finalmente, no mar Morto. Há algumas lagoas a leste de Damasco, na Síria.

Em um lago cujas águas não sejam estagnadas, isto é, que tenha um manancial qualquer que o alimente, e então um vazadouro, temos uma ilustração da *vida*. Nos sonhos e nas visões, um *lago* pode representar um céu especial que o sonhador ou vidente esteja tendo por alvo. Se um lago encontra-se rodeado por uma floresta, então pode indicar um lugar de iniciação e mistério, onde o indivíduo é capaz de receber novos discernimentos ou ser completamente transformado. Se um lago aparece em um vale, então é que a mente inconsciente foi relegada a uma posição inferior, abaixo da mente consciente. Peixe abundante em um lago, onde se faça pesca, pode representar a possibilidade de avanço, nutrição e crescimento espirituais. Quanto ao lado negativo, um lago pode representar, nos sonhos e nas visões, aquilo que é misterioso, perigoso e desconhecido, visto que não se pode ver o fundo de um lago profundo, o que representa uma ameaça potencial à continuação da vida, se a pessoa ali cair.

LÁGRIMAS

No hebraico, *dimah*, palavra que ocorre por 23 vezes (2Rs 20.5; Sl 6.6; 39.12; 42.3; 56.8; 80.5; 116.8; 126.5; Ec 4.1; Is 16.9; 25.8; 38.5; Jr 9.1,18; 13.17; 14.17; 31.16; Lm 1.2; 2.11,18; Ez 24.16 e Ml 2.13).

No grego, *dákruon*, um vocábulo que aparece por onze vezes no Novo Testamento (Mc 3.24; Lc 7.38,44; At 20.19,31; 2Co 2.4; 2Tm 1.4; Hb 5.7; 12.17; Ap 7.17; 21.4). O verbo grego, *dakrúo*, ocorre somente por uma vez, em João 11.35.

As lágrimas são secreções das glândulas lacrimais, que são duas, do tamanho de uma amêndoa e ambas mais ou menos do mesmo tamanho, localizadas, cada uma, na porção lateral superior de cada órbita. As lágrimas são um fluido, sem coloração, compostas de sais de sódio e de cálcio, principalmente cloreto de sódio e albumina, dissolvidos em um fluido aquoso, derivado do soro do sangue. Essas secreções são vertidas para o exterior, entre o globo ocular e as pálpebras, a fim de facilitar os movimentos das partes envolvidas, e a fim de ajudar na remoção de qualquer partícula irritante. A secreção das lágrimas pode aumentar através do estímulo nervoso das glândulas lacrimais, como reação a alguma irritação nos olhos, ou devido a certos tipos de carga emocional. Depois que as lágrimas banharam o globo ocular e o lado interior das pálpebras, são drenadas para fora no lado nasal de cada olho, através de minúsculos orifícios para os dois canais lacrimais (superior e inferior), que, por sue vez, derramam o fluido no saco lacrimal, localizado sobre e dentro da estrutura óssea do nariz, de onde o fluido passa para as passagens nasais, através do ducto nasal. É quando as lágrimas são secretadas de forma por demais abundante, acima da capacidade imediata dos canais lacrimais drenarem tão grande quantidade de fluidos, que elas se derramam dos olhos e escorrem pelas bochechas.

Nas Escrituras, o aspecto emocional da formação das lágrimas ocupa posição proeminente. Assim foi que Davi, ao referir-se à sua situação de premência, perante Aquis (1Sm 21.10-15), solicitou de Deus que guardasse as suas lágrimas em seu odre (Sl 56.8), sem dúvida como um memorial perpétuo ou um lembrete acerca de seu zelo e sofrimento, em favor da justa causa de Deus, ao recusar-se, continuamente, a fazer qualquer malefício contra Saul, o ungido de Deus, a despeito do fato de que Saul se mostrava tão perseguidor contra Davi.

Sem dúvida foi usando uma linguagem hiperbólica que Davi afirmou que alagava seu leito com suas lágrimas, e nadava em sua carne, todas as noites (Sl 6.6). Jó também referiu-se ao fato de que suas lágrimas eram derramadas diante de Deus (Jó. 16.20). Ezequias orou com lágrimas, e foi recompensado com a adição de quinze anos extras à sua vida (Is 38.5). Jeremias também fez frequentes referências aos olhos, que vertiam lágrimas (por exemplo, Jr 13.17 e 14.17). Uma pecadora arrependida utilizou-se de suas lágrimas para lavar os pés do Salvador (Lc 7.38). Lágrimas derramadas acentuaram o patético apelo feito por um pai, em favor de seu filho, que tinha um espírito surdo e mudo (Mc 9.24). Por muitas vezes, Jesus orava com lágrimas (Hb 5.7); e Paulo também verteu lágrimas, em suas preces diante de Deus (At 20.19,31), o que também aconteceu no caso das orações de Timóteo (2Tm 1.4).

LAÍS

No hebraico, **"leão"**. Nome de uma pessoa e duas cidades, nas páginas do Antigo Testamento, a saber: **1**. O pai de Paltiel, em benjamita, era assim chamado. Ver 1Sm 15.44, Onde Paltiel é chamado de Palti. Saul deu Mical, esposa de Davi, a esse homem (1Sm 25.44; 2Sm 3.15). Viveu em cerca de 1060 a.C. **2**. Laís era uma cidade cananeia do norte da Palestina (Jz 18.7,14), que ficava cerca de 6,5 km de Paneias, às margens do rio Jordão. Os danitas capituraram o lugar e mudaram seu nome para Dã (vide). Um outro nome dessa cidade era Lesém (vide; Js 19.47; Jz 18.7,19; Jr 8.16). Laís tem sido identificada com o Tell el-Kady, que significa "cômoro do juíz". Fica imediatamente ao norte das águas "águas de Merom" (Js 11.5). No artigo intitulado *Dã* damos mais detalhes sobre esse lugar. **3**. Um lugar mencionado em Is 10.30, que tem sido identificado com a moderna el-Isawiyeh, que fica cerca de um km e meio a nordeste de Jerusalém.

LÂMEDE

No hebraico, **"aguilhão"**. Esse é o nome da décima segunda letra do alfabeto dos hebreus. Ver sobre o *Hebraico*. Corresponde à letras grega *lambida* e ao português *l*. Em Sl 119, essa letra hebraica aparece no começo de cada linha da décima segunda seção.

LAMENTAÇÃO

I. Palavras Envolvidas. A palavra portuguesa "lamentação" vem do latim, *lamentum*, que indica o ato de chorar, deplorar, carpir. E as palavras hebraicas envolvidas indicam o senso interior de tristeza, lamentação, bater no peito, rasgar, cortar. O vocábulo grego *threneo* significa "entristecer-se", "lamentar-se". E outro termo grego *pentheo*, significa "lamentar", levantar a voz", "chorar em voz alta". Ao todo há cerca de quinze palavras na Bíblia, que indicam o ato de lamentar, cada qual com a sua nuance própria de significado. O vocábulo grego *threneo* ocorre por quatro vezes no Novo Testamento (Mt 11.27; Lc 7.32; 23.27 e Jo 16.20). A forma nominal do verbo ocorre por uma vez em Mateus 2.18. *Pentheo* aparece por dez vezes no Novo Testamento: (Mt 5.4; 9.15; Mc 16.10; Lc 6.25; 1Co 5.2; 2Co 12;21; Tg 4.9; Ap 18.11,15,19).

II. Razões para Lamentação

1. Tristeza pelos Mortos. Abraão lamentou por Sara (Gn 23.2); Jacó por José (Gn 37.34,35); os egípcios por Jacó (Gn 50.3,10); Davi por Abner (2Sm 3.31,35); Maria e Marta por Lázaro (Jo 11.31).

2. Em Face das Calamidades. Estão inclusas as calamidades já sofridas ou apenas antecipadas. Ver Jó. 1.20,21. Israel foi ameaçada pelo juízo divino (Êx 33.4). Os ninivitas foram ameaçados pelo juízo divino (Jn 3.5; Jr 14.2; Ne 1.4; Et 4.3).

3. Por causa do Arrependimento pelo Pecado. Ver Jonas 3.5. O povo de Israel, no dia da expiação (Lv 23.37; 1Sm 7.6; Zc 12.10,11 e Atos 26.9).

4. Lamentações Culturais. Os profetas de Baal, no monte Carmelo, lamentavam-se e laceravam-se, na tentativa de agradar ao seu deus e provocar a intervenção dele em favor deles (1Rs 18.28). O culto de Israel, em determinadas ocasiões, também estava associado à lamentação (Jr 41.5). Ezequiel deixou registrado um caso de lamentação cúltica pagã (Ez 8.14); e outro tanto fez Isaías (Is 45.4), ainda que, nesse último caso, os israelitas estivessem envolvidos em ritos pagãos.

III. Alguns Modos e Costumes de Lamentação

1. Uma Expressão Universal. Algumas raças humanas são mais reservadas e menos demonstrativas em suas lamentações. Mas o ato de chorar e lamentar, por várias razões possíveis, conforme se sugeriu na primeira seção, é universal. Além disso, há evidências de que uns animais, especialmente os primatas superiores, sentem tristeza, e demonstram isso por vários gestos físicos.

2. Choro e Clamor em Voz Alta. Esses atos são mencionados em conexão com a lamentação, em (Gn 50.10; Rt 1.9 e 2Sm 13.36). Davi, naturalmente, usava de uma hipérbole ao dizer que inundava seu leito com lágrimas (Sl 6.6). E também exagerou quando disse que suas lágrimas eram sua alimentação (Sl 42.3), mas essas duas expressões ilustram o ponto. Os egípcios eram bastante vocíferos em suas lamentações, conforme nos mostra o trecho de Êxodo 12.30, quando se levantou grande clamor por todo o Egito, em face da morte dos seus primogênitos.

3. Lágrimas de Alegria. Quem já não verteu lágrimas em face de alguma grande vitória obtida, após uma intensa e prolongada luta, ou por causa de algum benefício inesperado? Uma emoção forte, positiva ou negativa, provoca lágrimas. As lágrimas proveem alívio para alguma situação tensa e dolorosa de qualquer tipo, seja por trabalho exaustivo, por causa de tristeza ou por causa de intenso júbilo.

4. Lágrimas Diante da Morte. Até para muitas pessoas de nossos dias, parece apropriado chorar muito em face da morte. Lembro-me de que a esposa de um pastor chegou a ser criticada por não haver chorado bastante por ocasião das cerimônias fúnebres de seu marido. Os orientais antigos davam tanta importância a essa questão, que chegavam a alugar carpideiras profissionais para garantirem as lamentações apropriadas, com gestos e lágrimas, nos funerais. (Ver 2Cr 35.25; Ec 12.5). Ver o artigo sobre *Sepultamento, Costumes de*. Unger, em seu artigo sobre a *Lamentação*, descreveu graficamente a disposição dos povos orientais para o choro e a lamentação: *Os orientais também não se contentam com meros soluços, a excitabilidade deles transparece em gritos de tristeza, mesmo em meio solenidades da adoração* (Jl 1.13; Mq 1.8).

5. Desfiguramentos. Havia demonstrações externas nas lamentações. Uma pessoa assentava-se sobre cinzas e salpicava cinzas sobre o rosto (2Sm 13.19; 15.32; Js 7.6; Et 4.1; Jó 2.12; Is 61.3; Jr 6.26; Ap 18.19). A barba era raspada, os cabelos eram aparados, ou eram arrancados tufos de cabelos da cabeça ou da barba (Lv 10.6; 2Sm 19.24; Ez 26.16; Ed 9.6; Jó 1.20; Jr 7.29). Sob a segunda seção, quarto ponto, foi mostrado que alguns povos pagãos praticavam a laceração do corpo quando lamentavam profundamente. Tal prática foi proibida pela lei mosaica (Lv 19.28). A calva parcial provocada (os cabelos cortados rentes) era sinal de luto e lamentação, uma prática igualmente vedada aos hebreus (Dt 14.1). Esse costume incluía o raspar das sobrancelhas e a extração das pestanas.

6. As Roupas Rasgadas. Esse ato, que em tempos posteriores seguia um modo certo prescrito, representava consternação, lamentação ou ira. (Ver Gn 37.29,34; 44.13; 2Cr 34.27; Is 34.27, 36.22; Jr 36.24; Mt 26.65; Mc 14.63).

7. Roupas de Pano de Saco. Os antigos vestiam-se com roupas feitas de tecido grosseiro e negro, a fim de expressarem a sua tristeza. (Ver Gn 36.34; 2Sm 14.2; Jr 8.21; Sl 38.6 e 42.9).

8. A Cabeça Coberta. Esse ato exprimia tristeza, como um ato instintivo que pede proteção ou que oculta a pessoa da atenção alheia. Algumas pessoas lamentam-se melhor quando sozinhas, e podem controlar melhor sua emoção de tristeza sem a presença de outras pessoas. (Ver Lv 13.45; 2Sm 15.30 e Jr 14.4).

9. Remoção das Roupas; Nudez; Falta de Higiene Corporal. Ser surpreendido despido em público é uma vergonha, embora seja um tema comum nos sonhos. Assim expressa-se a própria vulnerabilidade. Alguns pensam que sonhos desse tipo exprimem, na verdade, o desejo de exibir-se em público, visto que as crianças podem andar nuas sem sentir qualquer vergonha. E assim, conforme alguns pensam, nos seus sonhos os adultos retornam à liberdade da infância. Para mim, o sonho com a própria nudez sempre é uma questão de exposição indesejável. O sentimento de consternação pode ser demonstrado por tal exposição. Os antigos, às vezes, tiravam suas vestes e negligenciavam sua higiene pessoal, quando se lamentavam. (Ver Êx 33.4; Dt 21.12,13; 2Sm 14.2; 19.24; Ez 26.16; Dn 10.3 e Mt 6.16,17).

10. Lamentadores Profissionais. Sabe-se que um bom ator ou atriz pode produzir sentimentos profundos, tanto de alegria quanto de tristeza. Quando um desses profissionais derrama lágrimas de verdade, pode-se ter a certeza de que está sentindo a emoção que provoca aquelas lágrimas. Nos tempos antigos, pois, havia lamentadores profissionais, ou carpideiras, que eram pagos, e que emprestavam aos funerais a atmosfera apropriada de clamores, lamentações e lágrimas. (Ver Jr 9.17; 2Cr 35.25; Am 5.16; Mt 9.23). Essa última referência mostra-nos que eram usados instrumentos musicais para ajudar às carpideiras. O trecho de Jeremias 9.20 mostra que essa arte passava de mãe para filha! Tal profissão chegou a formalizar-se de tal modo, que cânticos e lamentações fúnebres foram inventados para adaptarem-se a qualquer situação que merecesse ser lamentada. O lamento de Davi por Saul e Jônatas é um exemplo bíblico de um desses cânticos. (Ver 2Sm 1.17-27). Outro caso ache-se em 2Samuel 3.33,34, acerca de Abner. E o trecho de Isaías 14.4-21 satirize, em lamentação, o rei da Babilônia.

IV. Significações da Lamentação. **1**. A lamentação ilustra a fraqueza e a vulnerabilidade humanas. **2**. Ela demonstra o poder do aspecto emocional do ser humano. O homem, e, mais especialmente a mulher, é muito influenciado por suas emoções, com frequência, mais do que pela razão. **3**. A tensão emocional é liberada por meio da lamentação. É um fenômeno bem conhecido, que a pessoa sente-se melhor depois de desabafar suas emoções, especialmente quando a lamentação e a tristeza são compartilhadas por outrem. Aqueles que são incapazes de manusear a tristeza, mas continuam pairando em torno da mesma, a despeito da passagem do tempo, ou tornam-se mentalmente enfermos ou estão convidando desordens mentais. **4**. O reconhecimento dos erros e defeitos morais é devidamente demonstrado por meio de emoções fortes, na lamentação, e isso é um sinal do desejo da pessoa de modificar os seus caminhos. **5**. Além de expressar a tristeza diante das calamidades, a lamentação também é uma maneira de *relembrar*, exprimindo saudades. O senso de perda, diante da morte de um ente querido, traz subitamente à memória da pessoa os "bons dias", quando a pessoa, agora falecida, vivia e fazia parte da vida de quem ficou. A fé segrada-nos que o valor humano aqui perdido foi transferido para alguma dimensão imaterial ou celeste, e que tanto a vida terrena quanto o seu sentido têm prosseguimento. **6**. Em algumas religiões primitivas, a lamentação é um ato de defesa. Os espíritos dos desincorporados, por ocasião da morte, desejariam saber se foram devidamente valorizados. Se não houver lamentação suficiente, então esses espíritos poderão retornar a este mundo para perseguir e ferir. Nesse caso, a lamentação é encarada como um ato de submissão aos espíritos, uma espécie de apelo para que esses espíritos tenham misericórdia e mostrem-se favoráveis. **7**. Nos tempos patriarcais, antes que houvesse qualquer noção clara de imortalidade, podemos estar certos de que a lamentação se dava devido ao senso de *perda* irremediável, jamais recuperada nem mesmo em alguma esfera espiritual. Nós, mesmo quando dotados de uma firme fé na *imortalidade*, lamentamos pela perda de algum ente amado ou de algum amigo, conforme se vê também em 1Tessalonicenses 4.13. Uma perda pessoal continua sendo uma perda, embora temporária. **8**. A lamentação, algumas vezes, fala sobre o *desperdício*. Costumamos afirmar: "Foi um desperdício tão grande, quando aquela pessoa foi morta!" Sentimos a perda do que aquela pessoa ainda poderia ter sido e feito, bem como a remoção da contribuição que ela estava fazendo aos seus semelhantes. **9**. Uma tristeza não-racionalizada. A lamentação fala de uma tristeza que ainda não foi racionalizada, examinada, explicada. Muitas coisas podem provocar essa forte emoção. **10**. A lamentação escatológica. Aqueles que se lamentam por alguma razão espiritual, podem esperar que o seu clamor transformar-se-á em alegria (Mt 5.4). Jesus é o grande Mensageiro da alegria, e não da tristeza; mas o discipulado cristão pode provocar lamentação, visto que nos tornarmos partícipes de sua tristeza (Rm 8.17; Cl 1.24; 1Pe 5.1). **11**. A lamentação é um dos aspectos do problema do mal. Entre as muitas coisas que não podemos explicar de modo adequado, encontra-se a necessidade do sofrimento. Abordamos esse problema, com abundância de detalhes, no artigo intitulado *Problema do Mal*.

LAMENTAÇÕES (LIVRO)

I. Caracterização Geral. Este livro faz parte da terceira divisão do cânon do Antigo Testamento hebraico, que os judeus chamavam de "escritos" ou "rolos". O livro de Lamentações consiste em cinco poemas que correspondem ao que, modernamente, chamamos de "capítulos". Esses poemas foram escritos segundo a métrica *kina*, ou de *lamentação*. Provavelmente, o livro foi escrito no século V a.C., provocado pela grande calamidade que se abateu sobre Jerusalém, com o consequente cativeiro babilônico. Esses poemas foram compostos na própria cidade de Jerusalém, ou, então, já na Babilônia. Os primeiros quatro poemas são *acrósticos alfabéticos*, o que significa que cada grupo de versículos começa por uma letra diferente do alfabeto hebraico, que consistia em 22 letras. A quinta estância tem o mesmo número de versículos que o alfabeto hebraico. Todos esses poemas foram compostos ou adaptados para a recitação pública em dias de jejum e lamentação (ver Jr 2.15-17; Sf 7.2,3), notadamente no nono dia de *Abe* (agosto), que comemorava especificamente o desastre babilônico. O primeiro, o segundo e o quarto poemas foram compostos como lamentações fúnebres. Jerusalém é apresentada como o falecido. O terceiro poema foi composto no estilo de uma lamentação individual, com a característica usual de que uma figura masculina (e não feminina) é que personifica o povo ou a própria cidade. O quinto poema consiste em uma lamentação coletiva. Esse poema faz lembrar as liturgias usadas em tempos de tristeza nacional, conforme se vê nos Salmos 74 e 79. O tema comum de todos os cinco poemas é a agonia da nação judaica e o aparente abandono de Sião por parte de seu Deus, bem como a esperança de que Deus ainda haveria de restaurar uma nação humilhada e arrependida.

Antigas tradições têm atribuído esse livro ao profeta Jeremias, porém muitos eruditos modernos encontram razões para duvidar dessa opinião. O próprio livro é anônimo, pelo que aquilo que cremos sobre sua autoria depende de nossa confiança ou desconfiança nessa tradição, bem como de outras evidências que pesam sobre a questão. Ver a terceira seção quanto à discussão a respeito.

II. Nome do Livro. No hebraico, este livro chama-se *ekah*, "como", a primeira palavra do livro, no original hebraico. Mas também tem o título de *qinah*, "lamentação". Naturalmente, isso alude ao caráter de deploração do livro inteiro. Conforme disse certo autor: "... cada letra foi escrita com uma lágrima; cada palavra com o pulsar de um coração partido". O título do livro, na Septuaginta, é "Cânticos Fúnebres". O título do livro nas modernas línguas europeias — como em português — vem da Vulgata Latina, com base no vocábulo latino *lamentum*, "clamor", "choro", "lamentação". Na Vulgata Latina o título específico é *Lamentationes*.

III. Autoria e Data. A tradição que atribui o livro de Lamentações a Jeremias é antiquíssima. O trecho de 2Crônicas 35.25, embora não faça alusão às lamentações que compõem o livro, mostra-nos que Jeremias compôs esse tipo de material literário. Alguns eruditos percebem a dicção de Jeremias no livro, mas outros pensam que o estilo é bastante parecido com o dos capítulos 40 a 66 do livro de Isaías, o que já aponta para outro autor. O trecho de Lamentações 3.48-51 (parece similar às expressões de Jeremias 7.16; 11.14; 14.11-17 e 15.11). Alguns sentem o espírito de Jeremias no livro, o mesmo temperamento sensível, uma profunda simpatia para com as tristezas de Israel, e as mesmas emoções soltas a respeito do desastre provocado pela invasão dos babilônios.

Contra a autoria de Jeremias, temos os seguintes argumentos: **1**. Os paralelos listados anteriormente, entre Lamentações 3.48-51 e certos trechos do livro de Jeremias, certamente indicam a narrativa feita por uma testemunha ocular sobre aquilo que os babilônios fizeram contra o povo de Israel. Contudo, essa testemunha ocular não precisa ser identificada obrigatoriamente com Jeremias, porquanto o autor do livro pode ter sido outra testemunha daqueles fatos. **2**. O quinto poema reflete uma espécie de lassitude induzida por anos de ocupação estrangeira, o que é contrário ao que sabemos sobre a história envolvida. Jeremias permaneceu apenas algumas semanas na Palestina, após a captura de Jerusalém. **3. O Argumento Literário**. Os extensos escritos de Jeremias (no livro que sabemos ser de sua autoria) não apelaram para a poesia, e muito menos para a forma específica de poemas acrósticos. **4. O Argumento Histórico**. Em tempos posteriores, muitos oráculos foram coligidos em nome de Jeremias, quando, como é óbvio, esses escritos não foram de sua autoria. Os poemas do livro de Lamentações poderiam estar entre esses oráculos. Se realmente eram de sua lavra, por que motivo Jeremias não os identificou como seus? E por que motivo não foram incluídos como parte de suas profecias? No livro de *Jeremias*, o autor identificou-se claramente (ver Jr 1.1). **5. Diferenças de Pontos de Vista**. As declarações de Lamentações 2.9; 4.17 e 5.7, de acordo com certos estudiosos, diferem dos pontos de vista da profecia de Jeremias. Porém, muitos outros estudiosos veem nisso mera avaliação subjetiva e, portanto, sem grande valor. **6. O Argumento Linguístico**. O estilo, o vocabulário e a dicção dos livros *de Jeremias* e de *Lamentações* são por demais diferentes para que se suponha que um mesmo autor tenha escrito ambas as obras. Contra esse argumento, alegam outros que a *poesia*, naturalmente, difere da prosa em que são escritos os oráculos e as advertências proféticas. Todavia, grandes trechos do livro de Jeremias consistem em poemas, embora nossa versão portuguesa oculte isso, imprimindo o livro como se tudo fosse prosa. Mas ver, por exemplo, a *Revised Standard Version*. Muitos escritores em prosa, ocasionalmente, escrevem em poesia, o que requer estilo, dicção e vocabulário diferentes.

Conclusão. Não há como se fazer uma declaração firme sobre a questão. O livro de Lamentações não indica quem foi o seu autor; a obra é anônima.

Data. No livro não há nenhuma menção à reconstrução do templo de Jerusalém, que ocorreu em 538 a.C. No entanto, o livro foi escrito, sem a menor sombra de dúvida, por uma testemunha ocular da invasão de Jerusalém pelos babilônios e do subsequente exílio de Judá. Por conseguinte, deve ter sido escrito em algum tempo depois de 586 a.C., mas antes de 538 a.C.

IV. Propósitos e Teologia do Livro

1. A Justiça de Deus é Celebrada e os Efeitos Ruinosos do Pecado São Lamentados. Um homem espiritual contemplou o que acontecera a um povo rebelde, que quisera dar ouvidos às advertências do Senhor, e que, por isso, recebeu tão grande castigo nacional. Tudo aquilo ocorrera por motivo de desobediência e insensibilidade espiritual. A calamidade foi tão grande que fez uma nação chegar ao fim. O santuário, que fora estabelecido em honra a Yahweh, bem como a teocracia (embora muito modificada pela monarquia) foram aniquilados pelos pagãos. O poeta, pois, celebrou a retidão e a justiça de Deus, porquanto, afinal, o que acontecera fora justo. A nação de Judá foi convocada ao arrependimento, visto que o mesmo poder que produziu a destruição com igual facilidade poderia produzir a restauração. A profunda iniquidade da nação de Judá é lamentada no livro, mas reconhece-se também que a graça de Deus é suficientemente ampla para reverter qualquer situação, e o autor sagrado contemplava, ansioso, essa bendita possibilidade. Em suma, o propósito do livro é celebrar a justiça de Deus, lamentar a iniquidade do povo de Judá e suas horrendas consequências e, então, conclamar ao arrependimento, em face da possibilidade de restauração.

2. Aplicação Cristológica. Alguns intérpretes evangélicos veem no livro de Lamentações um lamento pela alma de Jesus, diante da ira de Deus que sobre ele se descarregou, quando Cristo levou sobre si o pecado do mundo.

3. A Trágica Reversão. Havia em Israel uma tradição que falava sobre a suposta inviolabilidade de Sião (Sl 46.6-8; 48.2-9; 76.2-7), o que aparece como uma ideia com a qual o autor do livro de Lamentações estava familiarizado (Lm 3.34 e 5.9). Entretanto, o autor sagrado mostrou que nenhuma coisa boa necessariamente perdura para sempre. Reversões trágicas podem destruir até mesmo as melhores e mais excelentes coisas, se permitirmos que o pecado venha maculá-las.

4. Confirmação do Ponto de Vista Deuteronômico da História. O autor de Deuteronômio sustenta, como uma de suas teses primárias, que Israel ia bem enquanto obedecia a Deus, mas caía em ruína quando se mostrava rebelde. Embora, por certo, essa seja uma perspectiva simplista da história, não é um fator que deva ser ignorado. Esse tema também pode ser encontrado em outros livros do Antigo Testamento, além de Deuteronômio, Lamentações é um dos livros que promove essa tese.

5. A Esperança Nunca Morre no Coração Humano. Grandes tragédias sobrevêm às pessoas insensatas. Mas essas mesmas pessoas, se agirem sabiamente, poderão contemplar a concretização de suas esperanças de melhoria, quando seu triste estado for revertido pela misericórdia divina.

V. Estilo Literário. Esse estilo é descrito na primeira seção, *Caracterização Geral*.

VI. Conteúdo

1. As Lamentáveis Condições de Jerusalém (cap. 1)
2. Manifestação da *Ira de Deus* (cap. 2)

3. Reconhecimento da Justiça de Deus (cap. 3)
4. Reconhecimento da Fidelidade de Deus (cap. 4)
5. Confiança na Fidelidade de Deus (cap. 5)
VII. BIBLIOGRAFIA. AM E GOT(1954) I IB ROB(2) YO

LAMENTO PELOS MORTOS

Há dois excelentes exemplos desse lamento, nas páginas do Antigo Testamento, atribuídos a Davi (ver 2Sm 1.19-27 e 3.33-34). O livro de Lamentações de Jeremias é uma espécie de longo lamento, diante das desolações de Jerusalém. Pequenos trechos de lamentações encontram-se nos escritos dos profetas, como se vê em Amós 5.2 e Isaías 14.4-11. Este último exemplar é uma lamentação irônica, porquanto fala da destruição de opressores estrangeiros. Algumas lamentações eram musicadas, ou somente com instrumentos de música, ou acompanhadas por cantores. O termo pode apontar para um hino fúnebre ou para uma composição coral que lamenta em face da morte.

LAMEQUE

No hebraico, o sentido desse nome é incerto. Alguns opinam ser **"homem forte"**, **"jovem forte"**, ao passo que outros preferem algo como **"selvagem"** ou **"derrubador"**. Há dois homens com esse nome, nas páginas do Antigo Testamento:

1. Um filho de Metusael, pai de Jabel, Jubal, Tubalcaim e Naamá (Gn 4.18-24). Ele tinha duas esposas, Ada e Zilá. De acordo com a Bíblia, foi o primeiro homem a apelar para a poligamia. Os filhos de Lameque teriam sido inventores de artes úteis. É em conexão com Lameque que temos o primeiro exemplo de poesia hebreia. Curiosamente, esse poema fala sobre a bigamia:

> E disse Lameque às suas esposas:
> Ada e Zilá, ouvi-me;
> vós, mulheres de Lameque,
> escutai o que passo a dizer-vos;
> Matei um homem porque ele me feriu;
> e um rapaz, porque me pisou.
> Sete vezes se tomará vingança de Caim,
> de Lameque, porém, setenta vezes sete.
>
> Gênesis 4.23,24

Esse poema exibe o paralelismo e outras características que chegaram a distinguir a poesia dos hebreus. Alguns estudiosos pensam que esse poema foi extraído de algum poema mais antigo e, então, adaptado, mas, se um homem tem duas esposas, sem dúvida precisa refugiar-se na poesia! Parece que alguém o havia atacado violentamente, e Lameque tivera de matar o homem — o primeiro caso, na Bíblia, de autodefesa, e que, ao que tudo indica, não foi vingado. Talvez o poema tenha servido para consolar suas esposas, assegurando-lhes que nenhum dano lhe ocorreria, em face de seus atos violentos. Pode-se presumir que, naqueles tempos primitivos, o direito de autodefesa era uma lei reconhecida pela sociedade. Porém, uma outra interpretação do incidente é que Lameque não corria perigo, não porque a lei o protegesse, mas porque, sendo habilidoso no uso de armas, ninguém ousaria atacá-lo.

A *lex talionis*. Ver o artigo separado sobre o assunto. A antiga lei da vingança do mesmo tipo, conforme o título latino indica, não exigia a pena de morte e nem encorajava a vingança, em casos de autodefesa. Se Caim, que fora um real assassino, e que havia premeditado o seu crime, fora protegido por uma palavra da parte de Deus, então Lameque, que agira em autodefesa, nada tinha com o que se preocupar. Caim recebera, por assim dizer, uma condenação perpétua, pois ficou sujeito a uma perene maldição; mas sua vida fora poupada. Todavia, a lei mosaica posterior certamente teria exigido a sua execução.

2. Um filho de Matusalém. Esse Lameque foi o pai de Noé. Ele era descendente de Sete, filho de Adão. (Ver Gn 5.25-31; 1Cr 1.3; Lc 3.6). Faz parte da linhagem do Messias. O fato de que os nomes Lameque e *Enoque* ocorrem tanto na genealogia de Caim quanto na genealogia de Sete (além de outras similaridades) tem dado margem à conjectura de que essas são meras variações de uma única lista original de nomes. Mas, contra essa opinião, encontramos o fato significativo de que também há diferenças significativas. O Lameque descendente de Caim é aludido no quarto capítulo de Gênesis, ao passo que o Lameque descendente de Sete aparece no quinto capítulo desse livro. E, se os dois derivam-se de uma só fonte informativa, então haveria alusão a um único homem. Presumivelmente, a fonte informativa *J* teria preservado uma das variantes, ao passo que a fonte informativa *S* teria preservado a outra variante. Não há como resolver o problema. Ver sobre a teoria das fontes informativas, chamada J.E.D.P.(S).

LAMI

No hebraico, **"belemita"**. O trecho de 1Crônicas 20.5 diz que esse homem era irmão do gigante Golias, e que foi morto por Elanã. Mas o trecho de 2Samuel 21.19 afirma que Elanã matou Golias, o geteu. Por isso mesmo, os estudiosos supõe que o texto de 2Samuel 21.19 contém alguma forma de erro textual primitivo, o que teria dado margem à contradição. Todavia, outros estudios pensam que o erro pode ter sido do escritor original, e não de algum escriba subsequente. Ver o artigo sobre os livros de Samuel, no comentário abreviado sobre 2Samuel 21.19.

LÂMPADA (CANDEEIRO)

1. Palavras Envolvidas. Há duas palavras hebraicas e duas palavras gregas principais, que devemos considerar quanto a este verbete: *a. Lappid*, "tocha", "chama". Esse termo hebraico aparece por quinze vezes no Antigo Testamento (conforme se vê, por exemplo, em Gn 15.17; Jz 7.16,20; Jó 12.5; 41.19; Is 62.1; Ez 1.13; Dn 10.6). *b. Ner*, "lâmpada", "luz". Esse outro vocábulo hebraico é mais comum, ocorrendo por 43 vezes no Antigo Testamento. (Ver, por exemplo Êx 25.37; 27.20; 30.7,8; 35.14; Lv 24.2,4; Nm 4.9; 8.2,3; 1Sm 3.3; 1Rs 7.49; 1Cr 28.15; 2Cr 4.20,21; 13.11; 29.7; Sl 119.105; 132.17; Pv 6.23; 13.9; 20.20; Zc 4.2). *c. Lampás*, "lâmpada", "tocha". Esse vocábulo grego aparece por nove vezes nas páginas do Novo Testamento (Mt 25.1,3,4,7,8; Jo 18.3; At 20.8; Ap 4.5; 8.10). *d. Lúchnos*, "candeeiro", "luz". Vocábulo grego que foi usado por catorze vezes no Novo Testamento (Mt 5.15; 6.22; Mc 4.12; Lc 8.16; 11.33,34,36; 12.35; 15.8; Jo 5.35; 2Pe 1.19; Ap 18.23; 21.23; 22.5).

2. Tipos e Formatos. *a. Tigela aberta*. O tipo mais primitivo de lâmpada parece ter sido uma simples *tigela aberta*, que, talvez, tivesse um pequeno bico em uma das extremidades. Esse tipo de lâmpada tem sido descoberto pelos arqueólogos, com origem desde a Era do Bronze. Esse tipo continuou a ser usado na Era do Ferro, embora as lâmpadas desse período já tivessem um bico um tanto mais pronunciado. *b. Tigela com biqueira*. Esse tipo de lâmpada apareceu nos tempos helenistas. Naquele tempo, tais lâmpadas eram produzidas em massa, mediante o uso de moldes. As lâmpadas gregas, com frequência, eram mais oblongas, e as romanas, mais redondas. As lâmpadas feitas pelos cristãos tinham símbolos religiosos, como a cruz, o Alfa e o Ômega etc. *c. Tochas* serviam, às vezes, de lâmpadas (Jz 7.16,20). As tochas eram usadas especialmente para iluminação exterior, ou para cortejos e marchas à noite. *d. Pavios de linho retorcido* começaram a ser usados nas lâmpadas em formato de tigela, e o combustível era o azeite de oliveira (Êx 25.26; 27.20; Mt 25.3,4). *e. Lâmpadas de cerâmica* (e não de metal) eram comuns. Algumas dessas lâmpadas eram meras taças rasas, com beiradas erguidas. Um pavio, posto na beirada, servia de fonte luminosa. *f. Lâmpadas de quatro bicos*. Parece que os amorreus introduziram a lâmpada com quatro bicos. Na beirada havia quatro bicos, em cada um dos quais havia um pavio, o que, naturalmente, fazia a lâmpada dar mais luz. *g. Lâmpadas de*

um só bico ou biqueira. Depois de *cerca* de 1850 a.C., as lâmpadas usualmente mostraram a tendência de ser fabricadas assim, embora fossem maiores. **h. Lâmpadas com base**. Devido ao risco de as lâmpadas virarem, o azeite entornar e o perigo de incêndio, as lâmpadas (tanto as de metal quanto as de cerâmica) começaram a ser equipadas com base. As lâmpadas descobertas em Judá tinham bases. **i. Lâmpadas redondas e fechadas** o que eliminava o perigo de virarem. A essas lâmpadas eram adicionados locais, de onde emergia o pavio. Essas lâmpadas procedem do período romano, e também são chamadas de *lâmpadas herodianas*. Talvez esse tipo de lâmpada esteja em foco em Lucas 15.8 e Mateus 25.7. A mulher ficou procurando por sua moeda com a ajuda de uma lâmpada. As dez virgens levantaram-se à meia-noite a fim de apararem os pavios. As lâmpadas geralmente continham uma quantidade de azeite suficiente para ficarem queimando a noite inteira, mas era necessário ajustar o pavio de tantas em tantas horas. Por isso mesmo é que lemos que a mulher virtuosa levantava-se ocasionalmente, a fim de que a sua lâmpada não se apagasse de noite (Pv 31.18). **j. Velas**. Embora essa palavra apareça em algumas versões da Bíblia, velas de estearina eram desconhecidas na antiguidade. A palavra *velas* entrou no texto das traduções da Bíblia porque, quando essas traduções foram feitas, as velas se tinham tornado comuns na Europa. **k. Veladores**. Esses objetos, onde as lâmpadas eram postas, eram feitos de madeira, de metal ou de cerâmica. Têm sido encontrados principalmente nos santuários. Eram de vários formatos e podiam servir de base para uma única lâmpada ou para várias lâmpadas ao mesmo tempo. (Ver Mt 5.15; Lc 8.16). **l. O candeeiro do Tabernáculo e do Templo**. Esse candeeiro tinha uma base e uma haste principal. Dessa haste procediam seis extensões, e o alto da haste era munido de uma lâmpada, que ficava no meio das demais, dispostas em redor dela. Portanto, esse candeeiro contava com sete lâmpadas. Essas sete lâmpadas representavam a perfeita luz de Deus, a iluminação espiritual etc. (Ver Êx 25.31 ss., 1Rs 7.49; 1Cr 28.15; Ap 1.12,13; 2.1). Essa estrutura repousava sobre uma base ornamentada. O candeeiro usado no templo de Herodes aparece em um relevo esculpido no Arco de Tito, em Roma. Esse candeeiro era todo feito de ouro. Aparece representado nas moedas cunhadas pelos Macabeus. O templo de Salomão contava com dez desses candeeiros. Os intérpretes cristãos têm encontrado muitos símbolos no candeeiro de ouro. Fala sobre a iluminação divina, sobre a presença e a manifestação do Espírito de Deus, sobre a presença da deidade (no ouro); sobre a revelação divina, dada mediante a lei mosaica, com suas provisões e atos simbólicos. Alguns veem no candeeiro de ouro um tipo de Cristo como a Luz do mundo, que brilha no fulgor de sua luminosidade mediante o poder dos sete espíritos de Deus (Is 11.2; Hb 1.9; Ap 1.4). A luz natural era excluída do interior do tabernáculo, pelo que o candeeiro servia de principal fonte luminosa, tipificando a luz divina que é conferida aos homens. (Ver 1Co 2.14,15). Precisamos da iluminação divina para entendermos a mensagem espiritual. Ver o artigo separado sobre o *Candeeiro de Ouro*. **m. Lâmpadas penduradas**. Lâmpadas penduradas, muito ornamentadas, pertencentes ao período do império romano e, depois disso, têm sido encontradas pela arqueologia.

3. Usos. **a**. As lâmpadas tinham um uso *doméstico*, que era o principal. A lâmpada correspondia às modernas lâmpadas elétricas. Os orientais não dormiam às escuras. A presença da lâmpada simbolizava vida, alegria e paz (Sl 18.28). O apagar de uma lâmpada era um acontecimento cuidadosamente evitado, pois indicava melancolia e desolação (2Sm 21.17; Jó 18.5,6). As evidências arqueológicas têm demonstrado que os antigos sofriam de emagrecimento dos pulmões, devido ao costume de deixarem acesa uma lâmpada, a noite inteira, o que servia de tremendo fator poluidor. **b. O uso cúltico**. Os hebreus e quase todas as culturas antigas tinham lâmpadas em seus santuários. Em alguns templos, as chamas eram mantidas perenemente acesas, o que exigia cuidados constantes. **c**. As *tochas* eram usadas para a iluminação exterior, em marchas militares, em cortejos matrimoniais e em outros tipos de cortejos. O trecho de Mateus 25.1 refere-se a esse costume. A história de Gideão (ver Jz 7.16,20) ilustra o uso de tochas com propósitos militares. **d. Finalidades decorativas**. Lâmpadas eram acesas no interior e no exterior das residências, com propósitos decorativos. As lâmpadas penduradas dos templos romanos são exemplos especiais desse costume.

4. Simbologia. **a**. Quanto ao candeeiro de ouro, temos alistados vários símbolos, na seção II 13. **b**. Vida, alegria e paz eram simbolizadas pela lâmpada (Sl 18.28). **c**. Uma lâmpada que se apagasse indicava melancolia e desolação (2Sm 21.17). **d**. O apagar da lâmpada simbolizava o final da vida física. O pavio de um homem ímpio apaga-se porque lhe falta a vida de Deus (Pv 20.20). **e**. Uma lâmpada simboliza a posteridade, o meio através do qual o indivíduo continua a viver (1Rs 11.36; 15.4; 2Rs 8.19). **f**. O antigo costume de deixar uma lâmpada no interior de um túmulo servia de sinal da crença na imortalidade, na esperança da vida após a morte. **g**. Uma lâmpada simboliza a palavra de Deus (Sl 119.105; Pv 6.23). **h**. A onisciência da mente divina (Dn 10.6; Ap 1.14). **i**. A salvação dada por Deus (Gn 15.17). **j**. A orientação dada por Deus (2Sm 22.29). **k**. O espírito do homem (Pv 20.27). **l**. O governo de governantes sábios (Jo 5.35). **m**. O azeite representa o Espírito Santo, necessário para que tenhamos uma autêntica espiritualidade (Mt 25.1 e seu contexto). **n**. O candeeiro de ouro, dentro do Novo Testamento, representa Cristo e a sua igreja, por meio de quem a plenitude do Espírito manifesta-se a todos (Ap 1.12,13,20).

LANÇADEIRA

No hebraico, *ereg*. Essa palavra ocorre exclusivamente em Jó 7.6. Tratava-se de um carretel ou bobina que levava o fio para frente e para trás, quando do fabrico do tecido. Embora algumas versões também estampem a palavra "lançadeira", em Juízes 16.14, ali ocorre outra palavra hebraica que também se usa em outros trechos: *yathed*, "pion" (vide).

LAODICEIA

No grego, *laodkeia*, **"que pertence a Laodice"**. Nome de uma cidade que antes se chamava Dióspolis, cidade de Zeus, melhorada e ampliada por Antíoco II, que lhe colocou o nome de Laodiceia em honra de sua mulher Laodice. Era cidade principal da Frigia Pacatiana da Ásia Menor, e estava situada um pouco ao sul de Colossos e Hierápolis, sobre o rio Licos, tributário do Meandro. Possuía fábrica de panos e vestuários de lã escura, produto de ovelhas criadas nas suas vizinhanças. Tinha uma escola de medicina onde se preparava um pó aplicado à cura de moléstia dos olhos. Continha grande número de judeus ali residentes (Antig. 14.10,20). Epafras trabalhou nela como evangelista e fundou uma igreja (Cl 4.12,13). O apóstolo Paulo mostrou grande interesse pelo progresso da igreja em Colossos, bem como pelos irmãos que estavam na Laodiceia (Cl 2.1). Enviou-lhes saudações e escreveu-lhes uma carta de que talvez só um exemplar foi deixado em Laodiceia (Cl 4.15,16). Alguns acreditam que a epístola referida é a carta aos Efésios. Uma das sete igrejas mencionadas no Apocalipse chamava-se Laodiceia. A carta que lhe foi dirigida continha amargas repreensões (Ap 1.11; 3.14-22), e nela se alude às riquezas que a tornaram famosa. Pelo ano 65 da era cristã, Laodiceia, Colossos e Hierápolis foram destruídas por um terremoto. Os habitantes de Laodiceia reconstruíram a cidade à sua custa, sem auxílio algum do governo romano. As ruínas de Laodiceia podem ser vistas no lugar chamado *Eski Hissar*, perto de Deniziu, a uns 93 km a sudeste de Esmirna, atualmente Izmir, na Turquia.

LAPIDADORES

Ver o artigo geral *Artes e Ofícios*. Os pedreiros e cavouqueiros são mencionados em (2Rs 12.12; 1Cr 22.2,15 e 1Rs 5.15 ss). Sabe-se que Salomão empregou milhares de homens que talhavam pedras, na construção do templo de Jerusalém. Ver o artigo sobre *Pedra*, onde damos outros detalhes. Os fenícios tornaram-se famosos por sua habilidade em lavrar pedras (ver 2Sm 5.11; 1Rs 5.18). Quase tudo quanto os hebreus sabiam a esse respeito foi aprendido da parte de outros povos. Além de pedras para templos, edifícios e casas particulares, também eram talhadas pedras para forrar pavimentos (ver 2Rs 16.17), para fechar entradas de cavernas (ver Js 10.18), túmulos (ver Mt 27.60), para servir de marcos fronteiriços (Dt 19.14), pesos e medidas (Dt 25.13), e, finalmente, máquinas de guerra (1Sm 17.40,49). Metaforicamente, devemos pensar *nas pedras vivas*, das quais Cristo é a principal pedra angular, pedras essas que fazem parte do templo espiritual (1Pe 2.5,6). As pedras preciosas indicam valor, beleza, durabilidade etc. (Ct 5.14; Is 54.11; Lm 4.7; Ap 4.3; 21.11,21).

LAPIDOTE

No hebraico, **"tochas"**, nome do marido da profetisa Débora (Jz 4.4), que viveu em cerca de 1120 a.C. Aparentemente, o casal morava nas vizinhanças de Ramá e Betel.

LÁPIS-LAZÚLI; LÁPIS LAZULITE

Esses nomes referem-se ao mineral de coloração intensamente azul, que vem sendo usado como pedra ornamental por excelência, desde tempos antiquíssimos. Trata-se de um mineral de azul profundo. Sua cor é produzida por uma mistura de minérios. Originalmente era usado para produzir o azul ultramarino, e era empregado pelos povos antigos com propósitos de decoração. Alguns estudiosos modernos pensam que está em foco a pedra que se chama "safira". Êxodo 28.18 e Apocalipse 21.19 são referências a essa pedra. Trata-se de um silicato de alumínio de sódio, que pode ser cortado e polido, ou, então, usado como parte de mosaicos. É mole demais para ser muito usado na joalheria, mas os egípcios faziam amuletos dessa pedra. Encontra-se em pedras calcárias adjacentes a intrusões graníticas no Irã, no Turquestão, no Afeganistão e na Mongólia. Ver o artigo geral sobre as *Joias*.

LAQUIS

I. Localização Geográfica. Laquis era uma cidade real e fortificada dos cananeus. Ficava nas terras baixas do território de Judá e guardava a estrada principal que levava a Jerusalém. Ficava a 48 quilômetros a noroeste daquela cidade. Ficava nos sopés da *Sefelá* (vide), mais ou menos a meio caminho entre Jerusalém e Gaza. A antiga localização tem sido identificada como o moderno Tell ed-Duweir, um grande cômoro que cobre cerca de dezoito acres de território, a 24 quilômetros a oeste de Hebrom e a oito quilômetros a sudoeste de Beit Jibrin. Sabe-se que Laquis, em seu período de maior importância, era maior do que Jerusalém ou Megido.

II. Referências Literárias. Laquis é mencionada por mais de vinte vezes no Antigo Testamento. Algumas instâncias são: (Js 10.3,5, 31-35; 12.11; 15.39; 2Rs 14.19; 18.14,17; 2Cr 11.9; 25.27; 32.9; Ne 11.30; Is 36.2; Jr 34.7; Mq 1.13). Ela é mencionada por diversas vezes nos tabletes de Tell el-Amarna. Ver sobre *Tell el-Amarna*. Um papiro hierático, dos dias de Tutmés III, menciona Laquis, sob o nome de *Rakisa*. Uma tigela de cerâmica, encontrada no Egito, foi fabricada em Laquis e traz o nome dessa cidade. Um relevo em uma parede no palácio de Senaqueribe, em Nínive, menciona essa cidade. Essas poucas mas importantes referências a Laquis, de origem egípcia ou assíria, mostram a importância da cidade em relação àqueles poderosos países de então. Os tabletes de Tell el-Amarna mencionam Laquis por cinco vezes (com data entre 1400 e 1360 a.C. aproximadamente). O Egito fez de Laquis uma fortaleza sua, uma espécie de posto avançado para a sua expansão territorial. Esteve envolvida nas intrigas que envolveram os *Habiru* (vide). Outras cidades, leais aos egípcios, escreveram ao Faraó, pedindo ajuda em face da ameaça dos habiru. Uma dessas cartas lança a culpa sobre Jerusalém, Laquis, Asquelom e Gezer, por haverem suprido os habiru com mercadorias e azeite. A peça de cerâmica acima mencionada fala sobre o "rei de Latisa (Laquis)". A inscrição do palácio de Senaqueribe retrata Laquis sob cerco. Outras cenas mostram alguns cativos judeus em marcha, ou sendo espancados e pedindo misericórdia a Senaqueribe. Muitos despojos teriam sido tomados de Laquis, conforme essas cenas gravadas.

III. Informes Históricos. **1**. Descobertas feitas em cavernas, fora da cidade de Laquis, mostram que essa cidade vinha sendo ocupada pelo menos a partir do começo da Era do Bronze (cerca de 3000 a.C.). **2**. Durante o período dos hicsos, no Egito (cerca de 1720-1550 a.C.), Laquis foi uma fortificação militar. **3**. As cartas de Tell el-Amarna afirmam que seu rei ajudou os *habiru* (os hebreus) seminômades, conforme já vimos na segunda seção, acima. **4**. As primeiras referências bíblicas informam-nos que Laquis era governada por um rei amorreu de nome Jafia, que formou uma coligação com quatro outros reis amorreus (encabeçada por Adoni-Zedeque, de Jerusalém). Josué derrotou esses cinco aliados em Gibeom. Essa vitória de Josué foi obtida apesar da ajuda oferecida pelo rei de Gezer (Js 10.31-33). O ataque durou apenas dois dias. Josué incendiou a cidade (Js 11.10-13). A arqueologia demonstra que essa cidade jazeu incendiada em cerca de 1220-1200 a.C., o que alguns eruditos associam à vitória de Josué. **5**. Laquis tornou-se, então, parte das possessões territoriais da tribo de Judá (Js 15.19). **6**. Reoboão fortificou a cidade (2Cr 11.9). Desse modo, Laquis tornou-se um dos quinze centros de defesa que foram construídos para proteger Judá dos ataques dos filisteus e dos egípcios (2Cr 11.5-12). **7**. Amazias, rei de Judá, buscou refúgio em Laquis, quando alguns conspiradores procuraram matá-lo. Mas acabou sendo assassinado nessa cidade (2Rs 4.19). **8**. Senaqueribe invadiu Judá, nos dias de Ezequias (701 a.C.). Na ocasião, a primeira coisa que fez foi lançar cerco a Laquis (2Rs 18.13-17). Desse modo, Jerusalém ficou isolada e não pôde receber qualquer ajuda de alguma potência estrangeira, como o Egito. Um cemitério comum, que continha cerca de mil e quinhentos esqueletos, ilustra essa invasão assíria. Ossos de porcos foram encontrados de mistura com os ossos humanos, o que sugere que os sepulcros dos judeus foram profanados. **9**. Cerca de 125 anos mais tarde Laquis e Azeca foram os últimos centros provinciais a resistir ao avanço dos exércitos de Nabucodonosor (ver Jr 34.7). O portão da cidade e a cidadela foram parcialmente destruídos, na mesma época em que Jerusalém era atacada. O golpe final contra Laquis teve lugar em cerca de 589-587 a.C., quando Jerusalém também foi finalmente demolida. As descobertas arqueológicas mostram a grande extensão da destruição sofrida por Laquis, incluindo o incêndio de que já falamos. **10**. Após o exílio babilônico, Laquis foi reocupada pelos judeus (ver Ne 11.30). **11**. Em cerca de 400 a.C., uma espaçosa vila persa foi construída no antigo local de Laquis. Entretanto, não parece que Laquis tenha voltado jamais a ser uma cidade importante.

IV. A Arqueologia e Laquis. Nos parágrafos acima, são mencionadas várias descobertas arqueológicas. Abaixo, oferecemos uma lista sumária dessas descobertas: **1**. Da época do começo da Era do Bronze, foram feitas descobertas em cavernas existentes fora das muralhas da cidade, ilustrando algo da vida da cidade, naquela época (cerca de 3000 a.C.). As escavações na própria cidade foram efetuadas pela *Expedição de Pesquisas Arqueológicas Wellcome-Marston*, entre 1932 e 1938. O diretor da mesma foi James L. Starkey, que, muito tragicamente, foi assassinado por bandidos, em 1938. E seu trabalho foi concluído por Charles H. Inge e Lankester Harding. As descobertas exibem uma vida primitiva, ilustrada por peças de cerâmicas, pilões de pedra, artefatos de bronze e implementos de pedra lascada. **2**. Quanto ao período dos hicsos (cerca de 1720-1550 a.C.), os arqueólogos têm mostrado que a cidade era fortificada. Profundos fossos foram cavados em redor das muralhas de Laquis, com essa finalidade, juntamente com elevadas muralhas de tijolos. Um pequeno templo pagão, ali encontrado, ilustra o culto religioso dos finais da Era do Bronze (1600-1200 a.C.). Tinha altares para oferecimento de incenso e para sacrifícios de animais. Esse templo é chamado de Templo do Fosso, por haver sido erigido sobre os detritos acumulados sobre o fosso, que lhe ficava abaixo. Esse pequeno templo consistia em uma sala única, equipada com uma mesa de ofertas, um altar para holocaustos defronte da mesa, e um altar de tijolos, com três degraus que levavam ao alto do mesmo. Foram encontrados ossos dos mais diferentes animais, como também de peixes e aves. Os animais, em sua maioria, eram ovelhas, cabras, bois e gazelas. A maior parte de tais ossos era da coxa, a porção que os sacerdotes deveriam receber, de acordo com os estatutos de Levítico 7.32. Não havia estátuas ou ídolos nesse templo, mas foi encontrada uma estatueta de bronze, representando uma divindade masculina, no lado de fora do templo, confirmando assim a natureza pagã do culto que ali se processava. Não se obtém uma ideia exata da adoração dos cananeus, através desse material encontrado, mas parece haver algum paralelismo com o sistema de sacrifícios de animais dos hebreus. **3**. *Várias inscrições* sobreviveram até nós, pertencentes à era do Bronze Posterior. Uma adaga de bronze (de cerca de 1600 a.C.) tinha quatro sinais gravados, como também uma cabeça humana esculpida. Alguns fragmentos de sinais alfabéticos (cerca de 1350-1200 a.C.), uma tampa de incensário, com três inscrições em cor vermelha, uma taça com onze sinais, com figuras de animais, e símbolos religiosos têm sido algumas das mais comuns descobertas ali feitas. Um selo com quatro faces, com o nome de Amenhotepe II (cerca de 1450-1425 a.C.), em um dos lados, e uma representação de Ptá, e oito sinais em outro lado, foi uma descoberta interessante e curiosa. Parte de um esquife de barro (de cerca de 1200 a.C.) foi encontrada, com alguns sinais hieroglíficos, que foram decifrados. Peças de cerâmica com inscrições datam de cerca de 1200 a.C., ou de um pouco mais tarde. A começar em cerca de 800 a.C., inscrições hebreias têm sido encontradas ali, incluindo diversos selos ou impressões de selos, com nomes escritos na antiga escrita dos hebreus (séculos VIII a VI a.C.). Uma dessas inscrições diz: "Pertencente a Gedalias que está sobre a casa", o que poderia aludir a Gedalias, filho de Aicão, que foi nomeado governador de Judá por Nabucodonosor, para que governasse o remanescente de Judá, que ali ficou durante o período babilônico de Judá (cerca de 587 a.C.). (Ver 2Rs 25.22). Muitas jarras têm sido desenterradas, contendo as mais variadas inscrições, bem como um altar de pedra, contendo a palavra hebraica para *incenso*, e outro, com a inscrição Yah (forma abreviada de Yahweh), ou *Senhor do Céu*. **4**. **Cartas de Laquis em Ostraca**. Esses escritos foram descobertos nas escavações que tiveram lugar entre 1935 e 1938. Cerca de vinte cartas, escritas em hebraico antigo, várias das quais datadas de 589 a.C., fornecem valiosas informações sobre os tempos de Jeremias. Essas cartas foram achadas entre o lixo existente em um pequeno depósito de uma das torres da porta da cidade. Essas cartas ilustram as condições caóticas que prevaleciam em Judá, durante a campanha babilônica de 587 a.C. Questões pessoais, sobre as pessoas envolvidas na produção desse material, transparecem nessas cartas, e muita coisa é dita sobre assuntos militares. Uma dessas cartas menciona um profeta cujo nome termina em *iah*, e que poderia ser Urias (Jr 20.20), ou o próprio Jeremias, ou mesmo alguma pessoa para nós desconhecida. Em uma dessas cartas há o tetragrama sagrado, YHWH (Yahweh). Ali espera-se que Deus faria algum bem resultar do caos dominante. Quase todas as cartas foram escritas por um homem de nome Hosaías, estacionado em um posto militar avançado e, então, foram enviadas a um homem de nome Jaós, que, ao que tudo indica, era um oficial importante de Laquis. **5**. A arqueologia tem demonstrado *a presença de guerreiros citas* em Laquis, no século VII a.C. e, talvez, isso mostre por que razão a cidade não foi imediatamente reconstruída, após a invasão de Senaqueribe. **6. Manassés** (2Cr 33.11-14), com a passagem do tempo, reedificou as defesas de Laquis. Uma nova muralha de pedra substituiu a muralha interior, e outras fortificações foram construídas (cerca de 690 a.C.). **7**. Pela época de Jeoaquim, a cidade havia recuperado sua capacidade anterior de defesa. Porém há evidências de que ela foi novamente destruída por duas vezes, no século VI a.C. Na primeira dessas duas vezes, a destruição foi aquela causada pelo exército babilônio. Um segundo ataque, em 587 a.C., concluiu a destruição. **8**. Laquis ficou praticamente abandonada de 586 a 450 a.C. Há algumas evidências arqueológicas de que havia ali uma modesta vila persa, em cerca de 400 a.C. O lugar foi reocupado pelos judeus, após o retorno do exílio babilônio (ver Ne 11.30), mas nunca mais foi lugar importante. **9. Níveis de exploração arqueológica**, distinguidos no cômoro da antiga cidade de Laquis: *a*. Nível VIII—1567-1450 a.C. *b*. Nível VII — 1450-1350 a.C. *c*. Nível VI — 1300-1225 a.C. (Era do Bronze Posterior) *d*. Um hiato na história, séculos XII e XI a.C. *e*. Nível V — Dias de Davi e Reeboão, 1000-900 a.C. *f*. Níveis IV e III-900-700 a.C. *g*. Nível II -700-586 a.C. *h*. Um hiato na história, quando a área foi abandonada. *i*. Nível I — 450-150 a.C.

BIBLIOGRAFIA. AM E FIN HAU ND Z

LASA

Esse nome deriva-se de uma palavra hebraica que parece significar **"irrompimento"**. Talvez o nome refira-se às águas que irrompiam de um manancial, borbulhando. Era o nome de uma cidade que assinalava um ponto fronteiriço do território dos cananeus (ver Gn 10.19, único trecho bíblico que menciona essa cidade). Desconhece-se atualmente a sua localização, embora várias identificações tenham sido sugeridas, como Callirrboe, a leste do mar Morto, onde há muitas fontes termais. Outros estudiosos têm pensado em Lusa ou Elusa, mais ou menos equidistante do mar Morto e do mar Vermelho. A história informa-nos que Herodes foi até ali por razões de saúde, a fim de banhar-se nas águas termais da localidade. Esse lugar ficava localizado no que agora se conhece por *wady Zerka Ma'in*.

LASAROM

No hebraico, **"pertencente a Sarom"**. Por sua vez, Sarom significa "planície". Esse era o nome de uma cidade cananeia, localizada a oeste do rio Jordão, que Josué foi capaz de capturar (Js 12.18). A Septuaginta (vide) diz nessa passagem: "o rei de Afeque (que pertence) a Sarom", o que, talvez, corresponda ao texto original. Nesse caso, a palavra em questão não se refere a qualquer cidade, mas seria meramente parte da frase que fala sobre o rei de Afeque. Essa declaração, pois, distinguiria o rei de Afeque dos outros reis, mediante a localidade onde exercia a sua autoridade, isto é, Sarom.

LATÃO

No hebraico temos quatro palavras muito parecidas, *nachush, nechusah, nechash* e *nechoseth*, todas elas com o mesmo sentido de "latão". A primeira aparece somente em Jó 6.12. A segunda figura por dez vezes (por exemplo: Lv 26.19; Jó 28.2; 41.27; Is 45.2). A terceira ocorre por nove vezes (por exemplo: Dn 2.32,35). Essa palavra só ocorre no livro de Daniel. E a quarta ocorre por 139 vezes (por exemplo: Gn 4.22; Êx 25.3; 26.22;

38.29; Nm 21.9; Dt 8.9; Js 6.19; 1Sm 17.5; 2Sm 8.8; 1Cr 15.19; Sl 107.16; Is 60.17; Jr 7.28; Ez 1.7; Zc 6.1). No grego, a palavra é *chalkós* e *chalkolíbanon*, "latão" e "bronze polido", respectivamente. (A primeira aparece em Mt 10.9; Mc 6.8; 12.41; 1Co 13.1; Ap 18.12. A segunda figura em Ap 1.15 e 2.18).

O latão é uma liga de cobre e zinco, com a mistura de outros metais, como o chumbo e o estanho, um tanto mais tendente à correção e às manchas do que o bronze (vide). Seu ponto de fusão é entre 858 e 1050 graus centígrados, dependendo do conteúdo de zinco, que baixa o ponto de fusão. O latão de cerca de 1500 a.C., compunha-se de cerca de 23 por cento de zinco e 10 por cento de estanho. No começo, obtinha-se o latão aquecendo o cobre ao fogo de carvão de pedra e de carbonato de zinco, um mineral que se sabe ter existido nas antigas minas de prata de Laurion, na Grécia. O uso do latão antecede aos dias do Antigo Testamento. (Ver as referências em Nm 21.9; 1Rs 7 e Êx 26.11), onde as traduções dão *latão* ou *bronze*. É mesmo possível que algumas das primeiras referências bíblicas na realidade indiquem o cobre. O bronze é a liga de cobre com o estanho. Alguns intérpretes duvidam da existência do verdadeiro latão nos tempos bíblicos, supondo que sempre devemos pensar no bronze ou no cobre. Ver sobre *Bronze* e *Mineração de Metais*.

Usos figurados. **1**. Ignorando a distinção entre o latão e o bronze, a palavra hebraica pode indicar a obstinação pecaminosa (Is 48.4; Jr 6.28). **2**. Força (Sl 107.16; Is 48.4, Mq 6.13). **3**. Um forte e duradouro oponente (Jr 1.18; 15.20). **4**. O império macedônico (Dn 2.39), provavelmente referindo-se ao fato de que quase todas as armas, na antiguidade, eram feitas de bronze, pelo que a Macedônia representava muita guerra e destruição. **5**. Montes de bronze, em Zc 6.1, indicam os decretos de Deus que governam a terra. (Ver Sl 36.6). **6**. Os pecadores empedernidos são comparados ao latão, ao estanho, ao chumbo e ao ferro, a fim de ser denotada a sua imprudência e persistência no pecado (Is 48.4; Jr 6.28; Ez 22.18). (G ID LAN S)

LAVABO

Essa palavra significa, no latim, **"lavarei"**. Trata-se da primeira palavra do trecho de Salmo 25.6-12 (em nossa versão portuguesa, Sl 26.6-12, "Lavo"): "Lavabo inter innocentes manus meas". O celebrante da missa católica romana profere essas palavras após ter lavado e enxugado seus dedos, após o ofertório da *missa* (vide). Por essa razão, a própria cerimônia é chamada de *lavabo*. Esse ato originou-se da necessidade prática de limpar os dedos, após o manuseio do oferecimento de pão, frutas etc. E o ato acabou assumindo funções litúrgicas, simbolizando o caráter sagrado dos mistérios e a reverência com que os adoradores católicos romanos deveriam aproximar-se desses elementos, de coração limpo e puro.

LAVANDEIRO, CAMPO DO

Um lugar próximo da cidade de Jerusalém (2Rs 18.17; Is 36.2; 7.3), bastante próximo das muralhas da cidade, de tal modo que quem ali dialogasse, seria ouvido do alto das muralhas (2Rs 18.17,26). Ali havia um poço que, provavelmente, deve ser identificado com o moderno Birket-el-Mamilla, no começo do vale do Hinom, a oeste do portão de Jafa. Era ali que os lavandeiros lavavam e alvejavam roupas.

LAVATÓRIO. Ver *Mar de Fundições; Lavatório*.

LAVELLE, LOUIS

Suas datas foram 1883-1951. Foi um filósofo francês. Nasceu em Saint-Martin-de-Villéreal. Foi professor no Collège de France. Tornou-se mais conhecido por causa de sua filosofia acerca da natureza da *liberdade*. Cumpre-nos considerar os cinco pontos abaixo, sobre ele: **1**. Os homens devem participar do Ato de Ser. Para tanto, devemos disciplinar nossos instintos espontâneos por meio da razão. E é assim que começamos a atingir toda a nossa potencialidade como pessoas humanas. O alvo de tudo isso é a consecução da verdadeira liberdade, interna e externa, pessoal e social. **2**. Em nossos exercícios racionais e espirituais chegamos a relacionar-nos ao Ato Absoluto que é o Ser Absoluto. E ele também é a Liberdade Absoluta. Cada indivíduo, à sua própria maneira, é capaz de participar nesta liberdade. Uma participação crescentemente maior no Ser e na Liberdade Absolutos é o alvo próprio de toda a existência. **3**. Distinguindo-se de filósofos como Sartre, que *desintegrava o* universo humano, herdado pelas tradições, Lavelle, à semelhança de Jaspers e Barth, tentava reintegrar as experiências fundamentais da humanidade. Ele interpretava o homem espiritualisticamente, e não materialisticamente. **4**. Para ele, a metafísica era a ciência da interiorização espiritual. Sondando nossos seres interiores, por meio da razão e da intuição, descobrimos as nossas relações com o Absoluto. Todas as experiências humanas, pois, emergem dessa participação no Absoluto. O mundo separa os atos puros da porção limitada que cada indivíduo desempenha; mas é possível um processo de reintegração. A consciência individual faz parte da consciência absoluta. **5**. No campo da ética, ele ensinava que a liberdade é a essência do ser moral do homem, além de ser o alvo principal a ser buscado. A nossa tarefa consiste em nos ajustarmos à nossa melhor parte, a verdadeira essência de nosso ser, porque, assim fazendo, corresponderemos melhor ao Absoluto.

Obras. *On Being; Self-Awareness, The Ego and its Destiny; On the Act,* Eva *and Suffering Of Time and Eternity; Introduction to Ontology; The Powers of the Ego; On the Human Soul; Treatise on Values; Spiritual Inwardness*.

LAVRADORES

No Antigo Testamento. **1**. No hebraico, *ikkar* (no acádico, *ikkar*, "homem do arado"). Desconhece-se qual a condição social desses indivíduos. O código de Hamurabi (vide) parece indicar que era uma espécie de capataz agrícola. O trecho de Isaías 61.5 contrasta-o com os pastores. (Ver 2Cr 26.10; Jr 31.24; Jl. 1.11; Am 5.16). **2**. *Yogeb*, que vem de uma palavra que significa "escavar" (no hebraico, *gub*), o que alude ao trabalho com a enxada, envolvido na agricultura, bem como ao trabalho manual pesado dos lavradores. (Ver 2Rs 25.12 e Jr 52.16). **3**. 'Is *adama*, que significa "homem do solo". Todavia, essa expressão pode indicar tanto um lavrador do solo quanto um criador de gado. (Ver Gn 9.20).

No Novo Testamento. **1**. No grego, *georgós*, "fazendeiro", "agricultor". Essa palavra ocorre por dezenove vezes (Mt 21.33-35,38,40,41; Mc 12.1,2,7,9; Lc 20.9,10,14,16; Jo 15.1; 2Tm 2.6; Tg 5.7). Havia agricultores que possuíam suas próprias terras, mas havia outros que alugavam a terra e pagavam o aluguel com os produtos agrícolas colhidos. **2. Usos Metafóricos**. *a*. O próprio Deus é comparado com um agricultor. Ele semeia, planta, cultiva, colhe e espera fruto da parte daqueles que estão seriamente interessados pelas realidades espirituais (Jo 15.1 ss.). *b*. Os líderes religiosos de Israel eram os lavradores ao encargo dos quais Deus deixara a sua vinha, mas eles abusaram dos profetas de Deus e do seu próprio Filho, o que só serviu para arruiná-los espiritualmente (Mt 21.33-41). *c*. Há uma metáfora calcada sobre questões agrícolas, em Gálatas 5.22, onde as virtudes espirituais são comparadas com os frutos cultivados pelo Espírito em nossas vidas. Ver o artigo separado intitulado *Agricultura, Metáfora da*. Ver também *agricultor* e *Agricultura*.

LÁZARO

No hebraico *Eleazar*, **"Deus tem ajudado"**. **1**. Nome de um mendigo que aparece na parábola do rico e Lázaro e que jazia à porta do rico, desejando fartar-se das migalhas que caíam de sua mesa. Além da fome, sofria as dores produzidas pelas chagas que lhe cobriam o corpo, lambidas pelos cães. Nada se diz quanto ao caráter de ambos. Quando os dois morreram,

TÚMULO DE LÁZARO EM BETÂNIA
Davis, John D., 1854-1926, Novo Dicionário da Bíblia / [Tradução: J.R. Carvalho Braga]. – Edição ampliada e atualizada – São Paulo, SP: Hagnos 2005.

Lázaro foi levado pelos anjos ao seio de Abraão, e o rico foi sepultado no inferno. Parece à primeira vista que um foi galardoado simplesmente por ser pobre, e que o outro foi punido, por ser rico. O caso, porém, é outro. O rico vivia naturalmente como os outros cinco irmãos, que não acreditavam em Moisés, nem nos profetas, precisando de arrependimento, vindo isto significar que neste caso entrava um elemento moral, e que o proceder e não a posição social é que decidiu o destino final (Lc 16.19-31). **2**. Nome de certo membro de uma família de Betânia, e irmão de Marta e Maria. Foi objeto de profunda simpatia, não somente de suas irmãs, como também de Jesus que o chamava "nosso amigo". Teve a honra de ser levantado dentre os mortos. Tomado de grave enfermidade, as irmãs mandaram contar a Jesus que estava doente aquele que ele amava. Jesus estava além do Jordão e lá se deixou ficar, sem acudir ao chamado. Dois dias depois, quando Lázaro, já estava morto, Jesus caminhou para Betânia. Marta foi encontrá-lo fora da aldeia, tendo com ele uma importante conversa, na qual o divino Mestre procurou animar-lhe a crença na ressurreição e no seu poder sobre a morte. Chegada que foi Maria, irmã de Marta, Jesus, em companhia delas e dos amigos de Lázaro, se encaminhou para o sepulcro, que segundo o costume entre os judeus. era aberto em rocha. Depois de removida a pedra que fechava a entrada do sepulcro, Jesus orou a seu Pai. Fez assim por causa do povo que o rodeava, a fim de que o milagre, que ia ser realizado, provasse a todos os que o presenciavam, que Jesus era enviado de Deus, o Pai. Então disse Jesus em voz alta: *Lázaro vem para fora*, (Jo 11.1-44). O efeito produzido foi profundo e foi causa da entusiástica recepção que Jesus teve em Jerusalém. O sinédrio reuniu-se e decretou a morte de Jesus, porque o povo o saudava como rei; se realmente ele fosse aceito como tal, também as suas doutrinas acerca de um reino espiritual disfarçado, todas as esperanças de resistências ao poder dos romanos, e as tentativas de restaurar o governo teocrático, se perderiam. Resolveram, pois, que um só homem perecesse, culpado ou não, antes que toda a nação viesse a sofrer, 11.45-53; 12.9-19. Lázaro esteve presente a uma ceia que Simeão o leproso de Betânia deu em honra de Jesus, seis dias antes da Páscoa, 12.1,2. O efeito produzido pela ressurreição de Lázaro, levou muitos a crer em Jesus o que muito irritou os judeus que decidiram matá-lo, v. 10,11. É esta a última vez que se fala de Lázaro na Escritura. A conspiração contra a sua vida parece que não foi levada a efeito. Com certeza ele veio a morrer segunda vez, mas não se sabe quando, em que lugar e em que circunstâncias.

LEABIM

No hebraico, **"chamejantes"** ou **"fogosos"**. Esse é o nome dos descendentes do terceiro filho de Mizraim que aparece em Gênesis 10.13 e 1Crônicas 1.11. Alguns estudiosos supõem que o termo aplica-se aos atuais líbios, um dos mais antigos povos da África. O termo *Lubim* (talvez uma variante) aparece em Naum 3.9 e Daniel 11.43, que a Septuaginta e a Vulgata traduzem por "líbios". E nessas mesmas duas referências há a tradução alternativa *núbios*, que já indica colônias de egípcios. E alguns eruditos pensam que eles seriam os *Re Bu* ou *Le Bu* dos monumentos egípcios, de origem midianita ou de origem cognata aos egípcios. Os leabim eram descritos como líbios de cabelos claros e olhos azuis, que desde as dinastias egípcias XIX e XX vinham sendo incorporados ao exército egípcio. Os leabim parecem ter saído do Egito juntamente com outros povos, como os ludim (vide), ou, talvez, fossem os mesmos, ou, então, os anamim, naftuim patrusim, casluim e caftorim (ver Gn 10.13,14 e 1Cr 1.11). Porém, nada se sabe com certeza a respeito deles.

LEÃO

1. Palavras e Referências Bíblicas. Seis palavras hebraicas e uma palavra grega estão envolvidas: **a**. *Gor*, "mamador". No hebraico, indica um leão jovem (Gn 49.9; Dt 33.20; Jr 51.38). **b**. *Kephir, "felpudo"*, "hirsuto". No hebraico, um leão jovem que acabou de tornar-se independente" (Ez 19.2,3; Sl 19.13; Pv 19.12). **c**. *Ari*, "que despedaça". Um leão adulto, caçador e destruidor (Na 2.12; 2Sm 17.10; Nm 23.24). No Antigo Testamento, esse é o nome mais comum desse grande felino. **d**. *Schachal*, "rugidor". O leão que assusta com suas ameaças; algumas vezes, o "leão negro" (Jó 4.10; 10.16; Pv 26.13; Os 5.13; 13.7). **e**. *Layish*, "forte". No hebraico, o leão feroz (Jó 4.11; Pv 30.30; Is 30.6). **f**. *Labiah, "rugidora"*. No hebraico, a leoa (Jó 4.11). Sob essas diversas formas, a palavra "leão" aparece por cerca de 155 vezes no Antigo Testamento. **g**. No grego, *léon*. Aparece por nove vezes no Novo Testamento (2Tm 4.17; Hb 11.33; 1Pe 5.8; Ap 4.7, 5.5; 9.8,17; 10.3 e 13.2).

2. Descrição e Características. O leão é o maior e mais formidavelmente armado de todos os animais carnívoros. Somente o tigre da Índia lhe oferece competição. Um leão adulto da Ásia pode chegar até os 205 kg de peso, e um leão africano, aos 230 kg de peso. Um leão pode matar um homem com um simples golpe de pata; suas garras podem causar talhos de dez centímetros de profundidade, em uma fração de segundo. Com um único golpe de pata, um leão pode quebrar as vértebras de um novilho. Um leão geralmente chega aos 3,60 m de comprimento. O recorde é 3,90 m de comprimento, da ponta do focinho à ponta da cauda. As leoas são menores e mais leves que os leões. Os leões vivem, em média, trinta anos. As fêmeas não têm juba, mas a cabeça dos machos tem pelos luxuriantes, que descem até o pescoço, ao que chamamos de juba. São necessários cerca de sete anos para que a juba se forme por completo em um leão adulto. A reprodução e a concepção podem ocorrer em qualquer época do ano, e a fêmea dá à luz três ou quatro filhotes, uma vez por ano.

Os leões comem muitas espécies de animais, pequenos e grandes, além de também caçarem certas aves. O leão usualmente mata suas vítimas quebrando-lhes o pescoço, o que pode fazer facilmente, devido às suas poderosas queixadas. Há leões que se tornam devoradores de seres humanos. O leão tem excelente audição, como também visão e olfato muito bem desenvolvidos. O leão é famoso por seu espantoso rugido, que usualmente solta para advertir outros leões para que se mantenham longe de seu território e de suas fêmeas. Alguns estudiosos dizem que os leões são polígamos, mas outros insistem que eles são monógamos. Talvez ambas as condições existam entre eles, dependendo do estilo de cada macho. Seja como for, os leões brigam muito entre si e por causa das fêmeas. Além do

O LEÃO E A ARTE
Davis, John D., 1854-1926, *Novo Dicionário da Bíblia* / [Tradução: J.R. Carvalho Braga]. – Edição ampliada e atualizada – São Paulo, SP: Hagnos 2005.

homem, que é o inimigo mais perigoso do leão, este tem de enfrentar parasitas e certas enfermidades. Quase todos os leões, selvagens ou mansos, vivem infectados por vermes, havendo uma elevada taxa de mortalidade entre os filhotes.

Há cerca de dez espécies conhecidas de leões africanos. Também há várias espécies de leões asiáticos, ligeiramente menores que seus *primos* africanos. Em nossos dias, o *hábitat* dos leões anda muito reduzido, em comparação com o que sucedia na antiguidade. Na remota antiguidade, os leões vagueavam por grande parte do sudeste europeu, por todo o continente africano, pela parte ocidental da Ásia e pelo subcontinente indiano. Os romanos entretinham-se lançando aos leões os criminosos e os cristãos. Quando esse cruel esporte se popularizou, havia grande demanda pelo rei dos felinos. Lê-se que os romanos chegaram a cruzar leões em cativeiro, para garantir que seu feroz entretenimento tivesse continuidade. As referências bíblicas são muito numerosas no tocante ao leão e, com base nisso, sabe-se que essa espécie de animal era muito comum nas terras bíblicas.

3. O Leão e a Arte. A antiga arte egípcia muito retratava o leão, mostrando que ele fora dedicado ao deus Shu e à deusa Sechmete. Ambas as divindades eram simbolizadas pela cabeça de um leão. Visto que as inundações do rio Nilo ocorriam quando o sol se encontrava na constelação zodiacal do Leão, o leão era símbolo da água. Por causa dessa circunstância, muitos receptáculos para conter ou transportar água eram decorados com pinturas ou esculturas representando um leão. Entre os assírios e os gregos, o leão representava a deusa Cibele (Rea). Os assírios, os gregos e os romanos esculpiam figuras de leões em seus edifícios públicos, como símbolos de guardiães. Na arte cristã, o leão tornou-se símbolo de Cristo, que é chamado de *Leão de Judá*. Esse animal também tem sido associado a Daniel, Marcos e Jerônimo. Um ótimo exemplo de gravura mostrando a caça aos leões foi encontrado nos relevos do palácio de Assurbanipal, de cerca de 650 a.C., em Nínive. Um relevo, representando um dragão-leão alado, foi encontrado em Susã.

4. Cativeiro, Procriação e Caça. O trecho de Daniel 6.7 ss mostra-nos que, na antiguidade, os leões eram conservados em cativeiro para se multiplicarem. Já vimos que os romanos, séculos mais tarde, faziam a mesma coisa, com suas razões especiais. Porém, muito antes disso, segundo se sabe, os egípcios criavam leões e os treinavam para ajudá-los na caça. É conhecido que Ramsés II tinha um leão como seu bicho de estimação que o acompanhava às batalhas. A caça aos leões era um esporte perigoso, mas o favorito, entre os reis e nobres da Assíria. Os antigos acreditavam que o caçador que matasse um leão adquiria seus atributos.

5. Usos figurados. *a.* Deus é comparado a um leão, devido ao seu poder, direito de julgar etc. (Os 5.14; Am 1.2; 3.8). *b.* Cristo é o Leão da tribo de Judá. Ver o artigo separado sobre o *Leão de Judá*. A referência bíblica principal é Apocalipse 5.5. *c.* A comunidade religiosa de Deus é comparada a um leão, por ser fortalecida por Deus; uma vencedora, portanto, terrível para os que lhe fazem oposição (Mq 5.8). *d.* Os santos do Senhor são leões, em face de sua ousadia e poder no serviço que prestam a Deus (Pv 28.1). *e.* A tribo de Judá era chamada de leão, em face do seu poder e coragem, o que resultou em muitas notáveis conquistas (Gn 49.9). Outro tanto foi dito acerca de Gade (ver Dt 33.20) e de Dã (ver Dt 33.22). *f.* Inimigos cruéis e poderosos são chamados leões (Is 5.29; Jr 49.19). *g.* Os temores imaginários dos preguiçosos são quais leões que caçam e ameaçam (Pv 22.13). *h.* Um leão amansado simboliza o homem natural, subjugado pela graça divina (Is 11.7; 65.25). *i.* A paz será estabelecida na terra quando o leão e o boi puderem habitar juntos, e o leão comer erva, em vez de ser um animal carnívoro (Is 11.7). *j.* Um leão alado simbolizava Nabucodonosor, rei da Babilônia, em certa visão de Daniel (Dn 7.4). **k. Nos sonhos e nas visões.** O leão pode simbolizar apetites ferozes e devoradores, a força brutal, os instintos incontrolados. Entrar em luta com um leão indica contender com algum problema ou força poderosa e potencialmente destrutiva. O leão pode indicar orgulho e coragem, perigos à espreita ou o temor imposto por problemas destruidores. Um leão e um cordeiro indicam união e compatibilidade, a união de opostos, como os instintos e o espírito. *l.* Satanás é um leão que vive cercando e prejudicando aos santos do Senhor (1Pe 5.8).

LEÃO, O GRANDE

Leão I, papa de 440 a 461, exaltou o papado de diversos modos. Não somente se considerava um legítimo sucessor de Pedro, mas acreditava também que Pedro realmente falava por meio de tudo o que pregava e escrevia. Em consequência, esperava que todas as suas declarações como papa fossem aceitas sem questionamento. Na área política, conseguiu obter do imperador Valenciano III (425-455) a jurisdição efetiva sobre o Império Romano do Ocidente. Assim, contra qualquer bispo ou governante que resistisse à autoridade papal, Leão I poderia lançar mão de sua autoridade secular. Além disso, acrescentou os decretos de seus predecessores à lei canônica ocidental, de que se tornou guardião efetivo.

Sua posição política viria a ser historicamente realçada por suas realizações em notáveis negociações com os inimigos de Roma, os hunos e vândalos. Deu ainda força maior à própria tradição cristã de Roma ao estabelecer Pedro e Paulo como seus patronos, em substituição a Remo e Rômulo, fundadores lendário-históricos da cidade.

Leão deu uma contribuição significativa às controvérsias cristológicas orientais de sua época. Um pouco antes do chamado "Concílio de Latrão", ou seja, do concílio que se reuniu em Éfeso em 449, o papa situou-se decisivamente contra Eutiques (ver Monofisismo), escrevendo ao bispo Flaviano, de Constantinopla (m. 449), um documento (*Tomo*) que o confirmava em sua posição contra aquele professador de heresia. Leão esperava que a promulgação de sua própria doutrina tornaria desnecessário o concílio geral, mas não aconteceu assim. Em Éfeso, o *Tomo* papal não foi nem mesmo lido, e os apoiadores de Eutiques ganharam o controle. Leão exerceu imediatamente pressão para que as decisões do concílio fossem derrubadas. Circunstâncias que seguiram à morte de Teodósio II (em 450) o favoreceram. Logo, em novo concílio geral, reunido em Calcedônia em 451, o *Tomo* foi aclamado, entre outros documentos, como afirmação de caráter ortodoxo.

O *Tomo* refutava Eutiques, o qual estaria negando ser real a carne humana de Cristo, legada de Maria. Leão sustentava em seu documento que Cristo havia assumido verdadeira natureza humana, pois viera para restaurar a humanidade, pelo seu poder divino, das coisas que se haviam perdido por causa do pecado. Igualmente vital é que Cristo nada teria perdido, no entanto, de sua divindade. Em uma única pessoa de Jesus Cristo, cada uma de suas duas naturezas havia retido intactas suas próprias qualidades naturais e, todavia, tinham sempre as duas atuado em harmonia uma com a outra.

Não é de admirar que esse aspecto do *Tomo* tenha levantado em Calcedônia certa apreensão entre os bispos da Palestina e do Ilírico, que julgaram, embora equivocadamente, que Leão fosse culpado de cometer o erro nestoriano de dividir as duas naturezas de Cristo e de ver nele duas pessoas. Essa ambiguidade do *Tomo* pode ser explicada pelo seu propósito imediato, de responder a Eutiques. Em outro lugar, Leão nega o nestorianismo, que interpretava como uma forma de adocianismo. Desse modo, Leão enfatizava, isso sim, a conexão indivisível que fora alcançada quando as duas naturezas vieram a estar juntas em Jesus Cristo. Mas o fato permaneceria — pois ele não chegou a explicar a unidade da pessoa de Cristo da forma categórica com que manifestou a presença das duas naturezas no Verbo encarnado.

(**G. A. Keith**, M.A., D.Phil., professor, Ayr, Escócia.)

BIBLIOGRAFIA. T. G. Jalland, *The Life and Times of St. Leo the Great* (London, 1941); J. N. D. Kelly, *Early Christian Doctrines* (London, 1977).

LEBONA

Transliteração do nome que, em hebraico, significa **"incenso"**. Era um lugar na estrada, ou um marco ao norte de Silo, entre Silo e Siquém (ver Jz 21.19). Tem sido identificado com a moderna Lubban, cerca de cinco quilômetros a noroeste de Silo. Foi ali que os jovens rapazes de Benjamim, que haviam restado, receberam instruções para capturar as donzelas silonitas, por ocasião da festividade anual.

LEBRE

No hebraico, *arnebeth*, uma palavra empregada somente por duas vezes (em Lv 11.6 e Dt 14.7). No grego, *lagoós*, um termo que nunca aparece no Novo Testamento. A lebre era considerada um animal impróprio para a alimentação humana, pois ... *rumina, mas não tem as unhas fendidas*... (Lv 11.6). O alimento que a lebre come, a princípio, é digerido apenas em parte. A porção não digerida recebe a ação de bactérias, e então, na segunda vez em que tal porção passa por seu trato digestivo, pode ser melhor absorvida. Essencialmente o mesmo princípio está envolvido no verdadeiro ato de ruminação, como a do boi, por exemplo, pelo que a classificação que se lê naquele trecho é válida. Por classificação, a lebre é um roedor. Há quatro variedades de lebre na Palestina: a *Lepus Syriacus*, que é bem difundida, a *Lepus Sinaiticusx*, a *Lepus Aegyptius* e a *Lepus Isabellinus*, as últimas três sendo, essencialmente, espécies que vivem no deserto.

Embora a lebre e o coelho pertençam à mesma família, poderíamos apontar para certas distinções entre as duas espécies. As lebres não fazem ninhos, e seus filhotes nascem bem peludos e de olhos abertos. Os coelhos nascem com olhos fechados, sem pelos, e fazem ninhos subterrâneos. Entretanto, os dois vocábulos desde há muito são usados como sinônimos; mas algumas espécies não cabem bem dentro nem de uma nem de outra categoria. De fato há espécies bem distintas de outras. Conhecem-se 26 espécies diferentes de lebres. As lebres da Palestina parecem-se muito com as da Europa. O chamado "coelho norte-americano" é uma lebre verdadeira, mas geralmente de menor porte que a lebre da Palestina.

LECA

No hebraico, **"trilha"**, mas outros preferem algo como **"adição"**. Esse nome aparece nas genealogias do Judá (1Cr 4.21), embora não haja certeza se está em foco um lugar fundado por Er, ou se Leca era o nome de um filho seu. Se está em pauta uma aldeia, então sua localização moderna é desconhecida.

LEGIÃO

Nome da divisão principal do exército romano, Guerras 3.4,2. Compunha-se de três mil soldados da infantaria com um contingente de cavalaria. Desde o ano 100 a.C., até a queda do império, o número dos soldados que formava uma legião, variava entre cinco mil e 6.200 enquanto que, desde o governo de Augusto até Adriano, o número regular era de seis mil sem o contingente de cavalaria. Nessa época, a legião compunha-se de dez coortes, cada coorte, de dez manípulos, e cada manípulo, de duas centúrias, *cf.* Mateus 27.27, sob o comando de tribunos ou centuriões, Guerras 3.5,3; Atos 21.31,32; 23.23, em número de dez e 60 respectivamente. A palavra legião emprega-se na Escritura no sentido de multidão (Mt 26.53; Mc 5.9). O estandarte militar dos romanos consistia a princípio em um molho de palha amarrado à ponta de uma vara, que mais tarde foi substituído por uma águia e quatro animais; depois do ano 104 a.C., ficou limitado a uma águia, Plínio, Hist. Nat. 10.4. O estandarte ficava sob a guarda do centurião. Além da águia, ajuntaram depois a imagem do imperador. Pôncio Pilatos introduziu em Jerusalém essas imagens dando origem a uma insurreição dos judeus, Antig. 18.3,1; Guerras 2.9,2. O estandarte da águia só era usado pelas legiões. As coortes e as centúrias tinham estandartes com insígnias menores e de várias formas.

LEGISLADOR

No hebraico, *chaqaq* (ver Gn 49.10; Nm 21.18; Dt 33.21; Jz 5.14; Sl 60.7; 108.8; Is 10.1 e 33.22). No grego, *nomothétes* (ver Tg 4.12). No Antigo Testamento, a palavra hebraica é usada em seu costumeiro sentido de "legislador", embora nossa versão portuguesa a tenha traduzido por "comandantes", em Juízes 5.14. No Novo Testamento, o termo foi usado para indicar Deus como o supremo Legislador e Juiz. Há outros lugares do Antigo Testamento onde a palavra hebraica em questão significa "cetro", o sinal do mando de um rei ou de legislador. Esse uso pode ser visto em Números 21.18; Salmo 60.7 e Gênesis 49.10.

A descrição do Novo Testamento é enfática. Diz Tiago 4.12: *Um só é Legislador e Juiz, aquele que pode salvar e fazer perecer; tu, porém, quem és, que julgas ao próximo?* Assim, Deus é o único verdadeiro Legislador e Juiz, o único que tem o direito de salvar ou destruir. Toda lei deriva-se dele. Ver o artigo intitulado *Direito Divino*. O décimo terceiro capítulo de Romanos mostra-nos que as leis humanas derivam-se da lei divina, e essa é a razão pela qual devemos obedecer às autoridades constituídas. Ver o artigo separado sobre o *Governo*. Os trechos de João 1.17 e 7.19 falam sobre Moisés como "legislador", o instrumento usado por Deus para essa função. Os capítulos quinto a sétimo de Mateus mostram-nos que Jesus, o Cristo, é o Novo e Superior Moisés, que substituiu o primeiro, conferindo um caráter muito mais espiritual à lei. Os trechos de Atos 7.53 e Gálatas 3.19 preservam a antiga tradição hebreia de que a lei foi dada a Israel por meio de anjos. O Novo Testamento aproveita esse fato para afirmar a sua própria superioridade, ao dizer que a nova revelação foi dada através do Filho e não meramente através de anjos. (Ver Hb 1.2,6-14).

LEGUMES

No hebraico, *zeroim* (somente em Dn 1.12) e *zereonim* (somente em Dn 1.16), o que mostra que eram apenas duas maneiras diferentes de se chamar a mesma coisa. Segundo as melhores autoridades, estariam em pauta o que designaríamos de leguminosas, como os feijões, as ervilhas etc.

O regime alimentar humano bem equilibrado inclui não somente as carnes (de gado, de caças, de aves e de peixes), mas também frutas, ovos, castanhas, verduras e legumes. Não admira, pois, em certo sentido, que os filhos de Israel, depois de libertados da escravidão no Egito, e encontrando-se em um deserto estéril, tivessem desejado tanto contar com itens alimentares como ... *dos peixes, que no Egito comíamos de graça;*

dos pepinos, dos melões, dos alhos silvestres, das cebolas e dos alhos (Nm 11.5).

As populações forçadas a viver no nomadismo não podem plantar verduras e legumes, porquanto a horticultura requer cuidados por vários meses a fio, antes que se possa fazer qualquer colheita. Abraão, Isaque e Jacó eram criadores de gado, e viviam sempre à procura de novos pastos para seus animais. O alimento deles não consistia em legumes e saladas recém-apanhados, e nem isso ocorre entre os beduínos do deserto, até os nossos próprios dias!

Jacó preparou uma "sopa de lentilhas"? (ver Gn 25.34). Nesse caso, ou Isaque conseguiu plantá-las ou as obteve em troca de animais de sua criação. Ver o artigo sobre as *Lentilhas*. Outros estudiosos pensam que a *Lens esculenta* podia ser encontrada medrando selvagem. Os criadores de gado, geralmente, procuravam lugares onde tal ervilhaca medrasse como mato, porque já se sabia que o gado que a comia tinha aumentado a sua produção de leite.

Outros legumes ou verduras plantados naquelas regiões arenosas, provavelmente, eram: a salada selvagem, as malvas, várias folhas de plantas arbustivas e as raízes de zimbro (ver Jó 30.4). Nesse versículo, Jó mostra-nos que esses alimentos vegetais eram consumidos pelas classes pobres.

A julgar pelo pedido de Daniel e seus companheiros ao cozinheiro-chefe, um regime vegetariano é melhor para a saúde do que um regime em que predominem as carnes gordas. Contudo, os nutricionistas dizem que toda falta de carnes, na alimentação, pode levar à anemia e a uma certa debilidade. Terminado o dilúvio, Deus deu a receita para um regime alimentar bem equilibrado: *Tudo o que se move, e vive, ser-vos-á para alimento; como vos dei a erva verde, tudo vos dou agora. Carne, porém, com sua vida, isto é, com seu sangue, não comereis* (Gn 9.3,4).

LEI AGRÁRIA

1. Os hebreus eram essencialmente um povo pastoril. Os egípcios eram agricultores, e não gostavam da vida pastoril (ver Gn 46.34). Mas, quando Israel tornou-se uma nação independente e mudou-se para uma região já cultivada, teve de tornar-se um povo agrícola em escala maior do que fora antes. Isso exigiu leis que governassem o uso da terra. **2.** Uma equitativa distribuição do solo era a lei básica (ver Nm 26.53,54); uma tribo mais numerosa recebeu mais terras, e uma tribo menos numerosa recebeu menos terras. Cada família, pois, possuía sua partilha, e nenhum oficial, tribo ou autoridade podia alterar a mesma. **3.** *O acúmulo de dívidas* era impedido pela lei que proibia que um hebreu cobrasse juros de outro (ver Lv 25.35,36). Ademais, a cada sétimo ano havia uma liberação regular das dívidas, e nenhum terreno podia ser alienado para sempre. A cada ano de jubileu, ou seja, cada sétimo ano sabático, todas as terras revertiam às famílias que eram suas proprietárias originais. Todos os negócios eram regulados em antecipação a essa provisão. **4.** A lei dada sob o ponto acima não se aplicava às casas nas cidades, as quais, se não fossem resgatadas dentro de um ano após terem sido vendidas, eram alienadas para sempre (ver Lv 25.29,30). O efeito dessa lei era que as pessoas preferiam a vida no interior, devido a vantagens econômicas. Essas leis fomentavam famílias fortemente formadas, com tradições que atravessavam muitas gerações. Uma família identificava-se com certa porção da terra. Isso resultava na solidariedade da família, ajudando na prevenção do crime. **5. Serviço militar**. Esse também estava vinculado à terra. Cada proprietário era obrigado a servir, *se e quando* fosse necessário, às suas próprias custas, o que seria recompensado ou mais do que recompensado, mediante os despojos tomados (ver Dt 20.5). Cada pessoa participava da segurança nacional, porque tinha sua própria terra para defender, e não apenas um estado nebuloso. Cada divisão do exército representava um corpo homogêneo, visto que os soldados daquela divisão vinham dessa mesma área e eram comandados por oficiais da mesma área. (Ver Êx 17 e Nm 31.14). Visto que as pessoas viviam com base na terra, não havia glória no militarismo profissional. Retornando da batalha, ainda cheios da ira da guerra, os soldados eram considerados poluídos pela matança, até depois dos ritos de purificação (ver Nm 19.13-16; 31.19). Somente então podiam participar da vida religiosa, bem como das atividades comunitárias em geral. (G I IB S)

LEI CERIMONIAL

Esse nome é dado àquela porção da legislação mosaica que trata das externalidades da fé religiosa, e não dos princípios morais básicos. Especificamente, essa porção aborda questões como cerimônias, festividades religiosas, holocaustos, e, de acordo com o ponto de vista cristão, a circuncisão. A "lei moral", em contraste com isso, aponta para os Dez Mandamentos e o desdobramento dos mesmos, constantes nos livros de Êxodo a Deuteronômio. No entanto, a maior parte dos grupos cristãos elimina a observância do dia de sábado das leis morais. Desnecessário é dizer que os judeus nunca dividiriam sua lei em moral e cerimonial. Entre eles, o sábado e a circuncisão revestiam-se da máxima importância, e geralmente supunha-se que os sacrifícios podiam, realmente, obter o perdão dos pecados. Somente diante do refinamento dos princípios morais, quando são atingidos a alma e o coração, aprendemos a distinguir entre verdadeiras leis morais ou éticas e preceitos cerimoniais. Muitos cristãos da atualidade continuam misturando a lei moral com preceitos cerimoniais. Sinto dizê-lo, mas é claro que os sacramentos, que muitos evangélicos preferem chamar de "ordenanças", fazem parte de preceitos cerimoniais. Ver sobre os *Sacramentos*. Os homens têm o hábito quase incurável de transformar símbolos nas realidades representadas por esses símbolos. Para exemplificar, a participação mística na vida de Cristo é substituída pela eucaristia ou Ceia do Senhor; a regeneração é confundida com o batismo em água (vide); o perdão dos pecados, por parte de Deus, é confundido com a suposta autoridade de absolvição do padre, mediante a confissão auricular. À medida que nossos conceitos religiosos se vão purificando, contudo, mais e mais vamos percebendo que o que importa são as realidades espirituais, e não os seus emblemas externos. Para algumas pessoas, as realidades espirituais existem independentemente de símbolos externos; para outras, os símbolos fazem-nas relembrar as realidades espirituais; ainda para outras, realidades espirituais e símbolos externos tornam-se uma coisa só. Exemplificando, a circuncisão verdadeira não é a do prepúcio, mas a do coração (ver Rm 2.29). No entanto, há quem confunda as duas coisas. Ver o artigo sobre o *Batismo Espiritual*. Outro tanto ocorre com os sacramentos ou ordenanças. Penso que um dos principais problemas envolvidos aqui é apenas um problema semântico. Muitas pessoas, por longo tempo, são instruídas a entender as Escrituras *literalmente*. Se uma pessoa insistir sempre nisso, acabará perdendo de vista os sentidos espirituais por detrás do literalismo, visto que este sempre confunde o sinal com a verdade representada. Assim, quando Jesus disse: *Este é o meu corpo* (Mt 26.26), muitos milhões de pessoas agora supõem que essa declaração deve ser entendida de modo literal, e que o pão da Ceia já é o corpo de Jesus, quando, na realidade, é como se ele estivesse dizendo: "Este pão representa o meu corpo". Mediante essa interpretação literal, o sentido espiritual de sua declaração fica obscurecido. Assim surgem o cerimonialismo e toda a ideia por detrás dos sacramentos, que faz, destes últimos, meios diretos da graça. O ensino católico romano afirma que a participação nos ritos por si só torna a pessoa participante da graça divina. E assim o rito é concebido como se fora dotado de virtude divina, por si mesmo. Outro tanto pode ser dito sobre o batismo em água. O ensino da "regeneração batismal" surgiu quando os homens confundiram o novo nascimento, produzido por operação especial do Espírito Santo, com o símbolo dessa operação, que é o rito do batismo.

Ora, se puder ser demonstrado que os autores do Novo Testamento julgavam que as cerimônias são as realidades espirituais, em si mesmas, então teremos de concluir que eles permaneceram presos a conceitos do antigo judaísmo. No entanto, apesar de muitos dizerem que eles viveram em um período de transição, entre o antigo e o novo pactos, a verdade é que o Novo Testamento foi escrito, entre outras coisas, a fim de trazer à superfície o ensino espiritual do Antigo Testamento, oculto por detrás de sombras e símbolos. Isso testifica o trecho de Hebreus 10.1: ... *a lei tem sombra dos bens vindouros, não a imagem real das cousas*.... É inconcebível, pois, que os autores do Novo Testamento se deixassem impressionar pelos meros símbolos, esquecidiços das realidades espirituais representadas por esses símbolos. Quanto maior for a luz espiritual que consigamos obter, tanto mais nos afastaremos dos símbolos e nos aproximaremos das realidades espirituais por eles representadas.

Jesus mostrou que a lei mosaica, mesmo a lei dos Dez Mandamentos, era provisória e incompleta, quando, reiteradamente, declarou: *Ouvistes que foi dito aos antigos...Eu, porém, vos digo...* (Mt 5.21,22,27,28,33,34,38,39,43,44).

De cada uma dessas vezes, o Senhor aprofundou o sentido de algum mandamento, indicando não uma interpretação literal do mesmo, mas a verdadeira interpretação espiritual a respeito. Quanto à circuncisão, Paulo encarregou-se de mostrar o seu mais profundo sentido espiritual, conforme já vimos. Quanto ao sábado, que significa "descanso", a interpretação espiritual consiste no "descanso" de que desfrutamos, pela fé em Cristo. *Nós, porém, que cremos, entramos no descanso...* (Hb 4.3). O sábado literal, que consistia na guarda do sétimo dia da semana, foi descontinuado nos dias de João Batista. *A lei e os profetas vigoraram até João; desde esse tempo vem sendo anunciado o evangelho do reino de Deus...* (Lc 16.16). Visto que a lei, com todos os seus mandamentos, tornara-se inválida a partir do instante em que o evangelho começou a ser pregado (ver também Cl 2.14), Jesus "não somente violava o sábado" (Jo 5.18), mas também defendeu os seus discípulos, acusados de fazerem coisas ilícitas em dia de sábado. Se o próprio Filho de Deus violava o sábado — visto que o mesmo estava então sem efeito — como é que alguns cerimonialistas hodiernos nos condenam por não guardarmos o sábado? Na verdade, não guardamos dia nenhum, integrados como estamos no espírito de passagens neotestamentárias como Gálatas 4.9,10. É claro que esses cerimonialistas continuam aferrados à interpretação literal da lei, e que a verdade espiritual da mesma ainda não lhes raiou no entendimento. Oremos em favor deles, irmãos, na esperança de que o Senhor venha a iluminá-los, para que participem das bênçãos neotestamentárias.

LEI, CÓDIGOS DA BÍBLIA

A Bíblia fornece-nos vários códigos legais. Israel sempre se distinguiu como nação profundamente interessada pela história, pela religião e pela lei. De fato, dentro da mentalidade hebreia, não há como separar esses três conceitos, porque, para um hebreu piedoso, todas as coisas tinham um forte sabor religioso. A preocupação com a lei foi transferida para o Novo Testamento, onde, entretanto, recebeu um novo caráter. Jesus foi o novo Moisés que nos trouxe um conhecimento mais profundo e uma aplicação mais perfeita dos princípios ensinados no Antigo Testamento.

1. A lei mosaica, do Antigo Testamento, veio à existência a fim de definir como a nação de Israel deveria relacionar-se a Yahweh e cumprir as suas exigências. Nos preceitos da lei havia a vida (potencialmente). Fora desses preceitos havia somente destruição e morte. É evidente que o código inteiro da lei mosaica estava alicerçado sobre essa suprema convicção religiosa. O propósito dos códigos era moldar a vida do povo de Deus, a fim de prepará-lo para a conduta apropriada, e tendo em vista a glória final de Israel, entre as nações, como cabeça das nações. Para alguns, a esperança messiânica fazia parte da razão de boa conduta, por parte do povo de Deus.

2. No Novo Testamento, os preceitos de Jesus são encarados como uma graduação acima dos preceitos do Antigo Testamento, uma espiritualização dos mesmos. O advento do Messias fez com que a lei mosaica fosse cumprida em seus termos mais nobres. O discipulado cristão, além disso, tornou-se dependente de obediência prestada ao Messias, do que depende a promessa da vida eterna. Ver o décimo quinto capítulo do Evangelho de João.

3. O apóstolo Paulo conferiu-nos um novo ângulo para contemplarmos a lei. Apesar de seus escritos incorporarem os preceitos morais da lei, e esses preceitos, naturalmente, serem obrigatórios para todos os homens, contudo, até mesmo esses preceitos devem ser agora vistos como cumpridos por intermédio do ministério capacitador do Espírito Santo, e não por causa dos próprios recursos do ser humano. (Ver Rm 8.1 ss). Ademais, Paulo eliminou da observância da lei toda ideia de merecimento humano, salientando, única e exclusivamente, a lei do Espírito. Oferecemos artigos separados que abordam essas questões. Ver os seguintes artigos: *Lei, Função da; Lei, Usos da; Lei Espiritual, do Espírito*.

4. A Lei do Amor assumiu o seu devido lugar como lei suprema, divina em sua origem, e obrigatória para todos os homens. (Ver Jo 15.12 ss.; 1Jo 4.7 ss.; Rm 13.10).

5. Códigos Específicos da Bíblia. *a. O Decálogo* (vide). Há duas recensões no Antigo Testamento. (Ver Êx 20.1-17 e Dt 5.6-21). *b. O pacto de Yahweh com Israel* (versão sulista). (Ver Êx 34.10-26). *c. O livro da aliança* (versão nortista). (Ver Êx 20.22—23.19). *d. O código de Deuteronômio*, com afinidades com o reino do norte e vem os profetas que pregaram para o norte. (Ver Dt 12-16). *e. A lei da santidade*. (Ver Lv 17—26; Ez 40—48). *f. A legislação sacerdotal*, da qual alguns elementos estão espalhados pelo Pentateuco, por detrás dos quais haveria a chamada fonte informativa S. Ver o artigo sobre *J.E.D.P. (S.)*. *g. A lei de Jesus, o Novo Moisés*. Aí temos suas ideias, adaptações e aplicações espirituais de vários princípios da legislação mosaica. Essas leis foram agrupadas pelo autor do Evangelho de Mateus, provavelmente com propósitos catequéticos, nos capítulos quinto a sétimo de seu livro. Não deveríamos ficar inconscientes diante do propósito desse agrupamento das declarações de Jesus, no tocante à lei. Temos ali o Grande Mestre a interpretar a lei de Moisés. ***h. Os códigos éticos nas epístolas do Novo Testamento***. Nas epístolas dos apóstolos encontramos, essencialmente, uma adaptação cristã de grandes ideias do Antigo Testamento. Talvez, nas chamadas epístolas Católicas (vide) também sejam adaptadas algumas ideias contidas na literatura de sabedoria do Antigo Testamento. *i.* A base da lei inteira, de acordo com os padrões neotestamentários, é *a lei do amor*, conforme mostramos no ponto quarto, acima.

LEI DO LEVIRATO

Ver o artigo detalhado sobre *Matrimônio Levirato*.

LEI E EVANGELHO

Enquanto a lei revelada a Moisés expressa a santa vontade de Deus para a vida e conduta da humanidade, o evangelho é a boa-nova de reconciliação com Deus realizada por Jesus Cristo. No decorrer de toda a história da igreja, todavia, lei e evangelho têm sido relacionados um ao outro de modo diverso. Na Idade Média, a tendência era a de identificar a lei com o evangelho, sendo o evangelho, por vezes, chamado de "a nova lei". Para muitos cristãos (como até hoje), guardar a lei judaica representaria elemento essencial para se poder reconciliar com Deus.

Já Lutero e a Reforma Protestante viam a relação da lei e o evangelho de modo diferente. Havia diferenças de ênfase e expressão dentro do protestantismo clássico sobre a relação da lei com o evangelho, mas se preservava uma subjacente concordância conceitual básica. Para os primeiros protestantes, a lei era entendida como o caminho para a vida dada a Adão. Após a queda, porém, a lei não mais poderia funcionar como caminho para a vida para a humanidade, pecaminosa e corrompida, pois esta não mais poderia perfeitamente guardá-la. Assim, a lei — boa e espiritual em si mesma — condenava a humanidade. O homem precisava de outro caminho para a vida, que pudesse libertá-lo da culpa do pecado. Esse caminho foi proporcionado por Jesus Cristo. O evangelho é a boa-nova de que Jesus, o único sem pecado, guardou a lei em lugar de seu povo, morrendo crucificado por receber a maldição da culpa de seus pecados; que sua obra salvadora é recebida somente pela fé, não mais pela rigorosa obediência à lei. O evangelho é, assim, a vida mediante Cristo, quem justifica os crentes por conduzi-los ao perdão de seus pecados e imputar a misericordiosa justiça divina sobre eles.

À medida que os reformadores refletiram sobre a lei, passaram a considerar três aspectos principais. Primeiro: a lei serve como guia para a sociedade, promovendo a justiça secular. Segundo: a lei convence pecadores e os conduz a Cristo. Terceiro: a lei dirige os cristãos em uma vida santa.

Para a teologia luterana, a distinção entre lei e evangelho se tornou um princípio básico organizador. A lei produz arrependimento, e o evangelho conduz à fé. Sobre o terceiro aspecto da lei, ensinava Lutero que uma vida santa surge espontaneamente no coração do crente, mas a lei o ajuda a reconhecer e a enfrentar o pecado que permaneça nele.

Na teologia reformada, a diferença entre lei e evangelho é fundamental, mas é mais implícita que explícita. Para a ortodoxia reformada, uma manifestação básica da diferenciação de lei e evangelho reside justamente na distinção entre o pacto da obra e o da graça (ver Pacto). Quanto ao terceiro aspecto da lei, ensina a teologia reformada que o crente necessita da lei para dirigi-lo na vida santa.

Historicamente, porém, tanto luteranos quanto reformados têm tido dificuldade em manter o necessário equilíbrio adequado entre lei e evangelho. O desequilíbrio produziu, por um lado, o antinomismo e, por outro, o legalismo e moralismo.

O antinomismo enfatiza de tal modo a liberdade cristã de condenação pela lei que deixa de salientar a necessidade de o crente confessar constantemente seus pecados e buscar de modo sincero a santificação. Isso o leva a deixar de ensinar que, à justificação, segue-se inevitavelmente a santificação. Os católicos romanos, com efeito, ao acusar a Reforma de antinomismo o fizeram sob a alegação de que a doutrina da justificação somente pela fé poderia levar à lassidão moral. Já na década de 1530, Lutero expressava a preocupação de que um de seus seguidores, João Agrícola (c. 1494-1566) tivesse se tornado antinomiano. Lutero o criticou por não enfatizar adequadamente a responsabilidade moral dos cristãos. No século XVII, diversos calvinistas ingleses, como Tobias Crisp (1600-1643), foram acusados de antinomismo. Nos primeiros três séculos do protestantismo, o número de antinomianos era muito pequeno, mas entre os protestantes ingleses do século XVII já havia temores demasiados a seu respeito.

O perigo maior que historicamente tem confrontando o equilíbrio entre lei e evangelho tem sido, no entanto, o do legalismo e moralismo. Os moralistas, ou legalistas, ou neonomianos, enfatizam a responsabilidade cristã a tal ponto que a obediência se torna mais do que um fruto ou evidência da fé. Passa, ao contrário, a ser vista como um elemento constituinte da fé que justifica. O legalismo solapa inevitavelmente a certeza da salvação e a alegria do cristão e tende a criar uma piedade individualmente autocentrada e excessivamente introspectiva — notadamente similar à piedade medieval. Ele se tornou tão penetrante nas igrejas reformadas no século XVIII que diversas reações ocorreram. Homens com Thomas Boston, os irmãos Ebenezer (1680-1754) e Ralph Erskine (1685-1752) e outros enfrentaram o excessivo moralismo dominante na igreja da Escócia e foram duramente repelidos. Já na América do Norte, o Grande Despertamento, liderado pela pregação de George Whitefield, conseguiu desafiar o moralismo exagerado das igrejas com maior sucesso. No século XIX, o dispensacionalismo de J. N. Darby representou outro esforço para combater o moralismo demasiadamente rigoroso. A lei era, assim, identificada como o modo de salvação na dispensação mosaica, enquanto o evangelho da graça era reconhecido ser o único modo de salvação na dispensação do NT. O resultado efetivo do dispensacionalismo foi o de ir em direção ao antinomismo, especialmente com o desenvolvimento de sua distinção entre Cristo como Salvador e como Senhor. Essa distinção, porém, é não só teoricamente antinomista, como tem, na verdade, levado à lassidão moral e a justificado nos meios cristãos.

Outra etapa fundamental no empenho de buscar equilibrar a lei e o evangelho está na obra de Karl Barth. Discorrendo sobre a questão de evangelho e lei, Barth argumenta uma unidade básica entre os dois. Concorda com o católico Hans Kung em que os reformadores haviam colocado a lei e o evangelho em grande oposição mútua. O amálgama de lei e evangelho feito por Barth o levou a concordar ainda com Kung de que a justificação pode ser tanto pela imputação quanto pela infusão da justiça de Cristo, resultando em transformação moral. Sua posição, ao rejeitar autoconscientemente o equilíbrio dado pela Reforma, move-se, todavia, em direção ao moralismo, embora haja afetado seriamente teólogos evangélicos, como Daniel Fuller (n. 1925).

A igreja de hoje precisa entender de um modo novo a doutrina biblicamente equilibrada sobre lei e evangelho ministrada pelos reformadores do século XVI e suas confissões e teologias, pois tal entendimento é fundamental para uma também equilibrada vida cristã.

(**W. R. Godfrey**, A.B., M.Div., M.A., Ph.D., professor de História da igreja do *Westminster Theological Seminary*, Califórnia, EUA.)

BIBLIOGRAFIA. W. Andersen, *Law and Gospel. A Study in Biblical Theology* (London, 1961); Karl Barth, *God, Grace and Gospel* (Edinburgh, 1959); C. H. Dodd, *Gospel and Law* (Cambridge, 1951); G. Ebeling, *Word and Faith* (London, 1963); H.-H. Esser, em *NIDNTT* II, p. 438-456; W. Gutbrod, em *TDNT* IV, p. 1059-91; E. F. Kevan, *The Grace of Law: A Study in Puritan Theology* (London, 1964); T. M. McDonough, *The Law and the Gospel in Luther* (Oxford, 1963); H. Thielicke, *The Evangelical Faith*, vols. 2-3 (Grand Rapids, MI, 1978, 1982); idem, *Theological Ethics*, vol. 1 (London, 1968); O. Weber, *Foundations of Dogmatics*, vol. 2 (Grand Rapids, MI, 1983).

LEI MORAL DA COLHEITA SEGUNDO A SEMEADURA

1. Declaração Geral. Paulo deixou bem claro que ... *aquilo que o homem semear, isso também ceifará* (Gl 6.7 ss.). E esse texto mostra-nos que essa *colheita* envolve até mesmo a questão da salvação eterna, a *grande colheita*, e não meramente a interação entre causa e efeito, que temos de enfrentar todos os dias. No entanto, uma coisa está ligada à outra. A lei da colheita segundo a semeadura labora contra o *antinomianismo* (vide), embora não favoreça ao *legalismo* (vide). Fica entendido, dentro do contexto paulino, que qualquer semeadura apropriada precisa ser efetuada no poder do Espírito, que cultiva em nós todas as virtudes espirituais (ver Gl 5.22,23). O homem, uma vez impelido no processo da transformação segundo a imagem do Filho (ver Rm 8.29; 2Co 3.18), de tal modo que virá a possuir toda a plenitude de Deus (ver Ef 3.19), ou seja, a natureza divina (ver 2Pe 1.4; Cl 2.10), dificilmente poderá realizar tais coisas exceto em e *através* do poder do Espírito Santo. Ver o artigo separado intitulado *Lei Espiritual, do Espírito*.

2. O Princípio do Julgamento. Todo julgamento depende das operações da lei da colheita segundo a semeadura. Cada indivíduo será julgado de acordo com as suas obras (ver Rm 2.6), e isso se aplica tanto ao crente quanto ao incrédulo. Ver os artigos sobre os julgamentos de ambos, sob os títulos: *Julgamento de Deus dos Homens Perdidos; Julgamento do Crente por Deus* e *Julgamento segundo as Obras*. O exame desses três artigos fornecerá ao leitor amplas ilustrações sobre a lei da colheita segundo a semeadura.

3. Metáfora Extraída da Vida Agrícola. Muitos dos leitores originais de Paulo eram agricultores. Em qualquer época da história, a agricultura reveste-se de importância suprema para a sustentação da vida dos homens. Todos aqueles que se ocupam nas lides agrícolas têm plena consciência de que só colhem aquilo que tiverem semeado. Também sabem que colhem a "espécie" plantada. Além disso, sabem que as plantações são atacadas e ameaçadas por ervas daninhas, pela seca e por pestes. Toda colheita abundante é resultante de uma semeadura abundante, e todo esse processo de plantio e colheita acompanha, necessariamente, as leis da natureza. No sentido espiritual, sempre é *Deus* quem faz progredir e multiplicar a colheita (1Co 3.7). A vida não é um jogo, embora muitos homens vivam como se ela o fosse. Embora a *graça* divina (vide) seja necessária para o avanço bem-sucedido de qualquer indivíduo, contudo, temos a responsabilidade de empregar nossos conhecimentos e nossas capacidades, a fim de distinguir o que é bom e o que é mau, e de tirar proveito das oportunidades, visando ao desenvolvimento espiritual de nossas almas, através do *uso* dos meios do crescimento espiritual. Esses meios são: o treinamento intelectual nos documentos sagrados e outros livros, que promovam um útil conhecimento e espiritualidade; a oração; a meditação; a santificação; a prática da lei do amor; as boas obras; a iluminação espiritual e o toque místico, com a possessão e a utilização dos dons espirituais.

Semeai um hábito, e colhereis um caráter.
Semeai um caráter, e colhereis um destino.
Semeai um destino, e colhereis... Deus.
(Prof. Huston Smith)

4. Algumas Características Dessa Lei. *a*. Ela atua segundo as obras de cada um (Rm 2.6). *b*. Ela está envolvida na questão das coroas e galardões (2Tm 4.8). Ver o artigo sobre as *Coroas*. *c*. Ela está vinculada ao tribunal do Cristo (2Co 5.10). *d*. Ela não ensina a estagnação após a morte biológica do crente. O crente haverá de compartilhar da plenitude de Deus (ver Ef 3.19), e simplesmente não conseguiria tal coisa, se lhe fosse tolhida a possibilidade de crescer, no outro lado da existência. A glorificação é um processo eterno, e não um acontecimento isolado, de um único instante. Os incrédulos também terão oportunidades no além túmulo (ver 1Pe 4.6), e uma restauração geral aguarda a criação, conforme está descrito no artigo com esse nome. Essas condições (glorificação e restauração) também dependem da lei da colheita segundo a semeadura, que assumirá um papel ainda de maiores dimensões, nos mundos eternos.

5. Uma Prova da Existência de Deus. Emanuel Kant alicerçava um argumento em prol da existência de Deus, sobre a necessidade que todos os homens têm de colher segundo o que tiverem semeado. De outro modo, teríamos de enfrentar um caos completo. A alma existe a fim de enfrentar — após a morte física — a recompensa ou o castigo que se faça mister. E Deus deve existir, visto ser ele o único que é suficientemente sábio, suficientemente poderoso para aplicar o castigo ou a recompensa apropriada.

6. A Certeza Dessa Lei. O trecho de Gálatas 6.7 adverte-nos a não nos deixarmos enganar quanto a essa questão. A lei da colheita segundo a semeadura realmente opera; de outra maneira, Deus seria sujeito à zombaria. O verbo grego envolvido nessa ação de zombar de Deus, isto é, *mukterízo*, significa, literalmente, "torcer o nariz". É absurdo pensar que poderíamos torcer o nariz, em atitude de desrespeito, escapando da lei universal da colheita segundo a semeadura. Hipócrates usou esse termo para indicar "hemorragia nasal. (ver *Epid.* 7,123). O gesto de andar de nariz emproado (sinal de arrogância), ou de torcer o nariz (sinal de desprezo), sob hipótese alguma pode ser feito (metaforicamente falando), no tocante ao Senhor. E isso porque a lei da colheita segundo a semeadura terá um pleno e cabal cumprimento na vida de todos os seres humanos.

"Ninguém pode usar de desonestidade para com Deus, porquanto ele conhece todos os pensamentos e intuitos do coração" (Rendall, comentando sobre Gl 6.7).

7. A Lei do Karma. Nas religiões orientais, encontramos uma vívida representação da lei da colheita segundo a semeadura, na doutrina do *karma*. Esse ensino supõe que tudo quanto um homem faz é inexoravelmente entesourado, levando-o a "encontrar-se consigo mesmo" em alguma outra reencarnação (vide), ou reencarnações. Alguns, que acreditam na lei do *karma*, nos termos ensinados por aquelas religiões orientais, acreditam que essa lei em nada contradiz a doutrina cristã da salvação pela graça divina, se a compreendermos no sentido de uma lei disciplinadora, que instrui os homens, até que eles encontrem a salvação em Jesus Cristo. De fato, não há muita diferença entre o *karma* e o ser julgado de acordo com as próprias obras, exceto que esse julgamento alude ao fim do processo, ao passo que a lei do *karma* fala sobre um processo que vai operando ao longo da vida do Indivíduo.

Outrossim, não podemos supor que as obras humanas, que criam um bom *karma*, sejam capazes de salvar a alma. Para tanto, já será mister a lei do Espírito, com o seu poder transformador. Não obstante, dizer *karma* e dizer *colher segundo a semeadura* são uma e a mesma coisa, se evitarmos certos abusos legalistas que a palavra *karma* envolve, para certas pessoas. O artigo separado que escrevi, acerca desse assunto, entra em maiores detalhes no tocante a essa crença. Alguns cristãos, além de outros, que aceitam tanto o *karma* quanto a reencarnação como descrições válidas do que realmente tem lugar na experiência humana, supõem que, em Cristo, todo *karma* é cancelado, diante do verdadeiro arrependimento, sendo precisamente aí que entra a graça de Deus. Em outras palavras, algumas pessoas supõem que o *karma* é a lei que opera antes de Cristo intervir em uma vida humana, mas que essa intervenção de Cristo a cancela. Mas, mesmo diante dessa hipótese, o julgamento dos crentes obedecerá a certa forma de *karma*. Em seu sentido oriental, o *karma* pode ser compreendido como uma espécie de aio, que conduz os homens a Cristo, tal como a lei mosaica o era para com os judeus. O *karma* forçaria os homens a buscarem outra solução possível, porquanto intermináveis semeaduras e colheitas jamais poderão salvar uma alma humana!

8. O Alvo Glorioso. O Novo Testamento ensina-nos a, esperança. É possível um ser humano tornar-se um *vencedor*, e então, entrar na glória resplendente do Senhor. Isso é exatamente o que nos garantiu a missão de Cristo, aquilo que é promovido pelo ministério do Espírito Santo.

Quando eu chegar ao fim do meu caminho,
Quando eu descansar no fim do dia da vida,
Quando 'Bem-vindo' eu ouvir Jesus dizer,
Oh, isso será a aurora para mim!
Quando, em sua beleza, eu vir o Grande Rei
Unido com seus remidos, para entoar seus louvores,
Quando eu unir a eles os meus tributos,
Oh, isso será a aurora para mim!
Aurora amanhã, aurora amanhã,
Aurora na glória, espera por mim;
Aurora amanhã, aurora amanhã,
Aurora com Jesus, pela eternidade.

(W.C. Poole)

A Visão Beatífica. A glória final dos remidos envolve muito mais do que meramente contemplar a Deus. Antes, ao contemplarem ao Senhor, os remidos serão transformados, de modo a compartilharem de sua natureza e de seus atributos (ver 2Pe 1.4). As visões transformam. Mas, visto que há uma infinidade com que os remidos serão enchidos, também deverá haver um enchimento infinito. Ver o artigo intitulado *Transformação Segundo a Imagem de Cristo*. Ver também sobre a *Visão Beatífica*.

LEI NO ANTIGO TESTAMENTO

I. Caracterização Geral. A lei nacional dos hebreus é conhecida como "lei de Moisés", visto que tanto a sua jurisprudência quanto o seu sistema de práticas rituais foram transmitidos através de Moisés, oriundos de Deus. Os livros sagrados originais dos hebreus, o *Pentateuco* (vide), durante milênios foram considerados essencialmente escritos por Moisés, embora não inteiramente. Mas a erudição moderna tem desafiado esse ponto de vista. Ver sobre o artigo *J.E.D.P. (S.)*, que procura dar ao leitor a essência da teoria de várias fontes originárias do Pentateuco. Mas, o que não devemos esquecer é que para os hebreus, como para a maioria dos povos antigos, dotados de leis formais, leis rituais e leis civis, a jurisprudência não se distinguia das leis religiosas.

Muitos estudiosos veem no Antigo Testamento um longo período de desenvolvimento da lei, um processo que continuou entre os hebreus mediante comentários, como o Talmude e outros documentos religiosos principais dos judeus. Os principais fatores envolvidos nessa evolução eram a interpretação, a promulgação e a força dos costumes. Quando a *Mishnah* (vide) foi compilada pelo rabino Judá, o Patriarca, tornou-se o guia da prática judaica no tocante a cada questão que afeta a religião e a lei. E a tarefa principal dos estudiosos judeus posteriores, conhecidos como *amoraim* (que floresceram entre 200 e 500 d.C.), consistia em interpretar a Mishnah e ajustá-la à vida contemporânea. O termo *amora* vem do verbo hebraico *amar*, "dizer", "falar". Esse era o título oficial dos mestres ou conferencistas judeus, que expunham a Mishnah, em uso desde a morte de Judá, o Patriarca (219 d.C.), até a compilação do Talmude Babilônico (500 d.C.). Visto que as condições econômicas, sociais e políticas na Palestina e na Babilônia (um dos centros da erudição judaica e de uma numerosa comunidade judaica) eram diferentes entre si, a lei e sua interpretação também diferiam quanto a muitos pontos, no Talmude Palestino e no Talmude Babilônico. Durante o período gaônico (700-1040 d.C.), o Talmude Babilônico tornou-se autoritário do que o Talmude Palestino, sempre que aparecia conflito entre os dois. E, a partir do século XI d.C., houve grande desenvolvimento das tradições hebreias nos países europeus, como Alemanha, Espanha, França e Itália, além da Turquia, países esses onde foram estabelecidos centros de erudição da diáspora (vide). Não obstante, as duas principais autoridades, para todos os judeus de todos os países e época, sempre foram o Antigo Testamento e o Talmude.

Poucos povos envolveram-se com a lei como os judeus, e a lei dos hebreus é a legislação mais completa que tem sido preservada desde os tempos antigos. O poder e a influência da lei dos hebreus têm sido muito vastos, especialmente por causa da Bíblia, com seu Antigo e Novo Testamentos, que têm sido traduzidos para tantos idiomas, tornando-se parte da cultura e da religião de inúmeros povos.

II. Torá e Outras Palavras Importantes

1. Torá. O principal vocábulo hebraico traduzido em português por "lei" é *tora*. Essa palavra aparece por nada menos de 220 vezes no Antigo Testamento. O sentido dessa palavra hebraica é mais abrangente do que nosso termo "lei", indicando a ideia de *instrução divina*. Esse vocábulo veio a tornar-se um dos títulos dos primeiros cinco livros do Antigo Testamento, também chamados *Pentateuco*. Os eruditos têm debatido sobre a etimologia da palavra *tora*. Está relacionada ao verbo hebraico *tora*, que significa "dirigir", "ensinar" ou "instruir". Sua raiz, *yrh*, está relacionada ao verbo *yara*, que significa "lançar", "atirar (dardos)", embora alguns duvidem disso. Outros estudiosos pensam que essa raiz está ligada a *goral*, "sorte", podendo dar a entender o lançamento de sortes, tendo em vista determinar qual o oráculo divino sobre esta ou aquela questão. Todavia, quase todos os eruditos rejeitam essa explicação. Ainda outros tem associado a palavra *tora* ao acádico *tertu*, "oráculo", o que também tem sido uma tentativa de explicação abandonada pela maioria dos estudiosos. Por isso, outros pensam que *tora* pode estar relacionada ao acádico *waru*, "guiar"; ou, então, ao árabe, *warra*, "mostrar". Seja como for, o uso da palavra *tora* mostra que havia associações com a ideia de "instruir". (Ver Jó 6.24; 8.10 e Pv 4.4). O substantivo "professor", no hebraico, é *moreh* (ver Pv 5.13), obviamente um termo cognato. Em Isaías 8.16-20 e Miqueias 4.2, encontramos a palavra *tora* usada em seu sentido lato de "instrução", instrução da parte de Deus. Desse modo, indica a totalidade da vontade revelada de Deus, com suas palavras, seus mandamentos, seus julgamentos, seus caminhos, seus preceitos etc. O Salmo 119 usa essa palavra no seu sentido mais amplo.

Na Septuaginta foi empregada a palavra grega *nómos* para traduzir o vocábulo hebraico *tora*. Essa palavra grega é útil para aludir aos documentos básicos da revelação divina. (Ver Lc 2.23,24; 10.26; Jo 1.17,45; Gl 3.17; Tg 2.10,11). Ou, então, para aludir ao *decálogo* (ver Rm 3.20). Entretanto, o vocábulo grego *nómos* é um termo de significação mais estreita que *tora*, não dando a ideia de instrução completa da parte de Deus. Contudo, também foi usado ocasionalmente para indicar a totalidade do Antigo Testamento (ver Jo 10.34; 12.34 e Rm 3.19). *Nómos*, usualmente, aparece no singular, confirmando a unidade do Antigo Testamento, nos dias de Paulo. Mas, deve-se notar que apesar de *tora* aludir obviamente às instruções divinas totais, também podia referir-se a alguma instrução em particular (ver Pv 3.1; 6.23; 7.2 e 13.14).

2. Dabar. Em Deuteronômio 4.13, encontramos as *dez palavras*, que algumas traduções têm traduzido como "Dez Mandamentos" (ver a nossa versão portuguesa). *Dabar* é palavra hebraica com muitos sentidos: mandamento, conselho, relatório, petição, razão, declaração etc. Também pode significar "oráculo" ou "revelação" (Jz 3.20). Para alguns eruditos, os *debarim* eram as leis sagradas, ao passo que os *mishpatim* eram as leis civis; mas essa distinção labora contra o ponto de vista dos hebreus sobre a qualidade sagrada de todos os aspectos da vida. Essa palavra, *dabar*, parece ter-se originado de uma raiz que significava "gravar". As *dez palavras* (ver Êx 32.16) foram esculpidas em tábuas de pedra. Porém o uso da palavra ultrapassa esse sentido original.

3. Mishpatim. Essa palavra refere-se a decisões e promulgações judiciais ou atos de julgamento, como os vereditos. Em um sentido abstrato, pode indicar "justiça", "direito", "privilégio". (Ver Gn 14.7; Dt 1.46; Nm 15.35). Em Números 11.16-25, temos a ideia de "decisões".

4. Tisvah. Essa palavra refere-se a um comando ou ordem. (Ver Êx 18.23; 27.20; Nm 5.2,8; Dt 6.2; Js 1.11).

5. Mitsvah. Esse vocábulo deriva-se da palavra anterior. É o substantivo que significa "ordem", "preceito". Aponta para mandamentos tanto divinos quanto humanos. (Ver 2Cr 8.14; Ne 13.5). Usualmente é palavra que se refere a alguma ordem definida, e não à lei genérica, embora também fosse usada como sinônimo virtual de *tora*.

III. Três Tipos de Lei. Os teólogos cristãos têm distinguido entre três tipos de lei, dentro do código mosaico. Essas são as leis *morais* (questões de bem e mal, que não se alteram com a passagem do tempo); as leis *cerimoniais* (os ritos que acompanhavam a legislação mosaica quanto aos preceitos que não envolviam questões morais, e que podiam ser alterados com a passagem do tempo); e as leis *civis* (os estatutos que governavam os cidadãos de Israel, questões *agrárias* etc., e que não tinham aplicação a povos fora da antiga nação de Israel, excetuando, talvez, como ideias sugestivas). O argumento dos teólogos cristãos, pois, é que os crentes estão na obrigação de observar somente os preceitos morais, ao passo que os outros tipos de leis tornaram-se obsoletos com a passagem do tempo.

Comentários Sobre Essa Divisão de Preceitos. **1**. É verdade que o Novo Testamento incorpora a lei moral em seus ensinamentos éticos; mas faz isso através da Lei Espiritual (vide). Porém, a lei moral do Antigo Testamento não é nem nosso guia e nem nosso impulsionador. Esses dois ofícios pertencem ao Espírito Santo (Rm 8.1 ss.). **2**. A lei moral cumpre-se na prática da lei do amor (ver Rm 13.9,10). **3**. A lei cerimonial inclui coisas que eram consideradas altamente obrigatórias e morais, como a circuncisão. Porém, o Novo Testamento descontinuou completamente essas cerimônias, que não fazem parte da prática cristã, embora elas simbolizem realidades espirituais. (Ver At 15). **4**. Essas distinções dentro das leis do código mosaico eram estranhas para o pensamento dos hebreus. Para eles, todas as leis envolviam um sentido moral. O Novo Testamento mostra que os fariseus sentiam que certos preceitos cerimoniais, incluindo aqueles que dizem respeito à lavagem de vasos, eram moralmente obrigatórios. (Ver Mc 7.4). **5**. Apesar de alguns teólogos cristãos sentirem que o decálogo inteiro (excluindo-se unicamente o sábado) é obrigatório para os cristãos, devendo ser aceito como um guia da conduta diária (uma ideia comum que se originou na Reforma Protestante), a verdade é que esse não é o ensino do Novo Testamento. O trecho de Romanos 14.5 *ss* ensina que a observância do dia de sábado não mais tem vigência entre os crentes cristãos, mas outras passagens paulinas removem completamente a lei, como medida justificadora ou poder santificador. Ver, para exemplificar, Romanos 3.10 ss. **6**. Os legalistas, entre os cristãos, têm substituído o sábado judaico pelo domingo cristão, para então reterem o resto da lei como guia e medida santificadora. No entanto, ambas as ideias são estranhas aos escritos de Paulo. A retenção do código legal, incluindo o quarto mandamento (a observância do dia de sábado, em qualquer de suas formas) é algo que pertence ao legalismo (vide) e não ao cristianismo paulino.

IV. Códigos Legais. A maioria dos eruditos modernos não acredita que a legislação mosaica inteira tenha se originado ao mesmo tempo, como também não acredita que tenha tido começo na mesma época e com base nas mesmas fontes informativas. Antes, eles veem nessa legislação um processo evolutivo, que teria envolvido até mesmo alguma codificação regional. Temos essas questões abordadas em um artigo separado, intitulado *Lei, Códigos da Bíblia*.

V. A Lei e as Alianças. Alguns teólogos têm argumentado vigorosamente contra a ideia de que a lei mosaica estivesse ligada a alguma aliança. O raciocínio deles é que uma aliança é um pacto ou *acordo* entre dois partidos ou mais, cada qual com condições a serem cumpridas, a fim de que o acordo seja cumprido. Uma aliança, pois, diz que se certas condições forem cumpridas, *então* certos benefícios resultarão daí. Apesar de haver algum mérito nessa explicação, o próprio Moisés disse: *Se um homem cumprir esses mandamentos, por eles viverá*. (Ver Lv 18.5). Em contraste com essa maneira de pensar, temos uma elaborada descrição do pacto *mosaico*, na *Bíblia Anotada de Scofeld*, em Êxodo 20. O pacto mosaico, ali, ocupa seu lugar entre outros sete pactos, a saber: edênico (Gn 1.28); adâmico (Gn 3.15); noaico (Gn 9.1); abraâmico (Gn 15.18); palestino (Dt 30.3); davídico (2Sm 7.16); e novo (Hb 8.8). Ver o artigo sobre os *Pactos*, que fornece maiores descrições a respeito. No tocante ao *Pacto Mosaico*, Scofield disse o seguinte:

"*O Pacto Mosaico*. 1. Foi dado a Israel; 2. Em três divisões, cada qual essencial às outras e formando juntas o pacto mosaico, a saber: a. Os *mandamentos*, que expressam a reta vontade de Deus (Êx 20.1-26); b. Os *juízes*, que governam a vida social de Israel (Êx 24.12—31.18). Esses elementos formam *a lei*, conforme essa expressão geralmente é usada no Novo Testamento (por exemplo, em Mt 5.17,18). Os *mandamentos* eram um *ministério da condenação* e da *morte* (2Co 3.7-9); c. as *ordenanças* davam, na pessoa do sumo sacerdote, um representante do povo diante de Yahweh; e nos sacrifícios havia *cobertura* (ver sobre a expiação; Lv 16.6) para os pecados deles em antecipação à cruz (Hb 5.1-3; 9.6-9; Rm 3.25,26). O crente não vive sob o pacto mosaico condicional das obras, a lei, mas está sob a nova aliança incondicional da graça (Rm 3.21-27; 6.14,15; Gl 2.16; 3.10-14, 16-18; 4.21-31; Hb 10.11-17). Ver também sobre o *novo pacto* (Hb 8.8)".

A lei mosaica foi dada dentro do arcabouço do pacto sinaítico, que também fez parte das negociações entre Deus e seu povo de Israel. Apesar de sua natureza legalista, tinha sua origem na graça de Deus, que escolhera Israel, em seu amor (Êx 19.4,5). A própria lei é um dom da graça, porquanto teve um importante serviço espiritual a realizar. Deus ordenou que Moisés guardasse as tábuas das Dez Palavras dentro da arca da aliança (ver Dt 10.2). Assim, apesar de não servir de meio para obtenção da graça divina, a lei originou-se na graça, como uma de suas inspirações.

O trecho de Êxodo 19.5,6 situa bem definidamente a lei dentro do contexto da *aliança* que Deus estabeleceu com Israel. Essa aliança alicerça-se sobre a obediência por parte do povo de Israel, oferecendo a promessa de que esse povo seria possessão especial e povo de Deus à face da terra. Eles haveriam de ser um reino de sacerdotes e uma nação santa.

VI. A Lei Antes e Depois de Moisés

1. A Lei Antes de Moisés. *a. Provisões já existentes*. É um erro esperar total originalidade por parte da lei mosaica. De fato, o confronto com outros códigos antigos, especialmente o de Hamurabi, mostra-nos claramente que grande parte da legislação mosaica já existia nas leis de povos relacionados aos hebreus. Além disso, o conceito de lei como um dom *divino*, dado por intermédio dos profetas e de poderosos líderes nacionais, era um conceito comum desde antes da época de Moisés. *b. Arcabouço bíblico*. A arqueologia tem demonstrado que muitas das leis e muitos dos costumes do período dos patriarcas da história do Antigo Testamento também eram compartilhados por outros semitas. A Bíblia contém as alianças edênica, adâmica e abraâmica, e cada uma delas tem algo que foi incorporado à filosofia do pacto mosaico. A aliança firmada com Noé contém vários mandamentos explícitos (ver Gn 9.1-7). O conceito da lei divina, dado ao homem, já fazia parte do relato sobre o jardim do Éden, onde se esperava que o homem obedecesse às exigências impostas por Deus. (Ver Gn 1.26,27). E também havia proibições espirituais (ver Gn 2.16,17). *c*. Paulo tirou proveito da falta de uma lei formal, nos dias patriarcais, a fim de ensinar que, naqueles tempos, os princípios da graça e da fé eram os princípios dominantes. A isso, pois, foi *adicionada* a lei de Moisés, que não poderia anular o pacto anteriormente existente. Por semelhante modo, o *Novo Testamento* foi estabelecido *sem lei*. (Ver Gn 3.10 ss). Os gentios, por conseguinte, que nunca estiveram debaixo da lei mosaica, podiam participar das promessas feitas a Abraão, que recebeu aquelas promessas sem qualquer legislação, ou qualquer coisa parecida (ver Gl 3.14). Portanto, Paulo aproveitou-se dessa ausência de legislação formal para conferir esperança aos gentios, que, assim sendo, podem herdar as promessas feitas a Abraão, e isso por operação do Espírito de Deus, mediante a fé (ver Gl 3.15). Desnecessário é dizer que os judeus devem ter ficado horrorizados diante desse argumento, mas o fato é que nada há de errado nesse argumento, que se tornou o ensino cristão e neotestamentário, e isso remove de cena a lei, como base de qualquer ensinamento a respeito da justificação e da salvação.

2. A Lei de Moisés. A lei entrou em pleno vigor nos dias do ministério de Moisés. Conforme foi dito acima, sabemos que muitas de suas provisões já estavam em vigor, tanto entre os israelitas quanto entre outros povos semitas. Não obstante, a codificação e a autoridade maior da lei vieram juntamente com Moisés. E, então, a lei tornou-se parte integrante do pacto mosaico, o que, em um sentido especial, distinguiu o povo de Israel de todos os outros povos da terra. O início da era dos reis (a monarquia unida e depois as duas monarquias, do norte e do sul) em nada modificou a questão. O rei passou a ser o supremo juiz e aplicador da lei (2Sm 15.2-6). Contudo, ele mesmo estava sujeito à lei. Os sacerdotes continuaram a desempenhar importante papel na observância da lei — mormente em seu aspecto cerimonial — e também com poderes que garantiam a compreensão espiritual e a prática diária da lei. A tarefa deles consistia em interpretar e em fazer a lei entrar em vigor. (Ver Dt 33.10; Os 4.6; Jr 5.4 ss). Os profetas surgiram, então, em cena, a fim de reforçar essa condição, pregando contra os lapsos morais e religiosos de Israel. Os profetas ensinavam a autoridade da lei (ver Os 4.1 ss.; 9.12; Jr 11.1 ss.; Ez 22.1 ss.). Criticavam a observância meramente formal e ritualista, estéril quanto a qualquer cometimento moral (ver Am 5.21 ss.; Os 6.6; Mq 6.6 ss.; Is 1.11 ss.; Jr 7.21 ss.). Reconhecendo a necessidade de transformação moral, e não de mera obediência externa a preceitos, os profetas enfatizaram que Deus olha para o *coração* (ver Jr 4.4). Isso posto, houve uma antecipação de que a lei mosaica seria ultrapassada na pessoa do Messias (ver Jr 3.16; 31.31 ss.; Zc 14.20,21). Mas isso não quer dizer que tenha sido antecipada qualquer doutrina paulina expressa.

Os profetas que previram os dois exílios (o assírio e o babilônico) culparam o povo de Israel por sua desobediência à lei, como a causa principal desses exílios. E os repatriados do cativeiro babilônico concordaram com essa opinião, e assim, resolveram renovar a obediência à lei e restaurar a antiga fé como um meio de impedir quaisquer calamidades nacionais posteriores. Essa é a atitude prevalente na literatura judaica do período intertestamental, nos livros apócrifos e pseudepígrafos. A seita dos fariseus desenvolveu-se nesse período como uma espécie de seita ultraconservadora, que começou a fazer adições à lei e a exagerar suas proibições. Jesus e os seus apóstolos tiveram de abordar esses exageros, e o concílio de Jerusalém (At 15) rejeitou esse radicalismo. A teologia paulina anulou a antiga compreensão judaica sobre a lei, quanto às suas funções justificadoras e santificadoras, e essa teologia foi aceita por grandes segmentos da igreja. Ver o artigo intitulado Lei no Novo Testamento, acerca de como a lei fora tratada por Jesus e pelos seus apóstolos.

VII. Princípios e Propósitos: Complexidade das Provisões da Lei. 1. Uma parte integral do pacto mosaico. Abordamos essa questão na seção quinta. A lei foi adicionada a fim de emprestar poder e substância ao pacto de Deus com Moisés, através do qual pudesse nascer uma nova nação, um povo mais espiritualizado, que se tornasse o veículo transmissor da mensagem espiritual ao mundo inteiro. **2.** *A dispensação da lei tinha por escopo continuar a evolução do propósito divino em relação aos homens.* Ela assumiu lugar entre os outros grandes movimentos ou dispensações. Ver sobre *Pactos* e sobre *Dispensações* (*Dispensacionalismo*). De acordo com alguns teólogos cristãos, seu propósito era fracassar, mas, nesse fracasso, demonstrar que o homem não é capaz de obedecer à lei de Deus, e assim, teria de haver uma provisão da *graça*, se o homem tiver de obter a salvação de sua alma. **3.** *A lei visava à revelação da vontade divina*, no tocante ao que quer para que os homens sejam santos. **4.** *Também tinha por intuito mostrar os juízos justos que sobrevêm aos homens, quando teimam em mostrar-se desobedientes à vontade de Deus.* (Ver Dt 24.16). **5.** Por igual modo, a lei provia uma base para uma *vida material mais próspera*. Muito provavelmente esse é o sentido de Levítico 18.5.

O judaísmo posterior e o cristianismo aplicaram isso à *vida eterna* (a vida da alma). **6. Jurisprudência geral.** A lei não considerava somente a questão de obedecer a Deus e prosperar, material e espiritualmente. A lei também era um elaborado código de jurisprudência, que abordava todos os aspectos da vida. Quanto a uma ilustração sobre isso, ver o artigo separado sobre a *Lei Agrícola*. Ver o sétimo ponto desse artigo, quanto a abundantes ilustrações de jurisprudência geral. **7. Regulamentos específicos** que ilustram o ponto sexto, acima: *Acerca de pessoas: a.* Acerca dos pais e filhos (Êx 21.15,17; Lv 20.9; Dt 21.18-21; Nm 27.6-7; 30.3-5). *b.* Acerca de marido e mulher (Nm 30.6-15; 30.9; Dt 24.5). *c.* Acerca de matrimônio e divórcio (Lv 18.1 ss.; Dt 21.1 ss.; 22.13-31; 24.1-4; Êx 21.7-9). *d.* Acerca da descendência e dos direitos das viúvas (Dt 25.5-10). *e.* Acerca de senhores e escravos (Êx 21.20,26,27; Dt 15.12-18; 23.15; Lv 25.10,47-54). *f.* Acerca dos estrangeiros em Israel (Êx 22.21; Lv 19.33,34). *Acerca de coisas: a.* Sobre as propriedades e possessões (Lv 25.23; 25.25-28, 29,30; 23.22 e Dt 25.19-21; Lv 25.31-34; 25.14-39; Êx, 21.19; 22.9; cada uma dessas unidades de versículos, embora repetitiva, indica algum tipo de provisão). *b.* Sobre as dívidas (Dt 15.1-11; Êx 22.25-27; Dt 23.19,20; 24.6,10-13,17,18). *c.* Sobre taxações e impostos (Êx 30.12-16). *d.* Sobre despojos de guerra (Nm 31.26 ss.). *e.* Sobre os dízimos e os pobres. Ver o artigo separado intitulado *Dízimos*. No tocante à provisão dos pobres, (ver Lv 19.9,10; Dt 24.19-22; 23.24,25). *f.* Sobre os salários (Dt 23.24,25). *Acerca de leis criminais: a.* Ofensas contra Deus: crimes religiosos (Êx 22.20; Dt 13; 17.2-5; Êx 22.18; Dt 18.9-22; Lv 19.31; 24.15,16; Nm 15.32-36). *b.* Ofensas contra o homem (Êx 21.15,17; Lv 20.9; Dt 21.18-21; 1Rs 21.10-14; 2Cr 24.21; Êx 21.12,14; Dt 19.11-13; Êx 21.22,28-30; Nm 35.9-28; Dt 4.41-43; 19.4-10; 21.1-9; 22.22-27; *Êx* 22.16; Dt 22.28,29; Êx 22.1-4; 22.5-15; 23.6-9; Dt 19.16-21; Êx 23.4 ss.; Dt 22.1-4; Lv: 24.18; Êx 21.18,19,22-25; Lv 24.19,20). Cada referência fala sobre um tipo específico de ofensa, e sobre aquilo que a lei requer em tais casos.

VIII. Confronto com o Código de Hamurabi e Outros Códigos Antigos. Ver o artigo separado sobre *Hamurabi, Código* de. Este artigo expõe muitas comparações entre a legislação mosaica e esse famoso código babilônico. Os estudiosos reconhecem que vários códigos são muito similares a preceitos mosaicos. O exemplo clássico a esse respeito, usado pelos eruditos, é o código de Hamurabi (vide). No entanto, o código de Hamurabi, dentro da história, foi de feitura comparativamente recente. As escavações arqueológicas, feitas nos últimos cinquenta anos, muito têm feito para lançar luz sobre a questão. Códigos sumérios, babilônicos, assírios, hititas e cananeus continham muito material similar. O código de Hamurabi data de cerca de 1700 a.C., mas há outros bem mais antigos. Parece que houve um desenvolvimento antiquíssimo de leis, entre os semitas. Finalmente, isso se generalizou entre vários ramos dos povos semitas, naturalmente com modificações, adições e subtrações, embora muitas leis comuns tivessem sido preservadas no processo. Outro tanto pode ser dito acerca da religião dos semitas, onde aparecem histórias da criação e do dilúvio, obviamente relacionadas ao relato bíblico. O código de Esnuna antecede ao de Hamurabi por quase dois séculos. Notável é a provisão concernente às divisões de bois após algum combate fatal entre esses animais (cf. Êx 21.35). Além dos códigos, há antigos tabletes babilônicos e assírios de Canis, na Capadócia (século XIX a.C.), com alguns paralelos no Antigo Testamento. Além disso, muito material similar foi encontrado em Nuzu, perto da moderna cidade de Quircuque, onde também há muitos paralelos com preceitos do Antigo Testamento. Mais material ainda procede de Assur, às margens do rio Tigre, da época de Tiglate-Pileser (cerca de 1110 a.C.). Anteriores a esses códigos, por dois séculos, havia as leis dos hititas (chamados "heteus" em nossa versão portuguesa da Bíblia). Apesar de alguns eruditos muito se terem esforçado por demonstrar diferenças entre esses antigos códices e o código de Moisés, esses esforços erram inteiramente o ponto. Nem por isso, porém, devemos pensar que Moisés simplesmente aproveitou as leis de outros povos (mediante tal ação, dificilmente poder-se-ia dizer que ele recebeu revelações da parte de Deus). Antes, o que devemos observar aqui são as óbvias similaridades que indicam que havia um fundo comum de leis que os povos semitas possuíam. Cada ramo semita, pois, adotou alguma porção dessa legislação. Deve-se notar que, em todos os códigos antigos, são levados em conta os poderes divinos. O princípio da inspiração divina da lei era a crença virtualmente padrão entre os povos antigos.

Os Dez Mandamentos, pois, são o âmago da legislação mosaica, e uma parte desses mandamentos tem tido aplicação e influência universais. Existe um artigo separado sobre o assunto, com esse título.

BIBLIOGRAFIA. ALB B BRI ND OES(1945) PF PFE UN VA YO Z.

LEI ORAL

Antes da composição da Lei de Moisés, é suposto que uma forma *oral*, que continha o conteúdo essencial da Lei Escrita. Uma comparação da lei hebraica com as leis dos outros povos semitas, certamente, implica a verdade desta suposição. Este fato não anula a inspiração, mas, obviamente, nos indica que nada veio a existir num vazio. Eruditos liberais têm a tendência de dar datas relativamente recentes para o *Pentateuco*. Ver sobre a teoria J.E.D.P. (S.). Se eles têm razão, então, a tradição oral existia muito tempo antes da forma escrita da mesma.

Talmude (Mishna). Outro uso do termo é aquele que se relaciona com a lei oral, alternativa, e contemporânea com a lei escrita. A tradição é que Deus deu esta lei paralela (oral) a Moises; ele a transmitiu para Josué, para os presbíteros e líderes principais do povo; estes, para os profetas, e finalmente, a tradição chegou aos oficiais da Grande Sinagoga. Supostamente, então, a substância desta tradição foi compilada numa forma escrita no Talmude. Os fariseus defendiam esta tradição, mas os saduceus a rejeitaram, utilizando o Pentateuco escrito como sua única autoridade.

LEI, USOS DA

Romanos 7.7: *Que diremos pois? É a lei pecado? De modo nenhum. Contudo, eu não conheci o pecado senão pela lei; porque eu não conheceria a concupiscência, se a lei não dissesse: Não cobiçarás.*

Os Usos da Lei; O que Ela Tenta Fazer; O que Ela Faz. **1**. Romanos 7.7 procura ensinar-nos a natureza do pecado, proibindo-o. **2**. O trecho de Romanos 3.20 é similar: através da lei obtemos o pleno conhecimento do pecado. **3**. Romanos 5.20: mas a lei só serviu para conferir novas forças ao pecado, fazendo-o abundar. A lei aumenta a atração que o pecado exerce sobre os homens. **4**. A lei confere ao pecado as forças para matar espiritual e fisicamente (ver 1Co 15.56 e Rm 7.10). **5**. A lei promete a vida, mas somente engana os homens, no que diz respeito a essa promessa (ver Gl 3.12 e Rm 7.11). **6**. Portanto, a lei era o ministério da morte (ver 2Co 3.7). **7**. Serviu para guiar os homens, conduzindo-os a Cristo, mostrando-lhes a necessidade que dele tinham (ver Gl 3.24).

Matthew Henry (*in loc.*) comenta sobre os efeitos prejudiciais da lei, especialmente devido ao fato de que retrata perante nós, com tanta clareza, a profundidade de nossa natureza pecaminosa. Se tal revelação, entretanto, tiver o dom de nos conduzir a Cristo, então poderíamos dizer verdadeiramente que a lei nos serve de "aio", conduzindo-nos a Cristo. Essa é uma função da lei, porém, que não é diretamente considerada nesta passagem, ainda que fique subentendida, porquanto o apóstolo Paulo procurava mostrar como a lei, em si mesma, não nos ajuda, a não ser para nos levar ao ponto do desespero, forçando-nos a buscar aquilo que possa fazer por nós o que está fora do alcance da mesma. Diz esse citado autor, pois: "O versículo sétimo mostra-nos o desvendamento. A lei desvenda diretamente aquilo que está torto, tal como um espelho nos mostra nosso rosto natural, com todas as suas manchas e deformações; assim também não há maneira de chegarmos àquele conhecimento do pecado, que é necessário para o arrependimento e, consequentemente, para a paz e o perdão, senão comparando a nossa vida e o nosso coração com a lei. Particularmente, Paulo chegou ao conhecimento da pecaminosidade da cobiça através do décimo mandamento da lei, pois a lei falava em outra linguagem, diferente daquela que os escribas e fariseus faziam-na falar, pois falava em sentido e tonalidade espirituais. Por meio disso, ele veio a reconhecer que a cobiça (o desejo desordenado) é pecado, e extremamente pecaminosa; que aqueles movimentos e anelos do coração, para com o pecado, embora tais anelos nunca houvessem produzido ações, são pecaminosos, excessivamente pecaminosos, em si mesmos. Nada existe sobre o que o homem natural seja mais cego do que acerca de sua corrupção original, a respeito do que o seu entendimento se encontra em trevas as mais totais, até que o Espírito Santo comece a iluminá-lo através da lei, tornando assim reconhecida tal corrupção. Nunca vemos o veneno e a malignidade desesperadores que existem no pecado, até que nos chegamos a comparar com a lei, com a natureza espiritual da lei, e é então que percebemos que o pecado é algo maligno e amargo".

LEÍ

No hebraico, **"maxilar"**. (Ver Jz 15.9,14,19). Essa palavra aponta para uma localidade desconhecida, no território de Judá. Foi ali que Sansão matou mil filisteus, utilizando-se do maxilar de um asno. Talvez essa cidade ficasse localizada entre Zorá e Timna, na região de Bete-Semes. F.F. Bruce identificou-a com Khirbet es-Syyaj, as ruínas da antiga Siyyah. Mas outros estudiosos opinam que nenhuma identificação até agora feita é segura. Seja como for, foi o local onde Sansão exibiu um de seus prodígios de força física, por atuação do Espírito de Deus sobre ele. Ele fora amarrado e entregue aos filisteus, por seus próprios conterrâneos danitas. Os danitas haviam-no entregue aos filisteus, a fim de evitarem retaliações, da parte destes, devido a outras matanças causadas por Sansão. Porém, ele rompeu as cordas que o amarravam, apossou-se de um maxilar de jumento, e matou mil filisteus com grande facilidade.

LEITE

1. As Palavras Envolvidas. O termo hebraico é *halab*; o termo grego é *gala*. A palavra aparece no Antigo Testamento por cerca de quarenta vezes; e no Novo Testamento, por cinco vezes (1Co 3.2; 9.7; Hb 4.12,13; 1Pe 2.2). Esse termo é usado tanto literalmente, para indicar o leite de animais e o leite humano, quanto figuradamente.

2. Exemplos de Referências no Antigo Testamento. (Gn 18.8; 49.12; Êx 3.8,17; 13.5; 23.19; 33.3; 34.26; Lv 20.24; Nm 13.27; Dt 6.3; 11.9; 14.21; Js 5.1,12; Jz 4.19; Jó 10.10; Pv 27.27; Ct 4.11; 5.1,12; Is 7.22; 28.9; 60.16; Jr 11.5; Lm 4.7; Ez 20.6; Jl 3.18).

3. Um Item da Dieta de Israel. O leite era um elemento importante da alimentação da nação de Israel, até onde recuam nossas fontes informativas. Os produtos derivados do leite também eram muito importantes. Era consumido leite de vaca ou ovelhas (Dt 32.14; Is 7.22), de cabras (Pv 27.27), e, talvez, até de camelas (Gn 32.15). Leite era oferecido a recém-chegados, como bebida reconfortante (Gn 18.8), e era bebido às refeições (Ez 25.4). Algumas vezes, era misturado com mel ou com vinho (Gn 49.12; Is 55.1; Jl 3.18). Com base nessa circunstância é que surgiram certos usos metafóricos do leite, o que discutimos mais abaixo.

O leite era usado na arte culinária. Porém, não era permitido usar o leite de uma cabra para cozinhar seu cabrito (ver Êx 23.18; Dt 14.21). Com base nessa proibição, havia uma outra ainda mais ampla. As leis dietéticas dos judeus não permitiam que se usasse carne e leite como parte de uma mesma refeição. Os judeus ortodoxos mostram-se tão exigentes quanto a isso, que nem mesmo usam o mesmo equipamento para o preparo de pratos com carne e de pratos com produtos lácteos. Provavelmente, a proibição original era de natureza meramente psicológica. Se alguém matar um cabrito para comê-lo, não parece correto, de alguma maneira, cozinhá-lo no leite de sua própria mãe! Essa proibição parece remontar a um costume cananeu, tendo sido adotado pela sociedade judaica ou, então, a regra apareceu entre os próprios israelitas.

A palavra hebraica *hemah* parece referir-se tanto à manteiga quanto à coalhada, como também a queijos. A coalhada, depois do pão, continua sendo o alimento principal das classes mais pobres da Arábia e da Síria. Abraão ofereceu coalhada aos anjos (ver Gn 18.8). E o trecho de Isaías 7.22 menciona a manteiga.

4. Usos Metafóricos e do Novo Testamento. ***a. Leite e mel*** são, frequentemente, combinados na linguagem do Antigo Testamento. (Ver Êx 3.8,17; 33.3; Lv 20.24; Nm 13.27; 14.8; 16.13; Dt 6.3; 11.9; Js 5.6; Jr 11.5). Essa lista é apenas representativa, e não completa. Segundo já pudemos notar, o leite era misturado com mel, como uma bebida. Mas, metaforicamente, essa expressão, "leite e mel", indica *abundância*. A Palestina é descrita por várias vezes como terra em que fluía leite e mel, e, portanto, uma terra caracterizada por muita abundância. ***b***. Leite e mel, *debaixo da língua*, indica a doce conversação com um ente amado (Ct 5.1). ***c***. O comentário de Kimchi, sobre Isaías 45.1, fez com que o leite, devido às suas qualidades *alimentícias*, refira-se à *lei*, que nutre a alma. O trecho de 1Pedro 2.2 diz algo similar, embora aludindo à palavra de Deus, conforme a mesma está contida na revelação cristã. Os crentes devem desejar esse alimento espiritual, da mesma forma que um infante deseja o leite materno. ***d***. Em 1Coríntios 3.2, a ideia de nutrição recebe um aspecto diferente, no que diz respeito ao leite. Os bebês é que desejam e precisam de leite. Mas os adultos precisam e desejam a nutrição oferecida por alimentos sólidos. Essas instruções paulinas indicam que devemos crescer, sempre aprendendo e desenvolvendo-nos, não nos satisfazendo com as coisas elementares da fé cristã e da espiritualidade. Os crentes maduros não agem como bebês, entregando-se a suspeitas e contendas com outros, em perturbações que só mostram a imaturidade espiritual de quem assim age. ***e***. O trecho de Hebreus 5.12,15 tem um uso semelhante ao de Paulo em 1Coríntios, fazendo o leite referir-se aos "princípios elementares" da fé, que os crentes imaturos vivem desejando. Em distinção a isso, o alimento sólido é para os crentes maduros, cujas faculdades espirituais estão devidamente treinadas mediante a prática, capacitando-os a distinguir entre o que é bom e o que é mau. A palavra da justiça é o alimento sólido do qual o crente precisa. Os aprendizes preferem o leite, mais fácil de digerir. Os mestres cristãos, porém, não se satisfazem senão com a dieta de alimentos sólidos. ***f***. Leite, em sonhos e visões, pode simbolizar nutrição e abundância, embora também possa indicar o sêmen e os poderes reprodutivos.

LEITE E MEL. Ver sobre o *Leite*, ponto 4.a.

LEITO

No hebraico, *yatsua*, "leito". Palavra usada por cinco vezes (1Cr 5.1; Jó 17.13; Sl 63.6; 132.3 e Gn 49.4). Na referência de Gênesis, lemos que Rúben perdeu o precioso direito de primogenitura por haver cometido grave pecado sexual, o que é reiterado na referência de 1Coríntios. Em Salmo 63.6, Davi registra como se lembrava do Senhor, mesmo descansando em seu leito. Em Salmo 132.3, Davi vota que não descansaria em seu leito enquanto não encontrasse um lugar apropriado para a construção do templo, em Jerusalém. Ver o artigo geral intitulado *Cama*.

LEMUEL

No hebraico, **"devotado a Deus"**. Esse é o nome de uma pessoa a quem foram dirigidos os provérbios que se encontram em 31.1,19 desse livro. Ele teria sido um rei — para nós desconhecido — a quem sua mãe dirigiu esses conselhos. Porém, os estudiosos mais antigos acham que estava em vista a pessoa de Salomão. Outros eruditos, no entanto, dizem que devemos pensar no rei Ezequias, conforme pensavam Eichhorne, Ewald e alguns outros. Ainda outros afirmam que está em foco uma personagem inteiramente desconhecida, pensando que *Lemuel* é apenas uma apelação poética de um rei imaginário, por meio de quem as máximas em questão podem ser aplicadas a todos os monarcas. Seja como for, as máximas dizem respeito a um bom governo, advertindo contra os excessos do sexo e do vinho.

LENÇOL

Essa é a tradução portuguesa, em algumas versões, do termo hebraico *sadin*, "vestes ou panos de linho" (conforme se vê em Jz 14.12,13), ou, então, do termo grego *othóne*, "pano de linho", que figura na visão de Pedro, em Jope (At 10.11; 11.5). No caso que envolveu Pedro, a ocasião disse respeito à inclusão de crentes gentios na igreja, como membros plenos da nova fé. Embora isso estivesse predito desde o Antigo Testamento, a plena aceitação de crentes gentios na comunidade religiosa judaica constituiu um ato revolucionário. Tanto isso é verdade que o apóstolo Pedro só aceitou a ideia mediante uma revelação direta.

LENTILHAS

No hebraico, *adashim* (Gn 25.34; 2Sm 17.28; 23.11 e Ez 4.9). A lentilha é uma leguminosa cultivada, pertencente à família da ervilha. Nos mercados da Palestina, lentilhas vermelhas continuam sendo vendidas como a melhor de suas variedades. Muitas pessoas da atualidade, que as têm experimentado, afirmam que seriam uma refeição atrativa para algum caçador cansado (ver Gn 25.29,34). De fato, dizem que Esaú teve uma tentação razoável. O trecho de 2Samuel 23.11 menciona um terreno cheio de lentilhas, e até hoje a lentilha é bastante cultivada na terra santa. O trecho de Ezequiel 4.9 mostra-nos que os pobres faziam pães de lentilhas. Em alguns países de maioria católica romana, esse alimento é usado durante a quaresma (vide). Alguns supõem, com base nessa circunstância, que o nome inglês da quaresma, *lent*, vem de "lentilha". A verdade porém, é que esse vocábulo inglês deriva-se do inglês antigo *lencten*, "primavera", o tempo do ano em que a quaresma era e continua sendo observada.

A lentilha era cortada e esmagada, como o trigo, reduzindo-se a uma espécie de farinha, mas também podia ser comida cozida, como os feijões ou as ervilhas. Até hoje, fazem-se assados ou sopas avermelhadas, de lentilhas, e as pessoas gostam de temperar esses pratos com bastante alho.

Aparência. A planta da lentilha produz uma pequena flor branca e violeta, produzindo uma espécie de ervilha doce. Depois forma-se uma vagem pequena e achatada. Dentro das vagens aparecem as lentilhas. As lentilhas são pequenas lentes convexas, o que explica o termo português "lentilha", ou "lente pequena". Quando elas são cozidas, ficam da cor do chocolate, uma coloração que, no Oriente, é considerada vermelha.

LENTISCO

A forma grega dessa palavra é *schinon*. Não há qualquer referência veterotestamentária a essa palavra, embora ela apareça no livro apócrifo de Susana (54). Está em vista a espécie vegetal *Pistacia lentiscus*. Trata-se de uma árvore que exsuda uma goma do tronco, quando o mesmo é golpeado. Esse produto chama-se *mástique*. Tem cor branca amarelada, sendo usado como base de um verniz. A planta é um arbusto sempre verde, que pode chegar a mais de seis metros de altura.

LEOPARDO

No hebraico, *namer* (ver Ct 4.8; Is 11.6; Jr 5.6; 13.23; Os 13.7 e Hc 1.8); a forma *nemar* aparece em Daniel 7.6. No grego, *párdalis*, que ocorre somente em Apocalipse 13.2.

O leopardo é um grande felino, com manchas arredondadas pelo corpo, pertencente à família do leão. Seu nome científico é *Panthera pardus*. É carnívoro, e faz presa de qualquer animal que possa, embora sua predileção seja o cão. No entanto, na linguagem popular, o termo "leopardo" indica certa variedade de felinos de pele manchada, o que também se dava com o animal que, em hebraico, chamava-se *namer*. É simplesmente impossível determinar a espécie exata citada em cada referência bíblica. O trecho de Jeremias 13.23 dá-nos a alusão mais bem conhecida a esse animal, em toda a Bíblia: *Pode acaso o etíope mudar a sua pele, ou o leopardo as suas manchas? Então poderíeis fazer o bem, estando acostumados a fazer o mal?* Esse uso é metafórico, como todos os demais usos da palavra nas Escrituras. A espécie *Felis chaus* continua sendo encontrada nos bosques da Palestina, especialmente na Galileia. Mas o verdadeiro leopardo provavelmente desapareceu de Israel, embora continue sendo ocasionalmente avistado nos países que fazem fronteira com Israel. Um deles foi morto e fotografado no *wadi* Darejah, na Jordânia, em outubro de 1964; três meses mais tarde, um outro foi morto a tiros na Galileia, e ainda um outro foi visto em Darejah, cerca de um ano depois. Isso posto, é possível que esse animal, à beira da extinção naquelas regiões, ainda persista em Israel. Suas dimensões variam muito, mas pode-se dizer que, incluindo a cauda, seu comprimento vai de 1,80 m a 2,30 m.

O leopardo caça boa variedade de presas, incluindo antílopes, veados e animais menores, inclusive aves. Os trechos de Jeremias 5.6 e Oseias 13.7 referem-se ao leopardo em conexão com seus hábitos predadores. O leopardo é bem conhecido por causa de sua agilidade e velocidade, o que é mencionado em Habacuque 1.8. Seu couro sempre foi muito procurado para o fabrico de tapetes, envoltórios de selas e vários outros itens de couro. Peles de leopardo eram usadas como parte das vestes cerimoniais, por membros do sacerdócio egípcio. Esse animal é retratado nos cortejos de nações tributárias, sujeitas ao Egito.

Usos figurados. **1**. Jeremias 13.23. O pecador não consegue, por si mesmo, mudar sua maneira de ser e de viver, tal como o leopardo não pode alterar as suas manchas. **2**. Os julgamentos divinos operam como o leopardo, que fica à espreita de sua presa. Esses animais esperam com paciência, mas atacam de súbito. **3**. Os exércitos de Nabucodonosor assemelhavam-se a leopardos, isto é, rápidos, cruéis e destruidores. (Ver Jr 5.6 e Hc 1.8). **4**. Na visão de Daniel sobre vários animais, que representavam diversas nações, o *leopardo* era o símbolo da Grécia. (Ver Dn 7.6).

LEPRA, LEPROSO

Ver o artigo intitulado *Enfermidades*, na Bíblia, primeira seção, *Enfermidades Físicas*, item número vinte e sete.

LESÉM

Uma forma alternativa de *Laís* (vide). Essa forma alternativa encontra-se somente em Josué 19.47. Os danitas, uma vez conquistada a cidade, mudaram-lhe o nome para "Dã".

LESMA

No hebraico, *shablul*. Essa palavra ocorre exclusivamente em Salmo 58.8. O contexto desse versículo confirma tal identificação, quando diz: *Sejam como a lesma que passa diluindo-se...* — Há outra palavra hebraica, *chomet* (ver Lv 11.30), que algumas versões também traduzem por "lesma" ou "caracol". Nossa versão portuguesa, entretanto, talvez mais acertadamente, traduz essa palavra por "lagarto da areia". De fato, as principais autoridades sobre o assunto concordam que deve tratar-se de alguma espécie de lagarto. Portanto, a única menção real à lesma, em toda a Bíblia, fica mesmo em Salmo 58.8.

A trilha visível deixada pela secreção aquosa da lesma, segundo os antigos pensavam, dava a entender que esse animal estava se dissolvendo. Por toda a região da Palestina há vários tipos de lesmas, que chegam a tornar-se uma peste nos campos irrigados, onde a umidade adicional permite que elas se mostrem ativas durante mais meses a cada ano.

LETUSIM

Essa palavra hebraica significa **"afiados"**, por esmerilhamento. Esse era o nome do segundo filho de Dedã, neto de Abraão e Quetura (ver Gn 25.3), e fundador de uma das tribos árabes. dele descendiam também os Assurim e os Leumim. Os estudiosos não estão certos quanto às identidades específicas deles, mas pensam que habitavam na península do Sinai. Sua data foi cerca de 2024 a.C.

LEUCIPO DE MILETO

Suas datas foram 450-420 a.C. Parece que ele foi o primeiro filósofo grego a produzir uma cosmologia atomista claramente enunciada. Seu contemporâneo mais jovem, *Demócrito* (vide), desenvolveu a ideia. E outros, como Epicuro, aceitaram-na por suas próprias razões específicas. Outro atomista bem conhecido foi Lucrécio. Ver o artigo separado sobre o *Atomismo*.

LEUMIM

No hebraico, **"povos"**. Esse era o nome dos descendentes de Dedã, neto de Abraão e Quetura (Gn 25.3) e progenitor de uma tribo árabe que não se tem podido identificar. Ele viveu em cerca de 2024 a.C. Ptolomeu pensava que os *alumeotai* seriam a tribo em questão (6.7, par. 24). Porém, outros pensam que os *alumeotai*, da Arábia central, corresponderiam a *Almodade* (vide). Nas inscrições deixadas pelos sabeus ocorrem as formas *l'mm* e *l'mym*.

LEVI

De acordo com alguns intérpretes, essa palavra significaria, no hebraico, **"vaca selvagem"**, relacionada ao nome de *Lia* (vide). Uma ideia mais antiga (atualmente rejeitada por muitos estudiosos) associava esse nome próprio à palavra hebraica *lavah*, "unir", "juntar". De fato, parece haver um jogo de palavras com esse sentido, em Números 18.2,4. Mas, se o sentido do termo nada tem a ver com "vaca selvagem", então ele pode estar relacionado ao termo árabe *lawiyu*, que significa "aquele que fez voto" ou "aquele que está endividado". Ainda uma outra sugestão é a que diz que a palavra é cognata de *lawi'u*,

LEOPARDO
Davis, John D., 1854-1926, *Novo Dicionário da Bíblia* / [Tradução: J.R. Carvalho Braga]. – Edição ampliada e atualizada – São Paulo, SP: Hagnos 2005.

LEVIATÃ

"sacerdote", que, por sua vez, estaria vinculada ao verbo "juntar". Inscrições minoanas referem-se aos que trabalhavam nos templos como *lawi'u*, o que poderia concordar com a interpretação que diz que "sacerdote" é o sentido mais provável.

Personagens Bíblicas com Esse Nome. Várias pessoas aparecem com esse nome, nas páginas da Bíblia, a saber: **1. O terceiro filho de Jacó e Lia**, nascido na Mesopotâmia, em cerca de 1950 a.C. Consideremos os seguintes informes bíblicos a seu respeito: ***a. Referências Bíblicas***. Podemos apresentar uma seleção, incluindo referências ao próprio Levi, a seus filhos e à tribo que tomou o seu nome (Gn 29.34; 34.25,30; 25.23; 46.11; 49.5; Êx 1.2; 2.1; 6.16; 32.26,28; Nm 3.22,23,28; 4.47,48). Os três filhos de Levi, Gérson, Coate e Merari, nasceram antes do êxodo do Egito. "Joquebede, filha de Levi", deve ser tomada como uma descendente de Levi, conforme era comum entre os hebreus chamar "filho", quando, na realidade, estava em foco apenas um descendente. Os três filhos de Levi tiveram suas respectivas famílias, de onde se originaram as diversas divisões de sacerdotes e levitas. ***b. Levi Vinga Diná, sua Irmã***. Levi e seu irmão mais velho, Simeão, vingaram-se do fato de que sua irmã, Diná, fora deflorada, massacrando os siquemitas (Gn 34.25,26), uma vingança que Jacó sempre viu com horror, fazendo referência ao acontecido até perto da morte. Jacó ligou esses dois filhos seus em uma predição que previu que os descendentes deles seriam espalhados e divididos em Israel, por causa da disposição iracunda deles. No caso dos descendentes de Levi, entretanto, isso se tornou uma bênção, quando eles foram escolhidos como levitas e sacerdotes em Israel. ***c. Viagem ao Egito***. Juntamente com seus três filhos, Gérson, Coate e Merari, Levi desceu ao Egito (ver Gn 46.6,11), o que, naturalmente, os tornou participantes do exílio de Israel no Egito, até que Moisés veio resgatar os seus descendentes, séculos mais tarde. ***d. Bênção e Morte de Levi***. Quando Aarão fez o bezerro de ouro (após o êxodo), Moisés clamou: "Quem é do Senhor, venha até mim". E foi a tribo de Levi que lhe deu todo o apoio, contra essa manifestação idólatra. E assim houve uma grande matança entre o povo. (Ver Êx 32.26-29). Isso armou o palco para os levitas, Aarão e seus filhos, tornarem-se sacerdotes (vs. 29). Naturalmente, Aarão descendia de Levi diretamente, pelo que o sacerdócio também vinha solidamente de Levi. Ver o artigo separado intitulado *Sacerdotes e Levitas*. Damos ali alguns detalhes importantes sobre o título "levita". ***e. Diminuição do Número dos Homens da Tribo***. A comparação entre os trechos de Números 3.22,28,34 e Números 4.47,48 revela-nos um grande declínio no número dos levitas, e acerca do que nenhuma razão nos é dada na Bíblia. Talvez isso fizesse parte da predição negativa de Jacó. Ver o artigo separado sobre *Tribo* (*Tribos de Israel*). **2. Um filho de Simeão** e pai de Matã, dentro da genealogia de Jesus Cristo, que viveu entre o tempo de Davi e o de Zorobabel (Lc 3.29), ou seja, em cerca de 876 a.C. **3. Um filho de Melqui**, pai de outro Matã, dentro da genealogia de Jesus Cristo (Lc 3.24), que viveu em cerca de 22 a.C., ou mesmo antes. **4. Um filho de Alfeu**, um apóstolo de Jesus, também melhor conhecido pelo nome de *Mateus*. Ver o artigo sobre o homem com esse nome. As referências bíblicas que contêm o nome de Mateus, como *Levi*, são (Mc 2.14 e Lc 5.27,29). No Evangelho de Mateus, porém, ele é sempre chamado "Mateus", e nunca "Levi" (ver Mt 9.9-13). O nome "Levi" não aparece em qualquer das listas formais de apóstolos de Cristo, como forma variante de "Mateus".

LEVIATÃ

1. A Palavra. O título deste artigo é a transliteração de uma palavra hebraica que parece provir de uma raiz que significa "torcer" ou "dobrar", isto é, *lawa*. O sentido aplicado parece ser "feito de cobras". Naturalmente, isso sugere alguma espécie de réptil de serpente. Talvez a palavra tenha sido tomada por empréstimo da língua babilônica.

2. Referências Bíblicas. Há cinco referências a esse animal, nas páginas do Antigo Testamento (Jó 41.1; Sl 74.14; 104.26; Is 27.1) (duas vezes). Esse nome também aparece em ugarítico, sob a forma de *lotan* referindo-se a algum monstro marinho que teria sido morto por Baal (ANET, p. 137 ss.).

3. Interpretações. Alguns intérpretes bíblicos insistem em que há alusão a algum monstro marinho literal, com o qual não mais estamos familiarizados. Outros sugerem o *crocodilo* (interpretação de nossa tradução portuguesa), o que é impossível, pois nem começa a satisfazer as exigências da totalidade das referências bíblicas. Outros ainda frisam que, na mitologia cananeia, *lotan* significava as forças do caos, como personificação dessas forças. Esses creem que, nas páginas do Antigo Testamento, trata-se de um animal mitológico, simbólico, pertencente à mitologia "morta", ou seja, já desacreditada, em que as pessoas não mais acreditavam, embora ainda usada, como símbolo poético, para indicar as forças que os homens não entendiam e temiam.

O caos e suas forças pertencem à criação divina, e estão sujeitas à vontade do Senhor (Sl 104.6), sem importar o terror que possam impor aos homens. A referência a *leviatã*, no livro de Isaías, mostra-nos a figura em um contexto escatológico, referindo-se a como a iniquidade haverá de produzir o caos. No trecho de Jó 41.1-34, a referência parece ser ao crocodilo, embora isso não explique o uso dessa palavra em toda a sua amplitude. Nos textos de Ugarite (Ras Shamra), que datam do século XIV a.C., sem dúvida há menção a algo mais do que o crocodilo, o que também se dá nas referências que falam acerca da Babilônia. Talvez o que esteja em pauta seja o terrível dragão, que, supostamente, causava eclipses do sol, enrolando-se em torno desse astro. *Lotan*, o monstro de sete cabeças da mitologia babilônica, é descrito em termos que são obviamente similares àqueles que vemos em Isaías 27.1.

LEVIS

Ver o artigo sobre Levi, quanto ao sentido desse nome. Esse foi o nome de um juiz de Israel, da época de Esdras, mas não mencionado nos livros canônicos do Antigo Testamento. O trecho de 1Esdras 9.14 estampa esse nome, que, em várias traduções dos livros apócrifos, aparece como "Levi". Entretanto, o trecho paralelo de Esdras 10.15 diz ... *Sabetai, levita...*, de "Levi e Sabetai", conforme se vê em 1Esdras 9.14.

LEVITAS

Ver o artigo mais detalhado sobre *Sacerdotes e Levitas*. Quanto ao patriarca Levi, ver o artigo com esse título, II.1. O nome é explicado na primeira seção desse artigo. Ver também o artigo *Tribo* (*Tribos de Israel*).

Os levitas, ou filhos de Levi, eram antes uma tribo secular, mas que se tornou a tribo sacerdotal, pois deles procederam os sacerdotes (descendentes de Aarão) e os levitas (os demais membros da tribo). Os descendentes de Levi descendiam de seus três filhos, Gérson, Coate e Merari. No sentido mais estrito, o termo *levitas* designa todos os descendentes de Levi que ocuparam ofícios subordinados ao sacerdócio, a fim de distingui-los dos descendentes de Aarão que eram os sacerdotes. (Ver Êx 6.25; Lv 25.32; Js 21.3,41). Todavia, em um outro sentido, o termo *levitas* aponta para aquele segmento da tribo que foi separado para o serviço do santuário, e que atuava subordinado aos sacerdotes (Nm 8.6; Ed 2.70; Jo 1.19). É por isso que se lê uma expressão como ... *os sacerdotes e os levitas*... (Js 3.3; Ez 44.15; embora nossa versão portuguesa diga ali, respectivamente, "levitas sacerdotes" e "sacerdotes levíticos".

Os levitas serviam no caráter de representantes da nação inteira, quanto às questões de honra, privilégio e obrigações do sacerdócio. A tríplice divisão do sacerdócio era: **1**. O sumo sacerdote; **2**. Os sacerdotes comuns; **3**. Os levitas. Todas as três divisões descendiam diretamente de Levi. Assim, todos os sacerdotes eram levitas; mas nem todos os levitas eram sacerdotes. A ordem menor do sacerdócio era constituída pelos levitas, que cuidavam de vários serviços no santuário. Alguns de seus deveres são descritos (em Êx 13.2,12,13; 22.29; 34.19,20; Lv 27.27; Nm 3.12,13,41,45; 8.14-17; 18.15; Dt 15.19). Os filhos de Aarão, que foram separados para servirem especialmente como sacerdotes, eram os superiores dos levitas. Somente os sacerdotes podiam ministrar nos sacrifícios *do altar*. Os levitas serviam ao santuário, como um todo. Os sacerdotes formavam um grupo sacerdotal. Após a idolatria que envolveu o bezerro de ouro, foram os levitas que se juntaram em torno de Moisés, ajudando-o a restaurar a boa ordem. Desde então, eles passaram a ocupar uma posição distinta entre as tribos de Israel. Tornaram-se os guardiães do tabernáculo, e ninguém mais tinha permissão de aproximar-se do mesmo, sob pena de morte.

Desde o começo, os coatitas (descendentes de Coate), por serem os parentes mais chegados dos sacerdotes, receberam os ofícios mais elevados. Eram os coatitas que transportavam os vasos do santuário e a própria arca da aliança. Um arranjo permanente foi feito, para que recebessem o sustento com base nos dízimos pagos por todo o povo de Israel. À tribo de Levi, finalmente, foram destacadas 48 cidades, seis das quais também eram "cidades de refúgio" (vide). Entre as tarefas dos levitas estavam aquelas de preservar, copiar e interpretar a lei mosaica. Os levitas não foram incluídos no recenseamento geral, mas tiveram o seu próprio censo. (Ver 1Cr 23.3). Eles preparavam os animais a serem sacrificados, mantinham vigilância, faziam trabalhos braçais, limpavam o lugar de adoração e agiam como assistentes e servos dos sacerdotes aarônicos. Alguns levitas aproximavam-se dos sacerdotes quanto à dignidade, mas outros eram pouco mais que escravos. Terminado o cativeiro babilônico, quando o remanescente de Israel retornou a Jerusalém, não mais do que 38 levitas puderam ser reunidos. A pureza de sangue deles e suas posições foram cuidadosamente preservadas por Esdras e Neemias. E, quando os romanos destruíam o templo de Jerusalém, em 70 d.C., e, então, dispersaram de vez os judeus, depois de 132 d.C., os levitas desapareceram da história como um grupo distinto, misturando-se à multidão dos cativos e peregrinos judeus pelo mundo inteiro.

LEVITAS, CIDADES DOS

Ver a lista dessas cidades, o que se vê no vigésimo primeiro capítulo do livro de Josué. Quarenta e oito cidades foram dadas por Moisés e Josué aos levitas (Nm 35.1-8; Js 21). A tribo de Levi não recebeu um território regular, conforme sucedeu às demais tribos (Nm 18.20-24, 26.62; Deu 10.9; 18.1,2; Js 18.7). Os levitas foram separados para servirem no recinto sagrado, e a herança deles era o próprio Senhor. Porém, quanto às suas necessidades físicas, eles contavam com os dízimos pagos pelo povo (ver Nm 18.21), e quanto a lugares onde residir, eles dispunham de cidades especiais: quarenta e oito cidades. Essas cidades foram selecionadas dentre várias outras tribos, não estando localizadas todas em um mesmo território, mas espalhadas por todo o território de Israel. Entre essas cidades, algumas eram consideradas "cidades de refúgio" (ver Nm 35.9-34; Dt 4.41-43). Ver o artigo separado chamado *Cidade de Refúgio*. As quarenta e oito cidades arranjadas para os levitas eram quatro cidades dentre o território de cada tribo. Contando com essas cidades como centros, os levitas foram capazes de levar o culto divino ao povo de Israel, de maneira mais eficaz. As descrições e dimensões dessas cidades aparecem em Números 35.4,5, embora o texto seja um tanto obscuro, o que tem causado aos intérpretes não poucas dores de cabeça.

Essas 48 cidades foram dadas somente aos levitas. O arranjo era para que os levitas residissem nessas cidades juntamente com outros habitantes, o que significa que cada cidade continuava pertencendo à tribo daquela área. Os levitas exerciam plenos direitos sobre as suas propriedades. Eles podiam vendê-las e redimi-las, e, naturalmente, tal como sucedia a todos os demais israelitas, no ano do Jubileu (vide), recebiam de volta essas propriedades. Todavia, os levitas não podiam vender os seus campos (Lv 25.32 ss.). No tocante à cidadania, os levitas (embora mantendo uma posição especial, como líderes religiosos) eram membros das tribos onde viviam, para todos os efeitos práticos. Pelo menos é a impressão que nos dá o trecho de Juízes 17.7. Elcana tanto era levita quanto era efraimita (1Sm 1.1), o que significa que os levitas não formavam uma décima terceira tribo, em qualquer sentido. Não se sabe dizer quantas daquelas 48 cidades foram, realmente, ocupadas pelos levitas. Isso constituía um direito e um potencial, mas não é provável que o ideal tenha jamais sido inteiramente cumprido. A lista das cidades, em 1Crônicas 6.54-81, é um tanto menor, o que talvez reflita melhor a realidade da ocupação. Também aparecem algumas alterações nessas listas, pelo que a situação deve ter variado com a passagem do tempo. Alguns nomes de cidades, após a época de Josué, apareceram, como vemos nos casos de Bete-Semes (1Sm 6.13-15); Jatir (1Sm 30.37); Anatote (1Rs 2.26; Jr 1.1,32).

LEVÍTICO

Levítico é o terceiro livro do Pentateuco, chamado em hebraico *Wayyiqra*, que é a palavra inicial do livro e significa "ele chamou". O título "Levítico" derivou-se da Vulgata Latina *Leviticus*, que por sua vez emprestou o vocábulo da LXX grega (*Leuitikon*). O nome Levítico foi atribuído ao livro devido ao fato de que nele é descrito o sistema de adoração e conduta levítica. Por outro lado, este nome é enganoso, pois as funções sacerdotais eram exercidas por um grupo seleto que se proclamava descendente de Arão, irmão de Moisés. Levítico está muito mais associado a este grupo do que aos levitas propriamente ditos. Na *Mishnah*, o livro é também chamado de "lei dos sacerdotes", "livro dos sacerdotes" e "lei das oferendas"; no *Talmude*, de "lei dos sacerdotes", e na *Pesh*, de "o livro dos sacerdotes". Esses títulos indicam com mais precisão o conteúdo do livro.

I. CARACTERIZAÇÃO GERAL. Levítico é o terceiro dos cinco livros do *Pentateuco*; encerra principalmente a legislação sacerdotal sobre um considerável número de assuntos, conforme se pode ver na lista a seguir: **1**. Os sacrifícios (1.1-6.7). **2**. O sacerdócio (6.8-10; 21.22). **3**. As purificações (caps. 11-15). **4**. As estações sagradas (caps. 16 e 23). **5**. O preceito acerca da ingestão de carnes (cap. 17). **6**. As questões que envolvem o casamento e a castidade (cap. 18). **7**. O ano sabático e o ano do jubileu (cap. 25). **8**. Os votos e os dízimos (cap. 27).

Os eruditos liberais não acreditam na autoria mosaica desse tipo de material. Ver no *Dicionário* o artigo intitulado *Pentateuco*, com sua discussão acerca da autoridade. Eles pensam que o livro representa os labores do sacerdócio, no decurso de muitos séculos. Os sacerdotes levíticos teriam reunidos e compilado esse material, com base em costumes posteriores. Aqueles eruditos designam fontes de materiais como essas de *P*, a forma inglesa abreviada de *priestly*. Nós traduzimos essa abreviatura por *S*, do termo português "sacerdotal". Ver no *Dicionário* o artigo sobre as alegadas fontes informativas do Pentateuco, *J.E.D.P.* (*S.*), que procura aclarar e descrever essa teoria. Os estudiosos liberais datam esse material no século VI a.C., quando o sacerdócio levítico consolidaria sua organização e sua produção literária. O código de santidade seria o verdadeiro responsável pelos capítulos 17—26 do livro de Levítico. Ver no *Dicionário* o artigo *Santidade, Código da*, quanto a completas explicações sobre essa questão.

Acredita-se que o livro de Levítico, em sua forma presente (resultante de compilação), veio à tona tão posteriormente quanto 500 a.C. Discuto a questão da data do livro na seção seguinte. O judaísmo ortodoxo e os historiadores encontram muito valor

LEVÍTICO

no livro de Levítico, mas, no tocante à aplicação de princípios ali exarados, há pouca utilidade em nossos dias, exceto no que diz respeito aos tipos simbólicos. Isso serve de ilustração sobre como algo importantíssimo na fé e na prática religiosa pode vir a tornar-se obsoleto, conforme o avanço no conhecimento.

II. Autoria e Data. A autoria do livro não é atribuída a Moisés em nenhuma passagem do livro. Aqueles que acreditam na plena inspiração das Escrituras dizem: "Devemos o conteúdo do livro à divina revelação dada a Moisés no Sinai". Essa atitude não resolve o problema da autoria de Levítico, mas serve como base para a teoria conservantista que tenta resolvê-lo. Para os críticos, a questão da autoria do livro se esclarece através da teoria documentária que envolve a composição do Pentateuco como um todo.

1. Ponto de Vista Conservantista. Embora o livro não registre o nome de seu autor, uma comparação entre Êxodo 40.1-17 e Números 1.1 sugere que essas leis pertencem ao primeiro mês do segundo ano depois do êxodo. Por conseguinte, o contexto dessas leis é claramente a revelação dada por Deus a Moisés no Sinai. Por outro lado, a declaração de Levítico 16.1, de que a lei para o Dia da Expiação fora dada depois da morte de Nadabe e Abiú, recontada no capítulo 10, mostra que o material não fora organizado com ênfase na cronologia, mas na lógica. Talvez um escritor posterior tenha organizado o material mosaico do qual Levítico é constituído, mas não há razão para acreditar que o próprio Moisés não tenha preparado as leis. Os conservantistas acrescentam que o ponto de vista crítico envolve a existência de um autor posterior, de caráter fraudulento, que inventou um cenário histórico para todas as leis e narrativas a fim de atingir seus objetivos (p. 916).

2. Ponto de Vista Crítico. Segundo a teoria documentária, Levítico é inteiramente produto de P, a fonte mais recente do Pentateuco, e de S, o Código de Santidade. O documento P(S), ou Código Sacerdotal, originou-se por volta de 500 a.C., mas sua redação prolongou-se até o século IV a.C. Os documentos J,E e D, juntamente com P, que serviram de base para a composição do Pentateuco, não foram usados pelo compilador de Levítico. Ver no *Dicionário* o artigo sobre a teoria J.E.D.P (S). O documento S originou-se por volta de 570 a.C., por um autor "semelhante a Ezequiel em pensamento e forma de expressão".

Devido ao fato de que Ezequiel trata, até certo ponto, do tema da santidade, o de que muitas das leis de S são paralelas às leis encontradas no livro de Ezequiel, alguns eruditos sugerem que Ezequiel tenha compilado S. Não obstante, há mais probabilidade de que ambos, Ezequiel e S, tenham sido derivados das mesmas fontes de leis e costumes para satisfazer circunstâncias semelhantes. As leis de S, como as de P, consistem na compilação de leis conhecidas e na classificação de costumes existentes, que até aquela época não haviam registrados na literatura. Muitas das práticas legais são conhecidas de outros códigos mais antigos, embora os detalhes variem em alguns pontos. A data de S (570 a.C.) mencionada anteriormente é uma sugestão baseada nas evidências internas e na íntima associação com Ezequiel, todavia a questão da prioridade em tempo entre Ezequiel e S não é definida. O material de S foi incorporado a Levítico pelo compilador de P por volta de meados do século V. a.C., que adicionou ao material, comentários e notas próprias, a fim de atribuir a S o estilo de P. A despeito disso, os capítulos 17—26, que constituem o Código de Santidade, distinguem-se do Código Sacerdotal em muitas formas. No material de S as leis são colocadas num quadro de exortação no qual as passagens têm por tema a santidade de Jeová e a necessidade de santidade por parte de seu povo, que deve guardar seus estatutos. Israel deve lembrar-se da intervenção divina e evitar a infiltração de coisas impuras, principalmente a idolatria cananita. O tema da santidade é tratado também em outros códigos, mas em nenhum outro é tão difundido como nessa passagem de Levítico.

Alguns problemas discutidos em P são também encontrados em S, ocasionalmente com tratamentos diferentes. Os capítulos de S possuem uma estrutura unificada: iniciam com leis de sacrifícios e terminam com uma exortação. Os assuntos tratados nesses capítulos são extremamente variados, estendendo-se de comida animal, pureza sexual, santidade sacerdotal e calendário festivo, a detalhes de sacrifícios e de leis morais e religiosas (EA. p.322).

Examinando o livro de um ponto de vista formalista, alguns críticos concluem que Levítico é o resultado de estágios sucessivos de composição. M. Noth afirma que somente os capítulos 8—10 pertencem ao documento P. O restante do livro pertence ou à tradição oral, ou a outras fontes desconhecidas. Noth declara que há numerosos detalhes no livro que diferem drasticamente dos relatos do documento P. Ele acrescenta ainda que tais diferenças o levam a concluir que as porções não narrativas do livro possuem história independente, tendo sido inseridas posteriormente nas partes narrativas. Noth e outros críticos que defendem esse ponto de vista atribuem as regulamentações culturais e rituais à tradição oral (z. p. 915).

III. Propósitos. Levítico expõe um conjunto de leis e regulamentos que devem ser seguidos pelos israelitas como condição para que Jeová habite no meio deles. Com esse propósito o livro apresenta uma série de leis cultuais, civis e morais. Outros assuntos, como relações sociais, higiene e medicina, são trazidos à esfera da religião nesse livro. Levítico 26.11 e 12 asseguram que o povo desfrutará da companhia de Jeová se obedecer a seus estatutos e guardar seus mandamentos. Portanto, o objetivo de Levítico era regular a vida nacional em toda a sua conduta e consagrar a nação de Israel a Deus.

IV. Conteúdo. Levítico contém um registro mais prolongado e desenvolvido da legislação sinaítica, cujo início se acha em Êxodo. O livro exibe um progresso histórico da legislação, consequentemente não se deve esperar uma exposição sistemática da lei nesse material. Há, contudo, certa ordem a ser observada, que se fundamenta na natureza do assunto em questão. De modo geral este livro está inteiramente associado ao conteúdo do livro de Êxodo, que conclui com a descrição do santuário ao qual está associada toda forma de culto externo descrita em Levítico.

A. Direções para Aproximar-se de Deus (1.1-16.34)
  1. Direções para os sacrifícios sacerdotais (1.1-7.38)
    a. Holocaustos (1.1-17)
    b. Oferta de manjares (2.1-16)
    c. Sacrifícios de paz (3.1-17)
    d. Sacrifícios pelos erros dos sacerdotes (4.1-12)
    e. Sacrifícios pelos erros do povo (4.13-21)
    f. Sacrifícios pelos erros de um príncipe (4.22-26)
    g. Sacrifícios pelo erro de uma pessoa comum (4.27-35)
    h. Sacrifícios pelos pecados ocultos (5.1-13)
    i. Sacrifícios pelo sacrilégio (5.14-16)
    j. Sacrifícios pelos pecados de ignorância (5.17-19)
    l. Sacrifícios pelos pecados voluntários (6.1-7)
    m. Lei acerca dos holocaustos (6.8-13)
    n. Lei acerca da oferta de manjares (6.14-18)
    o. A oferta na consagração dos sacerdotes (6.19-23)
    p. Lei acerca da expiação pelo pecado (6.24-30)
    q. Lei acerca da expiação pela culpa (7.1-10)
    r. Lei acerca dos sacrifícios pacíficos (7.11-21)
    s. Deus proíbe comer gordura e sangue (7.22-27)
    t. A porção dos sacerdotes (7.28-38)
  2. Direções para a consagração sacerdotal (8.1-9.24)
    a. A consagração de Arão e seus filhos (8.1-36)
    b. Arão oferece sacrifícios por si mesmo e pelo povo (9.1-24)
  3. Direções sobre a violação sacerdotal (10.1-20)
    a. Nadabe e Abiú morrem diante do Senhor (10.1-11)
    b. Lei sobre as coisas santas (10.12-20)

4. Direções para a purificação sacerdotal (11.1-15.33)
   a. Animais limpos e imundos (11.1-47)
   b. A purificação da mulher após o parto (12.1-8)
   c. Leis acerca da praga da lepra (13.1-59)
   d. Leis acerca do leproso depois de curado (14.1-32)
   e. Leis acerca da lepra numa casa (14.33-57)
   f. Leis acerca das excreções do homem e da mulher (15.1-33)
5. Direções para o Dia de Expiação (16.1-34)
   a. Instruções sobre como Arão devia entrar no santuário (16.1-10)
   b. O sacrifício pelo próprio sumo sacerdote (16.11-14)
   c. O sacrifício pelo povo (16.15-28)
   d. Festa anual das expiações (16.29-34)

B. Direções para Manter um Relacionamento com Deus (17.1-27.34)
1. Direções para preservar a santidade (17.1-22.33)
   a. O lugar do sacrifício (17.1-9)
   b. A proibição de ingerir sangue (17.10-16)
   c. Casamentos ilícitos (18.1-18)
   d. Uniões abomináveis (18.19-30)
   e. Repetição de diversas leis (19.1-37)
   f. Penas para diversos crimes (20.1-27)
   g. Leis acerca dos sacerdotes (21.1-24)
   h. Leis acerca de comer e oferecer sacrifícios (22.1-33)
2. Direções acerca das festas religiosas (23.1-44)
   a. As festas solenes do Senhor (23.1-25)
   b. O Dia da Expiação (23.26-44)
3. Direções para o tabernáculo e para o acampamento (24.1-23)
   a. Lei acerca das lâmpadas (24.1-4)
   b. Pães da proposição (24.5-9)
   c. Pena para o pecado de blasfêmia (24.10-23)
4. Direções sobre a terra (25.1-55)
   a. O ano sabático (25.1-7)
   b. O ano de Jubileu (25.8-22)
   c. Redenção da terra (25.23-34)
   d. Não tomar usura dos pobres (25.35-38)
   e. Escravidão (25.39-55)
5. Promessas e advertências (26.1-46)
6. Instruções sobre votos e dízimos (27.1-34)

V. NOTAS SOBRE AS LEIS E A EXPIAÇÃO
1. Leis Sacrificiais. *a. Holocaustos.* O holocausto era um sacrifício voluntário oferecido com a finalidade de assegurar ao ofertante o favor de Jeová. A oferenda consistia na queima de um animal. (Exemplos do seu uso encontram-se em 1Sm 13.9; 17.9; Sl 20.2). *b. A oferta de manjares*, similarmente ao holocausto, era um sacrifício voluntário. Assim como um inferior oferece um presente a seu superior, como expressão normal de sua submissão e lealdade, também o devoto piedoso fazia ofertas a Deus. A eficácia do ato, no entanto, consistia no envolvimento de renúncia por parte do ofertante, daí a razão de ofertar comida. *c. A oferenda de par* era também voluntária e expressava a humildade e submissão do ofertante em relação ao seu divino Senhor. Esse sacrifício, o único que podia ser comido por um sacerdote leigo, era motivado por um sentimento de apreciação e servia como expressão pública e moral de gratidão. Peculiar a esta oferenda era o fato de que o animal não fazia expiação (4.20,26,31,35 etc). *d. A oferenda do pecado* visava à expiação pela transgressão de algum mandamento e designava o sacrifício oferecido. Sangue era o preço exigido para acalmar a ira divina. *e. A oferta da culpa* envolvia a compensação de um dano causado pelo pecado. A compensação deveria ser feita diretamente à pessoa prejudicada ou ao santuário, por ocasião do sacrifício.
2. Leis de Purificação. *a. Animais puros e impuros.* Essa era uma lei dietética que classificava como puros os alimentos considerados benéficos à saúde, como impuros os considerados nocivos. *b. Regulamentações sobre a lepra* encontram-se nos capítulos 13 e 14. Médicos modernos argumentam que a doença descrita nesses capítulos não é exatamente o mal de Hansen atualmente conhecido.
O Dia da Expiação. A expiação anual ensina que a culpa não é removida pela purificação individual dos vários pecados e impurezas. Um grande sacrifício cobrindo todas as impurezas deveria ser feito para acalmar a ira divina.

VI. A IMPORTÂNCIA DO LIVRO. Levítico é um livro valioso como fonte informativa dos costumes nacionais, sagrados e seculares, e abrange boa parte da história hebraica. Como documento religioso, Levítico é um livro indispensável para o judaísmo pós-exílico. Mesmo atualmente, os judeus ortodoxos aí encontram suas regulamentações. Levítico, segundo Harford-Battersby, é o monumento literário do sacerdócio hebreu.

Este livro fornece também um alicerce para todos os outros livros da Bíblia. Quaisquer referências a oferendas sacrificiais, cerimônias de purificação ou regulamentações sobre o ano sabático e o ano do jubileu são explicadas em Levítico. Em Mateus 22.40, Jesus disse que toda a lei e os profetas dependiam de Deuteronômio 6.5 e Levítico 19.19. Ao curar o leproso, Jesus o instruiu a seguir a lei concernente a lepra (Lv 14). Os apóstolos consideravam Levítico um livro divinamente inspirado, relacionado (profeticamente) à doutrina cristã. Por exemplo, os sacerdotes e sacrifícios associados ao tabernáculo prenunciavam o trabalho de Cristo em relação ao céu (Hb 3.1; 4.14-16; caps. 9 e 10). A afinidade entre Levítico e o Novo Testamento se torna óbvia no livro de Hebreus, considerado por alguns um comentário sobre Levítico no Novo Testamento. De modo geral, os rituais e as ideias do livro influenciaram profundamente o cristianismo, e mesmo uma leitura casual do Novo Testamento evidência tal influência. (ALB AM ANET BA E I IB IOT WBC WES Y Z).

LEX TALIONIS

No latim, **"lei tal e qual"**, ou seja, aquela lei que requer que as infrações sejam pagas recebendo o culpado o mesmo tipo de castigo. Trata-se da mesma lei de "vida por vida, olho por olho, dente por dente", estrita quanto aos castigos que devem ser aplicados aos que causarem algum dano ao próximo. (Ver Êx 21.23 ss). Apesar de essa lei usualmente ser tida como primitiva, foi um passo além da vingança pessoal, visto que dava à sociedade um padrão para julgamentos sociais e castigos aos criminosos. Sanções impostas pela comunidade, pois, substituíram as sanções pessoais, a vindita pessoal.

LIA

1. Nome. A palavra hebraica *lea*, ao que parece, significa "vaca selvagem", embora alguns pensem que o seu sentido é "impaciente". Ela foi descrita como mulher de "olhos baços", que alguns estudiosos pensam significar "olhos ternos", mas que outros vinculam ao seu nome, pensando que ela teria "olhar de vaca", ou coisa semelhante. Entretanto, a descrição poderia significar que ela era míope. (Ver Gn 29.17). Unger, em seu *Dicionário Bíblico*, sugeriu que uma das razões pelas quais Jacó se sentia atraído por Raquel era que Lia tinha olhos fracos. Porém, a razão deve ter sido algo muito maior do que isso.

2. Família. Lia era a filha mais velha de Labão, e irmã de Raquel. Era prima e esposa de Jacó. Também era sobrinha de Rebeca, esposa de Isaque. Se retrocedermos um pouco mais na árvore genealógica da família, então lembraremos que Abraão e Naor, bisavô de Lia, eram irmãos. Naor permanecera na terra de Harã e casara-se com Milca (Gn 11.29). Naor e Milca tiveram oito filhos, um dos quais era Betel (ver Gn 22.22). Betel, por sua vez, teve dois filhos, que são mencionados na Bíblia, a saber: Rebeca (Gn 24.15) e Labão (Gn 24.29). Então Rebeca casou-se com Isaque, e Jacó foi um dos filhos gêmeos que tiveram. Labão, por sua vez, teve duas filhas, Lia (Gn 29.16) e Raquel. Isso significa que Lia, Raquel e Jacó eram primos-irmãos.

3. O Engano no Casamento. Labão, com a cooperação de Lia, enganou Jacó, na noite de seu casamento com Raquel, por causa de quem ele havia trabalhado durante sete anos (ver Gn 29.23). Labão substituiu-a por Lia, que foi para a cama com Jacó. E, incrivelmente, Jacó não a reconheceu, e só descobriu o logro ao amanhecer! Labão desculpou-se do logro dizendo que havia um costume local que impedia que uma filha mais jovem fosse dada em casamento, antes de uma filha mais velha (ver Gn 29.21-30).

4. Jacó Não Amava Lia. Não há que duvidar que Jacó ressentiu-se do que Labão e Lia tinham feito, e também podemos estar certos de que ele não deixou que Lia se esquecesse disso por bastante tempo. Por outra parte, Jacó estava apaixonado por Raquel, e Lia não tinha muito com que atraísse a sua atenção. É muito difícil explicar a paixão que pode haver entre um homem e uma mulher. Isso sucede em alguns casos, mas não em outros, e, algumas vezes, sem qualquer razão evidente. O tipo físico tem muito a ver com isso, mas também há similaridades de vibrações das energias vitais dos próprios seres, em que igual atrai igual. Além disso, se a alma é preexistente (como penso que é), com ou sem o concurso da reencarnação, então as histórias das almas algumas vezes podem explicar apegos incomuns que duas pessoas podem experimentar uma pela outra. Platão falava sobre almas cônjuges, os lados positivo e negativo de um único ser, os quais, finalmente, unem-se diante de Deus. E, se isso é uma doutrina verdadeira, então alguns casos de poderosa e incomum atração poderiam ser explicados pela circunstância de que almas cônjuges *encontram-se novamente*. A história de uma alma, sem dúvida, é como um livro com muitos capítulos, e os reencontros podem ser muito poderosos. Se assim sucedeu com Jacó e Raquel, então não nos admiremos de que Lia tenha ficado de fora. Nem tudo pode ser explicado pelas circunstâncias de qualquer dada situação. A extensão em que o afeto de Jacó por Raquel diferia do que ele sentia por Lia é ilustrada pelo fato de que, pelo menos em uma ocasião, Lia teve de barganhar com Raquel pelo privilégio de dormir com seu próprio marido! (Ver Gn 30.14-18). Lia anelava pelo amor de Jacó, e procurou usar sua fertilidade superior para capturar sua atenção (Gn 29.32), mas nem mesmo isso afetava grandemente Jacó.

5. Sua Lealdade a Jacó. Quando Lia poderia ter permanecido em companhia de seu pai, e em sua própria terra, quando Jacó deixou Harã, ela preferiu ficar com seu marido (ver Gn 31.14).

6. O Incidente que Envolveu Esaú. Jacó havia enganado e maltratado seu irmão gêmeo, Esaú, e tivera de fugir para a região onde Labão, seu tio, vivia. Agora, deixando o território de Labão, e regressando à terra de seu pai, ele precisava entrar em contato com Esaú. Jacó temia o que esse contato poderia significar de adverso para ele mesmo e para todo o seu clã. E novamente Jacó favoreceu Raquel, deixando Lia à testa da caravana, e fazendo Raquel e José (até então filho único de Jacó e Raquel) ficarem bem para trás, para que estes tivessem uma oportunidade melhor de escapar da ira em potencial de Esaú. (Ver Gn 33.1,2). Mas, conforme as coisas sucederam, nada havia a temer. Os irmãos tiveram um jubiloso reencontro, por mais desconfortável que isso tenha sido para Jacó.

7. Sepultamento de Lia e Raquel. Lia deve ter falecido na terra de Canaã, visto que ela não é mencionada na lista daqueles que migraram para o Egito (ver Gn 46.6). Apesar de não termos detalhes a esse respeito, sabemos que ela foi sepultada em Hebrom, no cemitério da família, em Macpela, o terreno que Abraão havia comprado (ver Gn 49.21). Por outro lado, Raquel foi sepultada em um túmulo perto de Belém, cujo local está marcado até hoje. Alguns intérpretes pensam que isso mostra que, pelo menos na morte, Lia foi favorecida. Porém, dificilmente Jacó teria descategorizado Raquel. Seria absurdo pensar tal coisa. Ele deve ter tido razões para sepultá-la perto de Belém, e não no cemitério da família, em Hebrom. Seja como for, Jacó foi, finalmente, sepultado ao lado de Lia (ver Gn 49.31), e não perto de Raquel. Mas, o que ele estava fazendo *em espírito* quando seu cadáver foi depositado no terreno de Macpela, isso é difícil de dizer. Porém, imagino que ele tenha se reunido a Raquel.

8. Lia, uma das Matriarcas de Israel. Lia contribuiu com seis filhos, que se tornaram os cabeças de seis das tribos de Israel. Ela foi mãe de Rúben, Simeão, Levi, Judá (ver Gn 29.32-35), e também de Issacar e Zebulom (ver Gn 30.17-20), e também teve uma filha, Diná (ver Gn 30.21). Além disso, foi ela quem deu a Jacó sua serva Zilpa, que teve dele dois filhos, Gade e Aser (ver Gn 30.11,12). Foi do quarto filho de Lia, Judá, que descendeu Davi, do qual também descendia, segundo a carne, o Senhor Jesus Cristo. Alguns estudiosos têm salientado esse fato como se, *no fim*, Deus tivesse favorecido mais a Lia do que a Raquel, mas essa é uma interpretação fantasiosa. A decisão divina de que a linhagem real vivia através de Judá dificilmente teria qualquer coisa a ver com os poucos sentimentos românticos de Jacó para com Lia!

LIBAÇÃO

Ver o artigo geral sobre *Sacrifícios e Ofertas*. Uma libação é um tipo de sacrifício, ou ritual sacrificial, em que um líquido é derramado em honra de alguma divindade ou de algum conceito religioso. Os líquidos que os homens têm usado nesses atos de libação têm sido tão variados quanto sangue, vinho, azeite, leite, água e mel. Entre os gregos e os romanos, as libações faziam parte essencial de sacrifícios e ritos solenes. As libações também faziam parte do cerimonial simbólico dos hebreus. (Ver Gn 28.18; 35.14; Lv 99; Nm 28.7). À base das libações encontra-se a ideia de que os líquidos que têm certo valor (como o vinho, o leite, o azeite etc.) devem agradar a Deus ou aos deuses aos quais são oferecidos. O *sangue*, que a Bíblia ensina a sede mesma da vida biológica (ver Lv 17.11), era um elemento especialmente precioso, usado nos ritos mais solenes.

LÍBANO

I. A Palavra. O termo hebraico *lebanohn* significa "branco". Aquela região geográfica é assim chamada por causa de seus picos eternamente cobertos de neve. A raiz dessa palavra hebraica é *ibn*, "branco". A serra montanhosa ali existente recebeu tal nome, aparentemente, por causa de dois fatores. Em primeiro lugar contém grandes encostas de pedra calcária branca; e em segundo lugar, por causa dos rebrilhantes picos montanhosos, recobertos de neve pelo menos durante seis meses a cada ano. (Ver Jr 18.14). Os assírios chamavam a região de *Laban*, e, posteriormente, *Labnanu;* os heteus chamavam-na de *Niblani;* os egípcios, de *rmnn* ou *rbrn;* e os cananeus, de *lbnn*. Há cerca de 75 referências ao Líbano nas páginas do Antigo Testamento, mas nenhuma no Novo Testamento, embora certas partes do mesmo sejam mencionadas em várias referências. Para exemplificar, damos alguns trechos veterotestamentários que mencionam essa região (Dt 1.7; 3.25; 11.24; Js 1.4; 9.1; Jz 3.3; 1Rs 4.33; 5.6,9; 2Rs 14.9; 19.23; 2Cr 2.8; 9.16; Ed 3.7; Sl 29.5; 92.12; Ct 4.8; 5.15; Is 2.13; 14.8; 40.16; 60.13; Jr 18.14; Ez 17.3; 27.5; Os 14.5,6; Na 1.4; Hc 2.17; Zc 10.10 e 11.1).

II. Localização Geográfica e Descrição. A cadeia montanhosa do Líbano é uma serra que se estende por cerca de 170 quilômetros. Segue a direção de sudoeste a nordeste, acompanhando as costas fenícias, começando por detrás da cidade de Sidom, e seguindo na direção nordeste até o vale do rio Nhr El-Kebir (chamado Eleutero nos tempos antigos), vale esse que segue a direção leste-oeste. Na verdade, a cadeia do Líbano é um prolongamento de uma cadeia montanhosa maior, que vai descendo desde o *Cáucaso*, na direção sul, até que, em seu extremo sul, desdobra-se em duas serras paralelas, a saber: o *Antilíbano*, mais ao oriente, e o Líbano propriamente dito, mais ao ocidente. Liga o mar Mediterrâneo à planície de Hamate (que aparece com o nome de "entrada de Hamate", em Nm 34.8). Daí corre na direção sudoeste, até que soma na planície de Acre e nas colinas baixas da Galileia. Seu comprimento em pouco ultrapassa os 160 quilômetros, com uma largura média de 32 quilômetros. Seu pico mais alto é o Jebel Kukhmel que se eleva a 3.110 m. de altitude. Vários outros picos proeminentes têm 1.500 m de altura ou mais. O Jebel Kukhmel e o Sannin (este com mais de 2.750 m de altura), são recobertos de neves perpétuas.

O Líbano é conhecido por sua notável beleza, o que os escritores bíblicos com frequência louvaram (ver Sl 72.16; 104.16-18; Ct 4.15; Is 2.13; 35.2; Os 14.5). Atualmente, da mesma forma que na antiguidade, muitos animais selvagens habitam naquelas paragens. (Ver 2Rs 14.9 e Ct 4.8). O clima da região varia consideravelmente. Na planície de Dã, nas cabeceiras do rio Jordão, o calor é intenso e o clima é quase tropical. Ao longo das costas marítimas, a brisa marinha refresca as noites, comparativamente falando. O ar é seco, exceto nas estações de chuvas e neves. Nas planícies de Coele-Síria e de Damasco, chega a nevar. As serras principais recebem muita neve, de dezembro a março. Durante o verão, os níveis mais elevados das montanhas são frescos e agradáveis, e as chuvas rareiam de junho a setembro.

III. Produtos e Recursos. A cadeia do Líbano sempre foi notória por seus cedros (ver Sl 29.5; Ct 5.15), por suas vinhas (Os 14.7), e por suas águas frescas (Jr 18.14). Muitas fontes e riachos descem pelas encostas, até as áreas mais baixas. Os sopés mais baixos das montanhas proveem a possibilidade da horticultura dos olivais, das vinhas e dos pomares de frutas (incluindo muitos tipos de bagas, figos, maçãs, abricós e vários tipos de castanha). Nos tempos antigos, a cadeia do Líbano era recoberta de cedros; mas, atualmente, sobreviveram somente dois bosques isolados de cedros. O principal desses bosques fica em Bsharreh, a sudoeste de Trípoli. Os cedros ali existentes deram origem a várias expressões metafóricas, conforme é mencionado na quinta seção, a seguir. Os cedros do Líbano (e outras espécies de madeira de construção) forneciam material para muitas edificações no Oriente Próximo, e os reis do Egito, da Mesopotâmia, da Síria e da Palestina cobiçavam essa excelente madeira. Salomão obteve madeira vinda do Líbano, para a construção do templo de Jerusalém (ver 1Rs 5.6,9,14; 7.2,; 10.17,21). Os pinheiros do Líbano e do Antilíbano proviam boa madeira para a construção de embarcações (ver Ez 27.5), bem como para as barcaças sagradas do Egito (conforme a arqueologia o tem demonstrado). A madeira usada na construção do segundo templo de Jerusalém também foi extraída do Líbano (ver Ed 3.7). Móveis de excelente qualidade eram feitos com madeira cortada dali (ver Ct 3.9).

IV. Informes Bíblicos e História. Nas seções segunda e terceira, anteriores a esta, apresentamos as referências básicas do Antigo Testamento que envolvem os montes e a área geográfica do Líbano. Neste ponto, damos referências que abordam especificamente a história do povo de Israel, no que diz respeito a essa região: **1**. Josué, desde o começo, fez com que parte do Líbano se tornasse uma porção da Terra Prometida (Dt 1.7; Js 1.4; Jz 3.3). **2**. Antes disso, Moisés havia orado pedindo para ver ... *esta boa terra que está dalém do Jordão, esta boa região montanhosa, e o Líbano*. (Dt 3.25). **3**. As atividades de Salomão, como construtor, envolveram o Líbano, visto que ele precisava de produtos ali produzidos (1Rs 9.19; 2Cr 8.6). Provavelmente, as vertentes orientais, perto de Beqaa, estão em pauta, visto que o império de Davi e Salomão estendia-se até aquele ponto. Os eruditos não acreditam que, em qualquer tempo, o império de Israel se estendesse até a Fenícia propriamente dita, ou até bem dentro das cadeias montanhosas do Líbano. Móveis de alta qualidade eram feitos com madeiras extraídas dali, conforme se vê em um trecho como Cantares 3.9. **4**. A madeira destinada à construção do segundo templo de Salomão também procedia do Líbano. Ao que tudo indica, seus produtos eram importados por Israel durante todo o transcurso de sua história.

V. Usos figurados. **1**. Aquilo que é grande, forte e belo era simbolizado pelo Líbano e seus produtos. A própria serra era símbolo da grandeza de Deus, mas Deus é tão maior do que o Líbano que este *salta* como bois selvagens, quando Deus fala (Sl 29.6). Foi Deus quem plantou os poderosos cedros do Líbano, pelo que isso fez alusão à provisão e aos cuidados divinos (Sl 104.16). **2**. Os cedros simbolizam os indivíduos arrogantes (Ez 31.3). Porém, assim como Deus plantou os cedros do Líbano, assim também pode arrancá-los, o que significa que ele destruirá e humilhará os homens arrogantes (Is 10.34). **3**. O Líbano era símbolo do que é inacessível, do que é romântico, do que é estranho, do que é misterioso. O leito de Salomão era feito de madeira do Líbano (Ct 3.9), o que deve ter sido considerado algo muito especial. Sua noiva foi convocada, *por assim dizer*, do Líbano (Ct 4.8), o que lhe deu uma aura de raridade e romance. Suas vestes eram como o perfume do Líbano (Ct 4.11). Nesse ponto, um jogo de palavras entre *Líbano* e incenso (no hebraico, *lebona*) pode estar em pauta. **4**. A prosperidade e a estabilidade são simbolizadas pela declaração de que os justos crescerão "como o cedro no Líbano" (Sl 92.12). **5**. Oseias comparou a nação de Israel, uma vez restaurada, às árvores firmemente arraigadas e às fragrantes florestas do Líbano (Os 14.5-7). **6**. Jerusalém e seu templo foram chamados de "Líbano" por haverem sido edificados, pelo menos em parte, com cedros do Líbano, além do que as muitas e elevadas edificações da cidade assemelhavam-se à floresta do Líbano (Hc 2.17; Zc 11.1; Ez 17.3; Jr 22.23). **7**. O exército de Senaqueribe já se mostrara orgulhoso e arrogante como os cedros do Líbano mas, quando foi decepado como estava, ficou humilhado (Is 10.34; Ez 31.3,16). **8**. As bênçãos da era do reino, incluindo a prosperidade espiritual das nações gentílicas, são simbolizadas pelo Líbano, convertido em bosque frutífero (Is 29.17).

VI. O Líbano e a Arqueologia. Importantes descobertas arqueológicas têm sido feitas em locais associados ao Líbano. Tiro, Sidom, Biblos e Balbeque aparecem com proeminência entre esses locais. Dúzias de localidades menos importantes, nessa mesma área, têm sido escavadas.

LIBERALISMO E CONSERVADORISMO EM TEOLOGIA

Ser "liberal", segundo uma descrição autolaudatória, implica estar pronto a ser receptivo a novas ideias e se manter liberto das restrições do tradicionalismo obscurantista e da intolerância irracional. Tem sido esta, em princípio, a posição relativa ao pensamento cristão, adotada, em ocasiões diversas, nos últimos 150 anos, por: **1**. católicos romanos franceses que favoreceram a democracia política e a reforma da igreja; **2**. eclesiásticos anglicanos que aspiravam a uma certa liberalidade doutrinária; **3**. protestantes do mundo inteiro que sustentaram as ideias do pós-Iluminismo procedentes de Schleiermacher e Ritschl em teologia, Kant e Hegel em filosofia, Strauss e Julius Wellhausen em estudos bíblicos.

O liberalismo geralmente significa o padrão de pensamento encontrado nos grupos dos itens "1" e "2" acima. Desenvolvido por teólogos acadêmicos que eram realmente homens de seu tempo e críticos do pensamento anterior ao Iluminismo, o liberalismo tem mostrado, senão todos, em sua maioria, os seguintes aspectos: *a*. O propósito de adaptar a substância da fé, seja ela concebida por qualquer meio, a pontos de vista naturalistas e antropocêntricos correntes, rejeitando os dogmas tradicionais, se necessário. *b*. Uma visão cética a respeito do sobrenaturalismo cristão histórico, assim como aversão em aceitar ou considerar qualquer coisa como certa simplesmente porque a Bíblia ou a igreja assim o afirma; uma tendência de caráter positivista em tornar "objetiva", "científica", antimiraculosa, a contribuição do ensino bíblico e eclesiástico; uma voluntariedade arrojada em elevar prontamente as opiniões dos eruditos dos dias de hoje, moldadas culturalmente, acima da tradição. c. Uma visão da Bíblia como simplesmente um registro humano, passível de todo tipo de falha, do pensamento e da experiência religiosa, em vez de a revelação divina da verdade e realidade a respeito da vida e do homem; dúvidas, mais ou menos extensivas, quanto aos fatos históricos sobre os quais os escritores da Bíblia baseiam o advento do cristianismo; insistência em que as igrejas deveriam ter um caráter nada dogmático, tolerar uma pluralidade e variedade de teologias e ideias e considerar como sua principal preocupação a ética pessoal e social; a crença de que a tarefa cristã principal é a de procurar a renovação da sociedade, em vez de evangelizar o indivíduo. d. Uma ideia, de ordem imanentista e subtrinitariana, de que Deus opera principalmente nos desenvolvimentos culturais, filosóficos, sociológicos, morais e estéticos da humanidade; uma cristologia não encarnacional, que concebe Jesus como pioneiro e modelo religioso, homem supremamente cheio de Deus, em vez de o salvador divino; uma cosmovisão evolucionista (cf. Progresso), que entende o plano de Deus como apenas o de aperfeiçoar uma humanidade tão somente imatura, e não de redimir, curar e libertar do pecado uma humanidade degradada e caída. e. Uma visão, excessivamente otimista, de capacidade da humanidade civilizada de perceber Deus ao refletir sobre a própria experiência e de poder formular uma verdadeira teologia natural; uma crença de que todas as religiões repousam na mesma percepção comum de Deus, diferindo somente nos detalhes e nas ênfases, de acordo com a posição que cada uma delas ocupa numa escala evolutiva ou ascensional; hostilidade e aversão para com qualquer afirmativa ou proclamação exclusiva da fé cristã (cf. Cristianismo e Outras Religiões). f. A negação de que a queda de um casal humano primitivo trouxe culpa, impureza e impotência espiritual sobre a humanidade, em favor de uma visão do ser humano se movendo espiritualmente de forma ascendente; negação da ideia substitutiva penal da expiação e da justiça de Cristo imputada como base da justificação, em troca de argumentações da influência moral, representativa e pioneira da morte de Cristo, ou a respeito de um Deus perdoador simplesmente porque a penitência nos torna perdoáveis; negação da segunda vinda de Cristo, em favor da crença de que simplesmente o progresso moral universal humano poderá estabelecer o chamado "reino de Deus" sobre a terra.

O liberalismo dominou o protestantismo europeu durante meio século, até a Primeira Guerra Mundial, que destruiu simplesmente o exagerado otimismo liberal na raça humana, passando então à liderança do pensamento ora o existencialismo biblicista da genialidade neo-ortodoxa de Karl Barth. No mundo de fala inglesa, formas reconstituídas de liberalismo, quase sempre em desacordo umas com as outras, ainda detêm uma relativa influência na teologia acadêmica.

O termo "conservadorismo" significa, de modo geral, a rejeição da perspectiva liberal como uma aberração um tanto ingênua, nem objetiva, nem científica, nem racional, sem qualquer sentido importante. Com isso, o propósito conservadorista é manter as doutrinas e disciplinas do cristianismo histórico intactas e não diluídas. Existem não poucos protestantes, evangélicos, anglo-católicos e católicos romanos conservadores. Há eruditos e teólogos bíblicos, congregações e denominações, diversas instituições e organizações paraeclesiásticas e de ensino cristão conservadores. Há uma literatura cristã conservadora e uma missiologia conservadora, em que a evangelização é colocada acima de tudo. Nesse sentido, o conservadorismo não implica posição política específica ou expectativa escatológica alguma, embora o contrário seja frequentemente alegado. O fundamentalismo, com seu estilo próprio, é uma forma militante, quase extrema, de conservadorismo. O conservadorismo protestante tem ganhado grande força durante os quarenta últimos anos, mas é ainda uma posição minoritária nas igrejas mais antigas.

(**J. I. Packer**, M.A., D. Phil., professor de Teologia do Regent College, Vancouver, Canadá.)

BIBLIOGRAFIA. D. G. Bloesch, *Essentials of Evangelical Theology*, 2 vols. (San Francisco, 1978); R. J. Coleman, *Issues of Theological Conflict: Evangelicals and Liberals* (Grand Rapids, MI, 1980); J. D. Douglas (ed.), *Let the Earth Hear His Voice: International Congress on World Evangelization* (Minneapolis, 1975); G. M. Marsden, *Fundamentalism and American Culture* (New York, 1980); J. I. Packer, "*Fundamentalism*" *and the Word of God* (London, 1958); B. Reardon, *Liberal Protestantism* (London, 1968).

LIBERTADOR, LIBERTAÇÃO

Há dezenove palavras hebraicas envolvidas, das quais seis são as principais, e há cinco palavras gregas envolvidas neste verbete, a saber: **1**. *Chalats*, "tirar", "libertar". Palavra hebraica usada por 23 vezes com esse sentido (como por exemplo em 2Sm 22.20; Jó 36.15; Sl 6.4; 7.4; 18.19; 34.7; 50.15; 140.1). **2**. *Yasha*, "salvar". Palavra hebraica empregada por duzentas vezes, das quais no particípio, *hifil*, por quinze vezes, com o sentido de "salvador". (Por exemplo: Jz 2.16,18; 3.9,31; 8.22; 10.12-14; 13.5; Êx 14.30; Dt 20.4; Js 10.6; 1Sm 7.8; Ne 9.27; Sl 3.7; Is 25.9; Jr 2.27,28; Ez 34.22; Zc 8.7,13; 12.7). **3**. *Malat*, "deixar escapar". Termo hebraico usado por noventa e duas vezes, como em (2Sm 19.9; Jó 6.23; 22.30; Sl 33.17; Ec 8.7; Is 46.2,4; Am 2.14,15). **4**. *Netsal*, "libertar", "arrebatar". Palavra aramaica usada por quatro vezes (em Dn 3.29; 6.14; 8.4,7). **5**. *Palat*, "deixar escapar". Palavra hebraica usada por 26 vezes (como em 2Sm 22.44; Jó 23.7; Sl 17.13; 18.43,48; 31.1; 37.40; Mq 6.14). **6**. *Shezab*, "libertar". Palavra aramaica usada em Daniel, por nove vezes (Dn 3.15,17,28; 6.14,16,20,27). **7**. *Apallásso*, "libertar", "modificar". Palavra grega usada por três vezes (Lc 12.58; At 19.12; Hb 2.15). **8**. *Eleutheróo*, "libertar". Vocábulo grego empregado por sete vezes (Jo 8.32,36; Rm 6.18,22; 8.2,21; Gl 5.1). **9**. *Eksairéo*, "tirar de", "arrebatar". Palavra grega usada por oito vezes (Mt 5.29; 18.9; At 7.10; 7.34 (citando Êx 3.8; 12.11; 23.17; 26.17; Gl 1.4). **10**. *Rúomai*, "salvar". Vocábulo grego que aparece por dezessete vezes (por exemplo Mt 6.13, Rm 7.24; 2Co 1.10; Cl 1.13; 1Ts 1.10; 2Pe 2.7,9). **11**. *Dídomi soterían*, "dar a salvação". Expressão grega usada somente em Atos 7.25. Essas palavras expressam uma atividade dominante de Deus, que aparece em ambos os Testamentos. No uso comum, no Antigo Testamento, a palavra tem a ideia de "arrebatar", livrando a pessoa de algum perigo. (Ver Gn 37.21; 2Sm 19.9; Am 2.14).

Além disso, temos a considerar o extraordinário livramento do êxodo, exemplificado no livro inteiro intitulado Êxodo, como também, especialmente, em declarações como a de Êxodo 3.8: ... *desci a fim de livrá-lo* (o povo) *da mão dos egípcios*... Visto que o livramento pode atingir a própria alma, e não somente o corpo, a palavra também tem uma importante conotação espiritual, podendo servir de sinônimo de *redenção*. Por causa disso, a narrativa sobre o livramento de Israel do Egito tornou-se símbolo da redenção espiritual. Em Jó 33.28 e Salmo 69.18, o uso da palavra aponta para a redenção. Mas também há aquele livramento negativo mediante o qual Deus entrega seu povo ao castigo, por motivo de suas más ações, como no caso dos cativeiros (ver Jr 20.5; 21.7; 24.9; 29.18; Ez 11.8,9; 21.31; Ez 25.47). Mas isso já envolve outras palavras hebraicas. Outros livramentos incluem a libertação da morte (Sl 33.19); das tribulações (Sl 34.6); das aflições de toda a variedade (Sl 107.6); da fornalha ardente (Dn 3.17,18); da cova dos leões (Dn 6.14,16); da decadência (Rm 8.21); da servidão espiritual, do perigo e da consternação, por parte do Messias

(Is 59.20; Rm 11.26). Essa última referência inclui a ideia da restauração nacional de Israel. Também há o livramento do poder de Satanás (Mt 6.13), da segunda morte (Ap 2.11, 20.6, Lc 4.18, citando Isaías 61, que aponta para o livramento dos cativos do pecado e de seus resultados físicos, como a aflição e a enfermidade, por meio da missão do Messias). Também há o livramento da enfermidade (Lc 13.16); do *reino* de Satanás (Lc 11.14 ss.), das perseguições do sofrimento e das aflições (2Tm 3.11, 4.17 ss.), do poder do pecado (Rm 7.18-25), da tirania e do temor da morte (Hb 2.15), do maligno (Mt 6.13) e do presente mundo pervertido (1Ts 1.10). (W)

LIBERTADOR, O

Ver o artigo geral sobre *Libertador, Libertação*. O Libertador é "alguém que salva e remove do perigo". Ele é o agente que providencia os muitos meios de libertação, conforme se vê no artigo referido. O próprio Deus aparece como o nosso Libertador (Sl 40.17). Deus também figura como o Salvador, ou seja, libertador no sentido espiritual (Is 43.11). Aquele que livra de qualquer perigo é chamado "libertador" (Sl 7.2). Moisés foi o agente usado por Deus no livramento de Israel do Egito, pelo que lhe é dado o título de "libertador", em Atos 7.35. Reveste-se de especial interesse a figura do Libertador (Messias e Salvador) de Israel, conforme se vê em Romanos 11.26, o qual dará salvação nacional ao povo de Israel. Antecipo que isso envolverá muito mais que o remanescente israelense dos últimos dias, porquanto fará parte da restauração geral, prometida em Efésios 1.10. Seja como for, haverá um grande livramento para todos os povos, em consonância com o poder, a predestinação e o amor de Deus.

LÍBIA, LÍBIOS

Líbia é nome que vem da forma grega para o hebraico *Lubim* (vide). De acordo com alguns eruditos, esse nome parece significar "sedentos", o que pode ter-se originado nas condições de vida no deserto, onde eles viviam. (Ver 2Cr 12.3; 16.8; Na 3.9). No começo, o nome aparece com a forma de *Rbw* (= Libu), nos textos egípcios dos séculos XIII e XII a.C., referindo-se a uma tribo líbia hostil aos egípcios. Posteriormente, sob o nome grego de *Lubía*, a menção era aos povos do norte da África, ou mesmo à África inteira, de acordo com a limitada compreensão que os antigos tinham daquele continente. As referências, no hebraico, naturalmente, eram mais limitadas, referindo-se às tribos que descendiam de Cão, e que viviam a oeste do território do Alto Egito, e daí até as margens do mar Mediterrâneo, para o norte. Os termos hebraico e grego incluíam mais do que a tribo que os egípcios chamavam de *Rbw*.

Durante os séculos XII a VIII a.C., os líbios penetraram no Egito como atacantes, colonos ou soldados. Os lubim mostraram-se proeminentes nas forças do Faraó Sisaque (2Cr 12.3; 14.9 e 16.8). Isso indica que muitos deles foram absorvidos na cultura egípcia. Também fizeram parte integrante dos Faraós etíopes que não conseguiram proteger No-Amom (Tebas) das devastações assírias, segundo está registrado em Naum 3.9. Em Daniel 11.43, talvez, haja uma forma variante desse nome, *lubbim*, que nossa versão portuguesa traduz por "líbios".

Os *Leabim* que figuram em Gênesis 10.13 (na tabela das nações) e em 1Crônicas 1.11, classificados sob o Egito, talvez sejam uma forma variante de *Lubim*. Os gregos usavam a forma *Lubía* para indicar o continente africano. Mas a Líbia do Novo Testamento (ver At 2.10) restringe-se à faixa de terras que margeia o Mediterrâneo, a oeste do Egito. Nos dias do Antigo Testamento, os *lubim* eram tribos nômades ou seminômades, as quais entraram em contato com o Egito, com a Etiópia e com Israel, quando este povo foi aliado do Egito. Chegou o tempo em que eles foram subjugados pelos cartagineses. Heródoto informa-nos de que nenhum dos líbios que vivia além do território cartaginês arava o solo (*Hist.* 4.186,187), e Políbio diz algo similar (*Hist.* i.161,167,177). O território passou às mãos dos gregos, dos romanos, dos sarracenos e dos turcos, em sucessão.

Pute, nos trechos de Gênesis 10.6 e 1Crônicas 1.8, é alistado como uma nação separada, mas, em tempos posteriores, veio a associar-se com os *Lubim* (Na 3.9). Os trechos de Ezequiel 27.10; 30.5; 38.5 alistam Pute juntamente com a Pérsia e com Lude, ou, então, Cuxe com Lude, pelo que parece ter havido na região grande mescla de povos. Ver o artigo separado sobre *Pute*.

Cirene era uma das cidades da Líbia. Simão, o cireneu, era nativo dessa cidade (Mt 27.32; Mc 15.21). Visitantes de certas partes da Líbia estiveram presentes em Jerusalém, por ocasião da festa de Pentecostes (At 2.10). Não há que duvidar que eles eram tanto judeus de nascimento quanto prosélitos do judaísmo, que subiram a Jerusalém a fim de observar a festa de Pentecostes. Dentre eles, alguns converteram-se ao cristianismo. A região de Cirene encorajava que ali se formassem colônias judaicas e, nos tempos em que o livro de Atos foi escrito, cerca de um quarto da população de Cirene era de origem judaica. Plínio asseverava que os gregos chamavam a África de Líbia (livro 5, no começo). Provavelmente, *Líbia* também era uma espécie de termo geral para a região da África, a oeste do Egito, sendo, sem dúvida, a região tencionada na lista de Lucas, no segundo capítulo do livro de Atos. Quanto a isso, coincide com a moderna Líbia. Josefo (*Anti.* 14.7,2) informa-nos que muitos judeus habitavam em Pentápolis, uma das principais cidades da Líbia.

LIBNA

No hebraico, **"brancura"**. Esse é o nome de duas localidades que figuram no Antigo Testamento, a saber: **1**. Libna era uma das cidades reais dos cananeus, que Josué conseguiu conquistar imediatamente depois que tomara a Maquedá (Js 10.20-30). Ela ficava no território que, finalmente, foi dado a Josué (15.42), o que, posteriormente, se tornou uma das cidades levíticas. Ver sobre *Levitas, Cidades dos*. (Ver também Js 21.13 e 1Cr 6.57). Essa cidade ficava em Sephelah, ao norte de Laquis. Ela tem sido identificada, variadamente, com Tell es-Safi ou com Tell Bornat. Em tempos posteriores, essa cidade revoltou-se com sucesso contra o domínio exercido por Judá, nos dias do rei Jeorão. Sabemos que as tribos mantinham domínio precário sobre certas áreas e cidades, sempre havendo um certo avanço ou recuo nessa questão. Todavia, Judá deve ter recuperado o domínio sobre a cidade, porquanto ela aparece como uma das cidades fortificadas que Senaqueribe atacou quando se lançou contra Judá, nos tempos do rei Ezequias. (Ver 2Rs 19.8 e Is 37.8). Foi durante essa invasão que uma praga dizimou o exército assírio (2Rs 19.35,36). Libna era a terra natal de Hamutal, mãe do rei Zedequias (2Rs 23.31; 24.18; Jr 52.1). Albright, estudioso moderno, preferia identificar Libna com o Tell Bornat, cerca de dez quilômetros mais para o sul. Mas há estudiosos que preferem Gate ou Maquedá. **Arqueologia**. O Tell es-Safi tem sido exaustivamente explorado pelos arqueólogos. Têm sido encontradas relíquias assírias naquele cômoro. Um tablete de pedra calcária, aí desenterrado, retrata o lançamento de um navio, acompanhado por ritos e cerimônias, incluindo sacrifícios de animais. Talvez esse tablete pertença aos dias de Senaqueribe. Visto que há rochedos de pedra calcária perto daquele lugar, os cruzados chamaram-no de Blanchegard. Talvez a existência desses rochedos brancos é que tenha dado origem ao nome da cidade, na antiguidade. **2**. A vigésima primeira parada onde os israelitas descansaram em sua jornada pelo deserto, após o *êxodo* (vide), também se chamava Libna. (Ver Nm 33.20,21). Essa é a única referência bíblica a essa localidade. Coisa alguma se sabe a seu respeito, e nem qualquer identificação positiva tem sido possível fazer. Há estudiosos que pensam que esse local é idêntico à Labã de Deuteronômio 1.1.

LIBNI, LIBNITAS

Esses nomes também vêm do termo hebraico que significa "branco". Duas personagens eram chamadas Libni, nas páginas do Antigo Testamento: **1**. O filho mais velho dos dois filhos de Gérson, filho de Levi (Êx 6.17; Nm 3.17,21; 1Cr 6.17). Ele foi o progenitor dos libnitas (Nm 3.21,26,48; ver a seguir). **2**. Um filho de Merari, filho de Levi (1Cr 6.29). Alguns estudiosos identificam esse homem com o primeiro, já mencionado. O trecho de 1Crônicas 6.29 refere-se a ele como filho de Mali, que, por sua vez, foi filho de Merari. Parece evidente que houve alguma forma de corrupção textual envolvendo esse nome. Os libnitas, descendentes de Libni, são mencionados em Números 3.21 e 26.48.

LIBRA. Ver sobre *Pesos e Medidas*.

LIDA. Ver sobre *Lode, Lida*.

LIDEBIR

Essa é uma variante marginal para *Debir* (vide), em Josué 13.26. Os textos hebraico, grego, siríaco e a Vulgata Latina têm, todos, *Lidebir*. Talvez a forma correta dessa variante seja *lo-Debar*, referindo-se a uma localidade em Gileade.

LÍDIA (PAÍS)

1. O Nome. O nome desse território aparentemente derivava-se do nome próprio *Lúdos*, o seu fundador. Mas outros dizem que se derivava de *Lude*, o quarto filho de Sem (ver Gn 10.22). No grego, *ludos* indica os habitantes daquele território. O termo passou a ser usado para indicar o luxo, em face da prosperidade econômica da região, mas o sentido original do nome é desconhecido.

2. Geografia. A Lídia era uma província da parte ocidental da Ásia Menor. A oeste ficava o mar Egeu; ao sul, ficava a Cária; a leste, a Frígia; e ao norte, a Mísia. As suas antigas fronteiras, porém, não podem ser determinadas com precisão. A fronteira sul talvez se ampliasse até o rio Meandro (ver Estrabão 12.8,15). Porém, as informações sobre a fronteira leste são incertas, porquanto talvez até se modificassem de tempos em tempos. Disputa-se se Catececaumene, uma área vulcânica interior, às margens do rio Hermo, fazia parte da Lídia ou da Mísia (ver Estrabão 13.4,11). Os territórios envolvidos eram reivindicações de ambas as províncias. A região contém rios com vales férteis, entre as cadeias do Tímolo e do Massogis. Sardes era a sua antiga capital.

3. Informes Históricos. Os habitantes originais da região, até onde a história nos permite saber, eram um povo chamado maeonianos. Não há certeza se eram de origem semita ou indopelásgica. Seja como for, eles foram vencidos pelos lídios, uma tribo cária. A prosperidade material estava associada ao nome desse povo. Grandes riquezas foram amealhadas pelo personagem semimitológico, Guigues (716 a.C.), e essas riquezas atingiram seu ponto culminante no tempo do mais rico de todos eles, Creso (546 a.C.). Mas, no tempo de Ciro, da Pérsia, ele foi dominado por esse monarca. Os historiadores deleitam-se em falar sobre as riquíssimas vestes, os lindos jardins, os tapetes caríssimos e as decorações dos edifícios e, naturalmente, sobre todo o dinheiro sob a forma de ouro, de prata, de pedras preciosas e outras possessões. O exemplo de luxo deixado pelos lídios, juntamente com os inevitáveis vícios, corrompeu os jônios, como também muitos outros povos, segundo é fácil de imaginar. As minas da área eram riquíssimas, e o rio Hermo (atualmente chamado Sarabate), juntamente com o rio Pactolo, tinham muito ouro. As pessoas contavam com muitos escravos para fazerem o trabalho, garantindo assim um maior acúmulo de bens materiais. Alguns historiadores acreditam que os lídios foram o primeiro povo a cunhar moedas. Portanto, pode-se dizer: "Eles foram os inventores do dinheiro!" Além disso, os lídios foram os primeiros a terem uma importante indústria hoteleira. Também inventaram vários instrumentos musicais, bem como a arte de costurar a lã (o que foi levado à perfeição em Mileto). Também eram bons artífices em metais.

Sardes, sua capital, tornou-se um importante centro comercial. Ali era promovido o comércio escravagista, e muitas mulheres eram vendidas para os haréns da Pérsia e para diversos outros lugares. Grandes túmulos, onde eram ocultados os cadáveres de seus reis, podem ser vistos até hoje. A arqueologia tem descoberto muitas inscrições lídias interessantes.

Josefo (Anti. 1.6,4) faz Lude, filho de Sem, ser o ancestral dos lídios; porém, visto que os luden ou ruten dos monumentos egípcios dos séculos XIII e XV a.C. parecem ter vindo de um lugar ao norte da Palestina, perto da Mesopotâmia; essa identificação tem sido posta em dúvida por alguns estudiosos. Entretanto, outros eruditos sugerem que esse povo foi deslocado de seu lugar pelo poder dos assírios e, então, acabaram se estabelecendo na Ásia Menor. Inscrições do século IV a.C. indicam que os lídios falavam um idioma da família indo-europeia, mas, aí pelo começo da era cristã, o grego era a língua falada na região.

Creso, o mais famoso e último rei dessa área, dominou a Ásia Menor inteira, antes da região ser conquistada por Ciro, o rei persa, em 546 a.C. Subsequentemente, a região foi dominada por Alexandre, o Grande, e seus sucessores, tornando-se parte integrante do reino atálida de Pérgamo, antes de passar para as mãos dos romanos, o que sucedeu em 133 a.C., quando a mesma foi incorporada à província romana da Ásia. Têm sido encontradas algumas inscrições lídias originais, mas, aí pelos primórdios da era cristã, o grego já se tornara o idioma comum daquela gente. A Lídia foi o primeiro Estado do mundo a empregar moedas cunhadas, e foi o lar de diversas inovações no campo da música.

4. Descobertas Arqueológicas Recentes. Duas antigas taças gregas, descobertas em Sardes, têm fornecido importantes indícios sobre a sua queda. *O American Journal of Archaeology*, de outubro de 1986, informa-nos que essas taças foram encontradas parcialmente quebradas e queimadas, no soalho de um edifício que estava sendo escavado, em Sardes, cidade que, antigamente, fora a capital da Lídia. Essas taças datam de cerca dos meados do século VI a.C. Foi então que Ciro, rei da Pérsia (fins de 547 ou começo do 546 a.C.), conquistou a Lídia, quando ela estava no ponto culminante de sua glória e riquezas materiais. Os conquistadores tiraram a vida de Creso, o monarca lídio. Construções defensivas colossais, incluindo uma gigantesca muralha, foram encontradas por detrás do edifício onde foram descobertas aquelas taças gregas. A muralha da cidade tinha mais de 18 m de espessura, e tem sido estudada pelos cientistas, *in loc*. O soalho de que se falou acima ficou sepultado sob os tijolos que formavam essa muralha. Entre os itens espalhados ao redor, havia panelas, utensílios de cozinha, taças, lâmpadas, contas de vidro e vários alimentos, incluindo cevada e trigo, em vasos próprios. Quase toda a cerâmica era tipicamente lídia, embora aquelas duas taças fossem de origem grega. Quando as taças foram reconstituídas, notou-se que uma delas trazia a imagem de duas panteras, na frente e atrás. A outra taça trazia a gravura de dois dançarinos, de ambos os lados. Provavelmente, as taças foram importadas pouco antes da destruição de Sardes. Quando os persas invadiram a cidade, ao que tudo indica, os habitantes fugiram, deixando as coisas como elas estavam. A muralha caiu sobre aquele soalho, preservando assim uma cena que foi reencontrada pelos homens mais de dois milênios mais tarde.

Ver também o artigo sobre *Sardes*.

LILITE (FANTASMA)

Em Isaías 34.14 temos uma palavra hebraica, *lilith*, que, segundo os estudiosos, pode referir-se a alguma espécie de ave ou quadrúpede. Mas o sentido da palavra hebraica está cercado de muitas dúvidas; tanto é que a mesma tem sido traduzida por "coruja", "mocho", "monstro noturno", "bruxa noturna", **"monstro terrível"**, **"fúria vingadora"**, **"fantasma"** (como em nossa versão portuguesa), ao passo que outras versões desistem de traduzi-la, meramente transliterando-a por "lilite", conforme faz outra versão portuguesa.

Coisas assim desconhecidas atraem muita atenção, havendo interessantes lendas judaicas a respeito. Esse nome aparece em conexão com a destruição de Edom, e das trevas que circundariam a cena. Por isso mesmo, alguns têm pensado em algum demônio noturno, que se ocultaria em lugares escuros, à espera de vítimas. Outros eruditos pensam que esse era o equivalente hebraico do moderno "vampiro". Outros opinam que devem estar em foco as trevas causadas por tempestades de areia nos desertos, como se alguma criatura, não deste mundo, oculta pelas trevas das tais tempestades, quisesse destruir alguma vítima que ficasse ao seu alcance. O termo sumério *lil.la*, "vento tempestuoso", pode ser aqui refletido. Jerônimo dizia que a palavra significa "fúria vingadora", do tipo provocado por um tufão. Na literatura judaica posterior, a questão tornou-se complexa. Assim, *Lilith* teria sido a primeira esposa de Adão. Ela o teria abandonado e voando como uma ave, transformou-se em um demônio. A especialidade desse demônio seria furtar e matar os recém-nascidos humanos. E também trazer doenças aos lares.

Há estudiosos que pensam ser um erro tentar encontrar uma alusão mitológica nessa palavra. Eles pensam que está em foco algum animal real. A Septuaginta dá a entender que seria uma espécie de macaco sem cauda, mas é difícil perceber como um macaco assim poderia espantar tanto as pessoas. Todavia, o versículo de Isaías não requer tanto susto, segundo alguns intérpretes supõem. Edom foi deixada desolada, e essa desolação talvez prediga o Armagedom (conforme pensam os dispensacionalistas). Nos lugares desolados é possível achar feras, corujas e muitos animais que ocupam os lugares abandonados. Mas um macaco estaria totalmente fora de lugar nas ruínas. Por isso, outros pensam estar em foco alguma espécie de ave, embora seja inútil procurar sua exata identificação.

Contra a interpretação secular de *lilith*, alguns salientam que ela fazia parte da demonologia babilônica, pelo que talvez o Talmude esteja com a razão ao fazer de *lilith* partícipe da sua lista de demônios. A imaginação popular não permite que os lugares arruinados sejam habitados somente por animais conhecidos. Quando um morcego passa voando, e a gente sente a leve deslocação do ar nos cabelos, pelo menos por um momento a gente quase tem a certeza de que deve haver alguma verdade naquelas histórias sobre vampiros!

LIMBO

Na teologia católica-romana, esta palavra (lat. limbus, borda, margem, extremidade) significa uma região na fronteira do inferno que se acredita ser local espiritual daqueles destinados a não experimentar após a morte nem a angústia do inferno nem as alegrias do céu, tampouco as injunções do purgatório. Sob essa visão, o limbo é a morada de duas categorias de falecidos: **1.** Aqueles que na terra não ganharam o uso da razão e não foram batizados, bebês, crianças pequenas (*limbus infantium*, "limbo dos infantes"), pessoas incapazes ou deficientes mentalmente. Embora inocentes de culpa pessoal, seu pecado original, no entanto, não foi removido pelo batismo. De acordo com o papa Inocêncio III (1160-1216), a punição do pecado original é a privação da visão beatífica de Deus. Alguns escritores sustentam que, no caso de bebês e criancinhas, estes têm de algum modo consciência de sua exclusão permanente da bem-aventurança eterna; já outros creem que se mantêm inconscientes dessa perda ou em um estado de felicidade natural, tal como aquele que Adão desfrutou antes da queda. **2.** Os santos do AT, antes de sua libertação por Cristo em sua "descida ao inferno" e da ascensão deles ao céu (ver Escatologia)

(*limbus patrum*, "limbo dos Pais", algumas vezes referidos como *sinu Abrahae*, "seio de Abraão", com base em Lc 16.22).

(**M. J. Harris**, M.A., Dip.Ed., B.D., Ph.D., ex-professor de Exegese do Novo Testamento e de Teologia da *Trinity Evangelical Divinity School*, Deerfield, Illinois, EUA.)

BIBLIOGRAFIA. P. Gumpel, Limbo, *SM* III, p. 139.

LIMIAR

No hebraico devem ser consideradas duas palavras, a saber: **1.** *Saph*, "espaço", "limiar", "entrada". Esse vocábulo é usado por 26 vezes (conforme se vê, por exemplo, em Jz 19.27; 1Rs 14.17; Ez 40.67; 41.16; 43.8; Sf 2.14; Is 6.4; Jr 35.4; 52.24). **2.** *Miphtan*, "soleira", "limiar". Aparece por oito vezes no Antigo Testamento (1Sm 5.4,5; Ez 9.3; 10.4,18; 46.2; 46.1; Sf 1.9). Quanto à primeira dessas palavras, nossa versão portuguesa, geralmente, a traduz por "limiar", embora também por "vestíbulo" e por "porta". No tocante à segunda dessas palavras, nossa versão portuguesa a traduz por "limiar", "entrada", "vestíbulo", e, em Sofonias 1.9, por "pedestal", uma tradução inteiramente destituída de base.

No caso dos templos, o limiar era considerado sagrado, o que se comprova pelos sacrifícios sepultados ali, propositalmente.

O trecho de Juízes 19.27 refere-se ao limiar de uma casa, sobre o qual caíram as mãos de uma concubina morta. Sofonias 2.14 descreve a desolação da cidade de Nínive, capital da Assíria, afirmando que corvos viriam piar nos seus limiares.

A passagem de 1Reis 14.17 refere-se à morte do filho de Jeroboão, quando a rainha cruzou o limiar do palácio. Ester 2.21 menciona o conluio armado contra Assuero, por parte de dois eunucos, que guardavam a porta do palácio. Este é um dos casos em que o termo hebraico *saph* é usado com o sentido de "porta".

Outras alusões ao limiar de uma construção, no Antigo Testamento, são ao limiar do templo ornamentado de ouro (2Cr 3.7). Sacerdotes serviam como guardiães do limiar (2Rs 22.4; 25.18), incluindo levitas (2Cr 34.9), algumas vezes em número de três (Jr 52.24).

Os alicerces do limiar do templo "estremeceram" quando Isaías recebeu sua visão da glória de Deus (Is 6.4). Esse limiar era um lugar onde a glória do Senhor chegou a manifestar-se (Ez 9.3; 10.4), e onde os sacerdotes adoravam (Ez 46.2). Também aparece na visão que Amós teve de Deus (Am 9.1). Fluía água do limiar do templo, dentro da visão de Ezequiel (47.1).

Também se faz menção ao limiar do templo de Dagom (2Sm 5.4,5). E a passagem de Sofonias 1.9 talvez se refira a uma prática associada a espíritos que saltavam através do limiar (cf. 1Sm 5.5), embora também possa ser uma referência àqueles que se aproximavam do pedestal de um ídolo, a fim de adorá-lo.

LIMITES

No hebraico, *gebul*, palavra que figura por cerca de 240 vezes, desde Gênesis a Malaquias, cujo sentido é "lugar fechado". Um termo cognato, *gebulah*, com o mesmo sentido, aparece por dez vezes apenas. Ainda uma terceira palavra, *qatseh* "limite", "extremidade", é usada no Antigo Testamento por 94 vezes (por exemplo: Ez 25.9) a qual aproxima-se mais, quanto ao sentido, de nossa palavra "fronteira". Duas ideias básicas se destacam: **1.** Limites geográficos. Nessa conexão, ver o artigo *Fronteiras*. **2.** Os decretos divinos que delimitam a duração da vida de uma pessoa (Jó 14.5), os limites até onde se espraiam os oceanos (Jó. 38.10) e a perpétua duração dos céus e da terra (Sl 148.6).

LIMPO E IMUNDO

Várias palavras hebraicas e gregas foram empregadas, em ambos os Testamentos, para transmitir as ideias de condições puras e impuras. De algumas vezes, o sentido é literal, dizendo respeito a algo relativo a higiene; mais usualmente, porém, deve-se pensar em um sentido moral ou cerimonial. Há muita coisa, na lei moral, que trata da pureza cerimonial, e isso tornou-se uma obsessão para o judaísmo. No Antigo Testamento encontramos tanto a pureza cerimonial ou ritual (como em Lv 12.7), como a pureza moral (como em Sl 51.7). No Novo Testamento, excetuando aqueles textos que tratam das leis cerimoniais judaicas, deve-se pensar no sentido moral. Portanto, o que é puro implica *santidade*, e o que é impuro implica *solução moral* de alguma espécie.

I. Palavras Envolvidas. 1. *Tame,* "imundícia". Como substantivo a palavra aparece por 26 vezes no Antigo Testamento; a forma adjetivada, "imundo", aparece por 72 vezes. **2**. *Tahor* e *barar* são termos hebraicos sinônimos, referindo-se à pureza. A primeira ocorre por 94 vezes; e a segunda, por dezoito vezes. **3**. O termo grego *akatharsía* aparece por dez vezes (Mt 28.37; Rm 1.24; 6.19; 2Co 12.21; Gl 5.19; Ef 4.19; 5.3; Cl 3.5; 1Ts 2.3 e 4.7). Esse vocábulo significa "imundícia". O adjetivo correspondente, "imundo", figura por trinta vezes, de Mateus 10.1 até Apocalipse 18.2. **4**. *Katharós,* "puro". Palavra grega usada por 23 vezes (Mt 5.8; 23.26; 27.59; Lc 11.41; Jo 13.10,11; 15.3; At 18.6; 20.26; Rm 14.20; 1Tm 1.5; 3.9; 2Tm 1.3; 2.22; Tt 1.15; Hb 10.22; Tg 1.27; 1Pe 1.22; Ap 15.6; 19.8,14; 21.18,21). O verbo e outros cognatos ocorrem por mais 38 vezes. Essas palavras hebraicas e gregas são usadas para indicar imundícia ou pureza literal, ou então ritual e ética.

II. Conceitos Antigos. Os rituais das religiões antigas quase universalmente incluíam atos de purificação. A água e o sangue eram os elementos favoritos, usados nesses atos. Formas de batismo (vide) frequentemente estavam ligadas à noção de purificação. Os sacrifícios cruentos, segundo pensava-se, removiam a culpa e aplacavam os espíritos. As antigas fés quase sempre incluíam o conceito de *tabu*, uma palavra polinésia que significa "proibido". Essas fés eram invariavelmente espiritualistas, supondo-se que havia espíritos malignos que invadiam as vidas dos homens e os corrompiam. Mediante lavagens e ritos de todas as variedades, os homens tentavam contrabalançar as forças do mal, removendo as pessoas de sob o *tabu*. Além disso, haveria as forças boas, usualmente também inspiradas por espíritos, que deveriam ser encorajados e aplacados, para o que as pessoas precisavam ser purificadas, para se tornarem aceitáveis. Destarte, entravam no quadro vários tipos de ablução.

III. Leis Levíticas. Muitos eruditos acreditam que a legislação original dos hebreus, sobre essas questões de limpo e imundo, estava inspirada em crenças similares àquelas referidas no ponto "2", acima. Porém, no Antigo Testamento, encontramos o Deus supremo, Yahweh, como aquele que exigia cerimônia, e não alguma companhia nebulosa de espíritos, bons ou maus. Naturalmente, nem o judaísmo e nem o cristianismo negam o poder dos espíritos imundos.

Fatores. 1. Yahweh requer *pureza*, incluindo a separação de toda idolatria (Lv 19.5). Há um espírito de imundícia (Zc 13.2), que satura as práticas idólatras. Fazia parte da teologia judaica comum, a ideia de que a idolatria está alicerçada sobre poderes demoníacos, e que os idólatras, na realidade, prestam lealdade aos espíritos demoníacos. O trecho de 1Coríntios 10.20 reflete essa crença. Sacrificar aos ídolos é sacrificar aos demônios. **2. A purificação cerimonial**. Conforme a noção de pureza cerimonial, o homem aproxima-se de Deus como um ente santo, sendo necessárias certas cerimônias para enfatizar esse ponto (ver Lv 15.31 e o contexto). **3. Muitos requisitos**. Esses abarcavam pessoas, animais e objetos. *a*. **Pessoas**. O contato de israelitas com animais proibidos, ou então com cadáveres de homens ou de animais, com uma mulher menstruada, com leprosos, com sêmen humano etc., requeria a purificação cerimonial desses judeus. A lista é bastante longa. Ver as referências bíblicas abaixo, dando atenção às variedades mencionadas (Lv 21.1; Nm 9.6,10,19 ss.; 31.19; Lv 22.4 ss.; Lv.11.28; Dt 14.8, Lv 12.4 *ss* e 15.19). O contato com qualquer forma de imundícia fazia um israelita tornar-se incapacitado de participar das funções religiosas, segundo se vê em Levítico 21.11 e Habacuque 2.13. *b*. **Animais**. As leis levíticas dividiam os animais em limpos e imundos. Os primeiros podiam ser consumidos na alimentação dos israelitas, mas não os segundos. Parte dessa legislação provavelmente estava envolvida no conflito contra a idolatria, visto que, no paganismo, muitos animais eram tidos como sagrados, incluindo espécies como peixes, porcos, bois etc. De acordo com os mistérios eleusinos, o sangue do porco era considerado dotado de poderes purificadores. A Israel estava vedado observar costumes pagãos (Lv 20.23). Algumas das razões expostas para essas proibições são compreensíveis. Por exemplo, todos os animais que se alimentam de carniça, as aves de rapina etc., eram proibidos como alimentos, provavelmente por razões higiênicas, além de motivos psicológicos, porquanto tais animais e pássaros são asquerosos. Quem gostaria de ter um urubu assado para o jantar? Durante minha permanência de alguns anos em Manaus, ouvi dizer que pessoas muito pobres tentavam comer a carne dessa ave, mas que a cocção não podia remover a dureza e indigestão de sua carne. Por igual modo, de acordo com a legislação mosaica, animais usados nos cultos pagãos, como porcos, cães, ratos, serpentes, coelhos e insetos como o escaravelho, eram proibidos. A associação dessas espécies com a idolatria, era suficiente para removê-las do cardápio dos israelitas. Além disso, há aqueles animais que inspiram repulsa, como os "enxames de criaturas" (Lv 11.41). É fácil evitarmos tais espécies, mesmo quando estamos famintos. Recentemente, li sobre um jovem que se perdeu em um lugar desértico, mas que sobreviveu comendo formigas. Também existem animais desconhecidos e exóticos, que as pessoas evitam comer, simplesmente porque temem fazer a experiência. No entanto, no Oriente, cães e ratos são consumidos. Dizem que o cão tem gosto de porco, e que a carne do rato se parece com a do esquilo, mas não tenho a menor vontade de experimentar. Meu irmão foi missionário na República Democrática do Congo, e ali eles têm sua lista de animais proibidos. Porém, as cobras estão na lista dos alimentos permissíveis. Meu irmão não pensou jamais em comer carne de cobra, não por ser ele de ascendência judaica, mas porque tal criatura nunca conseguiu despertar o seu apetite. Quando meu irmão foi desafiado por um médico-feiticeiro a comer cobra, para mostrar que não tinha preconceitos, meu irmão comeu um pouco. E depois disse que a carne de cobra não é assim tão ruim. Mas, quando meu irmão desafiou o médico-feiticeiro a comer um de seus animais proibidos, que, para meu irmão, parecia perfeitamente apetecível, o médico-feiticeiro recusou-se, dizendo que se o homem branco contentava-se em quebrar as suas regras, isso não queria dizer que o homem negro também estava disposto a quebrar as suas. No entanto, em certos supermercados nos Estados Unidos da América, vende-se carne de cascavel, um alimento considerado um acepipe delicioso, por algumas pessoas. E quando eu trabalhava na estrada de ferro *Union Pacific*, nos Estados Unidos da América, por algumas semanas, em meus dias de colegial, conheci um grego que devorava toda espécie de insetos. Ele declarava, talvez corretamente, que nunca poderia morrer de inanição, sem importar quão difícil se tornasse conseguir alimentos, porquanto sempre haveria insetos em grande quantidade para ele consumir. Conheci um missionário evangélico que fez uma viagem ao extremo norte brasileiro. Internou-se em um pequeno tributário do rio Negro, habitado por tribos indígenas . Estando ali, o "igarapé" secou, e ele não mais podia descer ribeiro abaixo com o seu pequeno grupo. Não havia como sair dali, senão a pé (sua esposa chegou a dá-lo como morto; e, quando ele, finalmente, chegou, ela perguntou: "Por que você não me escreveu, contando o que estava acontecendo?"). Fosse como fosse, ali estava ele, preso em meio à floresta amazônica. O grupo estava faminto. Um dia, alguém do grupo sugeriu que eles comessem carne de jacaré, visto que aqueles sáurios eram tão abundantes. Meu amigo conseguiu acertar em um dos jacarés com um tiro direto entre os olhos, com sua pistola calibre 22, matando-o no mesmo instante. E obteve uma desmerecida reputação de ter boa pontaria. Eles comeram a cauda do jacaré, e depois disseram que tinha gosto de peixe. Todas as coisas são limpas para quem tem fome. Voltando à República Democrática do Congo, devo informar ao leitor que ali se diz solenemente que as mulheres não podem comer carne de *frango*, sob pena de adoecerem, ou mesmo morrerem. Mas os homens podem comer quanta carne de frango quiserem. É difícil entender por que existem regras como essa. Os judeus contavam com toda espécie de leis sobre a questão, conforme já pude demonstrar. Algumas dessas proibições são fáceis de entender, mas não outras. Uma das estipulações difíceis de compreender é aquela que diz que os animais de patas bipartidas e que ruminam são próprios para a alimentação humana; mas, se alguma espécie não tinha essas características, era retirada da lista (Lv 11.3; Dt 14.3 ss.). Só podiam ser consumidos os peixes dotados de barbatanas e escamas (Lv 11.9 ss). A lei proibia a ingestão de criaturas aladas que também fossem quadrúpedes (Lv 11.20-23). Entretanto, gafanhotos e grilos eram permitidos. Essas proibições deixam perplexos a vários intérpretes, embora deva haver alguma razão para elas, que não ficou registrada no texto sagrado. Além disso, a última coisa que um judeu podia usar em sua alimentação era o sangue (Lv 3.17; 17.10-14; Dt 12.5,23-25; 15.23). Pensava-se no sangue como a essência mística da vida, pelo que seria de propriedade exclusiva de Deus, e, obviamente, um item não apropriado para a alimentação humana. **c. Objetos**. A impureza cerimonial podia ser transmitida por qualquer coisa que fosse tocada por uma pessoa ou por um animal considerado imundo, como uma cama, um assento, uma sela, vestes, vasos de barro etc. A lepra era um terror para os hebreus. Eles supunham que até as vestes podiam ser infeccionadas pela lepra. Provavelmente confundiam certas espécies de fungo com a lepra. Também pensavam que até as paredes de uma casa podiam ficar leprosas (Lv 14.33 ss.). Neste caso, também parece que estava em pauta algum tipo de fungo. Seja como for, tudo quanto fosse tocado por um leproso ficava cerimonialmente impuro. Inúmeros preceitos ensinavam como as coisas impuras podiam ser purificadas. Casos mais sérios requeriam ritos de purificação que se prolongavam até por sete dias (Lv 15.13); enquanto que casos menos sérios perduravam somente do momento da infecção até o cair da noite (Lv 15.6 ss.). Ritos de expiação e purificação eram efetuados em relação a lugares, como o lugar santo (Lv 16.16, 20), o altar (vs. 18 ss.), o propiciatório (vs. 15) e o véu do santuário (Lv 4.6). Também precisavam ser purificados aqueles que manuseavam com as cinzas da novilha, referida em Números 19.10, e com a água da impureza, de Números 19.20. O sistema judaico de ritos purificadores era complexo, realmente, totalmente estranho à nossa maneira cristã de viver e de pensar.

IV. Pureza Moral. Não há que duvidar que, entre os judeus, a pureza e a impureza cerimoniais eram consideradas importantes questões morais. O Novo Testamento demonstra isso, segundo se vê em Atos 10.11 ss. Porém, inteiramente à parte do sistema cerimonial, os hebreus reconheciam a pureza e a impura morais. A culpa pelo sangue inocentemente derramado era uma mácula séria entre eles (ver Nm 35.33 ss.). O adultério era considerado uma contaminação (Lv 18.20), como também o eram os atos sexuais desnaturais (Lv 20.13). Até mesmo as crianças eram julgadas por seus atos, se puros ou não (Pv 20.11). Davi reconheceu o poder de mácula de certos pecados por ele cometidos, e clamou pedindo purificação (Sl 51). Ele anelava por um coração puro, e não meramente por ser declarado cerimonialmente limpo (vs. 10). Também reconheceu que sacrifícios de animais de nada valeriam em seu caso, pelo que ele apresentou a Deus um sacrifício que consistia em um coração contrito (vs. 17). A lei moral judaica consistia precisamente nisso, um código moral cujo intuito era separar o pecador do seu pecado. Talvez meneemos a cabeça em sinal de desolação, diante da interminável lista de regras e ritos do judaísmo; mas os hebreus distinguiam-se de outros povos em face de seu agudo senso de certo e errado.

V. Modos de Purificação. Uma vez mais, defrontamo-nos com grande complexidade. Havia provisões cuidadosas quanto a toda forma de poluição, cerimonial ou moral. Um conceito básico era aquele que dizia que a imundícia separa o homem de Deus, e que a adoração e a comunhão tornam-se impossíveis, por esse motivo. **1. O uso da água**. Há menção à água da expiação (Nm 8.7), à água de purificação (Nm 19.9,13 e 8.7), e também à água corrente da purificação (Nm 19.17). (Ver também Lv 6.28; 8.6; 14.8 ss., Ez 36.35), quanto a maiores detalhes. **2. O sangue dos sacrifícios**. Arão e seus filhos foram ungidos para o sacerdócio por meio do sangue (Lv 8.23 ss.). A purificação da lepra era realizada com sangue (Nm 19.17). A oferta pelo pecado era efetuada mediante sangue (Lv 16.11 ss.). **3. Cinzas**. As cinzas das vítimas sacrificadas, segundo se pensava, tinham muito valor para propósitos de purificação cerimonial (Nm 19.17), sobretudo no caso da novilha vermelha, cujas cinzas eram usadas exclusivamente com propósitos de purificação (Nm 19.1-13). **4. Madeira de cedro**. Essa era misturada com escarlata (alguma espécie de fio ou tecido) e hissopo (Lv 14.4,4,51 ss.). Isso tem envolvido os estudiosos em toda espécie de conjecturas e ideias. Alguns intérpretes supõem que o fio escarlata tinha por intuito afastar os maus espíritos, havendo alguma evidência em favor dessa conjectura no Talmude (*Shabb* 9.3; *Yoma* 4.2). O hissopo é uma erva que teria propriedades catárticas especiais, sendo usado para aspergir a água santa (ver Sl 51.7). **5. Fogo**. Esse era o elemento mais radical usado nas purificações cerimoniais. Era usado para purificação de vasos de metal (Nm 31.22 ss.). Para prevenir a mácula, eram queimados a fogo os restos do cordeiro pascal (Êx 12.10). Também outros sacrifícios compartilhavam dessa característica (Lv 7.17). As ofertas pela culpa eram totalmente queimadas e as cinzas eram removidas do acampamento (Lv 4.12). Em casos extremos, indivíduos especialmente pecaminosos eram queimados na fogueira (Lv 20.14; 21.9). Isso, segundo se pensava, purificava o acampamento, mesmo que, talvez, não as pessoas envolvidas. Os ídolos eram destruídos a fogo (Êx 32.20; Dt 9.21). Uma cidade entregue à idolatria podia ser incendiada até a sua destruição total (Lv 13.12 ss.), para nunca mais ser reedificada.

VI. Conceitos do Novo Testamento: uma Revolução. Foi uma medida realmente revolucionária quando a igreja primitiva descontinuou as leis cerimoniais do judaísmo. Essa foi uma medida que muitos judeus consideraram herética e radical. No Novo Testamento, o conceito moral de pureza é retido e ampliado, mas os meros ritos simbólicos do Antigo Testamento são considerados cumpridos em Cristo. **1. Os ensinamentos de Jesus**. Jesus referiu-se às questões mais importantes da lei, diminuindo, consequentemente, a importância dos ritos (Mt 23.23). Demonstrou como os fariseus (vide) cuidavam tanto das questões rituais, que negligenciavam as verdades morais e espirituais. Há coisas que realmente poluem uma pessoa, como a extorsão e a ganância (Mt 23.25 ss.). Jesus também falou sobre a necessidade da pureza interna (Lc 11.41). Questões similares foram levantadas na questão da obsessão da lavagem das mãos (Mc 7.2-8). A pureza externa serve de mero símbolo da pureza interna (Mc 1.4,15). O trecho de Marcos 7.6 *ss* mostra a preocupação do Senhor Jesus com a fé religiosa autêntica, que não se alicerça sobre coisas meramente superficiais e externas. Por essa razão, Jesus acusou os líderes religiosos do judaísmo de abandonarem os mandamentos de Deus, ao mesmo tempo em que se apegavam às tradições dos homens (Mc 7.8). E o versículo 14 do sétimo capítulo de Marcos fala de coisas que realmente contaminam um homem. Esses pecados, abrigados no coração, são coisas como a fornicação, o furto, o homicídio, o adultério, a cobiça a iniquidade, o logro, a licensiosidade, a inveja, a calúnia, o orgulho e a insensatez. Essas são as coisas que corrompem moralmente uma pessoa. Porém aquilo que um homem come não o contamina, a menos, naturalmente, que ele seja um glutão (vs. 18). Os judeus, entretanto, tinham caído em extremos. Assim, um vendedor de vasos temia que alguma pessoa cerimonialmente impura tocasse em seus produtos, tornando-os poluídos. Isso o obrigaria a purificá-los ritualmente (ver *Tohoroth* 7.1). Havia entre eles até mesmo a teoria da reação em cadeia. Um objeto imundo poderia tocar em um objeto limpo, o qual, por sua vez, ficaria imundo. Então esse segundo objeto podia tocar em um terceiro, que também ficaria imundo etc., *ad nauseum*. Um indivíduo religioso, pois, nunca poderia sentir-se tranquilo. Jesus, porém, aquietou os espíritos, quanto a questões assim.

2. Desenvolvimentos teológicos. A epístola aos Hebreus ensina como Cristo tomou o lugar de todo o sistema veterotestamentário de sacerdotes e ritos. Isso mostra que o Antigo Testamento, dentro da teologia cristã, assumiu uma posição *simbólica*, representativa das qualidades espirituais e morais de Cristo, ou então, de certas qualidades ou aspectos de sua missão. O conceito de sacerdócio cumpriu-se em Cristo (Hb 5, 7, 8, além de outras referências). A relação de pacto agora gira em torno de Cristo, e a sua missão eliminou todos os sacrifícios e holocaustos (Hb 9.21 ss.). A lei era apenas *sombra* dos valores vindouros (Hb 10.1 ss.), e o sacrifício único de Cristo substituiu todos os sacrifícios (Hb 10.5 ss.). O sangue derramado sobre o altar foi substituído pelo sangue da cruz, vertido de uma vez por todas (Hb 10.4; 1Jo 1.7,9; Hb 9.13 ss.; Ló 12.22).

O uso levítico da água foi parcialmente substituído pelo batismo cristão, e os aspectos que não estão contidos ali foram incorporados no ensino cristão moral sobre a purificação dos pecados. A purificação representada pelo batismo consiste em uma boa *consciência* diante de Deus, mediante a ressurreição de Jesus Cristo (1Pe 3.21). A regeneração é a purificação final, que suplanta a purificação meramente cerimonial (Tt 3.5); e a regeneração é simbolizada polo batismo em água. A palavra de Deus, transmissora de vida, santifica o crente (Ef 5.26, João 3.5). Os homens que precisam de purificação *são podados* através do poder do Espírito Santo (Jo 15.1,22). O sangue de Cristo purifica (Ap 7.14). A alma do penitente é que é purificada, e não o seu corpo (1Pe 1.22). Temos uma *esperança* que purifica (1Jo 3.3). Na relação matrimonial, o cônjuge incrédulo é santificado através do cônjuge crente, o que indica primariamente, se não mesmo exclusivamente, que o casamento, nesse caso, é legítimo, contrariamente ao ensino judaico de que os casamentos mistos (entre um judeu e um gentio) não eram válidos (1Co 7.14).

Coisas Impuras no Novo Testamento. Os espíritos malignos (Mc 1.26); os impenitentes não regenerados (Rm 1.24); as observâncias legais (Gl 4.4); a desconsideração pelas coisas assim consideradas dentro das leis cerimoniais judaicas (At 11.1-12, Mt 15.3-20); o retrocesso ao cerimonialismo do gnosticismo (Cl 2.16; 20.22); os perdidos (Ap 22.14).

Os Alimentos no Novo Testamento. A visão de Pedro, registrada em Atos 10.11 ss., deu a entender que os preceitos alimentares do Antigo Testamento não continuavam em vigor, dentro da fé cristã. O décimo quinto capítulo de Atos mantém a proibição quanto ao uso do sangue como alimento, não porque isso fosse algo errado, por si mesmo, mas porque os membros judeus da igreja primitiva muito se ofendiam diante do ato. Além disso, animais estrangulados, que, naturalmente, retinham o sangue na carne, foram proibidos. A mácula da idolatria, mencionada no mesmo decreto (ver At 15.20), incluía os alimentos usados nos ritos pagãos, que, em seguida, eram vendidos nos mercados. O decreto de Atos 15 proibia o consumo de tais carnes. Paulo, porém, incluiu tais alimentos dentro da lista de itens liberados para os cristãos. Em outras palavras, um crente podia consumir tais alimentos, contanto que nenhum irmão na fé, sabedor do que ele estava fazendo, se escandalizasse diante de tal ato. No caso do ato ofender algum irmão, então o crente não deveria comer alimentos oferecidos previamente a ídolos (1Co 8). Contudo, isso não solucionou totalmente a questão, dentro da igreja primitiva, visto que no Apocalipse (2.14,20), esse ato é proibido. No que concerne às inúmeras leis leviticas contra e a favor da ingestão de animais específicos, o trecho de 1Timóteo 4.4,5 elimina a questão inteira. Agora qualquer animal (visto que todos foram criados por Deus) pode ser ingerido livremente, se o ato for feito em ação de graças a Deus.

VII. Evolução da Espiritualidade e da Heresia. É patente que o cristianismo trouxe imensas modificações ao mundo religioso. O cristianismo originou-se no judaísmo, mas eliminou as leis cerimoniais deste último. Também substituiu o sistema sacerdotal inteiro por um só sacerdote, Cristo. Valorizou a graça em lugar das obras, como meio de justificação. Substituiu o templo e seu elaborado sistema de sacrifícios, pelas reuniões simples nos lares, quando as pessoas se reúnem para partir o pão em memória do sacrifício de Cristo. Essas modificações foram muito radicais. Não se pode duvidar que muitos judeus consideraram-nas altamente heréticas. Não somente isso, mas essas modificações cristãs também contradiziam muitas injunções do Antigo Testamento. Isso significa que os judeus não teriam grande dificuldade em provar a natureza herética do cristianismo, mediante o uso de textos de prova extraídos do Antigo Testamento. Isso, por sua vez, mostra-nos que o avanço espiritual nos conduz a áreas que são reputadas heréticas ou mesmo apóstatas por pessoas que defendem os sistemas antigos que estão sendo substituídos ou aprimorados. Torna-se evidente, pois, que não podemos sempre aquilatar uma doutrina mediante o apelo a textos de prova. Ocasionalmente, a evolução da espiritualidade leva-nos a novas áreas, nunca antes antecipadas. A verdade é tão ampla que as modificações, até mesmo as mais radicais, são possíveis. Não podemos erguer uma cerca diante de Deus e dizer: "A revelação cessou aqui, conosco". Essa é uma posição manifestamente absurda passando apenas de um dogma humano, e não de um ensino espiritual revelado. Porém, a curto prazo, as tradições derrotam a verdade. Somente a longo prazo é que a verdade divina prevalece. Na verdade, a ortodoxia de hoje, em muitos casos, foi a heresia de ontem; as ortodoxias se alteram, transformando-se em pontos de fé ultrapassados, e as heresias que eram combatidas tornam-se novas ortodoxias. A cada vez que ocorre uma grande e profunda modificação, os homens entram em conflito. Novas ortodoxias sempre são consideradas "o desenvolvimento espiritual final". Porém, nunca chegaremos ao estágio final de nossa evolução espiritual, visto que o que é meramente finito está absorvendo a infinitude de Deus. Isso envolverá um processo eterno, dentro do qual coisas fantásticas, nunca antes imaginadas, esperam por nós. (B CGM ND DE UN)

LÍNGUA

Nome de um dos membros do corpo (Êx 11.7; Tg 3.6), situado na cavidade bucal (Jó 29.10), e de grande utilidade no uso da palavra (Sl 39.1; 71.24; Mc 7.35). Em Josué 7.21,24, encontra-se a expressão "cunha de ouro", cujo sentido é língua de ouro. Os babilônios chamavam língua de ouro a uma barra desse metal, cuja forma se assemelha a uma língua. Uma delas foi encontrada nas ruínas de Gezer. Em sentido figurado dá-se o nome de língua ao idioma ou linguagem falada ou escrita (Gn 10.5; At 2.8,11). Os descendentes de Noé, por muito tempo, depois do Dilúvio, falavam uma só linguagem (Gn 11.1).

Por efeito de um juízo de Deus sobre os que edificavam a torre de Babel, ocorreu diferenças no modo de falar, resultando a dispersão das gentes pelo mundo então conhecido (Gn 11.2-9) (veja *Babel*). Esse acontecimento histórico, conhecido pela frase "confusão das línguas", podia ter-se limitado à família semítica, depois que se fundou a família de Héber (Gn 10.25). No decorrer do tempo, os descendentes de Noé vieram a falar línguas distintas e muitos dialetos. Os filhos de Jafé falavam as línguas denominadas indo-germânicas (10.2-5), inclusive os idiomas falados na Média e na Jonia, (v. 2). Os povos semíticos geralmente falavam vários dialetos do grupo semítico (v. 21-23), compreendendo o assírio, o aramaico, (v. 22, o árabe v. 26-29), e o hebraico. Os elamitas usavam uma linguagem aglutinada muito semelhante à que falavam os fineses, v. 22. Muitos dos descendentes de Cão também falavam o semítico, por exemplo, Cus na Assíria, (v. 11), na Arábia, (v. 6,7), e na África, e em Canaã, na Palestina e na Fenícia, v. 15; mas os antigos habitantes de Mizraim, (v. 6,13), melhor conhecido pelo nome de Egito, falavam uma linguagem composta de palavras aglutinadas que muitos egiptólogos de nomeada, dizem ser um ramo da família semítica. É bom lembrar que as tribos que emigravam para uma nova terra adotavam com frequência a língua do povo que ali habitava. No dia de Pentecostes, logo depois da festa da Páscoa em que Jesus foi condenado, Deus conferiu o dom de línguas. Estando os discípulos reunidos, repentinamente veio do céu um estrondo como de vento que assoprava com ímpeto, e lhes apareceram repartidas umas como línguas de fogo que repousava sobre cada um deles, e foram todos cheios do Espírito Santo (At 2.1-4). Por esse modo a igreja estava habilitada e simbolicamente comissionada pelo Espírito Santo a anunciar o evangelho a todas as nações da terra. Existem duas teorias quanto à natureza desse dom: **1**. O dom de línguas manifestou-se em momento de êxtase (At 10.46), sem que os recipientes tivessem ciência. A língua era órgão do Espírito Santo e não da pessoa que havia recebido o dom: as palavras proferidas eram de natureza devocional e não se destinavam à instrução da igreja. Em favor dessa teoria, oferecem os seguintes argumentos: ***a***. Paulo não menciona a existência de línguas estranhas na igreja de Corinto e aquelas a que ele se refere em 1Corintios 14, e somente aqui, não dão a entender que se fala de línguas estrangeiras. ***b***. Paulo ensina que o que fala uma língua desconhecida não fala a homens porque nenhum o entende (1Crô 1.2). ***c***. No dia de Pentecostes, as multidões não entendiam o que se falava a ponto de dizerem que estavam embriagados. Foi preciso que o apóstolo Pedro lhes explicasse o que aquilo significava (At 2.13-17). Se os discípulos falavam línguas estranhas no dia de Pentecostes, isso foi devido a um fenômeno ocasional que não se reproduziu. **2**. O dom de línguas manifestou-se em um discurso que todos compreenderam, proferido em línguas antes desconhecidas. ***a***. A narrativa de Lucas é bem clara nesse ponto (At 2.6-12). ***b***. Qualquer pessoa histérica pode proferir palavras ininteligíveis; somente quando a pessoa que fala emprega palavras que antes ignorava; neste caso é forçoso reconhecer que o dom de línguas é miraculoso. ***c***. O argumento de Paulo na passagem citada dá a entender que o dom de línguas consistia em falar uma língua estrangeira. Discursar ou fazer oração em língua estranha sem haver quem a interprete, não edifica a igreja (12.10,30; 14.13-16,27,28). Os cristãos que têm o dom de línguas devem utilizá-lo no trabalho missionário e não fazer exibição dele entre pessoas que não o entendem, a menos que alguém o interprete. O dom de línguas era um dos sinais que acompanhava aqueles que acreditavam (Mc 16.17). Era um sinal visível da assistência do Espírito Santo àqueles que pregavam o evangelho e que concediam o Espírito pela imposição das mãos (At 10.44-46; 19.1-7; *cf*. 8.14-24). O dom de línguas era um fenômeno da idade apostólica que foi desaparecendo gradualmente. No século segundo, talvez uns 50 ou 60 anos depois da morte do último dos apóstolos, refere Ireneu ter ouvido "falar de muitos irmãos, possuidores de dons proféticos e de falarem toda casta de línguas pela operação do Espírito Santo" (adv. Haer. 5.6,1). Em 1830, algumas pessoas da Escócia, e em 1831, outras de Londres, principalmente mulheres de temperamento vivo, acreditavam haver recebido o dom de línguas. O Rev. Edward Irving deixou-se convencer por essa gente, mas ele mesmo não conseguiu converter a nenhum de seus colegas de ministério. Esse movimento deu origem à criação da igreja Católica e Apostólica. Outros movimentos denominados pentecostais também surgiram quando irmãos tiveram experiências profundas com o Espírito Santo, e disseram ter recebido o dom de línguas. Atualmente, as denominações pentecostais atingem todo o mundo, e quase sempre são maiorias. Ainda há muita controvérsia sobre o assunto, porém é inegável a ação do Espírito Santo no avanço da igreja de Cristo, com a distribuição de dons espirituais, 1Coríntios 14.

LÍNGUAS, CONFUSÃO DAS. Ver o artigo geral sobre *Babel* (*Torre e Cidade*).

LINHO

1. Palavras Empregadas, Materiais. ***a***. No hebraico, *pishteh*. Essa palavra é traduzida por "linho" por nove vezes (como em Lv 13.47-59; Dt 22.11; Ez 44.17,18). Esse termo designa tanto a planta como o material fabricado à base dessa planta. Era material empregado no fabrico de redes (Is 29.9); cintos (Jr 13.1); linhas de medir (Ez 40.3); vestes sacerdotais (Ez 44.17,18) etc. ***b***. *Buts*, de uma raiz que significa "brancura", relacionada ao vocábulo grego *bússos* (ver letra f.), é outra palavra hebraica empregada em relação às vestes do coro de levitas, que cantavam no templo de Jerusalém (2Cr 5.12), ou às vestes reais (1Cr 15.27), ou às vestes dos ricaços (Lc 16.19) e que também aparece entre os itens de luxo, mencionados em Apocalipse 18.12. Há estudiosos que pensam estar em foco o "algodão", no caso da palavra hebraica *buts*. ***c***. No hebraico, *sheshi ou shesh*, "alvejado". Esse termo foi emprestado do egípcio *bysus*. (Ver Ez 27.7; Êx 26.4; 35.6). Não se sabe se está em pauta o linho ou a seda. ***d***. No hebraico, *etun*, palavra usada exclusivamente em Provérbios 7.16. Era um fio feito de linho e usado para se fazerem materiais para decoração de leitos, para confecção de tapetes e outros materiais decorativos. ***e***. No hebraico, *bad*, "separação". Portanto, refere-se a algum material empregado nas vestes sagradas dos sacerdotes, que eram separados para o serviço ao Senhor. (Ver Êx 28.42; 39.28; Lv 6.10; 17.4; 1Sm 2.18; Dn 10.5; 17.6,7). Essa palavra parece que era usada para indicar linhos extrafinos, bem como coisas confeccionadas com esses linhos. ***f***. No grego, *bússos*, "linho". Esse vocábulo aparece somente por duas vezes em todo o Novo Testamento (Lc 16.19 e Ap 18.12). ***g***. No grego, *bússinos*, "de linho". (Ver Ap 18.16; 19.8,14). ***h***. No grego, *sindón*, "linho" (ver Mt 27.59; Mc 14.51,51; 15.46; Lc 23.53). O rico, diante de cuja casa Lázaro esmolava, tinha roupas feitas desse material (Lc 16.19). O jovem que seguiu Jesus e fugiu, perdeu seu único traje feito de linho, ou, talvez, o lençol de linho com que se cobria (Mc 14.51). E a noiva do Cordeiro estará vestida de linho fino, o que lhe é apropriado (Ap 19.14). ***i***. No grego, *línon*, "linho", palavra que ocorre em Mateus 12.20 e Apocalipse 15.6.

2. Descrição. O linho é um fio ou um tecido feito com as fibras da planta desse nome. O linho possui excelentes qualidades. É forte, leve, fresco, branco brilhante, lavável, lustroso, durável e resistente aos ataques das traças. Suas desvantagens incluem o labor necessário para o cultivo e a preparação do linho. É muito laboriosa a fiação do linho, e também é difícil de tingir. Em sua forma final, pode assemelhar-se muito ao algodão. A fibra do linho tem juntas, como se fosse o colmo do bambu, ao passo que as fibras do algodão assemelham-se a uma fita torcida, conforme se percebe no exame sob o microscópio.

3. Um Material Antigo. A arqueologia tem descoberto antiquíssimos espécimes de linho, desde tempos tão remotos quanto o período neolítico da Europa. Durante a idade do Bronze, a lã era mais intensamente usada, mas o linho continuava a ser importante material têxtil. Linhos têm sido encontrados na antiga Mesopotâmia, na Índia, na China e no Egito. Quase três quilômetros de tiras de tecido de linho eram usados para enrolar uma única múmia. No Egito, o espécime mais antigo de linho provém de cerca de 5000 a.C. Alguns dos antiquíssimos linhos do Egito eram de grande qualidade e finura. Têm sido encontrados tecidos de linho com nada menos de 270 fios duplos, na urdidura, por cada polegada quadrada. Pinturas tumulares mostram o processo inteiro da manufatura do linho. Registros escritos informam-nos sobre o comércio com o linho. A Bíblia contém muitas referências a esse produto, e outro tanto se dá no caso das culturas grega e romana, embora, nessas últimas, a lã fosse o item mais intensamente comercializado.

O linho era nativo na Palestina antes que Israel chegasse ali, conforme o demonstra o trecho de Josué 21.1,6. Raabe ocultou os dois espias israelitas sob um monte de linho, que ela estava secando sobre o teto plano de sua casa, em Jericó. Desde os tempos mais remotos, um certo tipo de tecido era feito com esse material. Tendo chegado do deserto, o povo de Israel, sem dúvida, aceitou com entusiasmo um produto que podia ser transformado em vestuário, como alternativa para a lã, mais apropriado para um clima quente, como o da terra santa. O trecho de Provérbios 31.13 menciona o uso do linho, e a boa esposa é habilidosa no uso do linho. A passagem de Isaías 19.9 menciona o "linho fino", feito desse material. A arqueologia e as antigas referências literárias confirmam a existência do linho fino, no Egito; e também sabemos que os sacerdotes de Israel tinham vestes feitas dessa fibra de qualidade. Tecido de linho também era usado no fabrico de velas de embarcações (Ez 27.7), além de outros artigos, como toalhas e aventais (Jo 11.44; 13.4). Mortalhas para os mortos também eram feitas de linho (Mc 15.46). Ver o artigo sobre o chamado *Sudário de Turim*, que poderia ter sido o sudário usado quando da crucificação de Jesus.

O nome científico do linho é *Linum usitatissimum*. Cresce de 0,60 cm a 1,20 m de altura e produz flores azuis. Uma vez maduras, as plantas são arrancadas e deitadas para secarem. Em seguida elas são mergulhadas na água, durante três ou quatro semanas, o que faz as fibras separarem-se. Então, os fios são separados uns dos outros. O tecido produzido com esses fios tinha diferentes qualidades, dependendo da técnica e do refinamento, desde o linho grosseiro (ver Ez 9.2), até o tecido mais excelente (Êx 26.1; Et 8.15). O linho era um material muito procurado, e o fracasso na colheita do linho era considerado um desastre sério, de tal modo que era atribuído a um castigo divino (Os 2.9). Da vagem do linho extrai-se também o óleo de linhaça, um outro produto de considerável valor comercial.

4. Usos figurados. A Noiva do Senhor Jesus Cristo ressurreto haverá de vestir-se em "linho finíssimo" (Ap 19.8). E os sete anjos, com os sete flagelos, saíram vestidos do santuário celeste em "linho puro e resplandecente" (Ap 15.6). Está em foco a ideia de santidade; mas, no caso das almas humanas, o linho fino pode indicar a vestidura da imortalidade, conforme temos em 2Coríntios 5.2 ss. Outrossim, a riqueza do material indica a *riqueza* inerente à salvação eterna. Os santos têm sido ornamentados pelas graças e atributos do Senhor, e isso os tem enriquecido espiritualmente. O linho dos santos é finíssimo, rebrilhante e branco, por haver sido lavado no sangue do Cordeiro (Ap 5.9). Na antiguidade, os linhos tinha um valor variado, dependendo do seu grau de brancura e de seu lustre. Passamos a possuir verdadeira natureza espiritual investida de santidade, mas isso somente devido à nossa união mística com Cristo (1Co 1.4), que nos transforma segundo a sua natureza e imagem (2Co 3.18). É dessa forma que chegamos a participar da natureza divina. (Ver 2Pe 1.4 e Cl 2.10).

LINHO EM FLOR

A expressão aparece em Êxodo 9.31. A alusão é à vagem do linho, prestes a deixar escapar as suas sementes. Faz parte da explicação de que certas plantas não foram atingidas pela saraivada, a sétima praga do Egito.

LINHO RETORCIDO

No hebraico, *sheshi*. Está em foco um linho fino, feito com fios de qualidade superior. Cada fio era feito de muitos fiozinhos delicados. Os egípcios eram grandes artífices em obras desse tipo. Heródoto (3.47) afirma que Amasis, rei do Egito (564-526 a.C.), enviou a alguém um corpete, onde cada fio consistia em 360 fiozinhos separados, todos eles claramente visíveis. Linho fino retorcido foi usado na feitura das cortinas, do véu e das cortinas da entrada do tabernáculo (Êx 26.1,31,36), como também nas cortinas do portão do átrio e o do átrio propriamente dito (Êx 27.9,16,18), e também no caso da estola sacerdotal, do cinto da *estola* e do peitoral usado pelo sumo sacerdote (Êx 28.6,15; 39.2,5,8,24,29). Ver também o artigo separado sobre o *Linho*.

LIQUI

No hebraico, **"erudito"**. Nome de um homem da tribo de Manassés (1Cr 7.19). O terceiro da lista dos filhos de Semida. Viveu em algum tempo, após 1950 a.C.

LÍRIOS

Ver o artigo separado sobre *Lírios do Campo*, na citação de Jesus, em Mateus 6.28 ss. O ensino que ele quis destacar ali, é detalhado naquele artigo, pelo que não é repetido neste ponto.

Referências Bíblicas. (1Rs 7.19,22,26; 2Cr 4.5; Ct 2.1,2,16; 4.5; 5.13; 6.2,3; 7.2; Mt 6.28; Lc 12.27). Provavelmente, essas referências incluem mais do que uma espécie de lírio, e até outras espécies de flores. Os trechos de Eclesiastes 1.18 e Oseias 14.5 também parecem referir-se a espécies de lírios.

O lírio é uma planta bulbosa, da qual medravam diversas variedades na Palestina. Quanto às identificações, crê-se que o "lírio" de Cantares de Salomão seja o *Hyacinthus orientalis*, embora lábios como lírios (Ct 5.13) falem mais sobre a *Anemone coronaria*. Talvez Cantares 6.2 aluda ao *Lilium candidum*. Esse lírio é uma flor comum na Palestina. A flor mencionada em Eclesiastes 1.18 e Oseias 14.5 poderia ser o tipo de lírio que cientificamente é chamado de *Iris pseudacorus*. Essas diversas espécies aparecem na natureza em cores e formatos variados. Eram usadas para decorar os lares, tal como até hoje fazem as donas de casa.

Na antiguidade, os lírios na Palestina existiam em maior número de espécies e com maior abundância do que hoje em dia. Sabe-se que intenso desflorestamento teve lugar nos dias de Salomão, o que prosseguiu desde então. O resultado foi que muitas áreas, densamente arborizadas nos dias bíblicos, hoje são virtuais desertos. Isso não condiz com a sobrevivência de muitas espécies vegetais. Na maioria dos trechos bíblicos, a menção ao lírio serve para ilustrar alguma forma de beleza, como dos campos, da mulher, das cores ou das formas das coisas. Desde os tempos mais remotos, o lírio vem sendo imitado em pedra e em bronze, como um ornamento arquitetural. (Ver 1Rs 7.19; 2Co 4.5).

LÍRIOS, FLOR DE

Imitar os lírios, para fins decorativos, era uma arte desde a antiguidade. O trecho de 2Crônicas 4.5 menciona duas colunas, no vestíbulo do templo de Salomão, cujas bordas eram adornadas como "borda de copo, como flor de lírios". Aquelas colunas contavam com capitéis, onde se encontravam esses adornos. Abaixo um pouco desse enfeite, havia um trançado de romãs esculpidas, pelo que o enfeite era atraente e dotado de muita imaginação. Ver também 1Reis 7.19-22 nessa conexão. Os arqueólogos têm achado lavores semelhantes no Egito, sendo provável que os mesmos tenham sido importados da arte egípcia. Todavia, decorações parecidas têm sido encontradas na Assíria, na Pérsia e entre os cananeus da Palestina, pelo que é difícil alguém ser dogmático quanto à origem desse tipo de adorno escultural. O *lotus egípcio* era a flor favorita usada como modelo em obras esculpidas. Essa flor pertence à família dos lírios aquáticos, notória pelas suas grandes folhas flutuantes e belas flores, que tinham as cores branca, róseo e azul. No hebraico, a palavra correspondente ao "lírio" é *shoshannah,* de onde provém o nome próprio feminino, Suzana.

LÍRIOS, OS

No hebraico, *shoshannim eduth.* Essas palavras fazem parte do título dos Salmos 45 e 80. Nossa versão portuguesa as traduz por "Segundo a melodia: os lírios". Ver também sobre *Música e Instrumentos Musicais.*

LISTADOS

No hebraico significa precisamente isso. Trata-se de um vocábulo usado por sete vezes, a fim de descrever parte da aparência das ovelhas que se tornaram possessão de Jacó, enquanto trabalhava para Labão, seu tio (ver Gn 30.35,39,40; 31.8,10,12). Indica um animal de mais de uma cor. Mas, se essa variedade de colorido tinha a forma de listas, ou se a palavra deve ser entendida como vinculada à raiz hebraica que significa "amarrar", que alguns aceitam como a tradução correta, mas que outros consideram duvidosa, continua sendo questão debatida (cf. BDB, 785).

LISTRA

Nome de uma cidade da Licaônia e colônia romana, onde o apóstolo Paulo curou um homem leso dos pés, coxo desde o ventre de sua mãe, e onde teria sido adorado como Deus se a isso não se tivesse recusado. Nessa cidade, ele foi apedrejado e dado como morto, Atos 14.6-21; 2Timóteo 3.11. Em Listra ou em Derbe, encontrou-se a primeira vez com Timóteo, Atos 16.1,2. No lugar da antiga Listra localiza-se, atualmente, Zoldera, cerca de 2 km ao norte de *Khatyn Serai* e 4 km a sudoeste de Icônio.

LITEIRA

No hebraico, *sab* (Is 66.20). Tratava-se de uma armação com longas varas horizontais, puxada por animais de tração ou por homens. Isaías diz que trarão pessoas em vários animais, carruagens e liteiras, para que adorem e recebam instrução espiritual. O trecho de 2Macabeus 9.8 nos diz como Antíoco foi transportado pomposamente em uma liteira. O trecho de Cantares 3.7,9 fala sobre um certo tipo de liteira (no hebraico, *aphiryon*; no grego, *porion*), que era uma espécie de canapé móvel, e não uma carruagem, embora nossa versão portuguesa traduza essa palavra por *liteira* (no vs. 7) e por *palanquim de madeira* (no vs. 9). É possível que se trate de uma espécie de trono transportável. Talvez fosse levado por homens ou por animais. A palavra hebraica *shibreeyeh*, que nunca figura no Antigo Testamento, era uma espécie de liteira puxada por um camelo.

LITERATURA, A BÍBLIA COMO

I. Caracterização Geral. Alguns documentos religiosos têm somente essa qualidade, são "religiosos". Não se destacam como grandes obras literárias. Mas há outros desses documentos, incluindo a Bíblia hebreia-cristã, que são universalmente reconhecidos como grandiosas obras literárias, e não apenas documentos religiosos puros e simples. A literatura de boa qualidade é assinalada por certo número de características (o que comentamos na seção III), por sua notória influência (o que comentamos na seção IV) e, igualmente, pela universalidade de sua mensagem. As universidades sentem-se na obrigação de ensinar peças de literatura religiosa que são grandiosas em si mesmas, sem qualquer ligação com a propagação de teologias ou filosofias de vida. Minha experiência pessoal ilustra a questão. Na Universidade de Utah, nos Estados Unidos da América do Norte, onde recebi meu doutorado, o Departamento de Filosofia contratou um professor para dirigir os estudos do Novo Testamento, em face de suas ideias filosóficas, que têm influenciado tantos milhões de pessoas. O Departamento de Línguas também ensinava ali a Bíblia como literatura; e outros departamentos daquela Universidade estavam envolvidos na mesma atividade. Um certo professor universitário que conheci declarou: "Ninguém completou ainda sua educação, se desconhece a Bíblia". E essa é uma declaração realista, porquanto muito da cultura ocidental está alicerçado sobre os conceitos bíblicos. O Novo Testamento já foi traduzido para mais de mil línguas e cerca de dois mil dialetos, um tributo que nenhum outro documento escrito tem merecido. A Bíblia é uma literatura vigorosa, razão pela qual tem exercido uma longa e profunda influência sobre muitos e variados povos e culturas. Esse *universalis*mo da Bíblia mostra que ela é uma literatura de grande valor.

A Bíblia reivindica para si a distinção de ser a única obra literária inteiramente escrita sob a divina inspiração. O trecho de 2Timóteo 3.16 é o mais conspícuo dessas declarações, onde se lê: *Toda Escritura é inspirada por Deus e útil para o ensino, para a repreensão, para a correção, para a educação na justiça.* Todavia, ao que parece, essa afirmação refere-se às Escrituras do Antigo Testamento apenas, pelo menos na opinião de alguns estudiosos. E, apesar de, nesse caso, não haver reivindicação similar no tocante ao Novo Testamento, deveríamos lembrar-nos de vários fatores: *primeiro*, homens como Paulo tinham visões e outras experiências extáticas que lhes davam informações que foram preservadas sob forma escrita. *Segundo*, apesar dessas experiências nem sempre estarem por detrás do que é dito no Novo Testamento, as experiências religiosas e o conhecimento espiritual de seus autores, por si mesmos, fazem do Novo Testamento um documento espiritual distintivo. *Terceiro*, temos a considerar que houve a direção imprimida pelo Espírito de Deus, o que levou a nova religião a ultrapassar o judaísmo. Certamente esse é um dos temas dos Evangelhos, especialmente do de João, sendo também a ideia principal do livro aos Hebreus. *Quarto*, o Novo Testamento é aquela coletânea de livros que salienta as declarações, os princípios espirituais e a inspiração da pessoa de Jesus, o Cristo — e esse é o principal fator que engrandece o Novo Testamento. Conclui-se daí que qualquer documento escrito, estribado sobre tais qualidades, não poderia deixar de ser notável como obra literária, inteiramente à parte de seu conteúdo teológico. Além disso, deve-se observar que a teologia (as ideias espirituais, a fé religiosa etc.) por si mesma faz parte importante de qualquer cultura; e, em alguns casos, a teologia é o centro em torno do qual toda uma cultura tem sido arquitetada e levantada, como é o caso da cultura dos hebreus.

II. O Estudo da Bíblia Como Literatura

1. O Prestígio da Bíblia nas Universidades. A maioria das universidades exibe o bom senso de incluir cursos sobre a Bíblia. Inúmeras instituições de ensino superior têm dado aos estudos bíblicos uma posição cêntrica nos seus currículos. Já falei sobre isso na primeira parte do ponto I. A influência da Bíblia é tão decisiva em nossa cultura que ninguém pode afirmar que é, realmente, uma pessoa bem informada e educada, a menos que tenha, pelo menos, um conhecimento geral sobre a Bíblia, como literatura.

2. Uma história momentosa destaca-se por detrás da Bíblia. Com frequência, a cultura ocidental tem sido chamada de judaico-cristã. Isso é assim porque a história tem-se desenrolado de tal modo, formando a nossa cultura ocidental, que

muito tem dependido da influência do judaísmo e, então, da influência avassaladora e perenemente presente dos conceitos cristãos. Um longo período da história da Europa foi inteiramente dominado pela igreja Católica Romana, o que não teria sido possível não fora o poder do Livro que continua a controlar as mentes de milhões e milhões de pessoas, em nossa cultura ocidental. A educação de uma pessoa não se completará sem que ela tome conhecimento da Bíblia, ainda que seja como mera literatura. Há algumas décadas, a educação, em nosso mundo ocidental, começava pela Bíblia e pelos escritos clássicos gregos e romanos e, então, ia-se expandindo por outras áreas, incluindo questões como gramática retórica, filosofia e outros cursos de humanidades. Com o surgimento das ciências, porém, essa ênfase foi sendo modificada para as matérias de cunho mais técnico e científico. Em nosso país, por exemplo, há um quarto de século havia não cursos clássicos de 2º grau, onde se estudavam ainda matérias como filosofia preliminar. Mas, o militarismo que dominou o Brasil durante duas décadas deixou somente o curso científico de 2º grau, com o nome de Colegial. No entanto, esboça-se um retorno ao estudo de humanidades no Brasil, conforme se fazia antes. Se isso não se concretizar, só teremos a lamentar, pois a educação do povo brasileiro muito sofrerá com isso, porquanto cada vez mais abaixa de nível. Apesar de tudo, não se pode negar que continua de pé, em toda parte, a influência inegável da Bíblia. A história de Jesus continua sendo a mais extraordinária história que já foi contada.

3. Literatura Significativa. Cerca de quarenta autores diferentes, durante um período de 1300 anos (talvez até mesmo quinze séculos) produziram a Bíblia Sagrada. O chamado cânon palestino incorporava os 39 livros tradicionais do Antigo Testamento, formando um único volume literário. O cânon alexandrino, porém, adicionou a isso outros doze ou catorze livros. No caso do Novo Testamento, chegou-se ao consenso de ser formado por 27 livros, embora esse número não tenha sido aceito imediatamente. Ver o artigo separado sobre o Cânon. O resultado foi que desse modo se formou uma distintiva coletânea de livros, sem igual em toda a história do mundo, se julgarmos a mesma em termos de influência e durabilidade. A Bíblia é uma literatura grandiosa em vários sentidos. Ninguém pode negar a notável exatidão histórica do Antigo e do Novo Testamentos. Os livros poéticos da Bíblia são excelentes como literatura poética. A palavra firme dos profetas é outro ponto alto. Não podemos esquecer a incomparável história de Jesus de Nazaré; nem os poderosos escritos doutrinários dos apóstolos de Cristo; e nem a tradição profética, que continua no Novo Testamento, cujo ponto culminante é o livro do Apocalipse, o produto acabado da tradição apocalíptica judaico-cristã. Isso posto, a literatura bíblica combina as qualidades estéticas éticas, religiosas e espirituais, formando a maior produção literária que já se formou à face da terra.

4. Uma Mensagem Significativa. Os críticos arrogaram-se a tarefa de examinar e explicar a Bíblia como se fosse uma obra literária qualquer. Apesar desses esforços terem produzido muitas conclusões valiosas, tais críticos deixaram de reconhecer o real e mais profundo valor da Bíblia. Assim, C.S. Lewis, em seu volume, *Modern Theology* and *Biblical Criticism* vergastou críticos como Rudolf Bultmann e Alec Vidler, por não terem apreciado devidamente o valor literário da Bíblia. Declarou ele: "Sem importar o papel desses homens como críticos da Bíblia, não confio neles como críticos. Parece-me faltar-lhes a capacidade de fazer um bom juízo literário, mostrando-se indiferentes diante da qualidade literária dos textos que liam". Além disso, Lewis criticou-os por não terem reconhecido o caráter dinâmico das narrativas neotestamentárias sobre Jesus, o que aponta para a historicidade daqueles acontecimentos narrados, porquanto, na opinião deles, tudo não passaria de lendas e mitos. Lewis, uma figura de boa estatura literária no mundo de fala inglesa, era bom conhecedor de todas as variedades literárias, e afirmou saber quando se defrontava com algum mito; no entanto, estava certo de que não lia mitos, quando tinha à sua frente o Novo Testamento.

Os mitos podem formar uma literatura divertida e engenhosa; mas nunca nos transmitem uma mensagem significativa, solidamente apoiada sobre a história, sobre acontecimentos reais. Ora, o relato sobre Jesus Cristo é uma história humana, porquanto sendo ele Deus, veio identificar-se em tudo com os homens. Enfrentou as mesmas provações e retrocessos que eles. Pregou a sua mensagem de vida e salvação. Morreu de forma vergonhosa, mas reverteu tudo isso com sua ressurreição dentre os mortos. Isso, por sua vez, injetou extraordinário poder à sua mensagem. Homens acovardados, que o tinham abandonado em seu momento mais crítico, ressurgiram como leões que rugem, e não demoraram a começar a propagar a vitória sobre a morte por todos os países e povos do mundo então conhecido. E essa marcha cristã até hoje não parou, porquanto a mensagem de Cristo é, deveras, poderosíssima.

III. Qualidades Literárias da Bíblia

1. O Contexto Teísta da Bíblia. A Bíblia começa situando o homem dentro do contexto teísta. Deus existe; ele criou tudo, ele está interessado na vida humana; ele faz intervenções; ele galardoa e pune. A Bíblia, assim sendo, desde o começo adquiriu a qualidade de uma literatura realista, que dá ao homem o lugar que ele ocupa, realmente. O homem, por sua vez, não é um ser independente, nem está sozinho no universo. Além disso, tem um destino. A literatura de boa qualidade, como um de seus predicados, destaca fatos significativos e outras diretrizes para a conduta humana. É o que faz a Bíblia. Ver os artigos intitulados *Teísmo* e *Deísmo*.

2. A Universalidade da Bíblia. Um dos pontos significativos acerca da Bíblia como literatura é o seu apelo e a sua influência universais. A literatura de qualidade influencia os homens; e nenhum outro documento mostra-se mais influente do que a Bíblia. Embora escrita quase inteiramente por judeus (a única exceção sendo Lucas, autor do Evangelho que tem seu nome, e do livro de Atos), não é um livro ao qual se possa aplicar o adjetivo de provincial. "A Bíblia é possuidora de uma universalidade que a coloca à base ou à testa, ou em ambas as posições, de toda a literatura moderna" (A.S. Cook, *Cambridge History of English Literature*, vol. IV p. 31).

3. A Mensagem Mística da Bíblia. Platão raciocinava diante de homens inteligentes. Meus alunos (sou professor universitário) têm-se queixado de que é difícil compreender os diálogos platônicos. É verdade que alguns desses estudantes são negligentes; mas, por outra parte, não é fácil acompanhar os raciocínios de Platão, a menos que se conte com a ajuda de um professor, sempre disposto a ajudar. Platão produziu uma literatura imortal, uma mensagem que deveria ser ouvida. Porém, somente certas pessoas estão aptas a ouvir a sabedoria de Platão. Por outra parte, a mensagem mística dos profetas facilmente penetra nos corações das massas populares. A mensagem da Bíblia pode ser percebida pela reação intuitiva do coração humano, conforme reconhecem todos aqueles que estão afeitos à sua leitura. "O coração tem razões que a razão desconhece... É o coração, e não a razão, que experimenta Deus. (Pascal, *Pensées*, nos. 277, 278). Apesar dessa apreciação conter um certo exagero, porquanto Deus deu-nos a razão a fim de que pudéssemos conhecê-lo racionalmente, ainda assim há uma verdade básica nessa declaração de Pascal.

4. Sublimidade. Como estudante e, subsequentemente, como professor, tenho lido muito os clássicos gregos e romanos. Essa literatura é bela e grandiosa. Há muitos e dignos livros dessa categoria. Ao afirmar isso, entretanto, em nada quero detratar a Bíblia como literatura. Os salmos são universalmente reconhecidos como obras-primas poéticas, e nenhuma outra escrita jamais ultrapassou o livro de Jó como poesia. O Espírito de Deus fala através dos escritos dos profetas, e as mensagens deles, embora antigas, são perfeitamente atuais, porque abordam problemas humanos de todas as gerações. Os Evangelhos, no Novo Testamento, criaram um novo gênero literário. Penso que não foi difícil criar esse novo gênero literário porquanto eles tinham a história de Jesus Cristo para contar, que não podia mesmo ser narrada de maneira comum. As epístolas de Paulo nunca foram ultrapassadas como instruções espirituais. Essas epístolas formam um manual de ideias éticas e religiosas. O próprio Paulo foi autor de considerável habilidade literária, inteiramente à parte do fator da inspiração divina.

5. Compromisso com a verdade. Foi dito acerca do filósofo *Fichte* (vide) que ele filosofava com os punhos sobre a mesa. Isso é uma expressão idiomática que significa que o que ele dizia era para ser aplicado, de modo prático, à maneira como os homens vivem. Quanto a isso, a Bíblia se destaca dentre toda outra literatura. A Bíblia é inflexível em sua busca pela verdade, e essa verdade é sempre aplicada às vidas humanas de maneira prática. J.B. Phililips, que produziu uma tradução do Novo Testamento para o inglês, afirmou que sentia que a sua vida fora transformada, devido aos anos de labor que passou na tradução. Conforme afirmou certo autor, a Bíblia envolve uma "alta seriedade", e essa seriedade reflete as "profundezas de Deus" (ver 1Co 2.10). Há uma curiosa declaração de João Bunyan, autor do notável "O Peregrino", que ilustra o ponto. Essa declaração aparece no seu livro, *Graça Abundante*: "Deus não estava brincando quando me convenceu; o diabo não brinca quando me tenta. Portanto, não posso brincar em meus relacionamentos com eles, antes devo ser direto e simples, apresentando as questões tal e qual elas são".

6. Formas Literárias. A Bíblia é uma coletânea de formas literárias, todas as quais nos apresentam a mensagem espiritual. Ali temos história, teologia, profecia, poesia de vários tipos, cartas, declarações extáticas, relatos ilustrativos, parábolas, discursos, teses, sermões e discursos retóricos. Os Evangelhos formam um gênero literário sem igual, o que comento no ponto 7, abaixo.

Ilustração. **a. História**. Gênesis, Êxodo, 1 e 2Samuel, 1 e 2Reis, 1 e 2Crônicas. É bem reconhecido o fato de que os judeus eram historiadores sírios, e que, começando em cerca de 1000 a.C., a história bíblica passou a adquirir um elevadíssimo grau de exatidão. No Novo Testamento, isso se repete nos Evangelhos e em Atos. **b. Profecia**. Os profetas Maiores e Menores, cujos livros formam um importante bloco no Antigo Testamento. A história e a arqueologia têm demonstrado a notável exatidão das tradições proféticas do Antigo Testamento. O Apocalipse é o único livro profético do Novo Testamento. Quase toda a mensagem desse livro ainda aguarda cumprimento, embora, mui significativamente, os místicos modernos confirmem que, em seu *esboço geral*, esse livro seja exato, concordando com o esboço geral das profecias bíblicas. **c. Literatura de Sabedoria**. Provérbios, Eclesiastes e Salmos fazem parte desse tipo de literatura. E, no período intertestamental, esse gênero literário foi ainda mais amplamente desenvolvido. A leitura desses livros impressiona muito aos seus leitores atentos. São verdadeiramente ricos. **d. Poesia, Em suas Várias Formas**. *Poesia Lírica* (Êx 15.1-18; Jz 5; Sl 5.1-7). Muitos salmos podem ser assim classificados, como os Salmos 1, 19,23,46,90 e 139. A poesia lírica é aquela que é recitada juntamente com a lira e outros instrumentos musicais. Poesia romântica (Ct de Salomão). Poesia dramática (Jó). Poesia litúrgica (muitos Salmos, como 120-134). Poesia didática (Sl 119). Poesia épica (Gn 1—11; 37—50). **e. Lei**. A legislação mosaica é um complexo sistema legal, incorporando, para dizer a verdade, muitos preceitos comuns às sociedades semitas, embora também tivesse desenvolvido conceitos legais em várias direções. Talvez coisa alguma tenha influenciado tanto a cultura ocidental quanto a legislação mosaica. **f. Biografia**. Isso representa uma boa parcela da Bíblia, como 1Samuel 16.1; 1Reis 2—11; e os livros de Rute, Ester, Esdras e Neemias. **g. Parábolas**. Ezequiel 17.1-10 e as muitas parábolas de Jesus, nos Evangelhos. **h. Sermões**. Deuteronômio 1.1—4.40; Mateus 5—7; Atos 7. **i. Discursos Teológicos**. O livro aos Hebreus. **j. Epístolas**. As de Paulo, de Pedro, de Tiago, de Judas e de João.

7. Os Evangelhos como um Gênero Literário Distinto. Não há outra literatura exatamente como a dos quatro Evangelhos. Apesar de consistir em história e em crônicas, também consiste em instruções teológicas e em elevadas mensagens espirituais. Os três Evangelhos sinópticos são, essencialmente, narrativas históricas; e o quarto Evangelho, de João, se excluirmos suas porções históricas, é um Evangelho teológico. Porém a seleção de eventos históricos, que seu autor fez, dá apoio notável à sua mensagem teológica. Os Evangelhos também envolvem sermões, instruções didáticas e parabólicas. O problema enfrentado pelos quatro evangelistas foi o de explicar quem é Jesus, e como ele realizou o que realizou. Por detrás de tudo isso avulta o problema da natureza da encarnação (vide), isto é, como Deus manifestou-se em carne humana e como o Logos divino tornou-se o Cristo. A explicação dessa profunda questão teológica foi feita em meio a uma narrativa, a narrativa sobre Jesus. "O intuito inerente do Novo Testamento é apresentar Cristo como um Ser *sui generis*, divino e humano, ao mesmo tempo". (R.M. Frye).

8. Fatores da Educação. A despeito das modernas formas de comunicação em massa, a literatura continua sendo a forma mais eficaz de comunicação. Onde quer que chegasse a atividade missionária cristã, ali também chegava a educação, mesmo no caso dos povos mais primitivos, o que prossegue até os nossos dias. A Bíblia tem servido de alicerce dessa educação. Apesar das ciências terem dominado o campo de educação, de algumas décadas para cá, nos países mais desenvolvidos, a qualidade educativa da Bíblia, como literatura, nunca se perdeu ou se tornou obsoleta. A *United Bible Societies* informou o público que, até 1973, a Bíblia inteira já havia sido traduzida para 255 idiomas, e que o Novo Testamento, somente, já fora traduzido para mais de mil idiomas, ao passo que porções da Bíblia já haviam sido traduzidas para mais de 1500 idiomas e dialetos. A tradução da Bíblia para o alemão, feita por Lutero, unificou essa língua, tornando-se tal tradução a mãe do alemão moderno. O trabalho de Adoniram Judson, ao traduzir a Bíblia para o birmanês, resultou em conferir ao povo que fala aquele idioma uma forma escrita de sua língua. E outro tanto tem acontecido no caso de vários outros idiomas.

IV. A INFLUÊNCIA EXERCIDA PELA BÍBLIA. As pessoas escrevem peças literárias a fim de comunicarem suas ideias e influenciarem outras pessoas. Os livros que ficam encalhados não conseguem fazer esse trabalho de comunicação e influência, sem importar quão bons possam ser. A Bíblia é o permanente sucesso de livraria, ano após ano. Seu apelo nunca se perdeu. A maior vendedora de Bíblias no Brasil é a Rodoviária de São Paulo, e não poderia mesmo ser diferente, porque a Bíblia é o livro das massas, e a maior de todas as influências literárias isoladas sobre as pessoas. A Bíblia edificou a igreja, e durante mil anos de história europeia, a igreja dominou a Europa, em grande parte devido à influência da Bíblia. Apesar do neopaganismo que se instalou nas sociedades modernas ter diminuído um pouco a influência da Bíblia, para nada dizer sobre o vasto movimento comunista ateu, essa influência continua sendo muito poderosa e generalizada.

A influência da Bíblia faz-se sentir, de forma óbvia, nas seguintes esferas: **1**. Acima de tudo, na esfera religiosa e teológica, que envolve a esfera maior da população total do mundo. **2**. Em seguida, sobre outras formas de literatura. Muitos autores têm sentido a influência da Bíblia, e muitos deles citam ou reverberam passagens bíblicas na literatura que escrevem. **3. No campo da lei**. Apesar das leis romanas exercerem vasta

LIVRO (LIVROS)

influência até hoje, essa influência tem sido amparada, em grande parte, pelas leis da Bíblia, que chegam a rivalizar com aquelas, quanto ao mundo ocidental. **4. Na ética e na filosofia**. A Bíblia não é uma obra de filosofia, mas contém muitas ideias filosóficas que têm sido aproveitadas, modificadas ou negadas pelos filósofos. Embora a Bíblia não apresente um sistema ético, é, supremamente, um livro de ética; no Ocidente é o mais poderoso manual de ética que existe. **5. No campo da espiritualidade**. O homem, em última análise, é um espírito, e não um corpo físico. Isso se reveste de importância suprema, porquanto promove a espiritualidade humana, o que lhe fornece instruções, fala sobre o futuro e lhe acena com a esperança da redenção. Esses são os assuntos sobre os quais a Bíblia se especializa. (AM CAM E LEW(1967) Z)

LIVRO, (LIVROS)

No hebraico, *sefer* (usado por 181 vezes). No Grego, *bíblos* (usado por dez vezes: Mt 1.1; Mc 12.26; Lc 34; 20.42; At 1.20; 7.42; 19.19; Fp 4.3; Ap 3.5; 20.15). O termo hebraico indica qualquer coisa escrita incluindo um documento de venda ou compra (Jr 32.12), uma nota de acusação (Jó 31.35), uma carta de divórcio (Dt 24.1,3), uma carta (2Sm 11.14), um volume (Êx 17.14 e Dt 28.58). Ver o artigo geral sobre a *Escrita*. Ver também sobre o Alfabeto.

Expressões Relacionadas a Livros. **1**. Comer um livro (Ez 2.9; Ap 10.9), indica dominar seu conteúdo, recebendo-o no mais íntimo do ser. **2**. Um livro selado (Ap 5.1-3) indica uma questão que não pode ser revelada, ou que não pode ser entendida, embora possa ser lida (Is 29.11). **3**. Um livro escrito por dentro e por fora (Ap 5.1) era um rolo escrito tanto em uma superfície quanto na outra. **4**. Livro da genealogia significa registro da família ou da nação (Gn 5.1; Mt 1.1). **5**. Livros do julgamento (Dn 7.10) eram os registros celestiais. **6**. Livro dos feitos memoráveis (Et 6.1-3). Um livro conservado na corte persa de Assuero, onde eram registrados serviços notáveis de quaisquer indivíduos. **7**. Os livros (Ap 20.12) encerravam o conhecimento total sobre todas as coisas, em registro divinamente garantido; e os atos ali anotados servirão de base para o julgamento das obras. **8**. Livro das Guerras do Senhor (Nm 21.14), era uma coletânea de obras, provavelmente poéticas, como uma coleção de odes, que celebrava os atos gloriosos de Deus em favor de Israel. Essa é uma das antigas obras literárias dos israelitas que se perderam. **9**. Livro dos Justos (Js 10.13 e 2Sm 1.18), provavelmente uma antiga crônica nacional do começo da história de Israel, mas atualmente perdida. **10**. Livro da Vida. Ver o artigo separado sobre esse assunto. **11**. Muitos livros, desconhecidos para nós, cuja escrita nunca cessa (Ec 12.12). **12**. Livros valorizados por Paulo, mencionados como distintos dos pergaminhos (ou Escrituras) (2Tm 4.13). **13**. Livro da lei, uma referência ao Pentateuco, ou, mais geralmente ainda, à coletânea inteira dos livros do Antigo Testamento (2Rs 23.2,21). Ver também um uso mais restrito e diferente dessa expressão, em (Js 24.26. Ver Mc 12.26 e Gl 3.10). **14**. Livro da genealogia de Jesus (Mt 1.1). Ver Gênesis 5.1 quanto a um uso similar. **15**. Livros do céu semelhantes ao livro da vida (Sl 56.8; Dn 7.10). **16**. Livros atualmente perdidos, relacionados ao Antigo Testamento (Nm 21.14; 1Cr 29.29; 2Cr 9.29; 20.34; 1Rs 14.29; 15.7). **17**. Livros miscelâneos: da geografia palestina (Js 18.9); das nações (Ed 4.15; 6.1,2), e livros mágicos que foram queimados (At 19.19). (S UN Z)

LIVRO DA ALIANÇA

O "livro da aliança" (no hebraico, *sepher habberit*) foi lido por Moisés como a base do pacto de Yahweh com Israel (Êx 24.7). Não há certeza sobre que livro era esse, mas, provavelmente, era, ou incluía o decálogo, isto é, Êxodo 20.2-17. Entretanto, a expressão também foi aplicada a Êxodo 20.22—22.33. Em 2Reis, a expressão refere-se à lei deuteronômica como um todo. Seja como for, estamos tratando da mais antiga codificação da lei de Israel, que consiste em juízos (*mispatim*) e estatutos (*debarim*). Os juízos eram mandamentos positivos: "Faze isto..."; e os estatutos eram mandamentos negativos: "Não..." Também havia provisões chamadas leis participiais, porquanto, no hebraico, são expressos por algum verbo no tempo particípio: "Fazendo isto ou aquilo, morrerá...." Grosso modo, podemos dizer que o "livro da aliança" é o decálogo com seus comentários e implicações.

Um código, similar quanto a certos pontos, é o de Hamurabi, embora ali os homens estivessem divididos em três classes: a aristocracia, a classe comum dos cidadãos e os escravos. E as leis eram bastante desiguais, quando aplicadas a essas três classes. Algumas das provisões, porém, eram idênticas, como, para exemplificar, a sentença de morte contra o sequestro (Êx 21.16; Dt 24.7, Código *de Hamurabi*, n° 14). Quanto ao furto, as leis hebraicas não requeriam a morte, e o código de Hamurabi requeria a punição capital, embora, com o tempo, isso fosse relaxado, para o roubo de objetos religiosos ou de propriedades do estado; posteriormente, foi requerida uma sétupla devolução. Ambos esses códigos permitiam que as dívidas fossem saldadas mediante a servidão, havendo provisões para a redenção, a fim de que os cidadãos não se tornassem escravos permanentes. (Êx 21.2-11; Dt 15.12-18; *Código de Hamurabi* números 117-119. A *lei de Talião*, em face da qual o castigo aplicado correspondia exatamente ao dano praticado, era aplicada de forma um tanto mais lassa no código de Hamurabi (n° 198), do que na lei mosaica). Diz Êxodo 21.23-25: *Mas se houver dano grave, então darás vida por vida, olho por olho, dente por dente, mão por mão, pé por pé, queimadura por queimadura, ferimento por ferimento, golpe por golpe*. O povo comum e os escravos eram menos protegidos nas leis babilônicas do que na lei mosaica. Um pastor que perdesse uma ou várias ovelhas, tinha de fazer reparação em valores, de acordo com o *Código de Hamurabi* n° 267. A lei mosaica (Êx 22.10-13) era mais suave, porquanto admitia perdas que não se deviam à culpa do pastor, como o ataque de algum animal feroz. Nesses casos, bastava-lhe fazer um juramento de sua inocência, e nada precisava pagar. Essas e outras comparações demonstram que o Código de Hamurabi bem como outras legislações existentes na região, juntamente com as leis do Antigo Testamento, estavam alicerçadas sobre algum fundo comum de leis. Mas, em diversas provisões, as leis do Antigo Testamento elevaram os padrões, injetando um maior espírito de misericórdia do que outros códigos. (BRI)

LIVRO DA VIDA

I. A METÁFORA. Pode-se comparar essa metáfora com os trechos de Êxodo 32.32 e *ss* e Salmo 69.28, onde se lê acerca do "livro de Deus" e do "livro dos vivos". Na antiga nação de Israel, tal como em outras culturas, havia um registro dos cidadãos, da cidade, da província ou do país. No caso de Israel, ter o próprio nome em um daqueles registros, era prova de cidadania, com os seus respectivos privilégios. Era um pequeno passo, desde esse antigo costume, até a imaginação de que Deus conserva um livro onde são registrados todos os nomes dos verdadeiros cidadãos dos céus. Ali os nomes podem ser escritos ou apagados, tal como em situações terrenas. Consequentemente, as bênçãos da "cidadania", nos lugares celestiais, dependem do que for feito com o nome de alguém. O vidente João mostra-nos que para que o nome de alguém seja registrado ali, ficando assim assegurada a sua *salvação* e *glorificação*, depende do que os homens façam com as advertências de Cristo e com ele mesmo. O livro de Jubileu exibe o típico ponto de vista "arminiano", ao declarar que os indivíduos que se voltam para o pecado e para a iniquidade podem ter seus nomes apagados do Livro da Vida, mesmo depois de terem sido ali registrados (ver Jubileus 30.22). Se um cidadão terreno, de uma cidade-estado ou de um país, for culpado de algum grande crime, como a traição, seu nome será removido do registro, sendo anulada a sua cidadania. Outro tanto se dá na pátria celestial, conforme nos sugere o vidente João.

II. Outros Livros Celestiais. Além do grande Livro da Vida, a tradição da literatura do AT desenvolveu livros similares, como o da memória de ações boas e más — de ações boas (como se vê em Sl 66.8; Ml 3.16; Ne 13.14 e Jubileus 30.22; e de ações más, como se vê em Is 65.6 1Enoque 81.4; 89.61-64,68,70,71, 2Baruque 24.1; e de ações boas e más, como se vê em Dn 7.10; 2Enoque 52.15; 53.2; Ap 20.12 e Ascensão de Isaías 9.22). Naturalmente, não há necessidade de imaginarmos a existência real de qualquer livro ou livros literais. São apenas meios poéticos de expressar a lei da "colheita segundo a semeadura", conforme se vê em Gálatas 6.7,8. Cada homem é considerado responsável por aquilo que faz. Aquilo que ele faz resulta daquilo que é; e aquilo que alguém é resulta no julgamento ou glória que vier a receber. Isso se aplica tanto ao crente como ao incrédulo, conforme se aprende claramente em 2Coríntios 5.10.

Há referências nos escritos pagãos às ideias contidas em Apocalipse 3.5. Dentro da astrologia babilônica, poderíamos considerar o próprio zodíaco como o livro ou tabletes sobre os quais eram escritos a vontade divina e o destino humano. As constelações são comentários sobre a vida e sobre os poderes de dirigi-la. Os cinco planetas visíveis seriam intérpretes da vontade divina. Um tipo de determinismo, naturalmente, está mesclado com tudo isso. Algumas vezes o determinismo é vinculado ao conceito do "Livro da Vida", em alguns escritos judaicos, como Jubileus 30.20-22; mas esse não era o único conceito judaico, pois o livre-arbítrio também desempenhava uma importante parte na literatura deles. Referências bíblicas ao *Livro da Vida* se acham em (Êx 32.32; Sl 69.28; Dn 12.1; Fp 4.3). E também se pode comparar isso com trechos como (Lc 10.20 e Hb 12.23).

III. Questão de Segurança. A possibilidade do nome de alguém ser apagado do Livro da Vida, após ter sido ali registrado, naturalmente, é um conceito arminiano. Porque negar que a teologia judaica era arminiana? (Quanto a um estudo completo acerca da *questão da segurança eterna*, ver as notas expositivas sobre Rm 8.39 no NTI). Este dicionário toma a posição de que a "queda" é algo relativo à existência humana, antes da "parousia" ou segundo advento de Cristo. Em outras palavras, o desvio pode caracterizar a experiência até mesmo de crentes autênticos, até que Cristo trace limites eternos, quando de sua segunda vinda. (Ver Pe 4.6 quanto ao fato de que tais limites são determinados por ocasião da segunda vinda de Cristo e não por ocasião da morte do indivíduo). No entanto, a "segurança eterna" é algo absoluto, que finalmente haverá de caracterizar o verdadeiro crente.

IV. A Confissão Pública, a Confissão da Alma. A confissão de Cristo do crente e o Livro da Vida: *O que vencer será assim vestido de vestes brancas e de maneira nenhuma riscarei o seu nome do livro da vida, antes confessarei o seu nome diante de meu Pai e diante dos seus anjos.* (Ap 3.5). **1**. Em nossos dias, em que tanto se enfatiza a confissão oral e pública, precisamos estar alertas para o fato de que tal confissão, isoladamente, de nada serve. A confissão dada pela vida transformada é que demonstra a conversão genuína. **2**. Um famoso estadista norte-americano, quando jazia moribundo em seu leito, há alguns anos, a quem fora dirigida a pergunta, "Quer que alguém ore por ti?", retrucou: "Não. A minha vida é a minha oração". Da mesma maneira que uma oração, no final da vida, não pode substituir a santidade e a bondade no decorrer da vida, sem essas qualidades, assim também nenhuma confissão pública pode substituir a real operação do Espírito Santo sobre a alma. **3**. Os nomes dos verdadeiros crentes estão registrados em um livro, no lugares celestiais; mas esse registro é efetuado por Deus, o qual avalia a genuinidade da fé e da santificação de cada um, isto é, de conformidade com o fato (ou a ausência) da regeneração. Nenhum "mero reconhecimento público de fé em Cristo" pode substituir esse fato celestial. **4**. Ver o artigo sobre a *Fé*, que consiste na outorga da alma aos cuidados de Cristo, e não em mera crença em certos itens de um credo qualquer (ver Hb 11.1). Ver os artigos sobre *Arrependimento e Regeneração*. **5**. Amiudadas vezes, em nossos dias, essa confissão pública tem sido transformada em outra forma de "mérito", em substituição a atos legalistas e a sacramentos. Não existe mágica alguma em uma confissão verbal. A transformação da alma é que é realização do Espírito; e sem isso, não terá havido regeneração.

V. Outras Observações

1. O nome registrado no Livro da Vida será confessado por Cristo.

Encontrando, seguindo, guardando, lutando,
Abençoará ele, certamente?
Santos, apóstolos, profetas, mártires
Respondem: 'sim!'.

(John M. Neale, *Art thou weary, art thou troubled?*)

2. A "confissão" verdadeira é o achar, o seguir, o guardar e o lutar por toda a vida do crente, e não consiste de meras palavras proferidas. Tal autêntica confissão presume uma operação divina na alma humana, e o Espírito Santo é quem produz tal maravilha. (Ver 2Co 3.18). **3**. *"Ter o próprio nome retido...* na lista dos cidadãos celestiais, por esse tempo, era uma metáfora corrente para indicar a comunhão eterna com Deus e com o seu povo. E, mediante uma inferência natural extraída de Apocalipse 13.8, indicava a ideia da "predestinação", crença que formava neles, como sempre, uma vívida inspiração debaixo da aflição e do conflito. Quanto ao apagar de nomes, do registro cívico, após a condenação do dono desses nomes, comparar com *Dio Chrys.* xxxi.336c; Xenofonte, Hell. ii.3,51 e Arist. Pac. 1180" (Moffatt, *in loc.*). **4**. A adoração judaica contemporânea (refletida em Esreh. xii., revisão palestina), mostrava que os judeus proferiam uma maldição contra os hereges, estando incluídos os nazarenos (cristãos). Essa maldição incluía o desejo de que Deus os condenasse, removendo seus nomes do Livro da Vida. **5**. Nos registros antigos, os nomes dos mortos eram removidos. Assim, na comunidade cristã de Sardes, aqueles que estavam mortos, embora tivessem nome dos que viviam, não tinham seus nomes no Livro da Vida. **6**. Tanto o livre-arbítrio como o determinismo, a predestinação e a liberdade humana são ideias que aparecem nas Escrituras. O judaísmo antigo também combinava o livre-arbítrio e o determinismo. Ninguém jamais apresentou uma explicação realmente boa sobre como ambos esses elementos podem existir em uma única teologia. (Ver Rm 9.15,16, acerca da "predestinação", e ver 1Tm 2.4, acerca do "livre-arbítrio"). Ver os artigos separados sobre *Determinismo e Predestinação*. Ambos os conceitos são verazes e, embora não saibamos como harmonizá-los, Deus usa o livre-arbítrio do homem sem destruí-lo, ainda que também não saibamos explicá-lo. **7**. Apesar de ser justo os crentes confessarem publicamente sua confiança em Cristo, a verdadeira confissão cristã é aquela que se faz com a vida diária no nível da alma. Aquele que verdadeiramente confessa a Cristo, será verdadeiramente reconhecido nos céus; e a sua glória não terá fim.

LIVROS APÓCRIFOS (ANTIGO TESTAMENTO)

Apócrifo vem do grego *apokrufe*, **"oculto"**, **"secreto"**, *misterioso*, termo aplicado a certos livros que são tidos como sagrados, mas cuja validade é negada por muitos. A palavra ocorre em Marcos 4.22 e Lucas 12.2 *Pois nada está oculto (apokcrufon), senão para ser manifesto; e nada se faz escondido, senão para ser revelado.* Ver também Colossenses 2.3: *... em que todos os tesouros da sabedoria e do conhecimento estão ocultos*. A primeira vez em que o termo aparece para designar uma classe de livros é em *Stromata* 13, cap 4., de Clemente de Alexandria.

LIVROS APÓCRIFOS (ANTIGO TESTAMENTO)

I. Discussão Preliminar

1. Primeiras definições. Na antiga igreja cristã, o termo era usado para designar livros de autoria incerta, escritos sob pseudônimos, bem como aqueles de validade canônica Dúbia. Alguns livros que finalmente foram aceitos como integrantes do cânon neotestamentário (ver o artigo a respeito), ocasionalmente foram considerados apócrifos, como o Apocalipse, que Gregório de Nissa (falecido em 395 d.C.) especificamente classificou como tal. As citações de origem desconhecida, que podem ser achadas na Bíblia, também recebiam esse título (Orígenes, *Prefácio sobre Cânt.*). Jerônimo supunha que as palavras de Efésios 5.14: *"Desperta", ó tu que dormes, levanta-te de entre os mortos, e Cristo te iluminará*, eram de um profeta desconhecido, e, portanto, "apócrifas". Epifânio usava a palavra para aludir aos livros que não eram postos na arca da aliança, mas que eram guardados em outro lugar, visto que a maioria dos livros apócrifos não eram tidos como dignos de serem lidos nas igrejas, embora muitos deles fossem aceitáveis para leitura individual; o próprio termo "apócrifo" veio a tomar o sentido de *espúrio*, ou mesmo de *herético*, embora no século V d.C. a palavra continuasse sendo largamente usada para denotar os livros *não canônicos*, e não obras heréticas. Isso corresponde ao uso de Jerônimo (420), sendo a ideia que predomina hoje.

2. Uso dos livros apócrifos, apocalípticos e pseudepígrafos no Novo Testamento. Em alguns círculos cristãos, tornou-se popular dizer que esses livros nunca foram usados pelos escritores do Novo Testamento. Mas a pesquisa demonstra que a opinião é falsa. O Apocalipse de João tem um quadro profético bastante parecido com o da literatura apocalíptica e pseudepígrafa judaica (ver o artigo sobre esse assunto). Também toma por empréstimo muitos itens e ideias dos mesmos livros. Em meu comentário sobre o Novo Testamento, intitulado *O Novo Testamento Interpretado*, na introdução ao Apocalipse, "IV. *Dependência Literária*", sob o segundo ponto, apresento amplas evidências em favor dessa reivindicação. As epístolas católicas também contêm muitos elementos emprestados. Ver também Hebreus 1.1-3, em comparação com a Sabedoria de Salomão 7.15-27; ou Judas 14, em comparação com 1Enoque. Outros trechos provavelmente baseados em fontes apócrifas são (Mt 11.28-30, reminiscências das palavras finais do Eclesiástico; Lc 11.49, evidentemente de algum livro não canônico perdido); os dois primeiros capítulos da epístola aos Romanos, similares a passagens da Sabedoria de Salomão. Efésios 6.13-17, com paralelos em Sabedoria de Salomão 5.17-20; e Hebreus 2, com paralelos em Eclesiástico 44. Nada disso deveria nos surpreender, se nos lembrarmos que os judeus helenistas (aqueles que falavam grego) e, consequentemente, os primeiros cristãos que falavam o grego, sempre aceitaram os livros apócrifos como canônicos, demonstrando grande respeito por outros escritos não canônicos.

3. Livros Apócrifos e Obras Canônicas do Antigo Testamento. Os saduceus aceitavam somente os livros de Moisés. Os fariseus palestinos aceitavam o Antigo Testamento conforme o encontramos nas atuais Bíblias protestantes. Os judeus helonistas aceitavam também os livros apócrifos, ou seja, essencialmente o cânon atual da igreja Católica Romana. A Septuaginta (o Antigo Testamento traduzido para o grego) sempre incluiu os livros apócrifos. Por esse motivo, os cristãos que falavam o grego usavam esses livros juntamente com o Antigo Testamento canônico. De modo geral, podemos dizer que os livros apócrifos eram tidos em alta conta, usualmente considerados canônicos pela maioria dos cristãos, até o século IV d.C. Jerônimo (400 d.C.) lhes conferiu uma classificação separada e inferior. Mas a igreja oriental, até ao fim do período patrístico, e a igreja ocidental, até a Reforma, situavam-nos, de modo geral, em igual nível de importância ao resto do Antigo Testamento. Por ocasião da Reforma, porém, toda a tradição reformada rebaixou os livros apócrifos, ou à classe de livros comuns (não sagrados), segundo a Confissão de Westminster, ou à posição de úteis como registro de exemplos morais, história e alegoria espiritual etc., sem ser uma base doutrinária (Bíblia de Genebra, os Trinta e Nove Artigos da igreja Anglicana e a igreja oriental). A maioria dos evangélicos protestantes (excetuando apenas os anglicanos) permanece em quase total ignorância desses livros. Mas, aqueles que os leem, dão valor ao menos a certas porções dos mesmos, considerando-as como de não menor valor que o teor geral do Antigo Testamento. É indubitável que nossa compreensão sobre o conhecimento de Deus, por parte dos judeus, e sobre a peregrinação deles como uma nação, seria empobrecida se perdêssemos esse material. Em 1548, o concílio de Trento reconheceu que os livros apócrifos são canônicos e próprios para a leitura nas igrejas, a despeito da resistência de Jerônimo à sua inclusão na Vulgata. Tal decisão deixou de lado somente 1 e 2Esdras e a Oração de Manassés. Essa é a posição da igreja Católica Romana, atualmente. A igreja Ortodoxa Grega aceita a maioria deles como canônicos, afirmando estar certa a decisão do Segundo Concílio de Trulan (692).

II. Livros Apócrifos do Antigo Testamento — Lista e Características

1. 1Esdras (3Esdras, na Vulgata). Começa com uma narrativa da grande festa da Páscoa observada pelo rei Josias, a queda de Jerusalém e o exílio; então alude ao retorno, à reconstrução do templo e às reformas sob Esdras. A obra parece estar baseada em 2Crônicas, Esdras e Neemias, mas não foi terminada. Provavelmente é uma recensão separada, independente da Septuaginta. De modo geral, foi escrita em um grego melhor que o da Septuaginta. Está incluída a história dos três jovens na corte de Dario I (caps. 3.1-4.42). Data: entre 150 e 50 a.C.

2. 2Esdras (4Esdras, na Vulgata). Também se chama Apocalipse de Esdras. Foi escrito originalmente em aramaico, e então traduzido para o grego. Ambas as versões desapareceram, havendo cópias em latim, siríaco, etíope e outras línguas antigas, traduzidas da versão grega, com a possível exceção do siríaco, que pode ter sido traduzido diretamente do aramaico. A versão latina contém algumas adições cristã (caps. 1 e 2 de cerca de 150 d.C. e caps. 15 e 16 de cerca de 250 d.C.). Os caps. 3 - 14, o original *Apocalipse de Esdras*, que consistia de seis visões, aborda o problema do mal e dos sofrimentos de Israel, em resultado à destruição de Jerusalém em 70 d.C., e não à destruição mais antiga, de 586 a.C. O advento do Messias haveria de pôr fim a esse período de sofrimentos. Data: 90 d.C.

3. Tobias é uma história curta que combina certo número de motivos populares, como a narrativa de uma viagem a terras distantes, uma expedição de pesca, uma droga maravilhosa, casos de amor, o salvamento de uma jovem aflita, a redescoberta de um tesouro, o encontro com um anjo disfarçado, um caso de exorcismo, costumes de sepultamento, costumes religiosos, ideias teístas e exemplos do cuidado divino pelos seus. A narrativa nos provê uma janela por meio da qual podemos olhar e obter uma ideia da piedade e da vida judaicas, no começo do segundo século antes de Cristo. Data: cerca de 190-170 a.C.

4. Judite, a breve história de uma heroína, ideal da mulher judia devota, que exemplificou a coragem feminina. A composição enfatiza o princípio da total obediência à vontade de Deus, lealdade à sua lei, mesmo que com sacrifício pessoal. O caso teria ocorrido nos primeiros dias do retorno do cativeiro, contando a derrota das tropas de Nabucodonosor, graças à astúcia de Judite. O monarca declarara guerra contra a Judeia, por não o haver apoiado em sua guerra contra a Média. Judite, ao visitar Holofernes, o comandante do inimigo, fingiu intenções amorosas. Apanhando-o desprevenido, foi capaz de decapitá-lo. Sua cabeça foi enviada de volta a Betúlia, cidade natal de Judite, para ser exibida. Inspirados por isso, os habitantes da cidade, até então cercados, lançaram seu ataque e obtiveram a vitória. A moral da história é que qualquer coisa pode ser feita se agirmos com coragem, dentro do contexto da vontade de Deus. Data: cerca de 150 a.C. O livro foi originalmente escrito em hebraico, e então traduzido para o grego.

5. Adições ao Livro de Ester. São passagens que suplementam o relato secular do livro de Ester, que era lido quando da festa de Purim (ver o artigo a respeito). Essas adições ressaltam o sentido religioso da narrativa original. A Vulgata põe essas adições no fim do livro canônico, como um apêndice. Data: 114-78 a.C. O livro foi originalmente escrito em hebraico, e então traduzido para o grego.

6. Sabedoria de Salomão. Exalta a sabedoria, a qual tanto é retidão como é a *hipóstase* divina; um ser quase divino. Ataca a insensatez da idolatria, mormente a egípcia. O terceiro capítulo contém uma sublime declaração em prol da imortalidade da alma, diferindo radicalmente do ponto de vista judaico normal da ressurreição, no tocante ao destino humano. Mui provavelmente reflete a filosofia platônica e estoica, por intermédio de mestres judeus alexandrinos. As almas dos justos estão nas mãos de Deus, e o tormento não os atingirá. À vista dos insensatos, eles parecem morrer, e a partida deles é tomada como miséria, como se tivessem sido totalmente destruídos ao se irem de nós: mas eles estão em paz.. Data: cerca de 100-50 a.C. Foi originalmente escrito em grego, em Alexandria.

7. Eclesiástico, ou Sabedoria de Jesus Ben-Siraque. Sem dúvida, o mais longo dos livros apócrifos. Ben-Siraque foi um mestre religioso em Jerusalém, um escriba, intérprete e mestre da lei. Ele escreveu essa coletânea de aforismos e minúsculos ensaios sobre religião e moral, em dois volumes, seguindo os Provérbios canônicos, o segundo dos quais começa no atual capítulo 24. O livro inclui, como características principais, elogios aos escribas (38.24-39.11) e aos médicos (38.1-12), louvores a homens famosos (44-50), concluindo com o louvor a Simão, que viveu no começo do século II a.C. O prólogo evidentemente é de outro autor, sendo uma sinopse cristã posterior. O livro é hebreu em seu caráter essencial, saduceu, em sua ênfase, sem qualquer influência da cultura helênica. Foi originalmente escrito em hebraico, e cerca de duas terças partes ainda existem nesse idioma. Data: cerca de 185 a.C.

8. Baruque. Uma obra composta, fornecendo alegadas informações sobre o amanuense do profeta Jeremias. O livro combina a confissão dos pecados de Israel, que produziram a destruição de Jerusalém, em 586 a.C., com uma seção que louva a sabedoria, juntamente com outra seção acerca da futura salvação de Israel. O livro exibe marcante dependência literária de Jó, Daniel e Isaías. Era largamente lido pelos judeus da diáspora, e tornou-se parte da liturgia da sinagoga, tendo chegado até o início da era cristã. Foi originalmente escrito em hebraico, mas sobrevive em uma versão grega. Data: cerca de 150-100 a.C.

9. Epístola de Jeremias. Com frequência é incluída como o sexto capítulo do livro de Baruque. Um ataque vergastador contra a idolatria, refletindo os sentimentos de judeus leais em meio ao paganismo. Seu original foi escrito em aramaico, como se fosse uma carta de Jeremias aos judeus exilados na Babilônia (ver Jr 29.1 ss.). Data: cerca de 150 a.C.

10. Adições a Daniel. Oração de Azarias, Cântico dos Três Jovens e História de Susana. Todas essas adições aparecem nas Bíblias grega e latina. A oração de Azarias, que fala sobre o Filho, segue Daniel 3.23. Na Bíblia grega, Susana antecede o começo do livro de Daniel, mas é o décimo terceiro capítulo de Daniel, na Vulgata Latina. Em algumas publicações e edições, forma um livro separado, totalizando assim catorze livros apócrifos. Bel e o Dragão aparece no fim do livro de Daniel, na versão grega, mas é o décimo quarto capítulo do mesmo na Vulgata. A oração e o cântico são notáveis exemplos da poesia litúrgica dos judeus. O Cântico continua sendo usado na adoração cristã como o Benedicite, em duas partes do Livro de Oração. Susana é uma breve história que enfatiza a proteção de Deus aos fiéis. Recomenda que se façam indagações separadas das duas testemunhas requeridas pela lei judaica. *Bel e o Dragão* narra como foi desmascarada a astúcia de babilônios idólatras, além de ridicularizar a idolatria e a adoração dos cultos. Provavelmente teve um original hebraico talvez do século III a.C., mas certas porções podem ser do ano 100 a.C.

11. Oração de Manassés. É um típico salmo penitencial judaico, apropriadamente atribuído ao rei Manassés (2Cr 33.1-13), mas que, por motivos óbvios, não foi composto por ele. Os livros apócrifos contêm muitos poemas religiosos e muitas orações, servindo de estudo da devoção judaica pré-cristã. Essa obra exemplifica o fato. Não há certeza se foi escrito originalmente em hebraico, mas sobreviveu em grego. Data: século I a.C.

12. 1Macabeus. Um relato da guerra de independência dos macabeus, desde seus primórdios, nos dias de Antíoco IV Epifânio, até o governo de João Hircano (135-104 a.C.), que se tornou sumo sacerdote e governante dos judeus. A narrativa é objetiva, obviamente baseada em registros e observações. Há algumas incoerências internas, embora seja exato o bastante para que Josefo se sentisse capaz de usá-lo como fonte informativa em suas *Antiguidades*. Foi escrito em hebraico, tendo sido traduzido para o grego pouco depois de sua publicação. Data: cerca de 104 a.C.

13. 2Macabeus. Sumário da obra de Jasan de Cirene (cerca de 100 a.C.) em cinco livros. Aborda um período histórico bem mais breve que o de 1Macabeus (quinze anos, em vez de quarenta). Há pontos paralelos entre os dois livros: 1Macabeus 1-2 e 2Macabeus 4-7; 1Macabeus 3-5 e 2Macabeus 8-10; 1Macabeus 6-7 e 2Macabeus 11-15. O livro lança mão de invenções sobrenaturais muito mais que 1Macabeus. O autor importava-se pelo interesse de Deus pelo templo de Jerusalém. A obra abunda em milagres e lendas sagradas, como o martírio dos sete irmãos, expondo doutrinas a que objetaram os reformadores protestantes. Isso constituiu uma das razões para a rejeição de todos os livros apócrifos, como a oração de almas encarnadas em favor de almas de falecidos, ou de almas de falecidos em favor de almas encarnadas. A doutrina do purgatório (ver o artigo) também figura ali, sendo essa a única declaração clara daquela doutrina, em obras que, pelo menos em certos segmentos da cristandade, são consideradas canônicas e autoritárias. Muitas outras religiões, entretanto, têm exposto uma forma ou outra de purificação após a morte biológica.

O autor desconhecido informa que extraiu grande parte de seu livro de uma obra em cinco volumes de Jason de Cirene. Por esse motivo, o autor tornou-se conhecido como o epitomista. Ele mesmo nos proveu o prólogo (2.19-32), o epílogo (15.37-39), e talvez a carta aos judeus egípcios (1.1-2.18). A obra de Jason parece ter sido escrita em grego. Data: cerca de 100 a.C.

Com 2Macabeus termina a coletânea ordinariamente chamada livros *apócrifos*. Ainda outros livros dessa natureza foram usados em alguns segmentos da igreja antiga, como segue: **3Macabeus**. Aceito no cânon das Igrejas orientais. O livro era também chamado *Ptolemaica*. Sua narrativa envolve o reinado de Ptolomeu Filopater, que reinou entre 222 e 205 a.C. De acordo com o relato, ficou irado diante da recusa dos judeus por não o admitirem no Santo dos Santos, no templo de Jerusalém, e retornou a Alexandria com sentimentos assassinos no coração, em busca de vingança. Porém, uma intervenção divina lhe frustrou o plano. Aparentemente foi escrito em grego. Data: de I a.C. a I d.C. **4.Macabeus**. Esse livro é incluído em algumas listas do cânon do Antigo Testamento. Trata-se de uma obra filosófica que aborda a questão: a razão devota é senhora de si mesma? Seu conteúdo é essencialmente um catálogo de mártires judeus, baseado quase inteiramente em 2Macabeus 6.18-7.42, mas com a adição de detalhes sanguinários. A filosofia do mesmo é estoica, e o estilo é retórico. Seu original aparentemente foi escrito em grego. Data: século I d.C.

III. Gráficos Ilustrativos
1. CATÁLOGOS CRISTÃOS DOS LIVROS DO ANTIGO TESTAMENTO

CHAVE:
* * indica que o livro é expressamente reputado Escritura Sagrada
* + indica que ocupa segunda categoria
* ? indica que o livro é duvidoso
* um espaço em branco marca o silêncio do autor sobre o livro em pauta

N.B. A lista envolve somente os livros disputados.

	Lam.	Bar.	Est.	Ec	Sab.	Tob.	Jud.	I, 2Macabeus	
I. Catálogos Conciliares									
Laodiceia 363 d.C.	*	*	*						Cânon lix
Cartago 397 (?)		*	*	*	*	*	*	*	III. Cânon xxxix (al. 47)
Cânones Apostólicos			*	+		*	?	*	lxxvi (al. 85)
II. Catálogos Privados									
a. Escritos gregos									
Melito c. 160 (180)									Ap.Euséb. H.e.iv. 26
Orígenes c. 183-253	*	?	*					+	Ap Euséb. H.E. vi. 25
Atanásio 296-373	*	*	+	+	+	+			Ep. Fest. i.767, ed. Ben.
Cirilo Jr 315-386	*	*	*						Cat. iv. 35
Sinópse S. Escrituras			+	+	+	+	+	+	Credner, Zur Gresch. des Kan. 127 s.
Nicéforo, Esticomet.	*	+	+	+	+	+	+	+	Credner, a.a. O. p. 117 ss.
Gregório Naz. 300-391									Carm. xii. 31, ed. Par. 1840
Anfilóquio c. 380			?						Anf. Ed. Combef. p. 132
Epifânio c. 303-403			*	+					De Mensuris, p. 162, ed. Petav.
Leôncio c. 590									De sectis, a. ii (Gl xii:625 ss)
João Damasceno c.750			*	+	+				De Fide orthod. iv. 17
Nicéforo Cal. c. 1330			?			?	?		Hody. p. 648
Cód. Gr. Séc. X			+	+	+	+	+		Montfaucon, Bib. Coislin, p.193 ss
b. Escritos latinos									
Hilário c. 370	*	?	*			?	?		Pról. in Sl 15
Jerônimo 329-420	*		*	+	+	+	+	+	Pról. Galea. ix; p. 547 ss., Migna
Rufino c. 380					+	+	+	+	Expos. Symb., p. 37 s.
Agostinho 355-430			*	*	*	*	*	*	de Doctr. Christ. ii. 8
Cassiodoro c. 570									De Inst. Div. Litt. xiv
Isidoro c. 696	*	*	*	*	*	*	*	*	de Orig. vi. 1
Sacram. Gálicos			*						Hody, p. 654
Cod. Clarom. sec. VII			*	*	*	*	*	*	Ed. Tisch., p. 468 ss.

LIVROS PERDIDOS DA BÍBLIA

Ver o artigo geral sobre Livro, (Livros). As referências do Antigo Testamento mostram-nos que nem toda a biblioteca sagrada dos hebreus, que sobreviveu, tornou-se parte do cânon veterotestamentário. Os pontos 8 e 9 daquele artigo geral demonstram esse fato. Sem entrarmos na questão do cânon, deveríamos afirmar que não é correto as pessoas chamarem esses livros perdidos "da Bíblia", embora seja esse o título deste verbete.

Alguns desses livros podem ter tido considerável importância, e também podem ter servido de fonte informativa para certos livros da Bíblia, mas não são livros bíblicos.

Também sabemos que alguns escritos paulinos (talvez muitos) se perderam, o que se depreende de Colossenses 4.16: *E, uma vez lida esta epístola perante vós, providenciai para que seja também lida na igreja dos laodicenses; e a dos de* Laodiceia *lede-a igualmente perante vós.* No entanto, não temos nenhuma epístola à igreja de Laodiceia, a menos que se trate da epístola aos Efésios, conforme têm sugerido alguns estudiosos. Ver o verbete sobre a *epístola aos Efésios.* Além disso, vários "Evangelhos" serviram de fontes informativas para Lucas, dos quais não dispomos. (Ver Lc 1.1). A expressão "Livros Perdidos da Bíblia" foi usada como título da publicação de livros apócrifos do Novo Testamento, impressa em 1926. Mas, naturalmente,

2. LIVROS APÓCRIFOS DO ANTIGO TESTAMENTO, CITADOS COMO ESCRITURAS
(Colchetes indicam dúvidas.)

	I, 2Macabeus	Baruque	Eclesiástico	Sabedoria	Tobias	Judite	Adições a Ester	Adições a Daniel
Escritores gregos								
Clemente			[Ep. ad Cor. 27.]		[Ep. ad Cor. 55.]			
Policarpo				[Ep. ad Phil. 10.]				
Barnabbé				[Ep. c.6.]				
Irineu		Adv. Har. v: 35. 1. Paed. i: 10; ii:3	[Adv. Haer. iv: 38, 3.]	[Adv. Haer. i: 30, 11]				Adv. Har. iv: 5, 2; 26, 3.
Clemente de alexandria	[Strom. v: 14]	Sel. in Ps. cxxv.	Strom. iii: 5 etc.	Strom. iv.: 16; vi; 11,	Strom. ii: 28; vi:12.	Strom. ii:7.		Proph. Ec 1.
Orígens		Sel. in Jr xxxi. xxxii: 14. Adv. d. Noct. 5.	Comm. in Joan.	14, 15 etc. c. Cels iii: 72; v: 29; Hom. saepe.	Ep. ad Afric, p. 13 De Orat. p. 11.	[Hom. ix. in Jd 1.]	Ep. ad Afric. De Orat. 14.	Ep. as Afric etc.
Hipólito	[de Antichrv. 49]	Conv. viii: 3. c.		In Cant. Prol.	[In Dn p. 697, ed. Migne.]	Sel. in Jr p. 23		Comm. in Dn p. 639 ss., ed. Migne
methodius.		Arian. i, p. 416.	Conv. i: 3 etc.	Conv. i:3 etc.		[Conv. xi: 2.]		[Conv. xi: 2.]
Atanásio		Dem. Ev. vi: 19	Arian. i, p. 183.	c. Arian. ii, p. 513	c. Arian. i, p. 133.	In Ps. cxxv: 6.		c. Arian. iii, p. 580.
Eusébio		Cat. xi: 15.		Prop. Ev. i: 9.				
cyril. hieros.			[Cat. xxiii: 17.]	Cat. ix: 2.				Cat. ii: 16 etc.
Gregório Nazianzeno		Adv. Eun. iv: 16.						Orat. xxxvi: 3.
Basílio		Haer. lvii: 2 etc.		Adv. Eunom. v:2.				Hom.xii. in Pv. 13.
Epifânio		In Ps. xlix: 3. Scorp. 8.	Haer. xxiv: 6 etc. De Las. ii: 4.	Haer. xxvi (Gnost.) 15 etc.				Ancor. pp. 23, 24. Adv. Hermog. 44.
Crisóstomo		Test. ii: 6.	Testim. ii: 1; De Mortal. p. 9.	In Ps. cix: 7.	De Orat Dom. 32.	De non parc. p. 955.		De Orat. Dom. 8.
Escritores latinos		In Ps. lxviii: 19.			In Ps. cxxix: 7.			In Ps. lii: 19 etc.
Tertuliano		De Trin. iv. 142 In Ps. cxviii:	In Ps. lxvi: 9 etc.	[De Praes. Hor. 7] Testim. ii: 14;	Lib. de Tobia, 1. Pro Athan. i, p.			De Sp. S. iii: 6, 39.
Cipriano		18, 2. De Civ. xviii: 34.	De bono mortis, 8.	De Mortal. p. 23	871.			Pv Athan. ii. p. 894 ss.
Hilário de Portiers			[Dial c. Pelag. i: 33]	n Ps. cxviii:2, 8. De Sp. S. iii: 18,				Serrm. cccxliii.
Ambrósio			De Sch. Don. iii: 3.	135 etc. [Dial. c. Pelag.				
Hieronimous			n Ps. lxvii: 8 etc.	i: 33] Pro Athan. i, p.				
Lucífer				860, ed. Migne. De Sch. Don.,				
Optatus				ii: 25 In Ps. lvii: 1.				
Agostinho								

---

foi um nome erroneamente aplicado. Ver o artigo sobre *Livros Apócrifos do Novo Testamento*. Ver também o artigo intitulado *Pseudepígrafos*. Tal expressão também tem sido usada para indicar várias obras religiosas modernas forjadas (como modernos livros apócrifos), como se tivessem feito parte de alguma coletânea bíblica perdida. Ver sobre os *Livros Apócrifos Modernos*.

LLOYD-JONES, DAVID MARTYN (1899-1981)

Embora nascido no País de Gales, Lloyd-Jones completou sua formação educacional e depois profissional na Marylebone Grammar School e no St. Bartholomew's Hospital, em Londres. Tinha pela frente promissora carreira como médico quando, em 1926, após severa luta interior, assumiu o compromisso de exercer o ministério cristão. Após notável pastorado em Aberavon (1927-1938), foi chamado para ser colega e depois sucessor de G. Campbell Morgan (1863-1945) na igreja *Westminster Chapel*, na capital britânica. Desde o começo, exerceu papel de liderança na *InterVarsity Fellowship* (união inglesa de educandários e agremiações estudantis), além de participar da fundação de novas instituições educacionais e culturais cristãs na Inglaterra, como a *Evangelical Library* [Biblioteca Evangélica], o *London Bible College* [Colégio Bíblico de London] e a *International Fellowship of Evangelical Students* [União Internacional de Estudantes Evangélicos].

Embora haja dedicado constantemente boa parte de seu tempo ao apoio e à ajuda a estudantes, ministros e missionários, foi o púlpito, no entanto, a atividade mais significativa de seu ministério. Fazendo uso de competente exposição da Palavra e aplicação às Escrituras, buscou restaurar a verdadeira natureza da pregação, rejeitando a opinião então prevalecente de que o conhecimento científico já tornara superada

3. DESENVOLVIMENTO DOS LIVROS APÓCRIFOS E HAGIÓGRAFOS

a.C.	Eventos Históricos	História e Lenda	Apocalipse	Sermão e Ensaio	Sabedoria	Salmos
250	Palestina sob Ptolomeus (Egito)	Aikar? Tobias, 220 a.C.?				
200	Palestina sob Selêucidas das (Síria), 198 Antíoco IV contamina o templo, 167; Judas Macabeu o purifica, 164 a.C.	Adições a Ester, c. 181-145 a.C. Judite, 180-100		Testamento 12 Patriarcas 1Baruque, 150 a.C.	Sabedoria de Jesus Ben Siraque (Eclesiástico), 180 a.C.	
150	Dinastia Hasmoneana	1Esdras, antes de 100 a.C. 1Macabeus, 105-65 a.C.?	1Enoque, 183-80 a.C. Guerra Filhos da Luz e Trevas	Manual de Disciplina, 100 a.C.? Fragmentos Sadoquitas		Cântico dos Três Jovens
63	Pompeu conquista Jerusalém, 63 a.C.	2Macabeus, 100 a.C. 70 d.C.? Susana, 80-50 a.C. Bel e o Dragão, 80-50 a.C.		Oráculos Sibilinos III Epístola Jeremias Carta de Aristeias Comentário sobre Habacuque 1,2		Salmos da Seita de Qumran Salmos de Salomão
50	Herodes, O Grande, 40 a.C.	Vidas dos Profetas 3Macabeus, 50 a.C. - 50 d.C. Martírio de Isaías Crônicas de Jeremias Vida de Adão e Eva / Apocalípse de Moisés /	Assunção de Moisés, 4 a.C.-28 d.C. 2Baruque / Baruque siríaco / 2Enoque / Enoque Eslavônico ou Segredos de Enoque / 2Esdras, 88-117 d.C.	4Macabeus, 50 a.C. - 70 d.C.	Sabedoria de Salomão 50 a.C.-10 d.C. Ditos dos Pais / Pirke Aboth, 10-100 d.C.? /	Oração de Manassés
d.C. 1	Judeia sob procuradores romanos					
66	Começa a guerra judaica, 66 d.C.		Apocalipse de Abraão			
100	Queda de Jerusalém, 70 d.C.		3Baruque / Baruque grego /			

a crença na inerrância da Bíblia (ver também Infalibilidade). Considerava a fé na Palavra de Deus e a dependência ao Espírito Santo como as principais necessidades do cristianismo contemporâneo, assim como achava que a descrença humana era um problema moral, e não intelectual (ver sua obra *Truth Unchanged, Unchanging* [Verdade inalterada, inalterável], London, 1951). Introduziu novamente a pregação expositiva consecutiva, com a publicação, a seguir, de *The Sermon on the Mount* [O Sermão do Monte] (London, 1959-1960), *Ephesians* [Efésios] (Edinburgh, 1974-1982), *II Peter* [2Pedro] (Edinburgh, 1983), e *Romans* [Romanos] (London/Edinburgh, 1970-). A maior parte de sua pregação era evangelística, tendo vivido de forma itinerante continuamente por cerca de cinquenta anos, visitando inclusive países da Europa continental e os Estados Unidos nas férias de verão.

Plenamente comprometido com o metodismo calvinista, o ministério de Lloyd-Jones não combinava com o etos religioso prevalecente no País de Gales e na Inglaterra. Conquanto colaborasse constantemente com diversas instituições evangélicas, suas convicções sobre a importância da teologia reformada mantêve-o distante de qualquer outra identificação. Todavia, esteve intensamente envolvido com um movimento de despertamento doutrinário, iniciado por meio da InterVarsity Fellowship, das Conferências Puritanas e da editora Banner of Truth Trust, que depois viria a ser a sua principal publicadora.

Em seus últimos anos, marcados por um declínio geral do cristianismo na Inglaterra, Lloyd-Jones exortou as igrejas à necessidade da unidade evangélica, acima da fidelidade denominacional, como prioridade. Não propunha uma nova denominação, mas, sim, instava sobre a importância da verdadeira união das igrejas, que esperava poder ver expressa, um dia, no Conselho Evangélico Britânico [*British Evangelical Council*]. Advertia que a neutralidade evangélica em relação ao movimento ecumênico estava contribuindo para a difusão de ideias de baixo nível a respeito da fé salvadora.

Deixando a Westminster Chapel em 1968, manteve-se, todavia, ativo na pregação e preparação de sermões para publicação até pouco antes de sua morte. Com sua palavra e seus escritos, LLoyd-Jones influenciaria profundamente a totalidade do mundo de fala inglesa, sendo incluído para sempre na tradição dos grandes evangelizadores e teólogos reformados e puritanos, como Whitefield, Edwards e Spurgeon. Nada menos que alguém do porte de Emil Brunner chegar a defini--lo como "o maior pregador do cristianismo nos dias de hoje".

(**I. H. Murray**, B.A., editor geral da Banner of Truth Trust, Edimburgo, Escócia.)

BIBLIOGRAFIA. D. M. LLoyd-Jones (além das obras citadas acima, *Preaching and Preachers* (London, 1971), que dá uma noção incalculável de suas ideias sobre o ministério. Para conhecer sua biografia, ver C. Catherwood, *Five Evangelical Leaders* (London, 1984); *idem* (ed.), *Chosen by God* (Crowborough, 1986); B. Lloyd-Jones, *Memories of Sandfiels* (Edinburgh, 1983); I. H. Murray, *D. Martyn Lloyd-Jones: The First Forty Years, 1899-1939* (Edinburgh, 1982); J. Peters, *Martyn Lloyd-Jones: Preacher* (Exeter, 1986).

LÓ

1. O Nome. No hebraico, *lot*, "cobertura". A raiz dessa palavra significa "enrolar", "embrulhar", talvez indicando a ação das mãos que embrulham seus bebês. O nome ocorre por 31 vezes no Antigo Testamento, 28 vezes no livro do Gênesis, e também em Deuteronômio 2.9,19 e Salmo 83.8. No Novo Testamento, por quatro vezes (Lc 17.28,29,32 e 2Pe: 2.7). Ele viveu por volta de 1900 a.C.

2. Família. Ló era filho de Harã e sobrinho de Abraão. Harã era o irmão mais jovem de Abraão (ver Gn 11.27,31; 12.5). Ele nasceu em Ur dos caldeus. A identificação comum do lugar de seu nascimento é cerca de 260 km ao norte do golfo pérsico, embora a questão seja disputada. A família migrou dessa localidade e, mediante uma migração contínua, terminou na terra de Canaã, bem para oeste da terra de seus antepassados.

3. Migrações. O pai de Ló morreu relativamente jovem, e Ló tornou-se o herdeiro de suas propriedades. (Ver Gn 11.31). Abraão não tinha filhos nossa época, e Ló ficara órfão. Talvez os dois se apoiassem mutuamente. Finalmente, em suas andanças, chegaram à terra de Canaã. Para ali levaram suas possessões, que consistiam, principalmente, em gado. Eram homens profundamente religiosos, segundo se evidencia pelo fato de que eles foram estabelecendo altares ao longo de sua caminhada, com propósitos de culto religioso. *Yahweh* foi honrado nesses santuários, em Siquém, Betel e no Neguebe (ver Gn 11.27-32; 12.4-10; 12.1). Há uma tradição (com base na sugestão de Gn 12.10 *ss*) no sentido de que Ló teria acompanhado Abraão e Sara ao Egito, a fim de escaparem da fome (ver *Gênesis Apocryphon* 20.11, 33,34, obra descoberta entre os manuscritos do mar Morto). Betel serviu de ponto de descanso por algum tempo, mas prosperaram tanto ali, que a terra não podia sustentar os animais que ambos criavam.

4. Separação Entre Ló e Abraão. Sendo generoso, Abraão concedeu a Ló o direito da escolha do território para onde ele se retiraria. Ló preferiu a direção em que ficava a cidade de Sodoma, onde havia pastagem suficiente para suas ovelhas. Aquelas terras eram férteis e havia bom suprimento de água (ver Gn 13.13). Os animais de Ló viviam bem alimentados, mas a alma dele começou a definhar, porquanto seus novos vizinhos e amigos eram degenerados. Ele sentia profundamente a perversidade deles (ver 2Pe 2.7), embora isso não o tenha feito afastar-se daquela região.

Os intérpretes supõem que foi nessa época que começaram a surgir falhas e pontos fracos no caráter básico de Ló. Em primeiro lugar, ele preferiu egoisticamente as melhores terras para si, às custas do seu tio Abraão. Em segundo lugar, ele achou que havia vantagem em residir entre um povo degenerado. Destarte, chegou ao ponto em que foi preciso ser salvo mediante uma intervenção divina, a fim de que as coisas se endireitassem novamente em sua vida.

5. Aprisionamento. A área onde Ló escolheu para habitar, perto do mar Morto, tornou-se o local de uma série de ataques armados, por parte de quatro reis do Oriente. Em um desses ataques, Quedorlaomer, de Elão, e seus aliados, derrotaram o rei de Sodoma e seus quatro aliados (ver Gn 14.1-16). Sodoma e Gomorra sofreram o saque, e foram levados cativos incluindo Ló e seus familiares. Abraão, porém, ouviu as notícias, reuniu seus homens e saiu atrás dos invasores. Em Damasco, bem ao norte de onde tinha havido o ataque, Abraão conseguiu apanhar o inimigo de surpresa, recuperando os cativos e muitos despojos.

6. O Julgamento Divino de Sodoma. Ló, a despeito de suas dificuldades e de sua consciência pesada, resolveu ficar em Sodoma. Mas a iniquidade dos habitantes da cidade tornou-se insuportável para a mente de Deus, e foi decretado o julgamento do lugar. Três anjos anunciaram a Abraão a iminente condenação. Abraão orou para que a cidade fosse poupada, se ao menos dez homens justos pudessem ser encontrados ali. Mas não havia nem mesmo esse pequeno número. Dois dos anjos foram adiante, avisar Ló sobre o que estava prestes a suceder. Eles ficaram com Ló aquela noite, mas os maníacos sexuais de Sodoma vieram para aproveitar-se deles. Ló, afundando moralmente mais do que nunca, ofereceu à turba suas duas filhas virgens, para abusarem delas, mas os sujeitos não queriam saber de mulheres. Os anjos, pois, tiveram de usar seu extraordinário poder, cegando momentaneamente os intrusos. Tudo isso serviu de excelente lição objetiva para Ló, acerca da necessidade de ele e sua família deixarem aquele lugar. Todavia, os seus futuros genros não lhe quiseram dar ouvidos, e pereceram (ver Gn 19.14). Ló, sua esposa e suas duas filhas foram escoltados pelos anjos até fora da cidade. Porém, a esposa de Ló hesitou e olhou para trás, o que lhes havia sido proibido pelos anjos. E assim foi atingida pelo julgamento, e foi transformada em uma estátua de sal (ver Gn 19.26). Mas Ló foi poupado, por amor a Abraão, o que nos mostra quão ampla é a graça divina. Essa graciosa intervenção de Deus também é mencionada em *Sabedoria de Salomão* (10.6-8; Lc 17.28 e 2Pe 2.7,8).

7. O Julgamento Divino e sua Natureza. O trecho de Gênesis 19.24 revela que Deus fez chover fogo e enxofre sobre Sodoma e as cidades vizinhas. As interpretações naturalistas tentam explicar o acontecido como acontecimento natural. A maioria dessas interpretações fala em terremotos e atividades vulcânicas. A arqueologia, de fato, tem mostrado que a área estava sujeita a esse tipo de atividade natural. Nesse caso, alguma imensa erupção vulcânica terminou com Sodoma e Gomorra e, então, mudanças de nível do solo, devido a abalos sísmicos, fizeram a área ser inundada, deixando as antigas cidades de Sodoma, Gomorra e outras menores debaixo da superfície das águas do mar Morto. A nota da *Revised Standard Version* diz o seguinte:

"*Enxofre e fogo*, uma memória de uma catástrofe da antiguidade remota, quando a atividade sísmica e a explosão de gases subterrâneos mudaram a configuração da superfície, antes tão fértil (ver Gn 13.10)". No tocante à estatua de sal, essa nota marginal continua: "... uma antiga tradição para explicar as bizarras formações de sal naquela região, como as que podem ser vistas atualmente em Jebel Usdum".

O terremoto e a erupção vulcânica serviram de instrumentos nas mãos de Deus, a fim de punir um povo rebelde e pervertido, conforme também nos revela o livro de Apocalipse. Essas atividades naturais tornaram-se instrumentos divinos a fim de julgar os homens, o que é confirmado por toda a literatura judaica apocalíptica.

8. Origem dos Moabitas e Amonitas. Ló deixara Sodoma, mas Sodoma não o deixara e nem a seus familiares. Suas filhas, temendo a extinção da linhagem da família, resolveram ter filhos através do único homem disponível, o próprio pai delas. Intoxicaram-no com vinho e fizeram sexo com ele uma de cada vez, uma em cada dia. O filho da filha mais velha de Ló chamou-se Moabe, progenitor dos moabitas. O filho da filha mais nova de Ló foi chamado de Ben-Ami, e seria o progenitor dos amonitas. A história acha-se em Gênesis 19.30-38. Após esse lamentável incidente, Ló nunca mais é mencionado pessoalmente no Antigo Testamento. Todavia, no Novo Testamento, em 2Pedro 2.7,8, Ló é chamado de "justo", já que se angustiava diariamente devido às suas associações com os ímpios habitantes de Sodoma. Destarte, ele tornou-se tipo do crente carnal e mundano, que não tem a força de vontade suficiente para desligar-se das coisas que, em seu coração, sabe que estão erradas.

9. Sodomia. Essa palavra veio à existência, com base na natureza moral pervertida dos homens de Sodoma. Em pauta estão vícios como o homossexualismo, a bestialidade (cúpula carnal entre seres humanos e animais) e o sexo anal. Ver o artigo sobre o *Homossexualismo*.

LO-AMI

No hebraico, **"não meu povo"**. Essa expressão se encontra em Oseias 1.9, para denotar simbolicamente o segundo filho do profeta Oseias e sua esposa prostituta, Gômer. Uma filha do casal foi chamada de *lo-Ruama*, "não compadecida". Esses dois nomes foram usados para indicar que Israel (a infiel esposa de Deus), em seu adultério e desobediência espirituais, havia perdido o direito à proteção e à compaixão naturais que, normalmente, poderia esperar da parte de *Yahweh* (seu marido). A ameaça de julgamento divino, que pairava sobre a desobediente nação de Israel, era o cativeiro assírio.

LOBO

No hebraico, *zeeb*. No grego, *lúkos*. A palavra hebraica, que também significa "chacal", ocorre por sete vezes (Gn 49.27; Is 11.6; 65.25; Jr 5.6; Ez 22.27; Hc 1.8 e Sf 3.3). No Novo Testamento, a palavra aparece por seis vezes (Mt 7.15;10.16; Lc 10.3; Jo 10.12 e At 20.29).

O lobo é o maior animal selvagem da ordem canina. Nunca é literalmente mencionado no Antigo ou no Novo Testamentos, embora deva ter sido um animal familiar à fauna da Palestina, durante todo o período bíblico. Na qualidade de ancestral selvagem do cão doméstico, e também parente próximo do chacal dos países do Oriente Médio, o lobo é um predador por natureza. É um animal formidável, com os seus quase cinquenta quilos, com um comprimento total de até 1,69 m da ponta do focinho à ponta da cauda. Não é de surpreender, pois, que nosso Senhor tenha considerado o lobo uma tremenda ameaça para os rebanhos, conforme se vê em João 10.12 etc.

O lobo cinzento (*Canis lupus*) já habitou em grandes áreas da Ásia, da Europa e da América do Norte. Atualmente acha-se extinto em quase todas as áreas ocupadas pelo homem, sendo abundante somente nas áreas ermas das florestas e das estepes, como, por exemplo, no Alasca e em grande parte do Canadá, embora também possa ser encontrado em certas regiões frias da Europa e em grande parte da Sibéria. O que admira é que ainda sobrevive na própria Palestina, embora sempre em pequenos números e não mais uma ameaça aos rebanhos, como antigamente o era.

Por causa do seu porte avantajado, e também porque os lobos atacam em bandos, eles são capazes de fazer presa de animais bem maiores do que os chacais e as raposas, porém, na maioria das vezes, eles se contentam em caçar animais menores, incluindo ratos, caranguejos, e até mesmo peixes e insetos. Um dos casos mais dramáticos de ataques de lobos é aquele que envolve Miro, um dos grandes heróis dos antigos jogos olímpicos. Miro era um gigante dotado de força extraordinária. Depois de ter vencido um touro, quebrando-lhe o pescoço, diante da multidão reunida no estádio, ele carregou o animal e deu uma volta inteira com o touro nos ombros, em torno da pista. Pois foi esse atleta que, de certa feita, tendo rachado uma árvore com as mãos, ficou com uma delas presa no tronco rachado. O local era ermo e não havia quem o ajudasse. Então vieram os lobos, em uma matilha, e o atacaram e mataram e lhe devoraram as carnes! Até no Brasil encontram-se lobos, chamados lobos Guará. Esse animal tem as pernas bem compridas, sendo muito mais alto que um cão comum de porte semelhante. Ele é até maior que um pastor alemão, parecendo um misto de cão e hiena, de pelo amarelo escuro. Mas, como está em vias de extinção, não constitui um perigo.

O Lobo na Linguagem Simbólica da Bíblia. Devido às suas características, o lobo é representação do mal e da violência, em muitas passagens bíblicas, conforme se vê a seguir: *a*. A tribo de Benjamim, entre a qual nasceram tantos homens valentes (Gn 49.27) *b*. Inimigos ferozes (Jr 5.6; Hc 1.8) *c*. Os Ímpios (Mt 10.16; Lc 10.3) *d*. Governantes sem temor a Deus (Ez 22.27; Sf 3.3) *e*. Falsos mestres (Mt 7.15; At 20.29) *f*. O próprio Satanás (Jo 10.12) *g*. O amansamento do lobo é ilustrativo da conversão (Is 11.6 e 65.25).

A igreja de todos os séculos deveria precaver-se no tocante aos "lobos", conforme avisou o apóstolo Paulo: *Eu sei que, depois da minha partida, entre vós penetrarão lobos vorazes, que não pouparão o rebanho. E que, dentre vós mesmos, se levantarão homens falando cousas pervertidas, para arrastar os discípulos atrás deles...* (At 20.29,30). Talvez o apóstolo tivesse na memória o trecho de Habacuque 1.8, que mostra a ferocidade dos lobos, especialmente quando se põem à caça: ... *mais ferozes do que os lobos ao anoitecer são os seus cavaleiros que se espalham por toda a parte...* O profeta falava sobre os caldeus, destinados a assolar o reino de Judá, e destruí-lo.

LOCUSTA. Ver o detalhado artigo sobre *Praga de Gafanhoto*.

LODE, LIDA

Esses são os dois nomes que eram aplicados a uma mesma cidade. (Ver 1Cr 8.12; Ed 2.33; Ne 7.37; 11.35). Essa cidade ficava dentro do território de Efraim, cerca de catorze quilômetros e meio de Jope, na estrada que ia dessa cidade portuária a Jerusalém. Originalmente, os hebreus chamavam-na Lode, cujo nome significa "fissura". Parece que foi edificada pelos homens da tribo de Benjamim. Terminado o exílio babilônico, os benjamitas vieram novamente ocupar o lugar. (Ver 1Cr 8.12; Ed 2.33; Ne 11.35). A menção mais antiga a essa cidade é aquela que aparece nos anais das cidades e possessões asiáticas que os egípcios haviam adquirido nos tempos de Tutmés III (1502-1448 a.C.). Essa lista foi encontrada em uma das paredes do templo dedicado a Amom, em Carnaque, no Egito. Essa cidade não é mencionada no Pentateuco e se, por acaso, ela existia antes da conquista da Terra Prometida, então podemos supor que os benjamitas primeiramente a conquistaram, embora, mais tarde, se tenha tornado parte integrante do território da tribo de Efraim. Esse era um dos lugares mais ocidentais ocupados pelos hebreus, terminado o exílio babilônico. Seu antigo local era chamado Ge-Hadarashim, isto é, "vale dos ferreiros ou artífices". Nos dias do apóstolo Paulo, essa cidade ficava cerca de 18 km a sudeste da cidade costeira chamada Jafa (no Novo Testamento, *Jope*), e cerca de 51 km de Jerusalém. Terminado o cativeiro babilônico, a cidade foi novamente ocupada por judeus. Posteriormente, caiu sob o controle samaritano, mas foi novamente conquistada pelos judeus, em 145 a.C. (ver 1Macabeus 11.34). Nos tempos de Nero, a cidade foi incendiada. Após a queda de Jerusalém (em 70 d.C.), Jope tornou-se um grande centro da erudição rabínica. Nos séculos que se sucederam, contou com um bispo ou supervisor cristão, o que nos mostra que a igreja cristã continuava a florescer ali. Mais tarde ainda, veio a ser conhecida pelo nome de *Dióspolis* (cidade de Zeus). Atualmente chama-se *Lude* ou *Lode*, o que representa a restauração de seu nome mais primitivo. Foi nesse lugar que Jorge foi martirizado, em 303 d.C. Durante o quarto século da era cristã, era a sede episcopal da igreja Síria, e também foi o lugar onde se reuniu o concílio que condenou Pelágio e as suas doutrinas. A história de Jorge fascinou o rei Ricardo da Inglaterra. Esse monarca viajou até ali, durante a Terceira Cruzada. O rei Eduardo III baixou um edito, fazendo de São Jorge o patrono da Inglaterra. Durante algum tempo, os árabes estiveram na posse da cidade, mas, finalmente, ela passou para as mãos do povo de Israel, nos dias atuais do moderno Estado de Israel.

É muito provável que o evangelho tenha sido pregado ali, pela primeira vez, através dos esforços de Filipe, o evangelista, posto estar localizada na estrada que ia de Azoto a Cesareia, em cujo caminho Filipe passou, conforme lemos em Atos 8.40, tendo evangelizado diversas localidades situadas ao longo do mesmo. Portanto, sem dúvida Pedro estava inspecionando e confirmando a obra de Filipe (ver At 9.32 ss.), tal como já fizera anteriormente, no caso do ministério samaritano daquele mesmo evangelista.

LO-DEBAR
Forma alternativa do nome da cidade também chamada *Debir* (vide).

LOGOS
O termo grego *logos* pode indicar discurso ou razão. É teologicamente importante porque Cristo é entendido como o *Logos*, no prólogo de João (1.1-18) e depois nos pais primitivos. Esses dois casos devem ser considerados separadamente:

1. Na filosofia grega, o conceito sobre o *logos* é primeiramente encontrado em Heráclito (século V a.C.), como o princípio unificador e racional que sustenta um mundo em fluxo perpétuo. Para os estoicos (*c*. 300 a.C. em diante), o *logos* era o princípio ativo e unificador do universo e fonte de todas as coisas existentes por meio das *logoi spermatikoi*, sementes das quais as coisas vêm à existência. O *logos* era também a lei natural, em conformidade com a qual as pessoas deviam viver. No judaísmo helênico de Fílon, o termo "logos" denotava o instrumento pelo qual o mundo fora criado e representava uma ponte entre um Deus transcendente e o mundo material.

Da perspectiva do AT, o conceito evoca a palavra de Deus que chamou à existência a criação (Gn 1.1-3; Sl 33.6,9); a palavra reveladora que veio aos profetas (Jr 1.4,11; 2.1) e que foi pregada por eles (Jr 2.4; 7.2); a palavra como equivalente à lei (Sl 119.9,105) e a palavra como agente de salvação (Sl 107.20) ou de juízo de Deus (Jr 23.29; Os 6.5) e que cumpriria o propósito a que fora designada (Is 55.11). Essa palavra continha também, provavelmente, ecos do conceito da divina sabedoria que se encontra em Provérbios 8.22-31.

Embora toda essa base seja importante, João rompe categoricamente com os conceitos gregos, indo além da perspectiva do AT ao afirmar a preexistência pessoal e a encarnação do *Logos*. Seu foco não se volta para qualquer dos conceitos metafísicos do *Logos*, mas, sim, para a identificação de Cristo como o *Logos* divino, por quem o mundo foi feito, a luz dos homens que, todavia, foi rejeitado, e que se tornou carne para capacitar os seres humanos a se tornarem de fato filhos de Deus.

2. Nos escritos pós-NT, o conceito de *Logos* do prólogo de João tornou-se importante nas primeiras formulações da relação de Cristo com a Divindade (ver Cristologia; Trindade). Usando os conceitos gregos acima mencionados e o estoicismo modificado do platonismo médio, os apologistas procuraram manter tanto o monoteísmo quanto a divindade de Cristo. Era Cristo por eles entendido como tendo sido a razão imanente (*logos endiathetos*) do Pai, surgida e existente antes da criação (*logos prophorikos*, a palavra proferida), sendo então, embora já existente no Pai, gerada, manifesta, para se tornar homem na encarnação.

O *Logos* era, dessa forma, entendido como: a) revelador e intérprete do Pai invisível e transcendente; b) o princípio racional em Deus, relacionado à razão do homem (para Justino Mártir e Clemente de Alexandria, o *Logos* era o inspirador da melhor filosofia grega); c) a (expressão da) vontade do Pai, mantendo assim a unidade de palavra e atos vista na compreensão que o AT tinha da palavra de Deus.

Embora essa perspectiva evitasse os extremos do modalismo (*cf*. Monarquianismo), do subordinacionismo (ver Trindade) e do adocianismo, a ideia de "datação" da geração do Filho no tempo criou dificuldade. Por outro lado, o conceito (de Fílon) do *Logos* como intermediário entre um Deus transcendental e o mundo material (p.ex., em Justino Mártir) levou facilmente a alguma forma de subordinacionismo. Mais tarde, a teologia trinitária desenvolveu diferentes linhas, mas reteve o termo *Logos* como um título de Cristo.

(**T. G. Donner**, B.D., Ph.D., lente de Teologia Histórica do Seminário Bíblico de Colombia.)

BIBLIOGRAFIA. A. Debrunner *et al.*, *in*: *TDNT*, p. 71-136; G. Fries *et al.*, *in*: *NIDNTT* III, p. 1081-1117; J. N. D. Kelly, *Early Christian Doctrines* (London, 51977); G. E. Ladd, *A Theology of the New Testament* (Grand Rapids, MI, 1974); G. L. Prestige, *God in Patristic Thought* (London, 1952).

LOMBOS
Várias palavras hebraicas e gregas são assim traduzidas. Está em vista a região lombar ou quadris. O termo hebraico *mothen* vem de uma raiz que significa "delgado", o que indica que está em foco na cintura, na parte das costas. Todavia, a palavra é bastante lata para indicar também os quadris. Em Êxodo 28.42, essa palavra descreve a porção média das costas, por onde se coloca um cinturão. Interessante é que, pelo menos em alguns casos, essa era a porção considerada mais grossa do corpo humano (ver 1Rs 12.10), talvez atendendo ao fato de que algumas pessoas engordam muito nessa região. Também era nessa região que as pessoas se cingiam com pano de saco (Gn 37.34; 1Rs 20.32). Os costumes orientais ditavam que as roupas fossem atadas em torno da cintura, quando a pessoa precisava correr, por razões óbvias (1Rs 18.46). Com base nessa circunstância é que esse ato veio a tornar-se símbolo de preparação para a ação espiritual. Os hebreus atribuíam qualidades físicas e espirituais aos órgãos e partes do corpo humano (ver o artigo sobre *Órgãos Vitais*); e aos lombos era atribuída a força, literal e metaforicamente. (Ver Na 2.1). Enfermidades terríveis e acontecimentos adversos poderiam fazer os lombos de um homem (a origem de sua força) tremerem, e quando isso sucedia, então a calamidade havia se abatido sobre tal homem. (Ver Sl 69.23). A mesma coisa podia ser simbolizada pelo ato de descingir os lombos.

Uma outra palavra hebraica, *chatats*, "força" "vigor", é usada em Gênesis 35.11, como origem da vida e da prole, sem dúvida, uma alusão muito imprecisa e eufemística aos órgãos sexuais, especialmente os interiores, onde o sêmen masculino é fabricado e armazenado.

Além disso, temos a palavra hebraica *kecel*, "gordura", termo que pode indicar tanto os lombos quanto as vísceras. Metaforicamente, essa palavra pode indicar "insensatez", "esperança" ou "confiança". No Antigo Testamento, essa palavra é usada literalmente, exceto em Salmo 38.7. Naquela passagem estão em foco a enfermidade, a debilidade e o desespero, pelo que os lombos são descritos como uma parte do corpo que "arde".

No Novo Testamento, temos somente a palavra grega *osphús*, que ocorre por oito vezes. (Ver Mt 3.4; Mc 1.6; Lc 12.35; At 2.30; Ef 6.14; Hb 7.5,10 e 1Pe 1.13). Na referência de Mateus está em pauta a *cintura*, o lugar onde as vestes são firmadas em torno do corpo. Lucas 12.35 usa o termo no sentido metafórico de preparação para a ação espiritual ou de alerta espiritual. No trecho de Efésios 6.14, ter os lombos cingidos faz parte do preparo do soldado cristão para a batalha espiritual. A mesma atitude de preparação espiritual é evidente nessa palavra, usada em 1Pedro 1.13. A passagem de Hebreus 7.5,10 encerra esse vocábulo indicando os poderes geradores do homem, um uso paralelo ao do trecho de Gênesis 35.11.

LONGÂNIMO
1. Palavras e Definições. No hebraico temos a expressão *'erek 'appayim*, "lento em irar-se". Mais literalmente, essa expressão significa "comprido de nariz" ou "comprido de rosto"

e veio a ser associada à ideia de irar-se com dificuldade (talvez devido ao fato de que é no rosto que a pessoa mostra suas emoções fortes, pelo que a fisionomia seria indicadora dessas emoções). Ou, então, conforme outros têm sugerido, o *nariz* é um indicador da ira, visto que a pessoa respira forte, e até mesmo resfolega, quando excitada pela ira. Seja como for, a longanimidade é um atributo divino, tanto no Antigo quanto no Novo Testamentos, sendo uma expressão do famoso amor de Deus. No Antigo Testamento (ver passagens como Êx 34.6; Nm 14.18; Sl 86.15 e Jr 15.5). Deus sabe que os homens não passam de pó, pelo que se mostra superpaciente para com eles. Essa é a ideia por detrás da longanimidade divina.

No grego, temos o vocábulo *makrothumía*, que vem de *mákros*, grande, e *thumia*, emoção. Poderíamos pensar em "longo de mente", "longo de emoção", "longo de alma" ou, inversamente, "suportar muito". O contrário, "curto de mente", indicaria a impaciência. Essa palavra grega aponta para a grande paciência, para a grande tolerância, para a persistência em não se deixar arrebatar pelas emoções fortes. Há catorze ocorrências dessa palavra grega no Novo Testamento (Rm 2.4; 9.22; 2Co 6.6; Gl 5.22 (onde a longanimidade aparece como um dos aspectos do fruto do Espírito, no crente); (Ef 4.2; Cl 1.11; 3.12; 1Tm 1.16; 2Tm 3.10; 4.2; Hb 6.12; Tg 5.10; 1Pe 3.20; 2Pe 3.15).

2. Exemplos Bíblicos de Longanimidade. *a*. A história do profeta Jonas, que corresponde ao trecho de João 3.16, no Antigo Testamento. Deus dava atenção até aos animais irracionais, quanto mais aos seres humanos (Jn 4.11). *b*. Deus é longânimo para com os homens em geral, esperando que eles se arrependam (Rm 2.4; 2Pe 3.9) . *c*. Para com a humanidade de antes do dilúvio (1Pe 3.20). *d*. Para com o Faraó, rei do Egito (Rm 9.17,22). *e*. Para com as nações pagãs (At 14.16). *f*. Para com o rei Manassés (2Cr 33.10-13). *g*. Para com a nação de Israel (Ne 9.31; Sl 78.28; Is 30.18). *h*. Para com a cidade de Jerusalém (Mt 22.37). *i*. Os crentes deveriam ser exemplos de longanimidade, cultivando essa qualidade espiritual (Gl 5.22; Rm 15.5). *j*. Deus mostrou longanimidade a Paulo e através dele (1Tm 1.16).

3. Resultados dos Abusos Contra a Longaminidade de Deus. Isso resulta em punição dos culpados (Ne 9.30; Mt 24.50); e desgasta a paciência de Deus, que não é longânimo para sempre, diante do pecado (Gn 6.3; Jr 44.22).

4. Narrativas que ilustram a Longanimidade Divina. *a*. O cântico da vinha (Is 5.17). *b*. Duas parábolas dos Evangelhos (Mt 21.33-41; Lc 16.6-9).

LO-RUAMA

Ver Oseias 1.6. Esse era o nome de uma filha de Oseias e sua prostituída esposa Gômer. Esse nome significa "Não Compadecida". O símbolo envolvido era que a nação de Israel (a infiel esposa de Deus), em seu adultério espiritual e desobediência, havia perdido a compaixão natural e a proteção que, normalmente, poderia esperar da parte de Yahweh, devido à sua relação com ele como o seu povo. Profeticamente falando, estava em vista a ameaça do cativeiro assírio. Ver também o artigo sobre *lo-Ami*.

LOTÃ

Nome de uma das tribos dos horeus, que ocupava o monte Seir, governada por um capitão, Gênesis 36.20,29.

LOTOS (ÁRVORE)

Alguns intérpretes supõem que o trecho de Jó 40.21,22 refere-se ao lotos, que é uma árvore ou arbusto. Nesse caso, provavelmente, está em vista a espécie *Zizyphus lotus*. Trata-se de uma árvore pequena, com folhas elípticas oblongas, e que produz flores minúsculas. Dessas flores emergem frutos redondos, amarelados. Essa espécie vegetal era e continua sendo comum na Palestina, produzindo uma boa sombra. Porém, não há como ter certeza quanto a sua identificação. As traduções de Goodspeed e de Moffat dizem *lotos*, na referência de Jó, o que também se vê em nossa versão portuguesa, onde outras versões dizem "árvores que dão sombra".

LOUCURA (HOMENS LOUCOS). Ver sobre *Enfermidades*, ponto segundo, e também sobre *Lunático*.

LOUVOR

I. PALAVRAS BÍBLICAS. O louvor é um dos assuntos mais cêntricos da Bíblia. Várias palavras hebraicas e gregas expressam esse assunto. O termo hebraico mais comum é *halal* cuja raiz significa "fazer barulho"; nesse caso, os sons proferidos pelas pessoas envolvidas, como parte da adoração ao Senhor. (Ver o artigo geral sobre a *Adoração*). Outra palavra hebraica, *yada*, estava associada a movimentos corporais que exprimem o louvor. *Zamar*, ainda outra palavra hebraica, indicava o louvor expresso mediante cânticos ou instrumentos musicais. No Novo Testamento, a palavra mais comum é *eucharistéo*, que significa, literalmente, "agradecer". Além disso, há também a palavra grega *eulogéo*, "abençoar", "bendizer". O artigo sobre *Lugar de Oração* ilustra abundantemente, com referências, o uso dessas palavras.

II. DEFINIÇÕES. Louvar significa "magnificar", "aprovar", "honrar", "glorificar", "oferecer ações de graças", "elogiar", "adorar", "aclamar", e, quando não há sinceridade no louvor, "lisonjear". O louvor brota do coração que sente gratidão, ação de graças ou admiração, o que então é vocalizado. Assim, o que é dito torna-se parte da adoração, particular ou pública. O homem que se regozija em seu coração profere palavras de louvor. O homem que sente a majestade de Deus expressa isso por meio de sua linguagem. Apesar de ser um dever humano (ver Jó 1.21), o louvor, mui naturalmente, origina-se no coração do homem espiritual, e não precisa ser algo forçado.

III. FORMAS DE LOUVOR

1. Os Anjos; Louvor Angelical. Embora sendo seres de grande força e inteligência, eles sentem o dever de louvar a Deus, a fonte de todo bem-estar e grandeza. Eles levantam suas vozes nessa atividade (Sl 103.20). Os anjos glorificaram a Deus por ocasião do nascimento de Cristo (Lc 2.13,14); e haverão de louvar ao Cristo triunfante (Ap 5.11,12).

2. Na Literatura e na Liturgia. Os Salmos 113—118 são chamados de *Salmos do Hallel*, por serem salmos de louvor. Esses salmos mostram-nos que todas as criaturas vivas prestam louvor a Deus, como é de seu dever. (Ver Sl 135.1,2; 69.34; 150.6). Os salmos em questão têm sido usados na liturgia de Israel e da igreja cristã.

3. Instrumentos Musicais. Os Salmos 150.3-5 e 104.33 mostram que é bom os homens usarem instrumentos musicais como uma maneira de ajudar o louvor. É entristecedor que essa função tenha sido pervertida através do uso de música mundana e sensual, nas Igrejas, um tipo de música que agita erradamente o corpo, e não a mente e a sensibilidade artísticas. (Ver sobre a *Música*).

4. Nos sacrifícios, os israelitas ofereciam louvor, de forma literal, o que os cristãos fazem de maneira figurada (ver Lv 7.13; Rm 12.1 ss.).

5. O testemunho é uma forma de o crente prestar louvor (Sl 66.16).

6. O louvor público ou particular também é uma forma de adoração (Sl 96.3).

Louvai a Deus, de Quem fluem todas as bênçãos;
Louvai-O, todos vós, criaturas cá de baixo;
Louvai-O acima, todas as hostes celestes.
Louvai a ele: Pai, Filho e Espírito Santo.
(Saltério de Genebra, 1551)

7. A maneira como uma pessoa vive pode ser uma bênção ou uma maldição para outras pessoas. Se uma bênção, então isso se torna um sacrifício vivo e um louvor a Deus (Rm 12.1 ss.).

IV. IDEIAS DO NOVO TESTAMENTO. 1. O aparecimento do reino de Deus à face da terra, através do ofício messiânico, é motivo de louvores (ver Is 9.2; Lc 2.13,14; Ap 5.9-14). **2**. Os cristãos primitivos exprimiam seu louvor no templo de Jerusalém (Lc 25.53); mas logo isso cedeu lugar à adoração da comunidade geral dos cristãos, visto que os crentes são templos de Deus (ver Hb 10.19 ss.). **3**. A alegria é a atitude dominante na fé cristã (epístola aos Filipenses), e isso nos vem mediante a missão salvadora de Cristo (ver Lc 18.43; Mc 2.12). **4**. A mensagem cristã desperta um louvor espontâneo (At 2.46; 11.18; 16.25; Ef 1.1-14). **5**. Novos hinos de louvor foram escritos (ver Ap 5.8-14; Cl 3.16; 1Co 14.26; Lc 1.46-55,68-79; 2.29-32; Fp 2.6-11; 5.14; 1Tm 3.16; Ap 1.4-7; 5.9-14; 15.3,4). Várias dessas passagens, provavelmente, contêm fragmentos de antiquíssimos hinos cristãos. **6**. O louvor, em si mesmo, é um sacrifício que agrada a Deus (Hb 13.15). **7**. A dedicação do indivíduo a Cristo e o abandono do mundo e de seus caminhos é uma maneira de oferecer louvor a Deus (ver Rm 12.1 ss.). Desse modo, o indivíduo cumpre os requisitos de seu sacerdócio real (ver Ap 1.5,6; 1Pe 2.9). **8**. As ações de graças e o louvor têm um poder santificante (1Tm 4.4,5; 1Co 10.30,31; 1Ts 5.16-18). **9**. Nossas orações devem incluir o louvor (Fp 4.6). **10**. O louvor é oferecido a Cristo e é aceito por ele (Jo 12.13; Hb 13.15). **11**. Louvar é um privilégio e um dever dos santos (1Pe 2.9). **12**. O louvor exprime alegria (Tg 5.13). **13**. Exemplos do Novo Testamento: Zacarias (Lc 1.64); os pastores (Lc 2.20); Simeão (Lc 2.28); Ana (Lc 2.38); as multidões (Lc 18.43); os discípulos (Lc 19.37,38); os apóstolos (Lc 24.53) os primeiros convertidos cristãos (At 2.47); o aleijado que foi curado (At 3.8); Paulo e Silas no cárcere (At 16.25).

V. NOS SALMOS, O LIVRO DO LOUVOR. O louvor é prestado a Deus, pelas seguintes razões: **1**. Por sua majestade (Sl 96.1,6). **2**. Por sua glória (Sl 138.5). **3**. Por suas excelências (Sl 148.13). **4**. Por sua grandeza (Sl 145.3). **5**. Por sua bondade (Sl 107.8). **6**. Por sua misericórdia (Sl 89.1). **7**. Por sua longanimidade e veracidade (Sl 138.2) **8**. Por sua salvação (Sl 18.46). **9**. Por suas maravilhosas obras (Sl 89.5). **10**. Por suas consolações (Sl 42.57). **11**. Por seus juízos (Sl 101.1). **12**. Por seus conselhos eternos (Sl 16.7). **13**. Porque ele perdoa o pecado (Sl 103.1-3). **14**. Por sua proteção (Sl 71.6). **15**. Por seu livramento (Sl 40.1-3). **16**. Por sua resposta às orações (Sl 28.6). **17**. O louvor é expresso pelos anjos (Sl 103.20); pelos santos (Sl 30.4); pelos gentios (Sl 117.1); pelos filhos de Deus (Sl 8.2); pelos exaltados e pelos humildes (Sl 148.1); pelos jovens e idosos (Sl 148.1,11); por todos os seres humanos (Sl 107.8).

LUA. Ver o artigo separado intitulado *Lua Nova*.

1. Informes Bíblicos quanto a seu Começo. O trecho de Gênesis 1.16 refere-se à criação divina da lua, chamando-a de "luzeiro menor", para controlar a noite, em benefício do homem. A cosmologia dos hebreus não antecipava as imensas distâncias que separam os corpos celestes, e supunha que a lua é um corpo relativamente pequeno, gerador de luz, não muito distante da terra. Além disso, não houve antecipação da descoberta científica de que a lua não tem luz própria, mas apenas reflete a luz do sol. A lua era concebida como um corpo luminoso para governar a noite, tal como o sol controlaria o dia.

2. A Lua, Os Calendários e seus Nomes Bíblicos. O aparecimento da lua no firmamento, em fases regulares, forneceu a base para os primeiros calendários lunares. Esses primeiros calendários não eram muito exatos, embora melhores do que nada. Ver sobre *Calendário*. A palavra hebraica *yareah*, "mês", deriva-se da mesma raiz que *yareach*, "vagabunda", o nome hebraico para lua. Da mesma maneira, a palavra inglesa *month*, "mês", é cognata de *moon*, "lua". Palavras relacionadas ao termo hebraico aparecem no acádico, no ugarítico, no fenício e em outras línguas semíticas, com as mesmas referências. Um outro vocábulo hebraico para "lua" é *lebanah*, "branca" (ver Ct 6.10; Is 24.23; 30.26). O termo hebraico *chodesh* significa "lua nova", um vocábulo associado a certas festividades religiosas (ver 1Sm 20.5) e oferendas (ver 1Cr 23.31), além de designar uma fase da lua (ver Gn 38.24) e indicar meses do calendário judaico (ver Êx 13.4). O termo hebraico *kese*, "apontado", indica "lua cheia". Essa palavra aparece somente em (Jó 26.9; Sl 81.3 e Pv 7.20), em todo o Antigo Testamento. Aparentemente vem do termo acádico *kuseu*, que significa "coroa". É que os homens imaginavam que a lua cheia assemelha-se a um homem usando uma coroa. 1Enoque (78.2) é livro que dá quatro nomes à lua: Asonja, Ebla, Benase e Erae. A palavra grega para "lua" é *seléne*. Esse vocábulo grego figura por nove vezes no Novo Testamento (Mt 24.29; Mc 13.24; Lc 21.25; At 2.20 (citando Jl 3.4); 1Co 15.41; Ap 6.12; 8.12; 12.1 e 21.23). Nos trechos de Lucas 21.25 e Apocalipse 21.23, a lua é usada em contextos escatológicos. Em Clolossenses 2.16, ocorre a palavra grega *neomenía*, "lua nova", onde há menção a festas religiosas dos judeus e dos gentios.

3. A Lua, os Dias e Períodos Santos. Entre os israelitas, o primeiro dia de cada lua nova era considerado santo: por isso mesmo, a lua nova estava ligada ao sábado (ver Is 1.13). Esse novo começo era celebrado com sacrifícios e ritos especiais (ver Nm 28.11-15), quando soavam as trombetas, anunciando a lua nova (ver Nm 10.10; Sl 81.3). A lua nova, pois, era uma espécie de sábado, e ninguém podia trabalhar durante aquele dia. Com base em Ezequiel 46.1,3, parece que aquele dia era propício para a consulta aos profetas. Seja como for, era um dia de adoração especial.

4. Um Símbolo de Permanência e Sinais Espirituais. A passagem de Salmo 72.5 refere-se ao sol e à lua como símbolos de permanência. A lua é uma das maravilhas da criação, de acordo com Salmo 8.3. Também haverá de provar um dos sinais apocalípticos (ver Mc 13.24). Interessante é que a lua, de acordo com Salmo 121.6, Mateus 4.24 e 17.15, é capaz de afetar a mente dos homens. Nessas duas passagens do Novo Testamento, o grego traz o verbo *seleniázomai*, "ficar lunático", que nossa versão portuguesa traduz como "lunático".

5. A Lua como Objeto de Adoração. É natural que os pagãos viessem a adorar a lua. O antigo pensamento grego acerca da lua e de outros corpos celestes é que os mesmos eram os corpos de divindades, ou, pelo menos, coisas controladas pelos deuses. O próprio Sócrates achou graça na ideia de que alguém pensasse na lua como um corpo de matéria análogo à terra, segundo lemos na *Apologia* de Platão. Sabe-se que a lua era adorada no Oriente Próximo e Médio por vários povos. A arqueologia tem mostrado que assim sucedia na Palestina e na Síria. O trecho de Jó 31.26 mostra que o culto à lua era antiquíssimo. Os trechos de Deuteronômio 4.19, 17.3 e Jó. 31.26,28 advertem os homens a não adorarem a lua e outros corpos celestes, indicando ainda que os israelitas haviam sucumbido diante de tal culto, pois sempre ansiavam por imitar aos pagãos. Jeremias (8.1,2) mostra que o povo de Israel tornou-se culpado dessa modalidade de idolatria. A arqueologia tem provado que a lua era deificada na antiga Ásia Ocidental, desde os tempos dos sumérios, e até os dias dos islamitas. Na Mesopotâmia, o deus-lua dos sumérios, Nana (chamado *Sim* pelos acadianos), era adorado especialmente em Ur. Textos ugaríticos mostram que a lua era adorada com nome de *yrh*. Nos monumentos dos deuses, por muitas vezes, aparece a representação de uma lua em quarto crescente. Foi achada uma estela cananeia, em Hazor, na Palestina, exibindo duas mãos erguidas, em oração dirigida à lua em seu quarto crescente.

6. A Lua e a Escatologia Bíblica. Os juízos e catástrofes preditos para o futuro haverão de envolver sinais na lua. (Ver as seguintes referências (Is 13.10; 30.26; 62.22,23; Ez 32.7; Jl 2.10,31; 3.15; Mt 24.29; Mc 13.24; Lc 21.25; At 2.20 (citando Joel 3.21); Ap 6.12; 12.1). No estado eterno, porém, não haverá mais lua, de conformidade com o que se lê em Apocalipse 21.23: *A cidade não precisa nem do sol, nem da lua, para lhe*

LUA NOVA

darem claridade, pois a glória de Deus a iluminou, e o Cordeiro é a sua lâmpada.

7. Fatos Científicos sobre a Lua. Nada há de singular sobre a lua da terra. Outros planetas também têm luas (satélites naturais). O diâmetro da lua tem cerca de 3.475 quilômetros, ou seja, mais ou menos vinte e sete por cento do diâmetro da terra. A área de sua superfície é de cerca de 7,4% da área da superfície da terra, mas seu volume total é de apenas cerca de dois por cento. À sua menor distância da terra, a lua chega a cerca de 356 mil quilômetros, e à sua maior distância, fica a cerca de 407 mil quilômetros da terra. Sua gravidade é de cerca de um sexto da gravidade da terra. Tanto a terra quanto a lua são muito mais jovens que o universo, resultantes de cataclismos subsequentes. Alguns propõem que a lua foi, originalmente, uma massa que se desprendeu da terra primeva, e que a cavidade que atualmente é ocupada pelo Oceano Pacífico poderia ter sido o lugar de onde aquela matéria desprendeu-se. Mas outros estudiosos pensam que tanto a terra quanto a lua foram formadas por matéria que se desligou do sol. Ainda outros sugerem que a lua era uma espécie de planeta independente, que acabou apanhado pela atração gravitacional da terra, ficando cativo.

A lua gira em torno do sol, de oeste para leste, em um ciclo de 29,53 dias. A lua reflete somente sete por cento da luz que a atinge, e, juntamente com Mercúrio, aparece como o pior refletor de luz do sol, dentro do nosso sistema solar. A lua conta com montanhas que, mui provavelmente, foram formadas da mesma maneira que as montanhas do nosso globo terrestre. Porém, são montanhas muito mais recortadas, devido à falta de erosão, causada pela atmosfera. Algumas das montanhas lunares são mais elevadas que as da terra. Assim, Epsilon, na cadeia de Leibnitz, eleva-se a 9.150 m acima da superfície, ou seja, é 305 m mais alta que o monte Everest, a montanha mais alta da terra, na cadeia do Himalaia. A atração gravitacional da lua cria marés à superfície das águas da terra. Há marés até em um copo de água, embora isso só seja percebido por instrumentos extremamente sensíveis. As marés chegam a cada dia cerca de cinquenta minutos mais tarde do que no dia anterior, o que é uma consequência do retardamento da lua. A velocidade média da rotação da terra é mais rápida do que a velocidade das marés, pelo que o movimento das marés atua como um freio na rotação do globo terrestre. Mas esse freio atua em proporção infinitesimal. Assim, um segundo é acrescentado à rotação da terra, a cada cem mil anos! A terra e a lua parecem ter cerca de cinco bilhões de anos de antiguidade; mas são ambas relativamente recém-chegadas ao universo.

LUA NOVA

A lua nova indica o dia em cuja noite a lua torna-se invisível, dando início a um novo ciclo lunar. O primeiro dia de lua nova era considerado santo, razão pela qual veio a ser associado ao sábado semanal (ver Is 1.13). Esse novo começo era marcado por sacrifícios especiais (Nm 27.11-15), quando as trombetas eram tocadas, como uma característica da observância (Nm 10.10; Sl 81.3). Esse dia era aparentemente tratado como um sábado, e o trabalho era proibido. Amós queixou-se sobre como negociantes desonestos esperavam ansiosamente que esse dia acabasse, a fim de reiniciarem suas atividades enganadoras (Am 8.5). Cientificamente, a lua nova é a fase em que a lua se acha diretamente entre a terra e o sol, tornando-se assim invisível. Todavia, algumas vezes a expressão *lua nova* era usada para indicar o primeiro crescente visível do disco lunar. As culturas primitivas, porém, não compreendiam a questão, pelo que o "reaparecimento" da lua, que a fazia iluminar a noite, era tido como um acontecimento sagrado.

A lua nova é ligada ao sábado (em 2Rs 4.23; Is 66.23; Ez 46.1-6). Por isso, são alistados os sábados, as luas novas e as festividades (assembleias) como sumário das observâncias religiosas (ver 1Cr 23.31; 2Cr 2.4; 8.13; 31.3; Ne 10.33; Is 1.13 ss.; Ez 45.17; Os 2.11). Sem dúvida, essa festividade era associada à agricultura, visto que a contemplação das fases da lua era (e continua sendo) comum entre aqueles que trabalham o solo.

O dia de lua nova era observado mediante festejos nas comunidades locais, pelo que quando Davi não apareceu no banquete de Saul, esse rei pensou que Davi fora impedido de fazê-lo devido a alguma impureza ritual (1Sm 20.5,26). Se os negociantes odiavam os feriados, os ricos e ostentadores, para nada dizer sobre os preguiçosos, deliciavam-se com outro dia em que podiam entregar-se aos banquetes, ao vinhos, e à inatividade.

Os calendários antigos eram formados com base nos ciclos lunares, pois os povos ainda não eram suficientemente educados, no sentido científico, para usar o sol como base de seus calendários. Daí porque a lua e seus ciclos eram mais importantes, nas mentes das pessoas, do que hoje em dia. Ver o artigo intitulado *Calendário*. O período da lua em conjunção com o sol não segue um número sempre exato de dias, e seu ângulo, em relação ao horizonte, vai mudando de estação em estação do ano. Essa é a razão pela qual o começo de cada novo ciclo lunar, na lua nova, nem sempre podia ser predito com completa exatidão. Essa parece ser a razão por detrás do fato de que uma festa de dois dias era, algumas vezes, observada (ver 1Sm 20.5). Essa circunstância era deleite para os extremamente religiosos e os preguiçosos, mas deixava furiosos os negociantes. O trecho de 2Reis 4.23 mostra-nos que a lua nova, pelo menos em algumas ocasiões, servia de oportunidade para o povo receber instrução religiosa, e não apenas de motivo para folguedos. O toque das trombetas, contudo, emprestava-lhe um ar festivo, e os holocaustos davam-lhe um caráter distintamente religioso. Todavia, nos dias de lua nova, não havia tanta convocação do povo, conforme se via nos dias de sábado. A *sétima* lua nova do calendário religioso era a festa das trombetas; e isso assinalava o começo do ano civil, em Israel.

As circunstâncias que cercam essa observância são instrutivas em vários sentidos. Os israelitas religiosos aproveitavam a ocasião para buscar Deus e admirar as maravilhas de sua criação, bem como o que elas devem significar para os homens. Os ostentadores tiravam proveito da ocasião para exibir sua alegada espiritualidade. E os que apreciavam festas e feriados deleitavam-se, mormente se as inexatidões da lua lhes permitissem dois dias de feriado. Mas o "tempo perdido", na opinião dos comerciantes, impedia que eles ganhassem dinheiro desonesto.

A Lua na Símbologia dos Sonhos e das Visões. *Lua=deusa* é o princípio feminino, enquanto o *sol=deus* é o princípio masculino. A lua simboliza o espelho da alma, a intuição, a sabedoria interior; fala de atitudes *lunáticas* (portanto, da *loucura*); a lua cheia é associada com esta tendência; a lua nova e a cheia simbolizam a mágica e a loucura; as fases da lua correspondem aos ciclos da vida (fluxo dos mares da vida); a *Ânima* (princípio feminino de Jung); os ciclos renovados da lua representam a morte e a ressurreição; a tentativa de tocar a lua representam ambições inatingíveis; saltar por cima da lua simboliza uma grande alegria numa realização significante. Passagens banhadas pela lua podem simbolizar o mundo de sonhos que os amantes desfrutam antes do casamento e que antecede o mundo das duas realidades da vida, que são iluminadas pela luz do sol.

LUBIM. Ver sobre *Líbia*.

LÚCIFER

1. Palavras Envolvidas e seus Significados. A palavra hebraica *helel*, traduzida na Bíblia portuguesa por "Lúcifer", significa "brilho", "resplendor". Em Isaías 14.12—14 esse nome aparece vinculado à expressão "filho da alva", que pode apontar para diferentes planetas que vão surgindo no horizonte, conforme a estação do ano, como Vênus ou Júpiter. A palavra Lúcifer, por sua vez, vem do latim, *lucifer* "portador da luz". A Septuaginta, por sua vez tem *heósphoros*, que significa exatamente isso: "portador da luz". No árabe, a palavra para o planeta Vênus é *zuhratun*, "brilhante estrela da manhã". O texto de Isaías é considerado como uma referência primitiva a Satanás, o príncipe das forças demoníacas.

2. Astrologia e Simbolismos. A maioria dos intérpretes concorda que o termo "Lúcifer" deriva-se da astrologia babilônica. A "estrela da manhã" era uma das designações do rei da Babilônia; e, por detrás disso, havia o uso astrológico e a ideia comum, corrente entre os povos antigos, de que os reis da Babilônia eram instrumentos dos deuses, como seus representantes entre os homens. O rei da Babilônia, em sua pompa, colocava-se entre as divindades. Os babilônios e os assírios personificavam a estrela da manhã chamando-a de *Belite* e de *Istar*.

Devemo-nos lembrar que os antigos não sabiam que os planetas não são estrelas, e nem pensavam nesses planetas como entidades semelhantes ao globo terrestre. Antes, imaginavam que entidades divinas habitariam em tais lugares, ou que esses corpos celestes fossem as próprias divindades. Não faziam qualquer ideia sobre as dimensões dos corpos celestes. Os livros pseudepígrafos do Antigo Testamento contêm referências astrológicas, e muitos intérpretes supõem que alguns textos do Apocalipse canônico do Novo Testamento só podem ser compreendidos do ponto de vista da astrologia. (Ver Ap 9.1 e 12.9). E o primeiro capítulo do Apocalipse muito tem a dizer sobre as *estrelas*. E, apesar do sentido tencionado não corresponder às antigas mitologias, pelo menos os termos e os simbolismos foram tomados por empréstimo dali, através dos livros pseudepígrafos do Antigo Testamento. Ver o artigo sobre o *Apocalipse*, quarto ponto, *Dependência Literária*, e segundo ponto, *Os Livros Pseudepígrafos*, quanto a evidências sobre o emprego desses livros como fontes informativas. O quarto ponto daquela mesma seção discute os elementos astrológicos, numerológicos e cabalísticos do livro. Quanto à influência exercida pela astrologia sobre o judaísmo posterior, ver o NTI, nos comentários sobre Colossenses 2.8. No livro de Apocalipse (essa influência é percebida em 1.20; 2.1; 4.4,6; 5.11; 7.1; 8.2; 12.1; 14.18; 15.1; 16.1,5; 18.1 e 20.1). Tal como um pregador moderno pode ilustrar um sermão mediante a astronomia, assim também um antigo escritor lançava mão da astrologia. Podemos supor que grande parte desse material astrológico era crido pelos antigos. Seja como for, esse material forneceu o pano de fundo para certas ideias e expressões.

3. O Demonismo. Alguns intérpretes, de modo anacrônico, misturam o demonismo com as tradições astrológicas. Paulo ensinou que, por detrás da idolatria, há forças demoníacas em operação (1Co 10.20). Mas isso não é a mesma coisa que a astrologia. Alguns evangélicos modernos pensam que a astrologia tem inspiração demoníaca; e assim transferem essa atitude para os antigos judeus. Mas isso é um anacronismo. De acordo com o judaísmo sincretista, as *estrelas* representavam espíritos bons e maus, mas as alusões à astrologia, ou mesmo a usos astrológicos, não eram, para os judeus, extensões automáticas do demonismo, conforme pensam alguns cristãos modernos. Ver o artigo separado sobre a *Adivinhação*, quinto ponto, onde há uma discussão sobre a *Astrologia*. Ver também os artigos sobre *Astrologia* e *Astrólogo*, que são mais completos ainda. O Senhor Jesus, na glória de sua ascensão, é a verdadeira "estrela da manhã" (Ap 22.16). Infelizmente, ele tem quem o imite.

4. Satanás e sua Queda. O trecho de Isaías 14.12 ss alude à queda de Satanás. Esse texto é ligado a Lucas 10.18 e Apocalipse 9.1, o que representa uma continuação daquela tradição. Ver o artigo separado sobre *Satanás, Queda de*. Historicamente, porém, a referência é à derrocada dos poderes pagãos e seus líderes. Os tiranos que se opunham a Israel, como o rei da Babilônia, aspiravam ser como os deuses, e se julgavam representantes dessas divindades; mas haviam caído no *sheol* (vide), o mundo dos mortos. A Estrela Matutina corresponde aos nomes hebraicos *Helal* e *Shahar*, que são nomes de divindades pagãs.

John Gill, grande comentador batista do passado, diz, acerca de Isaías 14.12: "Não se deve entender isso como a queda de Satanás e dos anjos apostatados, do seu primeiro estado, quando foram lançados do céu ao inferno, embora possa haver alguma alusão a isso (ver Lc 10.18). Mas essas palavras são uma continuação do discurso dos mortos ao rei da Babilônia, admirados, como se fosse algo incrível, de que aquele que parecia tão firmado no trono do seu reino, que era no próprio céu, tivesse sido deposto do mesmo". Essa é a interpretação histórica. O judaísmo posterior tomou esse texto e aplicou-o a Satanás. Os intérpretes rabínicos aplicavam o nome "Lúcifer" a Nabucodonosor ou a Belsazar, embora sem razão para tanto.

Naturalmente, após termos dito tudo isso, precisamos acrescentar que o crente não deve e nem precisa depender de horóscopos, que se fazem por meio da astrologia. Essa é uma pseudociência medieval, que as mentes esclarecidas, mesmo que inteiramente seculares, há muito lançaram no descrédito. Juntamente com a astrologia poderíamos incluir métodos de adivinhação como as bolas de cristal, a quiromancia, as cartas de baralho, o tarô, e coisas desse jaez. Contamos com um Deus vivo, que se manifesta mais e mais claramente à medida que nos vamos adentrando no caminho do verdadeiro misticismo, a comunhão com o Espírito Santo, sob a égide das Sagradas Escrituras. Aí a orientação é segura.

LUCAS

No grego *Loukas*, provável abreviatura do nome latino Lucanus ou Lucilius) — nome de um dos amigos e companheiros do apóstolo Paulo que a ele se associou nas saudações enviadas de Roma à igreja dos colossenses, e a Filemom (Cl 4.14, Fm 24). Na primeira dessas citações, é ele o muito amado Lucas, médico, e na segunda é um dos coadjutores de Paulo. Esteve em Roma com o grande apóstolo dos gentios, quando foi escrita a segunda epístola de Timóteo. Em 2Timóteo 4.11, ele aparece como único companheiro de Paulo em Roma, como tocante tributo à sua fidelidade. São as únicas passagens do Novo Testamento em que o seu nome é citado, porque não deve ser identificado com o Lúcio de Atos dos Apóstolos 13.1, nem com outro citado em Romanos 16.21 (veja *Lúcio*). No segundo século existia uma tradição de que Lucas era o autor do terceiro Evangelho e de Atos dos Apóstolos, ambos os escritos procedentes do mesmo autor (At 1.1). Em Atos encontramos notícias mais frequentes acerca do relacionamento com o apóstolo Paulo, no qual se observa que ele o acompanhou na sua última viagem, em cujas narrações emprega o pronome nós e conosco (At 16.10-17; 20.5 até o cap. 21.18; 27.1 e o cap. 28.16). Observa-se, pelas passagens mencionadas, que Lucas acompanhou Paulo na sua segunda viagem missionária a Trôade, e foi com ele a Filipos. Na terceira viagem, reuniu-se novamente ao apóstolo em Filipos e foi com ele até Jerusalém. Parece que permaneceu na Palestina durante dois anos, tempo que Paulo esteve detido na prisão de Cesareia, porque desta cidade ele partiu para Roma, em sua companhia. Em Colossenses 4.14, faz-se distinção entre os judeus que acompanhavam Paulo, o que dá a entender que Lucas era gentio, *cf.* v. 11. Antigas tradições dizem que era natural de Antioquia da Síria, o que é muito provável. Certo ou não, ele teve grande interesse pela igreja dessa cidade e com ela se familiarizou (At 6.5; 11.19-27; 13.1-3; 14.26-28; 15.1,2,30-40; 18.22,23). Ramsay o considera natural de Filipos (*St. Paul the Traveller*, p. 202). Nada se sabe sobre a data de seu nascimento e de sua morte.

LUCAS, O EVANGELHO SEGUNDO

O Evangelho que tem o seu nome, é o terceiro na ordem dos livros do Novo Testamento, dirigido a certo Teófilo, provavelmente a um cristão gentílico. Neste livro afirma ele que as suas narrações foram cuidadosamente colhidas no testemunho apostólico, com o fim de dar conhecimento claro e completo da verdade em que havia sido instruído. Todo o material de seu Evangelho foi colhido em documentos primitivos e nas informações obtidas daqueles que haviam sido testemunhas de Jesus.

A narrativa desse Evangelho pode dividir-se da seguinte maneira: **1**. Versículos que servem de introdução (1.1-4).

2. Preparação para o aparecimento de Jesus, compreendendo os anúncios sobre o nascimento de João Batista e de Jesus, com alguns acontecimentos que se referem à sua infância e à sua mocidade (1.5 até 2.52).

3. Inauguração do ministério de Cristo, inclusive **a**. o ministério de João Batista, **b**. o batismo de Jesus acompanhado de sua genealogia e c) a tentação (cap. 3 até 4 o v. 13).

4. O ministério de nosso Senhor na Galileia (4.14 até o cap. 9.50). Nesta parte do seu Evangelho, muitas vezes acompanha a mesma ordem de Marcos. Também introduz mais dos ensinos de Jesus do que Marcos, e nisto se assemelha mais a Mateus. Contudo, mostra-se independente de ambos, mesmo quando trata do mesmo assunto. Muitos dos que estudam esse Evangelho, conquanto sejam acordes em que o seu autor não se serviu do Evangelho de Mateus, e que ambos se serviram independentemente da mesma fonte de informações, sobre os ensinos de Jesus, creem, todavia que Lucas utilizou o Evangelho de Marcos ou de outra narrativa que se tinha inspirado nele, e relata os fatos do ministério de Jesus, seguindo a mesma ordem dos incidentes, visto que ocasionalmente se afasta dela. Lucas introduz em seu Evangelho elementos que lhe são peculiares. A seguinte análise mostra o curso de sua narrativa: **a**. Descrição introdutória, 4.14, 15. **b**. Início da obra de Cristo na Galileia, inclusive a primeira visita a Nazaré, os milagres em Cafarnaum e a viagem pela Galileia, a chamada dos primeiros quatro discípulos e a cura do leproso, 4.16 até o cap. 5.16. **c**. Manifestações de hostilidade que Jesus combateu pelos seus ensinos, pela cura do paralítico, pela chamada de Levi e consequente banquete em sua casa, pelo seu discurso acerca da controvérsia sobre o jejum e sobre a guarda do Sábado, 5.17 até cap. 6.12. **d**. Organização dos discípulos, inclusive a formação do corpo apostólico e o discurso sobre as características do verdadeiro discípulo (Sermão do Monte), 6.13-49. **e**. Incidentes que ilustram o gracioso ministério de Jesus, a cura do servo do centurião, a ressurreição do filho da viúva de Naim, a mensagem de João Batista, a resposta de Cristo a essa mensagem, Jesus ungido pela mulher pecadora (7.1-50). **f**. A extensão da obra de Cristo, e as suas viagens por toda a Galileia, acompanhado pelos discípulos, os seus ensinos por meio de parábolas, a visita de sua mãe e de seus irmãos, os quatro grandes milagres, a tempestade acalmada, a cura do endemoninhado gadareno, da mulher que padecia fluxo de sangue, a ressurreição da filha de Jairo; segue-se a mensagem dos apóstolos, o desejo de Herodes para ver Jesus e a consequente retirada para o deserto, onde alimentou cinco mil pessoas, 8.1 até o cap. 9.17. **g**. Instruções de Jesus a seus discípulos em face do encerramento de seu ministério na Galileia, da sua futura morte, inclusive a confissão de Pedro, a predição de Jesus sobre a sua morte e ressurreição, a transfiguração e a cura do endemoninhado, e admoestações contra o orgulho (9.18-50).

5. As jornadas de Jesus para Jerusalém, 9.51 até o cap. 19.48. Essa parte do Evangelho Segundo Lucas contém material que lhe é muito próprio, às vezes um pouco fora da ordem cronológica, mas disposto de acordo com certos tópicos. Algum material que ele registra aqui pertence ao ministério da Galileia (9.57-60; 13.18-21; provavelmente 11.14 até o cap. 13.5). Porém essa seção descreve principalmente uma série de viagens para Jerusalém, terminando com a última subida a essa cidade e com os discursos apropriados à situação. Pode ser subdividida da seguinte forma: **a. Partida da Galileia** e instruções sobre o verdadeiro espírito cristão, a rejeição feita por uma cidade samaritana, respostas a três inquiridores, a missão dos 70 e a volta destes, a consulta do doutor da lei e a parábola do bom samaritano, Cristo na casa de Marta e Maria, instruções acerca da oração, 9.51 até o cap. 11.13. **b**. Denunciações contra os fariseus e conselhos a respeito do dever de confessar o seu nome, instruções sobre a avareza e o dever de vigiar etc., 11.14 até o cap. 13.5. **c**. Discursos ilustrativos do verdadeiro Israel e do culto; o primeiro deles incluindo a parábola da figueira infrutífera, a história de certa mulher enferma pelo espírito maligno, as parábolas da semente de mostarda e do fermento, admoestações acerca de falsos juízos pessoais e lamentações sobre Jerusalém; o último discurso inclui a cura de um homem hidrópico e as belas parábolas da festa de núpcias, da grande ceia, da ovelha perdida, da dracma perdida, do filho pródigo, do feitor infiel, do rico e Lázaro, da viúva importuna, entremeadas de incidentes e de lições sobre assuntos gerais, 13.6 até 18.30. **d**. A última subida para Jerusalém, incluindo a repetição da notícia sobre a sua morte e ressurreição, a cura do cego Bartimeu, a conversão de Zaqueu, a parábola dos marcos de prata e a sua entrada triunfal em Jerusalém, 18.31 até 19.48.

6. A última semana em Jerusalém, incluindo os últimos ensinos de Jesus no templo ao povo e a seus discípulos, sua prisão, seus julgamentos e consequente crucificação e sepultamento, cap. 20 a 23.56.

7. Narração do aparecimento de Jesus depois de ressuscitado, discursos e instruções a seus discípulos para pregarem o Evangelho, e a separação final subindo ao céu, cap. 24. Lucas declara (1.3), que a sua narrativa é escrita "em ordem". O emprego desta frase em outros lugares do Novo Testamento (At 11.4; 18.23 e o texto grego de Lc 8.1 e At 3.24), mostram que não significa necessariamente ordem exata de cronologia. Ao mesmo tempo em que o esboço geral obedece à ordem cronológica, o arranjo dos fatos é com frequência tópico. Esse livro, semelhante ao de Atos dos Apóstolos, contém uma descrição sistemática da vida do fundador do cristianismo. Lucas não se apresenta como convivendo pessoalmente com Jesus, e fundamenta a sua obra no testemunho dos apóstolos, cujos ensinos estudou cuidadosamente. O seu Evangelho é fundamentalmente histórico como se observa pela narração da origem genealógica de João Batista e de Jesus, no modo de referir-se aos acontecimentos seculares, referentes ao nascimento de Jesus e ao aparecimento de João Batista (2.1,2; 3.1,2), no modo pelo qual descreve o ministério de Cristo, colocando em destaque as suas ideias religiosas fundamentais, os seus triunfos sobre a oposição e os fundamentos históricos do cristianismo (veja a análise mencionada anteriormente). O escritor também manifesta a sua predileção por esses aspectos dos ensinos do Senhor e pela sua obra, nos quais se revela como divino salvador dos homens. Descreve o Evangelho de Cristo exercendo missão universal (2.32; 3.6; 4.24-27 etc; evangelho para os perdidos, para os pobres e aflitos, 6.20-26; e para os humildes, 7.36-50; 15; 19.1-9 etc, mensagem de salvação, 7.11-18; 9.56; 12.32 etc). Traça as linhas graciosas do caráter pessoal de Cristo: a sua piedade, a sua compaixão, a sua caridade, seu espírito de oração, a sua santidade, a sua ternura. Descrevendo os ditos sentenciosos sobre as riquezas, Lucas emprega linguagem mais franca do que os outros evangelistas (1.52,53; 6.24,25; 16.25 etc.), deixando ver claramente que Jesus não condena os ricos por o serem, mas aqueles que confiam nas riquezas e não são ricos para com Deus (12.21). No que se refere ao bom samaritano (10.33; 17.16), sem dúvida também quer ilustrar o poder do evangelho para destruir os prejuízos nacionais. Finalmente, esse evangelho apresenta Cristo estabelecendo a religião que eleva e salva a humanidade sofredora. O emprego de um vocabulário técnico, que ocasionalmente aparece nas descrições, faz-nos entender que o autor do livro foi mesmo o Lucas médico, o capítulo 4.35 diz: "o demônio o lançou por terra" (e no cap. 4.38): "estava enferma com muita febre"; e no capítulo 5.18, "um homem que estava paralítico" (e no cap. 6.19). "e curava a todos" (e no cap. 8.44). "e logo estancou o fluxo do seu sangue";

e no cap. 10.34. "lhe atou as feridas, lançando nelas azeite e vinho" (*Medical language of St. Lucas*, Hobart). A data da composição desse Evangelho depende da data de Atos dos Apóstolos. Na primeira epístola a Timóteo (5.18), parece existir uma citação de Lucas. Se assim for, com certeza deve ter sido escrita antes do ano 66 d.C. Seja como for, o Evangelho por ele escrito registra a destruição de Jerusalém, predita por Cristo, mas isto não prova, como alguns pretendem, que esse Evangelho tenha sido escrito antes desse acontecimento, visto como a linguagem de Lucas é apenas uma interpretação das palavras de Cristo, destinada à instrução dos gentios que a lessem (Lc 21.20; *cf.* Mt 24.15; Mc 13.14), visto que os cristãos, firmados na profecia de Cristo, olhavam para a futura destruição da cidade como se prova pela leitura de Marcos e por outras evidências. Pode ser que tenha sido descrito durante os dois anos em que Lucas esteve detido na Palestina, esperando o apóstolo Paulo que estava na prisão de Cesareia (Mc 13.58-60), a não ser que ele colhesse os elementos para sua obra mais tarde em Roma, onde teria escrito o seu livro. Parece que teve em vista a princípio a composição de uma série de tratados sobre a origem do cristianismo, como se depreende pela leitura do capítulo 1.1,2 e pela brevidade da narrativa que ele faz das instruções finais que Jesus dá insertas no último capítulo, parecendo que tinha a intenção de as reproduzir como se encontram no primeiro capítulo de Atos. Sabe-se com bons fundamentos que esse livro era lido nas igrejas do segundo século e tido como autoridade em matéria de fé. Mutilaram-no depois. O gnóstico Marcion o considerava o único Evangelho verdadeiro, isto em meados do século segundo, o que prova que já era tido como tal, antes desse tempo. A primeira vez que se fala de Lucas como seu autor, de conformidade com a literatura eclesiástica, é pelo ano 170 no fragmento Muratório. A tradição há muito que havia reconhecido o seu autor sob bases mui seguras.

LÚCIO

1. Nome de um oficial romano que no ano 174 da era seleucidas, 139-8 a.C., expediu cartas a favor dos judeus a vários reis sujeitos a Roma, 1Macabeus 15.16. Atribuem-lhe o título de cônsul que de algum modo o identifica com Lúcio Calpurinus Piso, um dos cônsules que serviram no ano 139 a.C. É possível também que seja o pretor Lúcio Valério que dirigia os trabalhos do senado romano, quando decretou tratados de amizade com os judeus, que foi motivo de expedir as cartas já mencionadas e que nos dias de Hircano II promoveu uma ação favorável aos judeus, Antig. 14.8,5. **2.** Nome de um cristão natural de Cirene que ensinava na igreja de Antioquia, Atos 13.1. Supõe-se que seja o parente do apóstolo Paulo que se associou a ele em Corinto enviando saudações aos irmãos em Roma, Romanos 16.21.

LUCRO

Três palavras hebraicas e quatro palavras gregas estão envolvidas neste verbete, a saber: **1**. *Betsa ou batsa*, "ganho desonesto". Essa palavra em suas duas variantes, ocorre por 32 vezes (conforme se vê, por exemplo, em Jz 5.19; Jó 22.3; Pv 1.19; 15.27; Is 33.15; 56.11; Mq 4.13; Ez 22.13,27; Jó 27.8). **2**. *Mechir*, "preço", "aluguel". Palavra hebraica que ocorre por catorze vezes (conforme se exemplifica em Dn 11.39; Dt 23.18; 2Sm 24.24, 1Reis 10.28; 2Cr 1.16; Jó 28.15; Sl 44.12; Jr 15.13). **3**. *Tebuah*, "aumento", "fruto". Palavra hebraica que, com o sentido de lucro, aparece por seis vezes (Pv 3.14; 8.19; 15.6; 16.8; Is 23.3 e Jr 12.13). **4**. *Kérdos*, "lucro". Vocábulo grego que é usado por três vezes (Fp 1.21; 3.7 e Tt 1.11. O verbo *kerdaíno*, "lucrar", aparece por treze vezes (em Mt 16.26; 18.15; 25.17,20,22; Mc 8.36; Lc 9.25; At 27.21; 1Co 9.19-22). **5**. *Porismós*, "obtenção", "provisão", termo grego que aparece somente por duas vezes em todo o Novo Testamento (1Tm 6.5,6). **6**. *Ergasía*, "esforço", "trabalho". Com o sentido de *lucro*, esse termo grego aparece por três vezes: Atos 16.16,19;

19.24. A forma reforçada, *prosergázomai*, "visar ao lucro", aparece por uma vez, em Lucas 19.16. **7**. *Pleonektéo* "tirar vantagem de". Verbo grego que ocorre por duas vezes: 2Coríntios 12.17,18.

Conforme se vê na lista acima, as palavras apontam para um lucro obtido através da violência, da injustiça (Jz 5.19); para os despojos (Jó 22.3; Pv 1.19); para o ato de alugar, de contratar (Mq 4.13); ou então para uma recompensa (Dn 11.39) e para o ganho mediante o ato de compra (Dn 2.8).

Os vocábulos gregos, usados no Novo Testamento, referem-se ao trabalho ou aos negócios (At 16.16,19); à vantajosa obtenção da vida eterna, adquirida por ocasião da morte biológica do crente (Fp 3.7); a algum meio de ganho (1Tm 6.5,6); a piedade é um grande lucro (vs. 6); obter ganho ou lucro (Mt 16.26; 18.15; 25.17); ao lucro por meio do comércio (Lc 19.16). Além disso, temos a ideia de ganhar pessoas para Cristo, mediante o evangelho (1Co 9.19,20).

LUDE, LUDIM

Em Gênesis 10.22, *Lude* aparece como o quarto filho de Sem. Em Gênesis 10.13, *Ludim* (uma palavra que, no hebraico, está no plural) figura como o primogênito de Mizraim, filho de Cão. No décimo capítulo de 1Crônicas, a tabela das nações, Lude é um povo semita, e Ludim é um povo camita, descendente de Mizraim, o Egito (ver os vss. 13 e 22). Josefo (*Anti*. 1.6,4) refere-se aos lídios como descendentes de Lude. Heródoto fala sobre os lídios, embora ele não exclua uma identificação semítica desse povo. Ver o artigo sobre a Lídia. Nos trechos de Ezequiel 27.10 e 30.5, o povo de Lude é descrito como aliado de Tiro e do Egito, respectivamente. A Lídia (*Ludu*) aparece como aliada do Egito, nos registros neobabilônicos. As inscrições egípcias dos séculos XIII e XV a.C. referem-se a um povo chamado *Luden*, localizado perto da Mesopotâmia. Alguns eruditos supõem que isso indica que esse povo fora deslocado de sua pátria original, na Mesopotâmia e, então, migrou para a Ásia Menor. Seja como for, a Lídia veio a tornar-se parte do império romano, após a morte de Croeso, às mãos de Ciro, rei da Média Pérsia.

A identificação dos Ludim com a Lídia é duvidosa; mas Lude quase certamente corresponde à Lídia. As inscrições assírias referem-se aos lídios chamando-os de Ludu. Essa é uma palavra cognata do termo hebraico, *lud*. Josefo também fez essa identificação. As evidências demonstram que Heródoto falou sobre *Lydus* como o ancestral dos lídios. Ludim é um povo de origem camita, segundo se vê em Gênesis 10.13 e 1Crônicas 1.11. Talvez esteja em foco uma nação africana, que não se consegue identificar. Mas alguns estudiosos pensam que deve ser *Lubim* (Líbia), o que somente serve para aumentar a confusão.

LUGAR MAIS SANTO

Ver sobre o *Tabernáculo*, IV.4.b. Ver também sua seção X. O artigo sobre o *Tabernáculo* fornece os muitos tipos simbólicos envolvidos naquela antiga estrutura. Em sentido geral, pode-se dizer que o tabernáculo representa vários níveis de acesso a Deus. Fora do tabernáculo ficavam os gentios; as mulheres tinham um acesso limitado. Os homens de Israel podiam entrar no santuário. Mas somente o sumo sacerdote, e apenas uma vez por ano, podia entrar no Santo dos Santos, onde Deus se encontrava com o homem. Cristo, em sua missão terrena, abriu o caminho até à presença de Deus. Em Cristo, o próprio Homem tornou-se o templo e o tabernáculo de Deus, e isso indica o potencial de um total acesso a Deus. (Ver Hb 8.2; 9.8,12,24,25; 10.19; 13.11). Por meio do sangue de Cristo, penetramos no Santo dos Santos, segundo aprendemos em Hebreus 10.19. Isso é uma extensão do ensino bíblico que diz que Cristo é o caminho (Jo 14.6), mostrando-nos de que maneira, finalmente, ele é o *Caminho*, no tocante ao nosso acesso a Deus.

O Santo dos Santos. (Ver Êx 26.33). No tabernáculo original, o Santo dos Santos ficava localizado no fim do ambiente fechado, penetrando na área do *Lugar Santo* (vide). Cinco colunas formavam a entrada, e diante delas ficava o véu. O santuário mais interno, o Santo dos Santos, tinha cerca de 18 m de lado, pois era quadrado. Continha a arca da aliança, a tampa, chamada *propiciatório*, sobre a qual era aspergido o sangue. A própria arca continha os itens mencionados e descritos em Hebreus 9.4. O Santo dos Santos simbolizava o *acesso* final a Deus. Naturalmente, pois, dentro da tipologia do Novo Testamento, isso veio a indicar as esferas da existência de Deus, bem como a possibilidade que temos de entrar ali, por meio de Cristo. Esse acesso, entretanto, é mais do que local; também é espiritual. Quando nos tomamos filhos moldados segundo a imagem de Cristo, então nós mesmos temos acesso a Deus como os filhos têm acesso a seu Pai. Obteremos a própria natureza divina (ver 2Pe 1.4). Ver o artigo sobre o *Templo de Jerusalém*, que contém outros detalhes concernentes a essa questão toda.

LUGAR SANTO (SANTUÁRIO)

A expressão *Lugar Santo* pode se referir ao local do templo de Jerusalém, o lugar mais santo da terra para os judeus. Uma porção das paredes dessa estrutura continua de pé, com o nome moderno de *Muro das Lamentações*. Isso porque os judeus costumam reunir-se defronte dessas paredes a fim de orar, lamentando o que sucedeu ao templo. Esse é um lugar popular para peregrinos judeus e cristãos, os quais se reúnem ali para orar e lamentar as tragédias que têm atingido os judeus da dispersão.

Lugar Santo (Santuário). Isso se refere ao tabernáculo real, mas também à réplica do tabernáculo (vide), incorporado na estrutura do templo de Jerusalém. Ver os artigos gerais sobre *Tabernáculo* e *Templo*, quanto a completos detalhes. O Lugar Santo era distinguido do Santo dos Santos devido ao fato de que este fazia parte daquele. Ver o artigo separado sobre o *Santo dos Santos*. Na epístola aos Hebreus, o Lugar Santo simboliza a contraparte dos céus, visto que as mais piedosas tradições judaicas falavam sobre o tabernáculo como reprodução de um protótipo celestial. Ver Hebreus 8.5, quanto às notas expositivas do NTI, acerca dessa tradição. Presume-se que Moisés recebeu um plano que duplicava, em algum sentido, o tabernáculo celestial. O átrio fechado media, no tabernáculo original, cerca de 50 m por 25 m de lado. Antes de se entrar no *Santo Lugar*, era mister passar pelo átrio exterior, onde estava o altar dos holocaustos e a pia de bronze. No tempo em que estava armada a tenda da congregação ou tabernáculo, esse altar era comparativamente pequeno e portátil, com cerca de 3 m de lado, um quadrado, portanto. Era feito de madeira de acácia recoberta de bronze, e o seu interior era oco (ver Êx 28.8). Ali eram efetuados os holocaustos. Nos vários templos de Jerusalém, construídos depois disso, esse altar foi-se tornando cada vez maior. No templo de Herodes, tinha 10 m de altura por 30 m de comprimento e outro tanto de largura. A pia existia para várias lavagens, sobretudo das mãos e dos pés dos sacerdotes, antes de oferecerem os sacrifícios. Esse item ficava no átrio exterior, entre o altar e a porta da tenda, um pouco desviado do centro, para o sul (Êx 30.19-21).

LUGARES ALTOS

I. Significado da Expressão. "Lugares altos" é uma expressão que corresponde ao termo hebraico *bamah*, que pode significar tanto "elevação" quanto "santuário". Era costume dos cananeus e dos povos semitas estabelecer santuários ou centros de adoração religiosa em lugares elevados. Isso nos faz lembrar do monte Olimpo dos gregos. A conexão entre as divindades e as montanhas é uma conexão comum nas religiões. Podia ser detectada em todas as regiões do Oriente Próximo, e prevalecia, especialmente, na Ásia Menor e na Síria.

Quanto aos povos semitas, nem todos os seus santuários eram erigidos em regiões elevadas; mas o termo *bamah* continuava sendo usado, dando a entender o levantamento de altares e santuários. No tocante ao povo de Israel, eles nada viam de errado nos lugares altos, propriamente ditos. Originalmente, esses locais tinham sido lugares de culto dos cananeus, mas os israelitas rededicaram-nos ao culto a Yahweh, pelo menos em alguns casos. Porém, devido à influência de costumes estrangeiros e com a ajuda da corrupção interior dos homens, tais lugares vieram a ser dominados por práticas idólatras. O trecho de 2Reis 23.8 mostra-nos quão generalizados eram os *lugares altos*, e quanta importância se dava aos mesmos. Foi por causa de tais abusos que os profetas hebreus denunciaram com tanto vigor os lugares altos. Alguns dos reis de Judá tentaram eliminar os lugares altos (ou seja, seu uso para fins idólatras e imorais). Um dos exemplos mais conspícuos disso foi o do rei Josias (ver 2Rs 22.3 e 2Cr 34.3).

II. Usos da Palavra Hebraica "Bamah". 1. Ela podia indicar, meramente, algum lugar elevado, como o cume de um monte qualquer. O acádico e o ugarítico tinham palavras cognatas, com esse sentido. Fortalezas e fortins eram construídos nos montes, e encontramos alusões a vitórias militares obtidas em tais lugares. (Ver Dt 32.12; Jz 5.18; 2Sm 1.19,25). Em Isaías 14.14, o termo é corretamente traduzido por "altas", dentro da expressão: ... *subirei acima das mais altas nuvens, e serei semelhante ao Altíssimo*. **2**. Chegou o tempo em que os próprios santuários eram chamados *bamah*, sem importar se tinham sido construídos ou não em lugares elevados. Pois o próprio santuário e o seu altar eram lugares elevados. Todavia, muitos desses santuários eram, realmente, construídos em lugares elevados, pelo que, em tudo isso há um duplo significado da palavra *bamah*. O trecho de 1Reis 14.23 mostra-nos que muitas colinas eram usadas com propósitos religiosos em Israel. Saul subiu para Betel, onde se encontrou com um grupo de profetas de Deus, que desciam da *bamah* (ver 1Sm 10.5,13, onde essa palavra aparece na expressão "... profetas que descem do alto..."). **3**. Algumas *cidades*, em lugares elevados, tornaram-se centros de adoração religiosa, pelo que elas também vieram a receber o título de *bamah*. Um lugar alto importante era Gibeom (1Rs 3.14 ss.; 2Cr 1.2-6). Salomão sacrificou ali mil carneiros. Gibeom era o lugar mais elevado que havia em derredor, por muitos quilômetros.

III. Sentido Negativo. Em Israel, o centro da adoração ficava no templo de Jerusalém. Podemos ter a certeza de que certos lugares altos, porém, vieram a competir com a adoração centralizada de Israel. Assim, em oposição à adoração no templo de Jerusalém, o rei Jeroboão promoveu a apostasia de Israel, estabelecendo bezerros de ouro em Betel e em Dã, em imitação ao ato de Aarão (1Rs 12.38; comparar com Êx 32.4,8. Ver também 1Rs 12.32, quanto a outras atividades semelhantes). É possível que tudo isso tivesse ocorrido em nome de Yahweh, mas, como envolvia falsidade e desvio, foi censurado (ver 1Rs 13.1-6). E as coisas não correram melhor no reino do sul, Judá. Nos tempos do rei Reoboão, o povo adotou a idolatria cananeia, tendo erigido lugares altos e colunas, e isso de maneira bastante generalizada. Lê-se em 1Reis 14.23: *Porque também os de Judá edificaram altos, estátuas, colunas e postes-ídolos no alto de todos os elevados outeiros, e debaixo de todas as árvores verdes*.

IV. Um Sentido Positivo. O rei Asa, de Judá, tentou fazer o que era reto aos olhos de Deus, e, no entanto, não removeu os lugares altos que seu pai havia permitido. Isso pode significar que, pelo menos em parte, ele fracassou quanto aos seus propósitos; ou então que não teve a autoridade ou a energia necessária para impor uma reforma religiosa completa. Ou ainda, ele limpou o país de santuários idólatras, mas não destruiu os centros de adoração localizados nas colinas. (Ver 1Rs 14.11-14). Porém, Ezequias removeu esses lugares altos (ver 2Rs 18.4,22). Portanto, tal remoção era algo possível, de onde podemos presumir que os esforços de Asa não foram muito objetivos. Todas as tentativas de purificação desses lugares altos, pois, envolvem um sentido positivo da questão.

V. Origens e Psicologia Envolvida. Muitos povos antigos supunham, literalmente, que subir a um lugar alto levava a uma maior proximidade com a divindade. Consideremos, como ilustração, o relato sobre a torre de Babel. Isso reflete-se até mesmo em vários idiomas. Em português, por exemplo, a palavra céu tanto refere-se à abóbada celeste, em seu aspecto físico, onde pairam as nuvens e resplandecem o sol, a lua e as estrelas, quanto aos lugares celestiais, da dimensão espiritual, onde Deus reside. Assim, nas regiões onde não havia montes ou colinas, elevações artificiais eram construídas para que os homens, supostamente, chegassem mais perto dos deuses, como era o caso dos zigurates (vide). Objetos de adoração eram colocados nas árvores, a fim de atrair a atenção das divindades. Nos lugares altos, por sua vez, havia auxílios comuns à adoração religiosa, como pilhas de pedras, altares de pedras toscos, estátuas e vários tipos de santuários, sempre dando a impressão de altura, de elevação.

VI. Poluções Pagãs. Ao entrar na terra de Canaã, Israel encontrou muitos lugares altos dos cananeus. Pecados horrendos eram cometidos nesses lugares, incluindo sacrifícios de infantes, prostituição cultual e toda forma de adoração idólatra. Israel, pois, recebeu ordens para demolir tais lugares (Nm 33.52). Porém, após a destruição de Silo, e antes da construção do templo de Jerusalém, tais lugares tornaram-se lugares das devoções religiosas de muitos israelitas. Samuel abençoou as oferendas que o povo fez em um lugar alto (1Sm 8.12-14). Ezequias eliminou os abusos que haviam penetrado, ao destruir os santuários existentes nos lugares altos; mas Manassés, seu filho e sucessor, reconstruiu muitos desses santuários, trazendo de volta a Israel as poluções pagãs (2Rs 21.2-9; 2Cr 33.30-9,17,19). Josias fez outra tentativa para reformar tais costumes (2Rs 23.5) destruindo e contaminando lugares altos desde Geba até Berseba. Os profetas denunciavam os lugares altos, com todas as suas práticas (Is 15.2; 16.12; Jr 48.35). Mas a resposta a todas aquelas abominações foi dada sob a forma do cativeiro babilônico (vide), que pôs fim ao costume. (ALB (1957) ND UN Z)

LUÍTE, SUBIDA DE

No hebraico, essa palavra, *luhith*, significa **"mesa"**, ou **"assoalhada"**, conforme preferem outros. Essa era uma das cidades dos moabitas, situada em um local elevado. Habitantes de Moabe, ao fugirem dos babilônios (ver Is 15.5; Jr 48.5), passaram por esse lugar, a caminho de Zoar.

Eusébio situava Luite entre Areópolis e Zoar, mas a localidade ainda não foi achada pelos arqueólogos.

LULABE

No hebraico, **"ramo"**. A alusão é à palmeira, usada em conexão com as cerimônias da Festa dos Tabernáculos (vide), determinada em Levítico 23.40. Três ramos diferentes eram empregados: ramos de palmeiras, ramos de árvores frondosas e salgueiros de ribeiros. E as pessoas agitavam os mesmos durante os momentos de recitação de passagens especiais dos salmos.

LUTA

A luta livre é um esporte antiquíssimo, bem ilustrado na cultura egípcia e mesopotâmica. Todos os povos contam com algum tipo de luta entre dois contendores que medem sua força e agilidade um contra o outro. O esporte nacional japonês é o "sumô", com lutadores, algumas vezes, de duzentos quilos. Até os brasilíndios ou índios brasileiros têm sua forma de luta livre. Durante o período do reino antigo, no Egito, nas gravuras em relevo dos túmulos de Ptaotepe, em Sacara, fizeram-se muitas representações de lutas livres. Mais de quatrocentos grupos em luta aparecem nas pinturas em paredes, nos túmulos do reino médio egípcio, em Beni Hasan. Outras cenas de lutas têm sido encontradas pela arqueologia moderna, pertencentes ao templo da XX Dinastia do Egito, em Medinet Habu. Esse templo foi construído por ordens de Ramsés III (vide).

Nas páginas da Bíblia, é provável que nenhuma outra luta corporal seja mais famosa e revestida de tão grandes consequências como a luta entre Jacó e o anjo que lhe apareceu. Essa narrativa aparece em Gênesis 32.24,25: *ficando ele só; e lutava com ele um homem, até ao romper do dia. Vendo este que não podia com ele, tocou-lhe na articulação da coxa; deslocou-se a junta da coxa de Jacó, na luta com o homem.* A palavra aqui traduzida por "lutava" e por "luta", corresponde ao vocábulo hebraico *abaq*, "agarrar", "lutar".

Entretanto, no caso dos conflitos entre Lia e Raquel, irmãs, ambas esposas de Jacó, já encontramos outras duas palavras, e ambas em um mesmo versículo, Gênesis 30.8, onde lemos: "Disse Raquel: Com grandes lutas (no hebraico, *naphtulim*, "lutas") tenho competido (no hebraico, *pathal*, "competição")". Ambas essas palavras também só ocorrem por uma vez cada, ou seja, nesse mesmo versículo. Incidentalmente, isso mostra a superioridade da monogamia, pelo menos no tocante à ausência de competição entre as esposas de um mesmo homem.

No Novo Testamento, encontramos uma interessante passagem, em Efésios 6.12. Lemos ali: *...porque a nossa luta não é contra o sangue e a carne, e, sim, contra os principados e potestades, contra os dominadores deste mundo tenebroso, contra as forças espirituais do mal, nas regiões celestes.* Ali o termo grego que corresponde a "luta" é *pále*. Essa palavra deriva-se do verbo *pállo*, "balançar para a frente e para trás", apontando para os movimentos de esquiva e ataque que os lutadores, geralmente, dão um diante do outro. E isso demonstra, por sua vez, a intensidade da luta do crente contra o diabo e suas forças malignas. Basta-nos pensar que se os outros lutadores lutam de olhos bem abertos, atentos aos golpes desferidos pelos adversários, a fim de poder evitá-los, nós lutamos contra inimigos invisíveis, que nos acossam de várias direções ao mesmo tempo, sem que, por muitas vezes, sejamos capazes do antecipar seus golpes traiçoeiros. Isso encarece a necessidade de vigilância, da nossa parte, e da proteção divina, por outra parte. "Vigiai e orai, para que não entreis em tentação; o espírito, na verdade, está pronto, mas a carne é fraca" (Mt 26.41).

LUTERANISMO E TEOLOGIA LUTERANA

A Reforma luterana foi, preeminentemente, um movimento teológico. Sua meta dominante não era mudar as estruturas políticas e sociais. Embora tenha tido um efeito profundo sobre a vida política, social e acadêmica na Europa Ocidental, a Reforma foi profundamente religiosa e evangélica. A meta de toda a atividade e produção teológica de Lutero era encontrar o Deus da graça e levar a ele pecadores para a salvação. As contribuições significativas em liturgia, catequese e hinódia, e até mesmo a profunda preocupação de ordem e justiça social, tudo isso serviu e colaborou em sua busca de alcançar esse grande alvo soteriológico.

Há três fontes para o entendimento da natureza e estrutura do luteranismo. Primeira, as confissões luteranas, inclusas no Livro da Concórdia (ver Confissões); segunda, os escritos de Lutero; terceira, os escritos de outros reformadores luteranos, notadamente Melâncton, Matthias Flacius (1520-1575) e Martin Chemmnitz (1522-1586).

Embora o Livro da Concórdia (que praticamente todos os ministros luteranos subscrevem até hoje) seja normativo para a teologia luterana, as diversas confissões luteranas não variam em nenhum ponto significativo da teologia do próprio Lutero. Melâncton não ofereceu contribuição substancial alguma além da que Lutero já havia articulado, e a Confissão de Augsburgo (1530), escrita por ele, é o principal símbolo da igreja luterana e uma exposição brilhante da teologia por ela adotada. Flacius, um dos pais do estudo da história da igreja e da hermenêutica, defendeu com eficiência a doutrina e a prática luteranas de todos os seus detratores. Chemnitz, por sua vez, foi o principal autor da Fórmula de Concórdia (1577), escrita para decidir disputas que haviam surgido entre os luteranos após a morte de Lutero, principalmente entre os chamados gnesio-luteranos (ou "luteranos autênticos", i.e., os seguidores de Lutero) e os filipistas (i.e., seguidores de Filipe Melâncton), mais interessados em assegurar uma aproximação com os calvinistas. A Fórmula de Concórdia, última das confissões luteranas, embora não diferente da teologia de Lutero ou dos primeiros símbolos luteranos, esclarece, reformula e defende a teologia primitiva em uma série de importantes artigos de fé, como: o pecado original e a servidão da vontade humana; justificação; lei e evangelho; ceia do Senhor; a pessoa de Cristo (ver Cristologia); e predestinação. Chemnitz apresentou ainda a teologia luterana completa em um alentado livro sobre dogmática. Sua marcante defesa da teologia luterana contra o Concílio de Trento (ver Concílios; Contrareforma Católica; Teologia Católica Romana) o colocou na posição de "o segundo Martinho Lutero", pois, de fato, sem seus trabalhos a obra teológica do primeiro Martinho poderia ter sido menos frutífera.

Nos artigos fundamentais quanto à Trindade, à pessoa de Jesus, à criação e à expiação vicária de Cristo, a teologia luterana segue, conscientemente, os grandes credos orientais e ocidentais e os pais da igreja primitiva (ver Teologia Patrística). Lutero e a teologia luterana posterior construíram deliberadamente suas confissões e tratados dogmáticos de acordo com um esquema e padrão de pensamento trinitários. A contribuição distintiva da teologia luterana para a história da teologia cristã está em duas áreas: na autoridade da Palavra de Deus (ver Escritura) na igreja e na soteriologia.

Teologia da palavra. As Escrituras Sagradas são a real palavra de Deus e como tal trazem consigo a autoridade e confiabilidade do próprio Deus. Contra a autoridade papal, os concílios da igreja, a razão (ver Fé e Razão) e a experiência, até mesmo a experiência religiosa, a teologia luterana ensina que somente as Escrituras (*sola Scriptura*) constituem a fonte de toda teologia e a regra e norma para julgar todos os instrutores e instruções da igreja.

As Escrituras divinas e a palavra proclamada que as tem por base contêm um propósito soteriológico, sendo, com esse fim, inerentemente poderosas, tanto para condenar quanto para destruir (lei), assim como para confortar, criar fé e salvar (evangelho). Tal como a lei é o meio próprio para julgar e condenar o pecador, seu meio de salvação e graça é a palavra do evangelho, que é a mensagem cognitiva da efetivação da salvação mediante a obra expiatória de Cristo. A palavra do evangelho (inclusive a "palavra visível" do batismo e da eucaristia) realmente gera e sustenta a igreja, a comunidade de todos os crentes em toda parte. Melhor dizendo, o Espírito Santo se encontra agindo sempre e somente por esses meios da graça para chamar, edificar, confortar e salvar a igreja. A doutrina da presença real do corpo e do sangue de Cristo na comunhão dá suporte a essa função do sacramento como meio da graça, pois, mediante seu corpo e sangue, Cristo buscou e obteve o perdão dos pecados para todos. Além disso, o evangelho e todos os seus artigos, isto é, a doutrina extraída das Escrituras, são o meio de que se utiliza o Espírito Santo para reformar a igreja e, ao mesmo tempo, uni-la contra todo cisma. A unidade da igreja e a unidade de comunhão externa em doutrina bíblica são indispensáveis.

Teologia da cruz. De acordo com a teologia luterana, o principal artigo da fé cristã está centrado na pessoa e na obra de Cristo, em sua expiação substitutiva. É essa obra salvadora e redentora de Cristo, frequentemente chamada de sua obediência (em viver e sofrer no lugar de toda a humanidade pecaminosa), que constitui não somente a causa, mas também a base, da amorosa e graciosa justificação, ou absolvição, por Deus, do pecador. Além disso, a obediência vicária de Cristo constitui a forma real e a essência da justiça, que passa a ser justiça do pecador, mediante a fé. Em outras palavras, na justificação (ato forense e efetivo de Deus de perdão e absolvição por causa de Cristo), Deus imputa ao pecador a justiça real que Cristo adquiriu por sua perfeita obediência à lei de Deus e sua morte expiatória.

O artigo da justificação pela fé, tão central na teologia luterana, é construído sobre a teologia da cruz, de Lutero. Mediante somente a fé (*sola fide*), que serve de instrumento, o pecador recebe todos os benefícios que Cristo adquiriu para o mundo — sua justiça, o perdão de Deus, a paz e a reconciliação com Deus e a vida eterna — e de todos eles se apropria. Assim, o artigo da justificação, ou melhor, a realidade da justificação do pecador mediante a fé, oferece conforto e segurança abundantes ao cristão quando se encontre em dúvida ou situação aflitiva. Do mesmo modo que a teologia da palavra proporciona ao cristão a certeza da doutrina que ele segue e de sua confissão de fé, a teologia da cruz lhe confere a certeza da graça de Deus e de sua própria salvação pessoal.

A fé mediante a qual o pecador é justificado lhe é dada pelo Espírito Santo, por meio da palavra do evangelho e dos sacramentos. Somente o Espírito Santo e a palavra são as causas da fé em Cristo. O homem, ímpio, pecaminoso, morto no pecado, em nada contribui, com sua própria vontade, interesse, esforço ou obra, para sua justificação, conversão e salvação. A salvação e todas as coisas pertencentes a ela são concedidas somente pela graça de Deus (*sola gratia*). As boas obras, a vida cristã e todos os princípios de ética pessoal e social, dos quais é norma a lei de Deus exposta nas Escrituras, resultam da expiação consumada na cruz, que constitui tanto seu poder quanto sua razão de existir. Deus se agrada da fé do cristão não porque a fé seja uma virtude, mas por causa do Filho, ou seja, por ser Jesus Cristo o objeto da fé. Deus se agrada da vida do cristão não por causa de qualquer nobreza ou valor que possa haver em suas obras, mas, sim, do mesmo modo, por causa de Cristo, ou seja, por viver e permanecer o cristão perante Deus por causa da justiça de Cristo que lhe é imputada. Até mesmo a adoração do cristão agrada a Deus não por causa de sua intensidade ou sinceridade, tampouco por sua forma externa, mas por causa de Cristo: a mais elevada adoração a Deus está em crer nele. Toda a vida cristã flui da teologia da cruz, e todos os artigos de fé procedem desse artigo de fé central para o cristão.

(**R. D. Preus**, Ph.D., D.Theol., presidente do *Concordia Theological Seminary*, Fort Wayne, Indiana, EUA.)

BIBLIOGRAFIA. P. Althaus, *The Theology of Martin Luther* (Philadelphia, 1966); W. Elert, *Structure of Lutheranism* (St Louis, MO, 1962); A. Koeberle, *Quest for Holiness* (New York, 1936); F. Pieper, *Christian Dogmatics*, vol. 2 (St Louis, MO, 1951); H. Sasse, *Here We Stand* (New York, 1938).

LUTERO, MARTINHO (1483-1546)

A linhagem de Martinho Lutero era de gente do campo, independente, da Saxônia. Foi criado em um lar caracterizado por dois aspectos: religião profunda e pobreza com dignidade. Levaria consigo essas marcas para a sepultura, pois por toda sua vida buscou uma religião verdadeira e morreu sem um centavo. Educado na escola da catedral de Magdeburgo e na escola de gramática em Eisenach, Lutero ingressou na já famosa e antiga Universidade de Erfurt (1501-1505) a expensas do pai. Devido a algumas experiências de perigo de morte, deixou o emprego secular que lhe fora destinado, indo em busca de uma vida de caráter religioso. Entrou para o prestigioso mosteiro dos ermitãos agostinianos, em Erfurt, em 1505, e, uma vez ordenado sacerdote, em 1507, o brilhante jovem Lutero foi selecionado por seus superiores, em 1508, para fazer preleções na nova Universidade de Wittenberg. Em 1510, foi enviado a Roma para tratar de negócios do mosteiro. Essa experiência lhe abriu os olhos para a corrupção da cúria, assim como para a grande falha da igreja em cumprir a missão que lhe era designada por Deus. Em 1511, tornou-se doutor em Teologia, sendo chamado para Wittenberg como professor de estudos bíblicos, cargo em que permaneceu até sua morte. Em 1511, Lutero era nomeado vigário de sua ordem e prior de onze mosteiros.

Lutero havia entrado no mosteiro visando a encontrar a paz com Deus, mas a experiência mais próxima de Deus que ele obteve veio a ser um tormento e uma luta desesperada, até mesmo uma alienação ainda pior de sua presença. Entender essa luta e como Lutero foi conduzido à gloriosa liberdade dos filhos de Deus é entender sua intensa teologia evangélica, assim como sua importância para a Reforma e a posteridade.

Durante seus primeiros anos de intensa batalha espiritual, realizou profundos estudos da Bíblia, lecionando, como monge-professor, sobre Gênesis (1512), Salmos (1513), Romanos (1515) e Gálatas (1516). É comum pensar ter Lutero feito uma ruptura dramática rumo a uma teologia evangélica; mas uma leitura mais detida de sua tendência mostra, já desde seu primeiro sermão monástico, em Leitzkau (1512), sua mente e seu espírito atraídos pela teologia bíblica, descobrindo, a cada etapa, a autêntica experiência cristã evangélica.

Embora clara em suas primeiras exposições, a teologia evangélica de Lutero surge em nível de controvérsia, em sua obra *Contestação à teologia escolástica* (1517). Nela, ele desafia a filosofia (Duns Scotus, Biel), em favor da teologia (agostiniana); ataca o aristotelismo dos escolásticos (ver Escolasticismo) como prejudicial tanto às doutrinas da graça do NT como à ética cristã; expõe a distinção entre lei e evangelho. Pode-se tomar essa obra como um começo do movimento da Reforma, embora se considere, posteriormente, a exposição das 95 Teses contra a venda de indulgências (ver Mérito; Penitência), ainda em 1517, o que realmente deflagrou o processo. A série de teses de Lutero se espalhou rapidamente: em duas semanas, haviam percorrido a Alemanha e dentro de um mês a Europa.

Em abril de 1518, Martinho Lutero participou da reunião trienal de cônegos de seus companheiros agostinianos, em Heidelberg. Deixando de lado as questões controversas e periféricas de indulgências e penitência, tratou ali dos grandes temas teológicos centrais: a justiça de Deus e a justiça do homem; lei e evangelho (ver Lei e Evangelho); pecado, graça, livre-arbítrio e fé; justificação pelas obras e justificação em Cristo; e a teologia da cruz. Não podendo extraditá-lo, o papa convocou Lutero para ir a Augsburgo, a fim de ser corrigido e disciplinado pelo cardeal Cajetan (1469-1534), dominicano. Após um encontro fracassado, em 1519 teve de se confrontar com o temível João Eck (1486-1543), em Leipzig, para uma disputa sobre sua teologia que duraria uma semana, quando então negou a primazia do papado e a infalibilidade dos concílios gerais. Lutero estava agora, praticamente, na liderança de um movimento em prol de uma reforma geral da igreja.

O ano de 1520 marcaria seu rompimento decisivo com o catolicismo medieval, ao publicar seus três definitivos tratados sobre uma necessária reforma. O primeiro deles era uma convocação ao laicato, em que concitava os príncipes alemães a tomarem nas próprias mãos a referida reforma, abolindo os tributos destinados a Roma, o celibato do clero, as missas pelos mortos, as peregrinações, as ordens religiosas e outras práticas e instituições católicas. Em uma segunda obra, *O cativeiro de Babilônia da igreja*, dirige-se diretamente ao clero, estabelecendo, de modo positivo, uma teologia sacramental do NT e a prática da comunhão (ceia) usando-se de ambos os elementos, o pão e o vinho, e, negativamente, rejeitando a transubstanciação e o sacrifício da missa, assim como os abusos que representavam (ver Eucaristia; Sacramentos). No terceiro desses tratados, *Da liberdade do cristão*, obra excelente, espiritual, não-controversa, Lutero expõe a justificação pela graça como distintiva da justificação pelas obras.

A resposta não tarda. Pela bula papal *Exsurge, Domine* [Ressuscita, Senhor] (15 de junho de 1520), as teses de Lutero são censuradas como heréticas. É ordenado que seus livros sejam queimados, recebendo Lutero sessenta dias para se retratar. Lutero queima então, publicamente, não os seus livros, mas a bula, juntamente com alguns tomos obsoletos da lei canônica (15 de dezembro de 1520), sendo, em consequência disso, excomungado pela bula *Decet Romanum* [É dever da igreja Romana] (3 de janeiro de 1521).

Convocado pelo imperador, ele é obrigado a comparecer à Dieta (parlamento civil) de Worms (1521), em que, mais uma vez, se recusa a se retratar, argumentando que seus livros são sadios e que, a menos que ele pudesse ser convencido pelas Escrituras e pela sã razão, não voltaria atrás. Lutero é condenado a banimento do império; mas, ao voltar para casa, sob salvo-conduto imperial, escapa, com a ajuda de amigos, para Wartburg, onde é resguardado secretamente e sob custódia estrita.

Qual exatamente é a natureza do protesto de Lutero e o que fez que seu protesto, tão erudito e religioso, resultasse em sua excomunhão e, posteriormente, rachasse a cristandade de alto a baixo?

O protesto de Lutero não surge propriamente como crítica à doutrina católica, pois era ele um crente católico profundamente comprometido. Tampouco constituía mera crítica dos abusos como tais, porque sabia Lutero que abusos aconteciam em todo tipo de instituição humana. Surge, isso sim, da natureza de sua experiência religiosa. No mosteiro, Lutero havia buscado, com dedicada diligência e por todos os modos pelos quais era ensinado um monge, a encontrar a Deus: pelo caminho místico da confissão, devoção e oração; pelo caminho intelectual da razão; e pela disciplina prática de boas obras. Lutero passa então pela mais sombria agonia do desespero ao perceber que, quanto mais diligentemente buscava os caminhos bem delineados do crescimento espiritual, Deus parecia mais distante e até mesmo hostil para com ele.

Nesse momento, a simples verdade fundamental do cristianismo irrompe como uma luz nas trevas: ele não deveria pensar em Deus como remoto e distante, pois na verdade era ele mesmo, Martinho Lutero, em sua centralidade em si mesmo, que se distanciava de Deus. Deus tinha vindo em Cristo para achá-lo e continuava a vir a todo coração arrependido e crente. Lutero redescobre assim o evangelho original — a verdade que está em Efésios 2.8. Como depois ele mesmo diria, a porta do Paraíso foi aberta perante mim, e eu entrei.

Essa descoberta significava a centralidade absoluta de Cristo, a proclamação da mensagem original do evangelho e a restauração do genuíno pensamento bíblico e evangélico. Aqui reside a fonte da teologia da reforma liderada por Lutero, que passa a se sentir conduzido por Deus para reformular o que fora deformado. Segundo o próprio Lutero, ele se sente conduzido com segurança, por Deus, tal como um cavalo, por exemplo, sente-se conduzido com segurança por um destro cavaleiro, acrescentando: "Declaro simplesmente que o verdadeiro cristianismo deixou de existir entre aqueles que deveriam tê-lo preservado — os bispos e eruditos.

Ele redescobre a autoridade e os propósitos de Cristo: ele era um corretivo cristológico. Lutero corrige, desse modo, as distorções feitas na teologia medieval e as superstições da prática medieval, em favor de uma cristologia plena do NT, com base na teologia encarnacional de João e na teologia da redenção de Paulo. Estabelece Cristo e sua obra no centro, em lugar de o homem e as obras humanas. Recoloca o homem comum em seu correto caminho teológico, ao restaurar a doutrina do sacerdócio de todos os crentes. Essa abordagem contesta a força e a autoridade misteriosas do sacerdócio e, por remover os poderes mediadores e quase mágicos do sacerdote, joga ao chão o sistema e o culto católicos, predominantes. A ameaça do purgatório, com sua absolvição mediante indulgências pagas em dinheiro, contrafação inteiramente oposta e ofensiva à verdade do evangelho, é desafiada e contestada pelo vigor da mensagem bíblica do perdão imerecido mediante somente a fé em Cristo. A missa e a ideia da transubstanciação são substituídas pela realidade da comunhão no NT. O culto de Maria e dos santos, as peregrinações, os votos e os pagamentos de promessa e as imagens operadoras de milagres passam a ser vistos como falsos e supersticiosos ou quinquilharias eclesiásticas inúteis. As alegações papais de autoridade secular universal, até mesmo a de infalibilidade doutrinária, são agora encaradas como reivindicações iguais às de um simples príncipe secular, não mais de um verdadeiro vigário de Cristo. A doutrina da salvação somente em Cristo significava justificação somente pela fé, mediante somente a graça de Cristo. Lutero a via como a mensagem central da totalidade da Bíblia, AT e NT, e isso para ele era a Palavra de Deus, única e suficiente autoridade teológica.

Resguardado em local seguro em Wartburg, Lutero pôde traduzir, em questão de semanas, todo o NT, para um alemão puro, poderoso e fervoroso, contribuindo não somente para que essa obra fosse de influência predominante na religião alemã, mas também que viesse a moldar de maneira criativa o idioma germânico.

Devido à proeminência indesejada de elementos fanáticos e radicais no movimento da Reforma em Wittenberg, em sua ausência (ver Reforma Radical), Lutero para ali retornou em 1522, a fim de estabilizar a vida universitária e da igreja. Em sua volta, teve de enfrentar em Wittenberg os problemas gerados por protestantes extremistas, católicos, humanistas e preconizadores de um evangelho socialmente radical.

A mais considerável resistência católica com que se confrontou nessa fase inicial da Reforma, todavia, pode-se dizer que foi a representada principalmente por Latomus (1521) e pelo rei Henrique VIII (1522), assim como João Cochlaeus (1479-1552), Thomas Murner (1475-1537) e Eck, entre outros. O ataque à Reforma, nessa época, culminaria, porém, com a trágica revolta chamada Guerra dos Camponeses, de 1525, na Alemanha. Embora sensível à causa dos homens do campo, Lutero opunha-se à rebelião civil como o pior mal que poderia acontecer a uma sociedade, resistindo assim à revolta dos camponeses; mas, nesse caso, não somente por esse motivo, senão também porque tornaria desastrosa a identificação de rebelião social com a causa do protestantismo e da teologia evangélica. De todo modo, a Reforma veio a sofrer duro golpe na Guerra dos Camponeses, da qual dificilmente se recuperaria. Esse movimento de rebelião e tumulto destrutivos afastou eruditos e humanistas sensíveis da causa luterana, fazendo um homem da inteligência de Erasmo, por exemplo, voltar-se contra a Reforma, embora, como humanista, a tivesse até então apoiado. Erasmo resolveu atacar a teologia (agostiniana) de Lutero do não livre-arbítrio, em resposta ao que Lutero escreveu *A servidão da vontade* (1525) — considerado seu mais brilhante livro, no sentido de que oferece uma defesa erudita da teologia bíblica e evangélica, demonstrando a escravidão do homem natural a si mesmo e aos seus próprios interesses, assim como a libertação por meio da qual Cristo o torna realmente livre.

Obrigado a manter-se confinado na Saxônia, Lutero fortalece então a vida da igreja local, esboçando uma *Missa* reformada (1523) e, sob exigência popular, uma *Missa Alemã* (1526). Ali, escreveu livros sobre o ministério paroquial, para pastores, coleções de sermões, uma litania, um rito de ordenação pastoral, uma cerimônia de batismo e cerca de 24 belos hinos com música. O ano de 1529 traria uma divisão no protestantismo quanto à doutrina da presença eucarística. Nesse mesmo ano, enquanto a Dieta de Speier assegurava aos príncipes alemães o direito de organizar igrejas nacionais, Lutero produzia dois magníficos catecismos: o Catecismo Maior, como base para o ensino pelos pastores, e o Breve Catecismo, para todos os crentes. Lutero produziu, ainda, imenso corpo de obras teológicas, comentários e sermões e, com a ajuda de outros eruditos, completou a tradução de toda a Bíblia em alemão.

Foi o maior erro da cristandade católica da época haver rejeitado esse notável monge de Wittenberg — eis um fato admitido hoje em dia pela maioria dos eruditos católicos. Perto do fim de sua vida, Lutero disse a seus alunos: "Tenho ensinado Cristo a vocês, puramente, de maneira simples e sem adulteração". Essa afirmativa retrata grandemente o que foi toda a sua existência. Em 1546, cerca de trinta anos após ter pregado suas 95 teses na porta da igreja do castelo de Wittenberg, Lutero foi sepultado dentro de seus muros, onde seus restos mortais ainda permanecem. Não poderíamos resumir a obra da vida de Lutero em palavras melhores do que as dele próprio: "Eu simplesmente ensinei, preguei, escrevi a Palavra de Deus: não fiz nada... a Palavra fez tudo!"

(**J. Atkinson**, M.A., M.Litt., Dr. Theol., cônego e teólogo da Catedral de Sheffield, Inglaterra.)

BIBLIOGRAFIA. *Fontes*: a melhor edição de obras é *Weimarer Ausgabe*, ed. J. C. F. Knaake e outros (Weimar, 1883-); a melhor coleção de traduções, *Luther's Works*, 55 vols. (St. Louis/Philadelphia, 1955-).

Biografias: J. Atkinson, *Martin Luther and the Birth of Protestantism* (Basingstoke, 21982); R. Bainton, *Here I Stand* (New York, 1950); H. Bornkamm, *Luther in Mid-Career; 1521-1530* (Philadelphia, 1983); M. Brecht, *Martin Luther* (Stuttgart, 1983); W. von Loewenich, *Martin Luther* (Munchen, 1982); Mackinnon, *Luther and the Reformation*, 4 vols. (London, 1925-1930); J. M. Todd, *Luther* (London, 1982).

Teologia: T. Harnack, *Luthers Theologie*, 2 vols. (Erlangen, 1862-1886); J. Köstin, *The Theology of Luther*, 2 vols. (1863; TI, Philadelphia, 1897); H. H. Kramm, *The Theology of Martin Luther* (London, 1947); W. von Loewenich, *Luther's Theology of the Cross* (Belfast, 1976); E. G. Rupp, *The Righteousness of God* (London, 1953); P. S. Watson, *Let God be God* (London, 1947).

LUZ (CIDADE)

Houve duas cidades com esse nome, nos tempos bíblicos, a saber: **1. Luz (Betel)**. No hebraico, **"amendoeira"**. Luz é o antigo nome de *Betel* (vide). Esse era o nome que os cananeus davam ao lugar, desde tempos remotos. Esse nome foi preservado em Gênesis 25.6, 28.19 e 48.3. Em Josué 16.3 faz-se a distinção entre Luz e Betel, não porque fossem cidades diferentes mais ou menos da mesma região, mas porque, naquele trecho, Luz refere-se à cadeia montanhosa ao sul, que pertencia geograficamente a Betel. Aquelas colinas demarcavam a fronteira entre tribos, naquele ponto. Luz foi entregue à tribo de Benjamim (ver Js 18.13). O termo Betel foi dado antes ao local, quando Jacó estava jornadeando por ali, onde recebeu uma experiência mística, perto de Luz. Posteriormente, o termo Betel veio a indicar a cidade propriamente dita (ver Js 18.13; Jz 1.23). O antigo nome, porém, continuou sendo usado pelo menos até o tempo dos juízes de Israel (Jz 1.23-26). **2. Uma cidade heteia** era assim chamada. Ela foi construída por alguém que havia residido em Luz, e que resolveu transferir o nome para a recém-fundada localidade. Quando Luz (*Betel*) foi destruída pelos benjamitas, aquele homem foi poupado e partiu para a terra dos heteus ou hititas. O que é chamado de "terra dos heteus" (ver Jz 1.24-26), provavelmente, é uma área ao norte da Síria. Nos tabletes de Alalah encontra-se o nome *Lazi*, sendo provável que se trate de uma referência ao lugar que foi fundado por aquele homem e recebeu o nome de Luz. Seja como for, o local da cidade é desconhecido atualmente.

LUZ, A METÁFORA DA

I. NATUREZA DA METÁFORA E CONTRASTE COM A METÁFORA DAS TREVAS.

As metáforas da luz e das trevas são utilizadas em muitos trechos do NT. (Ver Jo 1.4-9). O nono versículo fala sobre Cristo como "a luz do mundo". Em João

3.19-21, a luz e as trevas indicam, respectivamente, santidade e pecaminosidade. Em João 8.12 e 9.5, Cristo é a "luz do mundo". Em João 12.34,36, os crentes são *filhos da luz* porque participam da luz de Cristo. Em Mateus 5.14, os crentes são *a luz do mundo*. Em Mateus 6.22,23, a participação no bem ou no mal é exposta sob o simbolismo da luz e das trevas. Em 1Timóteo 6.16, Deus figura como aquele que habita em luz de tão grande intensidade que ninguém pode se aproximar dele. **1**. A bondade, a pureza e a retidão são *luzes*, porquanto refletem o caráter moral de Deus. **2**. A "presença" de Deus é luz. Isso pode significar, literalmente, que o seu grandioso ser irradia luz, mas também há um sentido metafórico, no qual o Senhor Deus é a essência mesma da bondade, da pureza, da santidade etc., pelo que também a sua presença é conhecida como lugar onde tais virtudes habitam supremamente, sem mescla com qualquer forma de maldade. **3**. Além disso, o próprio Deus é luz, ou seja, é o padrão perfeito de toda a santidade e retidão ...*Deus é luz, e não há nele treva nenhuma* (1Jo 1.5). Não pode haver qualquer tendência para o mal, na pessoa de Deus, já que ele é luz pura. **4**. O que é dito com relação a Deus Pai, também é dito acerca de Cristo, pois, em sua divindade, Cristo também é luz, tal como o Pai (ver Jo 1.9; 8.12 e 5). **5**. Os crentes em Cristo também são luzes e isso não é apenas como um reflexo (ainda que tal aspecto também diga uma verdade), pois também está inclusa a ideia de nossa participação na natureza de Cristo, ou seja, em sua santidade (ou luz). (Ver o trecho de João 12.35,36). Os crentes são "filhos da luz", isto é, a sua natureza básica ou força a serem isso, tal como sucede a Cristo, devido à sua natureza básica. **6**. A maneira de *andar* ou *conduta* geral dos crentes, portanto, deve ser de conformidade com essa verdade. Precisam mostrar a santidade de Cristo naquilo que fazem, pois eles "são Cristo" no mundo, são "Cristo em formação". (Ver Ef 5.8 e 1Jo 1.7). Precisamos "andar na luz", e a passagem bíblica de 1João 1.8,9 mostra-nos algo sobre como isso deve ser feito. **7**. Por essas razões é que os reinos opostos da verdade e da mentira são chamados de *luz* e de *trevas*, respectivamente, pois neles habita supremamente uma ou outra dessas qualidades. Nesses reinos habitam seres cujas naturezas manifestam uma ou outra dessas tendências (ver Ap 16.10; Cl 1.12,13; Jd 6.13 e 2Pe 2.17).

II. Deus como a Luz. A vida de Deus aparece no mundo como "luz verdadeira" (ver 1Jo 2.8 e João 1.9), e, por ocasião da encarnação de Cristo, isso se tornou real e operante entre os homens.

Deus é Luz. Sua presença é luminosa, tão brilhante que ninguém pode se aproximar dele (ver 1Tm 6.16). Nessa luz é que se encontra a imortalidade autêntica, e, sem Cristo e a transmissão da imortalidade por intermédio dele, nenhuma pessoa poderá chegar jamais à verdadeira imortalidade. Uma vez mais as Escrituras vinculam a luz e a vida, na referência a que acabamos de aludir. Cristo nos ilumina a fim de permitir-nos aproximar da luz de Deus, para podermos ser totalmente absorvidos pela mesma, mediante o que nossa natureza será de tal modo espiritualizada que participará de seu tipo de vida. Os gnósticos, porém, que repeliam a santidade básica em suas vidas diárias, santidade essa que consiste de andarmos na luz de Deus (um processo de iluminação presente), dificilmente poderiam vir a participar da vida de Deus, através do poder da luz divina.

A glória daquele que move a tudo
Interpenetra o universo e resplandece
Em uma parte mais e em outra menos.
Dentro daquele Céu que mais faz recebe
Estava eu.

(Dante, Paraíso, i.1-5)

Na presença daquela luz alguém se torna tal,
Que retirar-se dali para outra condição
É impossível que venha a consentir;
Porque o bem, que é o objeto da vontade,
Está concentrado ali, e excluído dali,
É retirado do perfeito todo e qualquer defeito.

(Paraíso, xxxiii.100-105)

Não há nele treva nenhuma, 1João 1.5. Os livros joaninos, com frequência, têm um conceito expresso em forma positiva, e então negativa. Assim sendo, Deus é Luz, e nele não há treva alguma. (Comparar esse uso com Jo 1.7,8,20; 3.15,17,20; 4.42,5,24; 8.35; 10.28; 1Jo 1.6,8; 2.4,27 e 5.12).

Quanto a um completo desenvolvimento das metáforas da luz e das trevas, mais do que é oferecido no texto presente, ver Efésios 5.8 no NTI. A cruz tem seu peso, sua obrigação moral e suas exigências. Conduz das trevas para a luz do dia eterno. Os gnósticos queriam um evangelho sem o peso da cruz.

"Embora o conhecimento completo de Deus seja impossível, ele pode ser realmente 'conhecido' aqui e agora, sob as condições e limitações da vida humana. A sua natureza é 'luz', que se comunica com os homens, feitos à sua imagem, até serem transformados à sua semelhança" (Brooke, *in loc.*). Deus, portanto, não vive afastado de sua criação, conforme os gnósticos imaginavam. Ele é imanente em sua criação.

"Ele é a Luz e a Fonte da luz, tanto da matéria como da ética. No mundo material, as trevas são a ausência da luz; no outro, as trevas, a inverdade, o engano, a falsidade são a ausência de Deus" (Alford).

Temos aqui a essência da teologia cristã, a verdade acerca da deidade, em contraste com todas as concepções imperfeitas daquele que amargura as mentes dos sábios. Para os pagãos a deidade se compunha de seres iracundos e malévolos, melhor adorados pelo segredo de vícios ultrajantes; para os gregos e romanos, eram as forças da natureza, transformadas em mulheres e homens sobrenaturais, poderosos e impuros; para os filósofos, era uma abstração moral ou física; para os gnósticos, era uma ideia remota, forças iguais do bem e do mal, em luta, reconhecíveis apenas através de deputados mais ou menos perfeitos. Tudo isso, João, sumariando o que diziam o AT e nosso Senhor, acerca do Pai Todo-Poderoso, envolve em uma única declaração da verdade.

O pecado, por ser trevas, é visto não apenas como a "privação" do bem, mas também como hostilidade contra Deus, pois se opõe à natureza de Deus como luz. Jesus é quem ilumina os homens. A luz foi dada para que 'andássemos nela' e desfrutássemos de suas bênçãos... É assim que o evangelho atinge seu fim e cumpre seu propósito em nós... Luz significa calor, saúde, visão; em suma, 'vida'.

Donde vens? Venho das trevas.
Onde vais? Vou para a luz.
Tão curvada a fronte levas?
Que admira? É o peso da cruz!
'E ainda crês? Creio no Eterno:
O sofrimento é crisol:
Às vezes, em pleno inverno,
Há dias cheios de sol!

(Guilherme Braga)

III. Cristo como a Luz. João 1.9: *Pois a verdadeira luz, que ilumina todo homem, estava chegando ao mundo.*

Jesus Cristo veio a este mundo como a verdadeira Luz, e, nessa capacidade, a sua função iluminadora não teve começo quando de sua encarnação; em sua encarnação, a sua esfera de atividade foi modificada, ou talvez devêssemos dizer que se alterou a área da sua atividade, pois antes mesmo de sua encarnação Jesus já iluminava os homens. Assim é que diz Adam Clarke (*in loc.*): "Da mesma maneira que Cristo é a fonte e a origem de toda a sabedoria, assim também a sabedoria que há nos homens se deriva dele; o intelecto humano é apenas um raio do resplendor dele, e a própria razão se origina nesse Logos, a razão eterna. Alguns dos *rabinos* mais eminentes têm compreendido a passagem de Isaías 60.1, 'Dispõe-te, resplandece, porque vem a tua luz...', como uma alusão ao Messias, o qual haveria de *iluminar* Israel, e que, conforme criam, fora referido naquela palavra de Gênesis 1.3, que diz: *Disse Deus: Haja luz; e houve luz.*

Com as palavras deste versículo tem prosseguimento o "hino" ou "poema" ao "Logos", após o comentário parentético, vazado em forma de prosa (vss. 6.8). Agora o "Logos" aparece na forma de luz; ele é eterno, estava com Deus (isto é, distingue-se de Deus, embora em comunhão perfeita com ele), e era Deus (ou seja, é divino). *Cristo* é a divina luz, e nessa capacidade, incorpora a luz de Deus, a sua natureza moral e metafísica, que, por si mesma, é a revelação da mais elevada verdade possível para os homens. A vida está essencialmente vinculada à luz ou às trevas, ao bem ou ao mal, ao sucesso ou ao fracasso, e esse sucesso ou fracasso, em termos bíblicos, depende de os homens conseguirem encontrar-se ou não com Deus. E mais especificamente ainda, nos escritos *joaninos* e *paulinos* tal sucesso ou fracasso depende de os homens entrarem no conhecimento de Cristo e serem transformados segundo a sua imagem (ver Rm 8.29). A verdadeira Luz ilumina os homens, e, mediante essa iluminação, os homens são transformados segundo a imagem daquele que é a própria Luz, e isso fala de uma modificação literal da natureza da substância, ou do ser essencial dos homens. Dessa maneira é que os crentes se tornam seres de natureza supremamente elevada, pois, na realidade, passam a participar da divina essência conforme ela está na pessoa de Cristo, o Filho de Deus, posto que eles são filhos de Deus, conduzidos à glória (ver também Ef 1.23).

IV. A Luz e Iluminação São Universais. Ora, o grande *Cristo*, que é a imensa fonte luminosa para *todos os homens*, o que os capacita a perceber a revelação de Deus, não teve qualquer dificuldade em abrir os olhos físicos do cego de nascença, para que viesse a enxergar a luz do sol, e também não teve dificuldade alguma em infundir na alma daquele homem a luz celeste, a fim de prepará-lo para o resplendor dos lugares celestiais, onde Deus habita.

Sendo que o amor de Deus é universal (Jo. 3.16), assim seus efeitos também devem ser. Sendo que a luz é universal, assim seus efeitos também devem ser. Ver o artigo sobre *Restauração.* Cristo também iluminou o próprio *hades*. Ver o artigo sobre a *Descida de Cristo ao Hades.*

V. O Crente como Luz. Efésios 5.8: *... outrora éreis trevas, mas agora sois luz no Senhor; andai como filhos da luz.*

A palavra "... Senhor...", como é usual no NT, refere-se ao Senhor Jesus Cristo. Ao reconhecerem Cristo como seu Senhor, os homens recebem luz, e, nessa luz, tornando-se iluminados, eles mesmos se tornam luz, já que participam da natureza do Senhor. Assim, pois, os crentes não são meros refletores da luz, mas tornam-se a própria essência da luz, em Cristo Jesus. Também são transformados pela luz, para que tenham a natureza básica da luz, isto é, caracterizada pela santidade, pela bondade, pela retidão, pela pureza (pela luz, enfim). Desse modo é que os crentes se tornam cidadãos aptos para o reino da luz. Os homens recebem luz (ver o décimo terceiro versículo deste capítulo), e isso da parte de Cristo, mas os crentes também se tornam luz, e isso em Cristo Jesus. As palavras *no Senhor* são uma expressão mística que indica intimidade e identificação espirituais (ver 1Co 1.4).

O andar. A metáfora do ato de *andar* expressa alguma ação habitual, um padrão de vida ou o *caráter* de uma pessoa. Esta metáfora é comum tanto na literatura sagrada como na literatura profana. Ver o artigo sobre *Andar*. O homem iluminado *anda na luz* porque isto corresponde ao seu caráter essencial.

Os filhos iluminados. Deus Pai é chamado Pai das luzes (Tg 1.17). Os filhos compartilham a natureza do Pai.

> Nossos pequenos sistemas têm sua época;
> Têm sua época, mas logo desaparecem:
> São meras lâmpadas quebradas de ti,
> E Tu, ó Senhor, és mais do que eles.
>
> (in memoriam, Tennyson)

VI. Referências e Ideias. 1. Os perdidos estão em trevas, sem qualquer luz. (Ver Mt 4.16). Mas Cristo é a luz. **2.** Os crentes são luzes (ver Mt 5.14). **3.** Cristo é luz (ver Jo 1.4-9). **4.** Deus é luz (ver 1Jo 1.5). **5.** O pecado destrói a luz da alma (ver Lc 11.33 e ss.). **6.** Os homens pecaminosos evitam a luz (ver Jo 3.19,20). **7.** A luz está associada à vida, pois a confere (ver Jo 1.4 e 8.12). **8.** A luz é verdade que deve ser crida (ver Jo 12.35). **9.** A luz consiste da vida santa (ver Ef 5.8). **10.** A herança dos santos é na luz eterna (ver Cl 1.12). **11.** Os crentes deixaram a luz para entrar na maravilhosa luz divina (ver 1Pe 2.9). **12.** O amor aos irmãos é prova de que andamos na luz (ver 1Jo 2.9,10). **13.** O Cordeiro é a luz da Jerusalém celestial (ver Ap 21.23). **14.** Deus dá aos crentes a luz eterna (ver Ap 22.5).

LUZ, DEUS COMO A

1. A luz de Deus é inabordável. Esse é o ensino de 1Timóteo 6.16, onde se lê: *... o único que possui imortalidade, que habita em luz inacessível, a quem homem algum jamais viu, nem é capaz de ver...* Não está em pauta alguma luz natural. Mas estão em vista a majestática espiritualidade de Deus e o fato de que ele pertence a outra categoria inteiramente diferente da sua criação. Temas rabínicos comuns eram a singularidade de Deus em sua imortalidade, bem como a sua glória inacessível ao homem. Há instâncias desses pensamentos no Antigo Testamento. Para exemplificar, (ver Sl 104.2; Jó 37.23; 2Co 4.6; 1Jo 1.7; Rm 1.23; At 7.2, Sabedoria 15.3; Filo, *de sacrifici Abelis*, cap. 30; Dn 2.22).

> Ó Ser intelectual!
> Velado pelo teu próprio esplendor!
> És aquele oculto pelos teus esplendores.
>
> (Sinésio)

2. No Logos, é revelada aos homens a luz inacessível de Deus. Essa revelação fazia parte da missão de Jesus Cristo. Ver o artigo *Luz do Mundo, Cristo como a*, quanto a uma completa declaração sobre os princípios envolvidos. A luz de Deus foi revelada na pessoa de Cristo.

3. A luz e a justiça. A luz expele as trevas. Assim, em Deus não há trevas nenhumas (1Jo 1.5). A perfeita santidade de Deus está em pauta, nessa passagem. (Ver também Jo 3.19,20 e Ef 5.8). A última dessas referências mostra como os homens podem participar dessa tremenda realidade.

4. Deus habita na luz. (Ver Cl 1.12). O lugar onde Deus habita está isento de qualquer mácula ou sombra de pecado; esse lugar é majestático, é inacessível, é indescritível.

5. Na luz de Deus há alegria e vida. A luz produz a vida, e a vida, por sua vez, torna-se luz (Jo 1.4). Ver o artigo *Luz do Mundo, Cristo como a*, em seu terceiro ponto. A luz é usada em associação com a alegria, com a benção divina e com a vida, nas páginas da Bíblia, e em contraste com a tristeza, com a adversidade e com a morte. (Ver Gn 1.3 *ss.*; Jó 10.22; 18.5 *ss*).

6. A presença e o favor de Deus são indicados por meio da luz. (Ver Sl 27.1; Is 9.2; 2Co 4.6).

7. Deus é luz não derivada, além de ser a única verdadeira fonte de luz. Ver Tg 1.17. Todas as outras luzes, físicas ou espirituais, foram criadas por ele (Gn 1.3; Is 45.7), excetuando a luz do Logos, cuja luz também não é derivada, mas é própria (ver Hb 1.3).

8. A glória de Deus é simbolizada pela luz. (Ver Sl 104.2; 1Tm 6.16).

9. A sabedoria de Deus é a luz dos homens, capaz de iluminar suas mentes e os seus corações. (Ver Dn 2.22).

10. A palavra de Deus é luz (ver Sl 119.105,130). Os homens encontram todo conhecimento necessário e toda instrução espiritual necessária na palavra de Deus.

11. O favor de Deus é luz. (Ver Sl 4.6; Is 2.5).

12. As revelações de Deus são iluminadoras. Deus entregou a lei a Moisés, e ele desceu do monte Sinai com o rosto resplendente (ver Êx 34.29; 2Co 3.12-18). Deus nos deu a sua revelação por meio do Logos, e isso tornou-se a iluminação e a revelação de Deus para todos os homens (ver Jo 1.9).

13. A luz de Deus na criação. *Os* mundos materiais tornaram-se possíveis mediante o ato criativo do Deus, que produz a "luz". A mesma coisa se dá no caso de sua criação espiritual.

14. Luz é sinônimo de companheirismo. *Os* homens que receberam a luz de Deus desfrutam de comunhão com ele. (Ver 1Jo 1.6). A revelação de Deus é a luz por intermédio da qual os homens podem receber a vida eterna (Is 62.1; Cl 1.12).

15. Existem reinos de luz e de trevas. Conforme os homens recebem e aplicam a revelação de Deus, assim pertencem a um ou a outro desses dois reinos (ver Cl 1.13). Participar do reino de Deus significa obter uma herança eterna na luz de Deus (ver Cl 1.12).

16. O evangelho é a luz de Deus. O apóstolo Paulo referiu-se à "luz do evangelho da glória do Cristo", além de dizer que foi o próprio Deus quem "resplandeceu em nossos corações" (2Co 4.4-6).

LXX

Essa é a abreviação para a versão grega do Antigo Testamento, a Septuaginta. Tanto Septuaginta quanto LXX significam "setenta", devido à tradição de que foram setenta e dois os tradutores envolvidos na produção dessa obra, e que lhes ocupou o espaço de setenta dias. Alguns eruditos pensam que a tradição original aludia somente ao Pentateuco, mas que o nome acabou sendo usado para designar a tradução inteira que envolve tanto o Antigo Testamento quanto os livros apócrifos.

O próprio nome certamente é mais antigo que sua primeira menção literária conhecida, que se encontra na epístola de Aristeas (cerca de 100 a.C.). Essa tradição afirma que setenta e dois sábios judeus, trazidos da Palestina, por ordem de Ptolomeu II Filadelfo (285-246 a.C.), foram os tradutores do Antigo Testamento hebraico para o grego. Essa história é corretamente chamada de "explicação lendária". A parte dessa lenda que diz que foram necessários apenas setenta dias para completar a tarefa é fantástica, para dizermos o mínimo, mesmo que esteja em foco apenas o Pentateuco. Ver o artigo chamado *Septuaginta*.

MAACA

No hebraico, **"depressão"** ou **"opressão"**. Parece que a raiz dessa palavra, no hebraico, significa **"espremer"**. Esse é o nome dado a uma localidade da Palestina, e também a várias personagens, referidas nas páginas do Antigo Testamento:

Localidade: Maaca era o nome de uma região e de uma cidade, ao pé do monte Hermom, não distante de Gesur. Era um distrito da Síria, e ficava quase na fronteira do território da meia tribo de Manassés. (Ver Dt 3.14; Js 13.8-13; 2Sm 10.6,8; 1Cr 19.7). Esse território estendia-se até o outro lado do Jordão, até Abel-Bete-Maaca. Ao que parece, compreendia-se que a área fazia parte da herança do povo de Israel, sujeita à conquista militar, mas que os israelitas não foram capazes de ocupar a região (ver Js 13.13). Tanto os maacatitas quanto seus vizinhos, os gesuritas, continuaram na posse de seus respectivos territórios.

Quando Davi era rei e lutava contra os amonitas, o rei arameu de Maaca proveu mil de seus homens para ajudarem os amonitas, na tentativa de derrotar Davi. (Ver 2Sm 10). Maaca, porém, foi finalmente absorvida pelo reino de Damasco, que foi estabelecido nos dias de Salomão (1Rs 11.23-25). O nome maacatita é usado para referir-se a uma população (ver Dt 3.14; Js 12.5). Próximo, ou mesmo dentro dos antigos limites de Maaca, havia uma cidade de nome Abel-Bete-Maaca, cujo nome, como é evidente, provinha desse território. Ver o artigo separado sobre *Abel-Bete-Maaca*.

Pessoas (houve homens e mulheres com esse nome): **1**. O quarto filho designado pelo nome, de Naor e Reumá, sua concubina (ver Gn 22.24). Não há certeza se se tratava de um filho ou de uma filha. Tal pessoa viveu em torno de 2046 a.C. **2**. Uma das esposas de Davi tinha esse nome. Ela era mãe de Absalão. Era filha de Talmai, rei de Gesur. Esse território ficava ao norte de Judá (ver 2Sm 3.3), entre o monte Hermom e Basã. Acredita-se que Davi tenha invadido essa área. Os comentadores supõem que Davi tenha se apossado dessa área. No entanto, é mais provável que a região por ele invadida ficasse ao sul de Judá, ao passo que a Gesur sobre a qual Talmai governava ficava ao norte, uma parte integrante da Síria (ver 2Sm 15.8). Nesse caso, é possível que Davi simplesmente tenha feito um acordo com o pai dela, com o propósito de fortalecer a defesa de Israel. Isso ocorreu em cerca de 1053 a.C. **3**. O pai de Aquis, rei de Gate, na época de Salomão (1Rs 2.39). **4**. A mãe do rei Abias, filha de Abisalão, esposa de Reoboão (1Rs 15.2). Isso aconteceu por volta de 926 a.C. No versículo décimo do mesmo capítulo, ela é chamada de mãe de Asa. Os intérpretes supõem que devemos entender ali o termo "mãe" em sentido frouxo, pois ela seria, na verdade, sua avó. Unger (*in loc*.) explica como segue: "Abaixo parecem ter sido os fatos: Maaca era neta de Abisalão e filha de Tamar (a única filha de Abisalão; e seu marido era Uriel, de Gibeá (2Cr 11.20-22; 13.2). Em vista de ter abusado de sua posição de "rainha-mãe", encorajando a idolatria Asa depôs Maaca da *dignidade de rainha-mãe*. (1Rs 15.10-13; 2Cr 15.16) **5**. A segunda das concubinas de Calebe, filho de Hezrom. Ela foi mãe de Seber e de Tiraná (1Cr 2.48). As datas da invasão de Israel são disputadas. A data mais antiga faria com que o período fosse em torno de 1600 a.C. **6**. A irmã de Hupim e Sufim e esposa de Maquir. O casal teve dois filhos (1Cr 7.15,16). **7**. A esposa de Jeiel e mãe de Gibeom (1Cr 8.29; 9.35). Jeiel foi um dos antepassados do rei Saul. Ela viveu em cerca de 1650 a.C. **8**. O pai de Hanã, que foi um dos trinta poderosos guerreiros de Davi, parte de sua guarda pessoal (1Cr 11.43). **9**. O pai de Sefatias, capitão militar dos simeonitas, na época de Davi (cerca de 1000 a.C.). (Ver 1Cr 27.16).

MAACATITAS

Ver o artigo sobre *Maaca*. Esse era o nome dos habitantes de Maaca (Js 12.5; 2Sm 23.34). Indivíduos que faziam parte desse povo são mencionados em (2Sm 23.34; Jr 40.8; 2Rs 25.23; 1Cr 4.19).

MAADAI

No hebraico, **"ornamento de** *Yahweh*". A pessoa assim chamada era filho de Bani. Quando Judá retornou do cativeiro babilônico, esse homem, juntamente com muitos outros, foi obrigado a divorciar-se de sua esposa estrangeira, a fim de que o povo de Israel pudesse entrar em uma nova relação de pacto com *Yahweh*. Isso ocorreu sob a liderança de Esdras. Ver Esdras 10.34. Em 1Esdras 9.34, o nome alternativo para esse homem é Môndio. Ele viveu em torno de 456 a.C.

MAADIAS

Esse nome significa **"ornamento de** *Yahweh*". Esse era o nome do um dos sacerdotes que voltaram do cativeiro babilônico em companhia de Zorobabel, de acordo com Neemias 12.5. Corria a época de cerca de 536 a.C. Ele tem sido identificado com o Moadias de Neemias 12.17.

MAAI

No hebraico, **"compassivo"**. Esse era o nome de um sacerdote, filho de Asafe. Ele foi um dos músicos presentes à dedicação das muralhas restauradas de Jerusalém, nos dias de Neemias; ver Neemias 12.36. O tempo dele girou em torno de 446 a.C.

MAALÁ

No hebraico, **"enfermidade"**. Esse foi o nome de várias personagens que aparecem nas páginas do Antigo Testamento, a saber: **1**. A mais velha das cinco filhas de Zelofeade, neta de Manassés. Ele morreu sem deixar herdeiros do sexo masculino, pelo que suas filhas reivindicaram a sua herança. Isso lhes foi concedido, com a condição de que se casassem com homens da tribo de seu pai, a fim de que a tribo não perdesse seus direitos sobre os territórios envolvidos. Elas cumpriram essa condição, casando-se com primos. Esse ato tornou-se um precedente nas leis da herança, em casos similares. (Ver Nm 26.33; 27.1; 36.11 e Js 17.3). **2**. Um filho de Hamolequete, irmã de Gileade (1Cr 7.18). Não há certeza, porém, se Maalá foi homem ou mulher. Sabe-se apenas que era descendente de Manassés (1Cr 7.18). Deve ter vivido em torno de 1400 a.C.

MAALABE

No hebraico, **"curva costeira"**, nome de uma cidade do território de Aser (Jz 1.31). Um nome alternativo é Alabe (conforme se vê em nossa tradução portuguesa). Seu local tem sido identificado com a Khirbet el-Mahalib.

MAALALEL

No hebraico, **"louvor de El (Deus)"**. Esse é o nome de duas pessoas, nas páginas do Antigo Testamento: **1**. Um filho de Cainã, quarto descendente de Adão, dentro da genealogia de Sete. Ver (Gn 5.12,13; 15.17; 1Cr 1.2). Esse nome aparece com a forma de Meujael, em Gênesis 4.18. **2**. Um filho (ou descendente) de Perez, da tribo de Judá. Ele veio habitar em Jerusalém, após o cativeiro babilônico, em cerca de 536 a.C. (Ver Ne 11.4).

MAALATE. Ver sobre *Música e Instrumentos Musicais*.

MAANAIM

No hebraico, **"acampamento duplo"**. Esse nome foi dado quando Jacó, ao retornar de Padã-Arã (ver Gn 32.2), teve um encontro com anjos. Ao vê-los, Jacó exclamou: "Este é o acampamento de Deus". Literalmente, "dois exércitos", porquanto ficou surpreendido diante do súbito aparecimento daqueles seres celestiais naquela área. Esses *dois exércitos* talvez fossem compostos pele grupo humano que ele estava encabeçando e pela hoste angelical. Alguns estudiosos têm conjecturado que os anjos eram tão numerosos que pareciam dois exércitos distintos. O propósito desse relato do Antigo Testamento foi o de ilustrar como Jacó, ao deixar a terra de Labão e voltar para sua terra natal, contava com a proteção divina, porquanto o que ele fazia era importante para a história subsequente de Israel e para o cumprimento das promessas messiânicas.

Posteriormente, o nome Maanaim foi dado a uma cidade das cercanias. Essa cidade ficava nas fronteiras de Gade, Manassés e Basã (ver Js 13.26,30). Finalmente, veio a tornar-se uma das cidades dos levitas (Js 21.38; 1Cr 6.8). Foi em Maanaim que Is-Bosete governou durante algum tempo. Is-Bosete era filho de Saul, a quem Abner queria ver sentado no trono de Israel, em lugar de Davi (ver 2Sm 2.8). Porém, Is-Bosete foi assassinado nesse lugar, e isso pôs fim à rivalidade. Joabe, poderoso líder militar de Davi perseguiu-o de volta a Maanaim, e, então, ele foi assassinado ali por Recabe e Baaná (2Sm 4.5 ss.). Quando Davi e seu filho, Absalão, competiam pelo poder real, Davi fez de Maanaim seu quartel general temporário, visto que tivera de fugir de Jerusalém (2Sm 17.24-27; 19.32). Joabe e seus homens, porém, abafaram essa rebelião, tendo sido Absalão morto por Joabe. Ao que se presume, Davi estava em Maanaim quando recebeu a trágica notícia da morte de Absalão, e então clamou angustiado: *Meu filho Absalão, meu filho, meu filho Absalão! Quem me dera que eu morrera por ti, Absalão, meu filho, meu filho!* (2Sm 18.33).

Nos dias de Salomão, esse lugar tornou-se o centro das atividades de Ainadabe, um dos doze oficiais do Salomão, que cuidavam das provisões para a casa real (ver 1Rs 4.14). O único informe bíblico que nos indica a localização de Maanaim fica em Gn 32.22; isto é, ao norte do ribeiro do Jaboque. Por isso mesmo, a localidade não tem sido modernamente identificada, embora haja várias conjecturas, como Mané, a quatro quilômetros ao norte de Ajlun, ou Tell edh-Dhabab esh-Sherquiyeh.

MAANÉ-DÃ

No hebraico, **"acampamento de Dã"**. Nesse lugar, seiscentos homens armados, da tribo de Dã, acamparam antes de conquistar a cidade de Laís (ver Jz 18.11,13), o que lhe explica o nome. Ficava a oeste de Quiriate-Jearim, entre Zorá e Estaol (ver Jz 13.25). O local moderno, porém, não tem sido identificado.

MAANI

Esse apelativo não se acha no cânon palestino; mas encontra-se em 1Esdras 9.34, a fim de indicar: **1.** O cabeça de uma família, da qual alguns membros se tinham casado com mulheres estrangeiras, durante o cativeiro babilônico, e foram forçados a divorciar-se delas, ao retornarem à Palestina. **2.** Esse também era o nome de um dos servos do templo, cujos descendentes retornaram do cativeiro babilônico.

MAARAI

No hebraico, **"rápido"** ou **"apressado"**. Esse foi o nome de um dos trinta poderosos guerreiros de Davi, parte de sua guarda pessoal ou tropa selecionada (2Sm 23.28; 1Cr 11.30). Ele era da cidade de Netofá, em Judá, e pertencia ao clã dos zeraítas. Depois que Davi se sentou no trono real, e depois da construção do templo de Jerusalém, Maarai tornou-se o capitão da guarda do templo, durante o décimo mês do ano. (Ver 1Cr 27.13). Essa posição foi ocupada por ele, sob forma preliminar, antes mesmo da edificação do templo. Ele tinha 24.000 homens sob as suas ordens. Ele viveu em torno de 975 a.C.

MAARATE

No hebraico, **"desolação"** ou **"lugar despido"**. Esse era o nome de uma cidade da região montanhosa de Judá, ao norte de Hebrom, perto de Halul (Js 15.59). Talvez seja a mesma Marote referida em Miqueias 1.12. Alguns eruditos têm sugerido Beit Ummar como sua moderna identificação, a qual fica a pouca distância ao norte de Hebrom, mas, se a sugestão não está correta, então o local antigo permanece não identificado.

MAASEIAS

No hebraico, **"realização de** *Yahweh*". Esse era um nome popular entre os israelitas, pelo que um elevado número de pessoas tem esse nome, nas páginas do Antigo Testamento, a saber: **1.** Um levita, músico, que participou do transporte da arca da aliança da casa de Obede-Edom, em cerca de 982 a.C. (Ver 1Cr 15.18) quanto ao relato. **2.** Um capitão de cem, que ajudou o sumo sacerdote Joiada a tornar Joás rei de Judá (2Cr 23.1), o que aconteceu por volta de 836 a.C. **3.** Um oficial que assistia a Jeiel, o escriba, tendo-o ajudado a convocar um exército para servir ao rei Uzias (2Cr 26.11). Ele viveu em torno de 783 a.C. **4.** Zicri, um efraimita, matou um homem com esse nome, quando Peca, rei de Israel, invadiu Judá. (Ver 2Cr 28.7). Isso teve lugar em cerca de 736 a.C. O homem que foi morto era chamado "filho do rei", mas a cronologia indica que o rei ainda não tinha idade suficiente na época para ter um filho adulto, militar ativo. Por isso, os intérpretes supõem que Maaseias teria sido um filho adotivo, um príncipe real, ou, talvez, um primo, tio ou outro parente do rei. **5.** O rei Josias nomeou um homem assim chamado para cooperar com Safã e Joás, a fim de repararem o templo (2Cr 34.8). Ele foi governador da cidade, e pode ter sido o mesmo Maaseias que era pai de Nerias, avô de Baruque e de Seraías (ver Jr 32.12; 51.59). Sua época foi cerca de 621 a.C. **6.** Um sacerdote, descendente de Josué, que se casara com uma mulher estrangeira, no tempo do cativeiro babilônico, e foi forçado a divorciar-se dela, ao regressar à Palestina, como parte do novo pacto que os israelitas firmaram com *Yahweh*. (Ver Ed 10.18). Isso ocorreu em cerca de 456 a.C. **7.** Um sacerdote, filho de Harim, que se casara com uma mulher estrangeira, durante o cativeiro babilônico, e que teve de divorciar-se dela, ao retornar à Palestina (Ed 10.18). Ele viveu por volta de 456 a.C. **8.** Um sacerdote, filho de Pasur, homem que se casara com uma mulher estrangeira, durante o cativeiro babilônico, e que foi forçado a divorciar-se dela após o retorno à Palestina (Ed 10.22). Tem sido identificado como um dos trombeteiros que participaram da celebração da reconstrução das muralhas de Jerusalém (ver Ne 12.41). Viveu em torno de 445 a.C. **9.** Um descendente de Paate-Moabe, que se casara com uma mulher estrangeira, durante o tempo do cativeiro babilônico, e que foi obrigado a divorciar-se dela, depois do retorno à Palestina (Ed 10.30). Ele viveu em torno de 456 a.C. **10.** Um homem que ajudou a restaurar as muralhas de Jerusalém, terminado o cativeiro babilônico (Ne 3.23). Ele viveu por volta de 445 a.C. **11.** Um ajudante de Esdras, que ficou a sua direita, enquanto ele lia o livro da lei ao povo, terminado o cativeiro babilônico, quando foram restaurados os votos religiosos do povo judeu. (Ver Neemias 8.7). Isso ocorreu em cerca de 445 a.C. **12.** Um sacerdote que ajudou os levitas a explicarem a lei ao povo, enquanto ela era lida por Esdras, depois do cativeiro babilônico, quando queriam restaurar o culto hebreu antigo. (Ver Neemias 8.7). Isso ocorreu em cerca de 445 a.C. **13**. Um líder do povo que participou do pacto firmado com *Yahweh*, sob a direção de Neemias, depois que os judeus voltaram do cativeiro babilônico. Ver Neemias 10.25. Isso sucedeu em torno de 445 a.C. **14**. O filho de Baruque, descendente de José. Terminado o cativeiro babilônico, ele fixou residência em Jerusalém. Ali, participou do novo pacto com *Yahweh*. Ver Neemias 11.5. Isso ocorreu em cerca de 536 a.C. Em 1Crônicas 9.5, ele é chamado pelo nome de *Asaías*, de acordo com o que creem certos eruditos. **15**. Um filho de Itiel, um benjamita. Seus descendentes fixaram residência em Jerusalém, após o retorno do povo do cativeiro babilônico. (Ver Neemias 11.7). Isso aconteceu em torno de 536 a.C. **16**. Um sacerdote cujo filho, Sofonias, foi enviado por Zedequias, rei de Judá, a fim de indagar do profeta Jeremias sobre questões relativas ao bem-estar dos judeus, quando Nabucodonosor estava invadindo a terra. (Ver Jr 21.1; 29.21,25; 37.3). Ele viveu em torno de 589 a.C. **17**. Um filho de Salum, que foi porteiro do templo e tinha uma câmara para o seu uso particular, ali. Ver Jr 35.4. Viveu em torno de 607 a.C.

MAASMÁS
Esse é o nome que aparece em 1Esdras 8.43, em lugar de Semaías, referido em Esdras 8.16. Esse homem foi líder do remanescente que retornou do cativeiro babilônico.

MAATE
No hebraico, **"incensário"**, **"fogareiro"**. Esse é o nome de duas pessoas que figuram no Antigo Testamento: **1**. O filho de Amasai, um sacerdote coatita (1Cr 6.35). Ele tem sido identificado com o homem chamado Aimote, em 1Crônicas 6.25. Viveu em cerca de 1375 a.C. **2**. Um outro levita coatita que viveu na época do rei Ezequias (2Cr 29.12; 31.13). Foi encarregado de guardar os dízimos e as ofertas (2Cr 31.13). Viveu em torno de 726 a.C.

MAAVITA
Esse patronímico de significado incerto foi aplicado a um dos guardas pessoais de Davi, Eliel. A palavra aparece no plural, no original hebraico, provavelmente devido a um erro escribal. Talvez tal título tivesse sido dado a ele, conforme se lê em 1Crônicas 11.46, a fim de distingui-lo do outro "Eliel", que figura no versículo seguinte. Há estudiosos que pensam que há aí uma corrupção escribal da palavra, e que, originalmente, deveria dizer algo como "Eliel de Maanaim". Ver sobre *Maanaim*.

MAAZ
No hebraico, **"ira"**. O homem desse nome era filho de Rão, primogênito de Jerameel, descendente de Judá (1Cr 2.27). Viveu em cerca de 1650 a.C.

MAAZIAS
No hebraico, **"consolação de** *Yahweh*". Há dois homens com esse nome, nas páginas do Antigo Testamento: **1**. O cabeça de uma família de sacerdotes que compunha o vigésimo quarto turno de sacerdotes, que serviam no culto sagrado. Ele descendia de Aarão e viveu na época de Davi, em cerca de 1014 a.C. (Ver 1Cr 24.18). **2**. Um sacerdote que participou do novo pacto de Israel com *Yahweh*, terminado o cativeiro babilônico. (Ver Ne 10.8). Ele viveu em cerca de 410 a.C.

MAAZIOTE
No hebraico, **"visões"**. Esse era o nome de um dos catorze filhos de Hemã, levita coatita. Ele era o cabeça do vigésimo terceiro turno de sacerdotes, e, atuava como músico (1Cr 25.4,30). Viveu em torno de 960 a.C.

MAÇA. Ver o artigo geral sobre *Armadura, Armas*.

No hebraico, *mephits*, que aparece exclusivamente em Provérbios 25.18. A maça era também chamada machado de guerra. Nossos índios tinham o seu "tacape", que correspondia à maça dos antigos. Parece que essa arma de guerra vem sendo usada desde 3.500 a.C. A cabeça da maça podia ser feita de uma pedra, ou de uma bola de metal. Havia uma perfuração na qual se enfiava um cabo. A invenção do capacete de metal podia salvar quem o usasse de ser morto com uma pancada de maça, mas nem mesmo essa invenção fez a maça tornar-se obsoleta. Antes da invenção do capacete, um golpe de maça podia significar morte instantânea, pelo que chegou a simbolizar autoridade e poder. Daí nos vem o conceito de vara de ferro, que aparece desde o Antigo Testamento (ver Sl 2.9 e Is 10.5,15). O cajado do pastor também funcionava como uma maça (1Sm 17.40,43; Sl 23.4). (Ver também no Novo Testamento os trechos de Mt 26.47,55; Mc 14.43 e Lc 22.52 quanto às maças e o uso que delas se fazia). (YAD)

MAÇÃ (MACIEIRA)
Ver os trechos de Provérbios 25.11; Cantares 2.5; 7.8 e Joel 1.12. As Escrituras chamam a macieira de destacada entre "as árvores do bosque" (Ct 2.3). Ela produz uma sombra agradável, e frutos doces, belos e fragrantes. O vocábulo hebraico parece enfatizar mais esta última qualidade. Visto que a própria macieira é rara na Síria, e seu fruto ali inferior, não sendo espécie vegetal nativa da Palestina, alguns têm pensado que a palavra hebraica aponta antes para a cidra, a laranja ou o abricó. O abricó era fruta abundante na terra santa e a sombra produzida por sua árvore era muito apreciada. Os eruditos têm aventado várias frutas possíveis; a maioria das opiniões parece favorecer o abricó como a fruta indicada nas referências bíblicas (e cujo nome científico é *Prunus Armeniaca*). Era fruta nativa da Palestina nos dias do Antigo Testamento, sendo uma fruta doce e dourada, com folhas pálidas. A árvore pode atingir uma altura de 9 m, pelo que produz excelente sombra. As flores são brancas com um tom róseo, e a parte inferior das folhas é prateada.

MACABEUS
Nome de uma família também denominada dos asmoneus que governou a Judeia desde o ano 166 até 37 a.C. (veja *Asmoneus*). O nome Macabeu pertencia em primeiro lugar a Judas, terceiro filho de Matatias, 1 Mac 2.4, que passou a designar toda a família e a outros indivíduos que participaram dos mesmos acontecimentos. A origem e o significado do termo tem sido objeto de longas pesquisas. Deriva-se do vocábulo *Mak-kabah*, martelo em alusão talvez aos duros golpes desferidos por Judas e seus companheiros aos inimigos, ou porque ele usava um capacete encimado por um emblema com a forma de martelo. Alguns explicam que o nome se compõe das iniciais hebraicas na sentença: "Quem há semelhante a ti ó Jeová entre os deuses?" ou ainda de outra sentença: "Quem há que seja semelhante a meu pai?" Outros dizem que tem sua origem na palavra hebraica *makbi*, que significa destruidor. Todas essas explicações não passam de conjecturas. O primeiro dos membros dessa família, cujo nome se menciona, é Matatias; velho sacerdote profundamente indignado pelos ultrajes de Antíoco Epifanes, levantou a revolta contra ele e se retirou para as montanhas, acompanhado por quantos zelavam pela fé de Israel, Matatias morreu dois anos depois, mas a revolta continuou sob a direção de seus cinco filhos. Judas, o terceiro deles, foi o primeiro dos chefes militares, 166 a.C. Para evitar batalhas campais, e a fim de cansar os sírios com vigorosas e destruidoras guerrilhas, ele com o seu bando destroçou quantos destacamentos os sírios lhe enviavam. Retomou Jerusalém, purificou o Templo, restaurou o sacrifício diário, instituiu uma festa para celebrar a grande conquista que se repetiu anualmente. Era esta a festa do inverno, a festa da dedicação a que alude João 10.22. No ano

160 a.C., morreu em combate. Seu irmão mais moço, o sacerdote Jônatas, assumiu o comando do exército. Por esse tempo, seu irmão João foi aprisionado e morto pelos filhos de Jambri, 1 Mac 11.36, pouco antes, outro irmão de nome Eleazar, pereceu esmagado sob o peso de um elefante, que ele mesmo havia ferido em combate. Durante a direção de Jônatas, os sírios se ocupavam com a sua guerra civil, de modo que, não somente a Judeia desfrutava paz, como também os judeus tinham sido favorecidos de modo a manter a sua posição. Jônatas fez um tratado com os romanos e com os espartanos. No ano 143 a.C., foi traiçoeiramente assassinado, por Trifom, general assírio. Pela sua morte, Simão, o único que restava dos filhos de Matatias, tomou a direção da guerra. A maior conquista por ele conseguida foi a independência da Judeia, garantida por Demétrio II, rei da Síria. Cunharam-se moedas com o nome de Simão e os documentos públicos tinham a data do "primeiro ano de Simão, sumo sacerdote e governador". Simão e dois de seus filhos foram traiçoeiramente mortos por seu genro Ptolomeu, em Doque perto de Jericó, no ano 135 a.C. O único dos filhos que escapou, chamado João, tomou conta do governo, sendo conhecido na história pelo nome de João Hircano, que se mostrou sagaz e vigoroso, ampliando a esfera de seu governo e os limites de seu reino. Conquistou os edomitas e os distribuiu pela população judia. Após longo e próspero reinado teve morte natural, sucedendo-lhe seu filho Aristóbulo, homem cruel, que chegou a matar a própria mãe e um irmão. Mudou o governo teocrático em realeza e deu-se o título de rei, sendo ao mesmo tempo sumo sacerdote. Um ano depois, o substituiu no governo seu irmão Alexandre Janeu que teve o país perturbado por discordâncias rancorosas entre fariseus e saduceus. Seu reinado de 27 anos foi muito atribulado. Com sua morte, a viúva Alexandra governou durante nove anos e deixou dois filhos, Hircano e Aristóbulo, que entre si disputaram a posse do reino, Hircano tomou para si o sumo sacerdócio, e Aristóbulo o governo civil. Não demorou a rebentar a guerra civil. Os romanos intervieram; a princípio sustentaram o governo de Aristóbulo, a quem depuseram mais tarde, conduzindo-o para Roma. Nomearam rei a Hircano, mas o verdadeiro rei era Antipas ou Antípater, idumeu que havia sido nomeado procurador da Judeia pelos romanos. Seguia-se um período de contendas e divergências entre os membros da família reinante de que se aproveitou Antípater para aumentar sua influência e poder junto ao império romano, até que, finalmente os macabeus caíram no desagrado do imperador romano que deu a coroa da Judeia a Herodes, filho de Antípater.

MAÇÃS DE SODOMA

No hebraico, tal como em nossa versão portuguesa, temos "Porque a sua vinha é da vinha de Sodoma e dos campos de Gomorra". As referências extrabíblicas, porém, falam em "maçãs de Sodoma", o que é curioso, visto que o autor sagrado referia-se à parreira. Portanto, poderíamos pensar em traduções como "uvas de Sodoma" ou mesmo "uvas de fel". Entretanto, certos estudiosos sugerem que o termo pode significar algo *parecido com a videira*, pensando estar em foco a *Citrullus colocythis*. A planta é uma trepadeira de árvores e cercas, produzindo um fruto redondo como uma laranja, respingado de amarelo e verde. A polpa dessa fruta é venenosa e amarga, mas pode ser usada como purgativo. A fruta pode tentar uma pessoa a comê-la, devido à sua bela aparência, mas a sua ingestão é perigosa. A Citrullus é comumente encontrada na região que circunda o mar Morto. Tal fruta tem sido usada por moralistas (vários autores antigos) a fim de referir-se àquilo que é convidativo, mas perigoso e prejudicial. (S Z)

MACAZ

No hebraico, **"fim"**. Esse era o nome de um distrito ou cidade nas vertentes ocidentais de Judá. Era dirigido por Ben-Dequer. Era considerado o segundo dos doze distritos que supriam alimentos para o palácio real, nos tempos de Salomão (1Rs 4.9). Tem sido identificado com o local da moderna Khirbet el-Mukheizin, ao sul de Ecrom.

MACBANAI

No hebraico, **"grosso"**, **"gordo"**. Esse era o nome de um guerreiro da tribo de Gade, que se bandeou para Davi, em Ziclague, quando ele fugia de Saul. (Ver 1Cr 12.13). Isso sucedeu por volta de 1061 a.C.

MACBENA

No hebraico, **"outeirinho"**, **"montão"**. Nome de uma cidade do território de Judá, fundada por uma pessoa desse mesmo nome. Ele era filho de Seva (1Cr 2.49). A cidade tem sido identificada com a Cabom de Josué 15.40. Esse nome aparece em uma lista genealógica.

MACEDÔNIA

Nome de um país situado ao norte da Grécia. Pouco se conhece de sua história antes do ano 566 a.C., e ainda 200 anos depois não despertava interesse especial, porém, sob o domínio de Filipe da Macedônia, 359-336, a.C., e ainda mais, sob o governo de seu filho, o célebre Alexandre, o grande, 336-323, cresceu de tal modo que se tornou potência de alto renome em todo o mundo (veja *Filipe 1 e alexandre 1*). No governo de seus sucessores, o império dividiu-se e sua influência declinou. No ano 168 a.C., os romanos a conquistaram e no ano 142 ficou sendo província do império. O Antigo Testamento não menciona esse nome, porém a esse império se refere o profeta Daniel nos cap. 2.39; 7.6; 8.5,8. A Quitim mencionada em 1 Mac 1.1 é a Macedônia. O apóstolo Paulo, solicitado em uma visão por um macedônio, quando fazia a sua segunda viagem, passou da Ásia para a Europa e pregou o evangelho pela primeira vez na Macedônia, passando por Neápolis, Filipos, Anfípolis, Apolônia, Tessalônica e Bereia, Atos 16.9 até 17.14. Depois da partida do apóstolo Paulo, Silas e Timóteo continuaram a obra evangelizadora, 17.14,15; 18.5. De novo Paulo visitou essa região, 19.21,22; 20.1-3; *cf.* 2Coríntios 2.13; 7.5; 1Timóteo 1.3. Gaio e Aristarco, macedônios, foram companheiros de Paulo, e com ele arriscaram a vida, quando ocorreu o tumulto em Éfeso, Atos 19.29. Secundo também era macedônio e um dos que estiveram à espera de Paulo em Trôade, quando ali foi pela última vez, deixando Filipos em demanda de Jerusalém, 20.4. Os crentes da Macedônia fizeram uma coleta para os irmãos pobres da capital judia, Romanos 15.26, e também socorreram o apóstolo, 2Coríntios 8.1-5, notando-se em particular a grande generosidade dos filipenses, na obra da caridade, Filipenses 4.15.

MACHADO

No Antigo Testamento eram usados vários tipos de machados, alistados abaixo de acordo com seus nomes em hebraico: **1.** *Garzen* (ver Dt 19.5; 20.19 e 1Reis 6.7). Um instrumento usado para derrubar árvores, cortar lenha e cortar pedras (1Rs 6.7). Também era usado como arma de guerra. **2.** *Mauhatsawd*. Um instrumento de derrubar árvores, talvez mais leve que o de número 1, pelo que possivelmente fosse usado para entalhar madeira, fabricar ídolos etc. **3.** *Kardome*. Era um machado volumoso e pesado. As esculturas egípcias mostram o trabalho de derrubar árvores com um machado desses. (Ver Jz 9.48; Sl 74.5 e 1Sm 13.20,21). **4.** *Barzel*. Um machado com lâmina de ferro, ao passo que outros eram feitos de bronze. Isso mostra que os hebreus, ao tempo de Eliseu (ver 2Rs 6.5, o único lugar onde essa palavra aparece no Antigo Testamento), já tinham machados de ferro. Os arqueólogos têm encontrado machados de bronze e de ferro. Há exemplares dos mesmos nos museus. **5.** *Magzayraw*. Embora algumas versões digam "machados", (em 2Sm 12.31 e 1Cr 20.3), devemos entender que a alusão é a "serras", como se vê em nossa versão portuguesa. **6**. *Khehreb*. Talvez uma picareta, em Ezequiel 26.9. Nossa versão portuguesa prefere "ferros". **7**. *Kashsheel*. Aparece em Salmo 74.6. Era um machado grande. **8**. No Novo Testamento grego encontramos *axine*, um termo genérico para machado (ver Mt 3.10 e Lc 3.9). (ID S)

Uso metafórico. *a*. O machado simboliza o juízo divino, descarregado por Deus através dos assírios e caldeus sobre aqueles que o mereciam, dando a entender que seriam cortados (ver Is 10.15 e Jr 50.21). *b*. No Novo Testamento, o castigo que sobreviria àqueles que, dentre os ouvintes de João Batista, não quisessem arrepender-se — seriam cortados da comunidade espiritual que o Messias viria estabelecer (ver Mt 3.10).

MACHADO DE GUERRA. Ver sobre *Armas, Armadura*.

MACHADOS

Ver o artigo separado sobre *Artes e Ofícios*. Ver também sobre *Ferramentas*. Machados e martelos são mencionados entre os instrumentos que os inimigos de Israel usaram, para destruir as instalações de madeira que havia no templo de Jerusalém (Sl 74.6).

MACHEN, JOHN GRESHAM (1881-1937)

Último dos mais importantes defensores da teologia de Princeton, Machen foi um estudioso do NT, apologista e teólogo popular, que, por sua formação e disposição, fora preparado a levar uma tranquila vida de erudito; todavia, como resultado de um tumultuado conflito eclesiástico, acabou se tornando criador de novas instituições, destinadas a dar continuidade ao calvinismo presbiteriano conservador nos Estados Unidos.

Machen pertencia a uma família americana abastada de Baltimore, tendo estudado in *Johns Hopkins University*, no *Princeton Theological Seminary* (sob a direção de B. B. Warfield), onde mais tarde, (1906-1929) passaria a ensinar, na Universidade de Princeton e na Alemanha. Quando foi negada sua designação para uma cadeira de Teologia em Princeton, ao mesmo tempo que a estrutura governativa do seminário era mudada em favor do presbiterianismo "inclusivo", Machen o deixou, fundando o Westminster Theological Seminary, em Filadélfia. Logo depois, empenhado em garantir a ortodoxia de missionários presbiterianos, ajudou a estabelecer uma junta de missões independente, vinculada à Assembleia Geral Presbiteriana. Essa ação levou Machen e outros líderes conservadores a serem expulsos da grande igreja Presbiteriana do Norte, dos Estados Unidos. Como resultado, foi formada a Orthodox Presbyterian Church (igreja Presbiteriana Ortodoxa), visando a manter o testemunho presbiteriano, considerado legítimo, no país.

Machen era um erudito cuidadoso, organizador incansável e, principalmente, fonte de inspiração pessoal para muitos outros ministros, especialmente os mais jovens, que se sentiam confusos quanto a desvios teológicos do presbiterianismo americano. Sua produção de caráter erudito mais conhecida são livros em que defende o entendimento tradicional de tópicos diversos do NT. Entre esses, está Origin of Paul's Religion [A origem da religião de Paulo] (London, 1921), que apresenta detalhada refutação à moderna suposição de que Paulo teria proposto um evangelho altamente ligado à filosofia grega e em desacordo com os ensinos de Jesus. Outro estudo seu, The Virgin Birth [O nascimento virginal] (London, 21932) faz uma meticulosa análise, por meio de erudição bíblica, histórica e filosófica, para concluir não existir razão alguma válida para questionamento da crença da igreja na concepção sobrenatural de Jesus (ver Nascimento Virginal). Nessas e em outras obras similares, Machen demonstra o tipo de erudição ortodoxa perfeita que havia caracterizado o antigo Seminário de Princeton desde sua fundação em 1812, mas que se tornara raridade nos atribulados dias mais recentes que marcaram, ali, a controvérsia fundamentalista — modernista (ver Fundamentalismo).

Outras obras mais populares de Machen apresentam argumentos lógicos e inteligentes em prol da fé cristã tradicional. Entre essas, *Christianity and Liberalism* [Cristianismo e liberalismo] (Grand Rapids, MI, 1923), que despertou grande interesse. Nela, Machen examina o liberalismo teológico com relação às crenças sobre Deus e a humanidade, a Bíblia, Cristo, salvação e igreja. Sua conclusão é de que o liberalismo constitui, na verdade, "o principal rival moderno do cristianismo". Um exame que faz dos ensinos do liberalismo em comparação com os do cristianismo mostra que os dois movimentos se encontram em oposição direta em todos os pontos. A argumentação nesse livro é detalhada e, no entanto, bastante atraente. O crítico Walter Lippman, que não era a favor de nenhum tipo de cristianismo, classificou-o como "uma defesa racional e rigorosa do protestantismo ortodoxo" (*Preface to Morals*, [Prefácio à moral], New York, 1929).

Com a morte de Machen, em 1^0 de janeiro de 1937, os presbiterianos conservadores americanos perderam mais que um importante líder. Ele foi, ao mesmo tempo, modelo de erudição e ponto de união, em torno de si, dos membros de igrejas reformadas de base sólida dos Estados Unidos. Críticos menos rigorosos de sua obra sugerem que seu pensamento estava talvez, de modo muito próximo, ligado às convenções intelectuais do século XIX, sendo ele excessivamente propenso à independência. De todo modo, tanto críticos como admiradores de Machen reconhecem igualmente a integridade de sua obra e a influência de sua vida.

(**M. A. Noll**, B.A., M.A., Ph.D., professor de História do *Wheaton College*, Illinois, EUA.)

BIBLIOGRAFIA. G. M. Marsden, J. Gresham Machen, History, and Truth, *WTJ* 42 (1979), p. 157-175; W. S. Reid, J. Grescham Machen, *in*: D. F. Wells (ed.) *Reformed Theology in America* (Grand Rapids, MI, 1985); C. Allyn Russell, J. Grescham Machen: Scholarly Fundamentalist, *in*: *Voices of American Fundamentalism* (Philadelphia, 1976); N. B. Stonehouse, *J. Gresham Machen: A Biographical Memoir* (Grand Rapids, MI, 1954).

MACNADBAI

No hebraico, "presente do nobre" ou "semelhante ao homem liberal". Esse foi o nome de um dos filhos de Bani que, entre outros, terminado o cativeiro babilônico, foi obrigado a divorciar-se de uma mulher estrangeira, com a qual se casara (Ed 10.40). Viveu por volta de 459 a.C. Em 1Esdras 9.34, seu nome aparece com a forma de *Mamnitanemo*.

MACPELA

1. A Palavra. Esse vocábulo sempre aparece com o artigo definido, e significa "a dupla". Seu uso significa **"a caverna dupla"**. Refere-se ao campo que continha uma caverna que foi adquirida por Abraão, a fim de servir de cemitério para a família patriarcal. Seu proprietário anterior era Zoar, o hitita, que residia em Hebrom. O local é modernamente identificado como Haram el-Khalil, em Hebrom, sob o domínio árabe, considerado um lugar supremamente sagrado.

2. A Compra Feita por Abraão. O terreno passou para a possessão de Abraão, quando ele precisou de um local a fim de sepultar Sara (Gn 23.19). Sem dúvida, era sua intenção, desde o começo, que o lugar se tornasse o cemitério da família. Finalmente, o próprio Abraão foi sepultado ali (Gn 25.9), o que também sucedeu a Isaque, Rebeca e Lia (ver Gn 35.29; 47.29-33; 50.12,13).

3. A Etiqueta da Época. O processo da compra serve de exemplo da etiqueta que prevalecia na época. Em primeiro lugar, o terreno foi oferecido como um presente, embora isso fosse apenas um gesto que Abraão deveria recusar (o que ele fez). Isso feito, finalmente, o preço foi cobrado de maneira exorbitante, porquanto os hititas na verdade não queriam que Abraão obtivesse o terreno, o que lhe daria o direito de cidadania, entre eles. Por outra parte, visto que Abraão tinha a reputação de ser príncipe de Deus, dificilmente eles poderiam recusar-lhe esse direito (ver Gn 23.5,6). O preço muito elevado tinha por intuito persuadir "polidamente" a Abraão que desistisse da ideia inteira, mas isso não funcionou. Ele deveria ser o herdeiro da região inteira por promessa divina (ver Gn 12.7; 13.15), sendo provável que ele tenha pensado que ali estava o início do cumprimento da promessa. Por essa razão, talvez, ele pagou o elevado preço.

4. Discrepância no Livro de Atos. O trecho de Atos 7.15 ss.(parte do sermão final de Estêvão) confunde a compra feita por Jacó, de Hamor de Siquém, do campo que Abraão adquiriu. Alguns estudiosos pensam que o erro originou-se da citação de um versículo grego que já continha esse equívoco. Outros eruditos muito têm-se esforçado para explicar essa discrepância (que não é a única no capítulo), mas inutilmente. A verdade é que tais detalhes em nada afetam a fé religiosa. Oferecemos completo tratamento sobre essa questão, nas notas expositivas do NTI.

5. Harã, um Santuário Islâmico. Esse santuário mede 60 m x 33,55 m Suas paredes de pedras têm entre 2,44 m e 2,75 m de espessura. Até à altura do alto das colunas, a construção é homogênea e pertence à época de Herodes. Acima disso, pertence à época islâmica. Antes, o local era um templo cristão, mas agora é uma mesquita. Ali estão localizados os cenotáfios de Isaque e Rebeca. Os corpos dos homens foram postos no lado oriental desse santuário. Supõe-se que os cenotáfios assinalam o local onde houve cada um dos sepultamentos, na caverna abaixo. Não se sabe, porém, até que ponto isso é exato. Os visitantes podem ver os cenotáfios, mas ninguém recebe a permissão de examinar as cavernas, abaixo.

6. Informes Históricos. *a*. O relato do vigésimo terceiro capítulo de Gênesis, além das referências bíblicas que já demos. *b*. Talvez o trecho de Isaías 51.1,2, que diz: ... *olhai para a rocha de que fostes cortados e para a caverna do poço de que fostes cavados. Olhai para Abraão, vosso pai, e para Sara, que vos deu à luz*..., seja uma alusão à caverna de Macpela. *c*. O livro de Jubileus (vide) contém varias referências à *casa* de Abraão (ver 29.17-19; 31.5 etc.). *d*. A arquitetura das porções mais antigas dessas estruturas garante que o Harã foi construído por Herodes, o Grande, a fim de tornar memorável o local. *e*. No tempo de Justiniano (cerca do começo do século VI d.C.), foi erigido um templo cristão, nesse local. *f*. Registros históricos mencionam visitas aos túmulos dos patriarcas, por diversas vezes, após o século VI d.C. *g*. Em 670 d.C., Arculfo registrou a presença dos cenotáfios, acima referidos. *h*. Em 980 d.C., Muqadasi falou sobre os cenotáfios, e sua Informação mostra-nos que, até à sua época, os cenotáfios estavam onde continuaram até 1967. *i*. O califa Hahdi (de acordo com Nasi-i-Kosru), em 1047, construiu a presente entrada do local, talvez devido à obstrução do túmulo de José, que ficava no lado oriental. *j*. Em 1119, afirmou-se que os ossos dos patriarcas foram encontrados quando se obteve acesso, através do piso do templo cristão, até o vestíbulo abaixo das duas câmaras. *k*. Benjamim de Tudela visitou o sepulcro em 1170. *l*.Em 1917, um oficial inglês teria visitado os sepulcros, através da abertura oculta desde o tempo das cruzadas.

Os estudiosos concordam que esse é o lugar autêntico do sepultamento dos patriarcas de Israel. Em 1967, os cenotáfios que assinalavam o local dos sepultamentos foram removidos das câmaras interiores para um átrio externo. O local é igualmente reverenciado por judeus, cristãos e islamitas.

MADAI. Ver *Medos*.

MADALENA

No hebraico, **"natural de Magdala"**. Nome pelo qual se distinguia uma das Marias, para designar o local de seu nascimento ou de sua procedência que era Magdala, situada provalvelmente no local da moderna *el-Mejdel*, aldeia miserável, na praia ocidental do mar da Galileia, cerca de 6 km de Tiberíades. A palavra Madalena não encerra imputação moral alguma contra o caráter de Maria, no sentido em que atualmente se emprega a mesma palavra,

MADMANA

No hebraico, **"monturo"**. Era esse o nome de uma cidade do território de Judá, em seu extremo sul. Posteriormente, passou a fazer parte do território de Simeão. O trecho de 1Crônicas 2.49 talvez indique que ela foi fundada ou foi ocupada por Saafe, filho de Maaca, que fora concubina de Calebe. Alguns estudiosos identificam-na com a moderna Miniay (Minieh), ao sul de Gaza. Mas outros dizem que devemos pensar em Khirbet umm Deimneh, que fica a dezenove quilômetros a nordeste de Berseba. Essa cidade é mencionada pela primeira vez em Josué 15.31.

MADMÉM

No hebraico, **"colina do monturo"**. Uma cidade moabita que os babilônios ameaçaram, quando invadiram Israel (ver Jr 48.2). O texto hebraico que contém esse nome é incerto, podendo significar "... também tu, ó Madmém, serás reduzida a silêncio...", conforme diz a nossa versão portuguesa seguindo as versões da Septuaginta, Siríaca e Vulgata. Alguns pensam que ela é equivalente a *Dimom*, uma possível tradução do nome da capital *Dibom*. Seja como for, não se trata da mesma cidade chamada *Madmana* (vide), que ficava em um local diferente. Tem sido identificada com Khirbet Dimneh, que fica a quatro quilômetros a noroeste de Raba.

MADMENA

Não deve ser confundida com *Madmana* (vide). Madmena era uma cidade do território de Moabe. O texto hebraico é incerto. (Ver Jr 47.2). O original hebraico, *gm-dmn tdmm*, poderia referir-se a *Dimom*, ou, então, poderia ser traduzido como "também tu serás totalmente silenciado".

MADOM

No hebraico, **"contenda"**. Essa era uma cidade real dos cananeus, no norte da Palestina (Galileia), governada por um rei de nome Jobabe (ver Js 11.1). Os israelitas invasores capturaram-na (ver Js 12.19). Tem sido identificada com a moderna Qarn Hattin, ao noroeste de Tiberíades. Evidências de ocupação desde a Idade do Bronze têm sido descobertas pelos arqueólogos. Nas proximidades fica Khirbet Madjan, que lhe preserva o nome, e que alguns estudiosos pensam ser o lugar original. O local, porém, realmente é desconhecido.

MÃE

Ver o artigo geral sobre a *Família*. A palavra hebraica correspondente é *em*; e no grego é *meter*. Naturalmente, tanto no Antigo quanto no Novo Testamentos, "mãe" é uma palavra muito comum. Aparece cerca de 210 vezes no Antigo Testamento e 82 vezes no Novo Testamento (começando em Mt 1.18 e terminando em Ap 17.5).

Apesar de ser bem sabido que as mulheres, em geral, não ocupavam posição muito proeminente na antiga cultura dos hebreus, pode-se dizer que a *mãe*, entre eles, era mais honrada do que sucedia entre outras culturas da mesma época. Nos casos de casamentos polígamos, a mãe de um filho era sempre a sua verdadeira mãe; e as demais mulheres do complexo não eram chamadas assim por aquele filho. (Ver Gn 43.29). É verdade que uma madrasta podia ser chamada de "mãe" (ver Gn 37.10). Porém, uma madrasta geralmente era distinguida da

MÃE (ANIMAL)

verdadeira mãe, ao ser chamada de "mulher" do pai. Entretanto, a palavra "mãe", como também as palavras "pai", "filho" etc., eram usadas em um sentido muito amplo entre os hebreus, podendo indicar qualquer antepassado do sexo feminino (ver Gn 3.20 e 1Rs 15.10).

Usos Metafóricos. Uma benfeitora era chamada mãe (Jz 5.7); outro tanto se dava no caso de uma mulher que fosse ajudadora especial de alguém (Jó. 17.14). A nação de um indivíduo podia ser chamada de sua mãe (Is 50.1; Jr 50.12; Ez 19.2; Os 2.14; 4.5). As cidades onde pessoas tivessem nascido ou sido criadas eram chamadas "mães" (2Sm 20.19; Js 14.35). Uma estrada de onde se bifurcavam outras era chamada de "mãe" daquelas estradas secundárias (Ez 21.21). A terra é nossa mãe (Jó. 1.21). A cidade da Babilônia era uma mãe má e imoral, a mãe das prostitutas. E isso é usado metaforicamente acerca de Roma, em Apocalipse 17.5. A afeição de uma mãe por seus filhos ilustra os cuidados especiais de Deus pelos seus filhos espirituais (Is 44.1-8; 1Co 3.1,2; 1Ts 2.7; 2Co 11.2).

Nos Sonhos e nas Visões. Nos sonhos temos a figura da Grande mãe, a mulher ideal, que corresponde ao Velho Sábio, o homem ideal. O contrário dela é a mãe Terrível, que representa qualidades negativas, possessivas, que prejudica e fere em nome do amor. Essa "mãe" tenta esmagar o indivíduo, a fim de preservar seu controle e ascendência sobre ele. Ela é possessiva, devoradora, destrutiva e egoísta. A mãe Terrível também é uma deusa iracunda, que dá à luz a filhos, mas que ameaça o bem-estar dos mesmos e procura destruí-los.

MÃE (ANIMAL)

A lei mosaica incluía vários regulamentos referentes ao tratamento que deve ser dado aos pais, inclusive de animais. No caso dos filhotes de animais, estes precisavam ficar com suas mães por sete dias após o nascimento, antes de poderem ser usados nos sacrifícios (Êx 22.30; Lv 22.27). Um cordeiro não podia ser cozido no leite de sua mãe (Êx 23.19). Uma mãe passarinho não podia ser capturada juntamente com seus filhotes (Dt 22.6,7). Essas leis mostram bondade para com os animais, embora isso não se revista de importância capital. Ver o artigo sobre os *Animais, Direitos e Moralidade*.

MÃES-DEUSAS

Em suas ideias sobre a divindade, as religiões têm sentido a necessidade de asseverar o princípio da maternidade, tanto quanto o princípio da paternidade. Usualmente, isso tem sido associado à questão da fertilidade, de tal modo que a maioria das mães-deusas ou deusas-mães são figuras destacadas em muitas religiões. As antigas civilizações da área do mar Mediterrâneo tiveram seus exemplos disso: *Ísis* (vide), no Egito; *Astarte* ou Astorete (vide), na Fenícia; *Cibele* (vide), na Frígia, e *Demeter* (vide), na Grécia. Ver também o artigo intitulado *Tríadas*, quanto ao fato de que as mães-deusas com frequência eram concebidas como partes integrantes de alguma trindade. Nesses conceitos triteístas, geralmente havia um pai e um filho (deuses), associados a uma mãe (deusa).

Estranho é que alguns eruditos cristãos tenham visto certa *função* maternal no Espírito Santo, embora isso não aponte para qualquer conceito feminino dentro da própria natureza divina. Seja como for, tal conceito é estranho a tudo quanto se lê na Bíblia a respeito. Também é óbvio que a exaltação à Virgem Maria tem tido, como um de seus motivos, a necessidade que algumas pessoas sentem de injetar o conceito de maternidade à sua fé. Esse sentimento, quando desce a um nível popular, é confundido como parte do respeito que se deve à própria divindade. Ver maiores explicações a respeito dessa tendência humano-religiosa nos artigos intitulados *Mariolatria* e *Mariologia*.

As deusas-mães usualmente aparecem como protetoras da produtividade. Essa função acaba sendo espiritualizada, de tal maneira que as almas humanas terminam por ser as entidades que são beneficiadas e recebem vida. Uma deusa-mãe, assim sendo, é concebida como quem assegura uma bem-aventurada imortalidade para os mortos, mostrando-se ativa na promoção desse propósito. Todas as religiões misteriosas contavam com suas mães-deusas, exceetuando o *mitraísmo* (vide), que era essencialmente masculino em sua perspectiva. Embora Demeter dos gregos tivesse sua contraparte romana, Ceres, na verdade, a única deusa-mãe que recebeu maior reconhecimento em Roma foi Cibele, deusa frígia. Os romanos sentiram-se muito dependentes de Cibele, quando Aníbal ameaçou a capital do império romano, em cerca de 200 a.C. Uma pedra meteórica sagrada foi importada de Pessino, na Frígia, e foi instalada, com grande solenidade, em um santuário romano, no monte Palatino. Posteriormente foi erigido ali um templo, e esse meteorito passou a ser conhecido como "a mãe dos deuses". Por isso mesmo, há estudiosos que pensam que esse culto pagão foi o protótipo e a inspiração da ideia da Virgem Maria como mãe de Deus (pelo menos a influência romana sobre essa noção é óbvia). Seja como for, a principal função das mães-deusas, segundo o conceito pagão, era a necessidade sentida de representar o princípio feminino da vida no conceito da divindade, porquanto, segundo a vida biológica, não há vida sem alguma mãe. O erro de muitos religiosos é que eles extrapolam essa necessidade biológica para a dimensão espiritual, onde não há tal necessidade. Os antigos indagavam: "Pode haver vida espiritual sem alguma mãe celeste?" Esse atraso mental manifesta-se em milhões de pessoas, até hoje.

MAGBIS

No hebraico, **"forte"**, **"vigoroso"**. Não se tem certeza se esse nome se refere a uma cidade ou a uma família de exilados que retornaram do cativeiro babilônico para Jerusalém. (Ver Ed 2.30; 1Esdras 5.21). O paralelo do livro de Neemias (7.33) não contém o nome. Tem sido identificada com a moderna Khirbet el-Mahibiyet, cerca de cinco quilômetros a sudoeste de Adulão.

MAGDALA

Essa palavra vem do termo hebraico *migdal*, **"torre"**. Esse nome é mencionado exclusivamente em Mateus 15.39, e isso como nome alternativo para *Magadã*. O artigo sobre *Magadã* fornece detalhes completos sobre a confusão entre esses dois lugares. Em alguns manuscritos, no trecho de Marcos 8.10, *Dalmanuta* substitui Magdala ou Magadã, como empréstimo de Mateus 15.39. *Dalmanuta* (vide) era um lugar de localização para nós desconhecida, pelo que alguns escribas substituíram um nome desconhecido por um nome conhecido. Talvez Dalmanuta fosse uma pequena aldeia, próxima de *Magadã*. É possível que a moderna Khirbet Majdel fique no mesmo local. Seja como for, ficava nas margens ocidentais do mar da Galileia. Podemos, igualmente, supor que *Magadã* (uma forma variante do nome era *Magedã*) e Magdala ficavam próximas uma da outra. Outros estudiosos supõem que Magadã, talvez como um distrito, englobasse Magdala. Os nomes Dalmanuta, Magadã e Magdala apresentam um problema para o qual não dispomos de informações adequadas para poder solucioná-lo de forma absoluta.

MAGDIEL

No hebraico, **"Deus é famoso"**. Esse era o nome de um chefe edomita, mencionado em Gênesis 36.43 e 1Coríntios 1.54. Ele descendia de Esaú e viveu em torno de 1619 a.C.

MAGIA E FEITIÇARIA

Ver também o artigo sobre *Adivinhação*.

I. Definições. Essa palavra é relacionada ao termo persa *magu*, **"sacerdote"**, **"mágico"**. É daí que vem o termo grego *mágos*. Ver sobre *Mago*. No latim encontramos a expressão *magic ars*, "artes mágicas", cujo paralelo grego é *magikê tékne*. A palavra latina *sors* significa "sorte", sendo essa a palavra que está por detrás de "feitiçaria". A ideia é que certas pessoas têm a capacidade de manipular poderes sobrenaturais, a fim de alterar para melhor ou para pior a sorte de alguém, tanto do próprio indivíduo como de outras pessoas. Com frequência, "feitiçaria" é usada como sinônimo de "mágica". Aqueles que praticam essas coisas têm o cuidado de distinguir entre a *magia branca* e a *magia negra*. A magia branca envolve o uso de textos sagrados (incluindo os textos bíblicos), encantamentos santos e outros meios que eles consideram moralmente aceitáveis, a fim de obter bons resultados. Mas a magia negra envolve-se em meios demoníacos, a fim de obter resultados ruinosos. Assim, se uma mulher profere um encantamento para ajudar outra mulher a encontrar marido (uma coisa boa), isso seria a magia branca em operação. Mas se uma mulher proferir uma maldição contra outrem, a fim de que morra, ou a fim de prejudicar ou, em algum outro sentido, fazer dano a outra pessoa, isso seria a magia negra em operação.

A mágica pode ser pré-lógica ou mesmo antilógica. "A mágica é uma espécie de lógica selvagem, uma forma elementar de raciocínio, com base em similaridades, contiguidade e contraste" (*Golden Bough*, 1.61, Frazer). Alguns intérpretes equiparam a mágica com o demonismo, mas isso é um ponto de vista simplista e parcial. Sem dúvida, há aspectos da magia negra vinculados ao demonismo, entretanto. Ver os artigos sobre Demônio; *Demonologia e Possessão Demoníaca*.

II. Pressupostos Básicos. **1**. Existem realidades, forças e seres invisíveis, que podem influenciar as vidas humanas. **2**. Essas forças e seres ouvem e saem em socorro de certas pessoas, que dominaram certas técnicas (ver a quinta seção), cujas vidas foram dedicadas a essas coisas. **3**. A lógica humana é falaz. Há muitas coisas que são pré-lógicas, alógicas ou mesmo antilógicas, conforme os homens as julgam, embora elas sejam verdadeiras. **4**. A realidade, conforme as descrições da ciência, é extremamente limitada. De fato, a maior parte da realidade está oculta no misterioso e no alógico. **5**. Existem certas causas que os homens têm descoberto que produzem os *efeitos* almejados, embora elas pareçam ilógicas para muitos. **6**. Coisas pertencentes a uma pessoa, objetos que ela tenha usado, roupas ou partes de seu corpo, como sangue, saliva, cabelos, unhas, ou mesmo seu nome, continuam a ter relações simpáticas com ela, podendo ser usados em encantamentos para beneficiar ou ajudar aquela pessoa. Quanto a uma ilustração sobre isso, nas práticas da magia, ver a quinta seção, *suas Técnicas*, abaixo.

III. Como Religião. Com base na segunda seção, *Pressupostos Básicos*, pode-se ver que, para aqueles que a praticam, a mágica chega a ser uma religião. Aqueles que praticam a magia branca creem que estão fazendo a vontade de Deus ou dos deuses, prestando um digno serviço à humanidade. Aqueles que praticam as artes mágicas supõem que seja bom fazer aquilo que *outros* chamam de poderes malignos. Para tais indivíduos, esses poderes estariam "do lado certo", ao passo que outros poderes, como aqueles da religião estabelecida, seriam malignos. Para eles é fácil ilustrar isso através da história, porquanto ali podemos achar inúmeros exemplos de assassinatos, exílios e injustiças, praticados em nome de Deus. A magia negra acredita que são feridas aquelas pessoas que são más, e que merecem ser feridas aquelas que se nem de obstáculos. Naturalmente, existem pessoas más, que não têm qualquer intenção de mudar, e que se ufanam em ser servos de Satanás, que para elas, é o seu deus.

Algumas religiões antigas eram virtuais formas de mágica. Os sistemas religiosos dos *mágicos* parecem ter tido origem cita. Esses sistemas trabalhavam com as supostas forças misteriosas dos quatro elementos fundamentais: o fogo, a água, a terra e o ar. O fogo parece ter-se revestido de um significado especial para eles. Sacrifícios de sangue eram consumidos nas chamas, ou grande parte dos animais sacrificados ficava com os sacerdotes pagãos, enquanto o resto era queimado no fogo. Em torno dos encantamentos desenvolveu-se toda uma classe sacerdotal. Não era, contudo, uma adoração teísta, no sentido de que tivesse deuses pessoais como objetos de adoração. Sem dúvida, o *animismo* (vide) fazia parte desses sistemas. As religiões misteriosas dos gregos incorporavam elementos mágicos, o que também acontecia à doutrina cabalística dos judeus. O *zoroastrismo* (vide) também tinha seu lado mágico. Ver a seção IV, *Informes Históricos*, no tocante a outras informações. Alguns estudiosos insistem que todas as religiões envolvem algum elemento de magia. Pelo menos é fácil demonstrar que quase todas as religiões encerram esse elemento.

IV. Informes Históricos

1. Muitas Religiões. "Todas as religiões valem-se de mágica. A magia desempenhava um papel dominante nas religiões da Babilônia, do Egito, de Roma, de hinduísmo brâmane e nas formas tântricas tanto do hinduísmo quanto do budismo" (E). Os intérpretes que não podem ver qualquer coisa de ímpar no antigo judaísmo supõem que muitos de seus ritos eram apenas adaptações de formas mágicas comuns dos povos semitas. Apesar de os hebreus terem criado uma teologia mais refinada, resultante do monoteísmo, deve-se salientar que o sistema sacrificial deles diferia bem pouco do sistema comum dos babilônios e outros povos semitas. Impõe-se, pois, a indagação: Se chamamos de ritos as mágicas babilônicas, por que não chamamos de mágicos os antigos ritos de judaísmo?

2. Os Medos e os Persas. Os medos, nos fins do século VI a.C., em sua religião oficial, incorporavam antigos elementos de magia. Os magos tornaram-se figuras poderosas no império, e a política da nação foi influenciada por eles, para nada dizermos sobre a religião propriamente dita. Nergal-Sharezer, o principal dos magos na corte de Nabucodonosor, da Babilônia, é mencionado por nome como um dos principais oficiais da corte (ver Jr 39.3,13). Naturalmente, havia ali uma casta sacerdotal dos magos, e a autoridade deles era largamente reconhecida. Alguns deles envolveram-se em conspirações políticas, revoltas e homicídios, tudo o que fazia parte da política, tal como nos dias de hoje, com poucas diferenças. Xerxes, filho de Dario, consultou os magos quando formulou seus planos para invadir a Grécia.

3. O zoroastrismo (século VI a.C.) (vide), uma religião persa, esteve pesadamente envolvida com as artes mágicas. O zoroastrismo mágico foi reinstalado como a religião oficial, no tempo dos partas (ver o quarto ponto).

4. Os Partas. Os partas revoltaram-se contra os dominadores selêucidas no século III a.C. As leis e a religião deles eram muito influenciadas pelo culto dos magos. Muitos deles converteram-se ao zoroastrismo, e suas formas religiosas eram altamente sincretistas.

5. Quando o islamismo predominou, o zoroastrismo (juntamente com os magos) teve de refugiar-se na Índia. Seus descendentes até hoje podem ser encontrados entre os parses.

6. Povos Não Civilizados. Os eruditos aceitam que as formas religiosas de todos os povos chamados não civilizados, antigos e modernos, incorporavam e incorporam mágica. É impossível separar a mágica da religião, ou vice-versa, historicamente ou praticamente falando.

V. Suas Técnicas. **1**. Ritos, encantamentos, presságios, orações, leitura de textos sagrados usados por muitas religiões.

2. Três Classes Básicas de Técnicas. *a*. técnicas puramente práticas; *b*. técnicas cerimoniais; *c*. técnicas que combinam o prático com o cerimonial. Na magia prática, o indivíduo simplesmente faz algo que foi declarado como bom pelo feiticeiro ou sábio. Realiza certos atos. Na magia ritualística, há encantamentos e agouros, algumas vezes acompanhados por ritos sacrificiais elaborados. Divindades, demônios, forças cósmicas, forças da natureza etc., são invocados como auxílios. Acredita-se que certas *palavras* revestem-se de poder, e que certas orações, declarações etc., necessariamente atraem os poderes superiores. Certos atos podem ser reforçados por rituais e orações, e nisso temos algo que pertence à terceira classificação de técnicas. Poderíamos ainda criar uma quarta classe, subdividindo os ritos (o que alguém faz) das rezas e encantamentos (o que alguém diz).

3. Alguns Atos Específicos. Há os atos de *simpatia*. Se alguém tem uma verruga e quer que a mesma desapareça, então deve tomar um pouco de sangue extraído da mesma e pô-lo em um pedaço de pão ou batata e enterrar esse objeto. Presumivelmente, isso acaba com a verruga. Se alguém quiser prejudicar a outrem, faça uma imagem de cera daquela pessoa para então atravessá-la com alfinetes e agulhas, ou, então, jogá-la no fogo. E acredita-se que a pessoa representada sofrerá dano, em face desse ato.

4. Formas de Adivinhação. A mágica depende muito das adivinhações. Ver o artigo separado intitulado *Adivinhação, A* mágica emprega muitos desses métodos.

5. O Olho Bom ou o Olho Mau. O olhar fixado em alguém, visando o bem ou o mal, por aquele que é praticante das artes mágicas, segundo muitos acreditam, é dotado de poder. O vulgo chama isso de "mau olhado". Na Austrália, muitos creem que é possível lançar uma maldição contra uma pessoa meramente apontando para ela um graveto, pronunciando-se ou não a maldição.

VI. Menções na Bíblia. O Antigo Testamento retrata os israelitas em um mundo que nadava nas artes mágicas, praticadas por todos os povos gentílicos. No entanto, muitos eruditos não acreditam que possamos classificar o antigo judaísmo como uma fé totalmente isenta de mágicas, pois grande parte de seu ritual consistiria em artes mágicas, tal como sucedia aos demais povos semitas. Naturalmente, os eruditos bíblicos conservadores rejeitam essa posição. Mas isso não pode ser feito com total sucesso, quando o estudioso é honesto e faz comparações.

1. Na Assíria e na Babilônia. Os deuses desses povos não somente podiam ser invocados através de fórmulas mágicas, mas eles mesmos usavam encantamentos. Assim, o deus Ea-Enki, do *Épico da Criação*, é ali chamado de "Senhor dos Encantamentos". Seu filho, Marduque, exercia seu poder através de encantamentos mais poderosos que os de qualquer outro deus ou deusa. A arqueologia tem descoberto muito material que demonstra o caráter mágico das antigas religiões dos povos semitas. Um exemplo disso é o manual intitulado *Maglu*. O trecho de Naum 3.4 alude à religião dos assírios como "grande prostituição da bela e encantadora meretriz, da mestra de feitiçarias".

2. No Egito. As principais divindades egípcias eram protetoras das artes mágicas. Os sacerdócios davam seu apoio ao sistema de mágicas, e a política não deixava de imiscuir-se com essas feitiçarias. O manual de instruções mágicas, intitulado *Instruções para o Rei Merikare* (cerca de 2200 a.C.), é um bom exemplo das antigas fórmulas mágicas egípcias. A medicina egípcia também fazia parte do sistema. Os mágicos eram conhecidos como homens santos e operadores de prodígios. O relato sobre Moisés e o seu conflito com os mágicos do Faraó é uma referência bíblica a essa questão. (Ver Êx 7.10 ss).

3. A Realidade dos Poderes Ocultos. Mui provavelmente, quase tudo nas artes mágicas não passa de expressão de desejos, com algum poder para alterar os eventos, curar ou causar enfermidades. Porém, incorreríamos em erro se as reputássemos somente isso. O Antigo Testamento não nega o fato de que os poderes ocultos são reais. No entanto, o Antigo Testamento proíbe terminantemente o apelo para tais poderes, por parte do povo de Deus. (Ver Dt 18.10-14). O trecho de Levítico 20.27 mostra que os praticantes desses poderes ocultos eram condenados à pena capital. (Ver também Is 3.18-23; 8.19; Jr 27.9,10; Ez 13.18). A despeito disso, sabemos que os israelitas se deixaram envolver em muitas formas de adivinhação. Algumas delas eram oficializadas pelo culto hebreu, embora fossem rejeitadas se praticadas particularmente. Ver o artigo sobre a *Adivinhação*, quanto a ilustrações a respeito disso.

4. O poder da palavra proferida é ilustrado em Gênesis 27.18 ss.; 30.14-18; 37.41. Sabemos que até mesmo membros da família patriarcal usavam os *terafins*, ou ídolos do lar, para efeitos de adivinhação. (Ver Gn 31.20ss. Ver também Jz 17.1—6; 1Sm 19.13—16). No entanto, na legislação mosaica, os *terafins* foram condenados como espécimens da idolatria dos cananeus.

5. José casou-se com a filha de um sacerdote egípcio. Ao que muita coisa indica, ele praticava a adivinhação por meio do sonhos, e talvez até por uma antiga forma de bola de cristal (talvez usando sua taça de prata com água, como ponto de concentração). (Ver Gn 41.8 ss.; 44.5).

6. De acordo com alguns eruditos, os objetos de nome *Urim* e *Tumim* (vide) envolveriam adivinhação do tipo bola de cristal, quando o sumo sacerdote caía em uma espécie de transe leve, no qual era capaz de produzir oráculos.

7. O lançamento de sortes, com o propósito de descobrir a vontade divina, é mencionado em (Lv 16.8; Nm 26.55; Js 7.14; Jz 20.9; 1Sm 10.20) e vários outros trechos bíblicos. Talvez o *Urim* e o *Tumim* (ver acima) fossem uma espécie de sortes lançadas com o mesmo propósito.

8. Condenações. Jezabel foi condenada por ser praticante de "feitiçarias" (2Rs 9.22). Manassés, rei de Judá, foi condenado como *agoureiro* (2Rs 21.3-6).

9. No Livro de Daniel. Os jovens hebreus cativos negaram-se a tomar parte nas práticas babilônicas, que incluíam a mágica. Não obstante, sabiam interpretar sonhos e visões (ver Dn 1.17-20; 2.2). Daniel deve ter sido considerado pelos babilônios como um sábio nas artes ocultas, conforme seu apodo, Beltessazar (ver Dn 4.8) parece indicar.

10. *No Novo Testamento* encontramos o lançamento de sortes pare resolver tão importante questão como a escolha de um novo apóstolo de Jesus, que substituísse a Judas Iscariotes (ver At 1.26). No entanto, de modo geral, todas essas práticas são ali condenadas. (Ver 2Tm 3.1-9; Ap 9.21; 18.23; 21.8; 22.15; At 8.9 ss.; 16.16 ss).

Conclusão. É inútil supormos que o antigo judaísmo fosse inteiramente isento de mágica. Poderíamos afirmar que, historicamente, o Espírito de Deus não completou subitamente a sua obra de instrução aos israelitas. Os hebreus foram separados de outros povos semitas; e uma operação especial estava *em andamento*, mas não foi terminada. Quando chegarmos ao Novo Testamento, encontraremos formas religiosas muito mais puras. Os poderes ocultos não são necessariamente maus em si mesmos, embora possam assumir aspectos positivos ou negativos. Uma verdadeira espiritualidade eleva-se acima dos meros poderes ocultos ou psíquicos. A comunhão mística com o Espírito Santo substitui vantajosamente muitas coisas, mas é mister um longo período de tempo para que o crente atinja essa posição superior. Não há que duvidar que existem poderes ocultos negativos e prejudiciais, envolvidos nas artes mágicas. Em face dessa circunstância, pelo menos, as artes mágicas devem ser repelidas pelos crentes, mesmo quando não há nelas aqueles elementos mais deletérios.

Bibliografia. E GAS (em HA) TL

MAGISTRADO

A palavra hebraica mais comum, assim traduzida é *shaphet* (ver Ed 7.25), ao passo que o termo grego usual é *strategós*, "líder de grupo" (ver At. 16.20,22,35,36,38). Naturalmente, há outras palavras e expressões que devem ser levadas em conta.

1. No Antigo Testamento. *a*. Em Juízes 18.7, a palavra hebraica significa "governador". Em nossa versão portuguesa, "autoridade". *b*. Em Esdras 8.25 estão em foco os "conselheiros" e os "príncipes", onde devemos destacar a segunda dessas palavras. *c*. Nos tempos helenistas, o termo grego *strategós* era usado para indicar o "chefe" do templo, um oficial cuja autoridade só era menor que a do próprio sumo sacerdote. Esse uso também se acha em Josefo, *Anti.* xx.131. Aparentemente, o título foi tomado por empréstimo do uso assírio, passando a ser empregado após o cativeiro babilônico. Corresponderia ao termo moderno "supervisor". O supervisor, a fim de garantir a boa ordem no templo, e impedir a entrada de intrusos gentios, dispunha de guardas bem armados.

2. No Novo Testamento. ***a.*** Os termos gregos *archê* e *eksousía* são usados para referir-se aos "dirigentes" e "autoridades" da sinagoga, perante quem os cristãos seriam conduzidos a fim de serem julgados e castigados. Ver também Tito 3.1, quanto a um uso generalizado dessas palavras, para indicar qualquer tipo de autoridade a que nos deveríamos submeter. ***b.*** O trecho de Atos 16.20 ss tem o vocábulo grego *strategós* a fim de referir-se a um oficial ou comandante civil, um prefeito ou cônsul. Essa palavra é usada por dez vezes no Novo Testamento, onde também é traduzida por *capitão* (ver Lc 22.4,52; At 4.1; 5.24,26; 16.20,22,35,36,38). Os oficiais militares estão em foco, tanto quanto os governantes civis. ***c.*** O termo grego *archón* (literalmente, "primeiro") é traduzido por "magistrado" em Lucas 12.58, dando a entender "primeiro em autoridade", sendo um título geral para indicar qualquer governante, rei ou juiz. Na Septuaginta foi uma palavra empregada para indicar Moisés. Em Apocalipse 1.5 refere-se ao Messias como o Rei. Em Atos 16.19 é usada para indicar os governantes civis. E, para indicar os chefes das sinagogas, é empregada (em Mt 11.18,23; Mc 5.22; Lc 18.41). Os membros do Sinédrio (vide) também eram designados por esse título. No trecho de Atos 16.19 aparecem os termos gregos *strategós* e *archón*, juntos. Provavelmente, o segundo deve ser entendido como uma subcategoria do primeiro. Um magistrado também podia ser um juiz romano. ***d.*** O termo grego *archón* é usado para indicar Satanás, o "príncipe" dos demônios. (Ver Mt 9.34; Lc 11.15; Jo 12.31; Ef 2.2).

MAGNIFICAR

Essa é uma importante palavra relacionada à adoração. Ver o artigo *Adoração*, onde o assunto é tratado de maneira geral. Esse é um dos três grandes aspectos da vida cristã. Esses aspectos são: adoração, serviço, desenvolvimento espiritual. Esse é o curso tencionado para a vida humana. Isso posto, a adoração é um dos fatos e propósitos centrais da existência humana. **1.** Deus magnifica os seus próprios atos misericordiosos, que são ilimitados e livres (Gn 19.19; At 19.17). **2.** Deus magnifica a sua Palavra, que contém a mensagem de suas intenções e de seus atos graciosos (Sl 138.2). **3.** Deus magnifica os homens que agem corretamente (Js 3.7; 4.14; 1Cr 29.25; 2Cr 32.23). **4.** Os homens magnificam a Deus devido às suas obras e ao seu amor, e declaram a sua grandeza e glória (Jó 36.24; Sl 34.3). A vida humana, quando é devidamente utilizada, é uma magnificação do Pai, por parte de seus filhos. Qual pai não é magnificado quando seus filhos agem corretamente? **5.** Os homens carnais magnificam a si mesmos às expensas do próximo (Sl 35.26; Dn 8.11; At 5.3). **6.** Paulo desejava que Cristo fosse magnificado em toda a sua conduta e em todas as suas palavras (Fp 1.20). O nome do Senhor Jesus Cristo estava sendo magnificado na igreja primitiva (At 19.17). **7.** Paulo magnificava seu ofício de apóstolo dos gentios, que lhe fora dado por Deus (Rm 11.13).

MAGOGUE. Ver os dois artigos separados, *Gogue e Gogue e Magogue*.

MAGOR MISSABIBE

No hebraico, *magor missabib*, **"terror por todos os lados"**. Um nome simbólico que Jeremias deu a Pasur, filho de Imer, em Jr 20.3. Ver o artigo separado sobre *Pasur*.

MAGPIAS

No hebraico, **"matador de traças"**. Nome de um dos chefes do povo, que engrossou a lista daqueles que firmaram o pacto com Neemias, dentre o remanescente do povo que retornara do cativeiro babilônico. Ver Neemias 10.20. Ele viveu em cerca de 410 a.C.

MAJESTADE

Essa palavra portuguesa vem do francês antigo, *majeste*, que se deriva do latim, *majestas (tatis)*, termo esse que, por sua vez, está ligado a *majus*, o comparativo neutro de *magnus*, "grande". Portanto, essa palavra aponta para grandeza, grandiosidade, imponência.

1. Aplicada a Deus. O termo hebraico correspondente é *gaa*. Deus é grande em seus atos significativos (Is 2.10,19,21). Ele também é grande em sua supremacia real (Is 24.14; 12.5); e, finalmente, em sua *condição* de magnificência, o que já é expresso pelos termos hebraicos *hod* ou *hadar* (1Cr 29.11; Sl 96.6; 104.1; 145.5,12).

2. Aplicada aos Homens. O rei, como figura importante e exaltada, reveste-se de majestade, uma majestade derivada de Deus (1Cr 29.25; Os 2.5; Sl 45.3,4). Mas o homem, por haver sido criado um pouco menor do que os anjos, também se reveste dessa qualidade (Sl 8.5).

3. Aplicada às Coisas. O nome divino é majestático (Sabedoria de Salomão 18.24). Simbolicamente, a mitra do sumo sacerdote de Israel tinha essa qualidade, por ter o nome divino inscrito na mesma, conforme se vê nessa mesma referência.

4. No Novo Testamento. O termo grego correspondente é *magalosúne*, que alude à majestade de Deus e até é um de seus nomes. Os milagres de Cristo revestiam-se dessa qualidade (Lc 9.43), tal como sucedeu à sua transfiguração (2Pe 1.16,17). Em sua *parousia*, ou segunda vinda, Cristo manifestará a majestade do Pai (ver 1Tm 6.15,16). Cristo exibe a dignidade dos homens que participam de sua glória (Hb 2.6-9). Ele tornará uma realidade o magnificente reino messiânico (Mt 22.42-45). Ele é exaltado por participar da natureza e do trono divinos (Fp 2.9; Hb 1.3,4).

MAL

I. Definições. O mal moral é um equivalente quase idêntico ao *pecado*. Ver o artigo separado sobre o *Pecado*. Contudo, também devemos pensar no *mal natural*, isto é, as coisas más que acontecem à parte da intervenção da vontade pervertida dos homens, como os desastres naturais, as inundações, os incêndios, os terremotos, as enfermidades e, finalmente, o pior de todos os males, na opinião de muitos, a morte física. Os teólogos biblicamente orientados acreditam que o mal natural é resultante do mal moral. Sem dúvida essa é a mensagem do terceiro capítulo de Gênesis. Porém, é difícil ver como o pecado humano faz a crosta terrestre deslizar, provocando os abalos sísmicos, quando sabemos que há explicações naturais para esses acontecimentos. Os eruditos liberais pensam que a história da queda é apenas sugestiva de algumas verdades relacionadas ao mal, embora não uma explicação adequada do próprio mal, mesmo que consideremos apenas o mal natural. Muitos cientistas creem na condição caótica natural da existência, pensando que é admirável que o homem consiga passar com tão poucas dificuldades em meio a esse caos. Em contraste com isso, na Bíblia, até mesmo Jó, que estava convencido de sua inocência, e com razão, no fim precisou humilhar-se diante da repreensão divina, que se aplica a todos os homens pecadores (Jó 42.1-6). Por outro lado, as suas tribulações são atribuídas, no começo do livro de Jó, a um teste a que o Senhor resolveu submetê-lo, e não por causa de alguma maldade pessoal em que ele tivesse incorrido. Todavia, se o pecado humano não é causa direta do mal natural, Deus pode ter sujeitado a natureza a uma certa desordem, como uma medida punitiva. E um dos resultados da redenção, quando estiver completa, será precisamente a reversão dessa maldição contra a natureza. ... *a própria criação será redimida do cativeiro da corrupção*... (Rm 8.21). Não se pode duvidar que o pecado e o castigo, que podem assumir muitas formas, às quais ansiamos por chamar de acontecimentos funestos, estão interligados entre si. (Ver Mt 10.28; 23.33; Lc 16.23; Rm 2.6 e Ap 20).

II. FATORES A SEREM OBSERVADOS. 1. O pecado e o castigo estão interligados entre si, conforme vimos no fim do parágrafo anterior. **2**. Uma vez cancelado o pecado, pode ser removida a ameaça de castigo (Mc 2.3 ss.). Esse é um princípio reconhecido também pela religião hindu, no tocante a essa questão. **3**. O bem praticado também pode cancelar um castigo iminente merecido. O bem praticado pode encobrir uma multidão de pecados (Tg 5.20). Isso é verdade porque a punição imposta ao pecado é remediador, e não apenas retributiva. Quando o amor já remediou a alma, não há mais necessidade de castigo adicional. **4**. A expiação e perdão de pecados são oferecidos na missão de Cristo, desse modo, a graça divina (que vede) cancela a punição eterna e, em muitos casos (mas não sempre) óbvia é a necessidade de punições temporais contra os erros praticados desde então. (Ver Mt 9.22; Mc 6.56; Lc 8.48; 17.19). Em muitos casos, para efeito de retribuição e purificação, o pecado é acompanhado por suas consequências temporais, mesmo quando o pecado é perdoado. Isso concorda com a lei da colheita segundo a semeadura (Gl 6.7,8). **5**. O propósito dos sofrimentos é remediador, mesmo quando esse também é retributivo, como no hades (1Pe 4.6; ver também Hb 12.8, nessa conexão). **6**. A doutrina do juízo divino depende da maldade ou da retidão praticada por cada indivíduo (Ap 20; Rm 2.6). **7**. Deus não pode deixar a maldade passar despercebida. Algo precisa ser feito a respeito (Rm 1.18). O salário do pecado é a morte (Rm 6.23). **8**. A Bíblia declara a realidade do mal, fazendo contraposição à teoria que diz que o mal é apenas o bem mal aplicado, ou a privação do bem. Na verdade, e de acordo com a Bíblia, há uma maldade voluntária, aberta e maligna, que sempre foi uma maldição para a raça humana. O primeiro capítulo da epístola aos Romanos, com suas detalhadas descrições de uma longa lista de vícios humanos, está falando sobre um mal real, e não sobre a mera ausência do bem. Ver o artigo separado sobre *os Vícios*.

III. ATITUDES ACERCA DO MAL. **1**. Já pudemos ver que a Bíblia apresenta o mal como algo real, franco e maligno. Porém, para o mal há um remédio, provido por Deus. **2**. *Schopenhauer* (que vede), em seu *pessimismo* (que vede) concordava com a versão bíblica, mas deixava de lado o remédio bíblico. Para ele, a primeira coisa ruim que uma pessoa fazia era nascer e a melhor coisa que ela poderia fazer era deixar de existir. Todavia, a existência tem uma vontade maligna para continuar vivendo, sendo a própria concretização da maldade e do caos. Para Schopenhauer o mal é algo final: sempre existirá e sempre será a força controladora de todas as coisas. **3**. Em contraste com ele, nos escritos de Orígenes e dos pais alexandrinos da igreja, o mal, apesar de real, o que significa que precisa ser punido, será castigado de um modo remediador. Orígenes afirmava que fazer do castigo algo apenas retributivo é condescender diante de uma teologia inferior. Outrossim, a ira de Deus é um dos elementos constituintes de seu amor, realizando coisas como nenhum outro ato divino é capaz de fazer. O universalismo, de modo geral, e também Karl Barth, em particular, percebiam esse aspecto da questão sobre o mal e sua punição. O trecho de 1Pedro 4.6 é um texto de prova razoável, em apoio a essa suposição. **4**. Alguns filósofos e teólogos, como *Tomás de Aquino*, têm defendido a ideia de que o mal é a ausência do bem, tal como as trevas são ausência da luz. Talvez isso possa servir de explicação acerca de certos males, mas, há outros tipos de males que não podem ser descritos nesses termos. Por exemplo, é difícil perceber como um assassino em massa poderia estar envolvido em algo meramente passivo. Em atos assim há algo de terrivelmente maligno. **5**. O *dualismo*, como no zoroastrismo (que vede) propõe que há dois princípios distintos na existência, o bem e o mal. Esses dois princípios teriam sido temporariamente misturados, o que explicaria todos os nossos problemas humanos. Finalmente, porém, o bem haverá de triunfar, embora isso signifique apenas a *separação* entre as duas forças, e não o fim do mal. De acordo com esse sistema, uma nova invasão do mal no território do bem, é teoricamente possível. Assim, o mal seria eterno, formando um reino que não pode ser derrubado. A religião ensinada na Bíblia, por outra parte, é dualista somente em parte. Pois, Deus finalmente haverá de triunfar sobre o mal, extinguindo-o definitivamente.

IV. VÁRIAS DESCRIÇÕES. O mal tem sido variadamente descrito, conforme se vê nos dezesseis pontos abaixo: **1. O verdadeiro dualismo**. Esse foi descrito acima, acerca do zoroastrismo. Segundo esse ponto de vista, o mal é real e permanente. **2. O budismo** (que vede). O mal teria suas raízes nos desejos, a eliminação dos desejos produz a eliminação do mal. **3. Sócrates** (que vede) equiparava o mal à ignorância, pensando que o conhecimento nos liberta do mal. **4. Platão** (que vede) pensava sobre o mundo eterno (ver sobre os *Universais*) como um mundo constituído por seres ou entidades de perfeita justiça. Mas, no mundo dos particulares (nosso mundo físico), os seres físicos são imperfeitos, por serem apenas imitações do mundo real. A alma humana teria resolvido experimentar a matéria, após ter desenvolvido más tendências. Assim foi que teve lugar uma remota queda espiritual. Os pais alexandrinos da igreja combinavam essa ideia com aquela da queda dos anjos, no Antigo Testamento, para chegarem à queda no pecado. Ver sobre a *Origem do Mal* e sobre a *Queda*. **5. Crisipo** (que vede), o filósofo estoico, ensinava que as atitudes, os pensamentos e os atos contrários à Razão Universal (o Logos) produzem o mal. O mal, pois, consistiria na irracionalidade. **6. Plotino** (que vede), o neoplatonista, localizava o mal na matéria, como um de seus componentes necessários. Assim, teríamos um dualismo dentro dos contrastes formados por corpo-mente — e por matéria-espírito. **7. Agostinho** (vide) promovia a ideia do *mal* como a *ausência do bem*. Essa é também uma perspectiva limitada quanto ao sentido e à natureza do bem e quanto aos propósitos da vida. Ele assumiu essa posição na tentativa de evitar acusar Deus de ser o autor do mal, visto ser ele encarado como soberano sobre todas as coisas. Ver sobre a *Teodiceia*, a defesa da justiça de Deus, apesar da existência do mal na criação divina. **8. Avicena** (que vede) seguia Agostinho na suposição de que sempre há uma perspectiva mais lata, de onde o mal será visto como bem. Ele pensava que o mal reside no indivíduo, e não na espécie humana, negando assim o princípio do *pecado original* (que vede). **9. Chang Tsai** (que vede) atribuía o mal ao desvio do homem do meio-termo, no exercício de seu livre-arbítrio. **10. No panteísmo** (que vede; ver também o artigo sobre *Ramanuja*) é criado um problema, visto que todas as coisas são vistas como Deus. O panteísmo localiza o mal nas emanações mais distantes do fogo central, especificamente, na matéria. **11. Leibniz** (que vede) distinguia três tipos de mal: o *mal físico* (os desastres naturais, as enfermidades e a morte); o *mal metafísico* (o desarranjo das essências superiores); e o *mal moral* (o mal que resulta das más escolhas dos homens). **12. Schelling** (que vede) defendia a ideia de que o mal é um dos primeiros princípios do universo, e não algo derivado do bem, de alguma maneira, como uma perversão do bem. **13. Rashdal** (que vede) representa aquele grupo de teólogos e filósofos que pensam que o mal começou porque o próprio Deus é limitado (finito) e não o pode impedir. Em outras palavras, Deus também tem os seus problemas. É curioso que o mormonismo assume uma posição um tanto similar a essa. **14. Berdyaev**

(que vede) pensava que a liberdade degenerada é a origem do mal. Atualmente, muitas pessoas exigem liberdade, a fim de perverterem a si mesmos e a outras pessoas. **15. Brightman** (que vede) afirmava que Deus é finito, razão pela qual o mal entrou no quadro, a despeito de sue oposição ao mesmo. A presença do mal provoca e define um bem — a saber, a tarefa remidora. **16**. Alguns teólogos limitam a presciência de Deus e assim pensam que o mal entrou de surpresa no quadro, não fazendo parte do plano pré-ordenado de Deus.

V. O Problema do Mal. Ver o artigo separado sobre esse assunto, onde vários hiatos do presente artigo são preenchidos. Esse é um dos mais difíceis problemas dos filósofos e teólogos. Temos provido uma detalhada discussão a esse respeito.

MALCO

No grego é *malchos, de maliku*, **"rei"**. Nome do servo do sumo sacerdote a quem Pedro cortou uma orelha na noite em que Jesus foi traído por Judas e preso, João 18.10.

MAL, ORIGEM DO. Ver *Origem do Mal*.

MAL, PROBLEMA DO. Ver sobre *Problema do Mal*.

MALAQUIAS (LIVRO)

No hebraico, **"meu mensageiro"**. Na Septuaginta, *Malachías*. A Septuaginta dá a ideia de que essa palavra não indica um nome próprio, e, sim, um substantivo comum, "meu mensageiro". E muitos eruditos modernos preferem seguir a Septuaginta, embora sem razão. Pois o nome desse profeta foi, realmente, Malaquias, embora seu nome signifique "meu mensageiro".

I. Caracterização Geral. Juntamente com as profecias escritas de Ageu e de Zacarias, o livro de Malaquias reveste-se de grande importância por suprir-nos informações preciosas a respeito do período entre o retorno dos exilados judaítas à terra santa e o trabalho ali desenvolvido por Esdras e Neemias. Foi um período de reconstrução da nação de Judá, e as fontes informativas seculares a respeito são extremamente escassas, valorizando assim esses três livros proféticos como fontes informativas. Mas, além disso, temos nesses três livros informações de ordem religiosa e moral sobre o período, não nos devendo esquecer que esses três livros encerram um forte conteúdo apocalíptico, o que significa que seus autores não falavam somente para a sua própria geração, e, sim, também para a última geração, que haverá de testemunhar o retorno do Senhor Jesus, como o grande Rei.

Apesar da profecia de Malaquias não ser dada nos versículos iniciais, a exemplo de alguns outros livros dos profetas menores (aos quais ele pertence, posto em décimo segundo lugar, tanto no cânon hebreu quanto no cânon cristão do Antigo Testamento), é perfeitamente possível, com base no exame das evidências internas, localizar as atividades de Malaquias dentro do período do domínio persa sobre a Palestina. Isso transparece na menção que o trecho de Malaquias 1.8 faz ao *governador* civil persa (no hebraico, *pehah*), uma palavra que também se acha em Neemias 5.14 e Ageu 1.1. Como é óbvio, pois, o pano de fundo histórico desse livro de Malaquias é o do período pós-exílico, na Judeia. Contudo, o livro retrata condições religiosas e sociais que apontam para um período subsequente ao de Ageu e Zacarias. O fato de que há menção a sacrifícios, que estavam sendo oferecidos no templo de Jerusalém, (ver Ml 1.7-10 e 3.8), subentende não meramente que aquela sagrada estrutura havia sido finalmente completada, mas também que já estava de pé há algum tempo, nos dias em que Malaquias escreveu o seu livro. O cerimonial do templo já estava bem estabelecido, novamente (ver Ml 1.10; 3.1,10), o que aponta para uma data posterior à de 515 a.C. e que Malaquias levantou a voz, em protesto contra os sacerdotes e o povo em geral, no século que se seguiu ao de Ageu e Zacarias, parece um fato altamente provável, diante da observação de que certo grau de lassidão e descuido havia penetrado na adoração cerimonial dos ex-exilados. Assim, os sacerdotes não estavam cumprindo as prescrições relacionadas à natureza e à qualidade dos animais que eram oferecidos em sacrifício (ver Ml 1.8); e, pior ainda, estavam oferecendo pão poluído diante do Senhor, mostrando um grau ainda maior de indiferença para com as estipulações de culto da lei levítica. De fato, Malaquias repreendeu-os severamente por esses motivos, porquanto toda a atitude deles demonstrava que eles se tinham cansado dos procedimentos rituais vinculados à adoração judaica (ver Ml 1.13).

Isso nos permite perceber que aquele entusiasmo inicial que deve ter assinalado a inauguração do segundo templo, nos dias de Malaquias já devia ter-se abrandado em muito, e, juntamente com o abatimento do zelo, aparecera também o abatimento moral, com o consequente afrouxamento da obediência às prescrições levíticas do culto. Essa negligência geral manifesta-se até mesmo no pagamento dos dízimos exigidos pelo Senhor (Ml 3.8-10), tão importantes para a manutenção tanto do templo de Jerusalém quanto do seu sacerdócio, naquele período formativo e crucial do período pós-exílico.

Também se deve salientar que a maneira como Malaquias investiu contra a prática bastante generalizada dos casamentos mistos (casamentos entre judeus e estrangeiros, ver Ml 2.10-16) sugere-nos o conservantismo tradicional da Torá mosaica (vide), e não a infração de uma legislação recente e em vigor, acerca da questão. A expressão usada por Malaquias, *adoradora de deus estranho* (Ml 2.11), significa mulher que seguia alguma religião estrangeira. Isso significa, em face da generalização do costume desses casamentos mistos, que os ideais hebreus (que olhavam com desfavor e suspeita essas uniões mistas) haviam sido abandonados nos dias do profeta. E, visto que Malaquias não lançou mão de qualquer regulamentação específica sobre a questão, pode-se concluir, com razoável dose de segurança, que os seus oráculos proféticos foram entregues antes de 444 a.C. Pois foi naquele ano que Neemias legislou acerca desse problema particular, já em seu segundo termo no ofício de governador. Portanto, o pano de fundo histórico do livro de Malaquias ajusta-se entre os períodos extremos das atividades de Ageu e Zacarias, por uma parte, e as atividades de Esdras e Neemias, por outra parte. Calcula-se que cerca de 75 anos se passaram entre esses dois pontos extremos.

II. Unidade do Livro. O livro de Malaquias consiste em seis seções, cada qual correspondente a um oráculo (ver sobre o *Esboço do Conteúdo*). Esses segmentos podem ser facilmente distinguidos. Tais divisões naturais do livro refletem um pano de fundo histórico muito bem delineado, abordando, de maneira uniforme, os problemas inter-relacionados. A série de perguntas e respostas, existente dentro do livro, como é óbvio, foi arranjada de maneira tal que é suavemente transmitida a mensagem do profeta acerca do julgamento divino e das bênçãos prometidas pelo Senhor, quanto ao futuro. Por isso mesmo, o livro exibe todas as marcas de ter tido um único autor.

A única questão séria e pendente sobre o problema da unidade e da integridade do livro de Malaquias, de conformidade com alguns estudiosos, gira em torno das suas palavras finais (ver Ml 4.4-6), que, talvez, façam parte integrante do sexto oráculo, e não uma espécie de conclusão separada do mesmo.

Alguns eruditos opinam que a referência a Elias constitui uma adição posterior, feita pelo editor da coletânea dos profetas menores. que acreditava que, com o término da profecia (segundo ele pensava), mais do que nunca se tornava necessário observar os preceitos da lei, como uma medida preliminar para o advento do arauto divino. Mas, apesar dessa opinião ter certos pontos a seu favor, entre os quais se destaca a atitude dos sectários de Qumran para com a profecia e a lei, ela não é passível de ser objetivamente demonstrada, pelo que tem sido rejeitada pela maioria dos estudiosos.

III. Autoria. Tradicionalmente, o último dos doze livros dos profetas menores é atribuído a um indivíduo de nome Malaquias, com base em Malaquias 1.1. Mas, conforme já dissemos no primeiro ponto, *Caracterização Geral*, consideráveis debates têm surgido entre os estudiosos se *Malaquias* deve ser considerado ou não como um nome próprio ou apenas como um substantivo comum, com o sentido de "meu mensageiro". E o que deu azo a isso é que a Septuaginta toma aquela palavra hebraica não como um nome próprio, mas apenas como um substantivo comum. Porém, se seguirmos o costume de todos os profetas escritores, que nunca escreveram obras anônimas, mas sempre em seus próprios nomes, então também teremos de concluir que "Malaquias" deve ser o nome de um homem que, realmente, viveu em torno de 450 a.C. Ver a quarta seção, *Data*, abaixo.

Mas, que desde a antiguidade tem havido alguma dúvida sobre a autoria desse último dos livros dos profetas menores, torna-se evidente pelo Targum de Jônatas ben Uziel, que adicionou uma glosa explicativa ao nome "Malaquias", como segue: "cujo nome é Esdras, o escriba", em Malaquias 1.1. Porém, a despeito do fato de que essa tradição foi aceita por Jerônimo, na verdade ela não é mais válida do que tradições similares, associadas a Neemias e Zorobabel. Assim, apesar de quiçá haver alguma base para pensarmos nesse livro de Malaquias como uma composição anônima, ninguém pode afirmar, com absoluta certeza, de que assim aconteceu, na realidade. Seja como for, até mesmo os modernos eruditos liberais têm achado conveniente referir-se ao autor do último livro do Antigo Testamento pelo nome de "Malaquias". Se eliminarmos as demais considerações, basta esse fato para debilitar muito seriamente qualquer argumento que defenda o anonimato do livro de Malaquias.

IV. Data. As evidências internas apontam claramente para o período pós-exílico como o tempo em que Malaquias proclamou os seus oráculos. Não obstante, as condições sociais e religiosas que transparecem no livro indicam que ele profetizou algum tempo depois que fora reconstruído o segundo templo de Jerusalém. E a ausência de qualquer referência ao trabalho efetuado por Esdras e Neemias entre os judeus que tinham voltado da servidão na Babilônia, parece indicar uma data anterior às reformas religiosas, efetuadas em 444 a.C. Por motivo dessas várias considerações, a maioria dos intérpretes postula um tempo de composição em torno de 450 a.C., que se mostra coerente com as evidências internas do próprio livro. Não há razão alguma para supormos que qualquer intervalo de tempo mais dilatado tenha-se passado entre a entrega oral das profecias de Malaquias e o tempo em que elas foram reduzidas à forma escrita. De fato, é impossível datar precisamente a composição do livro, por falta de declarações cronológicas nele, mas, levando-se em conta o fato de que Malaquias condenou abusos que eram correntes na época em que Neemias procurou corrigi-los, capacita-nos a asseverar que o livro de Malaquias deve ter sido escrito durante o tempo da visita de Neemias a Susa. Ver Neemias 13.6.

V. Lugar de Origem. Se aceitarmos uma data em meados do século V a.C. para a composição do livro de Malaquias, então, parecerá patente que os oráculos de Malaquias tiveram lugar na própria cidade de Jerusalém. Com base no íntimo conhecimento que esse profeta mostrou possuir acerca dos abusos que se estavam cometendo, dentro do culto religioso em Jerusalém, parece que ele foi testemunha ocular dos mesmos. O culto, em Judá, estava sofrendo sob as sombrias condições que imperaram na província da Judeia, antes de ter início o trabalho reformador de Esdras e Neemias.

VI. Destino e Razão do Livro. Visto que o objetivo primário de Malaquias era obter a reforma das condições sociais e religiosas de sua nação, levando os judaítas a prestarem um serviço religioso a Deus, digno do nome, de acordo com as condições do pacto mosaico com eles estabelecido, por isso mesmo os seus oráculos dirigiam-se à população local, em meio à qual ele residia. Os membros leigos da teocracia haviam sucumbido, em grande escala, à indiferença, ao ceticismo, à falta de zelo, ao mesmo tempo em que indivíduos menos responsáveis haviam caído a um nível tão baixo a ponto de escarnecerem do culto com suas atitudes lassas (ver Ml 1.14 e 3.7-12). Os casamentos mistos com mulheres pagãs também contribuíam para a criação desse clima de indiferença, paralelamente à indulgência diante de ritos religiosos pagãos. Isso tudo resultou que o adultério, o perjúrio e a opressão aos pobres tornaram-se generalizados (ver Ml 3.5).

Malaquias castigou, igualmente, aos sacerdotes de Jerusalém, acusando-os de se terem enfadado diante de seus deveres religiosos, além de se mostrarem indiferentes para com seus deveres de mordomia das finanças do templo. Tudo contribuía, por conseguinte, para manter um clima em que os preceitos da lei do Senhor eram passados para trás com grande facilidade, como se tudo fosse a coisa mais natural. E a casa de Deus e o altar de Deus iam caindo cada vez mais em opróbrio. Diante desse triste espetáculo de desmazelo, exemplificado pela classe sacerdotal, era apenas natural que o povo começasse a mostrar uma mão sovina, e os dízimos devido ao Senhor começaram a ser pecaminosamente retidos, aumentando ainda mais o estado de penúria e abandono a que estava relegada toda adoração ao Senhor. Dessa desonestidade quanto aos dízimos, Malaquias queixa-se em termos claríssimos e candentes: "Roubará o homem a Deus? Todavia vós me roubais, e dizeis: Em que te roubamos? Nos dízimos e nas ofertas. Com maldição sois amaldiçoados, porque a mim me roubais, vós, a nação toda. Trazei todos os dízimos à casa do tesouro, para que haja mantimento na minha casa, e provai-me nisto, diz o Senhor dos Exércitos, se eu não vos abrir as janelas do céu, e não derramar sobre vós bênçãos sem medida" (Ml 3.8-10). Destarte, Malaquias reverbera o mesmo tema que se vinha reiterando desde Deuteronômio, de que a bênção divina, sobre o seu povo escolhido do passado, estava condicionada à obediência deles, e, em caso contrário, eles só poderiam esperar castigo. Mas, se viessem a incorrer em lapso, e, então, se arrependessem de suas atitudes e ações, o Senhor renovaria, uma vez mais, as suas bênçãos.

VII. Propósito. O profeta Malaquias parece ter-se preocupado tanto quanto os profetas Ageu e Miqueias, acerca da deterioração da espiritualidade dos exilados repatriados. Apesar de Malaquias não estar em posição de despertar o entusiasmo, acerca da construção de algum símbolo visível da presença divina entre o seu povo, como estiveram aqueles outros dois profetas, ainda assim ele foi capaz de apontar, de dedo em riste, para o centro da enfermidade espiritual que havia afetado os habitantes da Judeia. O seu grande propósito consistia em restaurar a comunhão dos judaítas com o Senhor. E isso ele procurava fazer indicando, diante dos seus contemporâneos, as causas do declínio espiritual deles, e mostrando-lhes, ato contínuo, quais os degraus pelos quais eles deveriam subir, até que a vida espiritual da comunidade judaica pudesse ser revigorada.

Tendo plena consciência do fato de que aqueles elementos deletérios que haviam precipitado a catástrofe do exílio babilônico, em 597 a.C., ainda estavam bem presentes na ordem social de sua época, Malaquias esforçava-se deveras por instruir aos seus conterrâneos as lições ensinadas pela história, guiando-os a um estado de espiritualidade mais profunda. Para ele, esse era o remédio precípuo para as perigosas condições morais, religiosas e espirituais em que se encontravam os habitantes da Judeia, nos seus dias. À semelhança de Ageu, que falara antes dele cerca de um século, a preocupação dominante de Malaquias era que os judeus reconhecessem as prioridades espirituais. Se isso fosse conseguido, então as caóticas condições vigentes sofreriam uma reversão. "Por vossa causa (então) repreenderei o devorador, para que não vos consuma o fruto da terra; a vossa vide no campo não será estéril, diz o Senhor dos Exércitos. Todas as nações vos chamarão felizes, porque vós sereis uma terra deleitosa, diz o Senhor dos Exércitos" (Ml 3.11,12). Sim, se houvesse correção dos abusos, então haveria tanto prosperidade material, quanto felicidade individual, e boa fama entre as nações estrangeiras.

VIII. CANONICIDADE. O livro do profeta Malaquias, arrumado em último lugar dentro da coletânea dos chamados "doze profetas menores", nunca teve a sua canonicidade seriamente ameaçada em tempo algum, nem entre os judeus e nem no seio da igreja cristã. A despeito do livro ser considerado por alguns como uma obra anônima (ver sobre o terceiro ponto, *Autoria*, acima) isso em nada atingiu a sua canonicidade. Todavia, cabe-nos aqui ressaltar que muitos estudiosos, em várias épocas, têm pensado que a obra, originalmente, fazia parte do volume das profecias de Zacarias, mas que, de alguma maneira, essa obra acabou assumindo um caráter de independência, com o nome de "Malaquias". No entanto, certa diferença fundamental, atinente ao pano de fundo histórico dos livros de Zacarias e de Malaquias, exclui inteiramente tal possibilidade. E, embora possa ter havido alguma dúvida quanto ao nome "Malaquias", como um nome próprio, ou como um simples substantivo comum, que teria o sentido de "meu mensageiro" (conforme já tivemos ocasião de comentar), nunca houve qualquer objeção, da parte dos judeus, acerca da própria canonicidade do livro. Ver também o artigo intitulado *Cânon do Antigo Testamento*.

IX. ESTADO DO TEXTO. Considerando-se o livro de Malaquias como um todo, o texto hebraico da obra tem sido transmitido através dos séculos em boas condições de preservação. Tão-somente existem algumas ligeiras corrupções textuais. No entanto, nesses poucos casos, a versão da Septuaginta (vide) serve de prestimoso auxílio na tentativa dos estudiosos da crítica textual restaurarem o texto do livro de Malaquias. Essa versão do Antigo Testamento para o grego inclui alguma palavra extra ocasional que pode ter sido deslocada do texto hebraico original. Esse fenômeno pode ser averiguado em trechos como Ml 1.6; 2.2,3 e 3.5. Todavia, é preciso ajuntar aqui que a tradição textual da Septuaginta não é assim tão digna de confiança, quando se trata de emendar o texto hebraico do livro de Malaquias, pois alguns poucos manuscritos da Septuaginta omitiram o texto hebraico do livro em Malaquias 3.21.

Um detalhe curioso quanto a isso é que o livro de Malaquias, na Septuaginta, tem apenas três capítulos. Aquilo que a nossa versão portuguesa imprime como Malaquias 4.1-6, a Septuaginta não separa do terceiro capítulo do livro, e apresenta como Malaquias 3.19-24. Entretanto, isso em nada altera o conteúdo do livro.

X. TEOLOGIA DO LIVRO. A espiritualidade refletida no livro de Malaquias assemelha-se muito àquela que transparece nos livros dos profetas dos séculos VIII e VII a.C., isto é, Joel, Amós, Oseias, Isaías, Miqueias, Naum, Sofonias, Jeremias e Habacuque. Malaquias reconhece a soberania absoluta de Deus de Israel, bem como o que está implicado nas relações do pacto com Deus, tendo em mira o desenvolvimento e o bem-estar da comunidade teocrática que voltou do exílio babilônico. Somente o cometimento pessoal às reivindicações justas de Deus poderia assegurar a bênção e a tranquilidade para a nação e para cada indivíduo. Se, juntamente com Ezequiel, Malaquias dá considerável importância ao correto proceder no campo da adoração ritual, como meio seguro de preservar uma nação pura e santa, por outra parte, ele nunca tentou substituir um coração obediente por meras cerimônias. O verdadeiro serviço que o homem deve prestar a Deus inclui a retidão moral, a justiça e a misericórdia, e isso paralelamente a corretas formas rituais.

Igualmente importante, na teologia expressa no livro de Malaquias, é a sua insistência sobre o fato de que o primeiro passo na direção de uma apropriada relação espiritual com Deus é o *arrependimento*, embora ele mesmo não tenha usado nenhum dos vocábulos hebraicos que são assim traduzidos no Antigo Testamento, a não ser *shub*, por três vezes (3.7,18). Mas, a ideia de arrependimento, de voltar-se para Deus de todo o coração, transparece continuamente no livro de Malaquias. Ver o artigo sobre o *Arrependimento*, no tocante às palavras correspondentes no hebraico.

Devido às muitas objeções que tinham sido levantadas contra a abordagem tradicional ao problema do mal, Malaquias sentiu ser necessário enfatizar o fato de que a iniquidade jamais haveria de passar sem punição, posto que o castigo divino fosse sendo postergado, devido à entranhável misericórdia de Deus. O Senhor, pois, continha-se, não descarregando imediatamente a sua ira. É o que diz, por exemplo, em Malaquias 3.6: *Porque eu, o Senhor, não mudo; por isso vós, ó filhos de Jacó, não sois consumidos.*

No tocante aos ensinos escatológicos, Malaquias segue bem de perto aos pensamentos de Amós e Sofonias, ao esboçar as condições que haveriam de imperar durante "o dia do Senhor". Para Malaquias, esse dia é *insuportável*: *Mas quem pode suportar o dia da sua vinda? e quem subsistir quando ele aparecer?* (Ml 3.2). Esse dia também é *consumidor*: *... Porque ele* (o dia da sua vinda) *é como o fogo do ourives e como a potassa dos lavandeiros* (Ml 3.2b). Esse dia é *purificador*: *Assentar-se-á como derretedor e purificador de prata; purificará os filhos de Levi e os refinará como ouro e como prata.* (Ml 3.3). Esse dia também é *seletivo*: *Eles serão para mim particular tesouro naquele dia que prepararei... Então vereis outra vez a diferença entre o justo e o perverso entre o que serve a Deus e o que não o serve* (Ml 3.17,18). Esse dia é dia de *julgamento*: *Pois eis que vem o dia, e arde como fornalha; todos os soberbos, e todos os que cometem perversidade, serão como o restelho; o dia que vem os abrasará, diz o Senhor dos Exércitos, de sorte que não lhes deixará nem raiz nem ramo* (Ml 4.1). Aquele é um dia de *vitória* para os que temem ao Senhor: *Pisareis os perversos, porque se farão cinzas debaixo das plantas de vossos pés, naquele dia que prepararei, diz o Senhor dos Exércitos* (4.3). Aquele é um dia *memorável* e *espantoso*, dentro da teologia de Malaquias: *Eis que eu vos enviarei o profeta Elias, antes que venha o grande e terrível dia do Senhor* (Ml 4.5). É muito apropriado que o livro de Malaquias, o último livro profético do Antigo Testamento, tenha voltado a vista tão decidida e insistentemente para o *dia* do Senhor dos Exércitos. Toda a literatura apocalíptica da Bíblia — Antigo e Novo Testamentos — confirma essa propriedade!

O "dia do Senhor", ao contrário do que andavam pregando os falsos profetas, no dizer de Malaquias será um tempo de calamidade, e não de bênçãos. Pois será, então, que pecadores autoiludidos haverão de ser castigados por haverem violado o pacto com o Senhor e abusado de sua misericórdia e longanimidade!

É grato observarmos que Malaquias introduziu um tema original, sem igual em todo o Antigo Testamento, a saber, um livro de memórias de Deus, onde os atos dos justos ficam eternamente registrados. Isso transparece em Malaquias 3.16: *Então os que temiam ao Senhor falavam uns aos outros; o Senhor atentava e ouvia; havia um memorial escrito diante dele para os que temem ao Senhor, e para os que se lembram do seu nome.* A impressão que se tem é que a fé tornar-se-á tão rara, a justiça andará tão escassa entre os homens, que Deus considerará os justos dos tempos do fim uma autêntica preciosidade, chegando a mostrar-se atento aos diálogos entre eles e anotando por escrito todos os seus atos de justiça. Com essa ideia devemos comparar o que disse o Senhor Jesus, em certa oportunidade: *Contudo, quando vier o Filho do homem, achará porventura fé na terra?* (Lc 18.8). E é notável que ele tenha proferido essas palavras, tão esclarecedoras sobre as injustiças que prevalecerão no tempo do fim, após ter contado a não menos esclarecedora parábola do juiz iníquo. Em termos absolutos, durante o "dia do Senhor", haverá a maior colheita de almas de todos os tempos, segundo se pode depreender de Apocalipse 7.4-9. Nessa passagem do último livro da Bíblia fala-se sobre os 144.000 israelitas salvos durante a Grande Tribulação e de *grande multidão, que ninguém podia enumerar, de todas as nações, tribos, povos e línguas, diante do trono e diante do Cordeiro, vestidos de vestiduras brancas, com palmas nas mãos...* Mas, em termos relativos, o número dos que temerão a Deus será diminuto. Pois a humanidade inteira estará seguindo ao anticristo, com a única exceção daqueles cujos nomes estão escritos no livro da vida. (Ver Ap 13.8). É evidente que Malaquias não tinha em vista todo esse dantesco quadro escatológico, mas também não se deve duvidar de que o Apocalipse mostra-nos um desdobramento de tudo quanto a Bíblia dissera anteriormente sobre o "dia do Senhor"; e, com toda a certeza, nesse desdobramento temos de incluir a contribuição de Malaquias para as ideias escatológicas. De fato, Malaquias é citado por duas vezes no livro de Apocalipse, segundo se vê na lista seguinte: em (Ap 6.17, Ml 3.2); e em Apocalipse 11.3 ss. (Ml 4.5, no tocante a Elias, que muitos pensam que será uma das duas testemunhas do fim). No primeiro desses dois casos temos uma citação bastante direta, alusiva ao caráter consumidor e insuportável do "dia do Senhor". Já o segundo caso é mais problemático. Todavia, é inegável que o livro de Malaquias contém uma preocupação escatológica muito grande, conforme vimos acima.

O desenvolvimento da ideia do "dia do Senhor", tomando-se por base o que Malaquias tinha a dizer a respeito, tornou-se importante na doutrina da vida além-túmulo, tão bem desenvolvida no Novo Testamento, embora de forma alguma desconhecida no Antigo Testamento, mormente nos livros poéticos e proféticos.

Outra ênfase característica de Malaquias é aquela sobre a personagem de um "precursor", que anuncia a vinda do Senhor, ao tempo do julgamento final. Visto que esse indivíduo é identificado com um Elias redivivo (cf. 2Rs 2.11), parece provável que esse precursor é concebido por Malaquias como uma figura profética que haveria de oferecer, a um povo desobediente, uma última oportunidade de arrepender-se, antes da eclosão do julgamento divino. Não podemos olvidar que nosso Senhor, Jesus Cristo, considerou essa profecia de Malaquias como predição que encontrou cumprimento na pessoa e na obra de João Batista (ver Mc 9.11,13); e também que a igreja primitiva via o cumprimento dessa predição de Malaquias na relação entre o trabalho desenvolvido por João Batista e aquele do Senhor Jesus (ver Mc 1.2; Lc 1.17). No entanto, muitos eruditos têm opinado que a profecia de Malaquias a respeito de Elias não se consumou no ministério de João Batista, mas que só encontrará seu cabal cumprimento na pessoa de uma das testemunhas do Apocalipse (cap. 11). Essa não é uma questão tão sem importância como alguns têm dito, porquanto há muita coisa que depende da correta compreensão dessas predições para o fim. Aqueles que pensam que Elias voltará uma terceira vez (a segunda teria sido no caso de João Batista), ainda que não sob a forma de reencarnação, mas apenas como atuação espiritual, apontam para o fato de que Malaquias diz: *... enviarei o profeta Elias, antes que venha o grande e terrível dia do Senhor* (Ml 4.5). No entanto, visto que o ministério de João Batista ocorreu entre os dias de Malaquias e a segunda vinda do Senhor Jesus, outros pensam que a obra do precursor de Jesus Cristo esgotou aquela predição de Malaquias. Esses têm como seu argumento definitivo outra declaração do Senhor Jesus, em Marcos 9.13: *Eu, porém, vos digo que Elias já veio, e fizeram com ele tudo o que quiseram, como a seu respeito está escrito.* Ao que parece, só os próprios acontecimentos apocalípticos do fim poderão esclarecer essa dúvida!

XI. ESBOÇO DO CONTEÚDO. A profecia de Malaquias pode ser analisada em esboço, como segue:

Título (1.1)
1. Primeiro Oráculo (1.2-5)
2. Segundo Oráculo, em forma de diálogo (1.6—2.9)
3. Terceiro Oráculo (2.10-16)
4. Quarto Oráculo (2.17—3.5)
5. Quinto Oráculo (3.6-12)
6. Sexto Oráculo (3.13—4.3)
7. Conclusão (4.4-6)

Passaremos a comentar, de modo abreviado, sobre esses seis oráculos e sobre a conclusão do livro de Malaquias:

1. Primeiro Oráculo. Esse oráculo segue o pensamento do profeta Oseias, reafirmando seus protestos do amor divino pelo povo escolhido do Senhor. Assim, embora as condições econômicas dos exilados judeus repatriados estivessem longe de ser ideais, quando Malaquias escreveu, os seculares adversários de Israel — os edomitas — haviam exultado diante da queda de Jerusalém (ver Sl 137.7). Mas, a verdade é que Edom sofrera um desastre muito maior que o de Israel. E, em comparação com o juízo divino contra Edom, eram bem evidentes as bênçãos do amor divino por Israel. Essa ideia transparece claramente nas palavras de Malaquias: *... amei a Jacó, porém, aborreci a Esaú...* (Ml 1.2,3). Visto que Jacó dentro dessa linguagem metafórica, representa os escolhidos, e que Esaú representa os rejeitados, encontramos aí um princípio básico — o princípio da eleição. Ver Romanos 9.10-13. Portanto, que Israel se regozijasse nesse seu grande privilégio de um imorredouro amor divino!

2. Segundo Oráculo. Encontramos nesse segmento do livro de Malaquias um interessantíssimo diálogo usado para denunciar a hierarquia sacerdotal, devido ao seu fracasso em fornecer o tipo de liderança moral, religiosa e espiritual que a nação restaurada de Judá precisava, a fim de que tivessem sido evitados os males que agora a afligiam. Longe de honrarem a Deus, no desempenho fiel e zeloso de seus deveres sacerdotais, aqueles sacerdotes tinham-se mostrado indiferentes, e até mesmo zombeteiros, no desempenho de seus deveres. Dessa maneira, eles profanavam o altar do Senhor. No diálogo deles com o Senhor, os sacerdotes indagavam: *Em que te havemos profanado* e o Senhor respondeu: *Nisto, que pensais: A mesa do Senhor é desprezível.* Chegavam a oferecer animais que não julgariam dignos de ser presenteados ao governador persa. Isso posto, o culto cerimonial, prestado ao Senhor, era desvalorizado, em relação aos holocaustos oferecidos pelos pagãos, cujas regras de propriedade eram muito mais exigentes. Assim, se o sacerdócio levítico anterior ao exílio havia exibido certa integridade espiritual, seus sucessores pós-exílicos corriam o perigo de cair no desagrado do Senhor, imitando seus antepassados, de pouco tempo antes do exílio babilônico. O ideal do sacerdócio é expresso em Malaquias 2.6,7: *A verdadeira instrução esteve na sua* (de Levi; ver o vs. 4) *boca, e a injustiça não se achou nos seus lábios; andou comigo em paz e em retidão, e da iniquidade apartou a muitos. Porque os lábios do sacerdote devem guardar o conhecimento, e da sua boca devem os homens procurar a instrução, porque ele é mensageiro do Senhor dos Exércitos.* Como estamos vendo, um sacerdote deveria ser qual um evangelista. No entanto, a grande fraqueza dos sacerdotes levíticos do Antigo Testamento consistia no fato de que eles não levavam a sério essa função evangelística, mas pensavam que lhes bastava ocuparem-se das suas funções rituais!

3. Terceiro Oráculo. Um dos motivos mais fortes da não aceitação da adoração cerimonial dos judeus, por parte do Senhor Deus, consistia na infidelidade conjugal deles. Visto que os judeus repatriados não davam grande importância as injunções levíticas e às implicações da vida comunitária, dentro da aliança com Deus, por isso mesmo, nessa frouxidão, não pensavam ser importante manter fidelidade às mulheres legítimas com quem se tinham casado na mocidade. Pelo contrário, "repudiavam" suas esposas judias e procuravam esposas estrangeiras. Isso, naturalmente, importava na degradação da família e do lar, com graves consequências para os filhos e para a sociedade como um todo. Aliás, em todos os séculos e em todos os países, sempre que a família é devidamente honrada, a sociedade e a moralidade vão bem. A nossa própria época se assemelha àqueles dias de Malaquias, onde os casais se juntam frouxamente, sem qualquer senso de responsabilidade de um para com o outro, e de ambos para com os possíveis filhos. Estamos na época das "amizades coloridas", em que um homem e uma mulher passam a morar juntos como se tudo não passasse de uma experiência que pode ser repetida com outros companheiros ou companheiras. Esse tipo de leviandade no matrimônio é o ponto visado nesse terceiro oráculo de Malaquias. E isso, incidentalmente, mostra-nos que o "dia do Senhor" não anda longe. Essa concentração dos pensamentos no sexo, sem um consequente senso de responsabilidade, é um dos sinais que advertem aos atentos acerca da proximidade da volta do Senhor. Jesus mesmo ensinou isso: *Assim como foi nos dias de Noé, será também nos dias do Filho do homem: Comiam, bebiam, casavam e davam-se em casamento, até o dia em que Noé entrou na arca, e veio o dilúvio e destruiu a todos... Assim será no dia em que o Filho do homem se manifestar* (Lc 17.26,27,30). Essa história se repete todas as vezes em que Deus esta as vésperas de fazer decisiva intervenção nas atividades humanas, a fim de estancar os abusos!

Malaquias, pois, deixou claro que tal tipo de pecado certamente não ficaria sem a devida punição. *O Senhor eliminará das tendas de Jacó o homem que fizer tal, seja quem for...* (Ml 2.12). De nada adiantava o povo mostrar-se religioso e piegas, cobrindo de lágrimas, de choro e de gemidos "o altar do Senhor" (vs. 13), enquanto estivessem andando em infidelidade conjugal!

4. Quarto Oráculo. Esse quarto segmento principal do livro de Malaquias fala sobre a intervenção divina a fim de julgar. Por assim dizer, Deus se cansara da queixa popular comum que dizia que, por não fazer ele intervenção, estaria aprovando a iniquidade dos Ímpios. Tornara-se comum os judeus comentarem uns para os outros: "Qualquer um que faz o mal passa por bom aos olhos do Senhor, e desses é que ele se agrada". E também: "Onde está o Deus do Juízo?" Isso constituía uma grande maldade, quase um desafio para que Deus se manifestasse. A resposta de Malaquias é que Deus, por ser justo, haveria de sobrevir subitamente à nação de Judá, com julgamento. E a prova disso é que ali estava ele, Malaquias, o mensageiro do Senhor, a dar aviso. *Eis que eu envio o meu mensageiro, que preparará o caminho diante de mim; de repente virá ao seu templo o Senhor, a quem vós buscais, o Anjo da aliança a quem vós desejais; eis que ele vem, diz o Senhor dos Exércitos.*

O propósito dessa intervenção divina, pois, seria o de separar os fiéis dentre os ímpios. E o sacerdócio que atuava no templo seria o primeiro a sentir o rigor do julgamento divino: *...purificará os filhos de Levi, e os refinará como ouro o como prata...* Feito isso, o Senhor voltar-se-ia para as massas populares, com igual rigor, brandindo o látego contra todos os abusadores. *Chegar-me-ei a vós outros para juízo; serei testemunha veloz contra os feiticeiros, contra os adúlteros, contra os que juram falsamente, contra os que defraudam o salário do jornaleiro e oprimem a viúva e o órfão, e torcem o direito do estrangeiro, e não me temem, diz o Senhor dos Exércitos.* Tudo isso não parece uma descrição de nossos próprios dias? Portanto, cuidado! A história se repete!

Somente depois de toda essa intervenção purificadora, insiste Malaquias, é que seria agradável ao Senhor ... *a oferta de Judá e de Jerusalém... como nos dias antigos, e como nos primeiros anos.* (vs. 4).

5. Quinto Oráculo. Nessa porção de sua mensagem, Malaquias faz cair completamente sobre os ombros de seu povo a responsabilidade por toda a situação caótica que estava imperando na nação. A coerência de Deus proibia que ele mudasse de atitude (adversa) para com eles, sem uma boa razão. Se os judeus haviam mudado em alguma coisa, haviam mudado para pior. *Desde os dias de vossos pais vos desviastes dos meus estatutos, e não os guardastes...* A solução para essa atitude rebelde, pois, é dada logo em seguida: *... tornai-vos para mim, e eu me tornarei para vós outros, diz o Senhor dos Exércitos.* No entanto, eles se faziam de mal-entendidos: *Em que havemos de nos tornar?* Nessa teimosia, pois, eles haviam chegado ao extremo de *roubar a Deus,* negando os dízimos devidos à casa do Senhor.

Somente quando essa deficiência econômica fosse corrigida, os judeus poderiam esperar prosperidade material. Se obedecessem quanto a esse aspecto pecuniário, o Senhor faria intervenção favorável às suas plantações, repreendendo os gafanhotos e outras pragas ("repreenderei o devorador"), ao ponto de causarem os judeus inveja aos povos vizinhos (vs. 12)!

6. Sexto Oráculo. Esse último oráculo de Malaquias aborda, uma vez mais, o grave problema da maldade da vida humana. Esse tema já havia sido ventilado em Malaquias 2.7. Os membros devotos da teocracia, perplexos diante do fato de que indivíduos arrogantes e incrédulos, na sua própria nação, pareciam prosperar mais do que seus compatriotas piedosos, aparentemente sem sofrerem qualquer repreensão da parte do Senhor, estavam começando a questionar se valia a pena viver em obediência aos mandamentos de Deus. Essa queixa aparece em Malaquias 3.14,15: *Vós dizeis: Inútil é servir a Deus; que nos aproveitou termos cuidado em guardar os seus preceitos, e em andar de luto diante do Senhor dos Exércitos! Ora, pois, nós reputamos por felizes os soberbos; também os que cometem impiedade prosperam, sim, eles tentam ao Senhor, e escapam.* Em resposta a tão amargo e injusto queixume, o profeta Malaquias mostra que Deus tomava nota dos piedosos, daqueles que "temiam ao Senhor". Dessa maneira, quando raiasse o dia do julgamento divino, o Senhor haveria de lembrar-se da vida virtuosa dos fiéis e tementes, deixando claro que aqueles o servem com fidelidade jamais perderão a sua recompensa. Destarte, o julgamento ameaçado contra os ímpios, haveria de destruí-los em suas iniquidades, ao mesmo tempo em que os crentes piedosos haveriam de desfrutar de felicidade e bênção. Esses dois destinos tão diferentes — o dos ímpios e o dos piedosos — transparecem em Malaquias 4.1—3. Queremos destacar aqui o que Malaquias diz a respeito da felicidade e bem-aventurança daqueles que agora obedecem ao Senhor: *Mas para vós outros que temeis o meu nome nascerá o sol da justiça, trazendo salvação nas suas asas; saireis e saltareis como bezerros soltos da estrebaria* (Ml 4.2). Ah! o júbilo final dos remidos, vendo reivindicada pelo próprio Senhor a causa deles! Então os salvos verificarão, em sua próxima experiência gloriosa, que vale a pena servir ao Senhor do universo, com fidelidade e amor!

7. Conclusão do Livro. Os versículos finais do livro de Malaquias (4.4-6) têm sido considerados, por alguns eruditos, como uma adição editorial feita ao livro. Eles argumentam assim com base no fato de que esses versículos sumariam a mensagem inteira do livro. Outros apontam que assim devemos pensar, sob a alegação de que, dali por diante, o povo deveria voltar-se para a legislação mosaica como fonte de instrução e direção, agora que, com Malaquias, cessara de vez a voz da profecia. O primeiro desses argumentos ainda tem alguma razão de ser. Mas o segundo é simplesmente insustentável, porquanto, depois de Malaquias, tivemos o ministério de João Batista, o qual segundo esclareceu o Senhor Jesus, era *mais do que um profeta* (ver Mt 11.9). Além disso, porventura já houve profeta maior do que o próprio Senhor Jesus? E é no espírito dessa convicção que devemos entrar no Novo Testamento até hoje, porquanto se lê em Apocalipse: ... *o testemunho de Jesus é o espírito da profecia* (19.10)!

Uma última Observação. Que contraste entre o Antigo e o Novo Testamentos! O antigo pacto termina com uma ameaça velada: *...para que eu não venha e fira a terra com maldição* (Ml 4.6). Mas o Novo Testamento encerra-se com uma bênção muito ampla: *A graça do Senhor Jesus seja com todos* (Ap 22.21)! Sim, a lei era o ministério da condenação (ver 2Co 3.9), mas em Cristo há salvação eterna para todos os que creem (ver Rm 1.16)!

MALAQUITA

Esse é um minério de cobre (carbonato de cobre hidratado básico), que pode ser encontrado em várias nuanças de cor e é usado para propósitos ornamentais. Em Ester 1.6, onde nossa versão portuguesa diz "pórfiro", algumas traduções dizem "malaquita". Uma das principais fontes de malaquita são os montes Urais, perto de Nizhni-Taglish. A história mostra-nos que havia importantes depósitos desse minério na Arabá (ver Dt 8.9).

MALCÃ

No hebraico, **"pensante"**. Consideremos os dois pontos abaixo: **1**. Esse era o nome de um benjamita (ver 1Cr 8.9), o quarto dos sete filhos de Saaraim e sua esposa, Hodes. Ele viveu em torno do 1612 a.C. **2**. Algumas traduções também estampam essa palavra em Sofonias 1.5. Mas a nossa versão portuguesa diz *Milcom*. Esse nome tanto pode ser referência a algum ídolo, quanto também pode significar "rei deles". Também há certa variação na soletração, entre *Malcom* e *Malcã*.

MALDIÇÃO

Várias palavras hebraicas e gregas são assim traduzidas. No hebraico: *Alah*, "juramento", "imprecação", "execração" (usada por 35 vezes, como em Nm 5.21,23,27; Dt 29.19-21; Jó. 31.30; Zc 5.3). *Qelalah*, "coisa pouco valorizada", "pinoia" (usada por 42 vezes, como em Gn 27.12,13; Dt 11.26,28,29; Jz 9.57; Pv 26.2; 27.14; Jr 24.9; 25.18; 44.8,12,22; 49.13; Zc 8.13). *Meerah*, "maldição", "execração" (usada por cinco vezes, como em Pv 3.33; 28.27; Ml 2.2; 3.9; Dt 28.20). No grego: *Katára*, "maldição" (usada por cinco vezes: Gl 3.10,13; Hb 6.8; Tg 3.10; 2Pe 2.14). *Katanáthema*, "coisa execrada" (usada por uma vez somente, em Ap 22.3), *Epikatáratos*, "maldito" (usada por duas vezes: Gl 3.10, citando Dt 27.26; e Gl 3.13, citando Dt 21.23). *Anathematízo*, "anatematizar", "amaldiçoar" (usada por quatro vezes: Mc 14.71; At 23.12,14,21). Esta última palavra corresponde ao termo hebraico *cherem*, "maldição" (usada por vinte vezes com esse sentido: Js 6.17,18; 7.1,12,13,15; 22.20; 1Cr 2.7). Ver o artigo separado sobre *Anátema*.

1. O sentido básico é maldição, palavras duras proferidas com o intuito de prejudicar, geralmente com a ideia que forças extraterrenas, demoníacas ou divinas, são invocadas para tornar a maldição efetiva. Assim, um homem profere uma maldição, na esperança de injuriar a outro (Jó. 31.30; Gn 12.3). Algumas vezes, uma maldição era usada em conjunção com uma promessa, como uma espécie de afirmação que garantia seu cumprimento (Gn 24.41). Noé amaldiçoou seu neto, Canaã (Gn 9.25); Jacó amaldiçoou a fúria de dois de seus filhos (Gn 49.7). Moisés convocou o povo para amaldiçoar os violadores da lei (Dt 27.15,16). Certas maldições eram estritamente proibidas, como a maldição contra o pai ou a mãe (Êx 21.17), alguém que era surdo (Lv 19.4), ou os líderes do povo (Êx 22.28). Amaldiçoar a Deus era pecado castigado com a morte, o que também ocorria no caso de maldições contra os *próprios* pais (Lv 24.10,11).

2. As Maldições de Deus. A serpente que seduziu Eva foi amaldiçoada (Gn 3.14); Caim foi amaldiçoado (Gn 4.11); os que abençoam a Abraão são benditos por Deus, mas os que o amaldiçoam, são amaldiçoados por Deus (Gn 12.3). A lei mosaica torna-se uma maldição para aqueles que não a obedecem (Zc 5.1-4). A mensagem espiritual pode tornar-se uma bênção ou uma maldição para as pessoas, tudo dependendo de como elas a acolhem (Dt 30.19).

3. As Maldições e Cristo. A palavra de Jesus era poderosa para curar (Mt 8.8,16), mas também envolvia uma poderosa maldição, como no caso da figueira que se ressecou (Mc 11.14,20,21). Cristo nos redime da maldição da lei, por haver-se feito maldição em nosso lugar (Gl 3.13; Rm 8.1). A cruz envolvia a ideia de maldição contra o indivíduo crucificado, conforme esse trecho da epístola aos Gálatas nos mostra.

4. Leis Regulamentadoras. Os hebreus levavam a sério as maldições, como, de resto, sucede a muitos povos primitivos de nossos dias. Uma maldição não era considerada um mero desejo, mas era tida como uma força poderosa. Em sentido positivo, a mesma coisa se dava com as bênçãos proferidas. Essa é a razão pela qual certas maldições eram proibidas, como aquelas contra os pais, os governantes e os surdos, conforme se mencionou acima. Como medida prática, a fim de que a notícia não se propalasse, o escritor de Eclesiastes (10.20) sugere que uma pessoa não amaldiçoe nem o rei e nem os ricos.

5. Ponto de Vista Cristão. Nenhum crente sensível e espiritual profere uma maldição contra alguém. Uma maldição pode ser como um tiro pela culatra. Além disso, Jesus ensinou: *...bendizei aos que vos maldizem, orai pelos que vos caluniam* (Lc 6.28). E Paulo escreveu: *...abençoai aos que vos perseguem, abençoai, e não amaldiçoeis* (Rm 12.14).

MALHADOS. Ver sobre *Listados*.

MALI

No hebraico, **"fraco"**, **"enfermiço"**. Esse nome designa duas pessoas, nas páginas do Antigo Testamento: **1**. O filho mais velho de Merari, neto de Levi (Êx 6.19; Nm 3.20; 1Cr 6.19; 23.21; 24.26; Ez 8.18). Ele teve três filhos chamados Libni (1Cr 6.29), Eleazar e Quis (1Cr 23.21; 24.28). Seus descendentes eram chamados malitas (Nm 3.33; 26.28). Foi-lhes outorgado um serviço específico; juntamente com os musitas (mesma referência), a saber, o de carregarem as armações e outras peças do tabernáculo e de seu equipamento (ver Nm 4.31-33). **2**. Um filho de Musi, filho de Merari. Ele era sobrinho do Mali acima (número 1) (1Cr 23.33; 24.30). Tinha um filho de nome Semer (1Cr 6.47). Viveu antes de 1440 a.C.

MALÍCIA

Um dos vícios humanos ou obras da carne, usando uma expressão mais bíblica. Essa palavra é tradução de diversas palavras gregas, a saber: *Kakía*, um termo geral para indicar o mal em qualquer de suas manifestações. Ver, por exemplo, 1Coríntios 5.8. Se essa palavra puder ser distinguida de outro vocábulo grego, *ponería* (um sinônimo usual), então pode indicar o princípio da malícia ou do mal, ao passo que *ponería* seriam suas manifestações externas. Mas, distinções dessa natureza, usualmente, não resistem ao texto dos léxicos. A Septuaginta usa essas palavras como sinônimos perfeitos, ao passo que a Vulgata Latina usa tanto *malitia* quanto *nequitia* para traduzir tanto *kakía* quanto *ponería*. Lugares onde a palavra "malícia" tem sido usada para traduzir aquelas palavras gregas, em algumas traduções (são: 1Co, 5.8; Ef 4.31; Cl 3.18; 1Ts 3.3; 1Pe 2.1 e Rm 1.29). Nesta última referência, *malícia* aparece como um dos vícios dos pagãos rebeldes contra Deus. A forma adjetivada é encontrada em 1Pedro 2.16: *...como livres que sois, não usando, todavia, a liberdade como pretexto da malícia, mas vivendo como servos de Deus*.

A palavra portuguesa *malícia* vem do latim, *malus* "mau". Mas seu uso indica a disposição de prejudicar de forma astuta, usualmente com base no ódio, na malquerença. Os homens que não sentem os efeitos da regeneração dispõem de uma natureza basicamente maligna, que os leva a fazerem o que fazem. Essa natureza má e maliciosa é mais profunda do que a genética e o meio ambiente, porquanto reside na própria alma.

MALOM

No hebraico, **"doentio"**. Esse era o nome do filho mais velho de Elimeleque, o belemita e Noemi. Ele casou-se com Rute, a moabita, mas não deixou filhos (ver Rt 1.2,5; 4.9,10). Viveu em torno de 1070 a.C. Foi assim que, subsequentemente, Rute casou-se com Boaz e tornou-se parte da linhagem ancestral do Senhor Jesus.

MALOTI

No hebraico, **"Yah** (forma abreviada de *Yahweh*) **fala"** ou **"Yah é esplêndido"**. Esse era o nome de um dos catorze filhos de Hemã (1Cr 25.4). Ele foi o chefe do décimo nono turno de músicos levitas que Davi nomeou para o serviço sagrado, no templo de Jerusalém (1Cr 25.26). Ele viveu em cerca de 1014 a.C.

MALQUIAS

No hebraico, **"meu rei é Yah (o Senhor)"**. Esse nome apresenta variantes tanto no texto hebraico quanto nas traduções. Nas traduções, nota-se um esforço por uniformizar a forma do nome. Jeremias é livro que apresenta a forma hebraica *Malkiyyahu*. As versões modernas derivam-se da forma com que o nome figura na Septuaginta, *Melcheías*, que também sofre variações em diferentes manuscritos. Várias personagens bíblicas tinham esse nome, sob uma forma ou outra: **1**. Presumivelmente, o filho do rei (de Zedequias). Seja como for, ele era o proprietário da cisterna onde os inimigos de Jeremias o lançaram. O rei Zedequias fingiu não ter autoridade para impedir o ato. **2**. O pai de Pasur, um nobre que, juntamente com vários outros, foi um dos perseguidores de Jeremias (Jr 21.1; 38.1). Ele aparece alistado entre os sacerdotes (1Cr 9.12). O trecho de Neemias 11.12 apresenta-nos uma genealogia mais completa. **3**. Um homem alistado entre os sacerdotes, em 1Crônicas 24.9. **4**. Outro sacerdote, que aparece na lista de Neemias 12.42. **5**. Outro sacerdote que expressou sua aprovação pelo novo pacto, firmado sob a direção de Neemias, e que haveria de governar a conduta do remanescente judeu que voltara do cativeiro babilônico. Ver Neemias 10.3. Alguns identificam-no com um homem mencionado em associação com Esdras, e que esteve ao seu lado, enquanto ele lia a lei de Moisés aos ouvidos do povo (ver Ne 8.1-14). **6**. Um homem que ocupava a nona posição, após Levi, na genealogia de 1Crônicas 6.40. Naturalmente, ele era levita. **7**. Um homem que foi obrigado a desfazer-se de sua esposa estrangeira, com a qual contraíra matrimônio durante o cativeiro babilônico. Pertencia à família de Parós (Ed 10.25). Um outro homem, com esse mesmo nome, e envolvido nas mesmas circunstâncias era filho de Harim. Ver Neemias 3.11. **8**. Dois homens que ajudaram a reconstruir as muralhas de Jerusalém, sob a direção de Neemias, também tinham esse nome. Um deles era filho de Recabe, e reparou a Porta do Monturo (Ne 3.14); o outro, filho de um ourives, reparou a área defronte da Porta da Guarda (Ne 3.31).

MALQUIEL

No hebraico, **"Deus é rei"**. Nome de um filho de Berias, que, por sua vez, era neto de Aser (ver Gn 46.17; Nm 26.45; 1Cr 7.31). Seus descendentes, *os malquielitas*, são mencionados em Números 26.45. Ele viveu em torno de 1856 a.C.

MALQUIRÃO

No hebraico, **"meu rei é exaltado"**. Ele era filho de Jeconias (Jeoaquim) e descendente de Davi (1Cr 3.18). Viveu em cerca de 598 a.C.

MALQUISUA

No hebraico, **"meu rei (Deus) salva"**. Esse era o nome do terceiro filho de Saul (1Sm 14.49). Sua mãe se chamava Ainoã. Malquisua foi morto pelos filisteus, na batalha do monte Gilboa (ver 1Sm 31.2; 1Cr 10.2). Viveu em torno de 1053 a.C.

MALTA

Nome da ilha, onde naufragou o apóstolo Paulo, Atos 28.1. Duas ilhas da antiguidade tinham igual nome. Uma delas chama-se Melita, está no mar Adriático, nas costas da Dalmatia, e a outra é a ilha de Malta. Acredita-se que seja esta, onde naufragou o apóstolo, opinião fortemente endossada pelo testemunho de Mr. Smith de Jordanhill, que fazia passeios em seu iate pelo Mediterrâneo. Investigou primeiramente a direção do vento Euroclidom, ou Euroaquilão; em seguida, o curso que o navio devia tomar e a média de sua derrota, enquanto as velas sofriam a impetuosidade do vento; concluiu, pois, que chegaria à ilha de Malta, justamente à mesma hora a que se refere a narração de Atos dos Apóstolos, 27.27. O lugar do naufrágio que a tradição aponta é a baía de São Paulo a noroeste da ilha. Os bárbaros, seus habitantes, não eram gregos, nem romanos, por isso é que lhes deram essa qualificação.

MALUQUE

No hebraico, **"dirigente"**, **"conselheiro"**. Esse foi o nome de certo número de pessoas, nas páginas do Antigo Testamento: **1**. Um levita que pertencia ao ramo de Merari. Ele foi antepassado de Etã, o cantor (1Cr 6.44). Viveu em cerca de 1014 a.C. **2**. Um descendente de Bani, ou que residia em Bani. Foi forçado a divorciar-se de sua esposa estrangeira, com a qual se casara durante o cativeiro babilônico. Tendo retornado a Jerusalém, os judeus firmaram um pacto, restaurando a antiga adoração, o que não permitia casamentos com não israelitas. Ver Esdras 10.32. Ele viveu em torno de 459 a.C. **3**. Um descendente ou filho de Harim. Ele também foi obrigado a desfazer-se de sua esposa estrangeira, com a qual se casara durante o cativeiro babilônico. Ver Esdras 10.32. Viveu em torno de 459 a.C. **4**. Um sacerdote que acompanhou a Zorobabel com o remanescente que voltou à Palestina depois do cativeiro babilônico (Ne 12.2). Um homem com esse nome assinou o pacto de renovação nacional e religiosa, sob a direção de Neemias (ver Ne 10.4). Isso aconteceu por volta de 445 a.C. A mesma pessoa poderia estar em foco nessas duas passagens, embora também possa haver alusão a dois homens diferentes, não havendo como encontrar solução para o problema. **5**. Um líder dos israelitas, que assinou o pacto, sob a orientação de Neemias (ver Ne 10.27). **6**. Um membro de uma família de sacerdotes, que assinou o pacto sob a orientação de Neemias (ver Ne 12.2), talvez idêntico ao número quatro, acima.

MALUQUI

No hebraico, **"meu conselheiro"**. Termo usado para designar uma família de sacerdotes que, juntamente com Zorobabel, voltou do cativeiro babilônico (ver Ne 12.14). Ele viveu em torno de 445 a.C.

MALVA

Esse arbusto perenemente verde é mencionado exclusivamente em Jó 30.4: "Apanham malvas e folhas de arbustos, e se sustentam de raízes de zimbro". Os intérpretes acham que está em vista a espécie *Atriplex halimus*. Essa espécie vegetal chega até cerca de 2,75 m de altura. Suas folhas são verdes acinzentadas. Suas folhas são bem dispersas, e a árvore produz flores, embora a intervalos longos. Visto que as folhas são comestíveis, servem de alimento para os pobres de certas regiões, que as comem como uma espécie de salada. O termo hebraico correspondente, *maluah*, indica algo "salgado", e isso devido à circunstância que a planta medra em solos com certo

MAMOM

teor de sal. Unger informa-nos que, mesmo depois de cozidas, suas folhas são amargas, fornecendo pouca nutrição, embora as populações pobres se vejam reduzidas a consumi-las.

MAMOM

Palavra grega, do aramaico *mamom, mamona*, **"riquezas"**. O termo só aparece no Novo Testamento (Mt 6.24; Lc 16.9,11,13), para a personificação das riquezas. Não indica somente o dinheiro, mas todo o tipo de bens materiais. Em Mateus 6.24, é declarado que ninguém pode servir a dois senhores: Deus e Mamom, em Lucas 16.9-11-13 aparece a expressão riquezas iníquas, apesar das riquezas usadas para o bem, elas são um empecilho à espiritualidade (Tg 5.2). Jesus sabia da dificuldade da salvação para os ricos. No grego, a palavra tem uma conexão com o servir de um escravo, ou seja, uma fidelidade total ao seu senhor. O verdadeiro serviço requer amor do servo, a inclinação às riquezas e prazeres da carne denota falta de amor, e falta de amor dá a entender a presença de dois senhores, 1Crônicas 13.1-3. O uso do termo encontra-se nos escritos rabínicos, e é sempre usado de forma pejorativa.

MANÁ

Maná deriva-se de um termo hebraico, *man* (que significa *o que*) pois haviam perguntado: *Que é isto?* Porém, outros estudiosos acreditam que a palavra vem do verbo *manah*, que significa "distribuir". O vocábulo grego *manna* quer dizer um bocado de cereal. Muitas explicações naturalistas têm sido oferecidas para explicar a natureza do "maná". Alguns pensam que se tratava da *tarfa*, uma espécie de tamargueira que exsuda em maio, durante cerca de seis semanas, do tronco e dos ramos dessa planta formando uma substância que assume a forma de pequenos grãos redondos e brancos. Tais grãos são apanhados dos raminhos e das folhas caídas. Os árabes, após prepararem os grãos, usam-nos como espécie de mel, para ser passado no pão. Por outro lado, sabe-se que na península do Sinai certos insetos produzem excreções parecidas com mel, sobre os raminhos das tamargueiras. Tratam-se de gotículas pegajosas, de cor clara, muito doces. Outros insetos produtores de substâncias melíferas também são conhecidos nessa região, como certas espécies de cigarras, por exemplo. Assim sendo, alguns estudiosos têm interpretado que o *maná* era meramente um produto natural, usualmente abundante, que o povo de Israel imaginou ter origem miraculosa. Outros, ainda, acreditam que Deus multiplicou miraculosamente o suprimento de alimento, aumentando grandemente o que se poderia esperar dessas plantas ou insetos. Mas outros intérpretes preferem crer que se tratava de um milagre completo, uma substância qualquer que realmente descia do céu. Essa é a interpretação comum dos judeus, sobre a questão. Philip Schaff, *in loc.*, no *Lange's Commentary* diz o seguinte: "Foi um fenômeno natural, mas miraculosamente aumentado, de maneira extraordinária, pelo poder de Deus, tendo em vista um propósito especial... segundo a analogia das pragas do Egito, quando houve a multiplicação sobrenatural de insetos e outras pestes". Todavia, ainda outros estudiosos, preferindo defender a interpretação totalmente miraculosa sobre o fato, salientam que o produto natural, a sua natureza e a sua quantidade, não podem ser explicados pelas descrições existentes no décimo sexto capítulo do livro de Êxodo, e que se deve compreender ter havido alguma manifestação celeste. Seja como for, foi uma ocorrência das mais extraordinárias, que deve ser atribuída inteiramente a Deus. E os judeus, pois, esperavam ver uma operação miraculosa ainda mais extraordinária, da parte do Messias.

MANAATE (MANAATITAS)

No hebraico, **"lugar de descanso"**. Em nossa versão portuguesa, esse era o nome de um homem e de uma cidade, conforme se vê abaixo: **1**. O segundo dos cinco filhos de Sobal, filho de Seir, o horeu (Gn 36.23; 1Cr 1.40). Ele era idumeu. Seir, o horeu, deu seu nome àquela porção da terra de Edom, a saber, o monte Seir. Viveu por volta do 1760 a.C. **2**. Uma cidade também tinha esse nome. Os filhos de Eúde (vide), que antes habitavam em Geba, foram transportados para aquele lugar, em cativeiro (ver 1Cr 8.6). **3**. Os *manaatitas* descendiam de Salma, irmão de Sobal e, talvez, em parte, do próprio Sobal. Salma foi o fundador de Belém, e Sobal foi o pai de Quiriate-Jearim (1Cr 2.52,54). Entretanto, em nossa versão portuguesa, onde outras traduções dizem "metade dos manaatitas", ela diz: "Hazi-Hamenuate".

MANASSEAS

Essa é a forma apócrifa de Manassés, em 1Esdras 9.31.

MANASSÉS

I. O NOME. No hebraico, **"que fez esquecer"**. Esse nome surgiu quando José disse, ante o nascimento do menino: Deus *me fez esquecer de todos os meus trabalhos, e de toda a casa de meu pai* (Gn 41.51). Ele declarou porque o nascimento de seus filhos, no Egito, compensou pelas perdas que ele vinha sofrendo até aquele ponto de sua vida.

II. UM DOS DOIS FILHOS DE JOSÉ. Manassés era o filho mais velho de José. Sua mãe era a egípcia Asenate. Ela era filha de Potífera, um sacerdote egípcio de Om (Heliópolis). Ver Gênesis 41.50,51; 46.20. Isso aconteceu por volta de 1860 a.C. Pouco se sabe a respeito de Manassés. Contudo, temos o registro sobre como Manassés e seu irmão mais novo, Efraim, foram adotados por Jacó, em seu leito de morte, dando-lhes o mesmo direito de igualdade com os demais filhos de Jacó. E foi assim que Efraim e Manassés tornaram-se progenitores de duas das tribos de Israel. Dos dois irmãos, Manassés era o mais velho, mas Jacó deu a Efraim a bênção de primogenitura (ver Gn 48). Apesar de sua subordinação, Manassés seria abençoado pelo *anjo* que remira a Jacó de todos os males, e haveria de transformar-se também em um grande povo, uma predição que se cumpriu no fato de que se tornou o cabeça da tribo de Manassés. (Ver Gn 48.20). Manassés teve uma concubina arameia, que foi a mãe de Maquir; e foi de seus descendentes que proveio a tribo de Manassés (ver 1Cr 7.14). É possível que Maquir tivesse sido filho único, e fundador único de sua casa. Após essa informação, o registro bíblico nada mais nos diz no tocante a Manassés. Os Targuns de Jerusalém e os comentários do Pseudo-Jônatas, sobre Gênesis 42, originaram (ou perpetraram) a tradição que diz que Manassés foi mordomo da casa de José, agindo como intérprete no diálogo entre José e seus irmãos (ver Gn 42.23). Esse material tradicional também nos informa que Manassés era dotado de tremenda força física, o que demonstrou quando reteve Simeão (ver Gn 42.24). Algumas vezes, o material tradicional reveste-se de algum valor, adicionando interessantes dados históricos. Usualmente, porém, não passam de adições românticas, que procuram preencher vácuos em nosso conhecimento.

III. UMA DAS TRIBOS DE ISRAEL; SEU TERRITÓRIO. Ver o artigo separado sobre *Tribo* (Tribos de Israel). Ver também sobre *Jacó*, onde apresentamos um gráfico que demonstra como os seus descendentes tornaram-se nas doze tribos de Israel. A tribo de Manassés descendia de Manassés, um dos dois filhos de José (ver a seção II, acima), através de sete famílias subsequentes. Uma dessas famílias derivava-se de Maquir, filho de Manassés, e as outras seis famílias derivavam-se de Gileade, filho de Maquir. (Ver Nm 26.28-34; 1Cr 2.21-23; 7.14-19. Ver também Js 17.1,3).

A tribo de Manassés ocupava territórios de ambos os lados do rio Jordão. A porção que ficava a leste do Jordão foi concedida por Moisés; e a porção a oeste foi concedida por Josué (ver Js 22.7). Quando o povo de Israel havia atravessado o rio Jordão, foram feitos novos arranjos. Josué permitiu que a meia-tribo de Manassés, juntamente com a de Rúben e de Gade, retornasse ao território conquistado a Seom, rei de Hesbom, e a Oque, rei de Basã (ver Nm 32.33). A porção oriental, que pertencia à meia-tribo de Manassés, cobria parte de Gileade e a totalidade de Basã (ver Dt 3.12). A metade ocidental da tribo era possuidora de boas terras, ao norte do território de Efraim e ao sul dos territórios de Zebulom e Issacar (ver Js 17.1-12). Esta, por sua vez, foi subdividida em dez partes, cinco ficaram com descendentes masculinos, e cinco com a sexta família descendente de Manassés, a saber, a posteridade de Hefer, todas mulheres, filhas de Zelofeade (ver Js 17.3). As cidades manassitas da porção ocidental incluíam Megido, Tanaque, Ibleã e Bete-Seã, sobre as quais damos artigos separados. Várias dessas cidades, antes disso, tinham sido cidades fortificadas dos cananeus. A vitória obtida pelos manassitas não foi completa embora eles cobrassem taxas dos ocupantes da terra que não haviam sido dali desalojados.

Embora os manassitas tivessem terras suficientas, eles pediram mais da parte de Josué, pelo que ele recomendou que eles abrissem áreas até então cobertas de florestas (ver Js 17.14,18). A cidade de Golã, que pertencia a essa tribo, era uma das cidades de refúgio. Ver sobre essa cidade e o artigo intitulado *Cidades de Refúgio* (Ver também Js 20.8; 21.27).

Gideão pertencia a essa tribo, tendo ele escrito uma parte especial da história de Israel, durante a época dos juízes. Ver o artigo separado sobre *Gideão*. Quando Davi fugia de Saul, e refugiou-se temporariamente em Ziclague, alguns membros da tribo de Manassés vieram apoiar a sua causa (ver 1Cr 12.19,20,31). Naturalmente, essa tribo sofreu o cativeiro assírio, juntamente com o restante das tribos do norte (ver 1Cr 5.18-26). Embora aos descendentes de Manassés tivesse caído por sorte uma boa extensão de boas terras, em Canaã, finalmente, foram ultrapassados, em número e influência pela tribo de Efraim. Seus líderes mais proeminentes foram Gideão, Gileade de Jefté.

Estatística. **1**. Por ocasião do êxodo do Egito, a tribo de Manassés contava com 32.000 membros (ver Nm 1.35; 2.21); Efraim tinha 40.500 membros (ver Nm 1.32,33; 2.19). **2**. Por ocasião da conquista da terra de Canaã, 40 anos mais tarde, Manassés tinha 52.700 membros e Efraim diminuira para 32.550 membros (ver Nm 26.34, comparando com Nm 26.37). Isso fazia de Manassés a sexta maior tribo de Israel. Porém, essa situação foi finalmente revertida, quando Efraim cresceu em Números e em importância. Finalmente, a tribo de Manassés perdeu sua identidade, tendo sido assimilada ao povo do novo ambiente, após a destruição do reino do norte, Israel. Os pecados e a idolatria de Manassés são enfatizados em 1Crônicas 5.25. Todavia, Salmo 4.7 e 108.8 referem-se à tribo de Manassés como "meu é Manassés"; e o trecho de Ezequiel 48.4 preserva um lugar para os homens dessa tribo, na visão idealista sobre o futuro. O trecho de Apocalipse 7.6 também inclui a tribo de Manassés, em sua alistagem.

IV. Um Rei de Judá

1. Descrição Geral. O rei Manassés era filho de Ezequias. Sua mãe chamava-se Hefzibá (2Rs 21.1-16). Ele foi o décimo quarto rei de Judá. Começou a reinar em 696 a.C., com 12 anos de idade, e reinou durante 55 anos. Provavelmente, em tão tenra idade ele foi corregente, com seu pai, entre 696 e 686 a.C., embora monarca único de 686 a 642 a.C. Seu governo foi assinalado por decadência espiritual e política. Isso foi causado, em parte, pela ameaça representada pela Assíria, pelo ângulo militar, e também pela sedução das formas religiosas assírias. O resultado foi o sincretismo com o culto a Baal (vide). Astarte começou a ser adorada nos lugares altos de Israel. O próprio Manassés foi um tirano sanguinário, que se esqueceu do Deus de seus antepassados. Ele introduziu altares ilegais nos átrios do templo e participou daquele horrendo culto pagão que obrigava os filhos de Israel a serem passados pelas chamas, em adoração a falsas divindades. Também encheu a cidade de Jerusalém com sangue inocente derramado, mais do que qualquer outro monarca judaico antes dele (ver 2Rs 21.1-16; 2Cr 33.1-10).

2. A Ira de Deus. Sempre foi uma interpretação histórica judaica comum que quando a nação de Israel obedece à lei de Deus, ela prospera e torna-se invencível diante de seus inimigos; mas, em caso contrário, então descarrega-se a ira de Deus contra eles, e eles recebem toda espécie de tribulação e destruição. Foi assim que Manassés não conseguiu escapar. No conflito entre o Egito e a Assíria, Manassés tomou o lado errado, dando seu apoio ao Egito, o que Ezequias também havia feito. O exército assírio marchou até o interior do território de Israel, levando a tudo de vencida. Era a grande oportunidade dos assírios na história, e o inevitável alcançou o insensato Manassés. Este foi tomado prisioneiro pelos invasores (cerca de 677 a.C.). Mas isso acabou ajudando-o, porquanto ele percebeu os males que havia praticado, e chegou a tomar conhecimento das calamidades que havia cultivado. Humildemente, pediu perdão a Deus. Aparentemente, seu cativeiro perdurou apenas por um ano. Então foi restaurado ao seu trono, sob a condição de pagar tributo, e, de modo geral, tornou-se um títere da Assíria. O relato inteiro fica em 2Crônicas 23.11—13.

3. Certas Medidas Reformadoras. Manassés aprendera bem a sua lição. Ele procurou reverter os males que havia cometido. Iníciou-se um período de prosperidade em Israel. Ele mandou reconstruir as muralhas de Jerusalém, e adicionou novas fortificações. Ver 2Crônicas 38.13-17. Removeu os ídolos e as estátuas que mandara pôr no templo do Senhor. Também reparou o altar e baixou ordens a fim de restabelecer a adoração sagrada. Permaneceram de pé os lugares altos, mas dedicados somente a *Yahweh*.

4. Morte de Manassés. Os trechos de 2Reis 21.18,26,e 2Crônicas 33.20 relatam o falecimento de Manassés e seu sepultamento no jardim de Uzias, o que aconteceu em cerca de 641 a.C.

5. Arqueologia. Há uma referência direta a Manassés, nas inscrições assírias de Essaradom. Essa inscrição fala sobre como ele foi levado em cativeiro para a Assíria, embora não haja informações sobre sua subsequente restauração ao trono de Israel. Comparar isso com 2Crônicas 33.10-13. Isso ocorreu por volta de 678 a.C. Ao todo, nessa inscrição, há uma lista de vinte reis que recebiam ordens desse monarca assírio.

Há uma curiosa confirmação dos registros bíblicos (ver 2Cr 33.11), no tocante a Manassés. Os eruditos supunham que Manassés deveria ter sido levado para Nínive, capital do império assírio, e não para a cidade da *Babilônia*, que só atingiu proeminência mais tarde na história. Porém, os tabletes assírios, em escrita cuneiforme, têm mostrado que embora Babilônia tivesse sido destruída por Senaqueribe, no tempo de Manassés ela já havia sido reconstruída. Esses tabletes mencionam a questão especificamente, nas palavras do próprio Essaradom: "Convoquei todos os meus artesãos e o povo da Babilônia em sua totalidade. Fi-los carregar a cesta e pus a rodilha sobre a cabeça deles. A Babilônia construí novamente, expandi, ergui, tornei magnificente."

A estela Senjirli, de Essaradom, mostra Baalu, rei de Tiro, agrilhoado pelos pulsos e em atitude de súplica diante do monarca assírio. Ao lado dele está Tiraca, rei da Etiópia, com um gancho nos lábios, preso por uma corda à mão de Essaradom, como se fosse um animal cativo. Torna-se evidente pelos registros históricos que os reis assírios desse período passavam grande parte de seu tempo na cidade da Babilônia, como uma espécie de segunda capital. Ora, diz aquele trecho de 2Crônicas: *Pelo que o Senhor trouxe sobre eles os príncipes do exército do rei da Assíria, os quais prenderam a Manassés com ganchos, amarraram-no com cadeias e o levaram para Babilônia*.

Seja como for, a experiência inteira redundou no bem de Manassés. O livro apócrifo *Oração de Manassés* (vide) reflete o

MANASSÉS

arrependimento de Manassés, e seu desejo de instituir reformas. Isso é descrito no seu terceiro ponto. Muitos eruditos, entretanto, salientam que apesar de Manassés ter sido sincero na tentativa, as reformas devem ter sido superficiais, porquanto o filho de Manassés, Amom, reverteu aos caminhos maus de seu pai (ver 2Rs 21.20 ss) restaurando em Israel a idolatria e o paganismo. No entanto, Josias, neto de Manassés, instituiu reformas eficazes. Quanto a outros vultos bíblicos com o nome de *Manassés*, ver o artigo seguinte.

MANASSÉS (OUTROS ALÉM DO PATRIARCA E DO REI)

1. Esse é o nome do avô de Jônatas, em Juízes 18.30, conforme o texto é preservado por certo número de traduções, incluindo nossa versão portuguesa. Não obstante, algumas versões dizem ali "Moisés", o que alguns estudiosos pensam refletir o texto original. Presumivelmente, os escribas do *texto massorético* (vide) sentiam que não podiam deixar nesse ponto o reverenciado nome de Moisés, visto que o homem em foco aparece como sacerdote do santuário idólatra de Mica, da tribo de Dã. Assim, para evitar a profanação do nome de Moisés, ainda que esse grande profeta de Deus esteja obviamente em foco, houve substituição de seu nome pelo de Manassés. E essa alteração, ao que se pensa, foi conseguida mediante a inserção da pequena letra hebraica *nun* (n), entre as duas primeiras letras do nome de Moisés. De fato, alguns eruditos têm procurado fazer ambos os nomes derivarem-se da mesma raiz. A maioria dos eruditos rejeita esta ideia. A forma *Moisés* no nome que ali aparece tem o apoio de algumas versões antigas; e, nesse caso, as versões estão corretas, contradizendo o texto massorético. Ver sobre *Massora* e sobre *Texto Massorético. John Gill* (*in loc.*) menciona que alguns textos hebraicos mostram sinais de terem sido mexidos nesse ponto, com a inserção de um *nun* (n). **2.** Um filho de Hasum (Ed 10.33; ver também 1Esdras 9.33). Ele esteve entre aqueles que foram forçados a desfazer-se de suas esposas estrangeiras, quando o remanescente de Judá voltara do cativeiro babilônico, e a antiga adoração fora restaurada. **3.** Um filho de Paate-Moabe (Ed 10.30), também assim chamado em 1Esdras 9.31. Ele também esteve entre aqueles que se divorciaram de suas esposas estrangeiras, após os judeus terem retornado do cativeiro babilônico. **4.** Um Manassés está em foco em Neemias 13.28, embora seu nome não seja dado nessa passagem bíblica. Josefo (*Anti*. 11.7,2) é quem nos provê o nome. Ele se casou com Nicaso, filha de Sambalate. Manassés era um dos filhos de Joiada, filho de Eliasibe, o sumo sacerdote. Foi deposto do sacerdócio por Neemias. Esse Manassés tinha se casado com uma mulher estrangeira. Seu irmão, o sumo sacerdote, Jadua, disse-lhe que ele precisava fazer a escolha, isto é, ou desfazer-se da esposa estrangeira ou abandonar o sacerdócio. Manassés replicou que amava tanto à sua esposa estrangeira que não podia divorciar-se dela; mas que também não queria deixar o sacerdócio. Manassés foi, então, falar com Sambalate, seu sogro, e mediante manipulações dos dois, em cooperação com o rei, foi levantado um templo no monte Gerizim, e Manassés tornou-se o sumo sacerdote naquele lugar. Josefo conta-nos que daí resultou um cisma, dando vários detalhes que vão além do registro bíblico, em *Anti*. 11.8,1-4.

MANDAI

Esse nome não se acha no cânon palestino do Antigo Testamento. Mas aparece em 1Esdras 9.34, referindo-se a um daqueles que se divorciaram de suas esposas estrangeiras, com quem se tinham casado durante o cativeiro babilônico. Os judeus, ao retornarem à Palestina, renovaram a antiga fé judaica, e tais divórcios tornaram-se imperiosos.

MANDAMENTO

Ver os seguintes artigos: *Novo Mandamento, Dez Mandamentos* e *Mandamentos da igreja.*

Ideias Gerais. O vocábulo. Em português, a derivação é do latim, *mandare,* ordenar, mandar. O sentido da palavra é ordenar, do ponto de vista de alguma autoridade assumida. O mandamento requer obediência, e, com frequência, repousa sobre algum dever. Em nossa Bíblia portuguesa, a palavra "mandamento" é a mais frequentemente usada para expressar autoridade, divina ou humana, mas principalmente a primeira. Na Bíblia, várias palavras hebraicas e gregas são usadas, em um total de novecentas ocorrências, o que basta para mostrar-nos o destaque da questão nas Escrituras. A primeira ocorrência aparece em Gênesis 2.16, vinculada à proibição concernente à árvore do conhecimento do bem e do mal. Porém, não demorou muito para desobedecer a esse primeiro, e então único, mandamento, e disso resultou a queda no pecado, que arrastou a humanidade inteira. No sentido mais geral, estão em pauta os mandamentos de Deus, as muitas facetas de sua lei. Os Dez Mandamentos (vide) são os mais importantes aspectos da lei geral, contendo em si mesmos inúmeras aplicações. O Salmo 119 emprega dez vocábulos hebraicos diferentes, que têm a ideia de mandamento. Nos Salmos há cerca de duzentas ocorrências dessas diversas palavras. Poderíamos pensar em termos como lei, palavra, juízo, preceito, testemunho, mandamento, estatuto, ordenança, declarações.

No Novo Testamento encontramos vocábulos gregos como: **1. Éntalma**, "preconceito". Palavra grega que aparece por três vezes (Mt 15.9 (citando Is 29.13); Mc 7.7 e Cl 2.22). **2. Epitagé**, "injunção". Palavra que ocorre por sete vezes (Rm 16.26; 1Co 7.6,25; 2Co 7.6,25; 2Co 8.8; 1Tm 1.1; Tt 1.3; 2.15). **3. Entolé**, "mandamento". Palavra que aparece por sessenta e sete vezes (Mt 5.19; 15.3; 19.17; 22.36,38,40; Mc 7.8,9; 10.5,19; 12.28,31; Lc 1.6; 15.29; 18.20; 23.56; Jo 10.18; 11.57; 12.49,50; 13.34; 14.15,21,31; 15.10,12,17; At 17.15; Rm 7.8-13; 13.9; 1Co 7.19; 14.37; Ef 2.15; 6.2; Cl 4.10; 1Tm 7.14; Tt 1.14; Hb 7.5,16,18; 9.19; 2Pe 2.21; 3.2; 1Jo 2.3,4,7,8; 3.22,23,24; 4.21; 5.2,3; 2Jo 4-6; Ap 12.17; I4.12).

O Novo Testamento contém muitas alusões ao decálogo (conforme se vê em Mt 22.37-40; Mc 12.29-31; Lc 10.27; Tg 2.8-11). Os mandamentos de Deus deveriam estar entesourados em nosso coração (Hb 10.16), sendo obedecidos mediante o amor ao Senhor (Jo 13.34,35).

Ideias. 1. O próprio universo existe por mandamento de Deus (Sl 33.9). **2.** A história do mundo é providencialmente controlada por mandato divino (Lv 25.21). **3.** Os mandamentos fazem o homem lembrar-se de sua dependência e de seus deveres ante o Criador. As leis judaicas abordam todos os aspectos da vida humana, o que serve de prova dessa declaração. Jesus aplicou os mandamentos aos motivos das pessoas, e não meramente aos seus atos; e isso aprofunda o sentido espiritual dos mandamentos (Mt 5.22,34,39). **4**. O polo oposto dos mandamentos são as promessas. Os mandamentos sempre envolvem o benefício resultante da obediência; esse benefício fica na dependência da obediência aos mandamentos. Isso posto, os mandamentos do Senhor não penosos. Os mandamentos de Deus vinculam o homem a Deus, e disso só pode resultar uma bênção (Mc 12.29-31; Gl 5.13 ss.). **5**. Os mandamentos ligam o homem e Deus dentro da relação do amor, pois o amor é a base da lei divina (Rm 13.8 ss.). (B W)

MANDAMENTOS, OS DEZ. Ver sobre *Dez Mandamentos.*

MANDRÁGORAS

Esse é o nome dado ao gênero *Mandrágora* da família das batatas, uma erva perene, representada por três espécies que medram no mundo mediterrâneo. São plantas praticamente destituídas de caule, com grande folhas dentadas e grandes raízes tipo tubérculo. As flores são coloridas desde o púrpura até o violeta pálido, ou mesmo o branco, com corolas em formato de sino. As frutinhas são globulares. A raiz é dupla, e, mediante uma vívida imaginação, tem o formato de um corpo humano, da cintura para baixo. Por esse motivo, várias lendas e superstições têm aparecido em torno dessa planta, incluindo a noção de que ela possui poderes mágicos. Certas partes da planta contêm narcóticos venenosos, similares à beladona, que os antigos usavam como narcóticos e afrodisíacos.

A Bíblia refere-se a esse vegetal em vários trechos, como Gênesis 30.14—16 e Cantares 7.13. Por causa de suas supostas propriedades afrodisíacas, a planta é também conhecida como *maçã do amor*. Mas os árabes, precisamente pela mesma razão, chamam-na de *maçã do diabo*. A menção às mandrágoras, no capítulo 30 de Gênesis (no diálogo havido entre Lia e Raquel) quase certamente mostra que elas tinham a mandrágora como uma poção afrodisíaca. As frutinhas da planta é que eram utilizadas com essa finalidade. Sua parenta próxima, a *Atropa belladonna*, produz a atropina, uma importante droga medicinal. O trecho de Cantares 7.13 fala sobre a fragrância dessa planta, mas, visto que a mandrágora não tem qualquer perfume especial, é possível que esteja em vista alguma outra espécie vegetal, para nós desconhecida.

MANES

Essa é uma forma alternativa de *Mani*, um nome persa. Mani foi o fundador do maniqueísmo. Ver o artigo chamado *Mani e o Maniqueísmo*.

MANGAS

Lemos, em nossa versão portuguesa, em Gênesis 37.3: *Ora, Israel amava mais a José que a todos seus filhos, porque era filho da sua velhice, e fez-lhe uma túnica talar de mangas compridas*. E, então, em 2Samuel 13.18: *Trazia ela uma túnica talar de mangas compridas, porque assim se vestiam as donzelas, filhas do rei*. Entretanto, a expressão hebraica que indica esse tipo de vestes, com as suas mangas, é de difícil interpretação. Nas inscrições cuneiformes há menção a uma certa vestimenta cerimonial, *kutinnu pisanu*, que contava com aplicações trabalhadas em ouro como ornamentação. E a frase hebraica a que aludimos parece cognata dessa expressão cuneiforme, filológica e semanticamente falando. Não há dúvidas de que as vestes usadas por pessoas de alta posição social, nos dias do Antigo Testamento, distinguiam-se por sua grande qualidade, quanto aos tecidos usados e quanto aos ornamentos.

Nossa versão portuguesa mais interpreta do que traduz o hebraico, porquanto este diz muito mais que as vestes referidas tinham sido feitas com "muitas peças" ou com "muitas extremidades". Há uma famosa tradução inglesa que também interpreta, em vez de traduzir, falando em vestes de "variadas cores", quando o hebraico não faz qualquer alusão ao colorido.

MANIQUEÍSMO

Considerado outrora como uma forma cristianizada de zoroastrismo, o maniqueísmo é atualmente aceito, de modo geral, como uma das últimas e mais completas manifestações de gnosticismo. O movimento foi fundado pelo siro-persa Mani (216-276), que fora criado sob influência de uma seita judaico-cristã no sul da Babilônia e que depois se rebelou contra ela. A gnôsis dos maniqueístas incorpora um drama cósmico complexo, que se centra em uma batalha primordial entre os princípios originários da Luz e das Trevas. Uma invasão inicial da Luz pelas Trevas conduziu a um contra-ataque da Luz, destinada a falhar, enganando os poderes das Trevas e levando-os a absorver partículas da Luz. O universo foi então criado para redimir e purificar essa luz cativa e punir e aprisionar os dirigentes das Trevas. Usando de concupiscência, parte da Luz corrompida escapou dos corpos daqueles líderes e se tornou vida vegetal. Criou também a raça humana mediante uma série de atos tenebrosos envolvendo aborto, incesto e canibalismo, o que resultou no aprisionamento das partículas de Luz, a alma, em um corpo totalmente mau e corrupto. A alma, todavia, poderia vir a ser despertada pela gnôsis e se conscientizar de sua origem divina. Jesus, no maniqueísmo, é um dos salvadores, de uma série de salvadores gnósticos, sendo sua manifestação histórica puramente docética. Os detalhes do drama cósmico maniqueísta derivam principalmente da literatura apócrifa judaica e cristã e dos ensinos cosmogônicos do filósofo Bardaisan (154-222), de Edessa. Mani foi também muito influenciado por Marcião, de quem adquiriu forte antinomianismo "paulino", autoatribuindo-se o título de "apóstolo de Jesus Cristo". A seita dos maniqueístas era extremamente hierárquica e dividida em eleitos e ouvintes, sendo sacerdotes os primeiros, que tinham por dever observar abstinência sexual e tabus estritos de alimentação, inclusive vegetarianismo, para possibilitar a liberação das partículas de Luz aprisionadas nas plantas. Os ouvintes, que constituíam a camada dos seguidores, tinham de atender às necessidades dos eleitos, sem estar presos, porém, às mesmas regras rígidas.

Facilmente organizada em pequenas unidades, a religião foi capaz de se espalhar prontamente e sobreviver à perseguição. Uma combinação de sua devoção missionária com perseguição pelas autoridades sassânidas resultou na difusão da religião pelo Império Romano e pelas terras a leste do rio Oxo (atual Amu-Daria), na Ásia Menor. Estabeleceu-se bem, particularmente na África romana, onde passou a ser considerada uma forma muito perfeita de cristianismo, conquistando o jovem Agostinho (antes de sua conversão), entre aqueles captados por sua crítica "mais elevada" das Escrituras judaica e cristã. O dualismo dos maniqueístas foi considerado, mais tarde, pelas autoridades da igreja medieval, como herdado de movimentos heréticos como os paulicianos, bogomilos, paterenos e cátaros (ver Albigenses). No Extremo Oriente, a religião gradualmente se expandiu ao longo do Caminho da Seda, alcançando a China, onde foi banida. Após o século IX, no entanto, a religião se tornou fortemente estabelecida na Ásia Central. Mais tarde, desenvolveu-se de forma clandestina na China e ali sobreviveu, no sul, como religião secreta, até o século XVI.

O cânon maniqueísta consiste em um conjunto de sete obras escritas por Mani, nenhuma das quais preservada de forma completa. Além de um grande corpo de escritos polêmicos sobre a seita pelos pais da igreja, nosso conhecimento a seu respeito foi bastante ampliado pela descoberta de escritos maniqueístas genuínos, procedentes de Turfã e Dunhuang, na China, Medinet Medi, no Egito, e Teveste, no norte da África. Mais recentemente, um pequeno códice em papiro, do Egito, pertencente à coleção de papiros da Universidade de Colônia, Alemanha, contendo uma versão hagiográfica da vida do fundador — *Cologne Mani Codex* — foi restaurado e editado com sucesso. Ele mostra que a seita teve suas origens na orla do cristianismo judaico, e não nas religiões iranianas.

S. N. Lieu, M.A., D.Phil., F.R.A.S., F.R.Hist.S., lente de História Antiga da Universidade de Warwick, Inglaterra.

BIBLIOGRAFIA. Fontes: A. Adam (ed.), *Texte Zum Manichäismus* (Berlin, 21969); A. Böhlig & J. P. Asmussen (eds.), *Die Gnosis*, vol. 3: *Der Manichäismus* (Zurich/Munchen, 1980); R. Cameron & A. J. Dewey (eds.), *The Cologne Mani Codex* (Missoula, MT, 1979). **Estudos**: F. Decret, *Mani et la tradition manichéenne* (Paris, 1974); H. J. Klimkeit, *Manichean Art and Calligraphy* (Leiden, 1982); S. N. C. Lieu, *Manichaeism in the Later Roman Empire and Medieval China. A Historical Survey* (Manchester, 1985); H.–Ch. Puech, *Le Manichéisme, son fondateur, sa doctrine* (Paris, 1949); *idem*, *Sur le Manichéisme et autres essais* (Paris, 1979); M. Tardieu, *Le Manichéisme* (Paris, 1983).

MANJEDOURA

No hebraico, *ebus*, palavra que ocorre por três vezes: Jó 39.9; Provérbios 14.4 e Isaías 1.3. Mas nossa versão portuguesa usa a palavra **"celeiro"**, na segunda dessas referências.

MANOÁ

No grego do Novo Testamento temos o vocábulo *phátne*, "manjedoura", usado somente em Lucas (2.7,12, 16).

No Antigo Testamento, a referência é a uma espécie de caixa ou gamela, onde era servida a forragem oferecida aos animais. Mas, o termo grego refere-se mais a uma manjedoura ou estábulo. Alguns eruditos pensam que assim se deve interpretar a história da natividade. Certas citações extraídas dos escritos dos pais da igreja sugerem que o lugar do nascimento de Jesus foi uma "caverna", onde animais eram guardados como em um estábulo. Ver as notas expositivas sobre isso no NTI, em Lucas 2.7. Aos viajantes pobres dava-se abrigo para permanecerem junto com os animais. Ou, no caso de José, Maria e Jesus, a falta de acomodações na hospedaria forçou essa situação. Há algo de muito apropriado nisso, pois o Logos, o Filho de Deus, em sua encarnação, humilhou-se ao máximo, a fim de que sua glória também fosse elevada ao máximo.

As manjedouras, nos tempos antigos, também incluíam lugares fechados ao ar livre, ou então até mesmo abrigos permanentes feitos de tijolos de argila ou pedra. A atual igreja da Natividade, em uma colina baixa em Belém da Judeia, cobre uma antiga manjedoura que havia em uma gruta. Esse tem sido identificado como o local exato do nascimento de Jesus. Porém, em redor de Belém havia muitos lugares possíveis similares. No Oriente Próximo, era comum escavar lugares assim nas rochas, ou então eram usadas cavernas naturais. O fato é que a natureza exata da manjedoura de Jesus é desconhecida, embora a lição de humildade seja perfeitamente clara.

MANRE
Davis, John D., 1854-1926, *Novo Dicionário da Bíblia* / [Tradução: J.R. Carvalho Braga]. – Edição ampliada e atualizada – São Paulo, SP: Hagnos 2005.

MANOÁ

No hebraico, **"descanso"**. Manoá era nativo da cidade de Zorá, da tribo de Dã. Ele foi o pai de Sansão. Quanto ao relato bíblico, ver Juízes 13.1-23. Manoá reaparece em Jz 14.2-4, por ocasião do casamento de Sansão, mas é provável que tivesse morrido antes de Sansão. O cadáver de Sansão foi trazido de Gaza pelos seus irmãos, e não por seu pai. Ver Juízes 16.31, onde se lê sobre o "túmulo" de Manoá, onde, sem dúvida, já jazia o seu corpo. Manoá teve o privilégio de entrar em comunicação com os anjos acerca do nascimento e da carreira de Sansão. Sansão deveria ser um nazireu perpétuo (ver Nm 6), começando pela sua própria mãe. Manoá ofereceu alimentos ao anjo, o que este rejeitou, ordenando antes que se fizesse um holocausto. Somente quando o anjo subiu nas chamas do holocausto foi que Manoá percebeu que tivera um encontro com um ser angelical. Manoá aparece nas páginas da Bíblia como um homem de oração e fé, que não aprovou a teimosia e o desvio de seu filho, Sansão, procurando persuadi-lo a não se casar fora do povo de Deus, Israel (ver Jz 14.3).

MANRE

Desconhece-se o significado dessa palavra, no hebraico (na Septuaginta, sua forma é *Mambre*). Nas páginas do Antigo Testamento, refere-se a uma pessoa e a uma localidade. **1**. Esse era o nome de um chefe dos amorreus, que, com seus irmãos, Aner e Escol, fez aliança com Abraão (ver Gn 14.13,24), talvez algum tempo antes de 2250 a.C., embora seja difícil determinar com exatidão datas tão recuadas. Esses homens ajudaram Abraão a derrotar aos reis mesopotâmicos invasores. Lemos que Abraão havia armado suas tendas perto dos terebintos de Manre, intitulado "o amorreu". Assim sendo, esse homem provavelmente deu seu nome ao lugar. **2**. No livro de Gênesis, lemos sobre os "carvalhais de Manre" (Gn 13.18; 18.1), ou, simplesmente, "Manre" (Gn 23.17,18; 35.27), em alusão a um bosque que havia em algum lugar perto de Hebrom. Os trechos comparados de Gênesis 23.39 e 35.27 parecem identificar Manre e Hebrom, a mesma também chamada Quiriate-Arba; mas o trecho de Gênesis 13.18 afirma que Manre ficava "junto a Hebrom".

Abraão encontrava-se em Manre quando recebeu visitantes angelicais, segundo o relato do décimo oitavo capítulo de Gênesis. Quando Abraão comprou o campo e a caverna de Efrom, o heteu, tornou-se proprietário da parte leste de Manre, que então era chamada Macpela. (Ver Gn 23.17-20; 23.19; 25.9; 49.30; 50.13). Os dois lugares são mencionados juntos.

Se a caverna de Macpela realmente está sob a mesquita de Hebrom, então Ramat el-Khallil, que é o local geralmente aceito como Manre, não fica "junto" (ver Gn 3.18), ou a leste de Hebrom, conforme a palavra hebraica usada parece indicar. Porém, se alguém se aproximar de Hebrom pelo norte, então a palavra hebraica usada não estaria fora de lugar, relacionando Hebrom com Ramat eh-khallil. Seja como for, várias localidades competem entre si como o lugar. Santuários levantados por judeus, por pagãos e por cristãos somente têm aumentado a confusão sobre o quadro. Khirbet Nimreh e 'Ain Nimreh (as ruínas da Fonte de Nimreh) têm sido sugeridas, mas Ramat el-Khallil parece ser a identificação autêntica.

MANSIDÃO

1. Palavras Usadas na Bíblia. No hebraico, temos três palavras: *'anaw*, "estar inclinado", que aparece por vinte vezes no Antigo Testamento, conforme se vê, por exemplo (em Sl 22.26; 25.9; 37.11; 76.9; 147.6; Is 11.4; 29.19; 62.2; Am 2.7; Sf 2.3; Nm 12.3). Nas traduções aparece com o sentido de "manso", "humilde" e até mesmo "pobre". Nessa última referência, vemos Moisés ser descrito como homem "manso". *Anavah*, "gentileza", "humildade", "mansidão". É palavra que ocorre por quatro vezes tão somente. (Sf 2.3; Pv 15.33; 18.12; 22.4). *Anvah*, "mansidão", "suavidade", "brandura", que ocorre por duas vezes (Sl 45.4; 18.35).

No Novo Testamento, encontramos a palavra *praús*, "manso", e seus cognatos (Mt 5.5; 11.29; 21.5 (citando Zc 9.9); 1Pe 3.4. (O substantivo *praútes* aparece onze vezes: 1Co 4.21; 2Co 10.1; Gl 5.23; 6.1; Ef 4.2; Cl 3.12; 2Tm 2.25; Tt 3.2; Tg 1.21; 3.13 e 1Pe 3.15). Os mansos são felizes porque herdarão a terra (Mt 5.5); Jesus convidou a todos a virem a ele, por ser manso e humilde de coração (Mt 11.29). Em sua entrada triunfal em Jerusalém, Jesus veio humildemente, montado em um jumentinho (Mt 21.5). As mulheres cristãs em vez de se decorarem com coisas mundanas, deveriam decorar seus espíritos com mansidão (1Pe 3.4).

2. Ideias Bíblicas. Além daquelas coisas que já foram mencionadas, deveríamos observar que Paulo faz dessa qualidade um dos frutos ou virtudes que o Espírito Santo cultiva em um homem (Gl 5.22). Isso significa que tal virtude era considerada uma das grandes qualidades espirituais, algo a ser desejado e buscado pelos crentes. Por outra parte, a *arrogância* é uma das principais características negativas dos homens. Na passagem de Filipenses 2.1-11, essa qualidade da humildade é associada à mente de Cristo. Se Cristo tivesse sido arrogante, de disposição contrária à humildade e à mansidão, nunca teria sido bem-sucedido em sua missão encarnada. No entanto, foi através dessa qualidade que o Filho de Deus distinguiu-se. Os mansos da terra são especialmente abençoados com a proteção divina e com ricas recompensas. Moisés era homem manso; Davi orou a oração dos mansos (Sl 10.17). Conforme disse Davi, os mansos haverão de possuir a terra (Sl 37.11), dando a entender a terra santa, e o Senhor Jesus ampliou isso a fim de envolver a terra inteira (Mt 5.5). Paulo exortava a outros com mansidão e gentileza, atribuindo essas virtudes a Cristo (2Co 10.1). Paulo exortou aos crentes para que cumprissem sua missão e chamamento em humildade e mansidão (Ef 4.1 ss.). Metaforicamente falando, entre as peças de nossa indumentária espiritual a mansidão tem lugar garantido, juntamente com a compaixão, com a gentileza, com a humildade e com a paciência (ver Cl 3.12). Tiago instrui-nos no sentido de que a palavra de Deus deve ser recebida por nós com "mansidão". (Tg 1.21). Pedro ajuntou que todos os crentes deveriam estar preparados para defender sua fé e esperança com gentileza e mansidão (ver 1Pe 3.15).

3. Nos Escritos de Aristóteles. Para Aristóteles, essa virtude era um *vício de deficiência*. Em seu sistema ético ele relacionou doze virtudes principais, para cada uma das quais corresponderia um vício de deficiência e um vício de excesso. No caso em foco, a *magnanimidade* aparece como a virtude; a humildade, ou *mansidão*, é o vício de deficiência; e a *vaidade* é o vício de excesso.

Lemos sobre um general romano que ficou envergonhado de si mesmo porque, um dia, ao ver um escravo sendo maltratado, sentiu compaixão dele. A arrogância pagã continua predominando no coração humano. Naturalmente, a mansidão não envolve a autodepreciação, conforme é do hábito de certos indivíduos, que pretendem imitar essa qualidade. Usualmente, esse fingimento não passa de um ato teatral, para chamar a atenção dos homens e o seu louvor. A mansidão é resultante da verdadeira humildade, por causa do reconhecimento do valor alheio, com a recusa de nos considerarmos superiores. Deus é a grande fonte dessa graça, e Jesus Cristo é o seu supremo exemplo, o que ele demonstrou em sua encarnação e em sua maneira de tratar os homens. Quanto à lista das virtudes relacionadas por Aristóteles, ver na *Enciclopédia de Bíblia, Teologia e Filosofia* o artigo geral sobre a *Ética*, seção VI.

MANTA (CAPA, VESTIDO)

Essas palavras traduzem certo número de palavras hebraicas e gregas, referindo-se a peças em geral do vestuário. **1.** *Semikah*. Palavra hebraica usada em Juízes 4.18. Esse foi o pano com que Jael cobriu Sísera, talvez algum tipo de tapete ou coberta. **2.** *Meil*. Robes, capas, mantas estão em foco. (Ver 1Sm 15.27; 28.14; Ed 9.3,5; Jó 1.20; 2.12; Sl 109.29). **3.** *Maataphoth*. Um artigo do vestuário feminino está em pauta, talvez uma espécie de túnica com mangas. A palavra hebraica está no plural, aparecendo exclusivamente em Isaías 3.22. **4.** *Addereth*. Algum tipo de capa ou manta está em foco, talvez uma faixa feita de pele ou couro de animal. (Ver 1Rs 19.13,19; 2Rs 2.8,13,14).

Mantas muito ornamentadas eram usadas pelos sacerdotes levíticos. Os reis usavam mantas de tipo especial (Jn 3.6), como também os profetas (1Rs 19.13; 2Rs 2.8,13). Essas mantas eram feitas de peles ou de pelos de animais. **5. No Novo Testamento**. A palavra grega *imátion* é usada para indicar "manta", ainda que, em seu sentido mais amplo, possa significar vestes em geral. Porém, em trechos como (Mt 9.20 ss.; 24.18; Lc 8.44; 22.36 e Jo 19.2), sem dúvida está em foco a manta. Temos, então, alusões à veste mais externa. Os mártires são descritos como pessoas a quem foi dada uma veste branca (ver Ap 6.11), e outro tanto é dito acerca dos remidos. Nesses casos, a palavra é usada em sentido simbólico, para indicar a nova vida, a vida da alma, bem como a retidão de Cristo, que possibilita essa nova vida da alma. **6. Nos Sonhos e nas Visões**. A manta, a capa ou o capuz significam calor, proteção, amor, ou, então, o veículo da alma, o corpo físico. Ou, então, quando aparece no ato de ser vestida, pode indicar a nova vida da alma. Em 2Coríntios 5.4, o "revestimento" indica o tempo quando a alma receberá seu corpo espiritual especial, para manifestar-se nos lugares celestiais. Ou pode haver nisso uma representação geral: o indivíduo remido recebe a vida eterna como sua nova vestimenta. Por sua vez, o temor de perder a própria capa ou o paletó pode significar o descobrimento de algo errado que a pessoa fez, ou, então, no sentido religioso, o temor de perder a própria fé.

MANTEIGA

No hebraico, *chemah*, palavra que aparece por nove vezes (Gn 18.8; Dt 32.14; Jz 5.25; 2Sm 17.29; Jó 20.17; 29.6; Pv 30.33; Is 7.15,22). Em Salmo 55.21, encontramos uma outra palavra hebraica, *machamaoth*, "pedaços amanteigados", embora nossa versão portuguesa também diga ali "manteiga".

Segundo muitos estudiosos, o mais provável é que a ideia de *manteiga só* se faça presente em Deuteronômio 32.14 e Provérbios 30.33. Em todas as outras referências, parece ser melhor traduzir a palavra por creme ou coalhada (vide). O antigo método de fabricação de manteiga, sobretudo aquele de fabricação doméstica, parecia-se muito com o método moderno, mas não industrializado. O leite era posto dentro de um receptáculo de couro, ou de outro material. O receptáculo era suspenso de alguma maneira, sendo agitado, até que dali resultasse a manteiga. O trecho de Provérbios 30.33 mostra-nos que o leite azedado se transformava em coalhada. Entre os antigos escritores gregos não há qualquer menção à manteiga. Entre os romanos, a manteiga era mais usada como medicamento do que como alimento. Certas tribos africanas, até hoje, usam a manteiga a fim de melhor fixar os penteados de suas mulheres.

Usos figurados. 1. Lavar os pés na manteiga é desfrutar de grande e deleitosa prosperidade (Jó 29.6). No verão, a manteiga se liquefazia como o azeite, e, no inverno, tornava-se sólida ou pastosa; a referência em Jó 29.6 indica o estado liquefeito. **2.** A linguagem lisonjeadora assemelha-se à manteiga, ou melhor ainda, a pedacinhos de pão amanteigado (Sl 55.21).

MANTO

No hebraico, *beged*, "manto". Essa palavra aparece por 215 vezes, com o sentido mais simples, igualmente, de "vestes" ou "roupas". Para exemplificar (Gn 24.53; 27.15,27; 29.20; Lv 11.32; Nm 31.20; Dt 24.17; Jz 8.26; 1Sm 28.8; 2Rs 5.5; 7.8; Et 4.4).

No grego temos a considerar cinco palavras, a saber: **1.** *Énduma*, "veste". Esse vocábulo ocorre por oito vezes (Mt 3.4; 6.25,28; 7.15; 22.11,12; 28.3; Lc 12.23). **2.** *Esthés*, "robe", vocábulo que figura por 7 vezes (Lc 23.11; 24.4; At 10.30; 12.21; Tg 2.2,3). **3.** *Imatismós*, "veste". Palavra que aparece por cinco vezes (Lc 7.25; 9.29; Jo 19.24; At 20.9; 1Tm 2.9). **4.** *Sképasma*, "coberta". Termo que ocorre somente em 1Timóteo 6.8. **5.** *Imátion*, "veste". Palavra que aparece por 59 vezes (Mt 5.40; 9.16,20,21; 14.36; 17.2; 21.7,8; 24.18; 26.65; 27.31,35; Mc 2.21; 5.27,28,30; 6.56; 9.3; 10.50; 11.7,8, 13.16; 15.20; Lc 5.36; 6.29; 7.25; 8.27,44; 19.35,36; 22.36; 23.34; Jo 13.4,12; 19.2,5,23,24; At 7.58; 9.39; 12.8; 14.14; 16.22; 18.6; 22.20,23; Hb 1.11,12; Tg 5.2; 1Pe 3.3; Ap 3,4,5,18; 4.4; 16.15; 19.13,16).

A gravura existente no obelisco negro de Salmaneser, mostra homens vestidos com vestes que lhes chegavam à altura dos joelhos, com beiras orladas. O manto dos hebreus geralmente tinha forma quadrada, com aberturas para os braços. Havia um fio que passava por cima de um dos ombros, e pouco se usava por baixo do manto. O livro de Rute dá-nos alguma ideia do estilo desse tipo de vestimenta. Vemos ali Boaz, deitado no campo plantado e seu manto sendo usado como coberta. Rute, que reivindicava a proteção dele em sua viuvez, veio e cobriu-se com a ampla beirada dessa vestimenta, aos seus pés, sem que ele a notasse, a princípio. Quando Boaz acordou, viu-a ali e perguntou quem ela era. Ela informou-o de que era sua parenta e serva, e pediu-lhe que a cobrisse com o seu manto. O manto era o símbolo de proteção, e a lei do levirato requeria isso da parte de Boaz, no tocante a Rute.

Moisés prescreveu o uso do manto para os sacerdotes (ver Êx 28.4,31,34), um precedente seguido por Samuel (1Sm 28.14). Os sacerdotes e escribas dos dias de Jesus usavam mantos (Mc 12.38 e Lc 20.46, onde o original grego diz *stole*, mas onde nossa versão portuguesa traduz por "vestes talares"). Os anjos usavam um manto, no interior do sepulcro vazio de Jesus (ver Mc 16.5, onde nossa versão portuguesa diz apenas "vestido de branco"), bem como durante a cena da ascensão do Senhor (ver At 1.10, com tradução portuguesa similar, posto que no plural). Na visão apocalíptica de João, essa também era a veste dos mártires (ver Ap 6.11; em português, "vestiduras brancas") e do Senhor Jesus (ver Ap 1.13; em português; "vestes talares"). Essa palavra grega é usada por oito vezes. Mas uma outra palavra grega, *imátion*, "manto púrpura", aparece por 62 vezes no Novo Testamento, novamente com variadas traduções em português, nem sempre dando ao leitor a ideia exata do que se tratava. Sabe-se que *to imátion* era o manto usado por um rei ou general (ver Jo 19.2; em português, "manto de púrpura", que dá a impressão de que o tecido era feito de púrpura, quando, na verdade, púrpura era a cor do manto, pelo que a tradução deveria ser "manto púrpura"). No grego temos ainda as palavras *chamús*, usada somente em Mateus (27.28 e 27.31; que nossa versão traduz por "manto escarlate" e por "manto" respectivamente), e *esthés*, palavra grega usada somente por Lucas, que nossa versão portuguesa traduz por "manto aparatoso" (ver Lc 23.11).

Esses mantos, no Antigo ou no Novo Testamento, envolviam um sentido de nobreza ou dignidade. Assim, a "túnica talar de mangas compridas", que Jacó deu a José (ver Gn 37.3 ss.; no hebraico, um termo usado por 29 vezes) e a "melhor roupa" dada ao filho pródigo quando voltou a seu pai (ver Lc 15.22, no grego *stole*), eram símbolos de dignidade. Por semelhante modo, as vestiduras dos mártires, nas cenas apocalípticas, têm esse simbolismo (ver Ap 6.11; 7.9,13,14 e onde a palavra grega é *stole*). No entanto, o "manto tinto de sangue" usado pelo Senhor Jesus, como vencedor da besta e do falso profeta, em Apocalipse 19.13, era o *imátion*. Ver *Vestes*.

O manto era considerado uma possessão preciosa. Podia ser usado como garantia de devolução de um empréstimo, mas tinha de ser devolvido ao pôr do sol, porquanto era usado como coberta, à noite. Ver Deuteronômio 24.15,13,17, quanto às leis nisso envolvidas. O trecho de Êxodo 22.26,27 inclui o mesmo preceito, ameaçando de julgamento divino aqueles que lhe forem desobedientes. Uma recente descoberta arqueológica, feita *em Tel Aviv, Israel, em* um pedaço de cerâmica, tem uma inscrição que expressa a consternação de alguém que perdeu o seu manto, evidentemente em face de uma dívida, porquanto a lei que proibia o confisco não fora obedecida. Notemos, igualmente, o cuidado de Paulo quanto à sua capa, ao solicitar que a mesma lhe fosse trazida, pois, ao que parece, ele a deixara por engano em Trôade (2Tm 4.13).

Usos figurados. **1**. O manto era usado como parte da cerimônia de casamento entre os povos árabes. Simbolizava a possessão e proteção da mulher por parte do homem, sendo passado em volta dela, como parte do aspecto final da cerimônia. **2**. A *eliminação* da cobiça, da malícia, da incredulidade etc., é retratada pelo manto, nos trechos de (1Ts 2.5; 1Pe 2.16 e Jo 15.22. 3). O zelo do Senhor, ao punir os seus inimigos e ao livrar o seu povo, é simbolizado por um manto, em Isaías 59.17. Deus vive *coberto* de justiça, e assim exprime a justiça, da maneira como convém. (ID Z)

MANUSCRITO

Essa palavra portuguesa vem do latim, *manus*, "mão", e *scriptus*, "escrita", a saber, um documento escrito à mão, em contraste com um livro impresso. Antes da intervenção da imprensa, todos os livros eram manuscritos. Eram feitos de muitos materiais diferentes, como tabletes de argila, placas de metal, tabletes de cera, couro, pedaços de cerâmica, vários tipos de pano, papiro, casca de árvores etc. Os judeus apreciavam muito rolos de pergaminho como material de escrita. Devido ao fato de que o uso desses rolos era difícil quanto ao manuseio, acabaram sendo usados os códices, com folhas, mais ou menos como os nossos livros. O termo latino *codex* (codicis) refere-se primeiramente ao tronco de uma árvore, então, a tabletes de escrever, feitos de casca de árvore, recobertos de cera, a fim de facilitar a escrita, feita por meio de um estilete. E, finalmente, essa mesma palavra acabou tendo o sentido de *livro*. A raiz dessa palavra era *caudex*, o tronco de uma árvore.

Os códices entraram em uso, substituindo os rolos, em cerca do século IV d.C. O papiro era usado como material para fazer tanto rolos quanto códices, mas o pergaminho, finalmente, tornou-se o material preferido de escrita, em face de sua durabilidade. O papel, por sua vez, foi inventado na China e introduzido no mundo ocidental através da agência dos árabes. O papel começou a subistituir o pergaminho em cerca do século XII d.C.

De todos os documentos do mundo antigo, o Novo Testamento é aquele que conta com o maior número de manuscritos, confirmando-o, embora os manuscritos realmente antigos, do século III d.C. em diante, não sejam assim tão abundantes. Não obstante, o texto antigo mais bem confirmado do mundo é justamente o do Novo Testamento. Os eruditos dos clássicos lamentam a relativa escassez de manuscritos que confirmam as obras clássicas em grego e latim. Isso não sucede no caso do Novo Testamento, que também conta com a vantagem de ter sido traduzido para muitos idiomas antigos. Ver os artigos separados intitulados Manuscritos do Antigo Testamento e Manuscritos do Novo Testamento. Até à descoberta dos Manuscritos do mar Morto (vide), o Antigo Testamento não era bem confirmado por manuscritos realmente antigos. De fato, os manuscritos mais antigos do Antigo Testamento que até então se conheciam eram do século IX d.C. Mas, com a descoberta desses papiros, vieram à tona manuscritos do Antigo Testamento de cerca de mil anos antes disso!

MANUSCRITOS ANTIGOS DO ANTIGO E DO NOVO TESTAMENTO

Ordem de Apresentação

Manuscritos Antigos do Antigo Testamento
Manuscritos Antigos do Novo Testamento

MANUSCRITOS DO ANTIGO TESTAMENTO

I. Importância dos Manuscritos do mar Morto.

Ver o artigo separado chamado *mar Morto, Manuscritos (Rolos) do*. Esse artigo é bastante detalhado, prestando ao leitor informações sobre alguns dos mais importantes manuscritos do Antigo Testamento. O número de manuscritos que confirmam o *Novo Testamento* é apreciável, e muitos papiros distam de apenas duzentos anos dos originais. O caso do Antigo Testamento, porém, é radicalmente diferente... até que se descobriram os manuscritos do mar Morto. Antes desse achado, o mais antigo manuscrito hebraico era datado do século IX d.C., o que deixava um hiato de cerca de dois mil anos entre essa data e o reinado de Davi sobre Israel. Para nada dizermos sobre o hiato entre o século IX d.C. e a época de Moisés. A despeito disso, muitos críticos textuais continuam a acreditar que o texto massorético é digno de confiança, apesar do tempo que se passou entre os originais e as cópias massoréticas. Sabe-se que os massoretas fizeram o seu trabalho entre 500 e 1000 d.C., pelo que nada havia de realmente antigo quanto aos textos que eles copiaram. Mas, com certo alívio, os eruditos que examinaram os manuscritos do mar Morto verificaram que a confiança deles no texto massorético estava justificada, embora não de maneira absoluta. Apesar de haver algumas significativas variações no texto de alguns dos livros do Antigo Testamento, pode-se asseverar que os manuscritos do mar Morto confirmaram a exatidão dos manuscritos hebraicos que existiam depois disso, apesar de suas datas comparativamente recentes. Por outro lado, os manuscritos do mar Morto também revelaram que, algumas vezes, as versões, particularmente a Septuaginta, estão mais próximas dos mais antigos manuscritos hebraicos do que o texto massorético. Algumas versões do Antigo Testamento remontam ao século II d.C., e assim deparamo-nos com a paradoxal circunstância de que as versões do Antigo Testamento de que dispomos são mais antigas que os manuscritos hebraicos desse mesmo documento. Naturalmente, sabemos que os escribas judeus, devido ao seu notável respeito pelas Sagradas Escrituras, produziam manuscritos com extremo cuidado, muito mais do que no caso dos copistas do Novo Testamento. Entretanto, isso não significa que os manuscritos dos escribas judeus nunca continham erros.

Em face do exposto, temos a surpreendente situação em que, no tocante ao Antigo Testamento, somente nos últimos sessenta anos dispomos de manuscritos verdadeiramente antigos daquele documento sagrado. Mas, naturalmente, também é verdade que o trabalho dos críticos textuais do Antigo Testamento não exibe um número tão grande de variantes como no caso dos manuscritos do Novo Testamento. Isso tanto é verdade que não podem ser distinguidos vários tipos de texto, segundo é possível fazer no caso do Novo Testamento. Portanto, a história do texto hebraico permanece conjectural, sabendo-se apenas que os massoretas ocupam praticamente tudo quanto se tem que estudar ali.

As variações das versões deixaram inseguros a muitos eruditos do Antigo Testamento, e essa insegurança, em certa medida, foi confirmada pela descoberta dos manuscritos do mar Morto. Agora sabe-se, de maneira bem definida, que houve um texto pré-massorético, e que o texto massorético, na realidade, é uma harmonização de manuscritos antes existentes. Isso significa que, grosso modo, isso foi também o que sucedeu ao texto neotestamentário do grego *koiné* (vide), ou bizantino, que harmonizava tipos de texto mais antigos, estabelecendo assim um texto padronizado. Todavia, a padronização do Antigo Testamento não foi tão radicalmente distinguida dos originais como se deu no caso do Novo Testamento. O texto bizantino do Novo Testamento varia em cerca de quinze por cento de seu material, em comparação com o suposto texto original restaurado. As evidências que cercam os manuscritos do mar Morto mostram que o texto massorético está longe de variar em tal alta proporção em relação aos textos hebraicos mais antigos. Contudo, precisamos relembrar que aqueles manuscritos ainda assim estão muitos séculos distantes dos primeiros livros do Antigo Testamento, não podendo comparar-se com os papiros do Novo Testamento como antigos representantes da transmissão dos textos sagrados. Para exemplificar, os salmos de Davi só dispõem de confirmação hebraica a partir de *oitocentos anos* depois que foram compostos, apesar da descoberta dos manuscritos do mar Morto! Por outro lado, grande porção das epístolas paulinas é confirmada a partir do século III d.C., cerca de *duzentos anos* depois de terem sido escritos os *autógrafos originais!*

Quase todos os manuscritos do Antigo Testamento de que dispomos foram escritos depois do ano 1000 d.C. Alguns poucos pertencem ligeiramente a antes disso, mas *nenhum* deles pertence a antes de 900 d.C. Quase duzentos mil fragmentos de manuscritos escritos em hebraico e aramaico, de muitas espécies, têm sido levados de Genizah, no Cairo, para museus e bibliotecas do Ocidente. E alguns detalhes importantes têm emergido daí. Mas os estudos apenas começaram a ser feitos nesse campo. Além disso temos códices do Antigo Testamento desde há muitos séculos guardados como tesouros nas sinagogas sefaraditas de Aleppo, na Espanha. Esse texto talvez nos proveja um testemunho ainda mais antigo que aquele que foi conhecido pelos massoretas, talvez escritos pelo famoso massoreta judeu, Aaron Ben Asher. Sob a seção VII, abaixo, conto a história desse manuscrito, que, atualmente, está sendo sujeitado a intensos estudos por parte dos especialistas no assunto.

II. Esboço Histórico do Texto Hebraico

1. Dispomos agora de um pequeno fragmento do trecho de Números 6.24-26, que diz: *O Senhor te abençoe e te guarde; o Senhor ilumine o seu rosto sobre si, e tenha compaixão de ti; o Senhor te revele a sua face e te dê a paz!* (segundo traduções modernas). Esse fragmento foi datado como pertencente ao século VI a.C. Essa descoberta ocorreu quando o arqueólogo Gabriel Garkai, da Universidade de Tel-Aviv, em Israel, vasculhava um túmulo de uma família da época do primeiro templo (entre cerca de 950 e 587 a.C.), situado no vale de Hinom, junto às muralhas meridionais da cidade antiga de Jerusalém. A primeira tomada de contato com esse documento deu-se em 1979, mas sua decifração só foi feita três anos depois, em virtude da fragilidade dos rolos arqueológicos. A descoberta fez recuar em quatro séculos a história do texto sagrado, pois, até 1982, só se conheciam manuscritos até o século III a.C., encontrados a nordeste do mar Morto, na região de Qumran. O primeiro vocábulo identificado foi o nome *Yahweh*, "Senhor", um dos nomes de Deus no Antigo Testamento. O resto do texto ainda resiste aos esforços de leitura dos estudiosos. Talvez mais estudos consigam dar-nos alguma informação significante quanto à transição pela qual passou o texto do Antigo Testamento.

2. Período entre a escrita dos livros do Antigo Testamento e o ano 70 d.C.. Até à descoberta dos manuscritos do mar Morto, havia um grande hiato quanto a evidências acerca desse período. Alguma evidência podia ser respigada do Pentateuco samaritano e da versão da Septuaginta. Ver o artigo sobre *Bíblia, versões da*. Poderíamos frisar aqui, novamente, o extremo cuidado com que os judeus preparavam e preservavam os seus manuscritos, o que nos permite supor que os manuscritos, mesmo quando relativamente recentes, ainda assim são bastante exatos. Os manuscritos do mar Morto vieram confirmar essa confiança, mas também demonstraram a existência de um texto protomassorético, bem como o fato de que as versões antigas algumas vezes preservaram melhor os textos do que as cópias dos textos em hebraico que chegaram até nós. O fato de que nas cavernas do mar Morto foi encontrado um escritório especial, usado para a duplicação de manuscritos, mostra-nos que muitas outras cópias devem ter-se perdido. Que tão poucos e tão tardios manuscritos hebraicos chegaram até nós é uma dessas estranhas circunstâncias da história. Sabe-se que os judeus destruíam as cópias velhas e desgastadas de suas Sagradas Escrituras, e isso explica a escassez de cópias antigas. E que erros foram cometidos é algo que fica claro mediante a comparação entre os manuscritos existentes. Porém, provavelmente é um erro falar sobre tipos de texto ou famílias de manuscritos, no caso do Antigo Testamento, porquanto não parece ter havido muita variedade. Ao que tudo indica, *textos locais* não se desenvolveram como no caso do Novo Testamento, onde encontramos os tipos de texto Cesareano, Alexandrino, Bizantino e Ocidental, sendo que o tipo de Cesareia é o melhor preservado, e o ocidental é o menos bem preservado.

3. De 70 a 900 d.C.. O templo de Jerusalém foi destruído; e isso fez aumentar em muito a importância das sinagogas. Existiam manuscritos do Antigo Testamento, mas a história da preservação desses manuscritos não é favorável. A situação complicou-se pela perda da capital, Jerusalém. Outras capitais

MANUSCRITO

surgiram, como novos centros do judaísmo, mas, de uma maneira incrível, isso não conseguiu garantir a sobrevivência do qualquer grande número de manuscritos do Antigo Testamento. Entretanto, várias grandes figuras trabalharam sobre o idioma hebraico e sobre os textos bíblicos. Assim, *Akiba* (*vide*), um importante rabino judeu, salientou a importância do uso da *tradição* como uma "cerca em redor da lei", a fim de proteger a integridade desta. Os escribas atiraram-se a tarefas fantásticas, como a contagem das letras, o número de palavras e o número de versículos dos livros do Antigo Testamento; também marcavam a letra do meio de cada palavra e a palavra do meio de cada seção; anotavam formas e fatos peculiares acerca do texto sagrado. Essas anotações dos escribas posteriormente foram incorporados no trabalho dos massoretas. Desenvolveu-se a mais autêntica bibliolatria, mas, pelo menos, podemos ter certeza de que essa imensa preocupação com o Antigo Testamento muito contribuiu para preservar sua exata transmissão, ainda que, incrivelmente, não tenha feito muito para preservar um grande número de manuscritos.

4. De 900 a 1.400 d.C. Os Massoretas. Preservei a seção III, abaixo, a fim de discutir mais especificamente sobre eles. Esses escribas e eruditos começaram a atuar em cerca de 500 d.C., e continuaram ativos por cerca de mil anos, até que foi inventada a imprensa. Eles eram os "mestres das tradições", conforme seu nome significa em hebraico. Eles se consagravam a cuidar e zelar pelas Escrituras Sagradas. Eram mais do que meros copistas. Eles proveram o texto sagrado em hebraico com um sistema de pontos vocálicos. Isso tornou possível a leitura do texto hebraico, quando a maioria dos judeus não falava mais o hebraico. Os antigos manuscritos foram rapidamente revisados, e o sistema deles teve aceitação geral. Eles desempenharam tão bem o seu papel que, após 900 d.C., o adjetivo *massorético* passou a ser aplicado ao próprio texto do Antigo Testamento, e não meramente aos homens que labutavam por produzi-lo, que eram chamados *massoretas*.

Os *naqdanim*, literalmente, os "pontuadores", eram gramáticos que promoviam e melhoravam o trabalho dos massoretas. Eles reproduziam manuscritos do texto massorético. A despeito de tanto esforço, poucos manuscritos representativos chegaram até nós.

III. O Trabalho Feito pelos Massoretas. O hebraico era escrito somente com as consoantes, sem as vogais, e sem pontuação alguma. Apesar de um texto dessa natureza poder ser lido por aqueles bem acostumados com aquele idioma, certamente era uma situação que deixava perplexos os demais. Tentemos decifrar isto: *vc tm Id st lvr?* Um pouco de investigação mostrará que significa: *Você tem lido este livro?* Mas, para alguns, será preciso bastante tempo. Com a prática, há maior prontidão na leitura, mas foi essa dificuldade que levou os massoretas a inventarem um sistema de pontos vocálicos (representando fonemas vogais), o que também serve de prova de que até os especialistas se cansaram dessa maneira tão difícil de escrever e ler. Adicione-se a isso a dificuldade de que, após o exílio babilônico, o aramaico chegou a substituir o hebraico como idioma popular dos judeus. Assim, um judeu não somente tinha de ler um texto apenas com consoantes, mas também tinha de ler uma língua diferente da sua, mais ou menos como o espanhol dista do português. A descoberta de cartas, entre os manuscritos do mar Morto, mostra-nos que os judeus continuavam usando o hebraico, embora essa não fosse a linguagem principal entre eles.

Massora, Texto Massorético. Ver o artigo separado com esse título. Aqui oferecemos um breve sumário a respeito. Podemos ter a certeza de que esses escribas e tradicionalistas manuseavam com extremo cuidado os manuscritos. Eles se sentiam capazes até de perceber significados misteriosos em *letras* isoladas do texto, quanto mais na mensagem em geral! Se se ocupavam na contagem das letras, assinalando a letra do meio e a palavra do meio das seções, e examinando letras isoladas em busca de sentidos ocultos, também se ocupavam na preservação e exatidão do texto em geral. Embora o significado do nome deles, *massoretas*, não seja indiscutível, usualmente pensava-se que estava relacionado à raiz hebraica *msr*, que significa "transmitir". Isso posto, eles eram aquele grupo de estudiosos ocupado nas tradições que circundavam a transmissão do texto hebraico e sua mensagem. Conforme já dissemos, eles também proveram o texto com um sistema de sinais vocálicos, além de terem feito copiosas anotações. Essas anotações, em sua maior parte, não eram explicativas, mas eram essencialmente textuais em sua natureza. Eles se preocupavam com o número de vezes em que os vocábulos hebraicos apareciam no texto sagrado, e faziam muita questão da correta ortografia. O trabalho deles prolongou-se de cerca de 500 a cerca de 1100 d.C., embora alguns estudiosos digam que eles continuaram ativos até o tempo da invenção da imprensa. Foram os massoretas que inventaram os parágrafos, as divisões de palavras, a vocalização e a acentuação. Eles costumavam tomar notas às margens e no fim dos parágrafos, mas isso desenvolveu-se em notas feitas no fim dos manuscritos, de tal maneira que, finalmente, foi criado um grande acúmulo de anotações.

IV. Importantes Manuscritos Massoréticos e Edições Impressas. **1. Codex Cairo**, dos Profetas (designado *C*). Ano de 895 d.C. Esse manuscrito foi pontuado (com sinais vocálicos). Ele foi o penúltimo manuscrito da famosa família de Ben Asher. Pertencia à comunidade caraíta de Jerusalém. Foi tomado pelos cruzados, então foi devolvido aos judeus, e terminou como propriedade da comunidade caraíta, no Cairo. **2. Leningrado MS Hb 83** (chamado *P*, por causa de Petrogrado). Ano de 916 d.C. Contém os profetas posteriores. Por muito tempo foi considerado o mais antigo manuscrito hebraico do Antigo Testamento. **3. Aleppo MS** (designado *A*). Cerca de 940 d.C. Foi encontrado em Jerusalém. Dali foi para o Cairo, e terminou em Aleppo, o que explica o seu nome. Maimônides dizia que era o mais fidedigno manuscrito que ele conhecia. Originalmente continha o Antigo Testamento inteiro, mas atualmente contém apenas três quartas partes do Antigo Testamento, pois a outra parte foi destruída em 1948, quando a sinagoga sefardita de Aleppo foi invadida por uma turba local. Atualmente se encontra na Universidade Hebraica de Jerusalém. **4. British Museum Or. 4445**. Século X d.C. Contém Gênesis 39.20—Deuteronômio 1.33. **5. Leningrado MS B 19A** (designado *L*). Ano de 1008 d.C. Aparentemente foi copiado de um manuscrito preparado por Aaron ben Moseh ben Asher. Contém o Antigo Testamento inteiro. Esse foi o manuscrito usado para produzir a *Bíblia Hebraica* 3, uma versão impressa da Bíblia em hebraico. **6.** *Catorze manuscritos* encontrados em Leningrado, na Rússia, por Kahle, quase todos preservados na Segunda Coleção Firkovitch, datados entre 929 e 1121 d.C., todos com o texto de Ben Asher. **7**. Depois de 1100 d.C., muitos manuscritos foram preservados, mas em nada contribuíram para adicionar qualquer coisa ao valor da crítica textual, sendo meras reproduções de textos já existentes, pertencentes somente ao tipo de texto massorético.

Edições Impressas. Antes de 1500 d.C., muitos livros foram publicados em hebraico, incluindo certo número de livros bíblicos. **1. Daniel Bomberg, de Antuérpia**. Ele publicou sua primeira edição de uma Bíblia rabínica, em l516—l517. Continha o texto bíblico, com comentários. **2**. Uma *segunda Bíblia de Bomberg* foi editada por Jacob ben Chayim, de Túnis, em 1525. Nela foram incluídas muitas anotações dos massoretas. O texto dessa edição tornou-se a Bíblia hebraica padrão para o mundo ocidental, até 1937. Houve também outras publicações, de menor importância. **3. 1776-1780**. Benjamin Kennicott publicou uma *Bíblia Hebraica*, em Oxford, na Inglaterra. Alistava variantes de seiscentos manuscritos hebraicos. **4**. A isso, J.B. de Rossi adicionou mais informações sobre variantes textuais, e uma nova Bíblia Hebraica foi publicada. Todavia, as fontes informativas de Kennicott e Rossi eram relativamente recentes. **5. 1869**. S. Baer imprimiu alguns livros em hebraico, com um aparato crítico melhor organizado. No entanto, sua obra nunca se completou, e foi muito criticada. **6. 1908-1926**. Christian D. Ginsburg produziu outra *Bíblia Hebraica* com um elaborado aparato crítico de variantes, mas apenas seguiu os labores de outros, pelo que não produziu coisa alguma de especialmente novo. **7. 1906**. Rudolph Kittle publicou sua *Bíblia Hebraica*. Seguiu-se outra edição, em 1912. Foram incluídas muitas emendas conjecturais. A Septuaginta foi a fonte informativa principal por detrás dessas emendas, mas muitas dessas emendas foram recolhidas dentre os escritos dos comentadores, e não de manuscritos da Septuaginta, e isso reduziu muito o valor da obra. Foi usado, essencialmente, o texto de Ben Chayim. **8. 1937**. Buscou-se usar o manuscrito de Aleppo como base da terceira edição da *Bíblia Hebraica*, mas as autoridades da sinagoga envolvida não permitiram que se fotografasse aquele manuscrito. Por isso, foi usado o texto Leningrado MS B-19A. Paul Kahle preparou o texto e a massora para ser incluída, e assim foi produzida a *Bíblia Hebraica* 3. Essa Bíblia hebraica tornou-se o texto padrão entre os eruditos ocidentais. Os tradutores da Bíblia tenderam por seguir essa edição, com suas notas de rodapé (retidas na segunda edição) de modo bastante servil. E isso criou uma autoridade não muito recomendável, embora talvez a melhor que podia ser produzida, em face da escassez de manuscritos hebraicos. **9. 1958**. As Sociedades Bíblicas Britânica e Estrangeira publicaram uma *Bíblia Hebraica* preparada por Norman H. Snaith. Estava alicerçada sobre as notas críticas de um manuscrito espanhol, preparado pelo rabino Solomon Norzi, em 1926. Seu texto é muito semelhante àquele que Kahle encontrou em Leningrado.

Em seguida houve o descobrimento dos manuscritos do mar Morto, em 1948, que promete modificar alguns textos das Bíblias hebraicas impressas, embora a porcentagem de alterações não venha a ser muito grande. No caso do Novo Testamento, a descoberta de manuscritos mais antigos, especialmente em papiro, anulou completamente o *Textus Receptus* (vide). Nenhuma descoberta até hoje, entretanto, tem feito muito para diminuir a autoridade do texto massorético, ver a décima seção, *Crítica Textual*, onde se demonstra isso.

V. A GENIZAH DO CAIRO, NO EGITO. Esses manuscritos foram descobertos a partir de 1890, na *genizah* (depósito) da antiga sinagoga do Cairo. Uma *genizah* é um depósito para guardar manuscritos que foram tirados de circulação em face de seu desgaste. Esses manuscritos eram irregulares quanto à sua vocalização. Alguns tinham sinais vocálicos supralineares. Também incluíam material extraído dos targuns e da literatura rabínica. Alguns desses manuscritos são anteriores ao século IX d.C., mas as diferenças porventura achadas não são suficientes para lançar qualquer dúvida quanto ao texto massorético comum. A questão da *genizah* é interessante. Os hebreus usualmente sepultavam os antigos manuscritos juntamente com os eruditos. Cópias cuidadosas eram feitas, e antigos manuscritos desgastados eram considerados indignos de serem guardados. No entanto, os estudiosos ocidentais lamentam tais costumes. Os antigos manuscritos da Bíblia têm considerável valor, tanto como peças valiosas quanto à erudição que eles contêm. Assim, a Universidade de Cambridge negociou e adquiriu grande parte do material encontrado no Cairo. No total, cerca de duzentos mil fragmentos desse material escrito foram adquiridos. Grande parte desses fragmentos, porém, não tem vínculos com a Bíblia, mas consiste em documentos comerciais ou de questões relacionadas à cultura e à fé religiosa dos judeus. Além de revestir-se de valor quanto ao texto bíblico, esse material lança luz sobre questões da cultura e da religião dos judeus. Centenas de manuscritos bíblicos derivam-se de tal origem, e o seu estudo está sendo efetuado com atento escrutínio. Paul Kahle apresentou a teoria de que os manuscritos demonstram ter havido dois grupos diferentes de massoretas, um na Babilônia e outro em Israel. Nosso conhecimento sobre a transmissão do texto hebraico vai aumentando, mas uma coisa podemos afiançar, é que coisa alguma tem abalado a exatidão geral do texto massorético. E o mais provável é que isso jamais será abalado.

VI. O MANUSCRITO DE ALEPPO. No passado, muitos estudiosos acreditavam que esse manuscrito hebraico era o mais antigo de que se podia dispor, razão do grande interesse que o mesmo despertava. Paul Kahle procurou obter fotografias do mesmo para servir de base de sua *Bíblia Hebraica* 3 (ver a seção IV, acima). Mas sua solicitação foi-lhe negada, e o manuscrito não foi posto à disposição dos eruditos, a fim de estudarem-no em qualquer profundidade. Em 1948, a sinagoga sefardita de Aleppo foi atacada por uma multidão, e o manuscrito desapareceu. Ao que tudo indica, oficiais da própria sinagoga tinham ocultado o manuscrito. Por isso, foi "descoberto", e, finalmente, foi levado a Jerusalém, para ser guardado em segurança. Atualmente acha-se na Universidade Hebraica de Jerusalém. Cerca de uma quarta parte do manuscrito foi queimada pelo fogo provocado pela turba invasora. Infelizmente, cerca de nove décimos do Pentateuco estavam irremediavelmente perdidos. Antes de 1948, porém, era uma Bíblia hebraica completa. O erudito inglês, William Wickes, foi o primeiro a fotografar uma porção da mesma (uma página, contendo Gn 26.17-27.30). O rev. J. Segall também fotografou algumas poucas páginas (Dt 4.38-6.3). Essa parte pertencia à porção queimada, revestindo-se assim de especial valor. Minhas fontes informativas nada mais informam quanto a outras fotografias, mas é esperança dos estudiosos que esse manuscrito, finalmente, será posto à disposição dos pesquisadores. O que sabemos dizer sobre o mesmo é que seu texto é o texto massorético. Esse manuscrito do Antigo Testamento data do século IX ou do século X d.C.

VII. TIPOS DE ERROS COMUNS NOS MANUSCRITOS. Os manuscritos bíblicos, do Antigo e do Novo Testamentos, não encerram diferentes tipos de erros (ou modificações escribais), senão aqueles comuns aos livros manuscritos, se exceturmos os erros que envolvem alterações propositais sobre bases dogmáticas. Quanto a uma ilustração sobre uma alteração dogmática, ver o artigo sobre Manassés (*Outros Além do Patriarca e do Rei*), em seu primeiro ponto. O texto envolvido é o de Juízes 18.30, que fala sobre um certo Moisés, que esteve envolvido com um santuário idólatra. Mas os escribas do texto massorético alteraram Moisés para Manassés, porquanto não suportavam a ideia que o reverenciado nome de Moisés se encontrasse em tal contexto, embora seja perfeitamente claro que um Moisés diferente estava envolvido no caso. E foi assim que muitas traduções, para outros idiomas, retiveram o texto falso, Manassés. Outros tipos de erro são comuns a todos os documentos manuscritos, como repetições, omissões (ditografias e haplografias), equívocos que envolvem letras ou vocábulos similares, variações na ortografia, erros devidos à audição (quando um manuscrito era ditado por outra pessoa). Sabe-se que, com frequência, manuscritos eram produzidos desse modo, o que também acontecia com os clássicos gregos e romanos. Nos livros de Reis e de Crônicas muitos nomes foram grafados de forma errada, devido à similaridade entre certas letras hebraicas, equivalentes às nossas letras d e r. Mas, a restauração de nomes próprios tem sido feita com sucesso, pelo menos em alguns casos, mediante o confronto com o texto da Septuaginta. Além disso, há omissões devidas ao que se chama de *homoeoteleuton*, isto é, terminações similares de palavras. O olho de um escriba saltava algumas linhas, porque sua vista pousava sobre alguma terminação similar no texto, deixando omisso o que ficava entre uma palavra e a outra. Ernst Wuerthwein demonstrou todos esses tipos de erros em seu livro *Text of the Old Testament*, p. 71-73, onde demonstra que todos esses tipos de erros aparecem no rolo do profeta Isaías, encontrado em Qumran. Todavia, tais erros não devem ter sua importância exagerada, visto que a porcentagem de equívocos não é muito elevada, e só raramente o sentido de alguma passagem é alterada dessa maneira.

VIII. Importância das Versões do Antigo Testamento.

Ver o artigo separado sobre *Bíblia, versões da*, quanto a detalhes acerca dessa questão. Sumariando, podemos afirmar que, no tocante ao Antigo Testamento, essas traduções são as seguintes: A *Septuaginta* (ou LXX), sobre a qual apresentamos um artigo separado. Essa tradução foi iniciada em cerca de 230 a.C. A *Siríaca Peshitta*, de cerca do século V d.C., embora com algumas porções traduzidas antes disso. A *Vulgata Latina*, feita em cerca de 400 d.C. *Os Targuns Ararnaicos*, pertencentes a diversas datas.

Antes da descoberta dos manuscritos do mar Morto, havia a estranha circunstância de que os manuscritos de algumas versões eram mais antigos que qualquer manuscrito hebraico disponível. Exemplos conspícuos disso eram os textos veterotestamentários chamados manuscritos Alexandrinus, Vaticanus e Sinaiticus. Havia eruditos que tendiam por superestimar a Septuaginta e subestimar o texto massorético. Mas os manuscritos do mar Morto têm mostrado o valor da Septuaginta (algumas vezes, mostra-se melhor e mais antigo do que o texto massorético), embora, em sentido geral, essa descoberta tenha elevado a opinião dos estudiosos em geral (incluindo os eruditos liberais) quanto à qualidade do texto massorético. Contudo, visto que as versões obviamente incluem muitas palavras e passagens que procuram traduzir (e lembremos que se trata da tradução de um idioma semita para várias línguas indo-europeias, o que dificulta o trabalho de tradução) o hebraico, mas que não dizem, literalmente, o que diz o hebraico, por isso mesmo fazendo perder o valor dessas passagens, quando se trata agora de averiguar o que dizia o Antigo Testamento. Por outra parte, os textos dos livros de Samuel, em hebraico, estão bastante corrompidos, e, nessa porção do Antigo Testamento, a Septuaginta reveste-se de grande valor para estabelecer os textos originais. Lamentavelmente, porém, muitos manuscritos da Septuaginta e de outras versões também envolvem muitos erros, e, por causa disso, algumas vezes as versões aumentam a confusão, em vez de solucionarem problemas. A Septuaginta alterou muitos nomes próprios, de uma maneira irreconhecível. O manuscrito Vaticanus da Septuaginta é um dos melhores de que dispomos; mas encerra um grande número de variantes textuais (*sui generis*), especialmente no que se refere a nomes próprios.

Algumas vezes, a Septuaginta segue uma tradição radicalmente diferente, e é nesse ponto que ela lança dúvidas sobre os textos massoréticos existentes. Isso, em adição, deixa entendido que havia textos locais do Antigo Testamento, tal como veio a suceder no caso do Novo Testamento, embora não tenhamos evidências suficientes para estabelecer qualquer teoria fidedigna acerca da questão, no caso do Antigo Testamento. Parte dessa atividade poderia dever-se a manuscritos hebraicos defeituosos, que, então, foram usados para deles se tirarem cópias, embora dificilmente possamos atribuir todos os erros a essa única circunstância.

Outras vezes, a Septuaginta aclara alguma confusão resultante da similaridade entre letras hebraicas, como o *daleth* e o *resh*, o que deu origem a variantes. Um desses casos é o de Amós 9.12. Ali diz o texto massorético: ... *para que possuam o restante de Edom*... Mas a Septuaginta lê: ... *O remanescente da humanidade buscará ao Senhor*... A diferença pode ser explicada pela diferença na vocalização em uma palavra e um *resh* em outra palavra, onde deveria haver um *daleth*. Nossa versão portuguesa tentou emendar e criou um texto novo, pois diz: ... *para que possuam o restante de Edom e todas as nações que são chamadas pelo meu nome*..., misturando as variantes. O trecho de Atos 15.17 segue a forma que se acha na Septuaginta, o que era importante quanto às decisões tomadas pelo concílio de Jerusalém. Lemos ali (em nossa versão portuguesa): *Para que os demais homens busquem o Senhor, e todos os gentios sobre os quais tem sido invocado o meu nome*. Se os cristãos presentes conhecessem um texto diferente (conforme se vê em textos massoréticos posteriores), então o mais provável é que eles teriam objetado o uso que Tiago fez dessa passagem de Amós. O fato de que não o fizeram mostra-nos que, quanto a esse particular, a Septuaginta preservou o texto original, ao passo que o texto massorético o perdeu.

A Septuaginta influenciou tremendamente outras versões, pelo que elas não se revestem de grande valor como testemunhos isolados. A maioria dos eruditos, pelas razões expostas, muito têm dependido da Septuaginta, quando se trata de fazer emendas sobre o texto massorético do Antigo Testamento.

IX. Crítica Textual do Antigo Testamento

Princípios. **1**. Bem podemos suspeitar que o texto do Antigo Testamento também era representado por tipos de texto (textos locais), tal como sucedeu aos manuscritos do Novo Testamento. Mas, não há provas suficientes para fazermos disso um instrumento prático. Até onde vão as evidências, houve um texto protomassorético ainda que não se possa descobrir a existência de tipos de texto entre esses manuscritos. E nem pode um texto protomassorético ser estabelecido, exceto mediante alguns exemplos dispersos. Permanece de pé o fato de que o texto massorético é plenamente digno de confiança. Esse é o único tipo de texto hebraico do Antigo Testamento. Não obstante, o texto massorético pode e deve ser emendado em certos lugares, e isso constitui, essencialmente, o trabalho dos críticos textuais, no tocante aos manuscritos do Antigo Testamento.

2. A descoberta dos manuscritos do mar Morto tem demonstrado que, de modo geral, podemos depender do texto massorético, embora também tenha mostrado que, aqui ou acolá, a Septuaginta preserva melhor o original do que o texto massorético, conforme o mesmo é representado nos manuscritos, copiados a partir do século IX d.C. em diante. Ou, então, os manuscritos do mar Morto simplesmente afastam-se do texto massorético, não contando, igualmente, com qualquer apoio por parte da Septuaginta.

Exemplo. O rolo completo do livro de Isaías, conhecido como IQIsa, é um dos mais antigos e melhores dentre os manuscritos pré-massoréticos. Usualmente concorda com o texto massorético, mas, em alguns trechos, afasta-se do mesmo. Para exemplificar, o texto massorético diz, em Isaías 3.24:

> Será que em lugar de perfume haverá podridão,
> e por cinta, corda,
> em lugar de encrespadura de cabelos, calvície,
> e em lugar de veste suntuosa, cilício,
> e marca de fogo em lugar de formosura.

Na última linha é que se encontram as variantes. Ali aparecem duas dificuldades: há a reversão da ordem de palavras em relação às quatro linhas anteriores, e confere à palavra hebraica *ki*, que é bastante comum, um sentido que não aparece em todo o resto da Bíblia, ou seja, "marca de fogo". Mas o manuscrito IQIsa tem uma palavra adicional no fim da quinta linha, produzindo o seguinte resultado: ... *e em lugar de formosura* (*haverá*) *vergonha*. Essa parece ser a forma original do texto.

3. *Alterações propositais*, por razões dogmáticas, algumas vezes tornam-se evidentes. Em 2Samuel, certos nomes não hebraicos, que incorporam o nome de *Baal*, com frequência tiveram esse nome alterado para *bosheth*, "vergonha". Porém, nos livros de Crônicas, esses nomes foram deixados intocados. Por isso, o nome de um dos filhos de Saul, em 2Samuel 2.8, é *Is-Bosete*, ao passo que em 1Crônicas 8.33, esse mesmo homem é chamado mais corretamente (de acordo com o texto original) de *Esbaal*. A explicação disso é que certos escribas do texto massorético não queriam admitir que israelitas tivessem dado nomes tipicamente pagãos a seus filhos.

4. Emendas Feitas no Texto Massorético. Abaixo damos princípios básicos que se aplicam a essa questão: ***a***. A preferência é conferida ao texto das versões, mormente no caso da Septuaginta, ou quando as versões em geral concordam entre si contra o texto massorético, em alguns casos em que isso parece mais apropriado ao sentido do contexto. ***b***. A preferência é dada às variantes que substituem corrupções óbvias do texto massorético, conforme se vê nas ilustrações acima. ***c***. Quando os manuscritos do texto massorético não concordam entre si, então são feitas comparações entre aqueles documentos, com um cotejo adicional com as versões, a fim de se verificar qual forma é apoiada por elas. ***d***. Algumas vezes, variantes conjecturadas substituem o que se julga terem sido equívocos dos escribas, mesmo nos casos em que as versões em nada ajudam. ***e***. As conjecturas podem combinar-se com algumas evidências, embora não com a esmagadora maioria delas. ***f***. Quando as versões contam com um texto que parece depender de textos que os atuais manuscritos massoréticos perderam, então pode haver tentativas de restauração. ***g***. Usualmente, a variante mais breve é preferível, visto que os escribas tendiam muito mais por expandir do que por condensar os textos. ***h***. Regras comuns da crítica textual são as seguintes: as ditografias e haplografias devem ser observadas e corrigidas; as modificações dogmáticas devem ser rejeitadas; os comentários explicativos devem ser omitidos; os equívocos escribais óbvios devem ser corrigidos.

X. Diagrama: Restauração do Texto Original

Manuscritos Pré-Massoréticos (1)

Texto Massorético Padrão (2)   Septuaginta (3)

ANTIGO TESTAMENTO HEBRAICO ORIGINAL

Emendas Conjecturadas (5)   Outras Versões (4)

Algumas Ilustrações. **1. Salmo 49.11**. Temos aqui um texto sem sentido, no texto massorético: "O seu pensamento íntimo é que as suas casas serão perpétuas. A palavra hebraica aqui traduzida por "pensamento hebraico" parecia ser *qirbam*. Os tradutores lutaram com esse termo, mas com pouco sucesso. Mas, se nos voltarmos para as versões (Septuaginta, Peshitta e os Targuns), então a questão fica facilmente resolvida: "Seus sepulcros (no hebraico *qibram*) são suas casas perpétuas..." O erro consistiu na transposição da inscrição entre um *b* e um *r*, de tal modo que *qibram*, "sepulcro", tornou-se *qirbam*, "pensamento íntimo". **2. Isaías 49.24**. O texto massorético diz: "A presa pode ser tirada ao poderoso, ou podem ser salvos os cativos de um homem *justo*?" Naturalmente, "homem justo", nessa passagem — parece inteiramente fora de lugar. Mas a Septuaginta, a Siríaca *Peshitta* l e a Vulgata têm a tradução "tirano", o que dá um sentido muito melhor. O rolo de Isaías, encontrado perto do mar Morto, também diz "tirano". O erro originou-se da similaridade entre as palavras hebraicas para *justo* e para *tirano*. Nossa versão portuguesa diz, corretamente, "tirano".

Bibliografia. AM AP BJR E JEL KE ND Z

Ver também a Bibliografia do artigo *mar Morto Manuscritos (Rolos) do*, no tocante a uma bibliografia mais completa.

MANUSCRITOS (ROLOS) DO MAR MORTO. Ver *Mar Morto, Manuscritos (rolos) do*.

MÃO

No hebraico, temos três palavras e no grego, uma, a saber: **1**. *Yad*, "mão". Palavra hebraica que aparece por mais de 1.300 vezes, desde Gênesis 3.22 até Malaquias 3.12. **2**. *Ekeph*, "palma da mão", palavra hebraica usada por apenas uma vez, em Jó 33.7. **3**. *Kaph* "palma da mão" e "sola do pé". Palavra hebraica empregada por 122 vezes, desde Gênesis 20.5 até Ageu 1.11. **4**. *Cheír*, "mão". Vocábulo grego que aparece por 178 vezes, desde Mateus 3.12 até Apocalipse 20.4.

A mão é o órgão terminal do braço de vários animais, répteis e anfíbios. Na maioria dos animais, a mão é usada na locomoção, embora, em português, a chamemos de pata, mas, na espécie humana, a mão é usada para segurar, para tatear, e para fazer todo tipo de trabalho. De fato, a mão é o mais usado de todos os membros do corpo humano. Compõe-se do pulso, da palma, de quatro dedos terminais e do polegar, potencialmente posicionado no lado oposto, mediante um ágil movimento, possibilitando o ato de segurar. Isso destaca o homem de todos os animais, excetuando no caso de certos primatas. O pulso é formado por oito ossos, arranjados em duas fileiras de quatro ossos cada. Esses ossos, que formam o *carpo*, têm o formato de cubos grosseiros e com seus tendões de conexão, são capazes de conferir grande agilidade à mão. A palma é formada por cinco ossos finos, ligados às *falanges*, ou ossos dos dedos. Temos catorze falanges em cada mão, a saber: três em cada dedo terminal e duas no polegar. As juntas entre os ossos do metacarpo e as falanges chamam-se nós dos dedos. A grande gama de movimentos possíveis à mão é controlada por músculos que se originam no ombro, no braço e no antebraço, ligados à mão por meio de tendões. A mão é um instrumento de tal agilidade e graça que se encontra entre as mais maravilhosas criações de Deus. De fato, alguns teólogos têm-se valido da mão como um argumento em prol da existência de Deus, por causa de seu desígnio que demonstra tão grande inteligência. Ver sobre o *Argumento Teleológico*.

Usos Metafóricos. Quase todas as referências que há na Bíblia à mão são metafóricas. Damos abaixo exemplos disso: **1**. A mão é símbolo de todos os tipos de atos e utilizações. Mãos *puras* indicam que uma pessoa faz coisas retas, ao passo que mãos *impuras* indicam que o indivíduo fez coisas erradas. Mãos *sangrentas* pertencem àqueles que matam ou praticam atos de crueldade. (Ver Sl 90.17; Jó. 9.30; 1Tm 2.8; Is 1.15). **2**. A *lavagem* das mãos é sinal de inocência, de não querer se envolver em algo que é considerado errado (Dt 21.6,7; Sl 26.6; Mt 27.24). **3**. A mão representa poder e autoridade, o que explica as expressões bíblicas como *mão direita* (ou *destra*) e o *poder da mão* (ver Êx 15.6 e Is 10.13). **4**. *Segurar* a mão direita representa dar apoio (Sl 73.23; Is 41.13). **5**. *Postar-se* à mão direita significa dar proteção, ou receber honra e poder da parte da pessoa ao lado (Sl 16.8; 109.31; Mt 20.23; Hb 1.3). **6**. *Apoiar-se* à mão de outrem é sinal de familiaridade ou de superioridade (2Rs 5.18; 7.17). **7**. *Dar* a mão a outra pessoa significa submissão (2Cr 30.8). **8**. *Beijar* a mão de outrem é sinal de homenagem, respeito ou submissão (1Rs 19.18; Jó 31.27). **9**. *Derramar* água nas mãos de outrem indica serviço prestado (2Rs 3.11). **10**. *Tornar inativas* as mãos significa não permitir trabalhar, ou então enregelá-las de frio (Jó 37.7). **11**. *Retirar* a mão aponta para remover a ajuda ou o apoio (Sl 74.11). **12**. *Decepar* a mão representa a prática de uma extrema autonegação (Mt 5.30). **13**. A *mão aberta* simboliza generosidade ou liberalidade (Dt 15.8; Sl 104.28). **14**. A *mão fechada* é sinal de mesquinhez (Dt 15.7) **15**. A mão direita é o sul; a mão esquerda é o norte (Jó 23.9; 1Sm 23.19 e 2Sm 24.5). **16**. *Voltar a mão contra* indica aplicar castigo (Am 1.8; Jr 6.9; Ez 38.12; Sl 81.14). **17**. *Levantar as mãos* é sinal de oração intercessória ou de outorga de bênçãos (Jó 11.13; 1Tm 2.8). Esse ato também era efetuado quando se prestava um juramento (Gn 14.22), ou quando se implorava algo (1Tm 2.8). **18**. *Bater* as mãos uma na outra era sinal de lamentação, ira ou consternação (2Sm 13.19; Jr 2.37; Nm 24.10; Ez 21.14,17). **19**. A mão direita de um sacerdote era tocada com o sangue da vítima, dando a entender expiação e a autoridade do sacrifício oferecido (Êx 29.20 e Lv 8.23,24). **20**.

Juntar as mãos indicava acordo ou o estabelecimento de um pacto (2Rs 10.15; Jó 17.3; Pv 6.1; 17.18). **21**. Pôr a mão *sob a coxa* era um ato que simbolizava a confirmação de um juramento (Gn 24.2,3; 47.29,31). **22**. *Bater palmas* é sinal de alegria, triunfo ou aprovação (2Rs 11.12; Sl 47.1). **23**. *Abrir a mão* indica oferecer ajuda ou emprego (Dt 15.11). **24**. *Pôr as mãos no arado* significa iniciar uma tarefa ou missão (Lc 9.62). **25**. A *imposição de mãos* (vide) era um meio de se conferir alguma bênção, cura ou algum tipo de poder; inclusive poder espiritual (At 8.17; 1Tm 4.4). Também transferia o pecado (simbolicamente falando) para o animal a ser sacrificado (Lv 16.21). **26**. *Estender as mãos contra* era fazer oposição a algum inimigo (Ez 25.13) ou ajudar a algum amigo (Dt 3.24; 4.24). **27**. *Estar à mão* é proteger e prestar auxílio (Jr 23.23). No tocante ao tempo, significa "breve" (Fp 4.5). **28**. Entregar o espírito às mãos de Deus é morrer na boa esperança da bênção de Deus, na esperança da prosperidade espiritual no mundo vindouro (Lc 23.46). Encontramos o mesmo sentido em At 7.59, embora sem a menção às mãos. **29**. A *mão direita* era lugar do favor especial; a mão esquerda, de favor secundário (Mt 20.23). Porém, a mão direita também pode indicar favor, e a esquerda desprazer ou julgamento (Mt 25.33). O lado esquerdo ou mão esquerda pode indicar algo pervertido, inferior, ímpio. Ou então, na política, os esquerdistas. **30**. Nos sonhos, duas mãos em oposição indicam alguma decisão que precisa ser tomada entre duas alternativas, e a mão *esquerda é* a alternativa que deveria ser rejeitada. Nesses sonhos, as mãos podem segurar objetos simbólicos, que representam as alternativas. **31**. Uma mão gigantesca, que desce do céu, nas visões ou nos sonhos, refere-se ao poder de Deus, que está atuando. **32**. O *toque* das mãos simboliza bênçãos, a comunicação de autoridade ou sentimentos de bondade ou ternura (Gn 48.13,14; Dt 34.9).

MAOL

No hebraico, **"dança"**. Nome daquele que se presume ter sido o pai de Hemã, Chalcol e Darda, famosos por sua sabedoria, antes da época de Salomão (1Rs 4.31). Surge a dificuldade em 1Cr 2.6, onde lemos que eles eram filhos de Zera. Se isso é certo, então *Maol* deve ser entendido como uma alusão ao fato de que eles eram *dançarinos* ou compositores de música, uma arte quase sempre ligada à dança, e não uma referência ao pai deles. Dois desses sábios compuseram um salmo que encerra a coletânea conhecida por esse nome. Hemã compôs o Salmo 88, e Etã compôs o Salmo 89.

MAOM

No hebraico, **"residente"**. Há vários indivíduos ou lugares assim chamados: **1**. Um filho de Samai, da linhagem de Calebe. Seus descendentes faziam parte da tribo de Judá. Maom era o pai de Bete-Zur, o que significa que os habitantes do lugar eram seus descendentes, ou que ele foi o fundador daquela cidade. É possível, porém, que seus descendentes tivessem sido os fundadores da cidade. Ver 1Cr 2.45. **2**. Há uma cidade com o nome de Maom, na região montanhosa de Judá (Js 15.55). Ficava localizada a catorze quilômetros e meio ao sul de Hebrom, e tem sido identificada com a moderna Tell Ma'in, que fica no alto de uma colina. Quando Davi fugia de Saul, refugiou-se no deserto de Maom (1Sm 23.24 ss.). *Nabal* (vide) residia em Maom. Quando Nabal morreu, Davi desposou sue vlúva, Abigail (1Sm 25.2). **3. Maonitas**. Os maonitas mostraram-se hostis para com Israel (ver Jz 10.12). Os eruditos não estão certos se eles tinham ou não qualquer conexão com *Maom*, e, se havia tal conexão, no que consistia Maom. Alguns têm-no identificado com os meunitas de 1Cr 4.41 e 2Cr 20.1 e 26.7, embora não haja certeza quanto a isso. Os meunitas são mencionados juntamente com os egípcios, os amorreus, os amonitas, os filisteus, os sidônios e os amalequitas. É possível que os meunitas tivessem antes residido em Maom, tendo derivado o seu nome dessa circunstância, mas os eruditos nunca conseguiram chegar a conclusões indubitáveis sobre a questão. A associação dos árabes e dos amonitas com os meunitas (ver 2Cr 20.1), sugere que eles habitavam em *Ma'an*, a sudeste de Petra.

MAOQUE

No hebraico, **"pobre"**, ou, então, na opinião de outros, **"opressão"**. Esse era o nome de Aquis, rei de Gate. Davi, quando fugia de Saul, refugiou-se com Aquis (1Sm 27.2). Talvez Maoque seja o mesmo homem que o trecho de 1Reis 2.39 chama de Maaca. Corria, aproximadamente, o ano de 1004 a.C.

MAQUEDÁ

No hebraico, **"lugar de criadores de gado"**. Esse era o nome de uma das cidades reais dos cananeus (Js 12.16). Na região havia a caverna onde cinco reis, aliados contra Israel, esconderam-se, após terem sido derrotados militarmente (ver Js 10.10-29). Eles tinham sido derrotados em Gibeom, e fugiram, a princípio, para leste, na direção de Bete-Horom, e, então, para o sul, na direção de Zeca e Maquedá. Josué, entretanto, alcançou-os e matou-os. Ele também capturou a cidade de Maquedá e matou o seu rei (ver Js 10.28). Maquedá ficava localizada na Sefelá (ver Js 15.41), embora o local moderno ainda não tenha sido identificado. Uma vez que a Terra Prometida foi conquistada, essa região foi outorgada à tribo de Judá. Há duas opiniões quanto à sua localização, a saber, Khirbet el-Kheishum (entre Azeca e Bete-Semes) e Khirbet Beit Mazdum, a onze quilômetros a sudeste de Beit Guvrin. Os informes bíblicos acerca da rota tomada por Josué parecem favorecer a primeira dessas duas opiniões (ver Js 10.28-39).

MAQUELOTE

No hebraico, **"assembleias"**. Israel, em suas vagueações pelo deserto, após o *êxodo* (vide), estacionou em vários lugares, onde permaneceu por algum tempo. Maquelote foi um desses lugares. Ficava entre Harada e Taate (ver Nm 33.25,26). Foi o vigésimo sexto acampamento dos israelitas. O local não foi identificado até hoje.

MAQUERATITA (MAACATITA)

Héfer, um dos trinta poderosos guerreiros de Davi, que o acompanhou ao exílio, quando aquele servo de Deus fugia de Saul, era assim chamado. O nome sugere que ele era de *Maquera*, mas esse lugar é desconhecido. Por isso mesmo, alguns têm sugerido que essa passagem, em 1Crônicas 11.36, que contém as palavras, "Héfer, maqueratita", encerra um erro escribal, e que sua verdadeira forma aparece em 2Samuel 23.34, onde se lê ... *filho de Asbai, filho dum maacatita...*, o que significaria que o homem em questão era natural de *Maaca* (vide).

MAQUI

No hebraico, **"definhamento"**, **"enlanguescimento"**. Esse foi o nome do pai de Geuel, o gadita, que foi representante de sua tribo como um dos doze espias da terra do Canaã (Nm 13.15). Ele foi um dos que trouxeram um relatório desencorajador. Dos doze espias, somente Josué e Calebe apresentaram um relatório baseado na confiança no Senhor. Isso ocorreu em cerca de 1440 a.C.

MÁQUINAS

No hebraico, *chishshebonoth*, **"invenções"**, **"obras bem pensadas"**. Essa palavra ocorre por duas vezes (2Cr 26.15 e Ec 7.29). Mas, nesta última passagem, nossa versão portuguesa diz "astúcias", o que é uma tradução deficiente, pois ali caberia melhor "invenções". Uma palavra usada na Bíblia para indicar várias invenções militares, usadas para facilitar a guerra, ajudando a matar pessoas em maior escala. E, como já dissemos, a palavra também pode ser traduzida como "instrumentos", "aparelhos" etc. A palavra hebraica normalmente envolve a ideia de "engenhosidade". E é um triste comentário sobre a história da humanidade que os homens têm-se utilizado de sua natureza inventiva para se tornarem mais mortíferos em suas guerras.

Máquinas de Guerra Específicas. **1**. Em 2Crônicas 26.15 a palavra em questão é usada para indicar catapultas, capazes de lançar dardos e outros mísseis. **2**. Em Ezequiel 26.9, está em vista o *aríete* (conforme diz ali a nossa versão portuguesa). Os assírios usavam essa arma de guerra, havendo tais máquinas de vários tipos. O tipo mais simples de aríete era um poste grande, usado na horizontal, que certo número de homens transportava correndo, a fim de derrubarem alguma parede. Um outro tipo era montado dentro de um carro móvel, com cerca de 4,5 m de comprimento e 2,10 m de altura. O aríete era suspenso por uma corda, sendo projetado contra a parede que pretendia derrubar. Se uma muralha fosse feita de pedras, esse aparelho, mediante golpes repetidos, podia deslocar as pedras. Uma variante dessa máquina de guerra era uma torreta, de onde eram lançados dardos, por cima das muralhas das cidades inimigas. **3**. As torres móveis podiam derrotar as muralhas defendidas por soldados em pouco tempo, porquanto então a proteção das muralhas já não significava muita coisa. Porém, a invasão de muralhas, mediante essas torres, sempre era acompanhada por muitas perdas de vida, visto que isso fazia dos soldados invasores excelentes alvos.

A passagem de 2Crônicas 26.15 informa-nos como o rei Uzias preparou máquinas para serem postas em torres e esquinas de muralhas, a fim de dali serem lançadas flechas e grandes pedras. Os eruditos calculam que as antigas catapultas podiam atirar pedras de até quase cinquenta quilos. E uma pedra com esse peso, lançada com boa velocidade, podia derrubar uma muralha em pouco tempo, espalhando o terror entre os defensores, contra quem as pedras eram atiradas. Os princípios mecânicos em que se baseavam essas máquinas eram, essencialmente, os mesmos princípios da funda, do arco, da mola, da tensão de cordas esticadas.

Também havia máquinas defensivas móveis, dentro das quais os soldados podiam aproximar-se do inimigo, protegidos. Essas máquinas defensivas eram, essencialmente, pequenas fortalezas móveis, sobre rodas. Os relevos assírios mostram máquinas de madeira, com escudos, usadas para serem encostadas nas muralhas, embora também houvesse máquinas móveis. A história mostra-nos que uma das vantagens de Alexandre, o Grande, é que suas tropas contavam com máquinas de guerra aprimoradas. A grande técnica que os homens têm conseguido nas armas de guerra, nos tempos modernos, forma um assunto que nos causa desgosto, que serve de comentário sobre a natureza depravada dos homens. Essa natureza humana jamais melhorou, embora os homens tenham-se tornado mais e mais engenhosos, na prática da maldade. Ver o artigo paralelo sobre *Armas, Armadura*. (S UN YAD Z)

MAQUIR

No hebraico, **"vendido"**. Há duas personagens com esse nome na Bíblia: **1**. O filho mais velho de Manassés e neto de José (Gn 50.23; Js 17.1). Ele foi o fundador da tribo dos maquiritas, que subjugou Gileade e recebeu aqueles territórios, quando a Terra Prometida foi dividida após a conquista. (Ver Nm 32.39,40; Js 17.1). Houve mesmo tempo em que o nome *Maquir* foi aplicado à tribo inteira de Manassés. (Ver Jz 5.14). O trecho de Josué 13.29-31 mostra-nos como a tribo de Manassés foi dividida. Metade da família de Maquir mudou-se para a região da Transjordânia, e a outra metade ficou com a meia-tribo de Manassés, a oeste do rio Jordão (vs. 31). Visto que o neto de Maquir, Zelofeade, teve somente filhas, foi feito um arranjo especial acerca da questão da herança. A filha de Maquir tornou-se esposa de Hezrom e mãe de Segube (1Cr 2.21). Dessa maneira, ficou garantida a continuação da linhagem masculina. (Ver também Nm 27.1; 36.1; Js 13.31 e 1Cr 2.23). **2**. Um outro homem desse nome era descendente do primeiro. Especificamente, era filho de Amiel, que residia em lo-Debar. Ele cuidou do filho aleijado de Jônatas, filho de Saul, até que Davi começou a cuidar dele (2Sm 9.4,5). Em outra ocasião, entreteve a Davi (2Sm 17.27-29). Sua época foi entre cerca de 984-967 a.C.

MAQUIRITAS

Esse adjetivo pátrio aparece somente em Números 26.29, referindo-se aos descendentes de Maquir (vide). Há alguma confusão envolvida nesse nome, em relação a outros. O trecho de 1Crônicas 7.17 diz, acerca dos descendentes de Maquir, que eles eram filhos de Gileade, o filho de Maquir, filho de Manassés, afirmando que Maquir gerou a Gileade, o que faz de Gileade filho de Maquir. *Gileade*, por sua vez, é usado como nome do clã inteiro, ou grupo de tribos, tal como *Moabe* aponta, coletivamente, para os moabitas. Logo, Maquir foi o ancestral dos gileaditas. Mas, visto que Maaca, esposa de Maquir, era benjamita, por isso mesmo os maquiritas sentiam-se parentes tanto de Manassés, quanto de Judá, quanto de Benjamim. O problema de que Zelofeade não tinha herdeiro do sexo masculino aparece comentado no artigo intitulado *Maquir*. Por causa das circunstâncias que cercavam esse clã, e da confusão que surgiu em redor das heranças de acordo com as linhagens tribais, tiveram de ser baixadas leis para evitar confusões inerentes a matrimônios entre pessoas de tribos diferentes. (Ver Nm 36.1-12).

MAR

No hebraico, **"rugido"**. Portanto, é palavra aplicável ao mar ou a um rio, sempre que as águas se mostrarem turbulentas. Por extensão, os hebreus usavam essa palavra hebraica, *yam*, para indicar também o oeste (vide), por ser a direção onde se achara o mar, para qualquer observador da Palestina. No grego encontramos a palavra *htálassa*, "mar", por todo o Novo Testamento, mas, em Atos 27.5; em alusão ao mar Mediterrâneo, encontramos a expressão em conjunto com *pélagos*, com o sentido de "mar aberto".

Quatro "mares" formam o pano de fundo dos eventos bíblicos, cada um deles figura nos registros bíblicos com certa variedade de nomes, a saber: **1. Mar Vermelho**, com frequência, referido como "o mar" ou como "mar do Egito". Esse foi um obstáculo que os israelitas tiveram de vencer, em sua marcha para fora do Egito. E, uma vez que tinham atravessado em segurança, vendo as suas águas se fecharem sobre as tropas egípcias perseguidoras, eles nunca mais retornaram ali. Após essa travessia, esse mar só é mencionado uma vez, em 1Reis 9.26, quando Salomão edificou uma flotilha e uma base marítima no golfo de Ácaba, com propósitos comerciais. **2. Mar Mediterrâneo**. Esse mar aparece pela primeira vez em Êxodo 23.31, com o nome de "mar dos filisteus", visto que as costas marítimas, então e ainda durante muito tempo, foram mantidas na posse desses rivais do povo de Israel. No trecho de Josué 1.4 ss., esse mar é chamado de *Grande Mar* (vide), sendo essa a designação usada em todas as descrições topográficas acerca do estabelecimento do povo de Israel na terra de Canaã. Nos trechos de Joel 2.20 e Zacarias 14.8, esse mar é chamado de "mar ocidental". Nesses dois trechos há um contraste intencional entre esse "mar ocidental" e o "mar oriental", respectivamente, o mar Mediterrâneo e o mar Morto, este último no outro flanco da região montanhosa da Judeia. De fato, por mais diferentes que sejam esses dois corpos de água, para os escritores do Antigo Testamento, a nação de Israel era concebida como que apertada entre esses dois mares. **3. Mar Morto**. O primeiro nome dado a esse mar é "Mar Salgado" (Nm 34.12) e, então, "mar do Arabá" (Dt 3.17). Daí por diante, temos o "mar oriental", em Joel 2.20 e Zacarias 14.8. Paralelamente ao "mar da Galileia", o nome "mar" é dado, nesse caso, àquilo que, na verdade, é apenas um lago (cf. O mar Cáspio, que é um lago). Diferente do mar da Galileia, entretanto, o mar Morto não tem escoadouro—seu nível é mantido mediante uma elevadíssima taxa de evaporação em sua superfície. O mesmo fenômeno é responsável por suas águas extremamente salinas, e o mar Morto é contrastado com o Mediterrâneo pelo fato de que não há peixe em suas águas, devido ao alto teor salino. Uma das visões dos profetas Ezequiel e Zacarias era que suas águas, algum dia, tornar-se-ão suficientemente potáveis para sustentar a vida animal. Por isso temos a visão de pescadores espalhando suas redes de pesca em En-Gedi (Ez 47.10). A hidrologia moderna faz essa visão tornar-se bem próxima da viabilidade, mesmo em nossos dias. **4. Mar da Galileia**. Esse aparece nas páginas do Antigo Testamento como "mar de Quinerete" (Nm 34.11; Js 12.3 etc.) e, no Novo Testamento, ocasionalmente, como mar de Tiberíades, nome este derivado da cidade desse nome que Herodes Ântipas erigiu às suas margens, ou mesmo como lago de Genesaré (Lc 5.1), embora alguns sugiram que este último nome deriva-se de Quinerete. Entretanto, mar da Galileia é seu nome usual no Novo Testamento.

O mar propriamente dito, em oposição ao lago, desempenha um papel bem pequeno nas narrativas bíblicas. No Antigo Testamento há somente três episódios navais: o primeiro, quando Hirão, rei de Tiro, fez flutuar jangadas de madeira, do norte para o sul, ao longo da costa do Mediterrâneo, a fim de suprir a Salomão o material de construção necessário para o templo de Jerusalém (1Rs 5.9); o segundo, quando Salomão construiu a frota do mar Vermelho (1Rs 9.26,28); e o terceiro, quando Jonas fugia da presença do Senhor (Jn 1). Os israelitas parecem ter tido pequeno contato com o mar, pelo que, para todos os efeitos práticos, não tinham tradições marítimas. E os fenícios, seus vizinhos mais ao norte, por certo ultrapassavam em muito aos israelitas quanto à arte da navegação.

Alguns estudiosos, como G. Adam Smith (HGHL), têm sugerido que essa ausência de interesse pela vida marítima devia-se ao fato de que, ao sul da Fenícia, a costa marítima da Palestina não oferece quaisquer portos naturais, e bem poucos portos bons, relativamente destituídos de importância, pois a costa sem reentrâncias, recoberta de dunas, não provê abrigo. Outros estudiosos, como Baly, salientam que uma explicação mais válida para o desinteresse do povo israelita pelas coisas marítimas deve ter sido o fato de que, quase nunca, eles ocuparam politicamente a faixa costeira do mediterrâneo. Assim, destituídos de acesso fácil ao mar, eles tinham bem pouca oportunidade de se tornarem marinheiros experientes. Em apoio a essa sugestão, temos a considerar que os dois únicos episódios nacionais que vincularam o povo de Israel ao mar (ver acima), ocorreram durante o reinado de Salomão, quando os filisteus já haviam sido suprimidos, e quando a hegemonia de Israel, sobre os povos circunvizinhos, estava no auge. No seu todo, a Bíblia encara o mar como um elemento *hostil*, perigoso, que separa os povos uns dos outros. Um dos sinais que antecederão a segunda vinda de Cristo Jesus será o fato de que os oceanos ficarão tão agitados e destrutivos que os homens ficarão perplexos "por causa do bramido do mar e das ondas" (Lc 21.25). E uma das glórias antecipadas dos novos céus e da nova terra, após o milênio, é que o mar, finalmente, será eliminado (Ap 21.1).

Uso Metafórico. Provavelmente por não haverem sido um povo marítimo, os hebreus encaravam o mar com temor e suspeita, a exemplo de vários outros povos antigos, o que prosseguiu até mesmo durante a Idade Média, até que se iniciaram as grandes navegações, que culminaram no descobrimento das Américas e da Oceania. Em muitos trechos da Bíblia, o mar torna-se um símbolo da agitação, da instabilidade e do pecado das massas da humanidade (ver Is 57.20; Jr 49.23; Tg 1.6; Jd 13 e Ap 13.1).

MAR, ANIMAIS DO

No hebraico, *tannin*. Essa palavra ocorre por catorze vezes no Antigo Testamento (Gn 1.21; Nm 21.8; Dt 32.33; Lm 4.3; Sl 74.13; 91.13; 148.7; 51.9; Jr 51.34; Is 14.29; 27.1; 30.6; Jó 7.12; Ml 1.3).

Trata-se de uma daquelas palavras hebraicas em torno das quais giram muitas dúvidas quanto ao seu sentido exato, o que se comprova pelas traduções que têm sido dadas ao termo, e pelas opiniões discordantes dos estudiosos, a esse respeito. Os tradutores têm pensado em possibilidades como "animal marinho", "dragão", "serpente" ou "baleia". Levando-se em conta todos os vários usos da palavra hebraica, parece melhor ficarmos com o sentido de "baleia", que deve ser o sentido original e primário da palavra, segundo se vê em Gênesis 1.21. Ver sobre *Baleia*. Contrariamente a essa opinião, devemos considerar o caso de Lamentações 4.3, onde o meio ambiente é um deserto, e não o mar, *hábitat* próprio das baleias. Por esse motivo, alguns eruditos preferem pensar que ali está em foco uma outra palavra hebraica, que significaria "chacal", embora a baleia também dê de mamar a seu filhote, pois é um mamífero, de sangue quente, e não um peixe. Um outro trecho muito difícil de ser interpretado é o de Salmos 148.7: *Louvai ao Senhor da terra, monstros marinhos e abismos todos...*, onde o contexto não nos ajuda na identificação do sentido da palavra hebraica. Algumas traduções dizem ali, como em outros trechos, "dragão". Em Malaquias 1.3 encontramos o feminino plural, *tannoth*. Uma das razões dessa confusão é que há uma outra palavra hebraica muito similar, *tannim* (que aparece em Jó 30.29; Sl 44.19; Is 13.22; 34.13; 35.7; 43.20; Jr 9.11; 10.22; 14.6; 49.33 e 51.37); e que é outro vocábulo problemático em hebraico, embora se saiba que é a forma plural de *tann*, "chacal".

MAR, GRANDE

No hebraico, *yam gadol*. O mar Mediterrâneo é assim designado por grande porção do Antigo Testamento, começando em Números 34.6,7. Como é claro, a designação "mar Mediterrâneo", isto é, um mar entre terras, teria sido totalmente imprópria, conforme pensariam os israelitas antigos, pois, para eles, o mar Mediterrâneo era o limite ocidental do mundo deles, tanto assim que "mar", no hebraico *yam*, chegou a ser a palavra que significava "oeste", para eles. Paralelamente, o mar Mediterrâneo era "grande", em contraste com o mar Vermelho e golfo de Ácaba mais estreitos. Tem cerca de 640 quilômetros do delta do rio Nilo até à costa sul da Ásia Menor, portanto, no sentido norte-sul, e mais de 3700 quilômetros desde as costas da Palestina até o estreito de Gibraltar, portanto, no senado leste-oeste.

Entretanto, nem mesmo a parte oriental e mais próxima do mar Mediterrâneo jamais foi bem conhecida pelos israelitas. Suas rotas comerciais foram dominadas, a princípio, pelos minoanos de Creta e, em seguida, pelos fenícios, que dominavam toda a bacia do Mediterrâneo, partindo de suas bases em Tiro e Sidom, tendo estabelecido postos comerciais e colônias ao longo de todo o comprimento desse mar, até o estreito de Gibraltar, sem falarmos que eles chegaram até às ilhas britânicas, ao extremo sul da África, e talvez até tenham cruzado o oceano Atlântico. Alguns estudiosos pensam mesmo que eles estiveram em terras da América do Sul, adentrando até mesmo o nosso rio Amazonas. Desde cerca do século XV a.C., até que foram ultrapassados pelo poder romano, os fenícios dominavam a navegação do mar Mediterrâneo, mormente em sua porção oriental.

Podemos obter algum indício sobre a vida e o tráfico do Grande Mar, na época dos romanos, mediante a leitura do livro Atos dos Apóstolos, especialmente no caso das viagens de Paulo. Roma havia organizado rotas comerciais imperiais para tirar proveito dos recursos das províncias ao redor do Mediterrâneo. Os romanos fizeram do mar Mediterrâneo um "lago romano".

Essas e as rotas marítimas entre os portos da Ásia Menor e o extremo Oriente, como aquelas entre as ilhas de Creta, Chipre e Rodes, conferiram a Paulo meios fáceis e relativamente rápidos de viajar, na maioria das viagens que ele fez. E alguns dos costumes dos marinheiros da área do Mediterrâneo podem ser aprendidos através das narrativas lucanas dessas viagens.

Embora um mar interior, o mar Mediterrâneo é suficientemente vasto para gerar tempestades ferozes. No inverno, essas tempestades são causadas por baixas pressões atmosféricas na direção oeste-leste, ao longo do comprimento desse mar, trazendo em sua esteira o vento mais frio vindo do polo norte. Durante o verão, os ventos que sopram do deserto da Arábia podem atingir uma força considerável, ao atravessarem a costa da Palestina. E isso significa que se formam ondas na direção leste-oeste, tornando a navegação inconveniente naquelas paragens.

MAR DA GALILEIA. Ver *Galileia, Mar da*.

MAR DE ARABÁ. Ver *Mar Morto*.

MAR DE FUNDIÇÃO (DE BRONZE); LAVATÓRIO

1. Declaração Geral. Ver o artigo geral sobre o *Tabernáculo*. O "mar de fundição". Era um grande reservatório de água, fundido em bronze. Ficava no templo de Salomão, em seu canto sudeste (ver 1Rs 7.39). Isso pode significar que ficava situado ao lado do altar, ou em algum lugar entre o altar e a entrada do templo. No tabernáculo, essa função era ocupada pela *bacia de bronze* (ver Êx 30.18). Essa bacia metálica ficava entre o tabernáculo e o grande altar dos sacrifícios, o que era conveniente para os sacerdotes, quando tivessem de locomover-se do altar para o tabernáculo (ver Êx 30.20). Mas, no templo de Jerusalém, o lavatório principal, como já vimos, era o mar de fundição, embora houvesse dez outros lavatórios menores. Os sacerdotes precisavam lavar as mãos e os pés, sempre que estivessem atarefados em suas ministrações públicas, e, embora o lavatório do tabernáculo fosse diferente do lavatório do templo, a função de ambos era a mesma. E, visto que o número de sacerdotes que cuidava do culto no templo ia aumentando, também foi necessário aumentar o número de lavatórios.

2. O Lavatório do Tabernáculo. O vocábulo hebraico usado para esse item do tabernáculo é *kiyyor*, que indica algo "redondo", como uma "bacia". O lavatório era feito de bronze (ver Êx 30.18), posto entre o tabernáculo e o grande altar dos holocaustos, para conveniência dos sacerdotes. O lavatório estava dividido em duas partes: o lavatório propriamente dito, e um pedestal. O Antigo Testamento não nos dá detalhes quanto às suas dimensões e quanto ao seu formato exato. O lavatório continha água usada nas lavagens, e o pedestal, mui provavelmente, tinha forma circular, sendo uma expansão da bacia maior, de onde alguma espécie de canalização fazia escorrer água. Talvez esse receptáculo inferior fosse usado para lavar porções das vítimas sacrificadas.

A água do lavatório precisava ser renovada diariamente, a fim de que não estagnasse. A água usada para a concocção da água repulsiva que as mulheres acusadas de adultério precisavam beber, provavelmente era tirada do lavatório (ver Nm 5.17). E talvez a água da purificação também fosse extraída do mesmo lugar (ver Nm 8.7). Essa água da purificação era aspergida sobre os levitas, quando da sua consagração. O próprio lavatório foi consagrado mediante a sua unção com azeite (ver Ler. 8.10,11). O Pentateuco hebraico não oferecia orientações sobre como esse móvel deveria ser transportado por Israel, em suas andanças pelo deserto, mas o Pentateuco samaritano acrescenta esses detalhes, dando instruções sobre como o mesmo deveria ser transportado.

3. O Mar de Fundição. Esse pesado item do templo de Salomão substituiu a bacia de bronze do tabernáculo. Mas outros lavatórios foram adicionados, em face do aumento do número de sacerdotes que serviam no templo. A palavra hebraica correspondente ao mar de fundição é *yam*, "mar". Era uma gigantesca bacia redonda, com cerca de 2,22 m de altura e o dobro disso em diâmetro, e que ficava cheia de água até à borda. Era feita de bronze fundido e batido, com a espessura de uma mão (cerca de 7,5 cm). Ficava apoiada sobre doze bois de bronze, divididos em quatro grupos de três bois, cada grupo voltado na direção de algum ponto cardeal. Esses doze bois ficavam todos sobre uma mesma plataforma. O original mar de fundição foi feito com metal que Davi havia tomado de Zobá (ver 1Cr 18.8). Finalmente, porém, foi despedaçado e levado aos pedaços para a Babilônia, quando do exílio babilônico (ver 2Rs 25.13). Esse item do templo era altamente decorativo, e não somente útil. Para exemplificar, a beirada da bacia era recurvada, a fim de dar a aparência de uma folha de lírio. Alguns estudiosos têm opinado que os doze bois representavam os doze sinais do zodíaco, ou que eram símbolos da fertilidade, ou remanescentes da adoração egípcia ao boi. De fato, havia o boi *Apsu*, cujo templo na Babilônia dispunha de uma bacia de bronze similar. Porém, é impossível dizermos se havia qualquer conexão entre essa bacia e o mar de fundição dos hebreus. Sabe-se, todavia, que *Apsu* estava vinculado às ideias de vida e fertilidade. O mar de fundição dos hebreus simbolizava a purificação que é necessária para a participação no culto a Deus.

4. Lavatórios Menores. Esses lavatórios secundários eram em número de dez (ver 1Rs 7.27-29). Eram lindamente ornamentados. Eram usados para transportar água para as lavagens e abluções, e estavam envolvidos na lavagem dos sacrifícios. (Ver 2Cr 4.6). Cinco lavatórios eram postos ao lado sul do altar, e cinco ao lado norte. Tinham o formato de caixas quadradas, com cerca de 1,78 m de comprimento e de largura por cerca de 1,33 m de altura. Eram apainelados. Esses painéis eram ornamentados com figuras de leões, bois e querubins. Cada lavatório contava com quatro rodas de bronze, montadas sobre eixos também de bronze. (Ver a descrição em 1Reis 7.30). É muito difícil determinar, com base nas descrições bíblicas, qual a aparência deles, de tal modo que os eruditos não chegaram ainda a um acordo quanto a isso. Presume-se que essas caixas abriam-se dos lados, pelo que serviriam como tanques de água para lavar os sacrifícios. A água era trazida até esses lavatórios por meio de canos. De fato, eram lavatórios portáteis.

5. Significação. Está em foco, acima de tudo, a purificação, como algo necessário ao culto divino e aos sacrifícios. E isso faz-nos lembrar o poder purificador do sangue de Cristo, bem como a constante necessidade de santificação (Ver os trechos de Jo 13.2-10 e Ef 5.25-27).

MAR DO ORIENTE

Nos trechos de Ezequiel 47.18; Jl 2.20 e Zacarias 14.8 esse é o nome dado ao mar Morto (vide), em contraste com o mar Mediterrâneo, que é chamado de "mar Grande" (Nm 34.6). Portanto, todas as perspectivas são consideradas a partir de alguém posicionado na palestina.

MAR MEDITERRÂNEO

Ver *Mar, Grande* e *Grande Mar,* onde estão contidas as informações essenciais a respeito.

MAR MORTO

I. Caracterização. O chamado "mar" Morto na verdade é um lago salgado. Tem apenas uma sexta parte da extensão do Grande Lago Salgado do estado norte-americano de Utah. Fica no extremo sul do rio Jordão, onde este deságua. Não tem saída, e tem acumulado uma taxa incrivelmente alta de sal, o que tem servido para matar toda espécie de vida. Fica situado entre Israel e a Jordânia, cerca de 24 quilômetros a leste

MAR MORTO

MAR MORTO
Davis, John D., 1854-1926, *Novo Dicionário da Bíblia* / [Tradução: J.R. Carvalho Braga]. – Edição ampliada e atualizada – São Paulo, SP: Hagnos 2005.

de Jerusalém. Tem cerca de 74 km de norte a sul e 16 km de leste a oeste, com um total de cerca de 930 km². Em contraste com o Grande Lago Salgado, de Utah, nos Estados Unidos da América, que é um lago raso, o mar Morto é profundíssimo, com uma profundidade media de 300 metros. Seu ponto mais profundo tem 410 m Fica a quase 369 m abaixo do nível do mar Mediterrâneo, o que fez dele o mais baixo lençol de água do mundo. É alimentado por muitos riachos, além do rio Jordão. O mar Morto não tem saída, e a evaporação é que controla as suas dimensões. A região é geologicamente instável, o que a torna sujeita a abalos sísmicos. Sua origem deve-se a movimentos geológicos que produziram uma falha que se tornou um vale. Ali está localizada uma das maiores falhas geológicas do mundo, chamada de Vale da Grande Falha, que se centraliza em torno do mar Vermelho, entre a Arábia e o Egito. Um ramo dessa falha passe pelo vale do rio Jordão e finalmente chega até o Líbano e à Síria. Já o Grande Lago Salgado, dos Estados Unidos da América, originalmente era um gigantesco lago de água potável, que cobria a área de vários estados ocidentais daquela nação. Não tendo saída, e por causa de condições climatéricas novas, foi encolhendo até chegar às suas atuais dimensões (cerca de 120 km por 80 km). Nesse processo, tornou-se 20%

ESTÁTUA DE SAL — MAR MORTO
Davis, John D., 1854-1926, *Novo Dicionário da Bíblia* / [Tradução: J.R. Carvalho Braga]. – Edição ampliada e atualizada – São Paulo, SP: Hagnos 2005.

puro sal, deixando imensos depósitos de sal em suas margens cada vez menores. O mar Morto, em contraste, foi originalmente formado por ocasião de algum cataclismo geológico, talvez quinze mil anos atrás, que aprisionou uma porção do antigo mar Maditerrâneo entre as paredes da falha, deixando um mar interior, salgado desde o começo. Devido ao clima muito seco da região, e por não ter desaguadouro, o mar Morto foi encolhendo, ao mesmo tempo em que formava seus imensos depósitos químicos. Alguns vinculam o cataclismo que teria formado esse lago com aquele que destruiu as cidades de Sodoma e Gomorra (Ver Gênesis 18.16-19.29).

II. CONTEÚDO MINERAL. O mar Morto é um dos lagos mais salgados do planeta, ao ponto de haver partes do mesmo quimicamente saturadas, isto é, a água contém o máximo possível de sólidos dissolvidos, embora sem solidificar-se. Em combinação com o potássio, o magnésio, o cloreto de cálcio e o brometo de cálcio, o sal constitui cerca de cinco por cento de volume da água!

III. EXTRAÇÃO DE MINÉRIOS. O uso do sal extraído do mar Morto remonta no passado até onde a história retrocede. Outros elementos ali existentes são o magnésio, o cloro, o potássio, o cálcio, o bromo e o enxofre, em quantidades exploráveis comercialmente. O mar Morto contém cerca de 22 bilhões de toneladas de sal comum, seis bilhões de toneladas de cloreto de cálcio, dois bilhões de toneladas de cloreto de potássio, 980 milhões de toneladas de brometo de magnésio, e duzentos milhões de toneladas de gesso. Várias empresas se têm ocupado na exploração desses minerais, e seu potencial é quase ilimitado. Em contraste, a agricultura é irrisória na região em derredor, excetuando algumas áreas das margens ocidentais, onde o suprimento de água potável, embora não muito grande, é um pouco melhor do que no resto.

IV. ASPECTOS HISTÓRICOS. O mar Morto tem sido frequentemente mencionado ao longo da história, sob diferentes designações. Na própria Bíblia ele é chamado de "mar Salgado". (Gn 14.3; Nm 34.12), "mar do Arabá" (Dt 3.17; 4.49) e "mar do Oriente" (Ez 47.18; Jl 2.20). A partir do século II d.C. é que tem sido chamado de "mar Morto". Vários escritores profanos antigos chamaram-no *mar de Asfalto*. Os árabes, por sua vez, denominam-no mar de Ló ou mar Ofensivo. Os gregos é que lhe deram, pela primeira vez, o nome de mar Morto, por haverem observado que ali não sobrevive qualquer tipo de vida marinha. O Grande Lago Salgado, nos Estados Unidos da América, tem uma minúscula espécie de camarão, e nada mais.

Fontes arqueológicas e históricas confirmam o relato bíblico do décimo nono capítulo de Gênesis, acerca de uma catástrofe ocorrida naquela região, nos dias de Abraão. Não resta o menor vestígio das cidades da planície, que incluíam Sodoma e Gomorra. É possível que toda a região onde estavam essas cidades agora esteja abaixo da superfície da água, no extremo sul do mar Morto. As escavações têm iluminado o que deveria ser a vida em Massada, Engedi e Qumran (ver o artigo sobre *Khirbet Qumram*), onde foram encontrados os manuscritos do mar Morto (vide). Davi buscou refúgio nas regiões estéreis em redor do mar Morto, quando fugia de Saul (1Sm 23.29). Foi perto do mar Morto que Quedorlaomer derrotou a coligação de reis palestinos e levou Ló em um breve cativeiro (Gn 14.12). Moisés pôde ter uma boa visão global da Terra Prometida, das proximidades do mar Morto, no lado moabita do mesmo. As planícies de Moabe e de Jericó foram vistas pelos invasores da Terra Prometida. Herodes buscou recuperar sua saúde abalada nas termas de Calirroe. A comunidade essênia de Qumran fez ali o seu quartel-general, e sua biblioteca continha o que agora chamamos de manuscritos do mar Morto. A fortaleza de Maquero foi o local onde João Batista foi decapitado. Foi em Massada que os zelotes judeus ofereceram sua última e desastrada resistência às tropas romanas. A visão profética de Ezequiel (47.9,10) provê que a região será regada por água fresca, e que haverá muito peixe, onde antes a morte predominava. (AM O'R SMI)

MAR MORTO, MANUSCRITOS (ROLOS) DE

I. CARACTERIZAÇÃO GERAL. O título *Manuscritos do mar Morto* aplica-se a uma coleção de manuscritos antigos de considerável importância para o estudo da Bíblia, especialmente quanto ao Antigo Testamento original. A data exata das primeiras descobertas é incerta, embora saibamos que foi em cerca de 1947. Muitos manuscritos antigos, de natureza bíblica ou não, foram retirados de uma série de cavernas da margem ocidental do mar Morto (o que explica o nome dado a esses manuscritos), bem como da área contígua, da Jordânia. A maior parte desses manuscritos é de natureza bíblica, mas também há textos religiosos e seculares. Os idiomas envolvidos são o hebraico, o aramaico e o grego. Esses manuscritos não refletem um único período ou uma única condição. Antes, representam depósitos feitos em diferentes ocasiões, ao longo de bastante tempo, entre os séculos I e VIII d.C., embora as datas da produção de alguns daqueles manuscritos recuem até antes da época de Cristo. Há alguns rolos bastante grandes, mas a maioria do material chegou até nós sob a forma de meros fragmentos. Essa coleção tem fornecido nossas mais antigas cópias do Antigo Testamento, bem como cópias de várias obras apócrifas e pseudepígrafas, como os livros de Enoque, Jubileus, o Testamento dos Doze Patriarcas etc. Também há obras sectárias que iluminam o meio ambiente religioso da época, conferindo-nos material de pano de fundo sobre João Batista e o cristianismo primitivo. No meio desse material há antigas cópias da versão da Septuaginta, do Antigo Testamento. Além do valor histórico e religioso desses manuscritos, veio à tona muita evidência a respeito da crítica textual do Antigo Testamento. Considerando tudo, podemos afirmar que essa foi a maior descoberta isolada de manuscritos que abordam o Antigo Testamento, e que tem lançado uma grande luz sobre a história da religião. Essa coleção também inclui alguns textos de natureza secular, como despachos militares e documentos legais. Esse material nos tem ajudado a compreender a segunda revolta dos judeus contra Roma, que se deu em 132 d.C.

II. A DESCOBERTA. As primeiras descobertas, que mostraram ser as mais importantes, vieram de onze cavernas das colinas de Qumran, cerca de dezesseis quilômetros a oeste de Jerusalém. Um criador árabe da tribo Taamiré, aparentemente em 1947, ao procurar por uma cabra que se perdera, entrou em uma das cavernas (atualmente chamada *caverna Urn*), e ali descobriu certo número de jarras, com cerca de 60 cm de altura. Dentro das mesmas encontrou rolos envoltos em pano de linho. Algumas dessas jarras foram vendidas, através de um negociante, ao metropolita jacobita sírio, em Jerusalém. Outras jarras foram adquiridas por E.L. Sukenik, professor da Universidade Hebraica. Antes de ele tê-las adquirido, outros eruditos haviam rejeitado os manuscritos como forjados, mas o dr. Sukenik sabia que não era assim. Aqueles que o metropolita comprou foram identificados por eruditos da American School of Oriental Research como antiguidades genuínas, e foram publicados sob os auspícios da mesma. Por causa das condições políticas incertas e devido à proibição da posse ilegal de antiguidades, o metropolita levou seus rolos para a cidade de Nova Iorque, tendo-os colocado à venda. Finalmente foram comprados pelo governo israelense, por 250.000 dólares. Então foram guardados, como um tesouro nacional, em um edifício especialmente edificado para os mesmos, o *Santuário do Livro*, em Jerusalém. A American School of Oriental Research, cujo diretor era J.C. Trever, reconheceu o valor dos manuscritos que para ali foram levados, e os fotografou. Algumas fotografias foram enviadas ao arqueólogo bíblico W.F. Albright, o qual ajuntou o seu parecer favorável, afirmando que os manuscritos do mar Morto haviam sido a mais importante descoberta de todos os tempos, envolvendo manuscritos do Antigo Testamento. Pesquisas subsequentes demonstraram quão certo estava ele, nessa avaliação.

Outras Descobertas. A excitação da descoberta original logo pôs os arqueólogos a trabalhar. Ruínas nas proximidades foram escavadas sob a direção do padre Roland Vaux, da École Biblique de Jerusalém. Foi demonstrado que ali havia uma numerosa colônia. Dentro do complexo, foi encontrado um escritório que pode ter sido o lugar onde os rolos foram originalmente compostos e/ou copiados. Supôs-se que os manuscritos achados nas cavernas tinham sido feitos pela colônia, ou pelo menos, alguns daqueles manuscritos. É possível que as cavernas tenham sido usadas como depósitos, quando as tropas romanas avançavam em direção ao lugar. Essa hipótese é fortalecida pelo fato de que as jarras, testadas de acordo com a localização, apontam para um tempo entre 160 a.C. a 68 d.C. como a época da habitação. De acordo com Josefo, foi em cerca de 68 d.C. que a décima legião romana marchou até a área, a fim de suprimir a primeira rebelião judaica, o que levou à destruição de Jerusalém, em 70 d.C. Esse foi outro grande triunfo arqueológico.

Os arqueólogos, em seguida, passaram a fazer uma exploração sistemática de todas as cavernas e de outros lugares da área em redor. Desde 1951, onze cavernas foram exploradas, e as descobertas mais importantes podem ser sumariadas como segue: **Duas cavernas** no wadi Murabba'at, a quase dezoito quilômetros ao sul do local da primeira descoberta, em *Qumran*: diversos manuscritos bíblicos do tipo massorético; um rolo dos profetas menores; cacos de barro inscritos em hebraico e em grego; papiros literários gregos, em fragmentos; moedas do tempo da segunda revolta dos judeus (132-135 d.C.). **Ruínas de um mosteiro**, cerca de treze quilômetros a nordeste de Belém, atualmente chamadas Khirbet Mird; manuscritos dos séculos V e IX d.C.; um manuscrito bíblico de origem cristã; e um manuscrito em grego e siríaco palestino. Esse material não está diretamente relacionado aos manuscritos do mar Morto. **Caverna dois** (2Q), na área de Qumran, que já havia sido saqueada pelos beduínos Ta'amireh, pelo que apenas alguns fragmentos de manuscritos foram ali encontrados. **Caverna três** (3Q). Ali foram encontrados 274 fragmentos de manuscritos escritos em hebraico e aramaico, além de alguns rolos de cobre, muito oxidados e difícilimos de decifrar. Quando decifrados, descobriu-se que continham informações sobre tesouros, o que levou alguns a pensar que seriam forjados, para adicionar excitação aos negócios de Qumran. Ou então, seriam escritos fictícios, românticos, antigos, mas inúteis. **Caverna quatro** (4Q). Fica a oeste de Khirbet Qumran. Foi descoberta em 1952, onde foram achados muitos manuscritos, com quase todos os livros do Antigo Testamento, juntamente com escritos apócrifos conhecidos e desconhecidos, textos litúrgicos e outros livros. O rolo de Samuel é bastante parecido com o da versão da Septuaginta. As cavernas de números cinco a dez não produziram qualquer coisa de especialmente valiosa. Entretanto, a caverna onze, descoberta em 1956, produziu alguns rolos significativos. O Estado de Israel adquiriu os manuscritos do mar Morto, os quais estão agora abrigados, juntamente com outros antigos documentos, na Universidade Hebraica, em Jerusalém, em um edifício especialmente erigido com esse propósito, chamado "Santuário do Livro".

III. DATAS. Embustes literários são comuns, e datas fantásticas são reivindicadas para materiais forjados. Portanto, no começo, muitos eruditos mostraram-se abertamente incrédulos acerca das datas calculadas para esse material. Porém, com o prosseguimento das pesquisas, o mundo gradualmente chegou a perceber que fora feita uma descoberta realmente notável. Até então, os manuscritos em hebraico do AT, em contraste com os manuscritos gregos do Novo Testamento, eram todos manuscritos de séculos pertencentes à Idade Média, ou seja, muitos séculos distantes dos originais. Por ser fato conhecido que os escribas judeus eram muito cuidadosos na cópia dos manuscritos, devido ao grande respeito que tinham pelo Antigo Testamento, tem-se pensado que os manuscritos em existência, embora recentes, seriam cópias fiéis do original. Subitamente, porém, manuscritos de antes da era de Cristo caíram nas mãos dos eruditos, e agora a teoria poderia ser submetida a teste. De modo geral, tem sido demonstrado que o texto hebraico *massorético* padronizado (ver sobre a *Masorah*) é um texto bom, embora não perfeito, e que, algumas vezes, as versões, particularmente a Septuaginta, preservam o original que, em outros lugares o texto massorético perdeu. Consequentemente, a avaliação das versões subiu de conceito, enquanto que o texto hebraico padronizado foi rebaixado, apesar de que as mudanças envolvidas sejam relativamente pequenas.

Critérios para Fixação de Datas. São quatro: **1**. paleografia; **2**. fixação de datas com o auxílio do carbono 14; **3**. identificação dos caracteres mencionados no comentário sobre o livro de Habacuque; **4**. fixação de datas por meio de peças de cerâmica. Esses quatro critérios têm fornecido várias datas, desde 150 a.C. até 40 d.C. Os testes por meio do carbono 14, designados para determinar a antiguidade da matéria orgânica, indicaram que as capas de linho foram manufaturadas em cerca de 33 a.C., embora com uma margem de duzentos anos para trás ou para diante. A fixação de datas mediante a menção de nomes próprios, mencionados no comentário sobre *Habacuque*, mostrou ser menos exata, por causa da ambiguidade do uso dos nomes, dificultando fixar qualquer lugar histórico. Presumivelmente, o Mestre da Justiça foi o pai fundador da comunidade de Qumran, por sua vez associada aos essênios (vide). Alguns eruditos têm envidado esforços para dar a impressão de que a base dessas referências acha-se na história de Jesus, o Messias, dando a entender que grande parte da história de Jesus foi criada a partir desses informes fictícios. Portanto, tais esforços fracassam, sobre bases literárias e históricas. O método de fixação de datas por cacos de cerâmica mostrou que esses pedaços pertenciam ao período helenista do século I a.C., ou então ao período romano, a começar em cerca do século III d.C. Além dos quatro métodos acima explicados, podemos considerar as circunstâncias históricas. Se os manuscritos foram escondidos na caverna, tendo em vista a sua preservação, pela comunidade de Qumran, para protegê-los dos exércitos romanos que avançavam, em cerca de 68 d.C., então devem ter sido escritos um pouco antes disso. As evidências demonstram que as cavernas continuaram sendo usadas como depósitos muito tempo depois, ou seja, ate o século VIII d.C., embora isso não tenha qualquer ligação com o volume maior dos manuscritos bíblicos ali achados.

IV. LISTAS DOS MANUSCRITOS. 1. Duas cópias incompletas do livro de Isaías, bem parecidas com o texto massorético, embora com algumas significativas variantes, algumas das quais concordam com as versões, particularmente a Septuaginta. **2. O Manual de Disciplina**, um tipo de guia para a comunidade ascética que residia em Qumran. Eles se intitulavam de "remanescente fiel", pelo que formavam uma espécie de movimento separatista, distinto da corrente principal do judaísmo. Presumivelmente estavam se preparando, no deserto, pare a chegada do reino de Deus, ajudando Deus em sua batalha contra Belial e suas forças. Esse manual fornece regras para a admissão e conduta dos membros da comunidade. Havia regras para a comunidade, penas para os infratores, que iam desde a perda de refeições até à expulsão; havia sermões sobre os bons e os maus instintos humanos, havia instruções sobre o serviço militar e sobre a educação. **3**. Um *livro de hinos*, parecido com os salmos bíblicos. A maioria desses salmos começa com as palavras *Agradeço-te, Senhor*, pelo que coletivamente, têm sido chamados de *Hinos de Ação de Graças. Os* temas incluídos nos mesmos são a iluminação espiritual dos eleitos, devoções, comunhão incluindo aquela com os anjos, o conflito contra o mal, e o triunfo final de Deus. **4**. *O manual militar*, preparado especialmente para dar orientações próprias para o Armagedom, quando as forças de Deus e de Belial se enfrentarão no choque final. Os manuais militares dos romanos, como é claro, proviam a base das ideias ali contidas. **5**. Um *comentário* sobre os primeiros dois capítulos do livro de *Habacuque*. Ali encontramos o material sobre o Mestre da Justiça e seus inimigos, incluindo o Homem da mentira, uma espécie de anticristo. **6**. *Uma paráfrase* do livro de *Gênesis,* incluindo material lendário elaborado. **7**. Três fragmentos do livro de Daniel, de diferentes rolos, mas seguindo, essencialmente, o texto massorético. **8**. Duzentos fragmentos (caverna dois) de porções da *Torá,* dos Salmos, de Jeremias, de Rute e de textos apocalípticos. É nesse ponto que entram também os manuscritos de cobre, mencionados antes, e que não pertenciam à comunidade original de Qumran, porquanto devem ter pertencido a um grupo de zelotes, que ali permaneceu durante a guerra de 66-73 d.C. Esses manuscritos parecem conter um inventário, em código, dos tesouros do templo, divididos em 6 parcelas em Jerusalém bem como nos distritos a leste e ao sul da capital. A validade desse material tem sido posta em dúvida. **9**. *Trezentos fragmentos* de manuscritos encontrados na caverna quatro, contendo cerca de uma terça parte dos livros canônicos do Antigo Testamento. Interessante é observar que, no cômputo total desses manuscritos, encontrados nas várias cavernas de Qumran, estão representados todos os nossos livros do Antigo Testamento, excetuando o livro de Ester. Também foram descobertos ali o livro de Enoque, o documento de Damasco, o Testamento de Levi, e outras obras similares. Um trecho do livro de Números contém um texto não-massorético, com afinidade com as versões samaritana e da Septuaginta. Uma porção dos livros de Samuel exibe um tipo de texto como o da Septuaginta; mas outra porção desses mesmos livros parece conter um texto superior tanto à Septuaginta quanto ao texto massorético. **10**. Muitos fragmentos de manuscritos, em más condições, foram encontrados na caverna número cinco, com trechos dos livros de Reis, Lamentações, Deuteronômio e uma obra apocalíptica em aramaico, intitulada *Descrição da nova Jerusalém*. **11**. Várias centenas de fragmentos de papiro e de couro, contendo livros como Gênesis, Levítico, Reis, Daniel e obras apocalípticas extrabíblicas. **12**. Manuscritos regularmente bem conservados de Daniel e dos Salmos, encontrados na caverna onze. Ali também foi encontrado um targum em aramaico, do livro de *Jó,* do século I a.C. **13**. *A Khirbet Mird,* que fora um mosteiro cristão, cerca de treze quilômetros a nordeste de Belém, continha manuscritos dos sécs. V a IX d.C., além de manuscritos bíblicos, de origem cristã, em grego e siríaco palestino. Esse material não tem ligação alguma com a comunidade de Qumran e com os manuscritos do mar Morto. Mas, visto que foi encontrado na mesma área geral, é mencionado como uma importante descoberta arqueológica. Esse material inclui cartas particulares em árabe, dos séculos VII e VIII d.C., uma carta escrita em siríaco, por um monge cristão, e um fragmento do Andrômaco de Eurípedes. Os textos bíblicos contêm pequenos trechos do Novo Testamento, de Marcos, de João, de Atos e da epístola paulina aos Colossenses, dos séculos V a VIII d.C. **14**. *O wadi Murabba'at,* cerca de dezoito quilômetros ao sul de Qumran, produziu certa quantidade de fragmentos de manuscritos, pertencentes principalmente ao tempo quando as cavernas daquela área foram ocupadas pelas forças de Kidhba, líder das forças judaicas em revolta contra Roma, em cerca de 132 d.C. Também foram encontrados fragmentos do Pentateuco e de Isaías, pertencentes ao século II d.C. A porção do livro de Isaías exibe um texto similar ao do texto massorético. Alguns poucos papiros escritos *em hebraico*, por Simão Ben-Koshba, o líder judeu da segunda revolta judaica (132-135 d.C.), foram encontrados. Consistiam em comunicações com suas forças armadas da região. O fato de que foram escritos em hebraico demonstra que esse idioma continuava sendo uma língua viva, pelo menos até o século II d.C. O material ali achado também inclui cartas particulares, escritas em árabe, pertencentes aos séculos VII e VIII d.C., uma carta escrita em siríaco por um monge cristão, um fragmento da obra *Andrômaco*, de Eurípedes, e alguns fragmentos neotestamentários de Marcos, de João, de Atos e de Colossenses, pertencentes aos séculos V a VIII d.C.

V. AVALIAÇÕES. 1. No que concerne ao texto do Antigo Testamento, especialmente quanto à exatidão do texto massorético padronizado, que é a base da atual Bíblia hebraica, podemos afirmar o seguinte: *a*. Esse texto, embora confiável de modo geral, não representa uma única tradição. Antes, é a padronização de outras tradições textuais, mais ou menos como o *Textus Receptus* o é para o Novo Testamento. *b*. No século II d.C. havia pelo menos três recensões textuais, que eram: *primeira*, o texto protomassorético; *segunda*, o texto tipo Septuaginta; *terceira*, uma outra recensão que diferia das duas primeiras. O livro de Samuel circulou, nos tempos amigos, sob uma versão mais longa do que a do texto massorético ou a da Septuaginta, com diferenças significativas. **2**. Apesar de se saber atualmente que o texto massorético não era o único, mas apenas o texto mais vigoroso, que se tornou a Bíblia hebraica padronizada, as evidências gerais confirmam que se pode confiar nesse texto, de maneira geral. A confiança que os eruditos têm depositado nos cuidados dos escribas do Antigo Testamento é plenamente justificada, embora não daquela forma *gloriosa* que alguns esperavam. **3**. Paralelamente, a Septuaginta e o Pentateuco Samaritano contam com alguns trechos autênticos, bem definidos, que o texto massorético perdeu. **4**. Um subproduto dessas descobertas é que nenhum livro do Antigo Testamento, incluindo o livro de Daniel, pode ser atribuído ao período dos macabeus, visto que todos os livros achados em Qumran, incluindo o de Daniel, eram cópias, o que significa que os originais tinham de ser ainda anteriores a essas cópias. No entanto, quão anteriores, continua sendo questão que pode ser legitimamente levantada no caso do livro de Daniel (que vide, quanto à *data*). **5. Luz Histórica**. Essênios? Cristianismo? Essas descobertas nos têm fornecido muitas informações sobre um segmento do judaísmo pré-cristão, que poderia envolver os essênios. Talvez a comunidade de Qumran deva ser identificada com uma sociedade de essênios, mencionada por Plínio, o Velho (*História Natural* 5.17), que tinha sede acima de En-Gedi. Ver os artigos separados sobre os *Essênios* e sobre *Khirbet Qumran*. É difícil avaliarmos a questão, visto que a comunidade de Qumran exibe algumas diferenças significativas quando a comparamos com os essênios. Em contraste com os essênios, essa comunidade praticava o matrimônio, contava com holocaustos de animais, não eram pacifistas e evitavam todo o contato com o mundo exterior. Porém, contra isso pode-se argumentar que o próprio termo *essênios* era uma designação elástica, que poderia ter incluído comunidades como aquela de Qumran. A questão continua sendo debatida, e com resultados incertos. **A Comunidade de Qumran e o Cristianismo**. A questão tem sido exagerada. O *Mestre de Justiça* dificilmente pode ter servido de inspiração para criar Jesus, o Messias, embora aquele mestre exibisse algumas qualidades messiânicas. O Novo Testamento tem sua própria história confirmatória que em muito ultrapassa teorias de invenção e de lenda, criadas por alguns eruditos liberais. As sugestões que dizem que João Batista e Jesus tiveram contatos com a comunidade de Qumran e foram influenciados pela mesma, não passam de hipóteses. As diferenças doutrinárias negam a hipótese. Expressões comuns que são usadas, que também fazem parte do Novo Testamento, como "filhos da luz e filhos das trevas", o mestre justo e o homem da mentira (o Cristo e o anticristo), a vida eterna, a luz da vida etc. também eram comuns ao judaísmo da época, e podem ter sido tomadas por empréstimo do judaísmo em geral. Os manuscritos achados contêm vários apocalipses judaicos, não restando dúvidas do que a escatologia do Novo Testamento reflete esse material. Ver o artigo sobre os *Livros Apocalípticos*. Havia uma crescente tradição profética, começando pelas profecias veterotestamentárias, alicerçadas principalmente no livro de Daniel. A comunidade de Qumram estava envolvida nessa tradição, como também o estiveram os autores do Novo Testamento. Ideias atinentes à angelologia e à demonologia não foram inventadas pela comunidade do Qumran. Eles também estiveram envolvidos no desenvolvimento dessa tradição, da mesma forma que o estiveram o judaísmo helenista e o cristianismo. Os membros daquela comunidade falavam nos últimos dias, no lago do fogo, no árduo trabalho do Messias etc., ideias essas que emergiram, naturalmente, da tradição profética. O cristianismo também pediu empréstimos desse fundo. Para acompanharmos como os eruditos podem cair em exageros, consideremos a suposta *ressurreição* do *Mestre da Justiça*. Supõe-se que ele foi martirizado, mas, subitamente, reapareceu sob forma gloriosa e ressurrecta. Porém, tudo quanto está realmente envolvido é que ele foi rudemente interrompido no cumprimento de seu ofício, no dia da expiação, e, pouco depois, conseguiu reaparecer em seu costumeiro esplendor sacerdotal. O alegado *banquete messiânico* (que alguns têm dito ser paralelo à última Ceia), não passou de uma refeição ordinária, da qual participaram o rei e o sumo sacerdote. Portanto, um estudo mais sóbrio não vincula a comunidade de Qumran ao cristianismo, exceto no sentido de que ambos os grupos compartilhavam de vários particulares com o judaísmo em geral, mormente com o judaísmo helenista. **6. Uso dos Livros Apócrifos e Pseudepígrafos**. A descoberta de muitas obras desse tipo, entre os manuscritos do mar Morto, demonstrou que, bem às portas de Jerusalém, tais obras eram usadas como livros sagrados. Portanto, não era apenas nos lugares afastados da Palestina que esses livros eram respeitados e usados. Sabemos que vários escritores do Novo Testamento os empregaram, com base em citações que fizeram dos mesmos, no Novo Testamento. Ver o artigo sobre *Citações no Novo Testamento*, onde oferecemos provas disso.

BIBLIOGRAFIA. ALLE AM DU HARR (1961) Z

MAR OCIDENTAL

No hebraico, *yam acharon*, uma expressão que aparece por duas vezes em todo o Antigo Testamento, ou seja, Joel 2.20 e Zacarias 14.8. Essa é uma das descrições do mar Mediterrâneo. O contraste é com o "mar oriental", que já se refere ao mar Morto, os limites ocidental e oriental da terra santa, excluída a Transjordânia. Ver também os artigos chamados *Mar* e *Mar Grande*. Literalmente, *yam acharon* significa "mar traseiro". Assim era porque os israelitas, ao determinarem os quatro pontos cardeais, voltavam-se na direção do nascente do sol. Assim sendo, o ocidente ficava para as costas deles, o norte na direção do braço direito estendido, e o sul na direção do braço esquerdo estendido.

MAR SALGADO. Ver *Mar Morto*.

MAR VERMELHO

Na LXX, *eruthá thálassa*, tradução do hebraico que significa *mar de juncos*. É expressão usada para indicar três coisas: **1**. As águas que foram divididas diante dos israelitas, no êxodo do Egito; **2**. O golfo de Suez; **3**. O golfo de Áqaba.

1. As águas do êxodo. A comparação entre Êxodo 14 e 15.22, observando-se o paralelismo poético em 15.4, deixa claro que o "mar" atravessado pelos hebreus em Êxodo 14 era o "mar de juncos", que corresponde ao egípcio "alagadiços de papiros", particularmente no nordeste do delta do Nilo.

2. Golfo de Suez. Após partirem do deserto de Sur-Etã (Êx 15.22; Nm 33.8), ao terceiro dia os hebreus chegaram a Mará, seguiram dali para Elom, e então acamparam à beira do "mar de juncos" (Nm 33.10,11), antes de partirem para o deserto de Sin, (Êx 16.1; Nm 33.11), a caminho do Sinai, onde chegaram após mais três paradas (Êx 17; 19;1,2; cf. Nm 33.12-15). De acordo com essa maneira de ver as coisas, o "mar de juncos" de Números 33.10,11 ficava em algum lugar na costa do Sinai do golfo de Suez, se o monte Sinai-Horebe está localizado ao sul daquela península. Não parece haver base para a identificação do "mar de juncos" com o mar Mediterrâneo, pois isso faria os hebreus entrarem na terra proibida dos filisteus. E identificar o "mar de juncos" com o golfo de Áqaba, provavelmente requereria que o monte Sinai estivesse localizado em Midiã, a leste daquele golfo, pois isso faria com que os hebreus atravessassem o ermo de Et-Tih, em vez dos *wadies* do Sinai sul-central.

3. Golfo de Áqaba. Com base em certos trechos da história hebraica subsequente ao êxodo, torna-se claro que a expressão "mar de juncos" também podia ser aplicada ao atual golfo de Áqaba, ao longo da costa oriental da atual península do Sinai. O trecho de 1Reis 9.26 localiza explicitamente Eziom-Geber — o porto de Salomão — ao lado de Elote, nas praias do "mar de juncos", na terra de Edom, localização que se ajusta ao golfo de Áqaba, mas não com o istmo de Suez e nem com o lago Balá. Jeremias 49.21 alude ao "mar de juncos" no oráculo de Edom, provavelmente, o golfo de Áqaba novamente. Após terem ficado em Cades-Barneia (Êx 13.26) no deserto de Parã (12.16), os hebreus receberam ordens de ir para o deserto, através do "mar de juncos" (14.25; Dt 1.40). Então houve o incidente com Coré, Datã e Abirã, que foram engolidos vivos pela terra, com suas tendas (Nm 16), um incidente que pode ter ocorrido entre as planícies lamacentas da Arabá, não muito longe do golfo de Áqaba. Por igual modo, após o sepultamento de Aarão, no monte Hor, depois de mais uma jornada ao redor de Cades-Barneia (Êxô. 20.22-21.3), Israel novamente passou pelo caminho do "mar de juncos", "a rodear a terra de Edom" (Nm 21.4; cf. Dt 2.1; Jz 11.16), uma rota que parece tê-los levado para o sul de Cades-Barneia até o início do golfo de Áqaba, como se fossem passar pela extremidade sul de Edom, para então deixarem para trás aquela terra, seguindo para o norte, ao longo de sua fronteira oriental, e daí até Moabe (ambos os países negaram passagem a Israel —ver Nm 20.14-21; Jz 11.17). No caso de Êxodo 23.31, talvez tenhamos uma fronteira sudoeste da Terra Prometida, indo desde o começo do golfo de Áqaba ("mar de juncos") até o Mediterrâneo (mar dos filisteus), isto é, mais ou menos ao longo do wadi el-Arish, o que é confirmado em outras fontes. (Ver Egito, Ribeiro do).

MARA

No hebraico, **"amargo"**. *Noemi* (vide), apodou-se com essa alcunha, pensando que o nome lhe cabia bem, por causa de suas muitas aflições. Noemi, por sua vez, significa "meu deleite", no hebraico, o que ela pensava não se ajustar bem a ela. Ver Rute 1.20. Quando ela retornou de Moabe para sua terra nativa, em Israel, ela havia perdido seu marido e seus dois filhos, o que explica sua amargura de espírito.

MARA (LOCALIDADE)

No hebraico, **"amargo"**. Esse foi o nome da sexta parada de Israel, durante suas vagueações pela península do Sinai, após o êxodo (ver Êx 15.23,24; Nm 33.8). As águas do lugar eram amargosas, o que explica tal locativo, no entanto, miraculosamente, Moisés tornou-as boas para o consumo humano (por orientação divina), após ter lançado nelas uma certa árvore.

Acredita-se que a fonte seja aquela que atualmente se chama 'Ain Nawarah, cerca de 76 quilômetros a sudeste de Suez e cerca de onze quilômetros das margens do mar Vermelho. Alguns estudiosos identificam-na com Cades. Foi esse o primeiro acampamento de Israel, depois que atravessaram o mar Vermelho. O povo de Israel caminhou por três dias deserto de Sur adentro, após aquela travessia, até chegar a Mara.

MARALÁ

Esse era o nome de uma localidade existente na fronteira ocidental do território de Zebulom (ver Jos 19.11). Algumas traduções dizem *Mareal*. Maralá significa "terremoto" ou "tremeluzente". Ficava a 6,5 km de Nazaré, na fronteira sul com Zebulom, aparentemente já dentro do território da tribo de Issacar, a oeste de Saride e a leste de Dabesete. Alguns estudiosos têm-na identificado com o moderno Tell Ghalta, a norte de Megido, no vale de Jezreel.

MARAVILHA, MARAVILHOSO

1. No Antigo Testamento. *a. Tamah*, maravilhar-se, "admirar-se". Esse verbo hebraico aparece por sete vezes (Gn, 43.33; Sl 48.5; Ec 5.8; Is 13.8; 29.9; Jó. 26.11). *b. Pala*, "maravilhoso", "singular". Essa palavra hebraica ocorre por cerca de cinquenta vezes (conforme se vê, por exemplo, em 1Cr 16.12,24; Jó. 5.9; Sl 9.1; 78.12; 98.1; 105.5; 139.14; Dn 11.36; Mq 7.15). Essa palavra envolve a ideia de algo "separado", "distinto", envolvendo algum evento ou circunstância que cause admiração. Ver Salmo 107.24. Deus operou muitas maravilhas no Egito, quando dali livrou o seu povo. Isaías tornou-se motivo de admiração ao andar descalço e sem suas vestes externas, projetando assim a ideia das calamidades que haveriam de atingir Israel (ver Is 20.3). Os escritores do Antigo Testamento destacaram as obras de Deus como maravilhosas, conforme se vê, por exemplo, em Jó 9.10 e Salmo 96.3.

2. No Novo Testamento. *1. Thaumázo*, "admirar-se", "maravilhar-se". Esse verbo grego ocorre por 43 vezes (Mt 8.10,27; 9.33; 15.31; 21.20; 22.22; 27.14; Mc 5.20; 6.6; 15.5,44; Lc 1.21,63; 2.18,33; 4.22; 7.9; 8.25; 9.43; 11.14,38; 20.26; 24.12,41; Jo 3.7; 4.27; 5.20,28; 7.15,21; At 2.7; 3.12; 4.13, 7.31; 13.41 (citando Hc 1.5); Gl 1.6; 2Ts 1.10; 1Jo 3.13; Jd 16; Ap 13.3; 17.6-8). Conforme é evidente, a referência mais constante é às maravilhosas obras realizadas por Cristo, coisas que deixavam atônitos os espectadores. Esses eram sinais confirmatórios de sua autoridade e missão messiânicas. Os profetas do Antigo Testamento haviam predito essas maravilhas do Messias (ver Sl 118.32; Is 29.14; Mq 7.15; Zc 8.6). Ver também o artigo *sobre Jesus*, onde são alistados os seus milagres. Nicodemos admirou-se das obras e dos ensinos admiráveis de Cristo (Jo 3.7), tal como sucedeu a vários outros (Jo 5.20,28; 7.15,21). As multidões também se admiravam ante suas obras (Mt 8.27; 9.16; Mar.5.20). Jesus, por sua vez, admirou-se da fé de alguns (Mt 8.10), e da incredulidade de outros (Mc 6.6). **2.** *Thaumásios*, "algo que provoca admiração". Essa palavra ocorre somente em Mateus 21.15. **3.** *Thaumastós*, *"admirável"*, "maravilhoso". Adjetivo que aparece seis vezes (Mt 21.42 (Sl 118.23); Mc 12.11; Jo 9.30; 1Pe 2.9; Ap 15.1,3).

MARCA (SINAL)

Várias palavras hebraicas e gregas estão por detrás dessas traduções: **1**. *Bin*, palavra hebraica que indica uma marca qualquer na testa, na mão ou em outra parte qualquer do corpo, com o propósito de identificação. (Ver Ez 9.4,6). A Ezequiel foi dito por Deus que atravessasse a cidade de Jerusalém e identificasse os piedosos com algum tipo de marca. Os ímpios, que não fossem assinalados, seriam destruídos. Chegara o tempo de Deus julgar a cidade. **2**. *Oth*, palavra hebraica usada para indicar a marca que Deus apôs em Caim, a fim de distingui-lo dos demais homens, devido ao fratricídio que cometera, o que, naturalmente, tornava-o um alvo para ser assassinado.

Essa marca visava a impedir que fosse morto, visto que Deus o condenara a uma sentença perpétua que envolvia sofrimentos. Há muitas especulações sobre essa marca, mas nada de certo pode ser afirmado. Ver o artigo sobre Caim. **3**. *Mattarah* ou *mattara*, uma palavra hebraica que tem o sentido de *alvo*. Jônatas disse a Davi que lhe revelaria a atitude de Saul para com ele, lançando três dardos, como se estivesse atirando-os em algum alvo. Mas tudo tinha o intuito de transmitir uma mensagem a Davi, conforme se vê no texto de 1Samuel 20.19 ss. Essa mesma palavra hebraica é usada em Lamentações 3.12, onde o profeta Jeremias viu a si mesmo como um alvo para as flechas de seus inimigos perseguidores. **4**. *Miphga*, palavra hebraica que significa "marca". Jó indagava por que motivo Deus tê-lo-ia *marcado* para os sofrimentos pelos quais ele estava passando, como que por força de algum decreto divino. Ver Jó 7.20: *Por que fizeste de mim um alvo...?* diz nossa versão portuguesa. **5**. *Qaaqa*, "incisão", "marca", "tatuagem". Ver Levítico 19.28. Os israelitas foram proibidos de receber qualquer tipo permanente de marca no corpo. Isso combatia certas formas de idolatria, em que os deuses pagãos eram honrados por seus seguidores por tatuagens autoimpostas, ou golpes e talhos na pele, que os identificavam como seus discípulos.

No grego devemos considerar quatro palavras: **1**. *Semeion*, "sinal", dando a entender algum sinal visível de alguma coisa. Palavra usada por 75 vezes no Novo Testamento (Mt 12.38,39; 16.1,3,4; 24.3,24,30; 26.48; Mc 8.11,12; 13.4,22; 16.17,20; Lc 2.12,34; 11.16,29,30; 21.7,11,25; 23.8; Jo 2.11,18,23; 3.2; 4.48,54; 6.2,14,26,30; 7.31; 9.16; 10.41; 11.47; 12.18,37; 20.30; At 2.19 (citando Joel 3.3); 2.22,43; 4.16,22,30; 5.12; 6.8; 7.36; 8.6,13; 14.3; 15.12; Rm 4.11; 15.19; 1Co 1.22; 14.22; 2Co 12.12; 2Ts 2.9; 3.17; Hb 2.4; Ap 12.1,3; 13.13,14; 15.1; 16.14 e 19.20). Os judeus exigiram um *sinal* da parte de Jesus, como comprovação de suas reivindicações messiânicas (Lc 11.29). As línguas, como um dom espiritual, são um sinal para os incrédulos, autenticando a mensagem do evangelho (1Co 14.22). Essa também era uma palavra comum para indicar "milagre", com o propósito de ensinar (Ver Mt 12.38,39; 26.48; At 4.12,22; 6.8 e 15.12). Os poderes malignos também têm seus sinais (milagres), segundo se vê em Apocalipse 13.14, o que mostra que um milagre nem sempre é prova de veracidade. **2**. *Skópos*, "alvo". Esse termo grego só aparece por uma vez no Novo Testamento, em Filipenses 3.14. Em sua inquirição espiritual, Paulo avançava na direção do *alvo*. Há traduções que dizem ali, "marca". **3**. *Stigma*, "cicatriz", ou alguma marca, como na pele de um escravo, para mostrar que ele pertencia a seu senhor. Ver Gálatas 6.17, a única passagem neotestamentária onde ocorre esse vocábulo. Paulo trazia no corpo os sinais das perseguições de que fora vítima, identificando-o como servo de Cristo. **4**. *Charagma*, "inscrição", algo gravado. Palavra que ocorre por oito vezes no Novo Testamento: Atos 17.29; Apocalipse 13.16,17; 14.9,11; 16.2; 19.20; 29.4. Essa é a palavra grega para indicar a "marca da besta", segundo se vê nas referências do Apocalipse. Essa marca mostrará quem lhe será submisso, servindo, igualmente, de uma espécie de permissão para negociar. Há muitas ideias sobre a natureza ou identificação da tal marca. Sem dúvida, o autor do Apocalipse tinha em mente alguma espécie de tatuagem (ver sobre as palavras hebraicas, número cinco, acima) — talvez os números "666" ou algum outro símbolo do poder do anticristo.

Os arqueólogos têm descoberto os nomes de garotas escritos por seus namorados em seus valores numéricos. Em tempos modernos, alguns têm aventado a ideia de essa marca ser um sinal invisível, impresso profundamente na pele, que alguma luz especial seja capaz de tornar visível, visto que agora temos a tecnologia para tanto.

Notemos, igualmente, que o trecho de Apocalipse 7.3 diz que 144.000 servos especiais de Deus, durante o período da grande tribulação, terão o *selo* de Deus em suas testas, o que é uma ideia paralela. Todavia, alguns intérpretes opinam que a marca da besta não deve ser entendida literalmente, como se fosse uma marca física. Antes, seria uma identificação espiritual, conhecida por Deus. Assim, Deus saberia quais estão selados para o bem e quais estão selados para o mal e a rebeldia.

MARCIÃO (C. 80—C. 160)

Marcião, ou Márcion, foi criado em Sinope, no Ponto, onde, pelo que se sabe, seu pai foi bispo, e ele chegou a ser próspero construtor naval. Foi professor na Ásia Menor, provavelmente nas primeiras décadas do século II, antes de ir para Roma. A rejeição de seu ensino pelos líderes dos principais centros cristãos o levou a estabelecer uma igreja rival, que, em poucos anos, estava quase tão espalhada quanto a grande igreja cristã.

Marcião é mais conhecido por sua obra sobre o texto e o cânon da Bíblia (ver Escritura). Rejeitando o AT como parte do cânon cristão, organizou o primeiro cânon do NT mais conhecido, composto de uma versão abreviada do Evangelho de Lucas e dez cartas paulinas já editadas (faltando as pastorais). Suas opiniões teológicas foram expostas em sua obra *Antítese*, em que, ao que consta, apresentava contradições entre o AT e o NT. Como suas obras não sobreviveram, suas posições tiveram de ser reconstituídas a partir das refutações feitas por seus oponentes, sendo a mais completa a dos cinco livros de Tertuliano intitulados *Contra Marcião*.

Era sua convicção ser Paulo o único e verdadeiro apóstolo e que os doze apóstolos originais, por haverem "judaizado" o cristianismo, haviam se tornado "falsos apóstolos". Em sua reunião das cartas de Paulo, Gálatas foi colocada em primeiro lugar. Eram palavras de abertura da *Antítese*: "Ó riquezas das riquezas! Arrebatamento, poder, admiração! Ao constatar que nada pode haver para dizer a respeito, ou nada imaginar ou a nada se comparar!", que assim expressavam seu verdadeiro assombro ante o evangelho paulino da graça. De Paulo, Marcião deduziu um contraste exagerado entre lei e evangelho. Tal como seu contemporâneo Áquila, do Ponto, ele dava uma interpretação literal às Escrituras, rejeitando toda alegoria (ver Hermenêutica). Marcião foi, assim, muito além de Paulo, concluindo que haveria dois deuses: o Deus do AT, o Criador, um Deus da lei e da justiça, que predisse o Messias judeu; e o Deus desconhecido antes do NT, o Pai de Jesus Cristo, um Deus de misericórdia e salvação.

Segundo ele, Jesus Cristo revelou o Pai no décimo quinto ano do imperador Tibério, porque Marcião omitiu do evangelho as narrativas sobre seu nascimento. A morte de Jesus teria comprado a salvação humana e erguido sua própria alma da sepultura. Marcião advogava o ascetismo; administrava o batismo somente aos não casados e abstinentes, precedendo o final da vida. A água substituía o vinho em sua ceia do Senhor. Com relação à acusação de antinomianismo, na ausência da lei, ele respondeu simplesmente com: "Deus me livre!".

Os pais da igreja objetaram à separação da salvação, que Marcião fez, da criação, e a separação da igreja de sua herança do AT. O desafio de Marcião acelerou o reconhecimento da igreja da necessidade de organização do cânon do NT e ajudou a intensificar a ênfase sobre determinadas doutrinas da regra de fé (ver Credos). Marcião compartilhava com o gnosticismo algumas ideias, como a do Deus desconhecido, de visão negativa do mundo criado e de depreciação do AT; mas diferia dos gnósticos em sua falta de interesse especulativo e mitológico, rejeição de alegoria, ênfase sobre a fé, em vez de sobre o "conhecimento", e preocupação em querer estabelecer uma igreja.

(**E. Ferguson**, B.A., M.A., S.T.B., Ph.D., professor da Abilene Christian University, Texas, EUA.)

BIBLIOGRAFIA. B. Aland, Marcion. Versuch einer neuen Interpretation, *ZTK* 70 (1973), p. 420-427; A. Amann, *in: DTC* 9, cols. 2009-2032; D. Balas, *in: Texts and Testaments: Critical Essays on the Bible and Early Church Fathers*, ed. W. Eugene

March (San Antonio, TX, 1980), p. 95-108; G. Bardy, in: DBS 5, cols. 862-877; E. C. Blackman, Marcion and his Influence (London, 1948); E. Evans, Tertullian: Adversus Marcionem, 2 vols. (Oxford, 1972); A. Harnack, Marcion: Das Evangelium vom fremden Gott (TU 45, Leipzig, 21924, repr. 1960); R. J. Hoffmann, Marcion: On the Restitution of Christianity (Chico, CA, 1984); J. Knox, Marcion and the New Testament: An Essay on the Early History of the Canon (Chicago, 1942); G. Ory, Marcion (Paris, 1980); R. S. Wilson, Marcion: A Study of a Second-Century Heretic (1933; repr. New York, 1980).

MARCO

No hebraico, *tsiyyum*, **"sinal"**, **"monumento"**. Essa palavra aparece por três vezes (2Rs 23.17; Jr 31.21 e Ez 39.15). Geralmente tratava-se de algum monte de pedras ou outro objeto conspícuo, que servia de sinal à beira de alguma estrada ou rota comercial; ou, então, que servia de sinal de que ali havia alguém sepultado. No primeiro caso temos o trecho de Jeremias 31.21, onde um montão de pedras assinalava a rota do exílio, por onde o povo de Israel haveria de voltar, no futuro, à sua própria terra. No segundo caso temos as passagens de Ezequiel 39.15 e 2Reis 23.17. Também podia ser usada uma coluna (conforme se vê em Gn 35.20 e 2Sm 18.18), ou então uma pilha de pedras, diretamente sobre a sepultura (segundo se vê em Js 7.26 e 8.29). Também podia ser empregada uma lápide (no hebraico, *massebah*, embora essa palavra não ocorra nas páginas do Antigo Testamento).

MARCOS

Do latim *marcus*, **"martelo grande"**. Nome do evangelista a quem se atribuiu o segundo evangelho. Marcos é sobrenome, Atos 12.12,25; 15.37. O seu primeiro nome é João, pelo qual é designado em Atos 13.5,13. Sua mãe Maria parece ter sido senhora de grandes recursos; tinha casa em Jerusalém, onde se reuniam os cristãos, Atos 12.12-17 (veja *Maria*). Há vários exemplos no Novo Testamento de judeus com sobrenomes latinos, Atos 1.23; 13.9, de modo que o aditamento do nome Marcos a João não quer dizer que ele tivesse pai ou mãe gentia. Marcos era primo de Barnabé, Colossenses 4.10; acompanhou Barnabé e Paulo, desde Jerusalém a Antioquia da Síria, Atos 12.25, e depois, foi com ele na sua segunda viagem missionária, 13.5, mas por motivos ignorados o deixou em Perge, v. 13, e voltou para Jerusalém. Qualquer que fosse o motivo, Paulo o desaprovou, recusando-se a tê-lo consigo, quando se projetou uma segunda viagem, 15.38. A divergência entre ambos deu em resultado que eles se separaram; Barnabé e Marcos navegaram para Chipre, continuando a sua obra de evangelização. Passado esse incidente, o nome de Marcos desaparece da história por cerca de dez anos. Depois o encontramos em Roma com o apóstolo Paulo, associando-se às saudações que ele enviava às igrejas, Colossenses 4.10; Filemom, 24. Nota-se, pois, que tinham desaparecido os motivos de sua separação. Mais tarde, Paulo refere-se a ele em termos muito elogiosos, dizendo: *Toma a Marcos e traze-o contigo, porque me é útil para o ministério*, 2Timóteo 4.11. Esta última referência dá a entender que Marcos havia estado no Oriente, talvez na Ásia Menor, ou no Extremo Oriente. Com isto combina a passagem da segunda epístola de Pedro, 2Pedro 5.13, na qual se observa que ele esteve com Pedro na Babilônia, tomando esse nome em sentido literal. Esse apóstolo chama Marcos seu filho, termo este, que, se não exprimir afeto, deve significar que foi um dos seus convertidos. De fato, aquele Pedro, logo que foi libertado da prisão, dirigiu-se à casa da mãe de Marcos, 12.12, o que também dá a entender a sua intimidade naquela casa. A tradição não é acorde em dizer se Marcos havia sido companheiro de Jesus. Muitos pensam que o moço que esteve presente à prisão de Jesus, Marcos 14.51,52, coberto com um lençol, era o próprio Marcos. Esse incidente não é mencionado por nenhum outro evangelista, e não existia outro motivo para referir-se a ele, senão o desejo de registrar uma experiência pessoal. Ignora-se o tempo, o lugar e o modo de sua morte. A tradição antiga diz que ele é o intérprete de Pedro. São desta opinião, entre outros, Papias de Hierápolis, que escreveu pelo ano 140; citando o "presbítero" como sua autoridade, diz: "Marcos, tendo-se feito intérprete de Pedro, escreveu com exatidão, se bem que sem respeitar a ordem dos fatos, quanto ele se lembrava das cousas que o Senhor disse e fez. Porque ele não acompanhou o Senhor, nem o ouviu falar, porém, mais tarde, como já disse, ele acompanhou a Pedro, que dava as suas instruções conforme o exigiam as circunstâncias e sem cogitar da ordem sistemática dos ensinos do Senhor. Por isso, Marcos não errou em dar por escrito a narração das cousas de que ele se lembrava. Uma cousa tinha ele em vista: era não deixar de escrever nenhuma das cousas que ele tinha ouvido e dizê-las com a maior exatidão" (Eusébio, hist. ecles. 3.39). Esta referência a Marcos, como sendo ele o intérprete de Pedro, deixa ver que foi seu companheiro nos últimos anos de sua vida apostólica, nas viagens missionárias, o que por sua autoridade falava nas audiências dos gentios, ou ainda pode apenas indicar que a obra de Marcos se limitou a escrever a pregação de Pedro, no evangelho que traz o seu nome. Não há certeza, se quando ele esteve em Roma com Paulo, ali esteve também o apóstolo Pedro. Diz também a tradição que ele fundou a igreja de Alexandria. Este testemunho não merece inteira fé. O ponto essencial que se deve observar é que tanto a história primitiva de sua vida religiosa quanto a companhia com o apóstolo Pedro o habilitaram a escrever um evangelho.

MARCOS, O EVANGELHO SEGUNDO

Este evangelho é o segundo dos quatro, mas não é o segundo na ordem da composição. É o mais curto dos quatro, que não se explica pela condensação do material. O que Marcos escreveu é muito minucioso e os fatos sucedem-se rapidamente com bastante força de imaginação, em uma série de cenas descritivas, em ordem mais cronológica do que Mateus e Lucas; ocupa-se mais em descrever as obras de Cristo, do que em registrar os seus discursos, somente menciona quatro das suas parábolas, ao passo que registra 18 milagres e apenas um dos seus longos discursos com alguma precisão, cap. 13. Fala de Jesus Cristo como sendo o singularmente amado em quem Deus havia colocado toda a sua complacência, o Filho do Deus altíssimo, 1.11; 5.7; 9.7; 14.61; também 8.38; 12.1-11; 13.32; 14.36, e o Salvador que vence. Esse evangelho menciona, principalmente, dois períodos da vida de Jesus: o ministério da Galileia, 1.14 até 9.50, e a última semana em Jerusalém, 11.1 até 16.8. Entre esses dois períodos existem rápidas descrições no cap. 10 como pontos de transição de um período para o outro. Em seu conjunto, pode dividir-se do seguinte modo: **1.** Princípio do evangelho de Jesus Cristo, compreendendo o ministério de João Batista, o batismo e a tentação de Jesus, 1.1-13. **2.** Início do ministério na Galileia, descrevendo os lugares em que Jesus pregava, a chamada dos primeiros discípulos, os milagres operados em Cafarnaum e na Galileia, 1.14-45. **3.** Os triunfos alcançados por Jesus sobre a nascente oposição, a cura de um paralítico, o banquete na casa de Levi, o discurso sobre o jejum e a controvérsia sobre o sábado, 2.1 até 3.6. **4.** Extensão da obra de Cristo entre a oposição crescente, entusiasmo das multidões que o acompanhavam e a escolha dos 12 apóstolos; resposta aos fariseus; visita de sua mãe e de seus irmãos; as parábolas do semeador, do crescimento misterioso da semente; da semente de mostarda acompanhada de observações; o grande milagre de acalmar a tempestade; os endemoninhados gadarenos; a mulher que padecia fluxo de sangue e da ressurreição da filha de Jairo; segunda rejeição em Nazaré; a missão dos 12; investigações de Herodes sobre Jesus, com a descrição da morte de João Batista; o milagre da multiplicação dos pães para cinco mil pessoas; do passeio sobre as ondas; denúncia contra as tradições dos fariseus, 3.7 até 7.23. **5**. Período em que exerceu o último ministério na Galileia, incluindo a cura da filha da mulher sirofenícia nos limites de Tiro e de Sidom, um mudo em Decápolis; o milagre da multiplicação dos pães para quatro pessoas; a recusa de dar um sinal aos fariseus, advertência contra eles; a cura de um cego perto de Betsaida, seguido de incidentes próximo a Cesareia de Filipos, incluindo as predições sobre a morte de Cristo, a confissão de Pedro etc. A transfiguração, a cura do endemoninhado, novas predições a respeito da morte de Cristo e, em retorno para Cafarnaum, instruções especiais a seus discípulos, 7.24 até 9.50. Este último período é muito completo no Evangelho Segundo Marcos. **6**. Ministério final em Pereia, inclusive a discussão sobre o divórcio; a bênção das criancinhas, a conversa com o moço rico, explicações aos discípulos, subida para Jerusalém, incluindo mais uma predição sobre a sua morte, o pedido de Tiago e de João e a cura de Bartimeu, cap. 10.7. A última semana, compreendendo a entrada triunfal em Jerusalém; a maldição da figueira estéril; a segunda purificação do templo; os deputados enviados pelo sinédrio; a parábola dos lavradores da vinha; as perguntas dos fariseus, dos herodianos e dos saduceus e a do doutor da lei; a pergunta de Jesus sobre o filho de Davi; breve denunciação contra os fariseus e os escribas, *cf.* Mateus 23, a esmola da viúva; os discursos no monte das Oliveiras; a traição de Judas; e a festa em Betânia; narração da última tarde com os discípulos e a instituição da ceia do Senhor; a agonia no Getsêmani, a prisão; o julgamento a noite pelo sinédrio; a negação de Pedro; o julgamento diante de Pilatos; a crucificação, o sepultamento; o anúncio da ressurreição a certas mulheres por um anjo, assentado à beira do sepulcro vazio, 11.1 até o cap. 16.8. Os 12 versículos finais do Evangelho Segundo Marcos não fazem parte do último capítulo como se encontra no original, segundo o dizer da maior parte dos críticos. Esses versículos foram certamente acrescentados em tempos primitivos, talvez no princípio do segundo século. Em parte parece que foram tirados de outros evangelhos e descrevem com fidelidade as crenças das igrejas apostólicas. O cap. 16.8 termina abruptamente. Parece que os 12 versículos seguintes substituíram o final do capítulo, feitos pelo autor, que parece terem se perdido. Alguém tem pensado que Marcos foi impedido de concluir o seu livro. Os 12 versículos finais, já citados, considerados necessários para a conclusão, provam evidentemente a existência de outros evangelhos que circulavam nas igrejas e que o de Marcos havia sido aceito como genuíno e autêntico. Esse evangelho circulava nas igrejas nos meados do segundo século e foi incluído por Taciano no seu *Diatessaron*, ou Harmonia dos Evangelhos. Ireneu, escrevendo no fim do segundo século, o menciona com frequência, bem como outros que o precederam como Papias, e declaram que Marcos havia sido discípulo de Pedro e seu intérprete. Desse modo, os antigos escritores, bem como a tradição, relatam O Evangelho Segundo Marcos como intimamente ligado à pregação que Pedro fazia acerca de Cristo. O relacionamento de Marcos com Pedro é confirmados por muitos pormenores bem apreciáveis que o livro contém, que parecem reproduzir as impressões recebidas em companhia do apóstolo, com a força de um testemunho pessoal; é ele quem nos dá uma narração minuciosa da negação de Pedro, e como diz Eusébio, ocultando fatos favoráveis ao seu caráter (Mt 16.17-19; Lc 5.3-10). Não se deve pensar que Marcos reproduzisse exclusivamente o que aprendeu de Pedro, excluindo quaisquer outras fontes de informação. O evangelista teve abundantes oportunidades de saber muitas coisas de outras testemunhas oculares e de membros da primitiva comunidade cristã, como: seu parente Barnabé, Paulo e os discípulos que frequentavam a casa de sua mãe em Jerusalém (At 17.12,17). Na igreja, pensavam alguns e entre eles Agostinho, que Marcos havia feito um resumo de Mateus. Essa afirmação cai diante do fato de que O Evangelho Segundo Marcos contém muitos pormenores que não se encontram no outro evangelho. Pensam outros que Mateus e Lucas é que foram buscar em Marcos os elementos para os seus escritos. A opinião corrente em nossos dias é que Marcos se mostra independente de qualquer outro evangelista. O mais provável é que todos eles escreveram independentemente uns dos outros. As semelhanças verbais raras vezes se estendem a um versículo inteiro e que podem facilmente explicar-se pelo fato de que todos os escritores empregavam linguagem em que eram narradas as palavras e as obras de Cristo, e que já circulavam entre as igrejas. Diz a tradição que Marcos escreveu o seu evangelho em Roma, pouco antes, ou pouco depois da morte de Pedro. Sendo assim, podemos dar-lhe a data 65-68. Baseados em outros fundamentos, alguns escritores modernos dizem que deve ter sido escrito pouco antes da tomada de Jerusalém. Esse evangelho, evidentemente, destinava-se aos gentios, como se depreende das explicações que seu autor dá dos lugares, dos costumes e dos termos da Palestina (1.9; 3.17; 5.41; 7.3,4,11,34; 12.42; 14.12; 15.22,42 etc). Também emprega bom número de palavras latinas e gregas. Tudo isto parece indicar que o livro foi publicado em Roma, como diz a tradição. Ao contrário de Mateus, não se refere às relações de Cristo com a lei mosaica, faz algumas alusões ao cumprimento das profecias e se abstém totalmente de citações do Antigo Testamento.

MARESSA

No hebraico, ao que parece, **"cume"** ou **"lugar-chefe"**. Esse é o nome de uma cidade e de duas personagens que figuram nas páginas do Antigo Testamento. **1**. Uma cidade cananeia que veio a fazer parte da tribo de Judá era assim chamada (ver Js 15.44). Ficava a um quilômetro e meio a sudeste de Eleuterópolis (Beit Jibrin), e tem sido identificada com o moderno Tell Sandahannah. Reoboão fortificou essa cidade (2Cr 11.8). Os etíopes, liderados por Zerá, foram derrotados pelo rei Asa, nesse lugar (2Cr 14.9-13). Em seguida, ele foi capaz de fazer o inimigo recuar até Gerar, a 48 quilômetros a sudoeste de Maressa. Eliezer, de Maressa, predisse o fracasso da expedição naval de Josafá, que alçara velas para Társis, porquanto Acazias fizera alianças indevidas (2Cr 20.35-37). Quando Judá se achava no exílio babilônico, os idumeus ocuparam essa cidade e a área circundante; e a cidade, então chamada Marisa, tornou-se a capital deles. Foi deixada desolada por Judas Macabeu, quando ele marchava de Hebrom para Asdode (1Macabeus 5.65-68; Josefo, *Anti.* 12.8,6). Josefo também revela-nos que esse foi um dos lugares conquistados por Alexandre Janeu, mas que antes estivera sob a dominação síria (Josefo, *Anti.* 13.15,4). Pompeu restaurou a cidade e a vinculou à província da Síria (Josefo, *Anti.* 14.4,4). Gainius a reconstruiu (Josefo, *Anti.* 14.5,3). Os partas destruíram-na quando guerreavam contra Herodes, o Grande (Josefo, *Anti.* 14.5,3). Desde esse tempo em diante, parece que a cidade não mais conseguiu recuperar-se de suas muitas vicissitudes, e nunca mais teve grande importância. A partir de 40 a.C., ela era apenas ruínas. Eleuterópolis, a menos de três quilômetros de distância, tornou-se a cidade importante da região. **2**. Esse era também o nome do pai (ou antepassado) de Hebrom, da linhagem de Judá (1Cr 2.42). Ele foi o filho primogênito de Calebe. Era conhecido por dois nomes, Mesa e Maressa. **3**. Um filho de Lada, da família de Selá, tinha esse nome. Talvez ele tenha sido o fundador de uma cidade com esse nome (1Cr 4.21). Alguns estudiosos têm-no identificado com o Maressa de número 2, acima.

MARFIM

Há duas palavras hebraicas e uma palavra grega que precisamos levar em conta neste verbete: **1**. *Shen*, "dente", "marfim". Com o sentido de "marfim", essa palavra ocorre por dez vezes (1Rs 10.18; 22.39; 2Cr 9.17; Sl 45.8; Ct 5.14; 7.4; Ez 27.6,15; Am 3.15; 6.4). **2**. *Shenhabbiym*, "dentes de elefante", "marfins". Essa palavra só ocorre por duas vezes no Antigo Testamento (1Rs 10.22 e 2Cr 9.21). **3**. *Elephántinos*, "feito de marfim". Essa palavra grega foi usada por apenas uma vez em todo o Novo Testamento: Apocalipse 18.12.

O marfim é um material duro, usualmente de cor creme, que compõe os dentes e as presas de certos animais. O marfim comercial procede quase inteiramente das presas dos elefantes. Algumas delas podem chegar até cerca de 3,30 m As presas e dentes de outros animais usualmente são pequenas demais pare terem qualquer valor comercial. Os dentes da baleia cachalote, da morsa e dos mastodontes também têm valor. Os mastodontes produziam um marfim róseo, bastante popular no fabrico de joias. Além disso, há um certo marfim vegetal obtido da jarina, que, algumas vezes, substitui o marfim do elefante, especialmente no fabrico de botões.

No passado distante, o marfim era obtido do elefante indiano, de Burma e da África; mas, atualmente, somente elefantes africanos são usados. O marfim duro tem uma camada mais externa escura, vermelho amarronzado, e uma textura atrativa. O marfim suave é muito mais claro, quase da cor do leite, com textura muito lisa. Quase todo o marfim que se produz hodiernamente é empregado na China, no Japão, na Índia, na Tailândia e em outros países asiáticos, no fabrico de figurinhas, joias e obras de arte.

As referências bíblicas dão-nos a entender que o marfim era um artigo de luxo muito procurado, usado no fabrico de leitos (Am 6.4), casas (várias decorações, incluindo painéis de paredes, 1Rs 22.39), decorações de navios, como passadiços com aplicações de marfim (Ez 27.6), e vários itens do mobiliário, incluindo tampas de mesas, além de joias, naturalmente. O marfim era importado pelos negociantes de Tiro, que o compravam de homens de Dedã (Ez 27.15), transportado em navios de Társis (1Rs 10.22). Salomão importava marfim, juntamente com outros artigos de luxo. As escavações efetuadas em Alalaque, na Síria, têm desenterrado grandes presas de marfim. Peças de arte egípcias e assírias mostram que as presas de elefante faziam parte dos troféus obtidos em batalha. Os arqueólogos também têm encontrado grandes armazéns de marfim em Ras Rhamra e em Megido. Somente em 1932 foram encontradas 383 peças esculpidas de marfim, provenientes de cerca de 1350 a.C. O trecho de Apocalipse 18.12,13 mostra que o marfim era importado pelos romanos, juntamente com muitos outros artigos de luxo.

Fontes informativas extrabíblicas mostram-nos que o marfim era usado no fabrico de figurinhas, de conches, de frascos, de mesas de jogos, de pentes, de caixas, de artigos de mobiliário, de joias, e de grande variedade de itens decorativos.

MARI

I. Localização e Identificação. Mari era uma antiga cidade do médio Eufrates, cerca de onze quilômetros ao noroeste de Abu-Kemal, onde o atual Tell Hariri assinala o local. Estava em uma posição estratégica, tendo-se tornado um importante e próspero lugar. Contava com a vantagem de estar em uma interseção de rotas de caravanas. Uma dessas rotas passava pelo deserto sírio e ia até as margens do rio Eufrates, e a outra começava no norte da Mesopotâmia e atravessava os vales dos rios Cabur e Eufrates. Isso posto, o lugar tornou-se um centro de comércio e comunicações. Dispunha de uma população internacional, composta por babilônios, assírios, semitas do reino de lamcade-Alepo, hurrianos, caneanos, suteanos e benjamitas. A certa altura da história (cerca de 1800-1700 a.C.), era parte importante do reino dos amorreus, pelo que proveu documentos importantes sobre o idioma desse povo.

II. História. 1. A cidade foi conquistada por Eanatum, de Lagase (cerca de 2500 a.C.). **2**. Foi conquistada por Sargão, o Grande, de Acade (cerca de 2350 a.C.). **3**. Foi governada pelos reis de Ur (cerca de 2113-2006 a.C.). **4**. Os amorreus arrancaram-na do poder de Ur. **5**. Ur caiu em 2006 a.C., e Isbi-Erra, de Isin, e Naplanum, de Larsa, tornaram-se os poderes dominantes em Babilônia. **6**. Iacdum-Lim, rei de Cana, conquistou o lugar (cerca de 1830-1800 a.C.). **7**. O rei Samsi-Adade I, da Assíria, derrotou-o, e o lugar passou para as mãos desse monarca assírio (cerca de 1814-1782 a.C.). **8**. Iacdum-Lim foi assassinado, e seu filho, Zinri-Lim, fugiu para a Síria. Samsi-Adade foi o assassino e o novo governante, que morreu em 1782 a.C. **9**. Zinri-Lim retornou e se apossou do trono (cerca de 1790-1761 a.C.). E Mari tornou-se um minirreino independente, por dezenove anos, mais ou menos entre 1779 e 1761 a.C. **10**. Hamurabi, da Babilônia, reduziu Zinri-Lim à posição de rei vassalo. **11**. Os cassitas destruíram a cidade, em 1742 a.C.

III. Escavações Arqueológicas. Entre 1933 e 1939 houve seis períodos de escavações em Mari, sob a direção de André Parrot, sob o patrocínio do Museu do Louvre. Entretanto, a Segunda Guerra Mundial interrompeu esses esforços, que só foram retomados em 1951. Então, houve mais quatro escavações, que ocuparam extensos períodos. Mas essas atividades, mais uma vez, foram interrompidas, devido às dificuldades em torno do canal de Suez.

As descobertas foram ricas, realmente, e sumariamos como segue: **1**. Foram descobertos o templo de Istar e um zigurate (templo torre). **2**. O palácio real foi desenterrado. **3**. Juntamente com esse palácio, foi encontrado um complexo de edifícios, incluindo até mesmo uma escola de escribas. Pinturas e ornamentações elaboradas decoravam as estruturas e as paredes. **4**. *Grande tesouro literário* foi encontrado, muito interessante para os arqueólogos. Nos arquivos do palácio foram recuperados mais de vinte mil tabletes com inscrições. Muitos desses tabletes com inscrições cuneiformes registram correspondência diplomática por parte do último rei de Mari, Zinri-Lim, com Hamurabi, da Babilônia. Essa correspondência tornou-se conhecida como *Cartas de Mari*. Essas cartas têm ajudado os eruditos a conseguirem datas mais precisas para o reinado de Hamurabi, isto é, cerca de 1728—1626 a.C. Também têm permitido aos especialistas revisarem tudo quanto antes sabiam sobre a história da época, e também a natureza do idioma envolvido. Várias cartas endereçadas ao rei Zinri-Lim contêm declarações proféticas, supostamente feitas pelo deus Adade ou Dagã, através de seus agentes. Tais declarações interessam, por sua vez, aos estudiosos da Bíblia, em face de suas similaridades e diferenças, quando cotejadas com as predições bíblicas. Ver os artigos separados sobre *Hamurabi* e *Hamurabi, Código de*.

IV. Os Textos de Mari e o Antigo Testamento. 1. A Tradição Profética. É curioso que parte do material dos textos de Mari corresponde a predições existentes no Antigo Testamento. Sabemos que o discernimento profético é uma possessão comum da humanidade inteira e de todas as culturas. Naturalmente, sempre há certa mescla de discernimentos corretos com o erro. Ver o artigo intitulado, a *Tradição Profética e a Nossa Época*. Os estudos sobre os sonhos mostram que todas as pessoas têm um conhecimento pessoal (embora frequentemente oculto delas) de seus futuros, e assim, em um sentido secundário, todas as pessoas são seus próprios profetas. Algum dia. a ciência poderá desenvolver técnicas que aprimorem essa capacidade, que se tornará valiosa para todos nós. Ver o artigo sobre os *Sonhos*. **2**. Nomes pessoais amorreus aparecem em abundância nestes textos, semelhantes a nomes pessoais existentes no Antigo Testamento. Ali aparecem nomes como *Yahweh*, *Yawi-Addu* e *Yawi-El*. *El* era um nome comum para Deus, entre os povos semitas, incluindo os hebreus. Ver os artigos sobre *Yahweh* e *Jeová*. Não nos deveria surpreender o fato de que Israel não inventou seus próprios nomes para Deus, antes, aproveitou o fundo semítico geral de nomes próprios. Isso em nada milita contra a revelação divina. Os livros sagrados não se desenvolveram no vácuo. No entanto, há autores que procuram contornar a questão, afirmando que *yawi* não é um nome próprio, mas antes, fala sobre o que os deuses Addu e El teriam feito ou ainda fariam. Mas, mesmo que isso corresponda à verdade dos fatos, tem sido adequadamente demonstrado que *Yahweh* não era um nome exclusivo para Deus, entre os hebreus, conforme aqueles artigos o demonstram. **3**. Os textos de Mari também têm permitido tornarem-se melhor conhecidos os costumes dos povos nômades que habitavam em redor de Mari, a saber, os caneanos, os suteanos e os benjamitas. Talvez os *Dumu.mes Yamina* não tivessem parentesco nenhum com os benjamitas do Antigo Testamento, conforme alguns estudiosos têm chegado a pensar; mas, mesmo assim, muitos costumes bíblicos podem ser ilustrados através desse material, visto estarmos tratando com populações com laços de parentesco entre si, em áreas geográficas relativamente apertadas. **4**. As cartas de Mari, como já dissemos, têm ajudado a fixar melhor as datas relativas a Hamurabi (cerca de 1728—1626 a.C.), uma questão que tem servido de complicado problema cronológico para os historiadores bíblicos. (ND OP(1967) UN Z).

MARIA

O Novo Testamento grego diz Maria e Mariam derivado do hebraico *Myriam*, no latim é *Maria*. No Novo Testamento há seis mulheres que têm esse nome.

1. Maria, mulher de Cleofas, assim chamada em João 19.25. A palavra "mulher", no sentido de esposa, segundo o método de dizer em grego, não se encontra no original. Os tradutores é que a empregaram. Cleofas parece que é o mesmo Alfeu (Mt 10.3; Mc 3.18; Lc 6.15). Os dois nomes são variantes do mesmo vocábulo em aramaico. Ele e Maria eram pais do apóstolo Tiago, o Menor, que tinha um irmão chamado José (Mt 27.56; Mc 15.40; Lc 24.10). Os que registram os "irmãos" do Senhor como sendo seus primos, pelo lado materno, supõem que essa Maria era irmã da Virgem, e que João menciona somente o nome de três Marias que estiveram junto à cruz, Maria, mãe de Jesus, Maria, mulher de Cleofas e Maria Madalena, 19.25. Não é provável que duas irmãs tivessem o mesmo nome; por essa razão e por outras considerações, a teoria de serem primos "os irmãos do Senhor" não parece razoável (veja *Irmãos do Senhor*). Na passagem citada (Jo 19.25), o apóstolo menciona quatro mulheres que ele viu junto à cruz; uma delas era Maria, mulher de Cleofas, mas além do fato que seu marido e seus filhos, com ela, eram discípulos de Jesus e que, provavelmente um de seus filhos era apóstolo, nada mais se diz a seu respeito. Além disto, estando junto à cruz, Maria foi uma das mulheres que acompanharam o corpo de Jesus à sepultura e a quem o Salvador ressuscitado apareceu (Mt 28.1; Mc 15.47; 16.1; Lc 24.10). (veja item 2 e os artigos *Alfeu e Tiago*).

2. Maria, a virgem, mãe de Jesus. Todas as informações a seu respeito somente a Escritura é que no-las dá. Diz ela que no sexto mês após a concepção de João Batista foi enviado o anjo Gabriel a Nazaré, cidade ou aldeia da Galileia, a uma virgem chamada Maria, que ali morava, desposada com um carpinteiro de nome José (Lc 1.26,27), reconhecido como descendente de Davi.

Não se diz que a virgem também o fosse; muitos acreditam que também pertencia à mesma linhagem porque diz o anjo que o filho que ia nascer dela receberia o "trono de seu pai Davi", e que "foi feito da linhagem de Davi, segundo a carne" (Rm 1.3; 2Tm 2.8; *cf.* At 2.30). Além disso, a opinião de muitos doutores é que a genealogia de Cristo, como a registra Lucas (Lc 3.23-38), é pelo lado materno, vindo de Eli, que se supõe ser o pai dela. Como quer que seja, o anjo Gabriel saudou a Maria, dizendo: *Salve! agraciada; o Senhor é contigo*, anunciando-lhe que ela teria um filho a quem deveria chamar Jesus. *Este será grande, será chamado Filho do Altíssimo; Deus o Senhor lhe dará o trono de Davi, seu pai, ele reinará para sempre sobre a casa de Jacó, e o seu reinado não terá fim* (Lc 1.32,33). Quando Maria perguntou como se faria isso, visto não conhecer varão, o anjo lhe respondeu: *O Espírito Santo descerá sobre ti e a virtude do Altíssimo te cobrirá da sua sombra. E por isso mesmo o Santo que há de nascer de ti será chamado Filho de Deus* (Lc 1.35). Estas declarações revelaram a Maria que ela havia sido escolhida para ser a mãe do Messias. Com humilde piedade, aceitou a honra que Deus misteriosamente lhe concedia. Para seu conforto, o anjo Gabriel a informou de que a sua parenta Isabel ia também ser mãe, pelo que Maria se apressou a caminhar para as montanhas a uma cidade de Judá, onde moravam Zacarias e sua mulher Isabel. À sua entrada, Isabel cientificou-se da honra que ia receber e por uma inspiração de momento proferiu o cântico de louvor.

Por sua vez, a Virgem Maria entoou o hino de graças denominado "A Magnífica" (Lc 1.46-55). Isto nos dá a entender a profunda piedade e a solene alegria com que essas santas mulheres contemplaram o poder e a graça de Deus que por seu intermédio ia realizar as antigas promessas feitas a Israel, e trazer a salvação ao mundo. Maria permaneceu na casa de Isabel até pouco antes do nascimento de João Batista, e voltou para Nazaré. Revelada foi a origem de sua concepção a José por meio de um sonho, quando ele pensava em deixá-la secretamente (Mt 1.18-21). Deus ordenou-lhe que a recebesse por mulher, e que ela teria um filho que se chamaria Jesus, porque ele salvaria seu povo dos pecados deles (Mt 1.24,25), em virtude do que havia dito o Senhor pelo profeta Isaías que ele nasceria de uma virgem; José obedeceu reverentemente; recebeu-a por mulher, e não a conheceu enquanto não deu à luz ao seu primogênito, e lhe pôs por nome Jesus (Mt 1.24,25).

Pelo casamento, a virgem ficou abrigada de más suspeitas e o filho que lhe nasceu foi tido como filho de José, segundo a lei, e como tal, herdeiro de Davi. O nascimento ocorreu em Belém. Um decreto de César Augusto ordenou que todo o mundo se alistasse, em virtude do qual José teve de ir à cidade de Davi, como seu descendente, acompanhado de sua esposa Maria. Não encontrando lugar na hospedaria, foram obrigados a abrigar-se em uma estrebaria. Ali nasceu Jesus; sua mãe o enfaixou e o deitou em uma manjedoura (Lc 2.7). Com reverente e confiante assombro, Maria ouviu a narração dos pastores, relatando a visão dos anjos e o cântico que tinham ouvido, anunciando paz ao mundo pelo nascimento do Salvador. Portanto, ela ainda não sabia que seu filho era Deus que se fez carne; apenas sabia que ele ia ser o Messias, e com verdadeira piedade esperava que Deus lhe desse luz sobre a missão de seu filho. No quadragésimo dia depois de nascido o menino, José e Maria o levaram a Jerusalém para o apresentarem diante do Senhor e oferecerem no templo o que a lei ordenava às mães (Lv 11.2,6,8). Os animais oferecidos deveriam ser um par de rolas, ou dois pombinhos, indicando as humildes condições da família. Ao apresentarem o menino no templo, encontraram o velho Simeão que se regozijou pelo nascimento do Messias, porém profetizou a sua mãe que ela teria grandes dores e tristeza pelo que a ele havia de acontecer (Lc 2.35). Parece que, depois disto, José e Maria voltaram para Belém (Mt 2.11). Ali foram ter os magos do oriente que vieram adorar a Jesus (Mt 2.1-11). Em seguida, o casal fugiu para o Egito levando o menino, regressando mais tarde para Nazaré em obediência a instruções divinas. Ali deveria ele dedicar-se à educação do filho da promessa que lhe tinha sido confiado e cujo futuro era objeto de constante cuidado. Um dos traços do caráter de Maria desenha-se quando o menino tinha 12 anos. Piedosamente em companhia de seu esposo, ia anualmente a Jerusalém por ocasião da festa da Páscoa (Lc 2.41), se bem que as mulheres não estavam sujeitas a essa obrigação (Êx 23.17). Com igual piedade, José e Maria levaram consigo o menino, logo que ele atingiu a idade, quando era costume que as crianças deveriam comparecer ao templo. A sua demora na casa de Deus e as suas palavras na discussão com os doutores foram motivo de causar maior espanto a seus pais. *E sua mãe conservava todas estas palavras no seu coração* (Lc 2.51). Maria ainda não havia compreendido toda a grandeza real do seu filho, nem de que modo realizaria a sua missão. Com reverência e cheia de confiança ia cumprindo o seu dever, educando o menino para o serviço de Deus, o que ela realmente fez enquanto ele esteve sob sua autoridade. Se os "irmãos do Senhor" eram, como é provável, filhos de José e de Maria, nascidos depois que Jesus apareceu, Maria deveria ter sido mãe de grande família. O evangelho também fala das irmãs de Jesus (Mc 6.3). Nada mais se diz a respeito de Maria até o princípio do ministério público de Jesus. Aparece então no casamento de Caná da Galileia (Jo 2.1-10).

Evidentemente, regozijou-se em ver que seu filho assumia as funções do ofício messiânico, e, sem reservas, creu nele. Imprudentemente, porém, ela pretendeu dirigir os seus atos, o que provocou da parte dele uma repreensão respeitosa. Maria precisava compreender que, na sua obra, ela participava apenas como sua companheira. Na qualidade de filho, prestava-lhe reverência, porém na qualidade de Messias e Salvador, ele só a poderia ter como discípula, precisando igualmente, com os demais, da salvação que ele veio trazer ao mundo. Verdade semelhante se repete em outra ocasião quando Maria aparece *cf.* (Mt 12.46-50; Mc 3.31-35; Lc 8.19-21). No grande dia das parábolas, estando ele ensinando o povo, Maria e os irmãos de Jesus desejavam vê-lo, talvez com o intuito de afastá-lo dos perigos que a oposição lhe criava. Respondendo, fez notar que as relações espirituais entre ele e seus discípulos eram mais importantes do que os laços de família. *Porque, qualquer que fizer a vontade de meu Pai que está nos céus, este é meu irmão, e irmã e mãe* (Mt 12.50). Enquanto Cristo prosseguia em seu ministério, sua mãe e seus irmãos parece que continuavam a morar em Nazaré. Como não se faz menção de José, dá lugar a se pensar que ele tenha morrido. No ato da crucificação, aparece Maria com outras mulheres, perto da cruz. Ao contrário dos irmãos de Jesus (Jo 7.5), ela sempre acreditou na missão salvadora de seu filho, e por isso não é de estranhar que o acompanhasse até a última e fatal jornada a Jerusalém. Dominada pelo amor de mãe, e pelos afetos de um discípulo, o contemplou pregado à cruz e nessa hora de suprema angústia, ele lhe dirigiu a palavra entregando-a aos cuidados do amado discípulo João, que desde essa hora a levou para sua casa (Jo 19.25-27). Depois da assunção de Jesus, ela se encontra na companhia dos apóstolos, no quarto alto de Jerusalém (At 1.14), e nada mais nos diz a Escritura a seu respeito. Não se sabe, quando e de que modo morreu. O seu túmulo vê-se no vale de Cedrom, mas não se pode crer na sua legitimidade, por falta de bons testemunhos. Há muitas lendas a respeito de Maria, nenhuma, porém digna de fé. A Escritura a apresenta como simples modelo de fé e de piedade.

3. Maria Madalena, modo por que os Evangelhos designam essa Maria (Mt 27.56,61; 28.1; Mc 15.40,47; 16.1,9; Lc 8.2; 24.10; Jo 19.25; 20.1,18), determinando precisamente o lugar de seu nascimento que era a cidade de Magdala, situada na costa sudoeste do mar da Galileia. Jesus havia expulsado dela sete demônios (Mc 16.9; Lc 8.2), e veio a ser a mais devotada de seus discípulos. A velha crença de que essa mulher havia sido de mau caráter e cujo nome tem servido para designar as mulheres mundanas baseava-se unicamente no fato de que a primeira vez que se fala nela (em Lc 8.2), e logo depois de se ter dito que uma mulher pecadora que havia na cidade tinha vindo ungir os pés de Jesus. Magdala era cidade da Galileia (Lc 7.36-50). Essa prova não satisfaz. Ignora-se qual fosse a doença que sofria. Fez-se discípula de Jesus logo no princípio do seu ministério na Galileia e foi uma das que se uniram ao pequeno bando dos imediatos seguidores e que lhe ministrava o necessário para o seu sustento (Lc 8.3). Esteve junto à cruz com as outras mulheres (Mt 27.56; Mc 15.40; Jo 19.25), e assistiu ao sepultamento do Senhor. Ao terceiro dia, logo de manhã ela com a outra Maria, mulher de Cleofas e Salomé foram ao sepulcro para ungir o corpo de Jesus (Mc 16.1). Vendo que a pedra havia sido removida do sepulcro, voltaram apressadamente à cidade e foram dizer a Pedro que tinham levado o corpo de Jesus (Jo 10.1,2). Em seguida, acompanhando os apóstolos, voltou ela ao sepulcro e ali ficou depois que se foram os companheiros. A ela apareceu Jesus em primeiro lugar (Mc 16.9; Jo 20.11-17), e foi ela quem levou a notícia aos outros discípulos. E aqui termina a sua história.

4. Maria de Betânia, nome de uma mulher que em companhia de Marta, sua irmã, morava em certa aldeia (Lc 10.38), que João diz chamar-se Betânia (Jo 11.1; 12.1), distante cerca de 2 km ao oriente do monte das Oliveiras. Na primeira vez que Jesus foi à casa delas (Lc 10.38-42), Maria mostrou grande interesse em receber as instruções de Jesus. Marta pediu a Jesus que a mandasse ajudar no serviço da casa; a que ele respondeu: ... *pouco é necessário ou mesmo uma só cousa; Maria, pois, escolheu a boa parte, e esta não lhe será tirada* (Lc 10.38-42). João relata que ela era irmã de Lázaro, a quem o Senhor havia ressuscitado. Quando Jesus ali chegou, já fazia quatro dias que tinha sido sepultado. Maria conservou-se quieta em casa (Jo 11.20), porém, Marta ... *retirou-se e chamou Maria, sua irmã, e lhe disse em particular: o Mestre chegou e te chama*, v. 28. À semelhança de Marta ela exclamou: *Senhor, se estiveras aqui, meu irmão não teria morrido* (v. 32). A aflição das duas irmãs moveu o coração de Jesus. Seis dias antes da Páscoa (Jo 12.1), Jesus foi outra vez a Betânia e deram-lhe lá uma ceia em casa de Simão, o leproso (Mc 14.3). Durante a ceia, Maria trouxe uma redoma de alabastro, cheia de precioso bálsamo, feito de espigas de nardo e quebrada a redoma, lho derramou sobre a cabeça e lhe enxugou os pés com os seus cabelos (Jo 12.3). Foi este um ato de rara devoção, revelando ao mesmo tempo profunda gratidão e a alta dignidade daquele que desejava honrar. Judas e outros dois discípulos acharam que fora desperdício de bálsamo. Jesus, porém, aprovou o ato e declarou que onde quer que o Evangelho fosse pregado, que seria em todo o mundo, se publicaria também para memória sua, a ação que havia praticado (Mt 26.6-13; Mc 14.3-9). Considerou este ato como consagração, visto que intencional, de seu corpo para o sacrifício que se aproximava (Jo 12.7,8).

5. Maria, mãe de Marcos, em cuja casa estavam reunidos os discípulos, orando pelo livramento de Pedro, a quem Herodes Agripa havia feito prender e para onde o apóstolo se dirigiu depois de solto pelo anjo (At 12.12). Parece que essa Maria era pessoa de recursos pecuniários; a sua casa servia para reuniões dos irmãos em Jerusalém. Segundo a antiga versão inglesa de Colossenses 4.10, ela era irmã de Barnabé, porque Marcos era primo deste. Não se sabe bem se o parentesco de Marcos com Barnabé era pelo lado materno ou paterno. Sobre quem era o marido de Maria, nada sabemos.

6. Maria de Roma. Nome de uma crente da cidade de Roma, a quem o apóstolo Paulo enviou saudações (Rm 16.6), e que trabalhou muito entre os irmãos (Rm 16.6). Parece, pois, que exerceu grande atividade na causa de Cristo na cidade imperial. Além dessa referência, nada mais diz a Escritura, a seu respeito.

MARIDO

Ver o artigo geral sobre *Matrimônio*. Ao que é dito ali, adicionamos aqui algumas informações:

Deveres dos maridos, Segundo a Bíblia e os Rabinos. **1**. O Antigo Testamento não dá muitas regras específicas para os maridos. Obtemos algo com base em Êxodo 21.10. O marido precisava prover alimentos, vestuário e os direitos conjugais à sua mulher. **2**. Os códigos rabínicos ampliam isso um pouco. Desses códigos depreendemos o seguinte: *a*. O marido deveria prover para as necessidades básicas de sua mulher, como alimentos, vestuário e habitação. **b**. Deveria prover os direitos sexuais, conjugais. Caso contrário, se a causa não fosse alguma enfermidade, o remédio era o divórcio. **c**. Deveria prover para uma esposa enferma, procurando-lhe a cura. **d**. Deveria prover a sua esposa, incluindo o dever de resgatá-la, se ela caísse em cativeiro. Isso se aplicava, especialmente, durante o período da Idade Média, quando as invasões dos beduínos causaram muitos sequestros. **e**. Deveria prover para o sepultamento apropriado da esposa falecida, com as devidas cerimônias, um sepulcro assinalado etc.

Direitos dos maridos, Segundo a Bíblia e os Rabinos. **1**. O que a esposa ganhasse fazia parte da renda familiar. Ela não podia manter uma vida econômica separada. **2**. O marido também tinha o direito de compartilhar do que ela ganhasse por acaso, como uma herança, uma doação etc. **3**. Todas as propriedades trazidas para a família, mediante o casamento, pelo lado da mulher, tornavam-se parte de suas possessões. **4**. O marido era o herdeiro único de uma esposa que falecesse. **5**. As instruções bíblicas permitiam que um homem tivesse várias esposas e concubinas, embora igual direito não fosse dado à mulher. Essa prática chegou até bem dentro da era cristã, tendo sido eliminada somente por causa da dispersão de Israel entre as nações gentílicas, onde todos tinham de obedecer às legislações locais.

MAROTE

No hebraico, **"amargor"**. Nome de uma cidade na porção ocidental do território de Judá, perto de Jerusalém, mencionada em Miqueias 1.12. Ela tem sido tentativamente identificada com *Maarath*. Ficava na rota tomada pelo exército assírio invasor, que viera de Laquis.

MARROM

Ver o artigo sobre as *Cores*. No hebraico, *chum*, **"escuro"**. Essa palavra hebraica envolve a ideia de algo queimado de sol, sendo aplicada às ovelhas cuja cor era influenciada pelo sol (Gn 30.32), ou então à tez humana, escurecida pela enfermidade ou pela tristeza (Jó. 30.30. Nossa versão portuguesa diz "enegrecida"). As traduções geralmente confundem as ideias de negro e de marrom. Como um símbolo psicológico, essa cor juntamente com o verde, é associada às sensações, ou então a excrementos, e com frequência representa o dinheiro, as riquezas ou as vantagens financeiras. É a cor de *terra* que cria a sua associação à percepção dos sentidos. Assim, falamos em um indivíduo terreno, que significa uma pessoa crua, que vive no nível apenas da percepção dos sentidos. (CHE UN)

MARSENA

No hebraico, **"digno"**. Nome de um dos governadores ou satrapas de Xerxes (ver Et 1.14). Ele era um dos sete príncipes da Pérsia e da Média, que tinham o direito de acesso à presença do rei, sem qualquer mediação ou manipulação especiais. Viveu em cerca de 483 a.C.

MARTA

No grego, **"senhora"**. Nome da irmã de Maria e de Lázaro de Betânia, João 11.1,2. Os três amavam ternamente a Jesus. Marta mostrava certo afeto especial; fazia tudo para proporcionar-lhe conforto em sua casa. Maria deu provas evidentes de possuir sede ardente de ouvir de seus lábios a palavra da verdade. Quando Marta pediu a Jesus que ordenasse a Maria que a ajudasse no serviço da casa, necessário a dar ao Mestre provas externas de bom acolhimento, Jesus lhe ensinou que ele apreciava mais o desejo ardente de seus discípulos pelas coisas espirituais, do que as honras exteriores (Lc 10.38-42). As duas eram crentes sinceras (Jo 11.21-32). A casa onde Jesus assistia chamava-se de casa de Marta (Lc 10.38). Tendo Jesus ido a Betânia deram-lhe, *pois, ali, uma ceia; Marta servia, sendo Lázaro um dos que estavam com ele à mesa. Então, Maria, tomando uma libra de bálsamo de nardo puro, mui precioso, ungiu os pés de Jesus e os enxugou com os seus cabelos* (Jo 12.1-3). Isto foi em casa de Simão o leproso (Mt 26.6; Mc 14.3). Esses fatos parecem dizer que Marta era provavelmente a mulher de Simão, ou viúva dele.

MARTELO

No hebraico temos a considerar cinco palavras, três das quais referem-se, rigidamente, a esse instrumento de trabalho. Essas palavras são: **1**. *Maqqabah*, "martelo". Essa palavra ocorre por três vezes (1Rs 6.7; Is 44.12 e Jr 10.4). **2**. *Maqqebeth*, "martelo", que ocorre com esse sentido somente por uma vez, em Juízes 4.21. **3**. *Pattish*, "martelo", palavra que aparece por três vezes (Is 41.7; Jr 23.29 e 50.23). **4**. *Halmuth*, "maço", que aparece por apenas uma vez, em Juízes 5.26. **5**. *Kalappoth*, "cacetes", vocábulo que também só figura por uma vez, em Salmo 74.6, mas que nossa versão portuguesa traduz por "martelo".

O martelo era um instrumento usado para afixar pregos, alisar metais e quebrar pedras. Naturalmente, neste último caso, preferimos usar o termo "marreta". Mas é evidente que, nos dias do Antigo Testamento, não se fazia essa distinção. Tão-somente podemos imaginar que os martelos usados para quebrar pedras eram mais pesados que aqueles empregados em outros usos (Is 41.7; Jr 23.29).

A comparação entre Juízes 4.21 e Juízes 5.26 é esclarecedora. Ambas as passagens referem-se ao mesmo incidente — a morte de Sísera, às mãos de Jael, mulher de Héber. No primeiro desses versículos, é usado o termo hebraico *maqqebeth*, que indica o martelo comum usado pelos rachadores de pedra e pelos trabalhadores em metais. Mas, no segundo desses versículos já é usada uma palavra hebraica, *halmuth*, que indica um pesado malho de madeira, que, entre outras coisas, era usado para enterrar os pinos ou estacas das tendas (ver Jz 5.26). Portanto, parece que as palavras em foco eram usadas não de forma muito rigorosa, uma podendo substituir a outra.

Quanto a *kalappoth*, "cacetes", pode-se admitir a tradução "martelos", em Salmo 74.6, conforme diz a nossa versão portuguesa, posto que, a rigor, ali se fala em outra coisa, "cacetes".

Se *maqqabah* (de onde proveio, quase certamente, o apelido dos hasmoneanos, "Macabeus", vide) apontava para um martelo de metal (conforme se vê em 1Rs 6.7 e Is 44.12), o fato é que, em Jeremias 10.4, aparece como um martelo de carpinteiro, o qual, segundo se sabe, na antiguidade era feito de madeira, e não de metal. Não há qualquer referência neotestamentária a esse instrumento comum. A arqueologia tem descoberto que havia muitos tipos de martelos, marretas e maços, feitos de metal ou de madeira, dependendo do tipo de trabalho a ser feito. Marcas deixadas por marretas e martelos, nas pedras que constituem os edifícios antigos, além de outras evidências, indicam que no mundo antigo havia tipos de martelos que correspondem aos tipos modernos.

MASAI

No hebraico, **"atuante"**. Esse era o nome de um sacerdote, filho de Adiel, que também retornou do cativeiro babilônico (ver 1Cr 9.12).

MASAL

No hebraico, "depressão". Nome de uma cidade do território de Aser, que foi dada aos levitas da família de Gérson (1Cr 6.74). Eusébio informou que ficava nas circunvizinhanças do monte Carmelo, perto da beira-mar. O trecho de Josué 19.26 diz *Misal*. O lugar ainda não foi identificado quanto à sua moderna localização.

MASIAS

Esse nome masculino aparece em 1Esdras 5.34, designando os descendentes de uma família de servos de Salomão, que tinham voltado, juntamente com Zorobabel, do exílio babilônico. Esse nome não aparece nas passagens paralelas de Esdras 2.57 e Neemias 7.59.

MASMORRA

No hebraico, *bor* ou *beth hab-bor*, respectivamente **"cova"** ou **"casa da cova"**. Essa palavra e expressão ocorrem por um total de sessenta e nove vezes (segundo se vê, por exemplo, em Gn 40.15; 41.14; Jr 38.6,7,9-11,13; Lm 3.53,55; Êx 12.29; Jr 37.16). Esse termo refere-se a um tipo de cova ou aposento subterrâneo, embora também referia-se a algum poço seco, usado como lugar de confinamento ou aprisionamento. José foi posto em um lugar assim, temporariamente (Gn 40.15), antes de ter sido vendido aos negociantes ismaelitas, que o levaram ao Egito. Jeremias esteve detido em um lugar desses (Jr 38.6,7,9-11,13; Lm 3.53). Essa palavra também é usada em sentido figurado, em Isaías 42.7. O Messias, quando aparecesse, tiraria prisioneiros da masmorra, mediante a sua missão salvadora. Ver o artigo geral sobre *Prisão, Prisioneiro*.

MASQUIL

Uma palavra hebraica de sentido incerto, talvez dando a entender um cântico criado para sublinhar a sabedoria ou a piedade. Essa palavra aparece nos títulos dos Salmos 32, 42, 44, 45, 52, 53, 54, 55, 74, 78, 88, 89 e l42.

MASRECA

No hebraico, **"vinhedo"**. Nome de uma cidade da Idumeia, a cidade natal de Samlá, um rei idumeu (ver Gn 36.36; 1Cr 1.47). A cidade tem sido identificada com o Jebel el-Mushrak, que fica a 35 quilômetros a sudoeste de Ma'an.

MASSA

Há duas palavras hebraicas envolvidas neste verbete, a saber: **1**. *Abtseq*, "massa", "tufada". Palavra usada por cinco vezes (Êx 12.34,39; Jr 7.18; Os 7.4; 2Sm 13.8). **2**. *Arisha*, "massa misturada". Palavra usada por quatro vezes (Nm 15.20,21; Ne 10.37; Ez 44.30). Essa palavra também significa "refeição". A primeira dessas palavras tem origem na ideia de fermentação.

A palavra grega envolvida é *phúrama*, derivado do verbo *phuráo*, "misturar". Essa palavra grega aparece por cinco vezes (Rm 9.21; 11.16; 1Co 5.6,7; Gl 5.9). Essa palavra era usada tanto para indicar a massa de pães e de pastelaria como para a mistura de barro que os oleiros preparavam para o fabrico de vasos de qualquer espécie.

A mistura do pão era feita com farinha de trigo e água, e, ocasionalmente, de trigo e azeite. A mistura era amassada em uma gamela de madeira, usualmente à mão. Mas, se a quantidade a ser misturada fosse grande, então as pessoas socavam a massa com os pés. (Ver Êx 12.34,39; 2Sm 13.8; Jr 7.18; Os 7.4). As massas eram feitas com certa variedade de cereais, como o trigo e a cevada, mas também com os feijões, as lentilhas, o painço e a espelta (Ez 4.9). Algumas vezes, usava-se fermento pare fazer a massa tufar. Mas o uso de fermento era vedado em conexão com a Páscoa e com a festa dos Pães Asmos. Uma pitada de sal era usada no pão levedado ou no pão asmo. Quando a massa tufava, era posta em um forno, para assar. Ver os artigos gerais sobre *Alimentos* e sobre *Culinária*.

Usos Metafóricos. O trecho de Romanos 11.16, ao referir-se a Números 15.19,20, fala sobre a massa que era separada para uso exclusivo dos sacerdotes, porquanto era consagrada. Sendo esse o caso, a massa inteira passava a ser santa. Isso envolvia uma oferta perante o Senhor, quando o bolo (ou pão) era usado em uma cerimônia ritual, de movimento diante do Senhor, e então era consumido sobre o altar. Dentro da ilustração de Paulo, os patriarcas judeus foram primeiramente consagrados a Deus, pelo que seus filhos espirituais também eram santos. Estamos tratando aqui com a herança espiritual desenvolvida através do processo histórico. Ver notas completas sobre esse conceito no NTI, *in loc*.

Em 1Coríntios 5.6,7 temos um outro uso metafórico que envolve a ideia de massa. Ali é dito que um pouco de fermento afeta a massa inteira. Nesse caso, o fermento fala sobre pecado, especialmente o pecado de orgulho, pois Paulo estava mostrando como o pecado pode corromper toda uma igreja local cristã, se não for eliminado. O contexto mostra que está em vista mais do que o pecado de orgulho, visto que vários vícios são mencionados nos vs. 9 e 10. O crente autêntico é aludido como quem oferecia sua vida, quão pão sem fermento, isto é, sem a mácula do pecado.

MASSÁ

No hebraico, **"carga"**, **"peso"**. Esse era o nome de um dos filhos de Ismael, filho de Abraão (ver Gn 25.14; 1Cr 1.30). É provável que seus descendentes fossem os *masani*, que Ptolomeu disse estarem radicados na parte oriental da *Arábia*, perto das fronteiras com a Babilônia. Inscrições assírias mencionam juntos os povos de Massaá, Tema e Nebaiote, que viveriam perto uns dos outros. Nessas inscrições, Tema, ao que tudo indica, é a moderna *Teima*, que fica a nordeste de el-'Ula, na parte noroeste da Arábia. Tema era irmão de Massá. Isaías, por sua vez, referiu-se a *Dumá*, um nome locativo derivado de um outro irmão deles (ver Is 21.11,12). Torna-se claro, pois, que Massá e seus irmãos foram os genitores dos povos que se estabeleceram na parte noroeste da Arábia, que não ficava distante da terra natal de seus antepassados. Alguns estudiosos pensam que Agur e Lemuel, referidos em Provérbios 30.1 e 31.1, descendiam de Massá. Eles envolvem uma pequena parte da história dos povos árabes.

MASSÁ E MERIBÁ

A Septuaginta diz, em lugar desses dois nomes, "teste e contenção". Essas duas palavras aparecem conjugadas (em Êx 17.7; Dt 33.8 e Sl 95.8). Massá aparece (em Dt 6.16 e 9.22), e Meribá (em Nm 20.13,24; Sl 81.7 e 106.32). Meribá de Cades ocorre em (Nm 27.14; Dt 32.51; Ez 47.19 e 48.28). Esses nomes aludem a uma localidade perto de Refidim, onde os israelitas fizeram alto, após saírem do Egito, depois que partiram do deserto de Zim. Ali não encontraram água, e murmuraram contra Moisés e estiveram quase a apedrejá-lo. Moisés feriu a rocha e jorrou água. Foi Moisés quem deu esse nome duplo ao lugar, traduzido por "teste e contenção" na Septuaginta, visto que, por assim dizer, submeteram o Senhor à prova, com suas queixas. (Ver Êx 17.1-7).

Uma Distinção. O trecho de Números 20.1-13 refere-se a um detalhe da história de Israel, que ocorreu cerca de 40 anos mais tarde. A *Meribá* daquele relato deve ser distinguida da *Meribá* deste artigo. Aquela ficava no sul da Palestina. Foi assim chamada devido a um incidente similar, embora diferente. Ver o artigo intitulado *Meribá*.

MASSEBAH

Esse é um termo usado pelos arqueólogos, para indicar uma *coluna sagrada*, um monumento de pedra erigido como memorial, ou, em alguns casos, algum objeto de adoração idólatra. (Ver Gn 35.20; Êx 23.24; 34.13 e Lv 26.1).

MASSORA (MASSORAH); TEXTO MASSORÉTICO

Ver o artigo geral sobre os *Manuscritos do Antigo Testamento*. Nesse artigo inclui-se a história geral dos massoretas, bem como a padronização do texto do Antigo Testamento hebraico, que eles produziram.

Massora (Massorah). Não há certeza quanto ao significado dessa palavra hebraica. Mas parece que reflete o hebraico *msr*, "transmitir". Os massoretas eram os escribas e mestres cujo piedoso intuito era o de preservar inalterado o texto da

Bíblia hebraica. Eles criaram o texto com os pontos vocálicos, visto que, originalmente, o hebraico era escrito apenas com as letras consoantes. Eles também anotaram o texto sagrado, nas margens dos rolos e nos fins das seções escritas. Quase todas as suas notas eram de natureza linguística ou ortográfica. Não havia muita exegese. Eles preocupavam-se com a enumeração das ocorrências das palavras hebraicas e desenvolveram um complexo sistema de ligações entre textos e palavras que fomentou a *bibliolatria* (*vide*). Até mesmo letras individuais assumiam significações profundas aos olhos deles.

Tempo Envolvido. Os massoretas começaram a trabalhar em cerca de 500 d.C., e continuaram atuando até à invenção da imprensa, cerca de mil anos mais tarde. A totalidade da obra deles veio a ser conhecida como *Massora*, e o texto bíblico por eles produzido, como *texto massorético*; e eles mesmos eram os *massoretas*. O texto produzido pelos massoretas era um texto hebraico padronizado. O descobrimento dos manuscritos do mar Morto ilustrou várias coisas: **1.** a exatidão geral do texto massorético; **2.** ocasionalmente, a Septuaginta (vide) preserva uma variante mais antiga (em consonância com os manuscritos ali descobertos, em distinção ao texto massorético, padronizado); **3.** algumas emendas, propostas por eruditos modernos, a fim de eliminar certos erros do texto massorético, concordam com os manuscritos do mar Morto, **4.** havia um texto hebraico pré-massorético, embora, na maioria dos livros do Antigo Testamento, a porcentagem de diferença não seja grande; **5.** a Bíblia hebraica foi preservada com muito maior cuidado, o que explica um menor número de variantes, do que se dá com o Novo Testamento grego.

MASTRO. Ver sobre *Barcos e Navios*.
No hebraico, *toren*, "poste", "mastro". Esse vocábulo é usado no Antigo Testamento somente por três vezes (Is 30.17; 32.23 e Ez 27.5). Na primeira referência há menção a um mastro posto no alto de um monte; nas duas outras referências há alusão ao mastro de um navio. Para esse propósito era usado o cedro do Líbano, além de outras madeiras resistentes. O uso da palavra hebraica, em Isaías 30.17, é de natureza metafórica. Os sobreviventes do povo de Israel, depois do julgamento de Deus contra eles, tornar-se-ão tão conspícuos quanto um mastro fincado no alto de um monte. Isso subentende que haverá poucos sobreviventes, e que o julgamento divino será extremamente severo. De fato, alguns estudiosos têm calculado, com base em vários indícios, que, na perseguição final da Grande Tribulação, de cada israelitas, nove perecerão.

MATÃ
No hebraico, **"presente"**. Esse foi o nome de duas personagens que figuram nas páginas do Antigo Testamento: **1.** Um sacerdote de Baal atendia por esse nome. Ele foi morto por Joiada, diante do altar de Baal (ver 2Rs 11.18 e 2Cr 23.17). Parece que ele acompanhou a rainha Atalia, desde Samaria. Viveu em torno de 836 a.C. **2.** O pai de Sefatias, um príncipe, que esteve entre aqueles que perseguiram o profeta Jeremias e foi um dos agentes de sua detenção e aprisionamento (ver Jr 38.1). A principal acusação era a de traição, visto que Jeremias referia-se à inutilidade da resistência dos israelitas contra os babilônios que avançavam, a menos que se arrependessem e renovassem os seus votos com Yahweh. Esse Matã viveu em cerca de 588 a.C. **3**. No hebraico, "presente de *Yahweh*", filho de Eleazar e pai de Jacó. Este último foi o pai de José, marido da Virgem Maria. (Ver Mt 1.15). Viveu antes de 40 a.C. Alguns têm-no identificado com o *Matate* de Lucas 3.24,27.

MATANÃ
No hebraico, **"presente"**. Esse era o nome do quinquagésimo terceiro lugar onde os israelitas acamparam, depois de terem saído do Egito, sob a liderança de Moisés. Ficava na parte norte do ribeiro do Arnom (ver Nm 21.18,19). Fazia parte do território de Seom, rei dos amorreus. O livro de Números informa-nos que a localidade ficava entre Beer e o riacho de Naaliel. A localização exata atual, porém, é desconhecida, embora tenha sido tentativamente identificada com Khirbet el-Medeiyineh, que fica cerca de dezoito quilômetros a nordeste de Dibom.

MATANIAS
No hebraico, "presente de *Yahweh*". Um grande número de pessoas, referidas no Antigo Testamento, tem esse nome: **1**. Um levita, filho de Hemã, cabeça do nono turno dos músicos, que servia no templo de Jerusalém, na época de Davi (ver 1Cr 25.4,16). Viveu em torno de 1014 a.C. **2**. Um levita, descendente de Asafe, assistente de Ezequias, quando este purificou o templo e impôs várias reformas religiosas (ver 2Cr 29.13). Viveu em cerca de 726 a.C. **3**. O nome original do rei Zedequias. Quando Nabucodonosor o pôs sobre o trono de Judá, em lugar de seu sobrinho, Joaquim (ver 2Rs 24.17), deu-lhe esse novo nome. **4**. Um levita, descendente de Asafe e bisavô de Zacarias (Ne 12.35). Ele participou do grupo dos músicos que atuou quando da dedicação dos muralhas de Jerusalém, que foram reconstruídas pelo remanescente judeu que voltou do cativeiro babilônico. Ele aparece como filho de Mica (Ne 11.17) ou Micaías (Ne 12.35). Ele viveu em torno de 446 a.C. **5**. Um levita, filho de Mica, descendente de Asafe, que morava em Jerusalém (1Cr 9.16; Ne 12.17; 12.8,25,35). Alguns eruditos identificam-no com o mesmo Matanias acima (número 4). Os trechos de Neemias 11.17; 12.8,25,35 ajuntam que ele era líder do coro do templo de Jerusalém. **6**. Um levita, pai de Zacur (ver Ne 13.13). Alguns têm-no identificado com o quarto (e quinto) Matanias dessa lista, pelo que os números quatro, cinco e seis talvez se refiram à mesma pessoa. **7, 8, 9 e 10**. Um grupo de quatro homens com esse nome, aqui agrupados devido às idênticas circunstâncias em que são mencionados. Esses homens estiveram entre aqueles que precisaram divorciar-se de suas esposas estrangeiras, após ter retornado do cativeiro babilônico e renovado o pacto com *Yahweh*. Isso foi feito tendo em vista restabelecer Israel como uma nação separada e impedir sua perda de identidade, parcialmente causada por casamentos mistos. Esses homens eram, respectivamente, filhos (talvez residentes) de Elão (Esc. 10.37), de Zatu (Ed 10.27), de Paate-Moabe (Ed 10.30) e de Bani (Ed 10.37). Eles viveram por volta de 459 a.C. **11**. O pai de Jeiel, antepassado de Jaaziel, o levita, que predisse a derrota dos moabitas por Josafá (2Cr 20.14). Alguns têm-no identificado com o primeiro Matanias desta lista.

MATENAI
No hebraico, **"liberal"**. Provavelmente trata-se de uma contração de *Matanias* (vide). Houve três homens com esse nome, nas páginas do Antigo Testamento: **1**. Um sacerdote da casa de Joiaribe, que serviu nos dias de Joiaquim, rei de Judá (Ne 12.19). Ele viveu em cerca de 500 a.C. **2**. Um homem que era filho ou cidadão de Hasum (Ed 10.33). Ele casara-se com uma mulher estrangeira, ao tempo do cativeiro babilônico, e precisou divorciar-se dela quando o remanescente de Judá voltou a Jerusalém. Ele também é mencionado em 1Esdras 9.33. Viveu em torno de 456 a.C. **3**. Um filho ou cidadão de Bani, que compartilhou das mesmas circunstâncias descritas no segundo ponto, acima. Ver Esdras 10.37. Viveu em torno de 456 a.C.

MATEUS
O Novo Testamento grego diz *Maththaios* ou *Mattithyah*, **"dom de Jeová"**. Nome de um publicano, ou cobrador de impostos ao serviço do governo romano ou do rei Herodes, estabelecido em Cafarnaum. Estando assentado no telônio, Jesus o chamou para segui-lo como discípulo. Ele levantando-se, o seguiu (Mt 9.9; Mc 2.14; Lc 5.27). Mais tarde, foi contado entre

MATEUS, O EVANGELHO SEGUNDO

os 12 apóstolos (Mt 10.3; Mc 3.18; Lc 6.15). Nesses dois últimos Evangelhos é denominado Levi, filho de Alfeu. Era comum entre os judeus usarem dois nomes, por isso, é provável que ele se chamasse a princípio pelos dois nomes ou que o nome de Mateus lhe tenha sido dado depois da sua conversão, como aconteceu com Simão que foi chamado Pedro. Nas listas dos apóstolos figura sempre com o nome de Mateus, pelo qual também é conhecido o primeiro Evangelho. O fato de Jesus receber em sua companhia um publicano evidentemente animou outros das classes muito pobres a segui-lo e com isso aumentou o ódio dos fariseus contra Jesus. Observa-se isto por ocasião do banquete que Mateus ofereceu a Jesus, logo após a sua conversão, quando muitos publicanos e pecadores ali compareceram, provocando a crítica dos fariseus aos quais Jesus deu a famosa resposta: *Não vim chamar justos, e sim pecadores ao arrependimento* (Mt 9.10-13; Mc 2.15-17; Lc 5.29-32). Mateus não diz que o banquete foi em sua casa (Mt 9.10), porém, Marcos 2.15 e Lucas 5.29, o dizem. Este último ainda acrescenta: *... lhe ofereceu Levi um grande banquete em sua casa*. Alguns identificam Alfeu, pai de Mateus, com o pai de Tiago Menor, porém os nomes de Mateus e de Tiago não apareceram juntos nas listas apostólicas, como os outros pares de irmãos. Essa identificação deve ser rejeitada. Mateus, finalmente, aparece entre os apóstolos depois da ressurreição de Cristo (At 1.13). Nada mais o Novo Testamento diz a seu respeito. Afirma a tradição que ele pregou o evangelho aos judeus, o que parece provável em vista da feição peculiar de seu evangelho.

MATEUS, O EVANGELHO SEGUNDO

Mateus é o primeiro dos quatro Evangelhos. Desde o princípio da idade pós-apostólica é reconhecido como tal. O seu conteúdo pode ser dividido da seguinte forma:

1. Genealogia, Nascimento e Infância do Rei Messias, caps. 1 e 2. O objeto especial desta secção é demonstrar que Jesus é o filho de Davi e o Cristo das profecias.

2. Introdução ao Ministério Público de Cristo, 3.1 até o cap. 4.17, relatando a obra preparatória do Batista, o batismo e a tentação de Jesus e sua residência em Cafarnaum em cumprimento ao que havia dito o profeta Isaías.

3. Ministério de Cristo na Galileia, 4.18 até o cap. 9.35. Esta importante secção começa com a chamada dos quatro primeiros discípulos, 4.18-22, descrição sumária de suas doutrinas e das suas curas e da sua fama por toda a Palestina, 4.19-25. Depois, segue-se como exemplo de seus ensinos, o Sermão do Monte, caps. 5 a 7, acompanhado de uma série de incidentes, na maior parte milagres, ilustrando os seus discursos, 8.1 até 9.34.

4. A Missão dos Apóstolos, 9.36 até 10.42, começando por uma narração em que Jesus se compadece do povo parecido a um rebanho sem pastor, a organização do corpo apostólico com as introduções inerentes a seu ofício.

5. Cristo Entra em Conflito com a Oposição Sempre Crescente, 11.1 até 15.20, mensagem de João Batista e o elogio que Jesus lhe faz, com outras observações provocadas pela incredulidade do povo; oposição dos fariseus, começando pela controvérsia sobre o sábado, terminando pela acusação feita a Jesus de estar ligado a Belzebu e a resposta que ele deu, com a recusa de dar-lhes um sinal; visita de sua mãe e irmãos; grupo de parábolas de Jesus; segunda vez rejeitado em Nazaré; indagações de Herodes e a morte de João Batista; Jesus alimenta cinco mil pessoas e anda sobre as águas; último conflito com os fariseus na Galileia, em que Jesus condena o formalismo.

6. Cristo se Retira de Cafarnaum e Dá Instruções a seus Discípulos, 15.21 até 18.35, cura da filha de uma mulher de Canaã; sustento miraculoso de quatro mil pessoas; Jesus recusa dar um sinal; advertência contra o fermento dos fariseus e dos saduceus; a confissão de Pedro seguida de forte censura; Jesus faz a primeira predição de sua morte; a transfiguração e a cura do moço endemoninhado. Jesus volta a Cafarnaum; meios para pagar o tributo; instruções aos discípulos sobre a humildade, a abnegação, o amor e o espírito que devem ter os verdadeiros discípulos.

7. Fim do Ministério de Cristo em Pereia e na Judeia, caps. 19 e 20, compreendendo instruções sobre o divórcio; a bênção das criancinhas; a história do jovem que tinha muitas riquezas; a parábola dos trabalhadores da vinha; a subida para Jerusalém; nova predição sobre a sua morte; o pedido de Tiago e João e a cura do cego Bartimeu em Jericó.

8. A Derradeira Semana do Ministério de Cristo, caps. 21 a 28, compreendendo a entrada triunfal em Jerusalém; a purificação do templo; a história da figueira estéril; a deputação do Sinédrio; a parábola dos dois filhos; dos arrendadores da vinha e do casamento do filho do rei; perguntas dos fariseus e dos saduceus; investigação de um doutor da lei, com a resposta de Cristo concernente ao filho de Davi; maldições contra os escribas e os fariseus; discursos escatológicos no monte das Oliveiras, seguido das parábolas das virgens e dos talentos com uma descrição do juízo final. Segue-se depois a traição de Judas; a última Páscoa; a agonia no Getsêmani; a prisão de Jesus e o seu julgamento perante o Sinédrio; a negação de Pedro; o remorso de Judas; o julgamento no tribunal de Pilatos; a crucificação e o sepultamento. O último capítulo relata o aparecimento de Jesus às mulheres; o relatório dos soldados romanos e a reunião de Cristo com os discípulos sobre um monte da Galileia, quando os comissionou para anunciarem o evangelho a todo o mundo, prometendo estar sempre com eles. O assunto desse Evangelho é exposto em ordem cronológica em geral. Contudo, na segunda metade a começar com o cap. 14.6, segue com raros desvios a verdadeira ordem dos acontecimentos, obedecendo naturalmente ao fim que ele tinha em vista. Em primeiro lugar agrupava os fatos de acordo com os assuntos. Desejava particularmente apresentar o ensino de Cristo acerca da natureza do reino dos céus e do caráter de seus discípulos, os milagres que ilustravam os ensinos e revelavam a sua autoridade e os esforços inúteis de seus inimigos que representavam o pensamento nacional. Isto explica o grande espaço que ele dá aos ensinos de Jesus, e a razão por que ele agrupa as instruções referentes a certos assuntos e incidentes que ilustram as suas doutrinas, por exemplo: O Sermão do Monte, 5.1 até 7.29, é acolitado por uma série de narrações de maravilhosas curas operadas em vários lugares e em tempos diversos, 8.1 até 9.34. Às parábolas do capítulo 13 segue-se a narração de primorosos feitos, 14.1-36, e o discurso condenando as tradições dos fariseus, 15.1-20, é acompanhado pela descrição de uma visita à região dos gentios, em que espalhou, a mãos largas, os benefícios de seu coração misericordioso (v. 21-39). Apresenta o Divino Mestre como sendo o rei Messias que veio cumprir a lei e as profecias e que estabeleceu na igreja, pela sua obra redentora e pelo ensino espiritual, o verdadeiro Reino de Deus, que se estenderá por todas as nações da terra. Dá especial destaque ao cumprimento das profecias, 1.22,23; 2.5,6,15,17,18,23; 3.3; 4.14-16; 8.17; 11.10; 12.17-21; 13.14,15,35; 21.4,5; 26.24,31,56; 27.9,35, e se refere a 100 passagens, mais ou menos completas do Antigo Testamento. Conquanto o evangelista escrevesse a sua história sob o ponto de vista judeu, mostra que o evangelho se destina a todas as gentes, 8.10-12; 10.18; 21.43; 22.9; 24.14; 28.19, não oculta a tenaz oposição do judaísmo a Cristo, 5.20-48; 6.5-18; 9.10-17; 12.1-13, 34; 15.1-20; 16.1-12; 19.3-9; 21.12-16; 23 etc., e mostra, explicando os termos, 1.23; 27.33, os lugares, 2.23; 4.13, as crenças judias, 22.23, e os costumes, 27.15; 28.15, de modo a ser compreendido por todos os crentes.

O autor desse Evangelho é realmente o apóstolo Mateus, segundo o atesta a tradição unânime da igreja antiga, confirmada: **1**. Pela evidência que nos fornece todo o seu conteúdo, mostrando que o escritor era judeu convertido ao cristianismo e emancipado do judaísmo. **2**. Que um livro tão importante quanto é esse Evangelho tenha sido atribuído a tão humilde apóstolo sem ponderosas razões. **3**. Pela semelhança com os processos empregados pelos publicanos no registro de sua profissão. **4**. Pelo modo reservado que ele descreve o banquete que ofereceram a Jesus na casa de Mateus, 9.10; *cf.* Lucas 5.29. Afirmam antigas tradições que Mateus escreveu o seu Evangelho em hebraico. Papias, bispo de Hierápolis, na Frígia, escrevendo no ano 140, diz: "Mateus compôs a *logia* no dialeto hebraico, e cada um o interpretava como podia", Eusébio, hist. ecl. 3.39,16. Papias provavelmente queria dizer que a princípio antes de seus dias, cada leitor interpretava a *logia* aramaica o melhor que conseguia. Pode-se também deduzir das palavras de Papias que ele tinha esse Evangelho em grego; e não existem provas de que ele possuísse jamais um exemplar em aramaico. Alguns doutores contestam que o livro tenha sido escrito em hebraico; supõem outros que o grego é uma tradução ou que Mateus escreveu dois evangelhos, um em hebraico ou aramaico, e outro em grego, muitos dos modernos teólogos pensam que Mateus escreveu em hebraico, apenas uma coleção das palavras de Jesus, que foi incorporado ao nosso Evangelho em grego, com os elementos históricos tirados de Marcos.

Segundo essa teoria, O Evangelho Segundo Mateus, formado pela combinação de discursos e incidentes que alguém combinou, contém uma história de primeira ordem, uma vez que entraram nela os discursos de Jesus, coletados por um dos assistentes e a narração dos atos de Jesus, presenciados por uma testemunha ocular. Essa teoria entra em confronto com os seguintes fatos: **1**. pelo testemunho antigo, afirmando que Mateus é autor do nosso Evangelho em grego; **2**. pelo emprego do termo *logia* no Novo Testamento, de que fazem uso Filo e muitos dos pais da igreja (At 7.38; 1Pe 4.11); e pelas constantes aplicações de que dele se fazem aos livros inspirados quer em parte, quer no todo (Rm 3.2; Hb 5.12); **3**.pelo fato de que a dependência de Mateus no preparo de seu livro, baseado no Evangelho Segundo Marcos, é uma hipótese sem fundamento (veja *Marcos e Marcos, O Evangelho Segundo*); **4**. ainda mais por ser contrário à razão, que um evangelho fosse elaborado apenas com os discursos de Jesus, excluindo todos os elementos históricos, palavras e não atos, especialmente aqueles que se referiam à paixão de Cristo. Qualquer que seja o valor da tradição a este respeito, isto é, que Mateus escreveu em hebraico, o Evangelho em grego que possuímos é dele; era muito competente para escrevê-lo, uma vez que a maior parte dos discursos de Jesus e de seus milagres foi por ele testemunhada. A data da composição, provavelmente foi entre 60 e 70. A fórmula batismal, registrada no cap. 28.19, que alguns dizem pertencer a uma data posterior, tem a seu favor a fórmula da bênção apostólica em 2Coríntios 13.14; e a palavra *igreja*, no sentido de corporação organizada (Mt 18.17), foi primeiramente empregada por Estêvão, Paulo e Tiago (At 7.38; 20.28; Tg 5.14). Parece que Mateus escreveu o seu evangelho antes da queda de Jerusalém (Mt 5.35; 24.16). Pela tradição mais antiga segundo o testemunho de Ireneu, d.C. 175, a tomada de Jerusalém ocorreu no tempo em que Pedro e Paulo pregavam o evangelho em Roma, Heród. 3.1,1. Ignora-se em que lugar foi escrito. O conhecimento que dele tinham os escritores pós-apostólicos, em toda a área evangelizada, prova que teve ampla circulação logo que foi publicado.

MATITIAS

No hebraico, **"presente do Senhor (***Yahweh***)"**. Esse foi o nome de seis personagens diferentes, nas páginas do Antigo Testamento: **1**. Um filho de Jedutum, levita. Jedutum era o diretor do décimo quarto turno de músicos do templo, na época de Davi (1Cr 25.3,21). Talvez ele fosse o guardador da arca da aliança, que Davi nomeou (1Cr 15.18,21 e 16.5). Viveu em torno do 1014 a.C. **2**. Um filho de Nebo que, juntamente com muitos outros, se casara com alguma mulher estrangeira, no tempo do cativeiro babilônico e foi forçado a divorciar-se dela, depois que o remanescente voltou a Jerusalém e renovou o antigo pacto com *Yahweh*. Os judeus da época sentiram que tais casamentos mistos eram prejudiciais para essa renovada dedicação ao Senhor. Ver Esdras 10.43. Viveu por volta de 459 a.C. **3**. Um filho de Salum, levita, descendente de Coré, que ficou encarregado das ofertas cozidas do templo após o cativeiro babilônico (ver 1Cr 9.31). Aparentemente, ele deve ser identificado com o homem que se postou à direita de Esdras, quando a lei foi lida diante do povo, quando da renovação da aliança com o Senhor. Ver Neemias 8.4; 1Esdras 9.43. Viveu em torno de 440 a.C. **4**. Um daqueles que ficaram do lado direito de Esdras, quando a lei foi lida aos ouvidos do povo, terminado o cativeiro babilônico. Alguns estudiosos identificam-no com o Matitias de número três, acima. **5**. Um filho de Semei, cujo nome aparece na genealogia do Senhor Jesus, em Lucas 3.26. Seu nome parece ser uma interpolação que envolve o sexto homem desta lista. **6**. Um filho de Amós, cujo nome figura na genealogia de Jesus, em Lucas 3.25. Ele deve ter vivido em cerca de 406 a.C.

MATREDE

No hebraico, **"impulsionadora"**. Ela era filha de Me-Zaabe e sogra de Hadar, um rei dos idumeus (ver Gn 36.39; 1Cr 1.50). A Septuaginta, na referência do livro de Gênesis, fez dela filho de Me-Zaabe (portanto, seria um homem, e não uma mulher), e a versão siríaca, Peshitta concorda com isso, talvez por empréstimo da ideia. Essa pessoa viveu em algum tempo antes de 1619 a.C.

MATRI

No hebraico, "chuva de *Yahweh*" ou, então, "*Yahweh* está observando". Esse era o nome do fundador de uma família benjamita, da qual descendia Quis, pai de Saul, o primeiro rei de Israel (ver 1Sm 10.21). Matri viveu em torno de 1612 a.C.

MATRIMÔNIO

I. Definições. Em seu sentido natural e histórico, o matrimônio pode ser definido como uma relação pessoal, com o intuito de perdurar por certo tempo especificado, entre um homem e uma mulher, ou entre um homem e mulheres, ou entre uma mulher e homens, com o intuito de procriação. Essa relação é aprovada e santificada pela sociedade, sem importar as normas estabelecidas pelos costumes ou pela lei. No seu sentido legal, o matrimônio é um contrato entre um ou mais homens com uma ou mais mulheres, com o propósito de procriação e do estabelecimento de uma família. Em alguns casos, a questão da procriação é opcional, mas qualquer ligação pessoal, sem a intenção de haver relações sexuais, não é um matrimônio, de acordo com qualquer definição sensata. figuradamente, a palavra "matrimônio". pode indicar qualquer *união íntima, ou* um intenso apego a algo, que ocupe a atenção e os esforços de alguém, conforme se vê na expressão: "Ele se casou com o seu trabalho". Essa palavra, em qualquer de seus sinônimos, também denota a *cerimônia* que une os nubentes.

No seu sentido bíblico e cristão, um casamento, idealmente falando, é uma extensão da missão e do destino das pessoas envolvidas, ou seja, uma ajuda ao cumprimento dos propósitos especiais dos cônjuges. Nesse sentido, o matrimônio vai além dos meros costumes sociais e da procriação, tornando-se um importante aspecto do desígnio espiritual das pessoas. *Os mórmons* (vide) supõem que os casamentos, selados por seus ritos, em seus templos, tornam-se eternos sendo um meio para a formação de famílias divinas e patriarcais, em que os homens chegarão a tornar-se deuses, cabeças de algum planeta que lhes caberia povoar. Desse modo, seriam capazes de propagar não apenas raças físicas, mas até mesmo raças espirituais.

II. Informações Históricas

1. Adão e Eva. A história desse primeiro casal é apresentada no Antigo Testamento como o começo do casamento. Ver Gênesis 2.18-25. A mulher foi feita por Deus para ser a ajudante do homem; a instituição do casamento teve origem divina; a propagação da raça humana é o seu propósito central; um homem, sozinho, está por demais solitário, e precisa de uma mulher. O casal, sim, toma-se instrumento do propósito de Deus. Esse primeiro matrimônio tornou-se o ideal monogâmico (ver Mt 19.3 ss.). Naquele texto neotestamentário também é enfatizada a origem divina e a estruturação correta do casamento.

2. Casamentos Pré-Bíblicos. Aqueles que aceitam a história de Adão e Eva em sentido parabólico ou simbólico, pensam que esse relato serve para o ensino de ideais, mas não é válido para traçar as origens da instituição humana do casamento. Naturalmente, esse é o ponto de vista da maioria dos antropólogos. Os evolucionistas pensam que a origem do casamento acha-se nas tendências naturais dos animais se cruzarem, com o propósito de procriarem. Mas isso mostra principalmente a poligamia (que o homem continua a perpetrar de fato, mesmo que não legalmente). Os estudos têm demonstrado que associações mais ou menos permanentes são formadas pelo acasalamento entre as aves e certos mamíferos superiores, embora a monogamia não seja a regra. Todavia, o chimpanzé forma uma relação monógama e durável. O surpreendente é que o *lobo* também age assim, apesar de que seu nome tem servido para indicar homens que conquistam muitas mulheres! Aqueles que acreditam em casamentos pré-bíblicos salientam que as genealogias bíblicas dizem que o homem existe há menos de seis mil anos, o que dificilmente pode ser levado a sério. No entanto, não é a Bíblia que diz que o homem só existe há menos de seis mil anos e, sim, as interpretações baseadas nos dados genealógicos incompletos.

3. Vida Doméstica Pré-Semítica, na Palestina. Com base na arqueologia, sabemos que os costumes matrimoniais entre os hebreus incorporavam alguns elementos pertencentes a outras culturas, ainda mais antigas. As leis e os costumes dos israelitas, acerca do casamento, foram influenciados pelos costumes dos arameus, amorreus, elamitas, babilônios, hititas e hurrianos. Há evidências sobre casamentos tipo poliandria entre os antepassados do povo hebreu, embora insuficientes para convencer a maioria dos eruditos. O matriarcado, por sua vez, conta com fundo histórico mais sólido. Naturalmente, a monogamia não era o padrão, e vários desvios podem ser observados: *a. Poliandria.* Uma mulher com mais de um marido. *b. Ênfase tribal.* Um homem vivia com sua esposa na aldeia desta, e os filhos nascidos da união tornavam-se membros da tribo da mulher. Os historiadores salientam o relato do casamento de Jacó com Raquel e Lia, como ilustrações bíblicas dessa circunstância. Ver Gênesis 29.28. Talvez eles estejam com a razão, mas o fato é que a condição de Jacó com suas esposas não permaneceu assim para sempre. *c. Casamentos tribais temporários.* O que foi dito no ponto anterior, *b.*, é verdade, mas os casamentos assim contratados não perduravam, propositalmente, muito tempo. Em ambos os casos, o *clã* era mais importante do que o casal.

4. Nos Tempos Bíblicos. Já vimos o caso de Adão e Eva, no primeiro ponto, mas agora passamos para os *tempos patriarcais*. O Pentateuco e o livro de Rute fornecem-nos as informações de que dispomos sobre a questão, suplementadas pelas descobertas arqueológicas. Algumas dessas informações são as seguintes: *a.* A poligamia era a regra, até onde é possível determinar isso. *b.* Nos primeiros tempos, podia haver casamento entre um meio-irmão e sua meia-irmã, conforme foi o caso de Abraão e Sara. Naturalmente, entre os egípcios havia casamentos entre irmãos e irmãs de pai e de mãe, mas entre os hebreus não há qualquer registro quanto a isso. A legislação mosaica, quando surgiu, proibiu o casamento entre parentes chegados. *c.* Jacó casou-se com duas irmãs — Lia e Raquel. A legislação mosaica posterior proibiu isso. *d.* O noivado era quase tão indissolúvel quanto o próprio matrimônio, e uma noiva já era chamada de "esposa" (ver Gn 19.21; Dt 22.23,24; Mt 1.18,20). Um noivo também era chamado de *esposo* (ver Jl 1.8; Mt 1.19). A Bíblia não nos dá informações sobre como e sob quais circunstâncias os noivados eram desmanchados, mas o *código de Hamurabi* (vide) tem estipulações quanto a isso. José, noivo de Maria, pensou em dissolver o noivado, e deveria haver algum meio para tanto (ver Mt 1.19). *e. Costumes Acerca do Noivado.* i. *A escolha de uma esposa.* Usualmente isso se fazia mediante um arranjo entre as famílias dos noivos (ver Gn 21.21 e 38.6). Mesmo que um homem escolhesse a noiva, seus pais é que negociavam o casamento (ver Gn 34.4,8; Jz 14.2). Só raramente (e por motivo de rebeldia) é que um homem agia contrariamente aos desejos de seus pais (ver Gn 26.34,35). E os desejos da jovem não eram inteiramente ignorados (ver Gn 24.58). Raramente eram os pais da jovem que tomavam a iniciativa na questão (ver Rt 3.1,2 e 1Sm 18.21). *ii. Presentes eram trocados, e também havia um dote* (ver Gn 34.12; Êx 22.17), e também, havia presentes no caso de uma mulher seduzida (1Sm 18.25), ou um homem podia trabalhar a fim de obter sua esposa (como no caso de Jacó). O dote usualmente consistia em um presente dado à noiva, embora também pudesse ser ao noivo, por parte do pai da noiva, podendo incluir até mesmo a doação de escravos para servir ao casal ou à mulher (ver Gn 24.29,61; 29.24). Também havia dotes sob a forma de terras (ver Jz 1.15; 1Rs 9.16; Tobias 8.21). Um noivo podia receber vestes ou joias (ver Gn 24.53). *f. Cerimônias de Casamento.* Havia cerimônias públicas e particulares; isso envolvia vestes especiais (ver Sl 45.13,14); eram usadas joias (ver Is 61.10); a noiva cobria-se de véus (ver Gn 24.65); eram usadas flores ou coroas de flores como decoração (ver Is 61.10; Ef 5.27; Ap 19.8). Faziam-se presentes amigos do noivo e amigas da noiva (ver Sl 45.14). O noivo tinha um amigo especial, e outros auxiliares (ver Jz 14.11; Mt 9.15). O amigo especial era chamado "companheiro" (ver Jz 14.20 e 15.2), ou talvez "mestre-sala" (ver Jo 2.8,9). Algumas vezes havia um cortejo honorífico (ver Jr 7.34; 1Macabeus 9.39). Também havia uma festa de casamento, usualmente efetuada na casa do noivo (Mt 22.1-10; Jo 2.9). Concorriam muitos amigos e parentes, e o vinho era servido em abundância. O povo hebreu era um povo que se divertia, tomando vinho e dançando, não muito parecido com os evangélicos de hoje, demasiadamente inclinados ao ascetismo. Ver João 2.3,9,10. Rejeitar um convite a um casamento era uma questão séria (ver Mt 22.7). Vestes festivais eram usadas pelos convidados (ver Mt 22.1,12). figuradamente, a união espiritual entre Cristo e sua noiva (a igreja) é simbolizada pelas bodas ou casamento do Cordeiro (ver Ap 19.9). *g. A Noiva Cobre-se.* Trata-se de um costume antiquíssimo, encontrado em várias culturas. A noiva cobria-se com algum tipo de vestuário. Isso simbolizava pelo menos duas coisas: daquele dia em diante, ela seria protegida por ele. Em segundo lugar, o símbolo sexual é óbvio: ele a cobriria de maneira íntima. Entre os beduínos há esse mesmo costume, e quando a mulher é coberta, com suas vestes especiais, o noivo diz: "De agora em diante, somente eu te cobrirei". *h. A Bênção.* Os pais o os amigos bendiziam ao casal (ver Gn 24.60; Rt 4.11; Tobias 8.13). *i. A Aliança.* O matrimônio envolvia um acordo pessoal e um acordo tribal. A fidelidade era necessária, a fim de assegurar o cumprimento apropriado do propósito do casamento e da família. Sabemos, com base em Tobias 7.14, que havia acordos escritos. (Ver também Pv 2.17; Ez 16.8 e Ml 2.4). *j. A Câmara Nupcial.* Era preparado um lugar especial para o casal passar os primeiros dias (Tobias 7.16; Sl 19.5; Jl 2.16). *k. Consumação do Casamento.* Tradicionalmente, o casamento não se consumava enquanto não houvesse o ato sexual. Entre muitos povos, enquanto o casamento não se consumasse, poderia haver anulação do matrimônio, sem necessidade de divórcio. Os hebreus religiosos ofereciam orações antes de consumar o casamento (Ver Tobias 8.4). *l. Prova de Virgindade*. Os hebreus eram fanáticos quanto a isso. Um pano manchado de sangue deveria ser exibido como prova da virgindade da noiva (ver Dt 22.13-21). Esse costume continua existindo em alguns lugares do Oriente Próximo. Naturalmente, o noivo não precisava mostrar qualquer prova de que ele também era virgem. *m Festividades*. Os festejos do casamento prosseguiam, talvez tanto quanto uma semana (ver Gn 29.27). Música, danças e vinho eram importantes elementos desses festejos, juntamente com muita comida. Sansão disse piadas e apresentou enigmas (Jz 14.12-18). *n*. Foram mudadas algumas leis sobre os impedimentos maritais. Ver a terceira seção, *Empecilhos ao Casamento*. Quanto ao *Matrimônio Levirato*, ver o artigo separado, com esse título. *o. Tendência em Favor da Monogamia*. Os intérpretes veem no Antigo Testamento uma diminuição gradual da poligamia. Os livros de Samuel e de Reis refletem menos a poligamia, exceto no caso dos reis. O livro de Tobias nunca alude a qualquer outro tipo de casamento, exceto o monogâmico. O livro de Oseias (como também o décimo sexto capítulo de Ezequiel) desenvolveu a figura do casamento monogâmico como ilustração da relação entre *Yahweh* e Israel. *p. Tempos Pós-Exílicos*. A monogamia parecia ter prevalecido, embora não houvesse leis que a sancionassem. Os babilônios eram essencialmente monógamos, mas os assírios preferiam a poligamia. *q*. Desde o começo, o casamento era considerado o estado normal *e certo*, para o homem e para a mulher. A virgindade não era exaltada, exceto enquanto a mulher não se casasse. A vida celibatária não tinha prestígio nenhum, talvez sendo até considerada uma aberração.

5. Período Talmúdico. *a*. Nesse período, todos os aspectos da vida mútua e do casamento eram vigorosamente regulamentados pelo Talmude, com seus inúmeros preceitos. *b*. Apesar disso, nada havia ali que exaltasse o celibato ou a virgindade, em contraste com o estado marital. De fato, os escritores do Talmude promoviam o ideal do matrimônio. Esse era um ponto vital para o próprio judaísmo. *c*. A fim de facilitar o casamento, os matrimônios por simples *consentimento mútuo* tornaram-se comuns, de tal modo que o pesado envolvimento das famílias e dos dotes foi-se tornando cada vez menos importante. *d*. No século III d.C., porém, essa lassidão foi temporariamente proibida entre os judeus. *e*. Os filhos ilegítimos tinham idênticos direitos aos filhos legítimos, incluindo a questão da herança. *f*. O casamento na juventude era recomendado, a fim de evitar os caprichos sexuais. *g*. Os estudiosos, casados com seus livros e com seus estudos, podiam adiar um pouco o casamento. Na verdade, é bastante difícil estudar e estar casado, ao mesmo tempo. *h*. Havia homens que ajudavam os bons estudantes, concedendo-lhes as suas filhas como esposas e ajudando-os a enfrentar as despesas próprias do casamento e da formação da família. Essa era uma prática brilhante! Aos eruditos era dado um tratamento especial, a fim de que um homem pudesse casar-se com a lei e com sua esposa, ao mesmo tempo.

6. No Período Neotestamentário. *a*. A poligamia teve prosseguimento, embora a monogamia fosse louvada (ver Mt 19.3 ss.). *b*. A poligamia é vedada aos ministros do evangelho (1Tm 3.2). *c*. O celibato e a virgindade começaram a ser exaltados como superiores ao casamento (1Co 7.1). O mais elevado estado a buscar, com propósitos espirituais, é o da absoluta virgindade, mas, para tanto, é mister que a pessoa tenha sido dotada por Deus. Ninguém pode assumir tal caminho, só porque pensa que é capaz de fazê-lo (1Co 7.7). *d*. O casamento serve para acalmar as paixões sexuais, porquanto é melhor casar-se do que abrasar-se (1Co 7.9). *e*. Jesus exaltou o celibato (Mt 19.11). No entanto, nem Jesus e nem Paulo tornaram o celibato obrigatório, ou como norma indispensável para o ministério cristão. É possível que essa ênfase, tão contrária à corrente principal do judaísmo, se derivasse historicamente dos essênios, que tinham monges e freiras, mosteiros e uma visão bem diferente da dos outros judeus, quanto à questão. Muitos intérpretes partem do pressuposto que a prática envolve grandes potencialidades para abusos, lamentando o fato de que o cristianismo posterior tenha pendido tão resoluta e vigorosamente para tal tipo de ascetismo. Ver o artigo intitulado *Celibato*. *f*. O adultério é regularmente condenado, mesmo no Antigo Testamento, mas isso não inclui o concubinato. Ver o artigo sobre a *Mulher Adúltera*, que mostra como Jesus injetou misericórdia e perdão na questão inteira, substituindo a regra judaica do "olho por olho, dente por dente", uma dura filosofia. *g. Divórcio*. Ver o artigo sobre essa questão, quanto às muitas ideias e interpretações que circundam o divórcio, no Novo Testamento e no cristianismo atual. *h. Casamentos mistos*. Quanto a esse particular, a filosofia do Antigo Testamento é bastante diferente da filosofia do Novo Testamento. Ver a seção IX quanto a uma completa explicação.

III. Empecilhos ao Casamento. Ver o artigo separado com esse título, que alude especificamente a como a lei canônica da igreja cristã tem manuseado essa questão. Ver também sobre *Consanguinidade*, que procura explicar os meandros desse complexo assunto. Ver também sobre *Afinidade* e sobre *Impedimentos ao Casamento*. Além das leis canônicas, há leis de cada grupo cristão que envolvem o conceito do *jugo desigual*. Quanto a esse último ponto, ver o sexto capítulo de 2Coríntios, bem como o artigo intitulado *Separação do Crente*. Os tempos dos patriarcas foram bastante frouxos no tocante à questão da consanguinidade. Mas a legislação mosaica impôs diversas restrições (conforme se vê em Lv 18.18; 20.17-21; Dt 27.20-23). O trecho de Levítico 18.18 chega mesmo a proibir que um homem se case com uma irmã de sua esposa, enquanto esta continuar viva. Isso teria impedido o casamento de Lia ou de Raquel com Jacó. Outros impedimentos, relacionados aos casamentos mistos, são explanados na seção IX deste artigo, mais abaixo.

IV. Tipos de Matrimônio

1. Casamentos em Grupo. Um grupo de irmãos casa-se com um grupo de irmãs, um costume típico dos habitantes das ilhas Polinésias, no Pacífico. Esse tipo de casamento tem sido proposto por teóricos extremados do comunismo, segundo o qual todas as esposas seriam tidas em comum, enquanto a educação dos filhos ocorreria nas escolas do Estado, e não nos lares.

2. Poliginia. Um homem casa-se com duas ou mais mulheres. Usualmente isso é chamado de *poligamia*, mas, estritamente falando, esse último termo significa "muitos casamentos", podendo referir-se a uma mulher com dois ou mais maridos. A poliginia funciona melhor quando os homens dispõem de muito dinheiro (como os potentados árabes do petróleo); mas não quando têm apenas o suficiente. Seja como for, as mulheres não apreciam o sistema, por certa variedade de razões. Israel foi uma nação polígama durante toda a sua história, entrando mesmo na época do Novo Testamento. Em tempos normais, o sistema não funciona bem, visto que o número de homens e de mulheres é praticamente igual. A monogamia, entre outras coisas, é uma forma de racionar as mulheres. A prática de poliginia (ou poligamia) tem sido extremamente generalizada entre todos os povos, embora a porcentagem das pessoas assim envolvidas nunca tenha sido muito grande. Nos tempos modernos, essa forma de casamento tem recebido a sanção explícita do islamismo e do mormonismo. Dentro do mormonismo, a prática tem por base a doutrina deles, de acordo com a qual um homem pode ter muitas mulheres seladas a ele, a fim do que, nos mundos eternos, possam povoar o seu próprio mundo, assim imitando a Deus Pai, que teria muitas esposas, com a sua própria região de controle sobre suas muitas famílias. A propagação do cristianismo tem sido um dos principais fatores no decréscimo da poligamia. Mas, em seu lugar, tem surgido uma forma de concubinato não oficial e ilegal (ou *alegal*), em que adultos consentem com o arranjo, conforme os gostos de cada casal.

3. Poliandria. Nesse sistema, uma mulher tem dois maridos ou mais. Essa forma de casamento (compreensivelmente) é bastante raro, encontrando-se somente no Tibete e entre algumas tribos de montanheses da Índia. A história revela-nos que tal sistema já teve lugar na Arábia. Alguns estudiosos têm asseverado que, nos tempos primitivos, essa era uma modalidade comum de casamento, mas a maior parte dos eruditos pensa que há ausência de evidências sólidas quanto a isso. Os fatores que favorecem esse tipo de matrimônio são econômicos (um homem não é capaz de sustentar nem ao menos uma mulher), ou, então, a escassez de mulheres. Em vez de se matarem uns aos outros, os homens simplesmente compartilham das poucas mulheres existentes. O tipo mais comum de poliandria é o casamento grupal, em que vários irmãos compartilham de uma mesma mulher. Nesse caso, o irmão mais velho é o cabeça da casa. Essa forma de casamento, no Tibete, é empregada a fim de manter intactas as heranças. Tal forma de matrimônio é utilizada somente pelos pobres. Nenhum homem com um pouco mais de dinheiro está interessado em tal tipo de relacionamento conjugal.

4. Monogamia. Um homem casa-se com uma mulher. As condições sociais e econômicas favorecem essa forma de casamento. O número de homens e de mulheres é mais ou menos igual. O homem médio não consegue cuidar de mais de uma mulher. As mulheres, por sua vez, geralmente são contrárias a qualquer forma de competição, criando toda espécie de dificuldade se o território delas for invadido. As crianças criadas com uma única autoridade paterna sobre o lar, com uma única mãe para cuidar dos mesmos filhos, sendo todas elas irmãos e irmãs de pai e mãe, vivem em uma família mais unida. A maioria das religiões favorece essa modalidade de casamento, incluindo o judaísmo posterior e o cristianismo. Também há razões doutrinárias em favor desse arranjo, conforme já pudemos mostrar acima. E também há razões simbólicas que o favorecem. Ver a seção XII, abaixo. Alguns homens têm-se revoltado contra a monogamia, que consideram biologicamente impraticável e psicologicamente entravadora. Isso dá margem, antes de tudo, ao concubinato não oficial; em seguida, vêm as eternas conquistas de parceiros sexuais, sem que se assuma qualquer responsabilidade. Para tais pessoas, o sexo torna-se uma espécie de esporte ou diversão. Além de tudo isso, há o divórcio fácil, mediante o qual um homem ou uma mulher podem tornar-se polígamos, embora com uma série consecutiva de parceiros, e não com todos ao mesmo tempo. Essa forma de protesto contra a monogamia eleva-se a nada menos de 50% dos casais, em alguns países, e é dessa maneira que muitas mulheres praticam uma forma duvidosa de poliandria. Os que apreciam essas práticas dizem que a monogamia é um belo ideal, embora impraticável em qualquer sociedade humana.

V. Término do Estado Matrimonial. Embora o ideal cristão seja "até que a morte vos separe", na prática, várias formas de divórcio põem fim a uma grande porcentagem de casamentos. A teologia que circunda o divórcio é bastante complexa, e vários segmentos da igreja cristã defendem dogmas diferentes sobre essa questão. Ver o artigo intitulado *Divórcio*, que fornece amplas ilustrações. Até onde pode retroceder a história dos relacionamentos domésticos, tem sido invencível o direito do marido divorciar-se de sua mulher. Somente o cristianismo produziu algumas restrições a essa circunstância. O judaísmo mostrava-se bastante liberal sobre esse particular. Naturalmente, a mulher não tinha direitos iguais aos do homem, embora pudesse casar-se de novo, tendo-se divorciado do primeiro marido. A lei não permitia o divórcio sob certas circunstâncias, a quando um novo marido acusava a sua noiva de ter mantido sexo ilícito pró-marital com outro, mas tal acusação fosse provada como falsa, ou se o marido forçasse sua mulher a manter relações sexuais com ele antes do casamento, ou se ele se tornasse insano ou alcoólatra, ou, então, se a mulher fosse menor de idade, ou se a mulher estivesse em cativeiro, então o marido precisava redimi-la, em vez de divorciar-se dela. Economicamente, o marido tinha de pagar à sua mulher um dote, como compensação por alguma falsa acusação que ele lhe fizesse, embora nem sempre tivesse a capacidade de cumprir esse dever.

1. Razões Pelas quais um Homem Judeu Podia Divorciar-se de sua Mulher. *a*. Houve épocas em que qualquer razão servia; mas, em tempos de maior sanidade, foram impostas restrições ao divórcio. *b*. Adultério por parte da mulher. *c*. Violação da decência moral por parte da mulher, mesmo que isso não chegasse ao adultério. *d*. Negação do sexo por parte da mulher ao seu marido. *e*. A recusa da mulher de mudar-se para outra casa, quando assim o queria o marido. *f*. A mulher insultava o pai de seu marido. *g*. A mulher tinha certas doenças incuráveis, que tornavam a coabitação perigosa, ou mesmo desagradável.

2. Razões Pelas quais uma Mulher Podia Divorciar-se. *a*. Acusação falsa de sexo pré-marital, uma vez provada tal falsidade. *b*. Recusa do marido fazer sexo com sua mulher. *c*. Impotência, após dez anos de casamento sem filhos. *d*. Voto de abstinência sexual, por parte do marido, e que ele nunca mais descontinuasse. Nesse caso, o marido poderia ficar com suas convicções e votos religiosos, mas teria de procurar outra esposa, quando terminasse seus votos prolongados. *e*. Certas enfermidades ou aleijões físicos, como a lepra, ou mesmo se ele tivesse alguma profissão malcheirosa, como a daqueles que recolhiam esterco. *f*. Tirania por parte do marido. *g*. Espancamentos, abusos e abandono do lar por parte do marido. *h*. **Adultério**. Se um homem que pudesse ter concubinas mais de uma esposa, mas ainda assim buscasse uma mulher casada como companheira de sexo, a sua esposa podia divorciar-se dele. *i*. **Crime**. Se um homem fugisse do país, por causa de algum crime cometido, sua mulher podia divorciar-se dele.

2. O Crente Fica Livre do Cônjuge Incrédulo. Isso poderia suceder, se a decisão de abandono partisse do cônjuge incrédulo, fosse a mulher, fosse o marido. Nesse caso, o cônjuge crente não estava mais na obrigação de continuar no casamento. E também podia casar-se de novo, segundo se vê em 1Coríntios 7.15.

3. Morte. A morte física põe fim ao estado matrimonial (Rm 7.2). Tem sido debatido, entre os teólogos, se na vida após-túmulo os casais (ou, pelo menos, *alguns casais*) tornam a viver juntos. O texto de Mateus 22.30 tem sido usado como texto de prova de que a morte física realmente põe fim ao matrimônio, mas nem todas as pessoas religiosas aceitam esse conceito. Algumas pessoas creem que a reencarnação pode renovar todos os casamentos. Seja como for, a morte física põe fim definitivo ao casamento, pelo menos para esta vida.

VI. Casamento Levirato. O trecho de Levítico 18.16 proíbe o casamento de um homem com a viúva de um seu irmão, sem qualquer qualificação. Porém, Deuteronômio 25.7-10 diz que se o marido daquela mulher morreu sem herdeiros, então um seu irmão solteiro devia casar-se com ela, gerando filhos com esse propósito. Apesar de alguns intérpretes entrarem em muitas contorções, na tentativa de reconciliar esses dois textos entre si, é melhor simplesmente admitir que mais de um código de matrimônio foi produzido entre os israelitas, e que continham pontos conflitantes. Quando o judaísmo abandonou a poligamia, o casamento levirato também foi abandonado. Ver o artigo chamado Matrimônio Levirato, onde há completos detalhes sobre a questão.

VII. A Condição da Mulher e o Casamento. Ver o artigo separado intitulado *Mulheres*. A cultura hebraica não servia de bom exemplo acerca da condição das mulheres em sociedade. Na Babilônia, uma mulher podia adquirir propriedades e manter uma casa separada. No Egito, as mulheres desfrutavam de grandes privilégios, podendo até atuar no governo. Mas, em Israel, a mulher era inteiramente voltada para as lides domésticas, sendo mantida essencialmente reclusa, com notáveis exceções, naturalmente. Assim, uma mulher era excluída da herança de seu marido, embora pudesse administrá-la até que seus filhos homens chegassem em idade de cuidar da mesma. Todavia, a condição da mulher, em Israel, era bem melhor do que na Assíria, onde as mulheres eram reduzidas a quase animais de carga. Em Israel, a mulher participava no culto religioso (ver Lv 12.6,8; 1Sm 1.23,24; Dt 12.12,18; 14.22,29; 1Sm 1.9-12), embora nem nenhuma autoridade, excetuando no caso de alguma profetisa ocasional. Também não era permitido que as mulheres falassem nas sinagogas, nem ao menos podendo ler as Escrituras, ao passo que um menino, mesmo que fosse um escravo, podia fazer tal pequeno serviço. As proibições paulinas acerca das mulheres falarem ou ensinarem a homens, nas igrejas, ou suas instruções acerca do uso do véu, refletem a condição da mulher no judaísmo. (Ver 1Co 11.10,34 ss.; 1Tm 2.12). A modernização dessas instruções, nas igrejas evangélicas, permitindo que as mulheres ensinem a homens e não usem o véu é uma corrupção dos ensinos vetero e neotestamentários. Se quisermos dar às mulheres maior liberdade (conforme a maioria das igrejas cristãs já está fazendo), então seremos forçados a admitir que a mulher, na cultura judaica, desfrutava de uma condição baixa, inclusive no culto religioso. Mas, visto que agora temos uma filosofia mais sábia, conforme muitos julgam, a respeito de tudo isso, então podemos ignorar em segurança os costumes antigos, degradantes à mulher. Além disso, poderemos dizer que nosso ideal é aquele refletido em Gálatas 3.28: *Destarte não pode haver judeu nem grego; nem escravo nem liberto; nem homem nem mulher; porque todos vós sois um em Cristo Jesus.*

Salientar os casos de Miriã, Débora, Jael, Hulda, Atalia, no Antigo Testamento, ou, então, as profetisas do Novo Testamento, é apontar para exceções à regra, e não estabelecer um padrão geral. Toda uma nova filosofia de vida torna-se necessária a fim de emancipar a mulher.

Classes de Mulheres e suas Respectivas Condições

1. Donzelas. Em Israel, esperava-se que todas as donzelas fossem virgens. Isso reflete-se na palavra hebraica *alma*, que pode significar tanto "donzela" quanto "virgem". As jovens eram cuidadosamente guardadas, e não havia tal coisa como o moderno *namoro*, com todas as tentações que isso impõe às jovens. Os casamentos eram contratados, não dependendo da roleta do amor, entre casais de namorados a vaguear pelas ruas e pelos lugares escuros. Quando uma mulher se casava, era obrigada a dar provas de sua virgindade. Essas provas (como o pano manchado de sangue) eram então preservadas, a fim de que a mulher pudesse usar como evidência, caso seu marido viesse a acusá-la, mais tarde, de que não era mais virgem quando se casara. Se o marido de uma mulher lhe fizesse tal acusação, e perdesse, então primeiramente seria espancado, e, então, teria de pagar uma multa (ver Dt 22.13-19). Mas, se essa acusação ficasse comprovada, então ela seria executada por apedrejamento (ver Dt 22.20,21).

2. Mulheres Casadas. Elas tinham muitas obrigações e poucos direitos. Não podiam divorciar-se de seus maridos, embora pudessem apresentar razões compelidoras para que eles se divorciassem. A mulher casada estava sujeita a normas estritas. Se cometesse adultério, era automaticamente apedrejada até morrer. Mas o seu marido podia ter quantas mulheres quisesse, contanto que não tocasse na esposa de outro homem. Se uma mulher casada fosse apanhada em adultério, tanto ela quanto seu amante eram mortos. (Ver Lv 20.10; Dt 22.22-27). Além disso, havia a prova da água amargosa (ver Nm 5.12-31), se seu marido chegasse a suspeitar dela, mas não tivesse qualquer prova de suas suspeitas. Ver o artigo chamado *Água Amarga*. A mulher estava sujeita a um duro trabalho doméstico, e sua vida era severamente regimentada.

3. Viúvas. Uma viúva recebia certa renda fixa, não ficando inteiramente destituída, financeiramente falando, mas não participava da herança de seu marido. Também havia a provisão do casamento levirato, mas um homem podia recusar-se a se casar com a viúva de seu irmão, se estivesse disposto a sofrer uma desgraça pública. E uma boa porcentagem de homens preferia sofrer tal desgraça, porque não havia multa, nem prisão e nem qualquer outro dano pessoal. Assim, em poucos minutos ele estava livre de toda aquela obrigação. Ver sobre *Matrimônio Levirato*. O judaísmo posterior cancelou esse costume, quando descontinuou a poligamia. Uma viúva podia contrair novas núpcias. Ela também tinha a opção de ficar com a família de seu marido, ou podia voltar à casa de seu pai (Gn 38.11; Rt 1.8,9). Se ela fosse filha de um sacerdote, podia compartilhar das provisões que os sacerdotes recebiam dos dízimos do povo (Lv 22.13). Também havia certo espírito de caridade que era promovido em favor das viúvas (segundo se observa em Êx 22.21-23; Dt 10.18 e Is 1.17). O código de Hamurabi e o épico ugarítico de Danel (Dn) demonstram as privações e a falta de direitos das viúvas por todo o Oriente Próximo, incluindo a Assíria, a Babilônia e Israel.

VIII. A Condição dos Filhos. Parteiras ajudavam as mulheres no parto (ver Gn 35.17; Êx 1.16). Era comum as crianças morrerem por ocasião do nascimento. Era usado o equivalente a uma *cadeira de partos*. As mulheres sentavam-se sobre duas pedras, com um espaço apropriado entre as mesmas. O Talmude menciona uma cadeira especial com esse propósito, o que podemos supor que era mais confortável do que duas pedras. A criança recém-nascida era lavada, esfregada com sal e enrolada em paninhos (Jó 38.8,9; Ez 16.4). A criança era amamentada pela mãe, ou por outra mulher apropriada, sendo desmamada com cerca de três anos de idade (2Macabeus 7.27). Havia uma festa comemorando esse evento (Gn 21.8). O bebê recebia seu nome ao nascer, e o pai ou a mãe podiam escolher-lhe o nome (ver Gn 29.32; 30.24; Êx 2.22). Eram comuns nomes próprios que incorporavam um dos nomes divinos: El, Adonai, *Yahweh* etc. Também eram usados nomes de animais e de plantas como, por exemplo, Débora (abelha), Raquel (ovelha) etc. Os pais tinham a responsabilidade de criar seus filhos. O treinamento religioso era muito importante, entre os israelitas, como também a preparação para algum tipo de negócio ou profissão. O lar precisava prover tudo à criança. No primitivo Israel não havia escolas. A circuncisão fazia o menino participar no pacto abraâmico (ver sobre *Pactos*; ver também Gn 17.10). A mãe ocupava-se quase inteiramente no trabalho da criação dos filhos. O pai, entretanto, provia para os filhos aquelas grandes necessidades, como alimentação e outras coisas dessa natureza. Quando uma criança chegava ao seu quinto ano, o pai começava a desempenhar uma porção mais ativa em sua educação. A Torá e o Talmude eram os textos de estudo das crianças. Uma obediência estrita era exigida, e as infrações, até mesmo das crianças, podiam resultar em sua morte (ver Dt 21.18 ss.). Isso era feito mediante execuções públicas, como quando um filho tornava-se rebelde ou criminoso.

O rabino Josué ben Gamala (na época de Jesus) instituiu escolas como um agente de instrução à parte do lar. Mesmo assim, a educação ali continuava sendo essencialmente religiosa. Os judeus não tinham muito interesse pelas artes e pelas ciências. Ver o artigo geral intitulado *Educação*. Apesar da educação das meninas não ser totalmente negligenciada, essa educação orientava-se quase inteiramente na direção das prendas domésticas. Não havia carreiras para mulheres.

IX. Casamentos Mistos, Judaicos e Cristãos. Grande é a diferença de filosofia, no judaísmo e no cristianismo,

MATRIMÔNIO

quanto a essa particularidade. No Antigo Testamento, os casamentos mistos nem eram reputados válidos, a menos que as mulheres estrangeiras se tornassem judias, por conversão. Não somente era permitido o divórcio nesses casos, mas até era exigido. Naturalmente, houve casos de esposas estrangeiras que, ao se fazerem judias quanto à religião, tornaram-se heroínas da fé judaica, como Raabe, Rute e, até mesmo a esposa de Moisés, Zípora. Terminado o exílio babilônico, aqueles judeus que se tinham casado com mulheres estrangeiras tiveram de divorciar-se delas, quando o remanescente de Israel voltou a Jerusalém. Ver o décimo capítulo do livro de Esdras.

No Novo Testamento não foi sancionada a filosofia geral do divórcio. Realmente, os casamentos mistos passaram a ser considerados legais. Se tivesse de haver algum divórcio, o cônjuge incrédulo é que teria de tomar a decisão. E se o cônjuge incrédulo se divorciasse, então o cônjuge crente estaria liberto de qualquer obrigação matrimonial, e podia casar-se novamente; mas, dessa vez, "no Senhor". Paulo deixou claro que o casamento deveria ser usado como oportunidade de evangelização. No entanto, se tais esforços falhassem, então o casamento com um cônjuge incrédulo não deveria servir de empecilho para toda a vida, fazendo o cônjuge crente sofrer. (Ver 1Co 7.12 ss quanto às normas paulinas gerais sobre a questão). A questão de ser o crente capaz de divorciar-se do seu cônjuge incrédulo e casar-se de novo é chamada, pelos teólogos, de "a exceção paulina". Ver o artigo separado sobre o *Divórcio*.

O Casamento como um Veículo Espiritual. No judaísmo e no cristianismo, o casamento era visto como algo que fortalecia a comunidade religiosa, ajudando o indivíduo a cumprir suas obrigações diante da lei sagrada (os requisitos do evangelho, nos tempos neotestamentários). As famílias deveriam ser nutridas na fé, servindo de meios para perpetração de uma cultura, de uma filosofia e de uma expressão religiosa específicas. É óbvio que qualquer desvio no casamento, mediante a introdução de elementos estrangeiros, era claramente prejudicial ao propósito central do casamento. Deus e a fé em primeiro lugar; qualquer outra consideração, depois disso, envolvia a questão da correta atitude. Israel deveria ser um povo ímpar. A igreja cristã, por sua vez, deve ser um reino de sacerdotes. Isso não pode ser mantido com maridos e mulheres profanos, que negligenciem a fé religiosa, ou mesmo sejam hostis à mesma. O judaísmo moderno e o cristianismo (do tipo conservador) continuam a promover aqueles antigos conceitos. "Lenta e imperceptivelmente, qual células cancerosas, a doença dos casamentos mistos foi penetrando, consumindo e destruindo a família judaica e a esperança judaica de sobrevivência" (David Kirshenbaum). Ver o artigo separado intitulado *Separação do Crente*, que aborda o *jugo desigual* e suas muitas manifestações adversas, inclusive no âmbito do casamento.

X. A Santidade do Matrimônio. Hebreus 13.4: *Honrado seja entre todos o matrimônio e o leito sem mácula; pois aos devassos e adúlteros, Deus os julgará*.

Certamente não existe problema, na sociedade ou na própria igreja, mais difícil e generalizado do que a questão da impureza sexual. Surpreendente porção do NT se devota a denunciar os vícios sexuais (ver 1Co 6.15 e ss.). Ali, o argumento contra as práticas sexuais ilícitas é que somos o "corpo de Cristo", e nenhum membro desse corpo pode unir-se impunemente a uma pessoa sexualmente impura; a fornicação é um pecado contra o corpo; o corpo do crente é o templo do Espírito Santo, pelo que dificilmente pode ser usado para práticas sexuais degradantes. Não temos corpos para usá-los de maneira errada, porquanto pertencem a Deus, juntamente com nossos espíritos.

Os gnósticos imaginavam que devemos cooperar com o sistema mundano, que está destinado a finalmente ser destruído, com todas as coisas materiais. Criam que a própria matéria é o princípio do mal. Assim, poderíamos abusar do corpo, ou mediante o ascetismo ou mediante a autoindulgência, e, ao assim fazermos, estaríamos cooperando com a destruição do corpo, sem que isso trouxesse qualquer dano ao espírito. Porém, o cristianismo nunca visou o corpo ou a matéria como coisas más por si mesmas, embora o sexto capítulo da epístola aos Romanos nos mostre claramente que Paulo reputava o corpo humano uma presa fácil do pecado, instrumento mui frequentemente usado para o mal. E a experiência humana também nos ensina tal, o que indica que isso é uma verdade indiscutível. (Ver 1Ts 4.3 no NTI quanto a notas expositivas acerca dos pecados sexuais).

Na sociedade judaica sempre foi tolerada a poligamia. O NT não condena tal prática, mas exibe um ideal superior. O Senhor Jesus, em Mateus 19.5, ensinou o princípio de "uma mulher para cada homem", porquanto somente um casal pode formar, realmente, o ideal de "tornar-se ambos uma só carne". As epístolas pastorais proíbem a poligamia no caso dos líderes das igrejas (ver 1Tm 3.2,12, embora esses versículos, quase certamente, também proíbam até mesmo novo casamento de um ministro da Palavra, em caso da morte de sua esposa, o que é uma posição extrema).

O sexo está limitado ao matrimônio. Não há qualquer exceção a isso, em todo o NT, embora o AT reconhecesse o concubinato, o contrato de mulheres para um breve período. Nossa lealdade como crentes, entretanto, deve ser aos princípios mais elevados do NT, e não aos ensinamentos relativamente inferiores do AT

O leito sem mácula. Essas palavras têm sido exageradas para que signifique que enquanto as práticas sexuais sejam dentro das relações matrimoniais, pode-se incluir aberrações e práticas duvidosas. Mas o autor sagrado sem dúvida não tencionou dizer isso. Mui provavelmente ele subentende que deve haver moderação em tudo, já que o cristianismo em todos os aspectos da vida ensina e exige a *normalidade*, e não extremismos.

Impuros é tradução do vocábulo grego "pornos", termo geral que indica "sexo ilícito", e cuja forma feminina significa "prostituta". O termo é mais geral do que "fornicação", ou seja, as práticas sexuais ilícitas anteriores ao matrimônio. Tal palavra pode indicar qualquer ato sexual condenável.

Adúlteros. No grego é usado o termo "moichos", relações sexuais ilícitas que envolvem pessoas casadas, com pessoas que não são seus cônjuges.

A condenação imposta pelo NT (em Gl 5.19-21), nos mostra que os vícios sexuais estão incluídos entre os pecados que impedem a pessoa de herdar o reino dos céus. O trecho de Efésios 5.6 ensina-nos a mesma coisa. Todo o indivíduo dominado por algum vício sexual não pode ter-se convertido em verdade, e nem pode esperar, com razão, a salvação de sua alma. O presente versículo promete o juízo de Deus contra a pessoa que pratica vícios sexuais, ainda que, entre os homens, tais vícios jamais venham a ser julgados.

Há certas interpretações implícitas, que estão vinculadas ao presente texto, a saber: **1**. O matrimônio precisava ser defendido dos assédios dos ascetas, que negavam a legitimidade do casamento, pelo menos no caso dos que buscam a sério as verdades espirituais, embora perfeitamente legítimo para as massas. Não há qualquer evidência que o autor sagrado estivesse defendendo o matrimônio como modo de vida, em contraste com o celibato. Tal problema simplesmente não estava sendo focalizado. **2**. A prática do celibato é uma questão pessoal, que só pode ser resolvida entre Deus e o indivíduo, não podendo ser ditada por qualquer autoridade religiosa, sob a alegação de que é mais conveniente que os ministros vivam solteiros. Apesar deo autor sagrado não abordar a questão, pois tal ideia só surgiu como dogma muitos séculos mais tarde, não sendo prática observada nos próprios tempos neotestamentários, contudo, o matrimônio é declarado honroso para todos, e isso comprova que, naqueles dias, não havia ministros, como uma classe, que tivessem de viver no celibato.

3. Certamente o texto combate, ainda que indiretamente, a suposição de que o matrimônio é o estado "inferior" (ainda que legítimo), em relação ao estado de solteiro. Os preconceitos em favor do celibato é que têm produzido a supressão das palavras "entre todos". Assim é que os mss 38, 460, 623, 1836 e 1912, além dos escritos dos pais da igreja Dídimo e Cirilo de Jerusalém, Eusébio, Atanásio, Epifânio e Teodoreto, omitem tais palavras.

XI. Vantagens do Matrimônio. 1Coríntios 7.2: *mas, por causa da prostituição, tenha cada homem sua própria mulher e cada mulher seu próprio marido.*

No original grego, *impureza* é novamente o vocábulo grego "porneia", a palavra constantemente usada do capítulo quinto desta epístola em diante, a qual expressa "imoralidade" de toda a sorte. (Quanto a notas expositivas sobre essa palavra, ver 1Co 5.1 no NTI). Tal vocábulo não pode ser limitado em seu sentido à *fornicação*, que significa contatos sexuais ilícitos entre pessoas "solteiras", conforme alguns estudiosos têm tentado restringi-lo.

Cada um tenha a sua própria esposa. Isso porque o próprio sexo não é mau por si mesmo, contanto que o leito matrimonial seja conservado incontaminado (ver Hb 13.4). Paulo não concordava com os ascetas, os quais asseveravam que o matrimônio é um mal, a despeito de ser um mal necessário. Outrossim, o casamento tem a função natural de propagar a raça humana, o que é algo necessário, além das funções de satisfazer necessidades físicas, biológicas e psíquicas. O trecho de 1Coríntios 6.16 mostra-nos que as relações sexuais unem energias vitais, tanto físicas como espirituais (ver as notas expositivas ali existentes no NTI), o que pode ser benéfico, contanto que não seja exagerado, conforme pode ocorrer, até mesmo dentro do matrimônio. A falta de moderação, em qualquer coisa, é um mal, sem importar se estamos considerando a fome pelos alimentos, pela fama, pelo prestígio, pelas posses materiais etc. Assim, pois, o excesso, até mesmo nas relações matrimoniais dos casados, pode ser um fator destrutivo para o espírito, bem como prejudicial para o corpo. Porém, as relações sexuais, consideradas por si mesmas, são boas, embora não contribuam da maneira mais excelente possível no que se relaciona ao progresso espiritual, segundo o apóstolo Paulo passa a mostrar. Não obstante, a proporção mais rápida de progresso espiritual, que pode derivar-se do celibato, não está ao alcance de todos os seres humanos, pois nem todos podem viver como celibatários. Há muitíssimos que, se tentarem tal experiência, certamente serão vitimados pela imoralidade, não tendo esposa ou esposo que os proteja disso, e isso fá-los-ia se tornarem passíveis da severa reprimenda que há no sexto capítulo desta epístola.

Se porventura houvesse qualquer mal, dificilmente Paulo teria usado o estado matrimonial para ilustrar a união que há entre Cristo e a sua igreja, conforme encontramos em 2Coríntios 11.2; Romanos 7.4 e Efésios 5.28-33.

Vantagens do Matrimônio. 1. Serve de base legal e legítima para a satisfação dos desejos sexuais, ficando assim proscrita a imoralidade. (Essa é a lição principal do presente texto). **2**. O matrimônio é bom por si mesmo, como meio de unir as energias vitais, de natureza física e espiritual de duas pessoas, o que pode ser benéfico para ambas. **3**. Provê companhia. A formação psíquica de homem e mulher é constituída de tal modo que um como o outro são emocionalmente incompletos, por isso mesmo, precisando da ajuda suplementar do outro. O varão é dominante e positivo; a varoa é dependente e negativa. Assim sendo, homem e mulher se complementam mutuamente. Quando há harmonia no casal, ambas as pessoas são beneficiadas como seres humanos, passando a desfrutar de melhor saúde física, com menor acúmulo de tensões, com melhor estabilidade mental e com melhor saúde psíquica. Além disso, o *companheirismo* entre homem e mulher pode ser espiritual, podendo um ajudar o outro na direção do Senhor, ainda que tal qualidade, no casamento, seja bastante rara. Alguns estudiosos têm chegado a postular a ideia das "almas gêmeas", o que significa que duas pessoas podem ser não meramente "compatíveis" mas também, de um ponto de vista metafísico, podem ser as porções positiva e negativa de uma só e a mesma personalidade. Essa doutrina *normalmente*, requer a ideia da preexistência da alma. Assim, na união final, perfeita, encontramos a restauração de uma só personalidade, para glória de Deus. Essa ideia foi advogada por Platão, podendo ser encontrada em seu diálogo, intitulado *Symposium* (em português, intitulado *Banquete*). Todavia, essa doutrina não é ensinamento revelado nas Escrituras. Contudo, isso não lhe é necessariamente fatal, porquanto Deus ainda dispõe de muitas verdades que não possuímos. Algumas dessas verdades podem ser-nos transmitidas através da experiência mística ou da razão, contanto que não entrem em contradição com a verdade revelada. **4**. O matrimônio, finalmente, provê base legítima para a propagação da raça humana, porquanto a família é o fundamento da sociedade e da civilização humanas. **5. Tarefas espirituais**. Certas missões espirituais podem ser realizadas dentro do casamento. Uma esposa pode ser uma *companheira de tarefa*.

XII. O Casamento Cristão. Devemos pensar nos seguintes pontos a respeito: **1**. Monogamia (Mt 19.6; Mc 10.6-8). **2**. Sua origem divina e seu caráter sagrado são ensinados em Mateus 19.5,6 e Efésios 5.31. **3**. A condição do divórcio e do adultério (ver Mt 19.9). Essa é a única condição bíblica, excetuando a provisão paulina acerca dos cônjuges incrédulos. Muitos teólogos pensam que o Novo Testamento é deficiente quanto a esse ponto. Abordamos o problema no artigo sobre o *Divórcio*. **4**. O celibato e a virgindade eram condições preferíveis, por Jesus (Mt 19.12) e por Paulo (1Co 7), mas essas preferências não foram institucionalizadas por eles, e nem foram decretadas como obrigatórias para todos os cristãos. O casamento não se tornou algo imposto, como ocorria virtualmente no Antigo Testamento, especialmente no caso daqueles que quisessem exercer qualquer autoridade e função nas questões e instituições religiosas. **5**. O casamento deve fazer parte da expressão cristã, e não algo separado da mesma, e certamente não algo capaz de impedir essa expressão. Isso torna-se perfeitamente claro em Efésios 5.19. Encontramos nesse trecho o mistério de Cristo e da igreja. Eles são um só. Outro tanto sucede ao marido e sua mulher, no casamento, de alguma maneira mística, porquanto eles trocam energias vitais, de alguma maneira. Mas dificilmente isso pode acontecer quando um dos cônjuges não é convertido à fé cristã (Ver o vs. 32). **6**. O matrimônio cristão deve ser tido como santo, dirigido pelo amor (vss. 27-29,33). Da parte das esposas requer-se a reverência a seus maridos (vs. 33). **7**. O casamento nunca aparece no Novo Testamento meramente como um contrato secular. Antes, é uma união espiritual. Propósitos espirituais supostamente realizam-se por meio do casamento, incluindo os propósitos do serviço cristão, da adoração e do desenvolvimento espiritual. As esposas devem agir como companheiras de seus esposos, ajudando-os a cumprir seu papel cristão. Missões especiais podem estar envolvidas. **8**. A igreja Católica Romana transformou o casamento em um sacramento, utilizando-se do quinto capítulo de Efésios como texto de prova. Espera-se que o Espírito Santo manifeste-se através da união do casamento, para o bem-estar de ambos os cônjuges. Presumivelmente, o casamento confere graça, por ser um dos agentes da igreja para tanto, com a cooperação do Espírito. Ver o artigo intitulado *Sacramentos*. **9**. O casamento produz filhos, e às almas é conferida a oportunidade de se manifestarem no plano terreno, mediante o veículo físico, provido pela procriação. Novamente, pois, isso nos envolve na questão das missões espirituais. Nos círculos domésticos, missões unidas podem estar envolvidas, ou, pelo menos, pode haver união de espíritos, o

que provê o necessário para ajuda e encorajamento mútuos.
10. Instrução e Orientação Espirituais para as Crianças. O casamento dá filhos aos casais, filhos que se tornam responsabilidade dos pais. Os filhos precisam ser treinados no caminho do Senhor, a fim de que cheguem à altura plena de sua potencialidade espiritual. As crianças devem ser criadas na disciplina e admoestação do Senhor (ver Ef 6.4). O lar é a melhor escola com finalidades espirituais. **11.** A condição da mulher foi aprimorada no Novo Testamento. (Ver Gl 3.28). As mulheres crentes têm o mesmo destino espiritual que os homens crentes (1Co 7.4;11.11,12; Ef 1.9,10). Apesar de subordinadas no relacionamento do casamento (ver Ef 5.22,23), as mulheres nem por isso são inferiores quanto à expressão ou ao destino espirituais. Elas ocupam uma função subordinada no casamento, mas em coisa alguma inferior à função do homem.

XIII. FIGURAS E SÍMBOLOS DO MATRIMÔNIO. 1. O casamento é ilustrativo da relação ímpar entre *Yahweh* e Israel, como se essa nação fosse sua esposa (ver Is 54.5; 62.4; Jr 3.14; Os 2.19,20). Está em foco uma união espiritual especial, com a consequente comunhão. **2.** No Novo Testamento, a imagem do Noivo é transferida para Cristo, e a da Noiva para a igreja (ver Mt 9.15; Jo 3.29; 2Co 11.2; Ef 5.23,24,32; Ap 19.7; 21.2,9; 22.17. **3.** A união espiritual em sentido místico — entre Cristo e sua igreja — é ilustrada pelo matrimônio (Ef 5.30-32). Cristo e a igreja tornam-se um só mediante a participação em uma união espiritual vital. Outra ilustração dessa realidade é a da família, segundo a qual os filhos compartilham da natureza do Pai, ao mesmo tempo em que o Filho é visto como o Irmão mais velho. Os remidos tornam-se participantes da imagem de Cristo (Rm 8.29; 2Co 3.18), da plenitude de Deus (Ef 3.19), e, portanto, da natureza divina (2Pe 1.4). Isso significa, por sua vez que a herança pertence aos filhos de Deus (Rm 8.14 ss.). **4.** O casamento também serve do símbolo da *dedicação especial* de uma pessoa qualquer a uma tarefa, ao seu trabalho, à sua profissão ou a algum interesse especial que tenha. **5.** A união espiritual pode ser simbolizada, nos sonhos, mediante o casamento. **6.** O potencial de uma prole espiritual (ou seja, alguma forma de relação espiritual) pode ser representado, em forma preliminar, por um sonho ou visão que envolva casamento. **7.** Nos sonhos e nas visões, casamentos e funerais podem intercambiar-se entre si, visto que ambas as coisas são ocasiões cerimoniosas.

BIBLIOGRAFIA. AM B BAIL BRA E JE UN WEST Z

MATRIMÔNIO LEVIRATO

Quanto ao texto bíblico envolvido, ver Deuteronômio 25.5-10. O termo "levirato" deriva-se da palavra latina *levir*, "cunhado". O título aqui dado refere-se ao costume que havia entre os hebreus de que quando um israelita casado morria, sem deixar descendente do sexo masculino, seu parente mais próximo era obrigado a casar-se com a viúva, caso esse parente fosse solteiro, a fim de dar continuidade ao nome da família do falecido. O filho primogênito do novo casal tornava-se o herdeiro do primeiro marido de sua mãe. Se o irmão de um homem falecido não quisesse casar-se com a viúva, a esta era permitido submetê-lo aos insultos mais grosseiros, e o homem caía no opróbrio público. Porém, ao que tudo indica, não eram impostas penas mais severas do que isso. Sabe-se, por meio da história, que muitos homens preferiam cair em desgraça pública a casarem-se com certas mulheres, assumindo responsabilidade por filhos indesejáveis. Os registros literários e arqueológicos mostram que esse costume não se limitava ao povo de Israel. Naturalmente, o propósito era preservar a herança em famílias e clãs específicos, o que era muito importante em civilizações agrárias. Um benefício secundário era de natureza social: a viúva teria alguém que cuidasse dela, e esse foi um fator importante no caso de Rute (ver Rt 1.11; 3.1 ss.). Mas talvez a lei também tivesse em mira o propósito sentimental de preservar o nome do homem que morrera de modo tão lamentável a não deixar herdeiro homem. Além disso, a lei do casamento levirato não se restringia aos irmãos do falecido, mas abarcava outros graus menores de parentesco. Um parente chegado podia substituir um irmão, conforme se vê em Gênesis 38 e em Rute 3 e 4.

O Talmude olhava essa questão como um dever solene; mas a história mostra-nos que havia bastante aversão pelo casamento levirato, entre os israelitas. Quando um cunhado recusava-se a cumprir seu dever para com sua cunhada viúva, os sacerdotes podiam liberá-lo de sua responsabilidade, mediante um ato público. A mulher então tirava uma de suas sandálias e lhe cuspia no rosto, ao mesmo tempo em que proferia insultos verbais. A perda da sandália era chamada de *halizah*, e era a alternativa para a não concretização do casamento levirato. Mas o *código de santidade* ignora tanto esse tipo de casamento quanto a *halizah*. Ver sobre *Santidade, Código de*. Antes, proíbe o casamento de um homem com a esposa de seu irmão como um ato incestuoso (ver Lv 18.16; 20.21). Naturalmente, a explicação é que o casamento levirato abria uma exceção à ligação incestuosa, caso o primeiro marido da mulher tivesse morrido sem deixar herdeiro homem. Mas há aqueles intérpretes que pensam que temos aí uma insolúvel discrepância, que reflete diferentes pontos de vista de diferentes autores, que teriam estado envolvidos na produção do Pentateuco. Ver sobre a teoria *J.E.D.P.(S.)*, que postula uma múltipla autoria para os livros tradicionalmente atribuídos a Moisés.

Os samaritanos, reconhecendo o problema, anularam a lei do "casamento levirato", admitindo-o somente no caso de uma mulher que tivesse perdido o noivo, antes do seu casamento ter-se consumado. E os saduceus parecem ter compartilhado dessa filosofia, a julgar por Mateus 22.24 ss.; Marcos 12.18 ss.; Lucas 20.27 ss. essa era, igualmente, a posição da escola farisaica de Shammai, e, posteriormente, dos *caraítas* (vide). Em contraste com isso, a escola de Hillel favorecia o casamento levirato, pensando que o mesmo era uma exceção à proibição estabelecida em Levítico 18.16. Naturalmente, mesmo para a escola de Hillel, se o falecido irmão tivesse deixado um descendente do sexo masculino, então não tinha aplicação o "casamento levirato". E a viúva teria que permanecer como tal, até que encontrasse um homem que assumisse a responsabilidade por ela e seus filhos.

O caso de Marcos 6.18, onde João Batista denunciou Herodes por ter ficado com a esposa de seu irmão, ao que tudo indica não envolvia o "casamento levirato", por ser muito provável que o irmão de Herodes ainda estivesse vivo. Todavia, há estudiosos que pensam que esse irmão já teria morrido, supondo que João simplesmente se baseara no *código de santidade*, quanto à acusação que fez a Herodes. De fato, entre os rabinos disputava-se se seria preferível o casamento forçado ou a *halizah*. Alguns rabinos objetavam a esse tipo de casamento, porque, segundo eles, promovia a poligamia. O rabino Gershom ben Jehudah, de Mayence (cerca de 1000 d.C.), anulou o casamento levirato devido à sua oposição à poligamia. O judaísmo não pratica o "casamento levirato" visto que não prevalece atualmente uma sociedade poligâmica. As viúvas, entre os judeus, têm o direito de casar-se novamente, contanto que não seja com algum cunhado.

MATUSALÉM

No hebraico, **"homem do dardo"**. Ele era descendente de Sete e filho de Enoque. Foi o avô de Noé. As crianças da Escola Dominical conhecem-no como o homem que viveu mais tempo do que qualquer outro. A Bíblia diz, em Gênesis 5.27, que ele morreu com a idade de 969 anos. Muitos estudiosos da Bíblia pensam que, naquele período inicial da história da humanidade, a longevidade era uma característica humana, e não uma raridade. Lemos, em Isaías 65.20, que, durante o milênio, uma "criança" (em razão da juventude em que aquela pessoa morrerá, e não por ser uma criança literal) morrerá aos cem anos. Quanto a referências bíblicas a Matusalém, ver (Gn 5.21,25,28,29; 1Cr 1.3). Seu nome não sugere, necessariamente, que ele tivesse sido um homem violento, mas tão somente que a sociedade da época precisava usar armas para sobreviver, caçando animais para os homens alimentarem-se. No hebraico, a forma do nome é incerta, havendo manuscritos que dão *Mathusala*, enquanto outros dão *Mathusale*. Sabe-se que *Selah* era o nome de uma antiga divindade, pelo que seu nome poderia significar, igualmente, "homem de Deus" ou "homem de deus". Essa divindade também era chamada *Sin*. Para alguns comentadores, isso dá a entender que Matusalém e/ou a sua família estavam envolvidos na idolatria. O Pentateuco Samaritano, entretanto, declara que ele morreu com 720 anos. Seja como for, a narrativa bíblica informa-nos que ele morreu no ano em que caiu o dilúvio. Os eruditos liberais duvidam da história inteira de sua longevidade, supondo ou que os cálculos são fantasiosos e românticos (como cumprimento de desejo), ou, então, que foi usado algum outro padrão de contagem, e não anos de 365 dias!

MAUS ESPÍRITOS. Ver sobre *Demônio (Demonologia)*.

MAZAROTE. Ver *Azazel*.

MEARA

No hebraico, essa palavra significa **"caverna"**. Esse era o nome de uma localidade na fronteira norte da Palestina, mencionada somente em Josué 13.4. Ficava perto de Sidom. Tem sido identificada com um distrito do Líbano, onde há um certo número de cavernas, talvez Jezzeim ou Mogneirejey, a sudeste de Sidom. Todavia, também poderia estar em foco uma única caverna, entre Tiro e Sidom.

MEBUNAI

No hebraico, **"construção"**. Esse era o nome de um dos trinta heroicos guerreiros de Davi (2Sm 23.27). Ele é chamado Sibecai em 2Samuel 21.18 e 1Crônicas 11.29; 20.4 e 27.11.

MECONÃ

No hebraico, **"base"**, **"alicerce"**, **"tribuna"**. Essa cidade foi reocupada pelos homens da tribo de Judá, após o cativeiro babilônico. Ela é mencionada juntamente com Ziclague. Provavelmente ficava ao sul dessa última cidade, talvez entre ela e Ain-Rimom. Desconhece-se atualmente a sua localização exata. É mencionada somente em Neemias 11.28.

MEDÃ

No hebraico, **"contenção"**. A Septuaginta grifa a forma *Madiám*. Esse era o nome de um dos filhos de Abraão e Queturaه (Gn 25.2; 1Cr 1.32). As tradições dizem que ele e seu irmão, Mediã, foram os ancestrais da nação chamada *Midiã*, localizada a leste do mar Morto, porém, essa ideia pode ter-se originado somente com base na similaridade desses nomes próprios. Talvez essa palavra, Medã, esteja historicamente associada a Madã, um importante deus dos antigos povos árabes. Uma tribo envolvida com esse deus era chamada 'Abd-Al-Madan, "adoradores de Madã". Parece que o Iêmen foi o principal centro dessa fé religiosa. Todavia, os descendentes de Quetura parecem ter-se multiplicado em lugares distantes do sul da Arábia, onde fica o atual Iêmen.

MEDABE

No hebraico, **"amoroso"**. Em Números 11.24-29, Medabe aparece junto com Eldade como dois dos setenta anciãos nomeados para assessorar a Moisés no governo do povo de Israel. Os outros apresentaram-se diante do tabernáculo, a fim de ocuparem suas funções. Mas esses dois, por razões desconhecidas, permaneceram no meio do acampamento, e foram impulsionados, pelo Espírito de Deus, a profetizarem. Josué estranhou a situação, e pediu para que Moisés os fizesse parar. Mas Moisés retrucou: *Oxalá todo o povo do Senhor fosse profeta, que o Senhor lhes desse o seu Espírito!* (Nm 11.29). O Targum de Jônatas afirma que Medabe e Eldade eram irmãos de Moisés e Aarão, pelo seu lado materno, embora não haja como averiguar tal assertiva. O incidente, contudo, instrui-nos no sentido de que era comum a crença, nos tempos veterotestamentários de que homens podiam emitir oráculos inspirados, sempre que o Espírito os impulsionasse com esse propósito. O *Misticismo* (vide) sempre foi a principal fonte da inspiração e do conhecimento religiosos.

MEDEBA

No hebraico, **"águas tranquilas"**. Esse era o nome de uma cidade a leste do rio Jordão, no território da tribo de Rúben (ver Js 13.9-16). Foi ali que Joabe derrotou os amonitas e seus aliados (1Cr 19.7). Até onde a história é capaz de determinar, originalmente pertencia aos moabitas (Nm 21.30). Quando Israel, a nação do norte, entrou no cativeiro babilônico, os amonitas reconquistaram o lugar (Is 15.2). A chamada inscrição de Mesa informa-nos que pertencia a Onri e a Acabe, mas que Mesa, rei de Moabe, capturou-a e reconstruiu-a. O trecho de 1Macabeus 9.36-42 ajunta que João, filho de Matatias, foi assassinado por um homem natural de Medeba. Seus irmãos, porém, vingaram-se de sua morte. Após a morte de Antíoco, a cidade foi tomada por João Hircano. Então, segundo nos diz Josefo (*Anti.* 13.5,4,9), Alexandre Janeu veio e ocupou a área, embora Hircano II tivesse prometido devolvê-la a Aretas, rei da Arábia.

Medeba prosperou durante o período bizantino. A arqueologia tem recuperado ali belas obras de arte, incluindo mosaicos de pavimento. Um mapa em mosaico, representando a terra santa, também foi encontrado; os arqueólogos dizem pertencer ao século VI d.C. Mas uma grande porção desse mapa ficou estragada, durante a construção de um templo cristão no local. O mosaico foi incorporado no pavimento desse templo. Atualmente, o local é chamado Madabe, e fica a pouco menos de dez quilômetros ao sul de Hesbom. Por essa razão, esse mapa em mosaico tornou-se conhecido como *Mapa de Mosaico de Madabe*. Há consideráveis ruínas na região, representando a era cristã. Um grande templo e muitas cisternas aparecem entre as ruínas. Estradas e ruas ainda podem ser percebidas. O nome dessa cidade aparece na trigésima linha da *Pedra Moabita* (vide).

MÉDIA (MEDOS)

I. O NOME. O vocábulo hebraico correspondente é *Madai*; os assírios diziam *Amada*; no persa antigo era *Mada*; os gregos escreviam *Medai*. (Quanto a seu uso hebraico, ver Gn 10.2 e 1Cr 1.5. O país chamado *Média* aparece Et 1.3,14,18; 10.2; Is 21.2; Dn 8.20. Dario aparece em Dn 5.31, como "o medo").

Em Gênesis 10.2, *Madai*, filho de Jafete, aparece como quem nasceu depois do dilúvio. Presume-se que ele se tornou o antepassado dos medos. *Midiã* parece significar "briga", "contenção", e, talvez, esse seja o significado da raiz do nome *Madai*, embora os eruditos não se tenham manifestado a respeito.

II. GEOGRAFIA E RAÇA. Os medos e persas foram povos irmãos que compartilharam raízes raciais, linguísticas, culturais e políticas, e por um longo trecho de suas histórias, foram inteiramente associados, embora, às vezes, relutantemente.

Dos partos passamos mais para o Ocidente, alcançando os *medos*. Essa palavra se deriva de *Madai*, um dos filhos de Jafete (ver Gn 10.2). Essa área, de acordo com Ptolomeu, limitava-se ao norte com o mar Cáspio ou mar Hircânio, a oeste com a Armênia e a Assíria, a leste com a Hircânia e a Pártia, e ao sul com a Pártia. Portanto, essa região incluía partes do moderno Irã ocidental, bem como um bom pedaço do moderno Iraque. Eram um povo ariano, mencionado por *Heródoto* (vii.62) e por *Estrabão* (xv. 2.8), o que também se vê por traços

MÉDIA (MEDOS)

de seu idioma, que ainda sobrevive. Sargão II (716 a.C.) transportou israelitas para a Média (ver 2Rs 17.6 e 18.11), depois de haver invadido as terras governadas por Daiaukku, a quem exilou por algum tempo em Hamate. Em cerca de 610 a.C., os medos controlavam todas as terras ao norte da Assíria, tendo entrado em choque com a Lídia, até que a paz foi estabelecida, em 585 a.C. Em 550 a.C., Ciro, de Ansã, derrotou Astíages, e pôs a Média sob o seu controle, desde então, a cultura persa se combinou com a civilização daquele território. Algumas vezes o nome (Média) foi usado para denotar a Pérsia, mas, na maior parte das ocorrências, aparecia ligada à mesma — na forma *Média-Pérsia* — a fim de indicar a nova confederação (ver Dn 7.20 e Et 1.19). Os medos participaram da captura da cidade da Babilônia (ver Dn 6.28), e o novo governante da Babilônia foi Dario, um medo (ver Dn 11.1), porquanto era filho de Sasuero, de origem meda. A história dos judeus na Média é relatada no livro de Ester 1.3,14,18,19.

III. Pré-História da Média. A antiga Média era limitada a noroeste pela Armênia; a oeste, pela Assíria e pela Babilônia; ao sul por Susiana (Elão) e pelos persis; e a leste pela Pártia. Seu território era quase inteiramente montanhoso, ao redor de um planalto, onde fica situada a moderna cidade de Teerã, capital do Irã. A história arqueológica dessa área tem mostrado que sua ocupação pelo homem vem desde tempos pré-históricos. Há evidências de que ali já se praticava a agricultura, desde tão cedo quanto 10.000 a.C. No terceiro e no segundo milênios a.C., os habitantes da área eram, quase todos, não-semitas e não-indo-europeus, mas, pouco depois do começo da idade do Ferro (século XII a.C.), os medos, um povo indo-europeu, começaram a ocupar o território. Desde então, a região adquiriu o nome deles. Os persas eram parentes próximos. As duas raças pertenciam ao ramo indo-ariano dos indo-europeus, e seus idiomas assemelhavam-se, como o português se parece com o galego. Suas culturas eram bem parecidas com a dos indianos vedas, que invadiram o sudoeste asiático e a Índia, vindos do norte, das estepes do sul do que é hoje a Rússia, cerca do século XVII a.C. Os medos e os persas compartilhavam da cultura Andronovo, do sudoeste da Sibéria, nos finais da idade do Bronze, conforme descobertas feitas por arqueólogos russos o têm demonstrado. Quando eles invadiram a parte noroeste do Irã, isso pôs fim à cultura luristana, que se notabilizou por notáveis obras em bronze.

IV. Informes Históricos. 1. Pré-história. Ver a seção III, acima. **2**. Os nomes *medos* e *Média* aparecem, pela primeira vez, em fontes escritas, em cerca do século IX a.C. Na época, eles foram mencionados em inscrições reais dos assírios, entre os povos que tinham sido conquistados pelo império assírio. **3**. Desde então, até o começo do século VII a.C., os medos foram vassalos não voluntários dos assírios. Uma importante descoberta arqueológica foi um gigantesco tablete de argila, encontrado nas ruínas da capital assíria, *Calá* (Ninrode), contendo um acordo entre os assírios e os medos. Esse é o mais longo tratado escrito que se conhece do mundo antigo. Data de 672 a.C. Na época, ainda não havia qualquer, império medo. Heródoto datou em 700-674 a.C. O governo do primeiro rei dos medos. Mas, o mais provável é que ele fosse apenas um chefe local, e não um verdadeiro cabeça de império. Seu nome ora *Deioces*, um nome que os príncipes da Média já vinham adotando desde o século VIII a.C. **4**. Pode-se datar o *império medo* a partir do seu segundo monarca, chamado Fraortes, que viveu em cerca de 647-625 a.C. Sua subida ao trono coincidiu com o fim da guerra civil entre o rei assírio Assurbanipal e seu irmão, o que serviu para debilitar substancialmente o poder assírio. **5.** *Ciaxares*, o rei que se seguiu a Fraortes, conquistou a Assíria mediante uma série de campanhas militares. Seu reino parece ter-se estendido desde as fronteiras da Lídia (perto da moderna cidade de Ancara, na Turquia) até o centro do atual Irã. Os reis de Persis, antepassados dos reis posteriores da Pérsia, também tornaram-se vassalos da Média. **6. Astíages** (585-550 a.C.) reinou após Ciaxares e foi o último rei independente da Média. Foi derrotado por seu próprio genro, Ciro, da Pérsia, intitulado Ciro, o Grande. Em uma batalha decisiva, as tropas medas bandearam-se para Ciro. Astiages foi um rei impopular, que não inspirava lealdade por parte de seus súditos. **7. Os Medos e os Persas**. Tendo obtido os seus objetivos militares, Ciro estabeleceu uma dupla monarquia, segundo a qual medos e persas (povos irmãos por raça e por história) tinham direitos iguais, pelo menos em teoria. **8. Rebelião**. Os medos tentaram reobter sua independência durante as guerras civis e rebeliões que se seguiram, em 522 a.C., envolvendo Cambises, filho de Ciro; mas essas tentativas fracassaram. **9. Caráter Assírio da Cultura Meda**. A arqueologia tem demonstrado o acentuado caráter assírio da cultura dos medos, durante os trezentos anos que se escoaram entre a primeira vez em que apareceram na história e a conquista deles por parte dos persas. Muitos monumentos, inscrições e artefatos confirmam isso. Os artífices medos imitavam os artefatos assírios. **10**. *A religião dos medos* finalmente veio a ser o *Zoroastrismo*. Ver o artigo com esse título. Os imperadores persas passaram a seguir o zoroastrismo, entre os quais devemos incluir Dario I. De acordo com as tradições zoroástricas posteriores, o fundador da religião persa foi um nativo da Média, que viveu no século VI a.C. Porém, os eruditos modernos dizem que Zoroastro viveu bem mais para o Oriente. **11**. *O império dos medos e persas* foi absorvido pelo império grego, quando Alexandre, o Grande, conquistou a região. Depois dele, o império persa e medo, pelo menos parcialmente, passou a fazer parte do império romano, que era uma potência mais ocidental do que oriental. Os medos, governados pelos selêucidas (sucessores de Alexandre, o Grande), e, posteriormente, pelos partas, são referidos em 1Macabeus 5.46 e 14.1-3 (Ver também Josefo, *Anti*. 20.2). A Média foi organizada como as satrapias décima primeira e décima oitava. Os medos são mencionados juntamente com os partas e elamitas, em Atos 2.9. **12**. Após os *sassânidas* (a última dinastia nacional da antiga Pérsia; 226-651 d.C.), *Média* passou a ser apenas um termo geográfico, sem nenhum sentido político ou militar. **13. Os Medos e a Bíblia**. Ver a quinta seção, abaixo.

V. Referências Bíblicas. **1**. Madai, um dos filhos de Jaré, foi o presumível antepassado dos medos (ver Gn 10.2). **2**. O país chamado *Média* aparece em Ester 1.3,14,18; 10.2; Isaías 21.2 e Daniel 8.20. **3**. Dario é mencionado em Dn 5.31, onde é chamado de "o medo". **4. Tiglate-Pileser III** (741-727 a.C.) invadiu a Média e adicionou largo segmento da mesma à Assíria. Sargão II capturou Samaria (721 a.C.), o que produziu o cativeiro assírio de Israel, a nação do norte. Os israelitas foram deportados para cidades da Média (ver 2Rs 17.6; 18.11). Os próprios medos foram subjugados pelos assírios, e tiveram de pagar-lhes tributos. **5**. Os medos libertaram-se do jugo assírio e retaliaram contra a Assíria. No entanto, foram derrotados por Ciro, e tornaram-se parte do império dos medos e persas, conforme temos mostrado na seção IV, acima. Tudo isso teve seus efeitos sobre a narrativa bíblica. O nome duplo, "medos e persas", encontra-se em Daniel 5.28 e Ester 1.19. A expressão "leis dos medos e persas", a fim de designar a natureza inalterável da legislação deles, que nem mesmo os monarcas podiam modificar, tornou-se uma expressão popular na época. Esse duplo império continuou até as conquistas militares de Alexandre, o Grande (330 a.C.). Depois de Alexandre, a área caiu sob o domínio dos selêucidas (Síria), e é, então, que surge a história dos Macabeus (Ver 1Macabeus 6.56). E, então, a Média tornou-se parte integrante do império persa. **6**. A última referência bíblica aos medos fica em Atos 2.9, onde judeus provenientes dentre os medos, como também de muitos outros povos, foram testemunhas dos fenômenos do dia de Pentecostes. Provavelmente, representantes daqueles povos também haviam subido a Jerusalém, para fazerem-se presentes à festa de Pentecostes, por serem prosélitos judeus. (AM CGG OLM)

MEDIAÇÃO (MEDIADOR)

I. TERMINOLOGIA E DEFINIÇÕES. Mediação é a tentativa de uma terceira pessoa, neutra, ajudar a duas outras pessoas interessadas, com o intuito de facilitar algum tipo de acordo entre essas duas, que traga benefícios a ambas. *Mediar*, pois, é solucionar uma disputa ou reconciliar, mediante a eliminação de divergências e conflitos. Com frequência, a mediação toma a forma de uma intervenção, com o propósito de dar solução a alguma disputa e criar condições produtivas. Em seu uso teológico, a ideia de mediação, sem importar se esse ofício envolve Cristo ou não, consiste em possibilitar que os benefícios divinos sejam estendidos aos homens, de acordo com as condições divinas. Porém, esses termos têm sido aplicados de tal modo que os homens tiram vantagens dos mesmos. Isso é assim por causa do grande hiato que se abre entre o Ser divino e os seres humanos, em termos de natureza metafísica, de conhecimento, de atitudes, de condições e de estados de santidade, que são radicalmente diferentes entre Deus e os homens.

Paulo faz-nos lembrar que nada possuímos que não tenhamos recebido da mão de Deus (ver 1Co 4.7). O terceiro capítulo de Romanos deixa claro que o homem, por si mesmo, não dispõe de meios para aproximar-se de Deus. O Mediador, Jesus Cristo, pois, provê o meio dessa *aproximação*. Em Cristo temos acesso a Deus. Esse acesso é feito mediante a fé (Rm 5.2); através da agência do Espírito Santo (Ef 2.18); devido ao ofício de nosso Sumo Sacerdote celeste (Hb 10.18 ss.). É através de Cristo, o Deus-homem (ver 1Tm 2.5) que temos esse acesso a Deus. Ele é Mediador de um melhor pacto que o antigo (Hb 8.6 e 12.24). Anjos serviram de mediadores da lei mosaica (ver Gl 3.19), mas Cristo é o Mediador da nova lei do Espírito, com todas as suas implicações.

As palavras "mediador" e "mediação" não figuram com frequência nas Escrituras, embora o *conceito* seja ali dominante. No Antigo Testamento, esses termos não aparecem uma vez sequer, mas Moisés, como é óbvio, foi o mediador da lei, entre *Yahweh* e o povo de Israel. Acima dei referências neotestamentárias a respeito da ideia de mediação, excetuando os trechos de Gálatas 3.20 e Hebreus 9.15, que reiteram ideias já contidas nas outras referências. O trecho de Jó 9.32-34 fala sobre a necessidade de um mediador entre Jó e seus adversários. A Palavra hebraica ali usada, *yakach*, significa "juiz" (nossa versão portuguesa diz "árbitro", que é um sinônimo). O que Jó queria dizer é que ele precisava de alguém que ouvisse os argumentos de ambos os lados, decidindo quem estava dizendo a verdade, alguém que pudesse justificar ou convencer de erro. Porém, ele não dava a entender a necessidade de algum mediador divino.

Nas páginas do Novo Testamento, a palavra grega *mesítes*, "mediador", "árbitro", indica alguém interessado em reunir duas pessoas antes em desacordo, visando ao benefício de ambas. Na Septuaginta, essa mesma palavra grega é usada em Jó 9.33. A mediação, de acordo com a Bíblia, inclui conceitos que ultrapassam o alcance da própria palavra, incorporando ideias como reconciliação, expiação, intercessão por meio de orações e o estabelecimento de acordos. A ênfase recai sobre o poder e a eficácia daquele que é o mediador, e, no Novo Testamento, avulta a ideia do novo pacto, firmado no sangue de Cristo. Mediação, ali, significa eliminar diferenças, o que também é a noção proeminente no fato de que Cristo é o *canal único* das bênçãos divinas.

II. DOUTRINA BÍBLICA DA MEDIAÇÃO

1. Os Anjos. Embora os anjos nada tenham a ver com a questão da salvação, os seres angelicais são as primeiras pessoas que agem como elos entre Deus e os homens. A história de Jacó é um notável exemplo disso. Em tempos de crise, os anjos o dirigiam. O pacto abraâmico foi confirmado a Jacó, mediante uma visão de anjos (Ver Gênesis 28.12 ss). Ademais, a bênção divina foi dada a Jacó de maneira especial, através do anjo com quem ele lutou, em Peniel (ver Gn 32.24 ss.). Foi nessa ocasião que Jacó se tornou Israel, "Príncipe com Deus", circunstância essa que fala por si mesma. Os protestantes e os evangélicos, em seu desejo de preservar a mediação ímpar de Cristo (no tocante à salvação), têm subestimado a missão medianeira dos anjos, o que envolve muito mais do que mera proteção. Talvez nossos homens mais espirituais sejam aqueles que mais são orientados por seus guias angelicais.

Os anjos foram usados como mediadores da lei, conforme se vê em Gálatas 3.19,24. Quando Jesus foi tentado, desfrutou do apoio dos anjos, assegurando que não falharia nessa hora de provação (Mt 4.11). Os anjos executam a vontade do Senhor (Sl 103.20) e chegam mesmo a orientar o que sucede nas nações (Dn 10.12,13,21; 12.1). Muitos intérpretes acreditam que os anjos das sete igrejas do livro de Apocalipse eram apenas aqueles *anjos* celestiais que estavam encarregados das igrejas, e não ministros humanos. O trecho de 1Coríntios 11.10 diz-nos que os anjos preocupam-se com a boa ordem e a adoração nas igrejas. Essas são questões que influenciam a nossa espiritualidade. "Assim como aos maus espíritos é permitido que operem ativamente, quando o cristianismo começa a apelar para os homens, assim também os anjos bons são frequentemente reconhecidos como executores dos propósitos divinos" (Strong, p. 453 de sua *Theology*). E o mesmo autor prossegue a fim de se referir ao poder que as forças angelicais podem exercer sobre as mentes humanas, o que, naturalmente, visa ao bem espiritual dos homens e ao seu desenvolvimento espiritual, da mesma maneira que os espíritos malignos também influenciam as mentes humanas, para detrimento dos seres humanos.

2. Moisés. Embora nunca apareça a palavra *mediador*, no Antigo Testamento hebraico, no tocante à atuação de Moisés, o trecho de Gálatas 3.19 ensina-nos que ele foi um "mediador". A teologia judaica comum concebia essa mediação como algo que envolvia a própria salvação, através do princípio das boas obras. Porém, a teologia hebreia do período patriarcal não tinha um conceito sobre a vida após-túmulo, não incluindo as ideias do céu para os bons e do inferno para os maus. Esses foram desenvolvimentos posteriores. Não há qualquer promessa de vida eterna para os bons, no Pentateuco, e nem há a ameaça de castigo, após esta vida terrena, no tocante aos maus. A lei prometia *vida* (ver Lv 18.5), mas somente no que envolve uma vida terrena próspera e bem vivida, no caso dos obedientes, e ameaçava os desobedientes com uma vida maldita. A teologia hebraica posterior fez isso ser entendido como a vida para além da morte biológica. Seja como for, ao longo dos séculos, nessa teologia, Moisés tornou-se um mediador da vida eterna. Paulo, naturalmente, entrou em choque com esse conceito, e via na mediação de Moisés um ministério de condenação, e não um ministério de vida eterna. A lei foi dada a fim de condenar os homens, forçando-os assim a se voltarem para Jesus Cristo, como o Salvador, que dá vida (Ver Gl 3.13 ss.; ver especialmente o vs. 21). Paulo abandonou totalmente a ideia de que a *lei* possa servir de *meio* que leva à vida eterna. Moisés, contudo, é considerado na Bíblia como o porta-voz de Deus, até que viesse o Cristo. (Ver Êx 19.3-8; 32.30-32; Nm 12.6-8).

3. A Lei. Dentro do Antigo Testamento, a própria lei é o mediador. Em outras palavras, o sistema da lei tinha por intuito conduzir os homens a Cristo, servindo de aio ou mestre-escola com esse propósito (Ver Gl 3.25). A lei mostrou quanto precisamos da graça divina e da justificação pela fé, e quão nula esperança temos em nós mesmos. Os trechos de Romanos 3.21 ss e 4.1 ss ilustram abundantemente esse princípio. O *acesso* a Deus nos é proporcionado pela graça divina (Rm 5.2); mas, antes disso, era necessário que os homens percebessem que não têm capacidade, em si mesmos, de ir diretamente a Deus, por seus próprios méritos, e foi justamente a lei que os ensinou assim. Sem forças, estamos impotentes, espiritualmente falando (Rm 5.6). Mediante as obras da lei, ninguém será jamais justificado (ver Rm 3.20).

4. O Sacerdócio. O judaísmo desenvolveu um elaborado sistema de sacerdócio, cujas funções envolviam claramente a mediação. O sistema de sacrifícios foi entregue às mãos deles, sistema esse que supostamente trazia reconciliação dos homens com Deus. O vigésimo oitavo capítulo do livro de Êxodo fala sobre a instituição do sacerdócio. O vigésimo quinto capítulo do mesmo livro alude aos planos para o tabernáculo, que seria o lugar dessa mediação. Substituindo todo esse elaborado arranjo, o Novo Testamento põe uma só pessoa, Cristo (Ver Hb 9.11 ss.; 23 ss.; 10.1 ss). A epístola aos Hebreus é uma elaborada descrição de como Cristo tomou o lugar do ritual, do sacerdócio e de todas as instituições do Antigo Testamento.

5. Os Profetas. A teologia teísta ensina-nos que quando Deus deseja dar alguma mensagem, visto estar ele interessado pelos homens, prepara um profeta para esse serviço. A mensagem é dita, em seguida, é registrada pelo próprio profeta ou por um de seus discípulos, e, então, é preservada em Livros Sagrados. Desenvolve-se uma igreja a fim de proteger e propagar a mensagem contida nesses livros. Esse aspecto de mediação aparece claramente nos livros proféticos do Antigo Testamento. Por muitas e muitas vezes encontramos ali a declaração: "Assim diz o Senhor". A Concordância de Strong contém mais de uma página de três colunas, registrando tal declaração, que deve aparecer cerca de quatrocentas vezes no Antigo Testamento. (Para exemplificar: 2Sm 7.5; 12.7; 1Rs 20.13; 21.19; 2Rs 1.4; 2.21; 3.10,17; 1Cr 17.4; Is 7.7; 10.24; 37.6; 44.2; Jr 2.5; 4.3; 9.17,22; 22.1,3,6; Ez 2.4; 5.5; 21.24; Am 1.3,6,11,13; 2.1; 3.11; Mq 2.3; 3.5; Na. 1.12; Sf 1.3,4,14,16,17; 8.2-4,6,7).

6. Os Reis. No Antigo Testamento, os reis de Israel e de Judá não foram meras figuras políticas. Antes, foram ungidos por profetas (1Sm 1.10); esperava-se deles que liderassem a nação à santidade. Um rei era o escudo do povo (ver Sl 84.9; 89.18). O rei, em certo sentido, tinha procedência sobre os profetas, como líder do povo, o que incluía a questão das realidades espirituais. Foi o rei Davi quem desejou edificar o templo, como grande lugar de mediação; e a Salomão, seu filho, outro rei, foi dado cumprir esse propósito. Contudo, em Cristo, que é o grande Rei, esse ofício teocrático chegou à plena fruição. Em Cristo, temos a promessa da fruição do reino do Deus. "Na realeza de Cristo, portanto, a mediação é clara. Deus toca em seu povo através do rei; o povo contava que o rei se apresentaria diante de Deus, em lugar deles; o rei oferecia-se como um servo de Deus, e o povo aceitava-o como seu servo. Não importa em que direção estejamos contemplando: de Deus para o homem, ou do homem para Deus. Cristo, o nosso Rei, é o nosso Mediador" (Z). Ele é o Mediador do reino de Deus, em nosso benefício (ver Cl 1.13).

7. O Lógos. Esse conceito é bastante antigo, tendo começado antes mesmo da época do Novo Testamento. João incorporou-o na teologia cristã, conferindo-lhe um novo sentido, uma nova dimensão. Temos provido um artigo detalhado acerca do *Lógos*. O *Lógos* é o mediador cosmológico e universal de Deus, diante do todos os seres inteligentes, e não somente diante dos homens. No Novo Testamento, o seu ofício medianeiro é apresentado através da *encarnação* (vide). Filo, antes da época neotestamentária, já havia personalizado esse conceito, tendo-se referido, ocasionalmente, ao Lógos, como o Anjo do Senhor. Porém, a *encarnação* foi a contribuição joanina a esse conceito. No princípio, o Lógos já existia, e era o próprio Deus; mas, era distinto de Deus Pai. Então, encarnou-se no homem. (Ver Jo 1.1,2,14). Em seguida, o Lógos é associado ao Filho, que é o Mediador da filiação a Deus (ver Jo 1.12; Rm 8.15 ss.; 8.29; 2Co 3.18). É dessa maneira que os remidos chegam a participar de toda a plenitude de Deus (ver Ef 3.19) e da própria natureza divina (ver 2Pe 1.4). O ato final de mediação de Jesus Cristo será a condução de muitos filhos à glória, para que se tornem parte da família divina, compartilhando da natureza do Filho (ver Hb 2.10; Rm 8.29). Quando dizemos que Cristo é o Mediador da salvação, dizemos que ele está mediando aos homens a sua própria natureza, porquanto esse é o grande alvo desse ofício. Como é óbvio, nesse sentido, somente Cristo é o Mediador, ainda que, em outros sentidos, existam outros mediadores secundários.

8. Os ministros do evangelho, a começar pelos apóstolos, mas incluindo profetas, evangelistas, pastores e mestres, são mediadores, mais ou menos no mesmo sentido em que o foram Moisés e os sacerdotes levíticos, no Antigo Testamento. Os apóstolos e profetas formam o fundamento da igreja (ver Ef 2.20). O contexto dessa passagem mostra-nos o que está em jogo em nossa reconciliação com Deus, de tal modo que nos tornamos concidadãos da casa de Deus. A revelação cristã foi mediada através da obra de homens que se dedicaram a esse mister. O próprio Novo Testamento foi dado através da agência dos apóstolos e seus discípulos imediatos, tendo assim ultrapassado as revelações veterotestamentárias, conferindo-nos aquilo que Deus nos quis ensinar por meio de Cristo. Isso exigiu a atuação de mediadores humanos impulsionados pelo Espírito Santo com essa finalidade.

9. O Espírito Santo. Ele é o alter ego de Cristo, que veio tomar o lugar de Cristo no meio de seu povo e dar prosseguimento à sua obra, conforme se aprende em João 16.7. Ver o artigo sobre *Paracleto*, quanto ao desenvolvimento dessa ideia. O trecho de Romanos 8.26,27 mostra-nos que o Espírito ativa-se como Mediador de nossas orações, com o propósito de ajudar-nos em nossas orações e de cumprir a vontade de Deus em nossas vidas.

10. O próprio Cristo incorpora em si mesmo os princípios da mediação. Ver a seção III, abaixo, intitulada *Cristo, o Único Mediador*.

III. CRISTO, O ÚNICO MEDIADOR. Já vimos que há muitos mediadores secundários. Porém, quando falamos acerca da salvação, e como ela é mediada aos homens, então, forçosamente, vemo-nos reduzidos — a um *único* mediador, Jesus Cristo.

1Timóteo 2.5: *Porque há um só Deus e um só Mediador entre Deus e os homens, Cristo Jesus, homem*.

A Polêmica de Paulo. **1**. Os gnósticos contavam com uma doutrina "deísta" a respeito de Deus. Imaginavam que a matéria é má por si mesma, e, assim sendo, Deus nunca poderia aproximar-se dela, pois, em tal caso, ficaria contaminado. Portanto, segundo pensavam, para que Deus pudesse exercer controle sobre esta crassa dimensão terrena, eles falavam sobre muitas "emanações" (os *aeons*, ou seres angelicais), que exerceriam influência sobre esferas a eles distantes, incluindo nosso planeta. Um desses supostos *aeons* (que alguns antigos, como Márcion identificavam com o Deus *Yahweh* do AT) teria sido o criador desta terra. Para os gnósticos, entretanto, esse não era o Grande Deus, mas apenas uma emanação distante do verdadeiro Deus. Para todos os efeitos práticos, pois, Deus não teria o mínimo contato direto com a terra. Isso é a substância mesma do "deísmo". (Ver outras ideias sobre Deus explicadas nas notas sobre Atos 17.27 no NTI). **2**. Para os gnósticos, os diversos "aeons" eram "pequenos deuses" em suas respectivas esferas de influência; eram mediadores do verdadeiro Deus, e serviam para abrir o caminho até ele. Em outras palavras, alguns poucos homens poderiam retornar a Deus, através da ajuda dos "aeons". **3**. A decidida declaração monoteísta de Paulo, que aqui se lê, tinha por escopo contradizer tais noções, além de asseverar a existência do Deus "teísta", ou seja, o Deus que está interessado pelo homem que criara, que mantém o contato com ele, e que tanto castiga quanto recompensa, conforme o caso. Existe apenas um único Deus; existe apenas um único Mediador (e não um imenso número deles, os supostos *aeons*).

Deus entra em contato direto com os homens (posição do teísmo), através do Senhor Jesus Cristo (o teísmo cristão). Não há a menor necessidade de muitos "pequenos deuses", para que os seres humanos recebam benefícios espirituais. **4**. A polêmica paulina, que expunha Cristo como o *único* mediador, contradizia a noção gnóstica da necessidade de muitos mediadores na criação — um dos quais seria o mediador de uma determinada criação, e outros de diferentes criações. Esse mesmo princípio paulino continua rebatendo certas noções ainda bem vivas na cristandade moderna, as quais supõem que não somente anjos, mas até mesmo seres humanos, são mediadores dos benefícios divinos estendidos aos homens, chegando eles ao extremo de perdoarem pecados. O gnosticismo sobrevive na cristandade moderna, e sob várias formas! Acautelemo-nos — são ideias perigosas!

Em contraposição a essa esdrúxula doutrina gnóstica, temos aqui a declaração inequívoca que só existe, realmente, *um Deus*, e não uma grande e quase interminável sucessão de "aeons" angelicais, que compartilhariam da divindade, os quais por essa mesma razão, seriam quais "pequenos deuses". Assim sendo, não há nenhuma necessidade de uma sucessão interminável de "emanações intermediárias" para que Deus possa aproximar-se do homem, ou para que o homem possa achegar-se a Deus, ficando assim relacionado o infinito com o finito. Basta um só "Mediador", o qual é o Deus homem, Jesus Cristo, o qual participa da natureza divina e da natureza humana, estando assim apto para desempenhar a sua missão remidora e restauradora do homem à presença de Deus, ainda que o homem esteja realmente muito, muito afastado de Deus (com o que podemos concordar com os gnósticos, que também falavam sobre tal afastamento). Não obstante, Cristo, o único Mediador, tem o poder de restaurar o homem, por si mesmo, já que não precisa de qualquer ajuda a fim de realizar a sua missão. Por conseguinte, são negadas aqui quatro inverdades, a saber: **1**. O conceito deísta de Deus, postulado pelos gnósticos; **2**. a ideia gnóstica de uma sucessão interminável de intermediários entre Deus e os homens; **3**. O conceito gnóstico das emanações e da mediação; **4**. O ponto de vista tão inferior que tinham os gnósticos acerca de Cristo, o que lhe roubava sua posição divina e sua missão remidora.

Naturalmente, este versículo tem sido corretamente usado contra outros sistemas, orientados para o *politeísmo*, como é o caso do mormonismo. Também se combate, através dele, ideias como as de muitos mediadores, como anjos, santos, sacerdotes humanos etc., que são doutrinas que caracterizam o catolicismo romano. Por outro lado, este versículo não nega a realidade do "ministério dos anjos". Porém, aqui aprendemos que, dentro do plano da redenção, Jesus Cristo ocupa lugar ímpar, como único e exclusivo representante do Pai. É justamente isso que o presente versículo procura nos ensinar. (Quanto ao "monoteísmo", ver 1Tm 1.17, onde essa verdade é asseverada; ver também no NTI as notas expositivas, em At 17.27, onde tal conceito é comentado, juntamente com muitos outros, no tocante à "natureza de Deus"). O conceito bíblico da Trindade, apesar de não ser na Bíblia usada essa palavra, é uma conceituação teológica que procura preservar a distinção entre as pessoas de Deus Pai, de Deus Filho e de Deus Espírito Santo, ainda que todos tenham uma só *essência*. (Ver o artigo sobre a doutrina da *Trindade*).

As "epístolas pastorais" muito dizem acerca dos atributos divinos, bem como acerca das relações entre Deus Pai e Deus Filho; mas sempre o faz com propósitos polêmicos, a fim de negar algum aspecto da doutrina gnóstica. A expressão frequentemente usada nessas epístolas, "Deus Salvador", faz parte desse esforço. (Ver no NTI as notas expositivas a esse respeito, em 1Tm 1.1 e 1.3). Isso nos mostra que Deus não está distanciado de nós. Bem pelo contrário, ele se faz presente entre os homens por meio de Cristo, com o intuito de redimi-los.

Outrossim, ele está interessado em que ninguém pereça (ver 1Tm 2.4), mas, antes, seu interesse profundo é que todos venham a receber a plena redenção. E isso derruba por terra o deísmo inerente ao gnosticismo. Deus é um Deus "teísta", e não "deísta". (Acerca de outras passagens, nestas "epístolas pastorais", onde se afirma algo mais sobre a natureza e os atributos de Deus, ver 1Tm 3.15; 4.10; 6.13,15,16; 2Tm 2.12 e Tt 1.2).

Mediador. No grego temos a palavra "mesites", que significa "árbitro", "mediador" (ver Gl 3.19,20). Na epístola aos Hebreus, esse termo é usado em vários trechos para referir-se a Cristo (ver Hb 8.6; 9.15 e 12.24). Cristo, na qualidade de mediador, torna realidade os propósitos salvadores de Deus para os homens. Sua missão terrena inteira foi efetuada dentro do âmbito dessa mediação. Mas, além disso, nos céus, Cristo continua ocupando a posição de mediador, intercedendo incessantemente por seus remidos. (Isso é comentado em Rm 8.34 no NTI). O Espírito de Deus também intercede por nós, em nome de Cristo (ver Rm 8.27), e isso envolve nosso progresso espiritual e nossas necessidades diárias. Já a passagem de Hebreus 9.15 nos ensina que Cristo é o mediador do "novo pacto" ou "novo testamento", como algo incluso entre seu labor expiatório, porquanto isso que o dá aos homens o direito à herança eterna, através das provisões de seu testamento, porquanto Cristo "morreu por nós". (Ver Rm 8.17 e as notas expositivas ali existentes no NTI sobre a ideia de "herança".) Todo o bem-estar espiritual nos é proporcionado através de seu ofício intermediário. Como um último aspecto, o verdadeiro acesso a Deus Pai nos é dado através de Cristo, permitindo-nos que nos tornemos habitação de Deus (ou templo de Deus) no Espírito (ver Ef 2.22). Acerca disso, levemos em conta os pontos a seguir: ***a. Houve a mediação preencarnada de Cristo*** (ver Jo 1.3,10; Cl 1.6 e Hb 1.2). Isso teve lugar na criação, pois Cristo foi o criador, que fez o trabalho de Deus Pai. E nos próprios decretos divinos Cristo já agira como mediador da salvação dos homens, desde a eternidade passada (ver Ef 1.3,4). A eleição é "em Cristo" (ver Rm 8.29), e todas as bênçãos celestiais fluem da parte de Cristo, sendo mediadas por ele (ver Ef 1.3). ***b. Houve a mediação na salvação e na redenção***, quando do ministério terreno de Cristo (ver Hb 9.15; Jo 3.17; At 15.11; 20.28; Rm 3.24,25; 5.10,11; 7.4; 2Co 5.18; Ef 1.7; Cl 1.20 e 1João 4.9). A vida, a morte, a cruz e o sangue de Cristo são os elementos dessa mediação. Além disso, Cristo é o Filho de Deus, enviado por Deus Pai, para redimir os filhos. O trecho de João 3.17 tem esse tema, o qual se repete por mais de quarenta vezes no quarto Evangelho. O Pai enviou o Filho, para que este realizasse sua missão remidora. Essa declaração envolve muitas implicações teológicas acerca da natureza do Filho, o que é comentado no NTI naquela referência. Acrescente-se a isso que a mediação de Cristo produz a paz com Deus, a reconciliação entre o homem e Deus, que eram partes antes alienadas entre si (ver Rm 5.1 e Ef 2.12-17). A propiciação pelo sangue de Cristo visa a ira justa e o julgamento reto de Deus, e Jesus, na qualidade de sacrifício expiatório, torna Deus favorável aos homens (ver 1Jo 2.2). ***c. Há uma mediação contínua de Cristo***: ele continua vivo e continua sendo o nosso mediador. (ver Jo 14.6; Rm 5.2 e 8.34). Por meio dele entramos na posse de todas as bênçãos espirituais (ver Ef 1.3; Rm 1.5; 2Co 1.15,30 e Fp 1.11). *Uma aplicação moderna*: se Cristo é o único e suficiente mediador, de onde surge a necessidade de supostos mediadores angelicais e humanos? As doutrinas da mariolatria, das orações endereçadas aos "santos", da confissão auricular etc., são outros tantos descendentes da ideia gnóstica de muitos mediadores. Mas há descendentes doutrinários mais sutis, como é o caso da posição atribuída a Jesus Cristo, por parte dos russelitas, autointitulados *Testemunhas de Jeová*. Segundo eles, *Yahweh* seria o único verdadeiro Deus. Jesus Cristo seria um "deus" secundário, apenas. (Isso equivaleria a um dos "aeons" dos antigos gnósticos. Tanto isso é verdade que Cristo é tido, entre os russelitas, como uma manifestação de um arcanjo dos mais elevados, mas nunca como o próprio Deus que se manifestou em carne. Em vista disso, aceitemos os avisos contidos, por exemplo, em 1João 4.2,3: *... todo espírito que confessa que Jesus Cristo veio em carne é de Deus, e todo espírito que não confessa Jesus, não procede de Deus, pelo contrário, este é o espírito do anticristo, a respeito do qual tendes ouvido que vem, e que presentemente já está no mundo.* **d. Há uma mediação futura**: a obra de Cristo é aplicável a todas as fases de nossa redenção. A sua glorificação será por nós compartilhada, e isso envolverá um processo eterno, e não um acontecimento isolado. (Ver as notas em 2Co 3.18 no NTI acerca desse conceito). Jamais chegará o tempo em que essa mediação de Cristo tornar-se-á desnecessária e obsoleta. E posto que a glorificação é o aspecto celestial da salvação, então a própria salvação precisa ser considerada como um processo eterno, mediante o qual iremos passando de um estágio de glória para outro, indefinidamente. Pois assim como o Cristo foi o criador de tudo (ele é o Alfa), também é o alvo da criação inteira (ele é o Ômega). E isso jamais deixará de ser verdade. **e. O Alvo da Mediação de Cristo**. Conforme já vimos, a salvação é mediada aos homens por meio de Cristo, o Filho de Deus. Salvação pode ser definida como *filiação*, sendo esse o próprio alvo de sua mediação. Os homens chegam a compartilhar da natureza e da imagem de Cristo (ver Rm 8.29); através do poder do Espírito Santo (ver 2Co 3.18); e assim tornam-se filhos da família divina, participantes da glória de Deus (ver Hb 2.10); participantes da plenitude de Deus, da natureza divina e de seus atributos (ver Ef 3.19; 2Pe 1.4).

IV. A Oração e a Mediação

1. Do Espírito Santo. Ele é o supremo Mediador de nossas orações, visto ter a capacidade de proferir aquelas coisas que para nós são impossíveis de entender ou de exprimir. Acresça-se a isso que sua mediação é perfeita, nada tendo de mundano, de maus motivos ou de debilidades humanas. Ver Romanos 8.27. A sua mediação nas nossas orações faz parte de seu ofício como o alter ego de Cristo, o divino Paracleto. Ver os artigos gerais intitulados *Oração; Espírito e Paracleto*.

2. Do Filho. Ele é um mediador das orações feitas pelos filhos de Deus. O próprio Senhor Jesus instituiu esse ofício, e informou seus discípulos a respeito (Ver Jo 14.13,14). Se pedirmos alguma coisa em seu nome, *ele* a fará, segundo enfatiza o vs. 14 dessa passagem. Se permanecermos dentro de sua vontade, poderemos pedir o que quisermos, e isso nos será feito (ver Jo 15.7). Destarte, a comunhão com o Filho torna-se o alicerce da oração bem-sucedida. O trecho de 1João 2.1 diz que o Filho é o nosso Advogado junto ao Pai. A palavra grega ali usada é parákletos, alguém que se põe ao lado, a fim de ajudar. Está em foco, acima de tudo, a questão de nossos pecados e a confissão dos mesmos, a fim de recebermos perdão, embora o ofício de Cristo seja geral e não possa ser limitado a isso somente. Fica assim assinalado o ofício de Cristo como *representante* da humanidade na corte celestial, onde o caso do crente é defendido com base em sua identificação com Cristo, e porque aquilo que ele é agora não é o que será mais tarde, uma vez que a operação transformadora do Espírito insufle nele a verdadeira santificação. Naturalmente, está em pauta a expiação (ver 1Jo 1.7,9), mas podemos ter a certeza de que está em foco o ofício inteiro de Cristo como nosso Salvador e Ajudador. De fato, algumas traduções traduzem *parákletos* como "ajudador". Essa questão envolve a oração, visto ser esse o nosso meio de comunicação e a maneira pela qual pedimos socorro.

3. A Mediação dos Anjos na Oração. Há alguma base bíblica para essa crença, embora seja um assunto não muito enfatizado no Novo Testamento. Entretanto, esse aspecto recebeu bastante atenção nos escritos rabínicos.

Apocalipse 5.8: *Logo que tomou o livro, os quatro seres viventes e os vinte e quatro anciãos prostraram-se diante do Cordeiro, tendo cada um deles uma harpa e taças de o ouro cheias de incenso, que são as orações dos santos.*

Os grupos protestantes, em sua ansiedade de fazerem de Cristo o único Mediador (ver 1Tm 2.5), têm relutado em admitir tal possibilidade de mediação angelical, mas nada disso contradiz a posição de Cristo como nosso Mediador, já que os anjos são seus servos. Tudo quanto fazem fazem-no por delegação sua, e pode ser corretamente atribuído a Cristo. Parece que temos subestimado o ministério dos anjos, mas neste versículo, é claro que os anjos tornaram-se meios da apresentação do incenso a Deus, e incenso simboliza a oração.

a. A suposição de que a "mediação dos anjos" na oração, que se reflete neste versículo, dá apoio à ideia de que se deve "orar aos anjos" (e, portanto, aos santos), é *exagerar* o sentido tencionado, e não uma interpretação do texto sagrado. Pois é melhor conceber que os anjos mediam as orações dos crentes, sem que estes dirijam suas orações àqueles. *b*. O ofício de mediador das orações a Deus, segundo Orígenes (ver "De Prin." i.8,1), é atribuído a Miguel. Mas no *Apocalipse de Paulo* 7-10, isso é atribuído aos "anjos guardiães". Em 3Baruque 11, Miguel desce até o quinto céu a fim de recolher as orações de toda a humanidade, para então conduzi-las ao trono, a porção mais elevada dos céus. O Apocalipse de Paulo 7-10 retrata as portas dos céus a se abrirem em tempos determinados, a fim de receberem essas orações. No Testamento de Levi iii.5,6, Miguel também é retratado a fazer propiciação ao Senhor pelos pecados dos homens. Nesse mesmo documento, os "arcanjos", no quinto céu, recebem as orações da parte de anjos inferiores, levando-as à presença de Deus. O vidente João parece confirmar essa espécie de sistema, pois os vinte e quatro anciãos poderiam ser vistos aqui como arcanjos, a realizar a mesma função atribuída aos poderosos arcanjos dos escritos judaicos do período helenista. Assim é que no Testamento de Levi iii.5-7, os arcanjos aparecem, investidos de *funções sacerdotais*, tal como havia "ministros" no templo de Jerusalém, aos quais se dava o nome de "sacerdotes" e que também intercediam em favor dos homens. Portanto, os vinte e quatro anciãos são vistos aqui como sacerdotes do templo celestial, embora essa não fosse, necessariamente, a única função deles. Os sacerdotes terrenos faziam, às vezes, de mediadores, mas ninguém orava diretamente a eles. Assim, pois, nem os sacerdotes celestiais deveriam ser o alvo das nossas orações, mesmo que atuem como mediadores das orações dos santos. *c*. Não deveria servir de motivo de desinteresse e desgosto o fato de que os anjos atuam como mediadores. Nem se deveria pensar ser isso estranho. Não obstante, todos os mediadores receberam seu ofício simplesmente por causa do ofício medianeiro de Cristo, que em alguns aspectos pode ser e é delegado a outros seres. Nenhum desses seres poderia ser mediador à parte de Cristo. *d*. O presente versículo tem sido usado em apoio à ideia de que a igreja que já se acha nos céus ora pela igreja que ainda está na terra; e é possível que isso seja uma verdade, embora não apoiada por este versículo, porquanto os vinte e quatro anciãos não são seres humanos. Entretanto, o fato de que representam seres humanos e entoam o hino da redenção (ver os versículos nove e dez deste capítulo) pode favorecer indiretamente essa oração celestial, embora também humana. *e*. Não é somente a igreja que se interessa pela revelação atinente aos últimos dias, acerca de como Deus será vitorioso em meio à agonia, propiciando-lhe a oportunidade de abençoar ricamente. O versículo à nossa frente mostra-nos que essa é igualmente a preocupação dos mais elevados poderes dos céus. A criação inteira geme, anelando pela revelação dos filhos de Deus (ver Rm 8.19). *f*. As taças que contêm as orações dos santos são de "ouro". Portanto, essas orações se revestem de grande valor e poder. Certamente cumprirão o seu propósito. (Ver o artigo sobre a *oração*). *g*. O mundo celestial se interessa pelo estado do homem, pela redenção humana. Isso expressa a posição do *teísmo*, em contraste com a posição do "deísmo". O primeiro ensina que Deus está profundamente interessado pelos homens, fazendo intervenção na história humana, recompensando ou castigando os homens. O deísmo, em contraste com isso, pinta Deus como um poder supremo, mas divorciado inteiramente da sua criação, tendo deixado que as leis naturais governem a criação; por conseguinte, não faria Deus qualquer intervenção na história humana e nem castigaria ou galardoaria. (Ver no NTI em At 17.27, em suas notas expositivas, acerca dos diversos pontos de vista teológicos e filosóficos de Deus, e da natureza de sua maneira de tratar com os homens).

4. A Mediação dos Santos no Céu. Os crentes que já se acham no céu, podem mediar por nós, e realmente o fazem, incluindo a apresentação de nossas orações diante de Deus? Muitos teólogos cristãos têm pensado assim, com base na doutrina da *comunhão dos santos* (vide). Para os católicos romanos, naturalmente, isso inclui a mediação dos santos, que se achariam em boa posição para desempenhar esse papel. Tal doutrina, entretanto, jamais transparece nas páginas do Novo Testamento. Alguns têm usado Apocalipse 5.8 como texto de prova; mas os vinte e quatro anciãos, mui provavelmente, são seres angelicais, e não seres humanos, o que significa que tal passagem não oferece apoio algum para tal ideia. Contudo, se aqueles vinte e quatro anciãos representam seres humanos que entoam o cântico da redenção, então, as almas humanas glorificadas têm bem mais poder do que temos pensado, o que seria ilustrado pelas condições em que se acham. Nada disso, naturalmente, tem qualquer coisa a ver com a questão da salvação, a despeito do que podemos ter ali um claro ensino neotestamentário.

5. A Mediação da Virgem Maria e dos Santos. Ver a seção V, abaixo.

V. A Mediação da Virgem Maria e dos Santos. A doutrina da *comunhão dos santos* (vide) favorece a ideia que diz que certos cristãos especiais, que obtiveram uma elevada posição na escadaria do desenvolvimento espiritual, podem servir de mediadores para seus irmãos menores, importando-se realmente com isso. Se isso exprime uma verdade, então podemos afirmar que isso faz parte do ofício de Cristo, dado por delegação dele, mas que nada tem a ver com a questão da salvação. Mesmo admitindo-se isso, devemos ajuntar que nada existe, na Bíblia, que ensine tal mediação humana.

Da Virgem Maria. Maria é invocada pela igreja Católica Romana sob o título de Mediadora (Concílio Vaticano II, Constituição Dogmática da igreja, art. 62). Quanto a essa questão, queremos fazer a seguinte citação:

"Não é incompatível com a mediação exclusiva de Cristo considerar Maria como uma figura que representa a comunidade dos fiéis, conferindo-lhe consentimento receptivo na fé, não somente para o próprio benefício dela, mas também para benefício da comunidade dos remidos. Assim, em um verdadeiro sentido, ela tornou-se mediadora para outros seres humanos, mesmo que ela, na realidade, não esteja postada *entre* Deus e os homens. Fundamentalmente, tais decisões *salvatícias*, feitas pelos seres humanos, têm uma espécie de significação medianeira para a comunidade à qual estão unidos, mesmo que não seja possível determinar o efeito dessa mediação. E, em comparação com a mediação de Cristo, a mediação dela é *derivada* e *análoga*. Porém, sua realidade é produzida pela operação da graça redentora de Cristo, que, naturalmente, não é recebida apenas passivamente pelo homem, pois capacita-o a compartilhar ativamente da ação redentora de Cristo" (R).

Maria, naturalmente, é considerada pelo catolicismo romano como intensamente interessada pela aviltada situação humana, visto que os membros da igreja são metaforicamente considerados como filhos dela. As pessoas apelam para ela como uma mãe que exerce influência junto ao augusto Filho de Deus, que é tão augusto que convém aos homens aproximarem-se dele por meio de sua mãe. É evidente, porém, que doutrinas dessa ordem não se estribam sobre o Novo Testamento, mas antes, surgiram dogmaticamente, nos pronunciamentos dos concílios, que a igreja Católica Romana e a igreja Ortodoxa Oriental aceitam como autoritários. Por sua vez, os protestantes e evangélicos rejeitam essas adições como produtos da imaginação humana, como especulações daqueles que não se limitam aos ensinamentos bíblicos. Uma palavra de cautela é útil, neste ponto. Deveríamos ter grande respeito pela doutrina da comunhão dos santos, a qual envolve muita lógica, além de contar com o respaldo de alguns trechos bíblicos. Com base nisso, podemos até supor que somos representados e ajudados pelas almas glorificadas dos homens. Todavia, apesar disso não poder transformar-se em dogma, pode fazer parte de nossa esperança cristã. Há uma grande comunidade de santos que nos observam e nos animam em nossa corrida espiritual (ver Hb 11). Talvez a ajuda que eles nos prestam seja maior do que temos compreendido. Ver também os artigos intitulados *Mariologia* e Mariolatria.

VI. O Teísmo e a Mediação. Os gnósticos acreditavam em um Deus absolutamente transcendental. Não criam que Deus pudesse ou quisesse envolver-se com a matéria. Assim sendo, a fim de lhe darem o controle sobre os mundos materiais (embora muitos deles não acreditassem ter sido criados pelo Deus supremo, mas pensavam que tinham sido criados pelo demiurgo, uma divindade secundária), eles conceberam uma longa sucessão de *aeons ou* mediadores angelicais. Eles pensavam que a luz de Deus, à proporção que se afastava dele, ia se tornando mais e mais débil, até chegar ao caos e à agitação, porquanto, na matéria bruta, a luz de Deus praticamente já não resplandece. Com esse tipo de sistema, em lugar do um único Mediador, o Filho de Deus, o gnosticismo dispunha de incontáveis mediadores, cada qual um pouco mais distante de Deus, mais e mais perdido nas trevas. O resultado prático desse sistema é que eles concebiam um Deus deísta, e não teísta. Em outras palavras, Deus não estaria diretamente interessado pela criação (o que, nesse caso, nem ao menos era dele, diretamente). O teísmo, por sua parte, pensa que Deus foi quem criou tudo, estando sempre pronto a intervir, a recompensar os bons e a punir os maus. O coração humano acredita na pluralidade, pelo que os sistemas religiosos sempre gostam de conceber um grande número de mediadores entre os homens e a divindade. O cristianismo, em sua doutrina dos anjos, retém essa pluralidade; e nos sistemas cristãos em que os santos são importantes, mais ainda é adicionado a essa pluralidade. Se o Filho de Deus é por demais augusto para nos aproximarmos dele diretamente, então, de acordo com alguns, sua mãe poderia ajudar, como mediadora. Seja como for, no cristianismo bíblico, a despeito de quantos mediadores alguns afirmem que existem, por quaisquer razões, a verdade é que temos ali o *teísmo* (vide), e não o *deísmo* (vide). Isso posto, nenhuma doutrina de mediação deveria obscurecer essa realidade. (B C E F ND R UN Z)

MEDIADOR. Ver *Mediação (Mediador)*.

MEDIÇÃO, CORDEL DE

A referência é a algum tipo de corda, de um determinado comprimento, usada para medir coisas. (Ver Am 7.17 e Sl 78.55). Esses cordéis também eram usados para traçar linhas retas, onde seriam feitas construções. (Ver Jó 38.5; Is 44.13). Sem dúvida, ambos os tipos de cordéis tinham os mais variados comprimentos. Ver o artigo geral sobre *Pesos e Medidas*.

MEDICINA (MÉDICOS)

Ver o artigo geral sobre as *Enfermidades*, em sua terceira seção, *Tratamento das Enfermidades na Antiguidade*, e em sua seção quarta, A *Teologia da Doença*, que se revestem de interesse especial para aqueles que queiram saber da importância da medicina nos tempos bíblicos. Esse artigo também alista todas as enfermidades mencionadas na Bíblia, com breves descrições. A esse material, nesse ponto, damos informações específicas sobre os *médicos*, os curadores profissionais (não-espirituais).

1. Definição. Um médico é alguém que aprendeu as técnicas da cura física. Em contraste com os curadores espirituais, o médico usa medicamentos, intervenções cirúrgicas etc., ou seja, meios naturais, a fim de obter curas. Isso não significa, porém, que ele jamais apele para meios espirituais (se for do tipo de indivíduo que se inclina para isso, ou tenha tais habilidades). Todavia, ele não é conhecido como um curador espiritual.

2. No Egito. Os mais antigos registros que temos sobre os médicos profissionais nos vêm do Egito. Inhotep, um egípcio, foi o primeiro médico profissional a ser mencionado por nome. Ele viveu em cerca de 3000 a.C., e foi um terapeuta altamente respeitado. Finalmente, ele chegou a ser adorado como se fosse uma divindade, o que indica algo de sua elevada reputação.

A Medicina e a Religião. Todas as culturas antigas misturavam o natural com o sobrenatural, no tocante às curas, e a cultura egípcia não formava exceção. Os sacerdotes e os mágicos egípcios tinham a responsabilidade de curar os doentes, o que fazia parte da sua função. A conexão entre as enfermidades e os maus espíritos faz parte de uma antiga e honrada doutrina, não havendo razão para supor-se que isso não acontece. Apesar de supormos que usualmente as enfermidades têm uma causa orgânica, ou mesmo psicossomática, e não alguma causa espiritual, existem fortes evidências, nos estudos psíquicos modernos que provam que, efetivamente, algumas vezes os espíritos malignos causam enfermidades nas pessoas, de natureza tanto física quanto mental. Ver o artigo intitulado *Possessão Demoníaca*, quanto a algumas ilustrações modernas.

Os arqueólogos têm encontrado um bom número de crânios humanos com perfurações. Isso indica um tipo de cirurgia chamado *trepanação*, realizado com a finalidade específica de permitir que os maus espíritos escapassem. Cria-se que eles são capazes de causar todos os tipos de perturbações, incluindo desde as enfermidades físicas até os distúrbios mentais. Também sabe-se que era comum o uso de exorcismos. Além disso, no tocante a meios naturais de cura, era tradicional, em muitas culturas antigas, o emprego de ervas medicinais, conforme também se verifica até hoje. Outras práticas médicas incluíam a fragmentação de ossos fraturados, a cauterização e sutura de ferimentos, e cirurgias de muitos tipos, algumas das quais realizadas com notável habilidade.

O conceito de sacerdote-curador era bastante eficaz quando posto em prática. Atualmente, pessoas que devem saber o que estão afirmando, dizem que cerca de 90% das enfermidades físicas são causadas ou intensificadas por atitudes mentais erradas. E isso significa que o controle sobre a mente pode operar maravilhas sobre o corpo físico. Acrescente-se a isso que não há razão para duvidar que alguns desses terapeutas sejam dotados de poderes espirituais de cura (um fator constante em todas as culturas), que ajudam nas técnicas físicas médicas.

Especialidades. A arqueologia e as referências literárias indicam que os egípcios eram capazes de fazer da medicina uma arte autêntica. Eles tinham especialistas no uso de medicamentos internos, da cirurgia, da obstetrícia e do embalsamamento (este último item é aludido em Gn 50.2). As primeiras obstetras de que se tem notícia, na Bíblia, foram as parteiras hebreias, Sifrá e Puá (ver Êx 1.15); e podemos ter a certeza do que elas aprenderam a sua técnica com os egípcios.

3. A Medicina Grega. *a. Esculápio* (cerca de 1200 a.C.). Tornou-se famoso por suas curas de cunho natural e sobrenatural. Somos informados de que, antes do tudo, ele explicava ao paciente tudo sobre a enfermidade que ele tinha. Então, ele mantinha o enfermo em um templo, fazia-o dormir mediante drogas ou a hipnose, e no dia seguinte, o paciente deixava o templo, inteiramente curado. Podemos imaginar que, se isso acontecia muito frequentemente, então, que estava envolvida alguma forma de cura espiritual, ou, então, que Esculápio dispunha de medicamentos poderosíssimos sobre os quais nada conhecemos hoje em dia. *b. Hipócrates* (cerca de 460 a.C.). Ele se tornou mais conhecido por causa de seu famoso juramento. Registrei o mesmo no artigo *Hipócrates, Juramento de*, que também fornece algumas informações sobre a sua pessoa. Ele é considerado o fundador verdadeiro da medicina científica. Rejeitava a terapia demoníaca das enfermidades, usava a medicina natural e a cirurgia, e tinha muita confiança na capacidade do corpo físico recuperar-se das enfermidades. *c. Aristóteles* (cerca de 350 a.C.). Foi o maior biólogo de sua época, e ensinava medicina (entre outras coisas), em sua academia de Atenas. Foi autor prolífico, e deixou muito material escrito sobre vários campos do saber. Ver o artigo acerca dele.

4. A Escola de Medicina de Alexandria. Por volta de 300 a.C., muitas informações sobre a medicina tinham-se acumulado, com base nas culturas egípcia, babilônica, indiana, grega e romana. É possível que Lucas, autor do terceiro Evangelho e do livro de Atos, tenha sido treinado em Alexandria. Lucas era altamente considerado pelos judeus com quem estava em contato, ainda que, na antiga cultura dos hebreus, nem havia medicina e nem havia respeito pelos médicos. Talvez os considerassem uns charlatães.

5. Na Cultura Hebreia. No artigo *Enfermidades*, terceira seção, oferecemos alguma ideia sobre essa questão, no tocante à cultura dos hebreus. Entre os antigos israelitas não havia qualquer profissão (natural) de médicos, o que surgiu entre eles relativamente tarde. Eles não eram respeitados e nem inspiravam confiança, entre os hebreus. Se alguma cura fosse realizada, tudo era devido a ervas medicinais, ou por meios espirituais. No entanto, posteriormente, a profissão médica tornou-se conhecida em Israel. O Talmude menciona médicos que atuavam no templo de Jerusalém, para benefício dos sacerdotes; mas isso ou é uma informação inexata ou reflete um período posterior da história dos judeus. A própria Bíblia não nos dá qualquer informação dessa natureza, quanto ao período bíblico da história de Israel.

MEDOS. Ver *Média (Medos)*.

MEETABEL

No hebraico, **"acossada por Deus"**. Esse é o nome de duas pessoas nas páginas da Bíblia, um homem e uma mulher: **1.** O pai do Delaías e antepassado (avô?) do profeta Semaías. Esse falso profeta foi contratado pare fazer oposição a Neemias (Ne 6.10). Se Delaías foi avô de Semaías pode-se calcular que ele viveu em cerca de 500 a.C. **2.** A filha de Matrede e esposa de Hadade, rei de Edom (Gn 36.39; 1Cr 1.50). Ela deve ter vivido em cerca de 1600 a.C.

MEFAATE

No hebraico, **"iluminadora"**, nome de uma cidade levítica, mencionada em Josué 21.37; 1Crônicas 6.79, localizada no território da tribo de Rúben (Js 13.18). O trecho de Números 21.26 parece indicar que, originalmente, o local pertencia aos amorreus (Nm 21.26). Posteriormente, ficou na posse dos moabitas (ver Jr 48.21). Tem sido tentativamente identificada com a moderna *Jawa*, cerca de nove quilômetros e meio ao sul de Aman.

MEFIBOSETE

No hebraico, **"ele espalha"**, **"ele extermina"**, ou **"vergonha"** (referindo-se, provavelmente, aos ídolos, uma vergonha pagã típica). Duas pessoas são conhecidas por esse nome, nas páginas da Bíblia, a saber:

1. Um Filho de Saul. Sua mãe era Rispa, concubina de Saul, que era filha de Aías. Davi entregou esse homem e seu irmão, além de quatro outros homens aos gibeonitas, que os sacrificaram a *Yahweh*, a fim de fazer parar um período de fome, pelo qual a região estava sofrendo (2Sm 21.8 ss.). Saul havia tentado exterminar aos gibeonitas (2Sm 21.2), os quais tinham enganado a Josué, para que este entrasse em um acordo de proteção a eles, quando Israel invadira a Palestina (ver Js 9). O ato de Davi teve por finalidade remover a culpa de Saul, com a resultante maldição divina.

2. Um Filho de Jônatas. Ele foi neto de Saul. *a. Pano de Fundo da História*. Jônatas e Saul haviam sido mortos em batalha, no monte Gilboa, quando Mefiboset tinha 5 anos de idade e cuidava dele uma ama. Quando a ama recebeu notícias da morte do pai e do avô do menino, ela fugiu, atemorizada, mas, na pressa, deixou cair a criança, aleijando-a de ambos os pés, o que se tornou uma aflição para o resto da vida. (Ver 2Sm 1.4; 4.4 e 1Cr 10). *b. Refúgio em Gileade*. Mefiboset refugiou-se junto a Maquir, em Io-Debar, cidade de Gileade (ver 2Sm 9.4). Por meio de Ziba, um próspero ex-mordomo da casa de Saul, Davi ficou sabendo que um filho de seu querido amigo, Jônatas, estava vivo, tendo escapado de ser morto pelos filisteus (ver 2Sm 9.3 ss.). *c. Provisões Feitas por Davi*. Mefiboset e seu filho, Mica, foram convocados a Jerusalém por ordem de Davi. Josefo (ver *Anti.* 7.5,5) preenche o hiato de informação dizendo-nos que Mefiboset fora criado por Maquir, o gadita, e que se casara e estava vivendo ali quando Davi, finalmente, derrotou seus inimigos e obteve uma autoridade estável. Ora, Davi jurara a Jônatas, seu estimado amigo, no sentido de que jamais cortaria da sua casa a sua bondade (ver 1Sm 20.15). Jônatas havia dado apoio a Davi, quando este fugia de Saul, e fez o quanto pôde a fim de garantir a segurança de Davi das más e assassinas intenções de Saul. Davi, pois, mostrou-se gentil e liberal para com Mefiboset, mas este estava temeroso. Davi devolveu a Mefiboset todas as propriedades que tinham pertencido a seu avô, e ordenou que Ziba cultivasse as terras em favor de Mefiboset. Além disso, Mefiboset e seu filho foram convidados a compartilhar da mesa do rei e seus filhos continuamente, o que significa que o sustento básico estava garantido (ver 2Sm 9.3). Considerando-se todas as coisas, Mefiboset deve ter entrado em um período de grande prosperidade material, devido à bondosa provisão feita por Davi. *d. A Rebelião de Absalão e o Conflito Resultante*. Ziba e Mefiboset apresentaram sob ângulos diferentes o que havia acontecido. Davi foi forçado a fugir do conluio arquitetado por Absalão, na tentativa de apossar-se do trono de seu pai. Ziba entregou a Davi e seus homens, provisões de boca, no monte das Oliveiras (ver 2Sm 16.1). E informou a Davi que Mefiboset havia permanecido em Jerusalém, aparentemente com a esperança de poder tornar-se o próximo monarca de Israel. Em face disso, Davi decretou que tudo quanto havia pertencido a Mefiboset, agora pertencia a seu servo, Ziba, naturalmente presumindo que, quando as coisas voltassem à normalidade, essa transferência de propriedade seria efetuada.

Quando a rebelião de Absalão terminou em derrota, Davi forçou a acareação entre Mefiboseto e Ziba, e Mefiboset negou categoricamente a acusação, dizendo que Ziba o havia caluniado. Sua sinceridade pareceu convincente a Davi, e, ademais, Mefiboset estava em trapos, o que não indicava que ele tivesse estado celebrando a fuga do Davi. (Ver 2Sm 18.24-30). Davi cortou então o nó górdio, dividindo as terras entre Mefiboset e Ziba (ver 2Sm 19.28). Um dos dois, portanto, recebeu um favor desmerecido, embora não saibamos dizer qual deles. Todavia, é possível que toda a questão envolvesse apenas um grande equívoco. Posteriormente, porém, Davi poupou a vida de Mefiboset (ver 2Sm 21.7). Os gibeonitas vingaram-se da casa de Saul, mas Davi não permitiu que Mefiboset fosse atingido. No caso do leitor não saber o que significa o *nó górdio*, deve consultar o artigo intitulado *Nó*, no seu último parágrafo, chamado *Cortando o Nó Górdio*.

MEGIDO
Davis, John D., 1854-1926, *Novo Dicionário da Bíblia* / [Tradução: J.R. Carvalho Braga]. – Edição ampliada e atualizada – São Paulo, SP: Hagnos 2005.

MEGIDO

I. CARACTERIZAÇÃO GERAL. O nome dessa cidade significa "lugar de tropas". Megido era uma das cidades reais dos cananeus (ver Js 12.21). Após a conquista da Terra Prometida, a cidade foi alocada à tribo de Issacar (Js 17.11), mas acabou sendo ocupada pele tribo de Manassés (Jz 1.27). No entanto, no começo resistiu à colonização israelita, só tendo sido plenamente ocupada já no tempo do Salomão. Era uma cidade fortificada, desde os tempos mais remotos. Ficava em uma colina diante da planície de Esdrelom, na parte norte da Palestina, cerca de 24 quilômetros a sudoeste do monte Carmelo. Sua importância militar e estratégica vinha de épocas distantes, pois estava localizada em uma das mais antigas estradas que o homem conheceu. Essa estrada ia do Egito à Mesopotâmia. Em cerca de 1468 a.C., Tutmés III, do Egito, capturou e saqueou a cidade. No Cântico de Débora, faz-se menção a Megido (ver Jz 5.19), como cena de uma grande batalha que teve lugar durante ou pouco após a invasão de Israel, e que alguns eruditos datam em cerca de 1125 a.C. No século X a.C., Salomão fortificou a cidade (ver 1Rs 9.15), onde manteve carros de guerra e tropas montadas. A Universidade de Chicago, em vários empreendimentos arqueológicos, foi capaz de aprender muito acerca da região, tendo descoberto os estábulos e as fortificações feitas por Salomão. Foi ali que morreu o rei Acazias, em cerca de 840 a.C. (2Rs 9.27). Nos tempos de Tiglate-Pileser III (que governou em cerca de 745 a 727 a.C.), Megido tornou-se a capital de uma das províncias do império assírio. Durante o período romano, aquartelou-se ali uma legião, chamada em latim *Legio*. Alguns intérpretes pensam que *Armagedom* (Ap 16.16) é nome que se refere à colina de Megido, esperando que esse local venha a tornar-se o palco de uma futura batalha decisiva, entre as forças do bem e as forças do mal. Ver sobre *Armagedom*. O nome moderno do local é Tell el Mutesellim. Essa região tem sido extensamente escavada, e constitui uma das importantes áreas de explorações arqueológicas da Palestina. Ver a terceira seção, abaixo, onde se apresenta um sumário sobre essa questão.

II. ESBOÇO DA HISTÓRIA. **1**. As evidências arqueológicas mostram que a área já vinha sendo ocupada desde tão cedo quanto 4000 a.C. **2**. Os arqueólogos têm confirmado sua ocupação no início da era do Bronze (terceiro milênio a.C.). Há provas de grandes áreas urbanas ali. Mas houve uma invasão que interrompeu essa ocupação, embora mais tarde ela fosse reiniciada. **3**. Uma estela do Tute-Hotepe (do nível XIII) mostra que a área tinha fortes laços com o Egito. Paralelamente, os textos de execração do Egito não lançam quaisquer maldições contra a região, e isso, provavelmente, devido às boas relações que eram mantidas entre o Egito e Megido, na época. **4**. A área foi ocupada por tropas egípcias durante o tempo dos reis estrangeiros, os hicsos. **5**. Megido tornou-se o cabeça de uma confederação que ofereceu resistência ao Egito, quando este tentou ocupar a terra do Canaã. Mas o Faraó Tutmés III pôs fim a toda resistência. Batalhas decisivas ocorreram em Megido. Após meses de combates, as forças egípcias obtiveram a vitória. A área tornou-se, então produtora de cereais, especialmente o trigo. **6**. Chefes cananeus tornaram-se vassalos do Egito. O papiro Leningrado, nº 1116a, informa-nos que emissários de Megido foram recebidos na corte do Faraó, na XVIII Dinastia. Megido, evidentemente, tornou-se uma fortaleza, para manutenção do predomínio egípcio no vale de Jezreel. **7**. Houve várias revoltas. Amenhotepe II esteve envolvido, abafando pelo menos duas dessas revoltas. **8**. Megido era governada por Biridia, durante o período de El Amarna. Ele governou a cidade no fim do governo de Amenhotepe III, e no começo do governo de Aquenaton. Continuou havendo oposição ao Egito, durante todo esse tempo. O príncipe de Siquém, Lab 'ayu, revoltou-se contra os dominadores egípcios. Biridia não se dava com os administradores egípcios, e ficou sob suspeita. Lab 'ayu, com a ajuda dos *'apiru*, continuou a dar trabalho aos egípcios. Biridia apelou para que os egípcios enviassem tropas para restaurarem a ordem. O Faraó ordenou que Lab' ayu fosse aprisionado. Isso foi feito pelos reis cananeus, mas, tendo-os subornado, Lab 'ayu escapou, mas somente para ser recapturado e executado. Porém, os seus filhos continuaram em sua revolta. Não se sabe muito mais sobre a era do Bronze, quanto a essa região. **9. A era do Ferro** leva-nos à história da invasão dos hebreus na região. Megido foi um dos lugares conquistados por Josué (Js 12.21), e foi entregue, a princípio, à tribo do Issacar (ver Js 17.11), mas depois ficou com a tribo de Manassés (ver Jz 1.27). A pacificação não se completou senão já somente nos dias de Davi, quando a cidade foi inteiramente conquistada. Escavações recentes sugerem que Megido e Taanaque continuaram a existir lado a lado, durante o período de transição da ocupação cananeia para a ocupação israelita, anulando aquilo que antes os estudiosos imaginavam, isto é, que tenha havido povoações alternativas, ora dos israelitas, ora dos cananeus, com ocupações e expulsões sucessivas. Megido também foi o local da notável vitória de *Baraque* (vide) sobre Sísera, general sírio. (Ver Jz 4.15). **10**. Salomão, ao dominar totalmente à área, fortificou as cidades de Megido, Hazor e Gezer (ver 1Rs 9.15). Ele controlava as rotas comerciais, bem como as fortificações militares. Megido foi incluída no seu quinto distrito administrativo, sob as ordens de Baana, filho de Ailude, delegado de Salomão (ver 1Rs 4.12). **11**. Nos dias do rei Reoboão (cerca de 924 a.C.), a cidade caiu sob o poder de Sisaque, rei do Egito, o que é comprovado extrabiblicamente, em uma inscrição (Exibição de Faraó, nº 27). Uma estela comemorando a vitória, encontrada em Megido, conta a mesma coisa. **12**. Quando Jeú revoltou-se, o rei Acazias resistiu, mas foi ferido e fugiu para Megido (ver 2Rs 9.27). **13**. Em 733-732 a.C., Tiglate-Pileser III, rei da Assíria, conquistou a cidade, tornando-a capital administrativa da área. Isso incluía o vale de Jezreel e a Galileia, **14**. Quando o império assírio caiu, Megido, por um breve período, esteve novamente sob o poder de Judá. Foi assim que o rei Josias entrou em batalha contra o Faraó Neco, no vale de Megido, do que resultou a morte daquele rei de Judá (ver 2Rs 23.29: 2Cr 35.22). **15**. Durante o tempo da hegemonia persa, a cidade de Megido foi abandonada. A última referência bíblica a essa cidade diz respeito à lamentação que os judeus fizeram, ante a morte de Josias. **16. Profecia**. O nome de Megido aparece novamente, com proeminência, na profecia bíblica sobre *Armagedom* (vide), que reflete no hebraico *har megiddon*, "colina de Megido". (Ver Ap 16.14-16).

III. A Arqueologia e Megido. As escavações que foram feitas em Megido acham-se entre as mais extensas, em toda a área da Palestina. Vinte níveis de ocupação têm sido identificados, começando no quarto milênio a.C. Os níveis XX e XIX procedem da era calcolítica. O último nível, I, representa uma cidade não fortificada, e sem grande número de edificações. Pertence ao período persa (séculos VI a IV a.C.), exibindo um estado bastante inglório. A antes poderosa Megido, pois, acaba desaparecendo das páginas da história antiga.

Sumário de Descobertas Significativas. 1. Níveis XX--XIX. Estabelecimentos calcolíticos; foi descoberto um santuário com o seu altar. **2. Níveis XVIII-XVI**. Início da era do Bronze (terceiro milênio a.C.), uma cidade de boas dimensões existia ali na época. Uma muralha maciça, com quatro metros de espessura, circundava a cidade. Posteriormente, essa muralha foi fortalecida, tornando-se o dobro em espessura. **3. Níveis XV-X**. O período de influência egípcia, primeira metade do segundo milênio a.C. Muitas edificações, templos, altares, santuários, excelentes portões em estilo mesopotâmico e inúmeros artefatos foram desenterrados. Há evidências de que muitas batalhas se deram ali, com destruições e reconstruções. **4. Níveis VIII-VII**. Prosseguiu a dominação egípcia, mas a influência e o predomínio cananeus tornam-se mais patentes. Uma das mais antigas batalhas documentadas, aquela que se feriu entre as tropas de Tutmés II e a coligação de chefes cananeus, faz parte da história desse período. Os reis cananeus acabam tornando-se vassalos egípcios. O tempo foi cerca de 1468 a.C. Desse período há descobertas que incluem um templo, um palácio, um portão e muitos artefatos, incluindo duzentos objetos esculpidos em marfim, encontrados em um tesouro subterrâneo, no nível VII. Essa foi uma das mais antigas descobertas dessa forma de arte, pertencente à era do Ferro. Quase todos esses itens, mui provavelmente, eram de origem fenícia. O sistema de suprimento de água também foi descoberto, com túneis e galerias. Um fragmento do épico babilônico de Gilgamés foi encontrado ilustrando as intercomunicações de culturas da época. **5. Nível VI**. Uma destruição fez com que Megido fosse abandonada. Posteriormente, porém, foi reocupada. **6. Nível V**. Esse é o nível da invasão israelita; mas as evidências mostram que houve um povo que ocupou esse lugar, nesse tempo, antes de Israel, e o nível V não pode ser identificado somente com a invasão de Israel. Muitos artefatos, relacionados a cultos religiosos antigos, chegaram até nós, pertencentes a esse período. Entre os objetos há altares de incenso, com chifres nas quatro esquinas superiores, pedestais de argila para incenso, braseiros—sem dúvida objetos feitos pelos cananeus. **7. Nível IV**. Foi desenterrada uma significativa fortaleza, pertencente a esse período. Também pertencem a esse tempo um portão da cidade, com seis câmaras, e parte das muralhas. A ocupação e controle de Israel, dos dias de Salomão, aparecem nesse nível. Seus grandes estábulos foram desenterrados. Colunas de pedras, com perfurações nas quinas, serviam para amarrar ali os cavalos. Manjedouras de pedra eram usadas, então, e o chão ora pavimentado com pedras brutas, para impedir que os cavalos escorregassem. Provavelmente, parte das construções desenterradas, pertencentes a esse nível, foi feita por Acabo. A cidade do nível IV finalmente foi destruída, do que testifica muito entulho. **8. Nível III**. Ao que parece, Megido foi abandonada durante esse tempo. Porém, terminado o período, houve novamente construções ali. Sobre as ruínas das habitações dos períodos anteriores, foram levantadas novas edificações, podendo-se notar que houve cuidadoso planejamento para a reconstrução. Foram construídos dois grandes edifícios públicos nos locais exatos onde os reis cananeus tinham erigido antes os seus palácios. Também se faz presente um novo estilo arquitetônico. Apesar de significativos, os edifícios do nível III não se equiparam, em qualidade, aos edifícios ainda mais recentes. Esse nível pertence, essencialmente, ao período de dominação israelita, e provavelmente chegou ao fim em 733 a.C., quando Tiglate-Pileser III fez o poder do império assírio chegar até aquele território. A cidade de Megido tornou-se, então, a capital de uma província assíria. **9. Nível II**. O poder da Assíria declinou na região por um breve período, e Judá apossou-se novamente da cidade de Megido. Porém, o rei Josias, de Judá, foi derrotado e morto ali, em 609 a.C., o que marcou o final da história de Israel, na região, até uma data bem posterior. **10. Nível I**. Esse período cabe dentro do tempo da hegemonia persa (séculos VI e IV a.C.). A cidade da época era bastante modesta, sem fortificações. Um grande acúmulo de informações, que ilustram a narrativa bíblica, nos vem de Megido, e as escavações arqueológicas ali feitas estão entre as mais recompensadoras aos exploradores, no tocante à Palestina. (AH(1972) AM ID LOU MAY ND UN Z)

MEGILOTE

Transliteração da palavra hebraica, no plural, que significa **"rolos"**. No hebraico é *megillot*. Esse era o nome dado aos cinco livros de Cantares de Salomão, Rute, Lamentações, Eclesiastes e Ester, que, na Bíblia hebraica, aparecem na seção intitulada *hagiógrafos* (vide). Esses livros são lidos liturgicamente, nas sinagogas, por sua ordem, durante a Páscoa, no dia de Pentecostes, no nono dia do mês de Ab, na festa dos Tabernáculos e na festa de Purim.

MEIA TRIBO DE MANASSÉS

Eles faziam parte da tribo de Manassés, aquele segmento que preferiu estabelecer-se em Gileade e Basã, a leste do rio Jordão. Juntamente com os homens das tribos de Rúben e Gade, foi requerido deles que ajudassem os seus irmãos israelitas na conquista da Palestina (Js 1.12-18). Um tipo de rivalidade, que algumas vezes manifestava-se sob a forma de inimizade, acabou surgindo entre as divisões oriental e ocidental de Israel (a linha divisória entre elas era o rio Jordão). Os que viviam na porção oriental passaram a ser conhecidos como as tribos da Transjordânia.

A meia-tribo de Manassés incluía partes de clãs dos maquiritas (descendentes de Maquir, primogênito de Manassés) (Js 17.1), que eram os mesmos gileaditas de Números 26.29 e Juízes 11.1. Outros gileaditas estabeleceram-se na porção ocidental do rio Jordão, sendo chamados *filhos de Manassés* (Nm 26.28-34; Js 17.1,2). Entre eles também incorporaram-se alguns dos descendentes de Hezrom, de Judá e uma mulher descendente de Maquir (1Cr 2.21-23) e os descendentes de Maaca (1Cr 7.14-19). Tiglate-Pileser III, da Assíria, pôs fim à história das tribos que viviam naquela região, levando uma grande parcela delas para outras regiões, bem mais ao Oriente, naquilo que se chama de cativeiro assírio (vide). (Ver 2Rs 15.29 e 1Cr 5.26).

MEÍDA

No hebraico, **"junção"**, **"união"**. Ele foi o fundador de uma família de netinins, ou seja, servos do templo. Alguns dos descendentes dessa família retornaram com Zorobabel do exílio babilônico, a fim de fixar residência em Jerusalém (ver Ed 2.52; Ne 7.54, 1Esdras 5.32), em cerca de 536 a.C.

MEIO-DIA

No hebraico, temos a expressão *sohar hom*, **"dupla luz"**, e também *mahasith hayyom*, "metade do dia", em 1Reis 18.29 e Neemias 8.3, respectivamente. A expressão grega equivalente é *heméra mésos*, "meio do dia" (ver At 26.13).

MEIOS DO DESENVOLVIMENTO ESPIRITUAL. Ver *Desenvolvimento Espiritual, Meios do*.

MEIR

No hebraico, **"preço"**. Ele era filho de Quelube, da tribo de Judá. Foi o pai ou fundador de Estom (1Cr 4.11). Viveu em cerca de 1.600 a.C. Esse também foi o nome de um famoso rabino do século II d.C., que preparou uma edição sistemática das leis tradicionais judaicas, onde expôs doutrinas que pavimentaram o caminho para a edição final da *Mishnah* (vide).

ME-JARCOM

No hebraico, **"águas amarelentas"**, ou **"águas pálidas"**, ou **"águas esverdeadas"**. Esse era o nome de uma cidade do território de Dã, que ficava perto de Jope (Js 19.46). Provavelmente, essa cidade derivava seu nome de algum riacho ou alagadiço que havia nas proximidades. O rio Nahr el-Auja deságua no mar Mediterrâneo a poucos quilômetros ao norte de Jope e, nesse percurso, há uma área pantanosa de cor amarelada, o que poderia ter dado origem ao nome daquela localidade. Entretanto, outros pensam que o nome deriva-se da cor das águas do próprio rio, visto que transporta em suspensão muita matéria orgânica, o que lhe confere uma cor amarelada ou esverdeada.

MEL

Três palavras hebraicas são traduzidas por "mel", nas páginas do Antigo Testamento, a saber: **1**. *Yaar*, "colmeia", que se refere ao mel de abelhas, exclusivamente. Ocorre somente por uma vez, em Cantares 5.1. **2**. *Nopheth*, "mel". Indica o mel que escorre da colmeia, ocorrendo por cinco vezes (Sl 19.10; Pv 5.3; 24.13; 27.7 e Ct 4.11). **3**. *Debash*, "mel". Essa palavra ocorre por cinquenta e duas vezes (conforme se vê, por exemplo, em Gn 43.11; Êx 3.8,17; Lv 2.11; Nm 13.27; 16.13,14; Dt 6.3; 8.8; 31.20; 32.13; Js 5.6; Jz 14.8,9,18; 1Sm 14.25,26,29,43; 2Sm 17.29; 1Rs 14.3; 2Rs 18.32; 2Cr 31.5; Jó 20.17; Sl 19.10; Pv 24.13; Ct 4.11; 5.1; Is 7.15,22; Jr 11.5; Ez 3.3; 16.13,19; 20.5,15; 27.17).

No grego temos uma palavra e uma expressão, ligadas a este verbete, a saber: **1**. *Méli*, "mel". Palavra que figura por quatro vezes no Novo Testamento (Mt 3.4; Mc 1.6; Ap 10.9,10). **2**. *Melíssion keríon*, "colmeia de mel". Expressão grega que ocorre somente uma vez, em Lucas 24.42.

A palavra hebraica *debash*, além de ser a mais frequentemente usada, além de poder significar o mel de abelhas (ver, por exemplo, Jz 14.8), também designa, ainda mais comumente o mel produzido por certas plantas ou o xarope de tâmaras. Trata-se da palavra hebraica geral que indica todas as espécies de xaropes derivados de espécies vegetais.

Canaã era a terra que foi descrita como terra que manava leite e mel (Êx 3.8). Isso fala, metaforicamente, sobre abundância e produtividade, como também sobre quão agradável era aquela região. O mel silvestre, juntamente com gafanhotos, fazia parte da dieta, talvez apenas ocasionalmente de figuras ascéticas, como João Batista (ver Mt 3.4). O trecho de Levítico 2.11 mostra-nos que ninguém podia oferecer mel sobre o altar, e o mesmo é dito acerca do fermento. É possível que a proibição excluísse coisas extremamente doces ou extremamente azedas. Tanto o fermento quanto o mel podiam ser usados nas oferendas (ver 2Cr 31.5), mas não sobre o altar onde se acendesse o fogo. Os pagãos faziam oferendas misturadas com mel, sendo possível que essa proibição tivesse algo a ver com esse costume. Os pagãos também faziam libações adoçadas com mel, pensando que os deuses deleitar-se-iam com o mel. Homero chamou o mel de "doce alimento dos deuses" (*Hino a Mercúrio*, prope finem). Heródoto nos diz que os egípcios usavam mel em seus sacrifícios (*Euterpe*, sive 1.2 c.40). Alguns supunham que o mel simbolizava os prazeres pecaminosos e, por essa razão, seu uso nos sacrifícios dos israelitas foi proibido. O mel fermenta-se facilmente, o que pode ter sido a verdadeira razão da proibição de seu uso nos sacrifícios.

O mel era um dos alimentos favoritos em Israel (Pv 24.13; Eclesiástico 9.3). O mel silvestre era bastante comum (Dt 32.13; Sl 81.16). Havia mel no deserto da Judeia (Mt 3.4; Mq 1.6). O mel era empregado no fabrico de bolos (Êx 16.31), e ao que se pensa, era usado em medicamentos (Pv 16.24). Era tão

MELÂNCTON, FELIPE

apreciado que era dado como presente, tal como agora damos caixas de chocolate (2Sm 17.29 e 1Reis 14.3). Fazia parte dos dízimos e das primícias (2Cr 31.5). Isso sugere que desde tempos bem antigos domesticava-se a abelha.

Usos figurados. **1**. Um discurso suave é assemelhado ao mel (Ct 4.11). **2**. A palavra de Deus é espiritualmente deliciosa, pelo que é comparada com o mel (Sl 19.10; 119.103). **3**. O mel consumido com moderação representa a moderação nos prazeres (Pv 25.16,27). **4**. Os lábios das prostitutas destilam mel como se fossem uma colmeia, e suas bocas são mais macias do que o azeite. Elas falam de maneira suave, lisonjeadora e atrativa. Isso fala das habilidades de sedução das mulheres de costumes frouxos (Pv 5.3). 5. Uma terra que flua leite e mel é produtiva, fértil e atraente (Êx 3.8).

MELÂNCTON, FILIPE (1497-1560)

Nascido em Bretten, Alemanha, sobrinho-neto do humanista Johannes Reuchlin (1455-1522), Melâncton foi uma criança prodígio, que se tornaria destacado reformador protestante. Sua erudição manifestou-se em 1515, quando ele tinha apenas 17 anos, recebendo a admiração de Erasmo. Nessa época, Filipe Melâncton era um humanista. Em 1518, foi para Wittenberg, para ser professor de grego. Logo absorveu a teologia da Reforma, e isso, juntamente com seu brilhantismo como mestre e erudito, granjeou-lhe uma grande apreciação por parte de Lutero. Em 1521, lançava a primeira edição de sua obra *Loci Communes* [Lugares comuns], que aperfeiçoou por toda a sua vida como manual de dogmática luterana.

Melâncton foi, na verdade, mais um erudito propriamente do que um homem de ação, demonstrando fraqueza quando diante de situações de conflito. Confrontado por exigências de Carlstadt (c. 1480-1541) e dos profetas de Zwickau (ver Reforma Radical) de uma reforma mais rápida e radical em Wittenberg, em 1521-1522, mostrou-se incapaz de uma liderança forte e resistente que se fazia necessária. Mesmo assim, com o apoio de Lutero, exerceu importante influência no Colóquio de Marburgo (1529), tendo esboçado a Confissão de Augsburgo (1530) (ver Confissões de Fé) e a *Apologia* (1531) que acompanhou essa Confissão. Os documentos de Augsburgo foram altamente significativos para a Reforma, sendo o temperamento e a capacidade de Melâncton bastante apropriados a seus objetivos pacíficos. Sua capacidade foi novamente demonstrada no Colóquio de Regensburgo (1541), quando Melâncton, Bucer e os representantes católicos, incluindo João Eck (1486-1543) e Gaspar Contarini (1483-1542), chegaram a um acordo sobre a justificação, sem, contudo, conseguirem persuadir os respectivos correligionários sobre a propriedade dessa concordância. Melâncton assinou também, como era de esperar, os Artigos de Schmalkald (1537), mas sob a condição de que, se o papa permitisse a difusão do evangelho, ele, em troca, lhe reconheceria a superioridade sobre os demais bispos.

Por toda a vida de Lutero, Melâncton evitou se envolver em teologia tanto quanto Lutero desejava. Por isso mesmo, por exemplo, jamais obteve doutorado em Teologia. Permaneceu sempre, no entanto, um pensador independente. Sobre eucaristia, inclinou-se para o pensamento de Calvino; sobre predestinação *versus* livre-arbítrio, em direção a Erasmo; sobre justificação, mais para uma visão forense do que para a posição de Lutero. Quando Lutero se foi, em 1546, Melâncton tornou-se seu sucessor natural. Mas não teve como enfrentar a tarefa. Comprometeu-se com os católicos, após a derrota protestante de 1548, ao aceitar o Ínterim de Leipzig, que, de fato, permitia o ensino da teologia protestante, mas exigia a manutenção do ritual católico-romano nas igrejas adeptas da Reforma. Esse grau de comprometimento solapou totalmente sua autoridade e, pelo restante da vida, esteve envolvido em uma série de conflitos dentro do luteranismo: com Andréas Osiander (1498-1565) sobre justificação; com Nicholas von Amsdorf (1483-1565) sobre predestinação; e com muitos outros protestantes sobre a ceia do Senhor. Melâncton morreu orando por ser liberto da "fúria dos teólogos".

Amplamente versado, Melâncton soube manter seus interesses humanistas. Foi também um reformador educacional muito importante, oferecendo grande contribuição para a universidade e a educação escolar na Alemanha. As avaliações sobre ele, de modo geral, variam. Tem sido muitas vezes interpretado como uma figura um tanto alienada da verdadeira direção da Reforma. Contudo, nas ocasiões de recuo de algumas das mais veementes polêmicas de Lutero, como ele fez, não deixou de representar uma necessária figura racional, moderada e ecumênica, mais capaz do que Lutero de encontrar a reconciliação e visualizar um caminho do meio.

(**C P. Williams**, M.A., B.D., M.Litt., Ph.D., ex-vice-reitor do *Trinity College*, Bristol; vigário de All Saints, Ecclesall, Sheffield, Inglaterra.)

BIBLIOGRAFIA. TI *Loci Communes* (1521) *in:* W. Pauck, *Melanchthon and Bucer, LCC* 19 (London, 1969); C. L. Manschreck (tr.), *Melanchthon on Christian Doctrine: Loci Communes 1555* (Oxford, 1965).

K. Aland, *Four Reformers: Luther, Melanchthon, Calvin, Zwingli* (Minneapolis, 1979); F. Hildebrandt, *Melanchthon: Alien or Ally?* (Cambridge, 1946); C. L. Manschreck, *Melanchthon, the Quiet Reformer* (New York, 1968); D. C. Steinmetz, *Reformers in the Wings* (Philadelphia, 1971); R. Stupperich, *Melanchthon* (TI) (London, 1966).

MELÃO (MELANCIA)

Ver Números 11.5. No deserto, os israelitas lembraram-se dos apetitosos melões que havia no Egito, e desejaram comê-los, entre outras coisas. Não sabemos dizer se a fruta em questão (no hebraico, *abattichim*, uma palavra que está no plural) era mesmo o melão ou a melancia. Sabe-se que ambas medravam bem no Egito, deliciosas. E os israelitas, no deserto, sentiam falta daquelas frutas suculentas. Visto que a palavra hebraica em foco está no plural, é possível que mais de uma espécie vegetal estivesse em pauta. O nome científico do melão é *Cucumis meio*; e da melancia é *Citrullus vulgaris*. Um melão pode pesar até 3,5 kg; e uma melancia, 14 kg Essas frutas multiplicavam-se extraordinariamente, pelo que eram baratas e fáceis de serem encontradas em lugares bem irrigados. Eram especialmente apreciadas nas regiões de clima quente e seco, como na Palestina e no Egito. Os israelitas, vagueando pelo tórrido deserto do Sinai, anelaram poder contar com frutas dessa natureza.

MELATIAS

No hebraico, "*Yahweh* **libertou**". Esse era o nome de um gibeonita que ajudou a reparar parte da muralha norte de Jerusalém, quando um remanescente retornou do cativeiro babilônico, em cerca de 446 (Ver Ne 3.7).

MELEQUE

No hebraico, "**rei**". Esse era o nome do segundo filho de Mica, filho de Meribe-Baal (1Cr 8.35; 9.41). Ele pertencia à tribo de Benjamim. Viveu em algum tempo depois de 1037 a.C.

MELODIA: OS LÍRIOS

Essa expressão aparece, em nossa versão portuguesa, como subtítulo do Salmo 80, embora outras versões também a apresentem no Salmo 40. No hebraico temos a expressão *Shoshannim -Eduth*, "lembrança de lírios". É possível que isso aponte para o uso de flores em algum cortejo festivo. Mas outros estudiosos preferem pensar em alguma melodia antiga bem conhecida, o que explica a tradução que aparece em nossa versão portuguesa, "melodia: os lírios". A palavra hebraica *eduth* também era usada para indicar "lembrete", "testemunho", "advertência". Por essa razão, foi usada para aludir aos Dez Mandamentos, como os preceitos divinos todo importantes. (Ver Êx 25.16,21; 31.18; 32.15 e 34.29), onde essa palavra é traduzida por "testemunho", em nossa versão portuguesa.

Essa mesma palavra é encontrada como parte de uma inscrição ou de certas composições poéticas, com o intuito de indicar que o que se segue é uma advertência ou incumbência divina revelada. Entre os judeus modernos, esse vocábulo significa um *compromisso* de intenções.

MELQUISEDEQUE

I. NOME E HISTÓRIA. *Melquisedeque* é a transliteração, para o português, de um nome hebraico que significa "rei da justiça". Ele era rei de Salém (Jerusalém) e sacerdote de El Elion, o que o tornava um rei-sacerdote, o que serviu mui apropriadamente para ilustrar o mesmo ofício, ocupado em forma muito mais significativa, pelo Senhor Jesus, o Cristo. Salém tem sido identificada com Jerusalém com base na referência bíblica de Salmo 76.2, e pela antiga menção a essa cidade nas cartas de Tell el-Amarna, do século XIV a.C. As inscrições assírias referem-se a ela muito antes de essa cidade ter qualquer coisa a ver com o povo de Israel, mediante os nomes *Uru-salem* e *Uru-salimmu*. Os Targuns regularmente identificam-na com Jeru-salém, conforme também faz o *Gênesis Apócrifo*.

Talvez Melquisedeque fosse um sacerdote cananeu. Tanto *El* quanto *Elion* eram divindades cananeias bem conhecidas. A adoração cananeia a El Elion tem sido associada a *Yahweh* e sua adoração; e deveríamos recordar que esses nomes divinos não foram cunhados pelos hebreus, pois a verdade é que eles os empregaram para indicar seus conceitos específicos de Deus. A maioria dos críticos pensa que os trechos de Gênesis 14.18-20 e Salmo 110.4 refletem sincretismo, mediante o que o reinado pré-davídico e a adoração ao El Elion cananeu foram vinculados à adoração a *Yahweh*. Naturalmente, muitos eruditos conservadores rejeitam isso. Mas, porque haveríamos de supor que a primitiva fé dos hebreus surgiu no vácuo? Coisa alguma é mais clara, na história das religiões, do que o fato de que elas dependiam de outras religiões mais antigas, ou paralelas, fazendo empréstimos das mesmas. Se acompanharmos a fé dos hebreus, veremos muitos desses empréstimos e adaptações. Até mesmo uma doutrina tão básica como a da imortalidade da alma não se originou entre os hebreus, podendo ser achada nas religiões orientais e na filosofia grega muito antes que ela tivesse aparecido na teologia dos hebreus. A complicada angelologia dos hebreus também era uma doutrina emprestada, que não aparece nos primeiros livros da Bíblia, pois ali, apesar de ser dito que os anjos existem, não há qualquer sistema hierárquico de tais seres.

Em Gênesis 14.19, El Elion aparece como o Criador, tornando-se claro que novas ideias, como também ideias adaptadas, foram atreladas a alguns nomes divinos. Mas isso não prova que esses povos antigos não conheciam e nem usavam esses nomes. A arqueologia tem provado, de maneira absoluta, que assim sucedia. A contribuição dos hebreus foi o monoteísmo, embora, provavelmente, até esse tivesse começado como um *henoteísmo* (vide). As noções dos homens sobre Deus são passíveis de melhoria, e na fé dos hebreus vemos esse princípio em operação. E esse processo nunca terminará, porquanto as nossas ideias sobre Deus são necessariamente provinciais e imperfeitas, estando sempre sujeitas a melhor elaboração. Em caso contrário, a *teologia* não será outra coisa senão *humanologia*. Somente Deus conhece verdadeiramente a teologia, os homens continuam em sua inquirição.

É claro que Abraão deve ter pensado que Melquisedeque servia ao *mesmo Deus* que ele servia. Porém, também é patente que em parte alguma Melquisedeque é identificado com a fé dos hebreus. De fato, aquelas delicadas distinções que os historiadores religiosos agora fazem acerca dessas coisas dificilmente descrevem *o primitivo estado* de coisas que prevalecia na época de Abraão. Não há que duvidar que Melquisedeque era homem conhecido por seu poder político e por sua espiritualidade, bem como por suas funções sacerdotais; e Abraão não hesitou em associar-se a ele, e mesmo a tratá-lo como um superior.

Muitas tentativas têm sido feitas para identificar Melquisedeque. Algumas dessas tentativas, equivocadamente, tentam situá-lo solidamente dentro da fé e da cultura dos hebreus, mas daí não tem advindo qualquer conclusão útil. Geralmente, somos ensinados a mostrar-nos hostis para com pessoas de outras fés religiosas, o que obscurece o respeito que elas merecem. Lembremo-nos que José casou-se com a filha de um sacerdote egípcio (ver Gn 41.45). Desse casamento resultou o nascimento de Manassés e de Efraim, que, subsequentemente, tornaram-se os patriarcas de duas das doze tribos de Israel. É difícil imaginarmos José mostrando-se hostil à família de sua esposa egípcia. Antes, ele deve ter mantido estreitos laços com a casta sacerdotal egípcia, embora também conservasse suas distinções pessoais. Talvez Abraão também mantivesse relações amistosas com os melhores membros religiosos de povos estrangeiros, tal como se deu com José e a família de sua esposa.

Informação Dada por Davi. Em Salmo 110.4, um rei da linhagem de Davi aparece sendo aclamado, por juramento divino, como ... *tu és sacerdote para sempre, segundo a ordem de Melquisedeque...* Talvez essa aclamação fosse resultante da conquista de Jerusalém por parte de Davi, em virtude do que ele e sua casa tornaram-se herdeiros da dinastia de reis-sacerdotes de Melquisedeque. Naturalmente, essa passagem também é profética e messiânica, embora talvez Davi nem tivesse entendido isso. A falta de informações sobre o sacerdócio do Melquisedeque histórico não nos permite especular muita coisa. Porém, podemos supor que alguma espécie de linhagem altamente respeitada de reis-sacerdotes tinha em Jerusalém o centro de seu poder, antes de essa cidade cair sob o domínio de Israel. É claro que esse oficial e o seu culto não faziam parte da fé e da cultura dos hebreus, a despeito do que, era altamente respeitada pelos grandes líderes da nação de Israel.

II. REI E SACERDOTE, TIPOLOGIA. Melquisedeque é apresentado como um rei que tinha funções e direitos sacerdotais (ver Gn 14.18 ss.). O próprio Abraão lhe prestou homenagem. Certamente, pois, a sua glória ultrapassa à de Aarão. Cristo assumiu esse sacerdócio real, mas revestido ainda de maior glória. Notemos que, no trecho de Zacarias 6.13, são combinados os ofícios de rei e de sacerdote, no tocante ao Messias. O autor sagrado volta a considerar o sumo sacerdócio de Melquisedeque de forma mais completa, em Hebreus 7.1-10, com o propósito definido de mostrar sua superioridade sobre o sacerdócio aarônico, e isso faz parte de seu argumento que visava mostrar que, em Cristo, todos os tipos sacerdotais são cumpridos e ultrapassados, não havendo mais qualquer necessidade de um sumo sacerdócio terreno. Cristo incorpora, em si mesmo, todo o sacerdócio de que precisamos. Até o próprio Aarão, por intermédio de Abraão, pagou os dízimos a Melquisedeque, com o resultado que o "menor foi abençoado pelo maior". Foi Melquisedeque quem abençoou Abraão, pelo que também aquele era maior do que este, para nada dizer sobre Aarão, que ainda por cima, nem havia nascido ainda.

III. REFERÊNCIAS BÍBLICAS. Melquisedeque. (As únicas referências bíblicas a esse personagem se acham nos trechos de Gn 14.18; Sl 110.4; Hb 5.6,10; 6.20; e 7.1,10,11,15,17,21). Pode-se ver, com base nisso, que o autor supre a discussão maior. No AT, quando muito, Melquisedeque aparece como figura simbólica. É dito por ele que era "rei de Salém" (Jerusalém), na passagem referida do livro de Gênesis, sendo também chamado de "rei da justiça", em Hebreus 7.2. Ele saudou a Abraão ao voltar este, após ter vencido Quedorlaomer e seus aliados, tendo-lhe apresentado pão e vinho e tendo-o abençoado no nome do Deus Altíssimo; ao mesmo tempo, Melquisedeque recebeu dízimos da parte de Abraão, de todos os despojos que este tomara do inimigo (ver Gn 14.18 e ss.). Essa é a totalidade das informações que possuímos a seu respeito, embora a tradição, como é usual, tenha adornado a narrativa bíblica.

IV. Significação Profética. A *significação profética* de Melquisedeque é claríssima, entretanto. O Salmo 110 pinta a divindade do Messias (ver Sl 110.1, comparar com Mt 22.41-46). Também fica destacada a sua realeza (ver Sl 110.1 e ss.; comparar com At 2.34-36). O seu sacerdócio é igualmente destacado (ver o quarto versículo). Nas referências da epístola aos Hebreus sua significação profética é ainda mais amplamente esclarecida. Ele ilustra a superioridade do sacerdócio de Cristo sobre o de Aarão (ver Hb 5.6 e 7.7). Seu sacerdócio é eterno (ver Hb 5.6); é real (ver Hb 7.1); sua origem é misteriosa e desconhecida, e assim a filiação eterna de Cristo é ilustrada (ver Hb 7.1). Na qualidade de Filho é ele também sacerdote, e isso empresta a ele uma dignidade maior que a de qualquer sacerdote terreno (ver Hb 7.3 e 5.5). Ele é o grande abençoador, mediante quem todos os "menores" são abençoados (ver Hb 7.7). E ele é superior a Levi, a Aarão, a Abraão e a todos os seus descendentes levitas (ver Hb 7.6-10).

V. Uso Hermenêutico. *Hermeneuticamente*, Melquisedeque é importante porque ilustra diversas coisas: **1**. um significado mais profundo da história; **2**. como a história pode ser profética e simbólica; **3**. a unidade do Antigo e do Novo Testamentos; **4**. a universalidade do ofício messiânico e sumo sacerdotal de Cristo; **5**. a ab-rogação das ordens sacerdotais do Antigo Testamento, por estarem todas cumpridas em Cristo.

VI. Identificação. A sua obscuridade tem fascinado a tradição, pelo que também muitas identificações conjecturadas têm sido imaginadas, a saber: **1**. Alguns dizem que o Espírito Santo teria aparecido na terra sob essa forma. Mas essa opinião é extremamente ridícula. **2**. Outros fazem dele uma manifestação de Cristo no AT Se isso fosse verdade, teríamos de esperar uma verdadeira "encarnação" antes dos tempos neotestamentários, posto que ele teve uma história contínua, tendo sido rei de Jerusalém. Contudo, alguns aceitam a ideia de uma "encarnação". **3**. Outros estudiosos supõem que Melquisedeque teria sido encarnação de alguma outra elevada personalidade celeste. **4**. Outros dizem que ele seria Sem, filho de Noé, o que é opinião comum entre vários escritores judeus (ver Targum em *Jn e Jerus. Jarchi, Baal Hatturim, Levi Ben Gersom e Abendana*, sobre Gn 14.18; *Bemidbar Rabba*, seção 4, fol. 182,4; *Pierke Eliezer*, cap. 8; *Jushasin*, fol. 135.2 e outros). **5**. Outros supõem que ele teria sido um monarca cananeu, da descendência de Cão. **6**. Outros ainda consideram-no um ser como Adão, diretamente criado por Deus, e que literalmente não teria ascendência humana. **7**. Também há aqueles que o identificam com Jó ou com algum outro personagem do AT

Todas essas conjecturas não têm base em que se possa confiar, sendo bem provável que ele não possa ser identificado com qualquer outra personagem conhecida. O fato de que ele não tinha pai nem mãe provavelmente significa que não há *registro* de seus ancestrais, e, que, profeticamente, ele simboliza o divino Filho-Profeta, acerca de quem não se pode falar de qualquer linhagem terrena.

MELZAR (COZINHEIRO-CHEFE)

No hebraico, *melzar*, uma palavra de origem persa que significa **"copeiro"**, **"despenseiro"**. Esse era o título de certo oficial da corte persa, que ficou encarregado de cuidar de Daniel e dos outros jovens hebreus que eram candidatos à promoção ao ofício de magos (ver Dn 1.11,16). Alguns eruditos acham que essa palavra indica o nome próprio do homem em questão, mas outros supõem que esteja em pauta um mero título oficial. Aparece sempre com o artigo definido, detalhe que pesa em favor da ideia de tratar-se de um título, e não de um nome próprio.

MEM

Esse é o nome da décima terceira letra do alfabeto hebraico. Foi usada para introduzir o décimo terceiro segmento do Salmo 119, que é um acróstico, onde cada verso começa com essa letra, no original hebraico. Numericamente, valia quarenta. Um poema *acróstico* é aquele em que letras introduzem porções do mesmo, especialmente quando tais letras, acompanhadas uma a uma, formam uma palavra. Esse termo português vem do grego *ákros*, "fim", e *stíchos*, "verso". Ver o artigo geral sobre o *Hebraico*. Em seu uso, o *Mem* equivale ao nosso M.

MEMBRO

I. Usos Veterotestamentários. No hebraico, *yatsur*, palavra usada para indicar qualquer porção ou membro do corpo humano. (Ver Jó 17.7; Sl 139.16. Jó) em seus sofrimentos físicos, referiu-se a todos os membros de seu corpo como uma *sombra*, dando a entender a fragilidade e temporalidade do homem mortal. A referência do livro de Salmos alude a partes dos corpos dos animais.

II. Usos Neotestamentários. O termo grego é *mélos*, um membro literal do corpo, como a mão ou um olho (Ver Mt 5.29,30). Nesses versículos, lemos que é melhor perder um membro ofensor, que nos leva ao pecado, do que o corpo inteiro sofrer angústias na Geena. Visto que as traduções comuns dizem "inferno", em vez de "geena", alguns têm objetado, dizendo que os corpos não podem ser lançados no inferno (isto é, no hades). A dificuldade é prontamente resolvida mediante o exame do original grego, onde se lê *géena*, que corresponde ao *lago do fogo* de Apocalipse 20.14,15. Essa passagem mostra que, então, as almas perdidas terão recuperado seus corpos físicos, mediante a ressurreição para a condenação. Isso posto, Jesus estava falando sobre a residência final dos perdidos, após o julgamento do trono branco, e não sobre a residência temporária das almas perdidas, que o original grego chama de *ádes*, e que deu *hades* em português.

Outros estudiosos têm aventado a ideia de que a linguagem de Jesus, em Mateus 5.29,30 era figurada, porquanto corpos físicos não podem ser enviados para o inferno. Mas, novamente, essa ideia deriva-se de não se levar em conta a diferença entre *ádes* e *Géena*, que mostramos no parágrafo acima. Seja como for, a palavra "corpo", incluindo seus membros, serve para indicar a *vida* da pessoa, e a vida está na alma.

Em um trecho como Romanos 6.13 aprendemos que os membros do corpo são usados por nós para cometermos pecados, e a exortação que ali existe é que não devemos permitir tal coisa. Bem pelo contrário, nossos membros do corpo devem ser usados para fins de justiça. A passagem de Tiago 4.1 diz algo similar. As paixões operam em nossos membros do corpo, causando muitos males e confusões entre nós. As paixões pecaminosas atuam através dos membros do corpo (Rm 7.5). Em Romanos 7.25 também aprendemos que a lei do pecado opera nos membros do corpo. A despeito disso, as Escrituras jamais chamam a matéria ou o corpo físico de pecaminosos, conforme fazia *o gnosticismo (vide)*, que afirmava que a *alma* é pura, mas que a matéria (e, por consequência, o corpo físico) é impura e má, por participar do princípio do mal. No cristianismo, porém, o corpo físico aparece como uma vítima fácil do princípio do pecado, embora ele não seja maligno em si mesmo. O trecho de Colossenses 3.5 mostra que se quisermos vencer a batalha contra o pecado será mister mortificar os nossos membros, a fim de que não se prestem como instrumentos da injustiça.

Sócrates, o filósofo grego, dizia que ele morria diariamente, dando a entender com isso que salientava a vida do espírito e desenfatizava a vida física, pelo que, metaforicamente, mantinha-se em estado de mortificação física. Tiago 3.5,6 é passagem que mostra que a língua pode ser um membro do corpo muito ativo e destrutivo, ajuntando que aquele que pode controlar a língua, pode controlar seu corpo inteiro. Efésios 4.25 frisa a necessidade de *dizermos a verdade*, porquanto somos membros uns dos outros (espiritualmente falando), visto que entre os remidos há certa unidade espiritual, e a mentira tende por destruir essa unidade.

III. SUMÁRIO DE USOS METAFÓRICOS. 1. O homem é frágil e temporal, conforme o demonstra a debilidade dos membros de seu corpo (Jó 17.7). **2**. Os membros do corpo simbolizam a vida ou alma, que pode sofrer danos no hades (Mt 5.29,30). **3**. Nossos membros físicos demonstram a fraqueza do ser humano, que cede diante de uma grande multidão de pecados diversos (Rm 7.5,25). **4**. Nossos membros físicos devem ser metaforicamente mortificados, mediante a santificação e uma vida disciplinada (Cl 3.5). **5**. A língua é como um *cavalo* desembestado, que precisa ser controlado mediante um *freio* (a disciplina espiritual). A língua assemelha-se a uma chama, que pode incendiar toda uma floresta (Tg 3.5). Ela é um *mundo* de injustiça, entre outros membros, tão grandes são seus poderes de destruição (vs. 6). Ela é um *veneno* descontrolado (vs. 8). A língua é um *instrumento* que abençoa ou amaldiçoa (vs. 9). É como o *leme* de uma embarcação, que guia a pessoa inteira para o bem ou para o mal (vs. 4). **6**. Cada membro do corpo simboliza um membro da igreja de Cristo. Em seu conjunto, esses membros perfazem o corpo, tal como Cristo é o Cabeça do seu corpo místico (Rm 12.4; 1Co 12.12,25). Isso deveria inspirar-nos a cuidar uns dos outros, da mesma maneira que um corpo adoece, a menos que todos os seus membros sejam saudáveis. Cristo, na qualidade de Cabeça da igreja, deve governá-la, e o seu corpo místico precisa obedecer-lhe as ordens, tal como os membros do corpo físico obedecem às determinações do cérebro. Cristo, o Cabeça da igreja, supre ao seu corpo místico vida e nutrição (Ef 4.16). Quanto a um completo desenvolvimento dessa metáfora, ver os artigos separados intitulados *Corpo; Corpo de Cristo; Cabeça (Cristo)* e *Corpo (igreja)*. **7. Nos Sonhos e nas Visões**. *a*. O corpo inteiro simboliza a pessoa inteira, visto que o corpo físico é a manifestação externa da *pessoa*. Mas, por ser uma manifestação externa, o corpo físico também pode simbolizar a *máscara* da pessoa, ou seja, o que ela mostra ser, diante das outras pessoas, embora não seja isso. *b*. Em face de seus muitos mistérios, o corpo físico pode representar o que é insondável e impossível de entender. *c*. A parte superior do corpo pode apontar para a mente ou para os aspectos pessoais de uma pessoa. *d*. A parte inferior do corpo pode indicar os instintos básicos. *e*. O lado direito do corpo pode simbolizar a parte moral e correta de uma pessoa; o seu lado esquerdo pode apontar para os aspectos imorais e inferiores de uma pessoa. *f*. Partes aguçadas do corpo, como um dedo, um braço ou um dente, podem simbolizar o pênis masculino. Aberturas, como a boca, podem simbolizar a vagina. *g*. A cabeça simboliza a capacidade de controle sobre o corpo. *h*. O abdômen pode simbolizar a ansiedade ou as emoções em geral. *i*. O ânus pode simbolizar o egoísmo, o espírito voluntarioso ou a atitude de desafio. *j*. O sangue pode simbolizar vida, comunhão, expiação, o espírito de unidade, conforme se vê na expressão "irmãos de sangue". *k*. O olho simboliza o discernimento, a iluminação, a apreciação acerca das outras pessoas. (Ver Ef 1.18 e Mt 6.22). Além disso, o olho representa aquilo que é muito precioso como na expressão *a menina dos olhos* (Dt 32.10; Sl 17.8; Pv 7.2; Zc 2.8). *l*. A calvície ou perda dos *cabelos* simboliza a perda da virilidade ou das forças físicas. A *cabeleira abundante* representa força, saúde e fertilidade. Os psicólogos dizem-nos que as mulheres com longos cabelos atraem a atenção, não somente pelo fato em si, como objeto de beleza, mas porque os cabelos longos da mulher dão a entender que ela é fértil. *m* As *mãos ou os dedos* podem simbolizar os agentes do trabalho, a capacidade de fazer coisas, a criatividade ou, então, podem ser um símbolo fálico. Uma mão gigantesca, vista no céu, pode significar o Ser divino. As mãos postas em contraste indicam conflito e indecisão. A mão direita, nesse caso, indica o que é melhor para ser feito ou decidido; a esquerda aponta para a alternativa inferior. *n*. A *cabeça* é indicativa da inteligência, da orientação, dos intuitos conscientes. Uma pancada na cabeça indica um ferimento sério ou um retrocesso na vida. *o*. A *boca* aponta para os aspectos receptivos ou exigentes do indivíduo. A boca também representa o poder das palavras, que podem ser usadas para o bem ou para o mal. Em Romanos 3.14, a boca é símbolo da maldição e da amargura que tanto caracteriza os homens. Os *lábios*, parte frontal da boca, indicam palavras maliciosas, pois sob os lábios está o veneno das cobras (vs. 12). *p*. A *garganta*, em Romanos 3.13, aparece como um sepulcro aberto, o que alude à horrenda depravação do ser humano não regenerado. *q*. Os *pés* são os instrumentos do ato de andar, da conduta, da busca, da progressão. Eles podem encaminhar-se para o bem ou para o mal. Romanos 3.15 expõe o lado negativo da questão. Os homens usam seus pés a fim de correrem para a violência, ao derramarem sangue inocente. Romanos 10.15 salienta o lado positivo, falando de quão belos são os pés daqueles que pregam o evangelho. *r*. O *nariz* indica a intuição, como na expressão: "Estou cheirando algo de errado". Alguns animais são equipados com narizes muito sensíveis, que lhes dão muitas formas de informação. A intuição de algumas pessoas é uma fonte de conhecimento muito necessário. *s*. A *pele* pode mostrar a parte externa de uma pessoa, aquilo que ela aparenta para as outras, a maneira como ela se apresenta. Essa máscara é "tão superficial quanto a pele", ou seja, não mostra muito da verdadeira personalidade e caráter da pessoa. Uma pele áspera e feia indica uma pessoa dura, egoísta. Uma pele grossa indica insensibilidade moral e espiritual. *t*. Os *dentes* são símbolos de agressão. Dentes que caem simbolizam a morte. Porém, no caso de crianças, indica que estão chegando à adolescência. Se uma mulher sonhar que engoliu seus dentes, isso pode indicar gravidez. Isso deriva-se do fato de que a boca pode simbolizar a vagina, e o estômago, para onde desceram os dentes engolidos, simboliza o útero. *u*. O útero é a fonte da vida.

MEMORIAL, MEMÓRIA

1. Palavras Envolvidas. No hebraico, *azakarah*. Essa palavra era associada, a princípio, com os sacrifícios. Ela trazia à memória a essência do culto religioso, para proveito do homem. Ver Números 5.26. A raiz dessa palavra significa "ferroar", "espinhar", fazendo-nos lembrar o que foi dito sobre as palavras de Sócrates. Essas palavras eram como "espinhos" nas mentes de seus ouvintes. Aquilo que espinha, penetra ou estimula a mente serve-nos de lembrete. As formas nominais, *zekher* e *zikkeron* referiam-se aos memoriais do santo nome do Senhor (Sl 30.4); ou eram aplicadas a pedras (ver Js 4.7) que serviam para comemorar algum evento ou oferenda (ver Nm 5.15). Também podiam indicar o registro sobre algum fato (Êx 17.14), ou um livro de memórias (Ml 3.16) ou de crônicas (Lv 23.24). A memória do justo permanece como uma bênção àqueles que chegaram a conhecê-lo, direta ou indiretamente (Pv 10.7); mas a memória dos ímpios perece da face da terra (Jó 18.17).

No hebraico, *moemosunon*, "memorial". Esse vocábulo aparece por três vezes no Novo Testamento (Mt 26.13; Mc 14.9; At 10.4). O evangelho sempre incluirá a história da mulher que ungiu a Jesus com um unguento caro como que preparando o seu corpo para o sepultamento. Isso, por sua vez, servirá de perene *memorial* em favor dela (segundo se vê nas referências de Mateus e de Marcos). As orações e as esmolas de Cornélio serviam de memorial diante de Deus. Em outras palavras, Deus lembrava-se dele por sua causa dessas atitudes, e abençoou a sua vida de acordo com elas (a referência em At). Essa palavra também pode ter o sentido de simples "memória" (I Clemente 45.8; Sl 34:,16; na Septuaginta). Também foi empregada na Septuaginta com o sentido de *oferta memorial* (ver Lv 2.2,9,16; 5.12). Uma palavra grega cognata é *mnéma*, "túmulo", porquanto lembra de modo especial alguma pessoa falecida. *Mneme*, "memória", é outra palavra cognata.

MEMORIAL ESCRITO

2. Definição e Ilustração. Um memorial consiste em qualquer coisa escrita, ou mental, mediante o que as pessoas têm sua memória avivada quanto a algum acontecimento ou personalidade. A Páscoa, por exemplo, fazia o povo de Israel relembrar como *Yahweh* poupara os primogênitos de Israel mas tirou a vida dos primogênitos dos egípcios (ver Êx 12.14). Um monte de pedras, deixado no leito do rio Jordão, serviu de memorial do cruzamento desse rio, sob circunstâncias especiais (Js 4.7). O sumo sacerdote de Israel usava pedras preciosas com letras hebraicas gravadas (Êx 28.12; 29). Os sacrifícios oferecidos por Israel faziam-no lembrar seus pecados e seu pacto com *Yahweh* (Nm 5.15). Quando Maria ungiu a Jesus com um dispendioso unguento, ele cuidou para que o mundo nunca se esquecesse do evento, que veio a tornar-se parte da pregação do evangelho (Mt 26.13). O nome do Senhor, por si mesmo, é um memorial para os seus filhos (ver Is 26.8). Vários atos divinos pesados, envolvidos na origem ou destino do homem foram assim comemorados: a criação (Êx 13.9), o livramento da servidão no Egito (Êx 13.8), a morte de Cristo na cruz (1Co 11.24-26), comemorada mediante a Ceia do Senhor, e, então, os feitos e a adoração memorial de homens santos, como Mordecai (Et 6.1 ss.), de Maria (Mt 26.6-13), de Cornélio (At 10.1-4), e de todos os justos, porquanto seus feitos seguem-nos, ao morrerem, garantindo a segurança e a bem-aventurança deles (Ap 14.13).

3. Propósitos e Instrumentos Especiais. Os memoriais serviam para destacar aquilo que era importante do que era comum; para inspirar os homens a atos de justiça; para preservar a memória daquelas coisas que Deus aprova, para que os homens aprendam das mesmas. Os *túmulos* eram memoriais, talvez com um sentido interior, uma instituição que relembrava o fato de que o homem, realmente, é um ser imortal, e que qualquer tributo prestado ao homem não é vão e nem destituído de significação. *Pedras* serviam de memoriais importantes, porquanto as coisas que nelas se inscreviam perduravam por longo tempo. (Ver Êx 28.9-12). O novo nome será inscrito em uma pedra preciosa, o que simboliza o caráter ímpar de cada ser (ver Ap 3.12). Os crentes são colunas no templo de Deus, em cujas colunas é inscrito o nome de Deus, o nome da nova Jerusalém e o nome do próprio Cristo. Isso designa a imortalidade e a glorificação deles. Os *livros* são memoriais naturais porquanto registram, de forma extensa, a mensagem divina, dando clara indicação acerca da responsabilidade humana (Êx 17.14). A Bíblia é o mais duradouro dos memoriais de Deus, que continua comunicando o plano de Deus aos homens, além de revelar-lhes a mensagem da redenção. As *festividades*. Há uma festa no Antigo Testamento, a *Páscoa* (vide), e uma no Novo Testamento, a *Ceia do Senhor* (vide). (Ver, respectivamente, Êx 12.14 e 1Co 11.24). *Dias especiais*. O sábado servia de memorial (Êx 20.8). Paulo mencionou muitos dias especiais, quase todos eles comemorativos (Rm 14.4 ss.). A igreja cristã tem determinado muitos dias comemorativos, sobre eventos e pessoas. Ver sobre o *Calendário Eclesiástico*.

MEMORIAL ESCRITO

Em Malaquias 3.16, há alusão a um registro com esse nome. O mais provável é que se trate de uma metáfora, similar à que cerca do "livro da vida" (ver o artigo). Estão em foco registros memoriais antigos, feitos por reis, onde eles anotavam questões importantes, que não deveriam ser esquecidas. Seria a mesma coisa que os anais de um reino. O trecho de Malaquias fala sobre aqueles que agora reverenciam a Deus, os quais serão relembrados no futuro dia do Senhor, e serão protegidos e salvos eternamente. (G)

MEMUCÃ

Não se sabe o que essa palavra significa. Foi nome de um dos sete conselheiros reais, que atuava na corte dos medos e persas (ver Et 1.14,16,21). Ele recomendou a deposição da rainha Vasti. Aqueles conselheiros eram homens sábios, eruditos nas leis, os quais eram consultados sempre que os conselhos deles se faziam necessários.

MENAÉM

Esse foi o nome do décimo sexto rei de Israel. Ver o artigo geral sobre *Israel, Reino de*. Esse artigo alista todos os reis de Israel, dando as suas datas e uma breve descrição de seus reinados. Ver também *Israel, História de*.

1. Nome e Família. O nome desse rei, em hebraico, significa "consolador". Ele era filho de Gadi, o que pode significar que ele pertencia à tribo de Gade, e não que seu pai, realmente, tivesse esse nome. Fora à parte essa pequena informação, nada sabemos acerca de seus antecedentes.

2. Caracterização Geral. No texto bíblico ele aparece abruptamente, parecendo ter sido um dos chefes militares do rei Zacarias. Quando soube do assassinato daquele rei, e de como Salum, o assassino, havia usurpado o trono, marchou imediatamente de Tirza (onde recebera tais notícias) para Samaria, a capital do reino do norte. Menaém matou Salum e tornou-se rei por usurpação, por sua vez. A cidade de Tifsa (ver o quarto ponto, abaixo) recusou-se a aceitar o seu governo, pelo que ele prontamente marchou contra a mesma e ordenou uma grande e bárbara matança, acerca do que Josefo (ver *Anti.* 9.11,1) fez comentários mordazes. Josefo disse que nem mesmo da parte de estrangeiros se poderia esperar coisas tão terríveis como aquelas que Menaém fez. Tendo começado tão horrendamente, naturalmente ele aderiu aos pecados de *Jeroboão* (vide). Porém, as dificuldades estavam tão somente começando. Os assírios estavam expandindo seus territórios, e Israel tornou-se alvo dessas conquistas. Menaém, porém, foi capaz de evitar a invasão assíria mediante o pagamento de cinquenta siclos cobrados de cada homem de posses em Israel. Não muito mais é dito acerca de Menaém. Esse suborno, entretanto, não livrou Israel por muito tempo, embora ele mesmo tivesse continuado a ocupar o trono até a sua morte que ocorreu em cerca de 742-741 a.C. Foi substituído no trono por seu filho, Pecaías. Menaém foi o último rei de Israel a ter um filho seu como sucessor. (Quanto aos registros bíblicos a respeito de Manaém, ver 2Rs 15.14-22). Seu reinado durou dez anos (cerca de 746-737 a.C.).

3. Data de seu Reinado. Uma das grandes dores de cabeça que cercam os estudos sobre o Antigo Testamento é a questão da cronologia. Ver o artigo *Cronologia*. Há estudiosos que pensam que é imprescindível determinar datas exatas, razão pela qual um ano ou dois torna-se motivo para intermináveis discussões. A arqueologia e as referências literárias antigas são evocadas para prestar seu testemunho, na busca pela solução desses enigmas cronológicos. Os sincronismos com base em 2Reis 15.17,23 informam-nos de que o reinado de Menaém deu-se entre o trigésimo nono e o quinquagésimo ano de Uzias, o que seria dez anos, mais o seu ano de ascensão ao trono. Tiglate-Pileser III tornou-se rei da Assíria em 745 a.C., e rei da Babilônia, com o nome de Pul, em 727 a.C., ou seja, apenas um ano antes de sua morte. Esses fatos são demonstrados pela correlação da Crônica Babilônica com a lista dos reis babilônios. O trecho de 1Crônicas 5.26, dá-nos essa identificação de nomes. Menaém é mencionado com seu nome em assírio, *Menihimmu*, nos anais de Tiglate-Pileser, que diz ali que Menaém pagou tributo ao império assírio. Essa referência literária tem sido datada por Albright como pertencente a 738 a.C. Ele parte da data mais remota em que esse rei assírio pode ter morrido. Todavia, a questão tem dado margem a muitos debates, e poderíamos pensar que aquela referência fala sobre algum outro ano. Isso posto, não nos ajuda muito tentar marcar uma data exata para o reinado de Menaém, rei de Israel. Alguns pensam que ele reinou entre 752 e 742 a.C., mas outros falam em 745 e 738 a.C. Essa última possibilidade não aceita como exato o sincronismo com 2Reis 15.1. Na verdade, a questão dos reinados e correinados dos monarcas sempre provocou confusão quanto às datas de governo de qualquer dos reis antigos. Alguns estudiosos tentam datar o reinado de Menaém como mais antigo, dando espaço para os reis restantes, que são mencionados em 2Reis 15.23,26 e 17.1. Os eruditos ainda não encontraram qualquer modo de computação que seja absolutamente certo, acerca dessa questão, pelo que a questão da cronologia bíblica, no tocante aos períodos de governo dos reis, forma um espinhoso problema para os eruditos.

4. O Problema de Tifsa. O nome dessa cidade, no grego, tinha a forma de *Thapsacus*. Ficava no alto curso do rio Eufrates, embora sua localização não possa agora ser determinada com exatidão. Os críticos textuais emendam o nome para *Sameque*, o que não representa muita modificação no hebraico. *Tifsa* poderia ter sido forma produzida por um erro escribal. Mas outros dizem que esse nome aponta para uma localidade não identificada, que tinha, realmente, esse nome. A Septuaginta diz *Tapua* (vide), o que tem sido seguido por algumas traduções, mas sem apoio nos antigos manuscritos, mas somente naquela versão. Além da identificação geográfica do lugar, um outro problema é o da excessiva brutalidade que o rei Menaém usou contra seus compatriotas israelitas, ultrapassando o que se poderia esperar de um pagão. Mas, quando se trata de um político sedento de poder, qualquer coisa pode suceder, até mesmo matanças, e a questão de raça em coisa alguma impede tais violências. Consideremos os grandes expurgos de Stalin, da Rússia, entre a sua própria gente; ou os expurgos de Mao Tsé-Tung, na China Comunista. E também não é nenhum segredo o que aconteceu na Argentina, em tempos bem mais recentes. Talvez Menaém não tivesse agido pior do que Stalin.

5. Relações com a Assíria. Não há certeza se Maenaém pagou seu suborno (tributo) à Assíria, nos primeiros ou nos últimos anos de seu reinado, e os eruditos não concordam entre si a esse respeito. Sem importar qual tenha sido o caso, coisa alguma ficaria provada sobre o estado do poder assírio, se mil talentos de prata, pagos, não fossem o bastante para impedir uma invasão assíria, se a Assíria, naquele ponto dos acontecimentos, tivesse a capacidade de desfechar tal ataque. A história mostra-nos que os reinos sempre foram muito ambiciosos por tributos, e talvez, em certas ocasiões, fosse mais interessante receber tributo do que invadir outra nação e defrontar-se com uma multidão de problemas. O fato foi que, a fim de pagar tanto dinheiro, Menaém impôs uma taxa sobre sessenta mil pessoas, aquelas que eram mais endinheiradas. Incidentalmente, isso mostra que eram mantidos registros cuidadosos dos cidadãos de Israel, de tal modo que o governo sabia qual a situação financeira dos indivíduos. A taxa envolveu o preço de um escravo (ver Zc 11.12), o que consiste em uma curiosidade para nós. Um tributo similar foi cobrado por Tiglate-Pileser III, de Peca, e por Senaqueribe, de Ezequias. Porém, Adade-Nirari realmente se saiu bem quando levou 2.300 talentos de prata, de Damasco, em 806 a.C., além de vinte talentos de ouro. Menaém, como é claro, estava barganhando para permanecer mais tempo no trono. Talvez, incidentalmente, ele estivesse interessado na independência de Israel. Sem dúvida, ele agia pragmaticamente. Mas talvez ele tivesse pensado ser mais fácil negociar com a Assíria do que com outros inimigos, como a Síria e a Fenícia. Tal avaliação, porém, mostrou estar equivocada, e o cativeiro assírio (vide) ocorreu não muito tempo depois.

MENE, MENE, TEQUEL, UFARSIM

1. As Palavras. Essas palavras são aramaicas e significam **"numerado, pesado, dividido"**, as quais foram interpretadas por Daniel (Dn 5.5,25-28), como uma predição de condenação contra Belsazar e seu reino babilônico. A mensagem completa era a seguinte: "MENE: Contou Deus o teu reino, e deu cabo dele". "TEQUEL: Pesado foste na balança, e achado em falta". "PERES: Dividido foi o teu reino, e dado aos medos e aos persas". Belsazar e seu povo haviam sido pesados e achados leves demais, na balança divina, não podendo contrabalançar o juízo divino iminente. Os medos e persas, povos irmãos, haveriam de tornar-se o império mundial seguinte.

2. A Interpretação. Demos acima tanto a interpretação de Daniel quanto uma interpretação histórica do que veio a suceder. Os astrólogos, oficiais e adivinhos babilônicos não puderam nem ler e nem interpretar a mensagem. Visto que as palavras são caldaico puro, é difícil perceber a razão pela qual não as puderam ler. Talvez tivessem sido inscritas de forma visionária, não podendo ser lidas por olhos profanos. Ou, então, "ler", nesse caso (ver Dn 5.7,8), signifique "ler com entendimento". Nesse caso, eles reconheceram as palavras, mas não souberam dizer qual o seu significado. O próprio rei estava aterrorizado e perplexo, e chamou seus sábios, na esperança de lhe fornecerem uma resposta. Mas isso só foi feito por Daniel (ver Dn 5.24 ss.), presumivelmente por divina interpretação. O mistério não estava no deciframento das palavras, mas no significado delas. A interpretação dada pressupõe o texto massorético. A palavra "mene", duplicada como foi, ocorreu por ditografia escriba, para efeito de ênfase, ou propositalmente, a fim de fazer as quatro palavras corresponderem aos quatro reinos de Daniel, nos capítulos segundo e sétimo de seu livro, a fim de emprestar à mensagem uma espécie de simetria. Pessoalmente, penso que a repetição visava à ênfase.

3. As Circunstâncias. O rei *Belsazar* (vide) organizara um imenso festim. Por pura ostentação, foram exibidos os vasos de ouro e de prata que Nabucodonosor, seu pai, havia retirado do templo de Jerusalém. Isso simbolizava o poder da Babilônia, e como a Babilônia havia reduzido a nada outras nações. Mas também era um ato de desrespeito para com *Yahweh, o Deus de Israel*. Ademais, os babilônios exaltavam às suas próprias divindades, representadas por ídolos feitos de ouro, de prata, de bronze, de ferro, de pedra e de madeira. Isso posto, o festim era uma orgia idólatra e blasfema. Foi em meio à festa que os dedos de um homem apareceram e escreveram sobre a caiadura da parede. E o rei, estando perto, pôde observar todo o acontecimento. Pode ter havido uma escrita literal, que deixou marcas sobre a parede, ou pode ter sido uma visão compartilhada por todos os convivas. Seja como for, foi um acontecimento impressionante, que arrebatou a atenção de todos os presentes e os deixou aterrorizados.

4. A Providência Divina. Deus é quem dera aos babilônios e a Belsazar o poder que eles tinham. Não obstante, não reconheceram isso, nem apreciaram sua significação. (Ver Dn 5.18-20). Deus dava a eles até mesmo a vida que tinham, simbolizada pela respiração deles (vs. 23). No entanto, Deus não estava sendo honrado por eles. Antes, volveram-se para os ídolos e para a bebedeira como sua maneira de viver. Portanto, a mesma providência divina que lhes havia dado todas aquelas coisas e vantagens, agora as removia deles, com a total desintegração do próprio império babilônico.

5. Lições Espirituais. Os propósitos e a *Providência de Deus* incluem até mesmo os povos pagãos. Nada existe fora do controle do poder de Deus. Até mesmo os pagãos têm a responsabilidade de manusear corretamente os dons e privilégios que recebem, e tanto mais os indivíduos regenerados. Deus é um Deus teísta, e não deísta. Deus intervém, castiga e recompensa aos homens, de acordo com as obras de cada um. Quanto maior é o privilégio recebido, tanto maior deve ser o senso de responsabilidade. Ver os artigos intitulados *Teísmo* e *Deísmo*.

MÊNFIS

1. Nome. No egípcio, essa palavra é *Mo-nfr*. No hebraico, temos *Mop* ou *Nop*. No começo, essa cidade era chamada *inb-hd*, "muralha branca". Então, tornou-se *Menefer*, o nome da pirâmide que comemorava Pepi I, da VI Dinastia egípcia. Essa palavra acabou corrompida para *Mênfis*. Um nome alternativo dessa cidade era *Hi-k-up-tah*, cuja raiz significa "casa do espírito de Ptá". Dessa palavra é que se deriva o nome *Egito*. *Menefer*, por sua vez, alicerça-se sobre o egípcio *Man nofri*, que significa "a habitação", conforme somos informados por Plutarco (*Isid. Et Osir.*, cap. 20). Ela também era chamada *Pthah-ei*, "residência de Ptá". Há uma lenda que diz que Menes foi o primeiro rei humano do Egito, e alguns ligam o nome dele ao nome dessa cidade; mas, mais provavelmente, a lenda inventou esse nome a fim de "explicar como as coisas começaram", e, mediante um som similar, chegou-se ao seu nome. Nesse caso, o nome daquele rei derivou-se do nome dessa cidade, e não vice-versa.

2. Geografia. Mênfis ficava localizada às margens do rio Nilo, cerca de 24 quilômetros do ponto mais nortista do rio, e cerca de 21 quilômetros ao sul da moderna cidade do Cairo. Uma cidade moderna, chamada Mit Rahineh, ocupa parte do antigo local.

3. Esboço Histórico. As tradições dizem-nos que Menes (3100 a.C.) foi o fundador de Mênfis, e que também unificou o Egito, formando um único império, fazendo dessa cidade a sua capital. Sem importar se isso exprime a verdade ou não, o fato é que essa cidade foi capital do Reino Antigo, tendo retido essa posição até o final daquela era (cerca de 220 a.C.). Então, ao deixar de ser a capital, Tebas passou a ocupar esse privilégio. Contudo, Mênfis continuou sendo cidade importante, mormente como centro religioso. Os etíopes capturaram-na em 630 a.C.; os assírios fizeram a mesma coisa em 731 e 666 a.C. Os persas apossaram-se dela em 525 a.C. Durante o período persa, Mênfis foi um centro cosmopolita, tendo sido visitada pelo historiador grego Heródoto. Alexandre, o Grande, visitou a cidade; mas Alexandria ultrapassou-a em muito. Após isso, pouco mais se registra sobre a cidade, até à conquista dos islamitas. Eles usaram material retirado de suas ruínas para edificar o Cairo, a princípio chamado *al-Fustat*. Isso ocorreu no século VII d.C.

4. Arqueologia. As escavações começaram em Mênfis, em 1909. Essa primeira campanha arqueológica prolongou-se até 1913. O principal arqueólogo foi Sir Flinders Petrie. Foram descobertos o templo e a acrópole de Ptá. Houve outros dois períodos de escavações, encabeçados por C. S. Fisher, em 1915—1919, e novamente, em 1921-1922. Restos do templo de Ramsés II (1301-1234 a.C.) foram, então, descobertos, como também uma capela de Seti I (1313-1301 a.C.), vários túmulos datados de cerca de 800 a.C.; restos de casa de embalsamamentos do boi Apis, com inscrições de Neco, de Apries (na Bíblia, Ofra) e de Sesonque (na Bíblia, Sisaque). A Universidade de Pennsylvania auspiciou essas escavações de 1954 a 1956, do que resultaram muitos artefatos descobertos. Entre os restos encontrados podemos mencionar ruínas de uma vintena de pirâmides, e a famosa esfinge. Também devemos mencionar as pirâmides de Djedefre, em Abu Rawash, as de Quéopes, Quéfren e Miquerinos, em Gizé, e as da V Dinastia, em Abisir.

5. Importância Religiosa. O deus supremo de Mênfis era Ptá. Ele era considerado o criador, o patrono das artes e dos ofícios, e era concebido como dotado de imensos poderes. Seus ídolos exibem-no com a forma de um homem, com barba reta, cabeça lisa (provavelmente careca), à moda dos egípcios, que rapavam os cabelos. Ele brandia um cetro que indicava seu poder real. Uma estela do tempo de Sabaca (cerca de 700 a.C.) dá-nos algum discernimento quanto à teologia que circunda esse deus. Presumivelmente, ele teria criado todas as coisas mediante a força de seu pensamento, conforme muitos filósofos idealistas têm dito ser possível. E também teria criado as coisas falando para elas virem à existência, *à moda do livro de Gênesis*. Naturalmente, ele não era a única divindade de Mênfis. Ele formava uma tríada divina, juntamente com Ptá, sua esposa, e o filho deles, Nefertem. A adoração ao boi, tão popular no Egito, fazia parte do culto religioso de Mênfis. Ver sobre o *Boi Ápis*. Entre os seus chifres aparecem o disco solar e uma serpente. Esse boi era considerado encarnação de Ptá e de Osíris. Quando Osíris foi combinado com o boi Ápis, tornou-se Serápis. Ver o artigo geral intitulado *Deuses Falsos*. Ver o artigo chamado *Tríadas (Trindades) na Religião*.

6. Nas Páginas da Bíblia. Os hebreus chamavam essa cidade de *Nofe* (ver Is 19.13) ou *Mope* (ver Os 9.6). Jeremias falou sobre os ultrajes da cidade (Jr 2.16), tendo predito que Nabucodonosor derrotaria os egípcios, e que os israelitas que estivessem então residindo em Mênfis seriam feitos prisioneiros. Ezequiel também profetizou acerca dessa cidade (Ez 20.13-16). A cidade é mencionada um total de oito vezes, nos livros proféticos. Talvez a mais notável profecia de condenação de Mênfis seja a de Ezequiel, que atacou amargamente a sua idolatria, predizendo a destruição da cidade. Jeremias predisse que a cidade ficaria desolada e em totais ruínas. Alguns intérpretes pensam que a ausência comparativa de ídolos, descobertos no Egito (embora saibamos que a idolatria tivesse sido intensa ali) pode ser explicada pela vasta destruição de seus templos e artefatos, por exércitos inimigos invasores.

MÊNFIS, VERSÃO DO NOVO TESTAMENTO

Além das duas principais versões egípcias do Novo Testamento — a saídica e a boárica, também houve outras, em quatro outros dialetos: a menfítica; a faiúmica; a acmímica e a subacmímica. Todavia, nesses dialetos faltam largas porções do Novo Testamento. Cerca de metade do Evangelho de João existe em um manuscrito pertencente ao século IV d.C., no dialeto faiúmico. No dialeto subacmímico há o Evangelho de João, em um papiro do século IV d.C. Há fragmentos de Mateus, Lucas, João, Tiago e Judas no dialeto acmímico, parte dos quais data dos séculos IV e V d.C. No tocante a versões do Antigo e do Novo Testamentos, o termo *menfítico* designa o que agora se chama boárico. Há alguns poucos fragmentos do Antigo Testamento. Mênfis era a principal cidade do Baixo Egito, e o adjetivo boárico refere-se àquela área do Egito. Esse nome deriva-se do árabe, *Bohairah*, que é dado à região. Em consequência, *menfítico* e *boárico* são meros sinônimos. Existem mais de cem manuscritos da versão boárica; e o mais antigo é um manuscrito dos Evangelhos, com data de 1173 - 1174 d.C. Quanto a completas informações a respeito, ver *Manuscritos, Novo Testamento* e *Versões Antigas*. A versão egípcia, grosso modo, tem o tipo alexandrino de texto, o mais antigo representante de tipo de texto regional do Novo Testamento.

MENI (DESTINO)

No hebraico, **"destino"**, **"sorte"**. Esse era o nome de uma divindade pagã, mencionada em Isaías 65.11. O profeta Isaías queixou-se que o povo de Israel esquecera-se do culto a *Yahweh* a fim de armar mesas de banquetes à Fortuna (o deus *Gad*) e ao *Destino* (o deus *Meni*). O culto religioso sempre envolveu a ideia de banquetes. O alimento é oferecido aos deuses, mas é consumido pelos homens. Não se sabe ao certo que povos adoraram, a princípio, os deuses Gad e Meni. Alguns estudiosos têm sugerido a Babilônia, mas outros pensam na Ásia Ocidental. Ver o artigo geral intitulado *Deuses Falsos*.

MENINA

No hebraico, *yaldah*, que significa, literalmente, **"nascida"**. Em Joel 3.3 e Zacarias 8.5, a palavra parece significar, apenas, "menina". Mas em Gênesis 34.4, onde a palavra é traduzida por "jovem", em nossa versão portuguesa, parece que o termo refere-se a uma donzela em idade de casamento, presumivelmente virgem, mesmo porque, em Israel, todas as jovens solteiras que havia, presumivelmente, eram virgens. O trecho de Zacarias

8.5 fala tanto sobre meninos como sobre meninas. No Novo Testamento, temos a palavra grega *kore*, "menina", em sua forma diminutiva, *korasion*. Mas também encontramos a forma diminutiva *paidiske*, derivada de *pais*, "criança". *Korasion* é palavra que aparece no Novo Testamento por um total de oito vezes (Mt 9.24,25; 14.11; Mc 5.41,42; 5.22,28, neste último versículo, por duas vezes). *Paidiske* pode significar "menina" (Mt 26.69; Jo 18.17; At 12.13), menina escrava (At 16.16) ou serva (Gl 4.22,23,30,31). Essa palavra aparece por um total de treze vezes, nas páginas do Novo Testamento.

MENINA (DONZELA)

Devemos pensar aqui sobre certa variedade de palavras hebraicas e gregas:

No hebraico. **1**. *Negebah*, "menina", similar a *naarah* (2Rs 5.2,4; Ed 2.4,9,13). Ver seu uso em Levítico 12.5. Corresponde ao termo grego *paidíske* (Mc 14.55), designando uma criança do sexo feminino, do nascimento à adolescência. Esse termo hebraico ocorre somente em Levítico 12.5. **2**. *Bethulah* (Êx 22.16; Jz 19.24; Jó 31.1; Sl 78.63; Jr 2.32;51). Essa palavra significa "virgem", podendo tanto indicar uma virgem recém-casada, ou mesmo uma jovem esposa (ver Jl 1.8). Metaforicamente, cidades e países também eram designados por essa palavra, mais ou menos como usamos os pronomes "ele" ou "ela" para indicar um país ou uma cidade. (Ver Jr 18.13; 31.4,21; Am 5.2). Tal termo ocorre por nada menos de 61 vezes no Antigo Testamento. **3**. *Almah* (Gn 24.43; Êx 2.8; Sl 68.25; Is 7.14). Essa é a palavra em torno da qual os estudiosos têm debatido tão acaloradamente, visto que aparece na passagem messiânica de Isaías 7.14, sendo citada em Mateus 1.23 mediante o termo grego *párthenos*, "virgem". A própria palavra hebraica, *almah*, significa "mulher jovem". Porém, visto que toda mulher jovem e solteira, em Israel, segundo se esperava, era uma virgem, algumas vezes a palavra era usada nesse sentido secundário. *Bethulah*, mais frequentemente, era usada para indicar a ideia de "virgem". Essa palavra, *almah*, ocorre por catorze vezes nas páginas do Antigo Testamento. Ver o artigo intitulado *Nascimento Virginal de Jesus*. **4**. *Shipheah* (Gn 30.7 *ss.*; Sl 123.2; Is 24.2), "criada". Essa palavra hebraica ocorre por 63 vezes no Antigo Testamento. É usada no Antigo Testamento como sinônimo da palavra seguinte, número cinco. **5**. *Amah*, "escrava" ou "criada" (ver Gn 30.3; Êx 21.20; Lv 25.6; 1Sm 1.11; Sl 116.16). Esse vocábulo hebraico aparece por 51 vezes no Antigo Testamento.

No grego. **1**. Korásion, forma diminutiva e posterior de *kóre*, "menina", "menina pequena", palavra comumente usada na Septuaginta, por 29 vezes. É empregada por oito vezes no Novo Testamento (Mt 9.24,25; 14.11; Mc 5.41,42; 6.22,28 e Ap 18.9). **2**. *Neanis, jovem*. Usada por 39 vezes na Septuaginta, mas por nenhuma vez no Novo Testamento. **3**. *Paidíske, menina*. Essa palavra é forma diminutiva de *pais*, "criança", sendo usada por noventa vezes na Septuaginta e por treze vezes no Novo Testamento (Ver Mt 26.69; Mc 14.66,69; Lc 12.45; 22.56; Jo 18.17; At 12.13; 16.16; Gl 4.22,23,30,31). A palavra normal, *pais*, "criança", é usada por 24 vezes no Novo Testamento, e indica tanto uma criança quanto um jovem, do sexo masculino ou do sexo feminino. **4**. *Párthenos, virgem*, Usada por 64 vezes na Septuaginta, embora nem sempre com o sentido de "virgem". Interessante é que em Gênesis 24.16; Mateus 1.18; Lucas 1.27 temos a palavra nesse sentido; e, em Apocalipse 14.4, até mesmo indicando homens. Esse vocábulo grego é usado por catorze vezes no Novo Testamento (Mt 1.23; 25.1,7,11; Lc 1.27; At 21.9; 1Co 7.25,28,34,36,37; 2Co 11.2; Ap 14.4). Essa é a palavra que é tradução de *almah*, termo hebraico que aparece em Isaías 7.14 e em Mateus 1.23. Assim sendo, *párthenos* é a interpretação neotestamentária de *almah*. Ver os artigos intitulados *Virgem* e *Nascimento Virginal de Jesus*.

MENINA DO OLHO

Expressão que indica a *pupila* do olho. Metaforicamente era usada para indicar algo *precioso*, que tinha de ser ciosamente guardado. O termo hebraico por detrás do vocábulo significa "homenzinho", provavelmente uma alusão à pequena imagem que uma pessoa vê de si mesma, refletida nos olhos de outra pessoa. Há também outras expressões hebraicas como "filha do olho" ou "portão". (Ver Dt 32.10; Sl 17.8 e Zc 2.8, que enfatizam os cuidados de Deus por seu povo, e também Pv 7.2, que fala sobre a preciosidade da lei divina. Em Lm 2.18, o termo é usado como símbolo das lágrimas). (SZ)

MENORAH

Essa é a palavra hebraica que indica o candeeiro com sete braços, usado no tabernáculo (ver Êx 25.31-40; 37.17-24), e, então no templo de Jerusalém (ver Zc 4.2-5,10-14). Ver o artigo separado sobre o *Candeeiro de Ouro*.

De acordo com a tradição popular, a luz divina do *menorah* simboliza a presença de Deus (no hebraico, *shekinah*). Essa tradição também diz que essa luz jamais se apagou, até que a glória de Deus se afastou voluntariamente do templo de Jerusalém. Isso teve lugar, segundo a mesma tradição, pouco antes de o templo ser destruído. Em cada sinagoga há uma imitação do *menorah*, e que simboliza ali, entre outras coisas, o espírito iluminador e inextinguível do *judaísmo*.

Menorah

MENSAGEIRO (ARAUTO)

No aramaico, *karoz*, que ocorre somente em Daniel 3.4. Ver também o artigo intitulado *Proclamação*.

Um *arauto oficial*, usualmente, era um representante do governo. Os arautos é que levavam as mensagens oficiais do governo. Apesar de que o Antigo Testamento não chama, especificamente, os profetas de arautos, era exatamente isso que eles eram. Assim Sião é uma anunciadora de coisas boas, em Isaías 40.9. Em Gênesis 41.43 e Ester 6.9 *ss.*, a função dos arautos pode ser vista por alguém que corria adiante da carruagem real, proclamando alguma mensagem aos ouvidos do povo. Em Daniel 3.4, o arauto aparece operando, ao tornar conhecida a vontade do rei. Nos escritos dos rabinos vemos os arautos sendo usados para fazer anúncios públicos, incluindo os ensinamentos da lei.

No Novo Testamento, os arautos do evangelho são os evangelistas, os pregadores e os mestres cristãos. A ideia de "pregador" aparece no Novo Testamento grego mediante a palavra *kerússo*, "pregar". Ver o artigo sobre *Pregar, Pregação*.

MENTIRA (MENTIROSO)

1. Definições Básicas. Há um longo artigo sobre os *Vícios*, onde é comentado o vício da mentira. *Mentir* é fazer declarações propositalmente falsas, meias verdades que envolvem falsas impressões. Um exagero proposital é um tipo de mentira, como também o é uma declaração parcial proposital. Até mesmo as verdades proferidas com o intuito de enganar, naquilo em que visam iludir, não passam de mentiras. Entretanto, as histórias de ficção, escritas ou filmadas, embora não correspondam à realidade, não são mentiras, visto que não se propõem a narrar fatos, mas tão somente simbolizam fatos e ideias.

2. Palavras Bíblicas Envolvidas. No hebraico encontramos *kazab*, palavra usada por 29 vezes (conforme se vê, por exemplo em Jz 16.10,13; Sl 40.4; Pv 6.19; 14.5,25; 19.5,9; Is 28.15,17; Ez 13.8,9,19; Dn 11.27; Os 12.1; Am 2.4; Sf 3.13). Também encontramos *sheqer*, que aparece no Antigo Testamento por cerca de 43 vezes com o sentido de "falsidade", "mentira", "mentiroso" etc., segundo se vê, para exemplificar (em Jó 13.4; Sl 63.11; 119.69; Is 9.15; 59.3; Jr 9.3,5; 14.14; 29.21,31; Ez 13.22; Mq 6.12; Hc 2.18; Zc 10.2 e 13.3). Ambas as palavras podem indicar "engano", "mentira". Outras palavras hebraicas bem menos usadas são *akzab* (Mq 1.14), *bad*, *"artifício"* (Jó. 11.3; Is 16.6; Jr 48.30); *kachash*, "fingimento" (Os 7.3; 10.13; 11.12; Na 3.1); *dabar*, "palavra de falsidade" (Pv 29.12). No grego encontramos *pseûdos*, "mentira", "falsidade", palavra empregada no Novo Testamento por sete vezes (Jo 8.44; Rm 1.25; 2Ts 2.11; 1Jo 2.21,27; Ap 21.27; 22.15). E também *pseûsma*, "falsidade", em Romanos 3.7.

3. Usos Bíblicos. Os homens mentem, principalmente, a fim de enganar. Essa palavra é usada nas Escrituras para indicar as declarações falsas dos homens acerca de Deus e das realidades espirituais (Jr 14.14; Ez 13.9; Rm 1.25). A verdade divina é reduzida a uma mentira, pelas ideias e declarações dos homens. As mentiras dos homens pervertem, portanto, a verdade dita por Deus. Toda mentira cria uma falsa certeza (Is 28.15). Os resultados da mentira são o erro e a ilusão (Jr 23.32). Os padrões morais são solapados pelas mentiras (Rm 1.26 ss.). Deus não pode mentir, mas precisa julgar (1Sm 15.29; Tt 1.2). Por isso, a mentira nunca é atribuída a Deus, mas é atribuída aos homens, como quando prestam falso testemunho (Pv 6.19). O ato de mentir era proibido pela lei mosaica (Êx 20.16; Lv 19.11). Os crentes deveriam reconhecer que o ato de mentir é próprio da vida velha, na incredulidade, devendo ser rejeitado pelo crente como uma roupa indesejável, segundo se vê em Colossense 3.9: *Não mintais uns aos outros, uma vez que vos despistes do velho homem com os seus feitos*. O trecho de João 8.44 apresenta Satanás como o pai da mentira. Os trechos de Apocalipse 21.27 e 22.15 mostram que os mentirosos habituais (que o fazem devido à sua natureza corrompida e não regenerada), ficam impedidos da salvação e do lar celestial.

4. Discussões Filosóficas. Será errada a mentira, em todos os casos? Alguns filósofos asseveram que há ocasiões em que mentir é melhor do que dizer a verdade. Um meu professor de filosofia deu um exemplo em classe, baseado na vida real, ocorrido durante a Segunda Guerra Mundial. Ele falou sobre um sacerdote católico romano que se viu envolvido no movimento de resistência subterrânea de um país debaixo do poder militar dos nazistas. Vidas dependiam dele. Quando foi apanhado, ele confessou, e não mentiu, dizendo aos alemães que, de fato, fazia parte daquele movimento. O resultado foi desastroso. Também poderíamos pensar no caso dos pacientes terminais. Tais pacientes devem ficar sabendo da verdade, ou, pelo menos em alguns casos, é melhor enganar o doente? Há pessoas que simplesmente querem saber seu estado, e a essas deveríamos dizer a verdade. Mas há outras que, segundo os médicos e seus familiares julgam, sentir-se-iam menos premidas se a verdade não lhes fosse revelada, pois assim enfrentariam a morte mais tranquilamente. Isso posto, em tais casos, seria melhor mentir a um paciente terminal. Se esses casos são exemplos de exceções válidas à regra contra a mentira, então podemos afirmar que, algumas vezes, a lei do *amor* é melhor servida por um engano (cuja intenção é aliviar o sofrimento), do que se dizendo a verdade chocante e brutal.

MEOLATITA

Esse adjetivo gentílico provavelmente indica **"nativo de Abel-meolá"**. (Ver 1Sm 18.19 e 2Sm 21.8). Esse adjetivo foi dado a Adriel, filho de Barzilai, que se casou com Merabe, uma das filhas de Saul. Em 2Samuel 21.8, em algumas traduções, ela é chamada de *Mical*, o que, sem dúvida, é um erro escribal. Nossa versão portuguesa faz a devida correção, para Merabe.

MEONENIM, CARVALHO DE

Nossa versão portuguesa, e a RSV, em inglês, dizem **"carvalho dos adivinhadores"**, em Juízes 9.37. A própria palavra hebraica, *meonenim*, significa "augures", derivada do termo hebraico *canan*, "agir encobertamente", referindo-se às práticas mágicas. Algumas traduções dizem ali "planície de Meonenim", mas é melhor dizer "carvalho", em lugar de "planície".

Alguns eruditos pensam estar em foco o carvalho de Moré, associado às vidas de Abraão (Gn 12.6), Jacó (Gn 35.4), Josué (Js 24.26) e Abimeleque (Jz 9.5). Este último foi feito rei perto do carvalho ou coluna que estava em Siquém. O carvalho em questão, ao que tudo indica, era um marco geográfico que, por razões desconhecidas, tornou-se um lugar onde eram feitas adivinhações. John Gill, comentando Juízes 9.37, afirmou que os carvalhos eram grandemente apreciados pelos idólatras. Eles costumavam reunir-se em árvores específicas, ou em florestas de carvalho (carvalhais), a fim de praticarem artes mágicas.

MEONOTAI

No hebraico, **"minhas habitações"**. Nome de um irmão de Hatate, filho de Otniel, pai de Ofra, sobrinho de Calebe (ver 1Cr 4.14). Ele viveu em cerca de 1440 a.C.

MERABE

No hebraico, **"aumento"**, ou, então, **"procedente de um chefe"**. Esse era o nome da filha mais velha do rei Saul (ver 1Sm 14.49). Saul tinha duas filhas, Merabe, a mais velha, e Mical, a mais nova. Saul havia determinado que a mais velha seria esposa de Davi. Porém, em vez disso, ela fora dada ao meolatita Adriel (ver 1Sm 18.19). Não se sabe dizer por que motivo Saul agiu assim, embora possamos estar certos de que houve alguma vantagem pessoal na jogada. Naturalmente, é de conhecimento geral que Mical, finalmente, tornou-se esposa de Davi. Merabe acabou dando à luz cinco filhos de Adriel, e o casamento de Davi com Mical terminou em um caso tempestuoso. Ver a história de Merabe em 1Samuel 14.49 e 18.17 ss.

Problema Textual. Algumas versões, seguindo alguns manuscritos da Septuaginta, em 2Samuel 21.8, dizem que os cinco filhos de Merabe eram filhos de Mical. O texto hebraico massorético reflete, nesse ponto, um equívoco escribal, embora o erro possa ter-se dado devido a um erro primitivo do próprio autor original, corrigido então na LXX, embora não em todos os manuscritos. Dois manuscritos hebraicos também dizem ali Merabe em vez de Mical, o que, sem dúvida, representa uma correção. Nossa versão portuguesa, corretamente, diz *Merabe*.

MERAÍAS

No hebraico, **"rebelião"**. Esse era o nome de um sacerdote liderante, contemporâneo do sumo sacerdote Joiaquim (Ne 12.12). Ele era o cabeça da família sacerdotal de Seraías, à qual Esdras também pertencia. Viveu por volta de 536 a.C.

MERAIOTE

No hebraico, **"rebelde"**. Mas outros estudiosos preferem pensar em "amargo". Esse foi o nome de duas personagens que aparecem na Bíblia, ambas descendentes da família sacerdotal de Aarão. **1**. Um filho de Zeraías, um sumo sacerdote da linhagem de Eleazar (1Cr 6.6,7,52; Ed 7.3). Alguns eruditos pensam que ele foi o antecessor imediato de Eli, e que, por ocasião de sua morte, o sumo sacerdócio passou da linhagem de Eleazar para a linhagem de Itamar. Esse homem viveu por volta de 1062 a.C. **2**. Um sacerdote liderante, cuja casa fazia-se representar, ao tempo de Joiaquim, por Helcai (Ne 12.15).

Problema Textual. Em Neemias 12.15, a Septuaginta dá a Meraiote um nome diferente, embora similar. Mas, em 1Crônicas 9.11, a Septuaginta diz Marmote, onde o contexto requer Meraiote. Nossa versão portuguesa segue o texto massorético, Meraiote, que é o correto.

MERARI (MERARITAS)

No hebraico, **"amargo"**, ou **"triste"**. Mas alguns estudiosos dizem que a raiz desse nome é *mrr*, que significa "fortalecer" ou "abençoar". Esse era o nome de um dos três filhos de Levi. Ele foi o genitor de uma importante família levítica (ver Gn 46.11; Êx 6.16,19). Sua família dividiu-se nos ramos dos malitas e dos musitas (ver Nm 3.20). Cabia-lhes a tarefa de carregar as armações, as barras, as colunas, as bases e os acessórios do tabernáculo (ver Nm 3.36, 37; 4.31-33; 7.8; 10.17; Js 21.7, 34, 40). Várias referências mostram a importância dos meraritas no trabalho envolvido no culto divino. (Ver 1Cr 6;9; 15; 23; 24; 26; 2Cr 29; 34 e Ed 8). O próprio merari só se tornou conhecido por haver dado seu nome a uma das três divisões importantes da tribo de Levi, ou seja, a uma família sacerdotal. Ele acompanhou a Jacó, em sua migração ao Egito. Os meraritas estavam subdivididos nas famílias dos malitas e dos musitas (ver Nm 3.20,33). Por ocasião do primeiro censo, eles totalizaram 6.200 homens. Quatro cidades lhes foram determinadas nos territórios das tribos de Gade, Rúben e Zebulom. Dentre essas cidades, a de Ramote-Gileade era uma cidade de refúgio (ver Js 21.34; 1Cr 6.63,77-81). Davi reorganizou a tribo (1Cr 23.6,21-23).

MEREDE

No hebraico, **"rebelião"**. Esse foi o nome do segundo filho de Esdras, da tribo de Judá (1Cr 4.17,18). Ele se casou com duas mulheres, uma judia (cujo nome não é dado) e Bitia, uma filha do Faraó, rei do Egito. Ele deve ter vivido em cerca de 1400 a.C. Ele era descendente de Calebe, filho de Jefuné.

MEREMOTE

No hebraico, esse nome parece significar **"alturas"**, ou seja, **"exaltações"**. Todavia, tal palavra também pode significar "orgulho", "altivez". Esse nome próprio pessoal só aparece na Bíblia para designar pessoas que viveram após o exílio babilônico, a saber: **1**. Um sacerdote, filho de Urias, descendente de Cós. Ele retornou do cativeiro babilônico em companhia de Zorobabel (Ne 12.3). Ficou encarregado dos vasos de ouro e de prata trazidos por Esdras (Ed 8.33). Provavelmente, ele foi o mesmo homem que reparou duas seções das muralhas de Jerusalém, segundo o registro de Neemias 3.4,21. Viveu em cerca de 459 a.C. **2**. Um leigo, dentre os descendentes de Bani, que se casara com uma mulher estrangeira, na época do cativeiro babilônico. Ao retornar a Jerusalém, ele precisou divorciar-se dela, visto que o novo pacto dos israelitas com *Yahweh* requeria essa medida. Qualquer aliança com estrangeiros era incompatível com as intenções religiosas do povo de Israel. Ver Esdras 10.36. Isso aconteceu por volta de 459 a.C. **3**. Um sacerdote ou uma família sacerdotal, que assinou pacto encabeçado por Neemias, quando um remanescente de Judá voltou do cativeiro babilônico. Ver Neemias 10.5. Alguns estudiosos identificam esse homem com o primeiro desta lista de três personagens. Nesse caso, teria vivido em torno de 459 a.C.

MERES

No hebraico **"digno"**, **"valoroso"**. Esse era o nome de um dos sete sábios conselheiros da corte medo-persa, mencionados Em Ester 1.14. Eles serviam ao rei Assuero. Seu tempo girou em torno de 483 a.C.

MERIBÁ

Ver o artigo sobre *Massá* e *Meribá*. Todavia, deve-se observar que a *Meribá* aqui estudada não é a mesma daquele outro artigo. Meribá é nome aplicado a duas localidades diferentes, onde, miraculosamente, esguichou água de uma rocha, para atender à necessidade de água para os sedentos israelitas, durante suas peregrinações pelo deserto do Sinai. Um desses locais é mencionado em Êxodo 17.1-7, discutido no artigo *Massá e Meribá*. O outro desses lugares é mencionado em Números 27.14. O incidente ali mencionado aconteceu perto de Cades, pelo que, em Deuteronômio 32.51, encontramos o nome "Meribá de Cades". Foi ali que foi dito que Moisés e Aarão desagradaram ao Senhor, devido à sua impaciência (ver Nm 20.10-12). Moisés desobedeceu a Deus, batendo na rocha por duas vezes, quando lhe fora dito que tão somente *falasse* com a rocha. Talvez a razão dessa proibição deveu-se ao fato de que bater na rocha poderia levar os israelitas a pensar que esse ato produzira o fluxo de água. Como é óbvio, e simples falar à rocha não poderia ter produzido naturalmente o fluxo da água. Assim sendo, a demonstração do poder divino foi obscurecida pelo ato de Moisés. Outros estudiosos opinam que o bater na rocha, na primeira vez, representava, simbolicamente, a morte única de Jesus, na cruz, um ato sem repetição. Seja como for, foi por causa desse pecado de desobediência que a Moisés não foi permitido entrar na Terra Prometida, e, metaforicamente falando, isso indica que a lei não pode ser a porta da salvação, embora possa conduzir-nos até à Porta, que é Cristo. (Ver Nm 20.12; 27.14; Gl 3.24, 25). *Meribá* significa "querela", "contenda", referindo-se às queixas de Israel contra o Senhor e contra Moisés, por motivo da falta de água para beber.

MERIBÁ DE CADES

Essa é a forma alternativa do nome *Cades-Barneia* (vide).

MERIBE-BAAL

Ver também sobre *Mefibosete* (2Sm 4.4). *Meribe-Baal* significa "Baal é advogado". Esse era o nome de um dos filhos de Jônatas, filho de Saul, primeiro rei de Israel. Ao que tudo indica, esse nome repetiu-se na família, ao longo dos séculos. Essa forma aparece em 1Crônicas 8.34 e 9.40, embora a mesma pessoa seja chamada *Mefibosete* (vide) em (2Sm 4.4; 9.6,10-12; 16.1,4; 19.24,25,30 e 21.7). *Bosete* (no hebraico, "vergonha") veio a substituir *Baal*, nome de uma divindade pagã bem-conhecida. Talvez essa modificação tenha sido propositalmente feita por algum escriba posterior (ou mesmo pelo autor original), que não tolerava escrever o nome de um deus cananeu, associado a uma das famílias reais de Israel. Porém, pode escrever "vergonha" (Bosete), demonstrando o seu desprazer, diante desse nome, aplicado a um dos netos de Saul. A mesma variação pode ser encontrada no caso do nome Is-bosete (ver 2Sm 2.8 e 1Cr 8.33).

MERODAQUE

Ver o artigo geral intitulado *Deuses Falsos*. Merodaque significa **"rei dos deuses"**. Em acádico era Marduque. Marodach era a adaptação hebraica desse nome. Seu nome aparece em várias combinações, nas páginas do Antigo Testamento, como Evil-Merodaque (2Rs 25.27; Jr 52.31) e Merodaque-Baladã (2Rs 20.12 e Is 39.1). Jeremias aludiu especificamente à

Babilônia e a essa divindade, quando disse: *Tomada é Babilônia, Bel está confundido, e abatido Merodaque...* (Jr 50.2). Ele vinha sendo adorado desde o segundo milênio a.C., quando, então, era a divindade suprema da Babilônia. Mas sua história retrocede a um tempo anterior a isso, visto que ele era uma divindade suméria, conhecida como *Amar-utu*, compartilhando, no panteão das divindades pagãs, de uma posição entre deuses como Anu e Bel, cujos imaginários atributos ele posteriormente foi absorvendo, conforme sua importância foi aumentando. Alguns estudiosos acreditam que o hino épico da criação, dos babilônios, foi composto em sua honra. Os eruditos pensam que esse deus aparece como uma das representações existentes na estela de Hamurabi.

MERODAQUE-BALADÃ

Essa é a adaptação hebraica, então passada para o português, do nome do rei babilônico que enviou uma embaixada a Ezequias (ver Is 39.1), Marduque-Apla-Idina III. Ele governou um distrito caldeu, o de Bit-Yakin, ao norte do golfo Pérsico. Afirmava-se descendente de Eriba-Marduque, rei da Babilônia, em cerca de 800 a.C., quando Tiglate-Pileser III, da Assíria, invadiu a Babilônia, em 731 a.C.

Sua associação com Ezequias e o cultivo de amizade com ele (foi enviado um presente ao adoentado rei de Judá), provavelmente tinha por intuito encorajar a Ezequias a revoltar-se contra os assírios. Mas Isaías, o profeta, fez oposição a esse plano, que resultou em nada. Foi assim que os próprios babilônios tomaram medidas para derrotar aos assírios. Quando Sargão I tornou-se rei, em 721 a.C., Merodaque-Baladã entrou na Babilônia e apossou-se do trono. Mas os assírios reagiram, atacando os aliados elamitas da Babilônia.

Sabe-se que Merodaque-Baladã manteve-se no trono até 710 a.C. Na Sargão I, tendo neutralizado os elamitas, foi capaz de entrar na Babilônia sem sofrer qualquer oposição, e apossou-se do governo. Embora Merodaque Baladã tivesse perdido quase todo o seu poder de mando, foi usado por Sargão I como um governante local, e não se revoltou contra Sargão durante todo o tempo em que o mesmo foi monarca. Entretanto, quando Sargão morreu (em 705 a.C.), Merodaque-Baladã esforçou-se para libertar os babilônios do jugo assírio, ocasião em que, possivelmente, buscou a cooperação de Ezequias. (Ver 2Rs 20.12-;19; Is 39). Entretanto, quem realmente estava brandindo o poder era Senaqueribe, que se apossou da Babilônia nomeando Bel-Ibni para ocupar o trono babilônico. Posteriormente, o mando passou para as mãos de um filho de Senaqueribe, Assur-Nadin-Sumi. Merodaque-Baladã, então, precisou fugir para a cidade costeira de Elão. A história informa-nos que Senaqueribe aprisionou a Nabusumiscum, filho de Merodaque-Baladã, naquela região, sobre a qual impôs o seu poder, mas nenhuma menção é feita ao próprio Merodaque-Baladã, nessa ocasião. Merodaque-Baladã morreu no território de Elão, antes que Senaqueribe conquistasse esse lugar, o que aconteceu em 694 a.C. Merodaque-Baladã é lembrado por seus amargos mas fúteis esforços por libertar os babilônios do poder assírio. Mas, como governante, pode-se dizer que ele era homem astuto, decidido e ambicioso.

MEROM, ÁGUAS DE. Ver sobre *Águas de Merom*.

MERONOTITA

Adjetivo gentílico dado aos nativos de um lugar presumivelmente chamado *Meronote*, acerca do qual nada se sabe. Nas páginas do Antigo Testamento, houve dois homens assim caracterizados, a saber: **1**. *Jedias*, que cuidava dos jumentos pertencentes a Davi (1Cr 27.30). **2**. *Jadom*, um daqueles que ajudaram a reparar as muralhas de Jerusalém, depois que o remanescente de Judá voltou do cativeiro babilônico para a terra santa (Ne 3.7). Esse versículo sugere que Meronote ficava perto de Gibeom e de Mispa. Mas isso é complicado pelo fato de que mispa, naquela passagem, é um texto duvidoso.

MEROZ

Não se sabe o significado desse nome. Mas refere-se a um lugar no vale de Esdrelom, ou nas proximidades, que tem sido identificado com a moderna Khirbet Marus, a doze quilômetros ao sul de onde morava Baraque (vide), em Cades-Naftali. No entanto, essa identificação não tem merecido a aprovação de muitos historiadores e arqueólogos. Débora, em seu cântico de vitória sobre os inimigos de Israel, encabeçados por Sísera, proferiu uma maldição contra Meroz, porquanto os seus habitantes não quiseram participar da guerra contra o adversário. A amargura da citada maldição sugere que Débora pensava que os habitantes de Meroz estavam na sagrada obrigação de responder à convocação à guerra. (Ver Jz 5.23).

Alguns estudiosos têm opinado que Meroz nem era uma cidade de Israel, mas antes, uma cidade dos cananeus, que tinham firmado um acordo com Israel, e que eles não quiseram cumprir. Essa afirmação deriva-se da convicção de que uma cidade pertencente aos israelitas jamais teria sido amaldiçoada, conforme o foi aquele lugar. Não há como solucionar, de forma absoluta, essa questão, e nem a localização exata de Meroz pode ser pronunciada com certeza.

MÊS

No Egito, os israelitas se familiarizaram com o ano de 12 meses de 30 dias cada um, com mais cinco dias adicionais para se conformarem com o ano solar de 365 dias, Heród. 2.4. Esse modo de contar é confirmado pela narração do Dilúvio, Gênesis 7.11-24; 8.3,4. Posteriormente, parece que os hebreus adotaram o mês lunar, como se depreende do sentido das duas palavras de que se forma a palavra mês, que denotam, respectivamente, lua nova e lunação, indicando o modo primitivo de contar o tempo; depreende-se igualmente de passagens como Gênesis 1.14; Salmo 104.19; Ecclus. 43.6-8; da observância dos dias da lua nova por meio de ofertas especiais a Jeová, Números 10.10; 28.11-14; 2Crônicas 2.4, e da coincidência entre a Páscoa, celebrada sempre na tarde do 14º. dia do mês, e a lua cheia, Salmo 81.1-5; Antig. 3.10,3,5; 4.4,6. A lunação exige um pouco mais de vinte nove dias e meio. Os meses, portanto, têm a média de 29 e 30 dias alternadamente. Porém, quando se fala em meses, entende-se sempre o período de 30 dias, *cf.* 20.29, Deuteronômio 34.8 com 21.13. Os meses distinguiam-se por meio de números. Os nomes dos primeiros quatro meses hebraicos encontram-se nas narrações do cativeiro. O primeiro mês chamava-se Abibe, Êxodo 13.4 etc.; o segundo mês, Zite, 1Reis 6.37; o sétimo, Etanim, 8.2, e o oitavo, Bul, 6.38. Depois do cativeiro, designavam os meses pelos nomes em uso comum entre os babilônios e outros povos semíticos.

MESA

Essa é a tradução de certo número de palavras hebraicas e gregas, com vários significados. Estão incluídas mesas rituais, mesas para comer, mesas para escrever e mesas dos cambistas.

I. TERMINOLOGIA. Há duas palavras hebraicas e duas palavras gregas envolvidas neste verbete, a saber: **1**. *Mesab*, "mesa redonda", "círculo". Esse termo hebraico aparece por apenas uma vez com esse sentido, a saber, Cantares 1.12. **2**. *Shulchan*, "mesa". Termo hebraico usado por setenta vezes (conforme se vê, para exemplificar, em Êx 25.23,27,28,30; 26.35; 30.27; 40.4,22,24; Lv 24.6; Nm 3.31; 4.7; Jz 1.7; 1Sm 20.29,34; 2Sm 9.7,10,11,13; 19.28; 1Rs 2.7; 4.27; 7.48; 2Rs 4.10; 1Cr 28.16; 2Cr 4.8,19; 9.4; 29.18; Ne 5.17; Jó. 36.16; Sl 23.5; 69.22; Pv 9.2; Is 21.5; 28.8; Ez 23.41; 39.20; 44.16; Dn 11.27; Ml 1.7,12). **3**. *Klíne*, "divã" (que os antigos usavam como mesa, deitados de lado). Palavra grega empregada por nove vezes (Mt 9.2,6; Mc 4.21; 7.4,30; Lc 5.18; 8.16; 17.34; Ap 2.22).

O verbo correspondente é usado por sete vezes (Mt 8.20; Lc 9.12,58; 24.5,29; Jo 19.30; Hb 11.34). **4**. *Trápeza*, "mesa". Vocábulo grego que ocorre por catorze vezes (Mt 15.27; 21.12; Mc 7.28; 11.15; Lc 16.21; 19.23; 22.21,30; Jo 2.15; At 6.2; 16.34, Rm 11.9 citando Sl 69.23); 1Co 10.21; Hb 9.2).

II. Mesas Rituais. No ritual dos hebreus, bem como de outros povos, as mesas sempre estiveram presentes, a partir da construção do tabernáculo.

1. Mesa dos Pães da Proposição ou da Presença. As instruções relativas à construção dessa mesa ritual aparecem em Êxodo 25.23-30. Ela era feita de madeira de acácia, com cerca de um metro de comprimento, meio metro de largura e setenta e cinco centímetros de altura. Era recoberta de ouro puro, com uma moldura de ouro em redor. Havia varas e argolas de ouro, usadas para o transporte dessa peça da mobília do tabernáculo. Essa mesa ficava do lado de fora do véu, no lado norte do tabernáculo (Êx 40.22). Foi consagrada para uso mediante azeite de unção (Êx 30.27). A cada sábado, um sacerdote arrumava doze pães asmos novos sobre essa mesa, em duas pilhas de seis pães cada, após terem sido retirados os pães anteriores, que então estavam com uma semana (Lv 24.5-8). Somente os sacerdotes podiam comer desses pães (Lv 24.9). Os coatitas é que estavam encarregados dos cuidados com a mesa (Nm 3.27-31), bem como de seu transporte, sempre que o tabernáculo tivesse de mudar de localização (Lv 4.1-8). Salomão mandou fazer uma mesa nova, de ouro, para o seu templo, em Jerusalém (1Rs 7.48). O rei Acaz havia contaminado o templo com suas práticas idólatras; por esse motivo, durante o reinado do rei Ezequias, os sacerdotes tiveram de purificar os móveis e utensílios do templo, incluindo a mesa dos pães da proposição (2Cr 29.18,19). Essa mesa foi destruída durante o incêndio do templo, provocado pelos babilônios (2Rs 25.9). Deve ter sido feita uma outra mesa, porque, se tivermos de acreditar em 1Macabeus 1.22, Antíoco IV Epifânio saqueou os tesouros do templo de Jerusalém, incluindo a mesa dos pães da proposição. Depois que Judas Macabeu derrotou o exército de Lísias, o templo foi reparado, e foram feitos novos vasos e utensílios para o mesmo (1Macabeus 4.49-51). A mesa dos pães da proposição é retratada no Arco de Tito, em Roma, como um dos troféus de guerra tomados pelos romanos, por ocasião da queda de Jerusalém, no ano 70 d.C.

O primeiro nome que esses pães recebem, no hebraico, é *lechem panim*, "pão da face" ou "pão da presença", conforme se vê em (Êx 25.30; 35.13; 1Sm 21.6; 1Rs 7.48 e 2Cr 4.19). Mais tarde surgiu uma outra expressão pare indicá-los, a saber, *lechem maareketh*, "pão do arranjo" (1Cr 9.32;29; 2Cr 13.11; Ne 10.33). No Novo Testamento, a expressão correspondente é *ártoi t~es prothéseos*, "pães da exposição" (Mt 12.4; Mc 2.26 e Lc 6.4), ou *próthesis tōn árton*, "exposição dos pães" (Hb 9.2). Por isso, muitos estudiosos não gostam da expressão "pães da proposição" que se encontra na Bíblia portuguesa, e, sim, "pães da exposição" ou "pães da presença".

2. Outras Mesas Rituais dos Hebreus. Salomão mandou fazer dez mesas, que pôs no templo de Jerusalém (2Cr 4.8). Eram feitas de prata, que Davi lhe entregara com esse propósito (1Cr 28.16). Em sua visão sobre o templo restaurado, Ezequiel viu doze mesas, oito para descarnar as vítimas sacrificiais e quatro para os instrumentos usados e para pôr sobre as mesmas os pedaços de carne (Ez 40.38-43).

3. Mesa do Senhor. Malaquias deixou registrado que a mesa do Senhor estava poluída (Ml 1.7,12). Ele se referia ao altar das ofertas queimadas. No Novo Testamento, essa mesma expressão refere-se à cerimônia da Ceia do Senhor (1Co 10.21).

4. Em Outras Religiões. Parece haver uma referência a certa prática idólatra pagã, que consistia em oferecer uma mesa posta à deusa Fortuna (Is 65.11), com o que concordaram os revisores de nossa versão portuguesa da Bíblia. Por sua vez, a "mesa dos demônios", aludida pelo apóstolo Paulo, refere-se às refeições sacrificiais dos pagãos (ver 1Co 10.21). O papiro 110 de Oxyrhynchus contém a seguinte sentença, muito parecida com a de Paulo: "Chairemon vos convida para uma refeição à mesa do senhor Serápis". (Ver também Sl 69.22).

III. Mesas para Comer. As residências de pessoas comuns, no antigo Oriente, Próximo e Médio, eram servidas com um mínimo de utensílios domésticos. Os comensais ficavam acocorados, em algum lugar perto da mesa, mesmo enquanto comiam. Esse costume até hoje é praticado por muitos, naquelas regiões. Somente aqueles que residiam em palácios ou residências mais abastadas estavam acostumados com cadeiras, mesas e camas (2Rs 4.10). As mesas, usadas nas refeições, entretanto, eram bem baixas, visto que as pessoas sentavam-se sobre tapetes, para comer (Is 21.5). As mesas usadas nos tempos do Novo Testamento já eram um tanto mais altas, porquanto lemos sobre cães que vinham lamber as migalhas deixadas cair sob as mesas, por seus donos (Mc 7.28).

1. Mesas dos Governantes. Como governante egípcio que era, José comeu em uma mesa separada da mesa de seus irmãos (Gn 43.34). Os inimigos derrotados, com frequência, comiam à mesa dos monarcas vencedores (Jz 1.7; 2Rs 25.29). Tanto Davi quanto Jônatas comiam à mesa do rei Saul (1Sm 20.29,34), uma cortesia que, anos depois, Davi estendeu a Mefibosete, neto de Saul (2Sm 9.7), como se ele fosse um de seus próprios filhos. As provisões servidas sobre a mesa de Salomão eram riquíssimas e abundantes (1Rs 4.27). Quando contemplou essa mesa servida, a rainha de Sabá "ficou como fora de si" (1Rs 10.5). Filhos de amigos leais de Davi comiam à mesa de Salomão (1Rs 2.7). Os falsos profetas comiam à mesa de Jezabel (1Rs 18.19). Oficiais, em número de nada menos de 150, comiam à mesa de Neemias, quando este era o governador de Judá (Ne 5.17).

2. Mesas no Lar. A Bíblia contém muitas referências a refeições tomadas em casa. A expressão mais frequentemente usada é "sentar-se à mesa". Um profeta de Judá sentou-se à mesa com um idoso profeta de Betel (1Rs 13.20). Aquilo que se servia à mesa de algum homem próspero, segundo certa expressão antiga, seria "cheio de gordura" (Jó. 36.16). O costume neotestamentário, seguindo as práticas dos gregos, era o de reclinar-se pelo lado de fora de mesas baixas. Certa mulher veio ungir os pés de Jesus, estando ele reclinado à mesa (Lc 7.38). Isso não teria sido possível se ele estivesse sentado com os pés por baixo da mesa, conforme acontece atualmente quando nos sentamos à mesa. A última Páscoa, celebrada por Jesus e seus apóstolos, foi comida estando os comensais na posição reclinada, contrariamente à representação artística comum da chamada "Última Ceia". (Ver Lc 22.21; Jo 13.23; ver também Mt 8.11; 15.25,26; 26.20; Mc 2.15; Lc 7.37; 14.15; 24.30; Jo 12.2 etc.), onde, no original especialmente, todos os verbos usados sugerem a posição reclinada, e não sentada. Na igreja primitiva, os apóstolos tiveram de enfrentar um problema, o da distribuição equitativa entre as viúvas, incapacitando-a a devotar todo o seu tempo à pregação. O resultado foi a escolha de sete homens, considerados os primeiros diáconos da igreja, "para servir às mesas" (At 6.1-6). A moderna Páscoa dos judeus (a Pesach) encontra seu ponto culminante na *Seder*, um pequeno banquete em nível doméstico, onde todos os membros de uma família se reúnem em torno da mesa e participam da cerimônia, que gira, essencialmente, em torno do relato dos acontecimentos relativos ao êxodo de Israel do Egito.

IV. Mesas de Cambistas. Essas eram mesinhas, parecidas com banquetas, por detrás das quais os cambistas judeus costumavam sentar-se, enquanto trocavam as moedas por outras, utilizáveis no templo de Jerusalém. Os cambistas, realmente, ficavam acocorados, de pernas cruzadas. Foram mesinhas assim que Jesus derrubou, quando se indignou diante do comercialismo que se instalara nos recintos externos do templo (Mt 21.12; Mc 11.15; Jo. 2.15).

MESA

V. Usos FIGURADOS. Talvez o uso figurado mais notório seja aquele que se encontra em Provérbios 9.1,2: *A sabedoria... arrumou a sua mesa...* Isso simbolizaria os benefícios próprios de uma vida piedosa. Em Salmo 23.5, temos um quadro sobre o cuidado protetor de Deus. Em Isaías 28.8, lemos: *Porque todas as mesas estão cheias de vômito, e não há lugar sem imundícia*. Isso indica a tremenda imundícia moral que prevalecia, na época entre os sacerdotes e os falsos profetas, no reino do norte, Israel. De fato, em Ezequiel 23.41, Israel é retratada como uma prostituta que ficava sentada à mesa, esperando os seus amantes. Em suas parábolas, Jesus referiu-se, com frequência, a mesas (Lc 12.37; 17.7; 22.27).

VI. Usos ESCATOLÓGICOS. Aos fiéis ao Senhor foi prometido que eles comeriam e beberiam com ele, em sua mesa, quando for inaugurado o seu reino na terra (Lc 13.29; 22.30). Isso, os crentes fiéis farão, em companhia de Abraão, Isaque e Jacó (Mt 8.11). Em certo trecho de seu livro, Ezequiel compara a satisfação sentida, diante da mesa do Senhor, a fim de julgar, ao convite feito às aves e aos animais para se banquetearem com as carnes dos inimigos mortos (Ez 39.20). Essa ideia dos remidos julgarem o mundo é reiterada no Novo Testamento. Por exemplo: *Ou não sabeis que os santos hão de julgar o mundo?* (1Co 6.2). Portanto, escudados no trecho de Ezequiel 39.20, descobrimos que não o faremos de má vontade, mas antes, com grande satisfação íntima.

MESA (NOME PRÓPRIO)

No hebraico, **"distrito do meio"**. Esse era o nome de uma localidade e de três pessoas, nas páginas da Bíblia: **1**. A localidade chamada *Mesa* marcava o limite do território dos descendentes de Joctã (ver Gn 10.30). O outro limite era *Sefar* (vide). Talvez Mesa seja idêntica a *Massá*, no norte da Arábia, embora a maioria dos eruditos diga que Mesa ficava na parte sul da Arábia, pois, com quase absoluta certeza, era ali que se encontrava Sefar. Seja como for, nenhuma localidade com essa designação tem sido encontrada pelos estudiosos, naquela região. **2**. Um filho de Saaraim, que pertencia à tribo de Benjamim, e que nasceu em Moabe (1Cr 8.9). **3**. O filho mais velho de Calebe, e irmão de Jerameel. Ele foi pai ou fundador de Zife (1Cr 2.42). Viveu em cerca de 1390 a.C. **4**. Mesa, rei de Moabe. A forma hebraica desse nome é levemente diferente da forma que aparece nos três casos anteriores, e significa "salvação". Sua história é contada em 2Reis 3. Naquela passagem, é dito que ele era um *noged*, ou seja, proprietário de um rebanho de ovelhas, e era famoso em face da alta qualidade de sua lã. Ele governou os moabitas no século IX a.C., tendo sido contemporâneo de Acabe, filho de Onri, rei de Israel, bem como dos dois filhos de Acabe, Acazias e Jeroão, que também foram reis de Israel, a reino do norte.

Nos dias de Davi. Nesse tempo, os moabitas estiveram sujeitos a Israel. Mas, quando o reino de Israel dividiu-se em dois, os moabitas obtiveram sua independência, pelo menos durante um breve período. No entanto, Onri, do reino do norte, Israel, terminou por sujeitar novamente os moabitas. Essa condição continuou por cerca de quarenta anos. O rei Mesa, tendo obtido considerável poder, buscou novamente a independência de Moabe. Seu país, porém, foi obrigado a pagar um tributo excessivamente alto, sob a forma de lã de cem mil ovelhas e carneiros (ver 2Rs 3.4). Mesa tornou a rebelar-se, dessa vez com sucesso, depois da morte de Acabe, o que teria acontecido no segundo ano do reinado de Acazias, de acordo com Josefo (ver *Anti.* 9.2,1). A chamada *Pedra Moabita* (vide) informa-nos que esse levante ocorreu quarenta anos depois que Moabe ficara sujeita a Israel pela primeira vez. Porém, os estudiosos pensam que não se passou tanto tempo assim, visto que os reinados de Acabe e Onri, se somados, não chegaram a cobrir 34 anos. Entretanto, o número quarenta pode ter sido um arredondamento, sem querer indicar nenhum número exato.

Tentativa de Recuperação. Durante o reinado do segundo filho de Acabe, Jeorão, houve a tentativa de trazer Moabe de volta ao domínio de Israel (ver 2Rs 1.17; 3.4 ss.). Jeorão conseguiu a cooperação de Josafá, de Judá, pois este havia sofrido sob ataques dos moabitas (ver 2Cr 20). Além disso, o rei de Edom tornou-se aliado de Jeorão (ver 2Rs 3.9). E os aliados, padecendo devido à falta de água, apelaram para que Eliseu os ajudasse. A descrição que aparece em 2Reis 3.9 ss., parece falar sobre uma miraculosa provisão de água, porquanto não houve chuva. É possível, todavia, que tivesse chovido à distância, e que a inundação resultante tivesse chegado até onde estavam as tropas sedentas. John Gill sugeriu que a água manou das rochas circundantes, *à moda de Moisés*. A própria Bíblia, entretanto, não nos dá qualquer explicação a respeito. O fato é que houve na ocasião um estranho fenômeno. O sol, refletindo-se nas poças de água, emprestava uma aparente coloração vermelha à água. E os moabitas pensaram que aquilo deveria ser sangue derramado, por causa de alguma dissensão entre os aliados. Assim sendo, atiraram-se precipitadamente à batalha; porém, tiveram de defrontar-se com uma poderosa força, e foram derrotados. Fugindo, refugiaram-se na cidade de Quir-Heresete.

Mesa, rei dos moabitas, talvez em ato de desespero, na tentativa de chamar a atenção de seu deus, sacrificou seu próprio filho primogênito. O resultado disso foi que Israel e seus aliados (sem nenhuma razão declarada para tanto), não prosseguiram na batalha e nem reivindicaram os despojos. Talvez tivessem ficado horrorizados diante do sacrifício humano, e desistiram de continuar. Dessa maneira, os objetivos da batalha não foram concluídos. A Pedra Moabita fornece um relato detalhado sobre os feitos de Mesa.

MESA, REI DE MOABE. Ver o artigo *Mesa*, em seu quarto ponto.

MESAQUE

Ver o artigo sobre *Sadraque, Mesaque e Abede-Nego*. Mesaque foi o nome dado pelos babilônios a Misabel, um dos três companheiros de Daniel. Especificamente, quem deu essa alcunha ao jovem foi o eunuco-chefe da corte babilônica. *Mesaque* deriva-se de *Saque*, nome de um deus ou de uma deusa dos caldeus. O nome original do rapaz era Misael, que, no hebraico, significa "Quem é o que Deus é?" Os nomes Sadraque, Mesaque e Abede-Nego sempre aparecem juntos. (Ver Dn 1.7; 2.49 e 3.12-30). Quanto a maiores detalhes, ver o artigo mencionado acima.

MESELEMIAS

No hebraico, *"Yahweh* **vinga-se"**. Esse foi o nome de um homem levita, da família de Coré. Ele, seus sete filhos, e outros parentes, eram porteiros do templo de Jerusalém (ver 1Cr 9.21; 26.1,9). Em 1Crônicas 26.14, ele é chamado *Selemias*, e em Neemias 12.25, ele é chamado *Salum*. Todos aqueles familiares de Meselemias foram nomeados para cuidar do Portão Oriental, excetuando Zacarias (1Cr 9.14), que deveria vigiar a Porta Norte.

MESEQUE

No hebraico, esse nome significa **"alto"**, **"prolongado"**, embora alguns também pensem em **"possessão"**. O texto massorético (vide) diz *Mesek*; e a Septuaginta diz *Mosoch*. Esse nome aparece como o apelativo de um dos filhos de *Jafé* (vide), para então designar um povo e uma nação da Ásia Menor. (Ver Gn 10.2; 1Cr 1.5; Ez 27.13; 32.26; 33.26; 38.2,3; 39.1; Sl 120.5).

1. O Homem. Meseque foi um dos filhos de Jafé (ver Gn 10.2). Seu nome sempre aparece mencionado com o nome de um irmão, Tubal. Todavia, em 1Crônicas 1.17, esse nome aparece como nome de um dos descendentes de Sem, através de Arã, ao passo que na passagem paralela, em Gênesis 10.23, o nome aparece com a forma de *Más*. Talvez haja um equívoco escribal, em uma ou outra dessas passagens. Isso pode ter acontecido pela descontinuação da letra *k*, em um suposto nome, *msk*, em Gênesis 10.23.

2. Descendentes de Meseque. No trecho de Ezequiel 27.13, encontramo-los mencionados como um povo que exportava cobre e escravos (ver também Ez 32.26; 38.2,3 e 39.1, que se referem a eles como um povo aguerrido, que ameaçava invadir vindo das bandas do norte). Nas inscrições assírias, os descendentes de Meseque e Tubal são referidos como *Musku* e *Tabal*. Heródoto, que era grego, refere-se a eles como *Moschoi* e *Tivarenoi*, respectivamente. Nos anais de Tiglate-Pileser I são mencionados os *mus-ka-ia* (fins do século XII a.C.), como um povo capaz de lançar um exército de vinte mil homens, nas regiões do norte. É possível que, nessa época, eles estivessem habitando uma região a sudeste do mar Negro. Os textos hititas (os heteus da Bíblia) falam sobre um certo *Mitas*, um nome similar aos *muski*, de tempos posteriores. Os anais de Sargão I, do século VIII a.C., mencionam o nome *Mi-ta-a*, como nome do governante dos povos em foco, e alguns estudiosos associam essa palavra ao *Midas* da Frígia. Os frígios formavam o reino que substituiu o império dos hititas, na Ásia Menor. Nesse caso, os *muski* seriam os mesmos que os frígios. Ou, então, os frígios seriam uma parte dos *muski*. Os eruditos têm chegado à conclusão de que *Meseque* refere-se a um povo, talvez de origem indo-europeia, que penetrou no Oriente Médio, proveniente das estepes do sul da Rússia, tendo imposto o seu predomínio sobre a população indígena da área oriental da Anatólia (moderna Turquia Asiática). Já foi comum associar-se os *moschoi* de Heródoto aos moscovitas, isto é, aqueles primitivos habitantes da região que hoje tem como centro a cidade russa de Moscou, capital da Rússia. Todavia, de algum tempo para cá, os estudiosos estão abandonando essa identificação, posto que não apresentam razões convincentes para isso.

3. Referências Proféticas. Nos capítulos 38 e 39 do livro de Ezequiel (que têm atraído tanto a atenção dos eruditos dispensacionalistas), o uso que se faz do nome Meseque talvez seja diferente. Pois tal nome pode ter sido empregado como símbolo, juntamente com o de Tubal, e não como uma referência direta a um povo conhecido. Ali, Meseque e Tubal são apresentados como poderes liderantes na terra de Magogue. Ao que parece, eles representam forças contrárias a Deus e ao povo de Israel. Os intérpretes dispensacionalistas empurram a questão inteira para os tempos do fim, e opinam que *Magogue* refere-se à Rússia, ao passo que *Gogue* seria o chefe deles. Isso posto, Meseque e Tubal corresponderiam, grosso modo, a Moscou e Tobolsk. Além disso, Tobolsk fica às margens de um rio chamado Tobol. Assim sendo, esses intérpretes pensam que aqueles dois capítulos do livro de Ezequiel aludem a um ataque da Rússia contra Israel, durante a batalha do Armagedom (ou algum tempo antes, conforme outros supõem), e *também* após o milênio, segundo se vê em Apocalipse 20.8 ss. Ver o artigo intitulado *Gogue e Magogue*. Ver também o artigo separado chamado *Gogue*. Essa interpretação dispensacionalista não tem sido vista com bons olhos por muitos eruditos, embora seja muito popular, em largos segmentos da igreja evangélica.

MESEZABEEL

No hebraico, **"Deus livra"**. Esse foi o nome de três homens que são mencionados nas páginas do Antigo Testamento: **1.** Ao que tudo indica, um sacerdote, pai de Berequias, antepassado de Mesulão, um homem que ajudou Neemias a reparar as muralhas de Jerusalém, quando o remanescente de Judá voltara do cativeiro babilônico (Ne 3.4). Ele viveu por volta de 440 a.C. **2.** Um chefe do povo, que assinou o pacto encabeçado por Neemias, quando o remanescente de Judá tinha voltado do cativeiro babilônico (Ne 11.13), e que também viveu em torno de 440 a.C. **3.** O pai de Petaías, da tribo de Judá (Ne 11.24). Ele viveu em cerca de 410 a.C.

MESILEMITE, MESILEMOTE

No hebraico, **"reconciliação"**. Nome de duas personagens da Bíblia: **1.** Um sacerdote, filho do Imer (Ne 11.13), que viveu por volta de 440 a.C. **2.** Um efraimita, pai de Berequias, que se recusou a reduzir ao cativeiro os seus compatriotas da tribo de Judá (2Cr 28.12, em cerca de 735 a.C.). Ele viveu nos tempos do rei Peca.

MESOBABE

No hebraico, **"restaurado"** ou **"regressado"**. Um príncipe simeonita que se estabeleceu, com seu clã, nas novas terras de pastagem, perto de Gerar (1Cr 4.34). Isso aconteceu nos dias do rei Ezequias, de Judá.

MESOPOTÂMIA

I. O Nome. O nome *Mesopotâmia* vem diretamente do grego, e significa "entre rios". Designa aquela faixa de terra que jaz entre os rios Tigre e Eufrates. Seu nome hebraico era Arã-Naaraim, que significa, essencialmente, a mesma coisa. O nome grego passou a ser usado largamente após as conquistas militares de Alexandre, o Grande. O território assim designado, no tempo dele, não incluía a sua porção norte, que continuou a ser conhecida como *Babilônia*. O nome hebraico significa, literalmente "Arã (Síria) dos dois rios". (Ver Gn 24.10; Dt 23.4; Jz 3.8,10 e 1Cr 19.6).

A Mesopotâmia teve vários outros nomes, durante sua longa história, como centro de uma antiga civilização. No começo era chamada *Suméria*, no extremo sul daquela região; *Acade*, na porção média; e *Subartu*, na sua porção noroeste.

II. Localização Geográfica. As terras que jazem ao longo e entre os rios Tigre e Eufrates, na porção sudoeste da Ásia. Seus limites eram o planalto da Anatólia, o planalto do Irã, o golfo Pérsico e os desertos da Arábia e da Síria. Essa era uma região de terras férteis, a leste do rio Orontes, que cobriam os cursos superior e médio do Eufrates, bem como as terras banhadas pelos rios Gabur, e Tigre, isto é, a porção leste da Síria e a porção norte do Iraque. A região inclui a área de Harã, para onde Abraão mudou-se, depois que partiu de Ur dos Caldeus. E foi a Harã que Eliezer foi enviado por Abraão, a fim de obter esposa para Isaque (Gn 24.10). Também era a região do nascimento de Balaão (ver Dt 23.4), e era o país governado por Cusã-Risataim, quando ele oprimiu ao povo de Israel (ver Jz 3.8-10). Atualmente, a maior parte da antiga Mesopotâmia está confinada dentro do moderno país do Iraque, com pequenas porções na Síria e na Turquia. Os gregos não incluíam a parte norte, a Babilônia, quando usavam a designação *Mesopotâmia*. Portanto, de acordo com os gregos, a Mesopotâmia envolvia uma porção menor do território do que aquela que veio a ser conhecida por esse nome.

III. Informes Históricos. 1. Antes do século XVIII a.C., essa área foi local onde houve certo número de cidades-estado independentes. Quase todas essas cidades-estado foram destruídas nas guerras de Hamurabi, rei da Babilônia. **2.** Duas potências principais emergiram finalmente dali: a Assíria, na Alta Mesopotâmia, e a Babilônia, na Baixa Mesopotâmia. Esses dois países compartilhavam de uma civilização em comum, embora dando à mesma um caráter diferente. Por isso mesmo, inevitavelmente acabaram entrando em conflito. A Assíria tornou-se o primeiro desses poderes dominantes, tendo expandido o seu império para além dos limites da Mesopotâmia. Mais tarde, chegou a vez da Babilônia, que derrotou o império assírio e lhe pôs fim, e, então, a Babilônia passou a ampliar sua esfera de influência para além daqueles estreitos limites. Ver os artigos separados sobre a Assíria e a Babilônia quanto a detalhes. Foi durante esse período que houve os cativeiros assírio e babilônico (ver os artigos a respeito), com efeitos tão devastadores para as nações de Israel e Judá. **3.** Os persas ocuparam a Babilônia em 539 a.C., embora a cultura

MESOPOTÂMIA

babilônica tivesse continuado ali por mais mil e oitocentos anos. Essa cultura continuou declinando, até 1258 d.C., quando uma invasão mongol produziu grandes destruições, com perda da população, que o sistema de irrigação, do qual dependia a própria vida, não pôde mais ser reparado e mantido. **4**. Durante todo o período de 539 a.C. a 1258 d.C., a Mesopotâmia e a Pérsia formaram uma única unidade política. A dinastia acamenida da Pérsia chegou ao fim por obra de Alexandre, o Grande, em 331 a.C. A dinastia selêucida apareceu em seguida, em 312 a.C. Então, veio a dinastia asárcida (partas, em 141 a.C.). Depois vieram os romanos e, finalmente, os sassânidas (persas), já em 226 d.C. **5**. Os sassânidas foram derrubados pelos árabes, em 637 d.C. Dessa data até 1258, tanto a Mesopotâmia quanto a Pérsia formaram parte do califado. Durante a maior parte desse período de mil e oitocentos anos, a sede do governo esteve na Mesopotâmia, e não na Pérsia, visto que a primeira tinha uma população maior. As capitais foram: Babilônia, Selêucia, Ctésifon e, finalmente, Bagdá. **6**. Após a invasão mongol, em 1258, houve três séculos caóticos. A Mesopotâmia tornou-se uma província pobre e obscura do império turco (otomano). **7**. Durante a Primeira Grande Guerra (1914-1918), a Mesopotâmia tornou-se o campo de batalha de campanhas militares acirradas entre os turcos e os ingleses. Em 1917, os ingleses tomaram a cidade de Bagdá. Terminada aquela guerra, a parte noroeste da Mesopotâmia foi entregue à Síria. Com o resto do território, foi formado um novo estado, com o nome de Iraque. Atualmente (começos de 1988), o Iraque está em guerra com o Irã, que já se arrasta aproximadamente há uma década.

MESOPOTÂMIA, RELIGIÕES DA

Ver os artigos separados intitulados *Suméria*; *Assíria*; *Babilônia*. Cada um desses artigos tem uma seção que aborda as antigas religiões dessas respectivas culturas.

MESSA

Nome do limite, em uma direção, do território ocupado pelos descendentes de Joctã, Gênesis 10.30. Local não identificado. Pensam alguns ser os seguintes lugares: Mouza na costa oriental do mar Vermelho, distante 185 km do estreito de Babel Mandebe; Bisca no Iêmen setentrional; o distrito Mesene na extremidade ocidental do Golfo Pérsico e do Massá, *cf.* LXX em Gênesis 25.14.

MESSIAS

I. Palavras Empregadas. O termo hebraico *mashiah* significa **"ungido"** e vem de uma raiz hebraica que significa "untar". A Septuaginta traduziu essa palavra pelo vocábulo grego *christós*, "ungido". Essa palavra grega foi transliterada para o português, Cristo, em vez de ser traduzida, para Ungido. Assim, o Cristo, ou o Ungido, cumpre as expectativas e simbolismos do ato de ungir. Essa palavra, referindo-se ao esperado Messias, é um produto do judaísmo posterior, ainda que desde tempos bem remotos, entre os hebreus, encontremos indicações simbólicas. Somente por duas vezes, em todo o Antigo Testamento, essa palavra é usada como um título oficial. Ver Daniel 9.25,26. O conceito messiânico, pois, embora tivesse tido início no Antigo Testamento (como no livro de Isaías, onde não é usada a palavra hebraica específica), teve prosseguimento durante o período intertestamentário, nos livros apócrifos e pseudepígrafos. Ver o artigo separado chamado *Unção*. Esse artigo inclui muitas referências bíblicas.

A palavra grega *Christós*, "Ungido", é de uso frequente no Novo Testamento. Aparece por nada menos de 569 vezes ali. Damos abaixo meros dez exemplos, de diferentes livros neotestamentários (Mt 1.1; Lc 9.20; Rm 1.16; 1Co 11.1; 2Co 10.1; Ef 1.20; Fp 1.19; Cl 3.1; 1Ts 5.9; Ap 1.1). Ver o artigo separado sobre *Cristo*, quanto a um estudo completo a respeito; e um outro, chamado *Jesus, o Cristo*.

II. Definições e Usos. Na cultura do Antigo Testamento, profetas, sacerdotes e reis eram *ungidos*, a fim de desempenharem sua tarefa ou missão especial. No artigo sobre a *Unção*, explicamos isso, dando ilustrações e referências bíblicas. Outrossim, surgiu a expectativa messiânica, em torno do Messias profetizado (ver Dn 9.25,26). Ver o artigo intitulado *Esperança Messiânica*. Com base nessa circunstância, essa personagem passou a ser conhecida como o *Messias*. Nas páginas do Novo Testamento são combinados a pessoa de Cristo, com os ofícios e qualidades dos profetas, sacerdotes e reis. No tocante à questão da unção fora de Israel, ver a terceira seção deste artigo. O rito da unção emprestava aos homens uma posição ímpar e sagrada, bem como a conveniente autoridade, para os ungidos desempenharem algum ofício ou alguma tarefa especial. A aspersão ou unção com óleos sagrados também era aplicada a objetos sacros como os altares, a arca da aliança e vários objetos do tabernáculo e do templo de Jerusalém (ver Êx 30.26; Lv 8.10,11). Assim, mediante esse ato de unção, tais objetos tornavam-se instrumentos usados no culto divino. No judaísmo, a esperança messiânica estava centralizada em torno de uma pessoa (no caso de alguns dos autores sagrados), embora também girasse em torno de certa condição nacional de Israel, que cumpriria os seus ideais e sonhos como nação. Portanto, por um lado, a esperança messiânica girava em torno do Messias, e, por outro lado, girava em torno de algo que pertencia à nação de Israel, quanto às suas futuras expectativas. Essas expectativas continuam sendo uma característica distintiva do judaísmo ortodoxo, sendo refletidas na grande oração central da liturgia judaica, chamada *Shemonch*, *Esrh* ou *Dezoito Bênçãos*. Para muitos, essa esperança não depende de uma pessoa, o Messias, porquanto concebem-na como a vindoura era da salvação, da justiça, da paz, da saúde, das realizações nacionais de Israel, de mistura com sonhos utópicos e o cumprimento de profetas veterotestamentárias acerca de Israel. A tradição profética informa-nos que, finalmente, essas esperanças centralizar-se-ão todas em Jesus, o Cristo, quando Israel tornar-se uma nação cristã. Esperamos ver isso acontecer como parte das convulsões que serão produzidas pela Terceira Guerra Mundial.

III. Unção Fora de Israel. As pessoas costumam usar elementos comuns de maneira religiosa. Assim é que o azeite, uma substância empregada na cozinha, na iluminação, nas lavagens (como parte constituinte do sabão), na medicina ou na cosmetologia, também era e continua sendo empregado nos ritos religiosos. Talvez a sua associação às curas tenha sido o grande motivo que levou o azeite a ser usado nas unções dos enfermos. O dicionário Clássico de Oxford informa-nos que o uso cúltico do azeite é uma das mais antigas práticas de que os homens têm notícia. Sabe-se que as estátuas dos deuses eram ungidas no Egito, na Babilônia, em Roma e em outros países da antiguidade. O azeite era usado nas purificações rituais. O Tablete 51 dos tabletes de Tell el-Amarna contém uma referência à unção dos vice-reis dos Faraós egípcios. No entanto, não há qualquer alusão para mostrar que isso era feito no tocante aos próprios Faraós. Todavia, o Tablete 34 sugere tal coisa. Talvez a unção fosse praticada no caso dos reis porque esse ofício era mesclado com o do sacerdócio, perfazendo assim uma espécie de sinal divino das funções reais, tendo em vista interesses tanto políticos quanto religiosos. O uso da unção, quando da consagração de sacerdotes era uma pratica comum em muitas culturas antigas.

IV. Tipos de Unção em Israel. Quanto a um estudo completo a respeito, ver o artigo chamado *Unção*. Eram ungidas coisas e pessoas (reis, sacerdotes, profetas, visitantes dos mortos, inquiridores); também havia unções com propósitos cosméticos e de higiene, sem falarmos nos propósitos religiosos. Os usos metafóricos dessa prática falavam sobre a unção do Espírito; o poder da cura; a transmissão de autoridade e aprovação. Mas, acima de tudo, temos o caso notável do Ungido, o Messias (o Cristo). Oferecemos referências bíblicas quanto a essas questões, no artigo acima referido.

V. A Literatura Messiânica
1. No Antigo Testamento
a. Pano de Fundo. Apesar de que somente O trecho de Daniel 9.25,26 tem a palavra hebraica *mashiah* como um título oficial, há muitas passagens do Antigo Testamento que refletem o conceito messiânico. Os reis, sacerdotes e profetas ungidos *prefiguravam* o Ungido do Senhor, que estava destinado a incorporar, em sua pessoa, todos os três ofícios, missões e realizações daqueles. Os sacerdotes são mencionados como ungidos (ver Lv 4.3; 8.12; Sl 105.15). Outro tanto no caso dos reis (ver 1Sm 24.7-11; Sl 2.2; Dn 9.25-26) e dos profetas (ver 1Rs 19.16). Quando o pecado veio macular a humanidade, foi feita uma promessa, da parte de Deus, para cuidar do problema em sua própria raiz (ver Gn 3.15). Por sua vez, o pacto abraâmico (vide) incluía uma promessa nesse sentido, a de que o descendente de Abraão haveria de abençoar a todas as nações da terra (ver Gn 12.3; 9.36; 22.19). E foi através da descendência de Abraão que surgiram em cena primeiramente a nação de Israel e, então, o Messias. A nação escolhida de Israel estampava esse caráter singular, era uma nação santa, um reino de sacerdotes (ver Êx 19.6).

b. Designações Messiânicas. Descendente de Abraão; Filho de Davi; Filho do Homem; Meu Filho; Meu Servo; Meu Eleito: o Renovo; Príncipe da Paz; Maravilhoso; Conselheiro; Poderoso Deus; Pai da Eternidade. (Ver Gn 22.18; 2Sm 23.6; Sl 2.7; Is 9.6,7; 42.1; Zc 3.8; 6.12; Dn 7.13,14; 10.16-18). Finalmente, temos a designação específica de *Messias*, em Daniel 9.25,26.

c. Passagens Proféticas. Várias das referências dadas acima, sob "a", podem ser consideradas passagens proféticas messiânicas. Os estudiosos da Bíblia (talvez com alguns exageros) descobrem muitas passagens proféticas. Billy Graham asseverou que *todos os* Salmos contêm profecias acerca do Messias. Naturalmente, nisso há um exagero; mas é verdade que os salmos são a porção veterotostamentária mais constantemente citada no Novo Testamento. Damos uma lista completa de citações dos salmos, no Novo Testamento, no artigo sobre aquele livro de Salmos. Não há que duvidar que muitos dos salmos são messiânicos. Certo autor foi capaz de encontrar 456 profecias sobre o Messias, no Antigo Testamento: 75 no Pentateuco; 243 nos livros proféticos; e 138 nos rolos (ele usava a divisão do Antigo Testamento segundo os hebreus faziam). Mas, se examinássemos uma por uma dessas passagens, veríamos que aquele autor exagerou. Não se pode duvidar, porém, que ao menos os Salmos e o livro de Isaías contêm muitas passagens proféticas a respeito do Messias. Ver os pontos "g" e "h", abaixo. Ver também o artigo separado *Profecias Messiânicas Cumpridas em Jesus.* Esse artigo relaciona aquelas referências do Antigo Testamento que estão obviamente vinculadas ao Senhor Jesus, no Novo Testamento, servindo como uma seleção de passagens proféticas que falam sobre esse tema.

d. O Messias Através de Tipos Simbólicos. Pode-se dizer que a própria Israel, como nação através da qual foi dada a mensagem de redenção, servia como tipo simbólico do Messias. Além disso, Adão, o primeiro homem, prefigurava o *Segundo* (ou Último) *Adão*, conforme Paulo nos ensina no quinto capítulo de Romanos. Abraão, por meio de quem se cumpririam as condições do pacto especial de Deus, prefigurava aquele que teria o *novo pacto* (vide). Em Abraão e em seu Filho maior seriam abençoadas todas as nações da terra. Jacó, que era *Príncipe* com Deus, simbolizava aquele que seria, acima de qualquer outro, o Príncipe de Deus. Moisés, o primeiro legislador, prefigurava o Messias, que é o Segundo e Maior Legislador. Os capítulos quinto a sétimo de Mateus fornecem-nos o sumário da nova legislação, que tanto interpreta quanto ultrapassa a primeira legislação. A primeira legislação tinha por finalidade servir de aio, conduzindo-nos ao segundo e maior Legislador, Cristo (ver Gl 3.24,25). Davi foi o antepassado real do Filho de Davi, que veio a ser o líder do povo de Israel em um sentido todo especial.

e. Filho de Davi. Ver as seguintes referências do Novo Testamento (Mt 1.1; 9.27; 12.3,23; 15.22; 20.30,31; 21.9,15; 22.42,43,45; Mc 10.47;48; 12.35-37; Lc 1.27,32; 2.4; 18.38; 20.42,44; Jo 7.42; At 13.22,34; 15.16; Rm 1.3; 2Tm 2.8; Ap 3.7; 5.5; 22.16). Ver também o artigo intitulado *Pactos,* onde é ventilado o chamado Pacto Davídico.

f. O Ser Sobrenatural. O Messias, como uma figura celestial, aparece obviamente no trecho de Isaías 9.6 ss. em Daniel 7.13 ss., o Rei ideal humano retrocede a segundo plano e em seu lugar, emerge o Cristo sobrenatural, um ente sobrenatural que haveria de entrar no palco da história humana, vindo das dimensões celestes. Esse tema também é proeminente em 1Enoque, e aparece no Novo Testamento sob os termos mais enfáticos, especialmente dentro da doutrina do *Logos* (vide).

g. As Bênçãos Proféticas de Jacó a seus Filhos. O Filho que Viria. É muito instrutiva a questão das bênçãos de Jacó a seus filhos, em seu leito de morte. O *Targum* sobre Gênesis 49.10 é significativo: "O cetro não se arredará de Judá... até que venha o tempo da vinda do Rei, o *Meshiah,* o mais jovem de seus filhos; e, por causa dele, todas as nações fluirão juntamente. Quão belo é o Rei, o *Meshiah,* que se erguerá dentre a casa de Judá!" Nesse comentário, o nome próprio Messias toma o lugar do nome Siló, dentre aquela predição de Jacó. Os eruditos consideram que esse comentário judaico mais antigo que o começo do cristianismo é, naturalmente, inteiramente independente da igreja cristã.

h. As Profecias de Isaías. Devemos considerar as seguintes: em Isaías 4.2, sobre o Renovo do Senhor. Em 7.10-17, sobre o prometido Emanuel. Em 7.14, sobre o nascimento virginal de Cristo (ver Mt 1.23). Em 9.1-17, sobre a Personagem celeste. Em 11.1 ss. sobre o nascimento de um Filho especial. Em 32.1-8 sobre a visão messiânica. Em Isaías 55.3,4, sobre o pacto eterno com Davi. É com toda a razão, pois, que o livro de Isaías tem sido apodado de Evangelho do Antigo Testamento.

i. Outros Trechos Bíblicos Notáveis. Em Jeremias 23.5,6, sobre o Senhor Justiça Nossa. Em Jeremias 31.31 ss., sobre o Príncipe Messiânico. Em Ezequiel 24.23,24, sobre o novo pacto. Em Ezequiel 37.22 ss., sobre o Pastor de Israel. Em Miqueias 5.1-4, sobre Belém Efrata, local do nascimento do Messias. Em Zacarias 9.9, sobre a entrada triunfal do Messias em Jerusalém.

j. Alguns Salmos Messiânicos. 2; 8; 22; 23; 34.21; 41.10; 45; 69; 72. Todos esses trechos são mencionados no Novo Testamento.

k. O Apólogo. Um dos melhores argumentos em favor de um elo genuíno entre o Antigo e o Novo Testamentos (alguns pensam que esse elo é um acidente histórico) é a tradição profética. E o principal conceito que liga os dois Testamentos é o tema do Messias.

2. Na Literatura Extracanônica
a. 1Enoque. Uma das grandes falhas na erudição evangélica é a falta de conhecimento sobre os livros apócrifos e pseudepígrafos. Ver os artigos separados sobre essas coletâneas. O esboço profético adotado no Novo Testamento já existia naqueles livros, segundo se vê claramente em 1 e 2Enoque. O conceito messiânico é saliente em 1Enoque, incluindo a doutrina da Personagem celestial. Naturalmente, em forma preliminar, encontramos essa doutrina no livro de Daniel. Os livros apócrifos não contribuem muito para definir o conceito messiânico; mas essa definição é bem vívida em alguns dos livros pseudepígrafos. O artigo sobre 1Enoque demonstra isso claramente. Paralelamente, fica demonstrado que aquele livro já continha um dos principais temas proféticos posteriormente desenvolvidos no Novo Testamento.

MESTRE, ENSINO

Nos livros pseudepígrafos, "... os conceitos messiânicos são altamente desenvolvidos e desempenham um papel vital na mensagem daqueles livros. Especialmente o livro de 1Enoque rebrilha com grandiosa esperança messiânica, refletindo o julgamento contra os inimigos de Israel, predizendo a fundação da nova Jerusalém, concebendo a conversão dos gentios, falando sobre a ressurreição dos justos, e atingindo um clímax em sua visão do advento do Messias. R.H. Charles reputa essa obra como a mais importante na história do desenvolvimento teológico. Esse livro de 1Enoque retrata o Messias como um Cordeiro com chifres na cabeça, por causa do qual o Senhor das ovelhas regozija-se (90.38). Os títulos dados ao Messias, nesse livro, são dignos de atenção, por estarem tão próximos da nomenclatura neotestamentária. O Ungido (48.10; 52.4); o Justo (38.2; 46.3; 53.6; comparar com Atos 3.14; 7;52; 22.14; 1Jo 2.1), o Eleito (40.5; 45.3 ss.; 49.2,4; 51.3,5; comparar com Lc 23.35; 1Pe 2.4); o Filho do Homem (46.3 ss.; 48.2; 62.9,14; 63.11; 69.26 ss.; 70.1; 71.1)". (Z). Em 1Enoque também há menção a várias funções que pertencem ao Messias, e que reaparecem no Novo Testamento: ele é o Juiz do mundo; ele é o Revelador de todas as coisas; ele é o Campeão e Dirigente dos justos; ele ressuscita aos mortos (51.1; 61.5).

b. Outras Obras Pseudepígrafas. O livro Testamento dos Doze Patriarcas refere-se à missão universalista do Messias, que haveria de envolver todos os seres humanos. 2Baruque alude ao reino messiânico e à ressurreição dos mortos. 4Esdras é livro que indica o triunfo do Messias sobre os seus inimigos.

c. Josefo e Suetônio. Esses antigos escritores falam sobre o poder que as ideias messiânicas exerciam sobre o judaísmo, pouco antes da época de Cristo. Ver *A Vida de Vespasiano* 4, e também *Guerras VI*, 5,2.

d. Materiais entre os Manuscritos do mar Morto. São mencionados dois messias, em IQS 9.11, um de Aarão e outro de Israel. Também são mencionados o Mestre da Justiça; o grande Homem (IQS 4.18); o grande Profeta (IQS 9.11). O *Homem* reaparece no Testamento dos Doze Patriarcas, em Zacarias 12.7 e em Lamentações 3.1. Também lemos sobre o Poderoso Conselheiro (Hino 3.5), e sobre o Botão, o Renovo e a Planta Eterna (Hino 6), que cobrem a terra inteira.

e. A Quarta Écloga de Vergílio. Essa bucólica peça da literatura latina é verdadeira e espantosamente messiânica. Alguns comentadores têm pensado que ela foi inspirada pelo Espírito de Deus em um escritor pagão. Quando, na universidade, meus colegas e eu a líamos, nosso professor de latim comentou sobre o caráter incomum desse escrito, e sobre como muitos o consideram profético e messiânico. Há eruditos, porém, que oferecem uma explicação mais simples, embora não, necessariamente, a correta. Esses supõem que a obra foi escrita sob a influência das expectações messiânicas dos hebreus, não sendo um conceito independente de Vergílio. Suas datas (70-19 a.C.) fazem isso tornar-se perfeitamente exequível. Seja como for, essa obra fala sobre o nascimento de um menino que trará a paz ao mundo.

f. A Inspiração dos Macabeus. Os macabeus liberaram Israel da dominação estrangeira. Infelizmente porém, não demorou para que Roma pusesse fim à liberdade deles! Os judeus começaram a anelar por uma figura que renovasse e até mesmo ultrapassasse a glória trazida pelos macabeus. Por isso, o Messias foi assumindo dimensões cada vez maiores na mente popular, revestido de uma estatura metafísica gigantesca. Ele haveria de ser o Filho de Davi, inigualavelmente dotado, e que haveria de restaurar a nação do Israel, levando-a a ser a cabeça de um reino universal. Ele também seria o Filho de Deus, a Personagem celeste que traria aos judeus a salvação e seria o mediador de uma nova mensagem da parte de Deus. Veio à tona a ideia da *era áurea* (o milênio). O livro de *Jubileus* menciona, especificamente, os mil anos, o 1E*noque* refere-se a uma era áurea de trezentos anos. As expectativas foram-se intensificando, à medida que a nação de Israel aproximou-se dos seus cinco mil anos do calendário da criação. As crenças populares afirmavam que seria então inaugurado o período do milênio. Esse período seria um tempo de justiça, paz, bênção e grandeza universais. Foi em meio dessas grandiosas expectações que nasceu Jesus, o Cristo.

VI. O MESSIAS NO NOVO TESTAMENTO. Há uma série de artigos, aqui, ou mesmo partes de artigos, que abordam essa questão, os quais o leitor poderia examinar, a saber: **1**. *Esperança Messiânica*; **2**. *Cristo*; **3**. *Filho do Homem*; **4**. *Filho de Deus*; **5**. *Profecias Messiânicas Cumpridas em Jesus*; **6**. *Jesus* (ver especialmente a seção III. 3. *Temas Básicos*, **a**. Reino; **b**. Filho do Homem; **c**. Missão Messiânica). **7**. *Logos*.

É óbvio que o Novo Testamento leva o conceito messiânico muito além do que o faz o livro de 1Enoque. O Messias é ali não somente uma figura celeste, porquanto ele é divino, ele é o Servo sofredor que fez expiação por seu povo (ver sobre a *Expiação*); ele é o Juiz de vivos e de mortos, ele é o *Logos*, o divino Revelador de todas as coisas; ele é o Salvador; ele é o verdadeiro Deus; ele tem uma tríplice missão: sobre a terra, no hades e nos céus. Em sua *encarnação* (vide), Cristo é o *Deus-homem*, naquela misteriosa união de personalidades que nenhuma teologia jamais foi capaz de explicar devidamente.

No artigo intitulado *Cristo*, o leitor é dirigido a consultar 24 outros artigos que desdobram a doutrina de quem foi o Cristo, o que ele realizou, e quais são os seus ofícios e poderes. Torna-se imediatamente patente que, sem embargo às grandes contribuições do Antigo Testamento e dos livros extracanônicos para o conceito do *Messias*, o Novo Testamento desenvolve essa ideia em dimensões muito mais elevadas e profundas. Os artigos que dizem respeito à missão de Cristo são os seguintes: *Salvação; Descida de Cristo ao Hades; Transformação do Crente Segundo a Imagem de Cristo*. Em todo o volume do Novo Testamento, a palavra *Messias* aparece somente por duas vezes, em João 1.41 e 4.5. Em todas as demais ocorrências à ideia do Ungido de Deus é usada a palavra grega *Christós*.

BIBLIOGRAFIA. AM C CB CH E ED EN J KLA ME (1964) YO W Z. Quanto a outros verbetes, ver as bibliografias dos artigos *Cristologia* e *Jesus*.

MESTRE, ENSINO

Ver também *Mestres*. Ver os artigos separados sobre *Ensino* e *Ensinos de Jesus*.

Há quatro palavras hebraicas e duas palavras gregas envolvidas neste verbete, a saber: **1**. *Bin*, "fazer compreender". Esse verbo hebraico é empregado por mais de 160 vezes, com variados sentidos, embora sempre ligados à ideia de "compreensão", "conhecimento" etc. De fato, no hebraico, "entendimento", "sabedoria" etc., corresponde a *binah*. Ver, por exemplo (1Cr 25.8; 2Cr 35.3; Ne 8.9; Is 40.14; Dn 11.33; Dt 32.10). **2**. *Yarah*, "direcionar", "ensinar". Esse verbo, no *hifil*, é usado por 47 vezes com o sentido de "ensinar" (Ver, por exemplo, Êx 4.12,15; Lv 10.11; Dt 17.11; Jz 13.8; 1Sm 12.23; 1Rs 8.36; Jó. 6.24; 34.32; 36.22; Sl 25.8; 27.11; 32.8; 86.11; Pv 4.4,11; 6.13; Is 2.3; 9.15; Ez 44.23; Mq 3.11; 4.2; Hc 2.18,19). **3**. *Lamad*, "ensinar". Palavra hebraica usada por 57 vezes com esse sentido (Por exemplo: Dt 4.1,5, 10,14; 5.31; 6.1; Jz 3.2; 2Sm 1.18; 2Cr 17.7,9; Ed 7.10; Jó. 21.22; Sl 18.34; 25.4,5,9; 34.11; Ec 12.9; Is 40.14; Jr 2.23; 9.5,14,20; 32.33; Dn 1.4). **4**. *Sakal*, "fazer agir sabiamente". Usado no *hifil* por oito vezes, com o sentido de ensinar (Dn 1.17; 9.22; Ne 9.20; Sl 32.8; 2Cr 30.22; Pv 16.23; Jó. 22.2; Pv 10.5). **5**. *Didáskalos*, "mestre", "professor". Palavra grega usada por 58 vezes (Mt 8.19; 9.11; 10.24,25; 12.38; 17.24; 19.16; 22.16,24,36; 23.8; 26.18; Mc 4.38; 5.35; 9.17,38; 10.17,20,35; 12.14, 19,32; 13.1; 14.14; Lc 2.46; 3.12; 6.40; 7.40; 8.49; 9.38; 10.25; 11.45; 12.13; 18.18; 19.30; 20.21,28,39; 21.7; 22.11; Jo 1.39; 3.2,10; 8.4; 11.28; 13.13,14; 20.16; At 13.1; Rm 2.20; 1Co 12.28,29; Ef 4.11; 1Tm 2.7; 2Tm 1.11; 4.3; Hb 5.12 e Tg

3.1). O substantivo, *didaskalía*, "ensino", aparece por 21 vezes, de Mateus 15.9 a Tito. 2.10. E o verbo, *didásko*, "ensinar", é usado por 95 vezes, desde Mateus 4.23 até Apocalipse 2.10. E outro substantivo derivado desse verbo, *didaché*, aparece por trinta vezes, de Mateus 7.28 a Apocalipse 2.24. **6**. *Katechéo* "instruir". Verbo grego usado por sete vezes (Lc 1.4; At 18.25; 21.21,24; Rm 2.18; 1Co 14.19; Gl 6.6).

1. No Antigo Testamento. Na antiguidade, a educação, entre os judeus, consistia inteiramente na instrução religiosa. Nos dias do Antigo Testamento não havia compêndios exceto o próprio Antigo Testamento, e toda a educação resumia-se à leitura e estudo das Sagradas Escrituras. Nessa época, não havia nenhum ofício reconhecido como o dos professores, e nem havia um título definido para tais. Falava-se em "ensinar", mas não em "professores", conforme se vê nas quatro palavras hebraicas estudadas no começo deste verbete. Para os judeus, o centro de educação e instrução era o lar, pois a responsabilidade do ensino das crianças recaía sobre seus genitores (Dt 4.9,10; 6.7,20-25; 11.19; 32.46).

Os profetas, entretanto, foram reconhecidos como mestres, mas, novamente, de assuntos religiosos, como porta-vozes de Deus. Mediante a palavra oral e a palavra escrita, eles ensinavam a vontade de Deus no tocante aos israelitas. Antes deles, os sacerdotes também estavam ocupados na tarefa da instrução religiosa do povo (2Cr 15.3). Pode-se mesmo dizer que foi porque os sacerdotes falharam no papel de mestres que Deus levantou os profetas. Os sacerdotes ensinavam com base nas instruções aprendidas nas Escrituras; os profetas ensinavam com base na Palavra viva, que lhes era dada por revelação.

Nos dias anteriores ao exílio babilônico, não havia qualquer vestígio da existência de escolas em Israel. A sinagoga foi uma instituição que surgiu em face das novas necessidades, impostas pelo exílio. E, quando o templo de Jerusalém foi destruído, no ano 70 d.C., os ritos sacrificiais tornaram-se impossíveis. E, por essa razão, no exílio, os judeus começaram a se reunir aos sábados, a fim de orarem e receberem instruções religiosas. É por esse motivo que Filo, um pensador judeu do passado, chamou as sinagogas de "casas de instrução". Foi a partir dessa altura dos acontecimentos que os escribas, que dedicavam toda a sua vida à tarefa de compreender e interpretar a lei, entraram em cena.

Não se sabe exatamente quando, após o retorno do exílio babilônico, teve início a instrução elementar, como um serviço público organizado. O Talmude informa-nos de que Simão ben-Setaque, irmão da rainha Alexandra, que reinou de 78 a 60 a.C., baixou decreto impondo que as crianças judias deveriam frequentar as escolas elementares; e também ajunta que o sumo sacerdote Josué ben-Gamala (63-65 d.C.) foi quem universalizou a educação elementar por toda a Judeia. Somente os meninos judeus recebiam essa educação pública, a começar com a idade entre cinco e sete anos. Usualmente, essas escolas elementares eram um adendo à sinagoga. Essas escolas eram chamadas casas do Livro. O ensino judaico era efetuado de maneira inteiramente oral, e a educação consistia quase inteiramente na memorização. Apesar das falhas didáticas e de método, os professores eram altamente estimados e respeitados em Israel.

2. No Novo Testamento. No Novo Testamento, o substantivo *didáskalos* é usado, de maneira geral, para indicar qualquer tipo de professor, de assuntos religiosos ou não (Mt 10.24; Lc 6.40; Rm 2.19,20; Hb 5.12), que é termo grego equivalente ao termo hebraico *rabi*, que significa "meu mestre" (Mt 8.19; 12.38; 19.16; 22.16,36).

De todos os mestres que ali aparecem, nenhum é tão destacado como o Senhor Jesus, o Mestre por excelência. Nicodemos, que Jesus chamou de "mestre em Israel", disse: *Rabi, sabemos que és mestre vindo da parte de Deus...* (Jo 3.2). Jesus foi o protótipo de uma série de "mestres cristãos", levantados por ele no seio de sua igreja. Em 1Coríntios 12.28 e Efésios 4.11, o apóstolo Paulo refere-se a um ministério especial, dos mestres, cuja finalidade era a de instruir a verdade cristã aos crentes. E o confronto entre Atos 13.1 com Romanos 12.7; 2Timóteo 1.11 e Tiago 3.1 mostra-nos que os mestres cristãos — que exerciam seu dom ministerial juntamente com os apóstolos, os profetas, os evangelistas e os pastores (na verdade, os mestres eram sempre pastores, embora nem todos os pastores fossem mestres) — na maioria das vezes ensinavam em congregações locais já estabelecidas. O ministério do ensino não estava necessariamente limitado a eles, porquanto também era exercido pelos apóstolos e profetas. Dentro do círculo apostólico, o grande mestre dos gentios foi o apóstolo Paulo. Testificou ele: *Para isto fui designado pregador e apóstolo (afirmo a verdade, não minto, mestre dos gentios na fé e na verdade* (1Tm 2.7). E Tiago, prático como sempre, nos oferece uma interessante instrução acerca desse ministério de mestre: *Meus irmãos, não vos torneis, muitos de vós, mestres, sabendo que havemos de receber maior juízo* (Tg 3.1).

MESULÃO

Não se conhece o significado dessa palavra, no hebraico. No entanto, há quem arrisque o sentido de **"associado"** ou **"amigo"**. Era nome muito comum nos dias do Antigo Testamento, havendo 21 pessoas com esse nome, na Bíblia: **1**. Um chefe da tribo de Gade, que vivia em Jerusalém, nos tempos do rei Jotão (1Cr 5.13). Viveu em cerca de 781 a.C. **2**. O avô de Safã, o escriba, secretário do rei Josias (2Rs 22.3). Viveu por volta de 623 a.C. **3**. Um filho de Zorobabel, da casa de Davi (1Cr 3.19). Ele viveu em cerca de 536 a.C. **4**. Um filho de Elpaal, da tribo de Benjamim (1Cr 8.17). Ele morava em Jerusalém, depois que o remanescente de Judá voltou do cativeiro babilônico. **5**. O pai de Salu, da tribo de Benjamim (1Cr 9.7 e Ne 11.7). Ele residia em Jerusalém, depois que o resto de Judá voltou do exílio na Babilônia, em cerca de 445 a.C. **6**. Um filho de Sefatias, da tribo de Benjamim (1Cr 9.8). Ele morava em Jerusalém, depois que o remanescente de Judá voltara do cativeiro babilônico, em cerca de 445 a.C. **7**. Um sacerdote da família de Sadoque, pai de Hilquias, o sumo sacerdote que, nos dias de Josias, encontrou o livro da Lei no templo de Jerusalém, segundo se lê em 1Crônicas 9.11; Neemias 11.11. Ver também 2Reis 22.8 ss. Talvez ele fosse o mesmo homem chamado algures de *Salum* (vide). Viveu em torno de 445 a.C. Veio residir em Jerusalém, quando o remanescente de Judá voltou do cativeiro babilônico. **8**. Um filho de Mesilemite, da família sacerdotal de Sadoque. Ele foi um ancestral de Masai ou Amasai (1Cr 9.12; Ne 11.13). Viveu em algum tempo antes de 445 a.C. **9**. Um membro da família sacerdotal dos coatitas, que serviu como superintendente dos reparos da casa do Senhor, durante o reinado de Josias (2Cr 34.12). Viveu em torno de 639 a.C. **10**. Um líder do povo que retornou do cativeiro babilônico em companhia de Esdras. Ele ajudou Esdras no recrutamento de levitas tendo em vista a consolidação do culto religioso, depois da volta de Judá à Terra Prometida. Ver Esdras 8.16. Ele viveu em cerca de 557 a.C. **11**. Um homem que se opôs a Esdras, quando este exigiu que todos aqueles que se tinham casado com mulheres estrangeiras, durante o cativeiro babilônico, se desfizessem delas, depois que o remanescente de Judá voltara a Jerusalém. Ver Esdras 10.15. **12**. Um filho de Bani, que se casara com uma mulher estrangeira, ao tempo do cativeiro babilônico, mas que precisou divorciar-se dela, quando os israelitas voltaram a Jerusalém (ver Ed 10.29). **13**. Um filho de Besodias, que ajudou nos reparos da Porta Velha, uma das muitas existentes nas muralhas de Jerusalém. Isso ocorreu quando o remanescente de Judá havia voltado do cativeiro babilônico para Jerusalém. Ver Neemias 3.6. **14**. Um filho de Berequias, que ajudou a reparar as muralhas de Jerusalém, depois que o remanescente de Judá voltara do cativeiro babilônico (Ne 3.4,30). Sua filha tornou-se esposa de Joanã, filho de Tobias, o amonita (Ne 6.18). Ele viveu em torno de 445 a.C. **15**. Um líder do povo que se postou à esquerda de Esdras, quando este leu a lei mosaica diante do povo, depois que os judeus retornaram do cativeiro babilônico (Ne 8.4). O tempo foi cerca de 445 a.C. Parece ter sido o mesmo homem que após seu nome em aprovação ao novo pacto (ver Ne 10.20). **16**. Um sacerdote que assinou o pacto feito por Neemias e o povo de Israel, quando o culto divino foi restabelecido, terminado o cativeiro babilônico (Ne 10.7). **17**. Um líder do povo que assinou o novo pacto encabeçado por Neemias, depois da volta do remanescente de Judá do cativeiro babilônico. Talvez ele tenha sido o mesmo homem alistado acima como o de número quinze. (Ver Ne 10.20). **18**. Um sacerdote da família de Esdras, na época do sumo sacerdote Joiaquim (Ne 12.13). **19**. O cabeça de uma família sacerdotal de Ginetom, que viveu nos dias de Joiaquim (Ne 12.16). Viveu em cerca de 536 a.C. **20**. Um porteiro que trabalhou como guarda dos tesouros ou depósitos das portas (Ne 12.25). Isso aconteceu quando Neemias era o governador de Judá. **21**. Um líder do povo que ajudou a dedicar as muralhas de Jerusalém, depois que as mesmas foram reconstruídas, após a volta do remanescente de Judá do exílio na Babilônia (Ne 12.33). O nome Mesulão parece ter-se tornado tão comum na cultura dos hebreus, terminado o cativeiro babilônico, como José é um nome comum para os brasileiros. É possível que isso se deve ao fato de que esse nome signifique "reconciliação" ou "restauração".

MESULEMETE

No hebraico, **"amiga"**. Ela foi esposa do rei Manassés e mãe do rei Amom (2Rs 21.19). Era filha de Haruz, de Jotbá. Viveu em cerca de 664 a.C.

METAL, METALURGIA

Ver o artigo geral sobre *Artes e Ofícios*, que fornece alguma informação sobre esse assunto.

I. Definição. Um metal é um elemento que forma uma base, combinando-a com um grupo ou grupo hidroxílico. Um hidroxílico é o radical univalente OH, que consiste em um átomo de oxigênio e um átomo de hidrogênio. Ocorre nos álcoois, na maioria dos ácidos e em muitos compostos orgânicos. Os metais geralmente são duros, pesados, lustrosos, maleáveis, dúcteis, tenazes, sendo bons condutores do calor e da eletricidade. Uma combinação de metais produz uma liga. Os *metais nobres* são aqueles que não se oxidam facilmente em contato com o ar ambiente, como o ouro, a prata e a platina.

A metalurgia é a arte ou ciência da extração de um metal ou metais, de seus respectivos minérios, mediante processos como a fundição, a redução, o refino, a liga, a eletrólise etc. O termo português "metalurgia" vem do grego *metallon*, "mina", e *ergos* "trabalho". Todavia, mais diretamente, essa palavra portuguesa vem do latim, *metallurgia*, uma adaptação das palavras gregas envolvidas. "Metal", naturalmente, vem do grego *metallon*, ou do latim, *metallum*, "mina". Como uma ciência e uma técnica, a *metalurgia* envolve os processos da produção de metais mediante a extração de seus minérios, seu refino e purificação, bem como a aplicação desses metais a vários usos.

II. Metais Referidos na Bíblia. A metalurgia é uma das mais jovens ciências do mundo, embora uma de suas artes mais antigas. É impossível alguém pensar na civilização sem pensar em metais. Quase tudo quanto possuímos no sentido de instrumentos, máquinas e um sem-número de produtos, depende dessa ciência. Os metais são tão importantes na história que as várias eras passadas tornaram-se conhecidas segundo os nomes de vários metais. Assim, temos a era Calcolítica, a era do Bronze, a era do Ferro etc.

Os *metais* mencionados na Bíblia são o cobre, o ferro, o ouro, o chumbo, a prata, o estanho, e, em menor escala, o mercúrio e o zinco. Damos informações gerais sobre esses metais, no quadro abaixo:

Metal	Símbolos	Densidade	Ponto de Fusão
Cobre	Cu	8,9	1083º C
Ferro	Fe	7,9	1540º C
Ouro	Au	19,3	1063º C
Chumbo	Pb	11,3	327º C
Prata	Ag	10,5	961º C
Estanho	Sn	7,3	232º C
Mercúrio	Hg	13,6	-39º C
Zinco	Zn	7,1	420º C

É provável que o ouro tenha sido o primeiro metal conhecido e usado pelo homem. Tanto o ouro quanto o cobre ocorrem comumente em estado nativo. Ambos são metais moles, mas o ouro é tão mole que é inútil para ser usado em instrumentos. Isso posto, o ouro era valorizado devido às suas qualidades decorativas, sendo extensamente usado na joalheria. O cobre também é mole, mas, uma vez batido a martelo, podia ser endurecido o bastante para ser usado no fabrico de armas e instrumentos. A prata também pode ser achada em estado nativo, e também era usada pelos homens na joalheria e em obras decorativas. O ferro terrestre nativo é raro, mas a maioria dos meteoritos é composta de ferro, com traços de níquel. O uso do chumbo, do estanho, do mercúrio e do zinco já dependem de bons avanços na metalurgia. O cobre em liga com o estanho produz o bronze. Posteriormente, apareceu a liga do cobre com o zinco, que produz o metal amarelo. A metalurgia teve de dar mais alguns passos para produzir o ferro não derivado dos meteoritos, sempre tão raros. Há mais de oitenta referências ao ferro, nas páginas do Antigo Testamento. Na seção IV, abaixo, desenvolvemos o tratamento dado a cada metal e seu uso, na Bíblia.

III. Informes Históricos Sobre a Metalurgia
1. Antes de 4000 a.C.. Nesse tempo, os homens usavam o ouro e o cobre nativos, como também o ferro dos meteoritos. Esses metais eram batidos a martelo, até tomarem os formatos desejados, embora também fossem usados os processos da fundição e da moldagem. O metal *nativo* é o metal encontrado em estado natural, que não precisa ser fundido a fim de ser extraído de seu minério. Contas de ferro foram encontradas em um cemitério pré-dinástico em Giza, de cerca de 4000 a.C. Deve ter sido usado ferro nativo, no fabrico dessas contas.

2. De 4.000 a 3.000 a.C.. A prata nativa era empregada mediante o uso do martelo; o chumbo, o cobre e o ferro eram extraídos mediante o processo de fundição. Começaram a aparecer as ligas de cobre (o bronze). A moldagem era, então, utilizada.

3. De 3000 a 2000 a.C.. Foi descoberta a fundição de sulfidos de cobre e de óxidos de estanho. O estanho tornou-se um importante item do comércio. Começou a ser produzido o ferro esponjoso (poroso). A prata começou a ser extraída mediante o processo da refinação com o chumbo, um processo também chamado copelação. Começou a ser manufaturado tanto o ouro em folhas quanto o arame feito de algum metal. As lendas chinesas afirmam que a fundição do ferro começou por volta de 2800 a.C., naquele país. Essas lendas põem no crédito do imperador Shen Nung o descobrimento desse processo. Pelo menos é indiscutível que, em cerca de 500 a.C., os chineses estavam mais avançados na metalurgia do que os europeus. Uma foice de ferro foi encontrada no interior da grande pirâmide de Quéopes, que reinou entre 2590 e 2568 a.C.

4. De 2.000 a 1.000 a.C. Começaram a ser usados foles nas fornalhas, a fim de aumentar a temperatura das mesmas, o que permitiu melhores processos de extração e de refino. Começou a ser fabricado o aço, mediante a carbonização em fornalhas. Em cerca de 1200 a.C., foi descoberto o processo de endurecimento do ferro. O metal amarelo passou a ser fabricado, mediante a liga de minérios de cobre e de zinco. Começaram-se a fabricar espelhos (*specula*), feitos de uma mistura do estanho com o bronze, que era, então, altamente polido. Na época de Ramsés II (1992-1925 a.C.), o ferro já era comum no Egito. Instrumentos e armas de todo tipo eram feitos naquele período, conforme atestam as descobertas arqueológicas.

5. De 1.000 a 0 a.C.. Nesse período houve extraordinária expansão no uso de todos os tipos de metais, tendo aparecido novas ligas metálicas. O mercúrio era distilado de seus minérios; o ouro era separado mediante amálgama com o mercúrio. Surgiram as moedas cunhadas. O bronze tornou-se um importante metal.

6. Alguns Informes Bíblicos. O ferro é comumente mencionado nas Escrituras. (Ver Gn 4.22; Lv 26.19; Nm 31.22; Dt 3.11; Js 6.19; Jz 1.19; 1Sm 17.7; 2Sm 12.31; 1Rs 6.7; 2Rs 6.6; Jó. 19.24; Sl 2.9; Pv 27.17; Is 10.34; Jr 1.18; Ez 4.3; Dn 2.33-35; Am 1.3; Mq 4.13; At 12.10; 1Tm 4.2; Ap 2.27; 9.9). Supõe-se que os hebreus tinham conhecimentos de metalurgia, tomados por empréstimo de outras culturas, a começar pelos egípcios, e incluindo os cananeus, que já sabiam fabricar objetos de ferro. O começo da era do Ferro foi em cerca de 1200 a.C., pelo menos na região da Palestina. Na época de Davi, a metalurgia tornou-se mais importante em Israel, e foram desenvolvidas ali técnicas independentes, o que apenas se intensificou nos dias de Salomão (ver 1Rs 10.16-23). Davi apossou-se dos territórios de Edom, que continham muitos depósitos de ferro e de cobre (ver 2Sm 8.14). Salomão encorajou o emprego de estrangeiros capazes, a fim de que sua tecnologia fosse absorvida pelos israelitas (ver 1Rs 7.13,14).

IV. Os Metais e a Metalurgia Mais Importantes da Bíblia

1. O Ouro. Conforme já foi dito, o ouro aparece na natureza em um estado já utilizável (chamado *nativo*). É provável que o ouro tenha sido o primeiro dos metais a ser usado pelos homens. Pepitas e lâminas de ouro podiam ser encontradas em rios e em cascalhos e, ocasionalmente, em veios nas rochas. O ouro era extraído por meio de lavagem. O ouro extraído nas minas era primeiramente reduzido mediante trituração, até tornar-se em pedaços pequenos. Então esse minério era lavado e coado, a fim de que o ouro pudesse separar-se da escória. Monumentos da primeira dinastia egípcia (2900 a.C.) retratam esse processo de lavagem do minério de ouro.

Nos tempos dos romanos, o ouro e a prata começaram a ser extraídos mediante o uso do mercúrio, em um processo intitulado amálgama. Os minérios eram triturados bem finos, dentro da água e, então, misturados com mercúrio, sendo agitados incessantemente. O ouro desprende-se do resto e adere ao mercúrio. Essa mistura (amálgama) é, então, aquecida, O mercúrio desliga-se do ouro, sob a forma de vapor, o qual se condensa e é usado novamente. O ouro fica depositado e, então, é fundido e moldado.

Um outro processo consistia em misturar o ouro com chumbo, sal e farelo de cevada. Essa mistura era então aquecida em um cadinho de barro, estanque. Aqueles agentes serviam para escorificar, fazer fluir e reduzir o metal. O aquecimento destruía aqueles elementos, que eram, então, absorvidos pela argila do cadinho. Ficava, então, somente o ouro. Algumas vezes, era adicionado estanho à mistura, a fim de que resultasse em um ouro um tanto mais duro.

A soldagem com uma liga de ouro e cobre já era conhecida desde nada menos de 3000 a.C. O ouro era batido para adelgaçar-se em lâminas ou em arame de ouro. Essas técnicas são antiquíssimas, (conforme se aprende em Êx 3.22; 11.2; 39.8,13; Nm 7.14,20; Dt 7.25; Js 6.19; Jz 8.26; 2Sm 1.24; 1Rs 6.20-22; 7.48; 2Rs 5.5; Ed 1.4,6; Ne 7.70; Et 1.6,7; Jó. 3.15; 22.24; Sl 19.10; Pv 3.14; 8.10; Ct 1.11; Is 2.7,20; Jr 4.30; Dn 2.32; Os 2.8; Zc 4.2; Mt 2.11; At 3.6; 1Co 3.12; 1Tm 2.9; Tg 2.2; 1Pe 1.7; Ap 3.18; 4.4). Ao todo, há cerca de seiscentas menções ao ouro, na Bíblia. Ver o artigo separado sobre o *Ouro*. Esse artigo inclui a história e os usos metafóricos desse metal.

2. A Prata. Esse metal precioso, encontrado em estado nativo, era empregado como meio de escambo, quase desde o começo da história registrada pela Bíblia. (Ver Gn 23.16; 37.28). Nos tempos de Croeso, da Lídia, era cunhada em forma de moedas, tendo sido introduzida a moeda de prata, no império persa, por Ciro, o Grande, no século VI a.C. Os trechos de Jó. 28.17 e Isaías 46.6 mostram que a prata era usada como um valor em peso (pedaços de prata, e não moedas). Gênesis 24.53; Êxodo 3.22 e Cantares 1.11 são passagens que mostram que a prata era valorizada como metal usado no fabrico de joias. Coroas (ver Zc 6.11); instrumentos musicais (ver Nm 10.2); taças (ver Gn.44.2); bases (ver Êx 26.19); ganchos e enfeites de colunas (ver Êx 27.10; 38.19), pratos e bacias (ver Nm 7.13); e também ídolos (ver Sl 115.4; At 19.24) eram alguns dos itens feitos de prata. As descobertas arqueológicas mostram que a prata era usada pelos sumérios desde o terceiro milênio a.C. A prata tornou-se predominante no novo império babilônico, depois de 1450 a.C. Homero alude a elegantes artigos feitos desse metal (*Ilíada* 22.704-745). As referências do Antigo Testamento referem-se a objetos de prata como objetos valiosos e de grande beleza (ver Gn 44.2); pois havia vasos sagrados de prata, no tabernáculo e no templo de Jerusalém (ver Êx 26.19-25; Ed 1.6). A fundição e a moldagem da prata são mencionadas (em trechos como Jó 28.1; Sl 12.6; Pv 17.3). O dinheiro de prata (é referido em Gn 23.15; Lv 27; Dt 22.19,29; Jr 32.9,25,44). Damos mais detalhes no artigo separado chamado *Prata*.

Usos Metafóricos. A prata simboliza as preciosas palavras de Deus (Sl 12.16); a língua dos justos (Pv 10.20) os bons governantes (Is 1.22,23); os santos purificados (Sl 66.10; Zc 13.9). A sabedoria é mais valiosa do que a prata (Jó. 28.15; Pv 3.14; 8.10,19). Por outro lado, os ímpios são comparados à escória da prata (Jr 6.30).

3. O Cobre. O cobre é um metal mole, encontrado em estado nativo na natureza. Pode ser um tanto endurecido a martelo e, provavelmente, foi o segundo dos metais a ser largamente empregado pelo homem (o ouro deve ter sido o primeiro). Sua descoberta e uso, na *era calcolítica*, quando o cobre e a pedra (conforme a palavra "calcolítica" — no grego vem de *chalcós*, "cobre", e *líthos*, "pedra" — indica claramente) eram usados lado a lado para o fabrico de instrumentos, artefatos e armas, indicou um avanço sobre a idade da Pedra. Esse período vai de 4000 a 3000 a.C. O cobre chegou a ser combinado com o estanho a fim de fabricar-se o bronze; e isso inaugurou a era do Bronze (cerca de 3000 a 2000 a.C.).

Ornamentos de cobre têm sido encontrados, que remontam a nada menos que 8000 a.C. Porém, foi somente por volta de 6000 a.C. que se descobriu que o cobre pode ser fundido (a 1083° C), podendo ser moldado em qualquer formato. Uma fogueira feita com carvão de madeira bastava para esse propósito. É possível que isso tenha sido descoberto acidentalmente, em uma fogueira comum. Buracos eram, então, feitos na terra, que serviam de fornalhas primitivas. O passo seguinte foram fornalhas feitas de pedra. A fundição do cobre possibilitou que se desenvolvesse toda uma nova civilização, com seus novos instrumentos e armas, e isso levou ao abandono total da pedra. O bronze é a liga do cobre e do estanho, mediante o fogo obtido com o carvão de madeira. Esse processo surgiu em cerca de 1800 a.C. Foles melhoraram muito o processo. O cobre chegou a ser ligado ao zinco, compondo o metal amarelo. Ver o artigo sobre *o Cobre* onde se dá maiores detalhes. (Ver Ed 8.27 e 2Tm 4.14 quanto a referências bíblicas ao cobre). O bronze é mencionado por cerca de 150 vezes na Bíblia (Ver, como exemplos, Gn 4.22; Êx 25.3; 35.24,32; Lv 26.19; Nm 21.9; Dt 8.9; Js 6.19; Jz 16.21; 1Sm 17.5; 1Rs 7.14; 1Cr 15.19; Jó. 6.12; Sal. 107.16; Jr 6.2; Zc 6.1; Mt 10.9; 1Co 13.1; Ap 1.15; 2.18; 9.20 e 18.12).

Usos Metafóricos. Em Ezequiel 16.36, o cobre é usado para indicar a ideia de imundícia, referindo-se a um pagamento desgraçadamente baixo (ver os vss. 3 e 34). Em 1Timóteo 3.3,8, a alusão é a um ganho injusto, uma ideia paralela àquela. Ver o artigo separado sobre o *Bronze*, que inclui vários usos metafóricos.

4. O Bronze. Ver o artigo separado sobre esse assunto.

5. O Chumbo. O chumbo é facilmente extraído de seus minérios, como o carbonato de chumbo (cerusita). O chumbo era inicialmente fundido em fornalhas cruas, meras perfurações feitas no solo. O minério era posto juntamente com a madeira. A madeira pegava fogo, e o metal assim produzido, uma vez dissolvido, corria para um segundo buraco, mediante uma valeta, onde era coletado. No minério chamado *galena* (sulfido de chumbo), o processo tinha lugar em uma atmosfera oxidante. O óxido de chumbo e o sulfato de chumbo são produzidos em temperaturas moderadas. Se estiverem presentes cobre, antimônio e dióxido de enxofre, isso forma uma capa à superfície da massa fundida, que pode ser removida facilmente. Então, o metal era prateado por copelação. As referências bíblicas ao chumbo são as seguintes: em Êxodo 15.10, que enfatiza sua densidade; em Jeremias 6.29, que destaca como o chumbo pode ser facilmente dissipado. O chumbo era usado no fabrico de pesos (Zc 5.7,8), ou para preencher inscrições escavadas na rocha (Jó. 19.24). Provavelmente, também era usado como peso na ponta dos prumos (Jó. 7.7,8). Também era usado nas soldagens (Is 41.7), como tabletes de escrever, para segurar pedras no seu lugar, e para preencher rachaduras em pedras de construção. O chumbo também era usado para dar uma cobertura vitrificada a peças de cerâmica. O artigo que versa sobre o *Chumbo* entra em maiores detalhes. Metaforicamente, o chumbo simboliza inferioridade e peso inútil.

6. O Estanho. A cassiterita (óxido de estanho) é, virtualmente, o único minério do qual se pode extrair o estanho. Esse metal não é comum no Oriente Próximo, embora saibamos que os fenícios tinham um intenso comércio com esse metal. (Ver Ez 27.12). Nos tempos antigos, o estanho era fundido em um buraco feito no solo, mediante o uso de carvão de madeira. O óxido de estanho reage com o carbono do carvão e produz estanho e o gás monóxido de carbono. A fim de obter a temperatura necessária, era provida alguma espécie de ventilação forte. Ver o artigo intitulado *Estanho*, quanto a maiores detalhes.

7. O Ferro. Na terceira seção, acima, oferecemos um esboço da história do uso do ferro, desde o seu estado nativo (em meteoritos) até o metal produzido por meio da fundição. A descoberta do uso do ferro introduziu a *era do ferro*, em cerca de 1200 a.C., embora o ferro já viesse sendo usado para certos propósitos desde longa data, ou seja, desde cerca de 6000 a.C. O processo cru de fundição produz uma massa escura e esponjosa, que provavelmente não foi reconhecida como um metal, quando foi produzida acidentalmente, a princípio. Temperaturas mais elevadas faziam-se necessárias para que houvesse boa fundição do ferro, e isso adiou por muito tempo o seu emprego. Quando o metal fundido está esfriando, segundo o processo primitivo, há perda de ar, e isso empresta à massa o seu caráter esponjoso. Marteladas, com a ajuda do calor, podem fazer a massa esponjosa endurecer em pedaços maiores de ferro. Também é possível um endurecimento do ferro, se o metal, ainda mole, é subitamente mergulhado na água. Essas complicações no fabrico do ferro adiaram a era do Ferro, conforme já dissemos, mas, uma vez que foram afastadas, isso fez raiar uma nova era no uso e aplicação desse metal. Não demorou para que o ferro substituísse ao bronze, quanto a muitas coisas. Talvez seja correta a lenda que diz que os chineses foram os primeiros a conseguir uma boa fundição do ferro. Todavia, sabemos que os hititas (chamados heteus no antigo Testamento) sabiam fabricar um bom ferro, na Ásia Menor. E foram eles que ensinaram o uso do ferro para outras culturas daquela região asiática. Acidentalmente (ou mesmo por inspiração do momento), o ferro comum foi sujeitado ao processo de carbonização e que produziu o aço. A combinação do ferro e do carbono, para produção do aço, abriu caminho para uma vasta tecnologia, que se tem tornado uma das mais importantes bases da civilização moderna.

METHEG-AMMAH

No hebraico, literalmente, **"rédeas da mãe"**, ou seja, a cidade-mãe, a metrópole. (Ver 2Sm 8.1). Nossa tradução portuguesa procura traduzir literalmente o hebraico. Podemos aceitar a tentativa, com um pequeno reparo: *Depois disto feriu Davi os filisteus, e os sujeitou; e tomou de suas mãos a metrópole*. Está em foco a principal cidade dos filisteus, *Gate*. O uso metafórico deriva-se da circunstância que entregar as rédeas a outrem significa entregar o poder. Assim sendo, o termo "rédeas da metrópole" parece indicar que Gate dominava outras cidades da região. Davi capturou Gate em batalha contra os filisteus. O trecho de 1Crônicas 18.1 mostra-nos que Gate está em foco, visto ser aquela uma passagem paralela à de 2Samuel 8.1. Não se sabe qual sua moderna localização. A cidade desapareceu misteriosamente, talvez devido a alguma catástrofe natural, ou mediante algum outro acontecimento sobre o qual não temos notícia. (Ver Am 6.2). Todavia, alguns estudiosos sugerem Tell es-Safiyeh, a dezesseis quilômetros a leste de Asdode, como o local onde ficava Gate.

METODISMO

Embora a designação "metodista" fosse inicialmente atribuída a todos os adeptos do despertamento evangélico ocorrido na Inglaterra no século XVIII, seria depois restrita aos seguidores de João Wesley, que, após sua morte, deixaram a igreja Anglicana para formar uma denominação à parte. O metodismo teve início como uma sociedade religiosa dentro da comunhão anglicana, e a intenção de Wesley era que assim permanecesse. Todavia, a secessão tornou-se praticamente inevitável ante sua própria insistência em que os "sacrossantos" limites paroquiais devessem ceder às exigências da evangelização itinerante e, mais tarde, à ordenação de ministros para trabalharem na Escócia e em missões na América do Norte, juntamente com a autorização para abrir novos pontos de pregação, sob o Ato de Tolerância.

Em ato oficial de 1932, que autoriza o funcionamento da igreja Metodista, reunida, na Grã-Bretanha, é feita referência às doutrinas de fé evangélica que o metodismo sustenta desde o princípio até hoje. Elas se baseiam na revelação divina registrada nas Escrituras, reconhecidas como regra suprema de fé e prática, estando tais doutrinas contidas na obra de Wesley *Notes on the New Testament* [Comentários sobre o Novo Testamento] e em seus sermões.

A teologia wesleyana foi moldada em suas origens pelo envolvimento metodista em missões, sendo focada na doutrina da salvação. Outros aspectos da crença cristã foram abordados sob a mesma perspectiva. Ênfase é dada à soberania de Deus, embora não isolada dos outros atributos divinos e sem isenção da responsabilidade humana. Sustenta-se a divindade de Cristo ante as tendências arianas e socinianas (ver Cristologia). A incapacidade humana de alcançar a própria salvação é fortemente destacada. A expiação é vista como um aspecto distintivo do autêntico evangelho, em oposição aos deístas, cumprida em favor de todos, muito embora não seja aceita por todos. A justificação mediante a fé é ponto central e determinante, que leva a transformação efetuada por novo nascimento (ver Regeneração). A obra do Espírito Santo em produzir certeza da salvação e santidade (ver Santificação) ganha relevo, em uma época em que essa dimensão estava em risco de vir a ser negligenciada. Compromisso firme do crente com a ética da graça representa corretivo necessário.

A postura da teologia wesleyana é inteiramente a de um arminianismo evangélico, infuso com calor e poder do Espírito Santo, como bem ressalta M. B. Wynkoop. Todavia, embora ecoando Armínio em sua resistência ao determinismo teológico, a abordagem wesleyana não recebeu a simpatia do arminianismo inglês de sua época de surgimento, contido em associações pelagianas e unitaristas.

Nas últimas etapas de controvérsia mantida com os calvinistas (ver Whitefield) sobre predestinação, foi principal porta-voz metodista John William Fletcher (1729-1785), cujos cinco livretes *Checks to Antinomianism* [Restrições ao antinomianismo] (1771-1775) refletiam as ideias de Wesley, endossadas por ele. Fletcher sustentava o princípio da liberdade evangélica, mas, ao mesmo tempo, salvaguardava a iniciativa e o controle divinos na área da salvação. Seu receio era de que a ideia exagerada de eleição soberana pudesse abrir as portas para uma anarquia moral — daí o título de suas publicações. Em outra obra, Fletcher ampliava o ensino de Wesley sobre a santificação total, sublinhando seu relacionamento com o Pentecostes e interpretando-a como ocorrência instantânea. A essa experiência ele aplicou os termos batismo e plenitude do Espírito (ver também Movimento de Santidade; Perfeição).

A teologia de Wesley foi desenvolvida de modo mais amplo pelo notável erudito bíblico Adam Clarke (c. 1760-1832), que reiterou a ênfase de Wesley sobre a autoridade e a suficiência das Escrituras na revelação do Ser e dos propósitos de Deus. Clarke antecipou as tendências teológicas mais recentes, ao reconhecer que a tarefa da teologia bíblica implica buscar recuperar a importância original do texto das Escrituras e demonstrar sua relevância contemporânea.

A primeira explanação de teologia sistemática do pensamento wesleyano, todavia, foi feita por Richard Watson (1781-1833), em sua obra *Theological Institutes* [Instituições teológicas] (1823-1824), que se coloca como defensor da fé evangélica contra os críticos deístas e unitaristas. Contende também com as ideias pelagianas e calvinistas, em uma seção muito alentada, que trata da extensão da expiação. Watson não cita Wesley com muita frequência, mas foi, inegavelmente, fiel à perspectiva wesleyana. Enfatiza o uso dedutivo das Escrituras, que considera como inerrantes, embora haja recorrido também a reformadores protestantes e teólogos ingleses ortodoxos.

A teologia wesleyana encontrará, enfim, sua expressão clássica na obra *Compendium* [Compêndio] (1875-1876), de William Burt Pope (1822-1903). A essa altura, o metodismo já havia se libertado amplamente das algemas sectárias e reivindicava seu lugar de participação e comunhão na igreja cristã universal. Embora expondo e defendendo as ênfases wesleyanas, Pope insiste em que a teologia metodista é, essencialmente, escriturística, católica (universal) e ortodoxa, em termos de tradição evangélica contínua. Para isso, ele traça um panorama desde a igreja primitiva até o próprio Wesley. Quanto ao arminianismo da teologia wesleyana, Pope o vê como divergência somente das formas mais extremas do calvinismo. Sua obra é importante como forte afirmação confessional, embora contenha pouca informação a respeito do desenvolvimento de tendências críticas do metodismo. Nesse particular, de importância maior é a contribuição de William Arthur (1819-1901), como apologista que lida com questões intelectuais de sua época, como ultimamente se percebeu.

O metodismo foi mais produtivo, posteriormente, em eruditos bíblicos do que em teólogos propriamente ditos. Contudo, menção especial deve ser feita aos pensadores metodistas John Scott Lidgett (1854-1953), que buscou, particularmente, relacionar o conceito do NT da paternidade divina com a doutrina da expiação, e Geoffrey Wainwright (n. 1939), cuja recente obra *Doxology* [Doxologia] faz surgir uma área relativamente nova, ao tentar interpretar a teologia por meio do louvor a Deus na adoração, na doutrina e na vida (ver Doxologia; Teologia Litúrgica). O entendimento metodista da perfeição cristã é, por sua vez, estabelecido no contexto da tradição contínua por Robert Newton Flew (1886-1962). De modo geral, pode-se dizer que o interesse por uma abordagem especificamente wesleyana à teologia encontra-se hoje em menor evidência no berço de seu nascimento, a Inglaterra, e mais entre grupos americanos cultivadores da ideia de santidade. Manuais metodistas amplamente usados, como os de A. M. Hills (1848-1935) e H. Orton Wiley (1877-1962), são atualmente suplementados por um simpósio editado na América por Charles W. Carter.

(**A. S. Wood**) (falecido), B.A., Ph.D., F.R. Hist.S., ex-reitor do Cliff College, Calver, Derbyshire, Inglaterra.)

BIBLIOGRAFIA. R. W. Burtner & R. E. Chiles (eds.), *A Compend of Wesley's Theology* (Nashville, TN, 1954); W. R. Cannon, *The Theology of John Wesley* (Nashville, TN, 1956); C. W. Carter (ed.), *A Contemporary Wesleyan Theology*, 2 vols. (Wilmore, KY, 1983); R. E. Davies, *Methodism* (Harmondsworth, 1963); T. A. Langford, *Practical Divinity: Theology in the Wesleyan Tradition* (Nashville, TN, 1984); W. E. Sangster, *The Path to Perfection: An Examination and Restatement of John Wesley's Doctrine of Christian Perfection* (London, 1943); C. W. Williams, *John Wesley's Theology Today* (London, 1960); M. B. Wynkoop, *Foundations of Wesleyan-Arminian Theology* (Kansas City, KS, 1967).

METROLOGIA. Ver sobre *Pesos e Medidas*.

METUSAEL
No hebraico, **"homem de Deus"** ou **"homem de deus"**. Talvez alusivo ao antigo deus *Selah*, também chamado Sin. Ele foi filho de Meujael e pai de Lameque, da família de Caim (ver Gn 4.18).

MEUJAEL
No hebraico, **"ferido por Deus"**. Esse era o nome de um dos filhos de Irade. Meujael foi pai de Metusael, um descendente de Caim (ver Gn 4.18). Em Gênesis 5.12, seu nome aparece sob a forma de *Maalaleel*.

MEUMÃ
No hebraico, **"fiel"**. Ele foi um dos sete eunucos que serviam ao rei Assuero (Et 1.10). Viveu em cerca de 483. a.C.

MEUNIM (MEUNITAS)
Essa é a forma plural do adjetivo *meuni*, **"de Maan"**, no hebraico. O significado desse adjetivo é incerto, e as traduções refletem as dificuldades envolvidas na compreensão dessa palavra. Nossa versão portuguesa não consegue livrar-se da dificuldade. Assim, se em 1Crônicas 4.41 e em 2Crônicas 26.7 temos ali a tradução "meunitas", em 2Crônicas 20.1 lemos ... *os filhos de Amom, com alguns dos amonitas...*, o que é uma redundância, quando deveríamos ter ali "os filhos de Amom, com alguns dos *meunitas*". Em Neemias 7.52 lemos sobre "os filhos de Meunim". Parece que o lugar em vista é Maan, na fronteira leste de Edom, uma localidade que não deve ser confundida com Maom, no território de Judá. Ver sobre *Maom*. O povo a quem essa palavra se refere não eram idumeus, embora, ao que tudo indica, estavam relacionados a eles e com a área do monte Sir, pelo que a identificação dos meunitas com os idumeus é apenas natural, embora não seja exata. Ver 2Crônicas 20.1,10.

Os simeonitas atacaram aos meunitas e, ao que parece, conseguiram obter algum sucesso, desapossando-os. Ver

MEXERICO

1Crônicas 4.41. Posteriormente, os meunitas aliaram-se aos amonitas em um ataque contra Judá (2Cr 20.1). O rei Josafá enviou seu exército, que lhes ofereceu batalha em Ziz; mas a batalha não teve lugar, pois os adversários de Israel, talvez por dissensão interna, praticamente aniquilaram-se mutuamente. A menção a Seir, naquele texto, não dá a entender que os edomitas também participaram do ataque contra Judá, mas apenas que esse ataque veio daquela direção geral.

Durante o reinado de Uzias (cerca de 783-742 a.C.), esses povos, juntamente com os filisteus e os árabes, novamente causaram dificuldades a Judá. O trecho de 2Crônicas 26.7 mostra-nos que Judá saiu-se vitoriosa na refrega. Alguns dos meunitas tornaram-se escravos de Israel, uma prática bélica comum naqueles tempos. (Ver Nm 31.30; Js 9.27; Ed 8.20). Terminado o exílio babilônico, os "filhos de Meunim", que, provavelmente, significa os descendentes dos escravos meunitas, estavam entre os netinins ou servos do templo de Jerusalém. (Ver Ed 2.50 e Ne 7.52). A Septuaginta identifica os meunitas com os mineanos e se essa identificação está correta, então, eles formavam a seção nordeste das tribos do sul da Arábia.

MEXERICO

Mexericar é usar de maledicência, repetindo (e, frequentemente, inventando) histórias sobre outras pessoas. Diz certo dicionário: "Mexericar: narrar em segredo e astuciosamente, com o fim de malquistar, intrigar ou enredar. *Mexerico*: ato de mexericar; enredo, intriga, bisbilhotice, chocalhice, carrilho, mexericada". Muitas das maledicências que se fazem são usadas pelas pessoas apenas como uma forma de diversão. Enquanto as pessoas estão trabalhando (ou procurando maneiras para não trabalhar), entretêm-se contando histórias engraçadas ou escandalosas sobre outras pessoas. É inevitável que meias-verdades, mentiras e invenções baratas misturem-se com isso. Isso posto, grande parte dos mexericos consiste em puras mentiras. Há vezes em que os mexericos são abertamente malignos, ditos com o intuito de prejudicar e ferir. As pessoas gostam de diminuir outras pessoas, no conceito alheio, com frequência sob a cobertura de uma justa indignação. No entanto, está psicologicamente provado que as coisas sobre as quais as pessoas gostam de bisbilhotar são aquelas coisas que elas mesmas fazem, ou gostariam de fazer.

O trecho de Provérbios 20.19 adverte contra aqueles que revelam segredos e falam de forma insensata, impensada. A mesma palavra hebraica, para indicar essa ideia, é usada em Provérbios 19.16, com o sentido de "caluniar". Como é óbvio, há muito mexerico que não passa de calúnia. A passagem de Ezequiel 36.3 alista o mexerico como um dos pecados, entre outros, que os inimigos de Israel cometiam, e por causa do que haveriam de ser punidos. Sussurros maldosos, notícias distorcidas e calúnia são pecados condenados (em trechos bíblicos como Gn 37.2; Nm 13.32; 14.36,37; Sl 31.12; Pv 10.18; Jr 20.10 e Ez 36.3).

No Novo Testamento, a ideia está contida na tradução "difamadores", em Romanos 1.29, em uma passagem onde os vícios dos pagãos são condenados. Essa mesma palavra (no original grego, *psithurismós*) reaparece em 2Coríntios 12.20, onde a nossa versão portuguesa a traduz por "intrigas". Esse foi um dos pecados combatidos por Paulo, existentes na igreja de Corinto. Em 1Timóteo 5.13 é usada uma palavra grega diferente, *phlúaros*, "baboseador", mas que a nossa versão portuguesa traduz por "tagarelas". Essa é uma palavra que também poderia ser traduzida por "mexeriqueiros". No texto bíblico onde ela é usada, refere-se a coisas que as pessoas fazem como decorrência do ócio, assim ocupando o seu tempo em atos insensatos. O mexeriqueiro, pois, é alguém que ataca a outrem pelas costas, cujas flechas maliciosas não podem mais ser chamadas de volta, e que assim injuria a outras pessoas, com intenção maligna ou não.

Infelizmente, em todas as épocas sempre houve crentes que se tornam culpados do pecado do mexerico. Cabe a eles uma palavra dita pelo apóstolo dos gentios: *Não saia da vossa boca nenhuma palavra torpe e, sim, unicamente a que for boa para edificação, conforme a necessidade, e assim transmita graça aos que ouvem* (Ef 4.29). Ver o artigo separado sobre a *Linguagem, Uso Apropriado da*.

"Senhor, disse eu,
Jamais eu poderia matar um meu semelhante;
Crime de tal grandeza cabe a um selvagem somente,
É o crescimento venenoso da mente maligna,
Ato alienado dos mais indignos.
Senhor, disse eu,
Jamais eu poderia matar um meu semelhante;
Um ato horrível de raiva sem misericórdia,
Punhalada irreversível de inclinações perversas,
Ato não imaginável de plano ímpio.
Disse o Senhor a mim:
Uma palavra sem afeto, lançada contra a vítima que odeias,
É um dardo abrindo feridas de cores cruéis.
Bisbilhotice corta o homem pelas costas,
Um ato covarde que não podes retirar.
Ódio no teu coração, ou inveja levantando sua horrível cabeça,
É um desejo secreto de ver alguém morto".
    Russell Champlin, meditando sobre Mateus 5.21,22

"*Antes de falares*
Faz tudo passar diante de três portas de ouro:
As portas estreitas são, a primeira: *É verdade?*
Em seguida: *É necessário?* Em tua mente
Fornece uma resposta veraz. E a próxima
É a última e mais estreita: *É gentil?*
E se tudo chegar, afinal, aos teus lábios,
Depois de ter passado por essas três portas,
Então poderás relatar o caso, sem temeres
Qual seja o resultado de tuas palavras".
    Beth Day

ME-ZAABE

No hebraico, **"águas de ouro"**. Esse homem foi o pai de Matrede e avô de Meetabel, que foi esposa de Hadar (ou Hadade), o último dos reis de Edom a ser mencionado nas Escrituras. (Ver Gn 36.39 e 1Cr 1.50). Ele descendia de Esaú.

MEZUZÁ

Transliteração do termo hebraico *mezuzah*, **"ombreiras"** das portas. Em Êxodo 12.7,22,23, o local onde foi posto o sangue do sacrifício da Páscoa; em Deuteronômio 6.9 e 11.20, as ombreiras das portas onde a lei precisava ser escrita; em Juízes 16.3, a menção é às ombreiras das portas da cidade de Gazaq, levadas por Sansão, e em 1Samuel 1.9; 1Reis 6.33 e Ezequiel 31.12, temos menção às ombreiras do templo. Entretanto, em seu desenvolvimento, essa palavra hebraica acabou indicando a pequena caixa contendo porções das Escrituras, e que os judeus ortodoxos afixavam às portas de suas casas, segundo se vê em Deuteronômio 6.9 e 11.20.

Em outras religiões, mormente aquelas que praticam as artes mágicas, sempre foi comum pendurar-se alguma coisa na porta de entrada ou em suas ombreiras, como algum sinal ou algumas palavras especiais. Destaca-se aí a ideia de proteção, embora também haja a inspiração do desejo por prosperidade material. A casa é o lugar da família. A família precisa de proteção e prosperidade. Os poderes divinos são invocados para proporcionarem essa proteção.

MIAMIM

No hebraico, **"no lado da mão direita"**, metafórico para **"favorecida"**, **"afortunada"**. Na Bíblia, um nome pessoal de duas ou três personagens: **1**. O cabeça da sexta divisão de sacerdotes, na época de Davi (1Cr 24.9), que viveu em torno de 960 a.C. **2**. O nome de um dos sacerdotes que assinou o pacto de Neemias, quando o remanescente de Judá voltou do cativeiro babilônico e fixou residência em Jerusalém. Ver Neemias 10.7. Isso ocorreu em cerca de 445 a.C. **3**. Em Neemias 12.5, pode haver a alusão ao mesmo homem que aparece no número "dois", acima; mas também pode estar em foco um homem diferente. Ele se casara com uma mulher estrangeira, durante o tempo do cativeiro babilônico, e foi obrigado a divorciar-se dela, depois que o remanescente de Judá voltou à terra santa. Ver Esdras 10.25.

MIBAR

No hebraico, **"elite"**, **"escolha"**. Esse foi o nome de um dos trinta grandes guerreiros de Davi, e que o acompanhou quando ele precisou exilar-se por causa das perseguições movidas por Saul. Ele era filho de Hagri (1Cr 11.38). No trecho de 2Samuel 23.36 lemos: ... *Bani, gadita...*, e muitos estudiosos acreditam que temos aí a versão correta. "É fácil perceber como o hebraico *Bani haggadi* poderia ter sido corrompido para *ben-haggerei*, embora que *Mibhar* seja uma corrupção de *mittsobah* (de Zobá) já não é tão claro, embora não seja absolutamente impossível. Com base no texto da Septuaginta, de 2Samuel, parece que ambas as formas do texto coexistiam originalmente" (Smith, *Biblical Dictionary*).

MIBSÃO

No hebraico, **"bálsamo"**, **"fragrância"**. Nome de duas personagens bíblicas: **1**. O quarto filho de Ismael, a ser nomeado: Gênesis 25.13; 1Crônicas 1.29. Viveu em torno de 1840 a.C. **2**. O filho de Salum e neto de Saul. Este último foi o sexto filho do patriarca Simeão (1Cr 4.25). Viveu em torno de 1200 a.C.

MIBZAR

No hebraico, **"fortaleza"**. Esse foi o nome de um dos príncipes ou filarcas dos idumeus, um descendente de Esaú, irmão gêmeo de Jacó (Gn 36.42; 1Cr 1.53). Ele viveu em torno de 1925 a.C. Ao que parece, ele deu seu nome a uma grande aldeia que vivia à sombra de Petra, mas que continuava existindo nos dias do historiador eclesiástico Eusébio. A forma grega do nome era *Mabsara*.

MICA

No hebraico, **"quem é como YAHU (*Yahweh*)?"** Na Septuaginta temos as formas: *Miuá* (A) e *Michaias* (B). Esse é o nome de sete homens que aparecem na Bíblia: **1**. Um homem natural do monte Efraim, que parece ter pertencido à geração que sobreviveu a Josué (cerca de 1360 a.C.). Ele furtou 1.100 peças de prata de sua mãe. Ela reagiu, proferindo contra ele uma maldição. Ele temeu a maldição e devolveu o dinheiro à sua mãe. Ela tomou duzentas peças dessa prata e mandou fazer uma imagem de escultura e outra de fundição, para um santuário idólatra. Esse santuário também contava com uma estola sacerdotal e ídolos do lar (no hebraico, *teraphim*). Então, Mica nomeou um de seus filhos sacerdote desse santuário. Mais tarde, substituiu seu filho por um levita itinerante, de nome Jônatas (neto de Moisés), oferecendo-lhe um salário anual (ver Jz 17.1 ss.). Um grupo numeroso de danitas, passando pelo local, a caminho de Laís, levou tanto os ídolos quanto o sacerdote de Mica. Mica saiu em perseguição deles, somente para descobrir que não tinha forças para fazer-lhes combate, e assim voltou para casa (Jz 18.1-26). Ficamos a meditar sobre o poder de certos homens para atrair a atenção de outros, levando-os a crer em suas formas espúrias de adoração. No caso de Jônatas, vemos que os danitas obtiveram um oráculo favorável da parte dele, e podemos imaginar que eles deixaram-se impressionar por seus poderes espirituais ou psíquicos. O fato de ter sido ele neto de Moisés deve ter-lhe conferido considerável prestígio. O próprio Mica, sem dúvida, era dotado de algum poder, para que fizesse tudo aquilo começar. Temos ali, pois, um pequeno ramo herético, uma seita religiosa, que ilustra os incontáveis milhares de casos semelhantes através dos séculos, no judaísmo e no cristianismo. **2**. Um descendente de Rúben, e antepassado de um homem que Tiglate-Pileser III levou para o cativeiro assírio (ver 1Cr 5.5). Ele era filho de Simei e pai de Reaías, descendente de Joel. Viveu por volta de 782 a.C. **3**. Um filho de Meribe-Baal (Mefibosete) e neto de Jônatas, que foi filho do rei Saul (ver 1Cr 8.34,35; 9.40,41). Ele viveu algum tempo após 1000 a.C. **4**. Um filho de Zicri (1Cr 9.15), chamado Zibidi em Neemias 11.17. Mas, em Neemi 12.35, ele é chamado *Micaías*. Seus descendentes voltaram do cativeiro babilônico e vieram habitar em Jerusalém. **5**. Um levita coatita da família de Uziel, que viveu na última porção do reinado de Davi (1Cr 23.20), em torno de 966 a.C. Ele tinha um irmão de nome Issias (1Cr 24.24,25), e o nome de seu filho era Samir. **6**. Um homem que assinou o novo pacto com Esdras, quando o remanescente de Judá voltara do cativeiro babilônico (Ne 10.11). Viveu em torno de 445 a.C. **7**. O pai de Abdom. Abdom foi um dos mensageiros que o rei Josias enviou à profetisa Hulda (2Cr 34.20). Viveu em torno de 642 a.C.

MICAEL

No hebraico, **"Quem é como El (Deus)?"** Esse é o nome dado a dez personagens que figuram nas páginas do Antigo Testamento, a saber: **1**. O pai de Setur, um dos espias enviados a investigar a terra de Canaã. Ele pertencia à tribo de Aser (Nm 13.13). Viveu em cerca de 1440 a.C. **2**. Um príncipe ou líder da tribo de Gade, que fixou residência na região de Basã (1Cr 5.13) Viveu em torno de 1070 a.C. **3**. Um outro gadita, antepassado de Abiail (1Cr 5.14). Alguns estudiosos identificam-no com o Micael anterior, número "dois", acima. Viveu em cerca de 1070 a.C. **4**. Um descendente de Gérson e bisavô de Asafe, o cantor (1Cr 6.40). Era filho de Baaseias e pai de Simeia. Viveu em torno de 1100 a.C. **5**. Um dos chefes da tribo de Issacar (1Cr 7.3), e que foi um dos quatro filhos de Izraías. Viveu em cerca de 1500 a.C. **6**. Um benjamita dos filhos de Berias (1Cr 8.16). Viveu em torno de 1350 a.C. **7**. Um capitão que comandava mil homens, da tribo de Manassés, e que se aliou às forças de Davi (1Cr 12.20). Isso sucedeu quando Davi tivera de exilar-se em Ziclague, fugindo do iracundo Saul. Ele viveu em torno de 1048 a.C. **8**. Um homem da tribo de Issacar, pai de Onri. Micael era um dos oficiais de Davi (1Cr 27.18). Viveu em cerca de 1040 a.C. **9**. Um dos líderes da tribo de Judá, filho do rei Josafá e irmão do rei Jeorão (2Cr 21.2). Jeorão, a fim de consolidar sua autoridade contra toda possível interferência, por parte de seus irmãos, assassinou a todos eles, incluindo Micael. Isso aconteceu em cerca de 850 a.C. **10**. O pai de Zebadias. Este último era um chefe entre aqueles que retornaram do cativeiro babilônico em companhia de Esdras (Ed 8.8). Era filho ou descendente de Sefatias. O grupo por ele encabeçado consistia em 82 homens, sem falar nas mulheres. Isso aconteceu por volta de 457 a.C.

MICAÍAS

No hebraico, **"quem é como Yah (*Yahweh*)?"**. Nome do filho de Inlá, e que foi um profeta de Samaria, além de figuras de menor envergadura, como um príncipe dos dias de Josafá (2Cr 17.7) e um homem que foi contemporâneo do profeta Jeremias (Jr 36.11). Esse contemporâneo de Jeremias era neto de Safã, um escriba que trabalhava associado ao templo de Jerusalém. Micaías levou a mensagem de Jeremias aos príncipes de Judá, reunidos no palácio do rei Joiaquim.

Micaías, filho de Inlá, um profeta que atuou em Samaria, durante o reinado de Acabe, predisse que esse monarca ímpio seria derrotado em batalha e teria morte violenta, o que ocorreu em cerca da 853 a.C. Esse relato aparece em 1Reis 22.8-26 e 2Crônicas 18.7-25. Era homem corajoso, que enfrentou Acabe e Jezabel. Acabe propusera a Josafá, rei de Judá, que os dois reis hebreus juntassem suas forças em batalha contra Ramote de Gileade. Josafá concordou, com a condição de ser consultado o Senhor. Os falsos profetas, convocados por Acabe, garantiram, a uma só voz, que os dois reis obteriam a vitória. Mas Josafá sentiu que algo estava exagerado nas predições dos profetas de Acabe. E foi assim que Micaías também foi chamado. Recomendaram-lhe que concordasse com o parecer dos outros profetas. Mas ele estava mais interessado na verdade. No começo, em sarcasmo, concordou com os outros profetas; mas, então, disse a verdade, predizendo que tanto o exército de Acabe seria derrotado quanto o próprio Acabe seria morto. E sugeriu que algum *espírito mentiroso* inspirara os falsos profetas. Consternado diante daquela voz dissonante das outras, Acabe ordenou que Micaías fosse deixado na prisão até sua volta. É de presumir-se que algo pior, então, aconteceria a Micaías.

Josefo ajunta que Micaías já estava preso quando Acabe mandou chamá-lo. Nesse caso, ele saiu da prisão para dar seu recado condenatório e, então, voltar ao cárcere. Nada mais se ouve na Bíblia sobre Micaías. Contudo, sabe-se que Acabe não voltou da batalha para continuar fazendo sofrer o profeta. Consideremos a ironia: os inimigos de Acabe não puderam encontrá-lo para matá-lo. Porém, um arqueiro adversário entesou o arco e lançou sua flecha ao acaso, a qual feriu a Acabe exatamente em algum ponto não protegido de sua armadura. E ele caiu mortalmente ferido!

MICAL

Essa é uma contração feminina do nome *Micael* (vide). Significa **"Quem é como El (Deus)?"** Esse era o nome da filha mais nova do rei Saul, e que veio a tornar-se uma das esposas de Davi.

1. Pano de Fundo Histórico. Mical era a filha caçula do rei Saul, provavelmente com sua esposa Ainoã (ver 1Sm 14.50). Davi tinha conseguido eliminar o gigante Golias, mediante uma tremenda pedrada com a funda, e assim, por algum tempo, os filisteus foram contidos pelos israelitas. Merabe, filha mais velha de Saul, deveria ser dada a Davi como esposa, em recompensa pelo seu heroico feito, mas, por razões inexplicadas, ela acabou sendo dada como mulher a Adriel, o meolatita. Alguns intérpretes opinam que Merabe simplesmente não estava interessada por Davi, pelo que um outro noivo precisou ser-lhe arranjado, mas isso representa apenas uma opinião. Mas, todos puderam perceber que Mical, a outra filha de Saul, admirava Davi à distância. E Saul, que já não estava satisfeito com Davi, o novo herói de Israel, que lhe estava fazendo sombra, tirou vantagem da situação para ver se conseguia levar Davi à morte. Assim, Saul não pediu dote, mas estipulou que Mical seria dada a Davi como esposa, se ele conseguisse matar e obter os prepúcios de cem filisteus (a única maneira, como é óbvio, que Davi conseguiria obter tais prepúcios!). Sem dúvida, Saul não acreditava que Davi fosse um guerreiro tão bom. Mas, para sua grande surpresa, Davi matou não somente cem filisteus e, sim, duzentos! Destarte, a popularidade de Davi subia cada vez mais, ao mesmo tempo em que a inveja e a ira iam envenenando a mente de Saul. Seja como for, dessa vez o trato foi cumprido, e Mical tornou-se esposa de Davi. Entretanto, tal matrimônio não haveria de dar certo. Talvez nem mesmo pudesse. Aquele que tivera de matar a duzentos homens, a fim de obter esposa, não poderia esperar prosperar.

2. Seu Casamento e Eventos Subsequentes. No começo, tudo ia bem entre os nubentes, Mical e Davi. E quando Saul tentou armar outro horrendo plano para desfazer-se de Davi (ver 1Sm 19.10-17), Mical atuou com astúcia e conseguiu frustrar o plano de seu pai. Entretanto, a fim de não ser morto, Davi precisou fugir. E Davi foi ter com Samuel, em Ramá, a quem contou como Saul estava agindo desvairadamente. Davi e Samuel foram juntos à casa dos profetas. Então, Saul enviou mensageiros que prendessem a Davi. Mas, os profetas estavam profetizando, e os mensageiros foram envolvidos pelo espírito de profecia, e puseram-se a profetizar. Isso anulou o plano, pelo que o rei Saul em pessoa à casa dos profetas, porém, também foi arrebatado pelo espírito de profecia, e muitas pessoas acharam estranho ouvir o rei Saul agir como profeta. Ver 1Samuel 20.18 ss.

3. Seu Segundo Casamento. Davi continuou esquivando-se de Saul, e Mical ficou sem marido, embora não por muito tempo. Talvez como um ato de vingança, Saul deu-a como esposa a Palti, da localidade de Galim (ver 1Sm 25.44; 2Sm 3.15). Entrementes, em suas jornadas por vários lugares, Davi também se casou com várias mulheres, não lhe faltando assim o consolo de uma companheira.

4. Mical é Restaurada a Davi. Quando Saul morreu e Davi negociava com Abner a fim de obter o reino inteiro de Israel, sua primeira exigência foi que Mical lhe fosse devolvida como esposa (ver 2Sm 3.12-16). Isso foi feito, apesar de Palti ter ficado muito consternado. Existem teias matrimoniais que não têm qualquer solução boa. Porém, muitas coisas aconteceram desde a última vez em que Davi e Mical se tinham visto, antes da morte de Saul. Mical já não sentia a mesma coisa por Davi. Talvez agora ela preferisse a sua nova situação. Talvez a sombra de Saul se interpusesse entre eles, levando-a a sentir-se mal diante dele.

5. Morre o Romance. Espera-se que o amor vença tudo, mas não foi o que aconteceu dessa vez. Davi obtivera uma grande vitória e estava conduzindo a arca do Senhor de volta a Jerusalém. Ele estava tão feliz que seguia o cortejo, saltando e dançando. Mical, entretanto, não gostou do que viu e recebeu-o com palavras sarcásticas, criticando-o por ter dançado e mostrado as pernas, diante de homens e mulheres igualmente. A maneira de dançar não mudou muito através do tempo (ver 2Sm 6.16,20-23). Mical acusou Davi de ter se comportado como um "vadio qualquer", ao dançar e tornar-se ridículo diante dos olhos de todos. Davi ficou ofendido diante de tais palavras injustas, fazendo-a lembrar-se que o Senhor o havia escolhido em lugar de Saul, pai dela. Acresça-se a isso que Davi *dançara diante do Senhor*, de pura alegria. E declarou que se humilharia ainda mais diante do Senhor, o que não o teria desonrado diante das mulheres do povo. Foi uma típica briga de fim de casamento. Visto que o versículo seguinte (2Sm 6.23) afirma que Mical morreu sem filhos (o pior opróbrio que podia acontecer às mulheres israelitas), muitos intérpretes são da opinião que o casal deixou de ter relações sexuais. Nesse caso, Mical, rejeitada por Davi, tirada da companhia de Palti, terminou abandonada. Algumas versões fazem o nome de Mical reaparecer em 2Sm 21.8, como mãe de cinco filhos, mas, como é evidente, isso representa um erro escribal. Nossa versão portuguesa, acompanhando outras, grafa ali o nome de Merabe, irmã de Mical.

6. Uma Lição Aproveitável. Há em todo esse relato sobre Mical uma lição perfeitamente óbvia. Os casamentos românticos, tão poderosos no começo, podem sofrer as dilapidações do tempo e dos choques de personalidades. As brigas domésticas, em meio às atitudes irracionais, podem pôr fim até aos mais felizes matrimônios.

MICLOTE

No hebraico, **"varas"**. Esse é o nome de dois homens que figuram nas páginas do Antigo Testamento, a saber: **1**. Um filho de Jeiel, e pai ou fundador de Gibeom, pai de Simeia, residente em Jerusalém após o cativeiro babilônico. Pertencia à tribo de Benjamim. (Ver 1Cr 8.32; 9.37,38). Viveu em torno de 536 a.C. **2**. Um oficial militar que comandava a segunda divisão do exército de Israel sob Dodai, durante o reinado de Davi (1Cr 24.7). Viveu em torno de 1020 a.C.

MICMÁS

Não há certeza quanto ao sentido desse nome, embora alguns tenham sugerido **"oculta"**. Era uma cidade do território de Benjamim, a leste de Betel, às margens da estrada para Jerusalém. Foi ali que Saul e seu filho, Jônatas, obtiveram uma vitória decisiva contra os filisteus. Jônatas havia estacionado as suas forças, que consistiam em mil homens, em Gibeá de Benjamim, ao passo que Saul ficou à testa de dois mil homens. Jônatas obteve uma rápida vitória sobre o inimigo, embora isso tivesse servido apenas para incensar os filisteus, que reuniram forças muito mais poderosas. Os filisteus conseguiram uma considerável força de infantaria, além de trinta mil carros de combate, seis mil cavaleiros, e acamparam diante de Micmás. Prudentemente, Saul retrocedeu para o vale de Gilgal, perto de Jericó, na esperança de poder juntar maiores tropas israelitas (ver 1Sm 13.1 ss.). Jônatas, por sua vez, atacou um posto avançado dos filisteus, no passo de Micmás, e obteve uma notável vitória (ver 1Sm 14.1 ss.). Jônatas obteve tal triunfo atacando o adversário de surpresa; também contou com a ajuda dos prisioneiros hebreus, antes feitos pelos filisteus, israelitas esses que tiraram proveito da oportunidade para oferecer resistência interna, e também contou com a cooperação de refugiados no acampamento, sem falarmos na confusão geral que se abateu entre os filisteus. Mediante essa conjugação de circunstâncias, os filisteus sofreram uma derrota decisiva.

O profeta Isaías (ver 10.24,28) predisse a captura de Micmás pelos assírios, quando do cativeiro assírio. Mas, terminado esse cativeiro, indivíduos que tinham residido naquela cidade, conseguiram retornar a Jerusalém, eles ou os seus descendentes (ver Ed 2.27; Ne 7.31; 11.31). Na época dos macabeus, Jônatas Macabeu usou Micmás como residência (ver 1Macabeus 9.73). Atualmente, o local chama-se *Mukhmas*, uma aldeia arruinada na crista norte do wadi Suweinit. Essa é uma localidade árabe. Nenhuma escavação arqueológica tem sido ali efetuada, mas os estudiosos têm certeza de que se trata da antiga Micmás. As informações geográficas e literárias são suficientes para tanto. A região é um tanto montanhosa, e há um passo ou garganta que conduz na direção sudeste, e que se ajusta bem às descrições bíblicas a respeito, sem falarmos nas informações que nos são oferecidas por Josefo (ver *Anti* 6.6,2).

MICMETÃ

No hebraico, **"esconderijo"**. Esse era o nome de uma cidade que ficava na fronteira dos territórios de Efraim e Manassés, a oeste do rio Jordão (ver Js 16.6 e 17.7). Trata-se da moderna Khirbet Juleijil. Ficava cerca de três quilômetros a nordeste de Siquém. É mencionada no Antigo Testamento em conexão com a fixação das fronteiras internas de Israel.

MICNEIAS

No hebraico, **"possessão de** *Yahweh***"**. Esse era o nome de um levita que foi porteiro do tabernáculo e tocava a harpa. Foi nomeado por Davi para ocupar esse serviço (1Cr 15.18,21). Viveu em torno de 966 a.C.

MICRI

No hebraico, **"prêmio de** *Yahweh***"**. Esse era o nome de um dos descendentes de Benjamim (1Cr 9.8). Ele foi antepassado de Elá, que foi um chefe daquela tribo, na sua época. Viveu após o cativeiro babilônico, por volta de 536 a.C.

MICTÃ

No hebraico **"escrito"** (referindo-se a um salmo). Essa palavra aparece nos títulos de seis dos salmos (16, 56-60), todos eles atribuídos a Davi. Alguns pensam que essa palavra tem sentido incerto, mas talvez tenha algo a ver com a ideia de "expiação". Provavelmente era o título de um hino que figura em Isaías 38.9.

MIDGAL-ÉDER. Ver sobre *Éder*.

MIDIÃ (PESSOA)

Esse nome significa **"contenda"**. Ele foi o quarto dos seis filhos de Abraão e Quetura (ver Gn 25.2 e 1Cr 1.32). Os trechos de Gênesis 25.4 e 1Crônicas 1.33 informam-nos que Midiã teve quatro filhos, mas isso é toda a informação que temos na Bíblia a respeito dele.

MIDIÃ, MIDIANITAS

I. Informações Bíblicas. Em contraste com tantos outros assuntos, no caso dos midianitas, a Bíblia e a arqueologia são nossas únicas fontes fidedignas de informação. Os midianitas eram uma raça que habitava ao sul e a leste da Palestina, no deserto ao norte da península da Arábia. Os midianitas aparecem na Bíblia associados a várias personagens bíblicas importantes, como Abraão, José, Moisés, Balaão e Gideão. Não se pode duvidar que o nome dessa gente derivava-se de Midiã, um dos filhos de Abraão e Quetura. Os filhos de Midiã chamavam-se Ef, Efer, Hanoque, Abida e Eldá (ver Gn, 25.4; 1Co 1.33). Abraão despediu todos os filhos de suas concubinas para que fossem para o Oriente (ver Gn 25.6). Os negociantes que levaram José, filho de Jacó, depois que este foi tirado do poço vazio, onde seus irmãos o haviam lançado, venderam-no para os ismaelitas, que eram midianitas (ver Gn 37.28). Quando Moisés fugiu da ira do Faraó, dirigiu-se à terra de Midiã (ver Êx 2.15). Foi ali que ele conheceu Reuel, que lhes deu uma ocupação, Com a passagem do tempo, ele se casou com uma das sete filhas de Reuel (ou Jetro), que era sacerdote midianita. O nome da filha de Reuel com quem Moisés se casou era Zípora. Foi quando Moisés cuidava dos rebanhos de Jetro, seu sogro, que ele chegou a Horebe, o monte de Deus (ver Êx 3.1). Horebe é outro nome para o monte Sinai, embora a localização exata desse monte continue sendo um mistério para os estudiosos.

A informação bíblica seguinte, acerca dos midianitas, nos é conferida em Números 22.4 *ss*. Midiã fazia fronteira com Moabe; e, quando o povo de Israel, após ter saído do Egito, passava por ali, os anciãos de Midiã e de Moabe contrataram o falso profeta, Balaão, a fim de que amaldiçoasse a Israel. Disso, entretanto, nada resultou, exceto que temos uma narrativa interessante, acerca da personagem pervertida, chamada *Balaão* (vide).

Os israelitas e midianitas nunca se deram muito bem, e estes últimos chegaram a ser reputados como estrangeiros que era conveniente evitar, por parte dos israelitas. O trecho de Números 25.6 conta-nos a história de um hebreu que teve relações sexuais com uma mulher midianita, o que trouxe uma praga sobre o povo de Israel, enquanto os ofensores não foram executados. Moisés falou em termos bem desprezíveis acerca dos midianitas, tendo enumerado todos os males e a má influência dos midianitas sobre o povo de Israel (ver Nm 25.18). O versículo 31 daquele capítulo menciona uma maldição divina contra aquele povo.

As Hostilidades eram uma Constante. O trecho de Números 31.7 *ss* relata como os israelitas foram vitoriosos em batalha contra os midianitas, e como dali resultou uma grande matança, incluindo a execução de todos os varões e dos cinco reis midianitas. Naturalmente, o próprio Balaão foi executado, como medida de segurança. As mulheres midianitas, entretanto, foram poupadas, por razões óbvias (poligamia), mas Moisés permitiu a poupança somente das midianitas virgens, todas as outras mulheres foram executadas (Nm 31.14-18). Tudo isso foi feito em nome *de Deus*, e desmaiamos diante da desumanidade do homem contra o homem, para quem todas as desculpas (e algumas poucas alegadas razões) sempre são suficientes para encorajá-los às matanças.

Entretanto, apesar de tantas execuções, os midianitas prosseguiram existindo. E foi assim que Gideão, um juiz posterior de Israel, foi obrigado a continuar a luta contra eles. Nos dias de Gideão, os israelitas estiveram sob o domínio dos midianitas por sete anos (ver Jz 6.1). Foi no vale de Jezreel (ver Jz 6.33) que se feriu a batalha decisiva, e qualquer aluno de Escola Dominical conhece bem essa narrativa. (Ver Jz 7.19 *ss*).

em nossos próprios dias, os *Gideões*, uma grande agência distribuidora de Bíblias e porções bíblicas têm como seus símbolos a tocha e o cântaro de Gideão. A vitória de Gideão sobre os midianitas, no vale de Jezreel, foi imortalizada pelo profeta Isaías. (Ver Is 10.26, em comparação com Is 9.4; Sl 83.9 e Hc 3.7). Essas referências, nos livros proféticos e no livro de Salmos são as únicas que a Bíblia nos dá acerca dos midianitas, após o relato sobre Gideão. Ao que parece, foi naquela ocasião que eles deixaram de ser um povo separado, sendo absorvidos (aquilo que deles conseguiu restar) por outros povos, principalmente árabes. No entanto, desde o começo, muitos israelitas misturaram-se com os midianitas por casamento.

II. A Terra de Midiã. É impossível definirmos, com precisão, as fronteiras dos territórios dos midianitas. O trecho de Gênesis 25.6 fala-nos sobre uma ambígua "terra oriental". Poderia estar em foco qualquer região desde o monte Hermom até as margens do rio Eufrates, e, se pensarmos mais no sul, então pode estar em foco qualquer porção da península da Arábia, incluindo, talvez, até a península do Sinai. Todo esse vasto território consiste em um deserto hostil, onde a sobrevivência humana é apertada. Todavia, a maior parte dos eruditos limita os territórios de Midiã àquela porção da Arábia que fica a leste do golfo da Arábia. Ptolomeu referia-se à *Modiana* e à *Madiana* (VI.7,27). Eusébio, em sua obra, *Onomástica* (136.31), referiu-se a *Madiam*. Falando em termos modernos, essas terras, provavelmente (se é que a Madiam de Eusébio era uma cidade) incluíam a moderna el-Bed, uma cidade cerca de 42 quilômetros a leste do golfo de Ácaba. Josefo também falou sobre uma Madiam nas costas do mar Vermelho (isto é, às margens do golfo de Ácaba), em sua obra *Anti*. 2.11,1.

III. Os Midianitas. Esse povo derivava-se de cinco famílias, cada qual descendente dos cinco filhos de Midiã, que, por sua vez, era filho de Abraão e sua concubina, Quetura. Abraão enviou-os na direção do Oriente, juntamente com seus irmãos (ver Gn 25.1-6). A partir desse incidente, começou a história separada daquele povo. Eles vieram a habitar áreas desertas na Transjordânia, desde Moabe e daí passando além das terras dos idumeus. Tornaram-se aquilo que se costuma chamar de "ratos do deserto", juntamente com os ismaelitas. (Ver Gn 37.28,36). Na verdade, o apodo "ratos do deserto" não é pejorativo. É preciso muita habilidade para que um grupo humano sobreviva no deserto e até se torne um povo. Visto que os midianitas eram um povo do deserto, a vida deles caracterizava-se pelo nomadismo, pois nenhuma área do deserto poderia produzir alimentos suficientes para sustentar a vida das pessoas. Por isso mesmo, os midianitas ocupavam-se na caça, no comércio, nas viagens constantes. E, nessas andanças, montados em seus camelos, eles espicaçavam outros povos, geralmente com a ideia de saqueá-los. Por duas vezes, no livro de Juízes, Jetro, sogro de Moisés, é chamado de queneu (ver Jz 1.16 e 4.11). Se os queneus também eram um ramo midianita, então, havia alguma conexão vital entre Jetro e os midianitas. Entretanto, os estudiosos continuam a disputar sobre essa possibilidade. Talvez os queneus fossem mesmo um clã midianita. Como grupo humano, os *queneus* (vide) sobreviveram aos demais midianitas. (Ver 1Sm 27.10; 30.29). Eles são mencionados até mesmo nos tempos de Jeremias (ver Jr 35). Porém, ao que tudo indica, Moisés rompeu definitivamente com os midianitas, em qualquer sentido prático, conforme vimos acima, no primeiro ponto deste artigo.

IV. Descobertas Arqueológicas. Nenhuma cidade dos midianitas foi jamais descoberta pela arqueologia. E isso é apenas natural, pois nenhum povo nômade constrói cidades permanentes. Assim sendo, as informações que dispomos acerca deles limitam-se a inscrições e referências literárias, e naturalmente, há informes geográficos que formam parte da história de todos os povos, os midianitas não são nenhuma exceção. Tiglate-Pileser III mencionou a tribo de *haiappu*, em uma de suas listas, e os estudiosos pensam que esse nome aponta para os midianitas. Eles pagaram tributo aos assírios, sob a forma de ouro, prata, camelos e especiarias. Os habitantes de Efá também tiveram de pagar tributo aos assírios. O trecho de Isaías 60.6 vincula Midiã, Efá e Sabá, o que talvez indique que eles eram povos aparentados entre si. Nos registros assírios, aparecem vinculados entre si os sabeus (Sabá) e os haiappu. (ADM MON ND Z)

MIDIM

No hebraico, **"extensão"**. Esse era o nome de uma cidade existente na porção oeste do mar Morto, na Terra Prometida, mencionada somente em Josué 15.61. Desconhece-se sua localização moderna, embora seja uma boa possibilidade a moderna Khirbet Abu Tabaq, no vale de Acor, atualmente conhecido como el-Buqe'ah.

MIDRASH

A palavra hebraica assim transliterada para letras latinas significa **"buscar"**, **"investigar"**. Daí é que se derivou a ideia de *estudo*, de *exposição homilética*. A raiz do termo hebraico é *darash*, "sondar".

1. Usos Bíblicos. O termo aparece somente por duas vezes no Antigo Testamento. Em 2Crônicas 13.22, onde nossa versão portuguesa diz "história", encontramos o vocábulo hebraico *midrash*. A sabedoria, a eloquência e as declarações de Abias foram registradas por Ido, o profeta. E isso foi a sua *midrash* sobre Abias, isto é, seus escritos e comentários. A ideia é que Ido *comentou* sobre aqueles registros históricos sobre Abias. Além disso, em 2Crônicas 24.27 lemos novamente a palavra *midrash*, no original hebraico, onde a nossa versão portuguesa novamente diz "história" — mas onde a Revised Standard Version diz "comentário" — aludindo aos comentários ou explicações que apareciam no Livro dos Reis de Israel. Isso alude a uma narrativa não canônica, atualmente perdida, acerca dos reis hebreus. A essa narrativa foram adicionados comentários ou pareceres a respeito.

2. A Midrash dos Rabinos. Esse título refere-se a uma exposição exegética feita pelos rabinos e eruditos, acerca das Escrituras do Antigo Testamento. Até onde se sabe, uma atividade anterior, dessa sorte (à parte de instâncias isoladas, conforme demos no primeiro ponto), surgiu em cerca de 100 a.C. Essa atividade midrashica prosseguiu durante trezentos anos, até cerca de 200 d.C. Tal palavra, em seu sentido mais amplo, referia-se a qualquer exposição bem antiga acerca da Lei, dos Salmos e dos Profetas. Tal material tinha natureza exegética, homilética, alegórica e prática. No seu sentido mais geral, o termo aponta para a literatura judaica inteira não-canônica, incluindo o Talmude, e indo até à compilação do livro intitulado Jalkuth, do século XIII d.C. Mas, a partir daquele século, gradualmente o termo foi deixando de ser aplicado aos escritos rabínicos.

Quando os exilados retornaram do cativeiro babilônico, a Torá era a principal, se não mesmo a única autoridade espiritual para os judeus. O cânon judaico, porém, gradualmente foi incluindo os Salmos e os Profetas, ainda que, na opinião de algumas seitas, essas *adições* nunca obtiveram posição verdadeiramente canônica. A Torá era considerada autoritária, mas o velho problema de interpretação sempre existiu. Desse modo, os líderes espirituais e os eruditos tomaram sobre si mesmos a tarefa da interpretação. E isso deu nascimento à *Midrash*. Sem alguma autoridade interpretativa, o resultado é uma interminável fragmentação, tão vividamente ilustrada pelos protestantes e evangélicos de nossos dias.

Os saduceus eram os literalistas bíblicos de sua época, negando o valor das tradições orais que circundavam a lei. Os fariseus, em contraste com aqueles, demonstravam profundo respeito pela lei oral, apoiando-a com os seus comentários. O judaísmo de nossos dias pode ser considerado a continuação da posição tomada pelos fariseus.

3. Dois Tipos de Midrashim. O primeiro tipo consiste na *lei* (regra, tradição), que trata das explicações da lei mosaica. Isso incluía a aplicação daqueles preceitos a situações particulares, não cobertas pela letra exata da lei. O segundo tipo era a *narração*, que eram as exposições bíblicas sobre questões práticas, éticas e devocionais. Esse segundo tipo incluía questões homiléticas, onde o propósito era exortar, e não legislar.

4. Coletâneas de Midrashim. Comentários (midrashim) orais foram postos em forma escrita. As mais antigas dessas coletâneas eram as Midrashim Haláquicas, compiladas em cerca de 200 d.C. O adjetivo *haláquico* refere-se ao primeiro tipo de midrashim, mencionado no terceiro ponto, acima. A palavra hebraica *halakah* significa "regra", "lei", derivada do termo básico *halk*, "andar", "ir". E o segundo tipo de midrashim, chamados *hagádicos*, era representado em uma coletânea que vem do século III d.C. Essa palavra hebraica significa "contar", "narrar", derivada da raiz hebraica *hiqqid*, "contar". É o tipo de comentário descrito acima, sob o ponto terceiro.

As Midrashim Haláquicas. Os livros mais importantes desse tipo são o *Michilta* (uma palavra aramaica que significa "tratado"), e que versa sobre o livro canônico de Êxodo; a Sifra (que significa "livro") sobre Levítico e a Sifra sobre Números e Deuteronômio.

As Midrashim Hagádicas. As mais importantes obras dessa categoria são a Midrash Rabboth, que comenta sobre o Pentateuco inteiro e os cinco rolos (Ct, Rute, Lamentações, Eclesiastes e Ester); a *Tanhuma* (homilias sobre o Pentateuco inteiro); e a Psikta de-Rav Kanana (homilias acerca dos dias santos e outras ocasiões especiais).

5. Obras Sobre Pregação e Sobre Interpretação. Essas coletâneas proviam material para discussão, instruções e ensinos sobre a prédica, para mestres rabinos e outras pessoas interessadas. Posteriormente, a *Mishnah* (vide) rivalizou com essa coletânea, chegando mesmo a absorver e substituir essas midrashim. A Mishnah consistia em ensinos sobre a lei oral, sem fazer alusões às próprias Escrituras. Naturalmente, mediante um uso lato da palavra midrash, o material do Talmude (incluindo a Mishnah) foi incluído. Ver o artigo sobre o *Talmude.*

6. A Inspiração das Midrashim. Os comentários dos rabinos tinham por finalidade definir as leis, dar-lhes aplicação universal e, de modo geral, elucidar as Sagradas Escrituras. Isso não equivale a negar a autoridade da Bíblia. Mas é que uma interpretação inteligente também é necessária, a fim de ser evitada a fragmentação. "Visto que as circunstâncias alteradas, que prevaleceram nos tempos pós-bíblicos, tinham tornado o simples código da Bíblia insuficiente em si mesmo, como norma orientadora da vida, os rabinos procuraram sondar de maneira mais penetrante os textos bíblicos, buscando descobrir implicações, que nem sempre transparecem superficialmente, mas que, com frequência, oferecem a orientação que se faz mister". Ver o artigo sobre *Pirke Aboth.*
(AM E WA Z)

MIGDAL-EL
No hebraico, **"torre de Deus"**. Esse era o nome de uma das cidades fortificadas, capturadas pelos homens da tribo de Naftali (Js 19.38). Entre as várias sugestões acerca da sua moderna localização mais provável é *Mujeidil*, cerca de 19 quilômetros a noroeste de Cades. Pelo menos, ficava localizada na Alta Galileia, entre Yiron e Horém.

MIGDAL-GADE
No hebraico, **"torre de fortuna"**. Essa era uma cidade de Judá, no distrito de terras baixas de Laquis (Js 15.37). Tem sido identificada com a moderna Khirbet el-Mejdeleh, a sudeste de Tell ed-Duweir. Nos dias de Josué, estava sob o domínio dos filisteus, perto de Laquis.

MIGDOL
No cananeu, **"forte"** ou **"torre de vigia"**. Há um acampamento e uma localidade no Egito, com esse nome, nas páginas da Bíblia:

1. O Acampamento. Migdol foi um dos lugares onde os israelitas acamparam temporariamente, após terem deixado o Egito. Ficava perto do mar Vermelho (ver Êx 15.4,22; Dt 11.14). Ficava nas proximidades de Pi-Hairote e Baal-Zefom (ver Êx 14.2; Nm 33.7). Visto que essa palavra cananeia significa "torre de vigia", é possível que o local fosse um posto militar avançado dos filisteus. Sabe-se que houve uma extensa ocupação semita do delta do Nilo, antes do Novo Império Egípcio (cerca de 1546—1085 a.C.). Outros nomes cananeus também aparecem, naquela e em áreas adjacentes, como Sucote (Êx 12.36); Baal-Zefom (Êx 14.2); Zilu (Tell Abu Seifah) e Gósen (Êx 8.22; 9.26). W.F. Albright, em seu livro *From the Stone Age to Christianity*, 1940, p. 184, argumentou nesse sentido. Após terem acampado em Migdol, os israelitas cruzaram o mar Vermelho, na direção oeste-leste, e penetraram novamente no deserto. Em face das descrições geográficas envolvidas, são rejeitadas as identificações ordinárias de Migdol, dadas pelos estudiosos, preferindo-se pensar que o lugar era simplesmente uma das muitas torres ou fortins. A palavra hebraica *migdal*, que lhe é paralela, é bastante comum, com o sentido de "torre".

2. Uma Localidade no Egito. Em Jeremias 44.1 e 46.14, achamos um lugar com esse nome, atribuído ao Egito. Encabeça uma breve lista de localidades egípcias onde os judeus buscaram refúgio quando fugiam das forças babilônicas de Nabucodonosor, consumada a destruição de Jerusalém. Ficava na porção norte do Egito, e tem sido equiparada à *Magdali* dos tabletes de Tell el-Amarna. Ver sobre *Tell el-Amarna.* Porém, também tem sido identificado esse lugar com Tell el-Heir, cerca de 19 quilômetros ao sul de Pelúsium. As palavras, "desde Migdol até Sevene, até as fronteiras da Etiópia" em Ezequiel 29.10 e 30.6, evidentemente indicam os limites extremos norte e sul do Egito. Migdol assinalava o extremo norte (ou nordeste), enquanto que Aswan assinalava o extremo sul do Egito. Migdol ficava às margens de um antiga estrada que ia do Egito à Palestina. Provavelmente deve ser identificado com a Migdol de Sethos I (cenas de guerra em Carnaque).

MIGROM
No hebraico, **"precipício"**. Esse era o nome de uma cidade do território de Benjamim, aparentemente localizada na rota tomada pelo exército assírio invasor, em sua campanha contra Israel (ver Is 10.28). Ficava perto de Gibeá, onde Saul acampou certa ocasião (ver 1Sm 14.2). Ao que parece, mais de uma localidade recebeu esse nome, embora haja eruditos que neguem isso. Assim, não sabemos se o local associado a Saul era o mesmo que aquele associado à invasão dos assírios. Mas sabe-se que o local associado a Saul é modernamente conhecido como Tell el-Full, cerca de cinco quilômetros ao norte do terraço do templo de Jerusalém. Esse lugar ficava ao norte de *Micmás* (vide).

MIGUEL, ARCANJO
Seu nome significa **"Quem é como El (Deus)?"**. Na Septuaginta, *Michaél.* Portanto, embora diferente de Micael, em português, tem a mesma origem, e poderia ser grafado daquela maneira. Ver o artigo sobre *Micael.* Somente esse arcanjo tem o seu nome grafado com "g", na Bíblia portuguesa. Quanto a informações sobre os *arcanjos*, ver a lista dos sete tradicionais seres celestes que têm esse nome, no verbete *Rafael.*

A tradição sobre a existência de arcanjos não fazia parte original da fé judaica, mas foi pedida por empréstimo da cultura persa. Por isso mesmo, os arcanjos só são mencionados no Antigo Testamento nos últimos livros (cronologicamente falando) do Antigo Testamento, nos livros apócrifos e pseudepígrafos do Antigo Testamento, e em alguns dos livros do Novo Testamento. Na literatura bíblica, Miguel é introduzido em Daniel 10.13,21 e 12.1 e reaparece no Novo Testamento em Judas 9 e Apocalipse 12.7. O arcanjo Gabriel também é mencionado na Bíblia em Daniel 8.16; 9.21 e Lucas 1.19,26. A obra pseudepígrafa de Enoque alista os nomes de quatro arcanjos: Miguel, Gabriel, Rafael e Uriel (9.1 e 40.9), mas também assevera que o número total desses elevados poderes espirituais é sete (20.1-7). O trecho de Tobias 12.15 diz algo similar. Acompanhando os informes dados a respeito de Miguel, podemos alistar os pontos a seguir: **1**. Miguel é o príncipe e guardião celeste de Israel, estando envolvido no destino apropriado daquela nação (Dn 10.21; 12.1). A angelologia, bíblica ou não, vincula os anjos às nações, da mesma maneira que há anjos pessoais, que dirigem, protegem, ajudam e instruem aos herdeiros da salvação, para que cumpram a sua missão (ver Hb 1.14). **2**. Foi predito que por ocasião do período "sem precedentes" de tribulações de Israel (ver Dn 12.1; Jr 30.7; Mt 24.21), Miguel entrará em atividade, desviando desse povo de Deus os ataques de Israel, fim de que a identidade deles seja preservada e o destino deles tenha cumprimento (Ap 12.7 ss.). **3**. Jesus Cristo está relacionado a esses anjos, sendo o grande Chefe deles. Esse não é um ensino latamente desenvolvido, embora fique por toda a parte implícito no Novo Testamento, segundo se vê em Mateus 26.53. **4**. O trecho de Judas 9 fala sobre como Miguel resistiu ao diabo, no tocante à disputa sobre o corpo morto de Moisés. Foi mister que Miguel repreendesse a Satanás em nome do Senhor, talvez dando-nos a ideia de que Satanás tem um tão grande poder (como príncipe dos anjos caídos) que nem mesmo Miguel podia enfrentá-lo sozinho, na esperança de vitória. Esse relato sobre a disputa de Miguel com o diabo não aparece no Antigo Testamento, mas Orígenes (*Sobre os Primeiros Princípios* 3.2,1) informa-nos que o mesmo foi extraído da obra *Ascensão de Moisés*, um livro pseudepígrafo; e não há razão para duvidarmos dessa informação. Também há outros paralelos entre a epístola de Judas e essa obra pseudepígrafa, conforme Charles tão abundantemente demonstrou (ver CH II, 412,413). Alguns rabinos ensinam que essa contenda em torno do cadáver de Moisés girava em torno da ideia se ele seria ou não um assassino; se fosse, não poderia receber um sepultamento condigno (ver Êx 2 e Dt 34).

Uma curiosidade moderna a respeito de Miguel é que algumas Testemunhas de Jeová confundem Cristo com Miguel, o que é absurdo. E fazem isso com base em sua interpretação de Daniel 10.5,6 e Apocalipse 12.7.

Para alguns intérpretes, parece perturbador encontrar ideias das obras pseudepígrafas aproveitadas no Novo Testamento, mas a maioria desses intérpretes desconhece quase tudo sobre esse fenômeno. A tradição profética essencial, e muito dos ensinamentos sobre o Messias, são temas comuns no livro de 1Enoque. Os artigos sobre esse livro e sobre o *Messias* demonstram isso detalhadamente. Os eruditos conservadores anelam por preservar a inspiração da Bíblia, afirmando o valor da inspiração (e a resultante exatidão) de *algumas* das obras pseudepígrafas, o que explicaria sua inclusão legítima no Novo Testamento. Mas isso não é necessário, tal como não é necessário emprestar foros de inspiração ao poeta cretense, somente porque Paulo o citou em Tito 1.12. Os eruditos liberais, de sua parte, simplesmente frisam que todas as produções literárias que se estendem por longo período de tempo, como o Antigo Testamento, as obras apócrifas e pseudepígrafas e o Novo Testamento, naturalmente incluem empréstimos de ideias, visto que representam uma tradição em desenvolvimento. Nesse caso, a evolução histórica de ideias, os movimentos religiosos e a tradição profética estão todos envolvidos nessa questão. Que isso tenha tido lugar é tão óbvio que nem requer apologia. Por outra parte, não há razão alguma para crermos que a inspiração divina não possa acompanhar e mesmo guiar esse processo histórico. Outrossim, não é necessário afirmar que a inspiração, ao acompanhar ou mesmo guiar esse processo, tenha de mostrar-se sempre 100% acurada, ou que ela não possa evoluir, pois ambas essas assertivas são infantis, necessárias somente para o consolo de bebês na fé.

As referências bíblicas a Miguel, o arcanjo, são as seguintes: (Dn 10.13,21; 12.1; Jd 9 e Ap 12.7). As alusões a ele são mais numerosas nos escritos e livros dos rabinos helenistas. Em Judas 9 oferecemos no NTI a nota de sumário sobre ele.

Lugar de Miguel dentro das tradições literárias judaicas. **1**. Em Daniel 10.13,21 e 12.1, ele é pintado como o anjo guardião da nação de Israel. Todas as nações são pintadas como possuidoras de tais guardiães angelicais, ideia que certamente não se limita à cultura judaica. Essa ideia foi, finalmente, ampliada para ensinar que todos os indivíduos também possuem tais guardiães, e o trecho de Apocalipse 1.20 amplia o conceito para envolver as igrejas locais. **2**. O trecho de 1Enoque 20.5 faz Miguel não o guardião de toda a nação de Israel, mas somente dos verdadeiros santos daquela comunidade. Os trechos de Deuteronômio 32.8,9 (LXX); Sir. xvii.17 e Jubileus xv.31,32 distinguem-no dos patronos angelicais das nações, em número de setenta, desde que Israel, supostamente, não estaria sob a proteção angelical, mas diretamente sob a proteção e o cuidado de Deus. **3**. No Testamento dos Doze Patriarcas, Miguel é apresentado como o intercessor em favor dos santos de Israel, mas também dos santos de outras nações. **4**. O Testamento de Levi tem Miguel como o mediador entre Deus e os homens em geral. Outro tanto aparece no Testamento de Daniel 6.2. **5**. A intercessão de Miguel por Israel, nos "últimos dias", quando isso tornar-se críticamente necessário é salientado em Daniel 12.1; 1Enoque 90.14 e Assunção de Moisés 10.2. **6**. A passagem de Apocalipse 12.7 e *ss* expande mais ainda a missão de Miguel. Ali ele é apresentado como o maior dos subcomandantes dos exércitos do bem, o oponente direto do próprio Satanás. Judas 9 também parece indicar algo assim.

Pelejaram contra o dragão e seus anjos. (Quanto a Satanás como "o dragão", ver os versículos 3 e 4 de Ap 12). Os anjos caídos são aqui chamados simplesmente de *anjos*. Esse termo usualmente é usado para indicar os anjos bons, mas não necessariamente e sempre. Esses anjos caídos são as "estrelas" caídas do céu, no quarto versículo deste capítulo. São esses que ficaram cativos pelo encanto e poder de Satanás, ao ponto de se revoltarem contra Deus. E *alguns* deles, pelo menos, podem ter poderes *demoníacos* maiores. Ver o artigo separado sobre *Demônio*. Ver o Testamento de Aser 6.4. quanto a menção aos "anjos de Satanás". Em Mateus 25.41, também há menção do *diabo e seus anjos*.

MILAGRES

I. A Palavra e suas Definições. A palavra "milagre" vem do latim *mirari*, "admirar-se". *Mirus* é um adjetivo latino que significa "maravilhoso", "admirável". *Miraculum* é alguma "maravilha", um "prodígio", um "milagre". Se os *eventos miraculosos* são aqueles que ultrapassam aquilo que se poderia esperar de circunstâncias naturais e usuais, então esses acontecimentos são chamados *milagres*. Os teólogos têm discutido se pode ocorrer alguma coisa que não esteja dentro dos limites do *natural*, pelo menos do ponto de vista de Deus. Aquilo que consideramos acima do natural, ou que parece quebrar alguma lei natural, por uma definição mais alta ainda poderia ser tido como natural. Assim sendo, um milagre pode ser aquilo que apenas *parece* ter ultrapassado do que é natural, embora seja algo que apenas ultrapassa nossa compreensão. Agostinho argumentava fortemente em prol da *naturalidade* dos milagres, do ponto de vista de Deus, apesar de parecerem sobrenaturais ou contrários à natureza, do nosso ponto de vista. Deus parece contradizer ou quebrar alguma lei natural, mas ele simplesmente aplica alguma lei superior, anulando outra lei, inferior. Há uma suprema lei da natureza, dentro da qual todos os milagres podem ser ajustados. O argumento filosófico teológico dessa abordagem é que Deus, que estabeleceu as leis naturais, jamais agiria contrariamente a si mesmo, quebrando, ocasionalmente, e por motivos especiais, essa lei (Contra Faustum, 26.3).

Outros teólogos, entretanto, não vêm qualquer perigo na suposição de que Deus pode quebrar leis naturais em suas intervenções. Mas, talvez toda essa discussão seja fútil. Em primeiro lugar, no presente, considerando a natureza fragmentar tanto de nosso conhecimento quanto da ciência, não podemos chegar a uma definição decente do *natural*, quanto menos do *sobrenatural*. Do ponto de vista pragmático, podemos dizer que um verdadeiro milagre quebra ou ultrapassa daquilo que *conhecemos* como leis naturais, e a definição pragmática é a única de que dispomos no momento. Popularmente, um milagre é qualquer evento admirável que excita a mente devido ao fato de ser incomum. Mais estritamente falando, é um evento *dentro* do mundo natural, mas que aparentemente *está fora* de sua ordem normal, podendo ser explicado somente através de algum poder sobre-humano ou divino.

Palavras e Indicações Bíblicas. Certa variedade de termos hebraicos, aramaicos e gregos é usada na Bíblia para indicar acontecimentos miraculosos ou admiráveis. Esses termos são traduzidos como "milagres", "maravilhas", "sinais", "poderes" etc. No hebraico temos o vocábulo *mopet*, "maravilha", "milagres" (ver Êx 7.9; Dt 29.5; Êx 7.3; Dt 4.34; Sl 78.43; 1Rs 13.3,5). A raiz hebraica *pl'*, "diferente", é usada no particípio *nipla ot*, "distintivo", "incomum", "admirável" (ver Êx 15.11; Js 3.5). O termo aramaico *temah* significa a mesma coisa. (Ver Dn 4.2,3; 6.27). A raiz hebraica *'ot* significa "significativo" (ver Ne 9.10). O termo aramaico *'at* tem o mesmo sentido, sendo encontrado em Daniel 4.2,3 e 6.27. O termo hebraico *qeburah* significa "poderoso", e se vê em Salmos 106.2 e 145.4.

Quando chegamos ao Novo Testamento grego encontramos três palavras: *a. Teras*, "distintivo", "maravilhoso". Essa palavra ocorre por dezesseis vezes (Mt 24.24; Mc 13.22: Jo 4.48; At 2.19 (citando Joel 3.3); 2.22,43; 4.30; 5.12; 6.8; 7.36; 14.3; 15;12; Rm 15.19; 2Co 12.12; 2Ts 2.9; Hb 2.4). *b. Dúnamis*, "poder", "prodígio". Essa palavra é muito comum no Novo Testamento, pois ocorre por cerca de 120 vezes, algumas vezes indicando poderes miraculosos, começando em Mateus 6.13 até Apocalipse 19.1. O verbo correspondente, *dúnamai*, também é muito comum. *c. Semeîon* "sinal", algo de natureza extraordinária, um acontecimento miraculoso que serve de sinal. Esse termo grego aparece por 73 vezes no Novo Testamento, embora por menos da metade desse número indique algum acontecimento miraculoso. Começa a ser usado em Mateus 12.38 e vai até Apocalipse 19.20. (Ver Jo 2.11; 3.2; At 8.6,13; 15.12).

No *Novo Testamento*, esses três termos, "milagre", "maravilha" e "sinal", algumas vezes aparecem juntos. (Ver At 2.22; 2Ts 2.9 e Hb 2.4). Algumas religiões, como o budismo, não exibem paciência diante dos milagres, supondo que tendem por iludir as pessoas acerca da verdade religiosa, em vez de convencê-las. Sem dúvida, assim ocorre no caso dos milagres e santuários populares; mas a Bíblia empresta um importante lugar aos milagres, como obras divinas, realizadas em *benefício* do homem, e também como ocorrências incomuns, que servem para autenticar ideias e emprestar autoridade às pessoas que realizam tais prodígios. Existe aquilo que poderíamos designar de "milagres didáticos", que parecem ter desempenhado importante papel no ministério de Jesus Cristo.

II. Maneiras de Explicar os Milagres. 1. No tocante aos milagres de Cristo: a interpretação *monofisista*. Essa palavra alude aos ensinos dos *monofisistas*, que diziam que Cristo tinha somente uma natureza, composta de humano e divino, mas em nenhum sentido, separada. Na prática, porém, essa doutrina dava pouca importância à parte humana, e, com frequência, tornava-se apenas uma variedade do *docetismo* (vide). Em princípio, o Logos tornara-se carne, mas, na realidade, a carne foi transformada no divino. O resultado prático dessa doutrina, no tocante aos milagres, é que o Cristo divino é quem realizava os milagres, sem envolvimento nenhum de sua parte humana. As explicações evangélicas comuns não diferem muito disso. Quando eles falam nos milagres feitos por Jesus, quase sempre fazem-no no contexto de sua divindade. Todavia, podemos objetar a isso, com toda a razão. Apesar de Cristo, algumas vezes, ter apelado para suas divinas prerrogativas na realização de algum ato incomum, o ensino da *encarnação* é que Jesus fazia o que fazia como um ser humano, impulsionado pelo Espírito, mostrando-nos assim o que podemos fazer (até mesmo atos maiores que os de Cristo; Jo 14.12), se mantivermos estreita comunhão com ele.

2. Explicações Naturais. Os milagres seriam meras excitações da imaginação popular, mas, após detido exame, tais milagres sempre podem ser explicados como acontecimentos naturais. Quando acontecia algo de incomum, os gregos exclamavam: "É algum deus!" E os homens continuam dizendo isso, sempre que algo de aparentemente incomum ocorre.

3. Explicações Parabólicas e Alegóricas. Essa posição diz que os documentos religiosos não estavam falando a sério sobre acontecimentos prodigiosos. Tais ocorrências seriam meros comentários parabólicos. Os milagres faziam parte das alegorias, não tendo havido qualquer transtorno da natureza.

4. Explicações Simbólicas. As narrativas foram contadas para ensinar certas lições. Seriam meros símbolos de verdades espirituais e religiosas, não devendo ser interpretadas literalmente, como se tivessem sido acontecimentos reais.

5. Seriam Invenções Fraudulentas. Não precisamos supor que os escritores religiosos sempre foram honestos. Basta que consideremos os muitos e tolos milagres das obras apócrifas e pseudepígrafas. Não admira, pois, que algo desse material tenha penetrado na Bíblia, tanto no Antigo quanto no Novo Testamentos. Certo escritor chegou ao ponto de asseverar que os muitos milagres atribuídos a Jesus na verdade o insultam, em vez de glorificá-lo, pois, antes de tudo, Jesus não teria feito o que dizem que ele fez; e em segundo lugar, o ensino de Jesus não depende de tais acontecimentos, e, sim, de suas instruções morais e espirituais.

6. Explicações Mitológicas. Os mitos seriam instrumentos úteis de todas as culturas humanas. Esses mitos sempre exageram as ocorrências reais, e, algumas vezes, são meros produtos de uma vívida imaginação. Assim, o Antigo e o Novo Testamentos teriam seus elementos mitológicos, que podem ter algum valor didático, mas não deveríamos levá-los a sério como descrições de acontecimentos físicos miraculosos. Seria natural inventar mitos em torno de personagens poderosas. De fato, isso sempre acontece, sem importar se essa personagem é uma figura religiosa, militar, política etc., contanto que sua vida tenha sido impressionante o bastante para inspirar esse endeusamento.

7. Seriam Meras ilusões. Um milagre é obra de arte de algum mágico, e não algum acontecimento real. Os líderes religiosos, com frequência, aprendem artes mágicas, e não se importam em enganar o povo com suas ilusões.

8. Os Milagres Seriam Acontecimentos Psíquicos, Naturais. O poder da mente é imenso, capaz de realizar prodígios. Não é mister apelar para um fator divino a fim de explicar tais coisas. Consideremos o que os santos homens hindus podem fazer. Eles treinam suas mentes desde o começo de suas vidas, e são capazes de grandes feitos.

9. Explicações Hipnóticas. Uma figura poderosa, dotada de extraordinárias energias mentais, pode fazer com que as pessoas pensem que alguma grande coisa física teve lugar. Mas tudo não passa de uma ilusão mental, hipnótica. Isso também poderia explicar as histórias sobre contatos com seres trazidos pelos discos voadores. Muitas pessoas, em nossos dias, alegam ter entrado em contato com seres extraterrestres. Sob hipnose, elas continuam afirmando a realidade desses acontecimentos. Porém, são reais apenas mentalmente, e não fisicamente. Uma figura poderosa, como foi a de Jesus, poderia ter provocado muitos eventos mentais, que não correspondiam a algo real na natureza. Talvez a hipnose estivesse envolvida, ou, então, algum outro processo mental poderoso, que ainda não compreendemos.

10. Explicações Psicossomáticas. Quanto às curas, é fato conhecido que muitas enfermidades são imaginárias, e que é possível reverter as mesmas fazendo as pessoas pensarem, bastando isso para melhorar as suas condições físicas. O placebo atua com base nesse princípio, e a palavra falada, proferida por um alegado curador, pode não passar de um placebo verbal.

11. A Historicidade dos Milagres. Apesar de todas as explicações acima poderem ter algum valor, explicando certas histórias sobre eventos miraculosos, há provas insofismáveis em favor de milagres, na antiguidade e em nossos dias, sobre os quais a Bíblia presta testemunho. Certos milagres realmente sucederam, e são eventos históricos autênticos.

12. Histórias Românticas. Aqueles que escreveram sobre milagres estavam apenas inventando histórias românticas. Eles não tencionavam, porém, que seus leitores levassem a sério os seus escritos.

13. Forças Demoníacas; Forças Angelicais. Alguns milagres, apesar de serem reais, não são produtos nem do poder divino e nem do poder humano. Existe tal coisa como os prodígios do mal. Pelo lado positivo, podemos supor com toda a segurança que existem outros poderes espirituais, positivos em sua natureza, como é o caso dos anjos (e outros, que talvez desconheçamos), que têm o poder de realizar milagres.

III. ESPECULAÇÕES FILOSÓFICAS SOBRE OS MILAGRES. Relatos sobre milagres têm circundado a vida da maioria dos grandes líderes religiosos, incluindo Confúcio, Lao-Tzé, Buda, Maomé, e, naturalmente, acima de todos, Jesus Cristo. O que os filósofos têm a comentar sobre isso? **1**. Os primeiros apologistas cristãos usavam argumentos filosóficos em favor da autenticidade dos milagres e o valor dos mesmos em apoio às reivindicações da teologia cristã. **2**. Agostinho argumentava em prol dos milagres, embora contendendo em favor da *naturalidade dos* mesmos, supondo, naturalmente, que essa naturalidade é do ponto de vista de Deus, e não do ponto de vista de nossa limitada sabedoria. **3**. Tomás de Aquino e os escolásticos em geral argumentavam de modo similar, distinguindo duas ordens na natureza: *a*. aquela ordem conhecida de Deus, dentro da qual ele atua de maneiras misteriosas; e *b*. aquela conhecida dos homens, em suas limitações. Um milagre é uma obra que contradiz a ordem inferior da natureza e as suas normas, embora não da ordem superior. Um milagre, de fato, *expressaria* a ordem superior da natureza, longe de contradizê-la. Isso nos mostra como os escolásticos brindaram-nos com maneiras úteis de pensar sobre as coisas, que se fazem ausentes, por tantas vezes, na teologia dogmática comum. **4**. Spinoza (lançando mão de argumentos concebidos por Gersonides) afirmava que os milagres não podem acontecer. Ele se baseava no raciocínio de que as leis da natureza são decretos de Deus, e que Deus não violaria os seus próprios decretos, o que seria uma autocontradição divina. **5**. *O deísmo*, como um sistema, opõe-se aos milagres. Seu ponto de vista é que Deus, há longo tempo, abandonou a sua criação, e que as leis naturais controlam todas as coisas. Nada poderia acontecer fora dos ditames das leis naturais. E nem poderíamos esperar que Deus, subitamente, aparecesse e desfizesse o que ele mesmo estabeleceu. **6**. *O deísmo sobrenatural*, no entanto, apesar de normalmente apoiar o ponto de vista deísta, supõe que, *ocasionalmente*, Deus volta e intervém, devido a alguma razão especial. **7**. *David Hume* parece ter dado atenção justa aos milagres, sugerindo que deveríamos examinar caso por caso, averiguando seus próprios méritos; mas terminou virtualmente fechando a porta aos milagres, ao insistir sobre a necessidade de evidências, para então dizer que essas evidências simplesmente não existem. Nossas experiências, em sua esmagadora maioria, confirmariam as leis da natureza. E assim, quando as evidências parecem confirmar algum milagre, esses casos excepcionais jamais são capazes de contrabalançar o volume maior do testemunho das leis naturais. O resultado final de seu raciocínio é que os milagres nunca podem ser provados, e nem mesmo pode ser demonstrado que eles são prováveis. **8**. *Schleiermacher* procurou ocupar um terreno intermediário entre os que defendem o intervencionismo divino e os apologistas dos milagres de acordo com as leis da natureza. Ele supunha que os milagres são realizados por Deus em conformidade com as leis da natureza (conforme ele as conhecia). A natureza conteria potenciais nesse sentido, mas os milagres só ocorreriam quando Deus, mediante alguma intervenção especial, resolve aplicar esse potencial. Portanto, a posição dele representa uma intervenção teísta, embora não represente qualquer contradição das leis naturais. **9**. Os teólogos e filósofos do século XIX, fascinados pelo ceticismo, imaginaram todas as explicações racionalistas possíveis para os milagres. Alguns chamaram-nos meras lendas, mitos, fraudes ou alegorias. Muitos outros supuseram que as ideias metafísicas provocariam relatos sobre milagres, embora esses relatos de modo nenhum correspondessem a fatos históricos. Renan afirmou que a geração de Jesus fez uma violência contra ele, vinculando histórias fraudulentas ao seu nome, e que o sentido de Jesus jaz em sua vida e em seus ensinamentos, e não nos relatos sobre seus alegados milagres. **10. A Filosofia Moderna e a Ciência**. Ver a seção VII quanto a uma ampla exposição.

IV. MILAGRES DA BÍBLIA; NOMES; CRITÉRIOS; PROPÓSITOS

1. Milagres da Bíblia. Abaixo damos exemplos:

a. No Antigo Testamento. Talvez devêssemos começar pela própria criação, e então, entrar pelo começo da vida, mormente a vida humana. O que poderia ser milagre maior do que essas coisas? Não precisamos tentar ajustar esses misteriosos eventos a qualquer definição de milagres. Eles são milagres iniciais grandiosos. Muitas vezes minha mente tem-se admirado profundamente diante da indagação: Como é que as coisas têm podido vir à existência? A existência das coisas e da vida constitui o mais inefável de todos os mistérios; e a esse mistério podemos chamar de primeiro dos milagres de Deus, o seu primeiro e maior milagre. Os demais milagres fluem daquele mesmo poder divino, que criou todas as coisas, sem importar se esses outros milagres são efetuados por meio de agentes humanos ou angelicais.

Há quem considere o dilúvio um milagre. Pessoalmente, porém, vejo no dilúvio um grande cataclismo natural, um cataclismo como já houve outros (sobre os quais os registros não-bíblicos atestam de forma convincente, sob forma escrita ou sob forma geológica). Ver o artigo sobre o *Dilúvio*. Outros referem-se à confusão das línguas, por ocasião da torre de Babel, como uma intervenção divina, uma intervenção que poderia ser considerada miraculosa. Mas há quem pense que tudo é apenas lendário, em uma tentativa inadequada de explicar a origem da linguagem humana. Ver os artigos intitulados *Língua-Linguagem-Linguagens e Línguas, Confusão das*.

Êxodo 4.2-4: Moisés jogou seu cajado no chão. Este transformou-se em serpente. Quando ele a segurou pela cauda, transformou-se novamente em um objeto sem vida. Êxodo 4.6,7: A mão de Moisés ficou leprosa, e então, ficou boa novamente, ambos os acontecimentos instantâneos. Êxodo 8: As pragas do Egito envolveram elementos da intervenção divina, como quando Aarão feriu as águas do rio Nilo com a sua vara, e elas foram transformadas em sangue. Os mágicos do Faraó obtiveram sucesso parcial, ao imitarem os atos de Aarão e de Moisés. Teria sido natural que os primogênitos do Egito morressem todos subitamente, e em uníssono? Ou o autor sagrado teria exagerado no relato, e o que teria havido foi uma praga que destruiu a muitos, mas não todos os primogênitos? Êxodo 14: A saída de Israel do Egito teve seus elementos miraculosos, mormente no que diz respeito à divisão das águas do mar Vermelho, por ordem de Moisés. Os racionalistas veem nisso apenas um forte vendaval que, temporariamente, fez as águas se dividirem, supondo então que os exércitos do Faraó afogaram-se quando as águas voltaram à sua anterior posição. Talvez a profundidade necessária tivesse sido conseguida pelo poder da maré. O livro de Êxodo prossegue, falando sobre como o povo de Israel ficou vagueando pelo deserto, com a provisão da nuvem durante o dia e a coluna de fogo durante a noite. Essas foram intervenções divinas, que os racionalistas apodam de mitos.

Números 22.28-30: A jumenta de Balaão falou e deu-lhe instruções espirituais. Josué 6.1-21: As muralhas de Jericó ruíram diante de certos atos comandados por Josué. 1Samuel 5.1-5: A imagem de Dagom cai sozinha, de rosto em terra. 1Reis 17.8-16: Elias multiplicou o azeite da viúva, com uma palavra. 1Reis 18.20-40: Elias fez descer fogo do céu. 2Reis 2.1-12: Uma carruagem de fogo com cavalos de fogo transporta Elias para o céu. 2Reis 4.32-37; 13.20,21: Pessoas são ressuscitadas dentre os mortos. 2Reis 19.20-37: O exército assírio é eliminado por intervenção divina. Daniel 3.1-30: Três jovens hebreus não morrem na superaquecida fornalha do rei Nabucodonosor. Daniel 5.1-30: Uma escrita misteriosa aparece em uma parede, com uma mensagem espiritual. Jonas 1-2: Um grande peixe é preparado para engolir ao profeta Jonas, mas este consegue sobreviver à prova.

b. No Novo Testamento. Temos ali *intervenções divinas diretas:* O nascimento virginal de Jesus, a estrela de Belém, o véu do templo estranhamente partido ao meio, a ressurreição especial dos mortos por ocasião da ressurreição de Jesus Cristo, sendo que esta última foi o grande milagre que deu origem ao cristianismo. Acrescente-se a isso os milagres de Jesus, de seus apóstolos e dos primeiros discípulos. Em termos gerais, isso nos fornece três classificações. Os milagres dos apóstolos e dos primeiros discípulos de Cristo foram realizados mediante a agência humana. No artigo sobre o *Problema Sinóptico, VI. Os Milagres de Jesus,* damos os milagres realizados por Cristo, após a lista de suas parábolas, com as devidas referências bíblicas. Em sua maioria, esses milagres consistiram em curas, embora também incluíssem milagres *sobre a natureza,* como a transformação da água em vinho, a tranquilização dos ventos e das ondas, a multiplicação de pães e peixes, o caminhar de Jesus sobre a superfície do lago e a figueira ressecada.

O livro de Atos registra os milagres efetuados pelos apóstolos e por outros cristãos. Atos 5.1-11: A morte súbita de Ananias e Safira. Atos 12.1-19: O livramento de Pedro do cárcere. Atos 6.8: Os milagres não descritos realizados por Estêvão. Atos 8.39: A miraculosa transferência de Filipe de Gaza para Azoto. Atos 9.8,18: A súbita cegueira de Paulo e sua subsequente recuperação. Atos 19.12: Os milagres da cura de Paulo, mediante o uso de lenços e aventais. Atos 20.9-12: Êutico ressuscitado dos mortos. Atos 10.45,46; 19.6: Línguas, o que penso não ser um fenômeno miraculoso. E também temos as predições de milagres que serão efetuados nos últimos dias, como os atos do anticristo: (2Ts 2; Ap 16.14 e 19.20).

Milagres falsos de falsos cristos ou de falsos discípulos de Cristo são mencionados em Mateus 24.24. Nessa categoria cabem aqueles prodígios referidos em Atos 8.9, os milagres efetuados através de artes mágicas. Um dos dons espirituais consistia nas *operações de milagres* (1Co 12.10), que ninguém pode provar se deveriam ocorrer somente na primeira geração dos crentes.

2. Nomes. Os milagres são chamados de *poderes* e *sinais* (ver Mc 9.39; At 2.22, 19.11; Êx 9.16; 15.6). Também são chamados *maravilhas* (ver Êx 15.11; Dn 12.6). Aparecem como o *dedo de Deus,* em Lucas 4.18. Outras vezes, são meramente chamados obras (ver Jo 5.36; 7.21; 10.25; 14.11,12; 15.24).

3. Critérios. A Bíblia contém aqueles milagres que são chamados de *divinos.* Mas esses incluem milagres efetuados por meio de *agentes,* e não apenas aqueles feitos diretamente por Deus. Os milagres divinos são *verdadeiros* milagres. Nesse contexto, "verdadeiro" não significa real em contraste com irreal, e, sim, através de agentes bons, de acordo com a vontade divina, em contraste com outros milagres, que são reais, mas realizados por agentes duvidosos. Assim, não é negado que os mágicos egípcios realizavam prodígios genuínos, e nem é dito que Simão Mago estava operando apenas de maneira ilusória. (Ver Êx 7 e 8; At 13.6-12; 8.9-24). Porém, o que esses agentes fizeram era *falso,* no que diz respeito aos propósitos espirituais. Discípulos falsos realizam milagres reais, em nome de Cristo, mas esses milagres são falsos, no que concerne ao seu propósito espiritual. (Ver Mt 24.24). Destarte, o anticristo haverá de realizar grandes milagres da *mentira,* ou seja, milagres que servirão apenas para promover seu culto falso. (Ver 2Ts 2.9 e Ap 13.13 ss). esta última referência alude aos milagres que serão feitos pelo falso profeta, o João Batista do anticristo, que também possuirá poderes miraculosos reais, embora malignos.

Quanto aos *critérios,* podemos afirmar que os milagres são verdadeiros quando efetuados por algum poder bom, e com bons propósitos. Mas são falsos ou mentirosos quando realizados por algum poder maligno e com propósitos malignos e enganadores. A *realidade* de um milagre (algo de grande realmente teve lugar) jamais serve de sinal de que Deus operou ou que Deus o aprovou. O reino das trevas também possui grandes poderes, que se tornam manifestos entre os homens.

Um Meio-Termo. Não é necessário, porém, pensar que todas as obras poderosas tenham de ser catalogadas como boas ou más. Essas obras podem ser grandes, e, no entanto, neutras. A mente é possuidora de grandes poderes, podendo curar e realizar outros feitos, que poderíamos rotular de miraculosos, sem que nada de divino ou de diabólico esteja envolvido. Um ser humano, criado um pouco menor que os anjos, se receber o desenvolvimento apropriado, pode realizar coisas realmente miraculosas, porquanto, por haver sido criado à imagem de Deus, é capaz disso. Agostinho e os escolásticos argumentavam em favor da naturalidade dos milagres, provenientes ou de uma ordem superior (onde Deus atua) ou de uma ordem inferior, onde estão os homens. Quando uma atuação da ordem superior infringe a ordem inferior, então chamamos isso de uma obra de Deus. Porém, na dimensão inferior, algumas fantasias podem ter lugar, sem qualquer intervenção do que é divino ou do que é demoníaco.

4. Propósitos. No relato bíblico, quase sempre que houve algum milagre, algum problema foi resolvido, algum ato de misericórdia foi estendido, algum ensino foi enfatizado, alguma coisa útil foi realizada. Os sinais não eram realizados por mera curiosidade, ou como vã exibição de poder. Diz o trecho de João 20.30,31: *Na verdade fez Jesus diante dos discípulos muitos outros sinais que não estão escritos nesse livro. Estes, porém, foram registrados para que creiais que Jesus é o Cristo, o Filho de Deus, e para que, crendo, tenhais vida em seu nome.* Naturalmente, essa declaração é parcial. Ao lermos o relato neotestamentário sobre os milagres de Jesus, ficamos impressionados pelo fato de que muitos desses milagres foram meros atos misericordiosos. Sem dúvida, esses atos ajudavam as pessoas a porem nele a sua confiança, mas, quando esses milagres foram realizados, não tiveram o propósito de provar seu messiado. Simplesmente aliviaram o sofrimento humano.

a. Exageros. Não deveríamos emprestar uma *importância exagerada* aos milagres. Certo profeta persa afirmava que seus ensinamentos eram os seus milagres. João Batista foi o maior dos profetas, mas não realizou qualquer milagre. O budismo repele aqueles que querem ver sinais, crendo que esses são prejudiciais para um ensinamento sério e para o discipulado, visto que as pessoas comumente andam à cata de excitação, e não tanto de desenvolvimento espiritual. Até mesmo na cristandade, um milagre pode não passar de ostentação. Os milagres, por si mesmos, jamais autenticam qualquer coisa. É mister que sejam acompanhados por genuínos desenvolvimento e expressão espirituais. Muitos grupos, fora do cristianismo tradicional, têm os seus milagres. Dentro dos limites da igreja, há muitas denominações, muitos segmentos. Vários desses agrupamentos reivindicam milagres, desde os evangélicos carismáticos até os católicos romanos. Todos os grupos partem do pressuposto de que seus milagres provam a veracidade de seus dogmas, mas essa é uma suposição precária.

b. Negligência. Por outra parte, *não devemos negligenciar* o elemento miraculoso. Certamente o Senhor Jesus não mostrava tal negligência. Um milagre feito no tempo certo pode fazer muito em favor da fé; e precisamos de toda a ajuda possível. Uma das teses mais absurdas que existem é que os milagres não são para a nossa época. Bons cristãos têm defendido essa posição, embora ela reflita o mais insensato absurdo. Charles Hodge, certamente um teólogo tradicionalista, ainda assim foi capaz de dizer, com toda a verdade: "Nada existe no Novo Testamento de incoerente com a ocorrência de milagres no período pós-apostólico da igreja (citado por Unger, em seu artigo sobre os *Milagres*). Contudo, Unger prosseguiu, dizendo que "não há mais necessidade" de milagres. Porém, pergunto: Qual era jamais vivida foi mais necessitada da exibição do poder divino do que a nossa própria, quando já nos aproximamos de seu final?

Os católicos romanos e os evangélicos carismáticos continuam tendo eventos miraculosos, apesar das ilusões, desilusões, fraudes e meros desejos que possam ter lugar, para nada dizermos sobre os milagres efetuados por poderes malignos. A despeito disso, as evidências são por demais claras para podermos negar que milagres autênticos ocorrem nesses dois segmentos da cristandade. Meu próprio irmão, um missionário evangélico, não-carismático, tem realizado aquilo que poderíamos classificar de miraculoso, quando as circunstâncias assim o têm *requerido*. Isso significa que ele tem tido um ministério tipo quase apostólico, primeiramente no Zaire, e, então, no Suriname. Os céticos que abundam nas igrejas evangélicas têm-se recusado a crer em alguns de seus relatos, posto que esses céticos estão por demais distantes da espiritualidade refletida no Novo Testamento para terem fé nessas ocorrências miraculosas. É um erro dizermos aos outros: "Leia sua Bíblia e ore", como se isso resolvesse todos os problemas espirituais e provesse todo o desenvolvimento espiritual. Precisamos alimentar o intelecto, mediante a leitura, o estudo e a disciplina; precisamos da oração, da meditação e das boas obras. Mas também precisamos *ver* e *experimentar*, ao menos ocasionalmente, a mão de Deus manifestando-se, miraculosa, entre nós. Não para efeito de excitação emocional, mas a fim de nos avizinharmos do poder do Espírito, dotados poderosamente pelo mesmo.

Assim sendo, quando discutimos sobre o propósito dos milagres, achamo-nos não somente em sólido terreno neotestamentário, onde os milagres autenticam a mensagem cristã, mas também encontramos uma cura para muitos males espirituais e religiosos modernos, como *um* dos meios para fortalecer-se a nossa fé, que nos ajuda a crescer espiritualmente. O Deus que realizou tantos e tão variados atos poderosos, no passado, e, então, deixou-nos um Livro para narrar esses prodígios, mas que, supostamente, nada faz hoje em dia para mostrar a realidade de suas obras poderosas, é fruto de um *dogma*, e não o Deus da realidade da experiência humana.

V. Milagres em Culturas Não Hebraico-Cristãs.

Todas as grandes religiões têm contado com seus operadores de milagres, não havendo como negar isso. Lao-Tzé, Buda, Maomé e figuras religiosas do mundo atual não cristão têm apresentado possuir poderes miraculosos. É ridículo, em primeiro lugar, dizer que isso não pode ser e, em segundo lugar, atribuir tudo isso ao diabo. Antes de tudo, a natureza humana é dotada de grandes poderes, capacitando-a a realizar milagres inteiramente à parte de deuses, demônios e poderes sobre-humanos. Em seguida, há aquela atuação universal do *Logos*, que pode implantar suas sementes nos lugares mais insuspeitos, de tal modo que alguns propósitos sejam cumpridos. É uma visão muito estreita supor que o Logos limita suas atividades à cultura hebreia-cristã. Os pais gregos da igreja supunham que o Logos também operava através dos melhores aspectos da filosofia grega, a fim de conduzir, finalmente, os homens a Cristo. Assim, no caso dos gentios, a filosofia era o aio deles, tal como a lei foi o aio dos judeus para conduzi-los a Cristo. Os *logoi spermatikoi* vão sendo plantados por toda parte, cumprindo propósitos de Deus, embora isso não signifique que todas as religiões sejam verdadeiras ou historicamente necessárias. No entanto, presumimos demais em nossa estreiteza de visão, ditando a Deus como ele deve operar, ou afirmando que Deus tem atuado no mundo somente através de uma tradição, a saber, a nossa.

Nas chamadas culturas pré-científicas, supunha-se que um deus, espírito (humano ou não), homem santo, mágico ou líder religioso de nome, como um sacerdote, seria capaz de realizar milagres. Esses milagres poderiam ocorrer por meio de rituais, orações, encantamentos, imposição de mãos (visando às curas) ou maldições (milagres destrutivos). Foi apenas natural que grandes nomes, como Zoroastro, Lao-Tzé, Mahavira, Gautama Buda, Confúcio, Maomé etc., estivessem associados a milagres. Isso não significa que tais indivíduos fossem, comumente, operadores de milagres, ou que os milagres fizessem parte primacial de seus movimentos, e de seus credos. Maomé ensinava que solicitar sinais miraculosos, como meio de autenticação de seus ensinos, era sinal de cegueira espiritual. O budismo sempre procurou diminuir a importância dos milagres, a tal ponto que qualquer membro da ordem budista que afirmasse possuir poderes sobre-humanos estava sujeito à disciplina. No entanto, homens que atingiam um elevado grau de desenvolvimento espiritual, por meio da disciplina pessoal, das orações e do ascetismo, algumas vezes tornavam-se conhecidos por seus poderes miraculosos. Entretanto, os textos budistas mostram que essa questão não era enfatizada, e nem se pensava que os milagres, por si mesmos, provassem qualquer coisa.

Sempre será difícil perceber quanto elemento lendário entra nos relatos sobre os antigos líderes religiosos. Suas vidas são circundadas pelo maravilhoso. Concepções e nascimentos miraculosos, poderes sobre os espíritos malignos, curas e outros grandes feitos fazem parte dessas narrativas. Os seguidores imediatos dos grandes líderes religiosos também teriam recebido poderes miraculosos, como sucedeu no caso dos discípulos de Jesus. Tais milagres, tal e qual se vê no Novo Testamento, eram tidos como *sinais* autenticadores da doutrina dos mestres. Houve milagres de multiplicação de alimentos, em tempos de necessidade, transportes repentinos, quando isso se fazia mister etc; novamente com paralelos no Novo Testamento. Os santos do hinduísmo e do budismo, se podemos crer nesses relatos, teriam produzido muitos prodígios. Eles podiam transportar-se pelo ar, e alguns teriam chegado assim ao próprio céu; eles podiam transportar-se de forma imediata, ou mesmo transportar um grupo de pessoas, para algum lugar distante; eles podiam controlar as intempéries, curar os enfermos, remover a esterilidade de mulheres, atravessar paredes ou outros obstáculos, ficar invisíveis, assumir outras formas físicas, ao ponto de não poderem ser reconhecidos, prover iluminação instantânea para outras pessoas, exercer poderes psíquicos (incluindo a capacidade de prever o futuro).

Ficou registrado que, por ocasião do nascimento de Buda, o ar encheu-se de cânticos angelicais, que apareceram hostes de anjos, que houve terremotos, e que quatro grandes reis, vindos de lugares distantes, vieram visitá-lo. Quando ele morreu, choveu flores do céu em tal abundância que se formou uma camada de flores até os joelhos das pessoas que participavam do cortejo funerário dele. Também caiu fogo do céu, e houve outras manifestações incomuns, que assustaram às pessoas. No caso de Zoroastro, também é dito que milagres ocorreram por ocasião de seu nascimento e de sua morte. Ele teria sido perseguido por poderes malignos, que pretendiam destruí-lo (conforme também é dito a respeito de Jesus); mas ele foi salvo de tudo por um poder divino miraculoso. As tradições islâmicas dizem que Maomé subiu ao céu. Os santos muçulmanos teriam realizado muitíssimos milagres. Os homens santos chineses seriam possuidores de poderes sobre-humanos de todas as variedades, poderes esses que foram empregados nas mais diversas circunstâncias.

VI. A Ciência e os Milagres. Para entendermos o que a ciência moderna diz sobre os milagres, precisaremos saber algo sobre a filosofia da ciência. Essa filosofia é melhor exemplificada no *Positivismo Lógico* (*vide*). A atitude básica dessa filosofia é como segue:

Todo conhecimento válido vem através da percepção dos sentidos; reivindicações de conhecimento que estejam fora disso são *destituídas de sentido*. E o próprio conhecimento adquirido através dos sentidos não é e nem poderá ser perfeito e absoluto; sempre dependerá de certa taxa de probabilidades, pois novas evidências podem alterar qualquer reivindicação de conhecimento. Visto que a *metafísica* não está sujeita à investigação empírica, suas reivindicações podem ser verazes ou não; mas, seja como for, elas não têm sentido, até onde diz respeito ao conhecimento humano. O conhecimento precisa ser sujeitado a testes de laboratório, pois o conhecimento não é apenas aquele tipo popular, delineado pelas experiências das massas destreinadas. Já pudemos ver, em III.7 deste artigo, que o cético David Hume requeria evidências em prol dos milagres; e que ele pensava que tais evidências nunca são dadas. De fato, ele pensava que os alegados milagres transgridem as leis da natureza. Mas, ao assim dizer, ele caiu em sua própria armadilha, visto que, de acordo com a posição do ceticismo, nunca podemos estabelecer qualquer *lei*, de qualquer tipo, porquanto nada existe, exceto um cortejo de percepções do sentido, que identificamos com algum indivíduo por meio da *fé animal*.

Os cientistas mais antigos, em meio aos triunfos da física e da matemática, chegaram a pensar que poderiam apresentar explicações naturalistas para a natureza inteira. Mas, o próprio avanço da ciência anulou essa posição. E isso chegou a um ponto em que a maioria dos cientistas (e a classe científica oficialmente), desistiu de tentar provar a origem última da vida e da matéria, como também os propósitos porventura envolvidos na existência, nas causas últimas, como supostos deuses, Deus, ou os poderes metafísicos. De fato, a ciência atual chama todas essas tentativas de excursões da metafísica — tentativas que não fazem parte do campo das pesquisas científicas. As pesquisas científicas de nossos dias ocupam-se com o *aqui* e *agora*, com aquilo que é prático e funciona, aquilo que é capaz de aliviar os sofrimentos e as necessidades humanas presentes, provendo maior conforto e prosperidade aos homens. E assim, visto que os cientistas têm concentrado toda a sua atenção sobre o que é material, desinteressados como estão pelo que é espiritual ou não-material, eles não têm colhido qualquer evidência em prol da existência do espírito, na natureza. Naturalmente, há muitos cientistas individuais que têm encontrado Deus e o espírito na natureza, através de suas pesquisas, mas isso não tem influenciado, de modo geral, a filosofia da ciência. Einstein declarou o seguinte: "Todo aquele que se tem envolvido seriamente nas inquirições da ciência está convencido de que se manifesta um Espírito nas leis do universo—um Espírito vastamente superior ao espírito do homem, em face de cujo Espírito, nós, com nossas modestas capacidades, precisamos sentir-nos humilhados" (*The Human Side*, Princeton University Press, 1979, p. 33).

Muitos cientistas têm feito afirmações similares, que abrem o caminho para a confissão que o miraculoso faz parte da experiência humana, dentro do misterioso universo no qual vivemos. Porém, a filosofia da ciência ainda não chegou a fazer qualquer confissão semelhante.

Podemos dizer, com toda a razão, que a ciência moderna está sofrendo de certo *provincialismo*. O mundo da matéria é apenas *um* dos aspectos da existência total. O misticismo, os estudos científicos no terreno da parapsicologia, a experiência humana em geral, que inclui o que é incomum e miraculoso — tudo confirma a existência de uma realidade distinta que transcende ao mundo da matéria e suas leis provinciais. É possível que os estudos que estão sendo feitos atualmente, sobre as *experiências perto da morte* (vide), representem aquele ponto em torno do qual a ciência e a fé religiosa se estão aproximando uma da outra, lenta mas seguramente. Se puder ser demonstrado, cientificamente, que a alma humana existe e sobrevive ante a morte física, isso será uma descoberta de tal impacto que permitirá que a questão dos milagres não fique muito distante do alcance da ciência.

VII. Milagres Modernos. Talvez um dos mais ridículos fenômenos religiosas modernos é aquele da negação, por parte dos evangélicos tradicionalistas, de que não ocorrem milagres em nossos dias. Isso reflete um arraigado ceticismo. Quedamo-nos perplexos diante da declaração da *Enciclopédia Bíblica de Zondervan*: "...uma firme conclusão pode ser extraída... a de que não há prova conclusiva de que os milagres tiveram mais lugar, desde os tempos apostólicos" (p. 250, vol. 4; artigo sobre os *Milagres*). Falando no mesmo tom, Unger, em seu *Dicionário Bíblico*, assevera: "Não existe mais a necessidade (dos milagres). Ademais, os professos milagres destes últimos tempos não resistem aos testes de genuinidade" (p. 750, artigo sobre os *Milagres*). Essas citações exibem uma *cegueira dogmática* especial. Se negarmos que os dons espirituais podem manifestar-se em nossa época, então, naturalmente, o dom de *milagres* precisa ser eliminado com o resto, e vice-versa, se negarmos que *milagres* ocorrem atualmente, então teremos de negar todos os outros dons espirituais, incluindo os de conhecimento e sabedoria. Apesar de reconhecermos muitos abusos no alegado uso dos dons espirituais, em nossos dias, na hipótese que esses dons possam ser exercidos segundo um *modus operandi* que não o do Novo Testamento, nada me parece mais claro do que o fato de que o próprio Novo Testamento não pode ser usado como meio de afirmar-se que os dons espirituais cessaram quando o cânon do Novo Testamento se completou. O uso de 1Coríntios 13.8-10 como prova de tal cessação representa uma exegese ridícula. Pois o texto em foco nada diz sobre o cânon do Novo Testamento. *A parousia (que* Paulo esperava que ocorresse em sua própria época) será o acontecimento que anulará o anterior *modus operandi* dos dons espirituais, embora não os próprios dons. Certamente esses dons prosseguirão, embora mediante um diferente modo de expressão. Acredito que um diferente modo de expressão já é mesmo possível e desejável, embora a maioria dos crentes que creem nos dons espirituais aceite que esse *modus operandi* deva prosseguir até à *parousia*. Um novo *modus operandi* ajudar-nos-ia a passar para uma expressão melhor dos dons espirituais, para cuja expressão a igreja deveria crescer. Os próprios dons, entretanto, jamais tornar-se-ão obsoletos. Assim, dizer alguém que os milagres não têm sido modernamente confirmados por provas convincentes é demonstrar uma suprema ignorância sobre o que está sucedendo no mundo atual.

Confirmações Modernas de Milagres

1. Na igreja Católica Romana. A ortodoxia católica romana afirma aberta e firmemente que milagres ocorrem e deveriam ocorrer atualmente, embora seus dogmas limitem os milagres verdadeiros e genuínos aos limites dessa denominação. A reivindicação é válida, mas aquela limitação é enganadora. Os milagres de cura, que têm tido lugar nos santuários católicos romanos, como aquele de Lourdes, na França, têm sido sujeitados aos mais rigorosos testes, e alguns deles têm sido confirmados. De fato, a igreja Católica Romana tem requerido um exagerado rigor nesses testes, chegando perto do ceticismo. Não obstante, os poucos casos que têm sido oficialmente aprovados têm sido confirmados com tal rigor que nenhuma mente não preconcebida pode duvidar dos mesmos. Muitos cristãos não católicos, reconhecendo o fato, apressam-se a atribuir essas obras poderosas ao diabo. Mas, essa é outra evasiva que não me impressiona. Apesar de haver tal coisa como poderes malignos que podem realizar atos miraculosos, sem dúvida é inseguro dizer que esses poderes são responsáveis por tudo quanto sucede nos santuários católicos romanos. Uma distorção interessante dessa questão é que os católicos romanos, até recentemente, frisavam a ausência de milagres, entre os grupos protestantes, como prova da inferioridade de sua fé e sistema religioso. Essa ausência de milagres era tida como sinal da falta de uma fé cristã completa. Mas o movimento carismático, entre os evangélicos, tem alterado essa situação.

2. No Movimento Carismático. A despeito do que possamos dizer como crítica, e apesar das fraudes, ilusões e desilusões que afetam as mentes das pessoas envolvidas, para nada dizermos sobre os ocasionais acontecimentos malignos (ou diabólicos) entre os carismáticos, que produzem sinais da mente, não se pode negar que tem havido ali milagres genuínos, para benefício das pessoas. É possível que parte desses milagres seja produzida pelo poder humano, parte por poderes angelicais, e parte pelo poder do Espírito Santo; mas há evidências inequívocas de poder miraculoso entre os carismáticos. Os evangélicos não carismáticos atacam os carismáticos, da mesma maneira que atacam os católicos romanos, atribuindo tudo ao diabo. Porém, aqueles que se dão ao trabalho de pensar, nunca aceitam essas explicações fáceis e escapistas de atribuir tudo ao diabo. Sem dúvida, o dedo de Deus faz-se presente, de modo geral, nessas manifestações.

3. No Espiritismo. Arigó, um brasileiro, realizou muitos milagres, de acordo com qualquer definição aceitável do termo, e nunca foi apanhado em qualquer fraude, embora investigado por cientistas competentes. O dr. Andrija Puharich, a quem Aldous Huxley chamou de "uma das mais brilhantes mentes da parapsicologia", encabeçou duas equipes de cientistas norte-americanos, incluindo médicos, que investigaram os fenômenos de Arigó sob as mais rigorosas condições, e confirmaram a validade de suas intervenções cirúrgicas incomuns. Em anos mais recentes, o médico brasileiro, Edison de Queiroz, da cidade do Recife realizou operações similares, asseverando que o dr. Fritz operava por meio dele, tal como fizera por meio de Zé Arigó. Paralelamente a isso, dr. Queiroz ocupava-se na prática médica tradicional. Esse médico é considerado um cientista, pelo que deve saber a diferença entre a medicina tradicional e a medicina que atua por intermédio de poderes espirituais. Sem importar o que pensemos sobre as reivindicações do espiritismo no tocante a tais fenômenos e sua origem (espíritos do outro lado da existência), o registro é bem claro: o miraculoso acontece entre os espíritas. Tanto os católicos quanto os evangélicos estão prontos para atribuir todas essas manifestações às forças malignas. Mas, apesar de, sem dúvida, haver casos dessa origem, é impossível repelir todos os aspectos do movimento, mediante o uso desse único argumento. É possível que *alguns* espíritos do outro lado da existência *estejam* envolvidos, exatamente conforme os espiritas dizem. Somente uma longa investigação, com melhores métodos do que aqueles que atualmente possuímos, poderia fornecer-nos uma resposta final para essa questão, mas é inútil apresentar reivindicações de conhecimento sobre um ponto acerca do qual ignoramos praticamente tudo.

4. Conhecimento Pessoal. Meu irmão, que foi missionário evangélico no Zaire e que atualmente trabalha no Suriname, no norte da América do Sul, tem realizado aquilo a que poderíamos intitular de milagres. Ele é batista, não-carismático, e em sentido algum afirma ser um homem santo ou um operador de milagres. Mas, em determinadas ocasiões, ao surgir a necessidade, ele tem feito coisas espantosas, dando um colorido quase apostólico ao seu ministério. Os relatos a seguir ilustram isso: ***Andando Sobre as Brasas***. Entre os labores de meu irmão, ele cuida de duas escolas: uma para treinamento de pregadores, e a outra para ensinar o curso elementar às crianças. Nesta última, o currículo inclui a educação religiosa. O feiticeiro da área convidou meu irmão e seus alunos a verem uma demonstração de andar sobre brasas e vidros quebrados. A demonstração feita pelo feiticeiro foi impecável. Em seguida, ele apelou aos que seguiam a "nova religião" que estava sendo promovida por meu irmão, que abandonassem tal fé e voltassem ao rebanho dos feiticeiros. E prometeu que aqueles que o fizessem receberiam poderes como aqueles que ele havia demonstrado. Outros poderes que eles desenvolveriam seria a impunidade às balas. Quando um tiro é disparado, a bala pode até deixar uma marca sobre a pele da pessoa que serve de alvo, mas não a penetra. Meu irmão vira um caso desses. Certo feiticeiro, ao receber o primeiro tiro, não sofreu dano. A irmã do feiticeiro passou na ocasião, e a atenção do feiticeiro se desviou momentaneamente. Então foi disparado um segundo tiro. A bala penetrou em seu corpo e o matou. Podemos apenas imaginar que tais homens são capazes de ficar em um estado mental, talvez em transe, que os protege das balas. A presença da irmã dele deve ter interrompido o transe, e o resultado foi fatal. Nossa ciência, porém, não tem como explicar tais coisas. Talvez a ciência mais avançada do futuro venha a ser capaz de explicar tal fenômeno. Por enquanto, tudo parece um estado mental ou espiritual, capaz de anular certas condições materiais. Seja como for, prosseguindo a história, quando meu irmão ouviu o desafio, disse: "Espere um minuto! Farei a mesma coisa!" O fogo foi aceso e as brasas ficaram vermelhas. Meu irmão saltou descalço sobre a fogueira e, literalmente, apagou-a com os pés. Ele não caminhou apressadamente sobre as brasas, conforme fazem alguns. Meses mais tarde, quando nos encontramos nos Estados Unidos da América, ele contou-me que sentira o calor do fogo, mas não se queimara. Em seguida, meu irmão saltou sobre os pedaços de vidro. Ele pulou sobre os cacos e quebrou-os em pedaços menores, ainda sem sapatos. E ele disse que não se feriu, não tendo levado qualquer talho e nem tendo sentido qualquer desconforto. Os seguidores do feiticeiro começaram a discutir entre si. Meu irmão retornou à aldeia, com as crianças que ele havia levado em sua companhia. Chegando em casa, meu irmão ajoelhou-se ao lado de sua cama, e orou: "Senhor, se em meus pés houver queimaduras ou cortes, então sofreste uma grande derrota!" Ao amanhecer, ele saltou da cama e examinou seus pés. Não havia um único golpe, e nem queimadura. Mais tarde, chegaram pessoas que pediram: "Missionário, deixe-nos ver os seus pés". Ele lhes mostrou seus pés. E as pessoas comentaram: "Sim, Deus tem poder!" ***Morte Clínica***. Noutra ocasião, um homem foi trazido ao meu irmão. O homem estava clinicamente morto. Sua pressão arterial era 0/0. Não dava qualquer sinal de vida. Os feiticeiros haviam tentado ressuscitá-lo, mas a pressão do homem tinha continuado 0/0. Então meu irmão disse que nada faria enquanto os feiticeiros não fossem embora. As outras pessoas tiraram dali os feiticeiros. Então meu irmão invocou o Senhor, para que devolvesse a vida ao homem. E a vida do homem lhe foi instantaneamente restaurada. **Uma Prova de Força**. Certo dia um homem de grande força física chegou à casa de meu irmão, a fim de humilhá-lo. Ele era lenhador e usava instrumentos pesados em seu trabalho. Tinha braços tão musculosos que eram três vezes mais grossos que o normal. Esse homem era hostil ao evangelho e pensou que seria bom se humilhasse o missionário diante de sua gente. Assim, desafiou meu irmão a fazer uma prova de queda de braço. O ponto da prova é fazer o braço do oponente encostar na superfície da mesa. As mãos juntaram-se. A prova era claramente injusta. Em primeiro lugar, o homem era bem mais jovem que meu irmão, e muito mais musculoso. De fato, o homem era conhecido como homem de grande força física, pelo que era temido pelos outros. A prova começou. O homem exerceu toda a sua força, querendo humilhar meu irmão. Meu irmão contou-me que o outro literalmente levantou o corpo dele do chão, com sua grande força, mas o braço de meu irmão não se dobrava. Nenhum esforço do homem foi capaz disso. O homem forte partiu, humilhado. No dia seguinte, o homem retornou, e declarou que queria receber a Cristo como seu Salvador, pois sabia que o que acontecera no dia anterior não era normal. Nenhum outro homem jamais conseguira resistir a ele, quanto menos aquele fraco missionário. Mas ele sentira uma força inabalável contra o seu braço. E ele entendeu que houve algo de sobrenatural cercando a questão. Sua resistência ao evangelho havia cessado. **Expulsando um Demônio**. Certo homem que meu irmão conhecia, mas que nunca se convertera a Cristo, foi a uma cerimônia de macumba e foi possuído por um espírito maligno. Normalmente, isso ocorre temporariamente, e as coisas voltam ao normal, terminada a cerimônia. Mas, dessa vez, a possessão continuou. O homem foi considerado insano e internado em um hospital psiquiátrico. Foi isolado dos demais pacientes, por ser considerado perigoso. Meu irmão ouviu o que lhe acontecera, e foi visitá-lo. O médico encarregado disse a meu irmão que o homem era perigoso, e que meu irmão não podia aproximar-se dele, pois correria o risco de ser morto. Mas, meu irmão insistiu. Após muita hesitação, o médico permitiu que meu irmão entrasse na cela onde o homem era mantido. O homem gritou para meu irmão: "Se você entrar aqui, eu o matarei". Meu irmão ignorou a ameaça. Entrou na cela e repreendeu o espírito maligno. O homem foi instantaneamente liberado, e voltou ao seu estado mental normal. O médico, vendo o que sucedera, deu alta ao homem, e disse a meu irmão: "Sempre que você quiser voltar e ajudar-me, será bem-recebido!" Esse relato tem uma sequela interessante. O homem libertado disse que sabia que fora possuído por algum poder maligno. Quando meu irmão repreendeu o espírito, o homem afirmou que *vira* o demônio sair pela porta.

Sim, há um poder espiritual para quando precisamos do mesmo. Milagres continuam acontecendo. E esse poder não respeita as fronteiras que temos estabelecido com nossas denominações e credos.

5. Sathya Sai Baba. Esse homem é um homem santo do hinduísmo, um líder espiritual que duplica os tipos de milagres feitos por Jesus, incluindo curas admiráveis, ressurreição de mortos e multiplicação de matéria (alimentos). Atualmente, ele encabeça uma organização espiritual e de caridade. Seu caso tem sido investigado por cientistas competentes. Alguns deles têm-se tornado seus discípulos. São esmagadoras as evidências de genuinidade de seus milagres, que são realizados diariamente. Declara ele: "Vossa ciência não tem meios para investigar-me".

6. Este Coautor e Tradutor. Decidi-me a Cristo e fui batizado em uma igreja batista, em Manaus, Amazonas, em 1952. Durante quinze anos, militei somente em igrejas batistas e ignorava qualquer manifestação carismática, sem ao menos ter curiosidade de investigar essas manifestações. Mas, em abril de 1967, na cidade de São Paulo, estado de São Paulo, quando orava em companhia de um pastor norte-americano e sua esposa, recebi poderoso e inefável influxo do Espírito, que identifiquei como batismo no Espírito Santo. Houve manifestações em línguas, e também manifestações em minhas mãos e braços, pés e pernas, plexo solar, orelhas, face e boca. Seis meses depois recebi o que considero revelações. Ocasionalmente, desde então, fico sabendo o que sucede na vida de alguém em cujo favor estou orando, seja algum problema, seja alguma enfermidade. Quanto a isso não quero prolongar-me. Mas quero contar duas curas instantâneas, pois penso que elas têm um valor didático, tudo redundando na glória de Cristo, por meio de seu Espírito.

Estávamos reunidos uns quinze irmãos, na casa de um deles. Havia outras pessoas presentes. Entre elas uma senhora de seus trinta anos, muito estrábica de um dos olhos, o esquerdo. Ela se declarou casada, mãe de filhos pequenos, e que era cega do olho direito, enxergando somente um pouco pelo olho esquerdo, aquele muito torto, que parecia querer esconder-se atrás do nariz. Pastor que sou, eu disse aos irmãos: "Esta mulher não é crente, mas é criatura de Deus. Vamos orar por ela, deixando o Senhor resolver o caso como ele quiser". Começamos a orar juntos. Pedi para a mulher ajoelhar-se e cobri seu olho estrábico com a mão direita. Oramos uns três minutos. Quando retirei a mão do olho estrábico da mulher, esse olho deu um salto para o lugar certo, assustando a própria mulher e as pessoas presentes. Prorrompemos em louvor ao Senhor, por sua misericórdia. Encontrei-me novamente com aquela mulher cerca de um ano mais tarde. Ela comentou: "Pastor, continuo com o olho no lugar certo!" Falei-lhe uma vez mais do amor de Cristo, que deu sua vida na cruz para curar-nos a própria alma da doença do pecado muito mais grave, pois ela ainda não se decidira a aceitar a Cristo.

Quando minha esposa estava com 45 anos de idade, teve um aborrecimento muito forte, em nossa micro empresa, e chegou em casa sentindo-se muito mal. Deitou-se. Dez minutos depois, teve um caso de derrame. Extraí cerca de 30 cm (3) de sangue dela, com uma seringa, e ela se sentiu aliviada da agonia. Nisso, fui tomado em uma brevíssima profecia que dizia: "Serva, não deixarei nenhum sinal no teu corpo!" No entanto, durante dois dias ela ficou com a mão esquerda sem forças e com a perna esquerda totalmente paralisada. Ela chorava de tristeza, pois é mulher ativa, que liderava então umas duzentas outras mulheres. Na madrugada do segundo dia, ela pediu para eu ajudá-la a ir até à cozinha, para fazer um chá, que desejava tomar. Na cozinha, ela disse: "João, ora por mim ao Senhor, com imposição de mãos!" Atendi-a e fiz breve oração. De repente ela disse: "Pronto, eu fui curada. Senti como se um líquido tivesse sido injetado no meu tendão de Aquiles da perna esquerda!" Ela começou a caminhar da cozinha para sala, da sala para a cozinha, normalmente, e eu atrás, com medo que ela caísse. Não sabíamos como agradecer ao Senhor. Na manhã seguinte, ela disse: "Estou completamente curada. Para prová-lo, vou pôr sapatos de salto alto e vou à nossa firma!" Entendi que ela queria testar seus passos escadaria acima (dois lances). Chegando ao local, ela subiu pela escada com passos lépidos; e eu atrás, observando tudo. Louvado seja o Senhor! Não restou nenhum mínimo sinal do derrame. O espaço proíbe-me de contar muitos outros casos dos quais tenho sido protagonista. Sei que o poder não é meu. Atribuo esse poder ao Espírito de Cristo, meu Rei e Senhor!

BIBLIOGRAFIA. AM B E EP C JR(1981, *Proceedings*; julho de 1985, vol. 8, núm. 3); ND P UN Z

MILALAI

No hebraico, **"eloquente"**. Nome do um dos filhos dos sacerdotes que participaram da dedicação das muralhas de Jerusalém (Ne 12.35), em cerca de 536 a.C. Milalai era músico. A Septuaginta omite o seu nome, pelo que alguns eruditos supõem que se trata de uma adição feita ao *texto massorético* (vide).

MILCA

No hebraico, **"conselho"**. Há algumas variantes textuais, que incluem *Melcha* (na Septuaginta), e *Malka*, que já significa "rainha". Essa palavra é usada como nome próprio feminino, para indicar duas mulheres nas páginas da Bíblia: **1**. Uma filha de Harã, e esposa de Naor. Ela teve oito filhos, um dos quais foi Betuel, pai de Rebeca (esposa de Isaque). (Ver Gn 11.29; 22.20,23; 24.15,24,47). Ela viveu por volta de 1950 a.C. **2**. A quarta das cinco filhas de Zelofeade, da tribo de Manassés. Ela e suas irmãs receberam uma herança, sob a condição de que se casassem com homens da mesma tribo de seu pai, visto que não tinham irmão a quem tal herança fosse dada. (Ver Nm, 26.33; 27.1; 36.11; Js 17.3). Ela viveu em torno de 1375 a.C. As jovens casaram-se com seus primos da tribo de Manassés. Elas e seus maridos receberam dez quinhões de território (ver Js 17.3-6).

MILCOM

Essa divindade dos amonitas também era conhecida pelos nomes de *Malcam* e *Moloque* (ver os artigos). A raiz é o termo hebraico *mélek*, que significa "rei". A raiz semítica dessa palavra é *mlk*, de onde surgiu uma certa variedade de nomes. Milcom era o deus nacional dos amonitas, uma das divindades em honra das quais Salomão, lamentavelmente, construiu um lugar alto, no monte das Oliveiras (ver 1Rs 11.5,7,33). Esse santuário foi, finalmente, destruído por Josias (ver 2Rs 23.13). O texto massorético diz "rei deles" mas a maioria dos eruditos pensa que está mesmo em foco *Milcom*, conforme se vê em nossa versão portuguesa. Ver também Jeremias 49.1,3. Em Sofonias 1.5, *Milcom* denota uma divindade cujo nome era *Meleque*, "rei". Ele tinha uma coroa de ouro, com um talento de ouro, pelo que deve ter sido uma figura gigantesca. Com base no trecho de 1Reis 11.7, a maioria dos eruditos supõe que Milcom e Moloque eram uma mesma divindade, com dois nomes diferentes. Aquela passagem chama-o de "abominação" dos amonitas. Ver também 1Reis 11.5,33. Alguns estudiosos, entretanto, mantêm a diferença entre esses dois deuses, apesar do fato de que esses nomes, sem a menor sombra de dúvida, derivam-se de uma mesma raiz. É possível, porém, que pelo menos em certos lugares, eles fossem adorados como dois deuses distintos. Comparar 1Reis 11.5, 11.33 e 2Reis 23.13. Nesse último caso, nada se sabe acerca de alguma adoração separada a Milcom. Ver também o artigo geral *Deuses Falsos*.

MILÊNIO

O termo se refere ao período de mil anos mencionado em Apocalipse 20.2-7 como o tempo do reinado de Cristo e dos santos sobre a terra. Embora o termo "milenarismo" tenha vindo a ser usado amplamente, neste artigo abordamos a crença no milênio em seu sentido estrito, referindo-nos às interpretações do milênio de Apocalipse 20. Há três principais correntes relativas ao milênio, de modo geral distintas: pré-milenarismo, pós-milenarismo e amilenarismo. Essas correntes, tal como surgiram na história do cristianismo, podem ser mais bem entendidas relacionadas a cinco tradições de interpretação:

1. O pré-milenarismo (quiliasmo) da igreja primitiva. Muitos dos pais primitivos, entre os quais Papias (*c.* 60-*c.* 130), Justino (*c.* 100-*c.* 165), Ireneu, Tertuliano, Vitorino de Pettau (m *c.* 304) e Lactâncio (*c.* 240-*c.* 320), eram pré-milenaristas, *i.e.*, esperavam a volta de Cristo em glória para inaugurar o reino milenar sobre a terra antes do julgamento final (ver Escatologia). Essa crença era não somente uma interpretação de Apocalipse 20, mas também a continuação da expectativa da apocalíptica judaica de um reino provisório messiânico. A estrutura de Apocalipse 20 foi recheada de conteúdo derivado da apocalíptica judaica, especialmente das profecias do AT, resultando em que o milênio foi entendido inicialmente como uma restauração do paraíso perdido. Em meio a uma abundante frutificação da terra renovada e paz entre os animais, os santos ressuscitados desfrutariam mil anos de vida paradisíaca sobre a terra antes de serem trasladados para a vida eterna no céu. Os mil anos eram explicados como o período original da vida humana sobre a terra ou como o descanso sabático do mundo no final de sete mil anos ("semanas") da história. A natureza materialista desse milenarismo, todavia, o tornou passível de objeção por outros pais da igreja, inclusive Agostinho, cuja rejeição altamente influente levou praticamente ao desaparecimento do pré-milenarismo até o século XVII.

2. O amilenarismo agostiniano. A interpretação de Apocalipse 20 que se manteve além da Idade Média e permaneceu influente até o presente foi iniciada por Ticônio, donatista do século IV, cujas ideias foram adotadas por Agostinho. Segundo essa visão, o reino milenar de Cristo é a era da igreja, desde a ressurreição de Cristo até sua volta. Agostinho tomou a figura dos mil anos como simbólica, não como um período real de tempo. Tal interpretação de Apocalipse 20 é comumente chamada amilenarista, porque rejeita a crença num milênio *futuro*. O reino terreno aguardado pelos adeptos do quiliasmo foi nela substituído por uma ênfase dupla sobre o governo presente de Cristo e a esperança escatológica sobrenatural.

Os reformadores protestantes adotaram uma forma modificada dessa visão. Tomaram o milênio como um período real de mil anos no passado (datado de forma variada), durante o qual o evangelho floresceu. A soltura de Satanás no final desse período (Ap 20.7) marcaria a ascensão do papado medieval. Os reformadores esperavam, para o futuro, a vinda iminente de Cristo, chegando-se imediatamente ao juízo final e à dissolução deste mundo.

3. O joaquimismo e o pós-milenarismo protestante. As ideias do abade Joaquim, no século XII, inspiraram nova forma de esperança escatológica, que se tornou a principal alternativa para a visão agostiniana, no final da Idade Média e no século XVI. Antes do final da história, haveria uma era do Espírito, período de paz e prosperidade espiritual para a igreja aqui na terra, identificado com o milênio de Apocalipse 20, embora não derivada basicamente desse texto. Essa expectativa viria a ser chamada pós-milenarista, pois sustentava que o milênio seria inaugurado por uma intervenção espiritual de Cristo, no poder de seu Espírito, não por seu advento físico, que se seguiria ao milênio.

O joaquimismo influenciou alguns dos primeiros protestantes, que viram no sucesso do evangelismo da Reforma a aurora de uma nova era de prosperidade para a igreja. A influência joaquimista, mais o otimismo protestante e a exegese de Apocalipse, combinados, produziram o pós-milenarismo protestante, cujo primeiro expoente de influência foi Thomas Brightman (1562-1607), e começou a florescer no século XVII. Segundo essa visão, o milênio se daria por meio da pregação do evangelho, capacitada pelo Espírito, resultando na conversão do mundo e em um reino espiritual universal de Cristo mediante a evangelização.

Contudo, foi o século XVIII a grande era do pós-milenarismo, que exerceria papel-chave no desenvolvimento do pensamento missionário. Os movimentos de reavivamento foram vistos como os primeiros sinais de um movimento de conversão que empolgaria o mundo, visão essa que dava à ação humana papel significativo no propósito de Deus de estabelecer seu reino na terra, resultando em forte estímulo à atividade missionária. No século XIX, no entanto, a expectativa pós-milenarista aproximou-se cada vez mais da doutrina secular do progresso e acabou se fundindo em uma identificação da teologia liberal do reino de Deus, de melhora moral e social da humanidade. O declínio do pós-milenarismo, já em nossos dias, coincide com a perda da credibilidade cristã, causada pelas doutrinas do progresso.

4. O pré-milenarismo protestante. O pré-milenarismo protestante se originou no começo do século XVII, especialmente sob a influência de Joseph Mede (1586-1638). Difere radicalmente do pós-milenarismo, por esperar que advento pessoal de Cristo e a ressurreição corporal dos santos precedam o milênio, tendendo, portanto, mais do que o pós-milenarismo, a afirmar a descontinuidade entre a época presente e a era milenar. Desfrutou de grande reavivamento na Inglaterra na década de 1820, do qual derivam suas formas modernas. Enquanto o pós-milenarismo prosperava por observar sinais esperançosos da aproximação do milênio, o pré-milenarismo ganhava popularidade em círculos cuja visão da situação presente era profundamente pessimista. Para ele, não seria a influência da igreja, mas somente a intervenção pessoal de Cristo, que poderia estabelecer seu reino na terra.

Os pré-milenaristas têm assumido muitas posições sobre o caráter do reino milenar, tendendo os do século XIX a uma interpretação literal das profecias, inclusive das previsões do AT aplicadas ao milênio. Essa tendência alcançou forma extremada na teologia dispensacionalista, inaugurada por J. N. Darby, em que um "arrebatamento secreto" da igreja, precedendo a vinda de Cristo, deve produzir o fim da era da igreja, enquanto o milênio funcionaria como tempo de cumprimento das profecias do AT feitas a Israel.

5. O amilenarismo simbólico. Muitos dos proponentes das correntes aqui assinaladas nos tópicos 2, 3 e 4 consideravam os mil anos de Apocalipse 20 como um número simbólico, mas, mesmo assim, interpretaram o milênio como um período de tempo.

Uma ideia encontrada ocasionalmente nos dias atuais é a de tomar o milênio como símbolo, não como período, de realização completa do reino de Cristo e sua vitória total sobre o mal na segunda vinda. As diversas correntes se baseiam, naturalmente, em parte, em detalhes debatidos de exegese, mas representam, em um sentido mais amplo, diferentes atitudes no tocante ao relacionamento entre o reino de Cristo e a história deste mundo. De todo modo, a crença milenar, em todas as suas formas, traduz, em oposição a uma escatologia inteiramente sobrenatural, a convicção de que o milênio faz parte do propósito de Deus de concretizar seu reino neste mundo.

(**R. J. Bauckman**, M.A., Ph.D., professor de Novo Testamento da Universidade de St. Andrews, Escócia.)

BIBLIOGRAFIA. O. Blöcher, G. G. Blum, R. Konrad & R. Bauckham, Chiliasmus, TRE VII, p. 723-745; R. C. Clouse (ed.), *The Meaning of the Millennium: Four View* (Downers Grove, IL, 1977); J. Daniélou, *The Theology of Jewish Christianity* (London, 1964); P. Toon (ed.), *Puritans, the Millennium and the Future of Israel* (London, 1970).

MILETO

Porto de mar a que chegou o apóstolo Paulo um dia após de *Trogylium*, Atos 20.15. Reuniu ali os anciãos da igreja de Éfeso, aos quais deu instruções e se despediu deles, v. 17-38. Nesse lugar ficou detido Trófimo por causa de enfermidade, 2Timóteo 4.20. A cidade de Mileto ficava nas costas de Jonia, 66 km e meio ao sul de Éfeso, quase nos limites da Cária. Possuía belo templo consagrado a Apolo e foi pátria de Tales de Anaximandro e talvez de Demócrito, notáveis filósofos gregos. Poucas relíquias restam dessa cidade.

MINA. Ver sobre *Moedas*.

MINA, MINERAÇÃO. Ver os artigos separados sobre *Metal; Metalurgia e Artes e Ofícios*.

TEMPLO DE APOLLO, MILETO
Davis, John D., 1854-1926, *Novo Dicionário da Bíblia* / [Tradução: J.R. Carvalho Braga]. – Edição ampliada e atualizada – São Paulo, SP: Hagnos 2005.

As mais extensas atividades de Israel, no campo da mineração, tiveram lugar nos dias do rei Salomão. **Materiais Não-Metálicos**. Os mineiros da era neolítica extraíam minérios das minas. Materiais não-metálicos, *como pedemeira*, várias qualidades de pedra e mármore foram muito importantes, antes que fossem extraídos os metais. Em cerca de 4000 a.C., conforme a arqueologia mostra, a pedemeira era usada no fabrico de toda espécie de instrumento e de armas. Esse material aparece nas Escrituras por causa de sua dureza, inflexibilidade e grande duração, o que dá margem a várias referências metafóricas (Ver, por exemplo, Dt 8.15; Sl 114.8; Is 50.7 e Ez 3.9). A pedemeira é uma rocha de grão fino, que a lâmina de uma face de metal não consegue arranhar. A pedemeira era extraída de áreas calcárias, ou, então, na Palestina, de depósitos de cascalho. É verdade que a pedemeira continuou sendo um produto importante, mesmo quando os metais começaram a ser usados.

Pedras importantes eram o granito, o diorito e outras rochas ígneas. Essas várias rochas existiam e continuam existindo em abundância na Palestina, como também os arenitos e as pedras calcárias. Sabe-se que os homens da era neolítica tinham grande perícia na extração de pedras, usando-as em muitos tipos de construção, como edifícios, cisternas, túmulos e até mesmo pequenos itens, como jarras para conter água (ver Jr 2.13; Mt 27.60; Jo 2.6).

Mármore. Temos provido um artigo separado sobre essa pedra nobre, que era usada na construção de edifícios ou com propósitos decorativos. O mármore é uma pedra calcária de grão fino, de cor branca ou creme, podendo ter veios rosa, vermelhos ou verdes. O mármore era o material favorito nas estátuas. As melhores estátuas de mármore do Oriente Próximo vinham de Paros (Minoa), embora houvesse outras fontes produtoras, incluindo o golfo de Suez, o sul da Grécia, e, na Assíria, a região a leste do rio Tigre. Nos tempos de Davi e Salomão, havia um ativo comércio com essa pedra, e sabe-se que ela era importada pela Palestina. O mármore mencionado em 1Crônicas 29.2, poderia ser pedra calcária polida.

Pedras Preciosas. A arqueologia e as referências literárias informam-nos sobre as extensas atividades dos antigos egípcios, no campo da mineração de metais. Eles fizeram centenas de prospecções, em busca de esmeraldas, nas costas do mar Vermelho. A turquesa, durante muito tempo, foi a primeira e mais usada das pedras na joalheria. Ver o artigo detalhado intitulado *Joias e Pedras Preciosas*. A mineração de turquesas era efetuada na península do Sinai. A busca por pedras preciosas provocava a ocupação humana de trechos que, de outra sorte, não teriam sido habitados, levando à construção de trilhas e estradas que melhoravam as comunicações. Essas trilhas dos mineiros foram consideravelmente usadas quando do êxodo de Israel do Egito. (Ver Êx 15.22-16.1).

Metais. Ver o artigo separado sobre *Metais, Metalurgia*. As Escrituras não contam com um vocábulo separado para indicar "mina", embora haja alusões a esse processo, em muitos trechos bíblicos. Ver Jó 28.1-11. Sabe-se, mediante a arqueologia, que a península do Sinai era um lugar de intensa atividade mineradora, desde a mais remota antiguidade. Os monitu, que frequentavam aquela região, encontraram colinas ricas em veios de metal e camadas que continham pedras preciosas. O ferro, o cobre, o manganês, a turquesa eram extraídos ali, tornando-se artigos de comércio. O delta do rio Nilo era local onde esse comércio era intenso. Essas atividades ajudaram os Faraós a amealharem grande parte de suas riquezas. No wadi Magharan ("vale da caverna") há vestígios de colônias egípcias e suas atividades nesse campo. Muitas inscrições hieroglíficas testificam a esse respeito, e antigas fornalhas até hoje são visíveis na área, o que também se vê nas costas do mar Vermelho. Cais e outras instalações portuárias, em ruínas, podem ser ali encontradas. Dali partiam embarcações carregadas com esses itens, muitas delas com destino ao porto de Abu Zelimeh.

A mineração do cobre era intensa na Idumeia, em Zoar e em Petra. Diocleciano forçou cristãos a trabalharem nas minas daquelas localidades. Naturalmente, Salomão muito se concentrou nessa atividade, especialmente na mineração do cobre, sobre o que damos um artigo separado, segundo já foi dito. Chipre era um dos lugares onde o cobre era extraído na antiguidade, do que resultou um grande comércio com esse metal. Alusões literárias dizem-nos que os egípcios extraíam o ouro, e que o deserto de Bisharee era uma das localidades dessas operações. Ruínas de cabanas de mineiros podem ser vistas em Serabit el-Khadem. Os egípcios extraíam o cobre da ilha de Meroe, na desembocadura do rio Nilo.

MINAS

No hebraico, *motsa* **"saída", "afloramento"**. Essa palavra hebraica ocorre somente por uma vez, em todo o Antigo Testamento, em Jó 28.1, onde diz a nossa versão portuguesa: *Na verdade, a prata tem suas minas, e o ouro, que se refina, o seu lugar*. O que Jó queria dizer é que *existe* um lugar onde os homens podem encontrar minerais preciosos como a prata e o ouro, e, no entanto, conforme ele adiciona um pouco adiante (vs. 12 ss.), não há nenhum local onde a sabedoria possa ser encontrada pelos viventes. *Mas onde se achará a sabedoria? e onde está o lugar do entendimento!*

MINAS DO REI SALOMÃO

Acompanhamos os pontos abaixo, que dividem a questão em informes mais fáceis de serem compreendidos:

1. As Grandes Riquezas de Salomão. O trecho de 1Reis 10.14 dá-nos a estonteante informação de que o *peso em ouro* que chegava às mãos de Salomão, em *um* ano, era de 666 talentos de ouro. Um talento era o equivalente a mil siclos, e um siclo pesava cerca de 7,08 g. Isso significa um total de cerca de 4.715 kg de ouro, anualmente! Isso dá aproximadamente 63,2 milhões de dólares, a cada ano. Mas, além do ouro, sabemos que o país produzia prata, pedras preciosas (incluindo diamantes, esmeraldas e rubis). Naturalmente, Salomão também importava itens exóticos, como bugios, pavões, marfim, especiarias raras e muitos outros artigos de luxo. Portanto, sua reputação de homem rico está bem fundada. Famosas são as minas de cobre de Salomão, na Arabá, bem como a refinaria real de cobre, descoberta em Ezion-Geber, moderno Tell el-Kheleifeh, escavada por Nelson Glueck. Timna, não muito distante do extremo norte do mar Vermelho, era um lugar rico em cobre, explorado por Salomão.

2. *Muitas histórias românticas* têm dramatizado as minas de Salomão. Presume-se que Salomão tinha minas tão distantes quanto a cadeia dos Himalaias, as profundezas da floresta equatorial da África, e até mesmo a região inca, no moderno Peru, nos Andes. Até mesmo filmes de Tarzã (no tempo de Johnny Weissmuller, o primeiro Tarzã cinematográfico) estiveram envolvidos nessas minas. Tarzã era sempre perseguido por alguma bela mulher, que precisava ser salva de toda espécie de perigo. Ela se encontrava nas selvas porque seu pai, um professor distraído, entrara nas florestas africanas em busca das minas de Salomão. Mas a verdade é que as minas de Salomão (pelo menos a mais central dentre elas), não são difíceis de encontrar. Qualquer mapa moderno de Israel nos dirá onde deveremos ir. Basta apanhar um automóvel e guiar até Beer Sheba. Dali, dirige-se para leste, por cerca de 65 quilômetros até o vale do deserto conhecido como Arava. Então, vira-se para o sul, e chega-se a uma pequena estrada que se bifurca para a direita, e passe pelo Kibutz Elifaz, e, então, chega-se ao espetacular vale de Timna. Era ali, naquele território de terras estéreis e ressecadas, entre picos denteados, que os antigos mineiros hebreus extraíam toneladas daquele metal amarelo-esverdeado mais precioso que o ouro, chamado *cobre*. O minério de cobre ali extraído era de uma qualidade fantasticamente elevada, e as fornalhas conseguiam produzir um metal de cobre noventa e nove por cento puro, um feito significativo para a metalurgia antiga. O cobre era o ingrediente primário na produção do bronze (nove partes de cobre e uma de estanho). Foi esse o metal que arrancou o homem da idade da Pedra. O ferro era difícil de fundir; e assim sendo, mesmo quando o ferro começou a ser usado em muitos lugares, nem assim o bronze foi abandonado. No dizer de Deuteronômio 8.9, Israel foi enviado a uma terra "...de cujos montes cavarás o cobre". A habilidade de Salomão, pois, trouxe grandes riquezas ao seu povo de Israel, em uma época que foi o período áureo daquela nação.

3. Um Mistério é Solucionado. O rabino Nelson Gluek, arqueólogo israelita, que um aventureiro que amava o deserto. Explorando o remoto vale de Timna, ele descobriu vários antigos locais de fundição, tendo reunido nódulos de cobre e peças quebradas de cerâmica. Essas peças de cerâmica levaram-no à sua maior descoberta. Juntando as peças, ele ficou admirado ao descobrir que elas pertenciam à época de Salomão, isto é, século X a.C.

4. A Antiguidade da Mineração. As escavações têm mostrado que a mineração teve início naquela área cerca de três mil anos antes dos tempos de Salomão. Isso significa que ele deve ter tido consciência do valor econômico daquela região, desde o começo. Não foi nenhuma descoberta ao acaso. O arqueólogo israelense, Beno Rothenberg, tem mostrado que Timna conta com as mais antigas minas de cobre de que há notícia no mundo. Os eruditos têm especulado que Timna pode ter sido o lugar onde residia Tubalcaim, *artífice de todo instrumento cortante, de bronze e de ferro* (Gn 4.22).

5. Métodos de Mineração. Os antigos mineiros escavavam o minério de cobre do solo, principalmente dos depósitos de pedra calcária branca, onde é possível trabalhar com facilidade com instrumentos primitivos. Em seguida, o minério era esmagado por meio de martelos de pedra, e, então, misturado com carvão de madeira e uma pequena quantidade de minério de óxido de ferro. Essa mistura era, então, posta sobre um braseiro, no solo. Quando o combustível terminava, o cobre era coletado. Então era moldado, a marteladas, no formato que se desejasse. Dessa maneira de trabalhar o cobre é que nos vem a palavra *calcolítico* (no grego, *chalcós*, "cobre"; *líthos*, "pedra"), que indica aquele período arqueológico quando o cobre começou a substituir a pedra como a matéria prima principal do homem.

6. O Comércio Egípcio. Aí pelo século XIII a.C., os metalurgistas egípcios haviam montado uma sofisticada operação mineira em Timna e estavam enriquecendo-se com o comércio do cobre. Enquanto os Faraós maltratavam seus escravos hebreus, os mineiros egípcios extraíam toneladas de cobre, a cada ano, de Timna, as quais eram transportadas, através do rio Nilo, para vários locais do Egito.

7. As Inovações Egípcias. Os egípcios criaram o método de pequenos tubos que levavam ao interior das fornalhas, e daí para fora. Os tubos de entrada eram respiradouros, por onde o ar entrava mediante foles, o que aquecia a temperatura no interior da fornalha. Os tubos de saída permitiam que a escória escorresse para fora da fornalha, a fim de que o metal pudesse ser retirado da fornalha antes desta estriar. Eles também inventaram uma vara de metal resistente, que podia ser mergulhada no interior da fornalha, sem derreter-se. Essa vara era usada para retirar o metal fundido. Escravos eram usados nesse trabalho de mineração e fundição, por não serem muitos os homens livres que, em troca de um parco salário diário, se interessavam por trabalhar em uma atividade tão perigosa. Timna, além disso, era um lugar extremamente quente no verão, chegando até nada menos de 50° centígrados à sombra, e, ao sol chegava ao extremo de 73° centígrados! Se adicionarmos a isso o calor produzido pela própria fundição, veremos que o trabalho era feito sob condições que nenhuma união de sindicato trabalhista aprovaria em nossos dias. Além disso, Timna é um local cercado por elevadas colinas, e a circulação de ar é ali bem modesta.

8. O Trabalho dos Midianitas e dos Queneus. A arqueologia tem demonstrado que os egípcios lançavam mão do trabalho de estrangeiros nas suas minas e fundições. Entre esses estrangeiros havia midianitas e queneus. Provavelmente, também eram utilizados operários hebreus, embora não haja qualquer referência direta à contribuição desses últimos.

9. Artefatos Encontrados em Timna. Inúmeros artefatos têm sido encontrados pelos arqueólogos, pertencentes às Dinastias XIX e XX (1300 a.C. Ou antes). O professor Rothenberg encontrou mais de mil artefatos dentro dos limites de um pequeno templo cujas dimensões eram 8,5 m x 6,7 m Havia ali contas, peças de madeira e de vidro, joias de cobre e de bronze, peças de cerâmica etc. Algumas destas últimas contavam com sinais hieroglíficos estampados. Supomos que os mineiros levavam consigo objetos próprios de seu culto religioso, o que também explica a existência daquele templo.

10. O Êxodo. Uma das rotas tomadas por ocasião do êxodo de Israel do Egito foi *o caminho do Arabá, de Elate e de Eziom-Geber* (Dt 2.8). Elate (modernamente conhecida como *Eilat*) fica a apenas 32 quilômetros ao sul de Timna. Uma outra parada foi Jotbata (ver Nm 33.34), um oásis a apenas dezesseis quilômetros ao norte de Timna. Uma estrada ligava aqueles dois lugares, passando pelo vale de Arava. Os montes ao derredor bloqueavam outras rotas em potencial.

11. Uma Serpente de Cobre em Timna. Um dos objetos incomuns, encontrados em Timna, foi uma serpente de cobre reluzente. Alguns eruditos da Bíblia têm associado esse objeto com a história de Moisés e a serpente, em Núm 21.9, e também veem alguma conexão entre isso e a adoração dos midianitas à cobra. Naturalmente, devemo-nos lembrar que Moisés casou-se com Zípora, filha de um sacerdote midianita (ver Êx 2.21).

12. Nos Tempos de Josué. Mais ou menos nesse tempo, declinou o domínio egípcio sobre a região de Timna, até que, finalmente, desapareceu. O povo de Israel estava conquistando a terra, e o Egito, como um império, estava em franco declínio, após ter-se envolvido em muitas guerras. A economia do Egito fraquejou, e, juntamente com isso, as operações de mineração em Timna, por parte dos egípcios. Povos que antes tinham trabalhado como escravos, obtiveram liberdade, e tornou-se difícil encontrar quem quisesse trabalhar naquela ocupação.

13. Um Hiato na História. Depois dessa época, há poucos registros históricos sobre as atividades mineiras em Timna. Também não se encontram ali traços de atividades dos israelitas.

14. Salomão e Timna. Apesar desse fato, Timna é a única área de mineração de cobre significativa em todo o território de Israel. É impossível que Salomão não soubesse de sua existência e nem a tivesse explorado. Salomão mantinha um comércio que envolvia mercadorias que não eram produzidas em Israel, e nem eram nativas dali. É provável, pois, que o cobre israelita fosse trocado por aquelas outras mercadorias. Ele dispunha de uma grande frota mercante, com base em Eziom-Geber, *que está junto a Elate, na praia do mar Vermelho* (1Rs 9.26). E isso nos leva à área de Timna. De fato o porto mais importante de Salomão, por onde entrava ou escoava o ouro, ficava a apenas 32 quilômetros de Timna, e, com base nessa circunstância, podemos estar certos de que Salomão também estava explorando o cobre que havia naquela região, visto que seus riquíssimos depósitos desse metal já eram conhecidos desde muitos séculos antes.

15. Por Que Não Dispomos de Evidências? Certo autor sugeriu que nenhum artefato de origem israelita tem sido encontrado em Timna porque os israelitas não costumavam jogar lixo e outros restos ao acaso! Porém, o mais provável é que o motivo para isso é que os arqueólogos não tenham escavado nos lugares certos, visto que os oitenta quilômetros quadrados de área aproximada, onde essas minas estavam localizadas, oferecem muito espaço para a exploração arqueológica em nossos dias. Comparativamente, apenas uma pequena porcentagem dessa área tem sido explorada. Também é possível que a terceira legião romana, que ocupou aquela região, tenha obliterado os sinais da anterior presença dos israelitas no local. E a adoração ao imperador, por parte dos romanos, pode ter sido responsável por isso, embora o judaísmo fosse considerado uma religião legítima pelos romanos. No entanto, em situações locais, uma certa aversão dos romanos pela fé judaica poderia tê-los levado a remover todos os sinais físicos da presença dos israelitas. A terceira legião romana esteve em Timna, após a segunda revolta judaica e a destruição da nação de Israel (132 d.C.). Os romanos começaram a explorar o cobre da região, mais ou menos por esse tempo. Entrementes a décima legião romana ficou estacionada em Jerusalém, onde permaneceu pelo espaço de quase dois séculos.

16. Nos Tempos Modernos. Atualmente aquela região está abandonada, sendo visitada somente por turistas e arqueólogos. As ruínas do templo de uma deusa pagã podem ser vistas, como também o que resta dos acampamentos de operários escravos. Inscrições deixadas nas rochas esperam ser decifradas, e desenhos de carruagens, de antigos animais e de soldados egípcios ferem os olhos dos curiosos. Gazelas vivem no fundo do vale, e o veloz e ágil *íbex* habita nas montanhas. Leopardos percorrem as colinas estéreis, procurando algo para comer. Há muitos morcegos, que ocupam as galerias das minas agora abandonadas, e que chegam a ser nada menos de sete mil em número. Porém, a glória de Salomão se foi.

MINERAL (AIS)

Ver os artigos separados intitulados *Metais, Metalurgia; Joias e Pedras Preciosas: Minas, Mineração e Minas do Rei Salomão*. Todos os itens do reino mineral que são mencionados na Bíblia são discutidos mediante artigos separados. Um *mineral* é uma substância inorgânica. Há minerais de todas as cores, graus de dureza e de densidade. Os minerais são importantes na história humana, no sentido comercial e em outros sentidos. Os artigos acima aludidos fornecem detalhes sobre essas questões.

MINI

Jeremias (51.27) menciona o reino do Mini, juntamente com os de Ararate e Asquenaz. Josefo, por sua vez, fala nos "Minyai de Nicolau de Damasco" (*Anti*. 1.3,8). Eles formavam uma nação que ocupava a área ao sul do lago Urmia, na parte ocidental do Irã. Tiveram alguma proeminência nos séculos IX a VII a.C.

As inscrições assírias descrevem-nos como um povo aguerrido. Salmaneser III, da Assíria, conquistou a região em 830 a.C. Em 715 a.C., o rei de Mini resolveu revoltar-se contra o domínio assírio. Deram algum trabalho a Assurbanipal (669-626 a.C.), ao tornarem-se aliados dos medos, e assim foram capazes de vingar-se dos assírios. Eles tinham contingentes entre os exércitos que provocaram a queda de Nínive, em 612 a.C. Mas, depois desse tempo, desapareceram dos registros históricos.

As escavações arqueológicas têm ilustrado a cultura de Mini. Essas escavações têm sido efetuadas em Hasanlu, ao sul do lago Urmia. Os níveis IV e III B correspondem ao de uma cidadela fortificada. Ficou demonstrado que os minianos eram trabalhadores notáveis com metais. Jeremias convocou-os, juntamente com os urartianos e os citas, para guerrearem contra os babilônios.

MINIAMIM

No hebraico, **"no lado direito"**, uma maneira metafórica de dizer "favorecido". Houve dois homens com esse nome, referidos nas páginas da Bíblia: **1**. Um levita que estava encarregado da distribuição das ofertas sagradas, nos tempos de Ezequias (2Cr 31.15). Ele viveu em torno de 715 a.C. **2**. Um sacerdote que voltou do cativeiro babilônico em companhia de Zorobabel (Ne 12.17). Parece que ele foi um dos trombeteiros, por ocasião da consagração das muralhas de Jerusalém, quando estas foram reconstruídas (Ne 12.41). Ele viveu por volta de 546 a.C.

MINISTÉRIO, MINISTRO

I. Terminologia Bíblica. *Ministério* é um termo coletivo que aponta para vários oficiais e autoridades religiosas e civis no contexto bíblico. É palavra usada para traduzir certo número de vocábulos hebraicos e gregos, que também podem denotar ofícios específicos.

Palavras Hebraicas. *Meshareth*, alguém que assessorava pessoas de alta categoria (ver Êx.24.13; Js 1.1; 2Rs 4.43); algum cortesão (1Rs 10.4; 2Cr 22.8; Sl 104.4); os auxiliares dos sacerdotes e levitas (Is 61.6; Ez 44.11; Jl 1.9,13; Ed 8.17; Ne 10.36). Essa palavra hebraica, *meshareth* é traduzida na Septuaginta pela palavra grega *leitourgós*, "funcionário público", cujo uso mais frequente diz respeito ao serviço prestado no templo. Em Salmo 104.4 está em foco o ministério dos anjos. Josué era ministro de Moisés (ver Êx 24.13 e Js 1.1).

Palavras Gregas. **1**. *Diákonos* (*diakonéo*), respectivamente, o substantivo e o verbo. Essa palavra grega apontava para todo tipo de serviço, secular ou religioso. Em Lucas 12.37; 17.8 e João 12.2 temos alusão ao serviço a mesas. Os apóstolos de Cristo, em certo sentido, eram *diákonoi* (ver 1Co 3.5; 1Tm 1.12). Os magistrados civis também são chamados servos ou ministros de Deus, em Romanos 13.4. Os anjos são espíritos que ministram diante de Deus (Hb 1.14). Paulo também usou esse termo a fim de apontar para Cristo como ministro (Rm 15.8). De fato, Jesus servia (ver Lc 22.27). A forma verbal dessa palavra tem muitas aplicações no Novo Testamento: o discipulado cristão em geral (Jo 12.26); todo tipo de serviço e ministração de ordem espiritual (At 21.19; 1Co 16.15; Ef 4.11; Cl 4.17; 2Tm 1.12). A prédica e o ensino cristãos também são referidos por meio dessa palavra (At 6.5). Os dons espirituais são meios usados pelo ministério cristão, embora não somente os ministros do evangelho recebam dons espirituais (Rm 12.7; 1Co 12.5). Essa palavra também envolve atos de beneficência aos necessitados (At 6.1). A contribuição das igrejas gentílicas aos pobres de Jerusalém é indicada por meio dessa palavra (2Co 8.4). Ela também é usada para indicar serviços pessoais (Ef 6.21). Finalmente, temos o ofício dos *diáconos*, diretamente derivado da palavra grega em questão (Fp 1.1; 1Tm 3.8,12). **2**. **Uperêtes** (*uperetéo*). Novamente, o substantivo e o verbo. O uso clássico e original dessa palavra apontava para os remadores do nível mais inferior, nas galeras antigas. Essa palavra grega foi usada para traduzir o termo hebraico *chazen*, que era nome que se dava a um atendente de uma sinagoga. Seu dever era o de abrir e fechar o edifício, apresentar e substituir livros, e ajudar aos sacerdotes ou mestres em tudo quanto fosse necessário. Destaca-se nessa palavra a ideia de assistência pessoal. (Ver Lc 1.12; At 26.16). O sub-remador fazia o seu trabalho sob as ordens do capitão do barco. Por igual modo, o subministro serve sob a supervisão de um superior. João Marcos *assistia* Barnabé e Paulo, na primeira viagem missionária deles (At 13.5). Os assistentes de Jesus ministravam a palavra de Deus (Lc 9.2). O trecho de João 18.16 contém essa palavra referindo-se aos seguidores de Jesus que também eram ministros da Palavra. Paulo mantinha essa relação para com o Senhor Jesus Cristo (ver At 26.16 e 1Co 4.1). **3**. *Doûlos* (*douleúo*). Uma vez mais, o substantivo e o verbo. O sentido primário dessa palavra era o trabalho feito por um escravo, que cumpria as vontades expressas de seu senhor. Por extensão, também podia indicar um servo (não escravizado). Os ministros do Senhor Jesus servem à causa do evangelho como "escravos" (ainda que alguns não apreciem a ideia), o que aponta para a absoluta dedicação deles à causa, e também para o fato de que cumprem a vontade do Senhor, e não a própria. (Ver At 4.29; 1Co 7.22; Gl 1.10; Cl 4.12; 2Tm 2.24; Rm 1.1; Fp 1.1; Tt 1.1). Ver também Tg 1.1 e Jd 1. Paulo trabalhava como um "escravo", tendo em vista o bem espiritual de todos (1Co 9.19). Surpreendentemente, por ocasião de sua encarnação, o próprio Cristo submeteu-se a esse estado de humilhação; como homem, serviu como um escravo dentro do drama espiritual. (Ver Fp 2.7). **4**. *Leitourgós* (leitourgéo). De novo, o substantivo e o verbo. É dessa raiz que nos vem a palavra portuguesa *liturgia*. Essa palavra refere-se a serviços profissionais civis e religiosos. Indicava os funcionários públicos. Na Septuaginta, o trabalho desempenhado pelos sacerdotes é destacado por meio dessa palavra. Nos trechos de Lucas 1.23 e Hebreus 9.21, esse uso é transferido para o Novo Testamento. A passagem de Hebreus 1.14 contém essa palavra, indicando os anjos de Deus, que são seus ministros e servem aos crentes, em momentos de necessidade de alguma intervenção especial, por serem aqueles herdeiros da salvação. Cristo é o grande Ministro celestial (Hb 8.2,6). No Novo Testamento, essa palavra recebe uma ampla aplicação, em consonância com a ideia do sacerdócio universal de todos os remidos. Assim, profetas e mestres são *ministros* de Deus (At 13.2). O ministério de Paulo é salientado por meio desse vocábulo (Rm 15.16; Fp 2.17). O dinheiro coletado pelas igrejas gentílicas, para ser enviado aos santos pobres de Jerusalém, foi um ministério ou serviço (ver Rm 15.27). As próprias autoridades civis, em certo sentido, são ministros de Deus (Rm 13.6). **5**. *Latreía* (*latreúo*). Novamente, o substantivo e o verbo. Essa palavra grega, quando contrastada com aquela outra, *douleúo*, indica um serviço realizado em troca de remuneração, ao passo que os escravos trabalhavam sem nada receber. No entanto, qualquer serviço prestado a Deus pode ser aludido por meio desse vocábulo grego. O povo servia a Deus de inúmeras maneiras, e o serviço que prestavam era indicado por meio dessa palavra. A forma verbal aparece no Novo Testamento por 21 vezes, geralmente traduzida por "servir" (Ver, por exemplo, Mt 1.10; Lc 1.74; 3.27; At 7.7; 26.7; Rm 1.9,25; 2Tm 1.3; Hb 8.5; 9.14; 12.28; 13.10; Ap 7.15; 22.3. E a forma nominal ocorre por cinco vezes: Jo 16.2; Rm 8.4; 12.1; Hb 9.1,6).

II. Caracterização Geral e Definições

1. Definições. Um ministro, no sentido mais elevado, é o chefe de um departamento governamental, ou alguém comissionado para representar o seu governo, no serviço diplomático. Em sentido secundário, um ministro é alguém que age em situação de subserviência a outrem, e cumpre a sua vontade. No sentido eclesiástico, um ministro é alguém autorizado a pregar a palavra de Deus, usualmente através de alguma forma de ordenação, e que dirige as atividades religiosas de sua igreja local. Nas páginas do Novo Testamento, certa variedade de serviços é indicada pela palavra geral "ministros", conforme foi abundantemente ilustrado na primeira seção deste artigo, onde foram explicadas as palavras hebraicas e gregas envolvidas. O ministério do Novo Testamento começa com Cristo, que é o Grande Ministro de Deus. Daí se vai descendo para os ministérios apostólico, profético, evangelístico, pastoral e didático, e ainda mais para os serviços diaconal, litúrgico, prático, de caridade etc. Todos aqueles que servem são ministros em suas respectivas capacidades. Vários dos ministérios são equipados com dons espirituais, os quais reforçam suas realizações. No sentido eclesiástico, no tempo em que foram escritas as chamadas epístolas pastorais (Tt; 1 e 2Tm), havia os bispos ou supervisores, que quase certamente exerciam autoridade sobre uma área, e não meramente sobre uma comunidade isolada. Quase sem dúvida, Timóteo e Tito ocupavam tais funções, por delegação apostólica. Os apóstolos tinham autoridade para inspecionar o trabalho de outros, porquanto, como representantes diretos de Cristo, estavam dotados de poderes especiais que os demais não possuíam. Temos aí os primórdios do governo episcopal na igreja, que alguns segmentos da cristandade afirmam que deveria continuar entre nós, embora outros segmentos tenham rejeitado tal forma de governo eclesiástico. Na nona seção deste artigo aludo mais detalhadamente à questão.

2. O Aperfeiçoamento dos Santos. O trabalho do ministério (envolvendo todos os ofícios e serviços) visa ao ... *aperfeiçoamento dos santos... a edificação do corpo de Cristo...* (Ef 4.12). Isso significa que o ministério cristão está envolvido em uma séria responsabilidade, dentro da causa espiritual.

3. Multiplicidade de Ofícios. Os trechos de Efésios 4.11 ss e 1Coríntios 12.28 fornecem-nos uma lista: apóstolos, profetas, evangelistas, pastores, mestres, milagres, curas, socorros, governos, línguas, interpretação de línguas. Aprendemos ali que a origem desses ofícios e suas respectivas operações é divina. O sexto capítulo de Atos narra como teve início o ministério diaconal, um ministério cujas atividades são, principalmente, de natureza prática (física) e caritativa.

Paulo nomeava anciãos (também chamados bispos e pastores), em todas as igrejas locais (ver At 14.23; 20.17-28). Paulo também supervisionava a outros (como apóstolo), conforme se vê nas epístolas pastorais.

Os ministros eram homens dotados tanto de habilidades naturais quanto de habilidades sobrenaturais, conferidas pelo Espírito de Deus. Desse modo, tornavam-se *membros* ativos do corpo de Cristo, cada qual dentro de suas respectivas funções, todas elas necessárias para o bom funcionamento, bem-estar e desenvolvimento do corpo de Cristo (a igreja), o que redundava na glorificação da Cabeça (Jesus Cristo). Dessa maneira, cada qual contribuía para a continuação do ministério cristão, que tinha propósitos evangelísticos e didáticos.

4. A Evolução Espiritual e o Elevado Destino dos Remidos. Ninguém brilha sozinho no corpo de Cristo. Todos evoluímos juntos, formando um organismo espiritual, vivo. Basta que um membro fique espiritualmente enfermo, para que o corpo todo fique enfermo. A prosperidade espiritual de um dos membros é a prosperidade do corpo inteiro. O ministério cristão, pois, contribui para a higidez do corpo místico de Cristo, além de ter como um de seus alvos a adição de outros membros a esse corpo místico. O grande alvo é a participação na natureza de Deus Pai, a natureza divina, manifestada na pessoa de Jesus Cristo (2Pe 1.4; Rm 8.29). E isso ocorre mediante o poder transformador do Espírito Santo, que nos vai conduzindo de um estágio de glória para o próximo (2Co 3.18). Dessa maneira, os membros do corpo de Cristo haverão de participar na própria plenitude de Deus, com a sua natureza e os atributos divinos (Ef 3.19).

III. Ministério Angelical. Os anjos que não caíram são ministros de Deus. Eles prestam esse serviço no caso de indivíduos e até de nações inteiras. O trecho de Hebreus 1.14 é um texto muito citado em favor da ideia dos anjos guardiães. Oferecemos um artigo bem detalhado sobre os anjos e sob a sua décima primeira seção, ilustramos abundantemente o ministério deles. Ver o artigo intitulado *Anjos*. Neste artigo, damos esta seção separada sobre o ministério dos anjos a fim de chamar a atenção para um assunto que tem sido muito negligenciado pelos intérpretes evangélicos, que temem abusos nessa área. Mas esse legítimo temor não nos deve empurrar na direção da negligência. Pessoalmente creio que alguns de nossos homens mais espirituais devem isso ao fato de que são sensíveis à orientação de seus anjos guias. Por outra parte, os falsos mestres atuam sob o impulso de demônios (ver 1Tm 4.1 ss.). Também é perfeitamente possível que alguns dons espirituais sejam mediados por meio de anjos. Precisamos de poder espiritual em nosso ministério, e o ministério dos anjos é um aspecto desse poder, embora haja o poder ainda infinitamente maior do Espírito de Deus.

IV. Os Ministros do Antigo Testamento. Representantes de Deus, no Antigo Testamento, como Abraão, Moisés, os profetas, os sacerdotes e os reis, foram seus ministros. Seus assistentes diretos, como no caso de Josué, que servia a Moisés, eram subministros. O aspecto cúltico do ministério do Antigo Testamento desenvolveu-se na elaborada instituição do tabernáculo e do templo, cujas principais figuras eram o sumo sacerdote e os sacerdotes, assessorados pelos levitas e outros. Ver os artigos separados intitulados *Sacerdotes* e *Levitas*. Os autores neotestamentários aceitaram tudo isso como antecipação e tipo dos ofícios de Cristo, conforme a epístola aos Hebreus explica tão completamente. Na primeira seção deste artigo, damos as palavras hebraicas envolvidas no termo português *ministério* (*ministro*), e onde é ilustrada a variedade de ministérios do Antigo Testamento.

V. Cristo, o Arquétipo dos Ministros. **1**. Cristo é o *Logos* encarnado (Jo 1.13; ver o artigo sobre o Logos). Ele é o principal representante e ministro de Deus, tendo em mira a redenção dos homens. Ver o que diz Paulo a esse respeito, em Filipenses 2.7 ss. **2**. Na qualidade de Servo sofredor, o Servo de *Yahweh* (Cristo) tinha o propósito de servir a Deus tendo em vista a redenção humana; e assim veio a tornar-se o arquétipo de todos aqueles que servem ao Senhor. (Ver At 4.27,30; Is 40-66; Zc 3.8-10). Um anjo revelou a missão redentora ímpar de Jesus Cristo (ver Mt 1.21). **3**. Jesus, como Messias, foi o servo especial de Deus em favor do povo de Israel, com sobras no caso dos povos gentílicos. Ver o artigo separado sobre o *Messias* e os diversos artigos sobre o *Cristo*, de diferentes ângulos. Ver também o artigo intitulado *Messiado de Jesus*. **4**. Jesus, como Filho do Homem, apresentou-se como Servo de Deus em benefício dos homens. Ver o artigo separado sobre o *Filho do Homem*. **5**. Jesus, como Filho de Deus, mediou o Ser divino diante dos homens, por ser, ele mesmo, o próprio Deus. Ver o artigo chamado *Filho de Deus*. **6**. Jesus, como supremo exemplo de serviço sacrificial deixou a inspiração apropriada para os demais ministros do evangelho (ver Fp 2.7 ss.). **7**. Jesus é o Supremo Pastor que os demais pastores precisam imitar (1Pe 2.25). Ver o décimo capítulo do Evangelho de João, quanto à atuação pastoral de Cristo, explicada com abundância de detalhes. **8**. Jesus é o Bispo dos bispos (o Supervisor dos supervisores) (1Pe 5.4), cuja volta antecipamos ansiosamente. **9**. O ministério de Jesus foi divinamente determinado, desde a fundação do mundo, com o que temos comunhão e do que fazemos parte (Jo 17.18; 20.21). **10**. A grandeza de Jesus Cristo acha-se em seu serviço prestado a outros; e aqueles que quiserem ser grandes, no sentido espiritual, precisam imitá-lo (Mc 10.43,44). O serviço prestado a outros é tanto uma honra como uma maneira de obter honra. **11**. Cristo tem um ministério celeste em favor dos homens (Hb 7.25; 1Jo 2.2; Jo 14.1-3). **12**. A descida de Cristo ao hades (ver o artigo *Descida de Cristo ao Hades*) acrescentou uma importante dimensão ao seu ministério, garantindo oportunidade universal e a aplicação de sua missão salvadora na outra dimensão. O *mistério da vontade de Deus* (vide), mencionado em Efésios 1.9,10, mostra-nos que a missão de Cristo tem uma aplicação universal.

VI. NATUREZA DO MINISTÉRIO CRISTÃO. O que foi dito acima fornece-nos a substância da questão. Abaixo damos um sumário de ideias. O ministério cristão é: **1**. A imitação do serviço prestado pelo Servo-Chefe (Fp 2.7 ss.; Mc 10.43,44). **2**. A participação, junto com o Filho, no ministério de Deus (Jo 17). **3**. Realizado através de homens que são dons dados à igreja (Ef 4.11 ss.), homens que receberam dons espirituais (1Co 12—14; Rm 12). (Comparar com At 20.24; Cl 4.17; 1Tm 1.12; 1Pe 4.11). **4**. Uma atividade que tem por finalidade a edificação do corpo místico de Cristo, promovendo sua higidez e bem-estar espirituais (Ef 4.12,13) e a adição de outros membros a esse corpo (Mt 28.18-20), além de promover os elevados propósitos da participação dos remidos na própria imagem e natureza de Cristo (Rm 8.29; 2Co 3.18), e, em consequência, a participação na natureza divina e seus atributos (Ef 3.19; 2Pe 1.4). **5**. Muitos ofícios e funções estão envolvidos no ministério da igreja, cujos variados aspectos são alistados em II.3 deste artigo. **6**. Deveres cerimoniais também estão incluídos no ministério cristão (1Co 1.17; implícitos em Rm 6; At 20.7; 1Co 11.23 ss.; Mt 28.19,20). Naturalmente, esse aspecto da questão, importantíssimo em certos segmentos da cristandade, e menos importante em outros, é uma questão envolvida em intensa controvérsia. Ver os artigos *Sacramentos* e *Cerimonialismo*. **7**. Cristo dá continuidade ao seu ministério por meio de seu corpo místico, a igreja. Isso traduz continuidade, identidade de propósitos. Da mesma forma que o Senhor Jesus atuava por intermédio do Espírito, outro tanto se dá com os membros do seu corpo (Jo 14.15 ss.; 1Co 12.4 ss.; Ef 1.22,23; 5.1-16; Mt 28.18-20). **8**. O discipulado cristão, em si mesmo, é um ministério. O cumprimento do propósito de Deus no mundo, em Cristo, nunca é algo meramente humano. **9**. Cristo estendeu o seu ministério até o hades, onde também pregou o evangelho (1Pe 3.18-4.4) Ver o artigo *Descida de Cristo ao Hades*. Vários dos chamados pais da igreja, como Clemente de Roma e Orígenes, supunham que Cristo conta com representantes humanos, que efetuam um ministério no hades, tal como o seu ministério sobre a terra está sendo levado avante sob a sua direção, por meio de instrumentos humanos. As *experiências perto da morte* (vide) têm demonstrado que um trabalho missionário está sendo desenvolvido nos mundos invisíveis

VII. OS DONS ESPIRITUAIS E O MINISTÉRIO. Quanto a um abundante material acerca dos dons espirituais ver os artigos *Carismata* e *Dons Espirituais*. A obra do ministério cristão é espiritual e divina, e não poderia mesmo ser deixada ao sabor do engenho e do poder humanos. Provavelmente, os dons espirituais ocorrem em vários níveis: capacidades psíquicas e espirituais humanas — usadas em benefício da igreja; poderes angelicais — que capacitam os homens a fazer coisas que não poderiam fazer desassistidos; o Espírito Santo — que confere aos homens poderes divinos. Em todos os três casos, o trabalho do ministério é empregado de tal modo que os seus resultados ultrapassam daquilo que poderíamos esperar de meras atividades humanas. Alguns estudiosos têm opinado, com base na doutrina da comunhão dos santos, que os espíritos remidos, nos lugares celestes, podem ajudar aos homens neste mundo, o que poderia incluir o uso de dons espirituais. Nesse caso, poderia ser acrescentada uma *quarta* dimensão às possíveis fontes originárias dos dons espirituais. O *Credo dos Apóstolos* menciona a comunhão dos santos, na segunda cláusula do seu nono artigo. Os eruditos católicos romanos dão grande importância a essa questão, tal como a comunhão anglicana, mas os vários grupos evangélicos não têm desenvolvido esse conceito conforme ele merece. Ver o artigo sobre a *Comunhão dos Santos*, quanto a detalhes.

VIII. OS MINISTROS COMO DONS DADOS À IGREJA. Um ministro espiritualmente dotado torna-se, ele mesmo, um dom conferido à igreja de Cristo. Observemos que nos capítulos 12 a 14 de 1Coríntios há extensas descrições dos dons espirituais. Mas, em Efésios 4.11 é dito que Cristo, depois da ascensão ao céu, deu à igreja, que deixara na terra, *homens como dons*, a saber: apóstolos, profetas, evangelistas, pastores e mestres. É dentro desse contexto que achamos uma das melhores declarações do Novo Testamento sobre o propósito desses dons ministeriais: ... *com vistas ao aperfeiçoamento dos santos, para o desempenho do seu serviço, para a edificação do corpo de Cristo, até que todos cheguemos à unidade da fé e do pleno conhecimento do Filho de Deus, à perfeita varonilidade, à medida da estatura da plenitude de Cristo* (Ef 4.12,13).

Os próprios dons espirituais são *necessários* com esse propósito (ver Rm 12.6-8; 1Co 12.4-11; 28.31). Esses dons nos são dados com certa *diversidade*, para que o trabalho cristão seja desempenhado a contento (1Co 12.4-11). Esses dons são distribuídos de modo *universal*, onde cada membro recebe algum dom (1Co 12.7; Rm.12.6-8; Ef 4.7,16; 1Pe 4.10). Ninguém tem o monopólio do Espírito Santo; mas ninguém é deixado vazio. Os dons espirituais são concedidos visando ao bem da coletividade cristã, e não com propósitos de autoglorificação. Esses dons também são *suficientes* para fazer o corpo místico de Cristo evoluir, levando a realização da Cabeça da igreja, Cristo, à sua plena fruição (1Co 14.3 ss.; Ef 4.11,12). Isso posto, um ministro espiritualmente dotado fica bem equipado para cumprir a sua tarefa, e a igreja inteira deriva disso um benefício, à proporção que homens vão sendo conquistados para Cristo e vão sendo instruídos. Quanto a detalhes, ver o artigo separado intitulado *Dons Espirituais, Homens como*.

IX. O MINISTÉRIO ORGANIZADO (ECLESIÁSTICO). Aqueles que acreditam na forma episcopal de governo eclesiástico são capazes de encontrar textos de prova no Novo Testamento em apoio à sua posição. Aqueles que acreditam na continuação do ministério apostólico, paralelamente a uma forma episcopal de governo, também são capazes de achar versículos em respaldo à sua ideia. Aqueles que creem em uma democracia representativa como a melhor forma de governo eclesiástico, estão certos de que o Novo Testamento lhes dá razão. Aqueles que acreditam em uma democracia plena e direta como a melhor variedade de governo eclesiástico acham que podem provar seus pontos de vista pelo Novo Testamento. Na verdade, quase qualquer forma de governo eclesiástico, dentro da cristandade organizada, hoje em dia, pode ser alegadamente comprovada com base no Novo Testamento. Damos detalhes sobre a questão no artigo *Governo Eclesiástico*.

MINISTÉRIO DOS ANJOS

Ver o artigo geral sobre *Anjos*, em suas seções dez e onze onde existe uma análise detalhada.

O livro de Laura Newhouse, *Redescovering the Angels*, descreve a doutrina bíblica dos anjos. No tocante ao quadro sobre os anjos que há no Apocalipse de João — que, naturalmente, reflete a visão dos anjos no judaísmo do período helenista, conforme se vê mediante as obras apócrifas e pseudepígrafas — ela oferece três classificações: **1**. Anjos que são como uma nuvem de testemunhas e de servos, diante do trono de Deus: os serafins, os querubins e os tronos. **2**. Anjos dotados de virtudes e poderes extraordinários, como seres de avançadíssima ordem. Fazem parte da criação divina, perfazendo sua parte mais elevada, embora em muitos níveis e ordens de poder. Fica implícito um mundo espiritual densamente povoado. **3**. Os anjos estão divididos em muitas patentes e ordens, como arcanjos, poderes, principados etc. **4**. Os anjos recebem serviços especializados. Eles devem assemelhar-se aos homens, sendo bem variadas as suas capacidades inatas, as suas experiências e o seu aprendizado. Talvez Orígenes estivesse com a razão, ao especular que o espírito humano não difere grandemente dos anjos, a não ser naquela extensão em que a queda no pecado reduziu o homem a uma posição bem inferior à dos anjos. O estudo geral sobre os anjos, mais acima, fornece amplas ilustrações sobre esses conceitos.

Os Anjos e seu Ministério no Pensamento Cristão. A angelologia não foi devidamente desenvolvida no antigo pensamento hebreu. Todavia, a doutrina foi crescendo no Antigo Testamento. Parcialmente através da influência de outras religiões (conforme já disse), durante o período intertestamental, a fé dos hebreus adquiriu uma visão bem complexa dos anjos, grande parcela da qual transparece nos livros pseudepígrafos. O Novo Testamento, por sua vez, não examinou essas crenças de maneira crítica, mas, antes, incorporou-as, com algumas adições, sobretudo no caso de narrativas específicas concernentes aos anjos, como a atuação do anjo Gabriel, em seu diálogo com Maria e Isabel; o ministério angelical por ocasião do nascimento e da morte de Jesus; o aparecimento de anjos para cumprirem tarefas específicas, como o livramento de Pedro do cárcere; e inúmeras funções no livro de Apocalipse.

Após o período neotestamentário, a angelologia desenvolveu-se imensamente. Parte disso deveu-se à fértil imaginação dos homens, mas outra parte deveu-se à experiência mística pessoal de cristãos, que entraram em contato com os poderes angelicais. Algumas facetas desse desenvolvimento podem ser vistas nos pontos a seguir. **1.** *Anjos da natureza*, que controlam as tempestades, produzem os terremotos, tranquilizam as águas turbadas e de modo geral, exercem seu poder sobre o que sucede na natureza física. **2.** *Anjos inspiradores*, que iluminam as mentes humanas, solucionam mistérios, dão conselhos pessoais e de modo geral, prestam assistência aos homens. **3.** *Anjos que são ministros do amor e do serviço*, como no caso geral dos anjos guardiães, os anjos curadores, os elevados anjos espirituais que inspiram as pessoas a atos de caridade e de amor; anjos cantores, que insuflam qualidades estéticas de elevada ordem nas vidas das pessoas; anjos de nascimentos e mortes, que assistem a ambos os acontecimentos, e que algumas vezes, no tocante à morte, são os agentes que produzem as circunstâncias que matam, por enfermidades ou acidentes. **4.** *Anjos masculinos e femininos, ou,* pelo menos, poderes angelicais que *assumem* esses gêneros, com razões específicas. **5.** *Seres angelicais de muitas ordens e em vastos números*, que inspiram aos homens por seu grande número e poder. **6.** *Anjos que guardam e guiam igrejas* (conforme se vê nos capítulos 2 e 3 do Apocalipse). Isso amplia a ideia de anjos que guiam indivíduos. Daniel falou sobre anjos que serviam de guardiães e guias de nações inteiras. **7.** *Anjos com muitos ofícios e funções,* como de saúde e cura, de profecia, de indústria (ajudam os homens a realizarem seu trabalho), de vida nacional, de progresso, de raças específicas, além de ministérios sobrenaturais distintivos. **8.** *Anjos que ajustam e influenciam o pensamento humano*. Da mesma forma que os espíritos malignos influenciam aos ímpios, assim também os anjos bons influenciam aos justos, mediante a transferência de pensamento e mediante a influência mental. A experiência com a verdade é muito mais vasta do que qualquer teoria a respeito.

A influência dos seres angelicais sobre a mente humana pode ser bastante poderosa, embora não se revista de qualquer dos aspectos negativos da *possessão* demoníaca. Antes, é uma influência elevadora, inspiradora, saudável, e ajuda muito definidamente o homem em seu desenvolvimento espiritual, e não meramente em seus conhecimentos teológicos. Mistérios são revelados; conselhos são dados; à vida é conferido um novo e mais vasto horizonte, tanto quanto ao conhecimento como quanto aos propósitos. A ajuda angelical é um dom de Deus.

Talvez alguns dos melhores elementos cristãos sejam aqueles que estão mais próximos de seus anjos guardiães. Não obstante, os anjos não são mediadores da salvação. São ministros de Cristo, postos a nosso serviço; e nós precisamos da ajuda deles.

MINITE

No hebraico, **"distribuição"**. Nome de uma cidade na terra dos amonitas (Jz 11.33). Era famosa devido à excelência de seu trigo, que era exportado para os mercados de Tiro (ver Ez 27.17). Eusébio (*Onomastica*, 140) revela-nos que Minite ficava a quatro milhas romanas de Hesbom, às margens da estrada para Filadélfia, embora a sua localização precisa permaneça desconhecida até hoje. Tem sido tentativamente identificada com a Khirbet umm el-Hanfish, a meio caminho entre Hesbom e el-Yadudeh; ou, então com a Khirbet Kamzeh, a 6,5 km a nordeste de Hesbom.

MIQUEIAS

No hebraico, **"quem é como** *Yahweh***?"** No original hebraico seu nome é grafado como uma forma abreviada de Micaías. Na Septuaginta, *Meicháias*. E, visto que no grego o ditongo *ai*, que aparece na forma grega de seu nome, é pronunciado *é*, *isso* explica como a forma *Miqueias* apareceu em português.

I. Quem foi Miqueias? Esse profeta, que foi um dos autores sagrados intitulados Profetas Menores, porque o seu volume não é muito grande, não deve ser confundido com Micaías, filho de Inlá (ver 1Rs 22.8). Este último pregou no reino do norte, Israel, na época de Acabe e Josafá, e não foi um dos profetas escritores. Vale dizer, viveu em torno de 890 a.C. Mas o profeta escritor, Miqueias, é de época mais recente, porquanto ele mesmo esclarece que a palavra por recebeu lhe foi dada nos dias de Jotão, Acaz e Ezequias, reis de Israel e de Judá (entre 750 e 700 a.C., aproximadamente). Contudo, também não se sabe muita coisa sobre o profeta Miqueias, o escritor, além daquilo que ele mesmo disse em seu livro. Mas, em relação a certos silêncios que ele faz, os estudiosos têm deduzido certos fatos. Vejamos: a única informação explícita que ele dá sobre si mesmo é que ele era um "morastita", ou seja, ele era natural de Moresete. A isso ele acrescenta, indiretamente, que essa cidade chamava-se Moresete-Gate (ver Mq 1.1 e 14). E isso porque essa cidade ficava situada, não longe da cidade filisteia de *Gate* (vide). Quanto à localização de Moresete-Gate, Jerônimo e Eusébio informam-nos que ela ficava a leste de Eleuterópolis, não muito distante. Um dos silêncios de Miqueias é que ele não dá o nome de seu pai, de onde os eruditos têm concluído que ele pertencia a uma família de condição humilde. Com isso concorda a natureza de sua mensagem, onde, naturalmente, entre várias outras coisas, ele defende os direitos dos campesinos espezinhados, que estavam sendo oprimidos pelos ricos arrogantes. Todavia, insistimos, isso é apenas uma conclusão indireta, e não necessariamente válida.

II. O Período de Miqueias. Os complicados estudos e comparações feitos pelos estudiosos dão a entender que o seu primeiro discurso (ver Mq 1.1-16) foi proferido durante o tempo do rei Acaz, ao passo que o material que se acha nos capítulos segundo a quinto foi anunciado publicamente nos tempos de Ezequias. Isso posto, esses discursos foram pronunciados após o ano de 722 a.C., mas antes de 701 a.C. Não obstante, é impossível datar com exatidão esses discursos, mesmo porque, posteriormente, eles foram editados em uma coletânea bem alinhavada, talvez pelo próprio Miqueias. Já os capítulos sexto e sétimo de seu livro cronologicamente pertencem aos reinados de Jotão e Acaz.

Esses informes, por sua vez, permitem-nos afirmar que Miqueias foi um contemporâneo mais jovem de Isaías, e que talvez ele tenha profetizado em Judá, talvez até na própria capital, Jerusalém. E isso nos conduz, mui naturalmente, ao nosso próximo ponto, o terceiro, mais abaixo.

As injustiças sociais eram notórias nos dias de Miqueias, razão pela qual já ia surgindo no horizonte profético a ameaça do exílio. E, visto que isso representou uma tendência contínua naquela geração ou naquelas duas ou três gerações sucessivas do povo escolhido, não admira que a mensagem de Isaías se assemelhe tanto à mensagem de Miqueias.

III. Suas Relações com Isaías.
Que Miqueias foi contemporâneo mais moço de Isaías, não há que duvidar. Porém, há uma indagação que se impõe: visto que o trecho de Miqueias 4.1 ss se acha quase *verbatim* em Isaías 2.2 ss., a qual dos dois devemos creditar o original, Miqueias ou Isaías? Essa pergunta tem suscitado intensos debates e muita literatura. Após pesados todos os prós e os contras da questão, parece ser melhor concluir o seguinte: em vista do fato de que a profecia sobre o estabelecimento da casa do Senhor no cume dos montes não aparece pela primeira vez nem em Miqueias e nem em Isaías, devemos concluir que ambos pediram por empréstimo o conceito, de algum outro profeta anterior, sem importar se ele tivesse sido um profeta escritor ou não. Todavia, que houve alguma dependência, quanto à forma de expressão, de Miqueias a Isaías, ou de Isaías a Miqueias, também parece claro, porque, em nenhuma outra porção bíblica a ideia é vazada naqueles termos tão similares, conforme se vê naqueles trechos de Miqueias e de Isaías. Porém, exatamente quem dependeu de quem quiçá nunca se consiga deslindar, e nem a questão se reveste de grande importância. O que importa é que, após o exílio ameaçado, os profetas anteviam uma futura restauração do povo de Israel, quando o reino do Senhor for o poder dominante sobre o orbe inteiro! Entretanto, alguns comentadores resolveram descobrir se Isaías dependeu de Miqueias, ou vice-versa, quanto a essas famosas predições. E, assim sendo, destacam o fato de que a predição, no livro de Miqueias, parece fluir mais naturalmente do que ele diz imediatamente antes, ao passo que, no livro de Isaías, tal discurso parece começar um tanto ou quanto abruptamente, como se esse profeta o tivesse derivado de alguma outra fonte. Mas, os opositores desses comentadores reparam que é possível que Isaías tenha escolhido esse sentença a fim de encabeçar seu grupo maior de declarações proféticas nos capítulos segundo a quarto de seu livro, como se fosse um título explicativo. Como estamos vendo, os debates a respeito da questão têm levado em conta muita coisa subjetiva, por falta de dados objetivos. E tudo volta à estaca zero: não se sabe se Miqueias é que dependeu de Isaías, ou vice-versa; e nem isso tem qualquer importância real!

IV. Conteúdo e Forma de sua Profecia Escrita.
Naturalmente, esse ponto fica melhor definido no artigo sobre o Livro de *Miqueias* (vide), que o leitor poderá examinar. Mas, neste quarto ponto do presente verbete queremos mostrar as diferenças entre o livro de Miqueias e o livro de seu mais famoso contemporâneo, Isaías.

Isaías, que pertencia à família real, tinha livre acesso à corte, entrando em contato pessoal com os monarcas, sobre os quais procurava exercer influência no tocante às suas decisões políticas. Miqueias, entretanto, embora talvez também tivesse exercido o seu ministério profético em Jerusalém, a capital do reino, endereçara as suas profecias ao grande público judeu, dirigindo-se mais aos ricos do que propriamente aos nobres. Por isso mesmo, alguns comentadores têm observado que ele é o Tiago do Antigo Testamento. E isso em mais de um sentido. Não somente Miqueias tomava a defesa dos pobres explorados pelos ricos (ver Tg 5.1-6), mas também fez insistentes apelos a que o povo tivesse uma autêntica piedade, que não estivesse presa às externalidades do cerimonialismo e, sim, partisse de um coração voltado para a prática do bem (ver Tg 1.19-27). Esse ataque de Miqueias ao cerimonialismo, que prevalecia em seus dias, pode ser visto, especialmente na seção de seu livro que aparece em 6.6-8. É como se ele estivesse respondendo à pergunta: "No que consistem os deveres religiosos, diante do Senhor? O que ele realmente busca ver em nós?", e, então, tivesse retrucado, citando o oitavo versículo: *Ele te declarou, ó homem, o que é bom; e que é o que o Senhor pede de ti, senão que pratiques a justiça e ames a misericórdia, e andes humildemente com o teu Deus?*

Outra distinção que se deve fazer entre Miqueias e Isaías são as descrições a respeito do Messias e seu reinado. Miqueias mostra-se muito compacto nessas descrições, ao passo que Isaías as desdobra com muitos pormenores. A descrição de Miqueias fica em 5.2-5; ao passo que Isaías ocupa muitos capítulos ao falar sobre o Ungido do Senhor.

Isaías fez uso de alguns nomes locativos, fazendo considerações a respeito. Mas Miqueias, em seu sucinto livro, aprecia muito mais esse tipo de jogo de palavras, como é o caso, por exemplo, de Laquis, *a cidade dos cavalos* (ver Mq 1.13), onde há um jogo de palavras. Acrescente-se a isso que Miqueias apreciava ainda dois outros artifícios literários: o uso de antíteses e o uso de interrupções dramáticas e respostas. Ver, para exemplificar, 2.5-12; 3.1; 6.6-8; 7.14,15.

Finalmente, Miqueias gostava de fazer referências históricas (ver Mq 1.13-15; 5.5; 6.4,5,6-16; 7.20). E, facilmente, seu estilo tornava-se lírico, conforme se vê no sétimo capítulo, em especial, embora o seu livro, quase inteiro, seja uma composição poética, excetuando-se apenas a introdução (Mq 1.1), que é prosaica. Incidentalmente, visto que essas características fazem-se notar por todos os capítulos de seu livro, isso serve de poderoso argumento em favor da unidade do livro. Miqueias foi o autor do livro inteiro, em que pese a opinião de alguns comentadores, que pensam que os capítulos quarto e quinto são de duvidosa autoria miqueana.

Através de sua joia literária, Miqueias deixa transparecer um notável traço de seu caráter: ele conhecia bem a pessoa do Senhor Deus. Miqueias deixou patenteado que Deus odeia a injustiça social, abomina o ritualismo, mas deleita-se em perdoar os ofensores arrependidos. Isso tudo é destacado mormente nos últimos versículos de seu livro, quando ele indaga: *Quem, é Deus, é semelhante a ti...?* A julgar pelo seu livro, portanto, podemos deduzir que Miqueias era homem controlado, dotado de grande discernimento espiritual, amante da verdade no íntimo, adversário das meras externalidades religiosas, dono de um coração terno e compreensivo, inclinado ao perdão, mas, acima de tudo, alguém que conhecia, realmente, ao seu Deus, a Fonte originária de todas as coisas. Ver o verbete intitulado *Miqueias, Livro de*.

MIQUEIAS (LIVRO)

I. Caracterização Geral.
O nome Miqueias vem de uma palavra hebraica que significa "Quem é como *Yahweh*?" O nome do autor do livro de Miqueias aparece na Septuaginta como *Michaías*. A Vulgata Latina diz *Michaeas*. Ele foi o autor do livro que figura em sexto lugar na arrumação dos profetas menores, segundo o nosso cânon do Antigo Testamento. No texto do cânon hebraico aparece no "livro dos doze profetas"; e na Septuaginta aparece em terceiro lugar entre esses profetas. O seu livro é mencionado por Ben Siraque (Eclesiástico 48.10), de maneira tal que fica confirmada a sua aceitação, desde tempos antigos, como parte das Sagradas Escrituras do Antigo Testamento. O profeta Miqueias ministrou durante os reinados de Jotão (742-735 a.C.), Acaz (735-715 a.C.) e Ezequias (715-687 a.C.), ou seja, por cerca de cinquenta anos. O trecho de Jeremias 26.18 refere-se a isso, quando diz: *Miqueias, o morastita, profetizou nos dias de Ezequias, rei de Judá, e falou a todo o povo de Judá...* Visto que o sexto capítulo de seu livro foi dirigido a "Israel" (ver Mq 6.2), e, visto que o primeiro capítulo de seu livro alude à queda de Samaria (Mq 1.5 ss.), é evidente que sua carreira começou antes de 722 a.C., quando Samaria caiu, pois Miqueias profetizou sobre essa queda bem antes de ela ter ocorrido.

A grande potência mundial e a constante ameaça à segurança do povo hebreu, na época de Miqueias, era a Assíria, governada, sucessivamente, por Tiglate-Pileser III (745-727 a.C.), Salmaneser V (727-722 a.C.), Sargão II (722-705 a.C.) e Senaqueribe (705-681 a.C.). Durante a primeira parte da vida de Miqueias teve lugar a guerra siro-efraimita, que teve, como contendores, por um lado, Judá, e, por outro lado, a coligação de Israel (nação do norte) com a Síria. Parte da razão desse conflito foi a recusa de Acaz de juntar-se na aliança ocidental contra Tiglate-Pileser III. Miqueias, pois, acabou sendo testemunha da derrota do reino do norte e da queda de sua capital, Samaria, diante da Assíria, em 722/721 a.C. e o final de seu ministério, provavelmente, ocorreu antes da invasão encabeçada por Senaqueribe (ver 2Rs 18.13 ss.), que cercou Jerusalém, reino do sul, em 701 a.C., um cerco que deu motivos para a construção do túnel de Siloé, por parte do rei Ezequias. De fato, até mesmo isso, e o futuro exílio babilônico, foram preditos por Miqueias, quando ele dissera: ... *as suas feridas são incuráveis; o mal chegou até Judá; estendeu-se até à porta do meu povo, até Jerusalém* (Mq 1.9).

Miqueias vivia na fronteira entre Judá e uma "terra de ninguém", cobiçada pelos filisteus, pelos egípcios e até pelos assírios. Os levantes dos filisteus contra a Assíria, que sucederam no período entre 721 e 711 a.C., estavam em mira. As incursões de Sargão II, naquela área, entre 715 e 711 a.C., talvez estejam em pauta no trecho de Miqueias 1.10-16. Acaz conseguia manter uma paz muito precária, pagando tributo aos assírios. Durante o longo reinado de 52 anos de Uzias (terminou em 742 a.C.), e depois, houve um período de prosperidade econômica comparativa, ocasionada em parte pelo fato de que Judá passou a controlar o comércio entre o interior e o porto de Elate, ao sul (cf. 2Rs 14.7). Essa prosperidade concentrou riquezas, e seu consequente poder, nas mãos de alguns poucos privilegiados, provocando injustiças sociais que o profeta atacou decididamente. Ver, por exemplo, Miqueias 2.2: *Cobiçam campos, e os arrebatam, e casas, e as tomam; assim fazem violência a um homem e à sua casa, a uma pessoa e à sua herança*.

Muitos estudiosos opinam que as reformas religiosas instituídas pelo rei Ezequias, de Judá, tiveram lugar perto do fim do ministério registrado de Miqueias. Ou, então, essas reformas afetaram somente o cerimonial e o culto, alcançando pouco impacto sobre a vida pessoal e social dos judaítas. Esse é o pano de fundo do livro de Miqueias.

II. Unidade do Livro. Por muitos séculos, o livro de Miqueias foi considerado uma unidade literária. Um dos primeiros eruditos a pôr em dúvida essa unidade foi Stade, que entre 1881 e 1884, afirmou que tudo quanto aparece depois do terceiro capítulo do livro não foi escrito pelo profeta Miqueias. Atualmente, a maioria dos especialistas pensa que os capítulos quarto a sétimo do livro consistem em duas ou mais coleções de miscelâneas, adicionadas como suplementos ao livro original de Miqueias, talvez depois do exílio babilônico. Também há eruditos modernos que pensam que até mesmo porções desses últimos quatro capítulos do livro contêm elementos pertencentes legitimamente a Miqueias, embora discordem quanto às porções e às proporções exatas. Mas a falta de concordância entre os críticos faz com que a questão permaneça em aberto, no tocante às conclusões deles.

Por outra parte, há argumentos substânciais em prol da unidade do livro de Miqueias. Esses argumentos são em número de seis, a saber: **1**. Três oráculos separados são iniciados, nesse livro, pela palavra *ouvi* (ver 1.2; 3.1 e 6.1), indicando um único escritor. **2**. As mudanças de assunto (que os críticos tomam como indicações de uma autoria composta) podem ser explicadas com base no fato de que o livro é uma coletânea de oráculos fragmentares de um único profeta, e não registros de extensos discursos. **3**. O mesmo simbolismo do "pastor" acha-se espalhado pelo livro inteiro, segundo se vê em 2.12; 3.2,3; 4.6; 5.3 *ss* e 7.14. **4**. O artifício literário da "interrupção e resposta" encontra-se em cada uma das seções do livro (2.5,12; 3.1; 6.6-8 e 7.14,15). **5**. Por todo o livro há frequentes alusões ou referências históricas, demonstrando uma única mão escritora. **6**. Pelo menos 24 passagens extraídas de outros profetas do século VIII a.C. — Oseias, Amós e Isaías, além de duas passagens em Joel, que, talvez, também tenha escrito no século VIII A,C. — encontram paralelos nos capítulos quarto a sétimo de Miqueias, o que argumenta que o livro inteiro foi escrito naquele século.

Outrossim, os argumentos contrários à unidade do livro de Miqueias, com base no fato de que a linguagem de Isaías 40 — 66 se assemelha à linguagem de Miqueias 4 — 7, são duvidosos, porquanto dependem da data em que foram escritos os capítulos 40 a 66 de Isaías. Ver sobre a questão do *Deutero-Isaías*, um autor desconhecido, que teria escrito esses capítulos finais do livro de Isaías, e não o profeta desse nome.

III. Autoria do Livro. O profeta Miqueias era nativo de Moresete (em nossa versão portuguesa, "morastita" 1.1, um local talvez idêntico a Moreste-Gate — uma dependência de Gate; — cf. a Septuaginta, *Kleronomías Gèth*, 1.14). Alguns estudiosos têm identificado esse lugar com o antigo nome locativo no grego, Marissa. O local fica na área em redor de Beit Jibrim, cerca de quarenta quilômetros a sudoeste de Jerusalém. Jerônimo a localizava imediatamente a leste de Eleuterópolis; mas outros a têm localizado em Tell el-Judeideh, ou em Tell el-Menshiyeh, cerca de dez quilômetros e meio a oeste de Beit Jibrin. Moresete é mencionada por nome em Josué 15.44; 2Crônicas 11.8; 14.9,10 e 20.37. Sua localização geográfica fazia da cidade um posto avançado da fronteira, de onde era possível observar facilmente quaisquer movimentos militares na região. Os assírios passaram por ali nos anos de 734, 711 e 701 a.C., e se defrontaram com os egípcios em Rafia, em 719 a.C., nas proximidades. Portanto, o ponto de vista de Miqueias não era o de um homem isolado e distante, mas antes, de alguém vitalmente interessado nos negócios estrangeiros de sua nação. Como nativo da Shephelah (vide), que ele era, Miqueias sentia profundamente as desgraças do povo pobre do interior de sua nação ameaçada.

Miqueias foi homem corajoso, dotado de fortes convicções e de uma rara fé pessoal. Alguém sumariou muito bem o caráter e as atitudes dele ao escrever que as características de Miqueias eram uma moralidade estrita, uma inflexível devoção à justiça, tanto na lei quanto nas ações práticas, e grande simpatia para com os pobres. O que mais perturbava o profeta Miqueias eram as injustiças sociais prevalentes em seus dias. Tais injustiças, segundo ele ensinou claramente, só poderiam ser apagadas mediante o reavivamento religioso. Para Miqueias, entretanto, isso só ocorrerá, para valer, por ocasião da restauração futura do povo de Israel, por obra e graça do Messias. Essa é a mensagem central dos capítulos quarto a sétimo do livro. Serve de exemplo disso o trecho de Miqueias 4.6: *Naquele dia, diz o Senhor, congregarei os que coxeiam, e recolherei os que foram expulsos e os que eu afligira*. Isso posto, se os israelitas não se voltassem de todo o coração para o Senhor, Deus haveria de visitar a nação com açoites (os exílios assírio e babilônico). Porém, a esperança final é acenada ao povo de Deus, mediante a vinda do Messias a este mundo, em Belém: *E tu, Belém Efrata, pequena demais para figurar como grupo de milhares de Judá, de ti me sairá o que há de reinar em Israel, e cujas origens são desde os tempos antigos, desde os dias da eternidade* (Mq 5.2).

IV. Data do Livro. Os estudiosos discordam quanto às datas exatas do começo e do fim do ministério de Miqueias. Lê-se, em Miqueias 1.1, que ele profetizou "nos dias de Jotão, Acaz e Ezequias, reis de Judá". Além dessa informação inicial, que alguns eruditos pensam que foi uma adição feita por algum editor pós-exílico, todas as evidências cronológicas são escassas e apenas inferenciais. O conteúdo do sexto capítulo do livro parece indicar uma data antes de 722 a.C. para aquele oráculo. A citação de Jeremias do terceiro capítulo de Miqueias (ver Jr 26.18,19), parece datar essa seção durante o reinado de Ezequias, rei de Judá. A descrição, feita por Miqueias, sobre a corrupção prevalente e a imoralidade, ajusta-se às condições que havia durante o reinado de Acaz (735 — 715 a.C.). Parece provável que a maior parte de seus oráculos proféticos registrados foi proferida durante o período de 727 — 710 a.C.

A menos que as reformas encabeçadas por Ezequias tivessem deixado as condições sociais sem qualquer modificação, o ministério de Miqueias deve ser situado antes desse reavivamento. Miqueias pregou tanto contra o reino do norte como contra o reino do sul, embora enfeixasse a atenção principalmente sobre o reino do sul, Judá.

V. Razão e Propósito do Livro. Procedente das classes mais pobres, Miqueias tinha plena consciência das injustiças praticadas pelos ricos e da avareza dos mesmos. Apesar de ele estar vivamente interessado nas condições políticas da nação, Miqueias só fez comentários a esse respeito naquilo em que essas condições estavam vinculadas à situação moral e religiosa do povo. Sua mensagem pode ser sumariada com as suas próprias palavras: *Eu, porém, estou cheio do poder do Espírito do Senhor, cheio de juízo e de força, para declarar a Jacó a sua transgressão e a Israel o seu pecado* (Mq 3.8). Foi em razão dos pecados de seu povo que Deus estava enviando os assírios como látego castigador. Todavia, o castigo divino haveria de ser seguido por um período futuro de bênçãos sem paralelo, ligadas à vinda do Messias. Para Miqueias, pois, a fé em *Yahweh* deve resultar em justiça social e em santidade pessoal, porquanto *Yahweh* é justo e soberano. Exemplos evidentes de falta de fé na proteção de *Yahweh*, por parte dos monarcas do povo de Deus — também evidenciada essa incredulidade por parte do povo comum — foram a recusa de Acaz de pedir um sinal (Is 7.12) e o pagamento de tributo que Ezequias teve de pagar aos assírios (2Rs 18.14-16). Miqueias, portanto, foi o porta-voz do queixume de Deus contra o seu povo (ver o sexto capítulo), tendo anunciado um vindouro e certo castigo divino. No entanto, a misericórdia de Deus haverá de prevalecer finalmente, conforme anuncia Miqueias no sétimo capítulo do seu livro.

VI. Condições do Texto do Livro. O texto hebraico do livro de Miqueias parece ter sido bastante bem preservado até nós, conforme se vê mediante a comparação com o texto da Septuaginta. As várias versões antigas (sobretudo a Septuaginta) são de grande ajuda na correção do texto massorético, quanto aos sinais vocálicos. Ver o artigo sobre o *Texto Massorético.*

VII. Problemas Especiais. No estudo do livro de Miqueias, destacam-se três problemas especiais, que exigem cuidadosa abordagem: O primeiro é que, em vista de uma abrupta transição, vários eruditos pensam que o trecho de Miqueias 2.12,13 está fora de lugar, ou, pelo menos, trata-se de uma interpolação. Essas palavras dizem: *Certamente te ajuntarei todo, ó Jacó; certamente congregarei o restante de Israel; pô-los-ei juntos, como ovelhas no aprisco, como rebanho no meio do seu pasto; farão grande ruído por causa da multidão dos homens. Subirá diante deles o que abre caminho; eles romperão, entrarão pela porta e sairão por ela; e o seu Rei irá adiante deles, e o Senhor à sua frente.* Há cinco explicações possíveis, a saber: **1.** Essas seriam palavras dos falsos profetas, que tentavam insuflar esperança no povo (Ibn Ezra, Michaelis), ou, então, uma nota marginal feita por Miqueias ou por alguém que dizia qual o ensino dos falsos profetas (Ewald); ou mesmo as palavras de um falso profeta que interrompera Miqueias (Van Orelli). O ponto de fraqueza dessa interpretação é que seria, realmente, extraordinário, se um falso profeta admitisse a realidade do exílio futuro — pois os falsos profetas sempre anunciavam falsas esperanças, dando a entender que nunca a nação de Israel ou a nação de Judá seriam arrancadas de sua terra santa! **2**. Essa passagem seria uma composição posterior, pós-exílica (Smith, no ICC). Portanto, ela não seria uma predição e, sim uma narrativa, embora vazada em forma de predição. **3**. A passagem dá prosseguimento à ameaça de Miqueias 2.10, ou seja, Jacó seria reunido para ser castigado (Kimchi, Efraim Siro, Theodoreto, Calvino, Van Hoonaker). **4**. A passagem é genuína e pertence ao contexto. **5**. A passagem é genuína mas está deslocada de seu verdadeiro lugar (Van Ryssel, Koenig, Driver).

Talvez a explicação mais segura seja aquela que diz que se trata de uma interrupção, feita pelo Espírito de Deus, que quebrou o fluxo das ameaças (que certamente se cumpririam), em um arroubo de misericórdia e graça (mostrando o que certamente ocorreria no futuro, após o castigo haver sido descarregado sobre o rebelde povo de Israel e Judá). Não aceitamos a explicação que diz que esse trecho representa a citação que Miqueias teria feito de um falso profeta, que teria falado sobre o remanescente deixado pelos assírios, depois de 722 a.C. Por que motivo se poria na boca de um falso profeta uma predição que certamente terá cumprimento, e que encontra reflexo em tantas outras passagens do Antigo Testamento. (Ver, por exemplo, Is 1.26; 11.12; 60.10; Ez 20.40; 36.8. Zc 1.17; 10.6; 14.11; Ml 3.4. Ver também o artigo intitulado *Restauração de Israel*).

O segundo problema do texto do livro de Miqueias envolve o relacionamento entre o oráculo de Miqueias 4.1-3 e a passagem idêntica, em Isaías 2.2-4. Quase todos os intérpretes mais antigos opinavam que Miqueias tomou por empréstimo, de Isaías, esses três versículos de seu livro. A explicação é que há diferenças suficientes, dentro do contexto e na extensão dos oráculos de Isaías e de Miqueias, que nos capacitam a argumentar que ambos os profetas fizeram uso de algum oráculo "já existente", emitido por algum profeta anterior. Deve-se observar que, no livro de Miqueias, esse oráculo ajusta-se ainda melhor no contexto do que ao livro de Isaías. Não há nenhuma dificuldade em harmonizar esse trecho de Miqueias com outros livros e passagens do Antigo Testamento. Assim Miqueias 4.3 pode ser cotejado com Joel 3.10, onde o leitor verá perfeita consonância de ideias, como se elas formassem um tesouro comum dos profetas do século VIII a.C.

O terceiro problema do livro de Miqueias consiste na ocorrência da palavra "Babilônia", em Mq 4.10. Essa passagem diz: *... agora sairás da cidade e habitarás no campo, e virás até Babilônia; ali, porém, serás libertada; ali te remirá o Senhor da mão dos teus inimigos.* Essa passagem, entretanto, só constitui problema para aqueles que negam o elemento preditivo nas profecias bíblicas. Esses pensam que a menção à Babilônia indica que algum editor posterior é o autor dessas palavras (após 605 a.C., quando o poder de Nabucodonosor tornara-se evidente). Ainda outros pensam que "Babilônia" deveria ser entendida, aqui, como uma alusão à Assíria. Explicações dessa natureza alicerçam-se sobre a incredulidade, como se o Espírito de Deus não pudesse referir-se a acontecimentos futuros, dando até o nome de países e de indivíduos nessas predições. Ver a menção a *Ciro*, em Isaías 44.28 e 45.1.

VIII. Esboço do Conteúdo. A maioria dos estudiosos divide o livro de Miqueias em três seções principais, a saber:
1. Julgamentos de *Yahweh* contra Israel e Judá (caps. 1—3).
2. Visão de um futuro glorioso (caps. 4 e 5).
3. Controvérsia de *Yahweh* com seu povo e promessa de bênçãos futuras (caps. 6 e 7).

Essa é uma divisão do livro da maneira mais simples, sem entrar em detalhes. Se preferirmos um esboço do conteúdo mais pormenorizado, poderíamos pensar em algo como damos abaixo:
1. Juízo vindouro contra Israel e Judá (1.1-16)
2. Israel será restaurado, depois de ser castigado (2.1-13)

3. Denúncias contra os príncipes e os falsos profetas (3.1-12)
4. A paz e a glória vindouras de Jerusalém (4.1-13)
5. Sofrimentos de Sião e sua restauração 15.1-15)
6. Contraste entre a religião profética e a religião popular (6.1-16)
7. Corrupção social; declaração final de fé em Deus (7.1-20)

Observações sobre o Conteúdo. No seu livro, Miqueias destaca os nobres (no hebraico, *roshim*), *os* governantes civis (3.1—4) e os falsos profetas (3.5-7) como alvos de suas denúncias. Ele se preocupava tanto com Samaria (capital de Israel, nação do norte) quanto com Jerusalém (capital de Judá, nação do sul), onde os poderes estavam concentrados e de cujos centros fluía a injustiça para o resto dessas duas nações. Entre os pecados por ele denunciados, podemos salientar os seguintes: a idolatria, que haveria de ser destruída (1.1-7; *cf.* 2Rs 16.10-19). A cobiça dos nobres, que se iam apossando dos campos dos pobres (2.2). A desconsideração para com os direitos de herança (2.4,5; cf. Lv 25.8 *ss*., Nm 27.11; Dt 27.17). Até mesmo visitantes estrangeiros eram assaltados e roubados (2.8). As viúvas acabavam perdendo suas residências (2.9; ver Êx 22.22; Dt 27.19; Is 1.17). Porém, o pior de todos os pecados denunciados por Miqueias era a prática dos sacrifícios humanos (6.7; cf. 2Rs 16.3,4). Esse era um pecado que se chegou a praticar nos dias do rei Acaz, como também nos dias de Manassés, cuja subida ao trono provavelmente se verificou após o falecimento de Miqueias.

Uma das grandes características do conteúdo do livro de Miqueias é a longa passagem de 1.10-16, repleta de nomes próprios locativos. Esses nomes são muito sugestivos. Assim, Gate = cômoro; Ofra = casa de poeira; Safir = agradável; Zaanã = sair; Marote = amargo; Laquis = parelha; Aczibe = enganadora; Maressa = conquistadora. O leitor observará, na leitura desse trecho, acompanhando o sentido desses nomes próprios, que o trecho mostra que todas as expectativas de seus habitantes não se cumpririam, mas, antes, receberiam o contrário de suas melhores esperanças. Assim, enquanto os falsos profetas enchiam a cabeça dos israelitas e judaítas de esperanças vãs, Miqueias mostrou-lhes que essas esperanças não tinham razão de ser, porquanto Deus estava irado com o seu povo!

A pregação de Amós, Oseias e Isaías nos é sumariada naquela famosa declaração de Miqueias 6.8: *Ele te declarou, ó homem, o que é bom; e que é o que o Senhor pede de ti, senão que pratiques a Justiça e ames a misericórdia, e andes humildemente com o teu Deus*? Se Amós era o profeta da justiça (Am 5.24), e Oseias falava sobre a infalível misericórdia de Deus (Os 6.6), ao passo que Isaías invocava o povo judeu a viver cultivando a comunhão com *Yahweh* (Is 6.5), Miqueias, por sua vez, conclamava todo o povo de Israel a todos esses três deveres.

Talvez, o mais extraordinário exemplo do chamado oráculo de demanda judicial, em toda a Bíblia, encontre-se em Miqueias 6.1-8. Esse tipo de oráculo, conforme vários comentadores têm observado, alicerçava-se sobre o padrão dos acordos humanos formais. Nesses acordos, os céus e a terra são invocados como testemunhas, segundo se verifica em (Dt 32.1,5; Sl 50.4; Is 1.2; Ez 6.2,3). Esse trecho de Miqueias, pois, começa como um desses pactos. O profeta invoca os montes e os outeiros, bem como os "duráveis fundamentos da terra", como testemunhas da controvérsia do Senhor "com o seu povo". Essa contenda surgira porque o povo, em sua ignorância da vontade e das exigências do Senhor, preferia multiplicar os holocaustos, concentrar toda a sua atenção no cerimonial, e chegava até a apelar para o culto pagão como modelo, quando praticava sacrifícios humanos. Tudo isso sem perceber que o que Deus requer é a autenticidade e a santidade no íntimo com o tempero da justiça, da misericórdia e da humildade, conforme vimos no parágrafo anterior. Aliás, essa é a grande lição que a humanidade inteira só aprende com imensa dificuldade, e que muitos nunca chegam a aprender. Haja vista a cristandade, cujos segmentos mais numerosos estão perdidos no atoleiro do cerimonialismo, sem jamais buscarem por aquela justiça e demais qualidades interiores, conferidas graciosamente por Deus aos arrependidos, que torna o homem aceitável diante dos olhos de Deus. Todo pregador do evangelho que se preza, pois, calcará sobre essa questão em sua pregação. Sim, "...o que o Senhor pede de ti...", ó homem?

Entre as passagens preditivas de Miqueias destacam-se os trechos de 1.3-5 e 3.12, ambos preveem a destruição de Jerusalém; e também 4.10, que promete que Deus haveria de resgatar o seu povo, quando estivesse exilado na Babilônia. Quanto a essa última passagem, não nos devemos esquecer do profundo sentido do vocábulo "Sião", dentro dos contextos de restauração. Em passagens assim, Sião é mais que Jerusalém, e mais que a nação de Israel — é o povo remido escatológico, composto por judeus e gentios penitentes, igualmente. Está em pauta, nessa passagem, o nascimento da nova humanidade, moldada à imagem de Cristo. Isso fica claramente anunciado nas primeiras palavras desse versículo: *Sofre dores e esforça-te, ó filha de Sião, como a que está para dar à luz...* Com isso devemos comparar o que ensinou o apóstolo dos gentios, no Novo Testamento: *Porque é necessário que este corpo corruptível se revista da incorruptibilidade, e que o corpo mortal se revista da imortalidade... Então se cumprirá a palavra que está escrita: Tragada foi a morte pela vitória.* (1Co 15.53 e 55). Naturalmente, a aplicação primária da predição é ao exílio babilônico que Judá estava prestes a sofrer; mas o profeta olhou também para um cumprimento maior e mais distante, quando, na infinita misericórdia de Deus, dentro do contexto da restauração de Israel, o Senhor houver de dar-nos a vitória definitiva! *Porque, se o fato de terem sido eles* (os judeus) *rejeitados trouxe reconciliação ao mundo, que será o seu restabelecimento* (restauração), *senão vida dentre os mortos?* (Rm 11.15).

Resta-nos uma palavra sobre Miqueias 5.2. É que alguns estudiosos têm opinado que a menção a Belém deveria, talvez, ser interpretada como uma alusão à dinastia davídica, e não à cidade de Belém, como uma localidade. No entanto, o cumprimento dessa notável predição (ver Mt 2.4 *ss*) não envolveu a dinastia de Davi, antes, o que estava em foco era *o local do nascimento do Rei dos judeus!* Portanto, deve-se interpretar literalmente a menção a Belém da Judeia, "Belém Efrata", conforme disse Miqueias.

MIRIÃ

No hebraico, **"obstinação"**, **"rebeldia"**. Nome de duas personagens bíblicas, e, naturalmente, o nome próprio por detrás do comuníssimo nome *Maria*. No Novo Testamento, oito mulheres são chamadas pelo nome de Maria, o que nos autoriza a dizer que, nos dias do Novo Testamento, esse nome se tornara muito popular.

1. A irmã de Moisés e Aarão, filha de Anrão e Joquebede. **a. Primeira Menção**. (Ver Êx 15.20,21). Ela liderou o coro de mulheres do Cântico de Moisés, por ocasião da travessia do mar Vermelho, após o êxodo. Essa é a primeira vez em que é chamada por nome; mas, em Êxodo 2.3 *ss*., ela é descrita a vigiar a arca que sua mãe preparara para o bebê Moisés. Isso foi feito a fim de salvar a vida do menino, visto que o Faraó ordenara que todos os recém-nascidos do sexo masculino, entre os hebreus, fossem mortos, pois temia que a multiplicação dos hebreus fosse prejudicial ao Egito, posteriormente. **b. Dom Profético**. Ela foi a primeira pessoa, da família de Moisés, acerca de quem é dito que possuía o dom de profecia. Ela é chamada de *profetisa* em Êxodo 15.20,21. **c. Rebeldia de Miriã**. Tanto Aarão quanto Miriã tiveram ciúmes do supremo poder de Moisés, mas foi Miriã quem teve a coragem de vir a público. De fato, ela instigou uma franca rebelião contra Moisés. Ela se opôs a Moisés, em Hazerote, porque ele tomara para si uma esposa da raça de Cuxe (Nm 12.1). Porém, a oposição envolvia mais do que isso, e a inveja também atuava (Nm 12.2). *Yahweh* vindicou Moisés (ver Nm 12.4 ss.), e Miriã foi punida, ficando leprosa. *d. Cura de Miriã*. Aarão não se conformava em deixar a questão nesse pé, pelo que intercedeu vigorosamente diante do Senhor, a fim de que ela fosse curada da lepra (ver Nm 12.11,12), rogo esse que lhe foi concedido. Apesar disso, Miriã foi compelida a permanecer fora do acampamento de Israel por sete dias, após ter sido purificada da lepra, a fim de que tivesse tempo para considerar o que lhe sucedera, e tivesse melhores atitudes dali por diante. *e. Uma Lição Objetiva*. Esse acontecimento proveu uma lição objetiva para o povo de Israel, no tocante à autoridade de Moisés. Naturalmente, a ocorrência envolve ainda uma outra importante lição. Pois, embora Míriã tivesse errado gravemente, ela também foi alvo de significativa graça. Onde ficaríamos, todos nós, sem a graça de Deus? Moisés, em outra oportunidade, lembrou o castigo imposto a Míriã, diante dos ouvidos de todo o povo, não muito antes de sua própria morte; e isso nos permite perceber que o ocorrido serviu para ilustrar uma lição durante longo tempo. (Ver Dt 24.9). *f*. Apesar desse problema e dos erros que cometeu, muito tempo depois ela era lembrada como uma das grandes líderes de Israel, durante o tempo do êxodo e subsequentes vagueações pelo deserto (ver Mq 6.4). *g. Morte de Miriã*. Miriã faleceu perto do fim das vagueações de Israel, em Cades, e foi sepultada ali (ver Nm 20.1). Isso sucedeu em cerca de 1401 a.C. Nos dias de Jerônimo, o túmulo de Miriã era mostrado perto de Petra, embora ninguém sabia se o local era autêntico. Josefo informa-nos que ela era casada com Hur, pelo que foi a avó do arquiteto e artífice Bezeleel. Ver *Anti.* 3.2. *h. De Miriã a Maria*. Na Septuaginta, o nome dela é grafado como *Mariam*, de onde veio a tornar-se *Maria*, no grego, e daí tornou-se um popularíssimo nome feminino, em muitos idiomas.

2. Uma descendente de Judá, através de Calebe, também era chamada por esse nome. (Ver 1Cr 4.16). O texto não deixa claro, porém, se a pessoa em foco era do sexo masculino ou do sexo feminino, e seus pais não são mencionados. Unger opina estar em foco o primeiro dos filhos de Merede, da família de Calebe, por meio de Bitia, filha do Faraó. A *Revised Standard Version*, em inglês, altera o versículo em foco, tomando a última metade do versículo 18 e inserindo-a antes da última metade do versículo 17, dando assim a entender que Merede e Bitia foram os pais de Miriã, bem como de duas outras pessoas mencionadas. Alguns estudiosos interpretam o versículo 17 como se desse a entender que Miriã era um dos filhos de Esdras. Parece não haver como deslindar esses informes a ponto de termos certeza sobre como se deve interpretar a questão.

MIRMA

No hebraico, **"engano"**, **"logro"**. Nome do último dos sete filhos de Saaraim e Hodes. Ele era benjamita, e nasceu em Moabe, em cerca de 1440 a.C. (Ver 1Cr 8.10).

MIRRA

1. Descrição Geral. A *mirra* é uma pequena árvore, um arbusto espinhento. Ela produz pequenos frutos, semelhante à ameixa. A goma, que era o produto cobiçado dessa planta, exsudava naturalmente de seus ramos. Também, qualquer incisão artificial, feita na planta, produz um ponto de emissão da goma. A sua seiva é oleosa, mas, ao gotejar em algum receptáculo que a recolha, solidifica-se. O óleo de mirra era usado como um cosmético. (Ver Et 2.12). Lê-se, em Apocalipse 18.11, que os negociantes do futuro haverão de lamentar pela perda da mirra, como um dos produtos que se perderam na destruição da cidade da Babilônia — Roma — o que nos mostra que até o fim a mirra será um dos artigos do comércio.

2. A Substância. A mirra é uma exsudação de certas plantas arbustivas, como a *Commiphora myrra* e a *commiphora kataf*, que se encontradas na Arábia, em certas regiões da África, e em outros lugares. A mirra era usada como perfume, para untar (ver Ez 30.32,33), além de ser empregada como unguento, por ocasião dos sepultamentos. (Ver Jo 19.39).

3. No Antigo Testamento. A palavra hebraica correspondente *é mor*, que ocorre por doze vezes no Antigo Testamento (Êx 30.23; Et 2.12; Sl 45.8; Pv 7.17; Ct 1.13; 3.6; 5.6,14; 5.1,5,13). Além disso, nossa versão portuguesa traduz também como "mira", mas equivocadamente, uma outra palavra hebraica, *lot*, que já se refere ao ládano, uma goma-resina extraída, principalmente, do xisto de Creta. (Ver Gn 37.25 e 43.11). A mirra era usada, no Antigo Testamento, principalmente na perfumaria. Era um dos ingredientes usados no óleo santo das unções (Êx 30.23).

4. No Novo Testamento. A mirra foi um dos presentes que os *magos* (vide) trouxeram ao menino Jesus (ver Mt 2.11). Aí já temos a palavra grega *smúrna*, que também figura em João 19.39, por ocasião da preparação do corpo de Jesus para o seu sepultamento. Os presentes trazidos pelos magos foram ouro, incenso e mirra. Alguns intérpretes têm procurado encontrar um símbolo para cada um desses materiais: o ouro representaria o caráter real de Jesus; o incenso falaria de seu ofício sumo sacerdotal; e a mirra serviria de emblema de seus sofrimentos e de sua morte. Ainda outras significações simbólicas têm sido emprestadas a esses itens, ainda que o mais certo é que fossem apenas artigos dispendiosos, próprios para serem oferecidos a Quem foi chamado de "o Rei dos judeus" (Mt 2.2), mas destituídos de qualquer significado simbólico. Seja como for, a mirra foi um dos ingredientes usados por ocasião da unção de Jesus, segundo o relato de João 11.2. Estando ele crucificado, foi-lhe oferecida uma mistura de vinho com mirra, pelo menos de acordo com certas traduções (o grego original diz *cholé*, "fel", conforme também se vê em nossa versão portuguesa; mt 27.34). Essa mistura tinha o propósito de amortecer as dores excruciantes, pois emprestava uma espécie de torpor. Mas Jesus não quis sorver a mistura. Finalmente, a mirra foi usada por ocasião da preparação do corpo de Jesus para o sepultamento, sobre o que já falamos. Esse processo não era, realmente, um embalsamamento, que já exigiria a retirada das entranhas do cadáver, e era um processo demorado, e nada disso sucedeu ao corpo de Jesus. Além disso, os judeus não embalsamavam os seus mortos, conforme faziam os antigos egípcios. José de Arimateia usou um composto de mirra e aloés (cerca de 45 kg), com o qual envolveu o corpo de Jesus Cristo, e então envolveu tudo com faixas ou lençóis. (Ver Jo 19.39 e 20.5-7).

MISÃ

No hebraico, **"purificação"** ou **"movimento rápido"**. Nome de um benjamita, filho de Elpaal. Elpaal foi um daqueles que ajudaram a construir e restaurar Ono e Lode (1Cr 8.12). Viveu em torno de 1400 a.C.

MISAEL

No hebraico, **"Quem é o que Deus é?"** ou, então, **"Quem é como Deus?"** Esse foi o nome de três personagens do Antigo Testamento: **1**. O primeiro dos filhos de Uziel a ser chamado por nome; Uziel era irmão de Anrão, pai de Moisés. Portanto, ele era primo de Moisés. (Ver Êx 6.22). Moisés ordenou-lhe que transportasse os cadáveres de Nadabe e Abiú, depois do pecado e da morte deles (Lv 10.4). Isso ocorreu por volta de 1439 a.C. **2**. Um ajudante de Esdras, que se postou à sua esquerda, enquanto ele lia a lei diante dos israelitas, depois que o remanescente voltou do cativeiro babilônico e renovou o pacto com *Yahweh* (ver Ne 8.4). Doze homens levantaram-se juntamente com Esdras, ou levitas ou leigos. Esse homem também é mencionado em 1Esdras 9.44. **3**. Misael foi um dos três jovens hebreus treinados juntamente com Daniel, na Babilônia. Passou a ser considerado um dos honrados mágicos do reino (ver Dn 1.6,11,19). Esses três jovens hebreus ajudaram Daniel a encontrar a solução para o sonho esquecido de Nabucodonosor, o que é mencionado em Daniel 2.17. Posteriormente, os três foram utilizados na administração do governo da Babilônia (ver Dn 3.13). Ainda mais tarde, em face de sua persistência em favor da fé dos hebreus, e recusa de transigirem diante do paganismo, os três foram lançados na fornalha aquecida sete vezes mais, mas foram miraculosamente preservados. Então, foram promovidos por decreto real (ver Dn 3.13-30). Isso ocorreu por volta de 586 a.C.

MISERICÓRDIA (MISERICORDIOSO)

I. Palavras Envolvidas. A palavra portuguesa *misericórdia* vem do latim *merces, mercedis*, **"pagamento"**, "recompensa", que veio a ser associada às recompensas divinas, ou seja, aos atos de compaixão celeste.

No Antigo Testamento temos três palavras que devem ser consideradas: **1**. *Hesed*, que aponta para a ideia da sede física da compaixão, e que leva o indivíduo a sentir e exprimir compaixão. (Ver Sl 23.5; Js 2.12-14; Jr 3.13), para exemplificar. Essa sede da compaixão eram as *entranhas* (modernamente atribuímos isso ao "coração") ou *o ventre* (ver Gn 43.30; 1Rs 3.26). É daí que se originam o amor e a misericórdia naturais, que se podem achar nos membros de uma mesma família, uns pelos outros, e que o homem espiritual é capaz de ampliar, envolvendo seus parentes distantes e outras pessoas. Deus estende a sua misericórdia a todas as criaturas vivas, sendo esse o alvo mesmo da espiritualidade, no tocante a esse aspecto. Uma mãe sente compaixão por seu bebê (ver Is 49.15); um pai por seu filho (ver Jr 31.20); um amante por seu objeto amado (ver Os 2.19); um irmão por seu irmão (ver Am 1.11). **2**. *Rhm*, uma raiz hebraica que descreve as atitudes de Deus em relação à miséria e desgraça de seu povo, ou seja, a compaixão que isso provoca nele. O vínculo que une Deus às suas criaturas, leva-o a expressar compaixão para com todos os seres vivos. Até mesmo aqueles que nada merecem da parte dele recebem misericórdia (ver Is 13.18; Jr 6.23; 21.7; 42.12; 1Rs 8.50). Um aumentativo plural dessa raiz, *rachamim*, fala sobre a piedade, a compaixão, o amor e as emoções associadas (ver Sl 103.4). Na verdade, *hesed* e *rachamim* são sinônimos virtuais. **3**. A raiz hebraica *chnn* é usada para indicar a exibição de favor e misericórdia, de alguém mostrar-se gracioso para com outrem. (Ver Dt 7.2; Sl 57.1; 123.2,3). A forma substantivada dessa raiz é *chen*, "favor", "sucesso", "aceitação", "fortuna". Essa palavra também aponta para a ideia de sentir compaixão, de poupar a pessoa favorecida, de não aplicar nenhum castigo a ela. O trecho de Deuteronômio 7.2 diz que Israel não deveria poupar seus adversários; não obstante, Deus poupa a todos nós, pois os resultados da aplicação de sua justiça seriam desastrosos para com todos nós. (Ver Lm 3.22).

No Novo Testamento também precisamos considerar três vocábulos, a saber: **1**. *Éleos*, "misericórdia", "compaixão". Essa palavra grega ocorre por 27 vezes (Mt 9.13 (citando Os 6.6); 12.7; 28.23; Lc 1.50,54,58,72,78; 10.37; Rm 9.23; 11.31; 15.9; Gl 6.16; Ef 2.4; 1Tm 1.2; 2Tm 1.2,16,18; Tt 3.5; Hb 4.16; Tg 2.13; 3.17; 1Pe 1.3; 2Jo 3; Jd 2,21). A forma *eleemosúne* aparece por treze vezes (Mt 6.2-4; Lc 11.41; 12.33; At 3.2,3,10; 9.36; 10.2,4,31; 24.17). O verbo, *eleéo*, figura por 29 vezes (Mt 5.7; 9.27; 15.22; 17.15; 18.33; 20.30,31; Mc 5.19; 10.47,48; Lc 16.24; 17.13; 18.38,39; Rm 9.15 (citando Êx 33.19); 9.16,18; 11.30-32; 12.8; 1Co 7.25; 2Co 4.1; Fp 2.27; 1Tm 1.13,16; 1Pe 2.10; Jd 22,23). O adjetivo *eleémon* ocorre por duas vezes (Mt 5.7 e Hb 2.17). A ideia de misericórdia está sempre relacionada à ideia de "graça" (no grego, *cháris*). **2**. *Oiktirmós*, "simpatia", "compaixão". Essa palavra grega, que se refere às simpatias e interesses coletivos de Deus pelos homens, aparece por cinco vezes (Rm 12.1; 2Co 1.3, Fp 2.1; Cl 3.12 Hb 10.28). Sua forma adjetivada, *oiktírmon*, foi usada por duas vezes (Lc 6.36 e Tg 5.11). O verbo, *oikeíro*, aparece só por duas vezes (Rm 9.15 citando Êx 33.19). **3**. *Splágchna, entranhas*, está metaforicamente envolvida à ideia de misericórdia. Essa palavra grega aparece por onze vezes (Lc 1.78; At 1.18; 2Co 6.12; 7.15; Fp 1.8; 2.1; Cl 3.12; Fm 7,12,20; 1Jo 3.17). O verbo, *splagchnízomai*, aparece por doze vezes (Mt 9.36; 14.14; 15.32; 18.27; 20.34; Mc 1.41; 6.34; 8.2; 9.22; Lc 7.13; 10.33; 15.20).

II. Definições. A misericórdia é o ato de tratar um ofensor com menor rigor do que ele merece. Trata-se do ato de não aplicar um castigo merecido, mas também envolve a ideia de dar a alguém algo que não merece. Pode referir-se a atos de caridade ou de cura. Também aponta para o ato de aliviar o sofrimento, inteiramente à parte da questão do mérito pessoal. Quando chega à ideia de favor desmerecido, então, já se torna um sinônimo da palavra "graça". Alguém já declarou que a *misericórdia* retém o julgamento que um homem merece; que a graça outorga alguma bênção que esse homem não merece. De fato, algumas vezes pode ser feita essa distinção, mas, na major parte dos casos, os dois conceitos justapõem-se. Por conseguinte, a misericórdia pode indicar benevolência, benignidade, bênção, clemência, compaixão e favor.

A misericórdia é uma "atitude de compaixão e de beneficência ativa e graciosa expressa mediante o perdão calorosamente conferido a um malfeitor. Apesar de ser uma atitude apropriada somente a um superior ético, não denota condescendência, e, sim, amor, desejando restaurar o ofensor e mitigar, se não mesmo omitir, o castigo que esse ofensor merece. Na Bíblia, a misericórdia de Deus é oferecida gratuitamente, uma expressão não constrangida de amor, sem qualquer mácula de preconceito, aberta a todos os homens, dignos e indignos igualmente. A teologia cristã não considera a misericórdia divina como incompatível com os seus justos julgamentos, mas considera ambas as coisas como expressões vivas de seu amor, conforme o mesmo é revelado em Cristo, cuja morte expiatória reconcilia as exigências da justiça divina com as misericórdias divinas" (E).

"É evidente que a misericórdia combina um forte elemento emocional, usualmente identificado com a compaixão, a piedade ou o amor, com alguma demonstração prática de gentileza ou bondade, em resposta à condição ou às necessidades do objeto da misericórdia" (Z)

III. Na Ética Cristã. 1. *Deus é o exemplo* que devemos seguir. Sua misericórdia abarca a todos os seres humanos, e ninguém é tido como merecedor de qualquer coisa. Assim, também a misericórdia humana é uma qualidade espiritual que procura aliviar o sofrimento humano e retém a vingança e os atos de retaliação. "Dentro da ética cristã, a misericórdia, em um homem, faz parte da justiça do reino, como um reflexo da misericórdia divina, onde aquela encontra seu modelo e inspiração. A misericórdia de Deus também é salientada na teologia judaica e maometana, mas tudo se deriva dos ensinamentos bíblicos" (E). **2**. *Bultmann tinha razão* quando falava na misericórdia como a qualidade da *fidelidade na ajuda*. Quando os homens se dedicam a Deus, quando têm uma lealdade que corresponde à correta espiritualidade, então eles agem misericordiosamente. A própria salvação alicerça-se sobre a misericórdia divina (Êx 34.6; Lc 1.58; Ef 2.4; Tt 3.5). A espiritualidade do crente está baseada na regeneração que produz a salvação, pelo que a misericórdia é uma qualidade espiritual que caracteriza aqueles que são verdadeiramente justos. **3**. *A misericórdia sempre mitiga e condiciona a justiça*. Não existe tal coisa como a *justiça crua*, despida de misericórdia. No primeiro e segundo capítulos da epístola aos Romanos, Paulo concebe a justiça crua, mediante a qual vê a condenação de todos os homens, mesmo sem ele terem ouvido a mensagem de Cristo. Nisso consiste a *justiça crua*, sem o tempero da misericórdia e do amor. Infelizmente, alguns teólogos têm usado esses capítulos, com exclusão de tudo o mais que o Novo Testamento ensina a respeito, como texto de prova de que a misericórdia e a graça de Deus não se estendem para além da morte física do indivíduo. Porém, do terceiro capítulo de Romanos em diante, Paulo mostra-nos que, na realidade, o evangelho intervém, de tal modo que a justiça crua não é aplicada. Em vez disso, manifesta-se abundante misericórdia divina. Ademais, o relato da descida de Cristo ao hades mostra-nos que a misericórdia e a graça divinas têm feito provisão até mesmo em favor das almas perdidas no hades, um lugar de julgamento. Mas, isso é exatamente o que poderíamos esperar de um Deus de amor, de graça e de misericórdia. Desse modo, a missão de Cristo afeta *três* dimensões: a dimensão terrena, a celeste e a do hades. É entristecedor que na igreja atual (especificamente na igreja ocidental), esteja sendo pregado um evangelho de apenas *uma ou duas* dimensões. Porém, visto que Deus age com tanta misericórdia em favor dos homens, faz parte da responsabilidade dos homens tratarem-se com idêntica misericórdia (Ver 1Pe 3.18 — 4.6 e o artigo chamado *Descida de Cristo ao Hades*. "De graça recebestes; de graça dai"). **4**. *Uma divina arbitrariedade* fica entendida em Romanos 9.15. Ver o artigo sobre o *Voluntarismo*. Todavia, essa não é a base da teologia paulina, embora ele tenha usado esse conceito, dentro de sua argumentação. Seja como for, o voluntarismo reflete uma teologia capenga, sem importar quem a tenha utilizado, e sem importar com que razão o tenha feito. Por semelhante modo, o homem não deve usar de misericórdia de maneira arbitrária. O amor de Deus é mais poderoso do que o voluntarismo. **5. O Teísmo**. Deus leva a sério os atos humanos. Ele recompensa e castiga; ele intervém. Esse é o ensino do *teísmo* (vide). O deísmo, em contraste, ensina que Deus abandonou a sua criação e a deixou aos cuidados das leis naturais. Ele não faria intervenção, e nem recompensaria e nem castigaria aos homens. Na verdade, os atos divinos são permeados pela misericórdia, pois, sem esse fator, seriam impossíveis o bem-estar e a salvação dos homens. A misericórdia, pois, é a pedra fundamental do conceito do teísmo. **6**. *O julgamento e a justiça* não são conceitos contrários ao da misericórdia. De fato, as duas coisas são sinônimas quando compreendidas pelo ângulo certo. Deus julga a fim de mostrar sua misericórdia, em última análise. Na realidade, os juízos divinos são atos de misericórdia, que alcançam resultados benévolos. A cruz do Calvário foi um julgamento divino contra o pecado; mas dali manou a salvação dos homens. O trecho de 1Pedro 4.6 mostra-nos que o próprio julgamento será remediador, e não apenas penal. **7**. *O cumprimento da lei do amor* inclui atos de misericórdia, sendo esse o nosso principal conceito ético. O amor é a prova da existência e da qualidade da espiritualidade (1Jo 4.7 ss.).

IV. Referências e Ideias Bíblicas. O material acima oferece muitos ensinamentos e referências bíblicas sobre a misericórdia. Neste ponto, limitamo-nos a dez declarações que ilustram essa doutrina: **1**. Deus é o grande exemplo de misericórdia (Lc 6.36). **2**. As Escrituras mandam que usemos de misericórdia (2Rs 6.21; Os 12.6; Rm 12.20,21). **3**. A misericórdia deve ser gravada em nossos corações, tornando-se uma parte integrante de nossa natureza espiritual (Pv 3.3). **4**. A misericórdia deve ser uma das características dos santos (Sl 37.26). **5**. Neste mundo, Jesus foi o exemplo supremo do exercício da misericórdia, fazendo parte integral de sua missão salvadora (Mt 11.29,30; Lc 1.78; Tt 3.5). **6**. A misericórdia divina é grande (Nm 14.18; Is 54.7); multifacetada (Lm 3.32); abundante (1Pe 1.3) e certa (Is 55.3; Mq 7.20). **7**. A misericórdia de Deus enche a terra (Sl 119.64). **8**. A misericórdia divina é a base de nossa esperança (Sl 130.7). **9**. A misericórdia divina deve ser magnificada por nós (1Cr 16.34; Sl 115.1; Jr 33.11). **10**. Ela é tipificada no *propiciatório* (vide) (Êx 25.17), sendo ilustrada nas vidas de Ló (Gn 19.16,19), de Epafrodito (Fp 2.27) e de Paulo (1Tm 1.13).

V. Uma Virtude Cultivada pelo Espírito. A qualidade da *misericórdia* não é especificamente alistada em Gálatas 5.22,23 como um dos aspectos do fruto do Espírito; porém, é uma virtude similar a outras que ali figuram, devendo ser incluída entre elas. Para exemplificar, é similar ao amor, à bondade e à benignidade, sendo uma daquelas *coisas* contra as quais não há lei. Assim sendo, a misericórdia também é cultivada em nós pelo Espírito Santo, não podendo ser possuída em qualquer grau apreciável a menos que se tenha devolvido como um cultivo espiritual, na vida do crente. Os meios do crescimento espiritual produzem a qualidade da misericórdia em uma pessoa remida. Ver os artigos intitulados *Maturidade* e *Desenvolvimento Espiritual*, *Meios* de, onde se mostra como a espiritualidade deve ser cultivada.

MISGABUE (FORTALEZA)

No hebraico, **"altura"**, **"alto"**. Alguns interpretam como "fortaleza". Esse nome talvez seja um apelativo alternativo para Quir Moabe, capital de Moabe (ver Jr 48.1). Mas outros afiançam que está em foco Mispa de Moabe (1Sm 23.3). Esse nome, contudo, poderia ser uma designação geral para as terras altas de Moabe (Is 25.12). A *Revised Standard Version*, em inglês, diz "fortaleza", de onde certamente se deriva a tradução "fortaleza", que aparece em nossa versão portuguesa.

MISHNA

Ver o artigo geral sobre o *Talmude*. A raiz hebraica envolvida nesse nome é *shanah*, "ensino". A Mishna é a primeira parte ou texto do Talmude. Consiste em tradições orais e comentários sobre o Pentateuco, compilados por Judá, o Patriarca (cerca de 135-220 d.C.). Essa obra também é chamada *ha-Nasi* ou *ha-Kadosh*. A compilação desse material ocorreu em cerca de 210 d.C. O autor dispunha de trabalhos similares anteriores. Apesar da Mishna ter sido reduzida a uma forma unificada no começo do século III d.C., ela incorporou muitas regras que antecediam à era cristã. Judá, o Patriarca, preparou essa obra a fim de pôr ponto final ao caos e à confusão que havia na lei judaica, devido ao surgimento de coletâneas rivais das leis, práticas e ritos judaicos, nenhuma delas tinha maior autoridade que as demais. Ele foi extremamente bem-sucedido nesse propósito, visto que era um erudito de considerável habilidade, e assim produziu o que foi considerado uma obra autoritária. O fato de que ele também foi um notório líder espiritual de sua época também deve ter contribuído para garantir o sucesso de seu labor literário.

A classificação do material, dentro dessa obra, é significativa. Na Bíblia, rito e jurisprudência não são distinguidos um do outro, e, com frequência, aparecem lado a lado. A Mishna, por outra parte, arranjou o material em seis ordens, que, por sua vez, são subdivididas em tratados. As ordens são as seguintes: **1**. leis agrícolas; **2**. o sábado e as festas religiosas; **3**. leis domésticas; **4**. jurisprudência ou leis civis e criminais; **5**. leis do templo e dos sacrifícios; **6**. leis referentes à impureza.

Apesar dessa obra ter sido escrita em hebraico, contém certo número de palavras gregas, latinas e aramaicas, bem como um número regular de expressões idiomáticas em aramaico.

A segunda porção do Talmude é a *Gemara* (vide).

A Lei Oral. As tradições que vieram a ser registradas na Mishna eram altamente consideradas pelos fariseus, constituindo uma lei oral que, supostamente, foi entregue a Moisés da parte de Deus. Alegadamente, de Moisés teria passado para Josué. Dali, presumivelmente, teria passado para os anciãos de Israel; e dos anciãos para os profetas; e dos profetas para os homens da grande sinagoga. Entretanto, os saduceus rejeitavam essa tradição e suas implicações, e atinham-se ao Pentateuco escrito quanto à sua autoridade. Não obstante, eles respeitavam e faziam vigorar muitas coisas que dependiam dessas tradições que, finalmente, vieram a fazer parte integrante do Talmude.

MISHNEH (CIDADE BAIXA DE JERUSALÉM)

Esse era o nome de certa porção da cidade de Jerusalém, aparentemente localizada não distante da Porta do Peixe (ver 2Rs 22.14; 2Cr 34.22). A *Revised Standard Version* diz *Second Quarter*. Nossa versão portuguesa diz "Cidade Baixa de Jerusalém". A interpretação sobre Mishneh está ligada à suposição de que Ezequias, ao construir "o outro muro por fora" (2Cr 32.5), fez a segunda muralha, ao norte. No entanto, parece haver poucas evidências a esse respeito, e a palavra "outro", que aparece nessa citação, pode referir-se ao distrito da cidade que havia na colina ocidental, ou, talvez, à própria colina, e não a uma segunda muralha. A interpretação da questão envolve outro trecho bíblico, isto é, Sofonias 1.10, onde nossa versão portuguesa também fala em "Cidade Baixa". Também está envolvido o Targum de Jônatas sobre 2Reis 22.14, onde há uma combinação equivocada com a Mishna, o bem conhecido código de leis do segundo século d.C. Ver o artigo sobre a *Mishna*.

MISMA

No hebraico, **"fama"**, **"relatório"**. Esse foi o nome de duas personagens que aparecem nas páginas do Antigo Testamento: **1**. Um simeonita, filho de Mibsã (1Cr 4.25,26). Viveu em cerca de 1053 a.C. Esse texto fala em descendentes que não foram incluídos na passagem de Gênesis 46.10, provavelmente porque Mibsã e Misma nasceram depois que Jacó e sua família mudaram-se para o Egito. **2**. O quinto filho de Ismael, que se tornou cabeça de um clã árabe (Gn 25.14; 1Cr 1.30). Talvez o nome sido preservado no lugar chamado *Jebel Misma*, localizado entre Damasco e Jarife, ou, então, em um local com o mesmo nome, cerca 240 quilômetros a leste de Taima.

MISMANA

No hebraico, **"forças"**, **"gordura"**, **"vigor"**. Nome de um homem gadita que se aliou a Davi, em Ziclague, quando este fugia de Saul. (Ver 1Cr 12.10). Isso sucedeu em torno de 1061 a.C. Posteriormente, Mismana tornou-se oficial do exército de Davi.

MISPA

No hebraico, **"torre de vigia"**. Esse é o nome de várias localidades mencionadas no Antigo Testamento. Também serve como substantivo do sentido dado, sem designar qualquer lugar específico, ou seja, qualquer torre de vigia era uma *mizpah*. Seis são as localidades com esse nome: **1**. Esse foi um dos três nomes dados ao memorial erguido por Jacó, como testemunha do pacto estabelecido com Labão (Gn 31.49). Labão chamou-o segundo o idioma arameu, de *Jegar-Saaduta*; mas Jacó chamou-o de *Galeede*, conforme o idioma cananeu. Ambos esses nomes, ao que tudo indica, significam "montão (de pedras) de testemunho", visto que aquele memorial consistia em um monte de pedras. O acordo é que nem Jacó e nem Labão ultrapassariam daquele marco, com o propósito de atacar o outro. Esse monumento foi levantado em Gileade, a leste do rio Jordão. Posteriormente, tornou-se conhecido como "torre de vigia" (no hebraico, *mizpah*). Não se conhece o local exato hoje em dia, embora, presumivelmente, não fique distante do ribeiro do Jaboque, um tanto mais para o norte. **2**. Nome de uma cidade onde residia o juiz Jefté (Jz 10.11—11.40). Esse lugar era chamado Mispa de Gileade. Foi ali que os israelitas reuniram-se, sob a liderança do Jefté, para guerrearem contra os filhos de Amom (ver Js 10.17; 11.11). Esse lugar tem sido identificado com Ramate-Mispa, no território de Gade (ver Js 13.26). **3**. Havia uma cidade de nome Mispa, em Moabe (1Sm 22.3). Davi levou seus pais até aquele lugar, como medida de segurança, quando fugia de Saul. Visto que Quir de Moabe (atualmente chamada Queraque) era a capital de Moabe, naquela época, alguns pensam que Mispa era outro nome de Quir. A etimologia da palavra, "torre de vigia", ajusta-se a Quir. Esse lugar podia ser atingido facilmente por quem partisse de Belém, atravessando o rio Jordão perto de sua desembocadura no mar Morto. **4**. Um lugar com esse nome também existia a oeste do rio Jordão, mencionado em Josué 11.3. Sabemos que ficava no extremo norte da Galileia. Os principais habitantes da região eram os heveus. Mas a localização desse lugar permanece incerta. **5**. No território de Judá também havia uma Mispa (Js 15.38). Parece que ficava perto da fortaleza de Laquis, embora se desconheça sua localização exata. Ficava no distrito da Sefelá, um trecho de terras baixas marítimas. Tem sido identificada com o Tell es-Safiye, o mesmo lugar chamado *Blanchegarde*, no tempo das cruzadas. **6**. Talvez a mais importante cidade bíblica chamada Mispa era aquela localizada no território de Benjamim (Js 18.26). Não foi ainda absolutamente identificada. Alguns opinam que corresponde à Nebi Samwil, mas outros pensam no Tell en-Nasbeh. Este último parece contar com mais sólidas evidências, ajustando-se à etimologia de Mispa, com seus elevados picos montanhosos, que dão frente para o vale de Aijalom, a melhor rota que se pode tomar entre as costas do mar Mediterrâneo e o vale do Jordão. Josué usou esse caminho em sua conquista da Palestina. Os outros lugares mencionados eram bastante vulneráveis, e precisavam dispor de grandes muralhas defensivas.

Episódios bíblicos associados a Mispa. O trecho de 1Samuel 7.1-14 fala sobre um grandioso culto religioso efetuado ali, quando a área da aliança foi devolvida a Israel. Essa memorável ocasião causou muita emoção em Israel, e a ocasião mostrou ser apropriada para a renovação de votos de intenção espiritual. O rei Asa, de Judá, fortificou-a devido aos ataques desfechados por inimigos (ver 1Rs 15.22; 2Cr 16.6; Jr 41.9). Após a destruição de Jerusalém, tornou-se a residência do superintendente nomeado pelo rei da Babilônia (ver Jr 40.7). Depois que o remanescente judeu voltou do cativeiro babilônico, o local foi novamente ocupado por hebreus (ver Ne 3.8,15,19). Foi também o palco de uma importante assembleia, nos dias de Judas Macabeu, quando este convocou os homens de Judá para orarem e tomarem conselho (ver 1Macabeus 3.46).

Escavações Arqueológicas. As explorações dos arqueólogos, nesse lugar, têm revelado que o mesmo vinha sendo ocupado pelo menos do começo da era do Bronze, e daí, continuamente, até o período dos macabeus. Vieram à luz provas das fortificações construídas por Asa. Alças de jarras, com inscrições, estampavam as letras MSH e MSP, e estas últimas sugerem *Mispa*.

MISPAR

No hebraico, **"escrita"**. Nome de um israelita que voltou do cativeiro babilônico, junto com Zorobabel (Ver Ed 2.2 e 1Ed 5.8). Ele viveu por volta de 538 a.C. Em Neemias 7.7 ele é chamado Misperete.

MISPERETE

No hebraico **"escrita"**. Trata-se do mesmo homem que é chamado Mispar em Esdras 2.2. A forma Misperete aparece em Neemias 7.7. Ver sobre *Mispar*.

MISRAEUS

Esse nome foi aplicado aos habitantes de um lugar fundado por uma das quatro famílias de Quiriate-jearim (ver 1Cr 2.53). Essa é a única referência bíblica direta aos misraeus. Usualmente, os estudiosos pensam que Quiriate-Jearim, cujo pai (ou fundador) foi Sobal (vs. 52), veio a ser o nome de uma cidade, e que as quatro famílias aludidas eram suas colônias. Essa opinião é provável, embora não haja certeza a respeito. Com frequência, nomes de pessoas tornavam-se nomes de cidades. Dois casos que provam isso são *Efrata* (Gn 35.15,19; comparar com 1Cr 2.19) e Hebrom (1Cr 2.42,43). Sobal, que aparece como *pai* daquele lugar, portanto, teria sido o seu *fundador*. Seus filhos reais, teriam sido Sobal, Salma e Harefe. E os demais nomes próprios que aparecem no trecho são nomes locativos, e não pessoais. *Os filhos de Hur, primogênito de Efrate, foram: Sobal, pai de Quiriate-Jearim, Salma, pai dos belemitas, e Harefe, pai de Bete-Gader* (1Cr 50,51).

MISRAIM

Esse era o nome comum pelo qual os hebreus designavam o *Egito*. O Mizraim original era filho de Cão (Gn 10), e, presumivelmente, o remoto antepassado dos egípcios. A origem e o significado de Mizraim (confirmado por tabletes escritos de Ugarite e de Tell el-Amarna, século XIV a.C.) são obscuros, embora alguns pensem que venha do egípcio *imdr*, "fortificação". Outros supõem que essa palavra está no número dual, referindo-se, originalmente, aos dois Egitos, o Alto e o Baixo. A forma singular dessa palavra, *masor*, acha-se somente em (2Rs 19.24; Is 19.6; 37.25 e Mq 7.6).

Fatos a Observar: **1**. Quando se refere a uma pessoa, esse nome alude ao segundo filho de Cão. Mizraim foi progenitor dos ludins, anamins, leabins, naftuins, casluins e caftorins (ver Gn 10.6,13; 1Cr 1.8,11). As nações envolvidas incluem mais do que os egípcios. **2**. Em um sentido restrito, esse nome vê-lo a designar, especificamente, os egípcios. **3**. Com base em 1Reis 10.28,29, é possível argumentar que os primeiros *misrayim* não apontavam para o Egito, e sim, para Musur, na porção sudeste da Ásia Menor. Mas, contra essa opinião, pode-se também argumentar que a referência paralela de 2Crônicas 10.18 (a importação de cavalos, por parte de Salomão, daquele lugar) aponta para o *Egito*. "Os nomes Mizraim e de seus descendentes, em Gênesis 10.13,14 e 1Crônicas 1.11,12 parecem ser todos nomes de nações, e não de indivíduos, e incluem muito mais do que o Egito... Consideramos que a distribuição dos mizraítas mostra que suas colônias foram apenas uma parte da grande migração que conferiu aos cuxitas o domínio das terras em redor do oceano Índico, o que explica a afinidade que os monumentos egípcios exibem entre os cretenses pré-helênicos — e os cários (estes últimos, sem dúvida, os selégios dos escritores gregos) e os filisteus" (Unger citando o *Smith's Bible Dictionary*).

MISREFOTE-MAIM

No hebraico, **"incêndio"** ou **"águas"**, ou mesmo **"águas incendiadas"**. Esse era o nome de um local cujo nome dá a entender que ficava perto de *fontes termais*. Alguns estudiosos negam que se trate de um nome próprio, preferindo traduzir a palavra hebraica por "poços de sal", "covas de fundição" ou "cabanas de vidro". (Ver Js 13.6). Em Josué 11.8, Misrefote-Maim é mencionada como uma cidade localizada entre Sidom e o vale de Mispa. Foi até ali que Josué perseguiu aos homens dos exércitos combinados de Jabim, Jobabe, Sinrom e Acsafe, além de vários outros. Lemos nesse versículo o resultado: os israelitas "feriram-nos sem deixar nem sequer um". Há bons indícios de que se trata da mesma cidade de *Sarepta* (vide). O trecho de Josué 13.6 mostra-nos que o local ficou sob o domínio dos cananeus.

Seu local moderno não foi ainda identificado com certeza. Alguns dizem que se trata de Khirbet el-Musheirefeh, um pouco ao sul do promontório conhecido como "a escada de Tiro" (*Râs-en-Nahûra*). Mas outros supõem que seja 'Ain Mesherfi, um grupo de fontes termais, perto de Râs-en-Nahûfa.

MISTÉRIO DA VONTADE DE DEUS

Efésios 1.10: *para a dispensação da plenitude dos tempos, de fazer convergir em Cristo todas as coisas, tanto as que estão nos céus como as que estão no terra.*

I. Unidade de Tudo em Cristo: Efésios 1.10. De fazer convergir nele...todas as coisas. Essas palavras expressam o mistério máximo da vontade de Deus. Todas as coisas encontram sua existência, propósito e significação em Cristo Jesus. E isso, por sua vez, mostra a sua significação cósmica, e não meramente terrena. Cristo é o ponto culminante ou centro em torno de quem todas as coisas têm sua existência e sentido. De uma maneira ou de outra, todas as coisas lhe redundarão em glória e nele serão glorificadas. Ele é o Cabeça e benfeitor universal de todas as coisas, de todos os seres inteligentes, e não apenas dos homens.

Notemos que este versículo menciona coisas *tanto as do céu como as da terra*. Na qualidade de Verbo de Deus, todas as coisas conhecidas por Deus foram conhecidas por intermédio dele. Isso está incluso na doutrina do "Verbo", que aparece no primeiro capítulo do Evangelho de João, como também está implícito em Colossenses 1.15, onde ele é visto como "a imagem do Deus invisível". Deus vive em luz inabordável, de quem ninguém se pode aproximar (ver Tm 6.16). Qualquer ser que se avizinhe de Deus tem de fazê-lo por intermédio do Verbo, a imagem de Deus, e qualquer acesso futuro terá de ocorrer da mesma maneira. Por conseguinte, o bem-estar e a *unidade universal* de *todas* as coisas, tudo se centraliza em torno de Cristo. Nas Escrituras aprendemos que tudo vive, se move e tem seu ser em Deus (ver At 17.28); e agora ficamos sabendo que isso faz parte do mistério da vontade divina, sendo plano do Senhor que todas as coisas tenham seu centro em Cristo, o Verbo eterno. E a história inteira da humanidade é tão somente o processo terreno mediante o que isso está tendo lugar.

Fazer convergir. No grego, *anakephalaico*, isto é "sumariar", "recapitular", *reunir*. Podemos comparar isso com Romanos 13.9: ...*tudo nesta palavra se resume: Amarás ao teu próximo como a ti mesmo*. Por semelhante modo, a criação inteira está "sumariada" em Cristo, tendo nele o seu ser, propósito, destino e centro. E tudo é "devolvido à sua órbita, sendo ele o centro". Isso indica a unidade universal de todas as coisas em Cristo. Todos os seres e todas as coisas, igualmente, giram em torno dele. (Comparar isso com Rm 8.21 e 1Co 15.28).

II. Sumário de Ideias. O Mistério da Vontade de Deus: A Restauração Universal. **1**. É tempo perdido procurar diminuir o alcance do que é dito no texto à nossa frente. A vontade de Deus é restaurar "todas as coisas", tal como ele também criou "todas as coisas". O trecho de Colossenses 1.16, encerra idêntica mensagem. E assim como a criação foi realizada "por Cristo" (ele é o Alfa), assim também veio a existir "para Cristo" (pois ele também é o Ômega). Finalmente, Cristo haverá de "sumariar" a criação inteira. Ele terá de ser "tudo para todos" (interpretação do trecho de Ef 1.23). Ora, isso não poderia ocorrer a menos que a unidade em torno de Cristo fosse absolutamente toda compreensiva, incluindo cada ser que jamais viveu, bem como a estrutura de todos os mundos criados. **2**. Os intérpretes que opinam que essa unidade envolverá somente os salvos, entendem mal o grandioso conceito da vontade de Deus, no tocante a toda a sua criação. **3**. Unidade fala de harmonia, boa vontade, bem-estar. A unidade que finalmente se formará em redor de Cristo, portanto, deve visar o *bem*. Não basta dizer-se que os perdidos servirão de louvor a Deus, ao mesmo tempo que habitarão no fogo eterno, porquanto contemplarão a santidade divina. Isso exprime uma verdade, mas é uma declaração por demais parcial, por demais míope. Orígenes por certo tinha razão, quando afirmou que o conceito do julgamento como algo apenas retributivo (sem qualquer grau de restauração), é uma ideia que condescende com uma teologia inferior. **4**. Não temos nisso o universalismo. Alguns intérpretes têm lançado mão do presente texto para defender a ideia do universalismo, isto é, o conceito de que, finalmente, todos serão salvos, e que o "quando" (o ponto dentro do tempo) é a única diferença que se pode conceber aqui. Pelo contrário, consideremos os pontos abaixo:

III. A Redenção é um Aspecto da Restauração. **1**. A restauração envolverá todos os seres e todas as coisas. A redenção, por sua parte, atinge somente os eleitos. A redenção quer dizer que os homens participarão da própria imagem e natureza de Cristo (ver Rm 8.29) e, portanto, da própria natureza divina (ver 2Pe 1.4), e dos atributos de Deus (ver Ef 3.19) e, assim sendo, de sua própria forma de vida (ver Jo 5.25,26). Os eleitos passarão de um estágio de glória para outro, pois a glorificação deles será interminável (ver 2Co 3.18). **2**. Em contraste com isso, os *não eleitos restaurados*, formarão uma espécie completamente diferente, que não compartilhará da natureza divina, e as vantagens que adquirirem — pelo motivo de fazerem parte da unidade em torno de Cristo e do fato de que ele será tudo para eles (ver Ef 1.23) — serão, em comparação com o ganho infinito dos eleitos, uma categoria de ser bastante mais baixa. Mesmo assim, não podemos imaginar qualquer estagnação no estado dos perdidos. Até qual ponto de glória eles poderão chegar fica escondido na infinita sabedoria de Deus. **3**. Os eleitos serão maiores, em poder e glória, do que a maioria dos homens concebe acerca do poder e da glória de Deus, pois os homens, afinal de contas, fazem uma ideia bem baixa da pessoa de Deus. Por semelhante modo, especulamos, os perdidos terão uma glória e uma utilidade maiores, a serviço de *Jesus Cristo* (porquanto eles provavelmente comporão muitas sociedades bem dispersas, onde Cristo será ativamente glorificado), do que a maioria dos homens agora pensa ser o destino dos eleitos.

IV. O QUE DIZER SOBRE O JULGAMENTO?

1. A restauração dos perdidos não deixará de lado o julgamento. Antes, o próprio juízo será um dos elementos que produzirão essa restauração. O julgamento será restaurador, e não apenas retributivo, conforme somos ensinados em 1Pedro 4.6 (onde as notas expositivas no NTI devem ser examinadas. Ver um conceito similar comentado em Rm 11.32). **2**. O julgamento pode ter ou não uma natureza remidora. Antes da segunda vinda de Cristo, certamente, terá esta qualidade. Mas se reterá este poder depois daquele evento, somente Deus sabe. **3**. O julgamento deve ser aquilatado em termos de "contraste", e não em termos de "sofrimento". Em outras palavras, os não-eleitos sempre estarão debaixo de julgamento, porque esse será eterno, porquanto a ideia central do julgamento é privação. Aqueles que forem assim julgados, jamais poderão ser remidos. Todavia, o julgamento ajudá-los-á a verem restaurado às suas pessoas um certo grau de utilidade e glória, que os ajustará dentro do plano de Deus. Esse "grau", repetimos, por si mesmo será um julgamento, pois será uma perda infinita, *em contraste* com a redenção. **4**. O número dos eleitos será extremamente pequeno. Poucos descobrirão o caminho da redenção que há em Cristo; poucos compartilharão de sua própria natureza e imagem; poucos obterão o ganho infinito. O número dos restaurados será muito vasto, a saber, *todos* os não-eleitos.

V. ALGUMAS PARTICULARIDADES DESSE MISTÉRIO

1. Envolve muito mais do que a "salvação dos povos gentílicos", segundo essa questão tem sido reduzida por alguns intérpretes. Pois que os gentios haveriam de ser salvos não constituía nenhum segredo, por ser tema das profecias do AT (ver Rm 9.24-33 e 10.19-21). **2**. Esse mistério também não consiste de iguais privilégios religiosos e espirituais entre judeus e gentios, embora isso não houvesse sido antecipado pelo AT E embora isso faça parte integrante do mistério. **3**. Por conseguinte, esse mistério não é a "igreja", nem mesmo em seu sentido mais elevado de "Noiva", algo novo na economia divina, em que os seus participantes serão remidos e compartilharão da imagem de Cristo. Realmente, isso constitui um mistério, a saber, aquele explicado em Efésios 3.3 e *ss*. Mas aquele mistério faz parte do que aqui é abordado e mostra como esse mistério mais extenso se aplica aos remidos. **4**. Esse mistério também não é o evangelho, em seus muitíssimos aspectos. O evangelho faz parte deste mistério maior, por ser um agente da redenção humana. **5**. Pelo contrário, o mistério aqui ventilado é uma espécie de *restauração universal* incluindo a universal unidade em torno de Cristo. Portanto, isso envolve Israel como nação e o cumprimento de todas as promessas; a nova criação, a habitação de todos os seres unificados; todos os seres inteligentes, todos os exércitos celestiais, todas as hostes angelicais; os novos céus, os lugares celestiais como moradas dos seres espirituais; a igreja, que é a comunidade dos espíritos humanos remidos; e, de alguma maneira, como sugerida acima, até mesmo os perdidos.

VI. CUIDADO PARA NÃO DIMINUIR A GRANDEZA DO EVANGELHO

Existem alguns versículos do Novo Testamento, como aqueles considerados neste artigo, que, certamente, oferecem um quadro mais otimista sobre o que podemos esperar, afinal, da missão de Cristo. Ver o artigo sobre a *Missão Universal do Logos (Cristo)*. O mistério de Paulo revelou o que Deus, afinal, vai fazer em relação à sua criação e não devemos anular esta revelação, insistindo na aplicação de versículos sobre o julgamento que agora foram ultrapassados, mesmo como o Novo Testamento ultrapassou o Antigo Testamento. Partes do Novo Testamento também ultrapassam outras partes. Isto acontece sempre quando um *mistério* é revelado. É sério anular as revelações assim apresentadas numa insistência de preservar, sem mudança, ideias mais antigas. Devemos nos lembrar que foi exatamente isto que os judeus fizeram com a revelação cristã, supondo que ninguém podia ultrapassar *suas* escrituras. Ver sobre Restauração e *Descida de Cristo ao Hades*.

N. B. Há alguns anos, quando a parte maior deste artigo foi escrito, falei da *perda infinita* dos restaurados, em comparação com os eleitos (Ver III. 2, acima). Acredito agora que é errado falar desta maneira de qualquer realização do *Logos*. Tais expressões diminuem a glória e realização da missão universal de Cristo, e não devem ser empregadas.

VII. A MISSÃO TRIDIMENSIONAL DO LOGOS (CRISTO)

A missão do Logos foi universal: na terra, no hades e no céu. Creio que há continuidade em todos esses três aspectos da missão de Cristo, a fim de garantir o sucesso absoluto e a universalidade de sua missão, embora isso não afete as almas sempre da mesma maneira. Porém, podemos estar certos de que aquilo que essa tríplice missão realiza em favor de todos é bom, muito bom. Ver uma crítica (por Pastor João Marques Bentes) de alguns pontos de vista (doutrinas) deste artigo, sob seções IV e V do artigo, *Universalismo*.

MISSIOLOGIA

É o estudo ordenado da missão da igreja. Como tal, é uma disciplina dentro da Teologia, abrangendo uma série de aspectos. Como estudo bíblico, investiga a base da missão da igreja na *missio Dei*, a vocação de Israel para ser uma luz para todas as nações (Is 49.6) e a comissão de Jesus a seus discípulos de serem suas testemunhas até os confins da terra e o final dos tempos (Mt 28.18-20; At 1.8). Como estudo histórico, examina o crescimento e a expansão da igreja nos seus vários períodos históricos e avalia seu impacto sobre as diferentes sociedades e culturas. No caráter de teologia sistemática, estuda a interação da fé cristã tanto com as filosofias e ideologias seculares como com outros sistemas de crença. Estudos éticos incorporam-se à missiologia para o exame e conhecimento de como a igreja tem a responsabilidade de declarar a vontade de Deus para a totalidade da vida (ver Ética; Ética Social). Como teologia pastoral, busca os caminhos para instruir novos convertidos e integrá-los na igreja.

Por causa do amplo escopo da missiologia, ela tem importante papel a exercer na integração de outras áreas da teologia. Em outras palavras, cada aspecto da teologia em geral tem uma inegável dimensão missiológica, pois cada um deles existe em função da missão da igreja.

No imaginário popular, a missão é constantemente concebida de modo errôneo, como cristãos cruzando fronteiras para espalhar o evangelho. Essa visão reflete uma era passada, quando os cristãos tendiam a dividir o mundo nitidamente em cristão e não cristão. Hoje, no entanto, "a fronteira missionária percorre o mundo inteiro. É a linha que separa a crença da descrença". A missão acontece a partir de todos os continentes e para todos e em toda nação. Alguns cristãos ainda restringem as missões à evangelização, entendida como a proclamação das boas-novas a respeito de Jesus Cristo e do chamado às pessoas a crerem nele para a salvação. A maioria dos atuais estudiosos de missão, contudo, a veem em termos mais amplos (ver Pacto de Lausanne). "Missão" traz consigo a ideia bíblica de "ser enviado", classicamente expressa no dito de Jesus: *Assim como o Pai me enviou, eu também vos envio* (Jo 20.21). O paralelo entre Deus enviando Jesus, e Jesus enviando seus discípulos mostra tanto o método quanto o conteúdo da missão da igreja. Ela abarca tudo o que Jesus envia seu povo a fazer no mundo. Não inclui, no entanto, tudo o que a igreja faz ou pode fazer ou tudo que Deus faz no mundo. Portanto, dizer que "igreja é missão" é exagero. Não obstante, ignorar ou evitar a comissão de ir a todo o mundo como representante de Jesus revela uma vida cristã defeituosa. "Uma igreja existe para missão como o fogo existe para queimar."

A missão da igreja hoje pode ser resumida em cinco tarefas gerais. A ordem em que as tarefas estão aqui listadas não pretende sugerir qualquer prioridade. Biblicamente falando, todas são vitais e importantes. Por adotarem uma ou algumas mais do que outras e que diferentes grupos cristãos tendem a vê-las como alternativas. Todavia, Deus não nos propõe, nem deseja, no caso, escolha alguma. Eis as tarefas a realizar: **1**. A igreja deve estar envolvida na administração dos recursos materiais da criação. Isso significa encorajar um uso sábio e harmonioso da ordem natural revelada por Deus, engajando-se nos numerosos aspectos de conservação e eliminação da poluição (ver Teologia da Natureza). A igreja deve apontar para o dom de vida do Criador para tudo que implique renunciar à ganância e restrição do prazer e da posse de bens materiais visando a que as gerações futuras possam vir a encontrar vida sustentável na terra. **2**. Deve servir aos seres humanos sem distinção e em qualquer necessidade. A igreja tem uma tarefa de compaixão a cumprir na ajuda a refugiados, a vítimas de intempéries e de fome e no auxílio ao estabelecimento de esquemas de desenvolvimento, campanhas de alfabetização e educação, saúde e programas habitacionais. Tem a responsabilidade particular de ministrar às necessidades dos incapazes, das pessoas idosas, desoladas, dos filhos em risco e das famílias sob tensão, e a reabilitar os marginais à lei, os alcoólatras, os viciados em droga e jogadores crônicos. **3**. A igreja deve dar testemunho da *verdade que está em Jesus* (Ef 4.21). Isso inclui uma gama de tarefas, algumas vezes separadas em apologética, pré-evangelização e evangelização. Dar testemunho significa fazer tanto a comunicação do evangelho apostólico quanto a demonstração do seu poder de trazer nova vida e esperança aos relacionamentos humanos e suas comunidades. **4**. Deve a igreja se empenhar por ver a justiça de Deus feita na sociedade (ver Retidão; Teologia da Sociedade). Especialmente, deve ser ativa em promover e defender a integridade da vida de família contra a separação e o divórcio estimulados e feitos com facilidade (ver Sexualidade), o aborto, relacionamentos sexuais fortuitos ou anormais, a pornografia, a exploração de mulheres e crianças, e as experiências científicas com uso do começo da vida humana (ver Bioética). Deve também procurar alternativas para políticas e atitudes que dão surgimento aos sem-teto, pessoas com péssima formação, subnutridas e desempregadas. Deve lutar pelos direitos humanos e contra a discriminação (especialmente, o racismo; ver Raça). Finalmente, deve contestar a construção inexorável de armas de destruição em massa e o comércio crescente de armas entre as nações (ver Guerra e Paz). **5**. A igreja tem a responsabilidade de mostrar o que significa na prática ser uma comunidade reconciliada e liberta em meio a um mundo corrupto,

angustiado e desesperado. É enviada a demonstrar a realidade da graça imerecida de Deus, a praticar o perdão (ver Culpa), a estimular a se compartilhar bens e recursos e a eliminar o preconceito e a suspeição, exercendo poder como serva, não como dominadora e controladora. A igreja dever ser tanto o sinal como o agente do propósito de Deus de criar uma nova ordem em que sua paz e justiça venham a reinar.

A missiologia se empenha em séria reflexão teológica sobre todos os aspectos da missão da igreja. Além disso, nos anos mais recentes, tem enfocado uma gama de questões específicas para a implementação de suas tarefas. Por exemplo: *a*. é correto aos cristãos se envolver em violência visando a derrubar governantes não eleitos, tirânicos ou regimes altamente repressivos (ver Teologia da Violência)?; *b*. qual a abordagem correta para compartilhar Cristo com povos de outras crenças — diálogo, proclamação ou simplesmente presença entre eles?; *c*. devem as igrejas de grupos étnica e culturalmente homogêneos ser encorajadas a manter isso em nome do crescimento de igreja?; *d*. que papel devem exercer as agências missionárias independentes de igrejas na evangelização ou no desenvolvimento de missões?; *e*. quanto de participação de recursos humanos e financeiros pode ser compartilhado numa genuína parceria cristã entre diferentes ramos da igreja mundial de um modo que faça jus ao evangelho?

(**J. A. Kirk**, B.D., B.A., M.Phil., A.K.C., reitor do Mission Selly Oak College, Birmingham, Inglaterra.)

BIBLIOGRAFIA. D. Bosch, *Witness to the World: the Christian Mission in Theological Perspective* (Basingstoke, 1980); O. Costas, *Christ outside the Gate. Mission beyond Christendom* (New York, 1983); R. Padilla, *Mission Between the Times* (Grand Rapids, MI, 1985); W. Scott, *Bring Forth Justice* (Grand Rapids, MI, 1980); J. R. W. Stott, *Christian Mission in the Modern World* (London, 1975); J. Verkuyl, *Contemporary Missiology: an Introduction* (Grand Rapids, MI, 1978).

MISTO DE GENTE

Nem todas as pessoas que partiram do Egito, durante o êxodo, estavam buscando uma Terra Prometida. Sem dúvida havia muitos motivos para as pessoas quererem libertar-se daquele lugar. Talvez algumas apenas fossem impulsionadas pelo espírito de aventura. Além disso, houvera casamentos mistos que produziram pessoas sem uma clara linhagem hebreia. Textos provenientes do século XIII a.C., do Egito, contêm muitos nomes de origem estrangeira. O chamado *misto de gente*, que fez parte da massa que saiu do Egito, por ocasião do êxodo, sem dúvida incluía muitos estrangeiros, pessoas que chamaríamos de mestiças. Na verdade, esse processo teve lugar durante a história inteira de Israel. Duas das mulheres de Jacó — Bila e Zilpa — eram sírias. José casou-se com Asenate, uma egípcia. Uma das mulheres de Judá era a filha de Sua, um cananeu. Davi era bisneto de uma moabita, Rute. E assim por diante.

A expressão "misto de gente" indicava aqueles que não eram de linhagem hebreia pura, incluindo até quem não tinha nenhuma ligação racial com Abraão. (Ver Êx 12.38; Nm 11.4). A referência de Neemias 13.3 mostra que a mesma coisa sucedeu quando um remanescente retornou a Jerusalém, após o cativeiro babilônico. O trecho de Deuteronômio 29.10 indica que tais pessoas ocupavam uma baixa posição na estrutura social de Israel. Quase todas elas parecem ter-se ocupado em trabalhos manuais pesados. Parece que essas foram as pessoas que primeiro anelaram pelas coisas boas que haviam deixado para trás, no Egito (ver Nm 11.4). Por outro lado, o registro histórico mostra que até os hebreus puros deixaram-se envolver em práticas horrendas. Isso mostra, incidentalmente, que ninguém precisa orgulhar-se nem de sua raça, nem de suas realizações, e nem do que pensa ser. Todos os seres humanos são pecaminosos, sujeitos a escorregões e quedas, de tal modo que talvez nenhum outro ditado popular é mais veraz que "errar é humano".

MITANI

Esse é o nome de um reino, existente ao norte da Mesopotâmia, que atingiu o seu ponto culminante em cerca de 1500-1340 a.C., provavelmente de natureza indo-iraniana. A família ali dominante tinha o nome de *Washukanni*. A existência desse reino veio à luz mediante a descoberta de tabletes com escrita cuneiforme em túmulos de Tell-el Amarna, no Alto Egito, em 1887-1888. Esses tabletes contêm correspondência entre o Egito e a Babilônia, a Assíria, e outros povos antigos do segundo milênio a.C. Esses tabletes referem-se ao reino de Mitani como Arã-Naaraim, ou seja, "Arã dos Dois Rios", aludindo aos rios Tigre e Eufrates. Balaão, que aparece como falso profeta em trechos bíblicos como Deuteronômio 23.4 e Números 23.7, era nativo de Mitani. A última dessas duas referências alude a como ele viera "...de Arã... dos montes do Oriente". Todavia, o nome *Mitani* nunca aparece no Novo Testamento.

O povo que habitava na região era um misto de hurrianos e semitas, embora governados por indo-europeus. A palavra *Washukanni* foi aplicada à capital deles, de acordo com alguns eruditos. Em cerca de 1475, esse povo foi capaz de dominar seus vizinhos orientais, os assírios, tornando-os vassalos; e seus principais adversários, nesse período, eram os egípcios e os hititas da Ásia Menor. Eles foram derrotados pelos Faraós egípcios Tutmés II e Amenhotepe I, e este último forçou-os a tornarem-se seus aliados, embora relutantes. No século XIV a.C., o poder de Mitani declinou, e seu reino veio a ser um estado vassalo do império hitita. Isso deixou os assírios livres para atacar Mitani, e não foi preciso muito tempo para que a Assíria anexasse Mitani, o que sucedeu em cerca de 1250 a.C.

MITCA

Essa palavra significa, no hebraico, **"doçura"**. Esse era o nome da vigésima nona parada onde os israelitas fizeram alto durante suas vagueações pelo deserto, após terem saído do Egito. Ficava entre Tara e Hasmona (Nm 33.28,29), e tem sido tentativamente identificada com o wadi Abu Takiyeh, embora alguns considerem isso duvidoso. O local é desconhecido.

MITENITA

Josafá, um dos oficiais militares de Davi, é chamado de "mitenita", dentro do catálogo de nomes de 1Crônicas 11.43. Presume-se que a alusão seja a algum clã que teria um nome parecido com *Metem*, e sobre o qual não há qualquer informação.

MITRA

Essa palavra portuguesa vem do grego *mitra*, **"turbante"**. Trata-se de uma peça do vestuário usada na cabeça, por vários dignitários eclesiásticos, como o papa, arcebispos, bispos e abades. No começo, a mitra era um pequeno gorro, mas foi evoluindo até tornar-se um elevado ornamento. Originalmente, somente os papas usavam um gorro. Mas esse humilde gorro foi assumindo ares cada vez mais imponentes. Tornou-se, afinal, uma espécie de chapéu alto e rígido. A mitra é fixada em seu lugar mediante uma faixa que há em sua porção inferior. Também dispõe de duas projeções soltas (chamadas *infulae*), na parte de trás. Teoricamente, a mitra deve ser sempre branca. Mas pode ter vários ornamentos, dependendo do ofício ocupado por quem a usa, e também da ocasião mais ou menos solene em que é usada. Por ocasião do rito de consagração, a mitra simboliza o capacete da salvação.

Usos Bíblicos. A palavra hebraica, *misnefeth* (ver Êx 28.4,27,29; 29.6 etc.) refere-se à mitra usada pelo sumo sacerdote. Sem dúvida, essa peça serviu de inspiração da elevada mitra de certos eclesiásticos cristãos. O trecho de Zacarias 3.5 envolve outra palavra hebraica, *sanif*, aludindo à peça usada na cabeça pelos sacerdotes levíticos, mas que, na oportunidade, foi posta sobre a cabeça do sumo sacerdote Josué, por parte de um anjo, a fim de dignificar o seu ofício, fazendo-o lembrar-se de suas responsabilidades espirituais. O turbante do sumo sacerdote de Israel era feito de linho fino (ver Êx 28.39), com uma placa de ouro fixada ao mesmo, com a inscrição *Santo para o Senhor* (ver Êx 28.36-39). No dia da Expiação, o sumo sacerdote de Israel devia usar essa mitra.

MITRADATES

Essa palavra é de origem persa e significa **"presente de Mitra"**. Mitra era uma das principais divindades dos persas. Sua função especial era prover luz entre o céu e o inferno. Esse nome também foi o apelativo de sete reis da dinastia arsácida, reis da Pártia. Na Bíblia, há duas pessoas com esse nome: o tesoureiro do Ciro, rei da Pérsia. O rei entregou-lhe os vasos do templo, para cuidar dos mesmos. Esses deveriam ser entregues a Sesbasar, o príncipe de Judá (Ed 1.8), o que ocorreu em cerca de 536 a.C. Outro homem com esse nome é mencionado em Esdras 4.7. Ele era um oficial persa destacado para Samaria. Ajudou a escrever uma carta a Artaxerxes, acusando aos judeus. Isso aconteceu por volta do 522 a.C.

No livro apócrifo de 1Esdras (2.11,16), um certo oficial também é chamado Mitradates. Os romanos fizeram guerra contra Mitradates VI Eupator, o Grande. Isso ocorreu entre 88 e 64 a.C. Essa guerra impediu uma conquista romana total da Palestina; mas, aí pelo ano de 63 a.C., toda resistência havia terminado. Os governantes mitradáticos eram helenistas em suas atitudes, e preservaram o período helenista na Síria-Palestina por cerca de um século depois que as outras áreas helenizadas já haviam sucumbido diante do poder romano.

MIZÁ

No hebraico, **"temor"**. Nome do quarto e último filho de Reuel, filho de Esaú e sua esposa, Basemate (ver Gn 36.13; 1Cr 1.37). Ele foi chefe de um clã idumeu.

MIZAR

No hebraico, **"enfermidade"**. Parece que temos aí o nome de um pequeno monte da serra de Hermom (ver Sl 42.6). No entanto, talvez *Mizar* seja apenas um adjetivo que descreve um monte pequeno ou outeiro, contrastando com o gigantesco Hermom. Mas, sem importar exatamente do que se trata, o local ainda não foi identificado.

MOABE, MOABITAS

I. O Nome e sua Origem. O nome *Moabe* parece significar "do pai", ou seja, uma alusão a como esse povo começou, como descendentes de Ló e sua filha mais velha, ver Gênesis 19.30-37. Isso ocorreu em cerca de 2055 a.C. Tanto os descendentes de Ló e sua filha mais velha quanto o território onde eles habitavam, tornaram-se conhecidos por esse nome. Eles eram os *moabi* (moabitas). O filho de Ló, que ele teve com sua filha, nasceu nas colinas acima de Zoá, aparentemente em um ponto que, posteriormente, se tornou a parte sul do território de Moabe. A Septuaginta provê uma glosa explicativa sobre o nome, "dizendo, do meu pai", o que pode refletir uma explicação existente no texto hebraico original, que terminou não fazendo parte do texto massorético padrão. Ver sobre o *Texto Massorético*.

II. Situação Geográfica. A parte principal do território moabita era o planalto existente a leste do mar Morto, entre os rios Arnom e Zerebe, embora uma área ainda maior que essa estivesse incluída no nome Moabe, a maior parte de sua história. Esse planalto fica a uma média de 1300 m acima do nível do mar Morto. O território, de norte a sul, tinha pouco mais de 96 quilômetros de extensão. E de leste a oeste, tinha apenas cerca de quarenta quilômetros. Em tempos de guerra, esse território, já tão pequeno, ainda era mais drasticamente reduzido. As regiões costeiras de Moabe contavam com férteis e baixas terras aráveis, mas profundas gargantas e porções de terra árida, a leste, que iam dar no deserto, limitando muito a agricultura. A pequenez desse território e suas limitações naturais significavam que nas épocas em que a população ficava mais densa, era mister aproveitar todas as terras capazes de cultivo. A agricultura processava-se lado a lado com a criação de ovelhas. As melhores porções do território contavam com mananciais perenes, e assim eram bem regadas.

Áreas de Moabe e seus nomes. **1**. O campo de Moabe (Rt 1.1,2) era aquela área delimitada, ao norte, pelo precipício do Arnom; a oeste pelos íngremes rochedos que se elevam, quase perpendicularmente, das margens do mar Morto; ao sul e a leste por um semicírculo de colinas que são interrompidas somente pelo rio Arnom e por uma outra torrente que deságua no mar Morto. **2**. A terra de Moabe, o campo aberto que vai do rio Arnom, ao norte, até às colinas de Gileade. **3**. A planície de Moabe (ver Nm 22.1), o distrito de terras baixas, nos baixios tropicais do vale do rio Jordão.

III. FONTES DE INFORMAÇÃO

1. A Bíblia. Contamos com bem parca informação dada sobre os moabitas, da parte deles mesmos. Nossas principais fontes de informação são os registros de povos vizinhos, a Bíblia e a arqueologia moderna. As evidências indiretas tendem por ser inexatas, visto que usualmente derivam-se de guerras, que distorcem a realidade. Seja como for, a Bíblia é nossa principal fonte informativa sobre esse povo, visto que, desde os dias de Abraão, eles estiveram intimamente associados a Abraão. Não há que duvidar que os israelitas viam os moabitas de forma essencialmente negativa, mesmo porque pensavam na origem incestuosa deles (ver Gn 19.30-38), sem falar no fato de que houve uma hostilidade quase constante entre Israel e Moabe. Isso se evidenciou desde o começo. Após o êxodo, convinha a Israel atravessar o território moabita, pela *estrada do rei*, mas os moabitas negaram permissão (ver Nm 20.19). A Moisés, o Senhor não deu permissão de atacar os moabitas (ver Dt 2.9), pois o Senhor reservara aquela terra para os filhos de Ló, como possessão. Assim, apesar de haver hostilidades, aos moabitas o Senhor conferiu certa medida de proteção, pelo menos durante os primeiros séculos. Entretanto, de Moisés em diante, os moabitas foram excluídos de participar em Israel, apesar de sua herança ancestral próxima (ver Dt 23.3-6; Ne 13.1).

Foi Balaque, rei de Moabe, quem convocou a ajuda de Balaão a fim de amaldiçoar o povo do Israel (Nm 22.1 *ss.*; Js 24.9). E, apesar de tal maldição não ter sido permitida, os israelitas foram um tanto debilitados na ocasião, por parte dos moabitas e midianitas pagãos, que tiraram vantagem dos varões israelitas tradicionalmente fracos, atraindo-os à relações sexuais ilícitas e daí, a uma conduta idólatra. Na época dos juízes de Israel, os moabitas, durante algum tempo, graças aos esforços de seu rei, Eglom, governaram os israelitas durante dezoito anos. Israel só foi libertada desse jugo quando Eúde, um juiz benjamita, matou o rei Eglom (ver Jz 3.12-30).

Rute, a moabita, oferece uma interessante distorção na história. Elimeleque, de Belém, havia migrado para o território de Moabe com sua esposa e seus dois filhos. Os rapazes, subsequentemente, casaram-se com jovens moabitas, Orfa e Rute. Morreram afinal Elimeleque e seus dois filhos, ficando vivas somente a esposa daquele, Noemi, e suas noras. Rute resolveu acompanhar sua sogra ao território de Israel, e, com a passagem do tempo, casou-se com Boaz, descendente de Judá. Destarte ela tornou-se antepassada do rei Davi e passou a fazer parte da árvore genealógica de Jesus, o Cristo (Rt 4.18-22; Mt 1.5).

Nos governos de Saul e Davi prosseguiram as hostilidades entre Israel e Moabe, embora essas questões fossem pequenas, em relação a outras dificuldades enfrentadas pelos israelitas. Os moabitas foram derrotados por Saul (14.47). Davi deixou seus pais em território moabita, a fim de protegê-los, enquanto fugia de Saul (ver 1Sm 22.3,4). Ao tornar-se rei, Davi derrotou aos moabitas, forçando-os a pagarem tributo (2Sm

MOABE

8.2,11,12). Salomão, que tanto gostava de mulheres, naturalmente teve ao menos uma mulher moabita (ver 1Rs 11.1,7). Mas isso envolveu-o na idolatria, pois, entre os lugares altos por ele edificados, havia um em honra a Camos, uma divindade moabita (ver 1Rs 11.7; 2Rs 23.15). Após a morte de Salomão, os moabitas tiveram oportunidade de libertar-se do jugo israelita. Nos tempos de Onri, rei da nação do norte, Israel conseguiu subjugar novamente os moabitas (cerca de 885 a.C.).

Moabe rebelou-se novamente durante o reinado de Acabe (874-853 a.C.). O filho de Acabe, Jeorão, aliou-se a Josafá, de Judá, tentando abafar a revolta moabita; mas sem sucesso (ver 2Rs 1.1; 3.4-27).

Hazael, rei de Arã, conquistou territórios moabitas até então em mãos de Israel (2Rs 10.32,33). Os moabitas lançaram vários ataques contra Israel, nos últimos meses da vida de Eliseu (2Rs 13.20). Parece que a expansão israelita, nos tempos de Jeroboão II (782/781-753 a.C.), incluiu certas porções do território de Moabe (2Rs 14.25). O profeta Amós (2.1-3) havia predito essa perda territorial de Moabe, devido a crimes notáveis cometidos pelos moabitas.

Os assírios sujeitaram os moabitas, na porção final do século VIII a.C., segundo se vê nos capítulos 15 e 16 do livro de Isaías. Mas, quando o poder assírio entrou em colapso, os moabitas ficaram livres de novo. Grupos de moabitas armados continuaram atacando Israel, nos dias do Jeoaquim (609-597 a.C.) (2Rs 24.2). Quando caiu a cidade de Jerusalém, alguns judaítas fugiram para Moabe, e então, retornaram para ali, quando Gedalias tornou-se governador temporário da região (ver Jr 40.11). Após o cativeiro babilônico, os moabitas continuaram como uma raça distinta (Ed 9.1; Ne 13.1,23). Porém, houve várias predições proféticas sobre como os moabitas seriam julgados por Deus. (Ver Is 25.10-12; Jr 9.26; 25.31; 27.3; Ez 25.8-11; Am 2.1-3; Sf 2.8-11).

2. Fontes Informativas Não Bíblicas. A maior descoberta arqueológica atinente a Moabe, foi a estela do rei Mesa, encontrada em Dhiban (Dibom), em 1868. Essa estela tornou-se conhecida como Pedra Moabita. Ela comemora a revolta de Mesa contra Israel e a reconstrução de várias importantes cidades moabitas. Mas essa pedra tornou-se particularmente importante por ser a única fonte que nos permite compreender algo da linguagem moabita, além de fornecer-nos algumas informações interessantes. Geralmente ela é datada como pertencente a meados do século IX a.C. Há um artigo separado sobre esse monumento, intitulado *Moabita, Pedra*.

Outra inscrição antiga foi achada em Dhiban, que foi publicada em 1952. Mas essa consiste em um pequeno fragmento (de uma pedra maior), contendo poucas informações, excetuando que mostra que a Pedra Moabita não foi um registro histórico isolado entre os moabitas.

A chamada *Estela Balu'ah*, encontrada em 1930, a 24 quilômetros ao norte de Kir-Haresete, exibia uma inscrição em mau estado de conservação, devido à antiguidade e à ação das intempéries. Albright atribuiu-a ao período mais antigo da era do Bronze. Entretanto, um outro estudioso, Drioton, calculou ser ela muito mais antiga, pertencente ao século XII a.C. É possível que os elamitas, que migraram para o território de Moabe, tivessem sido os preparadores dessa estela, e não os próprios moabitas, que chegaram mais tarde e absorveram povos que ali já habitavam. A natureza indecifrável dessa inscrição significa que ela nada tem adicionado ao nosso conhecimento acerca do território de Moabe e os povos que ali habitaram ao longo dos séculos.

3. Textos em Escrita Cuneiforme. Temos algumas informações acerca de Moabe através de textos assírios, visto que os dois povos tiveram algum contato hostil. Eles chamavam Moabe de *amurru*. Apesar de essas informações totais serem menos do que nos dá o Antigo Testamento, é significativo que esse material fala sobre um maior número de reis moabitas do que se lê na Bíblia. Escavações em Ninrode encontraram cartas que abordam questões na Síria e na Palestina. Um ataque contra Moabe por parte de certa tribo (provavelmente beduínos) é mencionado, e que teve lugar perto dos fins do século VIII a.C. Alguma informação das relações entre Moabe e a Assíria deriva-se dos anais de reis assírios, como Assurbanipal, Senaqueribe e Esar-Hadom.

Os escritos egípcios fazem um silêncio quase total quanto a Moabe. Dibom (no egípcio, *tpn*) é mencionada em uma lista de cidades, preparada por Tutmés III. Essa relação foi encontrada no templo de Amom, em Carnaque. Visto que essa lista mostra que esse lugar ficava localizado no Alto Retenu, sem dúvida está em foco o atual Tell Dibbin. Vários tabletes, grafites, ostraca e fragmentos de papiro, descobertos em Sazzara, em 1926, contêm alguma referência aos moabitas.

4. Literatura Judaica Não Canônica. O trecho de Eclesiástico 36.10 preserva a atitude hostil de Israel contra Moabe, desejando que fossem esmagadas as cabeças de seus príncipes. O livro de Judite menciona Moabe por cinco vezes, embora sem dizer nada de valor histórico. Josefo também preservou algumas poucas informações (*Anti.* 10.9,7), como a destruição da cidade de Amom pelas tropas babilônicas de Nabucodonosor.

IV. INFORMES HISTÓRICOS. A contribuição bíblica essencial ao nosso conhecimento sobre a história de Moabe foi dada na terceira seção, acima. Damos aqui um esboço dos eventos essenciais: **1. 6000-4500 a.C.** Algumas informações esparsas, pré-bíblicas, são-nos dadas a respeito de Moabe, derivadas desse arcaico período, sob a forma de *menhirs* (grandes pedras eretas, em fileiras ou círculos) e *dólmens* (câmaras de pedra feitas com maciças lajes de pedra). Podemos apenas conjecturar quanto ao significado desses momentos. Eles remontam ao período neolítico. **2. 2200-1900 a.C.** Começo da era do Bronze e era do Bronze Média. As evidências mostram uma densa ocupação de Moabe, durante esse período. Havia cidades fortificadas e rotas de caravanas que atravessavam a Transjordânia, do norte para o sul. A agricultura desenvolveu-se. Estava em uso uma cerâmica primitiva. Foi durante esse período que Quedorlaomer marchou até El-Parã, em Edom (Gn 14.5-7), deixando destruição e ruínas em sua passagem. Talvez tenha sido aí que houve a destruição dos *emins*, um grupo do gigantes *refains* que ocupavam territórios moabitas antes mesmo dos moabitas (ver Dt 2.10,11). No entanto, o período de 1900 a 1300 a.C. foi um tempo de esparsa população em Moabe, pelo menos na porção ao sul do ribeiro do Jaboque. Foi durante esse tempo que ocorreu a invasão dos amorreus, quando prevaleceu, ao que tudo indica, a vida nômade. No período anterior ao êxodo, o território de Moabe era ocupado, contando com aldeias até cerca de 1850 a.C. Seus descendentes encontraram ali uma população indígena, misturando-se com aquela gente por casamento. Quatro reis vindos do Oriente invadiram as terras moabitas, e destruíram o povo de Savé-Quiriataim (ver Gn 14.5). Essas perturbações contribuíram para o abandono das aldeias, e daí por diante a vida nômade ou seminômade tornou-se a regra entre os moabitas. **3. 1300 a.C.** Diversos reinos apareceram durante a idade do Ferro, pouco antes dessa data. Entre esses estava o reino de Moabe. Esses povos eram agrícolas e pastoris, mas conseguiram deixar notáveis exemplos de arquitetura, peças de cerâmica e artefatos de metal. Os moabitas acabaram adquirindo total domínio sobre aquela região, e ocuparam o planalto principal e áreas ao norte do rio Arnom, destruindo as fortificações de outros povos. (Ver Dt 2.10,11,19-21). Esses territórios foram compartilhados pelos amonitas, um povo intimamente relacionado aos moabitas, pois também eram descendentes de Ló e sua filha mais jovem.

Pouco antes da saída de Israel do Egito, os amorreus conseguiram dominar aos moabitas. Seom, rei dos amorreus, ocupou as terras ao norte do rio Arnom. Em seguida, veio o incidente da recusa de Moabe à passagem do povo de Israel por seu território (após o êxodo; ver Jz 11.17). Os moabitas não deveriam ser atacados por Moisés, apesar da hostilidade deles (Dt 2.9) contra os israelitas; mas, daquele tempo em diante, foram excluídos de Israel e seus benefícios (ver Dt 23.3-6; Ne 13.1). Isso leva-nos ao ponto da história bíblica que demos na terceira seção, primeiro ponto, acima.

V. PROFECIAS E RESPEITO. Um exame da história de Moabe, no tocante a seus vizinhos, incluindo Israel, mostra-nos que praticamente a única coisa registrada eram suas guerras. Podemos supor, entretanto, que havia outros tipos de acontecimentos entre aquele povo. Seja como for, a alienação entre Moabe e Israel ocorreu desde quase o começo (o incidente com Moisés, após o êxodo), e desde então quase nada mais se encontra senão uma crônica de hostilidades. Era apenas natural, pois, que os profetas de Israel tivessem feito de Moabe um alvo especial. Damos uma lista de predições de condenação no ponto III.1, último parágrafo. Nos capítulos 15 e 16 do livro de Isaías encontramos a *sentença* de Isaías contra Moabe. Essa predição fala sobre a queda de Moabe, e a redução de um povo arrogante a um débil remanescente. Jeremias (cap. 28 de seu livro), cerca de 140 anos mais tarde (cerca de 600 a.C.), reiterou, essencialmente, os sentimentos expressos por Isaías, embora dando um laivo de esperança para os moabitas, em Jeremias 48.47. Moabe era um povo arrogante e opulento, mas forças hostis, como a dos assírios e a dos babilônios, poriam fim a tudo. Sofonias dirigiu uma diatribe contra os moabitas e amonitas, em face da hostilidade deles contra Israel. Jeremias (27.3) falou contra Edom, Moabe, Amom, Tiro e Sidom, e advertiu Judá a não resistir a Nabucodonosor, porquanto Deus estava por detrás de sua autoridade, usando os babilônios como medida disciplinadora.

VI. LÍNGUA E RELIGIÃO DOS MOABITAS
Língua. O único material de qualquer valor especial sobre o idioma falado pelos moabitas acha-se na chamada Pedra Moabita. Ver sobre *Moabita, Pedra*. As letras ali constantes ilustram o desenvolvimento da escrita cananeia durante a porção final do século IX a.C. A gramática dessa língua encerra elementos que também figuram no ugarítico, no fenício, no aramaico e no árabe. Muitos elementos do hebraico aparecem em suas formas gramaticais. As palavras eram divididas por pontos, o que também era feito por outros povos. As letras vogais eram a exceção, e não a regra. Via de regra, podemos dizer que, apesar dos empréstimos feitos de outros idiomas, a língua moabita era, essencialmente, um dialeto do hebraico.

MOABITA (PEDRA)

Religião. A divindade nacional dos moabitas era *Camos* (vide). Ele é mencionado (em Nm 21.29; Jz 11.24; 1Rs 11.7,33; 2Rs 23.13; Jr 48.7,13,46). A Pedra Moabita mostra que os moabitas referiam-se a essa sua divindade mais ou menos da mesma maneira como os israelitas falavam sobre *Yahweh*. Ele era um deus de ira, que julgava e abandonava o seu povo quando eles não viviam corretamente, apesar de seu verdadeiro desejo ser abençoá-los e salvá-los. Ritos foram criados para sua adoração, e ele tinha muitos lugares altos (santuários) onde o seu culto era promovido. Não deveríamos pensar, porém, que a sua importância era tão grande ao ponto de eliminar o politeísmo e a idolatria. O trecho de Números 25.2 menciona especificamente os *deuses* que as mulheres moabitas fizeram o povo de Israel adorar. Baal era a principal divindade venerada pelos moabitas.

As evidências arqueológicas mostram que havia um elo entre as formas religiosas dos moabitas e as dos cananeus. Ritos são mencionados na história de Balaão (ver Nm 22.40; 23.1-4; 24.1-5), onde é clara a semelhança com os cultos cananeus. Figurinhas de cerâmica, representando divindades masculinas, mostram a extensão da idolatria dos moabitas. A deusa Astarte era uma divindade feminina favorita dos moabitas. Uma outra divindade feminina era Istar-Camos, mencionada na Pedra Moabita. Figurinhas de animais, em cerâmica, poderiam ter servido de pedestais para as imagens de deuses e deusas. A deusa-mãe era adorada em conexão com o culto a Camos. Alguns pensam que a Estela de Balu'ah mostra que essas duas divindades eram adoradas quando as tribos moabitas entraram pela primeira vez no território que veio a tornar-se conhecido como Moabe.

Evidências em prol de uma casta sacerdotal bem desenvolvida (contrastando com o culto de Israel), não têm sido encontradas. Talvez o rei moabita também atuasse como uma espécie de sumo sacerdote, não se sentindo assim a necessidade de qualquer hierarquia de líderes religiosos. É verdade que os reis cananeus de modo geral possuíam poderes religiosos e serviam como sacerdotes, e isso também pode ter sido o caso dos reis moabitas. O trecho de Números 23.1,14,29 ilustra a existência de sacrifícios de animais entre os moabitas: touros e carneiros estavam entre esses animais. Representações desses animais, em cerâmica, também têm sido encontradas em Khirbet el-Medeiyineh e Salijeh. Todavia, até agora não se encontrou qualquer altar para incenso. Os despojos de guerra (chamados *herem*) eram dedicados aos deuses. Pessoas capturadas eram executadas, até mesmo cidades inteiras, para nada dizer sobre guerreiros aprisionados—barbaridades essas que os moabitas julgavam ser necessárias para aplacar a ira dos deuses da guerra. Como é óbvio, os hebreus compartilhavam de algumas dessas ideias, sendo evidente, pelos relatos do Antigo Testamento que mostram o que sucedia a povos que se saíam perdedores. (ALBR AM BAL ND UN Z ZY)

MOABITA, PEDRA

1. Descrição. Essa pedra, uma estela do rei Mesa, de Moabe, é um bloco de basalto negro, cujas medidas aproximadas são de 112 cm de altura por 69 cm de largura. De espessura, ela tem cerca de 35 cm Sua base é quadrada, e o alto é arredondado. Sua inscrição consiste em 34 linhas em caracteres hebreu-fenícios, com um original calculado em 1.100 letras.

2. Descoberta. Essa pedra foi encontrada a 19 de agosto de 1868, pelo Rev. F. Klein, um missionário alemão que trabalhava com a *Sociedade Missionária Igreja*. Um xeque árabe, de nome Zattam, foi quem chamou a atenção dele para o antigo monumento. Imediatamente Klein reconheceu a importância potencial da pedra e deu notícia a respeito ao dr. Ptermann, o cônsul alemão, que passou a entabular negociações para obtê-la para o Museu de Berlim. C.S. Clermont-Ganneu, do consulado francês, também tentou obtê-la para o Museu de Paris. Enviou mensageiros que, ao trabalharem com a pedra, acabaram quebrando-a. O interesse fez os árabes pressentirem a grande importância do achado, o que acabou provocando o desastre.

3. Destruição. Os árabes resolveram quebrar a pedra, supondo que em pedaços ela valeria bem mais do que em uma única peça. As peças pequenas poderiam ser usadas como amuletos de boa sorte, e que apareceriam muitos compradores para as mesmas. Subsequentemente, Clermont-Ganneau conseguiu recuperar diversos fragmentos da pedra, que foi então reconstituída em parte. Calcula-se que dentre uma inscrição original de cerca de 1.100 letras, 669 delas foram assim recuperadas. Isso representa cerca de dois terços do original, bem como a maior parte da mensagem inscrita na pedra. Além disso, uma impressão da pedra original fora obtida antes de ela ser partida em pedaços, o que ajudou extraordinariamente a reconstituição da inscrição.

4. A Mensagem. A Pedra Moabita fala sobre a revolta de Mesa, rei de Moabe, contra os israelitas, sendo assim um documento paralelo ao trecho de 2Reis 3.4 *ss*. essa inscrição é datada pelos estudiosos em 850 a.C. É o mais extenso exemplo de escrita hebreu-fenícia. Além de ser um paralelo daquele trecho do Antigo Testamento, narra também as guerras de Mesa contra os idumeus, e, incidentalmente, fornece-nos alguma informação sobre a religião dos moabitas, conforme foi mencionado no artigo *Moabe, Moabitas*, ponto sexto, *Língua e Religião dos Moabitas*. O idioma dessa inscrição é, essencialmente, um dialeto do hebraico. Isso serve de prova do fato de que os moabitas eram aparentados dos israelitas, quanto à raça e quanto ao idioma que falavam, e que seus antepassados haviam adotado a antiga língua de Canaã. E as semelhanças vão além da mera língua, pois também há similaridades de expressão e de formas de pensamento.

Elementos: *a*. Essa inscrição é um paralelo próximo na história do rei Mesa, conforme está registrado em 2Reis 3.4-27, embora contenha suplementos e outro material informativo. *b*. Mesa é chamado ali tanto rei de Moabe quanto filho de Camos. Seu pai governou Moabe durante trinta anos. Mesa desvencilhou-se do jugo israelita, e honrou ao deus Camos pela suposta ajuda desse deus, edificando-lhe um lugar alto. Esse lugar ficava em *Caró* (QRHH). Ele diz ali que Moabe fora dominada pelo rei Onri, devido ao julgamento de Camos contra os moabitas, devido à conduta deles. Onri e Acabe haviam dominado Moabe por um total de 40 anos. Mas foi Mesa quem conseguiu libertar os moabitas. O relato subentende que isso sucedeu antes da morte de Acabe, entrando em choque com o trecho bíblico de 2Reis 1.1, que afirma que essa revolta moabita deu-se após a morte de Acabe. Porém, por que nos perturbaríamos diante de minúsculos detalhes como esse? Essas pequenas discrepâncias, reais ou não, nada têm a ver com a fé religiosa. Talvez o controle de Acabe sobre os moabitas tenha diminuído bastante, embora não completamente, antes de sua morte, e que os moabitas foram obtendo sua liberdade apenas gradualmente, completando-se após o falecimento daquele rei de Israel. Portanto, torna-se uma questão meramente subjetiva dizer quando, *exatamente*, ocorreu a libertação dos moabitas. *c*. Várias cidades teriam sido edificadas pelos moabitas, entre as quais Baal-Meom, Bezer, Medeba, Bete-Diblaten e Bete-Baal-Meom. A captura de Atarote (edificada pelos israelitas) também é mencionada. Homens gaditas foram aprisionados e muitos dentre eles foram mortos. Nebo foi conquistada. Atrocidades foram cometidas, e atribuiu-se tudo isso às exigências das divindades, como sempre. Foi o trabalho escravo, prestado por israelitas, que construiu muralhas, cisternas, portões, torres e o palácio do rei. Foi construído um caminho elevado no vale do rio Arnom. *d*. Transparecem elementos da crença religiosa como a ideia de que o poder divino que envia homens à guerra, que abençoa aos homens em face das destruições que causam, que julga enviando inimigos que destroem aqueles que não o agradam, que se agrada diante do culto prestado pelos homens nos lugares altos. Destarte, é apresentada, na Pedra Moabita, uma visão verdadeiramente teísta da divindade, embora corrompida pelo fato de que os homens concebem divindades de acordo com a mentalidade deles. *Yahweh* é mencionado, como o paralelo hebreu de Camos. A total destruição de cidades, com atrocidades acompanhantes, agradaria aos deuses, se pudermos acreditar nas palavras dos homens. **e. Estilo e Escrita**. O estilo dessa inscrição assemelha-se às narrativas do Antigo Testamento, o que demonstra que havia coincidência de maneiras de pensar e de expressar, bem como quanto a certas crenças básicas, entre os israelitas e os moabitas. (AM DRI (2) UL (2) UN Z)

MOBILIÁRIO. Ver o artigo geral sobre *Casa*.

A palavra hebraica *Keli*, usada em conexão com o mobiliário, significa "qualquer coisa feita", pelo que tem muitas aplicações, incluindo aquilo que chamamos de *móveis*. Refere-se a instrumentos, objetos, utensílios, vasos e todos os tipos de móveis usados em uma casa. Os implementos do templo de Jerusalém, seus utensílios, também são aludidos por meio dessa palavra. Assim, temos o altar dos holocaustos, o lavatório, a mesa dos pães da proposição, o candeeiro de ouro, o altar do incenso, a arca, o propiciatório (ver Êx 26.9; 31.9, 39.33; 40.9), onde, nas traduções, também encontramos vocábulos que indicam instrumentos e vasos que se referem a esses itens. Em Gênesis 31.34, a alusão é a uma "sela", embora algumas traduções digam ali "móveis", o que constitui um equívoco.

A palavra em questão pode indicar todo tipo de móveis domésticos, embora também sejam usadas outras palavras hebraicas. Na Palestina dos tempos bíblicos, tal como nos tempos modernos, esses móveis ou utensílios ou eram riquíssimos ou eram os mais simples, ou então um meio termo, dependendo das posses materiais das pessoas. Eram usadas cortinas, tecidas à mão, separando os aposentos dos homens e das mulheres. Os pobres dormiam no chão, ou sobre colchões bem finos; os ricos contavam com leitos, alguns deles elaboradamente trabalhados e decorados. Os pobres tinham poucos móveis em suas casas, empregando tapetes postos sobre o chão de terra batida, para ali se sentarem. Alguns até comiam sobre tais tapetes, por não contarem com mesas ou divãs. Bancos toscos de madeira serviam de cadeiras. No caso de pessoas abastadas, as coisas eram diferentes. Essas tinham móveis luxuosos, algumas vezes decorados com marfim ou metais preciosos. O profeta Amós denunciou os ricos de Samaria, que se deitavam preguiçosamente sobre seus leitos e divãs de marfim (Am 3.12; 6.4), cujas refeições eram excelentes e tomadas com vagar. A preocupação com residências luxuosas sempre foi considerada um vício. Até mesmo hoje em dia cristãos supostamente espirituais, ocupados no trabalho ministerial, preocupam-se em demasia com as riquezas materiais que são capazes de amealhar. As residências tornam-se depósitos de ostentação, contendo coisas luxuosas que as pessoas reúnem. E o dinheiro que deveria ser usado para finalidades espirituais é desperdiçado em tais coisas.

Os Móveis nos Símbolos dos Sonhos e das Visões. **1. Cama, colchão**. Casamento, sexo ou condições específicas que surgem, usualmente com algum sentido negativo, como na expressão: "Ele fez a sua cama". Sair da cama significa escolher o próprio caminho em algum empreendimento ou esforço. **2. Tapetes**. Esses representam as mulheres, por causa das várias formas e decorações existentes nos tapetes, que relembram as mulheres. **3**. Qualquer objeto dos móveis e utensílios de uma casa, que proveem um local fechado, como uma copa, pode representar uma mulher ou o sexo. Um armário pode indicar, especificamente, a vagina, embora também possa referir-se a uma *mente fechada*, cheia de sigilos. **4**. Uma mesa pode indicar um altar, ou algum sacrifício. O altar dos sacrifícios, em alguns contextos, pode referir-se a uma mulher que é sacrificada caprichosamente, ou para beneficiar ao homem. **5**. Os móveis em geral, pertencentes a uma casa, podem indicar o conteúdo do corpo, ou podem referir-se ao *conhecimento em geral*, visto que a pessoa decora a sua mente com bons conhecimentos.

MOEDAS. Ver o artigo geral sobre *Dinheiro*.

MOER

Grãos foram reduzidos a farinha por diversos processos de moer. Um deles era o uso de animais para girar pesadas rodas entre as quais os grãos eram moídos. Existiam também pequenos moinhos operados à mão. A pedra colocada em cima tinha um buraco perfurado e através dela os grãos eram derramados. Grandes moinhos foram, frequentemente, propriedade comunal (ver Mt 12.41 e Mc 9.42. Ver também sobre *Moinho*).

Usos metafóricos. **1**. Quando os moinhos param de girar e um silêncio toma conta do lugar, desolação está presente, representando o julgamento de Deus, Jeremias 25.10, Apocalipse 18.22. **2**. O julgamento de Deus, através de Cristo, é representado pelo moinho que reduz os grãos a farinha, Mateus 21.44. **3**. Moer os rostos dos pobres significa oprimi-los, Isaías 3.15. **4**. Se uma esposa moer por outro (não o marido), isto significa que ela ficou uma escrava do outro e sua propriedade, Jó 31.10.

MOINHO, PEDRA DE MOINHO

1. Referências Bíblicas. Quanto a moinhos (Êx 11.5; Mt 24.41. Quanto a pedras de moinho: Dt 24.5; Jz 9.53; 2Sm 11.21; Jó 41.24; Is 47.2; Jr 25.10; Mt 18.6; Mc 9.42; Lc 17.2; Ap 18.21,22).

2. Tipos de Moinho. Um dos tipos de moinho portátil consistia simplesmente em duas pedras, uma que servia de base fixa, e outra que ficava por cima da primeira. A pedra base media cerca de 80 cm de comprimento e a metade disso na largura. Era levemente côncava, com uma das extremidades mais espessa do que a outra. A pedra móvel tinha de 15 cm a 40 cm de comprimento, com alguma saliência nas extremidades, para que a pessoa pudesse manejá-la. Era esfregada para a frente e para trás sobre os grãos postos sobre a pedra base. O processo não era muito eficiente, pois apenas uma pequena porção de cereal era moída de cada vez. Algumas pedras superiores tinham um cabo, o que permitia melhor manejo. Uma perfuração no meio dessa pedra superior permitia que a pessoa fosse derramando grãos de cereal, o que apressava o processo da moagem. Outro tipo, realmente primitivo, consistia em uma pequena pedra que a pessoa podia segurar com uma das mãos, esfregando-a sobre o cereal, posto sobre uma pedra maior. Essa pedra superior, cujo peso podia ser dominado por uma mulher, era do tipo que matou Abimeleque, quando caiu sobre o seu crânio (ver Jz 9.53; ver também 2Sm 11.21). As pedras menores podiam ser manuseadas por uma só pessoa, mas as maiores já requeriam duas.

Moinhos desse tipo cru têm sido encontrados pelos arqueólogos, pertencentes a tempos tão remotos quanto os tempos neolíticos. Mas, na era do Ferro surgiu um moinho mais sofisticado, que envolvia um cabo na pedra superior, conforme foi descrito acima. Mesmo assim, a farinha de cereal derramava-se no chão, e a mulher que fazia a moagem precisava recolhê-la dali (ver Êx 11.5; Mt 24.41). Geralmente, o trabalho de moagem era deixado ao encargo das mulheres, mas os prisioneiros também eram forçados a cumprir tal tarefa, talvez como uma medida de humilhação (Is 47.2; Lm 5.13; Mt 24.41).

Todavia, havia moinhos rotativos, com pedras por demais grandes e pesadas para que seres humanos pudessem fazê-las girar. Animais eram usados para fazer girar essas pedras, para o que eles caminhavam em círculos. Algumas vezes, porém, pessoas eram obrigadas a fazer girar essas pedras maiores, conforme se deu no caso do cativo Sansão (Jz 16.21). Prisioneiros, algumas vezes, eram mantidos presos nos moinhos, que lhes serviam de cárcere, e onde também trabalhavam. Pedras de moinho revolvidas por animais podiam ter nada menos do que um metro e meio de diâmetro. Esse tipo de moinho era usado para moer o grão para clãs ou comunidades inteiras.

3. Lições Morais e Metafóricas dos Moinhos. *a*. Ofender a um novo convertido a Cristo é uma ofensa séria. Cristo ensinou que seria melhor se o ofensor morresse afogado (ver Mt 18.6). Uma "grande pedra de moinho" (literalmente, "moinho de jumento", porque usualmente esse era o animal empregado para fazer tal pedra girar) deveria ser atada ao pescoço do ofensor, e lançada ao mar. De conformidade com Jerônimo, os judeus da Galileia, às vezes, usavam essa modalidade de afogamento como pena capital, mas diversos intérpretes negam a veracidade dessa observação. É perfeitamente claro, contudo, pelo que se pode observar da história antiga, que os romanos e outros povos, incluindo os gregos usavam esse método de execução (ver *Diod. Sic.* 15.1,35). *b*. A absoluta necessidade de uma família ter um moinho pequeno para a produção do pão diário, fez com que a legislação mosaica (ver Dt 24.6) proibisse que tal pedra fosse dada como garantia por uma dívida assumida. Essa era uma provisão moral que visava proteger aos pobres que tinham poucas possessões materiais e não podiam sofrer a perda daquelas coisas que eram realmente vitais à continuação da vida. *c*. A *cessação* do constante ruído do moinho era sinal de desolação e de morte (ver Jr 25.10; Ap 18.22). *d*. Os dentes da pessoa são comparados a um moinho (ver Ec 12.4). *e*. O trabalho no moinho é, ao mesmo tempo, um labor cansativo, tedioso, mas necessário e fundamental. *f*. A retribuição divina pode ser comparada a um moinho, quando visto nos sonhos e nas visões. Dessa circunstância é que surgiu aquele dito popular: "Os moinhos de Deus moem lentamente, mas moem fino". Em outras palavras, a retribuição divina pode parecer lenta, mas cobra ate o último centavo. Graças a Deus, o mesmo se dá com as bênçãos divinas.

MOISÉS

I. Nome, Linhagem e Família Imediata. A palavra portuguesa Moisés é transliteração da forma grega (*Mouses*), que, por sua vez, é transliteração do hebraico, *Mosheh*. A derivação e o significado desse nome não são conhecidos com certeza, embora várias conjecturas possíveis tenham sido apresentadas. Talvez sua raiz seja a palavra hebraica *mashah* (ver 2Sm 22.17), que indica a ideia de "extração de água". Naturalmente, isso referir-se-ia ao fato de que, na tenra infância, Moisés foi salvo de morrer afogado no rio Nilo, pela mulher egípcia que o recolheu dali. Talvez também esteja em foco a combinação dos termos egípcios *MS*, "criança" e *mw-s*, "filho da água", evidentemente, um antigo jogo de palavras que não é inteiramente claro para nós. O nome ocorre por cerca de 750 vezes no Antigo Testamento, embora nenhuma outra explicação nos seja dada.

Se essas conjecturas estão com a razão, então a história de Moisés começa com o seu próprio nome, referindo-se à providência divina, que garantiu a sua sobrevivência, em um tempo em que, por ordem do Faraó, rei do Egito, estavam sendo mortas por afogamento todas as crianças do sexo masculino que nasciam aos israelitas, a fim de que o povo de Israel não viesse a tornar-se uma ameaça para o Egito, em virtude da multiplicação de seu número. Mas, o que sucedeu a Moisés, em certo sentido ocorre também à vida humana e a cada indivíduo em particular, porquanto há um desígnio divino em cada caso, embora nem sempre fiquem claros os princípios em atuação, e embora algumas manifestações da providência divina sejam realmente estranhas.

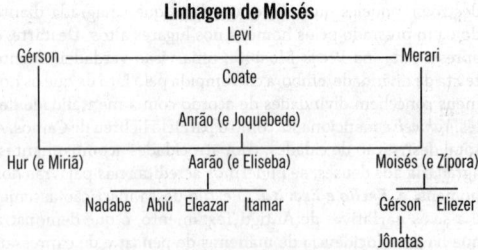

Linhagem de Moisés

Família Imediata de Moisés. Moisés pertencia à tribo de Levi, e era filho de Anrão e sua esposa, Joquebede. Os outros membros de sua família imediata eram Aarão e Miriã, seu irmão e sua irmã, mais velhos do que ele. Por meio de sua esposa, Zípora (filha de um sacerdote midianita), Moisés teve dois filhos, Gérson e Eliezer. Moisés nasceu em cerca de 1520 a.C. De acordo com Meneto (conforme Josefo informa-nos, em *Ap.* 1,26; 2,2), ele nasceu em Heliópolis, no Egito. Além disso, ainda de acordo com Josefo (*Anti.* 2.9,2-4), o nascimento de Moisés fora predito por mágicos egípcios, porquanto as coisas haveriam de modificar-se radicalmente por causa dele. Josefo, em acréscimo, diz que o pai de Moisés teve um sonho muito significativo, referindo-se ao seu nascimento e à sua grandeza. Poucas coisas são mais comuns, na existência humana, do que sonhos de conhecimento prévio, no tocante a pessoas que tenham alguma grande tarefa a cumprir, mormente líderes religiosos importantes.

II. Visões Críticas sobre Moisés. Grosso modo, podemos dizer que os críticos literários e historiadores do século XIX tendiam por duvidar da validade das tradições bíblicas acerca de Moisés. Alguns não admitiam mais do que ele foi uma figura histórica. Todavia, no século XX, a maioria dos eruditos e críticos concorda com a exatidão essencial do registro bíblico, ou, pelo menos, com o "âmago de historicidade", embora com alguns adornos lendários, segundo pensam.

O que dizemos em seguida, fornece-nos um leque dessas ideias: Antes de tudo, é difícil precisar datas. Há quem situe Moisés tão tarde quanto 1350-1250 a.C., mas também há quem fale em 1520 a.C. A maior parte dos críticos nega que Moisés possa ter sido o autor do Pentateuco, ou pelo menos, da maior parte do volume desses cinco livros, embora ele possa ter sido uma das fontes do Pentateuco. Assim, há afirmativas como aquela que diz que Moisés foi o "reputado autor" do Pentateuco e da *lei oral* (vide) do judaísmo, e que, "tradicionalmente", ele foi o famoso legislador do monte Sinai. Embora, sem dúvida alguma, ele tenha sido uma figura histórica, não há registros contemporâneos de sua vida (segundo dizem os críticos), que tenham sobrevivido até os nossos dias. Naturalmente, se ele não foi o autor do Pentateuco, não há sobre ele outros registros; mas, por outra parte, não há dúvidas quanto à autenticidade do material incorporado no Pentateuco, preservado desde tempos mais remotos.

Os críticos supõem que os registros do Pentateuco preservaram pelo menos tradições *orais;* mas o mais provável é que o Pentateuco também esteja alicerçado sobre registros escritos.

Surge outro problema, de acordo com os críticos. É que o livro de *Êxodo* é mais uma interpretação teológica dos acontecimentos (acompanhados por alguns espetaculares milagres "populares") do que mesmo um registro histórico fidedigno. Para eles, é difícil dizer quanto do material primitivo é exato. Teria sido Moisés, realmente, criado tão próximo da família real egípcia quanto se lê no livro de Êxodo, ou esse detalhe é um mero adorno literário? Nesse caso, haveria uma base teológica com material lendário embelezador, como sempre acontece com as histórias de heróis antigos, sem importar que povo lhes tenha dado origem. Apesar desses reparos, a maioria dos críticos pensa que o relato bíblico consegue contar a essência da história real, posto que com alguns detalhes irreais. "Há boas razões para crermos na historicidade substancial do relato; a força de suas tradições; a sua congruidade com datas e circunstâncias da história egípcia; o nome e as conexões egípcias de Moisés; e, acima de tudo, a distintiva religião profética de Israel, que reflete a notável personalidade e obra de uma figura fundadora de religião. Moisés não é lembrado nem como guerreiro e nem como legislador, por seus próprios méritos, mas, como *profeta*, ele foi comissionado a falar em favor de seu povo e ao seu povo, a fim de anunciar e interpretar os atos de *Yahweh* no plano da história, a fim de reivindicar para *Yahweh* a lealdade exclusiva do povo de Israel, e para ser o porta-voz da vontade de *Yahweh*. O movimento profético clássico dos séculos VIII e VII a.C., foi, conscientemente, uma renovação do profetismo mosaico, tornando-se inexplicável sem ele, como seu antecedente. À estatura moral e à experiência espiritual de Moisés podemos atribuir o pensamento de Deus como Quem não está localizado, não tem sexo e nem consorte, e, de fato, é antropopsíquico e não antropomórfico, não podendo, dessa maneira, haver alguma imagem de Deus. Além disso, Moisés exigia lealdade exclusiva da parte de seu povo. A presença dele é sentida, principalmente, nas exigências da *vontade ética* de Deus, quanto à gratidão, à lealdade e a reação favorável dos homens diante de seu justo propósito e de sua misericórdia. O poder de Deus manifestar-se-ia através de fenômenos físicos e psíquicos morais dos homens. A adoração a Deus era o *vínculo* que unia a sociedade de Israel, porquanto isso envolvia não somente atos de culto, mas também uma *conduta moral*, que produzia coesão e bem-estar sociais" (E).

III. Significação Ética e Teológica de Moisés
1. Moralidade; a Alma; a Antiga Fé e a Nova Fé. A antiga teologia dos hebreus mostrava-se deficiente quanto à existência e sobrevivência da alma ante a morte física. Isso é reconhecido pelos estudiosos, embora, quanto ao nível popular, o relato da criação, em Gênesis, seja concebido como uma narrativa que inclui a existência da alma. Todavia, nenhuma doutrina da alma pode ser extraída do Pentateuco. Essa doutrina só fez seu aparecimento, no Antigo Testamento, já nos Salmos e nos Profetas. Embora uma característica central da vida de Moisés, exemplificada em sua lei, fosse os requisitos éticos impostos por *Yahweh*, ainda assim a lei nunca apela para uma vida após-túmulo, ou boa (para os justos) ou má (para os pecadores impenitentes). E, apesar de ser dito que o homem "viverá". mediante o cumprimejto das exigências da lei (ver Lv 18.5), essa *vida* consiste em uma existência próspera e abençoada neste mundo, e não algo a ser desfrutado após a morte biológica. A despeito dessa deficiência, que foi anulada obviamente por Jesus, o segundo Moisés, não se pode subestimar a importância ética dos escritos de Moisés. Não deveríamos olvidar a natureza altamente desenvolvida das leis da Mesopotâmia. Os hebreus não foram o único povo semita que contava com sistemas legais bem elaborados. Contudo, foi Moisés quem conseguiu assentar isso sobre uma firme base monoteísta (ou henoteísta?), ao remover o entulho de idolatria e de um interminável cortejo de deuses imaginários. Mas o decálogo e a lei do sábado não eram únicos. As leis babilônicas já tinham incluído esses preceitos, excetuando-se apenas a demanda em favor do monoteísmo. Mas foi a combinação, feita por Moisés, desses elementos com a *nova teologia*, que formou a base de uma nação dedicada a princípios éticos e religiosos.

O Antigo Testamento faz de Moisés uma figura ímpar (ver Dt 34.10); e o Novo Testamento equipara-o com a figura central da fé cristã, Jesus Cristo. Lemos em João 1.17: *Porque a lei foi dada por intermédio de Moisés; a graça e a verdade vieram por meio de Jesus Cristo*. Assim, a *antiga fé* estava alicerçada sobre Moisés; a nova fé está alicerçada sobre Cristo. Nisso, pois, divisamos a importância teológica de Moisés. O judaísmo apoia-se sobre Moisés, isto é, sobre a legislação mosaica, com o acréscimo de questões tradicionais. Em contraste com isso, sobre Cristo (principalmente conforme ele é interpretado por Paulo) é que se respalda a *nova fé*. Nos conflitos em meio aos quais foi formado o cânon veterotestamentário, Moisés sempre se destacou em primeiro lugar, ou mesmo, exclusivamente. E até mesmo já dentro da era cristã, entre os judeus havia os saduceus, que aceitavam *exclusivamente o* Pentateuco, como sua regra de fé e prática, embora outros judeus adicionassem os Salmos e os Profetas. E os judeus da diáspora (da dispersão) adicionaram a isso os livros apócrifos e mesmo alguns dos livros pseudepígrafos. Não obstante, em todos os casos Moisés foi sempre a figura central desse processo canonizador, e sua pedra angular.

2. A Revelação Divina. É verdade que quase todos os povos antigos já tinham tido a ideia de que os seus deuses revelavam-lhes a sua vontade, mediante profetas cujas mensagens eram então preservadas em documentos escritos. Portanto, não foi Moisés quem inventou a ideia. Mas o processo histórico tem honrado essa lealdade a *Yahweh* e à sua mensagem aos esforços de Moisés, que assim se destacou acima de qualquer outro líder religioso. Os Dez Mandamentos aparecem escritos pelo próprio dedo de Deus (ver Dt 5.22); e podemos estar certos de que, pelo menos desde tempos bem antigos, assim se acreditava quanto à totalidade do Pentateuco. Revelações divinas sempre formaram o alicerce dos sistemas religiosos. Isso não significa, contudo, que os homens não se possam equivocar, ou que um profeta ou místico esteja sempre com a razão quanto àquilo que ele supõe que o poder divino lhe revelou. Mas significa que a revelação tem tido um papel importante na história das ideias religiosas.

3. Atos Divinos; o Teísmo. Também não podemos esquecer que, por detrás da lei e da revelação divina, temos os *atos divinos*, como no relato do êxodo de Israel do Egito e da conquista da Terra Prometida. Isso ensina-nos o *teísmo*, em contraste com o *deísmo*. No teísmo, Deus aparece como um Deus ativo, que intervém; na história humana, que recompensa e pune a cada indivíduo, segundo o caso, e que está sempre interessado pelo homem e seu bem-estar. O deísmo, por sua vez, supõe que Deus, desde há muito, abandonou a sua criação, permitindo que as leis naturais se encarregassem de galardoar ou punir aos homens. Ver os artigos distintos sobre esses assuntos. Quanto ao propósito de Deus a ser cumprido, se seu desejo revelador devesse ser levado à fruição, então Israel, o veículo da revelação divina, precisou ser tirado do Egito e estabelecido em sua própria terra prometida. O êxodo e a conquista da Terra Prometida tinham de ser bem-sucedidos.

4. Moisés: Tipo e Antitipo de Cristo. Moisés trouxe uma fé preliminar e foi o primeiro legislador. Cristo não veio ao mundo para anular essa revelação mosaica, mas para levá-la à perfeição (ver Mt 5.17). O trecho de João 1.17 contrasta a lei e a graça, conforme já vimos, atribuindo a primeira a Moisés e a segunda a Cristo. E a mensagem geral do apóstolo Paulo exibiu a futilidade da lei como medida salvadora, ainda que exaltasse a lei como um meio necessário para mostrar aos homens quanto eles carecem de Cristo. As epístolas aos Romanos e aos Gálatas servem de declarações clássicas dessas ideias fundamentais. Cristo foi o Segundo e Maior Legislador. Os capítulos 5 a 7 do Evangelho de Mateus mostram isso claramente, visto que Cristo reinterpretou a lei mosaica, do ponto de vista dos motivos íntimos, conferindo-lhe uma significação ética muito mais profunda.

IV. Fontes Informativas sobre Moisés. O Enigma do Silêncio.
Muito material histórico antigo, pertencente ao segundo milênio a.C., tem sido preservado em documentos egípcios. No entanto, não há uma única menção a Moisés, nesses escritos. E ele também não é mencionado nas

MOISÉS

inscrições palestinas, siro-fenícias e mesopotâmicas do mesmo período. Essa circunstância, que forma aquilo que alguns têm chamado de "enigma do silêncio", talvez tenha sido o principal fator no ceticismo dos estudiosos do século XIX quanto à historicidade das narrativas bíblicas. Porém, várias coisas podem ser ditas, suavizando a situação. Por exemplo, os historiadores têm observado que os egípcios (como outros povos antigos) não tinham o cuidado de preservar registros de suas derrotas. Por isso mesmo, há muitas e graves lacunas nas informações históricas sobre o antigo Oriente Próximo e Médio, envolvendo todas as nações da área, e não apenas o Egito. Acresça-se a isso que se na Bíblia o Êxodo de Israel do Egito foi um acontecimento de capital importância, para os egípcios deve ter sido um incidente pequeno, indigno de qualquer maior atenção. "Os historiadores modernos não mais se surpreendem diante da ausência de evidências extrabíblicas acerca de Moisés, de Abraão e de outros patriarcas. O caso não é diferente daquilo que aconteceu a Buda, a Jesus, a Maomé e a outras personagens religiosas, cujas atividades tiveram lugar à beira dos centros políticos da civilização" (AM). Em outras palavras, tais figuras só se tornaram vultos importantes mais tarde, quando seus respectivos movimentos religiosos já haviam conquistado muito terreno.

Quanto aos registros bíblicos, que constituem as únicas fontes informativas realmente dignas de confiança (as tradições, como aquelas preservadas por Josefo e pelo Talmude, talvez tenham algum valor, mas isso é difícil de ser avaliado), nos últimos duzentos anos têm sido sujeitados à mais exaustiva crítica e análise. Os críticos distinguem três tipos principais de documentos, de várias épocas e proveniências, que estão envolvidos nesses relatos: **1**. Duas tradições orais: uma delas foi a repousar em Jerusalém, na época de Davi (cerca de 1000 a.C.). E a outra chegou à plena fruição em cerca de 850 a.C., nos dias de Acabe e Elias. De acordo com certos estudiosos, essas tradições vieram a ser conhecidas, respectivamente, como o material Jeovista (*J*) e o material Eloísta (*E*). **2**. Outras tradições, especialmente concernentes a questões legais, reunidas no norte de Israel e publicadas em Jerusalém, nos tempos de Josias (621 a.C.). Essas tradições são chamadas *D*, por estarem ligadas à segunda lei, o *Deuteronômio*, em contraste com a primeira lei, contida nos livros de Êxodo, Números e Levítico. **3**. Tradições sobre ritos religiosos, preservados pelos descendentes dos sacerdotes de Jerusalém, durante e após o exílio babilônico (cerca de 587-538 a.C.). Essas tradições são chamadas *S*, por serem de origem sacerdotal. Dentre essas quatro fortes, os críticos pensam que as mais dignas de confiança são as fontes *J* e *E*. Além desse material, poderíamos adicionar algumas poucas referências bíblicas, como 1Samuel 12.6; 6.4 e Jeremias 15.1. Por sua parte, os escritos judaicos não-bíblicos, embora contenham muitas tradições e lendas, não se revestem de grande valor histórico. Quanto a maiores detalhes sobre essas alegadas fontes informativas ver o artigo intitulado *J.E.D.P.* (*S*). Ver também a seção VIII. *Moisés e a Arqueologia*, abaixo.

V. Moisés e os Acontecimentos Históricos. A vida de Moisés pode ser facilmente dividida em três períodos de 40 anos cada, o que é comentado no trecho de Atos 7.23,30,36. Sigamos esse esboço geral nos pontos 1,2 e 3 abaixo, que apresentamos sob forma de esboço.

1. Os Primeiros 40 anos
a. Nascimento. A Filha de Faraó Salva Moisés. Os estudiosos variam muito no tocante à data do nascimento de Moisés. Alguns chegam a pensar em 1520 a.C., mas outros falam em 1350 a.C. Já demos informações sobre sua linhagem e família imediata, na primeira seção. Moisés era o irmão mais novo: Miriã era a irmã mais velha, e depois vinha Aarão. Moisés, muito criança ainda, foi posto em uma cestinha calafetada e deixada a boiar sobre as águas do rio Nilo, a fim de que escapasse da ordem de Faraó, que era a de que fossem atirados no rio todos os meninos nascidos aos israelitas. Uma filha do Faraó veio até à beira do rio a fim de banhar-se e encontrou a cestinha com a criança. A simpatia humana, bem como o instinto maternal levou a jovem egípcia a ter misericórdia do menino. Sem dúvida despertou o seu desejo de criar a criança para ela mesma. A beleza de Moisés como criança ajudou a situação. Ver o primeiro capítulo do livro de Êxodo.

b. Infância e Criação de Moisés. Não dispomos de informações diretas sobre a criação de Moisés; mas, visto que ele estava tão próximo do próprio Faraó, podemos supor que ele recebeu a melhor educação possível entre os egípcios. O trecho de Atos 7.22 faz um comentário a respeito, embora o próprio Antigo Testamento se mostre silente sobre a questão. A descoberta dos tabletes de Tell el-Amarna mostrou que havia uma cultura literária adiantada por todo o Oriente Próximo e Médio, nos dias de Moisés. Assim, é provável que Moisés tenha aprendido a escrever nos hieróglifos egípcios, na escrita cuneiforme acádica, e, talvez, em alguma escrita cuneiforme alfabética, como a de Ugarite, quase idêntica à escrita dos hebreus da época. Não se sabe dizer como ele aprendeu o hebraico, mas, de algum modo, ele mesmo deve ter-se interessado pela questão.

2. Os Segundos 40 anos
a. Moisés Torna-se Assassino e Foge. Quando Moisés tinha cerca de 40 anos de idade, viu um compatriota seu ser vítima dos abusos de um egípcio. Em uma explosão de ira, matou o egípcio. Moisés pensava que ninguém o teria visto. Mas, no dia seguinte, quando tentou intervir entre dois israelitas que disputavam, tanto eles rejeitaram a intervenção dele quanto mencionaram o ocorrido no dia anterior. A notícia deve ter-se espalhado rapidamente. Faraó ouviu a notícia e começou a procurar Moisés, a fim de executá-lo. Temeroso, Moisés fugiu para Midiã. (Ver Êx 2.11 ss). A decisão de Moisés, de aliar-se a seu povo de Israel merece atenção toda especial, em Hebreus 11.24,25.

b. Casamento. Na península do Sinai, ou suas proximidades, em sua fuga, Moisés pôs-se a descansar por um pouco, perto de um poço. Ele ajudou algumas donzelas a tirarem água para suas ovelhas, e, por causa disso, elas puderam voltar mais cedo para casa. E contaram ao pai delas, Jetro (que tinha sete filhas), o que havia acontecido à beira do poço. Ora, Jetro era um sacerdote midianita. Ele convidou Moisés para sua casa e, não muito tempo depois disso, deu Zípora, uma de suas filhas, como esposa, a Moisés. E Moisés tornou-se pastor de ovelhas, cuidando dos rebanhos de seu sogro. (Ver Êx 2.15 ss).

c. Dois Filhos. Primeiramente nasceu Gérson nome que significa "estrangeiro", refletindo a situação civil de Moisés. Depois nasceu Eliezer, que significa "Deus foi minha ajuda", dando a entender que essa ajuda lhe era conferida, quando necessário (ver Êx 2; At 7.20-29; Hb 11.24-26). Entrementes, o Faraó que pretendera justiçar Moisés, acabou morrendo. Mas os judeus continuavam escravizados.

d. A Sarça Ardente. Moisés continuou a trabalhar como pastor, no espaço de quatro décadas. Um dia, quando ele conduzia seus rebanhos para a porção norte ou ocidental do Sinai, viu um arbusto que pegava fogo, mas não era consumido pelas chamas. Ele ficou admirado diante da cena, e aproximou-se para ver melhor o que estava sucedendo. Então, ele ouviu a voz do Senhor, que saía dentre os ramos do arbusto. E foi-lhe ordenado tirar as sandálias, porque aquele terrreno era santo. Ali estava o Deus de Abraão, de Isaque e de Jacó. Deus tinha consciência dos sofrimentos de seu povo, e estava prestes a intervir na história humana. E o seu agente humano, naquela intervenção, seria Moisés. Na ocasião, Deus revelou-se como o grande "EU SOU", o Deus eterno, de Quem depende todo ser e o próprio tempo. Como sempre acontece, o candidato a profeta (Moisés) precisava de um sinal. Deus, pois, concedeu-lhe um sinal quádruplo. Sua vara de pastor transformou-se em uma serpente, predizendo como certas pragas sacudiriam o Egito. Então, a vara voltou à forma normal. Isso serviria de símbolo do poder que Moisés teria, a fim de humilhar os egípcios. Além disso, por ordem do Senhor, Moisés meteu a mão no peito, e ela ficou leprosa, e, então, tornou a metê-la ali, e ela lhe foi restaurada. Isso lhe serviria do sinal do fato de que Deus controla toda espécie de condição física. Esses milagres deveriam ser repetidos diante dos hebreus, como sinal de autenticação de sua missão. Apesar disso, Moisés ainda não estava convencido. E queixou-se de não ser bom orador, pelo que dificilmente conseguiria convencer ao Faraó. O Senhor, em face disso, referiu-se a Aarão, irmão de Moisés, que sabia falar bem; e o Senhor nomeou a Aarão para ser o companheiro e porta-voz de Moisés. Então, a aliança do Senhor com Moisés foi confirmada. Através de Moisés, o Senhor estava prestes a desencadear acontecimentos imortais. (Ver Êx 3.10 ss).

e. O Tetragrama. A palavra hebraica de quatro letras consoantes, que indica o nome especial de Deus, que ele revelou a Israel—YHWH (*Yahweh*). Esse nome passou a ser o nome de Deus, do ângulo do pacto que ele firmou com o povo de Israel. Os eruditos, mui provavelmente, estão com a razão, quando dizem que esse nome já era conhecido antes, em outras culturas semíticas, para indicar a deidade. Mas, foi por ocasião dessa teofania a Moisés que o nome *Yahweh* passou a revestir-se de significação toda especial para com o povo de Israel.

f. Jetro Permite que Moisés Vá ao Egito. Na qualidade de sacerdote que era, Jetro deve ter entendido a experiência mística de Moisés (ver sobre o *Misticismo*). Mas Moisés apresentou certas razões para sua visita ao Egito, sem revelar a seu sogro o seu verdadeiro motivo. E Jetro lhe permitiu, ver 1Samuel 16.2 ss. A missão era perigosa, mas Moisés contava com a garantia divina de que seria protegido. E partiu para o Egito, levando consigo a vara de Deus: um homem munido com uma vara, desafiando o império egípcio!

g. A Viagem ao Egito. Moisés fez montarem sobre um único jumento a sua esposa e seus dois filhos. Isso mostra-nos duas coisas: quão pequenos eram ainda os seus filhos; e, em segundo lugar, quão grande conquistador era Moisés: um único jumento!

h. O marido Sanguinário. Esse episódio é contado em Êxodo 4.24-31. Foi um incidente estranho, para dizer o mínimo. O Senhor (ou, conforme alguns insistem, o Anjo do Senhor) veio ao encontro de Moisés na hospedaria onde a família fizera uma pausa na viagem, e ameaçou matá-lo, provavelmente por ter-se esquecido do sinal da circuncisão, deixando seus filhos como se fossem pagãos. Zípora, sem dúvida assustada diante da visão, e/ou sob ordens de Moisés, tomou uma pedra afiada e circuncidou seus dois meninos. No entanto, ela não estava acostumada com uma operação como essa. O sangue ficou escorrendo dos meninos, e ela exclamou, horrorizada, acusando Moisés: "Esposo sanguinário!" (Ver Gn 17.13,14) quanto à exigência da circuncisão, por parte do pacto abraâmico.

i. O Encontro com Aarão. Ver Êx 4.14,27. O Senhor enviou Aarão para ir encontrar-se com Moisés. Parece que Zípora e seus filhos tiveram de voltar à companhia de Jetro, enquanto Moisés encarregava-se da perigosíssima missão. Lemos, em Êx 18.1-6, que ela foi trazida de volta a Moisés, por seu pai, com os dois meninos. E isso significa que, em algum ponto dos acontecimentos, ela deve ter voltado à sua terra. Então os dois irmãos, Moisés e Aarão, foram comissionados para a tarefa. Moisés contou-lhe tudo quanto havia acontecido, bem como as divinas palavras que lhe tinham sido dirigidas, e todos os sinais miraculosos que lhe haviam sido concedidos.

3. Os Últimos 40 anos. Esse último período da vida de Moisés começou quando ele retornou ao Egito. Agora, Moisés já era homem com cerca de oitenta anos de idade, mas foi então que começou o período mais importante de sua vida! A sua tarefa era libertar os israelitas da servidão no Egito. Moisés defrontava-se com duas gigantescas tarefas: **1**. O conflito com Faraó e os egípcios; **2**. A necessidade de instar com os próprios israelitas, que só seriam libertados da escravidão em meio a muita relutância, queixumes e rebeldia. Em Deuteronômio 9.24 somos informados de que Moisés queixou-se de que Israel se mostrara rebelde contra Deus desde o primeiro dia!

a. Moisés Defronta-se com o Faraó. Primeira Solicitação. Moisés e Aarão tinham-se feito crer pelos hebreus — e assim começara o movimento de libertação de Israel. Em seguida, eles apresentaram sua exigência ao Faraó (Aarão foi o porta-voz), para que os israelitas recebessem liberdade. (Ver Êx 3.18; 4.29-31; 5.1,2,22 ss). *O Senhor Deus* é quem estava exigindo a soltura, mas o Faraó não se sentia impressionado diante da menção do nome do Senhor. Não reconhecia ao Senhor e nem concederia o pedido feito por Moisés. E o Faraó reagiu contra a iniciativa de Moisés, aumentando os labores dos hebreus, que já eram escravos oprimidos. As coisas estavam ficando cada vez mais complicadas. E Moisés e Aarão foram acusados pelos israelitas de terem piorado as coisas, em vez de melhorá-las. E Moisés, por sua vez, lançou a responsabilidade disso sobre Deus (ver Êx 5.22 ss.).

b. O Conflito com o Faraó. Foi renovada por Deus a promessa de sucesso (ver Êx 6.1); mas antes teria de haver um amargo *conflito*. As vitórias só são obtidas depois da luta, e não antes; e essas vitórias são prêmios que recebemos após duras experiências. A vida é uma escola, e temos de aprender reiteradamente essa lição. Nenhum boxeador vale muita coisa enquanto não passa da teoria para a prática, e a prática é que confere habilidade, em meio a muitas lutas. Moisés recebeu a garantia de que o pacto firmado com sua gente não seria anulado, e nem mesmo sofreria emendas. Antes, a promessa seria cumprida aos descendentes de Abraão, e uma parte dessa promessa é que eles sairiam livres do Egito (ver Êx 6.2-9). Quem falava assim era o próprio YHWH. Ver os artigos separados com os títulos de *Yahweh* e *Jeová*, quanto a amplos detalhes sobre o pano de fundo histórico e sobre o que estava implícito nesse nome de Deus. Muitas e tremendas pragas far-se-iam necessárias para que o propósito de Deus tivesse cumprimento. O Faraó precisava ser convencido. Usualmente é assim que acontece com os pecadores empedernidos.

c. As Pragas do Egito. Oferecemos um artigo separado sobre a questão, com esse título. Dez pragas foram necessárias para convencer o Faraó sobre a soberania de Deus, forçando-o a libertar Israel. O alvo primário era o êxodo; um alvo secundário era que o Faraó e os egípcios viessem a reconhecer a identidade e o poder de *Yahweh* (ver Êx 7.5,17; 8.10,22; 9.14,29;11.7;14.18). E os próprios israelitas precisavam aprender essas lições (ver Êx 6.7; 10.2; 11.7; 14.31; 31.12). O nono capítulo da epístola aos Romanos é o mais longo comentário neotestamentário sobre essas questões, cujo intuito era o de demonstrar a soberania de Deus. A passagem não conta com a vantagem da *polaridade* (vide), pelo que sofre diante das interpretações extremistas, que deixam totalmente fora do fator do *livre-arbítrio* humano (vide). Todavia, o quadro é claro, embora sejamos deixados a debater-nos com o misterioso paradoxo entre o *determinismo* divino (vide) e o *livre-arbítrio* humano. Esse paradoxo não pode ser devidamente sondado pela mente humana. Os artigos mencionados entram em detalhes sobre o assunto. Ver também o artigo intitulado *Predestinação*, que oferece informações adicionais. As pragas do Egito foram enviadas para fornecer iluminação e quebrar as vontades rebeldes e obstinadas. Ambos esses propósitos são necessários, ambos são dignos. A última das dez pragas foi a mais severa de todas, porquanto requereu a morte do todos os primogênitos do Egito, ao mesmo tempo em que os hebreus foram isentados de tal perda. A cada nova praga, a autoridade de Moisés ia crescendo (ver Êx 11.3), e podemos apenas supor que ele ia desdobrando aqueles propósitos divinos através da proteção divina direta, pois, sem a mesma, desde o começo teria sido assassinado. O homem que viera com um jumento, muito já havia progredido em sua conquista.

MOISÉS

d. O Êxodo. Ver o artigo separado sobre esse assunto. A morte de todos os primogênitos do Egito foi demais para que o Faraó continuasse controlando a situação. Ele foi forçado a permitir que Israel partisse do Egito. Sob a liderança de Moisés, Israel celebrou a *Páscoa* (vide), e então saiu do Egito, levando todos os seus filhos, seu gado, seus bens domésticos *e os ossos* de José, que são especificamente mencionados em Êxodo 13.19. Isso cumpriu um desejo expresso por José, servindo de apropriado símbolo. Mas o Faraó insistiu em sua dureza de coração, e saiu em perseguição dos israelitas. Isso lhe custou a vida, pois morreu afogado nas águas do mar Vermelho, com todas as tropas egípcias que o seguiam (ver Êx 14.13).

e. A Coluna de Nuvem e de Fogo. Damos um artigo separado sobre esse fenômeno, com o título de *Colunas de Fogo e de Nuvem*. Ali são passadas em revista as explicações naturais e sobrenaturais do fenômeno. Tais elementos falam acerca dos cuidados de Deus por seu povo. O homem nada pode fazer por si mesmo. Algumas vezes, precisa ser socorrido pela ajuda divina. Há batalhas nas quais podemos entrar sozinhos; mas outras existem que requerem a intervenção de nosso divino Aliado.

f. Começam as Murmurações. As Águas de Mara (Ver Êx 14.31 *ss.*; 15.24 *ss*). Uma obra grandiosa fora realizada, mas a própria vida vai trazendo sempre novas lições. Assim sendo, talvez não devêssemos ser muito críticos acerca de como o povo de Israel murmurou no deserto contra Moisés e o Senhor. Em nossos próprios desertos, vivemos a queixar-nos. Poucos dias depois que partira do Egito, o povo de Israel desviou sua rota para o sudeste. Acabou-se a água, e não havia água no deserto. Finalmente, encontraram água em Mara, mas tal água era amargosa demais para ser bebida. Moisés chegou a perguntar a si mesmo se Deus trouxera o seu povo ao deserto, somente para matá-lo de sede. E rogou pela ajuda divina. E então foi orientado para lançar uma árvore nas águas, e ao fazer assim, as águas de Mara tornaram-se potáveis. Em seguida, os israelitas marcharam na direção de Elim, onde havia água abundante, porquanto ali havia um oásis com setenta palmeiras.

g. As Codornizes e o Maná. Trinta e um dias após os israelitas terem partido do Egito, os alimentos terminariam. As murmurações intensificaram-se, porque nada havia para comer. Moisés clamou ao Senhor. Naquela mesma noite, um número prodigioso de codornizes ajuntou-se em redor das tendas dos israelitas. E na manhã seguinte começou o milagre do maná, o que continuou sendo a provisão alimentar, providenciada miraculosamente pelo Senhor, durante todos os 40 anos em que Israel ficou vagueando pelo deserto. Naturalmente, em tudo isso ocultam-se grandes lições para nosso aprendizado: ... *Deus... há de suprir em Cristo Jesus cada uma de vossas necessidades* (Fp 4.19). Essa é uma lição que eu mesmo tenho tido de aprender por muitas vezes, embora também tenha presenciado notáveis intervenções divinas nessa área. Que Deus conceda mais dessas vitórias, a *mim* e ao prezado *leitor*! Não obstante, nunca nos deveríamos esquecer que nossas mais profundas necessidades são espirituais. Acima de tudo, precisamos da iluminação do Espírito Santo, a fim de que possamos ser espiritualizados segundo a imagem de Cristo, o Filho de Deus (ver Rm 8.29; 2Co 3.18). Esse episódio com Israel é narrado no décimo sexto capítulo do livro de Êxodo.

h. Em Horebe. Batalha Contra os Amalequitas. Em Horebe houve outra provisão miraculosa de água potável, após muitas murmurações dos hebreus. Então seguiram-se batalhas e vitórias sobre os filhos de Amaleque. Ambos os incidentes supriram um incentivo psicológico muito necessário para Moisés e para o povo de Israel. Ver o capítulo 17 de Êxodo.

i. A Visita de Jetro. É bom quando estamos em boas relações com nossos respectivos sogros. O décimo oitavo capítulo de Êxodo registra a visita que Jetro fez a Moisés, tendo ouvido todas as grandes coisas que vinham sucedendo. Ele reconheceu a mão de Deus em todas as ocorrências, e deu a Deus o devido crédito, exaltando-o acima de todos os outros deuses. Assim, sua fé estava crescendo. Jetro percebeu as imensas responsabilidades de Moisés, e sugeriu que ele delegasse parte de sua autoridade. O conselho foi seguido por Moisés, e assim tiveram início as primeiras agências governamentais do povo de Israel. Moisés continuou a jornada, e Jetro voltou para casa.

j. A Outorga da Lei, no Sinai. Ver o vigésimo capítulo de Êxodo quanto a essa questão. O relato começa em Êxodo 19.18, contando sobre uma teofania. Foi um espetáculo amedrontador. Moisés foi convocado a subir ao alto do monte Sinai. Os *Dez Mandamentos* (vide) foram dados. O trecho de Hebreus 12.21 enfatiza o terror da visão dada a Moisés. Novamente, uma experiência mística (ver sobre o *Misticismo*) fez o homem avançar em sua espiritualidade. Os israelitas postaram-se à distância. Somente ao instrumento especial de Deus foi concedida aquela visão, embora o povo também tivesse presenciado coisas notáveis.

k. Aarão e os Setenta Anciãos de Israel. Ver o capítulo 24 de Êxodo. Moisés desfrutava de comunhão direta com Deus. Líderes secundários, como Aarão e os anciãos, mantinham-se à distância. A lei foi lida, ratificada, e tornou-se a base legal do povo de Israel. Esses líderes secundários eram representantes do povo, e tinham experiências religiosas mais modestas (vs. 11). Moisés passou quarenta dias na presença de Deus e não comeu nem bebeu durante esse período. As modernas experiências místicas demonstram quanto as pessoas podem passar sem comida e sem água, quando em meio a experiências místicas significativas. Moisés foi sustentado de maneira misteriosa para nós, tal como foi dito acerca de Jesus, em João 4.32, em sentido metafórico. O trecho de Êxodo 32.17 fala de dias próximos aos primeiros quarenta dias; mas, nos segundos quarenta dias, não havia ninguém com Moisés (ver Êx 34.3). Pois, então, Josué ficou encarregado da tenda (ver Êx 33.11).

l. Moisés e o Tabernáculo. Um segundo período de quarenta dias no monte esteve associado à revelação de Deus a Moisés acerca da ereção do tabernáculo, e todos os seus ritos. (Ver Êx 24.14 *ss* e 25.9,40), comparando isso com o comentário de Hebreus 8.5. Então foram preparadas as tábuas de pedra, onde a lei fora inscrita *pelo dedo de Deus* (Êx 31.18).

m A Grande Apostasia. O Bezerro de Ouro. Em ocasião posterior, quando Moisés recebia mais instruções sobre como *Yahweh* se relacionaria ao povo, os israelitas, valendo-se da ausência dele, reverteram à idolatria, sem dúvida imitando o que tinham visto e talvez praticado no Egito. O fato de que eles puderam reverter assim a uma crassa idolatria mostra o baixo estado espiritual de entendimento e avanço em que eles se achavam. (Ver Êx 32.1). Outro fator espantoso, nesse episódio, foi a facilidade com que Aarão cedeu diante das exigências deles (ver Êx 32.2). Foi feito o bezerro de ouro, com grande sacrifício financeiro do povo; e a essa falsa divindade foi dado o crédito de ter livrado Israel do Egito! Mas, na verdade, Israel estava voltando, espiritualmente, ao Egito, visto que o culto ao boi era tão importante naquele país. Ver o artigo sobre *Ápis*.

n. O Desprazer e a Intercessão de Moisés. Moisés ficou muito irado ao ver o que estava sucedendo, e quebrou as tábuas da lei. Pulverizou a imagem de ouro e misturou o pó em água, e fez o povo beber a mistura. Em seguida, os levitas mataram cerca de três mil homens, buscando aplacar a ira de Deus e evitar o seu juízo. O próprio Aarão, porém, foi poupado (ver Êx 9.20). Então Moisés passou a interceder pelo povo de Israel (ver Êx 32.31), a fim de que aquele grande pecado lhes fosse perdoado. Chegou mesmo a dizer que preferia ter o seu nome apagado do Livro da Vida de Deus do que ver Israel ser destruído por aquele motivo. O tom da passagem (Êx 32.12 e seu contexto) assemelha-se ao de Paulo, em Romanos 9.2 *ss*. Moisés teve várias experiências místicas profundas da presença de Deus. O povo de Israel foi perdoado, e foram preparadas novas tábuas da lei. Ver o capítulo 33 do livro de Êxodo.

o. O Véu Sobre o Rosto de Moisés. Após a sua segunda permanência no monte, Moisés desceu com seu rosto *resplandecente*, como se dele saíssem raios (ver Êx 34.29-35). Os intérpretes têm duas ideias diversas sobre a questão, ambas refletidas nas traduções. A primeira é que o véu protegia as pessoas, a fim de que não contemplassem visão tão gloriosa, por não serem capazes de suportá-la. A outra ideia é que o véu impedia as pessoas de verem a glória celeste que elas não mereciam contemplar, nem mesmo estando preparadas para tal experiência. Gradualmente, porém, esse brilho foi-se dissipando. Paulo, em 2Coríntios 3.13, faz alusão a essa experiência. A interpretação do apóstolo é que as pessoas não podiam divisar a verdadeira natureza da dispensação e provisão mosaicas. Pois, embora essa glória fosse grande, desde o começo estava destinada a desaparecer, e não a prosseguir. Tratou-se, pois, de uma glória oculta e não bem entendida. Mas, simbolicamente, o véu é abolido em Cristo, visto que ele trouxe uma glória maior e destituída de véu — a dispensação da graça e da salvação. Em seguida, Paulo aplica incidente ao embotamento do entendimento de Israel a despeito do aparecimento de Cristo. E até hoje o véu permanece sobre os corações e entendimentos do povo de Israel, porquanto não têm contemplado a glória do Filho de Deus (2Co 3.15). Mas o Senhor, o Espírito Santo, é capaz de remover esse véu de ignorância livrando os homens e conferindo-lhes sua total liberdade. E então, nesse contexto, como conclusão dá questão, aparece um dos maiores versículos de todo o Novo Testamento:

E todos nós com o rosto desvendado, contemplando, como por espelho, a glória do Senhor, somos transformados de glória em glória, na sua própria imagem, como pelo Senhor, o Espírito (2Co 3.18).

Quando contemplamos o *espelho espiritual*, não vemos a nós mesmos. Antes, miramos ali o Homem Ideal, em cuja imagem estamos sendo paulatinamente transformados. Enquanto contemplamos essa visão, vamos sendo transformados na imagem que divisamos. E isso vai passando de um grau de glória para o outro, até que, finalmente, chegaremos a compartilhar da perfeita imagem de Cristo (ver Rm 8.29). Os remidos chegam a compartilhar da plenitude de Deus (sua natureza e atributos; Ef 3.19), e de sua divina natureza (2Pe 1.4). Essa é a mensagem do evangelho em seu ponto culminante, embora esse particular não seja bem compreendido e nem muito pregado hoje em dia nos púlpitos evangélicos. Esse processo de transformação prosseguirá por toda a eternidade. A glorificação será algo eterno, e não um acontecimento de uma vez por todas. Visto que há uma infinitude com que seremos cheios, também deverá haver um enchimento infinito.

p. Consolidação da Nova Adoração. O tabernáculo e seu ritual foram delineados e estabelecidos (ver Êx 25.9,40; 26.30; 27.8; 39.32,43; comparar com Hb 8.5). Um planejamento divino cercou todo o levantamento do tabernáculo, até os mínimos detalhes. O tabernáculo seria o lugar de contato entre Deus e os homens, o lugar de seu culto formal. Aarão e seus filhos tornaram-se os sacerdotes-guardiães desse culto. Isso já havia sido descrito nos capítulos oitavo e nono do livro de Êxodo. Seguem-se detalhes nos capítulos 28 e 29, como também em 39.1-31,41.

A solene inauguração do sistema é descrito nos capítulos 8 e 9 do livro de Levítico, livro esse que fala sobre os detalhes das obrigações, dos serviços e do culto que deveriam ser prestados pelos sacerdotes. A posição de Aarão, que era a de sumo sacerdote, era vitalícia e hereditaria (ver Lv 6.22; 16.32). Antes de morrer, Eleazar, seu filho, tornou-se o seu substituto (ver Nm 20.22-28). Porém, o próprio Moisés não teve sucessor. Seu trabalho estava terminado. Só podia mesmo haver um legislador no Antigo Testamento, tal como só pôde haver um segundo Moisés no Novo Testamento, o qual nos trouxe a graça e a verdade, em lugar da antiga fé da lei mosaica (ver Jo 1.17). Nessa segunda provisão, foi-nos revelado o Filho, que é Revelador de Deus Pai, algo que a antiga fé não conseguiu fazer em qualquer sentido eficaz.

q. A Tragédia de Nadabe e Abiú. Esse relato aparece no décimo capítulo de Levítico. Esses dois eram filhos de Aarão, e eram sacerdotes autorizados; mas ofereceram fogo estranho diante do Senhor. Eles acenderam esse fogo sobre o altar do incenso, que ficava no Lugar Santo, perto do véu que dividia o Santo dos Santos do Lugar Santo. Fizeram isso por iniciativa própria, sem terem recebido qualquer ordem para isso. A Aarão é que cabia oferecer o incenso. Como punição, Nadabe e Abiú foram consumidos pelo fogo de Deus. E não parece ter havido qualquer remorso, por parte de Moisés, diante da morte de seus sobrinhos, um sinal da gravidade da falta deles. Esse relato tem-se tornado em um texto comum para destacar o erro da adoração ilegítima, sem importar quão sinceros sejam os adoradores.

r. O Povo Parte do Sinai. O livro de Números conta a história da numeração das doze tribos de Israel, a separação da tribo de Levi dentre as demais, e as posições ocupadas pelas tribos, dentro do acampamento, em redor do tabernáculo, que ocupava posição central a tudo. O nono capítulo desse livro fala sobre a celebração da Páscoa, um ano depois do êxodo. Foi então que o povo de Israel partiu dali, com a ajuda de Hobabe como guia, que conhecia bem as regiões que eles teriam de atravessar. (Ver Nm 10.31).

s. O Maná e as Queixas de Israel. Nem bem o povo tinha deixado o Sinai quando deixou claro que estava enfadado de maná. Tinham muito o que comer, mas era terrível! Eles tinham o chamado "pão do céu", mas preferiam carne. Ver o décimo primeiro capítulo de Números quanto à história. Yahweh ficou muito irado diante de tais atitudes da parte de seu povo. Grande número de codornizes foi enviado para satisfazer o pedido deles; mas, então, sobreveio uma praga para castigá-los. Muitos morreram e foram sepultados no local. O lugar passou a ser chamado de Quibrote Taavá, *sepulcros do desejo* (ver Nm 11.34), devido ao desejo que manifestaram de comer carne. Dali partiram na direção de Hazerote. Um ponto positivo, entre esses acontecimentos, foi que Moisés precisou aprender a delegar autoridade, porquanto não havia como ele pudesse manusear sozinho tanta gente, com suas necessidades e queixas.

t. Miriã e Aarão Rebelam-se. Parece que a iniciativa, nessa rebeldia, partiu de Miriã, pois somente ela foi punida, posteriormente. Moisés havia tomado como esposa uma mulher cuxita (etíope), e Miriã ressentiu-se disso, talvez por pensar que aquilo era uma afronta à Zípora, ou, então, porque a presença de uma outra mulher perturbava a sua própria posição de autoridade. Porém, o que esteve, realmente, em jogo, foi a autoridade de Moisés. Como castigo, Miriã foi ferida com lepra, embora depois tivesse sido purificada. Mas ela aprendeu sua lição.

u. Os Espias Enviados a Canaã. Os anos em que Israel errou pelo deserto estavam prestes a chegar ao fim. A terra visitada pelos patriarcas seria, finalmente, conquistada. Porém, muitos poderosos inimigos haveriam de dificultar a tarefa da conquista. A história é narrada nos capítulos 13 e 14 do livro de Números. Um líder dentre cada tribo foi nomeado para a missão de espiar a Terra Prometida. Ao retornarem, todos os doze espias concordaram que a terra era em extremo desejável; mas somente Josué e Calebe encorajaram o povo a ter fé no Senhor e se lançarem à tentativa. Sempre são uns poucos que ousam tentar grandes coisas. O resto sempre descobre razões para acomodar-se ao *status quo*. Diante do relatório negativo de dez dos espias, o povo acusou Moisés e Aarão de liderança inepta, e ameaçaram apedrejar Josué e Calebe. E o Senhor, por sua vez, ameaçou destruir a todo o povo de Israel (ver Êx 32.10). Porém, uma vez mais Moisés intercedeu em favor deles. *E Yahweh fez seu juramento* de intenção de que a Terra Prometida seria conquistada e que a sua própria glória

A ROCHA DE MOISÉS

seria exaltada. Esse juramento do Senhor aparece em Deuteronômio 32.40.

4. O Quadragésimo Ano

a. O Erro de Moisés, em Cades. Esse episódio é relatado no vigésimo capítulo do livro de Números. Uma vez mais, os israelitas reclamaram de Moisés, devido à falta de água. A Moisés e Aarão foi dada ordem para que falassem a uma rocha, da qual brotaria água, por sua mera palavra. Mas, irado com o povo, Moisés bateu na rocha com sua vara por duas vezes. É verdade que a água jorrou da rocha, mas Moisés acabara de cometer um erro sério. Esse erro, de acordo com a explicação dada por *Yahweh*, foi um erro causado pela incredulidade (vs. 12). Em ocasião anterior, Moisés havia ferido uma rocha e obtivera água (ver Êx 17.2 ss.), e agora, no episódio das "águas de Meriba", ele imitou aquele primeiro gesto. Podemos supor somente que a ordem divina fora clara, e que *Yahweh* queria mostrar o seu poder de uma nova maneira. Como castigo, Moisés não teve permissão de entrar na Terra Prometida. Quarenta anos de luta não tinham conseguido levar Moisés ao grande alvo — introduzir o povo de Israel na Terra Prometida. E isso serve de emblema do fato de que a lei não pode levar o homem à salvação da alma. É preciso a intervenção de Jesus (representado ali por Josué) para que os homens sejam levados até a Terra da Promissão. Pois, assim como Josué veio a ser o sucessor de Moisés (ver o capítulo 27 de Números), de modo a introduzir os israelitas na Terra Prometida, assim também Jesus é o sucessor espiritual de Moisés, conduzindo os homens à salvação. E ainda há uma outra lição nesses acontecimentos. As vagueações de Israel pelo deserto envolveram 40 anos difíceis e de muitos testes. Porém, disso não resultou a conquista do alvo colimado. Por semelhante modo, a salvação da alma, por meio da guarda da lei é um esforço dificílimo, mas sem levar o indivíduo ao resultado desejado — a salvação da alma.

b. Eventos Subsequentes. O rei de Arade e os amorreus foram derrotados, após terem desfechado um ataque contra Israel, sem terem sido provocados (ver Nm 21.1-3). O povo de Israel chegou às margens do Jordão, de onde contempla a Terra Prometida, e dispunha-se a entrar. Temos então uma série de episódios: a história de Balaão (caps. 22-24); a sedução dos israelitas à idolatria e à imoralidade com resultantes grandes destruições de vidas, mediante uma praga (cap. 26); a vingança de Israel contra os midianitas (caps. 26; 31.2). Então, Josué foi comissionado para ser o sucessor de Moisés (cap. 27). Aos rubenitas e gaditas foi feita a partilha das terras que lhes cabiam, na Terra Prometida, de acordo com seus desejos expressos (cap. 32). Foram nomeados encarregados para dividir a Terra Prometida entre as tribos de Israel (cap. 34).

c. Mensagens de Despedida de Moisés. Essas mensagens aparecem nos capítulos primeiro a 33 do livro de Deuteronômio. Elas são uma essencial reiteração da lei mosaica, além de alguns detalhes adicionais.

d. A Morte de Moisés. Narrada no capítulo 34 do livro de Deuteronômio. Moisés subiu desde as planícies de Moabe até o monte Nebo, ao cume de Pisga, que ficava defronte de Jericó, e de onde ele foi capaz de contemplar, em um lance de olhos, a Terra Prometida, onde não teve permissão de entrar. Ele viu o território desde Gileade até Dã, todo o território de Naftali, as terras de Efraim e Manassés, e toda a terra de Judá, além de também ter divisado o mar Ocidental (o Mediterrâneo), o Neguebe e a planície, ou seja, o vale de Jericó, e a cidade das palmeiras, e daí até Zoar. *Yahweh* assegurou-lhe que aquele era o território que havia dado a Abraão e seus descendentes, como herança; e que essa promessa seria cabalmente cumprida. O fim de Moisés é anunciado com simplicidade. Ele era o *servo* de *Yahweh*. Morreu, e *Yahweh* o sepultou em um vale, na terra de Moabe, defronte de Baal-Peor, embora ninguém saiba dizer onde. Tinha 120 anos de idade quando morreu. No entanto, sua visão era como a de um jovem, e ele não perdera suas forças naturais.

O povo de Israel lamentou pela morte de Moisés por nada menos de trinta anos, nas planícies de Moabe. Josué, cheio da força do Espírito de Deus, deu prosseguimento à obra. Mas nunca mais se levantou em Israel um profeta comparável a Moisés, que conhecesse a *Yahweh* face a face. Ademais, ele realizou inúmeros sinais e prodígios. Derrotou um grande Faraó e todo o seu império. O homem que voltara ao Egito com um jumento, sua esposa e dois filhos pequenos, realmente chegou longe, muito longe! O fato de que Moisés contemplou a Terra Prometida do alto do cume de *Pisga* (vide), deu origem a alguns versos de um dos mais belos hinos que são entoados pela igreja cristã.

Doce hora de oração, participe eu de teu consolo,
Até que do alto cume do monte Pisga,
Eu veja o meu lar e alce voo.
Deixarei estas vestes de carne e me levantarei
Para tomar posse do prêmio eterno.

W.W. Walford

VI. REFERÊNCIAS A MOISÉS FORA DO PENTATEUCO.
Há quase sessenta referências a Moisés no livro de Josué (Exemplos: Js 1.1, 2,3,5,7,13-15,17; 3.7; 4.10,12; 8.31-33; 9.25; 11.12-15; 12.6; 13.8,12,15,21; 14.2,3; 17.4; 18.7; 20.2; 21.2,8; 23.6; 24.5). Muitos eruditos têm pensado mais em termos de um Hexateuco (os cinco livros de Moisés e o de Josué) do que em termos de um Pentateuco (os cinco livros de Moisés), pensando que o livro de Josué usou as mesmas fontes informativas que os livros de Moisés. Nesse caso, o grande número de referências a Moisés, no livro de Josué, deixa de ser tão surpreendente. Historicamente falando, porém, seja como for, as frequentes referências a Moisés, no livro de Josué, são apenas naturais.

Há três referências a Moisés no livro de Juízes (Jz 1.20; 3.4 e 4.11). E também há referências a Moisés noutros livros históricos do Antigo Testamento (1Sm 12.6,8; 1Rs 2.3; 8.9,53,56; 2Rs 14.6; 18.4,6,12; 21.8; 23.25).

Narrativas paralelas fazem com que 1 e 2Crônicas contenham um grande número de referências a Moisés (Damos exemplos: 1Cr 6.3,49; 15.15; 22.13; 23.13-15; 26.24; 2Cr 1.3; 5.10; 8.13; 23.18; 24.6,9; 33.8; 34.14; 35.6,12).

O livro de Ezequiel tem três referências a Moisés (Ez 3.2; 6.18; e 7.6). O livro de Neemias tem sete referências (Ne, 1.1,8; 8.1,14; 9.14; 10.29; 13.1). O livro de Salmos tem oito referências (Sl 77.20; 90 (título); 99.6; 103.7; 105.26; 106.23,32). O livro de Isaías tem duas referências (Is 63.11,12). O livro de Jeremias tem uma (Jr 15.1). O livro de Daniel tem duas (Dn 9.11,13). O livro de Miqueias tem uma (Mq 6.4). O livro de Malaquias, uma (Ml 4.4).

No Novo Testamento há um total de oitenta referências a Moisés, que é mencionado em doze de seus 27 livros. Damos exemplos: (Mt 8.4; 17.3; Mc 1.44; 7.10; 9.4,5; Lc 2.22; 5.14; 16.29; 24.27; Jo 1.17,45; 3.14; 5.45; 7.19,22; 8.5; 9.29; At 3.22; 6.11,14; 7.20,22,29 etc. (o sermão de Estêvão); 13.39; 21.21; 26.22; Rm 5.14; 9.15; 10.5,19; 2Tm 3.8; Hb 3.2,3,5,16; 7.14; 8.5; 11.23; 12.12; Jd 9; Ap 15.3).

Em certas passagens, o Novo Testamento apresenta Moisés como o Primeiro Legislador, a principal figura da economia veterotestamentária. Ele é posto em contraste com o Segundo Legislador, Cristo, que trouxe ao mundo a graça e a verdade, tendo ultrapassado em muito ao primeiro legislador (1Jo 1.17). A natureza transitória da dispensação mosaica é aludida em 2Coríntios 3.13-18, um conceito que os judeus consideravam a pior de todas as heresias. O ofício de mediador de Moisés é contrastado com a permanente e clara comunicação de Deus na pessoa de Jesus Cristo (Gl 3.19). Moisés foi apenas um servo de Deus, contrastando com Cristo, que é o Filho e chefe da casa espiritual de Deus (Hb 3.5,6). Moisés escreveu acerca de Cristo (em seu ofício profético) (Jo 5.46). Cristo é o Moisés da Nova Dispensação (Hb 3.1-19; 12.24-29; At 7.37). O trecho de Judas 9 cita o livro *Assunção de Moisés* (vide), ao mencionar a história da disputa entre o arcanjo Miguel e Satanás, em torno do corpo morto de Moisés. O décimo sétimo capítulo de Mateus encerra a história da Transfiguração do Senhor Jesus, quando então apareceram, juntamente com ele, Moisés e Elias, representantes da economia do Antigo Testamento (a Lei e os Profetas), após o que Cristo ficou sozinho, como autor único da economia do Novo Testamento.

VII. Os Ofícios de Moisés e o seu Caráter

1. Como Líder. A história de como Deus escolheu esse homem e o preparou durante nada menos de oitenta anos, antes de chamá-lo de volta ao Egito, em sua incumbência de livrar o povo de Israel, é, realmente, uma das maravilhas da literatura mundial. Trata-se de um daqueles casos em que a vida real é mais estranha que a ficção. Contamos a história com detalhes, na seção quinta deste artigo, *Moisés e os Acontecimentos Históricos*. Devemos observar que ele foi equipado para sua tarefa através de sua criação e educação no Egito. Foi equipado melhor ainda quando de seu exílio em Midiã; mas foi equipado, acima de tudo, por suas muitas e grandes experiências místicas, que lhe conferiram uma invencível força de vontade e inabalável convicção, para prosseguir na tarefa. "A única coisa capaz de explicar as suas realizações é que ele foi um homem de fé inarredável no Deus invisível (Hb 11.27), tornando-o zeloso pelo nome de Deus (Nm 14.13 ss.). Ver Filipenses 4.13". (ND)

2. Como Profeta. Uma leitura aligeirada da história de Moisés pode evitar que notemos o fato de que Moisés, devido às suas muitas experiências místicas, foi um profeta, e não meramente um legislador. O maior resultado de seu ofício profético foi a própria lei. Sem aquele ofício profético, ele jamais teria sido o legislador que foi. Moisés foi o grande modelo de todos os verdadeiros profetas posteriores, até a vinda de Cristo, o Profeta, de quem Moisés foi tipo e precursor (Dt 18.18; At 3.22 ss.). Todos os profetas, de um modo ou de outro, prestaram testemunho acerca de Cristo (ver At 10.43). Moisés previu o êxodo de Israel (Êx 4.30 ss.; 6.8 ss); transmitiu a vontade de Deus às vésperas do livramento e por ocasião da celebração da Páscoa (Êx 11.1-3; 12.21,28,35 ss.; 13.3 ss., 14.1). Deus falava com o povo de Israel por meio de Moisés (Êx 14.13,21-38; 19.3,7). Moisés usufruía de uma comunhão toda especial com Deus (Êx 24.18). Sendo profeta, Moisés levava uma significativa vida de oração (1Sm 7.5; 8.6; 13.23; 15.1).

3. Como Legislador e Mediador da Aliança. A lei mosaica tanto foi uma legislação quanto foi uma aliança. E Moisés foi o instrumento humano para tanto. O capítulo vinte do livro de Êxodo fornece-nos a porção cêntrica dessa legislação, mas quase todo o livro de Êxodo está envolvido em seu delineamento; e o livro de Deuteronômio repete a questão, com algumas adições, ao passo que o livro de Levítico fornece-nos as intrincadas leis acerca do sacerdócio e do culto religioso. A lei mosaica não era apenas um documento religioso de *proibições*. Paralelamente a isso, era um complexo conjunto de leis civis, muitas delas com preceitos paralelos em outras legislações semíticas. Ver o artigo intitulado *Hamurabi, Código de,* quanto a uma ilustração a esse respeito. O código de Hamurabi foi escrito cinco séculos antes de Moisés; e os pontos de semelhança mostram que uma das fontes da legislação mosaica foi o fundo de leis desenvolvidas pelas culturas semíticas durante um longo período de tempo.

Pode-se dizer que as leis civis de Moisés ocupam cerca de quarenta parágrafos em Êxodo 21-23; em Lv 18-20, um pouco mais do que vinte parágrafos; em Deuteronômio 12-16, cerca de noventa parágrafos. O material, desse modo, mostra ser bastante completo, embora não exageradamente longo. Esses 150 parágrafos são menos do que os 282 parágrafos do código de Hamurabi. As leis dos assírios ocupavam cerca de 115 parágrafos, embora muito mais material se tenha perdido. As leis dos heteus, até onde o demonstram as descobertas arqueológicas, ocupam cerca de 200 parágrafos. Ver o artigo geral intitulado *Pactos,* quanto a uma discussão sobre a legislação mosaica. Esse pacto mosaico é contrastado com o Novo Testamento, trazido por Cristo. Caracterizava-se por uma lei, e, presumivelmente, era capaz de transmitir vida (ver Lv 18.5). Entretanto, os eruditos hebreus têm demonstrado que, nos escritos de Moisés, essa *vida* era apenas terrena, e não pós-morte. Os intérpretes posteriores do judaísmo que a interpretaram como pós-morte. Seja como for, como um contraste com a lei mosaica, a graça, a verdade e a vida eterna vieram por meio de Cristo (Jo 1.17). O evangelho anuncia ao mundo a graça divina (ver Rm 3 e 4).

O pacto mosaico estava contido em três divisões: **a.** Os mandamentos (Êx 20); **b.** Os juízos (Êx 21.1-24.11), que regulamentavam a vida social de Israel; e **c.** as ordenanças (Êx 24.13-31.18) que governavam a vida religiosa da nação. Esses três aspectos constituíam a *lei*. O trecho de 2Coríntios 3.7-9 caracteriza essa legislação como "ministério da morte" e "ministério da condenação", porquanto não era através da lei que a vida espiritual é conferida ao homem. O crente do Novo Testamento não está debaixo da lei mosaica, e, sim, sob o incondicional Pacto Novo da graça divina (ver Rm 3.21-27; 6.14,15; Gl 2.16; 3.10-14; 4.21-31; Hb 10.11-17). Ver os seguintes artigos: *Lei, Características da; Lei, Jesus e a; Lei no Antigo Testamento; Lei, Função da; Lei, Rudimentos Fracos e Pobres; Lei, Usos da*.

4. Autor de Escrituras Sagradas. Os ultraconservadores dizem que Moisés escreveu o Pentateuco inteiro. A única coisa que admitem é que ele pode ter usado várias fontes informativas, que alinhavou. Mas, segundo os estudiosos liberais extremistas, Moisés (embora admitam ter sido ele uma figura histórica) não escreveu o Pentateuco. O Pentateuco teria permanecido como meras tradições orais durante muitos séculos, até ser finalmente compilado, com base em muitas fontes informativas. E então, foi dito que Moisés, o herói do povo hebreu, teria sido o autor do Pentateuco, embora isso não corresponda à verdade. Nos artigos sobre os cinco livros do Pentateuco, oferecemos detalhes sobre a questão da autoria e sobre as controvérsias que circundam a questão. Demonstramos, na segunda seção do presente artigo, *Visões Críticas Sobre Moisés,* que os eruditos do século XIX tomavam um ponto de vista cético sobre todas essas questões, mas que, no século XX, a maioria dos eruditos tem admitido a exatidão histórica essencial do Pentateuco, embora muitos deles continuem a pôr em dúvida a validade de muitas experiências místicas e milagres ali atribuídos a Moisés. Seja como for, não há motivo algum para duvidar-se que o cerne do Pentateuco, pelo menos, repousa firmemente sobre a autoria de Moisés, e também que ele mesmo, ou escribas que atuaram sob sua orientação, reduziram todo o relato à forma escrita. Não é necessária a suposição de que a maior parte da obra tivesse sido preservada como tradições orais durante muitos séculos. E, apesar de ser verdade que segundo os costumes antigos muitos mitos eram atribuídos a heróis e figuras religiosas, e isso sem qualquer hesitação (formando esses escritos o que chamaríamos de pseudepígrafos), o fato é que a natureza intrincada dos escritos mosaicos, com suas muitas e variadas leis, quase certamente indica que todo o material foi escrito na hora, quando as leis vieram a ser unificadas no código mosaico. Em favor dessa assertiva temos o fato de que outras antigas leis semíticas certamente já estavam em uso, muito antes das leis mosaicas, conforme já vimos no caso do código de Hamurabi, cujos preceitos antecederam aos de Moisés por nada menos de cinco séculos. E que Moisés escreveu pessoalmente pelo menos certas porções do Pentateuco, fica bem caracterizado em referências como as seguintes: Êxodo 17.4; 24.4-8 (com seus paralelos, onde não é dito especificamente que ele escrevesse, ou seja, Êx 20-23); Números 33.1 ss.; a maior parte do livro de Deuteronômio, até o cap. 31; ver, especificamente, 31.9-13,24 ss.; 32. Além disso, o próprio Senhor Jesus atribuía o Pentateuco a Moisés, como seu autor (ver Jo 5.46). Quanto à ideia de uma múltipla autoria, com atividades editoriais, no tocante ao Pentateuco, ver o artigo sobre J.E.D.P.(S).

5. Caráter de Moisés. Certas qualidades específicas do caráter de Moisés eram as seguintes: ***a. Liderança***, o que é discutido sob o primeiro ponto, acima. ***b. Fé***, o que é frisado no comentário de Hebreus 11.26. ***c. Intensa vida de oração***. Isso faz parte indispensável da vida espiritual de qualquer pessoa séria em sua inquirição espiritual. "Em qualquer momento de emergência, Moisés apelava imediatamente a *Yahweh*. Ele não falava então como um estranho, mas antes como um filho que pede algo a seu pai; e foi assim que ele nunca pleiteou em vão" (S). Mui conspicuamente, vemos Moisés a intervir em favor de Israel em momentos críticos, quando seu povo tornava-se culpado de algum grave pecado ou apostasia. (Ver Êx 32.31; 33.11). Nessas oportunidades, podemos ver Moisés em seu intenso e sincero amor por seu povo, amando a Deus, zeloso pelo cumprimento da tarefa que recebera, procurando honrar a Deus, dotado assim de autênticas qualidades de liderança. ***d. Humildade***. Moisés era suficientemente grande para não ter de fingir que era. A grandeza vinha ao encontro dele, sem que ele tivesse de persegui-la. A humildade de Moisés é mencionada como uma característica especial de sua personalidade, em Números 12.3. *Ele não cobiçava distinções e nem procurava proeminência* (S). ***e. Resistência; persistência***. Alguns intérpretes pensam que o vocábulo hebraico *'anayw*, em Números 12.3 (traduzido por "manso", em nossa versão portuguesa), deveria ser entendido como "persistente". Sem importar se assim devemos interpretar ou não aquela palavra hebraica, torna-se óbvio, pelo próprio relato bíblico, que a sua persistência, na causa que defendia, nunca sofreu qualquer lapso ou hesitação. ***f. Serviço amoroso***. Em tempos de crise, quando Moisés rogava em favor de seu povo de Israel, há ilustrações especiais do amor que lhes devotava. "Ele se aliou aos seus compatriotas, em sua servidão degradante (Êx 2.11; 5.4); ele se esqueceu de vingar-se das afrontas sofridas (2.14); ele desejou que seu irmão fosse o líder, em vez dele mesmo (4.13); e quando *Yahweh* ofereceu-se para destruir o povo, fazendo de Moisés uma grande nação (32.10), ele orou para que o Senhor os perdoasse, "...ou se não, risca-me, peço-te, do livro que escreveste". (*Smith Bible Dictionary*).

VIII. Moisés e a Arqueologia

1. O Nome Moisés. A arqueologia tem mostrado que o nome *Moisés* está relacionado ao termo egípcio *mase* (pronunciado *mose*, depois do século XII a.C.), e que significa "criança". Moisés, quando "criança", foi tirado das águas do rio Nilo, pela filha do Faraó. Foi ela quem lhe deu o nome (Êx 2.10), como quem dava a entender: "a criança tirada das águas". Ver a seção primeira, quanto a explanação completa.

2. Nomes Compostos com Moisés. Vários apelativos têm sido ilustrados pela arqueologia e por antigas referências literárias. Assim, por exemplo, *Ah-mose*, que significa "filho de Ah", o deus da luz. Tutmés (mais literalmente, *Tuth-mose*) quer dizer "filho de Thot".

3. O casamento de Moisés com uma mulher cuxita ou núbia, fica esclarecido em parte quando se leva em conta que o nome de um de seus netos, Fineias, em egípcio significa "núbio", "cuxita". (Ver Nm 12.1; Êx 6.25).

4. O infante Moisés, deixado a flutuar em uma cestinha calafetada, sobre as águas do Nilo, tem seus paralelos nas antigas lendas populares do Oriente. A mesma história era contada acerca de Sargão I, de Acade (que viveu em cerca de 2400 a.C.), um relato descrito na obra de Hugo Grossmann, *Altorientalische Texte und Bilder zum Alten Testament*, 1909, vol. I, p. 79. Um texto em escrita cuneiforme, do século IX a.C., preserva o relato. Exemplos clássicos encontram-se nas histórias que cercam Rômulo e Remo, e Baco e Perseu. Não devemos supor, contudo, que haja qualquer conexão entre essas histórias e o relato bíblico sobre Moisés, embora alguns estudiosos pensem que a experiência de Moisés foi repetida em outras culturas, ou, pelo menos, foi comentada e historiada entre outros povos proeminentes. O mais provável é que acontecimentos dessa ordem simplesmente ocorressem por acaso, o que explicaria as várias narrativas independentes, parecidas umas com as outras.

Bibliografia. AM AO ARC E FIN FRE KY MAN ND ROW (1963) UN UNA S Z

MOISÉS (NÃO O LEGISLADOR)

Em Jz 18.30 há menção de kutro Moisés que teria sido avô de certo Jônatas, que se tornou um sacerdote idólatra entre os danitas. No texto massorético, seu nome foi alterado para *Manassés*, o que é seguido em nossa versão portuguesa, porquanto os massoretas não podiam aceitar que um neto de Moisés se tivesse tornado um sacerdote idólatra.

MOLADÃ

No hebraico, **"geração"**. Esse é o nome de uma cidade do Neguebe, não longe de Berseba (Js 15.26). A cidade foi entregue à tribo de Simeão, após a conquista da Terra Prometida (Js 19.2; 1Cr 4.28). Após o cativeiro babilônico, foi reocupada por um remanescente que retornou (Ne 11.26). Josefo (*Anti.* 18.6,2) informa-nos que essa região foi posteriormente ocupada pelos idumeus, quando passou a chamar-se *Malada*. Então, tornou-se uma fortaleza. Eusébio e Jerônimo localizaram-na cerca de vinte milhas romanas ao sul de Hebrom. Várias identificações incertas têm sido sugeridas, incluindo Tell-el-Milh, que fica cerca de dezenove quilômetros a leste de Berseba. Mas outros pensam em Quseife, a 6,5 quilômetros, na direção de Arade.

MOLDURA

No hebraico, *misgereth*, **"cerco"**, **"tapume"**. A palavra aparece por dezessete vezes, quase todas em Êxodo 25 e 37 e em 1Reis 7. Era uma estrutura que circundava as margens da mesa dos pães da proposição (Êx 25.25).

MOLEQUE, MOLOQUE

1. Sentidos Possíveis da Palavra e seus Usos. Os eruditos não concordam quanto à natureza exata do que se deve entender com essa palavra. O termo parece indicar "dirigente". A Septuaginta diz *árchon*, "governante", ao traduzir a palavra hebraica para o grego, em Levítico 18.21; 20.2,5; mas também *basiléus*, "rei", em 1Reis 23.10. Porém, em Jeremias 32.35, a

Septuaginta diz *Moloch basiléus, ou* seja, "rei Moloque". É possível que tenha sido cunhada uma nova palavra hebraica, combinando as letras consoantes de *melek*, "rei", com as letras vogais de *boset*, "vergonha". E daí surgiu *molek*. E do hebraico *molek*, a palavra passou para a Septuaginta com a forma de *moloch*. É possível que a palavra hebraica esteja relacionada ao cartaginês-fenício, *molok*, que tem sido encontrada em inscrições do período 400-150 a.C. Em inscrições latinas, achadas em Cartago, a palavra aparece como *Molc*. A divindade assim referida está associada a *muluk*, que era adorada em Mari, em cerca de 1800 a.C., e também à divindade *malik*, dos textos acádicos.

A palavra aparece em nomes compostos, como Adrameleque e Anameleque, conforme se vê em 2Reis 17.31. Visto que, no Antigo Testamento, a palavra traz o artigo, exceto em 1Reis 11.7, o seu significado parece ser "aquele que governa". Alguma conexão com Baal tem sido suposta, conforme também é sugerido em Jeremias 32.35. Sacrifícios humanos eram oferecidos a Baal-Melcarte, em Tiro, o que parece ter sido um paralelo cultural.

Usos possíveis incluem: ***a***. *Um sacrifício*, feito a alguma divindade pagã, ou mais especificamente, a Moleque, como um deus pagão. Alguns estudiosos têm sugerido nessa conexão, que as palavras *mlk'mr* e *mlk'dm*, que significam, respectivamente "oferenda de um animal" e "oferenda de um homem" (às vezes, uma criança ou infante), estão relacionadas uma à outra. Uma criança podia ser oferecida, ou um cordeiro poderia substituí-la. Os antigos cultos da área da Mesopotâmia incluíam sacrifícios humanos, conforme nos é sugerido pela história de Abraão e Isaque. Sabemos que outro tanto ocorria entre os fenícios. ***b***. *O deus a quem o sacrifício era feito*. A partir dessa ideia, a palavra veio a designar o deus a quem os sacrifícios (incluindo sacrifícios humanos) eram feitos. Isso posto, os deuses *mlkm* tornaram-se sacrifícios *molk* divinizados. Em Lv 20.5, Moleque é definido como uma divindade, e não como um sacrifício, e todos os textos bíblicos parecem indicar que essa palavra aponta para alguma divindade. ***c***. "O termo tem sido tradicionalmente explicado, e recentemente foi defendido como uma vocalização distorcida e deliberada do título *rei ou o rei* (no hebraico, *hammelek*), para indicar o deus dos amonitas, mediante a inserção das vogais da palavra *boset*, "vergonha" (cf. Astorete). Esse título é um epíteto divino que entra na composição de muitos nomes pessoais e de divindades dos fenícios ou entre os hebreus. Esse epíteto também se acha sob as formas *muluk* e *malik*, nas listas de Mari, no começo do segundo milênio a.C. De acordo com isso, a palavra pode ser entendida como uma forma alternativa de *Milcom*. J.Gray argumentava que o nome próprio dessa divindade era Athtar, uma divindade astral". (Z)

2. O Culto a Moleque. A adoração a esse deus estava associada ao sacrifício de crianças ou infantes, na fogueira (Lv 18.21; 20.2-5; 2Rs 23.10; Jr 32.35; 2Rs 20.3-5; 17.31). Essa prática é confirmada nos antigos cultos mesopotâmicos e filisteus. A arqueologia tem demonstrado abundantemente essa prática. As referências bíblicas são perfeitamente claras. As leis de Moisés proibiam essa prática, sob pena de morte (Lv 18.21; 20.2-5). No entanto, em cerca de 1000 a.C., Salomão edificou um lugar alto em honra a essa divindade (naquele lugar que, mais tarde, veio a ser chamado de monte das Oliveiras) (1Rs 11.7). O rei Acaz, em cerca de 730 a.C., queimou seus filhos na fogueira (2Cr 28.3), tal como veio a fazê-lo Manassés (2Rs 21.6). Em Samaria também chegou-se a praticar esse incrível pecado, e a cidade foi julgada por esse motivo (2Rs 17.17). Josias destruiu os lugares altos de Moleque (2Rs 23.10,13). E foi necessário que Ezequiel condenasse essa prática, já tão tarde quanto o começo do século VI a.C. Somente o cativeiro babilônico parece ter posto fim, definitivamente, a esse horrendo culto, embora, fora da Palestina, ainda tivesse permanecido no norte da África, entre os fenícios cartagineses, até dentro da própria era cristã.

É possível que a psicologia perversa que inspirava esse culto fosse a ideia de que o sacrifício de um filho ou de uma filha era um ato final de dedicação, e que esse ato arrancava das divindades alguma grande bênção. Certamente essa psicologia está implícita na narrativa sobre Abraão e Isaque. Até mesmo hoje, esse relato é explicado metaforicamente, em termos de "o maior sacrifício possível", e somos exortados a agir segundo o espírito desse tipo de dedicação. Mas essa interpretação é lamentável, pois não podemos levar a sério que o Deus do céu poderia mesmo ter ordenado um sacrifício humano. Orígenes alegorizava a narrativa, e essa parece ser a melhor abordagem.

N.H. Snaith deu uma explicação alternativa ao episódio. Ele tentou demonstrar que não houve o envolvimento de qualquer sacrifício infantil. Ele acredita que o que estava envolvido era a entrega de crianças para serem criadas nos templos e serem treinadas como prostitutas e prostitutos. E ele oferece o décimo oitavo capítulo de Levítico como a principal evidência. É verdade que ali estão em foco atividades sexuais ilícitas. Além disso, há uma referência no Talmude que dá essa interpretação do texto. A solução para o problema parece ser que havia o envolvimento tanto de sacrifícios de infantes quanto da chamada "santa" prostituição ou prostituição sagrada. O Talmude fornece detalhes horripilantes acerca dos sacrifícios infantis oferecidos a Moleque. A abundância de referências bíblicas a respeito desse culto favorece, de forma irresistível, a interpretação de sacrifícios de infantes; mas isso não elimina a realidade daquela outra prática, que também pode ter estado envolvida na adoração a Moleque.

3. Um Propósito Central no Culto a Moloque. Apesar de podermos imaginar que muitos motivos estavam por detrás desses sacrifícios, parece que Moloque era uma antiga divindade semítica, que era patrona especial de votos. Crianças eram sacrificadas com o mais forte compromisso da santidade de um voto. A palavra púnica, *molok*, significava "voto", "compromisso".

MOLHO

No hebraico, *omer*, **"montão"**. Essa palavra também era usada para indicar certa medida de capacidade. No caso de um molho, uma pequena quantidade de cereal era cortada e reunida. Os principais cereais mencionados nas Escrituras são o trigo e a cevada. O trigo era cultivado nas terras baixas da Palestina e na região do Haurã, a leste do rio Jordão, ao passo que a cevada era plantada nas terras altas. Ambos os cereais eram cultivados segundo o método que se tornou padrão, naquelas regiões, durante muitos séculos seguidos, que podemos observar no Oriente Médio de nossos próprios dias: o ceifeiro vai à frente, com sua foice, cortando o cereal. Em seguida, o cereal é colhido e juntado em molhos por vários trabalhadores (geralmente mulheres, mas nem sempre), que seguem atrás do ceifeiro. Os molhos são feitos por essas pessoas. Ainda mais atrás vêm outras pessoas, os rabiscadores, que juntam quaisquer hastes de cereal que tenham ficado no chão. A melhor descrição bíblica sobre esse processo ocorre no livro de Rute.

Molhos assim eram usados como uma forma de oferenda, dentro do sistema de sacrifícios dos levitas (cf. Lv 23.10-12). Mui provavelmente, eram então usados molhos de cevada, a primeira variedade de cereal a ser colhida a cada ano, na Palestina. Esses molhos representavam a oferta de agradecimento ou ação de graças, pelas primícias do cereal.

Com o sentido de feixe ou punhado, temos três palavras hebraicas, a saber: **1.** *Aguddah, molho*, palavra usada com esse sentido, apenas em Êxodo 12.22. **2.** *Tsimmuqim*, "bolos de uvas passas", em 1Samuel 25.18 e 30.12. **3.** *Eshkol*, "cachos", palavra que aparece por dez vezes (por exemplo: Gn 40.10; Nm 13.23; Is 65.8). Esta última tem paralelo no termo grego *bótrus, cacho*, que aparece somente em Apocalipse 14.18.

MOLIDE

No hebraico, **"gerador"**. Esse era o nome de um homem da tribo de Judá. Ele era filho de Abisur e Abiail (1Cr 2.29). Viveu em torno de 1600 a.C.

MOLOQUE. Ver sobre *Moleque, Moloque*.

MONOGAMIA

Por detrás dessa palavra portuguesa há dois termos gregos: *mónos*, "único", e *gamos*, "casamento". Portanto, a *monogamia* é o princípio ou a prática de um único casamento de cada vez: um homem-uma mulher. Usualmente, esse princípio não é considerado como violado se uma pessoa tornar a casar-se, no caso do primeiro casamento tiver sido considerado nulo, por qualquer razão legítima, embora o primeiro cônjuge continue vivo.

A monogamia faz oposição à bigamia (uma pessoa tem dois cônjuges ao mesmo tempo) ou à digamia (um segundo mas legítimo casamento). E, naturalmente, faz oposição à poligamia (um homem com várias esposas; ou uma mulher com vários maridos — este último caso chama-se também *poliandria*).

A sociedade judaica antiga, como a maioria, foi polígama, mas no Novo Testamento o *ideal* é a monogamia. Ver Mateus 19.4 ss. Ver o artigo geral sobre *Matrimônio*.

Monogamia na Natureza. Patrícia Wright, antropóloga de Duke University, tem estudado, com muita diligência, a questão da monogamia na natureza. Um artigo publicado por ela na revista *National Wildlife* nos dá as seguintes informações:

As espécies de animais que praticam a monogamia são coiotes, lobos (surpresa!), morcegos, antílopes, castores, ratos almiscarados, e algumas espécies de toupeiras. Até estes animais aproveitam de oportunidades de ter relações sexuais com "estranhos", se as condições são favoráveis, embora não as procurem. Aparentemente, sua conduta monógama é devida a tentativa de preservar a comida e facilitar a sobrevivência.

Nas sociedades humanas no Ocidente, monogamia é popular na palavra, mas pouco popular de fato; 87% das sociedades humanas (em todo o mundo) não a praticam. Um *grande benefício* da monogamia (reconhecido universalmente) é que os homens têm a tendência de cuidar de filhos gerados que sabem que são *seus*, enquanto poucos homens ajudam a criar filhos cuja paternidade está em dúvida ou desconhecida.

MONOTEÍSMO

I. Definição. Essa palavra vem do grego *mónos*, **"único"**, e *théos*, **"Deus"**. Portanto, ela indica aquele ensino de que só existe um Deus. Isso pode ser contrastado com o *henoteísmo* (vide), que admite uma pluralidade de deuses, embora afirme ter relações somente com um deles, que merece a nossa adoração e obediência.

II. Distinções. **1**. Conforme acabamos de notar, deve-se fazer a distinção entre o *monoteísmo* e o *henoteísmo*. **2**. Deve-se distinguir o *monoteísmo* das várias formas do *teísmo*. O ensino do teísmo é que Deus (ou deuses) está interessado nos homens, intervindo em sua história, recompensando ou punindo, dependendo dos méritos de cada um. O monoteísmo ensina que só existe *um* Deus que tem interesse pelo homem. **3**. Deve-se distinguir o *monoteísmo* do *deísmo*. Apesar do deísmo poder ser monoteísta, difere deste ao asseverar que Deus não se interessa pelos homens, pois deixou o mundo ser governado por leis naturais, ao abandonar a sua criação. Deus também não intervém, não recompensa e nem castiga. E apesar do deísmo poder ser monoteísta, usualmente o monoteísmo envolve a ideia teísta de que Deus continua interessado pela sua criação, intervindo etc. **4**. Deve-se distinguir entre o *monoteísmo* e o *politeísmo*. Ambas as posições ensinam que Deus (ou deuses) tem interesse pelo homem, mas o politeísmo postula a existência de muitos deuses. O *triteísmo* é uma forma de politeísmo que tem sido defendida por alguns cristãos que não aceitam a doutrina da Trindade. Os mórmons de nossos dias são triteístas práticos, embora sejam politeístas teóricos. **5**. Alguns distinguem o *monoteísmo* do *trinitarismo*, pois pensam que, apesar de todas as tentativas e "contorções", o caso do trinitarismo está longe de estar provado. Para eles, o trinitarismo é apenas uma forma velada e sofisticada de triteísmo. Ver o artigo geral sobre a *Trindade*. **6**. Deve-se distinguir o *monoteísmo* do *panteísmo*. De acordo com os padrões cristãos, o panteísmo é uma forma de ateísmo, porque apesar de falar acerca de Deus, faz tudo ser parte de Deus, e assim destrói a distinção entre Deus e a sua criação, quanto à questão de essência. O panteísmo propõe a existência de uma única essência, a divina, e todas as coisas seriam, finalmente, parte da essência divina.

III. Ideias Usualmente Associadas ao Monoteísmo. **1**. Deus como um Ser *absoluto* e *infinito* usualmente é um conceito associado ao monoteísmo. Pelo menos os teólogos cristãos referem-se ao Deus único dessa maneira. Nenhuma das coisas alistadas nesta seção, entretanto, é absolutamente necessária como corolário do monoteísmo. Os mórmons acreditam em um Deus finito, que tem os seus próprios problemas. A ideia de um único Deus finito ocasionalmente aparece entre os teólogos cristãos. **2**. Deus é dotado de *vida necessária e independente*. Deus não pode deixar de existir e a sua vida não depende de qualquer causa externa ou fator sustentador. Ele é a sua própria causa e sustentador. **3**. Deus como *criador*. O Deus único criou tudo. A ideia de Deus como arquiteto ou organizador, entretanto, é uma forma possível de monoteísmo. Nesse caso, a matéria é considerada eterna. Sua forma seria modificada por Deus, manipulando materiais já existentes. O mesmo poderia ter-se dado com o espírito, por ocasião da formação do mundo espiritual. **4. Personalidade**. O Deus *pessoal*. Usualmente, o monoteísmo assevera que Deus é uma pessoa, e não alguma força cósmica impessoal. **5. Moralidade**. Deus põe em vigor aquilo que é correto, sendo ele a origem do que é certo. Ele castiga o mal. Tem Deus muitas virtudes morais que os homens precisam emular, especialmente a virtude do amor, que é a base onde florescem todas as demais virtudes. **6**. Deus é tanto *imanente* quanto *transcendente*. Deus faz-se presente, mas em um outro sentido. Deus está completamente acima de nossa experiência e conhecimento. Usualmente, o monoteísmo assevera que Deus *pode ser conhecido*, mas limita isso em consonância com os homens finitos. Se Deus pode ser conhecido, então, o *agnosticismo* labora em erro. Podemos ter um conhecimento válido de Deus, e não precisamos dizer: "Não sabemos se Deus existe ou não". Deus, como alguém que pode ser conhecido também nega a avaliação negativa do *ateísmo* bem como as limitações do *positivismo lógico*, posições que querem fazer-nos acreditar que qualquer proposição sobre um ser divino é destituída de sentido. **7**. Deus único é *Pai*. Essa é a proposição mais consoladora da religião. Porquanto garante para o homem um *teísmo* baseado no amor. Deus cuida de nós como o faria um pai. Quanto a um maior desenvolvimento das ideias que aparecem nesta seção, ver o artigo separado sobre os *Atributos de Deus*.

IV. O Monoteísmo na Bíblia. **1**. Os capítulos primeiro e segundo do livro do Gênesis, a história da criação, indicam uma única operação divina. Pode ser verdade, conforme dizem muitos teólogos, que a fé religiosa original dos hebreus fosse *henoteísta*, e não monoteísta. Mas o relato da criação foi escrito em uma época da história de Israel em que o monoteísmo já estava bem firmado. Seções posteriores do Antigo Testamento talvez reflitam uma fé religiosa mais primitiva. O trecho de Deuteronômio 4.7 poderia ser um reflexo do henoteísmo. Outras nações tinham deuses, mas não defendiam os seus adoradores, como o Deus dos hebreus fazia em favor deles. Posteriormente, todos os outros deuses foram tidos por falsos. Como é óbvio, esse ponto é intensamente disputado, sendo inconclusivas as evidências em prol de um período mais remoto. É inegável que os antepassados de Abraão eram politeístas (ver Gn 35.2; Js 24.2). Permanece em dúvida quanto desse politeísmo entrou nas vidas dos patriarcas. A história dos ídolos do lar que Raquel ocultou e que, posteriormente, Jacó sepultou, antes de retornar à Terra Prometida, indica definidamente um tempo em que o monoteísmo ainda não havia prevalecido totalmente. (Ver Gn 31 e 32). O trecho de Gênesis 35.2 ss registra o fato de que Jacó desfez-se dos *deuses estranhos*. Sem dúvida isso indicou uma definida preferência pelo monoteísmo, e não que o monoteísmo só se estabeleceu relativamente tarde na história do povo de Israel, embora ainda dentro do período dos patriarcas. **2. Os Dez Mandamentos**. Essas leis encerravam provisões em favor de um monoteísmo prático, mesmo que não de um monoteísmo absolutamente teórico. *Não terás outros deuses diante de mim*, declarou *Yahweh* (Êx 20.3). E é interessante que essas palavras são ligadas ao fato (mencionado no vs. 2) de que foi esse o Deus que tirou Israel da terra do Egito. **3**. O conflito *de Elias* com os profetas de Baal não afirma claramente o monoteísmo, mas o fato de que pôs a ridículo os deuses de seus adversários, com toda a idolatria envolvida, mostra um provável monoteísmo teórico, e, certamente, um monoteísmo prático. Ver 1Reis 2.8-24 e seu contexto. **4. Os Profetas**. Durante esse período da história de Israel, do século VIII a.C. em diante, encontramos um claro monoteísmo teórico e prático. O trecho de Isaías 46.9 é enfático a respeito: *Lembrai-vos das cousas passadas da antiguidade; que eu sou Deus e não há outro, eu sou Deus, e não há outro semelhante a mim*. O trecho de Salmo 115.4-8, que ridiculariza a idolatria, é uma forte afirmação em favor do monoteísmo. **5**. *O judaísmo do período intertestamental* contava com um intransigente monoteísmo. **6. No Novo Testamento**. Paulo, no primeiro capítulo de Romanos, escreve alicerçado sobre o monoteísmo. Ele assevera que a própria natureza comprova isso desde o princípio: *Porque os atributos invisíveis de Deus, assim o seu eterno poder como também a sua própria divindade, claramente se reconhecem, desde o princípio do mundo, sendo percebidos por meio das cousas que foram criadas. Tais homens são por isso indesculpáveis* (Rm 1.20).

Paulo ensinou que os homens não têm desculpa por se terem tornado idólatras politeístas, porquanto as evidências da razão e da natureza mostram-se tão firmemente contrárias a tal desenvolvimento. Romanos 1.23 ss é trecho que mostra o que sucedeu, em face de os homens haverem corrompido a imagem de Deus e distorcido a razão, ao promoverem a idolatria, com seu inerente politeísmo. Aí começam os problemas morais dos homens (ver o vs. 24), e o juízo divino aguarda por eles.

A passagem de 1Coríntios 8.6 é enfaticamente monoteísta, ao declarar o Pai como o único Deus e Jesus Cristo como o único Senhor. Entretanto, esse mesmo versículo, com seu único Deus e seu único Senhor, já cria o problema trinitariano, e como o mesmo se relaciona ao monoteísmo. Damos um artigo detalhado sobre a *Trindade*. Ninguém encontrou ainda uma maneira de fazer o trinitarismo corresponder ao monoteísmo absoluto, embora uma teologia muito complexa tenha sido criada nessa tentativa. Podemos afirmar que essa impossibilidade resulta de uma entre duas causas: **1**. O trinitarianismo, na verdade, é contrário ao monoteísmo, sendo apenas uma forma velada de *triteísmo*. **2**. Ou, então, há certa verdade no trinitarianismo, que não é contrário ao monoteísmo, embora não haja qualquer maneira clara e lógica de expressar a ideia. A maioria dos teólogos ortodoxos toma a segunda explicação, embora sempre tenha havido cristãos que têm negado a possibilidade de tal acomodação. Os estudiosos liberais, por exemplo, usualmente sacrificam a divindade de Cristo a fim de preservarem o monoteísmo. Os mórmons manifestam-se abertamente em favor do triteísmo. Na teologia popular (peça-se a qualquer pastor que explique a doutrina da Trindade), o triteísmo é comum. O crente médio apresentará uma explicação triteísta sobre Pai, Filho e Espírito Santo, não sendo capaz de manipular as sutilezas do triteísmo. Os próprios grandes teólogos da igreja, bem como nos concílios, têm-se debatido diante desse problema. E assim sendo, dificilmente poderíamos esperar que o crente médio fizesse muita coisa a esse respeito. A melhor resposta ao problema é que não há resposta. Essa doutrina é misteriosa e não se presta para qualquer explicação clara lógica e linguística. Mas isso não nos deveria surpreender. Pois Deus é o *Mysterium Tremendum*. É uma presunção supor que nossas *humanologias* podem explicar a teologia.

V. As Religiões Monoteístas. Apesar do monoteísmo ter existido por toda parte, tendo sido defendido por muitas culturas, suas três grandes expressões, entre as importantes religiões do mundo, são o judaísmo, o cristianismo e o islamismo, acerca das quais oferecemos artigos separados. No Egito, o Faraó Ikhnaton, que promoveu a adoração exclusiva a *Aton*, o deus-sol, teria sido um monoteísta; mas há eruditos que acreditam que em seu culto havia elementos do henoteísmo. O movimento cessou com o falecimento daquele monarca egípcio. Nos escritos de Platão, temos uma antecipação do monoteísmo, em seu diálogo sobre as *Leis*, onde suas formas, ideias ou universais são aludidas coletivamente sob o título de *Deus*. *O Impulsionador Primário* (ou Impulsionador Inabalável) era uma espécie de forma cósmica impessoal, monoteísta. Essa força seria a força controladora e unificadora de todas coisas. Na *filosofia hindu* encontramos um violento contraste entre a realidade do mundo (que seria ilusória) e a realidade de Deus (na qual, finalmente, todas as coisas seriam reabsorvidas). Em última análise, só Deus seria real.

Chegamos ao conhecimento de Deus e à comunhão com ele através das experiências místicas, e quando essas experiências são suficientemente profundas, somos reabsorvidos no princípio divino. Somos tentados a chamar esse princípio todo-poderoso de *Logos*, à moda da filosofia grega (como no estoicismo), uma forma de monoteísmo. Entretanto, quase sempre esse ponto de vista assume uma explicação panteísta.

Tipos de Monoteísmo a serem Distinguidos. 1. Monoteísmo Pessoal e Ético. Deus é o único e santo governante do Universo. Esse é o tipo de monoteísmo que veio a fazer parte do judaísmo, do cristianismo e do islamismo. Deus aparece ali como uma pessoa, e não como uma força cósmica. **2**. *Uma força cósmica e impessoal*, como nos escritos de Platão e Aristóteles. **3**. *Deus como a única realidade autêntica*, enquanto que tudo o mais é apenas uma ilusão, conforme se vê no hinduísmo.

Bibliografia. AM B C E EP MM Z. Ver o artigo geral sobre *Deus*.

MONTANHAS DE HERES

No hebraico, **"montanhas do sol"**, referindo-se a um dos lugares onde os amorreus conseguiram instalar-se, tendo expulsado dali os filhos de Dã. Ver Juízes 1.34,35. Ver também o artigo *Heres*.

MONTÃO

No hebraico temos uma palavra que aparece só por nove vezes, que é traduzida por vários termos portugueses, como "montão", "muro", "baluarte" etc. Significa "aquilo que circunda". Geralmente aplicada a alguma rampa protetora de uma cidade, como em Naum 3.8, onde a versão portuguesa diz "baluarte". Em 2Samuel 20.15 temos a tradução "montão", no caso do ataque à cidade de Abel-Bete-Maacá, mas em 1Reis 21.23, a mesma palavra hebraica é traduzida por "muros". Em Salmo 48.13, em uma alusão a Sião, encontramos a ideia de algum tipo de proteção da cidade, com o nome dado na Bíblia portuguesa, de "baluarte". O lado norte da antiga Jerusalém, acima do vale de Hinom, era protegido por tal muro (Lm 2.8, que nossa versão portuguesa chama de "ante-muro"). A maioria desses montões, como se verificava em Jericó, era feita de terra batida, e, posteriormente, faziam-nos protegidos por uma camada de blocos de pedra.

MONTÃO DE PEDRAS

Talvez fosse esse o sinal ou memorial terrestre mais simples que os antigos costumavam usar. No Antigo Testamento, há menção a isso em vários contextos: **1**. Um montão de pedras podia assinalar um *ato mau significativo*, para relembrar aos homens a consequência de ações degradantes e prejudiciais. Depois que Acã e seus familiares foram apedrejados e queimados, um montão de pedras foi colocado sobre os seus cadáveres. **2. Um marco tumular**. O corpo do rei de Ai foi, a princípio, enforcado em uma árvore, e então foi sepultado, e um montão de pedras assinalou o local do sepultamento (Js 8.29). O sepulcro de Absalão foi igualmente marcado (2Sm 18.17). A simplicidade de tal sepultamento provavelmente reflete o desprazer do povo de Israel, por causa da traição de Absalão contra seu pai, Davi. **3. Símbolo de um pacto**. Um pacto estabelecido entre Jacó e Labão, em Mizpa, foi assim assinalado. O monte de pedras serviu de testemunho do acordo, de que nenhum deles passaria para além daquele marco, a fim de prejudicar ao outro (ver Gn 31.46-52). **4. Um símbolo do juízo divino**. Incidentes dessa natureza encontram em Jó 15.28; Isaías 37.26; Jeremias 9.11 e Oseias 12.11. **5**. Montões de pedras e de entulho assinalavam as ruínas das cidades e suas muralhas (Jó 8.17; Is 4.2; Jr 9.11).

MONTE (MONTANHA)

1. Palavras Empregadas. *a. Cabeça* (no hebraico, *rosh*) — (Gn 8.5; Êx 19.20; Dt 24.1; 1Rs 18.42). Essa palavra é usada no original hebraico para indicar uma colina, em Êxodo 17.9,10. *b. Orelhas* (no hebraico, *aznoth*), como no caso do nome Aznote-Tabor, em Josué 19.34, sem dúvida aludindo a alguma projeção existente em um monte. *c. Ombro* (no hebraico, *chateph*) — (Dt 33.12; Js 15.8; 18.16). Essa palavra hebraica também é traduzida por *lado*, referindo-se às colinas sobre as quais Jerusalém fora edificada. *d. Lado* (no hebraico, *tzad*), a palavra hebraica comum para indicar o lado de qualquer coisa — (2Sm 2.16). Pode indicar as faldas de uma montanha ou algum terreno inclinado (ver 1Sm 23.26; 2Sm 13.34). *e. Lombos ou flancos* (no hebraico, *chisloth*), como se dá no caso do nome combinado Quislote-Tabor, em Josué 19.12. Essa palavra também era usada para indicar alguma aldeia, provavelmente por estar situada nos lados de alguma montanha, como é o caso de Quesulote, em Josué 19.18. *f. Costela* (no hebraico, *tzelah*), palavra usada para indicar o monte das Oliveiras — (2Sm 16.13). Essa palavra também é traduzida por "lado". *g. Costas* (no hebraico, *shechem*). Provavelmente temos aí a base do nome Siquém, que ficava na parte de trás do monte Gerizim. *h. Cotovelo* (no hebraico, *ammah*). Nome de uma colina próxima de Gibeom — (2Sm 2.24). Em nossa versão portuguesa, "outeiro de Amá". *i. Coxa* (no hebraico, *yarchah*). Essa palavra tanto indicava uma coxa humana (ver Jz 3.16,21) quanto certa formação montanhosa no monte Efraim (ver Jz 19.1,18). Tal palavra também foi aplicada ao Líbano (ver 2Rs 19.23). As paredes laterais internas das cavernas também eram assim referidas (ver 1Sm 24.3). *j. Cobertura*, dando a ideia de esconderijo (proveniente do termo hebraico *sether*), talvez referindo-se aos arbustos e outras formações vegetais que recobriam as colinas (ver 1Sm 25.20).

2. Montes Especificamente Mencionados na Bíblia. Monte Seir, na Iduméia. monte Horebe, perto do Sinai, na Arábia Petrea. monte Sinai, na Arábia Petrea. monte Hor, na Iduméia. monte Gilboa, perto do mar Morto. Montes Líbano e Antilíbano. monte Gerizim, em Samaria. monte Ebal próximo do monte Gerizim, na Samaria. monte Gileade, do outro lado do rio Jordão. monte Amaleque, em Parã, na Arábia Petrea. monte Gaás, em Efraim. monte das Oliveiras, defronte de Jerusalém. monte Pisga, do outro lado do rio Jordão. monte Hermom, do outro lado do rio Jordão, perto do Líbano. monte Carmelo, perto do mar Mediterrâneo. Todos esses montes são tratados em artigos separados.

3. Usos Metafóricos. *a*. Os montes são fortalezas naturais, pelo que falam sobre força e inexpugnabilidade. Por isso foi que Davi disse: *Tu, Senhor, por teu favor fizeste permanecer forte a minha montanha* (Sl 30.7). Ele queria indicar assim a estabilidade do seu trono. *b*. A segurança do povo, que habitaria nos montes (Ez 6.2,3). *c*. O templo de Jerusalém foi edificado sobre um monte, a fim de exibir exaltação (ver Is 30.29; Jr 17.3,26). *d*. O povo de Deus e seu culto religioso são simbolizados pelo monte Sião, o qual é forte e conspícuo (ver Sl 2.6; Is 2.2). O monte Sião terminará por encher a terra toda, e todas as nações se juntarão a ele (ver Dn 2.34,45). *e*. Homens de elevada posição e autoridade também são representados por montes (ver Sl 47.3; Is 44.23). *f*. Os poderosos inimigos da verdade também são montes (ver Is 40.4; 41.15). *g. Perenidade*. O programa de rádio de alcance nacional, da igreja Mórmon, do Templo Square, em *Salt Lake City*, nos Estados Unidos da América, sempre é encerrado com as seguintes palavras: Do *Temple Square*, à sombra das colinas perenes, na encruzilhada do Ocidente (porque Salt Lake City fica assim localizada). Essa declaração nunca deixou de me emocionar, porquanto, embora eu nunca tenha sido mórmon, foi nessa cidade que me criei. As colinas referidas naquela declaração são as Montanhas Rochosas (ver Hc 3.6). *h. Idolatria*, visto que, com frequência, os cultos idólatras ocorriam em lugares elevados, onde tinham sido plantados bosques (ver Ez 18.6,11). *i*. O próprio Deus foi comparado a uma montanha que cercasse a cidade de Jerusalém, o que representa a *proteção* divina. *j*. A monarquia caldaica, da Babilônia, foi comparada a um monte, devido à sua elevada posição. Mas também era um monte que pegava fogo, porque, finalmente, haveria de ser incendiado, e os seus escombros se assemelhariam a um monte coberto de cinzas (ver Jr 51.25; Is 13.2). *k. Nos Sonhos e nas Visões*. Nessas manifestações, os montes podem simbolizar obstáculos, dificuldades, desafios, tarefas difíceis. O *pico* de um monte pode representar as mais caras ambições de uma pessoa, ou seus poderes, ou então, se esse pico já tiver sido atingido, estará em foco o bom êxito daquela pessoa. O ato de *subir um monte* fala sobre a tentativa de vencer dificuldades, de esforçar-se na direção de um alvo. A dificuldade para escalar um monte, mas sem que haja sucesso, simboliza a futilidade ou extremas dificuldades envolvidas em algum ato, ambição ou trabalho. Subir por um dos lados de uma montanha simboliza a primeira metade da vida do indivíduo. Descer pelo lado oposto pode simbolizar a outra metade da vida. A saliência de um rochedo pode simbolizar o peito de uma pessoa, ou mesmo os seios de uma mulher. Encontrar-se em um vale, entre dois montes, pode indicar um dilema sério que a pessoa está enfrentando, embora também possa significar segurança, conforto, isolamento ou mesmo aprisionamento.

MONTE DA ASSEMBLEIA. Ver sobre *Monte da Congregação*.

MONTE DA CONGREGAÇÃO

Ver Isaías 14.13. Esse lugar "visionário" é mencionado em conexão com o rei da Babilônia. Provavelmente, para Isaías, o nome equivalia ao Olimpo, na Grécia, o "monte dos deuses". Ele fantasiou a Babilônia assentada sobre esse Olimpo babilônico. Mas então, ao sofrer destruição, devido ao juízo divino, o rei foi lançado às profundezas do hades (no hebraico, *sheol*). Alguns eruditos pensam que a referência primária é à queda de Lúcifer, quando ele se tornou Satanás. Nesse caso, a Babilônia (ou o rei da Babilônia) recebe uma referência secundária, como um dos lugares (ou pessoas) governados por Satanás.

MONTE DAS OLIVEIRAS E OLIVETE

Forma latina tirada da Vulgata. Lugar onde existem muitas oliveiras. Nome de um monte fronteiro a Jerusalém (Zc 14. 4), e separado dela pelo vale de Cedrom, 2Samuel 15.14; 23.30. A distância desde a cidade até o cume marcava a viagem de um sábado (At 1.12), ou, segundo Josefo, era de cinco ou seis estádios, Antig. 20.8,6; Guerras 5.2,3. Davi, descalço e com a cabeça coberta, percorreu esse espaço quando fugia de Absalão e na extremidade do monte adorou o Senhor, 2Samuel 15.32. A glória do Senhor apareceu ali em visão a Ezequiel (Ez 11.23). O profeta Zacarias, em sua visão, representa a Jeová em pé sobre o monte para defender o seu povo (Zc 14.4). Para esse lugar Jesus se dirigiu muitas vezes (Lc 21.37; Jo 8.1). Quando ele descia esse monte, todos os seus discípulos, jubilosos, começaram a louvar a Deus em alta voz e o aclamaram com hosanas, até a cidade (Lc 19.37,38). Quando chegou perto, ao ver a cidade, chorou sobre ela, por causa da sorte que lhe estava destinada (cf. v. 41-44). Uma vez, assentado sobre o monte das Oliveiras, os seus discípulos se chegaram a ele e lhe pediram que lhes dissesse quando sucederiam os sinais de sua vinda e consumação do século (cf. Mt 24.3; Mc 13.3). Depois da última Páscoa, retirou-se para o monte das Oliveiras (Mt 26.30; Mc 14.26). O jardim de Getsêmani ficava ao ocidente do monte, na sua base ou à curta distância da encosta. Betânia e Betfagé ficavam ao lado oriental (Mt 21.1; Mc 11.1; Lc 19.29). Foi perto da primeira localidade que nosso Senhor subiu ao céu, 24.50. O monte das Oliveiras é, sem a menor dúvida, a eminência que os árabes chamam atualmente *Jebel el-Tor*, ao oriente de Jerusalém. Provavelmente, é uma cadeia de montes com três ou quatro elevações, e dois contrafortes laterais. Um desses lança-se para o ocidente, partindo da curva de Cedrom, cerca de 2 km ao norte da cidade com uma elevação aproximada de 900 m sobre o nível do mar. O contraforte setentrional é geralmente identificado com o monte *Scopus*, assim designado por Josefo, e quer dizer Atalaia, Guerras 2.19,4. Outro contraforte separa-se da cadeia central pelo Cedrom e também se estende para o ocidente em frente da cidade pelo lado do sul, e chama-se o monte do Mau Conselho, por causa de uma antiga tradição, não digna de crédito, de que o pontífice Caifás possuía um retiro na extremidade desse monte e que foi ali que se reuniram em conselho os sacerdotes para decretarem a morte de Jesus (Jo 11.47-53). Tem cerca de 842 m acima do nível do mar. Das quatro elevações que surgem da cordilheira, a que fica mais ao norte chama-se *Karem es-Seiyad* e é a de maior altitude; tem 898 m acima do nível do mar. Em tempos idos chamava-se Galileia, ou porque os galileus se acampavam ali quando iam a Jerusalém, para assistirem às festas, ou porque, como se acreditava no século XIV, foi o lugar da ascensão do Senhor, em que os anjos se dirigiram aos discípulos como varões galileus. O segundo pico chama-se da Ascensão. Desde o ano 315 foi considerado como o lugar de onde Jesus subiu para o céu, e nele, o imperador Constantino construiu uma rotunda e uma basílica, que tem sido substituída por uma sucessão de igrejas da Ascensão. Esse é o monte das Oliveiras propriamente dito, e fica bem defronte da porta oriental de Jerusalém, com uma elevação de 872 m acima do mar, 122 acima do leito do Cedrom e cerca de 69 sobre o planalto do templo. A terceira elevação chama-se o monte dos Profetas, e, por isso, os túmulos ali existentes têm o nome de túmulos dos profetas. A quarta elevação chama-se o monte da Ofensa, na suposição de que ali o rei Salomão levantou os altares dos deuses de suas mulheres pagãs. O monte da Ascensão e o dos Profetas são tão unidos, que alguns escritores reduzem os quatro montes a três. Na base do monte das Oliveiras, propriamente dito, no sítio tradicional do Getsêmani, a estrada bifurca-se deixando o jardim para dentro. Uma das estradas dirige-se para o sul, sobe gradualmente, circula o lado sul da montanha e segue para Jericó e Betânia. Foi aberta no sétimo século pelo califa *Abd-el-Melek*. A outra estrada dirige-se para o oriente, e na distância de cerca de uns 500 m, divide-se em três caminhos. O do meio, escarpado e áspero, sobe a montanha, passa para o outro lado perto do cume, e continua por detrás da pedra de Betfagé em direção a Betânia. No quarto século, os cristãos de Jerusalém, quando celebravam a entrada triunfal de Jesus na cidade, costumavam passar por essa estrada em procissão. Os outros dois caminhos, ao lado do central, também subiam ao topo da montanha, porém gradualmente. Acima do vale de Cedrom uma estrada romana dirigia-se para o Jordão, subia a encosta ocidental da cordilheira perto de *Ain es-Suwan*, atravessava a crista a uns 900 m ao norte do cimo do Olivete, na depressão norte de *Karem es-Seiyad*, descia para o *wady* que atravessava perto das ruínas de *Bukeidan*, e deixando o *wady Ruabeh* um pouco ao norte, continuava até chegar ao Jordão.

MONTE EFRAIM. Ver sobre *Efraim, Região Montanhosa.*

MONTE ESCABROSO

Essa é a tradução portuguesa do termo hebraico *bether*, **"profundeza"** ou, talvez, **"casa da montanha"** que aparece em Cantares 2.17. Algumas versões o traduzem como se fosse o nome de um monte, "Beter". O nome também aparece no Talmude Georg.d. Tal. 103 e em Eusébio (*Hist*. IV.6), com a forma de *Bathera*. É possível que estejam em foco as ravinas desse monte.

Uma cidade de Beter, todavia, ocupa posição proeminente na história posterior dos judeus, como lugar onde os judeus resistiram às tropas de Adriano, na época de Bar Cochba, em 135 d.C. Sua identidade com Bittir, a onze quilômetros a sudoeste de Jerusalém, é confirmada por uma inscrição. Alguns estudiosos opinam que o nome talvez seja subentendido em 3Esdras 5.17, no termo grego *Baiterous*. Mas isso poderia ter sido um erro escribal para Gaberous. Uma expressão semelhante aparece em Cantares 8.14, "montes aromáticos", correspondente ao hebraico *har besem*, "monte de especiarias". Aliás, em Cantares há mais algumas menções metafóricas a montes, como *monte da mirra* (4.6) e *montes dos leopardos* (4.8).

MONTE HOR. Ver *Hor, Monte*.

MONTE NEBO

Esse é um monte defronte do qual ficava a cidade de Jericó, no outro lado do rio Jordão. Foi dali que Moisés contemplou, em um lance d'olhos, a Terra Prometida. Ver também sobre *Pisga*. Alguns têm identificado o monte Nebo com o monte que os árabes chamam de *Jebel-en-Neba;* mas, nesse caso, a referência ao mar Ocidental não pode ser entendida literalmente. O monte Nebo é mencionado apenas por duas vezes na Bíblia, em Deuteronômio 32.49 e 34.1.

Yahweh ordenou que Moisés subisse àquele monte, que estaria dentro do território de Moabe, diante de Jericó. Moisés subiu no monte e chegou ao cume de Pisga, um dos picos das montanhas de Abirã, a nordeste do mar Morto. Os lugares que Moisés teria visto daquele lugar eram por demais distantes e numerosos para que, realmente, tivessem sido vistos por ele, daquela elevação. Por isso mesmo, os estudiosos interpretam essa passagem como poética ou simbólica, ou dando a entender que Deus deu a Moisés uma visão, para que ele divisasse o que seus olhos físicos não poderiam ver.

Se o monte Nebo é mesmo *o Jebel en-Neba,* então, o cume de Pisga é o *Ras Es-Siyagah.* Esses dois picos estão ligados por uma sela. Do monte Pisga tem-se uma vista magnificente do vale do rio Jordão até o monte Hermom, em dias claros, mesmo que não seja uma paisagem tão completa quanto dá a entender o trecho de Deuteronômio 34.1 e seu contexto. A serra montanhosa obstrui a visão do mar Mediterrâneo, pelo que aquele mar (ali chamado mar Ocidental) não pode ter sido visto por Moisés, a menos que tudo faça parte do caráter poético, simbólico e visionário da passagem. Por isso, alguns dizem que está ali em foco o mar Morto, mas isso é menos provável. Ainda outros estudiosos dizem que o cume de Pisga é apenas um outro nome para o monte Nebo. Seja como for, na região existem ruínas pelas quais os arqueólogos nutrem grande interesse, incluindo as ruínas de uma igreja bizantina.

Deve-se esclarecer ao leitor que os eruditos continuam disputando quanto à localização exata da visão de Moisés, o que significa que não se pode dizer que o monte Nebo e o cume de Pisga já foram identificados com absoluta certeza.

MONTE TABOR

Esse é o nome de uma colina de certa proeminência, localizada cerca de dezesseis quilômetros a sudoeste do mar da Galileia, no vale de Jezreel. Chega a 562 m de altitude, acima do nível do mar. Suas vertentes são muito inclinadas, e em vários lugares da ascensão divisam-se paisagens espetaculares. O monte Hermom é muito maior e mais alto, mas os magníficos cumes do Tabor têm-lhe dado fama, juntamente com aquele outro célebre monte.

Nos dias de Oseias foi erigido ali um santuário idólatra, pois os homens sempre se deixaram atrair por lugares elevados como locais próprios para culto. Uma aldeia foi construída no cume mais alto do Tabor, por Antíoco III, em 218 a.C. Em 53 a.C., houve ali uma batalha entre os romanos e as tropas de Alexandre, filho de Aristóbulo. Josefo, o famoso historiador judeu, em seus dias de atividade militar, por ser o general judeu, deu a essa cidade do cume uma rampa defensiva, em 66 d.C., porções de cuja rampa podem ser vistas até hoje.

Embora o monte Tabor não seja mencionado no Novo Testamento, sua fama, em relação ao mesmo, deve-se ao fato de que se tornou o tradicional lugar da transfiguração de Jesus, diante de três de seus discípulos. Essa tradição foi iniciada por Helena, mãe do imperador Constantino. Ela mandou construir um santuário no cume. As guerras destruíram esse santuário; mas, com a passagem do tempo, foram levantados outros santuários. Os cruzados dominaram a área por algum tempo, mas, em 1187, o Tabor caiu novamente em poder dos árabes. Os islamitas construíram ali um forte, que também foi destruído mais tarde. No século XIX, a igreja Ortodoxa Grega construiu ali um mosteiro; e os frades franciscanos construíram a chamada Basílica da Transfiguração. Essa basílica está dividida em três compartimentos: um para Jesus, outro para Moisés e outro para Elias. Os árabes chamam esse monte de Jebel al-Tur; mas os israelenses preservam seu antigo nome hebraico, *Har Tabor*.

Informes Dados pelo Antigo Testamento. **1**. O Tabor assinalava a fronteira do território herdado por Issacar (Js 19.22). O outro lado da fronteira era o território pertencente à tribo de Zebulom. **2**. Talvez esse monte também seja mencionado em Deuteronômio 33.18 ss., em cujo caso, desde tempos antigos aquele foi um lugar alto de culto. **3**. Baraque estacionou ali tropas, que usou contra Sísera, o general cananeu (Jz 4.6,14 ss.). **4**. Zebá e Zalmuna mataram ali os irmãos de Gideão (Jz 8.18). **5**. O trecho de Salmo 89 menciona o Tabor, juntamente com o Hermom, como montes que prestam louvor a Deus. **6**. O rei da Babilônia foi comparado ao monte Tabor, devido à sua exaltação (Jr 46.18). **7**. A severidade de Deus contra a desviada nação de Israel foi ilustrada como uma rede lançada sobre o monte Tabor (Os 5.1).

MONUMENTO

1. **Definição**. Qualquer coisa que traz o passado à memória. Os monumentos podem ter a forma de túmulos, relíquias de templos, parte dos objetos da idolatria, marcos, inscrições, obras literárias, um edifício, um cômoro, uma pilha de pedras, uma localidade, um monte, uma cidade etc.

2. **Na Bíblia**. Saul levantou um memorial após a sua vitória sobre os amalequitas (ver 1Sm 15.12). Hadadezer planejou levantar um monumento às margens do rio Eufrates (ver 1Cr 18.3). Absalão levantou uma coluna como monumento, a fim de exaltar-se (ver 2Sm 18.18), embora não se trate do mesmo monumento atual de Absalão, existente no vale do Cedrom. Esse monumento só foi edificado já no século I a.C. Mesa, de Moabe, os reis egípcios, assírios e sírios levantaram todos monumentos, como estelas, inscrições de vários tipos, todos caracterizados por muita jactância e autoexaltação.

O trecho de Isaías 56.5 promete um memorial aos eunucos piedosos, provavelmente sob a forma de algum tipo de pedra comemorativa no templo de Jerusalém. Os santuários cananeus tinham estelas que serviam de monumentos. Embora essas estelas e inscrições possam ter distorcido alguns fatos históricos, contudo têm servido de algumas das melhores fontes históricas sobre a antiguidade, além de revestirem-se de grande importância linguística. Em 2Reis 23.17, encontramos a menção ao *túmulo* de um profeta, que servia de monumento ou memorial. Jesus chamou os túmulos dos profetas de *monumentos*, em Mateus 23.29 (no grego, *mnemeíon*, "memorial").

MORASTITA

Miqueias, tendo nascido em Moresete-Gate, foi chamado de "morastita", em Jeremias 26.18 e Miqueias 1.1. Essa cidade tem sido identificada com a moderna Tell ej-Judeideh. Ver o artigo sobre *Moresete-Gate*.

MORCEGO

Pelo menos vinte espécies diferentes de morcegos têm sido descobertas na Palestina. A palavra hebraica *atallef* indica qualquer ser vivo que voe no escuro. Répteis voadores eram considerados imundos, pelo que não podiam ser consumidos como alimento pelos israelitas. Isso significa que a ingestão de insetos também era proibida, com a única exceção do gafanhoto. Sabemos que as populações das nações ao redor de Israel comiam morcegos, insetos e tantas outras coisas vedadas aos israelitas. Alguns morcegos são tão volumosos quanto os ratos, pelo que têm muita carne. Moisés, porém, não pensava ser boa a ideia de seu povo alimentar-se de morcegos (Lv 11.19,20). É difícil alguém apreciar os morcegos como parte da alimentação, porquanto eles têm mau cheiro e têm o hábito de deixar grandes depósitos fecais perto e sob seus ninhos. Algumas pessoas, porém, juntam esses depósitos para servirem de estrume. Somente indivíduos mais primitivos chegam a apanhar morcegos para comerem-nos. Seu aspecto geral também é muito asqueroso, alguns comparam-nos com cães, e outros, com ratos. A associação dos morcegos com os vampiros também não tem servido para melhorar a reputação deles. Naturalmente, a maioria das pessoas não acredita em vampiros, e com razão, mas quando caminhamos ao ar livre à noite e algum morcego passa voando baixo, quase tocando na gente, desconfiamos que as histórias de vampiros são verdadeiras.

A maioria dos morcegos é de natureza inofensiva. Na verdade, eles são úteis, porque consomem insetos. Apenas algumas espécies gostam de sangue. Esses morcegos são prejudiciais, porque atacam o gado e as pessoas, podendo até mesmo inocular a raiva. Mas o problema é que a pessoa comum não sabe como distingui-los, pelo que todos os morcegos são tidos como perigosos.

Hábitos. Os morcegos habitam na folhagem densa das árvores, em lugares reclusos, como torres de igrejas ou cavernas. Voam somente à noite, exceto em ocasiões raras. Alimentam-se de insetos, frutos etc. Ao se alimentarem de insetos, mostram-se benéficos; ao se alimentarem de frutos, daninhos, fazem muitos estragos nos pomares. Quanto a isso, são como os homens: bons ou maus. Dormem pendurados pelos pés, de cabeça para baixo. Isso também se dá com a moral de muitas pessoas. O trecho de Isaías 2.20 associa os morcegos à idolatria, dizendo que os objetos do culto idólatra eventualmente são esquecidos e entregues aos morcegos, quando visitados pelo juízo divino. O morcego é como uma ave falsa. Na verdade, é um mamífero voador. Suas asas têm membranas, e não penas. O morcegos têm um apetite voraz. Todas as descrições sobre os morcegos falam em um animal feio e estranho. Uma enciclopédia que trago aberta agora, à minha frente, diz que os morcegos não merecem a má reputação que os cerca. Mas não tenho muita certeza quanto a isso. (ID S UN Z)

MORDECAI

O significado desse nome é incerto, embora pareça vinculado ao nome do deus pagão *Marduque* (vide), que era uma das principais divindades da Babilônia. Há dois personagens da Bíblia com esse nome.

1. Primo da Rainha Ester, descrito no livro *Ester*. Esse Mordecai era filho de Jair, descendente de Quis, o benjamita. Residia em Susã, a metrópole da Pérsia, depois que fora deportado para a Babilônia, por Nabucodonosor. Participou do drama em que Xerxes, o rei do império persa, desejou encontrar uma sucessora para a rainha Vasti. Mordecai criava sua prima mais jovem como filha; e ela tornou-se fortíssima candidata a tornar-se a nova rainha de Xerxes, devido à sua grande beleza física. Após muitos percalços, foi Ester confirmada como a rainha de Xerxes.

Elementos da História. Assuero (Xerxes) escolheu Ester para ser a sua próxima rainha, depois de Vasti. Assuero foi o rei da Pérsia entre 486 e 465 a.C. Mordecai já ocupava então importantes posições no governo. Dois dos eunucos do rei, Bigtã e Teres (Et 2.21), tinham traçado um conluio para matá-lo. Mordecai descobriu seus planos e avisou Ester, e assim o conluio fracassou (Et 2.22).

Posteriormente, Hamã tornou-se inimigo mortal de Mordecai, e pretendeu destruir aos judeus (Et 3.3 ss.). Ester, porém, intercedeu em favor dos judeus, com grande risco para sua própria vida (Et 4.14). Hamã havia preparado uma forca (ou um poste de empalação?) para Mordecai (Et 5.15). O instrumento divino de intervenção foi a leitura do livro das crônicas dos reis da Pérsia, onde ficara registrado aquele serviço à casa real, prestado por Mordecai. E Mordecai foi publicamente honrado (Et 6.11).

O rei acabou tomando conhecimento dos planos de Hamã contra os judeus, e ordenou que o mesmo fosse enforcado na mesma forca que havia preparado para Mordecai (Et 7.10). Mordecai terminou ocupando o posto vago por Hamã, e assim cresceu em muito a sua autoridade (Et 8.2). E isso contribuiu para o bem dos judeus, os quais foram liberados de ameaças, mediante decretos enviados a todas as províncias da Pérsia (Et 8.13). E os judeus puderam vingar-se de seus adversários.

Então Mordecai institui a *festa de Purim* (vide), a fim de celebrar a vitória. O termo hebraico *purim*, forma plural de *pur*, "sorte", foi aplicado a essa festividade devido às sortes que haviam sido lançadas contra os judeus, mas acabaram sendo revertidas (ver Et 9.26). O trecho de 2Macabeus 15.36 chama essa festa de "dia de Mordecai".

Visto que a história secular não traz qualquer menção a essa narrativa, e nem à rainha Ester, muitos eruditos têm pensado que o livro de Ester não passa de uma novela religiosa, e não de um documento histórico. Abordamos a questão da historicidade do *livro de Ester* no artigo sobre esse livro.

2. Um outro homem desse nome retornou do cativeiro babilônico em companhia de Zorobabel e Josué, tendo fixado residência em Jerusalém. Ver Esdras 2.2; Neemias 7.7 e 1Esdras 5.8.

MORDOMO

Três expressões hebraicas e duas palavras gregas estão envolvidas neste verbete, a saber: **1.** *Ha-ish asher al*, "homem que está sobre". Expressão hebraica que aparece somente em Gênesis 43.19. **2.** *Asher al bayith*, "quem está sobre a casa". Outra expressão hebraica, que só pode ser encontrada em Gênesis 44.4. **3.** *Ben mesheq*, "filho de aquisição". Essa expressão hebraica ocorre somente uma vez, em Gênesis 15.2. **4.** *Epítropos*, "encarregado". Palavra grega que é usada por três vezes (Mt 20.8; Lc 8.3; Gl 4.2). O verbo aparece em Lucas 3.1; e o substantivo, "encargo", em Atos 26.12. **5.** *Oikonómos*, "mordomo". Termo grego usado por dez vezes (Lc 12.42; 16.1,3,8; Rm 16.23; 1Co 4.1,2; Gl 4.2; Tt 1.7; 1Pe 4.10). O verbo só aparece em Lucas 16.2. O substantivo, "mordomia", ocorre por nove vezes (Lc 16.2-4; 1Co 9.17; Ef 1.10; 3.2,9; Cl 1.25; 1Tm 1.4).

Aqueles três expressões hebraicas têm equivalentes semânticos no acádico e no ugarítico, embora sejam especialmente comuns, esses equivalentes, nos idiomas semíticos ocidentais. A terceira dessas expressões não tem explicação, embora os Targuns a interpretem por "mordomo". Nossa versão portuguesa põe a palavra "herdeiro" nos lábios de Abraão, bem como na resposta que lhe deu o Senhor (ver Gn 15.2 e 4); mas o original hebraico só tem aquela expressão no vs. 2, enquanto no vs. 4 o Senhor usou outra palavra hebraica, *yarash*, "herdeiro". Isso significa que nossa versão portuguesa não reflete a expressão hebraica *ben mesheq*.

Em 1Crônicas 28.1, algumas versões dizem "mordomos", onde a nossa versão portuguesa, mais acertadamente diz "administradores". Todavia, no original hebraico temos a palavra *sar*, "príncipe", que aceita a ideia secundária de "supervisor".

No Novo Testamento grego, o equivalente semântico de *sar* é *epítropos*, ao passo que *oikonómos* é, realmente, a palavra que deveria ser traduzida em português por "mordomo".

MORÉ, CARVALHO DE

No hebraico, *moreh* significa **"mestre"**. Algumas traduções dizem, erroneamente, "planície de Moré". Ver Gênesis 12.6. Esse carvalho é mencionado em conexão com Abraão, que armou seu acampamento perto do mesmo, ao chegar à terra de Canaã, ao vir de Harã. Foi ali que Deus revelou-se a Abraão, prometendo-lhe dar a terra de Canaã como herança, a fim de que os seus descendentes pudessem tornar-se uma grande nação, escolhida pelo Senhor, naquele lugar. Talvez esse seja também o carvalho mencionado em Gênesis 35.4, onde Jacó enterrou seus deuses estrangeiros, assim purificando o seu acampamento, antes de prosseguir até Betel. Também há uma alusão ao mesmo local na história sobre Abimeleque (Jz 9.37).

Os eruditos creem que se trate de uma árvore especialmente sagrada, vinculada a adivinhações, parte de um antigo santuário cananeu. De fato, em Juízes 9.37 lemos sobre o "carvalho dos adivinhadores". Esse local era considerado sagrado, sendo perfeitamente possível que Abraão tenha ido até ali exatamente por essa razão. Ali chegando, erigiu um altar dedicado a *Yahweh*, e, então, recebeu a visitação do Senhor e as suas promessas. Torna-se óbvio, pela Bíblia, que o local continuou sendo muito importante para Israel, pois continuou a ser uma espécie de santuário e lugar santo, ocasionalmente visitado pelos israelitas.

MORÉ, OUTEIRO DE

No hebraico, *moreh* significa **"mestre"**. Uma colina com esse nome é mencionada em Juízes 7.1. Os midianitas acamparam ali (ver Jz 6.33), quando foram atacados por Gideão e seus trezentos homens. Desconhece-se a atual localização exata, mas não há que duvidar que ficava nas vizinhanças de Siquém, podendo ser o que se conhece hoje em dia como Jebel Nabi Dahi, que alguns, equivocadamente, chamam de Pequeno Hermom. Esse fica a quase treze quilômetros a noroeste do monte Gilboa, e a um quilômetro e meio ao sul do Naim.

MORESETE-GATE

No hebraico, **"possessão de Gate"**, uma cidade mencionada em Miqueias 1.14. Ao que tudo leva a crer, esse foi o lugar onde nasceu o profeta Miqueias, razão pela qual ele é chamado de "morastita" (ver Jr 26.18 e Mq 1.1), um adjetivo que lhe é aplicado a fim de distingui-lo de outro profeta, mais antigo, de nome (no hebraico), Micaías, filho de Inlá (ver 1Rs 22.8 ss.), além de outros. Jerônimo situava essa cidade a curta distância a leste de Eleuterópolis, o que a identifica com Khirbet el-Basel, ligeiramente mais que um quilômetro e meio distante de Eleuterópolis. Mas outros estudiosos preferem pensar no Tell ej-Judeideh, a oito quilômetros a oeste de Gate, e cerca de 32 quilômetros a sudoeste de Jerusalém, como se fosse o antigo local de Moresete-Gate.

MORIÁ

No hebraico **"alta (região)"**. Esse nome consiste em três elementos: *men*, "lugar", *ra 'ah*, "ver", e *Yah*, forma abreviada de *Yahweh*. Por isso é que alguns estudiosos dizem que esse nome significa "visto por *Yahweh*" ou "escolhido por *Yahweh*". A palavra ocorre somente por duas vezes em todo o Antigo Testamento: em Gênesis 22.2, onde se refere ao lugar até onde Abraão levou Isaque, a fim de oferecê-lo em sacrifício. Esse lugar ficava a três dias de viagem para quem partia da terra dos filisteus (ver Gn 21.34), a região de Gerar, mas podia ser visto à distância, devido à sua elevação (ver Gn 22.4). E também em 2Crônicas 3.1; o local onde foi construído o templo de Salomão, a saber, o "monte Moriá", na eira de Orná, o jebuseu, e onde Deus aparecera a Davi (2Cr 3.2).

Vários problemas têm surgido no tocante a essa questão. Em primeiro lugar, o sul da Filístia não ficava a três dias de viagem desse lugar. Além disso, quando alguém caminhava para a área do templo, não podia vê-la à distância. A tradição samaritana ligava o monte Moriá ao monte Gerizim. A isso, outros retrucam dizendo que em vista do sul da Filístia ficar cerca de oitenta quilômetros de Jerusalém, poderiam ser necessários três dias de caminhada até à área onde, futuramente, foi construído o templo. Além disso, em Gênesis não está em foco algum monte isolado, e, sim, toda uma região montanhosa, pelo que essa região é que seria visível à distância. Assim, se o monte Moriá, propriamente dito, não podia ser divisado à distância, as colinas circundantes podiam. Josefo concordou com a identificação do monte Moriá com a área do templo (ver *Anti*. I.12,1; VII. 13,4), tal como o faz o livro dos Jubileus (18.13) e a literatura rabínica em geral. Atualmente, há no local uma mesquita islâmica, a mesquita de Omar.

MORTE. Ver o artigo paralelo, *Mortos, Estado dos*.
I. Caracterização Geral. Um dos grandes mistérios da nossa existência é como um espírito eterno veio a envolver-se com um corpo físico, e como esse elemento físico é incapaz de resistir à ruína produzida pela passagem do tempo, e finalmente morre, livrando outra vez o espírito, de sua habitação de carne.

Alguns estudiosos supõem que o corpo e a alma têm uma origem comum, mediante a procriação (posição chamada *traducionismo*; vide). Outros supõem que uma vez que o corpo físico começa na procriação, que Deus cria, em cada caso individual, uma nova alma (posição chamada *criacionismo*; vide). Ainda um terceiro grupo insiste que a alma é *preexistente*, e que a sua união com o corpo físico é um acontecimento relativamente recente. Muitos daqueles que mantêm essa terceira posição também pensam que essa união da alma com o corpo faz parte das *consequências* da queda da alma, que deslizou para um estado espiritual inferior. Platão aludia ao corpo como o sepulcro da alma, ou como sua prisão. Os pais alexandrinos da igreja diziam coisas semelhantes. Todavia, o nosso corpo precisa ser respeitado, tanto por ser obra de Deus como por prover-nos o instrumento necessário para a nossa manifestação nesta esfera terrena. A teologia ensina-nos que essa manifestação é importante, visto que a salvação está sendo realizada com base na mesma. Alguns pensadores, talvez corretamente, supõem que há um destino terreno, tanto de cada indivíduo como da humanidade em geral, coletivamente falando. Isso é importante *por si mesmo*, mas também por estar relacionado ao destino físico. O corpo está pesadamente envolvido nesse destino menor. Ficamos consternados porque o corpo físico está sujeito à morte; mas uma reflexão sábia revela-nos que isso tanto é necessário quanto é desejável, porquanto uma imortalidade física, nas nossas condições atuais, em muito perturbaria o verdadeiro destino do homem.

Aqueles que acreditam na reencarnação (vide) supõem que muitas vidas terrenas permitem que uma pessoa realize, afinal, o seu propósito terreno, porquanto, em uma nova vida, ela poderia terminar aquilo que apenas havia começado. Era comum na teologia judaica, dos tempos helenistas, que todos os profetas do Antigo Testamento teriam mais de uma missão à face da terra, para darem continuação ao seu trabalho. O trecho de Mateus 16.14 é um reflexo dessa crença. A doutrina neotestamentária do anticristo dá a entender que ele teve uma história anterior e destrutiva na terra, e que emergirá do hades para continuar a sua missão maligna (Ap 11.7; 17.8-11). Alguns intérpretes supõem que todos os homens são repetições de existências anteriores, pelo que estariam continuamente envolvidos em alguma missão, ou em missões secundárias. Por sua vez, isso indicaria que a morte biológica não é experimentada apenas por uma vez, mas por muitas vezes, e também que o julgamento final nos aguarda na "parousia", não se seguindo imediatamente à morte biológica do indivíduo. Seja como for, a morte do corpo físico sempre se faz presente, reivindicando direitos sobre as suas vítimas (ou vitoriosos?).

II. A Palavra Morte e suas Muitas Conotações. Quanto a esse aspecto da questão, que o leitor examine o artigo separado intitulado "Mortos". Quanto aos muitos costumes associados ao sepultamento dos mortos, ver o artigo sobre *Sepultamento, Costumes de*.

III. O Estado dos Mortos. Neste ponto investigaremos o destino das almas que passaram pela experiência da morte biológica. Esse é um assunto complexo, que foi manuseado em um artigo separado, intitulado, *Mortos, Estado dos*. É nesse artigo que apresento a teologia bíblica envolvida no assunto, juntamente com alguma teologia especulativa.

IV. A Morte como Punição pelo Pecado. O trecho de Gênesis 2.17 é o primeiro que alude à morte, onde também ensina que a morte é a punição contra o pecado. Paulo confirmou esse ponto teológico (Rm 5.12; 6.23), ligando-o à narrativa sobre Adão, e estabelecendo o princípio geral de que o pecado tem seu salário, que é a morte física e espiritual. Essa morte, em seu duplo aspecto, físico e espiritual, é contrastada com o dom da vida, que é o polo oposto dessa doutrina. Tomás de Aquino ensinava que o homem foi criado com o poder sobrenatural de preservar-se na imortalidade física, mas que a queda no pecado arrebatou essa capacidade. Por outra parte, Platão supunha que a alma é preexistente, e que, por causa de sua queda, veio a este mundo a fim de unir-se a uma existência mortal. Em seus escritos, isso é visto como um castigo, forçando a alma a entrar em uma prisão, ou em um sepulcro. O ensino de Platão é um tanto similar ao de Gênesis e do resto da Bíblia, exceto que, em Platão, a alma vem para aquilo que *já* é mortal, devido à sua natureza material. Qualquer coisa material estaria sujeita à desintegração, somente por ser material. Poderíamos perguntar, com razão, se qualquer ser vivo, material, poderia também ser imortal, sem importar qualquer poder que pudesse possuir. Alguns filósofos opinam que a ideia de Platão sobre a mortalidade necessária de qualquer tipo de vida biológica (material) está mais próxima da verdade do que a ideia bíblica que diz que antes havia uma materialidade imortal, que perdeu essa qualidade por causa do pecado. Seja como for, o resultado final não difere em grande coisa: em ambos os casos temos uma alma imaterial que habita em um corpo material e mortal; e essa mortalidade é sinal do envilecido estado da alma e de sua natureza pecaminosa, sem importar se foi o pecado ou não que causou essa mortalidade. A teologia também é a mesma, quando se trata da salvação dessa alma. Uma parte da redenção consiste em sermos libertos da materialidade mortal, recebendo em troca uma forma de vida superior, que não requer associação com a matéria pura. Naturalmente, a redenção faz a alma humana participar da natureza divina, com seus atributos (2Pe 1.4), mas, para tanto será mister uma caminhada muito longa em que os remidos passarão por muitos estágios de glória (2Co 3.18) até que aquele alvo final seja finalmente atingido.

V. A Consternação da Morte.
Estive presente a uma reunião, em uma igreja batista, quando o pastor perguntou aos presentes quantos ali temiam a morte. Ergui a mão, para surpresa dele, e alguns poucos outros também o fizeram. Mas, os denodados irmãos não levantaram suas mãos, que era o que o pastor esperava, naturalmente. Como é claro, estavam todos sendo mentirosos, pois a epístola aos Hebreus diz-nos que todos os homens temem a morte (Hb 2.15). Como filhos adotivos de Deus, aprendemos a controlar essa emoção, e, quando já se avizinha a morte, aprendemos a livrar-nos de tal temor, conforme se pode entender o trecho de Romanos 8.15. Alguns dias antes do falecimento de minha mãe (e ela sabia que estava à beira da morte), ela me segredou que estava com medo. Porém, chegado o momento da morte, ela não aparentava medo. Um professor de crianças com problemas mentais, em uma escola bíblica, disse a seus alunos que eles não precisavam de coragem para morrer, até chegarem ao ponto de passar pela experiência. A morte envolve certo temor, a despeito dos nossos dogmas, porque há certo mistério que a circunda. Os estudos no campo das experiências perto da morte (vide) informam-nos que essa experiência, mais do que qualquer outra, tem aspectos gloriosos; porém, associamos de tal maneira as nossas vidas com os nossos corpos físicos que uma ameaça contra o corpo é considerada uma ameaça contra a própria vida. Isso não corresponde aos fatos, embora os nossos instintos naturais nos façam encolher, diante da morte, quando ela se aproxima. Conforme disse certo pregador: "Não é fácil chegar perto da morte".

Em nossos dias, alguns psicólogos e psiquiatras se têm especializado na *tanatologia* (vide), ou seja, o estudo sobre a morte, com o propósito de ajudar as pessoas a se prepararem melhor para essa experiência, para que façam uma transição mais suave. Muitos desses estudiosos, por causa de sua longa associação com a morte, sabem que há uma porção imaterial no homem que sobrevive. Também conhecem muitos relatos de retornos após a morte clínica, contados por aqueles que a experimentaram. Esses têm podido mapear as fases da experiência da morte. No artigo intitulado *Experiências Perto da Morte*, o leitor poderá encontrar evidências que destacam esse ponto. A clínica em Campinas, no estado de São Paulo, Brasil, que cuidou do caso de câncer de minha mãe, do qual ela, finalmente faleceu, usou os métodos dos tanatologistas, porquanto as pesquisas deles nos têm possibilitado entender melhor a jornada envolvida na experiência da morte física. Na verdade, a misericórdia e o amor de Deus fazem-se presentes. Ele mantém a situação sob o seu controle, e a maioria das pessoas regozija-se na morte, quando ela já se aproxima. Deus provê orientação, por ocasião da morte, por meio do *Ser Luminoso*, um ente que irradia tremendo poder e amor. Todas as almas reagem favoravelmente diante desse ser, e ele as ajuda na passagem. Ademais, a comissão de recepção faz-se presente, a fim de cortar o fio de prata (Ec 12.6), guiando a pessoa para o outro lado do Jordão. Naturalmente, as pessoas ímpias temem a morte, porquanto pressentem as temíveis consequências de seu pecado. Na verdade, todas as pessoas, que já se aproximam da hora da morte, percebem com clareza o que o pecado causou em suas vidas. Porém, naquele momento recebem uma orientação e uma direção, e não o julgamento final, que só ocorrerá após a "parousia" ou segunda vinda de Cristo. Ver o artigo sobre o *Julgamento*. Todavia, nenhuma declaração minha anterior deve ser tomada como uma tentativa para diminuir a importância da morte. Morrer é algo que nos enche de solenidade. Morrer é uma questão séria. Mas o amor de Deus está presente, visando o nosso bem.

VI. A Morte Não É Vitoriosa.
Jó demonstrou ter confiança na sua imortalidade pessoal, sabendo que sair-se-ia bem diante da morte (Jó. 19.25-37). Davi compartilhou desse otimismo (Sl 16.8-11; 17.15; 73.23-26). O trecho de 2Timóteo 1.10 ensina que Deus aboliu a morte e trouxe à luz a vida e a imortalidade, por meio do evangelho. Paulo tinha a certeza de que, algum dia, o ferrão da morte seria eliminado, e que, sendo esse o caso, a morte perderia a sua vitória temporária sobre nós (1Co 15.55). Essa vitória nos será dada por Deus, através do evangelho, no seu Filho, Jesus Cristo, mediante a ressurreição (1Co 15.57). Alguns teólogos ligam essa vitória somente aos relativamente poucos que fazem parte do grupo dos escolhidos. E, realmente, é uma verdade que somente os poucos escolhidos é que virão a participar da natureza divina (que é o que a Bíblia entende por *salvação*, em seu aspecto total). Por outro lado também é verdade que todos os homens, mediante a restauração, virão a compartilhar em outros aspectos da vitória obtida pela missão de Cristo. Sem dúvida, os trechos de 1Pedro 3.18-4.6 e Efésios 1.10,23 ensinam isso. Ver o artigo sobre a *Restauração*, onde essas questões são esclarecidas.

VII. A Segunda Morte e a Morte Espiritual.
A primeira morte é biológica; a segunda morte é espiritual. Já pudemos ver que o pecado está ligado à morte espiritual. O conceito básico da morte espiritual é a alienação entre a pessoa e Deus, ficando ela destituída da vida de Deus, o que é até um privilégio humano, porque o homem é um espírito. Se o homem perder esse direito, mediante privação, fica separado da vida de Deus, e, por definição bíblica, está espiritualmente morto. A segunda morte, porém, é também vinculada ao juízo final, que ameaça a eterna separação entre o homem e a vida de Deus, acompanhada pelo devido castigo em face do pecado. A morte espiritual é aludida (em trechos como Mt 8.22; Lc 15.32; Ef 2.1-3; 4.17-19; Cl 2.13; 1Tm 5.6 e Jd 12). Especificamente, a segunda morte é mencionada em Apocalipse 2.11; 20.14 e 21.8. O termo "segunda" contrasta com a "primeira" morte, que atinge o corpo físico. Tal expressão pode ser encontrada nos escritos extrabíblicos achados com os manuscritos bíblicos do mar Morto (vide), como também nos escritos do judaísmo helenista, de natureza apocalíptica. Cumpre observar que, no vigésimo capítulo do Apocalipse, a *segunda morte* é associada ao *lago do fogo* (vide). Ser alguém lançado naquele lugar de juízo divino é morrer a segunda morte. Nesse versículo, lemos que a morte e o hades serão lançados dentro do lago do fogo. Não há que duvidar que o autor do Apocalipse via isso como uma condição permanente, eterna.

Mas, o trecho de 2Pe 3.18 — 4.6 mostra que até o julgamento poderá ser revertido. A mesma mensagem é destacada no ensino sobre a restauração geral, em Efésios 1.10,23. O *mistério* da vontade de Deus (vide) reserva uma surpresa para os homens; o amor de Deus atinge até o mais profundo inferno, revertendo a maldição, até mesmo ali. Contudo, isso será resultante das operações das eras da eternidade vindoura (na dispensação da plenitude dos tempos, isto é, dos ciclos). Antes disso, entretanto, o julgamento divino haverá de realizar a sua obra *remediadora*, e não apenas retributiva. Conforme dizia Orígenes, o julgamento divino apenas em seu aspecto retributivo é condescender diante de uma teologia inferior, incompleta. Ver o artigo sobre *Morte, a Segunda*.

Observação. A verdadeira vida é a vida *superior*, isto é, a vida de Deus. Só em Deus encontramos a vida em sua expressão mais ampla. O destino dos remidos é participar da forma de vida de Deus, ou seja, da divindade (2Pe 1.4), mediante muitos estágios de transformação espiritual (2Co 3.18), segundo a imagem do Filho de Deus, Jesus Cristo (Rm 8.29). Nesse sentido, somente os eleitos participarão da vida. Nesse sentido estrito e comparativo, as outras almas humanas estão *mortas, e, nesse sentido*, pode-se dizer que sofrerão a morte eterna, ainda que as outras formas de vida das quais participarão sejam gloriosas, harmoniosas e proveitosas. Não obstante, a fim de não degradar a obra do Restaurador (o Logos, o Cristo), não estou chamando aqui de "morte" aquelas formas de vida que ele conferirá aos restaurados. Portanto, temos nisso uma revelação que olha para além do conceito da segunda morte, devendo ser considerada uma revelação superior, que deve ser recebida por nós com alegria, e não rejeitada a fim de ser preservada uma teologia não tão completa. A própria palavra "mistério", empregada em Efésios 1.10, mostra-nos que ali nos é revelado algo que não era conhecido antes. Isso posto, não há necessidade de tentarmos reconciliá-la com a teologia inferior e mais antiga, no tocante ao julgamento, da mesma forma que não temos necessidade de tentar fazer o Novo Testamento tornar-se compatível com o Antigo Testamento, nos pontos onde avanços e diferenças vêm à tona. Meus amigos, precisamos dar crédito a Cristo, pela missão por ele realizada. Isso é muito mais importante do que preservar uma teologia ultrapassada na própria Bíblia, sobre a questão do Julgamento.

VIII. Usos figurados e Personificação da Morte.
No sexto ponto, acima, vimos que há uma morte espiritual e também a segunda morte, usos figurados da palavra "morte", associados à morte biológica, mas que, na realidade, apontam para condições espirituais. Além desses usos, há outros empregos da ideia, nas Escrituras. Assim, a morte é personificada como um governante tirano, que domina sobre um vasto e melancólico reino. A morte é representada como uma figura assustadora, que brande uma foice, ou como um caçador que persegue suas vítimas de perto (Sl 18.5,6; 91.3). Uma antiga figura simbólica judaica era a de um demônio ou espírito maligno, ou, em alguns casos, a de um anjo cuja tarefa era sair colecionando almas humanas. Além disso, a morte é retratada como uma bebida poderosa e venenosa, que as pessoas precisam sorver (Mt 16.28; Hb 2.9). De várias maneiras, os quatro cavaleiros do Apocalipse representam a morte e o julgamento (Ap 6.1 ss.).

Nos sonhos e visões, a morte pode ser literal. Em outras palavras, podem antecipar a morte de outras pessoas, ou a nossa própria morte, de forma simbólica ou literal. Mas, nesses casos, a morte também pode apontar para o fim de alguma coisa e o começo de outra coisa, o que pode ser positivo ou negativo. Além disso, a morte e os cemitérios podem representar os estados pecaminosos, em consonância com o simbolismo bíblico. Outrossim, sonhar que alguma pessoa morreu pode representar a profunda hostilidade que o sonhador tem para com aquela pessoa. Todavia, também pode estar em pauta o temor que o sonhador tem de que a morte sobrevenha à outra pessoa. O sonho em que tiramos a vida de alguma pessoa ou animal pode indicar o desejo que temos de livrar-nos da qualidade indesejável de caráter representada por aquela pessoa ou animal. Sonhar com a própria morte pode indicar o desejo de livrar-se do antigo estado pecaminoso e inferior do próprio "eu", ou da antiga natureza, a fim de que as coisas se renovem e sejam melhoradas. Sonhar sobre a *rigor mortis* pode simbolizar uma visão rígida, inflexível e bitolada da vida, ou uma atitude irracional e inflexível que alguém tenha diante da vida. Sonhar com a morte de outrem pode representar uma *vida arruinada*, no caso daquela pessoa. O mesmo pode aplicar-se ao sonho com o próprio falecimento.

IX. Como a Morte nos Serve — 1Coríntios 3.22.
1. Esse será um acontecimento solene, em razão do qual dizemos: *Ensina-nos a contar os nossos dias, para que alcancemos coração sábio* (Sl 90.12). **2**. A morte física não nos separará de Cristo; pelo contrário, nos levará à sua presença, pois estar ausente do corpo é estar presente com o Senhor (ver 2Co 5.8). **3**. Para o crente, a morte envolve vantagem (ver Fp 1.21). A morte física livra-nos daquilo que é mortal e terreno, conferindo-nos grande avanço espiritual. **4**. Quiçá Paulo também estivesse pensando aqui acerca da morte de Cristo e de como ela nos propiciou expiação dos pecados e a admissão à vida eterna (ver Rm 3.25).

"Morte, aquela hora solene, tão temida pelos ímpios; tão odiosa para aqueles que vivem sem Deus; ela é vossa. A morte é vossa serva; ela vem como mensageira especial da parte de Deus; ela vem para desfazer um nó que agora liga corpo e alma, e que não nos seria legítimo desmanchar. Ela vem para conduzir as nossas almas à glória; e ela não poderia vir 'antes' do seu devido tempo, para aqueles que estão esperando a salvação de Deus. Os santos desejam viver somente para a glória de Deus; e aqueles que querem viver mais tempo do que podem 'obter' e 'fazer' o bem, não é digno da vida". (Adam Clarke, *in loc.*, que nos dá assim um comentário deveras excelente sobre o papel da morte física para nós).

"A morte de Cristo visava ao benefício deles, por ter sido sofrida em lugar deles, por causa dos seus pecados, apresentando uma satisfação ante a justiça divina, em prol deles; e os benefícios dessa morte passam a ser desfrutados por eles. A morte dos homens bons, dos ministros do evangelho, dos mártires, dos confessores, pertence a eles, servindo para fortalecer a sua fé, para animar o seu zelo, encorajando-os a se aferrarem na profissão de sua fé sem qualquer hesitação. A morte desses é uma bênção para eles, porquanto o *ferrão* da morte foi retirado, em relação a eles, por Cristo; a maldição da morte foi removida para eles. Para eles a morte não é uma condenação má; mas antes, é livramento de todas as tristezas e tribulações desta existência terrena, bem como a passagem dos crentes para a glória e a felicidade intermináveis". (John Gill, *in loc.*).

Tememos instintivamente a morte, parcialmente por causa de suas características raciais inerentes, que ajudam a preservar a humanidade mortal. Mas também porque, por baixo disso tudo, a despeito de toda a nossa instrução e erudição, algumas vezes tememos que talvez seja o fim da existência, conforme alguns erroneamente supõem, ou porque pensamos que a morte nos traga alguma desvantagem.

Por Que Temer a Morte? O homem teme instintivamente a morte. A despeito da fé, a morte abre diante de nós um caminho novo e ainda não experimentado, e os novos começos sempre envolvem algum desconforto e temor. Também tememos o processo da morte física, com as suas dores, com a separação dos entes queridos. Na realidade, porém, a morte não existe, pois tal termo é apenas o nome que empregamos para aludir a uma nova e melhor existência. A vida além-túmulo é um fato bem atestado, que hoje em dia vai sendo demonstrado por estudos feitos em laboratório. (Ver os diversos artigos sobre a *Imortalidade*). Naturalmente a doutrina ensinada pelo apóstolo Paulo vai mais longe do que a mera sobrevivência. Ele garante que nada, durante o processo da própria morte, ou qualquer consequência daí decorrente, poderá nos prejudicar, pois a morte nos pertence e serve de portal para a vida eterna.

A Metáfora — Elementos da Morte. **1**. Misticamente (dentro da identificação espiritual), morremos juntamente com Cristo. O Espírito aplica em nós esse princípio, e cuida para que tenhamos forças contra o pecado (Rm 6). **2**. Mediante a energia concedida pelo Espírito, cortamos relações com o pecado. Encorajamos isso por meio do crescimento espiritual. Isso ocorre através da aplicação dos meios de desenvolvimento espiritual: o estudo da Bíblia, a oração, a santificação, a prática da lei do amor, o uso dos dons espirituais etc. **3**. O exercício da fé nos põe acima do poder do pecado (ver 1Jo 5.4). **4**. Nossa transformação gradual segundo a imagem de Cristo (ver Rm 8.29) dá-nos a vitória sobre o pecado, pois, à medida que vamos nos transformando moralmente segundo *ele* (ver Mt 5.48), nossas vidas vão sendo radicalmente transfiguradas para melhor. **5**. A morte é um ponto final: pomos um ponto final na vida antiga, começando uma nova vida, em Cristo (ver notas em Cl 3.1 no NTI). **6**. A morte é uma separação: por termos sido separados para Cristo, ficamos separados do pecado. O pecado morre para nós, e nós morremos para o pecado. Essas são palavras cabíveis, mas somente se o Espírito realizar sua obra. Como ele realiza isso, é algo que sugerimos acima. A morte presume que a pessoa vai para outro lugar, separando-se de seu antigo meio ambiente e modo de vida. **7**. Ver o artigo sobre *Batismo Espiritual* que esclarece estes conceitos. Este *batismo* é a nossa identificação com Cristo em sua morte e ressurreição. ***a***. Há um grupo de pessoas, representado pela palavra *nós* (oculto), que aparece em Romanos 6.2, em quem essa apropriação do pecado deve tornar-se uma realidade, pois, do contrário, o sistema inteiro da graça não passará de uma mera ilusão. ***b***. Tais pessoas não são conclamadas a *morrerem* para o pecado, embora isso seja um apelo legítimo, mas antes, supõe-se que já passaram por tal experiência quando de sua conversão. E se porventura não experimentaram essa realidade, então é que há algo de errado em torno dessa "conversão", ou, por outro lado, essa realidade ainda não foi aplicada às pessoas subentendidas em Romanos 6.2. ***c***. É logicamente impossível, falando moral e experimentalmente, que essas pessoas referidas *continuem a viver no pecado*, porquanto um dos principais efeitos da fé, na conversão e na regeneração, é exatamente o de dar a vitória. ***d***. Embora o pecado ainda se manifeste nos crentes, e chegue mesmo a dominá-los ocasionalmente, Paulo fazia muito mais do que meramente exibir aqui um "ideal", em direção ao qual nos devemos esforçar. Pelo contrário, ele apontava para a "realidade" que já deveríamos estar experimentando. Essa realidade necessariamente resulta na "vitória", agora mesmo e, finalmente, na "perfeição total". O Espírito Santo precisa de tempo para completar a sua obra na alma humana, porquanto essa é uma tarefa longa e difícil. ***e***. Por isso é que, no dizer de Philip Schaff, em Romanos 6.2, "Viver no pecado, e conservar qualquer conexão com o mesmo, daí por diante, e para sempre, é algo incompatível com a justificação". Calvin em Romanos 6.2 comentou como segue: "Realmente Cristo não nos limpa com o seu sangue, e nem Deus se torna propício a nós, mediante a sua expiação, por qualquer outro meio que não seja o de tornar-nos participantes do seu Espírito, que renova em nós uma vida santa. Portanto, seria uma inversão estranhíssima da obra de Deus se porventura o pecado adquirisse mais forças por causa da graça que nos é oferecida em Cristo; pois o medicamento não alimenta a enfermidade que destrói". (Essa observação de Calvin é excelente). ***f***. Finalmente, a morte para o pecado, em Cristo, o que nos é *conferido misticamente*, altera toda a perspectiva do crente no que diz respeito ao pecado, de tal maneira que, juntamente com Deus, tal crente começa a "odiar todo o caminho mau". O crente passa a reconhecer que envolvido no pecado está o princípio da morte. E por isso abomina o pecado, sendo essa uma das maneiras pelas quais o crente é libertado do mesmo, obtendo assim a *vitória*. Porquanto sabe que o princípio duplo do pecado-morte é contrário a tudo quanto o Senhor tenciona como destino para o homem, especialmente para os remidos pelo seu sangue. O crente é transformado não só intelectualmente, mas também o é moral e espiritual. E, como é natural, a *vitória* é o resultado.

O poeta, nas suas eloquentes palavras, pôde perceber algo da natureza venenosa do pecado, bem como algo de seu remédio, que é a misericórdia de Deus, ainda que fiquem suas ideias bem aquém da vitória de que Paulo fala aqui.

Se os Minerais Venenosos

Se minerais venenosos, e se aquela árvore
Cujo fruto lançou a morte, quando éramos imortais,
Se cabras traiçoeiras, se serpentes invejosas
Não podem ser domadas, ai! como posso sê-lo eu?
Por que intuito ou razão, nascido em mim,
Faz os pecados, embora iguais, mais hediondos?
E a misericórdia, sendo fácil, e gloriosa
A Deus, em sua ira severa ele me ameaça?
Mas, quem sou eu, que ouso disputar contigo,
Ó Deus? Oh! de teu único sangue valioso,
E de minhas lágrimas, faz um dilúvio celestial,
E apaga em mim a memória negra do pecado;
Para que te lembres deles, alguma reivindicação com dívida,
Penso ser misericórdia, que tu os esqueças.
                            John Donne, 1573-1631

É verdade que precisamos de misericórdia, mas Paulo contempla aqui muito mais do que a misericórdia divina, derramada sobre os pecadores, o que ele contemplava era uma vitória verdadeira (B BOE C CHE E NTI SAL STRA W).

MORTE E SALVAÇÃO DE INFANTES. Ver *Infantes, Morte e Salvação dos*.

MORTE E SEPULTAMENTO. Ver o artigo sobre *Sepultamento, Costumes de*.

MORTOS, ESTADO DOS

Esse é um assunto muito importante, sujeito a muitos dogmas e tradições. Sendo esse o caso, muitos pensam que sabem mais a respeito do que realmente sabem. Outrossim, não se trata de uma questão que possa ser resolvida mediante a mera apresentação de textos de prova tirados da Bíblia. Assim é, em primeiro lugar, porquanto as Escrituras nunca pretenderam resolver todos os mistérios envolvidos na questão, e nem se mostram totalmente homogêneas, apesar do que, alguns estudiosos insistem em dizer que elas são homogêneas, a fim de chegarem a uma teologia sistemática sem falhas e hiatos, e, em muitos casos, a fim de obterem conforto mental. Ao estudarmos a teologia deveríamos cuidar para não reduzi-la a uma *humanologia*. Todas as teologias sistemáticas são culpadas desse erro, embora nem todos os estudiosos de teologia sistemática tenham percebido isso. O melhor que podemos fazer quanto a isso é fornecer algumas indicações gerais a respeito de uma questão que ainda envolve muitos mistérios, esperando elucidação. Henry Ward Beecher (vide) foi um famoso e eloquente pregador do passado. Era homem de verdade, de poder e eloquência. Era também homem de fé. Porém, quando estava morrendo, foi ouvido a dizer: "Agora parto para o Grande Desconhecido". Nessa declaração de Beecher há uma grande verdade, embora ela não precise assustar-nos, sem que isso diminua a sua veracidade. Dispomos apenas de um esboço muito amplo do que nos espera do outro lado da vida. Contamos com algumas grandes verdades a respeito, mas também há muitos e grandes mistérios envolvidos, relacionados à questão.

I. O PENTATEUCO. É doutrina comum, entre os estudiosos do hebraico, que não sentem a necessidade de injetar naquela coleção de livros várias interpretações cristãs, que os antigos hebreus não tinham um conceito de uma alma não-material, como uma entidade distinta do corpo físico. Portanto, eles também não tinham conceito de uma vida após-túmulo, para a alma. Antes, o homem era pó, destinado a voltar ao pó (Gn 3.19). Por outra parte, houve o caso de Enoque, que foi arrebatado para Deus, presumivelmente para o lugar de sua habitação, mas sem haver experimentado a morte física. Permanece obscuro se ele recebeu ou não o dom da imortalidade, e nesse caso, até que ponto poderíamos esperar que outros (e em qual quantidade) participassem da *imortalidade* (Gn 3.21-24). A expressão *reunido ao seu povo* (Gn 25.8) poderia sugerir a esperança de uma vida no além. O trecho de Gênesis 35.18, que se refere à morte de Raquel, declara que ela morreu "ao sair-lhe a alma". Todavia, isso poderia indicar apenas que ela estava dando o seu último *suspiro*, como também o texto hebraico poderia ser traduzido. Ademais, embora os judeus tivessem alguma espécie de conceito da alma, não nos é dito qual a sorte dessa alma. O trecho de Hebreus 11.11-16 revela-nos que Abraão tinha um conceito do após-vida, mas isso já é uma interpretação cristã, uma adaptação que não figura no próprio Pentateuco. Essa adaptação neotestamentária reflete a verdade, mas não sabemos até que ponto os patriarcas tinham consciência dessa verdade.

Seol (sheol). Ver o artigo separado sobre *Sheol*. As primeiras ocorrências desse vocábulo hebraico são em Gênesis 37.25; 42.38; 44.29,31. O verbete sobre essa palavra mostra que havia muitas crenças diferentes vinculadas ao conceito. Essa palavra hebraica ocorre por 65 vezes no Antigo Testamento, embora sem um desenvolvimento da doutrina. Os antigos hebreus acreditavam que o *seol* seria um abismo literal na terra. Ver o artigo sobre a *Astronomia*, onde ilustramos a cosmogonia hebraica sob a forma de um gráfico. No idioma hebraico, *seol* era, igualmente, um sinônimo de *sepultura*, não envolvendo, necessariamente, mais do que a ideia de sepultamento. Isso deve-se a um comum fenômeno gramatical, que reaparece em todos os idiomas — as palavras homógrafas, que são usadas com mais de um sentido (um exemplo comum em português é *manga*). Porém, essa ideia básica se foi aprimorando, de tal modo que nenhum profeta do Antigo Testamento pensaria que *seol* fosse apenas a "sepultura", ou vice-versa. Isso torna-se ainda mais evidente quando chegamos no Novo Testamento, onde há uma palavra para "sepultura" (*mnomion*), e outra para o lugar dos mortos (hades).

Por igual modo, a ideia hebraica original de uma alma distinta do corpo, quando muito, chegava somente à ideia de uma *sombra*, uma espécie de força psíquica, uma fraca réplica do homem conforme ele vivia na terra, mas agora cortado da companhia dos *vivos*; não envolvia qualquer ideia de partir para uma vida superior. Por essa razão, o *seol* era temido, e não antecipado com satisfação. Isso era reforçado pelo fato de que não há uma doutrina do céu no Pentateuco, como a futura e feliz habitação dos homens, ainda que Deus fosse concebido como residente ali, juntamente com os anjos. Portanto, a tal *sombra* ainda não era a alma, conforme a definição de *alma*, na doutrina mais desenvolvida de tempos posteriores. Podemos estar certos de que em um documento de elevadíssimo moral como é o Pentateuco, *se* já existisse um conceito completo de vida futura, com recompensas e castigos, em esferas ou dimensões superiores e inferiores às da terra, que algo dessa natureza teria sido dito ali, porquanto tais ideias são extremamente importantes em qualquer sistema de moral.

II. O Antigo Testamento em Geral. Mesmo fora do Pentateuco, não encontramos nenhum quadro claro sobre uma vida celestial. O fato de que Davi disse que sua alma não seria deixada no *seol* (Sl 16.10) mostra que ele deve ter crido na existência da alma, e que ele esperava por alguma forma de salvação que não permitisse às almas ficarem naquele horrível lugar. O *seol* como lugar de punição aparece em Deuteronômio 32.22 e Salmo 8.17; mas a doutrina envolvida não é ali precisamente definida. Jó 19.25,26 expõe a esperança de uma vida futura e de ver a Deus, e deve ter havido, por detrás disso, alguma forma de conceito do céu, mas esse também não é definido. A indagação de Jó 14.14: *Morrendo o homem, porventura tornará a viver?*, pode ter em foco ou a reencarnação ou, mais provavelmente, a ressurreição. A esperança de despertar do sono da morte também está contida em Salmo 16.11; 17.15; 49.14,15; 73.24. Esta última referência inclui a ideia de ser recebido em alguma espécie de glória; e o trecho de Salmo 73.25 exibe uma excelente esperança na providência divina, que consola o homem que morre, mas que não serviria de consolo a ninguém se o homem não continuasse a existir após a morte física, embora ali a doutrina também não seja mais claramente definida.

Ressurreição. Porventura a alma dorme (ou seja, deixa, realmente, de existir, conforme os Adventistas do Sétimo Dia acreditam), e então haverá a ressurreição do corpo? É claro que muitos hebreus antigos assim pensavam, ao mesmo tempo em que desde o tempo dos salmos e dos profetas, também houve a crença na existência de uma *alma imaterial*, e portanto, que não pode morrer (pois a morte é a separação entre a alma e o corpo). A ressurreição é claramente prometida em trechos como Isaías 26.19 e Daniel 12.2, e também, provavelmente, em Ezequiel 37.1-14.

Nos Escritos Apócrifos e Apocalípticos. Entre os judeus, a doutrina sobre o estado dos mortos foi adquirindo novas facetas. Nos livros apócrifos e apocalípticos encontramos a menção a um paraíso (como parte boa do *seol*), em contraste com a porção do *seol* que importa em julgamento. A ressurreição é ali mais firmemente estabelecida como uma doutrina. 2Macabeus 12.39-46 menciona a utilidade das orações em favor dos mortos, o que significa que se supunha no judaísmo anterior ao cristianismo que o estado dos mortos pode ser melhorado, o que indica o início de um *purgatório*. Além disso, nas obras pseudepígrafas, como o Testamento de Levi, o Testamento de Abraão, a Assunção de Moisés e o livro de Enoque, há relatos de descidas ao hades, que teriam redundado na melhoria do estado das almas ali residentes, ou mesmo de almas totalmente remidas e tiradas daquele lugar, o que se reflete em 1Pedro 3.18-4.6, em nosso Novo Testamento canônico. Ver o artigo sobre a *Descida de Cristo ao Hades*, quanto a um completo exame dessa doutrina e seu pano de fundo literário.

III. No Novo Testamento. Alguns gostam de pensar no Novo Testamento como um documento homogêneo, apresentando todas as doutrinas de maneira sistemática. No entanto, o estágio da revelação da verdade, nos Evangelhos, é um; passa-se para um novo estágio no livro de Atos e ainda em outro, em Paulo. Pedro, certamente, reconhece que Paulo tinha revelações todas suas (2Pe 3.15), e assim por diante. O Senhor Jesus mesmo deu a entender que, quando da vinda do Espírito Santo, os seus apóstolos subiriam a um novo degrau da revelação divina: ... *quando vier, porém, o Espírito da verdade, ele vos guiará a toda verdade... E vos anunciará as cousas que hão de vir* (Jo 16.13). Na verdade, o Novo Testamento é um receptáculo de ideias antigas, e não apenas a apresentação sistemática de uma nova fé religiosa. Portanto, embutidas no Novo Testamento temos várias ideias judaicas helenistas sobre a vida após-túmulo; mas também obtemos informações que ultrapassam em muito a esses pontos de vista. Em meio a toda essa combinação, não há como estabelecer uma exposição sempre com o mesmo nível de profundidade, nas páginas do Novo Testamento. Há desenvolvimento doutrinário dentro do próprio Novo Testamento, com um ângulo de visão bem mais amplo do que aquele que existia no judaísmo, em qualquer das suas fases históricas. Consideremos os pontos abaixo, que esclarecem melhor ainda essa questão: **1**. Há uma ressurreição que conduz ao julgamento (Mt 25.26; Jo 5.29; 2Ts 1.7-10; Hb 9.27,28). O último desses textos bíblicos dá a entender que a morte biológica do indivíduo leva ao juízo, pelo menos em seu estágio preliminar. Não haveria espaço e nem tempo para qualquer reencarnação ou mudança de estado no mundo intermediário, antes do julgamento final; mas isso representa apenas uma das maneiras de se encarar a questão, sem entrar em pormenores, e não o *único* ponto de vista bíblico sobre a questão. **2**. Também há um estado desencorporado das almas, que pode ser comparado ao repouso do sono (At 7.60; 1Ts 4.13,15), ou então à nudez (2Co 5.1-5). Mas, até mesmo esse estágio, anterior à ressurreição, é declarado como uma condição feliz para quem morreu lavado no sangue de Cristo (2Co 5.8; Fp 1.21,23). **3**. O *hades*, como lugar de juízo, continua a existir no Novo Testamento (Lc 16.19-31). **4**. Ao menos algumas almas, como as dos mártires, são vistas já *no céu* (Ap 6.9-11). O trecho de Efésios

4.9,10 tem sido usado por muitos estudiosos como texto de prova de que a porção boa do hades foi eliminada, e que agora, por ocasião da morte física, os remidos passam diretamente para o céu. Ver os comentários sobre essas passagens, no NTI, onde são comentadas com mais amplitude. **5**. Trechos bíblicos (como Mt 5.12; 6.20; Jo 14.1-6; Ef 3.15; Fp 1.23; 3.20; Cl 1.15; 1Pe 1.4; e Ap 21) prometem, sem nenhum rebuço, o *céu*, aos crentes, como sua futura residência, quando saírem deste mundo. A passagem de João 14.2 mostra que há *muitas dimensões celestiais*. *Os* judeus do período helenista acreditavam em sete níveis no céu, conforme os livros apócrifos e pseudepígrafos demonstram amplamente. Esse conceito foi transferido para o Novo Testamento. **6**. O trecho de 2Coríntios 3.18 demonstra que a *redenção*, uma vez chegado o crente no outro lado da existência, importa em um contínuo progresso, mediante o qual a alma remida avança de um estágio de glória para outro, ininterruptamente. **7**. A passagem de Romanos 8.29 mostra que, nesse avanço, a imagem e a natureza de Cristo, o nosso Irmão mais velho, serão compartilhadas, finalmente, por todos os outros irmãos. **8**. O trecho de 2Pe 1.4 ensina que essa transformação, segundo a imagem de Cristo, envolve a participação na natureza divina, em sentido real, posto que secundário. Portanto, a salvação (vide), tem o seu ponto culminante na nossa participação finita na própria divindade. Ver o artigo sobre a *Divindade, Participação do Homem na*. **9**. O trecho de Colossenses 2.10 mostra que as almas remidas chegarão a participar da inteira *plenitude ou pleroma* de Deus. Isso significa que elas terão a natureza e os atributos divinos de maneira sempre crescente. Será um processo eterno, e não uma realização feita de uma vez por todas. Deus é a infinitude na direção para qual os remidos e *todas as coisas* estão se aproximando. Ver Efésios 1.9,10. Visto que há uma infinitude na qual participaremos, também haverá um pleno preenchimento infinito com a natureza divina. **10**. A passagem de João 5.25,26 ensina que os remidos chegarão a participar da forma de *vida necessária e independente* de Deus. Isso quer dizer que, finalmente, eles não poderão não existir. Nossa presente imortalidade ainda é dependente. Em outras palavras, depende do contínuo favor divino para que continue, porquanto está baseada em sua vida, é dependente dela. Porém, quando chegarmos a participar plenamente da natureza divina, haveremos de ter nossa própria vida necessária e independente. Esse é o mais elevado conceito em todo o nosso sistema teológico revelado. **11**. A passagem de 1Pedro 3.18-4.6 mostra que a missão de Cristo incluiu o próprio hades, de tal forma que a oportunidade de salvação não termina quando da morte biológica de uma pessoa. A maioria dos primeiros pais da igreja deu importância a essa doutrina, mas não tem sido levada em conta na igreja ocidental, exceto entre os anglicanos. A igreja oriental sempre teve esse conceito como parte de seu ensino. **12**. O trecho de Efésios 4.8 *ss* mostra-nos que a descida de Cristo ao hades teve o mesmo propósito que a sua ascensão, ou seja, para que pudesse preencher todas as coisas, tornando-se assim tudo para todos. Isso prova que a descida ao hades, tanto quanto a ascensão, por parte de Cristo, teve propósitos remidores e restauradores. **13**. O trecho de Efésios 1.10 ensina que a vontade de Deus, a longo prazo, após as eras da eternidade futura, consiste em *restaurar* todas as coisas. Isso significa que, lado a lado, temos o propósito remidor e o propósito restaurador de Deus. A redenção visa os eleitos; a restauração, a toda a humanidade. Em tudo isso, o Logos, Jesus Cristo, em sua encarnação, é altamente exaltado, visto que a sua missão é um *magnífico sucesso*, e não um lamentável fracasso, conforme é tão frequentemente pregado em algumas denominações da igreja. Essas dimensões maiores da missão e da realização de Cristo são encaradas mais a sério pelos pais gregos da igreja, pela igreja oriental e pela comunhão anglicana. Mas a igreja ocidental tem mantido um ponto de vista mais rígido e limitado sobre a oportunidade da salvação, negligenciando o ensino bíblico da *restauração* (vide).

14. *Quanto à questão da extensão da oportunidade da salvação*, assumo a posição que os atos redentor e restaurador de Deus são eternos. Os homens serão divididos em várias espécies espirituais, aquém da elevada participação na natureza divina, se não fazem parte dos escolhidos do Senhor, os quais, fatalmente, serão conduzidos à completa salvação. Não obstante, visto que Cristo será o restaurador até mesmo desses, só poderemos usar os termos mais exaltados para descrever o estado final dos homens, mesmo que não façam parte dos remidos. Porém, será mister a imensa expansão da eternidade futura para que a restauração ocorra. O julgamento será *um meio* para se chegar a essa realização. O juízo divino será definidamente retributivo, visto que a lei da colheita segundo a semeadura requer que assim seja (ver Gl 6.7,8). Mas esse julgamento também é *restaurador*, segundo afirma 1Pedro 4.6. Por conseguinte, grandiosas são as obras do Senhor, grande é sua misericórdia amorosa, de tal modo que o juízo divino também é uma expressão de amor, ainda que severo. Esse juízo será severo o bastante para que a *restauração* ocorra. Naturalmente, isso será apenas um dos fatores envolvidos. O trecho de Efésios 1.22,23 indica que a igreja ocupar-se-á em um ativo ministério nos mundos eternos, cujo propósito será fazer de Cristo tudo para todos, e esse ministério será poderosíssimo, muito extenso.

IV. O EFEITO DO TAPETE DE MUITAS CORES. Aplicando indicações bíblicas, outras extraídas dos sistemas religiosos e da razão, o melhor que podemos dizer acerca do estado final das almas humanas, às quais erroneamente chamamos de *mortas*, porquanto passaram pela experiência da morte biológica do corpo, é que o estado da redenção-restauração pode ser assemelhado a um *tapete de muitas cores*. Essa obra de arte adquire a sua beleza mediante a combinação de cores, de luzes e sombras, do que rebrilha e é opaco. Poderíamos comparar a redenção a uma cor dourada e brilhante. Os estados menores de glória poderiam ser comparados com variadas cores, desde as cores mais brilhantes às mais desbotadas, desde as mais claras até às mais escuras. Porém, todas essas cores são *necessárias* para a beleza total da obra final de arte. Todavia, há um ponto crítico: até mesmo as cores mais escuras fazem parte da harmonia e da beleza final da obra. Não podemos falar sobre essas cores usando termos como condenação eterna, perdição, destruição etc. Esses termos terão tido sua devida aplicação por ocasião do julgamento. Porém, o julgamento fará sua obra, ajudando a preparar o caminho para a restauração. Esses termos não mais poderão ser aplicados à obra realizada por Cristo, *em última análise*. Isso constitui o mistério da vontade de Deus: ... *desvendando-nos o mistério da sua vontade, segundo o seu beneplácito que propusera em Cristo, de fazer convergir nele, na dispensação da plenitude dos tempos, todas as coisas*, (ta panta), *tanto as do céu como as da terra* (Ef 1.9,10). Ver o artigo sobre *Restauração*.

Notemos que isso constitui um "mistério", um segredo divino anteriormente oculto, mas agora revelado. Esse aspecto da revelação olha para além da visão dos conceitos prévios do estado final dos mortos, abrindo uma grande porta de esperança, firmemente baseada na vontade predestinadora de Deus. O trecho de Efésios 1.23 mostra-nos que a igreja estará envolvida na tarefa de fazer Cristo tornar-se tudo para todos, de tal modo que ele venha a encher todas as coisas. Assim funcionará a restauração final. Em nossa teologia, não temos dificuldades em dizer que o Novo Testamento trouxe novas revelações, que cancelaram grande parte do Antigo Testamento. Os judeus, sem dúvida, considerariam uma blasfêmia a declaração de que a revelação dada a eles, em *qualquer* sentido fora suplantada. Jesus e Paulo foram classificados por eles como hereges que mereciam morrer. Aqueles que percebem, dentro do Novo Testamento, mais de um nível de revelação, com a possibilidade de que um estágio de revelação venha a suplantar futuramente a outro, são agora considerados hereges. Porém, somente os dogmas humanos argumentam que isso não poderá acontecer; nada no Novo Testamento proíbe tal possibilidade. Portanto, afirmamos que 1Pedro 4.6 nos traz uma verdade que ultrapassa à de Hebreus 9.27. E, do ponto de vista teológico, não vejo nenhum problema em aceitar esse conceito. Uma revelação, por si mesma, indica que antigas ideias são substituídas por novas ideias, como um desenvolvimento das ideias mais antigas. Sempre que Paulo referiu-se a algum *mistério* ele estava como que dizendo: "Até agora você nunca tinha ouvido esta doutrina. *Agora* eu a estou revelando a você". Isso significa que aquilo que ele dizia ultrapassava aquilo que Pedro ou João sabiam.

Os *mistérios do Novo Testamento* são todos marcos de progresso. Observamos que esses mistérios estão dispersos por todo o volume do Novo Testamento, aparecendo em diferentes ocasiões, dentro da cronologia da era apostólica. A razão indica-nos que os propósitos de Deus nunca poderão estagnar-se. Os homens, com os seus dogmas, querem estagnar um sistema, a fim de encontrarem conforto mental. Dizem eles: "Agora a revelação divina terminou. Esta é a verdade, e repousaremos nela". A verdade, porém, é uma aventura eterna, e não uma estagnação histórica. No vocabulário da verdade divina, a palavra *terminado* jamais será usada. O *avanço* constante é a ideia que melhor descreve a verdade. E no próprio volume do Novo Testamento encontramos esse avanço. Acresça-se a isso que Deus tem o direito de dar prosseguimento às suas obras e revelações, em qualquer ponto da história que ele queira fazê-lo. Os homens tentam cercar Deus com limites, mediante as manipulações de seus dogmas. Mas isso é como um brinquedo de crianças, e não uma tentativa séria de saber como a revelação realmente opera. Além disso, sinto-me na obrigação de afirmar que todas as fontes da verdade são necessariamente parciais, e as informações que elas nos dão são sempre parciais, incompletas. Portanto, sem importar se essa fonte são os sentidos físicos, a razão, a intuição ou as experiências místicas — e a revelação é uma subcategoria das experiências místicas — as coisas reveladas sempre são um desvendamento parcial da verdade, sujeitas a ampliação, aperfeiçoamento, desenvolvimento. Falar em outros termos é exibir arrogância, como a de Satanás, que queria ser semelhante ao Deus Altíssimo. Somente Deus conhece a verdade em sua forma final e perfeita. Sempre que está envolvida a mente humana, temos aí uma transigência, uma verdade incompleta.

Apesar do que acabamos de dizer, muitas das verdades parciais e fragmentárias que possuímos são extremamente importantes para nós. Tão importantes que, sobre elas, podemos edificar nossas vidas e dirigir nossos destinos. Estou procurando dirigir a minha vida de acordo com várias grandes verdades. Uma delas é a verdade do amor de Deus, que proveu em favor do homem a obra de arte da redenção-restauração, a maior de todas as revelações bíblicas quando está em pauta o destino humano. Essa revelação pode ser devidamente ilustrada por meio de um *tapete de muitas cores*, cuja beleza deriva-se da complexidade e variedade de suas cores e padrões. *Então levanta-se a pergunta*: Uma das cores do tapete de muitas cores pode tornar-se outra cor? Minha resposta é sim. Parto do raciocínio que nenhum ato de Deus, incluindo os atos redentor e restaurador, pode estagnar-se. No entanto, antecipo que o tapete manterá suas formas essenciais e que os homens serão divididos em várias espécies espirituais; mas somente a cor dourada, que representa os eleitos, participará da natureza divina (2Pe 1.4). Somente essa cor está envolvida na salvação ou redenção.

Apesar disso, seria um erro degradar qualquer aspecto da obra do Grande Artista, somente porque essa obra inclui realizações menores que a obra da salvação, que envolve multidões de classes de seres espirituais. A obra inteira é grandiosa, gloriosa, poderosa. Não se pode descobrir nela qualquer defeito, qualquer debilidade, porquanto é a obra do Grande Artista. Meus amigos, o Grande Artista simplesmente não erra. Seus pincéis nunca tremem, quando ele está pintando o maior de todos os quadros: o ato da redenção-restauração. Seus dedos nunca erram, enquanto ele entretece as várias cores. Essa é a minha esperança, e não entendo como as coisas podem ser de outro modo, considerando que é a obra-prima do Mestre dos mestres. Quando vou a algum concerto, para ouvir algum famoso violinista tocar, quando ali chego sei que a arte do grande músico me deixará fascinado. Coisa alguma nos fascina a mente como a obra do Mestre do cosmos inteiro. (B BOE E NTI SAL STRA)

MOSCA

No hebraico, *zebub*, palavra que figura por duas vezes no Antigo Testamento (Ec 10.1 e Is 7.18).

Esse é o nome de qualquer inseto da ordem Plecópteros, de larguíssima distribuição. Muitas das espécies são pestes, ameaçadoras à saúde. Há cerca de cem mil espécies de moscas, e a mosca doméstica é a mais comum e perturbadora de todas. Os mosquitos também são classificados juntamente com as moscas. Alguns afirmam que o mosquito é o mais perigoso de todos os insetos e animais da terra, devido às muitas doenças graves que transmite; mas, para outros estudiosos, essa distinção pertence à mosca. Estritamente falando, a mosca é um inseto que possui apenas um par de asas, ao passo que outros insetos possuem dois pares de asas. Algumas poucas espécies de moscas não têm asas; e somente os entomologistas podem dizer quais insetos são moscas ou não, apesar de lhes faltarem asas. Todas as moscas que picam são prejudiciais, porquanto transmitem doenças que produzem organismos ou parasitas. Além disso, muitas moscas são insetos extremamente imundos, que transmitem toda a espécie de bactérias para aquilo em que tocam. No entanto, existem espécies úteis de moscas, que caçam e devoram outros insetos daninhos. Por igual modo, há moscas que são polinizadoras das flores, e, ainda outras, alimentam-se de matéria em decomposição de plantas e animais, e assim desempenham um necessário papel de lixeiros da natureza. Há um certo tipo, cientificamente denominado *Drosophila melanogaster*, que está sendo largamente utilizado em experiências genéticas, que têm provido muitas informações valiosas para a ciência.

As moscas são os insetos de mais larga distribuição à face do planeta, infestando cada lugar deste mundo. Algumas adaptaram-se ao frio extremo. Outras podem viver em fontes termais com elevada concentração de sais e enxofre. Uma certa espécie vive no petróleo, pois as suas larvas multiplicam-se no óleo cru. Nos lugares de clima quente, o número e as espécies de moscas são tão grandes que a estimativa de cem mil espécies diferentes talvez fique aquém da realidade.

As moscas passam por quatro estágios em seu desenvolvimento: o ovo, a larva, a pupa e o inseto adulto. Passam por várias gerações a cada ano e proliferam de maneira simplesmente fantástica. O ciclo de vida de uma mosca pode ser extremamente curto. Algumas espécies vivem apenas algumas horas como inseto adulto. A esse grupo pertencem os chamados insetos pólvora. A maioria das espécies de moscas vive por diversas semanas. Os hábitos de acasalamento incluem a dança no ar. Os machos dançam no ar e as fêmeas reconhecem que isso é um convite ao acasalamento. Visto que a dança nunca falha, a reprodução nunca chega ao fim. O acasalamento ocorre em pleno voo, em muitas espécies.

As Moscas na Bíblia. Nos trechos de Êxodo 8.21,22,24, 29,31; Salmo 78.45 e 105.31 temos menção à praga das moscas, que atacou ao Faraó e aos egípcios, pouco antes do êxodo de Israel. Filo, em seu livro *Vida de Moisés* (1.23, par. 401), descreveu as moscas como criaturas insidiosas, que mordiam as pessoas, que atacavam como dardos, com grande ruído em seu voo. Muitos autores antigos pensaram que estivessem envolvidas, nessa praga, diversas espécies de inseto. Sabemos que no Egito há muitas espécies de moscas, sendo impossível identificar aquelas que participaram dessa praga. Visto que lemos que essas moscas foram retiradas do Faraó e dos egípcios, podemos imaginar que elas pousavam nas pessoas, picavam-nas e transmitiam enfermidades. Alguns veem certa ligação entre a praga das moscas (que foi a quarta praga) com a sexta praga, que consistiu em uma enfermidade cutânea, talvez similar à praga que atingiu o gado, a quinta praga. Nesse caso, três pragas teriam sido causadas por moscas, de uma maneira ou de outra.

O deus Baal-Zebube (ou Baalzebul) era o *deus das moscas*, ao qual Acazias, rei de Israel, quis consultar, mas acerca do que foi impedido pelo recado enviado por Elias (2Rs 1.1-16). Esse nome talvez seja uma alteração zombeteira da palavra cananeia Baal-Zebul, que significa "senhor dos lugares altos". Ver as referências no Novo Testamento (em Mt 12.24-29; 10.25; Mc 3.33; Lc 11.15-19). Ver os artigos sobre *Baal-Zebube* e *Belzebu*.

MOSEROTE (MOSERA)

No hebraico, **"correção"**, **"castigo"**, embora haja quem diga "cego". Esse era o nome de uma das paradas, perto do monte Hor, onde os israelitas estiveram estacionados por algum tempo, depois que saíram do Egito. Ficava entre Hasmona e Bene-Jaacã. (Ver Nm 33.30,31; Dt 10.6). A forma singular dessa palavra é *mosera*; o plural é *moserote*. Desconhece-se, contudo, a sua atual localização exata. O trecho de Deuteronômio 10.6 informa-nos que foi ali que Arão faleceu. Todavia, a passagem de Números 33.38 identifica o monte Hor como o lugar da morte dele. Mas a proximidade de ambos os lugares torna aceitável uma outra referência. Alguns eruditos, entretanto, pensam que a tradição a respeito tem formas variantes, a de Moserote e a do monte Hor. Talvez os dois relatos digam respeito a duas jornadas diferentes. O relato do livro de Deuteronômio aludiria à morte no décimo quarto ano, quando Israel partiu de Cades e passou pelo wadi Murrah, na Arabá, e chegou ao monte Hor, tendo acampado primeiro na Arabá. E, então, em Mosera, tendo Aarão morrido no monte Hor (que ficaria perto do outro lugar), já na segunda visita de Israel ao local. O *castigo* poderia ser a morte de Aarão. Mas há quem diga que a base verdadeira dessa palavra hebraica é '*asar*, "atar". E, nesse caso, a transgressão de Aarão, em Meribá, não estaria em foco como a razão de sua morte (ver Nm 20.24; Dt 32.51).

MOSQUITO (PIOLHO, CARRAPATO)

O termo hebraico *kinna*, que aparece em Êxodo 8.16-18, provavelmente, refere-se *ao piolho*, embora outros estudiosos digam que significa "carrapato". O vocábulo grego *konoch* significa "piolho", sendo a palavra escolhida pela Septuaginta para traduzir aquela referência do livro de Êxodo. Em Mateus 23.24 (onde há uma das famosas declarações de Jesus), temos a palavra grega *konops*, que só aparece ali em todo o Novo Testamento.

Os mosquitos do vinho eram pestes irritantes, porquanto reuniam-se em grandes números em torno do vinho que fermentava ou evaporava. Os fariseus, juntamente com muitos outros, sem dúvida, coavam o vinho por meio de algum tecido, para evitar engolir algum desses insetos, os quais, naturalmente, eram imundos segundo a lei levítica. De fato, essa palavra grega pode referir-se a certa variedade de pequenos insetos com asas. A passagem de Levítico 11.22,23 proibia a ingestão de quase todos os insetos. Jesus lançou no ridículo aqueles que coavam os mosquitos de ordem moral, mas eram capazes de engolir grandes males, tão volumosos como os camelos. O camelo era o maior animal conhecido na Palestina, tal como o mosquito era o menor. É verdade que há pessoas que embora tão cuidadosas em não cometer pequenos pecados, cometem pecados graves sem sentirem coisa alguma na consciência.

O Mosquito no Simbolismo dos Sonhos. Um enxame de mosquitos, em um sonho, indica que o sonhador tem um sistema nervoso perturbado.

MOSTARDA

No grego, *sinapi*, palavra que ocorre por cinco vezes no Novo Testamento (Mt 13.31; 17.20; Mc 4.31; Lc 13.10; 17.6). Está em foco a mostarda negra, cujo nome científico é *Brassica nigra*. Atualmente é plantada para fabricação de um tempero muito comum em pratos ligeiros. No tempo de Jesus, parece que também era cultivada para extração de seu óleo. A planta pode crescer até atingir uma altura de cerca de 5 m Tem um grosso tronco principal, com galhos fortes o suficiente para neles pendurar-se uma criança. Há uma espécie variante, conhecida por *Sinapis alba*, "mostarda branca", que é muito menor. Também há uma espécie de dimensões intermediárias, *chamada Salvadora persica*, que algumas vezes é chamada de planta de mostarda, e que medra nas margens do mar Morto. Alguns estudiosos têm pensado que essa é a planta das referências bíblicas; mas o fato é que a mesma não produz sementes pequenas, não se ajustando assim à descrição bíblica. A referência de Marcos (4.32) à essa espécie vegetal, como "maior do que todas as hortaliças", sem dúvida alude à mostarda negra.

Jesus chamou suas sementes de menor de todas as sementes, mas das quais crescem grandes arbustos. Sua linguagem era ilustrativa do fato de que o reino de Deus também vai crescendo a partir de algo muito pequeno. Em Mateus 17.20, a referência é como a fé de uma pessoa pode ser tão poderosa que lance um monte no mar, se ao menos tiver fé como um grão de mostarda. E isso, por sua vez, mostra quão minúscula é a nossa fé, pois até onde nos é possível investigar, não se sabe de um servo de Deus que tenha feito esse prodígio. Logo, quão pequena é a nossa fé! As sementes de mostarda são pequenas, mas produzem grande efeito se tiverem permissão de brotar e crescer. E isso mostra que, embora nossa fé seja tão pequena, conseguirá efetuar aquilo para o que ela nos foi dada!

Comparar reinos com árvores era muito comum entre os judeus, conforme se vê na própria Bíblia: (Dn 4.10-12,20-22; Ez 31.3-9; Sl 80.8-10). É possível que Jesus tivesse em mente a referência de Daniel, quando proferiu suas palavras sobre a mostarda. Assim sendo, Jesus indicou o tipo de reino que ele tinha em mente, isto é, o reino dos céus, e como este operaria através de sua igreja. A figura das aves (ver Mt 13.32), aninhadas nos galhos desse arbusto, talvez tenha sido tomada por empréstimo de Daniel 4.20-22, ainda que, na declaração de Jesus, assumiu um significado diferente. Não há razão para pensarmos nessas aves como um símbolo negativo — dos demônios ou de mestres falsos — dentro das palavras de Jesus. Mas elas ilustram tão somente como aquela hortaliça cresceu tanto que se tornou uma árvore, capaz de conter os ninhos de muitas aves. A fé é uma força muito poderosa. Pode começar pequena (tal como as sementes de mostarda são pequenas), mas pode obter incríveis resultados. Esse é o ponto salientado nessa ilustração de Jesus acerca da mostarda, suas sementes e seu extraordinário desenvolvimento até tornar-se uma árvore.

MOZA

No hebraico, **"prole"**, **"descendência"**. Esse é o nome de duas pessoas e de uma cidade, que aparecem no Antigo Testamento: **1**. Um filho de Calebe e Efá, sua concubina (1Cr 2.46). **2**. Um descendente de Saul, mencionado em 1Crônicas 8.36,37; 9.42,43. **3**. Uma cidade dada à tribo de Benjamim (Js 18.26). O local exato dessa cidade é desconhecido atualmente. A arqueologia tem encontrado duas asas de vasos com o nome dessa cidade, em lugares como Jericó e Tell en-Nasbeh. E isso indica que a cidade em pauta deve ter produzido e exportado esses vasos. Alguns estudiosos supõem que o local fique

MT (TM)

perto da vila árabe de Qaluniya, cerca de 6,5 km a noroeste de Jerusalém, na estrada para Tel Aviv. Evidentemente, o antigo nome aparece no nome da Khirbet beit-Mizzah. A colônia judaica de Mosah, a oeste de Qaluniya, adotou o nome dessa antiga cidade. Embora nossa versão portuguesa grafe o nome dessa cidade da mesma maneira que grafa os nomes daqueles dois homens (pontos um e dois), no hebraico há diferença na escrita. O nome dessa cidade significa "fonte de água".

MT (TM)

Essa é a abreviação do *Texto Massorético*, do original hebraico do Antigo Testamento. Ver os artigos seguintes, para maiores detalhes: *Manuscritos do Antigo Testamento* e *Massora (Massorah); Texto Massorético*.

MUDAS DE FORA

Essa expressão encontra-se em nossa versão portuguesa, em Isaías 17.10. Essa tradução está mais próxima do original hebraico do que o que dizem outras versões, "enxertos estranhos". A ideia era a de que todos os esquemas humanos haveriam de falhar. Mesmo que tentassem revivificar a planta ou árvore que representava a sua vida e cultura, os enxertos não produziriam os resultados almejados. Quando os homens virem que se aproxima o dia da ira do Senhor, no dizer de Isaías haverão de bramir os povos como o rugido das águas do mar. Mas Deus anulará todos os esforços dos povos para evitarem o juízo. Esse ensino aparece dentro da profecia contra Damasco e Efraim (Is 17).

MUDO

No hebraico, *illem*, palavra usada por seis vezes (Êx 4.11; Sl 38.13; Pv 31.8; Is 35.6; 56.10 e Hc 2.18). O sentido básico dessa palavra é "que não fala". No grego, *kophós*, "embotado", como se a mudez fosse um impedimento da língua. Nas Escrituras temos vários usos da palavra, a saber: **1**. Destituído da capacidade natural para falar (Êx 4.11; 1Co 12.2). **2**. Incapacitado de ensinar a outros por falta de graça, conhecimento ou coragem (Is 57.10). **3**. Aquele que fica em silêncio, sob as dispensações da providência divina (Sl 39.9). **4**. Aqueles que permanecem em silêncio por qualquer razão (Sl 39.2; Ez 3.26). **5**. Aqueles que não falam por motivo de temor ou ignorância (Pv 31.8). **6**. O estado de quem fica incapaz de falar por êxtase divino (Dn 10.15). **7**. Uma condição imposta por decreto divino, como foi o caso de Zacarias (Lc 1.20). **8**. Uma aflição causada por possessão demoníaca (Mc 9.17,25). Ver os artigos sobre *Cura* e *Cura pela Fé*.

MULHER

No hebraico, *ishshah*, o feminino de *ish*. Talvez a melhor tradução portuguesa para esses termos hebraicos seja, respectivamente, "fêmea", e "macho", porque *adam* é a palavra genérica para "homem", sem distinção de sexo. *Ishshah* é extremamente comum. Se contarmos também sua forma plural, *nashim*, encontramos cerca de setecentas menções, desde Gênesis 2.22 até Malaquias 2.15.

No Novo Testamento grego, *guné*. Esse vocábulo aparece por 211 vezes (exemplos: Mt 1.20,24; 5.28,31,32; 19.3,5 (citando Gn.2.24); 19.8,10,29; 22.24 (citando Dt 25.5); 28.5; Mc 5.25,33; 6.17,18; 12.9 (citando Dt 25.5); Lc 1.5,13,18,24,28,42; 3.19; 4.26; 8.2,3,43,47; 10.38; 14.20,26; 15.8; 16.18; 17.32; 24.22,24; Jo 2.4; 4.7,9,11,15,17,19,21,2 5,27,28,39,42; At 1.14; 5.1,2,7,14; 16.1,13,14; Rm 7.2; 1Co 5.1; 7.1-4, 10-14,16,27,29,33,34,39; 9.5; 11.3,5-13,15, 34,35; Gl 4.4; Ef 5.22-25,28,31 (citando Gn 2.24); 5.33; Cl 3.18,19; 1Tm 2.9-12,14; 3.2,11,12; 5.9; Tt 1.6; Hb 11.35; 1Pe 3.1.5; Ap 2.20; 9.8; 12.1,4,6,13-17; 14.4; 17.3,4,7,9,18; 19.7 e 21.9).

I. Posição no Judaísmo. Paulo proibiu que as mulheres falassem na igreja (ver 1Co 14.34). Em uma sinagoga judaica seria considerado como uma suprema desgraça uma mulher tomar parte ativa no culto de adoração, falando ou mesmo orando em voz alta. No judaísmo, não era permitido que as mulheres estudassem a lei de Moisés, e alguns sábios judeus asseveravam que mais valia a pena queimar a lei do que ensiná-la a uma mulher.

A posição da mulher, no judaísmo, era muito inferior à do homem, pois alguns rabinos chegavam ao extremo de pensar que as mulheres não tinham alma. Em face de tais ideias, não nos é difícil compreender por que razão as mulheres não tinham permissão de tomar parte ativa nos cultos religiosos dos judeus. (Quanto a outros comentários sobre a posição de inferioridade da mulher, na sociedade judaica, ver Jo 4.27,29 no NTI.)

É entristecedora a verificação do fato de que as mulheres, nas sociedades pagãs, eram mais estimadas do que no judaísmo. (Ver At 17.4 quanto à posição das mulheres na sociedade macedônia). Uma das grandes contribuições do cristianismo, para melhoria das condições sociais do gênero humano, foi a elevação da mulher, pois as mulheres cristãs podiam gozar de melhores privilégios que no judaísmo. Espiritualmente falando, apesar das limitações da atividade feminina na igreja cristã, segundo as ordens expressas do novo pacto, a mulher não fica em desvantagem, em relação ao homem, pois elas também esperam a completa transformação, ética e metafísica, na imagem de Cristo. (Ver o trecho de Gálatas 3.28, que declara que, em Cristo, não há nem homem e nem mulher, mas são todos iguais.) Não obstante, é óbvio, com base no décimo quarto capítulo da primeira epístola de Paulo aos Coríntios, que antigos métodos de adoração do judaísmo foram *transferidos* para a igreja cristã, ou, pelo menos, para aquelas igrejas que sofriam da influência do apóstolo Paulo.

II. As Mulheres e as igrejas. 1. Não havia como Paulo pudesse ter antecipado prazerosamente o papel que as mulheres desempenham na moderna igreja evangélica. Contemplá-las sem véu, com cabelos cortados à la homme, falando livremente, orando em público e até mesmo ensinando aos homens, liderando a música etc., teria sido para ele um autêntico horror. Paulo acreditava na atitude dos rabinos e na prática das sinagogas. Paulo ordenou que as mulheres crentes se conservassem em silêncio, e não permitia que ensinassem. Os trechos de 1Coríntios 14.34 e *ss.*, e 1Timóteo 2.8-15 não podem significar outra coisa. **2**. Ver a mulher através dos olhos de Paulo é vê-la segundo a maneira determinada pelo judaísmo. Apesar de que um escravo podia ler as Escrituras em voz alta na sinagoga, uma mulher judia, posto que livre, não podia fazê-lo. Alguns rabinos disputavam mesmo se a mulher tinha alma ou não, e às mulheres não instruíam na lei, exceto dentro dos limites dos serviços regulares na sinagoga. Costumavam dizer: "É preferível queimar a lei a ensiná-la a uma mulher". Paulo não se mostrava tão embotado, mas compartilhava da atitude rabínica em geral no tocante à participação feminina nas atividades das sinagogas. **3**. Qualquer igreja que permita às mulheres um papel ativo nos cultos é antipaulina. **4**. Só podemos supor que as profetisas exerciam seu ministério (se quisessem agradar a Paulo) em casa, particularmente, mas nunca como parte dos cultos religiosos. Mas que muitas delas participavam ativamente dos cultos, nas áreas de maioria gentílica, é fato óbvio, conforme se vê pelo décimo quarto capítulo de 1Coríntios. E foi justamente ali que ficaram sob o fogo do ataque de Paulo. **5**. Mas estaria a razão ao lado de Paulo, em tudo isso? A igreja evangélica tem respondido que "Não!" Portanto, a igreja tem ignorado esse mandato de Paulo, talvez sentindo intuitivamente que essa atitude da sinagoga para com o elemento feminino foi ultrapassada pela espiritualidade cristã. **6**. As próprias declarações de Paulo, em Gálatas 3.28, nos fornecem uma base para tratarmos as mulheres de maneira diferente do que ele fazia, no tocante a essas questões. **7**. Finalmente, seja dito bem claro que a desonestidade não pode fazer parte de nossa interpretação. Examinemos por que Paulo disse o que disse. Interpretemos suas afirmações por esse prisma. Se não gostarmos do que ele disse e não estivermos inclinados a seguir suas injunções, então declaremos nossas razões para tanto. A espiritualidade talvez tenha ultrapassado a Paulo quanto à questão: mas, em caso contrário, a igreja evangélica inteira está laborando em erro. **8**. Creio, porém, que ordenar mulheres para o ministério já atingiu o nível da perversão.

III. A Exceção na Antioquia da Pisídia (Ásia Menor).
Atos 13.50: *Mas os judeus incitaram as mulheres devotas de alta posição e os principais da cidade, suscitaram uma perseguição contra Paulo e Barnabé, e os lançaram fora dos seus termos*.

Essas *mulheres piedosas*, obviamente eram gentias, embora se tivessem convertido ao judaísmo. Eram prosélitas do judaísmo que se tinham tomado de grande zelo pela instituição da sinagoga, que foram persuadidas a encarar a atuação dos apóstolos, bem como o crescimento da igreja cristã, naquela região, como uma ameaça à religião que abraçavam. Eram mulheres de *alta posição*, o que, no original grego, é a mesma palavra usada para indicar a alta posição ocupada por José de Arimateia, segundo lemos no trecho de Marcos 15.43. O mais provável é que isso signifique que elas ocupavam importantes ofícios públicos, ou que, de outro modo qualquer, exerciam considerável influência naquela região. As evidências históricas e arqueológicas mostram que isso é um toque veraz sobre o colorido local da região, pois ali, evidentemente, mulheres ocupavam uma posição mais proeminente, na sociedade, do que em muitas outras partes do mundo greco-romano. Algumas mulheres eram nomeadas como magistrados, presidentes de competições esportivas etc. E em certo caso, que ficou na história, encontramos uma mulher que foi eleita *archesynagogos* (chefe da sinagoga). Isso teve lugar em Esmirna, e sem dúvida, historicamente falando, foi um caso sem igual, que só poderia ter sucedido realmente naquela área geral, onde as mulheres podiam ocupar elevados cargos, comumente reservados aos homens. Totalmente diversa dessa posição quanto às mulheres era a ideia dos rabinos de Jerusalém, os quais chegaram a debater se as mulheres realmente têm almas. Pensavam ser um desperdício de tempo e energia ensinar a lei às mulheres, refletindo assim um ponto de vista radicalmente contrário ao que prevalecia na região de que ora nos ocupamos, atingindo não somente a posição das mulheres na sociedade, mas até mesmo a sua posição espiritual. (Quanto a notas expositivas sobre os ridículos pontos de vista que alguns líderes eclesiásticos dos judeus tinham no tocante às mulheres, ver João 4.27,29 no NTI. Fazendo contraste com isso, ver o tema, explorado por Lucas, acerca da elevada posição das mulheres, na tradição do evangelho, no artigo sobre o livro de Atos, sob o título *Autoria*, item V.)

IV. As Exceções (Biblicamente) Não Criam uma Regra.
As exceções não derrubavam por terra a regra. Extraordinárias figuras femininas no AT não podem servir para suavizar o ponto de vista normal dos judeus sobre a mulher.

Nem mesmo as profecias bíblicas, como a de Joel (ver At 2.18), eram capazes de alterar a situação geral, embora antecipassem um dia melhor e mais iluminado.

A melhor declaração de Paulo nesse sentido fica em Gálatas 3.28, onde ele mostra que a mulher, na realidade, é espiritualmente igual ao homem. Isso não ensina a igualdade dentro da "ordem eclesiástica", para Paulo; mas o princípio, por si mesmo, ensina mais do que Paulo admitia.

V. Uma Previsão Esperançosa.
A profecia citada em Atos 2.18, com base na profecia de Joel, a qual assevera que mulheres também profetizariam, como uma das manifestações do estabelecimento da *nova ordem*, da nova fé, em Cristo, talvez dê a entender um lugar dado às mulheres, na igreja cristã, que simplesmente não tinha precedentes na sociedade judaica, e que tal lugar lhe dá o direito de participar ativamente da adoração pública das congregações cristãs. Essa é uma conclusão lógica sobre a questão subentendida no sistema cristão, que prevê o mesmo destino tanto para os homens como para as mulheres, visto que tanto uns como outros receberão as mesmas bênçãos espirituais. Esse é um cristianismo *mais avançado* do que era possível nas primeiras décadas de sua existência, quando o fantasma do judaísmo ainda perseguia a igreja cristã. Todavia, compete-nos rejeitar completamente as noções degradantes criadas pelo judaísmo, algumas de cujas noções invadiram a mentalidade cristã sobretudo no que concerne à posição das mulheres. Quão lamentável é vermos, em muitos matrimônios cristãos, um homem dominar sua mulher, simplesmente porque, biologicamente falando, ele é o macho, ao passo que ela é a fêmea. Mas, em muitos desses casos, a mulher é realmente uma pessoa superior ao seu marido, intelectual, moral e espiritualmente. Por essa razão, é possível que o ideal democrático esteja mais próximo da verdade que o cristianismo projetou no mundo, expresso através das seguintes palavras: *Destarte, não pode haver judeu nem grego; nem escravo nem liberto; nem homem nem mulher; porque todos vós sois um em Cristo Jesus* (Gl 3.28).

Tal verdade básica, entretanto, tem sido obscurecida por antiquíssimos preconceitos, muitos dos quais se originam da estima absurdamente baixa em que a mulher é tida, conforme o desenvolvimento havido na cultura judaica. O que fica implícito nessa ideia realmente é vasto, com a capacidade de revolucionar a posição da mulher, na sociedade em geral e nas relações matrimoniais, conferindo-lhe aquilo que ela raramente tem possuído, a saber, uma individualidade verdadeira e digna. Se isso fosse devidamente observado, certamente muitos casais crentes seriam melhorados em suas relações matrimoniais. Pois quando os cônjuges remidos reconhecem o valor do outro, sem importar as identificações sexuais, não pode resultar qualquer coisa má. Porquanto o reconhecimento verdadeiro resulta em maior respeito e em mais profundo amor. Por outro lado, deixar de considerar o valor real de uma pessoa é manifestação de uma espécie de ódio.

Em 1Coríntios 7.4, pelo menos, Paulo reconhece que os direitos sexuais da mulher, dentro do casamento, *não são inferiores* aos direitos do homem, embora isso fosse alguma coisa que um judeu "ortodoxo" jamais reconheceria. Porque, na cultura judaica, as mulheres haviam sido reduzidas a virtuais propriedades de seus respectivos maridos. Pelo menos nesse ponto Paulo avança na direção da verdade, embora tal avanço, aqui expresso, ainda seja parcial.

"A igualdade entre os sexos é indicada mediante o uso da mesma expressão em referência a ambos, ficando assim corrigidas as ideias judaicas e gentílicas sobre a mulher... nas relações matrimoniais cessa a propriedade separada da pessoa. Nenhum dos cônjuges pode mais dizer ao outro: 'Não me é lícito... fazer aquilo que eu quiser com o que é meu?' (Mt 20.15). Ao salientar que o grande alvo deve ser, não a autossatisfação, mas o cumprimento de um dever que cada qual deve ao outro, o apóstolo Paulo antecipa habilidosamente a crítica mencionada acima. Eleva ele a questão, do nível físico para o nível moral" (Robertson e Plummer).

VI. Mudança de Costumes Sociais Exige Modificação de Certas Regras.
Qual é o dilema daqueles que não assumem essa atitude? No caso daqueles que não se dispõem a tomar essa atitude, talvez por ser ela por demais "liberal" ou "contrária às Escrituras", surge um dilema. Pois se os ensinos sobre as mulheres continuam obrigatórios para nós, devemos obedecê-los totalmente, e a mera leitura dos mesmos mostra que o silêncio absoluto é imposto às mulheres; elas não podem ensinar na igreja, porquanto assim fazendo estão usurpando um direito masculino. Elas não podem falar em línguas e nem profetizar na igreja. Essa é a única coisa que o texto pode significar, considerando-se o fundo histórico judaico que

lhe serviu de base. Aqueles que creem que todas as injunções das Escrituras são sempre obrigatórias para nós devem aceitar também este mandado, pondo-o em prática na igreja, em qualquer comunidade local. Mas seria mister uma das *façanhas de Hércules* para conseguir isso.

VII. Pontos Fortes e Fracos da Mulher. 1Coíntios 11.3: *Quero, porém que saibais que Cristo é a cabeça de todo homem, o homem a cabeça da mulher, e Deus a cabeça de Cristo.*

Reconhecendo as Autoridades. 1. Se por um lado os crentes coríntios exageravam a autoridade de seus heróis, de acordo com os quais criavam divisões denominacionais, por outro lado não percebiam a desordem reinante na congregação de Corinto no tocante às mulheres, o que se devia à sua ignorância quanto à hierarquia de autoridades. **2**. Existe certa ordem decrescente de autoridade: cada ser tem o seu "cabeça". O cabeça, como diretor do corpo, representa a autoridade. Assim, de todas as famílias do céu e da terra, Deus é o cabeça. O Pai é o cabeça até mesmo de Cristo, e não somente na missão terrena deste, mas também dentro da própria Trindade o Pai é o cabeça e o Filho lhe é subordinado. (Ver as notas no NTI sobre esse conceito em 1Co 15.28). **3**. O Filho estabeleceu o exemplo. Seu Cabeça é o Pai, e é em obediência ao Pai que ele cumpriu e está cumprindo a sua missão (ver Jo 8.29). **4**. Os filhos de Deus estão todos sujeitos a Cristo como o Cabeça, pois ele é o alvo de toda a sua existência, além de ser o poder que pode fazer deles seres participantes de sua própria natureza divina (ver Rm 8.29). Portanto, a cabeça do homem é Cristo. O homem não é independente, mas dependente, porquanto nem ao menos é o senhor de seu próprio destino. A própria salvação consiste de crescermos em Cristo como o cabeça, em que contamos com ele como o cabeça de tudo (ver Ef 1.10,23). **5**. A mulher não é espiritualmente inferior ao homem, mas está subordinada a ele nesta esfera terrena, especificamente a seu próprio marido. Não pode cumprir seu papel no seio da igreja, imitando as frenéticas sacerdotisas descabeladas e sem véu dos pagãos. Portanto, que ela faça certas coisas: que traga os cabelos longos, como lhe é natural (símbolo da autoridade de seu marido sobre ela), e que use um véu sobre a cabeça, em determinadas ocasiões, o que também lhe serve de símbolo da sua sujeição.

Os pontos fortes e os pontos fracos da natureza feminina. Por igual modo a mulher, embora da mesma natureza que o homem, e tendo o mesmo destino, está em posição de sujeição a ele. Até mesmo quando duas pessoas vão montadas em um cavalo, uma delas vai na frente e a outra atrás. Assim também o homem ocupa um primeiro lugar, tanto em sua casa como na casa de Deus. Naturalmente, isso tem dado margem a muitos abusos. Atualmente sabemos que a mulher não é inferior ao homem, exceto na força muscular. Além disso, talvez devido a fatores ambientais, que se prolongam desde eras remotas, a mulher é emocionalmente inferior ao homem. Mui provavelmente isso não é parte inerente da natureza feminina, mas antes, algo implantado nela por circunstâncias diversas.

É provável, entretanto, que à medida que ela vai sendo libertada, conforme deve ser, as suas debilidades emocionais irão desaparecendo. Nota-se que essa fraqueza é parcialmente um *mecanismo de defesa*, porquanto da mulher muito se tem abusado, devido à sua pouca força física. A mulher procura compensar isso através de um truque defensivo. Em outras palavras, ela toma perante o homem, de alguma maneira, a posição de uma criança, a fim de excitar a sua compaixão. Mas, com isso ela tem somente encorajado os abusos, porque o homem é tradicionalmente brutal e sem compaixão. Em outros sentidos, entretanto, a mulher é superior ao homem. A ciência moderna tem demonstrado que o seu corpo físico é mais resistente que o do homem. Em média, as mulheres têm melhores defesas orgânicas contra as enfermidades, como também vivem por mais tempo. As mulheres são iguais aos homens quanto à inteligência, e superior a eles quanto às faculdades intuitivas e psíquicas, porquanto elas têm sido forçadas a compensar a sua posição precária na sociedade. As mulheres, talvez devido à própria natureza de seu ser, em geral são *moralmente* superiores aos homens. Se porventura isso deriva apenas de uma dotação biológica, então tal superioridade não envolve qualquer glória particular que lhe seja devida. Não obstante, isso é uma verdade bem reconhecida.

O judaísmo ignorava completamente esses fatos, reduzindo ridiculamente a posição das mulheres. E o apóstolo Paulo não fica inteiramente liberto dessa influência, embora reconhecesse o fato da liberação das mulheres, de sua igualdade com os homens, em Cristo Jesus, conforme declara em Gálatas 3.28. Esse "ideal", essa "verdade" jamais se cumpriu plenamente na igreja cristã, e nem nos lares cristãos, até o dia de hoje. É uma questão particularmente lamentável ver um homem dominar uma mulher meramente porque ele é biologicamente um homem, e ela é biologicamente uma mulher, quando com frequência ela é realmente a pessoa superior, moral, intelectual e espiritualmente.

Com base nessa discussão, deve ficar bem claro que os homens que procuram fazer justiça devem ter o cuidado de não abusar de sua posição superior masculina; e enquanto essa justiça for mantida na igreja e no lar, não há qualquer razão para supormos que uma atmosfera verdadeiramente *democrática* não possa ser estabelecida no lar e na igreja cristãos. Essa atmosfera estaria de acordo com o que nos ensina o trecho de Gálatas 3.28, que certamente é a verdade mais pura a respeito do tema que comentamos de que deveria ser inquirida e praticada. Se os crentes agissem desse modo, pode-se concluir, sem receio de errar, que o potencial das mulheres seria liberado, e que tanto o lar como a igreja cristãos se beneficiariam. A igreja cristã primitiva, devido aos seus preconceitos judaicos, não conseguiu liberar esse potencial feminino. O "homem como cabeça da mulher" é biblicamente correto, mas de acordo com a interpretação tipicamente judaica, foi uma fonte de erro e de muitos abusos.

Evitando os Abusos. **1**. O princípio da igualdade feminina com o homem não quer dizer que ela possa agir como bem entenda, tal como também não significa que o homem possa agir a seu talante. Há uma ordem divina a ser seguida. **2**. Mas o princípio de igualdade entre os sexos significa que o homem também tem suas próprias responsabilidades. Não pode fazer da mulher uma escrava. O marido precisa reconhecer a elevada dignidade de sua esposa como uma pessoa, tratando-a com respeito e consideração. No lar, o marido deveria estabelecer uma democracia, ao máximo em que isso possa ser praticado, sem perder a sua liderança.

VIII. A Mulher no Antigo Testamento; Sumário

1. Direitos e Situação na Sociedade. Embora a situação da mulher, no seio da sociedade humana antiga, tenha degenerado rapidamente, devido às consequências do pecado, que fazem o homem mostrar-se cruel com seus semelhantes mais fracos, precisamos examinar o relato de Gênesis sobre a criação, quanto à criação da mulher e sua real condição em relação ao homem. A descrição da criação do gênero humano, em Gênesis 1.26,27: *... Criou Deus, pois, o homem à sua imagem, à imagem de Deus o criou; homem e mulher os criou...*, parece deixar bem claro que a mulher, como contraparte feminina do homem, é algo essencial à imagem de Deus, segundo essa imagem é refletida no gênero humano. De fato, nas expressões poéticas dos hebreus, tanto o homem quanto a mulher são necessários para que se tenha o quadro tencionado por Deus como sua *imagem* no ser humano. E, embora a questão não seja teologicamente desdobrada no próprio livro de Gênesis, é evidente que o papel ímpar e distintivo da mulher deriva-se da participação dela na *imago Dei*. No tocante aos vocábulos hebraicos *ish*, "macho", e *ishshah*, "fêmea", muito se tem escrito e especulado. Mas, se alguma coisa se deriva daí é a humanidade essencial da mulher, bem como sua igualdade e unidade com o homem. E isso também é refletido em outras línguas antigas e modernas. Para exemplificar, o latim, *vir*, "homem", e *vira*, "mulher"; ou, o português, "varão" e "varoa".

Um outro ponto, essencial à nossa compreensão sobre o papel da mulher, é que o Senhor Deus a deu ao homem como sua "ajudadora" (no hebraico, *ezer*), segundo se vê em Gênesis 2.18,20. Isso indica que o homem ficaria incompleto sem a sua outra metade, a mulher. Ainda outra questão que não podemos esquecer é o próprio nome dado à primeira mulher, Eva, que se deriva de uma palavra hebraica que significa "vida". E a razão desse nome nos é explicada em Gênesis 3.20: E *deu o homem o nome de Eva à sua mulher, por ser a mãe de todos os seres viventes*. Por conseguinte, o papel subordinado da mulher parece ser resultante da queda no pecado, e não como uma disposição inicial, por força da criação. Com essa apreciação concorda o trecho de Gênesis 3.16, onde Deus diz à mulher, após a queda no pecado, por parte do primeiro casal: *E à mulher disse: Multiplicarei sobremodo os sofrimentos da tua gravidez; em meio de dores darás à luz filhos; o teu desejo será para o teu marido, e ele te governará*. Essa disciplina, como é óbvio, abarca quatro facetas importantes na vida de toda mulher: gravidez difícil (enjoos, debilitamento, perigo de aborto etc.); parto trabalhoso (que muitas vezes leva a mulher a rasgar-se internamente, e até à morte); desejo sexual pelo homem, a despeito de todas aquelas dificuldades e perigos, se a mulher chegar a engravidar; e, finalmente, o marido é quem dirige sua mulher, ficando-lhe esta sujeita. Todavia, apesar dessa subordinação da mulher ao homem, Deus não se furtou em reconhecer os direitos da mulher, diante da família e da sociedade, quando estipulou já na lei mosaica: *Honra a teu pai e a tua mãe...* (Êx 20.12; cf. Lv 20.9; Dt 5.16 e 27.16).

Todas as legislações dos povos, desde as mais antigas, até hoje, nunca se descuidaram de regulamentar sobre o papel da mulher na sociedade humana, como esposa, como amante, como mãe, como filha solteira etc. Todos esses muitos preceitos legais têm procurado aliviar a situação de inferioridade a que a mulher é reduzida. E, se os movimentos feministas organizados são um fenômeno social mais ou menos recente, isso não significa que só ultimamente elas tenham acordado para os seus direitos e privilégios. Mas, somente agora está começando a haver clima para o reconhecimento desses direitos. Contudo, por uma questão até mesmo de psicologia feminina, a mulher prefere ser dirigida pelo homem, o que ela não quer é ser brutalmente dirigida! E o homem, até por uma questão de psicologia masculina, gosta de proteger as mulheres que estejam sob seu pálio. O ruim é que alguns homens, em vez de se mostrarem ternos e protetores, tornam-se déspotas, Mas todos esses desvios já podem ser explicados como resultantes da queda no pecado, o que fez os seres humanos tornarem-se uns selvagens para com os seus semelhantes. Além disso, nem todas as mulheres são dóceis, mas rebelam-se!

2. Papel da Mulher na Família. No Antigo Testamento, o papel da mulher na sociedade é sempre enfocado dentro das relações domésticas. Na verdade, nos tempos bíblicos, vemos que a mulher passava da família de seu pai para formar uma nova unidade familiar, com seu marido. Não somente na era patriarcal, mas também durante todo o período abarcado pelo Antigo Testamento, o pai exercia responsabilidade primária pelos membros do sexo feminino de sua família, sem importar se a esposa, se as filhas, se as suas irmãs solteiras, se as servas, enquanto essa responsabilidade não fosse transferida, como no caso do casamento de uma filha solteira, por exemplo. Isso pode ser visto nos casos de Abraão e Hagar (Gn 16.2); de Labão e suas filhas, Lia e Raquel (Gn 28-31); de Davi e Mical (1Sm 18.20,27; 19.11-17); de Salomão e suas muitas esposas (1Rs 11.1). Até mesmo as mulheres que enviuvassem podiam esperar certa proteção por parte da família de seus maridos falecidos, conforme se vê na história de Judá e Tamar, ou de Boaz e Rute.

Talvez o papel mais preponderante da mulher, destacado na Bíblia, seja o de *mãe*, embora todos os demais papéis sejam igualmente reconhecidos. Esse papel de mãe era tão importante nos tempos bíblicos que a esterilidade feminina chegava a ser considerada uma maldição divina, porquanto furtava a mulher de uma de suas funções mais importantes na vida. Há casos que a Bíblia destaca com especialidade, como os de Sara (Gn 17.15), Raquel (Gn 30) e Ana (1Sm 1 2).

Os textos bíblicos também chamam a atenção pare os deveres domésticos femininos, como os de fabricar o pão, costurar, carregar água e prover outras coisas necessárias para si mesma, para seu marido e para seus filhos. (Cf. Gn 18.6; 24.11,13-16,19,20; 27.9; 29.6; Pv 31.10-31; Êx 2.16; 35.26; 1Sm 2.19; 9.11; 24.18 *ss*.; 2Sm 13.8; Jz 4.18; 2Rs 4.8-10). E a posição secundária da mulher, em relação ao homem, transparece até mesmo no décimo mandamento, onde a mulher é mencionada especificamente: *Não cobiçarás a mulher do teu próximo...* Note-se que não há nenhum mandamento equivalente, dirigido às mulheres, que diga algo como *Não cobiçarás o marido da tua próxima...* Isso dá a impressão de que a mulher era tratada mais ou menos como uma possessão do homem e não como uma pessoa com direitos iguais. Outro fato que mostra a posição secundária da mulher é que uma filha poderia tornar-se herdeira de seu pai, mas somente se não tivesse algum irmão, mesmo que ela fosse a primogênita. Além disso, se uma filha única se casasse com alguém de outra tribo, a herança não podia ser perdida pela tribo à qual ela pertencia, a menos que o seu marido passasse a assumir o nome de família daquela mulher (ver Nm 27.1-8; 36.6-9; Ne 7.63). No caso de mulheres solteiras e jovens, era algum irmão mais velho que cuidava delas (ver Gn 31.14,15). As viúvas jovens e sem filhos, podiam casar-se com um cunhado solteiro, segundo a disposição da lei do levirato (vide), o que foi precisamente o caso de Rute.

Um caso espinhoso para a mulher era o *divórcio* (vide), pois, até mesmo dentro das justas estipulações da lei mosaica (que, entretanto, foram estabelecidas cedendo um pouco diante da dureza dos corações humanos; ver Mt 19.3-12, especialmente o versículo 8, que diz: *Por causa da dureza do vosso coração é que Moisés vos permitiu repudiar vossas mulheres; entretanto, não foi assim desde o princípio*), o homem é quem saía ganhando na transação. Todavia, apressamo-nos a ajuntar que o Antigo Testamento procurava minimizar as possibilidades de divórcio, mostrando-se cuidadoso em ensinar que Deus desfavorecia a prática. (Cf. Dt 22.13 *ss*.; 24.1 *ss*.; Is 50.1; Jr 3.8). Malaquias foi muito explícito quanto a isso, onde se lê: *... ninguém seja infiel para com a mulher da sua mocidade. Porque o Senhor Deus de Israel diz que odeia o repúdio...* (Ml 2.15,16). Trataremos mais detidamente sobre a questão da moralidade, por parte da mulher, um pouco mais abaixo. Contudo, compete-nos aqui frisar que um dos *primeiros papéis* da mulher, dentro das relações matrimoniais, era o de satisfação sexual que ela podia dar ao homem. Isso fica implícito nas narrativas iniciais da Bíblia, como em (Gn 1.26-28 e 2.18-25); e o livro de Deuteronômio chama repetidas vezes a atenção para a dimensão sexual do relacionamento marido-mulher. Assim é que, nesse livro, até uma mulher cativa podia casar-se com um israelita, se este se sentisse atraído por sua beleza física. E, uma vez que uma mulher cativa se tivesse casado com um homem israelita, então deixava de ser apenas uma prisioneira, e passava a assumir um novo papel na sociedade israelita (cf. Dt 21.10-14). E também lemos em Deuteronômio 24.5: *Homem recém-casado não sairá à guerra, nem se lhe imporá qualquer encargo, por um ano ficará livre em sua casa e promoverá felicidade à mulher que tomou*. Essa passagem mostra que a Bíblia não reconhece somente os direitos sexuais do homem sobre a mulher, mas também os direitos sexuais da mulher sobre o homem. E, à medida que vamos folheando o Antigo Testamento, essa ideia vai-se tornando mais e mais clara, mediante preceito ou exemplo. E chega-se a um ponto culminante, quanto a essa questão, em Cantares, onde o amor conjugal e seus prazeres físicos são abordados sem embaraço algum, por mais que corem aqueles dotados de espírito vitoriano! É que as Escrituras Sagradas não encaram a sexualidade humana como algo sujo e pecaminoso, e, sim, como uma bênção divina a ser desfrutada, entre outras bênçãos, embora sempre dentro dos limites do certo e errado! O que a Bíblia condena é o sexo distorcido, viciado, fora das relações normais do matrimônio. Haja vista o que Paulo escreveu a Timóteo: ... *O Espírito afirma expressamente que, nos últimos tempos alguns apostatarão da fé, por obedecerem a espíritos enganadores e a ensinos de demônios, pela hipocrisia dos que falam mentiras... que proíbem o casamento...* (1Tm 4.1-3).

Finalmente, nesta seção queremos destacar o papel da mulher como um dos dois esteios da moralidade da família, o outro esteio sendo o marido. Logo no começo de Provérbios aprendemos isso. *Filho meu, ouve o ensino de teu pai, e não deixes a instrução de tua mãe. Porque serão diadema de graça para a tua cabeça e colares para o teu pescoço* (Pv 1.8,9). (Cf. ainda Pv 6.20; 10.1; 15.20; 20.20 e 23.22).

3. Mulheres como Líderes na Sociedade. Em Israel, houve mulheres que participaram ativamente na vida política da nação, mormente no período da monarquia. Assim, Bate-Seba, mãe de Salomão, chegou a manobrar os eventos, já nos fins do reinado de Davi, garantindo para seu filho o trono (1Rs 1-3). E as reformas políticas e religiosas, instituídas pelo rei Asa, de Judá, incluíram a remoção de sua rainha-mãe. Maaca (1Rs 15.9 ss.), que estava exercendo uma influência negativa sobre o reino. No décimo primeiro capítulo de 2Reis ficou registrado o caso de uma rainha e da irmã de um ex-monarca, ambas lutando pelo controle do trono. Porém, os nomes de Débora e Jezabel estarão para sempre ligados com grandes feitos femininos, em Israel, nos campos militar e político. E assim, embora o escritor do livro apócrifo de Eclesiástico mencione somente grandes líderes masculinos da história de Israel, o texto bíblico tem o cuidado de reconhecer os efeitos tanto positivos quanto negativos, que as mulheres exerceram na história do povo antigo de Deus. E o cântico de Débora também reconhece o papel desempenhado por Jael, esposa de Heber, que matou Jabim, rei de Canaã (ver Jul. 4.2,17,23,24). E a perversa e idólatra Jezabel aparece simbolicamente, como os efeitos da idolatria na igreja de Tiatira (ver Ap 2.20). Todavia, a Bíblia também reconhece que quando os homens de uma nação desistem do mando, e entregam as rédeas às mulheres, isso representa uma queda vertiginosa nas forças vivas da nação. *Os opressores do meu povo são crianças, e mulheres estão à testa do seu governo. Oh! povo meu! os que te guiam te enganam, e destroem o caminho por onde deves seguir* (Is 3.12).

4. Moralidade e Idealismo Espiritual. O papel desempenhado por Eva, no episódio da queda do gênero humano no pecado, introduz um importantíssimo capítulo nos ensinos do Antigo Testamento sobre a moralidade. Entretanto, somente no Novo Testamento a mulher, é um tanto redimida das acusações nesse sentido, quando o apóstolo Paulo escreve: *E Adão não foi iludido, mas a mulher, sendo enganada, caiu em transgressão* (1Tm 2.14). Isso redime a mulher porque, como um ser mais fraco que Adão, ela foi enganada por Satanás. Adão, em contraste, sabia perfeitamente o que estava fazendo, pelo que a culpa caiu totalmente sobre ele. Porém, não teria ele também agido por amor de Eva? Mas, voltando à mulher, a chave da moralidade feminina reside em sua sexualidade e, em consequência, o resultado da queda no pecado refletiu-se com maior proeminência sobre as questões sexuais femininas, conforme também já vimos (cf. Gn 3.16). Nem por isso, a mulher deixou de ser *ajudadora* do homem, alguém que lhe fosse *idônea*, o que aponta não somente para o fato de que a mulher complementa espiritualmente ao homem, mas até mesmo anatomicamente. É por isso que a atração do homem pela mulher e vice-versa é um dos mais fortes impulsos naturais no ser humano. E também é por isso que o homossexualismo, tanto o masculino quanto o feminino, representa distorções da sexualidade que a Bíblia considera uma das mais imundas abominações. Ver os dois artigos separados: *Vícios e Homossexualismo*. O código mosaico, pois, determinava os castigos mais severos para aqueles que violassem essas questões sexuais, viciando-as. Ver, por exemplo, Levítico 20.13.

Essa questão da sexualidade feminina assume proporções espirituais no livro de Oseias, onde o adultério literal ilustra o *adultério espiritual*. Assim como a idolatria furta um homem de sua relação salvadora com *Yahweh*, assim também a imoralidade sexual, sem importar se for a fornicação, o adultério, a bestialidade, o homossexualismo, ou o que for rouba ao ser humano de sua mais elevada potencialidade para as realizações espirituais. O fato de o povo de Israel ter-se "prostituído" é frequentemente mencionado. (Cf. Is 1.21; 23.15-17; Jr 3.1-8; Ez 16.15-41), só para exemplificar, onde se vê que Deus estava falando da prostituição religiosa e espiritual.

Como não há pecado que o Senhor não perdoe, até as prostitutas podem ser perdoadas, contanto que, realmente, se convertam e abandonem sua vida prostituída. É o caso de Raabe, que não somente foi perdoada, mas também veio a tornar-se um dos grandes modelos femininos de fé. (Ver Js 6.17-25; Hb 11.31 e Tg 2.25). Já a mulher Jezabel mostrou ser a antítese de Raabe, porquanto morreu na impenitência, querendo mostrar-se coquete até o fim (1Rs 16.21; 2Rs 9.7-37; Ap 2.20).

Muitos servos de Deus acabaram caindo em transgressão por causa de alguma mulher. Um dos casos mais notáveis é o de Sansão e Dalila. Mas também poderíamos chamar a atenção para Judá e Tamar, sua própria nora (Gn 38.1-26), para Davi e Bate-Seba, esposa de um de seus heroicos guerreiros (2Sm 11.3), ou para Amom e Tamar, que eram meio-irmãos um do outro (2Sm 13.10).

No mundo gentílico, a prostituição quase sempre fazia parte dos cultos pagãos. Esses cultos, em muitos casos, eram dirigidos por sacerdotisas que se prostituíam, e que, com o dinheiro assim arrecadado, financiavam sua religião. Tais práticas foram rigidamente vedadas aos israelitas (ver Lv 19.29; 20.6-9; Dt 23.17). A influência maléfica do baalismo, uma dessas religiões pagãs, sempre representou uma tremenda ameaça para os elevados padrões morais em que o povo de Deus deveria conservar-se, e parece que o povo de Israel nunca conseguiu obter grande sucesso para libertar-se dessas formas degradantes de culto (ver 1Rs 14.24; 15.12; 22.46; 2Rs 23.7; Os 4.14). Talvez seja mais fácil acabar com o carnaval, no Rio de Janeiro!

Assim, embora algumas mulheres tivessem sido símbolos dos mais elevados *ideais espirituais*, como Ana (1Sm 1 e 2), ou como Maria, mãe de Jesus, só para mencionar algumas poucas mulheres virtuosas, muitas outras mulheres destacaram-se como causas ou como envolvidas em pecados e vícios como ciúmes, ambição, orgulho, idolatria e prostituição. Uma mulher podia e continua podendo ser causa de queda de um homem piedoso, como foi o caso de Dalila, com Sansão; ou, então, como Ester, podendo ser mulher que serve de coluna a uma família, a um reino, a um povo. O livro de Provérbios concentra muito a sua atenção sobre esse ponto. Basta-nos considerar uma dessas passagens de Provérbios, como representante de muitas outras, de natureza similar. *O bom siso te guardara... para te livrar da mulher adúltera... a qual deixa o amigo da sua mocidade e se esquece da aliança do seu Deus; porque a sua casa se inclina para a morte, e as suas veredas para o reino da sombras da morte...* (Pv 2.11 ss.). Ver também (Pv 5.3,20; 6.24; 7.5-10; 9.13; 21.19; 22.14). Essa mulher *estrangeira*, como ela é chamada várias vezes, palavra cujo sentido moderno seria "prostituta", é contrastada com a *mulher graciosa*, de Provérbios 11.16. Mas o texto clássico acerca da mulher virtuosa encontra-se em Provérbios 31.10-31. A leitura atenta desse trecho mostrará o papel glorificado que as mulheres virtuosas ocupavam na vida e no pensamento dos homens de Deus no Antigo Testamento.

5. A Mulher como Membro da Comunidade em Aliança com Deus. Coisa alguma ilustra tão bem a elevada posição da mulher, no ensino do Antigo Testamento, do que o seu desempenho na vida religiosa do povo de Israel. Certas mulheres tiveram uma espiritualidade superior a dos homens de suas épocas, como se vê no caso de Débora, de Ana, de Joquebede, de Rute, de Maria, de Priscila etc. Mulheres tomaram parte, na adoração de Israel, nos mais diversos campos, como bordadeiras (ver Pv 31.19), como cantoras (ver 2Cr 35.25), como profetisas (ver Hulda — 2Reis 22.14 e 2Cr 34.22; Miriã — Êx 15.20; Débora — Jz 4.4; e a esposa de Isaías — Is.8.3). E também houve "falsas profetisas", como Noadia (Ne 6.14). Todo o leitor do Antigo Testamento adquire a impressão de que, em Israel, a posição da mulher era muito superior à das mulheres dos povos gentílicos. Sua liberdade pessoal era maior, ela podia se ocupar em atividades que, entre outros povos eram privilégios exclusivos de homens, e ela mesma era mais respeitada como ser humano.

IX. A MULHER NO NOVO TESTAMENTO: SUMÁRIO. O Novo Testamento está totalmente alicerçado sobre as tradições veterotestamentárias, no tocante à mulher e suas condições na comunidade redimida e no mundo. Quanto a certos pontos, o ensino neotestamentário sobre a mulher é mais claro; quanto a outros, mais problemático e difícil de deslindar.

1. Na Vida e no Ministério de Jesus. Os Evangelhos estão repletos de referências a mulheres, diretamente envolvidas na vida e no ministério de Jesus. A primeira delas é logo a sua própria mãe, Maria. Em Maria cumpriu-se a promessa feita por Deus ao primeiro casal, Adão e Eva: *Porei inimizade entre ti (Satanás) e a mulher, entre a tua descendência e o seu descendente. Este te ferirá a cabeça, e tu lhe ferirás o calcanhar* (Gn 3.15). O descendente da mulher é Jesus Cristo. É evidente que a importância de Maria, na vida de Jesus, não se deveu a alguma participação que ela tivesse tido no ministério dele e, sim, devido à sua relação maternal com ele. Durante o ministério terreno de Cristo, Maria se conservou em segundo plano. Todavia, quem mais do que ela para moldá-lo em seus anos formativos, da infância e da meninice? E, se Maria tanto contribuiu para a formação moral e religiosa de Jesus, sem dúvida, o mesmo sucedeu no caso de Isabel e seu filho, João Batista (ver Lc 1.5-25,39-66). Um dos lances mais interessantes da vida adulta de Jesus, com sua mãe, encontra-se historiado em João 2.1-12. No casamento de Caná da Galileia, foi Maria quem disse a Jesus que os noivos não tinham mais vinho para servir aos convidados. A isso Jesus respondeu de uma maneira que soa estranha para os nossos ouvidos ocidentais: *Mulher, que tenho eu contigo? Ainda não é chegada a minha hora*. Jesus estava mostrando que, na qualidade de Messias, ele não podia mais agir em dependência à sua mãe. Não obstante, Maria não ficou ressentida com a resposta, mas recomendou aos serventes: *Fazei tudo o que ele vos disser*. E foi assim que Jesus transformou a água em vinho, o primeiro dos seus milagres. E o resultado foi que ... *os seus discípulos creram nele*. Outro notável lance da vida de Jesus e Maria foi por ocasião de sua crucificação. Voltando-se para Maria, perto da cruz com João, o discípulo amado, Jesus disse a Maria: *Mulher, eis aí o teu Filho*. Em seguida, disse para João: *Eis aí a tua mãe*. Jesus não deixou de ser o filho de Maria até o seu último instante, e cuidou para que alguém tomasse conta dela. E os irmãos de Jesus? Até ali não se tinham convertido, e não saberiam cuidar de Maria como era devido! João, provável primo distante de Jesus, aceitou a incumbência, pois lemos: *Dessa hora em diante, o discípulo a tomou para casa*. (Ver Jo 19.25-27).

E os Evangelhos também aludem a diversas mulheres, que acompanharam Jesus bem de perto, durante o seu ministério, como Maria Madalena, Maria, a mãe de Tiago e José, a outra Maria, a mãe dos filhos de Zebedeu, Tiago e João, e Maria e Marta, irmãs de Lázaro.

O Senhor Jesus atendia a pedidos de homens e de mulheres, igualmente, se estivessem alicerçados no direito e na fé. Mas, dentre todas as petições feitas a Jesus por alguma mulher, a mais impressionante é a da mulher siro-fenícia: *Senhor, socorre-me!* pediu ela. A isso Jesus replicou: *Não é bom tomar o pão dos filhos e lançá-lo aos cachorrinhos*. Mas ela insistiu: *Sim, Senhor, porém, os cachorrinhos comem das migalhas que caem da mesa dos seus donos*. Para ela, bastava uma migalha da misericórdia de Jesus. E Jesus disse: *Ó mulher, grande é a tua fé! Faça-se contigo como queres* (ver Mt 15.21-28).

Entre outros milagres de Jesus, atendendo ao pedido de alguma mulher, poderíamos mencionar a cura da mulher hemorrágica (Lc 8.43 ss.), a ressurreição do filho único da viúva de Naim (Lc 7.11-17), e a ressurreição de Lázaro, a pedido de Marta e Maria (Jo 11.17-43).

Ao mesmo tempo, com frequência, Jesus dirigiu suas instruções a mulheres, ou, então, utilizou-se da mulher como ilustração de verdades espirituais: em uma de suas parábolas, uma mulher perdeu uma moeda (Lc 15.8); em uma outra parábola, duas mulheres estariam moendo juntas, imediatamente antes da *parousia*, ou segunda vinda do Senhor (ver Lc 17.35); em Sicar, uma mulher de reputação duvidosa entra em diálogo com o Senhor, e acaba sendo salva (Jo 4.1-42). E, na questionável passagem de João 7.53-8.11, Jesus impede que uma mulher seja apedrejada, após haver sido apanhada em flagrante adultério.

Também podemos notar que, em sua última jornada a Jerusalém, onde seria crucificado, lemos que mulheres acompanhavam-no pelo caminho (Mt 27.56,57); estiveram presentes à cena da crucificação, postando-se de longe (Lc 23.49); prepararam o seu corpo para o sepultamento, com especiarias e unguentos (Mt 27.61; Lc 23.55,56); na manhã da ressurreição foram as primeiras pessoas a chegarem ao túmulo dele (Mt 28.1; Mc 16.1; Lc 24.1; Jo 20.1); e, finalmente, foram as mulheres as primeiras a ver o Senhor ressurreto, triunfante sobre a morte (Mt 28.9; Mc 16.9 e João 20.14).

Alguns poucos estudiosos e escritores, ao longo dos séculos, têm conjecturado que Jesus talvez se tivesse casado. Há tradições antigas, que a igreja Católica Romana preserva, que dizem que a esposa de Jesus era Maria Madalena. Não obstante, nem a Bíblia diz isso e nem tem sido possível comprovar tal coisa por meio de qualquer fonte informativa. Uma questão como essa não teria ficado em silêncio na Bíblia. Sabemos que as tradições se preocupam, entre outras coisas, na tentativa de preencher aquilo que os homens sentem ser um vácuo de informação. Já que o Novo Testamento não fala sobre a suposta esposa de Jesus, alguns criaram para ele uma mulher! Pelo contrário, tudo leva a indicar que o Senhor Jesus não era casado. De corta feita, ele disse: *As raposas têm seus covis e as aves do céu, ninhos; mas o Filho do homem não tem onde reclinar a cabeça* (Mt 8.20). Logo, se Jesus era casado, então sua imaginária esposa também teria de ficar andando com ele, morando por debaixo das pontes, como se diz hodiernamente. Não que fosse errado ou pecaminoso Jesus ter-se casado, mas isso de uma mulher secreta que Jesus teria em algum lugar, não passa de uma das piores blasfêmias que mentes perdidas e enlouquecidas pelo pecado já inventaram!

2. Na igreja Primitiva. Na narrativa do que sucedeu aos discípulos, após a ascensão do Senhor Jesus, é descrito um grupo de 120 pessoas, reunidas em Jerusalém, e entre elas são destacadas tanto Maria, a mãe de Jesus, quanto "as mulheres" (At 1.14). A igreja cristã em Filipos devia sua existência à conversão de Lídia, negociante de panos tingidos de púrpura (At 16.14,40). Essa narrativa também relata como a igreja de

Jerusalém, que costumava reunir-se na casa de Maria, mãe de João Marcos, conseguiu a soltura de Pedro, da prisão, à força de suas orações (At 12.6-17). A importância de Priscila e de seu marido, Áquila, é sublinhada no relato sagrado, porquanto esse casal se esforçava por propalar a fé por muitos lugares. (At 18.2,18,26; Rm 16.3; 1Co 16.19; 2Tm 4.19).

Mui equivocadamente, a recomendação apostólica de que as mulheres deveriam manter-se caladas nas reuniões das igrejas tem sido interpretada por alguns como se fosse uma indicação de que os apóstolos tinham *preconceitos* contra as pessoas do sexo feminino! Estariam em foco, principalmente, Paulo e Pedro. (Ver 1Co 14.33-36; 1Tm 2.11,12; 1Pe 3.1).

Eles deram esse conselho mormente para evitar que a reputação das mulheres crentes pudesse ser injustamente atacada, porquanto que elas estivessem em submissão até a "lei" assim o determinasse. Paulo era solteiro não porque estivesse prevenido contra as mulheres, mas porque recebera de Deus uma graça para tanto, segundo ele mesmo dá a entender em 1Coríntios 9.5 e 7.7. Pedro era casado, tanto é que Jesus curou-lhe a "sogra" (ver Mc 1.29-31). Nas saudações finais da epístola aos Romanos, Paulo menciona nada menos de oito mulheres, por seus nomes: Febe, Prisca (Priscila), Maria, Trifena, Trifosa, Pérside, Júlia e a irmã de Nereu. Loide e Eunice, mãe e avó de Timóteo, foram altamente elogiadas pelo apóstolo dos gentios (2Tm 1.5; 3.14,15). Assim, embora as instruções de Paulo, acerca das mulheres, possam parecer um tanto ou quanto severas, não nos devemos esquecer que ele falava para uma geração que tratava as mulheres com muito maiores limitações e imposições, e ele não queria que as mulheres crentes fossem consideradas levianas. Outrossim, Paulo não se furtou em ensinar que, simbolicamente, a igreja é a esposa de Cristo; e a igreja ocupa uma posição cêntrica no doutrinamento paulino (ver Ef 4.21-32; cf. Ap 19.1-10). Ninguém procurou ensinar, com maiores pormenores, as questões domésticas e os relacionamentos entre os sexos, do que Paulo. Na primeira epístola aos Coríntios, Paulo reserva nada menos de 67 versículos que, de uma forma ou de outra, estão vinculados ao assunto, sob vários ângulos. E ele também refere-se mais ou menos longamente ao problema, nas suas epístolas pastorais (I e 2Timóteo e Tito), sem falar em instruções mais breves, aqui e acolá. É que ele muito precisava ensinar aos gentios que se estavam convertendo ao cristianismo, a fim de que sua vida fosse moral e correta, sobretudo nessa questão da sexualidade humana!

3. As Profetisas e Diaconisas da igreja Primitiva. O vocábulo "ofício", no tocante a profetisas e diaconisas, talvez seja por demais eclesiástico. Mas não há nada de errado nisso. As filhas de Filipe, em Atos 21.8,9, são descritas como segue: *Tinha este* (Filipe) *quatro filhas donzelas, que profetizavam*; e, em Romanos 16.1, Paulo descreveu Febe como ... *a nossa irmã... que está servindo à igreja de Cencreia* (no grego, *o-usan kai diákonon tès ekklesías*). O termo grego *diákonos* tanto pode indicar um "diácono" quanto uma "diaconisa". E, nos trechos de 1Coríntios 14.33-35; 1Timóteo 2.11,12 e 1Pedro 3.1 ss. é impossível determinar se as pessoas envolvidas seriam homens ou mulheres. O mais provável é que ambos os sexos estejam ali envolvidos, em face da intensa participação da mulher, nas atividades das igrejas locais. O *diaconato* é o único *ministério* da ação, no Novo Testamento, ao passo que os *ministérios da palavra* são quatro: apóstolos, profetas, evangelistas e pastores e mestres. Em que pese o importante papel da mulher crente, na igreja cristã primitiva, não se encontra no Novo Testamento qualquer menção a mulheres que ocupassem o apostolado, que ocupassem o ofício ministerial de evangelistas ou que fossem pastoras ou mestras. O que se ouve é que, às mulheres crentes, era vedado ensinar a seus irmãos. *A mulher aprenda em silêncio, com toda a submissão. E não permito que a mulher ensine, nem que exerça autoridade sobre o marido; esteja, porém, em silêncio* (1Tm 2.11,12). Por conseguinte, erram as igrejas e denominações que permitem um ministério oficial de mulheres. Não creio que o Espírito de Deus se ajuste aos costumes modernos de alguns, que falam em pastoras e mestras em suas igrejas. E ser ministro da Palavra não é uma questão de autonomeação, e não se lê no Novo Testamento que o Senhor chama a mulheres para o ministério de pregação da Palavra, embora elas possam ensinar particularmente a quem quer que seja! A administração das igrejas é sempre entregue a crentes do sexo masculino, pelo Espírito Santo! Apesar desse reparo, reconhecemos e até encorajamos a participação feminina em tantas outras atividades nas igrejas locais, sem que isso contradiga, em coisa alguma, as instruções baixadas por Paulo e por Pedro quanto a essa particularidade.

4. Padrão de Conduta das Mulheres Crentes. Os ensinamentos de Jesus Cristo a respeito do divórcio, tinham o intuito de proteger os direitos das mulheres; e o restante do Novo Testamento somente reforça a ênfase veterotestamentária quanto ao papel primário que deveria ser desempenhado pelas mulheres, a saber, um papel eminentemente doméstico. É claro que não pretendemos legislar para o mundo, e nem o Novo Testamento foi escrito para mudar a face da sociedade, e, sim, tão somente para regulamentar a vida dos crentes, dos verdadeiros seguidores de Jesus Cristo. Como cidadão ou cidadã, que cada pessoa obedeça à legislação vigente em seu país. Mas, que cada crente, seja homem ou mulher, nessa qualidade obedeça à palavra de Deus. Qualquer desobediência ou desatenção aos preceitos da palavra de Deus sujeita o crente a responder diante do tribunal de Cristo (2Co 5.10; Rm 14.10).

As instruções de Jesus dão a entender que o divórcio predispunha a mulher a uma vida de prostituição, meramente se ela quisesse sobreviver, porquanto o mercado de trabalho estava fechado para as mulheres, e somente de algumas poucas décadas para cá começou a abrir-se francamente. Diz Jesus, em Mateus 5.32: *Eu, porém, vos digo: Qualquer que repudiar sua mulher, exceto em caso de relações sexuais ilícitas, a expõe a tornar-se adúltera...* Paralelamente a isso, deveríamos levar em conta as instruções paulinas, em 1Coríntios 7.3,4. *O marido conceda à esposa o que lhe é devido, e também semelhantemente a esposa ao seu marido. A mulher não tem poder sobre o seu próprio corpo e, sim, o marido; e também, semelhantemente, o marido não tem poder sobre o seu próprio corpo e, sim, a mulher.* Destarte, Paulo preconizava direitos conjugais e de leito iguais para o homem e para a mulher, de tal maneira que nem o homem podia dispor seu corpo físico para sua satisfação pessoal e egoísta, e nem a mulher podia fazer tal coisa. Antes, cada um viveria para satisfazer sexualmente ao outro.

Não obstante, Paulo se mostra insistente quanto à modéstia feminina, no tocante a questões como vestuário e cabelos (ver 1Co 11.2-16, para exemplificar). Em um meio ambiente social onde o uso de cabelos curtos, por parte da mulher, era sinônimo de devassidão, a mulher crente não podia dar essa falsa impressão, cortando seus cabelos aparados. Naturalmente, hoje em dia, tal preceito perde muito de sua força literal, embora o princípio espiritual permaneça o mesmo: a mulher deve conduzir-se de tal maneira que não pareça uma oferecida aos homens! Ninguém vive solitário, mas todos vivemos no meio da sociedade humana, e todos devemos ter o cuidado de não ferir sensibilidades e de não dar falsas impressões aos nossos semelhantes. Mas, especificamente no tocante às relações do casamento, marido e mulher deveriam ter como seu modelo Cristo e a sua esposa mística, a igreja — o Senhor a ama e protege; e a igreja lhe é submissa e obediente (ver Ef 5.21-23, um tema reiterado em Tt 2.1-10 e 1Pedro 3.1-7).

5. Perversões Sexuais. O ministério de Jesus Cristo parece ter atraído muitos párias sociais, incluindo as meretrizes (cf. Lc 7.36-50; Jo 7.53—8.11; 4.1-42); mas a disciplina da igreja visava, especialmente, aqueles que violassem o sétimo mandamento, conforme se vê nos capítulos 5 e 6 de 1Coríntios. Na verdade, na comunidade cristã de Corinto esse particular requereu uma atenção toda especial do apóstolo dos gentios, pois a situação chegara a um extremo insuportável: *Geralmente se ouve que há entre vós imoralidade, e imoralidade tal como nem mesmo entre os gentios, isto é, haver quem se atreva a possuir a mulher de seu próprio pai* (1Co 5.1). Pode-se imaginar coisa pior do que isso? e entre pessoas que se diziam seguidoras de Cristo?

O ato sexual não é um mero ato físico, porquanto estão envolvidas até mesmo as energias da alma. A crer na teoria do traducionismo, segundo a qual os pais transmitem aos filhos não somente a parte física, mas também a alma (ver sobre o *Traducionismo*), então esse ato reveste-se da maior seriedade e solenidade. Por isso mesmo, qualquer tipo de perversão sexual assume as mais graves proporções. Consideremos este trecho das instruções paulinas: *Fugi da impureza! Qualquer outro pecado que uma pessoa cometer, é fora do corpo; mas aquele que pratica a imoralidade peca contra o próprio corpo. Acaso não sabeis que o vosso corpo é santuário do Espírito Santo que está em vós, o qual tendes da parte de Deus, e que não sois de vós mesmos?* (1Co 6.18,19). Que os incrédulos estranhem que não concorramos *com eles ao mesmo excesso de devassidão* (1Pe 4.4). Nada poderemos fazer acerca deles, pois são hedonistas por natureza; mas, quanto a nós, servos de Deus, devemos levar em conta o grande valor da santidade de nossos corpos físicos. *Porque fostes comprados por preço. Agora, pois, glorificai a Deus no vosso corpo* (1Co 6.20).

Em vista do exposto, como o crente, homem ou mulher, poderia viver na imoralidade? Como poderia trocar-se com as prostitutas e os prostitutos deste mundo? Ver também Efésios 5.21-23. A questão assume ainda uma maior seriedade quando aprendemos que a promiscuidade sexual é um dos grandes sinais dos "últimos dias", de acordo com os ensinamentos específicos tanto de Jesus quanto de Pedro. Meditemos sobre estas palavras de nosso Senhor: *Pois assim como foi nos dias de Noé, também será a vinda do Filho do Homem. Porquanto, assim como nos dias anteriores ao dilúvio, comiam e bebiam, casavam e davam-se em casamento, até o dia em que Noé entrou na arca, e não o perceberam, senão quando veio o dilúvio e os levou a todos, assim será também a vinda do Filho do homem* (Mt 24.37-39). Imediatamente antes de Noé, os homens viviam preocupados em satisfazer aos seus apetites básicos: comiam e bebiam, casavam e davam-se em casamento, no dizer de Jesus. O embotamento deles era tanto, a preocupação deles com essas coisas era tão dominante que eles nada "perceberam" senão quando o dilúvio já estava matando a todos! E o apóstolo Pedro ajunta a isso: *... porque o Senhor sabe livrar da provação os piedosos, e reservar, sob castigo, os injustos para o dia do juízo, especialmente aqueles que, seguindo a carne, andam em imundas paixões...* (2Pe 2.9,10).

Vivemos na época da glorificação do sexo. Os homens andam dizendo que cada um tem o direito de usar sua sexualidade à sua maneira, sem importar que outros a considerem distorcida, contanto que eles assumam o seu vício. Diante dessa pressão, até mesmo a legislação de alguns países está reconhecendo os supostos direitos dos pederastas e das lésbicas. Trocas de casais, sexo grupal e muitos outros desvios são anunciados até mesmo nos jornais. Toda essa promiscuidade, entretanto, não haverá de esperar até o juízo para que comece a produzir seus efeitos daninhos. Basta que nos lembremos dos aidéticos, que se multiplicam em Números assustadores nos países de moralidade mais baixa, como o caso dos Estados Unidos da América, do Brasil e da França. Mas não se pense que as outras nações estejam livres da AIDS. Esta, porém, que é apenas um enfraquecimento do sistema imunológico do organismo humano, ceifa apenas a vida física. O pecado, que atinge a própria alma com sua mortífera virulência, está ceifando almas humanas eternas, condenando-as ao julgamento. Entrementes, quanto a este último e pior efeito, nem as autoridades sanitárias e nem o público em geral estão despertos. Pelo contrário, continuam sem nada "perceber", tal como sucedia nos dias de Noé.

Não nos regozijamos, sob hipótese alguma, diante da miséria humana, mas não desconhecemos que essa imoralidade generalizada, na civilização moderna, prenuncia, entre vários outros sinais, o segundo advento de Jesus Cristo. Por isso mesmo, sabendo da condenação que paira sobre homens e mulheres cuja mente, sentimentos e atos giram em torno do sexo, em suas piores manifestações, lançamos aqui um apelo aos crentes para que rejeitem essa lassidão moral que se tem tornado tão evidente em todas as facetas da nossa cultura!

MULHER, CONSAGRAÇÃO DA MULHER

1. A Proposta: Justificação Bíblica. As funções da mulher sempre apareceram subordinadas às funções do homem (ver Gn 3.16; 18.11 ss.; Jz 13.3; Lc 1.26 ss.; 1Tm.2.15). Outro tanto, porém, não pode ser dito no tocante à condição, capacidade e destino espirituais da mulher (ver Gn 1.26-28; Êx 25.20 ss.; Lc 10.39-42; Jo 11.21-27; At 17.4; Gl 3.28). E alguns argumentam que, em vista dessa igualdade espiritual, a mulher também é candidata à ordenação para várias funções ministeriais. Mas, contra esse argumento, é alegado que as Escrituras fazem total silêncio sobre a questão, porquanto nem no Antigo e nem no Novo Testamento há menção à ordenação de mulheres. Devemos seguir não somente preceitos expressos, mas também a força do exemplo. Acresce-se que igualdade espiritual não é a mesma coisa que similaridade de funções, dentro do culto divino. A abordagem paulina é especialmente severa. Se as mulheres nem ao menos podem falar nas igrejas (ver 1Co 14.34 ss.), como poderiam elas ser ordenadas ao ministério cristão?

A isso retrucam os outros dizendo que a posição de mulheres como profetisas (ver At 2.17 e 21.9) merece ser oficializada por meio da consagração, da mesma forma que se dá com homens. Mas voltam os primeiros e insistem que isso nada tem a ver com *ofícios* eclesiásticos, porque está ligado somente a dons espirituais individuais e funções extra-eclesiásticas. Outrossim, na igreja primitiva não havia consagração de "profetas"; como pois, poderia haver agora consagração de "profetisas"?

Alguns estudiosos modernos veem uma contradição irreconciliável nas instruções paulinas, quanto à existência de profetisas na igreja neotestamentária. Mas parece que o último argumento do parágrafo acima resolve a questão. É verdade que no Antigo Testamento havia profetisas (ver Êx 15.20; Jz 4.4); porém, dificilmente isso tem algo a ver com a moderna questão eclesiástica.

2. As Diaconisas. Um bom caso pode ser constituído em favor da propriedade da ordenação de mulheres para ofícios secundários, como, por exemplo, para o diaconato, pois havia diaconisas na igreja primitiva. Ver o artigo sobre *Diaconisa*, onde há uma completa discussão sobre esse ofício e sua possível ordenação. Porém, mesmo que pudesse ser provado historicamente que as diaconisas eram ordenadas na igreja primitiva, só podemos ir até aí, e não que mulheres eram ordenadas para o pastorado ou para outros ofícios eclesiásticos na igreja cristã, tradicionalmente ocupados por homens.

3. O Problema Moderno. Os estudiosos conservadores, que para tudo buscam prova nas Escrituras, sentem-se incapazes de demonstrar a propriedade de ordenação de mulheres para ofícios tradicionalmente ocupados por homens, como os de pastor, ou, então, de bispos e outros prelados. É por isso mesmo que a igreja Católica Romana sempre se opôs à ordenação de mulheres para seus ofícios eclesiásticos. E outro tanto acontece na esmagadora maioria dos grupos protestantes e evangélicos conservadores.

Por outro lado, os estudiosos liberais, que pensam não haver necessidade de textos bíblicos de prova para tudo quanto se faz no cristianismo, não se sentem presos nem às Escrituras Sagradas e nem às tradições. De fato, esses eruditos pensam que essas tradições têm limitado injustamente o potencial de serviço das mulheres, na igreja cristã. E assim, a fim de fomentarem tanto a posição da mulher como o potencial delas quanto ao serviço cristão, eles têm promovido a ideia da ordenação de mulheres para aqueles ofícios que sempre foram ocupados exclusivamente por homens. É um feminismo eclesiástico, promovido por homens!

A comunidade anglicana está dividida quanto a essa questão. Certos segmentos do movimento carismático têm incluído a ordenação de mulheres como *pastoras*, tal como o fazem algumas denominações protestantes de tendências liberais. Os argumentos em favor da ordenação de mulheres têm apelos bíblicos (conforme vimos acima, embora longe de serem convincentes), humanitários, lógicos (ou racionais) e práticos. No âmago da questão oculta-se o pensamento e o sentimento que as sociedades antigas oprimiam a mulher, e que isso foi herdado pela teologia do Novo Testamento. E assim, segundo os tais, uma era mais iluminada como é a nossa, não precisa fechar-se dentro de atitudes antigas e ultrapassadas. Outrossim, ainda de acordo com a sensação deles, não são as mulheres que exibem uma espiritualidade e uma moralidade mais espontânea que os homens? Portanto, deveríamos encorajá-las, conferindo-lhes posições oficiais no ministério da igreja!

MULHER ETÍOPE

Zípora, esposa de Moisés, é chamada de "mulher etíope", em Números 12.1. Todavia, em Êxodo 2.21 ela é mencionada como filha de um midianita. Nesta última passagem, a referência mais provável é à Etiópia da Arábia. Entretanto, alguns estudiosos preferem pensar que há ali alusão a uma segunda esposa de Moisés, com quem ele se teria casado, após a morte de Zípora (que vede). Nesse caso, a mulher seria, realmente, da raça negra. Pode-se observar, ao longo da história bíblica dos descendentes de Abraão, que eles misturavam-se em casamento com muito maior frequência com os camitas do que com os jafetitas, mesmo porque estavam cercados por povos camitas por vários lados.

MULHER FEITA DE COSTELA

Somente duas referências bíblicas contêm a palavra *costela*. A primeira se relaciona com a história da criação, (Gn 2.21) e a outra com o *urso* da visão de Daniel (7.5) que representa o império medo-persa, um dos cinco impérios universais daquela visão. As três costelas que o urso tem entre os dentes significam o poder que ele tem para destruir. Na história da criação. Deus é representado como tirando uma costela de Adão para fazer Eva. Os intérpretes não concordam sobre este item e dizem. **1**. A história é *mitológica*, utilizando elementos do ambiente cultural do tempo. **2**. A história é *literal*. Deus realmente fez isto. **3**. A história é *simbólica*, a costela simboliza a posição secundária e dependente da mulher em relação ao homem, e a íntima comunhão dos dois, sendo *uma só carne*. Eva também simboliza a igreja, a noiva de Cristo, e compartilha a natureza dele (2Pe 1.4, Rm 8.29).

MUNDO

Quanto a este verbete, estudaremos acerca de quatro termos hebraicos principais e três vocábulos gregos, envolvidos, a saber: **1**. *Erets*, "terra". Como é claro, esse vocábulo hebraico é extremamente comum, mas, com o sentido claro de mundo, podemos encontrá-lo por quatro vezes (em Sl 22.27; Is 23.17; 62.11; Jr 25.26). Citemos a primeira dessas passagens: *Lembrar-se-ão do Senhor e a ele se converterão os confins da terra; perante ele se prostrarão todas as famílias das nações*. **2**. *Tebel*, "terra habitável", "terra produtiva". Esse termo hebraico aparece por 36 vezes nas páginas da Bíblia (conforme se vê, para exemplificar, em 1Sm 2.8; 2Sm 22.16; 1Cr 16.30; Jó 18.18; Sl 9.8; 18.15; 98.7,9; Pv 8.26,31; Is 13.11; 14.17,21; 34.1; Jr 10.12; Lm 4.12; Na 1.5). Esse vocábulo hebraico corresponde ao termo grego *oikouméne*, do Novo Testamento (ver abaixo). **3**. *Cheled*, "era", "período de vida". Palavra hebraica usada por cinco vezes (Sl 17.14; 39.5; 49.1; 89.47; Jó 11.17). **4**. *Olam*, "período indefinido". Com o sentido de "mundo", porém, só ocorre por duas vezes, embora seja mais comum do que isso no Antigo Testamento (Sl 73.12 e Ec 3.11), Diz esta última passagem, em nossa versão portuguesa: *Tudo fez Deus formoso no seu devido tempo; também pôs a eternidade no coração do homem...*, onde a palavra "eternidade" corresponde ao termo hebraico *olam*. **5**. *Kósmos*, "mundo organizado". É palavra grega muito comum no Novo Testamento, onde ocorre por nada menos de 182 vezes (Mt 4.8; 5.14; 13.35 (citando Sl 78.2); 13.38 etc.; Mc 8.36; 14.9; 16.15; Lc 9.25; 11.50; 12.30; Jo 1.9,10,29; 3.16,17,19; 4.42; 6.14,33,51; etc.; At 17.24; Rm 1.8,20; 3.6,19; 4.13; 5.12,13; 11.12,15; 1Co 1.20,21,27,28; 2.12; 3.19,22; 4.9,13; 5.10 etc.; 2Co 1.12; 5.19,7,10; Gl 4.3; 6.14; Ef 1.4; 2.2,12; Fp 2.15; Cl 1.6; 2.8,20; 1Tm 1.15; 3.16; 6.7; Hb 4.3; 9.26; 10.5; 11.6,38; Tg 1.27; 2.5; 3.6; 4.4; 1Pe 1.20; 3.3; 5.9; 2Pe 1.4; 2.5,20; 3.6; 1Jo 2.2,15-17; 3.1; 3.17; 4.1,3-5,9,14,17; 5.4,5,19; 2Jo 7; Ap 11.15; 13.8 e 17.8). **6**. *Aión*, "mundo derivado". Vocábulo grego que figura por 104 vezes no Novo Testamento (Mt 6.13; 12.32; 13.22,39,40,49 etc., Mc 3.29; 4.19; 10.30; 11.14; Lc 1.33,55,70; 16.8; 18.30; 20.34,35; Jo 4.14; 6.51,58; 8.35,51,52 etc.; At 3.21; 15.18; Rm 1.25; 9.5; 11.36; 12.2; 6.27; 1Co 1.20; 2.6-8; 3.18; 8.13; 10.11; 2Co 4.4; 9.9 (citando Sl 112.9); 11.31; Gl 1.4,5; Éfé. 1.21; 2.2,7; 3.9,11,21; Fp 4.20; Cl 1.26; 1Tm 1.17; 6.17; 2Tm 4.10,18; Tt 2.12; Hb 1.2,8 (citando Sl 45.7), 5.6 (citando Sl 110.4); 6.5,20; 7.17,21,24,28 etc.; 1Pe 1.25 (citando Is 40.8); 4.11; 5.11; 2Pe 3.18; 1Jo 2.17; 2Jo 2; Ap 1.6,18; 4.9,10; 5.13 etc). **7**. *Oikouméne*, "mundo habitado". Vocábulo grego que foi usado por quinze vezes pelos escritores do Novo Testamento (a saber: Mt 24.14; Lc 2.1; 4.5; 21.26; At 11.28; 17.6,31; 19.27; 24.5; Rm 10.18 (citando Sl 19.5); Hb 1.6; 2.5; Ap 3.10; 12.9; 16.14). Indicava os lugares que têm sido ocupados efetivamente pelos homens, à face da terra, e, por consequência, em sentido secundário, o mundo civilizado.

8. Mundo — Sumário de Usos
As Palavras Gregas e seus Significados Diversos

kosmos: a. O mundo ou mundos físicos, o universo ou universos, coletivamente. (Ver Jo 17.5; 21.25; Rm 1.20 e Ef 1.4). **b**. A ordem de coisas na qual o homem aparece como centro. (Ver Mt 13.38; Mc 16.15; Lc 9.25; Jo 16.21; Ef 2.12 e 1Tm 6.7). **c**. A *humanidade*, como parte integrante dessa ordem. (Ver Mt 18.7; 2Pe 2.5; 3.6 e Rm 3.19). **d**. O mundo ou *ordem de coisas* em *alienação* de Deus, manifestada pela raça humana. (Ver Jo 1.10; 12.31; 15.18,19; 1Co 1.21 e 1Jo 2.15).

aion: a. Um *tempo* extremamente longo, a eternidade tanto a passada como a futura. (Ver Js *Guerras*, 1.12; Gn 6.4 (LXX) e At 15.8). **b**. A era *presente*, simplesmente como uma ideia *temporal*, embora por extensão, também indique o *estado de coisas* que caracteriza a época presente ou qualquer outra época da história. O "estado de coisas" que assinala o período de tempo ou as condições que prevalecem durante determinada época, dando a entender o *caráter geral* dessa época. (Ver Mt 13.22 e Rm 12.2). **c**. O *mundo material*, conforme se vê em Hebreus 1.2. **d**. As condições naturais do homem, o *mundo e seu caráter*. Assim é que esse vocábulo é utilizado em 1Coríntios 1.20, onde encontramos a menção da "sabedoria do mundo". **e**. Algumas vezes, essa palavra é utilizada pare referir-se à *era vindoura*, no sentido do "período messiânico", quando se instaurará o governo messiânico à face da terra. (Ver Js *Antiq*. 18.287; Mc 10.30; Lc 18.30 e II Clemente 19.4). **f**. O mundo, como um *conceito espacial*. Ver Sabedoria de Salomão 13.9; 14.6 e 18.4. **g**. Há, finalmente, um uso *pessoal*, em que a palavra *aion* aparece como um *ser* espiritual, ou mesmo como uma era vista em sentido *pessoal*. (Ver Ef 3.9 e talvez também Cl 1.26 e Ef 2.2, além de *Mesomedes* 1,17).

A *era presente* é uma expressão que indica um tempo que se caracteriza por uma série de condições, qualidades, costumes, padrões morais e espirituais, degradações, estados maléficos etc., que não estão de acordo com a *ideia divina* de bondade e moralidade, e quando muito, são valores espirituais bem inferiores. Ora, a *era presente* pode ser uma poderosa influência negativa sobre os crentes, de tal modo que eles sejam meramente produtos de seu ambiente, totalmente parecidos e conformados aos que não se dizem convertidos ou *regenerados*, que nem pensam em serem transformados segundo a imagem de Cristo. Essa conformação com a era presente se tornou tão comum entre os crentes que quase não se pode mais estabelecer a distinção entre a igreja cristã e o mundo. A igreja exibe suas modas mundanas no vestuário, na música, nos maneirismos, nos padrões morais, nas ambições, nos alvos e nos costumes diários. Paulo, quando escreveu Romanos 12.1,2, queria que os membros da igreja se tornassem cidadãos autênticos daquela *outra era*, daquele outro mundo, que existe acima do nosso.

I. O Mundo no Antigo Testamento

1. Uso. Antes de tudo, devemos notar que o hebraico bíblico não dispunha de qualquer vocábulo para denotar a ideia de "universo", no pleno sentido moderno do termo. Antes, para indicar esta ideia, aparecem no Antigo Testamento expressões familiares como *os céus e a terra* (Gn 1.1), *os céus e a terra, o mar e tudo o que neles há* (Êx 20.11) etc. Nos escritos dos profetas também encontramos palavras como *todas as cousas* (Is 44.24 e Jr 10.16). Também encontramos uma expressão como *tudo quanto sucede debaixo do céu* (Ec 1.13), para indicar o mundo. As palavras hebraicas traduzidas em nossa versão portuguesa por "mundo" têm um sentido restritivo, ou espacialmente falando (a terra e os seus habitantes), ou temporalmente falando (a duração das coisas, alguma era ou período de tempo).

2. Criação. Mas, embora o hebraico não conte, na Bíblia, com um vocábulo para indicar "universo", ainda assim o Antigo Testamento exprime plenamente a ideia da unidade de todas as coisas. Essa ideia gira em torno da doutrina bíblica da criação (cf. Gn 1.1). Foi Deus quem criou todas as coisas. Todas as coisas são, igualmente, obra de suas mãos. Um único planejamento jaz por detrás de tudo. O grande e único propósito divino dirige o curso que deve ser seguido por todas as coisas criadas e por todas as criaturas, estas últimas, até o seu destino. Deus governa igualmente a todas as coisas, na natureza e na história (ver Is 40 ss.). Portanto, do ponto de vista da Bíblia, o mundo não constitui uma unidade autônoma, capaz de dirigir-se por si mesma. Apesar de sua tremenda diversidade, o mundo constitui uma unidade, devido à sua origem divina e por estar sujeito a esse planejamento global de Deus.

3. O Mundo. Dentro da criação, segundo a concepção da Bíblia, o globo terrestre ocupa um lugar proeminente, mormente na terra em distinção ao mar (ver Gn 1.10). No entanto, a terra reveste-se, assim, de grande importância, primariamente em função de seus habitantes, as nações ou povos. *Chegai-vos, nações, para ouvir, e vós, povos, escutai; ouça a terra e a sua plenitude, o mundo e tudo quanto produz. Porque a indignação do Senhor está contra todas as nações, e o seu furor contra todo o exército delas...* (Is 34.1,2). *Porque assim diz o Senhor que criou os céus, o único Deus, que formou a terra, que a fez e a estabeleceu; que não a fez para ser um caos, mas para ser habitada...* (Is 45.18).

Visto que Deus é o Criador e o Dirigente do universo inteiro, por isso mesmo ele desempenha um papel todo especial no tocante ao homem e em consequência, ao mundo habitado. A natureza histórica da vida humana, bem como dos relacionamentos de Deus com os homens, parecem ser fatores que provêem um elo entre o conceito do mundo e o conceito de duração ou período de tempo. Assim, é durante a sua permanência neste mundo, caracterizado pelo espaço e pelo tempo, que o homem se vê capaz de experimentar os atos divinos da providência, do julgamento e da graça.

II. Ideias Gregas sobre o Cosmos

1. Conceito Fundamental. Em contraste com as ideias expostas no Antigo Testamento, os gregos tinham um senso altamente desenvolvido do universo como uma única entidade, inteiramente à parte de qualquer consideração relativa ao Criador. Isso fica implícito no vocábulo grego *kósmos*, que tem as significações básicas de estrutura bem organizada, de ordem entre os homens, de boa ordem em geral, e, finalmente, de adorno. Esses sentidos fazem parte do conceito do mundo como uma estrutura bem ordenada, bela e harmônica. E, nos primeiros dias da filosofia grega predominava o pensamento de organização ou sistema, como algo que mantivesse o mundo unificado. Mas, em algum ponto da história, não mais tarde do que o século VI a.C., essa palavra grega veio a ser usada para indicar a totalidade das coisas unificadas por essa boa ordem, a saber, o *kósmos* no sentido de "universo". De acordo com Heráclito, nesse sentido o universo seria eterno, sem começo e sem fim. E, quanto a essa particularidade, é interessante observar que até mesmo os pensadores gregos que sugeriram que o universo teve começo, sempre aceitaram a eternidade da matéria. Para eles, o único começo foi o da boa forma, da boa ordem, da organização da matéria. Como é evidente, isso não concorda com os ensinamentos bíblicos, para os quais a matéria teve começo, mesmo porque somente Deus é eterno. *Em tempos remotos lançaste os fundamentos da terra; e os céus são obras das tuas mãos...* (Sl 102.25).

2. Em Platão e Aristóteles. Platão aceitava sem discussão a ideia de um cosmos integrado, com base em uma ordem ou organização universal. Nesse sentido, o cosmos poderia ser descrito como um corpo dotado de alma, como se fosse até uma criatura racional. Seria uma manifestação especial da ideia divina, um reflexo perceptível do eterno. Na famosa passagem do diálogo de Timeu (28 ss.), Platão chegou mesmo a conceber a criação do mundo por parte de um *theós ou demiourgos*, um ser intermediário entre a Ideia e o mundo da matéria. E isso teria ocorrido de conformidade com a Ideia perfeita. Contudo, cumpre-nos ressaltar que Platão, embora concebesse uma demonstração cosmológica de Deus, na verdade não acreditava em um Deus Criador. A função do demiurgo teria sido, simplesmente, a de dar forma a um cosmos sem forma. E ele também manuseou a ideia, já presente, no chamado cosmos noético. No máximo, Deus consistiria somente na ideia mais elevada a respeito do cosmos. O próprio cosmos criado também poderia ser denominado de "Deus". Teríamos a noção do *theós aisthétos*, ou seja, um Deus que pode ser apreendido pelos sentidos humanos.

Essa modesta abordagem à ideia de Deus, da parte de Platão, foi abandonada por Aristóteles, que aceitava a eternidade do mundo e considerava Deus, não como o arquiteto do mundo, mas apenas como mente ou forma pura. Por outro lado, o gnosticismo (vide) desenvolveu a distinção entre o mundo noético e o mundo estético, formando um franco dualismo, dentro do qual o mundo material, criado por um demiurgo inferior, aparece como a prisão da alma. E a redenção, por sua vez, consistiria em ser libertado dessa prisão, com o consequente retorno à mente pura, ou seja, ao verdadeiro Deus.

3. Entre os Estoicos. O estoicismo, à semelhança do platonismo, também tinha a sua própria doutrina da gênese do universo. Não obstante, concebia essa doutrina como uma eterna repetição, um processo de constante tornar-se e dissolver-se. Por conseguinte, para os estoicos não houve verdadeiro começo da criação e nem haverá destruição final do cosmos presente. Outrossim, seus mentores pensavam que não há qualquer necessidade de concebermos um arquiteto do mundo. Deus, para eles, era, tão somente, a alma do mundo, que permearia o cosmos inteiro, a razão (ou *lógos*) que governa o mesmo. Efetivamente, tão panteísta é a compreensão dos estoicos que se poderia estabelecer uma equação direta entre Deus e o mundo. E o homem, por ser parte integrante da alma do mundo, também faria parte de Deus. Destarte, os filósofos estoicos confundiam a criatura com o Criador e por isso mesmo, estavam entre aqueles acerca de quem escreveu o apóstolo Paulo: ... *mudaram a verdade de Deus em mentira, adorando e servindo a criatura, em lugar do Criador, o qual é bendito eternamente. Amém* (Rm 1.25).

4. O Mundo Habitado. Visto que a terra faz parte do cosmos, por isso mesmo o vocábulo grego *kósmos* podia ser utilizado para indicar a terra, como algo distinto do céu, por uma narte, e dos mundos infernais, por outra parte. Daí bastou mais um passo a fim de que essa palavra passasse a ser usada pelos gregos para indicar as criaturas humanas que habitam este globo terrestre; e mais um degrau nessa evolução semântica produziu a noção especial da raça humana, da "humanidade". De fato, no vocabulário do Novo Testamento grego *koiné* (vide), a palavra *kósmos* também é empregada com o sentido de "pessoas" de "todo o mundo". Ver, por exemplo, 1João 4.4: ... *maior é aquele que está em vós do que aquele que está no mundo* (no grego, *kósmos*).

5. Nos Escritos de Filo. Uma ponte de ligação entre a posição grega sobre o *kósmos* e aquilo que o Antigo Testamento ensina a respeito do mundo, pode ser encontrada nos escritos de Filo, escritor filosófico judeu, do século I d.C., que atuou em Alexandria, no Egito. Filo, que usou consideravelmente o vocábulo *kósmos*, distinguia, à moda dos filósofos platônicos, entre o cosmos noético e o cosmos estético. Com base no primeiro capítulo de Gênesis, ele argumentava que Deus criou, primeiramente, o mundo das ideias, mundo esse que serviu de protótipo do mundo material. Para ele, o universo é caracterizado pela boa ordem e pela beleza. Não obstante, ele se redimiu um tanto, ao dizer que o mundo está debaixo da transcendência de Deus. Deus, como pai e arquiteto, é quem foi o criador do mundo. E Deus teria feito isso por intermédio do *lógos*, que Filo concebia, acertadamente, como o mediador entre Deus e o mundo. Dessa maneira, em Filo vemos a combinação das ideias platônicas o estoicas com os ensinamentos fundamentais do Antigo Testamento, no sentido de que o universo é criação de Deus. A despeito disso, nota-se uma certa falta de precisão no pensamento e na linguagem usados por Filo, que deixa os estudiosos em dúvidas quanto a se ele estava falando de uma real criação do mundo, por parte de Deus, ou apenas da organização da matéria destituída de forma, conforme pensavam tantos filósofos gregos. Todavia, ele procurou sempre evitar qualquer identificação entre Deus e o mundo, ou seja, ele repelia o panteísmo (vide). Quanto a esse particular, pelo menos, Filo conservou-se fiel à sua herança judaica, sem dúvida alguma. De fato, sempre será problemático para os homens, ao traçarem a doutrina das relações entre Deus e a sua criação, manterem-se no ponto de equilíbrio entre a imanência e a transcendência de Deus. Ver os artigos sobre a *Imanência* e sobre a *Transcendência de Deus*. Uma imanência exagerada leva ao *panteísmo*, e uma transcendência exagerada leva ao *Deísmo*. Ver sobre o *Panteísmo* e sobre o *Deísmo*. Examinar o meio-termo razoável, na filosofia e na teologia, o *Teísmo*.

III. O Mundo no Novo Testamento. Faremos esse exame acompanhando três vocábulos-chaves do Novo Testamento grego, a saber, *oikouméne*, *aion* e *kosmos*.

1. Oikouméne. Esse vocábulo grego, que assumiu ares de suprema importância dentro do movimento ecumênico moderno, reveste-se de pouca importância teológica nas páginas do Novo Testamento. Derivado do termo grego *oîkos*, "casa", trata-se de um particípio usado como substantivo (fenômeno gramatical comum no grego *koiné*). Desde o princípio indicava o mundo habitado. Ver a lista, acima, de palavras gregas, n° 7. Embora seu sentido original fosse de natureza geográfica, não tardou muito para evoluir para sentidos religiosos, culturais e políticos, de tal modo que o *oikouméne* tornou-se sinônimo do mundo civilizado (helênico), ou, então, após as conquistas militares de Roma, do império romano como uma unidade política e cultural.

Usada na Septuaginta, nos escritos de Filo e nos escritos rabínicos, como palavra tomada por empréstimo do grego, o termo *oikouméne* aparece por quinze vezes nas páginas do Novo Testamento, nos Evangelhos, no livro de Atos, nas epístolas e no Apocalipse. Na predição de Jesus, em Mateus 24.14, a alusão é às partes habitadas do globo terrestre, onde essa palavra empresta uma certa solenidade à frase dita pelo Senhor Jesus. Entretanto, em Lucas 2.1 parece estar em pauta o império romano, embora Lucas também use essa palavra como alusiva ao mundo habitado (ver Lc 4.5; 21.26; At 11.28 e 17.31). Que *oikouméne* e *kosmos* podiam ser usados como puros sinônimos vê-se no fato de que no paralelo de Lucas 4.5; que é Mateus 4.8, é usado o termo grego *kosmos*.

É digno de atenção que o apóstolo dos gentios emprega o termo *oikouméne* somente na citação que se vê em Romanos 10.18 (onde ele cita Salmo 19.5, segundo a Septuaginta). Por sua vez, na epístola aos Hebreus, o sentido dessa palavra é, novamente, como é comum no Novo Testamento, "o mundo habitado", segundo se vê em Hebreus 1.6. Mas, o emprego dessa mesma palavra grega, em Hebreus 2.5, traz mais o sentido que cabe a *aion* ou *kosmos*. Lê-se ali: *Pois não foi a anjos que sujeitou o mundo que há de vir*... A antiga tradição da literatura apocalíptica talvez esteja por detrás tanto desse último uso na epístola aos Hebreus quanto das três instâncias da palavra, em Apocalipse: 3.10; 12.9 e 16.14. Diz a primeira dessas passagens: *Porque guardaste a palavra da minha perseverança, também eu te guardarei da hora da provação que há de vir sobre o mundo inteiro*... Entretanto, de modo geral, o Novo Testamento não empresta qualquer significação particular ao termo. Porquanto tanto o emprega para indicar a terra habitada em geral, como para indicar a unidade político-cultural constituída pelo império romano, dentro do qual surgiu o cristianismo.

2. Aion

a. Significado Básico. Essa palavra, teologicamente falando, reveste-se de muito maior importância do que *oikouméne*. Basicamente, refere-se a uma noção temporal, e não tanto espacial. Nos tempos de Homero, esse termo significava *forma vital*. Daí evoluiu semanticamente, de modo muito rápido, para indicar "período de vida", "geração", "espaço de tempo", e isso com uma referência passada, presente ou futura, até que, finalmente, veio a indicar "eternidade". Desempenhou um considerável papel dentro das discussões dos filósofos gregos acerca do elemento "tempo"; e, no período helenista, chegou a ser personificado como o deus *Aeon*. Sua forma adjetivada, *aiónios*, aparece ligada tanto à salvação quanto à condenação. Assim, no tocante à salvação, poderíamos examinar João 3.16, onde se lê: *Porque Deus amou ao mundo de tal maneira que deu o seu Filho unigênito, para que todo o que nele crê não pereça, mas tenha a vida eterna* (no grego, *aiónios*). E, quanto à perdição: ... *melhor é entrares na vida manco ou aleijado do que, tendo duas mãos ou dois pés, seres lançado no fogo eterno* (no grego, *aiónios*). Aliás, esse é, provavelmente, o argumento mais definitivo daqueles que acreditam na eternidade do inferno e do castigo dos que ali serão lançados, como é o caso deste tradutor e coautor. Só poderíamos aceitar uma condenação provisória na Geena de fogo se a permanência no céu, por parte das almas salvas, também fosse provisória! Todavia, reconhecemos que outros estudiosos têm visto as coisas de modo diferente, como se o adjetivo *aiónios* significasse, ao mesmo tempo, "eterno" e "provisório".

Nota do outro autor deste dicionário. É verdade que a palavra envolvida tem o significado explicado, mas devemos nos lembrar que a *Descida de Cristo ao Hades* (vide) abriu uma nova perspectiva em relação aos perdidos, ver 1Pedro 3.18-4.6. Cristo levou seu evangelho para o próprio lugar do julgamento e garantiu, com esta missão infernal, uma aplicação *universal* do evangelho. Além disto, o *Mistério da Vontade de Deus* (vide), Efésios 1.9,10, garante uma restauração final, de todas as coisas, que operará na redenção dos eleitos e na restauração dos não eleitos. Ver o artigo sobre *Restauração*. Devemos nos lembrar também que parte do Novo Testamento (nesta mensagem otimista) ultrapassa a velha doutrina do julgamento que o cristianismo emprestou dos livros pseudepígrafos. Finalmente, devemos nos lembrar que o *próprio julgamento* é *remediador*, e não somente punitivo, 1Pedro 4.6. Isto quer dizer que o julgamento é *um dos meios* de Deus, através dos quais, seu amor redentor opera. Portanto, o resultado *final*, que opera através das *eras* da eternidade, deve ser altamente *positivo*. Nisto existe o famoso amor de Deus.

O sentido temporal do vocábulo *aion* também é preservado nas páginas do Novo Testamento, em várias frases usadas para indicar a eternidade. Por exemplo: ... *segundo o meu evangelho e a pregação de Jesus Cristo, conforme a revelação do mistério guardado em silêncio nos tempos eternos* (Rm 16.25). Por semelhante modo, esse adjetivo é usado no Novo Testamento para denotar a ideia da eternidade da ideia. ... *a revelação do mistério, guardado em silêncio nos tempos eternos, e que agora se tornou manifesto, e foi dado a conhecer por meio das Escrituras proféticas, segundo o mandamento do Deus eterno...* (Rm 16.25,26). Em 1Timóteo 1.17, Deus aparece como o ... *Rei eterno, imortal, invisível, Deus único...* Com base nos ensinos veterotestamentários, uma declaração como essa não parece indicar que Deus existe tanto quanto os *aiones, e*, sim, que ele existe tanto antes quanto depois de todos os tempos ou de todo o tempo, ou seja, Deus vive na eternidade. E uma característica importantíssima do Novo Testamento é que assertivas similares são feitas no tocante a Jesus Cristo, dando a entender tanto a sua preexistência quanto a sua deidade essencial.

b. Aion com o sentido de Mundo. Como é que uma palavra que dava uma indicação de tempo, veio a ser usada para indicar este mundo? A resposta parece jazer no uso do vocábulo *aion* para designar o tempo que se passa neste mundo, isto é, aquele tempo limitado pela criação e pelo fim do mundo. Assim, conforme comentou um certo intérprete, nas Escrituras, a mesma palavra é utilizada para indicar duas coisas que são, na realidade, profundamente antitéticas, a saber, a eternidade de Deus e a duração do mundo. E é possível, ajuntamos nós, que essa seja a razão pela qual alguns pensam que *aiónios* pode significar algo menos do que "eterno". Em Mateus 13.39, o fim do presente *aion*, sem dúvida aponta para o fim do tempo, neste nosso mundo. E mesmo se considerarmos o plural, conforme se vê em Hebreus 9.12 e 1Coríntios 10.11, essa palavra continua revestida do mesmo sentido, embora haja então a sugestão de que o tempo deste mundo compõe-se de dois ou mais períodos sucessivos.

Entretanto, se o vocábulo *aion* aponta para o tempo que se escoa neste mundo, e, então, equiparar a ordem do mundo com o mundo. No hebraico dos fins do Antigo Testamento já se fizera isso, sendo apenas natural encontrar o mesmo uso gramatical no Novo Testamento. As instâncias mais claras dessa equiparação aparecem no longo trecho de 1Coríntios 1-3, onde podemos encontrar, como equivalentes "sabedoria do *Kosmos*", "sabedoria deste *aion*", "sabedoria deste *kosmos*", e, em Marcos 4.19 e Mateus 13.22, onde os cuidados deste *aion*, sem a menor sombra de dúvida, significam os negócios deste mundo (cf. *kosmos* em 1Co 7.33). O amor que Demas demonstrou pelo *aion* presente (2Tm 4.10), parece apontar para um entendimento semelhante dessa palavra, e os *aiônes* que aparecem em Hebreus 1.2, sem dúvida, são mundos ou esferas, e não épocas diferentes.

c. Os Dois Aiônes. Conforme já pudemos salientar, o plural, *aiônes*, embora, com frequência, equivalente à sua forma singular, também pode sugerir mais de um período de tempo, em sucessão. Pode-se chegar a essa compreensão de várias maneiras. A recorrência eterna, por exemplo, postula uma série infinita de *aiones*. Todavia, o ponto de vista da Bíblia é incompatível com uma sucessiva escala de *aiônes*, assim concebida. Antes, de acordo com as Escrituras, o mundo teve começo e terá fim. No entanto, de acordo com a Bíblia, houve uma interrupção no mundo, através do pecado. E isso significa que o quadro apresentado pela Bíblia assume outros aspectos, que não meramente um começo e um fim. Assim, examinando as Escrituras poderíamos sumariar os grandes *aiones* como a criação, a queda no pecado, a destruição da terra, a nova criação e a consumação de todas as coisas. Portanto, os dois *aiones* do Novo Testamento, que sumariam toda essa sequência, isto é, o começo e o fim do mundo, envolvem todos esses segmentos principais.

O pano de fundo dessa doutrina, todavia, não é grego e sim, incontestavelmente judaico. Pois nos escritos apocalípticos dos judeus, de tempos posteriores, há constantes referências aos dois *aiônes*, tanto de natureza espacial quanto de natureza temporal. Cf. O Enoque etíope. Esses *aiones* são o tempo deste mundo, por um lado, e a eternidade, por outro lado, com uma antítese acompanhante entre o presente mundo visível, por um lado, e o futuro mundo invisível, por outro. E entre esses *aiônes* encontram-se a ressurreição dos salvos, a ressurreição dos perdidos e o juízo final. Ao que tudo leva a crer, os rabinos seguiam esse mesmo esquema, porquanto há exemplos (em sua maioria da época pós-cristã) da *distinção que eles faziam entre o presente aion e o aion vindouro*.

Nas páginas do Novo Testamento, o contraste ocorre nos Evangelhos sinópticos. Assim, o trecho de Marcos 10.30 distingue o tempo presente do *aion* futuro. Lucas 16.8 é passagem que contrasta os filhos deste *aion* com os filhos da luz (cf. Lc 30.34,35, onde também há uma alusão à ressurreição). E o trecho de Mateus 12.32 ensina que o pecado contra o Espírito Santo não pode ser perdoado nem neste *aion* e nem no futuro. E ainda quando o presente *aion* não é expressamente descrito como pecaminoso, ainda assim a sua pecaminosidade parece ser uma implicação bem clara, em algumas dessas passagens do Novo Testamento.

O apóstolo Paulo só se referiu expressamente ao *aion* vindouro na sua epístola aos Efésios. Não obstante, suas muitas alusões ao presente *aion*, não deixam dúvida alguma de que ele fazia contraste com um *aion* futuro. Exemplificamos com uma citação, a de Romanos 12.2: *E não vos conformeis com este século, mas transformai-vos pela renovação da vossa mente...* (ver também 1Co 1.20; 2.6,8; 3.18 e 2Co 4.4). E esse apóstolo também deixou cristalinamente claro que o *aion* presente é mau. ... *e do nosso Senhor Jesus Cristo, o qual se entregou a si mesmo pelos nossos pecados, para nos desarraigar deste mundo perverso...* (Gl 1.3b,4a). Isso deixa esclarecido por que a doutrina bíblica da criação admite uma doutrina de dois *aiônes*. O presente *aîon*, que está em estado de revolta contra Deus, haverá de ser substituído pelo futuro *aion* da salvação e do pleno cumprimento de todas as potencialidades dos filhos de Deus.

A epístola aos Hebreus contém apenas uma referência direta ao *aion* futuro. ... *aqueles que... provaram a boa palavra de Deus e os poderes do mundo vindouro* (Hb 6.5). No entanto, essa única referência é importantíssima, porquanto ensina-nos que agora mesmo, neste mundo, os crentes já tiveram uma prova dos poderes do futuro *aion*. Assim sendo, isso permite-nos concluir que enquanto os escritos apocalípticos dos judeus ainda estavam esperando a manifestação do *aion* futuro, a mensagem cristã anuncia que esse futuro *aion* já se manifestou, na pessoa de Jesus Cristo, de tal modo que aqueles que estão "em Cristo", também estão, em espírito, embora ainda não na carne, vivendo novo *aîon*. Conforme estamos dizendo, isso ainda não é uma escatologia cumprida. Pois, somente por ocasião do segundo advento de Cristo, com a consequente ressurreição dos crentes falecidos e da transformação dos crentes vivos, é que este presente *aîon* chegará ao fim, e o novo *aîon*, realmente, manifestar-se-á.

A coexistência do antigo *aîon* com o novo *aîon*, na vida dos crentes, serve de salutar advertência de que essa palavra grega não significa, meramente, "mundo". Ao mesmo tempo, é mister saber não fazer uma distinção por demais drástica, pois, por enquanto esses dois *aiônes* convivem lado a lado, havendo muitos inter-relacionamentos. Além disso, as Escrituras falam sobre um novo céu e uma nova terra. Por conseguinte, no novo *aîon* será conservada a relação entre o tempo e o espaço, embora, por enquanto, estando nós ainda na carne, a natureza da nova criação esteja fora do alcance do nosso entendimento. Pois mesmo quando surgir em cena o novo *aîon*, restará algo do antigo. Porquanto o novo *aion* envolverá a renovação dos céus e da terra. *Vi novo céu e nova terra, pois o primeiro céu e a primeira terra passaram, e o mar já não existe* (Ap 21.1).

3. Kosmos

a. Uso. Se o termo grego *aion* envolve tantas ideias importantes, conforme acabamos de ver, talvez o vocábulo *kosmos* seja o mais significativo de todos os três termos que o Novo Testamento usa para referir-se ao *mundo*. Na Septuaginta, essa palavra foi usada para indicar os "exércitos" do céu (ver Gn 2.1), e também para aludir a *adorno* (Êx 33.5), porquanto devemos lembrar-nos que temos aí as ideias de organização e de enfeite, que faziam parte do significado dessa palavra. E somente nos livros gregos profanos é que esse vocábulo veio a tornar-se proeminente para indicar o universo criado e governado por Deus. Além disso, era empregado para indicar o mundo dos homens, a humanidade. O judaísmo helenista, com grande probabilidade, adotou esse termo, em vez dos termos mais antigos, ainda como um conceito filosófico, e, sim, como uma palavra de uso corrente. E foi assim que tal palavra chegou até a penetrar no vocabulário usado pela liturgia judaica.

Conforme já vimos, esse vocábulo grego ocorre por 182 vezes (ver acima, na lista de palavras hebraicas e gregas, no começo deste artigo, sob o número 5). Na Bíblia, entretanto, jamais tem o sentido de "ordem", e somente em 1Pedro 3.3, podemos ver nessa palavra grega um sentido de "beleza" ou "adorno". Em todas as demais passagens bíblicas, o seu sentido é sempre "mundo". Cerca de metade daquelas 182 referências acham-se nos escritos joaninos, especialmente no quarto Evangelho. Esse vocábulo também é bastante comum nos escritos paulinos, apesar de ser um tanto raro nos Evangelhos sinópticos e no livro de Atos. O uso que Jesus fez da expressão "céu e terra" explica a raridade dessa palavra grega nos Evangelhos sinópticos. Por outra parte, nas epístolas e no Apocalipse, esse termo parece projetar-se em clara relação de importância teológica.

b. Universo. Tanto no Novo Testamento quanto nos escritos seculares da antiguidade, o *kosmos* aparece, primariamente, como o sumário de todas as coisas, o universo, enfim. Lemos em Atos 17.24: *O Deus que fez o mundo e tudo o que nele existe, sendo ele Senhor ao céu e da terra, não habita em santuários feitos por mãos humanas*. Nesse sentido, a palavra em foco é equivalente às expressões "céus e terra" ou "todas as coisas" (cf. Jo 1.3,10). Mas, outras vezes, o *kosmos* aponta apenas para o espaço, com uma possível distinção daquilo que enche esse espaço, mas, na maioria dos seus usos, representa a totalidade das coisas que foram criadas.

c. O Kosmos Transitório. A conexão fundamental entre o espaço e o tempo se reflete no pressuposto neotestamentário de que o *kosmos* foi criado para ter uma duração limitada. Assim, o *kosmos* ocupa um *aion*. Note o leitor essa combinação das palavras que já temos estudado, em Efésios 2.2: ... *nos quais andastes outrora, segundo o curso* (no grego, *aîon*) *deste mundo* (no grego, *kosmos*)... Esse curso ou *aîon*, pois, ocupa o tempo que haverá de escoar-se entre a criação do mundo e o seu final. Que o mundo teve começo, Jesus confirmou em Mateus 24.21, onde se lê: ... *nesse tempo haverá grande tribulação, como desde o princípio do mundo até agora não tem havido*... Ver também Hb 4.3. E, com essa passagem de Mateus, poderíamos vincular uma outra, também encontrada nesse primeiro Evangelho, que alude ao fim do presente *aion*: *Pois, assim como o joio é colhido e lançado ao fogo, assim será na consumação do século* (no grego, *aîon*) (Mt 13.40). Isso mostra-nos que se o *Kosmos* é assinalado por sua grande duração, tudo quanto nele existe é caracterizado por sua transitoriedade. *Ora, o mundo passa, bem como a sua concupiscência; aquele, porém, que faz a vontade de Deus permanece eternamente* (1Jo 2.17; cf. 1Co 7.31).

Esses ensinamentos bíblicos, que acabamos de considerar, mostram-nos que o *kosmos* é posto em uma antítese escatológica com o futuro *aion*. E essa mesma antítese é expressa pelo apóstolo João, quando ele fala sobre a vinda de Cristo a este mundo. ... *a verdadeira luz que, vinda ao mundo, ilumina a todo homem* (Jo 1.9), e que o contexto deixa claro que a referência é ao Verbo de Deus.

Um ponto importante a ser observado, nessa conexão, é que o Novo Testamento nunca fala sobre um novo *kosmos*, ainda futuro. Antes, um *aion* haverá de manifestar-se, o que será uma nova criação. Mas não haverá nenhum novo *kosmos*. Falaremos acerca da razão para isso, um pouco mais adiante.

O próprio Deus é o Criador do *kosmos*. *O Deus que fez o mundo e tudo o que nele existe*... (At 17.24). E o Novo Testamento cansa-se de mostrar que Deus é quem governa o mundo, o que é reiterado, ainda mais insistentemente, no Antigo Testamento. Não obstante isso, Deus nunca é descrito no Novo Testamento como o Senhor do *kosmos*. Tão somente, encontramos ali a expressão da esperança escatológica de que os reinos deste *kosmos* haverão de tornar-se o reino de nosso Senhor e do seu Cristo. "O reino do mundo se tornou de nosso Senhor e do seu Cristo, e ele reinará pelos séculos dos séculos (no grego, Καὶ βασιλεύσει εἰς τοὺς αἰῶνας τῶν αἰώνων, "e reinará de um aîon para outro aîon)" (Ap 11.15).

d. A Cosmologia do Novo Testamento. Uma questão que tem assumido uma certa importância na teologia moderna é a da cosmologia do Novo Testamento. Ao que parece, Bultmann apoiava o seu apelo em favor da "demitização" sobre a necessidade de corrigir o conceito supostamente obsoleto do Novo Testamento sobre o universo, como se este fosse uma estrutura em três andares. Essa descrição seria correta? É mister admitir que a Bíblia fala sobre céus e terra. O mar ou submundo também poderiam ser considerados uma *terceira* divisão. Entretanto, deveríamos notar que o céu também é um sistema de esferas (ou *aiones*), conforme se vê em Hebreus 1.2; e também que há alusões aos elementos do mundo, em Gálatas 4.3 e Colossenses 2.8. Certo comentador evangélico moderno observou três pontos sobre isso: *i.* O Novo Testamento não expõe ensinos cosmológicos expressos como parte de sua mensagem; *ii.* O Novo Testamento meramente alude a ideias correntes, que só têm sentido contra o pano de fundo da época em que foi escrito; e **3**. Dificilmente alguém poderia costurar os pedaços de informação, para que formasse um sistema coerente e, então, dizer: Isto é o que o Novo Testamento ensina sobre a cosmologia. (Ver TDNT, III, 87, de Sasse). Se esse reparo está com a razão, então é trabalho inútil tentar "demitizar" o Novo Testamento quanto a essa questão de cosmologia, tal como seria exigir a demitização de um relatório de meteorologia que mencionasse o nascimento do sol e o pôr do sol.

e. O Teatro da História. A preocupação fundamental do Novo Testamento, tal como se dá com o Antigo Testamento, não é o universo em si e, sim, o homem; que vive dentro desse universo e dele faz parte. Foi Deus quem criou o universo inteiro, mas somente o homem foi criado à imagem e semelhança de Deus. E o principal relacionamento de Deus é com o homem que criou. Portanto, de acordo com uma frase que já se popularizou, o universo é o teatro da história humana, e, mais especificamente, o teatro da história de Deus e do homem. Em muitas instâncias, portanto, a palavra grega *kosmos* reveste-se do sentido especial de "mundo habitado". Esse é o lugar onde o homem habita (cf. Mt 4.8; Rm 1.8). Talvez esse seja o sentido mais exato daquela declaração de Jesus sobre alguém vir a ganhar o mundo inteiro, em Marcos 8.36. Encontramos novamente a palavra, com a tendência de ter um sentido secundário de "nações", em Romanos 4.13.

É exatamente porque o mundo é o teatro onde se desenrola a vida humana que o Novo Testamento pode falar em entradas e saídas. Vir ao mundo é expressão comum nos escritos de João, quando ele se aludia às pessoas em geral, a Cristo ou "àquele profeta". O pecado e a morte entraram no mundo (ver Rm 5.12,13). Outro tanto acontece aos falsos profetas (ver 1Jo 4.1). Mas, assim como alguém pode entrar no mundo, também pode sair dele. Cristo saiu do mundo, por ocasião de sua morte (Jo 13.1). Os crentes teriam de sair do mundo se tivessem de evitar o contato com os imorais (1Co 5.10). E, entre a entrada e a saída neste mundo, há toda uma permanência neste mundo. O *Lógos* esteve no mundo (Jo 1.10), como também os discípulos (Jo 17.11), como também todos os crentes, em geral (1Jo 4.17; 2Co 1.12 etc.). Um importante princípio está envolvido nisso, ou seja, os crentes não devem sentir-se parte da maneira de viver do *kosmos*. Não obstante, durante o período de sua atual peregrinação, eles não têm outra opção senão continuar a sua existência *dentro* do *kosmos*.

f. A Humanidade. No trecho de Romanos 4.13, o sentido da palavra "mundo", como o lugar onde habita a raça humana, mescla-se com o sentido da raça que no mundo habita. "Não foi por intermédio da lei que a Abraão, ou à sua descendência coube a promessa de ser herdeiro do mundo..." Esse uso pode ser encontrado tanto no original hebraico do Antigo Testamento quanto no aramaico, como também na Septuaginta e no grego *koiné*. No Novo Testamento, pode ser achado em Marcos 16.15 e 14.9, onde os discípulos são comissionados para irem ao mundo inteiro, ou seja, não a cada localização geográfica, e sim, a cada criatura humana. Como é patente, nem sempre é possível determinar esse sentido com precisão; mas, parece ser esse o sentido mais exato de frases como aquela em que o Senhor Jesus afirma que os crentes são a luz do mundo (Mt 5.14), ou quando ele diz que o campo é o mundo (Mt 13.38). Ao que parece, Pedro pinha os homens em mira, quando se referiu ao *kosmos* dos ímpios: ... e não poupou o mundo antigo, mas preservou a Noé, pregador da justiça, e mais sete pessoas, quando fez vir o dilúvio sobre o mundo dos ímpios... (2Pe 2.5). E esse é, igualmente, o sentido das palavras de Paulo, quando ele designa os apóstolos como o "lixo do mundo", em 1Co 4.13. E os anjos também podem ser incluídos nesse pensamento (1Co 4.9), embora, na grande maioria das vezes, a alusão soja à humanidade.

g. O Kosmos Maligno. A raça humana é uma espécie decaída. Isso significa, por sua vez, que o *kosmos*, igualmente, é apresentado como algo alienado de Deus, mormente nos escritos de Paulo e João. O primeiro desses apóstolos, na primeira epístola aos Coríntios, usa uma série inteira de contrastes a fim de deixar esclarecido, acima de qualquer possibilidade de dúvida, que essa alienação é uma *realidade*. A sabedoria deste *kosmos* (ou *aion*) faz contraste com a sabedoria do Senhor; o espírito do *kósmos* contrasta com o Espírito de Deus; o arrependimento do *kosmos* contrasta com o arrependimento outorgado por Deus. Na epístola aos Romanos é pintado um quadro ainda mais negro. Visto que o pecado entrou no *kosmos*, o *kosmos* inteiro tornou-se culpado, e será julgado e condenado por Deus. (Ver Rm 3.6,19; cf. 1Co 6.2). A natureza final e definitiva desse pecado manifesta-se no fato de que foram os governantes deste *kosmos* que crucificaram ao Senhor da glória. Como é óbvio, em uma passagem como essa (1Co 2.8), o *kosmos*, obviamente, indica a raça humana. Não obstante, *kosmos* é palavra que envolve mais do que isso, porquanto os poderes angelicais controlam o *kosmos* pecaminoso (cf. 1Co 2.6; Ef 2.2). E isso explica o motivo pelo qual Deus nunca é chamado, nas Escrituras, de Senhor do *kósmos*. E também por que, nas Escrituras, não haverá nenhum novo *kosmos*, embora tenha de haver um novo *aîon*, conforme já vimos acima. Tão completamente o KÓSMOS é identificado com o pecado e com a queda no pecado, nas páginas do Novo Testamento, que o único destino do *kosmos* só pode ser a condenação e a destruição, uma vez julgado por Deus. O *kosmos*, pois, representa o mundo pecaminoso e mau, que está em irreconciliável conflito com o mundo de Deus, o novo *aîon*, que será manifestado por ocasião do segundo advento de Cristo.

João usou uma linguagem ligeiramente diferente, embora, materialmente, o pensamento seja idêntico. Cristo não pertence ao *kosmos*, porquanto ele veio da parte de Deus. Esteve no *kosmos*, mas o *kosmos* não o reconheceu (Jo 1.10). E nem o *kosmos* confiou nele (Jo 7.7). Embora Jesus tivesse vindo a este mundo a fim de salvar, e não de condenar, a incredulidade do *kosmos* só resulta em sua própria condenação.

O príncipe deste *kosmos* foi logo o primeiro a ser julgado. *Chegou o momento de ser julgado este mundo, e agora o seu príncipe será expulso* (Jo 12.31). A primeira epístola de João encerra contrastes que fazem lembrar os contrastes feitos por Paulo, a saber: aquele que está nos crentes e aquele que está no mundo (1Jo 4.4); aqueles que são do mundo e aqueles que são de Deus (4.5,6); nós, que pertencemos a Cristo e o mundo que está na iniquidade e pertence ao maligno (5.19). Novamente, vê-se aí um conflito sem solução por enquanto, que resultará na condenação final daqueles que teimam em continuar pertencendo ao *kosmos*. Este mundo não escapou ao controle de Deus, embora esteja em estado de revolta contra ele. Mediante o novo nascimento, conferido pelo Espírito de Deus (ver Jo 3.6), o indivíduo pode ser salvo. Mas o *kosmos*, propriamente dito, por ser um *kosmos* pecaminoso, não pode ser salvo.

h. O Kosmos como Teatro da Salvação. Este mundo, maligno como é, está condenado e perdido. A despeito disso, continua sendo o teatro do ato salvador de Deus, bem como o objeto de seu amor disposto a salvar. *Porque Deus amou ao mundo* (no grego, *kosmos*) *de tal maneira que deu o seu Filho unigênito, para que todo o que nele crê não pereça, mas tenha a vida eterna* (Jo 3.16). Paulo e João estão plenamente de acordo, uma vez mais, na declaração dessa realidade. Disse o apóstolo dos gentios: ... *Deus estava em Cristo, reconciliando consigo o mundo* (no grego, *kosmos*), *não imputando aos homens as suas transgressões, e nos confiou a palavra da reconciliação* (2Co 5.19).

Por mais uma vez, o apóstolo Paulo deixou claro que Cristo Jesus veio ao mundo para salvar aos pecadores (ver 1Tm 1.15). Não é apenas que os pecadores sejam salvos do *kosmos*; mas este é o lugar onde os pecadores são salvos. O apóstolo amado deixou esse ponto esclarecido ainda com maior definição. Assim, Cristo não meramente veio ao *kosmos*, mas veio como o Salvador do *kosmos*, segundo se aprende em João 4.42: *Já agora não é pelo que disseste que nós cremos, mas porque nós mesmos temos ouvido e sabemos que este é, verdadeiramente, o Salvador do mundo* (Jo 4.42). E Jesus também veio como a luz do mundo (no grego, *kosmos*) (Jo 8.12). Jesus Cristo veio a este mundo a fim de que neste lugar da habitação dos homens, ele fosse o Salvador do mundo, isto é, dos homens.

O impulso por detrás dessa missão é que o mundo, a humanidade, é o objeto do amor de Deus, que se dispõe à reconciliação com os homens. Mas, apesar deste mundo ser a esfera e o objeto da obra graciosa de Deus, em Jesus Cristo, ainda assim continua de pé a verdade que não haverá nenhum *kosmos* vindouro. Os homens que se reconciliarem com Deus formam o reino de Deus, que se manifestará sob a forma do futuro *aion*, a nova criação (ver Ap 21.1). Conforme alguém já observou, até parece que a palavra *kosmos*, nas páginas do Novo Testamento, foi reservada para indicar aquela porção da humanidade que jaz sob o pecado e a morte. E um ponto que não devemos permitir que escape à nossa atenção é que, se o mundo é convidado a reconciliar-se com Deus, os crentes são salvos deste mundo. Portanto, uma profunda ambivalência circunda a palavra "mundo" (no grego, *kosmos*). No dizer de Sasse, "quando o *kosmos* é redimido, deixa de ser o *kosmos*" (TDNT, III, 893).

i. Os Crentes e o Mundo. A compreensão teológica sobre o mundo é que determina a relação entre os crentes e o mundo. Essa relação poderia ser sumariada por meio de três teses: os crentes continuam a viver no *kosmos*; eles não pertencem ao *kosmos*; eles são enviados a pregar a salvação no *kosmos*.

Os crentes continuam a viver no *kosmos*. Este mundo continua sendo o palco onde se agitam tanto a vida humana pecaminosa quanto a vida e o ministério cristãos. Conforme explicou Paulo, os crentes não podem abandonar fisicamente ao mundo (1Co.5.10). Eles precisam cuidar de sua própria sobrevivência (1Co 7.32 ss.). Não podem deixar de manter certas relações com este mundo (1Co 7.31). E o apóstolo João nos expõe o mesmo ensinamento. Os crentes estão no *kosmos*, tal como Cristo já o esteve (Jo 17.11). Não são capazes de remover-se fisicamente do mundo. É neste mundo que lhes compete lutar e conquistar (cf. Jo 16.33).

Os crentes não pertencem ao *kosmos*, embora estejam vivendo nele. Paulo descreve a situação de muitas maneiras. Assim, os crentes estão mortos, juntamente com Cristo, quanto aos rudimentos do mundo (Cl 2.20). O mundo está crucificado para os crentes, tal como os crentes estão crucificados para o mundo (Gl 6.14). Os crentes não podem moldar suas vidas conforme o mundo (Rm 12.2). E, quanto a isso, Tiago adiciona um testemunho similar, dizendo: *Infiéis, não compreendeis que a amizade do mundo é inimiga de Deus? aquele, pois, que quiser ser amigo do mundo, constitui-se inimigo de Deus* (Tg 4.4). Os crentes precisam resguardar-se do mundo. E o apóstolo João não se mostra menos explícito. Os crentes foram selecionados dentre o mundo (Jo 15.19). Mediante o novo nascimento, eles passam a pertencer ao Senhor Deus (Jo 1.12;13). O mundo odeia os crentes; e os próprios crentes não devem amar ao mundo o às coisas que nele existem (Jo 15.18,19; 1Jo 2.15). Essa é uma das razões mais fortes pelas quais este mundo é um lugar caracterizado pela aflição (Jo 16.33). Todavia, os crentes podem encorajar-se quanto a isso, porquanto Cristo venceu ao mundo. Nele, os crentes encontram a sua própria vitória, tal como nele depositaram a sua fé. Essa fé permite que os crentes enxerguem as coisas para além das atrações e dos sofrimentos que há neste mundo, e percebam a realidade do novo *aion*. Ora, *o mundo passa, bem como a sua concupiscência; aquele, porém, que faz a vontade de Deus permanece eternamente* (1Jo 2.17; cf. 1Co 7.33).

Finalmente, os crentes são enviados a pregar a salvação no *kosmos*. Da mesma maneira que Deus amou ao mundo e Cristo veio a este mundo, assim também os crentes estão na obrigação moral de saírem pelo mundo, como embaixadores de Cristo, anunciando a reconciliação. A Grande Comissão nos impõe esse dever: *Toda a autoridade me foi dada no céu e na terra. Ide, portanto, fazei discípulos de todas as nações, batizando-os em nome do Pai e do Filho e do Espírito Santo; ensinando-os a guardar todas as cousas que vos tenho ordenado. E eis que estou convosco todos os dias até à consumação do século* (Mt 28.18-20). No quinto capítulo de sua segunda epístola aos Coríntios, Paulo refere-se à Grande Comissão à sua maneira. Em uma outra oportunidade, Cristo deixou claro, diante dos seus discípulos, que ele os estava enviando ao mundo. *Assim como tu me enviaste ao mundo, também eu os enviei ao mundo* (Jo 17.18). E a humanidade precisa ver nos crentes o mesmo afeto e amor do Pai que os homens podiam ver em Jesus Cristo (ver Jo 17.21, 23). Assim, embora a igreja não possa ser confundida com *o kosmos*, sob hipótese alguma, ela encontra-se no palco do *kosmos* (a humanidade). Por isso mesmo, também é uma verdade que embora a igreja não pertença a este mundo, ela aqui vive por amor ao mundo. Já que os crentes têm plena consciência de que é uma insensatez alguém ganhar o mundo inteiro, mas perder eternamente a própria alma, então também precisam relembrar que a salvação da alma é um acompanhamento inevitável da conquista do mundo para Cristo, ou seja, levar indivíduos ao conhecimento da salvação que há em Jesus Cristo, pela graça divina.

MUPIM

Um dos filhos de Benjamim, filho de Jacó (ver Gn 46.21). Ele é chamado *Supim* em 1Crônicas 7.12,15. E é chamado Sufã, em Números 26.39 e 1Crônicas 8.5. Foi um dos catorze descendentes de Raquel, que pertencia à colônia original dos filhos de Jacó, no Egito.

MURTA

No hebraico, *hadas*. Essa planta é mencionada por seis vezes no Antigo Testamento, estando em foco os seus ramos. (Ver Ne 8.15; Is 41.19; 55.13; Zc 1.8,10,11). A murteira é uma planta perenemente verde, que pode chegar até os dez metros de altura. Suas folhas são pequenas e brilhantes, quase como se fossem de couro, dotadas de um odor agradável. A planta produz pequenas flores brancas ou róseas, e também pequenas bagas escuras, azuladas, que podem ser usadas na produção de um perfume. Os ramos dessa planta eram usados por ocasião da festa dos Tabernáculos (ver Ne 8.15), para deles fazerem-se cabanas. Isso era apropriado, pois sendo a planta perenemente verde, resistia melhor à ação do tempo. Até os nossos próprios dias, esses ramos de murta são usados na Palestina, com propósitos similares. Os couros finos da Rússia e da Turquia têm um odor agradável de murta, e isso porque a planta é usada durante o processo de curtição. As rainhas da Inglaterra levam consigo brotos de murta, em suas festas de casamento, como um símbolo da paz. O nome hebraico de *Ester* (vide) era *Hadassah*, que significa "murta". Em português, um nome feminino é Mírtis, que se deriva do nome grego dessa planta, *múrtos* (embora a palavra grega não apareça no Novo Testamento); mas esse nome feminino vai rareando cada vez mais em nosso país.

MUSI (MUSITAS)

No hebraico, **"sensível"**. Esse foi o nome de um dos filhos de Merari, que, por sua vez, era filho de Coate (ver Êx 6.19; Nm 3.20; 1Cr 619,47; 23.21,23; 24.26,30). O clã que descende de Musi tornou-se conhecido como os "musitas" (ver Nm 3.33; 26.58).

MÚSICA

Ver o artigo sobre *Arte* que inclui as teorias filosóficas das belas artes. Ver os artigos separados sobre *Hino (Hinologia); Hinos, Hebraicos e Judaicos*; e *Música e Instrumentos Musicais*.

I. O PODER DA MÚSICA. Colossenses 3.16: *A Palavra de Cristo habite em vós ricamente, em toda a sabedoria; ensinai-vos e admoestai-vos uns aos outros, com salmos, hinos e cânticos espirituais, louvando a Deus com gratidão em vossos corações.*

Em certas formas de arte são expressas as realizações e a plenitude espirituais; e, como é óbvio, a música é uma dessas formas recomendadas. Todos têm consciência do poder da música, para moldar o pensamento e as emoções. A música, ordinariamente, é a expressão do "pulso" de um povo. A música pode inspirar pensamentos elevados e ações nobres, ou então atitudes próprias da natureza vil. Há música de natureza espiritual e outra de natureza intelectual, ao passo que há música sensual. Alguém já disse: "Permite-me escrever a música de uma nação, e não me importarei com quem escrever as suas leis". Certamente o poder da música é reconhecido nos países comunistas, onde as artes são usadas como um poderoso meio de propaganda.

Este nosso versículo (Cl 3.16) dá grande valor ao ministério da música na vida cristã. Mostra um profundo discernimento. A música, de conformidade com Aristóteles, é a mais 'moral' de todas as artes. Afeta mais diretamente o caráter. Uma atitude marcial pode ser produzida por uma marcha; uma atitude de respeito, por um coral nobre; mas o relaxamento pagão das restrições morais por um tom saxofônico. "A igreja local vigilante por-se-á em guarda quanto à sua música".

"O cântico coletivo se assemelha ao álcool na transmissão do 'ânimo'. Cria o entusiasmo. Quando o cântico coletivo se torna um costume negligenciado, isso sempre é sinal de uma vida coletiva decadente. Isso já ocorreu em grande parte de nossa moderna cena social. Muitas 'religiões' pagãs têm conquistado terreno, nos corações dos homens, nas asas do cântico. Basta-nos relembrar a *Marseillaise*, da revolução francesa, a 'Internationale' dos países comunistas, ou a *Horst Wessel* da Alemanha hitlerista e o 'Hino de Batalha da República da Guerra Civil Norte Americana" (Wedell, em Cl 3.16).

Um homem com um sonho, a seu bel-prazer.
Poderá sair e conquistar uma coroa;
E três, com uma nova canção
Podem derrubar toda uma nação.
Arthur William Edgar O'Shaughnessy

II. FORMAS DE MÚSICA NA IGREJA. "Os cânticos de Maria e Zacarias foram os genitores e os modelos de uma multidão de cânticos santos. Nos salmos das Escrituras, a igreja neotestamentária encontrou um instrumento de grande amplitude, afinado e tangido para seu uso. Podemos imaginar o deleite com que os crentes gentílicos utilizavam-se do saltério, extraindo dali uma ou outra pérola, recitando-a em suas reuniões e adaptando-a para suas formas nativas de cântico. Depois de algum tempo, começaram a misturá-la com os cânticos de louvor de Israel, formando novas modalidades de 'hinos', para a glória de Cristo e do Pai, como aquele com que tem início em Colossenses 3.16 faltando-lhe pequeno retoque para que se torne em autêntico poema, ou como aqueles que dão começo às tremendas visões do livro de Apocalipse; e a isso se podem acrescentar os 'cânticos espirituais', de caráter mais pessoal e incidental, como o *Nune dimitis*, de Simeão, ou o cântico do cisne de Paulo, em sua última epístola a Timóteo". (Findlay, em Cl 3.16).

Salmos. Essa palavra pode ser comparada ao que se lê em 1Coríntios 14.15. O termo grego "psalmos" é correlato a "psallein", que significa "tanger", uma alusão ao tanger das harpas ou outros instrumentos de corda, porque tais composições eram assim acompanhadas, nos dias antigos. Sem dúvida há alusão aqui aos salmos do AT, que foram adaptados ao acompanhamento musical, e que naqueles tempos do velho pacto eram usados para propósitos musicais, o que se prolongou até os tempos das sinagogas e da igreja cristã primitiva. As Constituições Apostólicas mencionam seu uso nas igrejas locais. (Ver Constituições Apostólicas II.57.5, que aludem, especificamente, aos "Salmos de Davi"). O "hino" que foi entoado por Jesus e seus discípulos, na ocasião da última ceia (ver Mt 26.30), mui provavelmente foi um dos salmos de Davi.

Hinos. Originalmente, essa palavra referia-se aos cânticos de louvor em honra a algum deus ou herói. Na igreja cristã, foram criados "hinos", normalmente compostos por seus membros, em louvor a Deus Pai ou a Cristo. A sua forma verbal significa "cantar", "louvar", "narrar repetidamente".

Há possíveis traços de hinos cristãos, nas páginas do NT Isso pode ser visto no prefácio ao Evangelho de João (Jo 1.1-5), na opinião de muitos eruditos. (Ver ali as notas expositivas a respeito no NTI). O trecho de Efésios 5.14, evidentemente, contém um fragmento de "cântico espiritual". Outros casos semelhantes podem ser as passagens de (1Tm 3.16; 2Tm 2.11-13; Tg 1.17) e o décimo terceiro capítulo da primeira epístola aos Coríntios.

III. O ESPÍRITO DA MÚSICA

Cânticos espirituais. No grego temos o termo *ode*, palavra geral que significa "cântico". Originalmente também era empregada para indicar o louvor prestado aos deuses ou aos heróis, embora, mais tarde, tenha recebido aplicação mais ampla. Neste ponto são os cânticos *espirituais* que estão em mira. Não há como fazer-se distinção precisa entre os "hinos" e os "cânticos". Na realidade, ambas as palavras apontavam para cânticos, de composição cristã, em contraste com os mais formais "salmos" do AT Alguns estudiosos pensam que os "cânticos" eram "poemas" sagrados, adaptados à música, mas, no presente, não há como verificar o acerto ou não dessa opinião. O vocábulo pode indicar todas as formas de cântico, acompanhadas ou não por instrumentos musicais. O trecho de 1Coríntios 14.14 mostra-nos que alguns "cânticos" eram entoados em línguas, por inspiração do Espírito de Deus. Talvez alguns desses tenham sido preservados, depois de terem sido interpretados. Plínio, ao relatar os resultados de suas investigações quanto aos costumes dos primitivos cristãos (em 112 d.C.), diz-nos que eles estavam "acostumados a se reunirem, em um dia determinado, antes do irromper do dia, a fim de cantarem um hino, como uma antífona, a Cristo, como se este fosse uma divindade". (*Cartas* X.96).

Com gratidão, em vossos corações. O cântico dos crentes, portanto, é uma autêntica "forma de adoração", e essa adoração é atribuída, segundo diz a nossa versão portuguesa, a *Deus*, no que ela é apoiada pelo texto grego, ainda que outras traduções digam aqui "Senhor". O *coração* é uma alusão ao "homem interior", à "alma", aquela porção do ser humano que é capaz de receber o toque divino, o "homem essencial". Ficam envolvidos o "intelecto" e as "emoções" dos homens; mas mais do que isso, ainda, o "espírito" humano é que expressa louvor e ação de graças ao Salvador de todos os homens.

A música nas igrejas dos crentes, por ser uma expressão espiritual, não deve ter um caráter mundano, seguindo o ritmo do "jazz", do "samba" etc., porquanto isso não contribui para a formação da atitude espiritual, mas antes, excita a natureza mais vil, com suas emoções carnais.

Em vossos corações. Essas palavras não querem dizer que estão em foco apenas os "cânticos particulares", individuais. Antes, o cântico individual, tanto quanto o coletivo, é recomendado como algo útil para a edificação mútua entre os crentes. Um homem pode cantar em voz alta, ao mesmo tempo em que canta no coração. O modo de cantar, quanto à sua atitude, é que está em pauta, e não a questão de cantar-se em voz audível ou em silêncio. Algumas traduções dizem aqui "com o coração", como se estivesse em foco a ideia "instrumental"; e isso é possível. A mensagem dos hinos e demais cânticos cristãos deve ser própria para a edificação dos crentes. No entanto, a música pode tornar-se um abuso e não uma bênção, no seio das igrejas locais. É cena particularmente entristecedora aquela em que a música mundana é trazida para a igreja, em que um sentimento quase religioso é vinculado à música, mediante as palavras, ao mesmo tempo em que a música é sensual, carnal, terrena, de maneira alguma contribuindo para elevar a alma até Deus. Foi necessário, no concílio de Laodiceia (364 d.C.), que se proibissem os hinos "não autorizados". E apesar disso poder ocorrer novamente, é responsabilidade dos ministros da Palavra preservarem a dignidade e a espiritualidade corretas da adoração na igreja, uma parte importante da qual é o cântico.

IV. FORMAS NOCIVAS

1. da revista Ultimato — set/out., 1983. Desmascarando o "Rock", por Rolando de Nassáu. Rolando de Nassáu é o pseudônimo de Roberto Tôrres Hollanda, Assessor Legislativo da Câmara dos Deputados, crítico musical desde dezembro de 1951, autor de *Introdução à Música Sacra* e Diretor do Departamento de Adultos da Escola Dominical da igreja Batista Memorial, em Brasília, DF. A Câmara dos Deputados publicou uma pesquisa de sua autoria sobre descentralização indústrial. De amigos que trabalham na Faculdade Teológica de Brasília recebemos recorte de um artigo de Dennis Roberts (*Rock Music: Stairway to Heaven or Highway to Hell?*) publicado no mensário americano *Moody Monthly* (vol. 83, nº 1) de setembro de 1982. Não apreciamos, nem perdemos tempo com a música de *rock*, porque sempre temos em mente a recomendação do Apóstolo Paulo: *Tudo o que é verdadeiro, tudo o que é honesto, tudo o que é justo, tudo o que é puro, tudo o que é amável, tudo o que é de boa fama... nisso pensai* (Fp 4.8). Comentaremos esse artigo sobre *rock* porque, há mais de 30 anos, escrevemos sobre música para a imprensa evangélica.

Montaigne dizia que devemos ler unicamente o que nos agrada. Procuramos ler o que nos instrui. Perdoem-nos os leitores, lerão informações desagradáveis, mas necessárias. Nossa intenção é despertar os pais para a influência maléfica do *rock* sobre os seus filhos, e advertir os jovens a respeito dos perigos traiçoeiros contidos nas letras e nas melodias desse tipo espúrio de música popular.

Por coincidência, enquanto elaborávamos este artigo foi publicada uma reportagem sobre a Conferência de Amsterdam; nesse encontro internacional de evangelistas itinerantes estava à venda uma fita gravada em cassete contendo o "Aleluia" de *Haendel* em ritmo de *rock*...

A influência deletéria do *rock* em algumas igrejas evangélicas é evidente: basta ver o uso do *playback*, dos instrumentos musicais elétricos (guitarra, sintetizador) e da batida rítmica simétrica. Já há quem empregue a *new beat*.

O artigo de *Dennis Roberts* para o *Moody Monthly* contém revelações realmente estarrecedoras.

Ray Huges, no artigo *Hell's Bells* publicado numa outra revista evangélica que não conseguimos identificar, informa que, em 1955, numa igreja canadense, ao serem exorcizados, demônios anunciaram o próximo lançamento do *Rock'n Roll* na América, "para possuir os jovens", que "ficavam histéricos, arrancando os cabelos, rasgando as suas roupas, gritando, gemendo, contorcendo-se e praticando atos de violência durante os concertos". Lembra que Satanás foi anjo de luz e líder de anjos (Is. 14.4-17; 2Co 11.14; Mt 25.41; Lc 1.1.18; Ap 20.7-8).

Conta por um missionário ao voltar à tribo africana com discos evangélicos em ritmo de *rock*, teve de ouvir do ex-feiticeiro estas palavras: "Você nos ensinou a abandonar a feitiçaria e a invocação de espíritos. Por que os está invocando com esta música? Com este mesmo ritmo invocávamos os espíritos maus da África!"

No artigo de *Dennis Roberts* lemos que os músicos de *rock*, em sua maioria, estão envolvidos em ocultismo, religiões orientais e feitiçaria.

O *rock* tem contaminado até jovens crentes, com linguagem ímpia, sons alucinantes e ritmo sensual.

Para os nossos leitores faremos um retrospecto deste novo ritmo, da "nova batida", do "novo embalo", que os jovens chamam de *barato* (êxtase provocado por droga ou música psicodélica). Vários elementos usados pelo *rock* têm origem em estilos de *jazz*: *negro spiritual* (1860), *gospel song* (1880), *blues* (1900) e *rhythm and blues* (1940). O *rock* branco saiu do *rhythm and blues* negro. Ambos prestigiam o ritmo, pois neles a melodia é mero suporte do texto (ver: Joaqhim E. Berendt, *Le Jazz, des origines à nos jours*. Paris: Payot, 1963; Philip Daufouy, *Pop Music/Rock*. Paris: Champ Libre, 1972).

Nos Estados Unidos, o *rock*, profeticamente, teve início no filme *Sementes da Violência*, em 1955, com a música *Rock around the clock*, executada por *Hill Haley and his Comets;* foi explorado comercialmente, a partir de 1957, por *Elvis Presley*.

Na Inglaterra, *a pop-music* teve nos Beatles, desde 1962, o conjunto mais prestigiado. O elemento folclórico e político do *folk-rock* foi pesquisado e divulgado por *Bob Dylan*, depois de 1964, através da *protest-song* americana, que ensejou o surgimento do movimento *hippie* na costa ocidental dos Estados Unidos. O *folk-rock* caracterizou-se por um texto poético com uma diretriz política, enquanto o *country-rock* era uma música de origem folclórica, mas sem qualquer conotação política. O movimento *hippie*, por sua vez, procurava satisfação em recursos químicos (drogas) ou estéticos (música psicodélica) como meios de contestar a civilização ocidental. O *acid-rock*, personificado em *Janis Joplin*, tenta reproduzir através do som os efeitos dos alucinógenos (LSD). A música psicodélica é criada ou executada sob a influência de drogas e religiões orientais, utilizando técnicas eletroacústicas. Depois de 1966, na Inglaterra coexistiam dois estilos: 1) *rock song* (os Beatles, até 1970, usariam a canção popular, sob a inspiração da música europeia e da indiana, para uma disseminação de ideias); 2) *pop-rock* (os Rolling Stones desviaram a *pop-music* inglesa para uma demonstração de violência sonora; enquanto os *Beatles* eram os menestréis modernos, os roqueiros românticos, os *Rolling Stones* mostravam-se agressivos com suas guitarras.

O *rock* promoveu a eletronização da música popular, já realizada por engenheiros eletroacústicos na música erudita, atingindo inclusive a música religiosa; muitas igrejas tinham seu "Gianini" com muitos *watts* para acompanhar o canto de "corinhos". Para a expansão do *rock* americano e da *pop-music* inglesa contribuíram os meios de comunicação de massa. Na década de 50, a voz lancinante dos cantores de *rock*, difundida pelo rádio, encontrava eco nos corações vazios dos jovens transviados pela delinquência e aturdidos pela "guerra fria". Antes de 1955, o filme musicado, para cinema ou televisão, não visava a comunicação com o espectador; deste era esperada apenas uma atitude de admiração, não de participação. A eclosão do *rock* e da *pop-music* significou um impacto sobre a sociedade, nos Estados Unidos e na Inglaterra, depois em toda a América Latina e na Europa, pois rapidamente multiplicaram-se os grupos musicais, e a juventude, oriunda de uma classe média, passou a compartilhar as ideias desses cantores populares, que contestavam a ordem moral, social, política e econômica da época. Por isso, os *Beatles* foram o mais importante fenômeno na música popular internacionalizada da década de 1960, e, mesmo fora de cena, continuam a inspirar as letras e as melodias do *rock* e da *pop-music*.

Depressa o mercantilismo multinacional procurou controlar este fenômeno, estimulando, com a comédia musical *Hair*, o consumismo de todas as coisas relacionadas com os roqueiros: discos, filmes; livros, revistas, roupas, penteados, linguagem, instrumentos musicais etc. Para tanto, fez do *rock* uma mercadoria cultural, de modo que, ao mesmo tempo, fosse "um apelo à revolta e um freio à revolução" (ver: Henry Skoff Torgue *La Pop-Music*. Paris: Presses Universiraires de France, 1975).

A *pop-music* retrospectiva reagrupa todos os estilos tradicionais vinculados ao *jazz* (*Rolling Stones, Led Zeppelin, Black Sabbath*) enquanto a prospectiva se aproxima da música erudita contemporânea (Frank Zappa; Pink Floyd).

A deturpação maior do *rock* decorre da adoção, por alguns grupos, de um comportamento imoral (intra e extramusical), que se manifesta no desregramento sexual (*Elvis Presley, Beatles, Rolling Stones, Village People, a.C./d.C., Queen, Rod Stewart, Elton John, David Bowie*) ou no caráter exibicionista (Elvis Presley, Mick Jagger, Kiss.).

2. Rock in Rio. O assunto mais ventilado ultimamente tem sido inequivocamente o *Rock in Rio*, não obstante, opiniões discordes a respeito. Como homem cristão, não poderia alhear-me a esse evento que inexoravelmente induz milhares de jovens inabilitados às raias da perdição. O rock aparece no cenário musical nos idos de 1955, tendo grande aceitação em todo mundo, alcançando níveis sem precedentes da história humana. Há quem diga que o Rock não conhece fronteiras de idiomas, cultura, países ou raças.

Mas... O que dizer do rock como música e seus efeitos macabros? Todos nós sabemos, por mera intuição, que música expressa sentimento. Se voltarmos no tempo, onde nossos pais e avós cultivavam o inefável dom de cantar harmoniosas e poéticas músicas, melodias que nos adornavam e aformoseavam o espírito com seu sublime som, fazendo-nos perscrutar os meandros celestiais, certamente eles teriam seus espíritos arrebatados pelo som descompassado, estridente e angustiante do rock diabólico, tendo por características essenciais a subversão, violência, agressividade e irreverência indescritível.

O Rock como música agride o sentimento dos homens, acabrunhando, mortificando com sua arte sensual e frenética, ensejando o consumo indiscriminado de drogas, bebidas e outros estimulantes, desfigurando por completo a imagem e semelhança que outrora fora esculpida carinhosamente pelo Trino Deus.

O psicólogo George M. Bruno, da Califórnia, *EUA*, com suas pesquisas musicais, nos afiança que os discos gravados em inglês, quando eram ouvidos ao contrário, ou seja, sentido anti-horário, revelam mensagens ocultas e subliminares como veremos: **1° *Os Beatles*** — Revolution Number 9 — Ouve-se uma voz angustiante, quase inaudível que agoniza: "Tira-me daqui" (*get me out*); ou "Excita-me, homem morto" (*Turn me on, dead man*) repetindo oito vezes. **2° *O conjunto Eletric Light Orchestra*** — gravação com um milhão e meio de exemplares diz: "Cristo, ele é maldito" (*Christ, He is the nasty one*); e "Tu és infernal" (*You are infernal*). **3° *O conjunto Styx*** gravou o álbum *Paradise Theater*, a canção *Snow Blind*, na qual se ouve frases: "Apresenta-te, Satanás, manifesta-te em nossa voz" (e outras infinidades).

Como observamos, entre sons estridentes e, dissonantes, mesclados com gritos sinistros e agônicos, faces desfiguradas, escuta-se nada menos do que a própria voz do Satanás.

Numa canção gravada pelo conjunto *Black Oak Arkansas*, intitulada *When Electric Came to Arkansas*, escuta-se com nitidez estas blasfêmias: "Satanás, Satanás, ele é deus, ele é deus... Satan... Satan... he is god..."

Outro fator relevante que não se poderia deixar de falar é a mensagem subliminar, algo que ocorre com frequência no mundo hodierno, corroendo com engenhosidade a mente humana dada a sua eficácia, pois leva pessoas a praticarem algo de maneira inconsciente.

Uma pesquisa realizada nos EUA, em 1977, asseverou que, de mil moças, 900 delas conceberam seus filhos escutando música rock. Constatou-se também que cada música rock contém numa média de oito mensagens subliminares (dado fornecido pela revista mocidade) de origem satânica, como veremos mais algumas nítidas... **1° *'Canto porque vivo com Satanás'*** (*I sing because I live with Satan*). **2° *'Deus me abandonou'*** (*The Lord turned me off*); "Não há saída" (*There is nothing in it*). **3° *'Aqui está o meu doce Satanás'*** (*Here is to my Sweet Satan*); há poder em Satanás (*There is power in Satan*)...

Creio não haver mais necessidade de mostrar a malignidade do rock e suas nefastas consequências. A palavra de Deus tem sido dura para aqueles que se submetem à soberania de Satanás. Vemos que:

"Dizendo-se sábios, tornaram-se loucos. E mudaram a glória do Deus incorruptível em semelhança da imagem de homem corruptível, e de aves e répteis e quadrúpedes. Pelo que também Deus os entregou às concupiscências de seus corações à imundície, para desonrarem seus corpos entre si. Pelo que Deus os abandonou às paixões infames. Porque até as suas mulheres mudaram o uso natural, no contrário à natureza. E semelhantemente também os homens, deixando o uso natural da mulher, se inflamaram em sua sensualidade uns para com os outros, homens com homens, cometendo torpeza, recebendo em si mesmos a recompensa que convinha ao seu erro. E como eles são se importaram de ter conhecimento de Deus, assim Deus os entregou a um sentimento perverso para fazer coisas que não convém. Estando cheios de inveja, homicídio, contenda, engano e malignidade. Sendo murmuradores, detratores, aborrecedores de Deus, injuriadores, soberbos, presunçosos, inventores de males, desobedientes aos pais, néscios, infiéis, sem afeição natural, irreconciliáveis e sem misericórdia. Os quais conhecendo a justiça de Deus (que são dignos de morte eterna) os que tais coisas praticam, não somente as fazem, mas também consentem aos que as fazem" (Rm 1).

Oxalá, leitor, que seja tempo de se reconciliar com o soberano Deus, alienando-se do mundo e apegando-se a Jesus Cristo, pois só a ele devemos prestar culto de louvor, pois quem com Cristo não ajuntar inexoravelmente espalhará. A escolha é sua. *Hugo Guerrato Netto*, Bragança Paulista. (18 de janeiro, 1985, do jornal *O Estado de São Paulo*)

Bibliografia: E EP ES H NTI P

MÚSICA, INTRUMENTOS MUSICAIS

Ao leitor recomendamos que examine os seguintes artigos: *Música; Hino* (*Hinologia*); *Arte*. O último desses três artigos contém as principais teorias estéticas no tocante às artes (segundo ponto), além de comentar sobre a música sacra (terceiro ponto). Mas esse item ainda é mais amplamente desenvolvido no artigo chamado *Música*. A existência desses outros artigos possibilitam-nos concentrar aqui a atenção, principalmente, sobre os instrumentos musicais mencionados na Bíblia.

I. A Teoria da Música. A música é a mais abstrata das artes, como também a mais difícil de definir. Mas é inegável que também é a mais poderosa de todas as artes. A música é capaz de fascinar-nos, de inspirar-nos, ou, contrariamente, de degradar-nos. Assim, quando a música é de boa qualidade, podemos dizer juntamente com os poetas:

Música, o maior bem que os mortais conhecem,
E de tudo quanto temos abaixo dos céus.
John Addison

A música exalta cada alegria, suaviza cada tristeza,
Expele enfermidades, abranda cada dor,
Subjuga o poder do veneno e da praga.
John Armstrong

Com razão diz-se que a música é a língua dos anjos.
Thomas Carlyle

A música tem encantos que aplacam o peito selvagem,
Que amolece as rochas e dobram o carvalho nodoso.
William Congreve

Alguns filósofos têm pensado que a música não passa de brincadeira de adultos, que substituem os brinquedos das crianças por seus instrumentos musicais. Outros concebem a música apenas como uma expressão emocional, sem importar de qual tipo. Alguns pensadores já desistiram de tentar definir a música, supondo que se trata de uma daquelas coisas que estão acima da capacidade de conhecimento do homem. Também existem aqueles que opinam que a música provoca certos estados místicos; e, tendo a música tal poder, ela pode fazer coisas admiráveis em favor do bem, ou pode fazer coisas destrutivas, em favor do mal. Pessoalmente, sou dos que têm essa opinião, embora não seja capaz de oferecer uma definição *completa* sobre a natureza da música. Para exemplificar, há música que serve apenas para divertir; outra excita os pés, para que se ponham a dançar; outra deixa escapar o excesso de pressão nervosa; e ainda outra exprime verdades matemáticas ou da razão. Mas, é inegável que há música que parece provocar, inequivocadamente, estados místicos, podendo tanto elevar-nos quanto degradar-nos. O bem é exaltado; e o mal também pode ser elogiado pela música. Lewis Armstrong, o incrível virtuoso do trompete, disse: "Se alguém tiver de perguntar-me o que é o jazz, eu não sei". Para ele, o jazz era uma música tão poderosa que ele não professava ter conhecimento do que estava envolvido no mesmo, posto que soubesse que ele *sentia o poder* que brotava de dentro dele, quando ele tocava o seu instrumento. Há músicos, que tocam música de natureza positiva ou de natureza negativa, que, segundo eles mesmos confessam, entram em estados alterados de consciência quando tocam, tendo feito coisas, com seus instrumentos, que parecem estar acima de seu próprio conhecimento e habilidade. Em alguns concertos de rock *and roll*, o próprio diabo é invocado, e alguns dos astros desse tipo de música têm professado *temor* quanto ao que lhes tem sucedido no palco, mas, ainda assim, não interrompem a sua música.

A Apostasia na igreja. A música popular na igreja sempre se valeu de formas de música correntes na sociedade. Apesar de a música assim produzida ficar muito aquém da grandiosidade das formas clássicas, para exprimir os movimentos do espírito, pelo menos ela tem produzido uma música cuja mensagem é aceitável. No entanto, quando os cristãos começaram a utilizar-se de ritmos como o jazz e o rock, a decadência moral e espiritual lhes sobreveio. É conforme me disse um certo diácono: "Quando a música rock começou a ser usada na igreja, então foi *quando os* jovens da igreja começaram a perder o interesse pelo estudo da Bíblia, pelas escolas bíblicas e pelo trabalho missionário". Eu mesmo cheguei ao ponto de chamar o movimento dos *roqueiros* da igreja como parte da apostasia dos últimos dias. É simplesmente incrível que a música dos cabarés e dos lugares de prostituição e de uso de drogas tenha-se tornado uma forma de música aceitável para ser usada nas igrejas protestantes e evangélicas. Entretanto, a própria apostasia é uma manifestação incrível, derivada de muitas raízes e com muitos ramos. No artigo sobre a *Música* comentamos longamente essa questão, pelo que, aqui, limitamo-nos a esta simples declaração.

II. A Música no Antigo Testamento. Jubal aparece, em Gênesis 4.21, como uma espécie de protomúsico. Ele é ali chamado de pai de todos quantos tocam a harpa e a flauta. Porém, podemos ter a certeza de que a origem da música não tem data, antecedendo o uso desses dois instrumentos musicais. Não sabemos dizer que uso Jubal dava à sua música, embora saibamos dizer que a música sempre permeou todos os setores da sociedade. Mediante a música, celebram-se ocasiões como a colheita, alguma vitória militar, o nascimento de uma criança, o avanço de um exército, algum dia festivo. (Quanto a antigas alusões à música, no Antigo Testamento, ver Êx 32.17,18; Nm 27.17; Jz 11.34,35; Is 16.10; Jr 48.33). Há coisas específicas mencionadas, que eram acompanhadas por música, como a vitória dos israelitas em Jericó (Js 5.4-20); o entronizamento de reis (1Rs 1.39,40; 2Rs 11.14; 2Cr 13.14; 20.38); o entretenimento nos palácios reais (2Sm 19.35; Ec 2.8); as festas (Is 5.12; 24.8,9); a restauração de dons proféticos (2Rs 3.15). A moderna psicologia tem consciência de que a música tem o poder de até mesmo modificar radicalmente o comportamento das pessoas, sendo natural que a música acompanhe todas as variedades de acontecimentos entre os seres humanos, sejam bons sejam maus.

No tocante ao culto efetuado no tabernáculo não é dito muita coisa sobre a música, exceto que algumas poucas alusões, como em Êxodo 28.34,35, indicam que havia música. Sinetas de ouro eram presas à fímbria inferior das vestes de Aarão, de tal modo que faziam um sonido quando ele caminhava. Davi foi quem deu grande importância à música, em Israel, sendo ele mesmo um músico de habilidade, que tanto tocava instrumentos quanto compunha. Foi com ele que começou a profissionalização da música sacra em Israel, o que veio a tornar-se parte permanente do culto no templo. Quatro mil dentre os trinta e oito mil levitas escolhidos por Davi, para servirem no templo, eram músicos (ver 1Cr 15.16; 23.5). Havia quem somente tocasse instrumentos musicais, como também quem os tocasse e também cantasse. Em 1Crônicas 25.5,7, lemos sobre 288 músicos, divididos em 24 turnos de doze membros cada. Quanto aos muitos tipos de instrumentos musicais usados, ver a quarta seção deste artigo, abaixo.

A arqueologia e as referências literárias mostram que povos vizinhos dos israelitas, como os egípcios e os assírios, também contavam com guildas de músicos profissionais bem desenvolvidas, e que a música também era uma parte importante no culto religioso desses antigos povos. Por semelhante modo, havia um ativo comércio de importação e exportação de instrumentos musicais. Uma *midrash* (comentário) da vida de Salomão, na literatura judaica, informa-nos que uma de suas esposas egípcias recebeu mil instrumentos musicais como parte de seu dote. O intercâmbio de instrumentos musicais produziu a circunstância de que havia grande similaridade de instrumentos musicais, entre as culturas diversas existentes no antigo mundo bíblico.

Na cultura de Israel, os coros de vozes humanas eram compostos exclusivamente por homens, o que concordava com a ideia dos hebreus de que as mulheres deveriam ser excluídas do culto religioso. Apesar de a cultura hebreia caracterizar-se por um povo que apreciava o cântico e a dança, o próprio culto religioso não incluía dançarinos. E isso, mui provavelmente, a fim de serem evitados os maus exemplos dados pelos pagãos em seus ritos frenéticos e sensuais.

Em conexão com a religião dos hebreus, havia algum cântico público. Quanto a isso, a mais antiga referência de que dispomos pertence ao século I d.C. Assim sendo, é perfeitamente possível que isso tenha sido um costume que se instaurou só posteriormente. Havia três formas desse cântico: **1**. Um líder cantava uma parte, e então, essa parte era repetida pela congregação; o líder cantava outra parte, mas a congregação repetia o que cantara antes. **2**. Um líder cantava meia linha, e a congregação imediatamente repetia o que ele acabara de cantar. 3. Um líder cantava uma primeira linha inteira, e a congregação cantava a segunda linha.

Abandono da Música. Foi não muito tempo depois da destruição do templo de Jerusalém que a música instrumental caiu em desuso em Israel, para não mais ser reativada, embora o cântico jamais tenha sido abandonado. A sinagoga, que já era uma instituição bem forte, antes mesmos da destruição do templo, adquiriu importância suprema, depois que o templo desapareceu. O Talmude revela-nos que havia 394 sinagogas em Jerusalém, na época em que o seu templo foi destruído. Ali, a adoração tomava as formas de estudo e interpretação da Torá; de leitura das Sagradas Escrituras; de orações devocionais. No entanto, não havia holocaustos e sacrifícios e nem havia música instrumental.

III. A Música no Novo Testamento. No Novo Testamento não é dito muita coisa sobre a música, exceto no livro de Apocalipse. Há cerca de uma dúzia de passagens neotestamentárias que têm algo a dizer sobre a música. Cinco dessas passagens são de natureza metafórica (Mt 6.2; 11.17; Lc 7.23; 1Co 13.1; 14.7,8). Os cristãos primitivos aderiram às formas musicais dos hebreus, naqueles lugares onde a igreja contava com um forte núcleo judaico. Nas terras gentílicas, houve adaptações locais. O concílio de Laodiceia (364 d.C.) precisou condenar hinos não autorizados, o que nos permite saber que uma música indevida penetrou na igreja, em áreas de maioria pagã. O trecho de Mateus 26.30 e seu paralelo mencionam o uso de um hino, por parte de Cristo e seus discípulos, terminada a celebração da última ceia. Provavelmente, foi entoada a segunda metade dos Salmos 115-118. O trecho de Lucas 4.16-20, ao mencionar que Jesus leu as Escrituras, talvez também dê a entender que houve cânticos. As outras duas passagens que, nos Evangelhos, mencionam a música são Mateus 9.23 (música que acompanhava as lamentações pelos mortos) e Lucas 15.25 (houve música festiva, em conexão com a volta do filho pródigo). E a passagem de Atos 16.25 registra que Paulo e Silas cantavam hinos em louvor a Deus, quando estiveram encarcerados.

Uma Expressão dos Dons Espirituais. Cantar no Espírito pode ser uma forma de falar em língua musical, ou então, alguma espécie de hino espontâneo, dado por inspiração, como uma maneira de louvar ao Senhor. (Ver 1Co 14.15). Presume-se que algum estado de êxtase é que provoca esse tipo de cântico, sendo uma insensatez tentar imitar isso quando não há qualquer impulso do Espírito.

Os passos bíblicos de Efésios 5.19 e Colossenses 3.16 referem-se a salmos, hinos e cânticos espirituais, que eram utilizados na igreja primitiva. Sem dúvida, os "salmos" eram o entoar dos antigos salmos do Antigo Testamento, embora ninguém tenha conseguido determinar uma clara distinção entre as duas outras palavras. Mas parece que incluíam hinos que cada igreja local (ou área) compunha, e que talvez refletissem os tipos de músicas frequentes na localidade. Todos os aspectos do culto religioso, segundo se esperava, deveriam ser controlados pelo Espírito, embora isso não signifique que os cristãos primitivos acreditassem que sua música fosse inspirada. Todavia, existem hinos dotados de tanta graça, de tanta beleza, que temos de dizer que são produtos de uma criatividade especial, contando, pelo menos, com ajuda divina como inspiração (embora esta última palavra não deva ser entendida no seu sentido técnico, como se dá no caso das Santas Escrituras). Os cânticos expressam profundos sentimentos e convicções religiosas, e, com frequência, são úteis para exprimir a satisfação religiosa, conforme se vê em Tiago 5.13: *Está alguém alegre? Cante louvores.*

Música Escatológica. A trombeta será o instrumento musical que anunciará determinados atos grandiosos de Deus, como: a ressurreição dentre os mortos (1Co 15.52; 1Ts 4.16); o recolhimento dos eleitos (Mt 24.31); o anúncio dos julgamentos divinos, como aqueles do Apocalipse (Ap 8.2,6). Sem dúvida, temos aí um uso metafórico da música.

O Ruído da Ausência do Amor. Música compõe-se de harmonia e beleza, quando é de boa qualidade. O amor assemelha-se à música, se tiver de ser genuíno. Porém, a falta de amor nada mais é senão ruídos discordantes e dissonantes, como o bronze que soa ou o címbalo que retine, no dizer de Paulo, em 1Coríntios 13.1. No entanto, não há nessas palavras paulinas qualquer condenação à música instrumental nas igrejas, conforme alguns interpretam, equivocadamente.

IV. INSTRUMENTOS MUSICAIS MENCIONADOS NA BÍBLIA. Apesar dos textos bíblicos algumas vezes mostrarem-se obscuros quanto à natureza dos instrumentos musicais empregados nas terras bíblicas do mundo antigo, a arqueologia muito tem feito para dar-nos informações mais exatas sobre a questão. Podemos dividir os antigos instrumentos musicais em três categorias: os de corda; os de sopro; e os de percursão.

1. Instrumentos de Corda

a. A harpa (no hebraico, *kinnor*). Esse é o primeiro de todos os instrumentos musicais mencionados na Bíblia (ver Gn 4.21). Algumas traduções

Harpa egípcia

dizem ali *lira*, conforme a opinião da maioria dos eruditos. Ver também Gênesis 31.27. Esse era um instrumento portátil, o que se demonstra pelo fato de que os jovens profetas o levavam juntamente com três outros tipos (ver 1Sm 10.5). Não sabemos dizer se esse instrumento era tocado com a ponta dos dedos ou com algum objeto de tanger. As antigas pinturas murais dos túmulos egípcios mostram algum objeto de tanger, mas isso não tem de corresponder ao uso dominante em Israel. O trecho de 1Samuel 16.23 indica que o instrumento era tocado com as pontas dos dedos. Também não sabemos dizer quantas cordas tinha a harpa. Provavelmente, esse número variava. Josefo fala sobre uma *kinnor* com dez cordas. O hebraico que está por detrás de 1Crônicas 15.21 parece indicar oito cordas, mas isso já representa uma interpretação duvidosa. A harpa era feita de madeira, embora pudesse haver peças de metal, onde eram presas as cordas. O termo aramaico *qitros* que figura em Daniel 3, vem da mesma raiz de onde se deriva a palavra portuguesa guitarra. De fato, as harpas antigas eram muito mais semelhantes às guitarras, violões etc., do que às harpas modernas. Muitos eruditos pensam que os hebreus não tinham verdadeiras harpas, um instrumento de formato triangular, semicircular ou parecendo um crescente. As harpas egípcias tinham todos esses três formatos. Porém, visto que os arqueólogos encontraram tal instrumento no Egito, é possível que Israel tenha derivado dali o instrumento, fabricando-o tal e qual o faziam os egípcios. É possível que a palavra hebraica *nebel* refira-se à verdadeira harpa. Esse termo é traduzido, em nossa versão portuguesa por saltério (ver, por exemplo, 1Sm 10.5; 2Sm 6.5; 1Rs 10.12; 1Cr 13.8; 2Cr 5.12; Ne 12.27; Sl 33.2; 57.8; 150.3). Ou, então, por lira (ver Is 5.12; Am 5.23; 6.5), ou mesmo por harpa (ver Is 14.11). Portanto, não há uniformidade de tradução em nossa versão portuguesa, quanto a essa palavra hebraica. **b. Saltério** (no grego, *psalterion*). Um instrumento de cordas tocado com as pontas dos dedos. O termo grego *psallo* significa "tocar" ou "tanger", o que explica o nome desse instrumento. Essa palavra grega traduzia o termo hebraico *nebel* (ver acima). A maioria dos eruditos pensa que vários tipos de harpa eram assim chamados, de forma geral, ou mesmo exclusivamente. O trecho de 1Samuel 10.5 alude ao instrumento, o que parece mostrar uma origem fenícia do mesmo, visto que naquela porção do Antigo Testamento, o pano de fundo era a cultura fenícia. Uma das formas do instrumento tinha uma caixa de ressonância bojuda, parecida com a guitarra portuguesa, na extremidade inferior. Esse instrumento era feito de madeira. O termo hebraico *'asor*, que indica um instrumento de dez cordas, e, na *Septuaginta* (vide), algumas vezes é traduzido pelo vocábulo grego *psalterion*. Porém, também é possível que a *'asor* fosse apenas um tipo de *nebel*. **c. Cítara.** O trecho de Daniel 3.5 menciona esse instrumento musical como um daqueles que faziam parte da orquestra de Nabucodonosor. Alguns estudiosos pensam que a cítara (no hebraico, *sabbeka*) era uma espécie de harpa, pequena, de formato triangular, dotada de

Instrumentos de corda e percussão

INSTRUMENTOS MUSICAIS EGÍPCIOS

quatro ou mais cordas, e que tocava em tom alto. Estrabão (x.471) diz que se originara entre os bárbaros. Há traduções que dão a esse instrumento o nome de trígono, devido ao seu formato triangular. **d. Gaita de foles**. Esse instrumento também aparece em Daniel 3.5, como palavra derivada do aramaico, *sumponya,* mui provavelmente um vocábulo tomado por empréstimo do grego. Apesar de estar classificada aqui como um instrumento de cordas, a maioria dos eruditos pensa tratar-se de uma gaita de foles, e não de um instrumento de cordas, o que justifica plenamente a nossa versão portuguesa. **e. Saltério de dez cordas**. No hebraico, *'asor.* Provavelmente, uma lira com dez cordas (ver Sl 33.2; 92.3; 144.9). Há quem pense que esse instrumento era chamado *kithara* pelos gregos. Mas esse tinha de trinta a quarenta cordas e era tocado com um plectro, o que mostra que não era o mesmo instrumento referido no Antigo Testamento. **f. Lira**. Já abordamos esse instrumento sob o título *harpa,* acima. Provavelmente, os hebreus usavam tanto a harpa quanto a lira. Ao que parece, a lira era um instrumento de criação asiática, visto que só mais tarde entrou no Egito. Suas cordas eram feitas de tiras de intestino delgado de ovelhas, esticadas sobre uma caixa ressonante, então sobre um espaço vago, e então presas, na outra extremidade, a uma barra. Usualmente, o instrumento era tocado com um plectro em uma das mãos, enquanto a outra mão era usada para amortecer os sons. Um monumento encontrado em Beni-Hasã, com data de cerca de 1900 a.C., mostra semitas entrando no Egito, tocando liras. O chamado Obelisco Negro de Salmaneser III também exibe músicos tocando esse instrumento, diante de Senaqueribe, em Laquis.

2. Instrumentos de Sopro

a. Gaitas (no hebraico, *chalil*). Algumas traduções também traduzem essa palavra por "flauta". A palavra hebraica *chalil* deriva-se da ideia de "furar" ou "cortar". O termo grego correspondente, *aulós,* envolve a ideia de "soprar". Os eruditos hesitam entre um tipo de oboé e uma flauta. Essa palavra também pode ter um sentido geral, incluindo vários tipos de instrumentos de sopro. (Ver 1Rs 1.40; Is 30.29; Jr 48.36). No Novo Testamento, o substantivo *aulós* aparece exclusivamente em 1Coríntios 14.7. Mas o verbo correspondente ocorre por três vezes (Mt 11.17; Lc 7.32 e 1Co 14.7). **b. Pífaro** (no aramaico, *mashroqitha*). Esse termo acha-se somente em Daniel 3.5,7,10, um dos instrumentos babilônicos ali mencionados. A raiz dessa palavra, *saraq,* significa "soprar" ou "silvar". Vários instrumentos poderiam estar em foco, e talvez o flautim esteja em evidência entre as possibilidades. **c. Flauta**. No hebraico, *'ugab.* É difícil saber exatamente que instrumento musical seria esse, podendo ser um nome genérico para vários tipos de instrumentos de sopro. (Ver Gn 4.21; Jó. 21.12; 30.31; Sl 110.4). A *Septuaginta* (vide) dá nada menos de três traduções diferentes para a palavra hebraica envolvida, mas nenhuma delas parece corresponder a um instrumento de sopro, a saber: a guitarra, o saltério e o órgão. **d. Corneta** (no hebraico, *shophar*). No grego, *kéras,* no latim, *cornu*. Essa palavra hebraica pode indicar frascos para levar líquidos em pequenas porções, pois esses frascos eram feitos de chifres de boi. E também podia apontar para um pequeno instrumento como aquele que aparece no sexto capítulo do livro de Josué, quando trombetas foram sopradas e as muralhas de Jericó ruíram. **e. Trombeta** (no hebraico, *chatsotserah*). Deve ser feita a distinção entre a corneta, feita de chifre de boi e a trombeta, que já era um instrumento de metal (ver, por exemplo, Nm 10.2,8-10; 21.6; 2Rs 11.14; 12.13; 1Cr 13.8; 2Cr 5.12; Ed 3.10; Ne 12.35; Sl 98.6; Os 5.8). Na *Septuaginta* (vide), temos a tradução para o grego, *sálpinx*. No Novo Testamento, essa palavra grega ocorre por onze vezes (Mt 24.31; 1Co 14.8; 15.52; 1Ts 4.16; Hb 12.19; Ap 1.10; 4.1; 8.2,6,14 e 9.14). Além disso, a corneta era um instrumento militar, embora também pudesse ser usado em funções religiosas. Assim, esse instrumento até hoje é usado nas sinagogas judaicas. Já a trombeta era um instrumento sagrado, e nunca usado para fins militares.

3. Instrumentos de Percussão

a. Címbalo (no hebraico, *mena' an'im*), uma palavra hebraica de dúbio sentido, que a *Vulgata* traduziu como *sistra,* "guizos". A *Septuaginta* (vide) traduziu essa palavra por *kúmbala, o* que explica a tradução portuguesa. No entanto, dificilmente tratar-se-ia, realmente, do címbalo (ver 2Sm 6.5; Sl 150.5). Aquela palavra hebraica significa "vibrar". A arqueologia tem ilustrado vários tipos de guizos. Talvez se trate de algo assim. **b. Címbalo** (no hebraico, *metsiltayim,* "par

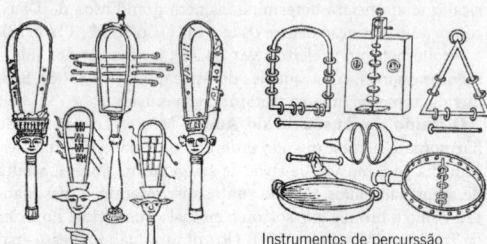

Tipos de prato

Instrumentos de percurssão

de címbalos"; ver 1Cr 13.8; 15.16,19,28; 16.5,42; 25.1,6; 2Cr 5.12,13; 29.25; Ed 3.10; Ne 12.27 ou *tseltselim,* "címbalos"; ver 2Sm 6.5; Sl 150.5). Dois tipos de címbalos têm sido achados pelos arqueólogos. Um desses tipos consiste em dois pratos achatados, feitos de metal, que eram batidos um no outro de forma ritmada; o outro tipo consiste em duas espécies de conchas, batida uma na outra. Aqueles termos hebraicos têm o sentido de "zunir". No grego, *kúmbalon,* "címbalo", palavra que ocorre somente uma vez em todo o Novo Testamento: 1Coríntios 13.1. **c. Tamborim**. No hebraico, *toph* (ver Êx 15.20; Is 5.12; 1Sm 18.6). A palavra grega correspondente é *túmanon*. Esse instrumento era parecido com o pandeiro brasileiro, tangido com a mão. Era usado pare acompanhar, ritmadamente, a música e a dança, nas festividades e nos cortejos.

BIBLIOGRAFIA. AM GRAD ND SAC STAI UN Z

Trombetas assírias e egípcias

MÚSICA — USOS METAFÓRICOS E CITAÇÕES

A mais bela música é a filosofia.
Sócrates

... harmonia existe nas almas imortais,
Ainda que, estando vestidos grosseiramente
em vestes de barro...
Shakespeare, Mercador de Veneza

... as estrelas da alva juntas alegremente cantavam.
Jó. 38.7

são semelhantes aos meninos que assentados
nas praças clamam uns aos outros e dizem:
Tocamo-vos flauta e não dançastes; cantámo-nos
lamentações e não chorastes.
Lucas 7.32

A música, foi bem dito, é o falar dos anjos.
Thomas Carlyle, Essays: The Opera

A música exalta todas as alegrias;
Alivia todas as dores;
Vence a raiva do veneno e da praga.
John Armstrong, Preserving Health

MUTILAÇÃO

Dentro do contexto religioso, essa palavra, "mutilação", era importante no antigo mundo religioso, por fazer parte do culto de certos deuses. A psicologia por detrás dessa prática era um autossacrifício nos termos mais enfáticos. Alguns religiosos ascetas, por alguma misteriosa razão, têm apelado para a mutilação do próprio corpo. Isso assumia muitas formas. Assim, o corpo era desfigurado, marcado com talhos na pele, deformado ou aleijado. Os motivos por detrás desses cruéis autossacrifício podiam ser os costumes tribais, as marcas de identificação de pertencer a alguma divindade, castigos em face de crimes e erros graves, disciplina ascética, símbolo de submissão a algum poder superior, ou propiciação pelos pecados.

A mutilação, como prática ou como castigo, era expressamente vedada pelas leis judaicas, tendo em vista tanto razões humanitárias quanto o fato de que as mutilações eram óbvias práticas pagãs. No entanto, se alguém mutilasse a outrem, teria de receber idêntico castigo, porquanto na lei mosaica impunha-se o princípio que diz olho por olho, dente por dente, ferimento por ferimento, queimadura por queimadura etc. (ver Êx 21.24,25). Em casos assim, a mutilação era aplicada como retribuição contra algum crime. A pena era executada pelo próprio ofendido, diante dos juízes. Se uma mulher, enraivecida contra um adversário de seu marido, o agarrasse pelos órgãos sexuais, de tal modo a prejudicá-lo, em retaliação teria decepada a sua mão (ver Dt 25.12). Isso posto, de acordo com a lei dos hebreus, a mutilação era proibida como um ato privado, embora ordenada como forma de retribuição judicial.

Aceitando certas palavras metafóricas de Jesus em um sentido literal, alguns cristãos antigos chegaram a mutilar-se. Estamo-nos referindo ao que ele disse em Mateus 5.29,30: *Se o teu olho direito te faz tropeçar, arranca-o e lança-o de ti; pois te convém que se perca um dos teus membros, e não seja todo o teu corpo lançado no inferno. E se a tua mão direita te faz tropeçar, corta-a e lança-a de ti; pois te convém que se perca um dos teus membros e não vá todo o teu corpo para o inferno*.

Porém, aquele que veio para cumprir a lei, não iria ensinar algo contra a lei, exigindo mutilações do corpo físico. E isso fica ainda tanto mais caracterizado quando se vê que não está em foco qualquer ato de retribuição judicial, e, sim, de controle próprio. Essas palavras de Cristo, pois, devem ser interpretadas em sentido metafórico: o crente deve estar disposto a impor rígida disciplina pessoal, sobre os seus impulsos. Essas palavras são paralelas àquelas de Paulo: ... *esmurro o meu corpo, e o reduzo à escravidão, para que, tendo pregado a outros, não venha eu mesmo a ser desqualificado* (1Co 9.27).

MUTUCA

Está em pauta um inseto que pica. Deve estar em vista a *Oestridae* ou a *Tabanidae* (moscardo). O moscardo espanta suas vítimas com um forte zumbido, ao aproximar-se das mesmas, e então inflinge uma dolorosa ferroada. Metaforicamente, parece que Nabucodonosor aparece como uma mutuca que, vinda do norte, desceu sobre o Egito (Jr 46.20). Isso ocorreu em 568 ou 567 a.C. Também é possível que a praga das moscas, no Egito, tenha consistido em moscardos, embora não haja como determinarmos exatamente a espécie. De fato, é bem possível que várias espécies tivessem estado envolvidas.

Sócrates considerava-se uma mutuca, uma pessoa que agrilhoava as mentes de seus ouvintes, para que dessem atenção aos seus ensinamentos. Sempre haverá lugar para esse tipo de mutuca entre os homens, fazendo-os sentirem-se em desconforto mental, quando forçados a reconhecer suas maneiras descuidadas e negligentes, sendo então induzidos a aprimorar suas maneiras ou seus conhecimentos. Todavia, as pessoas que assim procuram induzi-los nunca serão muito apreciadas. O conforto mental é por demais importante para muita gente.

MUXOXO

No hebraico, *naphach*. Esse vocábulo hebraico aparece somente por doze vezes, com o sentido de **"resfolego"**, **"sopro"** etc. Mas, em Malaquias 1.13 a ideia é que o povo israelita zombava de Deus e de seus mandamentos, ao oferecerem-lhe animais dilacerados como sacrifícios. Isso justifica a tradução "muxoxos", que aparece em nossa versão portuguesa.

NAÃ

No hebraico, **"solidão"** ou **"consolação"**. Nome de um irmão de Hodias, que foi a segunda esposa de Merede, a sua esposa judia. Ele foi pai de Queila, o garmita, e de Estemoa, o maacatita (ver 1Cr 4.19). Alguns identificam-no com o Isbá do versículo 17. Foi um dos chefes da tribo de Judá. Viveu por volta de 1400 a.C.

NAÃ

No hebraico, **"doçura"**, **"deleite"**. Esse foi o nome de um filho de Calebe, filho de Jefoné, da tribo de Judá (1Cr 4.15). Ele viveu em cerca de 1375 a.C.

NAALAL

No hebraico, **"pastor"**. Esse era o nome de uma cidade da tribo de Zebulom (ver Js 19.15). Foi entregue aos levitas (Js 21.35). Os homens da tribo de Zebulom encontraram muita dificuldade para desalojar os cananeus que ocupavam a região (ver Jz 1.30). Essa cidade tem sido identificada com o Tell en Nahl, que fica ao sul de Acre, perto de Haifa; mas também há estudiosos que preferem pensar no Tell el-Beida. O Talmude identifica com Ma'lul, a norte da moderna Nahalal, e cerca de 6,5 km a oeste de Nazaré, mas a arqueologia tem demonstrado que as ruínas ali existentes não são antigas o bastante para corresponderem àquela antiga cidade.

NAALIEL

No hebraico, **"vale"** ou **"torrente de Deus (El)"**. Esse foi o nome de um dos pontos de parada dos israelitas, quando caminhavam do ribeiro de Arnom a Jericó (ver Nm 21.19). Se esse nome aponta para uma torrente, e não para um vale, então talvez esteja em foco um dos tributários do ribeiro de Arnom. Seja como for, ficava perto de Pisga, ao norte do ribeiro de Arnom, embora sua localização exata não possa agora ser identificada.

NAAMÁ

No hebraico, **"doçura"**, *deleite*. Nome de duas mulheres e de uma cidade, que figuram nas páginas do Antigo Testamento: **1**. Nome de uma das quatro mulheres cujos nomes foram preservados nos registros bíblicos de antes do dilúvio. Todas essas quatro mulheres, com exceção de Eva, eram cananeias. Naamá era filha de Lameque e Zilá, e irmã de Tubal-Caim (Gn 4.22). Ela é a única filha cujo nome é mencionado, nas linhagens de Caim e de Abel. **2**. Uma das esposas de Salomão e mãe do rei Reoboão (1Rs 14.21,31, 2Cr 12.13). A cada menção, ela é distinguida como "amonita". E isso significa que ela era uma das mulheres estrangeiras que Salomão incluiu em seu numeroso harém. Ver 1Reis 11.1. Ela viveu em torno de 960 a.C. Ao menos parcialmente, foi devido ao casamento de Salomão com ela que Judá terminou por desviar-se do Senhor, em face da introdução dos lugares altos pagãos na cultura israelita, que se tornaram centros idólatras. A prostituição tornou-se parte integrante dessa idolatria, como sempre sucede, e o povo de Israel desviou-se para longe de suas raízes. Os manuscritos da Septuaginta grafam variadamente o nome dela, como Maacam, Maama, Naana, Nooma e Naama. **3**. Uma cidade existente nas planícies de Judá. Sua localização moderna não tem sido determinada com qualquer grau de certeza. Mas ela veio a tornar-se parte da herança territorial de Judá. Ficava entre Bete-Dagom e Maquedá (Js 15.41). Provavelmente, não deve ser confundida com a moderna cidade de Na'neh, a pouco menos de dez quilômetros ao sul de Lida, apesar da similaridade de nomes. A forma adjetivada do norte encontra-se na cidade de 'Araq Na'amon Zofer, que fica perto da Khirbet Fared que alguns estudiosos têm identificado como a cidade original de Naamá; mas outros eruditos não têm tanta certeza assim.

NAAMÃ

No hebraico, *deleite*. Há dois homens com esse nome, na Bíblia: **1**. O segundo filho de Bela, filho de Benjamim (Gn 46.21). Naamã foi o cabeça da família dos naamitas (ver Nm 26.40). Ao que parece, ele foi exilado por Bela, seu pai (ver 1Cr 7.7), ou, então, nessa passagem, o seu nome aparece como Uzi. Ele deve ter vivido em torno de 1876 a.C.

2. Naamã, o Sírio: *a. O Nome*. Como já vimos, no hebraico esse nome significa "deleite". Esse nome é confirmado como nome próprio nos textos administrativos do Ras Shamra, e também como epíteto de personagens reais, como Krt, 'Aght e Adonis. Em 2Reis 5.1 ss., essa palavra aparece como um nome próprio pessoal. Na Septuaginta, encontramos as formas Naiman e Neeman.

b. Comandante do Exército Sírio. Naamã comandava o exército sírio, em Damasco, nos tempos de Jorão, rei de Israel. Naamã foi homem habilidoso e corajoso, que merecia a posição que ocupara. O trecho de 2Reis 5.1 diz que ele era ... *grande homem... herói da guerra, porém leproso*. Isso posto, ele tipificava os homens em geral. Nos homens sempre haverá aquele *porém*, algo que lhes enfeia o caráter, que lhes macula a descrição. Era um adversário confesso do povo de Israel (ver 1Rs 20). Antes de sua conversão ao Senhor, o rei dos arameus, provavelmente Ben-Hadade II (de acordo com Josefo, Anti. 18.15,5), deu crédito a Naamã pelas muitas vitórias dos sírios, dependendo do seu gênio militar (5,1). Naamã era servo (alto oficial) do rei da Síria.

c. Intervenção Divina. Não há que duvidar que a lepra em muito humilhava Naamã e lhe servia de empecilho, apesar de suas outras qualidades. A esposa de Naamã recebeu como criada uma pequena menina israelita. Essa menina anunciou que em Israel havia um profeta que seria capaz de curar a lepra do general sírio (ver 2Rs 5.3,4). O rei sírio interessou-se pelo caso, e enviou um apelo, dirigido ao rei de Israel, por meio de uma carta (ver 2Rs 5.5). Mas o rei de Israel, longe de sentir-se lisonjeado, desconfiou que Ben-Hadade estava querendo achar uma desculpa tola para atacá-lo, e comentou: *Acaso sou Deus, com poder de tirar a vida, ou dá-la, para que este envie a mim um homem para eu curá-lo de sua lepra?* (vs. 7). Mas o profeta Eliseu ouviu falar no incidente, e sugeriu que Naãma lhe fosse enviado, porque ele se dispunha a ser o agente humano daquela cura divina. Naamã havia solicitado a interferência do rei da Síria, provavelmente por pensar que a sua presença no território de Israel haveria de causar dificuldades, a menos que lhe fosse permitido o ingresso em Israel, devido a uma razão específica. Não é provável, contudo, que Naamã tivesse pensado que o rei de Israel pudesse fazer por ele alguma coisa. Seja como for, a questão chegou ao conhecimento do homem certo, Eliseu. Todo esse relato mostra-nos como a *Providência de Deus* pode operar das maneiras mais surpreendentes. A menina israelita escravizada foi o primeiro elo dentro dessa cadeia de acontecimentos providenciais.

d. Uma Tola Pompa. Naamã estava doente e precisava de ajuda. Porém, chegou diante da casa de Eliseu com toda a pompa inútil que sua importância social lhe permitia (vs. 9). Chegou mesmo a esperar que Eliseu viesse vê-lo a fim de prestar-lhe as devidas honrarias, pois, para Naamã, parecia que Eliseu lhe era socialmente inferior, apesar do fato de que ele tinha a reputação de ser grande profeta (Ver o vs. 4). Em seguida, recusou-se a obedecer às instruções simples que Eliseu lhe havia mandado, ou seja, mergulhar por sete vezes nas lamacentas águas do rio Jordão. Todos sabiam que na Síria havia rios mais limpos e mais bonitos, nos quais Naamã poderia lavar-se. Mas é que aqui é dada uma outra lição ao mundo: quando Deus intervém, é ele quem dita as regras. O primeiro passo da sabedoria consiste na obediência.

e. *Yahweh estava usando Naamã*, além de ajudá-lo, mas não exatamente conforme o general sírio havia antecipado. O plano de Deus nem sempre é claro para nós, e nem é lógico, segundo o nosso ponto de vista, no entanto, mostra-se sempre eficaz. Uma de nossas mais preciosas doutrinas é a da *Providência de Deus* como nosso Pai. E equivocamo-nos quando pensamos que essa providência só opera em prol daqueles a quem consideramos "justos". Deus sempre pensa maior do que os homens.

TRADICIONAL CASA DE LEPROSOS

f. *Os Servos Fazem a Parte que Lhes Cabe*. Os servos de Naamã salientaram que Eliseu não determinara nenhuma coisa difícil. De fato, se o tivesse feito, Naamã estaria ansioso para provar o seu valor. Naamã afastara-se, aborrecido, diante de uma tarefa simples, que visava ao seu próprio *bem-estar*. Somente a intervenção de seus humildes servos impediu que ele desse vazão à sua ira e deixasse de atender a tão simples recomendação. Esse aspecto do incidente (vss. 13 ss) mostra-nos como a arrogância do homem lhe é prejudicial. A verdade é que uma das principais características do ser humano é a arrogância, que se apega a ele como uma praga.

g. *O Grande Milagre*. Naamã mergulhou nas barrentas águas do Jordão por nada menos que sete vezes. Ao sair da água pela sexta vez, continuava leproso. Temos nisso uma lição sobre a necessidade de completa obediência. Porém, ao sair das águas do Jordão pela sétima vez, ... *sua carne se tornou como a carne duma criança, e ficou limpo* (vs. 14). Ali estava a manifestação do poder de Deus, de cuja conclusão ninguém seria capaz de escapar. Ver o artigo sobre os *Milagres*. Até os nossos próprios dias, os homens de ciência tentam encontrar a cura para a lepra; e parece que um grande avanço, nessa direção, está prestes a ser conseguido. Talvez os homens, com seus medicamentos, consigam fazer o que a simples palavra de Deus sempre foi capaz de fazer, com maior eficiência. Há coisas que simplesmente não podemos fazer contando com nossos próprios recursos. E, então, é quando precisamos da intervenção divina.

h. *Um Naamã Transformado*. Ninguém poderia ser curado conforme Naamã o foi, e não sair dali uma pessoa diferente. Naamã prontamente confessou que *Yahweh* é o único verdadeiro Deus. E pediu que lhe fosse dada a carga de terra, do solo de Israel, que dois mulos pudessem transportar, para que a levasse consigo, quiçá para que pudesse adorar *Yahweh* diante de um "altar de terra". (Êx 20.24). Naamã sabia que seu senhor (o rei da Síria) havia de continuar com seu culto pagão (vs. 18), e que ele (Naamã), teria de acompanhar o rei; mas seu coração não estaria dedicado a tal culto. E pediu que Eliseu o perdoasse por esse pecadilho. E Eliseu disse-lhe que se fosse em paz, o que talvez indique uma certa liberalidade de sua parte, deixando com o próprio Naamã a solução para seu problema de consciência. É que existem coisas que não estão sujeitas ao nosso controle pessoal.

i. *O Oportunista e Cobiçoso Geazi*. Ver o artigo sobre Geazi. Naamã ofereceu riquíssimos presentes a Eliseu, embora este nada tivesse cobrado por seus serviços. Mas quando Naamã já ia a certa distância, Geazi, que fora testemunha da falta de interesse pelo dinheiro, da parte de Eliseu, não conseguiu resistir e saiu atrás do general sírio. E disse uma inverdade a Naamã, afirmando que Eliseu mudara de parecer, precisando agora de algum dinheiro e de boas vestes. Como já seria de esperar, imediatamente Naamã entregou a Geazi o que este lhe solicitou. E assim pelo menos temporariamente, Geazi tornou-se um homem rico. Mas, ao voltar, Eliseu perguntou-lhe onde estivera. E a resposta de Geazi foi outra estúpida mentira, para encobrir um estúpido erro: *Teu servo não foi a parte alguma* (vs. 25). Como castigo, a lepra de Naamã apareceu subitamente no corpo de Geazi; e o profeta disse que os seus descendentes também seriam afligidos por essa afecção cutânea. Destarte, a punição de Geazi foi tão severa quanto o milagre fora extraordinário. Talvez a misericórdia de Deus tenha intervindo em favor de Geazi em algum ponto do futuro, pois a misericórdia e o amor de Deus ainda são mais poderosos do que a profecia.

j. *Naamã é Mencionado por Jesus*. No trecho de Lucas 4.27, o Senhor Jesus aludiu à cura de Naamã como um exemplo da graciosidade de Deus em favor dos homens, uma graça não limitada ao povo de Israel. Isso antecipou a universalidade da missão cristã e o raiar de um novo dia para a humanidade.

NAAMANI

No hebraico, **"compassivo"**. Esse era o nome de um dos líderes da tribo de Judá. Ele retornou a Jerusalém em companhia de Zorobabel, terminado o cativeiro babilônico (Ne 7.7). Seu nome não figura no trecho paralelo de Esdras 2.2. E em 1Esdras 5.8 ele aparece com o nome de Epênio. Viveu em torno de 536 a.C.

NAAMANITAS

Essa palavra refere-se aos descendentes de Naamã, filho de Bela (Nm 26.40; 1Cr 8.4), que, por sua vez, era filho de Benjamim.

NAAMATITA

Um epíteto aplicado a Zofar, um dos consoladores molestos de Jó (ver Jó 2.11; 11.1; 20.1; 42.9). Esse adjetivo gentílico significa "habitante de Naamã". Fora de Israel, não se sabe de nenhum lugar com esse nome; mas os eruditos especulam que está em pauta algum lugar na Arábia. É verdade que há uma cidade em Sefelá com esse nome, que é mencionada em Josué 15.41, mas essa está excluída por uma questão cronológica. Contudo, há uma localidade na porção noroeste da Arábia, chamada Djebel-el-Naamen, que poderia assinalar o antigo local.

NAARÁ

No hebraico **"menina"**. Nome da esposa de Asur, que pertencia à tribo de Judá. O casal teve quatro filhos (ver 1Cr 4.5,6).

Ela viveu por volta de 1560 a.C. Outros estudiosos pensam que esse nome significa, em hebraico, "posteridade", "rebento".

NAARAI

No hebraico, **"resfôlego"**. Ele foi um homem beerotita (da cidade de Beerote), e foi um dos trinta poderosos guerreiros de Davi. Acompanhou Davi quando este fugia de Saul. Foi armeiro de Joabe, um dos generais de Davi. (Ver 1Cr 11.39; 2Sm 23.37). Viveu em cerca de 975 a.C.

NAARATE

Uma cidade desse nome é mencionada em Josué 16.7. Parece que ficava em uma das fronteiras do território da tribo de Efraim, ou, então, ficava imediatamente dentro da mesma, visto que o trecho de 1Crônicas 7.28 a menciona como pertencente ao território de Efraim. Eusébio, o grande historiador eclesiástico, refere-se a uma Noorate, que parece tratar-se do mesmo local. Ficava cerca de cinco milhas romanas ao norte de Jericó, e tem sido identificada com a moderna 'Ain Duq. Ali existem fontes no sopé das colinas da Judeia. Provavelmente, trata-se daquilo que, em Josué 16.1 é chamado de "águas de Jericó". Josefo (Anti. 17.13) diz-nos que Arquelau, após ter reconstruído Jericó, desviou metade dessas águas, a fim de suprir de água a aldeia de Neara (outra forma do nome daquela cidade). Alguns estudiosos favorecem, como identificação, a Khirbet el'Ayash, que existe nas circunvizinhanças.

NAÁS

No hebraico, **"serpente"**. Mas outros pensam que a palavra está ligada ao acádico *nushu*, "magnificência". Esse é o nome de duas personagens que figuram nas páginas da Bíblia, a saber: **1**. Um homem mencionado somente em 2Samuel 17.25, onde figura como pai de Abigail e Zeruia, as quais, algures, são chamadas de "irmãs" de Davi. Destarte, ou Naás era um outro nome de Jessé ou, então, ele foi outro marido que tivera a mãe de Davi. Quanto a essa questão, devemos considerar os seguintes pontos: *a*. Há uma tradição rabínica que fez esses dois nomes, Naás e Jessé, aplicarem-se a um único indivíduo. *b*. O deão Stanley supunha que Naás foi o rei dos amonitas. A mãe de Abigail e Zeruia teria sido esposa ou concubina desse rei; posteriormente, porém, ela ter-se-ia tornado esposa de Jessé, e mãe de seus oito filhos, o último dos quais foi Davi. *c*. Ainda outros peritos supõem que Naás deve ser entendido como um nome feminino, o nome da esposa de Jessé. A genealogia de 1Crônicas 2.16 parece fazer de Abigail e Zeruia irmãs de Davi; e é desse detalhe que a dificuldade surge. **2**. Um rei dos amonitas, que se tornou famoso pelas duríssimas condições de capitulação que ele impôs aos habitantes de Jabes-Gileade. Ele exigiu que fosse vazado o olho direito de todos os homens do lugar, para que cessassem as hostilidades. Mas Saul convocou os homens armados de todo o Israel, e, finalmente, conseguiu derrotá-lo (ver 1Sm 11.1-11; 12.12). Posteriormente, porém, esse mesmo homem tratou lealmente com Davi, provavelmente porque Saul e Davi se tinham tornado inimigos. Seja como for, ele tratou Davi bondosamente, em um tempo de necessidade. E Davi não se esqueceu disso, quando subiu ao poder (ver 2Sm 10.2; 1Cr 19.1,2).

NAASSOM

No hebraico, **"oráculo"**, ou **"encantador"**. (Ver Êx 6.23; Nm 2.3; 7.12-17; Mt 1.4; Lc 3.32). Dentro das genealogias de Jesus, Naassom é chamado filho de Aminadabe. Foi um dos chefes da tribo de Judá, ao tempo do êxodo. E quando das vaguear de Israel pelo deserto, ele foi o líder dessa tribo. Naassom, sem dúvida, era homem dotado de considerável autoridade. Sua irmã, Eliseba, casou-se com Aarão (ver Êx 6.23). Sua linhagem inclui nomes como Salma, Boaz, Obede, Jessé e Davi (ver Rt 4.20 ss.; 1Cr 2.10 ss.). Sendo um dos progenitores de Davi, naturalmente ele aparece como um dos antepassados de Jesus, o Cristo.

NAATE

No hebraico, **"descanso"**, **"quietude"**. Nome de três homens que figuram nas páginas do Antigo Testamento: **1**. O primeiro dos quatro filhos de Reuel, filho de Esaú, e que veio a ser um dos líderes dos edomitas (Gn 36.13,17). Viveu por volta de 1890 a.C. **2**. Um levita coatita, antepassado do profeta Samuel (1Cr 6.26). Esse homem é chamado Toú, em 1Samuel 1.1, e Toá, em 1Crônicas 6.34. Viveu em torno de 1170 a.C. **3**. Um levita encarregado dos dízimos e ofertas sagradas, nos tempos do rei Ezequias (2Cr 31.13). Viveu em torno de 725 a.C.

NAATUS

Em 1Esdras 9.31, Naatus aparece como filho de Adi e como um daqueles judeus que retornaram da Babilônia e tiveram de divorciar-se de suas esposas estrangeiras, segundo as condições do pacto encabeçado por Neemias, que requeria a renovação de antigos votos, incluindo o da segregação racial, como medida contra a corrupção da fé hebreia. O trecho paralelo de Esdras 10.30 diz Adna, que alguns tomam como menção ao mesmo homem. Porém, para dificultar essa interpretação, ali Adna aparece como um dos filhos de Paate-Moabe. Ver o artigo sobre *Paate-Moabe*.

NABAL

No hebraico, **"insensato"**. Nabal era descendente de Calebe e vivia em Maom, que ficava cerca de treze quilômetros ao sul de Hebrom. Ver o relato em 1Samuel 25.2 ss. era homem rico, dono de três mil ovelhas e mil cabras. Os seus rebanhos ocupavam certa área perto do Carmelo, o atual Kurmul, imediatamente ao norte de Maom. O versículo terceiro diz que ele era homem de má disposição. Enquanto fugia de Saul, Davi esteve na região, e protegera os animais de Nabal dos beduínos assaltantes (vss. 15,16). Chegou o tempo da tosquia dos animais, o que geralmente era um tempo festivo, quando a hospitalidade tornava-se mais franca do que era usual. Davi pensou em receber alguma recompensa, naquele período festivo pela proteção que havia dado aos homens e aos rebanhos de Nabal, enviando a este dez de seus homens solicitando hospitalidade. Mas Nabal, em consonância com sua disposição irritadiça, referiu-se a Davi como um "joão-ninguém" repelindo-lhe assim a solicitação. E assim, Davi, para mostrar que era "alguém", marchou na direção da propriedade de Nabal, com quatrocentos de seus homens. Ora, a esposa de Nabal era uma mulher bonita e inteligente, de nome Abigail. Ao saber do avanço de Davi, enviou-lhe mensageiros com provisões de boca, a fim de aplacá-lo. Isso impediu que Davi tirasse a vida a Nabal, o que, naturalmente, estava prestes a acontecer. Entrementes, Nabal resolvera que era próprio o momento para embriagar-se. Mais tarde, ao tomar conhecimento do que sua esposa fizera, e de como escapara por pouco de ser morto, foi atingido por um derrame cerebral, e faleceu cerca de dez dias mais tarde (1Sm 15). E visto que Abigail era mulher sábia e bela, estando agora viúva, Davi fez dela outra de suas esposas.

NABARIAS

Esse foi o nome de um sacerdote que ajudou Esdras na leitura das Sagradas Escrituras, diante do povo reunido de Israel, depois que os judeus voltaram a Jerusalém, terminado o cativeiro babilônico (ver 1Esdras 9.44). Ele deve ter vivido em torno de 486 a.C. Seu nome nunca é mencionado nos livros canônicos do Antigo Testamento.

NABATEUS

1. O Nome. Esse era o nome de um povo que descendia de Nabaiote, que significa "frutificação". Nabaiote foi o filho primogênito de Ismael (Gn 25.13; 1Cr 1.29). Damos um artigo separado sobre ele. Nabaiote foi também cunhado de Edom (Gn 25.13; 28.9). Há uma inscrição assíria, de Assurbanipal (de cerca de 650 a.C.), que alude aos nabaiates, aparentemente a mesma gente. Todavia, diferenças ortográficas na maneira de grafar tal nome impedem os estudiosos de fazer uma afirmativa segura a respeito.

2. Caracterização Geral. Os nabateus eram um povo árabe cujo reino expandiu-se, no passado, até Damasco, na direção norte. Perto dos fins do século IV a.C., eles estavam firmemente estabelecidos em Petra, que atualmente faz parte do reino da Jordânia. A cidade de Petra era então a capital dos nabateus, e exercia considerável influência ao redor. Eles forçaram os edomitas a retirarem-se para uma área ao sul do território de Judá. Petra ficava localizada na rota comercial que ligava o sul da Arábia à Síria, pelo que os nabateus floresceram economicamente no segundo e no primeiro séculos antes da era cristã, bem como no primeiro século de nossa era. Parte dessas riquezas derivavam-se de taxas alfandegárias, impostas sobre os produtos que por ali transitavam. Aretas IV (9 a.C. a 40 d.C.) foi o mais poderoso monarca nabateu, e a cidade de Damasco caiu sob o seu controle. Entretanto, Trajano, imperador romano, conquistou aquela área, em 105 d.C., a qual foi reduzida à condição de província romana.

3. Esboço de Informes Históricos. Entre os séculos VI e IV a.C., os nabateus estavam debaixo da hegemonia de Edom e de Moabe. Mas, os nabateus terminaram por controlar as rotas comerciais que lhes atravessavam os territórios; e o auge desse controle foi atingido no período de 200 a.C. a 100 d.C. Petra era a grande cidade-fortaleza dos nabateus. Muitas aldeias dos nabateus desenvolveram-se na Palestina.

Os nabateus cultivavam terras antes desérticas, mediante o sistema de irrigação planejado pelos seus engenheiros. Continuam em uso, até hoje, muitos dos reservatórios e das represas por eles construídos. Aretas I, em cerca de 170 a.C. (ver 2Macabeus 5.8) tornou seguras as rotas comerciais para os caravaneiros. O comércio com lugares distantes, como a Índia, a China e Roma, aumentou em muito as rendas dos nabateus. O imperador César Augusto (em 25 a.C.) não conseguiu conquistar a Arábia, pelo que os produtos daquele comércio internacional tinham de atravessar o território dos nabateus, multiplicando-lhes as riquezas. Surgiram moedas cunhadas em pedra, e até uma forma escrita. Esses registros eram escritos em aramaico, em uma forma de escrita quadrada. Mas, papiros encontrados no deserto da Judeia, bem como óstracos achados em Petra, exibem uma forma cursiva dessa mesma escrita. E é justamente dessa última que se deriva a forma escrita do árabe moderno. Incidentalmente, o uso do aramaico mostra o grande intercâmbio cultural que prevalecia naquela época. Também houve outras assimilações, nos campos da cultura geral e da religião. Assim, o panteão nabateu chegou a incluir as divindades sírias Hadade e Atargate (Astarte). Os nabateus também vieram a tornar-se artífices de excelente qualidade, tendo desenvolvido estilos próprios.

O Neguebe, ao sul, e Damasco, ao norte, chegaram a ser controlados por Aretas III (cerca de 70 a.C.); Aretas IV (cerca de 9 a.C. a 40 d.C.) levou o poder dos nabateus ao seu ponto culminante. Foi esse o homem que tentou deter o apóstolo Paulo em Damasco, conforme se lê em 2Coríntios 11.32. Malico III e Rabel II, os últimos monarcas nabateus, mudaram a capital de Petra para Bostra, a pouco mais de cento e dez quilômetros a leste da Galileia. Então, essa cidade veio a tornar-se a capital da província romana que não demorou a formar-se ali (em 106 a.C.), conforme foi dito acima. Dessa maneira, os nabateus perderam a sua independência, e acabaram sendo absorvidos pelos demais povos que residiam na área. Mas a maneira de escrever dos nabateus continuou em uso até dentro do século IV d.C. Em Isaías 63.1, Bostra é chamada Bozra (vide).

NABI

No hebraico, segundo uns, **"oculto"**; mas, segundo outros, **"Yah é consolo"**, ou **"Yah é proteção"**. Ele era filho de Vopsi, que fora enviado como representante da tribo de Naftali como um dos espias que exploraram a terra de Canaã, antes de sua invasão pelos israelitas. (Ver Nm 13.14). Viveu em torno de 1440 a.C.

NABONIDO

1. Caracterização Geral. Nabonido foi o último governante do império neobabilônico (556-539 a.C.). Nas inscrições em escrita cuneiforme ele é chamado Nabunaid. Seu filho foi Belsazar, o famoso anti-herói do quinto capítulo do livro de Daniel. Belsazar foi uma espécie de corregente com seu pai, desde o terceiro ano de seu governo até à captura da cidade da Babilônia por Ciro, o Grande, fundador do império persa (539 a.C.). Nabonido foi também o último dos reis babilônicos a reparar o *zigurate* (vide) construído em honra ao deus-lua, Sim, em Ur dos Caldeus. Nenhum documento babilônico afirma que Belsazar, filho de Nabonido, estava presente por ocasião da queda da Babilônia; mas essa possibilidade também não é eliminada, pois o silêncio não é contra a exatidão do relato feito por Daniel. Até onde o quinto capítulo do livro de Daniel tem sido confirmado pelas descobertas arqueológicas, a sua exatidão tem sido plenamente confirmada. Por conseguinte, não se faz mister nenhum grande salto de fé para que aceitemos a historicidade do incidente que envolveu Belsazar, ali contado.

2. Pontos de Interesse

a. Fontes Informativas. Uma crônica babilônica (BM 35382) conta a respeito de Nabonido, como também o fazem três estelas de Harã, além de uma narrativa histórica do reinado de Ciro. Heródoto e Beroso adicionam detalhes sobre a história e as condições econômicas da época. Na Bíblia, o livro de Daniel acrescenta algo sobre a queda da Babilônia. Josefo (Anti. 10.11,2) dependeu pesadamente do que diz o livro de Daniel.

b. Família. O pai de Nabonido chamava-se Nabu-Balatsu-lquibi, e Nabonido era filho único. A filha de Nabonido, Bel-Shalti-Nanar, tornou-se a suma sacerdotisa do deus-lua, Sim, em Ur dos Caldeus. E o filho de Nabonido, Belsazar, governou juntamente com seu pai, como corregente, já nos fins do império neobabilônico. Talvez estivesse ligado a Nabucodonosor por efeito de casamento.

3. Reinado. O nome de Nabonido aparece em um contrato feito no oitavo ano de Nabucodonosor. Se temos aí, realmente, uma alusão a ele, então isso nos permite saber que ele foi um dos principais oficiais da cidade da Babilônia, antes mesmo de tornar-se rei. Nessa época, os conflitos eram comuns, e é possível que Nabonido tenha sido o Labineto que atuou como intermediário babilônico junto aos poderes cilicianos lídios e medos, em cerca de 585 a.C. Depois que Nabucodonosor deixou de ser rei, as contas sacudiram os membros de sua família, que lutavam procurando sucedê-lo no trono. Assim, seu filho, Evil-Merodaque, foi rei durante dois anos; seu genro, Neriglissar, foi rei por quatro anos, e um outro filho, de nome Labasi-Marduque, foi rei por dois meses. Em seguida, apareceu Nabonido, que conseguiu reunir as facções em luta, tornando-se o único monarca. Cerca de dois anos mais tarde, permitiu que seu filho, Belsazar, se tornasse seu corregente, com deveres que a história não define. O fato é que Nabonido envolveu-se em obras de cunho religioso, tendo restaurado o templo de Sim, o deus-lua, em Harã. Em seguida, deu início a uma série de conquistas militares que chegaram a expandir um pouco as fronteiras do império. Nabonido manteve-se em contato com sua capital, Babilônia, mas esteve envolvido em muitas coisas, inclusive de natureza comercial. Mas as coisas não iam bem com a Babilônia, ameaçada por uma terrível inflação. E Nabonido declarou que essa situação devia-se aos muitos e grandes pecados do povo. Finalmente, Nabonido retornou à capital, onde fez obras de reparo nos santuários mais importantes dos deuses, demonstrando assim sua preocupação religiosa. E edificou um santuário em honra ao deus-sol, Samás, em Sipar.

Entretanto, as coisas iam de mal a pior para a Babilônia, militar e economicamente. Os medos varreram a zona a leste do rio Tigre, bem como porções elamitas do sul da Babilônia. Em seu fervor religioso, Nabonido trouxe para o interior da cidade da Babilônia as estátuas dos deuses, na esperança de que isso fizesse cessar o avanço de seus inimigos. Mas os persas atacaram a Babilônia em 539 a.C. Belsazar acabou sendo morto (ver Dn 5.30) e Nabonido fugiu para Borsiba. Mas, isso não impediu que acabasse sendo feito prisioneiro ali. As tradições informam-nos que Nabonido morreu no exílio, na Carmânia (ver Josefo, Anti. 1.20). Ciro, o persa, tornou-se o novo governante da Babilônia. Tinha começado assim o império persa, o segundo dos grandes impérios mundiais das profecias bíblicas. Ver Daniel 2 e 7.

4. Religião. O parágrafo acima destaca a religiosidade de Nabonido. Na realidade, ele foi um reformador religioso que levava a sério a sua fé, embora estivesse equivocado quanto à sua validade. Parece que ele tentou substituir Marduque pelo deus-lua, Sim, como a principal deidade do império. Quanto a isso, sofreu a oposição dos sacerdotes de Marduque. Porém, fora da cidade da Babilônia, ele encabeçou livremente as reformas religiosas, conforme as suas preferências. Todavia, não abandonou Marduque e outros deuses pagãos. Além disso, Nabonido mostrou interesse pelas coisas do passado, e os estudiosos têm-no chamado de "arqueólogo real", devido às suas investigações e à restauração de antigas obras escritas, relacionadas aos santuários pagãos. No entanto, quando o império babilônico se esboroou, ele foi acusado de não ter mostrado o suficiente entusiasmo pela adoração aos deuses, o que teria provocado a queda desse império ante o desagrado das divindades. Ciro chegou a vilipendiá-lo, acusando-o de todo tipo de impropriedade; mas isso talvez tenha refletido apenas uma propaganda de oposição.

5. A Oração de Nabonido. Heródoto dava o mesmo nome de Labineto tanto a Nabucodonosor quanto a Nabonido. Desse modo, a oração registrada em Daniel 4.23-33 pode ter sido feita por Nabonido, e não por Nabucodonosor; mas esse ponto é disputado pelos especialistas. Seja como for, há um texto escrito em aramaico, proveniente de Qumran (vide) que encerra uma oração feita por esse homem, e que foi proferida quando ele foi afetado por uma severa afecção de pele, durante sete anos, em Teima. Nabonido ali confessa os seus pecados. E ali também é contado como um judeu recomendou-lhe que adorasse exclusivamente o Deus de Israel, como sábia medida para que ele recuperasse sua saúde física e espiritual

NABOPOLASSAR

No caldaico, **"Nabu, protege o filho!"** ele foi rei da Babilônia de 626 a 605 a.C. Foi o primeiro rei da dinastia caldeia. Foi o pai de Nabucodonosor II. Começou sua carreira como um pequeno chefe caldeu do sul da Babilônia. Tornou-se rei por ocasião da morte do rei Assurbanipal, da Assíria, em 626 a.C. Em seguida, Nabopolassar obteve rápidas vitórias sobre os assírios, tendo conquistado Nipur e Uruque, de tal modo que, no espaço de poucos anos, já era o senhor da Babilônia inteira.

A fim de garantir o futuro, estabeleceu aliança com Ciaxares, rei dos medos. O casamento entre membros das duas famílias selou o acordo. Ele e os medos conquistaram a cidade de Nínive, em 612 a.C. e o império assírio foi dividido entre os vitoriosos. A parte sul do império assírio coube a Nabopolassar. Em 609 a.C., Harã, a última das fortalezas assírias, caiu, e a Babilônia tornou-se o poder supremo. No entanto, Nabopolassar teve de enfrentar os egípcios, que estavam querendo obter uma fatia do ex-império assírio. Foi Nabucodonosor, o príncipe herdeiro, que conseguiu fazer os egípcios retrocederem, tendo obtido sobre eles uma completa vitória, em 605 a.C. Naquele mesmo ano, Nabopolassar morreu na Babilônia.

Nabopolassar gostava de apresentar-se como um rapaz humilde que muito subiu na vida; mas ele nunca conseguiu deixar de jactar-se de haver derrotado a Assíria. Após tal vitória, ele realizou algumas notáveis obras públicas, nos campos da irrigação e do embelezamento da Babilônia.

Nabopolassar não é mencionado na Bíblia. Mas Josias, rei de Judá, durante a época de Nabopolassar, pode ter mantido relações amistosas com ele, da mesma maneira que Ezequias fora aliado dos babilônios, o que pode ter criado uma atmosfera de amizade entre os hebreus e os babilônios. Todavia, essas relações amistosas em breve seriam envenenadas com o cativeiro babilônico de Judá. Josias, rei de Judá, perdeu a vida em Megido, na fútil tentativa de fazer estacar a marcha do exército egípcio, que pretendia ajudar aos assírios, que estavam sendo atacados por medos e babilônios.

NABOTE

Esse nome próprio origina-se do árabe, **"rebento"**, **"fruto"**. Nabote era proprietário de uma vinha que o rei Acabe cobiçara, visto que ficava contígua ao seu palácio, em Jezreel (ver 1Rs 21.1-29).

O rei Acabe tentou adquirir as terras do Nabote, ou a dinheiro ou em troca de um vinhedo melhor. Mas Nabote recusou-se a negociar, sob a alegação de que aquelas terras faziam parte da herança de sua família. Ora, a lei mosaica protegia as heranças (ver Lv 25.23-28; Nm 36.7-9). Naturalmente, devemos pensar que um rei não teria achado dificuldade para garantir uma herança de família para Nabote, em algum outro lugar, e que talvez até Nabote saísse ganhando nas negociações. No entanto, Nabote parece ter temido a sinceridade de Acabe, e simplesmente não quis entabular negociações.

Acabe, embora com relutância, já se dispunha a aceitar a decisão de Nabote; mas Jezabel, a rainha de Acabe, não concordou com isso. Ela escreveu uma carta em nome do rei e ordenou que anciãos e nobres de Jezreel proclamassem uma festividade religiosa, a fim de que ficasse garantida a participação de Nabote. E então, dois indivíduos de mau-caráter, comprados pela rainha, deveriam acusar Nabote de blasfêmia, o que seria suficiente para a execução dele. E o plano ardiloso foi cumprido sem o mínimo embaraço. Para que não houvesse dificuldades futuras com a herança de Nabote, ele e seus filhos foram apedrejados e mortos. Ver 2Reis 9.26.

Entretanto, a justiça divina não dormitava. O profeta Elias foi ao encontro de Acabe, denunciando toda a questão e apresentando a terrível predição sobre o que sucederia ao rei, em face de sua perversidade. Acabe assustou-se e temeu o Senhor, o que permitiu que a sentença divina não fosse imediatamente executada (ver 1Rs 21.27-29). Porém, quando ele foi morto em Ramote-Gileade, e cães vieram lamber-lhe o sangue, à beira do açude de Samaria, por ocasião da lavagem de seu carro de combate, parte daquela predição de Elias teve cumprimento. E quando Jeú, anos mais tarde, matou Jeorão, segundo filho de Acabe (ver 2Rs 9.24), e, então, foi a causa da morte da ímpia Jezabel, em Jezreel (ver 2Rs 9.33), as palavras do profeta Elias tiveram seu cabal cumprimento. Além disso, como medida de segurança, os filhos restantes de Acabe foram executados, em Samaria (ver 2Rs 10.1-11).

NABUCODONOSOR

I. Nome e Família. Parece que Nabucodonosor passou pela adaptação aramaica do acádico Nabukudurri-usur, que significa "o (deus) Nabu protegeu minha herança". A transliteração hebraica desse nome é nebuchadrezzar. Na Septuaginta (vide) temos Nabouchodonosor. No latim, Nabuchodenesor. E não há que duvidar que daí é que se derive a forma do nome em português. Houve dois reis babilônicos com esse nome:

Nabucodonosor I, que reinou entre 1146 e 1123 a.C.; e Nabucodonosor II, a figura mais famosa, que é mencionada nas páginas da Bíblia, e que reinou de 605 a 565 a.C. Ele era filho de Nabopolassar, o fundador do segundo império babilônico (ou caldeu) sobre as ruínas do império assírio. Nabucodonosor II era casado com Amitis (Amuhia), filha de Astiages, rei dos medos, provavelmente um casamento efetuado por interesses políticos. Nabucodonosor teve, pelo menos, três filhos: Amel-Marduque (também chamado *Evil-Meredoque*), que o sucedeu no trono, Marduque-Sum-Usur e Nabu-Suma-Lisir.

II. Fontes Informativas. As passagens bíblicas que relatam a história de Nabucodonosor, naquilo em que ele está ligado com o povo de Israel, são: (2Rs 23-25; Jr 22.32-40; 2Cr 36; Dn 1-5; Ed 1-6; Ne 7), além de algumas outras referências dispersas, no livro de Ezequiel. Uma crônica babilônica, de número 21.946, dá um esboço dos eventos do seu reinado, durante os primeiros onze anos de seu governo. Além disso, existem inscrições, textos de edificações e oitocentos contratos que dão alguma informação a seu respeito, suas obras e sua época. E a arqueologia moderna muito tem feito para esclarecer certos pontos históricos.

III. Informes Históricos. **1**. Durante o reinado de seu pai, Nabopolassar, Nabucodonosor foi o príncipe-herdeiro da Babilônia. Seu pai foi o fundador do segundo império babilônico (caldeu). Antes de começar a reinar, foi o comandante do exército babilônico que lutou contra os assírios e derrotou-os, no norte da Assíria (606 a.C.). **2**. Em 607 a.C., Nabucodonosor havia derrotado Neco II e seu exército egípcio, em Carquêmis e Hamata (ver 2Rs 23.29 ss.; 2Cr 35.20 ss.; Jr 46.2). **3**. Foi então que Nabucodonosor conquistou a totalidade de *Hati*, ou seja, a Síria e a Palestina, conforme relata a Crônica Babilônica, e acerca do que Josefo teceu comentários (ver *Anti*. 10.6). Ver também Jeremias 36.1. **4**. Estando Nabucodonosor ocupado nessas conquistas, seu pai morreu; e ele voltou à Babilônia a fim de ser coroado rei, o que teve lugar a 6 de setembro de 605 a.C. **5**. Em 604 a.C., Nabucodonosor começou a receber tributos da Síria e dos reis de Damasco, Tiro e Sidom. Jeoaquim, de Judá, foi seu fiel vassalo durante apenas três anos (ver 2Rs 24.1; Jr 25.1). Asquelom não quis cooperar com Nabucodonosor, na repressão aos judeus, pelo que foi demolida. **6**. Em 601 a.C., os babilônios sofreram uma derrota parcial diante dos egípcios. E Jeoaquim, rei de Judá, tolamente pensou que a derrota tivesse sido definitiva, transferindo sua lealdade para o Egito. Com seu discernimento profético, Jeremias sabia que esse constituía um terrível engano, porquanto o poder da Babilônia era esmagador e inevitável. (Ver Jr 27.9-11). No entanto, Jeremias foi acusado de traição e aprisionado, por estar favorecendo à Babilônia. **7**. Em 599 a.C., Nabucodonosor derrotou as tribos árabes de Quedar e do leste do rio Jordão, conforme Jeremias havia predito (Jr 49.28-33). **8**. Pouco depois, Nabucodonosor vingou-se de Jeoaquim e de Judá (ver 2Cr 36.6). Jerusalém caiu diante dos babilônios a 16 de março de 597 a.C. Nabucodonosor nomeou um elemento de sua escolha, dentre a família real de Judá, para governar em seu nome, e impôs um pesado tributo a Judá (ver Crônica Babilônica BM 21.946), Matanias/Zedequias foi feito governante de Judá, foram tomados despojos e foram tomados reféns (ver 2Rs 24.10-17). **9**. Nabucodonosor removeu os vasos sagrados do templo de Jerusalém, sendo transportados para a Babilônia, onde foram depositados no templo de Marduque (2Cr 36.7,11; Reis 24.13; Ed 6.5). Em seguida, os cativos foram forçados a marchar até a Babilônia, a começar de abril de 597 a.C. Esse foi o cativeiro babilônico, que se prolongou por setenta anos. Jeoaquim e outros cativos de Judá são mencionados por nome nas inscrições babilônicas. **10**. Em 596 a.C. Nabucodonosor lutou contra os elamitas (Jr 39.34); também houve perturbações intensas que ele conseguiu dominar. Além disso, ele ampliou seus ataques militares contra o Ocidente, tendo saqueado Jerusalém, em 587 a.C., ocasião em que capturou o rebelde Zedequias (Jr 39.5 ss.). Houve, igualmente, novos levantes no Egito. Nabucodonosor fez deportar mais judeus para a Babilônia (Jr 52.30). Tiro foi atacada e conquistada (Ez 26.7). Foi encontrado um texto na Babilônia que alude à invasão do Egito, por parte dos babilônios, em 568-567 a.C. (ver Jr 43.8-13). No entanto, dispõem-se de poucas informações formais quanto aos seus últimos trinta anos de governo. **11**. Daniel registra a loucura temporária de Nabucodonosor, quando ele foi afastado do trono (Dn 4.23-33), embora essa informação não seja confirmada em qualquer fonte informativa babilônica. **12**. Nabucodonosor faleceu em agosto-setembro de 562 a.C., e foi sucedido no trono por seu filho Amel-Marduque, ou Evil-Merodaque.

IV. Obras Públicas de Nabucodonosor. Nabucodonosor foi homem intensamente religioso. Em suas inscrições, ele invocava sempre as principais divindades do panteão babilônico, honrando especialmente os deuses Marduque, Nabu, Samás, Sim, Gula e Adade. Mandou construir santuários para os mesmos, certificando-se de que os ritos e as oferendas necessários lhes estavam sendo oferecidos. Reconstruiu e aformoseou o grande templo de Bel-Marduque, na cidade da Babilônia, templo esse que veio a ser conhecido como E-Sagila. Contribuiu com fundos para a adoração efetuada em Ezida e Borsipa. A sua reputação como planejador e construtor foi merecida (ver Dn 4.30), porque sabe-se que ele realizou muitos projetos em cidades do Império, como Ur, Larsa, Sipar, Ereque e Cutá, para nada dizermos sobre a própria Babilônia. Essa última ele embelezou muito, tendo traçado novas avenidas e levantado novas muralhas, sem falar nos famosos jardins suspensos da Babilônia, uma das grandes maravilhas da antiguidade. Esses jardins foram construídos em benefício de sua esposa, nativa da Média, que tinha muitas saudades de seu país de origem. No interior da cidadela da Babilônia, ele reconstruiu a Avenida do Cortejo, decorada lateralmente por 120 leões de pedra. Essa avenida levava ao portão de Istar, adornado com tijolos esmaltados, com gravuras de 575 dragões e touros alados. Também construiu um templo em honra a Ninmá perto do portão de Istar, além de duplas muralhas defensivas, que se estendiam por nada menos de vinte e sete quilômetros e meio! Um imenso lago artificial também tinha o propósito de servir de defesa à cidade. Havia canais que traziam água potável do rio Tigre até o interior da cidade. O rio Eufrates dividia a cidade em duas partes, sendo cruzado por uma série de pontes. Sim, Nabucodonosor, o primeiro rei dos tempos dos gentios, representado em certa porção do livro de Daniel com a cabeça de ouro (ver Dn 2), levou a glória da Babilônia ao seu ponto culminante. E o último monarca dos tempos dos gentios, o anticristo, reduzirá o mundo a um montão de cinzas e escombros!

NABUCODONOSOR

V. A Arqueologia e Nabucodonosor. Quase todos os informes mencionados na seção IV acima, têm sido confirmados pelas escavações arqueológicas. As ruínas da cidade da Babilônia foram extensamente escavadas entre 1899 e 1914, por Robert Koldeway e pela Deutsche Grientgesellschaft. De interesse especial foram o portão de lstar, onde começava a Avenida do Cortejo, descrita na quarta seção, acima; a sala do trono de Nabucodonosor, decorada com tijolos esmaltados, formando intrincados desenhos geométricos, um notável zigurate (vide) e os jardins suspensos da Babilônia (ver Josefo, *Apion* 1.19; *Anti.* 10.11,1), uma das maravilhas da antiguidade.

A arqueologia tem justificado as palavras de Daniel 4.30: *Não é esta a grande Babilônia que eu edifiquei para a casa real, com o meu grandioso poder, e para glória da minha majestade?*

Bibliografia. AM ND UN WIS Z

NAÇÕES

I. Caracterização Geral. A tentativa do autor (ou autores, conforme alguns pensam) bíblico de compilar uma lista das origens das nações da terra foi corajosa. Alguns comentadores pensam mesmo que se trata de uma empreitada impossível. Ainda assim, em conexão com este, outros artigos deveriam ser examinados pelo leitor, como *Adão; Criação; Antediluvianos*, ponto cinco; *Raças Pré-Adâmicas; Língua, IV. Origem das Línguas*. Esses diversos artigos ilustram problemas concernentes à origem e ao delineamento das nações, que são somente mencionados, sem serem ilustrados.

A geologia e a arqueologia têm demonstrado a grande antiguidade do globo terrestre, e também como o homem vem vivendo à face da terra desde tempos remotos. Não há como comprimir a história da humanidade dentro dos seis mil anos, que a cronologia bíblica, com base nas genealogias, parece indicar. Por isso mesmo, os eruditos liberais rejeitam terminantemente os registros bíblicos, como irremediavelmente incompletos ou mesmo inexatos, pelo menos no tocante às questões cronológicas. Até mesmo estudiosos conservadores têm apresentado a teoria da existência de *raças pré-adâmicas*, a fim de explicarem as grandes extensões de tempo comprovadas pelas descobertas geológicas e arqueológicas. As evidências assim colhidas falam em um passado muito mais remoto do que aquele que podemos depreender das genealogias bíblicas. Na opinião deste autor, essa é a melhor maneira de abordarmos o problema, embora continuem sem solução certas dificuldades. E o principal problema, do ponto de vista dos eruditos conservadores, não fica resolvido por esse meio, que é a questão do silêncio. Pois, apesar de podermos especular toda espécie de ocorrência não-registrada na Bíblia, desde o momento da criação inicial até a criação de Adão, será mister apresentarmos provas extrabíblicas para isso. Penso que essa atividade é perfeitamente possível e legítima. Mas alguns conservadores persistem na suposição de que a Bíblia narra a história inteira do homem, e não apenas a história do homem adâmico. Ademais, eles pensam que o homem adâmico é, de fato, a humanidade *inteira*. Mas, como justificar tão grande diversidade de raças humanas? Consideremos a raça amarela, em contraste com a raça negra, e então essas duas em contraste com a raça branca, cada uma delas com suas variantes. Do ponto de vista da genética, parece impossível que tão grande variedade de raças pudesse ter partido dos três filhos de Noé, apenas há cerca de três mil e quinhentos anos, se datarmos Noé em cerca de 2500 a.C. Para que brancos, negros e amarelos tivessem provindo todos do mesmo tronco, seriam necessárias grandes mutações em brevíssimo espaço de tempo. Ou então, alternativamente, profundas modificações inter-raciais tiveram lugar ao longo de muito tempo que um período de, mais ou menos, três mil anos.

Outra suposição é que antes do surgimento da raça humana adâmica, diferentes raças já existiram, e que houve sobreviventes das raças pró-adâmicas diante do dilúvio, os quais, finalmente, misturaram-se com os descendentes adâmicos de Noé. Naturalmente, será preciso levar em conta que a Bíblia insiste em que, por ocasião do dilúvio de Noé, ... *foram exterminados todos os seres que havia sobre a face da terra, o homem e o animal, os répteis e as aves dos céus foram extintos da terra; ficou somente Noé e os que com ele estavam na arca* (Gn 7.23). E assim, temos de admitir que essa alternativa também não pode ser reconciliada facilmente com os informes bíblicos, mostrando que essa especulação é muito dúbia.

Naturalmente, os evolucionistas buscam solução para o problema, rejeitando de vez os registros bíblicos, como mitológicos. Mas nós, que cremos na Bíblia como revelação divina, não podemos aceitar essa posição. É verdade que os eruditos conservadores cortam o nó górdio (ver o artigo intitulado *Nó*), apresentando respostas impossíveis para as perguntas que se impõem. Há mesmo quem desista inteiramente de continuar investigando a questão, dizendo simplesmente: "Não sabemos grande coisa sobre a origem das raças humanas". Realmente, parece que o relato bíblico sobre o homem deixa grandes hiatos cronológicos, mormente quanto ao começo da história da humanidade. A Bíblia não nos fornece informes que nos capacitem a solucionar os enigmas da grande antiguidade da terra e de seus primitivos habitantes humanoides. Penso que o que foi dito acima, neste verbete, ilustra bem essa dificuldade. Algumas vezes, gostamos de apresentar-nos como mais sábios do que realmente somos, como se tivéssemos um conhecimento mais completo do que aquele que possuímos. Odiamos os mistérios. E nada existe de mais misterioso, para nós, do que as *origens*.

O resto deste artigo ignora essencialmente os consternadores problemas que qualquer discussão sobre as raças humanas traz à tona. O que se segue é o relato bíblico acerca das nações.

II. Terminologia. Temos a considerar, quanto a esse ponto, sete vocábulos hebraicos e dois gregos, a saber: **1**. *Erets*, palavra hebraica que significa "terra". Esse termo indica a totalidade das terras habitadas pelos povos, ou apenas *a parte conhecida então*, da perspectiva do autor sagrado! Os especialistas estão divididos quanto a essa indagação. Os literalistas insistem que está em foco a face inteira do planeta. A arqueologia tem mostrado a vasta antiguidade de civilizações fora das terras bíblicas (ver sobre *Línguas*, seção IV). Portanto, parece melhor aceitar esse termo hebraico em seu termo limitado: aquilo que o autor sagrado conhecia do globo terrestre. A Bíblia usa esse vocábulo em seu sentido limitado, segundo se vê, por exemplo, em Gênesis 10.32. Assim, a propagação das nações foi na terra, naquela *porção* conhecida pelo autor sagrado. Não há qualquer registro bíblico sobre nações fora daquela área. **2**. *Bene* e *yalad*. Dentro das três linhas dos filhos de Noé (Jafé, Cão e Sem) encontramos esses dois vocábulos hebraicos. *Bene* significa "filhos de", e *yalad* quer dizer "gerou". Alguns eruditos têm pensado que esses dois modos de expressar refletem listas compiladas com base em fontes informativas diferentes. E isso é mesclado com a teoria da multiautoria chamada J.E.D.P. (S.) (vide). De acordo com essa teoria, o código sacerdotal — *P*. (S.) usava o termo *bene*; mas o código jeovista — *J*. introduzia as descendências com o termo *yalad*. O código sacerdotal, pois, figuraria em (Gn 10.1,2-7,20,22,23, 31,32), e o código jeovista, em (Gn 1.1b,8-19,21,24,30). Mas os que não aceitam isso, afirmam que se trata de uma mera questão de estilo o uso de *bene* ou de *yalad*. **3**. *Toledot*. Palavra hebraica que alude às "gerações" dos filhos de Noé, e que, ao que parece, o autor sagrado pensava poderem explicar todos os povos da terra após o dilúvio. (Ver Gn 10.2—11.9 quanto à Tabela das Nações, bem como à fórmula em Gn 10.1 e 11.10). Há eruditos que argumentam que grandes problemas podem ser resolvidos se supusermos que além dos descendentes de Noé, houve outras raças na terra, pré-adâmicas, que acabaram misturando-se com os descendentes de Noé. Isso posto, o trecho de Gênesis 7.23 referir-se-ia somente ao extermínio total do homem adâmico, com exceção dos oito que estavam protegidos no interior da arca. E, consequentemente, que o dilúvio foi parcial. Mas essa interpretação é extremamente problemática, pois, nesse caso, a raça adâmica teria sido reduzida a uma ínfima minoria, dentro de uma esmagadora maioria de sobreviventes não adâmicos, que não teriam sido atingidos mais pesadamente pelo dilúvio. Isso não teria alterado radicalmente a raça adâmica, que se veria inteiramente dominada geneticamente pelas supostas raças pré-adâmicas? Todavia, apresentamos evidências em favor daquela suposição, no artigo sobre o *Dilúvio de Noé*.

4. *Mispehot*. Esse é o termo hebraico que significa "famílias", por cujo vocábulo cumpre-nos entender os "clãs" formadores das nações. Essa palavra é usada na Tabela das Nações em Gênesis 10.5,18,20,31,32. **5.** *Goyim*. Termo hebraico que significa "nações", ou seja, os grupos de clãs que acabaram adquirindo identidade nacional. (Ver Gn 10.5,20,31,32) **6.** *Lashon*. Palavra hebraica que significa "línguas". É usada em Gênesis 10.31, como se os vários descendentes dos filhos de Noé falassem diferentes idiomas. Entretanto, somente no décimo primeiro capítulo de Gênesis somos informados que essa diversificação de idiomas ocorreu mais tarde, quando da confusão das línguas, por ocasião da construção da torre de Babel. Esse pequeno anacronismo, todavia, não deve ser considerado como um problema. O que cria problema é a questão da origem das línguas, o que é tratado no artigo chamado *Língua*, seção IV. Se há nisso algum problema, talvez o mesmo seja causado pelo fato de que a história sobre a torre de Babel foi preservada por uma tradição independente da Tabela das Nações. **7.** *Éthnos*. Palavra grega que significa "nação" (também traduzida por "gentios"). Ocorre por 174 vezes no Novo Testamento, começando por Mateus 4.15 e terminando em Apocalipse 22.2. Alguns poucos exemplos: (Mt 20.19,25; At 4.27; 9.15; Rm 1.5,12; Gl 1.16; 1Pe 2.9,12; Ap 2.26; 5.9). Algumas vezes, esse vocábulo refere-se a nações não judaicas, e, outras vezes, a todas as nações, incluindo os judeus (conforme se vê em Mt 24.9; 28.19; Mc 11.17; Ap 7.9). **8.** *Geneá*, palavra grega que significa "nação" ou "geração". Ela é usada por quarenta vezes no Novo Testamento, a grande maioria das vezes nos três Evangelhos sinópticos, começando por Mateus 1.17 e terminando em Hebreus 3.10. Algumas vezes, essa palavra é traduzida, nas versões, por "gentios". O uso dessa palavra faz-nos entrar na questão das atitudes judaicas e cristãs acerca das nações, o que é comentado mais abaixo, na sexta seção deste artigo.

III. Listas Bíblicas das Nações e seu Conteúdo. A quinta seção deste artigo alista as nações e dá um mapa ilustrativo com um completo quadro acerca do conteúdo. Neste ponto, limitamo-nos a algumas observações.

1. Tabela das Nações. "Esse nome com frequência é dado ao décimo capítulo de Gênesis e ao trecho de 1Crônicas 1.5-23, com algumas pequenas variações, provendo uma lista étnica dos descendentes de Noé por meio de seus três filhos, Sem, Cão e Jafé. Ao que tudo indica, o registro limita-se às nações do mundo então conhecido no segundo milênio a.C., isto é, povos quase todos concentrados no Oriente Próximo e Médio, com quem os israelitas poderiam entrar em contato. Os antigos documentos egípcios e mesopotâmicos revelam que os detalhes da tabela das nações não ultrapassariam ao conhecimento de uma pessoa educada na corte egípcia de cerca de 1500 a.C., conforme foi o caso de Moisés". (Z)

2. Indicações sobre a Data das Listas. Os nomes que foram incluídos ou que foram deixados de fora fornecem-nos alguma indicação de quando essa lista deve ter sido compilada. Assim, a Pérsia é deixada de fora. Se essa lista tivesse sido compilada ou editada por sacerdotes da época de Esdras (durante o regime persa) em data posterior, conforme alguns intérpretes supõem, então seria extremamente difícil explicar como esse nome foi omitido da lista. A fonte informativa chamada P. (S.) é datada pelos liberais como pós-exílica, e, presumivelmente, foi uma das fontes informativas usadas na confecção dessa relação. Por igual modo, a proeminência de Sidom, em Canaã, a par da omissão de Tiro (ver Gn 10.15,19), sugere um tempo antes de 1000 a.C., quando Tiro ainda não era cidade importante. Foi em 1000 a.C. que Hirão fez de Tiro a principal cidade fenícia. Hete (ver Gn 10.15) aparece como a população mais nortista dentre o grupo sírio-cananeu, refletindo os meados do segundo milênio a.C., quando os heteus ou hititas controlavam grande parte da área desde a grande curva do rio Eufrates até as costas do mar Mediterrâneo.

Por igual modo, Albright salientou que quase todos os nomes dos descendentes tribais de Arã (Gn 10.23) e de Joctã (Gn 10.26-29) são arcaicos, sendo anteriores às informações dadas em inscrições do primeiro milênio a.C., que têm sido descobertas pelos arqueólogos na Assíria e no sul da Arábia. E alguns dos nomes também têm formas ortográficas que pertencem ao começo do segundo milênio a.C., mas que, mais tarde, sofreram modificações. Em certos manuscritos hebraicos encontramos revisões feitas por escribas, que adaptaram alguns nomes, grafando-os segundo a ortografia posterior.

3. O Plano. As principais divisões apresentadas na Tabela das Nações acompanham os descendentes dos três filhos de Noé: Sem (Mesopotâmia e Arábia); Cão (África e Egito); Jafé (o extremo norte e as terras em redor do mar Mediterrâneo). Como é claro, grandes massas de terras foram deixadas de lado. Alguns eruditos conservadores explicam que o resto do mundo foi ocupado mediante vastas *migrações*, que ocorreram após a torre de Babel; mas a geologia e a arqueologia têm mostrado que essa teoria é ilusória. Para exemplificar, a história chinesa pode ser traçada até um tempo bem anterior ao dilúvio, e também continuamente depois do mesmo, sem qualquer interrupção devida a algum cataclismo. Podemos somente concluir daí que o relato do livro de Gênesis não se aplica à China. A arqueologia também tem encontrado civilizações que antecedem em muito à época de 2500 a.C., o tempo do dilúvio; e, em várias regiões do mundo até com suas próprias línguas (anteriores a Babel). E disso só nos resta concluir que o registro do livro de Gênesis nada tem a ver com esses povos. E, consequentemente, que o relato de Gênesis envolve somente a porção do mundo sobre a qual história. Em outras palavras, a narrativa do dilúvio é regional, e não universal. Nenhum problema é criado se aceitarmos a teoria do *dilúvio parcial*, que tem apelo geológico e arqueológico, embora a linguagem usada na narrativa de Gênesis pareça dar a entender o contrário.

4. Identificação dos Povos Descendentes dos Filhos de Noé. Essa questão é coberta, com detalhes, em três artigos separados, intitulados: *Cão, Jafé* e *Sem*. Assim sendo, tal material não é repetido aqui. E no artigo chamado *Jafé*, oferecemos um gráfico que mostra, na medida do possível, os povos dele derivados.

IV. Fontes Informativas. A fonte original é o décimo capítulo de Gênesis reiterado, com pequenas variações, em 1Crônicas 1.5-23. Relatos subsequentes sobre certos povos são comentados no resto do Antigo Testamento. Povos não mencionados na Bíblia são mencionados e estudados pela arqueologia. E esse estudo também tem contribuído em muito para iluminar nosso conhecimento dos povos envolvidos na Tabela das Nações. No tocante à *Mesopotâmia*, há evidências arqueológicas que remontam ao quarto milênio a.C. Na Mesopotâmia e circunvizinhanças houve uma espécie de antiga cultura comum, envolvendo diversos povos. E no terceiro milênio a.C. houve extensos contatos dessa cultura com outras, devido às campanhas militares e ao intercâmbio comercial entre os povos. Assim, era intenso o comércio que se fazia entre a península arábica, a Anatólia (em termos gerais, o que é hoje a Turquia), o Irã e a Pérsia. Registros feitos em escrita cuneiforme descrevem condições prevalentes no terceiro milênio a.C. No que concerne ao *Egito*, não é menos abundante o material arqueológico e histórico. Quando Abraão apareceu em cena, talvez nada menos que dez dinastias já haviam governado o Egito. A história egípcia pode ser acompanhada, com algum detalhe, desde cerca de 3000 a.C., e Abraão surgiu no palco do mundo mais ou menos em 2000 a.C. Nos tempos pré-históricos, havia intenso comércio entre o Egito e certa variedade de lugares, como a região do mar Vermelho, a Núbia, a Líbia, e, talvez, a parte norte do imenso deserto do Saara. Dentro do terceiro milênio a.C., os egípcios enviaram expedições à península do Sinai e a Biblos, na costa mediterrânea da Síria. No segundo milênio a.C., os egípcios entraram em contato com as ilhas de Chipre e Creta, bem como com a Cilícia, na Anatólia. Os textos de execração dos faraós fornecem-nos algumas informações sobre muitos povos com quem os egípcios tiveram algum tipo de relacionamento. No século XIV a.C., os arquivos de tabletes em escrita cuneiforme dão-nos muitas informações sobre a época. Esses arquivos têm sido descobertos pela arqueologia em *Tell el-Amarna* (vide). É significativo que quase toda informação que a arqueologia nos dá ajusta-se bem dentro da cronologia bíblica. No entanto, há descobertas arqueológicas que retrocedem enormemente no tempo, em relação aos informes bíblicos. Talvez isso possa ser explicado com a suposição de que o tempo de Adão, e o tempo de Noé, foram *novos começos* e não começos absolutos da história da humanidade. Ao todo, parece que o nosso globo já sofreu pelo menos quatrocentos grandes cataclismos com tremendas modificações na posição dos polos da terra, com consequentes tremendas destruições. Há evidências que parecem favorecer a especulação de que a penúltima dessas grandes destruições corresponde, grosso modo, com a cronologia bíblica relativa a Adão, e que a última delas corresponde mais ou menos à cronologia bíblica atinente a Noé. Quanto a períodos deveras remotos da pré-história, contudo, vemo-nos forçados a depender de poucas, mas significativas descobertas arqueológicas.

V. Tabela das Nações

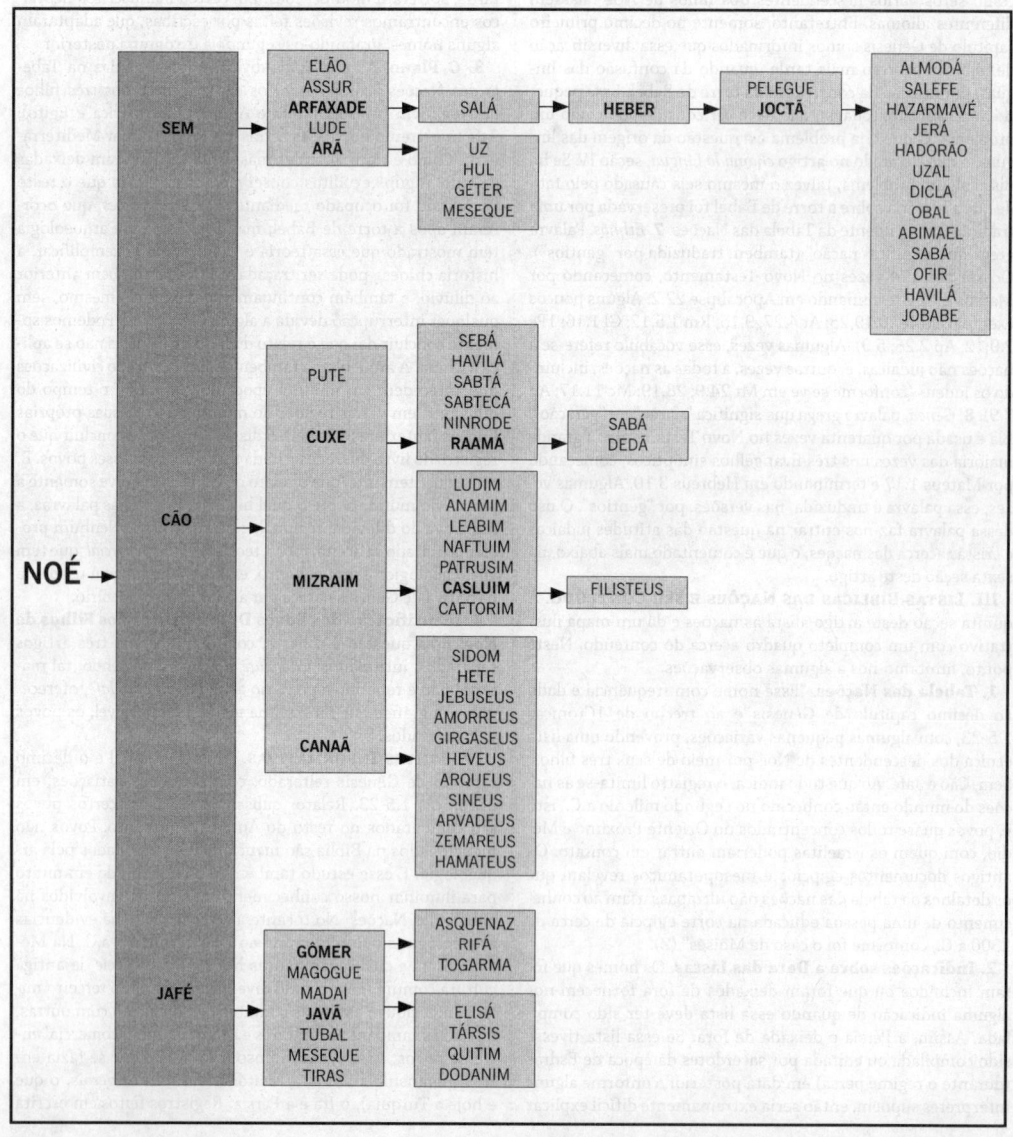

VI. Declaração Sumária Sobre a Tabela das Nações. "A Tabela das Nações provê o pano de fundo da história do mundo para a chamada de Abraão (Gn 12). (Vs. 1). Essa lista, vinculada a Gênesis 5.32, provavelmente foi extraída do livro das gerações (Gn 5.1). A unidade original da humanidade é representada pela ideia de que todas as nações da terra originaram-se dos três filhos de Noé (Gn 9.19). Embora as diversas famílias estivessem separadas por terras e idiomas (vss. 5,20,31), essa lista foi arranjada, primariamente, com base em considerações políticas, e não tanto étnicas. (Vs. 2-5). Os filhos de Jafé (Gn 9.27) tinham o seu centro político na Ásia Menor, o território anterior dos hititas (Hete, vs. 16). A propagação dos povos habitantes das *costas marítimas*, incluindo os filisteus (ver Gn 9.27), reflete movimentos populacionais da área do mar Egeu, em cerca de 1200 a.C. (Vss. 6-20). Os filhos de *Cão* viviam na órbita do Egito. Canaã é incluída porquanto, nominalmente, vivia sob o controle do Egito, entre 1500-1200 a.C. (Vss. 8-12). Um antigo fragmento da tradição relata como Ninrode, um bem-sucedido guerreiro, erigiu um reino na terra de *Sinear* (Babilônia) e na Assíria. (Vss. 15-20). *Os hititas* (Hete), que haviam estabelecido um poderoso império na Ásia Menor, desapareceram como uma potência mundial no século XII a.C. Nesse ponto, eles são mencionados juntamente com outros povos cananeus, como, por exemplo, os *jebuseus* (localizados em redor de Jerusalém), os *amorreus* (nativos da região montanhosa da Palestina), os *heveus* (talvez os mesmos horeus ou hurrianos; ver 34.2). (Vss. 21-31). *Sem* aparece como o progenitor dos povos semíticos, os filhos de *Éber, ou* seja, todos os "hebreus", incluindo aqueles que, posteriormente, tornaram-se o povo de Israel. Durante o período de 1500-1200 a.C., ondas de hebreus entraram na Síria-Palestina, e, finalmente, estabeleceram ali estados como *Arã*, na Síria (vs. 23), Noabe, Edom e Israel". (Notas traduzidas da *Oxford Annotated Bible, The Revised Standard Version*, sobre Gn 10.1).

VII. Atitudes dos Hebreus e dos Cristãos para com as Nações. O judaísmo terminou sendo uma religião exclusivista, que gerava intensa hostilidade para com as outras nações, que passaram a ser vistas como os *pagãos* ou *gentios*. Isso atingiu sua mais horrível expressão no farisaísmo, para o qual até o ato de entrar na casa de um gentio era um ato contaminador. O trecho de Gálatas 2.12 ilustra graficamente o ponto. Paulo precisou repreender Pedro por estar evitando a companhia de crentes gentios, quando certos representantes de Tiago críticaram-no por confraternizar com os gentios. E foi necessário que Pedro recebesse uma visão a fim de que entendesse que as atitudes exclusivistas dos judeus eram fundamentalmente erradas, porquanto até haviam sido ultrapassadas pela fé cristã. Ver o décimo capítulo do livro de Atos. Essa visão provocou da parte de Pedro uma observação que exibe sua surpresa: *Reconheço por verdade que Deus não faz acepção de pessoas; pelo contrário, em qualquer nação, aquele que o teme e faz o que é justo lhe é aceitável* (At 10.34,35). E Paulo enfocou claramente a questão, ao escrever:

... *porque todos quantos fostes batizados em Cristo, de Cristo vos revestistes. Destarte não pode haver judeu nem grego; nem escravo nem liberto; nem homem nem mulher, porque vós sois um em Cristo Jesus* (Gl 3.27,28).

A Missão Tridimensional de Cristo. O amor de Deus, atuando em favor dos homens, por meio da pessoa de Jesus Cristo, requereu que o Cristo tivesse uma missão nas três esferas gerais da existência, a saber: sobre a terra (a narrativa geral dos Evangelhos); no *hades* (ver 1Pe 3.18-4.6; Ef 4.9,10); e nos céus (ver Ef 4.9,10; 1Jo 2.1, 9.24 *ss*.; 12.12; e o décimo sétimo capítulo do Evangelho de João). Essas missões de Cristo cooperam juntamente para a redenção dos eleitos e para a restauração dos perdidos. (Ver Ef 1.9,10). Vários artigos aqui abordam essas questões. Ver os seguintes artigos: *Descida de Cristo ao Hades*; *Mistério da Vontade* de *Deus* e *Restauração*. É com essa nota otimista que convém terminar um artigo sobre as Nações.

NACOM

No hebraico, **"preparado"**. Esse foi o nome de um homem, dono de uma propriedade perto de onde Uzá foi atingido e morto por haver estendido a mão para não deixar desequilibrar-se a arca da aliança, que Davi estava fazendo transportar. Sua morte foi aparentemente considerada sem motivo justo (ver 2Sm 6.6). Ele era o proprietário da eira onde esse incidente teve lugar. É chamado Quidom, em 1Crônicas 13.9. Ele viveu por volta de 1042 a.C. Há também estudiosos que pensam que seu nome significa, no hebraico, "golpe", formando isso um jogo de palavras: quem se chamava *golpe*, foi golpeado pela mão de Deus, devido a um atrevido ato de pôr as mãos sobre a sagrada arca da aliança. Ver também o artigo intitulado *Quidom*.

NADABE

No hebraico, **"liberal"**, **"bem-disposto"**. Esse foi o nome de várias personagens masculinas do Antigo Testamento, a saber: **1**. O filho mais velho de Aarão. Juntamente com seu irmão, Abiú, Nadabe perdeu a vida por haver oferecido fogo estranho ao Senhor (ver Êx 6.23). Ele havia sido ungido como sacerdote, juntamente com Abiú, Eleazar e Itamar (ver Êx 28.1). O fogo *estranho* que aqueles dois ofereceram, ao que parece foi assim denominado por não haver sido retirado daquelas chamas que queimavam perpetuamente sobre o altar, o único fogo que podia ser usado sobre o altar do Senhor (ver Lv 6.13). Aarão e seus dois filhos sobreviventes foram então proibidos de celebrar as usuais cerimônias por seus mortos, imediatamente após o incidente, a fim de que suas mortes não fossem formalmente lamentadas, o que serviu para demonstrar a seriedade do pecado deles. (Ver Lv 10.9,10). Alguns intérpretes pensam que os dois irmãos estavam embriagados (vss. 9,10) quando cometeram aquele erro, o que apenas serviu para complicar a questão, agravando seu atos, em meio ao culto divino. Todavia, outros eruditos pensam que não há como determinar a natureza exata do pecado deles. Talvez tanto o fogo quanto o horário da oferta estivessem envolvidos, sem falar na conduta deles. O incenso deveria ser oferecido somente pela manhã e à tarde (ver Êx 30.7,8). É possível que, estando eles alcoolizados, não tivessem consciência da hora do dia. Seja como for, o incidente ilustra a questão do culto divino prestado de maneira errada, que o Senhor rejeita. **2**. Um rei de Israel, nação do norte, e que sucedeu a seu pai, Jeroboão, em cerca de 913 a.C., também atendia por esse nome. Ele governou somente durante dois anos (ver 1Rs 15.25-31). Ver os artigos gerais sobre os reis de Israel, intitulados *Israel, Reino de* e *Rei, Realeza*. Ele foi um daqueles maus reis de Israel, a nação do norte (todos o foram), que agiu somente para perpetuar as práticas idólatras de seu pai (ver 1Rs 12.30; 15.3). Ele começou mal e terminou mal. Por ocasião do cerco de Gibetom, rebentou uma revolta entre oficiais do exército, e Baasa, homem da tribo de Issacar, matou Nadabe. Então, Baasa, tornando-se o rei de Israel, passou a exterminar a descendência inteira de Jeroboão. Isso cumpriu certa predição feita por Aías, o profeta (ver 1Rs 14.10,11). Nadabe viveu em torno de 954 a.C. **3**. Um benjamita, filho de Samai. Esse Nadabe teve dois filhos: Selede e Apaim. Viveu por volta de 1410 a.C. **4**. Um benjamita, filho de Jeiel e Maaca. Era parente de Quis, pai do rei Saul, o primeiro rei; da nação unida de Israel (1Cr 8.30-33; 9.35-39). Ele foi o fundador de Gibeom. Viveu em torno de 1180 a.C.

NAFIS

Nos hebraico, **"refrigeração"**, nome do décimo primeiro filho de Ismael (Gn 25.15; 1Cr 1.31). Esse nome passou a sua tribo, formada por seus descendentes. Os rubenitas, gaditas e a meia-tribo de Manassés subjugaram-nos, juntamente com

NAFTALI

vários outros, conforme o registro de 1Crônicas 5.19. Daí por diante, nada mais a Bíblia diz acerca dessa gente, e a história secular fez total silêncio a respeito deles. No entanto, alguns pensam que o trecho de Esdras 2.50 alude a esse povo, com o título de "filhos dos nefuseus". Ver também Neemias 7.52.

NAFTALI

No hebraico, **"luta"**, **"contenda"**. Esse foi o nome de um dos doze patriarcas do povo de Israel, da tribo que ele descendia, e de certo distrito montanhoso, na região norte de Israel.

1. O Patriarca. Naftali foi o sexto filho de Jacó, e o segundo de Bila, a criada de Raquel. Era irmão de Dã. Sabemos bem pouco acerca dele, como pessoa. De fato, até mesmo o seu nome só é mencionado algumas vezes no livro de Gênesis (ver 30.8; 35.25; 46.24; 49.21). Em todas as demais passagens bíblicas nas quais esse nome aparece, há menção à tribo ou distrito de Naftali. Na competição entre Lia e Raquel pelo afeto de Jacó, o que envolvia quem teria mais filhos dele, as duas irmãs entregaram a Jacó suas respectivas criadas, como concubinas. E os filhos tidos por essas concubinas eram considerados filhos daquela irmã que as entregara. Assim, os filhos de Bila eram considerados de Raquel; e os filhos de Zilpa eram considerados filhos de Lia. É verdade que isso não concorda com os costumes de hoje; mas era assim que as coisas funcionavam na antiguidade. Diante do nascimento de Naftali, Raquel obteve ligeira vantagem sobre Lia. E talvez em face dessa circunstância foi que o menino foi chamado Naftali. Não foi um motivo muito nobre que impulsionou Raquel a dar tal nome à criança, mas, quem pode explicar o ciúme feminino? O vácuo de informações sobre Naftali não foi bem preenchido pelas tradições, como é usual. Mas, no Targum aramaico, *Pseudo Jônatas*, somos informados que Naftali sabia correr ligeiro, e também que ele, juntamente com quatro de seus irmãos, foi selecionado para servir diante do faraó. E o Testamento dos Doze Patriarcas ajunta que Naftali faleceu aos 132 anos de idade. Mas, voltando às informações bíblicas, em seu leito de morte, Jacó não disse muita coisa acerca de Naftali e seu futuro; e até o que foi dito reveste-se de caráter dúbio, tendo sido traduzido de várias maneiras. A nossa versão portuguesa diz, em Gênesis 49.21: *Naftali é uma gazela solta, ele profere palavras formosas*. Isso pode aludir à sua proverbial velocidade na corrida, bem como aos rápidos e bons guerreiros que descenderiam dele. E "palavras formosas" pode referir-se a como essa tribo correspondeu à convocação feita por Débora e Baraque, para irem à guerra e livrar Israel. Em outras traduções, essas palavras são traduzidas como "belos filhotes". Nesse caso, estaria em pauta a prosperidade, a fertilidade etc., daquela tribo.

2. A Tribo de Naftali. O território dos descendentes de Naftali ficava ao norte e ao ocidente do mar da Galileia, estendendo-se desde as montanhas do Líbano até a extremidade sul daquele lago. Isso posto, incluía as áreas ricas e férteis adjacentes às cabeceiras do rio Jordão e a praia ocidental do mar da Galileia. (Ver Dt 33.23; Js 19.32-39). Na qualidade de tribo de fronteira, o território de Naftali estava sujeito a muitas invasões vindas do norte e do leste. O antiquíssimo cântico de Débora celebra os heróis de Naftali, que arriscaram a própria vida a fim de participarem do livramento de Israel. Nesse caso, o inimigo foi Jabim, o rei dos cananeus (ver Jz 5.18).

Números. Quando Jacó desceu ao Egito, Naftali tinha quatro filhos (ver Gn 46.24). Nos quatro séculos que eles ficaram no Egito, a tribo de Naftali multiplicou-se extraordinariamente, de tal maneira que, por ocasião do primeiro censo de Israel, essa tribo contava com 53.400 homens, sendo então a sexta mais numerosa das tribos de Israel (ver Nm 1.43. E durante os 40 anos de vagueação pelo deserto, esse número declinou um pouco, de tal modo que, por ocasião da segunda contagem, só havia 45.400 homens em Naftali, fazendo dela a oitava tribo mais numerosa (ver Nm 26.50). Nas marchas organizadas de Israel, a tribo ocupava um lugar ao norte do tabernáculo (a tenda), sabendo-se que o tabernáculo ocupava o centro do acampamento de Israel. Mais tarde ainda, o trecho de Josué 19.32-39 menciona que Naftali contava com dezenove cidades muradas.

Informes Históricos Posteriores. Encontrando-se em uma região fronteiriça, o território de Naftali foi frequentemente vítima de ataques externos. O teste mais severo ocorreu nos dias de Baraque, o juiz que foi membro dessa tribo. Ver Juízes 4.6. E isso envolve a história de Débora. Quando Tiglate-Pileser III, da Assíria, assolou a Palestina, em 733 a.C., levou para o exílio a população de Naftali, naquele evento que se chama *cativeiro assírio* (vide). Foi assim que, como tribo, Naftali deixou de existir, sendo impossível dizer quantos membros dessa tribo (se algum) voltaram a Jerusalém, terminado o cativeiro babilônico, fazendo parte na continuação de Israel como uma nação. E o distrito que anteriormente fora conhecido como território de Naftali, passou a ser conhecido como "Galileia dos gentios", onde também o Senhor Jesus passou a maior parte do seu ministério terreno (ver Mt 4.15). A planície de Genesaré, e as cidades de Betesaida, Cafarnaum e Corazim são lugares de nomes que soam familiares para os leitores do Novo Testamento, e ficavam todas no antigo distrito de Naftali. Esse território também tornou-se um grande centro das atividades dos zelotes, os quais procuravam pôr fim ao domínio dos romanos sobre a Judeia; um dos doze apóstolos de Jesus tinha antes pertencido a esse fanático grupo dos zelotes, isto é, Simão (ver Lc 6.15 e Atos 1.13).

3. O Distrito Montanhoso de Naftali. Essa área, que formava a porção maior do território de Naftali, é mencionada em Josué 20.7. Expressões paralelas são "monte Efraim" e "monte Judá". Mas, embora toda aquela região montanhosa fosse conhecida por esse nome de "monte de Naftali", não se tratava de um único monte, e, sim, de toda uma região montanhosa.

NAFTUIM

Não se sabe o significado dessa palavra, embora todos reconheçam que é um vocábulo que está no plural, um nome próprio que se refere a uma das populações do Egito. (Ver Gn 10.13; 1Cr 1.11). Essa palavra é de origem egípcia, embora tendo passado pelo hebraico. Por isso, alguns estudiosos pensam que se trata apenas de uma referência à cidade egípcia de Nofe. Mas outros eruditos opinam que essa palavra alude à direção *norte*, pelo que poderia ser uma das "populações do norte", ou seja, daquelas que ocupavam o delta do rio Nilo, e a sua tradução poderia ser "aqueles do Delta". O livro de Gênesis indica que esse povo era de origem camita, o terceiro dentre sete povos camitas ali mencionados.

NAGAÍ

Essa é a forma grega do nome próprio hebraico *No'gah*, **"brilhante"**. A forma hebraica do nome ocorre em 1Crônicas 3.7 e 14.6. E a forma grega, em Lucas 3.25, onde figura como um dos antepassados de Jesus Cristo.

NAIDO

A Septuaginta grafa esse nome como as formas de *Naeidos* (A) e de *Naaidos* (B). Esse era o nome de um homem que se casou com uma mulher estrangeira, durante o tempo do cativeiro babilônico, mas que foi forçado a divorciar-se, depois da volta do remanescente de Judá a Jerusalém. Os antigos votos foram renovados, e os elementos estrangeiros à cultura hebreia foram retirados. Esse nome, Naido, só aparece em 1Esdras 9.31. Mas, talvez, ele tenha sido o mesmo indivíduo que é chamado Benaia, em Esdras 10.30.

NAIM

No hebraico, **"deleite"**, **"beleza"**. Nome de uma cidade onde Jesus ressuscitou o filho único de uma viúva (Lc 7.11,17). Ainda conserva o mesmo nome; situa-se a noroeste de uma eminência chamada *Jebel Duhy*, ou "Pequeno Hermom", 3 km a sudoeste de En-Dor, e 9 km, a sudeste de Nazaré. Era uma pequena aldeola, pouco maior que um montão de ruínas, onde se encontram antigas sepulturas em cavernas principalmente na parte oriental. Atualmente é composta de um povoado islâmico.

NAIOTE

No hebraico, **"residências"**. Em algumas traduções portuguesas, "Naiote de Ramá". Nossa versão portuguesa diz "casa dos profetas, em Ramá". Foi ali que Samuel e Davi refugiaram-se, quando fugiam de Saul (1Sm 19.18 ss.). Saul chegou a persegui-los até ali; mas o Espírito de Deus interveio. E quando Saul enviou em Sucu, perto de Ramá, o espírito do Senhor apossou-se dele, e ele ficou profetizando, enquanto caminhava, até chegar em Ramá. Ali chegando, Saul despiu a túnica e ficou deitado por terra o dia e a noite inteiros (ver os vss. 20-24). Também era perto dali que Samuel residia, em companhia de seus discípulos (1Sm 19.18,19,22,23; 20.1). Os escritores rabínicos informam-nos que Ramá era o nome de uma colina, e que Naiote era um ponto dessa colina, e não alguma aldeia. O fato é que esse incidente outorgou a Saul a falsa reputação de fazer parte do grupo dos profetas. É muito difícil explicar os movimentos do Espírito de Deus, mas sabemos que Saul nunca foi um bom profeta, sob hipótese alguma. Ramá tem sido identificada com a moderna *er-Ram*, que fica cerca de treze quilômetros ao norte de Jerusalém. Coisa alguma se sabe a respeito de Naiote, fora dos textos bíblicos.

NÃO-FAVORECIDA

Um nome simbólico que Oseias, o profeta, deu a sua segunda criança, uma menina. Isso simbolizava o fato de que Deus haveria de julgar em breve seu povo, sem qualquer piedade, em virtude de seus muitos pecados (Ver Os 1.6). Está em foco o cativeiro assírio, que ocorreu em 722 a.C., e que acabou com o reino do norte, Israel.

NÃO MEU-POVO

Esse foi o nome simbólico que o profeta Oseias deu ao seu terceiro filho. Esse apelativo indicava que, em breve, Deus visitaria seu povo com julgamento. (Ver Os 1.9). Esse julgamento, conforme todos sabemos agora, seria a devastação e exílio do reino do norte pelos assírios, o que ocorreu em 722 a.C.

NAOR

No hebraico, **"resfôlego"**, **"respiração pesada"**. Esse é o nome de duas personagens e de uma cidade, que figuram nas páginas da Bíblia: **1**. O filho de Serugue e pai de Terá, pai de Abraão (ver Gn 11.22-25). Viveu pelo espaço de 148 anos, algum tempo antes de 2300 a.C. Também aparece na genealogia de Jesus, em Lucas 3.34. **2**. Um filho de Terá e irmão de Abraão e Harã. Casou-se com sua sobrinha Milca, filha de Harã (ver Gn 11.26,27,29). Aparentemente, viajou até Harã (o lugar), na companhia de Terá, Abrão e Ló, a despeito do fato de que isso não é especificamente mencionado em Gênesis 11.31. Harã veio a tornar-se conhecida como *a cidade de Naor* (Gn 24.10), e isso parece uma prova adequada daquela assertiva. Naturalmente, ele pode ter chegado ali posteriormente. Naor foi o progenitor de doze tribos dos arameus alistadas em Gênesis 22.20-24, o que ilustra o parentesco próximo entre os arameus e os hebreus. Parece que Naor havia preservado as tradições religiosas (pré-hebreias) dos semitas, porquanto adorava um falso deus, honrado por seu pai, Terá (ver Gn 31.53). É possível, igualmente, que o pacto firmado entre Jacó e Labão, em Mispa (ver Gn 31.43 ss.), tenha incluído vastos feitos tanto a *Yahweh* quanto ao deus de Terá, o que era tradicional na família, provavelmente desde gerações anteriores. **3. A Cidade de Naor**. Harã veio a tornar-se conhecida como *cidade de Naor* (Gn 24.10). E isso deveu-se ao fato de que Naor, irmão de Abraão, ali viveu, em companhia de seus filhos, onde veio a tornar-se o principal cidadão do lugar. Alguns estudiosos pensam que essa cidade, na verdade, não se chamava Naor, mas simplesmente que a Bíblia a designa como "cidade onde Naor vivia". Porém, em favor do fato de que essa cidade deveras tinha o nome de *Naor*, é que os textos de Mari mencionam uma certa *Nahur* como cidade do norte da Mesopotâmia. E essa ou seria a própria Harã, com uma mudança de nome, ou então alguma cidade próxima de Harã. (Ver Gn 27.43; 28.10; 29.4,5). No tempo em que foram escritas as *cartas de Mari* (vide), no século XVIII a.C., o lugar era governado por um príncipe amorreu. Parece que ficava situada abaixo do Harã, no vale do rio Balique, na Alta Mesopotâmia.

NARDO

No hebraico, *nerd*. Esse vocábulo hebraico, provavelmente de origem sânscrita, ocorre somente por três vezes, sempre no livro de Cantares: (Ct 1.12; 4.13,14). No grego, *nárdos pistiké, nardo genuíno*. Essa expressão aparece por duas vezes, em Marcos 14.3 e em João 12.3.

O nardo era um unguento muito fragrante, obtido de uma planta da parte oriental da Índia, a *Nardostachys jatamansi*. Essa planta faz parte da família das valerianas, e é dotada de raízes fibrosas perfumadas. O dicionário da *Royal Horticultural Society* (1951) chama essa planta de "nardo dos antigos".

No Antigo Testamento, o nardo é mencionado como um daqueles perfumes exóticos, usado pela noiva do livro de Cantares. No Novo Testamento, o "nardo puro", conforme diz a nossa versão portuguesa, sempre aparece usado na pessoa de Jesus, aplicado por alguma mulher. Em Marcos 14.3, quando Jesus estava reclinado na casa de Simão, por quem fora convidado, chegou uma mulher, trazendo um vaso de alabastro e, quebrando o vaso, derramou o bálsamo sobre a cabeça de Jesus. O trecho paralelo de Mateus 26.6-13 não especifica que o bálsamo era de nardo. Em João 12.3, Maria, irmã de Lázaro e de Marta, aparece como a mulher que derramou o bálsamo de nardo sobre a cabeça de Jesus. Portanto, essas três passagens devem ser combinadas entre si para que recolhamos todos os informes sobre o incidente. Marcos e Mateus dizem-nos que isso ocorreu na casa de Simão, o leproso. João nos diz que o ato foi praticado por Maria. Marcos e Mateus referem-se à objeção feita pelos discípulos como um "desperdício"; João ajunta o detalhe que Judas Iscariotes, o discípulo que haveria de trair Jesus dentro de poucos dias, chegou a expressar sua indignação com um argumento. Mateus e Marcos dizem que o Senhor Jesus galardoou Maria imediatamente, revelando: *Onde for pregado em todo o mundo este evangelho, será também contado o que ela fez, para memória sua* (Mt 26.13).

Em João lemos que o bálsamo tinha grande preço. Assim era porque precisava ser importado da Índia em jarras de alabastro seladas, a fim de conservar o perfume. Somente quando algum ricaço proprietário recebia convidados especiais é que quebrava o selo da jarra de alabastro, e procedia à unção em quem quisesse, como demonstração de honraria toda especial. Tudo isso demonstra o amor que Maria tinha pelo Senhor Jesus. E esse amor era mútuo porquanto lemos em Jo 11.8: *Ora, amava Jesus a Marta, e a sua irmã e a Lázaro*.

NARIZ, VENTAS

1. Palavras e Usos. No hebraico, *uph*, cuja forma dual é *appayim*, ou seja, por onde se respira (ver Nm 11.20). Essa mesma palavra hebraica também é usada para indicar "ira" (ver Pv 22.24). Essa palavra ocorre por 25 vezes, no Antigo Testamento, com o sentido de "nariz" (a saber: Gn 2.7; 7.22; Êx 15.8; Nm 11.20; 2Sm 22.9,16; 2Rs 19.28; Jó 4.9; 27.3; 40.24; 41.2; Sl 18.8,15; 115.6; Pv 30.33; Ct 7.4,8; Is 2.22; 3.21; 37.29; 65.5; Lm 4.20; Ez 8.17; 23.25; Am 4.10). Um bom

NASCIMENTO

número dessas referências tem um sentido metafórico. No entanto, a palavra "nariz" nunca ocorre no Novo Testamento.

2. Descrição. O nariz é aquela porção da face humana e do focinho dos animais que faz parte do mecanismo da respiração, contendo galerias para a passagem do ar até os pulmões. É no nariz, igualmente, que se acomoda o órgão do olfato. Na maioria dos animais, o nariz é a parte mais proeminente do focinho, tanto entre animais carnívoros quanto em animais herbívoros de cabeça longa. Em certos animais, como é o caso do porco, o nariz tem a função adicional de fuçar, para desarraigar plantas pequenas. No elefante, o nariz é um órgão de preensão. O nariz compõe-se de um complexo de ossos, músculos e cartilagens. A pele que envolve o nariz é de caráter delicado e suave. Os pelos do nariz são mais delicados que de outras partes do corpo. As glândulas da pele do nariz são bastante numerosas e possuem ductos curtos, e suas secreções são abundantes. O nariz é local onde se manifestam várias enfermidades; a mais frequente delas é o resfriado comum. O nariz atua como filtro de ar, e também aquece ao mesmo. As pessoas que vivem em climas frios (ou aquelas cujos ancestrais viviam em zonas frias do mundo) tendem por ter narizes mais volumosos, mais eficazes no aquecimento do ar frio, como medida de proteção dos pulmões. É fato bem conhecido que o ser humano tem um olfato deficiente, em comparação com o de outros animais: seus nervos olfativos são muito limitados, quando confrontados com o que sucede com cães, ovelhas etc., além de muitos insetos.

3. Usos Metafóricos. *a. O hálito da vida.* Os hebreus não compreendiam muito sobre o sistema respiratório. Assim, falavam sobre o nariz como o órgão que contém a respiração que dá vida, em vez dos pulmões (ver Gn 2.7; 7.22). ***b.*** A elevação do nariz indica arrogância ou orgulho do parte dos homens (ver Sl 10.4). ***c.*** Uma argola ou anzol, enfiado no nariz de alguém, é sinal da sujeição desse alguém a outrem (ver Jó 41.2); mas havia quem usasse argolas no nariz para efeito de adorno (ver Gn 24.22,3; Ez 16.12). ***d.*** Colocar um raminho no nariz tinha algo a ver com as expectações mágicas, talvez sendo considerado um meio eficaz de espantar os demônios (ver Ez 8.17). Mas alguns intérpretes têm visto nisso um gesto de ira. ***e.*** O ato de resfolegar, que requer o uso do nariz, indica ou ira (ver Jó 39.20) ou paixão (Jó 27.3). ***f.*** Fumaça saindo pelo nariz simboliza ira ou predisposição à violência (2Sm 22.9). ***g.*** Nas visões e nos sonhos o nariz pode apontar para a faculdade de "intuição". Costumamos dizer: "Estou cheirando alguma coisa errada", cujo sentido nos é bem conhecido.

NASCIMENTO

No Antigo Testamento, três palavras são usadas para descrever o termo: **1.** *Yalad*, "produzir", "dar à luz" (aparece em Gn 4.1; 46.25; Êx 2.2; 1Cr 1.32). **2.** *Mashber*, "rompimento" (2Rs 19.3; Is 37.3; Os 13.13). **3.** *Mekurah*, "nascimento" (Ez 16.3; 24.30). No Novo Testamento, temos duas palavras gregas: ***a.*** *Geneté*, "rompimento", João 9.1. ***b.*** *Gênesis*, "começo", *geração* (Mt 1.118; Lc 1.4; Tg 1.23; 8.6). O nascer é o símbolo do começo de uma vida ou alguma coisa, pode, metaforicamente, significar uma regeneração espiritual.

NASCIMENTO VIRGINAL

A expressão "nascimento virginal" neste artigo refere-se, tal como é seu uso popular, à crença cristã da concepção virginal de Jesus por Maria, ou seja, sem que haja ocorrido relação sexual. Há, na tradição católica, uma crença, posterior, de que a virgindade de Maria teria sido também fisicamente preservada, ou seja, de que o hímen não foi rompido, durante o processo real do nascimento de Jesus. Essa crença é encontrada no Tomo de Leão, oficialmente aceito pelo Concílio de Calcedônia, sendo hoje, todavia, questionado por alguns eruditos católicos, como Karl Rahner.

A concepção virginal de Jesus é afirmada claramente em duas passagens do NT: Mateus 1.18-25 e Lucas 1.26-38. Outros lugares são por vezes também citados, como Marcos 6.3; João 1.13 (ver abaixo); Gálatas 4.4, mas neles não há referência direta e exata a esse fato. A exiguidade das referências no NT tem sido algumas vezes usada como hipótese ou argumento contra a historicidade da doutrina. Deve-se observar, no entanto, que o nascimento ou concepção virginal é praticamente o único ponto em comum das duas citadas narrativas da infância de Jesus, indicação de que provavelmente ambas se baseiam em uma tradição comum mais antiga. Note-se também que, tendo em vista o registro do evangelho, a alternativa à concepção virginal não seria o nascimento normal dentro do regime de casamento legítimo (de que não há evidência), mas, sim, um nascimento ilegítimo, que parece até ser uma acusação ofensiva em João 8.41, mas contestada em Mateus 1.18-25.

O nascimento virginal é crença comum a todas as principais confissões cristãs ortodoxas históricas. Na igreja primitiva, foi questionado somente pelos ebionitas (que negavam a divindade de Jesus) e pelos docetistas (que negavam sua verdadeira humanidade). Foi incluído em todos os credos primitivos e é afirmado até hoje nos Credos Apostólico e de Niceia. Com o surgimento da moderna teologia liberal, porém, passou a ser cada vez mais questionado. Isso porque a posição de autoridade das Escrituras é negada, mas também, algumas vezes, por ser negada a possibilidade daquilo que seja miraculoso.

Por causa, no entanto, de sua inclusão nos credos e da confusão feita entre nascimento virginal e encarnação, essa doutrina tem-se tornado constantemente um ponto central de controvérsia. Por causa disso, tem um destaque desproporcional à sua verdadeira posição no NT ou importância teológica.

Afirma o NT simplesmente que Maria permaneceu virgem *enquanto ela não deu à luz um filho* (Mt 1.25). No século II, porém, surgiu a crença de que Maria teria permanecido *perpetuamente* virgem, ou seja, de que seu casamento com José nunca chegara a ser carnalmente consumado. Essa ideia foi contestada por alguns eruditos — notadamente Tertuliano — e alguns oponentes do ascetismo no século IV. A ideia da maioria predominante na igreja primitiva, no entanto, permaneceu sendo a da virgindade perpétua de Maria. Nesse caso, os irmãos de Jesus, citados nas Escrituras, seriam ou filhos de um casamento anterior de José ou primos de Jesus (Jerônimo). Essa doutrina, a princípio, não foi combatida pelos reformadores. Calvino se guardou de julgamento sobre a questão e a fortemente protestante Bíblia de Genebra (1560), de forma reiterada, defende a hipótese. Mas mais importante do que o apoio numérico a essa crença é a sua falta de evidência *anterior* e a motivação dogmática que se encontra visivelmente por trás dela, a saber, a crença, não bíblica, de que a relação sexual é maculada.

Na mente popular, o nascimento virginal é constantemente confundido com a encarnação. Essa confusão é encorajada por alguma literatura sobre o assunto. A doutrina da encarnação afirma que o Filho eterno, a segunda pessoa da Trindade, tornou-se homem. A doutrina do nascimento virginal afirma que esse homem, Jesus, não teve pai humano. Ela *não* afirma que Deus era seu pai carnal; o nascimento virginal não deve ser confundido com mitos pagãos de deuses se acasalando com mulheres humanas. O nascimento virginal significa que a concepção de Jesus foi miraculosa; que ele não teve pai humano. Isso, porém, não deve ser confundido com a crença de ser ele o eterno Filho de Deus que se tornou homem.

Uma vez que o nascimento virginal e a encarnação são fatos distintos, logicamente um deles obriga a existência do outro? Não. O nascimento virginal, por si mesmo, não prova a divindade de Cristo. Os arianos (que negam a divindade de Cristo), os adocianistas (que negam a encarnação) e os muçulmanos creram sempre no nascimento virginal de Jesus. O nascimento virginal é uma concepção sobrenatural, que mostra Jesus como alguém muito especial; não *prova* sua divindade. De modo inverso, mesmo que se possa argumentar que a encarnação do Filho de Deus exigiria um nascimento sobrenatural, isso não significa que teria de ser necessariamente um nascimento *virginal*. As Escrituras afirmam que Jesus foi, de fato, concebido por uma virgem, mas não nos dizem que deveria ser este o único modo possível de sua concepção.

Qual, então, o relacionamento entre o nascimento virginal e a encarnação? O nascimento virginal não deve ser visto como uma explicação biológica da encarnação. Ele é mostrado, por vezes, equivocadamente, nesses termos, e foi esse o motivo pelo qual eruditos como Brunner e Pannenberg rejeitaram a doutrina. O nascimento virginal deve ser melhor considerado, como o é por Barth, como um sinal que aponta para a encarnação. Encaixa-se, isso sim, e é coerente com a encarnação, de que dá testemunho. O nascimento miraculoso de Jesus indica, enfim, o fato de ser ele uma pessoa singular.

O nascimento virginal é por vezes criticado, como o foi por J. A. T. Robinson, entre outros, por tornar Jesus, aparentemente, diferente de nós, não verdadeiramente humano. (É irônico que aqueles que têm muita coisa a dizer quanto à cristologia funcional, muitas vezes, tomem posições diametralmente opostas quando se trata da *humanidade* de Jesus.) Em resposta a essa crítica, R. F. Aldwinkle declara, com justeza, que "não é o método pelo qual alguém vem a se tornar um ser humano que é decisivo, mas, sim, o produto final em si, a saber, o ser humano". Todavia, há uma questão mais profunda aqui. O papel de Cristo requer que haja tanto continuidade quanto descontinuidade entre ele e nós; que ele deva ser um de nós (Hb 2.10-18) e, todavia, diferente também de nós. Jesus é o segundo Adão — um membro da raça humana, mas, inaugurando uma nova humanidade redimida. O nascimento virginal aponta para essa combinação de continuidade e descontinuidade.

Tradicionalmente, sustenta-se, em geral, que o nascimento virginal seria necessário para a impecabilidade de Jesus Cristo. Essa ideia foi introduzida por alguns pais primitivos (especialmente Agostinho), devido a sua crença a respeito do pecado original. Com base nessa crença, Agostinho sustentava que a *luxúria* está envolvida em todo relacionamento sexual na humanidade decaída. Se assim é, o nascimento virginal, então, claramente protege Cristo de ser produto de ato pecaminoso. Tal teoria, no entanto, não possui base bíblica. Uma variante mais recente desse argumento é a alegação de que o pecado original é transmitido por meio da linhagem masculina. Essa teoria serviria também para explicar por que o nascimento virginal isentou Jesus do pecado original — mas também não há base bíblica para ela.

Karl Barth discerne no nascimento virginal uma negação da capacidade natural da humanidade para com Deus, um tema barthiano favorito. De acordo com essa visão, a importância do nascimento virginal é a ausência não do ato sexual ou da luxúria humana, mas, sim, da participação humana *ativa*. A humanidade está nele envolvida, mas somente como um "ser humano virgem, meramente receptivo, que não deseja, não realiza e não cria" (CD I.2, p. 191). Os homens, mais que as mulheres, são os agentes ativos na história do mundo, e, portanto, o macho teve de ser colocado de lado na concepção de Cristo. Essa visão se expõe a várias objeções. Além de suas implicações sexistas, parece afirmar a depravação total de todos os seres do sexo masculino. Barth não deixa de estar certo, no entanto, em aplicar a doutrina do nascimento virginal à esfera da graça.

Uma versão variante de João 1.13 afirma que Cristo foi "nascido não de linhagem natural, nem de decisão humana ou da vontade de um marido, mas nascido de Deus". Não é universalmente concorde que seja esta a ideia original, mas o texto tem alguma relevância. É altamente provável que João soubesse da tradição do nascimento virginal e é possível que estivesse deliberadamente traçando um paralelo entre o nascimento virginal e a regeneração. Na conversão, tal como no nascimento virginal, a iniciativa e a soberania repousam inteiramente em Deus.

(**A. N. S. Lane**, catedrático de Doutrina Cristã do London Bible College, Londres, Inglaterra.)

BIBLIOGRAFIA. T. Boslooper, *The Virgin Birth* (London, 1962); R. E. Brown, *The Virginal Conception and Bodily Resurrection of Jesus* (London, 1974); D. Edwards, *The Virgin Birth in History and Faith* (London, 1943); A. N. S. Lane, The Rationale and Significance of the Virgin Birth, *Vox Evangelica* 10 (1977), p. 48-64; J. G. Machen, *The Virgin Birth of Christ* (London, 1930); H. von Campenhausen, *The Virgin Birth in the Theology of the Ancient Church* (London, 1964).

NASI

Dependendo dos manuscritos da Septuaginta, seu nome é grafado como *Naseí ou Nasíth*. Em 1Esdras 5.32, ele figura como chefe de uma das famílias que voltaram da Babilônia para a Judeia, terminado o exílio, em companhia de Zorobabel. Nos trechos paralelos canônicos de Esdras 2.54 e Neemias 7.56, ele é chamado *Nezia* (vide).

NATÃ

No hebraico, **"presente"**, **"dom"**. Há várias personagens com esse nome, nas páginas da Bíblia, a saber: **1. Um Filho de Davi**. (Ver 2Sm 5.14; 1Cr 3.5; 14.4). Ele era irmão de Salomão, um pouco mais velho que ele, e filho de Bate-Seba. Em Lucas 3.31, a genealogia de Jesus é traçada através dele, e não de Salomão. Quanto a isso há duas opiniões entre os estudiosos: *a*. a genealogia lucana exibe a linhagem materna de Jesus, o que significa que Maria seria descendente de Davi por meio de Natã; e a genealogia mateana exibe a linhagem paterna de Jesus, o que quer dizer que José seria descendente de Davi por meio de Salomão. Nesse caso, embora José não fosse o pai biológico de Jesus (pois ele não teve pai terreno, visto que foi gerado por atuação do Espírito Santo; ver Mt 1.18-21), ainda assim Jesus descendia de Davi, porquanto Maria descenderia do mavioso salmista de Israel. *b*. Tanto Mateus quanto Lucas traçam a genealogia real de Jesus, embora baseados em dados genealógicos que desconhecemos. Nesse caso, visto que a genealogia de Maria não aparece, não se sabe dizer qual a sua linhagem, e, por consequência, também não se sabe qual a linhagem biológica de Jesus, mas tão somente a linhagem de José. A primeira dessas posições já esteve muito em evidência. Ultimamente, porém, a segunda dessas posições vem conquistando a preferência dos eruditos. Em face de certas obscuridades no texto das próprias genealogias de Jesus, a questão talvez nunca seja resolvida a contento pelos estudiosos. Que cada leitor escolha a posição que lhe parece mais razoável! Mas, voltando a Natã, há uma referência profética a ele, em Zacarias 12.12, e que indica que ele terá descendência até os dias finais da presente dispensação, imediatamente antes do segundo advento de Cristo. Natã não parece ter tido qualquer papel ativo no governo de seu irmão, Salomão, porquanto coisa alguma nos é informada quanto a isso, nas páginas da Bíblia. Ele viveu em torno de 977 a.C. **2. Natã, o Profeta**. Ele viveu nos dias dos governos de Davi e Salomão em Israel. A primeira vez em que ele é mencionado na Bíblia, é em conexão com o conselho dado a Davi, quanto à construção do templo, em Jerusalém (ver 2Sm 7.2,3). Mas, após uma visão que teve, Natã anunciou que Davi não haveria de concretizar pessoalmente o seu plano de levantamento do templo, porquanto a tarefa seria realizada pelo seu sucessor, Salomão. Isso deve ter acontecido em cerca de 984 a.C. Então encontramo-nos novamente com Natã, nas páginas sagradas, quando ele foi enviado pelo Senhor a repreender Davi, em face do duplo pecado deste de adultério e assassinato, no caso de

Bate-Seba e seu marido, Urias. (Ver 2Sm 12.1-15). É muito provável que o Salmo 51 tenha sido composto por Davi, tendo em vista esses eventos, depois que ele se arrependeu. O fato é que quando Salomão nasceu, Natã deu-lhe o nome de Jedidias, *por amor do Senhor* (2Sm 12.24,25), o que era uma promessa de prosperidade para a linhagem real, que continuaria por meio de Salomão. Quando Adonias, já na época da velhice de Davi, tentou usurpar-lhe o trono, Natã e Bate-Seba lembraram a Davi que este prometera coroar Salomão. E Davi prontamente mandou proclamar Salomão como seu sucessor no trono de Israel (ver 1Rs 1.10-45). Além desses vários eventos históricos, o profeta Natã é mencionado como quem teve parte ativa no estabelecimento dos músicos profissionais na adoração do templo (ver 2Cr 29.25), o que foi um desenvolvimento importante no culto público. Natã também foi o autor de uma crônica que ilustrava os atos pecaminosos de Davi (1Cr 29.29); e, posteriormente, fez a mesma coisa no tocante a Salomão (2Cr 9.29). Quanto de suas atividades não foi historiado, é algo que ninguém sabe dizer, mas parece que relatos preparados por Natã constituíram uma das várias fontes informativas sobre os reinados de Davi e Salomão. As tradições assinalam seu sepulcro em Halhul, perto de Hebrom. **3. Um habitante de Zobá, na Síria**. Era pai de Igal, um dos principais guerreiros de Davi (2Sm 23.36). Parece que era irmão de Joel (ver 1Cr 11.38). Viveu em cerca de 984 a.C. **4. Um descendente de Judá**, filho de Atai, e pai de Zabade (1Cr 2.36). Viveu em torno de 1400 a.C. **5. Um dos líderes dos judeus**, que foi enviado por Esdras, de seu acampamento, às margens do rio Aava, aos judeus que tinham uma colônia em Casifia. Seu propósito era obter ministros para a casa de Deus, pertencentes à ordem sacerdotal, a fim de ajudarem a restabelecer a adoração a *Yahweh*, em Israel, terminado o cativeiro babilônico (Ed 8.16,17). Viveu em torno de 457 a.C. **6. Um homem que foi forçado a separar-se de sua mulher estrangeira**, terminado o cativeiro babilônico, quando Israel renovou seus votos diante do Senhor, reiniciando a observância das antigas leis e costumes. É possível que esse homem seja o mesmo que aquele descrito no número cinco, acima. **7. O Natã referido em 1Reis 4.5** provavelmente foi o segundo dos filhos de Davi e Bate-Seba, ou, então, o profeta desse nome (pontos primeiro ou segundo).

NATÃ-MELEQUE

No hebraico, **"presente do rei"**. Esse foi o nome de um dos oficiais do rei Josias, de Judá. Esse rei removeu os cavalos do campo de Natã-Meleque, cavalos esses que tinham sido usados na adoração idólatra ao sol (ver 2Rs 23.11). Essa providência fez parte das reformas religiosas descritas no texto.

NATANAEL

No hebraico, **"presente de El (Deus)"**. Esse é o nome de nada menos de dez personagens que aparecem nas páginas do Antigo Testamento. Sua forma grega é *Nathanaél*, o nome de um dos apóstolos de Jesus, no Novo Testamento.
No Antigo Testamento. 1. Um filho de Zuar. Zuar era um príncipe da tribo de Issácar, na época do Êxodo (Nm 1.8; 2.5; 7.18,23; 10.15). Ele viveu em torno de 1440 a.C. **2**. Um irmão de Davi, e que foi o quarto filho de Jessé (1Cr 2.14). Ele viveu por volta de 1026 a.C. **3**. Um sacerdote que tocou a trombeta diante da arca da aliança, quando o rei Davi a trouxe de volta a Jerusalém (1Cr 15.24). Viveu por volta de 1043 a.C. **4**. Um levita que foi o pai do escriba Semaías (1Cr 24.6). Ele deve ter vivido em algum tempo antes de 1014 a.C. **5**. Um filho de Obede-Edom, que trabalhou como porteiro do templo de Jerusalém, nos dias de Davi (1Cr 26.4). Ele viveu em torno de 1014 a.C. **6**. Um dos cinco homens que Josafá enviou para instruírem o povo, nas cidades de Judá, quanto a questões da lei e do culto religioso (2Cr 17.7). Ele viveu em cerca de 912 a.C. **7**. Um dos chefes levitas, nos dias de Josias (2Cr 35.9). Ele viveu em cerca de 628 a.C. **8**. Um filho de Pasur, e que foi forçado a divorciar-se da mulher estrangeira que tomara quando do cativeiro babilônico (cerca de 446 a.C.). **9**. Um sacerdote que era cabeça de uma família sacerdotal, nos tempos de Joiaquim. (Ver Ne 12.21). Viveu em cerca de 445 a.C. **10**. Um sacerdote, irmão de Zacarias, e que tocou a trombeta por ocasião da celebração da dedicação das muralhas restauradas de Jerusalém, após o retorno de Judá do exílio babilônico. Alguns estudiosos identificam-no com o mesmo Natanael anterior (número 9).

NAUM (LIVRO)

Abraão, ao receber a promessa de que seria o genitor de uma grande nação, teria sofrido certo número de surpresas se lhe tivesse sido narrado o curso da história futura daquela nação. Ele teria reconhecido o cumprimento da promessa que lhe foi feita no estabelecimento da monarquia unida, sob Saul, Davi e Salomão. Porém, teria ficado perplexo ao saber que a monarquia haveria de separar-se em duas nações distintas, que, por muitas vezes, se hostilizaram, a começar pelos respectivos reinados de Roboão (no sul) e Jeroboão (no norte). Porém, quem poderia ter medido a sua consternação se ele tivesse sido informado de antemão sobre a destruição de *ambas* as nações, primeiramente a do norte (em 722 a.C.) e então a do sul (em 587 a.C.)? Bem, poderíamos indagar: "Qual a utilidade da promessa?" Não obstante, o melhor ainda estaria por vir, porquanto a história do povo de Israel só poderia ter cumprimento no Messias, filho de Abraão e filho de Davi.

A *Assíria* provocaria algumas das mais amargas surpresas de Abraão; porquanto foi essa potência que fez o reino do norte, Israel, desaparecer como organização política, e que deixou o sul esperando ser destruído, ao receber o golpe final da Babilônia. Mas, embora usada por Deus para punir a nação do norte, Israel, a Assíria não haveria de escapar às consequências de sua própria degradação. Isso posto, aprendemos que a vontade de Deus tanto atua através do processo histórico quanto transcende a ele, havendo uma lei da colheita segundo a semeadura que não respeita nem indivíduos nem nações, na precisão de suas operações. O livro do profeta Naum é uma predição profética que achou seu caminho garantido na história, porquanto os eventos que ali são preditos atualmente fazem parte da história mundial, no que concerne ao povo de Israel.

I. Pano de Fundo Histórico

Assíria. Este é o nome do império que dominou todo o mundo bíblico antigo, entre os séculos IX e VII a.C. A Assíria, entretanto, teve começos bem humildes, porquanto o seu território era apenas uma pequena região em formato triangular, entre os rios Tigre e Zabe. Ao norte e a leste fazia limites com a Media e com as montanhas da Armênia. Não obstante, a história desse antiquíssimo povo pode ser acompanhada desde antes de 1700 a.C. Os séculos XVII a XI a.C., no caso da Assíria, são chamados os séculos do reino antigo, caracterizado pelo desenvolvimento de várias cidades-estado fortificadas. Com Tiglate-Pileser I (1114-1076 a.C.) começou o período do império assírio propriamente dito. Porém, antes mesmo disso, no século XIV a.C., a Assíria tinha poder comparável ao do Egito. E, pelo tempo em que se tornou um império, suas fronteiras se haviam expandido consideravelmente. De qualquer modo, devemos lembrar que as populações antigas, em comparação com os dados populacionais de hoje, eram pequenas, e que a força militar nem sempre podia ser aquilatada em termos de dimensões geográficas e de grande número de habitantes. A Assíria foi absorvendo várias populações com a passagem dos séculos, e assim suas fronteiras expandiram-se quase até as margens do rio Eufrates. Mas ela só atingiu uma posição de domínio mundial quando entrou em aliança com a Babilônia. No que concerne a áreas geográficas, a Assíria e a Babilônia representavam praticamente a mesma coisa. Os assírios eram semitas de raça, vigorosos de corpo e de disposição alegre, a julgar por suas muitas festas e festivais. Mas a história também demonstra claramente que eles eram implacavelmente cruéis.

Nínive. Esta era a principal cidade e a última capital da Assíria. Foi fundada por Ninrode, depois que ele deixou a Babilônia. Escavações arqueológicas que se aprofundam no solo até 25 m mostram-nos que o sítio vinha sendo continuamente ocupado desde tão cedo quanto 4500 a.C. Em cerca de 1800 a.C. (nos tempos de Sansi-Hadade), a cidade entrou em contato com uma colônia assíria chamada Canis. Foi então que a Assíria se tornou uma entidade independente da Babilônia. Importantes fortificações e palácios foram construídos durante os reinados de Salmaneser I (1260 a.C.) e Tiglate-Pileser I (1114-1076 a.C.). Assurbanipal (já em 669 a.C.) fez dessa cidade a sua principal residência. A cidade de Nínive foi destruída em 612 a.C., graças aos esforços combinados dos medos, babilônios e citas. Mas só caiu por causa das brechas feitas em suas muralhas defensivas pelas águas do enchente (Na 2.6-8). Naum descreveu vívida e profeticamente a queda da cidade que, no auge da prosperidade, era cercada por uma muralha interior cuja circunferência media cerca de doze quilômetros. E sua população somava mais de cento e setenta e cinco mil pessoas.

A Assíria e a Bíblia. Os livros bíblicos de Jonas e Naum formam um par. Jonas (em 862 a.C.) predisse a destruição de Nínive, a menos que seus habitantes se convertessem. Naum previu que o julgamento cairia 150 anos mais tarde, várias gerações depois da época de Jonas.

Em 745 a.C., Tiglate-Pileser III tornou-se rei da Assíria e deu início a campanhas militares que, no espaço de 25 anos, puseram fim a Israel, o reino do norte. Essas aventuras militares, embora não tivessem significado a destruição de Judá, chegaram a pôr em sério perigo a sua independência. Oseias, o último monarca do reino do norte, negou-se a pagar tributo aos assírios. Acabou aprisionado. Samaria, sua capital, foi invadida e arrasada até o rés do chão. Os registros assírios documentam que nada menos de 27.290 habitantes da cidade de Samaria foram deportados, e que estrangeiros foram enviados para habitar no lugar deles.

Senaqueribe invadiu Judá, em 701 a.C. Ezequias resistiu aos assírios, e somente devido à divina intervenção (ver Is 37.36) Jerusalém foi salva da conquista e do saque. Apesar disso, 46 cidades de Judá foram capturadas. Judá, nos dias do rei Manassés, tornou-se um reino vassalo da Assíria. Porém, foi a partir daí que o poder assírio começou a declinar. O Faraó Neco, temendo a Babilônia, que cada vez mais avultava em potência, aliou-se à Assíria e obteve por consentimento o controle de Judá e da Síria. Entretanto, os babilônios gradualmente obtiveram o predomínio. O Faraó Neco e Assur--Ubalite foram totalmente derrotados pela Babilônia. Judá tornou-se reino vassalo da Babilônia e foi então que tanto a Assíria quanto Judá, reino do sul, chegaram ao fim. Jerusalém caiu em 587 a.C. e, então, seguiu-se o cativeiro babilônico. O gráfico da seção VI a seguir traça os eventos tão sucintamente mencionados aqui.

II. AUTORIA. Os intérpretes apresentam certo leque de ideias quanto à autoria do livro de Naum, a saber: **1**. Alguns eruditos liberais sugerem que o autor foi um poeta historiador e não um profeta, visto que, segundo eles pensam, falta ao livro a ética, a religião e o gênio típicos dos profetas. O nome Naum significa "consolo (de Deus)", o que pode ser entendido como uma tentativa metafórica de dizer: "Este livro, designado *consolo*, visa dar a Israel motivos para regozijar-se. Portanto, deixai-vos consolar, porque um antigo inimigo foi derrotado". **2**. Embora o livro deva ser considerado uma profecia genuína (em contraste com a primeira posição, acima), o título "Naum" pode ser visto como um *nom de plume*, o que é evidenciado pelo fato de que, nesse livro, não dispomos de informações acerca do profeta Naum. Além disso, a cidade de onde supostamente ele veio, "Elcós", é totalmente desconhecida pelos estudiosos. O nome do autor, bem como sua origem, são meros artifícios literários, e não fatos históricos genuínos. Todavia, Jerônimo identificava Elcós com Elcesi, uma pequena aldeia da Galileia, onde havia, em seu tempo, algumas antigas ruínas. Entretanto, não dispomos de meios para confirmar ou negar essa suposição de Jerônimo. Eusébio também identificava Elcós com Elcesi, presumível localização palestina, embora não tivesse dado nenhuma informação que agora nos permita sustentar sua afirmação. Alguns antigos escritores sugeriram Alcus como a cidade natal de Naum; no entanto, essa era uma aldeia fora das fronteiras de Israel e, portanto, muito improvável. A aldeia ficava a dois dias de jornada distante de Mosol (antiga Nínive), razão pela qual tal identificação começou a ser artificialmente feita, a partir do século XVI. Os turistas são encaminhados até o suposto túmulo de Naum, nesse lugar. Mas a ausência de quaisquer informações geográficas e pessoais sólidas, no tocante a "Naum", sugerem que estamos tratando apenas com um pseudônimo, e não com o nome verdadeiro de uma pessoa real. **3**. *Outros estudiosos aceitam a autenticidade* tanto do nome do autor quanto do fato de que ele escreveu seu livro como uma profecia. Embora esse nome não possa ser encontrado em todo o Antigo Testamento, senão no próprio livro assim chamado, não há razão para pormos de lado as informações ali providas. Tal nome tem sido achado inscrito em algumas *ostraca* (ver a respeito no *Dicionário*). Até o século XIX, ninguém se aventurara a lançar dúvidas sobre a autoria e a autenticidade do livro como uma profecia. Mas essas dúvidas são essencialmente destituídas de base, não passando de raciocínios subjetivos. O simples fato de o nome *Naum* significar "consolo de Deus" dificilmente milita contra sua existência, a menos que insistamos, por razões particulares, em que esse uso deve ser metafórico. É verdade que nada conhecemos acerca de um profeta chamado "Naum", excetuando aquilo que se pode inferir por meio do próprio livro, mas nossa falta de conhecimento dificilmente pode servir de prova de que o profeta Naum nunca existiu. Além disso, muitas cidades obscuras da Palestina devem ter existido, mas nenhum historiador se importou em deixar registradas por escrito. Josefo, ao listar muitas cidades e vilas da Galileia, nunca mencionou Nazaré, embora ela tenha, realmente, existido. **4**. **O Estilo do Autor**. O original hebraico do livro de Naum é "claro e vigoroso", e seu estilo é prenhe de animação, fantasia e originalidade. O livro tem certa suavidade e delicadeza, alternada por uma dicção rítmica, sonora e majestática, sempre que o assunto requer tal coisa. À semelhança de Isaías, ele usou paronomásias, ou seja, assonâncias verbais. É possível que Naum tenha sido um contemporâneo mais jovem de Isaías. Seu hebraico é puro e clássico, podendo ser atribuído à época da segunda metade do governo de Ezequias. Vários autores têm-no mencionado como um brilhante poeta. **5. Outras Ideias**. Pouquíssimo se sabe sobre o homem Naum, a quem é atribuída a autoria do livro com seu nome. Coisa alguma se sabe sobre esse profeta, a não ser aquilo que consta nesse livro. A segunda parte do título, que atribui o livro a Naum, de acordo com alguns especialistas, como Smit e Goslinga, teria sido uma adição, com o propósito de preservar o nome do profeta.

Outros eruditos, entretanto, pensam que o nome Naum seja um pseudônimo, porque, visto que *Naum* significa "consolo (de Deus)", o seu livro haveria de consolar o povo de Israel.

Mais de um Autor? Ainda outros estudiosos argumentam que o primeiro capítulo do livro de Naum não forma unidade com os dois capítulos finais. No entanto, até o ano de 1892, não surgira nenhuma dúvida de que o livro de Naum fosse uma unidade. Não obstante, Bickell asseverou que ele descobriu o que pensava serem os remanescentes de um salmo alfabético em Naum 1.1-7, e tentou reconstruir todo o trecho de Naum 1.2,3, obtendo assim 22 versículos que começam com as sucessivas letras do alfabeto hebraico. Com outra variedade de técnica de reconstituição, Gunkel, em 1892, seguindo o esquema proposto por Bickell, produziu uma reconstituição um tanto mais plausível. Gunkel acha que descobriu que Sobai (ou Sobi) era o nome provável do autor do livro.

III. Data. Nosso raciocínio pode ser influenciado tanto por fatores históricos quanto por fatores psicológicos, a saber: **1**. Com base em uma suposição a priori, alguns eruditos liberais defendem que o livro de Naum é uma história poética, e não uma verdadeira profecia, insistindo então em uma data posterior a 612 a.C., o ano da queda de Nínive. Presumivelmente, a jubilosa explosão que há no livro, diante da queda de um poderoso inimigo, trai um poeta que *observou*, e não um profeta que previu. Entretanto, após exame do livro, vê-se que as qualidades éticas e religiosas do profeta Naum foram subestimadas por esses especialistas. **2**. Alguns eruditos supõem que parte do livro de Naum consista em profecia, e outra parte, em história; e, consoante a isso, sugerem datas imediatamente antes e depois de 612 a.C. Isso nos envolve em raciocínios subjetivos que não podem ser comprovados objetivamente. A questão é tremendamente controvertida, e todas as discussões a respeito não têm servido para iluminar a questão da data da composição do livro. **3**. *A maioria dos eruditos do Antigo Testamento* data o livro de Naum entre 664 e 612 a.C. Esse ponto de vista alicerça-se sobre o fato de que o trecho de Naum 3.8-12 menciona a destruição de Tebas (a No-Amom desse texto), durante os dias de Assurbanipal (664-663 a.C.), como um acontecimento que já teria ocorrido. Naum, pois, deve ter escrito seu livro após esse evento. E, no caso de o livro ser uma profecia, deve ter sido escrito antes de 612 a.C., a data da queda de Nínive, um evento predito na obra. Todavia, não há como provar exatamente quando, entre essas duas datas, a composição foi escrita. A maioria dos intérpretes, contudo, supõe que se deve pensar em uma data mais próxima da destruição de Nínive, do que uma data mais distante dessa destruição. Nada melhor do que isso alguém conseguiu propor. **4**. *Fausset*, insatisfeito com uma data imprecisa, apresentou uma série de comparações históricas entre as ideias de Naum e as ideias de outros profetas, relacionando esses dados com os livros de Reis e de Crônicas. Ele via Senaqueribe ainda assediando Jerusalém, em Naum 1.9-12. E supôs que Naum aludiu a isso em parte como história e em parte como profecia, naquele trecho. Com base em todas as suas conjecturas, ele extraiu 713 — 710 a.C. como a data da escrita do livro de Naum. Mas tudo isso entra em conflito com a história descrita no terceiro ponto. **5. Outras Ideias**. O livro de Naum, segundo alguns eruditos, pode ser datado dentro de uma variação de meio século. A fixação da data de sua escrita tornar-se-ia possível por meio de dois eventos principais: a queda de Tebas, que ocorreu por volta de 668 a.C., e a queda de Nínive em 612 a.C. Por igual modo, no tocante à autoria do livro de Naum, há muitas posições diversas, quanto à data desse poema.

Para Robert Pfeiffer, a iminência da queda de Nínive parece argumentar em favor de o livro de Naum ter sido escrito pouco antes da destruição dessa cidade.

Alguns estudiosos destacam Naum 3.13, afirmando, então, que a Assíria e Nínive se tinham sentido ameaçadas. Sabe-se que, pouco depois da morte de Assurbanipal, que ocorreu por volta de 626 a.C., os assírios sentiram-se um tanto ameaçados, porquanto seu domínio sobre os territórios ocidentais era frouxo. De acordo com Heródoto, para piorar as coisas, Nínive fora cercada pelas tropas do medo Ciaxares, antes de este haver sido convocado de volta à sua terra, porquanto estava invadindo a Assíria, em consequência de uma invasão contra seu próprio país. Isso aconteceu por volta de 625 a.C. Hitzig, Kuenen, Cornill e outros estudiosos advogam a posição de que o livro de Naum foi escrito não muito depois daquele citado assédio, porquanto a Assíria estava sob ameaça, e também porque Naum indicou que Judá continuava sob o jugo da Assíria.

De acordo com a opinião de J.M. P. Smith (*Expositor's Bible*), a iminência da queda de Nínive pode ser percebida no texto do livro de Naum, e esse estudioso também advoga a ideia de que as evidências internas indicam que a cidade de Nínive estava nadando em grandiosidade e poder militar. Talvez ele estivesse aludindo ao trecho de Naum 2.9. Segundo Smith, isso não poderia ser dito como verdade no tocante ao período de tempo imediatamente após a morte de Assurbanipal, em 626 a.C.

Contudo, na realidade, se tivermos de determinar uma data definida, seja ela imediatamente após a queda de Tebas, ou pouco antes da destruição de Nínive, não é uma conclusão tão importante como aquela que diz que o livro de Naum foi escrito entre esses dois eventos históricos; porque, se alguém defende essa posição, conforme fazem alguns estudiosos, dizendo que o poema foi escrito após a queda de Naum, então o homem Naum teria sido apenas um eloquente poeta e um excelente historiador, mas não um profeta, pois o seu livro seria história, e não predição profética.

IV. Conteúdo. "A profecia de Naum tanto é um complemento quanto uma contraparte do livro de Jonas", disse Pusey. Os três capítulos do livro de Naum podem ser vistos como um único poema; mas cada capítulo, mesmo considerado separadamente, é digno de atenção. O primeiro capítulo tem sido chamado, por alguns autores, de ode à Majestade de Deus. Pode ser dividido em três porções:

1. Subtítulo (1.1). O autor fala sobre a sua "sentença", que era ao mesmo tempo a sua "visão". Isso revela o caráter sobrenatural do livro. Podemos supor algum tipo de inspiração por trás de uma composição escrita em forma de poema. Aliás, largos segmentos do Antigo Testamento foram compostos como poemas, como os Salmos e muitas passagens de Isaías, Jeremias, Oseias, Joel etc.

2. A Descrição da Majestade de Deus (1.2-8). Nesses versículos, o poeta profeta enfatiza os poderes e a resolução de Deus, mediante os quais ele efetua os seus desígnios. O autor usou descrições alicerçadas sobre a natureza, a fim de adornar suas palavras. A mensagem é: A majestade de Deus, sua exaltada posição, requer que o mal seja julgado.

3. A Descrição da Confusão da Assíria e a Restauração de Judá (1.9-11,14 — 3.19). Deus dirige-se aos assírios e promete que seu povo será vingado com toda a certeza. Os vss. 12 e 13 incluem uma promessa de descanso e alívio futuro da opressão. *O segundo capítulo* é homogêneo, descrevendo o cerco e o saque de Nínive. As qualidades do autor sagrado, como poeta, tornam-se especialmente patentes neste trecho. *O terceiro capítulo* caracteriza longamente a maldade de Nínive, salientando certo número de causas de sua queda final. Fausset ressalta que o trecho de Naum 3.19 serve de poderoso clímax porquanto este versículo afirma que não há cura para a ferida da Assíria.

Por todo o livro há um tema moral que se repete: Deus, por ser santo, deve julgar o pecado. Esse tema torna-se ainda mais solene quando consideramos que a cidade de Nínive, que finalmente caiu, gerações atrás se entregara ao arrependimento.

Esboço:

- Naum 1.1. Título do livro e breve referência ao autor.
- Título: é duplo, a saber, o oráculo sobre Nínive e o livro da visão de Naum, o elcosita.
- Autor: Naum, o elcosita.

I. 1.2-8. Estes versículos iniciais são uma introdução na qual o autor sagrado descreveu alguns dos atributos de Deus:

1. *Paciência* — Deus é descrito como um Ser tardio em irar-se (1.3).
2. *Justiça* — Paralelamente à sua paciência, Deus também é descrito como um Ser dotado de justiça divina. Por um lado,

a ira vingadora contra os ímpios (1.2); por outro lado, uma fortaleza onde os piedosos podem refugiar-se (1.7).

3. *Poder* — Tanto os homens quanto a natureza prostram-se diante do poder de Deus. O mar resseca-se (1.4); os rios extravasam (1.8); as montanhas estremecem diante de Deus (1.5); as rochas partem-se sob o furor de sua ira (1.6); mas, acima de tudo, quem pode resistir à sua indignação? (1.6).

II. 1.9-15. *O retrato do opressor* de Judá e a promessa de que o jugo seria quebrado. Nessa seção é enfocada "a expedição malsucedida de Senaqueribe", como também é prometida a remoção da opressão de Judá.

III. 2.1-13. *Vívida descrição da queda de Nínive*.

2.1. Uma irônica conclamação para que os ninivitas se fortalecessem, Soldados e armamentos parecem ser descritos em Naum 2.3 como que se preparando para uma parada militar, e não para uma batalha. Logo a parada transformar-se-ia em um tropel de cavalos e carros de guerra (2.4). O Senhor dos Exércitos julgou a cidade de Nínive que foi inundada, saqueada e deixada em desolação. As servas da cidade gemem tristemente, pois o covil dos leões foi destruído (2.7-13).

IV. 3.1-19. *Nínive é comparada a Nô-Amom, ou seja, Tebas* (3.8), visto que a destruição foi completa.

Látegos, pranto e rodas — os látegos para cortar as rodas para trilhar. Mas por que tanto choro? A sentença é anunciada: *És tu melhor do que Nô-Amom...?* (3.1-8).

Essas palavras foram proferidas como uma profecia pelo profeta de *Yahweh*. O povo assírio já havia provado um pouco o poder das nações opressoras (3.13); e, em breve, estas palavras também teriam cumprimento: *Tudo isso por causa da grande prostituição da bela e encantadora meretriz, da mestra de feitiçarias...*

V. Propósito e Principais Ensinos Teológicos

Propósito. O livro de Naum tem, basicamente, duplo propósito. O primeiro é profetizar sobre o julgamento de Nínive mediante a providência vingadora de Deus; e o segundo é um poderoso alento consolador à nação de Judá, que seria tirada de sob o tacão assírio. A razão desse julgamento aparece em Naum 3.4,5. *Tudo isso por causa da grande prostituição da bela e encantadora meretriz, da mestra de feitiçarias, que vendia os povos com a sua prostituição e as gentes com as suas feitiçarias. Eis que eu estou contra ti, diz o Senhor dos Exércitos...* Por semelhante modo, da mesma maneira que Nínive seria destruída, Judá seria liberada do domínio assírio. *Mas de sobre ti, Judá, quebrarei o jugo deles, e romperei os teus laços...* (1.13).

Principais Ensinos Teológicos. Se contemplarmos o mundo através do prisma formado por Naum, os acontecimentos históricos serão polarizados em uma antítese. Os poderes mundiais são todos representados pela Assíria e por Judá, emblemas dos inimigos de Deus e do seu reino, respectivamente.

Por igual modo, se olharmos através desse prisma de Naum, a teologia está distintamente dividida em duas facções adversárias: os bons e os maus. Os bons serão eternamente consolados, e os maus serão devidamente julgados na perdição eterna. Os bons são retratados como não tendo nenhuma mácula. Contudo, em seu livro, o autor não reflete as características da história interior ou os méritos de sua própria geração.

E o ensino que recolhemos do retrato sobre a nação de Judá não é o de julgamento do povo de Deus, e, sim, de refúgio para aqueles que se valem da fortaleza que é o Senhor (1.7).

Através do profeta Jonas, Deus revelou a sua longanimidade; mas Naum foi usado para anunciar outro tipo de ensino sobre as atitudes de Deus. Naum nos fala sobre o poder de Deus, um poder capaz de controlar a natureza e os homens, um poder que libertaria a nação de Judá (1.13). Mediante o exemplo de Nínive, aprendemos um lado espantoso dos atributos de Deus. Acima de tudo, aprendemos que aquele que blasfema contra Deus não deixa de receber a sua paga.

VI. Características Literárias. Os eruditos de todas as especialidades bíblicas concordam quanto à excelente qualidade dos poemas de Naum. Se se trata de uma profecia genuína, conforme opina a maioria dos estudiosos (o que não foi lançado em dúvida até o século XIX), então se trata de uma profecia vazada em tom altamente poético. Alguns críticos sugerem que o livro se compõe de cinco poemas. Essa ideia pode incluir a variação de que o trecho de Naum 1.2-10 era um antigo poema acróstico, prefixado à composição original. No entanto, somente por meio de emendas violentas é possível trazer à existência um poema acróstico ali. Para outros, o trecho de Naum 1.11 — 2.22 não era parte original do livro, mas foi apenas um acréscimo editorial, inserido tão tardiamente quanto 300 a.C. Unger, um erudito de nossos dias, rejeita essa ideia como um exemplo do subjetivismo usado por muitos críticos. Outros estudiosos pensam que o livro de Naum consiste em um único poema, embora possa ser dividido em várias porções, de acordo com conteúdos específicos.

Qualidade Teológica e Moral do Livro. A qualidade poética destacada dessa obra não deveria obscurecer o fato de que Naum também se reveste de excelente qualidade profética. Aqueles que querem ver o livro como se fosse apenas uma obra poética e histórica exibem a tendência de degradar o conteúdo espiritual do texto. Como é óbvio, o autor sagrado entusiasmou-se diante da queda prevista da Assíria, mas esse entusiasmo não é o único conteúdo do livro. Podemos discernir em Naum os seguintes elementos morais e teológicos: **1**. O caráter de Deus, mormente a sua santidade, requer a justiça (1.2,8). **2**. Teísmo: Deus faz-se presente no mundo. Ele julga e galardoa (1.9-15). **3**. O amor de Deus fá-lo ser paciente, embora com limites (1.2,3). **4**. Uma potência mundial, a despeito de toda a sua glória, pode constituir-se em inimiga de Deus. Essa é a mensagem central do livro. **5**. Todo o julgamento divino tem uma causa. O terceiro capítulo de Naum esboça várias razões do julgamento de Nínive. **6**. Nínive serviria de exemplo para outras comunidades. Rejubilemo-nos diante do juízo divino. Mediante o juízo, Deus faz coisas que não poderia fazer por outros meios (3.19).

VIII. Bibliografia. AM E EX ED FA HALD HALL I LAN PU UN Z

NAUM (PESSOAS)

Esse nome significa **"compassivo"**, no hebraico. Há duas personagens com esse nome, nas páginas do Antigo Testamento: **1**. Um dos antepassados de Jesus, na genealogia de Lucas (Lc 3.25). Ele aparece como o nono antes de José, marido de Maria, mãe de Jesus. **2**. O profeta Naum, o sétimo dos profetas menores, de acordo com o arranjo do Antigo Testamento, no hebraico e no grego, embora tivesse sido o sexto, cronologicamente falando. Ele era nativo de Elcós, uma aldeia da Galileia (conforme Jerônimo comentou em seu prefácio ao livro de Naum). Ele profetizou em Judá, após a deportação das dez tribos do norte, já nos fins no reinado de Ezequias (Na 1.11-13; 2.1,14).

Quanto a detalhes completos, ver o artigo sobre a profecia de Naum. Seu livro pertence à classe dos livros proféticos que têm sido chamados *prophetiae contra gentes*, porquanto voltam-se, especificamente, contra os povos. Seu objetivo era a cidade de Nínive, capital do império assírio.

NAVALHA

Um instrumento cortante muito afiado, para aparar os cabelos e a barba. É referido no AT sobretudo em conexão com o voto dos nazireus (Na. 6.5; 8.7; Jz 13.5; 16.17; 1Sm 1.11; Is 7.20; Ez 5.1). A palavra também é usada metaforicamente para indicar a língua ferina (Sl 52.2). As navalhas eram feitas de metal, e eram simples ou elaboradas. Muitos espécimes, pertencentes à antiguidade, têm sobrevivido.

NAVIOS. Ver *Barcos (Navios).*

NAZARÉ

No hebraico, *naçret*, no grego é *nazareth*. O significado é incerto, talvez **"verdejante"**, ou **"rebento"**, **"renovo"**. Nome de uma cidade da Galileia (Mt 2.23), onde residiam José e Maria (Lc 2.39), e em que Jesus cresceu (4.16), e passou a maior parte de sua existência de 30 anos (3.23), por isso lhe chamavam Jesus de Nazaré (Mt 21.11; Mc 1.24). Ali crescia *Jesus em sabedoria, estatura e graça, diante de Deus e dos homens* (Lc 2.52; 4.16), mas depois que iniciou sua carreira pública, foi rejeitado duas vezes pelos seus conterrâneos (4.23-31; *cf.* Mt 4.13; 13.54-58; Mc 6.1-6). Nazaré situava-se sobre um monte, Lc 4.29, era pequena e sem importância, ou de origem muito recente, porque o seu nome não se encontra no Antigo Testamento, nem nos livros apócrifos, nem nas obras de Josefo. Atualmente, chama-se *en-Nasirah*, e está situada em um vale apertado da baixa Galileia, um pouco ao norte da planície de Esdraelom, cerca de 27 km a sudeste de Tiberíades e 37 km a sudeste de Tell-Hum, lugar onde se julga ter existido a cidade de Cafarnaum, e a 35 km a sudeste do Acre. O vale tem cerca de 2 km de este a oeste e a média de 500 m de norte a sul. Pelo lado do noroeste, o monte se eleva cerca de 165 m sobre o vale cercado de ravinas pela encosta oriental, onde se localiza Nazaré. As casas são mais bem edificadas do que em outras povoações da Palestina, construídas de pedras calcárias que se encontram nos outeiros vizinhos, e entre plantações de figueiras, oliveiras e alguns ciprestes. No vale, existem jardins cercados de árvores espinhosas. No centro desses jardins está a Fonte da Virgem, de onde vai a água que abastece a cidade, e em que, provavelmente, a virgem Maria ia buscar água para a sua habitação. Nazaré contém atualmente cerca de 4.000 habitantes, segundo o Censo de 2009 cuja maioria professa o culto grego; a quinta parte compõe-se de maometanos, e há também número considerável de protestantes e pequena parte de católicos romanos. Os frades franciscanos possuem ali um convento e relatam sobre muitos lugares santos na cidade, o único, porém, de maior evidência é a Fonte da Virgem. O ponto culminante de onde queriam precipitar Jesus talvez seja perto da igreja maronita no qual há duas ou três escarpas nuas, de seis a 17 m de altura. O nome de Nazaré está escrito de várias formas nos manuscritos do Novo Testamento. As mais aceitáveis são: *Nazaret* e *Nazareth*. O texto alexandrino diz *Nazareth*, o texto sinaítico e o Vaticano dizem *Nazara*, em Mateus 4.13 e Lucas 4.16. Essas formas distintas representam provavelmente os diversos modos de falar entre o povo da Palestina. A cidade de Nazaré em aramaico chamava-se *Nasera*, retendo a terminação feminina *t* (th) como era muito frequente com os nomes de cidades (*Zarephath, Daberath, Bozkath, Timnath*) e sob a influência hebraica se pronunciava *Názereth* (cf. *iggera e iggereth* que em aramaico quer dizer letra). Segundo essa explicação, a palavra é um particípio feminino. É raro que na língua semítica o som *s* seja representado pelo *z* grego, como o exige essa explicação do nome Nazaré; contudo, tem seus paralelos (cf. *Zilpah*, em hebraico *Silpah* e em grego *Zelpah*). O siríaco conserva o *s* usando a forma *Naserath*. Os árabes, conquistadores do país, ouvindo a sibilante enfática, conservaram o nome na forma *en-Nasirah*. O sentido que tem em árabe é auxiliador ou vencedor. Procura-se a derivação do nome original na raiz hebraica *nasar*, vigiar, proteger, guardar; de modo que Nazaré quer dizer: protetor ou guardião, porém essa raiz no aramaico, inclusive o siríaco, é *netar*. O nome Nazaré deriva de uma raiz que em hebraico tem a forma *neser* e em aramaico, *nisra*, grelo; portanto, Nazaré quer dizer; lugar verdejante.

NAZARENO

1. Nome de pessoa nascida, ou residente em Nazaré (Mt 2.23; Mc 16.6). Em Isaías 11.1, diz-se que sairia uma vara do tronco de Jessé, e que uma flor brotaria de sua raiz; um rebento da real família, é verdade, mas daquela família despojada da sua glória, e reduzida à sua humilde condição primitiva. Em vários lugares da profecia, o Messias é anunciado como um germe da casa de Davi (Jr 23. 5; 33. 15; Zc 3.8). Interpretando o versículo 23 do cap. 2 do Evangelho de Mateus, pode dizer-se que o evangelista via o cumprimento da profecia de Isaías no fato providencial que levou os pais de Jesus a ter outra vez residência permanente em Nazaré, dando a Jesus a designação de nazareno. Se a palavra Nazaré significa protetor ou guardião, Mateus acha o cumprimento da profecia simplesmente na semelhança do nome e no baixo conceito em que era tida a cidade e os seus habitantes; porém se o nome deriva da mesma raiz *neser* (veja NAZARÉ), então o evangelista encontra o cumprimento na significação do nome (Mt 26.71; Mc 16.6). **2.** Nome que se dava por desprezo aos aderentes da religião fundada por Jesus (At 24.5).

NAZIREADO (VOTO DO)

1. O Nome. A forma mais correta da palavra é "nazireado", "nazireu", embora alguns grafem, em outras línguas, "nazarita". A palavra portuguesa vem do hebraico *nazir*, derivada de *nazar*, "separar", "consagrar", "abster-se". Além disso, há a considerar o termo *nezer*, "diadema", "coroa de Deus", termo algumas vezes aplicado à cabeleira não tosquiada dos nazireus, cabeleira essa considerada sua coroa e adorno. É dessa outra palavra hebraica que alguns pensam que se deriva a forma "nazarita". Comparar isso com 1Coríntios 11.15. O voto do nazireado envolve a consagração especial de pessoas ou coisas a Deus (ver Gn 49.26; Dt 33.16). Está especificamente em pauta o caso dos *nazireus*, cujos cabelos compridos serviram de emblema da sua separação ao serviço do Senhor, cabelos esses que eram reputados como a coroa de glória deles. (Ver Nm 6.7. Comparar com 2Sm 14.25,26).

2. Caracterização Geral. Os nazireus formavam grupos ascéticos no judaísmo. Eles tomavam vários votos, como abster-se de vinho, não entrar em contato com qualquer coisa imunda, ou não aparar os cabelos. Entre os antigos hebreus esses votos eram vitalícios (ver a história de Sansão. E o trecho de Amós 2.12 sugere que os nazireus eram muito prestigiados em Israel. A legislação posterior, entretanto, permitia que tais votos fossem limitados quanto ao tempo (ver Josefo, *Guerras* 2.15,1). Mas, um elemento que nunca foi abandonado foi o de um severo *ascetismo* (vide). O voto do nazireado aparece em Números 6.1-20. Ninguém podia fazer tais votos por um período inferior ao trinta dias. Sansão, Samuel e João Batista (de acordo com muitos eruditos), foram nazireus vitalícios. A instituição do nazireado tinha por intuito tipificar a

NAZARÉ

separação e um modo de viver santificado e restrito. A cabeleira crescida simbolizava a virilidade e virtudes heroicas. As madeixas de cabelos simbolizavam uma simplicidade infantil, poder, beleza e liberdade. Maimônides, um sábio judeu sefardi (falecido em 1204), referiu-se à dignidade dos nazireus como equivalente à de um sumo sacerdote. E antes dele, Eusébio, o grande historiador eclesiástico da igreja antiga, asseverou, em termos enfáticos, que os nazireus tinham acesso ao Santo dos Santos, em Israel (*História Eclesiástica* 2,3). Os pais podiam dedicar seus filhos homens a esse grupo religioso separatista. Entretanto, os nazireus não viviam em comunidades separadas, e nem lhes era vedada a associação com outras pessoas, ou de se ocuparem em atividades comuns. Viviam na comunidade de Israel como símbolos de dedicação especial a *Yahweh*. Essa era a principal função dos nazireus. E eles mostravam-se ativos no serviço religioso e nas práticas ritualistas.

3. Origem do Nazireado. O sexto capítulo do livro de Números fornece-nos as regras acerca da questão, embora alguns estudiosos suponham que temos ali uma confirmação e regularização da prática, e não um começo absoluto da mesma. É possível que, a certa altura dos acontecimentos, a prática tenha penetrado no corpo da legislação mosaica. E os argumentos que dizem que a prática do nazireado foi tomada por empréstimo de povos pagãos, como os egípcios, não convencem e nem têm sido acolhidos pela maioria dos eruditos.

4. Provisões do Voto. O leitor deve examinar o sexto capítulo do livro de Números. Esse voto podia variar quanto à sua duração. Podia ser imposto às crianças, por seus pais, que as dedicavam à vida do nazireado, como foi o caso de Sansão (ver Jz 13.5,14), e talvez de Samuel (ver 1Sm 1.11) e de João Batista (Lc 1.15). A Mishna afirma que esses votos eram tomados por um mínimo de trinta dias, e que o período de sessenta dias era o mais comum. O voto tomado por Paulo, conforme está registrado em Atos 18.18, provavelmente foi um voto temporário de nazireu. E ao terminar o período determinado, raspou a cabeça em Cencreia, embora, de acordo com a legislação mosaica original, isso tivesse de ser feito à entrada do templo de Jerusalém.

Proibições. Os nazireus precisavam abster-se de vinho, de todas as bebidas alcoólicas, de vinagre, e até de uvas e passas de uvas. A experiência humana exibe claramente os debilitantes efeitos espirituais das bebidas alcoólicas. Além disso, esses votos provavelmente eram um protesto contra as práticas pagãs, onde as bebidas alcoólicas eram usadas para agitar os adoradores, levando-os a cometerem toda sorte de excessos. Mas os nazireus também não podiam tocar em coisas imundas, como um cadáver, mesmo que se tratasse de um parente próximo. E cumpre-nos observar que os sumos sacerdotes de Israel também não se podiam contaminar desse modo.

Requisitos. Um nazireu não podia cortar os cabelos durante todo o tempo em que perdurasse a sua consagração. As referências literárias mostram que os cabelos de uma pessoa eram considerados a sede da vida, e até mesmo a habitação de espíritos e de influências mágicas. Talvez por essa razão é que, terminado o voto do nazireado, a pessoa precisava raspar seus cabelos e queimá-los, como medida eficaz para anular quaisquer poderes que os cabelos fossem tidos como possuidores.

Violação. Se os votos do nazireado fossem violados em qualquer sentido (até mesmo por acidente, como quando um nazireu entrava em contato com um cadáver), ele precisava renovar todo o conjunto de ritos purificadores, e começar de novo os seus votos.

Término. Ao fim do tempo marcado, um nazireu precisava oferecer vários sacrifícios, cortando rente os seus cabelos e queimando-os no altar. Em seguida, o sacerdote oficiante efetuava certos ritos determinados, e o homem estava desobrigado de seu voto ao Senhor.

5. Problemas e Modificações. Alguns estudiosos pensam que o sexto capítulo de Números pertence à fonte informativa P. (S), o código sacerdotal, que pertenceria aos tempos exílicos, ou mesmo depois. Essa legislação posterior, conforme eles supõem, permitia votos específicos relativamente breves. Mas, mais antigamente, conforme ainda argumentam, um voto era feito por toda a vida. Sansão e Samuel foram exemplos da prática mais antiga. Ver o artigo sobre as fontes informativas *J.E.D.P.* (S). É possível que Absalão tivesse sido posto sob esse voto, o que explicaria sua vasta cabeleira. Entretanto, Jesus não foi um nazireu, e, sim, um nazareno (ver Mt 2.23), embora isso não concorde com o que dizem alguns intérpretes. Ver o artigo intitulado *Nazareno*, que aborda o problema. João Batista, em contraste com Jesus, pode ter sido um nazireu verdadeiro, o que explicaria certos aspectos ascéticos de sua vida (ver Lc 1.15). A prática posterior entre os judeus fez com que esse voto envolvesse apenas atividades religiosas ritualistas, conforme se via, para exemplificar, no farisaísmo; mas isso já representava uma perversão religiosa, que o Senhor Jesus combateu. Interessante é observar que o judaísmo moderno está completamente alicerçado sobre o farisaísmo, embora com certas evoluções medievais e modernas. O nazireado era um voto feito por pessoas que procuravam alívio para as suas enfermidades ou aflições, conforme nos informa Josefo (*Guerras*, II.15,1). Até mesmo Berenice, a incestuosa esposa-irmã do rei Herodes Agripa, fez tal voto, segundo Josefo menciona naquele trecho de sua famosa obra. A Mishna, *Nazir V. 5*, demonstra como a questão acabou se desintegrando. De acordo com esse comentário judaico, era possível alguém tomar voto até em relação a uma dívida assumida em uma aposta. As informações dadas por Josefo mostram-nos que os nazireus constituíam uma característica comum na vida judaica de seus dias.

NAZIREU. Ver *Nazireado* (*Voto do*).

NEARIAS

No hebraico, **"servo de Yahweh"**. Nome de duas personagens que figuram nas páginas do Antigo Testamento: **1**. Um filho de Isi, capitão de quinhentos homens armados de Simeão, ao tempo do rei Ezequias (1Cr 4.42). Ele viveu em torno de 715 a.C. **2**. Um filho de Semaías, descendente de Davi (1Cr 3.22,23). Ele viveu após o cativeiro babilônico. Talvez seja o mesmo Nogá referido em 1Crônicas 3.7, e o mesmo Nagai, referido em Lucas 3.25, um ancestral de Jesus.

NEBAI

No hebraico, **"frutífero"**. Nome de um homem que assinou o pacto estabelecido por Esdras, quando um remanescente de Judá voltou do cativeiro babilônico (ver Ne 10.19). Ele viveu em torno de 445 a.C.

NEBAIOTE

No hebraico, **"frutificação"**, **"fertilidade"**. Nome do filho primogênito de Ismael (ver Gn 25.13 e 1Cr 1.29). Ele foi um príncipe ou xeque, chamado por Jerônimo de *phúlarchos*, de uma das doze tribos ismaelitas. Eles continuaram a ser conhecidos por esse nome, nas gerações que se seguiram (ver Gn 25.16; 17.20). Uma das esposas de Esaú, Maalate (também chamada Basemate), era irmã de Nebaiote (ver Gn 28.9; 36.3). Uma curiosidade histórica é o fato de que a terra de Esaú, ou Edom, finalmente caiu sob o controle da posteridade de Nebaiote. Esse clã árabe era vizinho do povo de Quedar. Ambos os nomes aparecem nos registros de Assurbanipal, rei da Assíria (669-626 a.C.). Ao que parece, eles foram os antepassados dos *nabateus* (vide). Todavia, alguns eruditos rejeitam essa teoria sobre bases filológicas.

NEBALATE

No hebraico, **"duro"**, **"firme"**, ou **"iniquidade secreta"**. Nome de uma cidade do território de Dã, embora ocupada por descendentes de Benjamim, terminado o cativeiro babilônico (ver Ne 1.34). Dava frente para a planície de Sarom. Tem sido identificada com Beit Nabala, perto de Lida.

NEBATE

No hebraico, **"consideração"**, embora outros pensem em **"cultivo"** ou **"aparência"**, ou mesmo **"olhar"**. Esse foi o nome de um descendente de Efraim, pai de Jeroboão, o primeiro rei do reino do norte, Israel, formado pelas dez tribos, quando se dividiu o reino unido de Davi e Salomão, nos dias de Reoboão (ver 1Rs 11.26; 2Cr 9.29). Ele viveu por volta de 1000 a.C.

NEBO

No hebraico, **"alto"**. Nome de várias localidades e pessoas, que figuram no Antigo Testamento: **1.** Monte Nebo, o lugar de onde Moisés avistou a Terra Prometida, pouco antes de morrer (ver Dt 32.49; 34.1), e também a ravina onde ele foi sepultado (ver Gn 32.50 e 34.5). Ver o artigo separado intitulado *monte Nebo*. **2.** Nebo também foi o nome de uma cidade de Moabe, localizada perto do monte do mesmo nome. Foi conquistada pelos homens das tribos de Rúben e Gade. (Ver Nm 32.3). No versículo 38 do mesmo capítulo lemos que os homens de Rúbens a reconstruíram. No entanto, não aparece no catálogo das cidades alocadas aos rubenitas, em Josué 13.15-22, talvez porque então o seu nome foi alterado. Mais tarde, a cidade foi reconquistada por Mesa, rei de Moabe, uma vitória que ficou registrada na famosa *pedra moabita* (vide). O local também é mencionado em Isaías 15.2 e Jeremias 48.1,22. Eusébio afirmou que a mesma ficava cerca de treze quilômetros ao sul de Hesbom. **3.** Uma cidade de Judá, mencionada juntamente com Betel e Ai (ver Ed 2.29; Ne 7.33). Tem sido identificada com a moderna Nuba, a 24 quilômetros a sudoeste de Jerusalém. **4.** Um antepassado de certos judeus que se casaram com mulheres estrangeiras, na época do cativeiro babilônico, mas que foram obrigados a divorciar-se delas quando o remanescente de Judá retornou a Jerusalém, tendo renovado o pacto com *Yahweh*. (Ver Ed 10.43). **5.** Nome de uma divindade babilônica mencionada por Isaías, em seu sarcástico hino sobre a queda da Babilônia (ver Is 46.1). Nebo era tido como deus da sabedoria e da arte de escrever e também era o deus-protetor dos governantes babilônicos. O centro desse culto ficava em Borsipa. Tal como sucede a todas as divindades imaginárias, seu culto foi-se desenvolvendo. No começo parece que era concebido como uma divindade controladora das águas. Na astrologia, era associado ao planeta Mercúrio. Mais tarde, obteve grande preeminência, ao tornar-se o patrono dos reis da Babilônia. O culto a Nebo prosseguiu até o fim do período neobabilônico (612-638 a.C.). Ver o artigo geral intitulado *Deuses Falsos*.

NEBO, MONTE. Ver sobre *Monte Nebo*.

NEBUSAZBÃ

(Ver Jr 39.13). Ele era um dos principais oficiais do exército babilônico. Foi um dos chefes babilônicos que ofereceu proteção e segurança a Jeremias depois que Nabucodonosor conquistou Jerusalém. Jeremias, havia perdido a simpatia do povo de Judá, por causa de sua mortífera e exata descrição do incansável poder babilônico, ao ponto de alguns príncipes de Judá imaginarem que ele estava em ligação com aquela potência estrangeira. Nebusazbã viveu em torno de 600 a.C. Os especialistas dizem que esse nome, no babilônio (acádico) significa "Nebo livra-me", e que a raiz do nome é assíria, *Nabusezib-Anni*.

NEBUZARADÃ

No babilônio (acádico), **"Nebo deu prole"**. Ele foi um oficial militar de Nabucodonosor. Foi encarregado da destruição de Jerusalém, depois de sua captura. Cumpriu sua incumbência com zelosa precisão, incendiando e destruindo tudo, incluindo o templo. Cerca de um mês mais tarde, dirigiu a deportação dos judeus para a Babilônia (o cativeiro babilônico), e para ali enviou os principais oficiais judeus, a fim de que fossem executados. (Ver 2Rs 25.11,18-21; Jr 39.9; 52.15,24-27,30). Jeremias, entretanto não somente foi poupado, como também foi tratado bondosamente, sem dúvida porque, durante todo o tempo, avisara acerca do inevitável sucesso da campanha militar dos babilônios, tendo ajudado Judá a não oferecer resistência. Foi por esse motivo que os judeus chegaram a considerá-lo traidor, enquanto que, na verdade, ele amava ternamente o seu povo. Jeremias foi deixado aos cuidados de Gedalias, que fora nomeado governador ou vice-rei pelos babilônios (ver Jr 39.13,14; 41.10; 43.6). Em 2Reis 25.8, Nebuzaradã é chamado *rab tabbahim*, um título honorífico dado aos governantes, mas cujo sentido perdeu-se para nós. (Ver também Gn 37.36 e Dn 2.14).

Quando da primeira deportação de Judá, os amonitas e moabitas da área oriental do rio Jordão haviam escapado. Posteriormente, porém, esses lugares também foram destruídos; e, em seguida Nabucodonosor invadiu o Egito. Ou buscando os judeus no Egito, ou encontrado-os em algum outro lugar, Nabucodonosor deportou para a Babilônia outro grupo de 745 judeus. E, ao que parece, Nebuzaradã foi seu fiel assessor o tempo todo. (Ver Jr 52.30).

NECO (FARAÓ)

Lê-se Em 2Reis 23.29,33-35 a respeito do *Faraó Neco*. Em outras passagens, como 2Crônicas 35.20,22 e 36.4, menciona-se apenas um certo *Neco*. Ele foi o segundo rei da XXVI dinastia, chamada *Saíta*. Reinou de 610 a 595 a.C. Era filho e sucessor de Psamético I, que foi o fundador dessa dinastia.

1. Campanhas Militares Bem-Sucedidas. As guerras eram uma das principais atividades dos reis da antiguidade, pelo que, inevitavelmente, para que alguém conte a história deles, terá de abordar as questões de a quem derrotaram e por quem foram derrotados. Neco não foi exceção à regra. Uma vez que recebeu o trono de seu pai, Neco tentou controlar a região da Síria-Palestina. Em 609 a.C., pois, ele conquistou Gaza e Asquelom (ver Jr 47.1,5; Heródoto II.159). Então procurou ajudar o cambaleante império assírio, que estava sucumbindo diante dos babilônios (ver 2Rs 23.29; 2Cr 35.20). Os medos e babilônios, aliados, já haviam capturado a capital assíria, Nínive, em 612 a.C. Josias, rei de Judá, resolveu imiscuir-se na questão, julgando que a independência de Judá corria perigo, apesar da garantia dada por Neco de que só alvo eram os babilônios, e não Judá (ver 2Cr 35.21). Josias procurava impedir que Neco atravessasse o passo de Megido, mas foi derrotado e mortalmente ferido (ver 2Rs 23.29; 2Cr 35.22-24). Neco obteve o triunfo em sua campanha, tendo podido controlar a Síria, até as margens do rio Eufrates. Entrementes, Judá coroava precipitadamente Jeoacaz, filho de Josias, que era conhecido por sua postura antiegípcia. Por essa razão, Neco o depôs e o aprisionou, no Egito, onde ficou pelo resto de seus dias (ver 2Rs 23.30,33,34; 2Cr 36.1,3,4). Eliaquim foi posto no trono de Judá, quando então seu nome foi mudado para Joaquim, a fim de mostrar que ele governava como títere dos egípcios. Além disso, os judaítas tiveram de pagar um pesado tributo ao Egito (ver 2Rs 23.33,35; 2Cr 36.3).

2. Derrotas. Agora o Egito controlava a região da Síria-Palestina. O império assírio havia desaparecido. Porém, a Babilônia mostrava-se incansável. Por ocasião da batalha de Carquêmis, em maio/junho de 605 a.C., Nabucodonosor derrotou os egípcios, tendo perseguido os vencidos por toda a Síria, enquanto estes retrocediam para o Egito. Foi desse modo que Judá caiu sob o poder dos babilônios, os quais, dessa maneira, substituíram os egípcios como o poder controlador da Palestina. A batalha de Carquêmis foi a razão do oráculo poético de Jeremias, no qual ele predizia a derrota dos egípcios (ver Jr 46.3-12). Joaquim precisou transferir o pagamento de seu tributo, de Neco para Nabucodonosor (ver 2Rs 24.1). O profeta Jeremias havia advertido acerca dos juízos divinos que sobreviriam ao Egito (ver 2Rs 23.29; Jr 46.2), e havia chamado Neco pelo curioso apelido de "Espalhafatoso", ou, mais literalmente ainda, *Barulhento que deixa escapar a oportunidade* (ver Jr 46.17).

Entretanto, o Egito ainda não estava esmagado, pelo que, quando as tropas de Nabucodonosor invadiram o Egito, os egípcios, lutando para escapar com vida, conseguiram obter uma vitória temporária, e os babilônios retiraram-se por algum tempo. Joaquim sentiu-se encorajado, diante disso, a revoltar-se contra os babilônios (ver 2Rs 24.1), pedindo a ajuda dos egípcios. Mas não veio qualquer ajuda daquela direção, e o cativeiro babilônico não tardou *a pôr fim* à nação de Judá.

3. Realizações Pacíficas. Neco não fez apenas guerras. Heródoto narra algumas de suas obras. Ele construiu um canal que ia do rio Nilo ao mar Vermelho (II.158), mas que não chegou a ser completado. Quem completou a obra foi Dario, o persa. Neco também enviou uma frota de navios mercantes, tripulada por fenícios, que deu a volta em torno da África (IV.42). Neco conseguiu para o Egito considerável prosperidade material e um senso de harmonia interna.

NECODA

No hebraico, **"distinguido"**, ou **"sarapintado"**, embora haja quem pense no sentido "criador de gado". Seja como for, esse foi o nome de um indivíduo e de um clã, que aparecem nas páginas do Antigo Testamento: **1**. Um netinim ou servo do templo, cujos descendentes retornaram a Jerusalém, terminado o cativeiro babilônico, em cerca de 536 a.C. (Ver Ed 2.48; Ne 7.50). **2**. Os descendentes de Necoda encontravam-se entre aqueles que, após o exílio babilônico, ao subirem a Jerusalém, não puderam provar que eram descendentes de Israel (ver Ed 2.60; Ne 7.32; 1Esdras 5.37).

NECROMANCIA

Do grego *nákros*, **"morto"**, *manteia*, **"adivinhação"**. No hebraico é *doresh 'el-hammethim*, **"aquele que indaga dos mortos"**. A necromancia é a tentativa de comunicação com os mortos com o intuito de adivinhar, conseguir ajuda, de prever o futuro e obter conselhos. Nas Escrituras, está associada à feitiçaria, magia e adivinhação, e tais práticas foram condenadas pelo Senhor, que proibiu os hebreus de fazerem uso delas, Levítico 19.31; 20.6; Deuteronômio 18. 9,14.

NECROMANTES. Ver sobre *Adivinhação*.

NEDABIAS

No hebraico, **"dom de Yah** (*Yahweh*)**"**. Esse foi o nome de um dos filhos de Jeconias (Jeoaquim) (1Cr 3.18). Ele viveu por volta de 590 a.C. Outros interpretam ligeiramente diferente o sentido de seu nome: "Yah é liberal".

NEELAMITA

No hebraico, **"residente em Neelã"**, um adjetivo aplicado a Semaías, um profeta falso que fez oposição a Jeremias, e recebeu a reprimenda que merecia (ver Jr 29.24,31,32). Algumas traduções, em vez desse adjetivo, dizem "de Neelã", embora nenhuma localidade com esse nome tenha sido identificada até hoje. Por essa razão, há estudiosos que pensam estar envolvido um nome de família ou clã, e não o nome de alguma localidade específica. Ou então, esse nome poderia apontar para alguma característica desse homem. Parece que essa palavra, no hebraico, deriva-se de uma raiz que significa "sonhador", e isso poderia estar relacionado ao fato de que o homem se dizia profeta, sem sê-lo. Talvez o próprio Jeremias tenha apodado assim aquele homem, formando um jogo de palavras, chamando-o de "sonhador", a fim de fazer contraste com a ideia de um autêntico profeta.

Há um Targum que inclui o nome de Helã localizada entre os rios Jordão e Eufrates, localidade essa mencionada na Bíblia em 2Samuel 10.16,17. Por sua vez, alguns eruditos identificam esse local com a *Alamata* de Ptolomeu, a oeste do rio Eufrates, não muito longe de Nicefórium e Tapsaco. Isso é o máximo que podemos dizer a respeito, mas não há como determinar se o nome poderia ter essas variações, o que significa que a referência permanece obscura.

NEEMIAS (AUTOR DO LIVRO). Ver *Neemias* (*Livro*), primeira seção.

NEEMIAS (LIVRO)

I. NEEMIAS, O AUTOR. Tudo quanto sabemos acerca de Neemias, cujo nome, em hebraico, significa "*Yahweh* consola", pode ser derivado do livro que tem o seu nome, bem como de algumas tradições que circundam a sua carreira. Não é dada a sua genealogia, mas é dito que ele era filho de Hacalias (Ne 1.1) e tinha um irmão de nome Hanani (Ne 7.2). Também ficamos sabendo que, durante o cativeiro babilônico, ele ocupava a honrosa incumbência de ser o copeiro do rei Artaxerxes Longimano, em Susã (ver Ne 2.1). Isso ocorria por volta de 446 a.C. Tendo ouvido falar sobre as deploráveis condições de vida que prevaleciam na Judeia, ele foi a Jerusalém procurar melhorar tais condições. Para tanto, teve de apresentar uma petição ao monarca a fim de que lhe fosse dada permissão de ir a Jerusalém para reconstruí-la. Esse pedido lhe foi concedido e do rei ele recebeu o título persa de *tirshatha*, "governador", que era sua carta branca para agir. Neemias foi enviado com uma escolta de cavalaria e munido de cartas, da parte do rei, endereçadas a diversos sátrapas das províncias pelas quais ele teria de passar. Uma dessas missivas era para Asafe, que cuidava das florestas do rei, e que recebeu ordens para suprir a madeira necessária para Neemias, em sua tarefa de reconstrução. Neemias prometeu ao rei que voltaria, terminada a sua tarefa (ver Ne 2.1-10). Chegando a Jerusalém, Neemias realizou a notável tarefa de restaurar as muralhas de Jerusalém no breve espaço de 52 dias (Ne 6.15). Naturalmente, Neemias encontrou quem lhe fizesse oposição, aqueles que não queriam que Judá se reerguesse. Os principais adversários foram Sambalate e Tobias. Esses dois chegaram a planejar apelar para a violência, se necessário fosse, para impedir a reconstrução, e assim os que reconstruíam a cidade tiveram de fazê-lo armados, a fim de afastar a ameaça (ver Ne 4).

Além das reedificações, Neemias tomou medidas que visavam a reforma, tendo introduzido a lei e a boa ordem, e restaurado a adoração a *Yahweh*, em consonância com as antigas tradições judaicas (ver Ne 7 e 8). Mas seus adversários, ao insinuarem que Neemias queria tornar-se um monarca independente em Judá, conseguiram impedir temporariamente o trabalho de reconstrução e de reformas (ver Ed 4.2). Todavia, contornada essa dificuldade, o trabalho teve prosseguimento, contando com a cooperação de Esdras, o sacerdote, que havia chegado antes dele em Jerusalém e se tornara importante figura política e religiosa em Jerusalém (ver Ne 8.1,9,13 e 12.36).

Após doze anos de trabalho profícuo em Jerusalém, Neemias retornou à corte de Artaxerxes (Ne 5.14; 13.6), em cerca de 434 a.C. Não nos é informado por quanto tempo ele permaneceu ali; mas, após algum tempo, ele voltou a Jerusalém. Isso posto, podemos apresentar a seguinte cronologia:

Neemias foi nomeado governador em 445 a.C. (Ne 2.1). Voltou à corte de Artaxerxes em 433 a.C. (Ne 5.14). Então voltou a Jerusalém, *ao cabo de certo tempo* (Ne 13.6). Seu retorno a Jerusalém foi assinalado por novas reformas, incluindo a questão da rejeição às mulheres estrangeiras com quem os judeus se tinham casado, durante o tempo do cativeiro babilônico. Além

NEEMIAS (LIVRO)

disso, o amonita Tobias foi expulso do templo, onde estava residindo, foi restaurada a observância do sábado, e, de modo geral, as coisas foram postas em ordem (ver Ne 13).

É provável que Neemias tenha permanecido em Jerusalém até cerca de 405 a.C., que teria sido o fim do reinado de Dario Noto (Ne 12.22). Contudo, não temos nenhuma informação certa sobre o tempo e a maneira da morte de Neemias.

O livro de Neemias, de acordo com os estudiosos conservadores, foi escrito pessoalmente por ele, embora muitos suponham que suas tradições tenham sido incorporadas ao livro por algum autor posterior. O trecho de Neemias 1.1 afirma que o livro é de autoria de Neemias; mas isso poderia significar que os pontos essenciais de sua história foram ali incorporados. O que é seguro é que a autobiografia de Neemias foi a principal fonte informativa do livro, mesmo que ele não o tenha composto pessoalmente. Alguns dentre os especialistas que pensam que o autor que compilou a obra viveu após o tempo de Neemias, creem que o autor do livro também escreveu 1 e 2Crônicas e Esdras, e viveu ou no século IV ou no século III a.C. Seja como for, a autobiografia de Neemias acha-se principalmente nos seguintes trechos: (Ne 1 — 7; 12.27-43; 13.4-31). E, se essa teoria de outra autoria está com a razão, então outras porções do livro foram compiladas com base em diversas fontes informativas.

Na Bíblia hebraica, os livros de Neemias e Esdras compõem um único volume. E o livro de Esdras também não envolve reivindicação de autoria. É provável que um único autor-editor tenha escrito a unidade inteira, e, na porção que alude a Neemias, aquele autor-editor tenha vinculado esse nome, porque, na realidade, estava ali incorporando a autobiografia de Neemias. No entanto, apesar de Esdras ter sido o personagem principal daquilo que, atualmente, se chama de livro de *Esdras*, este não deixou a sua autobiografia, pelo que o seu nome não aparece vinculado à unidade. Mas, de fato, Esdras e Neemias compõem um único livro, que foi preparado como suplemento de 1 e 2Crônicas. E assim, a ideia de um autor-editor haver trabalhado com essa coletânea, como um todo, não é destituída de razão. Na Septuaginta, os livros de Esdras-Neemias ainda aparecem unidos; mas, nas modernas Bíblias hebraicas, os dois livros são separados, a partir da edição chamada de Bomberg, de 1525 d.C. Essa edição seguiu o arranjo alemão, no qual os dois livros apareciam separados. Eusébio de Cesareia tinha conhecimento de apenas um livro, "Esdras-Neemias", chamado de *livro de Esdras*, que, sem dúvida incluía a porção que hoje foi separada como o livro de Neemias. No entanto, nos dias de Orígenes, pelo menos em algumas coletâneas dos livros sagrados, esses dois livros apareciam distintos um do outro. A unidade Esdras-Neemias pertence à terceira divisão da Bíblia hebraica, a divisão chamada *Escritos ou Hagiógrafos* (ver a respeito no *Dicionário*).

II. Data e Autoria. Se aceitarmos a ideia de que Neemias escreveu pessoalmente o livro inteiro de Neemias, ou, pelo menos, uma porção essencial, então teremos de pensar em uma data posterior a 433 a.C. Mas, se algum autor-editor (cronista) esteve envolvido, então essa data poderia ser esticada até cerca de cem anos depois disso. Alguns eruditos do hebraico afirmam que o tipo de hebraico envolvido na obra é posterior, pertencendo a talvez cem anos após a época de Neemias, período durante o qual houve algumas significativas mudanças de linguagem. Um dos argumentos em favor de uma data posterior é a suposta confusão que teria ocorrido com a incorporação de material do livro de Esdras, na parte da unidade que veio a ser conhecida, mais tarde, como livro de Neemias. A ordem dos eventos parece ter sido perturbada nesse material. Fica pressuposto que uma pessoa que tivesse vivido mais perto dos acontecimentos, que tivesse tido a vantagem de poder consultar testemunhas oculares, não teria feito tais deslocamentos de material. Ver a quinta seção, *Problemas Especiais do livro*, para uma discussão a respeito.

A despeito do problema de autoria (ou de editoração), o livro de Neemias sempre desfrutou do caráter de canonicidade entre os judeus palestinos e alexandrinos. Alguns críticos pensam que, pelo menos quanto a certas porções da narrativa, o editor dependeu de informes fictícios, os quais passaram a ser reputados como autênticos. E quanto ao material canônico, o autor teria dependido de 1 e 2Crônicas, embora alguns também digam que ele deixou correr solta a imaginação. Todas as investigações nesse campo deixam a questão no ar, visto que os argumentos que têm sido apresentados, contra e a favor, não são conclusivos. A grande verdade é que a unidade literária de Esdras-Neemias é praticamente a única fonte informativa autorizada de que dispomos quanto ao período histórico que envolve a restauração de Judá à cidade de Jerusalém. Isto posto, é impossível averiguar exatidão histórica dessa narrativa, exceto por meio da arqueologia, que ainda não apresentou coisa alguma obviamente contrária a ela. E, apesar de talvez ser verdade que certas porções desse material pareçam estar deslocadas do lugar certo, isso não milita contra a exatidão geral do relato bíblico. Sabemos que os hebreus sempre foram historiadores cuidadosos; e, apesar do adjetivo "cuidadoso" não ser idêntico a "perfeito", isso não envolve nenhuma inexatidão essencial. Outrossim, o período histórico ali coberto reveste-se de importância especial. Aquela foi a ressurreição histórica da nação hebreia, em sua cultura e em sua fé. É difícil acreditar que algum judeu piedoso tivesse manuseado desonestamente essa ressurreição histórica, e outros judeus, da Palestina ou de qualquer outro lugar, tivessem aceitado sem protestar as supostas distorções históricas.

III. Pano de Fundo Histórico. Quanto a isso, ver no *Dicionário* o artigo *Cativeiro Babilônico;* bem como a introdução ao livro de Esdras, e a primeira seção desta *Introdução*, que trata especialmente sobre Neemias, no tocante a essas questões.

IV. Propósito do Livro. A teologia ensina-nos que Deus está interessado no destino dos indivíduos e das nações. Os cativeiros assírio e babilônico, como é óbvio, tiveram motivações meramente humanas, com base na ganância e na violência dos homens, ou na desumanidade dos homens contra os homens. No entanto, ambos os cativeiros também foram castigos bem merecidos que receberam as nações de Israel (do norte) e de Judá (do sul), em face de seus pecados e apostasias, "que formavam multidão". Os juízos divinos sempre são também remediadores e restauradores, e não meramente vindicativos. O propósito de Deus, pois, operou através de nações como a Assíria, a Babilônia e a Pérsia. Mas também operou por meio dos restauradores da nação de Israel, como Esdras, Neemias, Zorobabel, Josué, Ageu e Zacarias, além de outros profetas que haviam advertido e instruído as nações de Israel e de Judá em tempos críticos, como Jeremias, Isaías e os profetas menores, como uma classe. Ora, a unidade literária Esdras-Neemias faz parte desse quadro maior, relatando-nos os anos críticos durante os quais Judá teve um novo início histórico em Jerusalém, tendo sido assim preservados a identidade e o destino do povo hebreu. As catástrofes posteriores, como as do tempo dos macabeus, da dominação romana e da grande dispersão mundial, não foram capazes de anular os propósitos de Deus. As profecias bíblicas falam de significativos eventos futuros que porão Israel à testa das nações da terra. Neemias faz parte da caudal do grandioso propósito divino, que tem prosseguimento apesar dos obstáculos que ocasionalmente parecem diminuir o ímpeto ou mesmo desviar a direção do seu fluxo.

V. Problemas Especiais do Livro

1. Autoria. Essa questão já foi discutida, na segunda seção, acima.

2. A Presença de Esdras no Livro. *Problemas Cronológicos*. Esdras chegou a Jerusalém no sétimo ano do governo de Artaxerxes II (ver Ed 7.7), e Neemias ali chegou no vigésimo ano do governo do mesmo rei (ver Ne 2.1), isto é, em cerca de 445 a.C. Portanto, tanto Esdras quanto Neemias estiveram envolvidos nos acontecimentos do período. O problema que envolve Esdras — no livro de Neemias — é o da ordem dos acontecimentos que as inserções daquele material parecem criar. O ponto nevrálgico do argumento dos críticos é que Esdras deve ter chegado a Jerusalém *após* Neemias, e não antes, ou seja, no vigésimo sétimo ano de Artaxerxes, e não no seu sétimo ano, ou seja, 428 a.C., e não 408 a.C. Três passagens bíblicas estão envolvidas nessa questão: ***a. Esdras 10.1***. Temos aqui a afirmação de que houve grande ajuntamento em Jerusalém; mas, na época de Neemias (7.4), presumivelmente a cidade estava esparsamente habitada. Contra isso, afirma-se que a multidão que se reuniu a Esdras proveio de fora da cidade, de outras partes do território de Judá, pelo que a própria cidade de Jerusalém teria poucos habitantes, ao passo que no território de Judá, em geral, já haveria bastante gente. ***b. Esdras 9.9***. Este trecho apresenta-nos Esdras a agradecer pelos muros reconstruídos de Jerusalém. No entanto, esses muros só teriam sido reerguidos mais tarde, nos dias de Neemias. Em resposta a essa crítica, alguns aceitam a palavra "muro" de forma metafórica, traduzindo-a por "segurança" e removendo assim a dificuldade. Nossa versão portuguesa encontra um ponto de compromisso, traduzindo por "muro de segurança". No entanto, a verdade é que Esdras 4.12 mostra que a reconstrução das *muralhas* de Jerusalém havia começado antes mesmo da chegada de Neemias, pelo que uma interpretação metafórica da palavra "muro" torna-se desnecessária. ***c. Esdras 10.6***. Este versículo menciona Joanã como contemporâneo de Esdras, chamando-o de *filho de Eliasibe*. Mas Eliasibe foi sumo sacerdote nos dias de Neemias (ver Ne 3.1). Contudo, o trecho de Neemias 12.10,11 faz de Eliasibe avô de Jônatas, e os papiros de Elefantina mostram que esse neto de Eliasibe foi sumo sacerdote em 408 a.C. Para que Esdras tivesse conhecido esse homem como sumo sacerdote, precisaria ter chegado a Jerusalém em data bem posterior. Em resposta a isso, tem sido mostrado que Joanã não foi a mesma pessoa que Jônatas, apesar da semelhança de nomes, sem contar o fato de que Eliasibe pode ter tido um filho que nunca se tornou sumo sacerdote, embora tivesse tido um neto que chegou a sê-lo, e que nomes comuns podem ter estado em jogo. Um reforço a esse argumento é que esse sumo sacerdote, Jônatas, foi culpado de ter assassinado o próprio irmão, no templo de Jerusalém (ver Josefo, *Anti*. 11.7,1), sendo improvável que Esdras tivesse querido associar-se a um assassino.

3. O Problema dos Casamentos Mistos. Tanto Esdras quanto Neemias (em diferentes períodos de tempo) tentaram solucionar o problema dos casamentos mistos, forçando os judeus a se divorciarem de suas mulheres estrangeiras, com quem se tinham casado durante o cativeiro babilônico? Isso significaria que houve duas reformas, e não uma só. Ou, de fato, a questão só sucedeu uma vez, mas foi mencionada por duas vezes, uma em relação a Esdras e outra em relação a Neemias? Ver Esdras 9.1,2 e 10.2 em comparação com Neemias 13.23 ss. Quanto a esse terceiro problema, não há como solucioná-lo, a menos que se diga que tanto Esdras quanto Neemias tiveram de enfrentar o problema, que não ficou resolvido na tentativa feita por Esdras. Ou então temos de confessar que houve deslocamento de material, por parte de um editor. Contudo, mesmo em face dessa última possibilidade, o problema não é de natureza gravemente insuperável, não atingindo a exatidão histórica geral.

4. Quando a Lei Foi Lida Diante do Povo? Esdras tinha a incumbência de ensinar a lei ao povo (ver Ed 7.14,25,26), o que requeria que ela fosse lida aos ouvidos do povo. No entanto, o oitavo capítulo do livro de Neemias mostra que essa leitura foi feita treze anos depois da presumível leitura feita por Esdras. É significativo que o livro não canônico de 1Esdras vincule esse relato à leitura da lei, diante do povo, no fim do livro de Esdras, ou seja, tenha feito retroceder o acontecimento a um tempo anterior. Os críticos, pois, acreditam que essa é a verdadeira ordem cronológica do relato, e que o oitavo capítulo do livro de Neemias constitui um deslocamento de material, que fez a leitura da lei ter ocorrido mais de um decênio depois. Apesar disso, alguns eruditos pensam que o livro de Neemias é que está certo. Na verdade, não há como solucionar esse quarto problema, porque todas as soluções propostas são influenciadas por preferências subjetivas. E nem a questão se reveste de maior significação, a não ser para aqueles que dão valor a questões assim, tendo em vista satisfazer seu gosto pela controvérsia.

VI. Esboço do Conteúdo. **1**. Notícias sobre condições adversas em Jerusalém impelem Neemias a voltar a Jerusalém, para prestar ajuda (1.1-11) **2**. A permissão para tanto lhe é dada pelo rei, isso incluiu o direito de reconstruir a cidade de Jerusalém (2.1-12) **3**. Lista dos construtores e de suas áreas de trabalho (3.1-32) **4**. Adversários tentam fazer parar a obra, mediante o ridículo e a violência (4.1-23) **5**. Problemas entre ricos e pobres, que ameaçavam a estabilidade dos restaurados (5.1-19) **6**. Neemias é acusado de querer tornar-se rei, em mais uma tentativa de impedir o trabalho de reconstrução (6.1-14) **7**. As muralhas da cidade são terminadas em 52 dias (6.15 — 7.4) **8**. Registro dos exilados que retornaram (7.5-73) **9**. A lei de Moisés é lida diante do povo (8.1-18) **10**. Arrependimento nacional e estabelecimento de um novo pacto (9.1 — 10.39) **11**. Registro dos habitantes de Jerusalém e das circunvizinhanças (11.1-36) **12**. São relacionados os sacerdotes e os levitas, incorporando o tempo desde o retorno da Babilônia a Jerusalém até o fim do império persa (12.1-26) **13**. Dedicação das muralhas de Jerusalém e regras acerca da adoração pública (12.27 — 13.3) **14**. Outras reformas, incluindo a questão dos casamentos mistos (13.4-31)

VII. Bibliografia. Ver a Bibliografia sobre *Esdras*.

NEFEGUE

No hebraico, **"rebento"**. Esse foi o nome de duas personagens do Antigo Testamento: **1**. Um Filho de Izar, filho de Coate (Êx 6.21). Ele viveu em torno de 1491 a.C. **2**. O nono dos filhos de Davi, que nasceu em Jerusalém, em cerca de 1000 a.C. (2Sm 5.15; 1Cr 3.7; 14.6).

NÉFES

No hebraico, **"sombra"**, **"alma"**. Trata-se do princípio espiritual no ser humano. Esse princípio espiritual era distinguido dos espíritos angelicais, dos bons ou maus, dos demônios, e até mesmo de *Yahweh*, como um espírito. Esses outros espíritos eram considerados imortais, mas não seriam a mesma coisa que uma *néfes*, que é capaz de experimentar a morte. A julgar pelos trechos bíblicos que dizem respeito à questão, a *néfes* indica a vitalidade que anima o corpo físico, enquanto há vida biológica. Todavia, por ocasião da morte física, a *néfes* não deixa de existir, conforme alguns têm ensinado erroneamente. Prova disso é o trecho de Gênesis 35.18 que diz: *Ao sair-lhe a alma* (porque morreu), e onde temos a palavra hebraica, *nephesh*. Se a alma deixasse de existir por ocasião da morte, então como a alma de Raquel saiu de seu corpo, quando ela morreu?

Após o século VI a.C., o pensamento hebreu incluiu a ideia ou conceito de *ruch*, "espírito", que foi confundido, até certo ponto, com o de *néfes*. Isso porque a terminologia dos hebreus a respeito da porção espiritual do homem não era precisa. Não podemos olvidar que até a época dos Salmos e dos profetas não havia doutrina clara da imortalidade da alma, pelo que não é bem no Antigo Testamento que essa doutrina pode ser compreendida com clareza, e, sim, no Novo Testamento. É interessante observar que a evolução do pensamento, entre os árabes, foi similar. A *nafs* dos árabes finalmente tornou-se o *ruh*, que já aponta para o espírito verdadeiramente imortal. No islamismo, isso começou no século VII d.C.

Se acompanharmos essa evolução no pensamento religioso dos hebreus, verificaremos o seguinte: **1**. Há uma referência física que cobre vários estados de consciência: ***a***. A *néfes* aparece como a sede de apetites físicos (ver Nm 21.5; Dt 12.15,20,21; 23.24; Jó 33.20; Sl 78.18; 107.18; Ec 2.24; Mq 7.1). ***b***. A *néfes* é a sede das emoções (ver Jó 30.25; Sl 86.4; 107.27; Ct 1.7; Is 1.14). ***c***. A *néfes* aparece associada à vontade e às ações morais (ver Gn 49.6; Dt 4.29; Jó 7.15; Sl 24.4; 25.1; 119.129,167). **2**. Há porções bíblicas onde a *néfes* indica um indivíduo (ver, por exemplo, Lv 7.21; 17.12; Ez 18.4). Também pode estar em foco o próprio "eu" (por exemplo, ver Jz 16.16; Sl 120.6; Ez 4.14). E uma extensão desse último sentido é a aplicação (bastante inesperada) da palavra *néfes* a um cadáver (por exemplo, ver Lv 19.28, Nm 6.6, Ag 2.13) onde, portanto, cessou toda a vitalidade, incluindo a respiração. **3**. As palavras hebraicas *nephesh*, "alma", *leb* "coração", e *ruah*, "espírito", são usadas com sentidos que se justapõem. Ver os artigos sobre *Coração* e *Espírito*.

A palavra grega *psuché* corresponde ao termo hebraico *nephesh*, nas páginas do Novo Testamento. Um dado interessante, que serve de comparação, é que por onze vezes, nos Evangelhos sinópticos, a palavra grega *psuché* indica a continuação da existência consciente, após a morte física. Ver, por exemplo, Mt 10.28; Lc 12.20. E isso repete-se em outros livros do Novo Testamento, conforme se vê em Apocalipse 6.9 e 20.4. Citamos a primeira dessas passagens do Apocalipse: *Quando ele abriu o quinto selo, vi debaixo do altar as almas daqueles que tinham sido mortos por causa da palavra de Deus e por causa do testemunho que sustentavam. Clamaram em grande voz, dizendo: Até quando, é Soberano Senhor, santo e verdadeiro, não julgas nem vingas o nosso sangue dos que habitam sobre a terra?* (Ap 6.9,10).

NEFILINS

Ver o artigo sobre *Gigantes*, especialmente em seus dois primeiros parágrafos. As passagens onde esse termo transliterado do hebraico aparece são Gênesis 6.4 e Números 13.33.

NEFTOA, ÁGUAS DE

No hebraico essa palavra significa **"aberto"**. Esse era o nome de um lugar onde havia uma fonte e um riacho, localizado na fronteira entre Judá e Benjamim, a oeste de Jerusalém (Js 15.9; 18.15). Alguns eruditos modernos pensam em *Ain Lifta*, uma fonte situada ligeiramente acima da aldeia do mesmo nome. Mas vários outros estudiosos propõem, como identificação, a fonte de São Filipe (*Ain Haniyeh*), localizada no *wadi el Werd*, ou, então, a *ain Yalo*, ou fonte da Virgem, ou mesmo o *wady Aly*, a fonte de Jó. Porém, o local mais provável é mesmo o primeiro, *Ain Lifta*, que fica cerca de cinco quilômetros a noroeste de Jerusalém.

NEFUSSIM

Esse era o nome de uma família de servidores do templo, que retornaram a Jerusalém, onde fixaram residência, terminado o cativeiro babilônico (Ne 7.52). Alguns eruditos vinculam esse nome aos "nefuseus" de Ed 2.50 (ver também 1Esdras 5.31).

NEGAÇÃO

Há três palavras hebraicas envolvidas e três palavras gregas, neste verbete: **1**. *Kachash*, "mentir", "fingir". Essa palavra hebraica ocorre por dezessete vezes com esse sentido (como, por exemplo, em Gn 18.5; Js 24.27; Jó 8.18; 31.28; Pv 30.9). **2**. *Mana*, "reter", "negar". Palavra hebraica que aparece por 27 vezes (como em 1Rs 20.7; Pv 30.7; Gn 30.2; 1Sm 25.26; Jó 22.7; Sl 21.2; 84.11; Ec 2.10; Jr 2.25; Am 4.7). **3**. *Shub panim*, "virar o rosto". Expressão hebraica que ocorre somente em 1Reis 2.16. **4**. *Antilégo*, "falar contra". Palavra grega que ocorre por nove vezes (Lc 2.34; 20.27; Jo 19.12; At 13.45; 28.19,22; Rm 10.21 (citando Is 65.2); Tt 1.9; 2.9). **5**. *Arnéomai*, "negar". Palavra grega usada por 32 vezes (Mt 10.33; 26.70,72; Mc 14.68,70; Lc 8.45; 9.23; 12.9; 22.57; Jo 1.20; 13.38; 18.25,27; At 3.13,14; 4.16; 7.35; Tt 5.8; 2Tm 2.12,13; 3.5; Tt 1.16; 2.12; Hb 11.24; 2Pe 2.1; 1Jo 2.22,23; Jd 4; Ap 2.13; 3.8). **6**. *Aparnéomai*, "negar peremptoriamente". Vocábulo grego usado por doze vezes (Mt 16.24; 26.34,35,75; Mc 8.34; 14.30,31,72; Lc 9.23; 12.9; 22.34,61).

No Antigo Testamento há palavras hebraicas que têm a ideia de *iludir* ou *mentir* (Gn 18.15; Lv 6.3), ou *reter* e *recusar* (1Rs 20.7; Pv 30.7). No Novo Testamento temos, além da ideia comum de *negar* ou "dizer não", como em Mateus 10.33; Atos 3.13, a ideia de *negar a si mesmo*, como em Marcos 8.34 ss., bem como a mentira radical de negar a realidade da encarnação. Em 1Timóteo 5.8 há a *negação da fé cristã*.

Importantes Aspectos Teológicos. **1**. O discipulado cristão requer a *autonegação* absoluta, se tivermos de antecipar o sucesso. **2**. A fé cristã requer a aceitação da doutrina de Cristo, incluindo a sua encarnação e caráter messiânico. **3**. Negar a Cristo é o contrário de aceitá-lo, e a própria salvação da alma está envolvida nessa aceitação (Jo 1.12). Muitos judeus negaram a Jesus, assim rejeitando-o como o Messias prometido aos judeus (Jo 1.11; At 3.13). Josué estabeleceu um monumento para lembrar o povo de que eles não podiam rejeitar a Deus, o qual os guiara até a Terra Prometida (Js 24.26). Jó concluiu que se arriscava a negar a Deus se pusesse sua confiança nas coisas materiais, como o ouro (Jó 31.28). Sérias negações e fracassos espirituais podem ser revertidos, conforme se vê ilustrado no caso de Pedro (Mt 26.34 ss.).

NEGRO

No hebraico, temos três palavras, e no grego uma só, a saber: **1**. *Ishon*, "meio". Palavra que figura por quatro vezes (Pv 7.9; e também em Dt 32.10; Pv 7.2 e Sl 17.8, com o sentido de córnea do olho, talvez porque a maioria dos israelitas tinha olhos negros). **2**. *Shachor*, "moreno", "trigueiro". Palavra usada por seis vezes (Lv 13.31,37; Ct 1.5; 5.11; Zc 6.2,6). **3**. *Shecharchoreth*, "queimado", "marrom". Palavra usada exclusivamente em Cantares 1.6. **4**. *Mélas*, "negro". Palavra grega usada por seis vezes (Mt 5.36; 2Co 3.3; 2Jo 12; 3Jo 13; Ap 6.5,12).

Os israelitas não tinham um sistema de cores tão definido como possuímos em nossa época de química. Os termos por eles usados eram aproximações. Mas o estudo das cores e seu simbolismo, nas Escrituras, é muito proveitoso. Ver *cores*.

Vários usos da cor negra. **1**. A ausência de pelos pretos, na cabeça ou na barba (visto que a lepra embranquece os pelos), indicava um estado enfermiço (Lv 13.31,37). **2**. Uma jovem queimada de sol é referida em Cantares 1.6. **3**. Em sua condição doentia, o aspecto enegrecido da pele de Jó é comentado (Jó 30.30). **4**. Nuvens ameaçadoras são chamadas "negras" (Jr 4.28). **5**. Uma expressão idiomática para indicar lamento é "estou de negro" (Jr 8.21; mas nossa tradução portuguesa diz: "estou de luto"). **6**. Essa cor também descreve os antigos molestos de Jó (Jó 6.16). **7**. A cor também indica a cor dos cabelos (Mt 5.36). **8**. Também o obscurecimento do sol (Ap 6.12). **9**. A cor da tinta de escrever (2Co 3.3). **10**. Negrume e trevas (Hb 12.18). **11**. Temor (Jl 2.6). **12**. Um rio lamacento (Jó 6.16). **13**. A morte e a fome (Zc 6.2,6; Ap 6.5, 6). Portanto, de modo geral, a cor indicava o que era ruim, sujo e *Costumes*. Os antigos orientais, incluindo os hebreus, não usavam vestes negras quando de luto, embora a própria cor estivesse associada a esse estado de perda, e também aos sentimentos de aflição, privação e desastre sofridos, tal como nos tempos modernos. (A figura de linguagem que incorpora essas ideias pode ser vista nos trechos de Jó 30.30; Jr 14.2 e Lm 4.8; 5.10).

NEGUEBE

1. O Nome. No hebraico, essa palavra significa **"região seca"**. Mas, na Bíblia, o termo sempre é usado para designar "sul". (Ver Gn 12.9; 13.14; 24.62; Nm 13.17). Está em pauta a região sul da Palestina.

2. A Região. O Neguebe cobre uma área de cerca de 117 quilômetros quadrados, uma região da Palestina, ao sul do território alocado a Judá. Ali era muito escasso o regime das chuvas, com poucas águas freáticas. Seu limite norte era a planície de Berseba; mas, nas páginas da Bíblia, as porções do sul dos montes de Hebrom eram incluídas nessa designação. A oeste seu limite eram as dunas costeiras do Mediterrâneo oriental; a leste ficava a *Arabá* (vide). O Neguebe ampliava-se na direção dos desertos de Parã, Sin, Sur e o Nilo, mais ao sul. Quase todo esse território é montanhoso. As serras envolvidas estendem-se para o sudeste e para o noroeste. Caracteriza-se por canhões estreitos, por um território agreste e seco. Nenhuma rota comercial atravessava o Neguebe na direção norte-sul. Importantes nomes bíblicos associados ao Neguebe são locativos: Cades-Barneia e Berseba. Esse território do Neguebe representa quase metade da área da moderna nação de Israel.

Distritos e Cidades do Neguebe. Cinco distritos podem ser distinguidos no Neguebe: *a*. O de Judá; *b*. O dos jereemelitas; *c*. O dos queneus (1Sm, 27.10); *d*. O dos quereteus; *e*. O de Calebe (1Sm 30.15). Vinte e nove cidades do Neguebe, mencionadas em Josué 15.21-32, são desconhecidas hodiernamente. As únicas cidades do Neguebe que têm sido identificadas são Berseba (Gn 21.30), Arade Khirbet Ar'arete ou Aroer (1Sm 30.28), Punom (Nm 33.42) e Tell el-Kheleifeh, ou Eziom-Geber.

3. Estradas do Neguebe. O Egito e a Palestina estavam ligados por via marítima. Mas aqueles que habitavam no norte e no nordeste da Palestina usavam o "caminho real", que seguia ao longo do platô da Transjordânia. Somente aquelas rotas que vinham de Hebrom, no sul da Judeia, passavam pela região montanhosa do Neguebe. Isso posto, essa região era essencialmente isolada das outras, formando uma fronteira natural sul da Judeia. Portanto, o Neguebe era uma espécie de proteção natural contra invasores vindos do sul. Duas importantes estradas são mencionadas na Bíblia, existentes no Neguebe; uma delas levava de Cades-Barneia à Arabá, ao sul, o que talvez correspondia ao "caminho da região montanhosa dos amorreus", mencionado em Deuteronômio 1.19. E também bém havia uma estrada que descia de Arade para a porção sul dos montes de Sodoma, e que era chamada *caminho de Edom* (2Rs 3.20). E talvez ainda houvesse uma terceira estrada, conectando Gaza, Gerar, Berseba, Hormá e Arade.

4. Economia da Região. No Neguebe havia a criação de ovelhas e cabras (ver 1Sm 25.2 ss.; 1Cr 4.38-41; 2Cr 26.10). Ao que parece, jumentos e camelos, em pequeno número, também eram criados ali para exportação, a fim de serem usados nas caravanas e como animais de carga. Havia um intercâmbio comercial com o sul da Arábia, com a África Oriental e com o oceano Índico, o que rendia lucros financeiros. Os trechos de 1Reis 22.29 e 2Reis 14.22 mostram que Judá controlava esse comércio, nos dias de Josafá e Uzias. Os arqueólogos têm confirmado tais atividades. Também havia minas de cobre nas montanhas a noroeste do golfo de Elate. Ver o artigo chamado *Minas do Rei Salomão*. Parece que essa mineração antecedeu à época de Salomão por não menos de dois séculos, embora esse rei de Israel é quem a tenha transformado em um negócio extremamente lucrativo.

5. Povos e Informes Históricos. A arqueologia tem podido demonstrar que, no Neguebe, só houve uma ocupação humana permanente no período calcolítico. Na época, Berseba era a cidade mais populosa da região. O período do Bronze Médio I viu grande expansão da ocupação humana, que se espalhou até as montanhas centrais da região. O Neguebe é mencionado na lista de Tutmés III, do Egito, durante o período da era do Bronze. Foi durante o período da era do Bronze Médio que Abraão chegou a Gerar, Cades e Sur (ver Gn 12.9; 13.1-3; 20.1). Outro tanto pode ser dito acerca de Isaque (ver Gn 24.62; 26.15) e de Jacó (ver Gn 37.1; 46.5). Quando o povo de Israel conquistou a Terra Prometida, essa região passou a fazer parte das possessões da tribo de Judá, ainda que, a princípio, tenha sido conferida a Simeão (ver Js 19.1-9; 1Cr 4.28-33). No tempo do reino unido, sob Saul, Davi e Salomão, a região era conhecida pelo nome de "sul de Judá" ou "Neguebe de Judá (ver 1Sm 27.19 e 2Sm 24.7). Judá expandiu sua ocupação naquela área, estabelecendo ali atividades como criação de animais, um certo comércio e fortalezas militares defensivas. A arqueologia tem demonstrado a existência de rotas comerciais entre Arade e Hormá e daí a Cades-Barneia.

Sisaque, rei do Egito, organizou uma campanha militar contra Israel (ver 1Rs 14.25-28; 2Cr 12.1-12), e, durante algum tempo, obteve o controle sobre aquela área. Porém, nos dias de Josafá, o Neguebe voltou às mãos de Judá (1Rs 22.49,50; 2Cr 20.35-37). E foram construídas novas fortalezas e novos postos-avançados de ocupação perto de Berseba.

Edom e Israel entraram em conflito, desejando controlar o comércio e os recursos da região do Neguebe. Uzias, filho de Amazias, dominou Edom e construiu o porto de Elate (ver 2Rs 14.22; 2Cr 26.2). Ele construiu fortalezas, a fim de cristalizar ainda mais o seu controle. A grande fortaleza de Cades-Barneia (identificada como o moderno Tell Qudeirat), foi erigida durante aquele período. Os assírios, em sua expansão para oeste, tomaram a região e Eziom-Geber foi conquistada pelos edomitas (ver 2Rs 16.6; 2Cr 20.17). Nunca mais a Judeia obteve controle sobre o Neguebe. Ao que tudo indica, nos séculos que se seguiram, não foram estabelecidos pontos permanentes de ocupação humana na região. No entanto, já no século III a.C., isso começou a ser feito. Artefatos de vários tipos têm sido encontrados pela arqueologia em Nessana, Oboda e Elusa, no centro do Neguebe, sendo provável que fossem povoados nabateus, um clã árabe. Eles tinham uma rota de caravanas nessa região, no século II a.C. Mas, finalmente, os nabateus abandonaram o Neguebe. E os romanos vieram e ocuparam o mesmo, tendo estabelecido novos pontos de ocupação humana.

NEGUEBE (ADAMI-NEGUEBE)

No hebraico, **"túnel"**, **"passagem estreita"**. Esse foi o nome de uma cidade, ou, mais provavelmente ainda, de parte de um lugar ou território. Aparece como um lugar nas fronteiras de Naftali (Js 19.33), a meio caminho entre Tiberíades e o monte Tabor.

NEIEL

No hebraico, **"habitação do El (Deus)"**. Nome de uma aldeia do território de Aser, perto de sua fronteira sudeste (Js 19.27). Tem sido identificada com a moderna Khirbet Ya'nin, na fronteira leste da planície do Aco.

NEÓFITO

No grego **"recém-plantado"**. Na versão em português, traduz-se por novo convertido, 1Timóteo 3.6.

NER

No hebraico, **"luz"**, **"lâmpada"**. Esse era o nome de um homem benjamita, pai de Quis e de Abner, e, portanto, avô do rei Saul (1Sm 14.50; 26.5; 2Sm 2.8; 1Cr 8.33). Ele viveu em torno de 1100 a.C. A aparente contradição envolvida no fato de que, em 1Crônicas 9.36, Quis e Ner são chamados filhos de Jeiel, pode ser resolvida mediante a suposição de que existia um outro homem com o mesmo nome de Quis, e que foi o avô de Ner. Têm sido propostas varias outras explicações ou emendas. Hiatos nas genealogias e nomes similares sempre foram causa de consternação para os harmonistas a qualquer preço, que ficam horrorizados diante de aparentes contradições no texto bíblico.

O trecho de 1Samuel 14.50 complica ainda mais a questão, ao chamar Ner de tio de Saul. Josefo (*Anti*. 6.6,6) fornece-nos a explicação que é seguida por alguns eruditos. Diz ele: ...*o comandante do exército dele* (de Saul)... *Era Abner, o filho de seu tio. Esse tio chamava-se Ner; e Ner e Quis, o pai de Saul, eram irmãos, filhos de Abelios*. Na verdade, porém, não existem informações suficientes para a questão ser definitivamente resolvida, e nem ela é importante. Existe sempre a possibilidade de algum erro primitivo nos textos envolvidos, o que é capaz de causar confusões dessa natureza.

NERGAL

No hebraico *neregal*. Uma divindade pagã a quem os antigos sumérios davam o nome de *U-gur*. Entre os babilônios e assírios era conhecido como *Ne-iri-gal*, "Senhor da grande morada". Originariamente, era uma divindade solar. Desde os tempos de Hamurabi passou a ser identificada com Irra, um deus da peste venerado em Cuta (moderno Tell-Ibrahim, a nordeste da antiga cidade da Babilônia). Várias outras atribuições lhe foram sendo dadas, com a passagem do tempo. Assim, ele passou a ser concebido como o deus das regiões infernais, juntamente com sua esposa, Eresquigal. Foi assumindo ares cada vez mais sinistros, além daqueles de que já se falou, como seja, o deus da guerra, das inundações, das destruições caóticas. Por isso mesmo, com o tempo, passou a ser identificado com *Marte*, o deus da guerra (vide), e, naturalmente, com esse planeta.

Em cidades como Larsa, Isim e Assur havia santuários dedicados a essa divindade. De acordo com o trecho de 2Reis 17.30, única passagem da Bíblia onde há menção a Nergal, foram colonos assírios que introduziram esse culto no território do antigo reino do norte, Israel, após o cativeiro assírio. Assim, colonos de Cuta continuaram a adorá-lo, exilados em Samaria. Mas, embora Nergal também fosse considerado um deus da caça, aqueles colonos temeram os leões que o Senhor enviara contra eles, não sabendo como controlá-los (ver 2Rs 17.26). Daí foi sentida a necessidade de que se ensinasse aos exilados em Samaria como se deveria adorar e servir ao "Deus da terra" (*Yahweh*). E foi dessa maneira que surgiu a seita samaritana, um misto de judaísmo com paganismo.

O nome Nergal aparece frequentemente em nomes pessoais, como o elemento divino dos mesmos. Nas páginas da Bíblia temos um desses casos, o de *Nergal-Sarezer* (vide).

NERGAL-SAREZER

Temos aí a transliteração do nome hebraico equivalente ao nome babilônico *Nergal-sar-usur*, que significa "ó Nergal, protege o rei". A forma grega desse nome é *Neriglissar*. Nergal era uma das principais divindades da Babilônia. Ver o artigo intitulado *Deuses Falsos*. Esse foi o nome de dois príncipes mencionados na Bíblia, um assírio e o outro babilônio.

1. O Nergal-Sarezer Assírio. (Ver 2Rs 19.37 e Is 37.38 (onde ele é chamado Sarezer). Ele e um seu irmão, Adrameleque, assassinaram seu próprio pai, Senaqueribe. O nome Sarezer é a última parte da forma mais extensa do nome, usada como abreviação. Abidemo grafa seu nome como *Nergilos*, preservando assim a primeira parte do nome completo. Os assírios, em suas cartas históricas, também preservaram uma versão mais breve desse assassinato, onde não aparecem os nomes dos parricidas, e onde somente um filho de Senaqueribe aparece como culpado, talvez referindo-se àquele que realmente praticou o crime; ou então, por alguma razão desconhecida, a narrativa varia ali, ou foi abreviada.

2. O Nergal-Sarezer Babilônico. Esse foi um príncipe babilônio, um dos oficiais do exército de Nabucodonosor (Jr 39.3,13). A forma grega de seu nome era *Neriglissar*. Ele se casou com uma das filhas de Nabucodonosor. Assassinou seu cunhado, Evil-Merodaque, e assenhoreou-se do trono, tendo governado entre 560 e 556 a.C. Alguns eruditos, entretanto, pensam que o trecho de Jeremias 39.3 contém dois homens com o mesmo nome: Nergal-Sarezer (segundo se vê em nossa versão portuguesa, além de outras). Nesse caso, o que tinha o título de "Rabe-Mague" (o segundo deles, por ordem de menção), talvez ocupasse uma patente inferior, e não chegou a ser um rei da Babilônia. O título "Rabe-Mague" parece significar "chefe dos *mahhu*", ou seja, "chefe dos oficiais". Porém, outros estudiosos pensam no hebraico *rab mungu*, um título dado a altos oficiais babilônicos, embora seja desconhecido o seu significado. E, se pensarmos no caldaico *rabu emga*, como a raiz daquele título, então o seu sentido será "nobre e sábio", parecendo ser um título honorífico conferido a oficiais seculares (não-sacerdotais) da Babilônia.

NERIAS

No hebraico, **"Yah é luz"**, ou mesmo **"lâmpada de Yahweh"**. Ele era filho de Maaseias e pai de Baruque que atuava como amanuense do profeta Jeremias (ver Jr 32.12,16; 36.4,8,14,32; 43.3,6; 45.1; 51.59). Nerias viveu em cerca de 620 a.C., e pode ter sido o mesmo Neri de Lucas 3.27, um dos antepassados de Jesus, o Cristo.

NESTÓRIO

Tendo o auge de sua vida no período 428-c. 451, Nestório, patriarca de Constantinopla e expoente da cristologia de Antioquia, ligou seu nome a uma heresia da existência de duas pessoas, divina e humana, em justaposição, no Cristo encarnado. Provável discípulo de Teodoro de Mopsuéstia (c. 350-428), ele foi monge e presbítero em Antioquia antes de sua elevação à sé de Constantinopla pelo imperador Teodósio II. Sua cristologia, pela qual viria a ser condenado, foi elaborada relativamente à questão da legitimidade do termo *theotokos* ("portadora de Deus", comumente traduzido como "mãe de Deus"), referente à Virgem Maria. Seu capelão em Constantinopla, Anastácio, fez objeções ao uso cada vez maior do termo, particularmente pelos monges. Nestório lhe deu apoio, declarando tal designação não escriturística e colocando-se assim "melhor que os que negam a verdadeira humanidade de Cristo". Nestório afirmou dar preferência à designação *anthropotokos* ("portadora de homem") ou *Cristotokos* ("portadora de Cristo"). Em sua estruturação da pessoa de Cristo, Nestório fez então clara distinção entre as naturezas divina e humana (que ele parece haver considerado como "pessoas") em Cristo, negando qualquer união orgânica real entre o homem Jesus e o *Logos* divino que nele habitava.

Fragmentos existentes de seus sermões e seus *Doze contra-anátemas* reiteram que "não uma natureza, mas duas, somos constrangidos a conceder a Cristo" (*Fragmentos* 216). O tema é constante, Cristo "não é dividido", "o Filho de Deus é duplo em suas naturezas". A questão de *theotokos* é discutida do começo ao fim, sendo reafirmada a conclusão de que "a Virgem portava de fato o Filho de Deus, mas, visto que o Filho de Deus é duplo em sua natureza, ela portava a humanidade, que é Filho por causa do Filho que está ligado a isso" (*Sermões* X).

A veemente oposição de Cirilo de Alexandria, em seus *Doze anátemas contra Nestório*, resultou na condenação do patriarca pelo Concílio de Éfeso (431). Ele morreu no exílio, em algum lugar no Oriente.

Nestório mantinha sua ortodoxia declarando que as Escrituras mostram Cristo como verdadeiramente divino e, como tal, não esteve envolvido em sofrimento e mudança humanos. Todavia, as Escrituras apresentam Cristo vivendo uma existência de formação e crescimento verdadeiramente humanos, inclusive com tentações e sofrimento. O único modo de entender a relação desses dois elementos distintos, o da plena divindade e o da plena humanidade, é reconhecer a presença deles em uma "*prosópon* comum" de união. "Cristo é indivisível naquilo em que é Cristo, mas é duplo naquilo em que é tanto Deus quanto homem; é único em sua filiação, mas é duplo naquilo que assume e em que é assumido. Na *prosópon* do

Filho, ele é um indivíduo, mas, tal como no caso dos nossos dois olhos, é separado em suas naturezas de humanidade e divindade" (*Fragmentos* 297).

Embora Nestório tenha sido condenado por heresia pelo zelo excessivo e disposição de vingança de Cirilo, a questão sobre sua não ortodoxia persistiu. A descoberta de sua obra *O bazar de Heráclides*, em tradução siríaca, em 1910, reabriu o debate a respeito. Veredictos opostos têm surgido. J. F. Bethune-Baker declara que "Nestório não era nestoriano", enquanto F. Nau sustenta sua condenação. *O bazar* é consistente em sua rejeição da designação "Mãe de Deus", ao mesmo tempo que assevera fortemente a plena humanidade de Cristo como necessária à salvação. As objeções de Cirilo são ali consideradas uma a uma, e suas afirmações monofisistas recebem tréplica. Nestório nega admitir a união somente moral das duas naturezas, declarando-a "sintática" e "voluntária".

A defesa de Nestório de sua ortodoxia foi aceita por diversos bispos orientais, que continuaram a reconhecer sua primazia patriarcal após o Concílio de Éfeso e se uniram para formar uma igreja Nestoriana. Cristãos nestorianos, dotados de forte zelo missionário, levaram o evangelho à Índia e Arábia. Nos séculos XIII e XIV, seus seguidores sofreram grandemente com as invasões mongóis. Grupos de "cristãos assírios", que sobreviveram, consideram-se nestorianos e proíbem entre eles a designação de Maria como "Mãe de Deus".

(**H. D. McDonald**, B.A., B.D., Ph.D., D.D., ex-vice-reitor e catedrático de Filosofia da Religião e Teologia Histórica do London Bible College, Londres, Inglaterra.)

BIBLIOGRAFIA. G. R. Driver & L. Hodgson (trad.), *Bazaar* (Oxford, 1925); A. Grillmeier, *Christ in Christian Tradition*, vol. 1: *From the Apostolic Age to Chalcedon AD 451* (London, 21975); R. V. Sellers, *Two Ancient Christologies* (London, 1940).

NETAIM

No hebraico, **"plantações"**. Nome de uma localidade, aparentemente nas terras baixas de Judá, onde viviam alguns oleiros que trabalhavam para o rei (1Cr 4.23).

NETANIAS

No hebraico, **"Yahweh concede"**, ou **"dom de Yahweh"**. Nome de quatro personagens do Antigo Testamento: **1**. Um filho de Elisama, pai de Ismael. Ele assassinou a Gadalias (2Rs 25.23,25; Jr 40.8,14,15; 41.1 ss.). Pertencia à família real de Judá, e viveu em torno de 586 a.C. Gedalias fora feito governador do remanescente de Judá, por Nabucodonosor, que havia conquistado o território e exilado seus habitantes. A família real exilada vingou-se daqueles que permaneceram, que tinham dado ouvidos a Jeremias, ao qual consideravam traidor, porquanto falara sobre a inevitabilidade da conquista de Judá pelos babilônios. **2**. Um dos quatro filhos de Asafe, que foi um músico religioso (1Cr 25.2). Ele era o cabeça da quinta divisão dos músicos do templo. Viveu por volta de 961 a.C. **3**. Um levita que foi enviado em companhia de vários príncipes a fim de ensinar a lei e o correto culto religioso ao povo, nas cidades de Judá, em cerca de 769 a.C. Seu nome é mencionado somente em 2Crônicas 17.8. **4**. O pai de Jeudi. Este foi enviado pelos príncipes para pedir a Baruque que lesse para eles o rolo escrito com as profecias de Jeremias. Baruque era o amanuense de Jeremias (Jr 36.14). Viveu em torno de 625 a.C.

NETINIM (SERVOS DO TEMPLO)

1. O Nome. No hebraico, **"dedicados"**, com o sentido de "dedicados ao serviço no templo de Jerusalém". Josefo (Anti. 11.5,1) chamou-os de "escravos do templo". Eles trabalhavam sob a orientação dos levitas.

2. Origem dos Deveres dos Netinim. Os levitas encarregaram os *gibeonitas* (vide) de trabalhos manuais pesados como carregar água e rachar madeira etc. Esse relato aparece em Js 9.2-27, pelo que eles podem ser chamados de os primeiros *netinim*. Nos tempos do rei Davi esses trabalhadores aumentaram em seu nome, não estando mais restritos aos descendentes dos gibeonitas. E, então, surgiu, especificamente, a designação *netinim*, que ocorre por dezoito vezes nas páginas do Antigo Testamento (1Cr 9.2; Ed 2.43,58,70; 7.7,24; 8.17,20; Ne 3.26,31; 7.46,60,73; 10.28; 11.3.21). O fato de que os *netinim* incluíam outros além dos gibeonitas, foi causado, pelo menos em parte, pelo fato de que eles foram quase inteiramente massacrados em Nobe (ver 1Sm 22.1-19), e aqueles que restaram eram em número insuficiente para as tarefas necessárias. Daí por diante, provavelmente foram incluídos nessa classe os prisioneiros de guerra e pessoas que de outro modo qualquer tinham sido reduzidos à servidão. Continuaram a ser chamados *netinim* (em nossa versão portuguesa, "servos do templo"; ver 1Cr 9.2; Ed 2.43; 7.7; Ne 7.46). Nenhuma lista de deveres é dada além daqueles que já foram mencionados; mas podemos ter a certeza de que eles faziam coisas que ninguém queria fazer. Alguns deles voltaram a ocupar-se de seus deveres, sob o decreto de Ciro, tendo sido instalados nas cidades, juntamente com os levitas, preparados para tarefas manuais necessárias.

3. Número e Posição Social dos Netinim. Talvez os primeiros *netinim* ou servos do templo fossem levitas que foram dados para servir a Aarão quanto a tarefas no tabernáculo (ver Nm 3.9; 8.19). Porém, isso ainda não envolvia escravidão. Quando os gibeonitas foram forçados a trabalhos pesados, aqueles levitas foram aliviados de serviços mais pesados. Os servos do templo eram sustentados mediante doações do povo, da mesma maneira que o eram os levitas. Não há dados estatísticos quanto ao número deles, senão depois do retorno da Babilônia, ao fim do exílio babilônico. Cerca de seiscentos deles voltaram com o remanescente de Judá, se incluirmos aqueles que regressaram à Terra Prometida em companhia de Zorobabel (Ed 2.58; Ne 7.69), em companhia de Esdras (Ed 8.20) e sob a liderança de Zia e Gispa (Ne 11.21). Alguns deles ficaram instalados em cidades levíticas, e outros ficaram servindo no templo de Jerusalém.

Tal como no caso de outros serviçais, a despeito de sua humilde condição, os servidores do templo estavam isentos de pagar impostos aos sátrapas persas (Ed 7.24); eram sustentados com base no tesouro do templo; e ajustavam-se à fé judaica (Êx 12.48; Dt 29.11; Js 9.21; Ne 10.28). As condições sociais dos *netinim* eram tão baixas que ainda ficavam abaixo da condição dos *mamzerim*, os filhos ilegais, segundo se sabe pelos comentários na Mishna, *Kiddushin* (3.12; 4.1) e *Jebamoth* (2.4). Eles precisavam casar-se com pessoas de sua própria casta (reverberações do hinduísmo!). E quando se casavam não eram dispensados do serviço militar, como sucedia a todos os outros israelitas. Se uma mulher tivesse uma criança e não pudesse provar quem era o pai, essa criança passava a ser classificada entre os *netinim*. Tais pessoas não podiam servir de juízes. Visto não haver referência a eles no tocante a uma casta, nos livros apócrifos, nos livros do período intertestamentário e no Novo Testamento, muitos creem que eles se misturaram por casamento com a população israelita em geral, e a classe desapareceu. Paulo escreve com um discernimento divino sobre o amor de Deus, ao dizer: *em Cristo... não pode haver judeu nem grego; nem escravo nem liberto; nem homem nem mulher; porque todos vós sois um em Cristo Jesus* (Gl 3.27,28).

NETOFA (NETOFATITAS)

No hebraico, **"destilação"**, **"gotejar"**. Nome de uma localidade do território de Judá, localizada perto de Belém. Era lugar ocupado desde tempos antigos. Dois dos heroicos guerreiros de Davi vieram desse lugar: Maarai e Heldai. (Ver 1Cr 27.13,15). Ali também residiam levitas. (Ver 1Cr 9.16). O trecho de Neemias 12.28 menciona especialistas em música como quem teve origem naquele lugar. O nome mesmo do lugar ocorre somente nas listas dos remanescentes de Judá que regressaram a Jerusalém, terminado o cativeiro babilônico (Ed 2.22; Ne 7.26; ver também 1Esdras 5.18). Na maioria das vezes, porém, é usado o adjetivo gentílico "netofatitas". Os habitantes de Netofa e de Belém descendiam do patriarca Judá através de Perez, Hezrom (1Cr 2.4,5), Calebe (vs. 9, onde é chamado Quelubai) e Salma (vss. 51,54). Não se conhece o lugar exato de Netofa, hoje em dia; mas em Esdras 2.22 aparece como uma cidade localizada entre Belém e Anatote. Talvez ficasse no local da fortaleza de Ramat Rahel, imediatamente ao sul de Jerusalém; ou então, em Khirbet Bedd Faluh, cerca de cinco quilômetros a sudeste de Belém, onde aquele nome bíblico é preservado na fonte 'Ain en-Natuf, que talvez ficasse perto da cidade.

NEUM

No hebraico, **"consolado"**. Esse era o nome de um dos doze chefes da comunidade hebreia que retornou em companhia de Zorobabel, terminado o cativeiro babilônico (ver Ne 7.7), em cerca de 445 a.C. No trecho paralelo de 1Esdras 5.8, seu nome aparece com as formas de *Reimus ou Reum*.

NEUSTA

No hebraico, **"bronze"**, nome de uma filha de Elnatã, de Jerusalém. Ela tornou-se esposa de Jeoaquim, e mãe de Joaquim, ambos reis de Judá, este sucedendo àquele. Ver 2Reis 24.8. Ela viveu em torno de 616 a.C. Foi deportada para a Babilônia, juntamente com outros cidadãos liderantes de Judá, como parte do cativeiro babilônico, em cerca de 597 a.C.

NEUSTÃ

Transliteração do termo hebraico que significa **"de bronze"**, referindo-se à Serpente de Metal (vide), feita por Moisés. Ver 2Reis 18.4. Essa serpente de metal foi despedaçada por Ezequias, rei de Judá, porque estava servindo de objeto idólatra para muitos judeus, embora não tivesse sido essa a finalidade pela qual fora feita (ver Nm 21.9).

NEVE

Há um termo hebraico e um termo grego envolvidos neste verbete: **1.** *Sheleq*, "neve". Essa palavra aparece por vinte vezes (como em Êx 4.6; Nm 12:10; 2Sm 23.20; 2Rs 5.27; 1Cr 11.22; Jó. 6.16; 9.30; Sl 51.7; Pv 25.13; Is 1.18; 55.10; Jr 18.14; Lm 4.7). **2.** *Chión*, "neve". Palavra grega que figura por duas vezes (Mt 28.3 e Ap 1.14), sempre referindo-se a algum detalhe das vestes ou dos cabelos do Senhor Jesus, quando de sua transfiguração, ou quando apareceu a João, já glorificado, estando aquele apóstolo na ilha de Patmos.

Embora, frequentemente, mencionada como um símbolo de pureza e de refrigério, nas páginas da Bíblia, a neve só é mencionada literalmente apenas por uma vez, por ocasião do encontro que Benaia teve com um leão, em 2Samuel 23.20: *Desceu numa cova e nela matou um leão no tempo de neve*. A menção à neve, dentro desse contexto, segundo pensam os estudiosos, indica que o evento foi excepcional, não somente devido ao ato de valentia de Benaia, que entrou no covil de um leão e o matou, mas também porque embora haja neve, de tempos em tempos, nas colinas da Judeia, o covil do leão deveria estar no vale do Jordão, onde a queda de neve é um fenômeno desconhecido. Provavelmente, o leão foi apanhado em uma tempestade de neve, fora do seu *hábitat* comum.

A neve não é desconhecida na Judeia. Mas as duas áreas onde a neve cai pesada e regularmente são: **1.** Nas montanhas do Líbano, no extremo norte da Terra Prometida, onde o monte Hermom atinge 2.775 m de altura, havendo uma capa de neve no alto do mesmo, durante todo o ano. Foi a visão distante desse monte, visto da quente Galileia, que inspirou tantos símbolos bíblicos, comuns para os leitores das Escrituras. **2.** Nos montes de Edom, a leste do rio Jordão, onde o terreno se eleva a mais de 3.500 m acima do nível do mar. Portanto, para muitos israelitas, a neve era mais uma cena distante do que uma realidade presente, embora ela não lhes fosse desconhecida.

NÉVOA

No hebraico, temos uma palavra, *'ed*; e, no grego, dois termos: *amichlai; achlus*. A névoa é causada pelo vapor d'água que é retido na atmosfera, e que obscurece a visão. Na Palestina e na Síria, quase todos os dias há névoa nos vales entre os montes, começando à noite e desaparecendo ao esquentar o sol, na manhã seguinte. Ver *Sabedoria de Salomão* 2.4. A palavra "névoa" era usada para descrever a atmosfera úmida e quente do período anterior ao dilúvio (ver Gn 2.6). A palavra grega usada para indicar isso, na tradução da Septuaginta, é *pegē*, o que pode apontar para fontes subterrâneas de água, visto que essa palavra grega significa "forte".

O livro de Atos (13.11) usa a palavra grega *achlus* em sentido metafórico, referindo-se à "cegueira" que foi infligida a Elimas, o mágico que se opôs ao apóstolo Paulo. Em 2Pedro 2.17, os falsos profetas são comparados à "névoa" (no grego, *omichlai*). Os falsos profetas confundem as mentes dos homens como se fossem uma *névoa* que os impedem de pensar corretamente.

NEZIÁ

No hebraico, **"ilustre"**, **"preeminente"**. Esse homem era cabeça de uma família de servidores do templo, ou *netinim* (vide), que retornou do cativeiro babilônico a fim de fixar residência em Jerusalém (ver Ed 2.54; Ne 7.56; 1Esdras 5.32). Viveu por volta de 536 a.C.

NIBAZ

Alguns estudiosos têm vinculado essa palavra a uma raiz que significa **"ladrar"**, pelo que têm inferido que o ídolo desse nome tinha a semelhança de um cão. Contudo, a maioria dos eruditos duvida dessa etimologia. Seja como for, está em foco um ídolo dos aveus sírios, o qual, juntamente com outra divindade, Tartaque, foi introduzido em Samaria (ver 2Rs 17.31). Sargão deslocou os aveus para Samaria depois de 722 a.C. Outros estudiosos associam o nome Nibaz à palavra "altar", supondo que, na realidade, esse ídolo tivesse a forma de um altar deificado, tal como um templo também podia ser deificado. Nos papiros de Elefantina, escritos em aramaico, ficamos sabendo que essa prática existia na antiguidade. Ver o artigo geral intitulado *Deuses Falsos*.

NIBSÃ

Essa palavra significa "fértil", "solo leve e macio", embora alguns pensem no sentido "fornalha". Era uma cidade da região desértica de Judá, estando localizada entre Secacá e a Cidade do Sal (Js 15.62). Tem sido identificada com a Khirbet el-Magari, em el-Buge'ah, a sudoeste de Jericó.

NICANOR

No grego, **"conquistador"**. **1.** Nome de um dos filhos de Pátroclo, e um dos amigos do rei, a quem Lísias, regente na Síria ocidental, durante a ausência de Antíoco Epifanes, 166 a.C., escolheu para comandar o exército que tinha de sufocar a revolta dos judeus, 1 Mac 3.38; 2 Mac 8.9. Os sírios foram derrotados. Nicanor conquistou as graças de Demétrio I, que o nomeou governador da Judeia, 1 Mac 7.26; 2 Mac 14.12. Mostrou-se muito amigo de Judas Macabeus, mas este não se deixou enganar. Nicanor travou luta com Judas em Cafarsalama e morreu, perto de Bete-Orom, 160 a.C., 1 Mac 7.27-49; 2 Mac 15.1-36. **2.** Nome de um dos sete escolhidos pela igreja de Jerusalém para se encarregarem do cuidado das viúvas dos gregos que se queixavam de ser desprezadas no serviço de cada dia, e dos pobres em geral, *cf.* Atos 6.5.

NICODEMOS

No grego, **"conquistador do povo"**. Nome de um fariseu e membro do sinédrio. Convencido pelos milagres que Jesus realizava, de que o mestre de Nazaré tinha vindo de Deus, procurou uma entrevista com ele, porém fê-la à noite para escapar à observação de seus companheiros, ou talvez por ser mais conveniente. Jesus lhe explicou a natureza do novo nascimento e o amor com que Deus amou ao mundo, dando-lhe seu Filho Unigênito para que todo aquele que cresse nele tivesse a vida eterna, *cf.* João 3.1-21. Em uma reunião do sinédrio, em que Jesus foi denunciado como impostor, Nicodemos perguntou: *Acaso a nossa lei julga um homem, sem primeiro ouvi-lo e saber o que ele fez?* (7.50-52). Depois da morte de Cristo, Nicodemos levou consigo uma composição de quase 100 libras de mirra e de aloés e ajudou a preparar o corpo para ser sepultado (19.39).

NILO (RIO)

RIO NILO

1. Caracterização Geral. Até bem pouco tempo, o Nilo era considerado o mais longo rio do mundo, com cerca de 6.690 km Agora perdeu essa posição para o rio Amazonas, quando exploradores descobriram as verdadeiras nascentes desse rio sul-americano, conferindo-lhe mais de 6.700 km Seja como for, é o segundo maior rio em extensão. Sua bacia hidrográfica é a terceira maior do mundo, cobrindo uma área de cerca de 3.348.870 km (2). O Amazonas continua tendo a maior bacia hidrográfica do mundo, com 7.050.000 km (2). A bacia do Nilo, contudo, envolve alguns grandes lagos, incluindo o lago Vitória, o segundo maior do mundo. O Nilo é formado por dois ramos formadores, chamados Nilo Branco e Nilo Azul, que se unem defronte da cidade do Khartoum. O Nilo Branco começa no lago Vitória, embora a verdadeira fonte desse rio seja o rio Cagera, um tributário do lago Vitória, que tem origem a cerca de 648 km de distância desse lago. O Nilo começa na África equatorial, e prossegue na direção geral norte, até desaguar no seu delta, no mar Mediterrâneo. O Nilo fomentou uma das maiores e mais duradouras civilizações do mundo, a egípcia-sudanesa. E a cultura ocidental tem muitas raízes importantes nessa civilização.

2. Cabeceiras. O rio Nilo tem início em uma região montanhosa, começando em lagos e águas pluviais dos meses chuvosos. O Nilo Branco, como já dissemos, começa no lago Vitória, o único rio que verte desse lago. Do lado Vitória, o Nilo Branco desce 5 m de nível e deságua em outro grande lago, de nome Kioga. E então, a 2.658 km do lago Vitória, o Nilo Branco une suas águas ao Nilo Azul. O Nilo Azul desce das montanhas da Etiópia. Tem apenas 1.368 km de extensão, mas seu volume, no tempo da cheia, é quatro vezes maior que o do Nilo Branco. O Nilo Azul começa em duas fontes, que o padre português Jerônimo Lobo descreveu em 1625. Ligeiramente mais do que 320 km abaixo da junção daqueles dois rios, um outro rio deságua no Nilo, o rio Atbara. Ali há um povoado com esse nome. Esse rio desce das terras altas da Etiópia.

3. Nome. Os antigos egípcios chamavam o Nilo de *Hapi*, que era o nome de uma divindade do rio. Era também usado um outro nome egípcio, *itrw*, que significa "rio". Os hebreus chamavam esse rio com base nesse nome egípcio, razão por que ele é chamado, no Antigo Testamento, de "o rio". Desconhece-se, porém, a origem do nome moderno, *Nilo*. Há quem pense que esse nome significa "azul escuro".

4. Curso. Já pudemos descrever o curso geral do rio Nilo. As águas do Nilo começam abundantes; mas, ao atravessar o deserto, o rio Nilo vê diminuído o volume de suas águas. O Baixo Nilo perde muito de seu volume original, ao passar por uma área de vegetação densa; em seguida, chegam os céus sem nuvens e o intenso calor do deserto do Saara, que rouba ainda mais água do rio. Em seu curso, o rio Nilo forma um gigantesco "S", antes de entrar em território egípcio. Então desce e passa por seis grandes cataratas, que são enumeradas de baixo para cima. Ali o rio Nilo escavou uma profunda e estreita garganta, e as paredes quase verticais dessa garganta atravessam escarpas de arenito. É a partir desse vale e no delta mais abaixo, que habitam os egípcios. Em ambas as margens começa o deserto estéril, a pouca distância do rio. Porém, ao longo do rio o terreno é fértil e pulsa de vida. Mediante a irrigação, a agricultura não se ressente de falta de água. O vale inferior do Nilo ficou muito sedimentado, embora, em tempos remotos, houvesse um grande golfo no mar Mediterrâneo. Essa sedimentação fez o mar recuar, aparecendo novas terras onde antes era só mar. Essa área já era chamada de "o Delta", pelos gregos, porquanto tem a forma da quarta letra do alfabeto grego, "delta", ou seja, tem formato triangular. O Nilo deságua no mar Mediterrâneo por meio de sete saídas principais, que se espalham como dedos retorcidos, partindo de um único rio, a começar abaixo da cidade do Cairo, a pouco menos de trezentos e vinte quilômetros do mar. Cinco desses braços terminam em meras lagoas, mas dois deles, Rosetta e Damietta, mantêm uma profundidade de cerca de 7 m.

5. A Grandiosidade do Nilo. Sem as águas do Nilo, o deserto teria tomado conta de tudo, e os homens teriam de vaguear na região como pequenos grupos nômades. Mas, devido às águas do Nilo, conforme disse Heródoto, o Egito possui "mais maravilhas do que qualquer outro país, e exibe obras maiores do que é possível descrever". As grandes cidades da antiguidade, às margens do Nilo, Mênfis e Tebas, atualmente são pouco mais do que memórias. Alexandria, fundada por Alexandre, o Grande, veio a tornar-se a segunda maior cidade do império romano, perdendo somente para a própria cidade de Roma. Alexandria tinha uma biblioteca de nada menos que setecentos mil volumes. Ver sobre *Alexandria, Biblioteca de*. A cidade do Cairo, perto de onde o rio deságua, é atualmente a maior metrópole do continente africano, com uma população de cerca de quatro milhões de habitantes. Khartoum, na junção dos rios Nilo Branco e Nilo Azul, é atualmente a capital do Sudão. Três grandes cidades, Cairo, Alexandria e Port Said, marcam, mais ou menos, os limites do delta do Nilo, que se vai abrindo em leque.

O rio Nilo sempre foi uma grande artéria fluvial de cultura e de comércio. Pinturas murais, em túmulos antigos, ilustram pitorescas embarcações nativas dotadas de velas triangulares, um tipo de embarcação que até hoje pode ser visto a singrar as águas do Nilo.

Heródoto declarou que o próprio Egito é um presente do Nilo, afirmação essa que não pode ser contradita. O reconhecimento de quanto os egípcios dependem desse rio, levou-o a ser deificado e chamado pelo nome de *Hapi*. Essa divindade era representada como um homem gordo, com peitos pendurados, trazendo oferendas como se fossem presentes do rio. As inundações anuais regulares do rio servem ao duplo

NINHO

propósito de prover uma irrigação natural e a fertilização do solo adjacente, além de servir de calendário bastante exato. A coincidência entre o surgimento *helíaco* da Estrela do Cão chamada *Sírio* (Sotis), com o começo da inundação do Nilo, deu origem à unidade cronológica de 1.460 anos, chamado de ciclo Sótico. A palavra *helíaco,* quando é aplicada às estrelas, indica que elas surgem e desaparecem no horizonte, o mais perto que podem ser observadas do disco solar.

6. O Nilo e as Referências Bíblicas a Respeito. Muitas dessas referências acham-se no Pentateuco, mormente no tocante à história de José, filho de Jacó. Contudo, as referências proféticas a esse rio também são frequentes. *a*. No sonho do Faraó (Gn 41.1-4,17-21). As vacas gordas saíam do *rio* (o Nilo) seguidas pelas vacas magras. *b*. Foi dada ordem para que todos os meninos hebreus fossem lançados no Nilo, para morrerem afogados (Êx 1.22). *c*. Joquebede pôs o menino Moisés em uma cestinha, que ficou a flutuar à superfície do rio Nilo; então a filha do Faraó retirou das águas a cestinha, com Moisés (Êx 2.3,5). *d*. Uma das pragas contra o Egito foi a transformação das águas do Nilo em sangue (Êx 4.9). *e*. No rio, Moisés confrontou o Faraó com seu ultimato sobre o êxodo de Israel (Êx 7.15; 8.20,21). *f*. A praga das rãs também esteve vinculada ao rio Nilo (Êx 8.3,5,9,11). *g*. Amós falou sobre as enchentes e secas do Nilo (8.8; 9.5). *h*. Isaías fez várias referências ao Nilo, em suas predições proféticas (ver Is 7.18; 19.6-8; 10.23). *i*. Jeremias referiu-se também às enchentes e secas do Nilo (Jr 46.7,8). *j*. Ezequiel profetizou contra o rei do Egito usando uma linguagem simbólica sobre o Nilo. O Faraó aparece ali como um "crocodilo enorme", deitado em seus rios e dizendo: *O meu rio é meu, e eu o fiz para mim mesmo* (Ez 29.3). (Ver também os vss. 4,5 e 9,10). Zacarias falou (provavelmente de modo figurado) sobre a seca do rio Nilo (Zc 10.11). O Nilo era tão importante para o Egito que seu nome era virtual sinônimo do próprio país.

7. O Calendário Egípcio. Como é óbvio, os regimes de enchente e vazante do rio Nilo dominavam a agricultura egípcia. As inundações proviam fertilização e irrigação para as áreas circunvizinhas. As áreas alagadiças eram excelentes como pasto. (Ver Gn 41.1-3,17,18). O rio Nilo é muito piscoso, e seus peixes podem ser apanhados tanto com anzol quanto por redes (ver Is 19.8). O rio determina a divisão do ano em três estações, cada uma das quais com quatro meses de trinta dias cada. Isso exclui cinco dias. Essas estações eram chamadas, em egípcio, *akhet* (inundação), *peret* (saída), que falava sobre a recessão das águas; e *shomu* (seca), que aludia à estação do verão. Tudo, incluindo a agricultura, era sincronizado a essas divisões anuais e às condições por elas produzidas no Egito.

NINHO

No hebraico, *gen,* palavra que se deriva de *ganan,* **"construir"**. Essa palavra ocorre por doze vezes no Antigo Testamento (Nm 24.21; Dt 22.6; 32.11; Jó 29.18; 39.27; Sl 84.3; Pv 27.8; Is 10.14; 16.2; Jr 49.16; Ob 4; Hc 2.9). No grego, *kataskénosis,* vocábulo que ocorre por duas vezes no Novo Testamento (Mt 8.20 e Lc 9.58). Essa palavra grega significa "poleiro". No seu sentido literal, a palavra hebraica ocorre por seis vezes (Dt 22.6; 32.11; Jó 39.27; Sl 104.17; Pv 27.8 e Is 16.2).

A lei de Moisés (ver Dt 22.5,7) protegia as aves, não permitindo que uma ave fêmea no choco fosse tirada do seu ninho e morta. Esta podia ser espantada do ninho para voar, e os filhotes podiam ser apanhados. É uma das curiosidades do Antigo Testamento que foi prometida longa vida aos que assim agissem. Longa vida também foi prometida aos que respeitassem e honrassem seus pais. Provavelmente estava em foco a preservação de espécies. Os hebreus tinham consciência de que dependiam da natureza.

A águia, que não aprecia a presença humana, fez seus ninhos em lugares elevados e de difícil acesso (ver Jó 39.27). No Novo Testamento, Jesus referiu-se às aves, que são tão afortunadas que têm os seus ninhos (ao mesmo tempo em que as raposas têm os seus covis), enquanto que o Filho do Homem não tinha residência fixa. Isso demonstra a extrema pobreza em que Jesus, sem dúvida, vivia. (Ver Mt 8.20 e Lc 9.58).

Usos Metafóricos. **1**. A altura em que são feitos os ninhos das aves tornou-se emblema de lugares elevados e inacessíveis (Ob 4). **2**. Expirar no próprio ninho aparentemente aponta para a presença de familiares e amigos na hora do falecimento de alguém, com filhos que levem avante o nome da família e a herança (Jó. 29.18). **3**. Armar um ninho, "como a águia", alude às arrogantes ambições dos homens (Jó 49.16; Hc 2.9). **4**. Como uma perdiz que choca os ovos "que não pôs", assim é o caso de quem enriquece desonesta e ilegalmente (Jr 17.11). **5**. Furtar um ninho, na ausência das aves genitoras, simbolizava uma vitória fácil (Is 10.14). **6**. Um reino que exerce domínio sobre muitos e diferentes povos (como no caso do império assírio), assemelha-se a um grande cedro do Líbano, cujos ramos fornecem lugar para muitos ninhos (Ez 31.3-6; Dn 4.21; ver também Mt 13.31,32, onde parece que Jesus aplica o mesmo simbolismo ao reino de Deus, indicando que o mesmo incluiria pessoas das mais diferentes nacionalidades). **7**. Nos sonhos e nas visões, um ninho refere-se à segurança de um lar, de um bom emprego etc. O útero materno é o ninho inicial de todo ser humano. E as economias de uma pessoa são como os ovos que uma ave guarda em seu ninho. Por extensão, o ninho refere-se às ideias de conforto, prazer e bem-estar. Nesse sentido, a vagina feminina também pode ser simbolizada como um ninho, nos sonhos e nas visões.

NINHO DE AVE

A expressão aparece em Deuteronômio 22.6, dentro de instruções relativas ao aproveitamento de aves encontradas no seu ninho. Os filhotes ou os ovos podiam ficar com quem os achasse, mas a mãe tinha de ser deixada em liberdade. Isso era uma antiga maneira de preservar as espécies da fauna, e talvez incluísse um toque humanitário. A esse preceito é adicionada a promessa de longa vida, para aqueles que tiverem os devidos cuidados com as aves. As culturas que não demonstram respeito pela vida animal, e nem impedem atos de crueldade para com os irracionais, não podem figurar entre as mais avançadas. As sociedades primitivas, antigas e modernas, deleitam-se em torturar os animais. Durante a Inquisição (ver o artigo), animais domésticos eram, às vezes, mortos como requintes de sadismo. Até mesmo galinhas foram vítimas daquela horrenda perseguição! (G IB)

NÍNIVE

I. O Nome. Essa é a transliteração hebraica do nome assírio *Ninus,* um dos nomes da deusa Istar. O sinal cuneiforme consistia em um peixe dentro de um cercado. O termo hebraico *nun* significa "peixe", embora não haja conexão real entre esses dois vocábulos. O termo grego *Nínos,* como designação dessa cidade, ocorreu por assimilação ao nome de um herói grego. Essa palavra era comum nos antigos registros em escrita cuneiforme, na época do reinado de Gudea (século XXI a.C.) e de Hamurabi (cerca de 1700 a.C.). Após o século XII a.C., Nínive tornou-se uma das residências reais da Assíria. O antigo título da cidade, conforme já afirmamos, era Ninus.

II. Localização e Fundação. Os cômoros que assinalam o antigo local de Nínive ficam situados à margem oriental do rio Tigre, diante da moderna cidade de Mosul, no norte do Iraque (Mesopotâmia superior). A Bíblia informa-nos de que foi *Ninrode* (vide) quem fundou essa cidade, após ter fundado o mais antigo império babilônico sobre o qual se tem conhecimento. (Ver Gn 10.8-10).

III. Esboço Histórico. **1. 4500 a.C.** Evidências arqueológicas mostram-nos que já havia ocupação humana do local antes da fundação tradicional de Nínive, por Ninrode. **2. 2450 a.C.** Os eruditos pensam que Nínive foi fundada por Ninrode, por volta dessa data. As datas remotas são inseguras, mas é certo que não podemos ampliar as datas de Ninrode para antes de 4500 a.C. Assim, supõe-se que a fundação da cidade ocorreu em algum ponto mais tarde que o tempo em que a área começou a ser ocupada, o que ocorreu, de fato, nada menos que dois mil anos depois. **3. 2300 a.C.** Nínive era um lugar florescente, ao tempo de Sargão e seus filhos. Essa família restaurou o templo de Istar (Inana), em Nínive. **4. 2200 a.C.** Gudea, de Lagase, encetou campanhas militares na área. **5. 1800 a.C.** Nínive tornou-se um centro de culto religioso e de comércio, na época de reis assírios, como Sansi-Adade I. Ele restaurou o templo de Istar, tal como o fez Hamurabi, da Babilônia. Hamurabi conseguiu predominar sobre a Assíria cerca de vinte anos após Sansi-Adade I. Foi por essa época que ele publicou seu famoso código legal, "que glorificou o nome de Istar". **6. 1400 a.C.** Os reis de Mitani exerciam pelo menos alguma forma de controle sobre Nínive, nessa época. Dusrata enviou uma estátua de Istar, de Nínive, ao Egito, com o propósito de curar o enfermo Faraó. Dessa época é que se originou o famoso hino a Istar, no idioma hurriano. **7. 1300 a.C.** Nínive voltou ao poder assírio. Assur-Ubalite I reconstruiu o templo de Israel. Salmaneser I e Tuculti-Ninurta I ampliaram e fortificaram a cidade. **8. 1100A.C.** Tiglate-Pileser I construiu seu palácio em Nínive. **9. 800 a.C.** Assurnasirpal II construiu seu palácio em Nínive. **10. 860 a.C.** O profeta Jonas evangeliza Nínive com sucesso. Jonas é o João 3.16 do Antigo Testamento. **11. 722 a.C.** Sargão II construiu seu palácio em Nínive. Menaém, rei de Israel (744 a.C.), paga tributo à Assíria (ver 2Rs 15.20). Teve lugar, nessa data, o cativeiro do reino do norte, Israel. Em Nínive houve cortejos celebrando a vitória (ver Is 8.3). **12. 704-681 a.C.** Nesse período, Nínive tornou-se a capital do império assírio, por instigação de Senaqueribe. Como capital do império assírio, Nínive tornou-se a mais importante cidade do mundo oriental da época. Senaqueribe adornou Nínive a um estado de magnificência. A arqueologia tem descoberto provas sobre isso, e também há muitos informes históricos que o confirmam. O palácio de Senaqueribe tinha 9.178 m², com paredes que tinham relevos retratando as suas vitórias, incluindo o cerco de Laquis e a cobrança de tributos a Judá. Ele construiu ou ampliou muralhas na cidade, introduziu um novo sistema de suprimento de água, com canais que vinham desde o rio Gomel, em Baviã. Nínive dispunha de quinze portões principais (cinco dos quais os arqueólogos têm escavado com sucesso). Cada um desses portões era guardado por um touro gigantesco. Senaqueribe também construiu parques, jardins botânicos e um jardim zoológico, além de haver edificado muitos edifícios. O trecho de 2Reis 18.15 revela-nos que ele cobrou tributo de Ezequias, rei de Judá. **13. 681 a.C.** Senaqueribe foi assassinado, e seu filho caçula e sucessor, Esar-Hadom, subiu ao trono, após ter derrotado os rebeldes, que haviam conseguido controlar por algum tempo a coroa. Esar-Hadom construiu em Nínive um palácio, embora preferisse passar a maior parte de seu tempo em Calá. **14. 669-627 a.C.** Durante os governos dos filhos de Esar-Hadom, Assur-Etil-Ilani e Sin-Sar-Iscum, a economia da nação declinou, e a nobreza assíria revoltou-se. **15. 612 a.C.** Uma força combinada de medos e babilônios atacou e capturou a cidade de Nínive, e assim desapareceu para sempre o cruel império assírio. Esse acontecimento foi eloquentemente referido pelos profetas Naum e Sofonias (ver especialmente Sf 2.13-15). O local foi subsequentemente habitado, mas nunca mais adquiriu qualquer significação especial.

Na época do profeta Jonas, Nínive contava com uma população de cerca de cento e vinte mil habitantes; Calá (Nonrude) tinha cerca de setenta mil habitantes. (Ver Jonas 1.2 e 3.2 quanto a descrições).

IV. Arqueologia. Nínive tem sido intermitentemente escavada por expedições arqueológicas inglesas, através de um período de mais de cem anos. As principais descobertas têm sido magníficas esculturas, porções da cidade antiga, muralhas, templos, palácios e residências; mas, acima de tudo, a maior biblioteca de tabletes em escrita cuneiforme que jamais foi descoberta, pertencente aos tempos antigos. As muralhas da cidade, claramente vistas em esboço, estendem-se por quase treze quilômetros em redor, encerrando dois importantes cômoros. Um desses cômoros chama-se Nebi Yunus. De acordo com as lendas locais (provavelmente incorretas), esse cômoro contém o túmulo do profeta Jonas. No local há uma moderna aldeia, com um cemitério e uma mesquita, razão pela qual não é possível fazerem-se ali muitas escavações. Porém, o cômoro da parte norte é um dos maiores da Mesopotâmia. Mais de catorze milhões de toneladas de terra já foram removidas da área. Três palácios reais foram desenterrados, além de dois templos: os palácios de Senaqueribe e de Assurbanipal II, o templo de Istar e o templo de Nabu. Porções de várias outras edificações têm sido, igualmente, trazidas à luz.

Além dessas ruínas relativamente recentes, uma prospecção profunda mostrou que o homem vem habitando naquele lugar desde tempos pré-históricos. Desde o ano de 1966, o Departamento de Antiguidades do Iraque reabriu o palácio de Senaqueribe, tendo aberto áreas adicionais para a investigação arqueológica. Um trabalho de alargamento de estradas, em Nebi Yunus, descobriu estátuas egípcias, trazidas por Assurbanipal, após ter capturado a cidade egípcia de Mênfis, em duas campanhas militares no Egito.

V. A Biblioteca Real de Nínive. Mais de dezesseis mil tabletes de argila, inteiros ou em fragmentos, representando dez mil textos diferentes, foram encontrados em Quyunjiq. Por esse motivo a coleção recebeu o nome de *coleção Quyunjiq*. Esses tabletes estão ligados principalmente a Assurbanipal, que pode ser considerado um dos poucos monarcas literatos do mundo antigo. A maior parte desse material representa originais trazidos da Babilônia, ou, então, cópias de textos encontrados na Babilônia, mas que receberam nova forma, por parte de escribas aptos, em Nínive. Uma grande variedade de gêneros literários está ali representada, épicos bem conhecidos, como aqueles da criação e do dilúvio (Gilgamés), e versões do mesmo; lendas, explicações de ritos religiosos e literatura religiosa, hinos, orações, listas de divindades a serem honradas, cartas pessoais, textos históricos, documentos bilíngues que mostram o uso tanto do acádico quanto do sumério. Esses textos têm servido de prestimoso auxílio linguístico e histórico, lançando alguma luz sobre as narrativas bíblicas da criação e do dilúvio. Essa biblioteca tornou a literatura assíria melhor conhecida que a de qualquer outro antigo povo semita, exceturando, naturalmente, os hebreus, cuja Bíblia (o Antigo Testamento), destaca-se como uma obra incomparável nesse sentido.

NÍNIVE

VI. A História de Jonas. Nenhuma descoberta histórica secular tem confirmado o registro bíblico a respeito da missão bem-sucedida do profeta Jonas em Nínive. Não obstante, esse livro é a melhor evidência de que dispomos, no Antigo Testamento, acerca do amor de Deus pelos povos de todas as nações. O livro de Jonas é o João 3.16 do Antigo Testamento. (AM ND PAR(1955) TH THU Z)

NINRIM, ÁGUAS DE

No hebraico, **"bacias de águas claras"**. A Bíblia fala nas "águas de Ninrim" somente em Isaías 15.6 e em Jeremias 48.34 (nesta última referência, "águas do Ninrim"). Provavelmente estava em pauta um local na parte sul de Moabe, visto que as profecias que mencionam essas águas estão associadas àquela nação. A identificação comum, hoje em dia, é o *wadi en-Numeirah*, a dezesseis quilômetros da extremidade sul do mar Morto. É mister distinguir esse lugar de outro, de nome *Ninra* (Nm 32.3), e de um outro, Bete-Nimra (Nm 32.36). Este último ficava a dezesseis quilômetros ao norte do mar Morto. A região é uma espécie de oásis que assinala o extremo norte das planícies de Moabe. Os profetas amaldiçoaram essas águas em suas profecias de condenação.

NINRODE

1. Nome e Família. São disputados tanto a origem desse nome quanto se o mesmo é semítico ou não. Talvez venha do egípcio, *mrd*, "rebelde". Ele era filho de Cuxe, um guerreiro e caçador. Ninrode fundou o reino da Babilônia, que, com o tempo, chegou a incluir a Assíria (ver Gn 10.6-8). Sendo filho de Cuxe (1Cr 10.10), Ninrode estava relacionado ao Cuxe camítico de Gênesis 10.6.

2. Descrições e Identificação. Em Gênesis 10.8,9, Ninrode é chamado *gibbor*, "guerreiro". Ele era habilidoso como lutador, matador e caçador, três coisas nas quais os homens encontram muita glória, desde a antiguidade até hoje. Os estudiosos comparam-no com Sargão, de Agade (cerca de 2330 a.C.), que também foi grande guerreiro e caçador, e que veio a tornar-se um dos remotos líderes assírios. Não há que duvidar que homens da estirpe de Ninrode e Sargão deixaram muitas lendas, que se desenvolveram em torno de suas pessoas. À semelhança de certos heróis gregos, foram reputados semideuses ou "heróis", no sentido grego desse vocábulo.

Divindades como Ninurta (Nimurda), e outros deuses babilônios e assírios da guerra e da caça, eram incensados da mesma maneira que Ninrode o foi. Por essa razão, os eruditos supõem que Ninrode represente alguma antiga mitologia que mais fazia parte da religião do que da história. E outros veem em Ninrode o protótipo de Nino, o fundador clássico da cidade de Nínive. Ou, talvez, ele tenha sido o mesmo Gilgamés, um rei-heroico épico de Ereque (cerca de 2700 a.C.). Havia um antiquíssimo provérbio aplicado a ele: *como Ninrode, poderoso caçador diante do Senhor* (Gn 10.9). Ainda outros estudiosos procuram encontrar alguma ligação entre Ninrode e Marduque, uma das principais divindades babilônicas.

Os estudiosos conservadores, naturalmente, contentam-se somente com a interpretação que vê Ninrode como uma personagem histórica, sem importar se lendas e mitos vieram a vincular-se mais tarde a seu nome, incluindo noções de divindade. É curioso, para dizer o mínimo, que muitos nomes locativos, na Babilônia, refletem esse nome, como Birs Ninrud, Tell Nimrud (perto de Bagdá) e o cômoro de Ninrode (antiga Calá). Essa circunstância ilustra o fato de que havia uma rica tradição em torno de sua pessoa.

3. Reino de Ninrode. O reino ou "terra de Ninrode" (Mq 5.6), refere-se à região adjacente à Assíria, a qual incluía as grandes cidades de Babel, Ereque (Warka), Acade (Agade) além de várias outras, na *terra de Sinear* (Gn 10.20, 11.2). O trecho de Gênesis 10.11 relata como Ninrode fundou Nínive, Reobote-Ir, Calá e Resen. Se realmente ele foi uma personagem histórica, então floresceu em cerca de 2450 a.C. Os muitos nomes de lugares que incorporam o seu nome emprestam crença à sua historicidade, embora saibamos tão pouco a seu respeito. Poderia ter-se seguido a sua deificação, fazendo com que seu nome se misturasse com religiões subsequentes. Se o Cuxe babilônico tiver de ser identificado com Quis (conforme alguns estudiosos supõem), então já teremos um pouco mais de informações sobre o reino fundado por Ninrode. A dinastia de Quis teve 23 reis que representaram a primeira dinastia mesopotâmica, e que governou pouco tempo depois do dilúvio de Noé.

4. Caráter. A Bíblia fornece-nos algum relato relativo a Ninrode. Mas o significado do seu nome, "rebelde", parece fazer dele uma espécie de anti-herói indesejável. Ele era o tipo de rei que Deus jamais aprovaria, um caçador e matador, em contraste com a ideia de um rei-pastor (ver 2Sm 5.2; 7.7; Ap 2.27; 19.15). Um caçador satisfaz-se às custas de suas vítimas. Mas um pastor preocupa-se em proteger seus animais e cuidar deles. Por outro lado, a declaração de que ele foi *poderoso caçador diante do Senhor* (Gn 10.9), poderia ter a intenção de ser um elogio. Coisa alguma era e continua sendo mais comum do que a glorificação da força bruta, por parte dos homens; e nada é mais comum do que dar pouca importância ao sofrimento humano.

NINSI

No hebraico, **"salvo"**. Ele foi o avô de Jeú (2Rs 9.2,14). No entanto, em trechos como 1Reis 9.15; 2Reis 9.20 e 2Crônicas 22.7, ele é chamado de "pai" de Jeú, pois, entre os hebreus, essa palavra podia indicar um ancestral próximo ou mesmo remoto, e não apenas o pai de alguém, propriamente dito. Ele viveu em cerca de 950 a.C.

NINURTA

Esse era o nome de um deus babilônico-assírio da guerra e das tempestades. Era tido como protetor dos limites dos campos, patrono dos médicos. Era considerado filho de *Enlil* (vide), que era o deus de *Nipur*. Ver o artigo geral intitulado *Deuses Falsos*.

NIPUR

Essa cidade da antiga Mesopotâmia não figura nas páginas da Bíblia. No entanto, foi uma das mais importantes cidades da Babilônia. Ficava cerca de cento e sessenta quilômetros ao sul de Bagdá, e a oitenta quilômetros a sudeste da cidade da Babilônia. Foi fundada pelo povo Ubaide, em cerca de 4000 a.C. Era uma cidade religiosa, e não militar. A partir do século XXX a.C., e daí por diante, durante bastante tempo, exerceu forte influência sobre as instituições religiosas e culturais das terras circunvizinhas. Nos tempos do famoso Hamurabi, foi um indisputado centro de cultura e fé, e continuou tendo alguma importância até os tempos dos partas.

O deus *Enlil* (vide), tinha nessa cidade o seu centro principal. No século VII a.C., Assurbanipal restaurou ali o templo dessa divindade. Ali também havia uma academia que produziu uma significativa literatura relacionada às divindades populares. Enlil, sua esposa e um filho do casal formavam o centro desse panteão. Entre trinta mil e quarenta mil tabletes em escrita cuneiforme foram encontrados, dentre os quais quatro mil escritos com obras sumérias. As escavações arqueológicas tiveram início ali desde 1890, tendo continuado, com pequenos intervalos de descanso, até 1958. Assim, várias construções de interesse foram achadas, como Ekur (Casa da Montanha), o templo de Enlil e de Ninlil, sua esposa etc. Um espaçoso templo, ali descoberto pelos arqueólogos, fora dedicado a Inana; e um outro, de menores proporções, era consagrado a uma divindade desconhecida. Uma casa de escribas também foi achada. W.C. Crawford escreveu um artigo sobre essa questão, intitulado *Nippur, the Holy City* (*Archae*ology 12, 1959, p. 74-83).

NISÃ

Esse é o nome do primeiro mês do calendário dos hebreus. Ver o artigo intitulado *Calendário*.

NISROQUE

Esse era o nome de uma divindade assíria, adorada em *Nínive* (vide). Uma curiosidade ligada a esse deus pagão é que Senaqueribe foi morto por dois de seus próprios filhos, quando cultuava essa divindade (ver Is 37.36-38). Parece que o parricídio foi executado por meio das estátuas desse deus, como arma contundente, embora a espada, provavelmente, tenha terminado o trabalho (2Rs 19.37).

O nome *Nisroque* é desconhecido na literatura profana dos assírios e de outros povos mesopotâmicos, pelo que muitos creem que na Bíblia houve alguma corrupção na forma do nome dessa divindade, ou que o nome é uma variante do nome de alguma outra divindade. Ver o artigo geral sobre *Deuses Falsos*. As opiniões sobre a identidade de Nisroque são: uma corruptela do nome *Mardaque;* uma forma composta com *Assur*, ou com *Nusku*, estando em foco alguma variante textual inexplicável, ou alguma adaptação desses nomes.

NO (NO-AMOM)

Esse nome significa **"casa de Amom"**, ou **"porção de Amom"**. Esse é o antigo nome da cidade de Tebas, a principal cidade egípcia onde se adorava o deus Amom, que foi denunciado pelo profeta Jeremias (ver Jr 46.25). Ver o artigo geral *Tebas*.

NÓ

Essa palavra não ocorre nem no Antigo e nem no Novo Testamentos. Todavia, por causa de sua significação religiosa, incluímos um verbete a respeito, neste dicionário. Um nó pode simbolizar o ato de amarrar, de forçar, de impedir, de restringir. Pode simbolizar o caráter de permanência do matrimônio. Em inglês a expressão *to tie the knot* "amarrar o nó", significa "contrair matrimônio". Os nós usados imaginariamente por Brahman, para amarrar seu cinto sagrado, indica as ideias de fidelidade e de finalidade. As *filactérias* (vide) dos judeus eram enroladas em torno da testa e do pulso, para simbolizar a natureza obrigatória da lei mosaica. Na Índia, na Saxônia e na Lapônia havia o interessante costume de serem desatados todos os nós quando um bebê estava prestes a nascer, a fim de que não houvesse qualquer impedimento ao nascimento da criança. Os ascetas da Índia e da Síria evitam nós nas roupas, quando estão em peregrinação, pensando que isso poderia servir de impedimentos. Nas sociedades primitivas, nós eram cortados ou desatados a fim de livrar as pessoas das enfermidades, das maldições, ou para desobrigar as pessoas dos juramentos que tivessem feito.

Cortando o Nó Górdio. Górdio foi um antigo rei da Frígia. Ele teria atado um nó que, de acordo com certo oráculo, só poderia ser desatado pelo homem que haveria de governar a Ásia. Ninguém foi capaz de desatar o tal nó. Alexandre, o Grande, tentou, mas fracassou. Portanto, ele cortou o tal nó em dois, com a sua espada. Destarte, a expressão "cortar o nó górdio" veio a significar a solução de um problema mediante um método falso e insatisfatório. Na interpretação, indica uma explicação que resolve um problema qualquer apenas na aparência, porque, de fato, tal explicação é deficiente.

NOA

No hebraico, **"lisonja"**. Noa era uma das cinco filhas de Zelofeade, da tribo de Manassés (ver Nm 26.33). Ela viveu em torno de 1435 a.C. Seu pai morrera sem deixar filho como seu herdeiro. Destarte, suas filhas buscaram direito de herança para si mesmas. E Moisés concordou com a petição delas (ver Nm 27.1 ss.), com a condição única de que se casassem com homens da tribo de Manassés, a fim de que as terras envolvidas não viessem a tornar-se possessão, finalmente, de alguma outra das tribos de Israel (ver Nm 36.1-12). Posteriormente, Josué garantiu o cumprimento dessa regra social (ver Js 17.3-6).

NOÁ

No hebraico, **"descanso"**. Nome de um clã e de uma localidade, a saber: **1**. Um clã da tribo de Benjamim (1Cr 8.2), que descendia do quarto filho de Benjamim, que assim se chamava. **2**. O trecho de Juízes 20.43 menciona uma localidade com esse nome, que talvez estivesse associada ao clã benjamita desse mesmo nome. Interessante é que a nossa versão portuguesa, em vez de transliterar o nome para o português, como nome de uma localidade, preferiu traduzir essa palavra hebraica pelo verbo *descansar*, dizendo: ... *seguiram-no, e onde repousava, ali o alcançaram...*, ao passo que outras tradições dizem algo como: ...*seguiram-no até Noá, ali o alcançaram*...

NOADIAS, NOADIA

No hebraico, **"Yahweh convoca"**, ou **"encontro com Yah"**. Com leve variação, esse é o nome de um homem e de uma mulher, no Antigo Testamento: **1**. Um levita, filho de Binui. Ele foi um dos quatro homens (dois sacerdotes e dois levitas) que foram nomeados como encarregados finais do tesouro que Esdras trouxe de volta a Jerusalém, após o cativeiro babilônico. Os tesouros públicos eram guardados no templo, e parece que esse era um costume no antigo Oriente Próximo e Médio. Ver Esdras 8.33. Ele viveu em torno de 457 a.C. A forma de seu nome, em nossa Bíblia portuguesa, é Noadias. **2**. Noadia era uma falsa profetisa que se aliou a Tobias e a Sambalá em sua oposição a Neemias, quando ele procurava reerguer as muralhas de Jerusalém, após o cativeiro babilônico. É curioso que *o texto massorético* (vide) e a *Septuaginta* (vide) dão um sentido diferente ao texto de Neemias 6.14, onde essa mulher é mencionada. Assim, o texto massorético a condena; mas a Septuaginta chega a elogiar Noadia entre as pessoas que teriam advertido Neemias. Seja como for, ela viveu por volta de 445 a.C.

NOBA

No hebraico, **"latido"**. Esse foi o nome de um indivíduo e de uma cidade, que aparecem nas páginas do Antigo Testamento: **1**. Um guerreiro, provavelmente pertencente à tribo de Manassés. Entre suas diversas vitórias militares, houve aquela sobre a cidade de Quenate, com suas aldeias circunvizinhas. Então, ele deu a Quenate o seu próprio nome. (Ver Nm 32.42). Noba viveu em cerca de 1617 a.C. **2**. O trecho de Juízes 8.11 refere-se a Noba como localidade situada em uma rota de caravana, a leste de Sucote e perto de Jogbeá. O versículo anterior diz que a cidade de Carcor ficava um tanto mais para leste. Foi nesse último lugar que Zalmuna manteve o seu exército estacionado, na época de Gideão. Mas Gideão foi além de Noba e Jogbeá, ao longo da rota de caravanas e conseguiu derrotar o exército midianita e capturar os líderes inimigos, Zeba e Zalmuna. No ponto um, acima, foi dito como Noba chegou a ser nome vinculado a essa cidade. A localização exata dessas duas cidades mencionadas ainda não foi determinada.

NOBE

Não há certeza quanto ao significado desse nome no hebraico, embora os eruditos falem sobre **"lisonja"** ou **"elevação"**. Esse era o nome de uma cidade sacerdotal do território de Benjamim, localizada em uma colina próxima de Jerusalém. Ficava à margem de uma estrada que chegava até Jerusalém, vinda do norte, e que passava bastante perto de Nobe, ao ponto de poder ser avistada (ver Is 10.28-32). Foi ali que Davi pediu pães da proposição, da parte de Abimeleque, quando fugia de Saul (1Sm 21.1 ss.).

Antes de a arca da aliança ter sido trazida a Jerusalém, ficou temporariamente em Nobe, segundo parece (2Sm 6.1 ss.). Após o cativeiro babilônico, alguns benjamitas estabeleceram-se ali (Ne 11.32). Porém, o evento que realmente notabilizou Nobe foi o ato de crueldade de Saul. Irado pelo apoio que os habitantes do local haviam dado a Davi, Saul, em sua insanidade destrutiva, mandou matar 85 sacerdotes do Senhor, e quase destruiu a cidade inteira, passando à espada a maioria de seus habitantes (1Sm 22.11-19).

Desapareceram, hoje em dia, todos os traços de sua localização. Até mesmo nos dias de Jerônimo nada mais restava ali. Sua localização exata ainda não foi determinada, embora a opinião mais provável seja Ras Umm et-Olivet, onde uma pequena elevação talvez marque o local.

NODABE

No hebraico, **"nobreza"**. Nome de uma tribo beduína, mencionada em 1Crônicas 5.19, onde se relata uma guerra dos rubenitas, gaditas e a meia-tribo de Manassés contra os agarenos. A tribo de Nodabe aliou-se aos adversários de Israel. Mas essa tribo juntamente com as outras, foi derrotada, e suas terras foram tomadas pelos israelitas. Os agarenos são novamente mencionados como inimigos de Saul, em 1Crônicas 5.10. Inscrições assírias mencionam esse povo, presumivelmente descendentes de Agar, mãe de Ismael, e, provavelmente, racialmente aparentados da tribo de Nodabe. É provável que eles habitassem no deserto da Síria, embora nada se saiba a respeito de Nodabe, exceto aquilo que pode ser deduzido das informações bíblicas sobre os agarenos.

NODE

No hebraico, **"exílio"**, **"vagueação"**. Nome de um local mencionado no trecho de Gênesis 4.16, vinculado ao jardim do *Éden* (vide). Alguns estudiosos afirmam que esse local ficava situado entre as cidades de Bussorá e Busire, a nordeste do golfo Pérsico. Seja como for, ficava a leste do jardim do Éden. Foi para ali que Caim se retirou, onde fixou residência, após ter matado Abel. Não há como se fazer uma identificação exata.

NOÉ

Temos um artigo bem detalhado intitulado *Dilúvio de Noé*, pelo que, no presente artigo, não abordamos mais profundamente essa questão. Muito do que poderia ser dito sobre Noé, neste artigo, não foi repetido, pelo que o leitor precisa examinar aquele outro artigo, como suplemento do que aqui se diz.

I. Nome e Família. A Bíblia trata Noé como uma personagem histórica, embora muitos eruditos estejam convencidos de que o relato inteiro não passa de um antigo mito, que recebeu vinculações históricas com o resto da Bíblia. O trecho de Gênesis 5.28,29 diz-nos que ele era filho de Lameque, o décimo descendente linear de Adão. O nome *Noé* vem de um termo hebraico que indica "descanso", "alívio", "consolo". Talvez o nome seja um composto de *nhm* e *el*, que significaria "Deus aliviou". A forma do nome, na Septuaginta, é *Noé*, que passou para alguns idiomas modernos, como o português. A passagem de Gênesis 5.29 revela por que razão Lameque deu esse nome a seu filho. Deus havia amaldiçoado o solo; mas agora nascera alguém que faria os homens descansarem de sua labuta. Mas alguns sugerem que Lameque simplesmente queria alguém para ajudá-lo no plantio. Outros creem que Noé estava destinado a inventar instrumentos agrícolas, que aliviariam o labor envolvido na agricultura. Ou, então, haveria alguma predição escatológica no nome, dando a entender que Noé produziria um novo começo da humanidade, quando a iniquidade acumulada dos homens fosse julgada por Deus (mediante o dilúvio); e isso, por sua vez, serviria de uma espécie de descanso e alívio. Outros intérpretes veem no nome de Noé uma referência messiânica, indicando que a descida do Messias ao mundo ficava assim garantida apesar das destruições causadas polo dilúvio. Noé, pois, é apresentado como pregoeiro da justiça, e isso pode estar envolvido nesse conceito. (Ver Gn 6.1-9; 1Pe 3.20; 2Pe 2.5).

II. Noé e os Críticos. Os mais radicais dentre aqueles que negam a historicidade da pessoa de Noé, supondo que ele não é mais histórico que seu paralelo babilônico, Gilgamés, negam-no como personalidade histórica. *Gilgamés* (vide) também foi um herói de um relato sobre dilúvio, que tem muitas similaridades notáveis com a história do Noé.

Fontes Informativas. Além da questão da historicidade de Noé, o complexo literário de Gênesis 6.5-9.29, segundo alguns estudiosos, deriva-se de duas fontes informativas distintas, que foram alinhavadas uma à outra por algum editor posterior. Nesse material estariam envolvidas as alegadas fontes literárias J e S. Ver sobre *J.E.D.P.(S.)*. As diferenças encontradas por aqueles eruditos são as seguintes: na versão *J.*, *sete* pares de cada animal limpo foram deixados a bordo da arca (Gn 7.2); mas em *S*, apenas um par sobreviveu de cada espécie (Gn 6.19). Na fonte *J.*, o dilúvio dura quarenta dias e noites (Gn 7.12,17), mas na fonte *S.*, dura 150 dias (Gn 7.24). A fonte *J* menciona o oferecimento de holocaustos (Gn 8.20-22); mas na fonte *S.*, os sacrifícios só aparecem no começo da história do povo de Israel. Ambas as fontes prometem que Deus nunca mais destruiria o mundo mediante um dilúvio generalizado (em *J*., em Gn 8.21, em *S.*, em Gn 8.12-27), o que escudaria a tradição acerca do arco-íris.

Outras diferenças podem ser observadas no relato: na história do dilúvio (Gn 6.5-9.17), os filhos de Noé estão casados; mas, no outro relato (Gn 9.18-27) estão solteiros. Em um desses relatos, Noé tem um nobre caráter (Gn 6.9), mas no outro, Noé não passa de um desavergonhado bêbado (Gn 9.21). A segunda história parece ter tido três razões em sua composição: **1**. narrar como as raças humanas vieram à existência; **2**. contar como surgiram a agricultura e o cultivo da videira; **3**. explicar *por que motivo os* cananeus posteriores ficaram sujeitos a Israel (Gn 9.25-27). Como *apologia*, *o* segundo relato também parece apresentar diferenças, em comparação com a primeira versão da história.

Respostas a Essas Observações. Apesar de o relato sobre Noé ser similar à história de Gilgamés, quanto a vários particulares, também é superior em seus conceitos teológicos. Não há razão para duvidarmos que os povos semitas tinham narrativas variantes do dilúvio, embora interdependentes. Isso não anula a historicidade do evento e nem das pessoas envolvidas.

É possível que o autor do relato de Noé e do dilúvio tenha combinado mais de uma fonte informativa, pelo que se confundiu em alguns pontos. E isso, mesmo que admitido, não anularia a exatidão geral do relato. Outrossim, alguns itens específicos mencionados não são contraditórios. As diferenças entre os sete e os dois casais de animais podem ser explicadas dizendo-se que havia sete pares de animais limpos, e dois pares de animais imundos (impróprios para a alimentação humana). Apesar de Gênesis 6.19 não fazer tal distinção, isso pode ter sido um descuido do autor sagrado. Os quarenta dias do dilúvio podem indicar o tempo em que as águas ficaram subindo, ao passo que os 150 dias seria o tempo que foi necessário para aparecer qualquer porção de terra, conforme Gênesis 8.3 também parece indicar. Quanto a dois alegados Noés, a resposta é que até um homem bom pode cair em uma falha. Seja como for, questões dessa ordem nada têm a ver com a espiritualidade, e somente os estudiosos ultraconservadores ou ultraliberais dão muita atenção a tais pormenores.

III. Indicações Cronológicas. Os estudiosos acham muito difícil datar o dilúvio e Noé. O método de cálculo por meio de genealogias tem sido abandonado pela maioria, visto que, geralmente, as genealogias de Gênesis são meros esboços, e não relatos detalhados de sucessivas gerações. Se nos basearmos nessas genealogias não recuaremos mais do que até cerca de 2400 a.C. O dilúvio não pode ter ocorrido muito tempo antes disso. É-nos revelado que Noé tinha 500 anos de idade quando seu primeiro filho nasceu (ver Gn 5.32 e 6.10), e então, o dilúvio ocorreu cerca de cem anos depois disso. Talvez um ano depois do início do dilúvio (Gn 7.11; 8.13), Noé tenha deixado a área. Holocaustos foram oferecidos, e houve a promessa divina de que nunca mais haveria dilúvio destruidor na terra. Pouco se sabe acerca dos 350 anos que Noé ainda viveu, após o dilúvio.

IV. NOÉ E O PROPÓSITO REDENTOR. Noé foi um tipo de salvador, tipo do Salvador que viria, Jesus Cristo. Noé também representou um novo começo, como aquele que se experimenta no batismo cristão (símbolo da regeneração). O trecho de 1Pedro 3.18 — 4.6 usa Noé como tipo simbólico, inter-relacionando sua prédica com o ensino sobre a *Descida de Cristo ao Hades* (vide). A mensagem de esperança é que até mesmo aos desobedientes do tempo de Noé foi dada a oportunidade de ouvirem o evangelho de Cristo. E, se eles foram assim privilegiados, não se pode duvidar que a todos os homens será oferecida idêntica oportunidade, sem importar se eles tiveram tal oportunidade ou não na terra. Esse ministério de Cristo no *hades* foi remidor, conforme aprendemos em 1Pedro 4.6, dando-nos a esperança de uma renovada oportunidade de salvação, depois da morte biológica. Cristo teve uma missão tridimensional: na terra, no *hades* e nos céus. Somente assim o propósito do amor de Deus pode ter ampla aplicação, cumprindo os seus propósitos. A questão do próprio dilúvio é abordada em um artigo separado detalhado: *Dilúvio de Noé*. Esse artigo inclui uma discussão sobre a similaridade entre os relatos sumério e babilônico, por um lado, e o relato de Gênesis, por outro lado.

V. DESCENDENTES DE NOÉ. Lemos no livro de Gênesis que Noé teve três filhos: Sem, Cão e Jafé (Gn 5.32; 9.18,19; 10.1). Presume-se que deles descende toda a população atual da terra (Gn 9.19). Daí é que temos a Tabela das Nações, registrada no décimo capítulo de Gênesis. Quanto a uma completa discussão sobre a questão, com as muitas controvérsias que circundam a mesma, ver o artigo *Nações*.

VI. CARÁTER DE NOÉ. Noé foi um homem justo (Gn 6.19). Era dotado de fé autêntica e dos resultados espirituais de tal fé (Hb 11.7). Ele andava com Deus (Gn 6.9). Ele era pregador da justiça (2Pe 2.5). No entanto, terminado o dilúvio, ao tornar-se cultivador da vinha (Gn 10), ele acabou alcoolizado, sem conhecer a força do suco fermentado da uva. Daí desenvolveu-se uma circunstância desagradável, resultante da qual um dos descendentes de Cão foi amaldiçoado, devido à participação dele nesse incidente (Gn 9.20-27). Ver o artigo sobre *Cão*, quanto a detalhes sobre a questão. Temos em Noé a antiga lição do homem bom que escorrega e perde momentaneamente uma merecida boa reputação. A humildade é necessária na vida humana. Nenhum ser humano está isento do pecado e de atos tolos.

NOEMI

No hebraico, *naomi*, **"deleite"**. Uma mulher israelita que residia em Belém ao tempo dos juízes (cerca de 1320 a.C.). O que sabemos sobre ela deve-se ao seu relacionamento com Rute (vide). O nome do marido dela era Elimeleque, e os dois filhos homens do casal eram Malom e Quiliom. Em certo período de escassez de produtos agrícolas, a família de Elimeleque retirou-se para Moabe. Ali, os rapazes casaram-se com donzelas moabitas, de nomes Orfa e Rute (ver Rt 1.4). Passados dez anos, os filhos do casal estavam mortos, como também Elimeleque. Daí resultou que Noemi e Rute resolveram voltar a Judá, embora, tecnicamente, só Noemi estivesse voltando. Orfa preferiu ficar com sua gente, os moabitas. Também é verdade que Noemi muito insistiu para que Rute ficasse entre sua gente; mas Rute preferiu ficar em companhia de sua sogra, as duas mulheres viúvas. Em tudo isso havia a mão providencial de Deus, pois além do apego de Rute à sua sogra, ela também tinha um destino a cumprir em Belém. Com base nessa circunstância é que achamos aqueles famosos versículos de Rute 1.16,17;

> Não me instes para que te deixe, e me obrigues a não seguir-te; porque aonde quer que fores, irei eu, e onde quer que pousares, ali pousarei eu; o teu povo é o meu povo, e teu Deus é o meu Deus. Onde quer que morreres, morrerei eu, e aí serei sepultada; faça-me o Senhor o que bem lhe aprouver, se outra coisa que não seja a morte me separar de ti.

Noemi chegou em Belém muito desencorajada, e até queria mudar seu nome de Noemi, "deleite", para Mara, "amargura". É que a vida lhe pregara muitas peças, que ela supunha serem golpes da vontade divina adversa (Rt 1.20). Não obstante, não tardaria as coisas começarem a melhorar. Noemi sugeriu a Rute que procurasse trabalhar para um certo parente dela, de nome Boaz. Foi daí que floresceu um romance entre Boaz e Rute, quando então Boaz resolveu tornar-se o parente remidor. Ver o artigo sobre *Parente Remidor*. Ver também Rute 4.5. Boaz, pois, adquiriu para si tanto a propriedade de Noemi quanto Rute. Tornando-se esposa de Boaz, com o tempo, ela deu à luz Obede, que foi avô do rei Davi. Assim sendo, Rute, a moabita, entrou na linhagem que produziu o Senhor Jesus, o Cristo. E a própria Noemi tornou-se a sogra de uma antepassada do Messias.

NOFÃ

No hebraico, **"rajada de vento"**, **"lugar ventilado"**. Nome de uma cidade de Moabe, ocupada pelos amorreus (Nm 21.30), talvez a mesma cidade que é chamada Nofá, em Juízes 8.11. Nesse caso, Nofá ficava próxima de Jogbeá, não muito distante do deserto oriental da Terra Prometida. Tem sido identificada com as ruínas chamadas Nowakis, a noroeste da cidade de Amã.

NOFE

Esse era o antigo nome que os hebreus davam à cidade egípcia de *Mênfis* (vide). Se essa palavra, no hebraico, não era mera transliteração, é de sentido desconhecido. *Memphis* era sua forma grega e latina.

NOGÁ

No hebraico, **"brilho"**, **"lustre"**. Esse foi o nome de um dos filhos de Davi, que nasceu em Jerusalém, de uma mãe cujo nome não é fornecido, mais uma das esposas de Davi (embora não Bate-Seba) (1Cr 3.7; 14.6). O paralelo do 2Samuel 5.14 não contém esse nome. Nogá deve ter vivido em torno de 1000 a.C.

NOITE

No hebraico, *lahyil*, palavra muito comum no Antigo Testamento, onde é usada por mais de 220 vezes, desde Gênesis 1.5 até Zacarias 14.7. No grego, *núkis*, palavra que ocorre por 71 vezes (Mt 2.14; 4.2; 12.40; 14.25; 25.6; 26.31,34; 28.13; Mc 4.27; 5.5; 6.48; 14.30; Lc 2.8,36; 5.5; 12.20; 17.34; 18.7; 21.37; Jo 3.2; 9.4; 11.10; 13.30; 19.39; 31.3; At 5.19; 9.24,25; 12.6; 16.9,33; 17.10; 18.9; 20.31; 23.11,23,31; 26.7; 27.23,27; Rm 13.12; 1Co 11.23; 1Ts 2.9; 3.10; 5.2,5,7; 2Ts 3.8; 1Tm 5.5; 2Tm 1.3; Ap 4.8; 7.15, 8.12; 12.10; 14.11; 20.10; 21.25; 22.5). Expressões alternativas são: trevas (Jó 26.10), manhã (Is 5.11), tarde (Gn 49.27), meia-noite (Mc 13.35; Lc 11.5; At 16.25). Quase todas as referências à noite, nas páginas da Bíblia, são literais, não se revestindo de grande interesse especial. Entretanto, quando o vocábulo é usado metaforicamente, reveste-se de algum interesse.

NOIVA, NOIVO

1. No relato do livro de Gênesis vemos, quase no primeiro versículo, a divisão entre a noite e o dia (Gn 1.3-5), embora nada seja dito sobre a presença do sol. Temos aqui uma metáfora de como o poder de Deus põe as coisas em sua devida ordem, cada item com sua função e finalidade específicas.

2. As Vigílias. Nos tempos do Antigo Testamento, a noite era dividida em três vigílias. A primeira ia do pôr do sol às 22:00 horas (Lm 2.19); a segunda vigília ia das 22:00 horas às 2:00 horas da madrugada (Jz 7.19); e a terceira vigília (também chamada vigília matutina) ia das 2:00 horas da madrugada ao raiar do sol (Êx 14.24; 1Sm 11.11). Já o Novo Testamento fala em quatro vigílias, de acordo com o costume romano (ver Mt 14.25; Mc 6.48; 13.35; Lc 12.38). Essas quatro vigílias começavam, respectivamente, às 18:00, às 21:00, às 24:00 e às 3:00 horas.

3. Usos Metafóricos. ***a.*** A luz e as trevas são emblemas, respectivamente, do bem e do mal, bem como do reino do bem e do reino do mal. Temos dois artigos elaborados sobre a luz e as trevas, em seus sentidos metafóricos. Ver *Trevas, Metáfora das; Luz, Metáfora da.* ***b.*** A regeneração liberta o crente das trevas mentais (Mq 3.6; Jo 11.10), bem como da noite da degeneração da qual ele antes participara (1Ts 5.4-8). ***c.*** A presente época má é como uma *noite espiritual*, que será dissipada por ocasião do retorno de Cristo ao mundo (1Ts 5.2; 2Pe 3.10). Isso infunde-nos esperança e consolo (Rm 13.12). No estado eterno, não mais haverá noite (Ap 21.25; 22.5). ***d.*** Os juízos de Deus são como uma noite que desce e deixa as coisas sombrias, lúgubres (Is 15.1; 21.11,12). ***e.*** Os períodos de dor e tristeza assemelham-se à noite (Jó 7.4; Sl 30.5), mas a alegria volta ao amanhecer (Sl 30.5). Até mesmo em períodos de noite espiritual, Deus fez-se presente e cuida de nós (Sl 130.11,12). Por essa razão, temos um cântico que entoamos em plenas trevas da noite (Jó 35.10; Sl 42.8). ***f.*** A noite pode simbolizar ignorância e impotência espirituais (Mq 3.6).

NOIVA, NOIVO

No hebraico aparecem as palavras *kallah* para descrever "noiva" e *chathan* para "noivo". A palavra *kallah* surge com um significado de "completa", "perfeita" em (Is 49.18; 61.0; 62.5; Jr 2.32; Jl 2.16). *Chathan* significa "contratador de afinidade", e aparece em alguns casos com o significado de "genro" (Sl 19.5; Is 61.0; Jr 7.34; 33.11; Jl 2.16). No grego, a palavra usada para noiva é *núnfe*, aparece em (Mt 10.35; 25.1; Lc 12.53; Jo 3.29; Ap 18.23). O termo para noivo é *numfos*, usado em (Mt 9.15; 25.1,5,6-10; Mc 2.19-20; Lc 5.34-35; Jo 2.9; 8.29; Ap 18.23). No tempo dos patriarcas, as noivas eram escolhidas pelos pais e amigos, sem a consulta ao noivo. Abraão enviou um amigo para encontrar a noiva de Isaque (Gn 24.4). O mesmo aconteceu com Jacó e Tamar (Gn 28.2; 38.6). No Antigo Testamento, vemos no sentido figurado Israel descrita como noiva e esposa de *Yahweh* (Is 54.5; 62.6). No Novo Testamento, aparece a figura simbólica de Cristo como o noivo e a sua igreja como noiva em 2Coríntios 11.2.

NÔMADES

1. Definição. A base dessa palavra é o termo grego *nomas*, "pasto". A forma verbal é *nomein*. A forma latina, *nomas (adis)*, significa "pastagem". Com o tempo, esse vocábulo veio a indicar aqueles povos que preferem um tipo de vida pastoril, daqueles que vagueiam sem qualquer residência fixa. Os rebanhos de gado vacum, ovino e caprino são a base da economia dos povos nômades. Onde eles encontram alimentos, para ali se dirigem. Muitos povos se têm acostumado a essa modalidade de vida, e a história demonstra que eles só desistem quando forçados a fazê-lo por tribos circunvizinhas.

2. Tipos de Nômades. Apesar do nomadismo pastoril ser o mais comum, também há outros dois tipos de nomadismo: os caçadores e os plantadores. Os nômades caçadores sobrevivem daquilo que conseguem caçar, e, em segundo lugar, do que conseguem negociar. Nesse caso, as peles dos animais que caçam tornam-se importantes produtos de comércio. Os nômades plantadores plantam e permanecem em um local apenas pelo tempo necessário para fazerem a colheita. Então mudam-se para outro lugar, a fim de começarem tudo de novo. Entre os indígenas brasileiros havia ambos os tipos de nomadismo. O segundo tipo de nomadismo também se chama transumância.

3. Princípios de Vida dos Nômades. Entre os nômades, as riquezas não consistem em propriedades, mas em animais de criação ou em colheitas. A interdependência é uma necessidade absoluta entre os povos nômades. Descendência comum, crenças, costumes etc., são algumas das características mais importantes. O isolacionismo é um subproduto necessário nesse tipo de vida. Pequenas comunidades também são imperiosas como medida de sobrevivência. São essenciais as moradias móveis, como as tendas. Produtos animais prestam-se bem para a levantamento de tendas, pelo que a criação de gado é imprescindível, ou, pelo menos, a caça de animais. Por necessidade, os nômades tornam-se predadores das populações fixas; e, pela força do hábito, isso torna-se uma das características constantes entre os nômades, razão pela qual são temidos, e, com frequência, são atacados, antes que ataquem.

4. Nômades na Bíblia. Talvez possamos afirmar que o primeiro nômade do mundo foi Caim. Ao ser banido, adotou esse tipo de vida (ver Gn 4). A Tabela das Nações, no décimo capítulo de Gênesis, menciona vários grupos nômades. Alguns dos descendentes de Jafé tornaram-se nômades, a saber: aqueles chamados descendentes de Gômer (os cimérios), de Madai (os medos), de Meseque (talvez os frígios) e de Asquenaz (os citas). Parece que esses povos acabaram descendo das terras altas do norte (Hete, os heteus). Dentre os descendentes de Cão, os hititas (Hete) da Ásia Menor também adotaram esse estilo de vida. E dentre os semitas, os arameus (descendentes de Arã), adotaram o nomadismo, além de diversas tribos árabes.

Os eruditos têm mostrado que os primeiros hebreus também eram nômades. De fato, o período patriarcal foi, acima de tudo, um período de nomadismo e transumância. Abraão adotou um estilo de vida, quando partiu de Ur, em direção ao Ocidente. Mas, não se sabe que forma de vida ele levara em Ur. Essa vida de nomadismo prosseguiu por mais duas gerações (Isaque e Jacó), antes de Israel estabelecer-se voluntariamente no Egito. Mas, ao deixar o Egito, Israel novamente adotou a vida nomádica, pelo espaço de quarenta anos. Quando da conquista da Terra Prometida, desapossados os seus primitivos habitantes, Israel viu anulado quase inteiramente o seu nomadismo. Apesar do labor forçado que sofrera no Egito, o povo de Israel descobriu os muitos benefícios da residência fixa. Certamente uma das maravilhas do Egito é que os egípcios ensinaram isso aos israelitas; Heródoto disse que havia mais maravilhas do Egito, que era possível descrever, mais atrativas que rebanhos e tendas. Os povos nômades dificilmente podem desenvolver grande cultura, e a cultura dos egípcios deve ter impressionado aos filhos de Israel, embora estes nunca se tenham destacado muito, exceto como historiadores.

Mesmo quando o nomadismo havia cessado em Israel, as metáforas usadas em sua literatura continuavam relembrando o passado. Assim é que a residência de um homem é chamada de sua *tenda* (ver Jz 19.9; 20.8; 1Sm 4.10; 2Sm 18.17), e apesar de alguns israelitas ainda viverem em tendas, esse uso geralmente era metafórico. Por igual modo, a palavra que significava, literalmente, "carregar os animais de carga", veio a significar "levantar-se cedo", visto que, na antiguidade, as duas coisas estavam ligadas uma à outra. Além disso, temos várias metáforas poéticas que relembram o nomadismo, como em Jó 4.21, onde o ato de cortar a corda de uma tenda representa a morte. O arrebentar dessas mesmas cordas aponta para a desolação; uma tenda firme simboliza segurança (ver Is 33.20). Pessoas prósperas têm "tendas espaçosas", e muito espaço para espalhar suas tendas (ver Is 54.2).

Nômades Não-Hebreus na Bíblia. Já vimos que várias das mais antigas nações alistadas no décimo capítulo de Gênesis eram nômades. Na história subsequente de Israel, esse povo entrou em contato com vários povos nômades. Os arameus eram um povo originalmente nômade, que finalmente estabeleceu-se e formou cidades-estado na Síria. Porém, a leste e ao sul dos territórios de Israel, continuou havendo povos nômades. Os filhos do Oriente (ver Ez 25.4), como também bolsões dos midianitas, dos amalequitas, dos moabitas, dos edomitas, dos amonitas e dos quedaritas, viviam pelo menos em regime de transumância. A expansão do império de Salomão, naturalmente, entrou em contato com outros nômades, mormente na Arábia. Nômades costumavam infestar as rotas de caravanas, atacando-as; porém, em represália, também eram atacados. Josafá, rei de Judá, conseguiu cobrar tributo de algumas tribos árabes (2Cr 17.11). Nômades árabes são referidos e descritos (em textos como Is 8.20; 21.13; Jr 3.2; 25.23,24 e Ez 27.21).

Após o exílio babilônico, o remanescente de Judá voltou e entrou em contato com nômades que vagueavam na região fronteiriça oriental da Síria-Palestina, como o árabe Gesém (ver Ne 2.9; 6.7), que fez oposição a Neemias, quanto a seus planos de reconstrução. Nos tempos neotestamentários, os nômades de maior proeminência eram os *nabateus* (vide).

5. Lições Espirituais do Nomadismo. A vida nas cidades corrompe, as riquezas materiais corrompem; a política corrompe. Não é para admirar, pois, que algumas vezes, os profetas evocassem a vida mais simples de tempos primitivos, quando havia condições morais mais equilibradas. Amós (3.15; 6.8) condenou a vida citadina luxuosa. Oseias relembrou as condições nômades com certa saudade (Os 2.14,15; 12.9). Os homens sempre sentiram a atração da "chamada do deserto", onde podem ser evitadas as ansiedades e as corrupções da vida mais civilizada. Sem dúvida, esses sentimentos tiveram algo a ver com o aparecimento de comunidades religiosas isoladas, como aquelas de Qumran, bem como com o surgimento das ordens monásticas cristãs. Acresça-se a isso o ideal espiritual de ser peregrino e estrangeiro neste mundo (ver Hb 11.13; 1Pe 2.11), visto que estamos procurando uma pátria celestial (Hb 11.16), pois nossa cidadania está nos céus (Fp 3.20).

NOME

I. TERMINOLOGIA. A palavra portuguesa "nome" ocorre no Antigo Testamento por cerca de 770 vezes. A palavra hebraica correspondente é *sem*. Já no Novo Testamento temos o termo grego *ónoma*, que ocorre por 84 vezes, começando em Mateus 1.21 e terminando em Apocalipse 22.4. No Antigo Testamento também há outros termos hebraicos, usados como sinônimos mas que podem ser traduzidos por "memória", "mencionar", e também por "varão", porquanto supunha-se que o sexo masculino é o gênero por meio do qual a memória dos pais deve ser continuada. Originalmente, o termo hebraico *sem* significava "sinal" ou "senha", de tal modo que o nome era um meio de identificação de uma pessoa ou coisa. Assim, um nome era um sinal da linguagem que trazia em si mesmo o sentido específico da pessoa ou coisa nomeada, ou seja, o nome servia de *comentário* breve sobre o indivíduo, na esperança de que ele viveria à altura das expectativas envolvidas no seu nome. Por exemplo, alguma característica física de um nascituro poderia sugerir o seu nome. Ou um determinado nome era conferido a uma criança na esperança de que esse nome fosse um fator formativo de seu caráter e de sua conduta. Ver a seção III, quanto a um desenvolvimento melhor dessa ideia.

II. CLASSES DE NOMES. As duas principais classes de nomes são: **1**. Os nomes próprios, como de Deus, dos deuses pagãos, dos seres humanos, de países, províncias, cidades etc. **2**. Os nomes comuns, como de animais, festividades, dias, coisas etc. O uso de nomes envolve-nos no problema da própria origem da linguagem. Discutimos o ponto no artigo intitulado *Língua*. A origem da língua é um dos grandes mistérios da humanidade. Os linguistas supõem que os substantivos, os *nomes* das coisas, são a base mesma da linguagem, e que os verbos desenvolveram-se mais tarde, para indicar as ações e estados. No entanto, no estudo de qualquer idioma, dá-se mais importância ao estudo dos verbos, porquanto em torno deles é que gira a formação das sentenças. E isso inverte toda a situação, pois ali o verbo é fundamental, e dos verbos é que se teriam derivado os nomes ou substantivos. Deixemos os linguistas e gramáticos debaterem a esse respeito.

III. SIGNIFICADOS E USOS DOS NOMES. Em relação às coisas, poderíamos supor que as características físicas das mesmas são salientadas pelos nomes que os homens dão aos objetos e aos animais etc. Esse aspecto torna-se mais patente no caso dos nomes geográficos. Assim, dizemos que um certo trecho é *uma planície*, por ser plano; e que um outro terreno é um *tabuleiro*, exatamente devido à sua conformação, e assim por diante. E quando chegamos aos nomes dos animais, aves etc., podemos dizer que nossas palavras portuguesas derivaram-se do latim ou do grego; porém, quando indagamos como os romanos ou os gregos obtiveram essas palavras, e o que elas significam, na maioria das vezes não descobrimos qualquer resposta. Algumas vezes, algum ato característico ou algum aspecto físico de um animal é que deu origem ao seu nome; mas, percentualmente, somente alguns nomes de animais foram assim obviamente derivados. O exame dos léxicos, no tocante aos nomes dos animais, geralmente não nos fornece qualquer indicação sobre como eles se originaram.

Os nomes dos poderes divinos e dos seres humanos são mais fáceis de entender quanto ao modo como surgiram. Assim, *El* é o nome de Deus que destaca o seu "poder"; *Yahweh* é o nome do Deus que existe eternamente; *Adão* significa "homem"; *Hodes* nasceu na época da "lua nova"; *Benoni* quer dizer "filho da minha dor", um nome que lhe foi dado quando nasceu; *Lia* significa "cansada"; *Edom* quer dizer "vermelho"; *Coré* indica "calvo". Às meninas davam-se nomes de flores ou de animais. Assim, *Raquel* quer dizer "ovelha"; e *Susana* significa "lírio". Motivos religiosos também foram usados na outorga de nomes às crianças, como *Maalalel*, "louvor a El"; *Elioenai*, "meus olhos voltam-se para *Yahweh*"; *Israel* significa "príncipe de El"; *Js*, "*Yahweh* é salvação". Nomes assim eram dados a pessoas piedosas, na esperança de que as pessoas assim chamadas deixar-se-iam influenciar pelos mesmos, e que suas vidas fossem espiritualizadas. Certos nomes pessoais exprimiam esperanças secundárias, como *José*, que parece significar "Deus me dê outro filho". Nomes com *Nabal* são mais difíceis de explicar. Pois qual pai daria a seu filho um nome que significa "estúpido"? Mais compreensível é um nome como *João*, cuja forma original, em hebraico, *Johanan*, significa "Yah é gracioso". É provável que certos nomes próprios sejam dados completamente à revelia de seus significados originais. Quantos pais chamariam uma filha de *Margarida*, se soubessem que esse nome quer dizer "pérola"? ou um filho, de *Lucas*, que significa "luz"?; ou *Mateus*, "presente de Deus"?; ou *Pedro*, "pedregulho"?; ou *Ciro*, "sol"?; ou *Marta*, "senhora"?; *ou Hortência*, "jardim"? Os nomes de família também têm seus respectivos sentidos. Damos alguns exemplos: *Melo*, "plenitude"; *Peres*, "rompimento"; *Almeida*, "unitário"; *Silva*, "silvestre"; *Valverde*, "vale verde"; *Castro*, "fortaleza"; *Bentes*, "vento"; *Souza*, "de Susã (Pérsia)".

No antigo Israel, muitos pais davam a seus filhos nomes alicerçados em apelativos de divindades, como Baal-Hanã, Isabal, Zorobabel etc. Todavia, nesses casos, não é muito provável que houvesse a tentativa consciente de honrar as divindades estrangeiras. Simplesmente os pais israelitas apreciavam o som de tais nomes, tal e qual sucede entre todos os demais povos do mundo.

IV. NOMES DIVINOS. Neste ponto, já encontramos maiores cuidados. As pessoas dão, às suas divindades, nomes que significam algo para ela, que expressem sua admiração; que falem sobre a vida e a continuidade da existência; que indiquem a ideia de eternidade; que traduzam proteção; que falem sobre senhorio. Assim, *Gaal* aponta para a ideia de "redenção"; *Safate* indica "juiz"; *Maor*, "doador da luz". No Antigo Testamento há três nomes básicos dados a Deus, sem falarmos em suas combinações. *El*, "forte"; *Adonai*, "senhor de escravos"; *Yahweh*, "autoexistente eterno". Quanto às combinações desses nomes, ver o artigo separado intitulado *Deus, Nomes, Bíblicos de*. Segundo alguns estudiosos, a palavra portuguesa Deus vem do latim (palavra igual), originalmente cognata com o sânscrito *dyauh*, "céu". Já o termo *Senhor*, quando usado no Novo Testamento, vem de *kúrios*, "senhor da casa". Esse epíteto é aplicado ao Pai, ao Filho e ao Espírito Santo. O sentido dessa palavra fica mais claro se dissermos que os gramáticos gregos posteriores ensinavam que um proprietário é um "déspota" em relação aos seus escravos, mas um "senhor" (no grego, *kúrios*) em relação à sua esposa e a seus filhos (ver Trench, *Synonyms of the New Testament*, p. 96). O mesmo autor explica ainda que um *kúrios* exerce a sua autoridade dentro de certos limites morais, visando ao bem de seus familiares, mas um *despótes* exerce a sua autoridade de forma irrestrita, indicando a submissão que lhe deviam os que estavam sob a sua autoridade. Todavia, no Novo Testamento, mormente nos escritos de Paulo, essa cuidadosa distinção, feita pelos gramáticos seculares, quase desaparecera dentro do uso dessas duas palavras gregas.

V. USOS FIGURADOS DOS NOMES. Um nome representa ou simboliza uma pessoa, uma coisa, uma divindade; e, algumas vezes, é manipulado de tal modo que indica um sentido figurado. Assim, um nome pode ser emblema de atributos ou aspirações, algo que já vimos nas seções anteriores. Assim, quando o Senhor Jesus disse acerca de Deus Pai: *Manifestei teu nome aos homens que me deste no mundo...* (Jo 17.6), quis dar a entender o que a pessoa de Deus deve significar para os remidos: seu senhorio; seu caráter de Salvador; seus santos requisitos, com base em sua natureza santa; sua paternidade, seus cuidados pelos que lhe pertencem etc. O *nome* de Deus, pois, aponta para todas essas ideias. Os diversos nomes aplicados a Deus revelam diferentes aspectos do Ser e da personalidade de Deus, razão pela qual são autênticos símbolos teológicos. A própria presença de Deus é anunciada por uma expressão como aquela que se vê em Salmo 75.1: *... invocamos o teu nome...*

Em sentido geral, podemos dizer que os nomes de Deus indicavam sua pessoa e seu caráter (ver Sl 29.2; 34.3; 61.4), seus títulos (Êx 3.13,14, 6.3), seus atributos (Êx 33.19; 34.6,7), sua palavra (Sl 5.11), a adoração e o culto que lhe prestamos (1Rs 5.5; Ml 1.6), suas graças e misericórdia na salvação e em sentido geral (Sl 22.22; Jo 17.6,26), seu poder, ajuda e favor (1Sm 17.45; Sl 20.1,7), sua sabedoria, poder e bondade, exibidos na criação e na providência (Sl 8.1,9), sua autoridade (Mq 5.4) sua honra, glória e fama (Sl 76.1). Os nomes de Cristo, similarmente, indicam a sua divindade, a sua magnificência e a sua presença conosco (Is 7.14 9.6). Os seus muitos títulos, como Salvador, Profeta Sacerdote, Rei, indicam, cada um deles, algum ofício ou função especiais (Mt 1.21; Ap 19.16), a autoridade e a comissão por ele recebidas da parte do Pai (Mt 7.22; At 4.7), a sua exaltação, honra poder e glória (Fp 2.9,10).

O nome de Deus, "em Cristo", simboliza a sua missão especial como Redentor (Êx 23.21). Ser alguém batizado em nome do Pai, e do Filho e do Espírito Santo indica que esse alguém assumiu plena responsabilidade como um discípulo cristão, o que redunda na honra de Deus (Mt 28.19; At 19.5). Confiar no nome do Senhor é confiar em sua palavra e agir de acordo com ela na vida diária (Jo 3.18). Professar o nome de Cristo é evidenciar, diante dos olhos do mundo, que o crente foi espiritual e moralmente transformado, e que é um discípulo sério de Jesus (Mt 28.19,20). Nomear o nome de Cristo é viver à altura das expectativas cristãs (2Tm 2.19). O novo nome de Cristo, conferido aos crentes vencedores, será uma nova revelação, uma promoção na ordem do ser e no grau de entendimento (Ap 3.12). Esse novo nome também indicará a natureza ímpar de cada crente; com essa sua natureza distintiva, cada crente tornar-se-á um instrumento inigualável de serviço. O "novo nome", referido em Apocalipse 2.17, enfatiza essa mensagem do caráter único de cada crente. Quando alguém faz todas as coisas "em nome de Cristo", isso significa que esse alguém age em consonância com tudo quanto Cristo requer, não permitindo que qualquer aspecto de sua vida se secularize (ver Jo 14.13; Cl 3.17).

VI. SUMÁRIO DAS CARACTERÍSTICAS DOS NOMES PRÓPRIOS BÍBLICOS. No Antigo Testamento há cerca de mil e quatrocentos nomes diferentes, conferidos a cerca de duas mil e quatrocentas pessoas. Os hebreus eram um povo monônimo, isto é, davam um único nome a seus filhos. Não havia entre os antigos hebreus o costume de dar um prenome ou nome pessoal, depois o nome de família da mãe, e após o nome de família do pai, conforme é costumeiro entre nós. Mas, se aquele único nome causasse confusão, então acrescentava-se o nome do pai, talvez como uma adição como "filho de" (no hebraico, *ben*). Outras vezes, o nome de algum antepassado era adicionado, em vez do nome do pai.

1. Tipos de Nomes Próprios Dados às Pessoas

a. Nomes Tomados por Empréstimo da Natureza. Nomes de animais, plantas ou indicações meteorológicas. Daí temos Raquel, "ovelha", Calebe, "cão", Débora, "abelha", Hulda, "doninha", Acbor, "rato", Safã, "texugo", Jonas, "pomba", Tola, "verme". Também houve nomes derivados de outras línguas, pertencentes a essa categoria, como Zeebe, "lobo", Eglá, "novilha", Naás, "serpente", Zípora, "pardoca". Nomes extraídos do reino vegetal, entre outros: Elom, "carvalho", Tamar, "palmeira", Susana, "lírio", Zeitã, "azeitona". Nomes baseados em dados meteorológicos incluem apelativos como Baraque, "relâmpago" Sansão, "solzinho", Nogá, "alvorecer". O nome primitivo dos antepassados deste escritor e tradutor pertence a essa categoria, pois *ruah* significa "vento". Em algum ponto do passado, esse nome foi mudado para o latino, *Bentes*, "vento".

b. Características Físicas. Esses nomes têm algo a ver com coisas como cor, dimensões, defeitos, sexo etc., conforme se vê em nomes como Labão, "branco", Zoar, "avermelhado", Haruz, "amarelo", Hacatã, "pequeno", Heres, "surdo" Iques, "torto", Garebe, "sarnento", Gideão, "aleijado", Paseá, "manco" Geber, "macho".

c. Circunstâncias do Nascimento. Podia ser a época do nascimento, o local, a ordem (primeiro, segundo etc.), ou eventos ocorridos durante o parto. Daí é que se derivam nomes próprios como Ageu, "festivo" (nascido durante alguma festa ou celebração religiosa), Sabetai, "nascido no sábado", Judite, "de Judá", Bequer, "primogênito", Iatom, "órfão", Azuba, "esquecido (talvez pela mãe)", Tomé, "gêmeo".

d. Miscelâneos. Aí estão nomes sem uma certa classificação, como Nabal, "estúpido", Noemi, "agradável", Rebeca, "corda de atar ovelhas", Rispa, "variada", Baquebuque, "cântaro", Gera, "hóspede", Naassom, "serpente".

e. Com Base nos Nomes Divinos. Temos aí nomes como Joaquim, "*Yahweh* salva", Oseias, "salva!" Josué, "*Yahweh* é salvação", Daniel, "juiz de Deus" Mateus, "dom de Deus" etc.

f. Nomes Baseados nas Relações Humanas. Abi, "pai", Ai, "irmão", Ami, "parente", Ben-, "filho de". Muitos desses nomes aparecem em combinações. Assim, para exemplificar, *Abi* aparece em trinta e um nomes do Antigo Testamento; e *Ai* em vinte e seis nomes. Exemplificamos com Abiúde, Aiúde, Aminadabe e Benjamim.

g. Nomes Baseados em Termos de Autoridade. Esses nomes de autoridade podem ser apelativos como Adoni, "Senhor", Baal, "proprietário", Meleque "rei". Podemos citar nomes como Abimeleque, Adonirão, Jerubaal etc.

2. Tipos de Nomes Próprios Locativos
a. Descrições Geográficas e Topográficas. Ramá, Ramote, "altura"; Pisga, "cume"; Geba, Gibeá, Gibetom, "colina"; Siquém, "serra"; Selá, "penhasco"; Sarom, "planície"; Mispa, "torre de vigia"; Adumim, "vermelho"; Líbano, "branco"; Cedrom, "negro"; Jarcão, "amarelo"; Sefer, "belo"; Argobe, "solo rico"; Arabá, "deserto"; Boscate, "platô", "pedra vulcânica"; Jabes, "seco".

b. Nomes com Base na Natureza. Arade, "jumento selvagem", Bete-Car, "cordeiro", Eglom, "novilho", Efrom, "gazela", Zorá, "vespa", Luz, "amendoeira", Abel-Sitim, "bosque de acácias", Bete-Tapuá, "casa da maçã", Dilã, "pepino".

3. Nomes Divinos. Essa questão foi abordada na seção IV.

NORA

No hebraico, *Kallah*, palavra usada por 34 vezes (como, por exemplo, em Gn 11.31; 38.11,16,24; Lv 18.15; Rt 1.6-8,22; 1Sm 4.19; 1Cr 2.4; Ez 22.11; Mq 7.6). No grego, *numphe*, que significa "noiva", mas também palavra usada para indicar a noiva do filho de quem fala. Essa palavra grega é usada por oito vezes (Mt 10.35; 25.1; Lc 12.53; Jo 3.29; Ap 18.23; 21.2,9; 22.17). No Antigo Testamento, essa palavra aparece na legislação concernente ao pecado de incesto, no código levítico. As mesmas proibições referentes às filhas envolvem as noras. (Ver Lv 18.15; 20.12). Uma nora, em contraste com uma concubina, era removida da casa de seu pai assim que o preço pela noiva (o reembolso dado ao sogro, por seus serviços econômicos) fosse pago, conforme se vê em Gênesis 29.21-30. O termo grego *numphe* usualmente significa *noiva*, conforme se vê em Apocalipse 21.9, por exemplo; mas, em Mateus 10.35, indica "nora".

NORTE

No hebraico, *saphon*. Essa palavra vem de uma raiz que, segundo alguns estudiosos, significa "ocultar-se", referindo-se àquilo que é oculto, obscuro, não-compreendido, ameaçador. Ou, conforme outros dizem, a raiz vem de um termo fenício que significa "vigiar", um lugar de onde se observa. Ainda outra raiz possível significa "semear" ou "espalhar", uma referência a como o vento do norte se espalhava. Essa palavra, *mazareh* (ver Jó 37.9), indicava como o vento do norte dispersa as nuvens e tráz temperaturas mais baixas. Entre os hebreus, os pontos cardeais eram considerados em alusão ao oriente. Eles orientavam-se dando frente para o nascer do sol, pelo que o norte ficava à sua *esquerda* (ver Gn 14.14; Jó 23.9). Para quem vivia na Palestina, as terras que jaziam mais para o norte eram consideradas de nível mais elevado, razão por que, seguir na direção norte era "subir" (ver Gn 45.25; Os 8.9; At 18.22). Dava-se o oposto quando alguém seguia para o sul, que então era chamado *descer* (ver Gn 12.10; 26.2; 1Sm 30.15). O termo hebraico *saphon*, "ocultar-se", aludia às misteriosas regiões norte do firmamento. O norte, associado como estava ao inverno, estava relacionado a ideias como trevas e melancolia, ao passo que o sul estava vinculado a ideias como calor e dias bem iluminados. Era dito que a Babilônia, a Caldeia, a Assíria e a Média ficavam ao norte de Israel, porquanto seus exércitos invasores sempre atacavam Israel vindos do norte, através de Damasco, a fim de evitarem os desertos a leste da Palestina. Em Ezequiel 38 e 39, o norte refere-se aos tradicionais inimigos de Israel, embora alguns intérpretes vejam, nesse texto, uma referência remota ao extremo norte, à Rússia. *Todas as tribos do norte* (Jr 25.9) talvez aluda aos reis e países que dependiam da Babilônia. E o *rei do norte* (Síria) é contrastado com o *rei do sul* (ver Dn 11.6-15,40). Nos trechos de Provérbios 27.16 e Cantares 4.16 o vocábulo hebraico *saphon* alude ao vento norte, e não exatamente ao ponto cardeal norte.

No Novo Testamento, encontramos o termo grego *borrás* para indicar "norte", embora apenas por duas vezes (Lc 13.29 e Ap 21.13).

Os reinos do norte é uma alusão geral a invasores vindos do norte, porque, conforme já dissemos, usualmente era daquela direção que aqueles invasores se acercavam de Israel. (Ver Is 41.25; Jr 1.14,15; Ez 26.7; 38.6,15; 39.2).

Em Joel 2.20, no original hebraico, encontramos o termo *tsephoni*, "nortista", para descrever uma praga de gafanhotos. Nossa versão portuguesa diz "o exército que vem do norte". Interessante é que essas pragas geralmente provinham da direção sul, pelo que alguns intérpretes têm-se sentido perplexos diante da alusão ao norte. A mais provável solução é que essa praga não seria literal, e, sim, metafórica, apontando para inimigos vindos do norte, a direção de onde os invasores usualmente vinham.

NOVA LUA. Ver sobre *Lua Nova*.

NOVILHOS

No Antigo Testamento temos uma palavra hebraica usada por 131 vezes (por exemplo, Êx 29.3,10,11,12,14,36; Lv 4.4,5,7,8,11,12,15; 16,20,21; 8.2,14,17; Nm 7.87,88; Jz 6.25,26,28; 1Sm 1.24,25; 1Rs 18.23,25,26,33; 1Cr 15.26; 29.21; Sl 50.9; Is 1.11 Jr 50.27; Ez 46.11). O sentido é um touro ainda jovem.

NOVO ANO

Ver os artigos gerais chamados *Calendário Judaico (Bíblico)* e *Festas (Festividades)*, seção II.4e. *Dia do Ano Novo*, e 4.f. *Dia das Trombetas*.

NOVO TESTAMENTO

A segunda das duas partes em que a Bíblia se divide. A palavra testamento vem do latim *testamentum* e serve para traduzir o vocábulo grego *diatheke*, que quer dizer pacto, 2Coríntios 3.14. O Novo Testamento incorpora o novo pacto de que é mediador Jesus Cristo (Hb 9.15; *cf.* 10.16,17; Jr 31.31-34). O primeiro pacto era o pacto de sangue (Hb 9.19,20), mas não era um testamento propriamente dito; o segundo, conquanto seja um pacto, é também um testamento, isto é, não somente foi selado com sangue, mas também exigiu a morte do testador para dar-lhe força: não seria eficaz se Jesus, que foi o mediador, não tivesse morte expiatória. Com a possível exceção de O Evangelho Segundo Mateus, todos os livros do Novo Testamento foram escritos em grego. Esse idioma havia lançado fundas raízes na Palestina, durante mais de três séculos decorridos entre a conquista da Terra Santa por Alexandre, o Grande. O valor desse idioma e o da literatura grega tinham concorrido para que lhe fosse dada ampla circulação entre as classes cultas da Grécia e de Roma, não obstante ter a Grécia perdido grande parte de sua independência política. Os manuscritos originais do Novo Testamento e as cópias que dele se fizeram, durante os três primeiros séculos, desapareceram completamente. O papiro empregado na escrita das cartas, 2João 12, rapidamente se estragava. Também no tempo de Diocleciano, d.C. 360, os perseguidores dos cristãos destruíam quantas cópias encontravam das Escrituras. Ainda não se conhecia a arte de imprimir, e por isso o trabalho de multiplicar cópias era por demais laborioso. Os quatro Evangelhos foram transcritos com mais frequência, e depois deles, as epístolas do apóstolo Paulo. O Apocalipse é o livro menos copiado. Há no mínimo 3.791 manuscritos antigos do Novo Testamento no todo, ou em partes, contrastando o pequeno número dos escritos clássicos que chegaram até os dias atuais. As corrupções do texto aumentaram rapidamente. Os copistas eram falíveis, descuidados e, em muitos casos, pouco entendidos na língua grega. Os homens da idade patrística e os que os sucederam não se dirigiram pelas leis científicas da crítica moderna, e por isso usavam os textos com lastimável licença. Tentaram melhorar a gramática e o estilo para corrigir supostos erros de história e de geografia, para combinar as citações do Antigo Testamento com o grego da LXX em harmonia com os Evangelhos. Incorporaram notas marginais, e acrescentaram aos Evangelhos narrativas incidentais obtidas de fontes autorizadas, como as que se encontram em João 7.53 até o capítulo 8.1, e Marcos 16.9-20. Desse modo se originaram numerosíssimas variantes, que chegaram a 150 mil. Dezenove vigésimos dessas variantes não têm importância genuínas; apenas a pequena fração restante, portanto, genuína; somente a pequena fração restante tem alguma importância, porque altera o sentido. O mesmo número dessas variações, e o fato de serem feitas em diferentes partes do mundo e originárias de grande diversidade de manuscritos, habilitam os estudantes da literatura bíblica a descobrir os erros e a se aproximarem cada vez mais do texto original. Esse trabalho tedioso, porém necessário, tem-se adiantado com infatigável firmeza pelos críticos. É possível que indiretamente se aproximem aos textos perdidos por meio das versões do Novo Testamento em várias línguas, como a siríaca e a latina e das muitas citações que se encontram nos escritos dos primitivos cristãos, especialmente de Clemente de Alexandria e de Orígenes.

Em muitos casos, essas versões e citações, foram tiradas de manuscritos que já não existem, mas a tradução prova que o original existiu. Os manuscritos do Novo Testamento, quanto aos caracteres, são de duas categorias: escritos em maiúsculas gregas, a princípio sem aspirações nem acentos, e sem espaço algum entre as palavras, exceto ocasionalmente para indicar o princípio de um novo parágrafo. As linhas também tinham pequeno espaço entre si. A outra categoria constava de caracteres cursivos manuscritos com divisão das palavras e separação de linhas. A mudança de uma para outra ocorreu no século décimo. Somente cinco manuscritos do Novo Testamento, quase completos, precedem a data referida. O primeiro deles é designado pela letra A: é o manuscrito alexandrino.

Foi levado para a Inglaterra por Cirilo Lucar, patriarca de Constantinopla, que o deu de presente a Carlos I. Foi escrito em Alexandria em meados do quinto século, e daí lhe vem o nome que tem. Em adiantamento a uma grande parte do Antigo Testamento e à primeira epístola de Clemente e parte da segunda, contém o Novo Testamento inteiro, com exceção dos caps. 1 a 25 de Mateus, do cap. 6.50 até o cap. 8.52 de João e 2Coríntios 6.13 até o cap. 12.6. As páginas constam de duas colunas; o de Marcos dividido em 48 capítulos. O segundo manuscrito é o Vaticano, assinalado pela letra B e se encontra na biblioteca do Vaticano desde o ano de 1475, ou antes. Só em 1857 é que apareceu uma edição desse manuscrito, publicada pelo cardeal Mai, que não mereceu crítica e a que se deu pouca importância. Mas em 1889 a 90, apareceu um *fac-símile* que o pôs em contato com os teólogos. Esse documento data dos meados do quarto século, senão antes. Além da maior parte do Antigo Testamento, contém o Novo Testamento, exceto Hebreus 9.14; 13.25; as epístolas de Timóteo a Tito, Filemom e o Apocalipse; tem três colunas em cada página e se divide em capítulos pequenos, dos quais Mateus conta 170. O terceiro manuscrito tem a letra C e chama-se Efraêmico, escrito em palimpsesto. No século XII, o escrito primitivo que enchia o pergaminho, foi lavado para dar espaço a certos tratados ascéticos do sírio Efraém. Os traços da antiga escritura tornaram-se visíveis por meio de uma aplicação de prussiato de potassa, reaparecendo o texto primitivo. Foi isto em 1834. Acredita-se que pertence ao quinto século, talvez anterior ao manuscrito A. Contém partes do Antigo Testamento e 58 capítulos do Novo. As linhas correm através das páginas.

O quarto manuscrito tem a letra D, com o nome de Beza, a quem pertenceu logo que foi retirado da abadia de Santo Ireneu, quando ocorreu o saque da cidade de Lião, em 1562. Dão-lhe a data do sexto século. Contém parte do texto grego dos Evangelhos e Atos, com uma tradução em latim. Na sua maior parte, é a única testemunha entre os manuscritos gregos, de um tipo textual, de grande circulação desde o segundo século, representantes principais das velhas versões latinas. É escrito esticometricamente, i.é., em linhas contendo tantas palavras quantas poderiam ser pronunciadas de uma só vez, consistentes com o sentido. O quinto manuscrito é o sinaítico, designado pela primeira letra do alfabeto, *Álefe*. Devemos a descoberta desse códice, em 1844, ao professor Tischendorf, no convento de Santa Catarina do monte Sinai. Além da maior parte do Antigo Testamento, contém o Novo Testamento inteiro, com a epístola de Barnabé e grande parte do Pastor de Hermas. Faltam-lhes os últimos 12 versículos de O Evangelho Segundo Marcos, talvez, por causa, de se ter rasgado a página em que estavam escritos. Pertence ao quarto século. Tem quatro colunas em cada página. Os manuscritos em cursivo são muito numerosos, mas pertencem a época mais recente, e não têm o mesmo valor para os críticos, como os outros. A primeira edição impressa do Novo Testamento em grego saiu à luz em 1516, publicada por Erasmo, e reimpressa em 1518, aparecendo uma edição mais correta em 1519, uma terceira em 1522 e uma quarta em 1527. O cardeal Ximenes, primaz da Espanha, empreendeu por alguns anos uma edição em grego, que por vários motivos demorou a sair até 1521 ou 22. Por haver sido feita em Alcalá (*Complutum*), a denominaram Complutênsia, e por tal nome é conhecida essa edição. Entre edições do Novo Testamento no idioma grego, que a esta se seguiram, nenhuma se tornou mais célebre que as de Robert Stephen, de Paris, que vieram a luz, sucessivamente em 1546, 1549 e 1551. Aparece em cena, depois disso, o reformador Beza que publicou várias edições entre 1565 e 1604, baseadas na terceira edição de Stephen (1550), que por sua vez havia sido modelada sobre a quarta ou quinta edição de Erasmo.

A de Stephen, de 1550, é o *textus receptus* na Inglaterra, mas no continente europeu esta qualificação e autoridade pertencem à primeira edição de Elzevir, impressa em Leyden, em 1624, cujo texto é quase o mesmo da edição de Stephen, de 1550, da qual difere em 278 lugares, em geral simplesmente alterações ortográficas. A edição de Beza de 1598 serviu de base à antiga versão da Bíblia inglesa. Atribui-se a atual divisão da Bíblia em capítulos ao cardeal Hugo, monge dominicano, morto em 1263, que a utilizou para a sua concordância com a Vulgata. As aplicações a essa concordância deram-lhe muito valor, e estabeleceram a prática de citar os capítulos em vez de referir-se ao livro, ou a alguns fatos proeminentes nele contidos, (*cf.* Mc 2.26; 12.26; Rm 11.2). Há, contudo, razões para acreditar que essa divisão é anterior a Hugo e atribuída a Stephen Langton, arcebispo de Canterbury, morto em 1228. A divisão atual do Novo Testamento em versículos é obra de Robert Stephens, e aparece na sua edição grega de 1551. A primeira edição inglesa dividida em versículos foi a tradução de Whittinghan, publicada em Genebra, 1557, e a primeira Bíblia inglesa, igualmente dividida em versículos é a versão de 1560, publicada também em Genebra.

NU, NUDEZ

Ver *Nudismo*, que é uma exibição pública e formalizada da nudez, inspirada por certa complexidade de motivos psicológicos. No hebraico, precisamos considerar sete palavras; no grego, duas: **1**. *Maarummim*, "nus". Essa palavra hebraica ocorre por apenas uma vez, em 2Crônicas 28.15. **2**. *Erom, nu*. Esse termo hebraico aparece por dez vezes (Gn 3.7,10,11; Dt 28.48; Ez 16.7,22,39; 18.7,16; 23.29). **3**. *Arom*, "nu". Esse vocábulo hebraico figura por dezesseis vezes (Gn 2.25; 1Sm 19.24; Jó 1.21; 22.6; 24.7,10; 26.6; Ec 5.15; Is 20.2-4; 58.7; Os 2.3; Am 2.16; Mq 1.8). **4**. *Eryah*, "nudez". Palavra hebraica que aparece por cinco vezes (Mq 1.11; Ez 16.7,22,39; 23.29). **5**. *Arah, "desnudar-se"*. Palavra hebraica que ocorre por apenas uma vez com esse sentido, em Lm 4.21. **6**. *Maor*, "nudez". Esse termo hebraico foi usado por apenas uma vez, em Habacuque 2.15. **7**. *Ervah*, "nudez". Palavra hebraica que aparece por cinquenta e duas vezes, começando em Gênesis 9.22 e terminando em Oseias 2.9. **8**. *Gumnós*, "nu". Adjetivo grego que ocorre por quinze vezes (Mt 25.36,38,43,44; Mc 14.51,52; Jo 21.7; At 19.16; 1Co 15.37; 2Co 5.3; Hb 4.13; Tg 2.15; Ap 3.17; 16.15 e 17.16). **9**. *Gumnótes*, "nudez". Substantivo grego que figura por três vezes (Rm 8.35; 2Co 11.27; Ap 3.18). Nas Escrituras Sagradas, essa palavra é usada em dois sentidos: **a**. no sentido de nudez absoluta, conforme se vê, por exemplo, em (Gn 3.25; Jó 1.21; Ec 5.15; Am 2.16; Mq 1.8). **b**. No sentido de estar inadequado ou pobremente vestido, segundo se verifica, por exemplo, em (Is 58.7; Mt 25.36; Tg 2.15. Em João 21.7), onde se lê que o apóstolo Pedro "se havia despido", está em foco apenas o fato de que ele tirara as vestes externas, não implicando nudez absoluta.

O relato bíblico sobre Adão e Eva, que procuraram fazer para si mesmos aventais com folhas de figueira, após terem caído ambos no pecado, ilustra o fato de que a criatura humana caída fica melhor vestida. O trecho de Gênesis 2.25 indica que antes da queda, ambos estavam despidos, mas não se envergonhavam disso. Não parece estar em foco que não tinham então consciência de sua nudez, e, sim, que antes do pecado, a nudez não envolvia qualquer malignidade em pensamento ou ação. Porém, após eles terem adquirido o conhecimento do bem e do mal, tornou-se aconselhável e quase imperioso usar vestes, sem dúvida, em face de implicações sexuais.

A narrativa sobre como Noé embebedou-se e desnudou-se no interior de sua tenda, sendo assim surpreendido por seus filhos (ver Gn 9.20-23), demonstra o senso de vergonha envolvido na nudez, inteiramente à parte do pecado de Cão, que parece ter zombado de seu pai, naquele estado de embriaguez e nudez, e, por esse motivo, sofreu justo juízo, em face de sua atitude desrespeitosa.

As tribos selvagens, internadas nas florestas tropicais, não parecem sentir pejo por andarem despidas ou quase inteiramente despidas. Entre certas tribos indígenas brasileiras, seus membros têm o cuidado de ocultar suas partes pudendas, pelo menos. As donzelas fazem-no com um mero fio, e sentem-se horrendamente envergonhadas se perdem aquele fio. Assim, muitos sociólogos e outros pensadores pensam que tudo é uma questão convencional. Porém, parece melhor pensarmos que há razões psicológicas autênticas por detrás da necessidade do vestuário, embora obscuras.

Em nossa época de cada vez maior permissividade, a grande maioria das pessoas ainda assim envergonha-se de sua nudez, sob certas circunstâncias, pelo menos. Mas, noutras circunstâncias, como na praia ou nos festejos carnavalescos, talvez devido a uma atitude de multidão, quando o comportamento humano realmente muda, conforme os psicólogos nos mostram, as pessoas perdem a vergonha e se expõem aos olhares de todos, de forma cada vez mais atrevida. É difícil entender essa duplicidade de atitudes no tocante à nudez. Acresça-se a isso que as mulheres é que estão sempre mais prontas a exporem seus corpos nus ou seminus, naquelas e em outras circunstâncias. Possivelmente isso se deva a uma inclinação feminina para o exibicionismo, uma característica genética herdada, que se torna um chamariz para os homens tendo em vista garantir a propagação da espécie humana, ou mesmo dar provas da beleza plástica das pessoas que assim fazem. Muitas mulheres parecem não ter perfeita consciência dos poderosos efeitos que o corpo feminino exerce sobre os homens; mas, sem importar até que ponto elas têm *consciência* disso, o fato é que as mulheres sabem assegurar aos homens a excitação necessária. Por isso mesmo é que as Escrituras recomendam insistentemente a necessidade da *modéstia* (vide) às mulheres que têm confiado no Senhor Jesus Cristo. (Ver 1Tm 2.9,10; 1Pe 3.1,2).

Usos figurados. **1**. Destituído de retidão, ou seja, coberto de vergonha e miséria (Ap 3.17,18). A passagem envolve uma das igrejas locais da Ásia Menor, bem como todas as comunidades cristãs que caírem em idêntico defeito. **2**. Privação do favor e da proteção divinos, tornando as pessoas envolvidas presas fáceis de seus adversários (Êx 35.25; 2Cr 28.19). **3**. A vergonha envolvida no estado de pecaminosidade (Gn 3.7,10,11). **4**. A alma pecaminosa está nua aos olhos de Deus ou seja, ele conhece tudo a respeito dela, e nada lhe é oculto (Ap 3.18). **5**. Uma terra nua é aquela que jaz em ruínas, na pobreza e na iniquidade (Ez 16.8). **6**. O adjetivo "nu" pode ser usado para falar sobre o caráter transitório das posses materiais ou da glória das mesmas (Jó 1.21). **7**. A bancarrota espiritual (Ap 3.17). Um indivíduo pode estar esplendidamente vestido, ao passo que sua alma está nua e destituída. **8**. A nudez também é emblema de aflições e privações (Is 20.3; Mq 1.8).

A Nudez nos Sonhos e nas Visões. **1**. De acordo com os arquétipos postulados por Jung (vide), a nudez pode apontar para o desejo de remover a própria máscara, a falsa impressão que o indivíduo tem dado propositadamente aos seus semelhantes. O sonhador quer remover tal engano e tornar-se mais sincero e honesto. E esse desejo pode ser simbolizado pelo ato de tirar as roupas, em um sonho. **2**. Ser desnudado indica ser descoberto, ser pilhado quanto aos maus propósitos; ou, então, ser humilhado; ou, então, ter liberados os desejos reprimidos. **3**. Freud afirmava que a maioria dos sonhos que envolve nudez corresponde ao desejo íntimo, por parte do sonhador, de expor-se, sem importar qual situação esteja em pauta. **4**. Um sonho desses pode apontar para o desejo de atrair a atenção, por parte de alguém que se sente negligenciado por outrem. **5**. Mas esse tipo de sonho também pode exprimir o temor de ter os motivos e ações descobertos, sobre qualquer questão. **6**. Também pode estar em foco o desejo de voltar à infância, libertando-se assim das inibições da vida adulta, visto que a criança anda nua à vontade, sem qualquer pejo. **7**. Finalmente, também pode estar em evidência a atitude exibicionista, de qualquer tipo que seja, físico, mental ou mesmo espiritual.

NUM (LETRA)

Esse é nome da décima quarta letra do alfabeto hebraico. Ver o artigo intitulado *Hebraico*. Em algumas traduções, aparece no começo de cada um dos versos da décima quarta seção do Salmo 119.

NUM (PESSOA)

No hebraico, essa palavra significa **"peixe"**. Esse era o nome do pai de Josué. Ele era descendente de Efraim. É mencionado por dez vezes no Antigo Testamento (Êx 33.11; Nm 11.28; 13.8,16; Dt 1.38; 32.44; Js 1.1; Jz 2.8; 1Rs 16.34; Ne 8.17). Nada se sabe sobre ele, além de seu nome. Viveu em cerca de 1210 a.C. Há quem pense que esse nome significa "continuação".

NÚMERO (NUMERAL, NUMEROLOGIA)

I. Os Números e a Matemática na Cultura Hebreia.

Os hebreus, tal como sucedia na maioria das culturas orientais, como também os gregos e os romanos, usavam letras de seus alfabetos para expressarem os números. Porém, no Antigo Testamento não achamos letras para representar números, mas, antes, expressões numéricas escritas por extenso. Somente após o cativeiro babilônico passaram a ser usadas letras para indicar números, um sistema que aparece nas moedas cunhadas pelos Macabeus. Todavia, alguns eruditos opinam que isso começou antes mesmo do cativeiro babilônico, embora não existam evidências escritas nesse sentido. Essa ideia, contudo, pode ser deduzida das variantes, no texto hebraico, no tocante a quantidades numéricas, que podem ter surgido quando uma letra qualquer foi confundida com outra, o que não poderia ter sucedido se as expressões numéricas sempre fossem escritas por extenso. Números escritos por extenso aparecem na Pedra Moabita e na inscrição do poço de Siloé; e isso, por sua vez, demonstra que os hebreus não eram os únicos que assim registravam as quantidades numéricas, Israel também compartilhava, com a maioria de seus vizinhos mediterrâneos e do Oriente Próximo e Médio (Assíria, Egito, Grécia, Fenícia e Roma), o sistema decimal.

Em hebraico, o número "um" é um adjetivo; mas uma série de substantivos designa os números de "dois" a "dez". E, então, combinações desses números produzem de "onze" a "dezenove". Após o "vinte", as dezenas são formadas em um padrão similar àquele usado nos idiomas modernos. No hebraico, trinta e três era dito: três trinta. Porém, uma palavra separada era usada para indicar "cem". Duzentos era a forma dual da palavra hebraica correspondente. De trezentos a novecentos, os hebreus voltavam ao sistema comum ao português. O mais elevado número dos hebreus antigos era vinte mil, que é a forma dual de dez mil. Além disso, havia sinais numéricos que não se acham no Antigo Testamento, embora apareçam em algumas ostracas do período do Antigo Testamento (século VI a IV a.C.). Papiros escritos em aramaico, provenientes do Egito, exibem as mesmas formas. Traços verticais eram usados para indicar dígitos (unidades), ao passo que traços horizontais (escritos uns acima dos outros), indicavam dezenas. Uma letra estilizada *men* era usada em lugar de "cem", com traços verticais, para indicar centenas adicionais. Uma forma abreviada da palavra que significa "mil" era empregada para indicar esse número. Uma letra parecida com a letra grega *lambda* era usada para indicar "cinco"; e uma letra similar a *gímel* representava "quatro".

Evidências de Processos Matemáticos. Em Números 1.26, temos menção à adição; em Levítico 27.18, à subtração; em Levítico 27.16, à multiplicação; e em Levítico 25.50, à divisão. E em Gênesis 27.24; Levítico 5.16; 6.5 e Números 15.4, há menções a frações. Proporções das medições, na descrição do templo visionário de Ezequiel, exibem uma certa sofisticação matemática. No entanto, isso era primitivo, quando cotejado com o uso que os gregos faziam dos números. Na época de Platão (400 a.C.), os gregos já tinham uma matemática comparável com o que agora se ensina no primeiro grau. A cultura dos hebreus, que começou como nômade e terminou como agrícola, não precisava de qualquer sistema numérico especialmente sofisticado.

Uso Aproximado. Números como dois, três e quatro, em combinações com dois ou três, três ou quatro, indicavam "mais ou menos" ou "poucos" (ver 1Rs 17.12; Am 1.3 ss.; Pv 30.15 ss.). *Dez* era usado para indicar "muitas vezes" (ver Gn 31.7). O número *quarenta* era usado como uma aproximação padrão para indicar uma geração, sem requerer que pensemos exatamente em uma geração (ver Jz 3.11; 5.31; 8.28); *cem* era um número usado para indicar muitas coisas, sem qualquer ideia de precisão (ver Ec 6.3); e os números *mil* e *dez mil* indicavam grande número, também sem qualquer tentativa de exatidão (ver Dt 32.30; Lv 26.8). *Quarenta* mil podia indicar um número aproximado ainda maior (ver Jz 5.8).

Após o Cativeiro Babilônico. Foi a partir dessa época que se iníciou o uso de letras isoladas ou combinadas para expressar números.

II. SISTEMAS NUMÉRICOS. Apresentamos abaixo alguns poucos sistemas numéricos representativos.

1. Egípcio Antigo: 1900 a.C.

Posterior: 1400 a.C.

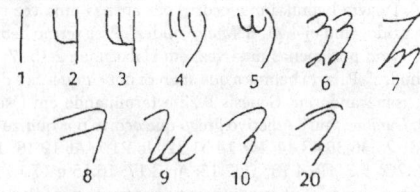

2. Cuneiforme Assírio e Acádico: 1900-1300 a.C.

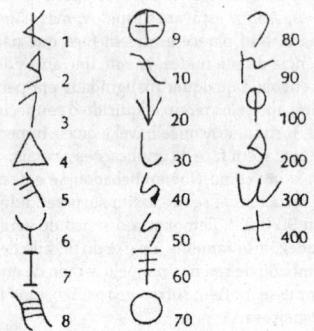

3. Hebraico Antigo e Cananeu. Esse sistema acha-se em anotações de lugares (capítulos), nos manuscritos do Antigo Testamento e em antigas inscrições, embora não no texto do Antigo Testamento propriamente dito.

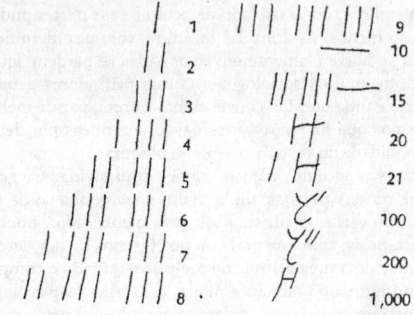

4. Fenício: 900-800 a.C.

[table of Phoenician numerals showing 1-8 with values 9, 10, 15, 20, 21, 100, 200, 1,000]

5. Grego

1	α	10	ι	100	ρ	1000	͵α
2	β	20	κ	200	σ	2000	͵β
3	γ	30	λ	300	τ	...	...
4	δ	40	μ	400	υ	λζ = 37	
5	ε	50	ν	500	φ	τμθ = 349	
6	ς	60	ξ	600	χ	͵απ = 1080	
7	ζ	70	ο	700	ψ	ς bau	
8	η	80	π	800	ω	ϟ koppa	
9	θ	90	ϟ	900	ϡ	ϡ sampi	

6. Romano. O sistema romano nos é bem conhecido, visto ter sido sempre empregado nos livros como uma forma alternativa de expressar divisões (como nos esboços e referências), e também porque as datas (em séculos) em livros e monumentos empregam esse sistema.
- *Unidades*: I II III IV V VI VII VIII IX (Nm de 1 a 9)
- *Dezenas*: X XX XXX XL L LX LXX LXXX XC (Nm de 10 a 90)
- *Centenas*: C CC CCC CD D d.C. DCC DCCC CM (Nm de 100 a 900)
- *Milhares*: M MM MMM, etc, (Nm 1000, 2000, 3000 etc.)
- Assim: 1988 = MCMLXXXVIII (um sistema laborioso, mas viável).

7. Arábico. O sistema numérico que usamos tem raízes nos algarismos dos hindus e dos árabes. Esses algarismos foram adaptados na Europa, formando um sistema moderno e eficiente, muito menos trabalhoso do que os antigos sistemas. Assim, em vez de se escrever I II III IIII, por exemplo, escrevemos 1 2 3 4. Em combinação com o sistema decimal, isso produz as dezenas, as centenas, os milhares etc., ou seja: 1 10 100 1000; 2 20 200 2000; 3 30 300 3000 etc. No idioma português, a vírgula é usada para indicar casas decimais. Para exemplificar: 2,7 (dois inteiros e sete décimos), 3,85 (três inteiros e oitenta e cinco centésimos) etc. Isso segue o sistema europeu. Nos Estados Unidos, a única diferença é que se usa o ponto, em vez da vírgula. O desenvolvimento desse sistema foi, "... talvez, um dos mais importantes passos que já se deu no campo da matemática, honrando ao seu criador como se dá em qualquer outro ramo, na história da ciência" (Peter Barlow *New Mathematical and Philosophical Dictionary*).

III. Os Números e seus Alegados Significados.

Algo indiscutível é que certos números assumem na Bíblia um significado especial. Outra coisa certa é que alguns intérpretes, antigos e modernos, têm exagerado a questão da maneira mais absurda. Os cabalistas, por exemplo, sentiam-se capazes de descobrir sentidos misteriosos em letras e números. Em anos recentes, Ivã Panin encontrou sentidos numéricos ocultos em cada palavra e até em cada letra da Bíblia. O número de pessoas que estava no navio que naufragou em Melita na Malta era de 276 (At 27.37,44), mas é ridículo tentar achar algum sentido místico nesse número, conforme alguns têm tentado fazer. Várias figuras antigas deixaram um mau exemplo quanto a isso. Pitágoras e seus discípulos deram um número específico a todas as entidades. As Tábuas da Criação da Babilônia registram cinquenta nomes diversos do deus Marduque, dando uma importância especial a cada nome. Sargão disse que o número de seu nome era igual ao do circuito das paredes de seu palácio, isto é, 16.283, e ele dava grande significação a isso. Piazzi Smyth (1867) pensou que a grande pirâmide Gizé contém um misterioso e elaborado sistema de números, com sentidos ocultos. E então E.W. Bullinger, no livro *How to Enjoy the Bible*, tentou convencer seus leitores que os números são importantes na Bíblia, e que seu sentido pode ser descoberto observando-se o primeiro uso de cada um. Assim, Gênesis 17.25 tem o número "treze", e o contexto dessa passagem fala em *rebelião*. Para ele, pois, o número "treze" sempre indicaria rebelião, apostasia e desintegração (p. 311 ss.), mas quase ninguém se deixa convencer da força desse tolo argumento. Além disso, temos a moderna numerologia (ver a quinta seção deste artigo), a versão secular dessa superstição. Nossas críiticas, porém, não devem ser interpretadas como se crêssemos que os números não têm qualquer sentido, tão somente queremos declarar que muitos exageros têm penetrado na questão. O único número na Bíblia que é especificamente declarado como de valor simbólico e de sentido oculto é o "666" do anticristo (ver Ap 13.18). Outros números adquirem significação mediante sua repetitiva associação com certas condições. Eis alguns exemplos:

1. Números da Bíblia com Alegadas Significações. *Um. Unidade e caráter ímpar*. O Senhor Deus é o único Senhor (Dt 6.4); a raça humana provém de um único progenitor, donde se deriva a unidade da raça (At 17.25); o pecado entrou no mundo por um homem, como também a justiça (Rm 5.12, 15), o sacrifício único de Cristo é suficiente para todos e para todas as épocas (Hb 7.27); o Pai e o Filho são um (Jo 10.30); o homem e a mulher, dentro do casamento, tornam-se uma só carne (Mt 19.6). **Dois. *Unidades e divisão***. Homem e mulher são um só (Gn 1.27; Mt 19,6); duas pessoas trabalham juntas em cooperação (Js 2.1); os apóstolos foram enviados de dois em dois (Mc 6.7), como também os setenta discípulos (Lc 10.1). No Sinai, foram dadas as duas tábuas da lei. Porém, isso também pode indicar alguma força separadora (1Rs 18.21), como duas opiniões que apresentam um dilema, ou como duas maneiras diferentes de decidir algo (Mt 7.13,14). **Três. *Unidade na multiplicidade***. Esse é o número de Trindade: três pessoas, mas uma só substância (Mt 28.19; Jo 14.26; 15.26; 2Co 13.14; 1Pe 1.2). Três dias marcam um ponto terminal, pois Jesus ressuscitou ao terceiro dia (1Co 15.4). Três discípulos especiais eram íntimos do Senhor Jesus (Mc 9.2); o *Santo, Santo, Santo* de Isaías 6.3 indica a perfeita santidade de Deus; em Números 6.23-26 vemos uma bênção três vezes repetida. **Quatro. *O mundo considerado como completo***. O tetragrama divino, *Yahweh* (ou seja, YHWH); quatro rios fluíam do jardim do Éden (Gn 2.10); os quatro cantos da terra (Ap 7.1); os quatro ventos (Jr 49.36; Ez 37.9); as quatro criaturas viventes do céu (Ez 1; Ap 4.6). **Cinco. *Tábuas de exigências e punições*** (Êx 22.1; Lv 5.16); as cinco virgens prudentes e as cinco insensatas (Mt 25.2). **Seis. *O número que exprime algo incompleto***. O número do homem, que fica aquém do número sete, o número divino. O homem foi criado no sexto dia da criação (Gn 1.27); o homem deve trabalhar por seis dias (Êx 20.9). O homem terrível, o anticristo, é representado por um tríplice "seis": 666 (Ap 13.18). **Sete. *Número da perfeição e da divindade***. Também assinala coisas divinas. Deus descansou ao sétimo dia, terminada a sua obra criativa (Gn 2.2); o homem deve imitar isso, honrando Deus no sétimo dia (Êx 20.10). Havia um ano sabático (Lv 25.2-6); e também um ano do jubileu, após sete vezes sete anos (Lv 25.8). Algumas festas judaicas duravam sete dias (Êx 12.15,19; Nm 19.12). O dia da expiação era no sétimo mês do ano (Lv 16.29); ritos estavam ligados ao número sete (Lv 4.6; Nm 28.11). O candeeiro de ouro tinha sete ramos (Êx 25.32); o salmista louvava Deus sete vezes por dia (Sl 119.164). A tribulação final perdurará sete anos (Ap 11.2,3; 13.5). Sete demônios foram expelidos de Maria Madalena (Lc 8.2). O dragão e a besta têm sete cabeças cada um (Ap 13.1; 17.7). **Oito. *O equivalente numérico do nome Jesus*** é oito, tal como o do anticristo é seis. Oito pessoas foram salvas do dilúvio, na arca de Noé (1Pe 3.20). Um menino israelita era circuncidado ao oitavo dia de vida (Gn 17.12). Ezequiel viu sacerdotes fazerem suas oferendas no oitavo dia, em sua visão sobre o templo ideal (Ez 43.27). Se tivermos de vincular algum sentido a esse número, então parece que o mesmo tem algo a ver com a eficácia da salvação ou com atos divinos, com a participação nos pactos firmados por Deus e com a segurança que esses pactos divinos conferem à alma humana. **Dez. *Harmonia e algo completo***, como no decálogo e nos dez dedos do homem, cinco em cada mão. A mulher tinha dez moedas (Lc 15.8); outra parábola menciona dez minas, empregadas na determinação dos destinos humanos (Lc 19.11-27). Dez forças negativas não conseguem separar o crente de seu Salvador (Rm 8.38 ss.). Dez pecados excluem o indivíduo do reino dos céus (1Co 6.10). Dez anciãos formavam uma companhia (Rt 4.2). Dez virgens ilustram boas e más escolhas (Mt 25.2). Dez reinos entregarão sua autoridade ao anticristo (Ap 17.12 ss.). **Doze. *Número do governo mundial***, como também do governo divino e seus arranjos.

NÚMERO (NUMERAL, NUMEROLOGIA)

Há doze meses no ano; o dia está dividido em doze horas (Jo 11.9). Israel compõe-se de doze tribos (Gn 35.22-27; 49.28). Jesus selecionou doze discípulos para perpetuação de seus propósitos (Mt 10.1 ss.). Doze pedras preciosas foram engastadas no peitoral do sumo sacerdote (Êx 28.21). A nova Jerusalém terá doze fundamentos e doze portões (Ap 21.12,14). **Quarenta. Número de provas e testes**, mas também do desenvolvimento de significativos atos divinos. O dilúvio ocorreu devido a quarenta dias de chuvas (Gn 7.4,12,17). Moisés esteve 40 anos no Egito, esteve quarenta anos em Midiã, e então completou seu ciclo após quarenta anos no deserto (At 7.23,30; ver também Nm 14.34 e Dt 31.2). Moisés esteve no monte Sinai por quarenta dias, recebendo a lei (Êx 24.18). Israel ficou vagueando pelo deserto durante quarenta anos (Nm 14.34). Os espiões exploraram a terra de Canaã por quarenta dias (Nm 13.25). Golias ficou desafiando Israel por quarenta dias (1Sm 17.16). Elias pôde caminhar durante quarenta dias após comer por duas vezes (1Rs 19.80. Jonas advertiu Nínive durante quarenta dias (Jn 3.4). Jesus jejuou por quarenta dias, e, então, foi tentado (Mt 4.2). Especulo que a Grande Tribulação final perdurará por um total de quarenta anos, dos quais sete anos revestir-se-ão de importância especial para o povo de Israel. **Setenta. Um número administrativo e organizacional**. Após o dilúvio, o mundo foi repovoado mediante setenta descendentes de Noé (Gn 10). Setenta pessoas, da família de Jacó, desceram ao Egito (Gn 46.27). Setenta anciãos foram nomeados para ajudar Moisés no governo de Israel (Nm 11.16). Setenta semanas de anos foram determinadas para a história profética de Israel (Dn 9.24). Jesus enviou setenta discípulos especiais como missionários (Lc 10). Devemos perdoar nossos ofensores até setenta vezes sete(Mt 18.22). **Seiscentos e Sessenta e Seis**. O sentido desse número é esclarecido no artigo *Anticristo, suas Características*, décimo quinto ponto, e no artigo *Seiscentos e Sessenta e Seis*. É possível que esse seja o cálculo numérico do nome *Nero Caesar*, que os primitivos cristãos esperavam que se reencarnasse, voltando a este mundo para cumprir outra missão diabólica (ver Ap 17.10,11). Esse é o único número na Bíblia que é especificamente declarado como dotado de significado simbólico (ver Ap 13.18). Veio a significar aquilo que é sinistro, diabólico e incansavelmente poderoso e maligno. **Cento e Quarenta e Quatro Mil**. Temos aí o número de israelitas selados (doze mil de cada tribo) que cumprirão positivamente a vontade de Deus, durante o período da Grande Tribulação. Alguns pensam que se trata do número dos eleitos. Mas essa interpretação não tem razão, pois logo em seguida lê-se acerca de uma incontável multidão proveniente de todas as nações (ver Ap 7.4-14). Ver o detalhado artigo chamado *Cento e Quarenta e Quatro Mil*, onde apresentamos os muitos sentidos simbólicos e explicações que têm sido dados a esse número.

2. Os Números nos Sonhos e nas Visões. Muitas pessoas continuam tentando acertar na loteria mediante números recebidos em sonhos; algumas vezes, acertam, mas, usualmente, os números que aparecem nos sonhos não servem para esse propósito. No entanto, os números, nos sonhos, podem revestir-se de sentido, mesmo que isso não resulte em dinheiro de loteria. A mente inconsciente tem uma maneira curiosa e misteriosa de manipular números. Nos sonhos, eles podem aludir a datas significativas. É um tanto assustador quando à pessoa é revelada a data de sua morte, como se deu com *Swedenborg* (vide), mas isso não acontece muito frequentemente. É chocante quando alguém sonha com uma data escrita sobre a própria lápide, no cemitério; mas, geralmente, isso é apenas um sonho assustador. Nos sonhos, é melhor não olhar para as datas sobre as lápides, se alguém tiver o infortúnio de sonhar que está percorrendo um cemitério. A mente inconsciente sabe tudo sobre o destino e sobre datas, mas essa informação ludibria a mente consciente. Algumas vezes, os místicos podem escavar informações, mais ou menos como quem tira água de um poço profundo.

Li acerca de um sonho em que o sonhador viu uma data; e, pouco tempo depois, recebeu um polpudo cheque com aquela data. Isso não foi pura coincidência. Precisamos de mais sonhos dessa natureza. Mas, conforme Freud insistia, a maioria dos sonhos com cheques são meros cumprimentos de desejo. Porém, seja como for, os números que aparecem nos sonhos, referentes a datas, dinheiro, quilômetros, dias etc., são todos intercambiáveis. Uma data pode indicar o número de certa importância em dinheiro, ou vice-versa. E uma data pode indicar certo número de anos. Usualmente, não reconhecemos o significado desses sonhos senão posteriormente, quando os mesmos se cumprem. De certa feita, sonhei que perdia dinheiro para um editor desonesto; e o que perdi combinava bem com o sonho. Mas só reconheci isso quando sofri a perda.

Um sonho pode falar sobre um número para referir-se a algum acontecimento específico. Se esse número repetir-se, então o sonhador estará sendo informado; isso sucederá novamente. Também haverá certa conexão lógica entre um número sonhado e o acontecimento que ele simboliza. Por exemplo, sucedeu no sétimo dia da semana, sucedeu cinco anos atrás etc. Um número pode referir-se a uma pessoa qualquer, como meu segundo filho, que então seria representado pelo número "dois". Os números pares, segundo alguns insistem, são números femininos; e os ímpares são masculinos, ou mesmo algo moralmente errado. A série de *um a nove* pode aludir aos estágios da vida, ou a algum desenvolvimento da mesma, visto que percorre a gama inteira dos algarismos.

Ligação entre a Vida e os Números. Certos números tornam-se significativos para certas pessoas, desempenhando um importante papel em suas vidas. Paulo Maluf, um político brasileiro, gostava do número "101", porque traduzia sucesso para ele; mas quando procurou ser eleito pela segunda vez como governador do estado de São Paulo, no Brasil, não obteve a vitória. No entanto, os místicos dizem-nos que números assim podem ter certo significado. Se uma pessoa atribui alguma importância a um determinado número, sem importar com quais associações, acabará sonhando com esse número, como um modo de informação ou orientação.

Os números e seus sentidos possíveis, derivados do estudo dos sonhos: **Um**. Isolamento, símbolo fálico (devido a seu formato); um homem; o próprio "eu", que é o número um. Unidade; algo de suprema importância, em contraste com coisas de menor valia. **Dois**. Dualidade e divisão, os dois lados de uma questão ou problema, o lado masculino e o lado feminino, harmonia entre dois elementos, pessoas ou coisas; uma controvérsia formada por dois lados; uma desarmonia ou falta de compasso interior. Duas estradas paralelas indicam alternativas. Se o sonhador é casado, heterossexual ou homossexual. Compartilhar de algum sonho com alguém. O princípio feminino. **Três**. A Trindade; uma família composta de pai mãe e filho; o aparelho genital masculino. **Três ou Quatro**. A mente dispõe de quatro faculdades. E sonhar com três e quatro juntos pode significar que uma dessas faculdades está sendo negligenciada, tornando-se o ponto mais vulnerável da pessoa. As quatro faculdades da mente são o intelecto; as sensações; a intuição e as emoções. É curioso que certas pessoas religiosas carregam em demasia uma dessas faculdades, em detrimento das outras, ou mesmo eliminando uma delas. Mas, as pessoas sensatas sabem que a religião não pode ser somente emoção, ou somente intelecto, ou somente intuição. Precisamos saber equilibrar entre si todas as quatro faculdades da mente. **Quatro**. Algo completo e são; todas as faculdades mentais. Quatro pessoas, a família ideal; o alcance inteiro de alguma coisa; a deidade (três) mais a matéria (o resto). **Cinco**. A natureza, o corpo humano, formado do tronco com cinco projeções: a cabeça, as pernas e os braços, da mesma maneira que cada mão tem cinco dedos. **Quatro**

e Cinco. Alvos espirituais ideais, em contraste e em competição com os desejos naturais do corpo físico e seus alvos (quatro, espirituais; cinco, corporais). *Seis*. O sexo (visto que as duas palavras são similares; e também porque 3 X 2 = 6, ou seja, dois = feminino, e três = masculino). Também está em foco a geração, a evolução. Se o número seis aparece de cabeça para baixo, então há transtornos sexuais ou emocionais. *Sete*. O número sagrado. O número de Deus; ou dos arcanjos (de acordo com a enumeração judaica). O número dos deuses-planetas das antigas culturas pagãs. O dia consagrado à adoração a Deus. *Oito*. Sem sentido, exceto para os cristãos, que sabem que, numericamente, oito é o número de Jesus. Mas também pode-se pensar em 2 X 4 = 8, combinando os sentidos dados acima, do dois e do quatro. *Nove*. Fruição, como nos nove meses de gravidez da mulher; o ponto culminante das realizações, visto que nove é o dígito mais elevado. *Dez*. Macho e fêmea; intercurso sexual; casamento. Os Dez Mandamentos, a gama inteira dos princípios espirituais. *Doze*. O tempo. As doze horas do dia; os doze meses do ano; os doze signos do zodíaco; um clímax ou ponto culminante qualquer. *Vinte e Quatro*. As horas do dia; um breve ciclo. *Setenta*. A duração média da vida humana. *Zero*. Um símbolo feminino; a perfeição; algo sem começo e sem fim; os ciclos do tempo e da evolução. O zero é como um *círculo*, envolvendo os sentidos vinculados ao mesmo, como algo repetitivo, ou como algo que se completa. *Frações*. A quarta parte pode simbolizar o lar, pois compõe-se de "quartas"; a metade significa o meio de qualquer coisa.

IV. Os Números na Filosofia

1. Pitágoras (vide) deu ao mundo uma grande descoberta. Ele relacionou a realidade aos números. Isso foi exemplificado pela relação entre as proporções matemáticas e a progressão de tons, mediante o alongamento ou encurtamento de cordas vibrantes. Daí emergem duas suposições: primeira, os números têm a chave para a explicação da realidade; segunda, os números são a própria essência da realidade. Parece que Pitágoras defendia ambas essas ideias. Seja como for, ele dava a cada coisa um número, embora de maneira crua não-científica. Ele não tinha qualquer visão atômica da realidade, embora sua ideia fundamental se tenha tornado básica na moderna teoria científica. Ele chamava o ponto de *um;* a linha, de *dois;* o plano, de *três;* e o sólido, de *quatro*. A soma dos números críticos é o *dez*, que é o número perfeito. Até termos que indicam valores foram associados a números. Assim, a opinião seria dois; a saúde, sete; o amor, oito; e a justiça seria um número elevado ao quadrado. Esse sistema numérico de Pitágoras entrou na astronomia. Surgiu a unidade primária, o grande Um; então haveria *dez* esferas girando umas dentro das outras, visto que a *perfeição* dos céus requer tal número. Partindo do fogo central, o grande Um, passamos pela terra, pela lua, pelo sol, por Mercúrio, Vênus, Marte, Júpiter, Saturno, e, finalmente, as estrelas fixas na sua própria esfera. Os intervalos entre os planetas estariam associados às notas da escala musical. Ali é produzida a divina *música das esferas* (vide), por demais sutil para os ouvidos humanos perceberem.

2. Platão. Tomando por empréstimo noções básicas de Pitágoras, Platão identificava o seu sistema de ideias ou *universais* (vide) aos números. Ele trabalhou com os conceitos de limitado, não-limitado, determinado, não-determinado. Platão era matemático, e, naturalmente, deixava-se atrair por uma teoria que se relacionasse à própria realidade. Por isso, procurou desenvolver implicações matemáticas das ideias, em seu diálogo, *Filebo*. De alguma maneira inexplicável, as formas (ideias) seriam formas-números, que não podem ser adicionadas e nem podem ser matematicamente manipuladas. Entre as formas-números e o mundo palpável há um terceiro mundo, o mundo das entidades matemáticas. Os nossos números, para ele, são ideias tomadas por empréstimo dos mundos-números celestes e intermediários.

Alguns eruditos veem em Platão uma antecipação das modernas teorias dos números. Assim, a água, para exemplificar, pode ser explicada por uma fórmula numérica: $H2O$. Platão não sabia disso, mas antecipou que as coisas, de alguma maneira, poderiam ser explicadas numericamente. Visto que todos os particulares (os objetos físicos) originam-se nas ideias, então também devem incluir, de alguma forma misteriosa, o conceito de número. Os conceptualistas diriam que os números são conceitos da mente divina, mas Platão fazia de suas ideias entidades metafísicas. Ademais, a teoria matemática é uma espécie de mundo intermediário que nem se encontra nos céus, e nem se identifica com a matemática aplicada. Antes, é uma dimensão de teoria, de ideia. Assim, teríamos conceitos sobre dualidades, trindades, divisões, adições, subtrações, multiplicações,etc.

3. Numênio de Apameia identificava os números pitagoreanos com os universais de Platão. Ver o artigo sobre ele, quanto a maiores detalhes. E outros pensadores neoplatônicos seguiram essa diretriz.

4. O conceptualismo. Para essa posição filosófica, os números, como todos os demais conceitos, surgem primeiramente na mente divina. Deus é o grande Matemático, e o universo é o grande campo da matemática aplicada. Quanto mais os homens aprenderem sobre a natureza, mais aprenderão sobre a aplicação dos números. O universo ou criação poderia ser encarado como obra de um grande Artista, de um grande Matemático, mas jamais como resultante do puro acaso.

5. O Mundo a Priori. Certos conceitos nós conhecemos *a priori*, sem qualquer investigação empírica. Entre esses conceitos há os conceitos matemáticos. Suas proposições e máximas são todas recebidas como verdade *a priori*. Com base nisso, alguns filósofos têm suposto que a própria verdade pode ser apreendida pela mente, sem o uso da percepção dos sentidos. A verdade, de acordo com essa teoria, vem mediante a intuição e a razão, e não através da percepção dos sentidos. Ela nos chega *a priori*, e não *a posteriori*. Emanuel Kant pensava que essas verdades fazem parte das categorias inatas da mente, as quais são apreendidas *a priori*, mas que são comprovadas pela experiência humana. Por essa razão, as proposições podem ser, ao mesmo tempo, *a priori* e *sintéticas*.

6. John Stuart Mill e outros filósofos empíricos não conferiam à matemática qualquer condição ontológica. Para eles, os números são meras generalizações da experiência humana com as coisas, e a matemática mental é tautológica, repetitiva.

7. Bertrand Russell proveu uma teoria moderna dos números, ao procurar demonstrar que os números repousam sobre a lógica. Quanto à sua definição de *número*, ver o segundo ponto do artigo sobre ele.

8. O atomismo, começando pelos gregos, depende dos números. Ver o artigo geral sobre esse assunto.

V. Numerologia

Talvez Pitágoras possa ser considerado o pai dessa atividade. E, então, Platão atiçou mais a fogueira, ao misturar os números com seu conceito dos universais; e isso chegou a labaredas altas com o conceptualismo, que faz dos números conceitos da mente divina. E a ciência tem feito a questão tornar-se uma floresta incendiada ao mostrar que, de fato, o número é a própria base de nossa realidade física. A partir daí, não é preciso nenhum grande salto de fé para alguém chegar à suposição que os números são importantíssimos na vida e no destino dos homens. A fé religiosa adicionou tempero à fórmula, mostrando que na Bíblia, os números são importantes. Naturalmente, porém, grande parte da numerologia é pura invenção. Para começar, valores numéricos são atribuídos às letras do alfabeto. A letra A valeria "1", e a letra Z valeria "26". Há duas funções básicas: a primeira consiste em calcular o valor numérico do nome de uma pessoa; e a segunda consiste em calcular o valor numérico da data de nascimento daquela pessoa. Por exemplo, Jesus (6), J (10), E

(5), S(19), U(21), S (19). A adição desses valores dá 74. Esse número é então reduzido, adicionando-se 7 + 4 = 11 e 1 + 1 = 2. Mas no grego o valor do nome *Jesus* é 8. Alguns números não são reduzidos; mas os números maiores são redutíveis, adicionando-se as séries. Exemplificando: 556 é igual a 5+5+6=16; 16 é igual a 1+6=7. Isso posto, numerologicamente, 556 equivale a 7. Os números relativos às datas dos nascimentos são manuseados da mesma maneira. Digamos, 2 de julho de 1932 seria: 2 + 7 (pois julho é o sétimo mês) + 1 + 9 + 3 + 2 = 24 e esse resultado, por sua vez, seria reduzido como segue: 2 + 4 = 6. Assim, para quem nasceu nessa data, seu número de nascimento é 6. E aí o significado desse número depende dos conceitos e valores atribuídos aos números de 1 a 9, além de certos números duplos, que não são reduzidos mediante o processo acima demonstrado. É precisamente nessa altura que surgem todos os processos imaginários, fazendo o sistema cair no descrédito.

Seja como for, é quase certo que o número "666", associado ao anticristo, foi obtido mediante o cálculo do valor numérico das letras do nome Nero Caesar. Os arqueólogos têm descoberto os nomes de namoradas inscritos em paredes, por seus namorados, em Números, e não em letras. Esse sistema, como é óbvio, é antiquíssimo. Quanta verdade há no mesmo, já é outra questão. Certos místicos que merecem a nossa atenção têm declarado que há alguma verdade na questão. Uma mulher mística tem tido experiências com esse fato, pois suas visões são mais frequentes, e também mais claras, em certos dias, que podem ser identificados com certos números. Há também a possibilidade de que sonhos bons e instrutivos, que são tipos de visões, tenham alguma forma de associação numérica, e, se isso corresponde à verdade, então algum dia os estudos sobre os sonhos poderão incluir esse aspecto.

Ante o exposto, pode-se dizer que há alguma verdade na numerologia, embora, provavelmente, apenas em uma pequena porcentagem daquilo que se tem dito em seu favor. Qualquer verdade que haja na numerologia dependeria do destino do indivíduo, vinculado a importantes números associados àquela pessoa, incluindo tanto o seu nome quanto a data de seu nascimento. Para que isso corresponda à realidade dos fatos, teremos de supor que, verdadeiramente, há um desígnio, em grande escala, associado à vida humana e às influências que cercam a data do nascimento de uma pessoa e o nome que lhe é conferido. E além dos números ligados ao nome e à data do nascimento de uma pessoa, outros números também podem ser importantes para certas pessoas. Mas, quais sejam esses números, é algo que terá de ser descoberto no processo de anos, mediante a observação. (AM B EP MM ND Z)

NUMEROLOGIA. Ver o artigo *Número (Numeral, Numerologia)*.

NÚMEROS (LIVRO)

Números é o quarto livro da Bíblia. Seu título provém da Vulgata Latina, *Numeri*, que por sua vez é uma tradução do título da Septuaginta *Arithmoi*. O livro é assim designado porque nele há referência a dois recenseamentos do povo judeu — capítulos 1 — 3 e capítulo 26. Os judeus, como de costume, intitularam o livro com a palavra inicial — *Wayyedabber* — ("e ele (Jeová) disse"), ou mais frequentemente com a quinta palavra — *Bemidbar* — ("no deserto"). Esse segundo título hebraico é mais apropriado do que o título em português, pois somente uma pequena porção do livro é de natureza estatística, enquanto toda a ação se dá no deserto.

I. COMPOSIÇÃO

1. Autoria. ***a. Ponto de Vista Conservantista***. Apoia a opinião tradicional de que o livro de Números é de caráter histórico e foi composto por Moisés. Eles observam que não há nas Escrituras uma declaração direta de que Moisés escreveu o Pentateuco, mas numerosas passagens indicam que ele escreveu pelo menos parte desse material (ver Nm 33.2). Eles admitem também que em Números, assim como em Êxodo e Levítico, Moisés é referido na terceira pessoa, exceto em citações diretas. Logicamente esse fato não sugere composição mosaica, dizem eles. Outras passagens, tais como Números 21.14 ss. e 32.34-42, também indicam a existência de um editor, contudo, declaram os conservantistas, a autoria mosaica, segundo a Bíblia, não requer que toda a palavra seja de Moisés. ***b. Ponto de Vista Crítico***. Um dos primeiros estudiosos a questionar a opinião tradicional da autoria do Pentateuco foi Jerônimo, tradutor da Vulgata Latina no século V d.C. Jerônimo estava convicto de que Esdras foi o responsável pela revisão final do Pentateuco, embora Moisés estivesse bastante associado às origens do material. Os críticos do século XIX concordam com Jerônimo até certo ponto. Eles duvidam seriamente de que Moisés tenha contribuído com mais do que uma pequena parcela do material. Segundo os críticos, Números é o resultado da compilação dos documentos J.,P.,D. E P.(S.), os quais servem de base também para o restante do Pentateuco. Ver no *Dicionário* o artigo detalhado sobre J.,E.,D. E P.(S). O documento J é constituído de narrativas judias antigas e seu autor revela um interesse pelo reino judeu e seus heróis (850 a.C.). A palavra *Yahweh* (Jeová) é usada neste documento para referir-se a Deus. O documento E contém as antigas narrativas efraimitas originadas por volta de 750 a.C. O escritor de E demonstra interesse pelo reino do norte de Israel e seus heróis. Ele emprega o vocábulo *Eloim*, em vez de *Yahweh* (Jeová) para referir-se a Deus. O documento D, também chamado Código Deuteronômico, foi encontrado no templo no ano 621 a.C. Há alguma probabilidade de que o autor desse documento seja o sacerdote Hilkiah. D ressalta o fato de que o amor é a razão mesma do servir. A doutrina de um único altar é também acentuada neste documento. O Código Sacerdotal, ou documento P, originou-se por volta do ano 500 a.C., contudo sua redação prorrogou-se até o século IV a.C. Esse documento evidencia uma preferência por números e genealogias.

Essas fontes estão muito misturadas no livro de Números. Acredita-se que por volta do século V. a.C. um editor, talvez Esdras, tenha combinado esse material com histórias da tradição oral, dando origem ao livro.

2. Estrutura. Em se tratando de estrutura, este livro é de natureza mais diversa do que qualquer outro do Pentateuco. Embora o princípio fundamental de organização seja cronológico (o livro inicia-se no Sinai e termina nas proximidades da Terra Prometida, 38 anos mais tarde), muito do material parece estar em ordem de assunto. Por exemplo, Êxodo termina com a glória *Shekinah* habitando no tabernáculo que fora construído. Esse evento é recapitulado em Números 9.15-2, sugerindo o início de uma nova seção narrativa. Diante desse fato levanta-se uma dúvida: os eventos dos capítulos 1-8 ocorreram antes ou depois da construção do tabernáculo?

Esse e vários outros exemplos levaram os críticos a acreditar que Números não constitui uma unidade literária, isto é, a matéria do livro não foi rigidamente organizada de acordo com um princípio. Examinando a forma de Números, os críticos têm concluído que o livro é uma coleção de relatos referentes à vida no deserto combinados com materiais diversos tais como legislação, genealogia e narrativas de viagem. Uma observação das transições entre os episódios, ora bruscas, ora suaves, reforça a conclusão dos críticos. A teoria documentária discutida anteriormente neste artigo também favorece essa conclusão. Segundo essa teoria, Números pode ser dividido da seguinte maneira: J e E, 10.29 — 12.15; 20.14-21; 21.2-32; 22.2 — 25.5; P inclui o resto do conteúdo do livro, exceto 21.33-35, que pertence a D. Em Números os nomes divinos Jeová e Eloim são usados alternadamente, fato que dificulta a distinção entre os documentos (J e E.) (Z p. 462, 463 vol. IV.)

Outro aspecto importante que se deve observar ao examinar a estrutura de Números é a *poesia* nele contida. Os críticos sugerem que a maioria, senão todos os poemas e fragmentos contidos em Números, tenha existido independentemente desse contexto. Por exemplo, o cântico do Poço em 21.17 ss. tem sido comparado a cânticos similares noutras literaturas. Outras ocorrências de poemas ou fragmentos de poemas são encontradas nas seguintes passagens de Números: 6.24-26; 10.35; 12.6-8; 18.24; 21.14-17ss.; 21.27ss.; 23.7-10; 24.3-9,15-19. Os fragmentos que ocorrem em 12.6-8 (glorificações a Moisés como profeta) e em 6.24-26 (bênção sacerdotal) são considerados mais recentes do que os outros e possivelmente pertencem ao documento E (século VIII a.C.) ou a um período posterior. Esses dois documentos revelam influências das classes proféticas e sacerdotais. Do ponto de vista literário, os outros poemas são mais rústicos, datando provavelmente do período de estabelecimento na Palestina. A preservação de tais poemas através dos séculos se deu por meio da tradição oral, um processo de transmissão bastante eficaz em se tratando de poesia — o ritmo auxilia a memória (AM, p. 537, vol. xx).

3. Texto. O texto de Números parece ser bastante estável. O criticismo textual fundamenta-se nos textos da Revisão Samaritana (RS), da Septuaginta (LXX) e do Texto Massorético (MT). Os textos da RS e da LXX distinguem-se do MT— esse último é mais sintético, enquanto os outros dois são mais desenvolvidos. O texto massorético foi preservado num clima mais sacerdotal na Babilônia, sendo reintroduzido na Palestina somente nos séculos II e I a.C.

Entre os achados de Qumran (1947-1953), foram encontradas porções de um rolo de pergaminho de Números (4Q Num(b)), que exibem um caráter textual bastante interessante: o texto apresenta uma posição intermediária entre o da RS e o da LXX e, frequentemente, concorda com as variantes da RS em oposição ao TM. Contudo, em casos nos quais TM e RS concordam com a LXX, esse texto segue a LXX. F. Cross sugere que este tipo de texto fosse o usado na Palestina nos séculos V-II a.C. Ver no *Dicionário* o artigo sobre *Manuscritos do Antigo Testamento*.

II. Propósito e Conteúdo. O propósito aparente do livro foi registrar o início do efeito exterior que o pacto exerceu na vida dos israelitas. Números registra as modificações e os ajustamentos na estrutura das estipulações pactuais, bem como a reação do povo israelita a tais estipulações. Os temas de fé e obediência são centrais em Números, que é considerado "o livro do servir e do caminhar do povo redimido de Deus" (UBD, 799). Números continua a narração da jornada iniciada no livro de Êxodo, começando com os eventos do segundo mês do segundo ano (Nm 10.11) e terminando com o décimo primeiro mês do quadragésimo ano (Deu 1.3). Os 38 anos de perambulação no deserto procedem do fracasso do povo de Israel, diante da provisão divina para seu sucesso.

III. Esboço
A. Partida do monte Sinai (1.1 — 10.10)
  Preparação no Sinai (1.1 — 9.14)
    a. Enumeração das tribos (1.1-54)
    b. Organização do acampamento (2.1 — 4.49)
    c. Regulamentações especiais (5.1 — 6.27)
    d. Enumeração das ofertas dos príncipes (7.1-89)
    e. As lâmpadas do tabernáculo (8.1-4)
    f. A consagração dos levitas (8.5-26)
    g. A Páscoa (9.1-14)
    h. A nuvem guia a marcha dos israelitas (9.15-23)
    i. As duas trombetas de prata (10.1-10)
B. Viagem do Sinai a Moabe (10.11 — 21.35)
  1. *Do Sinai a Cades-Barneia* (10.11 — 14.45)
    a. A partida (10.11-36)
    b. As murmurações dos israelitas (11.1-35)
    c. A sedição de Miriã e Arão (12.1-16)
    d. Os espias (13.1-33)
    e. Os israelitas querem voltar ao Egito (14.1-45)
  2. A *Permanência no Deserto* (15.1 — 21.35)
    a. Repetição de diversas leis (15.1-41)
    b. Rebelião de Coré, Datã e Abirão (16.1-50)
    c. Floresce a Vara de Arão (17.1-13)
    d. Deveres e direitos dos sacerdotes (18.1-32)
    e. O rito da purificação (19.1-22)
    f. Incidentes no deserto (20.1 — 21.35)
C. *Nas Planícies de Moabe* (22.1 — 36.13)
  1. *Eventos Importantes* (22.1 — 32.42)
    a. Balaão (22.1 — 24.25)
    b. Apostasia em Peor (25.1-18)
    c. Recenseamento (26.1-51)
    d. A lei acerca da divisão da terra (26.52-65)
    e. A lei acerca das heranças (27.1-11)
    f. Nomeação de Josué como sucessor de Moisés (27.12-23)
    g. Regulamentações sobre festivais, votos e oferendas (28.1 — 30.17)
    h. Vitória sobre os midianitas (31.1-54)
    i. Rúben e Gade pedem Gileade (32.1-42)
  2. *Apêndice* (33.1 — 36.13)
    a. Itinerário (33.1-56)
    b. Instruções antes de entrar na terra (34.1 — 36.13)

IV. Teologia. Fundamentando-se nos resultados do pacto entre Deus e Israel, o livro de Números exprime um ponto de vista a respeito da natureza do Criador e de sua criação. Segundo o acordo estipulado detalhadamente entre em Êxodo e Levítico, o povo deveria servir a Deus somente, sem idolatria. Em retorno, Deus lhes protegeria e abençoaria, dando-lhes uma nova terra. Nisso consistia o pacto, entretanto o alvo era nobre demais para a natureza humana e houve uma grande lacuna entre a profissão e a realização desse acordo. O livro expressa a natureza extremamente pecaminosa do homem, o qual não se inclina para Deus a despeito de todas as evidências (no Tabernáculo) e de seu poder (nas diversas intervenções). Em face de tudo o que Deus tinha provado ser, o povo não confiou nele, mas permaneceu apreensivo, orgulhoso e egoísta.

Em relação à natureza de Deus, o livro revela três aspectos principais: seu caráter fiel, punitivo e santo.

1. Fiel. A fidelidade divina é claramente demonstrada em Números, pois o pacto foi repetidamente quebrado e, apesar de Deus ter todo direito de abandonar os israelitas ou de destruí-los, ele cumpriu até o fim seu propósito de fazer o bem à nação de Israel e ao mundo através dela.

2. Punitivo. Entretanto, isso não implica que Deus possua uma natureza impassível. Ao contrário, o capítulo 14 retrata a ira de Deus e revela seu caráter pessoal dinâmico e impetuoso.

3. Santo. A santidade de Deus é especialmente acentuada nesse livro. Para aproximar-se de Deus, o homem precisa livrar-se de toda a impureza, pois o impuro não pode existir na presença do Puro. Em se tratando de santidade, há um abismo entre Deus e os homens, entretanto, em sua graça, Deus providenciou um caminho de acesso à sua santa presença: a purificação.

V. Problemas Especiais
1. Narrativas sobre Balaão. Uma das passagens mais poéticas de Números encontra-se nos capítulos 23 e 24. Esta passagem narra como Balaão foi chamado pelo rei de Moabe para assolar os perigosos guerreiros que ameaçavam seu território. A narrativa é estranhamente contraditória, pois Deus ordena a Balaão que vá e em seguida o censura por ter ido. Em Números 31.16, Balaão é acusado de ter conduzido Israel ao pecado. Isto está em desacordo com a história narrada anteriormente, e parece indicar que várias fontes foram alinhadas juntas de maneira um tanto frouxa. Exegetas tradicionais têm tentado

harmonizar essas referências. Críticos mais recentes consideram 31.16 uma inserção posterior.

2. Autenticidade do Recenseamento. Números 1.46 e 26.51 declaram que os hebreus possuíam um exército de 600.000 homens, número que indicaria uma comunidade total de 2 a 3 milhões de pessoas. Embora não totalmente fora de consideração, esse número não é muito provável, pois nem mesmo os grandes exércitos daquele período (Egito e Assíria) ultrapassavam os 100.000 homens. Além disso, investigações arqueológicas indicam que a população total de Canaã naquele período era menor do que 3 milhões de pessoas, fato que dificulta a explicação de como os cananeus foram capazes de restringir a conquista dos hebreus às terras altas centrais. A dificuldade em alimentar 3 milhões de pessoas no deserto deve também ser considerada. Os que acreditam na plena inspiração da Bíblia têm refutado estes argumentos e feito tentativas para provar a autenticidade dessas estatísticas baseando-se em estudos de palavras. Não obstante, as soluções sugeridas apresentam numerosos problemas, impossibilitando uma conclusão final.

3. Avaliação Bíblica do Período. Há certa discrepância entre a avaliação profética e a avaliação pentatêutica desse período da história de Israel. Amós 5.25; Oseias 2.15; 9.10; 11.1-4 e Jeremias 2.2,3; 31.2 são passagens que mostram que os profetas consideraram esse período um tempo idílico em que Israel manteve um relacionamento saudável e constante com Deus. Por outro lado, acredita-se que o ponto de vista pentatêutico foi forçado pelos escritores do documento P, que, impressionados com o castigo do exílio imposto por Deus, acreditaram que Israel jamais o serviria fielmente. Tentando solucionar esse problema, alguns sugerem que a discrepância seja apenas aparente, pois o ponto de vista otimista dos profetas deve ser considerado à luz do período apóstata em que viveram.

4. O Itinerário da Viagem no Deserto. As dificuldades em harmonizar os dados bíblicos e em identificar os locais mencionados nas narrativas têm sido obstáculos na reconstrução da viagem através do deserto.

Números 33 sugere que a viagem tenha sido realizada em quatro estágios: do Egito ao Sinai (Nm 33.3-15); do Sinai a Eziom-Geber (33.16-35); de Eziom-Geber a Cades (33.36); e de Cades a Moabe (33.36-37). A despeito de essa reconstrução corresponder com Deuteronômio 1.46 e 2.1, há nela algumas dificuldades que devem ser consideradas: **1.** Segundo a reconstrução anterior, o povo hebreu passou trinta e oito anos perambulando no deserto na área de Cades (cf. Nm 13.26 e 20.1). Números 33 não menciona nenhum acampamento durante os anos em Cades, fato que tem levado os críticos a pensar que não houve tal perambulação. Eles afirmam que Números 20.1 retoma a narrativa dentro de alguns dias, de onde fora deixada em 14.45. Derrotados na tentativa de penetrar na terra pelo sul, os hebreus simplesmente mudaram de rumo e entraram pelo leste. **2.** Outra dificuldade é o grande número de acampamentos entre o Sinai e Eziom-Geber, enquanto Números 11.34 e 12.16 inferem apenas duas paradas numa rota mais direta a Cades. **3.** Outra dificuldade é a ordem para mudar de rumo e ... *caminhar para o deserto pelo caminho do mar Vermelho* (Nm 14.25). O capítulo 33 do livro não reflete esse movimento (Z p. 465-466).

J. N. Oswalt, tentando uma reconstrução do trajeto coerente com os dados bíblicos, sugere o seguinte: "Talvez Ritmá (33.18,19) se refira ao wadi Abu Retemat, que está ao sul de Cades. Assim Ritmá seria o local do acampamento no tempo em que os espias foram enviados (KD,III, 243). Se isso for correto, então os 17 lugares mencionados nos versículos 19-36 se referiam aos trinta e oito anos de perambulação. Isto significa que os hebreus iniciaram sua permanência em Cades (13.26; 33.36,37), vaguearam na área sul e leste e de lá foram para Eziom-Geber (33.20-35), terminando em Cades novamente (20.1; 33.36). Frustrados na tentativa de se dirigirem ao nordeste através de Edom para o mar Vermelho, eles retornaram ao sul novamente (21.4), entraram em Arabá, ao norte de Eziom-Geber, e de lá prosseguiram para Moabe" (Z p. 466).

VI. Bibliografia. ALB AM ANET E I IB LOT WES YO

NÚMEROS NA BÍBLIA. Ver o artigo *Número* (*Numeral, Numerologia*).

NUVEM

Há várias palavras hebraicas e gregas envolvidas neste verbete: **1.** *Nasi*, "exaltada". Com o sentido de nuvem aparece somente em Jó. 36.32. **2.** *Ab*, "grossura", "espessura". Com o sentido de nuvem, figura por trinta vezes (por exemplo, Jz 5.4; 2Sm 23.4; 1Rs 18.44,45; Jó 20.6; 30.15; Sl 77.17; Pv 16.15; Ec 11.3,4; Is 5.6; 60.8). **3.** *Anan*, "nuvem". Palavra que aparece por 99 vezes (Para exemplificar: Gn 9.13-16; Êx 13.21,22; 40.38; Lv 16.2,13; Nm 9.15-22; 16.42; Dt 1.33; 4.11; 1Rs 8.10,11; 2Cr 5.13,14; Ne. 9.9; Jó 7.9, 38.9; Sl 78.14; 105.39; Is 4.5; 44.22; Jr 4.13; Ez 1.4,28; 38.9,16; Os 6.4; Jl 2.2; Sf 1.15). **4.** *Shachaq*, "nuvem (tênue)". Palavra que ocorre por onze vezes com esse sentido (por exemplo: Jó 35.5; 36.28; Sl 36.5; 57.10; Pv 3.20; 8.28). **5.** *Ananh*, "nuvem (espessa)". Palavra que, com esse sentido, aparece somente em Jó 3.5. **6.** *Nephéle*, "nuvem". Termo grego que é usado por 26 vezes (Mt 17.5; 24.30; 26.64; Mc 9.7; 18.26; 14.62; Lc 9.34,35; 12.55; 21.27; At 1.9; 1Co 10.1,2; 1Ts 4.17; Jd 12; Ap 1.7; 10.1; 11.12; 14.14,15,16). **7.** *Néphos*, "nuvem". Palavra que ocorre somente em Hebreus 12.1.

Além de serem usados vários vocábulos para indicar "nuvem", nas Escrituras também há vários tipos de nuvem. Há palavras traduzidas por nuvem, vapor, névoa, poeira, nuvem de chuva etc. (Ver Jó 3.5; Dn 7.13; Pv 25.14; Êx 19.9 e Sl 77.17). As nuvens tênues são aquelas leves e espalhadas, conforme se vê em Jó 36.28. O termo grego *nephéle* descreve qualquer tipo de nuvem (Hb 12.1; Lc 12.54; Jd 12).

A regularidade das estações na área do mar Mediterrâneo empresta grande significação às estações e climas, no que concerne à aparência das nuvens. Mas, excetuando a direção do evento que influencia as condições atmosféricas, bem como a cor do firmamento ao fim do dia, há poucas evidências de que os amigos hebreus tivessem qualquer conhecimento meteorológico sério. Desde o começo de maio até o fim de setembro, as chuvas são escassas, e as nuvens são raras na Palestina. Portanto, na narrativa de 1Reis 18.44, o aparecimento de uma pequena nuvem no ocidente foi considerado um fenômeno notável. A ignorância básica dos homens, naquela época, no tocante às nuvens, era algo reconhecido. Os homens não sabiam enumerar as nuvens (Jó 38.37) nem explicar como elas se espalham (Jó 36.29), nem sabiam explicar suas variadas ações (Jó 37.15,16), nem sabiam fazer as nuvens produzirem chuvas (Jó 38.34), e nem eram capazes de fazê-las cessar em seus movimentos (Jó 38.37).

Usos Espirituais e metafóricos. 1. As nuvens são usadas em várias descrições poéticas, que envolvem metáforas, como as nuvens do céu (Dn 7.13; Mt 24.30); as janelas do céu (Gn 7.11); os odres do céu (Jó 38.37), a morada de Deus (Sl 104.13), ou a poeira dos pés de Deus (Na 1.3). **2.** As nuvens simbolizam o poder e a sabedoria de Deus, mediante a formação delas (Sl 135.6,7; Pv 8.28). **3.** As nuvens podem simbolizar multidões ou exércitos (Is 60.8, Jr 4.13; Hb 12.1). **4.** O súbito desaparecimento de nuvens ameaçadoras simboliza o apagar das nossas transgressões (Is 44.22). Naturalmente, o súbito juntar das nuvens é um símbolo psíquico de ameaças de qualquer tipo, como a aproximação de alguma tribulação, ao mesmo tempo em que a dispersão das nuvens simboliza a remoção das ameaças. **5.** Um dia de nuvens simboliza um período de calamidade e tribulação, incluindo os temíveis efeitos dos juízos divinos (Lm 2.1; Ez 30.3; 34.12; Jl 2.2). **6**. Uma nuvem sem chuvas simboliza, proverbialmente, uma promessa que nunca se cumpre (Is 18.4; Jd 12). Os falsos mestres são comparados a esse tipo de nuvem. **7**. As nuvens das últimas chuvas dão vida nova, pelo que simbolizam as bênçãos divinas e a prosperidade daí resultante (Pv 16.15). **8**. As nuvens que retornam após a chuva simbolizam as debilidades da idade avançada. Uma enfermidade vai dando lugar a outra, e a mesma figura simbólica ilustra qualquer tribulação que se repete, deixando o indivíduo sem um momento de trégua ou descanso (Ec 12.1 ss.). **9**. As nuvens tapam os raios da luz do sol. Isso posto, as nuvens podem simbolizar o ocultamento da glória divina (Êx 16.10; 33.9; Nm 11.25; Jó 22.14 e Sl 18.11). **10**. A nuvem que guiou o povo de Israel, durante as vagueações pelo deserto, conferindo-lhes sombra durante o dia, simboliza o contí-nuo cuidado e a proteção constante de Deus, em meio às dificuldades por que passamos. Ver o artigo separado sobre a *Coluna de Fogo e de Nuvem*. **11**. A divina presença, misteriosa como é, manifestou-se no Sinai como uma névoa (Êx 19.9), o que também ocorreu no átrio do tabernáculo (Êx 40.34,35), no templo de Jerusalém (2Cr 5.13; 1Rs 8.10). **12**. O caráter ilusório do amor falso pode ser ilustrado pela nuvem matinal, que promete refrigério mas não produz o que prometeu (Os 6.4). **13**. As visitações de Deus, em seus juízos contra os homens, assemelham-se ao ajuntamento das nuvens (Êx 30.3; Jl 2.1; Sf 1.15). **14**. Há muitos seres espirituais que estão interessados naquilo que fazemos, especialmente quanto às questões espirituais, e nos vigiam e nos encorajam. Esses seres são assemelhados a uma *nuvem de testemunhas*, em Hebreus 12.1. Essas testemunhas também são formadas por todos os crentes do passado que viveram uma vida de fé e que, mediante o seu exemplo, conferem-nos um alvo e um propósito a seguir. **15**. Jesus, em sua ascensão, foi tomado em nuvens (At 1.9,11), e assim, igualmente, haverá de retornar (Ap 1.7). O arrebatamento dos salvos também estará associado a nuvens (1Ts 4.17). Nesses casos, não devemos pensar em nuvens formadas por vapor d'água, mas em nuvens de manifestação mística, de energias que ainda não conhecemos. (BAL ID LAN SMI)

NUVEM, COLUNA DE. Ver *Coluna de Fogo e de Nuvem*.

NUZI
1. Referências. Essa cidade hurriana não é mencionada na Bíblia, embora esteja ligada a assuntos bíblicos. Seu nome tem sido encontrado em tabletes em escrita cuneiforme como Nuzi, uma forma genitiva, a única forma com que o nome dessa cidade tem aparecido nos documentos antigos. A arqueologia tem demonstrado que essa cidade existiu no segundo milênio a.C.
2. Localização. Nuzi ficava na parte nordeste da Mesopotâmia, diretamente ao norte da cidade da Babilônia, cerca de 370 km dali. As ruínas de Nuzi têm sido identificadas como o cômoro de Yorghan Tepe, cerca de catorze quilômetros e meio a oeste da moderna cidade de Kirjut. Foi escavada pela primeira vez em 1925-1931, pelas *American Schools of Oriental Research*, em cooperação com o Museu da Universidade de Harvard.
3. Importância. Cerca de quatro mil tabletes de argila foram encontrados em Nuzi, fornecendo muitas informações sobre a vida da época, incluindo o modo do viver do povo comum, embora quase todos esses tabletes versem sobre a vida da família real e sobre a política pertinente. Muitos costumes são ali mencionados, iluminando os tempos patriarcais bíblicos. Esses informações ajudam-nos a compreender melhor o relato do livro de Gênesis, oferecendo confirmação para muitas declarações contidas naquele livro canônico.
4. Pontos de Interesse Comparados com o Livro de Gênesis. ***a. Relacionamento com Harã***. Embora distantes uma da outra, essas duas cidades faziam parte do território dos hurrianos, no segundo milênio a.C. Assim sendo, elas tinham uma cultura comum incluindo muitos costumes, leis etc. Abraão viveu em Harã por muitos anos, antes de migrar para a terra de Canaã. E muitos de seus parentes ficaram em Harã. Rebeca foi trazida dali, a fim de casar-se com Isaque. Jacó fugiu para ali, por causa de seu irmão, Esaú, e permaneceu por duas décadas com seu tio, Labão, irmão de Rebeca. ***b. Documentos Escritos***. Os tabletes achados em Nuzi demonstram a antiguidade da arte da escrita e sua preservação, muito antes dos dias de Moisés. Alguns estudiosos mais antigos pensavam que Moisés teria sido analfabeto, pelo que não poderia ter sido o escritor original do Pentateuco. ***c. Adoção***. O próprio Antigo Testamento dá informações sobre a adoção formal, e os tabletes de Nuzi comprovam a existência desse costume. Um homem adotava uma criança para que levasse avante seu nome e fosse seu herdeiro, se, porventura, não tivesse um filho seu, mesmo. Abraão pensou em adotar Eliezer como filho, antes do nascimento de Isaque (Gn 15.2), ***d. Terafins***. Esses eram os deuses domésticos. Raquel furtou os deuses domésticos de seu pai, não meramente a fim de adorá-los, mas porque o possuidor dos mesmos tornava-se o herdeiro principal. Os tabletes de Nuzi mostram que um homem podia adotar um genro como seu principal herdeiro, e nesse caso, os terafins ficavam com esse genro, como sinal de sua partilha maior. Esses terafins eram provas legais, e os tribunais aceitavam os mesmos, se fossem apresentados. Torna-se assim claro por qual motivo Raquel rebaixou-se a ser uma ladra, e também porque, dias depois, protegeu as estatuetas sob sua sela, com mentiras. O dinheiro sempre foi importante, e com frequência era mais valorizado que a moralidade, tal como se verifica hoje em dia. É patente que Labão queria que seus próprios filhos homens ficassem com os terafins, o que exibe a importância da questão. O relato acha-se em Gênesis 31. ***e. O Enterro dos Terafins***. Alguns eruditos supõem que Jacó, secundando o ato de Raquel, sepultou os *terafins*, a fim de escondê-los. Assim, mais tarde, ele poderia desenterrá-los, apresentá-los em tribunal, e reivindicar a herança de Labão. Ver Gênesis 35.2-4. No entanto, o contexto da passagem parece indicar que Jacó enterrou aquelas imagens a fim de livrar-se delas para sempre. Não há indício de que ele tenha voltado para desenterrar os *terafins*. ***f. Sara, Irmã de Abraão***. Por qual razão Abraão disse que Sara era sua irmã (de fato, ela era sua meia-irmã; Gn 20.12), ao mesmo tempo em que ocultou o fato de que era sua esposa (Gn 12.11-20). Além de ter feito isso no incidente que envolveu o Faraó, rei do Egito, houve reiteração do caso, no incidente que envolveu Abimeleque (Gn 20.1-18). Os tabletes de Nuzi mostram que, naquela época, a posição de uma irmã, com frequência, era mais importante que a posição de uma esposa. É possível que Abraão (como também, mais tarde, Isaque, que fez a mesma coisa; Gn 26.6-16) tivesse querido conferir à sua esposa uma posição mais respeitável, chamando-a de sua "irmã". É verdade que o contexto que envolve a história de Abraão e o Faraó retrata este último como indignado com Abraão, devido ao ato de engano deste. Contudo, em sua mente, Abraão pode ter pensado que ele estava protegendo sua esposa, daquela maneira. Porém, contra essa interpretação levantam-se os versículos 11 e 12 do mesmo capítulo. Ali aprendemos que Abraão temia que os egípcios o matassem, se pensassem que Sara era sua esposa, a fim de livrarem-se dele e ficarem com ela. Isso posto ele estava mais interessado em poupar a própria vida do que em exaltar Sara. ***g. Mães Substitutas***. Atualmente vemos o espetáculo das mães de aluguel, contratadas por homens cujas esposas são incapazes de engravidar. Embora com algumas diferenças, essa atividade não é recente. Os tabletes de Nuzi mostram que um homem que não tinha filho e herdeiro poderia tomar uma outra mulher a fim de gerar com ela um filho. Foi precisamente o que ocorreu no caso de Hagar, criada de Sara (ver Gn 16.2). Uma mulher assim poderia ser uma espécie de esposa-escrava

(ou concubina); e não há que duvidar que Hagar era escrava de Sara. O código de Hamurabi contém disposição similar, com a diferença de que ali somente uma sacerdotisa podia obter um filho dessa maneira, e não uma mulher comum. Além disso, na Babilônia uma mulher não podia reivindicar para si mesma os filhos de uma concubina de seu marido, pelo que não exercia autoridade sobre eles, como sucedeu a Ismael, que tinha de obedecer a Sara. **h. Esposas Extras e Filhos Extras**. Lia e Raquel deram suas respectivas criadas a Jacó, na competição entre as duas irmãs para terem mais filhos. Essa era outra antiga maneira de uma mulher ser mãe substituta. Alguns eruditos têm pensado que isso representa um costume posterior, que foi inserido, de forma anacrônica, em um registro antigo. Porém, os registros de Nuzi confirmam a antiguidade de tal costume. **i. Os Habiru**. Os tabletes de Nuzi projetam luz sobre a origem da palavra *hebreu*. O trecho de Gênesis 14.13 fala em "Abraão, o hebreu". E os tabletes de Nuzi estampam a palavra *Ha-bi-ru*, que parece referir-se a povos nômades que vagueavam sem lugar fixo, que não possuíam terras. Portanto, é possível que desse termo, *Ha-bi-ru*, é que tenha provindo o nome hebreu, dando a entender um povo nômade. **j. Outras Questões**. Costumes referentes a testamentos, contratos etc., além de costumes e atitudes próprios da época patriarcal, transparecem nos tabletes de Nuzi, com paralelos ao menos parciais no livro de Gênesis. A passagem dos séculos anulou muitos desses costumes; mas o relato de Gênesis reflete um período bem remoto, que concorda em muito com as informações dadas pelos tabletes de Nuzi. A impressão geral que se tem, após o cotejo entre Gênesis e esses tabletes, é de que a historicidade do livro de Gênesis é fortemente confirmada. (CS GCH Z)

OADE
No hebraico, **"unidade"**. Ele era filho de Simeão, um dos doze patriarcas de Israel (Gn 46.10). Veio a ser o cabeça de um dos clãs de Israel. Seu nome não se acha nas listas paralelas de Números 26.12-14 e 1Crônicas 4.24,25. Viveu em torno de 1700 a.C. Também há quem interprete seu nome com o sentido de "poderoso".

OBADIAS (LIVRO)
I. Pano de Fundo e Caracterização Geral.
Obadias é o mais curto livro do Antigo Testamento, pois consiste em apenas 21 versículos. Nada se sabe sobre o profeta Obadias, e as poucas tradições que falam sobre ele não são dignas de confiança. Mas, embora o seu livro seja tão minúsculo, muitos eruditos creem que não foi um único autor que o produziu por inteiro, e que partes do livro vieram de diferentes épocas. De acordo com eles, alguns dos oráculos do livro foram proferidos ou escritos pouco depois da queda de Jerusalém frente aos babilônios, o que deu início ao cativeiro babilônico (587 — 586 a.C.). Talvez Obadias tenha-se valido das coleções de declarações que haviam sido oralmente transmitidas pelas escolas dos profetas. Isso poderia explicar as incríveis similaridades entre os versículos 1-9 e Jeremias 49.7-22. Mesmo nesse caso, porém, aquelas declarações refletem bem o ponto de vista de Obadias.

Obadias foi, primariamente, um poeta que exprimiu algumas questões proféticas. Edom havia-se aliado a outras nações a fim de derrubar Menaém e despojar Judá, num ato inacreditável e imperdoável que foi denunciado por Obadias (vss. 10-14). À semelhança de Joel, Obadias passou a descrever profeticamente o julgamento dessas nações. Ademais, em visão profética, ele previu a volta de Judá à sua terra, o domínio de Judá sobre Edom e o triunfo universal de *Yahweh*. Alguns estudiosos acreditam que o livro de Obadias foi escrito às vésperas do avanço árabe-nabateu (cerca de 312 a.C.), que haveria de conquistar os edomitas, e que Obadias estava clamando por vingança pelo que Edom havia feito contra Judá. Salmo 137.7 refere-se à maliciosa alegria expressa por Edom diante da destruição de Jerusalém e dos subsequentes sofrimentos causados pelo cativeiro babilônico. Foi isso o que fez Obadias sentir-se tão ultrajado, sendo também a principal inspiração dessa profecia condenatória contra Edom.

II. Autoria e Data.
A tradição atribuiu este livro a um homem de nome *Obadias*, mas essa mesma tradição mostra-se errônea, ao prestar certas outras informações. Ver no *Dicionário* o artigo *Obadias* (Pessoas), no oitavo ponto, que dá a pouca informação que se sabe a respeito desse homem. O nome Obadias era extremamente comum na sociedade hebreia. Ainda assim, não há razão para duvidarmos de que houve um profeta com esse nome, e de que a essência do livro foi escrita por ele, embora ele possa ter incorporado declarações que não fossem de sua lavra original. A data do livro é um ponto disputado, e as sugestões variam muito das outras. O nome Obadias significa "adorador de *Yahweh*"; as poucas indicações que temos acerca dele apontam para um homem piedoso, que seguia a ortodoxia judaica e era impelido por fervoroso nacionalismo.

Data. O livro de Obadias tem sido datado desde 887 a.C. até tão tarde quanto 312 a.C., ou ligeiramente antes. Se a data mais antiga é a que está correta, então o livro foi escrito durante o reinado da sanguinária rainha Atalia (2Rs 8.16-26). Se essa opinião está com a razão, então Obadias foi o primeiro de todos os profetas escritores. No entanto, a maioria dos estudiosos não encontra boas evidências em favor dessa data tão antiga. Mas, se o livro foi escrito pouco antes do avanço árabe-nabateu, que arrasou com Edom, devido a seu pecado de ter ajudado aos inimigos de Judá, então o livro foi escrito algum tempo antes de 312 a.C. e se os vss. 1-9 de Obadias foram tomados por empréstimo de Jeremias 49.7-22, então o livro deve ter sido escrito depois do de Jeremias, talvez em cerca de 570 a.C., ou pouco mais tarde. Entretanto, esse material poderia fazer parte das declarações dos profetas, de cujos escritos Jeremias também tirou proveito, o que significa que nenhuma data certa pode ser fixada para a sua utilização.

As evidências acerca de uma data mais recuada incluem a observação de que Edom foi hostil com Israel não apenas posteriormente, mas desde muito tempo. Assim, durante o reinado de Jeorão (848 — 841 a.C.), os filisteus e os árabes avassalaram Judá e saquearam Jerusalém (2Cr 21.16,17). Na ocasião, os edomitas mostraram-se muito hostis a Judá (2Rs 8.20-22; 2Cr 21.8-20). Mas, contra isso, argumenta-se que os vss. 1-9 de Obadias (tomados por empréstimo de Jr 49.7-22) associariam a profecia com as dificuldades posteriores que envolveram o cativeiro babilônico. E a posição do livro de Obadias, dentro do cânon do Antigo Testamento, pode indicar uma data mais antiga, visto que ele se agrupa com Oseias, Miqueias e Amós (havendo algum paralelismo verbal com este último). Entretanto, temos aprendido que essas posições, dentro do cânon, com frequência não são cronológicas. Por outra parte, em favor de uma data posterior, conforme já foi mencionado, temos a associação do livro com Jeremias, em cujo caso a invasão babilônica prové o pano de fundo histórico; a amarga hostilidade de Edom, na ocasião; e a destruição de Edom pelos árabes, o cerne mesmo da predição de Obadias. Essa hostilidade dos edomitas (também transparece em Lm 4.21; Ez 25.12-14; 35.1-15; Sl 137.7). Acresça-se a isso que a invasão filisteia, nos dias de Jeorão, não foi um grande evento histórico, não sendo provável que estivesse na mira de Obadias. Apesar de não haver como solucionar o problema, o peso maior parece favorecer uma data posterior.

III. Problema de Unidade.
Alguns críticos veem no livro de Obadias uma colcha de retalhos, e não uma unidade literária. As teorias a respeito diferem tanto que o resultado é a confusão. O pequeno livro de Obadias tem sido dividido de várias maneiras, com seções que refletiriam diferentes períodos de tempo. Uma dessas teorias fala acerca de quatro seções, a saber: **1**. vss. 1-4 (pré-exílica); **2**. vss. 5-15b (após 450 a.C.); **3**. vss. 15a,16-18 (após 350 a.C.), quando os árabes invadiram Edom através do Neguebe, **4**. vss. 19-21 (período dos macabeus). Mas outra teoria divide o livro em sete oráculos, que teriam sido proferidos entre os séculos VI e IV a.C. Em ambos os casos, fica entendido que um editor bastante posterior compilou o livro com base em fontes que datavam de tempos muito díspares. Porém, a divisão mais simples é aquela que fala em duas porções do livro, ou seja: *a*. vss. 15a,16-21 (que formariam um apêndice); *b*. O começo do livro, que formaria uma unidade literária. Outra divisão dupla é como segue: *i*. vss. 1-9,16a,18-20a (pré-exílica); *ii*. vss. 10-14 e alguns fragmentos (pós-exílica). A posição conservadora em geral é de que algum autor único escreveu o livro, embora tenha inserido algum material proveniente de tempos anteriores. Um oráculo mais antigo parece despontar (nos vss. 1-4), onde o autor afirma: "Temos ouvido as novas do Senhor". É ali que

encontramos a predição sobre a ruína de Edom, o que pode ter sido uma antiga profecia que teve vários cumprimentos históricos parciais. Talvez o restante do livro seja, essencialmente, a obra de um único autor, enquanto seus paralelos com o livro do Jeremias poderiam ter provindo do mesmo fundo comum de declarações proféticas, usado tanto por Jeremias quanto por Obadias.

IV. Propósito do Livro. Arrogantemente, os edomitas rejubilaram-se diante das derrotas de Judá (e isso sem importar se mais cedo ou mais tarde na história), chegando a prestar ajuda aos saqueadores. Eles detinham e maltratavam judeus que fugiam, ou chegavam mesmo a vendê-los como escravos. Isso foi um ultraje entre aparentados, racial e historicamente falando. Desse modo, Obadias esboçou como seria tomada vingança contra Edom, e então ocorreria a vitória final de Judá, por meio do temível Dia do Senhor.

V. Relação com o Livro de Jeremias. É patente que os versículos 1-9 de Obadias estão relacionados com o trecho de Jeremias 49.7-16, o que tem influenciado a teoria de uma data posterior, conforme dito anteriormente, na segunda seção. Há três teorias atinentes a esse paralelismo, a saber: **1**. Tanto Jeremias quanto Obadias tomaram por empréstimo declarações proféticas de alguma fonte mais antiga, pelo que um deles não depende do outro no tocante a material ou data. **2**. Jeremias é quem tomou por empréstimo de Obadias, o que significa que primeiramente foi escrito o livro de Obadias. **3**. Obadias tomou emprestado de Jeremias. Aqueles que defendem a teoria de um *oráculo antigo* supõem que a versão de Obadias se assemelhe mais ao original, e que a versão de Jeremias contenha algumas modificações feitas por ele mesmo. Ou então, se Jeremias foi quem tirou proveito de Obadias, então ele modificou esse material para ajustar-se aos seus propósitos. Contudo, se Obadias realmente tomou emprestado de Jeremias, então, verdadeiramente, o livro de Obadias é posterior, referindo-se ao cativeiro babilônico, e nesse caso as diferenças teriam sido produzidas por Obadias, de acordo com os seus próprios propósitos. Não há como solucionar esse problema. Os eruditos manuseiam a questão essencialmente de acordo com aquilo que acreditam acerca da data do livro.

VI. Teologia. **1**. É um crime tratar parentes conforme Edom fez com Judá. Que o amor fraternal tenha livre curso. **2**. O julgamento divino haverá de recair sobre os ofensores com estrita retribuição (vss. 10,15). **3**. As nações que se opõem a *Yahweh* e a seu povo finalmente ficarão arruinadas. Aproximam-se tanto o Dia do Senhor (juízo) quanto uma época áurea. E os homens participarão ou de uma coisa ou de outra, em consonância com os seus feitos (vs. 17, comparar com Is 2.6-22; Ez 7; Jl 1.15--2.11, Amós 5.18-20, Sf 1.7,14-18).

4. O livro de Obadias condena as atitudes de traição, ridículo, orgulho e materialismo.

VII. Esboço do Conteúdo

1. *A Temível Sorte de Edom* (vss. 1-9)
   a. O título do livro (vs. 1a)
   b. Advertências de condenação (vss. 1b-4)
   c. A destruição vindoura (vss. 5-9)
2. *A Desprezível Conduta de Edom* (vss. 10-14)
3. *O Julgamento das Nações* (vss. 15-21)
   a. Como as situações reverter-se-ão (vss. 15-18)
   b. Restauração futura (vss. 19-21)

VIII. Bibliografia. AM BEW E EA UN Z

OBADIAS (PESSOAS)

No hebraico, **"adorador de Yahweh"**. Esse era um nome bastante comum na antiga cultura dos hebreus. Nas páginas da Bíblia há doze ou treze homens com esse nome, a saber: **1**. Um descendente de Issacar (1Cr 7.3). Ele pertencia à casa de Uzi, e viveu em cerca de 1014 a.C. **2**. Um líder da tribo de Gade, que se aliou a Davi, em Ziclague, quando este fugia de Saul (1Cr 12.9). Foi um dos trinta heroicos guerreiros de Davi. Viveu em torno de 1000 a.C. **3**. Um descendente de Saul e Jônatas (1Cr 8.38; 9.44). Viveu em cerca de 720 a.C. **4**. O pai de Ismaías, ao qual Davi nomeou sobre a tribo de Zebulom (1Cr 27.19). Viveu em torno de 1014 a.C. **5**. Um oficial de alta patente, camareiro ou mordomo do palácio, durante o governo de Acabe (1Rs 18.3). Isso sucedeu entre 870 e 850 a.C. Embora estivesse tão intimamente associado a Acabe, foi homem de alguma espiritualidade, e assim, quando Jezabel perseguia e matava os profetas de Israel, ele ocultou cem deles em uma caverna, suprindo-lhes alimentos. Sobreveio a fome sobre Samaria, e Acabe e Obadias dividiram a terra entre si, a fim de buscarem pasto para o gado. Obadias então encontrou-se com o profeta Elias, que o instruiu a dizer ao rei que Elias estava próximo. Obadias temeu obedecer a Elias, temendo morrer às mãos de Acabe, mas acabou anuindo. As tradições judaicas fazem dele o profeta *Obadias*, cujo nome está vinculado ao livro veterotestamentário desse nome (ver *Talmude Babilônico, San.* 39b), mas trata-se de um equívoco claro. **6**. Um ministro de Estado do tempo do rei Josafá, cuja tarefa foi a de ensinar a lei no território de Judá (2Cr 17.7). Ele viveu em cerca de 870 a.C. **7**. O profeta Obadias. Praticamente nada se sabe a seu respeito. O Talmude Babilônico identifica-o com o camareiro de Acabe; mas sem dúvida essa opinião está equivocada. Ver o quinto ponto, acima. Outras tradições fazem dele o terceiro capitão que Acazias enviou contra Eliseu (ver 2Rs 1.13), mas isso também não encontra respaldo bíblico. Ver a seção II, *autoria*, do artigo sobre *Obadias* (*Livro*). **8**. Um descendente de Davi e Jeoaquim, que viveu após o cativeiro babilônico (1Cr 3.21). Talvez ele seja o mesmo Judá de Lucas 3.26, pelo que faria parte da ascendência de Jesus, o Messias. E talvez o Abiúde de Mateus 1.13 seja outro nome do mesmo homem. O texto parece corrupto, pois a *Septuaginta* e a *Vulgata Latina* (vide) não concordam com o texto hebraico. **9**. Um levita que viveu após o cativeiro babilônico (1Cr 9.16). Ele tem sido identificado com o Abda de Neemias 11.17. Viveu em cerca de 445 a.C. **10**. O chefe de uma família que retornou do cativeiro babilônico, e fixou residência em Jerusalém (Ne 10.51).Viveu em torno de 445 a.C. **11**. Um sacerdote que assinou o pacto encabeçado por Neemias, terminado o cativeiro babilônico, quando Judá se instalou novamente em Jerusalém (Ne 10.5). Viveu em torno de 445 a.C. **12**. Um levita que foi porteiro encarregado dos depósitos, terminado o cativeiro babilônico, na época de Neemias (Ne 12.25). Viveu em torno de 445 a.C.

OBAL. Ver sobre *Ebal*.

OBEDE

No hebraico, **"reiteração"**. Esse foi o nome de duas personagens bíblicas do Antigo Testamento, a saber: **1**. O pai de Azarias. Azarias foi um profeta da época do rei Asa, de Judá (2Cr 15.1). Porém, o vs. 8 daquele mesmo capítulo dá a impressão de que o próprio Odede era o profeta, embora não em nossa versão portuguesa, que traduz o versículo de modo a não se ter essa confusão, dizendo: ... *e a profecia do profeta, filho de Odede...* Os eruditos acreditam que o texto massorético, nessa passagem, esteja corrompido, e que não devemos apelar para o recurso de explicar que tanto o pai quanto o filho foram profetas do Senhor. **2**. Um profeta de Samaria que viveu no tempo em que Peca, rei de Israel, invadiu Judá, em cerca de 735 a.C. Ele era um homem corajoso, que saiu ao encontro do exército vitorioso que retornava da matança que havia provocado. Odede repreendeu-os pela crueldade deles e exortou-os a que soltassem os prisioneiros que haviam capturado, cerca de dois mil homens. (Ver 2Cr 28.9). Os soldados de Israel ficaram tão impressionados, ante a repreensão de Odede, que libertaram os prisioneiros, e, tendo-os vestido, alimentado e ungido, enviaram-nos de volta a Jericó. Realmente, não era correto que a nação do norte, Israel, escravizasse seus irmãos do sul, Judá. Mas a guerra geralmente provoca todo tipo de irracionalidade. Ver o artigo seguinte sobre o mesmo nome em português, mas diferente no hebraico.

OBEDE

No hebraico **"serviçal"**, **"escravo de"** ou **"adorador de"**. Era esse um nome bastante comum nos dias do Antigo Testamento. Ao que parece era forma abreviada de Obadias, também um nome comum na época. Cinco personagens do Antigo Testamento são assim designadas: **1**. Um filho de Boaz e Rute, e pai de Jessé, pai de Davi. (Ver Rt 4.17; 1Cr 2.12). Ele viveu em cerca de 1070 a.C. Seu nome ocorre nas genealogias (de Rt 4.21,22; 1Cr 2.12; Mt 1.5 e Lc 3.32), onde ele aparece como um antepassado de Jesus Cristo. **2**. Um filho de Eflal, descendente de Jeremaeel (1Cr 2.25,37). Ele viveu em torno de 1014 a.C. **3**. Um dos trinta heroicos guerreiros de Davi, que o ajudou no exílio, quando fugia do perseguidor Saul (1Cr 11.47). Viveu em cerca de 1015 a.C. **4**. Um filho de Samías e neto de Obede-Edom, um coratita que era porteiro no templo de Jerusalém (1Cr 26.7). Viveu em torno de 960 a.C. **5**. O pai de Azarias, um dos capitães do exército de Israel que ajudou Joiada a depor Atalia (2Cr 23.1). Isso ocorreu em cerca de 842 a.C.

OBEDE-EDOM

No hebraico, **"servo de Edom"**. Talvez haja nesse nome uma referência a alguma divindade ou forma de idolatria em Edom. Esse é o nome de três personagens que aparecem no Antigo Testamento: **1**. Um levita que ficou cuidando da área da aliança, quando a morte de Uzá fez Davi temer pela segurança da mesma. Sua casa não ficava longe de Quiriate-Jearim, onde a área da aliança ficou por três meses (ver 2Sm 6.10.11). Dali, a mesma foi levada a Jerusalém. E Obede-Edom, em face do serviço que prestara, tornou-se um dos guardiães especiais da área. (Ver 1Cr 15.18,14). Alguns estudiosos têm pensado que ele teria de ser um filisteu, por causa do lugar onde residia. Mas não é nada provável que Davi tivesse dado a tarefa de guardar a área a um filisteu. Havia uma localidade de nome Gitaim (2Sm 4.3; Ne 11.33), provavelmente não longe de Quiriate-Jearim, e um homem dali poderia ser chamado "geteu", conforme o foi Obede-Edom, sem que isso significasse que ele não era israelita. O mais provável é que ele tenha sido levita, o que o qualificava para a tarefa de que foi incumbido. **2**. Um filho de Jedutum, guarda do templo (1Cr 16.38), que viveu em cerca de 1043 a.C. **3**. Um dos que estavam encarregados de cuidar dos vasos sagrados, na época de Amazias (2Cr 25.24). Ele viveu em torno de 835 a.C.

OBEDIÊNCIA. Ver sobre *Dever e Dever do Cristão*.
1. Referências e Ideias Bíblicas. A obediência é imposta por Deus (Dt 13;4), é essencial à fé (Hb 11.6); resultado para quem dá ouvidos à voz de Deus (Êx 19.5); é um dever que temos diante de Cristo (2Co 10.5); o evangelho requer obediência (Rm 1.5); consiste em observar os mandamentos de Deus (Ec 12.13); manifesta-se através da submissão (Rm 13.1); a justificação nos é conferida mediante a obediência de Cristo em nosso lugar (Rm 5.19); Cristo é o supremo exemplo de obediência (Mt 3.15; Fp 2.5-8); deve ser uma das características dos santos (1Pe 1.14); é uma característica dos anjos (Sl 103.20); deve proceder do próprio coração (Dt 11.13; Rm 6.17); deve ser prestada voluntariamente (Sl 18.44); não deve ter reservas (Js 22.2,3); deve ser constante (Fp 2.12); finalmente será universal (Dn 7.27); envolve bem-aventurança (Dt 11;27; Tg 1.25); os desobedientes são punidos (Dt 1.28; Is 1.20).
2. Exemplos Bíblicos de Obediência. Noé (Gn 6.22); Abraão (Gn 12.1-4); os israelitas (Êx 12.28, 24.7); Calebe (Nm 32.12; 1Rs 15.11); Elias (1Rs 17.5); Ezequias (2Rs 18.6); Josias (2Rs 22.2); Davi (Sl 119.106); Zorobabel (Ag 1.12); José (Mt 1.24); os magos (Mt 2.12); Zc (Lc 1.6); Paulo (At 26.19); Jesus, o Cristo (ver sob o quarto ponto).
3. Uma Característica dos Crentes. Há uma "obediência à fé (At 6.7; Rm 1.5). A comunhão dos santos requer que a santidade faça parte do quadro geral. Ver o artigo separado intitulado *Santificação*. Esse é precisamente um dos meios de crescimento espiritual. A obediência ao evangelho é obediência a Cristo, o que resulta do companheirismo espiritual com ele (2Co 10.5). Dessa maneira, os homens mostram-se obedientes à justiça (Rm 6.16). A obediência não será duradoura, a menos que proceda de um coração transformado (Ez 36.26,27; Mt 7.18; Gl 1.16; 1Tm 1.5; Hb 9.14). A obediência precisa ser sincera (Sl 51.6; 1Tm 1.5). Não será eficaz a menos que esteja alicerçada sobre o amor (1Jo 4.19; 1Jo 2.5; 2Co 5.14). Eventualmente, será universal (2Pe 1.5,10) e perpétua (Rm 2.7; Gl 6.9). A obediência é a precursora e a evidência da glória eterna (Rm 6.22; Ap 22.14).

Jesus repreendeu àqueles que tinham um tipo de obediência apenas externo, jactancioso, cujo propósito era atrair elogios da parte dos homens, mas que nada tem a ver com a verdadeira espiritualidade (Mt 6.2,5,16; 23.25-25). Tiago mostrou que não existe justificação sem obediência (Tg 2). A obediência é superior ao rito religioso, por mais exata e fielmente que esse rito seja observado (1Sm 15.22). A obediência está intimamente relacionada à fé (Rm 15.17,18; 16.19; 1Pe 1.2). "A obediência torna-se, virtualmente, uma expressão técnica para indicar a aceitação da fé cristã" (A. Richardson, em sua *Introduction to the Theology of the New Testament*).
4. A Obediência de Cristo. Ver no próximo verbete.
5. Implicações Teológicas e Eclesiásticas. *a. A cruz* não foi um acidente, e, sim, a manifestação do cumprimento dos propósitos e das promessas de Deus relativos à salvação dos homens. Sem a obediência de Cristo, tal salvação seria simplesmente impossível. A *teologia do pacto* (vide) salientava vigorosamente esse ponto, em objeção às especulações dos céticos e daqueles que divorciavam a graça de Deus da realização redentora de Cristo. *b. A teologia calvinista radical* restringe a obediência de Cristo, da qual resultou na realização de sua missão, somente àqueles que se beneficiam dela, ou seja, os eleitos, aos quais se aplica a expiação. Segundo eles, não há expiação disponível para os demais. Combatendo isso, a *teologia da Nova Inglaterra* (vide) tentou preservar a atividade soberana de Deus, mas limitar, correspondentemente, a expiação aos eleitos. Os universalistas, por sua vez, ensinam que a realização remidora de Cristo beneficiará a todos, finalmente, o que significa que todos os seres humanos foram eleitos por Deus para a salvação. A doutrina da redenção-restauração (redenção para os eleitos e restauração para os não-eleitos) também ensina que a realização de Cristo é eficaz no caso de ambos os grupos, embora operando em diferentes níveis e de diferentes maneiras. Ver o artigo *Restauração* quanto a notas completas sobre esse conceito. *c. Obediência Ativa e Obediência Passiva*. Os grupos protestantes têm caído no erro de pensar que a obediência de Cristo manifestou-se em sua "guarda da lei por nós". Essa é uma doutrina legalista, que de maneira nenhuma combina com os ensinos bíblicos da graça e da substituição do sistema de obras pelo sistema da graça-fé. Esse cumprimento da lei, por parte de Cristo, é chamado de *obediência ativa*. E sua morte na cruz é designada de *obediência passiva*. Porém, essa distinção não faz sentido. *d. O catolicismo medieval* imaginava, tolamente, que a obediência de Cristo e a obediência dos santos teria criado um fundo meritório, do qual as almas menos desenvolvidas poderiam fazer empréstimos capaz de levá-las ao estado da justificação diante de Deus. *e. Cristo Debaixo da Lei*. Alguns têm ensinado que Cristo estava acima da lei, razão pela qual sua obediência não estava associada à lei, pelo que também não envolve qualquer mérito de que nos possamos valer. Mas outros, bem ao contrário, pensam que

Cristo estava debaixo da lei, motivo pelo qual a sua obediência à lei não pode ser transferida para nós, mas apenas pode provar sua própria perfeição e santidade. Mas a verdade dos fatos é que a obediência de Cristo à lei nada tem a ver com a nossa justificação, porquanto a lei não está envolvida nessa questão, em nenhum sentido. A graça é uma coisa, e a lei é outra. Somente um Cristo impecável e obediente podia fazer expiação por nós; e a lei frisava no que consiste o pecado. Não obstante, a obediência de Cristo à lei nada tem a ver com a nossa justificação. *f. A Permanente Obediência de Cristo*. Cristo teve uma missão tridimensional: sobre a terra, no *hades*, no céu. Em todas as três dimensões, Cristo obedeceu e está obedecendo à vontade do Pai. Assim, nossa salvação foi iniciada, tem prosseguimento, e, finalmente, será aperfeiçoada. O primeiro Adão desobedeceu. Mas o segundo ou último Adão obedeceu, e assim cumpriu o propósito de Deus. Lemos em Romanos 5.19: *Porque, como pela desobediência de um só homem muitos se tornaram pecadores, assim também por meio da obediência de um só muitos se tornarão justos*. Ver também Rm 5.12 *ss* e 1Co 15.22,45.

OBEDIÊNCIA DE CRISTO

Conceito bíblico de particular importância na teologia e na piedade reformadas.

Obediência Filial. O NT descreve claramente a totalidade da vida de Jesus como de obediência perfeita, impecável e consciente a Deus, como seu Pai (*p.ex.*, 1Jo 2.2; 3.5; 1Pe 2.22), cuja vontade para sua vida foi aprendida por meio de meditação, em oração, das Escrituras do NT (Mt 3.15; Lc 22.37; Jo 8.29,46). Essa obediência se baseou na confiança e no amor ao Pai, envolvendo experiência real de tentação por Satanás, diretamente e por intermédio de outros, para fazê-lo duvidar da bondade de Deus e desviá-Lo do plano divino para sua vida (Mt 4.1-11; 16.22,23; 26.53,54). A tentação foi vencida pelas armas espirituais da oração, da palavra de Deus e do jejum, em uma vida de fé legitimamente humana. João enfatiza que o ministério e ensino de Cristo foram todos baseados na estrita obediência ao que o Pai lhe mostrou e lhe deu para fazer e dizer. A vivência militar de um centurião romano chegou a levá-lo a perceber que tal rigorosa e exata submissão a Deus constituía a fonte da autoridade de Jesus sobre o mal e a enfermidade (Mt 8.8-10; Jo 5.19,20; 7.16).

Conquanto a obediência de Cristo incluísse submeter-se às autoridades humanas, dadas por Deus, mesmo quando imperfeitamente exercidas (Mc 14.61,62; Lc 2.51; Jo 19.11; 1Pe 2.23), Sua obediência a Deus implicava, acima de tudo, adesão absoluta à vontade específica do Pai em toda e qualquer situação, tendo por isso de rejeitar, por vezes, outro curso moralmente permissível, a fim de poder confirmar essa perfeita vontade inteiramente assumida e realizada em sua vida e morte.

Obediência representativa. Como homem e como Messias, Jesus aprenderia o significado e o custo da obediência mediante a experiência do sofreu (Mc 8.31; Hb 5.7-9), ao tornar-se obediente até mesmo à morte na cruz (Fp 2.5-8). Foi esse um ato de obediência totalmente consciente e voluntário (Jo 10.17,18; 19.30). Como nem Satanás nem o mal tiveram lugar algum em sua vida justa, não poderia a morte, de fato, detê-lo (Jo 14.30; 16.10,11; At 2.24; Rm 1.4). Paulo contrasta a obediência de Jesus com a desobediência de Adão, vendo-os como figuras representativas e agindo em nome da velha e da nova humanidade. A obediência de Cristo até a morte na cruz ganhou justificação e vida eterna para os muitos em favor dos quais viveu e morreu (Rm 5.18,19; *cf.* também 1Co 15.20-22, 45-49).

A obediência de Cristo como entendida pela igreja Cristã. A obediência e a vida sem pecado de Jesus têm sido entendidas pela igreja, durante o decorrer dos séculos, de, pelo menos, quatro modos: 1) Como exemplo de perfeita obediência do Filho ao Pai, dando sua vida como inspiração a todos os filhos de Deus para viverem sua vida obedientemente (1Pe 2.18ss). 2) Como aquele que foi tentado e não cedeu, podendo por isso nos ajudar quando somos tentados (Hb 2.18; 4.14-16). 3) Somente sua vida justa e obediente poderia ser entregue em favor de pecadores como sacrifício expiatório eficaz (2Co 5.21; Hb 7.26,27; 1Pe 3.18; 1Jo 2.2). 4) O Espírito Santo de Cristo, ao habitar nos cristãos, neles reproduz a vida e a imagem de Cristo, justo e obediente (Rm 8.9-30).

Calvino, corretamente, afirma que somos salvos por "toda a maldição de sua obediência" (*Institutas*, II.xvi.5). Com base nisso, os teólogos reformados distinguem, com frequência, entre a obediência *ativa* de Cristo (sua vida de obediência filial ao Pai) e sua obediência *passiva* (seu sofrimento pelo julgamento do Pai aos violadores do pacto). Essa última distinção não tem a intenção de denotar que Cristo tenha sido, sob aspecto algum ou em qualquer sentido, inativo (passivo) em sua obediência. A palavra "passiva" é usada aqui no sentido latino (*patior*: sofrer, submeter-se). Contudo, sua *plena* obediência é mais bem definida em termos de obediência *preceptiva* e *penal*.

(**J. P. Baker** (falecido), M.A., B.D., ex-reitor de Newick, Lewes, East Sussex, Inglaterra.)

BIBLIOGRAFIA. G. C. Berkouwer, *The Person of Christ* (Grand Rapids, MI, 1954); L. W. Grensted, *The Person of Christ* (London, 1934); D. Guthrie, *New Testament Theology* (Leicester, 1981); J. Murray, *Collected Writings*, vol. 2 (Edinburgh, 1977), p. 151-157; B. B. Warfield, *The Person and Work of Christ* (Philadelphia, 1950).

OBELISCO

No grego, *obeliskos*, forma diminutiva de *obelós*, uma figura alongada que termina em ponta aguda. Um obelisco é uma coluna monumental de pedra com frequência associada, na antiguidade, à adoração ao sol, pois apontava para o céu. Um obelisco é uma coluna com quatro lados, que termina em ponto, e que acompanha, de longe, o formato de uma pirâmide, pois vai afinando de baixo para cima. Esses monumentos eram comuns na religião egípcia, pois obeliscos de vários tamanhos e formatos têm sido encontrados no Egito pela arqueologia. O mais antigo obelisco, que continua no seu local, é o de Senuserte I, em Heliópolis, e que data do século XII a.C. O maior de todos os obeliscos que já foram achados é o de Tutmés III, atualmente localizado em Roma, em São João Latrão. Tem 32,25 m de altura e pesa 455 toneladas. Quase todos os obeliscos antigos eram feitos de granito vermelho ou *sienita*, mas alguns eram feitos de arenito duro. A cor vermelha sugeria o disco solar. A cidade de On (no egpo, Heliópolis) era a mais envolvida na adoração ao sol, motivo porque vários obeliscos têm sido encontrados ali. Jeremias predisse a destruição dos obeliscos com finalidades idólatras (Jr 43.13).

OBIL

No hebraico, **"guarda dos camelos"**, ou **"cameleiro"**. Nome de um ismaelita que tinha a seu cargo a guarda dos camelos na coorte do rei Davi, *cf.* 1Crônicas 27.30.

OBLAÇÃO

Ver o artigo geral sobre *Sacrifícios e Ofertas*. Essa palavra deriva-se do latim, *oblatus*, "algo oferecido". No seu sentido moderno, o termo é geral, aludindo a qualquer tipo de oferta, embora, especificamente, refira-se à eucaristia.

Usos Bíblicos. **1**. Uma oferenda apresentada (no hebraico, *gorban*, "aproximado"), usualmente indicando alguma oferta de manjares (Lv 2.4 *ss.*; 7.9,10). **2**. Uma oferta movida (no hebraico, *terumah*, "mover"). Algo elevado ou tirado da propriedade ou das possessões de alguém e oferecido a Deus, usualmente para manutenção do santuário e seus ministros. (Ver Is 40.20; Ez 44.30; 45.1). Essas coisas eram *movidas* na presença de *Yahweh*, no aguardo de sua aprovação e aceitação. Essas oferendas só podiam ser aproveitadas pelos sacerdotes e seus filhos (Nm 18.19; Lv 22.10). **3**. Um presente (no hebraico, *minhah*, "doação"), usualmente referente a ofertas cruentas (Is 19.21; 66.3; Dn 9.21,27). **4**. Uma libação (no hebraico, *massekah*, "derramamento"). Líquidos como azeite, leite, água, mel e, especialmente, vinho eram derramados como ofertas. Os gregos e os romanos tinham isso como algo essencial aos seus ritos; e, em menor escala, os hebreus também usavam de libações. O trecho de Daniel 2.46 tem a palavra no sentido geral de oferenda. (Ver também Êx 30.9 e Nm 15.7,10).

OBOTE

No hebraico, **"oedres"**. Um lugar no deserto, por onde os israelitas vaguearam, e que continha alguma água. Essa foi a quadragésima sexta parada dos israelitas no deserto. Ficava perto do território de Moabe. (Ver Nm 21.10,11; 33.43,44). Tem sido identificado com o oásis chamado *el-Weiba*, que fica ao sul do mar Morto.

OBRA DE ARTISTA

Essa e algumas outras expressões cognatas aparecem como tradução da palavra hebraica *chashab*, "perito", "habilidoso", "pensar", "planejar" etc. Há ocorrências desse termo que apontam para a habilidade de certos homens executarem trabalhos artísticos. (Ver Êx 26.1,31; 28.6,15; 35.35; 36.8,35; 38.23; 39.3,8; 2Cr 26.15). Pode estar em vista a habilidade desenvolvida por artífices em suas respectivas artes ou ofícios, ou qualquer aprendizado que requeira planejamento e habilidade inata. Na construção do tabernáculo, foi mister encontrar homens de grande habilidade, verdadeiros artistas em seus respectivos campos, fossem eles o bordado, o engaste de pedras preciosas, instalações militares etc.

OBRA DE FIEIRA

Essa expressão é tradução do vocábulo hebraico, *aboth*, "corda", nos trechos de Êxodo 28.14,22,24,25. Entretanto, em Êxodo 39.15,17,18, onde aparece a mesma palavra hebraica, a nossa versão portuguesa já a traduz por "correntes como cordas". Isso ilustra duas coisas no tocante às traduções em geral e particularmente, no que diz respeito à tradução da Bíblia em particular. Primeiro, há muitos termos hebraicos obscuros, para os quais os tradutores e revisores têm procurado traduções correspondentes nos idiomas modernos, sem grande sucesso. De fato, se no Novo Testamento grego não há mais nenhum vocábulo de sentido desconhecido, outro tanto não se dá com o Antigo Testamento. Em segundo lugar, apesar de ser conveniente traduzir os termos de uma maneira uniforme, nem sempre isso é possível, ou mesmo mais certo.

OBRA DE REDE

A ideia de "rede", de "trançado" era aplicada a certa variedade de coisas: **1**. A grade do altar dos holocaustos (no hebraico, *resheth*) era assim chamada. (Ver Êx 27.4; 38.4). **2**. Um trabalho trançado, em redor das duas colunas do átrio do templo, formado por sete cordas entretecidas, com o formato de grinaldas decorativas, também recebeu esse nome. (Ver 1Rs 7.18,20,42; Jr 52.22,23). A palavra hebraica correspondente é *sebakah*. **3**. Fios de algodão eram tecidos formando uma espécie de obra de rede. A nossa versão portuguesa chama a esse trabalho de "pano de algodão". No hebraico temos a palavra *hor*, "branco". (Ver Is 19.9). **4**. As grades de um quarto do primeiro andar, de onde Acazias caiu, também são chamadas por "obra de rede", em algumas traduções, em 2Reis 1.2. Nossa versão portuguesa dá-lhes o nome mais apropriado, "grades". Ver também o artigo intitulado *Rede*.

OBRAS. Ver os artigos chamados *Boas Obras* e *Obras de Deus*.

OBRAS DA LEI

Romanos 3.20: *Porquanto pelas obras da lei nenhum homem será justificado diante dele; pois o que vem pela lei é o pleno conhecimento do pecado.*

Uma outra função da lei mosaica é aqui especificada. Seu propósito jamais foi de servir de meio de justificação, mas antes, de meio que revela a verdadeira natureza do pecado.

No que Consiste a Lei Aqui Aludida? 1. Alguns dizem que se trata de lei cerimonial, e não da lei moral (os Dez Mandamentos). Vários intérpretes têm assumido essa posição, a fim de evitar a doutrina paulina da eliminação da lei como meio de salvação. **2**. Outros supõem que esteja especificamente em foco a lei moral, o decálogo. Mas é óbvio que essa é uma limitação por demais restrita. A circuncisão, por exemplo, era tida como essencial à salvação pelos judeus, e, no entanto, não fazia parte do decálogo. **3**. Provavelmente a lei judaica inteira está em pauta, a legislação mosaica, em seus aspectos moral e cerimonial. Os judeus não dividiam a lei nesses dois aspectos, conforme fazem os teólogos modernos. Para eles, a lei inteira envolvia obrigações morais e alguns dos estatutos cerimoniais eram reputados como os requisitos mais importantes (por exemplo a lavagem de mãos e copos, ou o uso das filactérias). **4**. Alguns intérpretes emprestam um sentido lato ao versículo: qualquer lei, a mosaica ou a voz da consciência. Em face de Romanos 2.14, essa ideia parece estar correta.

Do que Consistem essas Obras? 1. Alguns afirmam que as obras humanas meritórias (aquelas produzidas pelo esforço humano) são as que de nada valem diante de Deus. **2**. Não se pode duvidar, entretanto, que as obras aqui referidas são aquelas envolvidas na obediência à legislação mosaica. Tais obras não podem justificar. **3**. O que dizer sobre as obras realizadas no poder do Espírito? Mesmo as obras espirituais não podem justificar o homem, apesar de seguirem-se obrigatoriamente à fé.

Relação entre as Obras e a Justificação e a Graça. 1. É claro que as boas obras devem vir após a conversão. (Ver o artigo acerca disso). O princípio da fé é um princípio vivo que, naturalmente, produz boas obras, pois, do contrário, nem existiria fé. **2**. Porém, as boas obras envolvem mais que esse fator. Se definirmos essas obras como "aquilo que o Espírito fez em nós e através de nós", então tais obras tornar-se-ão sinônimas da graça. (Isso é comentado em Ef 2.8 no NTI). O Espírito opera em nós tanto o querer como o realizar, segundo a boa vontade de Deus (ver Fp 2.13). Essa espécie de obras é um cultivo do Espírito (ver Gl 5.22) e não é mero resultado da salvação, pois é a própria salvação em operação. **3**. Além disso, as obras determinam o nível dos galardões ou posição na glória futura. Posto ser a glorificação o estágio final da salvação, então temos de afirmar que as obras espirituais fazem parte da salvação. Porém, isso nada tem a ver com o princípio legal mediante o qual os homens, através do esforço humano, adquirem algo. É atuação do Espírito, mas nós a realizamos! **4**. Visto que a justificação envolve mais em Paulo que a declaração forense da correta situação perante Deus, a fim de incluir tanto a santificação quanto a glorificação (vide), então as obras espirituais fazem parte da questão, embora no sentido acima explicado.

OBRAS DE DEUS

Uma expressão bíblica comum, tanto no Antigo quanto no Novo Testamento, é "as obras de Deus", ou, então, "as obras de Jesus". Essa expressão denota tanto aquilo que foi criado por Deus quanto os atos de Deus, no decorrer da história humana. As palavras particularmente empregadas, nessa conexão, são os vocábulos gregos relacionados abaixo:

Érgon, "trabalho" (por exemplo, Mt 11.2; Jo 3.36); *megalela*, "atos poderosos" (At 2.11); *poíema*, "realização", "obra" (Rm 1.20; Ef 2.10) e, finalmente, *megaleia*, "operação", "energia" (por exemplo, Ef 1.19; Cl 2.12 e 2Ts 2.11).

OBRAS DE DEUS

I. NO ANTIGO TESTAMENTO
1. As Obras Divinas
a. Na Criação. Quando expõe sua vigorosa doutrina da criação, a Bíblia, mui naturalmente, usa o vocábulo *érgon* para descrever a totalidade da obra criativa de Deus. E faz isso em um sentido ativo, para indicar as realizações reais de Deus, conforme se vê, por exemplo, em Gênesis 2.2,3: *E havendo Deus terminado no dia sétimo a sua obra, que fizera, descansou nesse dia de toda a sua obra que tinha feito. E abençoou Deus o dia sétimo, e o santificou; porque nele descansou de toda a obra que, como Criador, fizera.* E, no Novo Testamento, em Hebreus 4.4: *Porque em certo lugar assim disse, no tocante ao sétimo dia: E descansou Deus, no sétimo dia, de todas as obras que fizera.* Contudo, no Antigo Testamento, conforme se vê na Septuaginta, também se vê um sentido passivo desse termo (cf. Sl 8.6). Na verdade, o sentido passivo mescla-se com o sentido ativo, pois a obra criativa de Deus resultou na obra da criação.

A voz passiva é muito mais comum e clara, no plural, aludindo aos fenômenos individuais da natureza. Assim, os céus são obras dos dedos de Deus (ver Sl 8.3). Todas as criaturas são obras de suas mãos, mormente no caso dos seres humanos. E é com base nesse fato que os crentes buscam a proteção e a misericórdia divinas (Sl 138.8 etc.). Os descendentes de Jacó, tal como os crentes em Jesus, são especialmente descritos como obras das mãos de Deus (ver Sl 90.16, na Septuaginta; Is 29.23). E as realizações históricas de Deus também poderiam ser classificadas como obras divinas.

b. Na História. O Antigo Testamento também alude aos atos divinos na história da humanidade. Esses atos divinos históricos são, acima de tudo, atos de intervenção libertadora. Os acontecimentos registrados no livro de Êxodo são os atos divinos libertadores, realizados especialmente em favor do povo de Israel. Tais obras, com frequência, são de natureza miraculosa, ou seja, atos poderosos, que transcendem ao curso normal da história. Para exemplificar: *Disse o Senhor a Moisés: Agora verás o que hei de fazer ao Faraó; pois por mão poderosa os deixará ir, e por mão poderosa os lançará fora da sua terra* (Êx 6.1). E foi daí que sobrevieram as dez pragas do Egito. Não se deve pensar, entretanto, que essas intervenções divinas, em favor de seu povo antigo, cessaram quando eles entraram na terra de Canaã. Os atos básicos de redenção servem de garantia constante acerca de novas obras interventoriais de Deus. Assim, de certa feita, o Senhor livrou Judá e Jerusalém dos assírios, e, mais tarde, restaurou o povo de Israel à sua própria terra, quando estavam exilados na Babilônia há setenta anos.

Por outra parte, se as obras de Deus eram, predominantemente, intervenções libertadoras, também há um lado reverso. Pois o livramento de Israel, às margens do mar Vermelho, significou a ruína dos egípcios. E o mesmo povo judaico que, por diversas vezes foi libertado de seus opressores, por intermédio dos juízes, em outras oportunidades foi entregue às mãos de seus adversários, quando pecou. Os profetas de Israel, em particular, por muitas vezes anunciaram o julgamento divino, mediante obras de Deus, no tocante a um povo rebelde e de duro coração: *Porque o Senhor se levantará como no monte Perazim, e se irará, como no vale de Gibeom, para realizar a sua obra, a sua obra estranha, e para executar o seu ato, o seu ato inaudito. Agora pois, não mais escarneçais, para que os vossos grilhões não se façam mais fortes; porque já ao Senhor, Deus dos Exércitos, ouvi falar duma destruição, e essa já está determinada sobre toda a terra* (Is 28.21,22). Os crentes individuais podem conhecer, experimentalmente, as poderosas obras de intervenção de Deus, conforme transparece, por tantas vezes, nos Salmos. Em último lugar, mas não de somenos importância, devemos pensar nas obras escatológicas de Deus. *Todos os do teu povo serão justos, para sempre herdarão a terra; serão renovos por mim plantados, obra das minhas mãos, para que eu seja glorificado* (Is 60.21).

2. A Reação Humana
a. A Meditação. As realizações portentosas de Deus, na criação e nas intervenções divinas na história humana, requerem que os homens reajam favoravelmente a elas. Em primeiro lugar, o homem deve considerar essas obras. Várias palavras são usadas nessa conexão. O homem não deveria esquecer as grandes coisas realizadas por Deus (ver Sl 77.11), além do que, cumpre-lhe meditar sobre elas, conforme se aprende em Salmo 77.12: *Considero também nas tuas obras todas, e cogito dos teus prodígios.* Essa meditação prepara o crente para enfrentar melhor as tribulações, quando estas chegarem.

b. Ação de Graças e Louvor. Em segundo lugar, o homem deve se mostrar agradecido a Deus, por suas obras. *Rendam graças ao Senhor por sua bondade e por suas maravilhas para com os filhos dos homens,* prorrompe o salmista (Sl 107.15; ver também os vss. 21 e 31). O homem está na obrigação moral de louvar e de bendizer a Deus, autor de tantas coisas boas para os homens (Salmo 145). Esses atos divinos são poderosos e terríveis (Sl 66.3). Deus os realiza, movido pela sua fidelidade (Sl 33.4). Essas obras manifestam o governo controlador de Deus (Sl 90.16). Mas, embora possam ser percebidas, essas realizações são, realmente, insondáveis (Ec 8.17). São atentamente examinadas por todos aqueles que têm prazer nas obras de Deus (Sl 111.2). Finalmente, as próprias obras divinas aliam-se ao louvor Àquele que as criou, segundo se vê em Salmo 145.10: *Todas as tuas obras te renderão graças, Senhor; e os teus santos te bendirão.*

c. Proclamação. Em último lugar, cabe-nos considerar que o homem deve declarar as poderosas obras de Deus. Ele deve ensinar tais coisas aos seus filhos (Sl 78.4) como também deve anunciá-las a seus semelhantes. Tornar conhecidos, aos filhos dos homens, os poderosos atos divinos, é a tarefa básica que confere unidade à vida inteira do ministério e da adoração. *Falarão da glória do teu reino, e confessarão o teu poder, para que aos filhos dos homens se façam notórios os teus poderosos feitos, e a glória da majestade do teu reino* (Sl 145.11,12).

II. NO NOVO TESTAMENTO
1. Na Criação. O que o Novo Testamento tem a dizer acerca das obras do Senhor Deus é, essencialmente, a mesma coisa que se acha no Antigo Testamento. A única referência é que, no Novo Testamento, essas obras são atribuídas, igualmente, a Jesus Cristo, por intermédio de Quem todas as coisas foram feitas. *Todas as cousas foram feitas por intermédio dele, e sem ele nada do que foi feito se fez* (Jo 1.3). Destarte, as obras de Deus, em um sentido perfeitamente literal, são as obras de Jesus. Deus Pai faz tudo através do Filho. *Meu Pai trabalha até agora, e eu trabalho também* (Jo 5.17).

No Novo Testamento, essa intermediação de Cristo, nas obras da criação, pode ser vista desde a criação. Todas as coisas foram criadas por meio de Cristo, *nos céus e sobre a terra, as visíveis e as invisíveis... Tudo foi criado por meio dele e para ele* (Cl 1.16). Deus criou os mundos por meio do Filho (ver Hb 1.2). Por isso mesmo, as obras da criação são obras de Jesus Cristo. Tudo gira em torno dele.

2. Na Salvação
a. No Livro de Atos. Entretanto, a ênfase principal do Novo Testamento recai sobre a obra salvadora de Deus, realizada em Jesus Cristo. E não deveria ser de estranhar que os Evangelhos sinópticos pouco declarem diretamente sobre isso. Esses Evangelhos meramente registram as obras de Cristo, que atingiram o seu ponto culminante na crucificação e na ressurreição. Todavia, essas realizações testificam, com tremenda eloquência, o papel de Jesus como Salvador. Nos Evangelhos sinópticos, a menção às obras de Cristo é posta nos lábios de João Batista: *Quando João ouviu, no cárcere, falar das obras de Cristo, mandou por seus discípulos perguntar-lhe: És tu aquele que estava para vir, ou havemos de esperar outro?* (Mt 11.2,3).

Todavia, na pregação da igreja primitiva, historiada no livro de Atos, o quadro descritivo altera-se drasticamente. Uma vez dotados de poder pelo Espírito Santo, os apóstolos declararam abertamente as admiráveis obras de Deus, na pessoa de Cristo. ... *como os ouvimos falar, em nossas próprias línguas, as grandezas de Deus?* (At 2.11). E, já no primeiro dia da vida da igreja, dirigida pelo Espírito de Cristo, o dia de Pentecostes, as obras de Cristo foram destacadas na prédica apostólica: *Varões israelitas, atendei a estas palavras: Jesus, o Nazareno, varão aprovado por Deus diante de vós, com milagres, prodígios e sinais, os quais o próprio Deus realizou por intermédio dele entre vós, como vós mesmos sabeis, sendo este entregue pelo determinado desígnio e presciência de Deus, vós o matastes, crucificando-o por mãos de iníquos; ao qual, porém, Deus ressuscitou, rompendo os grilhões da morte...* (At 2.22-24). Essa citação do âmago da pregação de Pedro, naquele dia, mostra-nos que o coroamento das realizações salvatícias de Deus, em Jesus Cristo, foi a crucificação e a ressurreição de Jesus Cristo.

E, no decorrer do ministério dos apóstolos originais, como também durante o ministério do apóstolo dos gentios, chamado bem mais tarde, eram efetuadas grandes maravilhas, notáveis prodígios, provenientes de Jesus Cristo. ... *enquanto estendes a mão para fazer curas, sinais e prodígios, por intermédio do nome do teu santo Servo Jesus. Tendo eles orado, tremeu o lugar onde estavam reunidos, todos ficaram cheios do Espírito Santo e, com intrepidez, anunciavam a palavra de Deus* (At 4.30,31).

E, se as curas e ressurreições eram obras prodigiosas de Deus, outro tanto se pode dizer no tocante à atividade dos missionários cristãos. Poderíamos exemplificar com o ministério de Paulo e Barnabé. *Entretanto demoraram-se ali muito tempo, falando ousadamente no Senhor, o qual confirmava a palavra da sua graça, concedendo que por mão deles se fizessem sinais e prodígios* (At 14.3). Isso posto, o Senhor Jesus continuou operando miraculosamente no mundo, por intermédio do Espírito Santo, o seu *alter ego*.

b. João. No quarto Evangelho, as obras realizadas por Cristo figuram com destaque. Antes de tudo, essas obras prestam testemunho acerca de sua verdadeira identidade: *Mas eu tenho maior testemunho do que o de João; porque as obras que o Pai me confiou para que eu as realizasse, essas que eu faço, testemunham a meu respeito, de que o Pai me enviou* (Jo 5.36). Essas obras de Jesus eram boas (Jo 10.32). Eram as próprias obras de Deus (Jo 9.3). Foram dadas pelo Pai, para que Cristo as realizasse (Jo 5.37). E, para nós, que vivemos às vésperas do século XXI, ou mesmo já dentro dele, não está vedado ter maravilhosas experiências com as realizações de Cristo, conforme ele mesmo esclareceu, falando a Tomé: *Não crês que eu estou no Pai e que o Pai está em mim? As palavras que eu vos digo não as digo por mim mesmo; mas o Pai, que permanece em mim, faz as suas obras. Crede-me que eu estou no Pai, e o Pai em mim; crede ao menos por causa das mesmas obras. Em verdade, em verdade vos digo que aquele que crê em mim, fará também as obras que eu faço, e outras maiores fará, porque eu vou para junto do Pai* (Jo 14.10-12).

No tocante à maior realização de Cristo, a salvação das almas, é usado o termo "obra", no singular, conforme se vê em João 6.29, para exemplificar: *Respondeu-lhes Jesus: A obra de Deus é esta, que creiais naquele que por ele foi enviado.* Os judeus haviam indagado como realizariam as obras de Deus, e essa foi a resposta dada pelo Senhor Jesus. Assim, os homens participam das obras de Deus confiando em Jesus como Salvador, porquanto essa é a grande obra de Deus. Essa grandiosa realização de Deus está separando os homens em duas classes distintas: os salvos, que são aqueles que chegam a confiar em Jesus; e os perdidos, que são aqueles que rejeitam o testemunho dado pelo Senhor Jesus.

c. Paulo. O apóstolo dos gentios também não se descuidou em enfatizar as obras de Deus. Entretanto, de modo um tanto diferente do que fez o apóstolo João, Paulo se preocupava, primariamente, com essa obra divina, como o atual ministério do evangelho no mundo, sob a orientação do Espírito de Cristo. Assim, os crentes de Corinto eram uma realização de Paulo, no Senhor. *... acaso não sois fruto do meu trabalho no Senhor?* (1Co 9.1b). Para Paulo, uma das realizações dos crentes consiste em procurar edificar aos irmãos, segundo se vê em Rm 15.2. E todos os crentes podem e devem participar dessa realização (1Co 15.58). Apesar disso, contrariamente à opinião de alguns, não há um real *sinergismo* (vide), porquanto é Deus quem opera tudo nos crentes, desde o impulso inicial até a concretização final, segundo vemos em Filipenses 1.6: *Estou plenamente certo de que aquele que começou boa obra em vós há de completá-la até ao dia de Cristo Jesus* (Fp 1.6). Os crentes, que assim cooperam com o Espírito de Cristo, são, eles mesmos, uma realização de Deus, criados com vistas às boas obras. *... somos feitura dele, criados em Cristo Jesus para boas obras...* (Ef 2.10). Dessa forma, as realizações de Cristo continuam sendo realizações de Deus, em Jesus Cristo, redundando em sua glória e louvor.

De tudo quanto foi exposto, conclui-se que as obras de Deus, em Jesus Cristo, são tão importantes quanto a doutrina que Cristo ensinou. Lucas frisa essa verdade, ao escrever a Teófilo: *Escrevi o primeiro livro (o Evangelho de Lucas), ó Teófilo, relatando todas as cousas que Jesus fez e ensinou...* (At 1.1).

OBRAS, NATUREZA E UTILIDADE

Ver o artigo detalhado sobre *Obras Relacionadas à Fé*.

Como as Obras se Relacionam com a Graça? 1. Resultados inevitáveis. **2**. Frutos inerentes do sistema da "graça-fé". **3**. Expressões da nova natureza, da nova criação, expressões "necessárias", e não apenas aquilo que se poderia esperar normalmente. **4**. *Partes necessárias* do destino dos indivíduos transformados, tal como a missão de Cristo Jesus, nos céus e na terra, exigiu ações de altruísmo de sua parte, pelo que também é dito que fomos "preparados", nesse feito de Deus, a fim de andarmos nas boas obras, já que a metáfora do "andar" fala da expressão coerente e constante da vida, fala de certa "maneira de viver". **5**. A criação se verifica "em Cristo Jesus", produzida pela comunhão mística com ele, o que leva os homens a compartilharem de sua natureza e a expressarem a sua bondade. (Ver 1Co 1.4, acerca do conceito da comunhão mística com o Senhor Jesus, que é tema constantemente enfatizado nos escritos paulinos).

As boas obras se revestem de uma importância suprema. Conforme disse Alford: "Tal como uma árvore é criada por causa dos seus frutos", assim também um crente foi transformado em nova criatura para que pudesse expressar-se como tal. Não há como escapar disso — as boas obras são a expressão do crente. Uma vez mais, entretanto, o texto transcende a meras "obras humanas", a "méritos humanos", ainda que as obras assim realizadas sejam humanas, visto que são feitas por seres humanos. Além disso, cumpre-nos observar que a vontade humana pervertida pode contrabalançar esse tipo de vida, tornando tal pessoa infrutífera.

A Realização Divina é Contínua e Eterna. **1**. As obras são uma consequência da graça divina, mas também são muito mais que isso. **2**. São produtos divinos, que compõem nosso caráter e nossa missão especiais, razão pela qual determinam nosso nível de glória, que será declarado quando do tribunal de Cristo (ver as notas a respeito em 2Co 5.10 no NTI). **3**. As obras também determinam nossos galardões e nossas coroas (ver as notas sobre isso em 2Tm 4.8 no NTI), pelo que, igualmente, determinam nosso caráter e poder nos lugares celestiais. **4**. Esse processo, entretanto, será eterno, pois Deus continuará perenemente a operar em nós tanto o querer como o realizar, segundo a sua boa vontade. A glorificação, pois, será um processo eterno (ver 2Co 3.18). Ele tem operado em nós; ele está operando em nós; ele sempre operará

ÓCIO (OCIOSIDADE)

em nós. Somos criação sua, e viveremos sempre em contínuo progresso, tal como a criação física também jamais fica estagnada, pois mundos vêm e vão, nascem e perecem. Os céus de Deus jamais poderão conhecer estagnação. **5**. Graça e obras como sinônimos. (Ver o artigo sobre *Graça III. 8*). No topo das grandes pirâmides do Egito, uma pessoa pode lançar a vista pela amplidão do deserto que a tudo predomina; mas também verá o rio Nilo, serpeando em seu caminho através do deserto. Às margens do rio ela verá fertilidade e vida. Por semelhante modo, a graça divina é o grande rio da vida, que flui através de um deserto, mas, às suas margens, inevitavelmente surge vida em abundância, porquanto onde se manifesta a graça, se manifesta a vida. Por sua vez, onde há vida no Espírito, há uma nova criação, uma "alma humana transformada", há "Cristo à face da terra", porquanto todo o crente é Cristo em formação, e onde Cristo estiver em formação, aparece a vida de Cristo, pois ele ... *andou por toda a parte, fazendo o bem...* (At 10.38). **6**. *De antemão preparou*, Efésios 2.10. No grego temos *"proetoimadzo"* que significa "preparar de antemão" "nomear de antemão". (Ver Rm 9.23, acerca dos vasos de misericórdia, preparados por Deus como tais, antes de virem à existência terrena; ver Efésios 2.10 acerca das boas obras, que fazem parte inevitável do destino dos remidos, e isso por divina determinação). Visto que as boas obras foram preparadas por Deus, para o destino dos crentes, de "antemão", até mesmo essas boas obras são de Deus, pois seu preparo se deu antes da existência terrena dos crentes, talvez até mesmo antes da existência absoluta deles, pelo que também não podem ser de origem humana, como de origem humana não são as obras espirituais dos crentes. Dentro do tempo, porém, é evidente que a vontade humana precisa cooperar com o plano divino.

As boas obras fazem parte do nosso destino eterno. Elas são expressão da missão do crente. Como foi que Deus preparou essas boas obras, enquanto as próprias almas dos remidos ainda não existiam? Em resposta a isso, consideremos os pontos abaixo discriminados. **1**. Deus *preparou* essas boas obras em seu plano, em seus conselhos eternos. **2**. Como parte do destino pessoal de cada crente. Cada crente é um ser sem-par, dotado de uma missão especial. E as boas obras é que emprestam substância a essa missão, sem importar se visamos seu aspecto terreno ou seu aspecto celeste, ou melhor, ambos os aspectos. **3**. As boas obras foram adaptadas ao destino dos crentes, porquanto tudo isso faz parte do plano de Deus. (Ver Ap 2.17, quanto ao fato de que cada crente em particular é um ser sem igual). As boas obras, pois, são mais do que os pequenos atos de bondade e gentileza, considerados abstratamente; antes, são a substância da nossa própria missão, aquilo que faz dessa missão o que ela é. E isso ilustra, uma vez mais, a importância suprema das boas obras. Do que consiste a minha missão terrena? Devo curar, devo ensinar, devo consolar, devo ser especialmente dotado de bens materiais e de realidades espirituais para aliviar as necessidades físicas e espirituais dos outros? Qual é o meu *dom ou os meus dons* do Espírito? Certo padrão de expressão, no tocante aos meus dons espirituais, foi determinado de antemão por Deus, como campo no qual me convém operar. Esse "padrão de expressão" será a esfera onde cumprirei a minha missão; e isso equivale a dizer que Deus preparou de antemão as boas obras da minha missão. **4**. Há algumas símiles homiléticas, quanto a esse particular. Crisóstomo falava da preparação do "caminho" das boas obras. Em seguida um homem caminha por essa estrada. Abbott comenta como segue: "Uma símile mais verdadeira seria a de uma vereda que atravesse o mar. Talvez pudéssemos dizer que as palavras *preparou de antemão* foram escolhidas, não por serem logicamente exatas, mas a fim de expressarem, de maneira mais notável, a verdade de que as boas obras não procedem de nós mesmos; antes, como que são recebidas da parte do Criador, como que tiradas de um depósito, o que é assim figuradamente concebido como preparadas de antemão".

Para que andássemos nelas. A metáfora do ato de andar é frequente tanto na literatura profana como na literatura sagrada, para indicar "maneira de viver", "padrão de vida"; "natureza geral". (Quanto a notas expositivas completas a respeito, com alusões a outros trechos, onde a ideia também se encontra nas páginas do NT, ver os trechos de Gl 5.16,25; Rm 13.13, no NTI. Ver também 1Co 3.3, 7.17; 6.16; Ef 4.1-17; 5.2,8,15; Cl 1.10—2.6; 4.5; 2Pe 2.10; 1Jo 1.7; Ap 3.4; 9.20; 16.15 e 21.24.) Esse termo, conforme se pode ver nessas referências, pode assumir um aspecto positivo ou um aspecto negativo, indicando boa ou má conduta na vida.

ÓCIO (OCIOSIDADE)

Ver o artigo separado, *Ócio (Usos Legítimos do)*.

Ver também sobre *Preguiça*. Provérbios 19.15 é trecho que se insurge contra esse vício. "A preguiça faz cair em profundo sono; e o ocioso padecerá fome". O termo grego *argos* tem um uso variado, referindo-se àquilo que é fútil ou à palavra vazia, da qual devemos prestar contas (Mt 12.36). Também alude àqueles que não trabalham, ou por causa de preguiça ou por falta de oportunidade (Mt 20.6). O trecho de 1Timóteo 5.13 mostra-nos que a preguiça leva a outros pecados, como o da maledicência.

"A ociosidade é o refúgio das mentes fracas, o feriado dos insensatos" (Lord Chesterfield, *Cartas*). "A ausência de ocupação não importa em descanso, e uma mente vazia é uma mente oprimida" (William Cooper, *Retirement*). "Na civilização não há lugar para o ocioso" (Henry Ford). "Dentre todas as nossas faltas, aquela que desculpamos mais facilmente é o ócio" (François de la Rochefoucauld, *Máximas*). "Pois Satanás ainda encontra malefícios para serem feitos pelas mãos ociosas" (Isaque Watts, *Divine Songs*). "Vai com a formiga, ó preguiçoso, considera os seus caminhos, e sê sábio" (Pv 6.6). "É característica do homem superior que ele não se entrega ao lazer prejudicial" (Confúcio, *Livro de História*, 551-478 a.C.). "Ser capaz de preencher inteligentemente o lazer é o último produto da civilização" (Bertrand Russell, *Conquest of Happiness*.). "A preguiça anda tão devagar que a pobreza não demora a alcançar o preguiçoso" (Benjamim Franklin, *Poor Richard's Almanac*). "O homem sem ambição é como a mulher sem beleza" (Frank Harris). "O homem bem qualificado em seu ofício jamais sente falta de trabalho" (Thomas Jefferson).

Mas onde gastaríamos o excesso de tempo:
No ócio, enquanto a batalha ruge ao redor?
Repreender é pouco. No lazer lançamos
Escárnios uns contra os outros, até que um navio que precisa
De cem remos para operar, afunde sob o peso da carga.
A língua do homem é volúvel, tem palavras
Para todo o tema, não lhe falta longo e espaçoso campo;
Mas, conforme ele falar, assim também ouvirá.

Homero, *Ilíada*, xx.5.244-250

O trabalho mais duro é o de não fazer nada. Assim como a glória de uma mulher é a sua beleza, assim a glória de um homem é o seu trabalho. Sentimos instintivamente que podemos pecar simplesmente fazendo coisas erradas, mas também não fazendo nada. O tempo é uma posse muito valiosa, e somos obrigados a usá-lo corretamente. Isso deve começar com a preparação para alguma espécie de missão na vida. Tendo atingido as condições necessárias para trabalhar, devemos cumprir nossas missões, com todas as nossas forças.

Referências Bíblicas. Ver os textos bíblicos seguintes, sobre o assunto da preguiça (Jz 18.9; Pv 12.24,27; 15.15,19; 18.9; 19.24; 21.25; 22.13; 24.30; 26.13-15; Mt 25.26; Rm 12.11; Hb 6.12).

Escreveu Paulo: *Não sejais remissos* (Rm 12.11), referindo-se, especialmente, à maneira como conduzimos a nossa fé religiosa. Não devemos ser lerdos, indiferentes, preguiçosos, hesitantes ou atrasados no cumprimento de nossos deveres, conforme indica a palavra grega por detrás da tradução "remissos". "Não podemos ser preguiçosos em nossas atividades e em nosso desenvolvimento espiritual, e nem podemos ser tardios em nossa atenção para com as coisas espirituais". Paulo recomenda que tenhamos um espírito fervoroso, e não preguiçoso, o que resultará em bom serviço prestado ao Senhor. Apolo foi chamado de homem "fervoroso de espírito" (At 18.25), por causa de seus enérgicos esforços em prol do evangelho de Cristo.

"O zelo, em nossos deveres cristãos, é o resultado natural de nosso amor cristão, que, no devido tempo, fomenta o zelo" (Sandley e Headlan, comentando sobre Rm 12.11).

OCRÃ

No hebraico, **"criador de confusões"**. Esse era o nome do pai de Pagiel, o qual foi um dos líderes da tribo de Aser, quando Israel vagueava pelo deserto. (Ver Nm 1.13; 2.27; 7.72,77; 10.26). Ele viveu em torno de 1438 a.C.

OCUPAÇÕES, PROFISSÕES. Ver sobre *Artes e Ofícios*.

ODEDE

No hebraico, **"reiteração"**. Talvez uma referência à ideia de "mais um filho". Há duas pessoas com esse nome, nas páginas do Antigo Testamento: **1**. O pai de Azarias, o profeta que saiu ao encontro de Asa, quando ele voltou da sua vitória sobre os etíopes (ver 2Cr 15.1). O oitavo versículo desse capítulo atribui o discurso a "Odede", sendo esse um erro primitivo (ou original), ou um erro escribal. A tradução inglesa RSV (bem como a nossa versão portuguesa) corrige isso, dizendo "a profecia do profeta, filho de Odede". O *texto massorético* (vide) sem dúvida labora em erro neste ponto. **2**. Um profeta que protestou, com êxito, contra o fato de que Peca escravizara certos judaítas, no tempo de Acaz, rei de Judá (2Cr 28.8-15). Os cativos foram então alimentados, vestidos, ungidos e devolvidos a Jericó; e assim a justiça foi servida, o que é raramente feito em tempos de guerra. Isso aconteceu por volta de 735 a.C.

ÓDIO

I. Palavras Empregadas: Significação. A palavra hebraica mais comum para indicar o ódio é *sane*, que ocorre no Antigo Testamento por cerca de 140 vezes (desde Gn 24.60 até Ml 2.16). E o termo grego é *miseo*, "odiar", que aparece por 39 vezes no Novo Testamento (Mt 5.43; 6.24; 10.22; 24.9,10; Mc 13.13; Lc 1.71; 6.22,27; 14.26; 16.13; 19.14; 21.17; Jo 3.20; 7.7; 12.25; 15.18,19,23,24; 15.25 (citando Sl 69.5), 17.14; Rm 7.15; 9.13 (citando Ml 1.2,3); Ef 5.29; Tt 3.3; Hb 1.9 (citando Sl 45.8); 1Jo 2.9,11; 3.13,15; 4.20; Jd 23; Ap 2.6; 17.16; 18.2).

Essas palavras projetam ideias como aversão, hostilidade, desdém, malignidade, malquerença etc. O ódio é uma das emoções básicas, sendo verdadeiramente universal. Para o crente, especialmente, há alguns objetos que podem ser legitimamente odiados, como a idolatria, o pecado, em todas as suas manifestações, a adoração insincera e distorcida etc. Usualmente, porém, o ódio faz parte da natureza carnal e corrupta do homem, embora, por muitas vezes, seja apresentado como se fosse um nobre sentimento. O ódio, normalmente, é uma forma maligna de má vontade, algumas vezes vinculado ao temor de que o objeto odiado seja capaz de prejudicar a quem o odeia. A ira quase sempre é um elemento que faz parte do ódio.

II. Coisas Odiadas com Razão. Lemos que Deus odeia o mal (Pv 6.6); e os justos fazem bem em fazer a mesma coisa (Sl 97.10). Davi declarou que obtinha entendimento por meio dos preceitos divinos, e assim ele odiava todo caminho falso (Sl 119.104). Quase todos nós somos muito seletivos sobre as formas de mal que abominamos. Amamos certos males; e outros, odiamos, dependendo do estágio de desenvolvimento espiritual a que já tenhamos chegado. Devemos odiar a idolatria (Dt 12.31), como também a adoração sem sinceridade (Am 5.21-23). Devemos odiar aquelas coisas que ameaçam a integridade espiritual da comunidade espiritual (Ml 2.16), como a mentira (Sl 119.163) e o desvio (Sl 101.3). Os malfeitores são odiados (Sl 5.5). Tudo isso reflete a atitude do Antigo Testamento. As próprias pessoas não devem ser odiadas, mas as coisas que elas fazem, quando são más, devem sê-lo (Jd 3; Ap 2.6).

III. O Caráter e as Obras do Ódio. O ódio já é homicídio, e leva à prática do mesmo (Mt 5.21,22; 1Jo 3.15). O ódio é uma das obras da carne, pelo que é contrário às virtudes cultivadas pelo Espírito, principalmente ao amor, sendo até seu oposto (Gl 5.20). Com frequência, o ódio oculta-se por detrás de uma capa de engano (Pv 10.18; 26.26). O ódio provoca a contenda (Pv 10.12); amargura a vida do indivíduo (Pv 10.12); não é coerente com o conhecimento de Deus (Rm 1.30); é contrário ao amor divino (1Jo 4.20), e, assim sendo, caracteriza os incrédulos, da mesma forma que o amor é o principal sinal dos remidos (1Jo 4.7ss.). O ódio milita contra Deus (Rm 1.20), contra Cristo (Jo 15.26), contra o Pai e contra o Filho (Jo 15.23,24). O povo de Deus é odiado pelos que não são de Cristo (Jo 15.18). Aqueles que perseverarem no ódio, serão fatalmente castigados (1Co 15.25, Hb 10.28-31).

IV. O Ódio em 1Jo 4.20. 1João 4.20: *Se alguém diz: Eu amo Deus, e odeia seu irmão, é mentiroso. Pois quem não ama seu irmão, ao qual viu, não pode amar Deus, a quem não viu.*

(Ver o artigo sobre *Mandamento, o Novo*). O amor fraternal nos é aqui recomendado, aquele que odeia seu irmão acha-se em "trevas", isto é, pertence à "maldade cósmica", sendo participante da rebelião geral ou universal. Encontra-se espiritualmente *cego* (ver 1Jo 2.11). Caim odiou seu irmão Abel, e terminou por matá-lo (ver 1Jo 3.12 e ss.). Ele nos mostrou o que é o ódio, e para onde o ódio nos conduz. Por outro lado, o indivíduo que "passou da morte para a vida" ama seus irmãos, não o fazendo, contudo, os que permanecem na "morte espiritual", porquanto ainda não nasceram de Deus em qualquer sentido (ver 1Jo 3.14). Sabemos quando temos começado a participar do amor divino, quando começamos a amar os irmãos, porquanto o Espírito se movimenta em nós a fim de nos inspirar nesse caminho (ver 1Jo 3.14). O ódio é assassino, do ponto de vista espiritual (ver 1Jo 3.15 e Mt 5.21,22). O amor, por outro lado, está associado à outorga de uma vida superior e desde agora nos podemos ocupar do mesmo.

E odiar seu irmão, é mentiroso. Tal indivíduo não pode amar Deus, que está distante, se odeia o homem, criatura de Deus, criada segundo a sua imagem, sobretudo se tratar-se de um crente, que já começou a participar da própria vida de Deus, trazendo a imagem do Filho, que nos está bem próxima. Tal indivíduo não pode amar o Criador, se odeia sua criatura. Aquele que odeia, portanto, é um "mentiroso", se disser que ama Deus. Amamos Deus amando o próximo (ver Mt 25.35 e ss.). Somente através da ascensão mística exaltada da alma (que ultrapassa a capacidade da maioria dos homens) é que alguém pode amar diretamente Deus. Normalmente, Deus é amado por ser amado através de suas criaturas, porque são amados aqueles que estão sendo transformados segundo sua imagem. Esse tipo de amor é possível a todos os homens. Se alguém compartilha da natureza moral de Deus, mediante o novo nascimento, não pode odiar a criação de Deus.

Aquele que *odeia* tem as seguintes características: **1**. Está envolvido pelas "trevas" e cativado pela malignidade cósmica (ver 1Jo 2.11). **2**. Está cercado de armadilhas e tropeços, por ter uma personalidade corrompida (ver 1Jo 2.11), que é prejudicial a outros, e não benéfica. **3**. Está cego (ver 1Jo 2.11). **4**. Seus pecados não estão perdoados; não é pessoa convertida (ver 1Jo 2.12). **5**. Não tem comunhão com a luz de Deus (ver 1Jo 2.10). **6**. A obra de transformação segundo a imagem de Cristo ainda não obteve nele qualquer fruto, o autor não está nele aperfeiçoado (ver 1Jo 4.12). **7**. Por conseguinte, tal indivíduo não desfruta da presença habitadora do Espírito Santo (ver 1Jo 4.13). **8**. Não desfruta de comunhão mística com Deus, não permanece nele (ver 1Jo 4.16). **9**. Vive assaltado de temores, e com toda a razão, porquanto anseia devido ao juízo vindouro (ver 1Jo 4.17,18). **10**. Finalmente, conforme nos diz o apóstolo, esse indivíduo é um "mentiroso". Por conseguinte, pertence a Satanás, que lhe é pai, pois Satanás foi mentiroso desde o princípio (ver Jo 8.44 que afirma: "porque é mentiroso e pai da mentira").

A polêmica. Tal como antes, esta passagem ataca os falsos mestres gnósticos, os cismáticos que não sabiam o que é amar, que prejudicavam ao cristianismo com suas doutrinas e práticas imorais. Odiavam os irmãos e provocavam dissensões, divisões e ódio no seio da igreja. Punham violentamente de lado o "novo mandamento" do amor fraternal.

Não ama... a quem vê, não pode amar a Deus, a quem não vê... É fato bem conhecido e universalmente demonstrado todos os dias que amamos aqueles que nos são mais íntimos, que fazem parte de nossa vida.

"Senhor, disse eu,
Eu nunca poderia matar outro homem;
Crime tão grande que é próprio das feras, é uma excrescência repelente de uma mente maldita, um ato ultrajante do tipo mais vil.
Senhor, disse eu,
Eu nunca poderia matar outro homem;
Um ato desprezível de ira sem misericórdia, um golpe irreversível de inclinação perversa, um ato inconcebível de ímpio desígnio.
Diz-me o Senhor:
Uma palavra ferina, lançada contra a vítima que desdenhas,
É um dardo que inflige uma dor sem misericórdia.
A *maledicência* ataca um homem pelas costas, um ato covarde do qual não te poderás retratar.
O ódio em teu coração, *ou* a inveja a levantar a feia cabeça.
É o desejo secreto de ver alguém morto".

Russell Champlin

Católicos mataram protestantes e protestantes tiraram a vida de católicos, e ambos se têm voltado contra os judeus e os têm assassinado, todo o tempo atribuindo ao Deus dos cristãos a inspiração de tão grande malícia. Tão profunda é a cegueira e a perversidade do homem!

Quiçá o pior de tudo quanto sucede na questão que ora debatemos é que as diversas culturas, ao imaginarem seus *deuses* de conformidade com a sua impiedade, registram tais conceitos permanentemente em seus livros sagrados, fixando-os nessas culturas. O resultado é que as gerações sucessivas, lendo e estudando esses registros, e considerando os livros inspirados e sem erro, atribuem o caráter mais horrendo e bestial aos seus "deuses". Tudo isso tem servido de grave injúria contra a *busca espiritual* autêntica.

V. O Ódio Exemplificado em Personagens da Bíblia. Caim tinha ódio no coração (Gn 4.5); também Esaú (Gn 27.41) e os irmãos de José (Gn 37.4); os habitantes de Gileade (Jz 11.7); Saul (1Sm 18.8,9); Acabe (1Rs 22.8); Hamã (Et 3.5,6); os inimigos dos judeus (Et 9.1,5; Ez 35.5); os adversários de Daniel (Dn 6.4-15); Herodias (Mt 14.3,8); os judeus (At 23.12,14); o mundo inteiro (Jo 7.7).

VI. O Ódio Divino. Como é óbvio, Deus odeia o mal (Pv 6.6). Porém quando lemos na Bíblia que ele aborreceu Esaú e que amou seu irmão, Jacó (Ml 1.3, Rm 8.12,13), então já entramos naquele multiforme problema que circunda a questão do determinismo *versus* livre-arbítrio. Os intérpretes muito se têm esforçado para fazer esses trechos bíblicos amoldarem-se àquilo que eles já compreendem sobre a natureza e o amor de Deus. Daí surgem ideias como aquelas que enumeramos abaixo: **1**. O termo "ódio" é *antropomórfico*, ao qual devemos entender metaforicamente, e não em termos reais do ódio humano. Penso que essa é a resposta certa. Os homens aplicam às palavras de Deus sentidos que lhes são significativos, por causa de suas próprias naturezas emocionais; porque é difícil imaginarmos Deus sujeito ao mesmo tipo de natureza emocional que os homens têm. Porém, penso que os autores que aplicaram o termo *ódio* a Deus, no tocante, por exemplo, a Esaú, estavam pensando em termos de simples ódio, sem qualquer alusão a ideias antropomórficas. Visto que os intérpretes insistem em aplicar emoções humanas a Deus, em sua forma humanizada de teologia, ainda outras interpretações têm aparecido, segundo se vê nos dois outros pontos, abaixo: **2**. Esse "ódio" seria simples rejeição, ou não eleição. **3**. Esse "ódio" deveria ser entendido comparativamente, como um *amor inferior*, ou como menor interesse, ou mesmo como total ausência de interesse pelos odiados.

Minha opinião pessoal é que esses versículos têm uma visão míope do amor de Deus, deixando de perceber que esse amor tem uma aplicação universal, de tal modo que haverá uma *restauração* geral (vide). Meu artigo sobre esse assunto mostra que o *amor* de Deus, finalmente, haverá de prevalecer, ainda que comparativamente poucos terminem *remidos*. Estou convencido de que a antiga ideia do *ódio a Esaú* foi ultrapassada, na própria revelação bíblica, por um novo e mais amplo evangelho, uma mensagem que não foi antecipada no Antigo Testamento, e nem mesmo nos primeiros livros do Novo Testamento. Na verdade, o ódio divino, visto ser ativo e visto que impõe *juízo*, exprime o seu amor, já que o próprio julgamento tenciona trazer uma grande bênção aos perdidos (ver 1Pe 4.6). Sem dúvida os atos de Deus em *todas* as suas formas, incluindo o seu ódio no julgamento contra o mal, fazem parte do mistério de sua vontade (Ef 1.9,10), o que criará uma unidade universal, em torno da pessoa do Logos (Cristo), em última análise. Ver o artigo separado sobre os *Vícios*. Ver também sobre o *Amor*.

VII. O Ódio e a Possessão Demoníaca. O amor é a prova da verdadeira espiritualidade. Contrariamente, o ódio facilita a possessão demoníaca. Sem o ódio, ela praticamente não pode existir.

ODRES. Ver sobre *Vinho e Bebidas Fortes*.

Heródoto (ii.121) mostra-nos que os egípcios usavam odres, feitos de peles de animais. Um odre era formado costurando-se a pele e deixando a projeção da perna e do pé para servir de gargalo. A abertura era então fechada com um tampão ou com um cordão. De outras vezes, o pescoço do animal era usado para formar o gargalo. A arqueologia tem descoberto gravuras de tais odres, no Egito. Gregos, romanos e hebreus usavam esses odres de couro (Js 9.4,13; Jó. 32.19). Mas também havia recipientes feitos de pedra, de alabastro, de vidro, de marfim, de ossos, de porcelana, de bronze, de prata e de ouro. Já desde os dias de Tutmés III, que talvez tenha sido o Faraó do êxodo, em cerca de 1490 a.C., havia vasos elegantes e elaborados, autênticas obras de arte. Muitos vasos de bronze têm sido recuperados pela arqueologia, principalmente no Egito.

Usos Metafóricos. **1**. Dentro do ensino de Jesus (Mt 9.17), já mencionado. Os antigos sistemas de pensamento enrijecem, como se fossem odres de couro. E os novos sistemas doutrinários, com suas ideias expansivas, não podem ser contidos pelos antigos sistemas, pelo que são incompatíveis uns com os outros. Isso resulta na formação de algum novo sistema, religioso ou apenas denominacional. **2**. Os odres do céu, de onde procede a chuva (Jó. 38.37). **3**. As lágrimas de tristeza que são preservadas em odres, ou seja, são relembradas pelo Senhor, como algo precioso (Sl 66.8). **4**. Um odre na fumaça de uma fogueira, simboliza uma pessoa desgastada pela tristeza e pela aflição (Sl 119.83). **5**. Os habitantes de Jerusalém seriam como odres cheios de vinho, quando o Senhor derramasse sobre eles a sua ira, de tal modo que estourassem e ficassem arruinados (Jr 13.12). (G HA ID S UN)

OEL

No hebraico, **"tenda"**, **"família"**, **"raça"**. Esse era o nome do quinto filho de Zorobabel, da casa de Davi (1Cr 3.20). Viveu depois de 500 a.C.

OESTE

Para qualquer dos povos que ocupava a região da Palestina, a designação "oeste", ou "ocidente", revestia-se de uma tríplice significação, a saber: **1**. Essa era a direção, na rosa dos ventos, onde o sol se punha. Por esse motivo, a palavra hebraica *mabo*, traduzida por "oeste" ou "ocidente", mais literalmente significa "pôr do sol". Isso corresponde ao termo grego *dusmé*. (Ver Mt 8.11; 24.27; Lc 12.54; 13.29 e Ap 21.13). **2**. Essa era a direção para onde ficava o mar Mediterrâneo. Por isso, o termo hebraico *yam*, "mar", também tinha o sentido de oeste. **3**. Em consequência disso, era também dessa direção que vinham os ventos que traziam as nuvens cúmulos, carregadas de vapor d'água, que condensando-se davam a chuva. Lemos em Lucas 12.54: *Quando vedes aparecer uma nuvem no poente, logo dizeis que vem chuva, e assim acontece...* É que as nuvens que vinham dali prenunciavam chuva; (cf. a experiência de Elias), no monte Carmelo, segundo se vê em 1Reis 18.44: *Eis que se levanta do mar uma nuvem pequena como a palma da mão de um homem.*

Cerimonial ou religiosamente falando, a direção oeste não era nem mais e nem menos importante do que outros pontos da bússola ou rosa dos ventos, na vida dos povos de Israel. Quase todos os planos esquematizados para as disposições de localização, em Israel, de acordo com a Bíblia, alicerçavam-se sobre o "quadrado", e as estruturas arquitetônicas ou o povo ficavam assim arrumados, nos quatro lados desse quadrado.

OFEL

No hebraico, essa palavra (temos aqui uma transliteração) significa "cômoro", "colina" ou "torre". Esse vocábulo tem dois sentidos distintos nas páginas do Antigo Testamento: **1**. Uma localidade fortificada de Jerusalém, no lado oriental, perto das muralhas (ver 2Cr 27.3 e 33.14). Ofel era ocupada pelos netinins, após a reconstrução da cidade, quando um remanescente de Judá retornou, terminado o cativeiro babilônico (Ne 3.26; 11.21). Josefo (*Guerras* 2.17,9; 5.6,1) informa-nos que esse lugar ficava contíguo ao vale do Cedrom e do monte do templo. Por isso mesmo, é provável que a muralha de Ofel fizesse parte das muralhas de Jerusalém, nos dias de Herodes. É possível que os arqueólogos tenham descoberto essas fortificações, em escavações que descobriram muralhas profundamente enterradas, no ângulo sudeste da antiga muralha de Jerusalém. Essas profundas muralhas tinham cerca de 4,30 m de espessura, sendo óbvio que foram levantadas para efeito de fortificação. Sabe-se que as muralhas de Jerusalém foram fortificadas vez por outra, por diversos monarcas judeus, como Jotão (2Cr 27.3) e Manassés (2Cr 33.14), nos séculos VIII e VII a.C., respectivamente. O profeta Isaías, entretanto, predisse a destruição dessas fortificações (ver Is 32.14). E Miqueias referiu-se, metaforicamente, a como o reino de Deus haveria de ser estabelecido no *monte da filha de Simão* (Mq 4.8). **2**. Um local na Palestina central, onde havia a casa onde Geazi depositou os presentes que recebera (com desonestidade) da parte de Naamã. (Ver 2Rs 5.24). Algumas traduções dizem ali "outeiro" (como se lê em nossa tradução portuguesa) ou "colina". Esse local mui provavelmente ficava perto da cidade de Samaria.

OFENSA

Essa é uma das muitas palavras que a Bíblia, em sua tradução portuguesa, usa para indicar algum pecado. Entretanto, existem outros usos do vocábulo, segundo fica ilustrado nos comentários abaixo:

1. Definição. "Ofender" é afrontar, ultrajar; é dar desprazer; é traspassar um limite, é violar; é cometer um erro, um crime; é fazer tropeçar; é pôr obstáculo no caminho de alguém, procurando entravá-lo, enredá-lo.

2. No Antigo Testamento. *a*. *Mikshol*, "obstáculo", "chamariz" (1Sm 25.31; Is 8.14). *b*. *Chet*, "crime", ou a penalidade resultante de um crime (Ec 10.4). *c*. *Ashem*, "reconhecer-se culpado" (Os 5.15; Jr 2.3; 50.7; Ez 25.12; Os 4.15; 13.1; Hc 1.11). *d*. *Chata* "errar o alvo" (Gn 20.9; 40.1; 2Rs 18.14; Jr 17.18).

3. No Novo Testamento. *a*. *Próskoma*, "pedra de escândalo", *pedra de tropeço* (Rm 9.32,33 (citando Is 8.14; cf. 28.16); 14.13,20; 1Co 8.9; 1Pe 2.8). *Proskopé* é forma variante (2Co 6.3). O verbo, *proskópto*, é "tropeçar" (Mt 4.5 (citando 91.12), 7.27; Lc 4.11; Jo 11.9,10; Rm 9.32; 14.21; 1Pe 2.8). *b*. *Paráptoma, desvio para um lado* (Mt 6.14,15; Mc 11.25,26; Rm 4.25; 5.15-18,20; 11.11,12; 2Co 5.19, Gl 6.1; Ef 1.7; 2.1,5; Cl 2.13). Está em foco um desvio na conduta ou em relação à verdade, algo feito como não deve ser feito. *c*. *Skândalon*, "armadilha", "tropeço". (Ver Mt 13.41; 16.23; 18.7, Lc 17.1; Rm 9.33 (citando Is 8.14, cf. 28.16); 11.9 (citando Sl 69.23); 14.13; 16.17; 1Co 1.23; Gl 5.11; 1Pe 2.8; 1Jo 2.10; Ap 2.14. O verbo, *skandalízo*, ainda é mais frequente: Mt 5.29,30; 11.6; 13.21,57; 15.12; 17.27; 18.6,8,9; 24.10; 26.31,33; Mc 4.17; 6.3; 9.42,43,45,47; 14.27,29; Lc 7.23; 17.2; Jo 6.61; 16.1; Rm 14.21, 1Co 8.13; 2Co 11.29).

O ministério de Jesus foi um tropeço para os seus contemporâneos religiosos (Mc 6.3), mormente os fariseus (Mt 15.12), e, ocasionalmente, até para os seus discípulos (Mc 14.27). Declarou Jesus: *E bem-aventurado é aquele que não achar em mim motivo de tropeço* (Mt 11.6). Os pioneiros da fé sempre fazem os irmãos menores e os céticos se ofenderem, tornando-se, assim, impedimentos. Há impedimentos que são pecaminosos, pois atuam como armadilhas, que apanham suas vítimas. Mas também existe a ofensa da *cruz* (Gl 5.11). Uma espiritualidade séria requer a remoção de impedimentos que ofendem. Se nosso olho direito nos ofende, que o arranquemos (Mt 5.29). Outro tanto foi dito, metaforicamente, acerca da mão e do pé (Mc 9.43-47). Isso ilustra a seriedade do discipulado cristão. Há uma advertência feita àqueles que causam escândalo ou levam os crentes recém-convertidos a se ofenderem (Mt 18.6). O ministério de Cristo, que foi um gênio criativo, necessariamente criava reações contrárias, por parte de muitos. Alguns se sentiam ofendidos ou eram levados a tropeçar, segundo também Isaías predisse que sucederia. E os trechos neotestamentários de 1Pedro 2.8 e Romanos 9.33 reiteram a ideia, aplicando-a ao contexto histórico.

A liberdade cristã ocupa posição importante nessa questão das ofensas. O apóstolo Paulo recomendou que os crentes usassem de amor fraternal e de *sacrifício* pessoal. Aquele que *não* tem escrúpulos precisa respeitar as opiniões dos outros e não causar ofensa ou escândalo (Rm 14; l5.1,2).

OFERECIMENTO NO FOGO. Ver sobre *Sacrifícios o Ofertas*.

OFERTA PELO PECADO. Ver *Sacrifícios e Ofertas*.

OFERTA VOTIVA

Esse adjetivo, *votiva*, vem do verbo latino, *vovere*, **"prometer"**. Essa é a designação dada a coisas prometidas ou dedicadas a Deus, coisas santificadas ao Senhor com alguma razão especial. Há duas classificações gerais de ofertas votivas: **1**. Coisas votadas ou consagradas a Deus, que lhe serão dadas se a pessoa que fez a promessa for ajudada em alguma hora de

Ofertas Egípcias

necessidade. **2.** Coisas realmente apresentadas ou dedicadas a Deus (ou a algum "santo", conforme uma prática católica romana), quando aquilo que foi pedido foi outorgado. Uma variante é algo dado em gratidão por alguma bênção recebida, embora nada tenha sido especificamente prometido de antemão.

OFERTAS. Ver sobre *Sacrifícios e Ofertas*.

OFERTAS DE AÇÃO DE GRAÇAS. Ver sobre *Sacrifícios e Ofertas*.

OFERTAS DE CULPA. Ver sobre *Sacrifícios e Ofertas*.

OFERTAS DE MANJARES. Ver o artigo geral sobre *Sacrifícios e Ofertas*.

OFERTAS MOVIDAS. Ver sobre *Sacrifícios e Ofertas*.

OFERTAS QUEIMADAS

No hebraico, *olah* ou *alah*, **"aquilo que sobe"**. É vocábulo que aparece por muitas vezes, cerca de 280, desde Gênesis 8.20 até Miqueias 6.6. No grego temos a palavra *olokaútoma* apenas em Marcos 12.33; Hebreus 10.6 (citando Sl 40.7) e Hebreus 10.8.

Ver o artigo geral sobre *Sacrifícios e Ofertas*. As "ofertas queimadas", da mesma maneira que as ofertas de manjares e as ofertas pacíficas, eram ofertas voluntárias, em contraste com as ofertas pelo pecado e pela culpa, que eram compulsórias. As três primeiras representam, de modo geral, a ideia de homenagem, de autodedicação e de agradecimento, ao passo que as duas últimas representam a ideia de "expiação". As ofertas queimadas envolviam animais inteiramente consumidos no altar, no que contrastavam com as ofertas de manjares e outros sacrifícios onde somente o sangue era usado no rito, ao passo que a carne dos animais era cozida e comida pelos sacerdotes e adoradores. (Ver Dt 33.10; 1Sm 7.9; Sl 51.16).

1. Origem. As ofertas queimadas já eram comuns no período patriarcal. Alguns eruditos pensam, embora sem provas, que o sacrifício oferecido por Abel (Gn 4.4) foi uma oferta queimada. Noé ofereceu sobre o altar, terminado o dilúvio, uma oferta queimada (Gn 8.20).

2. Material. Eram usados somente touros, carneiros, bodes, pombos e rolinhas. E todos os animais ou aves usados precisavam ser isentos de qualquer defeito físico.

3. Cerimônias. O ofertante impunha as mãos sobre a vítima, confessava os seus pecados e dedicava a oferenda a Deus. Então o animal era abatido; o sangue do mesmo era aspergido em redor do altar, na sua parte mais inferior, e não diretamente sobre o mesmo, a fim de que a chama não fosse extinta (Lv 3.2; Dt 7.27). Tirava-se o couro do animal (Lv 7.8). O animal era então cortado em doze pedaços. O sacerdote tomava o ombro direito, o peito e as entranhas, punha as mãos debaixo das mãos do ofertante, e, juntos, eles balançavam o sacrifício para cima e para baixo (ver Ofertas Alçadas), por diversas vezes, em conhecimento da presença do Deus Todo-poderoso. O material a ser queimado era posto sobre o altar, e o fogo era aceso. Os pobres podiam substituir qualquer desses animais por um pombo ou uma rolinha.

4. Vezes. As ofertas queimadas eram oferecidas diariamente, de manhã e à tardinha (Nm 28.3; Êx 29.38), bem como nas três grandes festas judaicas (Lv 23.37; Nm 28.11-27), e em ocasiões especiais, como quando as mulheres se recuperavam do parto (Lv 12.6), ou pessoas eram curadas da lepra (Lv 14.19-22), ou os nazireus tornavam-se imundos, por terem entrado em contato com algum cadáver (Nm 6.9), e após os dias de sua separação terem-se cumprido (Lv 6.14). Em ocasiões miscelâneas de celebração e de solenidades, particulares ou públicas, também eram oferecidos esses sacrifícios (Jz 20.26; 1Sm 7.9; Ed 6.17 e 8.35). Ver os artigos sobre *Expiação* e *Expiação pelo Sangue*. Quanto aos sacrifícios como prefigurações do sacrifício expiatório de Cristo, e que por ele foram substituídos, ver Hb 10.5 ss. (E G LAN NTI S)

OFICIAL

Esse é um termo genérico, usado nas traduções, para referir-se a certa variedade de posições de autoridade. Visto que essas palavras, no original, são bastante latas em seu sentido, as traduções dão um bom número de alternativas.

1. No Antigo Testamento. *a. Saris*. Essa palavra vem do verbo "castrar", pelo que se refere a um eunuco, nomeado para cuidar do harém real, e que com frequência recebia importantes deveres na corte de um monarca. (Ver Gn 37.36: 39.1; 40.2). O oficial-eunuco era muito importante na Babilônia, no Egito e na Pérsia, mas aos hebreus estava vedada essa prática. Alguns estudiosos têm proposto que essa palavra hebraica era usada para indicar algum oficial, inteiramente à parte da ideia de emasculação, podendo referir-se a qualquer príncipe ou dirigente. O significado desse vocábulo hebraico, pois, tem suscitado debates entre os filólogos. *b. Shatar*, "escritor". Não obstante esse sentido, a palavra podia designar vários ofícios, alguns dos quais nada tinham a ver com o ato de escrever. Assim, os magistrados que lideravam o povo de Israel, no Egito, foram assim chamados (Êx 5.6-19), como também os que ajudavam administrativamente aos anciãos (Nm 11.16; Dt 20.5,8,9; 29.29), e até mesmo chefes militares (2Cr 26.11). Os escribas eram oficiais públicos, que registravam acontecimentos históricos, casos legais etc. (Êx 5.6-8). *c. Natsab, netsib*, "nomeado", "fixado". Nome dado a vários oficiais que recebiam os impostos, as taxas etc. (Ver 1Rs 4.5; 4.19; 5.16; 9.33). *d. Paqid, paqad*, "inspetor", "superintendente", palavras aplicadas a oficiais militares e civis. (Ver Gn 41.34; Jz 9.38; Et 2.3). No acádico, esses vocábulos eram usados para indicar muitos tipos de oficiais. Comparar as referências dadas com 2Reis 18.17 e Jr 39.3. O sentido básico dessas palavras é "grande".

2. No Novo Testamento. *a. Uperétes, palavra* grega que designava certa variedade de oficiais inferiores. É palavra usada por vinte vezes (Mt 5.25; 26.58; Mc 14.54,65; Lc 1.2; 4.20; Jo 7.32,45,46; 18.3,12,18,22,36; At 5.22,26; 13.5; 26.16; 1Co 4.1). O verbo, *uperetéo*, ocorre por três vezes (At 13.36; 30.34; 24.23). *b. Práktor*, "coletor". Esse termo grego, que ocorre somente por duas vezes, em Lucas 12.58, indicava, nos tempos antigos, em Atenas, alguém cujo dever era registrar e coletar multas impostas pelos tribunais ou governantes. Assim eram designados, nos tempos romanos, tanto os coletores de impostos quanto outros oficiais secundários, que tinham algo a ver com a lei. Nesse trecho bíblico de Lucas, está em foco um funcionário de tribunal, que tinha autoridade para determinar a detenção de alguém. Ele agia em consonância com a ordem baixada por um juiz, atuando mais ou menos como hoje faria um policial.

OFIR

No hebraico, **"rico"** ou **"gordo"**. Esse foi o nome de uma pessoa e também de uma região geográfica, mencionadas nas páginas do Antigo Testamento: **1**. Assim era chamado um dos treze filhos de Joctã, filho de Éber (ver Gn 10.29 e 1Cr 1.23). Esse nome veio a designar uma das tribos árabes. As tradições islâmicas equiparam Joctã com Qahtan, filho de Ismael e pai de todos os árabes. (Ver *Tabelas das Nações*, em Gn 10.26-29). **2**. Ofir também era o nome de uma região muito produtiva de ouro, possivelmente localizada na parte sudoeste da Arábia, onde hoje é o lêmen. Talvez incluísse parte das costas marítimas africanas adjacentes. Seja como for, o fato é que Ofir foi famosa por suas minas de ouro, que ali foram descobertas no século IX a.C.

Os eruditos não têm certeza quanto à localização exata de Ofir, pelo que há várias teorias a respeito: parte sudoeste da Arábia, parte sudeste da Arábia, nordeste das costas africanas; Supara, a quase cem quilômetros ao norte de Bombaim, na Índia. Jerônimo pensava que Ofir ficava na Índia; e, de fato, há alguma evidência em favor dessa opinião, devido aos produtos de comércio associados a Ofir. Várias referências bíblicas enfatizam sua produção de ouro. (Ver 2Cr 8.18; Jó 22.24; 28.16: Is 45.9; Is 13.12). Mas outros itens, como o sândalo (1Rs 10.11), a prata, o marfim e duas variedades de bugios (macacos) (1Rs 10.22), além de pedras preciosas (2Cr 9.10) também aparecem como riquezas e artigos de comércio associados a Ofir.

Ofir era visitada pela frota de navios comerciais de Salomão, como também pelos fenícios, grandes navegadores do passado. Salomão trocava seu precioso cobre, extraído de Arabá, a fim de adquirir produtos de Ofir (ver 1Rs 9.26-28; 22.48; 1Cr 8.17,18; 19.10). Salomão apreciava itens exóticos, e tinha dinheiro para comerciar com essas coisas. Por isso ele importava pavões e bugios, juntamente com muitos outros artigos (1Rs 10.22). Ele usava o ouro proveniente de Ofir a fim de adornar seu trono, o templo de Jerusalém e a casa da floresta do Líbano (ver 1Rs 10.14-19). Josefo (*Anti*. 8.6,4) referiu-se ao alegado comércio de Salomão com a Índia; e Jerônimo muito contribuiu para propalar essas tradições, embora seja difícil julgar a validade delas.

OFÍCIOS DE CRISTO

Durante o período intertestamentário, as expectativas judaicas da vinda de um libertador e rei que introduzisse o reino de Deus levaram gradativamente ao uso do termo "Ungido" para descrever essa figura tão ansiosamente esperada (heb. mâšiah, Messias; gr. christos, Cristo). Conquanto não usasse esse termo regularmente para si próprio, Jesus aceitou o título, reconhecendo que ele era o Cristo, em seu julgamento, embora tivesse entendimento bem diferente da missão e do reino do Messias daqueles comumente sustentados por seus contemporâneos judeus (Mc 8.27-33; 14.61,62). Do Pentecostes em diante, a igreja usou o título "Cristo" para Jesus, ligando-o ao seu nome pessoal, como "Jesus [o] Cristo", ou "Cristo Jesus", e logo seus seguidores eram chamados cristãos (At 2.36; 11.26).

A teologia cristã tem refletido constantemente sobre o significado desse título aplicado a Jesus. No AT, a unção era normalmente feita com óleo, denotando a consagração por Deus para um ofício. Implicava fortalecimento para a tarefa pelo Espírito do Senhor. Em Isaías 61,1ss, isso é deixado explícito quanto ao Messias, e Jesus aplicou essa profecia a si mesmo no começo de seu ministério (Lc 4.16-21). Nos tempos pós-NT, muitos escritores cristãos observaram que, tal como os sumos sacerdotes e os reis de Israel, no AT, haviam sido ungidos, assim também o título Cristo apontava para Jesus como sacerdote real, *i.e.*, a um ofício (sumo) sacerdotal e real. Lutero desenvolveu isso de modo mais bíblico e pleno do que qualquer outro. Posteriormente, Calvino observaria ainda que os profetas (*p.ex.*, Elias) tinham também sido ungidos e que a obra do Espírito neles e sobre eles era frequentemente mencionada. Isso o levou a desenvolver, na edição final das *Institutas*, um tríplice entendimento dos ofícios de Jesus Cristo: como mediador entre Deus e o homem (*viz.*, profeta), sacerdote e rei. Essa ideia, na verdade, havia sido mencionada por Bucer em 1536, tendo sido primeiramente aludida por Eusébio. A teologia reformada e todas as igrejas protestantes a têm seguido, desde então.

1. O profeta ungido. A proclamação das boas-novas seria a parte principal da obra do Messias que estava por vir (Is 61.1,2). Os discípulos de Jesus o chamavam de "mestre", e a igreja do NT preservou seu ensino como palavra do Senhor, vendo nele o profeta semelhante a Moisés por excelência predito em Deuteronômio 18.15ss (*p.ex.*, ver At 3.22,23; 7.37). A maior parte do ministério terreno de Jesus Cristo foi de seu ensino do reino, de Deus como Pai, de fé, discipulado e do verdadeiro significado da lei.

Nele, os ministérios de mestre e profeta se amalgamam perfeitamente; ele suplanta todos os profetas do AT, incluindo João; suas palavras nunca passarão, e ele julgará a todos no último dia (Mc 13.31; Jo 12.48). Jesus continua a ensinar à igreja por seu Santo Espírito (a mesma unção, em princípio, que estava sobre ele), em primeira instância por meio dos apóstolos; e o Espírito continua, em todas as épocas, o ministério de Jesus Cristo como profeta em seu corpo, a igreja, chamada a proclamar sua palavra, seu evangelho, para todos os povos.

2. O sacerdote ungido. A exposição clássica do tema de Jesus Cristo como nosso grande sumo sacerdote está na epístola aos Hebreus, especialmente na seção central, 4.14 a 10.25,39. O escritor de Hebreus enfatiza: *a*. a designação divina de Jesus para esse ofício; *b*. as tarefas do sacerdócio, especialmente sua ação representativa em nosso favor para com Deus em oferecer sacrifício pelos pecados; *c*. a aptidão de Cristo para o ofício mediante sua experiência humana, seu sofrimento e sua impecabilidade, e por sua vida consequentemente indestrutível; *d*. o fato de ele pertencer a uma ordem diferente do sacerdócio, melhor do que a do antigo sacerdócio levítico, a saber, a de Melquisedeque (Sl 110; Gn 14), não exigindo ascendência física da família de Arão e sem qualquer cooquente ou sucessor no ofício; *e*. sua mediação de um pacto melhor e eterno, baseado em melhores promessas (considerando que o antigo pacto não trazia a certeza do perdão, contendo somente a prefiguração da realidade que estava por vir); *f*. sua oferta de um sacrifício único, perfeitamente adequado, eficaz, feito somente uma vez e irrepetível, por todos os pecados, em sua própria morte no Calvário, aceita por Deus; *g*. consumada sua obra sacrifical, sua entrada na presença de Deus, *no verdadeiro tabernáculo* (8.2), em nosso favor, como nosso precursor, e onde "vive para sempre para interceder" por nós (7.25).

Jesus, o mesmo nosso precursor, é descrito ainda como nosso advogado perante o Pai (1Jo 2.2). Desde sua ascensão, trata de nossos interesses, ou pleiteia nossa causa, com o Pai no céu. Romanos 8.34 também fala a seu respeito como intercessor por nós. Como isso acontece? É assegurado simplesmente por sua presença diante de Deus na condição de homem? Estará Jesus realmente orando ao Pai constantemente por seu povo? Ambas essas ideias têm recebido sempre aceitação; mas a ideia de sua necessidade de orar por nós parece gratuita, uma vez que: a) ele parece negar isso especificamente em João 16.25,26; b) ele próprio está no trono do reino de Deus, com toda a autoridade no céu e na terra e todo julgamento entregue a ele pelo Pai (Mt 28.18-20; Jo 5.22,23); c) Jesus não precisa persuadir o Pai para ser gracioso conosco, pois sua obra salvadora procede da própria graça do Pai.

Um verdadeiro entendimento do sumo sacerdócio de Jesus Cristo teria guardado a igreja da representação medieval, ainda persistente, da ceia do Senhor (ver Eucaristia), assim como da ideia sacerdotal errônea de ministro ordenado. Há um sacerdócio, sim, de todos os crentes — mas este é somente de espécie geral, ou seja, para ter acesso a Deus Pai mediante a morte de Cristo e oferecer, por intermédio dele, e tão somente dele, adoração e culto a Deus; não sendo o sacerdócio universal dos crentes: *a*. um sacerdócio representativo para fazer expiação pelo pecado; *b*. um mandato do ofício de sacerdócio de Melquisedeque; *c*. qualquer ordem especial de ministério dentro da igreja.

3. O rei ungido. O reinado do Messias, como reinado de Deus, está claramente predito no AT (*p.ex.*, Sl 2; 110; Is 11, etc.). Conquanto Jesus rejeitasse qualquer reino mundano ou ideia de realeza neste mundo (Mt 4.8; Jo 6.15; 18.33-38), e nunca haja falado de si mesmo propriamente como rei no reino de Deus, o Filho do homem é, sem dúvida, uma figura régia em diversos de seus ditos (tendo como fundo Dn 7). A vinda de Jesus produziu um reino, que é de verdade espiritual, justiça, fé e amor, no qual Deus governa na vida humana e em que as obras do diabo são julgadas e expulsas. Sua ascensão é vista como sua investidura ou coroação como regente junto ao Pai, e seu reino tem início, então, de acordo com o NT, e não em alguma data futura (milenar ou algo assim). O processo atual é o de seus inimigos sendo progressivamente colocados debaixo de seus pés (ver 1Co 15.25; Hb 10.12,13, seguindo Sl 110.1 e Ap). Jesus Cristo governa sua igreja mediante sua Palavra e seu Espírito e chama os cristãos a reinarem com ele e compartilharem de sua vitória sobre o mal. Haverá um dia em que todo joelho se dobrará diante de seu domínio régio, e seu reino será definitivamente implantado, com seu glorioso retorno; o mal, totalmente banido; os mortos, ressuscitados; e uma nova criação, introduzida em pleno esplendor. Então, tendo todos os governos sujeitos ao seu, ele entregará o reino ao Pai, tendo completado sua obra mediadora (1Co 15.21-28; Ap 11.15).

Um ungido que cura? Uma vez que o rito da unção é preservado no NT em conexão com a cura, e sendo a cura na obra do Messias realçada claramente e de modo destacado (Is 35; 61; Evangelhos), alguns estudiosos têm argumentado que a Jesus Cristo deveria ser acrescentado um quarto ofício, o daquele que cura. Isso é perfeitamente possível, mas talvez não necessário, visto que: *a*. ele pode ser classificado, por sua obra, como profeta (fazendo de milagres) e rei (julgando e expulsando o mal na vida humana); *b*. embora os doentes sejam ungidos para serem curados, nunca parecem ter sido ungidos por quem os cura, seja no AT seja no NT.

Para concluir, o cristão deve aprender com Jesus Cristo, o Filho de Deus, como profeta; aproximar-se de Deus confiante em seu perfeito sacrifício expiatório pelos pecados, como nosso grande sumo sacerdote (e por seu intermédio oferecer a si mesmo em adoração e culto); submeter-se alegremente a seu governo como rei, orar e trabalhar para a difusão de seu reino e, como seu súdito, empenhar-se por derrotar o mal em seu nome.

(**J. P. Baker** (falecido), M.A., B.D., ex-reitor de Newick, Lewes, East Sussex, Inglaterra.)

BIBLIOGRAFIA. L. Berkohf, *Systematic Theology* (Grand Rapids, MI, 1953); J. Calvin, *Institutas* II.xvi; C. Hodge, *Systematic Theology* (Grand Rapids, MI, 1952); I. H. Marshall, Jesus Christ, Titles of, *in: IBD*.

OFNI

No hebraico, talvez signifique, **"bolorenta"**. Nome de uma aldeia de Benjamim (Js 18.24), que Robinson e outros estudiosos identificam com Gofna ou Gofni, no caminho que vai de Jerusalém a Samaria, a um dia de marcha para o norte de Gibeá (Guerras 5.2,1), é a moderna Jufnah ou Jiffa, 5 km a noroeste de Betel. Esta identificação dá a entender que a fronteira de Benjamim tomava a direção norte, perto de Betel.

OFRA

No hebraico, **"corço"**. Esse é o nome de uma pessoa e de duas antigas cidades de Israel, nas páginas do Antigo Testamento: **1**. Um homem da tribo de Judá, um dos filhos de Menotai (1Cr 4.14). Ele viveu por volta de 1450 a.C. **2**. Uma cidade do território de Benjamim era assim chamada. Aparece no trecho de Josué 18.23, juntamente com outras cidades situadas a nordeste de Jerusalém. Talvez seja a mesma cidade de Efraim, em 2Crônicas 13.19 e de João 11.54; mas outros pensam na Aferama de 1Macabeus 11.34. Tem sido identificada com a moderna *et-Tayibeh*, que domina o alto de uma colina, cerca de dez quilômetros a nordeste de Micmás. Jerônimo identificava Ofra com Efraim, localizando-a a cinco milhas romanas a leste de Betel. O termo *Taiybeh* é uma regular substituição árabe para Ofra ou Efrom. Todavia, contra essa identificação, temos a considerar que et-Taiybeh fica muito para o norte para ter pertencido ao território de Benjamim. Por essa razão, a questão permanece em dúvida. **3**. Uma cidade do território de Manassés, cidade natal de Gideão (Js 17.2; Jz 6.11,15,24,34; 8.32; 1Cr 7.18). Gideão combateu contra os midianitas perto dessa cidade. Essa cidade ficava cerca de dez quilômetros a sudoeste de Siquém. Nesse mesmo lugar, Gideão, posteriormente, edificou um altar dedicado a *Yahweh-shalom* (ver Jz 6.24; em nossa versão portuguesa, "o Senhor é paz").

O local não foi identificado ainda com qualquer grau de certeza. Talvez um outro lugar, chamado de et-Taiybeh (ver acima, no segundo ponto), seja o lugar. Fica localizado a quase treze quilômetros a noroeste de Bete-Seã. Ainda outras sugestões são Fer'ata, a oeste de Gerizim, *Tell el-Far'ah*, a onze quilômetros a noroeste de Siquém, e *Silet ed-Dahr*, a 21 quilômetros ao norte de Siquém. Porém, nenhuma dessas identificações tem podido satisfazer a todos os eruditos.

OGUE

Esse foi o nome de um rei dos amorreus. Não se sabe ao certo o significado desse nome. Alguns arriscam o sentido "pescoço longo" ou "gigante". (Ver Nm 21.33; 32.33; Dt 4.47; 31.4). De acordo com o trecho de Josué 13.31, ele dominava seis cidades dentre as quais as principais eram Astarote e Edrei. Seu nome é mencionado na Bíblia por ser ele um dos adversários de Israel ao tempo da conquista da terra de Canaã (cerca de 1400 a.C.). Ogue foi derrotado pelos israelitas em Edrei, e ele e seu povo foram exterminados, conforme era costume fazer na época. Algumas vezes, faziam-se prisioneiros de guerra, reduzidos à escravidão, e, outras vezes, eram poupadas as mulheres, por razões óbvias. Porém, é surpreendente ver quantos povos antigos pensavam que seus deuses ordenavam a destruição total de povos vencidos. (Ver Nm 21.33; Dt 1.4; 3.1-13; 29.7; Js 2.10). O trecho de Deuteronômio diz-nos que Ogue contava com muitas cidades muradas, mas isso não fez parar os hebreus, em seu avanço.

Ogue mesmo foi uma notável figura, dotado de gigantesca estatura. Ele tinha um leito de ferro com cerca de 3,70 m X 1,85 m de comprimento e largura bem maiores que as chamadas camas-gigantes de hoje em dia! Ele foi um dos últimos representantes de uma raça de gigantes da antiguidade, os *refains* (vide). Seu território foi entregue à meia-tribo de Manassés. A arqueologia não tem podido aumentar nosso conhecimento acerca deles. (Quanto a outras referências bíblicas a esse rei, ver Ne 9.2; Sl 135.11 e 136.20).

OLAMUS

O nome desse homem, dentro do cânon palestino, é Mesulão (ver Ed 10.29), mas no livro apócrifo de 1Esdras 9.30 é Olamus. Ele estava entre aqueles que se tinham casado com mulheres estrangeiras, durante o cativeiro babilônico, e que foram obrigados a divorciar-se delas, depois que o remanescente de Judá retornou a Jerusalém.

OLEIRO (OLARIA)

Ver o artigo *Artes e Ofícios*, 4. a. Ver também sobre *Argila*. A palavra hebraica para "oleiro" é *yatsar*, que se deriva da ideia básica de "moldar". O termo grego correspondente é

Kerameús, que vem da ideia básica de "misturar". A profissão dos oleiros é uma das mais antigas do mundo. E a cerâmica é uma das técnicas mais significativas, quando se trata das investigações arqueológicas. De fato, a cerâmica é uma espécie de pedra sintética que permite ao oleiro moldar artefatos de grande duração. Os fragmentos de cerâmica também foram o mais barato material de escrita da antiguidade.

I. Informes Históricos. Até onde é possível determinar, a Idade da Pedra cedeu lugar à Idade da Cerâmica, em cerca de 6.500 a.C. Há provas de um uso liberal de objetos de cerâmica em Jericó; em *wadi Fallah*, no monte Carmelo; em Buda, perto de Petra; e em Biblos, na Síria, desde esse período tão remoto. Os eruditos conjecturam que essa habilidade veio à existência mediante a inventividade de povos do planalto da Anatólia, na porção ocidental da Ásia Menor (atual Turquia). Dali, esse conhecimento espalhou-se para inúmeros outros lugares. A cerâmica é superior à pedra, porquanto pode ser adaptada a muitíssimas formas; é superior a cestas de vime, por ser mais forte, além de poder conter líquidos, o que é impossível às cestas de vime e de materiais parecidos. Ademais, a cerâmica é mais duradoura que o ouro, que também era usado no fabrico de recipientes para líquidos.

1. Nos Tempos de Abraão. Já nessa época eram usadas jarras tanto de pedra quanto de cerâmica, juntamente com vasos de cobre e de bronze, que eram artigos muito mais caros. A cerâmica, devido ao seu baixo preço e à sua versatilidade, até hoje tem permanecido como um dos principais materiais no fabrico dos mais variados vasos. O vaso de Hagar (ver Gn 21.14,15), provavelmente, era um odre, feito de couro de animal. Já o *cântaro* de Rebeca, sem dúvida, era feito de cerâmica (ver Gn 24.14,15).

2. Nos Tempos de José. Sendo ele bisneto de Abraão, José viveu em uma época em que, na Palestina, faziam-se vasos de cerâmica de grande qualidade e bem decorados. A cerâmica palestina foi consideravelmente influenciada pela cerâmica egípcia. Houve, um pouco mais tarde, uma cerâmica de baixa qualidade na Palestina, dos juízes de Israel, talvez devido ao fato de que os israelitas então já estavam longe do Egito fazia alguns séculos. Mas, além da influência egípcia, também devemos pensar na influência das culturas grega, miceniana e cipriota, sobre a cerâmica da Palestina. Características distintivas marcaram cada período histórico, de tal maneira que o material usado no fabrico de vasos e os estilos desses vasos proveem um método razoável para datarmos os mesmos. Naturalmente, essas distinções também dependiam de diferentes povos e civilizações, entre outras coisas, pois esses fatores também pesam, pode-se pensar até em fatores como o inter-relacionamento de culturas.

Algumas Características da Cerâmica Palestina. Essas características seguem *uma ordem cronológica*:

1. Vasos Neolíticos. Esses vasos eram crus e simples. A cerâmica era grosseira, feita de massa misturada com palha cortada. Alguns dos vasos eram pintados, havendo certa variedade de cores. Nesse período eram fabricados muitos vasos com formato de barril, com uma asa em forma de laço e um gargalo a certa altura. Provavelmente, esses vasos eram batedeiras, imitando odres (vasos feitos de couro), que também eram usados com esse propósito. Cerca de 6500 a.C.

2. Idade do Bronze Antiga. A cerâmica desse período começou a produzir jarras em formato globular, com linhas paralelas de pintura vermelha, como decoração. Em seguida, apareceram vasos de cor cinza, polidos, provavelmente introduzidos por migrantes de outras culturas. Cântaros com uma única asa e pratos polidos, de cor vermelha, têm sido encontrados em túmulos egípcios. Migrantes vindos da Anatólia, através da Síria, trouxeram uma cerâmica distinta, de cor vermelha ou negra, que tem sido achada em diversos lugares, ilustrando o comércio e o escambo da época; cerca de 3000 a.C.

3. Idade do Bronze Média. Apareceram nesse período outras formas de vasos. Jarras com gargalos curtos e estreitos, com bases chatas e grandes, são típicas do período. Também surgiram vasos com bicas, a pontinha virada para baixo para facilitar o ato de derramar. Foi nesse período que surgiram as primeiras lâmpadas alimentadas a azeite. Pequenos jarros de material negro, decorados com pequenos pontos brancos, aplicados, eram bem comuns, provavelmente de origem hicsa. Cerca de 2500 a.C.

4. Idade do Bronze Moderna. Jarras e tigelas adornadas com desenhos geométricos em branco e vermelho, ou com figuras de animais, apareceram então. Provavelmente, esses tipos foram originalmente importados da Cilícia e da ilha de Chipre. A cerâmica miceniana também era importada pela Palestina, nesse período. A cerâmica dos filisteus era de boa qualidade, com desenhos geométricos e figuras de pássaros estilizados. Cerca de 1500 a.C.

5. Idade do Ferro. Diferentes tipos e estilos de cerâmica assinalaram a transição da era do Bronze para a era do Ferro. A cerâmica filisteia era bastante distintiva e feita com habilidade. Eram comuns as tigelas e as jarras grandes, dotadas de duas asas; esses artigos eram de várias cores e a decoração incluía figuras de pássaros e desenhos geométricos. Jarras cilíndricas, com bases arredondadas e bocas largas, eram típicas desse período. O tempo da monarquia israelense faz parte da Idade do Ferro. Vasos de formato angular surgiram durante esse período. Têm sido encontradas peças de excelente qualidade, em Samaria. Grandes jarras armazenadoras têm sido encontradas em Hebrom, Zife e Socó. De 1200 a.C. em diante.

6. Período Persa e Helenista. Aumentaram então, consideravelmente, as técnicas no campo da cerâmica. Peças de cerâmica ateniense, nas cores preto e vermelho, eram exportadas para toda parte. Frascos com gargalos alongados têm sido achados em túmulos. Eram usados vasos com asas colocadas nas mais diversas posições, uma ou duas dessas asas, e dos mais variados formatos. Os desenhos então usados eram realmente artísticos. Pintura duradoura também era empregada, cerca de 580 d.C. em diante.

7. O Período Romano. Peças de cerâmica de alta qualidade eram importadas pelos romanos, de tal modo que no império romano havia vasos os mais variados. Os centros nabateus, na Transjordânia, produziam peças delicadas e decorativas, com desenhos florais e outros. De 63 a.C. em diante.

II. A Massa dos Oleiros. Ver o artigo separado chamado *Argila*.

III. A Profissão dos Oleiros. Ver o artigo separado sobre *Artes e Ofícios*, 4. a.

IV. O Processo da Olaria. **1**. O barro era misturado com água. Então era aplicado calor para extrair parte da água, até que a massa adquirisse uma consistência plástica duradoura. As impurezas eram então removidas. **2**. Eram dados os formatos desejados à massa. Na remota antiguidade, isso era feito à mão livre, mas com esse método não se obtinham simetria perfeita e nem detalhes claros. A *roda do oleiro* (vide) foi uma invenção que veio melhorar em muito essas particularidades. Também havia peças feitas em moldes e prensas, uma técnica que prossegue até os nossos dias. **3**. Uma cobertura de cerâmica mais fina era usada, no caso de vasos mais dispendiosos. **4**. Várias cores eram empapadas no barro, ou eram pintadas sobre o mesmo. O trecho de 1Crônicas 4.23 alude àqueles que tinham essa profissão. O artigo intitulado *Oleiro*, mencionado acima, supre referências bíblicas. As *cores* eram derivadas de diversos óxidos metálicos, como ferro, cobre, cobalto, cromo manganês, níquel, urânio, ouro, prata, platina etc. Também havia essências vegetais úteis no colorido. Apareceram peças *esmaltadas*, o que aumentava a resistência e a beleza dos artigos. Isso era feito mediante a aplicação de uma mistura de pederneira, argila, pedra calcária em pó, chumbo, bórax e outros minerais. Esses materiais eram reduzidos a pó, misturados com vários líquidos e então aplicados mediante pintura ou imersão. **5**. O ato de pisar o barro, para misturar bem a massa, era comum. Assim era possível usar a massa no fabrico de vasos ou de tijolos (ver Na 3.14; Is 41.25). A casa do oleiro, referida em Jeremias 18.1-16, provavelmente alude à sua residência, onde ele também preparava vasos e os armazenava para futura venda. Quanto ao uso da roda do oleiro, ver o artigo *Artes e Ofícios*, mencionado anteriormente. **6. Cozimento das Peças**. Um oleiro precisava exercer boa técnica quando cozia suas peças de cerâmica, em um forno apropriado. No cozimento, uma peça podia adquirir uma qualidade duradoura ou podia ser destruída. A Torre dos Fornos, aludida em Neemias 3.11 e 12.38, talvez aluda a fornos usados pelos oleiros. A cerâmica destruída no cozimento, ou quebrada posteriormente, podia ser reduzida a pó, misturada com água até adquirir uma consistência plástica, e, então, ser usada como vedante dos fundos e das paredes laterais de instalações para armazenamento de água.

V. Tipos de Vasos Produzidos. A variedade de vasos era quase interminável, pelo que a lista abaixo é apenas parcial e sugestiva: **No hebraico**: *'aggan*, grandes tigelas ou receptáculos; *'asuk*, grandes jarras com bicas, para azeite (2Rs 4.2). *Baqbuq*, jarras de gargalo estreito (1Rs 14.3; Jr 19.1,10). *Gabia*, um cântaro com boca larga (1Sm 2.14; Jó 41.20). *Kad*, pires de barro, em forma de anel, com bases arredondadas, onde se apoiavam jarras (Lv 11.35). *Mahebat*, discos e grelhas para cozer panquecas (Lv 2.5). *Marheset*, panelas de todos os formatos, para cozinhar (Lv 2.7). *Masret*, panelas com cabos ou não (2Sm 13.9). *Miseret*, gamelas. *Nebel*, jarras de vinho (Is 30.14). *Sir*, grandes caldeirões (2Rs 4.38). *Sap*, toda espécie de tigela. *Pak*, pequenas jarras, algumas usadas para aquecer líquidos (Jz 6.19). *Samid*, taças rasas, para líquidos (Nm 19.14). *Sappahat*, frascos (1Sm 26.11 ss.). *Qallahat*, panelas para cozinhar (1Sm 2.14; Mq 3.3). **No grego**: *Módios*, um vaso de medir (Mt 5.15). *Nipter*, uma bacia (Jo 13.5). *Potérion*, um copo (Mt 10.42). *Trúblion*, uma tigela larga (Mt 26.23). *Philale*, uma taça para unguentos (Ap 5.8).

Também havia receptáculos para queimar carvão (Zc 12.6); vasos para sal e produtos similares (2Rs 2.20); potes para perfumes (2Rs 9.1 ss); lâmpadas (Jr 25.10). No Novo Testamento também aparecem as *udría*, jarras de água (Jo 2.6,7). No Antigo Testamento há um total de 34 palavras hebraicas ou aramaicas que indicam tipos diferentes de vasos.

Bibliografia. AM ANI KE (1970) ND UN Z

Vasos de alabastro

Cântaros de pedra

Potes diversos: 1, 2. de ouro 3. de vidro
4. de barro 5, 7. de porcelana
6. de pedra 8. de ouro com correias
9. de pedra 10. de alabastro, com tampa

Garrafas assírias

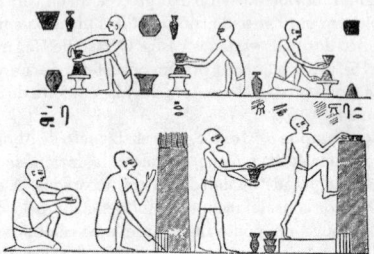
Egípcios fabricando olaria

Usos Metafóricos
Quero ser um vaso de bênção
Um vaso escolhido de Deus
...
Para ser um vaso de bênção
É mister um vida real.
Uma vida de fé e pureza
Revestida do amor divinal.
Faze-me vaso de bênção, Senhor!
Vaso que leva a mensagem de amor.
Eis-me submisso pra teu serviço.
Tudo consagro-te agora, Senhor.

William E. Entzminger

... e quebre o cântaro junto à fonte.

(Ec 12.6)

Alude à fragilidade da vida humana, tema constantemente repetido nas Escrituras. (Ver1Pe 1.24,25).

ÓLEO. Ver sobre *Azeite* (*Óleo*).

ÓLEO, ÁRVORE DE

Ver sobre a *Oliveira*. Em algumas traduções, no trecho de Isaías 41.19, há menção à "árvore de óleo" onde nossa versão portuguesa (e outras) diz "oliveira". "Árvore de óleo" é uma tradução literal. A identificação dessa espécie vegetal continua em debate. Em 1Reis 6.23,31-33, temos menção à "madeira de oliveira". Alguns especialistas têm pensado que a referência em Isaías 41.19 é à árvore cujo nome científico é *Balanites aegyptiaca*, que produz um óleo que não parece nativo do vale do rio Jordão. E os jordanianos dizem que a árvore que eles denominam *zackum*, também conhecida como árvore balanita, produz um óleo vegetal de valor. Assim, permanece a dúvida sobre a espécie referida no trecho de Isaías 41.19.

OLHO

No Antigo Testamento é usada uma palavra e, no Novo Testamento, duas, a saber: **1**. *'Ayin*, "olho". Esse vocábulo aparece por um pouco mais de setecentas vezes, com esse sentido, pois também pode significar ideias como "cor", "face", "fonte", "aparência", "presença" etc. Sua primeira menção fica em Gênesis 3.5; e a última, em Malaquias 2.17. **2**. *Ophthalmós*, "olho". Palavra grega usada por 95 vezes (Para exemplificar: Mt 5.29,38 (citando Êx 21.24); 6.22,23; 7.35; 9.29,30; 13.15 (citando Is 6.10); 13.16; 17.8; 18.9; 20.15,33; 21.42 (citando Sl 118.23); Mc 7.22; Lc 2.30; Jo 4.35; Rm 3.18 (citando Sl 36.2); 11.8 (citando Is 29.19); 11.10 (citando Sl 69.24); 1Co 2.9 (citando Is 64.3); 1Pe 3.12 (citando Sl 34.16); 2Pe 2.14; 1Jo 1.1; Ap 17.14). **3**. *Ómma*, "vista", termo grego empregado por apenas duas vezes (Mt 20.34 e Mc 8.23).

Usos Literais. O uso literal é o mais frequente. O sentido da percepção visual é considerado dotado de extremo valor. Um ferimento devastador contra um inimigo consistia em cegar-lhe os olhos (Jz 16.21; 1Sm 11.2), o que serve de horrenda ilustração da ilimitada degradação humana. Os olhos são os órgãos da visão do homem (Gn 3.6) e dos animais (Gn 30.41); e, antropomorficamente, até de Deus (Sl 33.18); e, simbolicamente, de objetos físicos (Ez 1.18 e Ap 4.5).

Usos Metafóricos. Esses são os mais variados: **1**. como símbolo do orgulho, como no caso dos olhares altivos (Is 5.15); **2**. da piedade (Dt 7.16); **3**. do sono (Gn 31.40); **4**. dos desejos (Ez 24.16); **5**. da constante vigilância de Deus (Sl 1.6); **6**. da medida de juízo e retribuição absoluta, como na expressão "olho por olho", em Lv 24.20; **7**. de um encontro face a face ("olho com olho", no original hebraico) (Nm 14.14); **8**. da visão completa (Gn 42.24); **9**. da iluminação espiritual (Sl 19.8; Lc 11.34; Ef 1.18); **10**. do cansaço, *amortecidos* (Sl 6.7; Jó 17.17); **11**. da generosidade, como em "olhos bons", em Lc 11.34; **12**. dos olhos maus, que representam a inveja e o desejo de prejudicar (Dt 28.54; Pv 28.22; Mc 7.22). Ver o artigo separado sobre esse assunto, sob o título *Inveja*. **13**. Da facilidade com que as tentações assaltam um homem, por meio de seus olhos e demais sentidos (Gn 3.6; 1Jo 2.16); **14**. Os olhos altivos indicam a arrogância e o orgulho (Sl 18.27; Is 10.12); **15**. O olho bom (Mt 6.22) representa simplicidade e sinceridade; **16**. a concupiscência, como no caso dos olhos cheios de adultério (2Pe 2.14); **17**. aquilo que é motivo de profundo deleite, a pupila do olho (Dt 32.10; Zc 2.8); **18**. a fixação da atenção sobre as coisas apropriadas; os olhos do sábio estão em suas cabeças (Ec 2.14); em contraste com isso, os olhos dos tolos vagueiam pelos confins da terra (Pv 17.24); **19**. abrir os olhos é dar toda a atenção a alguma coisa (Nm 24.3); **20**. ter olhos que não veem é mostrar-se insensível para com as realidades espirituais (Is 6.10; Rm 11.8); **21**. arrancas os próprios olhos e dá-los a outrem indica grande amor e sacrifício pessoal (Gl.4.15); **22**. O olho insatisfeito é a ganância que jamais se satisfaz (Ec 4.8); **23**. ciscos ou traves no olho indicam pecados menores ou maiores, que obstruem a visão espiritual e nos impedem de tratar outras pessoas com a devida justiça (Mt 7.5).

OLHO, CEGUEIRA DO. Ver sobre *Crimes e Castigos*.

OLHO MAU (MAU OLHADO)

Esse é um assunto comumente ventilado, nas religiões primitivas, havendo algum reflexo da ideia na Bíblia. Ao falar em "religiões primitivas", não queremos dizer que não exista o olho mau, ou que a noção não faça parte das religiões modernas. O *olho mau* é o suposto poder que uma pessoa tem para prejudicar ou mesmo matar, mediante um olhar carregado de maldade e de maldição. Fica entendido que o indivíduo que lança tal olhar seja uma pessoa dotada de poderes psíquicos, impulsionada por algum espírito, de tal modo que seu intuito, ao olhar para alguém ou para alguma coisa, se cumpra. Meu irmão, quando trabalhava como missionário evangélico na África, encontrou casos dessa natureza e mais de um de seus evangelistas foi alvo das maldições lançadas por algum bruxo africano. Coisa alguma lhes aconteceu, nesses casos; mas há evidências suficientes para provar que, em alguns casos, algum tipo de poder maligno entra em operação, nos maus olhados, que pode prejudicar ou mesmo matar.

Proteção. Há quem use encantamentos; outros proferem orações; também são aplicadas contramaldições. Alguns estudiosos veem algo assim, envolvido no trecho de Juízes 8.21. Também há juramentos feitos, solicitando a proteção de forças divinas. Alguns pensam que a inveja é a grande força por detrás do mau olhado. Isso tem levado ao costume, de algumas pessoas que, ao olharem para outras pessoas, animais, crianças, ou seja o que for, com olhar de admiração, também dizerem: "Deus te abençoe", para que as outras pessoas entendam que elas são impulsionadas por bons desejos, e não por qualquer sentimento de inveja, que produziria o malfadado "mau olhado". Tudo isso envolve o mais puro egoísmo. (Ver também trechos como Dt 28.54,56 e Pv 28.22, que também têm em mira o simples egoísmo. A inveja ou o egoísmo também figura em Mt 20.5. Ver, igualmente, Mt 6.22,23 e Lc 11;34, quanto a outras possíveis referências à questão).

OLHOS, COBERTURAS DOS

Essa expressão não aparece na nossa versão portuguesa, mas é o que se lê no original hebraico, em Gênesis 20.16, bem como em algumas versões estrangeiras. A expressão tem sido variadamente interpretada. No hebraico é *kesuth ayin*, "cobertura do olho". Alguns intérpretes pensam que Abimeleque aconselhou Sara e suas mulheres, enquanto estivessem na cidade ou nas proximidades, a conformarem-se no costume do uso do véu, visto que, nos países do Oriente, o véu não cobria apenas os cabelos, mas também a maior parte do rosto, ao passo que virtualmente apenas os olhos eram deixados de fora. Ver o artigo sobre *Véu*. No entanto, outros estudiosos pensam que está em foco alguma espécie de dádiva, à guisa de compensação pela vergonha que ela sofrera na corte real. Esta última é a interpretação adotada por nossa versão, onde se lê:
... *será isto compensação por tudo quanto se deu contigo; e perante todos estás justificada* (Gn 20.16).

OLHOS, DOENÇAS DOS. Ver o artigo sobre as *Doenças da Bíblia*.

OLHOS, PINTURA DOS

A pintura das pálpebras, dos cílios e das áreas ao redor dos olhos tem sido um costume dos povos, desde os tempos mais remotos. Os hebreus costumavam fazer isso e, aparentemente, muito antes deles, era algo costumeiro no Egito. A arqueologia tem demonstrado que desde cerca de 4000 a.C., os bedarianos, do Egito, costumavam reduzir a pó a malaquita verde, compactando-a em tabletes para ser então usada como material de pintura dos olhos, a qual era aplicada com o auxílio de um pincelzinho. É possível que o preparado atuasse como germicida; mas podemos estar certos de que a vaidade feminina estava à raiz desse costume. Um bastãozinho de pintura foi encontrado em Heracômpolis, da época dos reis da primeira dinastia do Egito, cerca de 2900 a.C. Encontrava-se entre as coisas que tinham pertencido ao rei Narmer e era bastante grande. Sabe-se que os fenícios e vários povos mesopotâmicos também praticavam esse costume. Jezabel pintava

OLIVEIRA (AZEITONAS)

seus olhos (2Rs 9.30). O trecho de Jeremias 4.30 fala em aumentar o tamanho dos olhos com pintura. Presumivelmente isso aumentava a beleza do rosto feminino. O profeta Ezequiel referiu-se, consternado, a essa prática juntamente com outras de idêntica natureza, quando denunciou a vaidade e os pecados de Israel (Jr 23.40). A terceira filha de Jó chamava-se Quéren-Hapuque, *chifre de pintura* (Jó 42.14), uma evidente referência à pintura de olhos. Essa referência de modo algum deve ser entendida em sentido depreciador. O pó usado como pintura dos olhos era guardado em um chifre, de onde era retirado em pequenas quantidades para ser misturado com água, antes de ser aplicado aos olhos. Também havia um pó feito de *antimônio* (vide).

Materiais Usados. Minerais reduzidos a pó, minério de chumbo, sulfito de chumbo, de várias cores, além de substâncias vegetais variadas. O mineral estíbio ou antimônio (vide), que era usado com esse propósito, aparece alistado como parte do tributo pago por Ezequias a Senaqueribe, da Assíria, nos *anais* deste último.

Decoração Feminina. As mulheres sempre se sentiram inclinadas por decorar os seus corpos, de uma maneira ou de outra, usualmente de vários modos, ao mesmo tempo, para grande consternação dos profetas e pregadores. Quando eu era jovem, o costume geralmente era muito condenado nas igrejas evangélicas, embora poucas mulheres ousassem quebrar a regra. Mas, quando Billy Graham foi à Europa, e sua esposa usou um pouco de batom nos lábios, isso escandalizou muitos crentes dali. Mas, desde então, o uso do batom começou a crescer no seio das igrejas evangélicas. Certo pregador chegou a dizer: "A porta de qualquer celeiro parece melhor quando está pintada". Isso é verdade, naturalmente, e a lógica nisso envolvida é difícil de derrotar. Mas, visto que o impulso para enfeitar-se passa, nos genes femininos, de mãe para filha, nenhuma pregação conseguirá eliminar totalmente o costume. A grande regra a ser aplicada nesse caso é aquela já bem testada e aprovada, que os gregos louvavam tanto: a *moderação*. Pessoalmente, já deixei de acreditar (como o fazia, quando era adolescente) que um pouco de enfeite seja capaz de prejudicar espiritualmente uma mulher. Além disso, algumas joias são capazes de fazê-la parecer melhor, e também não lhe traz qualquer dano espiritual. O que prejudica a espiritualidade de uma pessoa, homem ou mulher, é o pecado: matar, roubar, adulterar, mentir, entregar-se à idolatria, usar de hipocrisia, a maledicência, a inveja, o ódio, a falta de caridade com o próximo e coisas semelhantes, que realmente são condenadas na Bíblia. Se uma mulher crente não tem segundas intenções, quando se enfeita, nada há de errado nisso. Muitas mulheres de Deus, cujas vidas nos são retratadas com certo detalhe, enfeitavam-se. Mas, naturalmente, o ponto também envolve uma questão de consciência pessoal, que cada pessoa crente precisa resolver diante de si e do Senhor. Uma boa diretriz a ser observada é a que diz: ... *e tudo o que não provém de fé é pecado* (Rm 14.23).

OLIVEIRA (AZEITONA)

A palavra hebraica correspondente é *zayit*; e o termo grego que lhe corresponde é *elaía*. Em Romanos 11.24, são usadas palavras compostas: *kallielaíos*, para a boa oliveira; e *agrielaíos*, para indicar a oliveira brava. Ver o artigo separado intitulado *Azeite* (*Óleos*), quanto a uma completa descrição do valor desse produto da oliveira e de outras espécies vegetais. Apesar de não ser o óleo mais exótico, o azeite de oliveira é, em muito, o mais valioso e mais comumente empregado dos óleos vegetais; pelo menos assim pensavam os antigos. A primeira menção à oliveira acha-se em Gênesis 8.11, em relação à pomba que retornou à arca de Noé, trazendo um raminho de oliveira no bico, como que mostrando que as águas do dilúvio estavam baixando de nível. O trecho de Deuteronômio 6.11 mostra-nos que essa árvore era nativa na Palestina, e muito comum ali, quando o povo de Israel entrou para tomar posse da Terra Prometida. As passagens de 1Samuel 8.14 e 2Reis 5.26 falam sobre o valor da oliveira e seus produtos. O nome científico da oliveira é *Olea europaea*, embora essa espécie seja tida como nativa da Ásia Ocidental. Os orientais tinham um respeito especial pela oliveira, considerando-a símbolo da beleza, da força e da prosperidade. Seus ramos acabaram associados às ideias de amizade e paz. Ver Salmo 52.8. Há várias espécies de oliveira. No Oriente Próximo e Médio há quatro variedades; e, em certas áreas, como em torno de Hebrom e de Belém, essa árvore é abundante, podendo ser a única árvore de certa envergadura, nas circunvizinhanças. As oliveiras cultivadas atingem cerca de 6 m de altura, com um tronco contorcido e numerosos galhos. É uma das poucas árvores que pode atingir séculos de vida. Embora nenhuma oliveira conhecida na Palestina remonte ao século I de nossa era, algumas delas, na verdade, têm várias centenas de anos. Se a oliveira for decepada, novos rebentos nascem das raízes, ao ponto de nada menos de cinco novos troncos aparecerem onde antes havia um só. O azeite é o produto mais valorizado da oliveira, embora ela também seja uma árvore que produz boa sombra, importante nos lugares de sol tórrido.

Na antiguidade, a oliveira era mais larga e intensamente distribuída do que em nossos dias. Havia grandes bosques de oliveiras à beira da planície da Fenícia, como também na planície de Esdrelom, no vale de Siquém, em Belém, Hebrom, Gileade, Laquis e Basã. A oliveira medra bem à beira-mar, e resiste bem à atmosfera salina que ali domina. O trecho de Deuteronômio 28.40 sugere que deveriam ser plantadas oliveiras beirando as costas marítimas.

Os ocidentais, tão acostumados com as árvores perenemente verdes, não percebem muita beleza na oliveira; mas no Oriente quase não há espécies vegetais perenemente verdes, pelo que a folhagem da oliveira apresenta uma visão atrativa. A oliveira é dotada de grande resistência, podendo sobreviver onde poucas espécies podem fazê-lo. A produção de azeitonas é profusa, até mesmo quando há condições aparentemente adversas; e um mínimo de cuidados pode conseguir isso.

A colheita das azeitonas, que ocorre perto dos fins do mês de novembro, geralmente é abundante. Uma única árvore pode produzir 75 litros de azeite. Os ramos são sacudidos ou batidos com varas, a fim de que as azeitonas se desprendam e caiam no chão. Essa maneira de colher as azeitonas primitiva e, por muitas vezes, prejudicial, é mencionada em Deuteronômio 24.20, e continua sendo usada, embora o método de colher uma por uma seja atualmente mais empregado. O azeite era extraído das azeitonas pondo-se as mesmas em uma cisterna rasa, para então serem esmagadas por uma grande pedra vertical de moinho. O trecho de Deuteronômio 33.24 mostra-nos que, algumas vezes, as azeitonas eram esmagadas com os pés, à maneira das uvas. Se deixado em descanso por algum tempo, o azeite separa-se de outro material das azeitonas. Na antiguidade, o azeite era armazenado em jarras ou cisternas cavadas na rocha.

Na oliveira, somente uma flor de cada cem produz fruto, mas a inflorescência é tão densa que isso não apresenta qualquer problema de produtividade. E quando as pétalas caem, sopradas pelo vento, elas são tão numerosas que parece estar nevando.

O principal produto da oliveira é o azeite, descrito com abundância de detalhes no artigo intitulado *Azeite*. Também há outros usos, mencionados no Antigo Testamento. Os querubins do templo de Salomão foram esculpidos em madeira de oliveira (1Rs 6.23). A madeira da oliveira até hoje é usada no fabrico de móveis de qualidade. Essa madeira pode adquirir um alto polimento. Ramos de oliveiras eram usados para construir cabanas, por ocasião da festa dos Tabernáculos (Ne 8.15). Azeitonas frescas ou preparadas em salmoura eram comidas com pão.

OLIVEIRA

O fruto da oliveira brava é pequeno e sem valor pelo que é mister enxertá-la na boa oliveira para que se obtenha boa produtividade. Paulo usou essa circunstância para apresentar uma metáfora espiritual, em Romanos 9.17.

Usos figurados. 1. A paz reconciliadora de Deus (Gn 8.11). **2.** Alguns estudiosos pensam que os querubins do templo, feitos de madeira de oliveira, representam acesso ao Senhor (ver 1Rs 6.23). **3.** As duas oliveiras ungidas (ver Jz 9.8,9; Sl 52.8; Ap 11.4) provavelmente tinham algum simbolismo que não é claro em nossos dias. Alguns estudiosos têm cristianizado isso, como se essas oliveiras falassem sobre as duas naturezas de Cristo ou, então, seus ofícios de sacerdote e profeta. Já em Apocalipse 11.4 o simbolismo é mais claro. As duas testemunhas que aparecerão nos últimos dias são comparadas a duas oliveiras e dois candeeiros. O simbolismo é tomado por empréstimo de Zacarias 4.1-14. As oliveiras falam sobre as testemunhas ungidas, estando essas árvores associadas ao azeite da unção. O azeite de oliveira era o combustível das lâmpadas do candeeiro do tabernáculo e do templo. O fato de que aquelas testemunhas são duas, tem sugerido as pessoas de Moisés (representante da lei) e de Elias (representante dos profetas), como quem era símbolo de Jesus Cristo, embora talvez isso já seja levar longe demais essa metáfora. **4.** As oliveiras cultivadas representam o povo de Deus, estando em destaque a utilidade, a beleza e o vigor espiritual deles. (Ver Jr 11.16 e Os 14.6). **5.** Em contraste com isso, os gentios são comparados com oliveiras bravas, para nada servindo, segundo a estimativa dos judeus. Os ramos de oliveira brava precisam ser enxertados no tronco de uma oliveira cultivada, se tiverem de tornar-se produtivos. Israel, que é nação tipificada pelos ramos da boa oliveira, foi cortada por motivo de apostasia e então, os ramos da oliveira brava, uma vez enxertados no tronco da boa oliveira, passaram a ser produtivos (ver Rm 11.17,24). Não é cientificamente verdadeiro que um ramo de oliveira brava, uma vez enxertado em uma boa oliveira, passa a produzir bons frutos, de modo "contrário à natureza"; mas tal processo serviu ao propósito que Paulo tinha em mente. **6.** Os ímpios parecem-se com oliveiras que deixam cair suas folhas antes da estação própria, e, por isso mesmo, permanecem estéreis (ver Jó 15.33). **7.** As crianças são comparadas com oliveiras que se reúnem em torno da mesa de seus pais. Não demora muito para que cresçam e se tornem pessoas independentes, passando a ser adultos úteis e possuidoras de beleza toda própria, da mesma maneira que uma oliveira cresce e produz azeitonas no tempo certo (Sl 128.3).

OLIVEIRAS, MONTE DAS. Ver *Monte das Oliveiras*.

OM (CIDADE)

No hebraico, essa palavra significa **"força"**. Deriva-se do nome egípcio, *'Iwnw*, "cidade da coluna". Esse era o nome de uma cidade egípcia onde vivia Potífera, que veio a tornar-se sogro de José, filho de Jacó. Potífera era um sacerdote egípcio cuja filha, Asenate, veio a ser a esposa de José (Gn 41.45,50; 46.20). A antiga cidade de Om era a capital da décima terceira província do Baixo Egito. Ficava localizada cerca de dez quilômetros a nordeste da moderna cidade do Cairo, e cerca de cinco quilômetros ao norte da moderna cidade de *Heliópolis* (vide). O local conta com ruínas espalhadas hoje em dia, recebendo o nome de *Tell Hisn*. A Septuaginta chama Om de Heliópolis, em Gnênesis 41.45,50 e Isaías 45.20. O trecho de Êxodo 1.11 informa-nos que Om era uma das cidades edificadas pelo trabalho escravo dos israelitas. Heliópolis, por sua vez, significa *cidade do sol*. Em Jeremias 43.13, lemos: ... *Bete-Semes na terra do Egito...*, para distingui-la de uma cidade do mesmo nome, existente no território da Palestina. Heliópolis era a cidade dedicada ao deus-sol, Rá. Além de ser ela distinguida como o centro dessa adoração idólatra, também era uma cidade-santuário do Egito, sendo uma das quatro mais distinguidas cidades egípcias, devido às suas elaboradas festas religiosas em honra ao sol. Quanto a maiores comentários sobre essa cidade, ver o artigo intitulado *Heliópolis*.

OM (PESSOA)

No hebraico, **"força"**. O manuscrito A da Septuaginta grafa o seu nome como *Aunan*, que corresponde a *Onã*; mas, no texto massorético, essa forma do nome já aponta para um homem diferente. Seja como for, parece que esses nomes próprios tinham alguma ligação um com o outro. Talvez Om fosse uma forma abreviada daquele nome. Om foi um líder da tribo de Rúben, e era filho de Pelete. Ele notabilizou-se porque, juntamente com Coré, fez oposição a Moisés, quando Israel estava no deserto (ver Nm 16.1). Ele viveu em torno de 1470 a.C.

OMAR

No hebraico, **"falador"**. Era filho de Elifaz, filho de Esaú (Gn 36.15; 1Cr 1.36). Ele era o cabeça de um clã edomita. Viveu em torno de 1900 a.C.

OMBREIRA

Uma das três partes formadoras de uma porta, havendo o limiar, as ombreiras laterais, onde havia os soquetes onde os pivôs eram postos, e a verga da porta, a peça horizontal, na parte superior da entrada. Moisés ordenou aos israelitas que escrevessem mandamentos divinos, ou sentenças das Escrituras, nas ombreiras das portas, parcialmente como um ato de piedade e também como proteção para as casas. O contexto é o sexto capítulo de Deuteronômio, onde essa ordem aparece (vs. 9), especialmente a fim de fazer as palavras do Senhor serem vitais para os israelitas. Eles deveriam guardar no coração os mandamentos de Deus, ensinando-os a seus filhos, atando-os às suas mãos e em chapas postas sobre a testa, além de escrevê-los nas ombreiras das portas. Desse modo, não se esqueceriam de sua herança espiritual. Ver o artigo sobre *Portas*.

OMBRO

No hebraico há dois vocábulos envolvidos; no grego: **1.** *Katheph*, "ombro". Palavra hebraica usada por 22 vezes (Para exemplificar: Êx 28.7,12, 25; Nm 7.9; Dt 33.12; Is 11.14; 30.6; Ez 12.6,7,12; 34.21; Zc 7.11). **2.** *Shekem*, "ombro". Palavra hebraica usada por dezessete vezes (Por exemplo: Gn 9.23;

21.14; 24.15,45; Êx 12.34; Js 4.5; Jz 9.4; 1Sm 9.2; 10.23; Sl 81.6; Is 9.4,6; 22.22). **3**. *Õmos*, "ombro". Vocábulo grego usado por duas vezes (Mt 23.4 e Lc 15.5).

Essa palavra é usada na Bíblia tanto em sentido literal quanto em sentido figurado. Em ambos os casos, o ombro usualmente aparece como aquela parte do corpo humano onde algum peso é transportado. Isso é natural, porquanto é a única porção do corpo humano com uma área horizontal apreciável. A outra porção conveniente é o alto da cabeça. Muitos povos se acostumaram a levar, também, cargas sobre a cabeça. No interior de muitos estados nordestinos, no Brasil, há pessoas dotadas de uma incrível capacidade de equilíbrio sobre a cabeça, onde carregam as mais variadas cargas. Os antigos transportavam objetos pesados sobre os ombros (Gn 21.14). O pastor que encontrou a sua ovelha perdida (Lc 15.5) é retratado a transportá-la nos ombros. Há nisso um reflexo do lindo relacionamento entre Deus e os seus filhos, segundo se percebe em Deuteronômio 33.12. Ambos os trechos bíblicos (Dt 33.12 e Lc 15.5) ilustram o estado humano de dependência a Deus, sobretudo no aspecto de como resolver o seu pecado pessoal.

Figuradamente, os ombros usualmente indicam a atitude de submissão, sem importar se diante de uma carga inesperada ou diante de uma responsabilidade assumida voluntariamente. Mateus, ao referir-se às leis desnecessárias, impostas pelos fariseus sobre os judeus em geral, em vez de entregarem a questão aos cuidados de Deus, diz que Jesus comentou: *Atam fardos pesados e difíceis de carregar e os põem sobre os ombros dos homens; entretanto, eles mesmos nem com o dedo querem movê-los* (Mt 23.4). Isaías relaciona a promessa do Senhor de que o jugo assírio seria quebrado, com a ideia de que esse jugo seria tirado de cima dos ombros de seu povo (Is 14.25). Os primeiros sacerdotes de Israel foram instruídos a usar, em outras peças de seu vestuário especial, uma estola sacerdotal sobre os ombros, na qual havia duas pedras gravadas com os nomes de seis tribos em cada uma. Uma pedra ficava sobre o ombro esquerdo e a outra sobre o ombro direito (Êx 28.1-12). Isso significava que os sumos sacerdotes eram os responsáveis pela vida espiritual do povo de Israel. Finalmente, falando em termos proféticos acerca do Messias, Jesus de Nazaré, Isaías referiu-se à responsabilidade que ele teria de julgar, quando escreveu: ... *o governo está sobre os seus ombros*... (Is 9.6).

ÔMEGA

Nome da última letra do alfabeto grego, usada em sentido figurado para representar o último ou final, *cf.* Apocalipse 1.8,11; 21.6; 22.13.

ÔMER. Ver sobre *Pesos e Medidas*.

ONÃ

No hebraico, **"vigoroso"**. Com alguma variação na grafia, esse foi o nome de três personagens que figuram no Antigo Testamento, a saber: **Com um *men*** (letra hebraica correspondente ao nosso "m") no fim: **1**. Um neto de Seir ou Edom, irmão de Jacó. Seu pai chamava-se Sobal (Gn 36.23; 1Cr 1.40). Ele viveu em cerca de 1700 a.C. **2**. Um filho de Jerameel (1Cr 2.26,28). Ele fundou um dos clãs da tribo de Judá. Viveu em torno de 1490 a.C. **Com um *nun*** (letra hebraica correspondente ao nosso "n") no fim: **3**. O segundo filho de Judá, cuja mãe era cananeia (Gn 38.4; 51.12; Nm 26.19; 1Cr 2.3). Ele se tornou mais conhecido devido a uma curiosa circunstância, que envolve o *casamento levirato* (vide). Tendo morrido seu irmão mais velho, Er, Onã desposou a viúva daquele, Tamar. Ele tinha sexo com ela, mas evitava engravidá-la, derramando o sêmen no chão, naquela prática que, mais educadamente, chama-se *coitus interruptus*. Dessa circunstância é que se deriva a expressão "onanismo" ou "pecado de Onã", ou seja, a masturbação. Apesar de o pecado de Onã não ser exatamente esse, podemos entender como as duas coisas vieram a ser associadas. O episódio é narrado em Gênesis 38.1-11. Apesar de talvez sorrirmos diante do que nos pode parecer uma ridícula circunstância, o trecho de Gênesis 38.10 diz-nos que o Senhor tirou a vida de Onã por causa disso. Todavia, não sabemos quais as circunstâncias da morte dele, embora o caso nos admire. Atualmente, a poligamia é proibida por lei. Mas, naquele tempo, se não fosse levada a termo, pelo menos no caso do casamento levirato, era considerada uma ofensa grave.

ONESÍFORO

No grego, **"portador de vantagem"**. Nome de um cristão residente em Éfeso, *cf.* 2Timóteo 1.16. Quando esteve em Roma, consolou o apóstolo Paulo na sua prisão, *cf.* v. 16. A família de Onesíforo estava com Timóteo por quem lhe foram enviadas saudações, 4.19.

ONÉSIMO

No grego, **"útil"**, **"proveitoso"**. Nome de um escravo de Filemom, convertido em Roma por ministração de Paulo, que o enviou a seu senhor, que era cristão, pedindo-lhe que o recebesse, já não como servo, mas em vez de servo, como irmão muito amado, *cf.* Filemom v. 10,19. Era natural de Colossos, e com Tíquico levou para essa cidade as epístolas aos Colossenses e a de Filemom (Cl 4.7-9) (veja *Filemom*).

ONICHA

No hebraico, *shecheleth*. Ocorre somente por uma vez em toda a Bíblia, em Êxodo 30.34. Ali aparece como um dos ingredientes do santo incenso. Segundo vários autores, provavelmente uma substância extraída de certos tipos de moluscos, talvez o *Strombus*, o qual, juntamente com outras espécies, emite um aroma forte e penetrante, quando queimado. O mar Vermelho exibe várias espécies desse molusco.

ONIPOTÊNCIA

1. Discussão Geral e Uso do Termo. Ver o artigo geral onde é discutido esse atributo de Deus, *Atributos de Deus*. Essa palavra portuguesa vem do latim, *omnis* e *potens*, ou seja, "todo poder". Podemos definir essa palavra dizendo que ela fala sobre um poder universal e ilimitado. Vinculada ao monoteísmo, essa noção leva-nos à ideia da concentração de todo o poder em um único Ser, embora reconhecendo que outros seres são dotados de certa medida de poder. A onipotência consiste no poder sobre todas as coisas, bem como na capacidade de fazer todas as coisas. Platão definia o *ser* como "poder", o que indicava que o Ser Supremo também é Poder Supremo. O termo implica, primariamente, uma causa Primária e em causas secundárias. O ocasionalismo (ver o *Problema Corpo-Mente*, seção quinta) faz de Deus a única causa, o que é reiterado por algumas religiões orientais, de acordo com as quais só Deus é real, e tudo o mais é ilusório.

A ideia de onipotência subentende que há uma influência absoluta que mantém sob controle todas as coisas em todo o tempo e em todos os lugares. Essa é a influência que garante a imortalidade humana, porquanto podemos esperar que Deus continue exercendo sua influência e controle universais em todas as dimensões da existência. Essa é outra maneira de aludir ao fato de que Deus é o Sustentador de todas as coisas. Ele é tanto o Criador quanto o Sustentador; e ambas essas coisas requerem o exercício de sua onipotência.

A onipotência está ligada à própria existência, e não meramente ao que Deus possa querer fazer. Trata-se de uma ramificação existencial da compreensão de Deus como Ser Todo-Poderoso. Ser é Poder; e Deus é esse Poder. E esse poder manifesta-se também através de poderes secundários, cuja existência é garantida pelo Poder divino.

A onipotência implica um outro atributo divino, a independência. Deus é vivo e é a substância mesma da vida, sendo um Ser autoexistente. Todos os outros seres dependem dele para vir à existência e continuar existindo. Os poderes secundários, pois, são dependentes.

2. Considerações Filosóficas. A palavra onipotência é um termo negativo, pois que, realmente, procura ocultar um vácuo em nosso conhecimento. Quando dizemos que Deus é "onipotente", queremos indicar "muitíssimo poderoso", porque não temos nem qualquer conhecimento teórico do que significa "muitíssimo poderoso" e nem temos qualquer experiência pessoal com a onipotência divina. Quanto a outra discussão filosófica a respeito, ver o artigo *Onipotência, Paradoxos da*.

3. Considerações Teológicas. A maioria dos ramos da cristandade tem permanecido fiel ao conceito tradicional da onipotência de Deus. O mormonismo é uma das exceções. Visto que aquele grupo religioso supõe que Deus evoluiu até ser o que é, é natural supormos que Deus está em estado de fluxo, não tendo ainda chegado a um estado absoluto. Assim, se o seu poder é muito grande, ele não é Todo-Poderoso. Ademais, visto que existiriam outros deuses (sem importar que estejam distantes de nós), sempre torna-se possível que os nossos deuses (o Pai, o Filho e o Espírito Santo, conforme a concepção do mormonismo) não sejam os deuses mais poderosos que existem. Um Deus em evolução não pode ser considerado onipotente! Acresça-se a isso que nenhuma religião politeísta jamais foi suficientemente corajosa para asseverar a onipotência de qualquer deus em particular. Nos sistemas politeístas, o poder fica distribuído entre as suas divindades, nunca aparecendo depositado, em sua inteireza, em qualquer ser ou em qualquer lugar.

Alguns teólogos cristãos têm concebido um Deus limitado, tanto por sua própria natureza quanto por autolimitação. Para exemplificar, a encarnação foi a mais conspícua das autolimitações divinas, embora difícil imaginar um Deus todo-poderoso, mas que permite que todo tipo de coisa errada aconteça no mundo. Para esses, Deus não estaria controlando tudo, razão pela qual o mal e a tragédia teriam entrado na criação, lançando sua perturbação. Mas, mesmo para esses estudiosos, Deus é poderoso o bastante, de modo que podemos esperar o triunfo final do bem sobre o mal.

Considerações Negativas. É verdade que Deus não pode praticar o erro; e isso poderia parecer uma limitação em seu poder. Por outra parte, devemos considerar que a prática do mal é uma fraqueza, e não uma fortaleza; e, assim sendo, a prática do mal nada tem a ver com a onipotência.

4. Considerações Bíblicas. O Antigo Testamento não contém qualquer argumento direto em prol da onipotência de Deus, apesar de descrevê-lo como muito pode-roso. Mas, no Novo Testamento grego, *pantokrátor*, "todo-poderoso", é um dos títulos dados a Deus. (Ver 2Co 6.18; Ap 1.8; 4.8; 11.17; 15.3; 16.7,14; 19.6,15; 21.22). Quase sempre, contudo, podemos deduzir um conceito da onipotência divina mediante as obras de Deus. Deus realiza maravilhas sobre a natureza, inconcebíveis ao homem ou para qualquer coisa que o homem conheça como poderoso (ver Gn 1.1-3; Is 44.24; Hb 1.1). Deus pode criar coisas a qualquer tempo (Mt 3.9; Rm 4.17). Coisa alguma é impossível para Deus (Gn 18.14). Coisa alguma está fora do alcance de seu poder (Dn 4.35; Am 9.2,3). Deus observa e cuida das menores coisas, como a queda de um pardal ou o número de cabelos em nossa cabeça (Mt 10.13; Lc 12.7), pelo que o seu poder envolve até mesmo as coisas mais triviais. Isso exprime um *teísmo* puro (vide). Em Deus há um poder todo-poderoso, do qual podemos tirar proveito. O homem espiritual é capaz disso.

A onipotência de Deus não impõe restrições à sua autolimitação. Usualmente, o problema do mal esconde-se por detrás dessa doutrina. Para alguns, é necessária para o cumprimento do plano de redenção dos homens. Deus exerce pleno controle sobre o *modus operandi* de seu poder. Além disso, a existência do livre-arbítrio serve de evidência da autolimitação de Deus. Deus prevê que o homem agirá livremente, e permite que o homem atue com liberdade, para que possa experimentar um genuíno desenvolvimento espiritual, sem ser reduzido a um escravo, pela divina compulsão. A graça é *irresistível*, conforme ensina o calvinismo, mas isso *dentro de* um contexto mais abrangente, mais amplo do que aquele sistema tem imaginado. Em primeiro lugar, o poder de Deus é inspirado pelo seu *amor*, o que significa que se mostra remidor para com os eleitos, e restaurador para com os não-eleitos. O poder de Deus está por detrás tanto da redenção quanto da restauração, pelo que ambos esses atos divinos são certos e irresistíveis. Ver o artigo sobre *Restauração*. Se não nos esquecermos que o amor de Deus está por detrás do seu poder, então não teremos dificuldades ante doutrinas negativas que destroem a missão universal de Cristo. A missão de Cristo é tríplice: na terra, no *hades* e nos céus. Foi e continua sendo. E o seu amor que inspira ao poder de Deus, tornará eficaz cada um desses aspectos da missão de Cristo, ainda que, de acordo com os padrões humanos, um longo tempo seja necessário para que tudo se complete.

Alguns nomes de Deus sugerem a sua onipotência, como é o caso de *El* ("poderoso"). Sua forma plural de intensificação, *Elohim*, enfatiza a plenitude do poder de Deus. O título *El Shaddai* salienta o poder de Deus. *'Abhir* significa "o forte". E no Novo Testamento grego temos o título *pantokrátor*, "todo-poderoso". Deus é a base mesma da existência, e, conforme Platão declarou, Ser é Poder. A própria existência aponta para um grande poder, e esse poder, em sua manifestação mais alta, é o Poder Divino.

ONIPOTÊNCIA, PARADOXOS DA

Vários paradoxos são sugeridos mediante a doutrina que ensina que Deus é o Todo-Poderoso, a saber:

1. O problema do mal (vide). É difícil reconciliar a onipotência de Deus com a presença do mal no mundo. Se Deus é o Todo-Poderoso, como ele permitiu a entrada do mal em sua criação, de uma maneira tão evidente e generalizada? Diante desse dilema, alguns teólogos têm sacrificado erroneamente a onipotência de Deus; e têm imaginado que, a despeito de ser muito poderoso, Deus foi incapaz de impedir o aparecimento de todos os problemas. Sendo muito poderoso, é de esperar-se que Deus fará o bem, finalmente, triunfar sobre o mal, mas isso através de um conflito real, que terá de invadir a eternidade para poder chegar a bom termo. O artigo sobre o *Problema do Mal* tenta explicar como Deus pode ser o todo-poderoso, e isso paralelamente ao fato da existência do mal no mundo.

2. O problema da liberdade. Deus conferiu ao homem uma liberdade genuína, ainda que sabendo que o homem abusaria dela e que daí resultaria o mal. Essa liberdade do homem limitou o poder de Deus, embora possamos dizer que se trata de uma autolimitação. O resultado dessa autolimitação foi a entrada do mal no mundo. Surge, pois, a pergunta: Pode Deus criar algo que, subsequentemente, ele não consiga mais controlar? Nesse caso, Deus não seria onipotente. Alguns teólogos, em busca de uma solução, têm sacrificado a onisciência de Deus, para impedir que esse paradoxo faça parte da teologia. E alguns teólogos têm visto a solução para o dilema na ideia de que o *objetivo primário* de Deus não era impedir a presença do mal na sua criação, e, sim, outorgar ao homem um plano genuíno de desenvolvimento espiritual, dentro de cujo plano o homem *tivesse* de fazer escolhas entre o bem e o mal, com as consequências advindas dessa escolha.

3. Deus não pode praticar o mal. *Isso*, de acordo com alguns, mostra que o poder de Deus é limitado. Porém, temos aí um pseudo problema, porquanto praticar o mal é uma debilidade, e não um ponto forte.

4. Um outro pseudo problema é aquele que indaga: "Pode Deus criar um peso tão grande que ele não possa erguê-lo? Se o poder de Deus, por um lado, é ilimitado, então Deus deve ser capaz de fazer isso. Mas, por outro lado, se Deus assim fizesse, o seu poder não seria ilimitado. Temos aqui, portanto, apenas um sofisma de ignorância de causa.

ONIPRESENÇA

Ver o artigo geral intitulado *Atributos de Deus*. Ver também *Onipresença, Paradoxos da*.

1. Definições e Usos. Esse termo vem do latim, *omnis*, "toda", e *praesens*, "presença". Indica aquela qualidade ou capacidade de estar presente em todos os lugares ao mesmo tempo. Essa qualidade é um dos tradicionais principais atributos de Deus. Nem todos os teólogos cristãos têm-se aferrado a esse dogma. Assim, o mormonismo apresenta um Deus limitado, embora poderosíssimo. Joseph Smith, fundador do mormonismo, saiu-se com esta: "Aquilo que está em toda parte, mas não está em parte nenhuma, nada é".

A doutrina cristã não ensina que Deus não está em parte nenhuma; antes, ensina que Deus está imanente em tudo. A mente divina é toda-penetrante, toda-presente, estando presente em todos os lugares ao mesmo tempo.

2. Onipresença e Onipotência. Falamos sobre a *imensidade* de Deus. É preciso um Deus imenso para ser todo-presente. Naturalmente, do ponto de vista filosófico, todos esses "ominis" (de onipotente, onipresente, onisciente) são termos negativos, no sentido de que não dispomos de qualquer explicação lógica ou experiência pessoal com qualquer ser que seja *ilimitado*. Com esses termos entendemos "imensidade", "muitíssimo" etc., mas não podemos conceber o que é infinito. O conceito da onipresença de Deus se aclara um tanto quando afirmamos que a mente divina está em toda parte. Os estudos no campo da *parapsicologia* (vide) têm demonstrado o poder da mente humana para estar em lugares onde o corpo não se encontra. Apesar de não entendermos isso, podemos supor que alguma forma de energia imensa e muito penetrante está em operação, e isso fornece-nos uma analogia que nos ajuda a compreender a onipresença de Deus. Newton dizia que o espaço é "o sensório de Deus". A presença de Deus tanto atua quanto recebe influências. Deus influi e é influenciado por sua presença em toda parte. Apesar de pouquíssimo entendermos essas realidades, isso não é fácil, porquanto podemos ter alguma noção sobre elas, mesmo sem uma completa descrição.

3. A Imaterialidade. A onipresença parece requerer o conceito de imaterialidade. É impossível imaginarmos um Ser material que não seja limitado no espaço. Naturalmente, não sabemos muita coisa sobre a imaterialidade (pois nem sabemos muita coisa sobre a matéria); mas o termo fornece-nos uma maneira de pensar sobre o assunto. Podemos pensar sobre uma energia material que penetra em todas as coisas, em todos os lugares.

4. Os Milagres e a Presença Interior do Espírito. O ensino sobre a onipresença de Deus tem muitos corolários. Um deles é a realidade dos milagres. A presença de Deus garante a viabilidade dos milagres. Ver o artigo separado sobre os *Milagres*. Um outro corolário é a presença habitadora do Espírito de Deus, atuante nos homens, que requer algum tipo de noção que se aproxima do conceito da onipresença divina.

5. Imanência e Transcendência. O conceito da onipresença de Deus não o concebe somente como imanente. Também garante a transcendência de Deus. Deus pode localizar-se no espaço, à sua vontade; mas não está limitado a essa localização. Não há necessidade alguma de optarmos entre as duas ideias. O conceito de Deus incorpora tanto a sua presença em todas as coisas quanto o fato de que ele não pode ser confundido com nenhuma coisa, conforme pensa, erroneamente, o panteísmo.

6. Indícios Bíblicos. Deus vive livre das restrições do tempo e do espaço. Várias passagens escriturísticas nos fundamentam nessa ideia. Não há lugar para onde o ser humano possa ir, a fim de escapar de Deus Espírito (Sl 139.7). Deus preenche os céus e a terra (Jr 23.24). (Quanto a outras declarações similares, ver também Hb 1.3; At 17.27,28).

ONIPRESENÇA, PARADOXOS DA

Qualquer ideia que envolva um *omni* (onipresença, onisciência, onipotência) na verdade não é entendida pela mente humana, sendo inevitável o aparecimento de paradoxos. **1**. Não estar localizado em algum ponto do espaço e estar em toda parte, é um conceito que não podemos sondar. E mesmo quando Deus resolve localizar-se em algum ponto do espaço, ele não pode ser identificado com o espaço. **2**. Um poder ilimitado torna-se mister para que haja onipresença, e, no entanto, na verdade não podemos conceber um poder sem limites. **3. A dificuldade ontológica**. Que tipo de Ser é esse que está em todos os lugares ao mesmo tempo? Não dispomos de resposta para isso. Contudo, temos alguns argumentos e vocábulos que podem ajudar-nos, mediante analogias imperfeitas, que ficam longe de ser verdadeiras demonstrações. **4. A dificuldade verbal**. Dispomos de palavras que usamos para aludir a algo dotado do grau infinito, como onipotente, onisciente e onipresente; mas não dispomos de experiências pessoais correspondentes e nem de explicações lógicas para esses termos. Naturalmente, tateamos na direção desses conceitos, e temos fé em que eles dizem coisas significativas. Isso é o melhor que podemos fazer quando estamos tratando com o *Mysterium Tremendum* (vide), que é Deus. Todas as grandes doutrinas cristãs desembocam em algum paradoxo; e isso serve somente para demonstrar a vastidão da verdade e a natureza limitada de nosso conhecimento, e não que não exista uma verdade da qual nos compete tomar conhecimento.

ONISCIÊNCIA

Ver o artigo geral sobre os *Atributos de Deus*. Ver também *Onisciência, Paradoxos da*.

1. Definições e Usos. Essa palavra vem do latim, *omnis*, "toda" e *scire*, "saber", isto é, aquela qualidade da natureza de Deus que garante que ele sabe todas as coisas. Tradicionalmente, a onisciência é um dos principais atributos de Deus. A mente divina é o depósito do conhecimento, e no conhecimento de Deus não há falhas, nem fraquezas e nem limitações.

2. Presciência Determinadora. Algum teólogos vinculam o conhecimento e a presciência de Deus em geral ao seu poder. Eles pensam que a razão pela qual Deus sabe de tudo é que ele determinou tudo, de tal modo que tudo quanto existe e acontece é desdobramento do seu poder determinador. Ver o artigo intitulado *Determinismo*. Logo, essa teoria da onisciência divina está maculada pelos mesmos problemas que afetam o determinismo. E esses problemas são discutidos no artigo mencionado, bem como em um outro, intitulado *Livre-Arbítrio*.

3. A Onisciência Divina e o Livre-Arbítrio Humano. Esse é um problema vexatório na filosofia e na teologia. Parece que se Deus conhece de antemão todas as coisas, então elas terão de acontecer *necessariamente*. Doutra sorte, parece que a presciência de Deus é defeituosa, incompleta. Há mesmo teólogos que têm desistido da tentativa de dar lugar a um genuíno livre-arbítrio humano, em face da onisciência de Deus, escorregando então para o determinismo. Ainda outros teólogos pensam que a questão envolve um paradoxo. Agostinho, porém, forneceu-nos um argumento adequado e filosoficamente hígido para crermos que são compatíveis entre si a presciência divina e o livre-arbítrio humano. Deus disse simplesmente: "Deus previu que todos os homens agirão livremente". E, assim sendo, a presciência divina garante a liberdade humana. A onisciência pressupõe a certeza, mas essa certeza reside agora nos atos livres dos homens, porquanto o próprio Deus garantiu que o homem precisa agir livremente.

4. O Eterno Agora. O conhecimento humano necessariamente acompanha a sucessão dos eventos, seguindo as relações entre as causas e seus efeitos. Deus, porém, vive fora do tempo e pode ver qualquer coisa do começo ao fim. Deus vive no "eterno agora", e isso quer dizer que, no sentido estrito, para ele não há passado, nem presente e nem futuro. A mente divina abrange tudo. As religiões orientais pensam que o tempo é uma ilusão, uma distorção finita da realidade, e não um verdadeiro componente da realidade. E, visto que Deus vive acima do que é ilusório, naturalmente ele conhece todas as coisas.

5. O Conhecimento e o Mal. Quem conhece todos os fatos, sem dúvida, também conhece o mal. Significaria isso que o mal faz parte de Deus? Presumivelmente, ter conhecimento do sofrimento torna o conhecedor alguém que participa do sofrimento. Mas, é claro que nem sempre uma coisa puxa a outra. Os teólogos, por sua vez, tentam evitar esses problemas afirmando que Deus "conhece acerca" das coisas, embora sem "participar" delas. Isso posto, ter conhecimento sobre o pecado não é a mesma coisa que participar do pecado. Tal conhecimento, porém, pode levar um indivíduo a fazer algo sobre a questão, e isso faz parte da inspiração que aponta para a redenção humana.

6. Evidências Bíblicas da Onisciência Divina. Certo número de passagens bíblicas subentende um conhecimento ilimitado por parte de Deus, embora a palavra "onisciência" não ocorra nenhuma vez sequer na Bíblia; mas ali existe o conceito. O trecho de Romanos 11.33,34 certamente exprime o fato de que Deus conhece todas as coisas. Os caminhos de Deus são insondáveis e inescrutáveis. Deus tem a seu dispor vastas profundezas de conhecimento e sabedoria. A mente divina não é perscrutada pelo homem. O trecho de Salmo 147.5 garante que *o seu* (de Deus) *entendimento não se pode medir*. A sabedoria de Deus é multiforme (Ef 3.10). O conhecimento do Senhor é incompreensível para nós, abarcando o passado, o presente e o futuro (ver Jó 14.17; Sl 56.8; Is 41.22-24; 44.6-8; Jr 1.5; Os 13.12; Ml 3.16). (Quanto a outras significativas referências a esse respeito, ver Mt 10.29, Sl 13.13-15; 139.2,12; Is 46.9,10).

O trecho de 1Pedro 1.4 faz a eleição depender da presciência de Deus. A teologia popular, por sua vez, diz que essa presciência é da "fé" do indivíduo, tornando a presciência divina dependente do homem, e então, de acordo com essas noções superficiais, essa fé seria uma condição para a eleição. Entretanto, nem aquela e nem qualquer outra passagem bíblica fala em "fé prevista". Antes, estão em vista "pessoas" que Deus conheceu de antemão, o que subentende muito mais um amor anterior do que um conhecimento anterior da fé que, eventualmente, viria a ser exercida. O vs. 20 do mesmo capítulo diz que o próprio Cristo foi conhecido de antemão, e dificilmente isso significa que Deus previu o que Cristo faria. Antes, Cristo foi amado de antemão, e seus labores foram determinados pela graça divina. Diz o trecho de Amós 3.2: *De todas as famílias da terra somente a vós outros vos* escolhi (no original hebraico, *yada, conhecer*)... E parece claro que esse é o tipo de conhecimento envolvido Em 1Pedro 1.2. O trecho de Hebreus 4.13 é uma boa passagem com que terminarmos a presente discussão: *E não há criatura que não seja manifesta na sua presença, pelo contrário, todas as cousas estão descobertas e patentes aos olhos daquele a quem temos de prestar contas*. Esse texto fornece-nos uma aplicação moral prática da doutrina da onisciência de Deus. Fala sobre a nossa responsabilidade e sobre o juízo final, de acordo com aquilo que Deus conhece e sabe a nosso respeito, em todas as nossas atitudes e ações.

ÔNIX

Ver o artigo geral sobre *Joias e Pedras Preciosas*. O *ônix* é uma variedade de calcedônia, uma sílica (dióxido de sílica) de grão extremamente fino. Também está relacionado à cornalina. Os intérpretes pensam que essa pedra está em foco em Êxodo 28.20 e Jó 28.16. O ônix consiste em camadas minerais de diferentes cores, como se fosse uma unha grossa em várias camadas. Essa pedra tem sido usada na joalheria, especialmente para a formação de camafeus. Os romanos aplicavam esse termo a certa variedade de mármore, formado em camadas, chamado "mármore ônix". Essa rocha era usada para o fabrico de potes e jarras de unguento (ver Mt 26.7, Mq 14.3). Outra variedade de mármore, que também era formado por camadas, era empregado na construção de edifícios, especialmente em Cartago e em Roma. O mármore ônix é muito suave, o verdadeiro ônix é um mineral bastante duro.

A palavra portuguesa desse mineral vem do grego, *onuks*. O termo hebraico correspondente é *shoham*. Essa palavra é variadamente traduzida na Septuaginta, o que reflete certa dúvida quanto à pedra específica em questão. Josefo afirma que o ônix era uma pedra usada no peitoral do sumo sacerdote de Israel (ver Êx 28.20). Para alguns intérpretes isso fixa a identificação entre o vocábulo grego *onuks* e o termo hebraico, *shoham*. Porém, Josefo viveu em um tempo muito posterior à época da confecção das vestes sumos sacerdotais originais para que o seu testemunho seja absoluto.

ONO

No hebraico, **"forte"**. Era uma cidade do território de Benjamin que Semede originou ou restaurou (ver 1Cr 8.12). Semede era um dos filhos de Elpaal. Um total de 725 exilados judeus, que retornaram do cativeiro babilônico, espalharam-se entre Ono, Lode e Hadide (ver Ed 2.33; Ne 7.37; 1Esdras 5.22). Ono ficava localizada em um vale conhecido por *Vale dos Artífices* (Ne 11.35). Neemias (6.2) refere-se a aldeias na planície de Ono. O local moderno chama-se Kefr 'Ana, a onze quilômetros a sudeste de Jope. Os registros egípcios do tempo de Tutmés III (1490 a.C.) trazem o nome desse local como Unu. Nos dias de Josué era uma cidade murada e fortificada, um dos muitos obstáculos que os israelitas tiveram de enfrentar ao invadir a Palestina.

ONRI

No hebraico, **"Deus ensinou"**. Esse foi o nome de várias personagens que figuram nas páginas do Antigo Testamento: **1**. O sétimo rei de Israel. Ele havia sido comandante do exército de Elá, rei de Israel, o reino do norte, após a divisão do império de Davi e Salomão em dois (Israel, ao norte, Judá, ao sul). Ele estava envolvido no cerco de Gibetom quando recebeu notícias da morte do rei. Zinri (vide) havia assassinado o rei e havia usurpado o trono (ver 1Rs 16.16 ss.). Porém, o exército resolveu que o próximo monarca seria Onri. Onri partiu de Tirza, e Zinri reconheceu que chegara o seu fim, pelo que incendiou o palácio e pereceu nas chamas. Isso, todavia, apenas iniciara as dificuldades de Onri. Um grupo liderado por Tibni (e a Septuaginta menciona o fato de que seu irmão, Jorão, participou) opôs-se a Onri, tendo sido necessários quatro anos para que ele pudesse recuperar o controle total da situação. Isso ocorreu por volta de 876 a.C. Mas, uma vez que a guerra civil terminou, Onri conseguiu consolidar a sua autoridade, e reinou em Israel por seis anos, em Tirza. Em seguida, ele mudou a sede do governo para Samaria (1Rs 16.24), a qual passou a ser a capital do reino do norte, Israel. Samaria era cidade edificada no alto de uma colina, e fortificações tornaram a cidade ainda mais defensável. Onri, assim sendo, foi capaz de repelir vários cercos sírios e assírios, mas, finalmente, em 722 a.C., Sargão I conseguiu capturar a cidade, embora tivessem sido necessários três anos para realizar o feito. Apesar de sua bem defendida capital, Onri não foi bem-sucedido em todas as batalhas em que se viu envolvido. Assim, ele foi compelido a entregar várias cidades aos sírios (ver 1Rs 20.34).

Também entrou em aliança com os sírios, tendo feito casar seu filho, Acabe, com uma filha de Etbaal, que era sumo sacerdote de Tiro. Naturalmente, como é sabido por todo leitor do Antigo Testamento, isso foi a porta de entrada para a introdução da adoração a Baal, em Israel. O trecho de 1Reis 20.25,26 informa-nos que Onri foi o pior rei de Israel, até aquele ponto da história. Antes de tudo, ele foi um típico tirano cruel. Em segundo lugar, ele corrompeu o povo do reino do norte, Israel, com a idolatria fenícia, da qual a nação nunca se recuperou. O profeta Miqueias (6.6) denunciou esse estado de coisas. Um dos maiores sucessos militares de Onri foi a total derrota dos moabitas. E somente quando Mesa interveio é que isso foi revertido. Parece, entretanto, que, após doze anos de reinado, ele foi capaz de deixar para seu filho e sucessor, Acabe, um reino próspero e pacífico, embora moralmente corrompido. Onri morreu em cerca de 874 a.C. *A Argueologia e Onri*. A Pedra Moabita exibe o valor militar de Onri. As linhas 4 a 10 da mesma contam-nos como ele derrotou os moabitas. Os registros assírios prestam-nos algumas informações sobre os feitos políticos e militares de Onri. Tão grande foi a impressão causada por ele sobre os assírios que, cerca de um século mais tarde, os registros assírios referiam-se à nação do norte, Israel, como "a terra da casa de Onri". E Jeú, que subiu ao trono de Israel um pouco mais tarde, aparece naqueles anais assírios como Mar Hunri, ou seja "filho de Onri", indicando que ele era o sucessor daquele, em algum ponto da linhagem. E a idolatria de Onri também tem sido confirmada pela arqueologia. Ostracas descobertas em Samaria falam de *Yahweh* e de Baal como divindades adoradas naquela cidade. Isso confirma a descrição do culto religioso sincretista que é denunciado em 2Reis 16.25 ss. **2**. Um outro Onri era filho de Bequer, filho de Benjamim (1Cr 7.8). Ele viveu em torno de 1600 a.C. **3**. Um descendente de Perez, filho de Judá (1Cr 9.4). Viveu em cerca de 640 a.C. **4**. Um filho de Micael, chefe da tribo de Issacar, durante o reinado de Davi (1Cr 27.18). Viveu em cerca de 1015 a.C.

OOLÁ (E OOLIBÁ)

Esses dois nomes significam em hebraico, respectivamente, *sua própria tenda* e *minha tenda*. (Ver Ez 23.4). Foram dois nomes fictícios usados por Ezequiel para denotar os dois reinos de Samaria (Israel) e Judá. Há uma força mui significativa nesses nomes, que precisamos observar. Oolá era aquela cuja tenda ou templo estava nela mesma, ou seja, uma invenção humana. Oolibá era aquela a quem *Yahweh* dera um templo e um culto religioso. O primeiro nome visava criticar as condições vigentes; no reino do norte (Israel). Ambos os reinos são comparados a mulheres sensuais, que cometeram adultério contra *Yahweh*, marido delas, mediante suas alianças e contorções políticas voluntárias, com nações pagãs. Essas associações eram consideradas, *ipso facto*, alianças com os deuses pagãos dessas nações. O crime de Oolibá era considerado um pecado mais grave que o de sua irmã, porquanto ela tinha mais privilégios e se recusava a deixar-se instruir pelo mau exemplo da ruína de sua irmã. Essa alegoria foi uma epítome da história da vida religiosa dos judeus. (ND S UN)

OOLIBÁ. Ver sobre *Oolá e Oolibá*.

OOLIBAMA

No hebraico, **"tenda da altura"**. Há duas pessoas no Antigo Testamento com esse nome: **1**. Provavelmente a segunda das três esposas de Esaú (ver Gn 36.2,25), em cerca de 1964 a.C. Na narrativa anterior ela é chamada Judite, em Gênesis 26.34. Era neta de Zibeom, o heveu. É provável que o seu nome original fosse Judite, e que após casar-se tenha recebido outro, um costume bastante comum na época. Foi a fundadora de três tribos de descendentes de Esaú. **2**. Um dos príncipes ou chefes de clã, descendente de Esaú (ver Gn 36.41; 1Cr

1.52). É bem provável que essa lista de nomes refira-se a lugares, e não a indivíduos, o que parece evidente com base nas expressões que aparecem no início da mesma. No versículo 40 temos: *segundo as famílias, os seus lugares e os seus nomes*, em contraste com o vs. 43, onde lemos: *segundo as suas habitações na terra da sua possessão*. (S UN)

ORAÇÃO

1. Oração como Submissão. O soldado cristão está empenhado em uma luta que lhe defende a própria vida. Nada há de insignificante acerca da vida que o crente leva. Os perigos são graves e muitos. Mas seu grande comandante lhe oferece a sua ajuda. Essa ajuda pode ser solicitada por intermédio da oração, mas só é possível recebê-la quando a alma crente se encontra em estado de submissão a Cristo. E tal ajuda vem da parte de Deus. A fé consiste na *entrega de alma* (ver as notas expositivas sobre Hb 11.1 no NTI). Portanto, toda oração deve estar alicerçada sobre a fé. Por isso é que devemos pedir "crendo", já que essa atitude, por isso só, é um ato de submissão a Cristo, na certeza de que ele é capaz de fazer aquilo que lhe solicitamos (ver Mt 21.22). A oração é um ato da alma, mediante o qual nos pomos sob os cuidados de Deus, pois reconhecemos, em qualquer ocasião em que orarmos, que dependemos de Deus e que temos limitações que só podem ser contrabalançadas por ele. A oração consiste em "pedir e receber", mas consiste ainda em muito mais do que isso. Pois basicamente consiste na entrega da alma a Deus; a expectativa do favor divino e suas muitas solicitações são apenas resultados disso. A oração ocasionalmente é respondida com um Não, porque, nesse estado de submissão, a alma quer mais que se faça a vontade de Deus, que o cumprimento de seus próprios desejos. Portanto, a oração é um campo de provas, onde podemos aprender sobre Deus, não servindo meramente de instrumento pelo qual obtemos as coisas que queremos, embora nos seja assegurado que assim é, e que as vantagens recebidas serão importantes.

2. Oração como Ato de Adoração. A oração faz parte da liturgia, a qual faz parte da adoração coletiva. Mas a oração também faz parte da adoração individual. No trecho de Efésios 6.18, lemos que a oração do crente deve ser feita "no Espírito", e é nessa expressão que vemos tanto a atitude de adoração como a submissão ao Senhor. A oração incorpora em si as atitudes essenciais da adoração, como a confiança em Deus, a submissão à sua vontade, a adoração à sua pessoa, o louvor devido às obras divinas entre os homens. Quando a oração transcende ao mero ato de pedir, torna-se um ato de adoração, em sua própria essência. Sendo esse um ato de adoração, a oração é um estado no qual muito aprendemos de Deus; e assim a sua vontade pode cumprir-se em nós, transformando-nos conforme a imagem de Cristo.

3. Oração como Ato Criador. A oração vale-se do poder criador de Deus, pelo que também se diz: "A oração modifica as coisas". Essa modificação não vem da parte do homem, pois depende da ajuda dada pelo Criador. Na oração, pois, entregamos nas mãos de Deus, na ordem presente de coisas, para que elas sejam "modificadas". Essa modificação talvez exija, antes de tudo, a nossa própria transformação moral. Mas uma vez que nos tornemos seres transformados, podemos ser, nós mesmos, instrumentos modificadores. Todavia, a oração também pode criar novas situações nas circunstâncias externas, ou diferenças de atitude em outras pessoas, as quais *podem* modificar os acontecimentos. Quando a oração é um genuíno exercício da alma, isso nos põe sob o controle do poder criador de Deus. Isso também nos torna mais sensíveis para com a vontade de Deus, para com as necessidades alheias e para com as nossas próprias necessidades, diminuindo nossos desejos por coisas meramente físicas. Por conseguinte, em seu poder criador, a oração eleva o inteiro tom espiritual de nossas

ORAÇÃO

vidas. Quando a oração é devidamente usada, ela se torna uma maneira de adorar o Senhor, se o servirmos com nossas vidas. A oração cria grande receptividade entre as pessoas, e é dessa maneira que, com grande frequência, nossas orações são respondidas, sem a necessidade de qualquer milagre.

4. Oração nas Páginas do Antigo Testamento. *a*. A oração reconhece a personalidade e o poder de Deus, bem como o seu interesse pelos homens (*teísmo*, em contraste com *deísmo*). O teísmo ensina que Deus continua interessado pelos homens, fazendo intervenção na história humana, recompensando e punindo. Já o deísmo afiança que Deus não tem interesse pelos homens ou pelo mundo, mas estabeleceu leis impessoais que governam tudo. De acordo com essa segunda posição, Deus não dá atenção aos homens e nem faz intervenção em sua história, não querendo puni-los ou recompensá-los. Mas a Bíblia inteira mostra-se altamente teísta, e não deísta, e a ênfase posta sobre a oração demonstra isso. (Quanto a conceitos filosóficos e teológicos de Deus, sua natureza e relação para com os homens, ver sobre *Deus*.) *b*. A oração é um meio de comunhão entre Deus e o homem: e isso pode ser pessoal, conforme temos nas narrativas dos patriarcas e suas intercessões. *c*. A oração é uma *intercessão* em benefício próprio e em benefício de outros, em que o crente busca melhoria espiritual e material. Abraão intercedeu por Sodoma (ver o décimo oitavo capítulo de Gênesis); Moisés intercedeu por Israel (ver Êx 32.10-12); Jó, pelos seus amigos (Jó 42.8-10). Petições individuais são comuns nos salmos (ver Sl 31.86, 123 e 142). *d*. A oração é um meio de louvarmos ao Senhor, como é muito evidente nos Salmos (ver Sl 113 — 118). Há orações pedindo perdão (ver Sl 51), solicitando comunhão (ver Sl 63), pedindo proteção (ver Sl 57), pedindo cura (ver Sl 6), pedindo reivindicação (ver Sl 119), louvando ao Senhor (ver Sl 103). *e*. As orações fazem parte da liturgia. Isso transparece nos Salmos Halel, na forma de oração e louvor, que vieram a ser incorporados à liturgia (ver Sl 113-118), e formas específicas foram estabelecidas para efetuar as orações diárias (ver At 3.1 no NTI quanto às notas expositivas sobre essa questão). *f*. A oração é um ato de *devoção* (ver Ed 7.27; 8.22 e *ss*.; Ne 2.4; 4.4,9 e Dn 9.4-19).

5. Ensinamentos de Jesus sobre a Oração. *a*. Jesus enfatizou a paternidade de Deus, o qual é retratado como generoso para com os seus filhos (ver Mt 7.7-11). *b*. O indivíduo se reveste de grande valor perante Deus, pelo que também pode esperar a resposta para as suas orações (ver Mt 10.30; 6.25 e *ss* e 7.7-11). *c*. A verdadeira oração é espiritual, e não formal (ver Mt 6.5-8). *d*. Há grande poder na oração, pelo que também deve ser usada perseverantemente. (Ver Mc 11.23 e Mt 7.20). *e*. A oração deve ser feita com fé (ver Mt 17.20). *f*. A oração deve ser perseverante (ver Lc 18.1-8). *g*. A oração precisa ser governada com uma disposição amorosa e perdoadora (ver Mt 18.21-35). *h*. A oração pode envolver coisas práticas e terrenas (ver Mt 7.6-11 e 6.11). *i*. A oração visa também elevadas realidades espirituais (ver o décimo sétimo capítulo do Evangelho de João). *j*. A oração pode solicitar força espiritual (ver Mt 6.13). *k*. A oração tem por escopo o avanço na direção do reino de Deus sobre a terra e sua final inauguração (ver Mt 6.10,13). *l*. O próprio Jesus nos deixou o exemplo mais elevado de uma vida de oração (ver Lc 5.15; 6.12; Jo 12.20-28 e 17.6-19).

6. Ensinamentos de Paulo sobre a Oração. *a*. Tal como Jesus, Paulo nos deixou grande exemplo de orações práticas (ver Cl 1.3; 4.12; Fp 1.4; 1Ts 1.2; Rm 1.9 e Fm 4). *b*. A oração consiste em adoração (ver Ef 5.19; Cl 3.16), particular e coletiva. *c*. Faz intercessão em prol de todos os homens (ver 1Tm 2.1), como também é intercessão do Espírito Santo em favor dos homens (ver Rm 8.26) e de Cristo em favor dos homens (ver Rm 8.34). Portanto, envolve toda a trindade, porquanto o Filho e o Espírito de Deus intercedem juntamente com Deus Pai. *d*. A oração é exigente, pois requer perseverança (ver Rm 15.30; Cl 4.12; Ef 6.18 e 1Ts 5.17). *e*. A oração é uma expressão de ação de graças (ver Rm 1.8 e ss.). *f*. A oração aprofunda nossa comunhão com Deus (ver 2Co 12.7 e ss.). *g*. A oração visa ao benefício e ao crescimento espiritual de outros crentes (Ef 1.18 e *ss*.; e 3.13 e ss.). *h*. A oração solicita a salvação dos perdidos (ver 1Tm 2.4). *i*. A oração é feita "no Espírito", como exercício espiritual, que se vale do poder divino (ver Ef 6.18). *j*. A oração chega mesmo a ser um dom do Espírito Santo (ver 1Co 14.14-16).

7. Outros Conceitos Neotestamentários sobre a Oração. *a*. O livro de Atos frisa a natureza coletiva da oração, como também o fez o trecho de Tiago 5.13-18. Paulo enfatiza a mesma verdade em Efésios 6.18. A igreja cristã nasceu dentro da atmosfera da oração (ver At 1.4), pois em resposta à oração é que o Espírito Santo veio sobre a comunidade da igreja (ver At 1.4 e 2.4). Em períodos de crise, a igreja apelou para a oração (ver At 4.21 e ss.). *b*. A igreja cristã, mediante os seus líderes, sempre se dedicou à oração (ver At 9.40; 10.9; 16.25 e 28.8). A oração deve ser praticada em benefício da comunidade cristã (ver At 20.28,36 e 21.5). *c*. A oração é possível por causa do nosso Sumo Sacerdote, divino humano, o qual garante o cumprimento do desejo sincero de corações crentes (ver Hb 4.14-16. Ver também Hb 5.7-10, que ilustra a necessidade de oração, dentro da vida de oração do Senhor Jesus, porquanto nos ensina a necessidade de submissão e obediência). *d*. A oração é um meio de entrarmos em nossos privilégios espirituais em Cristo (ver Hb 10.19 e ss.), pois procura apelar para o poder de Deus, a fim de termos forças na vida. A oração penetra para além do véu, chegando ao próprio Santo dos Santos, até a presença de Deus (ver Hb 6.19). *e*. A oração nos confere sabedoria espiritual (ver Tg 1.5-8). *f*. A oração deve ser oferecida com base nas motivações certas, pois não pode servir ao egoísmo e ao pecado (ver Tg 4.1-3). *g*. A oração pode curar o corpo, e deve ser usada com essa finalidade (Tg 5.13-18). *h*. A oração deve ser ousada, e assim será eficaz (ver 1Jo 3.21 e ss.). *i*. A oração sempre deve estar sujeita à vontade de Deus, sendo limitada por ela (ver 1Jo 5.14-16).

8. Orar Sem Cessar (1Ts 5.17). *a*. Isso não pode significar, naturalmente, uma oração constante e sem a mínima interrupção, em que as cordas vocais físicas sejam permanentemente usadas. *b*. Mas pode indicar uma espécie de espírito dedicado à oração, sem qualquer hiato, e que se expressa em um constante "hábito de oração". *c*. Também pode estar subentendida a obra intercessória do Espírito Santo, mediante o que ele intercede ininterruptamente por nós, contanto que nossas vidas sejam corretas de modo a serem uma oração viva.

O mais provável é que esteja em foco o *hábito constante* de orar. Conforme diz Coleridge (*notes on the Book of Commom Prayer*, iii.11, vs. 23); "Orai sempre, diz o apóstolo. Em outras palavras, formai o hábito da oração, transformando vossos pensamentos em ações, vinculando-as à ideia do Deus redentor". "O caminho da alegria constante, em meio à perseguições, é a oração constante, expressa ou não em palavras. A exortação visa a constância na oração (ver Rm 12.12 e Cl 4.2), para que oremos com 'toda a alegria' ver (Ef 6.18). Isso caracterizava os ensinamentos e a prática diária de Paulo (ver 1Ts 3.10 e 2Ts 1.11). Que os crentes podem orar como devem, se explica pela presença habitadora de Cristo (ver Rm 8.26 e Ef 6.18)" (Frame, *In loc*.).

9. Intercessão Mútua. Paulo recomenda a intercessão mútua entre os crentes. Quando dois ou três fizerem algum pedido coletivo, isso lhes será outorgado (ver Mt 18.19). Além disso, nenhum santo de Deus é tão perfeito ou tão forte que não necessite da ajuda de outros. No dizer de Wedel (*in loc*.): "Assim como um soldado, na linha de batalha, se desanimaria se não tivesse o conhecimento que seus camaradas lutam ao seu lado, assim também o crente individual vive com base na fé e na confiança inspiradas pelo Espírito de Deus acerca da fraternidade de Cristo. Quão desesperadamente, na qualidade de soldados cristãos, precisamos da comunhão do Espírito Santo, conforme nossa era conturbada o demonstra!"

Ninguém se encontra isolado, na batalha espiritual. Cumpre-se assim o ditado popular que diz: "Ninguém é uma ilha". A batalha é ganha pelo corpo inteiro de Cristo, coletivamente considerado. Nenhum crente poderá obter a vitória total sem compartilhar da mesma com outros, participando igualmente das vitórias dos demais. A plena glorificação, tanto do Cabeça como do corpo, ocorre coletivamente (ver Ef 1.23 e 2.6). O desenvolvimento espiritual envolve todo o corpo místico de Cristo, considerado juntamente os seus muitos membros, e não algum membro isoladamente (ver Ef 4.16). Portanto, a oração deve envolver o corpo inteiro de Cristo, e não apenas o próprio crente individual; e isso é útil, tanto para os outros crentes como para cada crente que assim ora.

Que é Orar?

A oração é o desejo sincero da alma,
Que fica mudo ou é expresso
E o movimento de uma chama oculta
Que tremula no peito:

A oração é o enunciado de um suspiro,
O cair de uma lágrima,
O volver os olhos úmidos para cima,
Quando ninguém, senão Deus, está perto.

A oração é a linguagem mais simples
Que lábios infantis podem experimentar;
A oração é o clamor mais sublime que atinge
A Majestade nas alturas:

A oração é o hábito vital do crente,
E a sua atmosfera nativa,
E o seu lema às portas da morte,
Pois ele entra no céu pela oração.

A oração é a voz contrita do pecador,
Que retorna de seus maus caminhos
Quando anjos se regozijam em cânticos,
E dizem: Eis que ele ora!

Os santos, na oração, aparecem como um só,
Na palavra, nos feitos, na mente,
Quando, com o Pai e o Filho,
Encontram seu companheirismo.

Nenhuma oração é feita só no mundo:
Pois o Espírito Santo intercede;
E Jesus, no trono eterno,
Intercede pelos pecadores.

Ó, Tu, por meio de quem chegamos a Deus!
Vida, verdade e Caminho,
Tu mesmo palmilhaste o caminho da oração,
Senhor, ensina-nos como orar!

MontGômery

ORDEM

Vários Usos Bíblicos. Esse termo é usado, em nossa versão portuguesa, para aludir aos levitas da *segunda ordem* (1Cr 15.18). Mas o original hebraico não usa essa palavra, dizendo apenas "segunda". O sentido tencionado é o de *ordem* de enumeração, relativa aos turnos dos sacerdotes que ministravam. Em Lucas 1.8, onde está em foco a ideia de "turno", em algumas versões encontra-se a palavra "ordem", para exprimir a ideia. Há oficiais e governantes da mais elevada ordem. Mas também há o irmão humilde, o homem pobre, de *condição humilde* (Tg 1.9). Em algumas traduções, a transformação do crente, de um *estágio* de glória para o próximo, mencionada em 2Coríntios 3.18, é traduzida como ordem. O grego diz, literalmente, "glória a glória", mas devemos compreender a passagem de um estágio de glória para o próximo, uma ordem crescente de glorificação.

ORDENANÇA

1. Definições. Essa palavra não tem um único uso, pelo que suas definições são diversas. A raiz latina é *ordo* (*inis*), "ordem", relativa a *ordinare*, "ordenar". Dessas raízes é que emerge a palavra *ordinans* (*antis*) "ordenança". Seu sentido pode ser uma regra autoritária, um decreto, uma lei, um rito religioso, uma disposição ou posição, um desígnio.

2. Usos no Antigo Testamento. As principais ordenanças desse documento são os *Dez Mandamentos* (vide). As leis levíticas têm muitas ordenanças subordinadas e litúrgicas. No livro da aliança (ver Êx 20.22 — 23.33), os termos *juízos* e *ordenanças* falam acerca de leis civis e religiosas. O vigésimo primeiro capítulo de Êxodo continua dando muitas leis que governavam a vida dos israelitas, e, em algumas traduções, essas leis são chamadas "ordenanças". As leis de Israel tanto eram civis quanto religiosas; mas, em uma teocracia, essa distinção não pode ser feita claramente, porquanto tudo é expressão religiosa naquele sistema. Naturalmente, o decálogo é o supremo exemplo das leis religiosas mais profundas. O trecho de Números 15.15,16 mostra que as leis de Israel vigoravam tanto para os cidadãos como para os estrangeiros residentes. Fica pressuposto no Antigo Testamento que as ordenanças estavam alicerçadas sobre instruções e mandatos divinos (Dt 4.5,11; 5.31 *ss*.; 6.1,2,24,25), com apoio na graciosa atividade de Deus (ver Dt 4.32-40; 6.20; 7.6-8; 29.2-9). Todas as leis estão sumariadas no maior dos mandamentos da lei: *Amarás, pois, o Senhor teu Deus, de todo o teu coração, de toda a tua alma, e de toda a tua força*. Desse modo, a lei atuava como reivindicação de Deus, no sentido de que ele tinha o direito de senhorio sobre as vidas dos homens. Nos sistemas voluntaristas antigos e modernos, a lei aparece como subordinada à vontade de Deus. Ali, as coisas são certas porque Deus é que as determina. Ver sobre o *Voluntarismo*. Porém, também devemos dizer que a lógica espiritual requer, igualmente, a declaração que Deus ordena as coisas porque elas são *corretas* em si mesmas.

3. Usos no Novo Testamento. O cristianismo primitivo viu-se a braços com o problema do legalismo. Ver os artigos chamados *Legalismo* e *Partido da Circuncisão*. Ver também sobre *Jesus e a Lei*, no tocante a uma discussão sobre como o Senhor Jesus relacionou-se com o Antigo Testamento. Além disso, temos a controvérsia entre Paulo e Tiago, a confrontação entre Romanos 3-5 e Tiago 2. Essa questão é coberta no artigo intitulado *Legalismo*. Ver especialmente o artigo detalhado, *Lei no Novo Testamento*.

4. Ordenanças e Sacramentos. Ver o artigo separado sobre os *Sacramentos*. As igrejas que rejeitam o conceito de sacramento (a transmissão da graça divina através de ritos religiosos, como o único canal dessa graça) preferem usar o termo *ordenanças* para apontar para os seus ritos. Nesse caso, não se entende que essas cerimônias sejam canais da graça, mas apenas símbolos da variada graça divina recebida. Assim, as ordenanças aludem a alguma realidade espiritual, mas não são veículos que produzam essa realidade. As ordenanças comuns das igrejas evangélicas são o *batismo* (vide) e a *Ceia do Senhor*, também chamada *eucaristia* (vide). A primeira dessas ordenanças é realizada em obediência ao mandamento de Cristo (ver Mt 28.19,20), e simboliza a nossa união com Cristo, em sua morte e ressurreição. Também há outros símbolos, discutidos no artigo sobre esse assunto. A Ceia do Senhor é um memorial, e não um sacramento. Faz-nos lembrar o sacrifício de Jesus, por um lado, e sua segunda vinda, por outro lado, diariamente antecipada. Alguns grupos evangélicos acrescentam a isso uma terceira ordenança: o *lava-pés* (vide). Damos um detalhado artigo sobre esse assunto, que inclui uma discussão da controvérsia que a circunda.

ORDENAR (ORDENAÇÃO)

1. Definições. Em um sentido geral, não-eclesiástico, essa palavra significa "decretar", "instalar", "consagrar". A raiz latina é *ordinare*, *"ordenar"*, de *ordo* (*inis*), "ordem". O seu sentido eclesiástico é "investir com uma função ou ofício religioso", ou, então, "admitir a funções ministeriais ou sacerdotais".

2. No Antigo Testamento. Os sacerdotes, os levitas, os profetas e os reis, entre os hebreus, eram ordenados para suas respectivas funções, através de um certo número de ritos e declarações. Moisés nomeou Josué como seu sucessor, impondo-lhe as mãos (ver Nm 27.18; Dt 34.9). Os profetas, os sacerdotes e os reis eram ungidos como parte do ritual de sua consagração. Ver sobre *Unguento*, ponto quinto. Ver também sobre *Unção*, onde damos mais detalhes. Usos não eclesiásticos incluem significados como arranjar, pôr em ordem (Sl 132.17); planejar, estabelecer celebrações, ritos e oferendas (Nm 28.6; 1Rs 12.32; Sl 8.2,3; Is 26.12). Também há o sentido de ordem autoritária (Et 9.27; 1Esdras 6.34; 8.14).

3. No Novo Testamento. Os doze apóstolos foram ordenados por Cristo (Jo 15.16), tendo sido investidos em seu ofício e autoridade como discípulos especiais de Jesus e como seus instrumentos espirituais. Paulo veio a participar dessa alta vocação algum tempo mais tarde (ver Gl 1.1). Não sabemos se houve alguma cerimônia (ou qual cerimônia) nessa ocasião. Talvez tenha havido a imposição de mãos com unção com azeite, segundo as práticas veterotestamentárias de iniciação. Os *setenta* discípulos especiais de Jesus (ver Lc 10) foram "nomeados" por ele. A palavra grega ali usada é *anadeiknumi*, "mostrar claramente", "nomear", "comissionar". E podemos imaginar que houve alguma ordenação formal, envolvida nessa nomeação. O sexto capítulo do livro de Atos registra a ordenação dos primeiros diáconos, em número de sete. Em Atos 6.6 lemos que os apóstolos oraram e impuseram sobre eles as mãos. O trecho de Atos 14.23 narra a nomeação (presumivelmente, "ordenação") de *anciãos*. Timóteo recebeu essa ordenação mediante a imposição de mãos. É de se presumir que lhe foram conferidos, então, dons espirituais, mediante os quais ele poderia cumprir o seu ministério. (Ver 1Tm 4.14).

Três coisas deveriam ser observadas. O processo de ordenação envolve: **a**. O dom espiritual a ser conferido (*o chárisma*). **b**. Esse dom espiritual se transmite por meio (*diá*) de profecia. Talvez tenhamos aqui um discernimento especial de Paulo, através do que ele sabia que era preciso ordenar Timóteo; ou, então, outros crentes, tomados pelo espírito de profecia, sabiam que Timóteo estava capacitado ao ofício que recebeu, seguindo-se então a sua ordenação. **c**. A imposição de mãos seguiu-se, confirmando e intensificando o processo espiritual; ou, então, conforme outros estudiosos pensam, a profecia foi o meio através do qual o *chárisma* de Timóteo lhe foi outorgado.

Um Supervisor (Bispo) Ordena Ministros. Tito era ministro do evangelho, ordenado aos moldes de Timóteo. Em Tito 1.5, Paulo mostra que Tito tinha autoridade para ordenar outros crentes, em vários lugares. Isso parece indicar que ele tinha poder sobre alguma região, e não meramente sobre uma igreja local. Isso posto, segundo alguns, temos aqui um equivalente primitivo das funções posteriores dos bispos. Desenvolvimentos posteriores trouxeram à tona uma hierarquia que não é nativa ao Novo Testamento; mas, pelo menos, precisamos admitir que agora todos os anciãos (também chamados pastores e bispos) estão em pé de igualdade. Os apóstolos, como é óbvio, estavam acima dos anciãos locais. E outro tanto se dava com homens como Timóteo e Tito, que tinham poderes sobre áreas geográficas, e não apenas sobre igrejas locais. O termo grego envolvido aí é *kathisthemi*, "nomear", "ordenar", "encarregar".

Ordenava-se um Ofício Sacerdotal? Tem sido motivo de debate e divisão, no seio da cristandade, durante séculos, se a ordenação de ministros, no Novo Testamento, consiste em uma investidura sacerdotal ou não. A parte mais numerosa da igreja, católicos romanos, ortodoxos orientais e anglicanos, respondem a essa questão com um "sim". Os luteranos preservam alguma função sacramental do ministro por ocasião do batismo. Mas outros grupos protestantes e os grupos evangélicos asseveram que a ordenação neotestamentária é funcional, e não sacramental.

Solenidade. Paulo advertiu contra a ordenação precipitada de ministros, em 1Timóteo 5.22. E as epístolas pastorais nos dão muitas regras acerca das qualificações dos diversos ministros. Ver Tito 1.6 *ss* como um exemplo. Dons espirituais e ministeriais eram uma exigência no caso de ministros, pois o que então se esperava deles era que dessem provas de espiritualidade, e não de profissionalismo, conforme muitas vezes sucede hoje em dia.

4. Considerações Modernas. Em alguns segmentos da cristandade, a ordenação é uma outorga formal de ofícios ministeriais (ver o artigo chamado *Ordens, Santas*). Essas ordens são tidas como confirmações e suplementos da *vocatio ou* "vocação" do Espírito, no caso de certos indivíduos. Mas a cristandade está dividida quanto à natureza exata da ordenação. Nas igrejas católica romana e ortodoxa oriental, a ordenação (o sacramento da ordem) é efetuada a fim de conferir graça e um caráter indelével, que não pode ser repetido e nem anulado. Muitos anglicanos compartilham desse ponto de vista. Os atos mediante os quais os prelados são ordenados estão restringidos aos bispos ou aos oficiais superiores, conforme era a regra universal entre os séculos II e XVI de nossa era. Porém, quase todos os grupos protestantes e evangélicos rejeitam o aspecto sacramental da ordenação, e preferem frisar o caráter funcional desses atos. Usualmente, uma junta de ministros ordena outros ministros, e essa junta pode contar ou não com alguém do nível de um bispo. Todavia, há grupos cristãos que chegaram a rejeitar totalmente qualquer rito de ordenação, pois pregam a doutrina da igualdade de todos os irmãos, com o direito de qualquer um administrar as *ordenanças* (não sacramentos) da igreja. Até onde podemos ver, essa norma aberta e frouxa é contrária ao espírito e exemplo do Novo Testamento, conforme se vê na autoridade apostólica e em ministros subsequentemente ordenados por eles, como Timóteo e Tito.

O Rito de Ordenação. Esse rito varia desde uma simples oração com imposição de mãos (entre os grupos evangélicos) até os ritos muito complexos da igreja Católica Romana. A expressão medieval da igreja Católica Romana fez a fusão dos ritos romanos e anglicanos, do que resultou a sua complexidade. Além da imposição de mãos e de orações, há a apresentação dos símbolos apropriados do ofício, as vestimentas aparatosas apropriadas, a unção com azeite, as declarações imperativas etc. Na ortodoxia oriental há um processo um tanto mais simples, que inclui a imposição de mãos, a oração e a outorga do símbolo apropriado ao ofício que se estiver conferindo. Os Discípulos de Cristo, os Irmãos de Plymouth e os Quacres não reconhecem qualquer rito de ordenação e dependem da orientação do Espírito para separar os seus líderes, os quais continuam sendo apenas irmãos, sem qualquer ofício eclesiástico reconhecido.

OREBE E ZEEBE

Esses nomes próprios, no hebraico, significam, respectivamente, "corvo" e "lobo". Esses eram os nomes de dois líderes dos midianitas, que saíram a guerrear contra Gideão e foram mortos pelos efraimitas, que os interceptaram quando estavam recuando (ver Jz 7.25 e 8.3). O evento teve lugar em cerca de 1.200 a.C. O trecho de Isaías 10.26 informa-nos a terrível matança que então ocorreu. A batalha principal teve lugar no vale de Jezreel, entre 'Ain Harod e a colina de Moré (ver Jz 7.1). Os trezentos homens de Gideão puseram em debandada os 135 mil midianitas. Quando estes retrocederam em confusão, os efraimitas (conforme Gideão determinara) interceptaram-nos e aumentaram ainda mais o número dos midianitas mortos. Em toda a história da nação de Israel, talvez somente a invasão assíria, na época do rei Ezequias, tenha produzido uma matança maior. Orebe foi morto diante da "penha de Orebe", e Zeebe foi executado no "lagar de Zeebe". Ambos esses locais foram assim chamados posteriormente, por causa dos nomes daqueles líderes envolvidos. Mas ninguém sabe, atualmente, onde ficam esses locais. Provavelmente ficavam no lado ocidental do rio Jordão, visto que a tarefa dos efraimitas consistia em confinar os midianitas naquela área, não permitindo que eles atravessassem o Jordão.

ORÉM

No hebraico, **"figueira"**. Esse era o nome de um dos filhos de Jerameel, da tribo de Judá (1Cr 2.25). Ele viveu em torno de 1190 a.C.

ORFA

Essa palavra hebraica é de significado incerto. Entre as possibilidades temos "pescoço", "gazela" e "frescor juvenil". Esse era o nome de uma das noras de Noemi. Foi esposa de Quiliom um dos filhos de Elimeleque e Noemi (ver Rt 1.1-4). A morte privou Noemi com a passagem do tempo, de seu marido e de seus dois filhos. Todos conhecemos a história de Rute, a outra nora de Noemi, que se recusou a abandonar a sua sogra, tendo-a acompanhado em sua viagem de volta à Palestina, uma decisão feliz que a levou a uma nova e bem-aventurada vida.

Mas Orfa, em contraste com Rute, retornou aos moabitas, ao seu próprio povo, bem como à adoração de Camos, deus moabita (ver Rt 1.15; Jz 11.24). Orfa despediu-se de sua sogra com um beijo, sendo essa a última menção a ela, no Antigo Testamento.

ÓRFÃO

Essa palavra portuguesa vem do grego, *orphanós* cujo sentido liberal é "destituído". Corresponde ao vocábulo hebraico *yathom*, "solitário", "sem pai". Ver Lamentações 5.3. Estritamente falando, um órfão é alguém de menor idade, que perdeu ambos os pais, mediante a morte; mas o abandono de uma criança, por parte de seus genitores, também a transforma em órfã.

De acordo com a perspectiva do Antigo Testamento, um órfão era alguém também privado de situação legal, sem qualquer parente remidor. A legislação veterotestamentária tinha provisões em favor de tais pessoas. Os órfãos e as viúvas, para exemplificar, podiam rabiscar os campos plantados (ver Dt 14.29). E a passagem de Êxodo 22.22 mostra-nos a atenção que era dada aos órfãos. Visto que a herança passava do pai a algum filho homem, uma viúva sem filhos ficava destituída de bens sob a forma de terras. Todavia, houve o precedente da herança transmitida a filhas, conforme se vê em Números 27.7-11.

O trecho de João 14.18 envolve um uso figurado do termo para indicar *orfandade espiritual* (apontando para os discípulos de Jesus, quando o perderam de sua presença física). Mas a situação privilegiada deles seria restaurada, mediante o ministério do Espírito Santo, o alter ego de Jesus. Paulo chama a si mesmo de "orfanado", isto é, "destituído", quando não mais contava com o companheirismo dos crentes de Tessalônica (1Ts 2.17).

Nos sonhos e nas visões, o estado de orfandade indica "perda", literal ou figurada, material ou espiritual, ou, então, abandono; ou uma mudança de ambiente e moradia, com algum isolamento temporário de membros da família ou amigos. E a adoção de órfãos pode indicar que a felicidade está a caminho da pessoa.

Nas Escrituras Sagradas há um distinto ensinamento sobre os órfãos. Eles não contam com um pai terreno, que lhes supra as necessidades materiais, incluindo a necessidade do amor paterno. Portanto, Deus cumpre essas necessidades em relação às suas almas. O Antigo Testamento considera os órfãos como as pessoas mais dependentes que há. Embora, naquele documento sagrado, não tenhamos nenhuma menção às instituições que foram estabelecidas para cuidar dos órfãos (segundo a igreja cristã moderna já vem fazendo há algum tempo); a lei mosaica provia para os órfãos certas proteções e regalias. (Ver Dt 14.29; 24.19-21; 26.12; 27.19). Deus é o Pai dos órfãos, em um sentido todo especial (Sl 68.5). Deus é o defensor das viúvas e dos órfãos; e aqueles que os oprimem são ameaçados pelo julgamento divino (Dt 16.14, 24.17,19,21; 26.12, 13). O Talmude recomendava que se cuidasse devidamente dos órfãos, fazendo disso uma das virtudes mais dignas de elogio, capaz de atrair grandes bênçãos divinas. Ver o artigo especial sobre *Órfãos e Viúvas*. O trecho de Tiago 1.27 assevera que um dos sinais de uma religião pura e sincera é aquela que presta ajuda (visita) aos órfãos e às viúvas, em suas dificuldades.

ÓRGÃO. Ver *Música e Instrumentos Musicais*.

ÓRGÃOS VITAIS

1. O Cérebro. *a. Desígnio; epifenomenalismo; teorias a respeito; o cérebro como um veículo*. O fato de que não há referências bíblicas ao *cérebro*, o mais admirável dos nossos órgãos físicos, reflete a ignorância dos antigos quanto à verdadeira e admirável função desse órgão do corpo. Em contraste com isso, muitos filósofos, querendo ilustrar o princípio do *desígnio*, a fim de chegarem a Deus como o grande *Planejador*, têm usado o cérebro. Mas os filósofos materialistas pensam ser capazes de encontrar no cérebro todas as funções psíquicas humanas, e assim negam a porção imaterial do homem. Ver os artigos *Problema Corpo-Mente* e *Epifenomenalismo*. Em contraste, aqueles que creem no *dualismo* (vide) têm apresentado boas evidências que mostram que as funções psíquicas são primárias, e que o cérebro atua como veículo dessas funções, em vez de ser o produtor das mesmas. As chamadas *experiências perto da morte* (vide) têm mostrado que quando o cérebro não está funcionando, estando a pessoa separada do corpo, ainda assim essa pessoa é plenamente consciente. Os poderes da razão prosseguem, como, por exemplo, a memória, embora *sem* o concurso do cérebro. Verdadeiramente, o cérebro é o veículo da inteligência, quando os homens estão presos aos seus corpos físicos; mas esse corpo é perfeitamente dispensável, quando o espírito (o verdadeiro *intelecto*) é liberado do corpo físico. **b. Descrição; ideias platônicas; dualismo; o contracérebro**. O cérebro é a porção modificada e aumentada do sistema nervoso central, contido dentro do crânio e da coluna vertebral. Suas funções são divididas entre seus dois hemisférios, o direito e o esquerdo, como também entre o cerebelo e a medula oblongata, porções essas muito desenvolvidas nos mamíferos superiores e, sobretudo, no homem. O cérebro controla quase todas as funções do corpo e é a sede da razão. As teorias platônicas declaram que todos os elementos físicos têm por detrás deles o arquétipo ou ideia divina, dependente dessa ideia. A ideia persiste, sendo uma contraparte física, sendo mesmo possível que o corpo humano vital seja equipado com um equivalente não material ou semimaterial, equivalente ao cérebro. Seja como for, o cérebro físico é o grande instrumento da razão e do conhecimento, dotado de um sistema de arquivamento que continua sendo um mistério para a ciência. Porém, a experiência com a morte mostra que o cérebro não é o armazém primário do conhecimento, nem do raciocínio, e nem da consciência. O cérebro, quanto a isso, é apenas um armazém físico e transmissor do que ali é armazenado, e não a essência dessas coisas. Ver o artigo separado sobre *Dicotomia-Tricotomia*. **c. Hemisférios esquerdo e direito do cérebro**. Sólidas evidências têm mostrado que os dois hemisférios do cérebro ocupam-se de diferentes funções. O hemisfério esquerdo controla os modos de pensar racional, dedutivo e linear, que empregamos na matemática e nas ciências, como no método empírico. Mas o *hemisfério direito* controla as funções intuitivas, criativas e estéticas. Provavelmente, os fenômenos psíquicos e os sonhos estão mais associados ao hemisfério direito. E assim, como um veículo, o cérebro, em seu hemisfério direito, está mais associado aos tipos místicos e intuitivos de experiências. É possível que a disposição de uma pessoa quanto a essas coisas seja facilitada por um hemisfério direito do cérebro melhor desenvolvido, ao passo que os cientistas e matemáticos tenham melhor desenvolvimento no seu hemisfério esquerdo do cérebro. Também é possível que o código genético (os genes dão ao homem cerca de mil e oitocentas características específicas) da pessoa determine qual hemisfério do cérebro é mais importante. Se assim for o caso, então não admira que os cientistas tenham tanta dificuldade em entender os místicos, e vice-versa. Cada um deles tem uma missão específica a cumprir no mundo, cada qual com o seu equipamento cerebral correspondente. Seja como for, todas as coisas pertencem a Deus, e nele todas as coisas são reconciliadas, embora os homens continuem a disputar as suas diferenças. **d. Referências bíblicas à cabeça**. Quanto a um completo estudo a esse respeito, ver o artigo sobre a *Cabeça*. Os antigos reconheciam que a cabeça é a sede da inteligência, embora também pensassem que o coração está envolvido nisso. Na Bíblia, a palavra "cabeça" pode indicar a pessoa inteira (conforme se vê em Gn 49.26 e Pv 10.6). Há um certo número de usos metafóricos da "cabeça", onde estão em foco funções fipicamente cerebrais. Assim, o fato de que Cristo é o Cabeça da igreja indica que ele controla, nutre e inspira a igreja, da mesma maneira que o cérebro controla todos os membros do corpo. Temos um detalhado artigo sobre a questão, intitulado *Cabeça (Cristo) e Corpo (igreja)*. Com base nessa linha geral de pensamento, temos governantes ou líderes intitulados *cabeças* (ver 1Sm 15.17; Dn 2.38). Assim também, a cidade principal de um reino pode ser assim chamada (ver Is 7.8).

2. Coração. Neste dicionário há um detalhado artigo separado sobre esse assunto.

3. Rins. Ver o artigo sobre os *Rins*.

4. Fígado. No hebraico, *kabed*, que significa "pesado", mostrando que o fígado seria a víscera mais volumosa e pesada do organismo. Há um bom número de referências ao fígado no seu sentido natural, não metafórico, em Êxodo 29.13,22; Levítico 3.5,10,15; 4.9 e muitas outras. Nessas passagens estão em foco fígados de animais abatidos como sacrifício. Entre os pagãos o fígado dos animais era usado nas adivinhações, mais ou menos da mesma maneira que as quiromantes pretendem ler as mãos das pessoas. Essa forma de adivinhação chama~se *hepatoscopia*, havendo alusão a essa prática em Ezequiel 21.21. Pensava-se que eram significativas as marcas e reentrâncias das vísceras dos animais, incluindo o fígado. Ver o artigo separado sobre a *Adivinhação*, segundo ponto. Algumas vezes, falava-se sobre o fígado mais ou menos como nós falamos sobre o *coração*, ou seja, como o centro da vida e da emoção (Pv 7.23; Lm 2.11). A arqueologia tem mostrado a importância do fígado para os antigos, no sentido religioso. Muitos fígados artificiais têm sido desenterrados. Sem dúvida, esses objetos eram usados em algumas formas de adivinhação. Sabemos que existia tal prática na cultura romana. A palavra latina para os adivinhos por meio do fígado dos animais era *arúspices*. Há treze referências ao fígado no Anfigo Testamento, mas nenhuma no Novo Testamento.

5. Estômago. Ver o artigo separado sobre esse assunto.

6. Ventre. *Útero*. O termo hebraico mais comum para esse órgão feminino é *beten*, embora apareça um outro termo hebraico para o mesmo, *me'im*, somente em Rute 1.11. Esse órgão também é denominado *rehem* (ou *raham*) no hebraico. No grego temos os vocábulos sinônimos *gastér*, *koilía* e *mêtra*. Tanto no hebraico quanto no grego, os dois primeiros termos também podem indicar a *barriga*, o que mostra quão inexato era o conhecimento anatômico entre os antigos. Em Jó 1.21 e Isaías 49.1, a alusão é ao *começo da vida biológica*. figuradamente, o começo de qualquer coisa pode ser dado a entender com essa palavra. Ver Jó 38.29. Como o bebê é formado no ventre materno era motivo de admiração para os antigos, devido ao seu mistério, o que continua constituindo um mistério, apesar de todo o nosso avanço científico. A Bíblia atribui coisas assim a atos diretos de Deus (Jó 31.15; Ec 11;5). Há evidências, em nossos dias, de que a aura ou campo da vida que circunda o feto é o fator controlador em seu desenvolvimento, mas, em última análise, todas essas maravilhosas funções devem ser atribuídas a leis naturais que foram estabelecidas por Deus, ou à direta inteligência atuante de Deus. Ver o artigo separado sobre a *Aura Humana (Campo de Vida)*. A esterilidade feminina era um problema sério, para os antigos hebreus, e algumas vezes era atribuída ao desprazer divino (ver 1Sm 1.5). Os filhos *primogênitos* supostamente eram uma *oferenda viva* especial a Deus, por serem as primícias de suprema importância (ver Êx 13.2; Lc 2.23).

Nos Sonhos e nas Visões. Um sonho sobre o retorno ao ventre materno (usualmente sob forma simbólica) indica o desejo pelo conforto e segurança que a figura materna oferece, sem as complicações envolvidas na vida neste mundo. O ventre materno também pode simbolizar a Grande mãe, a fonte de toda vida e a inspiração de todos os ideais. Ou pode estar em foco a própria terra. Além disso, a terra, lugar onde se faz o plantio e o cultivo, pode simbolizar o ventre materno. Algumas vezes, o ventre materno é simbolizado por um misterioso e expandido lodaçal. O retorno mental ao ventre materno pode indicar um período de renovação, com base na fonte de energia, em que o indivíduo convoca todos os seus recursos, da fonte originária de toda vida. Nesse sentido, o ventre materno pode simbolizar a alma ou a mente inconsciente, onde se encontra a verdadeira vida. Em última análise, a Mente Divina, a Divina Entidade é o útero formador de toda existência, bem como o sustentador de toda a vida.

ORGULHO

1. Definição nos Léxicos. "Um exagerado senso de superioridade pessoal, uma autoestima desordenada; arrogância e altivez de espírito, presunção". Temos aí uma definição negativa. Mas a palavra "orgulho" também tem conotações positivas, como "um devido senso de dignidade e valor, autorrespeito honroso, uma justa causa de exultação". Isso posto, os sinônimos podem ser negativos: ostentação, presunção, vaidade. Ou podem ser positivos: autoestima, admiração, espírito de exultação, ufania.

2. Referências e Ideias Bíblicas. O orgulho é um pecado (Pv 21.4); é abominável diante de Deus (Pv 6.16); é uma expressão de justiça própria (Lc 18.11,12); procede de privilégios religiosos (Sf 3.11); vem de um conhecimento não santificado (l Co 8.1), procede da inexperiência (1Tm 3.6); origina-se na possessão de poder e autoridade (Lv 26.19); é contaminador (Mc 7.20,22); endurece a mente (Dn 5.20); deve ser rejeitado pelos santos (Sl 131.1); serve de obstáculo às operações de Deus (Sl 10.4; Os 7.10); é um empecilho ao aprimoramento pessoal (Pv 26.12); caracteriza supremamente ao diabo (1Tm 3.6); foi o principal fator na queda de Lúcifer ou Satanás (Is 14.12 ss); é uma atitude comum da humanidade em sua hostilidade contra Deus (1Jo 2.16); é característica dos falsos mestres (1Tm 6.3,4); origina-se na própria alma humana (Mc 7.21 ss); leva à atitude contenciosa (Pv 13.10; 16.18); será uma das características dos ímpios nos últimos dias (2Tm 3.2). Além disso, os orgulhosos serão humilhados (Sl 18.27; Is 2.12), e o castigo divino aguarda os orgulhosos (Sf 2.10,11, Ml 4.1).

3. Notáveis Exemplos Bíblicos de Espírito Orgulhoso. Aitofel (2Sm 17.23); Ezequias (2Cr 32.25); o próprio Satanás (Is 14.12 ss); Hamã (Et 3.5); Moabe (Is 16.6);Tiro (Is 23.9);

Israel (Is 28.1): Judá (Jr 13.9); Babilônia (Jr 50.28,32); Assíria (Ez 31.3,10); Nabucodonosor (Dn 4.30); Belsazar (Dn 5.22,23); Edom (Ob 3); os escribas dos dias de Jesus (Mc 12.38,39), os crentes de Laodiceia (Ap 3.17).

4. Na Literatura de Sabedoria do Antigo Testamento. Esse material concentra-se em torno do pecado que é o orgulho, em consonância com os provérbios canônicos (ver Pv 16.18). O espírito religioso reconhece a inutilidade da pretensão e da vaidade humanas.

5. O Homem Esquece-se de seu Legítimo Lugar. Os pagãos olvidam-se de Deus, embora exaltando porções da criação divina; e assim terminam em uma insensata idolatria (ver Rm 1.21,25). Talvez a pior modalidade de idolatria seja a autoexaltação. Há ocasiões em que a jactância é apenas um mecanismo psicológico, que busca reconhecimento e apoio da parte de outras pessoas. Mas, com frequência, a jactância é apenas uma avaliação exagerada do indivíduo acerca de si mesmo.

6. Opinião de Aristóteles a Respeito. Esse antigo filósofo grego fazia do orgulho uma virtude. Porém, ele tinha em mente o meio-termo entre a humildade excessiva e a vaidade, ou seja, os extremos negativo e positivo do orgulho. Para ele, um homem não deve humilhar-se e autodegradar-se, o que é uma insensatez. Mas também não deve ser jactancioso e inchado. Antes, deve ufanar-se no bom senso de ter uma adequada autoestima, de fazer uma correta avaliação de suas potencialidades e de seu valor. Falando dentro do contexto cristão, podemos dizer que a vida caracterizada por um orgulho negativo é incompatível com a vida em Cristo, onde "viver é Cristo". Todavia, esse fato de vivermos "em Cristo" empresta-nos um grande valor; e podemos ter uma dignidade própria da autêntica humanidade, o que é impossível à parte de Cristo, o qual empresta aos homens o valor que eles têm.

7. O Orgulho e sua Detecção. Sempre será mais fácil vermos o orgulho manifesto em nossos semelhantes, e não em nós mesmos. Algumas pessoas arrogantes chamam de orgulhosas a outras pessoas. É que o orgulho é uma atitude muito sutil. Podemos ter o orgulho de sermos mais espirituais que outras pessoas, conforme os fariseus se imaginavam. Podemos até ter orgulho de nossa humildade, de nossa suposta bondade. Todavia, há formas de orgulho justificáveis e até desejáveis (ver 1Co 1.29-31; Gl 6.14; Fp 3.3); e a essas formas damos o nome de "ufania". Alguns falam em um "orgulho justo" acerca de alguma coisa, o que é perfeitamente possível. Por outra parte, o orgulho pecaminoso constitui um grande mal. Agostinho e Tomás de Aquino viam no orgulho a essência própria do pecado, um vício cardeal.

ORIENTE

Essa é a direção referida no Antigo Testamento como lugar do nascimento do sol (no hebraico *mizrah-semes*; Nm 21.11; Jz 11.18, ou então meramente como *mizrah*, "*surgimento*") onde a ideia do surgimento do sol fica entendida (Js 4.19). Em Salmo 26.6 temos o hebraico *mosa*, "saída", dando a entender a saída ou aparecimento do sol. No Novo Testamento, encontramos o termo grego ανατολες, que também significa "surgimento". Essa palavra grega ocorre por dez vezes (Mt 2.1; 2,9; 8.11; 24.27; Lc 1.78; 13.29; Ap 7.2; 16.12; 21.13).

Os grandes luminares celestiais davam aos antigos pontos referenciais pelos quais podiam orientar-se. Assim a palavra "frente" (o lugar para onde uma pessoa olhava, para determinar qualquer direção) era usada para indicar o oriente. Essa palavra antiga, *qdm*, tem sido confirmada desde cerca de 2000 a.C. É palavra tomada por empréstimo da *História de Sinuhe*, do Egito. Também pode ser achada nos textos ugaríticos do século XIV a.C. Uma pessoa que quisesse determinar os quatro pontos cardeais voltava-se de frente para o nascer do sol. Isso dava-lhe o *leste*. O sul ficava à sua direita; o norte, à sua esquerda; e o oeste, às suas costas. Portanto, "direita" era um dos nomes dados ao sul; e "esquerda" era outro nome para o norte. As "costas" era a mesma coisa que o oeste. Os indianos chamam o leste de "defronte"; o oeste, de "detrás"; o sul, de "direita"; e o norte de "esquerda". *Quedem* (*qdm*) também era palavra usada para designar as terras, que ficavam ao oriente. Ver sobre *Oriente, Filhos do*.

Simbolismos. O sol surge no horizonte e transmite vida. Portanto, a própria vida é simbolizada pelo oriente. O oriente também simboliza a sabedoria. Ali tiveram início todas as principais religiões do mundo. O *sul*, por sua vez, simboliza o calor e as paixões terrenas. O *ocidente, ou* ocaso, simboliza o fim de alguma coisa, bem como o fim de todas as coisas, a morte. Também pode indicar declínio e desintegração. Porém, também pode significar renascimento, visto que, após o pôr do sol (o fim de alguma coisa), segue-se necessariamente um nascer de sol (um novo começo). O norte simboliza as trevas e o desconhecido. Os quatro pontos cardeais, *juntos*, simbolizam as faculdades da mente: o intelecto, as emoções, intuição e as sensações.

ORIENTE, FILHOS DO

No hebraico, *benequedem*, uma expressão vaga que, evidentemente, refere-se a nações localizadas a leste da Palestina, incluindo povos como os midianitas, os amalequitas, os moabitas, os amonitas e os quedaritas. (Ver Jz 6.3; Ez 25.10; Jr 49.9 e Gn 29.1). Aparentemente, a referência também incluía vários povos nômades (Ez 25.4), e até mesmo os habitantes da Mesopotâmia (1Rs 4.30). Jó é referido como um dos *benequedem* (Jó 1.3). A palavra hebraica para "oriente" é *quedem*, o que explica o nome. No *Romance de Sinhee*, do Egito, a expressão refere-se à terra perto de Canaã, onde viviam os beduínos. Alguns estudiosos supõem que a Arábia, de modo geral, seria como a terra dos filhos do Oriente. Esses povos orientais eram famosos por sua sabedoria. A sabedoria viria do Oriente; a tecnologia viria do Ocidente. Os magos que vieram visitar o menino Jesus eram do Oriente (Mt 2.1-12).

ORIGEM DO MAL

Neste artigo está incluído o meu comentário sobre a *Queda do Homem*. O artigo separado sobre o *Problema do Mal* oferece detalhes adicionais acerca do assunto deste artigo.

I. Tipos de Mal. A tentativa para explicar a origem do mal obriga-nos a levar em conta o fato de que existem dois tipos de mal. Em primeiro lugar, há o *mal moral*. Em outras palavras, há coisas que existem e são praticadas por causa da vontade pervertida do homem, ou por causa da malignidade de outros seres inteligentes, maiores ou menores que o espírito humano. Em segundo lugar, há o *mal natural, ou* seja, o descontrole da natureza, que provoca catástrofes as mais diversas, como inundações, incêndios, terremotos, tempestades, enfermidades e, finalmente, a morte física. Para muitos pensadores, a morte é o pior de todos os males terrenos. Então indagamos: "Por que essas coisas têm de acontecer? Como foi que elas começaram?" Nosso artigo sobre o *Problema do Mal* fornece várias respostas, que não são desenvolvidas neste artigo.

II. Teorias sobre a Orlgem do Mal. Neste ponto, envolvemo-nos nos estudos da *teodiceia* (vide), que consiste na tentativa para justificar a conduta, o planejamento e o raciocínio de Deus, à luz do fato de que sua criação, realmente apresenta defeitos e está prenhe de sofrimentos e males. Se Deus é bom, se ele é todo-poderoso, se ele sabe de todas as coisas, antes mesmo de acontecerem, por qual razão Deus não impediu que o mal tivesse início? E, uma vez que o mal teve início, por que não providenciou para eliminá-lo? Quanto às origens do mal, oferecemos as seguintes sugestões:

1. Dualismo Absoluto. Essa ideia se vê no zoroastrismo. Essa é a ideia que diz que o mal não teve princípio, mas sempre existiu, juntamente com o bem. Além disso, o mal pertenceria a um reino distinto do reino do bem. Algo não teria ocorrido de errado com o bem, para que o mal viesse à existência. Pelo contrário, o mal sempre teria existido, lado a lado com o bem. Haveria um reino maligno, com seres espirituais, que sempre existiu e sempre existirá. O problema teria aparecido somente quando os reinos do bem e do mal começaram a *misturar-se*. A solução é vê-los separarem-se novamente, e não pôr fim ao reino do mal, o que seria uma façanha impossível. O zoroastrismo promete o triunfo do bem, no sentido de que o princípio do mal será derrotado e separado do princípio do bem; mas o mal continuará existindo em sua própria esfera. E também pensa que em algum futuro distante, após essa separação, o reino do mal tornará a atacar e as atuais agonias terão repetição em um processo que pode reiterar-se por muitas e muitas vezes.

2. O Maniqueísmo (vide) também adotava uma posição dualista. Este sistema era uma variedade de gnosticismo (vide). O judaísmo e o cristianismo ensinam o que poderíamos chamar de uma forma suavizada de dualismo, porquanto supõem que o mal não somente será separado do bem, mas também será completamente eliminado.

3. Monismo Absoluto. O bramanismo (vide) pensa que o mundo é a emanação de Brâmane. O mundo dos fenômenos, onde o mal existe, seria, realmente, uma ilusão. Portanto, o próprio mal seria ilusório. É como se fosse um pesadelo, do qual, algum dia, o espírito verdadeiro acordará. Só haveria uma verdadeira vida, a vida de Deus, não havendo nela mal ou defeito. Platão, no contraste que estabelecia entre os universais (vide) e os particulares (vide), aproximava-se da posição monista, ao supor que este mundo físico é apenas uma realidade secundária, imitativa, que terminará por deixar de existir. Leibniz (vide) pensava que o nosso mundo é o melhor mundo possível, e que o mal é apenas uma interpretação equivocada, por parte de mentes finitas, que não podem perceber que o mal é necessário, como parte integrante do bem.

4. Monismo Cristão. Filósofos teólogos como Agostinho e Tomás de Aquino, em sua *teodiceia* (vide), explicavam que o mal não é, realmente, uma entidade. Seria apenas a ausência do bem, da mesma maneira que as trevas são a ausência da luz.

5. Naturalismo. Não haveria nenhum Deus Criador. O que existe, somente, é a *matéria* e o *movimento*. A matéria em movimento entrava em dificuldades e começava a operar erroneamente. O mal seria uma parte natural das vicissitudes da matéria em movimento, e não teve começo. A teologia não tem como manifestar-se a esse respeito. Tudo não passaria de um mero caos mecânico. O *tiquismo* (vide), nome derivado do grego *tuche*, "chance", "acaso", seria o verdadeiro deus da criação. Naturalmente, as coisas correm erradas, mas isso faria parte da própria natureza da existência (*pessimismo*; vide). Mas haveria um *tiquismo vencido*, quando usamos a nossa vontade para estabelecer um sentido em meio ao caos, injetando no mesmo algum valor ou utilidade, posto que, em si mesmo, não haja utilidade alguma no mal.

6. O Deísmo (vide). Essa posição filosófica cética diz que talvez um Deus ou força cósmica criou ou organizou a criação, mas, tendo feito isso, abandonou seu universo, deixando-o para ser governado pelas leis naturais. Essas leis seriam deveras impressionantes, a julgar por todas as muitas formas de vida que foram trazidas à existência. No entanto, também seriam defeituosas, o que explicaria o mal que vemos ao nosso redor. Nesse caso precisamos imaginar que Deus, ou alguma força cósmica, ou era finito em si mesmo — de tal maneira que vieram a surgir problemas que ele não conseguia controlar — ou então, que ele nem estava muito interessado em sua criação pelo que não tomou qualquer medida que garantisse a sua integridade.

7. O Pessimismo (vide). Deus ou alguma força cósmica seria um poder maligno (de acordo com as definições humanas normais). Logo, este mundo seria o pior de todos os mundos possíveis. O mal seria a essência mesma da existência e somente o aniquilamento total da existência poderia ser classificado como algo bom.

8. O Cristianismo com Algumas Leves Distorções. Alguns teólogos cristãos têm postulado algumas respostas duvidosas acerca da origem do mal: *a*. O próprio Deus *seria finito*, pelo que tem os seus próprios problemas, não tendo sido capaz de impedir a entrada do mal em seu sistema. *b*. Deus seria *limitado* em sua presciência, pelo que a penetração do mal no mundo o teria tomado inteiramente de surpresa. Mas, uma vez que o mal se manifestou, Deus teria começado a tomar medidas para corrigir o curso da malignidade e curar os seus maus efeitos. *c*. O *monismo cristão* (ver o terceiro ponto) é a posição daqueles que dizem que o mal é apenas a ausência do bem, e não alguma entidade que exista por seus próprios direitos. Em nossa opinião, essa é uma daquelas leves distorções teológicas da cristandade. *d*. O *determinismo violento*, conforme é visto no calvinismo radical (vide), promovido por Paulo, no nono capítulo da epístola aos Romanos, faz Deus ser a causa até mesmo do mal, por ser ele a única causa de tudo. Essa teologia deixa de lado a possibilidade da existência de causas secundárias, que explicariam a presença do mal. Essa posição era comum no judaísmo e foi transferida para o cristianismo. Ver o artigo separado sobre o *Determinismo*. De acordo com o determinismo absoluto (predestinação; vide), Deus é a grande causa do mal, porquanto ele é a única causa que existe. Assim pensando, estamos olvidando o amor de Deus. Deus amaria somente os seus eleitos e odiaria ou desprezaria os demais, com toda a indiferença. Isso é o que nos ensina o nono capítulo da epístola aos Romanos, queiramos ou não queiramos. Isso é má teologia, admitamos ou não. Felizmente, há outras porções que apresentam o outro lado da questão. Não podemos limitar Paulo ao nono capítulo de Romanos. Há trechos bíblicos que equilibram outros.

9. O Cristianismo Racional. Deus seria a causa do mal, mas apenas em um sentido secundário e não maligno. Em primeiro lugar, ele poderia ter evitado a entrada do mal no mundo, mas não o fez porque há coisas mais importantes a serem promovidas do que resguardar a criação de todo o mal. Portanto, ele *permitiu* a entrada do caos natural, e resultados perversos do livre-arbítrio de seres inteligentes (como os anjos e os homens). Ele sabia que se essas criaturas inteligentes pudessem ter livre escolha, em algum ponto, em algum tempo, haveriam de preferir o mal. Porém, se ele não tivesse conferido genuíno livre-arbítrio a elas, então esses seres nem seriam verdadeiramente *inteligentes* (pois desconheceriam a diferença entre o bem e o mal), e nem seriam seres *autênticos*. Tais criaturas seriam meros autômatos, com reações apenas mecânicas.

O Grande Propósito. O propósito da criação era levar seres inteligentes a participarem da natureza divina. Essa participação só é possível a seres que sejam genuinamente inteligentes e autênticos. A missão do Filho teve a finalidade de fazer tais seres tornarem-se filhos de Deus. Deus não deixou de impedir o mal, porque este é um subproduto necessário, embora não permanente, dentro do seu processo remidor.

III. A QUEDA DO HOMEM

1. Contexto Literário. Em primeiro lugar, deveríamos compreender que o relato bíblico sobre a queda do homem (Gn 3) é uma versão da atividade literária da Mesopotâmia. Ver os artigos sobre *Jardim do Éden, Eva e Criação*, quanto a uma demonstração desse fato. Se não levarmos em conta esse fato, estaremos limitando nosso entendimento, só para obter conforto mental. Não deveríamos tomar a narrativa bíblica como uma declaração absoluta sobre a questão, mas interpretá-la com o intuito de obter o maior discernimento possível, sem fechar as portas da investigação e do raciocínio, que nos podem dar outras informações, melhorando aquilo que oferecemos aqui. Outrossim, seria um equívoco supor que já solucionamos o problema. Muitos mistérios circundam o mesmo, há muitas opções, que deveriam ser consideradas, sem importar o seu grau de valor. Ver a segunda seção deste artigo, quanto a certa variedade de ideias a respeito.

2. Elementos da Narrativa Bíblica. O terceiro capítulo de Gênesis busca explicar três aspectos principais da condição humana: a morte universal por qual motivo o homem tem que trabalhar arduamente, e por que a mulher deve estar sujeita ao homem, tendo uma gravidez difícil e um parto doloroso. Apesar de a narrativa não ensinar diretamente a doutrina do pecado original (quanto a isso ver 4Esdras 3.7,8 e Rm 5.12), deixa implícito que os seres humanos, por ocasião da queda, adquiriram a faculdade da prática do mal, como um subproduto do discernimento entre o bem e o mal.

Elementos do Relato de Gênesis: a. Houve tempo em que o homem era inocente e, presumivelmente, imortal, embora dotado de um corpo físico. Muitos intérpretes pensam que esse tipo de imortalidade contradiz o próprio princípio da matéria, e, por causa disso, acham nisso um elemento parcial ou defeituoso no relato. Lembremos, porém, que ninguém sabe como eram as coisas, antes da queda. Os pais alexandrinos supunham que a queda original envolveu os anjos, e que o homem participou da mesma, visto que, segundo a doutrina deles, o homem seria uma forma espiritual preexistente e caiu quando ainda era um ser apenas espiritual. Assim, quando o homem entrou em contato com a matéria, já era um espírito caído e, nesse próprio ato, tomou sobre si a *mortalidade* física. Assim, o relato de Gênesis nos diria como a maldade foi transferida para o estado incorporado do homem, e não como o pecado começou, no tocante ao homem. A encarnação teria sido um meio para o homem aprender como tratar com o mal e eliminá-lo, embora não tivesse sido o seu início absoluto, no que concerne ao espírito humano. *b*. Houve um *tentador não humano* (um poder satânico), que provocou a queda; e isso contra as expressas ordens de Deus, que havia feito certas proibições. Esse elemento do relato introduz (parabolicamente, segundo penso, através da figura da *serpente*) o princípio do mal, em contraste com o princípio do bem. Há escolhas genuínas que precisam ser feitas. *c*. *O livre-arbítrio é um fato*. O homem era genuinamente livre para optar e ele foi reprovado no teste. Apresentamos razões na segunda seção, oitavo ponto, sobre por que o homem tinha de ser livre. Os teólogos discutem sobre quanta liberdade o homem teria retido, desde a queda. E, quanto a isso, entramos na disputa entre o calvinismo e o arminianismo, sobre os quais há artigos separados. *d*. *O pecado alia-se ao reino do mal*. Paulo deixou isso claro, em seus ensinamentos sobre a queda, no quinto capítulo de Romanos. Isso já fica claro desde a narrativa de Gênesis. O homem não pecou isolado. O homem aliou-se ao poder de Satanás. E a redenção não consiste meramente na transformação do espírito humano, revertendo-o à sua anterior situação. Também envolve o livramento do poder escravizador do reino do mal. O trecho de Colossenses 1.13 diz como segue: ... *ele nos libertou do império das trevas e nos transportou para o reino do Filho do seu amor*. *e*. **O pecado original**. Ver o artigo separado sobre esse assunto. A narrativa do livro de Gênesis não ensina essa doutrina, embora a deixe entendida, como o fazem muitos relatos que se seguem, porquanto os filhos de Adão são vistos envolvidos em muitos tipos de males, presumivelmente por serem herdeiros da maldade de seus progenitores. Os trechos de Salmo 51.5 e Romanos 5.12 *ss* são textos comuns de provas usados para defender essa doutrina. É quase certo que Paulo advogava essa posição. Os homens já nascem pecadores e isso começou por ocasião da queda de Adão e Eva no pecado, cujos efeitos foram transferidos para todos os seres humanos, como uma espécie de herança genética. Muitos teólogos modernos, porém, sentem-se insatisfeitos diante dessa explicação, por uma razão ou outra. Os estudiosos liberais supõem que isso em nada contribui para explicar as verdadeiras razões da maldade humana, pensando que seria apenas uma explicação conveniente e popular. Porém, nesse relato bíblico há uma grande realidade, por mais difícil que seja explicar como e por que as coisas sucederam assim. Mui definidamente, o homem já nasce com um defeito moral. Ele, meramente, não vem a tornar-se defeituoso. Toda a experiência humana serve para demonstrar o fato. E, se apelarmos para a reencarnação (vide), como tentativa de explicar o pecado, a única coisa que estaremos fazendo é transferir a maldade de volta a uma interminável sucessão de vidas. Eu seria pecador agora porque fui pecador em alguma outra vida anterior; e, na vida anterior, fui pecador por causa de alguma vida ainda anterior. Porém, isso só adia indefinidamente o ponto em que me tornei pecador. Pessoalmente, penso que a teologia dos pais alexandrinos da igreja nos põe de novo na trilha certa, embora a explanação deles também deixe sem explicação muitos mistérios. *f*. **A morte e a alienação**. O homem tornou-se um ser mortal, e então foi expulso do jardim do Éden. A Bíblia, como um livro, refere-se à profunda alienação do homem. De fato, a maioria das religiões defende a tese de que o homem é um ser alienado. Mas, a missão de Cristo pode reverter essa alienação, conforme se aprende em Colossenses 1.20 *ss*. O homem encontra-se, atualmente, em uma peregrinação; e a maioria dos seres humanos continua sujeita ao alienado reino das trevas. Mas, quando o homem é espiritualizado mediante a missão de Cristo, então também é reconciliado com Deus; e assim termina a sua alienação de Deus. *g*. **A doutrina dos dois homens**. Ver o artigo separado sobre *Dois Homens, Metáfora dos*. Ver também Romanos 5.12 *ss*. Adão foi a cabeça federal do homem caído; e Cristo é o cabeça federal do homem redimido. Dois reinos, portanto, são assim formados. Há duas condições humanas gerais. O estado da perdição envolve toda uma coletividade. O estado da salvação também é condição de uma raça nova, e não apenas de indivíduos isolados.

IV. Quando o Homem Caiu? Damos indicações a esse respeito, na segunda seção deste artigo. Alguns estudiosos supõem que o mal é eterno, e que não teve começo. Os trechos de Isaías 14.12 *ss*. e Apocalipse 12.4 dão a entender que houve uma rebelião e então a queda no pecado, em algum passado remoto, na eternidade, por parte de seres angelicais, inteligentes. Os pais alexandrinos da igreja pensavam que ali é que teria tido lugar a queda do homem, pois supunham que o homem é um espírito preexistente, não muito diferente dos anjos, excetuando a extensão da degradação por causa da queda no pecado.

Porém, não há razão em supormos que houve apenas uma queda, mesmo que limitemos isso ao nosso presente ciclo. Pode ter havido muitos ciclos da existência, com suas respectivas quedas e redenções. Se falarmos em termos de apenas um ciclo da existência, pode ter havido muitas quedas, em várias ocasiões, envolvendo diferentes tipos de seres, ou então, várias quedas, no que concerne a uma única espécie de ser. Tudo quanto estamos afirmando aqui, porém, não passa de especulação; mas parece improvável que uma única queda, envolvendo os anjos e os homens, possa explicar a complexidade da operação do mal, na criação. Também tomo a posição que todas as nossas informações, bíblicas e extrabíblicas, são parciais no que concerne a esse problema. Assim, postular apenas uma queda, em uma única dada ocasião, é precário; mas, seja como for, as lições que nos são ministradas, mediante as condições criadas pela queda no pecado, são perfeitamente claras.

V. Restauração e Redenção. Também nada existe de mais claro, em todo este vasto mundo, do que a necessidade da *redenção* humana (vide). Ver o artigo geral sobre a *Restauração*, que é o remédio divino para a queda em escala universal. O mistério da vontade de Deus consiste em restaurar todas as coisas, unificando-as em redor do *Logos* (Ef 1.9,10), o qual se chamou Jesus Cristo em sua encarnação. Fazemos a diferença entre a restauração de todos e a redenção somente de alguns. A redenção leva o homem a participar na natureza divina (2Pe 1.4, Cl 2.10). A redenção outorga aos remidos a plena imagem de Deus, a real participação na natureza divina e a crescente participação (como um processo eterno) em seus atributos.

A restauração, por sua vez, é uma questão de importância secundária, em que a imagem de Deus é imitada em um nível (ou níveis) inferior de existência, sem dar aos restaurados a natureza e os atributos divinos essenciais. O homem foi criado segundo a imagem de Deus. Não era um ser divino, embora fosse um ser muito elevado. Porém, a queda fê-lo decair dessa posição. Na redenção, todavia, a verdadeira imagem de Deus é outorgada aos homens. Portanto, a redenção não é a mera restauração do que se perdeu. Antes, é um grande avanço, na direção de uma forma de vida metafísica. (B C E H NTI)

ORÍGENES (C. 185-C. 254)

Como exegeta erudito, filósofo criativo, mestre de vida espiritual e eclesiástico ativo, Orígenes foi uma das maiores figuras da igreja primitiva. Nasceu em Alexandria, de pais cristãos. Após o martírio de seu pai, na perseguição feita por Severo (202), Orígenes sustentou a família lecionando. Solicitado a instruir catecúmenos e prepará-los para o batismo, deixou de vez o ensino secular, adotando uma vida ascética.

Dedicando-se ao estudo das Escrituras, passou a ser chamado a participar de discussões teológicas em diversos lugares. Em uma viagem à Palestina (*c.* 215), foi convidado a pregar, pelos bispos de Cesareia e Jerusalém. Seu bispo, Demétrio, porém, o impediu, levado talvez por ciúme de sua influência. Todavia, em visita posterior ali (*c.* 230), foi ordenado presbítero, não havendo assim mais motivo algum de objeção à sua pregação. Demétrio ficou furioso, e Orígenes preferiu então se mudar e transferir sua atividade de ensino para Cesareia. Na obra *Panegírico de Orígenes*, seu discípulo Gregório Taumaturgo (*c.* 213-*c.* 270) descreve seus métodos educacionais: ele proporcionava uma educação enciclopédica, encorajada pela leitura de todos os filósofos não ateístas; empregava o método socrático, ensinando mais pelo exemplo do que pela instrução.

Aprisionado e torturado durante a perseguição feita por Décio, Orígenes morreria não muito tempo depois em Tiro.

A grande obra erudita de Orígenes foi *Hexapla*, série de estudos do AT, apresentando em colunas paralelas o texto original hebraico, uma transliteração grega e as traduções, correspondentes, de Áquila, de Símaco, da Septuaginta e de Teodócio. Sua obra exegética encontrou expressão em breves notas sobre passagens difíceis, numerosas homilias pregadas regularmente em Cesareia, dirigidas aos crentes comuns, e comentários eruditos e completos sobre os principais livros do NT (ainda restam porções significativas de João e Mateus). Alcançaria, no entanto, o clímax da literatura apologética cristã em grego com sua obra *Contra Celso*, em resposta à obra *Palavra da verdade*, desse crítico pagão. Nela, Orígenes, além dos temas usuais da apologética cristã, faz ampla defesa da excelência moral de Jesus e da influência benéfica do ensino cristão. Por outro lado, seus tratados *Sobre a oração* e *Exortação ao martírio* revelam a santa espiritualidade e a fé fervorosa de um homem comumente lembrado apenas como erudito e teólogo. A principal obra de teologia de Orígenes foi *Sobre os primeiros princípios*, que trata, em quatro volumes, respectivamente, de Deus e dos seres celestiais; do mundo material e dos seres humanos; do livre-arbítrio e suas consequências; e da interpretação das Escrituras.

A oposição oficial ao seu ensino sobre a preexistência da alma (ver Origem da Alma) e a salvação universal culminaram na condenação de suas ideias no Quinto Concílio Ecumênico, em Constantinopla (553), afetando negativamente a difusão de suas obras, muitas das quais sobreviveram somente em traduções latinas, de exatidão por vezes duvidosa.

Educado em ambiente do emergente neoplatonismo (ver Platonismo), a construção teológica de Orígenes opera mediante seus conceitos filosóficos. Suas pressuposições básicas são a unidade e a benevolência de Deus e a liberdade de suas criaturas. Trouxe significativa contribuição à doutrina da Trindade com seu ensino de geração eterna do Filho pelo Pai, garantindo que o Filho fosse eternamente da mesma natureza do Pai, embora derivado dele. O Espírito Santo, cuja relação exata com o Pai e o Filho não é, em Orígenes, bem clara, encontra-se, para ele, em terceira posição, como principal dos seres espirituais. O universo, por sua vez, inclui uma variedade de funções, unidas como que em um corpo, de modo que há várias posições de anjos e demônios, sendo a natureza destes determinada por sua livre escolha. Alguns seres espirituais, por haverem escolhido o mal, tornaram-se demônios; outros, cuja transgressão não era tão grave, teriam caído para uma existência corpórea, tornando-se as almas dos seres humanos. Orígenes parece fazer uma divisão mais significativa entre os seres que são espíritos puros (sem corpo) e aqueles que têm corpo do que entre os seres criados e não criados. Jesus Cristo, para ele, é a união do Logos, alma que não tinha caído em pecado, e um corpo humano.

Em sua doutrina da redenção, Orígenes usa de temas tradicionais cristãos, como a vitória de Cristo sobre os poderes espirituais ímpios, mas também define a redenção como um processo educacional. Para ele, o progresso continua em mundos sucessivos, em que a punição é disciplinar e corretiva (ver Metempsicose). O amor de Deus acaba por triunfar, na salvação de todos os seres, que, por fim, escolhem livremente amar a Deus. A igreja é, assim, importante como escola de Cristo. Tal como a natureza humana de Cristo, Orígenes não esquece o aspecto material dos sacramentos, mas sua ênfase é mais sobre o aspecto espiritual e de benefício à alma de quem os recebe. Os verdadeiros líderes da igreja são aqueles que estão preocupados com o cuidado das almas.

A influência mais duradoura de Orígenes sobre a prática da igreja foi a de sua interpretação bíblica (ver Hermenêutica). As Escrituras, para ele, são inspiradas pelo Espírito Santo, o que significa que cada texto tem um significado espiritual, não importa o significado literal. O mesmo Espírito, porém, tem de estar presente no intérprete, para que possa discernir o significado do texto e ser acrescido poder divino às palavras, tornando-as efetivas. Nem todas as partes das Escrituras parecem ter, à primeira vista, um sentido espiritual elevado, por haver Deus as acomodado à linguagem humana e porque nem toda pessoa se encontra no mesmo estágio de crescimento espiritual para o devido discernimento. Problemas no texto devem sempre fazer o leitor olhar além do sentido literal, ou seja, para um sentido não literal. Como o ser humano é corpo, espírito e alma (ver Antropologia), assim também as Escrituras têm, correspondentemente, três sentidos: a narrativa real, o significado para a igreja e a doutrina cristã e a lição moral.

Era esta a ordem normal de Orígenes em suas homilias nas igrejas, indo diretamente do sentido histórico do texto abordado para sua aplicação às almas de seus ouvintes. Os significados não literais, ele os justificava com base em que, uma vez que as Escrituras têm um caráter sobremodo espiritual, devem ter um significado digno de Deus e serem aceitas como inerrantes, a despeito de suas aparentes dificuldades. O controle sobre a interpretação não literal havia sido propiciado pela história da salvação e por artigos de fé; mas o entendimento da natureza do homem e de Deus permitia que ideias filosóficas influenciassem a interpretação. A interpretação alegórica (espiritual) foi elevada à proeminência pelos seguidores de Orígenes, que, por causa disso, no entanto, perderam o controle exercido pelo propósito moral.

(**E. Ferguson**, B.A., M.A., S.T.B., Ph.D., professor da Abilene Christian University, Texas, EUA.)

BIBLIOGRAFIA. H. Crouzel, *Origène et la philosophie* (Paris, 1959); idem, *Théologie de l'image de Dieu chez Origène* (Paris, 1956); J. Daniélou, *Origen* (London, 1955); B. Drewery, *Origen and the Doctrine of Grace* (London, 1960); W. Fairweather, *Origen and Greek Patristic Theology* (Edinburgh, 1901); E. de Faye, *Origène, sa vie, son oeuvre, sa pensée*, 3 vols. (Paris, 1923-1928); R. P. C. Hanson, *Allegory and Event* (London, 1959); idem, *Origen's Doctrine of Tradition* (London, 1954); M. Harl, *Origène et la function révélatrice du Verbe Incarné* (Paris, 1958); H. Koch, *Pronoia und Paideusis: Studien uber Origenes und sein Verhältnis zum Platonismus* (Berlin, 1932); P. Nautin, *Origène: sa vie et son oeuvre* (Paris, 1977); R. B. Tollinton, *Selections from the Commentaries and Homilies of Origen* (London, 1929); J. W. Trigg, *Origen: The Bible and Philosophy in the Third-Century Church* (Atlanta, GA, 1983).

ORIGENS, TEORIAS DAS

Um dos grandes mistérios e um dos assuntos favoritos de controvérsia é a questão da origem da vida, do universo, do homem etc. Quanto a essa questão, a ciência mecanística toma o *ponto de vista cético*, afirmando que esse é um daqueles assuntos sobre os quais nada podemos dizer de significativo. Para o positivismo lógico, temos aí um fragmento da metafísica e, portanto, "sem significado", porquanto faltam-nos os meios de investigação da questão.

Algumas vezes, os filósofos supõem que podemos entrar em uma regressão infinita a fim de contemplar uma série infinita de causas e efeitos, sem jamais chegarmos a uma Primeira causa, a verdadeira origem de todas as coisas. Outros pensadores têm sentido que devemos postular uma *Primeira causa*, e, com base nesse postulado, têm arquitetado um argumento em favor da existência de Deus.

Aqueles que pensam que algo de significativo pode ser dito sobre o assunto têm dado suas sugestões. Abaixo expomos um sumário de ideias: Hebreus 11.3: *Pela fé entendemos que os mundos foram criados pela palavra de Deus; de modo que o visível não foi feito daquilo que se vê.*

Ideias sobre as origens. 1. O elemento ou substância original do que tudo o mais proveio, é indefinido e desconhecido. Desse elemento indefinido surgiram os quatro elementos principais: a terra, o ar, o fogo e a água. Toda a vida se originou da água, ao ser esta evaporada pelo sol. A vida humana começou no mar, entre os peixes. Esta, conforme é conhecida agora, — veio por um processo evolutivo que começou com as primitivas formas de peixes. Assim pensava o antigo filósofo grego, Anaximandro, em 546 a.C., pelo que se pode dizer que ele foi o progenitor da teoria evolucionista. **2. A eternidade da matéria**. A maioria dos filósofos gregos, até os tempos cristãos, ensinava a eternidade da matéria, isto é, que nunca houve tempo em que a matéria não existiu. Para os estoicos (como Zeno), o elemento original teria sido o fogo, e, através de várias modificações, todos os outros elementos foram criados. A vida humana começou na forma de "alma", e uma outra emanação do fogo, e através de várias modificações, todos os outros elementos foram criados. A vida humana começou na forma de "alma", e uma outra emanação *do fogo* também criou as formas materiais ou corpóreas. **3**. Haveria a eternidade de alguma substância sobrenatural, chamada *universal*. Essa substância eterna teria sido usada por uma força cósmica, denominada "demiurgo", a fim de criar tudo quanto se conhece no mundo físico, e este tipo de existência é inferior à outra forma. Assim ensinava Platão (450 a.C.). Essa teoria não difere muito da doutrina cristã de uma criação feita por Deus, o poder sobrenatural que produziu nosso mundo físico. **4**. Criação como *ato eterno de Deus*. Não podemos imaginar um tempo em que não existia a criação, pois então o que fazia Deus, quando somente ele existia? Assim pensava Orígenes, um dos pais da igreja (cerca de 225 D.A.) que ensinava que a criação e toda a vida agora existente, fazem parte de *um ato criativo eterno* e *contínuo* de Deus, a fonte de toda a existência. A vida humana não começou, portanto, com a vida física, mas começou com a existência. A forma humana animal foi uma criação especial de Deus, que veio a ser possuída pela alma já existente. **5**. Criação como *pensamento eterno* de Deus. Nunca houve um tempo em que a criação não existiu, embora houvesse tempo em que tudo se resumia a um pensamento na mente de Deus. Com o tempo, mediante um ato criador especial, Deus trouxe sua ideia à concretização. Assim pensava Clemente, um dos primeiros pais da igreja (cerca de 250 d.C.). **6. Criação ex-nihilo**, ou seja, tirada do nada. Houve um tempo quando somente Deus existia. Quando ele resolveu criar os mundos, meramente proferiu a palavra e tudo veio à existência. A vida humana foi criada do já existente pó da terra, por um *ato especial* de Deus. **7**. Criação *ex-nihilo*, mas entendida como feita através da *energia divina*. Deus transformou sua própria energia em matéria, e a criação física veio à existência. Agora, o homem pode transformar a energia em matéria, e a criação física veio à existência. Agora o homem pode transformar a energia em matéria, ou a matéria em energia, em imitação a Deus, mas não pode fazer a existência física assumir vida. A sexta e a sétima posições têm sido as ideias mais comumente defendidas pela igreja cristã através dos séculos. **8. Panteísmo**. Tudo quanto existe é Deus ou energia divina. Os mundos, segundo os conhecemos, são meras modificações dessa ernegia, pelo que todas as coisas trazem, em si mesmas, a natureza de Deus. Deus seria o cabeça do mundo, e o mundo seria o corpo de Deus. Tudo quanto se conhece é apenas uma "emanação" de Deus, e não uma criação. Deus emana da sua criação, tal como o sol emana os seus raios, e estes fazem parte daquele. O panteísmo moderno tem certo caráter evolutivo, isto é, envolve um processo evolutivo que, segundo pensam, produziria as várias modificações na substância divina que forma os mundos. Assim pensava Baruque Spinoza, em termos gerais. **9**. A eternidade da matéria e sua organização por parte de um Deus inteligente: A matéria seria eterna, mas a vida feita dessa matéria foi um ato de um Ser inteligente ao qual chamamos Deus. Assim ensina a igreja Mórmon. A "matéria não criada" existia no estado de "caos". O ato de Deus não teria sido "criador", mas antes, organizacional.

ORIGINAL, JUSTIÇA

Três significados têm sido atrelados a essa expressão, Justiça Original, a saber: **1**. O presumível estado original de inocência do homem, antes da queda no pecado, um estado maculado pela tentação, queda e degradação consequente. As teorias muito se têm esforçado por tentar descrever esse estado. Alguns têm chegado mesmo a supor que o homem, se não tivesse pecado, teria continuado a existir com uma natureza *física imortal*. Ademais, muitas perfeições têm sido atribuídas a Adão e Eva, quando ainda estavam na inocência. Uma distorção dessa ideia é aquela que diz que eles eram seres angelicais, que vieram residir na terra, onde adquiriram corpos físicos, os quais, subsequentemente, tornaram-se mortais. **2**. Diante do surgimento do liberalismo teológico e da teoria da evolução, alguns eruditos começaram a falar sobre o relato de Adão e Eva como uma lenda. Naturalmente, esses abandonam a teologia com o conceito do "nobre selvagem", o que foi exemplificado por Rousseau. Ele supunha que a civilização fez piorar o nobre selvagem, tendo-o transformado em um guerreiro tribal. O comunismo, seguindo a ideia das tríades, adotou essa ideia do "nobre selvagem". **3**. Outra ideia é aquela que diz que o homem, embora obviamente um pecador, por natureza e prática, também é um ser justo. Essa doutrina assume muitas variantes. A evolução poderia ter produzido esse caráter paradoxal, conforme alguns dizem, ou, então, a imagem de Deus conferiu ao homem uma justiça original, que continuou embutida nele, mesmo depois de seu pecado e de sua queda. Essa terceira ideia distingue-se da primeira por não precisar de qualquer teoria da criação, à qual seja aplicada. Em outras palavras, poderíamos esquecer a história de Adão e Eva, e ainda assim pensar no homem como um ser paradoxal: pecaminoso mas justo, e vivendo em constante estado de tensão, por cauda disso.

ÓRION

Ver sobre *Astronomia* e sobre *Astrologia*. O Órion (ver Jó 9.9; 38.31; Am 5.8), nome que significa "caçador", é a constelação mais proeminente do sul do hemisfério norte. Essa constelação contém Betelguese, estrela de primeira magnitude, como também Rigel. A Bíblia menciona outras constelações, como a Ursa e as Plêiades (Jó 9.9; 38.31,32; Am 5.8). A Septuaginta, em Jó 38.31, ao traduzir a palavra hebraica para o grego *Orionos* (nome de um poderoso caçador) deu um tom grego à questão. A vastidão do firmamento sempre infundiu um senso de respeito nos homens. Esse respeito, ou contribui para a iluminação mental (ver Sl 19.1), ou descamba para uma forma de idolatria (ver Dt 4.19; 17.3). E o povo de Israel algumas vezes entregou-se a essa forma de idolatria (ver 2Rs 23.5,11; Jr 8.2).

ÓRIX (ANTÍLOPE)

No hebraico, *dishon* (Dt 14.5) e *to* (Is 51.20). Sob a hipótese de que esses dois nomes, no hebraico, designam somente uma espécie animal, foi escrito este verbete. Na primeira dessas passagens, o animal é descrito como "limpo", isto é, próprio para consumo dos israelitas. E a segunda passagem refere-se a como esse animal era apanhado por meio de redes, sendo esse o método de apanhar caça grossa, ou seja, animais de grande porte. Parece estar em foco certo tipo de antílope, segundo a qual hipótese temos a palavra "antílope", em nossa versão portuguesa, em ambas essas passagens. Outras traduções são mais precisas, dizendo estar em foco o "órix", um tipo de antílope dotado de longos chifres pontiagudos, atualmente circunscrito às savanas africanas, e que consegue sobreviver em lugares quase desérticos.

Há diversos tipos de gazelas que poderiam ser identificados com as palavras hebraicas em questão. Há cinco espécies de antílopes, naturais da África e de outros lugares. Os modernos métodos de caça com armas de fogo têm reduzido drasticamente o número desses animais; mas, nos tempos antigos, eles eram abundantes. No sul da Arábia sobrevivem atualmente apenas duas espécies de *órixes*, e isso em pequeno número.

ORLA

No hebraico, *shul*, "orla", "borda". Essa palavra aparece por onze vezes no Antigo Testamento (Êx 28.33,34; 39.24-26; Jr 13.22,26; Lm 1.9; Na 3.5 e Is 6.1). Essa palavra vem do verbo que significa "pendurar".

No grego, *kráspedon*, "beira", "orla". Esse vocábulo é usado por cinco vezes (Mt 9.20; 14.36; 23.5; Mc 6.56 e Lc 8.44).

A orla é a extremidade inferior de uma veste, sua fímbria ou borda. Entre os fariseus dava-se um extraordinário valor à orla das vestes. Essa doutrina deles estava baseada sobre o trecho de Êxodo 28.33,34. Essa fímbria ou orla resultava do fato de que as extremidades dos fios de lã eram deixados sem entretecidos, a fim de impedir que o tecido se desfiasse.

Os israelitas foram instruídos a usar fímbrias nos quatro cantos de suas vestes. A isso conferia-se uma certa significação espiritual. Servia para relembrar-lhes os mandamentos da lei. A sobrepeliz de Aarão (Êx 28) deveria ter sinetas de ouro e romãs na sua orla, o que emprestava àquelas vestes um sentido altamente simbólico. Os fariseus exibiam sua superioridade usando longas *franjas*, uma das palavras portuguesas usadas para traduzir o termo grego *kráspedon*. É claro que o faziam por orgulho espiritual. A mulher hemorrágica pensou que, se ao menos pudesse tocar na orla das vestes de Jesus, seria curada de sua enfermidade. O relato bíblico informa-nos que isso funcionou, mas não podemos atribuir a cura ao fato de que ela tocou em uma peça de tecido e, sim, ao fato de que teve confiança no Senhor (ver Lc 8.43-48).

Os fariseus desenvolveram regras elaboradas que regulamentavam o uso das orlas em suas vestes. Isso deveria consistir em oito fios, um dos quais deveria ser enrolado em torno dos demais. Outros regulamentos foram baixados sobre quantas vezes esse fio deveria ser enrolado: primeiramente, sete vezes, com um nó duplo; então oito vezes, com outro nó duplo. Isso era feito segundo os valores numéricos dos caracteres hebraicos que formavam as palavras *Yahweh Um*. O exagero sobre essa questão atingiu ao absurdo de certos rabinos asseverarem que todos os mandamentos da lei dependiam da observância quanto às orlas (ver Maimônides, *Hilch. Tzitzith, c.* terceiro, seção 12). O espírito de ostentação religiosa dos homens vai aumentando, à medida que sua espiritualidade vai diminuindo. Todas as pessoas religiosas são hipócritas, em certo grau, e isso porque o homem sempre é pior do que parece ser para os seus semelhantes. Todavia, isso não deveria impedir de procurarmos melhorar, a despeito dos nossos problemas.

ORNÃ

(Ver 1Cr 20.25; 21.15,18; 2Cr 3.1). Essa é uma forma alternativa do nome *Araúna* (vide).

ORNAMENTOS

A arqueologia tem encontrado uma grande variedade de ornamentos, principalmente sob a forma de joias variadas. Ver o artigo geral *Joias e Pedras* Preciosas.

Certos ornamentos de uso pessoal, referidos na Bíblia, têm paralelos no uso moderno. Podemos falar sobre *os anéis* (ver sobre *Anel*) ou argolas, alguns usados nas orelhas, outros no nariz, e ainda outros pendentes de cordões; os *braceletes* (usados perto do pulso, feitos de vários metais, de osso ou de madeira; Gn 24.22; Nm 31.50; Ez 16.11; 23.42; Is 3.19; 2Sm 2.10; Êx 35.22); as *presilhas de tornozelo,* feitas de bronze ou outros metais etc. O profeta Isaías lamentava que as mulheres hebreias usassem correntes que as forçavam a caminhar com passos curtos, a fim de se mostrarem mais femininas. Essas presilhas ou correntinhas também faziam certo ruído que chamava a atenção das pessoas. Ver o artigo separado intitulado *Passos Curtos* (Is 3.16). Além disso havia ornamentos usados no pescoço, por mulheres, homens e até animais (ver Jz 8.26; Pv 1.9; Ct 4.9; Is 3.18; Ez 16.11). Havia alguns com a forma de correntes, feitos de vários metais; outros eram cordões com contas ou conchas. Também havia os *broches*, alguns dotados de pino (ver 1Macabeus 10.89; 11.58).

Os Excessos Egípcios. *Os* monumentos do Egito exibem ricas damas carregadas com toda forma de ornamentos. Os habitantes da Palestina usavam igualmente esses adornos pessoais. Os midianitas parecem ter sido tão exibidos quanto os egípcios (ver Nm 31.50,52; Jz 8.26). Em várias culturas antigas havia ornamentos masculinos. Os homens israelitas mostravam-se um tanto comedidos quanto a isso (ver Êx 32.2), mas não as mulheres israelitas. Os persas, os medos e os egípcios, além de outros povos antigos, adornavam suas principais autoridades, como os seus monarcas, com correntes de ouro em torno do pescoço, como emblemas de ofício, embora isso não se repetisse na cultura hebreia. (Ver Gn 41.42 e Dn 5.7).

Proibições Bíblicas. Textos bíblicos como Isaías 3.18; 1Timóteo 2.9 e 1Pedro 3.4 proíbem o excesso no uso de ornamentos pessoais. O trecho de Tiago 2.1-4 menciona as correntes de ouro, usadas pelos ricos. Estes eram favorecidos em detrimento dos pobres que não podiam dispor de tais ornamentos. E essa prática de acepção de pessoas é ali condenada, embora não tanto o uso dos próprios ornamentos.

Uma Ornamentação Artística. *Os comentários* acima abordam a questão dos ornamentos pessoais. Havia outros enfeites que consistiam em esforços artísticos para embelezar objetos, como as decorações de vasos de cerâmica, ferramentas, armas, caixas, espelhos, jarras, tapetes etc. Nisso estavam envolvidos metais preciosos, pinturas coloridas, gravações, entalhes em osso e marfim etc. Os móveis da corte real eram ricamente ornamentados (1Rs 10.18; 2Cr 9.17; Am 6.5). Palácios e relevos tumulares eram ornamentados com arte pelos egípcios, assírios e babilônios. O tabernáculo e o templo de Jerusalém também foram rica e elaboradamente ornamentados, um trabalho quase sempre efetuado por artífices estrangeiros, ou, pelo menos, seguindo modelos estrangeiros. E também não nos podemos esquecer, nesse relacionamento, dos sarcófagos de pedra ricamente cinzelados, especialmente do Egito e da Fenícia.

Ornamentos Arquiteturais. Tanto os edifícios públicos quanto as residências dos abastados eram ornamentados externa e internamente. Os palácios dos reis assírios, em Nínive e Corsabade, eram decorados com baixos-relevos. As entradas de seus edifícios mais importantes eram guardadas por animais cinzelados de forma mais intricada e estilizada, e também eram empregadas tintas de várias cores, destacando a ornamentação. A arte egípcia tornou-se melhor conhecida através de suas pinturas murais, embora outras culturas também lançassem mão desse artifício. Pinturas murais egípcias têm sido encontradas em túmulos, palácios e edifícios públicos. Os templos de Carnaque e Luxor eram assim decorados. Fachadas com ídolos coloridos e esmaltados, representando animais, plantas, figuras humanas etc., enfeitavam muitos edifícios. Os persas, por sua vez, importavam artífices de todas as direções do mundo antigo, a fim de decorarem seus edifícios. Várias modalidades de colunas e capitéis foram usadas a fim de aumentar a sensação de grandiosidade.

Apesar dos israelitas antigos não se equiparem a várias outras nações, no tocante a esse tipo de arte e tecnologia, os reis israelitas mais ricos, como Salomão e Acabe, decoraram seus lares e palácios com a ajuda do labor estrangeiro.

ORNAMENTOS DOS PÉS

Ornamento mencionado na descrição sobre as vestes e enfeites femininos (ver Is 3.16,18). Tal enfeite normalmente era feito de ouro, de prata ou de marfim. Os ornamentos dos pés eram largamente usados pelas mulheres de várias raças, na antiguidade. Os monumentos egípcios mostram que esses ornamentos eram usados por pessoas de ambos os sexos. O Alcorão (24.31) proíbe o uso desse tipo de ornamento, embora pareça estar em foco o tipo que possuía sinetas, que era usado por dançarinas. Não há que duvidar que as mulheres usavam o tal ornamento para chamar a atenção dos homens. O costume tem persistido nos países do Oriente. Isaías (3.16,18) objetou à *maneira* das mulheres andarem fazendo ruído a cada passo dado. Naturalmente, isso chamava a atenção masculina. As mulheres não têm mudado muito na passagem dos séculos. Novos modos de atração (segundo os câmbios da moda e do capricho) vão sendo inventados. Os estudos relativos às estruturas do corpo humano demonstram que nada existe na estrutura de um corpo de mulher que a obrigue a andar de modo diferente da maneira de andar dos homens. Mas o radar pode detectar oscilações e requebros em uma pessoa que se aproxima, identificando-a como um homem ou uma mulher. O olho desarmado também detecta essas coisas. Penso que esses movimentos, cujo intuito é atrair os homens (consciente ou inconscientemente) são *psicologicamente* herdados pelas mulheres, mediante a transmissão de genes. Dessa maneira, as meninas inconscientemente andam à maneira tipicamente feminina, ao passo que as mulheres, da adolescência em diante, fazem-no conscientemente. A preservação da raça está envolvida em tudo isso. Porém, o profeta Isaías viu algo de errado nos trejeitos femininos. De fato, com todas as suas exigências, o corpo humano pode ser um estorvo para o desenvolvimento espiritual.

A arqueologia tem descoberto muitos ornamentos dos pés, sobretudo na Palestina. São feitos de ouro, de prata, de bronze e de outros metais. Seu propósito era produzir um ruído de sinetas, acompanhando os passos. Evidentemente eram usados nos tornozelos com uma correntinha ligando um ornamento a outro para forçar a mulher a dar passos mais curtos. Livingstone, na África, encontrou nativas usando enfeites similares! (FA S)

ORNAMENTOS TORCIDOS

Temos aí a tradução da palavra hebraica *gedilim*, "fímbrias", "beiradas". Essa palavra só ocorre por duas vezes em todo o Antigo Testamento, isto é, 1Reis 7.17 e Deuteronômio 22.12. Na primeira dessas passagens lemos: *Havia obra de rede, e ornamentos torcidos em forma de cadeia para os capitel que estavam sobre o alto das colunas; sete para um capitel e sete para o outro.* Eram enfeites que havia nos capitéis das duas colunas do templo (vide). Outros estudiosos pensam que o sentido básico dessa palavra hebraica é "cordas", "cadeias".

Em Deuteronômio 22.12, lemos: *Farás borlas nos quatro cantos do teu manto, com que te cobrires*, onde "borlas" é a tradução de *gedilim*. Em vista disso, parece que está em vista uma espécie de beirada, em forma de cadeia, tanto neste caso como no caso dos capitéis das duas colunas do templo.

ORONTES

Esse é o nome de um rio da Síria, que se tornou famoso na história secular. Esse rio não é mencionado na Bíblia, mas a cidade de Antioquia, um dos primeiros centros da cultura cristã, ficava à beira do rio Orontes. (Ver At 11.20-26; 13.1-3). Esse rio tem seus mananciais no elevado vale de Becá. Percorre parte da Síria na direção norte, e, então, volta-se para o Ocidente, desaguando no mar Mediterrâneo, no porto de Antioquia. Esta cidade é chamada de Antioquia do Orontes, a fim de distingui-la da outra Antioquia. Outros importantes centros, às margens desse rio, eram Ribla, mencionada em associação com Jeremias, Zedequias e Nabucodonosor (2Rs 25.20,21; Jr 39.5,6 e 52.9-11); Hamate, uma fortaleza hitita, que ficava perto desse rio, e *Cades* (vide). Atualmente, esse rio chama-se *Nah el-Assi*. Esse rio flui para o norte, atravessando o vale de Becá, o vale entre os montes do Líbano e do Antilíbano. Então entra no lago Homs, um lago artificial, criado pelo represamento do rio. Perto de Hamate (moderna Hama), passa a correr na direção noroeste, onde forma terras alagadiças. Atualmente, essa região está sendo drenada. Em seguida, o Orontes atravessa uma região de pedras calcárias, o *Jisr esh-Shughur*, e, então, atravessa o vale de Amque, na direção oeste, até desaguar no mar Mediterrâneo. A certo ponto de seu trajeto, banha Antioquia (que os sírios chamam de Antakya).

Como sucede à maioria dos grandes rios, o Orontes teve e tem sua importância histórica e comercial. Na antiguidade, era uma rota comercial natural, na direção norte-sul, como também um caminho seguido por exércitos em avanço. Suas águas davam vida e verdura a povoados ao longo do caminho. Os impérios hitita, hebreu e assírio incluíram o vale desse rio.

ORVALHO

No *hebraico*, *tal*, palavra que ocorre por 34 vezes no Antigo Testamento (por exemplo: Gn 27.28,39; Nm 11.9; Dt 32.2; Jz 6.38-49; 1Rs 17.1; Jó 29.29; Sl 110.3; Pv 3.20; Ct 5.2; Os 6.4; 13.3; 14.5; Mq 5.7; Ag 1.10; Zc 8.12).

Vários trechos bíblicos onde é mencionado o orvalho parecem indicar, para o leitor casual, que na Palestina o orvalho era copioso à noite, mesmo durante os meses de verão. Porém, o fato é que, nesses meses, escassamente se formava qualquer orvalho, o qual dificilmente poderia substituir a chuva, conforme poderíamos entender o trecho de Juízes 6.37-40.

Um ar seco, como é óbvio, não pode produzir orvalho. Quando as condições atmosféricas aliviavam o calor e a sequidão, então o orvalho começava a cair à noite, na Palestina. O refrigério adicional que isso representava era um benefício a mais nos países quentes e secos. O orvalho pode ser pesado nos meses de maio a outubro. A par com as chuvas, o orvalho tornava-se um motivo de fertilidade (Gn 27.28; Dt 33.13; Zc 8.12), ao passo que a ausência de orvalho era considerada uma maldição (2Sm 1.21; 1Rs 17.1; Hc 1.10). A condenação proferida por Elias incluiu o fato de que não haveria nem chuva e nem orvalho (1Rs 17.1).

1. Cristo e Deus Pai são comparados com o agradável orvalho para quem recebe a sua palavra, e a quem o Espírito refrigera (Rm 14.4; Is 26.19). **2**. Os santos são comparados ao orvalho, por causa de sua agradabilidade inerente e de sua influência refrigeradora sobre as outras pessoas (Sl 110.3; Mq 5.7). **3**. Um exército que avança assemelha-se ao orvalho, por causa da natureza copiosa de seus elementos formativos, e por causa do fato de que cai sobre tudo, em seu trajeto (2Sm 17.12). **4**. As aflições e os sofrimentos parecem-se com o orvalho da noite, porquanto são muitos e se fazem presentes em toda parte. Entretanto, as aflições e os sofrimetnos podem produzir fruto (Ct 5.2; Dn 4.25; Os 6.4). **5**. A verdade de Deus é similar ao orvalho, por cair gradualmente, e, algumas vezes, de maneira imperceptível nos corações humanos, tornando os homens dóceis e frutíferos (Dt 32.2). **6**. Qualquer coisa deleitável e revigorante pode ser comparada com o orvalho (Pv 19.12). **7**. A harmonia entre os irmãos é como o orvalho do monte Hermom, isto é, deleitosa, revigorante e encorajadora de boas obras (Sl 133.3). **8**. Quando a alma prospera sob a influência da Palavra e do Espírito do Senhor, isso é como o orvalho que refrigera as plantas e as árvores (Jó 29.19).

OSEIAS

No hebraico, "**que** *Yahweh* **salve**". Além do profeta desse nome (ver o artigo intitulado *Oseias* (*Profeta*), o único cujos escritos chegaram até nós, vindo do reino do norte, Israel), há mais quatro homens com esse nome, nas páginas do Antigo Testamento, a saber: **1**. Um filho de Num (isto é, Josué) (Dt 32.44). Em Números 13.8, algumas traduções dizem Os (como é o caso da nossa versão portuguesa). Esse era o nome original de Josué, antes que Moisés o tivesse mudado (Nm 13.8,16). Mas parece que o trecho de Deuteronômio 32.44 indica que, durante algum tempo, ele foi conhecido por ambos os nomes. *Oseias* era o seu nome original; a isso foi acrescentado o nome *Yah*, o que produziu *Josué*. Viveu por volta de 1450 a.C. **2**. Um filho de Azazias, um dos oficiais de Davi, representante da tribo de Efraim. (Ver 1Cr 27.20). Viveu por volta de 1015 a.C. **3**. Um dos líderes do povo, que assinou o pacto com Neemias, quando um remanescente de Judá voltou a Jerusalém, após o cativeiro babilônico. (Ver Ne 10.23). Ele viveu por volta de 410 a.C. **4**. O décimo nono rei de Israel, filho de Elá. Foi o último dos reis do reino do norte, Israel. Juntamente com o povo de Israel, foi para o cativeiro assírio (vide). Tornou-se famoso pelos males que praticou. Conspirou contra Peca, seu antecessor, e o assassinou (2Rs 15.30), em parte porque esse homem não resistira aos avanços dos assírios. Durante algum tempo pagou tributo a Tiglate-Pileser III, mas logo se revoltou. Aliou-se a So, rei do Egito, na esperança de se libertar da ameaça e do jugo assírios. Mas isso fez somente Salmaneser, rei da Assíria, marchar contra Israel com um poderoso exército. Foram necessários três anos para reduzir Samaria (a capital do reino do norte, Israel), capital das dez tribos. Samaria foi destruída e uma parcela considerável das dez tribos de Israel foi levada para o cativeiro, por Sargão II, que havia usurpado o trono da Assíria, para nunca mais retornar. Isso sucedeu em 720 a.C. (Ver também 2Rs 17.1,3,4,6; 18.1,9,10). Não dispomos de qualquer informação sobre o que sucedeu a esse homem, no cativeiro assírio.

OSEIAS (PROFETA E LIVRO)

I. OSEIAS, O PROFETA. Não se sabe muita coisa sobre o profeta *Oseias*. O trecho de Oseias 1.1 nos fornece o nome de seu pai, Beeri, mas sem nenhuma genealogia. Esse mesmo versículo nos fornece o tempo, declarando que ele viveu ... *nos dias de Uzias, Jotão, Acaz e Ezequias, rei de Judá, e nos dias de Jeroboão, filho de Joás, rei de Israel*. Todavia, o lugar de seu nascimento não é mencionado. Não temos nenhum registro sobre sua chamada divina como profeta. Informes existentes no livro nos permitem saber algo sobre seu caráter e suas tendências. Ele era terno, sensível e misericordioso, um tanto parecido com Jeremias, e não era severo como alguns outros profetas, a exemplo de Elias. Sua abordagem à mensagem profética que tinha de entregar baseava-se em sua relação de esposo. Isso representava o fato de que *Yahweh* havia sido ofendido por sua esposa infiel, a nação de Israel. A fim de que essa mensagem fosse sentida e entregue com eficácia, era mister que Oseias passasse por uma situação real de traição sofrida. E, para que isso acontecesse realmente, como é óbvio, ele teria de manter profundo amor por sua esposa. Somente então ele poderia sentir a ferroada da infidelidade, compreendendo, metaforicamente, a ofensa de Israel contra o Senhor, em sua infidelidade, que consistia na idolatria e corrupção moral.

Oseias foi o único profeta do reino do norte, Israel, cujos escritos sobreviveram até nós. Ninguém sabe qual era a ocupação de Oseias, mas, visto que há uma referência ao "padeiro" e ao ato de sovar "a massa" em Oseias 7.4 ss., alguns pensam que essa era a sua atividade. No entanto, o domínio que ele tinha sobre assuntos históricos e religiosos mostra que ele deve ter recebido excelente educação, não podendo ser algum aldeão ou interiorano. E, visto que estava tratando com a íntima relação entre Deus e o povo de Israel, ele não se interessava em fazer previsões sobre outras nações, em contraste com outros profetas, como Amós, Jonas ou Daniel.

Tal como no caso de muitas outras personagens bíblicas obscuras, embora raramente sejam exatas, as tradições preenchem os espaços em branco. Há especulações acerca de sua parentela. Seu pai tem sido confundido com um príncipe rubenita (ver 1Cr 5.6). Ele também tem sido considerado profeta, embora sem nenhuma prova quanto a isso. Alguns rabinos supunham que um pai, mencionado na introdução do livro de algum profeta, também deveria ter sido profeta. O pseudo-Epifânio e Doroteu, de Tiro, dizem que Oseias nasceu em Belemote, na tribo de Issacar (Epifânio, *De Vitis Prophet*. 11; Doroteu, *De Proph*. 1). Drúsio (*Critici Saeri*, tomo 5) citou informações dadas por Jerônimo, que dizem: "Oseias, da tribo de Issacar, nasceu em Bete-Semes". Mas outros intérpretes opinam que, na realidade, ele pertencia à tribo de Judá, embora tenha labutado em Israel, conforme o subtítulo do livro de Amós, que aparece em algumas traduções, mostra que poderia ter acontecido. Todavia, não há razão para duvidarmos que ele nasceu no reino do norte, Israel. Ver no *Dicionário* o artigo sobre *Bete-Semes*, quanto a informações sobre sua presumível terra natal. Todavia, não há nenhuma evidência para confiarmos nessa informação meramente tradicional.

O Nome. Oseias significa "libertador", ou então "salvação". Este nome tem sido variadamente interpretado. Jerônimo interpretava-o como "salvador", mas outros preferiam pensar no imperativo "salva!", como se fosse um apelo dirigido a *Yahweh*.

II. Caracterização Geral. Oseias aparece em primeiro lugar, entre os profetas menores, de acordo com a disposição ocidental dos livros do Antigo Testamento, talvez por causa de seu volume, ou da vívida intensidade de profeta paralelamente ao seu patriotismo e estilo parecido com o dos profetas maiores. Cronologicamente, Jonas atuou antes dele (cerca de 862 a.C.), mas Joel (810 a.C.), Amós (cerca de 790 a.C.) e Isaías (720 a.C.) foram-lhe mais ou menos contemporâneos, sobretudo Joel e Amós. Oseias começou a profetizar nos últimos anos do reinado de Jeroboão II, que era contemporâneo de Uzias, e terminou suas profecias no começo do reinado de Ezequias. O livro de Oseias representa o que ficou preservado dentre suas profecias escritas.

Alguns especialistas supõem que o livro de Oseias combine duas coletâneas de escritos originalmente separadas, a saber: as *Parábolas* (caps. 1 — 3) e as *Profecias* (caps. 4 — 14). O livro contém cerca de quinze poemas proféticos, que Oseias teria entregado diante dos mercados de cidades próximas, para as quais viajou, como Jezreel e Samaria. Isso poderia indicar que ele era agricultor, mas, nesse caso, ele recebeu uma educação incomumente aprimorada para quem estava envolvido nas lides do campo. Seus oráculos têm sido datados por volta de 743 e 735 a.C., refletindo degraus descendentes da desintegração nacional. Um próspero estado de Israel, que caracterizara a época por volta de 750 a.C., gradualmente foi cedendo lugar a levantes internos e à ameaça da invasão assíria. Oseias, pois, procurou salvar a nação, fazendo-a voltar-se para Deus, o único que era capaz de manter longe os vários lobos ameaçadores e preservar a integridade da nação. Como profeta político que foi, Oseias operava tendo em mira a unidade nacional, opondo-se às alianças com o estrangeiro e exigindo uma administração pública justa. Ele reafirmava as contribuições e os discernimentos de Amós, concebendo *Yahweh* não somente como um Deus justo e severo, mas também como um Deus amoroso. Uma de suas contribuições foi salvar a religião de Israel de ser absorvida pelo *baalismo* (ver a respeito no *Dicionário*), com todos os seus exagerados envolvimentos sexuais.

A chamada e a missão de Oseias estavam intimamente ligadas à sua vida pessoal. Alguns eruditos pensam que ele se casou com uma prostituta e acabou sendo infectado por ela, com algum problema sexual, mas isso é ler o texto bíblico antigo através dos óculos da moderna análise psicológica. Outros supõem que alguma tragédia doméstica tenha resultado na infidelidade de sua esposa, e que os problemas pelos quais Oseias passou tenham terminado por dar-lhe entendimento sobre o relacionamento entre Israel e *Yahweh*, no qual a nação aparece como a esposa infiel de Deus, devido à sua idolatria e corrupção espiritual. Na qualidade de último dos profetas de Israel, ele utilizou (e talvez tenha popularizado) as parábolas, a fim de entregar a sua mensagem. Pelo menos é verdade que o conceito de Deus, nesse livro, aproxima-se daquilo que nos expõe o Novo Testamento, mais do que qualquer outro livro do Antigo Testamento.

As *tradições judaicas* davam a Oseias o primeiro lugar, cronologicamente falando, entre os profetas canônicos. Entretanto, quase todos os eruditos modernos preferem pensar que Jonas e Amós o antecederam, ou foram mais ou menos contemporâneos, conforme vimos anteriormente.

O estilo de Oseias é abrupto e breve (o que causa alguma obscuridade), além de ser impressionante e solene. Em seu livro há muitas referências geográficas locais, pois ele menciona Efraim, Mizpa, Tabor, Gilgal, Bete, Jezreel, Gibeá, Ramá, Gileade etc. Os seus temas são: o pecado da nação de Israel, a necessidade de arrependimento, a condenação iminente, a derrubada da casa reinante de Jeú, a ameaça assíria, a necessidade de Israel abandonar a idolatria, e, finalmente o amor de Deus, este ilustrado por sua própria tragédia doméstica. Mui tolamente, Israel demonstrava confiança na Assíria, o gigante do norte, como se fosse um protetor de Israel. Mas Oseias deixou claramente previsto que a Assíria, longe de ser o salvador de Israel, acabaria por ser o seu destruidor. (Ver Os 5.13; 7.11; 8.9; 12.1 e 14.3). Oseias condenava o emprego da política como remédio para os problemas espirituais da nação. As alianças com potências estrangeiras só serviam para aumentar ainda mais os problemas de Israel. Contudo, uma arrependida e piedosa nação de Israel seria protegida por Deus. Infelizmente, as esperanças de Oseias não se concretizaram!

III. Data. O trecho de Oseias 1.1 nos dá um indício cronológico seguro, segundo dissemos anteriormente. Vários contemporâneos são ali mencionados. O começo do ministério público de Oseias pode ser datado por volta de 748 a.C.; e a morte de Ezequias, que ocorreu por volta de 690 a.C., mostra-nos que o ministério de Oseias cobriu um longo período, 58 anos, visto que o seu ministério atingiu a época de Ezequias. Ele começou a escrever por volta de 748 a.C., ou poucos anos mais tarde. E realmente pode ter escrito o livro em duas partes (as parábolas, capítulos 1 — 3; e as profecias, ou oráculos, capítulos 4 — 14, um pouco mais tarde).

As pessoas mencionadas em Oseias 1.1, dentro da cronologia fornecida por Oseias, foram: Jeroboão II (reinou entre 782 e 753 a.C.), Uzias (reinou entre 767 e 739 a.C.), Jotão (reinou entre 740 e 731 a.C.), Acaz (reinou entre 732 e 715 a.C.) e Ezequias (reinou entre 716 e 686 a.C.). O trecho de Oseias 1.4 parece dar a entender que uma data anterior à morte de Jeroboão II marcou o início do ministério desse profeta. Oseias 8.9 é passagem que talvez faça alusão ao tributo pago a Tiglate-Pileser por Menaém (cerca de 739 a.C.). E, nesse caso, o ministério de Oseias já estava bem estabelecido em 743 a.C., e pelo menos parte de seu livro já tinha sido escrita.

IV. Proveniência e Destino. O próprio livro, como é óbvio, fala sobre uma origem, no reino do norte, embora nos seja impossível a precisão, quanto a isso. No entanto, nem todo o livro precisa ter sido, necessariamente, escrito no mesmo lugar. O destino primário era o reino do norte, Israel, embora seu livro tivesse uma mensagem universal, que também se aplicava a Judá. Podemos supor que a profecia de Oseias se tornou conhecida em Judá. O fato de que a introdução do livro menciona reis tanto do reino do norte quanto do reino do sul indica que a nação inteira — Judá e Israel — era visada pelo profeta, quem ele dirigira suas advertências.

V. Pano de Fundo Histórico. 1. *A prosperidade material* foi um fator que, juntamente com outros, levou ao declínio moral de Israel. Essa prosperidade era tão grande que poderia ser comparada à do início da monarquia. A Síria fora debilitada e, finalmente, derrotada. Uma estela encontrada em 1907 em Afis, quarenta quilômetros a sudoeste de Alepo, comemorava a queda da Síria e, quando isso sucedeu, então não muito depois, Jeroboão II (ver 2Rs 14.28), foi capaz de estender sua autoridade até Damasco. As fronteiras sul e leste de Israel e de Judá quase chegaram às mesmas extensões dos dias de Davi e Salomão. A Assíria já havia começado a ameaçar a Síria e a Palestina, embora a possibilidade de invasão ainda parecesse remota. **2.** *Um menor militarismo* aumentou as riquezas materiais da nação. O comércio intensificou-se, e Israel, passando a controlar as rotas de caravanas que antes haviam sido dominadas por Damasco, foi capaz de multiplicar consideravelmente a sua prosperidade material. O luxo tornou-se comum, e os habitantes de Israel viviam regaladamente. Operários fenícios especializados receberam a tarefa de aumentar a ostentação de Israel. Os habitantes de Israel chegaram a dispor de leitos com entalhes de marfim, itens que os arqueólogos têm descoberto, pertencentes a esse período. (Ver Am 6.4), que menciona o detalhe. Havia abundância de azeite e de vinho, e muitos viviam até em luxo excessivo, segundo se vê em Amós 3.15 e 1Reis 22.39. **3. Avanços Religiosos Pagãos**. Descobertas arqueológicas, feitas no norte da Síria, em Ras Shamra (Ugarite), mostram quanto as formas de adoração idólatra dos cananeus se tinham espalhado em Israel e em toda a circunvizinhança. Os israelitas estavam-se deixando seduzir pela idolatria. Divindades pagãs e bezerros de ouro foram levantados por Jeroboão I, e Betel e Dã tornaram-se grandes centros de idolatria em Israel (1Rs 12.28). Sabemos que os ritos de fertilidade, com seus excessos e vícios sexuais, faziam parte desse culto. Além disso, a violência, o alcoolismo e toda a forma de indulgência completava o quadro desolador. Havia prostituições cultuais variadas, e sabemos que a prostituição e o homossexualismo chegaram a ser praticados até mesmo no interior do templo (2Rs 23.7). **4. A Confusão Resultante**. A prosperidade material começou a declinar; a confusão tornou-se a ordem do dia. O filho de Jeroboão, Zacarias, foi assassinado por Salum, e este, por sua vez, foi morto por Menaém. Quatro reis de Israel foram mortos em quinze anos. Instaurou-se a vacilação política, em relação à Assíria. Menaém tentou aplacar o poder proveniente do norte. Israel passou a agir como uma pomba sem juízo hesitando entre a Assíria e o Egito, disposta a apelar para qualquer lado, menos a voltar-se para Deus, conforme se vê em Oseias 5.13; 7.11 e 12.1. Toda essa vacilação em nada contribuiu para curar a nação de Israel, que nem ao menos percebeu estar gravemente enferma! Tudo chegou ao fim quando Israel caiu diante das tropas assírias, ocasião em que a cidade de Samaria foi tomada pelo inimigo, em 721 a.C., e grandes segmentos da população da nação do norte foram deportados.

VI. Problemas de Unidade e Integridade. O trecho de Oseias 1.1-11 foi escrito na terceira pessoa, contando o casamento do profeta; mas o trecho de Oseias 3.1-5 encerra um relato na *primeira* pessoa, praticamente da mesma natureza. Essas duas seções do livro, vinculadas uma a outra por um sermão dirigido a Israel (no segundo capítulo do livro), poderiam ter sido escritas por dois autores diferentes, como também poderiam descrever duas mulheres diferentes, e não uma só. Se supusermos que Gômer, esposa de Oseias, está em foco do começo ao fim do livro, então poderemos concluir que ela já era uma prostituta quando Oseias com ela contraiu matrimônio. Isso teria sido muito incomum para um profeta, que, sem dúvida, estava proibido de fazer tal coisa. Essas circunstâncias extraordinárias, contudo, poderiam ter sido necessárias a ele, a fim de que a mensagem de seu livro ganhasse em vigor e eloquência. A fim de aliviar o problema, alguns supõem que Oseias tomou Gômer como concubina, e não como sua legítima esposa; mas isso é uma especulação que também não resolve o problema. Outros estudiosos afirmam que Gômer era virgem, quando o profeta se casou com ela. Mas, se nos apegarmos a esse ponto de vista, então é quase necessário ver duas mulheres diferentes no relato, entre os capítulos primeiro e terceiro, e não somente uma mulher.

Ainda um terceiro grupo de eruditos pensa que temos dois relatos sobre a mesma mulher e sobre o mesmo casamento, mas, tendo procedido de duas fontes separadas (uma delas uma biografia, e a outra uma autobiografia), esses relatos simplesmente se contradizem. Alguns supõem que Gômer fosse uma prostituta cultual, que se reformou temporariamente, por haver-se casado com Oseias, mas que acabou revertendo à sua condição anterior. Várias outras ideias são apresentadas, embora não possamos chegar a nenhuma conclusão indiscutível. Seja como for, é quase certo que somente uma mulher está em foco no livro, embora não saibamos como reconciliar os dois relatos a respeito. Essa circunstância, porém, não impede que a mensagem do livro seja comunicada.

A Interpretação Alegórica. Alguns estudiosos pensam que o que se lê no livro de Oseias é pura alegoria, sem importar se houve o envolvimento de uma ou de duas mulheres. Desse ponto de vista, todos os problemas sobre o que o profeta poderia ter feito ou não, se casou ou não com uma prostituta, tornam-se destituídos de importância. No entanto, quase todos os comentadores a respeito rejeitam essa interpretação alegórica.

VII. Mensagem e Conceitos Principais. "Israel aparece como a esposa adúltera de *Yahweh*, que foi repudiada, mas finalmente será purificada e restaurada. Essa é a mensagem distintiva de Oseias, que pode ser sumariada em duas palavras, *lo-Ami* (não meu povo) e *Ami* (meu povo). Israel não era apenas pecaminosa e apóstata, embora isso também seja dito; mas o pecado da nação assumia o caráter mais grave devido à exaltada relação em que ela fora posta com *Yahweh*". (SCO)

"Oseias é a profecia sobre o imutável amor de Deus por Israel. Apesar das contaminações da nação com o paganismo cananeu e com os cultos de fertilidade, o profeta fez todo o esforço para advertir o povo a arrepender-se, em face do perpétuo amor de Deus por eles. O tema do profeta é quádruplo: a idolatria de Israel; a sua iniquidade; o seu cativeiro e a sua restauração. Por todo o livro, entretanto, ele acena com o tema do amor de Deus por Israel. Israel é retratada profeticamente como a esposa adúltera de *Yahweh*, que em breve seria posta fora, mas que finalmente seria purificada e restaurada. Esses eventos são engastados dentro do mandamento divino de que o profeta se casasse com uma meretriz. Os filhos dessa união receberam nomes que simbolizam as principais predições de Oseias: *Jezreel*, a dinastia de Jeú haveria de ser completamente destruída; *lo-Ruama*, "a quem não se demonstrou misericórdia", o que indica uma profecia sobre o cativeiro assírio; *lo-Ami*, "não meu povo", a rejeição temporária de Israel (cf. Rm 11.1-24); e *Ami*, "meu povo", que aponta para a restauração final da nação (cf. Rm 11.25,26), no fim dos tempos (Os 1.2 — 2.23)". (UN)

Alguns Pontos de Vista Doutrinários

1. A Graça Divina. Deus é quem toma a iniciativa na salvação do homem (Os 11.1). A condição de Israel era de profunda depravação, que só poderia ser curada mediante a graça de Deus. Por todo o livro, a nação de Israel é convidada a arrepender-se, o que dá a entender que isso está dentro do alcance da vontade humana. (Ver Os 5.4; 11.7). A restauração final prometida (Os 1.2 — 2.23) é o resultado final da graça de Deus, o que é uma verdade no tocante à criação inteira, e não apenas à nação de Israel (Ef 1.9,10). Ver no *Dicionário* o artigo geral sobre a *Restauração*.

2. O Pecado. É mister cuidar do pecado, mediante o arrependimento. O pecado tem o poder de confundir, perverter e desviar (Os 4.11), não sendo nenhuma brincadeira. Embora o profeta tenha comprado Gômer de volta, reduzida como ela estava à prostituição e ao opróbrio, o pecado empurrou-a de volta à sua anterior forma de vida pecaminosa. O pecado é poderoso, mesmo em meio ao favor recebido. Assim também, o juízo precisa ser imposto contra o pecado, o que, no caso de Israel, viria sob a forma do cativeiro aos assírios. Todavia, esse juízo divino seria restaurador, e não meramente punitivo. Isso faz parte da natureza do *julgamento divino* (ver a respeito no *Dicionário*).

3. O Difícil Caminho para o Arrependimento (ver Os 6.1-4). Alguns intérpretes aceitam essa passagem como se ela retratasse um autêntico arrependimento. Mas outros veem superficialidade, de tal modo que o arrependimento logo reverte ao estado pecaminoso anterior. Há algo de profundamente ilustrativo nisso, que visa todos os homens. Por que razão o arrependimento é tão espasmódico, tão fugidio, tão facilmente reversível? Oseias ensina-nos que não é fácil o caminho que conduz ao arrependimento, depois que a pessoa se deixa envolver pela idolatria, pela imoralidade e pelas formas corruptas de adoração religiosa. O evangelho promete arrependimento, mediante o poder do Espírito, mas esse poder só se torna disponível àqueles que realmente o cultivam. Ver no *Dicionário* o artigo intitulado *Arrependimento*.

4. O verdadeiro Conhecimento de Deus. Jesus orou no sentido de que os homens viessem a conhecer o verdadeiro Deus, e seu Filho (Jo 17). Mediante esse conhecimento, que não é apenas intelectual, o homem é espiritualizado, porquanto isso envolve comunhão no Espírito Santo. O verdadeiro conhecimento de Deus implica comunhão com Deus, e não apenas informações a respeito de Deus. A falta de conhecimento real de Deus, por parte de Israel, levou a nação a todas as modalidades de pecado, como o perjúrio, a mentira, o homicídio, o furto, o deboche, o engodo e o derramamento de sangue inocente, conforme se vê em Oseias 4.2. Gômer ofendeu profundamente a Oseias, com a sua conduta traiçoeira. E nós insultamos a Deus com a nossa conduta errada. Isso demonstra a superficialidade da nossa experiência com o Ser divino, embora ela seja autêntica. O verdadeiro conhecimento de Deus requer o toque místico. O Espírito Santo precisa fazer-se presente, a fim de nos transformar, ou então, terminaremos com uma teologia meramente intelectual.

5. Esperança e Restauração. A mensagem geral de Oseias é bastante desanimadora, excetuando a sua mensagem de esperada restauração, quando Deus haverá de reverter as misérias de seu povo de Israel. A esperança, porém, é transferida para o futuro. O presente imediato era negro, moralmente falando, mas, no horizonte, já avultava o cativeiro assírio. Somente quando a mente da fé dá uma espiada naquilo que Deus, finalmente, fará, vê-se esperança no livro de Oseias. No entanto, apesar de distante, a esperança é real. (Ver Os 2.14-23; 11.10,1; cap. 14 e, especialmente, 6.1-3).

VIII. Esboço do Conteúdo
I. A Esposa Prostituída de *Yahweh* é Repudiada (1.1 — 3.5)
  A. Um casamento metafórico (1.1 — 2.23)
   1. Ilustrações da rejeição com os nomes Io-Ami (1.1-9)
   2. Consolo em meio à miséria (1.10,11)
   3. O julgamento de Israel (2.1-13)
   4. A restauração de Israel (2.14-23)
  B. Outro casamento metafórico (3.1-5)
   1. Sua decretação (3.1-3)
   2. Seu significado (3.4,5)
II. Israel, Objeto do Amor de Deus (4.1 — 14.9)
  A. A culpa de Israel (4.1-19)
  B. A ira divina (5.1-15)
  C. Arrependimento (6.1-3)
  D. A reação divina (6.4 — 13.8)
  E. Restauração final (13.9 — 14.9)

IX. Canonicidade. O lugar ocupado pelo livro do Oseias à testa dos doze profetas menores é antiquíssimo. Nenhuma decisão canônica jamais pôs isso em dúvida. Desde os dias de Ben Siraque (ver Eclesiástico 49.10,11), essa posição já estava bem estabelecida. Vários manuscritos da Septuaginta têm os profetas menores em diversas sequências; mas o livro de Oseias sempre figura em primeiro lugar, talvez por causa de seu volume ou, então, por causa de sua elevada mensagem e teologia, que nos fornece um quadro de Deus diferente do de muitos outros livros do Antigo Testamento. Em contraste com outros livros, a autoria genuína desse livro nunca foi posta em dúvida. E os estudiosos jamais duvidaram das relações históricas do livro, conforme se vê em Oseias 1.1. Cronologicamente falando, Oseias não deve ser posto antes de Amós (como aparece em *Baba Bathra* 14.b); mas a sua importância faz com que ele mereça estar no começo dos profetas menores.

X. Oseias Ilustra o Princípio da Restauração. Israel havia adotado toda forma de *paganismo*, tendo caído em pecado grave, em apostasia, tornando-se uma nação pagã entre nações pagãs. Jezreel (Os 1.4) nasceu da esposa adúltera de Oseias, a fim de simbolizar a iminente destruição da casa de Jeú e o cativeiro assírio. Em seguida, nasceu-lhes uma filha, que foi batizada como Io-Ruama (Os 1.6), nome que significa "não compadecida". Deus haveria de retirar sua misericórdia protetora de Israel, por um longo tempo. Misérias incontáveis sufocariam a vida nacional de Israel. O povo seria disperso; eles perderiam seus territórios; a adoração sagrada sofreria interrupções. Haveria muitos longos séculos de agonia. Em outras palavras, um *severo juízo* sobreviria àqueles que antes tinham sido povo de Deus. Nasceu então um filho, de Oseias e Gômer, chamado Io-Ami (Os 1.9), nome que significa "não meu povo". Até hoje Israel continua sendo "não meu povo", enquanto está sendo dada a oportunidade de salvação aos gentios. Portanto, está envolvido um processo de séculos de julgamento devastador.

A esposa adúltera, verdadeiramente, foi repelida. No entanto, foi explicado ao profeta que ele deveria chamar seus filhos de *Ami*, que significa "meu povo", e de *Ruama*, isto é, *compadecida* (Os 2.1). Notemos que essas palavras são a reversão verbal dos nomes conferidos aos filhos de Oseias. Tais reversões verbais, pois, falam de uma restauração que deverá abençoar a Israel, graças aos infalíveis e poderosos propósitos de Deus, embora esses propósitos possam requerer muito tempo para serem cumpridos. Em nossos dias, a restauração final continua sendo assunto apenas predito nas profecias bíblicas. Paulo tomou esse tema, em Romanos 11.25,26, fazendo dele uma importante doutrina evangélica. O apóstolo, pois, renovou a esperança e o ensino de Oseias. Fornecemos no *Dicionário* um artigo separado sobre o assunto, chamado *Queda e Restauração de Israel*. Essa restauração está esperando o tempo do fim e a intervenção que será realizada pelo próprio Cristo. (Ver Os 13.9 — 14.9).

Várias lições ótimas são dadas por Oseias, quanto à natureza da restauração de Israel: **1**. O pecado exerce efeitos devastadores sobre um indivíduo ou sobre uma nação, conforme for o caso. **2**. O pecado precisa ser severamente punido, em consonância com o rigor da justiça. **3**. Nesse juízo, um povo inteiro foi declarado "não compadecido" e "não povo de Deus", o que mostra a severidade desse julgamento divino. **4**. Os grandes juízos divinos podem perdurar por longo tempo, realmente. Israel, desde antes do cristianismo, não teve modificada a sua condição diante de Deus, após tantos séculos. Creio que o julgamento dos perdidos atingirá os ciclos da eternidade futura. Apesar da morte biológica do indivíduo não pôr fim à oportunidade (1Pe 4.6), ainda assim deixa cada um de nós sob o juízo apropriado. Cada alma permanecerá sob juízo durante o tempo que for mister para que pague por seus erros e seja restaurada, *através* do juízo. Em outras palavras, o julgamento será *um* dos meios envolvidos nessa restauração. Não antecipo que todas as almas sofrerão o mesmo grau e nem a mesma duração de julgamento. Isso variará de acordo com a reação de cada indivíduo, e a obra que nele estiver sendo efetuada, pela graça de Deus. **5**. *O juízo divino é punitivo*, conforme ilustrado pelo livro de Oseias. Por outro lado, também é *restaurador*, conforme mostra o mesmo livro. Em outras palavras, o juízo realiza algo, a saber, restaura. O julgamento da cruz foi um severíssimo golpe contra o pecado, mas também se revestiu de poderes remidores. Assim, todos os julgamentos divinos são golpes contra o pecado, produzindo miséria e sofrimento. Porém, vão muito além disso, livrando o homem das tempestades e trazendo a ele o *raiar de um novo dia*, no qual a graça restauradora de Deus resplandece em *todos* os lugares de sua criação. **6**. Os assírios vieram e puseram fim à nação do norte, Israel. Séculos e séculos de sofrimentos têm-se seguido desde então. Mas a promessa de restauração final permanece firme. O propósito de Deus continua operando. Não foi cancelado pelo julgamento. O mesmo sucede no caso de *todos os homens. Os* homens estão dispersos e cativos pelo diabo. O julgamento haverá de sobrevir a todos os homens, o que fará com que a vasta maioria deles tenha de ir para as dimensões espirituais do julgamento. No entanto, a misericórdia de Deus garante que esse estado, em si mesmo, tem um efeito restaurador, conforme vemos Em 1Pedro 4.6 e

Efésios 1.9,10. Esse propósito opera até nos ciclos da eternidade futura, abrangendo um tempo muito longo, da mesma maneira que o povo de Israel tem estado sob o juízo divino, há muitos séculos. Deus, porém, escreverá um capítulo final de misericórdia e graça, e todos os homens haverão de exultar no Logos, como o grande Benfeitor e a razão e o alvo de toda a existência humana, mesmo que nem todos venham a obter a redenção que há em Cristo. Isso, meus amigos, é um evangelho otimista, é boas-novas para os homens garantidas pelo amor de Deus, em Jesus Cristo.

XI. BIBLIOGRAFIA. AM BA E HARR I IB IOT OES SN WBC WES YO Z

OSÍRIS

Tal como sucede com as noções sobre as divindades pagãs, esse deus teve um desenvolvimento em sua história. Ao que parece, ele começou como um deus do rio Nilo de Busiris, no delta desse rio. Em Abidos havia um importante santuário dedicado a essa divindade. De acordo com a mitologia egípcia, Osíris foi assassinado por *Sete* (vide). Mas o filho de Osíris, Horus, juntou os pedaços do corpo despedaçado de seu pai e tornou a reuni-los em um só corpo, conferindo-lhe então a vida. Temos aí uma estranha distorção doutrinária, onde um filho dá vida a seu pai. O fato é que essa história tornou-se símbolo dos poderes doadores de vida, que podem ser aplicados a todos os seres humanos, segundo aquele mito.

Em seguida, Osíris é apresentado como dirigente do mundo inferior. Mais tarde, exaltado a uma posição superior, ele passou a ser concebido como o deus do céu, e começou a aparecer como uma divindade entronizada. Dizia-se do Faraó do Egito que ele era filho de Osíris, pelo que a teologia entrou na política. De acordo com o culto a Osíris, a salvação humana é obtida através da prática de ritos e de princípios morais. Esses ritos eram efetuados por um sacerdócio. Segundo esses sacerdotes ensinavam, Osíris teria atingido a imortalidade através desses ritos, tornando-se um pioneiro no caminho que deve ser seguido por todos os homens. Durante o reino médio e o império egípcios, surgiram novos conceitos acerca de Osíris, e a bênção pessoal dos salvos foi enfatizada. Um juízo formal veio a tornar-se parte da esperada cena celestial. Osíris passou a ser o rei que julga as almas. Sentado em seu trono, aparecia munido de cetro e látego, usando esses objetos de acordo com os requisitos de cada caso. Os mitos variavam quanto aos detalhes. De acordo com os anais de Heliópolis, Osíris aparece como membro da última geração de descendentes de Atom. Ali, foi Ísis, e não Horus, quem reuniu os pedaços do corpo de assassinado Osíris. Já nos tempos do império romano, Osíris e Ísis foram unidos em uma religião misteriosa. O tema principal era o mesmo que no antigo Egito. Uma divindade morrera, mas fora trazida de volta à vida. E nisso jaz a esperança da imortalidade, mediante a participação no mesmo programa. Ver *Religiões Misteriosas (dos Mistérios)*.

Uma Tríade. Nesse relato mitológico temos uma das muitas tríades religiosas que atingiram seu ponto culminante na doutrina cristã da Trindade. Nessa trindade egípcia vemos Osíris, sua esposa, Ísis, e o filho deles, Horus. Ver o artigo intitulado *Tríades Divinas*.

OSNAPAR

Esse nome acha-se na Bíblia somente em Esdras 4.10 (em nossa versão portuguesa, Asnapar), em uma carta escrita em aramaico, enviada por Reum, comandante, e por Sinsai, o escriba, e seus associados, ao rei da Pérsia, Artaxerxes. Essa carta exortava-o a determinar a cessação da reedificação das muralhas de Jerusalém, e a restauração daquele lugar, após o cativeiro babilônico, pelos judeus que dali haviam retornado. Normalmente, os intérpretes identificam Osnapar com *Assurbanipal* (vide), que sucedeu no trono a seu pai, Esar-Hadom, como monarca da Assíria (669 a.C.). Ele capturou Tebas no Egito, em 663 a.C., e combateu contra vários povos da região. O artigo intitulado *Assurbanipal* narra a história inteira.

OSSO(S)

No hebraico a palavra mais comum é *etsem* que ocorre por 97 vezes, desde Gênesis 2.23 até Habacuque 3.16. No grego, a palavra é *osteón* (Mt 23.27; Lc 24.39; Jo 19.36 (citando Êx 12.46; cf. Sl 34.21); Hb 11.22). Quase todas as referências bíblicas são literais, referindo-se àquela parte durável do corpo humano. Mas, ocasionalmente, encontramos um uso metafórico, em que *ossos* indica os sentimentos profundos, os afetos e as afiliações (ver Gn 29.14; Jz 9.3; Jó 2.5; Sl 42.10; Ef 5.30).

O sepultamento decente dos cadáveres sempre fez parte importante das culturas humanas, quando então se dizia que os "ossos" descansavam, e a natureza seguia seu livre curso. (Ver Gn 1.25; Hb 11.22; Ez 39.15). Religiosamente falando, o contato com ossos humanos era considerado contaminador. (Ver Nm 19.16). Queimar os ossos de um morto era algo que muito os profanava (ver 2Rs 23.20). Havia também a crença de que os ossos (real ou simbolicamente) podiam preservar a vitalidade da pessoa, e que ela tivera em seu corpo físico. Vê-se reflexos disso Em 2Reis 13.21. Ver a metáfora dos *ossos secos*, em Ezequiel 38.1,2. Quebrar e espalhar ossos era emblema de derrota absoluta, infligida ao inimigo (Sl 43.5; Is 38.13). Queimar os ossos era considerado um ato pecaminoso (Am 2.1). Uma notável profecia teve cumprimento quando os ossos do Senhor Jesus não foram quebrados (Jo 19.36), e alguns intérpretes têm pensado que isso simboliza a igreja. (Ver Sl 34.20). O trecho de Salmo 22.14,17 mostra-nos que os sofrimentos de Cristo envolveram uma agonia que descia até os seus próprios ossos.

OSSUÁRIOS

Essa palavra portuguesa vem do latim, *ossis*, "osso", e, mais particularmente, de *ossuarium*, "para ossos". Um ossuário é uma caixa para guardar ossos de pessoas mortas, depois de a carne ter-se desprendido e sido consumida, ficando os ossos secos. Quando restam somente os ossos, o espaço capaz de contê-los é bem menor, e os ossos dos membros de famílias inteiras podem ser guardados em lugares compactos, como em prateleiras (no latim, *loculi*), escavadas em rochas ou encostadas em paredes. A arqueologia tem descoberto câmeras para os ossos de famílias inteiras. Os ossuários eram feitos de pedra ou de argila queimada no forno. Com frequência, essas caixas eram decoradas com entalhes e pinturas, predominantemente figuras geométricas. Embora a Bíblia não use essa palavra, tal prática era comum nos tempos bíblicos. É possível que uma antiga representação de uma casa, em argila queimada no forno, pertencente aos tempos calcolíticos (cerca de 4000-3000 a.C.), na realidade tenha sido um ossuário. Porém, quase todos os ossuários descobertos pelos arqueólogos datam dos tempos romanos. Têm sido encontrados ossuários de origem judaica e de origem cristã. Alguns dosses ossuários são de dimensões bem pequenas, algo como de 30 a 50 cm de largura, e de 25 a 40 cm de comprimento. E mesmo os ossuários maiores dificilmente chegam aos 90 cm de comprimento. As inscrições encontradas nos ossuários confirmam muitos nomes bíblicos, como Salomé, Judá, Simeão, Marta, Eleazar, Nataniel, Jesus (Js) etc.

OTNI

Uma forma abreviada de Otniel, que signiffca **"Deus é poderoso"**. Esse era o nome de um dos filhos de Semaías. Ele foi um porteiro levita coraíta, um servo do templo (1Cr 26.7). Viveu por volta de 1015 a.C.

OTNIEL

No hebraico **"Deus (El) é poderoso"** ou, então, **"leão de Deus"**. Esse foi o nome de duas personagens que figuram nas páginas do Antigo Testamento:

OTONIAS

1. O Primeiro Juiz de Israel. Esse homem é mencionado por ocasião da conquista de Quiriate-Sefer (posteriormente denominado Debir). Ele era filho de Quenaz, irmão mais jovem de Calebe (Jz 3.9). Parece que Quenaz era o cabeça da tribo de Judá; e parece que Otniel, como filho de Jefoné, era descendente de Quenaz, ou talvez fosse um seu filho direto. Algumas vezes, Calebe é chamado de "quenezeu" (ver Nm 32.12; Js 14.6,14), o que talvez significasse que ele era filho de Quenaz e irmão mais velho de Otniel. Seja como for, Quiriate-Sefer (Debir) fora alocada a Calebe, e este ofereceu sua filha como recompensa a quem a capturasse. Otniel ganhou o prêmio (ver Js 15.16,17; Jz 1.12,13). Ao que parece, a cidade fora capturada e perdida de novo; ou, então, embora verbalmente "dada" a Calebe, nunca havia sido ocupada pelos judaítas.

A época de Otniel foi de apostasia em Israel. Os israelitas tinham começado a servir aos *baalins*, adorando Astarote nos bosques. O juízo divino que sofreram, por esse motivo, foi serem entregues ao poder de Cusã-Risataim, rei da Mesopotâmia. E os israelitas ficaram sujeitos a uma dura servidão, durante oito anos. Otniel, pois, foi levantado por Deus para ser o libertador. Recebeu uma unção especial, da parte do Senhor, para poder desincumbir-se da tarefa. Ele venceu na batalha contra o rei estrangeiro, e a terra de Israel teve descanso durante quarenta anos. Otniel realizava os serviços tanto de juíz quanto de libertador, conforme indicam os trechos de 1Sm 7.15 e 8.20. Ele viveu por volta de 1360 a.C.

2. Outro homem, provavelmente do mesmo nome, é mencionado em 1Crônicas 27.15. Ele foi um dos antepassados de Heldai, e chefe de uma família de netofatitas. Talvez ele pertencesse à família do Otniel descrito no primeiro ponto, acima, e foi um oficial que serviu a Davi. Na referência dada acima é dito que ele era "de Otniel".

OTONIAS

O cânon palestino não menciona esse nome; mas seu nome aparece no cânon alexandrino, em 1Esdras 9.28. Ele foi um daqueles que haviam tomado esposa estrangeira, na Babilônia, mas que, após o retorno do remanescente de Judá, do cativeiro na Babilônia, foi obrigado a divorciar-se dela.

OURIÇO

No hebraico, *quippod*. Aparece somente em Isaías 14.23; 34.11 e Sofonias 2.14. Tudo quanto envolve a fauna, a flora etc., do Antigo Testamento, constitui problema de tradução, porque os israelitas não usavam termos científicos para designá-los. Por essa razão, as traduções dão vários animais, onde nossa versão portuguesa diz "ouriço". De acordo com as descrições do *hábitat*, nessas passagens, a espécie em foco vivia em lugares desérticos. A tradução portuguesa está associada a uma raiz árabe, similar à palavra hebraica; mas o contexto, pelo menos Em Sofonias, sugere alguma forma de lagarto. Alguns estudiosos têm sugerido alguma variedade noturna de íbis, além de outros pássaros. Como estamos vendo, não há como determinar precisamente o animal em pauta. (ND UN)

OURIVES

Há duas palavras hebraicas e uma palavra grega envolvidas neste verbete: **1**. *Tsaraph*, "refinar", "purificar". Embora verbo, essa palavra é traduzida como substantivo, "ourives", pelas traduções em geral, por cinco vezes (Ne 3.8,32; Is 40.19; 41.7 e 46.6). **2**. *Tsorephi*, "refinador", "purificador". Esse substantivo ocorre somente por uma vez, em Neemias 3.31, dentro da frase, *Depois dele reparou Malquias, filho dum ourives...* **3**. *Arqurokópos*, "artífice em prata". Esse vocábulo grego é usado somente em Atos 19.24, indicando Demétrio, que provocou tremenda agitação popular em protesto contra Paulo e outros pregadores cristãos que estavam prejudicando indiretamente o negócio deles, que consistia em fabricar nichos de prata da deusa Diana. Ele é chamado "ourives" em nossa versão portuguesa, embora não trabalhasse com ouro, e, sim, com prata.

A palavra hebraica indica alguém que funde algo ou que refina algum metal. (Ver Ml 3.2,3). Um ourives trabalhava moldando a martelo, ou então moldando o metal após fundi-lo, obtendo o formato e a grossura desejados. As religiões idólatras muito empregavam as artes dos ourives, para formação de seus ídolos. Alguns desses ídolos eram apenas recobertos de ouro, mas também havia ídolos feitos de ouro puro. (Ver Jr 10.9, 51.17). Ver o artigo geral sobre a *Idolatria*. Os ourives mencionados em Neemias 3.8,21,32, conforme pensam alguns estudiosos, provavelmente eram joalheiros. Ver os artigos gerais sobre o *Ouro* e sobre *Artes e Ofícios*.

O trecho de Salmo 12.6 refere-se à *prata refinada em cadinho de barro, depurada sete vezes*, quando procura mostrar o grande valor das Escrituras Sagradas. Sem importar se devemos entender literalmente ou não as palavras "depurada sete vezes", o que importa é que entendamos que a prata precisa ser refinada seguidamente, a fim de tornar-se pura. Os ourives antigos, ou melhor, os *forjadores de prata*, recobriam ídolos de madeira com uma fina camada de prata (Jz 17.4; Jr 10.9), que batiam a martelo. Conforme se sabe através da história, era na Espanha que se produzia quase toda a prata do mundo europeu antigo, incluindo o Oriente Próximo. De acordo com Salomão (ver Pv 25.4), os ourives usavam a prata, depois que a escória da mesma era escumada, isto é, retirada. Porém, a julgar pela linguagem por ele usada, não se sabe dizer, por aquele trecho, se eles recobriam de prata os ídolos, ou se abatiam a martelo sobre esses ídolos. Isaías 40.19 fala das cadeias de prata que os ourives fabricavam a fim de adornar seus ídolos pagãos. O caso bíblico mais notável que envolveu alguém dessa ocupação foi o de "um ourives, chamado Demétrio". Esse indivíduo fazia nichos de prata representando, provavelmente, templos em miniatura da deusa pagã Diana, a "santa" protetora dos efésios. Essa arte idólatra, no dizer ainda de Lucas, "dava muito lucro aos artífices". Sem tencionar fazê-lo, Paulo e sua equipe de pregadores mexeram com o bolso deles, pois os convertidos ao cristianismo abandonavam a idolatria e deixavam de comprar os tais nichos de prata. Não seria preciso mais nada para Demétrio e seus colegas de profissão se revoltarem contra os evangelizadores. Incidentalmente, isso mostra-nos como a arte religiosa (incluindo-se nessa categoria as chamadas "casas de artigos religiosos", que vendem de tudo) está diretamente ligada ao lucro financeiro. Se não houvesse compradores, os artífices dessas coisas teriam de voltar-se para outras atividades. Mas a credulidade popular, sempre muito mal informada, alimenta esse comércio. A narrativa do tumulto provocado por Demétrio e seus companheiros, contra os pregadores do Senhor Jesus, encontra-se em Atos 19.23-40. Pelos interiores e sertões do Brasil têm aparecido muitos êmulos de Demétrio. Esses atiçam o povo simples contra os pregadores do evangelho, quando os lucros dos exploradores da idolatria, em qualquer de suas manifestações, se veem ameaçados! Ver também sobre *Prata* e *Artifices*.

OURO

Ver o artigo geral sobre *Mina*, Mineração. Alguns têm observado que o ouro é amarelo devido ao medo que sofre, por causa de tantos homens ambiciosos que o buscam. Todos nós sabemos o que significa buscar o ouro. No entanto, o bem mais humilde aço é o metal mais valioso de nossa moderna civilização. O ouro mostra-nos como os homens procuram criar falsos valores; pois, apesar do ouro ter seus usos, dificilmente encontra-se no alto da lista dos metais verdadeiramente preciosos.

I. PALAVRAS DA BÍBLIA PARA OURO. Há seis palavras hebraicas envolvidas, e uma palavra grega, a saber: **1**. *Zahab*, "amarelo", "brilhante". Essa palavra hebraica é usada por mais de 360 vezes, desde Gênesis 2.11 até Malaquias 3.3. Também é palavra usada para indicar o céu brilhante, o "áureo esplendor" do norte, em Jó 37.22. E também pode estar em foco o "tempo bom", que, poeticamente, poderia ser chamado de "tempo dourado". Ver Jó 37.22, embora a nossa versão portuguesa não tenha um fraseado que dê a entender essa segunda ideia. **2**. *Betsar ou betser*, "defesa", "riqueza". Outros estudiosos pensam nos sentidos de "escavado" e "retirado", provavelmente em alusão ao minério de ouro. Com o sentido de "ouro", essa palavra só ocorre em Jó 22.24 (*betser*) e em Jó 36.19 (*betsar*). Há traduções que dizem ali "tesouro". No entanto, nossa versão portuguesa, apesar de traduzir a palavra por "ouro", na primeira dessas referências, traduz a segunda de uma maneira que não menciona nem o ouro e nem qualquer outro metal, dizendo: "Estimaria ele as tuas lamúrias e todos os teus grandes esforços, para que te vejas livre da tua angústia?" O homem justo, mediante o seu trabalho diligente, pode prosperar materialmente, adquirindo ouro e prata; mas, conforme Jó 22.25, ... *o Todo Poderoso será o teu ouro, e a tua prata escolhida*. **3**. *Paz*, "purificar", "separar". Essa palavra hebraica refere-se ao ouro refinado. É usada por nove vezes (Jó 28.17; Sl 19.10; 21.3; 119.127; Pv 8.19; Ct 5.11,15; Is 13.12; Lm 4.2). **4**. *Segor*, "fechado", pois refere-se a coisas escondidas, como um "tesouro". Essa palavra ocorre somente em Jó 28.15. **5**. *Kethem*, "armazém dourado", no hebraico, embora seja palavra geral para também indicar o ouro; ocorre por sete vezes: Jó 31.24; Pv 25.12; Lm 4.1; Dn 10.5; Jó. 28.19; Is 13.12; Sl 45.9. Nessas duas últimas referências, a palavra é utilizada para indicar o ouro de Ofir. **6**. *Charuts*, "melhor bem" ou "ouro amarelo". Esse vocábulo hebraico ocorre por seis vezes (Pv 3.14; Zc 9.3; Sl 68.13; Pv 8.10,19 e 16.16). Também há uma palavra hebraica *dehab*, que significa "dourado", e que figura no Antigo Testamento por nove vezes (Ed 6.5; Dn 3.5,7,10,12,14,18; 5.2,3). **7**. *Chrusós*, "ouro". Palavra grega que ocorre por treze vezes, no Novo Testamento (Mt 2.11; 10.9; 23.16,17; At 17.29; 1Co 3.12; 1Tm 2.9; Tg 5.3; Ap 9.7,20; 18.12,16). Também há um adjetivo com base nesse substantivo, *chrúseos*, "dourado", que aparece por quinze vezes (Hb 9.4; Ap 1.12,13,20; 2.1; 5.8; 8.3; 9.13; 14.14; 15.6,7; 17.4 e 21.15). Nesse termo grego, tal como no caso de *zahab* e *charuts*, palavras hebraicas, a alusão é à cor amarela desse metal, embora o termo grego seja usado para indicar toda variedade de ouro, de minério de ouro, de moedas de ouro, de pesos de ouro, de joias ou de ornamentos feitos desse metal.

II. O Ouro como Metal, sua História e seus Usos. O ouro é um metal amarelo, brilhante e mole. É tão procurado por causa de sua beleza, porque não se corrói e nem se mancha, e também porque é fácil de trabalhar com ele. Pode ser obtido do seu minério sem técnicas complexas de separação. É o metal que mais se presta para se trabalhar com ele, podendo ser batido até atingir uns duzentos mil avos de um milímetro de espessura. Vinte e oito gramas desse metal podem ser batidos até espalhar-se por 27 m². Visto que o ouro é tão mole, pode fazer liga com outros metais, melhorando assim suas qualidades diante dos desgastes. A pureza do ouro é expressa mediante o sistema de quilates, ou em termos de sua finura. O ouro puro é o ouro de 24 quilates; o ouro de dezoito quilates tem cerca de setenta e cinco por cento de ouro, enquanto que o resto é prata ou cobre. Quase todas as joias de ouro são feitas de ouro de dezoito quilates. A finura refere-se a quantas partes de ouro há, em relação a outro metal, dentro de uma escala de mil. Portanto, o ouro 750 equivale ao ouro de dezoito quilates.

História. O ouro foi um dos primeiros metais usados pelo homem, por ser de fácil refinamento e fácil de trabalhar. Até mesmo na Idade da Pedra, os homens já usavam o ouro. Sua própria escassez encarregou-se de aumentar-lhe o valor. Na Idade do Bronze, o ouro passou a ser usado ainda em maior abundância. Mas, desde a Idade da Pedra os homens usavam pepitas de ouro como ornamentos. Então os homens começaram a martelar o ouro, até dar-lhe o formato desejado. Na Idade do Bronze, começou a ser moldado. Sabemos que já havia ativa exploração de minas de ouro, desde 4000 a.C. Isso ocorria na, Arábia, na Índia, na Pérsia, na Caucásia na Ásia Menor, na Península dos Bálcãs, no Egito e em outras regiões da África e, finalmente, na Palestina. Fontes informativas egípcias falam sobre o ouro pesado sob a forma de anéis (ver Gn 43.21; 1Cr 21.25; 28.14; Ed 8.25,26). O ouro também era usado à guisa de moeda (Gn 13.2; 24.22). O ouro representava riquezas materiais (Êx 12.35; 32.3,4; Nm 31.50-54). A Bíblia fala sobre lugares específicos onde o ouro era extraído, como a região de Havilá (Gn 2.11), Sabá (1Rs 10.22) e Ofir (1Rs 9.28).

Usos do Ouro. O ouro era usado como decoração, sob a forma de joias, ou como uma unidade monetária, sob a forma de peso e, mais tarde, sob a forma de moedas. O ouro é excelente como um item de decoração, porque se pode trabalhar mui facilmente com esse metal, além de ser resistente à corrosão e às manchas. Nos tempos modernos, além dos usos tradicionais, esse metal é muito usado pela indústria eletrônica, por causa de sua excelente condutividade elétrica e por sua resistência à corrosão. Ligas de ouro e níquel ou de ouro e prata são empregadas em contatos elétricos. Se for necessário endurecer mais o ouro, então faz-se uma liga de ouro e platina. Com frequência, o ouro é usado para encobrir os polos dos tubos eletrônicos. Ligas de ouro com níquel e de ouro com ferro são usadas no fabrico de artigos magnéticos e nas memórias dos computadores. Quando usado em liga com o paládio ou com o cobre, serve para trabalhos dentais. Espelhos forrados atrás com ouro são muito usados em equipamentos espectroscópicos, por causa de sua qualidade superior de reflexo, na região infravermelha do espectro. Compostos de ouro são usados no tratamento da artrite reumatoide e em outras condições patológicas. Contudo, o ouro é tóxico, pelo que deve ser controlada cuidadosamente a sua administração como medicamento. O isótopo radioativo 198 (AU) é usado na terapia de radiações internas, para o tratamento de certas variedades de câncer. Esse mesmo produto é usado para detectar derramamentos em filtros suficientemente finos para captar bactérias.

III. Usos Metafóricos. **1**. O ouro representa aquilo que é puro, divino, precioso e incorruptível. O emprego desse metal, no tabernáculo armado no deserto, de acordo com a tipologia bíblica, tem esses significados. (Ver Dn 10.5; Ap 3.18; 8.3 e 14.14). **2**. Ele simboliza o próprio Deus, como um Ser puro, precioso, enriquecedor e eterno, a verdadeira riqueza de seu povo (Jó. 22.25). **3**. *A palavra de Deus* também é simbolizada pelo ouro, devido às suas qualidades de grande valor e de permanência (Sl 19.10; Is 60.17; Zc 4.12; 1Co 3.12; Ap 21.15). **4**. Os santos, bem como suas virtudes espirituais, como a fé, a esperança, o amor etc., são comparados ao ouro (Jó 23.18; Sl 45.13; 1Pe 1.7). **5**. *As taças da ira de Deus* aparecem como taças de ouro, por serem divinas, puras, sem qualquer mistura e, portanto, poderosas em seus efeitos (Ap 15.7). **6**. As riquezas materiais, em quaisquer de suas formas, juntamente com aquilo que é pomposo e cheio de ostentação, também são comparadas ao ouro (Gn 13.2; Jz 8.26; Ap 17.4). (AM DANA FOR)

OURO, CANDEEIRO DE. Ver sobre *Candeeiro de Ouro*.

OURO BATIDO

Tratava-se do ouro combinado com algum outro metal, formando uma liga. Certos objetos de ornamentação e certos objetos para uso militar eram ligas, conforme se vê em 1Reis 10.16,17 e 2Crônicas 9.15,16. O ouro extraído pelos métodos antigos não era muito puro, e já vinha misturado com certa variedade de outros minerais, como a prata, o cobre, o ferro, o bismuto, o mercúrio etc. Portanto, vários tipos de ouro eram conhecidos e nomeados inteiramente à parte de qualquer liga propositalmente feita.

OUVIDO

No hebraico, *ozen*, que figura por mais de cento e setenta vezes, desde Gênesis 20.8 até Zacarias 7.11. No grego, *o us*, que aparece por 37 vezes no Novo Testamento (Mt 10.27; 11.15; 13.9; 14.35 (citando Is 6.10); 13.16,43; Mc 4.9,23; 7.16,33; 8.18; Lc 1.44; 4.21; 8.8; 9.44; 12.3; 14.35; 22.50; At 7.51,57; 11.22; 28.27; Rm 1.8 etc). O termo grego *otíon*, "lobo externo do ouvido", aparece por três vezes (Mt 26.51; Lc 22.51 e Jo 18.26).

Referências Bíblicas Literais. **1**. A ponta da orelha direita dos sacerdotes era tocada com sangue, por ocasião da consagração deles ao ministério (Lv 8.23,24; Êx 29.20) e eles ficavam assim identificados com os sacrifícios cruentos que tinham de oferecer. **2**. Outro tanto era feito no caso de um leproso curado, como sinal de sua purificação (Lv 14.14). **3**. Se a um escravo fosse oferecida a liberdade, mas ele preferisse continuar como escravo de seu senhor, então sua orelha direita era perfurada com uma sovela, como símbolo de sua contínua e permanente subserviência (Êx 21.6). Esse é um belo símbolo de total dedicação. Não são muitos os escravos de Cristo que perfuram espiritualmente a orelha. **4**. Na antiguidade, homens e mulheres adornavam suas orelhas com brincos (vide). **5**. Ter decepada uma das orelhas era uma prática muito temida. Um inimigo recebia esse tipo de tratamento como sinal de ódio e humilhação (Ez 23.25). **6**. Um dos mais significativos milagres de Jesus foi a cura da orelha do soldado, a qual fora cortada fora por Pedro, quando ele saltou em defesa de Jesus, no horto de Getsêmani (Mt 26.51; Mc 14.47).

Usos Simbólicos. **1**. Descobrir o ouvido significa revelar alguma coisa (1Sm 20.2). **2**. É dito que os ídolos tinham ouvidos pesados, pois não podiam atender aos pedidos feitos por seus adoradores, em contraste com o verdadeiro Deus (Sl 135.17 e Is 59.1,2). **3**. Acerca de Deus é dito que ele tem os ouvidos abertos, o que indica que está sempre pronto a ouvir o seu povo (Sl 34.25). **4**. O povo de Deus é chamado de povo que ouve com mau grado, para indicar a sua insensibilidade para com a mensagem divina (Mt 13.15). **5**. A ação de ouvir indica a presença daquele que ouve (1Cr 28.8 e Lc 4.21). **6**. Fixar os ouvidos no que se ouve representa uma mensagem que é compreendida e com base na qual o ouvinte passa a agir (Lc 9.44). **7**. Ouvidos incircuncisos representam o indivíduo rebelde que não dá atenção à mensagem de Deus (Jr 6.10). **8**. Inclinar o ouvido significa dar estrita atenção a quem fala (Sl 88.2). **9**. Aquele que tem ouvidos que ouvem é aquele que obedece (Pv 20.12). **10**. Deus abre os ouvidos espirituais dos homens, a fim de que escutem e obedeçam à sua voz (Jó 29.11; Is 50.4). **11**. O fato de que os ouvidos de Davi foram abertos indica que ele foi preparado por Deus para mostrar-se obediente (Sl 40.6). (S UN Z)

OVELHA

Seis palavras hebraicas e uma palavra grega estão envolvidas na compreensão deste verbete, a saber: **1**. *Kebes*, "cordeiro". Palavra hebraica que figura por 104 vezes (Por exemplo: Êx 29.38-41, Lv 4.32; 9.3; 12.6; Nm 6.12,14; 7.15,17,88; 15.5; 28.3,4,7,9,11,13,14,19,21,27,29; 2Cr 29.21; Ed 8.35; Pv 27.25; Is 1.11; Jr 11.19; Ez 46.4-7,11,13,15; Os 4.16). **2**. *Keseb*, "cordeiro". Palavra hebraica que aparece por doze vezes (Para exemplificar: Gn 30.32,33,35; Lv 1.10; 7.23; Nm 18.17; Dt 14.4). **3**. *Tson*, "ovelha". Palavra hebraica usada por cento e dez vezes, com esse sentido (Por exemplo: Gn 4.2; 12.16; 20.14; Êx 9.3; 20.24; Lv 22.21; Nm 22.40; 27.17; 32.36; Dt 7.13; 14.26; Js 7.24; 1Sm 8.17; 14.32; 27.9; 2Sm 7.8; 1Rs 1.9,19; 25; 2Rs 5.26; 1Cr 5.21; 2Cr 5.6; 7.5; Ne 3.1,32; Jó 1.3; Sl 4.11, 22; 49.14; 74.1; Is 7.21; 13.14; Jr 12.3; Ez 34.6,11,12; Jl 1.18; Mq 2.12; Zc 13.7). **4**. *Tsoneh*, "ovelha". Palavra hebraica usada por duas vezes (Nm 32.24 e Sl 8.7). **5**. *Rachel*, "ovelha". Palavra hebraica usada por quatro vezes (Ct 6.6; Is 53.7, Gn 31.38; 32.14). **6**. *Seh*, "ovelhinha". Palavra hebraica que ocorre por 44 vezes, com diversas traduções correlatas (Por exemplo: Êx 22.1,4,9,10; Lv 27.26; Dt 17.1; 18.3; Js 6.21; 1Sm 14.34; Sl 119.176; Jr 50.17). **7**. *Próbaton*, "ovelha", "carneiro". Vocábulo grego empregado por 39 vezes no Novo Testamento (Mt 7.15; 9.36; 10.6; 10.16; 12.11,12; 15.24; 18.12; 25.32,33; 26.31; (citando Zc 13.7) Mc 6.34; 14.27; Lc 15.4,6; Jo 2.14,15; 10.1-4; 7,8,11-13, 15,16,26,27; 21.16,17; At 8.32 (citando Is 53.7); Rm 8.36 (citando Sl 44.23); Hb 13.20; 1Pe 2.25 e Ap 18.13).

1. Origem e História Primitiva. Essa questão é complexa, de tal modo que muitas opiniões têm sido expressas pelos eruditos sobre as possíveis espécies ancestrais, seu período de existência e seu lugar de origem. A obra de Zeuner é a mais completa (F.E. Zeuner, *A History of Domesticated Animals*, cap. 7).

É difícil que esse estudo venha a ser ultrapassado, a menos que algum material ou método de estudo radicalmente novo venha a ser encontrado. Há duas espécies originárias principais. A espécie Urial (*Ovis orientalis*) é a mais importante delas. Trata-se de uma espécie da Ásia central e oriental, que vive principalmente em regiões montanhosas, desde a porção oeste do Tibete até a Transcáspia. A ovelha adulta chega a quase 90 cm de altura no alto do dorso, com chifres extremamente vincados, nos lados da cabeça. Ela torna-se avermelhada durante o verão, com porções inferiores esbranquiçadas, e torna-se marrom cinza durante o inverno. A outra espécie é a *Ovis mousimon*, das montanhas da Córsega e da Sardenha, além de regiões da Ásia Menor. Ela é um tanto menor que a *Ovis orientalis*, de cor marrom avermelhado escuro. Durante o inverno, os carneiros adultos ficam com manchas esbranquiçadas ou creme, dos lados. Seus chifres são extremamente longos e recurvos. É no Irã que se acham os primeiros sinais de domesticação da ovelha, perto da região de Urial. Por ocasião da era da cerâmica neolítica (cerca de 5000 a.C.), já estavam sendo criadas ovelhas, provavelmente cuidadas por cães, e também já estavam sendo misturadas espécies, sob algum controle. Então, essa espécie domesticada propagou-se tão rapidamente, que acabou se misturando com outras espécies que estavam sendo domesticadas independentemente, até que poucas espécies podiam ser consideradas puramente originárias de alguma espécie.

2. Características da Ovelha Domesticada. A maior parte das espécies atualmente difere largamente de seus antepassados selvagens, e essas diferenças começaram a aparecer quase desde o princípio. Quatro são as diferenças principais: **a. A lã**. Essa se fez presente nas espécies selvagens, embora torne-se mais patente durante o inverno, quando pode cobrir os pelos mais duros. As propriedades da lã, como o acetinado e a capacidade de produzir fios, foram reconhecidas na antiguidade desde bem cedo, tendo sido criadas espécies que produziam boa lã em grande quantidade. Porém, ovelhas dotadas de pelos duros que hoje podem ser encontradas, especialmente nos trópicos. **b. A cauda**. Algumas espécies domesticadas têm caudas com duas ou três vezes mais vértebras que as formas selvagens. Em outras espécies domesticadas, a cauda tornou-se um órgão onde é armazenada grande quantidade de gordura, o que tem sido encontrado entre múmias tão antigas quanto as da XII dinastia egípcia (cerca de 2000 a.C.). **c. A cor**. O homem ocidental está tão acostumado a ver ovelhas brancas que qualquer outra coloração lhe parece estranha. As primeiras ovelhas, mui provavelmente, eram marrons; mas, no Egito havia ovelhas brancas, marrons e negras, antes de 2000 a.C. e talvez até muito antes disso. Tornou-se tradição pensar que as ovelhas referidas na Bíblia sempre fossem brancas isso é correto quase em todos os casos, mas não é inteiramente o sentido do texto que diz: ... *se tornarão como a lã* (Is 1.18). Na verdade, as palavras "lã de Zaar" (com base no texto hebraico que fala em *tsachar*, *brancura*; Ez 27.18), encontram-se em um contexto que dá ideia de riquezas. Mas é óbvio, com base no trecho de Gênesis 30.32 *ss*., que tanto as ovelhas quanto os bodes eram de várias colorações, presumivelmente incluindo a cor "branca", embora a palavra ali traduzIda como "malhados" indique manchas claras em animais escuros. Por igual modo, devido aos trechos de Números 28.3,9 e 29.17,26, onde se lê que as ovelhas oferecidas em sacriffcio tinham de ser "sem defeito", que isso indicaria que esses animais teriam de ser imaculadamente brancos. Porém, essa palavra aponta para imperfeições em geral, e não, necessariamente, para a coloração dos animais. *d. Hábitat.* Começando como um animal que vivia naturalmente em regiões montanhosas, as ovelhas se desenvolveram em espécies dispersas por toda a espécie de terreno, desde terras altas até pantanais, ou mesmo até as fímbrias dos desertos. A ovelha é mais seletiva do que o bode, em sua alimentação, requerendo uma melhor quantidade de forragem, geralmente uma melhor qualidade de relva, conforme podemos observar em 1Crônicas 4.39,40: *Chegaram até a entrada de Gedor, ao oriente do vale, à procura de pasto para os seus rebanhos. Acharam pasto farto e bom...* As erráticas chuvas de inverno que caem na Palestina faziam a relva crescer em tufos, e os pastores, sabendo onde encontrar pastagem, levavam as suas ovelhas até aqueles lugares. Davi, com base nesse tipo de experiência, escreveu: *Ele me faz repousar em pastos verdejantes...* (Sl 23.2).

3. Usos. Geralmente os estudiosos concordam que, a princípio, a ovelha foi domesticada somente por causa de sua carne. A carne das ovelhas, diferente do caso dos bodes, é boa tanto nos animais pequenos como nos já bem desenvolvidos. Tal como o gado vacum e o gado caprino, as ovelhas são ruminantes dotadas de patas bipartidas, pelo que proveem uma carne limpa e saudável, que fazia parte importante da dieta dos hebreus, conforme até hoje se vê em muitos países árabes. A arte de tecer, provavelmente, começou usando fibras vegetais; mas também é possível que os homens tenham começado a usar a lã produzida por diversos animais. Com a criação seletiva, melhorou a quantidade de lã disponível, como também sua qualidade, até que se pôde efetuar um intenso comércio dela. Parte do tributo anual pago a Mesa, rei de Moabe, consistia na lã de cem mil carneiros (2Rs 3.4). Em algumas comunidades, as ovelhas eram altamente valorizadas por causa de seu leite, embora haja somente uma clara referência bíblica a isso, isto é, Deuteronômio 32.14. Uma espécie moderna, derivada de raças desde há milênios nativas da Palestina, atualmente, é largamente usada para produzir leite para o fabrico de queijos. O uso das peles de ovelhas já se havia generalizado muito antes de sua domesticação; após essa domesticação, esse uso multiplicou-se muito. ... *peles de carneiros tintas de vermelho...*, em Êxodo 25.5, é a única menção específica a esse uso, no Antigo Testamento. *O sacerdote que oferecer o holocausto de alguém, terá o couro do holocausto que oferece* (Lv 7.8). Esses holocaustos envolviam carneiros ou bodes. Além disso, os refugiados perseguidos ... *andaram peregrinos, vestidos de peles de ovelhas e de cabras...* (Hb 11.37). Em adição a isso, muitas pessoas reconheciam o valor das ovelhas a fim de estrumar os campos de pastagem. No Egito, as ovelhas eram usadas para pisar o grão dos cereais, desde cerca de 2500 a.C. A variedade de nomes que os hebreus aplicavam a esse animal indica quão importante as ovelhas eram para os israelitas. Eles eram pastores capazes, e, provavelmente, dispunham de diversas espécies. O trecho de Gênesis 30.32 ss. É interessante em sua descrição de uma falsa teoria, que até hoje é aceita, de que as coisas ingeridas ou vistas pela mãe, antes do nascimento do fllhote, podem afetar a cor ou o formato deste. Assim, Jacó pôs as ovelhas pejadas defronte de varas descascadas, a fim de aumentar a proporção de animais nascidos com as cores que ele desejava. Os versículos 41 e 42 daquele mesmo capítulo explicam que ele escolhia os animais mais vigorosos para serem submetidos a esse processo; a inferência do que ele compreendia conscientemente qual a genética do rebanho, fazendo os animais se cruzarem de acordo com um plano preestabelecido, ao rnesmo tempo em que, equivocadamente, atribuía o seu sucesso à sua habilidade de lidar com varas de várias cores. Entretanto, foi por providência divina que todo esse processo obteve tão grande êxito (cf. Gê. 31.11,12).

4. Sentido figurado. A ovelha tornou-se um fator proeminente nas ofertas e sacrifícios de Israel, e grandes números eram sacrificados a cada ano. Certos tipos de ofertas consistiam em holocaustos animais inteiramente consumidos ao fogo (ver sobre *Sacrifício*); mas, de acordo com outros tipos de sacrifícios, quase toda a carne do animal sacrificado era usada pelo ofertante ou pelo sacerdote oficiante. Alguns nomes hebraicos são raramente usados, exceto nessa conexão. Acima de tudo, a ovelha revestia-se de profunda significação metafórica. Ela é o símbolo central em trechos bíblicos como Salmos 23 e Isaías 53.6. Neste último trecho, lemos: *Todos nós andávamos desgarrados como ovelhas...* No Novo Testamento encontramos uma passagem como a de João 1.29: *Eis o Cordeiro de Deus, que tira o pecado do mundo!* E, em João 10.14, lemos: *Eu sou o bom pastor; conheço as minhas ovelhas, e elas me conhecem a mim...* Dentre as setenta e quatro menções às ovelhas, nas páginas do Novo Testamento, apenas uma deve ser entendida em sentido literal: as ovelhas que estavam sendo vendidas no átrio do templo de Jerusalém (Jo 2.14), juntamente com os bois e as pombas.

Tal como em muitos países, onde cães e cavalos são domesticados e onde os homens lhes aplicam nomes, assim também, em alguns países do Oriente, os pastores dão nomes às suas próprias ovelhas. Aristóteles informa-nos de que já havia esse costume em seus dias e que essa era uma prática muito comum entre os pastores gregos. (*História de Animais*, Vl. 19). Teócrito forneceu-nos os nomes pelos quais o pastor Lacom chamava a três das ovelhas de seu rebanho:

Ó, Chifre Torto, ó, Pé Ligeiro, deixai a árvore,
E pastai para oeste, onde vedes a Careca.

Idílio, V. 102,3

Também não era incomum que os cães dos pastores conhecessem as ovelhas *individualmente*, sendo capazes de separar qual quisessem, do meio de muitas ovelhas.

Ora, tudo isso expressa o interesse, a bondade, o cuidado por cada crente, individualmente, mostrando que Jesus Cristo cuida de cada um de nós, tendo para cada qual uma missão especial, tendo reservado um destino especial para cada um. Dessa forma vemos aqui ensinado um "teísmo" elevado, em contraste com a posição esposada pelo "deísmo". O teísmo ensina que Deus criou e continua interessado na sua criação entrando em contato permanente com os homens de diversas maneiras. Por outro lado, o deísmo assevera que Deus criou, mas logo em seguida abandonou a sua criação, não tendo interesse por ela, nem para recompensar, nem para punir. Ver o artigo sobre a *Providência de Deus*.

E as conduz para fora. Os pastores orientais seguiam adiante do rebanho, não o enxotando por detrás. Isso serve de excelente ilustração da orientação que nos é dada por Cristo. Assim ele fez primeiramente, quando de nossa conversão: guiando-nos para fora deste mundo. Em seguida ele assim age quanto ao pasto: conduz-nos a uma vida espiritual mais abundante (ver Jo 10.10). Em seguida ele nos leva até a completa vida eterna, o destino apropriado dos remidos (ver Jo 10.25).

Acerca disso comenta John Gill (*in loc.*): "Vindos dentre os bodes do mundo, entre os quais jaziam, e dentre os apriscos do pecado e dos pastos secos do monte Sinai com a sua própria justiça, nos quais se alimentavam: e de si mesmos e de toda a dependência a qualquer coisa que lhes seja própria; e ele, Cristo, os conduz a si mesmo, e à plenitude de sua graça, e ao seu sangue e justiça, e à presença, de seu Pai em comunhão com ele, e no caminho da retidão da verdade, levando-os aos pastos verdejantes de sua palavra e de seus mandamentos e até as águas tranquilas de seu amor e de sua graça soberanos.

OVO

No hebraico há duas palavras, e no grego, uma, a saber: **1**. *Challamuth*, "clara do ovo" ou "iogurte". Essa palavra hebraica figura somente em Jó 6.6. **2**. *Betsim*, "ovos". Palavra hebraica usada por seis vezes (Dt 22.6; Jó 39.14; Is 10.14; 59.5). **3**. *Oón*, "ovo". Palavra grega que é usada somente em Lucas 11.12.

A primeira das duas palavras hebraicas vem de uma raiz que significa "branco". Há vários usos curiosos dessa palavra nas páginas da Bíblia. O trecho de Deuteronômio 22.6 proíbe que se retire do ninho uma ave que esteja com seus ovos ou já com os seus filhotes. No entanto, os próprios ovos podiam ser retirados. Antes de tudo, parece haver nisso certa medida de misericórdia, porquanto convém que os homens tenham compaixão até mesmo das aves. Em segundo lugar, aparentemente isso tinha o propósito de garantir a preservação das espécies. Àquele que assim respeitasse as aves, era prometida longa vida e prosperidade. Portanto, esse preceito ocupa um justo lugar ao lado daquele acerca do tratamento que deve ser dado aos pais. Ver Efésios 6.3, onde se encontra praticamente o mesmo fraseado. Os trechos do Antigo Testamento citados são Êxodo 20.12 e Deuteronômio 5.16.

Na passagem de Jó 39.14 há uma referência à avestruz, que deixa os seus ovos à superfície do solo para serem aquecidos pelos raios do sol. O rei da Assíria vangloriou-se de que poderia recolher as riquezas da terra como alguém que junta os ovos abandonados em um ninho, dando a entender que poderia fazer isso com pouco esforço, tão grande era o seu poder. O trecho de Isaías 59.5 alude aos ovos dos répteis.

No Novo Testamento, em Lucas 11.12; lemos que nenhum pai daria um escorpião a seu filho que lhe pedisse um ovo. Da mesma maneira, Deus, que é o nosso Pai celeste, dará coisas boas a seus filhos, sem enganá-los, cuidando das suas necessidades. Os ovos, pois, representam o suprimento básico para a vida. Os ovos eram muito procurados como alimento. O trecho de Deuteronômio 22.6 mostra-nos que era costume recolher ovos de aves selváticas para o alimento. Outras aves eram domesticadas a fim de os homens comerem os seus ovos, o que talvez esteja em pauta em Isaías 10.14. Nos tempos neotestamentários, essa prática tornou-se comum e os ovos faziam parte da alimentação diária de muitas pessoas (Lc 11.12).

A gema do ovo é o germe da vida e os mitos antigos referem-se aos ovos como a fonte de toda a vida biológica. A gema é circundada pela clara, que é pura albumina. A casca calcária protege o conteúdo. O pintinho, quando está pronto para sair do ovo, pica e quebra a casca pelo lado de dentro. O trecho de Jó 6.6 tem uma referência difícil que pode incluir ovos. Nossa versão portuguesa diz ali: ... *ou haverá sabor na clara do ovo?* No entanto, no hebraico, pode haver referência à beldroega, uma planta que produz um suco espesso e pegajoso, ou então pode aludir à clara do ovo (esta última é a interpretação dada pela nossa versão portuguesa). Seja como for, a alusão é a algo *insípido*, *ou a palavras sem sentido*.

Nos sonhos e nas visões, um ovo alude à vida em potencial que pode ser fertilizada, e isso produzido por algum ato ou condição. Por causa de sua natureza como uma entidade *fechada em si mesma*, um ovo pode aludir a alguma questão misteriosa, que precisa ser esclarecida, ou como algo potencialmente vivo, que precisa vir à luz da consciência, a fim de que possa fruir.

O ovo também pode representar o próprio "eu", sendo um dos arquétipos postulados por Jung (vide). O ovo também veio a simbolizar a Páscoa e a ressurreição, mas isso de acordo com um pano de fundo muito mais pagão e germânico. Todavia, isso está de acordo com o simbolismo geral do ovo. Cristo é a luz que pode penetrar na matéria e produzir vida, a vida que se deriva de um túmulo fechado e misterioso, em face da sua ressurreição.

OZÉM

No hebraico, **"força"**. Esse era o nome do sexto filho de Jessé, imediatamente mais velho que Davi, que foi o sétimo (1Cr 2.15). Viveu por volta de 1060 a.C.

OZIAS

Em algumas versões portuguesas, essa é a forma do nome Uzias, rei de Judá, e que aparece na genealogia de Mateus 1.8,9. Nossa versão portuguesa diz Uzias.

OZNI

No hebraico, "cuidadoso", "atencioso". Nome do quarto filho de Gade e fundador de um clã gadita que se tornou conhecido pelo nome de oznitas (ver Nm 26.16). Ele deve ter vivido por volta de 1700 a.C.

P (CÓDIGO SACERDOTAL)

Essa é uma das alegadas múltiplas fontes informativas do Pentateuco. A letra P, que a designa, corresponde à palavra inglesa *priestly*, "sacerdotal". Neste dicionário, nos comentários sobre essa fonte, usei a sigla P (S). "P" representa sua designação em inglês e em alemão; "S" fala sobre sua designação em português.

Os estudiosos datam essa alegada fonte informativa em algum tempo após o exílio babilônico, ou seja, após 535 a.C., fazendo da mesma uma compilação bastante tardia, por parte de algum autor desconhecido, interessado na casta sacerdotal e suas funções. É de se presumir que o sacerdócio oficial da época designado elaborou as práticas rituais dos judeus, tornando-as obrigatórias para todos os judeus; a fim de emprestar a isso uma maior força, incluíram essas práticas no que, finalmente, veio a tornar-se o nosso Pentateuco. Quanto a maiores detalhes sobre essa teoria, ver o artigo geral J.E.D.P.(S.). Desnecessário é dizer que essa questão tem suscitado intensas disputas, porquanto põe em dúvida tanto a integridade do Pentateuco quanto a autoridade mosaica.

PÁ

Nas páginas do Antigo Testamento, duas palavras hebraicas diferentes são traduzidas por "pá", a saber: **1**. *Yaim*, "pás". Essa palavra, sempre no plural, ocorre por nove vezes. Por exemplo (Êx 27.3; 38.2; Nm 4.14; 1Rs 7.40,45; Jr 52.8). **2**. *Rachath*, "pá". Esse termo ocorre somente em Isaías 30.24.

O primeiro desses vocábulos refere-se a um implemento cerimonial, empregado na remoção das cinzas e dos restos dos holocaustos oferecidos nos altares do tabernáculo e do templo de Jerusalém. Na qualidade de objetos de uso cerimonial, o termo parece ter sido de origem semita ocidental; há cognatos que se encontram no judeu-aramaico e no hebraico de períodos posteriores.

O outro termo pode ser encontrado somente no livro de Isaías, em conexão com a palavra *forquilha* (vide), pois ambos os implementos eram usados na agricultura. Essas pás para grãos eram feitas de madeira, o que as diferenciavam daquelas outras, usadas para fins cerimoniais. Com base no texto de Isaías 28.17, alguns estudiosos chegaram à conclusão que, no hebraico, havia um verbo que teria o significado de "varrer junto com", embora isso seja muito difícil de comprovar. Ambos os vocábulos para "pá", provavelmente, eram substantivos hebraicos primários, cujos únicos cognatos remotos acham-se no árabe, no aramaico cristão e no cóptico. Essa palavra, "pá", aparece em nossa versão portuguesa em Mateus 3.12 e Lucas 3.17, como tradução do termo grego *ptúon* que indica muito mais um "forcado", provavelmente correspondente ao termo hebraico *mizreh*, que aparece em Isaías 30.24 e Jeremias 15.7, mas que a nossa versão portuguesa traduz, respectivamente, por "forquilha" e por "pá". A palavra grega *ptúon* também acha-se nos livros apócrifos gregos da Septuaginta.

Usos figurados. 1. O ato de usar a pá, que, em português, chama-se "padejar", é usado simbolicamente na Bíblia para indicar o ato de derrotar e dispersar o inimigo (Is 41.16). **2**. Padejar às portas de uma cidade indica derrotar e dispersar um inimigo que esteja às fronteiras do país (Jr 15.7). **3**. Também está em foco a obra julgadora de Cristo, que separará os bons dos maus (Mt 3.12), ou a mesma operação, feita por Deus (Jr 15.7; Is 30.24). **4**. Os medos e os persas foram executores de certos juízos terrenos de Deus (Jr 41.2). **5**. O simbolismo também é usado para indicar a dispersão da nação de Israel, em face de seus pecados (Ez 36.19). **6**. Em um sentido geral, Deus é quem submete a seu crivo os atos de todos os homens, a fim de testar a qualidade dos mesmos (Is 30.28).

PAARAI

No hebraico, **"bocejo"**. Nome de um dos poderosos guerreiros de Davi, e que foi juntamente com ele para o exílio, quando esse ungido de Deus fugia de Saul. Ver 2Samuel 23.25, onde ele é chamado de "arbita". Em 1Crônicas 11.37, seu nome é grafado de maneira mais correta, isto é, Naarai. Ele viveu na época de Davi, cerca de 1000 a.C. Há quem pense que seu nome, no hebraico, significa "revelação de Yah" (forma abreviada de *Yahweh*).

PAATE-MOABE

No hebraico, **"governador de Moabe"**. Esse foi o nome de uma proeminente família da tribo de Judá. Nada menos de dois mil oitocentos e doze de seus descendentes voltaram do cativeiro babilônico e passaram a residir em Jerusalém (ver Ed 2.6; Ne 7.11). Esse grupo retornou à Terra Prometida em companhia de Zorobabel. O trecho de Neemias 7.11 fala em dois mil oitocentos e doze descendentes de Paate-Moabe. Outros duzentos e um descendentes de Paate-Moabe voltaram à Palestina em companhia de Esdras (ver Ed 8.4). Vários homens haviam-se casado com mulheres estrangeiras durante o cativeiro e então foram forçados a divorciarem-se delas, quando Israel renovou o seu pacto com *Yahweh* (ver Ne 10.14). Hassube, que pertencia a esse clã, é mencionado como um dos reconstrutores das muralhas de Jerusalém (Ne 3.11).

PACTO. Ver os dois artigos *Pactos e Alianças*.

Entre outras formas de linguagem antropomórfica nas Escrituras, encontramos o termo *pacto*. A palavra é usada para designar a maneira de Deus tratar com o homem e de entrar em alianças com ele; ou então somente entre seres humanos. No primeiro caso, há um uso antropomórfico; no segundo, um uso literal. O termo hebraico envolvido é *berith*, que significa "corte". Como o sentido de pacto deriva-se desse verbo, não é bem claro. Talvez deva-se ao costume de *compartilhar* alimentos, em uma refeição, por ocasião do estabelecimento de um pacto, nos dias antigos. Porém, também conjectura-se que o termo hebraico envolvido esteja relacionado às ideias de "algemas", de "decidir", de "aquinhoar", mediante diversas conjecturas etimológicas. Ou então "cortar um acordo" era simplesmente uma expressão idiomática para "estabelecer um acordo".

O vocábulo *diathéke*, usado no Novo Testamento, é o termo grego que significa *pacto ou testamento*. Essa é a palavra envolvida no título "Novo Testamento", que alguns estudiosos prefeririam ver alterado para *novo pacto*.

1. Na *terminologia religiosa*, temos os acordos formais estabelecidos entre Deus e o homem, dos quais há diversos, no Antigo Testamento. Ver os detalhes abaixo. A teologia cristã distingue entre o antigo e o novo pacto: o primeiro repousa sobre a lei mosaica, e o segundo, sobre a graça divina, por meio do sangue de Cristo. Paulo ensinava que o primeiro pacto foi ultrapassado pelo segundo. Segundo o islamismo, a esses dois pactos foi adicionado um terceiro, final, por meio da aliança estabelecida entre Deus e Maomé.

2. Na *teologia*, a palavra "pacto" é usada para designar alguma interpretação particular da doutrina cristã. Ver o artigo sobre a *Teologia do Pacto* ou *Teologia Federal*. Uma aplicação especial desse vocábulo encontra-se no título *pacto do meio caminho*, que se refere a certa prática da Nova Inglaterra, mediante a qual crianças eram admitidas ao batismo se tivessem pais simpáticos à igreja, embora não fossem membros qualificados.

3. Inspiração por Fatores Sociais. Na primitiva sociedade israelita, nômade ou seminômade, os pactos entre os homens e seus vizinhos eram necessários à sobrevivência. Assim, os vizinhos *cortavam acordos* uns com os outros, usualmente erigindo algum sinal visível do pacto estabelecido, como uma coluna ou um monte de pedras, com o acompanhamento de votos e sacrifícios, além de uma refeição da qual participavam aqueles que tinham feito o pacto. Visto que a segurança de que os homens mais precisam é a da paz com Deus, as relações com o Ser divino eram tidas como acordos ou pactos. Era questão séria alguém agir de modo contrário às estipulações de um pacto humano, com a quebra de votos e o desprezo a colunas ou montões de pedras, com tudo que esses sinais externos representavam. Portanto, em certo sentido, o pecado consiste em romper o pacto, com Deus, desprezando seus sinais externos. Consideremos os conflitos causados por causa da circuncisão (vide), que era o sinal do pacto abraâmico, quando os primitivos cristãos começaram a dizer que esse sinal não era necessário à salvação (At 15). A igreja cristã entrou em estado de turbilhão por esse motivo, por um longo período de tempo, visto que a circuncisão era um grande montão de pedras, uma nobre coluna que assinalava o pacto feito entre Deus e Abraão. Mas, se era o sinal desse pacto, não era o próprio pacto. E foi isso que Paulo e outros líderes cristãos logo compreenderam. Deus escolheu Israel, e impôs acordos, acompanhados por certas bênçãos, sob a condição dos acordos serem observados. Esses pactos foram estabelecidos em períodos históricos críticos, isto é, com Noé, com Abraão, com Moisés e com Davi. Isso posto, toda a teologia judaica estava envolvida no conceito de pactos. Destarte, poderíamos afirmar que o Antigo Pacto é a súmula do relacionamento diversificado de Deus com o povo de Israel.

4. Nos Profetas Posteriores. Escritores sagrados como Oseias, Jeremias, Ezequiel e Moisés, no livro de Deuteronômio, fazem uso do conceito de pacto a fim de expressar algumas de suas principais ideias. Em Oseias 6.7; 8.1; Jeremias 11.9 ss., e 34.18, lemos que Israel quebrou sua aliança com Deus. Disso resultou um intenso sofrimento.

5. *No Novo Testamento*, o vocábulo grego *diathéke* é usado com os sentidos de pacto e testamento. No grego helenista, era comum essa palavra ter o sentido de "testamento". O nono capítulo da epístola aos Hebreus retém a ideia de testamento. Um testamento, para que entre em vigor, requer a morte do testador (Hb 9.16). Porém, o conceito de pacto é o sentido mais frequente vinculado à palavra grega *diathéke*. Todo o debate que se vê nos comentários em torno dessa questão é uma perda de tempo, vistos que ambos os lados estão com a razão, até onde cada um deles vai. O oitavo capítulo de Hebreus trata longamente da ideia neotestamentária do pacto, afirmando enfaticamente que o antigo pacto foi substituído pelo novo (Hb 8.13). A salvação da alma é um dos resultados do novo pacto, conforme o contexto dessa passagem mostra claramente.

6. Considerações Teológicas. Devemos levar em conta o livre-arbítrio humano e o amor de Deus. Há pessoas necessitadas. Deus amou o mundo de tal maneira que promoveu sua vontade misericordiosa através de pactos. Deus dá tudo aos homens e espera-se que os homens deem tudo a ele. Por sua parte, Deus sempre se mostra leal, constante e imutável (Êx 34.6). Mas o homem mostra-se vacilante. Contudo, o sistema funciona no caso do novo pacto, porque o Espírito de Deus atua a fim de garantir a transação. O pacto com Deus, no Antigo e no Novo Testamentos, é retratado como um casamento (Os 2.22), devido à intimidade do relacionamento entre Israel ou a alma individual (conforme o caso), e Deus. O pacto com Deus é descrito como um acordo inscrito no coração (Jr 31; Ez 36.37; Hb 8.10). Diz esta última referência: *Porque esta é a aliança que firmarei... Nas suas mentes imprimirei as minhas leis, também sobre os seus corações as inscreverei...* E o resultado disso aparece logo adiante: *... e eu serei o seu Deus, e eles serão o meu povo*. O novo pacto opera com tão magníficos resultados porque Deus atua, e o homem, nesse processo, vai sendo espiritualizado. Nisso é que consiste a nossa salvação. O alvo final da salvação é a participação na imagem de Cristo (2Co 3.18), é a participação na própria natureza divina (2Pe 1.4).

PACTO DE LAUSANNE

Em julho de 1974, reuniu-se em Lausanne, Suíça, o Congresso Internacional para Evangelização do Mundo, sob a liderança do evangelista Billy Graham (n. 1918). Ao encerramento, a grande maioria dos seus 2.700 participantes ratificou um documento denominado Pacto de Lausanne.

Esse pacto é um acordo de intenções relativo à tarefa, ainda inconclusa, da evangelização mundial. Consiste em 15 parágrafos, que abordam: o propósito de Deus em criar um povo especial para si mesmo; Jesus Cristo como único Salvador do mundo; a natureza e a urgência da evangelização; a responsabilidade social cristã; a evangelização transcultural; os direitos humanos (particularmente, a liberdade religiosa); a ação do Espírito Santo na evangelização; a esperança no retorno de Cristo. Sua decisão de evangelização é sublinhada em um parágrafo sobre a autoridade e o poder da Bíblia.

O documento foi redigido originalmente com base em afirmações feitas nas declarações dos principais oradores e revisto à luz das contribuições dos demais participantes, especialmente aqueles que representavam uma perspectiva do Terceiro Mundo. O título "pacto", em vez do clássico "declaração", objetiva enfatizar o compromisso das igrejas e dos grupos cristãos participantes para com a tarefa da evangelização do mundo.

O significado desse pacto está na extensão de sua visão da tarefa missionária da igreja, sua coragem de discussão franca de questões controversas, sua capacidade de saber combinar tradições evangélicas diversas e sua subsequente e vasta aceitação, pelos círculos evangélicos mundiais, como novo e importante documento de caráter teológico, que expressa convicções básicas a respeito da múltipla tarefa da igreja em um mundo em mudança.

(**J. A. Kirk**, B.D., B.A., M.Phil., A.K.C., reitor do Mission Selly Oak College, Birmingham, Inglaterra.)

BIBLIOGRAFIA. J. D. Douglas (ed.), *Let the Earth Hear His Voice* (Minneapolis, MN, 1975) — Congress papers; C. R. Padilla (ed.), *The New Face of Evangelicalism* (London, 1976); J. Stott, *The Lausanne Covenant — An Exposition and Commentary* (Minneapolis, MN, 1975).

PACTO DE SAL

Era costume que aqueles que estabeleciam um acordo usassem sal em uma refeição conjunta ou em algum ritual. (Ver Nm 18.19; 2Cr 13.5). Segundo as evidências indicam, esse costume originou-se da observação de que o sal tem a capacidade de dar maior sabor aos alimentos e de preservá-los, o que pode simbolizar aquilo que se deve esperar dos pactos firmados, isto é, força, preservação, fidelidade, sem qualquer mescla com decadência ou hipocrisia. A lei judaica, em seu aspecto cerimonial, exigia o uso do sal em todas as ofertas de manjares; é possível que fosse usado sal em todos os demais tipos de oferendas. (Ver Lv 2.13). Apesar de que certas ofertas eram consumidas no altar dos holocaustos, a maioria das oferendas tinha uma porção que era entregue aos sacerdotes, para ser consumida. E o sal fazia parte necessária da dieta. Disso proveio o fato de que o sal, usado nas ofertas rituais, significava simbolicamente a perpetuidade e a fidelidade. Essa prática parece ter sido comum entre os povos orientais, e não somente em Israel.

PACTOS

I. DEFINIÇÃO E CARACTERIZAÇÃO GERAL. Ver sobre *Pacto*.
II. Os Pactos Enumerados. **1**. O pacto edênico (ver Gn 1.26-28). Esse pacto condicionava a vida do homem em seu estado de inocência. **2**. O pacto adâmico (ver Gn 3.14-19). Esse pacto condicionava a vida do homem após a queda, dando-lhe a promessa da redenção. **3**. O pacto noaico (ver Gn 9.1 e ss.). Esse pacto estabeleceu o princípio do governo humano. **4**. O pacto abraâmico (ver Gn 15.8). Esse pacto diz respeito à fundação física e espiritual de Israel, impondo condições aos que quisessem pertencer ao Israel espiritual. **5**. O pacto mosaico (ver Êx 19.25; 20.1-24.11 e 24.12-31.18). A Lei foi dada, supostamente como meio de vida, mas terminou por ser o motivo da morte e da condenação. **6**. O pacto palestiniano (ver Dt 28-30). Esse pacto prometeu a restauração de Israel no tempo devido. **7**. O pacto davídico (ver 2Sm 7.8-17). Esse pacto estabeleceu a perpetuidade da família e do reino davídico, cumprido em Cristo como Rei (ver Mt 1.1; Lc 1.31-33; Rm 1.3). Isso inclui o reino milenar (ver 2Sm 7.8-17; Zc 12.8; Lc 1.31,33; At 15.14-17; 1Co 15.24), que tipifica o reino eterno de Cristo. **8. O novo pacto**. Esse repousa sobre a obra sacrifical e sacerdotal de Cristo, tendo por fito garantir a bênção eterna e a salvação para os homens. Apesar de os homens não poderem produzir nada que esse pacto exige, por si mesmos, a verdade é que ele está condicionado à fé e à outorga da alma nas mãos de Cristo. O trecho de Hebreus 10.19 — 12.3 é, essencialmente, uma descrição de como esse novo pacto é melhor.

É o pacto mosaico que está em foco no trecho de Hebreus 8.6, contrastado com o novo. Fazia exigências impossíveis aos homens, transformando-os em escravos. Mas não era capaz de dar-lhes a força para viverem à altura dessas exigências. Portanto, o pacto baseado na lei estava condenado ao fracasso. No novo pacto foi dada a Lei do Espírito de Deus, que opera no coração, e no qual as operações íntimas do Espírito garantem o cumprimento das condições. Daí vem o sucesso desse novo pacto.

III. OS PACTOS E CRISTO
- Cristo, sua substância (Is 42.6; 49.8).
- Cristo, seu mediador (Hb 8.6; 9.15; 12.24).
- Cristo, seu mensageiro (Ml 3.1).

Estabelecido com:
- Abraão (Gn 15.7-18; 17.2-14; Lc 1.72-75; At 3.25; Gl 3.16).
- Isaque (Gn 17.19,21; 26.3,4).
- Jacó (Gn 28.13,14 com 1Cr 16.16,17).
- Israel (Êx 6.4; At 3.25).
- Davi (2Sm 23.5; Sl 89.3,4).

Renovado sob o evangelho (Jr 31.31-33; Rm 11.27; Hb 8.8-10,13). Cumprido em Cristo (Lc 1.68-79). Confirmado em Cristo (Gl 3.17). Ratificado pelo sangue de Cristo (Hb 9.11-14; 16.23) É um pacto de paz (Is 54.9,10; Ez 34.25; 37.36). É inalterável (Sl 89.34; Is 54.10; 59.21; Gl 3.17). É eterno (Sl 111.9; Is 55.3; 61.8; Ez 16.60-63; Hb 13.20). Todos os santos estão interessados no mesmo (Sl 25.14; 89.29-37; Hb 8.10). Os ímpios não se interessam pelo mesmo (Ef 2.12). Bênçãos vinculadas ao mesmo (Is 56.4-7; Hb 8.10-12). Deus é fiel ao mesmo (Dt 7.9; 1Rs 8.23; Ne 1.5; Dn 9.4). Deus jamais se olvida do mesmo (Sl 105.8; 111.5; Lc 1.72). Lembremo-nos do mesmo (1Cr 16.15). Cautela, contra nos esquecermos do mesmo (Dt 4.23). Pleiteio-o em minhas orações (Sl 74.20; Jr 14.21). Punição para quem o despreza (Hb 10.29,30).

IV. PACTO ABRAÂMICO. O pacto abraâmico conta com sete porções distintas (ver os trechos de Gn 12.1-4; 13.14-17; 15.1-7 e 17.1-8): **1**. Abraão tornar-se-ia uma *grande nação*: **a**. Isso se cumpriria em sua posteridade natural, "como o pó da terra" seria o seu número (ver Gn.13.16 e João 8.37), e isso fala da nação literal de Israel. **b**. Teria cumprimento e está sendo cumprido na sua posteridade espiritual. Nesse sentido, todos os homens regenerados são filhos de Abraão; o seu número seria *como as estrelas do céu* (ver Jo 8.39; Rm 4.16,17; 9.7,8; Gl 3.6,7,29). Quanto a isso, não haveria qualquer distinção de raça. **c**. Também teria cumprimento em Ismael, isto é, nas nações árabes (ver Gn 17.18-20). **2**. A bênção de Deus estaria sobre ele e os *seus descendentes*: **a**. Em sentido temporal ou material (ver Gn 13.14,15,17; 15.18; 24.34,35). **b**. Mais particularmente, em sentido espiritual, o que visa à vida eterna, conferida aos remidos (ver Gn 15.6; Jo 8.56; Gl 3.13,14 e Rm 4.1-5). **3**. A exaltação do próprio Abraão, porquanto haveria de ser grande e famosa figura da *história* — e isso lhe daria um grande nome. Naturalmente, Abraão é um dos nomes universais da história humana. **4**. Através dele seriam dadas diversificadas bênçãos para *muitos* (ver Gl 3.13,14). **5**. Um favor divino especial seria conferido àqueles que fossem bondosos para com Abraão. Por implicação, provavelmente está em vista a nação de Israel; por extensão, está em vista o grupo dos regenerados, que são filhos espirituais de Abraão (ver Gn 12.3). **6**. O *desfavor divino* se voltaria contra todos que amaldiçoassem Abraão, com as implicações que aparecem no ponto 5, acima. A própria história do mundo confirma isso, porquanto tem acontecido, invariavelmente, que aqueles que maltratam os israelitas serão, finalmente, julgados de maneira definida e pública. Não precisamos mais do que lembrar a Segunda Guerra Mundial, quando os nazistas também perseguiram os judeus, para ter uma prova disso. Assim também acontecerá no futuro, conforme lemos nos trechos de (Dt 30.7; Is 14.1,2; Jl 3.1-9; Mq 5.7-9; Ag 2.22; Zac 14.1-3 e Mt 15.40,45). As hordas que invadirão a Palestina, provavelmente antes do fim do século atual, provocando assim a apocalíptica batalha de Armagedom, aprenderão a veracidade dessa provisão do pacto abraâmico. Israel será libertada por uma intervenção divina miraculosa, apesar de sabermos que essa nação será cercada por um adversário impossível de ser derrotado de outro modo. Reconhecendo então o caráter divino dessa estrondosa vitória, Israel, como nação, voltar-se-á finalmente para Deus e seu Cristo, o Senhor Jesus, e tornar-se-á uma nação verdadeiramente cristã. **7**. *Na tua descendência serão abençoadas todas as nações da terra*... Essa é a sétima e última provisão do pacto abraâmico. Nessa provisão cumprir-se-á o grande propósito evangélico de Deus, por intermédio de Cristo, o Filho de Abraão (ver Gl 3.16 e João 8.56-58). Esta sétima provisão revela-nos, mais especificamente, o que se tencionou revelar no trecho de Gênesis 3.15, no tocante ao "descendente da mulher", que é Jesus Cristo. O Filho de Abraão seria o Redentor da humanidade, e isso retrata a missão do Messias, em sua inteireza, incluindo até mesmo o seu segundo advento e todos os seus gigantescos efeitos. Essa bênção, que é prometida aos filhos de Abraão, não respeitará distinções de nacionalidade, mas antes, terá um caráter universal, atingindo todos os verdadeiros regenerados. Os acontecimentos do dia de Pentecostes ilustraram o começo do cumprimento dessa promessa (ver At 2.5-11). O alvo final dessa bênção é a total transformação dos crentes segundo a imagem moral e metafísica de Cristo e, mediante isso, a participação dos remidos na própria natureza divina, que é o alvo real do destino da humanidade salva, bem como o mais elevado conceito que se conhece entre os homens (ver Rm 8.29; 2Co 3.18; 2Pe 1.4; Ef 1.23 e 4.13).

V. PACTO DAVÍDICO. O *Pacto Davídico* é referido em 2Samuel 7.4-17 (vide). Suas previsões principais são as seguintes: **1**. Teria continuação uma *casa* davídica, isto é, posteridade e família. **2**. Haveria um *trono*, isto é, autoridade real. **3**. Haveria um *reino*, isto é, uma esfera de governo. **4**. Esse governo e reino se estenderiam *para sempre*. **5**. A obediência era exigida e, por causa da desobediência por parte dos descendentes de Davi, sobreveio a punição divina, a linhagem real foi interrompida e aparentemente até se perdeu no mundo para sempre. Não obstante, a promessa é que ela seria permanente, conforme vemos em 2Sm 7.15, devido às misericórdias de Deus. **6**. *Salvação universal*, dos judeus e dos gentios, pelo *Rei* (ver Rm 15.12). **7**. O rei legítimo foi coroado de espinhos e crucificado; mas ainda *haverá de reinar*. Essa foi justamente a promessa e a afirmação de Pedro, na passagem de Atos 2.30. Esse pacto, confirmado por juramento de Deus, e renovado a Maria (ver Lc 1.26-38), pelo anjo Gabriel, é imutável (ver Sl 89.30-37). O Senhor Deus ainda entregará esse trono ao Salvador ressurrecto (ver Lc 1.31-33; At 2.29-32 e 15.14-17).

VI. Novo Pacto — Ver o artigo separado sobre o *Novo Testamento*.

PADÃ (PADÃ-ARÃ)

No hebraico, **"planície de Arã"**. Essas palavras apontam para a área da alta Mesopotâmia, em redor de Harã, rio acima da junção entre os rios Eufrates e Harbur (ver Gn 25.20; 28.8; 31.18). As tribos conhecidas como os arameus (da área de Arã) foram mencionadas, pela primeira vez, até onde vão os registros históricos, pelo rei assírio Salmaneser I, em cerca de 1300 a.C. Em seguida, essas tribos arameias ocuparam o território de Alepo até às margens do rio Eufrates, e até mesmo mais além, um fato que permaneceu até dentro da era cristã.

Abraão residiu nessa região antes de migrar para o sul, para a Palestina. Mais tarde, da Palestina enviou um servo seu para buscar noiva para Isaque, seu filho, dentre as jovens de Padã-Arã, onde tinham ficado alguns parentes seus. Mais tarde ainda, Jacó fugiu da Palestina para Padã-Arã, sentindo-se ameaçado de morte por seu irmão gêmeo, Esaú, e permaneceu com seu sogro, Labão, durante longo tempo, no mínimo vinte anos. (Ver Gn 25.20 quanto ao nome dado à região natal de Rebeca; em Gn 28.2-7, Padã-Arã aparece como lugar onde residia Labão). Oseias chamou a área de "terra da Síria" (Os 12.12). O distrito em foco é uma extensa planície, circundada de montanhas.

PADEIRO

Ver os artigos sobre *Artes e ofícios* e *Pão*.

PADOM

No hebraico, **"redenção"**, **"livramento"**, **"resgate"**. Esse foi o nome de um dos *netinins* (vide), os servos do templo, que formavam a classe mais baixa em Israel, exceuando somente os escravos. Eles voltaram a fim de servir, uma vez mais, no templo reconstruído, terminado o cativeiro babilônico. Padom era um deles. (Ver Ed 2.44 e Ne 7.47). Ele viveu por volta de 536 a.C. O nome Padom veio a designar um clã em Israel.

PÃES ASMOS

Há uma palavra hebraica e uma palavra grega que precisamos levar em conta neste verbete, a saber: **1**. *Matstsah*, "bolos sem fermento". Esse vocábulo ocorre por 42 vezes (Gn 19.3; Êx 12.8,15,17,18,20,39; 13.6,7; 23.15; 29.2,23; 34.18; Lv 2.4,5; 6.16; 7.12; 8.2,26; 23.6; Nm 6.15,17,19; 9.11; 28.17; Dt 16.3,8,16; Js 5.11; Jz 6.19-21; Sm 28.24; 2Rs 23.9; 1Cr 23.29; 2Cr 8.13; 30.13,21; 35.17; Ed 6.22 e Ez 45.21). **2**. *Ázumos*, "bolos sem fermento". Essa palavra grega é utilizada por nove vezes no Novo Testamento (Mt 26.17; Mc 14.1,12; Lc 22.1,7; At 12.3; 20.6; 1Co 5.7,8).

O pão asmo, ou melhor, o bolo asmo, é apenas a massa feita sem o emprego de fermento. Na preparação do pão caseiro, um pouco de massa fermentada, do pão preparado anteriormente, era misturado com a massa nova, para então ser levado ao forno. Mas o pão asmo não levava essa mistura de massa já fermentada. O pão asmo, pois, é associado aos elementos ingeridos durante a refeição da Páscoa, aquela festividade religiosa que comemorava o livramento do povo de Israel da servidão no Egito. Somente pão sem fermento podia ser consumido durante os sete dias que se seguiam à festa da Páscoa (ver Êx 12.15-20; 13.3-7).

Alguns estudiosos pensam que a festa dos Pães Asmos (por sete dias), que se seguia à Páscoa, originalmente havia sido uma festa ligada à colheita da cevada, que, posteriormente, teria sido transmutada para a festa da Páscoa. Finalmente, a proibição do uso de fermento ter-se-ia tornado mais escrupulosamente observada. Assim, um israelita que comesse pão fermentado, durante aqueles dias, seria *cortado*, isto é, excluído do acampamento de Israel.

Quando consumiam pão sem fermento, os israelitas estavam relembrando a precipitação com que haviam abandonado o Egito, e tudo quanto de mal o mesmo representava, o que sucedeu por ocasião do êxodo, em meio a grandes prodígios divinos, desde algum tempo antes, e ainda por muito tempo depois. Naquela oportunidade, as mulheres hebreias não tinham tido tempo pare preparar a massa, esperando que a mesma fermentasse; antes, tinham levado a massa fermentada em separado, em suas sacolas, quando de sua precipitada fuga do Egito. Mas, ao chegarem ao deserto, enquanto viajavam em direção à Terra Prometida, foram cozendo pão com fermento. Isso é o que fazem as mulheres beduínas no deserto, até os nossos próprios dias. Ao comer o "pão da amargura", o povo de Israel relembrava a terrível noite do Egito, e assim começava um período em que só se comia pães asmos, um período comemorativo de sete dias.

Simbologia dos Pães Asmos. Visto que o fermento representa o pecado (ver, por exemplo, 1Co 5.8), o pão sem fermento, naturalmente, representa a ausência do pecado, ou seja, a sinceridade do crente. Escreveu o apóstolo: *Lançai fora o velho fermento, para que sejais nova massa, como sois, de fato, sem fermento. Pois também Cristo, nosso Cordeiro pascal, foi imolado. Por isso celebremos a festa, não com o velho fermento, nem com o fermento da maldade e da malícia e, sim, com os asmos da sinceridade e da verdade* (1Co 5.7,8).

PÃES DA PROPOSIÇÃO

No hebraico há duas expressões diferentes, *lechem maareketh*, "pães do arranjo", e *lechem panim*, "pães da presença" ou "do rosto". No grego, *ártoi tês prothéseos*, "pães da exposição". No hebraico, sob uma forma ou outra, (a expressão ocorre em Êx 25.30; 35.13; 39.36; Nm 4.7; 1Sm 21.6; 1Rs 7.58; 1Cr 9.32; 23.29; 2Cr 4.19; 13.11 e Ne 10.33). No Novo Testamento, a expressão grega aparece em Mateus 12.4; Marcos 2.26; Lucas 6.4 e, com leve transposição na ordem das palavras, isto é, *próthesis tôn árton*, em Hebreus 9.2.

Ao falar sobre os pães da proposição, entretanto, as Escrituras utilizam-se de quatro descrições designativas distintas, no Antigo Testamento: **1**. *pães da proposição* (Êx 25.30); **2**. *doze pães* (Lv 24.5-7); **3**. *mesa da proposição* (Nm 4.7); **4**. "pão contínuo da proposição. (2Cr 2.4). A primeira dessas designações fala sobre o "pão da face" ou "pão da presença". Há um paralelo na expressão assíria *akal panu*. A segunda dessas designações refere-se ao pão como um memorial. A terceira, ao pão como uma exposição permanente. E a quarta dessas expressões, como um arranjo ou arrumação, ou seja, sobre a mesa onde aqueles pães ficavam expostos. Essa variedade de nomes, aplicada aos pães da proposição, indica a importância que esses pães tinham, dentro do cerimonial do tabernáculo e do templo de Jerusalém. Da mesma maneira que o azeite era importante para que o candeeiro produzisse luz, e assim como o incenso era elemento imprescindível para o altar do incenso, assim também, esse terceiro móvel, a mesa, tinha como elemento indispensável os doze pães da proposição, dentro do simbolismo da religião revelada aos hebreus.

Os pães da proposição eram doze e não levavam fermento em sua fórmula (o que é confirmado por Josefo, *Anti*. 3.6,6). Cada pão era feito de um quinto de efa de flor de farinha, ou seja, a farinha de trigo da melhor qualidade. Usualmente, esse pão era servido aos hóspedes, mas, principalmente, aos reis (Gn 18.6; 1Rs 4.22). Os pães eram postos sobre a mesa existente no Santo Lugar, um sobre o outro, formando duas pilhas de seis pães cada uma. Os pães ficavam expostos sobre essa mesa durante uma semana e, então, eram removidos e consumidos pelos sacerdotes, no recinto do santuário (Lv 24.5-9). Seria considerado um sacrilégio se alguém, que não fosse sacerdote, comesse dos pães da proposição (1Sm 21.2,3; Mt 12.4), porquanto esses pães eram considerados pães "sagrados" (1Sm 21.6). Os doze pães da proposição representavam as doze tribos de Israel (Lv 24.8). Os sacerdotes coatitas estavam encarregados da confecção dos pães da proposição e dos cuidados com os mesmos (1Cr 9.32).

Os "bolos" dos pães da proposição significam, literalmente, na opinião de alguns estudiosos, "bolos traspassados", porquanto eles eram perfurados, provavelmente para permitir um cozimento mais fácil e uniforme. Não há qualquer indício de que os pães da proposição fossem cobertos por alguma peça de pano, ou eram postos sobre alguma peça de pano. Os pratos usados em conexão com a mesa dos pães da proposição podem ter sido usados para ali serem postos os pães; as colheres eram usadas para pôr incenso sobre os pães; as taças serviam para o vinho das libações. Os pires para o incenso permitiam que uma agradável fragrância permanecesse no Lugar Santo durante a semana inteira. O que restasse de tudo, porém, era queimado sobre o altar de bronze, a cada sábado (Lv 24.7-9), juntamente com o que não fosse comido dos pães da semana anterior. Os doze pães da proposição representavam a unidade nacional (cf. 1Rs 18.31,32; Ez 37.16-22).

Quando o tabernáculo era transportado, durante as jornadas dos israelitas pelo deserto, a mesa dos pães da proposição era levada, juntamente com seus pratos, recipientes de incenso, as taças e as galhetas (Nm 4.7). Incenso puro era posto sobre a mesa, provavelmente em taças de ouro, sobre os pães (Josefo, Anti. 3.6,6).

Nos livros históricos do Antigo Testamento, a primeira menção aos pães da proposição diz respeito a Davi, em Nobe. Davi e seus homens satisfizeram a fome com o pão sagrado, visto estarem todos eles cerimonialmente puros (1Sm 21.6). Todos os Evangelhos sinópticos mencionam essa ocasião (Mt 12.4; Mc 2.26; Lc 6.4). No templo de Salomão havia uma mesa especial, recoberta de ouro, onde ficavam expostos os pães da proposição (1Rs 7.48). No templo restaurado houve uma taxa com vistas ao serviço da casa de Deus, incluindo o necessário para os pães da proposição (Ne 10.32). Quando Tito destruiu o templo de Jerusalém, em 70 d.C., ele levou a mesa dos pães da proposição, juntamente com outros despojos, para a cidade de Roma. Sua gravura pode ser vista no Arco de Tito, em Roma, que retrata o cortejo triunfal em comemoração da vitória dos romanos sobre os judeus. Ver também sobre o *Tabernáculo*.

PAGÃO

No hebraico, **"bárbaro"**, **"gentílico"**. Essa palavra dá ideia de que o evangelho lançou raízes, primeiramente, nas cidades, cujos habitantes se fizeram cristãos, ao passo que os habitantes das aldeias continuaram a ser idólatras. A palavra pagão vem do latim *paganus*, que pertence a uma aldeia, homem rústico; passou a designar aqueles que não adoram o Deus da Bíblia, principalmente idólatras. É tradução da palavra hebraica *Goy*, em grego *Ethnos*, cada uma das quais designa nação ou povo, e se encontra somente no Antigo Testamento, quando se refere ao caráter das nações gentílicas, falando das suas abominações, 2Reis 16.3; Ezequiel 23.30, das suas corrupções, Esdras 6.21, da sua ignorância e de sua oposição à verdadeira crença, bárbaros perseguidores do povo de Deus, expostos à justa indignação divina, (Sl 79.1,6,10; Jr 10.25; Lm 1.3,10; Ez 34.28,29; 36.6,7,15).

PAGIEL

No hebraico, **"encontro com El (Deus)"**. Esse era o nome de um filho de Ocrã. Pagiel foi chefe da tribo de Aser, ao tempo do êxodo (ver Nm 1.13; 2.27; 7.72; 10.26). Ele viveu em cerca de 1440 a.C. Ajudou Moisés a fazer o censo dos israelitas.

PAI

No hebraico, *ab*, palavra que ocorre por cerca de 680 vezes, desde Gênesis 2.24 até Malaquias 2.10. No grego, *pater*, que ocorre por cerca de 370 vezes, desde Mateus 2.22 até Apocalipse 14.1.

I. SIGNIFICADOS. A palavra grega, *pater*, está relacionada à raiz que significa "nutridor" ou "protetor". Porém, no uso comum, havia muitas aplicações do vocábulo, como ao pai de uma pessoa, ao chefe de um clã ou nação, ao cabeça espiritual dos mesmos, ou a um líder espiritual, ou a alguém que ajudava a outrem para conseguir um significativo avanço espiritual, como o originador de alguma organização, filosofia ou religião; também era usado como título de honra e respeito, incluindo os nomes Pai, Filho e Espírito Santo, da triunidade divina, ou então, Deus como o Pai dos seres humanos e de outros seres inteligentes.

II. REFERÊNCIAS BÍBLICAS E SIGNIFICADOS. Consideremos os onze pontos a seguir: **1**. Pai, no sentido imediato (Gn 19.31; 44.19). **2**. Um ancestral próximo ou remoto (1Rs 15.11; 2Rs 14.3; Nm 18.2; Sl 45.16); **3**. O fundador de uma tribo ou nação (Gn 10.21; 17.4,5); **4**. O iniciador de alguma profissão ou arte (Gn 4.20); **5**. O iniciador de uma fé, ou o principal exemplo da mesma (Rm 4.1), como Abraão, o pai dos fiéis; **6**. O criador (Jó. 38.28). Deus é o criador dos homens e dos anjos, e também é o Pai deles, segundo se vê em Isaías 63.16. Efésios 3.14,15; também é o criador das estrelas, o "pai das luzes" conforme se lê em Tg 1.17); **7**. Um benfeitor (Jó. 29.16; Is 22.21); **8**. O Messias, como o eterno benfeitor e cabeça da raça espiritual, o Pai eterno (Is 9.6); **9**. Algum grande mestre (1Sm 10.12), ou líder espiritual (2Rs 2.12; 5.13); **10**. Um primeiro ministro, ou conselheiro-mor (Gn 45.8). **11**. Um relacionamento íntimo, que chegue a corromper, é o pai de alguns (Jó 17.14).

III. O PAI E A FAMÍLIA. Temos um artigo separado sobre o assunto, intitulado *Família*. Naquele artigo transparecem a posição, a autoridade e os deveres de um pai, no que concerne aos seus familiares. Esses deveres são sociais, psicológicos e espirituais. Há três coisas que um pai deve a seus filhos: exemplo, exemplo, exemplo. O pior erro que um pai pode cometer é conhecer os ensinos espirituais das Escrituras Sagradas e deixar de transmiti-los a seus filhos. O artigo sobre a *Família* expõe a história dessa unidade fundamental da sociedade humana, incluindo o papel do pai, no seio da família.

O pai da família era o principal mestre de sua família e precisava levar a sério os seus deveres. Suas instruções incluíam tanto alguma profissão como a educação religiosa (Dt 4.9; 6.7; 31.13; Pv 22.6; Is 28.9). Ele exercia poder absoluto sobre seus familiares e os disciplinava segundo essa autoridade (Pv 13.24; 19.18; 22.15; 23.13). Através das autoridades constituídas, ele tinha o poder de determinar a punição capital (Dt 31.18). Um filho desobediente, por exemplo, arriscava-se a perder a própria vida. O Talmude Babilônico oferece um sumário dos deveres dos pais: circuncidar seus filhos; remi-los; ensinar-lhes a lei; encontrar esposa para eles; prover instruções quanto a alguma profissão ou negócio; ser um guia geral e autoridade sobre os filhos, mesmo depois de se casarem.

Os deveres das mães, as instruções apostólicas para a família toda, e outras questões dessa natureza aparecem no artigo geral sobre a *Família*.

PAI, CASA DO

Esse era um título conferido às famílias que havia entre os israelitas (Js 22.14). Comparar com Josué 7.14,16-18. A palavra *casa* indica o lugar de residência de uma família, vinculada à palavra *Pai*. A combinação significa uma propriedade da família em foco (Gn 12.1,31; 1Sm 18.2). Porém, a expressão também pode indicar as pessoas que residem naquela casa (Gn 46.31; Êx 12.3), no sentido mais lato incluindo os servos e os escravos, e não os membros imediatos da família. A expressão indica também as divisões principais de cada uma das doze tribos de Israel (Nm 3.15,20), ou mesmo cada uma das tribos inteiras (Nm 17.2). No Novo Testamento, a palavra "casa" pode indicar um *lar* (At 7.20), o *templo* de Jerusalém (Jo 2.16) ou o *céu* (Jo 14.2). Nesta última referência, aprendemos que a casa do Pai tem muitas moradas, isto é, muitos lugares de residência. Isso posto, a expressão alude à pluralidade dos céus e dos lugares celestiais, uma doutrina comum judaica e que, sem dúvida, refletia essas verdades. Comparar isso com a expressão paulina, *lugares celestiais* (Ef 1.3) acerca da qual examinar o NTI, nessa referência. (Ver também Ef 1.20; 2.6 e 3.10, onde o conceito é reiterado).

PAIS APOSTÓLICOS

Designação usada de maneira ampla pela primeira vez no século XVI para se referir aos escritores cristãos primitivos, não incluídos no cânon do NT (ver Escritura), mas mais próximos a este tempo, em atividade nos anos 95 a 150. Esse grupo se distingue dos chamados apologistas, que, nos meados do século II, passaram a defender sistematicamente o cristianismo de várias objeções e críticas que confrontavam a igreja. Os pais apostólicos são chamados "apostólicos" no sentido de representarem um pensamento de caráter ortodoxo — i.e., mediante o qual continuaram a guardar e praticar fielmente o ensino dos apóstolos. Além desses fatos gerais, nada há de especial que possa justificar ou caracterizar tal reunião dos incluídos nesse grupo de autores, na verdade bastante variado em matéria de escritos.

A coleção geral de suas obras consiste em: cartas um tanto reminiscentes das epístolas de Paulo, a saber, *1Clemente*, para a igreja em Corinto, e a carta de Policarpo, para a igreja de Filipos; sete cartas de Inácio, de caráter mais pessoal; o manual cristão de conduta denominado *Didaquê* (Ensino dos Doze Apóstolos); um sermão, *2Clemente*; o tratado conhecido como *Epístola de Barnabé*; o livro de visões apocalípticas *Pastor de Hermas*; a narrativa *Martírio de Policarpo*; fragmentos de exegese dos ditos de Jesus, feita por Papias; e, algumas vezes também incluída, uma carta a Diogneto (alternativamente, e mais apropriadamente, agrupada na obra dos apologistas). Há nesse grupo três documentos com pseudônimos (*2Clemente*, *Barnabé* e *Didaquê*) e quatro de autoria de bispos da igreja primitiva: Clemente de Roma (fl. c. 96), Inácio de Antioquia (c. 35-c. 107), Policarpo de Esmirna (c. 69-c. 155) e Papias de Hierápolis (c. 60-130).

Os pais apostólicos não eram criativos nem intencionalmente autocontidos e certamente não sistemáticos no que escreveram. Porque a maior parte de seus escritos, tais como as cartas do NT, são ocasionais e de caráter prático. Quando abordam questões doutrinárias, é especificamente para guardar a igreja de contendas e divisão, livrá-la de conduta imprópria e convocá-la à experiência de uma autoridade estabelecida (ver Governo da igreja). Eles encontram soluções para problemas do seu tempo na dependência fiel à tradição da igreja, tradição que lhes fora passada pela geração precedente, dos próprios apóstolos (ver Escritura e Tradição). Nesse sentido, cumprem admiravelmente os mandamentos contidos nas Epístolas Pastorais, mantendo a tradição em vez de lançando novas bases. Principalmente a orientação prática desses documentos é responsável pela impressão equivocada de alguns de que a doutrina da graça se perdeu no começo do século II.

O apelo de Clemente de Roma pela restauração da unidade na igreja em Corinto repousa, em grande parte, em extensa citação do AT, da tradição apostólica e até do pensamento estoico. Os crentes são chamados a se submeter à autoridade dos bispos e presbíteros (termos usados indistintamente, como no NT). O apelo se apoia em alta cristologia, de ênfase na ressurreição de Cristo e na expiação pelo seu sangue.

A epístola de Policarpo consiste basicamente em alusões aos escritos do NT e da tradição cristã. Preocupa-se também em exortar e instruir a respeito da vida cristã e apela para a importância da submissão aos líderes da igreja. A cristologia de Policarpo inclui referência a Cristo como eterno sumo sacerdote.

As cartas de Inácio enfatizam a divindade de Cristo, referindo-se explicitamente a Jesus como Deus por mais de uma dezena de vezes. Inácio argumenta sobre a importância de uma tríplice ordem de ministério, consistindo em bispo, presbíteros e diáconos, e insiste especialmente sobre a importância da autoridade absoluta de um único bispo em cada igreja. Somente com submissão a essa espécie de ordem administrativa, argumenta Inácio, poderia a igreja resistir aos males da época. Inácio mostra também elevada consideração pelo martírio.

A *Didaquê* é, principalmente, um manual de instrução prática para a igreja, que inclui matérias como: catequese pré-batismal; orientações para a adoração e para a administração do batismo e da eucaristia; conselhos sobre o devido tratamento dos missionários cristãos; o papel dos bispos e diáconos.

A *Epístola de Barnabé* contém uma perspectiva muito antijudaica, que argumenta o cumprimento completo do AT pelo cristianismo usando de exegese livremente alegórica (ver Hermenêutica), reminiscente de Fílon.

O *Pastor* de Hermas, de longe o mais extenso documento dos pais apostólicos, contém igualmente pouca coisa de significativo para o desenvolvimento da teologia da igreja primitiva. Consiste em uma série de visões concernentes a questões práticas de justiça e perdão, e se volta para a importante questão em debate no século II quanto à possibilidade de arrependimento dos pecados após o batismo (ver Penitência).

Os pais apostólicos mostram, enfim, a igreja primitiva pós-NT em embate com os problemas concretos de sua época, fazendo uso, na busca de suas soluções, de textos das Escrituras, dos ditos de Jesus e da tradição dos apóstolos, numa tentativa de consolidar a fé e a prática da igreja e manter-se fiéis ao que haviam recebido. Nisso reside sua verdadeira contribuição. Eis o motivo de serem esses escritos tão significativos para o estudo do cânon emergente do AT e do NT, bem como do entendimento cristão e do uso das Escrituras na igreja primitiva. Seu pensamento era, certamente, de algum modo influenciado pelo ambiente helenista em que viviam; todavia, porque sua perspectiva era ditada pelas Escrituras e pela tradição, permaneceu bem mais judaica do que grega.

(**D. A. Hagner**, B.A., B.D., Th.M., Ph.D., professor de Novo Testamento do *Fuller Theological Seminary*, Pasadena, Califórnia, EUA.)

BIBLIOGRAFIA. E. J. Goodspeed, *The Apostolic Fathers. An American Translation* (New York, 1950); R. M. Grant (ed.), *The Apostolic Fathers. A New Translation and Commentary*, 6 vols. (New York, 1964-1968): ver especialmente vol. 1, R. M. Grant, *An Introduction*; R. A. Kraft, *Apostolic Fathers*, IDBS, p. 36-38 (para erudição atual); K. Lake, *The Apostolic Fathers*, Loeb Classical Library, 2 vols. (London, 1912-1913), texto grego em TI; J. B. Lightfoot, *The Apostolic Fathers*, 5 vols. (Clement, Ignatius, Polycarp) (London, 1885-1890), texto grego em TI.

PALÁCIO

I. CARACTERIZAÇÃO GERAL. As diversas palavras hebraicas traduzidas nas línguas modernas por "palácio" também podem ser traduzidas de várias outras maneiras, como "cidadela", "fortaleza", "lugar alto", "casa", "templo"... Isso posto, esses vocábulos não transmitem necessariamente aquilo que entendemos por um "palácio", ou seja, uma augusta e luxuosa residência, com muitos aposentos, ou um lar particular de riqueza incomum. Mas, como é óbvio, essas ideias também podem fazer parte daqueles termos, porquanto, na verdade, os povos antigos tinham palácios no sentido moderno da palavra. E o significado bíblico mais comum é alguma residência suntuosa de algum rei ou importante figura pública.

A arqueologia tem ilustrado amplamente a existência e o esplendor de alguns desses palácios. E assim tem ficado provado que os palácios de Israel diferiam bem pouco dos palácios dos povos circunvizinhos. Alguns palácios, na realidade, eram fortalezas, como o palácio de Saul, em Gibeá. Podemos pensar que o mesmo era parecido com o palácio de Davi, que a arqueologia encontrou em Jerusalém (ver 2Sm 5.7-9). Salomão também tinha o seu próprio palácio, construído com a ajuda de operários estrangeiros especializados (ver 1Rs 7.1-12). Esse palácio era chamado de "casa da floresta do Líbano", por causa das colunas de cedro que ali havia. Construído em torno de um pátio central, tinha um espaçoso salão de espera, uma sala do trono (ricamente decorada com ouro), apartamentos reais, um harém e aposentos para servos. Havia uma entrada que dava para o pórtico sul do templo de Jerusalém.

Uma outra importante estrutura desse tipo era o palácio de Acabe e Jeroboão, na cidade de Samaria. Esse palácio juntamente com os palácios de vários governadores persas, em Laquis, e as residências dos Tobíades, têm sido encontrados pelos arqueólogos em suas escavações. Herodes mandou construir um palácio na torre de Hananel, à qual reconstruiu com o nome de *Torre de Antônia* (vide). E também mandou construir um outro palácio, que recebeu o nome de *Torre de Fasael*. Esta pode ser vista até hoje, em suas ruínas. Josefo descreve como Herodes apreciava viver na suntuosidade (*Guerras* 5.6,4). Herodes também tinha palácios em Maquero, Heródium e Jericó.

II. Tipos de Palácios

1. Residências Reais. As famílias reais e os principais oficiais do governo ocupavam esses complexos. Naturalmente, eram bem fornidos com servos. (Ver 2Cr 8.11; 9.11; 2Rs 7.9).

2. Principais Edifícios Públicos. Nessa classe, os especialistas incluem o palácio de Acabe, em Jezreel (ver 1Rs 21.1); o palácio do rei assírio, em Nínive (Na 2.6); os palácios de vários governantes babilônicos, na cidade da Babilônia (2Rs 20.18; Dn 4.4); e o palácio dos governantes persas, em Susã (Ed 4.14).

3. Os Principais Edifícios de Alguma Fortaleza ou Cidadela. Esses ficavam na maioria das capitais das nações: em Jerusalém (Is 32.14); em Samaria (Am 3.10,11); em Damasco, como o de Ben-Hadade (Am 1.4); em Tiro (Is 23.13); na Babilônia (Is 25.2); em Edom (Is 34.13); em Gaza, Amom, Bozra, Asdode e Egito (Am 1.7,12; 3.9).

A função de um palácio, como parte integrante de uma fortaleza, é salientada em trechos como (1Cr 29.1,19; Ne 1.1; 2.8; Et 1.2). Outras escrituras falam sobre seus jardins, pátios, complexos de edifícios, decorações suntuosas, colunas etc. (Ver Ed 7.7,8; Ct 8.9; Ez 25.4; Dn 9.45).

III. Características de Palácios de Vários Lugares

1. Em Israel. Supõe-se que o palácio-fortaleza de Saul, em Gibeá, era uma construção bastante austera, um edifício de pedra, com o aspecto de um quartel militar. O palácio de Davi em Hebrom provavelmente também era um lugar rústico. Mas o palácio que ele construiu em Jerusalém, que ele conquistou dos jebuseus e então embelezou, sem dúvida, já era um palácio suntuoso. Hirão, de Tiro, enviou-lhe cedros, carpinteiros, artesãos e outros operários especializados para garantir o resultado (ver 2Sm 5.11). O palácio de Salomão caracterizava-se por considerável grandiosidade, adornado com muitas pinturas, ouro e prata, uma sala grande que continha um trono de ouro, decorada com a melhor arte fenícia. Esse palácio foi chamado de *casa da floresta do Líbano*, porque suas colunas, estruturas do teto etc. foram construídas com cedro

Palácio de Dario e Artaxerxes

proveniente do Líbano (ver 1Rs 7.2 ss.). Dispunha de uma muralha circundante com três fileiras horizontais de pedra, reforçadas por uma fileira de traves de madeira, como proteção contra abalos sísmicos. O trecho de 1Reis 7.9 informa-nos que foram usadas pedras valiosas na construção. Onri e Acabe construíram palácios quase equivalentes. Jeremias aludiu a diversos segmentos desse palácio, como "casa de inverno", "átrio da guarda" etc. (ver Jr 36.20,22; 37.21; 38.6). Esse complexo, porém, foi destruído por Nabucodonosor. Demos outros detalhes a respeito na primeira seção, acima, que ilustram o que acabamos de dizer.

2. No Egito. Todos os Faraós do Egito (de trinta dinastias) tiveram seus luxuosos palácios. As escavações arqueológicas têm comprovado amplamente a natureza suntuosa daquelas edificações. Elas foram retratadas em relevos tumulares e nas mais diversas obras de arte. O palácio de Meremptá, filho de Ramsés II (cerca de 1230 a.C.), foi desenterrado. Embora tal palácio tivesse sido destruído em um incêndio, sobrou o bastante para exibir as suas riquezas. Continha pinturas em afresco; paredes de tijolos; teto de madeira; uma sala do trono no fim de um átrio com colunata. Essa sala era sustentada por seis gigantescas colunas de pedra calcária branca, com cerca de 7,60 m de altura. As portas foram confeccionadas em bronze. Por igual modo, o palácio de Amenhotepe III, em Taber, foi escavado, e objetos ali encontrados terminaram em exibição em vários museus. Um outro notável palácio é o de Amenhotepe IV (1385 a.C.). Foi construído em Aquetaten, em Amarna. As famosas cartas de *Tell el-Amarna* (vide) foram achadas ali. O palácio de Atom era um dos edifícios que faziam parte de um complexo. Uma dupla muralha circundava esse palácio. A rainha Nefertite (esposa de Atom) tinha o seu próprio palácio. E também havia luxuosas residências de altos oficiais do governo, nesse mesmo complexo.

3. Na Mesopotâmia. Os assírios e os babilônios dispunham de esplêndidos palácios. O palácio de Sargão II (772 a.C.), como o de seu filho, Senequeribe, foram escavados, onde os arqueólogos encontraram evidências de sua luxuosa decoração artística e de seu mobiliário. O palácio de Nabucodonosor (século VI a.C.), representou outro triunfo arqueológico. O palácio de Nabucodonosor II estava adornado com tijolos esmaltados, com artísticas linhas geométricas. Motivos decorativos favoritos, nesse palácio, eram os touros e os dragões em alto-relevo, sobre tijolos coloridos. Um outro extraordinário palácio era o de Mari, que data de cerca de 1700 a.C. Trata-se de um tremendo complexo de construções, cobrindo nada menos que 61 mil metros quadrados! Ali havia apartamentos reais, edifícios administrativos e até lugares especiais para os escribas trabalharem. O palácio era adornado com murais artisticamente trabalhados, alguns dos quais até hoje permanecem em condições relativamente boas. Esses murais ilustram todas as fases da vida da época, com cenas de vida secular e religiosa. Também não podemos esquecer os palácios dos monarcas persas, em Persépolis, quase sempre extravagantes. Os palácios de Susã foram escavados, provendo excelentes exemplos da elevada cultura da época. Neemias serviu em um desses palácios, como copeiro real. Ver também Daniel 8.2.

4. Em Creta. Imensos labirintos foram encontrados em Cnossos, pelos arqueólogos. Nesses labirintos há muitos aposentos. Tais lugares ilustram a antiga cultura minoana, conferindo-nos muitos espécimes da arte antiga.

IV. Usos figurados. Os filhos dos justos são comparados com palácios, em Salmo 144.12. E próprio céu é descrito como o palácio de Deus (Sl 45.25). Para vários profetas, os palácios eram símbolos dos excessos reais (ver Am 1.5). Certo hino cristão alude a como Cristo deixou os seus "palácios de marfim" para vir a este mundo de misérias. Isso refere-se ao tema do segundo capítulo da epístola aos Filipenses, a encarnação e a humilhação que isso significou para o Logos. E aí temos um reflexo do amor de Deus. As riquezas do céu foram derramadas sobre a humanidade, e os homens humildes foram beneficiados. Nos sonhos e nas visões, um palácio serve para enfocar a riqueza da entidade humana, os píncaros de seu ser e de suas potencialidades, em contraste com uma adega ou porão, que fala sobre seu passado primitivo e selvagem.

PALAL

No hebraico, **"Deus julga"**. Esse era o nome de um dos filhos de Uzai. Ele foi contado entre aqueles que retornaram do cativeiro babilônico e ajudaram na reconstrução das muralhas de Jerusalém (Ne 3.25). Sua época girou em torno de 445 a.C.

PALANQUIM

No hebraico, *appiryon*. Esse vocábulo, que só se encontra em Cantares 3.9, é de significação incerta. Parece referir-se a uma espécie de cadeira transportável. A *Mishnah* (vide) opina que essa palavra indica um leito nupcial, ou mesmo um coche aberto, em ambos os casos, transportáveis. Várias traduções dão *coche* ou *leito nupcial*.

Há especulações a respeito, que chegam a pensar que esse artigo ilustra a pessoa de Cristo e seus ofícios; mas isso é exagerar o sentido do texto. Tal objeto foi construído em cedro do Líbano, e, sem dúvida, era altamente ornamentado.

PALAVRA DE DEUS

1. Essa expressão, algumas vezes, aponta para o AT, mas nunca para o Novo Testamento, porquanto a formação do cânon neotestamentário só teve lugar após estar completo, como um documento escrito. **2**. Usualmente, nas páginas do NT, essa expressão indica "a mensagem oral do evangelho" (ver 1Pe 1.25). Isso também se patenteia em Romanos 10.17. **3**. A palavra de Cristo, também, pode indicar aquele corpo de doutrinas e de conceitos que circundam a pessoa de Cristo, em seus ensinamentos, em suas instruções etc., que algumas vezes tem algo a ver com a moralidade e a conduta de nosso viver diário. **4**. Examinar as seguintes expressões paralelas: *a*. Palavra de promessa, em Romanos 9.9 *b*. Palavra de fé, em Romanos 10.8 *c*. Palavra da verdade, em Efésios 1.13 *d*. Palavra de Cristo, em Colossenses 3.16 *e*. Palavra de justiça, em Hebreus 5.13 *f*. Palavra de profecia, em 2Pedro 1.19 *g*. Palavra da vida, em 1João 1.1 **5**. A Palavra é vivificada pelo Espírito, tornando-se assim uma força impulsionadora para o bem (ver Hb 4.12). A maioria dos usos neotestamentários é de natureza evangelística, tendo alguma referência ao evangelho pregado pelos apóstolos, à nova fé religiosa, a qual, posteriormente, assumiu forma escrita no NT Algo como esse uso, provavelmente, é o que está em pauta no presente texto. Esse vocábulo aponta para a espiritualidade, para sua criação e desenvolvimento.

É mister esclarecer aqui que os "dois gumes" da Espada do Espírito não são a "lei" e o "evangelho" porquanto tal interpretação é totalmente contrária à mensagem do NT Não obstante, a lei condena, e isso tem seu devido valor, para levar os homens a se entregarem a Cristo. A ideia de que a palavra de Deus é uma *espada* foi tomada por empréstimo da interpretação rabínica. Por exemplo, o comentário dos rabinos (a *Midrash*) diz, com respeito ao trecho de Salmo 45.3: *Cinge a espada no teu flanco, herói...* e que "Isso se refere a Moisés, que recebeu a Torá, que se assemelha a uma espada". (*Rabino Judá*, 150 d.C.). E acerca da "espada de dois gumes", que figura em Sl 149.6, o comentário rabínico diz: "Essa é a Torá, escrita e oral". E a versão da Septuaginta traduz O trecho de Isaías 11.4, que diz: ... *ferirá a terra com a vara de sua boca*..., como também ... *com a espada de sua boca...* (Isso pode ser confrontado ainda com o trecho de 2Ts 2.8).

PALAVRA DO SENHOR. Ver o artigo separado sobre *Verbo*.

Por detrás do conceito de *palavra*, dentro da expressão "Palavra do Senhor", destaca-se um importante vocábulo hebraico e dois vocábulos gregos, a saber, respectivamente, *dabar*, *lógos* e *rêma*, que teremos de considerar um por um. Ambas as palavras gregas são usadas como tradução de *dabar*, na Septuaginta, e, além disso, essas palavras gregas são usadas como sinônimos virtuais nas páginas do Novo Testamento.

I. Os Vocábulos

1. No Hebraico. A raiz *dbr* deu, no hebraico, tanto o substantivo quanto o verbo correspondente. A etimologia é obscura, mas muitos hebraístas dizem que, por detrás dessa raiz, temos a ideia de "aquilo que está por detrás". Se essa opinião está com a razão, então devemos pensar no pano de fundo de alguma questão, ou seja, o significado ou conteúdo conceptual. Desde o começo, parece que esse vocábulo hebraico envolvia tanto um elemento poético (o pensamento) quanto um elemento dinâmico (o poder). Dessa forma, não somente as palavras, mas também as ações que elas representam, devem ser levadas em consideração. Talvez essa ideia transpareça claramente em um texto bíblico como Salmo 35.20, que diz: *Não é de paz que eles falam; pelo contrário, tramam enganos contra os pacíficos da terra*. A importância desse conceito da vinculação entre um pensamento e seu poder, ou ação, ficará mais clara à medida que avançarmos na discussão sobre a palavra de Deus, tanto no Antigo quanto no Novo Testamentos.

2. No Grego. Os termos gregos *lógos* e *rêma* foram ambos usados pelos tradutores da Septuaginta, quando eles encontravam a palavra hebraica *dabar*. No entanto, no idioma grego, no decorrer dos séculos, esses vocábulos passaram por um desenvolvimento inteiramente independente e diferente um do outro. Assim, *lógos* passou por todo um leque de significações, indo desde "memória", passando por "cômputo", "cálculo", "prestação de contas", "consideração", "razão", "narrativa", "fala", e daí até "palavra". Por sua vez, desde o princípio, *rêma* teve o significado de "declaração", com todas as suas possíveis ramificações. Esse vocábulo indicava a palavra como algo distinto de atos, ainda que, paradoxalmente, preservasse em seu bojo um elemento ativo, até que os gramáticos chegaram a adotá-lo como o termo que significa verbo (a palavra ativa), em distinção ao substantivo. No entanto, apesar de suas origens e histórias tão diversas, essas duas palavras foram usadas, mais ou menos, como sinônimos, tanto na Septuaginta quanto no Novo Testamento. E a proporção ou frequência de uso também é interessante. *Rêma* é usada, na Septuaginta, quase três vezes mais que *lógos*; em proporções quase idênticas, em Juízes e Rute. Daí por diante, o termo *lógos* começa a predominar. E duas vezes mais usado que *rêma* entre 1Samuel e Cantares; é quase oito vezes mais comum, nos escritos proféticos, do que *lógos*. E então, quando chegamos ao Novo Testamento, *lógos* preserva a sua superioridade numérica, onde aparece na proporção de quatro para um, em relação a *rêma* (cerca de trezentas vezes contra setenta vezes). Entretanto, no tocante à significação precisa, na maioria dessas instâncias é muito difícil se fazer qualquer distinção entre essas duas palavras.

II. A Palavra no Antigo Testamento

1. A Palavra e a Revelação. No Antigo Testamento *a palavra* é o meio supremo por intermédio do qual o Criador torna conhecidos, diante de suas criaturas, tanto a sua própria pessoa quanto a sua vontade. Uma consequência disso é que a religião ensinada na Bíblia, mormente no Novo Testamento, é primariamente uma religião para ser percebida com os ouvidos, e não para ser apreciada com os olhos. Daí provém a importância dos atos de ouvir e atender, nas Escrituras Sagradas. Todavia, não devemos correr daí para pensar que a religião bíblica seja, intrinsecamente, verbal ou abstrata. A Palavra divina, em distinção à mera palavra humana, é coextensiva com aquilo que ela afirma ou representa. E daí segue-se, logicamente, que o seu atributo mais importante é a veracidade. *Agora, pois, ó Senhor Deus, tu mesmo és Deus, e as tuas palavras são verdade, e tens prometido a teu servo este bem* (2Sm 7.28). *Santifica-os na verdade; a tua palavra é a verdade* (Jo 17.17).

No sentido que acabamos de verificar, nessas duas passagens citadas, uma do Antigo, e outra do Novo Testamento, a *verdade* não aparece como mera ideia abstrata, porquanto traz consigo o sentido de *fidelidade* e de *confiabilidade*. Portanto, a lição que isso nos ensina é que aquilo que ele diz é veraz. Se a referência de alguma declaração divina ainda é futura, então devemos pensar que certamente o que Deus disse haverá de ter cumprimento. E isso, por sua vez, implica força da palavra. Toda declaração divina envolve o poder de fazer com que aquilo que foi dito se torne uma realidade. Exemplificando, de acordo com aquela afirmativa de Jesus, os crentes são realmente santificados mediante a palavra de Deus.

Acresça-se a isso que, no Antigo Testamento, lemos acerca de palavras vazias ou enganosas. Essas não contam com a força do Espírito de Deus, ou, em outras palavras, não foram ditas por Deus. Mas quando Deus fala, a palavra falada intervém ativamente nas atividades humanas. Isso posto, a palavra de Deus é histórica, não apenas no sentido de que registra os acontecimentos históricos, e, sim, naquele sentido dinâmico em que ela faz a história. Isso nos é ensinado desde o primeiro capítulo de Gênesis, que mostra que a criação foi feita mediante a palavra proferida por Deus. Lemos por repetidas vezes, naquele capítulo: *Disse Deus...* E essa verdade também transparece em uma passagem como Isaías 40.26, que alude à criação das coisas, destacando a criação das estrelas: *Quem criou estas coisas? aquele que faz sair o seu exército de estrelas, todas bem contadas, as quais ele chama pelos seus nomes...* E a história inteira do povo de Israel, no Antigo Testamento, reforça esse conceito, com muitos lances. E um importante ponto, nessa conexão, que não deveríamos esquecer, é que, por meio da Septuaginta, a força do termo hebraico *dabar* é refletida nos termos gregos *lógos* e *rêma*.

2. A Palavra e os Primeiros Profetas. Visto que, como já vimos, a revelação de Deus verifica-se, primariamente, por meio de sua palavra falada, em Israel desenvolveu-se o ofício ímpar dos profetas, os porta-vozes de Deus. Um profeta é alguém a quem é dada a Palavra do Senhor, e então ele declara essa palavra, quase impulsivamente, como se não pudesse retê-la consigo. *Quando pensei: Não me lembrarei dele e já não falarei no seu nome, então isso me foi no coração como fogo ardente, encerrado nos meus ossos; já desfaleço de sofrer, e não posso mais* (Jr 20.9). Assim, não mais podendo conter-se, Jeremias abriu a boca e prorrompeu em profecias, à medida que a palavra do Senhor lhe vinha, pelo Espírito de Deus.

Muitos estudiosos têm afirmado, e com toda a razão, que a palavra de Deus, por muitas vezes, é conferida ao profeta em meio a manifestações *místicas*. (Ver sobre *Misticismo*). Isso, sem dúvida, é incontestável, pois, desde os primeiros profetas de que temos notícia, na Bíblia, até os maiores luminares entre eles, como Isaías, Jeremias e Ezequiel, eles sempre aparecem como homens visionários. Portanto, há um aspecto plástico na profecia, que, com frequência, faz imagens e sinais acompanharem as predições e declarações extáticas, uma garantia extra de que a palavra proferida certamente terá o seu cumprimento, conforme foi "visto". Por outra parte, é deveras significativo que, desde o começo, em todas as revelações divinas o aspecto oral é o aspecto predominante. O âmago da profecia é o fato de que Deus fala ao profeta e através dele. De fato, isso vinha acontecendo desde os primeiros patriarcas de Israel, conforme se vê, por exemplo, em Gênesis 22.1 e 46.2. Mas Moisés é que pode ser devidamente considerado o protótipo de todos os profetas que se sucederam. *Vendo o Senhor que ele se voltava para ver, Deus, do meio da sarça, o chamou, e disse: Moisés, Moisés! Ele respondeu:-Eis-me aqui.* (Êx 3.4).

Samuel, considerado o último dos juízes e o primeiro dos profetas da nação de Israel, foi chamado para seu ministério por *Yahweh* (cf. 1Sm 3.1 ss.). E quando ele expressou sua prontidão para ouvir, foi-lhe dada uma mensagem, que deveria anunciar a quem de direito. O processo foi exatamente o mesmo em 1Samuel 15.10 ss., onde foi anunciada a palavra de julgamento contra Saul. Ora, Saul foi rejeitado pelo Senhor por haver rejeitado a sua palavra. Essa tradição profética, iniciada por Samuel, o que também deu *início* às *escolas de profetas* (vide), foi continuada de forma soberba por Natã, por Elias, por Eliseu e por Micaías. Durante todo o período de vida deles, a palavra do Senhor vinha aos profetas e era por eles declarada. E, então, visto que tal palavra não era vazia, mas era impulsionada pelo poder de Deus, cumpria-se infalivelmente, sob a forma de perdão, de salvação ou de juízo. Assim sendo, a verdadeira diferença entre um profeta e um falso profeta é que este último não tem qualquer palavra que, realmente, proceda de Deus, mas antes, apenas do espírito imaginativo e inventivo do homem; e os próprios acontecimentos se encarregam de demonstrar a falsidade da profecia e, em consequência, do profeta. A verdadeira palavra do Senhor acontece. *Assim diz o Senhor: Eis que trarei males sobre este lugar, e sobre os seus moradores, a saber, todas as palavras do livro que leu o rei de Judá* (2Rs 22.16).

À palavra proferida por Deus, sob a forma de profecia, não pode haver resistência eficaz. *Assim pois, morreu (Acazias), segundo a palavra do Senhor que Elias falara...* (2Rs 1.17).

3. A Palavra e a Profecia. Aquilo que pode ser percebido, desde as primeiras profecias que se encontram no Antigo Testamento, pode ser visto, já em sua expressão clássica, nos grandes profetas escritores, de Oseias e Amós em diante. No caso de alguns desses profetas, eles também se utilizaram da fórmula: *Palavra do Senhor, que foi dirigida a...* (Os 1.1). Essa fórmula, usada por diversos dos profetas escritores, serve de epítome da compreensão do que seja uma profecia. O que o profeta disse ou escreveu era precisamente aquilo que Deus lhe estava dizendo, e, por seu intermédio, anunciando às pessoas em geral. Um profeta, pois, era chamado por Deus para o seu trabalho profético (ver Is 6; Jr 1 e Ez 1).

A palavra do Senhor era calcada sobre o profeta como uma responsabilidade pessoal, de tal modo que até podia ser chamada de "peso", embora a nossa versão portuguesa prefira traduzir isso por "sentença". (Ver Is 13.1; Ez 12.10; Os 8.10; Na 1.1; Hc 1.1; Zc 9.1; 12.1; Ml 1.1 etc). Outra maneira de ensinar essa responsabilidade pessoal do profeta é quando o Senhor põe suas palavras na boca de um profeta. Ilustremos com o caso de Jeremias: *Depois estendeu o Senhor a mão, tocou-me na boca, e me disse: Eis que ponho na tua boca as minhas palavras* (Jr 1.9). E também: *Tu, pois, cinge os teus lombos, dispõe-te, e dize-lhes tudo quanto eu te mandar; não te espantes diante deles, para que eu não te infunda espanto na sua presença* (Jr 1.17). Noutras ocasiões, a palavra dita pelo Senhor e entregue ao profeta aparece sob a forma de um rolo que ele precisava comer, a fim de que, digerindo-a, a entendesse e transmitisse fielmente aos seus ouvintes. *... abre a boca, e come o que eu te dou. Então* vi, e eis que certa mão se estendia para mim, e nela se achava o rolo de um livro... Ainda me disse: Filho do homem, come o que achares; come este rolo, vai e fala à casa de Israel. Então abri a boca, e ele me deu a comer o rolo. E me disse: Filho do homem, dá de comer ao teu ventre, e enche as tuas entranhas deste rolo que eu te dou. Eu o comi, e na boca me era doce como o mel (Ez 2.9—3.3). Ora, tudo isso garantia que a palavra de um profeta chamado por Deus fosse certeira, de tal modo que, quando ela se cumpria, o povo tomasse conhecimento de que um profeta estivera entre eles. Eles, quer ouçam quer deixem de ouvir, porque são casa rebelde, hão de saber que esteve no meio deles um profeta (Ez 2.5).

Visto que a palavra não era do profeta, mas do Senhor, por isso mesmo ela era dotada de um poder irresistível, o mesmo poder com que Deus criou o Universo, meramente por haver falado: disse Deus... Por isso mesmo é que Deus diz que aquilo que ele proclamava teria cumprimento, mesmo porque ele via todas as coisas, do princípio ao fim. Quem anunciou isto desde o princípio, para que o possamos saber, antecipadamente... (Is 41.26). Na maioria das vezes, por conseguinte, na intermediação dos profetas, a profecia assumia a forma de predição, de livramento, de bênção, de juízo etc., porquanto o Senhor é o Deus do tempo. Essa palavra profética, pois, confronta o homem com uma advertência solene, com uma promessa segura ou com um mandamento incondicional, meramente por ser a palavra dita por Deus, que assim age com base em sua retidão, veracidade e graça. Em face disso, ninguém pode se mostrar desatento para com uma palavra dita por Deus e ficar isento de culpa. Essa é a conclusão claríssima do Novo Testamento: ... como escaparemos nós, se negligenciarmos tão grande salvação, a qual, tendo sido anunciada inicialmente pelo Senhor, foi-nos depois confirmada pelos que a ouviram, dando Deus testemunho juntamente com eles, por sinais, prodígios e vários milagres, e por distribuições do Espírito Santo, segundo a sua vontade? (Hb 1.3,4). Se eu não viera, nem lhes houvesse falado, pecado não teriam; mas agora não têm desculpa do seu pecado (Jo 15.22). E há muitas declarações semelhantes a essas, no Antigo e no Novo Testamentos!

4. A Palavra e a Lei Mosaica. Alguns eruditos têm feito a distinção entre a profecia e a lei. Para tanto, eles gostam de basear-se em Jeremias 18.18, onde se lê: ... porquanto não há de faltar a lei ao sacerdote, nem o conselho ao sábio, nem a palavra ao profeta... Mas, à luz do ensino bíblico, porém, isso é mais fantasioso do que real, os profetas declaram a vontade e a palavra de Deus à sua própria época; mas fazem isso dentro do contexto e à base da vontade e da palavra de Deus para o seu povo de todos os séculos, isto é, a revelação da lei. Assim, se é verdade que a palavra profética vem ao profeta e ao povo com grande potência e força de convicção, isso não é menos verdade no caso da lei. Afinal de contas, Moisés foi o primeiro e o maior de todos os profetas. A lei, dada por Deus a Moisés, e, através deste, a todo o povo de Israel, é a palavra de Deus, tanto quanto a profecia. Na verdade, Deus utiliza-se de vários métodos para tornar conhecida a sua vontade: lei, história, poesia, profecia, evangelho, sem que alguém tenha o direito de dizer que este ou aquele método é mais condizente com a revelação divina do que qualquer outro método igualmente usado por Deus. Por semelhante modo, tanto as duas tábuas da lei (os Dez Mandamentos) quanto os preceitos e estatutos do resto do Pentateuco têm igual valor como revelação divina: Veio, pois, Moisés e referiu ao povo todas as palavras do Senhor e todos os estatutos; então todo o povo respondeu a uma voz, e disse: Tudo o que falou o Senhor, faremos (Êx 24.3). Nossa atitude deve ser idêntica à dos israelitas, nessa oportunidade.

E o livro de Deuteronômio ainda expõe com mais clareza esse ponto de vista. Esse livro, com todo o seu conteúdo, começa com estas palavras: São estas as palavras que Moisés falou a todo o Israel... (Dt 1.1). Essas palavras ele havia recebido da parte de Deus e as transmitiu ao povo de Israel. É dentro desse livro de Deuteronômio que Moisés se chama de "profeta", ao dizer: O Senhor teu Deus te suscitará um profeta do meio de ti, de teus irmãos, semelhante a mim: a ele ouvirás (18.15). Isso indica que as palavras que ele transmitia ao povo, fazia-o como um profeta, e essas palavras consistiam em uma revelação profética. A palavra estava ali mesmo, sem necessidade de alguém rebuscá-la no mar ou em terra (ver Dt 30.11 ss.). Em outras palavras, o que Moisés dizia era uma autêntica palavra profética, entregue e recebida. Quando a lei mosaica é corretamente compreendida, então, não a aceitamos como mero código de regulamentos externos. Pelo contrário, ela faz parte da palavra de Deus, recebida e entregue como qualquer outra revelação divina. Se, tecnicamente, a lei pertence aos sacerdotes, e a predição, aos profetas, isso não forma uma antítese final. Afinal, o próprio Jeremias, em cujo livro (18.18) se encontram aquelas palavras ... porquanto não há de faltar a lei ao sacerdote, nem o conselho ao sábio, nem a palavra ao profeta..., tanto era profeta quanto era sacerdote! A lei é palavra de Deus, tanto quanto as profecias bíblicas!

5. A Palavra nos Salmos. Embora o saltério nada nos apresente de novidade, no tocante à nossa compreensão acerca da palavra de Deus, contudo, enfoca certas coisas. A poesia é uma das formas mediante as quais Deus achou por bem nos revelar a sua vontade. A relação entre os Salmos e a criação (Sl 33) e entre os Salmos e a lei mosaica (Sl 119) é um ponto especialmente enfatizado. No Salmo 119, "palavra" é um termo significativamente empregado como alternativa para "lei", "mandamentos", "estatutos", "preceitos" etc. Tal como se vê no livro de Deuteronômio, os Salmos salientam a qualidade profética intrínseca da lei. Ao assim fazer, talvez os Salmos nos forneçam a melhor descrição isolada da "palavra", na Bíblia inteira: uma descrição que pode ser aplicada não meramente à lei mosaica, como também às Sagradas Escrituras, em sua inteireza. Assim, a palavra de Deus prevalece no céu (Sl 119.89). Ela também é luz que nos alumia o caminho (vs. 105); proporciona vida (vs. 160); podemos confiar nela totalmente (vs. 42); podemos fazer nossa esperança depender dela (vs. 74); requer de nós a obediência (vs. 57); deve ser entesourada no coração (vs. 11); é doce para o paladar espiritual dos justos (vs. 103); produz tanto deleite como quando alguém encontra um rico despojo (vs. 162). A língua dos justos haverá de falar de acordo com a palavra de Deus (vs. 172). Acima de tudo, a palavra de Deus é o alvo não somente da fé e da esperança, mas também do amor de todos os remidos. É justamente porque a lei de Deus é a palavra de Deus, que o salmista, expressando-se de modo totalmente contrário ao que faria o legalismo, pôde clamar: Quanto amo a tua lei! E a minha meditação todo o dia (Sl 119.97)!

III. A Palavra Dentro da Filosofia Grega

1. Introdução. É preciso reconhecer que, paralelamente ao desenvolvimento da doutrina bíblica da palavra de Deus, no Antigo Testamento, dentro da filosofia grega também estava havendo um desenvolvimento do lógos, posto que de natureza diversa. Isso sucedeu assim porque Cristo Jesus é ... a verdadeira luz que, vinda ao mundo, ilumina todo homem (Jo 1.9). Além disso, visto que o Novo Testamento foi escrito tendo como pano de fundo o helenismo, é necessário que examinemos toda essa questão, embora de forma breve. Que significação a ideia da "palavra" foi adquirindo no mundo helenista? O desenvolvimento do pensamento grego, quanto a isso, foi-se desdobrando de acordo com duas linhas mestras: o lógos é: **1**. O poder noético de aquilatar as coisas, ou seja, o conteúdo racional sobre as coisas; **2**. uma realidade metafísica que se vai expandindo gradualmente, até chegar ao conceito de um ser cosmológico, um representante da divindade.

2. Heráclito. A principal contribuição de Heráclito foi que ele via, no lógos, a interconexão entre homem e homem, entre homem e Deus, e, finalmente, entre toda a existência e Deus;

o *lógos* tanto é a palavra como a mensagem transmitida pela palavra, o seu conteúdo. No *lógos* estão embutidas tanto a fala quanto a ação correspondente. O *lógos* envolve a eterna ordem por detrás das coisas, como uma lei cósmica e eterna, e também a base da psique humana. Em última análise, não está em foco alguma palavra proveniente de fora do homem e, sim, a palavra imanente no homem. No entanto, estranhamente, para Heráclito, o olho, e não a audição, seria o instrumento principal de captação do *lógos*, por parte do homem.

3. Os Filósofos Sofistas. Entre os pensadores sofistas, a palavra era concebida como algo mais intimamente associado à mente do homem; o *lógos*, para eles, era a faculdade racional que está por detrás da fala e do pensamento. Como tal, seria indispensável para a vida política e cultural de todos os povos. Além disso, também desempenharia um papel importantíssimo na pedagogia. No entanto, eles afastaram-se da ideia do *lógos* como um princípio dotado de proporções cósmicas, reduzindo-o a apenas uma faculdade humana.

4. Platão. Embora Platão seguisse as diretrizes do pensamento dos filósofos sofistas sobre o *lógos*, não se mostrava defensor de um tão grande individualismo para a "palavra", quanto eles. Para ele, o *lógos* seria muito mais do que a faculdade racional individualizada. Antes, haveria um *lógos* comum, alicerçado, em última análise, sobre a concordância que há entre as palavras e as coisas; o *lógos* tanto derivar-se-ia das coisas quanto as interpretaria. Não seria meramente uma opinião, um ponto de vista particular. Visto que combinaria o pensamento, a palavra e a coisa assim concebida e expressa, seria mais amplo que a faculdade individual da razão, sendo uma realidade maior do que essa faculdade.

5. Aristóteles. Aristóteles manifestou entender a dupla natureza do *lógos*: seria palavra e compreensão, por um lado, e, por outro lado, o resultado da palavra e da compreensão. O indivíduo proferiria a palavra; mas, em certo sentido, suas ações também seriam controladas pela palavra. E, visto que o *lógos* conduziria à ação, a "palavra" poderia ser considerada como a origem das virtudes peculiares ao ser humano.

6. O Estoicismo. Os filósofos estoicos voltaram à ideia do *lógos* como um princípio cósmico. No *lógos*, pois, expressar-se-ia a ordem racional do mundo, a razão cósmica. Assim sendo, o *lógos* poderia ser tomado diretamente como Deus, ou Zeus. O *lógos* seria o germe (no grego, *lógos spermatikós*), que se desdobraria na forma de formas orgânicas ou inorgânicas. E também seria o *lógos orthós*, a lei, que transmitiria conhecimento aos homens. Todas as coisas procederiam do *lógos* e retornariam ao *lógos*. O *lógos* geral tomaria forma consciente no *lógos* particular do ser humano. Todavia, no estoicismo posterior, o *lógos* foi sendo crescentemente identificado com a natureza. Essa fusão da ordem racional e dos poderes vitais criava um entendimento panteísta.

7. O Helenismo

a. Os Mistérios. O vocábulo *lógos* encontrou um uso religioso especial, dentro das religiões misteriosas orientais. O santo *lógos* era considerado alguma revelação ou doutrina sagrada. Por meio do *lógos*, pois, haveria a ligação com a deidade. Em algumas instâncias, o *lógos* era o equivalente aos próprios mistérios, e um indivíduo que se iniciasse era chamado de *lógos* de Deus. O *lógos* também indicava as orações como um caminho até Deus. O *lógos* também ensinaria o indivíduo tanto a orar quanto a adorar corretamente.

b. O Hermeticismo. Uma significativa característica, quanto a esse ponto, é que o deus Hermes personificava o *lógos*. Estava em foco uma personificação genuína e não uma encarnação. O princípio por detrás de todas as coisas, portanto, era identificado com uma divindade popular. Hermes foi escolhido com base no fato de que ele era tido como o mensageiro dos deuses, o mediador, e tornava conhecidas dos homens a vontade dos deuses. Também havia um elemento racional, porquanto um conhecimento secreto seria desvendado por Hermes. Hermes, à raiz dessa ideia, personificava o princípio mais amplo da vida. Todas essas ideias, inevitavelmente, aproximavam-se do panteísmo. A relação entre o *lógos* e Deus era tema de muitas especulações. Deus seria o pai do *lógos*; e o *lógos* procederia de Deus. Uma outra linha de pensamento, entretanto, dizia que o *lógos* é a imagem de Deus, ao passo que o homem seria a imagem do *lógos*. Porém, a despeito de algumas similaridades verbais, essas ideias estão bem pouco relacionadas à doutrina neotestamentária de Jesus Cristo como o Verbo ou palavra de Deus.

8. Filo. Para esse pensador judeu (vide), a palavra *lógos* era muito importante. Ele a usou de muitas maneiras diferentes, de tal modo que é quase impossível falar de uma doutrina do *lógos*, nos escritos de Filo. A grande dificuldade que ele enfrentava, como sucedia a todos os demais pensadores não-cristãos, era manter harmônicas entre si as suas convicções judaicas e as ideias da filosofia grega. Assim, os eruditos modernos estão divididos, sem saber se, para Filo, o *lógos* era um conceito predominantemente grego ou predominantemente judaico. Até onde vai o *lógos* divino, parece que as raízes desse conceito são judaicas, mas que o desenvolvimento do mesmo foi tremendamente influenciado pelo pensamento grego.

O *lógos* de Deus, ou *lógos* divino, não seria o próprio Deus. Seria apenas uma das obras de Deus. Porém, também seria a imagem de Deus e o agente da criação, o que já importa em uma contradição, pois uma criatura não pode ser o criador. Filo identificava o *lógos* com o cosmos noético. Mas serviria de intermediário entre o Deus transcendental e o homem. No *lógos* estariam embutidos os *lógoi*, ou seja, as ideias individuais. O próprio *lógos*, entretanto, era mais do que um mero conceito. Filo personificava o *lógos*. Ele dizia que o *lógos* é filho de Deus. A herança judaica de Filo, entretanto, resguardou-o tanto de deificar o *lógos* quanto de conceber um imanentismo total de Deus, o que já seria equivalente ao panteísmo. De fato, o *lógos*, para ele, parecia um elo conveniente entre o Deus Criador e o mundo que ele criou.

9. Conclusão. Visto que o Novo Testamento apresenta Jesus Cristo como o Verbo encarnado de Deus, sentimo-nos fortemente tentados a buscar paralelos desse conceito bíblico no mundo grego ou helenista, como se as ideias gregas fossem as fontes de onde João extraiu o seu entendimento acerca do *lógos* ou Verbo de Deus. Fazer tal coisa, entretanto, é ignorar as diferenças decisivas entre o pensamento grego e o pensamento bíblico e neotestamentário. Poderíamos sumariar essas diferenças quanto a quatro pontos principais: *a*. a compreensão grega sobre o *lógos* é racional e intelectual; a compreensão bíblica é teológica; *b*. O pensamento grego chegava a dividir o *lógos* único em muitos *lógoi*; o Novo Testamento, por sua parte, reconhece somente um *Lógos*, o Mediador entre Deus e o homem, Jesus Cristo; *c*. para os gregos, o *lógos* deveria ser concebido inteiramente fora da consideração de tempo; mas Jesus Cristo, o Verbo eterno, assumiu singularidade histórica quando se encarnou, ou seja, veio viver dentro do tempo; *d*. para os gregos, o *lógos* tenderia para ser identificado com o mundo, de tal maneira que o mundo seria o filho de Deus, mas o *Lógos* da Bíblia é o Filho unigênito do Pai, um ser divino-humano distinto da criação, conhecido entre os homens como Jesus de Nazaré. À luz dessas quatro distinções fundamentais, aqueles paralelos óbvios, dos quais falamos acima, são reduzidos à insignificância material.

IV. A Palavra no Novo Testamento

1. Uso Geral

a. Neutro. Embora, no Novo Testamento, *lógos/rêma* seja um importante vocábulo teológico, também pode ser usado em um sentido geral. Em algumas instâncias, o sentido geral pode ter uma significação teológica toda própria; mas, em outros casos, essa significação reveste-se de um caráter inteiramente neutro. Assim sendo, esse termo, no singular ou no plural, pode denotar aquilo que já ocorreu, no passado (Mc 7.29). O ato de falar também pode ser distinguido do ato de escrever uma carta (2Co 10.10). Mas, é digno de nota que a palavra escrita também transmite a palavra (vs. 11). Além disso, o vocábulo "palavra" pode indicar uma notícia ou um rumor, ou mesmo a narrativa contida em um livro (At 1.1). E nem mesmo é necessário que haja um discurso inteligível, pois as palavras podem ser proferidas em língua extática, tanto quanto com o entendimento (1Co 14.19). Qualquer coisa que se diga pode ser *lógos* ou *rêma*.

b. A Palavra e a Realidade. Um interessante uso do vocábulo *lógos* é aquele que indica uma palavra vazia em distinção à realidade ou a uma ação. Isso é algo teologicamente impossível, quando a referência é à palavra divina. Porém, a fala humana pode consistir apenas em fala, destituída de qualquer substância ou realidade. A linguagem jactanciosa da sabedoria humana cabe dentro dessa categoria (ver 1Co 1-4). Por igual modo, a profissão de amor, sem as demonstrações correspondentes (ver 1Jo 3.18; cf. Tg 2.14 ss.).

c. No Mau Sentido. As palavras podem ser não somente vazias e sem poder, mas também maldosas; o trecho de Efésios 4.29 alude a uma linguagem "torpe"; 1Tessalonicenses 2.5 menciona palavras de "bajulação"; 2Timóteo 2.17 compara as palavras ditas pelos heréticos a uma excrescência maligna; 2Pedro 2.3 fala sobre "palavras fictícias"; Tiago 3.2 reconhece solenemente que quase todas as pessoas ofendem em suas palavras. Paulo, em 1Coríntios 1-4, nada de bom tem a dizer sobre as palavras ditadas pela sabedoria humana, porquanto nelas não há nem verdade e nem poder.

d. Sentidos Específicos. Nas páginas do Novo Testamento, o termo *lógos* pode também revestir-se de sentidos particulares, derivados de sua significação básica. Assim sendo, dar um *lógos* é prestar contas a alguém, ou, mais comumente, nas páginas da Bíblia, a Deus (Mt 12.36; Rm 14.12). *Lógos* é vocábulo que também pode significar "base" ou "razão", conforme se vê, por exemplo, em Atos 10.29. *Tema* ou *assunto*, parecem ser os sentidos da palavra *lógos*, em Atos 8.21. Do ponto de vista espiritual, o conceito de *prestação de contas* é o mais importante dentro dessa categoria.

2. Uso Especial

a. O Antigo Testamento. Em um grupo inteiro de versículos do Novo Testamento, o verbo *légo*, *"dizer"*, ou os substantivos *lógos/rêma*, "palavra", referem-se ou à palavra de revelação do Antigo Testamento ou ao próprio Antigo Testamento, na qualidade de Palavra escrita de Deus. Um interessante ponto a observar, nessas referências bíblicas, é que, algumas vezes, a "palavra" é descrita como a de algum autor humano; outras vezes, como a do Cristo preexistente e, outras vezes, como a de Deus. Além disso, também seu uso é indefinido, "foi dito", ou expressão similar. E mesmo quando a ênfase recai sobre o orador ou escritor humano, não resta dúvida nenhuma de que o mesmo é um porta-voz de Deus, de tal modo que embora o homem esteja falando, Deus é o originador real das palavras ditas, no Antigo Testamento. A "palavra", sem importar se alguma declaração isolada, se um livro inteiro, é palavra tanto do homem quanto de Deus. O conceito que o Novo Testamento faz do Antigo Testamento, como também o conceito que o Novo Testamento faz de si mesmo e de sua mensagem, é a noção bíblica fundamental da Palavra do Senhor. Se a expressão "palavra do Senhor" (no grego, *lógos* τοςυ *kuríou*) nunca é empregada no Novo Testamento, nessa conexão, para isso parece haver uma razão especial. Pois, no Novo Testamento, *kúrios* e um título do próprio Jesus Cristo, pelo que expressões como "palavra do Senhor" ou "palavras do Senhor" facilmente poderiam passar por expressões dominicais. E mesmo quando estão sendo feitas citações do Antigo Testamento, essas expressões não são usadas como uma fórmula introdutória,

embora a palavra grega *kúrios*, com um verbo, possa ser usada dentro das próprias passagens citadas, conforme se vê, por exemplo, em Romanos 12.19. A maneira geral como o Novo Testamento se refere ao Antigo Testamento, como a palavra de Deus, deixa claro além de qualquer dúvida possível que, tanto a mensagem do Antigo Testamento como também os versículos individuais são reputados como divinamente dados e divinamente autoritários. O quanto isso é plenamente endossado pode ser visto com base no fato de que, em alguns poucos versículos do Novo Testamento, é difícil dizer se há ali uma referência à palavra do Antigo Testamento ou à mensagem do Novo Testamento (cf. Hb 4.12 e Ef 6.17).

b. A Palavra a Indivíduos. No Novo Testamento, tal como no Antigo Testamento, encontram-se exemplos de pessoas a quem foi dada alguma palavra ou mensagem da parte de Deus. Assim sendo, a *rêma* de Deus veio a Simeão (ver Lc 2.29); outro tanto é dito a respeito de João Batista (ver Lc 3.2). Entretanto, é significativo que, embora os apóstolos tivessem sido especificamente encarregados do ministério de pregação, essa fórmula comum do Antigo Testamento não aparece mais depois do Evangelho de João. Conforme diz o próprio Novo Testamento, a lei e os profetas vigoraram até João (Mt 11.13). Se, dali por diante, não lemos mais que a palavra de Deus veio a alguém, isso não significa, naturalmente, que a palavra de Deus foi retirada, e nem que toda a maneira da revelação divina tenha sido drasticamente alterada. A razão é outra; é que agora a palavra de Deus veio, em toda a sua plenitude, na pessoa de Jesus Cristo. Falar, desde então, a uma palavra de Deus que tivesse vindo, por exemplo, para Paulo ou para Pedro, seria falar de uma maneira inteiramente contrária à mensagem do Novo Testamento. Agora, já foi proferida a palavra definitiva. Disso dá testemunho o trecho de Hebreus 1.1,2: *Havendo Deus, outrora, falado muitas vezes, e de muitas maneiras, aos pais, pelos profetas, nestes últimos dias falou pelo Filho, a quem constituiu herdeiro de todas as cousas, pelo qual também fez o universo*. Todos os demais são comissionados para pregarem a palavra de Deus, e quaisquer orientações especiais que precisam receber lhes são dadas por meio de uma visão, de um anjo, do Espírito Santo, ou então, da parte do próprio Senhor Jesus.

É mister salientar que a fórmula profética do Antigo Testamento, que se fez ausente em todo o Novo Testamento, depois do Evangelho de João, também aplica-se ao Senhor Jesus. Assim, embora ninguém tenha proferido a Palavra com tanta autoridade, nunca lemos no Novo Testamento que a palavra veio a ele, como, por exemplo, veio a João. Uma voz manifestou-se por ocasião de seu batismo, e também por ocasião da transfiguração, mas essa voz dirigiu-se ao povo, e não ao próprio Senhor Jesus. Essa voz era uma confirmação e não uma comissão. Visto que, sem a menor dúvida, Jesus é o Profeta supremo, maior até mesmo do que Moisés, só podemos chegar à conclusão de que essa fórmula veterotestamentária foi evitada, no caso dele, de modo proposital. A relação entre Jesus e Deus Pai, e também entre Jesus e a palavra de Deus, transcende tão completamente o que poderia ser dito sobre os profetas, que falar sobre alguma palavra dada a Jesus seria totalmente impróprio. Conforme ver-se-á mais adiante, o âmago da mensagem do Novo Testamento é que a palavra de Deus veio com Jesus, e não a ele ou por intermédio dele. Sua identidade com Deus e com a revelação de Deus situa todo o conceito da palavra de Deus debaixo de uma nova luz, inteiramente inédita e sem igual. ... *o Verbo era Deus... E o Verbo se fez carne, e habitou entre nós, cheio de graça e de verdade, e vimos a sua glória, glória como do unigênito do Pai* (Jo 1.1,14).

c. A Palavra de Jesus. Embora não se possa ler, no Novo Testamento, que a palavra de Deus veio a Jesus conforme é dito sobre profetas e outros homens de Deus, o Novo Testamento, com frequência, refere-se à prédica ou às declarações de Jesus, chamando-as de "palavra de Deus". Assim, Jesus aparece como pregador da palavra (ver Mc 2.2). Jesus mencionou aqueles que dão ouvidos à palavra de Deus e a põe em pratica (Lc 8.21). Na parábola do semeador, a semente é a palavra (Mt 13.18-23). Com muito maior frequência, o Novo Testamento registrou aquilo que Jesus disse, como declaração de Jesus (cf. Mc 10.22). Nessa conexão, são usados os vocábulos gregos *lógos* e *rêma*. E, quando chegamos ao livro de Atos e às epístolas, ocorrem fórmulas como "a palavra (*rêma*) do Senhor" (At 11.16), "palavra (*lógos*) do Senhor" (1Ts 4.15), e "palavras do Senhor Jesus" (At 20.35). É digno de atenção que quando Paulo apelou para certa declaração, proveniente do Senhor, em 1Coríntios 7.10, esse apóstolo considerou que essa declaração se revestia de autoridade conclusiva, e isso em relação com sua própria opinião apostólica, como alguém que também tinha o Espírito de Cristo.

A igreja primitiva, como é óbvio, sentia-se em liberdade para citar essas afirmações, sem aderir a qualquer fórmula única de citação; mas, a despeito de toda a variedade, manifesta-se a mais plena confiança de que as afirmações citadas são autênticas, tendo sido fielmente transmitidas (ver Lc 1.1-4; At 1.21,22). De fato, em algumas instâncias, até o aramaico original foi preservado (como em Mc 5.41 e 7.34), embora nos Evangelhos escritos, originalmente, em grego, dirigidos, principalmente, a leitores de fala grega. Por conseguinte, quando alguma declaração do Senhor Jesus aparece em qualquer situação, ela tem toda a força e a autoridade de um clamor profético, como "Assim diz o Senhor". A autoridade das declarações do Senhor Jesus também foi sentida por seus ouvintes originais. Se alguns se sentiram ofendidos, e outros julgaram-no louco, chegando até a tentar impedi-lo disto ou daquilo, a razão dessas atitudes é que ficaram perturbados por sua palavra, que lhes parecia ameaçadora (cf. Mt 15.12; Jo 10.20). Mas, todos os ouvintes de Jesus parecem ter reconhecido, com espanto, que ele falava com toda autoridade, e não como os escribas (Mt 7.28). As palavras de Deus produziam sobre as pessoas o mesmo impacto que a sua presença e pessoa. Por isso mesmo, Jesus disse que se envergonhar de suas palavras era envergonhar-se dele, e vice-versa (ver Mc 8.38). As palavras proferidas por Jesus têm um poder dinâmico e autoritário. Tal como a palavra do Antigo Testamento, elas são eficazes. Por meio da palavra de Jesus, os enfermos eram curados, os pecadores arrependidos eram perdoados, os mortos eram ressuscitados. E, podemos acrescentar, eram e são. Pois, *passará o céu e a terra, porém as minhas palavras não passarão* (Mt 24.35).

A palavra de Deus realiza aquilo que ela diz (cf. Gn 1.1 ss.). Da mesma forma que a palavra do Antigo Testamento (ver Is 40.8), as palavras ditas por Jesus são eternas e potentes. O apóstolo João, à sua maneira, frisa a mesma verdade. No Evangelho de João, as palavras de Jesus são palavras de vida eterna (ver Jo 6.68). Elas são *espírito e vida* (Jo 6.63). Têm a mesma autoridade que as palavras já registradas nas Escrituras Sagradas (Jo 2.22 e 5.47). Se os homens tiverem de ser salvos, terão de aceitar as palavras de Jesus (Jo 12.48), guardando-as (Jo 8.51) e permanecendo nelas (Jo 8.31). Além disso, essas palavras não eram apenas do homem Jesus, porquanto ele estava escudado no mandamento de Deus Pai, no tocante ao que ele deveria dizer e falar. ... *e a palavra que estais ouvindo não é minha, mas do Pai que me enviou* (Jo 14.24).

Por isso mesmo, rejeitar a Jesus e às suas palavras sujeita o homem à condenação. Será a palavra proferida por Jesus, que tiver sido rejeitada, que julgará os incrédulos, no julgamento final. *Quem me rejeita e não recebe as minhas palavras, tem quem o julgue; a própria palavra que tenho proferido, essa o julgará no último dia* (Jo 12.48).

d. A Palavra sob a Forma do Evangelho. Os vocábulos gregos *lógos* e *rêma* não somente são aplicados às palavras proferidas pelo Senhor Jesus. Esses vocábulos também podem denotar a mensagem inteira do evangelho, isto é, tudo quanto Jesus "disse" e "fez". Nesse sentido, encontramos especialmente três expressões, a saber: "o *lógos* de Deus", "o *lógos* do Senhor" e *o lógos*. As expressões mais comuns, dentre essas três, são a primeira e a terceira. Mas, em várias passagens do livro de Atos (como em At 6.4) é a mensagem a respeito dele. E, se o Antigo Testamento também pode ser mencionado nessa conexão, isso deve-se ao fato de que a palavra e as realizações de Jesus foram um cumprimento do Antigo Testamento (cf. At 17.11).

A incumbência dos apóstolos, como ministros da Palavra, consistia em falar, proclamar, ensinar e magnificar a palavra de Deus (At 4.29; 13.5,48; 18.11). As epístolas paulinas oferecem amplas evidências do mesmo uso (cf. 1Ts 1.6; 2Ts 3.1; 1Co 14.36; 2Tm 2.9; Cl 1.25 ss e Ef 1.13). E a "palavra", referida em 1Pedro 1.23 e Tiago 1.21, envolve a mesma significação. Um ponto digno de atenção é que a palavra grega *rêma* raramente ocorre com esse sentido, embora haja boas instâncias em Hebreus 6.5, 1Pedro 1.25 e Efésios 5.26. Diz 1Pedro 1.25: ... *a palavra do Senhor, porém, permanece eternamente. Ora, esta é a palavra que vos foi evangelizada.*

Sob a forma de evangelho, a "palavra" possui os atributos e a autoridade de uma palavra definida enviada por Deus. Essa palavra é a palavra da cruz da reconciliação, da graça, da vida e da verdade. Quando os apóstolos pregavam a palavra, faziam-no somente como ministros de Cristo. Por essa razão, Paulo não ousava corrompê-la. Isso garantia a sua autenticidade. A palavra também é a fonte de autoridade e de poder. Homens podem contestar as palavras de outros homens; mas ninguém pode contradizer a palavra de Deus. Sendo palavra de Deus, ela reveste-se de um poder vital. A palavra é o poder de Deus (1Co 1.18). Ela não está presa (2Tm 2.9). Ela faz a sua própria obra, cortando como uma espada (Hb 4.12; cf. Ef 6.17, onde o original grego diz *rêma*), regenerando (1Pe 1.23) e reconciliando (2Co 5.19). Na qualidade de palavra da vida ou da salvação, a palavra não meramente fez menção a essas coisas, mas também transmite vida e salvação.

Parte da eficácia da palavra de Deus consiste em impulsionar as pessoas para que reajam favoravelmente a ela, quando a ouvem. Na verdade, a palavra de Deus pode ser aceita ou rejeitada. Pode ser guardada ou negligenciada. Assim, o verbo "receber" é usado, com frequência, em combinação com o substantivo *lógos* (ver At 8.14; 1Ts 1.6; Tg 1.21). Está em pauta muito mais do que a apreensão ou o assentimento intelectuais, ouvir a palavra é confiar nela (ver At 4.4). Por isso mesmo, a palavra de Deus opera nos crentes (1Ts 2.13). ... *a palavra de Deus, a qual, com efeito, está operando eficazmente em vós, os que credes*, diz essa referência bíblica. Além disso, a obediência também fez parte do ato de recebimento da palavra de Deus (cf. Tg 1.22; 1Pe 2.7,8). Mediante a sua obediência, ou a sua desobediência, um homem pode glorificar ao Senhor (ver At 3.48), ou pode blasfemar (Tt 2.5) contra a palavra do Senhor. Em tudo isso, também o papel desempenhado pelo Espírito Santo reveste-se de suprema importância; porém, isso já nos conduziria a um aspecto diferente do assunto, que é impossível cobrirmos no presente contexto.

e. Jesus como a palavra de Deus. A "palavra" é a palavra de Deus. Ela inclui tudo aquilo quanto Jesus disse e ensinou. Mas também inclui a doutrina a respeito de Jesus, e tudo quanto está ligado a essa doutrina, ou seja, todos os aspectos da doutrina cristã. Nessa qualidade, trata-se de Deus que fala aos homens por intermédio do Espírito de Deus. A "palavra" é a palavra de Deus (compreendida tanto como o objetivo quanto como um genitivo subjetivo), continuamente pregada ou anunciada. O ponto para onde convergem todas essas diferentes linhas de pensamento, bem como o clímax da doutrina bíblica sobre a palavra de Deus, é que a palavra de Deus é o próprio Senhor Jesus Cristo, o Filho eterno de Deus, que se fez homem, por ocasião de sua encarnação. A Palavra é Jesus, e Jesus é a Palavra. Consideremos três passagens-chave, nessa conexão:

i. Apocalipse 19.13. Essa equiparação aparece em Apocalipse 19.13, onde ... *o Verbo de Deus*... é o título designativo do Cristo exaltado e glorificado. Esse é o nome desconhecido, mas também já conhecido. Essa é a base do exercício da espada, por parte do Jesus glorificado. O Cristo que tinha esse título é o mesmo Cristo que morreu e ressuscitou, e agora está vivo para todo o sempre. Por igual modo, o título "o Verbo (*Palavra*) de Deus" não aparece isolado do evangelho cristão, porquanto, nesse mesmo livro de Apocalipse, esse título já havia aparecido em conexão com o testemunho cristão, e o Senhor Jesus é a Testemunha fiel e verdadeira. Nenhuma explicação particular é dada ali a esse título; mas, no contexto geral, tal explicação é perfeitamente desnecessária, tal como quando aparece o título de "Cordeiro", aplicado a Jesus, quando nenhuma explicação se faz necessária. Ficam implícitas a deidade e a eternidade do Verbo de Deus, Jesus Cristo (cf. Ap 19.16).

ii. 1João 1.1. Há uma equiparação similar em 1João 1.1, embora, ali, com o Jesus encarnado. Assim, a Palavra da vida foi vista, ouvida e tocada pelos apóstolos. Intrinsecamente, a referência poderia ser à mensagem do evangelho; mas os verbos usados sugerem a pessoa viva de Jesus Cristo, o Verbo que se tornou carne. Essa ideia tem o apoio das palavras "o que era desde o princípio", nesse primeiro versículo da epístola. E também das palavras "com o Pai", no segundo versículo, sem falarmos na similaridade geral dessa passagem com o versículo de abertura do Evangelho de João. Todo encontro com a Palavra é um encontro com a Pessoa de Jesus Cristo.

iii. João 1.1 ss. A equiparação mais plena e definitiva deve ser vista com os primeiros versículos do Evangelho de João. Essa equiparação nos conduz diretamente à esfera da cristologia, de tal maneira que, aqui, apenas algumas observações devem ser suficientes. Em primeiro lugar, João exprimiu a convicção neotestamentária comum de que Jesus é o coração da Palavra; e, além disso, ele levou ainda mais adiante a questão. Não somente Jesus é a Palavra, ou Verbo; mas também o Verbo é eterno e preexistente, juntamente com Deus. E Jesus, por conseguinte, é o Verbo encarnado, que veio participar da história humana. Isso posto, aquilo que é dito nas Escrituras, sobre o Senhor Jesus, é dito igualmente sobre o Verbo de Deus. E essa é a grande razão que explica por que motivo o termo "lógos" não reaparece mais no Evangelho de João, depois que termina o prólogo. Por semelhante modo, é por isso que nunca se lê que Jesus falou a palavra. Jesus é a própria palavra de Deus, e a palavra de Deus é Jesus. Em segundo lugar, a declaração sobre o Verbo, no Evangelho de João, não consiste em alguma abstração ou personificação especulativa. O autor sagrado não parte de um conceito teórico sobre o *lógos*, que, em seguida, ele tivesse transferido para a pessoa de Jesus de Nazaré. Bem pelo contrário, João começa por Jesus, ouve a palavra de Deus, em toda a sua plenitude, na pessoa dele, aprende a sua glória, e assim sente-se compelido a afirmar que Jesus é o Verbo, o Filho unigênito de Deus, e por conseguinte o próprio Deus. É isso porque, em Jesus Cristo, o Verbo tornou-se carne. Em terceiro lugar, o versículo inicial do Evangelho de João parece ser uma alusão intencional à passagem de Gênesis 1.1. O ponto salientado é que, no começo mesmo de Gênesis, Deus acha-se presente, a "falar" por meio do Verbo, através de quem todas as coisas foram feitas. É como se João estivesse interpretando, cristologicamente, o trecho de Gênesis 1.1 ss. Dessa forma, João foi capaz até mesmo de sugerir a ideia da nova criação, de natureza espiritual, por intermédio do Verbo, Jesus Cristo. A ênfase sobre os aspectos pessoal e histórico da Palavra ou Verbo de Deus, no Evangelho de João, naturalmente, ultrapassa aquilo que diz o primeiro capítulo de Gênesis. Mas, dessa maneira, consegue-se salientar a inter-relação existente entre a palavra de Deus, em ambos os Testamentos, e a base final da autoridade e do poder da palavra, na qualidade de palavra de Deus. Finalmente, em quarto lugar, a declaração do Evangelho de João não tem paralelo, a despeito de todas as conexões sugeridas e de todas as influências que os estudiosos tenham procurado encontrar, como, por exemplo, do *lógos* helenista, da sabedoria judaica e da legislação rabínica, sobre os conceitos do Novo Testamento.

Em face do exposto, percebe-se que o verdadeiro intuito do autor do Evangelho de João é a apresentação do Verbo ou palavra de Deus. Mas, em última análise, para ele, como para todos os demais apóstolos que escreveram, essa é a apresentação do próprio Jesus, encarnado e ressurreto, em toda a sua graça e verdade. Jesus Cristo é o eterno Verbo de Deus, o próprio Deus. Ver também o artigo intitulado *Lógos*.

PALESTINA

I. Nome. O nome Palestina figura por quatro vezes na Bíblia (Êx 15.13; Is 14.29,31 e Jl 3.4). Essa designação geográfica é de origem bastante tardia. Deriva-se dos filisteus (peleste), um povo não semita, proveniente da região do mar Egeu, que veio a estabelecer-se em grande número ao longo das planícies costeiras do Mediterrâneo oriental, durante o reinado de Ramsés III, do Egito (cerca de 1190 a.C.). Essa região mais tarde veio a ser conhecida pelo nome de *Filístia* (ver Jl 3.14), pelo que esses dois termos, Palestina e Filístia, sem dúvida são cognatos. Daí derivou-se também o adjetivo pátrio, *filisteus*, como transliteração de uma palavra grega. Até onde é possível sondar, foi Heródoto, grande historiador do passado, quem primeiro empregou essa tradução grega. No latim, a região chamava-se *Palestina*. Porém, foi somente já no século II d.C., que o nome Palestina tornou-se a designação oficial da área; mas até mesmo então também indicava a planície a sudoeste da Fenícia. E daí, passou finalmente a designar a totalidade da região que hoje se conhece como Palestina. O nome mais antigo dessa região era *terra de Canaã*. Esse último nome parece derivar-se do vocábulo hurriano que significa "pertencente à terra da púrpura vermelha". Esse termo continuou sendo usado até o século XIV a.C., sem dúvida como referência aos cananeus ou fenícios, que comerciavam com corantes púrpura-avermelhado, fabricados a partir das conchas do Murex, das costas do Mediterrâneo. Tanto as cartas de *Tell el-Amarna* (vide) quanto os egípcios chamavam por esse nome toda a região a oeste da Síria.

Um outro nome eminentemente bíblico é *terra santa* (ver Zc 2.10), embora somente nessa referência apareça o nome, em todo o Antigo Testamento. Talvez esse seja o seu apelativo mais comum, hoje em dia. Nos tempos helenísticos, *Judeia* era usado para indicar a área inteira, visto que para ali voltaram os judeus (mormente da tribo de Judá), após o cativeiro babilônico, ao passo que outros hebreus, em virtude do anterior cativeiro assírio, há muito haviam sido espalhados entre nações pagãs, perdendo para sempre sua identidade. Na verdade, as reivindicações de judeus modernos de que procedem de outras tribos, que não as de Judá, Benjamim e Levi, não podem ser comprovadas. Um outro nome para essa região é "Terra de Israel", ou mais simplesmente ainda, "Israel" (ver 1Sm 13.19). Finalmente, em Hebreus 11.9, lemos sobre a *terra da promessa*. Costumamos falar sobre a *Terra Prometida*, que se tornou símbolo de todas as coisas e aspirações boas e celestes. O título "terra santa" foi muito comum durante a Idade Média.

II. Geografia e Topografia. É motivo de admiração verificar quão pequeno é o território da Palestina, levando-se em conta o gigantesco impacto histórico e cultural que o mesmo tem exercido sobre a civilização. Em Números redondos, a Palestina tem 150 km de norte a sul e uns 70 km de largura, em média. Conforme é fácil de calcular, a Palestina é bem menor que o estado brasileiro de São Paulo. Seu comprimento, de norte a sul, tornou-se proverbial dentro da frase "de Dã a Berseba", lugares esses que assinalavam seus extremos norte e sul, respectivamente. Foi durante os governos de Davi e Salomão que Israel atingiu suas maiores proporções territoriais. Então as suas fronteiras estendiam-se até às margens do Eufrates e até às fronteiras com o Egito, embora isso incluísse povos tributários. Na época, a população não ultrapassaria a casa dos dois milhões de habitantes, incluindo somente os israelitas. E talvez chegasse aos três milhões, se fossem contados os povos tributários.

A Palestina é dividida em duas partes iguais, de norte a sul, por uma linha de colinas que, na verdade, consiste na continuação dos montes do Líbano, da Síria-Líbano. No seu extremo norte, essa cadeia montanhosa tem alguns poucos picos que se aproximam dos mil metros de altitude. Ao descer para o sul, já no distrito da Galileia, essa serra é intercalada por várias planícies. Entre essas está a famosa planície de Esdrelom, ou Jezreel. Também há colinas, mais baixas, mais ao sul, já dentro dos distritos da Judeia e a Idumeia. Em Jerusalém, a altitude é de cerca de 760 m, pois a cidade encontra-se em um platô, no alto das colinas da região. Também há colinas na área de Samaria, embora mais baixas, com vales espaçosos. Da extremidade norte das colinas de Samaria, segue um espigão na direção noroeste, até à planície costeira de Sarom, com seu ponto culminante no monte Carmelo, cujo sopé é banhado pelas águas do mar Mediterrâneo. A parte oriental da Palestina consiste em um longo platô, que vai desde o monte Hermom, ao norte, até o monte Hor, em Edom, ao sul.

Quatro Áreas Distintas

1. A Planície Marítima. Essa planície vai desde o rio Leontes, ao norte, a oito quilômetros ao norte de Tiro, até o deserto para além de Gaza, ao sul. O monte Carmelo, entretanto, interrompe esse vale. A partir do Carmelo para o sul, até Jope, a região é conhecida como planície de Sarom; e então como Sefelá, desde Jope até o ribeiro de Gaza, na direção sul. Mais ao sul ainda, fica a área conhecida como planície da Filístia.

2. Cadeia Central. Conforme foi dito acima, as montanhas do Líbano internam-se Palestina adentro; e nos distritos da Galileia, da Samaria e da Judeia há extensões mais baixas dessa cadeia. A Alta Galileia dispõe de certo número de colinas, algumas das quais entre 600 e 900 m de altura, ou mesmo pouco mais, e outras chegando até os 1200 m de altitude. Abaixo, damos as altitudes dos principais montes e colinas da Palestina. A Baixa Galileia forma um triângulo malfeito, limitado pelo mar da Galileia e pelo rio Jordão, até Bete-Seã, a leste, e pela planície de Esdrelom, a sudeste. Colinas mais baixas são encontradas ali. O monte Tabor chega a 562 m E o monte Gilboa a 502 m de altitude. A planície de Esdrelom intercepta a região central. Ao sul dessa área há muitos *wadis* (vide). O monte Gerizim chega aos 869 m de altura, onde ficava a cidade de Samaria. De Betel a Hebrom, na Judeia, a serra continua e chega à altura de 670 m Betel está a uma altitude média de 792 m; Belém, a 778 m; Hebrom, a 927 m

3. O Vale do Rio Jordão. Na verdade, esse vale é uma profunda e longa garganta. Desde a altitude de 518 m, no monte Hermom, vai descendo rapidamente na direção do mar Morto, que já fica a 375 m abaixo do nível do mar. E o mar Morto, propriamente dito, é bastante profundo; seu fundo fica a 396 m abaixo de sua superfície, tornando esse o lugar mais baixo à face do planeta. Na verdade, tudo isso faz parte da falha geológica que percorre daí até o mar Vermelho e entra na parte oriental da África.

4. A Palestina Oriental. Temos aí um extenso platô, a maior parte do qual mantém-se a uma altitude de mais de 900 m Essa área incluía localidades como Basã, Gileade e Moabe. Está dividida por quatro rios: o Iarmuque, o Jaboque, o Arnom e o Zerede. Os dois primeiros são tributários do Jordão. Mas o Arnom e o Zerede deságuam diretamente no mar Morto. Ao sul do mar Morto fica a Arabá, rica em cobre, que se espraia até Eziom-Geber, no extremo norte do mar Vermelho.

Elevações de Alguns Picos e Locais Notáveis: monte Hermom, 3050 m; monte Catarina, no Sinai, 2460 m; Jebel Mousa, no Sinai, 2145 m; Jebel et-Tyh, no Sinai, 1312 m; Jebel er-Ramah, 915 m; Hebrom, 824 m; monte das Oliveiras, 774 m; Safete, 762 m; monte Gerizim, 732 m; Damasco, 667 m; monte Tabor, 533 m; passo de Zefate, 438 m; deserto de et-Tyh, 427 m; Nazaré, 250 m; planície de Esdrelom, 140 m; lago de Tiberíades, 26 m abaixo do nível do mar. A Arabá, em Cades, 28 m abaixo do nivel do mar. O mar Morto, 375 m abaixo do nível do mar; o fundo do mar Morto, 771 m abaixo do nível do mar.

III. ESBOÇO DE INFORMES HISTÓRICOS. Para relatar tudo, teríamos de começar pela pré-história e entrar no relato bíblico inteiro. Portanto, demos aqui apenas um breve sumário, em forma de esboço. Por razões geográficas, a terra da Palestina servia como caminho obrigatório para os povos que passavam do ocidente para o sul; e as forças militares, em expansão, naturalmente escolhiam essa rota. Assim sendo, grande parte de sua história é uma interminável crônica de invasões e conquistas. No entanto, foi em meio a essa situação, sempre perigosa, que o propósito divino levou a Palestina a desempenhar um papel tão crucial na história. Por muitas e muitas vezes, os habitantes da Palestina, além do fluxo de fronteiras causado por conflitos intensos, têm sido sujeitados às imposições de potências estrangeiras, algumas distantes dos estreitos limites da região. Como característica geral, podemos afirmar que o princípio da cidade-estado conferiu alguma estabilidade à área.

1. Antes da Idade do Bronze. Não se sabe muita coisa sobre esses tempos, apesar das investigações arqueológicas. Contudo, desde os tempos neolíticos houve ali povoados representando um período cru e de baixa cultura. O décimo capítulo do livro de Gênesis informa-nos que Canaã descendia de Cão. E esse é o primeiro informe bíblico acerca da Palestina (ou terra de Canaã). Canaã era filho de Sidom, o que nos mostra que havia aí sangue fenício. A Tabela das Nações mostra-nos como esses povos espalharam-se.

2. Idade do Bronze Antiga (começando em 3000 a.C.). Esse período foi marcado por sucessivas invasões de povos semíticos, que ocuparam a região da Palestina. Em cerca de 1900 a.C. (mas outros pensam em data bem posterior), Abraão representaria uma migração semítica para essa área. Tutmés III, do Egito (cerca de 1480, ou um pouco mais tarde), veio a dominar a área. Esse domínio foi interrompido pelas invasões dos nômades habiru da Mesopotâmia, como também pelos poderes dominantes sucessivos dos amorreus, vindos do Líbano, e dos hititas, da Anatólia. A XIX Dinastia egípcia (1304-1181 a.C.), porém, reconquistou a Palestina. Os filisteus um dos "povos do mar" (do mar Egeu, sem dúvida), tomaram conta das costas marítimas da Palestina. Os arameus estabeleceram-se na Palestina, vindos do deserto da Síria, que lhe fica ao norte. E o povo de Israel, ao libertar-se da servidão egípcia, fez uma grande excursão na Palestina, tornando-se então o povo predominante. Os estudiosos datam a conquista israelita entre 1500 e 1225 a.C., o mais tardar.

3. O Período dos Juízes. Esse período tem sido datado entre 1400 a.C. até 1150 a.C., o mais tardar. Se essa data posterior for aceita, isso já nos leva à Idade do Ferro. Na época, os ganhos territoriais de Israel foram alternadamente desafiados e confirmados, enquanto os israelitas procuravam dominar os povos por eles conquistados, mas que se rebelavam. A fé dos hebreus consolidou-se em torno da adoração a *Yahweh*, embora com períodos de apostasia. Emergiu daí uma notável fé monoteísta, que estava destinada a exercer efeitos duradouros sobre a espiritualidade do mundo.

4. Os Reis de Israel. O período dos juízes cedeu lugar aos reis, a começar por Saul. A monarquia adquiriu maior ímpeto com Davi e atingiu seu ponto culminante de glória com Salomão. A partir de então, as datas podem ser fixadas com exatidão. A era áurea de Salomão fica entre 961 e 922 a.C. Nesse tempo, Israel atingiu o máximo de sua extensão territorial, e Salomão desfrutou de um período pacífico e próspero, que ele usou para impressionar os países em derredor. No entanto, após a sua morte, a unidade da nação viu-se quebrada, e o norte e o sul tornaram-se países distintos: Israel e Judá. Os artigos sobre *Israel* e *Judá* expõem detalhes completos sobre essa questão e sobre a história de ambas essas nações, até o final das mesmas. O tempo dos reis cobre as Idades do Ferro I, II e III. Depois disso, temos o período helenístico.

5. O Cativeiro Assírio. A nação do norte, Israel (cuja capital era Samaria), chegou ao seu fim quando os assírios, sob as ordens de Sargão II, destruíram praticamente tudo ali, levando os sobreviventes para a Assíria. Isso ocorreu em cerca de 721 a.C. Esse foi o fim da história do reino do norte, Israel. A moderna nação de Israel compõe-se, essencialmente, de Judá, embora com vestígios de todas as outras tribos. Senaqueribe, sucessor de Sargão, assaltou e reduziu Judá; mas aos babilônios coube terminar a tarefa. Ver o artigo *Cativeiro Assírio*.

6. O Cativeiro Babilônico. Nabucodonosor, rei da Babilônia, destruiu tudo quanto pôde em Judá, e deportou os sobreviventes para a Babilônia. Isso teve lugar em cerca de 587 a.C. Ver o artigo intitulado *Cativeiro Babilônico*.

7. O Retorno de Judá a Jerusalém. Um pequeno remanescente voltou a Jerusalém, começando cerca de cinquenta anos depois da deportação para a Babilônia. Isso sucedeu quando a Pérsia controlava a região, pois os babilônios tinham sido derrotados definitivamente pelos persas. Ciro, o Grande, conquistara e anexara tanto a Babilônia quanto a Palestina, ao seu já gigantesco império, em cerca de 539 a.C. Nos dias de Esdras e Neemias, a cidade de Jerusalém foi reconstruída e a adoração a *Yahweh* foi renovada. Um novo templo (mas bem mais modesto que o de Salomão) veio à existência, e o judaísmo conseguiu reequilibrar-se, após ter sido quase extinto.

8. Alexandre, o Grande, e os Monarcas Selêucidas. Alexandre conquistou grande parte do mundo então conhecido e deixou que seus generais governassem as terras do império macedônico, após a sua morte. Foi ele quem expulsou os persas da Palestina, a qual, depois, passou a ser governada pelos ptolomeus, do Egito (até 198 a.C.), e, então, pelos selêucidas, da Mesopotâmia e do sul da Anatólia.

9. A Revolta dos Macabeus. Em 168 a.C., Judas Macabeu (ver o artigo intitulado *Hasmoneanos*) e seus irmãos revoltaram-se contra o poder dos selêucidas. Antíoco IV Epifânio havia tentado helenizar o judaísmo, e isso criou mais agitação do que alguém seria capaz de controlar. A liberdade religiosa dos judeus foi obtida, após muito derramamento de sangue, em 164 a.C. Mas essa independência foi mantida apenas pelo espaço de setenta e nove anos.

10. A Era Romana. As coisas desintegraram-se perigosamente sob os governantes macabeus, na Judeia. É que os macabeus haviam perdido a visão dos propósitos originais da revolução. E os romanos intervieram para impor a sua ordem. Pompeu ocupou a Palestina, em 63 a.C., e esta tornou-se um protetorado romano.

11. Herodes, o Grande. Ele era um rei vassalo nativo, responsável diante do senado romano pela sua administração. Foi em sua época que nasceu o Senhor Jesus. E foi por causa de suas ameaças que a santa família precisou descer ao Egito. Ele reinou sobre a Judeia de 37 a.C. a 4 d.C.

12. Os Procuradores Romanos. Dificuldades administrativas logo tornaram necessário Roma governar a Palestina mediante governadores ou procuradores. Isso significava que, doravante, Roma estaria governando a região diretamente. Os judeus, entretanto, ressentiam-se diante de qualquer forma de governo estrangeiro, sobretudo diante de um governo direto. E a revolta, que se ocultava nos corações de todos os judeus, acabou vindo à tona. *Os zelotes* (vide), desempenharam um papel liderante nisso.

13. A Destruição no Ano 70 d.C. Finalmente, foi mister que os romanos fizessem intervenção militar, a fim de controlar a rebelião. Sob as ordens de Tito (que mais tarde veio a tornar-se imperador de Roma), os exércitos romanos invadiram Jerusalém, executaram milhares de judeus e arrasaram até o nível do chão o magnificente templo de Herodes.

14. Destruição e Deportação. Os rebeldes judeus conseguiram recuperar-se, e a rebelião ferveu de novo. Dessa vez, o imperador reinante, Adriano, precisou pôr fim definitivo à questão. Isso ocorreu em 132 d.C. Então ele começou a esvaziar a Palestina de judeus, dando início à Grande Dispersão, que se estendeu de 135 a 1920 d.C., quase dezoito séculos! A Jerusalém foi dado um nome pagão, *Aelia Capitolina*, e tornou-se uma colônia romana. Aos judeus foi proibido de se aproximarem da cidade, exceto em suas peregrinações. Os centros judaicos de erudição e cultura foram transferidos para lugares como a Galileia, a Babilônia, a colônia norte-africana de Cairuan e a Península Ibérica.

15. Influência Bizantina-Cristã. Quando o império romano metamorfoseou-se no império bizantino, e depois que Constantinopla tornou-se a sua nova capital (cristã), em 330 d.C., automaticamente a Palestina transformou-se em uma importante província cristã-bizantina, uma espécie de posto avançado da igreja Católica oriental. Os patriarcados cristãos que então dominavam o cristianismo organizado eram Roma, Alexandria, Constantinopla, Antioquia e Jerusalém. Somente Roma ficava na parte ocidental do império; os outros quatro centros ficavam na porção desse império.

16. Assaltos Persas. Em 614 d.C., Jerusalém foi saqueada pelos persas, e quase todos os habitantes da cidade foram deportados. Mas o imperador Heráclio encabeçou uma cruzada contra os persas e restaurou na Palestina o domínio cristão, em 628 d.C.

17. Assaltos Islâmicos. A Palestina não conseguia descansar da guerra, e as invasões árabes (de mistura com várias restaurações, mediante as diversas cruzadas; vide) se processaram durante um longo período. O califa Omar (*'Umar*) I conseguiu tomar Jerusalém, em 638 d.C., e a Palestina e a Síria viram-se assim separadas por longos séculos do governo do império romano-bizantino. Foi edificada primeiramente a mesquita de el-Aksa, em Jerusalém; e, então, no século VII, no local onde estivera o famoso templo de Jerusalém, foi construída a mesquita de Omar. Desde então, Jerusalém tem sido uma cidade sagrada para os judeus, para os cristãos e para os árabes. Conforme alguém já observou: "Jerusalém é sagrada demais para seu próprio bem!"

18. O Domínio Muçulmano. Esse domínio foi representado por diversas dinastias, entre os séculos VII e XVI de nossa era. Várias cruzadas cristãs foram efetuadas entre os séculos XI e XIII d.C., na tentativa de recapturar Jerusalém. E o poder trocou de mãos por várias vezes, entre cristãos e islamitas.

19. Os Turcos Otomanos. Pelos fins do século XVI os turcos otomanos haviam conquistado todas as terras possuídas pelos árabes, no Oriente Próximo e Médio, incluindo a Palestina, que passaram a fazer parte do enorme império otomano. Naturalmente, os turcos otomanos acabaram convertendo-se ao islamismo, o que significa que surgiu um novo estado islâmico, composto por outra etnia. E quando os turcos otomanos capturaram o Egito, em 1517, eles também obtiveram o controle sobre Jerusalém, bem como sobre as santas cidades islâmicas de Meca e Medina. Durante quatro séculos, a Palestina permaneceu sendo uma província de importância apenas relativa do império otomano. Napoleão tentou alterar essa situação, em 1799, mas não obteve êxito!

20. Dos Fins do Século XIX à Primeira Grande Guerra. Um movimento nacionalista árabe começou a tomar forma nas províncias árabes do império otomano, com extensões pela Síria-Líbano. Uma força opositora foi o Movimento Sionista Mundial, encabeçado por judeus, cuja finalidade era pôr novamente Israel na Palestina.

21. Durante a Primeira Grande Guerra. Árabes e judeus colaboraram com os aliados, com o propósito de liberar a Palestina dos turcos. Em uma das pouquíssimas vezes que assim aconteceu na história, árabes e judeus estiveram combatendo lado a lado. Terminada a guerra, as forças aliadas, Inglaterra e França, foram as potências encarregadas de decidir o que fazer com a Palestina e as áreas adjacentes. Muitas promessas conflitantes foram feitas. Na porção costeira da Síria, a França sentiu-se na liberdade de estabelecer um centro administrativo que, finalmente, haveria de determinar seu estado. À Grã-Bretanha cabia exercer autoridade similar em outras áreas. Em novembro de 1917, um mês antes de Jerusalém capitular diante do Gn Edmund Allenby, foi publicada a Declaração de Balfour, em Londres. Essa declaração prometia, da parte dos ingleses, "um lar nacional para o povo judeu", na Palestina. Essa declaração incluía uma vaga previsão de que os direitos de outros povos interessados seriam salvaguardados. A vitória sobre os turcos foi alcançada no outono de 1917, e foi assinado um armistício, a 30 de outubro de 1918. Houve ainda mais combates, mas finalmente, o mês de setembro de 1918 viu o fim do poder turco sobre a Palestina, ficando os ingleses encarregados de pôr o lugar em ordem. A parte estranha em tudo isso foi que os exércitos árabes mostraram ser aliados denodados e eficazes dos britânicos, nessas campanhas militares. Naturalmente, eles pensavam que a Palestina ficaria nas mãos deles. Os ingleses passaram a exercer o controle sobre a Palestina, mediante um mandato da Liga das Nações. E os conflitos árabes-judeus começaram terminada a Primeira Grande Guerra. A divisão das terras palestinas entre árabes e judeus não deixou ninguém feliz, provocando a contenda.

22. Imigrações Judaicas. Os judeus começaram a retornar a sua terra, em cumprimento de antigas profecias bíblicas. Em 1935 (um ano extraordinário), mais de sessenta mil judeus voltaram à Terra Prometida. E os árabes começaram a agitar-se, pois viam o que estava sucedendo. Os judeus continuavam chegando de várias partes do mundo. Entre 1939 e 1944, cem mil judeus chegaram à Palestina.

23. Segunda Guerra Mundial. Foi durante esse período que o povo de Israel sofreu sua prova mais excruciante, desde os dias do cativeiro babilônico, especialmente na Europa, devido às perseguições nazistas, que ceifaram cerca de seis milhões de judeus, na mais séria tentativa moderna de extermínio de uma raça! Terminada a Segunda Guerra Mundial, porém, passado e pesadelo, grandes massas de judeus retornaram à Palestina. Os conflitos continuaram, entretanto, em torno da problemática questão de como dividir as terras entre judeus e árabes palestinos. A influência norte-americana tem sido crítica; mas a questão parece estar longe de ser solucionada.

24. Estados Árabe e Judeu Independentes. O mandato britânico chegou ao fim, e, a 14 de maio de 1948, as Nações Unidas aceitaram a declaração de independência do estado de Israel. Um grande acontecimento havia tido lugar, mais do que muitos políticos seculares puderam perceber. Mas estou certo de que o presidente norte-americano, Harry Truman, um bom evangélico batista, sabia exatamente o que estava sucedendo. Israel era novamente, uma nação oficial, independente, e no seu próprio território da Palestina!

A dispersão, iniciada em 135 d.C., havia sido revertida. Os estudiosos da Bíblia, ao redor do mundo, saltaram de alegria e admiração. Lembro-me de como o pastor de minha igreja batista, bem como toda a irmandade, vibraram diante da notícia. E, durante algum tempo, a igreja cristã foi varrida em todas as direções por um zelo profético. Os clamores dos céticos, que diziam que os judeus haviam produzido um autocumprimento das profecias, soavam ridículos. Os judeus praticamente não haviam exercido controle sobre os poderes em entrechoque, que tornaram tudo aquilo possível, exceto que eles se agitavam por detrás dos bastidores. E foi o exército britânico quem armou o palco para essa vitória!

Entretanto, as atividades terroristas dos árabes palestinos nunca cessaram. Forças das Nações Unidas foram enviadas ao local dos conflitos, tentando controlar a situação, mas parece que coisa alguma se tem mostrado eficaz.

25. A Guerra dos Seis Dias. Tal como nos dias da antiguidade, várias nações circunvizinhas aliaram-se contra Israel. Mas, a 5 de junho de 1967, Israel atacou seus adversários; e em apenas seis dias foi capaz de esmagar as forças combinadas do Egito, da Jordânia e da Síria. Isso deu a Israel a oportunidade de tomar conta da parte antiga de Jerusalém, com a área do templo, juntamente com outros territórios, aumentando substancialmente os territórios ocupados por Israel na Palestina. Aqueles dias são inesquecíveis para este coautor e tradutor, pois poucas semanas antes recebera um poderoso derramamento do Espírito Santo, depois de ter passado um ano e meio vendendo literatura evangélica entre judeus da cidade do Rio de Janeiro, Brasil!

26. Uma Previsão Profética. Finalmente, Israel haverá de triunfar em sua luta. Porém, dias terríveis estão à sua espera. A Terceira Guerra Mundial verá a Rússia e seus satélites invadirem Israel, somente para serem derrotados pelas forças aliadas do Ocidente. Quando a sobrevivência de Israel estiver muito ameaçada, Jesus será visto em forma corpórea entre as forças de Israel, e a maré virará ao contrário. A intervenção divina terá lugar, e Israel proclamar-se-á uma nação cristã. Se eu entendo corretamente a profecia bíblica, uma outra guerra mundial (a quarta), terá de ferir-se. A China será o poder opositor, e os Estados Unidos da América e a Rússia novamente se aliarão. Nessa quarta guerra o mundo será reduzido a cinzas, e então a Fênix-Israel levantará a cabeça entre as nações. Seguir-se-á o *milênio*. Então Jerusalém tornar-se-á a capital religiosa e política do mundo. Uma nova e grande força religiosa emergirá no mundo, e um novo cristianismo produzirá, segundo creio, uma nova revelação, com uma nova coletânea de livros sagrados, um novo Novo Testamento; e, então, os homens poderão dizer novamente: "Vi, pessoalmente as grandiosas obras de Deus". Ver o artigo separado intitulado *Profecia: Tradição da e a Nossa Época*.

IV. CLIMA, FLORA E FAUNA. A terra de Israel, embora tão minúscula, é bastante diversificada, com as montanhas, vales e desertos. E o resultado disso é que o clima também é muito variável. O monte Hermom, com seus 3050 m de altitude, fica coberto de neve no cimo. Dali o terreno desce sob a forma de uma garganta até 393 m abaixo do nível do mar. Mas há também um quentíssimo deserto. Na região montanhosa as temperaturas são modificadas, e, de outubro a abril, ventos ocidentais carregam chuvas torrenciais. Porém, ventos que sopram do deserto trazem um calor tórrido (ver Jó. 1.19; Jr 18.17). Grosso modo, podemos falar em duas estações a cada ano: o *inverno*, que é chuvoso e úmido (de novembro a abril), e o *verão*, que é quente e sem chuvas (de maio a outubro).

A Palestina jaz à margem de um dos grandes desertos do mundo, o qual se faz sentir por meio de ventos secos e poeirentos. O deserto vai descendo na direção do mar, e então há uma área úmida com cerca de cem quilômetros de largura. O vale do Jordão, com suas baixas altitudes, torna-se quase insuportavelmente quente durante os meses de verão; mas, durante o inverno, é delicioso, bastante parecido com o sul do estado da Califórnia, nos Estados Unidos da América, ou com outros lugares de clima semitropical. A porção leste da garganta do Jordão praticamente desconhece chuva. Assim, o clima da Palestina é mais variado do que qualquer outra área do mundo, de dimensões similares.

Flora e Fauna. Há três regiões florais distintas na Palestina: **1**. Oeste (área do Mediterrâneo), um lugar dotado de árvores, arbustos de folhagem perene, muitas flores e prados. Amendoeiras, oliveiras, figueiras, amoreiras e videiras medram nessa faixa. **2**. O vale do Jordão é subtropical, com muitas espécies de árvores, palmeiras, sicômoros, figueiras, carvalhos, nozes, peras, álamos, salgueiros, acácias, oliveiras bravas, mostarda etc. Há muitas e variadas espécies de flores. **3**. O deserto (no sul). O Negueb e a área de Berseba têm poucas árvores e um mínimo de vegetação. Há, contudo, arbustos anãos, alho, junipeiro e alguma vegetação desértica típica, com muitos tipos de flores selvagens.

Quanto à fauna, há animais de porte médio, como o gato do mato, o gato selvagem, a hiena listrada, o lobo, o mangusto, o chacal e algumas espécies de raposas. Os animais de porte pequeno incluem o morcego, muitas espécies de pássaros, a pomba, o corvo, a coruja, o avestruz, a cegonha, a garça, o ganso selvagem, a perdiz, a codorna e muitas outras. Cerca de cem espécies de aves habitam na Palestina, como residentes, ou passam por ali, em suas arribações. Atualmente é raro o aparecimento de espécies como o leopardo, o urso sírio e o crocodilo.

Os peixes ocorrem em grande variedade, nos rios e no lago da Galileia. Há cobras, quase todas elas não-venenosas; abundantes também são os cágados, o camaleão, o lagarto, os escorpiões etc.

V. A Ocupação Humana. Este dicionário tem artigos sobre todos os nomes locativos da Bíblia. Há cerca de 622 desses locais, somente na parte ocidental do Jordão, o que nos dá uma ideia do enorme número de lugares mencionados nas Escrituras. Além dos nomes locativos mencionados na Bíblia, há aqueles que têm sido fornecidos pela arqueologia, que incluem as listas de Tutmés III, Setos I, Ramsés II e Sesonque I. A primeira enciclopédia cristã (a de Eusébio), chamada *Onomasticon*, como também aquela de Jerônimo, são valiosas fontes informativas sobre localidades. A arqueologia tem feito uma grande contribuição quanto a essa questão. O dr. Edward Robison identificou 177 lugares (em cerca de 1838); e o Fundo de Exploração da Palestina localizou 434 lugares (em cerca de 1865). E Conder ajuntou a isso mais 147 nomes.

Alguma forma de vida urbana já existia na Palestina desde nada menos de cerca de 8000 a.C., conforme a arqueologia tem sido capaz de demonstrar até agora. O vale do Jordão vem sendo habitado desde a pré-história remota. Cerca de setenta lugares dali datam de antes de 5000 a.C. A planície costeira, ao sul do Carmelo, tem contado com povoações desde tempos pré-históricos. Porém, um pouco mais para o norte, no vale de Sarom e na Alta Galileia, antes havia densas florestas, que limitavam bastante a ocupação humana. Entretanto, na Baixa Galileia e na Samaria as evidências dão conta de uma ocupação humana generalizada. A parte que fica ao sul de Jerusalém não era uma área favorável, devido a condições climáticas. Na Transjordânia, a arqueologia tem desenterrado grandes fortalezas, como as de Petra, Bozra e Tofé. Cidades importantes desenvolveram-se ao longo das rotas comerciais. Entre elas podemos citar Berseba, Hebrom, Jerusalém, Betel, Siquém, Samaria, Megido, Bete-Seã e Hazor.

VI. Suprimento de Água e Agricultura. O Nilo faz o Egito ser o que é. Sem esse rio, aquele território seria desértico, um ermo por onde somente os nômades passariam. A água é fonte de vida. Conforme já vimos, na Palestina há áreas onde as chuvas são abundantes durante os meses de inverno (ver ponto IV, primeiro parágrafo). Mas, no verão, as chuvas rareiam. E isso exigiu a criação de um sistema de cisternas e de irrigação. Por isso mesmo, uma fonte de água sempre foi de capital importância na Palestina. A palavra hebraica *'ain*, "fonte", aparece em combinação com setenta nomes locativos na Palestina. *Bir*, "poço", é outra palavra hebraica que aparece em combinação com cerca de sessenta nomes locativos. O Jordão é o único verdadeiro rio da Palestina; mas seus modestos tributários também são uma importante fonte de água potável. Há muitos ribeiros alimentados pelas águas derretidas das neves; esses, naturalmente, produzem água por algum tempo, mas logo secam quando o clima muda, e então no lugar dos mesmos nada mais resta senão *wadis*. Os trechos de 1Reis 17.7; Jó 24.19. Joel 1.20 e Salmo 126.4 referem-se a essa situação. A invenção da argamassa permitiu a instalação de cisternas; oferecemos um artigo separado a respeito, que ilustra a importância das cisternas nos países de clima seco. Em cerca de 1300 a.C., já se usavam largamente as cisternas. As pessoas que vivem em áreas desérticas ou nas proximidades sabem a suprema importância da "água armazenada". Naturalmente, hoje em dia usam-se grandes reservatórios. Mas o método humilde de armazenar água, na antiga nação de Israel, era o uso de cisternas. E esse foi um importante fator na rápida colonização das terras altas da Judeia. Apesar de as cisternas praticamente em nada contribuírem para a irrigação, certamente facilitaram a criação de gado, pelo que também grande parte das riquezas da Palestina girava em torno de animais domesticados. Além das cisternas havia reservatórios primitivos, feitos conforme as indicações dadas em Cantares 7.4. A necessidade de água chegou mesmo a ser uma lição moral, pois existe a água espiritual, bem como as necessidades espirituais da alma humana, que podem ressecar-se devido à sede espiritual (ver Dt 8.7-10; 11.10-17; Jr 2.13; 14.22). Assim, viver perto de *águas vivas* (ou correntes) constituía uma grande vantagem. E ter acesso às águas vivas espirituais é aquilo de que precisa a alma sedenta (ver Jo 4.7 ss.).

A agricultura depende de água de modo absoluto. Isso posto, em qualquer região onde inexistem bons sistemas de reservatórios de água, um bom regime pluvial (ou, pelo menos, neves que se derretam) é essencial à vida das plantas, dos animais e dos seres humanos. A população rural da Palestina central consistia em pequenos proprietários de terras. A cevada era mais importante do que o trigo, na Palestina, porque podia ser cultivada com pouca chuva, o que já não sucede no caso do trigo. Além desse produto, muito importante era o cultivo da videira e da oliveira. A videira medrava principalmente na área do Carmelo, enquanto que a oliveira era plantada principalmente na Galileia e no território de Efraim. A seca, porém, trazia o endividamento e a servidão, com seu labor servil e forçado (ver 1Sm 8.16; 22.7; 25.2). A vida pastoril era uma atividade proeminente na Transjordânia e no Negueb. Os poços artificiais e alguns poucos oásis permitiam uma agricultura muito limitada no deserto e em certas áreas desérticas.

VII. Regiões e Divisões

1. Regiões. Até mesmo um país pequeno, como é o caso da Palestina, se tiver uma natureza variada (como é o caso ali) pode ser dividido em regiões e sub-regiões, pelo que aquilo que aqui dizemos está sujeito a revisões e objeções. Não obstante, na Palestina há algumas regiões naturais óbvias, que podemos mencionar. A seção X.1 deste artigo apresenta um mapa ilustrativo dessas regiões. Falando em termos bem genéricos, temos na Palestina as seguintes regiões naturais: *a*. a planície costeira; *b*. a região montanhosa central. *c*. a garganta do rio Jordão. *d*. O platô da Transjordânia; *e*. o deserto.

A Planície Costeira. Essa planície estende-se por cerca de 190 quilômetros, desde as fronteiras do Líbano até Gaz. O monte Carmelo interrompe esse tipo de paisagem, no norte. Ao norte do mesmo fica a planície de Aser, que se estende por quarenta quilômetros até à antiga Escada de Tiro. Nesse local, as colinas da Galileia chegam até bem perto das costas marítimas. Para sudeste fica o vale de Jezreel e a planície de Esdrelom. Amplia-se por cerca de 48 quilômetros, para o interior, tendo apenas dezenove quilômetros de largura, em seu trecho mais amplo. Uma estrada importante passava por ali, ligando o Egito a Damasco, na Síria. Várias cidades importantes achavam-se ao longo dessa rota, como Megido, Jezreel e Bete-Seã (ver Jz 5; 7.1; 1Sm 31.12). Ao sul do monte Carmelo fica a planície de Sarom. Cinco notáveis cidades filisteias existiam ali: Ecrom, Asdode, Asquelom, Gate e Gaza. Mais para leste ficava a Sefelá, uma espécie de zona tampão entre Israel e os filisteus. Nos tempos antigos as colinas da região eram densamente arborizadas, principalmente com sicômoros (ver 1Rs 10.27; 2Cr 1.15 e 9.27).

A Região Montanhosa Central. Essa região cobre cerca de 320 quilômetros, desde o norte da Galileia até o Sinai. Muitas formações montanhosas juntam-se para formar uma espécie de baixa serra montanhosa. Temos aí o coração geográfico de Israel. A região montanhosa eleva-se a um pouco mais duque 900 m de altitude, em seu ponto mais elevado, em Hebrom. A oeste, o declive das colinas, na direção do Mediterrâneo, é suave. A leste, a descida na direção do vale do Jordão é mais abrupta. As terras dessa área não são muito férteis, e dependem de fontes e poços para irrigação; mas grande parte da região é desértica. As colinas em torno da Judeia (ver Sl 125.2) formam uma massa compacta, o que facilitava a defesa militar da região. Ao norte de Jerusalém ficam as colinas do território de Efraim, bastião de defesa do reino do norte, Israel. Trata-se de uma espécie de planalto dissecado, com cumes isolados, como os montes Gerizim e Ebal. Termina ao norte no monte Gilboa, onde acaba o coração geográfico da Palestina. As colinas dessa área são bastante modestas. Ali ficavam localizadas cidades como Gibeá, Salém, Siquém e Sicar. Ao norte da planície de Esdrelom espraia-se a Galileia, dividida naturalmente em Baixa Galileia (ao sul), e Alta Galileia (ao norte). Ali as colinas elevam-se a nada menos de 900 m de altitude, abrigando certo número de bacias. Essa área é excelente para as lides agrícolas. O monte Carmelo eleva-se ligeiramente mais de 600 m, mas está situado em uma região circunvizinha de baixa altitude, já perto do mar. Por isso mesmo, forma uma elevação impressionante, apesar de não estar em grande altura. A serra do Carmelo tem apenas cerca de oito quilômetros de largura, embora chegue mesmo a interromper a planície costeira, dividindo-a em planície da Filístia e planície de Sarom, separadas das terras costeiras estreitas da Fenícia. E a serra do Carmelo também forma uma barreira entre a planície de Sarom e a planície de Esdrelom, ficando assim de través da histórica rota comercial entre o Egito e a Mesopotâmia. Ver o artigo geral intitulado *Estradas*.

A Garganta do Rio Jordão. Esse vale, que é uma falha geológica natural, estende-se por cerca de cem quilômetros, quase cortando a Palestina ao meio. Ao norte temos os lagos de Hulé e da Galileia, com colinas laterais, notavelmente o monte Hermom (ver Dt 3.9), em cuja base o rio Jordão tem suas cabeceiras. As águas desse rio cortaram rochas basálticas que em tempos imemoriais bloqueavam a grande depressão que começa daí por diante. Uma garganta foi formada no caminho para o mar da Galileia, que fica a 183 m abaixo do nível do mar. Não muito abaixo, em seu curso, o rio Iarmuque aumenta as águas do Jordão. Abaixo disso, o vale alarga-se, à medida que o rio desce para o mar Morto. Entre o mar da Galileia e o mar Morto, ficam a planície de Bete-Hã e o vale do Jordão. O que sucede nesse vale é que as colinas da região precipitam-se abruptamente até àquilo que não é tanto um vale, mas um grande buraco na superfície da terra. Às margens do mar Morto, a elevação é de 375 m abaixo do nível do mar; o fundo desse mar fica a 771 m abaixo do nível do mar, tornando-o o lugar de maior depressão à face do planeta. Isso posto, o grande buraco natural conta com duas grandes massas de água: o mar da Galileia, ao norte, e o mar Morto, ao sul. E o largo vale da Arabá (que fica ao sul do mar Morto) resulta de uma falha geológica disfarçada. Tudo isso faz parte de um sistema ainda maior de falhas geológicas naturais que atravessam o Oriente Próximo e penetra até certo ponto do continente africano. A Arabá estende-se por cerca de 160 quilômetros até chegar ao golfo de Ácaba, onde a área é pleno deserto.

O Platô da Transjordânia. A leste do rio Jordão elevam-se colinas, formando uma cadeia que segue a direção norte-sul. Nesse lado, a paisagem é bastante diferente do que no lado ocidental. Conforme têm dito alguns estudiosos, a paisagem é "muito outra". A história mostra-nos que os habitantes dessa área oriental também eram bastante diferentes em sua aparência e expressão. No começo da história de Israel, foi ocupada pelas duas tribos e meia do leste do Jordão (ver Nm 31.1-27). Para o norte, temos a Galileia; para o sul, Moabe, que se estende até um pouco abaixo do mar Morto. Os montes formam um estreito cinturão de colinas, bem irrigadas. Esse cinturão varia entre 65 e 80 quilômetros de largura, jazendo entre o deserto, na Gor (para oeste), e o deserto da Arábia (para leste). Os picos mais elevados ficam a oeste, dando frente para o vale do Jordão. Em Gileade, os montes e suas florestas eram quase tão proverbiais quanto os cedros do Líbano. Nessas florestas era produzido o famoso bálsamo de Gileade. Pastos frutíferos tornaram-se a possessão das tribos de Rúben e Gade (ver Nm 32.1). Ao sul de Gileade ficava Moabe. Ainda mais para o sul ficava Edom. O que ali predomina é uma espécie de longa e estreita faixa de terras bem irrigadas, que formam uma espécie de tampão que separa o resto do território do temível deserto, mais para oriente. Essa área sempre representou uma ameaça para o povo de Israel. Ali houve muitos conflitos e muitas trocas de terras. Na época de Salomão, toda a região acabou sob o controle rígido de Israel; mas essa situação não perdurou por longo tempo.

O Deserto. As regiões adjacentes a Israel eram o Líbano, nas costas marítimas a oeste da Síria, no extremo norte do território de Israel. A oriente ficava o grande deserto da Arábia. Para oriente das montanhas do Líbano fica o oásis de Damasco, em meio a uma região essencialmente desértica, o que já fica no canto nordeste da Palestina. Essa área servia de portão de entrada para forças invasoras. Para leste, além da Transjordânia, o deserto é muito vasto, servindo de fronteira da Palestina, ao longo de seu costado oriental. Essa área, que em eras remotas foi local de regular atividade vulcânica, é desolada e selvática, com muitas cavernas e elevações estéreis. Servia de abrigo para os fora da lei e para grupos minoritários. Alguns poucos corajosos nômades trafegavam por ali. Ao sul da Palestina, havia mais desertos. Esse deserto servia de limite da Judeia, ao sul e a sudeste. Tribos do deserto vagueavam por ali, e vez por outra atuavam com hostilidade, invadindo Judá. No idioma hebraico, as palavras que significam "sul" e "crestado" vêm da mesma raiz; e foi esse deserto sul que causou essa associação de ideias. O povo de Israel nunca conseguiu manter um bom controle sobre as terras ao sul de Berseba. Somente por breves períodos o Neguebe esteve sob o domínio de Israel. Edom tinha nessa região predomínio muito maior. As terras prometidas a Abraão estendiam-se do rio Nilo ao rio Eufrates, envolvendo essa área sulista; mas os israelitas nunca tornaram isso uma realidade palpável.

2. Divisões. Aqui estudaremos como o povo de Israel dividiu o território da Terra Prometida, uma divisão que nada tinha a ver com regiões naturais, sobre as quais acabamos de discutir. Três principais períodos históricos proveram divisões políticas da área do mundo: **a**. Entre os tempos patriarcais e Moisés; **b**. a invasão da Palestina, após a saída de Israel do Egito; **c**. a Palestina na época de Jesus, sob o domínio romano. Temos ilustrado os dois primeiros itens (a. e b.) no primeiro mapa apresentado a seguir, na seção X. As palavras escritas em letras graúdas representam os reinos que Israel encontrou quando invadiu a Palestina, no século XIII a.C. Os nomes em letras menores (mas ainda grandes) indicam a localização das tribos de Israel depois que o território foi dividido entre elas. Em letras ainda de corpo menor, há alguns poucos nomes locativos, a fim de que o leitor possa localizar mais facilmente certos detalhes. O território da Palestina, na época de Jesus, quando Herodes era o rei vassalo que governava a Judeia, e daí até o ano 30 d.C., é ilustrado no segundo mapa apresentado na décima seção deste artigo.

VIII. ARQUEOLOGIA DA PALESTINA. A despeito de suas minúsculas dimensões, o território da Palestina é aquele que mais intensamente tem sido vasculhado pelas explorações arqueológicas. O artigo chamado *Arqueologia* demonstra isso amplamente. Essa ciência moderna tem conseguido confirmar a existência de mais de cinquenta dos antigos monarcas de Israel. Locais pré-históricos têm sido desenterrados (entre 4500 e 3000 a.C., ou seja, a *era calcolítica*). Primitivas culturas palestinas, como aquela de Teleilat Ghassul, ao norte do mar Morto (perto de Jericó), têm sido regularmente elucidadas. As casas de tijolos de barro eram humildes, embora ricamente adornadas com pinturas murais e outros labores artísticos. Algumas surpreendentes pinturas em afresco têm sobrevivido até hoje, provenientes daquele remoto período. A *Idade do Bronze* (cerca de 3000 a 2000 a.C.) tem sido iluminada mediante descobertas de antiquíssimos povoados cananeus, como os de Megido, Jericó e Ai. A *Idade do Bronze Média* (cerca de 2000 a 1500 a.C.), biblicamente considerada, teve início na Palestina com a chegada de Abraão na Terra Prometida. Na época, a região era densamente arborizada, embora esparsamente habitada. Têm sido descobertas muitas evidências arqueológicas ilustrando a era dos patriarcas, que tendem por confirmar muitos detalhes do relato bíblico, acerca dos quais os céticos expressavam dúvidas. Uma notável característica desse período eram as cidades fortificadas, dotadas de altas muralhas, valados e construções gigantescas, cujo intuito era desencorajar os invasores. A *Idade do Bronze Moderna* (1500 a 1200 a.C.), do ponto de vista bíblico, é muito importante, porque foi nesse período que a Palestina foi invadida pelos israelitas, vindos do Egito. A data mais recuada desse evento, calculada pelos estudiosos, é cerca de 1400 a.C., e 1300 a.C., o mais tardar. É realmente admirável quanto os arqueólogos têm podido recuperar dessa época, incluindo (quase certamente) o altar de *Josué* (vide). Muitas cidades e povoados, mencionados em conexão com essa invasão, têm sido desenterrados pela arqueologia. Assim, sabemos agora que Jericó foi edificada sobre o mesmo local onde já tinham existido outras três cidades. A quarta cidade foi aquela que ruiu diante de Josué. Ai, Betel e Laquis foram conquistadas pelos israelitas e estão entre os lugares escavados pela arqueologia moderna. As descobertas arqueológicas são por demais numerosas para serem aqui mencionadas. Pedimos ao leitor que examine o artigo geral intitulado *Arqueologia*. Todavia, podemos mencionar aqui localidades como Bete-Seã, Taanaque, Megido, Gezer, Bete-Semes, Samaria, Gibeá, Dibir, Hazor e, naturalmente, Jerusalém.

IX. USOS FIGURADOS. A Palestina arrebata e galvaniza a imaginação de homens do mundo inteiro, apesar de ser tão pequena. Judeus, cristãos e árabes cultos sabem tanto acerca dessa região que ela é, praticamente, uma segunda pátria de todos eles, embora eles mesmos estejam dispersos pela face do planeta. Até os filhos pequenos de famílias evangélicas sabem muita coisa sobre a Palestina, com sua história e monumentos. A igreja Católica Romana está começando a despertar para a necessidade de ensinar sobre a Palestina às massas populares, cada vez menos satisfeitas com as informações parciais e dosadas que lhes são ministradas pelo clero. Os islamitas são um povo que segue um livro sagrado, o Alcorão; grande parte do mesmo está alicerçada sobre o Antigo e o Novo Testamentos. Eles mantêm controle sobre a área onde os patriarcas hebreus foram sepultados. Portanto, é natural que a Palestina tenha adquirido certas significações simbólicas.

1. *A conquista da terra santa*, por parte de Israel, veio a representar qualquer empreendimento nobre e inspirador. Israel precisava pôr os pés sobre a Terra Prometida, e, onde puseram os pés, a terra tornou-se deles. (Ver Dt 11.24,25). Ainda recentemente (na década de 1970), israelitas marcharam sobre os territórios ocupados, em um gesto simbólico, invocando Deus como testemunha, para que confirmasse os ganhos deles na Palestina. Essa conquista territorial também pode simbolizar a obtenção da vida eterna, que se segue à escravidão ao pecado.

2. *De Dã a Berseba* indicava a extensão da Palestina conquistada, de norte a sul, pelo que também veio a representar a gama inteira de alguma coisa. (Ver Jz 20.1; 1Sm 3.20; 2Sm 3.10; 1Rs 4.25).

3. A *travessia do rio Jordão* aponta para a transição da morte física, que nos conduz a uma vida superior, celestial.

4. *Sião* é metáfora de qualquer grande centro de empreendimento espiritual. Os mórmons chamam a cidade de Salt Lake de Sião, por ser o centro da atividade e da cultura deles. Sião também simboliza a habitação de Deus, e, por extensão, os céus que os crentes antecipam. (Ver Sl 76.2).

5. A *dispersão* (o exílio assírio, o exílio babilônico e a grande dispersão judaica de 135 d.C.) representa os recuos ocasionados pelo juízo divino. E o retorno de Judá representa os resultados do arrependimento e da restauração. E uma outra maneira de expressar a ideia são os contra-ataques do reino, após alguma grande derrota.

6. As *instituições hebreias* são emblemas dos ofícios e realizações de Cristo. Isso constitui a essência da mensagem da epístola aos Hebreus, no Novo Testamento.

7. As *peregrinações dos patriarcas*, que buscavam uma cidade melhor, falam acerca da nossa peregrinação terrestre, que haverá de terminar quando formos cidadãos do céu. (Ver Hb 11.16).

8. Os *40 anos de vagueação pelo deserto* simbolizam aqueles que hesitam e que não entram na posse imediata de seus direitos espirituais, ou que deixam de cumprir os seus elevados propósitos, por serem por demais preguiçosos ou temerosos.

X. MAPAS ILUSTRATIVOS: Ver a seguir.

1. **As Divisões da Palestina Entre Abraão e Moisés**. As palavras em letras mais graúdas, neste mapa, indicam os reinos que Israel encontrou ao entrar na Terra Prometida. Aquelas um pouco menores indicam as localizações das tribos de Israel, após a conquista. Palavras em letras ainda menores indicam alguns lugares importantes na Palestina. (Esse mapa é adaptado da RSV, mapas 1 e 3).

2. **As Divisões da Palestina nos Dias de Jesus**. Temos aqui a divisão que prevaleceu durante os tempos do reinado de Herodes e, posteriormente, até 30 d.C. (Esse mapa é adaptado da RSV, mapas 10 e 11).

3. **As Regiões da Palestina**. (Esse mapa é adaptado da ND, p. 924).

BIBLIOGRAFIA. ALB AM ANET BA BAL I IB ID IOT ND UN YO Z

PALHA

No hebraico, precisamos considerar três palavras, e no grego, duas: **1.** *Teben*, "palha". Termo que ocorre por dezessete vezes (conforme se observa, por exemplo, em Gn 24.25,32; Êx 5.7,10-13,16,18; Jz 19.19; 1Rs 4.28; Jó 41.27; Is 11.7; 65.25). **2.** *Mathben*, "palha". Esse vocábulo figura apenas por uma vez, em Isaías 25.10, onde o profeta prediz um futuro muito triste para os moabitas: *Moabe será trilhado no seu lugar, como se pisa a palha na água da cova da esterqueira*. Essa palavra hebraica poderia ser traduzida, mais acertadamente, por "resíduos vegetais". **3.** *Qash*, "palha". Outra palavra hebraica que aparece por dezesseis vezes (Êx 5.12; 15.7; Jó 13.25; 41.28,29; Sl 83.13; Is 5.24; 33.11; 40.24; 41.2; 47.14; Jr 13.24; Jl 2.5; Ob 18; Na

1.10 e Ml 4.1). **4**. *Kaláme*, "palha". Esse vocábulo grego ocorre apenas por uma vez em todo o Novo Testamento, em 1Coríntios 3.12. **5**. *Áchron*, "palha seca". Termo grego usado somente em Mateus 3.12 e Lucas 3.17.

A palha é o refugo do grão peneirado, as cascas etc. No Oriente, usualmente esse material é queimado para impedir que o vento o sopre de volta ao grão limpo (Jó 21.18; Sl 1.4; 35.5; Is 17.13; Sf 2.2). Em Isaías 5.24 temos uma palavra diferente, que, literalmente, significa "erva seca". Em Jeremias 23.38 temos a palavra que significa "palha". E em Daniel 2.35 temos a palavra aramaica que significa "palha". Na Palestina havia mais palha de cevada do que palha de trigo, porquanto a cevada era usada como forragem de cavalos, de burros e do gado vacum, além do que a grande maioria do povo comum consumia pão de cevada. Sem dúvida, também havia palha de espelta. Não há certeza, entre os estudiosos, se a palha mencionada em Êxodo 5.7-18 era palha de cevada, palha de espelta, ou apenas de ervas selvagens, porque os filhos de Israel eram forçados a apanhar no campo o que pudessem, a fim de usarem para reforçar a massa de barro usado no fabrico de tijolos. Em Gênesis 24.32, a nossa versão portuguesa diz "forragem". No entanto, no vs. 25 do mesmo capítulo, Rebeca respondeu a Eliezer: *Temos palha e muito pasto...*, onde a palavra "palha" é a mesma que ali é traduzida por "forragem". Tal tradução reflete a dúvida de alguns estudiosos, se estaria em foco a mera palha, ou forragem para os camelos. Para que serviria a palha para os camelos? Nossa versão portuguesa, pois, não se mostra coerente consigo mesma, quanto a esse particular. Outro trecho duvidoso, quanto ao que estaria em foco, é o de Isaías 11.7, onde se lê: *... o leão comerá palha como o boi.* No entanto, sabe-se que o boi não come palha. Por esse motivo, alguns estudiosos têm preferido pensar que, nessa passagem de Isaías, deve-se pensar antes no "feno", o que significa que o termo hebraico *teben* daria a entender tanto a "palha" quanto o "feno", apesar do fato de que muitas versões traduzem por "feno" uma outra palavra hebraica, isto é, *chatsir*, em Provérbios 27.25 e Isaías 15.6. Nossa versão portuguesa só traduz essa palavra por "feno", na primeira dessas duas referências.

Usos figurados. 1. A palha é algo pequeno e sem valor. Com base nessa circunstância, a palavra é usada para indicar aquilo que é doutrinário e espiritualmente destituído de valor, como o falso ensino (Jr 23.28). **2**. O malfeitor também pode ser considerado como se fosse palha, porquanto será reduzido a nada (Sl 1.4; Is 33.11; Mt 3.12). **3**. Cristo é aquele que separa o trigo da palha, no sentido espiritual, pois ele é o supremo Juiz (Mt 3.12; Lc 3.17). **4**. O crente, quando for julgado quanto às suas obras, precisará enfrentar a possibilidade de suas obras serem consumidas como palha sem valor (1Co 3.12 ss.). **5**. A palha e partículas de poeira representam as nações que negligenciam os princípios espirituais (Dn 2.35). (G I ID)

PALHOÇAS, TENDAS

No hebraico, *sukkoh*, "palhoça", palavra usada por 31 vezes. Por exemplo (Gn 33.17; Lv 23.42,43; Ne 5.14-17; Jn 4.5). Em nossa Bíblia portuguesa a palavra é traduzida como "palhoça", "tenda", "tendas de ramos" etc. Indicava algum abrigo tosco, feito de ramos de árvores e arbustos (Gn 33.17), como proteção contra a chuva, a geada e o calor. Nessas estruturas muito simples, os israelitas celebravam a Festa dos Tabernáculos (vide) (Lv 23.42,43). Em tais abrigos foi que Jacó habitou, em seu retorno aos fronteiras da terra de Canaã, em razão do que o lugar foi chamado Sucote (Gn 33.17), a forma plural daquela palavra hebraica. Quando da Festa dos Tabernáculos, os israelitas usavam essas palhoças, mas não viveram em palhoças durante seus anos passados no deserto. No deserto eles viviam em tenda, que o hebraico chama de *ohel*. (Ver Gn 4.20; Êx 16.16). Porém, ao ocuparem a Terra Prometida, os israelitas começaram a construir edificações mais permanentes. Além disso, na Palestina havia madeira em abundância para tais construções, como também para a feitura de palhoças, por ocasião da Festa dos Tabernáculos, ao passo que no deserto não havia madeira suficiente.

As palhoças foram usadas por Jacó (Gn 33.17), por Jonas (Jn 4.5), pelos soldados, nos campos de batalha (2Sm 11.11), pelos vigias que cuidavam dos campos (Jó 27.15), nas quais eles se protegiam das intempéries, ou nas quais abrigavam seus animais. Essas palhoças eram feitas de salgueiros, de oliveiras, de murteiras, de palmeiras e de árvores de ramos bem copados (Lv 23.40; Ne 8.15). (G HA ID S)

PALMA DA MÃO. Ver o artigo sobre *Pesos e Medidas*.

PALMEIRA

No hebraico, *tamar*; no grego, *phoínix*. Há muitas espécies de palmeiras. Nas Escrituras, quando se lê sobre a palmeira, usualmente trata-se da tamareira, cujo nome científico é *Phoenix dactylifera*. Essa espécie de palmeira pode chegar a mais de 24 m de altura. Seu tronco termina em um leque de ramos que se assemelha a muitos braços em atitude de petição. Por isso, sua aparência é pitoresca. Sua seiva pode ser preparada como uma bebida forte, conhecida pelo nome de *araca*, e seus frutos, as tâmaras, são muito nutritivos e de fácil digestão. Por esse motivo, esse fruto tradicionalmente sempre foi muito procurado, tendo-se tornado um importante item do comércio internacional. Nem mesmo as suas sementes perdem-se, pois, uma vez trituradas, são usadas como forragem de animais, especialmente no caso dos camelos. As palmas são usadas para tetos, em cercas, cestos, esteiras e vários outros artigos de uso caseiro. Na Palestina, as palmeiras geralmente são encontradas formando bosques, embora também possam ser vistos espécimes isolados.

Heródoto referiu-se à palmeira como produtora de pão, mel e vinho; mas é provável que, no caso do "vinho", ele aludisse à aguardente araca. Com base nessa circunstância, é possível que algumas referências veterotestamentárias a "vinho" sejam, na verdade, a essa bebida forte; e também que o "mel" nada tenha a ver com o mel de abelhas. Josefo também mencionou a existência de bosques de palmeiras. Esse bosques existiam na área do mar da Galileia, no vale do Jordão, perto de Jerusalém e no monte das Oliveiras. Certo bosque de palmeiras, perto de Jericó, espraiava-se por cerca de onze quilômetros.

Uma palmeira precisa de cerca de trinta anos para amadurecer; mas, uma vez desenvolvida, ela é duradoura, sendo capaz de viver por duzentos anos. Essa espécie tem uma estranha forma de polinização. Algumas palmeiras produzem somente gametas masculinos, enquanto outras só produzem gametas femininos. Por isso, nos tempos antigos, os cultivadores cortavam inflorescências masculinas e penduravam-nas nas árvores femininas, a fim de garantir a polinização.

Referências Bíblicas. No Antigo Testamento há 32 menções à palmeira, em suas três formas hebraicas: *tamar, tomer* e *timmorah* (Êx 15.27; Lv 23.40; Nm 33.9; Dt 34.3; Jz 1.16; 4.5; 2Cr 3.5; 28.15; Ne 8.15; Sl 92.12; Ct 7.7,8; Jl 1.12; Jr 10.5; 1Rs 6.29,32,35; 7.36; 2Cr 3.5; Ez 40.16,22,26, 31,32,37; 41.18-20,25,26). E no Novo Testamento, por duas vezes é empregada a palavra grega, *phoínix*: João 12.13; Apocalipse 7.9.

As referências em 1Reis aludem às decorações do tabernáculo, que empregavam a figura de palmeiras; em 2Crônicas 3.5 e 28.15 há menção a Jericó, a cidade das palmeiras; em Salmo 92.12 a palmeira aparece como símbolo de inflorescência; em Cantares 7.7,8 está em foco a beleza e frutificação da mulher, enquanto que o fruto da palmeira aparece como símbolo de seus seios; nas referências do livro de Ezequiel temos as visões desse profeta quanto ao futuro templo ideal, com enfeites sob o formato de palmeiras. Quanto ao Novo Testamento, o trecho de João 12.13 menciona palmas em conexão com a entrada triunfal de Jesus em Jerusalém. Esse evento é a inspiração do chamado *Dia de Ramos*, da igreja Católica Romana (vide). Em Apocalipse 7.9, a palmeira é símbolo de vitória.

A palmeira possui uma raiz profunda, em busca de água no subsolo; assim ela resiste bem em lugares áridos. É devido a esse detalhe que a palmeira serve de símbolo de prosperidade e vida, segundo se vê em Salmo 92.12. Por muitas vezes, seu nome era aplicado a outras coisas, como Tamar, nome de uma mulher (2Sm 13.1), ou nome de uma localidade (Ez 27.19; 48.28).

PALMO. Ver sobre *Pesos e Medidas*.

PALTI

No hebraico, **"Yahweh liberta"**. Esse foi o nome de duas personagens que figuram nas páginas do Antigo Testamento: **1**. Um filho de Rafu. Palti foi um dos doze espias enviados por Moisés a investigar o estado da terra de Canaã. Ficou entendido que Moisés agiria em conformidade com o relatório deles. Palti representava a tribo de Benjamim, e deu um relatório negativo, secundado por nove outros (ver Nm 13.9). **2**. Palti, filho de Laís, um benjamita. Esse foi o homem a quem Saul deu como esposo a Mical, mulher de Davi, quando este precisou fugir para escapar com vida, e de quem ela foi tirada, quando Davi obteve novamente o poder. (Ver 1Sm 25.44; 2Sm 3.15). Palti ficou desolado; Mical não voltou de bom grado a Davi. Finalmente, Davi percebeu que o que tinha feito era um erro. Uma total alienação entre Davi e Mical parece ter sido o que, finalmente, se instalou entre os dois. O trecho de 2Samuel 3.15 exibe uma forma variante do nome, Paltiel.

PALTIEL

No hebraico, **"livramento de El (Deus)"**, ou, então, **"Deus liberta"**. Esse apelativo ocasionalmente foi usado como forma alternativa de Palti; mas também houve um príncipe da tribo de Issacar, com esse nome. Ele era filho de Azã (ver Nm 34.26). Ajudou a Eleazar e Josué na distribuição dos territórios da parte ocidental do rio Jordão, quando as dez tribos, em meio a muitas batalhas, apossaram-se daquela área. O tempo foi cerca de 1440 a.C.

PALTITA

No hebraico, **"nascido em Bete-Pelete"**, um lugar da parte sul do território de Judá (Js 15.37). Essa é uma forma variante do nome Palti. Era o nome gentílico de Helez, chefe da sétima divisão do exército de Davi (ver 2Sm 23.26). Ele é chamado "pelonita", em 2Crônicas 11.27; 27.10. Deve ter vivido em torno de 1000 a.C.

PALU

No hebraico, **"distinguido"**. Esse foi o nome de um dos filhos de Rúben (Gn 46.9; Êx 6.14; Nm 26.5,8). Talvez o Pelete de Números 16.1 seja a mesma pessoa. O trecho de Números 26.5 mostra-nos que seus descendentes tornaram-se um clã em Israel, os *paluítas*.

PANELA

Tradução errada de uma palavra hebraica, *Kad*, "jarra de barro", usada por dezoito vezes no Antigo Testamento (por exemplo, 1Reis 17.12,14,16;18.23), e que no Oriente Próximo era *usada para tirar água* de uma fonte, ou a fim de guardar comestíveis etc.

PANELAS DE CARNE

No hebraico, *sir basar*. A expressão inteira ocorre somente em Êxodo 16.3. Estão em foco ali as grandes panelas usadas para cozinhar carne. Essas panelas também podiam ser usadas para ferver água ou para lavagens.

Antes do êxodo, os israelitas trabalhavam duramente no Egito; mas também tinham muitas coisas boas para comer, incluindo a carne preparada nessas panelas; presumimos que os judeus comiam carne de vários animais, domésticos ou caçados; o peixe também era chamado "carne", entre os judeus. Seja como for, uma vez no deserto, eles relembraram a dieta abundante de carne, contrastando isso com a frugal alimentação que recebiam no deserto. Portanto, a expressão "panelas de carne" adquiriu o sentido metafórico de desejar algum luxo ou condição vinculado a um estado pecaminoso, ou, pelo menos, a um estado espiritual desvantajoso, como era continuarem eles escravizados no Egito. Portanto, aquele anelo, na verdade, era uma estupidez, era não entender o que Deus estava fazendo com eles.

A arqueologia tem mostrado que as panelas de carne do Egito eram vasos de bronze com três pernas. O mais provável, entretanto, é que havia muitos tipos e tamanhos de panelas. Esse utensílio também é usado simbolicamente para indicar a cidade de Jerusalém (Ez 11.3), e também representa a avareza (Mq 3.3) e a vingança imediata (Sl 58.9).

As "panelas" usadas no santuário de Israel eram caldeirões fundos, feitos de bronze (ver Êx 38.3; 1Rs 7.45; 2Rs 4.38-41; 25.14; 2Cr 4.11,16; 35.13). Também eram usados para abluções (Sl 108.9) e seus formatos eram adaptados para tirar água das cisternas (2Sm 3.26).

PANFÍLIA

No grego *panphylia*, os gregos representavam por esse nome a reunião de muitas tribos, **"de toda a raça"**. Nome de uma faixa de terra que se estendia pela costa da Ásia Menor, limitada ao norte pela Pisídia, ao sul pelo golfo do Mediterrâneo, denominado mar da Panfília, por onde passou o apóstolo Paulo, Atos 27.5; ao oriente, pela Cilícia e a oeste pela Lícia e parte da Frígia. A Panfília continha comunidades judias, 2.10. Paulo visitou as cidades de Perge e Atalia situadas nesse território, quando fez a sua primeira viagem missionária, Atos 13.13; 14.25; 15.38.

PANO DE SACO. Ver sobre *Saco (Pano de Saco)*.

PÂNTANOS

No hebraico, *gege*. Esse termo hebraico, que só ocorre em Ezequiel 47.11 e Isaías 30.14 (com a forma *geb*, em Jr 14.3), indica água estagnada, repleta de vida animal e plantas aquáticas. Por causa do clima geralmente seco da Palestina, há bem poucos pântanos naquela região do mundo. E os poucos pântanos ali existentes podem ser achados em torno do mar Morto. O lugar citado na referência do livro de Ezequiel fica no vale do Sal, nas proximidades do mar Morto. Ao predizer a mudança da sorte de Israel, aquele profeta declarou que tais pântanos seriam deixados como depósitos de sal, para serem escavados.

Algumas traduções também traduzem as palavras hebraicas *bitstsah* e *tit* por pântano. Mas é melhor traduzi-las por "lama", "lamaçal". Ver *bitstsah* em Jó 8.11 e *tit* em 2Samuel 22.43; Jó 41.30; Sl 69.14; Jeremias 37.6; Miqueias 7.10; Zacarias 9.3 e 10.5. As referências do livro de Jó provavelmente referem-se aos alagadiços do Egito, ao longo do rio Nilo.

PANTEÍSMO

Deriva do grego *pan* (tudo) e *theos* (Deus). Literalmente, significa **"tudo é Deus"**. Especificamente, a metafísica do panteísmo, sua visão da realidade, afirma duas coisas: a unidade de toda realidade e a divindade dessa unidade. O panteísmo é paralelo ao naturalismo no aspecto em que ambos asseveram a existência de somente uma realidade; todavia, em contraste com o naturalismo, considera a realidade divina. O panteísmo se iguala ao teísmo em outro aspecto, o de ambos reconhecerem que o mundo depende de Deus; mas, diferentemente do teísmo, não sustenta a existência do mundo como separada da de Deus.

O panteísmo costuma ensinar que os opostos lógicos se amalgamam no ser divino. Os pares conceituais, como bem/mal, pessoal/impessoal, ou mesmo A/não A não podem ser separados em Deus; funcionam somente na esfera do pensamento lógico. Em esferas mais elevadas da realidade, as distinções conceituais não funcionam porque tratam como dividido o que realmente não é dividido. Uma vez que a linguagem depende da lógica, os panteístas usualmente afirmam Deus como inefável ou indescritível.

Epistemologicamente, em seu modo de conhecer, os panteístas podem ser classificados em duas categorias gerais. Os panteístas religiosos geralmente são místicos. O misticismo ensina a adoção de uma comunhão com Deus que ignora o pensamento discursivo. Por meio de práticas ascéticas, ou meditativas, os místicos alegam experimentar Deus de forma direta, intuitiva e/ou inefável. Os panteístas filosóficos usam comumente o racionalismo, o método de uso da razão não adulterada pelos dados dos sentidos, para o conhecimento de Deus. Entre os representantes desse último grupo encontram-se Baruch Spinoza e Georg W. F. Hegel.

O panteísmo religioso está presente em cada uma das cinco principais religiões do mundo. Mais particularmente, as mais destacadas religiões procedentes da Índia, ou seja, o hinduísmo e o budismo chamado mahayana ("Veículo Maior"), pressupõem e aceitam o panteísmo existente nas antigas escrituras hindus, *Upanishades*. Entre seus principais propugnadores atuais, estão o religioso hinduísta Sarvepalli Radhakrishnan (1888-1975) e o filósofo zen-budista D. T. Suzuki (1870-1966). Mas os panteístas podem ser também encontrados nas principais religiões teístas: judaísmo, cristianismo e islamismo. No cristianismo, místicos como João Escoto Erigena, Meister Eckhart (*c.* 1260-1327) e Jacó Boehme chegam próximo, pelo menos, do panteísmo, como resultado da influência do místico neoplatonista Plotino (*c.* 205-270; ver Platonismo).

Contudo, os teístas em geral têm resistido às expressões panteístas. Sustentam, quase sempre, que o panteísmo destrói a personalidade e a bondade de Deus ao afirmar que ele está além de opostos conceituais como personalidade/impersonalidade e bem/mal. Criticam também o panteísmo por sugerir que a vida neste mundo, inclusive a ética, tem pouca importância. O cristianismo bíblico, em particular, acha o panteísmo inaceitável por obscurecer a distinção entre o Criador e suas criaturas.

Filósofos que argumentam contra o panteísmo levantam diversas questões. Que evidência empírica, por exemplo, poderia se levar em conta, de qualquer modo, para a alegação de unidade feita pelo panteísmo? Além disso, que razões poderiam ser apresentadas para se chamar essa unidade de divina?

(**D. K. Clark**, B.A., M.A., Ph.D., professor adjunto de Teologia e Filosofia do Toccoa Falls College, Geórgia, EUA.)

BIBLIOGRAFIA. Textos: Jacob Boehme, *Works*, ed. C. J. Barber (London, 1909); G. W. F. Hegel, *Lectures on the Philosophy of Religion*, tr. E. B. Speirs e J. B. Sanderson, 3 vols. (London, 1962); Meister Eckhart, *Meister Eckhart: The Essential Sermons, Commentaries, Treatises, and Defense*, tr. E. Colledge & B. McGinn (New York, 1981); S. Radhakrishnan, *Indian Philosophy*, 2 vols. (London, 1929); B. Spinoza, *The Chief Works*, tr. R. H. M. Elwes, 2 vols. (New York, 1951). **Estudos**: N. Geisler, *Christian Apologetics* (Grand Rapids, MI, 1976); C. Hodge, *Systematic Theology* (1872-1873, repr. Grand Rapids, MI, 1981); H. P. Owen, *Concepts of Deity* (New York, 1971); D. T. Suzuki, *Essays in Zen Buddhism*, 3 vols. (New York, 1949).

PÃO

No hebraico, *lechem*, palavra usada por mais de 230 vezes no Antigo Testamento, tratando-se de pão comum, sem falar nos pães asmos etc. No grego temos *ártos*, que aparece em quase cem trechos diferentes, oitenta por cento ou mais nos quatro Evangelhos, desde Mateus 4.3,4 até Hebreus 9.2.

No hebraico, *lechem*, que também significa, em termos gerais, "alimento" ou "sustento". Esse vocábulo aparece no Antigo Testamento por mais de 280 vezes, desde Gênesis 3.19 até Malaquias 1.7, sendo, portanto, uma palavra comumente usada ali. No Novo Testamento, *ártos* é palavra grega que ocorre por 97 vezes, desde Mateus 4.3,4 (que cita Dt 8.3) até Apocalipse 20.2. Nem sempre o pão foi leve e fofo conforme o conhecemos hoje em dia. De fato, foi somente a partir dos últimos cem anos que os panificadores têm usado regularmente o fermento, para tufar o pão. Antes disso, era preciso ter muitos anos de prática para que alguém fizesse um bom pão, além de uma pitada de boa sorte. Os padeiros misturavam cereais esmigalhados com água, e então a massa era cozida sobre pedras quentes ou sobre fornos primitivos. Outras vezes, a mistura era cozida ao ar livre, sobre cinzas quentes.

Devemos atribuir aos antigos egípcios a primazia no uso do fermento para o fabrico do pão. Os estudiosos têm especulado que o processo foi descoberto por puro acaso, quando células de fermento silvestre caíram sobre a massa, antes de esta ser levada ao forno. Mais tarde, descobriu-se que um pouco de massa podia ser usado como iniciador do processo de fermentação, para a próxima massa a ser preparada; desse modo, pão feito com fermento era guardado para esse propósito. Algumas vezes, os romanos usavam um fermento feito de suco de uvas e de trigo selvagem, que funcionava bem porque o suco de uvas continha fermento das cascas das uvas. A espuma que se forma na cerveja também é uma fonte de fermento, e os antigos celtas da Grã-Bretanha usavam essa fonte no fabrico do pão. Lá pelo começo do século XVIII d.C., foi identificado o organismo do fermento, e assim começou a indústria de fermentos artificiais. Ora, um dos subprodutos da cerveja é o fermento de que acabamos de falar, e os padeiros não demoraram a utilizar-se do mesmo. Atualmente, quase sempre, uma dona-de-casa que queira fazer pão caseiro pode esperar sucesso, agradando à sua família. Um desastre ocasional pode ser perdoado.

Tal como nos idiomas modernos, a palavra *pão*, tanto no hebraico como no grego, significava mais do que esse artigo da alimentação. Assim, em Lucas 11.3, por exemplo, a palavra parece indicar toda espécie de alimento, embora, em outros trechos bíblicos, estejam em foco todos os artigos de padaria e pastelaria. Todavia, também se deve pensar no próprio pão, feito de trigo, de cevada ou de centeio, embora, conforme o conhecemos entre nós, o pão não fosse um artigo comum nos antigos países do Oriente. Usualmente, a palavra significa pães mais em formato de bolo.

1. Substâncias usadas no fabrico do pão. O melhor pão era feito de farinha de trigo (Jz 6.19; 2Sm 1.24; 1Rs 4.22), bem amassada (Gn 18.6; Lv 2.1), ou então um pão mais popular era feito de cevada (Jz 7.13; Jo 6.9-13).

2. Modo de preparação do pão. O cereal era esfarinhado de vários modos. Em seguida, a massa era amassada em gamelas de couro ou de madeira, quando a farinha era misturada com água e fermento. Permitia-se que a massa tufasse por bastante tempo, talvez até por uma noite inteira (Mt 13.33; Lc 13.21 e Os 7.6), pois o fermento antigo era um pouco de massa já fermentada, e não era como os modernos fermentos químicos são, de ação rápida. Os pães asmos, todavia, não requeriam o uso de fermento. Esses eram chamados *doçuras* (ver Gn 18.6; 19.3; Êx 12.39 e 1Sm 28.24). Quando a massa já estava fermentada, então era levada ao forno, que podia ser público ou particular. Havia padeiros profissionais desde a antiguidade (Os 7.4; Jr 37.21). Ver também o artigo sobre *Forno*. Um tipo de forno era uma escavação feita no meio de um dos aposentos principais de uma casa, talvez com 1,20 m a 1,50 m de profundidade e 0,90 cm de lado. Esse tipo de forno era forrado com uma espécie de cimento, ou então com pedras. O fogo era aceso no fundo do forno. Quando ficava suficientemente aquecido, podia cozer grande variedade de alimentos. Durante os dias frios de inverno, o mesmo forno era usado para aquecer a casa. Um outro método consistia em uma cavidade rasa, onde eram aquecidas algumas pedras, no fogo ali feito. Uma vez quentes, as pedras eram removidas e a cavidade era limpa. A massa era posta nessa cavidade aquecida, onde, por muitas vezes, era deixada a noite inteira, pois o processo era lento. Nesse processo, também podia ser usada a areia. Também havia panelas especialmente feitas com essa finalidade, de barro, de ferro ou de outros metais. Essas panelas eram postas sobre pequenas fogueiras. De outras vezes, eram feitas fornalhas ou lareiras nas casas, as quais eram usadas para cozinhar toda espécie de alimentos, bem como para aquecer o meio ambiente durante o inverno. Finalmente, havia o pão de cinzas. Era feita uma fogueira no chão. Quando o solo estava bem quente, o pão era posto ali, e então coberto com cinzas e brasas. Esse método, porém, deixava a crosta do pão saturada de cinzas e partículas de madeira queimada. O pão precisava ser virado ao contrário, para não ser cozido apenas em um dos lados. O trecho de Oseias 7.8 diz que Efraim era "um pão que não foi virado", o que significa que não era bem preparado com um lado cozido e outro cru. Isso refere-se ao estado espiritual de Efraim, onde sua espiritualidade era mesclada com idolatria e corrupção. No Novo Testamento há uma expressão similar que lhe corresponde: ... *tendo forma de piedade, negando-lhe, entretanto, o poder* (2Tm 3.5). Entretanto, um Targum judaico sobre o trecho de Oseias também sugere estar em pauta a ideia de juízo do cativeiro. Isso significaria que antes de Efraim ter chegado à maturidade, povos pagãos haviam-no *tomado e comido*, ou seja, levaram-no à destruição. Historicamente, foi precisamente isso que aconteceu, quando a Assíria levou o reino do norte para o exílio, em 722 a.C.

3. Tipos de pão. *a*. Bolos chatos e finos, misturados com azeite, o que corresponderia, mais ou menos, às nossas "pizzas". *b*. Uma espécie de panqueca feita de trigo e azeite, que era a forma usualmente usada nas ofertas de manjares, também chamadas ofertas de cereais. *c*. Bolos de mel (Êx 16.31). *d*. Bolos de uvas ou de uvas passas (Os 3.1; Ct 2.5). *e*. Um pão muito macio, tipo pudim (2Sm 13.6-9). *f*. Havia também "massas folhadas", provavelmente aprendidas pelo povo de Israel, no Egito, cujos padeiros eram famosos por sua arte (Keil, *Arch.*, 2.126).

4. Um artigo da alimentação dos povos antigos. O pão fazia parte da alimentação diária dos antigos (1Rs 11.8). Sara apressou-se para preparar pão para os visitantes (Gn 18.1-6). Aos trabalhadores, nos campos, era dado pão como alimento (Rt 2.14). Nas campanhas militares, servia-se pão também aos soldados (1Sm 16.20). Os viajantes levavam pão para a viagem (Gn 21.14; 45.23; Jz 19.19). Jesus multiplicou pães e peixes para as multidões (Mt 14.13-21); e chegou a reiterar o milagre (Mt 15.32-39). Era costumeiro o cabeça de uma família iniciar uma refeição tomando um pão, dando graças ao Senhor, partindo-o em pedaços e distribuindo-os entre os membros de sua família, algo que foi imitado quando da Ceia do Senhor (Mt 26.26).

5. Pão usado em ritos religiosos. Além dos sacrifícios de animais, havia ofertas de cereais, sob a forma de pães ou bolos cozidos ao forno, em uma panela ou em uma *orelha* (Lv 2.4-10,14-16. Ver também Lv 24.5, quanto aos doze pães postos sobre a mesa dos pães da proposição, no Lugar Santo, referidos em Êx 40.23 e Hb 9.2). Pães eram usados nas ofertas pacíficas (Lv 7.12), nas ofertas das primícias (Nm 15.17-20). E, naturalmente, o pão fazia parte das cerimônias da Páscoa. Com base nessa festa, a Ceia do Senhor foi instituída, como símbolo de seu corpo (Mt 26.26; 1Co 11.23,24). Ver os significados dessas ofertas no item abaixo, *usos simbólicos*.

6. Usos simbólicos. *a*. O uso religioso do pão, conforme descrito no ponto 5, acima, antes de tudo, era uma espécie de agradecimento pelos cuidados providenciais de Deus, como devolução simbólica de parte daquilo que fora provido pela bondade de Deus. A mesa dos pães da proposição é um tipo de Cristo como o Pão da Vida, aquele que sustenta os homens, espiritualmente falando (1Pe 2.9 e Ap 1.6). Esse pão prefigura o grão de trigo (Jo 12.24), pulverizado no *moinho dos sofrimentos* (Jo 12.27) e sujeitado ao *fogo* do julgamento divino, em lugar dos homens (Jo 12.32-33). *b*. **O pão do céu**, o maná, era, literalmente falando, a provisão divina, simbolizando os cuidados de Deus pelos homens, em sua jornada durante a vida terrena, similar à subsistência de alguém no deserto. *c*. Além disso, *Cristo é nosso pão espiritual*, descido do céu (Jo 6). Ver o artigo separado sobre Jesus *como o Pão da Vida*. Ver também sobre a *Transubstânciação*. *d*. *O pão do ágape*, ou seja, a refeição memorial da igreja, que comemora o sacrifício de Cristo (Mt 26.26 e 1Co 11.23 ss.). *e*. O *pão da aflição*, que indica a sobrevivência com base em ração escassa, em períodos de escassez (1Rs 22.27; Is 30.20). *f*. O *pão da tristeza ou do trabalho árduo* (Sl 127.2), que indica o sustento obtido através do trabalho exaustivo. *g*. O *pão de lágrimas*, que indica a condição de tristonha lamentação (Sl 80.5). *h*. O *pão da iniquidade*, ou do engodo (Pv 4.17; 20.17), que simboliza a extrema iniquidade do indivíduo que vive como que alimentando-se do pecado, e cujo sustento vem através da fraude e de práticas enganadoras e desonestas. *i*. A *palavra de Deus* é comparada ao *pão da vida diária*, sendo a provisão para as necessidades espirituais do homem (Mt 4.4). *j*. O lançar o próprio pão sobre as águas (Ec 11.1) provavelmente refere-se ao costume dos egípcios de lançarem sementes sobre as águas rasas, das inundações do rio Nilo. Parecia ser uma insensatez, mas a semente germinava, e o resultado final era o pão. Isso simboliza a nossa generosidade com outras pessoas, o que, pelo menos para alguns, pode parecer uma tolice, uma dilapidação de recursos materiais. Com a passagem do tempo, entretanto, a semente assim lançada germina, havendo um abundante retorno para esse tipo de ação. *k*. O *pão agradável*, comido secretamente, refere-se a prazeres secretos e ilícitos (Pv 9.17). *l*. *Pão e água* alude às coisas necessárias para o sustento do corpo físico, os alimentos básicos (Is 3.1; Mt 6.11). *m* O *pão dos homens*, aludido em Ezequiel 24.17, refere-se aos alimentos comuns. (FRI I IB NTI PRI S)

PAPADO

A Constituição do Vaticano II sobre a igreja (Católica Romana) declara: "O Pontífice Romano, como sucessor de Pedro, é a fonte e o fundamento visíveis e perpétuos da unidade dos bispos e da multidão dos fiéis" (Lumen Gentium, 23). O papado (do lat./gr. papa (s), significando "pai") destina-se a exercer um ministério de coesão da igreja (Romana), preservando sua mensagem e missão apostólicas e sua identidade católica ou universal. Desenvolvimentos atuais do ecumenismo têm enfocado sua atenção no possível papel ecumênico desse ministério.

Na igreja primitiva, importância especial foi dada a determinados centros do cristianismo, como Alexandria e Antioquia, parecendo ser necessário investir seus bispos de maior autoridade. O fator determinante de tal decisão seria sua ação destacada na missão e no testemunho apostólicos. Esse era notadamente o caso de Roma, onde, ao que constava, teriam sido martirizados os apóstolos Pedro e Paulo. Nesses apóstolos, tinha-se bem representada a ideia de estarem unidas as missões judaica e gentílica da igreja, sendo seu testemunho, além do mais, coroado com o que se considerava o selo supremo do martírio. Ireneu se refere à "mais poderosa origem" da igreja de Roma e à consequente necessidade de outras igrejas de concordarem com ela (*Contra heresias* III.3.3). Isso veio a dar impulso significativo à aceitação da carta do papa Leão I sobre cristologia no Concílio de Calcedônia, em 451. Também a importância política da cidade de Roma fez crescer, bem nitidamente, o prestígio de seu bispo.

No século III, começaram a ser feitas alegações a favor do bispo de Roma, baseadas em textos "petrinos" (Mt 16.18; Lc 22.31,32; Jo 21.15-17). Tertuliano chegou a refletir sobre a aplicação da frase de Jesus em Mateus: *Você é Pedro* para a primazia romana. Líderes subsequentes da igreja, incluindo Agostinho, mostraram-se mais hesitantes nesse particular, preferindo usar o texto de Lucas "fortaleça seus irmãos". Analogia foi feita também entre o papel de Pedro entre os apóstolos e o de seu vigário, ou sucessor, na sé de Roma entre os outros bispos, sendo o ofício petrino considerado, na melhor das hipóteses, como um ministério de serviço, não de dominação.

Pelo que sabemos, as comunidades cristãs mais antigas consideravam Pedro como o primeiro dentre os Doze: ele foi o primeiro a ser chamado por Jesus (Mt 4.18,19); o primeiro citado na lista dos apóstolos (Mt 10.2); o primeiro a confessar Jesus como o Messias (Mt 16.16); o primeiro apóstolo a ver o Senhor ressuscitado (1Co 15.5) e o primeiro a proclamar as boas-novas (At 2.14). Todavia, Pedro, em certa ocasião, foi considerado em erro e em necessidade de repreensão (Gl 2.11). Além disso, há grande diferença entre reconhecer a importância do papel de Pedro e a alegação de os bispos de Roma serem seus sucessores. A teologia católica contemporânea tende a dar significado menor do que no passado quanto às reivindicações com base nos textos petrinos, mas continua a enfatizar a importância do ofício de Pedro.

Desde os seus primeiros tempos, a história do papado tem sido a de seu crescimento em poder político e de vindicações de ordem espiritual. As ciladas do governo imperial de Roma para derrubá-lo ou neutralizá-lo foram sendo pouco a pouco contornadas ou tornadas sem efeito pelo bispado da "cidade eterna". A tensão cresceu entre fiéis ao governo leigo e o papa romano, até que o papa Gregório VII (1073-1085) ganhou a batalha pelo direito da igreja de fazer suas nomeações sem interferência leiga, culminando com um humilhante comparecimento do imperador alemão Henrique IV a Canossa (1077). Gregório chegou até a reivindicar poder temporal completo sobre a cristandade ocidental. O conflito, todavia, persistiu. Bonifácio VIII (1294-1303) apresentava duas espadas à sua frente, para simbolizar seus poderes temporais e espirituais. Sua bula *Unam Sanctam* (1302) não somente declarou não haver salvação ou perdão fora da igreja, mas também que a igreja toda deveria se identificar com a igreja de Roma, sob o senhorio de Pedro e seus sucessores. A igreja grega do Oriente, da qual o Ocidente havia se separado no século XI, acabou sendo explicitamente considerada como excluída. Pouco ou nada mais de tudo isso tinha ainda que ver com a igreja de Roma dos primeiros séculos. Somente após o papado haver sido desapossado dos Estados papais, no século XIX, foi que começou a ser revertida a politização da sé romana. O conceito de autoridade temporal, na verdade, não desapareceu tão facilmente.

A autoridade espiritual do bispo de Roma, por seu turno, tornou-se uma das principais fontes de disputa em controvérsia conciliar no século XV.

Em uma época de cismas, com dois ou mais papas disputando o poder, um concílio ecumênico pareceu ser a solução ideal. Honório I foi formalmente anatematizado por heresia no Concílio de Constantinopla em 681; e, no entanto, o Concílio de Florença (1438-1445) acabou ficando, afinal, do lado da superioridade do papa sobre os concílios, revertendo a decisão do Concílio de Constança de trinta anos atrás.

Essa situação desconfortável tornou-se particularmente evidente na França, onde desde o século XIII revelara-se um espírito independente dentro da igreja. O galicanismo, como ficou sendo chamado seu corpo de doutrina, pretendia a independência da igreja Católica francesa da autoridade eclesiástica do papa. Um estatuto intitulado Artigos Galicanos (1682) reafirmou a superioridade do concílio sobre o dirigente romano, sustentando assim os decretos de Constança. Proclamou também que o julgamento do papa não era irreformável até que fosse confirmado por um concílio geral. Com base nessa cláusula, adeptos franceses do jansenismo, movimento católico francês de tonalidade protestante (ver Agostinianismo), chegaram a apelar para convocação de um concílio quando a bula papal *Unigenitus* (1713) condenou suas crenças. Os Artigos negavam ainda as pretensões papais de domínio sobre os governantes civis ou de poder impedir seus súditos de lealdade a eles.

Movimentos como o galicanismo conduziram de maneira crescente a uma reação, chamada de ultramontanismo. A possibilidade de fazer desaparecer grupos com erros heréticos fez que muitos desejassem investir mais e mais autoridade no sistema centralizado da cúria papal. Desenvolvimentos anticristãos e liberais após a Revolução Francesa, em 1789, vieram à tona no século XIX. O clímax do ultramontanismo foi a declaração de infalibilidade papal no Concílio Vaticano I, em 1870. Pio IX (1846-1878) deu pela primeira vez ao papado uma imagem pessoal e acessível, atualmente tão familiar. Houve, no entanto, séria divisão no concílio quanto a esse aumento do poder papal.

O Concílio Vaticano I declarou que o papa falava infalivelmente em assuntos de fé e moral ao dirigir-se *ex cathedra* à totalidade da igreja. Um grande número de salvaguardas foi elaborado, de tal maneira que se tornou praticamente impossível julgar de modo retrospectivo quais os pronunciamentos papais seriam infalíveis. As únicas afirmações conhecidas como preenchendo tais condições são os dogmas concernentes à imaculada conceição da Virgem Maria (1854) e sua assunção corporal ao céu (1950). Ambos esses dogmas careceram de autorização escriturística ou histórica e não poderiam ser descritos como assuntos de urgência que não pudessem esperar por um concílio. O Concílio Vaticano I recorreu ao uso do "direito divino" dos sucessores de Pedro, embora não haja uma interpretação uniforme sobre essa expressão até hoje. Foi também reivindicada para o papado a jurisdição universal. O término abrupto do concílio, quando soldados italianos sitiaram Roma, evitou a emissão de qualquer afirmação categórica posterior a respeito do papel dos bispos.

Embora não negando as resoluções do Vaticano I, o Concílio Vaticano II (1962-1965) deu ênfase à totalidade do colégio de bispos, em que o bispo de Roma é considerado "primeiro entre os pares" (ver Colegialidade), agindo junto com todos e como porta-voz de todos, não de modo independente. O papa pode ser visto, assim, hoje, como um foco da fé e da comunhão católica. Para os não católicos, no entanto, continuam, na igreja romana, as principais dificuldades, resultantes da falta de apoio escriturístico e das diferenças entre a obra ideal e real do papado, além de séria dúvida sobre se é possível ou desejável uma pessoa desempenhar esse papel na igreja de Cristo.

(**J. W. Charley**, M.A., vigário de Great Malvern St. Mary, Worcestershire, Inglaterra.)

BIBLIOGRAFIA. W. M. Abbott (ed.), *The Documents of Vatican II* (London, 1966); R. E. Brown, K. P. Donfried & J. Reumann (eds.), *Peter in the New Testament* (London, 1974); C. Butler, *The Vatican Council 1869-1870* (London, 1930); D. W. O'Connor, *Peter in Rome* (New York, 1969); B. Tierney, *The Origins of Papal Infallibility, 1150-1350* (Cambridge, 1972); J. M. R. Tillard, *The Bishop of Rome* (London, 1983).

PAPIRO DE NASH

Esse manuscrito escrito em papiro, que contém pequenas porções do Antigo Testamento, recebeu seu nome por honra a W.L. Nash, que o adquiriu de um nativo. Subsequentemente, foi publicado por S.A. Coe (?). Consiste em uma única folha, e não em um rolo inteiro; sua origem também é desconhecida.

Antes da descoberta dos *Manuscritos (Rolos) do mar Morto* (vide), era a mais antiga porção escrita do Antigo Testamento de que se tinha notícia. Ver o artigo geral intitulado *Manuscritos do Antigo Testamento*. Com base em indícios paleográficos, Albright datou esse papiro como pertencente ao período dos macabeus (165-137 a.C.); porém, há estudiosos que o datam como bem posterior, até 70 d.C., pouco antes da destruição de Jerusalém. O papiro de Nash contém pequenas porções do Antigo Testamento, como Êxodo 20.2-17 (ou Dt 5.6-21) e a *Shema* (Dt 6.4,5). Esse vocábulo hebraico, *Shema*, aponta para a primeira palavra do texto hebraico envolvido, "ouve", pois o mesmo conclama os israelitas a reconhecerem o Deus de Israel como o único Deus verdadeiro, o Senhor de seu povo, merecedor do amor não-dividido do seu povo. É provável que essa folha isolada fizesse parte de algum texto litúrgico, usado com finalidades de instrução.

PARÁ

No hebraico, *parah*, **"novilha"**, **"vaca"**. Esse era o nome de uma cidade existente no território de Benjamim (Js 18.23). Somente nessa passagem a cidade é mencionada. Ficava localizada cerca de oito quilômetros ao norte de Jerusalém. No local existe a moderna Khirbet el-Farah. É nesse ponto que existe a fonte 'Ain *Farah,* onde começa o *wadi Farah*.

PARÁ

A palavra hebraica correspondente é de significado incerto. Está em foco uma região desértica que se estendia desde as fronteiras de Judá até às margens do Sinai. Sua extensão sul é mencionada em Números 10.12 e 12.16. A parte norte fazia limites com Cades (Nm 13.3,26; 20.1). Provavelmente, toda a área assim encerrada era *Parã*, e não que a palavra se aplicasse a territórios separados, naqueles pontos extremos. Essa região ficava contígua à Arabá e ao golfo de Ácaba, a leste, e aparentemente engolfava o deserto de Sim, Cades-Barneia e Elate, em seus limites para ocidente.

Foi para esse deserto que foram Hagar e Ismael, depois que foram expulsos da casa de Abraão (Gn 21.21). Israel atravessou esse deserto, após a saída do Egito (Nm 10.12; 12.16). Foi também dali que Moisés enviou os espias para verificarem o que pudessem na terra de Canaã (Nm 13.3,26). Hadade atravessou a região, em sua fuga para o Egito (1Rs 11.18). Davi também se refugiou ali, ao evitar Saul, após a morte de Samuel (1Sm 25.1). A *El-Parã* mencionada em Gênesis 14.6 talvez seja um antigo nome de Elate. Seja como for, ficava nos limites com esse deserto. O monte Parã, mencionado no cântico de Moisés (Dt 33.2) e, novamente, em Habacuque 3.3, provavelmente era um pico proeminente da serra montanhosa da margem ocidental do golfo de Ácaba.

Os limites de região são um tanto ambíguos, embora calcule-se que cubra uma área de 60.000 km². Sua área central consiste em um elevado tabuleiro sedimentar, coletivamente chamado de *Jebel at Tih*. Os montes, naquela porção do deserto, elevam-se até cerca de 1590 m Ao sul desses montes ficam os montes cristalinos do sul do Sinai, onde predomina uma paisagem profundamente dissecada, com gargantas e escarpas rochosas. A margem leste da Península do Sinai é interrompida com colinas, mediante faltas geológicas e leitos de *wadis*.

PARÃ, MONTE

Esse pico é mencionado em Deuteronômio 33.2, e era um dos marcos proeminentes do distrito desértico chamado *Parã* (vide). Tem sido identificado com o Jebel M'aqrah, cerca de quarenta quilômetros ao sul de 'Ain Qedeis. Porém, o monte Parã poderia ser qualquer pico proeminente dos montes do sul da Península do Sinai. Nessa região é que ficava situada Cades, que alguns estudiosos identificam com 'Ain Qedeis.

PARÁBOLA

Método empregado no discurso, por meio do qual as verdades morais ou religiosas se ilustram pela analogia com fatos da vida comum. A comparação pode fazer-se por meio de palavras semelhantes, ou pela ideia contida na parábola. Os limites entre parábola, símile e metáfora não estão bem determinados. Muitas vezes observa-se pequena diferença: o símile e a metáfora são breves, ao passo que a parábola é comparativamente longa. *Vós sois a luz do mundo* é uma metáfora. "Como um cordeiro mudo diante daquele que o tosquia", é um símile. Mas *O reino dos céus é semelhante ao fermento que uma mulher tomou e escondeu em três medidas de farinha, até ficar tudo levedado* (Mt 13.33), é uma parábola. A parábola tem certas vantagens. Uma delas é que esse meio de comunicar a verdade faz com que ela se fixe na memória mais fortemente do que o pode fazer uma lição didática bem elaborada. Por exemplo, nenhuma exposição didática seria capaz de pôr em evidência a boa vontade de Jesus para receber os pecadores, que produzisse o efeito da parábola do Filho Pródigo (Lc 15.11-32). Outra vantagem da parábola é servir de meio para repreender a alta personagem, que não havia de consentir acusações diretas à sua pessoa. É possível fazê-las por meio de uma parábola habilmente construída, para prender a sua atenção e condenar-se a si próprio pelo que a parábola descobre. Foi isto que fez o profeta Natã com muita perícia quando foi ter com o rei Davi para reprovar o grande crime praticado contra Urias, o heteu. As principais parábolas do Antigo Testamento são: A das árvores escolhendo um rei, Juízes 9.8-20, a da ovelhinha, 2Samuel 12.1-14, a da viúva, um dos filhos da qual matou o outro, 2Samuel 14.4-20, a do soldado que deixou escapar o prisioneiro, 1Reis 20.35-42, a do cardo do Líbano que pediu ao cedro que lhe desse a filha em casamento a seu filho, 2Reis 14.9-11, a da vinha, Isaías 5.1-7, a das duas águias, *cf.* Ezequiel 17.1-10, a dos leõezinhos e sua mãe, *cf.* Ezequiel 19.1-9, a de Oolá e Oolibá, *cf.* Ezequiel 23.1-49, e a da panela, *cf.* Ezequiel 24.1-14. Uma importante parte dos ensinos de Jesus constou de parábolas. Quando se fala em parábolas da Escritura, logo vêm à imaginação as de Jesus. Ele usou esse meio de ensinar em todos os períodos de sua vida de ministério público (Mc 3.23; Lc 6.39; 7.40-50). Houve um período de sua vida em que ele empregou em maior escala esse método de ensino (Mt 13.3; Mc 4.2). Há duas razões que explicam esse fato. Uma delas em Mateus, quando diz: *Porque assim foi dito pelo profeta* (Mt 13.34,35; *cf.* Sl 49.4; 78.2,3). A outra é mencionada por nosso Senhor mesmo, explicando a primeira. *Por isso, lhes falo por parábolas; porque, vendo, não vêem; e, ouvindo, não ouvem, nem entendem* (Mt 13.10-16). Usava de parábolas porque não era dado a ouvintes conhecer os mistérios do reino dos céus. Esse modo de explicar, tem sido interpretado como sendo um meio de vestir as verdades de modo a gravá-las mais indelevelmente na memória de seus ouvintes e torná-las mais inteligíveis. Isto é verdade em referência a certa classe de parábolas, cujo sentido em alguns casos explicava particularmente. Queria ele dizer que o seu auditório, em geral, não estava preparado para ouvir e crer as verdades espirituais de seu reino; e enquanto não chegasse o tempo em que as ensinaria a seus discípulos que teriam de continuar a sua obra depois de partir para o céu (Mc 4.33,34). As verdades ficavam por esse modo escondidas àqueles que as ouviam sem arrependimento, Ele as enunciava cautelosamente aos ouvidos de seus obdurados inimigos que andavam buscando alguma palavra que servisse de acusação contra ele, velando-se ao mesmo tempo às multidões inconstantes, que recusariam ouvi-lo, se alcançassem o valor delas (Mc 4.11,12).

Com apenas uma exceção (Mt 18.23-35), as parábolas contidas nos evangelhos e que deram feição proeminente aos ensinos de Jesus podem ser classificadas em três grupos. **1**. Oito ilustrando a natureza do reino do reino dos céus (Mt 13.1-50; Mc 4.26-29), seguidas por outra que lhes ampliava o sentido

(Mt 13.51,52). Estas foram proferidas à beira do mar da Galileia durante um dia, 13.1,53; e encerram cinco verdades fundamentais. *a*. O semeador e a semente ilustrando os vários modos pelos quais o evangelho é recebido pelas diferentes classes de corações. *b*. O joio e o trigo ilustrando a existência do mal entre o bem. *c*. A semente que brota secretamente, a semente de mostarda, o fermento mostrando o desenvolvimento da igreja de um modo imperceptível, tanto interna quanto externamente. *d*. O tesouro escondido e a pérola de grande preço, colocando em evidência o valor do reino dos céus e a necessidade de alcançá-lo à custa de sacrifícios. *e*. A rede, colhendo toda casta de peixes, representando a existência da igreja visível composta de vários elementos e assim continuando até o fim do mundo. **2**. Mais cerca de 19 parábolas ilustrando o reino dos céus na vida individual, Lucas 10.25 até o capítulo 19, exceto 13.18-21. A maior parte delas, Jesus as proferiu depois que saiu da Galileia no espaço de seis meses entre a festa dos tabernáculos e a última Páscoa, inclusive a parábola do bom samaritano, a do amigo à meia-noite, a do homem rico com os seus celeiros, a dos servos esperando seu senhor, a da porta fechada, a do lugar de honra, a da grande ceia e dos que a ela se escusaram, a da ovelha perdida, a das dracmas perdidas, a do filho pródigo, a do servo infiel, a do rico e Lázaro, a dos deveres dos servos, a da viúva importuna, a do fariseu e do publicano, e a dos marcos. **3**. Cinco ou seis, segundo Mateus 24.32-35, proferidas durante a última semana em Jerusalém, falando do julgamento e da consumação do reino. A atitude dos que são chamados para o reino de Deus é ilustrada pelas parábolas dos dois filhos e dos que arrendaram a vinha, Mateus 21.28-46, a necessidade das vestes nupciais, o dever da vigilância e da fidelidade é igualmente ilustrado na parábola das bodas do filho do rei, na das dez virgens e dos cinco talentos, Mateus 22.1-14; 25.1-30. A interpretação das parábolas exige um estudo muito cuidadoso das circunstâncias em que foram proferidas e da doutrina, ou argumentos que elas tinham em vista. Feito isto, logo se descobre sua aplicação universal, adaptada em todas as circunstâncias análogas e em todos os tempos.

PARAÍSO

I. O VOCÁBULO. Essa palavra portuguesa vem do antigo termo iraniano *pairidaeza*, "jardim", cercado por algum muro ou sebe. A transliteração dessa palavra para o grego tornou-se a base da palavra moderna. No grego temos *parádeisos*. Xenofonte usou o termo para indicar os jardins dos reis persas. A Septuaginta traduziu a expressão hebraica *gan 'eden*, "jardim do Éden", por essa palavra grega, em Gênesis 2.8. Com base nessa circunstância é que a palavra adquiriu as conotações de paz e esplendor, mesmo quando o paraíso celeste não está em vista.

Usos Progressivos. Um jardim terrestre, físico, literal; o estado intermediário de almas que ainda não entraram no céu, mas que merecem ocupar um lugar muito agradável da existência. Isso foi estendido a vários lugares intermediários; o próprio céu, ou o céu dos céus, ou um dos céus inferiores, em contraste com a habitação de Deus, que fica no céu dos céus; por extensão popular, essa palavra indica qualquer lugar ou condição deleitosa, terrestre ou celestial.

II. NO ANTIGO TESTAMENTO. Na versão da *Septuaginta* (vide), essa palavra aparece logo em Gênesis 2.8, para indicar o jardim do Éden. O texto hebraico, entretanto, só contém a palavra hebraica *pardes* em Neemias 2.8, onde alude a uma floresta que servia de suprimento de madeira para Neemias. E o trecho de Eclesiastes 2.5 usa-a a fim de referir-se a um jardim ou parque com muitas árvores. Cantares 4.13 refere-se à esposa como um *pomar;* (paraíso) de romãs, dotado de toda espécie de fruto delicioso. Na Septuaginta, novamente, a palavra é empregada por mais duas vezes: em Gênesis 13.10, que descreve o frutífero vale do rio Jordão, que era como o jardim do Senhor, e o jardim do Éden, antes do dia do julgamento, em Joel 2.3.

III. NOS ESCRITOS E PENSAMENTO POSTERIORES JUDAICOS. É deveras curioso ver quão pouco o Antigo Testamento tem a dizer sobre o estado dos seres humanos após a morte física. O texto mais instrutivo ali é o de Daniel 12.2,3, que ensina a ressurreição geral: alguns irão para a vida eterna, e outros para a condenação e vergonha eternas; os sábios resplandecerão para sempre, como o brilho celeste, e aqueles que encaminharam outros à retidão refulgirão como as estrelas. Muitos eruditos estão convencidos de que esses pensamentos do livro de Daniel refletem a teologia judaica helenista; então, por essa e outras razões, atribuem a esse livro uma data posterior. A questão é ventilada no artigo sobre o livro de *Daniel*. Ver o artigo intitulado *Estado Intermediário*.

Apesar de os livros apócrifos muito expandirem as questões escatológicas, ainda assim temos ali bem pouco acerca do paraíso. A tradição judaica posterior localiza o paraíso como uma habitação dos mortos justos, situada no *hades*, embora isso não transpareça claramente nos livros apócrifos. O trecho de 2Esdras 7.36 associa a Geena ao paraíso: "A fornalha da geena (inferno) será desvendada, e defronte da mesma fica o paraíso de deleites". Esse desenvolvimento prossegue nos livros pseudepígrafos, embora não seja usado necessariamente o termo "paraíso". 1Enoque é livro que fala em um céu de múltiplos níveis, ou seja, um paraíso em gradação.

A literatura rabínica não usa a palavra com um único sentido. Algumas vezes, ela indica a habitação geral dos justos, como equivalente ao lado bom do *hades*, ou, talvez, um lugar além do mesmo, mais ou menos equivalente ao céu. Outras vezes, o paraíso é referido como o terceiro céu, uso esse que Paulo seguiu no Novo Testamento (ver 2Co 12.2,3); mas esse não é o lugar da habitação de Deus, e sim um lugar de menor glória. Ainda noutras ocasiões, o paraíso é chamado de "seio de Abraão", uma expressão aproveitada por Lucas (16.19-21); mas este autor, usando o termo específico, "paraíso", refere-se ao lugar para onde Cristo iria após a morte, e com Quem o ladrão penitente se encontraria ainda naquele mesmo dia (Lc 23.43). Isso poderia referir-se, como é óbvio, ao lado aprazível do *hades*, embora possa indicar o "céu".

A tradição rabínica falava sobre oitocentas mil espécies de árvores frutíferas que adornariam o paraíso, cujos frutos transmissores de vitalidade nunca deixam de ser produzidos. Naturalmente, esse simbolismo foi copiado pelo autor do livro de Apocalipse, em sua cena sobre o céu (cap. 22). Todavia, entre aquelas tradições havia algumas ideias ridículas, como aquela que assevera que o Éden (o paraíso terrestre) continuava existindo neste mundo físico, embora oculto do homem. E elas chegavam a imaginar que as almas dos justos vão para lá. Mas, afinal, isso não é tão estranho, quando nos lembramos de que os antigos também localizavam o *hades* (tanto a parte boa quanto a parte má) no centro da terra; e isso mostra que suas noções não ascendiam muito quando eles falavam da vida após-túmulo. Os judeus tradicionalistas também pensavam que o Messias tem a chave que abre o paraíso, e que, por ocasião de sua vinda, ele restaurará o jardim do Éden entre os homens.

IV. NO NOVO TESTAMENTO. O Novo Testamento dá prosseguimento a algumas ideias típicas do judaísmo helenista.

O Paraíso No Novo Testamento. No Novo Testamento há apenas três usos. **1**. Em 2Coríntios 12.4 *o terceiro céu* (um dos lugares celestiais) é o paraíso. **2**. O uso que aparece em Lucas 23.34, onde está em pauta o "lado bom" do *hades*. **3**. O uso que figura em Apocalipse 2.7, onde o "céu" está em foco. Somente o autor do Apocalipse, dentre todos os autores do NT, se utiliza do vocábulo "céu" no singular, constantemente. Posto que ele concebia o céu como um lugar (ou reduzia os céus a um termo coletivo, "céu"), foi natural para ele intercambiar o termo com a designação "paraíso". Paulo, entretanto, lança mão, constantemente, do plural, em consonância com a maneira de pensar dos judeus. Portanto, o terceiro céu, ou paraíso, dificilmente tem paralelo ao uso que o termo paraíso recebe no Apocalipse. Paulo não reivindica ter visto Deus, ou ter estado no mais elevado céu. (Ver o artigo sobre *Terceiro Céu*).

O lado bom do *hades* é um tema explorado por Lucas, em Lucas 16.19-21 e 23.34. Mas a doutrina lucana fica aquém do ensino paulino sobre os lugares celestiais (ver Ef 1.3). É que Lucas continuava martelando sobre ideias judaicas e, para ele, provavelmente a boa parte do *hades* era o céu cristão.

É um erro supormos que todos os vários escritores do Novo Testamento tinham recebido a mesma luz sobre aquelas outras dimensões da existência. Grande parte dos ensinos do Antigo Testamento e das ideias judaicas helenistas foi meramente transportada para o Novo Testamento, com pouca modificação. Coube a Paulo trazer mais luzes sobre a vida após-túmulo, especialmente em sua doutrina da transformação dos remidos segundo a imagem de Cristo, e em sua doutrina sobre os lugares celestiais. O trecho de Efésios 4.8-10 é usado pelos intérpretes cristãos como apoio à sua ideia de que a morte e a ressurreição de Cristo foram o poder por detrás da transferência das almas salvas do bom lado do *hades* para o céu. E então, conforme a doutrina prossegue, a partir da ressurreição de Cristo os mortos justos partem diretamente para o céu, sem terem de fazer um estágio na boa porção do *hades*.

A igreja cristã ocidental deixa a questão nesse ponto; mas a igreja cristã oriental vê na descida de Cristo ao *hades* (ver 1Pe 3.18-4.6) uma oportunidade oferecida aos mortos condenados, mormente em face do fato de que o texto petrino diz que Cristo pregou no *hades* aos *injustos* (3.20), e essa pregação foi a do *evangelho* (4.6). Entretanto, a igreja ocidental (igreja Católica Romana e as suas filhas históricas, protestantes e evangélicos) continua truncando a missão de Cristo, eliminando a extensão dessa missão ao *hades*. Na verdade, a missão de Cristo é tridimensional: na terra, no *hades* e nos céus, e sempre uma missão de salvação. E isso fornece-nos o poderoso ensino de que não somente o lado bom do *hades* foi removido para os céus — o que a igreja cristã ocidental também ensina — mas igualmente que a missão de Cristo modificou a parte má do *hades*, tendo-a tornado um campo missionário! Isso constitui boas-novas para o homem moderno. Ver plenos detalhes acerca dessa doutrina no artigo *Descida de Cristo ao Hades*. Não deveríamos limitar o ministério de Cristo, referido em Efésios 4.8-10, como se isso envolvesse somente a salvação. De fato, a sua descida ao *hades* teve o mesmo propósito que a sua subida ao céu: que ele viesse a encher todas as coisas, tornando-se "tudo para todos", conforme alguém parafraseou a ideia de "preencher todas as coisas". É nesse ponto que brilha mais intenso o famoso amor de Deus. Esse amor está estreitamente vinculado ao incansável poder de Cristo. E assim, feita essa vinculação, grandes coisas tinham mesmo de ser realizadas. É um equívoco diminuirmos o escopo da missão de Cristo, mediante nossas interpretações pessimistas.

V. Homens que Ingressam no Paraíso.
As tradições e a literatura judaica e cristã pintam certos homens especialmente justos como quem ingressou no paraíso, conforme se vê na seguinte declaração:

> Os judeus ensinaram que existem muitos céus ou paraísos. Bem provavelmente, Paulo compartilhava esta ideia de múltiplos paraísos. Não sabemos se ele estava familiarizado ou não com o ensino de que homens santos (antes da morte) entraram no paraíso. A literatura judaica menciona nada menos de nove homens de Israel que, supostamente, teriam passado por tão admirável experiência. Esses teriam sido Enoque, Elias, o Messias, Eliezer, Hirão, Ebede, Jabez, Betias (filha do Faraó) Sara (filha de Aser), e, conforme alguns diziam, também Josué ben Levi. (Ver *Derech Eretz*, fol. 19.1; *Zohar sobre Êx*, fol. 102.3). Entre os rabinos, pensava-se que alguns também receberam esse privilégio, como Ben Azzai, Ben Zoma e o rabino Akiba.

Além disso, temos o próprio ensino neotestamentário, que parece fazer o antigo paraíso ser eliminado, cedendo lugar ao céu cristão, ao passo que a porção má do *hades* continuaria como o estado intermediário das almas perdidas. Entretanto, há indícios de que a doutrina da vida no além não é assim tão simples. Parece que continuam existindo lugares intermediários de bem-aventurança e felicidade, que não são nem o "céu" e nem os "céus".

Conforme já dissemos, a escatologia ocidental tem simplificado a escatologia, propondo apenas dois estados: o céu e o inferno. Porém, as evidências fornecidas por pessoas que chegaram a entrar nos estágios preliminares da morte e têm voltado favorecem a existência de muitos lugares intermediários, tanto bons quanto maus, e não apenas dois estados opostos. Além disso, alguns místicos nos dão informações que certamente apoiam esta ideia. Por conseguinte, podemos continuar usando o termo *paraíso* para fazer contraste com o céu e o *hades*. A igreja oriental, por sua vez, continua crendo em lugares intermediários onde os destinos dos homens não são fixados, e onde o propósito remidor continua atuante. De fato, tais lugares existiriam para preparar os seres humanos para a vida eterna. Essa noção faz sentido. Poucas almas, podemos ter certeza, atingem a salvação em um único período de vida terrena. A provisão de Deus precisa ser mais ampla do que isso. Em caso contrário o plano de salvação terá fracassado miseravelmente. A igreja ocidental, em seus dogmas, dá a entender que o plano de salvação realmente falhou miseravelmente, mas, quanto a mim, deixei de crer nesse ponto de vista pessimista.

Ver o artigo separado sobre *Experiências Perto da Morte*.

PARALIPOMENOM
A *Septuaginta* (vide) intitulou os livros de 1 e 2Crônicas de *Paralipomena*. No grego essa palavra significa "coisas omitidas". Esses livros contêm detalhes que foram omitidos nos livros de Samuel e Reis, o que explica tal designação.

PARALISIA.
Ver o artigo geral sobre *Enfermidades da Bíblia*, 1.30.

PARAPEITO
Essa é a forma latinizada da palavra hebraica, *maageh*. A palavra portuguesa vem do italiano *parapetto*, "pela altura do peito". Usualmente, um parapeito era uma mureta posta na beirada de um eirado (cobertura plana de uma casa). O seu propósito era o de impedir que alguém caísse da beira do eirado. Esses eirados eram muito usados como áreas elevadas de observação e lazer, um lugar para onde as pessoas iam no final de um dia quente, a fim de relaxar (ver Dt 22.8). Mediante essa estrutura, pois, os proprietários das casas protegiam os membros de sua família ou outros circunstantes, de caírem de cima da casa.

PARBAR
No hebraico, **"subúrbio"**, uma porção da cidade de Jerusalém mencionada em relação ao templo, Em 2Reis 23.11 e 1Crônicas 26.18. Nossa versão portuguesa, em ambas as passagens, diz "átrio". Outras traduções, de acordo com indicações rabínicas, dizem "no lugar exterior". Mas é quase certo que essa palavra hebraica é cognato do hebraico *parvarim*, que significa "subúrbios", mormente em 2Reis 23.11.

Josefo aludiu a um lugar em um vale profundo, que separava a muralha ocidental do templo da cidade, defronte ao vale. Isso corresponde à extremidade sul do vale Tiropoeano, podendo ser esse o local chamado Parbar. Também é possível que tal designação venha desde os tempos dos jebuseus, absorvida pelos hebreus em seu vocabulário. Alguns eruditos pensam estar em foco um complexo de construções, e não uma localidade. Por todas essas razões o próprio nome, sua derivação e o lugar (ou construções) permanecem na incerteza.

PARDAL

No hebraico, *tsippor*, palavra que aparece por quarenta vezes, nem sempre traduzida como "pardal". Em nossa versão portuguesa, isso só ocorre por uma vez, em Salmo 84.3. Outras versões também dizem "pardal", em Salmo 102.7, mas a nossa versão portuguesa diz ali "passarinho". Geralmente essa palavra é traduzida por "ave". (Ver, para exemplificar, Gn 7.14; Lv 14.4-7,49-53; Dt 14.11; Pv 6.5; Am 3.5).

No grego, *strouthíon*, "pardalzinho". O vocábulo está no diminutivo. É termo que ocorre por quatro vezes no Novo Testamento (Mt 10.29,31; Lc 12.6,7).

Todos os estudiosos concordam que o termo hebraico *tsippor* tem um sentido mais geral indicando a ideia de "passarinho", e um sentido mais específico, segundo se vê em Salmo 84.3 e 102.7 (embora neste caso, como já mostramos, nossa versão portuguesa também a traduza por "passarinho"). Em Salmo 84.3, pode estar em foco o pardal caseiro, que tanto gosta de fazer seu ninho nas habitações humanas. E em Salmo 102.7, conforme pensam vários estudiosos, estaria em foco o tordo, uma pequena ave que vive solitária nas rochas e nas edificações abandonadas. Na verdade, há ornitólogos que dizem que esse é o verdadeiro "pardal". Assim, há boas evidências em favor do uso geral da palavra, em Gênesis 15.10, onde se refere explicitamente à rola e ao pombinho do versículo anterior. A mesma palavra é empregada para indicar aves usadas no cardápio comum, em Neemias 5.18, ou para indicar aves oferecidas nos sacrifícios, em Levítico 14, sem falarmos em diversos outros contextos onde se lê sobre aves usadas na alimentação. Portanto, o sentido geral da palavra poderia ser qualquer ave pequena, limpa, ou seja, permitida para os judeus como alimento. Porém, sempre que houver comparação com alguma outra ave, deveríamos pensar no pardal. É precisamente o caso de Salmo 84.3, onde lemos: *o pardal encontrou casa, e a andorinha, ninho para si...*

Interessante é observar que o termo grego *strouthíon* também é uma palavra de sentido geral, que requer algum adjetivo ou frase qualificadora para denotar alguma espécie em particular. Os pardais, pois, eram tão comuns que Jesus pôde usá-los como indicação de coisa corriqueira e de pouco valor. *Não se vendem dois pardais por um asse? e nenhum deles cairá em terra sem o consentimento de vosso Pai* (Mt 10.29).

PAREDE

Palavra que traduz diversos vocábulos hebraicos e dois vocábulos gregos. As palavras hebraicas mais usadas são *chomah*, "parede", usada por cerca de 130 vezes, de Êxodo 14.22 a Zacarias 2.5; e *qir*, "parede" ou "trave", usada por 76 vezes, de Levítico 14.37 a Habacuque 2.11. Há outras treze palavras hebraicas, variadamente traduzidas, embora com a ideia geral de "muro" ou "parede". As palavras gregas são *teíchos*, "muralha" (ver At 9.25; 2Co 11.33; Hb 11.30; Ap 21.12-19), e *toichos*, "parede" (ver At 23.3).

As paredes das casas usualmente eram feitas de tijolos, colocados sobre alicerces de pedras brutas. Ocasionalmente as paredes eram feitas de pedras irregulares, presas umas às outras com argila. Nos primeiros tempos, as muralhas das cidades eram feitas verticalmente, sem quaisquer projeções ou guarnições externas, para proteção, prática que continuou até o começo da Idade do Ferro. Posteriormente, as muralhas passaram a ser sólidas e espessas, para poderem resistir aos aríetes assírios. A espessura das muralhas variava entre três e cinco metros, com bastiões que se projetavam a cada tantos metros. Esses bastiões eram dotados de saliências para impedir o acesso de atacantes, havendo também grades para proteção dos arqueiros. Em Cantares 8.9, a palavra hebraica *chomah* é usada simbolicamente para indicar uma menina na idade da puberdade. A ideia é que ela era chata como uma parede, mas que em breve obteria a típica figura feminina, porque seus seios, comparados com "torres sobre a muralha", apareceriam.

O aparecimento dos seios era sinal de que ela estava chegando à idade própria para o casamento. Os intérpretes veem nesse simbolismo a igreja de Cristo, que se prepara como uma noiva para seu noivo; ou então qualquer forma de bênção que ocorre quando há o devido desenvolvimento espiritual. (G HA ID)

PARENTE, VINGADOR DO SANGUE

No hebraico, *goel*, **"redentor"**, palavra usada somente em Neemias 13.29. Ver o artigo separado sobre *Goel*. Na sociedade hebreia e em suas leis, vários deveres eram requeridos da parte dos parentes das pessoas. O primeiro responsável era o parente masculino mais próximo. Um dos mais importantes desses deveres era o de servir de vingador do sangue e de parente remidor (ver os artigos separados). A instituição da responsabilidade dos parentes era comum entre os povos semitas. Todo erro praticado contra alguém precisava ser devidamente vingado. E a família assumia formas de justiça que hoje em dia seriam prerrogativas exclusivas do Estado. O sangue da pessoa injustiçada (se um assassinato ou uma morte acidental tivesse tido lugar) é retratado como se estivesse clamando do chão, pedindo vingança. O parente masculino mais próximo estava na obrigação de ouvir o caso e cumprir o seu dever de tirar vingança. Um filho deveria vingar a morte de seu pai, um irmão devia vingar a morte de uma irmã sua. A *lei do linchamento* é uma forma primitiva de justiça. Mas, em certas sociedades, era legalizada de uma forma ou de outra. Em casos de morte acidental, o *goel* nada podia fazer, se o homicida se refugiasse em certas cidades. Ver sobre as *Cidades de Refúgio*. Ver o artigo separado sobre o *Vingador do Sangue*.

PARENTE REMIDOR. Ver sobre *Goel*.

PARMASTA

Esse termo vem diretamente de um vocábulo persa que significa "o primeiro". Esse era o nome do primeiro dos dez filhos de Hamã (ver Et 9.9). Foi executado pelos judeus. Deve ter vivido por volta de 470 a.C.

PARNAQUE

No hebraico, **"dotado"**. Esse era o nome do pai de Elisafã, um príncipe da tribo de Zebulom. Elisafã foi escolhido para ajudar a distribuir os territórios a oeste do rio Jordão, entre as tribos que deveriam viver naquela faixa da conquistada Terra Prometida. Ver Números 34.25. Isso sucedeu em cerca de 1440 a.C.

PARÓS

No hebraico, **"pulga"**. Nos trechos de Esdras 2.3; 8.3;10.2; Neemias 3.25; 7.8; 10.14, lê-se sobre os descendentes de Parós. Estes formavam uma importante família dos tempos pós-exílicos, que fixou residência em Jerusalém, quando um remanescente de Judá havia retornado do *cativeiro babilônico* (vide). Na época dessa volta, eles eram dois mil, cento e setenta e dois. Homens dessa família tinham-se casado com mulheres estrangeiras e tiveram de divorciar-se delas (ver Ed 10.25). Eles atuaram na reconstrução das muralhas de Jerusalém (ver Ne 3.25), e assinaram o pacto com Neemias (Ne 10.14). Isso ocorreu ligeiramente depois de 536 a.C.

PARTEIRA

No hebraico, *yalad*, "quem ajuda a dar à luz", "parteira". A referência á àquelas mulheres que tomavam sobre si a tarefa de ajudar a outras mulheres, por ocasião do parto.

A cultura hebreia tinha bem pouco espaço concedido à medicina como uma ciência. Ver o artigo sobre a *Medicina*. Apesar disso, podemos supor que as parteiras hebreias, que talvez tivessem aprendido a sua técnica com os egípcios, eram dotadas de considerável conhecimento e habilidade. Geralmente, as parteiras eram amigas ou parentes mais idosas, mas também parece que havia, entre os israelitas, uma classe de mulheres treinadas e experientes nessa técnica. (Quanto a referências bíblicas às parteiras e ao trabalho que desempenhavam, ver Gn 35.17; 38.28; Êx 1.15,17-21 e Ez 16.4). A última dessas passagens fala sobre cortar o cordão umbilical, lavar o nascituro em água, esfregá-lo com sal e envolvê-lo em faixas de pano.

Outras pequenas informações que temos na Bíblia sobre a questão são como aquela história que quando nasceram gêmeos a Tamar, a parteira identificou o menino "mais velho" amarrando um fio vermelho no seu braço. Isso, sem dúvida, atendia às exigências dos preceitos sobre a herança (ver Gn 38.28). Além disso, o Faraó, rei do Egito, querendo diminuir a ameaça representada pelo povo de Israel, que cada vez mais se multiplicava ali, ordenou que as parteiras hebreias matassem as crianças do sexo masculino, conforme fossem nascendo, mas poupassem a vida das crianças do sexo feminino, por razões óbvias. O texto envolvido (Êx 1.15-22) indica a facilidade com que as mulheres hebreias davam à luz seus filhos, em contraste com as mulheres egípcias. Talvez essa facilidade no parto se devesse ao fato de que as mulheres hebreias, escravas como eram, faziam muito exercício físico, enquanto as damas egípcias pouco se exercitavam. Mas, como já seria mesmo de esperar, as ordens do Faraó foram desobedecidas pelas parteiras hebreias. Esse texto, no hebraico, também menciona a banqueta de parir, ilustrada em gravuras egípcias, nas paredes do palácio de Luxor. A rainha Mautmés aparece sentada em uma dessas banquetas, dando à luz uma criança, enquanto duas parteiras lhe esfregam as mãos, sem dúvida para reanimá-la. Essa banqueta podia ser algo tão simples como dois tijolos, postos de modo a deixarem um espaço no meio, e sobre os quais a mulher se assentava. Talvez a crueza do arranjo admire a alguns; mas está provado que essa posição, para a mulher na hora de dar à luz, é muito melhor que a nossa costumeira posição deitada de costas, pois até a força da gravidade ajuda a mulher a ter sua criança naquela posição. O termo egípcio *mshnt* aludia à banqueta de parir, e o hieróglifo egípcio para "nascer" estava alicerçado sobre o formato daquela banqueta. E o vocábulo egípcio *msi*, veio a significar "dar à luz". As passagens de 1Samuel 4.20 e Rute 4.14,15 podem ser outras referências às "parteiras", embora ali não seja empregada a palavra hebraica propriamente dita.

Uso Metafórico. Os diálogos socráticos, que procuravam extrair ideias e conhecimentos de outras pessoas (em vez de simplesmente declará-los), eram chamados *maiéticos*, com base na palavra grega que significa "relativo às parteiras". Qualquer ato que procure extrair de outras pessoas o melhor que elas têm, em qualquer empreendimento moral, intelectual ou espiritual, pode ser considerado um trabalho de parto.

PARTO

I. As Palavras. Precisamos considerar três palavras hebraicas e duas palavras gregas, quanto a este verbete: **1**. *Chabal*, "ter trabalho de parto". Esta palavra ocorre com esse sentido por três vezes (Ct 8.5; Sl 7.14). **2**. *Yalad*, "ter trabalho de parto", "parir", palavra hebraica que aparece por pouco mais de duzentas vezes, conforme se vê, por exemplo, em (Gn 3.16; 30.39; 2Rs 19.3; Jó 15.35; 39.1,2; Sl 7.14; 48.6; Is 13.8; 21.3; 33.11; 37.3; 51.18; 65.23; 66.7,8; 42.14; Jr 6.24; 22.23; 30.6; 31.8; 49.24; 50.43; Os 13.13; 9.16; Mq 4.9,10; 5.3; Sf 2.2). **3**. *Chul*, "ter dores de parto", uma palavra hebraica que, com esse sentido, ocorre por quatro vezes (Is 23.4; 54.1; 66.7,8). **4**. *Odino*, "ter dores de parto". Palavra grega que é usada por três vezes no Novo Testamento (Gl 4.19; 4.27 (citando Is 54.1); Ap 12.2). O substantivo, *odin*, "dores de parto", ocorre por quatro vezes (Mt 24.8; Mc 13.8; At 2.24 e 1Ts 5.3). O termo reforçado *sunodíno*, "ter dores de parto juntamente com", aparece por apenas uma vez, em Romanos 8.22. **5**. *Tíkto*, "dar à luz", "parir". Um vocábulo grego que é utilizado por dezoito vezes (Mt 1.21; 1.23 (citando Is: 7.14); 1.25; 2.2; Lc 1.31,57; 2.6,7,11; Jo 16.21; Gl 4.27 (citando Is 54.1); Hb 6.7; Tg 1.15; Ap 12.2,4,5,13).

No grego, *teknogonía*, palavra que aparece somente em 1Timóteo 2.15. Consideremos os pontos abaixo: **1. O Termo**. Essa palavra significa parturição, referindo-se ao trabalho de parto. O ato envolve intenso labor, o trabalho da mulher que dá à luz um filho. O trecho de Hebreus 1.9 declara que as mulheres hebreias eram "vigorosas", mais que as mulheres egípcias, podendo dar à luz com mais facilidade e menos demoradamente. Provavelmente isso deveria ser explicado com base no exercício físico regular, que prepara a mulher para o ato. As mulheres israelitas, sujeitas a muito trabalho, no cativeiro egípcio, naturalmente davam à luz seus filhos com mais facilidade que suas sedentárias senhoras egípcias. **2. Estágios do Parto**. *a*. Dilatação da boca do útero (cerviz) o que, geralmente, dura de oito a catorze horas. *b*. Expulsão da criança, com as contrações uterinas, o que geralmente demora de uma a duas horas. *c*. Separação e expulsão da placenta, o que regularmente demora mais quinze minutos. O elemento tempo, nesses processos, varia com as dimensões e o formato da pélvis da mãe, as suas energias físicas, o tamanho da vagina, e possíveis demoras ocasionadas por complicações. **3. O Trabalho de Parto**. A Bíblia emprega simbolicamente essas dores para referir-se às angústias inesperadas (1Ts 5.3), por ocasião da *parousia* ou segunda vinda de Cristo; Marcos 13.6-8, por ocasião dos juízes de Deus; Gálatas 4.19, acerca do desenvolvimento dos convertidos, que são filhos dos mestres cristãos; Romanos 8.22, acerca dos sofrimentos da criação, na expectativa da restauração (vide), o que, de acordo com Gênesis 3.16, resultam do pecado e da maldição impostos contra o mesmo. **4**. *O trecho de 1Timóteo* 2.15 não é de interpretação fácil, pois o mesmo assevera que as mulheres serão salvas "através de sua missão de mãe", se permanecerem na fé e no amor. O mais provável é que isso signifique que a mulher que assume seu legítimo papel na economia divina, como esposa e mãe, com isso prepara circunstâncias apropriadas para a conversão religiosa. Alguns intérpretes distorcem a ideia, traduzindo "será preservada através de sua missão de mãe", conforme faz nossa versão portuguesa, como se nada mais estivesse envolvido além da segurança física, das mães piedosas, por ocasião do parto. Antes, o que está em pauta é que uma mulher, através de sua missão de mãe, facilita seu próprio desenvolvimento espiritual, porquanto ela evita os excessos das mulheres mundanas, que agem como homens ou levam vidas caracterizadas pela iniquidade. Alguns estudiosos têm chegado a pensar, embora sem nenhuma razão, que o dar à luz é algo necessário para a salvação de uma mulher. Não há nenhuma base bíblica para tal noção. Há várias outras interpretações a respeito, alistadas e discutidas nas notas expositivas sobre 1Timóteo 2.15, no NTI. **5**. Alguns vinculam a questão ventilada no parágrafo acima à *maldição* acerca do parto, o qual, devido ao pecado, tornou-se um processo doloroso (Gn 3.16). Em outras palavras, para a mulher suportar pacientemente tais dores, disso derivará certo benefício espiritual.

II. Sentido Literal. Essas palavras aparecem tanto em sentido literal quanto em sentido figurado. O sentido literal aparece, por exemplo, quando Raquel, por ocasião do nascimento de Benjamim, *deu à luz... um filho, cujo nascimento lhe foi a ela penoso. Em meio às dores de parto...* (Gn 35.16,17), onde é empregada a palavra hebraica *yalad* ("deu à luz", e "dores de parto"). Entretanto, na grande maioria das ocorrências, o termo hebraico em foco, qualquer que seja ele, é empregado em sentido figurado.

O trabalho de parto pode retratar as agonias envolvidas nos julgamentos divinos contra os ímpios. Os babilônios condenados sofreriam angústias como uma mulher em trabalho de parto: *... e terão contorsões como a mulher parturiente...* (Is 13.8;

ver também Jr 50.43). E o próprio Isaías, ao meditar sobre tais sofrimentos, por empatia, como que sofreu dores de parto (Is 21.3). O mesmo é afirmado, quando se fala sobre os juízos que sobreviriam a Sião (Mq 4.9,10), a Israel (Jr 6.24), a Judá (Jr 4.31; 13.21), ao Líbano (Jr 22.23) e a Damasco (Jr 49.24). Portanto, na linguagem dos profetas, a expressão "trabalho de parto", ou sinônimo, era muito usada para indicar angústia profunda, mormente em resultado dos juízos divinos.

No Novo Testamento, vemos que o apóstolo Paulo com a sua alma agonizada, em face da falta de avanço espiritual dos gálatas, de mistura com um lamentável desvio da pureza do evangelho, exprime o seu protesto contra esse estado de coisas, escrevendo: ... *meus filhos, por quem de novo sofro as dores de parto, até ser Cristo formado em vós...* (Gl 4.19). Essa figura simbólica das dores de parto também aponta para a angústia que os discípulos de Cristo haveriam de padecer, quando Cristo viesse a ser crucificado. Mas, assim como uma parturiente regozija-se, depois do nascimento de seu bebê, a mesma coisa sucederia aos discípulos: *A mulher, quando está para dar à luz, tem tristeza, porque a sua hora é chegada; mas, depois de nascido o menino, já não se lembra da aflição, pelo prazer que tem de ter nascido ao mundo um homem. Assim também agora vós tendes tristeza; mas outra vez vos verei. O vosso coração se alegrará, e a vossa alegria ninguém poderá tirar* (Jo 16.21,22).

III. Uso Metafórico. Finalmente, a metáfora do trabalho de parto retrata a atual condição da criação inteira, que geme sob o peso das consequências morais e físicas do pecado. Essa situação haverá de ter solução por ocasião do retorno de Cristo. O apóstolo Paulo refere-se a isso quando escreve: *Porque sabemos que toda a criação a um só tempo geme e suporta angústias até agora. E não somente ela, mas também nós que temos as primícias do Espírito, igualmente gememos em nosso íntimo, aguardando a adoção de filhos, a redenção do nosso corpo* (Rm 8.22,23). Portanto, até mesmo nós estamos envolvidos nessa aflição, porquanto ainda estamos divididos: por um lado possuímos a natureza de Cristo, e por outro, ainda temos conosco a natureza de Adão. E isso, para nós, constitui-se em uma autêntica agonia, que pode ser comparada com as dores de uma mulher em trabalho de parto. Mas, se essa nossa agonia terá fim quando de nossa ida para o Senhor (mediante a morte física), ou quando do retorno de Cristo (que transformará os nossos corpos mortais em corpos imortais), outro tanto não sucederá aos ímpios. Antes, o retorno de Cristo ao mundo, para esses últimos, representará a mais cruel agonia, por saberem eles que estão inexoravelmente condenados: *Quando andarem dizendo: Paz e segurança, eis que lhes sobrevirá repentina destruição, como vem a dor do parto à que está para dar à luz; e de nenhum modo escaparão* (1Ts 5.3).

PARUA

No hebraico, "inflorescência". Nome do pai de Josafá (não o rei). Josafá foi um dos servos civis de Salomão, encarregado de suprir o palácio real quanto às suas necessidades durante um mês por ano. (Ver 1Rs 4.17). Ele dirigia o distrito de Issacar.

PARVAIM

Não se sabe a significação desse nome hebraico. Sabe-se somente que era o nome de um lugar onde Salomão obteve ouro para decorar o templo de Jerusalém. (Ver 2Cr 3.6). Os rabinos Hida e Ashi afirmaram que o ouro proveniente desse lugar tinha cor avermelhada, especialmente no dia da Expiação (ver *Talmude Yoma*, 45a), o que é uma declaração estranha. Geograficamente, o nome tem sido identificado com Sak el-Farwein, em Iemamá; ou com Farwa, no lêmen, ou mesmo com Sefar (mencionado em Gênesis 10.30). Gesênio e outras autoridades afirmaram que essa palavra era uma espécie de sinônimo para *oriente*. Seja como for, esse nome nunca foi encontrado noutra fonte, exceto nessa única referência bíblica.

PASAQUE

No hebraico, **"passado por cima"**. Esse foi o nome de um dos três filhos de Jaflete, que foi líder da tribo de Aser. Ele é mencionado em 1Crônicas 7.33, onde figura como bisneto de Aser. Viveu em cerca de 1390 a.C. Outras fontes dizem que seu nome significa "manco".

PÁSCOA

I. Caracterização Geral. A palavra portuguesa "Páscoa" é usada para designar a festa dos judeus que, no hebraico, é chamada *pasach*, que significa "saltar por cima", "passar por sobre". *Pesach* é a forma nominal da palavra. Esse nome surgiu em face da tradição de que o anjo da morte, ou anjo destruidor, "passou por sobre" as casas assinaladas com o sangue do cordeiro pascal, quando ele matou os primogênitos dos egípcios (ver Êx 12.21 e ss.). Essa foi a última das pragas que se tornaram necessárias para convencer o Faraó de permitir que Israel saísse do Egito, após séculos de escravidão naquele país. Portanto, a Páscoa assumiu o sentido de livramento e o próprio êxodo foi a concretização dessa libertação.

Em face do cordeiro pascal, sacrificado na ocasião, o evento veio a ser integralmente associado à ideia de expiação, embora não fosse essa a sua intenção original. É provável que tal sacrifício já fosse de uso comum, mas foi então utilizado com esse significado especial. Alguns estudiosos creem que a festa original era pastoril nos seus primórdios, e que o seu nome, "saltar por cima", aludia a como as ovelhas costumam saltar por cima de coisas, quando brincam. Seja como for, a festa (se é que realmente existia antes de sua associação com o êxodo) veio a ser associada a esse evento. Na terra de Canaã a festa veio a ser unida à festa agrícola dos pães asmos. Continua sendo celebrada durante sete ou oito dias, desde o décimo quarto dia do primeiro mês (*Nisã*), como memorial da libertação dos hebreus da servidão no Egito. Essa festa, de acordo com (Êx 12.15; 34.18; Lv 23.6; Nm 28.17 e Dt 16.3), era celebrada desde o pôr do sol do décimo quarto dia do mês de *Abibe* (na primavera), que posteriormente recebeu o novo nome de *Nisã*. Visto que o dia para os judeus começa tradicionalmente ao pôr do sol, estritamente falando, essa festa começava no décimo quinto dia do mês. O primeiro e o sétimo dia eram dias santos plenos, onde ninguém podia fazer qualquer trabalho.

As tradições judaicas posteriores adicionaram um dia a essa festa, perfazendo isso dois dias santos plenos, tanto no começo quanto no fim, e assim reduzindo a quatro, os meios-dias santos intermediários. Nas duas primeiras noites, ocorre a cerimônia do *Seder*, que se desenvolveu a partir da refeição pascal ensinada na Bíblia (ver Êx 12.8; Dt 16.5-7). É então que toda a família se reúne. É cantado e lido o *Haggadah*, um texto ritual especial, que contém uma versão muito ornamentada da história do Êxodo, de mescla com certos salmos, cânticos religiosos, orações e bênçãos. Em seguida é consumida a refeição tradicional, que serve de memorial. Um osso torrado é posto sobre a mesa, simbolizando o cordeiro da Páscoa, sacrificado e ingerido por cada família (ver Êx 12.3-11).

A Dupla Significação. 1. A redenção dos judeus da servidão no Egito, como uma questão histórica, que envolve, naturalmente, muitas implicações e símbolos morais e religiosos. Deve-se incluir aí o pão sem fermento. Esse pão é chamado *matzoth*. Em memória dos sofrimentos de Israel no Egito, são comidas ervas amargas (no hebraico, *maror*), que fazem parte do *Seder*. Todo fermento é removido dos lares israelitas. **2. Festa da Natureza**. A Páscoa incluía uma festa agrícola que envolvia as primícias (ver Lv 23.10) oferecidas ao templo, em Jerusalém, em tempos posteriores. Essa era uma das três grandes festividades requeridas a todos os hebreus do sexo masculino, que deveriam reunir-se em Jerusalém.

II. Palavras Associadas à Páscoa. *Pesach*, "passar por sobre", "saltar por cima". Uma possível alusão a uma antiga festa de origem pastoril, além de ser uma referência direta ao anjo da morte, que passou por sobre os filhos de Israel, mas destruiu todos os primogênitos do Egito. *Abibe* (vem de *aviv* = primavera), uma referência a essa estação do ano, bem como o nome do mês em que esse evento começava; mais tarde esse mês chamou-se *Nisã*. Esse tornou-se o primeiro dos meses do calendário judaico, em honra àquele momentoso acontecimento, o começo da nação de Israel. *Matzoth*, os pães sem fermento, ou pães asmos, associados à Páscoa. Muitos eruditos acreditam que a Páscoa e a festa dos *Pães Asmos* eram, originalmente, festas separadas, mas que acabaram associadas, e então celebradas como se fossem uma só. O Novo Testamento combina as palavras distintas, *pascha*, "Páscoa", e *ta adzuma*, "pães asmos", em uma única referência (ver Mt 26.2,17; Lc 2.41; 22.1). Entretanto, o Evangelho de João emprega somente *pascha*. (Ver exemplos disso em Jo 2.13,23; 6.4; 11.55 etc). Josefo combinou os termos ao referir-se a uma única celebração (*Anti*. 14.2,1; *Guerras* 5.3,1; 6.9,3). *Seder*, a ingestão de ervas amargas (no hebraico, *Maror* = amargo), para que os israelitas se lembrassem de quão amargos tinham sido a escravidão e os sofrimentos no Egito. *Haggadah* (vide), a literatura embelezada empregada para o ritual da Páscoa.

III. Associações e Desenvolvimentos Históricos

1. À Guisa de Sumário. Podemos afirmar que é possível que ambas as festas, o sacrifício ritual do cordeiro e os pães asmos, fossem elementos da sociedade hebreia antes que a combinação das mesmas tivesse ocorrido, ao tempo do êxodo do Egito. Tais festas assumiram então uma nova significação, quando associadas à questão das pragas do Egito e da saída dos hebreus daquele país. Temos aí uma espécie de renascimento de Israel. O passado foi anulado e um glorioso novo começo foi iniciado na Terra Prometida. O sacrifício veio a ser associado ao livramento, a mesma associação que vemos dentro da doutrina da expiação. O Novo Testamento preserva ambas as ideias, e vê seu cumprimento final na pessoa de Cristo, que é tanto a nossa Páscoa quanto a nossa expiação.

2. Ritos Primitivos. Alguns eruditos têm questionado a etimologia da palavra hebraica *pesach*, e têm proposto que esse termo hebraico também pode significar "manquejar" (com base em 1Rs 18.21). Assim, a festa original poderia ter sido uma dança manquejante, lamentando a morte de uma divindade, e isso ligado aos ciclos do ano, quando uma estação morre e outra tem começo. Mas outros sugerem que o rito original estaria ligado ao temor aos maus espíritos, o que seria refletido na *noite do Senhor* (Êx 12.42), enquanto era esperado o anjo "destruidor". Nesse caso, estaria sugerida uma origem pagã (talvez tomada de empréstimo do culto pré-jeovista de Cades). O rito original talvez fosse realizado como proteção contra algum demônio noturno. Uma terceira ideia é que os ritos seriam originalmente pastoris e agrícolas em sua natureza, que se combinavam bem, como o sacrifício de um cordeiro e com a questão dos pães asmos, produtos da terra. Quando Moisés requereu que Israel pudesse sair do Egito para celebrar a festa (ver Êx 5.1) talvez estivesse em foco esta festa da Páscoa, ou então as festas da Páscoa e dos pães asmos. É verdade que a festa dos Pães Asmos coincidiu com a colheita da cevada, na primavera, e com a ordenança do sacudir dos molhos de cereais diante do Senhor, sem dúvida observâncias de origem agrícola. É difícil dizer quanta verdade possa haver nessas especulações. Sem dúvida, porém, é verdade que Israel tinha ritos e observâncias primitivos, que se perderam com a passagem dos séculos. Exatamente qual porcentagem das celebrações bíblicas da Páscoa e da festa dos Pães Asmos continuou nelas, não pode ser afirmado com qualquer grau de certeza. O que é certo é que esses ritos assumiram significados inteiramente inéditos, quando foram vinculados ao êxodo.

3. Elementos Históricos e seu Desenvolvimento. À noitinha de 14 de *Nisã* (*Abibe*), eram mortos os cordeiros pascais. Eram então assados e comidos com pães asmos e ervas amargas (ver Êx 12.8). Era uma observância em família. No caso de famílias pequenas, os vizinhos podiam reunir-se para participarem juntos da festa; e mais orientações e condições foram acrescentadas à questão, conforme o tempo foi passando. Esses acréscimos regulamentavam a festa dos Pães Asmos, que durava sete dias (ver Êx 14.3-10). A Páscoa foi estabelecida a fim de instruir as gerações futuras (ver Êx 12.24-27). Então mais características foram adicionadas. Quatro sucessivas taças de vinho, misturado com água, eram usadas. Os Salmos 113-118 eram entoados em lugares apropriados. Fruta misturada com vinagre, na consistência de massa de pedreiro, era servida, para relembrar a massa que os israelitas tinham usado nas edificações, quando estavam escravizados. O primeiro e o último dia das festas eram sábados solenes. Todo trabalho manual cessava (ver Êx 12.16; Nm 28.18-25). No segundo dia, um molho de cevada recém-amadurecida era sacudido pelo sacerdote a fim de consagrar a inauguração da colheita (ver Lv 23.10-14). Sacrifícios elaborados eram efetuados mediante as ofertas queimadas ou holocaustos de dois touros, um carneiro, sete cordeiros e um bode, como ofertas pelo pecado, a cada dia (ver Nm 28.19-23; Lv 23.8). Assim sendo, a ideia de expiação foi integrada à Páscoa, passando a fazer parte do simbolismo que foi transferido para o Novo Testamento.

4. Negligência e Restauração. Após o Sinai (ver Nm 9.1-14), esses ritos foram negligenciados, até à entrada na terra de Canaã (ver Js 5.10). A mesma coisa sucedeu na história subsequente. Certos monarcas reformadores, como Ezequias (2Cr 30) e Josias (2Rs 23.21-23; 2Cr 35), vieram a restaurar os antigos ritos. Por ocasião da dedicação do segundo templo, terminado o cativeiro babilônico, a celebração da Páscoa foi restaurada, juntamente com outras antigas tradições dos hebreus (Ed 6.19-22).

IV. Principais Símbolos e Lições Envolvidos.

1. As primitivas associações sugerem a ideia de ação de graças, pelas provisões recebidas, mediante os produtos da terra e a criação de animais, resultantes em alimentos e produtos variados. **2**. A ideia de proteção, diante dos poderes demoníacos, também era um elemento importante. **3**. O bem e o mal recebem seus respectivos galardões e punições. O Faraó foi longe demais. O Egito foi julgado. Israel obedeceu a *Yahweh*. Seguiram-se livramento e bênção. **4**. Existem poderes sobre-humanos que abençoam e destroem. O homem não vive sozinho no universo. **5**. A escravidão é algo a ser amargamente relembrado. A liberdade é a mais preciosa de todas as possessões humanas. As forças das trevas escravizam. O Espírito de Deus concede liberdade. **6**. A obediência redunda na libertação. Israel seguiu as instruções divinas e fez as provisões apropriadas. A desobediência foi desastrosa para o Egito. **7**. O princípio da expiação faz parte das necessidades humanas. **8**. A assistência divina, ou intervenção, algumas vezes se torna parte necessária da experiência humana. Israel nunca poderia ter-se libertado por si mesmo. **9**. É bom preservar as tradições e evitar a negligência, conforme certos monarcas reformadores demonstraram. **10**. Em Cristo temos o nosso libertador, nossa expiação, bem como o cumprimento espiritual de vários princípios acima mencionados. **11**. Foi estabelecido um pacto entre o Senhor e a emergente nação de Israel. Também há um novo pacto em torno de Cristo (ver Lc 22.20; 1Co 11.25).

V. A Última Ceia: a Páscoa Cristã.

Um acontecimento tão importante como aquele que deu origem à nação de Israel não poderia ser ignorado pelo Novo Testamento. Isso pode ser comprovado nos cinco pontos a seguir: **1. A morte de Cristo**, que ocorreu exatamente no período da Páscoa, sempre foi considerada um evento capital para os primeiros cristãos, e daí por diante, durante todo o cristianismo. Jesus é chamado de nosso *Cordeiro pascal* (ver 1Co 5.7). Isso tem sido associado pelos cristãos à ideia de expiação e livramento, que nos liberta dos inimigos da alma. Ver o artigo separado intitulado *Páscoa, Cristo Como* a. **2**. A ordem de não ser partido nenhum osso do cordeiro pascal foi aplicada por João às circunstâncias da morte de Jesus Cristo (ver Êx 12.46 e João 19.36), pelo que foi estabelecido um vínculo entre os dois eventos, fazendo o primeiro ser símbolo do segundo. A ideia de expiação, como é patente, faz parte vital da questão. **3**. O cristão (tal como os antigos israelitas) deve pôr de lado o antigo fermento do pecado, da corrupção, da malícia e da desobediência, substituindo-o pelos pães asmos da sinceridade e da verdade. A *santificação* (vide) faz parte necessária da experiência cristã. **4. A Última Ceia** é exposta nos Evangelhos sinópticos como uma refeição pascal. O Evangelho de João (18.28; 19.14) apresenta o fato de que a refeição foi tomada antes da celebração, e Jesus foi crucificado ainda naquele mesmo dia (lembrando que, para os judeus, o dia começava às 18:00 horas). Para muitos, isso constitui um dos grandes problemas de harmonia dos Evangelhos, sobre o que abordo no NTI, nas passagens envolvidas. Porém, essa pequena deslocação cronológica em nada contribui para anular a associação da última ceia com a Páscoa. Talvez o Senhor Jesus tenha antecipado a refeição por poucas horas. Nesse caso, o quarto Evangelho expõe a correta cronologia quanto à questão. O ensino paulino sobre a última ceia (ver 1Co 11.23-26) faz com que a mesma seja um memorial tanto da morte libertadora de Cristo quanto da expiação. Ambos os elementos faziam parte da Páscoa do Antigo Testamento, segundo já vimos. Paulo não menciona especificamente a Páscoa, naquela seção, embora ele o faça em 1Coríntios 5.7. Eusébio aceitava o conceito da Páscoa cristã no sacrifício de Cristo (ver *Hist.* 5,23,1). E essa também era a ideia tradicional da igreja antiga. É interessante que a palavra hebraica para *Páscoa, pascha*, é tão parecida com a palavra grega para *sofrer, páscho*, que alguns cristãos antigos fizeram a ligação entre elas, embora não haja qualquer conexão histórica entre esses termos. *Cristo sofreu* e ele é a nossa *Páscoa*, um jogo de palavras empregado por Eusébio. Para os cristãos, a palavra grega *anámnesis* (memorial), é uma palavra-chave. A ceia do Senhor é um memorial que deve ser mantido vivo, até que o Senhor retorne. Essa é a ênfase paulina, que não se vê nos Evangelhos sinópticos, embora apareça em Lucas 22.19. Provavelmente, esse elemento foi uma adição cristã às declarações feitas por Jesus, embora sugerida pelo que ele havia dito, se é que ele mesmo não ensinou assim. Por outro lado, é possível que Mateus e Marcos tenham omitido uma afirmação genuína de Jesus, e que Paulo e Lucas preservaram. O que é certo é que Jesus reinterpretou a Páscoa em consonância com as suas próprias experiências. A Páscoa, pois, foi encarada pela igreja cristã como uma daquelas muitas coisas que receberam

cumprimento e adquiriram maior significação na pessoa de Cristo, retendo o tipo de símbolo e de lições que descrevi na quarta seção deste artigo. A ideia de pacto também se faz presente. *Yahweh* firmou um pacto com a emergente nação de Israel. E Jesus estabeleceu um pacto com sua emergente igreja. Ver Êxodo 2.24; 3.15; mas, especialmente, a *kainé diathéke*, "o novo pacto" (Hb 12.24; Lc 22.20; 1Co 11.25). Esse Novo Testamento foi como um cumprimento do Antigo Testamento. **5. O êxodo cristão**. Não nos deveríamos esquecer desse aspecto. A Páscoa do Antigo Testamento marcava o começo de uma saída da escravidão; de fato, era o poder por detrás dessa libertação. Assim também, em Cristo, encontramos um êxodo que nos liberta da velha vida com sua escravização ao pecado. No sentido teológico, algo foi realizado que não poderia ter sido realizado pela lei. Esse é o tema principal tanto de Paulo (com sua doutrina da justificação pela fé) quanto do tratado aos Hebreus. O êxodo judaico libertou um povo inteiro da servidão física. O êxodo cristão oferece a todos os homens a libertação do pecado, bem como a outorga do Reino da Luz, onde impera perfeita liberdade. Em Cristo, pois, os homens podem tornar-se filhos de Deus (Gl 4.4-6), transformados segundo a imagem do Filho (Rm 8.29), participantes da natureza divina (2Pe 1.4; Cl 2.10). E agora eles olham para a Cidade celeste como a sua pátria, da mesma maneira que Israel buscava uma nova pátria (ver Hb 11.10). (AM B E ND SEG W Z)

Quaresma. Esse é o título do período de penitências de *quarenta dias* (o que lhe explica o nome), e que se prolonga desde a Quarta-Feira de Cinzas (vide), até à véspera da Páscoa. A terminologia oficial da igreja Católica Romana, acerca desse período, é *Quadragésima*. O jejum pré-pascal, a princípio, era bem curto mas, gradualmente, foi-se ampliando para incluir a Semana Santa, e, então, a décima parte de um ano, e finalmente, quarenta dias. Na antiguidade, era um período de preparação para o batismo, durante a Páscoa, e para a penitência pública por parte dos candidatos ao batismo. Gradualmente, porém, foi envolvendo uma aplicação universal, para todos os católicos romanos. O uso das cinzas durante esse período é um desenvolvimento posterior. As igrejas oriental ortodoxa, católica romana e anglicana observam a *quaresma*. Nos primeiros três ou quatro séculos da cristandade, havia muita latitude quanto a essa questão. João Crisóstomo (347? — 407) recomendava, embora não exigisse, que esse período fosse celebrado com esmolas, boas obras especiais etc. Nos primeiros séculos, não havia qualquer distinção quanto à dieta desse período, pelo que não havia qualquer proibição de alimentos específicos. Até os mais bem conhecidos ascetas do cristianismo comiam carne durante esse período, embora se abstivessem de comê-la desde o amanhecer até o cair da noite. Então podiam comer carne. Gradualmente porém essas proibições se foram universalizando para os católicos, que observavam esse período de alguma maneira especial. A atual forma de observância da quaresma data de cerca do século IX d.C.

Sumário da História. 1. Quarenta horas de jejum eram observadas antes da Páscoa. Esse tempo tinha por base o número de horas que Cristo passou da morte à ressurreição. **2**. Então, vários dias foram adicionados ao período cujo número dependia de cada localidade. João Cassiano (420 d.C.) informa-nos de que, em sua época e em sua região, o período era de seis ou sete semanas. Nenhuma das igrejas que ele conhecia ampliava isso para mais de trinta e seis dias de jejum. **3**. O historiador Sozomeno (440 d.C.) informa-nos de que as igrejas da Ilíria e as igrejas ocidentais observavam seis semanas, mas que em outras havia uma observância de sete semanas. **4**. Crisóstomo fala sobre como havia latitude quanto à questão, conforme já se mencionou. **5**. A observância da quaresma, conforme atualmente é praticada, data de cerca do século IX d.C.

PÁSCOA, CORDEIRO DA

A palavra portuguesa Páscoa vem do termo hebraico *pesach*, cujo sentido é **"passar por sobre"**, uma referencia à Páscoa original, relatada no livro de Êxodo, quando o anjo da morte passou por sobre os filhos de Israel, mas destruiu todos os primogênitos do Egito. Muitos eruditos creem que, antes desse acontecimento, já havia o sacrifício do cordeiro, que envolvia a ideia de expiação simbólica. Mas então esse rito foi adaptado ligeiramente para os eventos do êxodo de Israel. (Ver Êx 12.15; 34.18; Lv 23.6; Nm 28.17; Dt 16.3).

PASEA

No hebraico, **"mando"**. Esse é o nome de três personagens que figuram nas páginas do Antigo Testamento, a saber: **1**. Um filho de Estom, descendente de Judá (1Cr 4.12). Viveu em cerca de 1420 a.C. **2**. O cabeça de uma família de servidores do templo, ou *netinim* (vide), que retornou do cativeiro babilônico em companhia de Zorobabel. Seu nome é grafado como Paseá. (Ver Ed 2.49; Ne 7.51). Seu filho ou descendente, Joiada, ajudou a restaurar um dos portões da cidade. Isso ocorreu algum tempo antes de 536 a.C. **3**. O pai de Joiada (Ne 3.6), que ajudou a reparar as muralhas de Jerusalém. Alguns estudiosos identificam-no com o homem que aparece no número dois, acima.

PASSADIÇO COBERTO

No hebraico, *musak*, de sentido incerto. Sabe-se apenas que se tratava de um termo arquitetural. Talvez fosse uma estrutura coberta ou uma barreira. A expressão inteira diz: "passadiço coberto para uso no sábado. (ver 2Rs 16.18).

Se essa palavra deriva-se do verbo que significa "cobrir" ou "sombrear", então a expressão refere-se a um lugar coberto ou salão, usado pelo rei ou pelos sacerdotes, para entrarem no templo, e que, por algum motivo para nós desconhecido, o rei Acaz "retirou da casa do Senhor, por causa do rei da Assíria" (2Rs 16.18; cf. 2Cr 28.24).

Porém, em vista de uma referência, em Ezequiel 46.1,2, a uma porta que era mantida fechada, exceto em dia de sábado e nos dias de lua nova, talvez esteja em pauta uma barreira ou uma grade, pela expressão que ali aparece, *myyasa hassabat*. Nesse caso, a derivação poderia ser da palavra hebraica que significa "cercar", "encarrar" (cf. Jó 3.23; 38.8).

PASSARINHEIRO

No hebraico, *yaqosh* ou *yaqush*, palavra que, em suas duas formas, ocorre por quatro vezes (Sl 91.3; 124.7; Pv 6.5 e Os 9.8). Um passarinheiro é alguém que apanha aves por meio de redes, alçapões e armadilhas, que são engenhos que apanham as aves vivas; ou então, por meio de fundas e arco e flecha, que, geralmente, apanham as aves mortas. Os egípcios faziam dessa atividade um esporte, comum a todas as camadas sociais. Havia passarinheiros profissionais, que usavam armadilhas e redes. Porém, uma forma esportiva de apanhar aves, no Egito, consistia no uso de uma peça de madeira, talhada de certo formato, com uma superfície larga e chata, que não oferecia muita resistência ao ar, quando lançada, semelhante ao bumerangue. Tinha cerca de sessenta por trinta centímetros, podendo atingir um pássaro em pleno voo, com relativa facilidade, por quem fosse treinado para lançar a peça com pontaria. Os antigos passarinheiros, tal como seus congêneres modernos, também usavam chamarizes para atrair as aves.

Os egípcios caçavam aves por puro esporte, mas também porque as aves eram um de seus alimentos favoritos. E ambas as motivações são comuns até hoje, entre os homens. Os antigos também usavam aves nos seus sacrifícios religiosos, e também para propósitos decorativos, em aviários e gaiolas.

Muitas espécies de aves migram do norte para o sul, atravessando a Palestina durante a primavera e o outono, preferindo voar por sobre terras, ao invés de cruzarem as águas do mar Mediterrâneo. E isso sempre facilitou o trabalho dos passarinheiros. A lei de Moisés proibia que se apanhasse uma ave mãe com seus ovos ou com os seus filhotes, tendo em vista a preservação das espécies (Dt 22.6,7). Deus prometia longa vida àqueles que observassem esse preceito da lei.

Usos Metafóricos. **1**. O homem maligno, que prepara armadilhas para suas vítimas, levando-as à ruína espiritual, moral ou material, também é chamado de passarinheiro. (Ver Sl 14.7; 91.3; Pv 6.5). **2**. Uma *ave* é um símbolo universal da *alma*, e qualquer tipo de maquinação que cativa ou impede uma ave, dentro das manifestações psíquicas, representa aquelas coisas que são moral ou espiritualmente prejudiciais para o ser.

PÁSSAROS DA BÍBLIA. Ver sobre *Aves da Bíblia*.

PASSAS, PASTAS DE UVAS

No hebraico, *tsimmuqum*, **"frutas secas"**, que alguns pensam derivar-se de uma raiz que significa "comprimir". Os bolos comprimidos eram formados depois que as uvas estavam completamente secas, e, uma vez cobertas, tornavam-se quase imperceíveis. Eram usadas como oferendas aos deuses por muitos povos antigos, aparecendo nas listas de mercadorias de vários portos marítimos. Também são mencionadas como alimento usado por viajantes e soldados (2Sm 6.19 etc.), e como um acepipe (Is 16.7). Geralmente as frutas secas eram postas em água ou caldo, misturadas com algum cereal, a fim de serem consumidas. Havia misturas de frutas secas como uvas, figos, abricós e tâmaras, tudo temperado com sal ou especiarias. Embora consideradas um afrodisíaco, essas pastas são remotamente mencionadas como tal no AT (ver Ct 2.5; Os 3.1; etc.).

PASSOS CURTOS

O profeta Isaías não estava satisfeito com a maneira como algumas mulheres israelitas andavam. Em 3.16 de seu livro ele as criticou, dizendo: ... *são altivas as filhas de Sião, e andam de pescoço empreado, de olhares impudentes, andam a passos curtos, fazendo tinir os ornamentos de seus pés*. Dessa maneira, elas se faziam de dengosas, embora, na verdade, fossem orgulhosas e sensuais.

Havia mulheres que usavam correntes que ligavam seus tornozelos, o que as obrigava a caminhar com passos curtos. Além disso, usavam sinetas nos tornozelos, para chamarem a atenção para si mesmas. Muitos concebem as mulheres judias como damas caseiras, ocultas por baixo de seus véus, cuidando de suas crianças! Isaías deve ter visto mulheres bem diferentes disso, em lugares públicos!

PASTOR

1. O Termo. No hebraico, *raah,* palavra que figura por 77 vezes, no particípio, onde tem o sentido de "pastor" (por exemplo: Gn 49.24; Êx 2.17,19; Nm 27.17; 1Sm 17.40; Sl

23.1; Is 13.20; 31.4; 40.11; Jr 6.3; 23.4; 25.34-36; 31.10; Ez 34.2-10; 12,23; Am 1.2; 3.12; Zc 10.2,3; 11.3,5,8,15,16; 13.7. No grego, *poimén*, vocábulo que ocorre por dezoito vezes: Mt 9.36; 25.32; 26.31 (citando Zc 13.7); Mc 6.34; 14.27; Lc 2.8,15,18,20; Joã 10.2,11,12,14,16; Ef 4.11; Hb 13.20; 1Pe 2.25). Ver também *ovelhas* e *ocupações*.

2. O Trabalho do Pastor. No seu sentido literal, um "pastor" é alguém que cuida dos rebanhos de ovelhas. Aparece pela primeira vez em Gênesis 4.2, a fim de descrever a ocupação de Abel. Portanto, juntamente com a ocupação do agricultor, é a mais antiga profissão do mundo. Posteriormente, Abraão, Isaque, Jacó e os filhos de Jacó foram identificados como pastores (ver Gn 13.7; 26.20; 30.36; 37.22 ss.). Em vista de sua ocupação de pastores, os filhos de Jacó, quando se mudaram para o Egito, não tiveram permissão de viver nos mesmos lugares com os egípcios, que consideravam os pastores uma abominação (Gn 46.34). Os pastores eram conhecidos como profissionais que alimentavam e protegiam os rebanhos (Jr 31.10; Ez 34.2), que procuravam as ovelhas perdidas (Ez 34.12) e que livravam dos animais ferozes as ovelhas que estivessem sendo atacadas (Am 3.12).

3. Moisés como Pastor. Moisés era apenas um pastor, em Midiã, quando Deus o chamou ao Egito para libertar o povo de Israel, que estava ali escravizado há várias gerações (Êx 3.1). Davi também era pastor de ovelhas quando Deus o chamou, ainda na juventude, a fim de ser o futuro rei de Israel (1Sm 16.11 ss.). Parece que a vida dos pastores era uma excelente preparação para quem tivesse de ser um dos líderes do povo de Deus. (Cf. Amós 1.1).

Com base na ideia de que o pastor é um protetor e líder do rebanho, surgiu o conceito de Deus como o Pastor de Israel. Os próprios pastores antigos foram os primeiros a salientar essa similaridade. Assim Jacó se dirigiu a Deus, nos dias que antecederam a sua morte (ver Gn 48.15). E Davi chamou Deus de seu Pastor, no bem conhecido Salmo 23 (vs. 1) o que Asafe também fez, em Salmo 80.1.

4. Isaías como Pastor. Isaías expandiu esse ponto de vista de Deus que foi descrito por ele como o pastor que alimenta o povo de Israel (Is 40.11). Jeremias aludiu ao Senhor como um pastor que protege o seu rebanho (Jr 31.10). E Ezequiel completou esse quadro a respeito de Deus ao descrevê-lo como um pastor que busca pelas ovelhas de seu rebanho (Ez 34.12).

Em consonância com esse conceito, encontramos muitas passagens, no Antigo Testamento, que se referem aos líderes do povo de Deus como pastores que agem sob a supervisão de Deus. Nos trechos de Números 27.17 e 1Reis 22.17, a sorte de Israel, que então estaria sem líderes à altura, é comparada com um rebanho de ovelhas que não dispõe de um pastor. Posteriormente, os profetas, os sacerdotes e os reis de Israel, que haviam falhado em seu encargo, diante de Deus e do povo de Deus, foram condenados como pastores que haviam desertado o rebanho ou que haviam enganado as ovelhas (Jr 2.8; 10.21; 23.1 ss.; Ez 34.2 ss etc.).

5. Nas Páginas do Novo Testamento. Não é surpreendente que, com tão rico pano de fundo, no Antigo Testamento, os escritores do Novo Testamento tenham descrito o Senhor Jesus como um Pastor (no grego *poimén*). Assim, Jesus é o Bom Pastor que deu a sua vida pelas suas ovelhas (Jo 10.2,11,14,16).

Ele separa suas ovelhas dos bodes, à semelhança do que faz um pastor (Mt 25.32); ele sofreu pelas suas ovelhas, como deve fazer todo bom pastor (Mt 26.31). O escritor da epístola aos Hebreus chamou Jesus de ... *o grande Pastor das ovelhas*... (Hb 13.20). Pedro, por sua vez, também retrata o Senhor Jesus como o ... *Pastor e Bispo das vossas almas* (1Pe 2.25).

Ver ainda sobre *Ovelhas e ocupações*. No tocante aos *pastores* como um dos ministérios da igreja cristã, ver sobre a *igreja, seu Ministério e Pastor (Ofício da igreja)*.

Características do verdadeiro Pastor. *a*. Pode entrar *legalmente* no aprisco das ovelhas (Jo 10.1). Isso se refere à *missão messiânica autêntica* de Jesus e à sua autoridade. (Ver o artigo sobre *Autoridade*, seção 7. Ver também sobre a transferência dessa autoridade para a igreja cristã, em substituição à autoridade religiosa do sinédrio, que já fora destruído ao tempo em que o Evangelho de João foi escrito, em Mt 16.19 no NTI). *b*. O trabalho do verdadeiro pastor é *coroado de sucesso* e ele entra apropriadamente no aprisco, mediante a ajuda do porteiro (provavelmente símbolo do Espírito Santo, João 10.7). *c*. O bom pastor *instrui* as suas ovelhas com a sua palavra e o seu exemplo, e as guia (Jo 10.7). *d*. O bom pastor vive bem familiarizado com as suas ovelhas, e elas o conhecem bem, o que indica *comunhão* e comunicação (Jo 10.3,4). *e*. O pastor verdadeiro *guia* o rebanho, nesta vida como em direção à vida eterna (Jo 10.4,10,17 e 28). *f*. O bom pastor é o *exemplo moral* das ovelhas e vai adiante delas (Jo 10.4). *g*. O verdadeiro pastor é *inteiramente devotado* ao seu rebanho e dá a própria vida pelas suas ovelhas (Jo 10.11). Fica implícito aqui, no caso de Cristo, a expiação realizada na cruz do Calvário, porém, mais particularmente ainda, a vida que lhes é conferida através do sacrifício do pastor, isto é, a vida eterna, o lado positivo da expiação, sendo frisada a união mística com Cristo, e não tanto o lado negativo, que é o perdão dos pecados (Jo 10.28). *h*. O verdadeiro pastor *garante a segurança* do rebanho, tanto agora como para toda a eternidade, mediante a autoridade que lhe foi conferida pelo Pai com quem Cristo tem perfeita união, tanto no tocante à sua natureza quanto no que diz respeito aos seus desígnios (Jo 10.27-30; ver também 5.19, acerca da unidade essencial entre o Pai e o Filho).

Todas essas características fazem violento contraste com os falsos pastores, que são indivíduos totalmente egoístas e perversos, e que, na realidade, não podem oferecer qualquer dessas vantagens e bênçãos ao rebanho de Deus. Por conseguinte, é dito aqui que o verdadeiro pastor, que é Cristo, entra pela porta, isto é, pelos canais espirituais competentes, porquanto não tem necessidade de iludir, posto que todos os seus propósitos são benévolos.

A mensagem principal de João 10.2 é ensinar que o verdadeiro pastor, que é Cristo Jesus, tem a *autoridade própria e a comissão divina* para ministrar às ovelhas, que são os verdadeiros filhos de Deus, de cujo direito não participam os falsos pastores. Essa autoridade é aqui ilustrada pelo ato de entrar no aprisco, com a permissão e a boa acolhida que é dada ao verdadeiro pastor pelo porteiro (ver Jo 10.3).

PASUR

No hebraico, **"libertação"**. Esse é o nome de quatro ou cinco homens que aparecem nas páginas do Antigo Testamento: **1**. Um filho de Imer, um sacerdote. Ele foi o principal supervisor do templo de Jerusalém. Teve a infeliz distinção de haver ferido a Jeremias e tê-lo preso no tronco, por causa de suas predições de derrota de Judá e de sua deportação para a Babilônia. Então Jeremias contou-lhe que dali por diante seu novo nome seria Terror-por-todos-os-lados (no hebraico, *Magor-missabib*), que ele e seus familiares seriam levados para a Babilônia e que Pasur ali faleceria e seria sepultado (ver Jr 20.2-6). Isso ocorreu em cerca de 605 a.C. **2**. Um antepassado da família sacerdotal que retornou do cativeiro babilônico em companhia de Zorobabel, a fim de fixar residência em Jerusalém. Um dos seus descendentes assinou o solene pacto de que os judeus andariam pelos caminhos retos de *Yahweh*. Outros dentre seus descendentes tiveram de divorciar-se de mulheres estrangeiras com as quais se tinham casado, conforme se vê em passagens como Esdras 2.38; 10.22 e Neemias 7.41. **3**. Um contemporâneo do Pasur que acabamos de mencionar, filho de Malquias. Esse foi enviado pelo rei Zedequias a fim de perguntar a Jeremias qual o resultado do ataque de Nabucodonosor contra Jerusalém. Jeremias deu previsões sombrias, de condenação. Pasur não gostou da resposta de Jeremias e apresentou a Zedequias uma mensagem negativa. O resultado foi que ele e seus associados receberam permissão de fazer com o profeta o que bem entendessem. Assim, amarraram-no, baixaram-no em uma cisterna vazia e Jeremias ficou atolado na lama (ver Jr 38.6). Porém, o etíope Ebede-Meleque acabou retirando dali o profeta. Os descendentes de Pasur, por sua vez, retornaram a Jerusalém, terminado o exílio babilônico, segundo se vê em 1Crônicas 9.13, Neemias 11.12 e Jeremias 21.1,3. Isso aconteceu mais ou menos em 589 a.C. Alguns identificam-no com o Pasur de número quatro, nesta lista, abaixo. **4**. O pai de Gedalias e líder em Judá, que também participou do ato de descer Jeremias à cisterna, conforme foi descrito no terceiro ponto, acima. (Ver Jr 38.1). **5**. Um dos chefes da tribo de Judá, que, terminado o cativeiro babilônico, assinou o solene pacto de observar os caminhos do Senhor, nos dias de Neemias. (Ver Ne 10.3).

PATERNIDADE (MATERNIDADE)

Esses são grandes vocábulos éticos. Do ponto de vista biológico, referem-se à reprodução humana, mas não é esse o interesse deste dicionário. Antes, em uma obra desta natureza, o que importa são as implicações morais e espirituais dessas palavras. Grande parte dessa questão já foi abordada no artigo intitulado *Família*. Ver também o artigo *Educação*. Ser pai ou mãe é algo ao mesmo tempo glorioso e de muita responsabilidade.

1. Informes Bíblicos. ***a***. O matrimônio é a base legal dessa questão (ver Gn 1 e 2). ***b***. Os filhos são bênçãos divinas aos pais (Sl 127.3-5; 128.3). ***c***. É enfatizada a responsabilidade na criação deles, envolvendo a instrução espiritual (Gn 18;19; Dt 6.6,7; 11.19,20). ***d***. A natureza pecaminosa básica das crianças precisa ser anulada mediante uma disciplina amorosa e uma instrução diligente (Ef 2.3; 5.26; Jo 3.3,6. 1Tm 3.14-17). ***e***. O caminho de Cristo deve estar sempre diante dos olhos dos pais (Mc 10.14; Ef 6.4; Cl 3.21; Sl 103.13).

É um absurdo os pais preocuparem-se com as necessidades biológicas, sociais, profissionais e físicas em geral, ao mesmo tempo em que negligenciam as necessidades da alma das crianças. O treinamento das crianças deve incluir um treinamento planejado e sistemático do conhecimento das Escrituras, sem exclusão de outras coisas que promovam os interesses da alma. Um profeta persa, Bahá Ulláh, afirmou, e com toda a razão, que o pior erro que um pai pode cometer, no que toca a seus filhos, é não lhes transmitir o conhecimento espiritual que possui. Além disso, os pais devem três coisas a seus filhos: exemplo, exemplo, exemplo.

2. O Propósito do Plano Divino. Os filhos não são acidentes biológicos de seus pais. As Escrituras encarecem o propósito da vida humana, atribuindo a cada indivíduo um caráter ímpar que deve ser desenvolvido no interesse do cumprimento de sua missão espiritual. Deus conhece as pessoas antes mesmo de elas nascerem (Jr 1.5), o que alguns eruditos pensam ser uma alusão à preexistência da alma. João Batista era grande figura espiritual antes mesmo de nascer, e outro tanto se deu no caso de Paulo (Lc 1.15; Gl 1.15). Não há razão para supormos que a mesma coisa não se aplica, potencialmente, a todos os seres humanos. A igreja cristã oriental sempre opinou que a alma é preexistente. Se isso é verdade, então é impossível exagerar o papel dos pais, que *continuam*, e não meramente começam a influenciar a seus filhos, ajudando-lhes a alma a prosseguir caminho.

3. Caráter Ímpar dos Indivíduos. A singularidade de todas as almas é ensinada em Apocalipse 3.12, na doutrina do *novo nome*. As *experiências perto da morte* (vide) incluem acontecimentos que demonstram o fantástico desígnio que circunda a vida humana. Os pais têm a grande responsabilidade de cuidar para que o desígnio divino quanto a cada vida seja cumprido da melhor maneira possível.

4. Falhas. Os pais materialistas falham em seu papel, sobretudo quando levam seus filhos a serem materialistas também. Certos povos antigos falhavam desde o começo, quando abandonavam seus filhos ao relento, para que morressem. O aborto (vide) é um equivalente moderno. Séculos atrás, morrer sem filhos era considerado um opróbrio; hoje em dia, ter filhos é que é considerado um infortúnio. Homens e mulheres ímpios, pois, têm revertido essa maneira de ajuizar as coisas.

> Herança do Senhor são os filhos;
> o fruto do ventre seu galardão.
> Como flechas na mão do guerreiro,
> assim os filhos da mocidade.
> Feliz o homem que enche deles a sua aljava.
>
> (Sl 127.3-5)

PATERNIDADE DE DEUS

I. Principais Ensinos Sobre a Paternidade de Deus. **1.** *Deus também é Pai*, dentro da Trindade, que envolve o Pai, o Filho e o Espírito Santo. Alguns têm imaginado que o Espírito exerce funções análogas a uma mãe. Se assim for, então dentro da própria Trindade há uma relação doméstica. E isso tem paralelos com o ensino de que a salvação consiste, essencialmente, na obtenção da filiação. Pelo menos é verdade que o trecho de Romanos 8.14 ss., onde a paternidade de Deus é claramente afirmada, também encerra a ideia da nossa adoção. E também devemos levar em conta as afirmações que fazem de Deus o Pai de nosso Senhor Jesus Cristo (Ef 1.17; 1Co 8.6; 1Pe 1.3). Jesus orava a Deus como o seu Pai (Mt 6.7 ss.). Também referiu-se a Deus como seu Pai e nosso Pai (Jo 20.17), o que também é um conceito comum na oração sacerdotal do Senhor Jesus (Jo 17). Ver o artigo geral sobre a *Trindade*. **2. No Antigo Testamento**. Deus aparece como o pai da nação judaica, o que subentende a sua preocupação e interesse especiais por esse povo, como o veículo de sua mensagem ao mundo (Dt 32.6; Os 11.1; Sl 68.5; 103.13; Ml 1.6). **3. No Novo Testamento**, o conceito é expandido a fim de incorporar um sentido cósmico: Deus é o Pai de *muitas famílias* de seres inteligentes, e não apenas de almas humanas redimidas (Ef 3.15). Todas essas famílias recebem o seu nome, ou seja, estão intimamente associadas a ele como Criador e Sustentador delas. Ele é o Pai dos espíritos (Hb 12.9), como também das estrelas (Tg 1.17), isto é, desta criação inanimada, mas gloriosa, como Criador de todas as coisas. **4**. *Deus é o Pai de todos os homens*, remidos ou não. Isso explica o poder do seu amor universal. (Ver At 17.27; Lc 3.8 e Jo 3.16). Apesar de estar em foco principalmente o seu ato criador, também é verdade que os homens compartilham de sua natureza espiritual e moral; os remidos virão a compartilhar da própria essência ou natureza, ou seja, tornar-se-ão filhos de Deus no mais completo sentido da palavra. **5. Deus é o Pai dos Remidos.** Isso em sentido especial, porquanto esses tornam-se participantes de sua vida necessária e independente, através da missão do Filho (Jo 5.24 ss.), participante de sua natureza essencial (2Pe 1.4), e sendo transformador segundo a imagem do Filho, o Irmão mais velho (Rm 8.29). Assim, os remidos participarão da plena divindade (Cl 2.10). Ver também João 1.12 e o artigo sobre *Adoção* (vide). **6. Deus é Pai na Adoção.** Ver as seções IV e V deste artigo, bem como o verbete separado sobre esse assunto.

Aqui nos é apresentado o maior de todos esses conceitos, o qual também, sem dúvida, é a mais profunda demonstração de que o indivíduo regenerado não pode continuar no pecado, mas antes precisa ter uma vida vitoriosa, vitória essa que lhe é conferida através do sistema da graça. E o conceito que garante isso é o fato de que *somos filhos de Deus.*

II. O Conceito da Filiação. 1. Filiação é, na realidade, um termo sinônimo de salvação; pois somos salvos como filhos. A filiação descreve as condições e o fato da nossa *salvação* (vide). **2.** Dois termos são usados para descrever a filiação: *uios,* que pode significar "filho por adoção". É questão vinculada a um antigo costume romano, o que nos dá algumas noções sobre o sentido da filiação. Envolvia a declaração de que alguém era "filho adulto", com plenos direitos à herança (ver Rm 8.16). O outro vocábulo é *teknos,* que tem o sentido *de filho por geração natural* (ver Jo 1.12). É verdade que, com frequência, as duas palavras eram usadas como sinônimas, a despeito de que esses elementos podem ser distinguidos claramente em alguns casos. **3.** A filiação significa que participaremos da própria natureza de Deus Pai, em sentido perfeitamente literal. (Ver 2Pe 1.4, Cl 2.10 e 2Co 3.18). **4.** Dessa forma, chegaremos a possuir igualmente todos os atributos divinos (ver Ef 3.19), ou seja, a sua "plenitude", com base na participação em sua natureza. **5.** Por semelhante modo, possuiremos a "plenitude do Filho", o que é esclarecido em Colossenses 2.10. **6.** Já temos certa participação moral na natureza divina (ver Mt 5.48) e também uma real participação quanto ao "tipo de vida" (ver Jo 5.25,26). **7.** Por conseguinte, surgirá uma "nova espécie", muito superior aos anjos, porquanto os remidos participarão da própria natureza do Filho (ver Rm 8.29). Essa nova espécie comporá a família de Deus, em sentido bem real. A natureza do Pai, porém, é infinita, mas nós participamos de sua natureza em um sentido "finito". Todavia, a eternidade inteira será empregada em nosso progresso na direção de Deus, e iremos participando mais e mais de suas perfeições e atributos. Portanto, a glorificação será um processo eterno, e não um único ato instantâneo imediatamente após a morte física.

Romanos 8.14: *Pois todos os que são guiados pelo Espírito de Deus, esses são filhos de Deus.*

No décimo terceiro versículo nos é assegurada a orientação do Espírito Santo em nossa vida, o que será evidenciado por uma participação crescente na santidade, bem como em uma vitória cada vez mais intensa sobre o pecado que procura utilizar-se de nossos corpos, o que é, tão somente, uma manifestação do princípio do pecado-morte na personalidade humana. Neste ponto é introduzido na discussão o grande conceito de ser o crente um "filho de Deus". Essa é a mais exaltada explanação possível pela qual, tendo sido conduzidos aos pés de Cristo, dentro do sistema da graça divina, não podemos mais continuar no pecado. Assim sendo, descobre-se certa *progressão* de pensamento na resposta à pergunta que aparece em Romanos 6.1: *Permaneceremos no pecado para que seja a graça mais abundante?*

A filiação a Deus garante a herança celeste e a nossa transformação segundo a imagem moral e metafísica do Filho de Deus; era isso que Paulo queria que entendêssemos, porquanto esse é um dos mais elevados cumes da mensagem cristã, o que é comentado com abundância de detalhes na exposição sobre o vigésimo nono versículo deste capítulo no NTI. Os filhos desfrutam de comunhão mística com o Espírito Santo, que é o agente da transformação espiritual que se processa neles. A passagem de Gálatas 5.18 enfatiza o fato de que aqueles que são guiados pelo Espírito Santo não estão mais "debaixo da lei"; e o oitavo capítulo da epístola aos Romanos, apesar de não ensinar essa verdade especificamente, deixa entendido que assim acontece, do princípio ao fim do mesmo. Agora existe uma superior "lei de vida" para o crente. Porém, a lei mosaica não é nem o Salvador e nem a regra de conduta do crente do NT Cristo é quem é o nosso Salvador, e a comunhão com o Espírito Santo, no homem interior, é que é a nossa "regra de vida", sendo uma regra extremamente superior a tudo quanto poderia ter sido imaginado, como resultado da observância legalista. O resultado dessa regra de vida é a vida vitoriosa, conforme é comentado por Ernest De Witt Burton, em seu livro sobre a *Epístola aos Gálatas* (p. 302): "É claro pois que a vida pelo Espírito constitui, para o apóstolo, uma terceira maneira de viver, por um lado distinta do legalismo e, por outro lado, caracterizada pelo fato de que o crente não cede aos impulsos da carne. Sob hipótese alguma é um curso médio entre essas duas coisas, mas antes, é um caminho elevado, que está acima de ambas as coisas, uma vida de liberdade de meros estatutos, uma vida de fé e de amor".

III. A Paternidade é Efetuada pelo Poder do Espírito. O trecho de 2Coríntios 3.18 deixa claro que a nossa progressão metafísica, que nos levará de um estágio de glória para o próximo (em um processo eterno, estejamos certos), é obra do Espírito de Deus, porquanto somente ele é capaz dessa realização. O Espírito do Senhor nos está conduzindo de um estágio do desenvolvimento espiritual para o seguinte, até que nos tornemos autênticos membros da família divina.

Guiados pelo Espírito. Essas palavras podem ser melhor compreendidas se as desdobrarmos *nos pontos a seguir:* **1**. Somos guiados pelo Espírito Santo na vida diária de santidade, acima das exigências da carne e livres da mesma. **2**. Em contraste com a liderança moral da lei, somos guiados pelo Espírito Santo. Os crentes possuem uma *nova* "regra de vida", muito superior à antiga regra legal de conduta, que foi dada aos israelitas. **3**. Em sentido absoluto, através dessa orientação do Espírito, somos levados cada vez mais perto da imagem de Cristo, e somos levados a entrar na posse de nossa herança espiritual. **4**. Mediante a orientação do Espírito Santo, entramos na relação de membros da nova família celeste, sendo *filhos* reconhecidos e feitos tais por nosso Pai, mediante o poder divino, algo que a lei jamais poderia fazer. A elevada "posição" e "categoria" do crente é assim salientada. Tal crente não pode mesmo ser escravo do pecado. **5**. A relação para com a lei consistia de *escravidão,* de terror e servitude. A posição de "filho de Deus", em contraste com isso, é de *liberdade e privilégio*. Temos deixado a posição de servos na casa, tendo-nos tornado filhos favorecidos. Isso é o que a graça divina faz a nosso favor. **6**. O termo "filho" subentende *responsabilidade* do crente para com o Pai celeste, de que não será desgraçado e vilipendiado o nome da família. Portanto, esse termo nos impõe esse dever. **7**. Ser conduzido pelo Espírito é algo que envolve "o poder e a energia" da nova vida, o que era impossível para a lei conferir-nos. **8**. Ser "filho de Deus" também subentende que a santidade é o resultado natural de uma realidade espiritual, e não o resultado do esforço humano para que o alvo da santidade seja atingido, por meio de alguma exigência legalista. **9**. A nossa posição de "filhos de Deus" requer motivos *de gratidão e amor*. "Esse favor é um exemplo de graça divina surpreendente, que excede a todas as outras bênçãos, tornando os santos honrosos. E isso é acompanhado por muitos privilégios, que perduram para sempre, para aqueles que estão nessa relação para com o Senhor Deus, os quais devem se colocar sob essa graça divina, solicitando, com gratidão, que essa se torne a sua maneira de viver, sendo seguidores dele, amando-o, honrando-o e sendo-lhe obedientes". (John Gill, *in loc.*).

IV. A ADOÇÃO PELO ESPÍRITO. Podemos notar, na tradução portuguesa que serve de base para o presente artigo, que o texto diz: *espírito*, e não *Espírito de adoção*, isto é, com inicial minúscula. Por conseguinte, essa versão faz a alusão ser um princípio, atitude ou estado mental. Ainda que alguns bons intérpretes assim tenham pensado, é muito mais natural, acompanhando o contexto desta passagem, continuarmos a compreender que Paulo se referia ao *Espírito de Deus*. No grego não foi usada uma letra maiúscula para indicar o Espírito, e quando os autores do NT se referiam ao Espírito de Deus ou ao espírito humano, lançavam mão da palavra "pneuma", sempre com a inicial minúscula. Portanto, essa questão aqui focalizada está sujeita à interpretação. Notemos, nos versículos 14 e 16, que o Espírito Santo é claramente aludido, não havendo nenhuma razão de peso que nos leve a pensar que, no versículo 15, a palavra "pneuma" também não se refira ao Espírito Santo.

É o Espírito Santo quem produz a adoção de filhos aquele novo e altíssimo privilégio, porquanto ele é o "altar ego" de Cristo, que atua sobre a personalidade humana, transformando-a de acordo com a imagem do nosso irmão maior, Cristo Jesus. Assim é que Vincent diz (*in loc.*): "Trata-se do Espírito de Deus, que produz a condição de adoção".

Adoção. Paulo não negava aqui qualquer real transmissão de natureza, de Deus para os crentes (conforme diz especificamente o trecho de João 1.12) e nem negava que os verdadeiros crentes participam do real caráter ou natureza divina (conforme nos ensina a passagem de 2Pe 1.4). De fato, este oitavo capítulo desenvolve a ideia da participação real dos crentes na família de Deus, na qualidade de filhos, os quais se tornam tais em sua natureza íntima. No entanto, *neste versículo*, o apóstolo se vale de um costume romano bem conhecido, a fim de ilustrar como o Espírito Santo leva os homens à família de Deus, utilizando-se do costume da "adoção". Essa palavra por si mesma indica o "pôr" ou "colocar" como filho. No presente contexto, isso deve indicar a colocação dos crentes na posição de *filhos adultos*, não mais filhos infantes, que ainda não chegaram à idade de entrarem na posse de sua herança, não podendo assim participar de todos os direitos e privilégios atinentes àqueles que pertencem à família divina. Pelo contrário, o crente entra na família de Deus como adulto, espiritualmente falando, capaz de gozar dos plenos benefícios de sua herança, bem como das responsabilidades decorrentes dessa posição. Por conseguinte, poderíamos dizer que essa adoção de filhos produz nos crentes *afiliação adulta*.

Merivale (em *Conversion of the Roman Empire*) explica o uso que Paulo faz desse conceito romano da "adoção", como segue: "Tratava-se do processo de adoção legal, mediante o qual um herdeiro escolhido recebia o direito não somente à reversão da propriedade à sua posse, mas também ao estado civil, em suas obrigações e direitos, daquele que o adotava, tornando-se, por assim dizer, seu outro 'eu', unido a ele... Esse, igualmente, é um princípio romano, peculiar naquela época ao povo romano, desconhecido, segundo creio, entre os gregos e, segundo todas as aparências indicam, também desconhecido entre os judeus, porquanto tal provisão não se pode encontrar na legislação mosaica, nem sendo mencionada em qualquer lugar onde se faz menção aos filhos da aliança. Nós mesmos fazemos apenas uma pálida ideia do que essa ilustração significaria para quem estava familiarizado às práticas romanas; isso serviria para impressioná-lo com a certeza de que um filho adotivo de Deus se torna, em sentido peculiar e íntimo, unido ao seu Pai celeste.

Romanos 8.15: *Porque não recebestes o espírito de escravidão, para outra vez estardes com temor, mas recebestes o espírito de adoção, pelo qual clamamos: Aba, Pai!*

A expressão *espírito de escravidão* tem sido compreendida pelos intérpretes de diversas maneiras, como segue: **1**. Seria uma referência à dispensação do AT governada pela lei. O espírito na mesma dominante levaria à escravidão, porquanto os que estavam debaixo da antiga dispensação ficavam sujeitos a muitas leis e cerimônias, pesadas e insuportáveis, as quais não ofereciam qualquer possibilidade de transformação íntima, necessária para cumprir as exigências feitas. Não há que duvidar de que o apóstolo Paulo tinha esse aspecto da realidade em mente, sem importar se aludia especificamente ou não ao mesmo. **2**. Agostinho pensava que se trata de uma alusão a *Satanás*, autor do espírito de servidão (ver Hb 2.14,15); por semelhante modo, Lutero aplicava essa expressão a Caim, em oposição ao espírito de Graça manifesto por Abel. É verdade que aquela referência na epístola aos Hebreus contém a ideia dada por Agostinho, mas não parece que Paulo se referia a isso, neste versículo da epístola aos Romanos. No entanto, em outras instâncias de seus escritos, Agostinho mostrou esposar uma interpretação similar à que aqui ocupa o primeiro lugar. **3**. Alguns estudiosos veem aqui ambos os "espíritos", isto é, o da servidão e o da adoção, como alusão a disposições espirituais subjetivas: portanto, estaria em foco o espírito de servilismo, bem como o espírito livre de um filho, o qual é adotado com plenos direitos na família divina. Essa interpretação, contudo, não expressa o sentido específico deste versículo, embora, naturalmente, contenha certa verdade, implícita aqui, embora não explicitamente declarada. **4**. Alguns eruditos pensam que o *Espírito Santo* é focalizado em ambas as referências, tanto na referência ao "espírito de servidão", como na referência ao espírito da liberdade dos "filhos de Deus", mediante a adoção. O espírito de *servidão* seria o ofício penal atribuído ao Espírito Santo mencionado em João 16.8. Isso expressa uma verdade, mas provavelmente ainda não é a ideia central deste versículo, e nem a questão específica tencionada. **5**. O mais provável é que esteja em mira aqui o fato de que o Espírito Santo deve ser considerado somente como o agente da adoção e não como se ele levasse os homens à servidão. Sua suposta conexão com a servidão é apenas uma hipótese, criada por Paulo, para fazer contraste com a verdadeira natureza de sua influência habitadora e serviço em favor dos crentes. Pois o Espírito Santo não é nenhum agente de escravidão, *como o era a lei*; pelo contrário, é o poder vivo que transforma os homens em filhos de Deus, levando-os a entrarem na plenitude de sua herança.

Outra vez atemorizados. A lei lançava o temor nos corações dos homens, porquanto revelava claramente o pecado deles, bem como a penalidade necessária para tal pecado, isto é, a morte eterna. Os homens, pois, tornavam-se escravos pelo temor, um temor que esperava a morte. Ora, o Espírito de Deus livra-nos de tudo isso. A lei era, essencialmente, um sistema refreador, por ameaças, e ameaças reais, e não meramente hipotéticas. Quanto melhor se compreendia os requisitos da lei, tanto mais se compreendia como a lei era um sistema de temor. As palavras *outra vez*, que aqui figuram, mostram-nos que as pessoas para quem se escrevia haviam sido anteriormente escravizadas à lei; isso significa que o apóstolo Paulo falava a uma igreja local que desfrutava de bom entendimento sobre o que significa estar alguém sob a lei, a despeito do fato de que a igreja local da cidade de Roma se compunha, principalmente, de elementos gentios.

V. ABA, PAI. Um servo ou escravo, espiritualmente falando, não poderia chamar a tal por esse título, fazendo-o por direito e razão. No aramaico, o vocábulo, *Aba*, significa pai. Isso nos faz lembrar que os primeiros seguidores de Jesus Cristo falavam nesse idioma, e é provável que, em suas orações e formas litúrgicas, eles tivessem preservado essa palavra como um título aplicado a Deus, paralelamente a outros vocábulos gregos e latinos. E a dupla expressão de *pai,* em dois idiomas diversos, serve pare fortalecer aqui a ideia de filiação e de paternidade.

"A reiteração provavelmente se deriva de uma fórmula litúrgica, que talvez se tenha originado entre os judeus helenistas, que preferiram reter a consagrada palavra 'Aba'. Alguns estudiosos pretendem ver aqui indícios da união entre judeus e gentios, em Deus". (Vincent, *in loc.*).

Acompanhando essa opinião de Vincent, Morison, comentando sobre o trecho de Marcos 14.13, ao referir-se ao uso que o Senhor Jesus fez dessa dupla expressão, diz, que é possível que ele personalizasse assim, em si mesmo, tanto os judeus como os gentios.

"Essa repetição expressa afeto e apelo, baseada no impulso natural que demonstram as crianças de repetirem um nome querido sob formas diferentes. Com isso se pode comparar o hino de Newton:

Jesus, meu Pastor, Esposo, Amigo,
Meu Profeta, Sacerdote e Rei...

Sanday, *in loc.*

É a chamada ao Pai, tal como as crianças pequenas chamam seu pai em confiança simples e própria de crianças".

Lutero, *in loc.*

Portanto, a seguir damos as ideias que se têm dito a respeito do uso dessa dupla expressão, *Aba, Pai*. **1**. Seria a preservação de um termo sagrado, por parte dos mais primitivos cristãos, que usavam o termo *aba* pare se referirem a Deus, e que continuaram a fazê-lo, embora o grego se tivesse tornado o idioma predominante na igreja cristã. Deles, pois, os crentes gregos e romanos adotaram esse termo, como nome próprio de Deus. **2**. Essa repetição fala da dependência que um filho mostra para com seu genitor, bem como a sua expectativa de ser atendido pelo mesmo. **3**. Seria uma expressão *mais completa* sobre a paternidade de Deus, visando aos judeus e aos gentios, unidos como um só povo crente, em Cristo. **4**. Seria assim enfatizado o *afeto* que enlaça os membros de uma família harmoniosa, como atitude natural entre eles. (Quanto a outros usos dessa expressão, *Aba, Pai*, ver os trechos de Marcos 14.36 e Gl 4.6).

A paternidade de Deus: "Há cinco mil anos, ou talvez um pouco antes, os arianos, que então ainda não falavam nem o sânscrito, nem o grego e nem o latim, chamavam Deus de *Dyu patar*, Pai celeste.

Há quatro mil anos, ou um pouco antes, os arianos que se locomoveram para o sul dos rios do Panjab, chamavam-no de *dyaush-pita*, Pai celeste.

Há três mil anos, ou um pouco antes, os arianos das praias do Helesponto, chamavam-no de '*zeus paler*', Pai celeste.

Há mil anos, o mesmo Pai celeste, e Pai de todos, era invocado pelos nossos próprios antepassados peculiares, os arianos teutônicos, por seu antigo nome de *Tiu* ou *Zio*, o qual foi então ouvido talvez pela última vez... E nós, que estamos nesta antiga abadia... se desejamos dar nome para o invisível e infinito, que nos cerca por todos os lados, o desconhecido, o verdadeiro 'eu' do mundo, e o verdadeiro 'eu' de nós mesmos, igualmente nós, sentindo-nos uma vez mais como crianças ajoelhadas em uma sala escura e pequena, dificilmente podemos encontrar uma designação mais apropriada do que Nosso Pai, que estás no céu". (Extraído do livro *Lectures on the Origin of Religion*, de Max Muller, em conferências na abadia de Westminster, p. 216 e 217. Londres: Longmans, Green, 1878).

VI. O NOVO NASCIMENTO E A RESPONSABILIDADE. A doutrina do novo nascimento (ver sobre a *Regeneração*) é a base do ensino do Novo Testamento sobre a paternidade de Deus, embora a adoção faça parte proeminente disso, conforme já pudemos ver. A adoção, contudo, não dá a entender que a natureza real de Deus não nos seja comunicada, como se fôssemos filhos de Deus somente em sentido metafórico. Todos os homens são filhos de Deus em virtude da criação, mas os remidos são filhos de Deus no sentido que já começaram e continuarão recebendo a natureza essencial de Deus, segundo os moldes de Jesus Cristo, o Filho. E, visto que somos filhos do Pai celestial, precisamos buscar as perfeições do Pai (Mt 5.48). É por causa da transformação moral que a transformação metafísica é possível. Ver o artigo separado sobre a *Santificação*. A vida cristã caracteriza-se pela responsabilidade do crente diante do Pai (1Pe 1.17). *Ora, se invocais como Pai aquele que, sem acepção de pessoas, julga segundo as obras de cada um, portai-vos com temor, durante o tempo da vossa peregrinação.* Aquele que mostrar ser um filho responsável de Deus haverá de receber uma vida abençoada, bem como a aprovação do Pai que provê tudo quanto for necessário para os seus filhos (2Co 1.3; 2Ts 2.16; 1Pe 1.3). Elevados privilégios sempre requerem uma elevada dedicação.

PÁTIO DA GUARDA

Excetuando o trecho de Neemias 3.25 (onde aparece, em nossa versão portuguesa, sob a forma de "pátio do cárcere"), essa expressão só figura no livro de Jeremias. O pátio da guarda era uma área no palácio onde esse profeta ficou detido (Jr 32.2), recebendo visitantes (Jr 32.8), e até efetuando negócios (Jr 32.12). Contava com uma cisterna, onde alguns oficiais terminaram por arriar o profeta, quando quiseram tirar-lhe a vida (Jr 38.6).

PÁTIO DO CÁRCERE, PÁTIO DA GUARDA

(Essa expressão aparece em Ne 3.25; Jr 32.2,8,12; 33.1; 37.21; 38.6,13,28; 39.14,15). No hebraico é *chetser mattarah*. Os estudiosos estão divididos quanto ao significado da expressão. É possível que estejam em foco "celas de prisão, usadas pelos guardas de um palácio. Mas outros pensam que se trata de algum pátio descoberto existente em um palácio. Se eram celas, então eram usadas para deter prisioneiros por algum tempo, até que se pudesse obter um arranjo permanente para eles. Seja como for, Jeremias ficou confinado em um lugar assim, embora tivesse tido a permissão de dar prosseguimento ao seu trabalho profético, com bastante liberdade.

PATMOS

Nome de uma ilha para onde foi banido o apóstolo João por causa da palavra de Deus e pelo testemunho de Jesus Cristo, e onde teve a visão registrada no seu livro, Apocalipse ou Revelação (*cf.* Apocalipse 1.9). É uma pequena ilha de formação vulcânica, que faz parte das espóradas do arquipélago grego, e que agora se chama Patino. Está situada longe da costa meridional da Ásia Menor, cerca de 45 km a sudoeste de Samos. Tem cerca de 22 km de circunferência e nada produz.

PATRIARCAL, ERA. Ver sobre *Patriarcas* (*Bíblicos*).

PATRIARCAS (BÍBLICOS)
O PERÍODO PATRIARCAL

1. Definições. A palavra grega por detrás desse vocábulo é uma combinação de *pater*, "pai", e *archés*, "cabeça" "chefe". Os patriarcas bíblicos são aqueles que são considerados os fundadores da raça humana, Adão e Noé (este último através de seus três filhos, Sem, Cão e Jafé; ver Gn 10); ou então aqueles que foram cabeças ou fundadores das doze tribos de Israel. O vocábulo também é aplicado a Abraão, no Novo Testamento, em Hebreus 7.4, por ser ele o fundador (progenitor) da nação hebreia, sendo também o pai dos homens espirituais, tanto judeus quanto gentios que sigam com seriedade a vereda espiritual. Os filhos de Jacó são chamados "patriarcas", em Atos 7.8,9, e Davi é denominado desse modo, em Atos 2.29. O período patriarcal é aquele período de tempo da formação da nação hebreia, antes da época de Moisés.

2. Estilo e Condições de Vida. Os patriarcas viviam em estilo seminômade, nas terras do chamado *Crescente Fértil* (vide). Abraão e sua família imediata vieram de Ur, na Caldeia, até o Egito, trazendo consigo seus rebanhos e demais posses.

PATRIARCAS (BÍBLICOS)

As riquezas eram calculadas sob a forma de propriedades móveis. A única coisa que Abraão comprou, até onde vão os registros sagrados, foi um campo onde havia um local próprio para sepultamentos, para sua família, começando por Sara. A arqueologia tem demonstrado que os nomes bíblicos que aparecem na história de Abraão eram comuns em sua época. Além disso, nomes similares têm sido encontrados entre os amorreus do período. Esses eram semitas ocidentais, alguns dos quais se mudaram para a Caldeia, ao sul da Mesopotâmia, e que formaram o antigo império babilônico, dentre os quais Hamurabi foi o principal governante. O nome amorreu vem de *Amurru*, que significa ocidentais, visto que entraram na Mesopotâmia vindos do noroeste. Naturalmente, os relatos bíblicos mostram que eles formavam um povo que ocupava a Palestina no tempo dos patriarcas, como parentes chegados destes. O trecho de Ezequiel 16.3 reflete esse fato. *Os arqueólogos* têm desenterrado tabletes que dão informações sobre as atividades comerciais da época. Aí pelo século XIX a.C., mercadores assírios haviam penetrado na Ásia Menor com propósitos comerciais. As evidências provam que esse comércio envolvia vários povos e ampliava-se até o Egito. Uma pintura tumular (de cerca de 1900 a.C.) retrata 37 semitas entrando no Egito, procurando negócios, com vestimentas e equipamentos típicos dos semitas asiáticos.

As Viagens eram uma Constante. Abraão mudou-se de Ur da Caldeia para o Egito, no decurso de sua vida. Jacó viajou pela Palestina acima, até Harã, e então voltou (Gn 28.35) e, mais tarde, transferiu-se para o Egito, o que armou o palco para o drama da escravidão dos israelitas nesse país, antes do êxodo. Os relatos do Antigo Testamento sugerem que havia rotas comerciais intensamente usadas. Um grupo de negociantes levou José até o Egito (ver Gn 37.28-36).

3. Dirigentes. O pai era o chefe da família. O mais idoso e mais poderoso pai tornava-se o chefe do seu clã, que dele descendia. Acima dessa estrutura, podia haver um *melek*, isto é, um "rei". Porém, quase todos esses primeiros reis eram apenas dirigentes de clãs, que conseguiam reunir forças militares para impor aos outros a sua vontade ou para proteger o território deles. O trecho de Gênesis 14.1,2 conta acerca de quatro desses "reis"; mas ali são destacados apenas chefes de clãs, e não chefes de cidades-estado e, muito menos, de nações. Provavelmente, nessa época já havia as cidades-estado. Por exemplo, Melquisedeque é chamado rei de Salém (Jerusalém), e podemos imaginar que essa cidade controlava as áreas adjacentes, pelo que talvez ela tenha sido uma primitiva cidade-estado. Em Esdrasom havia "reis" ou "duques" (ver Gn 36.19,31). Os horeus também contavam com duques (ver Gn 36.29). Mas, no Egito já havia verdadeiros reis, todos eles intitulados Faraós (ver Gn 12.15-20; 37.36; 39.1). Devemo-nos lembrar que nada menos de dez dinastias, ou mesmo mais, tinham subido sucessivamente ao trono do Egito, antes de Abraão chegar à Palestina, e que os egípcios representavam uma avançada civilização antes e durante o tempo de Abraão, quando este e sua gente eram apenas pastores e criadores de gado que viviam como nômades. É impossível reconstituirmos o quadro contando somente com o livro de Gênesis; mas, lançando mão da ajuda da arqueologia, poderemos obter uma boa ideia do fato de que havia poucos governantes poderosos, cuja influência chegava até a alguma distância, pois quase todos eram apenas pequenos líderes de pequenos clãs. Uma boa pergunta, que lança muita luz sobre a questão, é aquela que indaga: "Como as coisas poderiam ter sido diferentes, quando tudo isso aconteceu dentro de um território que era menor do que a metade do tamanho do estado de São Paulo?"

4. Costumes Ilustrados pela Arqueologia. As descrições bíblicas têm paralelo bem próximo nos registros achados em tabletes com escrita cuneiforme, como aquelas descobertas em Nuzi, perto de Quircuque, na década de 1920. Foram encontrados cerca de quatro mil desses tabletes, fornecendo-nos preciosas informações sobre a vida na época, incluindo muitos paralelos bíblicos. Temos um artigo separado sob o título *Nuzi*, que ilustra a questão, pelo que esse material não é repetido aqui. Ver especialmente o quarto ponto daquele artigo: *Pontos de Interesse Confrontados com o Gênesis*. As mais diversas questões são ilustradas, como documentos escritos, costumes de adoção, os terafins, práticas de sepultamento, mães substitutas, poligamia, famílias polígamas, costumes entre as irmãs, os *habiru*, contratos, testamentos etc. O código de Hamurabi chega a ventilar uma situação análoga à de Sara e Hagar, onde a segunda esposa (ou concubina) de um homem podia aspirar por maiores coisas para seu filho do que no caso dos filhos da primeira esposa daquele homem. Nesses casos de "rebeldia", a segunda esposa podia ser reduzida à "servidão" (Par. 126). Naturalmente, Hagar já era escrava antes de haver gerado Ismael, ao passo que o código de Hamurabi refere-se a uma mulher que era sacerdotisa, que poderia ser tomada como segunda esposa; mas a filosofia é a mesma em ambos os casos. A questão da poligamia e os problemas atinentes são amplamente ilustrados nos antigos registros paralelos às Sagradas Escrituras. Ver o artigo geral sobre a *Poligamia*. Ver também sobre o *Matrimônio*. A arqueologia muito tem contribuído para confirmar a exatidão geral das narrativas bíblicas quanto ao período patriarcal. Também os textos de *Mari* são muito importantes quanto à questão de textos literários que ilustram o período patriarcal. No que concerne a uma ampla descrição, ver o artigo com esse título, especialmente sua quarta seção, *Os Textos de Mari e o Antigo Testamento*.

5. Estrutura da Família. Dentro da unidade da família, o pai era o chefe da casa. Também era o seu sumo sacerdote, responsável por dirigir devidamente os ritos e costumes da fé religiosa. O pai estendia sua autoridade sobre outras famílias, como um autêntico patriarca. Seu filho mais velho vinha a substituí-lo, quando falecia. Esse filho era o herdeiro da posição e das propriedades de seu pai. Se não houvesse herdeiros, um filho adotado (mesmo que tivesse sido um escravo), podia tornar-se o herdeiro (ver Gn 15.2 e ss.). Além disso, um filho nascido de uma concubina, talvez a escrava da esposa legítima, poderia vir a ser o herdeiro, na ausência de filhos da esposa principal (ver Gn 16.2). Mas, se no decorrer dos anos, nascesse um filho à esposa principal, a questão era revertida, e esse filho vinha a ser o futuro chefe do clã (ver Gn 15.4; 17.19). A poligamia complicava os laços familiares; mas os filhos de diferentes esposas eram identificados mediante o uso do nome materno. Os trechos de Gênesis 16.4; 29.23,24,28,29 mostram quão comum era essa forma de matrimônio.

A história de Jacó mostra que um pretendente podia obter esposa trabalhando para o seu futuro sogro, sem dúvida regulado por algum tipo de contrato, escrito ou verbal (ver Gn 29.18,27). Uma filha, com frequência, era dada como um presente se seu pai estivesse interessado em obter um determinado genro. Outrossim, uma criada (usualmente uma escrava) era dada como um presente, pelo pai, a uma sua filha, quando esta se casava (ver Gn 19.24,29) e essas criadas tornavam-se parte integral da família e às vezes tornavam-se segundas esposas ou concubinas do marido de suas senhoras.

6. Religião dos Patriarcas Bíblicos. Estudos sobre as culturas do Crescente Fértil têm mostrado que o Oriente Próximo e Médio exibiam várias formas de politeísmo. Os cananeus dispunham de um bem fornido panteão de divindades, tendo *El* ("força") como o cabeça. Ele teria gerado nada menos de setenta deuses e deusas. *Baal* era um de seus descendentes, e que muito perturbou aos israelitas na história posterior deles. O nome *El*, naturalmente, era um nome comum dado a Deus pelos hebreus, também usado por outros povos, aparentados dos israelitas. A grande contribuição de Israel foi, primeiramente, o *henoteísmo* (vide), e então o *monoteísmo* (vide), simplificação essa que levou a fé dos hebreus mais perto da verdade divina do que as religiões de seus vizinhos. Como é claro, durante o período patriarcal havia uma concepção muito antropomórfica de Deus. Mas até hoje isso persegue nossos conceitos sobre o Ser divino. Experiências místicas eram comuns, e Deus era muito pessoal para os patriarcas hebreus. Ficamos especialmente impressionados diante da vida de Jacó, com as suas muitas e significativas experiências espirituais. A cultura grega tinha algumas concepções similares, posto que em meio ao politeísmo.

Alguns estudiosos têm imaginado que o homem primitivo era mais sensível para com os poderes divinos e para com as manifestações do Espírito de Deus, em comparação ao que sucede ao sofisticado homem moderno. Apesar de a maioria dos deuses pagãos começar sua história como divindades tribais, segundo a história e a arqueologia tão claramente o demonstram, para então haver um progresso gradual na qualidade dessas divindades, bem como na esfera de sua jurisdição, o fato de que Abraão pagou dízimos a Melquisedeque mostra-nos que Abraão e Melquisedeque pisavam sobre um terreno comum, pois eram dotados de um conceito mais lato de Deus, em sua universalidade, do que sucedia com outros povos. Muitos eruditos acreditam que o período patriarcal (dos hebreus) caracterizou-se pelo henoteísmo, e não pelo monoteísmo. Isso significa que apesar de talvez ser admitida por eles a existência de mais de um Deus, a fé dos hebreus havia progredido ao ponto de aceitar *Yahweh* como "o nosso único Deus, o único a quem devemos prestar contas". Antes de Moisés, pois, já havia surgido entre os hebreus um autêntico monoteísmo. O Deus de Melquisedeque era *El Elyon*, ou seja, "o Deus Altíssimo", e esse foi um dos nomes dados a Deus, a partir do período patriarcal.

O cabeça da família era também o sacerdote da mesma. Porém, o caso de *Melquisedeque* (vide) mostra-nos que também existia pelo menos uma classe especial de sacerdotes que desfrutavam de uma jurisdição mais ampla. Sacrifícios de animais, e algumas vezes, até sacrifícios humanos (como nos mostra o sacrifício de Isaque, que esteve perto de concretizar-se), eram empregados; com base nos detalhes do episódio, podemos supor que os sacrifícios humanos estavam desaparecendo gradualmente, pelo menos em alguns lugares. As mais antigas informações de que dispomos mostram-nos que os povos antigos acreditavam literalmente que a vida está no sangue, não meramente em sentido biológico, mas até em sentido psicológico. Atributos misteriosos, pois, eram atribuídos ao sangue, e o sangue vertido nos sacrifícios revestia-se de uma extrema importância ritualística. As pessoas criam que os deuses que eram honrados por eles manifestavam a sua presença por ocasião dos sacrifícios, conferindo-lhes favores especiais. Ver o artigo geral, *Expiação*, e também *Expiação Pelo Sangue*.

A Questão da Alma. O período patriarcal, pelo menos no que tange à fé dos hebreus, não incluía qualquer crença clara na existência da parte imaterial do homem, apesar de reivindicações em contrário, através da interpretação cristã do trecho de Gênesis 2.7. E quando é dito, acerca de Raquel, que ao morrer o seu espírito saiu dela, isso poderia significar tão somente que ela "soltou o último suspiro", como também a versão inglesa RSV traduz esse versículo (Gn 35.18). Até mesmo dos tempos mosaicos não nos chega qualquer referência clara acerca da alma, como um elemento distinto do complexo humano, capaz de sobreviver à morte biológica. Nos escritos mosaicos, nunca é prometida após-vida para aqueles que práticassem o bem, e nem qualquer juízo após-túmulo é ameaçado para aqueles que práticassem o mal. A doutrina da alma só se tornou mais clara a partir da época em que foram escritos os Salmos. A partir de então, essa crença tomou-se uma constante na fé judaica, embora não fosse universalmente crida, conforme se vê no caso dos saduceus.

7. Contribuições dos Patriarcas. É patente que um povo nômade não consegue contribuir grande coisa para a arquitetura, para as ciências, para a agricultura ou para as artes em geral. Outrossim, a contribuição hebreia para a literatura, o ponto mais forte dos israelitas, só ocorreu algum tempo mais tarde. Podemos dizer que a principal contribuição que os patriarcas e seus descendentes deixaram à humanidade limitou-se ao campo do pensamento religioso. Já no tempo dos patriarcas hebreus tinham sido lançados os alicerces da fé do Antigo Testamento. E parece bem claro que houve signicativas experiências religiosas que acompanhavam aqueles conceitos de fé, sendo até mesmo a origem desses conceitos, pois eram conceitos revelados.

8. Cronologia. Os eruditos conservadores datam a migração de Abraão à Palestina em cerca de 2000 a.C., embora outros pensem em uma data tão tardia quanto 1750 a.C. para esse acontecimento. Assim, se aceitarmos a data mais antiga, então diremos que o período patriarcal durou de 2080 a 1871 a.C., aproximadamente, e que a jornada do povo de Israel no Egito perdurou de 184 a 1441 a.C., aproximadamente. Mas, se a data mais recente é que está certa, então Abraão deve ser posto dentro do novo império sumero-acadiano de Ur-Namu, fundador da famosa terceira dinastia de Ur (cerca de 2080-1960 a.C.). Esse monarca assumiu o novo título de "rei da Suméria e Acade". Ele construiu um gigantesco *zigurate* (vide) em Ur, que até hoje pode ser visto em suas ruínas. E se a data mais antiga estiver com a razão, então Abraão partiu de Ur exatamente quando essa cidade atingia o seu ponto de maior glória. No tocante aos estados amorreus e elamitas da Mesopotâmia, naquilo em que se relacionam a Abraão, então este viveu quando as cidades de Isin, Larsa e Esnuna eram proeminentes, cujos príncipes foram os herdeiros da terceira dinastia de Ur, depois que essa dinastia entrou em colapso. Por semelhante modo, o tempo de Abraão corresponde, ao reino médio do Egito, especificamente a sua XII Dinastia (2000-1780 a.C.). Abraão esteve no Egito precisamente no começo dessa dinastia. José tornou-se primeiro ministro de um dos Faraós dessa dinastia, e José chegou ali nos tempos do mesmo, provavelmente Amenemes I-IV ou Senrosrete I-III. Desnecessário é dizer, a cronologia da época dos patriarcas é questão muito controvertida. No artigo *Cronologia*, procuro examinar os problemas envolvidos, onde também são apresentadas várias teorias alternativas. Ver especialmente os pontos 3. *Problemas Comuns da Cronologia*, e 5. *Períodos Bíblicos Específicos*, c. *Do Dilúvio até Abrão*, ponto 1. *A Grande Era dos Patriarcas*.

PATRUSIM

Em egípcio, essa palavra, que ao ser passada para o hebraico está no plural, significa "habitantes de Patros". Ver o artigo sobre Patros. Esse povo vivia no Alto Egito. A palavra encontra-se nas listas genográficas de Gênesis 10.14 e 1Crônicas 1.12.

PAU

O significado dessa palavra é obscuro, embora alguns estudiosos tenham sugerido "balido", isto é, a voz das ovelhas. De acordo com nossa versão portuguesa, Pau era a cidade capital de Hadar, um dos príncipes edomitas (ver Gn 36.39). O nome dessa cidade aparece com a forma variante de Pai, em 1Crônicas 1.50. Nesta última passagem, o nome do tal príncipe também é alterado para Hadade, uma forma que alguns estudiosos consideram ser a correta. Não se sabe a localização moderna dessa cidade.

PAULO

Este artigo apresenta um panorama da vida e obra de Paulo, sua teologia, seu lugar no cristianismo primitivo e sua importância nos dias de hoje.

I. VIDA E OBRA. O apóstolo Paulo, judeu da tribo de Benjamim, nasceu como cidadão romano, em Tarso da Cilícia, com o nome hebraico de Saulo. Paulo era, mais provavelmente, um de seus nomes romanos. Educado como fariseu, viria a ser altamente capacitado na lei judaica e em sua tradição (Gl 1.14). Dedicado à violenta perseguição aos da igreja, seria confrontado, no caminho de Damasco, com uma visão ofuscante de Jesus ressuscitado, que, segundo ele, imediatamente o converteu e o chamou à missão. Prosseguindo em seu caminho para Damasco, ali recuperou a visão, sendo então batizado, em c. do ano 34 (At 9.3-19). Em obediência ao novo Senhor, Paulo começou logo a pregar Jesus como o Messias Salvador nas sinagogas, tornando-se, por sua vez, em consequência disso, objeto da perseguição judaica (At 9.19-25; cf. 1Ts 2.14-16).

Levou algum tempo na Arábia (Gl 1.17), retornando a Damasco, onde permaneceu por três anos antes de ir para Jerusalém (At 9.26-29). A perseguição a ele novamente se manifestou, indo Paulo, então, para sua cidade natal, Tarso, até ser levado por Barnabé a ajudar na crescente igreja multirracial de Antioquia (At 11.19-26). Dali, os dois fizeram uma viagem a Jerusalém (At 11.30), a fim de ajudarem a proporcionar alívio em uma crise de fome local, na época prevalecente (c. 46). É bem provável que essa jornada seja a mesma descrita em Gálatas 2.1-10, embora alguns identifiquem mais a última com a visita a Jerusalém descrita em Atos 15.

De volta a Antioquia, Paulo e Barnabé foram chamados pelo Espírito para um ministério itinerante de pregação (At 13 — 14), cujo sucesso acabou levando a uma controvérsia sobre os termos de admissão dos não judeus ao povo de Deus (Gl.; Fp 3.2-11; ver At 15). Paulo fez ainda duas viagens com Silas e outros companheiros, permanecendo um tempo considerável em Corinto, em sua primeira viagem, e em Éfeso, na segunda (At 16-19). Retornando a Jerusalém, ali foi preso e julgado perante o Sinédrio e dois governadores romanos sucessivos, processo que terminaria somente quando usou de seu direito de cidadão romano de apelar para César. Foi então levado de navio a Roma, sofrendo naufrágio na costa da ilha de Malta (At 20-28). A narrativa de Atos termina com Paulo pregando abertamente em Roma (embora aparentemente detido), não sendo mencionando seu futuro julgamento ou execução. A igreja, mais tarde, supriu a lacuna com suposta ocorrência de martírio de Paulo sob Nero, em c. 64.

Suas cartas às igrejas que restaram mostram formar uma parte vital do ministério de Paulo, sendo o principal meio pelo qual ele pôde, mesmo quando ausente, exercer autoridade pastoral sobre as congregações que havia fundado. Essas cartas levantam três questões principais: *a*. Como sua teologia deve ser entendida? *b*. Que papel Paulo exerceu no desenvolvimento do pensamento cristão primitivo? *c*. Como o apóstolo deve ser visto na igreja contemporânea?

II. A TEOLOGIA DE PAULO. Alguns estudiosos têm colocado no centro do pensamento de Paulo a justificação; outros, sua doutrina do "estar em Cristo" (ver União com Cristo). Nenhuma dessas soluções, porém, resolve todos os problemas referentes à sua teologia. Um modo melhor de ver Paulo é como tendo repensado sua teologia farisaica à luz de Jesus Cristo, conforme se segue.

1. A formação anterior de Paulo. As afirmações básicas da teologia judaica são o monoteísmo (há um só Deus, Criador do mundo) e a eleição de Israel (Deus o escolheu para ser seu povo). Essa dupla doutrina encontra sua expressão clássica no pacto, cujo ponto focal é a lei (Torá). A tarefa de Israel era ser fiel a Deus guardando a Torá, e Deus, por sua vez, seria fiel ao pacto ("justo") livrando Israel de seus inimigos. Como fariseu, Paulo cria que esse livramento tomaria a forma de uma nova era, irrompendo na presente época (maligna): Israel seria então "justificado", i.e., declarado estar verdadeiramente no pacto, sendo que aqueles que tivessem morrido fiéis ao pacto seriam ressuscitados dentre os mortos para partilhar dessa nova ordem mundial. Enquanto isso, a única esperança de Israel estaria na fidelidade à Torá e nas consequentes exclusividade perante Deus e separação da corrupção, particularmente por evitar contato com os gentios. Foi o aparente descumprimento voluntário das obrigações do pacto pelos judeus convertidos cristãos que deve ter levado Paulo à ira de persegui-los. Sua visão de Jesus ressurreto, no entanto, causou uma revolução total não somente em sua vida pessoal, por causa de seu reconhecimento de Jesus como Senhor, mas também em seu pensamento. Se Deus havia ressuscitado Jesus dentre os mortos, isso significava simplesmente que Jesus era o Messias, o libertador de Israel. Essa percepção levou imediatamente Paulo à reavaliação total do seu esquema teológico e de sua vocação na prática.

2. Deus e Jesus. Foi a visão que Paulo teve de Jesus que causou e moldou toda a reviravolta em suas ideias a respeito de Deus. Se Deus havia confirmado Jesus crucificado como Messias, então, nele, em Jesus — em seu sofrimento e confirmação — já ocorrera o ato de Deus de salvar seu próprio povo. Uma vez que as Escrituras consideravam esse ato como essencialmente do próprio Deus, Paulo concluiu que Jesus era o próprio Deus em ação: Deus em Cristo estava reconciliando consigo o mundo (2Co 5.19). O que Jesus havia feito na cruz era algo que somente Deus poderia fazer. Mas Jesus, que antes de se tornar humano estava em forma de Deus, não considerou sua igualdade com Deus Pai algo de que poderia tirar vantagem e, sim, revelou o verdadeiro caráter de Deus, em sua autorrenúncia, encarnação e morte (Fp 2.6-8). A ressurreição é a afirmação de Deus de que esse amor a ponto de autoentrega é, de fato, a revelação de sua própria vida, pessoa e caráter (Fp 2.9-11; cf. Rm 1.4). Deus, que não compartilha sua glória com ninguém, a compartilhou com Jesus (Is 45.22-25; cf. Fp 2.9-11).

O monoteísmo é, desse modo, redefinido, mas jamais abandonado: Paulo vale-se da metáfora judaica a respeito da "sabedoria de Deus", mediante a qual o próprio Deus fez o mundo, para atribuir essa ação medianeira na criação, assim como na nova criação, a Jesus (1Co 8.6; Cl 1.15-20), colocando-o junto ao Pai, em formulações que constituem uma reafirmação do monoteísmo judaico em face do politeísmo pagão. Essa notável nova visão de Deus, realçando especialmente o amor divino, é preenchida, posteriormente, pela visão que Paulo tem do Espírito Santo, em operação nos seres humanos para realizar aquilo que Deus pretende, ou seja, a doação da verdadeira vida (Rm 8.1-11; 2Co 3.3,6,17,18). Paulo, por fim, reconhece que o monoteísmo não pode ter conteúdo se causar a divisão do mundo em dois. Porque há um só Deus e um só Senhor, deve haver um só povo de Deus (Rm 3.27-30; 10.12; Gl 3.19-20). Sua nova visão de Deus aponta, assim, para uma nova visão, também, de povo escolhido (cf. igreja).

3. O novo pacto. Ao reconhecer Jesus como o Messias (em grego, Cristo), i.e., aquele em quem tinham sido resumidos os propósitos de Deus para com Israel, Paulo é levado a ter de repensar o lugar de Israel e sua lei no propósito total de Deus. A menos que Deus tivesse mudado seus planos (o que seria impensável), o que havia acontecido com Cristo deveria ser, o tempo todo, parte do propósito de Deus. A cruz e a ressurreição forneceram a Paulo uma evidência: uma vez que o Messias representa Israel, o próprio Israel deveria "morrer" e "ressuscitar" (Gl 2.15-21). Relendo as Escrituras com isso em mente, Paulo descobriu que, na passagem em que as promessas do pacto são feitas pela primeira vez (Gn 15), dois temas se salientam: o desejo de Deus de que "todas as nações" compartilhem da bênção de Abraão e da fé de Abraão como sinal de que ele era, de fato, parceiro do pacto de Deus (Rm 4; Gl 3). Isso significava que era errôneo o entendimento que Israel tinha sobre o seu papel no plano de Deus. Israel havia confundido o que era apenas uma fase temporária no plano (sua terra, sua lei, seus privilégios étnicos) como o objetivo final do plano de Deus em si mesmo. A lei, por sua vez, embora vinda de Deus e refletindo sua santidade, não poderia ser o meio de livramento definitivo, por causa do pecado. Agora, Cristo, não mais Israel, mostrava ser o ponto central do plano divino: nele, o plano de Deus para uma família mundial estava sendo de fato executado. Os inimigos de Israel haviam sido meramente uma metáfora, um símbolo, dos reais inimigos de Deus, a saber, o pecado e a morte (1Co 15.26,56), que não prevaleceriam não somente sobre Israel, mas sobre toda a humanidade. Esses inimigos supremos haviam sido vencidos na cruz e pela ressurreição.

Como representante, isento de pecado, de Israel e da humanidade, o Messias tinha permitido que o pecado e a morte o fizessem padecer o pior possível, e dos mortos havia ressurgido vitorioso. O poder do pecado havia se exaurido, ao causar a morte a um ser humano que, sendo por si mesmo sem qualquer pecado, poderia ser perfeitamente libertado por Deus após a morte (2Co 5.21). A cruz permanece, assim, no centro da teologia de Paulo, sendo a base de sua missão (2Co 5.14-21) e de sua redefinição do povo de Deus. O fato de o pecado ser universal (Rm 1.18 — 3.20) demonstra a necessidade de um ato salvador da pura graça de Deus (3.21-26): a ira divina (1.18-2.16) é então desviada, como no Êxodo, pelo sangue do sacrifício (3.24 — 6). Não tivesse Israel se escravizado ao pecado, a participação no pacto teria sido definida nos termos da lei mosaica da circuncisão e, nesse caso, não haveria necessidade de Cristo morrer (Gl 2.11-21). A ressurreição oferece a base para a verdadeira definição de povo de Deus. Deus confirmou Jesus como Messias, tendo, portanto, declarado que aqueles que pertencem a ele, e que no idioma hebraico estão *em Cristo* (cf. 2Sm 19.43 — 20.2), são o verdadeiro Israel. As marcas de participação no novo pacto são os sinais da obra do Espírito, *i.e.*, fé em Jesus Cristo como Senhor, crença em sua ressurreição e batismo como marca de ingresso e membresia no povo histórico de Deus (Rm 10.9,10; Cl 2.11,12).

A "justificação" é, desse modo, a declaração de Deus atualmente de que alguém está no pacto, declaração essa não feita com base em se buscar guardar a lei judaica, mas com base na fé; pois somente a fé em Cristo é a evidência de que Deus, mediante o Espírito, tem dado início a uma nova obra na vida humana, a qual certamente ele concluirá (Rm 5.1-5; 8.31,39; Fp 1.6; 1Ts 1.4-10). O atual veredicto divino antecipa corretamente que isso acontecerá com toda a certeza no último dia, tendo por base a vida total do cristão (Rm 2.5-11; 14.10-12; 2Co 5.10). Esse duplo veredicto está firmado em uma base dupla: a morte e ressurreição de Jesus e a obra do Espírito. Cristo e o Espírito realizam juntamente *aquilo que a lei fora incapaz de fazer* (Rm 8.1-4). A "justificação", assim, redefine o povo de Deus e se abre para todas as pessoas que creem, sejam quais forem seus antecedentes raciais ou morais.

É a totalidade do mundo, dessa forma, a esfera de ação redentora de Deus em Cristo, sendo convocados pelo evangelho todos os homens e mulheres, sem distinção, para aceitarem o senhorio de Jesus e desfrutar, assim, das bênçãos da vida na comunidade do pacto, tanto no presente mundo quanto no futuro. O novo povo de Deus forma, enfim, em Cristo, a verdadeira humanidade que Israel foi chamado a ser, mas que por si mesmo não pôde fazê-lo. Paulo expressa isso de modo adequado, referindo-se à igreja, ao povo do Messias, como *o corpo de Cristo* (Rm 12; 1Co 12). Essa membresia em Cristo deve ser vivida por todo cristão, individualmente, permitindo ao Espírito dirigir seus atos e capacitando-o a viver no presente como é apropriado a todos os herdeiros do futuro reino de Deus (Rm 8.12-25; Gl 5.16-26; Cl 3.1-11). Já participando os cristãos, assim, de uma nova era, o retorno final de Cristo, que pode ser logo ou mais tarde, deve encontrá-los "despertos", não "dormindo" em pecado (1Ts 5.1-11; *cf.* Fp 3.17-21). Quando esse dia chegar, aliás, não somente os seres humanos, mas a totalidade da criação, partilharão juntos da renovação que o único Deus tem planejado para este seu mundo (Rm 8.18-25).

4. A justiça de Deus. A descrição da renovação de toda a criação mediante a obra de Cristo e do Espírito Santo completa a definição que Paulo dá do próprio Deus. Na carta aos cristãos de Roma, ele aborda a questão judaica padrão a respeito da justiça de Deus (Se Israel é o povo de Deus, por que está sofrendo?), mas intensificando-a à luz do pecado universal (Se todos, inclusive Israel, estão em pecado, como pode Deus ser fiel com relação ao pacto?) e respondendo-a à luz do evangelho. A cruz e a ressurreição, declara ele, demonstram que Deus está correto: ele é fiel quanto ao pacto com Abraão; é imparcial em seu trato tanto com judeus como com gentios; solucionou o problema do pecado na cruz e agora salva todos aqueles que se lançam em busca de sua misericórdia. A questão seguinte, sobre se Deus é justo em aparentemente permitir que o povo judeu, o povo original do pacto, perca a salvação messiânica, é respondida em Romanos 9 — 11. Deus é fiel em sua promessa, a qual sempre se referiu a uma família de caráter mundial. A atual rejeição de Israel é parte necessária da totalidade do propósito divino, pois somente assim os gentios poderiam ser recebidos por ele, e os próprios judeus, salvos, como devem ser, pela graça somente. Paulo explica as coisas aparentemente incomuns do plano divino, como a ação do amor e da misericórdia de Deus em face do pecado humano, inclusive dos judeus. A teologia de Paulo efetua, assim, uma redefinição de monoteísmo e da eleição de Israel, com base na morte e ressurreição de Jesus Cristo e na obra do Espírito. Essa teologia é inteiramente caracterizada pelo amor: o amor de Deus por este mundo e suas criaturas humanas; o amor de Jesus em sua morte expiatória; o amor das criaturas por Deus e de uns pelos outros com que Deus, pelo Espírito, está transformando a vida individual e comunitária de seu povo do novo pacto, de modo que se tornem os seres plenamente humanos que Deus pretende que sejam, refletindo sua própria imagem, que é a do próprio Jesus (2Co 3.18; Cl 3.10).

III. PAULO NO CRISTIANISMO PRIMITIVO. Fica claro, portanto, que Paulo não é responsável pela "helenização" do cristianismo primitivo, *i.e.*, a transformação, que alguns postularam, a partir de pura fé judaica, em uma construção filosófica. Nem, por outro lado, está meramente usando de métodos rabínicos para perpetuar um sistema judaico de pensamento. Paulo põe em funcionamento, isso sim, a redefinição judaica de judaísmo que surgiu mediante Jesus, possibilitando que a cruz e a ressurreição informem constantemente a mensagem judaica de salvação mundial que ele prega. Chega a ficar sob suspeição por parte de cristãos que se sentiam mais seguros em manter a condição inata e especial de judeus mesmo dentro do novo pacto. Já, em contraposição a isso, suas ideias vieram a ser usadas inadequadamente por outros (*p.ex.*, Marcião) para denegrir a Torá e descrever a igreja como entidade

Lugar onde Paulo ficou prisioneiro

puramente gentílica. Sua obra, não obstante, forma uma parte-chave do fundamento para a vida e o pensamento da geração imediata e das subsequentes da igreja.

IV. PAULO PARA HOJE. Desde a Reforma, costuma-se ler Paulo como inimigo do "legalismo" na religião (ver Lei e Evangelho). Essa questão, embora importante em sua época, não chega a representar o motivo da teologia de Paulo. Ao contrário, a igreja contemporânea faria bem em aprender com Paulo quanto ao verdadeiro significado do monoteísmo moldado em Cristo e do novo pacto no Espírito, que, juntos, proporcionam a base, o raciocínio lógico, o conteúdo e o padrão para a vida da igreja e, particularmente, sua responsabilidade por uma missão de caráter mundial.

(**N. T. Wright**, M.A., D.Phil., reitor de Lichfield.)

BIBLIOGRAFIA. F. F. Bruce, *Paul, Apostle of the Free Spirit* (Exeter, 1977); W. D. Davies, *Paul and Rabbinic Judaism* (Philadelphia, 1980); E. Käsemann, *Perspectives on Paul* (London, 1969); S. Kim, *The Origin of Paul's Gospel* (Grand Rapids, MI, 1982); W. A. Meeks, *The First Urban Christians: The Social World of the Apostle Paul* (New Haven, CT, 1983); H. N. Ridderbos, *Paul: An Outline of His Theology* (Grand Rapids, MI, 1975); E. P. Sanders, *Paul and Palestinian Judaism* (London, 1977).

Tábua Cronológica	
Morte, ressurreição e ascensão de Cristo	30 d.C.
Conversão de Paulo	35 d.C.?
Primeira visita subsequente a Jerusalém, (Gl 1.18)	37 d.C.
Paulo em Tarso	37-43 d.C.
Visita a Jerusalém, levando ofertas de Antioquia, (At 11.30)	44 d.C.
Primeira viagem missionária	46-48 d.C.
Concílio de Jerusalém	50 d.C.
Segunda viagem missionária	51-53 d.C.
1 e 2Tessalonicenses	52 d.C.
Terceira viagem missionária	54-58 d.C.
Gálatas	55 d.C.
1Coríntios	56 ou 57 d.C.
2Coríntios	57 d.C.
Romanos	57-58 d.C.
Prisão de Paulo	58 d.C.
Encarceramento em Cesareia	58-60 d.C.
Festo sobe ao poder	60 d.C.
Paulo chega a Roma	61 d.C.
Colossenses, Filemom, Efésios	61 ou 62 d.C.
Filipenses	d.C. 62 ou 63
Absolvido no primeiro julgamento	63 d.C.
1Timóteo	64 ou 65 d.C.
Tito	65 ou 66 d.C.
Hebreus (se escrita por Paulo)	66 ou 67 d.C.
2Timóteo	67 d.C.
Morte de Paulo	67 d.C.

PAVÃO

No hebraico, sempre no plural, *tukkiyyim* (1Rs 10.22; 2Cr 9.21). Em algumas traduções, a palavra "pavão" também aparece em Jó 39.13. No entanto, ali a palavra hebraica é outra, *renanim*, "avestruzes". Deve-se observar que a raiz de *tukkiyyim* não é tipicamente hebraica. Poderia provir do termo egípcio *ky*, que significa "símio" ou "babuíno". Porém, no tamil (idioma falado em certas áreas da Índia), a palavra para pavão é *tokei*, bem perto da transliteração hebraica para ser mera coincidência. O pavão é uma ave muito ornamentada, e a história mostra-nos que era um artigo de luxo e de comércio entre os fenícios, que costumavam transportar tais aves para o Egito, antes mesmo da época de Salomão. Mas essa espécie não chegou à Grécia antes dos finais do século IV a.C. Isso posto, se a identificação daquela palavra hebraica com o pavão não é indiscutível, pelo menos é muito provável. Em seus costumes luxuosos, Salomão importava vários itens exóticos e de luxo, entre os quais o marfim, o sândalo, os símios e o pavão etc., conforme o parágrafo anterior nos informa. Salomão importava vários artigos da Índia. O pavão (nome científico moderno *Pavo cristatus*) é ave nativa da Índia, onde não conhece predadores, pelo que também é muito comum. As riquezas de Salomão permitiram-lhe reunir luxos e curiosidades, e ao que parece tinha conhecimento de lugares distantes e suas condições, ainda que os informes bíblicos não nos digam muita coisa a esse respeito.

Signficação nos Sonhos e nas Visões. Esse pássaro representa uma realização, terminada, uma personalidade ou caráter bem formados e também o renascimento e a ressurreição, porquanto o pavão, nesse sentido, é paralelo da fênix. Os papas costumavam ser coroados com penas de pavão.

PAVILHÃO

Palavras. A palavra hebraica da qual essa palavra é traduzida pode ter certo número de sentidos como "tenda", "cobertura", "toldos". A palavra hebraica em apreço é *sukkah* (2Sm 22.12; 1Rs 20.12,16; Sl 19.11; 31.20). Mas também devemos pensar na palavra hebraica *sok*, "cobertura" (ver Sl 27.5). A palavra portuguesa, por sua vez, vem do latim, *papilio*, que significa "borboleta". Não é preciso grande imaginação para pensar nas asas de uma borboleta que formam uma cobertura ou toldo; sem dúvida essa é a conexão. A palavra hebraica *sukkah* significa, basicamente, "tecer com", com base na circunstância de que as coberturas e toldos eram produzidos por algum tipo de trabalho de tecelagem. Esse termo hebraico aparece em várias conexões. Em Salmo 27.5, algumas traduções dizem "pavilhão", como é o caso de nossa versão portuguesa. Em Salmo 10.9 lemos sobre a "caverna" (no hebraico, *sukkah*) de um leão que arma emboscada. Em 2Samuel 22.12 lemos acerca do pavilhão" de trevas de que Deus se cerca, escondendo-se da visão humana, e conferindo-nos alguma ideia sobre o *Mysterium Tremendum* (vide), que é Deus. Em 1Reis 20.12, as tendas dos sírios são referidas mediante a palavra hebraica em questão. Várias cabanas, abrigos, proteções de soldados, postos de vigia em vinhedos etc., aparecem na Bíblia através desse vocábulo. Ver Levítico 23.42,43, por exemplo. A casa restaurada de Davi (ver Is 4-5) também é referida como que coberta pela glória do Senhor.

PAVIMENTAÇÃO DE PEDRA E SAFIRA

Essa expressão figura em Êxodo 24.10: *E viram o Deus de Israel, sob cujos pés havia uma como pavimentação de pedra e safira que se parecia com o céu na sua claridade*. Está em foco o próprio firmamento, como uma unidade, pontilhado de estrelas, não encoberto por nuvens, como se esse firmamento fosse o próprio escabelo de Deus, por ocasião da visão dada a Moisés, Aarão, Nadabe, Abiú e setenta dos anciãos de Israel.

PE

Essa é a décima sétima letra do alfabeto hebraico. Essa letra encabeça a décima sétima seção do Salmo 119, onde cada versículo do original começa com essa letra. Tinha o valor numérico de 80, e equivalia à letra moderna "P". No hebraico significa "boca". Nosso alfabeto latino veio de letras semíticas, com alguns empréstimos tirados dos hieróglifos egípcios. Ver sobre *Alfabeto*. Os gregos tomaram essa letra por empréstimo e chamaram-na *pi*. Daí ela passou para o latim, e deste para muitos idiomas modernos. A mais antiga representação dessa letra, que a arqueologia tem podido descobrir tinha o formato de um número "7".

PÉ

Há três palavras hebraicas e uma palavra grega envolvidas neste verbete, a saber: **1**. *Ken*, "base", "pé". Com este último sentido, aparece por oito vezes (Êx 30.18,28; 31.9; 35.16; 38.8; 39.39; 40.11; Lv 8.11). **2**. *Paam*, "passo", "pé". Palavra hebraica usada por seis vezes com o sentido de pé (1Rs 19.24; Sl 58.10; 74.3; Pv 29.5; Ct 7.1; Is 37.25). **3**. *Regel*, "*pé*". Vocábulo hebraico usado por 216 vezes (segundo se vê, por exemplo, em Gn 8.9; Êx 21.24; Lv 8.23; Nm 22.25; Dt 2.5; Js 1.3; 2Sm 2.18; 2Cr 33.8; Jó. 2.7; Pv 1.15; Ec 5.1; Is.1.6; Jr 2.25). **4**. *Poús*, "pé". Palavra grega usada por 93 vezes (por exemplo: Mt 4.6 (citando Sl 91.12); Mt 28.9; Mc 5.22; Lc 1.79; At 7.49 (citando Is 66.1); 1Tm 5.10; Hb 1.13; Ap 1.15,17).

Os pés, no ser humano, são a extremidade inferior das pernas, sobre os quais o corpo se apoia, quando de pé, bem como o instrumento de movimento de um local para outro, mediante o andar. O homem é bípede (dois pés) como as aves. O macaco tem quatro mãos e os outros animais têm quatro patas. A palavra "pé" também é aplicada a bases, pedestais ou extensões de vários objetos. Assim, algumas traduções usam a palavra "pé" para indicar a base do lavatório do tabernáculo (Êx 30.18), e para o mastro de um navio (Is 23.23). Uma outra palavra hebraica, *regel* (ver acima), refere-se aos pés dos homens e também às patas dos animais e, antropomorficamente, aos pés de Deus (ver sobre usos figurados, abaixo). Essa palavra hebraica também era usada para indicar bases de objetos. O vocábulo hebraico *paam*, que se deriva de uma palavra que significa "bater", pode significar "passo", ou o próprio "pé" (Is 26.6). O termo grego *poús* é genérico, indicando tanto pés humanos quanto patas de animais. Grande cuidado se conferia aos pés, nos países do Oriente. É que as pessoas andavam descalças, ou quando muito, com sandálias. E assim, a lavagem dos pés tornou-se parte da hospitalidade oriental (Gn 18.4). A tarefa da lavagem dos pés era deixada ao encargo de escravos e servos. Isso explica a força do exemplo deixado por Jesus, em favor desse humilde serviço prestado a seus discípulos, quando lhes lavou os pés, e recomendou que fizéssemos o mesmo (Jo 13.5). O trecho de 1Timóteo 5.10 mostra que as viúvas lavavam os pés dos santos. Em tempos de aflição, os judeus negligenciavam os pés, deixando-os descalços, a fim de mostrarem a sua consternação (2Sm 15.30; Ez 24.17). Cair aos pés de outra pessoa era sinal de profundo respeito ou temor (1Sm 25.24; 2Rs 4.37). Beijar os pés de outrem exprimia os mesmos sentimentos (Lc 7.38). As patas dos animais algumas vezes eram decepadas ou aleijadas (Jz 1.6,7; 1Sm 4.12). Pisar o pescoço de um inimigo prostrado simbolizava triunfo absoluto (Js 10.24; Sl 110.1). Descalçar os próprios pés era sinal de adoração (Êx 15).

Usos Metafóricos. **1**. Os anjos guardam os pés dos santos, ou seja, protegem-nos em tudo quanto são e fazem (Sl 91.1,12). **2**. Descalçar-se indicava respeito, como na presença de um alto-oficial, ou do Senhor Deus (Êx 3.5). **3**. Estar sob os pés de alguém indicava sujeição (Sl 8.6; Hb 2.8; 1Co 15.25). **4**. Estar sobre os próprios pés indicava estar pronto para servir, ou para receber instrução (Jz 4.10). Os discípulos sentavam-se aos pés de seus mestres, nas escolas judaicas. (Ver At 22.23; Lc 10.39). **5**. Aleijão era sinônimo de aflição ou calamidade (Mt 18.8; Jr 10.10; Mq 4.6,7). **6**. Pôr os pés em um lugar significava tomar posse do mesmo (Dt 1.36; 11.26). **7**. Andar por um caminho reto simbolizava andar de modo correto, moralmente falando (Gl 2.14). **8**. Descobrir os pés indicava luto ou lamentação (Ez 24.17). Também poderia ser um sinal de adoração (Êx 3.5). No Oriente, uma pessoa jamais entraria calçada em um templo, a fim de adorar. Os sacerdotes levitas serviam descalços. **9**. Pôr os pés sobre uma rocha indicava estabilidade e confiança própria (Sl 31.8). **10**. Escorregar os pés indica ceder diante das tentações e falhar (Jó 12.5; Sl 17.5; 38.16). **11**. Pisar com os pés indica total destruição (Is 18.7). **12**. Lavar ou mergulhar os pés em manteiga indica a posse de grande abundância material (Dt 33.24; Jó 29.6). **13**. Guardar os pés é proteger e guiar (1Sm 2.9). **14**. Molhar os pés indica irrigar, visto que esse ato era feito por meio de bombas manejadas com os pés (Dt 11.10). **15**. Cobrir os próprios pés é fazer as próprias necessidades (1Sm 24.3). **16**. Abraçar e beijar os pés demonstrava humildade, sujeição e temor (Lc 7.38). **17**. Conservar os próprios pés em seus passos indicava manter uma conduta coerente (Jó 23.11). **18**. Um pé não deve invejar uma mão, no corpo de Cristo. Em outras palavras, um crente não deve invejar os dons espirituais de outro crente. **19**. Lavar os pés é sinal de humildade e de prestação de serviço a outrem (Jo 13). Ver o artigo separado sobre o *lava-pés*.

PECA

1. Nome. Esse nome, no hebraico, significa ele (Deus) abriu os olhos", ou apenas "abriu". Porém, o nome divino, *Yahu*, está presente no nome.

2. Família. Ele era filho de Remalias. Visto que Peca havia sido um oficial do exército, é possível que sua família também contasse com muitos militares. Seja como for, não pertenciam à família real.

3. Rei de Israel. Peca reinou entre 741 e 732 a.C., tendo sido o décimo oitavo rei do reino do norte, Israel. Ele servira como oficial militar às ordens do rei Pecaías. Obteve o trono mediante uma conspiração contra aquele monarca, da qual participaram cinquenta gileaditas. Com base nessa circunstância, alguns pensam que Peca era gileadita. Seja como for, a conspiração resultou no assassínio de Pecaías, quando então seu assassino usurpou o seu trono. Uma das razões da conspiração é que vários reis que o tinham precedido haviam enfraquecido Israel, pagando imensas somas de tributo aos assírios (ver 2Rs 15.20), sem falar em agitações intestinas. E talvez Peca estivesse interessado em reverter a situação. Com esse propósito, ele buscou o apoio de uma aliança estrangeira com Rezim, rei de Damasco. Então ele passou a saquear a nação de Judá, o reino hebreu irmão. Ao que parece, o rei de Judá, no começo desse processo, era Jotão (ver 2Rs 15.37). Porém, a execução do plano consumiu um longo tempo, provavelmente porque Jotão dispunha de um sistema de defesa eficaz, além de ter sabido governar o seu país (ver 2Cr 27). Mas quando seu filho Acaz, um homem mais fraco, substituiu-o no trono, as coisas derruíram para Judá. O décimo sexto capítulo de 2Reis e o vigésimo oitavo capítulo de 2Crônicas contam a triste história. Peca aliara-se à Síria, tentando derrotar o poder assírio, que ameaçava a Síria e Israel. Acaz, embora convidado a fazer parte da aliança, recusou-se a tal. E assim, a primeira coisa que sucedeu foi que Judá foi invadido e derrotado, e muitos judaítas foram levados em cativeiro. Mas houve a intervenção do profeta Obede, que fez os prisioneiros serem devolvidos a Judá. No entanto, em 733 a.C., as forças assírias de Tiglate-Pileser III invadiram Israel vindas do norte, e ele foi capaz de assenhorear-se das fortificações e ocupar a Galiléia e a região costeira. Esses territórios foram anexados ao império assírio, e cada região recebeu um governador estrangeiro.

Muitos habitantes foram exilados, sendo levados à Assíria. A única porção do reino de Israel que continuou independente por algum tempo foi a capital, Samaria, com a região montanhosa de Efraim, que lhe ficava contígua. Porém, uma década mais tarde, o poder assírio pôs fim até mesmo a isso.

O próprio Peca não sobreviveu ao desastre. Foi morto e substituído no trono por Oseias, filho de Elá, que renovou a política de submissão à Assíria. Ver 2Reis 15.30. Nessa passagem bíblica, a questão da remoção de Peca do trono é atribuída a uma conspiração palaciana (sem dúvida encabeçada por Oseias), ocasião em que Oseias tornou-se rei de Israel. Todavia, os anais de Tiglate-Pileser III dizem que os samaritanos dominaram Peca e nomearam Oseias rei em seu lugar. Talvez isso signifique que Oseias, ao conspirar pelo poder, voltou-se contra o seu próprio rei, mas acabou sendo um Instrumento dócil nas mãos dos assírios. Seja como for, *Oseias* (vide) foi o último monarca de Israel, o reino do norte.

4. Evidências Arqueológicas. Escavações efetuadas em Hazor e Megido mostram uma destruição generalizada ali, que teria havido na época de Peca, sem dúvida obra dos assírios. (Ver 2Rs 15.25-32,37; 16.1,5; 2Cr 28.6; Is 7.1).

5. Problema de Cronologia. Tem sido provado que informes que envolvem a cronologia e a sucessão dos reis de Israel e Judá nem sempre foram cuidadosamente manuseados pelos autores dos livros históricos do Antigo Testamento. Portanto, ocasionalmente, surgem problemas. Uma das principais causas da confusão é o fato de que houve reinados justapostos, onde, vez por outra, mais de um rei esteve no poder, como na combinação pai e filho. A Enciclopédia de Zondervan enfrenta esse problema de Peca, segundo se vê na citação abaixo. Em questão está a data da sua subida ao trono e da sua morte.

"O problema pode ser equacionado dizendo-se que as datas de 753-752 a.C., para o trigésimo oitavo ano de Uzias, e de 732 para a queda de Samaria, não permitem tempo suficiente para os reinados de Zacarias (seis meses), Salum (um mês), Menaém (dez anos), Pecaías (dois anos), Peca (20 anos) e Oseias (nove anos), perfazendo um total de quarenta e um anos e sete meses, ao passo que o tempo real foi de apenas trinta anos. A solução está baseada em 2Reis 15.30 e 17.1, quando o último ano de Peca, o primeiro de Oseias, o décimo segundo de Acaz e o vigésimo de Jotão ocorreram ao mesmo tempo. Computando o tempo para trás, o ano de 722 a.C. fornece-nos o ano da coroação de Oseias como sendo 732/731 a.C. Nesse mesmo ano morreu Peca, sendo esse ano correspondente a esses quatro reis. Dando margem para os governos de Zacarias, Salum, Menaém e Pecaías, chegaríamos a 740-739 a.C., quando Peca usurpou o trono de Israel. Dessa data até 732/731 a.C., temos cerca de oito anos, para o governo de Peca sobre Israel. E comparando os governos dos reis acima alistados, e a reivindicação de que Peca reinou durante vinte anos, isso faria com que o começo desses vinte anos coincidisse mais ou menos com a coroação de Zacarias. E visto que Peca foi designado capitão de cinquenta gileaditas (ver 2Rs 15.25), isso parece indicar o local onde ele residia, ou seja, Gileade; isso, juntamente com o seu governo de vinte anos, parece indicar uma *pretensão* sobre a Tranjordânia, nos dias de Pecaías". Isso posto, aos seus próprios olhos, parece que ele exerceu poder durante vinte anos, o que incluiria sua pretensão ao trono, embora seu governo real e oficial tivesse durado muito menos do que isso.

6. Avaliação Bíblica. O trecho de 2Reis 15.28 diz que Peca deu continuação às más tradições instituídas por Jeroboão. Ele teve seu dia de glória e poder; mas, tendo começado a reinar em meio à violência, terminou pela violência. Isso revela muita coisa sobre a história dos reis e dos homens em geral.

PECADO

I. Definições. No grego é *amartia*. Esse termo é derivado de uma raiz que indica "errar o alvo", "fracassar". Trata-se do fracasso em não atingir um padrão conhecido, mas antes, desviar-se do mesmo. Essa palavra, porém, veio a ter também um significado geral, indicando o princípio e as manifestações de pecado, sem dar qualquer atenção a seu significado original. O trecho de 1João 3.4 usa o vocábulo *anomia*, "desregramento", desvio da verdade conhecida, da retidão moral. O pecado tanto é um *ato* como é uma *condição*. É o "estado" dos homens sem regeneração, que se manifesta na forma de numerosos e perversos atos. Pecar é afastar-se daquilo que Deus considera a "conduta ideal", do homem ideal, exemplificado em Jesus Cristo. Isso conduz à "impiedade" (*asebeia;* 2Pe 2.6), que consiste na oposição a Deus e a seus princípios, em autêntica rebelião da alma. E isso leva à "parabasis", "transgressão" (ver Mt 6.14 e Tg 2.11) contra princípios piedosos reconhecidos. Isso leva o indivíduo à "paranomia", a "quebra da lei", o "afastamento" da lei moral (ver At 23.3 e 2Pe 2.16). Nossos pecados também são "passos em falso", isto é, "paraptoma", no grego (ver Mt 6.14 e Ef 2.1). Propositadamente "caímos para um lado", "desviamo-nos pela tangente", apesar de estarmos instruídos o bastante para não fazê-lo. Desse modo, o NT descreve o "pecado" sob boa variedade de modos, cada um deles com o uso de um *quadro falado* sobre o que isso significa. Cristo Jesus é a cura de cada uma dessas manifestações do pecado, pois a sua expiação apaga a dívida; a santificação em Cristo transforma o pecador, para que seja um ser santo e celestial. E Deus é fiel e justo, conferindo esse imenso benefício aos homens que se submetem a ele, isto é, que exercem fé em Cristo e ao seu mundo eterno (ver Hb 11.1).

II. Como Transgressão da Lei (1Jo 3.4). O pecado é a transgressão da lei. O autor sagrado oferece-nos uma definição possível de "pecado", bastante lata, mas não a única possível. O pecado pode ser praticado por "omissão" (ver Tg 4.17); e os pagãos, que não tinham lei — no sentido de uma legislação divinamente dada — mesmo assim pecavam (ver o segundo capítulo da epístola aos Romanos). A "lei", neste caso, certamente é a "lei mosaica", e não a nova lei do Espírito, revelada no evangelho. Porém, apesar de poderem ser dadas outras definições de pecado, o autor sagrado não estava interessado em qualquer delineamento completo do que pode ser o pecado. Para o seu argumento, bastava que o chamasse de "transgressão da lei". O "desregramento" dos gnósticos era ato condenado peremptoriamente na legislação mosaica, pelo que o conceito de pecado como "transgressão da lei" servia de instrumento adequado para ser usado contra os falsos mestres. É possível que essa definição de pecado tenha sido escolhida porque os mestres gnósticos negavam a autoridade do AT. O autor afirma, por conseguinte, a despeito do que os gnósticos asseveravam em contrário, que a lei de Deus, revelada no AT, os condenava. Os gnósticos desconsideravam o sétimo mandamento, além de outros similares. Julgavam-se acima da lei. No entanto, a lei os condenava. É como se então o autor advertisse a seus leitores: "Cuidai para que não sejais numerados entre eles. Cerinto deve ser confrontado com Moisés".

"A gravidade do pecado ou de atos pecaminosos é salientada pela identificação dos mesmos com o 'desregramento', termo que parece indicar o pecado em toda a sua enormidade e blasfêmia, a julgar pela caracterização do anticristo, em 2Tessalonicenses 2.7,8, como o 'iníquo', e suas atividades como o 'mistério da iniquidade'. O trecho de Mateus 24.12 também cita o aumento da iniquidade como um dos sinais da tribulação messiânica. Os cismáticos iluminados e jubilosos talvez dessem excessiva importância ao fato de que não estavam acima de toda a lei, sem apreciarem que não estavam 'sem lei para com Deus, mas sob a lei de Cristo' (1Co 9-21). Ireneu aludiu aos hereges, que supunham que 'devido à nobreza de sua natureza, em grau algum podiam contrair poluição, sem importar o que comessem ou fizessem' (*Contra Heresias*, II. 14.5); em outra oportunidade fala daqueles para quem o bem e o mal são apenas questões de opinião humana (*op. cit.*, 11.32.1)".

III. A Natureza do Pecado. 1. O pecado é cósmico em sua natureza. Nenhum ser humano peca sozinho. O pecado sempre fará parte de uma rebelião cósmica contra Deus e contra a retidão. 1João 18 enfaticamente assevera que aquele que "pratica o pecado" é do diabo. Esse ser maligno é intitulado "deus deste mundo" (ver 2Co 4.4), e muitos são seus súditos e escravos. Será necessária uma providência cósmica para remover o pecado, e o julgamento tomará conta disso. **2**. Mas o pecado também é *pessoal*. Embora as forças satânicas forneçam a agitação (ver Ef 6.11 e ss.), o indivíduo é responsável pelas suas ações, e, portanto, ele é convocado a arrepender-se. O homem não pode alterar o quadro cósmico, mas pode ser pessoalmente redimido. (Ver o artigo sobre *Arrependimento*). **3**. Sem importar se cósmico ou pessoal, o fato é que o pecado é, definidamente, uma questão de rebeldia. O pecado tem por escopo destruir uma alma eterna (ver 1Pe 2.1). O pecado é algo muito mais sério do que aquilo que gostamos de pensar a seu respeito. **4**. Foi preciso a missão de Cristo para dar solução ao problema do pecado (ver Rm 5.1; Cl 1.20 e Ef 1.10).

IV. Como é que Todos Pecaram? Romanos 5.12. **1**. Alguns intérpretes dizem: "Em Adão", isto é, todos os homens participaram, em Adão, do pecado original, e contra esse pecado é que o juízo foi proferido. Essa ideia é frisada por causa da analogia com o ato isolado de justiça que nos outorgou a justificação. A expiação de Cristo foi exatamente esse ato, mediante o qual somos justificados, e não mediante inúmeros atos de justiça que porventura pratiquemos. Por semelhante modo, somos julgados por causa de um único ato — o pecado de Adão — do qual todos participamos. Há evidências rabínicas em favor dessa ideia (ver Zohar, em Lv fol. 46.2, e Pugionem Fidei, par. 590). **2**. Outros afirmam que Romanos 5.12 fala de pecados individuais (e essa opinião é esposada pela maioria dos intérpretes). Também há evidências rabínicas quanto a esse ponto de vista (conforme é esclarecido por Henry St. John Trackeray, *The Relation of St. Paul to Contemporary Jewish Thought*, p. 33). **3**. Talvez seja melhor misturar esses dois pontos de vista. O homem nasce com o pecado original. Ele pecou em Adão. Mas cada indivíduo também tem seu próprio pecado. E ambas as modalidades o condenam. Isso está em consonância com os princípios ensinados em Romanos 2.6: o de que cada um será finalmente julgado de acordo com suas próprias obras. O pecado de Adão é a raiz; os pecados da humanidade são os ramos; os pecados individuais são os frutos. A sentença de julgamento recai sobre a árvore inteira, e não apenas sobre uma parte da mesma. Ver a elaboração abaixo, acerca dessa ideia. (Comparar este versículo com Rm 3.23 e ver as notas ali existentes no NTI).

Como ilustração do que Paulo procurava dizer aqui, podemos usar uma árvore, com suas raízes, com seu desenvolvimento acima do solo e com seus *frutos*. A realidade de tudo quanto uma árvore é se origina de suas raízes. Uma árvore, entretanto, é bem mais do que apenas as suas raízes; pois também consiste no grande tronco que se eleva da superfície do chão. Também inclui até mesmo os seus frutos. Ora, outro tanto sucede no caso do pecado. A raiz é o pecado de Adão, e o juízo divino foi pronunciado contra a raiz. Mas o pecado também desenvolveu o seu tronco, visível para todos, o que representa o princípio do pecado, que opera neste mundo. Finalmente, o pecado tem os seus frutos, o que significa os atos individuais de todos os homens. Ora, tais atos também produzem o julgamento, determinando a intensidade do mesmo, porquanto a declaração bíblica, frequentemente repetida, é que os homens serão julgados de acordo com as suas obras. (Ver Rm 2.6 e as notas expositivas ali existentes no NTI, onde o princípio inteiro é ilustrado e onde várias referências paralelas são dadas). Portanto, para dizermos toda a verdade, o pronunciamento original do julgamento foi contra a transgressão de Adão, de cujo julgamento todos os homens são apresentados como participantes.

V. Como a Graça Opera, a Fim de Nos Dar Vitória Sobre o Pecado. Romanos 6.14. **1**. A palavra "graça", neste caso, refere-se ao sistema espiritual da graça, em contraste com o sistema da lei. Sob Moisés, os homens receberam um conhecimento para eles elevado demais. Ficaram sabendo o que havia de errado, mas foram deixados sem poder para resistir ao pecado. De fato, a lei revigorou o pecado. Sob a graça, pelo contrário, o ministério do Espírito nos é conferido, pois ele é o altar-ego de Cristo, o qual faz de nós o seu templo (ver Ef 2.20), e, dessa forma, nos transforma. **2**. O método mosaico era "legalista", isto é, consistia em uma lei que exigia coisas dos homens, encorajando o orgulho humano. Abria caminho para os méritos humanos como maneira de considerar-se a obtenção da salvação. Portanto, não podia prover aos homens o dom divino, a salvação da alma. **3**. O caminho do Espírito é místico. Esse vocábulo, consoante à sua definição mais básica, significa que entramos em "contato" com algum poder superior, especificamente, Deus, o Espírito Santo, Cristo. Esse contato capacita-nos a cumprir os requisitos da retidão, não com perfeição impecável, mas com vitórias sobre o vício e o pecado. **4**. No trecho de Romanos 6.12 no NTI, demos notas sob o título "Como pôr fim a esse reino do pecado", onde há certo número de sugestões que têm aplicação aqui. Assim perceberemos que tais meios, todos eles em seu conjunto, foram providos pelo poder do Espírito, o qual é o agente do "método da graça" da salvação. **5**. O trecho de Romanos 8.2 fala sobre a "lei do Espírito" que opera em nós; e é através desse novo princípio que obtemos a vitória. Essa nova lei foi escrita em nossos corações, pelo que se torna em uma característica da alma, e não mero conhecimento mental (ver 2Co 3.3 quanto a esse conceito). **6**. O Espírito Santo é o poder por detrás dos meios de desenvolvimento espiritual. O método da graça opera através de tais meios. **7**. Obviamente, o método da graça abre a provisão necessária para a santificação, uma importantíssima realidade e doutrina cristã (ver 1Ts 4.3). **8**. O alvo maior das operações do Espírito, o que, paralelamente, é o aspecto mais elevado da salvação, é a transformação do indivíduo segundo a própria imagem de Cristo, de tal modo que o crente vai passando de um estágio de glória para outro, em contínua ascensão. (Ver notas completas a respeito em 2Co 3.18 no NTI). É obvio que a pessoa assim beneficiada dificilmente se vê sujeita ao reino do pecado.

VI. Perfeição Impecável? 1João 1.10. O autor sagrado demonstra que a "perfeição impecável" é, essencialmente, autoilusão. Ele reafirma a mensagem coerente das Escrituras, a qual é confirmada pela razão e pela intuição, de que todos os homens devem imensa dívida, tendo-se afastado desse problema, sendo assim restaurada a comunhão com Deus, através de sua mediação. Tudo isso, como é claro, tem um aspecto polêmico. Os gnósticos (ou, pelo menos, alguns deles), afirmavam ser "impecáveis", pelo que também rejeitavam a necessidade de expiação, admitindo o poder de Cristo em seu batismo (Cristo teria vindo somente "pela água"), ao mesmo tempo que negavam qualquer poder em sua morte (não teria vindo pelo "sangue"). Esses falsos mestres afirmavam ter elevada e ímpar comunhão com Deus, mas supunham que podiam ter isso sem a necessidade da verdadeira pureza e santidade de corpo e espírito.

O autor desta epístola afirma que tal opinião não passa de ilusão. Sim, é fácil alguém cair na autoilusão, mediante o exagero da importância e profundidade dos nossos sentimentos religiosos. Facilmente podemos superestimarmos a nós mesmos, no que diz respeito à qualidade de nossa espiritualidade. O egoísmo pode assumir muitos disfarces, sendo fácil aliviar uma consciência intranquila por truques emocionais e racionalizações. As pessoas religiosas se tornam sofistas. Mas o autor sagrado procura destruir todos esses truques religiosos sentimentais, declarando que a prova da espiritualidade se acha na observância dos mandamentos divinos. O "Imperativo moral" do evangelho não pode ser exagerado. Nossa fé exige que "façamos", e que "sejamos", e não somente que "acreditemos". O princípio da graça divina envolve o poder do Espírito Santo, em nós residente, o qual é capaz de nos transformar moral e espiritualmente. Ora, isso a lei jamais poderia ter feito, pelo que o autor sagrado diz que, no caminho cristão, a lei moral se encontra nas mãos da Realidade espiritual em nós residente, devendo ser cumprida naqueles que lhe são hospedeiros. A transformação moral do crente não é algo que possa ser acompanhado ou não pela fé, mas é a própria fé em expressão. Não pode haver salvação, sob hipótese alguma, sem a santificação. Isso é deixado bem claro na seção à nossa frente, o que confirma a observação paulina, em 2Tessalonicenses 2.13. A santificação é o próprio meio da salvação, pois, sem a santificação, ninguém jamais verá Deus (ver Hb 12.14). O autor sagrado, por conseguinte, ataca a chamada "crença fácil" que há, de modo generalizado, na moderna igreja cristã, bem como havia na filosofia amoral dos mestres gnósticos.

Ao abordar a questão do pecado, o autor sagrado reafirma o valor da morte de Cristo como *expiação* (ver 1Jo 1.7,9). Ele sabia que seu valor é pelo mundo inteiro, pelo "pecado de todo e qualquer homem", e não apenas em favor de alguns poucos indivíduos selecionados. Os gnósticos, entretanto, acreditavam que somente alguns poucos indivíduos eram passíveis de redenção. No entanto, a missão de Cristo, é tão eficaz que todos os homens são potencialmente redimíveis.

VIII. PERDÃO DOS PECADOS. **1**. É conferido exclusivamente por Deus (Mc 2.7). **2**. Alicerça-se sobre a expiação pelo sangue (Hb 9.22; ver também Ef 1.7). **3**. É dado por meio de Cristo (Lc 1.69,77). **4**. É exibição das multiformes misericórdias de Deus (Ef 1.7; Is 55.7 e Rm 5.20). **5**. Consistem em serem apagadas nossas transgressões (Is 44.22), com total olvido das mesmas por parte de Deus (Hb 10.17). **6**. Restaura o pecador diante de Deus (Is 44.22). **7**. É o começo da salvação, além de ser condição necessária para a mesma (Rm 4.8). **8**. Mas a salvação não consiste apenas no perdão de pecados e na transferência de endereço para os céus, como, algumas vezes, a salvação é definida. O perdão é apenas o começo, e jamais o fim (ver Hb 6.1-3). Segue-se a isso a santificação, como um resultado natural e necessário (ver 1Ts 4.3). Segue-se, obrigatoriamente, a participação nas virtudes de Cristo (ver Gl 5.22,23). Nisso tudo ocorre a transformação moral do ser, o que, por sua vez, provoca a transformação metafísica. Dessa forma, o crente vem a participar da imagem e da natureza de Cristo (ver Cl 2.10 e Rm 8.29). Isso é uma operação do Espírito (ver 2Co 3.18). A participação na natureza divina é a principal característica da salvação (ver 2Pe 1.4).

VIII. GRADAÇÕES DE PECADO. **1**. Alguns crentes, naqueles momentos que fazem experiências com a teologia popular, supõem que não há gradação no pecado. Em outras palavras, "pecado é pecado", dizem, "e todos os pecados são igualmente maus diante de Deus". **2**. Essa opinião, entretanto, nega o princípio exarado em Romanos 2.6, que diz que cada indivíduo será julgado de conformidade com as suas próprias obras, e que o próprio crente será julgado segundo o que tiver praticado, de bom ou de mau, através do seu corpo (ver 2Co 5.10). **3**. Essa teologia popular também nega a base mesma da lei da colheita segundo a semeadura (ver Gl 6.7,8).

IX. O REINO DO PECADO. **1**. O pecado, fortalecido pela lei, transformou-se em um tirano universal; prometia benefícios, mas dava aos homens a morte física e a espiritual (ver Rm 6.3). **2**. A morte é merecida, conforme fica claro na referência bíblica acima. Os homens se aprovam mutuamente, encorajam uns aos outros, ao mesmo tempo que ganham esse horrendo salário (ver Rm 1.32). Isso prova quanto o pecado se tornou um tirano, a ponto de os homens sejam enganados e cheguem mesmo a gostar daquilo que praticam. O tirano os submeteu a uma lavagem cerebral tão completa, que eles, mesmo quando reconhecem que estão praticando o que é errado, e mesmo quando podem antecipar seus resultados, não podem controlar-se. **3**. Esse tirano domina o corpo inteiro (o que explica as ações da alma) e reduz os homens a totais escravos (o que é a mensagem do sexto capítulo de Romanos). **4**. O pecado obriga os homens a fazerem coisas irracionais e absurdas, mas os homens não têm força de vontade contra isso. Alguém disse uma verdade: "Senhor, temos conhecimento; o que não temos é força de vontade". **5**. O que os homens se recusam a fazer, habitualmente torna-se para eles uma impossibilidade moral. Ou aquilo que os homens fazem de errado, habitualmente extrai de suas consciências o senso da pecaminosidade do pecado. **6**. Os pensamentos se transformam em hábitos; os hábitos se tornam em caráter; o caráter determina o destino.

PECADO ORIGINAL

Essa doutrina procura definir o problema da natureza pecaminosa do homem. Várias considerações atraem a nossa atenção, a saber: **1**. *A explicação bíblica* sobre a questão é que Adão e Eva, pessoas humanas literais, foram criados em estado de inocência, por um ato divino. Em seguida, foram tentados, e caíram no pecado. Isso impôs a mortalidade, a degradação e a desintegração. Esse ato de pecado, e seu estado resultante, foram então transferidos para a raça humana inteira, devido à conexão da raça com Adão. O apóstolo Paulo introduziu essa maneira de pensar no cristianismo, no quinto capítulo da epístola aos Romanos. ... *por um só homem entrou o pecado no mundo...*, asseverou ele. Paralelamente, Paulo via em Cristo o Segundo (ou último) Adão, no qual há uma perfeita justiça, que pode ser imputada a todos os homens, tal como nos foi imputado o pecado do primeiro Adão. Temos aí a doutrina dos Dois Homens. Esse tema é desenvolvido longamente no artigo intitulado *Dois Homens, Metáfora dos*. Apé onde sei dizer, essa doutrina foi originada pelo apóstolo Paulo. Nos escritos rabínicos não há qualquer ensino claro sobre o pecado adâmico transmitido à raça humana. No entanto, visto que Paulo era fariseu, é perfeitamente possível que a abordagem dele sobre a questão tivesse surgido no judaísmo helenista, não tendo sido originada por ele.

2. Como o Pecado é Transmitido? Nos escritos de Paulo, parece que a ideia de alguma espécie de *comunhão mística* da raça indica que o que se aplica a Adão aplica-se também a todos os homens. Um homem é mais do que um indivíduo; antes, faz parte do todo; ele é uma alma que faz parte da comunidade das almas, e essa identificação do indivíduo com a humanidade inteira é algo íntimo, que não pode ser rompido. Por igual modo, a redenção é mais do que uma questão individual. A redenção envolve o corpo inteiro dos remidos, e os mesmos fazem parte desse corpo. Irineu e Tertuliano, que falaram sobre esse tema, aceitavam o ensino bíblico correspondente, sem exigir qualquer explicação. Mas Agostinho lançou mão da doutrina estoica do *traducionismo* (vide), que ensina que o homem e a mulher, sendo seres físicos quanto não-materiais, naturalmente procriam seres de sua própria natureza. E assim, o pecado é espiritualmente transmitido, no ato da procriação. *Pelágio* (vide) pensava que o pecado passa adiante por força do mau exemplo, e não por qualquer mecanismo de natureza física ou espiritual. É que ele desejava preservar o conceito de liberdade moral, mediante a sua doutrina, e pensava que a ideia do pecado original (ensinada por Paulo), debilitava esse conceito de liberdade moral do homem.

3. Teólogos Modernos e o Liberalismo, a Evolução. Há tantos mistérios em qualquer tipo de transmissão de pecado, de uma geração para a outra! Esse problema pode ser solucionado simplesmente afirmando-se que o homem proveio de um passado animalesco, e que a selvageria e todo tipo de elemento desagradável, em sua natureza, simplesmente são resquícios daquela sua natureza animal anterior. Por evolução, o homem é um ser defeituoso, não tendo havido necessidade de qualquer queda específica no pecado, em algum ponto histórico de sua existência, para que se caracterizasse por essa condição.

4. Uma Realidade Prática. Todos os pensadores, excetuando os extremamente otimistas, reconhecem que o homem é uma combinação do que é mais excelente com o que é mais vil, e que a depravação é uma realidade brutal no homem. Essa condição requer o remédio apropriado. E esse remédio é destacado pela fé religiosa. Para sabermos disso, não precisamos da história. Essa condição requer o remédio prescrito por Deus, a fé em Deus Pai e no Senhor Jesus. (Ver Jo 17.3).

5. Um Texto de Prova Dúbio do Antigo Testamento. Alguns teólogos usam a passagem de Salmo 51.5 como texto de prova veterotestamentário quanto a essa questão do pecado original: *Eu nasci na iniquidade, e em pecado me concebeu minha mãe*. Essas palavras podem significar que um homem, desde o começo de sua existência (a concepção), recebe uma natureza pecaminosa, em razão do que as gerações que vão sendo concebidas derivam sua natureza pecaminosa da geração anterior. Mas, para outros, o que esse texto provavelmente significa é que qualquer mulher que tenha contato sexual inevitavelmente é assaltada por pensamentos de adultério, pelo que qualquer concepção *daí* resultante inclui uma expressão pecaminosa. Naturalmente, os intérpretes cristãos cristianizam o versículo, e veem aí o pecado original. Na verdade, pensamos que esse versículo exprime precisamente esta última ideia, embora admitindo que é difícil ver no mesmo, sem a assistência do Novo Testamento, um ensino claro sobre o pecado original; por isso temos dito que esse texto veterotestamentário não é definitivo.

6. Aspectos Históricos da Doutrina. *a*. A verdadeira interpretação do texto de Salmo 51.5, antes do Novo Testamento, permaneceu em dúvida. Agora, precisamos expurgar o ensino rabínico a respeito. *b*. Paulo expôs a verdadeira doutrina do pecado original. Muitos dos pais da igreja concorreram com Paulo nessa posição, pois entendiam que a humanidade mantém uma comunhão mística íntima entre todos os seus membros. Isso posto, quando Adão pecou, nele todos pecaram. *c*. Agostinho, fazendo oposição a Pelágio, incluiu na questão a ideia do *traducionismo*, conforme foi dito acima. *d*. Tomás de Aquino explicou que o pecado original consiste na ausência de retidão ou justiça, privação essa causada pela queda. Nesse caso, a transmissão do impulso pecaminoso ocorre em um vácuo de bem, não dependendo da prática de algum ato externo. Esse vácuo logo é preenchido por atos pecaminosos. *e*. A igreja Católica Romana acompanhou Agostinho, quando do concílio de Trento. Ali foi explanado que o pecado não passa de uma geração para outra, meramente por efeito do mau exemplo deixado por Adão. *f*. Os reformadores protestantes não se afastaram da posição de Paulo e Agostinho, e sustentaram as bases históricas da questão. *g*. Os arminianos e socínios rejeitaram essa posição, no afã de preservarem a ideia da liberdade e da capacidade humanas, bases da moralidade; pois, segundo pensavam, essa liberdade só pode ser preservada dessa maneira. A ideia deles é que a morte de Cristo cancelou o pecado original e conferiu aos homens um novo começo. Isso posto, nenhum ser humano nasceria pecador; mas adquiriria posteriormente essa natureza, pela força do hábito. Os mórmons apegam-se a essa ideia. *h*. A doutrina cristã em geral insiste Jesus do pecado original. E a doutrina católica romana inclui Maria, mãe de Jesus, nessa isenção, embora a Bíblia faça total silêncio a respeito. *i*. Emanuel Kant e outros têm definido o pecado como uma fraqueza inerente à natureza humana, sem envolverem-se em interpretações históricas. *j*. Os evolucionistas (entre os quais há até teólogos) acreditam que o pecado é um resquício natural da anterior natureza animalesca do homem. *k*. A maioria dos cristãos reconhece a natureza pecaminosa do homem (que precisa ser curada) como uma *realidade prática*, sem importar o que diga a teologia a respeito.

PECAÍAS

Esse nome significa *"Yahweh* **abriu (seus olhos)"**. Esse rei foi filho de Menaém, e foi o décimo sétimo rei de Israel. Sucedeu a seu pai em cerca de 742/741 a.C. (ver 2Rs 15.23-26). Peca, filho de Remalias, havia encabeçado a conspiração e o assassinato de Pecaías, para que ele mesmo pudesse ser o próximo monarca de Israel (ver sobre *Peca*). Talvez uma das razões dessa conspiração seja o fato de que Pecaías estava dilapidando os recursos da nação de Israel, por pagar um elevadíssimo tributo à Assíria, na tentativa de diminuir o ímpeto dessa nação guerreira e reter uma certa dose de independência. Peca, porém, tentou obstar em vão esse poder. De fato, ele foi o penúltimo rei de Israel, antes do *cativeiro assírio* (vide). E assim teve lugar o inevitável, a despeito de seus esforços. Oseias, que foi o sucessor de Peca, voltou a submeter-se aos assírios; mas isso somente serviu para adiar o inevitável, por poucos anos.

Seja como for, Pecaías teve um breve reinado de apenas dois anos, depois do que foi derrubado. Durante esse tempo, além de suas outras falhas, permitiu e mesmo promoveu a idolatria no reino de Israel. Ocupou-se em práticas pecaminosas, ensinadas pelo notório Jeroboão, o qual viera a tornar-se uma espécie de emblema da corrupção. O trecho de 2Reis 15.24 oferece-nos um quadro constrangedor de avaliação de sua vida. Ele deu prosseguimento à adoração ao bezerro, em Dã e em Betel; Peca, seu sucessor, fez a mesma coisa. Nos livros de Crônicas não há qualquer alusão a ele ou ao seu pai, talvez devido à amarga desaprovação divina quanto ao que ele fez e deixou de fazer. Peca apossou-se do trono de Israel com a ajuda de cinquenta homens de Gileade, que então parecia ser o principal centro de oposição à política de Pecaías.

PECODE

Essa palavra vem do assírio-babilônico *Puqudu*. Talvez o termo signifique "visitação" ou "julgamento", conforme seu equivalente hebraico parece indicar. O nome alude a uma tribo de arameus do sul da Babilônia, que residiam na margem oriental do baixo rio Tigre. Os reis assírios Tiglate-Pileser III, Sargão II e Senaqueribe conseguiram dominar esse povo, pelo menos temporariamente. Jeremias mencionou o lugar (e o povo), em suas profecias de condenação, no capítulo 50 de seu livro (ver o vs. 21). Ali ele apresenta um jogo de palavras (*merathaim*, com base na raiz *mhr*, "rebelar-se", e *pekod*, com base na raiz que significa "castigo"), dando a entender que a Babilônia estava destinada a cair, sofrendo tal castigo em virtude de sua rebeldia. Ezequiel incluiu Pecode juntamente com os babilônios e outros entre os amantes de Jerusalém que, finalmente, mostrar-lhe-iam uma conduta traiçoeira, tomando-se seus adversários, em vez de amantes. Ver 23.22.

Fontes informativas no acádico informam-nos de que *Puqudu* era uma tribo de arameus que viviam no lado oriental do baixo rio Tigre, que tinham combatido contra os assírios mas, finalmente, foram subjugados por Nabucodonosor. Eles deram o seu nome a uma cidade e a um canal, que são mencionados nos registros assírios, e, naturalmente, ao seu território em geral. Nos dias de Ezequiel eles já tinham sido engolfados pelo império caldeu, conforme se vê através das referências dos livros de Jeremias e Ezequiel, no parágrafo anterior.

PEDAEL

No hebraico, **"Deus Libertou"**. Nome de um dos homens nomeados para trabalhar com Eleazar e Josué na distribuição da Terra Prometida conquistada, entre as tribos de Israel, que deveriam ocupar a área a oeste do rio Jordão (ver Nm 34.28).

Ele pertencia à tribo de Naftali e era filho de Amiúde. Viveu em torno de 1450 a.C.

PEDAÍAS

No hebraico, **"Yah (***Yahweh***) comprou"**. Esse é o nome de um certo número de pessoas que aparecem nas páginas do Antigo Testamento, a saber: **1**. O pai de Joel, príncipe da meia-tribo de Manassés, na época de Davi (1Cr 27.20). Ele viveu em torno de 1013 a.C. **2**. O pai da esposa de Josias, Zebida. Ele era habitante de Ruma (2Rs 23.36). Ele viveu em cerca de 536 a.C. **3**. O pai de Zorobabel (1Cr 3.18), com a viúva de Salatiel, seu irmão. Ele viveu em cerca de 536 a.C. **4**. Um descendente de Parós, que ajudou a reconstruir as muralhas de Jerusalém, terminado o cativeiro babilônico (Ne 3.25). Isso ocorreu por volta de 446 a.C. **5**. Um filho de Colaías, um benjamita da família de Jesaías (Ne 11.7). Ele viveu em cerca de 530 a.C. **6**. Um levita que servia como tesoureiro, nos tempos de Neemias (ver Ne 13.13). Provavelmente foi ele quem ficou ao lado esquerdo de Esdras, quando este explicava a lei ao povo reunido, e quando os israelitas firmaram um novo pacto com *Yahweh* (Ne 8.4). O tempo da ocorrência foi cerca de 445 a.C.

PEDAZUR

No hebraico, **"a rocha liberta"**. Nome de um chefe de clã da tribo de Manassés. Ele era pai de Gamaliel, o qual ajudou Moisés a enumerar o povo (ver Nm 1.10; 2.20; 7.54,59; 1Cr 27.20). Viveu em torno de 1450 a.C.

PEDERASTIA

Um dos terrores de nossa época é o abuso sexual contra crianças. A palavra *pederastia* refere-se especificamente a um comportamento homossexual dirigido a crianças do sexo masculino (e frequentemente forçado). A raiz dessa palavra é *país* (*paidós*), "menino", e *erastés*, "amante". Uma das mais perturbadoras perversões sexuais é aquela que só encontra prazer no sexo com crianças. A pederastia é quase universalmente condenada por lei. É óbvio que as crianças não têm poder real de escolha, o que significa que qualquer atividade dessa espécie é uma opressão que equivale moralmente ao estupro.

Algumas vezes, esse ato é inspirado pelo desequilíbrio mental; em muitos casos, nenhuma causa dessa natureza pode ser encontrada. Seja como for, o homossexualismo é claramente condenado na Bíblia, e quanto mais, quando é cometido com crianças! Ver o artigo sobre esse assunto.

PEDERNEIRA

Há duas palavras hebraicas envolvidas, a saber: **1**. *Challamish*, "pederneira", palavra usada por quatro vezes (Dt 8.15; Sl 114.8; Is 50.7 e Jó 28.9). **2**. *Tsor*, "rocha", "pederneira". Essa palavra só é usada por duas vezes (Ez 3.9 e Êx 4.25).

A pederneira é uma rocha de sílica, uma variedade granulada do quartzo, um tanto parecida com a *calcedônia*. É uma rocha classificada como criptocristalina, isto é, seus cristais são pequenos demais para serem vistos, mesmo no microscópio. Usualmente tem cor cinza-escuro ou amarronzada, sendo mais escura no interior do que à sua superfície. Nódulos de pederneira podem ser encontrados entre rochas sedimentares calcárias. Muitos veios de pederneira têm-se formado em águas marinhas profundas, através do acúmulo de organismos que contêm sílica, como os dioptásio e as radiolárias. Sepultados abaixo de sedimentos, esses organismos acabam alterados, formando a pederneira. Outras formas de pederneira formam-se com base na sílica coloidal, isto é, em suspensão em água, mas debaixo de grandes pressões. E também pode ser formada a pederneira mediante a silicificação de sedimentos. Muitos fósseis de animais delicados têm sido preservados em pedaços de pederneira. A pederneira é bastante dura e ocorre em nódulos duros (Ver Is 50.7). Há nódulos de pederneira que ocorrem em pedras de giz e em pedra calcária, no norte de Samaria e em certas porções do oeste da Galileia, além de várias áreas do leste do rio Jordão e no vale do Jordão. A pederneira não é tão dura quanto certas gemas; mas é mais dura que o aço e é usada como abrasivo.

Instrumentos de pederneira têm desempenhado um papel crucial na sobrevivência do homem, desde os tempos pré-históricos. Pederneira lascada, que já pode ocorrer nesse estado, é muito afiada, podendo servir como arma ou como instrumento de corte. Os povos antigos produziram muitas facas e outros instrumentos de pederneira, lindamente modelados; instrumentos de pederneira de vários tipos também eram produzidos pelos antigos. *Metaforicamente* falando, a pederneira representa a dureza, a falta de sensibilidade e a crueldade. Os cascos dos cavalos são comparados com pederneiras, em vista de sua dureza (Is 5.28). Em Isaías 50.7, o profeta resiste a todos os ataques e vicissitudes, mas não cede diante de nada, porque o seu rosto torna-se duro como se fora feito de pederneira. Assim sendo, não podia envergonhar-se, porquanto Deus mesmo o sustentava. Em 3.9, lemos que a fronte do profeta era dura como a pederneira, e que ele não precisava temer seus inimigos, e nem a rebelde casa de Israel.

PEDESTAL

No hebraico, *ken*. Essa palavra ocorre somente em 1Reis 7.29 e 31, em relação ao lavatório do templo de Jerusalém. A referência é à base arredondada que servia como ponto de apoio ao lavatório. A descrição ali diz como segue: ... *a boca era redonda como a obra de um pedestal, e tinha o diâmetro de um côvado e meio*. Algumas traduções dizem apenas "base".

PEDRA COM FIGURAS

No hebraico, *maskith eben*. A primeira dessas palavras hebraicas significa "conceito", "imagem", "figura". A ideia é a de alguma pedra lavrada ou esculpida, para conceituar alguma ideia; no caso específico, alguma divindade. A segunda palavra hebraica significa "pedra". Portanto, a ideia é a de alguma "pedra esculpida". A expressão inteira ocorre somente em Levítico 26.1, onde se lê: *Não fareis para vós, outros ídolos... nem poreis pedra com figuras na vossa terra, para vos engastardes a ela...* Geralmente as figuras eram engastadas à superfície de uma laje de pedra. Nos lugares altos (vide), onde as práticas idólatras eram levadas a efeito, havia pedras esculpidas e também imagens fundidas, que faziam parte dos objetos do culto. A arqueologia tem ilustrado abundantemente a questão. Numerosas figuras em relevo, com sentidos mágicos religiosos, têm sido encontradas nas paredes externas e internas dos túmulos e templos do Egito. Os marcos de fronteira, na Babilônia, eram decorados com figuras de divindades protetoras e de símbolos mágicos. Outrossim, representações mitológicas de todas as variedades têm sido encontradas esculpidas na superfície de lajes de pedras. O trecho de Provérbios 25.11: *Como maçãs de ouro em salvas de prata...*, talvez alude a trabalho de prata marchetado de ouro.

PEDRA DE CAL

No hebraico, *eben gir*, que aparece somente em Isaías 27.9. Trata-se de uma pedra extraída de rochas de pedra calcária, que constituem uma característica geológica comum na Palestina. É facilmente reduzida a pó, e, algumas vezes, é queimada a fim de servir de cal. Esse material varia, em coloração, do branco ao cinzento, sendo pouco coerente, consistindo em carbonato de cálcio finamente granulado, de origem incerta, de mistura com pequena quantidade de fragmentos de conchas. Tal material forma extensas e espessas camadas, em várias regiões do mundo. Data de cerca de 88 a 38 milhões de anos. Na Palestina, extensas camadas desse material encontram-se ao norte de Samaria, a oeste da Galileia e em grande parte da região a leste do rio Jordão. A maciez e a falta de resistência do material é que dá origem ao uso metafórico que se acha em Isaías 27.9, onde é declarado que os ídolos serão quebrados e demolidos como pedra de cal, pondo completo fim à adoração idólatra.

PEDRA DE ESCAPE

Esse nome aparece, em nossa versão portuguesa, somente em 1Samuel 23.25-29. A expressão hebraica significa mais "rocha de divisão" ou "rocha macia". A tradução "rocha dos caminhos" também tem sido sugerida pelos estudiosos. Nossa versão portuguesa, entretanto, prefere seguir a versão inglesa RSV. Um penhasco bem conhecido, no deserto de Maom (vide), está em foco, provavelmente referindo-se à Maom existente ao sul de Rebrom, onde Saul esteve prestes a capturar Davi. Parece não se tratar de Massada, conforme alguns já disseram, visto que esse penhasco é um tanto distante de Maom. A localização da Pedra de Escape é desconhecida.

PEDRA DE TROPEÇO

As Palavras Utilizadas. Este verbete exige que consideremos três palavras hebraicas, duas palavras gregas e uma expressão grega, a saber: **1**. *Mikshol,* "pedra de tropeço". Essa palavra hebraica aparece por doze vezes (conforme se vê, por exemplo, em Lv 19.14; Is 57.14; Jr 6.21; Ez 3.20; 7.19; 14.3,4,7). **2**. *Makshelah,* "causa de tropeço". Vocábulo hebraico que é empregado por duas vezes (Sf 1.3; Is 3.6). **3**. *Negeph,* "golpe", "praga". Embora ocorra por sete vezes, essa palavra só tem o sentido de "pedra de tropeço" em Isaías 8.14. **4**. *Próskomma,* "pedra de tropeço". Palavra grega que foi usada por seis vezes (Rm 9.32,33 (citando Is 8.14; cf. 28.16); 14.13,20; 1Co 8.9 e 1Pe 2.8). O verbo correspondente, *proskópto,* "tropeçar", aparece por oito vezes (Mt 4.7 (citando Sl 91.12); 7.27; Lc 4.11; Jo 11.9,10; Rm 9.32; 14.21; 1Pe 18). **5**. *Skándalon,* "armadilha", "ardil". Palavra grega usada por quinze vezes (Mt 13.41; 16.23; 18.7; Lc 17.1; Rm 9.33 (citando Is 8.14; cf. 28.16); 11.9 (Sl 69.23); 14.13; 16.17; 1Co 1.23; Gl 5.11; 1Pe 2.8; 1Jo 2.10 e Ap 2.14). O verbo correspondente, *skandallízo,* "armar armadilha", "escandalizar", aparece por trinta vezes (Mt 5.29,30; 11.6; 13.21,57; 15.12; 17.27; 18.6,8,9; 24.10; 26.31,33; Mc 4.17; 6.3; 9.42,43,45,47; 14.27,29; Lc 7.23; 17.2; Jo 6.61; 16.1; Rm 14.21; 1Co 8.13; 2Co 11.29). **6**. *Lithos tous proskómmatos,* "pedra de tropeço". Essa expressão grega foi usada por duas vezes: Romanos 9.32,33.

No Antigo Testamento. A causa de tropeço pode ser algo literal, como um obstáculo posto no caminho de um cego (Lv 19.14). No entanto, na maioria das vezes, o sentido é figurado e ético. figuradamente, fica retratado o juízo de Deus contra os rebeldes (ver Jr 6.21; Ez 3.20). Eticamente falando, uma pedra de tropeço é aquilo que causa a iniquidade. Essa causa pode ser o ouro ou a prata (Ez 7.19) ou os ídolos (Ez 14.3,4,7; 44.12; Sf 1.3). Nesta última passagem, a nossa versão portuguesa diz "ofensa", o que é um sentido possível e legítimo para a palavra hebraica.

No Novo Testamento. Encontramos a ideia de "tropeçar" contra um objeto qualquer. Geralmente devemos pensar em um sentido figurado, como o caso de um crente que tropeça em face de alguma ação errada de um seu irmão em Cristo (Rm 14.13; 1Co 8.9). A causa desse tropeço está no ato errado do irmão mais forte, que não mostra consideração para com a consciência mais impressionável do seu irmão mais fraco, que, por isso mesmo, sente-se ofendido. A vida de Paulo foi um exemplo notável do exercício apropriado do amor e da consideração cristãos (1Co 9). O vocábulo grego *skándalon* transmite a ideia de uma armadilha armada para apanhar alguém que de nada suspeita. Esse termo é usado em conexão com o fato de que Israel não reconheceu o seu próprio Messias sofredor (Rm 11.9; 1Co 1.23; Gl 5.11). Não devemos pensar que, nesse caso, a cruz de Cristo seja a armadilha em foco. Antes, a causa da própria queda do povo de Israel eram as suas ideias preconcebidas a respeito da pessoa e das realizações do Messias prometido, visto que tais ideias não admitiam que ele deveria sofrer, antes de poder entrar em sua glória. Os judeus, em suas fantasias de homens sem a luz divina, chegaram a conceber o Messias apenas como um grande guerreiro, que deveria libertá-los militarmente dos seus inimigos em derredor.

No trecho de Apocalipse 2.14, a armadilha é vinculada ao ato de Balaão e Balaque, para enganar Israel para comer alimentos sacrificados a ídolos e praticarem a idolatria e a imoralidade.

PEDRA MOABITA. Ver sobre *Moabita, Pedra.*

PEDRAS

No hebraico, há quatro palavras a serem consideradas, e no grego, três, a saber: **1**. *Eben,* "pedra". Palavra hebraica, que ocorre por mais de 230 vezes, desde Gênesis 2.2 até Zacarias 12.3. **2**. *Sela,* "pedra rude". Palavra hebraica que aparece por sessenta vezes (como, por exemplo, em Nm 20.8,10,11; Dt 32.13; Jz 1.36; 6.20; 21.13; 1Sm 13.6; 23.25; 2Sm 22.2; 1Rs 19.11; 2Cr 25.12; Ne 9.15; Jó 39.1,28; Sl 18.2; 42.9; 104.18; Pv 30.26; Ct 2.14; Is 2.21; 7.19; Jr 5.3; 114; 51.25; Ez 24.7,8; Am 6.12; Ob 3). **3**. *Tsur,* "rocha" (com base no fato de que é aguçada). Essa palavra hebraica é usada por cerca de setenta vezes (como em Êx 17.6; 33.21,22; Nm 23.9; Dt 8.15; 32.4,13,15,18,30,31,37; Jz 6.21; 1Sm 2.2; 2Sm 21.10; 23.3; 1Cr 11.15; Jó. 14.18; 18.4; 29.6; Sl 18.31; 27.5; 28.1; 105.41; 114.8; Is 2.10). **4**. *Tseror,* "pedrinha redonda". Com esse sentido, apenas por uma vez, em 2Samuel 17.13. **5**. *Líthos,* "pedra". Esse substantivo grego é usado por 56 vezes (Mt 3.9; 4.3,6 (citando Sl 91.12); 7.9; 21.42 (citando Sl 118-22); 21.44; 24.2; 27.60,66; 28.2; Mc 5.5; 12.10; 13.1,2; 15.46; 16.3,4; Lc 3.8; 4.3,11; 11.11; 17.2; 19.40; 19.44; 20.17,18; 21.5,6; 22.41; 24.2; Jo 8.7,59; 10.31; 11.38,39,41; 20.1; At 4.11; 17.29; Rm 9.32,33 (citando Is 8.14; cf. 28.16); 1Co 3.12; 2Co 17; 1Pe 2.4-6 (citando Is 28.16); 2.7,8; Ap 4.3; 15.6; 17.4; 18.12,16,21; 21.11,19). **6**. *Pétros,* "pedrinha". Em João 1.42, refere-se à coisa com esse nome. Em todas as outras passagens em que a palavra ocorre, alude à alcunha dada a Simão, filho de João, pelo Senhor Jesus. Ver sobre *Pedro.* **7**. *Pséphos,* "calhau", "pedrinha". Essa palavra grega ocorre apenas por três vezes (At 26.10 e Ap 2.17).

As pedras são pedaços de rocha, de qualquer tamanho e formato, geralmente, desprendidas de alguma grande rocha, como fragmentos de pequeno tamanho, conforme se vê à beira dos rios, por exemplo (1Sm 17.40). Os homens sempre usaram pedras para vários propósitos de construção (ver Gn 35.14, para exemplificar). A menos que tiradas das rochas mediante a ação humana, conforme se vê nas pedreiras (1Cr 22.15), as pedras são destacadas pela ação das águas dos rios. Vários processos naturais, como a água corrente ou a neve, dão formato às pedras. O termo "pedras" também indica as chamadas pedras preciosas. Ver sobre *Joias* e *Pedras Preciosas.*

É perfeitamente compreensível a importância das pedras para os povos que habitavam na Terra Prometida e nas cercanias, pois eles viviam em um território rochoso, onde havia muitas pedras soltas de todos os tamanhos. Montes de pedras eram feitos para comemorar eventos notáveis (Gn 31.46; Js 4.5-8). A lei de Moisés foi inscrita em tábuas de pedra (Êx 31.18), e a pedra de esquina de um edifício se revestia de grande significação (Sl 118.22; Ef 2.20). Os altares eram edificados com pedras (Js 22.10), como também residências. Os israelitas que residiam em lugares pedregosos conheciam bem a dificuldade de caminhar em tais terrenos (Sl 91.12). Entre os israelitas, no caso daqueles que desobedecessem gravemente à lei de Moisés, havia a execução por apedrejamento (Dt 22.24 e At 7.59). Um sepulcro escavado na rocha, com uma tampa redonda de pedra, foi considerado o lugar final de descanso terreno de Jesus de Nazaré (Mt 27.60); mas, depois que Jesus ressuscitou, essa pedra foi rolada de defronte da entrada do sepulcro, para mostrar que ele não estava mais ali dentro (Mt 28.2).

A natureza e a antiguidade das rochas do Oriente Próximo variam muito. Na maior parte do sul dessa região, aparecem rochas pré-cambrianas, pertencentes ao maciço árabe-núbio. Essas rochas são antiquíssimas, e ali o granito é comum. Lado a lado com esse maciço cristalino há uma zona sedimentar em formato chato, onde predominam os arenitos. Um pouco mais para noroeste, norte e nordeste, as camadas são gentilmente dobradas, e aí são comuns as pedras calcárias.

Na região da Síria moderna, da parte oriental do Curdistão e da porção ocidental da Pérsia, as rochas são dobradas de forma complexa, formando parte do cinturão de montanhas alpinas. Rochas sedimentares um tanto mais recentes aparecem na garganta do Jordão, bem como ao longo da planície costeira da Palestina, ao passo que na Síria e um pouco mais ao sul da região do lago de Tiberíades, houve alguma atividade vulcânica no passado distante. Isso criou grandes pilhas de lava basáltica, de antiguidade relativamente recente, ou seja, de cerca de apenas quatro mil anos de idade, de acordo com as análises feitas pelo radiocarbono, feitas sobre matéria orgânica ali carbonizada.

Essa grande variação quanto ao tipo e combinações de rocha, a par com condições climáticas extremas, que vão desde o clima desértico, até os picos montanhosos eternamente recobertos de neve, no extremo norte da Terra Prometida, resultou em grandes contrastes quanto aos tipos de pedras encontradas por toda a região.

Em ambas as margens do mar Vermelho, os granitos, lado a lado com as rochas cristalinas, explicam as formas das rochas expostas às intempéries. As montanhas que ladeiam o mar Vermelho supriam o Egito e, mais tarde, a Roma imperial, de pedras para monumentos, além de alguns metais. A água gelada vai penetrando e rachando as rochas, tanto ali como na península do Sinai, dando origem a granitos de formato mais ou menos retangular (cf. sobre as *tábuas de pedra*, em Êx 24.12), muitos dos quais podem ser facilmente lavrados (cf. Êx 34.4).

No distrito que vai do golfo de Ácaba até o mar Morto, mais ao norte, região essa que inclui Edom, o vento desempenha um papel erosivo importante, cavando largos vales entre montes de arenito, ladeados de plintos, perto do golfo de Ácaba. Também há gargantas estreitas, inclusive nas vizinhanças de Petra e no *wadi Yitan*, onde a "estrada do rei", dos tempos bíblicos, subia do Egito para o Jordão, e daí para Damasco e até à Mesopotâmia (cf. Nm 20.14-18). As pesadas chuvas ocasionais, arrastando para longe os sedimentos, deixaram descobertas grandes massas de arenitos, com muitos rochedos íngremes. Ali há depósitos tanto de *cobre* (vide) quanto de *ferro* (vide), que desempenharam um importante papel na história de Israel, nos dias de Davi e de Salomão.

O platô do Jordão, a leste desse rio, é aberto e plano, com grandes áreas cobertas de pedregulhos, que são resíduos da erosão produzida pelos ventos na camada calcária que antes prendia os *pedregulhos* (vide). Isso só é interrompido raramente por colinas de topo plano, as pedras calcárias da série Belqa.

A maior parte da região montanhosa a oeste do rio Jordão foi escavada da base de pedras calcárias e dolomitas da região calcária da Judeia. Essa formação rochosa é tendente a produzir fontes, e também conta com muitas cavernas, devido à ação de correntes subterrâneas de água. Essas cavernas proviam para os antigos israelitas lugares de esconderijo (1Sm 13.6), sem falarmos que também serviam de lugares de sepultamento. Essas pedras calcárias e dolomitas eram muito usadas em vários propósitos, pelos construtores antigos. Nos terremotos, muitas dessas rochas, em posição vertical, caíam (cf. Ap 6.16).

No norte de Samaria e em várias porções ocidentais da Galileia, as rochas mais comuns são o giz e as pedras calcárias brancas da série Belqa. Por causa disso, a topografia apresenta muitas formações rochosas arredondadas, havendo pedras brancas que se prestam bem para a construção de casas, feitas com blocos retangulares brancos, conforme se vê na região em redor da cidade de Nazaré.

A região montanhosa é atravessada por uma série de depressões. Entre elas poderíamos citar a planície de Beerseba, tendo Berseba como o principal oásis do Neguebe, e também a planície de Esdrelom. Nessas depressões depositaram-se camadas de aluvião, geralmente, recobertas por dunas de areia amarronzada. Ali há bem poucas pedras visíveis e, quando há, geralmente são formações de xisto mole.

O monte Carmelo divide em dois trechos a planície costeira: o trecho norte e o trecho sul. O Carmelo é formado por um bloco separado de pedras calcárias da Judeia, com várias camadas de pedra calcária e dolomita, provendo blocos retangulares chatos, que facilmente podiam ser usados na construção de edifícios ou de altares (1Rs 18.26).

O leito do vale do Jordão (produzido por terremotos) mostra-se árido e estéril, fazendo contraste com as regiões montanhosas que o ladeiam. O rio Jordão vai descendo lentamente, em meandros, cerca de cinquenta metros abaixo do terreno circundante. E, de uma margem à outra há uma faixa de terras imprestáveis, produzidas pela erosão do terreno muito mole que o rio atravessa. Ao sul do mar Morto há rochas brancas, devido à presença de sal rochoso. Esse sal aparece entremeado com *argilas* (vide), e toda a região está sujeita a deslizamentos de terras, particularmente quando ocorrem *terremotos* (vide). Isso, juntamente com os canais de erosão, resultantes de grandes e pesadas chuvas, resultou na produção de formatos erodidos estranhos, alguns com a aparência de colunas de sal (cf. Gn 19.26). Os abalos sísmicos, muito comuns em todo o comprimento do vale do Jordão, provavelmente, também têm sido os responsáveis pelas quedas e desbarrancamentos que ali se verificam, conforme o que aconteceu quando as águas do rio Jordão foram temporariamente represadas pouco acima da cidade de Adão, cerca de trinta e nove quilômetros acima da entrada do rio Jordão no mar Morto, segundo nos relata o trecho de Josué 3.13-16.

PEDRAS ANGULARES

No hebraico, *zaviyyoth*, termo que aparece somente em Salmo 114.12 e Zacarias 9.15. No grego, ἀκρογωνιαῖος, "ângulo extremo", palavra que figura somente em Efésios 2.20 e 1Pedro 2.6 (citando Is 28.16).

As pedras angulares eram maciças pedras postas na esquina formada pela junção de duas paredes, unindo-as de modo mais firme do que poderia ser feito, na antiguidade, de outra maneira qualquer. Essa pedra também contribuía para fortalecer os alicerces da estrutura.

A "pedra de remate" (no hebraico, *eben roshah*, ou "pedra da cabeça", que aparece em Za 4.7, parece indicar que, em algumas construções, as paredes que formavam esquina eram unidas no alto por alguma forma de pedra. O trecho de Isaías 28.16 refere-se a uma certa pedra, que nossa versão portuguesa chama de "angular", mas que no hebraico é *pinnah*, que era usada como laje sobre a qual uma parede era construída, a fim de melhor ligá-la com outra, em uma esquina. Algumas vezes, essas pedras formavam duas camadas. A arqueologia tem demonstrado que a maioria das pedras angulares eram simplesmente imensas pedras, toscas e mal formadas. Mas, a partir da época de Salomão, essas pedras eram cortadas e modeladas cuidadosamente.

Usos Espirituais e figurados. 1. O Cristo Profetizado (Sl 118.22; no hebraico, *pinnah*), a pedra que os edificadores rejeitaram, mas que se tomou a pedra principal, correspondendo ao sentido da palavra hebraica, que significa "principal" ou "da frente". Esse feito divino é uma maravilha aos nossos olhos. Envolve importantíssima doutrina do Novo Testamento. (Ver Mt

21.42; Mc 12.10; Lc 20.17; At 4.11 e 1Pe 2.7). A ideia envolvida é que pedreiros insensatos (a nação judaica, para a qual viera o Messias), tinham rejeitado o mais importante elemento de seu edifício espiritual, ou seja, o Messias. Mas Deus corrigiu tal injustiça, assegurando que a Pedra encontrasse seu devido lugar no templo espiritual. **2**. O apóstolo Paulo, em Efésios 2.20,21, faz Cristo ser a "pedra de remate" (embora nossa tradução portuguesa diga "pedra angular"; mas o sentido da palavra grega é "ângulo, extremo"), completando e unindo toda a estrutura. Sem essa Pedra, não haveria como unir judeus e gentios no edifício espiritual. **3**. O trecho de Isaías 28.16 parece referir-se às maciças pedras que formavam o templo, simbolizando a presença de *Yahweh*, em todo o seu poder, entre o seu povo. Isso é interpretado como profecia messiânica, em Romanos 9.33 e 1Pedro 2.6, em conjunto com Isaías 8.14. **4**. A passagem de Salmo 144.12 invoca o Senhor, pedindo-lhe que as moças israelitas fossem como "pedras angulares", isto é, fossem sustentáculos, em virtude de suas altas qualidades morais e espirituais.

Simbologia. A "pedra angular", que é Cristo, é o mais importante fator do templo espiritual. Esse templo não é material, e nem mesmo é alguma organização terrena, e, sim, uma entidade espiritual, da qual Cristo é o construtor (Mc 14.58; Mt 16.18). Cristo é o Sumo Sacerdote desse organismo espiritual (Hb 9.11). Seu corpo é a essência do templo espiritual (Jo 2.21). Os crentes, por sua vez, são "pedras vivas", que fazem parte da sobrestrutura desse templo espiritual (1Pe 2.5).

Ainda de acordo com uma outra metáfora, Cristo é retratado como o alicerce inteiro desse templo espiritual, e não meramente a *pedra angular* (1Co 3.11). Os apóstolos e profetas da igreja também são intitulados "alicerce" do templo espiritual (Ef 2.20), em cujo caso Cristo é novamente chamado de "pedra angular". Os apóstolos e profetas do Novo Testamento formam o alicerce do templo espiritual como líderes, e não em sentido soteriológico. No sentido soteriológico, somente Cristo pode servir de fundamento da igreja. (B NTI S W Z)

PEDRAS PRECIOSAS. Ver sobre *Joias e Pedras Preciosas*.

PEDREIRAS

Escavações feitas para remover pedras a serem usadas nas mais diversas construções. Em nossa versão portuguesa, a referência, mais clara é a de 1Reis 6.7: *Edificava-se a casa com pedras já preparadas nas pedreiras...* Há grande número de pedreiras na Palestina, pois a qualidade das pedras ali existente é própria para construções. Destacados os blocos por métodos primitivos, porém eficientes, eram transportados sobre toras de madeira. Em Baalbeque as maiores pedras de construção chegam a pesar algumas centenas de toneladas e foram transportadas de uma pedreira a mais de um quilômetro e meio de distância.

No AT há alguns trechos problemáticos que envolvem pedras e pedreiras. Por exemplo, Juízes 3.19,26, onde nossa versão portuguesa lê "imagens de escultura". Contudo, tal tradução faz pouco sentido, a menos que Gilgal, referida no trecho, fosse um centro de fabrico de ídolos. Alguns estudiosos têm sugerido a tradução "pedras escavadas" para esse trecho, embora não haja qualquer indício disso no próprio texto bíblico. Outro tanto pode ser dito quanto ao trecho de Josué 4.4-9. Há versões que falam em "pedreiras" em ambas essas passagens, mas sabe-se que, pelo menos na atualidade, não há qualquer sinal de que em Gilgal ou nas proximidades houvesse pedreiras. O termo hebraico usado nesses trechos, como também em Deuteronômio 7.5 e 2Reis 17.41, poderia ser traduzido por "algo escavado".

PEDREIRO

Há dois vocábulos e duas expressões hebraicas que precisam ser levadas em conta, para entendermos o assunto: **1**. *Gadar*, "levantar uma parede". Verbo que ocorre por dez vezes, e que no particípio tem o sentido de "pedreiro", que aparece por três vezes (2Rs 12.12; 22.6 e Is 58.12). **2**. *Chatsab*, "cavar". Esse verbo ocorre por 25 vezes, e no particípio, aparece com o sentido de "pedreiro", por sete vezes (1Cr 22.2; 2Cr 24.12; Ed 3.7; 1Rs 5.15; 2Rs 12.12; 1Cr 22.15; 2Cr 2.18). **3**. *Charash eben qir*, "cavador de parede de pedra". Essa expressão hebraica aparece somente em 2Samuel 5.11. **4**. *Charash qir*, "cavador de parede". Essa expressão aparece somente em 1Crônicas 14.1.

Salomão empregou milhares de homens para prepararem as pedras que haveriam de ser usadas na construção do templo de Jerusalém (1Rs 5.15-18). Oitenta mil homens talhavam as pedras nas montanhas, e setenta mil transportavam-nas (sem falar nos supervisores, que atingiam o número de três mil e trezentos). Há versões que traduzem por "lavradores de pedras" a palavra hebraica que, em nossa versão portuguesa, é traduzida por *giblitas*. Por isso, muitos leitores sem conhecimentos técnicos têm pensado que eles também seriam pedreiros de algum tipo. Esclarecemos aqui que essa palavra é apenas um adjetivo pátrio, indicando os naturais de Gebal ou Biblos, uma cidade da Fenícia, à beira-mar. Ver sobre *Gebal*, cidade mencionada na Bíblia em Josué 13.5. Nossa versão portuguesa está com a razão. O trabalho dos pedreiros é tão antigo quanto a história humana. Os egípcios eram hábeis no trabalho com pedras, e podemos supor que os hebreus derivaram deles esse conhecimento. O trecho de 2Samuel 5.11 sugere que os hebreus não eram tão habilidosos nesse mister quanto os tírios (ver 1Rs 6.7 e 7.10). Sabe-se que Salomão contratou operários estrangeiros para a construção do templo de Jerusalém. Ver 2Reis 12.12 e 22.6, que são trechos que falam sobre aqueles que trabalharam como pedreiros, no projeto da construção do templo. Um pedreiro tanto construía paredes simples como também erigia edifícios (1Cr 22.2), fortalezas e arcos (2Cr 33.14; Ed 3.10), além de lavrar pedras para ereção de edifícios (2Cr 24.12). As passagens de 1Reis 5.17 e 6.7 falam sobre o trabalho de talhar pedras, nas pedreiras; Isaías 5.2 refere-se ao fabrico de tábuas de pedra, para vinho. E os trechos de Êxodo 20.25; 1Reis 5.17 e Amós 5.11 referem-se ao trabalho de talhar pedras. 2Samuel 5.11 e 1Crônicas 14.1 informam-nos que os fenícios eram peritos nesse trabalho; e 2Samuel 5.11 e 1Crônicas 22.2 dizem como Davi e Salomão tiraram proveito dessa perícia.

As cidades maiores dos israelitas, como Jerusalém, Megido e Samaria, servem de exemplos da habilidade dos pedreiros construtores. O ponto culminante dessa arte foi atingido no templo de Herodes, uma das maravilhas do mundo antigo.

Entre os instrumentos usados pelos pedreiros havia os martelos, entre os quais um maior, para ser usado nas pedreiras (ver Jr 23.29), e um menor, para a preparação das pedras individuais (ver 1Rs 6.7). Um relevo em bronze, da época de Salmaneser III, apresenta pedreiros assírios trabalhando, usando os tipos de ferramentas. Ver o artigo intitulado *Arquitetura*.

PEDRINHAS DE AREIA

Em nossa versão portuguesa, essa expressão traduz a palavra hebraica *chatsats*, que ocorre somente em Provérbios 20.17 e Lamentações 3.16, com esse sentido. Na primeira dessas passagens bíblicas está em foco o indivíduo que amassa o *pão do engano*, e que lhe parece doce à boca. Mas depois, em vez de ter bom gosto, a sua boca fica cheia de *pedrinhas de areia*. A lição é que tudo aquilo que é ganho de forma desonesta redunda em detrimento para quem assim age. E, na segunda passagem, temos a ideia de quem sente tanta tristeza que é como se sua boca estivesse cheia de pedrinhas de areia.

PEDRO

Forma grega da palavra aramaica *Cefas* (Jo 1.42; 1Co 1.12; 3.22; 9.5; 15.5; Gl 1.18; 2.9,11,14), que quer dizer rocha, nome esse que Jesus deu a Simão, Atos 15.14; 2Pedro 1.1, quando este compareceu pela primeira vez à sua presença,

João 1.42, e que depois explicou nas palavras proféticas, Mateus 16.18 etc., Marcos 3.16. Simão era filho de certo João, João 1.42; 21.15,16,17, ou Jonas, Mateus 16.17, talvez síncope da palavra João, que, com seus filhos André e Pedro, exercia a profissão de pescador no mar da Galileia, de parceria com Zebedeu e seus filhos, Mateus 4.18; Marcos 1.16; Lucas 5.3s. Havia nascido em Betsaida, João 1.44, de onde se transferiu com sua família para Cafarnaum, Mateus 8.14; Lucas 4.38. Parece que Pedro tinha sido discípulo de João Batista, e foi levado a Jesus por seu irmão André, João 1.41,42, que era um dos discípulos favoritos de João que o havia dirigido a Jesus imediatamente depois que regressou da tentação no deserto, João 1.35s. Jesus lhe deu o sobrenome de Cefas ou Pedro, que quer dizer "Rocha" (*cf.* João 1.42). Em comum com os primeiros discípulos de Jesus, Pedro recebeu três chamadas distintas de seu Mestre, a primeira para ser discípulo, João 1.40s., *cf.* 2.2; a segunda, para acompanhá-lo em sua missão, Mateus 4.19; Marcos 1.17; Lc 5.10; e a terceira para ser apóstolo, Mateus 10.2; Marcos 3.14,16; Lucas 6.13,14. O ardor de ânimo, o espírito de consagração, a coragem, o vigor físico e a impetuosidade de seu gênio deram-lhe desde logo, lugar distinto entre os demais discípulos de Jesus. O seu nome figura sempre em primeiro lugar na lista dos apóstolos (Mt 10.2; Mc 3.16; Lc 6.14; At 1.13). No círculo íntimo dos três discípulos mais favorecidos, o nome dele é sempre o primeiro (Mt 17.1; Mc 5.37; 9.2; 13.3; 14.33; Lc 8.51; 9.28). Era ele quem primeiro falava, o primeiro a confessar que Jesus era o Cristo Filho do Deus Vivo (Mt 16.16; Mc 8.29), mas também foi o primeiro a dissuadir o Mestre a não seguir o caminho dos sofrimentos, recebendo dele a mais formal repreensão (Mt 16.22; Mc 8.33). A vida do apóstolo Pedro apresenta três feições muito distintas. A primeira é o período de aprendizagem de que o evangelho nos dá conta. Durante os anos de convivência pessoal com Cristo, aprendeu a conhecer-se a si e a seu Mestre. Ele que havia afirmado fidelidade incondicional a Jesus, terminou por negá-lo três vezes (Mt 26.69s.; Mc 14.66s., Lc 22.54s.; Jo 18.15s). Nesse epílogo de suas experiências, parece terem desaparecido todos os conhecimentos adquiridos nos anos de sua aprendizagem, porém o Divino Mestre termina o curso de seus ensinos provando o coração de Pedro, restaurando-lhe a paz e a confiança (Jo 21.15s). A segunda feição é o período em que ele toma a dianteira dos demais apóstolos para regular os negócios da igreja como se observa nos primeiros capítulos de Atos dos Apóstolos. A sua mão forte guiou-a em todos os seus passos. Foi ele quem propôs a eleição para o preenchimento do lugar vago pela morte de Judas (At 1.15); foi ele quem explicou às multidões o que significava a difusão do Espírito Santo no dia de Pentecostes, 2.14; foi ele quem tomou a dianteira na cura do homem paralítico, e que fez o discurso referente a esse milagre, 3.4,12; 4.8, foi pela sua palavra que Ananias e Safira foram repreendidos, 5.3,8, e finalmente, foi pelas suas mãos que se abriu a porta da salvação tanto para os judeus, no grande sermão de Pentecostes, 2.10,38, quanto para os gentios em casa de Cornélio, (cap. 10). A terceira fase compreende o período de trabalho humilde no reino de Cristo revelado nas epístolas do Novo Testamento. Depois de lançados os fundamentos da igreja, Pedro toma lugar humilde, entrega-se ao trabalho de ampliar os limites do reino de Deus, e desaparece das páginas da História. Na igreja de Jerusalém, é Tiago quem toma a direção dos trabalhos (*cf.* 12.17; 15.13; 21.18; Gl 2.9,12). Tendo sido aberta a porta aos gentios, Paulo passa a ser o apóstolo aos gentios (Gl 2.7). Como apóstolo da circuncisão, v. 8, Pedro prossegue a sua carreira menos nos brilhantes lugares onde havia judeus, e de bom grado deixou Jerusalém à direção de Tiago, e o mundo civilizado a Paulo. O livro de Atos encerra as notícias a seu respeito, por ocasião do concílio de Jerusalém, Atos 15, quando defendeu a causa dos gentios com geral aprovação. Depois sabe-se que esteve em Antioquia, Gálatas 2.11, talvez também em Corinto,

Casa de Pedro em Cafarnaum

1Coríntios 1.12, e com certeza no extremo Oriente na Babilônia, 1Pedro 5.13, prosseguindo na sua obra missionária em companhia de sua esposa, 1Coríntios 9.5. Sabe-se, finalmente, que ele glorificou a Deus, sofrendo o martírio, João 21.19. Nada mais a Escritura relata a seu respeito, se não o que se lê e suas cartas em que aparece revestido de uma encantadora humildade, despido de todas as pretensões no governo da igreja, seguindo os ensinos de Paulo ou de Judas, e exortando os seus leitores a permanecerem na fé que lhes era comum. Nenhum caráter da história sagrada, e poderemos dizer de toda a literatura, aparece tão em relevo quanto o do apóstolo Pedro. Nos Evangelhos, em Atos e nas epístolas, é sempre o mesmo homem com suas feições caracteristicamente dramáticas. Sempre veemente, ardoroso, impulsivo, é realmente o homem de ação no círculo apostólico, exibindo ao mesmo tempo os defeitos inerentes às suas boas qualidades, (Mt 16.22; 26.69-75; Gl 2.11). As suas virtudes e as suas faltas tinham raízes comuns nas suas disposições entusiásticas. Devemos reconhecer, para honra de seu nome, que com a cizânia de sua ira e precipitação do gênio, cresceu mais fortemente o trigo, representado pelo seu amor e pronta recepção da verdade. Nosso Senhor o tratou com muita honra. Conferiu-lhe o poder de operar nada menos de três milagres nos primeiros dias da pregação do evangelho; a ele concedeu manifestação especial depois da ressurreição, 1Coríntios 15.5. Jesus teve tempo, nos momentos de sua paixão e quando realizava a obra redentora da humanidade, de lançar sobre Pedro olhar de compaixão, para amparar seu coração quebrantado, portanto, a vida de Pedro é rica de instruções e de conforto para os cristãos. Os seus escritos penetram as profundezas da experiência cristã, e sobem às mais altas culminâncias da esperança. A história pouco acrescenta ao que já sabemos pelos evangelhos e pelas epístolas. De acordo com a profecia referente ao seu martírio, contida no capítulo 21.19 de João, diz a história que ele foi crucificado ao mesmo tempo em que o apóstolo Paulo, que foi decapitado, no ano 68, ao que parece na cidade de Roma. Desde o princípio que a lenda muito se ocupou com a vida do apóstolo Pedro. A tradição romanista afirma que ele foi bispo de Roma durante 25 anos, tendo como base uma história apócrifa, originada entre os ebionitas, e indigna de crédito, não só pela sua origem e manifesta inconsistência interna, como pela ausência de valor histórico.

PEDRO, EPÍSTOLAS DE

Primeira Epístola de Pedro. O autor anuncia-se como sendo o apóstolo Pedro, 1.1. Tem a seu favor, não só o caráter interno no seu todo, como numerosos atestados históricos. É endereçada aos estrangeiros dispersos pelo Ponto, Galácia, Capadócia, Ásia e Bitínia, 1.1, descrição um tanto metafórica de todo o corpo de cristãos que habitavam a região compreendida atualmente pela Ásia Menor. É claro que ele tinha em mente o elemento gentílico, como se depreende das seguintes passagens: 1.14; 2.9,10; 3.6; 4.3. Essas igrejas foram organizadas e nutridas em grande parte pelo apóstolo Paulo, que a elas se havia dirigido por meio de cartas como as que dirigiu aos gálatas, efésios e colossenses. Pedro escreve de tal modo, a dar a entender que a ele não deviam a sua conversão, 1.12,25, e ao mesmo tempo afirma que o evangelho que haviam recebido era o evangelho da graça de Deus, exortando-os a permanecer nele, 5.12. Desse modo, torna pública a sua inteira harmonia com as doutrinas de Paulo, escrevendo a que se chama epístola da esperança. A ordem em que os países a que ele se refere são enumerados, 1.1, começa do Oriente para o Ocidente, dando a entender que estava no Oriente, como se observa pela saudação que ele envia da igreja da Babilônia, cf. 5.13. Pode-se determinar a data dessa epístola entre 63 e 67, talvez com certeza entre 64 e 65. A segunda epístola do mesmo apóstolo alude a esta no cap. 3.1, o que vem confirmar a sua autoria, cf. 1.1. É citada por Policarpo que foi discípulo do apóstolo João. O mesmo fazem Irineu e Tertuliano nas últimas décadas do segundo século. Desde o princípio, tinha o seu lugar na Bíblia dos cristãos em toda a parte do mundo e entrava em uso em todas as igrejas. O estilo da carta é simples e, ao mesmo tempo emocionante e enérgico, cheio de transições rápidas e abruptas. Reflete, admiravelmente, o caráter do escritor. O modo de tratar o assunto é especial e característico, visto que a doutrina por ele apresentada é exatamente igual à da epístola de Paulo, com referências predominantes à graça divina e às esperanças futuras. A epístola contém em alto grau as feições particulares das doutrinas de Paulo nas epístolas aos romanos e aos efésios, bem como as de Tiago em sua epístola (cf. 1Pe 2.6,8 com Rm 9.32,33; 1Pe 2.5; 3.8,9; 4.7-21 com Rm 12.1,16,17 e 3.6; 1Pe 2.18; 3.1-7; com Ef 6.5 e 5.22,23; 1Pe 1.1,6,7,23 e 5.6, com Tg 1.1,2,3,18, e 1Pe 4.10). Em todas essas passagens se revelam os traços que desenham a pessoa do grande apóstolo, consorciando a profundeza da doutrina com a beleza dos ensinos cristãos. Após as saudações, 1.1,2, segue-se uma seção introdutória, 1.3-12, em que louva a Deus pelas bênçãos da salvação. O corpo da epístola, 1.13 até 5.11, consiste de uma série de exortações sobre o modo de colocar em prática os ensinos que os crentes haviam recebido, 1.13 até 2.10, e em segundo lugar um número considerável de instruções particulares sobre a vida prática, 2.11 até 4.6, terminando com algumas outras sobre as necessidades atuais de seus leitores, 4.7 até 5.11 e enviando saudações, 5.12-14.

segunda epístola de Pedro. O autor denomina-se Simão Pedro, servo e apóstolo de Jesus Cristo, 1.1, testemunha presencial de sua grandeza no monte da transfiguração, 1.16, de quem recebeu aviso de sua próxima saída desse tabernáculo (1.14; cf. Jo 21.19), e apresenta-se em linha paralela com o apóstolo Paulo, 3.15. A falta de simplicidade, de estilo, de liberdade de expressão, contrasta com a simplicidade da sua primeira epístola, motivo pelo qual já no tempo de Jerônimo se impugnava a sua autenticidade. Esse doutor da igreja, porém, diz que tais diferenças foram devidas aos vários comentaristas das suas cartas. Pode ser que assim seja, cf. Marcos. Seja como for, ele se denomina Simão Pedro apóstolo, que a própria carta confirma pelos traços característicos que nela se encontram, no modo de dizer muito semelhante ao que se encontra em Atos, em muitas expressões e palavras em comum e com a primeira epístola, e no costume que lhe era peculiar observado na primeira carta, dando o aspecto negativo e positivo de uma mesma ideia; por exemplo (1Pe 1.12,14,15,18,19; 2Pe 1.16,21; 2.4,5; 3.9,17). Não existem muitas provas em favor do uso dessa epístola nos dias antigos da igreja; porém Orígenes, no princípio do terceiro século, exprime-se tal modo que dá a entender que era muito lida nas igrejas de seu tempo. Apesar de algumas dúvidas quanto à sua autenticidade, a evidência histórica em seu favor é por demais valiosa. O modo de endereçar a carta era o que geralmente se usava: ... *aos que conosco obtiveram fé igualmente preciosa na justiça do nosso Deus e Salvador Jesus Cristo*, 1.1. Mas o cap. 3.1 mostra que ele se dirigia aos mesmos leitores ou a algum grupo que estava entre eles. Ignora-se em que lugar foi escrita essa carta. Se for certo que as palavras do versículo 14 se referem ao seu próximo martírio, é de presumir que foi escrita em Roma. Nesse caso poderemos datá-la do ano 68. Com esta data concordam as referências que ele faz à natureza dos erros por ele profligados, como a referência à sua primeira carta. Tinha como objetivo, segundo ele declara no cap. 3.1,17,18, despertar o ânimo de seus leitores a se recordarem do que ele lhes havia ensinado, a fim de serem salvos dos erros então prevalecentes e para crescerem em graça e no conhecimento do Salvador Jesus Cristo. Em outras palavras, a epístola foi escrita com o fim de combater o gnosticismo que procurava entrada nas igrejas e consolidar nelas a verdadeira pureza e sabedoria cristã. O conteúdo da carta harmoniza-se muito com o fim em vista: Depois das saudações apostólicas do costume, 1.1,2, passa insensivelmente a exortar os crentes a crescerem na graça e conhecimento, v. 3-11, recordando as bases em que se deve fundamentar esse conhecimento, v. 12-21, e a denunciar os falsos mestres, 2.1-22. Recorda-lhes as doutrinas referentes à Segunda Vinda e ao fim do mundo, 3.1-13. Concluindo, exorta os leitores a fazer certa a sua vocação e eleição, recomenda-lhes que leiam as cartas de Paulo; fecha com uma doxologia, v. 14-18.

PEITO, BATER NO

No hebraico, *taphaph*, "bater em um tamborim". Essa palavra hebraica ocorre somente em Naum 2.7. Ela tem causado alguma dificuldade aos tradutores mais antigos, devido à sua raridade. Nossa versão portuguesa não traduz literalmente a palavra, e nem a expressão inteira onde ela se encontra, mas diz apenas "batem no peito". No hebraico, a palavra correspondente a "peito" é *lebab*, "coração". Essa é uma boa tradução.

PEITORAL. Ver *Armas e Armadura*.

PEITORAL DO SUMO SACERDOTE

No hebraico, temos a palavra *chosen* usada por 25 vezes (por exemplo: Êx 25.7; 28; 30.16-21; Lv 8.8). Esse vocábulo hebraico deriva-se de um termo que aponta para a *beleza*, apontando para o sentido estético. (Ver Êx 28.4,15-30; 39.8-21). Na LXX temos o termo grego *peristéthion* (em Êxodo 28.4). O peitoral do Sumo Sacerdote era feito laboriosa e artisticamente, com materiais como fio de ouro, azul, púrpura e escarlate, sobre linho fino retorcido (Êx 28.15). Sua forma era quadrada, porquanto era dobrada pelo meio, e quando aberto, tinha o dobro do comprimento em relação à largura (Êx 28.16). Havia argolas de ouro nas quatro pontas (vs. 23,26). As argolas inferiores eram atadas, por meio de laços azuis, a argolas existentes na estola sacerdotal. No peitoral havia doze pedras preciosas, gravadas, cada qual, com o nome de uma das tribos de Israel (Êx 28.17-21). Cordões de ouro ligavam as argolas superiores do peitoral às duas pedras preciosas gravadas, que havia nos ombros da estola sacerdotal (vss. 9-12,22-25). O peitoral do sumo sacerdote tinha os seguintes sentidos simbólicos: **1**. A obra do sumo sacerdote, em favor do povo de Israel. Ele levava Israel sobre o peito e sobre os ombros, porquanto era o representante do povo escolhido diante de *Yahweh*. **2**. Sua obra intercessória em favor de Israel, pelo que ele também contava com o *Urim* e o *Tumim* (vide), que o ajudava a determinar a vontade do Senhor (vs. 30). **3**. Alguns estudiosos identificam o *Urim* e o *Tumim* com as doze pedras do peitoral, visto que essas pedras e o *Urim* e o *Tumim* nunca são mencionados ao mesmo tempo. Mediante essas pedras, o sumo sacerdote evidentemente era induzido a um leve e passageiro transe, segundo pensam alguns estudiosos, embora nenhuma explicação possa ser dada a respeito do processo. Notemos que o peitoral era o principal adorno das vestes sumo sacerdotais. Ver o artigo geral sobre *o Sumo Sacerdote*, no subtítulo *Vestes*, quanto a descrições mais amplas sobre a questão.

Alguns estudiosos pensam que a "couraça da justiça", referida em Efésios 6.14, de algum modo estaria baseada no peitoral do sumo sacerdote. Porém parece melhor pensarmos, nesse caso, na "couraça" (no hebraico, *shiryan*) aludida em Isaías 59.17, e que, em sentido literal, aparece também em 1Reis 22.34 e 2Crônicas 18.33, onde está em pauta uma cota de malhas, isto é, uma couraça feita com peças de metal sobrepostas, como as escamas de um peixe. (HA ND Z)

PEIXE, PESCA

I. As Palavras e Caracterização Geral. No hebraico, *dag* ou *dagah*. Embora haja referências a peixes, nas páginas do Antigo Testamento, como na distinção entre alimentos permitidos e vedados, não há ali qualquer palavra que, realmente, signifique "peixe". Baleias, focas e dugongos, além de outros animais que respiram por meio de pulmões, e não de guelras, eram considerados peixes, pelos hebreus. Nas águas interiores da Palestina, 45 espécies de peixes eram conhecidas, e muito mais ainda nas águas do mar Mediterrâneo. Uma das principais divindades dos filisteus, Dagã, era representado como um ser com corpo de homem mas com cauda de peixe. E duas outras palavras hebraicas, traduzidas por "peixe", na realidade referem-se a crustáceos, moluscos e animais mamíferos marinhos. As leis alimentares levíticas também não contêm a palavra, embora haja referências óbvias a peixes nos versículos que mencionam barbatanas e escamas, como características necessárias dos peixes comestíveis. (Ver Lv 11.9; Dt 14.9,10). Isso elimina, automaticamente, todos os animais aquáticos invertebrados do cardápio, apesar do fato de serem nutritivos e de bom gosto. Desconhecemos a base ou a lógica por detrás dessas regras. Ver o artigo separado sobre *Limpo e Imundo*.

O peixe-gato ou lampreia, que havia nas águas da Galileia, provavelmente era evitado. Mas, apesar daquelas regras alimentares, sempre havia um bom número de espécies permitidas de peixes. Supõe-se que muitas espécies atuais também existiam na antiguidade, embora seja impossível identificá-las agora, mediante referências bíblicas, como as que temos em Mateus 14.17; 15.36 (peixinhos) etc. Espécies existentes até hoje na Palestina são a tilápia, o barbilhão e o salmonete. Este último é nativo do mar Mediterrâneo, mas foi transplantado com êxito para o lago da Galileia. Além desses, há a sardinha, enlatada em grandes quantidades. No lago da Galileia, atualmente há cerca de 2 espécies diferentes de peixes e todas elas abundantes. Naturalmente, o mar Morto, devido à exagerada salinidade de suas águas, não é piscoso. A Bíblia menciona o Egito (Nm 11.5), o lago da Galileia (Lc 5.6) e Tiro (Ne 13.16), como locais onde o peixe era encontrado em abundância.

O idioma grego conta com mais de quatrocentos nomes de peixes, que distinguem espécies e variedades. O termo genérico para peixe, no grego, é *ichthys*. Sua forma diminutiva é *ichthydion*. A primeira dessas palavras gregas ocorre por dezenove vezes no Novo Testamento (Mt 7.10; 14.17,19; 15.36; 17.27; Mc 6.38,41,43; Lc 5.6,9; 9.13,16; 11.11; 24.42; Jo 21.6,8, 11; 1Co 15.39). Sua forma diminutiva ocorre por duas vezes, em Mateus 15.34 e Marcos 8.7. No cristianismo posterior ao Novo Testamento, o termo grego *ichthys* passou a ser usado como um dos símbolos de Cristo (conforme se vê na seção V.1), "Usos figurados".

II. Maneiras de Pescar

1. Redes. Havia três tipos de redes: a tarrafa, a rede e o arrastão, explanadas nos três pontos a seguir. **a. A Tarrafa.** Essa forma de rede era circular, com pesos em seu perímetro. Era lançada à mão, caía chata sobre a superfície da água, afundava primeiro nas beiradas e, assim, apanhava qualquer coisa que estivesse no meio. O termo grego que representa esse tipo de rede é *amphíblestron*, que significa "o que se lança ao redor". O termo ocorre somente em Mateus 4.18 e Marcos 1.16. **b. A Rede Longa.** Era apoiada em boias. Então ficava pendente pouco abaixo da superfície da água durante horas, ou mesmo um dia inteiro, e então era recolhida. Em seguida recolhia-se qualquer pescado que ali tivesse sido apanhado. O termo grego que lhe corresponde é *díktuon*, empregado por doze vezes no Novo Testamento (Mt 4.20,21; Mc 1.18,19; Lc 5.2,4-6; Jo 21.6,8,11). **c. O Arrastão.** Essa era uma longa rede, puxada por um barco, em torno de um semicírculo. Então, era puxada para fora d' água por ambas as extremidades, apanhando todos os peixes que estivessem na área por ela alcançada. Por esse motivo tornava-se mister selecionar os tipos de peixes apanhados, e esse é o ponto salientado na parábola envolvida no único trecho onde esse tipo de rede é mencionado (Mt 13.47). Ali figura o termo grego *sagéne*. Essa parábola simboliza a seleção de almas boas, dentre as almas más, quando a humanidade for julgada e quando os bons forem levados para o céu e os maus forem precipitados na *Geena* (vide).

As redes de pesca requeriam muitos cuidados, como limpeza e reparos (ver Lc 5.2; Mt 4.21). Atualmente, há redes feitas de fibras artificiais, muito mais resistentes do que as antigas. No Brasil, nas regiões onde há rios piscosos, como na Amazônia, muitas pessoas sabem emendar redes com uma agulha própria, feita de madeira, com a qual a malha é refeita onde tiver sido rompida. Devido à natureza do leito dos rios da região amazônica, a rede mais comumente utilizada é a tarrafa, a qual, apesar de seu pequeno tamanho, em comparação com a rede de arrastão ou com o espinhel (que consiste mais em um cabo com muitos anzóis pendurados, o que não lhe dá o caráter de rede), ainda assim embaraça-se facilmente em tocos e galhos de árvores submersos e rompe-se. De certa feita, este tradutor viu uma pesca de tambaquis (um peixe de escamas, com cerca de dez quilos de peso), na qual, em cerca de duas horas, foram apanhados nada menos de setenta desses saborosos peixes. Isso ocorreu no Médio Amazonas, em uma das muitas lagoas existentes por detrás da cidade de Parintins.

2. Caniço e Anzol. (Esse tipo de instrumento de pesca é referido em textos como Is 19.8; Jó 41.1; Hc 1.15; Am 4.2 e Mt 17.27) (a única referência neotestamentária). É geralmente usada uma isca, presa à farpa do anzol. Porém, até mesmo sem isca é possível pescar algo, ao acaso. Para tanto, o pescador simplesmente puxa a linha com o caniço para lá e para cá, na esperança de apanhar algum peixe com o anzol. Esse tipo de pesca é pouco usado nos rios da Amazônia, sendo deixado mais para os amadores. Um pescador que pesque por esse método pode apanhar tanto um peixe como uma cobra. Talvez essa seja a ideia que está por detrás do trecho de Lucas 11.11, onde o Senhor Jesus disse que um pai não daria a seu filho uma serpente, se ele lhe pedisse um peixe para comer.

3. Arpão. Jó 41.7 é um trecho bíblico que menciona esse instrumento de pesca. Essa maneira de pescar geralmente é reservada para apanhar animais mais volumosos, como um crocodilo, embora também possa ser usada para peixes pesados. Isso é ilustrado em uma pintura tumular em Tebas, de Simute (cerca de 1500 a.C.) É preciso grande habilidade para que alguém use com eficiência esse método. Os índios usam arco e flecha, nos rios da Amazônia. Ali, o arpão é reservado para a pesca de peixes grandes, como o pirarucu, ou de certos animais mamíferos aquáticos, como o peixe-boi. O arpão, que é apenas a ponta de metal (geralmente ferro) aguçada e farpada, posta na extremidade do cabo do arpão, desloca-se facilmente do cabo, quando atinge o alvo. Mas esse arpão está preso a um cabo forte. A outra extremidade do cabo é amarrada na proa da canoa ou montaria, que o peixe chega a arrastar por algum tempo, antes de morrer, em seu afã por livrar-se do arpão.

III. COMERCIALIZAÇÃO DA PESCA. No caso da antiga nação de Israel, contamos apenas com poucas referências bíblicas à pesca. Portanto, não sabemos qual a extensão da atividade da pesca na Palestina, durante todo o período do Antigo Testamento. Israel não era um povo voltado para as lides do mar, pelo que a pesca em águas salgadas devia ser praticada de modo extremamente limitado. No entanto, as descobertas arqueológicas nos dão mostras de que eles conheciam a pesca em rios e lagunas. Parece haver menção a uma dessas lagunas em Cantares 7.4, onde lemos sobre as "piscinas de Hesbom". Lagunas de pesca eram conhecidas na Mesopotâmia, no Egito e na Assíria; os romanos também especializaram-se nesse tipo de pesca, chegando a criar um ativo comércio em torno dessa atividade. Nos dias do Senhor Jesus parece que a pesca, pelo menos no lago da Galileia, era uma ocupação importante de muitos, conforme qualquer criança de Escola Dominical o sabe. Vários dos primeiros discípulos de Jesus eram pescadores habilitados e prósperos. Da região da Galileia exportava-se peixe até mesmo para a capital do império romano. No entanto, Jesus ensinou a seus discípulos para que fossem pescadores de homens: *E disse-lhes: Vinde após mim, e eu vos farei pescadores de homens*. (Mt 4.19).

Na cidade de Jerusalém havia um portão chamado *Porta do Peixe* (vide), que os eruditos pensam que ficava na muralha norte da cidade, e através de cuja porta os negociantes traziam seu peixe para ser vendido à população (Sf 1.10). O trecho de Neemias 13.16 mostra-nos que negociantes tírios de peixe viviam em Jerusalém, após o exílio babilônico. Os métodos de preparação do peixe iam desde o simples cozimento (Jo 21.9; Tobias 6.5), até o salgamento e a secagem ao sol (Tobias 6.5). Os negociantes vindos de Tiro traziam peixe seco e salgado, ao mercado de Jerusalém. Alguns pensam que os peixes da multiplicação miraculosa de pães e peixinhos (Mt 4.17 e 15.36) fossem peixes assim preservados, e não peixes frescos.

IV. A IDOLATRIA E O PEIXE. Um dos deuses dos filisteus, *Dagã* (1Sm 5.2 ss.), era representado como um ser dotado de corpo humano, mas com cauda de peixe. O trecho de Deuteronômio 4.18 proíbe a adoração da figura do peixe, através de imagens, o que significa que, na época, deve ter havido uma generalizada adoração ao *deus-peixe*. Também havia a *deusa-peixe*, Atargatis, que era adorada em Ascalom e também entre os nabateus. Na província de Oxyrhynchus, no Egito, havia uma espécie de peixe, com esse nome, que era ali adorado. Alguns pensam que um antigo símbolo cristão, representando um peixe, apontava para Cristo, de várias maneiras. (Ver o ponto "V.1"). Esse símbolo parecia estar calcado sobre símbolos pagãos, pelo menos em sua idealização.

V. USOS FIGURADOS. 1. Como símbolo cristão, a palavra grega para "peixe", *ichthus*, era dividida como segue: *I* (Jesus); *ch* (Cristo); *th* (de Deus); *u* (Filho); *s* (Salvador). A frase grega, por inteiro, era: Ἰησοῦς Χριστός, θεοῦ Υἱός, Σωτήρ, o que, traduzido para o português, torna-se: Jesus Cristo, Filho de Deus, Salvador. Sabe-se que os mais antigos símbolos cristãos, pela ordem, foram a cruz, a âncora e o peixe. **2.** Os habitantes do Egito também foram simbolizados por um peixe (ver Ez 29.4,5). **3.** Também tornou-se o peixe um símbolo da *igreja* visível (Mt 13.48), ou seja, enquanto a igreja está neste mundo, ainda sem distinções internas, que só serão feitas por ocasião do juízo divino que haverá de separar os autênticos dos falsos seguidores de Cristo. Em outras palavras, o *reino dos céus* assemelha-se a uma grande mistura de todas as espécies de peixes, bons e maus. A rede de arrastão da mensagem do evangelho apanha toda a espécie de gente; mas somente algumas pessoas realmente convertem-se, o que ficará comprovado pela seleção a ser feita no fim. Acima disso, naturalmente, paira o mistério da vontade de Deus, que envolve uma restauração geral, embora isso não venha a ter lugar para aumentar o número dos eleitos. Ver o artigo sobre a *Restauração*.

Não obstante, a restauração final faz parte da obra total do Redentor, com um resultado muito mais amplo do que aquele concebido dentro da parábola da rede de pesca. **4.** Os ministros do evangelho são chamados pescadores, porquanto procuram conquistar os homens para Cristo e para o reino (Mt 4.16). (Ver também o trecho de Ez 47.10). **5.** Em um sentido negativo, os *caldeus* foram chamados de "pescadores", por parte de Deus, porquanto eles apanhavam e arrastavam para o exílio grandes multidões (Jr 16.16; Hc 1.15). **6.** O alimento espiritual pode ser simbolizado, nos sonhos e nas visões, por peixe. Um rico suprimento é outra coisa que pode ser representada por um peixe, nessas manifestações. E também podem estar em pauta a igreja cristã e a doutrina cristã. **7.** A psicanálise tem demonstrado que o peixe tem muitos sentidos simbólicos, a saber: *a*. Dentro do contexto, aqueles sentidos anotados sob o sexto ponto, anterior a este. *b*. As camadas mais profundas da mente inconsciente, visto que o peixe nada a profundidades às quais o homem não tem acesso. *c*. A qualidade espiritual do próprio "eu". *d*. O estado primitivo do ser humano, que os evolucionistas pensam ter tido a sua origem no peixe. *e*. O poder salvador e renovador, o renascimento, que tem, por detrás de si, a ideia de tesouros ocultos nas profundezas do mar, onde os peixes vivem. *f*. A frieza, a impotência, a pobreza, a excentricidade, a ausência de sentimentos, visto que o peixe é um animal de águas frias. O peixe tem um formato que se aproxima do formato do pênis. *g*. Um negócio ludibriador, alguma desonestidade. *h*. Um peixe que nada contra a correnteza pode simbolizar a mente inconsciente e as emoções mentais. *i*. O ato de pescar pode simbolizar uma ocupação precária, ou então alguma incerteza ou mesmo perigo. *j*. Pescar um peixe grande pode significar um golpe de sorte, ou então a tentativa para descobrir os tesouros da mente inconsciente. *k*. O ato de comer peixe simboliza a renovação, o renascimento, pois os peixes, postos nas mãos do Senhor Jesus, multiplicaram-se milagrosamente. O peixe foi ali um alimento miraculoso. (CHE E ND S UN Z)

PEIXE COMO SÍMBOLO

Ver o artigo geral sobre *Peixe*, seção quinta, quanto a certa variedade de coisas que o peixe pode simbolizar.

PELAGIANISMO

Foi uma corrente doutrinária do movimento ascético ocidental no século V, da qual Pelágio é comumente considerado como fonte principal. Sua perspectiva teológica se caracterizava por: insistência sobre a suficiência da natureza humana, não enfraquecida essencialmente pela queda de Adão, para cumprir a vontade de Deus; a negação do pecado original transmitido como culpa ou corrupção, desde Adão, a toda a humanidade; as expectativas morais e espirituais mais elevadas do cristão batizado, capaz de uma vida de perfeita santidade, porque Deus assim determina; um entendimento dos dons da graça, que, para o pelagianismo, excluiriam ou, na melhor das hipóteses, minimizariam drasticamente o poder da capacidade humana, sem a obra interior do qual nada se poderia fazer de aceitável a Deus.

O movimento pelagiano não foi, na verdade, uniforme, tampouco unido tão somente pela inspiração de Pelágio. Não obstante, a denominação permaneceu, sendo, ainda hoje, frequente e amplamente empregada para condenar qualquer doutrina que, em princípio, pareça ameaçar a primazia da graça, da fé e da regeneração espiritual sobre a capacidade, as boas obras e o empenho moral humanos.

Pelágio era um leigo nascido britânico, que ganhou aceitação em Roma em *c*. 400 como professor de ascetismo cristão. Escreveu cartas de aconselhamento ascético, tratados (incluindo um tratado de caráter ortodoxo sobre o credo, *Fé na Trindade*) e um comentário sobre as epístolas paulinas. Suas obras se valeram de fontes cristãs diversas, entre as quais Orígenes, Ambrosiaster e Agostinho. Fortemente persuadido da bondade da ordem criada, opunha-se a qualquer coisa que a denegrisse, tal como o maniqueísmo ou o ascetismo exagerado de Jerônimo. O único dom da graça era a capacitação inviolável que a criatura humana tinha recebido de Deus, juntamente com sua autodeterminação. Embora a queda haja estabelecido uma sucessão de pecados, em detrimento das gerações subsequentes, a capacidade criada (*posse*) da vontade, mesmo encoberta pelos usos inveterados ou obscurecida pelo esquecimento ou pela ignorância, permaneceu tal como Deus a fez, precisando somente de nosso ato de vontade (*velle*) para tornar uma realidade (*esse*) a vontade de Deus. Com esse fim, foi acrescida a graça da revelação e iluminação, tanto pela lei quanto mediante o evangelho. No ato de conversão e batismo (sendo, supostamente, do crente responsável), era assegurada a graça do perdão dos pecados passados (diferentemente de Paulo, Pelágio escreveu explicitamente a respeito da justificação, "*pela fé somente*"); a seguir, porém, o cristão era considerado capaz de realizar o potencial dos seus poderes de criação. Acima de tudo, não havia lugar para derrotismo ou fatalismo sombrio em face do pecado, que Pelágio alegou encontrar nas *Confissões* de Agostinho. A igreja, para ele, deveria ser uma comunidade dedicada à perfeição cristã.

O avanço dos godos sobre Roma em 410 dispersou Pelágio e seus adeptos rumo ao sul, à Sicília e à África romana, e ao leste, particularmente à Palestina. Seu correligionário Celéstio foi o primeiro pelagiano a incorrer em censura da igreja, em Cartago, em 411. Similar em formação a Pelágio, ele não era, nem por isso, espírito mais combativo ou possivelmente menos traiçoeiro. Altamente magoado, acabou adotando as crenças católicas na África, passando a asseverar que Adão seria mortal antes da queda, o que não prejudicaria senão a si próprio. Celéstio também afirmava que as crianças deveriam ser batizadas, não para a remissão dos pecados (por não acreditar na influência do pecado original), mas para obtenção da santificação, ou do reino do céu. Essas suas novas opiniões eram certamente desconhecidas de Pelágio, na Palestina, em 415, quando Celéstio foi absolvido por dois sínodos de bispos orientais. Ele próprio havia apelado a um certo Rufino, "o sírio", em defesa de sua negação da transmissão de pecado. Essa figura desconhecida (que não deve ser confundida com a de Rufino de Aquileia) ilustra a diversidade das visões pelagianas, pois, diferentemente de Celéstio, Rufino ensinava que Adão não teria morrido se tivesse permanecido sem pecar; assim também, quanto às raízes orientais definitivas, das ideias pelagianas, senão pelo menos sua afinidade com elas (embora seu papel tenha sido exagerado por um autor, que o assinalou como inspirador do próprio Pelágio). Rufino rejeitava a teoria traducionista da origem da alma, que adaptara a crença da transmissão do pecado original, sendo também rigoroso crítico de Orígenes. Disputas a respeito das doutrinas especulativas de Orígenes, a começar pela da preexistência da alma, tornaram-se uma forte tendência na controvérsia pelagiana.

A condenação de Celéstio e Pelágio foi liderada pelo episcopado africano, instruído por Agostinho. O Concílio de Cartago, em 418, anatematizou os seguintes ensinos pelagianos: a mortalidade natural, antes que penal, de Adão; a negação do batismo infantil, juntamente com a negação do pecado original, derivado de Adão, que, para a igreja, exigia purificação no batismo para o recém-nascido; restrição da graça justificadora na remissão de pecados passados, mas mantendo sua ajuda contra a prática de pecados futuros; restrição da ajuda da graça contra o pecado para com a iluminação do entendimento e a exclusão da implantação do amor, que nos capacita a ter prazer na vontade de Deus e a obedecer a ela; a asserção de que a graça apenas nos capacita a fazer mais facilmente o que poderíamos fazer até mesmo sem ela, embora com maior dificuldade;

negação das afirmações claras de 1João 1.8,9 e das implicações da Oração do Senhor ("perdoa as nossas dívidas"), a fim de alegar que alguém pode ser, na realidade, sem pecado.

A pressão africana serviu marcantemente de instrumento para fazer vir à luz, em 418, uma condenação conclusiva dos ensinos pelagianos, por parte do papa Zósimo. Seus termos foram somente parcialmente registrados. Certamente confirmava a transmissão universal do pecado de Adão, resultando no cativeiro ao pecado, do qual todos precisariam ser libertos mediante o batismo, com a mesma força tanto para a criança quanto para o adulto. O Terceiro Concílio Ecumênico de Éfeso, em 431, condenaria também qualquer pessoa que compartilhasse das opiniões de Celéstio.

Um grupo de bispos italianos, liderados por Juliano de Eclano, no sul da Itália (*c*. 386-*c*.455), recusou-se, porém, a subscrever o veredicto de Zósimo. Juliano passou a se tornar assim o protagonista das crenças pelagianas, mantendo-se à frente de uma controvérsia crescente e tremenda com Agostinho até a morte deste. Fragmentos de suas obras sobreviveram grandemente nas réplicas de Agostinho. Exposições feitas sobre Jó, Oseias, Joel e Amós podem, com probabilidade considerável, ser atribuídas a Juliano.

Essa fase da controvérsia é importante mais pelas elaborações do pensamento de Agostinho — provocando, por sua vez, a reação antiagostiniana conhecida enganosamente como semipelagianismo — do que por haver propriamente novos ensinos significativos expostos por Juliano. Ele atribuiu a narrativa de Agostinho sobre a escravidão da humanidade ao pecado ao seu incurável maniqueísmo e, de modo geral, sistematizou as doutrinas pelagianas, que o tornaram o oponente mais forte do que o próprio Pelágio ou Celéstio. Os pontos centrais de discussão nessa etapa da controvérsia são: a predestinação (Juliano acusa o Deus de Agostinho de injustiça); a concupiscência pecaminosa que persistiria no cristão após o batismo; e a relação sexual entre parceiros inevitavelmente concupiscentes como meio de transmissão do pecado original.

O pelagianismo foi importante por provocar uma clarificação mais recente ou mais bem elaborada das crenças católicas sobre questões ainda não tocadas em controvérsias anteriores no Oriente, onde haviam sido entendidas inadequadamente. Estudos modernos têm resgatado Pelágio e seus seguidores da área dos moralistas e humanistas, reconhecendo sua intenção religiosa séria e sua alegação de fidelidade à tradição primitiva em setores em que muita coisa estava ainda sem definição. Contudo, a avaliação pelagiana dos efeitos da queda de Adão e seu entendimento de graça não estavam de acordo com as Escrituras, embora a igreja, ao rejeitar definitivamente as visões de Pelágio, não endossou também totalmente as refutações de Agostinho.

(**D. F. Wright**, M.A., reitor da Faculdade de Teologia e catedrático de História Eclesiástica do New College, Universidade de Edimburgo, Escócia.)

BIBLIOGRAFIA. T. Bohlin, *Die Theologie des Pelagius und ihre Genesis* (Uppsala, 1957); G. Bonner, *Augustine and Modern Research on Pelagianism* (Villanova, 1972); idem, *How Pelagian was Pelagius?*, SP 9 (1966), p. 350-358; P. Brown, *Religion and Society in the Age of St. Augustine* (London, 1972); R. F. Evans, *Pelagius: Inquiries and Reappraisals* (London, 1968); idem, *Four Letters of Pelagius* (London, 1968); J. Ferguson, *Pelagius. A Historical and Theological Study* (Cambridge, 1956); G. de Plinval, *Pélage: ses écrits, sa vie et sa réforme* (Lausanne, 1943); D. F. Wright, Pelagius the Twice Born, *Churchmann* 86 (1972), p. 6-15.

PELAÍAS

No hebraico, "**distinguido de** *Yahweh*". Esse foi o nome de duas personagens que figuram nas páginas do Antigo Testamento: **1**. Um levita que ajudou Esdras na instrução dada ao povo, quanto à lei mosaica, quando voltara da deportação para a Babilônia o remanescente de Judá, e foi renovado o pacto com o Senhor. (Ver Ne 8.7; 10.10). Isso ocorreu em 445 a.C. **2**. O filho de Eleoenai, de Judá, um descendente distante de Davi (1Cr 3.24). Ele viveu em cerca de 445 a.C.

PELALIAS

No hebraico, **"Yah** (*Yahweh*) **julga"**. Esse foi o nome de um sacerdote que descendia de Malquias e foi pai de Jeroão (ver Ne 11.12). Ele viveu em cerca de 445 a.C., ou seja, nos dias de Esdras.

PELATIAS

No hebraico, *"Yahweh* **livra"**. Esse foi o nome de quatro homens mencionados no Antigo Testamento: **1**. O primeiro dos filhos de Hananias a ser nomeado, descendente de Davi e Salomão (1Cr 3.21). Viveu em cerca de 536 a.C. Zorobabel foi seu avô. **2**. Um simeonita que ajudou a destruir o remanescente dos amalequitas, no monte Seir, no tempo de Ezequias (ver 1Cr 4.42). Isso ocorreu em cerca de 700 a.C. **3**. Um filho de Benaia, um líder do povo de Israel, acusado por Ezequiel de dar maus conselhos durante o tempo em que a Babilônia estava assediando a cidade de Jerusalém. Ele caiu morto quando Ezequiel estava profetizando (Ez 11.1,13). Isso sucedeu em cerca de 592 a.C. **4**. Um contemporâneo de Neemias, que assinou com ele o pacto renovado, depois do cativeiro babilônico. Ele fixara residência em Jerusalém. Isso sucedeu por volta de 400 a.C. (Ver Ne 10.22).

PELE

No hebraico, *or*, palavra que figura por 96 vezes no Antigo Testamento, desde Gênesis 3.21 até Miqueias 3.3. No grego, *dérma*, vocábulo que ocorre somente por uma vez, em Hebreus 11.37. A Bíblia alude tanto a peles de animais quanto à pele humana. As peles de animais eram usadas no fabrico de vestes, desde os dias mais remotos (Gn 3-21). Rebeca utilizou peles de cabritos para cobrir as mãos e o pescoço de Jacó, para que parecessem peludos, a fim de que Isaque, já cego, pensasse tratar-se de Esaú, que era homem cabeludo. João Batista usava um cinto de couro na cintura, como uma de suas poucas peças de vestuário (Mc 1.6).

Conforme explicou o Senhor Jesus, ... *nem se põe vinho novo em odres velhos; do contrário, rompem-se os odres, derramava-se o vinho, e os odres se perdem* (Mt 9.17). Esses odres eram feitos de peles de animais, costurados em determinados lugares, fechando-os inteiramente. O suco espremido da uva era posto nesses odres. No seu interior, o suco da uva fermentava, fazendo estufar os odres. Cada odre só servia para ser usado por uma vez. Se fosse usado novamente, visto que já estava distendido ao máximo, com a formação dos gases da fermentação do suco da uva, acabaria estourando. O que Jesus quis ensinar é que os princípios fundamentais do Novo Testamento não podem ser contidos pelos limites estreitos do Antigo Testamento. Se isso for feito, tanto um quanto outro haverão de estragar-se quanto à sua pureza. Erram muito, pois, aqueles que querem misturar os princípios da lei com os princípios da graça, como fazem, para exemplificar, os Adventistas do Sétimo Dia, em que pese todo o afã deles por observarem a lei mosaica, mormente o dia de sábado.

Há algumas referências bíblicas a enfermidades humanas da pele. Que, em seu período de aflição, Jó sofria de varíola, é uma grande possibilidade. Ele foi afligido com feridas da cabeça aos dedos dos pés, ao ponto de seus amigos quase não poderem reconhecê-lo (Jó 2). Sua condição era de uma feroz coceira, pois ele chegou a se raspar com um pedaço de cerâmica. Ele mesmo comentou como segue: *A minha carne está vestida de vermes e de crostas terrosas; a minha pele se encrosta e de novo supura* (Jó 7.5). Essa descrição ajusta-se bem a algum caso severo de varíola, embora haja outras possibilidades.

A lepra era uma doença da pele temida por todo o Antigo e o Novo Testamentos. No tempo de Moisés, que tinha avançadas ideias de medicina preventiva; era dever dos sacerdotes resolverem se um homem tinha sido afetado pela lepra ativa, o que o obrigava a viver separado da população em geral. Os sacerdotes também precisavam decidir se a enfermidade havia cessado. Os critérios usados nesse exame dos pacientes aparecem no décimo terceiro capítulo do livro de Levítico. Cristo purificou, numa única oportunidade, dez leprosos. A cura envolveu a restauração das porções danificadas dos corpos deles (ver Lc 17.11-19).

Existem Provérbios bem conhecidos concernentes à pele, que se derivam das Escrituras. Jó declarou: *Os meus ossos se apegam à minha pele e à minha carne, e salvei-me só com a pele dos meus dentes* (Jó 19.20). E Jeremias perguntou: *Pode acaso o etíope mudar a sua pele, ou o leopardo as suas manchas?* (Jr 13.23). Ver também o artigo sobre *Curtidor*.

PELEGUE

No hebraico, **"divisão"** ou **"canal (de água)"**. Esse foi o nome de um filho de Éber e pai de Rau (Gn 11.19), na quarta geração depois de Sem. Ele foi assim chamado porque, em seus dias, "a terra foi dividida". Ao que tudo indica, isso alude a como o povo da terra foi disperso por ocasião da torre de Babel (ver Gn 11.1-9). A tradição era que todos os habitantes da terra descendiam dos três filhos de Noé (ver Gn 9.19). Mas, uma outra teoria acerca desse nome é que o homem de algum modo estava vinculado a Falga, uma cidade da Mesopotâmia, situada na junção (ponto de divisão) do rio Caraboas com o rio Eufrates. O substantivo comum *peleg* pode significar "canal". Portanto, Pelegue poderia referir-se a um território e seu povo, cujo território era bem regado por águas. A palavra assíria para "canal" é *palgu*, o que empresta apoio linguístico a essa interpretação.

PELES DE ANIMAIS (TRABALHO EM COURO)

1. Artigos a Examinar e Vocabulário. Ver os artigos separados intitulados *Peles de Animais Marinhos; Peles de Cabras; Peles de Carneiro* e *Peles de Ovelhas*. Ver também sobre *Artes e Ofícios*. A palavra que a Bíblia usa no Antigo Testamento, para indicar "couro", é o termo hebraico, *or*, que aparece por um total de 99 vezes, podendo ser traduzido por "couro", "pele", desde Gênesis 3.21 até Miqueias 3.3. No Novo Testamento, encontramos *dérma*, palavra grega empregada por apenas uma vez, em Hebreus 11.37. E o adjetivo *dermátinos*, "feito de couro", "feito de pele", ocorre por duas vezes. O couro é a pele tratada de algum animal, então usado na feitura de vestuário, sacolas e muitos outros itens de uso caseiro ou pessoal.

2. Antiguidade do Uso de Couro. A manufatura do couro é tão antiga quanto a própria história. Na China, há menção ao uso do couro, desde seus dias mais remotos. Artefatos de couro têm sido encontrados em mausoléus do Egito. Os babilônios e os persas sabiam curtir o couro, e transmitiram esse conhecimento aos gregos e aos romanos. Até onde a arqueologia tem sido capaz de descobrir, os índios norte-americanos trabalhavam com couro, fazendo desse material grande variedade de objetos.

3. Natureza das Peles de Animais e Processo de Curtição. O processo de curtição impede a putrefação, e as peles assim tratadas atravessam séculos. De fato, alguns dos maiores manuscritos do *mar Morto* (vide) eram feitos de couro, com o nome latino de *vellum*. As peles de animais consistem em três camadas: epiderme, mesoderme e derme, cada qual mais profunda que a anterior. A epiderme, que não pode ser tingida, é removida juntamente com os pelos. Isso deixa a mesoderme e a derme, a fim de serem tratadas. A epiderme, onde estão os pelos ou a lã, é uma camada pouco espessa, também chamada cutícula. É abaixo dela que fica a mesoderme ou cório, mais espessa, e que é a verdadeira pele. Então vem a derme, mais abaixo. Visto que a camada mais externa, a epiderme, não se combina com o *tanino* (ou outras substâncias e os compostos químicos usados na curtição), é mister removê-la juntamente com os pelos, conforme já dissemos. A camada intermediária, que se toma então a camada mais externa, é feita de fibras gelatinosas. Ela contém fluidos que servem para renovar a cutícula e manter a pele úmida e flexível. No processo da curtição, esse material é removido, o que reduz o peso da pele, deixando apenas o material fibroso. A *derme* consiste em tecido conetivo frouxo, onde ficam as glândulas sebáceas e sudoríparas, juntamente com vasos sanguíneos e fibras musculares. Essa mistura chama-se *lado carnal*. Quando é tratada, a derme serve para dar maior resistência ao cório. O cório é que pode ser tratado até tornar-se uma superfície fina e polida. Sendo uma substância orgânica, a pele é feita de carbono, oxigênio, hidrogênio, nitrogênio e enxofre. Na antiguidade, as peles de animais eram preparadas mediante a remoção das partes inúteis. Então, o couro era mergulhado em grandes cubas, em líquidos apropriados. Isso removia todos os vestígios de gordura, sangue, pelos e epiderme. Depois, as peles eram esticadas e postas a secar. Em seguida, eram bezuntadas em azeite e esfregadas, e finalmente eram tingidas.

4. Peles Usadas e Informes Bíblicos. Uma grande variedade de animais era usada para aproveitamento de seu couro. Sabemos que, nos tempos bíblicos, eram usados animais como bois, jumentos, ovelhas, cabras, cabritos, carneiros (ver Gn 27.16; Êx 25.5), lagartos, texugos, leopardos, crocodilos, cavalos e camelos. Atualmente, vários tipos de peixes também fornecem couros que podem ser usados em trajes elegantes e itens decorativos. Uma sandália de longa duração era feita de uma pele especial, talvez da toninha. (Ver Ez 26.10).

A primeira menção bíblica a peles aparece no relato sobre o jardim do Éden, onde se lê que Deus fez vestes de peles de animais para Adão e Eva (Gn 3.21). Sabemos, mediante referências literárias e descobertas arqueológicas, que objetos de couro de todos os formatos eram usados nas terras bíblicas e imediações. O trecho de Levítico 13.47-49 fala sobre uma doença da pele humana, chamada lepra. Sabe-se que essa palavra, na antiguidade, tinha muitas conotações, além daquilo que, atualmente, se conhece como mal de Hansen, ou lepra. Há estudiosos que supõem que condições de má conservação atacavam os couros, quando mal curtidos; e assim, o que eles chamavam lepra, seria apenas uma forma de decadência causada por bactérias. Elias usava uma espécie de cinturão de couro (ver 2Rs 1.8). João Batista, na qualidade de segundo Elias, usava vestes de pelos de camelo e um cinturão de couro (ver Mt 3.4). O autor da epístola aos Hebreus mencionou peles de cabras como material de que eram feitas as vestes dos santos afligidos da antiguidade (Hb 11.37). Havia itens do tabernáculo que eram feitos de couro e o tabernáculo também era coberto por duas camadas de couro, uma de "peles de carneiros" e outra de *peles de animais marinhos* (vide), segundo se lê em Êxodo 26.14 e Números 4.6. A arqueologia tem demonstrado abundantemente o uso do couro para fabrico de recipientes de água ou de vinho. O vinho novo, não fermentado, precisava ser posto em recipientes novos, flexíveis, e não em "odres" (nome desses recipientes de couro, no Novo Testamento) velhos e ressecados, para evitar rupturas. (Ver Mt 9.17). Essa circunstância foi usada pelo Senhor Jesus para ilustrar que o antigo judaísmo não podia conter a nova e expansiva fé cristã, que se estava desenvolvendo. E isso, por sua vez, significa que o cristianismo não era apenas um judaísmo reformado, e, sim, uma autêntica progressão espiritual, levando os crentes a novos níveis de espiritualidade.

O couro era um material usado na feitura de livros, na antiguidade. Suas principais desvantagens eram o alto preço e o volume. Somente com o tempo começaram a ser usados materiais mais parecidos com o nosso papel, muito menos espessos, mais baratos, mais abundantes. Paulo solicitou de Timóteo que lhe trouxesse alguns livros, incluindo aqueles escritos em pergaminho, talvez contendo porções do Antigo Testamento, além de outras obras de valor. (Ver 2Tm 4.13). O pergaminho não pode ser confundido com o *papiro* (vide). Este último era um material feito de uma cana com esse nome, ao passo que o *pergaminho* (vide) era um couro finíssimo, bem tratado. Embora não sejamos diretamente informados quanto a isso, tudo indica que Paulo era fabricante de tendas; quase todas as tendas da antiguidade eram feitas de couro. Alguns dos principais manuscritos do mar Morto eram feitos de *velino*, ou seja, peles costuradas umas às outras. E quase todos os manuscritos do Novo Testamento, a partir do século IV d.C., foram escritos sobre velino ainda que os manuscritos mais antigos que possuímos do Novo Testamento tenham sido escritos sobre papiro.

O couro também era usado no fabrico de escudos. Esses escudos eram de madeira revestida de couro. Eram de menor qualidade que os escudos de metal, é claro, mas ainda assim davam proteção, além de serem mais baratos. Sabemos que os gregos e romanos usavam esse tipo de escudo. Os trechos de 2Samuel 1.21 e Isaías 22.6 também se referem a esse tipo de escudo. Os egípcios, por sua vez, usavam artefatos de couro para cobrir e decorar paredes, tetos, portas e assoalhos. Excelente mobiliário também era fabricado em couro. Tronos e leitos eram feitos de peles especialmente tratadas e tingidas. As mulheres ricas tinham suas sacolas de couro, e vários artigos de uso pessoal também eram feitos desse material. As botas, os capacetes, os escudos, as aljavas para flechas e a corda dos arcos, como também as bainhas de espadas eram feitos de couro, usados pelos soldados. Selas de montaria, botas e partes de carruagens também eram feitas de couro.

As tribos nômades sabiam tingir peles. Nas cidades, certas pessoas ocupavam-se nesse mister, curtindo couros ou vendendo artigos feitos de couro. Em Jope, Simão, o curtidor (ver At 10.6), era um desses profissionais. Era costumeiro os curtidores viverem fora das muralhas das cidades ou de seus limites, em face dos odores desagradáveis que seus produtos emanavam.

5. Paulo e seus Pergaminhos. "O idoso prosador poderia sentir-se feliz só com os seus livros" (Robertson, comentando sobre 2Tm 4.13). Paulo demonstrou interesse particular por certos pergaminhos, os quais, provavelmente, incluíam porções do Antigo Testamento. Ele também queria que Timóteo lhe trouxesse outros livros, cuja natureza não foi especificada. É bem provável que aquele texto aluda a seleções da biblioteca pessoal (e, provavelmente, pequena) de Paulo. Material dessa ordem revestia-se de grande valor na antiguidade. Ver o artigo sobre *Alexandria, Biblioteca de*, quanto a uma noção acerca das dimensões a que chegaram as bibliotecas na antiguidade. Estando encarcerado, Paulo precisava de seus livros, conforme declarou, e, sem dúvida, lhos dava grande valor. Os ministros anti-intelectuais fariam bem em observar essa particularidade. Em sua hora de provação, Paulo, sem dúvida, voltou-se para a oração e a meditação; mas sem dúvida ele também desejava ler os seus livros.

Esta vida seria brutal se, algumas vezes,
Não tivéssemos claros vislumbres de um escopo mais vasto,
Indícios de uma ocasião infinita.
Algumas vezes, ao andar pelas ruas,
Ou nos montes, sempre sem aviso prévio,
Uma graça de ser, mais excelente do que somos,
Que acena mas desaparece, uma vida mais ampla
Que se impõe a si mesma, com rápido vislumbre
De círculos espaçosos, ilumina-nos a mente.

James Russell Lowell

O mais nobre uso do couro sempre foi o fabrico de livros. Por meio deles, os homens comunicavam seus pensamentos, sua filosofia, suas esperanças. (AM ED (1927) ID KLIN Z)

PELES DE ANIMAIS MARINHOS

As traduções exprimem a palavra hebraica envolvida de diversas maneiras, a qual aparece por catorze vezes no Antigo Testamento, principalmente nos livros de Êxodo e Números, embora também uma vez em Ezequiel 16.10. A palavra hebraica envolvida era empregada em duas conexões: **1**. O material usado para cobrir o tabernáculo (ver Êx 25.5 ss.), bem como a arca da aliança, quando os israelitas se punham em marcha (ver Nm 4.6 ss.). **2**. Um material usado para o fabrico de sandálias (ver Ez 16.10).

Fatos a considerar. O nome hebraico foi dado em relação a uma área desértica, perto do golfo de Áqaba. As peles eram de grandes dimensões. Assim, a arca da aliança era coberta por uma única dessas peles. Poucos animais do deserto poderiam satisfazer a essa qualificação. O trecho de Ezequiel 16.10 mostra-nos que o material era caro, visto ter sido alistado entre coisas valiosas. Alguns estudiosos têm pensado em peles de cabras, ao invés de tentarem encontrar um animal que vivesse no deserto. Mas outros eruditos insistem que se tratava da foca, ou de algum tipo pequeno de baleia. Além disso, temos a considerar o boi marinho, que era abundante nas costas do golfo de Áqaba, e cuja pele era usada com muitas serventias. O boi marinho adulto tem cerca de três metros de comprimento, e uma única pele desse animal facilmente poderia cobrir a arca. Era um animal vegetariano, cujas patas dianteiras tinham a forma de nadadeiras, e destituído de patas traseiras, pelo que não podia abandonar a água. Seria um animal semelhante ao nosso "peixe-boi", abundante na Amazônia. O animal vive em grupos de até seis indivíduos. Em certas áreas do mundo a espécie está em via de extinção. Parece ser esse o animal referido naquelas catorze passagens do Antigo Testamento (Êx 25.5; 26.14; 35.7,23; 36.19,34; Nm 4.6,8,10-12,14,25 e Ez 16.10). (BOD ID Z)

PELES DE CABRAS

A rigor, a expressão ocorre somente em Hebreus 11.37, no original grego, *dérma aígeion*, "peles de cabra", onde o autor sagrado referia-se a certos homens de grande fé, nos dias do Antigo Testamento, que, em meio às suas privações e hábitos frugais, chegaram a usar vestes feitas de peles de carneiros e peles de cabras. Ver o artigo separado sobre *Vestimentas*. E ver também sobre *Cabra*. As peles de cabras serviam de útil material para o fabrico de vestes e de coberturas de grande duração. Assim, elas foram empregadas como cobertura para o tabernáculo armado no deserto do Sinai (Êx 26.14), como também para a arca da aliança e para outros móveis e artigos do tabernáculo (Nm 4.6-14). Por semelhante modo, certos calçados femininos eram feitos desse material, em Israel e em outros países (Ez 16.10). Todavia, muitas traduções, como a nossa tradução portuguesa, preferem traduzir por "peles de animais marinhos" (vide). E alguns estudiosos pensam que a palavra hebraica por detrás dessa tradução, *tachash*, significa "coisas vermelho-escuro".

PELES DE CARNEIROS

No hebraico, *or*, indicando peles de carneiros, tingidas de vermelho, usadas como a quarta cobertura do tabernáculo (Êx 25.5; 26.14; 35.7,13; 36.19; 39.34). Peles de carneiros, tratadas com azeite, até hoje são usadas pelos pastores do Oriente Próximo. Elas fornecem boa proteção contra o vento e a chuva. Os sírios continuam tingindo de vermelho essas peles, esfregando-as com um corante vermelho. Então com essas peles são fabricados sapatos e sandálias.

PELES DE OVELHAS

A rigor, essa expressão aparece somente em Hebreus 11.37 (no grego, *meloté*). Essa palavra grega aponta para uma veste simples, feita com peles de ovelhas tingidas.

É possível que uma pele de ovelha, que até em nossos dias é um artigo ordinário do vestuário, no Oriente, tenha sido a veste feita por Deus para o primeiro casal, Adão e Eva, no jardim do Éden, após a queda no pecado (Gn 3.21). Essa era a veste comum dos profetas de Israel, conforme se vê na expressão de Zacarias 13.4, "manto de pelos". De fato, esse tipo de veste tornou-se uma espécie de marca registrada dos profetas hebreus. O Senhor Jesus advertiu os seus seguidores acerca dos impostores que haveriam de se vestir (metaforicamente falando) desse modo, ao dizer: *Acautelai-vos dos falsos profetas que se vos apresentam disfarçados em ovelhas, mas por dentro são lobos roubadores* (Mt 7.15). Esse material também foi utilizado para servir de cobertura do tabernáculo erigido no deserto onde os israelitas vaguearam por cerca de quarenta anos. (Ver Nm 4.25).

PELETE

No hebraico, **"escape"** ou **"livramento"**. Nome de duas pessoas que aparecem no Antigo Testamento: **1**. O quarto filho de Jadai, da tribo de Judá (1Cr 2.47). Ele viveu por volta de 1657 a.C. **2**. Um descendente de Azmavete, um benjamita e guerreiro que tomou o partido de Davi, contra Saul, e uniu-se às suas forças, em Ziclague (1Cr 12.3). Isso aconteceu em cerca de 1015 a.C. Com grafia diferente no hebraico, e com outro sentido, "fuga", "pressa", embora grafado do mesmo modo em nossa versão portuguesa, temos outros dois homens, a saber: **1**. O pai de Om, da tribo de Rúben (ver Nm 16.1). Ele fez parte da rebelião de Coré contra Moisés e Aarão. Seria o ano de 1657 a.C. **2**. Um filho de Jônatas, da tribo de Judá, da família de Hezrom (1Cr 2.33). Ele descendia de Jerameel, através de Onã. Viveu em torno de 1618 a.C.

PELETITAS

No hebraico, **"corredores"** ou **"correios"**. Uma referência àqueles que levavam as ordens do rei a lugares distantes. Com a passagem do tempo, esse nome veio a tornar-se o nome de uma família. Ao que parece, os *peletitas* e os *quereteus* (vide) eram estrangeiros, provavelmente filisteus que passaram a fazer parte da comunidade de Israel. Seja como for, alguns deles tornaram-se valentes guerreiros a serviço de Davi (ver 2Sm 15.18-22; 20.7). Temos maiores detalhes sobre eles no artigo sobre os *Quereteus*.

PELICANO

No hebraico, *qaath*, uma ave mencionada em Levítico 11.18; Deuteronômio 14.17 e Salmo 102.6. Talvez na última dessas três referências esteja em vista o "abutre", segundo se vê em algumas versões. No hebraico, o nome dessa ave é um termo cognato da palavra para "vomitar". Duas circunstâncias explicam isso. Em primeiro lugar (embora erroneamente), o pelicano alimenta-se principalmente de ostras, para depois regurgitar as conchas, enquanto digere o resto. A verdade é que esse pássaro regurgita o alimento para alimentar seus filhotes, apresentando a eles alimento parcialmente digerido, o que é necessário para a sobrevivência dos mesmos. Os filhotes alimentam-se enfiando a cabeça na garganta de seus pais.

Os pelicanos não vivem como aves residentes na Palestina, mas visitam essa região, onde podem ser vistos ocasionalmente. Passam pelos céus da Palestina o mais rapidamente possível, em bandos de diversas centenas. Voam planando com asas quase paradas, usualmente na direção norte. Durante o inverno vivem nos lagos da África central, e viajam para a região do mar Negro para o choco. Alguns deles dirigem-se à Europa central e à Europa oriental. O pelicano é uma das maiores aves do mundo, com um corpo com cerca de 1,50 m de comprimento. Pescam em grupos, usando seus bicos e papos como se fossem redes de pesca. O pelicano marrom norte-americano mergulha na água atrás dos peixes, embora não seja esse o hábito da espécie que pode ser vista na Palestina. O pelicano é essencialmente um pássaro tropical, é muito gregário, dotado de voo poderoso, capaz de voar a grandes altitudes. Duas espécies podem ser vistas na Palestina, cujos nomes científicos são *Pelecanus onocrotalus* e *Pelecanus crispus*.

PELONITA

Essa designação foi aplicada a Helez e a Aías, que foram dois dos trinta heroicos guerreiros de Davi, que se aliaram a ele contra Saul, acompanhando-o em seu exílio em Ziclague. (Ver 1Cr 11.27; 27.10). Mui provavelmente, Aías é o mesmo homem chamado Eliã em 2Samuel 23.34. Helez é chamado de paltita (nativo de Bete-Pelete) em 2Samuel 23.26.

PELOS DE CAMELO

Os pelos de camelo até hoje são usados para fabrico de um tecido grosseiro e resistente; somos informados, em Mateus 3.4 e Marcos 1.6, que João Batista usava vestes feitas de pelos de camelo. Jesus contrastou tal tipo de vestuário com os tecidos finos dos ricos e dos nobres, em Mateus 11.8. Ver também Josefo, *Guerras* 1.24,3. Naturalmente, é possível que as roupas de João Batista fossem feitas do couro de camelo, e não de um tecido feito com os pelos desse animal. Até hoje os beduínos fazem mantas de pelos de camelo. A manta de pelos parece ter sido uma marca registrada dos profetas (Zc 13.4), mais ou menos como a manta era usada pelos filósofos-mestres profissionais, nos tempos antigos. Elias usava um manto de pelo de camelo e um cinturão de couro (2Rs 1.8). E alguns supõem que João Batista o imitou, de modo proposital ou então inconsciente. Esse mesmo material era usado para fabrico de tendas e capas externas.

Uso figurado. O trecho de Zacarias 13.4 parece fazer desse tipo de vestuário um sinal dos profetas. O verdadeiro líder espiritual prejudica-se quando assume as características dos ricos e nobres, por ser um homem que rejeitou a tudo, devendo manter um estilo de vida simples, para que a sua mensagem não seja impedida. Aquele que clama contra o pecado, dificilmente pode fazer companhia aos pecadores que usam de ostentação e luxo. (H I IB S)

PENDÃO

Duas palavras hebraicas são assim traduzidas em português: **1**. *Degel*, "bandeira", "estandarte". No deserto, cada tribo de Israel tinha seu estandarte identificador (ver Nm 1.52; 2.2,3). O trecho de Salmo 20.5 usa essa palavra para referir-se aos estandartes usados pelos exércitos que iam à batalha, com inscrições apropriadas, em consonância com seus propósitos e esperanças. Em Cantares 6.4,10 temos um uso figurado do termo, referindo-se à aparência distinta da pessoa amada. **2**. *Nes*, "bandeira", "insígnia". Era em torno dessa insígnia que os soldados reuniam-se. Em Isaías 11.12, lemos que o Messias levantaria sua bandeira, como sinal de seu poder e de seus propósitos. Talvez esteja implícita aí a assertiva *Yahweh nissi*, ou seja, "o Senhor é a minha Bandeira". (Ver Êx 17.15 em conexão com essa possibilidade).

Essas bandeiras ou pendões eram erigidos em mastros, altos de colinas ou outros lugares elevados, convocando tribos ou exércitos. (Ver Nm 2.2; 21.8 ss.; Sl 60.4; Is 11.10; 13.2; Jr 4.21). Os arqueólogos encontraram uma significativa insígnia dessas quando, nos túmulos reais da Suméria, em Ur (de cerca de 2900 a.C.), encontraram um pendão cravejado de conchas e lápis-lazúli.

Os pendões eram símbolos de identificação, autoridade, propósito e tornavam-se objetos de ufania e patriotismo.

PENDENTE

No hebraico, devemos dar atenção a três palavras diferentes: **1**. *Nezem*, "argola para o nariz ou para a orelha". Ela é usada por quinze vezes no Antigo Testamento (Gn 24.22,30,47; 35.4; Êx 32.2,3; 35.22; Jz 8.24-26; Jó 42.11; Pv 11.22; 25.12; Os 2.13; Is 3.21; Ez 16.12). **2**. *Lachash*, "amuleto". Essa palavra ocorre por apenas duas vezes de modo a poder ser traduzida por *pendente* (Is 3.20 e Ec 10.11). **3**. *Agil*, "argola". Também é palavra que só figura por duas vezes (Nm 31.50; Ez 16.12). Dá ideia de um adorno em forma circular. Especialmente no caso da primeira dessas palavras temos a ideia de algo "pendurado". Por isso mesmo os pendentes têm um formato que faz lembrar uma gota que cai. O trecho de Juízes 8.24-26 pode indicar pendentes para pôr no nariz ou nas orelhas. Mas também havia pendentes para serem postos sobre a testa. Ver os artigos *Anéis* e *Joias e Pedras Preciosas*.

PENDENTES (COLAR)

A arqueologia tem demonstrado quão comumente eram usados colares, nas terras bíblicas, embora esse item não seja diretamente mencionado na Bíblia mediante algum vocábulo específico. Provavelmente, devemos entender a menção indireta a colares, nas passagens gerais que falam sobre joias e adereços, como Êxodo 35.22, onde se lê acerca de joias de ouro, juntamente com certos itens específicos. Os colares eram feitos de vários tipos de metal, incluindo ouro e prata, ou então com pérolas enfiadas em um fio (ver Ct 1.10). Essa referência alude a fieiras de joias e correntes de ouro, estando em pauta algum tipo de colar. Aos colares eram presos pendentes, com a forma de crescentes de ouro (ver Is 3.18; Jz 8.21), como também amuletos (ver Is 3.18). No Egito e na Babilônia era costumeiro o uso de uma corrente de ouro em volta do pescoço, descansando sobre o peito (ver Gn 41.42; Dn 5.7, 16, 29).

PENDENTES

No hebraico, temos a palavra *netiphoth* que aparece somente em Juízes 8.26 e Isaías 3.19. Na primeira dessas passagens, nossa versão portuguesa a traduz por *arrecadas*; na segunda, por *pendentes*. Apesar da dúvida refletida nessas duas traduções diferentes, parece estar em vista o tipo de enfeite que, na antiguidade, era usado tanto por homens quanto por mulheres: os pendentes. Estes podiam ser usados pendurados no pescoço, nas orelhas e na ponta do nariz. A primeira dessas referências faz esses objetos estarem incluídos entre os despojos tomados pelos israelitas dos midianitas e ismaelitas. Há estudiosos que sugerem a tradução "gotas de perfumes".

PENDENTES DE NARIZ

Por incrível que possa parecer, a vaidade feminina levava as mulheres, na antiguidade, a perfurarem a aba do nariz para ali enfiarem um pendente (conforme tantas mulheres hoje em dia furam as orelhas para usar brincos). Esses pendentes, munidos de uma argola, eram feitos de metais preciosos, como o ouro e a prata, nos quais se engastavam contas ou corais. Geralmente, esses pendentes de nariz eram usados no lado direito do apêndice nasal. Esse costume continua até hoje entre as mulheres beduínas, e na Índia. Rebeca usava um desses pendentes de nariz, erroneamente referido em algumas traduções como um brinco de orelha. (Ver Gn 24.22,30). O trecho de Isaías 3.21 mostra-nos que as mulheres, nos dias do profeta Isaías, usavam pendentes no nariz. Entre os presentes que Deus dará simbolicamente a Jerusalém, temos o pendente de nariz, em Ezequiel 16.12. Ver o artigo geral sobre *Joias*.

PENEIRA

No hebraico, há duas palavras envolvidas, a saber: **1**. *Kebarah*, que aparece somente em Amós 9.9. **2**. *Naphah*, que figura também somente por uma vez, em Isaías 30.28.

Um utensílio usado pelos povos orientais para peneirar grãos de cereal. Esse utensílio era feito de talas ou de fios. Nos textos referidos, o instrumento aparece em sentido metafórico, referindo-se ao dia em que Deus julgará as nações gentilicas e a nação de Israel.

PENHAS DAS CABRAS MONTESES

Esse era o nome de um lugar, no deserto que havia próximo de En-Gedi, na margem ocidental do mar Morto. Ali Davi teve a oportunidade de tirar a vida de Saul, embora tivesse preferido poupá-la, por não querer fazer qualquer mal a alguém que, afinal de contas, era também um ungido do Senhor (1Sm 24.2).

PENHOR

No hebraico, *erabon*, que aparece em Gênesis 38.17,18,20. Essa palavra era um termo comercial de origem fenícia, conforme se vê nos papiros que mencionam uma aliança de noivado, usada como penhor ou garantia, como primeiro pagamento por uma vaca, até que o pagamento total fosse efetuado. Também poderíamos compreender isso como se fosse uma primeira prestação de uma venda a prestações. No grego temos o vocábulo *arrabon*, "penhor", "garantia", que figura por três vezes no Novo Testamento (2Co 1.22; 5.5 e Ef 1.14). Em todas essas três passagens neotestamentárias, o Espírito Santo aparece como o penhor ou garantia da nossa herança total. Em outras palavras, enquanto não ressuscitarmos e entrarmos na posse da nossa pátria celeste, o Espírito do Senhor, que nos foi dado, serve de garantia de que não deixaremos de receber a herança por inteiro. Entretanto, na Epístola de Policarpo (8.1) lemos que a morte de Cristo é o penhor da nossa justiça final. Isso reflete a doutrina neotestamentária, visto que a nossa retidão está fundamentada sobre a retidão de Cristo, mediante a administração do Espírito Santo. (Ver Rm 3.21 ss).

1. Em 2Coríntios 1.22 lemos que o dom divino do Espírito Santo é a garantia de que o crente finalmente entrará na posse e usufruto de toda a sua herança. A palavra "selo" também figura nessa passagem, reforçando a ideia de garantia. Para o crente, isso se traduz em forte senso de segurança. **2.** Em 2Coríntios 5.5 a ideia é reiterada. Ali é dito que uma vez que sejamos retirados de nossa tenda terrestre (o corpo físico), a vida eterna espera por nós, visto que seremos revestidos pela imortalidade. **3.** Uma vez mais, em Efésios 1.14, o Espírito Santo aparece como esse penhor. Ali ele aparece como a garantia de que, finalmente, receberemos a nossa herança espiritual, a plena redenção com tudo quanto está implícito na mesma.

É evidente, pois, que esse penhor sempre envolve algo que é maior do que aquilo que o crente já possui no momento. É deveras interessante, pois, que a palavra do grego moderno que indica a aliança de noivado é precisamente esse vocábulo do Novo Testamento. A aliança garante que a jovem se casará, o que, para ela, é algo muito importante. Por igual modo, são importantes para nós todas as garantias que nos são oferecidas nas páginas do Novo Testamento.

PENIEL (PENUEL)

No hebraico, "face de Deus" (ou "forma de Deus"). Nome de dois homens que aparecem no Antigo Testamento, e de uma localidade, a saber: **1.** Penuel (uma forma variante do mesmo nome) figura como filho de Hur e neto de Judá. Ele foi o pai (ou fundador) de Gedor (ver 1Cr 4.4). Viveu em torno de 1650 a.C. **2.** Um benjamita que residia em Jerusalém, o último a ser nomeado dentre os onze filhos de Sasaque, um líder do lugar. Seu nome também é grafado em nossa Bíblia portuguesa como Penuel, acompanhando o texto hebraico. (Ver 1Cr 8.25). Ele viveu por volta de 1600 a.C. **3. A Localidade**. Esta ficava às margens do ribeiro de Jaboque, a leste do rio Jordão. Foi ali que Jacó lutou contra o anjo que lhe apareceu. (Ver Gn 32.22-32). No vs. 30 desse mesmo capítulo encontramos a forma variante do nome, "Peniel". Jacó obteve uma bênção da parte do Anjo do Senhor, porque, vencendo-o, estava em posição de pedir-lhe algo. Naturalmente, a luta toda envolveu um exercício espiritual com os seus próprios propósitos, o que Jacó percebeu desde o início. De acordo com a antiga teologia dos hebreus, ver o Anjo do Senhor era mais ou menos o equivalente a ver ao próprio Senhor, o que explica o nome do lugar. Também é admirável que Jacó tivesse vencido o Anjo do Senhor, e tivesse permanecido vivo, ainda assim (ver Gn 32.31). Sem dúvida temos aí uma grande demonstração da graça divina.

O nome Peniel ocorre de novo no oitavo capítulo de Juízes, onde Gideão busca a ajuda militar dos habitantes do lugar, bem como os de Sucote. Mas isso eles negaram, pelo que, vitorioso, Gideão castigou aos dois lugares com uma matança (ver Jz 8.17). Jeroboão reconstruiu a cidade, que aparentemente fora reduzida a cinzas nesse tempo (ver 1Rs 12.25). Apesar de não haver certeza quanto ao antigo lugar da cidade, ela tem sido identificada com o Tell edh-Dhahab esh-Sherqiyeh, às margens do Nahr ez-Zerqa, idêntico ao vau do Jaboque, referido na Bíblia. Talvez o nome *Pernual*, que figura na lista de cidades conquistadas pelo Faraó Sisaque, corresponda à Peniel da Bíblia. O incidente com Jacó, em Peniel, ilustra a necessidade que temos de ver a face de Deus, mediante experiências místicas. Ver sobre o *Misticismo*.

PENINA

No hebraico, **"coral"**. Esse era o nome de uma das esposas de Elcana, que foi o pai de Samuel (1Sm 1.2). Penina zombava de Ana, a outra esposa de Elcana, porque, ao que parecia, Ana era estéril. Mas Ana orou ao Senhor, e este deu solução ao caso, e gerou Samuel. (Ver 1Sm 1). Isso ocorreu por volta de 1125 a.C.

PENTATEUCO

I. A Palavra e Caracterização Geral

1. A Palavra. O vocábulo *Pentateuco* vem do grego *pente*, "cinco", e *teúchos*, "livro", "rolo" (originalmente, um vaso ou implemento). A referência é aos primeiros cinco livros do Antigo Testamento, formadores de uma unidade básica: os livros de Moisés. O vocábulo foi aplicado a princípio, a esses livros, no século II d.C.; posteriormente, foi empregado por Orígenes, e a partir daí, se tornou uma designação comum para os livros em apreço. Contudo, há eruditos que pensam que a coletânea deveria incluir os seis primeiros livros da Bíblia, formando assim um *Hexateuco* (vide). Ainda outros pensam que a verdadeira unidade é formada pelos quatro primeiros livros da Bíblia, do que resultaria um *Tetrateuco*. E, nesse caso, o Deuteronômio seria uma adição posterior, uma repetição ou comentário dos quatro livros anteriores.

2. A Tríplice Divisão. Historicamente, o Pentateuco sempre foi o mais importante da tríplice divisão do Antigo Testamento, ou seja, a Lei (Pentateuco), os Salmos e os Profetas. (Ver Lc 24.25,27,44, onde Jesus referiu-se a essa divisão tradicional do Antigo Testamento). O vs. 44 fala das três divisões juntamente.

3. A Terminologia dos Hebreus. É evidente que não foram os hebreus que cunharam a palavra Pentateuco. A palavra *Torah*, "lei", era a que eles usavam para designar esses livros; mas, visto que esses livros nos expõem o código mosaico, aí temos o aspecto mais importante da fé judaica. A designação hebraica, *seper hattorah*, "livro da lei", era comumente usada. A *torah* era contrastada com a *haptara*, os "escritos dos profetas". Ver a seção II quanto à designação dada pela própria Bíblia (Antigo e Novo Testamentos), quanto a essa porção do Antigo Testamento.

4. Antiguidade dessa Divisão. Os primeiros cinco livros do Antigo Testamento, Gênesis, Êxodo, Levítico, Números e Deuteronômio, formam a divisão mais antiga da Bíblia. Tanto o Pentateuco Samaritano quanto a versão grega da Septuaginta, assim agrupavam esses livros. Apesar de ser difícil datar o Pentateuco Samaritano, não há razão para negarmos que cópias dos cinco livros de Moisés eram possuídas pelo reino do norte, Israel, quando os assírios levaram quase toda a sua população restante para o exílio, em 721 a.C. Alguns estudiosos supõem que os samaritanos não tinham qualquer cópia da lei até o tempo em que Neemias expulsou, do templo de Jerusalém, um neto do sumo sacerdote, que se casara com uma filha do samaritano Sambalate (ver Ne 13.28). Foi então que ocorreu uma real separação religiosa, do que o resultado parece ter sido dois Pentateucos diferentes. Quanto a outras complicações que cercam o problema, ver o artigo separado intitulado *Samaritano, O Pentateuco*.

A Septuaginta foi traduzida a partir de cerca de 280 a.C., e os cinco livros em questão, sem dúvida, formavam desde então uma unidade literária. A arrumação desses cinco livros formando uma unidade, pelos israelitas, sem dúvida, pré-datou, por muitos séculos, a arrumação feita pelo Pentateuco Samaritano e pela Septuaginta. Isso está envolvido nas questões das datas dos livros, da autoria mosaica e do processo de canonização. Além disso, a teoria das múltiplas fontes informativas, chamada J. E. D. P.(S.), determinava a questão, segundo o conceito de muitos estudiosos. Temos um artigo separado sob esse título.

A acreditar nos eruditos liberais, então, a fonte informativa *P (S)*, ou sacerdotal, foi a última parte do Pentateuco a ser escrita (antes dos vários elementos serem reunidos, formando uma unidade), e isso depois do cativeiro babilônico, como se fosse uma composição escrita saída da pena da casa sacerdotal (os sacerdotes zadoquitas), a partir de 458 a.C. Mas alguns pensam até mesmo em uma data tão tardia quanto 250 a.C., ou seja, após o início da tradução da Septuaginta. Ideias mais conservadoras diriam que a coletânea essencial foi completada na época de Moisés, quando obteve posição canônica, sendo usada como as Escrituras Sagradas básicas do povo hebreu. A teoria dos liberais, porém, não nega um uso muito anterior da parte maior do Pentateuco, talvez desde o século IX a.C.

5. Escopo e Importância. O Pentateuco propõe-se a fornecer uma narrativa contínua a partir da criação do mundo, e daí até à morte de Moisés. Isso posto, o período de tempo é extenso; a sua associação com Moisés conferiu a essa coletânea, para sempre, a distinção de ter sido escrita pelo principal profeta de Israel, conferindo-lhe uma santidade e um respeito que, entre os israelitas, jamais foi alcançado por qualquer outra obra escrita. De fato, certo segmento do judaísmo (o partido dos saduceus) nunca aceitou qualquer outro escrito religioso como verdadeiramente autoritário. Esses cinco livros foram intitulados, após a sua canonização formal (cerca de 400 a.C.), de a "lei de Moisés". Sabemos que Moisés, para o judaísmo, é o que o Senhor Jesus é para o cristianismo.

6. Propostas Divisões Principais do Pentateuco. *a*. A origem do mundo; as nações que vieram a existir (Gn 1-11). *b*. Os patriarcas (Gn 12-50). *c*. Moisés e o êxodo do Egito (Êx 1-18). *d*. A revelação divina no Sinai (Êx 19-40). *e*. A legislação levítica (Lv 1-27). *f*. Os últimos eventos e as leis do Sinai (Nm 1.1-10.10). *g*. A jornada até às planícies de Moabe (Nm 10.11-21.1). *h*. Eventos nas planícies de Moabe (Nm 22.2-36.13). *i*. Últimos discursos de Moisés e sua morte (Dt 1-34).

7. O Hexateuco. Alguns estudiosos asseveram a unidade dos seis primeiros livros do Antigo Testamento, incluindo o livro de Josué, supondo que as mesmas fontes informativas tenham estado envolvidas no caso desses seis livros. O código sacerdotal, cuja sigla em português é *S*, estender-se-ia, segundo esses eruditos, até o fim do livro de Josué. Ver o artigo separado sobre o Hexateuco, quanto a detalhes a respeito desta teoria.

8. A Teoria das Fontes J. E. D. P.(S.) e suas Datas. Oferecemos um artigo separado com esse título, e também artigos separados sobre cada letra dessa sigla. O leitor deve examinar esse material, que não é reiterado aqui. Neste ponto, mencionamos somente as datas atribuídas a cada uma dessas alegadas fontes informativas, com uma declaração simples sobre o caráter de cada uma delas. *a*. **J (para Yahweh, ou Jeová)**. Assim chamada porque o nome divino é comum a certas porções do Pentateuco. É fonte datada em cerca de 850 a.C. Essa fonte salienta o reino de Judá e seus heróis. *b*. **E (para Elohim)**. Assim chamada porque o nome divino Elohim é comumente usado em certas porções do Pentateuco. Sua data é de cerca de 750 a.C. O escritor sagrado estaria interessado em Israel, o reino do norte, e seus heróis. *JE*. Uma combinação das duas fontes acima, presumivelmente feita em cerca de 720 a.C. *c*. **D (para código deuteronômico)**. O livro da lei, encontrado no templo de Jerusalém em cerca de 621 a.C. Foi expandida e combinada com a fonte *JE*, formando assim a fonte *JED*. O livro de Deuteronômio refletiria essencialmente esse material. Os editores foram responsáveis por adições feitas aos livros de Josué, 1 e 2Reis, Jeremias, o que os teria envolvido em um intenso esforço literário. *d*. **P (S)**. O código *sacerdotal* repete a história apresentada por outras fontes, sendo distinguida por seu ponto de vista e por sua ênfase sacerdotal e ritualista. A compilação teria começado em 500 a.C., e prolongou-se por alguns séculos. Supostas repetições de dados históricos (com base em duas fontes informativas) acham-se aqui e acolá, como os dois relatos da criação (Gn 1.1,2,4a (*S*) e 2.4b-25 (*J*). Os dois relatos diferem quanto à ordem da criação e os nomes divinos são diferentes. E o que mais acentuaria que autores diferentes fizeram suas contribuições, é que o hebraico reflete séculos diferentes. Outrossim, temos a duplicação das genealogias (4.7-26 em contraste com o cap. 5). O cap. 5 corresponderia a 1.1-2.4a (sendo da fonte *S*). O trecho de 4.7-26 corresponderia a 2.4b-25 (da fonte *J*). Também parece ter havido dois relatos sobre o dilúvio, que foram unificados. *S* fala sobre um par de animais que foram postos na arca, mas a fonte *J* fala em sete pares de casais limpos, o que *S* não menciona. Alguns estudiosos pensam que 12.10-20 e o cap. 20 formam uma duplicação: em um desses relatos o Faraó foi enganado acerca de Sara ser irmã de Abraão; mas, no outro, Abimeleque é que teria sido enganado.

Os eruditos conservadores, tendentes a manter a unidade do Pentateuco e autoria mosaica do começo ao fim, têm suas próprias respostas para questões como essas, que temos passado em revista nos artigos sobre cada um dos cinco livros do Pentateuco, quanto a esses trechos salientados pelos críticos, e que aqui somente trouxemos à tona, sem elaboração. Um problema que ainda não teve resposta adequada é aquele que envolve os diferentes tipos de hebraico empregados, cada qual refletindo um período de tempo diferente. Os linguistas que estudam idiomas que experimentaram séculos de desenvolvimento não têm muita dificuldade para reconhecer suas diferentes fases. Para exemplificar, o grego dos tempos homéricos é radicalmente diferente do grego platônico; o grego platônico é radicalmente diferente do grego "koiné", (no qual foi escrito o Novo Testamento). E até mesmo um conhecimento superficial do grego poderá revelar isso a um leitor. Pessoas que são capazes de ler o grego "koiné" dificilmente lerão obras escritas por Platão; pessoas capazes de ler o grego "koiné" e o grego platônico quase não podem ler os escritos homéricos. O vocabulário vai mudando e crescendo, e assim a época histórica a que cada fase dessas pertence, pode ser facilmente distinguida.

9. Códigos Legais Distintos do Pentateuco. Muitos eruditos não creem que o Pentateuco consista em um único código, o mosaico; antes, pensam poder distinguir níveis diversos de códigos. Os níveis por eles propostos são os seguintes: *a*. O código do pacto (Êx 20.22-23.33). *b*. O código dos anátemas e maldições (Dt 27.15-26). Esse seria essencialmente litúrgico, e não legal. *c*. Os Dez Mandamentos, em duas edições: Dt 5.6-21 (com base em *D*); e Êx 20.2-17 (com base em *S*). *d*. O código deuterocanônico (Dt 12-26), um sermão de Moisés expandido sob a forma de código. *e*. O código de santidade (chamado *H*, uma unidade separada, Lv caps. 17-26, que teria acabado incorporado em *S*), escrito em hebraico posterior e compilado em cerca de 570 a.C. *f*. O código sacerdotal (legislação distinta de narrativa, caps. 25-31; 35-40; Lv 1-16; Nm 1.1-10.28; fragmentos: elementos de Êx caps. 1-24; Lv caps. 17-26; Nm caps. 11-36; Dt caps. 31-34 e porções consideráveis de Josué). Seria uma espécie de comentário histórico sobre o Pentateuco embrionário.

10. Seções Poéticas. Essas seções datariam de diferentes períodos, refletindo um hebraico de diversos períodos históricos, desde 1200 a.C. até 400 a.C. Incluem duas antigas antologias: o livro das Guerras do Senhor (Nm 21.14) e o livro dos Justos (Js 10.13); o cântico de Lameque (Gn 4.23, pertencente ao período patriarcal, 1250-1050 a.C.); o cântico do Poço (Nm 21.17 ss); o cântico de Miriã (Êx 15.21); a bênção de Jacó (Gn 49.2-27); os oráculos atribuídos a Balaão (Nm 23.7-10,18-24); a bênção sacerdotal (Nm 6.22-27); o cântico de Moisés (Dt 32.1-43). Os eruditos pensam poder distinguir quatro diferentes períodos durante os quais desenvolveu-se essa poesia, correspondendo a quatro diferentes períodos da evolução do idioma hebraico. Por isso, fala em termos de compilações feitas por editores ou um editor, e não em termos da autoria mosaica essencial. De acordo com essa posição, escritos genuinamente mosaicos foram incorporados na massa geral do Pentateuco, embora Moisés seja por ela rejeitado como o autor-editor da massa inteira.

II. Designações Bíblicas do Pentateuco. Já vimos que o termo Pentateuco é de origem grega, e que não era o nome original da coletânea. Os nomes mais antigos desses cinco livros, individualmente falando, derivavam-se do costume mesopotâmico de chamar um livro por suas primeiras poucas palavras. Portanto, o Gênesis era chamado "no princípio"; o Êxodo, "e estes são os nomes de; Levítico era "e ele chamou"; Nm era "números", que era a quinta palavra no início do original hebraico do livro, e não a primeira palavra, mas muito apropriado como nome desse livro; Deuteronômio era "estas são as palavras". Já os nomes desses livros, conforme os conhecemos hoje em dia, derivam-se da tradução da Septuaginta, que descrevem melhor o conteúdo de cada livro, enquanto que o método antigo dos hebreus falha quase totalmente quanto a esse propósito.

Referências aos Cinco Livros. As referências bíblicas à unidade do Pentateuco só aparecem nos escritos bíblicos posteriores, bem distantes do tempo representado pelo Pentateuco. Assim temos a lei (no hebraico, *Torah*), em Josué 1.7; o livro da lei (Js 8.34), o que talvez nem aluda aos cinco livros, mas à essência da legislação mosaica; a lei de Moisés (1Rs 13); o livro da lei do Senhor (2Cr 17.9); o livro de Moisés (Ne 13.1; 2Cr 25.47); o livro da lei de Deus (Ne 8.18); a lei de Moisés, servo de Deus (Dn 9.11). Não podemos ter certeza, em todos esses casos, que os cinco livros fossem assim agrupados mediante tais designações.

No Novo Testamento. Aí encontramos as seguintes designações: o livro da lei (Gl 3.10); o livro de Moisés (Mc 12.26); a lei (Mt 12.5; Lc 16.16; Jo 7.19); a lei de Moisés (Lc 2.22; Jo 7.23); a lei do Senhor (Lc 2.23,24). Quase todas essas referências incluem a coletânea do Pentateuco.

III. Conteúdo. Na primeira seção, pontos sexto e nono (este último, os códigos legais), como também no décimo ponto (poesia), temos apresentado o esboço básico do conteúdo do Pentateuco. Nos artigos sobre cada livro do Pentateuco, damos um esboço detalhado acerca de cada um.

IV. Autoria e Unidade: os Críticos e o Pentateuco. Nos artigos sobre cada livro do Pentateuco, essas questões são descritas com detalhes. Também na primeira seção deste artigo, pontos oitavo, nono e décimo, abordamos a questão. Naturalmente, não há qualquer reivindicação, nos próprios livros, individualmente ou como uma unidade, de que Moisés os tenha escrito. Isso apesar do fato de que, a começar pelo Êxodo, Moisés apareça como a personagem principal.

Todavia, devemos pressupor que Moisés tenha sido o autor desses cinco livros. Que escritos genuinamente mosaicos tenham sido incluídos, é algo que poucos críticos atrevem-se a negar hoje em dia. Porém, quase todos eles acreditam que a tentativa para atribuir a totalidade do Pentateuco a Moisés é uma teoria que não dispõe de defesa razoável. Quanto a isso, só posso apresentar exemplos das ideias que giram em torno da questão.

1. Considerações Históricas. *a*. O trecho de Deuteronômio 31.9 informa-nos que Moisés escreveu "esta lei", mas não é mister compreendermos essa declaração como se a mesma cobrisse o Pentateuco inteiro, mas tão somente a legislação mosaica incorporada ao mesmo. *b*. O Senhor Jesus fez uma declaração abrangente sobre a questão, em João 5.46,47 e em 7.19. Mas essa declaração apenas reiterou a tradição rabínica, e não precisa ser entendida como uma afirmação crítica e histórica. Além disso, muitos estudiosos creem que Jesus poderia ter repetido aquela tradição, sem entrar nos méritos da autoria do Pentateuco como um todo, aludindo somente à essência da lei incorporada por aquela coletânea. E outros dizem simplesmente que a igreja pôs essas palavras na boca de Jesus, concluindo daí que, pela autoridade de Jesus, essas palavras nada dizem a favor ou contra a autoria mosaica do Pentateuco como um todo. *c*. A tradição rabínica, naturalmente, é o poder que estabeleceu a autoria mosaica do Pentateuco (ver Pirque Aboth 1.1; Baba Bathra 14b). Essa questão foi levada ao extremo de afirmar que Moisés escreveu sobre sua própria morte (ver Dt 35.5 ss.), conforme Filo e Joseto afirmaram. Mas o Talmude admite que Josué foi o autor desse comentário sobre a morte de Moisés. *d*. O trecho de 2Esdras 14.21,22 diz como os rolos do Pentateuco foram destruídos no incêndio que lavrou quando do cerco de Jerusalém, nos dias de Nabucodonosor, e como Esdras reescreveu a totalidade dos cinco livros, uma tradição aceita por vários dos pais da igreja, como Ireneu, Tertuliano, Clemente de Alexandria e Jerônimo. *e*. João Damasceno ajuntou que os nazarenos, uma seita de judeus cristãos, rejeitavam a autoria mosaica do Pentateuco, em cerca de 750 d.C. *f*. Os *ebionitas* (vide) olhavam com suspeita para certos trechos do Pentateuco, quando este entrava em choque com as ideias deles. *g*. Alguns escritores judeus e islamitas da Idade Média salientaram algumas supostas contradições e anacronismos do Pentateuco. Um exemplo disso é a afirmação de Ibn Ezra (falecido em 1167), com base numa ideia do rabino Isaque ben Jasos (falecido em 1057), de que o trigésimo sexto capítulo de Gênesis não foi escrito antes do tempo do rei Josafá, por causa da menção feita ali a Hadade (comparar Gn 36.35 com 1Reis 11.14). E também afirmava que o texto sofrera algumas interpolações em (Gn 12.6; 22.14; Dt 1.1; 3.11). *h*. O reformador protestante Carlstadt (1480-1541) observou que Moisés não poderia ter escrito o Pentateuco em geral, embora não tivesse observado qualquer alteração estilística quanto ao material pertencente ao período antes e depois da morte de Moisés. *i*. Andreas Masius, em seu comentário (1547), declarou que Esdras inseriu no Pentateuco algum material de sua autoria. *j*. Mas a crítica detalhada, como a da teoria J. E. D. P.(S.), apareceu no século XVIII. Alguns críticos, como Jean Astruc, acreditavam que o próprio Moisés utilizara documentos distintos, tendo atuado como autor-compilador, e não apenas como autor. A crítica posterior, entretanto, acabou negando inteiramente que Moisés fosse o autor real dos cinco livros, embora admitindo que algum material genuinamente mosaico tenha sido incorporado à compilação. Mas alguns extremistas chegaram a eliminar qualquer participação de Moisés, dizendo que ele nem ao menos sabia escrever! *k*. Wellhausen (1844-1918) foi o criador da teoria das múltiplas fontes informativas em uma forma mais coerente, conferindo datas a cada suposta fonte; os elementos essenciais dessa ideia aparecem na primeira seção, oitavo ponto. Autores posteriores deram-se ao trabalho de subdividir cada fonte, como E (1), E (2), tanto quanto de combinarem documentos como JE. Essa atividade chegou ao extremo de dividir a fonte P (S.) em sete subfontes, na análise de B. Baentsch. Uma outra ideia, combinada com a anterior, era aquela que diz que em vez de autores específicos estarem envolvidos em cada uma dessas fontes, cada uma delas, na verdade, seria o produto de uma escola inteira de editores e autores. Isso conferiu à teoria uma complexidade que deixa a mente estonteada.

Respostas Gerais dos Conservadores em Resposta aos Críticos: Quase tudo quanto tem sido dito foi incluído nos artigos sobre cada um dos livros do Pentateuco, razão pela qual abaixo damos um mero esboço.

1. O Método dos Textos de Prova. Para alguns estudiosos conservadores, o uso de textos de prova é a principal forma de argumentação. No tocante à autoria do Pentateuco, eles argumentam que os trechos de Deuteronômio 31.6 e João 5.46,47; 7.19 provam a questão em favor de Moisés. Porém, não há como decidir quão abrangentes são essas declarações, porque podem ser meras repetições de tradições correntes. Além disso, os textos de prova sempre estarão sujeitos à interpretação, e sua alegada validade depende do que eu e minha denominação pensamos a respeito desta ou daquela questão, sem que isso reflita, necessariamente, a verdade da mesma. Assim, apesar de os textos de prova fazerem parte legítima da argumentação, com frequência são apenas uma maneira dos preguiçosos argumentarem, permitindo-lhes ignorar os problemas, em vez de enfrentá-los.

2. O Método Contra as Subdivisões. Quando subdividimos a fonte informativa em E (1) e E (2), e fazemos a mesma coisa com outras alegadas fontes do Pentateuco, terminamos com unidades literárias tão diminutas que é impossível determinarmos qualquer coisa com base em diferenças de estilo, vocabulário etc. Até onde podemos ver as coisas, essa é uma crítica válida contra os críticos.

3. Moisés Não Sabia Escrever? O antigo argumento dos críticos de que Moisés não viveu em uma época que lhe capacitasse a escrever (a escrita só teria aparecido bem mais tarde), foi totalmente lançado no descrédito pela arqueologia, que tem demonstrado que a arte da escrita surgiu muito antes da época de Moisés. Os mais antigos documentos escritos de que se tem notícia têm sido escavados em áreas bíblicas, como o local de Uruque (na Bíblia, Ereque; ver Gn 10.10), pertencente a uma época calculada em 3000 a.C., o que significa que Abraão poderia saber escrever, para nada dizermos acerca de Moisés. E Moisés, proveniente das elites egípcias, sem dúvida recebeu a educação necessária como também diz a Bíblia: *E Moisés foi educado em toda a ciência dos egípcios...* (At 7.22). Ver o artigo geral chamado *Escrita*, quanto a detalhes sobre a questão. O ugarítico foi a mais antiga língua semítica, e a escrita ugarítica, puramente alfabética e fonográfica, antecede ao hebraico bíblico por cerca de nada menos que mil anos. Abraão viveu em um tempo em que podia observar cinco sistemas distintos e completos de escrita, comumente usados no ambiente cultural à sua volta. Isso posto, Moisés, sem a menor sombra de dúvida, conheceu esses e outros sistemas de escrita. É até mesmo possível que os próprios israelitas comuns, cativos no Egito (pelo menos alguns deles), fossem capazes de escrever nas antigas línguas semíticas, que Moisés também pode ter aprendido, além de saber escrever em egípcio. Escritas alfabéticas semíticas parecem já ter estado em uso desde 1900 a.C. As descobertas arqueológicas, além disso, tendem por mostrar que a arte da escrita é mais antiga do que se pensava anteriormente.

4. O Uso dos Nomes Divinos. Um dos principais alicerces da teoria dos múltiplos documentos, chamado de teoria J. E. D. P. (S.), argumenta que distintos nomes divinos identificam diferentes autores ou editores. Assim, a fonte J teria empregado o nome *Yahweh* (Jeová), ao passo que a fonte E teria empregado o nome *Elohim*. Contra esse argumento, pode-se mostrar que a fonte J também empregou o nome *Elohim*, e que a fonte E também empregou o nome *Yahweh*. Em réplica, os críticos dizem que editores posteriores é que misturaram os nomes, e que essas misturas não são muito frequentes. No entanto, a arqueologia tem demonstrado que nas culturas mesopotâmicas, o uso de vários nomes divinos para uma única divindade era um fenômeno comum. Seria realmente de estranhar se isso também não tivesse sido feito pelos autores bíblicos. Assim sendo, o uso predominante de algum nome divino talvez tenha sido uma questão de mera preferência pessoal, e não que algum nome divino específico fosse o único nome conhecido e empregado por algum autor sagrado. O deus artífice ugarítico (adorado mais ou menos na época de Moisés) tinha um nome duplo, *Kothar wa Khasis*; o Deus dos hebreus poderia ter sido chamado tanto por *Yahweh* quanto por *Elohim*, nos dias de Moisés. Minha avaliação aqui é que o uso de nomes distintos, em qualquer fonte informativa, é um argumento válido *possível* em favor da ideia das múltiplas fontes, mas que não é, realmente, convincente.

5. As Duplicações. Ver a seção I. 8.d quanto às alegadas duplicações históricas na fonte informativa P.(S.), o que teria produzido narrações alternativas sobre a criação e o dilúvio. Apesar de ser verdade que qualquer autor pode repetir o que já havia dito, como em um sumário ou em uma simples reiteração de algo que fora dito, e que em tal repetição, tal autor pode até entrar em contradição consigo mesmo, e não meramente suplementar-se, há aqui um fator que não foi ainda devidamente respondido. Aqueles que conhecem o hebraico, do ponto de vista histórico, asseguram-nos que essas duplicações envolvem tipos de hebraico pertencentes a períodos bem diferentes. Isso faz a questão parecer duplicações genuínas, e não variações feitas por algum único autor. E apesar de poder ser argumentado que um editor posterior poderia ter refraseado certas seções, empregando então um estilo hebraico mais recente, isso apenas apresentaria uma hipótese não-provada, e não uma argumentação genuína. Isso posto, o argumento linguístico permanece sem resposta, esperando algum tipo de refutação. É certo que Moisés não poderia ter produzido certas seções do Pentateuco, que, linguisticamente falando, pertencem a um período diferente desse idioma. Posso ilustrar isso, conforme também tenho feito, com base na minha experiência pessoal com o idioma grego. Tenho lido o grego por diversos anos, estando bem familiarizado com o grego clássico do tempo de Platão, e com o grego *koiné*. Porém, quando me foi dada a tarefa de ler Homero (que data de alguns poucos séculos antes da época de Platão), perguntei a meu professor: " O senhor tem certeza de que isto não é egípcio, e não grego?" Sim, porque o vocabulário grego é radicalmente diferente, de tal modo que o estudante precisa aprender um vocabulário virtualmente novo, pertinente àquele período mais antigo. E os eruditos do hebraico dizem-nos que existem níveis de hebraico, no Pentateuco, que não podem ser todos atribuídos a um único período histórico.

É claro, pois, que a resposta a essa questão das duplicações não depende somente em explicar as discrepâncias existentes nos relatos paralelos. E também não podemos afirmar que algum dado autor meramente repetiu-se por meio de algum sumário, ou a fim de fornecer a seus leitores alguns outros detalhes. G.L. Archer expõe concisamente esse problema das duplicações, em sua obra *A Survey of Old Testament Introduction*, p. 117-124, mas isso não resolveu o problema linguístico.

6. Os Problemas de Estilo e de Vocabulário. O estilo de um autor é como as suas impressões digitais. Trata-se de algo muito pessoal. Além disso, sua escolha de certas expressões torna-se algo habitual. Por outra parte, qualquer autor, aqui e acolá, haverá de incorporar os escritos de alguma outra pessoa; e, nesses casos, temos um autor diferente, mas somente pelo fenômeno da incorporação, e não como uma autêntica múltipla autoria. Facilmente Moisés poderia haver incorporado outros materiais, como códigos legais, poemas e relatos, e ainda assim ter sido o único autor-editor do Pentateuco. Assim, o argumento alicerçado sobre as diferenças de estilo não é inútil a tal ponto que possa ser ignorado. Na verdade, diferentes autores escrevem de diferentes modos. Mas, visto que isso pode refletir mera incorporação, e não a obra verdadeira de algum autor distinto, o argumento não é conclusivo. O reformador protestante Carlstadl não foi capaz de achar diferenças de estilo em seções de antes e depois da morte de Moisés, daí supondo que Moisés não poderia ter escrito tanto umas quanto outras. E visto que as seções que se seguiram à sua morte obviamente não foram escritas por ele, daí ele concluiu que Moisés não pode ter escrito o Pentateuco, sob hipótese alguma. Isso ele fez como aplicação do argumento baseado no estilo, ainda que de maneira um tanto inversa.

A distinção entre J e E com base no vocabulário e no estilo não parece estar suficientemente fundamentada, embora a fonte P (S.) pareça ter algumas características distintivas. Seu estilo é esquemático, altamente ritualista, estatístico (muito uso de genealogias, informes, cifras). No entanto, a alegada fonte informativa J menciona o sacerdócio aarônico por treze vezes, pelo que necessariamente contém muito daquilo que certos eruditos têm atribuído exclusivamente a P (S). Isso significa que os argumentos não são suficientemente convincentes em favor de uma múltipla fonte informativa.

7. A Data Posterior do Deuteronômio. Uma grande porção desse livro (fonte informativa D) é datada em cerca de 620 a.C., por certos críticos. Os argumentos em favor disso incluem a afirmação de que as práticas pagãs ali mencionadas ajustam-se bem ao tempo de Josias, mas não antes. O Deuteronômio parece tomar consciência da posição cêntrica da adoração (em Jerusalém), apesar do fato de que o livro não menciona o templo, e, muito menos, Jerusalém. Passagens como Deuteronômio 12.5 ss.; 14.23 ss.; 15.20; 16.2 ss.; 17.8,10; 18.6 e 26.2 talvez apontem para a adoração efetuada em Jerusalém. Nesse caso, o autor sagrado teria evitado criteriosamente mencionar essa cidade e seu templo, porque estava tentando emprestar ao seu livro um passado mais distante. Por outra parte, a centralização da adoração em um único lugar poderia ser uma espécie de antecipação profética ideal. Nesse caso, a omissão de Jerusalém e de seu templo foi uma omissão histórica genuína. Os críticos pensam que a proibição, em Deuteronômio 16.5,6, de não se sacrificar a Páscoa em qualquer outro lugar além daquele determinado por Deus, é um reflexo da contenção entre os judeus (Jerusalém é o lugar da adoração) e os samaritanos (o monte Gerizim é o lugar da adoração). Os eruditos conservadores acham, entretanto, que isso é ler demais no texto sagrado.

8. O Uso da Terceira Pessoa do Singular e as Referências Históricas. O próprio Pentateuco não reivindica a autoria mosaica (exceto em Dt 31.6, mas que poderia ser uma anotação editorial, conferindo a autoridade mosaica à sua obra escrita, a tradição mosaica da lei, ou a coletânea dos cinco livros), e a totalidade da obra foi escrita na terceira pessoa do singular. Os discursos de Moisés, que foram incorporados, poderiam refletir genuínas declarações mosaicas, ou, em alguns casos, ser da lavra do editor. Até mesmo Deuteronômio 31.9 é uma referência feita na terceira pessoa do singular, algo que um editor normalmente teria feito. O versículo 24 fala no ato de escrever de Moisés, mas, novamente, na terceira pessoa. Destarte, o livro de Deuteronômio poderia ser pseudepígrafe, ou meramente uma obra que incorpora alguns escritos mosaicos genuínos. Declarou W.F. Albright: "Deuteronômio foi uma tentativa de *recapturar* a letra e o espírito do mosaísmo, que havia sido negligenciado ou esquecido pelos israelitas da monarquia". Isso sumaria um ponto de vista possível da autoria e historicidade do livro de Deuteronômio. Contra isso, porém, pode ser dito que não há uma única referência histórica ao período após a morte de Moisés, embora certas coisas ali ditas possam ser entendidas dessa maneira. Seja como for, se é verdade que o livro foi escrito durante o período monárquico de Israel, então o autor sagrado usou de extremo cuidado para evitar qualquer referência clara às coisas que estavam sucedendo durante os seus próprios dias. A passagem de Deuteronômio 17.14-20 é especialmente controversa, porquanto *antecipa* claramente a monarquia (talvez profeticamente), ou então é mesmo um pequeno trecho histórico, apresentado como se fosse uma antecipação. Os críticos argumentam que a monarquia está definidamente em vista, como uma realidade histórica, apesar da tentativa do autor de fazer "tudo parecer antigo" no seu livro. Os versículos 16 e 18, que falam na multiplicação de esposas e cavalos, parece ser um comentário indireto sobre Salomão, que cometeu avidamente ambos os erros. Porém, isso é negado pelos eruditos conservadores. O uso da terceira pessoa do singular era e continua sendo prática comum entre muitos autores, que preferem escrever desse modo, em vez de usarem a primeira pessoa. Talvez isso tenha ocorrido no caso do Deuteronômio.

9. Diferenças Religiosas. Alguns estudiosos veem no Pentateuco certas ideias religiosas e problemas que foram típicos não nos tempos mais antigos, e, sim, em tempos monárquicos, posteriores. Um desses itens envolve a questão das formas de idolatria. Formas de idolatria, mencionadas em Deuteronômio 4.19 e 17.3, que incluíam a adoração a corpos celestes, parecem ajustar-se melhor a um período histórico posterior. Porém, a arqueologia tem provado que a adoração aos astros é uma das mais antigas formas de idolatria. Já pudemos considerar a questão da centralização da adoração, em Israel, que se aplica ao que aqui dizemos. Ver sobre o sétimo ponto. Presumíveis diferenças religiosas podem depender da falta de informações, e não de distinções históricas genuínas.

10. A Arqueologia e o Período Patriarcal. Os críticos admitem hoje em dia que a arqueologia tem demonstrado de forma adequada a autenticidade dos relatos sobre os patriarcas. Mas isso poderia envolver a incorporação de genuínas antigas tradições, e não o fato de que o próprio Moisés tenha sido autor desses relatos. Os estudiosos conservadores, por sua parte, pensam que Moisés foi o responsável pela transmissão desses materiais, como figura cêntrica na corrente da fé dos hebreus.

Concessões Feitas por Alguns Eruditos Conservadores. Nem todos os estudiosos conservadores pensam que é mister supor a autoria mosaica do Pentateuco inteiro. Antes, procuram encontrar um meio-termo entre os críticos e os conservadores a qualquer preço. Creem que a tradição da autoria mosaica do Pentateuco é satisfeita pela declaração de que há ali a incorporação de escritos mosaicos genuínos, e que seu Código legal ficou ali bem preservado. Os grandes códigos legais são atribuídos especificamente a Moisés (a saber, Êx 20.2-23.33; Dt caps. 5-26; 31). Além disso, o itinerário coberto por Israel, em Números 32.2, sem dúvida, é um documento histórico genuíno.

Elementos Não-Mosaicos no Pentateuco. Isso é admitido até mesmo por estudiosos conservadores. (Ver Gn 14.14 (a menção de Dã); 36.31; Êx 11.3; 16.35; Nm 12.3; 21.14,15; 23.34 ss.; Dt 2.12 e 34.1-12). Outras referências, discutidas antes, podem caber dentro dessa categoria. Assim sendo, falamos sobre a autoria mosaica do Pentateuco, no sentido de incorporação genuína de escritos mosaicos, com suas ideias, tradições e contribuições. Mas não pensamos que Moisés foi o autor exclusivo do Pentateuco, sem qualquer papel desempenhado por um editor ou editores, e sem a incorporação de elementos posteriores. A redação final do Pentateuco pode ter ocorrido durante o período monárquico. Desnecessário dizer, o problema é extremamente complexo e vai crescendo, à medida que são apresentados novos argumentos, pelo que as conclusões são meras tentativas. A defesa da autoria mosaica do Pentatouco *inteiro* é, essencialmente, a defesa da tradição que circunda a questão, e não a defesa de qualquer reivindicação feita pelo próprio Pentateuco.

V. Teologia do Pentateuco e sua Importância Religiosa.

"O Pentateuco precisa ser definido como um documento que empresta a Israel a sua compreensão e sua etiologia da vida. Ali, através de narrativas, poemas, profecia e lei, é revelada a vontade de Deus acerca da tarefa do povo de Israel no mundo" (A. Bentzen, *Introduction to the Old Testament*,1952, II, p. 77).

"Um registro de revelações e reações às mesmas, o Pentateuco testifica os atos salvadores de Deus, o soberano Senhor da história e da natureza. O ato central de Deus, no Pentateuco (e, de fato, em todo o Antigo Testamento), é o êxodo de Israel do Egito. Ali Deus irrompeu na consciência do povo de Israel, revelando-se como o Deus redentor... Tendo provado poderosa e abertamente ser ele o Senhor, no ato do êxodo, Deus conduziu os israelitas à percepção de ser ele o criador e sustentador do universo, bem como o dirigente da história... A graça divina não somente é revelada em seu livramento e orientação, mas também na outorga da lei e na iniciação do pacto... Sem importar qual tenha sido a origem do Pentateuco, agora destaca-se como um documento que possui uma rica unidade interior. É o registro da revelação de Deus na história e de seu senhorio sobre a história. Testifica tanto sobre a reação de Israel como sobre sua falha, por não reagir devidamente. Testifica a santidade de Deus, que o separa dos homens, e também a seu gracioso amor, que vincula os homens com ele, segundo as suas condições" (ND).

Fatos Importantes a Notar. O Pentateuco é o começo e o alicerce de todas as revelações judaico-cristãs subsequentes. Procura descobrir o começo de todas as coisas, apresentando Deus como a fonte de toda a vida. A partir daí, procura conferir-nos noções sobre o começo do homem, e como o mesmo relaciona-se com Deus, ou deve relacionar-se com ele. Os três nomes divinos, *Yahweh*, *Elohim* e *Adonai*, cada qual com sua própria significação (respectivamente, o Eterno, o Todo-Poderoso e o Senhor), aludem a maneiras pelas quais Deus relaciona-se à sua criação. Seus variados tipos de literatura e a complexidade de sua mensagem encontram seu mais perfeito cumprimento na pessoa do Cristo que veio (1Co 10.11).

O Pentateuco e a Teologia do Novo Testamento. Antes de tudo, o Deus da *antiga criação* é também o Deus da *nova criação*, por meio de seu Filho. Essa circunstância distingue o cristianismo de todas as religiões e filosofias. Apesar de persistirem mistérios quanto ao modo e ao tempo da nova criação, pelo menos dispomos do grande fato de que essa criação envolverá uma intervenção divina, um plano divino, um alvo divino. A queda do homem no pecado tomou-se parte essencial do pensamento cristão, acompanhado pela necessidade de redenção que o êxodo e a entrada na Terra Prometida tipificavam. Muitas passagens do Novo Testamento empregam esse simbolismo, encontrando muitas lições religiosas e morais que se estribam sobre o relato do Antigo Testamento. O quinto capítulo da epístola aos Romanos dá-nos a doutrina dos dois homens, o primeiro e o segundo Adão. Ver o artigo intitulado *Dois Homens, Metáfora dos*. Ver também *Êxodo*. O conceito de pacto (havendo alguns deles no Pentateuco) é muito importante dentro do pensamento cristão. Ver o artigo geral sobre os *Pactos*. Paulo deixou claro que a fé cristã repousa sobre os atos históricos remidores, registrados no Pentateuco (ver Gl 3 e Rm 4). A *fé* do Antigo Testamento é a mesma do Novo Testamento. A fé de Abraão é a nossa fé, e nós somos filhos espirituais de Abraão. O antigo legislador, Moisés, foi substituído pelo Novo Legislador, Jesus Cristo (segundo se aprende em Jo 1.17). O sermão da montanha repousa sobre esse conceito e esclarece-nos bastante sobre a nova lei que Cristo ensinou. (Ver Mt 5-7). A lei exerceu sua função vital de mestre-escola, que nos conduziu a Cristo (ver Gl 3). Através de seus muitos ritos e cerimônias, a lei ilustrou aspectos diversos do ofício remidor de Cristo, segundo também a epístola aos Hebreus ilustra com muitos detalhes.

VI. Importância Histórica do Pentateuco. O Pentateuco relata questões baseadas em fatos históricos genuínos. Não se trata, contudo, de uma história completa dos tempos historiados, mas enfatiza certos eventos que são importantes para compreendermos a história relativa à fé judaico-cristã. O período patriarcal tem sido ricamente ilustrado pela arqueologia. O registro do Pentateuco sobre os primórdios do homem, e como se propagou subsequentemente, limita-se às áreas em torno das quais gira o relato bíblico, e não pretende falar sobre raças que não pertenciam àquelas áreas, embora alguns tentem injetar isso no registro sagrado. Mas, quanto ao surgimento e propagação da civilização, naquelas regiões do mundo, o Pentateuco reveste-se de grande importância histórica. Seu relato sobre o dilúvio recebeu subsídios de outros antigos relatos a respeito, sendo confirmado por descobertas geográficas e arqueológicas modernas. Apesar de datas exatas e detalhes estarem em dúvida, a narrativa do Pentateuco sobre as jornadas de Israel no Egito e depois do êxodo, além da conquista da Terra Prometida, tem sido consubstânciada por outras fontes informativas, tanto literárias quanto arqueológicas. Apesar de a fé religiosa ser capaz de sobreviver muito bem sem conexões históricas, a história sempre foi importante aos olhos dos hebreus; outro tanto pode ser dito acerca dos registros cristãos no Novo Testamento, que falam sobre a origem e o desenvolvimento da fé em Jesus Cristo.

VII. Teorias Cosmológicas. Uma importante característica distintiva do Pentateuco consiste em sua tentativa de descrever origens, primeiramente do próprio universo material, e então do homem, dentro desse ambiente. Um importante aspecto disso é sua abordagem monoteísta, o que distingue essa narrativa de relatos similares, de outros povos mesopotâmicos. Os cristãos têm cristianizado e modernizado seus relatos, a fim de ocultar certos problemas; mas a contribuição feita pela história bíblica da criação nem por isso saiu prejudicada. Tenho escrito vários artigos sobre o assunto, dando amplos detalhes sobre a questão, que não são reiterados aqui. Ver sobre *Cosmologia; Cosmogonia, Criação; Adão; Antediluvianos*.

VIII. Tipos de Literatura no Pentateuco

1. Narrativas. Uma das importantes do povo hebreu é que eles gostavam de narrar histórias, o que evoluiu ao ponto de tornar-se história verdadeira, e séria, pela qual eles muito se interessavam. Daí originou-se o Antigo Testamento, o mais excelente dos livros de história da antiguidade, posto que de qualidade especial — a história das revelações divinas ao homem — que veio a tornar-se mundialmente conhecida. No Pentateuco começamos pelas narrativas da criação; em seguida vem a narração do dilúvio; então, a propagação das nações; depois, a história dos patriarcas hebreus. No livro de Êxodo, ficamos sabendo como o povo de Israel terminou escravizado no Egito, e como, após vários séculos, por instrumentalidade de Moisés, os israelitas foram libertos do Egito. No livro de Números, é detalhada a história das vagueações de Israel pelo deserto, onde também encontramos a introdução das instituições que se tornaram o alicerce da nação hebreia. O livro de Levítico não inclui muito desse elemento de narrativa, embora tenhamos ali os relatos sobre os pecados rituais de Nadabe e Abiú, filhos de Aarão (cap. 10). Esse livro reinicia a história onde ela fora deixada pelo livro de Êxodo, com Israel estacionado no deserto do Sinai. E então, é dito como os israelitas organizaram seus exércitos para a conquista da Terra Prometida. O trecho de Números 9.1

conta a história da primeira Páscoa. O relato sobre os espias arma o palco para a invasão da Terra Prometida, mas isso foi seguido por 38 anos de vagueação, devido à covardia de fé da parte de Israel. Aí, pois, encontramos uma grande lição moral objetiva. Há coisas de grande valor, que podemos perder, por falta de coragem espiritual. Felizes aqueles que têm grandes sonhos e dispõem-se a pagar o preço para que tais sonhos se concretizem. Os capítulos 26-36 de Números falam sobre os preparativos para a invasão da Terra Prometida. O livro de Deuteronômio dá continuidade a esse aspecto, embora não contenha muita narrativa. Antes, ocupa-se com a reiteração dos códigos legais. Coube ao livro de Josué narrar como os israelitas entraram na Terra Prometida, como a conquistaram e nela se estabeleceram. Enquanto outras fontes, literárias e arqueológicas, têm servido para confirmar o relato apresentado, a narrativa do Antigo Testamento nunca teve apenas esse intuito. Pois, ao mesmo tempo, sempre serviu de manual de orientação, ensinando-nos sobre como agir. Há relatos que expõem exemplos positivos e negativos, que muito têm a ensinar-nos.

2. Códigos Legais. Quanto a um sumário desses códigos, ver a seção 1, ponto nono, *Códigos Legais Distintos do Pentateuco*. Naturalmente, para o judaísmo nunca houve fato tão importante quanto a sua lei. Apresento um artigo separado e detalhado sobre *Lei-Códigos da Bíblia*. Uma completa lista desses artigos pode ser achada no verbete intitulado *Lei*. Ver especialmente *Lei no Antigo Testamento* e *Lei no Novo Testamento*.

3. Poesia. Ver a seção I, décimo ponto, quanto a esse material.

4. Genealogias. Essas têm a função de apresentar linhagens, muito importantes para o desdobramento do relato bíblico. As primeiras genealogias (Gn 5 e 11), entretanto, não visavam a ser registros completos, pelo que não podem ser usadas para estabelecimento de datas. Antes, tinham a finalidade de apresentar nomes representativos de alguma linhagem que partia de Abraão, por meio da qual o propósito divino para Israel seria cumprido. Através de Abraão é que todas as famílias da terra seriam abençoadas, e dele, igualmente, procederia o Remidor, o Messias. Todavia, há algumas genealogias laterais que não se ajustam a esse esquema, como a de Ismael (Gn 25.12-18), ou a de Esaú (Gn 36). Mas tais genealogias foram anotadas por sua íntima associação com a história de Israel. O décimo capítulo de Gênesis encerra a tabela das nações, uma espécie de genealogia universal, que nos informa quanto ao papel das nações descendentes dos três filhos de Noé. Não é usado, porém, o termo "gerou", dando-nos a impressão de um bem amplo esboço de descendência, sem grande exatidão. Essa tabela apresenta várias nações do mundo bíblico, dentro daquilo que poderíamos chamar de relações etnogeográficas.

Bibliografia. ALB AM ARC BA BAR BEN BRI CG DRI G GN IB IOT MAN ND Z

PENTATEUCO SAMARITANO. Ver sobre *Samaritano, O Pentatenco*.

PENTECOSTES E O PENTECOSTES CRISTÃO

Ver o artigo geral chamado *Festas (Festividades) Judaicas*, especialmente a seção II.4b. *Festa das Semanas ou Pentecostes*.

Introdução

Declaração Geral. O termo Pentecostes é de origem grega, referindo-se a "cinquenta dias". A festa religiosa bíblica do Pentecostes ocorria exatamente cinquenta dias após a Páscoa (Lv 23.15-21; Dt 16.9-12). Muitos eruditos supõem que sua origem era alguma festa da colheita, celebrada pelos cananeus e por outros povos da área. Então Israel teria tomado por empréstimo a mesma, depois de ter-se estabelecido na Palestina, posto que conferindo à mesma um significado diferente. O Pentecostes era celebrado ao final de sete semanas, envolvidas na colheita do cereal. Nos escritos bíblicos mais antigos, era chamada de "festa da colheita" ou "festa da sega dos primeiros frutos" (Êx 23.16). Posteriormente, veio a ser conhecida como o *shabuot*, isto é, *festa das semanas* (Dt 16.10). Na literatura judaica pós-bíblica, veio a ser associada ao aniversário da revelação da lei no monte Sinai, segundo o registro do décimo nono capítulo de Êxodo.

Uso Secular do Vocábulo. A palavra "Pentecostes", a partir do século IV a.C. em diante, passou a ser usada em conexão com um imposto sobre as mercadorias, cobrado pelo Estado. Dentro do seu uso não-bíblico, a palavra era um termo técnico originalmente ligado aos impostos sobre as cargas no porto de Piraeus. Mas, em Israel, não havia qualquer conotação de um imposto sobre as primícias dos produtos do campo. O livro de Jubileus (6.21) revela-nos que se revestia de um duplo significado: uma referência às semanas, e também às primícias. Sua relação com a outorga da lei foi ainda uma outra significação que essa palavra acabou por adquirir.

Em Israel, a festa de Pentecostes é celebrada no sexto dia do mês de *Sivã*; entre os judeus fora de Israel, no sexto e sétimo dias do mês de *Sivã* (entre a segunda metade de maio e a primeira metade de junho). Na Diáspora, essa festividade perdeu completamente o seu caráter agrícola, tornando-se, puramente, uma festa "do tempo da outorga de nossa lei (a *Torah*)". Esse é o aspecto que atualmente permeia a liturgia e as orações associadas às sinagogas modernas.

O Pentecostes e o Domingo de Pentecostes. O Pentecostes veio a tornar-se um feriado cristão que celebra a descida do Espírito Santo (ver a Seção II deste artigo), conforme está registrado em Atos 2.14. Ocorre cinquenta dias após a Páscoa, pelo que foi retido o seu nome Pentecostes, com um sentido tipicamente cristão, vinculado à descida do Espírito Santo (a outorga da lei do Espírito) o seu antítipo, a doação da lei mosaica. A comunidade anglicana chama esse feriado religioso pelo seu nome inglês, "Whitesunday", que literalmente significa "domingo branco". Esse dia é assim chamado por causa das vestes de cor branca usadas por pessoas recém-batizadas, naquele dia.

I. Pentecostes Judaico. Temos no Novo Testamento, na palavra *Pentecostes* uma designação greco-helenista para a festa hebraica das semanas, cuja instituição é descrita em Lv 23.15-21. Nas páginas do AT, essa festa é chamada de *Festa das Semanas*. (Ver o artigo geral sobre Festas (Festividades) Judaicas, e especificamente seção II. 4.b.). O termo, Festa Semanas, faz uma alusão às diversas semanas que se tinham de passar entre a Páscoa e essa observância. Passavam-se sete semanas (50 dias) entre as duas ocorrências, calculadas a começar do primeiro dia após o primeiro sábado da Páscoa (ver Lv 23.15,16). Os judeus que falavam o grego chamavam a essa festa de Pentecostes, por ser observada no quinquagésimo dia após o tempo que acabamos de mencionar. Ambas as designações aparecem em Tobias 2.1. A Páscoa estava associada à colheita da cevada. O Pentecostes, pois, assinalava o término da colheita da cevada, que começava quando a foice era pela primeira vez lançada no grão (ver Dt 16.9). Também se considerava o começo dessa colheita ao serem movidos os molhos, ... *no dia imediato ao sábado*... (Lv 23.11,12a). Já a festa de Pentecostes marcava a colheita do trigo, e agia como espécie de santificação de todo o período da colheita, da Páscoa ao Pentecostes.

As *festividades* não se limitavam aos tempos do Pentateuco, mas a sua observância é indicada nos dias de Salomão (ver 2Cr 8.13), como a segunda das três festas anuais (ver Dt 16.16). Essas três grandes festas anuais eram: a festa dos Pães Asmos (que veio a tornar-se parte integral da celebração da Páscoa, embora tivesse sido instituída como celebração separada; ver Mt 26.17 e Jo 2.13), a festa das semanas (Pentecostes) e a

Festa dos Tabernáculos (ver Jo 7.2). Todas essas três festividades requeriam a presença de todos os indivíduos do sexo masculino em Jerusalém, a fim de que participassem das cerimônias e celebrações.

Observações sobre o Pentecostes e o Sinai. No período intertestamentário e posteriormente, a festa de Pentecostes era reputada como o aniversário da entrega da lei mosaica, no monte Sinai. (Ver Jubileus i.1 com vi.17; Talmude Babilônico, *Persahim* 68b e *Midras*, Tanhuma 26c). Os saduceus celebravam essa festa no *quinquagésimo* dia (cômputo inclusivo, em que o primeiro dia de uma série é incluído no cálculo), começando pelo primeiro domingo após a celebração da Páscoa. Esse era o cálculo que regulava a observância pública do Pentecostes, enquanto esteve de pé o templo de Jerusalém. Por conseguinte, a igreja cristã está justificada por sua observância do primeiro Pentecostes cristão em um primeiro dia da semana ou domingo, também chamado de *domingo branco*, termo esse criado com base nas vestes brancas que os candidatos ao batismo costumavam usar, prática essa que ficou vinculada à festa do Pentecostes.

A festa do *Pentecostes* era proclamada como dia de santa convocação, durante a qual nenhum trabalho manual podia ser feito, exceto aquilo diretamente associado à observância dessa festividade. Todos os indivíduos do sexo masculino estavam na obrigação de comparecer ao santuário central de Jerusalém (ver Lv 23.21). Nessa ocasião, dois pães assados, de farinha de trigo nova e sem fermento, eram trazidos para fora da tenda da congregação e eram movidos pelo sacerdote na presença do Senhor, juntamente com as ofertas de sacrifício cruento, pelo pecado, e com as ofertas pacíficas, que expressavam agradecimento (ver Lv 23.17-20). Era considerado o Pentecostes como um dia de júbilo, conforme também nos diz Deuteronômio 16.16; era, essencialmente, um dia em que o povo rendia graças a Deus pelo abundante suprimento da colheita. Porém, essa festa também estava vinculada à memória do livramento de Israel da escravidão egípcia (ver Dt 16.12) e do fato de que os israelitas eram um povo que firmara pacto com Deus (ver Lv 23.22). O fato da aceitação das ofertas pressupunha a remoção do pecado e a reconciliação com Deus; é por isso que sacrifícios eram oferecidos em conjunção com as demais atividades próprias da festa.

Dentre todas as festividades religiosas do calendário judaico, essa era a mais intensamente frequentada, porquanto as condições atmosféricas prevalentes favoreciam as viagens, tanto por mar como por terra. Por outro lado, os perigos durante as viagens, devido às más condições do tempo, no princípio da primavera e no fim do outono, impediam muitas pessoas de virem à capital, Jerusalém, durante as festas da Páscoa e dos tabernáculos. Portanto, por ocasião da festa de Pentecostes, chegavam a Jerusalém representantes judeus e gentios vindos tanto da Judeia como de muitas outras nações, mais do que em qualquer outro período do ano.

II. O Pentecostes Cristão. Atos 2.1: *Ao cumprir-se o dia de Pentecostes, estavam todos reunidos no mesmo lugar.*

As palavras *ao cumprir-se o dia* formam uma expressão utilizada exclusivamente por Lucas (ver também Lc 9.51). Literalmente traduzidas, teríamos: *estava sendo cumprido*. Trata-se de um modo de expressão hebraico, que encara a sucessão de dias que levava ao dia de Pentecostes (partindo da Páscoa), como uma quantidade ou medida que deveria ser preenchida. Assim sendo, enquanto não chegasse o dia de Pentecostes, tal medida não ficaria preenchida. Porém, chegada aquela data, tal medida ficava repleta; e isso meramente significa que o dia em questão havia chegado.

No mesmo lugar. Provavelmente está em foco aqui o "cenáculo", onde o Senhor Jesus proferia a sua preciosa promessa concernente à vinda do Espírito Santo, e onde os apóstolos posteriormente se reuniriam, em outras ocasiões memoráveis, conforme nos indica o trecho de Atos 1.13. (Ver o artigo sobre *Sala Superior*).

O Pentecostes cristão trata-se da comemoração da descida do Espírito Santo sobre a igreja, em cumprimento à promessa de Cristo a respeito. Podemos observar os seguintes elementos, em resultado do que sucedeu naquele dia que se tornou distintamente cristão, em confronto com o Pentecostes conforme era comemorado pelos judeus: **1**. A igreja nasceu como *primícias* ou primeiros frutos da humanidade, para Cristo. Deu-se assim início ao grande recolhimento de pessoas de todas as nações, no seio da igreja, que assinala o começo da transformação dos remidos segundo a imagem moral e metafísica de Cristo (ver Rm 8.29 sobre essa questão). Temos ali a colheita espiritual dos homens para dentro do reino dos céus (ver 1Co 12.13). Naturalmente, isso assinalou o princípio de uma grande e nova dispensação — a era da graça — durante a qual Deus trata dos homens de maneira mais perfeita e íntima, a fim de produzir a redenção dos mesmos. **2**. Para o crente individual, a descida do *Espírito Santo* foi e é a garantia e o selo de sua completa regeneração, glorificação e participação na natureza divina (ver 2Pe 1.4), porquanto o Espírito Santo é o agente de toda essa operação divina, por ser ele a emanação da presença de Deus em nós, o "alter ego" de Cristo, cujo desígnio é o de terminar a obra da redenção, que teve começo no ministério terreno de Jesus Cristo. **3**. Posto que esse acontecimento corresponde ao dia em que a lei mosaica foi outorgada, no monte Sinai, o Pentecostes do cristianismo pode ser historicamente encarado como o começo daquela *nova lei*, que é implantada nos corações dos homens, o que os capacita a observarem-na, pois o poder para que o crente observe a lei da liberdade é conferido juntamente com essa própria lei (ver 2Co 3.3 e Rm 8.1-14). **4**. O princípio da nova vida, no Espírito Santo, assinala *o término da escravidão* ao esquema deste mundo, tal como o Sinai assinalou o começo de uma nova vida para a nação de Israel em que ela foi liberta da escravidão ao Egito. **5**. O Pentecostes também marca um dia de *ação de graças* e de comemoração, porque a obra do Espírito Santo, naquele dia, foi um daqueles "tempos" ou "épocas" que o Pai reservou para sua exclusiva autoridade e através do que, uma vez completado, a criação inteira haverá de encontrar o seu centro na pessoa de Cristo e será finalmente estabelecida uma ordem social completa universal, que será a grande característica dos séculos eternos. (Ver também o trecho de Efésios 1.10 sobre a questão). **6**. O dia de Pentecostes trouxe uma experiência unificadora, unindo judeus e gentios, perfazendo uma só igreja (1Co 12.13) e conferindo unidade espiritual (Ef 4.1 e ss.), o que envolve muitos aspectos. (Ver também At 1.14). Os crentes estão unidos em fato e em ato. **7**. A maioria dos intérpretes acredita que o Pentecostes assinalou o começo da igreja cristã. A presença do Espírito é a característica distintiva da igreja, a qual dificilmente poderia ter vindo à existência sem essa característica.

"... E embora houvesse tantos deles, reunidos, mostraram-se muito unânimes e pacíficos; não houve conflitos e nem contendas entre eles; todos se mantinham no mesmo parecer mental e no mesmo juízo, impelidos pela fé e pela prática comuns, gozando de um só coração e alma, cordialmente ligados por afeto uns aos outros; todos se encontravam no mesmo lugar..." (John Gill, em At 2.1). "Desejamos que o Espírito se derrame do alto sobre nós? Então estejamos todos de comum acordo, sem importar a imensa variedade de nossos sentimentos e interesses, como, sem dúvida, sucedia também entre aqueles primeiros discípulos, concordemos em amar-nos uns aos outros; porque onde habitam os irmãos juntamente, em unidade, ali o Senhor ordena a sua bênção" (Matthew Henry, em At 2.1).

Todos. Certamente estão aqui em vista mais do que meramente os "doze", e talvez estejam incluídos os 120 referidos no décimo quinto versículo do primeiro capítulo de Atos.

PEOR

No hebraico, **"abertura"**, **"fenda"**. No Antigo Testamento, esse é o nome de um monte e de uma divindade, a saber: **1**. Peor figura como uma montanha de Moabe, o lugar para onde Balaque conduziu o profeta falso, Balaão, a fim de que ele amaldiçoasse ao povo de Israel (ver Nm 23.28). Ali, lê-se que esse monte "olha para a banda do deserto, o deserto que havia em ambas as margens do mar Morto. Foi perto do pico da parte norte das montanhas de Abarim, perto da cidade de Bete-Peor, que Israel acampou nas planícies de Moabe, segundo se lê em Deuteronômio 3.29 e 4.46. Ficava isso na região de Nebo, embora não se tenha podido ainda fazer uma identificação segura. **2**. Peor também era o nome de uma das divindades moabitas, o deus da imundícia (ver Nm 25.18; 31.16 e Js 22.17). A primeira dessas passagens conta como Israel sofreu a pena por haver adorado esse deus, porque muitos homens israelitas casaram-se com mulheres moabitas. O juízo divino seguiu-se a isso. Balaão armara o palco para os israelitas envolverem-se com essa falsa divindade (ver Nm 31.36), mediante casamentos com mulheres moabitas, o que provocou uma queda na espiritualidade do povo de Israel. E a última dessas três passagens alude à questão, mostrando que as duas tribos e meia envolveram-se em atos semelhantes. A cidade de Baal-Peor era um santuário especial da adoração a esta divindade pagã (Nm 25.3; Dt 4.3; Js 13.20; Sl 106.28). O castigo infligido em face da corrupção provocada por essa idolatria tornou-se uma espécie de advertência proverbial em tempos posteriores (ver Nm 31.16; Dt 4.3; Js 22.17). Ver o artigo geral sobre os Deuses Falsos.

Além disso, na Septuaginta, no trecho de Josué 15.59, aparece Peor como uma cidade do território de Judá. Mas isso não aparece em nossa versão portuguesa. Todavia, essa cidade tem sido identificada com a moderna Khirbet Faghur, a sudoeste de Belém.

PEPINO

No hebraico, *gishshuim*. Essa palavra aparece somente em Números 11.5. Mas os estudiosos vacilam entre os sentidos de melancia, cabaça e pepino. Nossa versão portuguesa prefere "pepino". Há um outro vocábulo hebraico, *miqshah*, que também é usado apenas por uma vez, em Isaías 1.8, que tem sido traduzido por "pepinal", conforme se vê em nossa versão portuguesa. Mas é possível que esteja em foco a melancia.

O pepino era conhecido em Israel, sendo usado na confecção de saladas, conforme sucede até hoje. Foi um dos itens alimentares que os israelitas lembravam com saudades, enquanto vagueavam pelo deserto (Nm 11.5). Porém, os eruditos disputam quanto à identidade da planta. A cabana construída em um pepinal (Is 1.8) era um abrigo tosco, feito de varas e palmas, com o propósito de proteger o vigia do sol e dos animais ferozes, enquanto ele trabalhava na terra e cuidava dos frutos que amadureciam. Quando a colheita terminava, a cabana era esquecida, pois já havia servido à sua finalidade. Portanto, tal cabana tornou-se um símbolo de total desolação, porque acabava caindo em ruínas. Melões e pepinos medravam bem no Egito, em vista da irrigação pelas águas do rio Nilo. Foi no Egito que Israel conheceu pela primeira vez a planta. O *Cucumis sativus* era o mesmo legume que conhecemos hoje em dia. Algumas vezes, os pobres só conseguiam alimentar-se com pão e pepinos.

PERDÃO

I. Palavras Envolvidas. No hebraico, temos a considerar quatro palavras, e, no grego, também quatro, a saber: **1**. *Salach*, "perdoar". Verbo hebraico usado por 46 vezes, conforme se vê, por exemplo, em (Nm 30.5,8,12; 1Rs 8.30,34,35,39,50; 2Cr 6.21,25,27,30,39; Sl 103.3; Jr 31.34; 36.3; Dn 9.19; Am 7.2). **2**. *Sallach*, "perdão", substantivo hebraico usado por uma vez: Salmo 86.5. **3**. *Kaphar*, "cobrir". Palavra hebraica usada por cerca de dez vezes com o sentido de "perdoar", embora seja palavra traduzida, principalmente, por "expiar". (Ver, por exemplo (Sl 78.38; Jr 18.23; Dt 21.8; 2Cr 30.18; Lv 8.15; Ez 45.15,17; Dn 9.24). **4**. *Nasa*, "levantar", "perdoar". Palavra hebraica usada por cerca de treze vezes com o sentido de "perdoar": (Gn 50.17; Êx 10.17; 32.32; 34.7; Nm 14.18,19; 1Sm 25.28; Sl 25.18; 85.2; Is 2.9). **5**. *Aphíemi*, "deixar ir", "perdoar". Termo grego usado por 145 vezes no NT, desde Mateus 3.15 até Ap 11.9. **6**. *Áphesis*, "perdão". Substantivo grego empregado por dezessete vezes (Mt 26.28; Mc 1.4; 3.29; Lc 1.77; 3.3; 4.18 (citando Is 61.1); 4.18 (citando Is 58.6); 24.7; At 2.38; 5.31; Ef 1.7; Cl 1.14; Hb 9.22; 10.18). **7**. *Charizomai*, "ser gracioso como", uma palavra grega utilizada por 22 vezes (Lc 7.21,42,43; At 3.14; Rm 8.32; 1Co 2.12; 2Co 2.7,10; Gl 3.18; Ef 4.32; Fp 2.9; Cl 2.13; 3.13; Fm 22). **8**. *Apolúo*, "soltar", "perdoar". Verbo grego que ocorre por apenas uma vez com o claro sentido de *perdoar*, em Lucas 6.37. Significa, em outros lugares, soltar, deixar, divorciar-se etc.

II. Caracterização Geral. O perdão pode ser um ato divino, que resulta no perdão do transgressor humano. Por igual modo, um ser humano pode perdoar a outro. O perdão dos pecados é uma prerrogativa divina (Sl 130.4). Jesus Cristo recebeu o poder de perdoar da parte do Pai (Mc 2.5). Um perdão pleno, gratuito e eterno é oferecido a todos quantos se arrependerem e crerem no evangelho, contanto que disso resulte uma verdadeira mudança na vida e na alma, e não apenas uma profissão de fé. (Ver At 13.38,39; 1Jo 2.12). Os crentes devem perdoar àqueles que os ofendem, de modo imediato, abundante, definitivo, porque esse perdão deve imitar o ato divino (Lc 17.3,4). Isso precisa ser feito, pois, de outra forma, não podemos esperar que o Senhor nos perdoe (Mc 6.12-15; 18.15-35). Alguns chamam isso de *base legal*; mas aquele que retém o ódio em seu coração está longe de ter endireitado os seus caminhos diante de Deus, e, assim, continua levando o seu pecado. Por outra parte, aquele que foi verdadeiramente regenerado possui a atitude de perdão, como uma de suas qualidades essenciais. Se assim não for, é que aquele indivíduo não foi, realmente, regenerado.

O *perdão é* um ato da alma, mediante o qual a pessoa ofendida permite que o seu ofensor fique livre, esquecendo-se então da ofensa. Deus requer, na maioria dos casos, embora nem sempre, que o ofensor se arrependa, que haja perdão, que haja reparação pelos danos causados, sempre que isso for possível. Essa é uma condição básica; mas o puro amor de Deus cobre uma multidão de pecados quando o indivíduo não é capaz de corrigir o erro praticado ou de restaurar o danificado (Rm 5.5-8). Mesmo quando essas condições não podem ser preenchidas, o perdão divino é dado somente se o indivíduo, em imitação ao Senhor, for gracioso, amoroso, disposto a perdoar a seus ofensores. Textos como os de Mateus 6.12; 18.23-35; Marcos 11.26 contêm esses ensinamentos, enfaticamente.

III. A Ênfase da Fé Cristã. A fé cristã é supremamente destacada por sua ênfase sobre o perdão, mais do que as outras grandes religiões do mundo. Assim sucede porque o grande Profeta do cristianismo, o Cristo, em sua morte e ressurreição forneceu aos homens os próprios meios do perdão. Esse elemento faz parte do significado da missão do Filho. A fé cristã também salienta que o perdão nos é dado da parte de um Pai misericordioso, que é a fonte de toda vida e existência. (Quanto a referências bíblicas sobre esse ofício de Cristo, ver Ef 4.32; At 5.31; 13.38; Mc 2.10; 1Jo 1.9 e, especialmente, Ef 1.7). Este último trecho ensina: ... *no qual* (Amado Cristo) *temos a redenção, pelo seu sangue, a remissão dos pecados, segundo a riqueza da sua graça.*

IV. Ensino Bíblico Sobre o Perdão

No Antigo Testamento. **1**. O elaborado sistema de sacrifícios do Antigo Testamento estava diretamente vinculado à ideia de expiação e, consequentemente, de perdão. Apesar de

PERDÃO

certos trechos do Novo Testamento, como Romanos 3.25, darem a entender que o perdão divino, no Antigo Testamento, estava condicionado ao futuro ministério de Cristo, não há que duvidar que os israelitas, nos dias do Antigo Testamento, pensavam que seus sacrifícios eram eficientes para o perdão de seus pecados, mediante a expiação. O artigo sobre a *Expiação* fornece-nos detalhes. **2**. As ofensas são vistas como perdoadas, e o perdão é encarado como um ato da graça divina, que deve ser recebido com profunda gratidão. O pecado merece ser punido, e o perdão é uma medida da graça e da misericórdia divinas. O recebimento desse benefício deveria criar o senso de temor no coração dos homens. (Ver Sl 130.4; Dt 29.20; 2Rs 24.4; Jr 5.7 e Lm 3.42), quanto às ideias aqui expressas. **3**. Somente Deus tem a prerrogativa de perdoar aos homens (Dt 9.9). A única maneira como o homem pode perdoar é indiretamente, mediante a pregação do evangelho. Os que aceitarem a mensagem cristã serão perdoados por Deus. (Ver Jo 20.23). Mas os apóstolos nunca perdoaram pessoalmente senão a alguma ofensa pessoal contra eles, como qualquer crente pode fazer. No caso de pecados contra o Senhor, eles deixavam a questão nas mãos de Deus. *Arrepende-te, pois, da tua maldade, e roga ao Senhor; talvez que te seja perdoado o intento do coração* (At 8.22). **4**. O perdão divino está alicerçado sobre a misericórdia, a bondade e a veracidade de Deus (Êx 34.6 ss.). O perdão torna-se impossível se Deus não se mostrar gracioso. E essa graciosidade divina, como é óbvio, manifesta-se exclusivamente através de Cristo e sua palavra. **5**. O perdão dado por Deus é completo. Ele afasta de nós os nossos pecados tanto quanto o Oriente dista do Ocidente (Sl 103.12). Ele lança para trás de suas costas as nossas transgressões, sem mais considerá-las (Is 38.17). Ele apaga as transgressões dos perdoados (Is 43.25; Sl 51.1,9) e nunca mais relembra os seus pecados (Mq 7.19). **No Novo Testamento**. **1**. O pecador é perdoado, por sua vez, deve perdoar aos que o ofendem (Lc 3.37). No entanto isso cria um problema teológico para alguns. Ver sob a seção quinta, abaixo. (Ver também Mt 6.12-15; 18.15-35). **2**. O perdão depende diretamente da expiação de Cristo (Ef 1.7; Rm 3.25; 4.25; Mt 26.28). **3**. A validade da expiação cerimonial, no Antigo Testamento, dependia de o indivíduo considerar a sua participação espiritual na futura missão e expiação de Cristo (Rm 3.25). No Novo Testamento, os povos gentílicos também são beneficiados, mediante a fé em Cristo, e não somente o povo de Israel (At 17.30,31). A descida de Cristo ao *hades* (1Pe 3.18 — 4.6) estende o benefício da expiação de Cristo a todos os homens, oferecendo-lhes a salvação através do evangelho, conforme 1Pedro 4.6 deixa claro: *... pois, para este fim foi o evangelho pregado também a mortos, para que, mesmo julgados na carne segundo os homens, vivam no espírito segundo Deus*. **4**. O contínuo perdão dos pecados dos crentes também depende diretamente da obra expiatória de Cristo (1Jo 1.9). **5**. O perdão está diretamente vinculado ao arrependimento (Mq 1.4; At 2.38; Lc 24.47). **6**. O perdão também está ligado à fé ou à confiança em Cristo (At 10.43; Tg 5.15). O arrependimento e a fé servem de meios para o perdão. O mérito nunca é humano, mas somente em Cristo. Apesar disso, sem aqueles meios (arrependimento e fé = conversão) não haverá perdão, porquanto o mérito de Cristo precisa ser *apropriado* pelo homem. N.B.: Outros ensinos neotestamentários sobre o perdão, que não foram ventilados aqui, são tratados na seção abaixo, sobre os *Problemas*. **7**. Visto que Deus perdoa gratuita e abundantemente, outro tanto deveriam fazer os crentes, sem nunca limitarem o número de vezes em que eles perdoam a seus ofensores (Mt 18.22). Esse ensino, naturalmente, está muito acima da capacidade da maioria das pessoas e serve como um elevado ideal. **8**. O perdão repousa sobre a completa missão de Cristo, sobre a sua morte e ressurreição (Hb 9.26; Rm 4.25).

V. Problemas Relativos à Doutrina do Perdão.
1. Cristo ensinou claramente que o perdão divino depende (como uma condição possível) de perdoarmos aos nossos ofensores. (Ver Lc 6.37; Mt 6.12-15; 18.15-35). Isso cria uma grande consternação para os estudiosos de teologia. As explicações dadas por esses estudiosos têm sido as seguintes: *a. A Declaração de Cristo é Absoluta*. Sem importar se no regime da lei ou no regime da graça, o perdão sempre foi dado somente àqueles que estiverem dispostos a tratar seus semelhantes conforme Deus trata com eles. Sem dúvida era assim que Jesus pensava. De outra sorte, como poderia ter falado como falou? Porventura, ele não tinha consciência de que uma nova dispensação religiosa estava começando, que o nosso período da graça haveria de modificar isso? Ou ele exprimiu uma lei moral fixa? *b. A Declaração de Cristo é Legalista*. Os eruditos dispensa-cionalistas supõem que essa declaração refletia uma verdade antes da cruz, mas que, depois da mesma, o perdão é dado gratuitamente, através da graça de Deus, inteiramente à parte de quaisquer condições humanas, exceto o arrependimento e a fé, que é a resposta favorável do homem à mensagem divina. *c. A Declaração de Cristo Precisa ser Condicionada*. O indivíduo perdoado, em face de ser um homem que foi regenerado e transformado pelo poder de Deus, mui naturalmente dispor-se-á a perdoar a seus ofensores. No caso de ele não se dispor a isso, então será duvidoso se ele foi, realmente, regenerado. Em outras palavras, o perdão estendido a outros é um *resultado*, e não uma causa do perdão que recebemos da parte de Deus.

Não há maneira fácil de solucionar esse problema, e as respostas que os estudiosos têm dado nos deixam, algumas vezes, perplexos.

2. O Anulamento do Perdão Recebido. O sexto capítulo da epístola aos Hebreus certamente ensina que algumas pessoas que foram regeneradas e perdoadas podem perder essas graças mediante o desvio, o pecado voluntário e a apostasia. Esse texto é um antigo campo de batalha, levando-nos diretamente ao problema da eterna segurança dos salvos. Minha resposta especulativa é que um crente verdadeiro pode cair de sua posição, tornando-se como uma pessoa não-convertida. Mas, visto que ele recebeu a promessa da vida eterna, da parte do Senhor, e que pertenceu a ele, então será finalmente trazido de volta ao aprisco, ou antes da morte física, ou já nos mundos espirituais. Todavia, também especulo que essa recuperação pode envolver um longo, longo tempo. A alma nessa situação pode vaguear em estado de perdição, chegando mesmo a sofrer o julgamento no *hades*. O relato da descida de Cristo ao *hades* (1Pe 3.18 — 4.6) indica que o evangelho foi anunciado até mesmo ali, a fim de oferecer a vida. Suponho, pois, que uma pessoa que realmente se converteu, mas desviou-se de Cristo, pode terminar no juízo do *hades*; mas, em face de ela ter sido escolhida, será restaurada, ainda que chegue ao *hades*. Aprofundo-me mais ainda na especulação. Se a reencarnação exprime uma verdade (ver o artigo sobre esse assunto), então a restauração da alma poderia ocorrer em uma outra vida terrena. Estamos envolvidos em grandes mistérios, quando pensamos sobre o destino da alma. Mas, para mim, parece-me preferível procurar respostas especulativas do que simplesmente ser um arminiano. O arminianismo ensina que se um homem salvo vier a se perder, estará perdido para sempre. Ou então, ser simplesmente um calvinista. O calvinismo ensina que o verdadeiro crente nunca pode se desviar de Cristo. No entanto, a experiência humana ensina-nos que um crente verdadeiro pode se desviar de Cristo; foi a consciência desse fato que inspirou o escritor da epístola aos Hebreus, no seu sexto capítulo. No entanto, esse mesmo capítulo de Hebreus termina com uma nota de segurança: *Quanto a vós outros, todavia, ó amados, estamos persuadidos das cousas que são melhores e pertencentes à salvação, ainda que falemos desta maneira* (Hb 6.9). Cristo tem poder para restaurar a qualquer um, mesmo após o sepulcro. Ver o artigo geral sobre a *Segurança Eterna*, que entra em maiores detalhes sobre esse complicado problema. As respostas simples, ou unilaterais, raramente são adequadas para equacionar os profundos problemas. Suponho, pois, que a segurança do crente é *absoluta*. Ela haverá de ser apanágio do crente. No entanto, o desvio do crente é *relativo à* sua experiência total. Mas, se o crente vier a desviar-se, será, finalmente, restaurado, e ficará para sempre com o Senhor.

3. Os apóstolos podiam perdoar pecados? E essa autoridade deles poderia ser transferida a outros? A primeira dessas duas perguntas precisa ser respondida afirmativamente, embora requeira qualificação. A segunda já vai além das palavras que Jesus proferiu a respeito: *Se de alguns perdoardes os pecados, são-lhes perdoados; se lhos retiverdes, são retidos*, (Jo 20.23). Nas notas expositivas do NTI, ofereço uma longa discussão sobre esse versículo. Aqui apresento apenas algumas observações principais: **a. A igreja Ocidental** compreende essas palavras de Cristo como uma declaração literal, supondo que os apóstolos tivessem a autoridade real de perdoar pecados. Naturalmente, ali essa autoridade é explicada como algo delegado por Deus, e não que eles tivessem, em si mesmos, os méritos para perdoar os pecados alheios. Mas, o erro dessa posição é que, por um salto ilógico, esse poder é transferido para o sacerdócio, quando o Novo Testamento nem reconhece a existência de um corpo clerical, em contraste com um corpo laico. Na prática, essa posição equivale a dizer que a máquina eclesiástica é o agente do perdão divino, e que as suas funções e sacramentos são essenciais a isso. Os que estão fora dessa organização eclesiástica, assim sendo, não poderiam receber o perdão. Tudo isso é totalmente contrário ao ensino neotestamentário, que deixa claro que cada crente trata diretamente com Deus, por meio de Cristo Jesus, sem qualquer intermediação humana. **b. Os grupos protestantes** (e também os católicos romanos liberais) têm dito que a doutrina, conforme é exposta tradicionalmente pelo catolicismo romano, é por demais radical. Os grupos evangélicos pensam que o trecho de João 20.23 ensina que os apóstolos perdoavam *medianeiramente* (isto é, por meio de sua missão de pregadores do evangelho), e não *pessoalmente*, como se perdoar os pecados dependesse de uma decisão deles. Os protestantes liberais pensam que interpretar literalmente esse versículo é ultrapassar o bom senso e aquilo que a fé bíblica requer de nós. E também dizem que mesmo que o autor daquele versículo realmente acreditasse (e desejasse ensinar), que os apóstolos tinham a autoridade para perdoar pecados, ele estava equivocado, e seu ensino era falso. Os católicos liberais, por sua vez, acreditam que a ordem usual das coisas (o perdão dos pecados através do clero) tem suas exceções, controladas pela graça de Deus. Assim, até mesmo pagãos bem-intencionados (como aqueles referidos no segundo capítulo da epístola aos Romanos) podem ser perdoados, sem o ofício intermediário da igreja visível.

Os evangélicos afirmam que mesmo que aos apóstolos tivesse sido dada autoridade para perdoarem pecados, não há qualquer razão convincente para supormos que essa autoridade tenha sido transferida para algum sacerdócio cristão (inexistente nas páginas do Novo Testamento, como uma classe distinta dos outros cristãos); menos ainda, que o sacerdócio da igreja Católica Romana tenha sido destacado como o *receptor* dessa autoridade transferida. Mediante uma manipulação interpretativa, alguns estudiosos têm dito que os apóstolos meramente confirmavam o perdão que já havia sido conferido por Deus, e não que eles fossem os perdoadores imediatos. Essa Interpretação é conseguida mediante a observação que, no grego, o verbo é posto no tempo perfeito (uma ação no passado, com resultados no presente); porém, o mais provável é que isso seja uma eisegese, e não exegese. Ver os artigos sobre *Eisegese* e *Exegese*.

4. O Pecado Imperdoável. Esse é o pecado contra o Espírito Santo (Mt 12.31 ss.; Mc 3.28 ss.). Mais precisamente, no que consiste esse pecado? **a**. Os textos envolvidos ensinam que se trata de uma *blasfêmia*. Essa blasfêmia diz respeito a Cristo, atribuindo aos demônios a inspiração por atos realizados por Jesus, ao invés de atribuir tal inspiração ao Espírito Santo. O *ponto de vista dispensacional* afirma que tal tipo de pecado só podia ocorrer nos dias em que Cristo estava neste mundo. Agora, porém, Cristo não está operando no mundo, em pessoa, pelo que as pessoas não podem atribuir ao diabo o que ele realiza. **b**. A opinião dos *não dispensacionalistas* é que esse pecado continua sendo possível até hoje. Por exemplo, quando os homens resistem teimosa e perversamente às operações do Espírito, manifestadas através da ministração do evangelho, e atribuindo tais operações a Satanás. **c**. A interpretação da *resistência agravada*. Os indivíduos que continua e resolutamente se opõem ao evangelho e ao seu ministério, durante certo período de tempo, terminam por colocar-se fora do alcance do perdão divino. Assim sendo, esse pecado de blasfêmia contra o Espírito Santo envolveria um longo período de rebeldia e oposição, não sendo um pecado isolado. **d**. Interpretação da *desobediência agravada, pecaminosidade e apostasia*. Os homens que persistem no pecado, em sentido geral, finalmente não mais podem ser alcançados pelo perdão divino. Aqueles que continuamente repelem a chamada divina, e que se opõem aos que anunciam o evangelho, tornam-se culpados de blasfêmia contra o Espírito Santo, contra a missão de Cristo. Dentre essas quatro possibilidades, parece-nos que a mais provável é a primeira, letra "a".

5. O Pecado para Morte, de 1João 5.16. Alguns estudiosos têm vinculado esse pecado ao pecado imperdoável. No entanto, o *pecado para morte* é o pecado cometido por um crente. Tal pecado pode levar à morte física, mas não à morte espiritual. Alguns crentes abusam; depois, não há mais caminho de retorno. Vivem por tempo demasiado na obstinação do pecado e perdem a sua utilidade. Ou então acabam cometendo algum gravíssimo pecado (ou uma série de pecados) e assim precisam experimentar a morte física, como resultado natural de seus atos. Encontramos um caso assim em 1Coríntios 5.1. O quinto versículo desse mesmo capítulo mostra que o pecado de imoralidade envolvido no caso resultaria fatalmente na morte física, a menos que o crente culpado se arrependesse do mesmo. Mui provavelmente, esse é o tipo de coisa tencionado em 1João 5.16, onde a questão é tratada de modo geral, sem qualquer pecado específico em mira.

VI. O Escopo e o Tempo do Perdão. O trecho de Hebreus 9.27 parece indicar que o perdão e, portanto, a salvação, precisa ser recebido dentro de uma única vida física da alma. Diz esse trecho: *E, assim como aos homens está ordenado morrerem uma só vez, e, depois disto o juízo...* O primeiro capítulo de Romanos também parece indicar que aqueles que não dão ouvidos ao evangelho, durante sua existência terrena, estão irremediavelmente perdidos, por não haverem sido perdoados. Devemos aceitar trechos assim como expressões de ensino geral. Porém, o relato da descida de Cristo ao *hades* (1Pe 3.18 — 4.6) ensina que a mensagem do evangelho foi levada ao *hades*. E isso indica que o perdão e a salvação podem ser obtidos mesmo do outro lado da vida biológica. O trecho de 1Pedro 4.6 afirma categoricamente que a obra do Espírito, que confere vida, foi estendida aos desobedientes, que estavam sofrendo a condenação no *hades*. O evangelho é capaz de fazer coisas assim. O trecho de Efésios 4.8 ss mostra-nos que a descida de Cristo ao *hades*, e sua subida dali, até os céus, tiveram o mesmo propósito: fazer Cristo ser tudo para todos. E o trecho de Efésios 1.9,10 mostra-nos que, de acordo com a vontade de Deus, que envolve um *mistério*, haverá uma restauração final, ainda que nos ciclos remotos da eternidade futura (chamados ali de "dispensação da plenitude dos tempos"). Uma vez que cada período tenha contribuído com a sua parte, resultando no benefício máximo, então Cristo (o Logos) tornar-se-á tudo para todos (Ef 1.23). E o resultado disso, segundo podemos antecipar, será a redenção plena para os eleitos de Deus, e restauração para os não eleitos. Ao que parece, até estes obterão o perdão dos pecados, pois, de outro modo, como poderiam eles ser beneficiados? Uma dificuldade a enfrentar é que Jesus disse que alguns nunca serão perdoados, nem neste mundo e nem no vindouro: ... *mas se alguém falar contra o Espírito Santo, não lhe será isso perdoado, nem neste mundo nem no por vir* (Mt 12.32). É mister palmilhar com muito cuidado, nessas especulações, para não irmos além do que está escrito, e nem entrar em choque com ensinos bíblicos claros. O pecado imperdoável mostra que nem todos serão perdoados. Temos de confessar que há mistérios não revelados por Deus, pois há coisas que ele reservou para a sua exclusiva autoridade. Quanto a essas doutrinas, ver os artigos sobre a *Restauração* e sobre a *Descida de Cristo ao Hades*. Esse modo de interpretação, contudo, é comum nas igrejas Ortodoxas Orientais e na igreja Anglicana, embora negligenciado no Ocidente, até mesmo pelas igrejas protestantes e evangélicas. Em minha maneira de pensar, o Oriente tem algo a ensinar ao Ocidente. (B C E ND NTI)

PERDÃO DE PECADOS PELOS APÓSTOLOS

João 20.23: *Àqueles a quem perdoardes os pecados, são-lhes perdoados; àqueles a quem os retiverdes, são-lhes retidos.*

Esta passagem (Jo 20), especialmente por causa do presente versículo, tem-se tornado campo de intensas controvérsias, como se dá no caso do texto de Mateus 16.19 e 18.18, sendo possível que preserve, de forma ligeiramente diferente, a mesma tradição por detrás do texto do Evangelho de Mateus. Naquele primeiro Evangelho, o Senhor se dirigiu a Simão Pedro; isso parece dar a impressão de que ele recebeu algum tipo de poder ou autoridade que os outros apóstolos não receberam. Entretanto, conforme se vê na passagem de Mateus 18.18,19, estão em foco *dois dentre vós*, e, no versículo seguinte, o Senhor ajunta: ... *onde estiverem dois ou três reunidos em meu nome*..., tudo o que serve para mostrar-nos que as ações coletivas da igreja cristã é que provocavam as "ligações" ou "desligamentos" de que fala o texto. Essas "ligações" e "desligamentos" do texto do Evangelho de Mateus, mui provavelmente, devem ser interpretados segundo os termos rabínicos dos judeus, isto é, como tais expressões eram utilizadas pelos rabinos. Nesse caso, tudo quanto estava em foco nas palavras de Jesus seriam decisões que proibiriam (ligar) ou permitiriam (desligar) certas ações ou condições no seio da comunidade cristã, e dificilmente essas palavras teriam qualquer vínculo com os alvos espirituais finais, como o perdão de pecados de alguém, ou a salvação de uma alma. Pelo contrário, nas páginas do NT, quando aplicadas à igreja cristã, essas expressões significam que a igreja, e não os rabinos e o seu sinédrio, é que tinha o direito de estabelecer normas religiosas, para governo de sua própria comunidade.

Devemo-nos lembrar que, quando foi escrito o Evangelho de Mateus, bem como estas palavras que ora comentamos no quarto Evangelho, a cidade de Jerusalém já havia sido destruída, e, juntamente com ela, terminara a autoridade, o poder e a presença do sinédrio na nação judaica. Ora, isso deixara um imenso vácuo de autoridade, de natureza eminentemente religiosa. Quem teria agora a autoridade anteriormente exercida pelo sinédrio? A resposta dada no décimo sexto capítulo do Evangelho de Mateus é que o apóstolo *Pedro* deveria ser reconhecido como possuidor dessa autoridade. A resposta do décimo oitavo capítulo desse mesmo Evangelho é que essa autoridade repousava sobre a *comunidade cristã*, quando agisse numa espécie de ação coletiva ou democrática. Já a resposta do trecho de João 20.23 é que essa autoridade fora entregue aos *apóstolos*. (Quanto a plenas explicações sobre o problema criado pela *autoridade especial* dada a Pedro, ver as notas referentes a Mt 16.18,19, no NTI). Ver o artigo sobre *Fundamento da igreja, Pedro como*.

Têm aparecido diversas interpretações sobre o que significaria o fato de que os apóstolos receberam autoridade para perdoar ou reter pecados, como segue: **1.** Alguns intérpretes têm observado que os verbos principais deste versículo estão vazados no tempo perfeito, no original grego, os quais, por isso mesmo, poderiam ser traduzidos como *foram retidos e foram perdoados*. Assim dizendo, esses intérpretes ensinam que essa aparente retenção ou perdão de pecados é meramente um discernimento, daquilo que já fora determinado pela vontade divina, ou através de circunstâncias que circundam o caso. Assim sendo, eles preferem traduzir essa passagem do seguinte modo: "Se perdoardes os pecados a alguém, já foram perdoados; se retiverdes os pecados de alguém, já foram retidos". Dessa maneira, os pregadores, ao ministrarem a palavra de Deus, simplesmente confirmam o que deve ser de conformidade com as exigências divinas, sem que isso signifique que tenham criado essas exigências divinas. Porém, apesar de que a conclusão dessa interpretação muito provavelmente expressa a verdade, o modo gramatical de chegar a ela, segundo aparece na tradução provida acima, é extremamente *dúbio*, não se harmonizando bem com o contexto, nem com a ideia que aparentemente é transmitida aqui. Não podemos apresentar esse tipo de argumento com qualquer certeza, com base no tempo perfeito do texto grego, especialmente no caso do grego helenista (do qual o NT é um dos principais representantes), porquanto o tempo perfeito pode ser usado em lugar do presente e do aoristo, sem que isso tenha qualquer sentido especial. Outrossim, a condição da continuação do estado de "perdoado" ou do estado de "retido", gramaticalmente, pelo menos, depende da cláusula anterior: "...se de alguns perdoardes... se lhos retiverdes..." e assim fica derrubado por terra todo o argumento fundamentado no emprego do tempo perfeito. **2.** Alguns estudiosos pensam que o *perdoar e o reter* são equivalentes ao *desligar e ao ligar*, respectivamente, segundo aparecem estes dois últimos verbos nos trechos de Mateus 18.18 e 16.19. Porém, isso não faz sentido neste presente contexto, porquanto não foi dito aos apóstolos que determinassem o que deveria ser considerado pecado ou não, isto é, que "permitissem" determinados atos mas "proibissem" outros (como no caso do Evangelho de Mateus). Pelo contrário, neste quarto Evangelho, estão envolvidos o *perdão* ou a *retenção* dos pecados, bem como o que significa esse pecado, determinado pela natureza moral de Deus, e não pelas ideias dos homens. **3.** A interpretação *eclesiástica exagerada*, que tem assumido muitas formas, defendida por muitos intérpretes, é aquela que diz que os apóstolos, na realidade, na qualidade de representantes de Cristo, podiam *verdadeiramente* perdoar ou reter os pecados dos homens, em sentido plenamente literal, através da administração do confessionário ou de outros meios eclesiásticos. Essa interpretação pode assumir muitas formas variadas e elaborações, tal como aquela que afiança que os apóstolos estabeleceram as primeiras regras da igreja cristã primitiva, tornando obrigatórios, deveres, ritos e cerimônias, além de haverem determinado, em muitos casos, no que consiste exatamente o pecado, em vários casos duvidosos. A isso tem sido acrescentada a ideia da *sucessão apostólica*, ou seja, que esses privilégios e ofícios, altíssimos como são, são efetuados através do clero de uma determinada denominação cristã, que seria a *única* capaz de exercer os mesmos direitos que os apóstolos tiveram enfeixados nas mãos. No entanto, essa doutrina se baseia *na tradição*, e não em qualquer declaração *bíblica*. A fé na mesma equivale à fé numa determinada denominação e em seus líderes, e jamais em qualquer declaração das próprias Escrituras Sagradas. Por isso mesmo, tal posição precisa ser comprovada ou refutada com base em outras considerações, e não com base na exegese simples do texto bíblico. Ainda que pudéssemos admitir que os apóstolos possuíam tais poderes, isso estaria longe de comprovar que outros indivíduos, depois deles, também receberam tal autoridade, ou que o alto privilégio proporcionado a Simão Pedro foi transferido a qualquer linhagem de sucessores seus. Essa transferência é exatamente o ponto que mais repousa sobre a tradição eclesiástica, desenvolvida *paulatinamente através dos séculos*, e não na autoridade das Escrituras, por meio da exegese bíblica. **4**. Alguns intérpretes protestantes, entretanto, têm-se inclinado em demasia para o ponto de vista contrário, eliminando qualquer ofício apostólico especial, dizendo que qualquer ministro do evangelho, ao pregar aos homens, cria com isso as circunstâncias que levam os pecados dos homens a serem perdoados ou retidos. Apesar de que nisso há certa verdade, contudo, em sentido especial, o ofício apostólico é que criou essas condições, porquanto foi através dos apóstolos originais de Cristo que os homens vieram a se defrontar, pela primeira vez, com a mensagem de Jesus, de sua ressurreição e de suas exigências impostas aos homens, das novas definições cristãs do pecado e das consequências do mesmo. Também foi por meio dos apóstolos que a igreja cristã foi estabelecida, como agente divino, para anunciar a mensagem de Deus à humanidade. Dessa forma, os apóstolos ocupavam uma posição elevada, investidos como estavam de seriíssimo ofício, envolto em considerações gravíssimas, de tal modo que a pregação deles e o exercício de dons especiais e até mesmo miraculosos, que tinham por intuito autenticar a sua mensagem e convencer aos homens, criaram as condições sob as quais os pecados dos homens podem ser perdoados ou retidos. É somente nesse sentido que se pode asseverar que os apóstolos perdoavam ou retinham os pecados dos homens. A ideia de que os apóstolos podiam fazer isso literalmente, embora não contradiga o presente texto, pois tal ideia pode ser *espremida* para fora do texto que ora consideramos, contanto que não se queira levar em consideração outras passagens que versam sobre a questão, não é admissível para a teologia geral, nem do Antigo e nem do Novo Testamentos. De fato, em parte alguma tal doutrina é ensinada pelo apóstolo Paulo, grande mestre dos gentios na fé, em suas passagens *teológicas dogmáticas*. Um problema de tão magna importância certamente teria sido abordado de alguma maneira por esse apóstolo, ou pelo menos, por algum dos outros apóstolos, em qualquer porção do volume do NT, se porventura devêssemos compreender que tal autoridade lhes fora dada: a de realmente perdoar pecados. Somente o Senhor Jesus, o Messias, é que tem tal autoridade e poder (ver Mt 9.2-6). **5**. Alguns estudiosos acreditam que o trecho de 1João 5.16,17 é pelo menos aludido neste versículo. Nessa primeira epístola de João é abordada a questão dos pecados para a morte, e como aos crentes não é permitido fazer julgamento sobre tais questões, orando, ou de alguma outra forma qualquer, entregando alguém à morte; ainda que uma pessoa tivesse cometido claramente um desses pecados, não deve o crente importar-se em orar por ela, como se tivesse autoridade ou poder para tal. Todavia, não parece haver qualquer conexão vital entre o presente versículo e esse texto, embora uma questão, tal como esta, seja séria. Não há nenhuma indicação de que alguém possa ser entregue à morte física e muito menos à morte *espiritual* por ação de outrem.

A autoridade de perdoar pecados era administrada ministerialmente pelos apóstolos, no fato de que eles trouxeram aos homens as condições sob as quais esse perdão lhes podia ser conferido. Na realidade, os apóstolos *forçavam* a tomada de decisões espirituais, por parte dos homens, mediante o seu ministério; não fora isso, essas pessoas nunca teriam tomado tais decisões a respeito de Cristo e nem jamais se interessariam por qualquer suposta salvação que porventura tivesse chegado ao conhecimento deles.

O que dissemos acima tinha lugar através dos *seguintes meios*: **1**. A prédica do evangelho, com poder do Espírito, autenticado pelos milagres efetuados pelos apóstolos. **2**. O estabelecimento da igreja cristã, o que forçou os homens a examinarem com mais cautela as extraordinárias reivindicações de Cristo. **3**. O fato de serem os apóstolos a *nova autoridade* sobre as questões religiosas, autoridade essa que veio a preencher o vácuo deixado pela destruição do sinédrio, quando Jerusalém foi destruída pelos romanos, no ano 70 d.C.

Apesar de havermos enfatizado corretamente, neste ponto, a posição e autoridade dos apóstolos, não nos devemos olvidar daquela interpretação secundária que estende esse mesmo tipo de responsabilidade a *todos os ministros* do evangelho. O apóstolo Paulo expressou essa ideia quando escreveu: *Para com estes cheiros de morte para morte; para com aqueles aromas de vida para vida. Quem, porém, é suficiente para estas cousas?* (2Co 2.16). Ora, nessa passagem o apóstolo Paulo se referia ao ministério dos crentes, em lugar de Cristo, em favor dos homens.

Assim sendo, portanto, outros crentes, após os apóstolos, tornaram-se instrumentos de Cristo; porém, de alguma maneira, isso teve base no ministério original dos apóstolos.

Marcus Bach, em seu artigo, *The Moom has Changed our Thinking* (A Lua Mudou nossa Maneira de Pensar, Fate Magazine, maio de 1970), fala de um amigo seu que tinha grande dificuldade para pôr fim ao seu antigo hábito de fumar. Já tinha fracassado em diversas tentativas. Porém, quando *Águia*, isto é, Apolo XI, alunissou, e Neil Armstrong desceu pelas escadas da nave, tornando-se assim o primeiro homem a pousar seus pés no solo lunar, esse seu amigo jogou fora o cigarro que estava fumando, e disse pensativamente: *Se eles puderam fazer isso, então eu também posso fazer isto*. E, assim exclamando, abandonou o vício do fumo para sempre. O notável feito da alunissagem levou-o a praticar também um pequeno feito, de sua autoria. Sim, a lua havia modificado a sua maneira de pensar. Portanto, aquilo que Cristo realizou e o que os apóstolos fizeram, *certamente*, podem modificar ainda muito mais facilmente, e com muito maior razão, a nossa maneira de pensar no tocante às nossas relações com Deus, por intermédio de Cristo Jesus. Através dessa inspiração podemos ser homens melhores, servos melhores dos nossos semelhantes; mediante a pregação do evangelho, podemos conduzir outros homens aos pés de Cristo.

> Nem mesmo os apóstolos, nos dias
> Em que andaram com ele, amaram-no tanto
> Como amamos Cristo agora, que notamos seu louvor
> Lendo a história que eles contam,
> Escrita por eles quando sua visão aumentou
> E quando aquele que fugiu e o negou três vezes
> Face a face, mostrou finalmente ser autêntico,
> E morreu alegremente por sua memória:
> Tão poderosa visão como não houve outra
> Sobre quem a rede do Pai foi lançada;
> Nem mesmo entre os mais assustados, nenhum houve
> Que o abandonou finalmente, para sempre.
>   Vision, Obras Poéticas de Robert Bridges

Por semelhante modo, este texto, através do exemplo que nos foi deixado pelos apóstolos, ensina-nos a nos elevarmos acima de nós mesmos, para que sejamos servos dignos de Cristo Jesus.

PERDIÇÃO

Essa palavra vem do latim *perdere*, "perder", "destruir". O termo é usado na teologia para indicar os resultados do julgamento dos ímpios, o estado de quem está perdido, em associação a vários conceitos de destruição e perda. O vocábulo grego envolvido é *apóleia*, "ruína", "perdição", "destruição". Essa palavra pode ser usada no sentido literal, não teológico (como em Mt 26.8; Mc 14.4; referindo-se ao estrago de unguento). Judas Iscariotes foi chamado de "filho da perdição", como alguém destinado à perdição espiritual. Outro tanto é dito acerca do anticristo, em Apocalipse 17.8,11 e 2Tessalonicenses 2.3. No Apocalipse, o lago de fogo aparece como a mais terrível representação da perdição, uma figura simbólica tomada por empréstimo dos livros pseudepígrafes. Ver sobre o *Lago de Fogo, a Segunda Morte* (Ap 20.14) uma outra maneira metafórica de falar sobre a perdição.

Perdição é uma maneira de indicar a perda da vida eterna bendita, de estar alguém excluído do reino de Deus (Jo 17.12; 2Ts 2.3; Hb 10.39; 2Pe 17; Ap 17.8,11). Ver os artigos intitulados *Julgamento de Deus dos Homens Perdidos*; *Hades*; *Inferno*; *Geena*; *Sheol*; *Mortos, Estado dos*. Esses artigos expõem o que penso sobre o assunto, mormente sobre o julgamento, pelo que não repito aqui esse material. Quanto ao aspecto mais esperançoso da questão, ver os artigos *Descida de Cristo ao Hades* e *Restauração*. Creio que os versículos mais pessimistas a respeito do julgamento, que dependem da visão dos *livros pseudepígrafes*; (vide), foram ultrapassados por uma visão muito mais otimista (também no Novo Testamento), e que falam sobre *o mistério da vontade de Deus* (vide), por meio da qual aquela sombria escatologia foi substituída por outra, dotada de esperança e glória. A teologia opera mediante *saltos quantum*, e não depende exclusivamente de textos de prova. Apesar de haver mais versículos que expõem a visão anterior do castigo eterno, envolvendo as chamas eternas do inferno, existem alguns versículos que mostram como a missão de Cristo anulou esse aspecto de punição eterna. Pois em Cristo, finalmente, será obtida uma unidade, dentro da qual haverá glória para todos os seres humanos, posto que não no mesmo grau para todos. Todavia, é óbvio que haverá muito tempo para que isso suceda, pois só ocorrerá nos corredores da eternidade futura (ver Ef 1.9,10). Todavia, a obra divina será gloriosa, e o julgamento fará parte dessa realização. O julgamento é remediador (segundo se vê claramente Em 1Pedro 4.6), e resulta na vida, o julgamento é apenas um dedo da amorosa mão de Deus. O julgamento terá uma gloriosa obra a realizar, finalmente; mas isso em nada diminui a sua severidade.

A Missão Tridimensional de Cristo. Cristo atuou à face da terra, no *hades* e nos céus. Ou melhor, continua atuando, tanto pessoalmente quanto através de seus missionários, em todos os lugares onde residam almas humanas, sem importar o estado em que se encontrem. É errado solapar qualquer desses aspectos da missão de Cristo por meio de nossa bitolada teologia. Todos os labores de Cristo são redentores-restauradores: redenção para os eleitos e restauração para os não-eleitos. Com essas breves explicações, deixo a matéria, rogando que o leitor examine os artigos já mencionados, e que desenvolvem esses temas. A igreja cristã oriental (e os anglicanos), influenciados pelas interpretações dos pais gregos da igreja, têm preferido essa alternativa mais esperançosa do Julgamento, ao passo que a igreja ocidental (com seus fragmentos: todos os protestantes e evangélicos) tem preferido tradicionalmente o ponto de vista mais pessimista. O ponto de vista pessimista destrói o evangelho até onde diz respeito às massas humanas. No entanto, Deus tem amado todos os homens. Assim sendo, esta posição faz com que o amor de Deus pareça ter falhado. Para mim, essa é uma visão impossível da missão de Cristo.

Elevam-se aqui várias impossibilidades, a saber: Primeira, é impossível dizermos que Deus não amou a raça humana inteira, as massas (Jo 3.16; 1Jo 2.4). Segunda, é impossível dizermos que apesar de Cristo ter realizado uma expiação universal, esta é apenas teórica, e não tem efeitos universais (ver o artigo sobre a *Restauração*). Terceira, é impossível supormos que fracassará o mistério da vontade de Deus (Ef 1.9,10). Quarta, é impossível dizermos que a descida de Cristo ao *hades* não teve efeitos remidores-restauradores (1Pe 4.6 ensina-nos que ele pregou o evangelho aos mortos desobedientes; ver 1Pe 3.20). Quinta, é impossível supomos que a visão tridimensional de Cristo fracassou, e que o poder de Cristo por isso mesmo, não era adequado para a tarefa a que ele se propôs. Sexta, é impossível aceitarmos um cristianismo pessimista, onde a existência da grande maioria das pessoas será trágica além de toda descrição. Pergunto: onde estava o Deus Todo-Poderoso em tudo isto? Onde está o seu amor? Onde estava o Filho de Deus? Por quais razões eles teriam falhado? Por que razão a igreja existe, se o que ela tem a pregar é apenas tragédia, exceto para uma pequena porcentagem de pessoas, que creram no tempo certo, da maneira certa? Schopenhauer falava em termos pessimistas sobre a existência, mas nunca desceu ao sepulcral pessimismo da igreja cristã ocidental. A definição primária do *pessimismo* (vide) é que a própria existência é um mal. Se a posição da igreja ocidental, sobre o que finalmente sucederá aos homens, for verdade, então temos aí um evangelho pessimista. Eu teria vergonha de entrar em uma igreja evangélica e dizer: "Isso é tudo quanto Deus foi capaz de fazer. Lamento, amigos".

PERDIZ

Ver 1Samuel 26.20 e Jeremias 17.11, onde este pássaro provavelmente está em foco. No hebraico é *gore*. Talvez o trecho de Salmo 91.1 faça alusão indireta a como essa ave era apanhada em armadilhas, pelos caçadores. Na Palestina havia duas espécies de perdiz: a perdiz das rochas (*Alectoris graeca*), que é similar à perdiz de pernas vermelhas, da parte sudoeste da Europa (*Alectoris rufa*). Além disso havia (e até hoje existe) a perdiz do deserto (*Ammonperdix heyi*), que é de porte bem menor e só é encontrada em regiões rochosas em torno do mar Morto e nos desertos do Neguebe e do Sinal. A primeira tem os lados da cabeça brancos, com bordas negras, e atinge cerca de 36 cm de altura. A última tem uma coloração arenosa, de tal modo que é difícil vê-la quando está ciscando a terra.

As perdizes correm bem, mas não voam bem. Sua melhor proteção é esconderem-se em ambientes que se assemelham à sua coloração, o que talvez seja aludido em 1Samuel 26.20. Davi disse que ele agia como uma perdiz, quando fugia de Saul. O trecho de Jeremias 17.11 reflete uma crença sobre as perdizes, que talvez não corresponda à realidade dos fatos. A perdiz remove os ovos dos ninhos de outras espécies de aves e, então, senta-se sobre os mesmos, para chocá-los. Mas, quando os filhotes nascem, correm para suas verdadeiras mães! Assim também acontece ao indivíduo que fica rico por meios desonestos, arrebatando o que não lhe pertence. Os árabes modernos acreditam que a perdiz põe ovos em dois ninhos diferentes, e um desses ninhos é cuidado pelo macho, sem dúvida uma provisão da natureza visando à sobrevivência da espécie. Mas essa ideia de que a perdiz choca ovos que não são seus certamente envolve uma crença duvidosa. Nomes próprios, no Antigo Testamento, empregavam a raiz do nome que significa a perdiz, como En-Hacoré, nome de uma fonte, em Juízes 15.19. E também lemos sobre um homem de nome Coré, em 1Crônicas 9.19. Essa ave era excelente para ser consumida pelo homem, pelo que também era incansavelmente caçada, juntamente com muitas outras espécies de aves que serviam ao mesmo propósito.

PEREGRINO

Há quatro palavras hebraicas vinculadas a essa ideia, nas páginas do Antigo Testamento, a saber: **1**. *Ger*, "peregrino". Essa palavra aparece por 88 vezes (como, por exemplo, em Gn 15.13; Êx 2.22; Lv 16.29; Nm 9.14; Dt 1.16; Js 8.33,35; 1Cr 22.2; 2Cr 30.25; Jó. 31.32; Sl 39.12; Is 14.1; Jr 7.6; Ez 14.7; Zc 7.10; Ml 3.5). **2**. *Gur*, "peregrino". Esse termo figura por sete vezes com esse sentido, conforme se vê, para exemplificar, em 2Samuel 4.3. **3**. *Moshab*, "colono". Esse vocábulo é usado por 41 vezes embora apenas uma vez com esse sentido, em Êxodo 12.40. **4**. *Toshab*, "colono", "habitante". Palavra empregada

PEREGRINO

por catorze vezes (conforme se vê, por exemplo, em Gn 23.4; Lv 22.10; 25.23,35,40,47; Nm 35.15; 1Cr 29.15; Sl 39.12).

1. A primeira dessas palavras, *ger*, refere-se a um estrangeiro residente em um outro país, um não cidadão que reside ali de modo mais ou menos permanente, desfrutando de certos direitos civis limitados. Um peregrino é alguém que habita no meio de um outro povo, em contraste com o estrangeiro, cuja permanência é temporária. Para que não haja confusão nas traduções, seria necessário que houvesse coerência na tradução dessa palavra, o que nem sempre tem acontecido, pois, algumas vezes, as traduções também dizem "estrangeiro", quando deveriam dizer "peregrino", além do que combina com o verbo hebraico *gur*, "peregrinar".

Esse termo foi usado na Bíblia para indicar os patriarcas, quando peregrinavam na Terra Prometida (Gn 23.4), para indicar os israelitas, escravizados no Egito (Gn 15.13; Êx 22.21), para indicar os levitas que habitavam entre seus compatriotas israelitas (Dt 18.6; Jz 17.7), ou para indicar um efraimita que esteve morando em Gibeá (Jz 19.16), além de indicar os estrangeiros que vinham residir por algum tempo na terra de Israel. Em Israel, os peregrinos gozavam de muitos privilégios, uma posição sem igual nos primeiros sistemas legais, geralmente adversos aos estrangeiros. Visto que um peregrino sofria por causa de certas desvantagens naturais, a legislação mosaica protegia-o (Lv 19.33 ss.; Dt 10.18). De fato, os peregrinos foram favorecidos desde o começo. Uma "multidão mista" saiu do Egito juntamente com os filhos de Israel; após a conquista da Terra Prometida, os israelitas e outros povos da região viveram lado a lado no mesmo território. Os livros históricos da Bíblia mencionam repetidamente os estrangeiros e os peregrinos. Nos dias de Salomão havia muitos deles, provavelmente remanescentes de tribos gentílicas conquistadas (1Rs 9.20 ss.). Contrariamente ao costume judaico atual, que diz que o filho de uma mulher judia é um judeu, mas não o filho de um homem judeu (conforme a opinião dos rabinos, embora não seja esse o parecer de todos os judeus), o filho de um *ger* e de uma judia era considerado *ger*. (Ver Lv 24.10.22). Isso mostra que os rabinos não estão seguindo o precedente bíblico mais antigo, e, sim, um costume que se estabeleceu por ocasião da volta dos judeus do exílio babilônico, porquanto muitos judeus tinham se casado no exílio com mulheres estrangeiras, e os filhos desses casamentos mistos criaram problemas na comunidade israelita.

Legalmente, um *ger* tinha muitos privilégios. Os israelitas não deveriam oprimi-lo (Êx 22.21; 23.9; Lv 19.33,34). Pelo contrário, deveriam amá-lo (Dt 10.19). Os rabiscos das vinhas e dos campos plantados deveriam ser deixados para os peregrinos em Israel (Lv 19.10; 23.22; Dt 24.19,21). Havia provisões para proteger os peregrinos, nas *cidades-refúgio* (Nm 35.15; Js 20.9). Embora as provisões legais considerassem um *ger* como uma pessoa pobre, alguns deles, segundo todas as aparências, tornavam-se abastados em Israel (Lv 25.47 ss. e Dt 28.43). Quanto ao aspecto religioso, havia privilégios iguais tanto para os israelitas quanto para os peregrinos entre eles. Assim, os peregrinos podiam e deviam descansar no sábado (Êx 20.10; 23.12), regozijando-se nas festas das semanas e dos tabernáculos (Dt 16), observando o dia da expiação (Lv 16.29), e não comendo fermento quando da festa dos Pães Asmos (Êx 12.19). Não podiam os peregrinos ser compelidos a participar da Páscoa, mas, se eles se circuncidassem, podiam participar dessa festividade (Êx 12.48). Os peregrinos não podiam *comer* sangue, enquanto os israelitas se encontrassem vagueando pelo deserto (Lv 17.10-12), e, durante este mesmo período, embora não depois, eles foram proibidos de comer animais que tivessem morrido por si mesmos (Lv 17.15 e Dt 14.21), sob a pena de ficarem imundos cerimonialmente até o anoitecer. Interessante é a observação de que os peregrinos podiam oferecer sacrifícios (Lv 17.13; 22.18; Nm 15.14),

estando sujeitos às mesmas regras que os israelitas nativos, se cometessem pecados involuntários (Lv 15.22-31); também precisavam passar pelos ritos de purificação, se entrassem em contato físico com algum cadáver (Lv 19.10-13).

2. *Toshab* é palavra hebraica que, em alguns casos, parece ter sido usada como sinônimo de *ger*. Entretanto, seu uso limitou-se ao Pentateuco, com apenas três exceções (1Rs 17.1; 1Cr 29.15 e Sl 39.12).

3. O *estrangeiro* (em hebraico, *nokri*) era palavra reservada para indicar alguém que tivesse nascido no estrangeiro e que, usualmente, vivesse fora do território de Israel. Um estrangeiro não usufruía de direitos legais em Israel (Dt 15.3; 23.30). Essa palavra, pois, denotava basicamente a diferença entre os israelitas e os não-israelitas (Is 61.5; Jr 5.19; 30.8). Salomão chegou a ser censurado porquanto amou muitas mulheres estrangeiras (1Rs 11.1). Os estrangeiros não podiam participar da festa da Páscoa (Êx 12.43); mas podiam oferecer sacrifícios ao Deus de Israel, em Jerusalém, a capital religiosa (Lv 22.25). A lei mosaica vedava aos estrangeiros o direito de receberem algum cargo de governança em Israel (Dt 17.15). Posteriormente, porém, foi encorajada a adoração a Deus à distância, se os estrangeiros assim quisessem fazê-lo (1Rs 8.41,43; Is 2.2 ss.; 56.3,6 ss.). O caso de Naamã, um general, sírio, mostra-nos que um estrangeiro podia adorar o Deus de Israel no estrangeiro (2Rs 5.17). A existência de bairros ocupados por estrangeiros, em Israel, é algo que pode ser inferido de trechos como 1Reis 9.20,21,24 e 1Crônicas 22.2.

Nos primeiros estágios da história de Israel, casamentos com pessoas estrangeiras eram comuns, embora o costume não fosse aprovado com prazer (Gn 24.3; 27.46; Nm 12.1; Jz 14.3). Moisés determinou que o sumo sacerdote de Israel se casasse com uma virgem dentre o seu próprio povo (Lv 21.14). Esdras e Neemias iniciaram uma vigorosa campanha contra os casamentos mistos entre homens judeus e mulheres estrangeiras (Ed 10 e Ne 13.23-31). Nas civilizações da antiguidade, um "estrangeiro" e um "inimigo" eram, praticamente, a mesma coisa. Talvez a legislação mosaica, tão branda e favorável para com os "peregrinos", tivesse por propósito suavizar essa aversão aos estrangeiros, em Israel.

4. O sentido exato de *zar*, "estrangeiro", precisa ser determinado pelo contexto. Essa é uma palavra hebraica que aparece por 65 vezes, desde Êxodo 29.33 até Obadias 11. Com frequência, refere-se a povos hostis estrangeiros, formando contraste com Israel (Is 1.7; Ez 7.21; Os 7.9; 8.7; Jl 3.17 e Ob 11). Em outros contextos, refere-se a "estrangeiro" em um outro sentido, como os não aaronitas (Nm 16.40; Hb 17.5), ou os não-levitas (Nm 1.51), ou, então, a alguém que não era membro de alguma família bem definida (Dt 25.5). Quando era contrastada com os sacerdotes, significava "leigo" (Lv 22.10-13), e quando contrastada com o que era santo, significava "profano" (Êx 30.9).

Quando chegamos ao Novo Testamento, vemos que o termo "estrangeiro" já não se aplica mais aos não judeus, porquanto havia desaparecido a nacionalidade judaica, bem como a base política do povo de Deus. No Novo Testamento, todos os crentes são estrangeiros neste mundo (ver Fp 3.20; 1Pe 2.11). No entanto, através de Jesus Cristo, todos os estrangeiros e peregrinos podem tornar-se membros com todos os direitos da casa de Deus, visto que o muro de separação, entre judeus e gentios, foi derrubado por meio de sua cruz (Ef 2.11-19).

O conceito da fraternidade da humanidade remida, em torno de Cristo, é um passo que ultrapassa em muito às mais *arrojadas concepções* de igualdade e solidariedade humana entre os israelitas. De fato, se no cristianismo não há mais a mínima diferença racial e cultural entre os homens, quando se encontram em Cristo, de acordo com a legislação mosaica houve grupos étnicos que jamais puderam fazer parte da comunidade israelita. (Ver Dt 23.2-9, onde a participação na assembleia fica vedada aos bastardos, aos amonitas e aos moabitas, embora essa proibição não pesasse nem sobre os edomitas e nem sobre os egípcios).

PERES

Essa palavra deriva-se do aramaico, *peras*, **"dividir"**. O escrito em aramaico que apareceu misteriosamente na caiadura da parede, repreendendo Belsazar (ver Dn 5.25), dizendo *Mene, Mene, Tequel Ufarsim* (vide), incluía a raiz *peras*, no termo *Ufarsim*, pois *peras* é a forma singular da mesma. O *"u"* de *Ufarsim* é apenas a conjunção "e". A mensagem assim transmitida dizia, pois, que o reino de Belsazar seria dividido e dado aos medos e persas.

PEREZ

Palavra que vem de uma raiz hebraica que significa **"separar"**. Esse era o nome de um dos filhos de Maquir, da tribo de Manassés, que era seu avô (1Cr 7.16). Perez viveu em torno de 1650 a.C.

PEREZ-UZÁ

Esse nome significa **"brecha"** ou **"ferimento"** (de Uzá). E também veio a tornar-se o nome de um lugar que também era conhecido como Nacom (2Sm 6.6) e também "eira de Quidom" (1Cr 13.9). Foi ali que morreu *Uzá* (vide), ao ser ferido pelo Senhor, por haver ousado estender a mão para não deixar a arca cair. A grande questão é por que isso lhe sucedeu, e o artigo a respeito de Uzá procura sondar o assunto. Davi ficou muito abalado diante do acontecido, e deu ao local o seu nome novo, Perez-Uzá, porquanto ali Uzá fora ferido. O local exato é desconhecido atualmente, embora ficasse entre Jerusalém e Quiriate-Jearim.

PEREZEUS (FEREZEUS)

As traduções variam entre estes dois nomes. Esse povo antigo é mencionado somente no Antigo Testamento. (ver Gn 13.7; Êx 33.2; 34.11; Dt 7.1; 20.17; Js 3.10; 12.8; 17.15; Jz 1.4,5; 3.5; 1Rs 8.2; 2Cr 8.7; Ed 9.1 e Ne 9.8). Esse era o nome de um dos povos cujas terras os israelitas conquistaram sob a liderança de Josué, embora alguns eruditos creiam que o nome indique a população mais antiga da Palestina, sem designar qualquer nação em particular, pelo que um termo coletivo. Seja como for, esse nome não aparece na tabela das nações, no décimo capítulo de Gênesis. Parece que essa palavra significa apenas "aldeões", pelo que, desde o começo, tinha um sentido bem amplo. Algumas vezes, cananeus e ferezeus são nomes usados para abranger todos os povos que habitavam na Palestina, antes da invasão hebreia; nesse caso, quase certamente o termo ferezeus é um termo coletivo para indicar todos aqueles que não eram considerados cananeus. (Ver Gn 13.7). Outros pensam que o termo era aplicado essencialmente aos amorreus. Também é possível que, coletivamente falando, os povos semitas ocidentais fossem os cananeus, e que os povos semitas orientais fossem os ferezeus. Minhas fontes informativas dão conta de que dados culturais, linguísticos e históricos dão apoio a essa teoria de dualidade. Os ferezeus não são mencionados juntamente com os hititas, com os filisteus e com os jônios (descendentes de Javã), o que parece indicar que eles eram semitas, e não indo-europeus. E os ferezeus são mencionados junto com os amorreus, o que subentende que eles ocupavam uma área geográfica ainda mais ocidental. Além disso, as designações não são precisas no que tange ao ponto de vista étnico, tendendo por designar povos de área específica e não de raças específicas. (Ver Êx 3.8,17 quanto à menção dos ferezeus com os amorreus). Eles também são mencionados em conjunção com os refains, em Gênesis 15.20, o que parece situá-los na área oeste do rio Jordão. Parece que eles ocupavam territórios a oeste do rio Jordão e ao norte do mar Morto, na região montanhosa entre Bete-Selã (Beisã) e Bezeque (Khirbet lbziq). Foram os homens da tribo de Manassés que, finalmente, vieram a possuir a maior parte dessa região.

A primeira menção aos ferezeus ocorre em Gênesis 13.7, como um povo associado aos cananeus; então eles entraram em contato com Abraão (ver Gn 34.40). Judá ocupou parte do território deles, conforme se aprende em Juízes 1.4,5. Os ferezeus continuaram convivendo perto dos Israelitas até os tempos de Salomão, o qual os sujeitou ao pagamento de tributo (1Rs 9.20). Os trechos de Deuteronômio 3.5 e 1Samuel 6.16 parecem indicar que eles habitavam em cidades e aldeias sem muralhas, pois a própria palavra, ferezeus, significa "habitantes de aldeias sem muros", como palavra cognata de *paruz*, usada na Mishna para indicar um habitante de uma aldeia sem muros. A palavra árabe que significa *lugar baixo, entre colinas* (onde surgiam essas vilas), parece ser um termo cognato.

PEREZITAS (PEREZ)

Esses adjetivos vêm do termo hebraico que significa **"irromper"**, espalhar-se. Perez foi o nome de um dos gêmeos referidos em 1Crônicas 27.3 e Neemias 11.4,6. Seu irmão chamava-se Zerá. Os dois eram filhos de Judá, e sua própria nora, Tamar, que enganou seu sogro e manteve relações sexuais com ele (Gn 38.29; 1Cr 2.4). Perez foi assim chamado por ter sido o primeiro a "irromper" do ventre materno (ver Gn 38.29). Com o tempo, ele tomou-se pai de Hezrom e Hamul (Gn 46.12; Nm 26.21), cujos descendentes são chamados "perezitas" no Antigo Testamento. A linha messiânica passa por Perez e por Hezrom, conforme se aprende em Mateus 1.3 e Lucas 3.33. O trecho de Rute 4.12 refere-se a esse homem, tendo em vista a passagem de Gênesis 38. Ambos os relatos aludem ao *casamento levirato* (vide). Desse modo foram garantidas as promessas de grande prosperidade e de muitas terras possuídas, feitas por Deus a Abraão (Gn 13.14-17). A família de Perez tornou-se numerosa, como exemplo do cumprimento dessa promessa divina. Seus descendentes eram notáveis nos tempos de Davi (ver 1Cr 11.11; 27.2,3). Um remanescente que sobreviveu ao cativeiro babilônico retomou para fixar residência em Jerusalém (Ne 11.4-6).

PERFECIONISMO. Ver *Perfeito, Perfeccionismo*.

PERFEIÇÃO. Ver também *Perfeito, Perfeccionismo*.

A fim de que apresentemos todo homem perfeito em Cristo, (Cl 1.28). Isso pode ser comparado com o trecho de Efésios 4.12 e ss., que fala acerca do fato de que o exercício dos dons espirituais, nas igrejas locais, tem a finalidade de obter a perfeição dos crentes, perfeição essa que é definida como tornar-se "homem perfeito" (ver Cl 1.23), em que o crente passa a possuir a "medida da estatura da plenitude de Cristo".

Referências e ideias. *A perfeição:* **1.** A perfeição é de Deus (ver Sl 18.32 e 138.8). **2.** Todos os santos possuem a perfeição inerente, em Cristo (ver 1Co 2.6; Fp 3.15 e Cl 2.10). **3.** A perfeição de Deus é o padrão da nossa (ver Mt 5.48). **4.** A perfeição implica em total devoção (ver Mt 19.21).

É uma interpretação má e errônea reduzir a ideia da *perfeição*, exposta nas páginas do NT à mera "maturidade" espiritual. O alvo colimado é muito mais elevado do que isso, porquanto é a perfeição absoluta, e, apesar de não poder ser alcançada nesta vida, senão imperfeitamente, no entanto, é o nosso grande alvo. E no que consiste a nossa perfeição em Cristo? Vejamos os pontos a seguir: **1.** Consiste em possuirmos toda a plenitude de Cristo (ver Cl 1.23). **2.** Consiste em possuirmos toda a "plenitude de Deus" (ver Ef 3.19). **3.** Consiste em sermos santos como o é Deus Pai (ver Mt 5.48). **4.** Consiste em virmos a participar da imagem de Cristo, de sua natureza, em seus aspectos moral e metafísico (ver Rm 8.29 e 2Co 3.18). **5.** Consiste em participarmos da própria divindade (ver 2Pe 1.4). Toda a atividade cristã visa a esse elevadíssimo alvo.

Uma Oração: "Ó Deus, a quem ouso chamar de Pai, ajuda-me, primeiro a ver: a ver a estatura incomensurável de Cristo, a ver que ele deseja supremamente viver em mim e me transformar, para que eu seja como ele mesmo é, para que, na realidade, ele seja meu irmão mais velho.

Ó Cristo exaltado, a quem ouso chamar de irmão, ajuda-me a 'ser', a começar a ser, desde agora, aquilo que tu mesmo és, que a minha natureza seja espiritualizada como a tua, para que conserve essa elevada visão do 'ser', até que o suspiro final liberte a minha alma para que suba para ti.

Ó Espírito divino, agente dessa graça, ajuda-me a não desanimar diante dos homens, os quais têm uma visão inferior à minha acerca do Filho, ou da filiação que ele compartilha com os homens. Se porventura disserem-me: 'Tu te aproprias demasiadamente para ti mesmo', ajuda-me na alma, para que responda: 'Por tempo demais tenho-me apropriado de pouco demais; não honrarei a Cristo se esforçar-me por um alvo que fica aquém daquele que ele designou para mim'. Esse pensamento divino eu nunca teria imaginado ser capaz de ter: veio-me por revelação, no mistério do Cristo em nós residente. Coisas mais elevadas, coisas mais nobres — essas são as que têm atraído os meus olhos. (Russell N. Champlin).

Ver *Perfeição Espiritual* e *Vitória Espíritual: Estágios da Inquirição Espiritual*.

PERFUME

1. A Palavra. Esse termo vem do latim, *per*, "através", e *fumus*, "fumaça", ou seja, "através da fumaça". Isso refere-se ao fato de que o incenso perfumado era antigamente aplicado como uma fumaça, que disseminava suas agradáveis fragrâncias. Atualmente, os perfumes via de regra são um líquido volátil qualquer, que tem a propriedade de emitir facilmente as fragrâncias nele impregnadas. Naturalmente, a palavra também é usada para indicar flores que são dotadas de fragrância agradável. A palavra hebraica *ketoreth* refere-se ao ato de fumigar (ver Êx 30.35,37; Pv 27.9). A primeira dessas duas referências alude ao incenso preparado pelos perfumistas; mas a referência do livro de Provérbios fala sobre os perfumes regulares. A raiz dessa palavra hebraica significa "aspergir". O particípio é usado para indicar a profissão dos perfumistas. O trecho de Isaías 57.9 traz a palavra hebraica *raqquach*, que significa "coisa sentida pelo olfato", ou seja, um "perfume". No grego, no Novo Testamento, a palavra não aparece, mas podemos supor que vários dos *unguentos* ali mencionados (vide) serviam como perfumes.

2. Ingredientes e Manufatura dos Perfumes. Várias substâncias vegetais eram usadas no fabrico de perfumes, como o aloés, o sândalo, o bálsamo, o boélio, o cálamo, a giesta, a mirra, o nardo, a cássia, o cinamomo e outros, que eram itens de comércio, envolvendo regiões não somente como a Palestina, mas também a Arábia, a Índia, a Pérsia, o Ceilão e muitos outros lugares. (Ver Gn 37.25; 1Rs 10.10 e Ez 27.22, quanto a indicações acerca desse comércio). Além desses elementos eram empregadas as essências de várias flores, várias cascas de árvore e raízes. O azeite de oliveira era comumente usado como base. (ver 1Rs 10.10; Ez 27.22). Unguentos perfumados eram um artigo de luxo (Am 6.6), e os tesouros antigos incluíam perfumes e unguentos.

Os ingredientes usados, incluindo óleos e resinas especialmente preparados, faziam parte importante do comércio fenício. Unguentos e perfumes eram importados por Israel em vasos de *alabastro* (vide). Plínio (*Hist. Nat.* 13.2) comentou sobre os unguentos de grande preço e o comércio com os mesmos. A preparação de unguentos e perfumes exigiu o surgimento de uma classe profissional, no hebraico, os *raqachim*, mencionados, por exemplo, em Êxodo 30.25,35; 37.29 e Eclesiastes 10.1. Tão fortes e bem preservados eram alguns unguentos e perfumes que podiam manter suas fragrâncias por centenas de anos. Vasos de alabastro feitos no Egito, atualmente guardados em museus ao redor do mundo, ainda preservam suas fragrâncias. O "santo óleo da unção", preparado nos dias do Antigo Testamento era composto por duas partes de mirra, duas partes de cássia, uma parte de cinamomo e uma parte de cálamo, e como base era usado o azeite de oliveira (ver Êx 30.35,37). O uso desse tipo de perfume era vedado para indivíduos particulares (ver Êx 30.32,33). Grandes quantidades desse unguento perfumado eram preparadas, de tal modo que cerca de dez kg de ingredientes sólidos eram misturados com certa de trinta e oito litros de azeite de oliveira, o que serve para dar-nos uma ideia da concentração da mistura. Certos filhos de sacerdotes eram designados para trabalhar como boticários, segundo se vê em 1Crônicas 9.30.

Os ingredientes básicos eram algumas vezes pulverizados a fim de serem guardados, e então eram liquefeitos na base apropriada, o que é refletido em Cantares 3.6. Mas o próprio pó podia ser usado sem mistura alguma. O material seco era guardado em sacas e outros recipientes; mas, quando liquefeitos, havia frascos e vasos de alabastro para essa finalidade.

O clima muito quente dos países do Oriente Próximo e Médio favorecia o uso de perfumes e unguentos. Além de disfarçar maus odores, há algo nos perfumes que reanima o espírito. Além disso, certas fragrâncias acabam associadas a determinados indivíduos ou situações, e isso lhes empresta um valor subjetivo. Os unguentos, como é claro, tinham também o uso prático de tratar a pele ressecada (ou mesmo queimada).

Referências Bíblicas a Ingredientes Específicos dos Perfumistas. Sândalo (2Cr 2.8; 9.10); madeira de sândalo (1Rs 10.11,12); incenso (Êx 30.34-36; Lv 2.1,2,15); gálbano (Êx 30.34); mirra (Êx 30.23; Sl 45.8; Pv 7.17; Ct 1.13; Mt 2.11; Jo 19.39); onicha (Êx 30.34); açafrão (Ct 4.14); nardo (Ct 1.12; 4.13,14); estoraque (Êx 30.34).

3. Usos Literais. Talvez o uso mais óbvio dos perfumes seja aquele ocupado hoje em dia pelos desodorantes, mascarando odores corporais, exacerbados pelo tórrido clima do Oriente Próximo e Médio. Os trechos de Lucas 7.38 e João 12.3 indicam esse tipo de uso, pois perfumes e unguentos eram aplicados nos pés, uma vez lavados, o que veio a tornar-se um item importante da hospitalidade oriental. O ato de ungir é mencionado envolvendo as mãos e o corpo inteiro (aparentemente), após o banho (Ct 5.5; Rt 3.3). Festas e ritos religiosos estavam envolvidos com perfumes e unguentos (Sl 45;8; 133.2; Ct 4.11). Leitos e colchões eram perfumados (Pv 7.17), como também sepulcros (2Cr 16.14). E, naturalmente, cadáveres recentes (Jo 19.29). Ver sobre o uso litúrgico do *Incenso*. Quando da chegada de algum hóspede, incenso e unguentos eram usados na hospitalidade comum. Quando uma personagem real ausentava-se do palácio, seus atendentes esparziam incenso perfumado em redor dele e perante ele (Ct 3.6). Mas, em tempos de lamentação pelos mortos, não eram usados perfumes (ver Is 3.24).

4. Usos Metafóricos. O trecho de 2Coríntios 2.14 usa o perfume como um símbolo de nosso conhecimento de Cristo. Esse é um perfume de que todos precisamos mais e mais! O autossacrifício de Cristo foi uma oferta fragrante a Deus, a qual somos exortados a imitar (ver Ef 5.2). De modo geral, um perfume serve de símbolo daquilo que é agradável, romântico, convidativo.

PERFUMISTA

Aparece com essa forma em Êxodo 30.25 e 37.39, e com a forma de "perfumador", em Eclesiastes 10.1. Era homem que sabia compor unguentos e perfumes em geral (ver Ne 3.8). Algumas vezes eram mulheres que se encarregavam desse trabalho (ver 1Sm 8.13). Originalmente, em Israel, o óleo para as unções era preparado por Bezalel (ver Êx 31.11). Mais tarde, provavelmente, era preparado por um dos sacerdotes. Os antigos perfumistas também preparavam ervas medicinais, pois suas funções incluíam algo de farmácia, uma prática generalizada no mundo antigo. Um tablete de argila, desenterrado em Nipur, na baixa Babilônia, entre o Tigre e o Eufrates, fornece urna fórmula para um unguento de bálsamo prescrito para um metalúrgico que viveu séculos antes de Abraão e que sofreu queimaduras. Os perfumistas também preparavam especiarias para os sepultamentos (ver 2Cr 16.14). (UN)

PERGAMINHO. Ver sobre *Escrita*.

PÉRGAMO

No grego, **"cidadela"**. Nome da mais importante das cidades da Mísia, situada nas margens do rio Caíco, distante cerca de 32 km do mar. Foi outrora capital de um riquíssimo reino, governado por uma dinastia de reis, alguns dos quais se chamavam Atalus. O primeiro desse nome subiu ao trono no ano 241 a.C. Derrotou os gauleses e os estabeleceu em um distrito que chamado Galatia. Seu filho Eumenes subiu ao trono no ano 197 a.C., adornou a cidade e criou uma biblioteca célebre que veio a ser a segunda abaixo da biblioteca de Alexandria. Atalo III, que morreu no ano 133 a.C., legou aos romanos todos os seus bens móveis. Os romanos fizeram-se desentendidos e tomaram conta do reino, convertendo-o em província da Ásia, de que Pérgamo era a capital. Seis anos antes de Cristo, a residência proconsular, que nos tempos imperiais agia como governador de províncias, foi transferida para Éfeso. Marco Antônio prometeu dar a Cleópatra a biblioteca para o Egito sendo adicionada à já opulenta biblioteca de Alexandria. A acrópole de Pérgamo coroava um alcantilado outeiro a 330 m acima da planície. Quase na extremidade, erguia-se um imenso altar dedicado a Zeus, que Eumenes II mandou erigir para comemorar a vitória alcançada por seu pai sobre os gauleses. À curta distância desse altar, havia um elegante templo dedicado a Atene. No período romano, construíram também um templo na acrópole, em honra do divino Augusto. Fora dos limites da cidade, existia um altar famoso, dedicado a Esculápio, deus da medicina, frequentado pelas multidões de enfermos, que vinham de todas as partes à procura de saúde. Havia uma espécie de pergaminho, em latim e em grego *pergamene*, assim chamado porque foi ali de onde primeiramente veio. Havia uma igreja em Pérgamo, nomeada em terceiro lugar no Apocalipse, entre as sete igrejas da Ásia, as quais, Jesus Cristo enviou mensagens. Na igreja de Pérgamo, existia a cadeira de Satanás, e onde Antipas se ostentou fiel testemunha de Jesus, sendo por isso morto. Deveria ter sido grande baluarte (Ap 1.11; 2.12-17). Ainda havia a antiga Pérgamo com o nome de Bérgama ou Bergma, amontoado de habitações de madeira que emergem das mais esplêndidas relíquias da antiguidade.

PÉRGAMO ACRÓPOLIS

PERITO ENCANTADOR

A palavra hebraica assim traduzida, *Iachash*, e que ocorre por cinco vezes no Antigo Testamento, tem o sentido original de "salvar". Sem dúvida esse termo alude a encantamentos por meio de sussurros. Todavia algumas traduções pensam que está em foco a ideia de "eloquência"; mas os estudiosos duvidam muito de que essas traduções estejam com a razão.

PERIZEUS. Ver sobre *Perezeus* (*Ferezeus*).

PERIZIM (MONTE)

Essa palavra, "perizim", significa "monte". Isaías 28.21 menciona o lugar em conexão com a ira de Deus. A ira do Senhor voltar-se-ia contra os escarnecedores que havia em Jerusalém. O lugar talvez seja o mesmo Baal-Perizim referido em 2Samuel 5.20 e 1Crônicas 14.11.

PERJÚRIO. Ver sobre *Mentira* e *Juramento*.

PERNA

A palavra hebraica plural *keraayim* significa os membros inferiores, ou, mais especificamente, as canelas (Êx 12.9; 29.17; Lv 1.9,13; 4.11). A palavra hebraica *shoq* indica a perna, considerada dos joelhos para baixo, embora também aponte para a perna inteira (ver Dt 28.35; Sl 147.10; Pv 26.7). Essa mesma palavra também pode significar "coxa" (ver Is 47.2; Jz 15.8). E o termo hebraico *regel* significa "pé" (1Sm 7.6), a parte mais inferior da perna. Algumas versões dizem "desnuda a perna", em Isaías 47.2. Corretamente, porém, nossa versão portuguesa traduz esse trecho como "ergue a cauda da tua vestidura". Está em foco a palavra hebraica *shobel*, que significa exatamente isso, a cauda das vestes femininas, embora também possa indicar, em outros trechos, uma correntinha ornamental, posta em torno do tornozelo.

O termo grego *skélos* ocorre somente em João 19.31 ss., onde há menção à questão de terem sido quebradas as pernas das vítimas da crucificação.

1. Usos. A palavra hebraica *keraayim* ocorre, principalmente, em passagens que dizem respeito aos ritos e sacrifícios. No entanto, em Amós 3.12, indica as pernas traseiras dos gafanhotos, que eram permitidas como alimento. Apesar do termo hebraico *regel* significar "pé", em 1Samuel 17.6 refere-se às pernas do gigante Golias. *Shoq* é vocábulo hebraico que, no tocante aos ritos e sacrifícios, significa a parte superior da perna, ou "coxa". Outras vezes, é traduzido por "ombro", em algumas versões (mas por "coxa", em nossa versão portuguesa; ver Êx 29.22,27; Lv 7.32-34; 8.25,26). O trecho de João 19.31-33 merece nossa consideração. O fato de que as pernas do Senhor Jesus não foram quebradas, quando os soldados quebraram as pernas dos dois ladrões também crucificados, mostra-nos que ele já havia morrido. Portanto, a teoria de uma ressurreição de quem apenas caíra em estado de coma, mas que então revivera, é contradita e demonstrada como fruto da incredulidade.

2. Usos Metafóricos. Várias porções do corpo são usadas em expressões metafóricas, parcialmente por causa do desconhecimento sobre a anatomia e fisiologia do corpo humano. Os hebreus e outros povos orientais atribuíam ao coração as emoções (como sede da inteligência e das emoções), ao passo que os rins seriam a sede das paixões, da dor e do prazer (ver Sl 37.4; Pv 23.16). Os intestinos eram associados à compaixão (Gn 43.30; Jr 31.20; 1Jo 3.17); e o fígado, à depressão (Lm 2.11). Especificamente acerca das pernas, temos os seguintes usos metafóricos: **a. Força**. O cavalo é forte, e as pernas de um homem também são fortes (ver Sl 147.10). **b. As pernas de ferro**, da estátua de Nabucodonosor, revestem-se de um significado profético, ou seja, as divisões oriental e ocidental do Império Romano. E, no caso dos artelhos, há ligação com as dez nações que se tornarão o instrumento usado pelo anticristo em sua campanha de conquista mundial. (Ver Dn 2.33). **c. Uma parábola dita por um tolo**, e, portanto, destituída de sentido, assemelha-se às pernas tortas de um aleijado. (Ver Pv 26.7). **d. As pernas de Jesus**, que não foram quebradas (Jo 19.31-33), indicam que, pelo poder de Deus, ele foi livrado dos maus desígnios dos homens. Foi de pernas inteiras que ele morreu como nossa expiação.

A fratura provocada nas pernas dos crucificados aparentemente apressavam a morte deles, mediante embolia cardíaca ou cerebral.

PÉROLA

Essa palavra é mencionada, em algumas traduções (como a nossa versão portuguesa), no Antigo Testamento, somente em Jó 28.18 (no hebraico, *gabish*, "cristal"). Mas o Novo Testamento a exibe por nove vezes (no grego, *margarítes*): (Mt 7.6;13.45,46; 1Tm 2.9; Ap 17.4; 18.12,16; 21.21). Estritamente falando, a pérola não é uma pedra preciosa, embora sempre seja associada às pedras preciosas em seu uso e em suas referências. Uma outra palavra hebraica, *peninim*, "rubis", que sempre aparece no plural, também é traduzida por pérolas (em algumas traduções, em Pv 3.16; 8.11; 20.15; 31.10 e Lm 4.7) (mas, nesse caso, as traduções já variam mais). A passagem de Lamentações 4.7 refere-se a algo róseo, ou ruivo, pelo que a pérola fica excluída (nossa versão portuguesa diz ali "corais"). Há corais róseos e vermelhos. *Peninim* significa, literalmente, "interiores", pelo que alguns estudiosos têm pensado que há ali alusão à produção da pérola, no interior da ostra; mas também pode estar em foco a cor da carne humana. A forma singular desse termo, *peninah*, é usada como nome da esposa de Elcana (1Sm 1.2,4). Naturalmente, a palavra grega, *margarites*, tem sido adaptada para um nome pessoal feminino. Os povos árabes usam esta palavra para indicar a pérola, tal como os gregos o faziam.

A pérola é formada como uma excrescência anormal no interior da ostra de algumas espécies de moluscos. O material da pérola usualmente é composto de carbonato de cálcio, e, raramente, de calcita (também chamada carbonato de cálcio), juntamente com uma substância orgânica chamada conquiolim. Quase todas as pérolas usadas no comércio são produzidas pelas chamadas "ostras de pérola", comumente achadas nas praias marítimas da Índia e do Pacífico Sul. O comércio moderno tem produzido fazendas de pérolas, pelo que a localização geográfica hoje em dia já não é um fator tão importante para essa indústria, como costumava ser antigamente. Antigos lugares de colheita de pérolas encontravam-se principalmente no mar Vermelho e no golfo Pérsico; mas no mar Vermelho já não se colhem pérolas hoje em dia. O Ceilão e as costas da Austrália são hoje muito mais produtivos, como também o Japão. A Pérola é produzida em virtude de um problema. Quando algum grão de areia ou parasita perturba o animal, dentro de sua concha, a ostra secreta uma substância para encerrar o corpo estranho, e obter conforto. Assim, a pérola é a única "pedra preciosa" produzida por um processo vivo, é a única que provém do mar. A secreção que encobre a irritação da ostra chama-se madrepérola.

Usos Metafóricos. **1**. Um problema cria uma pérola. A escola dos problemas é árdua, mas pode produzir muitas joias morais e espirituais. **2**. Uma pérola de formato perfeito e sem manchas simboliza a perfeição e a preciosidade. **3**. Declarações sábias ou coletâneas de tais declarações são representadas pela pérola. A pérola de grande preço, sobre a qual se lê em Mateus 13.45,46, é um dos mistérios do reino, dentro dos ensinamentos de Cristo. Ao que parece, aponta para o evangelho ou para a mensagem de vida de Jesus, com seus resultados espirituais, e que um homem busca quando impelido por uma séria inquirição espiritual. Quando um indivíduo encontra essa pérola, vende tudo a fim de poder adquiri-la, tão grande é o seu valor. Ver o artigo separado intitulado *Pérola de Grande Preço*, onde damos abundantes detalhes sobre esse emblema. **4**. Um dos livros sagrados do *mormonismo* é chamado de *Pérola de Grande Preço*. **5**. Nos sonhos e nas visões, a pérola pode simbolizar qualquer coisa de alto valor; um tesouro buscado; uma elevada aspiração; ou a personalidade inteira, bem formada, como que composta por várias camadas, incluindo a mente, as emoções e todas as expressões do ser. **6**. Os portões de pérola (ver Ap 21.21) aludem às perfeições e à beleza da nova Jerusalém, a igreja glorificada.

PERSEGUIÇÃO

Ver os artigos separados intitulados *Tribulação e Tribulação* e *Perseguição, Valor de*. Esses artigos, mormente o último, apresentam uma visão geral das atitudes bíblicas para com esse problema.

I. Definição e Comentários Gerais. A palavra perseguição vem do latim, *per*, "através", e *sequi*, "seguir", que dá a ideia de algo que nos segue opressivamente, correndo atrás de nós, alguma severa ou sistemática opressão. O original latino fala, por assim dizer, sobre o caçador que segue após a sua vítima, com a intenção de prejudicá-la ou matá-la. A perseguição geralmente é uma tentativa constante, e, por muitas vezes, sistemática, para eliminar ou prejudicar o indivíduo perseguido. Pode empregar ou não meios violentos. A perseguição pode ser mental. Pode envolver o ostracismo social. E quando os costumes sociais assim o permitem, a perseguição pode tornar-se violenta. As pessoas religiosas são fanáticas quando se trata de perseguir seus semelhantes com opiniões diferentes. Uma das grandes desgraças da história religiosa é quão vergonhosa e cruel perseguição pessoas religiosas têm promovido. Os judeus perseguiram os cristãos; os cristãos perseguiram os judeus; os romanos perseguiram ambos; a antiga igreja cristã perseguiu pequenos grupos dissidentes; pequenos grupos dissidentes perseguiram a igreja principal; católicos têm perseguido protestantes; protestantes têm perseguido católicos; ambos têm perseguido pequenas seitas dissidentes; católicos romanos chegaram a perseguir seus próprios membros, durante a *Inquisição* (vide), e a mesma coisa tem sucedido entre os protestantes. O relato assim prossegue, e a perversão humana, caiada como se fosse santidade e justa indignação, tem garantido que violências das mais variadas formas continuem sendo usadas na tentativa de fazer todos amoldarem-se a algum padrão "oficial", da corrente religiosa principal. Doutras vezes, a perseguição envolve o jogo de poder ou medidas econômicas, que nada têm a ver com as doutrinas defendidas ou combatidas. Entretanto, a forma mais comum de perseguição ocorre na tentativa de forçar algum consenso de opinião. Por esta razão, sempre foi uma verdade que aqueles que procuram expor novas ideias, no campo científico, filosófico ou religioso, sempre foram perseguidos.

"O mais minúsculo átomo de verdade representa o labor amargo e a agonia de alguém; para cada porção ponderável da verdade, há a sepultura de algum corajoso desbravador da verdade, em algum monturo isolado, e uma alma torrando no inferno".

H.L. Mencken

"A verdade, esmagada por terra, levantar-se-á de novo;
Os anos eternos de Deus lhe pertencem,
Mas o erro, ferido, agoniza de dor,
E morre entre os seus adoradores"

William Cullen Bryant

"Deus oferece a cada mente a escolha entre a verdade e o repouso. Escolha o que você quiser, pois nunca poderá ficar com ambas as alternativas".

Ralph Waldo Emerson

Os pioneiros, em qualquer campo em que possam ser achados, são tradicionalmente perseguidos. As ideias antigas fenecem lentamente, sem importar quão erradas ou parciais elas possam ser. O herege de hoje é o santo de amanhã. Todos os grandes inovadores do pensamento têm sido perseguidos. Novas ortodoxias desen-volvem-se ao redor deles, até que terminam sendo reverenciados. Mas os advogados das novas ortodoxias perseguem outros, incluindo aqueles que conseguem aprimorar as novas ortodoxias. E assim progride o avanço, agora e sempre. A arrogância e o exclusivismo são os genitores da perseguição.

Ver o artigo sobre *Sofrimento, Necessidade de*. Este artigo fala sobre os benefícios do sofrimento.

Perseguição e Traição. 1. Um dos mais estranhos fenômenos que podem ser observados neste mundo é como as pessoas religiosas podem se transformar em perseguidores devastadores, e, portanto, obreiros da iniquidade. Como é que os homens conseguem reconciliar a violência com o interesse e a expressão religiosa? **2.** Foi por motivos assim que certos judeus promoveram o assassinato de Paulo. E não foi aquela a primeira tentativa. De algum modo, aqueles homens se convenceram acerca da "retidão" de seus atos. Eis como pessoas religiosas podem laborar em erros tão grandes! **3.** A verdade é mais estranha que a ficção: vemos em Atos 19.35 ss., e 23.12 ss., um pagão que saiu em defesa de Paulo! Um pagão frustrou os planos traiçoeiros dos líderes religiosos da comunidade! **4.** Todos quantos vivem piedosamente terão de esperar por perseguições (ver 2Tm 3.12). **5.** Essas perseguições se originam no fato de que os homens são ignorantes quanto a Deus e quanto a Cristo (ver Jo 16.3). **6.** Trata-se de um zelo equivocado e maligno (ver At 13.50 e 26.9-11). **7.** Os crentes perseguidos não são esquecidos por Deus (ver 2Co 4.9).

Pagando a Dívida da Perseguição. 1. Paulo fora um grande perseguidor antes da sua conversão. E assim sucedeu que, depois, ele passou a ser o grande perseguido. O livro inteiro de Atos demonstra o fato. Ele mesmo demonstrou para nós que existe uma lei da colheita segundo a semeadura, que ninguém pode debilitar ou anular. (Ver Gl 6.7,8). Embora um homem possa ser perdoado e seus pecados não cheguem assim a prejudicar-lhe a alma, contudo, suas más ações voltarão a encontrá-lo. Talvez não gostemos desse princípio, mas ele continua em operação no mundo atual. Na eternidade, tal princípio opera de modo perfeito e corrige todas as contas correntes. **2.** Esse princípio não nos deveria desencorajar, porquanto sabemos que a justiça finalmente prevalecerá; nisso nos consolamos. Esse princípio, pelo contrário, deveria nos inspirar ações justas. Obteremos o que tivermos dado, e isso é objetivamente declarado no que diz respeito ao julgamento dos crentes. Ver o artigo detalhado sobre o *Julgamento dos Crentes* e 2Coríntios 5.10.

II. No Antigo Testamento. Jesus acusou, pois, líderes religiosos de seus dias (que eram os defensores da ortodoxia da época) de serem os verdadeiros filhos de seus antepassados, que haviam perseguido e morto os profetas (ver Mt 23.37). Paradoxalmente, Jerusalém, o reverenciado centro de judaísmo, também foi um dos principais focos da perseguição e da matança. Os estimados santos e profetas de tempos anteriores, cada qual em sua própria época, tinham sido odiados por pessoas que se diziam religiosas e espirituais. Essa triste história nunca deixa de repetir-se, quando surge oportunidade para tanto.

1. Abel. Pode-se considerá-lo o primeiro dos santos de Deus a ser perseguido. Sem dúvida, houve motivos religiosos por detrás daquilo que lhe sucedeu. Ver Gênesis 4.5-8.

2. José foi perseguido por seus próprios irmãos, principalmente por motivo de inveja e ciúmes. Mas Deus, finalmente, fez tudo redundar em bem.

3. Os israelitas foram perseguidos pelos egípcios (ver Êx 1.10 ss.), mormente por razões econômicas, e porque o número crescente de israelitas chegou a representar uma ameaça para o comércio escravagista do Egito.

4. Os profetas, como Elias e Jeremias, sofreram perseguições às mãos do seu próprio povo, porquanto denunciaram pecados de vários tipos, e também porque pareciam ser ameaças às instituições políticas vigentes. Jeremias chegou a ser acusado de ensinamentos falsos. (Ver 1Rs 19.1-18; Jr 26).

III. No Novo Testamento. 1. Os comentários de Jesus às perseguições formam um vergonhoso aspecto da história do povo de Israel (ver Mt 5.12; 23.37; Lc 11.51). **2.** *Estêvão* foi o primeiro mártir cristão. E os agentes da perseguição foram os membros do Sinédrio, o mais alto corpo religioso e judicial de Israel (ver At 7.52). **3.** *Os justos de qualquer época* são alvos da perseguição movida por indivíduos injustos (ver Hb 11.38; 1Jo 3.12). **4.** *Jesus predisse* que os seus seguidores sofreriam muitas perseguições e aflições (ver Mt 5.11,44; Lc 11.48; 21.12; Mc 4.17; Jo 15.20). **5.** Os sofrimentos e a morte de Jesus são conspícuos exemplos, nas páginas do Novo Testamento, com bases religiosas e políticas. (Ver Jo 10.24 ss., 19.12 ss.), como exemplos de trechos neotestamentários que falam sobre a questão. Tanto os judeus quanto os romanos tiveram participação ativa na perseguição contra Jesus. Jesus parecia ameaçador aos olhos dos religiosos judeus; também era uma alegada ameaça contra o poder político de Roma. **6.** *Os primeiros discípulos de Jesus* (incluindo os apóstolos) foram perseguidos e mortos (ver At 3 e 4; 6 e 7;12). **7.** *Paulo* foi um caso especial (ver At 9.1-9; Fp 3.6; 1Co 15.32; 2Co 11.23 ss.). Ele foi perseguido pelos judeus, mas também por quem se dizia cristão, conforme se vê em boa porção do décimo primeiro capítulo de 2Coríntios. **8.** A igreja em *Esmirna* tipifica a igreja cristã antiga, que começou a ser oficialmente perseguida pelo império romano. (Ver Ap 2.9). O vs. 13 desse mesmo capítulo provavelmente refere-se ao culto ao imperador (os imperadores romanos chegaram a ser adorados como deuses), e aqueles que não quisessem participar dessa forma de culto eram perseguidos. **9.** *As perseguições dos gnósticos* contra a corrente principal da igreja apostólica são evidentes na história, tendo sido mencionadas em 3João 9 ss.

IV. Alguns Informes Históricos

1. Durante e Após a Era Apostólica. Dez imperadores romanos estiveram envolvidos nas perseguições contra o cristianismo, um período de terror que se prolongou até os dias de Constantino, já no começo do século IV d.C. Nero (vide) foi o principal perseguidor imperial da igreja, ainda no tempo dos apóstolos. Foi ele o responsável pelo martírio de Pedro e de Paulo. A princípio, as autoridades romanas hesitaram, em situações locais. Os missionários cristãos chegaram mesmo a ser protegidos. Porém, as hostilidades logo rebentaram, e quando a igreja cristã estabeleceu-se firmemente, nos fins do século I d.C., Roma era uma resoluta perseguidora dos cristãos. O relato de Lucas-Atos foi escrito em parte com o intuito de convencer as autoridades romanas a aceitar o cristianismo (conforme tinham sido forçadas a aceitar o judaísmo) como uma fé religiosa legítima, e não como uma traição contra o Estado. Porém, esse propósito de Lucas não teve bom êxito, tendo-se seguido vários séculos de perseguições e matanças contra os cristãos. Nero foi quem deu o exemplo, acusando falsamente os cristãos de terem incendiado a cidade de Roma (em 64 d.C.). Em uma falsa retaliação, conforme o historiador romano Tácito informa-nos, muitos cristãos foram torturados ou mesmo mortos.

2. Outros Notáveis Perseguidores Romanos. Esses incluíram Domiciano (81-96 d.C.) e Trajano (98-117 d.C.). Plínio, o Moço, informa-nos acerca dessa questão. Ele fora enviado como governador da Bitínia. Aprisionou e executou muitos cristãos, e as suas cartas ao imperador falam coisas horríveis. Trajano replicou que os cristãos que se recusassem a desistir de sua fé deveriam ser executados. Mas que aqueles que abandonassem sua fé deveriam ser liberados. Mas, de acordo com as instruções do imperador, Plínio não deveria caçar os cristãos e nem receber acusações anônimas contra eles. Essa instrução dada por Trajano estabeleceu o padrão para as ações dos romanos contra os cristãos por cerca de um século.

3. Dez Imperadores Romanos Perseguidores. *Sumário.* Esses imperadores foram Nero, Domiciano, Trajano, Marco Aurélio, Severo, Maximino, Décio, Valeriano, Aurélio e Dioclesiano Diocleciano, o último deles, reinou de 284 a 305 d.C. Mas quando Constantino converteu-se ao cristianismo, mediante uma visão, as perseguições contra os cristãos cessaram, no começo do século IV d.C. Constantino governou entre 272 e 337 d.C. Juliano, o Apóstata (governou entre 361-363 d.C.) renovou as perseguições, mas em muito menor escala, demitindo cristãos de seus postos oficiais, e proibindo-os de ensinar os clássicos. Esse imperador tentou restaurar o paganismo e restabelecer a autoridade do imperador, segundo as tradições antigas; mas os resultados de seus esforços não perduraram após a sua morte.

4. A igreja Sobe ao Poder e Persegue Outros. Esse é um dos piores absurdos da história do cristianismo. Depois que a igreja cristã obtivera poder político e prestígio social, passando a proclamar-se como o próprio porão para o céu, tornaram-se muito importantes padrões estritos de doutrina. Aqueles que não aderiam a esses padrões bitolados eram maltratados. A crença ortodoxa, bem como ser membro da igreja oficial era motivo de segurança física; mas estar fora dessa igreja oficial era perigoso. A primeira extensa perseguição que a igreja oficial promoveu foi aquela contra os *donatistas* (vide). Isso teve lugar no Norte da África, no começo do século V d.C. Agostinho (infelizmente) esteve envolvido pesadamente nisso, estabelecendo padrões de crença e métodos de coerção. Passou a ser anunciado o absurdo de que o amor cristão algumas vezes precisa ser duro, forçando as pessoas a crerem no que devem crer. Mas, ver o ensino de Jesus Cristo, em Lucas 9.55. É o espírito satânico que persegue e prejudica. Jesus repreendeu aos seus discípulos por quererem perseguir; mas a igreja de séculos depois achou por bem reverter essa decisão do Senhor. Que então essa igreja tenha podido chamar de "amor" a seus atos de violência, é uma clara demonstração de arrogância e estupidez. As ideias e atitudes de Agostinho exerceram grande influência sobre a igreja antiga; podemos ter a certeza de que a *inquisição* (vide) foi parcialmente inspirada por ele. A Inquisição, que chegou a ter um efeito devastador, até mesmo no Brasil, transformou-se em um monstro sanguinário, repelente acima de qualquer descrição. A igreja ocidental tem tido, dentro de sua estrutura, muitos movimentos heréticos, e cada um desses movimentos teve de pagar um elevado preço, sofrendo sob as perseguições. Assim, para exemplificar, os *cátaros* (ou albigenses) sofreram uma oposição especialmente virulenta (séculos XI a XIII d.C.).

5. A Reforma Protestante. A igreja Católica Romana opôs-se à Reforma Protestante com fogo e destruição. Mas também é evidente que sempre que os líderes protestantes obtinham o poder, seguiam o mesmo vergonhoso exemplo, no caso daqueles que dissentiam em suas próprias fileiras. Lutero, Calvino e Zwínglio acreditavam na pena de morte para a heresia. Se o leitor estiver interessado em provas históricas dos atos de terror de João Calvino, poderá consultar o artigo separado acerca dele. Lemos acerca da execução de *Serveto* (vide) na fogueira; mas o fato é que Calvino matou mais de cinquenta pessoas, e baniu ou encarcerou a inúmeras outras, meramente por não concordarem com os padrões de doutrina em que ele acreditava. Todavia, a Reforma Protestante contribuiu para a liberdade, porquanto dissipou a concentração de poder que, por tanto tempo, havia residido em um único corpo religioso.

6. A Perseguição Nunca Morreu. Temos lido o que sucedeu no Irã, nas décadas de 1970 a 1980. Os líderes religiosos muitas vezes tornam-se matadores de sua própria gente. A fé Bahai tem sofrido especialmente por ter sido fundada por um profeta que surgiu após Maomé (de nome *Baha Ullah, vide*), que os documentos oficiais do islamismo diziam não poder acontecer. Portanto, podemo-nos congratular diante do fato de que não mais matamos, embora ouçamos, aqui e acolá, sobre algum ato de violência praticado por cristãos contra alguma pessoa ou grupo, igualmente cristão. Porém, agora estas coisas são atos isolados, e não oficialmente sancionados pelas autoridades eclesiásticas. Não obstante, a perseguição prossegue, posto que sob formas mais sutis, como o isolamento e o assassinato de caráter. Os hereges, atualmente, simplesmente afastam-se, por não se sentirem bem acolhidos. E, ocasionalmente, ouve-se a respeito de algum caso de exclusão ou tentativa de exclusão, no intuito de libertar alguma igreja de um membro, que está dando trabalho aos líderes.

V. RAZÕES DAS PERSEGUIÇÕES. 1. *Ensinos blasfemos,* que ameaçam a unidade de algum grupo religioso. Talvez essa fosse a principal razão pela qual o judaísmo perseguiu os cristãos primitivos. Pois, de acordo com os padrões judaicos, a doutrina cristã de Cristo (e da Trindade) parecia uma blasfêmia. A doutrina paulina da justificação pela fé era encarada como um golpe traiçoeiro contra as tradições de Moisés. Importa notarmos aqui que uma antiga ortodoxia pode ser substituída por uma nova ortodoxia, embora o período de transição de uma para outra contemple algum período de violências. As ideias antigas só morrem completamente quando desaparece a geração que as defendia. Mas aqueles que crescem juntamente com as novas ideias, aceitam-nas sem qualquer trauma. Ver o artigo sobre a *Ortodoxia*.

2. *Fatores políticos e econômicos* algumas vezes estão envolvidos. As novas ideias ameaçam o poder político dominante, e grupos de interesses econômicos. A perseguição da igreja cristã, por parte de Roma, teve bases tanto, religiosas quanto políticas. Suas crenças foram consideradas subversivas para a estrutura religiosa do Estado, e também como potencialmente perigosas, politicamente falando. Um novo poder, como o cristianismo, facilmente poderia destroçar antigos padrões sociais.

3. A Ameaça ao Status Quo. Até mesmo cientistas perseguem outros cientistas que sugerem ideias que ameaçam o *status quo*. Os estudiosos liberais também sentem-se ameaçados pelas mudanças, para nada dizermos sobre os eruditos conservadores. Todos os pioneiros, em quaisquer campos, são sempre suspeitos. Porém, quando aquilo que eles ensinam torna-se uma nova ortodoxia, então seus seguidores passam a perseguir os dissidentes. Há algo de basicamente errado com as pessoas e com a maneira de elas pensarem.

4. A Inveja. Com razão chamamos esse sentimento distorcido de *monstro*, que ergue sua horrível cabeçorra. Qualquer pessoa que faça qualquer coisa que chame a atenção de outras pessoas, sofrerá oposição por motivo de inveja. José passou a ser perseguido por seus irmãos, essencialmente porque se estava elevando acima dos outros (mediante a projeção de seus sonhos, que ele pensava que algum dia tornar-se-iam uma realidade, o que acabou sucedendo). Além disso, ele era favorecido por seu pai, um outro fator provocador da inveja. Mas Deus estava presente, controlando tudo, e seus planos a longo prazo incluíam o drama da servidão de Israel no Egito, o êxodo, e a formação final do povo de Israel como uma nação. Falamos também acerca de ciúmes profissionais. Os membros de uma determinada profissão podem sentir ciúmes de outros membros, resultando daí formas de perseguição.

5. O Temor. Tememos as coisas que nos são estranhas e diferentes. Apreciamos o que temos e não queremos que qualquer coisa ameaçadora apareça. Os cristãos perseguem verbalmente os cientistas cujas descobertas ameaçam certos pontos da fé religiosa. O caso de *Galileu* (vide) tornou-se notório, pelo que deveria ser conhecido por todos os cristãos. Os teólogos recusavam-se a espiar por meio de seu telescópio. Eles não queriam saber de qualquer coisa que pudesse abalar o pensamento e a autoridade deles. Foi mister a passagem de séculos a fim de que a igreja reconhecesse a verdade anunciada por Galileu, e para "perdoá-lo". Imagine o leitor!

PÉRSIA

"A, verdade, esmagada por terra, levantar-se-á de novo;
Os anos eternos de Deus lhe pertencem;
Mas o erro, ferido, agoniza de dor,
E morre entre os seus adoradores".

W.C. Bryant

O erro morre, mas algumas vezes os funerais precisam de alguns séculos para terem lugar.

6. A Novidade é Rejeitada; Conforto Mental. Uma coisa não é necessariamente verdadeira somente porque pessoas morrem por ela. O antigo não é necessariamente bom por haver enfrentado o teste do tempo. Quando as pessoas são forçadas a escolher entre o conforto mental e a verdade, quase sempre escolhem a primeira alternativa. O conforto mental com frequência é o critério da escolha entre ideias alternativas, e não a verdade. As coisas antigas conferem-nos um certo conforto mental. Mas as coisas novas perturbam essa tranquilidade. Porém, aqueles que se aferram à tranquilidade mental, nunca conseguem avançar terreno.

7. A Necessidade de Aceitação. Certas pessoas dão mais importância à verdade do que ao desejo íntimo de garantir a sua aceitação por parte de outras pessoas; mas o número dessas pessoas é pequeno. A maioria das pessoas é motivada pelo desejo de serem aceitas por outras. Uma pessoa, que não faça disso o seu alvo na vida, torna-se um estranho; os estranhos, naturalmente, atraem as piadas e os empurrões de outros. A aceitação é um poderoso fator, que procura manter o *status quo*. Aqueles que questionam o todo-poderoso princípio da aceitação por parte do próximo, estão atraindo tempestades.

8. A Arrogância e a Pervertida Natureza Humana. Consideremos a arrogância das ortodoxias. As perseguições são removidas pela natureza carnal, pervertida, pecaminosa das pessoas. E isso se torna especialmente repelente, porque disfarça-se com as pseudovestes da "defesa da fé", como se estivesse expressando o "amor cristão".

9. A vontade de Deus pode inclui-las, pelos seguintes motivos: ***a***. Como um meio de nossa purificação. ***b***. Como um meio de treinamento. Somos "exercitados" através das tribulações, e assim desenvolvemos forças espirituais. ***c***. Como parte de nossa missão, a qual talvez requeira essas adversidades.

10. Um toque celestial. Quando sofremos, chegamos a anelar pela pátria celeste, pois aprendemos a temporalidade deste mundo, e até mesmo, que suas vantagens não podem ser possuídas sem conflitos e tristezas. (Ver Rm 8.18 ss.).

11. A hostilidade do mundo. É impossível alguém possuir qualquer grau de santidade e não sofrer oposição por parte de um mundo hostil. (Ver 2Ts 3.12). Existe a "ofensa da cruz" (1Co 1.23).

12. A união com Cristo. A missão remidora de Cristo, necessariamente, incluiu muitos sofrimentos. Ora, nós participamos de seus sofrimentos, em razão de nossa união espiritual com ele (ver Cl 1.24). A missão de Cristo — trazer os homens de volta a Deus — é compartilhada por nós, e essa missão requer grande dose de sofrimento e sacrifício. Portanto, passamos por certo sofrimento na tentativa de cumprir nossas respectivas missões.

Não há adversários que eu enfronto?
Não devo fazer cessar o dilúvio?
Este mundo vil é amigo da graça,
Que me ajude a avançar para Deus?

Isaac Watts

VI. VALORES DAS PERSEGUIÇÕES. Ver o artigo *Tribulações como Benefícios*.

VII. REFERÊNCIAS E IDEIAS
- Cristo sofreu perseguição (Sl 69.26; Jo 5.16).
- Cristo se submeteu voluntariamente à mesma (Is 50.6).
- Cristo foi paciente sob a mesma (Is 53.7).
- Os santos podem esperar por ela (Mc 10.30; Lc 21.12; Jo 15.20).
- Os santos sofrem perseguição, por amor a Deus (Jr 15.15).
- Dos santos, é contra Cristo (Zc 2.8 com Atos 9.4,5).
- Todos os que querem viver piedosamente em Cristo, padecerão perseguições (2Tm 3.12).

Origina-se:
- Em ignorar Deus e Cristo (Jo 16.3).
- No ódio contra Deus e Cristo (Jo 15.20,24).
- No ódio contra o evangelho (Mt 13.21).
- No orgulho (Sl 10.2).
- No zelo mal colocado (At 13.50; 26.9-11).
- É incompatível com o espírito do evangelho (Mt 26.52).
- Por natureza, os homens são inclinados à perseguição (Gl 4.29).
- Os pregadores do evangelho estão sujeitos à mesma (Gl 5.11).
- Algumas vezes leva à morte física (At 22.4).
- Deus não se esquece de seus santos perseguidos (2Co.4.9).
- Deus livra da perseguição (Dn 3.25,28; 2Co 1.10; 2Tm 3.11).
- Não pode nos separar de Cristo (Rm 8.35).
- Meios legítimos podem ser usados para escaparmos da mesma (Mt 2.13; 10.23; 12.14,15).

Os Santos perseguidos deveriam:
- Entregar-se a Deus (1Pe 4.19).
- Mostrar paciência (1Co 4.12).
- Regozijar-se (Mt 5.12; 1Pe 4.13).
- Glorificar a Deus (1Pe 4.16).
- Orar, pedindo livramento (Sl 7.1; 119.86).
- Orar pelos perseguidores (Mt 5.44).
- Devolver bênçãos em lugar da perseguição (Rm 12.14).
- A esperança da bem-aventurança futura nos sustenta sob a mesma (1Co 15.19,32; Hb 10.34,35).
- Bem-aventurança para quem a suporta por causa de Cristo (Mt 5.10; Lc 6.22).
- Oremos pelos que padecem (2Ts 3.2).
- Os hipócritas não a toleram (Mc 4.17).
- Os falsos mestres evitam-na (Gl 6.12).

Os Ímpios:
- Tendem a ser perseguidores (Sl 10.2; 69.26).
- São perseguidores ativos (Sl 143.3; Lm 4.19).
- Encorajam-se mutuamente na Perseguição (Sl 71.11).
- Regozijam-se no seu sucesso (Sl 13.4; Ap 11.10).
- Punição contra o perseguidores (Sl 7.13; 2Ts 1.6).

Ilustrado em Mateus 21.33-39.

PÉRSIA

Ver o artigo separado intitulado *Média* (*Medos*), que fornece informações adicionais que deveriam ser lidas juntamente com o presente artigo.

I. GEOGRAFIA. O Império persa cobria uma grande porção da parte sudoeste da Ásia, estendendo-se desde o rio Indo, às margens orientais do mar Mediterrâneo. Esse Império foi fundado por Ciro, o Grande, no século VI a.C., e foi destruído por Alexandre, o Grande, em 331 a.C.

O seu nome nativo original, *Parsa* (ou Pérsia) descrevia a terra natal dos persas, na porção ocidental do planalto do Irã, que começava às margens do rio Indo e daí para o Ocidente. Irã era uma outra designação nativa desse território. Esse nome foi oficialmente restaurado em 1935, pelo governo persa. Esse nome significa "terra dos arianos". Em foco está o povo de língua ariana, que entrou naquele planalto em cerca de 1500 a.C. Os amadai ou medos, e os habitantes da terra de Parusa, a oeste do lago Urmia, ou seja, os persas, foram as duas tribos arianas que ficaram em proeminência sobre as demais populações.

A Pérsia é uma terra de extremos climáticos e geográficos. Fica na porção sudoeste da Ásia. Suas fronteiras atuais são: ao norte, a Rússia e o mar Cáspio; ao sul, o golfo Pérsico, o estreito de Hormuz e o golfo de Omã; a oeste, o Iraque e a Turquia;

a leste, Afeganistão e o Paquistão Ocidental. Sua área total é de pouco mais de 1.600.000 km². Dispõe de 2.575 km de costas marítimas.

Áreas Geográficas. Quatro áreas geográficas distintas podem ser observadas na Pérsia: **1**. Um planalto triangular, cujo lado mais extenso corre de noroeste para sudeste, por quase mil e trezentos quilômetros, e que se prolonga até o centro desse território. Esse planalto eleva-se até cerca de 1.220 m de altitude, circundado por várias serras montanhosas. **2**. As cadeias montanhosas, do Zagros e do Elbruz. **3**. O deserto que é dividido por montes e por alguns vales férteis. A maior parte desse território é rochosa e seca, um ermo com muitas áreas de sais alcalinos. **4**. A planície do Cuzistão, que é a menor das quatro áreas. Essa planície é plana e estéril, e jaz na extremidade norte do golfo Pérsico, entre a desembocadura dos rios Tigre-Eufrates e as montanhas do Zagros. É nesta última região que o Irã dispõe de suas vastas reservas petrolíferas, cujos produtos são exportados em navios, através do porto marítimo de Abadã. Somente nas costas marítimas baixas, ao sul do mar Cáspio, há vegetação abundante. Mas o desflorestamento começou há muitos séculos, e as chuvas não são abundantes, o que dá peso à declaração que diz que o Irã tem mais petróleo do que água. Ver o mapa sob a seção VII.

II. Os Persas e Informes Históricos

1. Povo Pré-Persas. Sem dúvida é verdade que povos pré-indo-europeus devem ter habitado nas regiões que mais tarde tornaram-se conhecidas como a Pérsia. A arqueologia tem descoberto evidências a começar pela Idade da Pedra. Quase todas as evidências arqueológicas relacionam-se a povos que entraram na região nos fins do segundo milênio a.C. Indo-europeus persas, que viviam em regime nômade, provavelmente entraram ali vindos do sul da Rússia moderna, armando o palco para o que mais tarde veio a tornar-se a Pérsia. Escavações arqueológicas sistemáticas começaram na Pérsia, no século XIX, embora não de maneira continuada, senão após a Segunda Guerra Mundial. Povos neolíticos, aparentemente vindos da Índia e da Mesopotâmia, fizeram parte da história primitiva do território, retrocedendo até o século VI a.C. Povos paleolíticos ocupavam os sopés dos montes Zagros, e a cultura deles foi-se espraiando até o oeste do Irã. Povos mesolíticos, que sobreviviam do que podiam conseguir no momento, viviam ao sul das praias do mar Cáspio. Cerâmica ali desenterrada parece apontar para duas principais rotas migratórias e inovações culturais: uma de oeste para leste, vinda da área do vale do rio Tigre, e outra das áreas do Jarmo e do Hassuna, no Iraque, porquanto evidências disso têm sido encontradas no Irã, em Sarabe, Ali Kosh, Haaji, Firuz e Hotu. Essas evidências pertencem, claramente, aos tempos neolíticos, isto é, sexto milênio a.C.

Sete Culturas. As coisas no Irã vão-se complicando à medida que vão sendo estudadas. Nada menos de sete pré-culturas iranianas têm sido identificadas: as de Susa; Giyan; Sialk; Hissar (talvez derivada da anterior); Hotu-yarim Tepe; Bakun; Khurab-Bampur (similar à de Susa D, que apareceu depois), e Geoy. A tendência das evidências sobre o homem antigo é fazer as datas irem retrocedendo cada vez mais, de tal modo que

se pode falar em culturas com 40 mil ou mesmo 50 mil anos antes de nós, acerca das quais dispomos agora de consideráveis evidências, e que alguns até pensam ser bastante conservadoras. Quanto a evidências recentes, incluindo o Brasil, que falam em civilizações com pelo menos quarenta mil anos de antiguidade, ver o artigo *Língua*, seção IV. *A Origem das Línguas*, em seus últimos parágrafos.

Em cerca de 3000 a.C., os elamitas estiveram em proeminência, e quase tudo quanto se sabe sobre a história pré-persa do Irã diz respeito aos elamitas. Eles utilizavam-se de uma escrita que era somente deles, mas que posteriormente cedeu lugar ante o sumero-acádico. Eles davam à sua terra o nome de *Haltamti*, "a terra de Deus", e são mencionados em conexão com o rei sumério Enmebaragesi. Ele governou em cerca de 2700 a.C. A história lendária do rei-herói Gilgamés apresenta-o como quem chegou a ir além do Elão, em suas aventuras conquistadoras. Sua lenda tem muitos paralelos no relato bíblico do dilúvio, pelo que, em algum ponto, houve alguma fonte informativa comum para ambos os relatos.

Aí por volta de 2600 a.C., um rei elamita desconhecido derrubou a cidade-estado de Ur e transportou seu monarca para sua capital, em Awan. Lutas entre os elamitas e os sumérios tornaram-se frequentes, e a maré do poder ia e vinha entre os dois contendores. Em cerca de 2200 a.C., um governante semítico, Narã-Sim, fez um tratado com Kutik-In-Shushinak, governador de Susã, e, então, houve tempos de paz. Mas ambos acabaram caindo diante dos invasores guti, em cerca de 2211 a.C. Todavia, posteriormente, uma outra dinastia elamita apareceu, dotada de um sistema religioso que chegou a influenciar, posteriormente, o panteão persa. Em seguida, surgiram em cena novos reis, que se intitulavam "reis de Ansã e Susã". Nessa região, o bronze começou a ser moldado em cerca de 2000 a.C. O centro da cultura elamita que ali começou chamava-se Malamir; então seu centro de gravidade passou para Liyan. Então, a cultura elamita foi perturbada por outros povos semitas invasores. Ao mesmo tempo, a cultura mesopotâmica estava fraquejando. A dinastia cassita da Babilônia tentou ampliar até ali a sua autoridade, mas isso foi impedido pelo governante elamita de nome Shutruk-nahunte, que conseguiu derrotar aos cassitas. Seus filhos mantiveram a posição tomada por seu pai, e vários deuses elamitas acabaram tomando o lugar dos tradicionais deuses da Babilônia, o que serviu de sinal de alteração cultural e religiosa. Foi por essa altura dos acontecimentos que houve a era áurea da cultura elamita. Porém, não demorou muito para a mesma desintegrar-se. O rei Nabucodonosor, da Babilônia, surgiu como um novo poder, que fez a maré virar em seu favor. Isto sucedeu entre 1124 e 1104 a.C., e daí por diante o Elão caiu na obscuridade. Quanto a maiores detalhes, ver o artigo separado: *Elão*, *Elamitas*.

2. Os Medos e os Persas. Ver o artigo separado intitulado *Média (Medos)* que inclui a pré-história e a história desse povo, bem como referências bíblicas ao mesmo. O que se segue no presente artigo é bastante breve, portanto. Os medos e os persas eram povos irmãos, que acabaram aparecendo associados na história.

1. Ciro I. Deixando a pré-história para o artigo acima referido, chegamos a Ciro I. Acaemenes, que é reputado o fundador da dinastia, provavelmente reinou por volta de 680 a.C. Seu neto, Ciro I, fez oposição a Assurbanipal, da Assíria, mas não teve forças para manter a sua independência. Ciro II, neto de Ciro I, é considerado pelos historiadores como o verdadeiro fundador do império persa. Começou a exercer poder, aproximadamente, em 559 a.C. Um de seus primeiros atos consistiu em consolidar a sua autoridade, derrotando e executando Astíages, o medo, e conquistando o seu território. Isso resultou no império conjunto dos medos e persas. Ciro foi uma espécie de senhor feudal, cuja capital até então fora Ecbatana. Daí por diante, Ciro foi crescendo rapidamente em forças e no alcance de sua autoridade. Sua supremacia foi estabelecida, embora os medos continuassem sendo poderosos. Ele conquistou Croeso, da Lídia (547 a.C.), parte do noroeste da Índia; atacou a Babilônia, em 540 a.C., e ali triunfou, no ano seguinte. Isso provocou tremenda mudança no poder mundial. Ciro voltou a Susã, mas seu filho, Cambises, permaneceu na Babilônia, para cuidar das coisas ali. Os territórios conquistados foram divididos em áreas chamadas satrapias, cada qual com um governador, ou sátrapa, sempre um persa ou um medo, embora governantes locais recebessem posições subordinadas, o que fazia com que o sistema funcionasse melhor.

A Bíblia refere-se aos medos e persas como os povos dominantes (ver Et 1.19; Dn 5.28). Ciro foi um líder humanitário (ver Is 45.14). Ele devolveu os preciosos vasos que haviam sido retirados do templo de Jerusalém, por Nabucodonosor (ver Ed 1.7 ss.). Também deu sua autorização real para a reconstrução do templo dos judeus, bem como permissão a estes para retornarem à sua terra (ver Ed 1.14). Seu édito a respeito não tem sido confirmado pela arqueologia que tem escavado na Babilônia, mas um memorandum foi encontrado em Ecbatana, onde Ciro havia residido por algum tempo, o que confirma a informação que nos é dada no Antigo Testamento sobre essa questão.

Ciro estabeleceu sua capital em Pasargada, na terra de Parsa. Foi encontrada ali uma inscrição, em seu arruinado palácio, com os seguintes dizeres: "Eu, Ciro, o rei, o acamenida". Ciro foi morto em batalha, em 530 a.C. Seu cadáver foi sepultado em um túmulo até hoje existente. Plutarco (46-120 d.C.) informa-nos que a inscrição completa sobre seu túmulo dizia como segue: "Ó homem, quem quer que sejas, e de onde quer que venhas, pois sei que virás, eu sou Ciro, e eu conquistei para os persas o império deles. Portanto, não me negues a pouca terra que cobre o meu corpo".

2. Cambises II. Em 530 a.C., o reino passou para as mãos de Cambises II, filho de Ciro. Antes de tudo, ele precisou cuidar de revoluções intestinais, as quais dominou. Para tanto, precisou matar seu próprio irmão, Esmerdis. Partindo daí, ele atacou o Egito, algo que Ciro II tivera o desejo de fazer, mas não tivera tempo para tanto. Cambises obteve sucesso em sua campanha egípcia; mas, durante sua ausência, um nobre mágico, Gaumata, afirmou ser Esmerdis, e conseguiu apossar-se do trono. Ao que tudo indica, Cambises acabou cometendo suicídio, o que indica que sua estrela apagou-se prematuramente. E estouraram revoltas na Babilônia, na Média e em outros lugares.

3. Dario I, o Grande (522-486 a.C.). O Império medo-persa estava-se esfacelando em várias direções; mas Dario I conseguiu consolidar o seu poder, obtendo assim unidade e estabilidade. Seu êxito no abafamento das rebeliões ficou registrado na famosa rocha do Behistum, que até hoje pode ser vista, em uma antiga rota de caravanas, que ia de Ecbatana a Babilônia. Essa inscrição proveu o meio para o deciframento da escrita acádica cuneiforme, tal como a pedra de Rosetta proveu a mesma coisa quanto à linguagem que antigamente se falava às margens do rio Nilo. Foi esse Dario, juntamente com seu sucessor, Xerxes, que o pai da História, Heródoto, o grego, tornou tão conhecido. A tentativa deles de conquistarem os gregos do Peloponeso foi algo de gigantesco; mas terminou em desastre, e desde então os estudiosos do grego clássico leem as obras de Heródoto como uma das obras requeridas. Essa pequena região grega quase que foi a única região do mundo conhecido a ficar fora do império grego. Se o Peloponeso tivesse sido conquistado, o domínio persa teria sido universal; e, sem dúvida, isso serviu de grande motivação para os ataques de Dario e Xerxes. Seja como for, nos dias destes dois monarcas persas, o império persa cresceu até ficar com cerca de 4.700 km no eixo mais longo, e com uma largura que variava entre 800 km e 2.400 km — um grande império,

em qualquer época. Ocupava cerca de 5.200.000 km², cerca de 61% da área do Brasil. Quando Judá foi conquistado, isso representou um minúsculo acréscimo ao gigantesco território.

4. Xerxes (486-465 a.C.). Este era filho de Dario. Ao que parece, é o mesmo Assuero referido no livro bíblico de Ester. Ester tornou-se uma de suas rainhas, aí pelo sétimo ano de seu governo. Há em tudo isso um conflito histórico que não foi ainda solucionado, e que descrevemos detalhadamente no artigo sobre *Ester*. Até onde vão os registros históricos, Amestris é que era rainha de Xerxes. Porém, aqueles reis antigos tinham várias esposas e concubinas, e Ester pode ter sido uma delas, obscura o bastante na história persa para nem ao menos ser mencionada na história secular. Todavia, na história dos judeus ela foi uma heroína, pelo que seu relato merece ser contado em um dos livros da Bíblia. Em questões assim, tudo depende de como alguém olha para os acontecimentos, e quais são os interesses desse alguém. O argumento do silêncio nunca é definitivo, e isso parece ser o máximo que pode ser dito quanto ao caso. Seja como for, Xerxes perdeu na guerra contra os gregos. A vitória destes começou na grande vitória grega de Maratona (480 a.C.), que até hoje faz os mestres e alunos dos clássicos gregos vibrarem de emoção (estando eles muito preconcebidos em favor dos gregos, naturalmente). Heródoto informa-nos que após ter sido o perdedor nessa batalha, diante dos gregos, Xerxes começou a dar mais atenção ao seu harém (9, pár. 108), e podemos supor que Ester foi uma das beneficiadas com essa mudança de conduta do monarca persa.

5. Artaxerxes I Longimano (465-423 a.C.). Ele foi o próximo monarca persa, depois de Xerxes. Foi ele quem, no sétimo ano de seu reinado, comissionou Esdras a retornar a Jerusalém, conferindo-lhe muitos privilégios e poderes, para que pudesse cumprir com sucesso a sua missão de restabelecer os judeus em Jerusalém, após o término do cativeiro Babilônico. (Ver Ed 7.1 ss). Aí pelo décimo terceiro ano de seu governo (445 a.C.), ele deu permissão a Neemias para assumir as rédeas do governo civil em Jerusalém (ver Ne 2.1-8). Os papiros Elefantinos, descobertos em 1903, na ilha de Elefantina, na primeira catarata do Egito, têm podido lançar luzes sobre esse período de Artaxerxes e Neemias. Entretanto, talvez a Bíblia esteja se referindo a Artaxerxes II. Seja como for, Esdras tornou-se uma espécie de Secretário de Estado dos negócios imperiais em Judá, nos dias de Artaxerxes. Mas esse monarca, além de seu relacionamento especial com os judeus, precisou enfrentar questões negativas, sobretudo uma rebelião no Egito (cerca de 460-454 a.C.), além de outras vicissitudes que lhe perturbaram o governo.

6. Reis Posteriores: *Dario II* (423-404 a.C.); *Artaxerxes II* (404-359 a.C.); *Artaxerxes III* (359-338 a.C.); *Arses* (338-335 a.C.) e *Dario III* (335-331 a.C.). Todos esses reis governaram durante tempos perturbados e de desintegração do império medo-persa. Alexandre, o Grande, estava destinado a pôr fim súbito ao império persa, que vinha declinando rapidamente, tendo estabelecido, em lugar do mesmo, o poder grego universal. No tocante aos judeus, nenhum registro resta que esclareça seu relacionamento com a Pérsia, após os tempos de Artaxerxes II. O império persa foi engolfado pelas forças de Alexandre, o Grande, (em 331 a.C.), e os judeus simplesmente foram forçados a transferir a sua lealdade a esta outra potência estrangeira. A área inteira da Média-Pérsia foi helenizada. A língua, a literatura, a arte e a religião gregas espalham-se por toda parte, dominando o mundo então civilizado. Um pouco mais tarde, surgiu em cena o poder romano, e houve outra grande mudança no equilíbrio mundial de forças, preparando o mundo para a primeira vinda de Cristo.

7. A Era Sassânida. Esse período histórico foi uma espécie de retorno da cultura indo-europeia, o renascimento do *masdeísmo* (vide), o último segmento do *zoroastrismo* (vide), o culto seguido pelos reis acamenidas. O nome dessa era vem de

Susã, o avô de Ardasir I, o primeiro monarca sassânida. Essa foi a última dinastia nacional da Pérsia (226-651 d.C.). Um dos reis dessa dinastia, Bahram, foi aquele que enviou o profeta Man, fundador do maniqueísmo (vide), aos magos; mas estes executaram o enviado, em 273 d.C. No tempo dos monarcas sassânidas tornou-se predominante o *mitraísmo* (vide). O maniqueísmo propagou-se pelo Turquestão e pela Armênia, e cristãos persas foram perseguidos, mesmo depois que Constantino, imperador romano, oficializou o cristianismo. Sapor, o Grande, viu o levantamento e a queda de nove imperadores romanos; e tão grande era o seu poder, que ele viveu em paz com os romanos, como um igual. Porém, por ocasião de sua morte, começou o declínio desse império. Invasores estrangeiros encarregaram-se de debilitá-lo. Os cristãos da região viram-se envolvidos na controvérsia ariana (ver sobre *Arianismo*). O uso do texto *Pahlavi* (vide) tornou-se a pedra fundamental do moderno idioma persa. Surgiu em cena um novo poder religioso, o *islamismo*, e não demorou para aquela região do mundo tornar-se islamita.

8. Período Islâmico (Medieval). Os muçulmanos apossaram-se da Pérsia e a transformaram em um *califado*. Contendas e facções serviram para o estabelecimento de uma seita islâmica distinta na Pérsia, chamada *shia*. Eles eram especuladores e filósofos, e injetaram elementos maniqueístas no islamismo persa. Nos séculos VII a IX d.C., a ciência, a medicina e a literatura persa levaram ao seu ponto culminante o conhecimento islâmico da época. Porém, em 819 d.C., terminou a dominação árabe, e o território foi dividido em unidades políticas menores. Em 1258, os mongóis saquearam Bagdá e se espalharam por todo o Irã. Governaram o país durante dois séculos e meio. Nos meados do século XVIII, os turcos, os mongóis e os russos interferiram nos negócios persas, produzindo assim muitas modificações.

9. A Era Moderna. Os turcos foram derrotados por ocasião da Primeira Grande Guerra, e isso pôs fim à aliança feudal dos governantes islâmicos naquela região do mundo. O nacionalismo renasceu em 1925, com a instalação de Reza Xá Pahlavi; mas o islamismo continuou sendo a força religiosa quase toda-poderosa do Irã.

III. ASPECTOS CULTURAIS; RELIGIÃO PERSA. O idioma persa, de origem indo-europeia, era originalmente escrito em uma escrita cuneiforme, que contava com 51 sinais silábicos simples, e exemplos dessa escrita têm sido encontrados no tablete de ouro de Ariaramnes, usado em cerca de 650 a.C. Isso posto, esse povo teve a sua contribuição para a linguagem escrita (ver sobre *Escrita*). Registros reais e da corte usavam o idioma aramaico, como nas comunicações em que Esdras esteve envolvido.

Podemos depreender algo das riquezas de uma corte persa mediante a leitura do livro bíblico de Ester, e a arqueologia tem confirmado o ponto. Certo número de baixos-relevos em pedras representa o rei e seus cortesãos ou celebra vitórias militares. A arte em pedras esculpidas chegou ao ponto de ser uma técnica refinada na Pérsia. Os tesouros *Oxus* (atualmente quase inteiramente guardados no Museu Britânico) mostram a habilidade dos ourives e joalheiros persas. No período posterior da Pérsia, a arte e a cultura gregas influenciaram os modelos persas tradicionais. Mas a grandeza da arte, da literatura e da ciência persas deixaram uma marca permanente sobre a história cultural do mundo inteiro. Têxteis, peças de cerâmica e joias persas eram altamente valorizadas na Europa, na época da *renascença* (vide). Na medicina, os persas entraram com sua notável contribuição. O período de dominação árabe na Pérsia foi especialmente produtivo nos campos das ciências, da matemática e da filosofia. Foi o matemático Omar Khayam quem escreveu o imortal poema *Rubaiyat*.

A arte persa distingue-se por suas linhas nítidas e por seu acabamento com alto polimento. Um efeito tridimensional era conseguido, fazendo constraste com a arte estritamente bidimensional dos assírios. Relevos monumentais levaram essa forma de arte ao seu estado mais avançado. Representações naturais de figuras humanas, de animais e de todas as espécies de objetos, foram conseguidas pelos persas. Frisos com muitos padrões complicados, onde figuravam imagens de homens e de animais, foram produzidos. Os persas eram habilidosos no uso de metais, que também foram usados em seus objetos de arte. Pinturas miniaturas tornaram-se uma especialidade persa no período islâmico. Livros bem adornados e iluminados vieram a tornar-se uma parte notável no desenvolvimento da arte persa.

Obras de arte refletiam o pendor dos persas pelos jardins. Palácios e residências dos ricaços eram construídos com jardins internos, e excelentes representações dos mesmos sobreviveram até nós em obras de arte.

A Religião Persa. Assuntos religiosos sempre foram um elemento preponderante na literatura, na arte e em muitos aspectos da cultura persa. Os persas antigos reverenciavam divindades representantes da natureza, da fertilidade e dos poderes celestes. A tribo dos *magos* compunha-se, principalmente, de sacerdotes, e exerciam grande autoridade. No século VI a.C. Zoroastro foi o maior dos profetas persas, e a sua influência jamais desapareceu. Ver o artigo intitulado *Zoroastrísmo*. Ele proclamou elevados ideais morais e religiosos, alicerçados sobre o conceito básico que diz: "Faze o bem e aborrece ao mal". Zoroastro concebeu um bem demarcado *dualismo* (vide): por um parte, haveria o deus bom, Ahura-mazda; mas, por outra parte, havia o opositor, o poder maligno da maldade consumada. Dario I adotou o credo essencial de Zoroastro; mesmo quando o islamismo invadiu a Pérsia, não conseguiu eliminar de todo o zoroastrismo. Quase certamente, por igual modo, angelologias e demonologias elaboradas, adotadas pelo judaísmo posterior e até pelo cristianismo, têm por base histórica conceitos da religião persa. Em todos os períodos da história persa, os líderes religiosos têm exercido uma enorme influência; basta que consideremos o Irã atual, com os seus *ayatolahs*! Estudiosos maniqueanos, arianos e islâmicos caíram todos diante do feitiço do antigo misticismo iraniano, com sua filosofia meditativa. O sistema maniqueísta, com seus aspectos filosóficos e místicos, completo com uma elaborada cosmologia, também era um fator de atração.

Quando o islamismo entrou na cultura persa, separou-se em três seitas: os *sia*, os *sufi* e os *dirdausi* (estes últimos notoriamente fatalistas e deterministas). O filósofo religioso *Al-Ghazali* (vide) influenciou a filosofia islâmica judaica e cristã.

IV. A PÉRSIA E A BÍBLIA. Ao longo deste artigo, demos informações quanto a esse particular, razão pela qual aqui temos apenas um sumário.

Indiretamente, Ciro I, ao opor-se a Assurbanipal, da Assíria, teve algo a ver com a história de Israel, visto que a Assíria foi o poder que levou para o cativeiro as dez tribos do norte, Israel. Ver sobre o *Cativeiro Assírio*. Esse cativeiro teve lugar em 722 a.C. A Assíria foi sendo lentamente superada pela Babilônia; então foi a vez desta ser ultrapassada pela Média-Pérsia. Israel (a nação do norte) perdeu-se irreparavelmente, visto que não houve retorno dos seus cativos. Mas Judá (o reino do sul) prosseguiu, o que significa que o povo de Israel, pelo menos em parte, continuou a ser uma porção menor do quadro histórico que envolveu as nações, durante algum tempo mais. Quando Ciro II conquistou a Babilônia, em 539 a.C., isso armou o palco para a volta de Judá do *cativeiro babilônico* (vide). Ciro devolveu aos judeus os preciosos vasos que Nabucodonosor havia levado para a Babilônia (ver Ed 1.7 ss.). Além disso, proveu as disposições legais para o retorno dos judeus a Jerusalém, para a reconstrução do templo, das muralhas da cidade etc. Sesbazar foi nomeado governador de Judá (Ed 1.1-4), mas Esdras e Neemias receberam ampla autoridade para efetuar a restauração necessária. O governador "dalém do rio" (a região a oeste do rio Eufrates) aparentemente sem ter tido conhecimento do decreto de Ciro, tentou adiar a obra; mas Ciro confirmou a ordem que dera, e os judeus obtiveram a sua solução de continuidade em seu trabalho reconstrutivo. Os livros de Esdras e Neemais oferecem detalhes sobre a história dos judeus, nesse tempo. Dario, e Neemias e depois seu sucessor, Xerxes I (487-465 a.C.), subiram ao trono da Pérsia. Este último foi o marido de Ester, razão pela qual o livro de Ester fornece-nos o ponto de vista judaico da história da época. Podemos imaginar que ela fazia parte do harém de Dario. A história secular nem a menciona, motivo que tem levado alguns a pensar que o livro de Ester é uma mera novela religiosa, duvidando eles que o livro reflita um relato genuíno. Ver o artigo sobre o livro *Ester*, quanto a uma discussão a respeito.

Os tempos de Esdras ampliaram-se até o reinado de Artaxerxes (465-424 a.C.), na Pérsia. Esdras atuou como uma espécie de Secretário de Estado para Negócios Judaicos (ver Ed 7.12). O copeiro-mor desse monarca persa era Neemias, que, finalmente, viu-se pesadamente envolvido na reconstrução de Jerusalém, pois contava com o apoio e o encorajamento da autoridade real. E, com o tempo, Neemias foi nomeado governador de Judá (ver Ne 8.9).

Quando Alexandre, o Grande, fez a hegemonia passar para as mãos dos gregos, a lealdade dos judeus simplesmente foi transferida para outra das grandes potências mundiais. Seus sucessores na Síria, os monarcas selêucidas, foram finalmente derrotados pelos patriotas levíticos, os macabeus, e Judá pôde desfrutar, desse modo, de um período de independência. Mas esse período terminou diante da interferência romana, antes mesmo da eclosão do cristianismo.

V. A Pérsia e o Cristianismo. Os persas como tal não são mencionados, nas páginas do Novo Testamento; porém, associados a povos irmãos, como os medos, os partas e os elamitas, estiveram presentes por ocasião do Pentecostes, segundo se vê no segundo capítulo do livro de Atos. Portanto, desde o começo, pessoas de descendência persa estiveram vinculadas ao cristianismo. A *Pártia* era um distrito a sudeste do mar Cáspio, que fizera parte do império persa, conquistado por Alexandre, o Grande. Esse foi um dos distritos para onde os israelitas tinham sido deportados quando do exílio assírio, onde os descendentes deles continuaram a falar o aramaico e a observar as formas religiosas judaicas. Os partas que estiveram em Jerusalém no dia de Pentecostes (ver At 2.9), talvez fossem descendentes de israelitas (provavelmente com convertidos dentre os nativos). E assim a igreja cristã desde o início absorveu uma certa porcentagem de descendentes de cativos da deportação assíria de Israel.

O primeiro grande baluarte cristão na Pérsia foi a cidade de Edessa. Houve, segundo se pensa, uma correspondência entre o príncipe de Edessa e o apóstolo Judas Tadeu (Judas, irmão de Tiago), embora mui provavelmente, isso envolva apenas uma ficção sobre a qual Eusébio tomara conhecimento. O missionário e patriarca nestoriano, Mar Aba, foi perseguido por seus contemporâneos zoroastrianos. Nestor viveu por volta de 400 d.C. Ele foi um dos patriarcas (428-431 d.C.). Os islamitas expulsaram da Pérsia os missionários sírios.

Pequenos grupos de cristãos foram então suprimidos mediante uma aberta perseguição, que se prolongou por séculos. Os perseguidos eram quase todos cristãos nestorianos e armênios. Muitos deles fugiram para outros países, assim diminuindo o número de cristãos na Pérsia. Missões evangélicas modernas na Pérsia tiveram começo quando o missionário inglês Henry Martyn foi para ali enviado (1781-1812). Ele traduziu parte da Bíblia para o idioma persa. O bahaísmo começou no Irã em 1884; embora tenha sofrido sempre uma severa perseguição, Baha Ullah foi um profeta persa que afirmava ser sucessor de Maomé, o que o islamismo afirma não ser possível, pois islamismo é uma fé estagnada, que pensa que o profeta final, enviado por Deus, foi Maomé! Com o surgimento da ortodoxia islâmica, o pouco que ainda restava de cristianismo no Irã tem sofrido horrendas provações e privações.

VI. A Arqueologia e a Pérsia. Arqueólogos do Instituto Oriental da Universidade de Chicago, nos Estados Unidos da América do Norte, têm escavado a antiga capital persa, *Persépolis*, a respeito da qual apresentamos um artigo separado, que inclui descobertas feitas ali por aqueles pesquisadores. Esse material não é repetido aqui.

Tanto Ecbatana quanto Susã, importantes cidades da antiga Pérsia, têm sido intensamente exploradas pelos arqueólogos. De Ecbatana bem pouca coisa restou, mas foi descoberta uma inscrição na qual Artaxerxes II Mnemom (404-359 a.C.) celebrava a construção do palácio real. Essa cidade foi uma antiga capital da Pérsia, e um centro especial de atividades culturais, conforme afirmam os relatos veterotestamentários, e que o Antigo Testamento chama de Susã. (Ver Ne 1.1; Dn 8.2; Et 1.2). Atualmente, o local chama-se Shush. Escavações ali feitas têm desenterrado um magnificente palácio real, que começou a ser construído por Dario I, tendo então sido ampliado e embelezado por reis que o sucederam. Belos tijolos esmaltados decoravam várias porções do palácio. Touros alados e grifos, bem como os famosos lanceiros da guarda-real foram representados em relevo. Isso posto, a arqueologia tem confirmado a reputação persa de ter tido uma arte, uma literatura, uma arquitetura e uma ciência magníficas, algo sobre o que discutimos na terceira seção deste artigo.

VII. Mapa da Pérsia

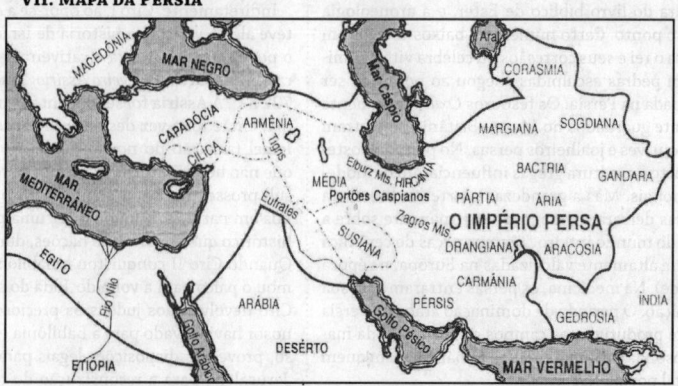

Bibliografia. AM BN CN CN(1948) E ID LLO ND S UN Z ZAE

PERSONIFICAÇÃO

Essa palavra equivale a "fazer-se uma pessoa". O *animismo* (vide) atribui aos objetos inanimados a consciência; alguns filósofos supõem que há alguma verdade nesse conceito, negando a ideia da matéria morta. Assim diz a filosofia chamada *helozoísmo* (vide), como também certos conceitos orientais e pensadores modernos, como Leibnitz. Todavia, isso não quer dizer que a matéria animada possa ser considerada uma pessoa no sentido convencional, mas somente que ela é dotada de propriedades que as pessoas também manifestam. Não obstante, o animismo faz, de meros objetos virtuais, pessoas. Objetos sagrados (em certas formas de idolatria) também eram dotados de personalidade, como a Aserá, ou poste-ídolo dos cananeus, adotado pelos Israelitas (ver Dt 16.21). Além disso, há aquela ideia epônima ancestral, segundo a qual cidades, nações, tribos, poderes etc., transformam-se em virtuais, pessoas. Naturalmente, o povo de Israel, em seu denso antropomorfismo, fazia de Deus uma pessoa, em termos humanos, embora fosse concebido como um Ser dotado dessas qualidades em elevadíssimo grau. Acresça-se a isso que alguns objetos inanimados também são dotados por alguns de características pessoais, embora somente como uma expressão poética. Assim, árvores batem palmas (ver Is 55.12); a morte, como uma pessoa, acaba derrotada (ver Os 13.14); a fábula de Jotão (ver Jz 9); a sabedoria personificada (ver Pv 9.1, bem como a literatura de sabedoria do judaísmo, em geral). O Logos no Novo Testamento é personalizado em Jesus Cristo, quando de sua encarnação (ver Jo 1.14). As personificações envolvem os mesmos problemas associados à questão da concepção de Deus como uma Pessoa. Ver o artigo intitulado *Pessoa, Deus Como uma*.

PERUDA

No hebraico, **"dividido"**, **"separado"**. Peruda foi um dos servos de Salomão, cujos descendentes voltaram da Babilônia, terminado o cativeiro babilônico (Ed 1.55). Em Neemias 7.57, esse mesmo nome é grafado com a variante Perida. Eles voltaram em companhia de Zorobabel. Isso ocorreu por volta de 536 a.C.

PESADO

Embora várias palavra hebraicas sejam assim traduzidas no Antigo Testamento, a que é mais importante é *kabed*, que ocorre por vinte vezes com o sentido de pesado ou difícil. (Por exemplo: Nm 11.14; 1Sm 4.18; 5.6,11; Ne 5.18; Jó 33.7; Sl 32.4; 38.4; Isa. 6.10; 24.20; 50.1; Lm 3.7).

No grego, temos o verbo *bareomai* e o adjetivo *barús*. **a**. O verbo ocorre por seis vezes (Mt 26.43; Lc 9.32; 21.34; 2Co 1.8; 5.4 e 1Tm 5.16). **b**. O adjetivo aparece por seis vezes (também: Mt 23.4,23; At 20.29; 25.7; 2Co 10.10 e 1João 5.3). Além disso, temos o advérbio *baréos*, "pesadamente", que figura por duas vezes (Mt 13.15 (citando Is 6.10) e Atos 28.27), e o substantivo *báros*, "peso", que é usado por seis vezes (Mt 20.12; At 15.28; 2Co 4.17; Gl 6.2; 1Ts 2.6; Ap 2.24).

Essas palavras, com frequência, referem-se, simbolicamente, a algum tipo de tristeza. Assim, um filho sábio alegra a seu pai, mas um filho insensato deixa pesado o coração de sua mãe (Pv 10.1). O coração de uma pessoa fica pesado com preocupação, por causa das dificuldades que tem de enfrentar, ao passo que uma boa palavra torna a pessoa feliz (Pv 12.25). Os espíritos tristes, que têm de enfrentar dificuldades, cargas pesadas, tornam-se leves e dispostos ao louvor, ao tomarem conhecimento da mensagem do evangelho (Is 61.3). A lamentação e a tristeza são referidas com palavras que indicam alguma espécie de peso. (Ver 1Pe 1.6; Fp 2.26).

O julgamento divino é chamado de "pesado" (ver 1Sm 5.6). Os governantes civis oprimem aos cidadãos com medidas pesadas, incluindo impostos, que os sobrecarregam (Ne 5.18; 1Rs 12.4). As notícias más são pesadas para quem as recebe (1Rs 14.6). A ridícula ira humana é pesada (1Rs 21.14). Quando uma pessoa está sonolenta, seus olhos ficam pesados (Mt 26.43). Os ouvidos pesados recusam-se a ouvir e a receber a instrução (Is, 6.10). O espírito de Jesus sentia-se pesado, quando estava sendo injustamente julgado: ... *E, levando consigo Pedro e os dois filhos de Zebedeu, começou (Jesus) a entristecer-se e a angustiar-se* (Mt 26.37). Entretanto, nessa passagem é usada uma outra palavra grega, *ademonéo*, "estar deprimido".

Nos sonhos e nas visões, pesados objetos falam sobre dificuldades, obstáculos e dilemas sem solução. Também podem simbolizar incapacidade física ou fraqueza orgânica.

PESCA. Ver o artigo geral sobre *Peixe, Pesca*.

PESCARIA

A pescaria fazia-se em grande escala no delta do Nilo, antes que suas embocaduras entrassem no Mediterrâneo (Is 19.8). Os israelitas, durante o cativeiro do Egito, comiam peixe abundantemente sem lhes custar nada (Nm 11.5). A pesca que se fazia nas costas do Mediterrâneo estava geralmente em mãos dos tírios e dos sidônios, ao norte (Ne 13.16), e em mão dos filisteus, ao sul. Aos israelitas ficava o mar da Galileia, centro de suas operações. Tristam relata 22 espécies de peixes nas águas de Genesaré e no Jordão. Os peixes que desciam até o mar Morto morriam em suas águas salgadas. Em certos lugares da Palestina, havia aquários em que se criavam peixes (Ct 7.4). Em Jerusalém havia uma porta chamada dos peixes, talvez por ser lugar por onde entravam ou onde se vendiam (2Cr 23.14; Ne 13.16). Na pesca, empregavam-se linhas, anzóis, fisgas e redes, (Jó 41.1,7; Is 19.8; Am 4.2; Mt 17.27, e Lc 5.4-7).

PESCOÇO

Temos a considerar, neste verbete, três vocábulos hebraicos e um grego. A Bíblia quase sempre usa esse termo em algum sentido metafórico. **1**. No hebraico', *orep*, que indica o pescoço ou a nuca, embora também possa ter o sentido de costas, como quando se diz que alguém volta as costas para o inimigo, a fim de fugir (ver Êx 23.27). E esta mesma palavra hebraica é empregada para indicar expressões como "dura cerviz" ou paralelos, as quais, metaforicamente falando, referem-se à atitude de rebeldia e contumácia (ver Dt 31.27; 2Rs 17.14; Is 48.4). A resolução de persistir no mal, apesar de toda orientação divina em contrário, é a ideia básica dessa metáfora. O trecho de Isaías 48.4 chega ao ponto de chamar o pescoço de "tendão de ferro". É provável que a ideia tenha surgido da observação de certos animais que, uma vez postos sob a canga, enrijecem os músculos e rebelam-se contra seus donos. Com frequência lê-se que o pescoço suporta um jugo ou carga (ver Gn 27.40; Dt 28.28; Jr 27.2,8; 30.8; At 15.10). **2**. No hebraico, *garon*, a parte frontal do pescoço, a garganta (ver Is 3.16; Ez 16.11; Sl 5.9; Jr 2.26), ou, então, a voz (Is 58.1). **3**. No hebraico, *sawsa'r*, "pescoços". Geralmente usado em um sentido metafórico, para indicar "servidão" (ver Gn 21.40; Jr 30.8), embora também possa indicar o pescoço que exibe um colar (ver Gn 41.42), ou o pescoço que alguém abraça (ver Gn 33.4), ou o pescoço premido pelo pé de um vencedor (ver Js 10.24). **4**. No grego, *tráchelos*, "pescoço". Daí é que nos vem a palavra portuguesa *traqueia*. É o pescoço que alguém abraça (ver Lc 15.20), ou que fica sob jugo (ver At 15.10). Paulo usou essa palavra para indicar uma possível decapitação (ver Rm 16.4). O trecho de Hebreus 5.13 usa o particípio perfeito de um verbo, em associação com o substantivo *tráchelos*, a fim de indicar "exposto", à vista de Deus, que nos julga e avalia.

PÉS DESNUDOS

A expressão aparece em Jeremias 2.25, como indicação de lamentação (ver também Is 20.24 e 2Sm 15.30, onde aparece a tradução descalço). Em qualquer grande calamidade ou tristeza, era costumeiro tirar os ornamentos e os calçados. Além disso, os antigos estavam acostumados a tirar os sapatos quando adentravam em algum lugar que era considerado sagrado (ver Êx 3.5). Andar continuamente de pés desnudos era um sinal de grande pobreza. (S)

PESHITA. Ver sobre *Versões e Manuscritos da Bíblia*.

PESOS E MEDIDAS
Matemática Pobre. Comentários Introdutórios. Em face da falta de precisão matemática entre os hebreus, cuja principal contribuição ao campo do conhecimento humano nunca foi de natureza científica, e, sim, religiosa, não é de admirar que a metrologia bíblica (a determinação de distâncias, capacidades e pesos) esteja muito longe de ser uma ciência exata. De fato, é impossível encontrar-se na Bíblia um sistema metrológico coerente. Mas, como poderia mesmo ser diferente disso, se somente nos fins do século XVIII, quando foi, estabelecido, o sistema métrico decimal, é que começou a haver no mundo a uniformização da arte de aferição de pesos, distâncias e capacidades? Estabeleceu-se um convênio internacional, procurando pôr fim àquela babel metrológica, e muitos países aderiram, como é o caso do Brasil. Não obstante, há países importantes no mundo que ainda não se adaptaram ao sistema. E isso exige que se façam continuamente conversões nunca precisas, resultando, na maioria das vezes, em dízimas periódicas.

Como prova disso, basta que nos lembremos, para exemplificar, da medida inglesa e norte-americana das polegadas e pés. A polegada vale 2,54 cm O que significa que praticamente nunca se pode fazer conversões precisas do metro para o pé (que vale 2.54 x 12 = 30,48 cm). A jarda inglesa não fica atrás, porquanto o seu valor é de 0,914 ml. A milha equivale a 1609,31 m Enquanto que o nó ou milha marítima tem o valor de 1855 m Então, quando se fala em pés quadrados ou pés cúbicos, em braças, em alqueires, em onças, em grãos, em tonelada curta, em tonelada longa, e outras dezenas e dezenas de diferentes padrões de medição que existem em pleno fim do último quartel do século XX, começa-se a fazer uma ideia do problema que constitui, para os estudiosos bíblicos, determinar o que significam os padrões de medida existentes nas Escrituras.

Falta de Uniformidade. Em razão de tanta falta de uniformidade, todas as evidências bíblicas acerca destas antigas medições são insuficientes e ambíguas. A coisa chegava a um extremo de confusão tal que, nos tempos bíblicos, as medidas variavam de valor de região para região, e até mesmo de cidade para cidade. A principal medida de comprimento dos tempos veterotestamentários não foge à regra. O côvado, de acordo com os estudiosos, tem sido calculado entre, aproximadamente, 45,5 cm e 55,88 cm, dependendo se estamos pensando no côvado normalmente usado em Israel ou no côvado egípcio, do país vizinho a Israel. E essa imprecisão torna-se definitivamente irremediável quando nos lembramos que o côvado era a medida que ia da ponta do cotovelo do braço dobrado até à ponta do dedo médio da mão espalmada. Vale dizer, tudo dependia da estatura e das dimensões do braço de cada indivíduo! As medidas antigas eram assim, imprecisas!

Desenvolvimento do Comércio. Com o desenvolvimento do comércio, ultrapassando o nível do simples escambo, tornou-se necessário o desenvolvimento de algum tipo de sistema que determinasse melhor a quantidade e o volume das mercadorias envolvidas. As medições mais primitivas, sem dúvida, estavam relacionadas a objetos bem conhecidos, como o número de grãos de cereal ou de ovos de alguma ave qualquer; as medidas de comprimento, geralmente, estavam baseadas em medições de certas partes do corpo humano (como já vimos no caso do côvado), como o dedo, a largura da mão, o palmo etc. Mais modernamente, encontramos a repetição dessas dificuldades, sem que os homens tivessem acertado com um padrão uniforme. Assim, a medida inglesa chamada *pé* foi baseada no comprimento do pé de certo rei inglês, provavelmente de grande estatura! Não admira, pois, que as distâncias bíblicas estivessem relacionadas a questões tipicamente humanas, como a distância que uma pessoa poderia caminhar em um dia, a distância que podia ser atingida por uma flecha atirada com o arco etc. E as medidas de peso quase sempre estavam ligadas à pedra!

Medidas Inexatas e Desonestas. Se houvesse a Sunab em Israel, os fiscais ficariam loucos em pouco tempo, se porventura quisessem fazer questão do que hoje denominamos de gramas ou mililitros. Portanto, deve-se pensar muito mais em medições gerais, sejam elas de comprimento, de capacidade ou de peso, porquanto havia imposições bíblicas a este respeito, controlando e procurando moralizar todos esses sistemas metrológicos da nação de Israel. Assim, lemos, só para exemplificar, em Levítico 19.35,36: *Não cometereis injustiça, no juízo, nem na vara, nem no peso, nem na medida. Balanças justas, pesos justos, efa justo, e justo him tereis* ... (ver também Dt 25.13-16; Pv 11.1; 20.10). Esses sistemas de aferição criados pelos hebreus, embora nada uniformes, como já vimos, estavam alicerçados sobre os padrões das civilizações mais antigas do antigo Oriente Médio (entre os egípcios, cananeus e mesopotâmicos), que já existiam muito antes do sistema hebreu, e, um pouco mais tarde, persa, grego e romano. Em Israel, os levitas estavam oficialmente encarregados pela responsabilidade de ... *toda sorte de peso e medida* (1Cr 23.29). A literatura posterior de Israel também manifestou preocupação com essa espinhosa questão. Assim, o Talmude (codificado somente após a destruição de Jerusalém, que ocorreu em 70 d.C.) contém regulamentos estritos a respeito do mundo dos negócios e acerca da honestidade quanto às medições. As informações de que ora dispomos acerca da antiga metrologia da nação de Israel chegaram até nós provenientes das mais diversas fontes, como a própria Bíblia, o Talmude, o tratado de Epifânio sobre pesos e medidas (publicado em 392 a.C.), os escritos de Heródoto, os escritos de Josefo, e até mesmo as evidências descobertas pelos arqueólogos na Palestina e nas nações circundantes. Portanto, essa recuperação sobre a metrologia antiga constitui um verdadeiro feito da investigação dos estudiosos.

I. MEDIDAS DE COMPRIMENTO
1. Côvado. No hebraico, *ammah*; no grego, *pêchus*; no latim, *cubitus*. Essa era a principal unidade de medida de comprimento usada na Bíblia. Conforme já dissemos, o sistema de medidas lineares dos hebreus estava baseado sobre o sistema egípcio. E, já que o côvado era o comprimento do antebraço e da mão espalmada, não havia um côvado padronizado. Esse côvado "natural" é chamado, em Deuteronômio 3.11, de "côvado comum". Nas Escrituras Sagradas foi usado para indicar, por exemplo, a altura de um homem (1Sm 17.4), a profundeza das águas (Gn 7.20), e distâncias aproximadas (Jo 21.11). Todavia, uma unidade mais precisa seria exigida no trabalho de construção e engenharia, como foram da arca da aliança (Gn 6.15,16), tabernáculo (Êx 26-27), do templo e seus móveis (1Rs 6.7; Ez 40-43), e das muralhas de Jerusalém (Ne 3.13). Havia côvados mais longos e mais curtos, tal como na Babilônia e no Egito. Na Mesopotâmia, o côvado de Corsabade era apenas quatro quintos do comprimento do côvado "real", ou seja, tinha apenas 40,24 cm Os dois côvados egípcios mediam, respectivamente, 52,45 cm e 44,7 cm O trecho de Ezequiel 40.5 especifica um certo côvado que tinha "um côvado e um palmo", ou seja, com sete palmos, e não com seis. A inscrição existente no túnel de Siloé oferece-nos uma evidência objetiva quanto ao comprimento do côvado, em Israel, porquanto afirma que o túnel tinha mil e duzentos côvados de comprimento. Quando o túnel é medido atualmente, mostra que tinha 533,1

m, resultando isso em um côvado de 44,4246 cm Se a inscrição no túnel de Siloé alude a mil e duzentos côvados exatos, sem nenhuma fração, então (levando em conta que o palmo — ver mais abaixo — era a metade do côvado) real, a estatura do gigante Golias, segundo se vê em 1Samuel 17.4, que era de seis côvados e um palmo, era de 2,88876 m Porém, tudo está na dependência da precisão dos côvados do túnel de Siloé. Em pés e polegadas, isso dá 9' 5 ½" (nove pés, cinco polegadas e meio). Outros cálculos, entretanto, baseados em um côvado mais curto, falam em exatamente nove pés de altura para Golias (2,745 m), o que serve para mostrar a dificuldade de se chegar a um cálculo exato! Confirmações adicionais de um côvado com aproximadamente 44,5 cm, derivam-se de cálculos do "mar de fundição" do templo de Salomão (1Rs 7.23-26; 2Cr 4.2-5), de mistura com sua capacidade, calculada em batos (vide, mais abaixo). Há uma tradição, impossível de ser averiguada, entretanto, que afirma que os rabinos conservavam côvados padrões no templo de Jerusalém. Medições em côvados são empregadas continuamente nas páginas do Antigo Testamento, como nas dimensões da arca de Noé (Gn 6.15), do tabernáculo e seus móveis (Êx 25-27), das dimensões do leito de Ogue, o gigantesco rei de Basã (Dt 3.11), da estatura de Golias (1Sm 17.4), do templo de Salomão e seus móveis (1Rs 6.2-7.38), da altura da força no mastro de empalação erigido por Hamã (Et 5.14 e 7.9), das dimensões da cidade, do templo e do território, nas visões de Ezequiel (Ez 40.5 — 43.17), da imagem de ouro, erigida a mando de Nabucodonosor, na planície de Dura (Dn 3.1), e, finalmente, do rolo volante, dentro da visão de Zacarias (Zc 5.2).

2. Cana. No Hebraico, *qaneh*. É palavra usada nas descrições de Ezequiel sobre o templo (Ez 40.3 etc.). No Novo Testamento aparece como a palavra grega *kálamos*, que nossa versão portuguesa traduz por "vara", em Apocalipse 21.15. A "cana" ou "vara" era muito mais um instrumento de medir do que mesmo um padrão de medida. O "cordel" de Amós 7.17 e Zacarias 2.1, bem como o "cordel de linho", de Ezequiel 40.3, também eram instrumentos de medição, e não unidades de medida. É realmente notável o número de ruínas de grandes edificações públicas antigas que podem ser medidas, em termos de números redondos de côvados, com cerca de 44,5 cm (mais exatamente, 44,46 m), ou em canas com seis côvados exatos. Por conseguinte, a cana teria, exatamente, 266,76 cm Assim, um certo palácio de Megido, na quarta camada de escavações arqueológicas, teria, declaradamente, cinquenta côvados em quadrado, ou seja, 22,23 m A plataforma da cidadela de Laquis tinha doze canas em quadrado (32,01 m); a base da torre do portão, em Tell en-Nasbeh, tinha 13,338 m, ou cinco canas, em quadrado.

3. Palmo. No hebraico, *zereth*. Era a distância entre a ponta do polegar e a ponta do dedo mínimo da mão espalmada e os dedos separados. Era considerado exatamente a metade do côvado comum e, portanto, 22,23 cm (ver Êx 28.16; 1Sm 17.4). A estola sacerdotal (Êx 28.16) e o peitoral (Êx 39.9) tinham um palmo em quadrado. A altura de Golias era de seis côvados e um palmo (1Sm 17.4).

4. Largura da Mão. No hebraico, *tephach* (1Rs 7.26; 2Cr 4.5; Sl 39.5) e *tophach* (Êx 25.25; 37.12; Ez 40.5,43; 43.13). Era considerada como um sexto do côvado comum (ou seja, 7,41 cm), ou um sétimo do côvado real. (Ver Êx 22.25; 1Rs 7.26; 2Cr 4.5; Sl 39.5; Ez 40.5).

5. Dedo. No hebraico, *etsba*. Era a menor subdivisão do côvado, ou seja, uma quarta parte da *largura da mão*, o que equivalia a 1,8525 cm Ocorre somente no trecho de Jeremias 52.21, onde se lê: ... *E a grossura era de quatro dedos*... Isso daria uma espessura de pouco menos de 7,5 cm para as paredes de bronze de cada coluna do templo de Salomão. Todavia, no Talmude é uma medida que figura com frequência.

6. Gomede, transliteração do temo hebraico *gomed*. Aparece somente em Juízes 3.16, onde nossa versão portuguesa traduz essa palavra, erroneamente, por "côvado". Visto que Eúde usou um "punhal", e não uma "espada", então esse punhal não pode ter sido de um côvado (44,46 cm). A Septuaginta vem em nosso socorro, pois ali a tradução é *spthithamês*, "palmo". A Vulgata Latina concorda com isto, pois diz *palmae manus* (palma da mão). Todavia, há estudiosos modernos que pensam estar em pauta um "côvado curto".

Com base no côvado padrão de 44,46 cm, as medidas lineares do Antigo Testamento poderiam ser sumariadas conforme se vê abaixo:

Côvado Comum		
1 cana	seis côvados	266,76 cm
1 côvado	seis larguras da mão	44,46 cm
1 largura da mão	quatro dedos	7,41 cm
1 dedo		1,8525 cm
Côvado de Ezequiel		
1 cana	seis côvados	311,22 cm
1 côvado	seis larguras da mão	51,87 cm

7. Unidades Greco-romanas. Naturalmente, essas unidades, quando aparecem na Bíblia, fazem-no somente no Novo Testamento. São as seguintes: **a. Côvado**. No grego, *pêchus*, que aparece por quatro vezes (Mt 6.27; Lc 12.25; Jo 21.8 e Ap 21.17). Provavelmente tinha 44,4246 cm Isso porque os romanos consideravam que o seu côvado equivalia a um pé e meio romano, que era de 29,6164 cm **b. Braça**. No grego, *orguiá* (At 27.28). A braça era medida usada para aquilatar a profundidade da água. Os estudiosos calculam a braça em 1,85 m **c. Estádio**. No grego, *stádion*. Era uma medida tipicamente romana, para medir grandes distâncias, com quatrocentos côvados, ou seja, 177,7 m, ou o equivalente a um oitavo de milha romana (Lc 2,4.13; João 6.19; Ap 14.20). **d. Milha Romana**. No grego, *mílio* (Mt 5.41). Com oito estádios, a milha romana das províncias ocidentais equivalia a 1421,58 m No entanto, nas províncias orientais do império romano era usada uma milha levemente maior, que equivalia cerca de uma quarta parte da medida persa *parasang*. Visto que se calcula o *parasang*, em 6249,92 m, essa milha romana oriental teria 1560,73 m

8. Distância Entre Pontos. As distâncias de viagens e as distâncias entre dois pontos são expressas nos termos mais imprecisos, na Bíblia, em comparação com aquilo que os homens modernos estão acostumados. Assim, o "passo" (no hebraico, *pesa*) é mencionado apenas por uma vez, dentro de uma frase metafórica: ... *apenas há um passo entre mim e a morte* (1Sm 20.3). As distâncias cobertas nas viagens não eram aquilatadas em termos nem de quilômetros nem de horas, mas tão vagamente quanto "um dia de viagem" (Nm 11.31; 1Rs 19.4; Jn 3.4; Lc 2.44), ou três dias de viagem (Gn 30.36; Êx 3.18; Nm 10.33; Jn 3.3), ou sete dias de viagem (Gn 31.23; 2Rs 3.9). Nos trechos de Gênesis 35.16 e 2Reis 5.19, a distância percorrida foi expressa como "extensão de território" (em algumas traduções), indicando "pequena distância" (conforme também diz nossa versão portuguesa). Tem-se calculado que, sob condições ordinárias, uma pessoa acostumada a andar poderia cobrir entre trinta e dois e quarenta quilômetros a cada dia, caminhando a pé. Uma viagem de um sábado (no grego, *odós sabbátou*) era a distância entre o monte das Oliveiras e Jerusalém (At 1.12). De conformidade com Josefo, essa distância era de seis estádios, ou seja, ligeiramente mais que um quilômetro (ver acima: *Estádio*, sob *Unidades Greco-romanos*).

Havia uma regra rabínica, derivada do trecho de Números 35.5, que determinava que a distância permitida para viagens em dia de sábado era ligeiramente superior ao que hoje se considera um quilômetro. A passagem de Êxodo 16.29 proíbe uma pessoa de deixar o seu "lugar", no sétimo dia. O trecho de Josué 3.4 registra que a distância entre a arca e o povo hebreu era de dois mil côvados, aproximadamente 890 m E, visto que alguns iam até diante da arca, a fim de adorar o Senhor em dia de sábado, alguns estudiosos têm pensado que a viagem de um dia de sábado equivalia a essa distância. Mas também havia outras distâncias, indicadas nas Escrituras, como a distância de um tiro de flecha (Gn 21.16) ou de um sulco na terra (1Sm 14.14; Sl 129.3), indicações essas muito precárias quanto à distância que isso significava.

Duas medidas gregas de distância entre dois pontos encontram-se nos livros dos Macabeus e, portanto, nos livros apócrifos do Antigo Testamento. Betsur ficaria, mais ou menos, a cinco *schoinoi* distante de Jerusalém (2Macabeus 11.5). Ora, o *schoinos* era uma antiga medida egípcia, equivalente a cerca de seis quilômetros. Isso significa que Betsur ficava cerca de trinta quilômetros de Jerusalém. O *estádio* também é mencionado por diversas vezes nos livros apócrifos do Antigo Testamento (ver 2Macabeus 12.9,10,16,17,29). Como já vimos, o estádio equivalia a 177,7 m, um oitavo da milha romana.

II. Medidas de Área. É incrível que um costume antigo, muito generalizado, de determinar áreas territoriais, fosse o uso do que um boi com arado fosse capaz de arar durante o período de um dia; outro padrão muito comum era a quantidade de semente que se fazia mister para semear uma dada área. Como vemos, padrões em nada precisos!

1. Egípcias. O côvado (no egípcio, *mh*) era usado no Egito para a determinação de áreas. Um terreno com um côvado de largura e cem côvados de comprimento era considerado como um terreno com um côvado de área! E uma área com cem desses côvados era chamado um *st't*, mais ou menos equivalente ao que hoje em dia seriam 2700 m³! Estranhíssimas as medidas de área entre os egípcios antigos!

2. Mesopotâmicas. Na Babilônia e na Assíria, a terra era medida, quanto à sua área, em termos do que um par de bois pudesse arar no espaço de um dia. Essa área era definida como aquilo que, hoje em dia, diríamos ser de cerca de 1600 m². E ali a terra também era medida de acordo com a quantidade de grãos, para semeá-la. Assim, nos escritos deles encontramos expressões como um *imeru* de terra. Devido à tão grande indefinição, as áreas medidas variavam conforme as localidades e o tempo a que nos estejamos reportando!

3. Israelitas. No hebraico não existe qualquer termo usado especificamente para indicar áreas de terra. Todavia, são dados os comprimentos dos lados de um retângulo, ou de um quadrado, ou, então, o diâmetro e a circunferência de áreas circulares (ver 1Rs 6.2,3; 7.23; 2Cr 4.1,2; Ez 40.47,49; 41.2,4 etc.). Além disso, a *jeira* (no hebraico, *tsemed;* ver Is 5.10), que no hebraico tem o sentido de "vareta" ou "jugo", representava a área de terra que um par de bois era capaz de arar, durante um dia (ver 1Sm 14.14 e Is 5.10). Entre os israelitas também havia o método de medição de áreas de terra de acordo com a quantidade de sementes necessária para semeá-las (ver Lv 27.16; 1Rs 18.32). Assim, Elias cavou uma trincheira, em redor do altar, no monte Carmelo, suficiente para conter duas "medidas" de sementes (no hebraico, *seahs,* 1Rs 18.32). Ora, é dificílimo determinar quais as dimensões dessa trincheira!

A passagem de Levítico 27.16 não parece referir-se ao valor de um campo cujo preço era de cinquenta siclos por ômer de cevada, para que pudesse ser semeado, porquanto essa interpretação significaria que uma vasta área poderia ser adquirida por um preço ridiculamente baixo. Antes, o mais provável é que aquele versículo se refere ao grão a ser colhido, pelo que seria uma estimativa indutiva do valor do campo, e não uma alusão à sua área. Diz ali a nossa versão portuguesa: *Se alguém dedicar ao Senhor parte do campo da sua herança, então a sua avaliação será segundo a semente necessária para o semear: um ômer pleno de cevada será avaliado por cinquenta siclos de prata*. Por sua vez, o trecho de Números 35.4,5 descreve as dimensões das terras de pastagens das cidades levíticas. O quarto versículo estipula que as terras que se estenderiam das muralhas da cidade para fora seriam de mil côvados ao redor; mas o quinto versículo, descrevendo uma área quadrada, menciona lados de dois mil côvados. Se isso fosse interpretado literalmente, então não haveria nenhum espaço reservado para a cidade, no meio da área quadrada. A solução do problema é que os dois mil côvados do quinto versículo representam a divisão frontal da profundidade especificada de mil côvados. E isso, por sua vez, significa que os dois mil côvados quadrados não eram a área das terras de pastagens, e, sim, um quadrado que engolfava a cidade, compondo a divisão frontal das áreas de pasto, em cada um dos quatro lados da cidade. Com base em informes extraídos da *Mishnah* (vide), os estudiosos têm calculado a *seah* (em nossa versão portuguesa, "medida"; Ver 1Rs 18.32) como equivalente a 784 m². E, se seguirmos a mesma proporção, um ômer corresponderia a 23.520 m².

4. Romanas. No idioma latino, a palavra *jugum* (jugo, par) era empregada a fim de descrever a área que um par ou junta de bois era capaz de arar em um dia. Posteriormente, essa área foi definida como um *jugerum* de cerca de cinco oitavas partes de um acre moderno. Tem sido calculado que seriam necessários três inteiros e três quintos de *seahs* para semear um *jugerum* de terras, no período greco-romano, isto é, cerca de 700 m². E o sulco romano (em latim, *actus*) tinha o equivalente a 36,6 m Em linha reta; a terra era medida de acordo com essa medida em quadrado.

III. Medidas de Capacidade. Da mesma maneira que as medidas de comprimento, côvado, palmo e dedo derivaram-se de várias partes do corpo humano, assim também as antigas unidades de capacidade eram, originalmente, bastante indeterminadas, e suas designações geralmente eram extraídas de termos usualmente usados no lar ou no comércio, como aqueles nomes tremendamente imprecisos de "taça cheia d'agua" (Jz 6-38; ver Am 6.6) ou "mão cheia" (segundo algumas traduções; nossa versão portuguesa "encher as mãos"; 1Rs 20.10). Termos um tanto mais bem definidos são: o *hômer,* derivado da ideia de "carga de um jumento"; o *him,* que é um vaso; o *ômer,* que já aponta para um feixe; o *efa,* que indica um cesto.

No antigo Egito, a medida padrão de capacidade chamava *hkt,* que os estudiosos calculam como o equivalente a 5,03 litros. Essa medida era usada para medir cereais ou metais. O *him,* ou jarra (no egípcio *hnw*), que já representava uma décima parte dessa capacidade, era indicado para medir certos líquidos, como a cerveja, o leite e o mel, além de servir de medida para secos. Portanto, valia, em termos redondos, meio litro.

Todavia, na Mesopotâmia havia grande variedade de medidas de capacidade, a julgar pelos inúmeros nomes destas medidas, conforme se encontram nos textos sumérios, assírios, neobabilônicos e nuzianos. Ali, a medida padrão de capacidade, com toda a probabilidade, era o *qa,* equivalente à *sila* dos sumérios. Quanto a essas medidas já não há tanta certeza, pois os eruditos têm-nas calculado entre 1,004 litros e 1,34 litros. Outra medida padrão de capacidade era o *sutu,* de dez *qas,* que poderíamos calcular até a um máximo de 13,4 litros. E também o *imeru* (que significa "jumento", pois representava a carga usualmente transportada por esse animal), mais ou menos equivalente a um máximo de 134 litros. Esse termo acha-se nos textos nuzianos e assírios do império médio.

Não dispomos de evidências suficientes para determinar as unidades cananeias de capacidade, embora muitos acreditem que deveriam parecer-se muito com as do sistema mesopotâmico. Sabemos, todavia, que o *hmr* (hômer) era uma unidade para secos, o que também acontecia às *lth* (leteque). O *lg* (logue) era outra destas medidas de capacidade, que tem sido encontrada na literatura ugarítica.

Quanto às medidas de capacidade, usadas entre os hebreus, elas nunca foram padronizadas, havendo até mesmo o fenômeno de diferentes designações serem usadas para indicar a mesma unidade, em alguns casos. Também eram nomes usados para indicar medidas para líquidos e para secos, mais ou menos como se faz hoje com o moderno litro. Já entre os romanos, as medidas de capacidade chamavam-se *quartario, sextarius, congius, urna e ânfora*.

Quando passamos a examinar a Bíblia, no tocante a medidas de capacidade, então poderemos dividi-las, como segue:

1. Líquidos, no Antigo Testamento

a. Bato. No hebraico, *bath*. No grego, *bátos* (somente em Lc 16.6, onde nossa versão portuguesa diz "cado"). Essa era a medida padrão dos hebreus para líquidos. Visto que, no hebraico, essa palavra equivale a *filha*, fica sugerida a ideia de que sua capacidade era aquela que as jovens geralmente transportavam das fontes para casa. (cf. Gn 24.15). Alguns creem que tinha a mesma capacidade do efa (ver Ez 45.11,14), ambos os quais teriam uma décima parte do hômer, embora isso não signifique que o hômer fosse usado para medir líquidos. O bato é mencionado, no Antigo Testamento, em múltiplos de até vinte mil (1Rs 7.26,38; 2Cr 2.10; 4.5). Essa medida era usada para medir água (1Rs 7.27,38; 2Cr 4.5), vinho (2Cr 2.10; Is 5.10) e azeite (2Cr 2.10; Ez 45.14). Era uma medida justa (Ez 45.10). Sua capacidade tem sido calculada equivalente a 18,9 litros, com base na capacidade estimada de jarras quebradas, pertencentes ao século VIII a.C., encontradas em *Tell ed-Duweir* (Laquis) e *Tell en-Nasbeh* (com a inscrição "bato real"), e também em *Tell Beit Mirsim*, assinaladas "bato". No entanto, a cerâmica dos tempos greco-romanos revelam um bato como o equivalente a 21,5 litros. Os cálculos feitos no tocante à capacidade do "mar de fundição", do templo de Salomão (1Rs 7.23.26,38), todavia, apoiam mais o cálculo que fala em 18,9 litros. No entanto, outros estudiosos têm chegado a falar em um bato com a capacidade de 22,70 litros. Os cálculos são difíceis!

b. Him. No hebraico, *hin*, media uma sexta parte de um bato. Um sexto de um him, por sua vez, é considerado como o mínimo do que um homem precisava para beber de água, diariamente (Ez 4.11). Portanto, essa quantidade mínima de água consumida por um homem seria o equivalente a 0,525 litro. O *him*, é, usualmente, mencionado em contextos que falam sobre ritos e cerimônias, no tocante a oferendas de vinho e azeite, tanto em Números redondos (Êx 30.24; Ez 45.24; 46.7,11) quanto em Números fracionários (Nm 15.9; 28.14 — meio *him*; Nm 15.6,7; Ez 46.14 — um terço de *him*; Êx 29.40; Lv 23.13; Nm 15.4,5; 28.5,7 — um quarto de *him*).

c. Logue. No hebraico, *log*. No ugarítico, *lg*; no cóptico, *lok*. Essa era a menor de todas as medidas para líquidos, equivalente a um doze avos de him. É mencionado somente em Levítico 14.10-24, para indicar a quantidade de azeite que se deveria usar no rito da purificação dos leprosos. Portanto, seria o equivalente a 0,2625 litro. A tradução da Septuaginta usa o termo grego *kotúle*; a Vulgata Latina diz *sextarius*. No Talmude calcula-se o logue como a quantidade de água deslocada por seis ovos de galinha, que alguns estudiosos têm calculado como 0,432 litro, em média, embora outros, conforme vimos, pensam em uma quantidade bem menor do que isso.

Medidas de Líquidos no Antigo Testamento

Hômer (coro)	dez batos	189 litros
Bato	seis hins	18,9 litros
Him	doze logues	3, 15 litros
Logue		0,2625 litro

2. Secos, no Antigo Testamento

a. Hômer. No hebraico, *chomer*. Essa era a medida padrão para secos, entre os hebreus. No entanto, também era chamado de coro, devido à assimilação de dois sistemas diferentes, formando um só. Essa palavra vem de um termo hebraico, que significa "carga de um jumento". Os cálculos dos especialistas variam muito, quanto a esta medida, oscilando desde cerca de 134 litros, passando por 230 litros, e, mais antigamente, chegando até 387,64 litros! Sabe-se somente que era equivalente ao *coro*, e que continha dez batos ou efas (ver Ez 45.11-14). Esse dado permite-nos fazer um cálculo melhor, conferindo-lhe a capacidade de 189 litros. O hômer era usado para medidas regularmente grandes, nas páginas do Antigo Testamento. Servia de medida grande para cereais (Ez 45.13; Os 3.2). Um hômer de cevada valia cinquenta siclos de prata (Lv 27.16). Como uma exceção, foi medida usada para medir as codornizes que os israelitas apanharam no deserto. Estas aves chegaram a cobrir o solo, a uma profundidade de dois côvados, por um dia de marcha em torno do acampamento de Israel. Como eles ficaram recolhendo essas aves o dia inteiro e a noite inteira, bem como o dia seguinte, *... o que menos colheu teve dez ômeres* (Nm 11.32). Se um hômer equivalia a 189 litros, então isso daria o equivalente a 1890 litros de codornizes, o que nos dá uma ideia da glutonaria dos israelitas, naquela oportunidade. Lemos, em Isaías 5.10: *... e um ômer cheio de semente não dará mais do que um efa*. Ora, o efa era a décima parte do hômer. Isso exprime uma maldição imposta às terras aráveis, por causa dos pecados dos israelitas.

b. Coro. No hebraico, *kor*. Ver, por exemplo, Ezequiel 45.14. Era uma medida de capacidade igual ao ômer. Era uma medida grande para cereais (ver 1Rs 4.22; 5.11; 2Cr 2.10). Era uma medida para secos, embora o trecho de Ezequiel 45.14 dê a impressão de que era uma medida para líquidos, como o azeite. Tal como o hômer, continha dez batos. Uma pedra de coloração ferrugem, com meio hômer de peso, usada cerca de três mil anos passados, em Jerusalém, foi encontrada pelos arqueólogos.

c. Leteque. No hebraico, *lethek*. Essa palavra ocorre exclusivamente em Oseias 3.2, no trecho onde se lê: *Comprei-a, pois, para mim por quinze peças de prata, e um ômer e meio de cevada*. Corresponde à palavra "ômer", em nossa versão portuguesa, o que é um erro. O fenício Áquila, Símaco, Teodócio e a Vulgata Latina interpretam essa palavra como "meio coro". Nesse caso, equivaleria a 94,5 litros. Todavia, alguns estudiosos permitem-se duvidar dessa avaliação daqueles antigos escritores.

d. Efa. No hebraico, *ephah*. No egípcio, *'pt*. Era uma medida para secos, usada por muitas vezes no Antigo Testamento (ver Dt 25.14; Pv 20.10; Mq 6.10). Equivalia a uma décima parte do hômer (ver Ez 45.11), pelo que teria 18,9 litros. No entanto, no trecho de Zacarias 5.5-11, o efa que aquele profeta viu em visão denota um espaçoso receptáculo com tampa, suficientemente grande para conter uma mulher de nome "Iniquidade". Esse efa tinha de ser bem maior que o efa comum, para poder conter uma pessoa em seu interior. O efa comum é mencionado por nada menos de 36 vezes no Antigo Testamento, conforme se vê (por exemplo, em Êx 16.36; Lv 5.11; 6.20; 14.10,21; 19.36; Nm 5.15; 28.5; Dt 25.14; Jz 6.19; Rt 2.17; 1Sm 1.24; Is 5.10; Ez 45.10; Am 8.5 etc.). O efa precisava ser uma medida justa, exata (Lv 19.36; Dt 25.15); não podia ser pequeno demais (Am 8.5; Mq 6.10). Os israelitas não podiam usar dois efas diferentes, um grande e outro pequeno (Dt 25.14; Pv 20.10). Também são mencionadas frações de um efa, como em Ezequiel 45.13; 46.14 — um dezesseis avos de efa; Levítico 5.15; 6.20; Números 5.15; 28.5 — uma décima parte de um efa. Era empregado para medir farinha de trigo, cereais, cevada, grãos tostados, mas jamais líquidos. No caso de líquidos, o equivalente era o *bato* (vide).

g. Seah. No Antigo Testamento, essa palavra hebraica figura por nove vezes (Gn 18.6; 1Sm 25.18; 1Rs 18.32; 2Rs 7.1,16,18). Por falta de um termo português correspondente, nossa versão portuguesa traduz essa palavra por "medida". É

PESOS E MEDIDAS

muito difícil determinar a sua capacidade, embora alguns estudiosos tenham calculado sua capacidade como o equivalente a 12,93 litros. *Erubin*, do Talmude babilônico, diz que a *seah do deserto* equivalia ao volume de 144 ovos de galinha, ao passo que a *seah de Jerusalém* seria igual a 173 ovos de galinha, ou seja, um sexto maior que a *seah do deserto*. E a *seah de Seforis* (uma medida sagrada, usada em cerimônias religiosas) equivaleria a 207 ovos de galinha.

h. Ômer. No hebraico, *omer*; no grego, *gómor*, que aparece na Septuaginta. Não se deve confundir essa medida com o hômer, embora, na grafia portuguesa, as duas palavras sejam escritas da mesma maneira. Entretanto, esta palavra hebraica só aparece no relato sobre o recolhimento de maná (ver Êx 16.13-36). Representava a ração de um dia, para cada indivíduo. Por isso mesmo, no sexto dia da semana, dois ômeres precisavam ser recolhidos, para serem consumidos na sexta-feira e no sábado. E um ômer de maná deveria ser guardado como memorial (Êx 16.32-34). Em Êxodo 16.36 é identificado como equivalente a uma décima parte de um efa, o que fazia do ômer uma medida igual ao *issaron* ou "décima parte", conforme se lê em Êxodo 29.40. Nesse caso, equivalia a 1,89 litro.

i. Issaron. Provavelmente era apenas um outro nome para o ômer, porquanto valia uma décima parte de um efa. Em nossa versão portuguesa, além de outras, aparece apenas como "a décima parte", em Êxodo 29.40, além de aparecer como medida para cereais, nos textos litúrgicos (Êx 29.40; Lv 14.10,21 etc.). Nossa versão portuguesa diz, nesses versículos do livro de Levítico, "dízima de um efa".

j. Cabe. No hebraico, *kab*, um termo que figura exclusivamente Em 2Reis 6.25, embora nossa versão portuguesa prefira não usar a palavra, dizendo: ... *um pouco de esterco de pombas*..., quando deveria dizer ... *um cabe de esterco de pombas*... Na verdade, no original hebraico o texto está um tanto corrupto, sendo compreensível que várias traduções e versões prefiram evitar diretamente a palavra. Josefo (Anti. 9.4,4) considerava que um quarto de um *cabe* equivalia a um sextarius (no grego, *kséstes*). Alguns calculam o *cabe* como um dezoito avos do efa. Isso seria equivalente a 1,05 litro.

k. Mão-Cheia. Em adição às medidas para secos, mais bem definidas, conforme vimos acima, no Antigo Testamento também encontramos frequentes expressões como: *mãos-cheias de cinza* (Êx 9.8), *um punhado da flor de farinha* (Lv 2.2), *um punhado como porção memorial* (Lc 5.12), *um punhado de farinha* (Reis 17.12), *punhados de cevada* (Ez 13.19). De fato, no hebraico há nada menos de sete vocábulos ou expressões que as traduções e versões geralmente traduzem por "punhado", "mão-cheia", "porção" etc.

Medidas para Secos, do AT

Hômer (Coro)	189 litros	dez efas
Leteque (1/2 hômer)	94,5 litros	cinco efas
Efa (1/10 do hômer)	18,9 litros	10 seahs
Seah (1/3 do efa)	6,3 litros	3 1/3 ômers
Ômer (1/10 do efa)	1,89 litro	1 4/5 cabe
Cabe (1/8 do efa)	1,05 litro	

3. Medidas no Novo Testamento. Dentre toda as medidas para líquidos, que demos acima, somente o bato pode ser encontrado no Novo Testamento (Lc 16.6, "cados", segundo a nossa versão portuguesa). E de todas as medidas acima, para secos, somente duas também figuram no Novo Testamento. Essas duas medidas são a *seah* (no grego, *sáton*, que a nossa versão portuguesa traduz por "medida" — Mt 13.33) e o *coro* (no grego, *kóros*, que a nossa versão portuguesa traduz acertadamente por "coro" — Lc 16.7). O *sáton* era uma medida de capacidade mui comumente usada por todo o império romano. Equivalia a 10,91 litros, ou seja, quase a metade de um efa dos hebreus. Os hebreus, entretanto, usavam três medidas diferentes com o mesmo nome, *seah*, e isso complica bastante o quadro. Outras medidas encontradiças no Novo Testamento são as seguintes:

a. Choiniks, que nossa versão portuguesa traduz por "medida" (ver Ap 6.6), era uma medida grega para secos, com a capacidade de, aproximadamente, 1,1 litro.

b. Chestes. No grego, *kséstes*; no latim, *sextarius*. Esse era o nome de um vaso doméstico, cuja capacidade equivalia, mais ou menos, a 0,642 litro. Ver Marcos 7.4, onde a nossa versão portuguesa diz "vasos".

c. Metretas. No grego, *metretês*. Era uma medida de capacidade para líquidos, equivalente a cerca de 39 litros. A Septuaginta mostra-se insegura a respeito, pois traduz várias medidas hebraicas por *metreta*, o que é impossível. Josefo, entretanto, disse que a *metreta* era equivalente ao *bato* (ver Anti. 3.8,3; 8.2,9). Ora, se o *bato* equivalia a 18,9 litros, como poderia equivaler à *metreta*, que tinha 39 litros? Com base nas descobertas arqueológicas, porém, sabe-se agora que havia *metretas* com várias capacidades, o que explica a discrepância. Uma jarra encontrada entre as ruínas de Qumran permitiu que os arqueólogos calculassem a *metreta* em 45,4236 litros; sem dúvida uma *metreta* grande. Mais uma vez, vê-se a falta de uniformidade total entre as medidas antigas, sobretudo entre os hebreus. (Ver Jo 16), exclusivamente.

d. Módio. No grego, *módios*; no latim, *modius*. Era uma medida para secos, equivalente a cerca de 8,49 litros. Nossa versão portuguesa a traduz por "alqueire", em Marcos 4.21 e Lucas 11.33. Ninguém acendia uma lamparina para então cobri-la com uma dessas medidas, emborcada, como é óbvio. A medida "módio", usada em Jerusalém, nos tempos helenistas e romanos, era equivalente ao *modius* itálico.

e. Libra. No grego, *lítra*; no latim, *libra*. Com o equivalente a 0,3548 litro, a *libra* era usada tanto como um peso quanto como uma medida de capacidade. Essa foi a quantidade de unguento que Maria usou para ungir os pés do Senhor Jesus (Jo 12.3). Nicodemos, por sua vez, trouxe uma mistura de mirra e aloés com o peso de cem libras (35,48 kg), a fim de ungir com a mesma o corpo de Jesus (Jo 19.39).

IV. MEDIDAS DE PESO. As evidências arqueológicas são muito mais abundantes no caso de medidas de peso do que no caso de medidas de comprimento, área e capacidade. Um grande número de pesos, com a forma de pedras inscritas e não inscritas, representando um siclo ou suas frações, têm sido encontrado na Palestina. O fato de que a maioria dos antigos pesos usados entre os hebreus, que têm sido encontrados pelos arqueólogos, consistia em pedra dura, reflete-se na palavra geral que a Bíblia usa a fim de indicar peso, no Antigo Testamento, isto é, "pedra" (no hebraico, *eben*). Até os nossos próprios dias os aldeões usam pedras achadas no campo como pesos. Eles selecionam algumas pedras que sejam aproximadamente do peso que eles desejam. Um outro vocábulo que algumas vezes era usado para indicar um peso era *eben-kis*, "surrão de pedra", o que indica que o transporte de pesos, em uma sacola ou surrão, era um costume bem estabelecido na antiga nação de Israel (Pv 16.11; Mq 6.11).

No período inicial da história de Israel, o dinheiro não era usado como padrão de valores para trocas e comércio em geral. E isso porque as moedas só foram introduzidas entre os israelitas já durante o período persa, quando a monarquia era coisa do passado em Israel. Portanto, antes disso, as transações eram feitas mediante a prática do escambo (a troca de mercadorias entre si, como a de uma ovelha por certa quantidade de cereal, ou por um dado peso em ouro ou prata). Assim sendo, a despeito de tão abundantes informações que os arqueólogos têm conseguido recolher em suas pesquisas, nenhum sistema definido de pesos jamais foi encontrado em todo o antigo Oriente Próximo e Médio. Havia uma grande variação nos pesos usados, porque havia sistemas independentes, que variavam de região para região, sem falarmos no fato de que também havia variações de conformidade com as mercadorias oferecidas à venda. Os padrões de peso, entre os hebreus, eram tão inexatos que esta variedade de que estamos falando existia até mesmo no caso de pesos com a mesma inscrição, ou seja, marcados como se tivessem um mesmo valor de peso.

Conhece-se a unidade básica de pesos no antigo Egito, que era o *deben*. Esse padrão, entretanto, segundo as descobertas arqueológicas o têm demonstrado, variava desde cerca de 13,43 g. até cerca de 19 g. Mas, como o Antigo Testamento nunca menciona quaisquer dos pesos egípcios, não nos damos ao trabalho de catalogá-los aqui para o leitor. Importanos muito mais o sistema de pesos que havia entre os hebreus.

O sistema hebreu de pesos derivava-se do sistema cananeu, que, por sua vez, tinha sido recebido dos babilônios. A palavra hebraica para peso é *shakal*, de onde também se deriva o termo siclo. O siclo era a unidade básica de peso entre todos os antigos povos semitas. No acádico chamava-se *siqlu*. Os pesos assírios e babilônios não se ajustavam a um padrão, mas antes, variaram muitíssimo com a passagem dos séculos — até mesmo uma mudança de governantes podia resultar na modificação dos padrões de peso, ao sabor do capricho dos mandantes. Interessante é que os pesos usados na Mesopotâmia estavam alicerçados sobre uma base sexagesimal (múltiplos de sessenta ou fração). Em comparação com isso, os egípcios pareceriam mais modernos para nós, pois o seu sistema era decimal. O sistema babilônico deixou, contudo, sinais até mesmo na civilização moderna, pois o sistema de dividir a hora em sessenta minutos, e o minuto em sessenta segundos deriva-se daquele sistema sexagesimal babilônico. Outros valores babilônicos de peso eram a mina (no acádico, *manu*; no hebraico *maneh*), o talento (no acádico, *biltu*) e a gera (no acádico, *giru*). Isso posto, o sistema babilônico pode ser facilmente representado desta maneira: um talento = 60 minas; uma mina = 60 siclos; um siclo = 24 geras. Os mesopotâmicos também tinham pesos chamados "reais", sempre o dobro do comum. Assim, um talento real valia cento e vinte minas etc. Um siclo de ouro valia dez siclos de prata. De acordo com o sistema mesopotâmico mais comumente empregado, o siclo pesava 8,4 gramas.

Alguns dos pesos assírios eram moldados na forma de leões de metal, com a boca aberta e cauda levantada, com um símbolo impresso ao lado, que mostra qual era o valor daquele peso. A fim de que estas figuras de leões se aproximassem o mais possível do peso ali determinado, pedacinhos de metal eram tirados ou preenchidos na forma oca do peso. Assim, um leão de bronze, com o peso marcado de dois terços de mina, foi encontrado no palácio de Salmaneser, rei de Assur. E um peso de trinta minas, com o formato de um pato, esculpido em basalto negro, foi encontrado no palácio de Eriba-Marduque II (688-680 a.C. foi o seu reinado). Uma antiga pedra babilônica, com as palavras inscritas "verdadeiro peso de meia mina", com o peso real de 244,8 gramas, foi encontrada. Isso daria à mina o peso de 489,6 gramas. Uma outra dessas pedras, inscrição "verdadeiro peso de uma mina", ao ser aferida, entretanto, resultou em 978,3 gramas. Como é óbvio, essas duas pedras representavam a mina leve e a mina pesada, que havia na antiguidade.

Conforme já deixamos claro, o sistema dos hebreus derivava-se do sistema cananeu, que, por sua parte, derivara seu sistema da Mesopotâmia. Isso posto, os sistemas metrológicos nessas duas regiões do mundo, grosso modo, eram idênticos, excetuando que a mina cananeia continha cinquenta siclos, e não sessenta. Assim também em Israel, antes dos dias do profeta Ezequiel, conforme evidências, havia uma mina de cinquenta siclos. Alguns dos textos ugaríticos determinam pesos de acordo com siclos "pesados". Além disso, em Ugarite, o talento tinha apenas três mil siclos, e não três mil e seiscentos. Certa coleção de pesos, de Ugarite, que aparecem em certos textos, indica um siclo leve de 9,5 gramas, além de alusões a um siclo *pesado*, com exatamente o dobro desse valor, isto é, 19 gramas. Outros textos ugaríticos encontrados em Ras Shamra referem-se ao *kkr* (o talento dos hebreus) e ao *tkl* (o siclo dos hebreus).

O sistema hebreu de computação de pesos seguia o sistema decimal, e não o sistema babilônico, sexagesimal. A unidade básica era o siclo; os seus múltiplos eram a mina e o talento. A mina aparece mencionada nas páginas do Antigo Testamento apenas com muita raridade (ver 1Rs 10.17; Ne 7.71). Há uma certa confirmação de que as unidades assírias e hebreias eram idênticas, menos em algumas instâncias. Diz a passagem de 2Rs 18.14: *Então, o rei da Assíria impôs a Ezequias, rei de Judá, trezentos talentos de prata e trinta talentos de ouro*. Nos anais de Senaqueribe, rei da Assíria, a respeito do mesmo incidente, é indicada a mesma quantidade de ouro, embora a quantidade de prata apareça como oitocentos talentos, e não trezentos; e a similaridade entre os dois relatos é bastante interessante. Os pesos gregos chamavam-se *estáter*, *mina* e *talento*. Já os pesos romanos denominavam-se *dracma*, *siclo*, *mina* e *talento*, em ordem crescente, isto é, cada vez mais valiosa.

1. Talento. No hebraico, *kikkar*, porquanto esse peso deriva o seu nome do fato de que se trata de um peso em forma circular. Era a mais valiosa das unidades, e entre os babilônios tinha o nome de *biltu*. O talento dos babilônios tinha o peso de 30,13 kg, estando dividido em sessenta minas de 0,5021 quilo cada. Nossa palavra portuguesa, *talento*, vem do latim, tendo partido do grego *tálanton*, que significa "peso". Com frequência, é mencionado nos livros históricos do Antigo Testamento, mas raramente no Pentateuco (ver Êx 25.39; 37.24; 38.24-29). De acordo com o trecho de Êxodo 38.25,26, a taxa do santuário, de uma *beca* (ou meio siclo), por cabeça, paga por 603.550 homens, atingiu cem talentos (mil setecentos e setenta e cinco siclos) o que deixa claro que cada talento estava dividido então em três mil siclos. Isso pode significar tanto que havia sessenta minas de cinquenta siclos, como que havia cinquenta minas de sessenta siclos. Um peso de dois talentos, encontrado em escavações, em Lagase, e que, atualmente, se encontra no Museu Britânico, em Londres, Inglaterra, apresenta um peso de cerca de 30,3 kg por talento. E pesos de uma mina, provenientes de vários períodos históricos, até o império neobabilônico, mostram que o peso do talento foi mantido em oscilação, durante muitos séculos, entre 28,38 kg e 30,27 kg É muito provável que esse mesmo talento fosse o padrão tanto na Síria quanto na Palestina.

2. Mina. No hebraico, *maneh*. Aparece apenas mui raramente no Antigo Testamento (ver 1Rs 10.17; Ed 2.69; Ne 7.70; Ez 45.12; cf. Dn 5.25). De acordo com o sistema babilônico, estas eram as relações: um talento = sessenta minas; uma mina = sessenta siclos. Em Ugarite, porém, há provas de que havia uma mina de cinquenta siclos. O trecho de Ezequiel 45.12 define a mina como equivalente a sessenta siclos. O trecho, no original hebraico, agora traduzido, diria: ... *a mina será para vinte siclos, e vinte e cinco siclos e quinze siclos*, resultando em uma mina de sessenta siclos, tal e qual no caso da mina babilônica. Aquela maneira de contar, no trecho de Ezequiel que citamos, é incomum, sugerindo que havia pesos de quinze, de vinte e de vinte e cinco siclos, e que este último era uma mina de cinquenta siclos, tal e qual havia em Ugarite. Também há evidências de que na Israel pré-exílica o padrão comercial era o talento, assim dividido: um talento = cinquenta minas = dois mil e quinhentos siclos. No trecho de Êxodo 21.32, uma multa de trinta siclos foi imposta, no mesmo caso em que o famoso código de Hamurabi impunha meia mina. A mina antiga, mui provavelmente, pesava entre 550 e 600 gramas. Mas, de acordo com o sistema que transparece no livro de Ezequiel, a mina já aparece com o peso de cem gramas. Isso posto, as flutuações de peso, entre uma época e outra, são tão grandes que desafiam toda a nossa tentativa de estabelecer um valor preciso para a mina.

3. Siclo. No hebraico, *shakal*, que significa "pesar". Esse era o peso básico, usado nas antigas metrologias dos povos semíticos. Todavia, é mister adiantar, logo de saída, que não havia peso uniforme para o siclo, na antiguidade. Até mesmo pesos inscritos com os mesmos sinais não tinham os mesmos pesos entre si, porquanto havia pesos leves e pesados, comuns e reais. Vários especialistas têm calculado o valor do siclo como equivalente, em gramas, entre 11,3 e 11,47. O trecho de Ezequiel 45.12 afirma que o siclo pesava vinte geras, e que a mina era igual a sessenta siclos.

O Antigo Testamento refere-se a frações do siclo. Assim, meio siclo (Êx 30.13), um terço de siclo (Ne 10.32), um quarto de siclo (1Sm 9.8). E o trecho de Ezequiel 45.12 parece redefinir a mina como se contivesse sessenta siclos. Abraão pagou pelo campo de Macpela *quatrocentos siclos de prata, moeda corrente entre os mercadores* (Gn 23.16). É possível que essa expressão tenha sido usada para distinguir esse peso do "siclo do santuário", de vinte geras (cf. Êx 30.13). É possível que essa distinção explique por que motivo Neemias (ver Ne 10.32) disse que a taxa do templo era de um terço de siclo, ao passo que, no Pentateuco, isso aparece como uma beca ou meio siclo (ver Êx 38.26).

O peso anual dos cabelos aparados de Absalão, que alguns estudiosos têm calculado em mil e oitocentos gramas, refere-se ao siclo pelo padrão do *peso real* (2Sm 14.26). Esta referenda evidencia o fato de que até mesmo em tempos tão remotos quanto os de Davi, já havia um padrão oficial, com o qual qualquer peso poderia, ser confrontado. Ao estabelecer um padrão assim, Davi estava tão - somente copiando a prática de outros monarcas do passado.

Uma cópia de um peso de pedra de uma mina, preparada a mando de Nabucodonosor (605-562 a.C.), foi confirmada como estando de acordo com o padrão estabelecido por Sulgi, rei de Ur (cerca de 2000 a.C.). E um grande peso, não-marcado, proveniente de Tell Beit Mirsim, provavelmente igual ao peso de oito minas, dá ao siclo um peso de 11,41 gramas. A beca é o único peso cujo nome aparece tanto no Antigo Testamento quanto em pesos recuperados pela arqueologia. A beca equivalia a meio siclo (ver Êx 38.26). Sete pedras com a inscrição *bq'* foram encontradas. O peso delas varia entre 5,9 gramas e 6,65 gramas, dando uma média de 6,04 gramas. Cinco outros pesos com inscrição, dentro das mesmas variações, fazem com que o peso da beca seja de 6,02 gramas. Isso significa que podemos fazer uma média, com base nesses dados, e dizer que o siclo valia 12,02 gramas. Isso posto, parece que o símbolo que se assemelha a um oito com a parte superior decepada (ʂo), que tem sido encontrado em pesos de cerca de doze gramas, é um emblema antigo para indicar o siclo. No entanto, alguns estudiosos postulam que esse cálculo está por demais exagerado, visto que o peso encontrado em *Tell Beit Mirsim*, acima mencionado, empresta ao siclo um valor de 11,41 gramas; o peso médio de outros dezessete pesos desses, com a marca do siclo, é de 11,53 gramas. Várias teorias têm sido propostas como explicação para o símbolo do siclo, o oito com a parte superior cortada, mas nenhuma dessas tentativas é satisfatória. Alguns têm sugerido que esse emblema teve origem egípcia, outros pensam em uma origem babilônica ou persa.

O chamado *siclo do santuário* (Êx 30.13,24; 38.24-26; Lv 5.15; Nm 3.47 etc.) seria igual ao valor de vinte geras. Algumas traduções dão essa mesma expressão como "siclo sagrado". Algumas autoridades no assunto pensam que seu valor era diferente do siclo ordinário. Talvez aluda a um peso padrão, guardado no recinto do tabernáculo e do templo, embora isso não nos seja informado pela própria Bíblia.

Peso Stater

Outros pesos antigos têm sido achados, contribuindo mais ainda para a confusão reinante na determinação do valor do siclo, visto que tais pesos sugerem um sistema com um siclo de peso levemente superior, ou seja, de cerca de 13 gramas; alguns especialistas pensam que esse tipo de peso era usado para pesar certos tipos de mercadorias. Assim, sabe-se que em Ugarite duas palavras eram empregadas para indicar o siclo, isto é, *tql* e *kbd*, e que o siclo "pesado" era usado para pesar linho tingido de púrpura. Um peso encontrado em *el-Jib Pritchard*, com 51,58 gramas, e assinalado "quatro siclos", faz o siclo ter um peso de 12,89 gramas, o que é confirmado por um outro peso, marcado *cinco*. Assim sendo, estas e outras descobertas arqueológicas semelhantes não nos permitem determinar o peso exato do siclo, na antiguidade. As variações encontradas, conforme mostramos nos exemplos dados acima, podem ser atribuídas a vários fatores, como a tendência para depredar padrões com a passagem do tempo, estabelecendo assim um novo valor para o siclo, mediante decreto oficial, sem falarmos no uso de pesos diferentes para pesar diferentes mercadorias, a influência de sistemas metrológicos estrangeiros, e variações ocasionais, devido ao manuseio descuidado na preparação e conservação dos pesos envolvidos. Todavia, parece que as evidências mostram que quanto maior o peso, menor era a unidade do siclo ali contida. Um sumário diria o seguinte: havia três valores padrão para o siclo: *a*. O siclo do templo, ou *nsp*, com cerca de dez gramas, que acabou depreciado para cerca de 9,8 gramas; *b*. O siclo ordinário, de cerca de 11,7 gramas, que chegou a ser depreciado para cerca de 11,4 gramas; *c*. O siclo pesado de cerca de 13 gramas.

4. Gera. Esse peso era uma vigésima parte do siclo (ver Êx 30.13; Lv 27.25; Nm 3.47; Ez 45.12). É muito provável que essa palavra, de origem babilônica, passando pelo hebraico, venha de uma palavra que significa "grão". De conformidade com o sistema babilônico, cada siclo, valia vinte e quatro geras, e não vinte. Assim, um peso equivalente a 2,49 gramas, proveniente de Sebastiyeh, inscrito com *hms*, provavelmente representando cinco geras, foi encontrado pelos arqueólogos. E um outro peso, encontrado no mesmo local, trazia a inscrição "um quarto de *nsp*, meio *sql*". Essa inscrição, pois, tende a confirmar a teoria de que o *nsp* corresponde ao siclo de vinte geras de Ezequiel. A gera tem sido calculada como equivalente a cerca de 0,571 gramas.

5. Beca. A *beqa* dos hebreus vem de um verbo que significa "separar", "dividir". Tem sido traduzido por "meio siclo", em Gênesis 24.22, com base no que se lê em Êxodo 38.26, *isto é, meio siclo, segundo o siclo do santuário*. A beca é o único peso antigo que é mencionado tanto no Antigo Testamento como também tem o seu nome inscrito em pesos recuperados pelos arqueólogos. Além disso, é o único peso cuja relação com o siclo é dada na Bíblia, conforme se vê nesse trecho de Êxodo 38.26. Ao que parece, a beca era o mais antigo padrão de peso do Egito, tendo sido encontrado em lugares pré-históricos do período amartiano. No Egito era o peso geralmente usado para a avaliação do ouro. Sete pesos de pedra, inscritos *bq'*, foram achados pela arqueologia, variando o seu peso entre 5,8 e 6,65 gramas, com uma média de 6,04 gramas. Cinco outros pesos com inscrição, também devem ter sido becas, dando um peso médio de 6,02 gramas. Isso é um tanto superior a outros cálculos, que parecem sugerir um peso médio de 5,712 gramas para a beca.

6. Netsefe. Esse não é um peso mencionado nas páginas da Bíblia. Por causa de sua similaridade com a palavra árabe *nusf*, "metade", nome tanto de uma moeda quanto de uma medida, alguns estudiosos tem conjecturado que a netsefe era a metade de alguma coisa. Esse era um peso que também aparecia dividido em frações. Assim, um peso em forma de fuso, que agora se encontra no museu Ashmoleano, de Oxford, na Inglaterra, traz a inscrição "um quarto de netsefe". Pesa 2,54 gramas, o que corresponderia a 10,16 gramas para o netsefe que, como já dissemos, era a metade de alguma coisa, mas não pode ter sido a metade do siclo usado entre os hebreus. Dentro do sistema ugarítico, a *nsp*, segundo se tem aventado, seria o siclo "leve", equivalente à metade do siclo "pesado". E também tem sido sugerido que estes pesos de netsefe, encontrados na Palestina, teriam sido perdidos ali por negociantes cananeus.

7. Pim. O pim é mencionado em uma única passagem bíblica. Durante séculos, porém, essa passagem parecia incompreensível para os tradutores, até que se descobriu um peso com esse nome. A passagem é 1Samuel 13.21, onde se lê: ... *E não se podia fazer aguçar uma aguilhada*, segundo a nossa versão portuguesa. Entretanto, com aquela descoberta arqueológica, tem sido possível dar uma tradução mais exata, conforme se vê, por exemplo, na *Revised Standard Version*, em inglês, onde se lê (aqui vertido para o português): ... *cobrava-se um pim para amolar os arados e os machados*. É possível que o pim represente duas terças partes de um siclo, ou seja, 7,8 gramas, se tomarmos como base o siclo ordinário, de 11,7 gramas. De fato, sete pesos, trazendo a inscrição *pim*, variam entre 7,18 gramas e 8,59 gramas, com uma média de 7,762 gramas, bastante aproximada do cálculo que fizemos linhas acima. Essa palavra pode ser de origem estrangeira, pelo que não se sabe o seu sentido em hebraico, embora tivesse sido absorvido esse nome dentro do sistema de pesos usado pelos antigos hebreus.

8. Arrátel. Esta palavra encontra-se em nossa Bíblia portuguesa como tradução do termo hebraico *maneh*; no Novo Testamento, aparece no original grego como *mnã*. (Ver 1Rs 10.17; Ed 2.69; Ne 7.71,72 e também: Lc 19.13-25). E, por igual modo, aparece em 1Macabeus 14.24; 15.18. Ver também sobre *Mina*.

9. Quesita. No hebraico, *qesitah*. Esse vocábulo hebraico aparece por duas vezes somente, em Gênesis 33.19 e Jó 42.11; cf. também Josué 24.32. Nossa versão portuguesa traduz essa palavra por "peças de dinheiro", na primeira dessas referências; em Jó 42.11, nossa versão portuguesa prefere nem falar em outra coisa, senão em "dinheiro". Josué 24.32, segundo nossa versão portuguesa, também fala em "peças de prata". Não se sabe qual o valor da quesita. Talvez a Septuaginta nos ajude, porquanto ali a palavra é traduzida por "cordeiro", em Gênesis 33.19, e por "cordeira", em Josué 24.32 e em Jó 42.11. Talvez se trate de um peso de metal com o formato de um cordeiro, ou, então, com a quantidade de prata suficiente para se comprar um destes animais. Mais do que isso, não tem sido possível deslindar, quanto a esse antigo peso mencionado no Antigo Testamento.

10. Peres. Esse é outro termo que, provavelmente, deva ser incluído na relação de pesos que são mencionados apenas por uma vez em todo o Antigo Testamento (ver Dn 5.25,28, no aramaico). No acádico é *peres*, no plural, *parsin*. Nesta passagem de Daniel aparece juntamente com a mina e com o siclo.

Com base no siclo ordinário de 11,7 gramas, poderíamos atribuir os seguintes valores para os pesos no Antigo Testamento:

Tabela de Pesos do Antigo Testamento

Um talento (de três mil siclos)	35,10 kg
Uma mina (de cinquenta siclos)	0,585 kg
Um siclo	11,7 g.
Um pim (2/3 de siclo)	7,8 g.
Uma beca (meio siclo)	5,85 g.
Uma gera (1/20 do siclo)	0,585 g.

11. Pesos no Novo Testamento. Nas páginas do Novo Testamento há bem poucas alusões a pesos. O talento (no grego, *tálanton*) (ver Mt 18.24; 25.15,16,20,22, 23,25,28) refere-se, nessas passagens, a certa soma em dinheiro, e não a pesos; somente em Apocalipse 16.21 é que há alusão a um peso. Lemos ali: ... *desabou do céu sobre os homens grande saraivada, com pedras que pesavam cerca de um talento...* Pedras de 35 kg! Sem dúvida, uma chuva de meteoritos. A mina (no grego, *mnã*; ver Lc 19.13-25), como é patente, refere-se, igualmente, a uma soma em dinheiro, e não a um peso. Somente a libra, que no grego é *lítra*, refere-se a um peso (ver Jo 12.3 e 19.39). Conforme já vimos em III.5, *Libra*, tem sido calculado esse peso como o equivalente a 0,3548 litro ou quilograma. Todavia, ajuntamos aqui que alguns estudiosos pensam que a libra seria equivalente à libra romana, em cujo caso teria 0,327 litro ou quilograma.

V. As Balanças. Essa palavra, no hebraico, *moznayim* (sempre no plural), ocorre por dezesseis vezes (Lv 19.36; Jó 6.2; 31.6; Sl 62.9; Pv 11.1; 16.11; 20.23; Is 40.12,15; Jr 32.10; Ez 5.1; 45.10; Dn 5.27; Os 12.7; Am 8.5; Mq 6.11. E também *peles*, somente em Is 40.12). No grego, *zugós* (Ap 6.5).

Para que fossem úteis, os pesos precisavam ser usados em balanças, geralmente com dois pratos equilibrados, conforme se vê até hoje em dia.

Os alimentos eram medidos muito mais por volume, ao passo que os metais, sim, eram aquilatados por peso. Os itens pequenos eram pesados em balanças de dois pratos. Essas balanças ou eram apoiadas sobre uma haste vertical, central, ou então eram penduradas por uma corda. O desenho não diferia praticamente em nada das modernas balanças de dois pratos. A balança graduada, com base no princípio do nivelamento, só veio a aparecer já no século IV a.C., pelo que não era conhecida nos dias do Antigo Testamento. Havia uma classe oficial dos especialistas em pesagens, muito conceituados e influentes nos dias antigos. Esses oficiais já eram atuantes desde os dias do antigo império egípcio. O rei Burraburiá, de Caraduniase, escreveu uma carta ao rei do Egito, Faraó Amenhotepe IV, queixando-se que as vinte minas de ouro que lhe haviam sido enviadas por aquele Faraó não se equiparavam aos padrões, quando testadas na fornalha. Como se vê, o engano nos negócios não é um apanágio dos negociantes modernos! Cenas do Livro dos Mortos, dos egípcios, mostram os corações dos mortos sendo pesados em balanças, diante do deus Osíris. E uma figura similar, embora com outra conotação, é empregada no trecho de Daniel 5.27, quando apareceu um escrito misterioso na parede do salão de banquete de Belsazar: *Tequel: Pesado foste na balança, e achado em falta*. Isso dá a entender que, de acordo com os padrões da justiça divina, Belsazar fora rejeitado por Deus.

Os esforços no sentido de estabelecer pesos e medidas honestos são antiquíssimos. O código legal de Ur-Namur, fundador da III Dinastia de Ur (cerca de 2050 a.C.), continha pesos e medidas oficiais, na tentativa de desencorajar a desonestidade nos negócios. E um antigo hino sumério, dedicado à deusa Nanse, contém uma passagem denunciando os malfeitores, os quais "substituem peso grande por um pequeno, e uma medida normal por uma medida pequena". Como é natural, no Antigo Testamento também há grande ênfase sobre a necessidade do emprego de medidas e pesos justos e honestos, dando a entender que era mister proibir medidas abusivas comuns, nesse campo da atividade humana. As leis levíticas requeriam que se fizessem transações honestas (ver Lv 19.35,36). O profeta Ezequiel também exaltou a importância dos pesos e das medidas justos. *Tereis balanças justas, efa justo e bato justo* (Ez 45.10). Ver os trechos de Jó 31.6 e Provérbios 16.11. Amós também denunciou a utilização de balanças enganosas (ver Am 8.5,6). A passagem de Deuteronômio 25.13 também calca sobre essa questão: *Na tua bolsa não terás pesos diversos, um grande e um pequeno*. Além disso, uma bênção divina foi prometida àqueles que usassem de pesos e medidas corretos: *Terás peso integral e justo, efa integral e justo: para que se prolonguem os teus dias na terra que te dá o Senhor teu Deus* (Dt 25.15). Vale dizer, o ladrão, que usa de balança enganosa e de sofismas e desonestidades nos negócios, geralmente morre cedo! Outras passagens que denunciam a prática, muito comum, de balanças alteradas (são as seguintes: Pv 11.1; 20.23; Os 12.7 e Mq 6.11). O Talmude contém regulamentos estritos a respeito das atividades comerciais, conforme se percebe na seguinte citação: "Um lojista deveria limpar suas medidas duas vezes por semana, seus pesos uma vez semana, a sua balança após cada pesagem" (B. B. vs. 10). Como parte integrante de sua mensagem profética, Ezequiel recebeu ordens para dividir seus cabelos em três porções iguais, com o auxílio de uma balança (ver Ez 5.1). Menção simbólica a balanças encontra-se em trechos como Jó 6.2, Salmo 62.9 e Daniel 5.27. Jó solicitou que a sua vida fosse aquilatada em uma balança justa (ver Jó 31.6). E, no Novo Testamento é enfatizado não somente que usemos de medidas justas, mas até de medidas generosas, dentro daquelas palavras do Senhor Jesus: ... *dai, e dar-se-vos-á; boa medida, recalcada, sacudida, transbordante, generosamente vos darão, porque com a medida com que tiverdes medido vos medirão também* (Lc 6.38).

VI. Conclusão. Com base no estudo que aqui encerramos, pode-se notar que não havia padrões de pesos e medidas suficientemente fixos, nos dias bíblicos, que nos capacitem a determinar equivalentes métricos exatos. Diferentes países contavam com diferentes padrões, e até mesmo regiões diversas, em um mesmo país, contavam com diferentes padrões. E isso variava também de época para época. Com frequência, havia dois padrões em vigência, ao mesmo tempo, o comum e o real, o leve e o pesado. As pesquisas arqueológicas nos fornecem informações suficientes apenas para determinarmos valores aproximados. E não se pense que isso se restringe aos tempos bíblicos, refletidos no teor das Sagradas Escrituras. A Enciclopédia Britânica, em seu verbete *Weights and Measures* ("Pesos e Medidas") dá-nos a informação de que os estudiosos têm podido encontrar, no mundo, nada menos de 386 diferentes padrões que envolvem medições de comprimento, peso, capacidade e área. Diante disso, até que a confusão que se reflete na Bíblia parece muito moderna!

PESSIMISMO

Essa palavra vem do latim *pessimum*, "pior", superlativo de *malum*, "mau". Popularmente, esse termo indica a disposição de assumir uma visão tristonha da vida, uma atitude oposta do otimismo, visão esperançosa das coisas. A sua definição filosófico-ecológica é mais radical. Nesses campos, o ponto de vista é que a própria existência constitui um mal, e que seria até melhor que o homem não tivesse vindo à existência. Naturalmente, nesses campos há níveis diversos de pessimismo. Uma variedade intermediária é que as coisas são más, mas não tão más que seria melhor que nem existisse a vida. As pessoas podem tolerar certas coisas bastante más, e ainda assim não desejarem a morte.

Schopenhauer (vide) introduziu o termo "pessimismo" na filosofia. Para ele, o mal é algo real, persistente, duradouro, e, finalmente, predominará, apesar de algumas coisas boas que possam acontecer ao longo do caminho. O bem, por outra parte, seria fraco, transitório e ilusório. A vida não seria digna de ser vivida, afinal de contas, porque termina na tragédia. *Schopenhauer* acreditava na reencarnação, mas pensava que isso só serve para continuar a miséria. O deus dele era uma ideia absurda e irracional, que somente quer continuar existindo, e fazendo outras coisas existirem, mas sem nenhum propósito. O caos prevalece; a condenação predomina; esse deus é insano, e quer continuar existindo em meio à miséria, com grande empenho. *Schopenhauer* via esperança na possibilidade de que esse deus algum dia desejará que todas as coisas cessem de existir; então haverá descanso.

No mundo dos pessimistas, todos os ideais finalmente vem-se frustrados. A felicidade seria algo transitório e ilusório; o bem não prevalece, afinal; a beleza jamais poderá vencer a feiura; a cultura e o progresso são meras fraudes. O mal, e não o bem, é o verdadeiro poder que governa este mundo.

O Cristianismo e o Pessimismo. A teologia ocidental (a da igreja Católica Romana e de seus filhos desviados, protestantes e evangélicos) caracteriza-se por uma escatologia extremamente pessimista. Ela ensina antes de tudo, que os homens só podem encontrar a salvação em um único período de vida terrena, e que a morte física assinala o fim da oportunidade de salvação; depois ensina que a grande maioria dos homens, que obviamente não encontrou a salvação nesse tempo absurdamente breve, está perdida para sempre; então, havendo perdido tal oportunidade, as almas queimarão para sempre nas chamas do inferno, nos mais excruciantes sofrimentos que se pode imaginar. Mas a teologia oriental apresenta um quadro mais esperançoso, contradizendo a teologia ocidental. A igreja Ortodoxa Oriental e a Comunidade Anglicana têm uma visão mais otimista da salvação, afirmando que a oportunidade de salvação não termina quando da morte biológica (ver 1Pe 4.6). Cristo tem-se ocupado de uma missão tridimensional (na terra, no *hades*, e nos céus); essa missão obteria um sucesso marcante. A minha própria opinião a respeito é bastante otimista, afirmando que Deus redimirá os eleitos e também restaurará os não-eleitos. Ver o artigo *Restauração*, no que tange a uma declaração sobre esse ponto de vista. Ver também sobre o *Mistério da Vontade de Deus* e sobre a *Descida de Cristo ao Hades*, que abordam essa visão mais otimista da existência humana. Homens pensantes certamente reconhecerão que a teologia ocidental promove uma visão pessimista do destino da humanidade (excetuando-se um número ridiculamente pequeno), o que virtualmente anula o amor de Deus (Deus amou o mundo; mas isso não teria feito grande diferença, afinal). Cristo também fez completa expiação (ver 1Jo 2.2); mas isso também não fez grande diferença, em última análise. Homens sensíveis, pois, sentir-se-ão infelizes ante esse alegado fracasso de Deus. Os calvinistas chegam a dizer que Deus falhou propositalmente, distorcendo os versículos que falam sobre o amor de Deus, que eles aplicam somente ao grupo dos eleitos, e não ao mundo de todos os homens. Essa é uma teologia simplesmente absurda, sem importar quem a esteja ensinando.

PESSOA, DEUS COMO UMA

Deus será uma força cósmica? Deus é composto pela natureza inteira (panteísmo)? Deus é uma pessoa, em qualquer sentido, conforme conhecemos e definimos as pessoas? Até que ponto podemos aplicar corretamente aquilo que sabemos sobre as pessoas ao *Mysterium Tremendum* que é Deus? Essas aplicações porventura apenas nos afundam mais ainda no lamaçal do antropomorfismo? Consideremos os pontos a seguir:

1. As Religiões Primitivas. Coisa alguma é mais comum, nas religiões primitivas, do que a idealização de deuses como pessoas, dotadas de características humanas comuns. Xenófanes queixou-se dizendo que se os babuínos tivessem deuses, esses deuses certamente seriam apenas superbabuínos. Nas religiões primitivas, os deuses eram amantes e destruidores; eram nobres e enganadores; eram dotados de propósito e eram caóticos, tal e qual são os seres humanos. A tendência da fé religiosa é ir limpando aos poucos o conceito de Deus. E também tenta destacar as qualidades transcendentais da divindade e diminuir as atribuições antropomórficas.

2. A Antiga Fé dos Hebreus. No livro de Gênesis, encontramos Deus andando pelo jardim do Éden, falando com Adão como um amigo. Temos aí o real misticismo. No livro de Êxodo, vemos Moisés entrevendo Deus pelas costas, como se ele tivesse algum formato humano e pudesse ser visto por quem tivesse a oportunidade e a coragem para vê-lo. Mas, à medida que avança o relato do Antigo Testamento, Deus vai-se tornando mais e mais transcendental. Ele continuava enviando mensagens aos homens, mas não mais se mostrava tão acessível. O trecho de João 1.18 diz que ninguém, realmente, viu Deus em qualquer tempo. 1Timóteo 6.16 é passagem que diz que Deus habita em "luz inacessível". Isso é um detalhe mais apreciado pelos teólogos modernos, que objetam à natureza intensamente antropomórfica de certos trechos do Antigo Testamento. Ademais, os teólogos usam o termo teofania para aludir às manifestações de Deus, afirmando que o que podemos saber de Deus é aquilo que ele resolve revelar-nos, mas que a sua verdadeira natureza permanece insondável e desconhecida para nós. Isso posto, a busca por Deus é eterna. Nunca chegará o tempo em que saberemos categorizar Deus, quanto à sua natureza básica e verdadeira, embora essa tentativa faça parte de nossa inquirição eterna, mesmo lá nos céus.

3. Uma Pessoa. Seja como for, sabemos que a Bíblia fala sobre Deus em termos pessoais, atribuindo-lhe características humanas comuns, levadas a uma potência máxima. O artigo chamado *Atributos de Deus* ilustra detalhadamente essa atividade. Permanece em dúvida, porém, quanto dessa tentativa de descrição pode, realmente, ser aplicada ao Deus Supremo, e quanto não passa de uma fraca tentativa de dizer algo significativo a respeito de Deus. Assim, falamos sobre as perfeições divinas nas áreas da inteligência, do poder, das qualidades morais — como a bondade e o amor. Mas Deus também aparece como um Ser que se ira, uma emoção humana negativa; muitas pessoas enfatizam esse lado acima de tudo.

4. Via Negativa; Via Positiva (*Via Eminentiae*). A *via negativa* procura dizer-nos o que Deus é, ao dizer o que ele não é. Essa forma de descrição não nos deixa esquecer que a linguagem humana é inadequada para dizer muita coisa acerca da verdadeira natureza de Deus, embora suas obras possam ser melhor descritas por nós. A *via positiva*, por sua vez, toma os atributos e características humanos e eleva o grau dos mesmos até à potência do *omnis*. O homem sabe algo; Deus sabe tudo (ele é onisciente). O homem tem algum poder; Deus tudo pode (ele é onipotente) etc. Esse método positivo também é chamado *via eminentiae*, "caminho da eminência". Porém, quanto esses métodos são capazes de transmitir é algo que permanece na dúvida. Temos artigos separados sobre cada uma destas *vias*.

As evidências óbvias que observamos todos os dias indicam que Deus é um ser altamente *poderoso* e *inteligente*, características essas que *implicam* que ele é uma pessoa, embora além de qualquer definição humana atual.

5. O Existencialismo. Os teólogos dessa escola de pensamento concebem Deus como o mistério eterno, jamais desvendado. Deus é o alvo contínuo de buscas e pesquisas, que sempre mostrarão ser imperfeitas. Deus é verdadeiramente transcendental, embora suas manifestações possam ser observadas por nós. A atribuição de características humanas (pessoais) a Deus é algo precário, para dizer-se o mínimo. Sem dúvida o *antropomorfismo* fracassa (ver o artigo com esse nome).

6. Até Onde Vão as Evidências? À parte das referências bíblicas, dispomos das evidências dadas pela natureza. Ali vemos os reflexos de grande poder e concluímos que é legítimo pressupor que Deus é dotado de poder e inteligência, e estas são características de uma personalidade. Entretanto, isso ainda não nos permite pensar em Deus como uma pessoa, no mesmo sentido que conferimos aos nossos semelhantes; também não podemos transferir para Deus os atributos de personalidade. Essas evidências naturais conferem-nos algum conhecimento, mas isso ainda não soluciona os grandes mistérios que cercam a pessoa de Deus.

7. O Mysterium Tremendum. Ver o artigo separado com esse título. Algumas vezes é mais sábio dizer pouca coisa do que tentar entrar em pormenores. Quando falamos acerca de Deus, certamente sentimo-nos limitados em nosso conhecimento e em nossa experiência. Pensamos em Deus como uma pessoa, e há evidências a favor dessa ideia. Mas esse conhecimento é apenas um princípio, que não consegue encontrar solução para o *Mysterium Tremendum* que é Deus. Mas, pelo menos, é verdade que a revelação de Deus nos é conferida de maneira pessoal, e que Deus se torna pessoal para nós, mormente na pessoa de Jesus Cristo, o Logos encarnado.

PESTILÊNCIA

No hebraico, *deber*; no grego, *loimós*. A palavra hebraica significa, primariamente, "destruição". O Antigo Testamento usa esse termo hebraico por cerca de cinquenta vezes, apontando para coisas como a fome, animais ferozes, enfermidades, destruições etc. As pragas do Egito foram pragas notáveis, que envolviam um propósito divino (ver Êx 5.3), e os termos são frequentemente usados em conexão com os juízos divinos contra o pecado. Ver Levítico 26.25, nessa conexão.

Nos dias em que não havia antibióticos e nem cuidados médicos significativos, a pestilência era um espantalho dos povos. Ver a oração de Salomão por Israel, nessa conexão, em 1Reis 8.37. O Salmo de Proteção (91) promete a proteção divina acerca da pestilência, apresentando os anjos como protetores (vss. 10,11). Lembro-me que nos dias de minha juventude, antes do aparecimento da vacina contra a poliomielite, quando chegava o tempo de algum surto dessa doença, minha mãe socorria-se do Salmo 91, como proteção. Continuam havendo várias enfermidades contra as quais dispomos de pouca proteção, e confiamos na vontade de Deus, em combinação com nosso destino, como proteção. Esta circunstância ilustra nossa dependência da *Providência de Deus*, ao mesmo tempo em que exibe a fraqueza humana, algo sobre o que os homens até relutam em pensar. Uma das promessas do paraíso é que todas as enfermidades serão ali coisa do passado (ver Ap 21.4; 22.2).

Jeremias e Ezequiel enfatizaram o aspecto de juízo divino das enfermidades. Israel e Judá teriam de ser atingidas por pragas, em face da desobediência. Os cativeiros também eram ameaças, e houve tanto o exílio quanto as pragas. Jesus declarou que os últimos dias se caracterizariam por grandes pragas, algo que estamos começando a ver de uma maneira temível. Basta pensarmos na AIDS. (Ver Mt 24.7; Lc 21.11). Justamente quando a ciência pensou que estava avançada na sua luta contra as enfermidades, tendo aprendido a controlar muitas bactérias, eis que apareceram vários vírus, de modo súbito e misterioso. Provavelmente mutações estão envolvidas nesse fenômeno, combinadas com condições favoráveis ao contágio de grande número de pessoas.

Algumas pessoas religiosas exageram a questão, atribuindo à atividade dos demônios todas as enfermidades. A *demonologia* (vide) tem prova absolutas de que espíritos malignos podem causar e realmente causam enfermidades. A mente também pode fazer uma pessoa doente ou saudável. Mas é ridículo pensar que todas as enfermidades têm apenas uma dessas causas. No entanto, esse é um fator que não pode ser ignorado. Os estudos feitos mostram que até enfermidades como o câncer podem ter forças espirituais malignas por detrás, para nada dizermos a respeito de desordens nervosas e doenças psicossomáticas.

Os juízos divinos incluem desastres naturais, a guerra, a fome, a pestilência, armas que Deus usa contra as perversões dos homens (ver 2Sm 24.15). Por outra parte, é ridícula a afirmação de que "um bom crente não pode apanhar câncer", conforme se ouvia dizer, algumas décadas atrás. As enfermidades têm muitas causas, e podem ter razões que vão além da teoria simplista que diz: "o mal causa as enfermidades".

Até nessa questão encontramos mistérios. Uma enfermidade pode atuar como medida disciplinadora. No caso de Jó, por exemplo, é claro que ele não estava enfermo por causa de algum pecado que tivesse cometido, embora fosse um pecador. Mas a causa de sua enfermidade jazia nos misteriosos conselhos da vontade de Deus. No entanto, a imortalidade haverá de curar todas as enfermidades. Ver o artigo separado sobre o *Problema do Mal*, que aborda a questão de "por que razão o homem sofre".

PETOR

Um nome assírio-babilônico para essa cidade era *Pitru*, nome que também lhe fora dado pelos hititas. Os assírios chamavam-na de *Ana-ashur-utir-asbat*, que significa "estabeleci-a novamente para Assur". Em conexão com o Antigo Testamento, a localidade é conhecida como terra do falso profeta Balaão, filho de Beor. (Ver Nm 22.5 e Dt 23.4). Esse nome locativo aparece na lista do conquistador egípcio Tusmose III, do século XV a.C. Ficava localizada essa cidade à margem ocidental do rio Eufrates, a poucos quilômetros ao sul de Carquêmis.

PETRA

Transliteração da palavra grega que significa "rocha". Esse foi o nome de uma antiga cidade (atualmente em ruínas), localizada no território de Edom, perto de Arabá. Seu nome aramaico era *Rekem*, mas os hebreus chamavam-na *Sela*. Primariamente, trata-se de uma cidade nabateia em ruínas, na terra de Edom, ao norte da Arábia, na porção oriental da Arábia Petreia, o que lhe deu o seu nome grego.

Tinha grande importância como centro comercial e posto de caravanas, quando estas viajavam partindo da Síria ou da Arábia, até o século IV d.C. Cerca de um século mais tarde, Petra desapareceu dos anais da história humana; somente em 1812 o antigo local foi redescoberto, quando Burckhardt o descobriu por acaso no *wadi* Musa. Fica em um estreito vale que é cercado, por todos os lados, por elevados picos. A área mais baixa assim formada tem cerca de 1600 m de comprimento, por cerca da metade disto em largura. Nas paredes perpendiculares dos rochedos há impressionantes figuras esculpidas, que são as fachadas muito ornamentadas de templos e túmulos. Quando se entra ali, há aposentos escavados que, na realidade, são cavernas, sem qualquer tentativa de ornamentação. Essas estruturas pertencem, quase todas, ao período dos nabateus. Também há outras ruínas de interesse, que já pertencem à arquitetura grega posterior, incluindo uma grande residência, um anfiteatro, um convento, uma cidadela e um palácio. Os romanos edificaram ali estradas pavimentadas, banhos, vários edifícios públicos e o teatro que se acabou de mencionar.

Essa cidade foi capturada por Amazias, rei de Judá, no século IX a.C. As referências bíblicas ao lugar são (Jz 1.36; 2Rs 14.7; Is 16.1 e 42.11 (nas quais a cidade é chamada *Sela*). Quando os romanos apossaram-se da cidade, tomando-a dos nabateus, tornaram-na capital romana da província de Arábia Petreia. Durante a era cristã, foi estabelecido ali um bispado cristão.

Petra fora uma capital edomita, uma capital do reino nabateu, e a capital de uma província romana, o que demonstra sua importância histórica. Foi uma fortaleza notável, e também um lugar de culto pagão.

Os Arqueólogos e suas Escavações. As ruínas de Petra foram escavadas por W.F. Albright e outros, em cooperação com a expedição Melchett, em 1934. Foi então examinado o chamado *Lugar Alto de Conway*, juntamente com vários outros pontos de interesse. George Robinson, em seu livro *Sarcophagus of Ancient Civilization*, fornece-nos interessantes descrições e estudos sobre o lugar alto de Petra.

A mais recente informação sobre a localidade está contida na literatura escrita por Howard C. Hammond Jr., em seu artigo intitulado "Petra", que apareceu no *The Biblical Archaeologist xxiii*, 1 (1960), p. 29-32, como também em outras publicações mais recentes. O dr. Hammond é um professor de antropologia da Universidade de Utah, nos Estados Unidos da América do Norte, e foi professor de um de meus filhos que se formou como Bacharel em Artes, em Antropologia, naquela instituição. Em 1987, visitamos o escritório do dr. Hammond, e ele nos mostrou vários artefatos, tendo-nos explicado os métodos de datar objetos, métodos estes que pouco consegui entender.

PETUEL

No hebraico, **"engrandecido por Deus (El)"**. Esse foi o nome do pai do profeta Joel, conforme Joel 1.1 nos informa. Ele viveu no século VIII a.C.

PEULETAI

No hebraico, **"trabalhador"**. Nome de um levita, oitavo filho de Obede-Edom, que servia como porteiro do santuário, nos dias de Davi (ver 1Cr 26.5). Viveu em cerca de 1020 a.C.

PI-BESETE

No hebraico, **"casa de Bastete"**, um termo derivado de *Bubastis*, uma deusa que os gregos identificavam como Ártemis. Sua forma cóptica é *Pascht*. A Septuaginta diz *Boubastos*.

Pi-Besete era a capital da décima oitava província do Baixo Egito. E foi a capital do Egito na XXII Dinastia. A cidade estava situada no canal real que levava a Suez, não muito longe de sua junção com o braço Pelúsico do rio Nilo. Tem sido identificada com o moderno Tell Basteh, no ramo Tanítico do Nilo, perto da moderna Zagazique. Durante séculos foi uma importante cidade na história do Egito. Dois dos construtores de pirâmides, Quéopes e Quefren, deixaram ali restos, como também Pepi I, da VI Dinastia. Também há algumas relíquias pertencentes às Dinastias XII, XVIII e XIX. Sisaque levou Pi-Besete ao seu ponto culminante, quando então só perdia em importância para Tebas. Sisaque foi um Faraó da XXII Dinastia.

O nome original da cidade era Baste, derivado da deusa Bastete, usualmente pintada como uma mulher com cabeça de gata ou leoa. Ela era uma divindade secundária, embora continuasse importante para muita gente. Quando os assírios saquearam Tebas, Pi-Besete e suas formas religiosas viram aumentada a sua importância, o que talvez tinha sido uma das circunstâncias que atraíram as denúncias do profeta Ezequiel (30.17). Os persas destruíram a cidade, arrasando suas muralhas (*Diod. Sic.* 16.51). Heródoto descreveu seu templo principal como uma das maravilhas do Egito, em seu tempo (*Hist.* 2.138).

PICARETAS

No hebraico, *chartis* (ver 2Sm 12.31 e 1Cr 20.3). O hebraico indica algum aguçado instrumento de ferro de algum formato. Davi forçou os amonitas, a quem derrotara, a trabalharem com serras, picaretas e machados. Algumas traduções dão aqui a ideia de torturas por meio de tais instrumentos;

mas a linguagem parece simplesmente apontar para trabalhos forçados, mediante a utilização desses instrumentos. Era costumeiro, na antiguidade, reduzir os inimigos vencidos a escravos, quando, porventura, escapavam da matança que aniquilava os varões (embora com frequência deixassem as mulheres capturadas para serem usadas como esposas secundárias e concubinas).

PIEDADE, PIEDOSO. Ver o artigo separado sobre a *Santidade*.
I. CARACTERIZAÇÃO GERAL E TERMOS EMPREGADOS.
Ver sobre *Pietismo*. A palavra portuguesa, piedade, vem do latim *pius*, que indica "aquele que cumpre o seu dever". Mas a piedade, em sua definição moderna, envolve mais do que isso. No Novo Testamento, o termo grego *eusébeia*, "bom temor", é a base desse conceito. Essa é uma palavra que figura por quinze vezes (At 3.12; 1Tm 2.2; 3.16; 4.7,8; 6.3,5,6; 2Tm 3.5; Tt 1.1; 2Pe 1.3,6,7; 3.1). O adjetivo, *eusebés*, ocorre por três vezes (At 10.2,7; 2Pe 2.9). O verbo, *eusebéo*, aparece por duas vezes (At 17.23; 1Tm 5.4). E o advérbio, *eusebés*, por duas vezes também (2Tm 3.12; Tt 2.12).

A piedade indica aquele santo temor a Deus que é acompanhado pela santificação e pela consagração ou devoção. Os piedosos são assinalados por um espírito de reverência e de retidão pessoal, porquanto temem desagradar ao Senhor.

Uma verdadeira piedade é simplesmente impossível, onde impera uma importância exagerada dada aos credos, com detrimento da experiência religiosa e da fé pessoal. *Ser* é algo essencial à piedade, muito mais do que teologia e teorias religiosas. Não deve e não pode a piedade ser confundida com o pieguismo, com o fanatismo religioso. No entanto, é fácil a piedade degenerar para essas imitações baratas, conforme se vê claramente em muitos grupos pentecostais, embora não com exclusividade. A comunhão com Deus era a ênfase do movimento pietista.

A pessoa piedosa é alguém cheia de reverência e de amor a Deus, e que, em sua vida, faz com que seus pensamentos, seus motivos e seus atos concordem com os princípios espirituais. Tal pessoa mostra-se ativa no desenvolvimento de sua espiritualidade, mediante a oração, a meditação, o treinamento intelectual sobre as questões espirituais (mediante a leitura de livros bons e o estudo), a prática da lei do amor e das boas obras, a santificação e as experiências místicas — por meio das quais buscamos a presença do Senhor. Ver o artigo separado sobre o *Desenvolvimento Espiritual, Meios do*. A pessoa piedosa é também aquela que, gradativamente, vai participando da imagem e da natureza de Cristo, mediante sucessivos estágios de transformação (ver 2Co 3.18 e Rm 8.29). Ver também o artigo detalhado sobre a *Transformação Segundo a Imagem de Cristo*.

Em Salmo 4.3; 12.1 e 32.6, o homem piedoso é aquele que é *gentil* (conforme é indicado no original hebraico). Nenhuma pessoa é boa se não estiver exprimindo seu amor a Deus a outras pessoas, mediante atos de gentileza. Tal pessoa é alguém que busca a descendência prometida, segundo diz Malaquias 2.15. Também é uma pessoa pia e reverente (no grego, *eusebes*, 2Pe 2.9). Também é pessoa devota, Atos 10.2. Suas atitudes são sinceras, procedentes de Deus (2Co 1.12). Ela age de uma maneira digna de Deus (*áksios tou theou*) (3João 6). Tal pessoa vive e age de conformidade com Deus (*katá théon*) (2Co 7.9-11).

O principal termo para piedade, no Novo Testamento, é *eusebeia* (e seus cognatos). Pode indicar dever religioso, piedade pessoal e santidade. A raiz verbal é *sebo*, "adorar", "honrar", "sentir respeito religioso", "ter temor", "dar grande valor a". O prefixo grego *eu*, em *eusebeia*, identifica a ideia. A forma verbal, *eusebeo*, é usada somente por duas vezes no Novo Testamento, em (At 17.23 e 1Tm 5.4). O adjetivo, *eusebés*, é empregado por quatro vezes (At 10.2,7; 22.12; 2Pe 2.9), e tem o sentido de "piedoso". O advérbio *eusebôs*, "piedosamente", também é usado por duas vezes (2Tm 3.12 e Tito 2.12). O substantivo, *eusebeia*, é utilizado por quinze vezes, sendo traduzido ora por "piedade", ora por "santidade". (Ver At 3.12; 1Tm 2.2; 3.16; 4.7,8; 6.3,5,6,11; 2Tm 3.5; Tt. 1.1; 2Pe 1.3,6,7; 3.11). O equivalente latino dessa palavra grega é *pietas*.

II. ATITUDES DOS PIEDOSOS PARA COM OS HOMENS. O evangelho ensina-nos que as nossas atitudes para com os homens devem concordar com as nossas atitudes que professamos ter para com Deus. Ninguém pode amar Deus e odiar o seu irmão (ver 1Jo 4.20). O trecho de 1Timóteo 5.4 diz *eusebeia* no contexto da preocupação que devemos ter para com os nossos familiares, do que resulta provermos para as suas necessidades. Todos os homens são nossos irmãos; essa atitude deveria prevalecer no caso de todos os homens. Esse é o nosso dever religioso. Um dos modos de nos desenvolvermos espiritualmente consiste na atitude de agir e viver de acordo com a lei do amor. O amor é a prova mesma da nossa espiritualidade (1Jo 4.7 ss.).

III. ATITUDES DOS PIEDOSOS PARA COM DEUS. O centurião Cornélio era um homem piedoso. Ele tinha grande respeito por Deus, em todas as coisas espirituais (no grego, ele era *eusebés*). Aquele que professa ter fé religiosa, deve agir de acordo com essa fé, porquanto Deus é o seu padrão e inspiração. Isso envolve, naturalmente, o cultivo das virtudes do Espírito Santo por meio do Espírito Santo, conforme se vê em Gálatas 5.22,23. Destarte, a piedade envolve mais do que a profissão religiosa e o interesse pelas coisas religiosas. Deve envolver a união mística com Deus, no nível da alma, para que seja algo real e poderoso. Isso envolve todos os aspectos do ministério do Espírito de Deus.

IV. A PIEDADE HIPÓCRITA. Muitos pensam que todas as pessoas religiosas são hipócritas. Naturalmente, isso é verdade, até certo ponto, em todos os casos. Para que alguém seja hipócrita, nesse sentido, precisa estar buscando alguma vereda mais alta, que nunca atinge plenamente. A pessoa sempre apresenta suas realizações como se fossem superiores àquilo que realmente são. Todas as pessoas se exibem como se fossem melhores do que realmente são, pelo que todas as pessoas religiosas são parcialmente hipócritas. Isso nos deveria manter humildes, pois, sem importar quanto já tenhamos avançado na vereda espiritual, todos nós ainda temos de caminhar muito mais. Outrossim, é inútil criticar outras pessoas por causa de suas falhas, porquanto todos nós também falhamos em muitas coisas. Além disso, há aquelas pessoas que são completamente hipócritas, as quais se professam possuidoras de uma elevada espiritualidade, enquanto que não têm espiritualidade nenhuma (2Tm 15). Esses têm apenas a forma externa da religião, mas nenhuma vitalidade e poder.

PIETISMO

É um dos movimentos menos entendidos na história do cristianismo. A palavra vem de *pietas* (piedade, devoção, religiosidade), tradução latina do gr. *eusebeia* e do heb. *hāsîd* (amável, benevolente, piedoso, bom). *Eusebeia* aparece cerca de uma dezena de vezes no NT, traduzido por "piedade", "religiosidade" ou "religião". A palavra "piedade" tem um significado positivo, mas pode denotar, por vezes, características de algo vão e mentiroso. Foi esse o caso, justamente, de Pietismus, apelido jocoso dado, pelos seus adversários, a um movimento alemão de reforma, ocorrido dentro do luteranismo. Esse nome possivelmente surgiu como zombaria ao título que Phillip Jacob Spener (1635-1705) havia dado à introdução que fez do livro de sermões, escrito em 1675 por Johann Arndt (1555-1621), *Pia Desideria* [Desejos piedosos] (TI Th. Tappert, Philadelphia, 1964).

Spener é geralmente considerado o pai do pietismo. Nos círculos de fala alemã, sua importância religiosa é considerada como apenas logo abaixo de Lutero. Ministro titular da famosa Paulskirche (igreja de Paulo), em Frankfurt, o jovem pastor expressou sua preocupação a respeito do estado de corrupção, de modo geral, de sua congregação. Reagia a uma ortodoxia polêmica, estéril, em meio à imoralidade e às condições sociais terríveis que se haviam seguido à guerra dos Trinta Anos (1618-1648). Na esperança de tempos melhores, Spener estabeleceu seus "desejos piedosos" quanto à reforma de sua igreja, preconizando: **1**. estudo mais intensivo da Bíblia, individualmente e em *collegia pietatis* (conventículos); **2**. exercício do sacerdócio universal dos crentes, mediante o crescimento das atividades leigas; **3**. prática do cristianismo na vida diária e obras de amor altruísta; **4**. tratar com os incrédulos e hereges por meio de oração sincera, bom exemplo, diálogo persuasivo e espírito de amor, em vez de coação.

Essas propostas se tornariam foco de crescente controvérsia. Durante o ano de 1689, um dos filhos espirituais de Spener, o jovem professor August Hermann Francke (1663-1727), tentou implementar essas preocupações na Universidade de Leipzig. Promoveu reuniões, com o propósito de uma prática mais profunda de estudos exegéticos. Seu *Collegium philobiblicum* logo atraiu muitos estudantes e outros cidadãos, e os números e o entusiasmo deles cresceram a tal ponto de as autoridades dissolverem a sociedade. Um corpo docente oponente à iniciativa chegou a afirmar publicamente: "Nossa missão é fazer dos estudantes que sejam mais eruditos, e não mais piedosos". Em resposta, um professor de poesia defendeu o movimento com um pequeno poema descrevendo favoravelmente o que era ser "pietista".

Como pastor e professor, Francke fundou, ainda, muitos *Stiftungen*, instituições filantrópicas e educacionais relacionadas à então recentemente inaugurada Universidade de Halle. Entre outros empreendimentos, esses estabelecimentos abrangiam um orfanato, uma sociedade bíblica e um lar para viúvas. Francke emergiu como o gênio organizacional do pietismo. Halle se tornou centro internacional da disseminação da literatura pietista, missionários e crenças, para Rússia, Escandinávia, Inglaterra e Novo Mundo.

Por causa dessa difusão, a influência do pietismo continuou se fazendo valer, por meio de constante expressão, em muitas denominações e movimentos de despertamento religioso. Historiadores do cristianismo passaram a empregar o termo "pietismo" para abarcar um amplo espectro de movimentos doutrinários, incluindo o pietismo holandês, o puritanismo, os reavivamentos e o Grande Despertamento wesleyanos. Outros, porém, limitam o nome ao movimento de reforma proveniente das atividades de Spener, Francke, Bengel, do conde Von Zinzendorf (1700-1760) e outros. Há um consenso cada vez maior em reconhecer os muitos legados e influências do pietismo sobre o cristianismo inglês e americano.

Embora se considere que o pietismo tenha raízes no misticismo, no anabatismo e em grupos reformados da Holanda, e seja acompanhado de manifestações radicais e separatistas, seus motivos são provavelmente definidos de modo mais justo pelo exame do pensamento de seus primeiros líderes. Na verdade, os temas místicos e espiritualistas de Jacob Boehme, Gottfried Arnold (1666-1714) e outros ditos pietistas deveriam ser chamados mais propriamente de pietismo radical.

Críticos primitivos e contemporâneos também acusaram os pietistas de um subjetivismo que exaltava o "eu" acima de Deus e de produzir normas religiosas a partir da experiência e das necessidades das pessoas. O individualismo daí resultante era comumente entendido como solapador da sã doutrina. Os pietistas insistiam, contudo, em que a necessária reforma doutrinária de Lutero deveria conduzir a uma *reforma da vida*. Acreditavam ser inteiramente luteranos, ao enfatizarem que a fé deveria se tornar ativa no amor. Para seus oponentes, porém, sua insistência em que as formulações dos credos da igreja deveriam ser reexaminadas e comprovadas pela teologia bíblica, assim como as suas propostas democráticas, tendiam a minar a autoridade da igreja. O que os pietistas desejavam, no entanto, era a verdadeira *reforma* da igreja, não *separação* dela. A ênfase pietista quanto ao estudo detalhado dos textos bíblicos nas línguas originais combinava com o seu uso devocional da Bíblia, vulnerável, certamente, aos riscos de interpretação pessoal. Todavia, de modo geral, isso servia para reavivar a ênfase da Reforma quanto à autoridade bíblica.

Desde o começo, os pietistas enfrentaram a tentação legalista. Não obstante, Spener e Francke permaneceram luteranos, mantendo a ideia de que a regeneração era parte integral de uma experiência de justificação. Contrário às obras meritórias do catolicismo medieval, o pietismo enfatizava o dom da graça santificante. A teologia pietista conduziu, em alguns casos, a um excessivo emocionalismo. Contudo, a experiência do Espírito era vista por seus líderes iniciais como uma apropriação da revelação, e não uma substituição dela.

Apesar de seu enfrentamento às muitas correntes responsáveis pela degeneração do mundo decaído, a interpretação do livro de Apocalipse feita por Spener conduzia os pietistas a esperar por tempos melhores, mediante participação ativa na obra de Deus de transformação de vidas humanas. Além disso, cabe considerar as tendências sobrenaturais e ascéticas do pietismo à luz da preocupação e do empenho de caridade de caráter global de Francke. De maneira geral, Spener e Francke procuraram percorrer o caminho mediano entre a rigidez dogmática e o ardor emocional, entre fé e obras, entre justificação e santificação, e entre repudiar totalmente o mundo caído e reerguê-lo mediante amor ao próximo, aos vizinhos, aos inimigos e à boa criação de Deus.

(**D. W. Brown**, A.M., B.D., Ph.D., professor de Teologia Cristã do *Bethany Theological Seminary*, Oak Brook, Illinois, EUA.)

BIBLIOGRAFIA. Obras: série *Classics of Western Spirituality* (London/New York): *Pietists: Selected Writings*, ed. P. Erb (1983); *Johann Arndt: True Christianity* (1979); Jacob Boehme: *The Way to Christ* (1978); **Estudos**: Dale W. Brown, *Understanding Pietism* (Grand Rapids, MI, 1978); F. E. Stoeffler, *The Rise of Evangelical Pietism* (Leiden, 1965); *idem, German Pietism During the Eighteenth Century* (Leiden, 1973).

PI-HAIROTE

O significado original dessa palavra parece ser **"Casa da (deusa) Herete"**, com base nas consoantes *Hrt*. Todavia, outros estudiosos pensam em "casa do prado". E a etimologia popular fez disso "casa dos camelos". Está em vista um lugar nas proximidades do mar Vermelho, segundo se vê em Êxodo 13.18, localizado perto de Baal-Zefom (Êx 14.2,9). Foi ali que o Faraó e seu exército sofreram uma derrota miraculosa. Esse foi o lugar onde Israel acampou, depois que os Israelitas acabaram sua terceira marcha partindo de Ramessés, entre Migdol e o mar Vermelho. O lugar não tem sido identificado acima de qualquer disputa, visto que isso depende muito de como o contexto é interpretado. Tem sido sugerida a localidade de *Pere Abel*, nos alagadiços de Jeneffeh, no final do passo entre a montanha e o lago Amargoso. O mar de Canas (que aparece como mar Vermelho, em nossa versão portuguesa) tem sido identificado com o lago Sirbonis; se essa identificação está certa, então Pi-Hairote seria perto do mar Mediterrâneo, às margens do lago Sirbonis. Mas, se o hebreus ficaram um pouco mais para o sul, a fim de evitar território pertencente aos filisteus (ver Êx 13.17), então Pi-Hairote ficaria um pouco mais ao norte do moderno local do canal de Suez. Entretanto, poucos eruditos defendem essa opinião. Outra sugestão é que esse lugar pode ter sido perto do moderno Tell Defneh, a Dafne dos tempos clássicos, a Tapanes dos egípcios, na hipótese que Baal-Zefom seja Tapanes. Mas esse ponto de vista também é inconclusivo, porquanto Baal-Zefom não era uma divindade adorada em uma única localidade. Um número maior de eruditos defende essa opinião, ainda que também haja advogados das outras posições.

PILÃO

No hebraico, *eli*, aparece somente em Provérbios 27.22, em todo o Antigo Testamento. Em foco está um instrumento de mão, arredondado, geralmente feito de madeira ou de pedra, que nossa versão portuguesa chama de "mão de gral", e que, na verdade, é a "mão do pilão". Era no pilão que várias substâncias eram maceradas ou moídas. Esse ato tornou-se um símbolo de juízos esmagadores ou de acontecimentos opressivos. Mas, assim como esse instrumento também pode ser usado no preparo de medicamentos e de substâncias úteis, assim também os juízos divinos são remediadores em sua natureza, e não meramente retributivos.

PILAR. Ver sobre *Coluna* (artigo geral); *Coluna no Apocalipse*; *Colunas da Terra* e *Colunas de Fogo e de Nuvem*.

PILAR (ESTACA)

No hebraico, *yathed*. (Ver Êx 27.19; 35.18; 38.20,31; 39.40; Nm 3.37; 4.32; Jz 16.14; Ez 15.3). Estão em pauta as estacas de cobre que eram enfiadas no solo para esticar as cordas do tabernáculo. Mas havia estacas ou pinos feitos de todo tipo de material, como madeira, metal etc. Algumas traduções dizem "pinos", em vez de "estacas". Também eram usados pinos nos teares, para esticar o tecido que estava sendo fabricado (segundo se vê na referência do livro de Juízes). E a referência em Ezequiel aponta para algum tipo de gancho onde alguma coisa fosse pendurada (nossa versão portuguesa também diz "estaca").

PILAR (ES) DE FOGO E DE NUVEM. Ver sobre *Colunas de Fogo e de Nuvem*.

PILATOS

No latim é *Pilatus*. O sentido do nome é incerto. Talvez **"armado com um dardo"**, ou **"trazendo o pilus"**, uma capa de feltro, que usavam os escravos manumitidos, como símbolo da liberdade. Pôncio Pilatos, quinto governador romano da Judeia, depois da deposição de Arquelau, ano 6 da era cristã. Graças à influência de Sejano, foi ele nomeado pelo imperador Tibério, no ano 26 como sucessor de Valério Grattus. Chegou à Judeia no mesmo ano, acompanhado de sua mulher, Mateus 27.19. Por muito tempo, não se permitia a um governador romano levar a esposa para uma terra sujeita a perturbações internas; porém, do tempo de Augusto em diante foi-lhe isso concedido, Tácito, Amós 3.33. Pilatos enviou um destacamento de soldados, que entrou de noite na cidade, levando as insígnias do novo governador, as quais até então, ficavam fora das portas. Constavam elas de águias de prata e pequenas imagens do imperador que muito escandalizaram os judeus. Enviaram deputados a Cesareia, onde estava a residência oficial dos procuradores, pedindo a retirada das insígnias. Pilatos, depois de vãs ameaças para intimidar os delegados, foi obrigado, afinal, a atender ao que pediam, Antig. 18.3,1; Guerras 2.9,2,3. Algum tempo depois, empregava o dinheiro sagrado, chamado corbã, na construção de um aqueduto para trazer água a Jerusalém, tirada na parte sul da cidade. Os judeus consideravam que o emprego do dinheiro sagrado em fins seculares era uma profanação, e por ocasião de uma visita de Pilatos à capital, cercaram o tribunal com grande tumulto e vozerio. Pilatos, tendo sido previamente avisado, preveniu-se, e mandou alguns soldados disfarçados à paisana, armados de bastões e de adagas que eles levavam escondidas, para se misturarem entre a multidão. Quando o tumulto havia atingido o seu auge, deu-lhes sinal para atacar os amotinados, o que eles fizeram com muita violência, e alguns deles foram mortos. A multidão debandou, tomada de pânico; muitos morreram atropelados pela fuga. Parece que não houve novo motim. O aqueduto foi concluído, porém a animosidade contra o governador cresceu, mais e mais, Antig. 18.3,2; Guerras 2.9,4. Pilatos tentou dedicar alguns escudos dourados em honra do imperador Tibério e colocá-los dentro do palácio de Herodes em Jerusalém, apenas com o nome sem efígie alguma. Ainda assim os judeus se ofenderam. O povo protestou em vão. Então, os homens mais influentes da cidade enviaram uma petição ao imperador que ordenou a Pilatos que mandasse os escudos para Cesareia, *Philo, Lepat ad Caium* XXXVIII. Narrando esse fato, Filo, ou antes Agripa I, em uma carta, citada por Filo, descreveu Pilatos como homem de disposição inflexível, sem misericórdia e obstinado. Diz também que ele receava que o povo fosse contar ao imperador os atos de sua vida corrupta, a violência de seu gênio, os insultos dirigidos ao povo, a crueldade com que os castigava, sem julgamento e sem processo e as desumanidades sem número que cometia. Pilatos ainda era governador quando João Batista e nosso Senhor começaram o seu ministério, Lucas 3.1. Era costume dos procuradores irem para Jerusalém, quando grandes multidões se congregavam ali por ocasião das grandes festas. Ocupavam o palácio de Herodes. Provavelmente foi em uma dessas festas que Pilatos fez matar os galileus cujo sangue misturou com os sacrifícios deles, Lucas 13.1,2. Os galileus eram uma classe de gente muito turbulenta, sempre pronta a brigar quando vinham às festas, Antig. 17.102. Não é crível que Pilatos os tratasse tão duramente se eles não tivessem provocado algum motim. Talvez Herodes Antipas se desgostasse pelo modo sumário que foram mortos os seus súditos nessa ocasião. Qualquer que seja o motivo pelo qual os dois se afastaram, eles se harmonizaram quando se tratou do processo de Jesus, no dia em que foi condenado à morte. O caráter de Pilatos, revelado nesses vários incidentes de sua vida, observa-se também no modo que tratou o caso de Jesus. Desejava fazer justiça, sempre que não afetasse seus interesses, e evitava praticar atos criminosos, que não lhe fossem pesados. Mas nada fazia custa de sacrifícios. O motivo secreto de seus hábitos consistia não em perguntar: Qual é o meu dever? mas sim: Qual é o meu interesse? Reconhecia que nosso Senhor estava sem crime e desejava salvá-lo, segundo os princípios da justiça; mas ao mesmo tempo via a sua impopularidade crescer com a absolvição de Jesus, e para ser agradável ao povo judeu, mandou açoitar aquele que pouco antes declarara inocente. Permitiu que os soldados romanos infligissem novas torturas àquele cujo corpo já estava lacerado, e depois de muitos insultos e injúrias que Jesus sofria sem murmurar, atendeu ao desejo do povo, mandando crucificar o Filho de Deus, como eles pediam (Mt 27; Lc 23). O governo de Pilatos terminou abruptamente. Um impostor samaritano prometeu a seus compatriotas que, se eles quisessem subir com ele ao monte Gerizim, lhes mostraria o lugar onde Moisés havia escondido certo número de vasos de ouro, pertencentes ao Tabernáculo. Moisés nunca esteve nesse monte, jamais atravessou o Jordão, e, contudo, a multidão iludida reuniu-se em uma aldeia que ficava na raiz do monte a fim de subir. Infelizmente, carregavam armas. Pilatos mandou cercar todos os caminhos que conduziam ao monte Gerizim, por soldados de cavalaria e de infantaria, atacou a massa do povo que procurava a posse dos tesouros, matou a muitos, prendeu o restante e mandou executar. Os samaritanos fizeram queixa contra Pilatos e a enviaram a seu superior imediato, Vitélio, presidente da Síria. Este foi nomeado para o lugar de Pilatos que foi chamado a Roma para justificar sua conduta. Antes de chegar a Roma, Tibério morreu, 16 de março de 37, Antig. 18.4,1,2. Dizem que Pilatos foi banido para Viena sobre o Reno, ao sul da França, onde se suicidou. Várias *Acta Pilati*, Atos de Pilatos, existem; são considerados espúrios, e se observa falta de harmonia entre todos.

PILDAS

Embora alguns estudiosos digam que esse nome tem sentido desconhecido, outros sugerem "chama". Ele era um dos oito filhos de Naor, irmão de Abraão. Sua mãe era Milca, esposa e sobrinha de Naor. (Ver Gn 22.22). Pildas viveu em torno de 2080 a.C. Talvez seu nome seja cognato da palavra que significa "ferro", com o significado de "força" quando atribuída a pessoas.

PILHA

No hebraico, "fatia". Esse foi o nome de um líder do povo que retornou a Jerusalém, terminado o cativeiro babilônico, e que assinou o pacto encabeçado por Neemias, em cerca de 445 a.C. (Ver Ne 10.24).

PILOTO

No hebraico, *chobel*. (Ver Ez 27.8,27-29). Ver o artigo *Barcos* (*Navios*). Os usos figurados incluem aquele de Ezequiel 28.8, onde estão em foco os líderes da cidade de Tiro. Um piloto aparece também como um líder espiritual. Este coautor e tradutor, de certa feita, teve a visão de um timão de ouro, obra de arte de grande valor, dotado de um maquinismo oculto à base, que fazia o timão girar para a esquerda e para a direita, com um leve ruído de catraca. Estudando o Novo Testamento grego, encontrei o termo *Kubérnesis*, "pilotagem" (ver 1Co 12.28), como um dos dons espirituais. E vários comentadores opinam tratar-se do dom dado aos pastores.

Um belo hino cristão emprega a figura de Jesus como o Piloto da nossa vida espiritual:

"Guia, Cristo, minha nau
Sobre o revoltoso mar;
Tão enfurecido e mau,
Quer fazê-la naufragar.
Vem, Jesus, oh! vem guiar,
Minha nau vem pilotar!"

Edward Hopper

Alfred, Lord Ternnyson, determinou que o seu poema "Cruzando a Barra", sempre fosse posto em último lugar, em qualquer coletânea que publicasse os seus versos. A última estrofe fala sobre Jesus como o Piloto da vida. Tennyson esperava encontrar-se com ele, pessoalmente, um dia:

"Pois embora, para além dos limites
Do tempo e do espaço,
O dilúvio me leve para longe,
Quero ver o Piloto, face a face,
Quando eu cruzar a barra".

PILTAI

No hebraico, "*Yahweh* **liberta**". Nome de um representante da casa sacerdotal de Moadias, nos tempos de Jeoaquim. Ao que parece, ele foi um dos sacerdotes que voltaram do cativeiro babilônico, em companhia de Zorobabel, a fim de residir em Jerusalém (ver Ne 12.17). Isso aconteceu em cerca de 536 a.C.

PIM. Ver sobre *Pesos e Medidas*.

PINÁCULO

No grego é *pteryon*, "**asinha**". Parte do templo, cuja aresta ficava a grande altura (Mt 4.5). Não se pode fazer uma identificação exata. A palavra grega *pterygion*, semelhante a pináculo, empregada para traduzir o vocábulo hebraico, significa, literalmente, asa pequena, e representa a barbatana do peixe, a orla de um vestido, ou as ourelas do racional (Lv 11.9; Nm 15.38; Êx 28.26). Também pode expressar simplesmente a cumeeira do telhado. Lighfoot, cingindo-se ao sentido do vocábulo grego, diz que é o pórtico que se projetava à semelhança de asas aos lados do templo, Guerras 5.5,4. Pensam outros que seja o grande pórtico real que estava ligado ao templo e que subia 400 cúbitos acima do vale do Cedrom, Antig. 15.11,5; 20.9,7 e outros ainda que a palavra se refere às arestas de ouro que ornavam a cumeeira do templo para impedir o pouso das aves, uma vez que tinham a aparência de pequenos pináculos. Estes, porém, eram em grande número, e o evangelista fala só de um pináculo.

PINGENTES, JOIAS, PENDENTES

Adorno com pedras preciosas, geralmente preso por meio de um anel ao lado do nariz, Isaías 3.21, ou entre as fossas nasais, Gênesis 24.47; Ezequiel 16.12.

PINHO, PINHEIRO

Essa espécie vegetal só é mencionada no Antigo Testamento: **1**. *Tidhar*, "pinheiro", Isaías 41.19; 60.13. **2**. *Ets shemen*, "árvore oleosa" (Ne 8.15).

Apesar de a Bíblia não mencionar o pinheiro, após o livro de Neemias, Josefo diz-nos que o pinheiro era originário da Crimeia, no mar Negro, e que Hirão, supridor de madeira para Salomão, transportara-os dali, em seus navios. Mas alguns estudiosos argumentam que as referências bíblicas não são ao pinheiro, mas a outras árvores, como o cipreste, o junipeiro etc. O trecho de Neemias 8.15 provavelmente indica a espécie cujo nome científico é *Eleagnus angustifolia*, uma árvore decídua com ramos espinhentos que, quando jovem, é recoberta com escamas prateadas e folhas do mesmo tom. Essa árvore produz um fruto comestível de pequeno tamanho. Algumas traduções, porém, dizem ali "oliveira". Nossa versão portuguesa diz "zambujeiros", em Neemias 8.15. Não obstante, na Palestina existe um pinheiro verdadeiro, chamado pinheiro de Jerusalém, ou pinheiro de Alepo (o *Pinus halepensis*), com certa variedade de tipos. Esses pinheiros continuam medrando nas proximidades do mar Mediterrâneo, onde é muito seco para a maioria das árvores.

PINO

No hebraico, *yathed*. Essa palavra ocorre por 24 vezes, com o sentido de "prego", "pino", "estaca" ou coisa semelhante. Com o sentido de "pino" (ver Êx 27.19; 35.18; 38.20,31; 39.40; Nm 3.37; 4.32; Jz 16.14 e Ez 15.3). Algumas versões dizem "tear", em Juízes 16.14, mas os estudiosos dizem que é preferível a tradução "pino", conforme vemos em nossa versão portuguesa.

Ver sobre *Trancar* (*Cadeado, Fechaduras, Pino*).

PINOM

No hebraico, "**perplexidade**". Esse era o nome do chefe de um clã de Edom (Gn 36.41; 1Cr 1.52), que viveu em torno de 1440 a.C. O nome locativo *Punom*, que se refere a um centro idumeu de mineração de cobre, provavelmente vem da mesma raiz.

PINTAR, PINTURA

No hebraico, *puk*, "**corante**". Essa é a principal palavra hebraica para indicar material de pintura, usada por três vezes no Antigo Testamento (Is 54.11; 1Cr 29.2; Jr 4.30). Outra palavra é *kachal*, "pintar", "colorir", empregada somente em Ezequiel 23.40. A arqueologia tem demonstrado ricamente essa atividade, mas referências bíblicas são escassas, como acabamos de ver.

1. Referências Bíblicas. Um corante negro era usado para dar a impressão de olhos maiores, um truque próprio da vaidade feminina (ver 2Rs 9.30; Jr 4.30; Ez 23.40). O trecho de

Jeremias 22.14 alude à pintura de casas com vermelhão. O termo acádico correspondente era *sarsaru*, *sarsere*, uma pasta vermelha. A passagem de Ezequiel 23.14 menciona desenhos ou pinturas feitos em uma parede, mediante o uso desse mesmo material. O pigmento para esse material era extraído do sulfeto de mercúrio, de cor vermelha, ou do óxido de chumbo, da mesma cor. A arqueologia tem descoberto que essa cor era usada na cerâmica. Ver os artigos *Oleiro*, *Olaria* e *Cerâmica*, que incluem muitas referências bíblicas. Ver também *Artes e Ofícios*, 4. a., quanto a notas específicas sobre os negócios de olaria. Os ídolos (que também podiam ser desenhados ou pintados, além de esculpidos) eram coloridos (ver Sabedoria de Salomão 13.14; Ez 23.14). Apesar de que todas as culturas cultivavam a pintura (ver o segundo ponto, abaixo), os judeus não o faziam. Provavelmente, os israelitas sentiam que fazê-lo seria uma violação do mandamento que proíbe o fabrico de imagens. Uma exceção parece ter sido desenhos em caixões mortuários, em sepulcros e túmulos. No hebraico, pintura ou pedras brilhantes. A palavra indica um elemento duro, semelhante ao chumbo. Parece referir-se à pintura para os olhos (ver 2Rs 9.30 e Jr 4.30) e, portanto, uma espécie de substância com brilho, usada no engaste de pedras preciosas (ver 1Cr 29.2 e Is 54.11). Algumas versões falam em "antimônio", em todas essas passagens, mas nossa versão portuguesa prefere traduzir o termo hebraico de várias maneiras, nunca usando o termo "antimônio". A referência em Isaías mostra que a substância era usada para intensificar a beleza das pedras usadas em edificações, ao passo que em 1Crônicas 29.2 é a substância mencionada entre as pedras preciosas que Davi havia acumulado, para uso na construção do templo de Jerusalém. (Z)

2. Pintura Entre Várias Culturas

a. Na Palestina. A escassa atividade dessa natureza, que tinha lugar em Israel, mencionada nas Escrituras, foi referida no primeiro ponto, acima. Porém, antes da chegada dos hebreus ali, a pintura tinha sido uma importante atividade religiosa e artística. Os arqueólogos têm encontrado na Palestina desenhos e pinturas que remontam ao quarto milênio a.C. Quase sempre estes desenhos ou pinturas acham-se em cavernas ou sepulcros. Antigas pinturas vieram à luz em Jericó, como também em certas cidades do Egito e da Mesopotâmia. As residências dos abastados eram decoradas com pinturas e desenhos. Pinturas notáveis foram encontradas nas paredes interiores de cavernas, próximas da cidade helenista de Marisa (Beit Jibrin). Essas pinturas pertencem ao século III a.C.

b. No Egito. Os egípcios eram um povo inclinado às artes e ofícios, e sua cultura era muito mais avançada que a de Israel. A vida após-túmulo era um importante tema, explorado pelas pinturas e desenhos egípcios etc. Além disso, temas favoritos na pintura eram formas humanas e da vida animal, além de desenhos geométricos, figuras de plantas etc. Toda sorte de evento social tem sido encontrada representada nessas pinturas, como festividades, ritos religiosos, conquistas militares, vida citadina e vida rural. Museus ao redor do mundo têm preservado uma vívida demonstração dessas antigas pinturas egípcias.

c. Na Mesopotâmia. Dessa região não nos chegaram muitas evidências acerca desse tipo de atividade artística; mas isso não por causa da inatividade, e, sim, devido às dilapidações do tempo. Grandes palácios de tijolos, decorados com pintura, não têm resistido ao desgaste do tempo e das intempéries. Quase toda a pintura que chegou até nós, vinda da Mesopotâmia, circunscreve-se a objetos de cerâmica. Mas as telhas esmaltadas, encontradas nos muros de monumentos, como o do portão de Istar, na Babilônia, construído em cerca de 570 a.C., constitui um esplêndido exemplo da arte de pintura dos babilônios.

d. Em Creta. Cnossos, na ilha de Creta, contava com impressionantes pinturas em afresco, que os arqueólogos trouxeram ao conhecimento público. A arte mais antiga dessa natureza que ali existe nos vem de cerca de 1900 a.C. Havia pintura nas paredes dos sepulcros e nos sarcófagos. Entre os afrescos, os mais famosos são aqueles chamados *Saffron Gatherer* e *Toreodor and His Horse*. Em Creta, por semelhante modo, vasos e jarras, murais e pinturas, em palácios e nas casas dos mais ricos, eram obras realmente artísticas. Ornamentos em cerâmica eram notáveis por suas representações da vida marinha e floral. Várias outras atividades da vida diária foram também ilustradas, como a caça a animais selvagens, cenas de batalhas, ritos religiosos etc. As pinturas cretenses (ou egeias) até hoje são consideradas entre as mais excelentes da história da arte.

e. Na Grécia. Naturalmente, a arte cretense também é arte grega. Mas Creta é uma ilha. No continente, a pintura grega também era uma atividade artística que demonstrava grande técnica. Ficamos boquiabertos pela arte da pintura em objetos de cerâmica. É provável que a habilidade dos gregos do continente tenha sido derivada de Creta. Cenas murais de palácios, edifícios públicos e residências retratam figuras da vida diária, humanas, vegetais e animais, além de atividades sociais, cenas bélicas e ritos religiosos. Um outro importante tema era o mitológico, com os deuses e suas atividades. As principais obras literárias gregas, como a *Ilíada* e a Odisseia, proveram temas para muitas pinturas. Os heróis homéricos, como Ajax e Aquiles, sobrevivem na arte antiga, preservada em muitos museus modernos. No museu do Vaticano há uma pintura, feita em um vaso para armazenamento, que representa Ajax e Aquiles. A antiga Grécia produziu muitos pintores famosos, entre os quais poderíamos relacionar Douris, Eufrônio, Eutímides, Macrom e Polignoto. A este último, Plínio, o Velho, elogiou, devido à expressividade de suas composições. Apolodoro (século V a.C.) fez o primeiro estudo sistemático dos efeitos da luz e das sombras, na pintura. Seu contemporâneo, Zêuxis, pintou uvas de uma maneira tão realista que as aves vinham bicá-las. Filóxeno fez uma pintura da batalha entre Alexandre e Dario, que o mundo da arte nunca deixou de admirar.

f. Em Roma. A pintura de afrescos era popular na cultura romana da época de Cristo. A arqueologia tem conseguido preservar bons espécimes dessa pintura. As escavações feitas em Pompeia, na Vila dos Mistérios, têm encontrado pinturas que representam ritos de culto. Entretanto, esse tipo de arte era comum por toda a civilização romana. Numerosas pinturas murais têm sido encontradas em casas escavadas em Pompeia e em Herculano. Essas cidades, como é sabido, tinham ficado sepultadas sob as lavas da erupção do monte Vesúvio, em 79 d.C. Um mosaico representando a batalha entre Alexandre e Dario foi encontrado em uma das casas de Pompeia. Os romanos usavam muito os mosaicos, feitos com inúmeros cubos de mármore e vidro, mantidos no lugar por uma espécie de cimento. Esses mosaicos têm sido achados tanto em pisos quanto em paredes. Uma famosa obra de arte, atualmente no museu do Vaticano, é chamada *Paisagens da Odisseia*. Essa paisagem pinta cenas no mais vívido realismo.

3. A Pintura como Atividade Estética. O termo *estética* vem do grego *aísthesis*, "sensação". Na filosofia, essa palavra refere-se à teoria da arte em geral. O que um artista procura expressar? Qual a natureza de sua atividade? No artigo *Arte*, segundo ponto, *Teorias Principais da Estética*, são apresentadas as muitas teorias sobre o significado das belas-artes.

PIOLHO

Em algumas traduções (como na nossa versão portuguesa), "piolhos" é a tradução da palavra hebraica *kinnam*, referindo-se à terceira praga do Egito (Êx 8.16 ss.; Sl 105.31). Está em pauta alguma espécie de parasita que se multiplica rapidamente e ataca homens e animais. Os intérpretes, contudo, não concordam com a identidade desse parasita, embora as sugestões sejam o piolho, o carrapato, a pulga, a mosca de areia e o mosquito. A raiz hebraica parece estar associada às ideias de "fixar" ou "agarrar-se", e isso favorece a identificação do "piolho" ou do "carrapato". Entretanto, visto estar em pauta um inseto egípcio, a palavra pode ser de origem egípcia, cujo significado perdeu-se para nós. Muitas variedades de mosquitos sempre foram comuns e abundantes no Egito, pelo que poderiam estar em pauta. Consideremos sobre alguns insetos, que podem estar em vista nessa terceira praga do Egito:

1. Piolho. Esses insetos existiam e existem em níveis epidêmicos, em todo o Oriente Próximo e Médio. Os islamitas rapam as cabeças e tomam outras medida heroicas para escapar dessa praga. É possível que os sacerdotes egípcios rapassem a cabeça em sua luta contra os piolhos. Os piolhos são insetos destituídos de asas, embora saibam saltar muito bem. Vivem exclusivamente de chupar o sangue de suas vítimas. Corpos mortos de piolhos têm sido encontrados até nas múmias do Egito. São transmissores de enfermidades sérias, como a febre tifoide. Cada espécie de piolho prefere um hospedeiro diferente, embora alguns deles possam chupar o sangue de vários animais. Os piolhos multiplicam-se no próprio hospedeiro, e as descrições concernentes à terceira praga do Egito não se ajustam a essa circunstância.

2. Carrapato. Esses insetos estão relacionados às aranhas. Têm quatro pares de pernas, mas não asas. Alimentam-se exclusivamente de sangue. Para conseguir alimentar-se, enterram as cabeças na pele de suas vítimas. Enchem-se de sangue, até se tornarem uma grande bola de sangue. Quando se cansam disto (o que leva mais tempo do que deveria levar), desprendem-se da vítima, caem no chão, escondem-se abaixo da superfície do solo e depositam inúmeros ovos. Uma vez que nasça, o carrapato consegue sobreviver, no chão de terra ou de areia, por nada menos de um ano. Ali ficam escondidos, esperando que passe alguma vítima. E então começa de novo o terrível ciclo. Também podem transmitir enfermidades sérias, de bactérias e outros micro-organismos.

3. Mosquito. Esses insetos costumam reunir-se em grande número em torno de certos líquidos e de certas frutas. São extremamente irritantes para os seres humanos. Nos alagadiços do Egito havia mosquitos em Números inacreditáveis. A palavra portuguesa "mosquito" é bastante ampla em sua aplicação, podendo indicar uma grande gama de minúsculas moscas de duas asas. Os mosquitos depositam os seus ovos sobre a água ou em lugares úmidos. Quando chega a hora certa, eles saem de seus ovos, formando nuvens explosivas.

4. Pernilongo. Esse é o inseto mais perigoso do mundo, e, talvez, também o mais numeroso de todos. Há espécies de pernilongos que vivem em todas as regiões do globo terrestre, exceto nos polos. Quase todos os habitantes do mundo já foram picados, pelo menos uma vez na vida, por algum pernilongo. Eles transmitem certo número de doenças seriíssimas, como a febre amarela, a malária, a dengue, a elefantíase etc. Este tradutor e coautor, quando vivia na Amazônia (até os 27 anos de idade), foi infectado por nada menos de quatro vezes pela malária, transmitida pelo pernilongo, que, na Amazônia brasileira, tem o nome local de "carapanã". Peguei malária em Manaus, Faro e Belém do Pará! Vi casos horríveis de elefantíase em Belém do Pará, e, em abril de 1986, quando estive no Rio de Janeiro com minha esposa, ambos pegamos dengue. Doía-me o corpo inteiro, com febre alta e muito mal-estar. Fiquei de cama praticamente por três semanas. Minha esposa sofreu ainda mais. E descobrimos apenas uma ferroada de pernilongo em cada um de nós! Assim que os pernilongos saem de seus ovos, começam a procurar suas vítimas. Somente as fêmeas da espécie têm o aparelho bucal capaz de chupar sangue, pois precisam dessa substância não para se alimentarem, mas para chocarem seus ovos.

Algumas pessoas pensam que esses pequenos insetos não são capazes de raciocinar. Tenho visto tais insetos procurarem algum buraco no meu mosquiteiro, procurando entrar onde eu me achava protegido deles. Mesmo que os pernilongos não possam ver suas vítimas, no escuro, podem sentir muito bem o odor de seus corpos. E assim, vendo ou cheirando, são quase invencíveis. Os ovos dos pernilongos não amadurecem todos ao mesmo tempo. Por isso é que, de vez em quando, surge uma nova nuvem letal deles, exigindo um combate quase constante contra eles, por parte dos homens!

5. Pulga. Esse inseto é tão poderoso que pode saltar (proporcionalmente ao seu tamanho) tanto quanto um edifício de treze andares (se tivesse o tamanho de um homem). A pulga consiste quase inteiramente de pernas, e sua capacidade de propulsão é quase inacreditável. A pulga chupa sangue, e é tão difícil de apanhar, que a pessoa pode levar cinquenta ferroadas antes de ao menos ver a pulga! E, quando a pessoa a vê, ainda assim tem grandes dificuldades para apanhá-la. E só pode ser esmagada sob grande pressão. A pulga é o inseto transmissor de várias doenças sérias, incluindo a temível peste bubônica. Davi comparou-se a uma pulga, perante o magnificente e poderoso rei Saul, que o caçava e perseguia por toda parte. Ver 1Samuel 24.15. Existem nada menos de cerca de onze mil espécies diferentes de pulgas. A fim de comentar adequadamente sobre esse inseto pestífero, precisei escrever um artigo separado sobre o assunto. Ver o artigo intitulado *Pulga*. A maneira como a natureza equipou a pulga não é nenhuma brincadeira!

PIRÂMIDE

A palavra egípcia para esse tipo de construção era *pi-mar*, uma referência ao seu formato. No latim era *pyramidis*; no grego, *pupamis* (*idos*). Uma pirâmide pode ser chamada de triangular, retangular ou quadrada, dependendo do formato de sua base. A partir de sua base, a pirâmide é uma forma arquitetural triangular. As pirâmides egípcias eram, na realidade, túmulos elaborados, construídos para os monarcas egípcios e para algumas outras pessoas de grande importância naquele país.

As mais antigas pirâmides elevavam-se em degraus, como a de Djoser, da terceira dinastia. Somente depois dessa época começaram a ser construídas as verdadeiras pirâmides, na quarta dinastia egípcia. As pirâmides dos Faraós Quéopes, Quefren e Miquerinos são bem conhecidas dos turistas. Há pirâmides de degraus que muito se assemelham a escadarias, o que talvez representasse a ascensão da alma. Visto que as pirâmides imitavam a pedra sagrada *benben* do deus-sol, Rá, em Heliópolis, podemos supor com bastante razão que as pirâmides foram erigidas em honra àquele deus, sem dúvida como uma súplica em favor da segurança e progresso da alma do indivíduo cujo cadáver jazia no interior da pirâmide. Essas construções eram como rampas que subiam ao céu, similares aos raios solares que desciam do espaço.

O propósito prático das pirâmides era o de servir de memoriais dos indivíduos ali sepultados. Acompanhavam-nas templos fúnebres e nunca serviam como armazéns, depósitos etc.

Até o ano de 1988, haviam sido descobertas 85 pirâmides no Egito. Em abril de 1988, o governo egípcio anunciou a descoberta de duas pirâmides, sepultadas nas areias do deserto do Saara, cerca de quarenta quilômetros do Cairo. Uma expedição arqueológica francesa foi a responsável pela descoberta. As duas novas pirâmides são comparativamente pequenas, em relação às gigantescas pirâmides que já eram conhecidas. Parece que foram construídas para abrigar os corpos de rainhas, e datam dos tempos do Faraó Pepi I, da sexta dinastia egípcia, que reinou em cerca de 2420 -2280 a.C. Pepi I foi um importante Faraó, e o descobrimento dessas pirâmides é significativo, porquanto certamente ajudará os historiadores a entenderem melhor a época dele. Os estudiosos opinam que as 85 pirâmides até agora descobertas no Egito provavelmente representam apenas quarenta por cento do total, pelo que novas pirâmides parece que serão desenterradas, à medida que tiver prosseguimento o trabalho da pá dos sapadores. Ainda não se sabe exatamente para quem foram construídas as duas pirâmides descobertas. Aparentemente, uma delas destinava-se à rainha Ipute, mãe do Faraó, e a outra, a uma de suas mulheres.

Como os egípcios erguiam os imensos blocos de pedra das pirâmides? Durante muito tempo isso tem sido um problema para os que se interessam pelo assunto. Porventura os sacerdotes egípcios sentavam-se ao redor dos blocos e então diziam "Om", para levantá-los? Alguns têm chegado a pensar nisso; mas deve haver alguma explicação melhor. John Cunningham, em *Science News*, propôs uma nova solução. Ele afirma que os egípcios usavam longas, finas e flexíveis varas, paralelas a intervalos umas das outras, sob a superfície inteira de um bloco. Uma das varas era levantada por vez, e uma cunha era posta debaixo da mesma, de tal modo que apenas uma pequena parcela do peso total era erguida, em série. Alavancas rígidas não teriam dado certo, porque cada uma delas teria de suportar uma porcentagem excessiva do peso total. A fim de demonstrar a viabilidade de sua teoria, ele usou uma carga de 1200 kg, utilizando-se de doze varas de carvalho, cada uma com apenas 4,5 cm de altura e de largura, e com 4,30 m de comprimento. E também salientou que as antigas gravuras egípcias comumente retratam cargas sendo transportadas com a ajuda de varas, e os museus, ao redor do mundo, dispõem de exemplos destas gravuras. Porém, nas descobertas arqueológicas, no Egito, raramente têm sido encontradas alavancas.

PIRÃO

O trecho de Josué 10.3-37 informa-nos que quando Josué e os israelitas invadiram a Palestina, houve resistência da parte de cinco reis, que foram então derrotados em Gibeom. Um desses reis era Pirão, nome que significa "selvagem" ou "itinerante". Ele era o monarca de Jarmute, uma cidade-estado a sudoeste de Jerusalém. Pirão perdeu a vida no episódio de Gibeom. Ele viveu em torno de 1450 a.C.

PISAR A EIRA

No hebraico, *gorem*, "pisar a eira". Esse termo hebraico ocorre por dezenove vezes no Antigo Testamento (Gn 50.10; Nm 15.20; 18.27,30; Rt 3.2; 1Sm 23.1; 2Sm 6.6; 24.16,18,21,24; 1Cr 13.9; 21.15,18,21,22,28; 2Cr 3.1 e Jr 51.33). No grego *aloáo*, verbo que ocorre por três vezes (1Co 9.9 (citando Dt 25.4); 9.10 e 1Tm 5.18).

Pisar a eira deve ser distinguido do ato de bater com vara, conforme se fazia ao endro e ao cominho, como se vê, por exemplo, em Isaías 28.27,28. A fim de ocultar-se dos midianitas, Gideão apelou para bater no trigo com uma vara (ver Jz 6.11), no lagar, e não na eira. Os instrumentos agrícolas usados na eira eram os trilhos, as pás, as relhas de arado, os forcados, os machados etc. Os trilhos (ver Is 41.15; Am 1.3) eram feitos de madeira pesada, munidos na parte inferior com pedras aguçadas, pedaços de cerâmica, ou dentes de ferro. Os carros eram dotados de rodas munidas de pontas (ver Is 28.27,28). Bancos com encostos eram feitos no alto, para os condutores. Os trilhos eram puxados por parelhas de bois, de burros ou de cavalos, e circundavam a pilha de cereal, amontoada no centro da eira. Homens e mulheres guiavam as parelhas, enquanto outras pessoas, usando forcados, lançavam feixes de cereal colhido, no caminho dos trilhos, para que o cereal fosse separado da palha. A *pá* (Lc 3.17) era empregada para lançar para o ar o material trilhado, a fim de separar o cereal da palha, mediante a ação do vento.

Era costume a família inteira acampar perto da eira, por ocasião da colheita, a fim de todos participarem do trabalho. Os profetas usaram figuradamente o ato de pisar a eira, para indicar períodos de castigo judicial, enviados por Deus (Jr 51.33; Dn 2.35; Mq 4.12; Mt 3.12). Uma eira cheia, por sua vez, representava a plenitude da bênção de Deus (Jl 2.24): *As eiras se encherão de trigo, e os lagares transbordarão de vinho e de óleo*.

PISCINA DE HESBOM

Um açude, reservatório ou laguna, talvez usado para a criação de peixes, mencionado em Cantares 7.4. Há traduções que dizem algo parecido com "laguna de pesca" ou "laguna de peixe". No original hebraico não há qualquer sugestão à ideia de peixe ou pesca. A palavra por detrás do termo português "piscina", que aparece em nossa versão portuguesa, é *berekah*, "bênção", "açude", "piscina", a qual é empregada por outras dezesseis vezes, sempre com o sentido de "açude" ou sinônimo.

Alguns estudiosos pensam que tais açudes eram construídos a fim de criar peixes. Sabemos que a prática existia na Mesopotâmia, no Egito e na Assíria, e que os romanos chegaram a ser especialistas nesse tipo de indústria. Contudo, faltam-nos evidências comprovatórias de que Israel envolveu-se muito nesse tipo de atividade. Ver o artigo geral sobre *Peixe, Pesca*, em sua terceira seção, intitulada *Comercialização*.

PISGA

1. A Tentativa de Identificação da Localização. Esse nome significa "pico", "cume", "ponta". Ver o artigo separado sobre o *monte Nebo* que alguns identificam com o Pisga, ou, pelo menos, supõem que ambos fazem parte da mesma área geral e estavam intimamente ligados entre si. Mas outros eruditos pensam que o Pisga ficava ligeiramente a noroeste do monte Nebo. O Pisga é chamado de "cume de Pisga" em Números 21.20 e Deuteronômio 3.27. Ali começa o rude território da serra de Abarim, no Jordão, que pertencia à antiga nação de Moabe, que beira a extremidade nordeste do mar Morto, perto de Jericó (ver Dt 34.1). A maioria dos peritos pensa que o Jebel en-Neba seja o monte Nebo antigo, e que o Ras es-Siyaghah seja o Pisga. Estes dois picos são ligados um ao outro por uma tela. O cume de Pisga dá frente para o vale do Jordão. Dali, em dias claros, pode ser visto até mesmo o monte Hermom, a distância. O monte Nebo é o ponto culminante da cadeia de Abarim, com 806 m de altura. Todavia, a identidade do cume de Pisga permanece em dúvida, devido ao fato de que nem todo o território, que Moisés teria visto dali, pode ser visto, realmente. Por essa razão, os intérpretes falam em uma visão mística, e não em uma visão física de Moisés, naquela oportunidade.

2. Referências Bíblicas. O temo Pisga nunca ocorre isoladamente. Há combinações como *cume de Pisga*, (Nm 21.20; 23.14; Dt 3.27; 34.1); *faldas de Pisga* (Dt 3.17; 4.49; Js 12.3; 13.20).

3. Acontecimentos em Pisga. A primeira vez em que esse nome aparece na Bíblia é em conexão com as vagueações de Israel pelo deserto, após o êxodo. Eles chegaram ao *vale que está no campo de Moabe, no cume de Pisga, que olha para o deserto* (Nm 21.20). Foi do alto desse monte que Moisés contemplou a Terra Prometida (Nm 21.20; 23.14; Dt 3.27; 34.1). Foi nesse monte que Balaão ofereceu sacrifícios, o que nos dá margem a pensar que um dos lugares altos de Moabe era esse monte (Nm 23.14). Posteriormente, o Pisga tornou-se parte do território da tribo de Rúben (ver Js 13.15-20).

4. Uso Metafórico. Por causa da experiência ali tida por Moisés, esse monte veio a simbolizar o lugar de onde, ou a condição com base na qual, uma pessoa pode contemplar a Terra Prometida (a vida além do túmulo), chegado o seu tempo de partir deste mundo. O hino evangélico, em inglês, *Sweet Hour of Prayer* faz alusão ao mesmo.

PISÍDIA

Nome de um distrito da Ásia Menor, limitado ao norte pela Frígia, ao sul pela Lícia e Panfília, ao oriente pela Licaônia e a oeste pela Cária. Fazia parte da província romana da Galácia. Por meio dele passava a cordilheira do Tauro. Os habitantes dessa região nunca foram inteiramente subjugados, quer pelos persas, quer pelos romanos. A cidade principal da Pisídia era Antioquia, que o apóstolo Paulo visitou (At 13.14).

PISOM

Ver o artigo geral sobre *Éden*. No hebraico, *pisom* significa "canal", "correnteza cheia". Esse é o nome de um dos quatro rios que atravessavam o Éden. As descrições não correspondem aos fatos geográficos atuais, o que tem provocado toda espécie de especulação e tentativa de alterar a narrativa para ajustar-se à geografia moderna. Os dois únicos rios sobre os quais não há dúvida alguma são o Tigre e o Eufrates. Mas há dificuldades insuperáveis quanto aos outros dois rios, o Pisom e o Giom.

Eusébio afirmou, juntamente com Jerônimo, que o Pisom é o rio Ganges; mas outros falam no Nilo. Ainda outros opinam pelo *Fasis*. Mas, se o jardim do Éden tiver de ser localizado perto da desembocadura do rio Eufrates, então o Pisom poderia ser o rio *Jaabe*, que deságua no Tigre perto de Curná. São inúteis, porém, as tentativas de ajuste com a geografia moderna; se estes quatro rios são todos rios grandes, então teremos de pensar em uma linguagem poética, sem precisão histórica; ou, então, que dois grandes, rios desaparecem, embora antes existentes na região. Os eruditos liberais preferem a primeira dessas alternativas, e os conservadores, a segunda. Os céticos, por sua vez, pensam que o relato inteiro é mera fabricação poética, e não história autêntica, não sentindo assim qualquer necessidade em associar a história à geografia. Supondo-se que o Pisom não era um rio, mas um canal ligado ao rio Tigre, então poderíamos pensar no canal Palacotos, próximo da antiga cidade suméria de Eridu, não muito longe de Ur, cidade natal de Abraão. O artigo chamado Éden fornece outros detalhes a respeito. (Ver Gn 12.10-14 quanto a referências bíblicas).

PISPA

No hebraico, **"dispersão"**. Esse foi o nome do segundo filho de Jeter, da tribo de Aser (1Cr 7.38). Ele viveu em cerca de 1500 a.C.

PISTÁCIA, CASTANHAS

No hebraico, *botnim*, que aparece somente em Gênesis 43.11 (onde nossa versão portuguesa diz "pistácia", um tipo de castanha), e *egoz*, que também só figura por uma vez em toda a Bíblia, Cantares 6.11 (onde nossa versão portuguesa diz "nogueiras", visto que noz também é uma espécie de castanha).

Na primeira dessas passagens do Antigo Testamento, Jacó envia um presente a José (seu filho), que era então governador de todo o Egito. Naturalmente, Jacó não sabia que José estava vivo e ocupava aquela exaltada posição. Os intérpretes modernos pensam que a espécie de castanha envolvida era a *Pistacia Vera*, a "pistácia". Assemelha-se ao *sumagre* e pertence a essa família botânica geral. Tem uma casca fina, e a própria castanha assemelha-se a uma amêndoa, embora menor, e com o gosto de uma castanha europeia, a noz.

Em Cantares 6.11, há menção à nogueira, *árvore que produz as nozes*. A pistácia cresce nas áreas rochosas da Palestina e da Síria. Sua árvore pode atingir uma altura de cerca de dez metros. Suas folhas são sedosas; a castanha é verde-amarelada, e usualmente é comida crua, embora possa ser frita, quando então é condimentada com sal e pimenta. Alguns estudiosos pensam que a castanha ali mencionada é a amêndoa, cujo nome científico é *Amydalus Communis*, e que também era uma castanha comum na Palestina, embora não fosse cultivada no Egito. O candeeiro de ouro, no templo, tinha como ornamentação desenhos com essa castanha. A amendoeira é uma árvore que chega aos doze metros de altura. Sua folhagem é fragrante, e a árvore produz uma boa sombra.

Em Gênesis 30.37, nossa versão portuguesa fala na aveleira (no original hebraico, *luz*, "avelã"). O nome científico dessa espécie é *Corylus avellana*. A cidade de Luz, mencionada em Gênesis 28.19 e Josué 16.2, provavelmente era assim chamada por causa dos bosques de aveleiras ali existente.

PITOM

Essa palavra vem do egípcio antigo, com o sentido de "mansão de Atom", sendo esse Atom uma divindade egípcia. Pitom foi uma cidade do Egito, mencionada apenas em Êxodo 1.11 em todo o registro bíblico. Mas, a partir do século XIII a.C., tornou-se um nome próprio egípcio bastante comum. Durante parte de sua história, Pitom foi uma cidade-armazém. É patente que os israelitas edificaram-na (ou, pelo menos, reconstruíram-na ou embelezaram-na), juntamente com Ramessés. Pitom ficava localizada na porção nordeste do Egito, no território de Gósen, embora sua localização exata permaneça um mistério. Ficava a sudoeste de Sucote, e tem sido identificada com *Tell er-Rebabah*, embora outros prefiram o *Tell es-Maskhuta*.

A raiz desse nome parece ser *Pi-Tum*, que significa "casa de Atom", uma divindade solar dos egípcios. A arqueologia tem recuperado evidências acerca de sua utilização como cidade-armazém. Alguns estudiosos pensam que Ramsés III (1290-1224 a.C.) construiu a cidade; mas, descobertas arqueológicas recentes mostram que ele tão somente a reconstruiu e adornou. Os israelitas, escravizados no Egito, viveram obviamente muito antes disso e devem ter trabalhado na cidade mais antiga de *Zoã-Avaris*, que já existia antes mesmo da expulsão dos hicsos do Egito (cerca de 1570 a.C.).

Pi-Atum ou *Per-Atum* é o equivalente egípcio de Pitom. A segunda dessas foi usada em uma inscrição de um oficial de Osorcom II, em sua estátua encontrada em *Tell es-Maskhuta*, o que parece identificar aquele lugar com a antiga cidade de Pitom. Mas outros arqueólogos têm advogado o sítio de *Tjeku-Succoth* como a área da antiga Pitom. *Tjeku* parece ter sido o nome ordinário da cidade, enquanto que *Per-Atum* seria seu nome religioso. Uma inscrição latina, que diz *Locus Eropolis, Ero Castra*, parece sugerir o termo clássico de *Heroonpolis*, que se refere ao mesmo lugar. Mas há outras provas arqueológicas que apontam para *Tell er-Rotab* (ou *er-Retabeh*), onde têm sido achados monumentos de Ramsés II e vestígios do templo de Atom. Esse lugar fica um pouco mais para oeste, e provavelmente deve ser associado à Gósen do Antigo Testamento, onde os hebreus foram viver tendo chegado da Palestina. Isso posto, a Pitom de Êxodo 1.11 pode ser ou Sucote em *Tell er-Maskhuta*, ou o *Tell er-Rotab*, cerca de catorze quilômetros mais para oeste. Assim, a área geral parece clara, mas não a localização exata.

PITOM (PESSOA)

Esse nome próprio, com grafia diferente no hebraico, de Pitom como cidade, (vide), indica o filho mais velho de Mica. Ele era neto de Jônatas, filho de Saul (1Cr 8.35 e 9.41). Viveu depois de 1000 a.C.

PLANETIZAÇÃO

Esse termo, de cunhagem recente, significa a ocupação de outros planetas do sistema solar, além de nossa própria terra, por seres humanos; ou, finalmente, até a ocupação de outros lugares no espaço. No presente, somente a lua está ao alcance do homem com esse propósito; mas, à medida que a ciência for avançando, é perfeitamente possível que isso seja feito em lugares verdadeiramente remotos do universo.

Alguns opinam que essa atividade é errada, devido ao fato de que Deus pôs o homem sobre a terra. Mas há aqueles que pensam que o mandado divino, em Gênesis 1.28, no sentido de que o homem deveria buscar obter conhecimento e domínio, deve incluir a exploração do espaço. É estúpido tentar encontrar textos de prova bíblicos em favor dessa atividade; se os homens haverão de ocupar-se ou não de tal tarefa, tudo depende dos benefícios que poderão advir daí para a humanidade. Alguns objetam aos programas espaciais devido ao seu custo astronômico (sem trocadilhos), ao passo que a pobreza e a fome permanecem sem solução para muitos milhões de criaturas humanas. Não obstante, aqueles que defendem tais explorações espaciais dizem que grandes vantagens econômicas poderão sobrevir à humanidade, mediante tal atividade. Alguns místicos, por sua vez, afirmam que a exploração do espaço, incluindo a planetização, faz parte do destino humano, pelo que seria uma atividade moralmente correta. O uso do espaço para propósitos bélicos e para a destruição em massa, sem dúvida faz parte da perversidade humana. Esse ponto não requer discussão ou demonstração.

PLANÍCIE

1. As Palavras e Definições. Há seis palavras hebraicas envolvidas, e, talvez, uma sétima. No grego, encontramos uma expressão que merece consideração.

As palavras hebraicas são: **a**. *Elon*, "lugar plano". (Ver Gn 12.6; 13.18; 14.13; 18.1; Dt 11.30; Jz 4.11; 9.6,37; 1Sm 10.1). **b**. *Biqah*, "vale aberto", ou seja, uma expansão plana, sobretudo um terreno plano entre montanhas, como a planície de Sinear (Gn 11.2) ou o vale de Megido (2Cr 35.22; Zc 12.11). Essa palavra também pode indicar apenas um "vale" (Ne 6.2; Is 40.4). Ocorre por um total de 21 vezes. Além dessas referências, ver também (Ez 3.22,23; 8.4; 37.1,2; Am 1.5; Dn 3.1; Dt 8.7; 11.11; 34.3; Sl 104.8; Is 41.18; 63.14; Js 1.8,17; 12.7). **c**. *Kikkar*, "círculo"; com o sentido de "planície" aparece por treze vezes (Gn 3.10-12; 19.17,25,28,29; Dt 34.3; 2Sm 18.23; 1Rs 7.46; 2Cr 4.17; Ne 3.22; 12.28). Devemos pensar, nesse caso, em uma região que formava um círculo ou meio-círculo, em redor de outra área, como aquela em redor da porção sul do mar Morto (na primeira dessas referências). Mas também pode estar em foco uma planície elevada ou planalto, segundo se vê em Deuteronômio 3.10. Israel era chamado de povo das montanhas, por outros povos, visto o Deus de Israel, de Deus das montanhas, visto que, com frequência, as terras baixas estavam em disputa, e os israelitas não eram seus firmes possuidores (ver 1Rs 20.23). Os inimigos ocupavam as planícies, e os israelitas refugiavam-se nas montanhas. **d**. *Mishor*, "planície", "lugar nivelado". Esse termo figura por dezesseis vezes (Dt 3.10; 4.43; Js 13.9,16,17,21; 20.8; 1Rs 20.23,25; 2Cr 26.10; Sl 26.12; 27.11; Jr 21.13; 48.8,21; Zc 4.7). Nem sempre devemos pensar em uma planície, pois também pode estar em pauta um planalto, segundo se vê em Deuteronômio 3.10. **e**. *Arabah*, "deserto", "lugar obscuro". Com um claro sentido de "planície", esta palavra aparece por 42 vezes, desde Números 22.1 até Jeremias 52.7,8. Como um lugar específico, a Arabah também era conhecida como planície de Moabe (Nm 22.1) ou planície de Jericó (Js 5.10). Está sempre em vista o vale formado por uma falha tectônica, nos lugares onde seu fundo ficava seco e estéril, ao sul do lago da Galileia, até o golfo de Áqaba. O que existe ali é uma espécie de fundo de vale plano. **f**. *Shephelah*, "afundado". Esse termo aparece por dezenove vezes em todo o Antigo Testamento. Exemplificamos com (1Cr 27.28; 2Cr 9.27; Jr 17.26; Ob 19; Zc 7.7). A área era constituída por colinas baixas entre as montanhas da Judeia e a planície (autêntica) costeira. Ver o artigo separado intitulado *Shephelah*.

2. As Cidades da Planície. Ver o artigo separado chamado *Cidades da Campina*.

3. Usos figurados. Uma planície simboliza um lugar seguro e destituído de obstáculos (Sl 26.4), como também a vereda dos justos, que é fácil e segura de ser seguida (Sl 27.11).

PLANÍCIE, CIDADES DA. Ver sobre *Cidades da Campina*.

PLANTA(S). Ver *Flora*, e cada planta separadamente.

PLATONISMO

Tradição da filosofia, derivada de Platão de Atenas (c. 429-347 a. C.), uma das mais importantes figuras da história do pensamento humano, o platonismo tem grande influência na teologia cristã, especialmente por meio do seu desenvolvimento criativo posterior, conhecido como neoplatonismo.

A obra de Platão se baseia na notável vida e morte de Sócrates (469-399 a.C.), seu conterrâneo de Atenas, talvez o primeiro pensador grego a dedicar atenção filosófica crítica à base da moral (e que, por sua firmeza em suas convicções, até mesmo à morte, era o herói pagão favorito do cristianismo primitivo). Nos seus últimos quarenta anos, Platão ensinava em uma clareira em um bosque, fora de Atenas, a que deu o nome de "Academia", título que se tornou tanto referente à sua escola (que durou até a dissolução das escolas pagãs, a mando de Justiniano, em 519 d.C.) quanto à tradição platônica em geral. Produziu cerca de 25 obras, quase todas em forma de diálogo, tendo Sócrates, frequentemente, como personagem participante. Sua influência mais significativa para o pensamento cristão provém de seus períodos mediano e final, notadamente das obras *Fédon*, *A república*, *Timeu* e *As leis*.

O verdadeiro entendimento em Platão é buscado mediante argumentação dialética. Seu chamado método socrático, que é mais bem observado em *Mênon* (conhecido em grego como "*maiêutica*", porque o filósofo age como um "parteiro"), demonstra que temos um conhecimento inato (*epistēmē*) das realidades básicas, a consciência desse conhecimento é extraída por meio de perguntas e respostas, e não comunicada pelo ensino formal. Mediante esse raciocínio, podemos alcançar um conhecimento explícito das "formas" (*ideai*), uma das contribuições mais destacadas de Platão para a filosofia. Ele salienta que a experiência por nós vivenciada produz tão somente uma opinião (*doxa*) falível, não um firme conhecimento, porque o mundo que observamos está em fluxo perpétuo e, por isso, nos engana facilmente. Por trás dos fenômenos inconstantes, encontram-se "formas" arquetípicas, originais, das quais todas as coisas são cópias imperfeitas. Assim, existe uma "forma" da pessoa humana acima e à parte de todos os seres humanos individuais, seu modelo perfeito e eterno, que compartilha no que eles são aquilo que eles são. O mesmo se aplica aos artefatos (*p.ex.*, mesas e a "forma" padrão de mesa) e às realidades abstratas, como a beleza e a sabedoria. O conhecimento das "formas" é a base da moral e da vida prática.

A "forma" suprema é a do bem, que o pensamento cristão facilmente identificou com Deus, embora Platão os distinga um do outro. Normalmente, as "formas" são independentes de Deus, mas na obra *Timeu* aparecem como seus pensamentos. Essa obra teve ampla influência sobre o pensamento cristão, mais tarde, em tradução e comentário em latim de Calcídio, *c*. 400 d.C., porque apresenta um esboço de cosmologia. O mundo seria moldado pelo Demiurgo ("Artesão"), aparentemente Deus, imprimindo os padrões das "formas" sobre a matéria caótica. O mundo é tanto corpo como alma e, assim, em sentido verdadeiro, ao mesmo tempo corruptível e divino. Em sua obra *As leis*, Platão dá a primeira versão do argumento cosmológico da existência de Deus (ver Teologia Natural), baseada na necessidade de uma "alma perfeitamente boa" como fonte de todo movimento.

Ele acreditava na imortalidade da alma (em *Fédon*), que pertence à área das "formas". Enquanto sujeita ao corpo que a aprisiona, a alma ganha conhecimento das "formas", mediante a lembrança (*anamnēsis*) de suas existências anteriores. A alma está sujeita à reencarnação (ver Metempsicose), até que, finalmente liberta pela morte, encontra realização após o julgamento em um céu supramundano. A similitude de determinadas ideias platônicas com crenças judaico-cristãs foi realçada pelos primitivos apologistas cristãos. Ao mesmo tempo, porém, o dualismo platônico veio a influir profundamente na atitude cristã, com sua depreciação do corpo e do mundo físico em favor da alma e da esfera da verdadeira realidade, acessível à razão somente. Um dos elementos do pensamento de Platão foi desenvolvido por Arcesilau e Carnéades (séculos II e III) em direção a um ceticismo filosófico: o conhecimento seria impossível; a probabilidade serviria de orientação para a vida. Essa posição influenciou muito Cícero e levou à obra *Contra os acadêmicos*, de Agostinho.

Foi o platonismo médio dos primeiros dois séculos de nossa era (particularmente, com Albino, Plutarco e Numênio) que mais diretamente influenciou os primitivos escritores cristãos, como Justino (ver Apologistas) e Clemente de Alexandria. Predominaram, naturalmente, as preocupações religiosas, com Platão sendo misturado a elementos de origem aristotélica, estoica, pitagórica e mesmo judaica. Numênio descreve Platão como um "Moisés falando grego ático". O platonismo médio realçou a transcendência de Deus, deixando-o descritível somente de modo negativo (*cf.* teologia apopática) e ativo na criação somente por meio de intermediários (*p.ex.*, *Logos*, poderes planetários, mundo-alma). As antigas "formas" de Platão se tornaram então pensamentos sem ambiguidade na mente divina, e especulações a respeito da causa do mal as relacionaram à matéria em si de diferentes modos. Essas ideias alimentariam tanto o gnosticismo como o cristianismo ortodoxo. Um platonismo eclético coloriu de modo difuso toda a primitiva teologia cristã, mais destacadamente entre os platônicos cristãos de Alexandria, onde o judeu Fílon já havia aberto o caminho.

A última fase dessa tradição foi o neoplatonismo (séculos III a VI), que se desenvolveu a partir do platonismo médio (especialmente, com Numênio), mas tomou seu formato com a genialidade criativa de Plotino (*c.* 205-270), contemporâneo de Orígenes em Alexandria, que mais tarde ensinou em Roma. Por volta de 400, o neoplatonismo tinha assumido a própria Academia de Atenas, com Proclo (410-485), o professor neoplatônico mais enciclopédico e sua principal luz. O sírio Iamblico (*c.* 250-*c.* 325) encaixaria o neoplatonismo no politeísmo, na magia e adivinhação, enquanto Porfírio (*c.* 232-303), discípulo, editor, biógrafo e divulgador de Plotino, daria uma guinada anticristã a esse pensamento. Sua obra *Contra os cristãos* foi bastante dura e pesada, exigindo a devida resposta à altura, que teve, de diversos escritores cristãos importantes.

No platonismo de Plotino, o dualismo é incluído em um monismo mais elevado, e a filosofia aborda religião e misticismo. A fonte e alvo de toda existência é o ser Único, que está além não somente da descrição, mas mesmo da existência em si mesma. É acessível somente por abstração ascética, acima do mundo dos sentidos e mesmo do pensamento, culminando nos raros momentos de visão extática em que o eu é unido com o Único. Do transbordamento criativo do Único emana uma hierarquia de níveis de existência, tendendo para a multiplicidade e inferioridade e aspirando a retornar ao Único. As primeiras emanações são a mente e a alma, princípios cósmicos respectivamente da inteligência e da animação. Todo ser em si, como tal, é bom, mesmo a matéria crua no limite mais baixo da "grande cadeia de ser" (daí a polêmica de Plotino contra o gnosticismo). O mal é estritamente como um não ser — uma possibilidade real para aqueles que se afastam do Único.

Embora haja inspirado o último dos principais desafios intelectuais do antigo paganismo contra o cristianismo, o neoplatonismo mostrou-se altamente atraente aos pensadores cristãos desde os sucessores de Orígenes em diante. Os pais capadócios, Ambrósio, Vitorino Afer, Agostinho e o Pseudo-Dionísio o Areopagita foram, todos, profundos devedores de ideias a ele. Por intermédio de Dionísio, sobretudo, tornou-se talvez o fator mais formativo da teologia mística cristã no Oriente e no Ocidente (ver Teologia Ortodoxa Oriental). Por meio de Agostinho, coloriu praticamente a totalidade da tradição medieval no Ocidente. Outro pico do platonismo cristão, ou neoplatonismo, ocorreu com Boécio, Erigena, a escola de Chartres, Hugo de São Vitor (ver Vitorinos) e Nicolau de Cusa (*c.* 1400-1464).

Apesar de o redescoberto Aristóteles haver se tornado o "filósofo" do escolasticismo, a influência platônica e neoplatônica ainda sobreviveu. A Renascença testemunhou um renovado interesse por ele, tanto na Itália (particularmente, na Academia Florentina de Marsílio Ficino [1433-1499]) como na Inglaterra (*p.ex.*, João Coleto, *c.* 1466-1519). As ideias platônicas fluíram em algumas das correntes da Reforma Radical. O anglicanismo foi também receptivo, desde Hooker, passando pelos platônicos de Cambridge e os socialistas cristãos, até B.F. Westcott e W. R. Inge (1860-1954) (ver Modernismo Inglês). Na época atual, a despeito das reações contra o dualismo e a metafísica grega, a vitalidade do platonismo tem-se mostrado evidente em escritores tão diversos como A. E. Taylor (1869-1945), A. N. Whitehead (ver Teologia do Processo), John Baillie, Tillich e Iris Murdoch. O universalismo frequentemente trai sua influência neoplatônica na prática.

D. F. Wright, M.A., reitor da Faculdade de Teologia e catedrático de História Eclesiástica do *New College*, Universidade de Edimburgo, Escócia.)

BIBLIOGRAFIA. A. H. Armstrong & R. A. Markus, *Christian Faith and Greek Philosophy* (London, 1960); *CHLGEMP*; E. Cassirer, *The Platonic Renaissance in England* (Edinburgh, 1953); J. Daniélou, *Gospel Message and Hellenistic Culture* (London/Philadelphia, 1973); J. Dillon, *The Middle Platonists* (London, 1977); W. R. Inge, *The Platonic Tradition in English Religious Thought* (London, 1926); J. B. Kemp, *Plato* (Nottingham, 1976); J. M. Rist, *Plotinus* (Cambridge, 1967); N. A. Robb, *Neoplatonism of the Italian Renaissance* (London, 1935); P. Shorey, *Platonism Ancient and Modern* (Berkeley, CA, 1938); R. W. Southern, *Platonism, Scholastic Method and the School of Chartres* (Reading, 1980); A. E. Taylor, *Plato* (London, 61949); *idem*, *Platonism and Its Influence* (London, n.d.); D. P. Walker, *The Ancient Theology: Studies in Christian Platonism from the Fifteenth to the Eighteenth Century* (London, 1972); R. T. Wallis, *Neo-Platonism* (London, 1972).

PLÊIADES (E OUTRAS CONSTELAÇÕES); SETE-ESTRELO

Essa é uma constelação mencionada em Jó 9.9; 38.31 e Amós 5.8. Trata-se de um compacto conjunto de sete estrelas em Tauros, localizada cerca de trezentos anos-luz do sol. Essa constelação pode ser vista durante a primavera, imediatamente antes do alvorecer. A declaração popular acerca de suas "doces influências" teve origem no fato de ser visível durante a primavera, daí ter-se pensado que ela exerce influência sobre as condições do tempo. Em contraste, o Órion, devido à sua proeminência no outono, seria a influência que acabaria trazendo o inverno e suas dificuldades. O trecho bíblico de Jó. 38.31 envolve uma mensagem obscura: *Ou poderás tu atar as cadeias do Sete-estrelo, ou soltar os laços do Órion?*

Alguns estudiosos supõem que os antigos pensavam que essas duas constelações estavam ligadas entre si pela nebulosidade que as circunda, ou que elas exercem alguma espécie de atração mútua. Daí vem a ideia de "atar as cadeias", que encontramos nessa citação, embora outras traduções falem nas "doces influências" a que já nos referimos. Seja como for, Deus é quem faz essas constelações surgirem no horizonte, e ninguém pode atá-las ou fazê-las cessar a influência que porventura tenham (essa parece ser a ideia envolvida naquela citação). A constelação do Órion anuncia o inverno, que cessa a produção, impedindo os homens de continuarem suas atividades; coisa alguma é capaz de eliminar esse processo natural. A mensagem geral, pois, parece ser que a providência divina ordenou os acontecimentos da natureza, não estando estes sujeitos a alterações por parte dos homens e suas maquinações.

Outras Constelações Mencionadas na Bíblia. **1**. *Arcturo*. Há um artigo separado e detalhado a respeito. **2**. *Signos do Zodíaco*. Ver Jó 38.32. Algumas traduções falam em *Mazarote*.

O sentido da passagem, no hebraico, é obscuro. Mas essa constelação é mencionada juntamente com a Ursa. A tradução "signos do Zodíaco" está baseada no fato de que o aramaico, *mazaaloth*, significa estrelas circundantes", equivalente a "signos do Zodíaco". Jó foi desafiado a guiar essas estrelas, conforme é feito por Deus, o que salienta a impotência e a ignorância do homem, quando posto em confronto com o Deus Todo-Poderoso. **3. Recâmaras do Sul**. (Ver Jó 9.9). A referência, nesse caso, também é obscura. Parece estar em foco as constelações que aparecem acima do horizonte, quando alguém viaja para o sul, ao longo da rota comercial, dirigindo-se à Arábia. Quanto a essa questão, comentou John Gill, em Jó 9.9: As estrelas do hemisfério sul, em torno da Antártida ou polo sul. São aqui chamadas de recâmaras, conforme Aben Ezra observou, por estarem ocultas e não aparecerem aos olhos de quem reside no outro hemisfério, como se elas estivessem em uma recâmara. Ora, a criação delas é corretamente atribuída a Deus, o qual faz todas as estrelas (ver Gn 1.16), embora o texto presente possa considerar que a continuação da existência delas depende d'aquele que as criou, que as chama por nome, que faz surgir todo o seu exército, que as dirige em seu curso, que as mantém em suas órbitas e que preserva a influência delas". **4. Outras Referências**. Os "perversos", referidos em Jó 38.15, talvez seja uma alusão às estrelas-cão (Cão Maior e Cão Menor). E "o braço levantado", que aparece naquele mesmo versículo, pode ser uma alusão à Linha do Navegador, que consiste nas estrelas Sírius, Prócion e Gemini. A referência, contudo, é obscura, e talvez não haja nenhum real conhecimento astronômico envolvido.

PÓ

Há duas palavras hebraicas e duas palavras gregas envolvidas, a saber: **1**. *Aphar*, "pó". Palavra hebraica usada por cerca de 107 vezes (como em Gn 2.7; 3.14,19; 13.16; Êx 8.16,17; Lv 14.41; Dt 9.21; Js 7.6; Jó. 2.12; 4.19; 5.6; Sl 7.5; 18.42; Pv 8.26; Is 2.10; 25.12; Lm 2.10; Ez 24.7; Dn 12.2; Zc 9.3). **2**. *Abaq*, "poeira fina". Palavra hebraica utilizada por seis vezes (Is 5.24; 29.5; Ez 26.10; Na 1.3; Êx 9.9; Dt 28.24). **3**. *Koniortós*, "pó", "poeira". Termo grego que aparece por cinco vezes (Mt 10.14; Lc 9.5; 10.11; At 13.51; 22.23). **4**. *Choós*, "barro", "terra". Palavra grega que figura por duas vezes (Mc 6.11 e Ap 18.19).

O pó consiste em terra fina e solta, ressecada pela falta de umidade. O pó é agitado pelo vento, de tal forma que há tempestades de poeira. Um dos castigos divinos contra o rebelde povo de Israel foi enviar tempestades de poeira, ao invés de chuvas (Dt 28.24).

Sentidos Simbólicos. **1**. O luto ou a contrição são simbolizados pelo ato de pôr pó sobre a cabeça, geralmente misturado com cinzas (Js 7.6; Mq 1.10; Jó 42.6 etc.). **2**. Ultraje ou protesto podem ser expressos lançando pó no ar (At 2.23), o que Paulo testemunhou como um protesto dos judeus incrédulos contra ele. **3**. Sacudir o pó dos pés significa rejeitar àqueles que se mostram obstinados contra a mensagem do evangelho (Mt 10.14; Lc 10.5). **4**. Sacudir-se do pó significa recuperar-se após um período de lamentações (Is 52.2). **5**. Lamber a poeira dos pés de outrem é o máximo da humilhação e da sujeição (Sl 72.9; Is 49.23). **6**. Suspirar pelo pó da terra sobre a cabeça dos pobres é desejar a completa destruição deles (Am 2.7). **7**. Comer pó, como no caso da serpente, indica que Satanás assediará os iníquos, e que eles sentir-se-ão miseráveis por estarem servindo-o (Gn 3.14; Is 65.25). **8**. Um símbolo do sepulcro, por razões bem óbvias (Gn 3.19; Jó. 7.21; Ec 12.7). **9**. O homem é poeira e cinzas, porquanto seus corpos mortais estão sujeitos ao retorno a esses elementos (Gn 18.27); razão pela qual os mortos são chamados *pó* (Sl 30.9). 10. O povo de Israel foi comparado ao "pó da terra", devido ao seu grande número (Gn 13.16), pois o pó é composto de inúmeras partículas que compõem o todo. **10**. No dizer de Jó 5.6, a *aflição não vem do pó*, porquanto tem uma causa, e não surge do nada ou sem qualquer razão. **11**. Naum diz que as nuvens são o pó levantado pelos pés do Senhor (Na 1.3).

POBRE, POBREZA

I. Caracterização Geral. A pobreza é um dos mais persistentes e vexatórios problemas da humanidade. Por muitas vezes, instaura-se por culpa do próprio indivíduo, que se entrega à inatividade; mas, outras vezes, é imposta às pessoas pela força das circunstâncias, pela falta de educação e pela ignorância acerca de como a pessoa deve tirar proveito das oportunidades. Jesus mencionou a proverbial persistência da pobreza (Mt 26.11). Os sociólogos reconhecem a necessidade de dar-se aos pobres os meios e o conhecimento necessários para eles escaparem de sua pobreza, e não meramente suprir suas necessidades gratuitamente. As experiências nos projetos de casas populares têm demonstrado que é preciso arrancar a favela do coração dos favelados, antes de remover com eficácia os favelados de suas favelas. Pois novos distritos residenciais não demoram a transformar-se em favelas, quando para ali vão residir favelados. Talvez a educação seja o maior instrumento necessário para libertar as pessoas da pobreza. Porém, uma boa alimentação é importantíssima, desde o começo da vida do bebê, pois a inteligência nativa vê-se prejudicada ou diminuída por uma dieta pobre, mormente durante o período da primeira infância. A fé religiosa também pode ser um fator, visto que, inspirada por motivos superiores, uma pessoa pode receber um efeito positivo em sua vida, resolvendo vencer e prosperar na vida. Quanto a seu lado negativo, somos informados que grande parte da pobreza, na Espanha e na Índia, tem sido promovida pela ênfase exagerada sobre os valores religiosos e místicos, em detrimento das necessidades materiais. A chamada *ética protestante*, que diz que o trabalho árduo é uma virtude e a pessoa deve ser trabalhadora, não meramente para adquirir riquezas materiais, mas também como um exercício espiritual, certamente exerceu grande influência sobre a prosperidade que tem havido na Inglaterra e nos Estados Unidos da América. Em contraste com isso, em alguns lugares, o trabalho (especialmente aquele de natureza manual) é desprezado, como se houvesse no mesmo algum opróbrio.

II. Definições. A pobreza é uma categoria ou situação econômica na qual as pessoas são incapazes de obter (e de possuir) os meios de sustento, por seus próprios esforços, evitando assim passar necessidade. Quem é verdadeiramente pobre precisa depender de outras pessoas ou instituições, como agências de caridade, religiosas e seculares, a fim de receberem o seu sustento. Por sua vez, a *pobreza ordinária* alude àquela condição em que uma pessoa ganha apenas o suficiente para sobreviver, sem qualquer ajuda externa, embora não tenha o bastante para os confortos comuns e as vantagens desfrutadas por outras classes. Essa categoria de pessoas pobres geralmente ressente-se de uma boa educação, não podendo viajar e nem desfrutar de qualquer tipo de luxo. Por outra parte, os *criticamente empobrecidos* são aqueles que dependem inteiramente de outras pessoas, para sua simples sobrevivência. Entre essas classes, a mortalidade infantil é extremamente alta, e a expectativa de duração de vida, entre os adultos, é muito baixa. Assim sendo, em um sentido bem real, tais pessoas não estão nem ao menos *sobrevivendo*, como o resto da população. A terceira categoria dos pobres são os *destituídos*. Esses são aqueles em condições econômicas desesperadoras, como as crianças abandonadas, que mendigam pelas ruas, ou adultos com famílias que moram debaixo das pontes, invadem edifícios, e cujo nível de vida assemelha-se à dos animais irracionais. A segunda e a terceira categorias chamam a atenção (embora inadequada) das agências de caridade e dos programas de socorro dos governos.

POBREZA

III. No Antigo Testamento. O trecho de Deuteronômio 15.11 alerta-nos para o fato de que a pobreza era uma constante na vida do povo de Israel, desde o princípio. Os elementos dessa questão da pobreza, referida no Antigo Testamento, são os seguintes: **1**. A passagem de Salmo 112.1-3 dá a impressão de que a prosperidade quanto às coisas materiais era apanágio do homem piedoso, e que a pobreza caracterizava o homem maligno. Deuteronômio 28.1-14 mostra-nos que Deus abençoa materialmente ao homem. **2**. Por outra parte, sempre foi um problema espinhoso deslindar por que as riquezas geralmente são controladas por homens maus, o que é o lado oposto da mesma moeda. Ver Salmo 73.12-14. Naturalmente, Deus promete julgar a tais homens; mas, enquanto não vier esse juízo, o quebra-cabeça permanecerá de pé. No entanto, em tempos opressivos, homens piedosos são reduzidos à pobreza, e, nesse caso, o adjetivo "pobre" torna-se um virtual sinônimo de "piedoso" (ver Sl 14.5,6). **3**. As verdadeiras riquezas, que são de natureza espiritual, são encontradas em *Yahweh*; o favor do Senhor deve ser buscado até mais do que qualquer quantidade de ouro (ver Sl 73.16-28). **4**. Geralmente a pobreza ou a riqueza são simplesmente atribuídas à vontade soberana de Deus, como se tais condições fizessem parte do destino necessário do ser humano (ver 1Sm 17). Na verdade, é provável que nisso haja algum fundo de verdade, mas tal conceito não deve ser enfatizado em detrimento da indústria e do desejo de progredir materialmente. **5**. A opressão contra os pobres é condenada na lei e nos profetas. (Ver Sl 72.14; Is 3.15; Am 2.6). **6**. Contribuições caridosas aos pobres haverão de receber sua recompensa, da parte do céu (ver Sl 41.1; Pv 14.21). Essa questão sempre foi muito enfatizada no judaísmo, e daí transferida para o cristianismo primitivo. Não obstante, os pobres sempre foram objetos de piedade, de compaixão, e não de admiração. **7**. A legislação mosaica incluía um bom número de provisões em favor dos pobres: várias provisões para os destituídos (Êx 23.11; Lv 14.21; 19.10); o favoritismo era proibido com bases econômicas (Lv 19.15); um escravo tinha de ser libertado no seu sétimo ano de serviço (Êx 21.1 ss); uma peça de vestuário, tomada como penhor, tinha de ser devolvida ao pôr do sol (Êx 22.26 e ss); os salários tinham que ser pagos diariamente aos trabalhadores (Lv 19.13); os implementos essenciais à vida diária não podiam ser arrebatados dos trabalhadores (Dt 24.6,12 ss); a provisão básica de alimentos devia ser garantida (Dt 24.19-22); a igualdade espiritual entre ricos e pobres sempre foi considerada a condição ideal (Pv 22.2).

IV. No Novo Testamento. No Novo Testamento encontramos uma espécie de modificação nas atitudes diante das questões econômicas em geral e da pobreza em particular. Ali o estado abençoado por Deus parece envolver a adversidade, e não a abundância material, porquanto os primeiros discípulos de Jesus foram homens perseguidos, e, naturalmente, empobrecidos. **1**. *Bem-aventurados vós os pobres...* é a declaração simples de Lucas 6.20. O evangelho é anunciado aos pobres (Lc 4.18). Mateus, contudo, qualifica essa pobreza, dizendo: *Bem-aventurados os humildes* (pobres) *de espírito...* (Mt 5.3), o que é uma óbvia interpretação da declaração original de Jesus, a qual foi mais originalmente preservada por Lucas. Todavia, estaríamos equivocados se pensássemos que Jesus via qualquer bem-aventurança na pobreza, em si mesma. Antes, visto que o seu evangelho parecia ser mais eficaz entre as classes pobres, embora não tão eficaz entre as classes mais abastadas, tornam-se termos paralelos "pobre" e "espiritualmente bem-aventurado". **2**. Jesus reconheceu o caráter permanente da pobreza entre os povos do mundo (ver Mt 26.11; Mc 14.7; comparar com Dt 15.11), embora isso não signifique que ele fosse indiferente para com os sofrimentos causados pela pobreza material. **3**. A vida espiritual é viável mesmo em meio à pobreza (Mc 12.42 ss.; Tg 2.2-5); mas Paulo interessava-se em que os crentes trabalhassem e tivessem o suficiente, de modo a não encontrarem obstáculos em sua atuação cristã, o que ele exemplificou com os seus esforços pessoais (ver 2Co 9.8). O próprio apóstolo dos gentios sabia o que era desfrutar de abundância e o que era desfrutar privações, e continuava atuando no evangelho sob ambas essas condições (ver Fp 4.12).**4**. Os cristãos primitivos foram ensinados a não se sentirem imunes à pobreza (Rm 15.26; Gl 2.10). **5**. Os crentes deveriam ajudar aos pobres (Mt 19.21; 2Co 8.2 ss.; 1Jo 3.17 ss.). **6**. Aqueles que ajudam meramente com palavras, mas não com ação, são hipócritas (Tg 2.15 ss.). Viver segundo a lei do amor é a grande prova da espiritualidade, e um aspecto disso é a ajuda prestada aos pobres. (Ver 1Jo 4.7,8; 2Co 8.2 ss). **7**. O favoritismo no seio da igreja, com base na prosperidade econômica, é proibido aos crentes (Tg 2.5-9). **8**. O ofício eclesiástico dos *diáconos* (vide) veio à existência devido à pobreza entre a classe das viúvas (At 6.1.7). **9**. A igreja primitiva, em Jerusalém, experimentou o comunismo (partilha dos bens materiais em comum), embora sobre bases voluntárias. Aqueles que quisessem participar da experiência podiam fazê-lo, e aqueles que preferiam manter suas propriedades privadas, e não quisessem participar, não eram forçados a fazê-lo. Essa experiência foi ocasionada por uma extrema pobreza causada pela perseguição, que envolvia somente os crentes, e não era nenhuma decisão nacional de estabelecer uma forma diferente do governo (At 4.34 ss.). Essa experiência foi eficaz dentro das circunstâncias particulares do momento, mas não se tornou um padrão a ser seguido pela igreja em geral, como também a história deixa claro. **10**. A abundância material pode ser prejudicial à fé religiosa e destrutiva da piedade, conforme afirmaram tanto Jesus (ver Mt 19.24) e Tiago (Tg 5.1 ss.). O texto da epístola de Tiago deixa claro que os ricos, que assim sendo, têm, poder, tornam-se abusivos, injustos, arrogantes, negligentes espiritualmente, participando de prazeres pecaminosos destrutivos. **11**. A raiz de todas as formas de mal é o amor ao dinheiro (1Tm 6.10). Mas alguém já alterou essa declaração para a que segue: "A falta de dinheiro é a raiz de toda espécie de males". Isso também exprime uma verdade, em certos casos.

V. Usos figurados. **1**. A verdadeira pobreza (humildade) de espírito caracteriza os membros do reino de Deus (Mt 5.3). Devemos entender aí a simplicidade espiritual, em contraste com a arrogância que geralmente caracterizava as pessoa ricas e ímpias. Os humildes de espírito, contudo, são espiritual e moralmente ricos. **2**. Também há uma vida espiritual empobrecida, que com frequência caracteriza os ricos que estão na igreja, e que não têm qualquer necessidade de coisas materiais (Ap 2.9; 3.17). **3**. Em sua encarnação, o *Logos* de Deus tornou-se pobre, a fim de que pudéssemos enriquecer espiritualmente (2Co 8.9; Fp 2.5 ss.). **4**. A expressão "os ricos e os pobres" significa "todos", ou seja, todas as classes que compõem a sociedade humana (ver Sl 49.2; Pv 22.2; Ap 13.16).

POBREZA. Ver sobre *Pobre, Pobreza*.

POÇO

Visto que o regime de chuvas, na Palestina, concentra-se quase inteiramente durante os meses de inverno, a água torna-se um artigo difícil de ser achado durante grande parte de cada ano. As fontes naturais de água são as fontes, os rios, os riachos e o mar da Galileia. E as fontes artificiais são os poços e as cisternas. Todavia, estas últimas constituíram um problema enquanto não se descobriu como forrar interiormente as mesmas, tornando-as estanques, o que só aconteceu pouco antes da saída de Israel do Egito, sob a liderança de Moisés.

O vocábulo mais usual para indicar uma fonte que jorra do chão é *ain*, "olho". E a palavra para indicar um poço que precisa ser cavado até atingir a tábua subterrânea de água, ou seja, o nível em que as águas freáticas permanecem estáveis,

POÇO (LAGOA)

é *beer*. Essa palavra, muitas vezes traduzida em nossa versão portuguesa e outras por "poço", ocorre por 36 vezes (segundo se vê, para exemplificar, em Gn 16.14; 21.19,25,30; 24.11,20; 20.2,3,8; Êx 2.15; Nm 20.17; 21.16-18,22; 2Sm 17.18,19,21; Pv 5.15; Hc 4.15). E a palavra que indica *cisterna* ou "açude" é *bor*, que ocorre por quinze vezes com esse sentido, pois também significa "buraco" e "prisão". (Ver Dt 6.11; 1Sm 19.22; 2Sm 3.26; 23.15,16; 1Cr 11.17,18; 2Cr 26.10; Ne 9.25, para exemplificar). Contudo, visto que esses termos hebraicos são intercambiáveis entre si, é aconselhável que o leitor examine com cuidado o contexto de cada passagem, para obter o sentido exato.

O vocábulo grego usual para indicar qualquer fonte que proveja um contínuo fluxo de água é *pegé* (ver Tg 3.11). E aquilo que modernamente chamamos de poço, uma perfuração artificial no solo, até se chegar abaixo do nível das águas freáticas, é *phréar* (ver Jo 4.11). Mas, novamente, esses dois termos gregos por muitas vezes podem ser usados como sinônimos.

A possessão de poços era algo tão importante na antiguidade que havia até mesmo conflitos armados e desavenças por causa deles. E essas diferenças, por muitas vezes, só podiam ser resolvidas por alguma aliança ou acordo, como o que se deu entre Abraão e Abimeleque (ver Gn 21.25 ss.).

Essa grande valorização dos poços devia-se, pelo menos parcialmente, ao grande trabalho despendido na escavação dos mesmos. Grupos rivais, por isso mesmo, muitas vezes prefeririam lutar por causa de um poço do que cavar um outro poço. Note-se que, em Deuteronômio 6.11, os poços são arrolados entre outros itens de grande valor econômico, juntamente com os vinhedos e os bosques de oliveiras, plantações estas de crescimento lento e dispendioso. O valor dos poços também pode ser percebido no fato de que eram dados a eles nomes específicos (ver Gn 26.20-22). As cidades, por muitas vezes, tomavam nome com base em algum poço famoso que houvesse nas proximidades, como foi o caso de Berseba.

Os poços também desempenhavam um papel estratégico preponderante quando havia guerras de invasão. Os exércitos antigos geralmente só guerreavam durante os meses de verão, porquanto então poderiam os soldados sobreviver alimentando-se das plantações saqueadas de seus adversários. Todavia, também era durante os meses de verão, em que a água rareava mais por todo o Oriente Próximo e Médio. Por essa razão, os defensores das cidades e das regiões invadidas costumavam tapar as bocas de seus poços com pedras, para então porem uma camada espessa de terra, a fim de que os soldados inimigos não pudessem encontrar esses poços. Foi por essa razão que Ezequias, rei de Judá, mandou escavar o túnel de Siloé, que trazia água daquele poço até o interior da cidade de Jerusalém, a fim de que pudesse resistir melhor ao assédio das tropas assírias. E quando alguém queria tirar uma vingança especial contra um inimigo, então destruía os seus poços, conforme se vê Em 2Reis 3.25: *Arrasaram as cidades, e cada um lançou a sua pedra em todos os bons campos, e os entulharam, e tamparam todas as fontes de águas...* Ver também o artigo intitulado *Cisterna*.

POÇOS ANTIGOS

Descoberta Arqueológica. Localidade: leito do mar Mediterrâneo, ao longo das costas do monte Carmelo, entre Haifa e Dor. Uma estrutura de pedra e madeira, de um antigo poço no leito do mar, em um local que já foi terra seca. Foi descoberto em 1985. Trata-se de um dos mais antigos poços jamais localizado. Fica situado a 300 m da atual linha da praia. Objetos encontrados nas vizinhanças, como cabanas de pedra, ossos de ovelhas e peles de cabras, além de vários instrumentos, indicam um período neolítico posterior ou calcolítico anterior, 4500 a.C. Ou mesmo antes. Restos de carvalhos mostram que a ocupação estava no meio de carvalhais. O fato de que não crescem carvalhos perto do mar, por causa da atmosfera salgada, à qual eles não resistem, mostra que a área antigamente era terra firme, e que a linha da praia foi consideravelmente alterada. Ver sobre *Cisternas e Poço* (Lagoa).

POÇO (LAGOA)

1. Palavras Bíblicas Envolvidas. Os termos bíblicos correspondentes indicam uma lagoa (no hebraico, *agam*, ver Is 14.23; 35.7); bênção ou prosperidade material (no hebraico, *berakah*, Sl 84.6); um ajuntamento de águas (hebraico *mikweh*, ver Gn 1.10; Êx 7.19); um lugar de mergulhar (no grego, *kilumbethra*, ver Jo 5.2,4,7; 9.7,11).

2. Importância da Preservação de Água Potável. Ver o artigo separado chamado *Cisterna*. Lugares onde a chuva é escassa, o calor é intenso, e há desertos nas proximidades, dependem da preservação artificial de água, ou de alguns poucos mananciais ali existentes. O trecho de Isaías 14.23 provavelmente refere-se a algum açude artificial, um tipo de reservatório. A conservação das águas pluviais era crucial na Palestina. A precipitação de chuva, em Jerusalém, atinge somente cerca de 63 cm por ano, e isso limitado a um período de cinquenta a sessenta dias a cada ano. No resto do tempo, a preservação da água é uma importante questão nacional. Túneis e valados eram feitos. As disputas por causa de pequenos suprimentos de água eram comuns (ver Gn 26.15-22; Êx 2.16 ss.).

3. Reservatórios Mencionados na Bíblia. *a. O aqueduto de Ezequias* (2Rs 20.20). Essa foi uma grande bacia aberta a mando do rei Ezequias, na cidade de Jerusalém, e que era alimentada por algum curso de água. O trecho de 2Crônicas 32.30 mostra-nos que Ezequias canalizou essas águas desde Giom até o interior da cidade, utilizando-se de canal subterrâneo para esta finalidade. Os árabes chamam essa construção de Birket el-Hammam; esse canal aparentemente entrava pela porção noroeste da moderna Jerusalém, não muito longe do portão de Jaffa. *b. O aqueduto do açude superior, o aqueduto do açude inferior*. O açude superior é mencionado em Isaías 7.3; 36.2; 2Reis 18.17. Ficava situado perto do campo do lavandeiro, fora da cidade. E o açude inferior é mencionado em Isaías 22.9. Ambos esses açudes eram supridos de água pela fonte do Giom, que era uma fonte intermitente que constituía o suprimento de água mais antigo de Jerusalém, situado no vale do Cedrom, imediatamente abaixo da colina oriental chamada Ofel. Ver o artigo separado sobre *Giom*. A arqueologia tem desenterrado outros reservatórios de águas artificiais, naquela área geral. *c. O açude velho* (Is 22.11) ficava localizado não distante da muralha dupla, perto dos jardins reais (2Rs 25.4; Jr 39.4), provavelmente na porção sudeste da cidade, perto da fonte de Siloam ou Hasselá (Ne 3.15). *d. O*

POÇO DE JACÓ

açude do rei (Ne 2.14). Tem sido identificado com a fonte da Virgem, a leste de Ofel. Talvez fosse o açude também chamado de Salomão. **e. O tanque de Betesda** (vide), provavelmente localizado no canto nordeste da cidade, perto da porta das Ovelhas (Jo 5.2). **f. O açude de Gibeom** (2Sm 2.8-17). Era uma espécie de poço escavado para armazenar água. Foi construído no início da Idade do Ferro. Uma escadaria descia até o nível da água. O açude tinha um total de quase 11 m de profundidade. Posteriormente, foi escavado um túnel que levava água de um manancial fora das muralhas da cidade até o seu interior. Ver o artigo geral sobre *Gibeom*, quanto a maiores detalhes. **g. O tanque de Siloé** (também chamado de "águas de Siloé"). (Ver Is 8.6; Ne 3.15; 12.37; Jo 9.7). Josefo, o historiador judeu, mencionou com frequência esse tanque, localizado na extremidade do vale dos fabricantes de queijo, ou vale Tiropeano (ver *Guerras* 5.4,1). Ficava fora das muralhas de Jerusalém (*Guerras* 5.9,4). Sua descrição sugere o atual *Birkhet Silwan*, que ficava no lado oposto do vale do Cedrom. Foi nesse tanque que Jesus mandou o homem lavar-se, a fim de recuperar sua vida. O tanque de Siloé era alimentado por um canal que foi escavado na rocha sólida pelo espaço de quase 520 m, começando na fonte da Virgem (ver sobre *Enrogel*). Quanto a maiores detalhes, ver o artigo intitulado *Siloé*.

4. Simbolismo nos Sonhos e nas Visões. Um poço, lagoa, açude, tanque, etc, ao refletir a imagem de algum objeto, pode ser emblema da *mente inconsciente*. Em suas profundezas estão ocultos todos os tipos de coisas misteriosas e inesperadas. Reflexos à superfície da água falam sobre o que o sonhador está procurando descobrir sobre si mesmo, sobre seu destino, suas necessidades, suas perversões etc.

POÇO DE JACÓ. Ver *Jacó, Poço de*.

POÇO DO AQUEDUTO (AÇUDE DE HASSELÁ)

Ver Neemias 3.15. Algumas traduções dizem nesse trecho: "açude de Hasselá". Está em pauta um reservatório, existente em Jerusalém, perto da Porta da Fonte, que talvez fosse idêntico ao *açude do rei* (Ne 2.14), ou mesmo ao "açude inferior", mencionado em Isaías 22.9. Alguns identificam-no com o poço de Siloé; mas parece ter sido um reservatório distinto, dentro do complexo do sistema de fornecimento de água, construído para atender às necessidades em Jerusalém. A fonte de Giom era de onde manavam, principalmente, estas águas.

PODER

I. Definições. A base da palavra portuguesa "poder" é o latim, *posse*, "ser capaz". O poder consiste na capacidade de agir; é *potência* (vide); é uma virtude mediante a qual uma pessoa ou uma coisa pode tornar algo uma realidade. Poder é capacidade em potencial; é força ativa em operação; é o direito de ser ou de fazer alguma coisa; é qualquer forma de energia. Na física, o poder é a taxa com que a energia é convertida ou transferida em trabalho. Biblicamente falando, Deus é o Ser Todo-Poderoso (onipotente), sendo ele a fonte originária de todos os outros estados e atos de poder.

Palavras Bíblicas Envolvidas. No hebraico: **1**. *koach*, "ser firme", "agir vigorosamente", "produzir". Essa palavra figura por 121 vezes, de Gênesis 31.6 a Zacarias 4.6. Esse termo é usado em todos os tipos de conexão, divina e humana. **2**. *Oz*, "força", "dureza", "segurança", "majestade". Esse vocábulo ocorre por 94 vezes (conforme exemplificamos em Lv 26.19; Ed 8.22; Sl 59.16; 62.11; 63.2; 66.3; 78.26; 90.11; 150.1; Ez 30.6; Hc 3.4). Também é palavra usada para indicar qualquer tipo de poder. **3**. *Geburah*, "valor", "poder", "força", "domínio"; usada por 61 vezes (conforme se vê, por exemplo, em Dt 3.24; Jz 5.31; 1Rs 15.23; 2Rs 10.34; 1Cr 29.12,30; Et 10.2; Is 11.2; Jr 9.23; 10.6; Ez 32.29,30; Dn 2.20,23; Mq 3.3; 7.16). Um bom número de outras palavras hebraicas também aparece, mas elas são, essencialmente, sinônimos dessas três palavras hebraicas.

No grego: **1**. *dúnamis*, "poder", indicando obras poderosas (milagres). Daí é que vem o termo moderno "dinamite". É vocábulo usado por 120 vezes no Novo Testamento, desde Mateus 6.13 até Apocalipse 19.1. Os verbos *dúnamai o dunamóo* também são muito comuns, sobretudo o primeiro deles. **2**. *Eksousía*, "poder", "autoridade", "direito". Essa palavra ocorre por 103 vezes no Novo Testamento, de Mateus 7.29 a Apocalipse 22.14. A forma verbal *eksousiázo* ocorre por quatro vezes (em Lc 22.25; 1Co 6.12; 7.4). Também pode ser traduzida com o sentido de "jurisdição", e até "liberdade". **3**. *Krátos*, "poder", "domínio", "força". Vocábulo que foi usado por doze vezes no Novo Testamento (Lc 1.51; At 19.20; Ef 1.19; 6.10; Cl 1.11; 1Tm 6.16; Hb 2.14; 1Pe 4.11; 5.11; Jd 25; Ap 1.6; 5.13). As formas verbais *krateó* e *krataióo* também são bastante frequentes. A ideia básica de *dúnamis* é "força"; de *eksousía* é "direito", "legalidade"; de *krátos* é "superioridade". O adjetivo *krátistos*, "nobre", "excelente", "ilustre", deriva-se desse último vocábulo (ver Lc 1.3; At 23.26; 24.3; 26.25).

II. Agentes Poderosos na Bíblia

1. Deus. Ele é chamado na Bíblia de o *Todo-Poderoso*. O trecho de 1Crônicas 29.11,12, é uma das mais destacadas entre as passagens que assim chamam Deus. Lemos ali: *tua, Senhor, é a grandeza, o poder, a honra, a vitória e a majestade...* O mundo foi feito mediante o poder de Deus (ver Jr 51.15). O povo de Israel foi tirado do Egito pelo poder do Senhor (ver Êx 32.11). Os servos especiais de Deus veem grandes obras poderosas através do poder divino (ver Dn 3.27; 6.27). Deus tem o poder de vida e de morte (ver Sl 49.15; 79.11; 89.48). A esperança da ressurreição do corpo depende do poder de Deus (ver Fp 3.21). Ver também os artigos sobre *Deus* e *Atributos de Deus*. O poder de Deus é imenso (Sl 79.11); é forte (Sl 89.13); é glorioso (Is 63.12); é eterno (Rm 9.21); é soberano (Rm 9.21); é eficaz (Is 43.13); é irresistível (Dt 32.39); é incomparável (Êx 15.11; Ec 3.11). O poder de Deus pode tudo (Ml 19.26).

2. Cristo, o Logos, foi o poder responsável pela criação (Jo 1.1-3; Cl 1.16); e o responsável pela sustentação da criação (Cl 1.17). Nele reside, igualmente, o poder da encarnação (Jo 1.14), mediante o qual a vida espiritual manifesta-se aos homens. O poder do Espírito de Deus atuava poderosamente em Jesus Cristo, para cumprimento de sua missão terrena especial (Lc 4.14). Esse poder mostrou-se eficaz em sua vida (Lc 4.36; 6.19; 8.46; 10.13; At 2.22). Cristo tinha o poder de dar a sua vida e de retomá-la (Jo 10.18). Haverá tremenda manifestação do poder de Cristo, por ocasião de sua *parousia* (vide; ver Mt 24.30; 26.64). Cristo outorgou aos seus discípulos o poder de darem continuidade à sua missão (Mt 28.18).

3. Os Discípulos de Cristo São Agentes de seu Poder. (Ver Lc 2.49; At 1.8; Ef 3.20; Fp 3.10; 2Ts 1.11). Por essa razão, as orações deles são poderosas (Tg 5.16). A passagem de João 14.12 diz que os que crerem em Cristo serão capazes de realizar obras ainda maiores que o próprio Jesus realizou, se tiverem nele a fé suficiente.

4. O Poder do Espírito Santo, que é o alter ego de Cristo, atua para dar um contínuo sucesso à missão de Cristo. Ver Atos 1.8. O trecho de João 14.12 também deixa isso entendido, visto que os discípulos só poderiam fazer obras maiores que as de Jesus, se ele fosse para o Pai, indicando que assim ele enviaria a eles o seu Espírito Santo. Ver o artigo geral sobre *Espírito Santo*, no tocante a completas notas sobre essa questão. (Ver Lc 4.14; Mt 12.28; Sl 104.30).

5. A igreja. A comunidade dos salvos é o agente do Espírito Santo na propalação da mensagem de Cristo e do poder do evangelho. Poder pode ser um dom de Deus (ver 1Co 14.3), que alguns crentes possuem, o que, provavelmente, indica a capacidade de realizar grandes obras e milagres. Também é preciso poder para que o crente compreenda as profundas realidades da fé, o que é um ideal acenado para todos os crentes (ver Ef 3.18,19). Algumas igrejas locais têm pouco poder material (ver Ap 3.8); mas, se dependerem do poder de Cristo e de seu Espírito, poderão ser eficazes na sua missão.

6. Poderes para Governar. Antes de tudo, devemos pensar no poder de Deus governar todas as coisas (ver Cr 29.11,12; 2Cr 25.8). O poder de Deus manifesta-se por detrás dos governos humanos, que atuam como seus agentes, em certo sentido (ver Rm 13.1-7).

7. Anjos e Poderes. O trecho de Efésios 1.21 deixa entendido que existem poderes angelicais de muitos níveis, talvez até havendo diferentes espécies de seres espirituais. Estão todos sujeitos ao poder do Logos, e são seus agentes. (Ver Cl 1.16).

A palavra "poder" (singular) ou "poderes" (plural) refere-se a alguma ordem angelical de elevado naipe ou, então, é usada como termo genérico para várias ordens angelicais muito poderosas, embora menos poderosas que outras ordens, como o são os *principados*. (Ver Ef 1.21). Este último termo também é usado para indicar poderes angelicais malignos (ver Cl 2.15; Ef 6.12; Rm 8.39).

III. PODERES MALIGNOS

1. O poder do pecado é uma realidade que escravizava os homens, conforme o sétimo capítulo da Epístola aos Romanos ilustra longamente, mas o evangelho tem o poder de quebrar esse domínio, o que se vê no oitavo capítulo daquela mesma epístola. Tanto judeus quanto gregos estão sob o poder do pecado (ver Rm 3.9). O trecho bíblico de Romanos 1.18-3.20 aborda esse problema, em sua inteireza. Aqueles que praticam o pecado são escravos do pecado (Jo 8.34).

2. Satanás é o principal poder maligno, e a Bíblia apresenta-o como uma espécie de comandante das forças da malignidade. O poder de Satanás é limitado por Deus (Jó 1.12; 2.6), apesar do que ele é muito poderoso, encabeçando um vasto exército do mal (ver Ef 2.2; 6.12). Porém, sua queda final é certa (Lc 10.18). Ver os artigos chamados *Satanás* e *diabo*.

3. Anjos caídos, poderes e demônios fazem parte do reino das trevas, reino esse que tem o poder de influenciar os homens e devotá-los à perdição. O trecho de 2Pedro 2.11 refere-se ao poder desses seres malignos. O mundo inteiro está debaixo do poder deles, excetuando-se somente os lavados no sangue de Cristo (ver 1Jo 5.19). Esses seres são numerosíssimos (Ef 6.12). Não obstante, esses poderes não têm forças para separar-nos do amor de Cristo (ver Rm 8.38). A existência desses seres provoca um conflito de dimensões cósmicas (ver Ef 6.12). O reino das trevas é contrastado com o reino da luz (Cl 1.13). O *dualismo* (vide) ensina que o reino da luz e o reino das trevas estão em luta um contra o outro, e que há esperança que esses dois reinos, finalmente, separar-se-ão inteiramente. Porém, dentro desse sistema, não há qualquer expectativa de que o reino das trevas possa vir a ser derrotado. A Bíblia Sagrada, por outro lado, é dualista somente em parte. Ela projeta a vitória do mundo da luz sobre o mundo das trevas, e não apenas uma separação final entre esses dois reinos. Os últimos capítulos do livro de Apocalipse refletem essa certeza. O trecho de Colossenses 2.15 refere-se ao triunfo garantido por Cristo sobre as forças do mal, segundo também se aprende em Romanos 8.38 ss. Ver os artigos separados *Demônio, Demonologia e Possessão Demoníaca*.

IV. O PODER DO EVANGELHO: A MISSÃO TRIDIMENSIONAL DE CRISTO.

A salvação dos homens depende da eficácia de um poderoso evangelho (ver Rm 1.16). A missão tridimensional de Cristo (sobre a terra, no *hades* e nos céus) torna universalmente eficaz este evangelho. O evangelho resulta na *redenção* (vide) dos eleitos e na *restauração* (vide) dos perdidos. Coisa alguma está fora do alcance do evangelho, e uma atitude pessimista no tocante ao resultado final da missão tridimensional de Cristo é reflexo de uma teologia má. O evangelho de Cristo fala sobre o poder de Cristo salvar ou restaurar, até mesmo dentro do reino das trevas, com resultados positivos (ver 1Pe 4.6). Ver o artigo intitulado *Descida de Cristo ao Hades*.

POESIA. Ver sobre *Poeta, Poesia*.

POESIA E TEOLOGIA. Ver sobre *Poeta, Poesia*, seção quarta.

POESIA NO ANTIGO TESTAMENTO. Ver sobre *Poeta, Poesia*, seção segunda.

POETA, POESIA

I. DEFINIÇÕES E DESCRIÇÕES. No grego, devemos considerar o termo *poités*, "fazedor", "realizador". No sentido literário, um poeta é alguém que exprime as suas ideias mediante imagens verbais, metáforas e outros artifícios literários. Um poeta prima pela brevidade de expressão, em conjunção com expressões claras e eloquência. Os melhores poetas são indivíduos criativos, que são capazes de manipular a linguagem de maneira reveladora.

Sócrates falava sobre a inspiração poética, mas não ficava impressionado diante das explicações racionais dos poetas, porquanto supunha que o homem dotado de grande acuidade intelectual ou intuitiva com frequência pode fornecer melhores explicações para as coisas do que os poetas.

A poesia tem sido comumente usada como expressão tanto secular quanto religiosa. Na cultura grega, os escritos formais, tanto filosóficos quanto históricos, eram grafados em forma poética, porquanto o sentimento geral era que os escritos importantes só podiam ser corretamente expressos dessa maneira. Levou tempo até que a poesia começasse a ser usada nos escritos filosóficos e históricos. A poesia ocupa um importante papel no Antigo Testamento; mas só ocasionalmente vem à tona nas páginas do Novo Testamento. A poesia têm feito uma contribuição significativa para a teologia, dentro e fora do contexto hebreu-cristão, conforme demonstro na seção quarta deste artigo. A palavra poeta aparece na Bíblia somente em Atos 17.28, onde o apóstolo Paulo cita um trecho de Arato de Mísia: "Porque dele também somos geração". Com base nessa linha poética, Paulo salientou o absurdo da idolatria.

Segundo se verifica com qualquer palavra de sentido muito amplo, não há nenhuma definição isolada e boa para a poesia, embora esta seja uma boa tentativa: "(A poesia) é um discurso emocional e imaginativo em forma métrica, ou seja, a representação de experiências ou ideias que envolvem significação emocional, em uma linguagem caracterizada pela imaginação e pelos sons rítmicos. Pelo lado da imaginação concreta, a arte da poesia está bastante ligada com as artes da pintura e da escultura, embora diferindo dessas porque está melhor adaptada à representação de continuidade e movimento e também por poder fazer uso de ideias puramente abstratas, bem como de imagens verbais. E pelo lado do som rítmico, está intimamente relacionada à música, embora diferindo desta em sua capacidade de representar tanto ideias concretas quanto ideias abstratas com alguma exatidão. Quando o assunto é encarado objetivamente pelo poeta, a poesia pode ser *narrativa* ou *descritiva*; quando subjetivamente, a poesia pode ser *lírica*. A *poesia dramática* combina esses dois pontos de vista: ela é objetiva para o poeta, mas apresenta a matéria subjetivamente, através de personalidades imaginárias. Visto que a poesia pode tratar tanto de assuntos gerais como de assuntos concretos, também há um tipo de poesia que poderia ser apropriadamente chamado de poesia *expositiva* ou *didática*, mas essa, por causa de seu pequeno uso de valores emocionais e de expressões imaginativas, existe por assim dizer, fazendo fronteiras com a prosa". (AM)

Até onde vão os registros, a poesia é a mais primitiva das antigas artes literárias. O poeta grego, Homero, do século IX a.C., surpreende-nos com seus versos de estranha beleza e de arranjo tão artístico, apesar do fato de que ele viveu em uma época de semibarbárie. O espírito amortecedor que há no homem de algum modo não foi capaz de amortecer a expressão poética. Outro tanto pode ser dito quanto à poesia do rei Davi (1000 a.C.), cuja arte literária nos é tão surpreendente quanto a sua vida caracterizada pela violência.

II. A Poesia no Antigo Testamento
1. Artifícios Poéticos:

a. Linguagem figurada. Essa é uma importante característica do cântico de Moisés (Êx 15.1 ss.), do cântico de Débora (Jz 5.1 ss.), de certas porções do livro de Jó (30.28 ss.; 41.1 ss.), e também frequente no livro de Salmos. Os poetas eram manipuladores da linguagem figurada, e um bom poeta tem uma imaginação fértil, que se manifesta sob a forma de expressões verbais coloridas. "O próprio idioma hebraico é ressonante, rítmico e musical, até mesmo na prosa. O seu vocabulário é vívido. Abunda em figuras de linguagem como aliterações, personificações, hipérboles, metáforas, símiles, metonímia e assonância. A diferença entre a prosa e a poesia dos hebreus nem sempre é fácil de determinar. Na poesia, os ritmos são confinados dentro de certos limites, ao passo que na prosa esses ritmos são absolutamente livres" (UN).

b. Paralelismo. Esse artifício opera de mais de uma maneira: por sinônimos, com a repetição de ideias similares (Sl 49;1; todo o Sl 104); *paralelismo sintético*, quando uma segunda linha é adicionada à primeira, como uma espécie de reiteração da mesma declaração, mas com uma expressão levemente diferente (Sl 55.6); *paralelismo antitético*, quando a segunda linha apresenta um contraste com a ideia expressa na primeira (Sl 1.6); *paralelismo climático*, quando a segunda linha amplia a ideia contida na primeira (Sl 55.12,13); *paralelismo binósfico*, em que a primeira linha é seguida por diferentes tipos de paralelismos.

Algumas Ilustrações:
Por Sinonímia:
Salmo 59.1
1ª linha — *Livra-me, Deus meu, dos meus inimigos*;
2ª linha — *põe-me acima do alcance dos meus adversários*.
Paralelismo Antitético:
Salmo 1.6
1ª linha — *Pois o Senhor conhece o caminho dos justos*,
2ª linha — *mas o caminho dos ímpios perecerá*.
Paralelismo Binósfico:
Salmo 45.1
1ª linha — *De boas palavras transborda o meu coração*:
2ª linha — *Ao Rei consagro o que compus*:
3ª linha — *a minha língua é como a pena de habilidoso escritor*.
Paralelisnio Sintético:
Salmo 55.6
1ª linha — *Quem me dera asas como de pomba!*
2ª linha — *voaria, e acharia pouso*.

c. Ritmo. Essa é uma terceira característica da poesia hebreia. Os hebreus não desenvolveram o ritmo ao ponto em que o fizeram os gregos, embora seja um artifício que tem seu desempenho na poesia dos hebreus. Os hebreus não contavam sílabas, como o faziam os gregos. Os eruditos têm sido capazes de detectar um certo ritmo na acentuação das palavras, mas não no número das sílabas. A métrica lírica, entre os hebreus, teria dois mais dois; a poesia épica ou didática, teria três mais três; e a lamentação teria três mais dois, conforme se vê, para exemplificar, no livro de Lamentações. Cumpre-nos notar, porém, que os hebreus não dispunham de regras rígidas sobre essa questão, e que nem se deve pensar em emendar textos para moldá-los a essas acentuações. Dentro dessa questão rítmica, a poesia hebreia caracteriza-se mais pelo ritmo de um espírito que se eleva, e não por algum artifício literário especial.

d. O uso da música. Sabe-se que a poesia grega tinha por finalidade ser entoada. Isso só é verdadeiro em parte, no caso da poesia dos hebreus. Certamente muitos dos salmos foram musicados. Davi desenvolveu a música a ser usada nos ritos do templo. Trechos escriturísticos como o de Salmo 137.3 mostram que a música (e, presumivelmente, a poesia) não se limitava à expressão religiosa dos israelitas. Pouca poesia não religiosa nos chegou da parte dos antigos hebreus, porém o trecho de Números 21.17,18 refere-se ao "cântico do poço", que parece ser uma espécie de coro, empregado pelos cavadores de poços para se encorajarem enquanto ocupados em um trabalho árduo como esse. Provavelmente outras ocupações pesadas também contavam com cânticos similares, como nas atividades da sega (ver Is 9.3), da vindima (ver Is 16.10), além de haver cânticos usados em ocasiões especiais (ver Gn 31.27), festas de casamento (Jr 7.34), elegias (2Sm 1.19-27), lamentações (2Sm 18.33). E as passagens de Êxodo 15.20; Isaías 23.16; 1Crônicas 25.6 mostram que eram usados instrumentos musicais nessas oportunidades. Sem dúvida, eram peças poéticas declamadas com o auxílio da música. A maior coletânea de poemas hebreus que se conhece é o livro de Salmos; mas há indicações de que a cultura hebreia contava com muita poesia, de natureza tanto religiosa quanto secular. Os livros poéticos do Antigo Testamento são Jó, Salmos, Provérbios, Eclesiastes e Cantares de Salomão.

III. A Poesia no Novo Testamento.
O Novo Testamento não dispõe de nenhum livro ou de larga porção de algum livro de natureza poética. Apesar disso, considerando seu volume limitado, há bastante poesia no mesmo.

1. Citações.
O livro veterotestamentário mais citado no Novo Testamento é o livro de Salmos. Com base nessa circunstância, uma boa parcela de poesia foi incorporada assim pelos autores do Novo Testamento. Todavia, também são citados ali poetas não hebreus. O trecho de Atos 17.22-31 dá-nos o sermão de Paulo no Areópago. O vs. 28 dessa passagem provê uma citação de três poetas gentios, a saber: Epimênides de Creta ("Pois nele vivemos, e nos movemos e existimos"), Arato da Cilícia, e Cleantes, o estoico ("Porque dele também somos geração"). E Paulo, em Tito 1.12 também citou Epimênides ("Cretenses, sempre mentirosos, feras terríveis, ventres preguiçosos"). Visto que Epimênides era cretense, teria ele dito a verdade nesse caso! Os filósofos têm-se divertido diante dessa indagação. O trecho de 1Coríntios 15.33 emprega uma máxima de Menandro ("As más conversações corrompem os bons costumes"). Essas citações sugerem que Paulo recebeu uma educação liberal. As evidências em favor disso também dependem do fato de que muitas de suas declarações encontram paralelo em dizeres de filósofos estoicos. A cidade de Tarso era centro de cultura estoica. Fatos como esses laboram contra o *anti-intelectualismo* (vide), tão popular entre certos crentes.

2. Fragmentos de Hinos Antigos.
Os intérpretes julgam poder descobrir porções de antigos hinos cristãos no prólogo do Evangelho de João; (em Ef 5.14,19; em 1Tm 3.16; em 2Tm 2.11-13; em Cl 1.13-20; em 2Co 5.14-18 e em Fp 2.5-11). Mui provavelmente, essas eram peças de poesia cristã musicadas, cujo intuito era exprimir importantes ideias e sentimentos cristãos. Refletem tanto a poesia hebreia quanto a lírica grega, conforme também já seria de se esperar. Ver o artigo geral chamado *Hino* (*Hinologia*) quanto a detalhes sobre essa questão.

3. Nos Escritos de Lucas.
Visto que Lucas foi homem de considerável habilidade literária, é natural que ele tenha incluído poesia em suas composições. No Evangelho de Lucas há oito passagens poéticas (1.14-17,33-35,46-55,68-79; 2.14,29-32,34,35). As poesias mais bem conhecidas e mais utilizadas, dentro do Evangelho de Lucas, são: *o Magnificat* (1.46-55); *o Benedictus* (1.68-79); *o Gloria in Excelsis* (2.14) e *o Nunc Dimittis* (2.29-31). O Antigo Testamento foi empregado quanto a quase todo esse material, e o estilo é tipicamente hebraico.

4. Seleções Miscelâneas. O prólogo de João (1.1-18) é definidamente poético, podendo representar, pelo menos parcialmente, algum antigo hino cristão; várias declarações do Senhor Jesus são poéticas, como as bem-aventuranças (Mt 5.3-12) e outras partes do sermão da montanha (6.25-34). Os trechos de Mateus 11.28-30 e 23.37-39 soam como poesia segundo o estilo hebreu. O trecho de João 4.14 também é poético. Paulo tornou-se um poeta ao escrever passagens como Romanos 8.35-38; 11.33-36; 1Coríntios 13 (o hino ao amor); 1Coríntios 15.51-57. Além disso, há lances nitidamente poéticos em Hebreus 11.32-38 e Judas 24,25. A versão inglesa de *King James*, com sua incomum beleza e cadência, conseguiu até melhorar algumas destas passagens!

No Novo Testamento observa-se o emprego de paronomásia e de aliteração. Exemplos disso são Lucas 21.11 (no grego, *loimoi, limoi*); Romanos 1.29 (no grego, *phthonou, phonou*); Atos 17.25 (no grego, *zoen, pnoen*); Hebreus 5.8 (no grego, *emathen, epathen*); Romanos 12.3 (no grego, *huperpronein, phronein*); Mateus 16.18 (Petros, petra); Filemom 10 e 20 (*Onesimus, onaimen*). Há um jogo de palavras, em Atos 8.30 (no grego, *ginoskeis, anaginoskeis*), que pode ter ocorrido por acidente.

5. O Livro de Apocalipse. Nenhum outro livro do Novo Testamento é tão poético quanto esse, do começo ao fim. Depende pesadamente da literatura apocalíptica dos hebreus (incluindo os livros pseudepígrafes) e do Antigo Testamento. Notáveis passagens poéticas são os hinos ou cânticos exaltados que se acham nas seguintes passagens do Apocalipse: 4.8,11; 5.9,10,12,13; 7.15-17; 11.17-19; 15.3,4 (o cântico de Moisés e do Cordeiro); 18.2,8,14-24 (a condenação da Babilônia); 19.6,8. John Milton chamou o Apocalipse de João de "um coro de sete aleluias e sinfonias de harpas"; e Handel musicou alguns deles em sua imortal composição, *O Messias*. Uma de minhas fontes informativas queixa-se de que grande parte dessa linguagem imaginativa não é interpretada no próprio Apocalipse, dando a entender que as metáforas poéticas obscureceram o entendimento dessas porções, e sugerindo que a chave disso provavelmente existiu na antiguidade. Porém, se o autor dessa fonte informativa tivesse lido os livros apocalípticos e pseudepígrafes do Antigo Testamento, teria descoberto ali quase todos esses símbolos e as explicações dos mesmos. O restante deriva-se diretamente do Antigo Testamento.

IV. A Poesia e a Teologia. A poesia tem contribuído para a teologia, não somente dentro da tradição hebreia-cristã, mas também em outras culturas. As obras de Homero (a Bíblia dos gregos) foram escritas em um excelente estilo poético, com uma força de expressão jamais igualada em qualquer outra literatura. As escrituras hindus, o *Bhagavadgita* (vide) contém notáveis passagens poéticas. E há obras modernas que têm levado avante a expressão poética, emprestando poder à teologia. Entre essas obras modernas poderíamos citar a *Divina Comédia* (de Dante); a *Tempestade*, o *Paraíso Perdido*, o *Paraíso Recuperado* (de Milton); *Fausto* (de Goethe); vários poemas de Tennyson, como o *Memoriam*. Outros poetas metafísicos foram Robert Burns, John G. Whittier, John Donne e Browning. De modo não infrequente, as mais notáveis composições poéticas têm reivindicado inspiração. Os grandes temas de Deus, Cristo, as perfeições e a missão de Cristo, o amor de Deus, e a alma e sua imortalidade têm sido fontes naturais de inspiração poética.

Muitos hinos são apenas grandes poemas musicados; sendo assim, é correto dizermos que a hinologia, em geral, serve de meio de expressão teológica. Alguns estudiosos têm até exagerado nisso, afirmando que a hinologia é um ramo da teologia. A eficácia da hinologia vê-se diante do fato de que não instrui meramente a mente. Mas também anima e inspira o espírito. Um bom hino inspira nobreza, tal como a música corrupta inspira a corrupção. Ver os artigos intitulados *Música e Hino* (Hinologia).

POLEGAR

No hebraico, *bohen*, "polegar"; também, *bohen yad*, "polegar da mão". A palavra isolada aparece por sete vezes (Êx 29.20; Lv 8.23,24; 14.14,17,25,28). E a expressão *bohen yad* é utilizada por duas vezes: Jeremias 1.6,7.

O polegar constitui um dos mais versáteis dedos da mão. Sua ligação direta ao pulso permite e facilita a sua rotação a uma posição em que sua ponta fica diretamente oposta às pontas dos outros quatro dedos da mão. A experiência demonstra que a perda do polegar deixa a mão severamente aleijada e limitada. De conformidade com as modernas leis trabalhistas, a perda do polegar recebe uma compensação bem mais alta do que a perda de qualquer dos outros dedos da mão. As modernas técnicas cirúrgicas têm-se esforçado por substituir um polegar perdido, por algum outro dedo da mão, ou mesmo por algum artelho, com ligações similares às de um polegar verdadeiro. E, nisso, os cirurgiões têm conseguido uma razoável medida de sucesso. É digno de nota que há proeminência especial aos polegares dos filhos de Aarão, em conexão com sua consagração ao ministério sacerdotal do tabernáculo, porquanto a consagração desses ministros envolvia seu corpo inteiro, mas, especialmente, aquelas porções do corpo mais úteis ao serviço (ver Lv 8.23,24).

POLIGAMIA

I. Definições. Ver o artigo geral sobre o *Matrimônio*, onde são discutidas as várias formas de casamento. Ver também sobre *Monogamia*, que informa sobre um ponto que faz parte integral do presente tema, especialmente no que diz respeito a como a monogamia é rara entre as espécies de animais irracionais no mundo. O termo poligamia vem do grego *poli*, "muitos", e *gámos*, "festa de casamento". Esse vocábulo refere-se, estritamente, aos casamentos plurais, ou nos casos em que um homem tem muitas mulheres (também chamado *poliginia*, "muitas mulheres"), ou nos casos em que uma mulher tem muitos maridos (ou seja, a *poliandria*, "muitos homens"). O primeiro desses casos, a *poliginia*, é o termo mais certo para quando um homem tem muitas mulheres; mas, de acordo com o uso popular, geralmente é usada a palavra poligamia para essa situação, e as pessoas usualmente usam o termo incluindo a ideia da *poliandria*. A Encyclopedia Americana envia o leitor a examinar o verbete *Poliginia*, sob o título *Poligamia*, o que está verbalmente correto, embora isso vá de encontro ao conhecimento e à compreensão comuns das palavras.

II. Sociedades Polígamas. Embora as sociedades ocidentais sejam legalmente monógamas, ainda assim, há muita poligamia, através da instituição semilegalizada do concubinato (A Constituinte Brasileira, de 1988, legalizou o concubinato), sem falarmos nas "amantes", secretas ou francas. Mas, quanto às sociedades que reconhecem, legal e religiosamente, a instituição da poligamia, somos informados que as mulheres envolvidas dirigem seus ciúmes não na direção de questões sexuais, mas na direção da posição social de cada uma, do número de filhos, dos favores recebidos do marido, da predominância social de umas sobre as outras etc. Também somos informados, por quem deveria saber o que está dizendo, que as sociedades onde a poligamia há muito está arraigada, que elas preferem essa forma de casamento, e isso não só da parte dos homens, mas até da parte das mulheres. É que uma coesposa prové companheiro e ajuda no trabalho doméstico. Acresça-se a isso que, nessas sociedades, o número de esposas de um homem corresponde, grosso modo, à sua prosperidade financeira, o que significa que uma família polígama tem mais prestígio social e financeiro que uma família monógama, pois esta última pode estar seguindo esse regime meramente porque o chefe da família não é tão abastado assim, podendo sustentar somente uma mulher. Além disso, os casamentos polígamos suprem a força de trabalho que faz uma família tornar-se mais próspera que as famílias monógamas. Os historiadores dizem que os índios norte-americanos *blackfoot* passaram de uma sociedade bastante empobrecida para uma sociedade afluente, por razão de sua poligamia. As várias mulheres de um homem eram treinadas a cuidar dos couros de búfalo e de outros animais. Enquanto o marido caçava, as mulheres é que preparavam as peles. Quanto mais esposas tivesse um homem em sua tenda, mais prósperos tornavam-se todos os membros da família!

A *poliginia* é comum em alguns países africanos, sendo a prática oficial dos muçulmanos. A sabedoria prática de Maomé dificilmente pode ser posta em dúvida. Em primeiro lugar, ele casou-se com uma rica viúva, pelo que teve tempo de seguir suas ideias religiosas sem o empecilho de ter de trabalhar para sustentar-se. Em segundo lugar, quando ela morreu, ele fez da poligamia a prática oficial e divinamente sancionada.

Nos países da antiguidade, a prática da poliginia era quase universal. O Antigo Testamento deixa isso claro, até com respeito à antiga sociedade dos hebreus. Esse também era um costume que prevalecia no Egito e na Arábia. Até os próprios tempos modernos, também era prática comum na China e na Irlanda. Na China e no Japão dos nossos dias, a poligamia ainda persiste, sob a forma de um concubinato socialmente aprovado. Os casais ali se formam, já com o entendimento, de que ambos os cônjuges podem dar suas escapadas sexuais. Durante a Reforma Protestante, houve um notável caso de sanção. Martinho Lutero aprovou o casamento bígamo de Filipe de Hesse. Mas isso causou unicamente perturbações e contendas entre os protestantes.

Além das riquezas materiais adquiridas, conforme foi dito acima, há uma outra vantagem do casamento polígamo: é absorvido o excesso de mulheres sobre os homens, que se verifica em muitas sociedades, tornando-as esposas plurais. Doutra sorte, elas continuariam, quando muito, a ser amantes, ou a terem uma vida caracterizada pela permissividade.

III. A Moderna Cena Religiosa Mundial!

O mais conspícuo exemplo de poligamia, na cena mundial, é o *islamismo*. A cada homem são permitidas quatro esposas, contanto que cada qual seja tratada igualitariamente pelo esposo. Esse ideal parece impossível de ser cumprido, mas os bons islamitas continuam tentando. O *mormonismo*, no começo de sua história, também praticava a poligamia. Seu grande líder, Brigham Young, segundo se notícia, teve mais de trinta mulheres. No entanto, ele parece ter preferido uma delas, com a qual passava a maior parte de seu tempo. É preciso dizer a verdade, que a porcentagem de casos de poligamia, entre os mórmons, nunca foi muito grande. Ademais, havia regras estritas regulamentando a questão como algo espiritual (um aspecto da fé religiosa deles), e não somente por razões pessoais ou econômicas. A doutrina mórmon ensina que Deus tem muitas esposas, e que as almas humanas são produtos da procriação divina. Assim, os homens que seguirem esse divino exemplo estão-se tornando deuses, e precisam de muitas esposas para a formação do núcleo de seus futuros reinos celestes, seguindo o modelo deixado pelo Pai Celeste. A poligamia foi uma prática franqueada no território que agora é o estado norte-americano de Utah, de 1843 a 1890. Mas então o congresso norte-americano baixou leis drásticas contra a prática, a qual foi constitucionalmente aceita pelo estado de Utah. Espiritualmente falando, porém, a poligamia ainda existe no mormonismo, na "selagem" de esposas a homens, para a vida após-túmulo. Ocasionalmente, descobre-se a poligamia física entre os mórmons, especialmente entre aqueles que vivem em áreas mais remotas do estado de Utah. Os mórmons que ainda praticam esses casamentos plurais são chamados por eles de "fundamentalistas", porquanto consideram a poligamia um aspecto importante da fé mórmon. Entretanto, embora eu tenha vivido por 24 anos completos no estado de Utah, nunca conheci ali uma única família polígama; mas havia rumores, ou algum artigo que era publicado, sobre os fundamentalistas mórmons.

IV. A Moralidade e a Poligamia; Noções Bíblicas.

Aqueles que manipulam a seu talento os textos de prova bíblicos supõem que a passagem de Gênesis 2.18 ss indica que a ordem original e correta era a monogamia, e que, posteriormente, a poligamia foi permitida e até mesmo encorajada, tendo-se tornado a forma dominante de casamento. Abraão, pai do judaísmo, e todos os seus filhos, foram polígamos. O trecho de Deuteronômio 21.15 ss regulamenta a prática. E, apesar de o judaísmo pós-exílico ser predominantemente monógamo, nem por isso a prática da poligamia foi oficialmente abandonada. Nos dias de Jesus, ainda havia a poligamia em Israel e o divórcio era tão fácil que casamentos plurais, em sucessão, tornaram-se extremamente comuns. Jesus ressaltou o ideal original da monogamia, e isso passou para outras porções do Novo Testamento. (Ver Mt 19.3-9; Mc 10.1-12; 1Co 6.16; 7.1,2; Ef 5.22-33; 1Tm 3.2). Dos diáconos (e outros líderes) da igreja, esperava-se a monogarnia (conforme fica demonstrado na passagem de 1Timóteo), mas a poligamia nunca foi condenada em termos finais e oficiais, mesmo no Novo Testamento.

POLITEÍSMO

Essa palavra vem do grego, *poli*, "muitos", e *theós*, "deus", ou seja, a crença de que existem muitos deuses. Isso contrasta com o *monoteísmo*, a crença na existência de um único Deus, e com o *henoteísmo*, a crença de que apesar de existirem muitos deuses, somos responsáveis diante de um só Deus. Dois artigos devem ser consultados neste *Dicionário*, em relação ao politeísmo. Ver sobre Deus, especialmente sua terceira ação, *Conceitos de Deus*, ponto primeiro, *Politeísmo*. Ver também sobre *Deuses Falsos*. Naturalmente, o politeísmo tem predominado, entre as religiões do mundo. Só as três grandes fés, a do judaísmo, a do cristianismo e a do islamismo têm adotado uma forte posição monoteísta. Contudo, os judeus e os maometanos veem o conceito trinitariano cristão como uma forma velada de monoteísmo. Dentro do cristianismo moderno, os mórmons defendem um politeísmo teórico. De acordo com o mormonismo, na verdade existiriam muitos deuses; mas, na prática, eles promovem um triteísmo; haveria três deuses com os quais temos algo a tratar: o Pai, o Filho e o Espírito Santo, que seriam pessoas separadas e deuses, distintos uns dos outros, e não meras *hipóstases* (vide) de uma única essência divina. O segundo artigo referido, *Deuses Falsos*, dá uma boa descrição das formas que a idolatria e o politeísmo assumiam na antiguidade. Uma forma de politeísmo que prevalece entre os cristãos é a elevação de falsos valores, como o dinheiro, a fama, as ambições pessoais etc., a uma desmedida importância, como se fossem divindades. Desse modo, até mesmo os indivíduos mais piedosos às vezes escorregam e caem na idolatria e em um politeísmo prático, embora, na teoria, eles permaneçam monoteístas. Ver o artigo separado, *idolatria*, que é uma inevitável associação do politeísmo.

POLUIÇÃO

Essa palavra vem do latim, *pollutus*, particípio passado do verbo *polluere*, que significa "tornar sujo". Os sinônimos são "abusar", "contaminar", "corromper", "violar", "macular". As palavras hebraicas traduzidas por "poluir" (ou por algum sinônimo) têm o sentido básico de "traspassar", "contaminar", "sujar", "tornar comum", quase sempre dizendo respeito às poluições morais e cerimoniais.

As três palavras gregas assim traduzidas são: **1.** *alísgema*, "poluição", "contaminação" (At 15.20); **2.** *míasma*, "poluição moral" (em suas várias formas, como verbo, substantivo etc., Jo 18.28; Tt 1.15; Hb 12.15; Jd 8; 2Pe 2.10,20) forma verbal é *miaíno*.

No Antigo Testamento. Uma mulher, durante o seu período menstrual, era considerada cerimonialmente imunda, ou seja, durante esse período ela não podia participar dos ritos normais da fé judaica (ver Ez 22.10). Outras coisas que podiam tornar o indivíduo cerimonialmente impuro era fazer um altar de pedras lavras (Êx 20.25), tocar em um cadáver (Nm 9.6; 19.14), ingerir a carne de vários animais considerados imundos (Lv 11), desconsiderar as regras atinentes ao matrimônio (Lv 18.6 ss.), comer coisas contaminadas pela idolatria (At 15.20,29), fazer oferendas com animais aleijados ou imperfeitos, ou com motivos errôneos (Ml 1.7-9). Então, naturalmente, com ou sem a palavra, o envolvimento em qualquer tipo de pecado ou iniquidade era considerado poluidor, sem falarmos em qualquer violação da legislação mosaica. A questão do pecado é muito ampla no Antigo Testamento, visto que a fé dos hebreus visava mais à questão moral, e não à metafísica. Ver os artigos separados chamados *Limpo e Imundo; Imundície e Pecado*.

No Novo Testamento. A passagem de Atos 15.20,29 usa o termo em conexão com o concílio de Jerusalém e o problema do legalismo. Os gentios deveriam observar que porcentagem da lei mosaica? Uma coisa era certa: os gentios convertidos precisavam evitar as poluições naturalmente associadas à idolatria e à impureza moral. O trecho de João 18.28 menciona a preocupação dos judeus com a impureza cerimonial, conforme também o faz o trecho de Marcos 7.4 ss. A passagem de Tito 1.15 menciona a extraordinária poluição das mentes dos indivíduos ímpios. As consciências deles estão corrompidas, e eles chegam a distorcer aquelas coisas que, por si mesmas, não são impuras. Para eles, coisa alguma é pura. Provavelmente estão em pauta os mestres gnósticos. Ver sobre o *Gnosticismo*. A amargura dos crentes uns contra os outros corrompe a comunhão na igreja cristã. Essas atitudes tendem por fazer pessoas irreligiosas tornarem-se elementos prejudiciais na igreja, quando conseguem introduzir-se nela (ver Hb 12.15,16). O texto de Judas 8 aparentemente é uma referência à obra contaminadora dos gnósticos. 2Pedro 2.20 adverte-nos que as pessoas que haviam escapado das poluções do mundo podem voltar a cair nelas, tornando-se a situação deles pior do que antes. Mui provavelmente estavam em foco os gnósticos; mas a advertência é geral, e não deve ser eliminada por nós mediante uma falsa interpretação. O décimo quarto capítulo da epístola aos Romanos aborda as questões cerimoniais que, aos olhos dos judeus, eram consideradas corruptoras, mas não aos olhos dos cristãos, exceto quando algum irmão chega a tropeçar, devido à liberdade excessiva e impensada de outro crente.

A Questão Ambiental. Em nossos dias, os ecologistas têm salientado quão errado, moralmente falando, é abusar da natureza. E, com a passagem do tempo, suas advertências mostram estar com toda a razão. A destruição da atmosfera está causando um calor excessivo; este calor está produzindo secas em áreas antes bem regadas pela chuva. Assim, as colheitas estão falhando, e a fome está se alastrando. Rios poluídos são origem de enfermidades e de morte. A destruição da Floresta Amazônica mudará o clima do mundo inteiro. Quanto a um maior desenvolvimento desse tema, ver o artigo *Poluição Ambiental*.

POMAR

No hebraico, *pardes*, uma palavra tomada por empréstimo do persa. Nesse último idioma significa "recinto murado". Mas estão em foco pomares de árvores frutíferas, especialmente de romãs, que eram muito comuns nas terras bíblicas. Ver Eclesiastes 2.5. Algumas traduções dizem "parques". Em Cantares 4.13 a palavra aparece no singular, "pomar".

POMBA

No hebraico, *yonah*, palavra usada por 31 vezes (como em Gn 8.8-12; Sl 55.6; Ct 1.15; Is 38.14; Jr 48.28; Na 2.7). No Novo Testamento, *peristerá*, palavra usada por dez vezes (Mt 3.16; 10.16; 21.12; Mc 1.10; 11.15; Lc 2.24 (citando Lv 12.8); 3.22; Jo 1.32; 2.14,15). Ver o artigo geral *Aves da Bíblia*.

Na Palestina atual há, pelo menos, seis espécies dessa ave, desde a década de 1950, com a extensão das áreas plantadas, elas se têm multiplicado extraordinariamente. As pombas são totalmente vegetarianas, comendo sementes, frutas e verduras. A pomba da rocha é a espécie ancestral de todas as atuais espécies, achando-se espalhada pela Europa, Ásia e Norte da África. Ela faz seu ninho em penhascos e saliências naturais, da mesma maneira que os pombos modernos gostam das saliências dos edifícios das cidades. Mas também fazem ninhos nas árvores, ou em buracos de lugares rochosos. A arqueologia tem demonstrado que essa ave vem sendo domesticada comumente desde os tempos mais remotos. Já desde 2500 a.C., era usada no Egito como alimento. É possível que a sua domesticação tenha começado para as pombas serverem de alimento.

Em Israel, a pomba era a única ave que podia ser oferecida nos sacrifícios. Eram usadas pelos pobres, que não podiam arcar com as despesas do sacrifício de um carneiro ou de um boi. Nos tempos neotestamentários, sabemos que os indivíduos que vendiam pombas para os sacrifícios sentavam-se em redor do recinto do templo (Mt 21.12). Quanto a alusões ao sacrifício dessas aves, no Antigo Testamento, ver Gênesis 15.9; Levítico 5.7. O trecho de Lucas 2.24 revela que Maria e José sacrificaram um par dessas aves, de acordo com a lei mosaica que requeria isso, quando do nascimento de uma criança (ver Lv 12.8).

Usos Metafóricos. **1**. Um símbolo de vindoura reconciliação com Deus (Gn 8.8,10). **2**. Um símbolo de gentileza, ternura e devoção (Ct 1.15; 2.14). **3**. Um símbolo do Espírito Santo (Mt 3.1; Jo 1.32). **4**. Um símbolo de timidez (Os 11.11). **5**. Símbolo da não resistência (Mt 10.16). **6**. Símbolo da ingenuidade e tolice naturais, que levam ao dano próprio (Os 7.11). **7**. Um símbolo de uma atitude inofensiva (Mt 10.16). **8**. Um símbolo de lamento e desespero, provavelmente devido ao som que as pombas fazem (Is 38.14; Na 2.7). De fato, a palavra hebraica, *yonah*, "pomba", vem de uma raiz que fala sobre o som lamentoso dessa ave. Esse era o nome hebraico do profeta Jonas. (ARNO S)

POMBAS, ESTERCO DE

As pessoas, na antiguidade, em seu desespero, realmente comiam esterco de pombas? Às vezes, nas ruas, os cães comem esterco de cavalo. Em muitos lugares, o esterco seco é usado como combustível. Cheira muito mal quando queimado, mas é econômico. Mas as pessoas, alguma vezes, chegaram a comer esterco? Ver 2Reis 6.25. A seguir damos explicações sobre isso. **1**. Em 2Reis 6.25, está em vista uma planta que produzia cachos muito parecidos, em seu formato, com esterco de pombas. Esse nome, "esterco de pombas", é dado à espécie vegetal *Ornithogalum umbellatum*. Para comer esses bulbos, é mister cozê-los ou assá-los. Um dos nomes atuais dessa planta é "estrela de Belém". Supõe-se que esse bulbo era conhecido na Palestina ao tempo do cativeiro assírio, embora não haja provas de que já tinha o nome que mais tarde lhe foi dado. Quando assado, o bulbo é adocicado. Suas flores brancas formam um pecíolo em forma de estrela. **2**. Uma outra explicação é que o alimento referido naquele texto era adubado com esterco de pombas, em seu cultivo, pelo que era chamado por esse nome. Mas essa explicação é fantasiosa, sem qualquer base em evidências. **3**. Muitos intérpretes insistem em uma interpretação literal, conforme também a LXX traduz o trecho. Eles supõem que as pessoas, durante o sítio lançado por exércitos estrangeiros, estando com fome, realmente ingeriam esterco de pombas. Somos informados de que um exército inglês, em 1316, enfrentou uma escassez similar de alimentos, e os soldados acabaram ingerindo esterco de pombas. Naturalmente, o esterco tem algum valor alimentar, por mais que nos revolte o estômago. Escritores judeus informam-nos de que o esterco de pombas era usado como combustível, o que dá algum apoio à referência literal do trecho bíblico que estamos comentando. Outros, porém, pensam que o que sucedia era que sementes não-digeridas, e fragmentos de alimentos eram cuidadosamente retirados do esterco (e lavados, segundo esperamos!), e então eram comidos. Não há como obter certeza quanto à questão, embora isso nos seja indiferente a não ser que fiquemos a meditar sobre os faminitos de Samaria. A lição moral do incidente é clara, seja como for. O pecado os havia reduzido a uma situação realmente miserável.

PONTES

Nas Escrituras não há nenhuma menção a pontes, embora as mesmas existissem, especialmente na região da Transjordânia, onde havia os rios principais da Palestina. Há menção a uma ponte militar, em 2Macabeus 12.13, que Judas Macabeu tencionava construir, para facilitar suas operações militares. O reino de Gesur, referido nos livros de 2Samuel e 1Crônicas, tinha um nome que significava "terra de pontes". Ficava em Basã, a nordeste do mar da Galileia; a alusão às "comportas", em Naum 2.6, talvez seja uma alusão a pontes, conforme é indicado por uma paráfrase em caldaico. Mas, a maioria dos eruditos prefere mesmo a ideia de "comportas" para controle das enchentes. (S)

POQUERETE-HAZEBAIM

No hebraico, "prendedor de gazelas". Esse era o nome de uma família que servira em Israel durante o reinado de Salomão. Um remanescente deles retornou à Palestina, terminado o cativeiro babilônico. Eles fixaram residência em Jerusalém. São mencionados em Esdras 2.57; Neemias 7.9 e 1Esdras 5.34.

PORATA

Esse nome próprio vem de uma palavra persa, que significa "liberal", "generoso". Esse foi o nome do quarto dos filhos de Hamã, o qual, juntamente com seus filhos, foi executado pelos judeus, depois que os israelitas tinham escapado por pouco do extermínio, devido aos planos do maldoso Hamã. Ver Ester 9.8 e seu contexto. Isso sucedeu em cerca de 509 a.C.

PORCA. Ver o artigo sobre *Porco*.

PORCO

No hebraico, *chazir*, palavra que ocorre por sete vezes (Lv 11.7; Dt 14.8; Pv 11.22; Is 65.4; 66.3,17 e Sl 80.13). No grego, *cho~iros*, vocábulo que é usado por doze vezes (Mt 7.6; 8.30-32; Mc 5.11-13,16; Lc 8.32,33 e 15.15,16).

O javali do Velho Mundo e o porco do mato das florestas equatoriais e tropicais da América do Sul são considerados os ancestrais do porco doméstico. Na Europa e no oeste asiático surgiu a espécie *Sus scrofa*, enquanto que na China surgiu o *Sus vittatus*. É difícil dizer quando a domesticação desse animal tão útil teve lugar, o que foi ainda mais complicado pelas muitas correntes humanas migratórias, quando os homens levavam em sua companhia os seus animais domesticados a milhares de quilômetros de distância, entre eles o porco. Porém, tem-se convencionado que o porco foi domesticado pelo homem desde o período neolítico, quando o homem começou a viver não mais como um nômade. Os porcos eram deixados em relativa liberdade, dentro de grandes cercados, no interior dos quais podiam encontrar seu próprio alimento, arrancando raízes e fuçando por toda a parte. O terreno não tardava a tornar-se lugar próprio para plantio, facilitando assim as atividades agrícolas. Há indícios de que em torno de 2500 a.C. os porcos eram domesticados em regiões que hoje são a Grécia, a Hungria, o Egito e a Mesopotâmia. Até hoje o porco é um animal doméstico de grande utilidade na alimentação humana.

Não há animal que possa transformar os vegetais em carne comestível com tanta eficácia quanto o porco, além de sua carne ser muito rica em riboflavina, ou vitamina B (6). Sempre houve alguma surpresa, da parte dos estudiosos, diante da proibição levítica da ingestão da carne de porco, por parte dos israelitas. Entretanto, as modernas pesquisas sobre as enfermidades humanas têm lançado muita luz sobre a questão. Se sua carne não for devidamente preparada e cozida, ela pode tornar-se o veículo potencial de várias doenças perigosas para o homem, a mais importante das quais é a tricnose, causada por um verme que, a certo estágio, desenvolve-se nos músculos do porco, e que progride para seu segundo estágio somente quando ingerido pelo homem, ou por algum outro hospedeiro vivo. Nesse segundo estágio, o verme invade vários tecidos do corpo humano, causando intensas dores, e até mesmo a morte. Um cozimento perfeito nem sempre era possível na antiguidade, pelo que a proibição total era a melhor norma para a época. Além disso, visto que o porco vive nas proximidades das habitações humanas, facilmente pode ingerir material infectado por várias formas de germes patogênicos, transmitindo tal infecção aos que consomem sua carne.

Como vimos acima, o porco não é mencionado por muitas vezes no Antigo Testamento. Nem mesmo era possível haver muita menção a um animal cuja criação era vedada aos israelitas, porquanto ele só tem utilidade prática como alimento. A transgressão de tal proibição é condenada severamente, conforme se vê em Isaías 65.4 e 66.3. Para os judeus, comer carne de porco era equivalente a tornar-se um apóstata (ver 2Macabeus 6.18 e 7.1). Todavia, vários outros povos antigos não consumiam carne de porco, provavelmente por motivos de tabus religiosos. Na época da dominação greco-romana a criação de porcos tornou-se mais comum, mesmo em Israel. O Novo Testamento menciona uma numerosa vara de porcos (Mc 5.11), embora isso tivesse sucedido na Decápolis, cujos habitantes eram quase helenistas. Os demais judeus desprezavam a criação de porcos. Isso explica por que motivo, na parábola do filho pródigo, este só conseguiu achar emprego para cuidar de porcos (Lc 15.15). Ele chegara ao degrau mais inferior da desgraça humana. A conversão começou quando ele abandonou os porcos.

Uma outra parábola de Jesus envolve porcos. Essa parábola, que é mais uma máxima, diz: *Não deis aos cães o que é santo, nem lanceis ante os porcos as vossas pérolas, para que não as pisem com os pés, e, voltando-se, vos dilacerem* (Mt 7.6). A ideia é que há pessoas indignas de ouvir sobre as excelências do evangelho e do companheirismo com o Senhor. Elas não têm sensibilidade para tanto. Antes, se brutais como os porcos, acabarão se enfurecendo diante das maravilhas espirituais que nos encantam, tentarão nos ferir.

Referindo-se àqueles que chegaram a bom conhecimento do evangelho de Jesus Cristo, mas que se deixaram novamente envolver nas corrupções do mundo, diz o apóstolo Pedro: *Com eles aconteceu o que diz certo adágio verdadeiro: O cão voltou ao seu próprio vômito e a porca lavada voltou a revolver-se no lamaçal* (2Pe 2.22) Isso aponta para os que não se converteram realmente, mas apenas reformaram-se exteriormente. Mais cedo ou mais tarde, voltam ao seu próprio elemento. O cão e a porca representam o mesmo tipo de indivíduo, o crente fingido, nunca regenerado pelo Espírito, que só sabe seguir seus impulsos primários e pecaminosos.

PORTA

Há sete palavras hebraicas e três gregas envolvidas neste verbete: **1.** *Dal*, "porta", palavra hebraica que ocorre somente por uma vez, em Salmo 141.3. **2.** *Dalah*, "porta", palavra hebraica que aparece também só por uma vez, em Isaías 26.20. **3.** *Deleth*, "porta", a palavra hebraica mais comum desse sentido, que é usada por 87 vezes (como se vê em Gn 19.6,9,10;

Êx 21.6; Dt 15.17; Js 2.19; Jz 3.23; 1Sm 3.15; 2Sm 13.17; 1Rs 7.50; 2Rs 4.4; 1Cr 22.3; 2Cr 3.7; Ne 3.1; Jó 3.10; Sl 78.23; Pv 26.14; Ec 12.4; Ct 8.9; Is 26.20; Ez 41.23; Zc 11.1; Ml 1.10). **4**. *Saph*, "limiar", "verga da porta". Palavra hebraica que ocorre por 26 vezes (Por exemplo: 2Rs 12.9; 2Cr 23.4; Et 2.21; Is 6.4; Jr 35.4; Ez 41.16). **5**. *Pethach*, "entrada da porta". Palavra hebraica que aparece por 174 vezes (como, por exemplo, em Gn 4.7; Êx 12.22,23; Lv 1.3,5; 19.21; Nm 3.25; 27.2; Dt 22.21; Js 19.51; Jz 4.20; 1Sm 2.22; 1Rs 6.8,33; 2Rs 4.15; 1Cr 9.21; Ne 3.20,21; Jó. 31.9,34; Sl 24.7,9; Pv 5.8; Ez 8.3,7,8,14,16; 47.1; Os 2.15; Mq 7.5). **6**. *Shaar*, "portão". Palavra hebraica usada por mais de 360 vezes (como em Gn 19.1; Êx 20.10; Dt 5.14; Js 2.5,7; 1Sm 4.18; 2Sm 3.27; 1Rs 22.20; 1Cr 9.18,23; 26.13,16). **7**. *Terá*, "portão". Palavra aramaica usada por duas vezes, uma com o sentido de portão e a outra com o sentido de boca, em Daniel 2.49 e 3.26 (nossa versão portuguesa a traduz como "porta", também neste último caso). **8**. *Thúra*, "porta". Palavra grega usada por 37 vezes, de Mateus 6.6 a Apocalipse 4.1. **9**. *Púle*, "folha de portão duplo". Palavra grega usada por nove vezes (Mt 7.13,14; 16.18; Lc 7.12; At 3.19; 9.24; 12.10; 16.13 e Hb 13.12). **10**. *Pulón*, "portão", "portal". Palavra grega empregada por dezesseis vezes (Mt 27.71; Lc 16.20; At 10.17; 12.13,14; Ap 21.12,13,15,21,15; 22.14).

A arqueologia e as referências literárias têm ilustrado amplamente a natureza das portas antigas, as quais variavam segundo o tipo de estrutura a que serviam, os materiais envolvidos e as posses do construtor. Assim, a porta de uma tenda consistia apenas em um pedaço de pano, ou em uma pele de animal, que cobria a entrada da mesma. A maioria das portas era feita de madeira. Nas residências dos ricos, a porta de madeira podia ser coberta de metal, o que também ocorria no caso das portas das cidades e dos quartéis. Havia portas feitas de pedra, ou inteiramente de metal. Não havia dobradiças como as que conhecemos atualmente; no lugar de dobradiças havia pivôs que eram ajustados em soquetes, na parte de baixo e na parte de cima da porta, Também havia portais com portas dobradiças, (Is 45.2; Sl 107.16). Como medida de segurança, havia trancas de metal ou de madeira (2Sm 13.17). Também havia fechaduras e chaves (Jz 3.23). Os portais tinham três partes: o limiar, as ombreiras, os lados e a verga, ou peça horizontal, do alto da porta. Os ricos mandavam fazer portas muito ornamentadas. Nos lares de judeus piedosos, havia sentenças bíblicas inscritas nas ombreiras (Dt 11.20). Talvez eles pensassem que isso fosse uma influência protetora sobre a casa, ante forças negativas naturais ou sobrenaturais. Os pagãos também tomavam essas medidas protetoras com inscrições, que julgavam ser poderosas com essa finalidade.

Usos Metafóricos. **1**. Cristo é a porta ou portão do aprisco, o meio de entrada para a vida eterna (Jo 10.9). **2**. Os preguiçosos são como portas que giram em seus gonzos, parecendo estar fazendo alguma coisa, mas, na realidade, nada fazem (Pv 26.14). **3**. Cada indivíduo tem uma porta espiritual de entrada, ou seja, seu coração e sua vontade; Cristo bate nessa porta, pedindo admissão, a fim de controlar aquela vida (Ap 3.20; Sl 24.7,9). A própria igreja, bem como as igrejas locais, também têm essas portas, mesmo porque nem todas as igrejas cristãs haviam permitido a Cristo controlar sua vida comunal. Esse é o sentido original da passagem de Apocalipse 3.20. **4**. *A porta da fé*, aberta diante dos gentios, era o acesso que lhes fora aberto, para poderem participar do evangelho e seus propósitos (At 14.27). **5**. A porta ou a oportunidade de servir é um meio dado por Deus para a propagação das boas-novas cristãs (1Co 16.9; 2Co 2.12; Ap 3.8). **6**. Similar a essa é a porta aberta à palavra diante dos pregadores, a fim de que eles possam propalar o evangelho (Cl 4.3). **7**. Há a porta do ministério, o ofício no qual o crente entra quando é chamado para algum serviço cristão especial (Jo 10.1,2). **8**. Estar à porta ou perto da porta significa que resta pouco tempo antes da ocorrência de alguma coisa (Mt 24.33; Tg 5.9). O Novo Testamento refere-se assim à *parousia*, (vide), e ao julgamento divino que então se seguirá. **9**. A porta de esperança de Acor pode dar a entender que, apesar das tribulações e do julgamento, a misericórdia não se afastaria. Talvez haja nisso uma promessa de conversão, afinal, para os gentios. Ver Oseias 2.5; João 10.9.

PORTA DA GUARDA

Ver Neemias 3.31. A palavra hebraica correspondente é *Miphqhad*, que alguma traduções deixam ficar como um nome próprio. Essa palavra hebraica parece significar "assembleia" e alguns estudiosos pensam estar em foco uma casa frequentada por oficiais; mas outros julgam que ali se reuniam os membros do *Sinédrio* (vide), pelo menos em algumas de suas reuniões.

Essa porta ficava na seção nordeste das muralhas de Jerusalém, e foi reconstruída por Neemias. Todavia, a sua localização exata, em relação ao resto da estrutura, é desconhecida atualmente.

PORTA DA GUARDA (MIPHKAD)

A palavra hebraica, *miphkad* significa "recenseamento". Esse era o nome de um dos portões das muralhas de Jerusalém. Nossa versão portuguesa traduz esse nome por Porta da Guarda, em Neemias 3.31. Ficava localizada defronte da residência dos servos do templo e dos mercadores, entre a "entrada dos cavalos (ver 1Cr 23.15) e o ângulo da muralha antiga, perto da Porta das Ovelhas (Ne 3.32). Talvez por ter sido identificada, por alguns estudiosos, como a Porta da Guarda, que aparece em Ne 12.39, nossa versão portuguesa assim tenha traduzido seu nome hebraico, *Miphkad*. Porém, outros estudiosos têm identificado esse portão com a "porta superior de Benjamim" (ver Jr 20.2). Se essa última opinião é correta, então a porta de *Miphkad* ficava localizada no extremo ocidental de uma ponte; mas a maioria dos estudiosos duvida dessa identificação.

No trecho de Ezequiel 43.21, a palavra hebraica *miphkad* é usada em um sentido bem diferente, referindo-se ao "lugar determinado" (em nossa versão portuguesa, "lugar da casa para isso designado"), onde eram queimadas as ofertas pelo pecado.

PORTA DAS ÁGUAS

No hebraico, *shaar mayim*, "porta das águas". Esse era um dos portões de Jerusalém, restaurado por Neemias. Ficava no lado oriental do monte Silo, defronte da fonte de Giom (Ne 3.26), ou, então, um pouco mais para o norte, como quem ia na direção do templo (cf. Ne 12.37). Uma praça que havia, contígua à porta das Águas, foi um lugar público onde Esdras leu o livro da lei, e também onde foram levantadas cabanas para serem usadas durante a Festa dos Tabernáculos, em 444 a.C. (ver Ne 8.1,3,16).

PORTA DAS OVELHAS

No Antigo Testamento, essa porta é mencionada em Neemias 3.1,32; 12.39. Porém, nesta última referência, nossa versão portuguesa diz "Porta do Gado". No Novo Testamento, essa expressão aparece em João 5.2.

Essa era a entrada mais oriental do lado norte das muralhas da antiga cidade de Jerusalém (Ne 12.39 e Jo 5.2).

A Porta das Ovelhas assinalava o fim no circuito das muralhas, conforme elas foram reconstruídas em 444 a.C., de acordo com o registro histórico de Neemias 3.1,32. Quase cinco séculos mais tarde, Jesus Cristo curou o homem que estivera paralítico durante trinta e oito anos e que geralmente era deixado nas proximidades do tanque de Betesda, onde havia cinco pavilhões (Jo 5.2-9). Isso, por sua vez, confirma a localização da Porta das Ovelhas, visto que os relatórios preparados por peregrinos, desde o século IV d.C., o mapa em mosaico de Madeba, do século V d.C. E modernas escavações dos grandes tanques duplos perto da igreja de Santa Ana, da

PORTA DO OLEIRO

igreja Católica, conjugam-se para confirmar a localização nordeste do tanque de *Betesda* (vide) e, por conseguinte, da Porta das Ovelhas.

PORTA DO OLEIRO

Essa porta é mencionada somente em Jeremias 19.2. Era um portão chamado, em hebraico, *arsith*, no lado sul das muralhas de Jerusalém, antes do exílio babilônio. Dava acesso direto ao vale de Hinom e provavelmente é a mesma porta que, em outros trechos da Bíblia, é chamada de Porta do Monturo (Ne 2.13; 3.1,4 e 12.31) (vide). Esse nome foi aplicado devido à circunstância que havia uma casa e um campo de um oleiro nas proximidades; podemos nós presumir que por ali havia muitos cacos de cerâmica. Era através dessa porta que o lixo da cidade de Jerusalém era levado para fora. Daí o seu nome no livro de Neemias.

PORTA DO PEIXE

Um dos portões das muralhas de Jerusalém era assim chamado. (Ver 2Cr 33.14; Ne, 3.3 e 12.39). Provavelmente, isso devia-se ao fato de que negociantes de peixes traziam seus produtos frescos, salgados ou secos, através daquele portão, a fim de serem comercializados. Lê-se que Manassés construiu a muralha externa de Jerusalém desde a parte oeste de Giom até à entrada da Porta do Peixe, segundo informa-nos aquele texto de 2Crônicas. E quando Neemias reconstruiu as muralhas de Jerusalém, a Porta do Peixe foi construída pelos filhos de Manassés (Ne 3.3). O trecho de Sofonias 1.10 ajunta que essa porta estava ligada à Cidade Baixa, um bairro da cidade de Jerusalém. A maioria dos estudiosos pensa que a Porta do Peixe ficava na muralha noroeste. Mas há alguns que a identificam com a chamada Porta de Efraim. O mais provável é que esse nome se tenha derivado de um mercado de peixe que houvesse nas proximidades, pelo que seria o portão naturalmente escolhido (por ser o mais próximo), por onde tal produto era trazido de fora para a cidade.

PORTA DO VALE

Esse portão de Jerusalém é mencionado em 2Crônicas 26.9; Neemias 2.13,15 e 3.13. Azarias (Uzias) edificou torres nos portões do Vale e da Esquina, conforme se aprende na primeira dessas referências. A Porta do Vale é novamente mencionada em conexão com as muralhas reconstruídas por Neemias. Foi nessa porta da cidade que Neemias iniciou a sua inspeção noturna. Ele saiu por esse portão, dirigindo-se para o sul; caminhou em redor do poço de Siloé, e então partiu para o norte, passando pela Porta da Fonte. Então retornou à Porta do Vale. É evidente que esse portão da cidade ficava em seu lado oeste, defronte do vale Tiropoeano.

PORTA DOS CAVALOS

Essa era uma porta existente nas muralhas de Jerusalém, localizada na extremidade ocidental da ponte que conduzia do monte Sião ao templo de Jerusalém (Ne 3.28 e Jr 31.40). Esse nome pode ter surgido por causa do fato de os cavalos dedicados ao sol (2Rs 23.11) serem conduzidos através desse portão, com propósitos idólatras, segundo se vê em 2Crônicas 23.15.

Essa porta ficava na esquina sudeste da área do templo, defronte do palácio (Jr 31.40). Atalia foi morta nas proximidades (2Rs 11.15). Neemias restaurou essa porta, terminado o cativeiro babilônico, quando as muralhas e o templo foram reconstruídos (Ne 3.28). Ver o artigo geral sobre *Cavalos*.

PORTA ENTRE OS DOIS MUROS

Ver 2Reis 25.4; Jeremias 39.4 e 52.7. Estas referências aludem ao cerco de Jerusalém por parte das tropas de Nabucodonosor, em 587 a.C. Zedequias e seu exército fugiram para a direção leste, à noite, através do portão assim descrito, e dirigiram-se ao vale do rio Jordão. A localização desse portão ficava perto do "jardim do rei". O trecho de Neemias 3.15 revela-nos que esse logradouro ficava perto do poço de Siloé. Sabemos que esse poço ficava no extremo sul de Jerusalém. Isso posto, estamos tratando de uma localização entre duas muralhas, a muralha externa e a muralha interna de Jerusalém. Alguns estudiosos pensam que se trata da mesma Porta da Fonte, referida em Neemias 2.14. Apresentamos um artigo separado sobre esse Portão. Ver Neemias 2.14; 3.15 e 12.37. Esse era um dos portões da cidade de Jerusalém, na seção sudeste das muralhas, restaurada após o retorno dos judeus exilados da Babilônia.

PORTA FORMOSA. Ver *Porta (Formosa)*.

PORTA NOVA

Uma das portas do templo de Jerusalém é assim chamada, em Jeremias 26.10. Entretanto, não se sabe onde ela ficava, ou se era chamada por algum outro nome.

PORTA VELHA

A referência é um tanto obscura. Pode estar em foco um Portão da "cidade antiga" ou da "muralha antiga". Ver Neemias 3.6 e 12.39. Nesta última referência, essa porta é mencionada entre diversas outras. Foi reconstruída por Neemias, ou como equivalente àquela porta, ou um pouco mais para oeste, tendo sido assim chamada devido à proximidade de ambas. Seja como for, parece que essa entrada da cidade ficava na esquina noroeste ou próxima da mesma, nas muralhas restauradas de Jerusalém.

PORTÃO

I. Caracterização Geral. As populações antigas eram pequenas. Com frequência, uma cidade era uma unidade em si mesma, frouxamente ligada com outras cidades com habitantes da mesma raça. Visto que os tempos eram violentos e o transporte era difícil, as cidades eram pequenos estados, fortalezas autossuficientes, porquanto não podiam esperar ajuda externa quando eram atacadas. Portanto, as muralhas eram uma importante parte da defesa de uma cidade. Ver o artigo separado sobre *Forte, Fortificação*. A maioria dos habitantes vivia dentro das muralhas; mas, para trabalharem nos campos e nas indústrias da época, precisavam sair fora das muralhas. Isso fazia com que os portões de uma cidade fossem um aspecto importante na vida de todos os cidadãos. Esses portões também precisavam ser fortificados e bem guardados, geralmente com torres postas em pontos estratégicos, de onde era possível observar a aproximação de visitantes e de inimigos em potencial. Um portão era a entrada de um palácio, de um acampamento, de um templo, mas, especialmente, de uma cidade. O portão de uma cidade era um lugar comum de encontros sociais, sendo um lugar geralmente escolhido para esse mister. Normalmente, era nos portões das cidades que as pessoas reuniam-se para conversar, para discutir sobre negócios, para trocar mercadorias. Os anciãos de uma cidade reuniam-se perto do portão principal da cidade, a fim de administrarem justiça e dirigirem os negócios da cidade. A lei mosaica determinava que os filhos rebeldes fossem trazidos para diante dos portões da cidade onde residiam, a fim de serem julgados pelos anciãos (ver Dt 21.19). Aquele que fosse culpado de homicídio involuntário tinha a oportunidade de expor o seu caso perante os anciãos, no portão de alguma das *cidades de refúgio* (vide), conforme se lê em Josué 20.4. Boaz aconselhou-se com os anciãos, no portão da cidade, a respeito da propriedade de Rute (ver Rt 4.1).

II. O Portão como Local de Reuniões. Ver os seguintes trechos bíblicos que refletem esse costume (Gn 19.1; 23.10; 34.20; 2Sm 15.2; Ne 8.1 e Sl 69.12). Os negócios efetuados junto aos portões das cidades tanto eram formais quanto eram informais. Já vimos, no primeiro ponto, acima, algumas dessas questões. As decisões legais eram tomadas ali, como nos casos de disputas por causa de propriedades, crimes cometidos etc. Os profetas também costumavam fazer suas predições às portas das cidades (ver 1Rs 22.10). Os sacerdotes também tiravam proveito desse lugar estratégico, a fim de darem suas instruções ao povo (2Rs 7.1; Ne 8.1,3; Jr 17.19,20; 36.10). A primeira transação legal registrada na Bíblia foi efetuada diante do portão da cidade de Hebrom, ou seja, a compra do terreno com a caverna de Macpela, que se tornou lugar de sepultamento da família patriarcal (Gn 23.10,18). Perto desse mesmo portão, em tempos posteriores, veio a organizar-se o mercado da cidade (2Rs 1.1). Pessoas ociosas também se reuniam diante dos portões das cidades, a fim de passarem o tempo (ver Sl 69.12).

III. Coisas Feitas Fora do Portão. Os criminosos condenados à morte eram punidos fora dos portões da cidade, a fim de que esta não ficasse poluída. (Ver 1Rs 22.10 e At 7.58). Esculturas assírias representam a execução por empalação, fora das muralhas das cidades. Os sepultamentos eram efetuados sempre fora dos portões das cidades (Lc 7.12; Hb 13.12). Temos nisso uma certa lição espiritual. Jesus sofreu, morreu e foi sepultado fora dos portões da cidade, visto que não podia ser espiritualmente identificado com a apóstata nação de Israel. E nós tomamos posição juntamente com ele, fora da comunidade dos ímpios. Isso resulta em nossa santificação.

IV. Estrutura e Materiais Usados nos Portões. Usualmente, os portões tinham duas folhas (ver Is 45.1), e eram feitos dos mais diferentes materiais, como madeira recoberta de pregos, madeira recoberta de folhas de metal (cobre, ferro, etc) (1Rs 4.13; Sl 107.16; Is 45.2; At 12.10). Um portão feito apenas de madeira estaria sujeito a incêndio. Alguns portões antigos eram feitos de metal puro. Também havia portões feitos de uma única laje de pedra. Eram fortalecidos com trancas e fechaduras de bronze, de ferro ou de madeira (ver Dt 3.5; 1Sm 23.7; 1Rs 4.13; 2Cr 8.5; Sl 147.13). As chaves dos portões antigos tinham nada menos de sessenta centímetros de comprimento (ver Is 22.22). Há monumentos babilônicos que mostram portões feitos de bronze. A cidade da Babilônia tinha cem portões de bronze, o que talvez indique portões, feitos de madeira, recobertos de chapas de bronze. Jerusalém tinha seis portões com folhas de ferro. Hesíodo (*Theog.* 732) menciona portões de ferro, conforme também o fazem Vergílio (*Aen.* 1.482) e Ovídio (*Metam.* 7,125). No Alto Egito, foi encontrado um portão de granito com o nome inscrito de Alexandre, o Grande. Portas que conduziam a diversas câmaras mortuárias dos túmulos dos reis do Egito eram feitas de pedra esculpida, de modo a se assemelharem a painéis. Essas portas eram altamente trabalhadas e decoradas. Elas giravam sobre gonzos. Naquele tempo ainda não eram conhecidas as modernas dobradiças.

V. Fortificações dos Portões. Antes de tudo, os portões das cidades eram recobertos de grossas folhas de material metálico, fechados com gigantescas trancas e fechaduras. Além disso, eram flanqueados por torres com pequenas câmaras embutidas, de onde soldados armados podiam despejar dardos sobre qualquer inimigo que se aproximasse, o que mantinha uma certa medida de proteção. Havia torres, que eram fortins, onde certo número de homens podia fazer chover dardos e flechas sobre os inimigos. Trincheiras e fossos eram, com frequência, cavados em redor das muralhas e cheios de água. Algumas cidades contavam com pontes levadiças, que davam acesso aos portões, mas que podiam ser elevadas, quando necessário. Barricadas, fora e dentro das cidades, com frequência, faziam parte das áreas em volta dos portões das cidades. Algumas vezes, eram construídos dois portões, um depois do outro, com torres de defesa em ambos os lados (ver 2Sm 18.24,33). (Quanto a trancas e fechaduras feitas de bronze ou de ferro, ver os trechos de Dt 15;1 Sm 23.7; 1Rs 14.13; 2Cr 8.5; Jr 49.31; Sl 147.13). A questão de vigias postas nos portões de uma cidade é mencionada em passagens como Juízes 18.16; 2Reis 7.3 e Neeemias 13.22.

VI. Nomes de Vários Lugares de Portões. Visto que os portões serviam como lugares de reuniões, com frequência, eram identificados por nomes específicos. Assim, somente em Jerusalém havia a Porta das Ovelhas, a Porta do Peixe, a Porta Formosa do templo etc. Ver Jeremias 27.13; Neemias 3.1; Atos 3.2,10, para exemplificar. O templo visto em visão por Ezequiel tinha dois portões, um voltado para o norte e o outro voltado para o leste. Ver Ezequiel 44.1,2. As residências de cidadãos abastados, os túmulos (Mt 27.60), as prisões (At 12.10; 16.27), as cavernas (1Rs 19.13), os acampamentos (Êx 23.26,27; Hb 13.12) tinham portões. Os acampamentos militares dos romanos usualmente tinham quatro portões. De acordo com Vergílio (*Aen.* 9.734), o acampamento dos troianos também tinha portões.

VII. Usos figurados. 1. Um portão pode servir para referir-se à cidade propriamente dita (Gn 22.17; Jz 16.3; Dt 7.12; Sl 87.2). 2. Os portões de bronze ou de ferro representam força e proteção (Sl 147.13). 3. Podemos chamar de portões aos impedimentos difíceis de ultrapassar (Sl 107.15,16). 4. Os portões da morte e do *hades* representam estados e condições difíceis (Jó 38.17; Sl 9.14). O trecho de Mateus 16.19 alude a essas forças infernais, que haveriam de tentar destruir a igreja. Alguns escritores judeus imaginaram tolamente que o próprio *hades* teria portões literais. Vergílio (*Aen.* 6.126) fala sobre esses portões do inferno, provavelmente simbólicos e poéticos em sua natureza. 5. Existem aqueles portões de forças malignas que excluem o crente da comunhão com este mundo pagão (Hb 13.12). 6. Os portões da justiça (Sl 118.19), provavelmente, referem-se aos portões do templo de Jerusalém. 7. Nos sonhos e nas visões, um portão pode indicar uma oportunidade, ou então a ausência de oportunidade, se o portão aparecer trancado. A abertura de um portão pode indicar a abertura da mente ou da consciência, a fim de serem descobertos os segredos ou as informações valiosas ali contidos. Os portões dos jardins podem indicar acesso ao paraíso, ou então, a algo grandemente desejado. Também há na Bíblia os portões do céu. Os estudos no campo dos sonhos demonstram que as pessoas sonham com portões, pouco antes de morrerem. Assim o espírito antecipa a entrada para uma nova fase da existência.

PORTÃO ORIENTAL

Esse portão tem sido identificado, por muitos eruditos, com a Porta Formosa. Ver o artigo sobre *Porta* (*Formosa*). Passou a chamar-se Porta do Rei, depois que os judeus voltaram do exílio (1Cr 9.17). Um porteiro especial foi designado para essa porta, desde os dias de Ezequias (1Cr 31.44). A Porta da Água também era chamada de Portão Oriental, nos dias de Neemias (12.37). Visto que o templo de Herodes foi construído somente muito depois, estamos tratando com uma estrutura diferente, embora a Porta Oriental e a Porta Formosa, provavelmente, ocupassem mais ou menos a mesma posição. A Porta Oriental é um detalhe importante dentro da visão de Ezequiel. Os querubins que lhe deram a visão ter-se-iam posicionado ali (Ez 10.19). Também foi ali que Ezequiel foi capaz de identificar os 25 homens culpados de dar maus conselhos em Jerusalém (Ez 11.1,2). Dentro dessa visão, essa foi a primeira porta a ser medida (Ez 40.1-16). Ali ele viu a glória de Deus entrar no templo, glória essa que então disseminou-se pelo lugar inteiro (Ez 43.14). Ali, o "príncipe" (vide) haverá de oferecer seus holocaustos e suas ofertas pacíficas. O Portão Oriental haverá de se abrir para dar-lhe passagem e, quando o seu serviço terminar, haverá de fechar-se novamente (Ez 46.12). Conforme muitos eruditos pensam, o princípio referido no livro de Ezequiel é uma predição simbólica sobre o Messias.

PORTEIRO

No hebraico, *shoer*, palavra usada por 37 vezes (como em 1Cr 15.23,24; 2Sm 18.26; 2Rs 7.10,11; 2Cr 8.14; 35.15; Ed 2.42; Ne 7.1,45,73; 13.5). No grego, *thurorós*, palavra usada por quatro vezes (Mc 13.34; Jo 10.3; 18.16,17).

Em Salmo 84.10 lemos sobre alguém que ficava à porta, o que talvez indique um esmoler, ou então alguém que passava por uma casa e olhava pela porta, para dentro da mesma. Em 1Crônicas 15.23,24, a alusão é àqueles que guardavam a arca da aliança, postados à porta, a fim de impedirem qualquer acontecimento indesejável no tabernáculo. Havia o costume de nomear pessoas para guardar as portas das casas. Algumas vezes, eram mulheres que se ocupavam desse mister (Jo 18.16; At 12.13). Também havia quem guardasse as portas de palácios e edifícios públicos (1Sm 2.22; estando ali em foco algumas mulheres). À entrada dos currais de ovelhas, alguém ficava tomando conta, para proteger o rebanho contra intrusos ou feras (Jo 10.3). Havia uma encarregada da porta do pátio da casa do sumo sacerdote, na noite em que Jesus foi julgado (Jo 18.16,17). O trecho de Salmo 84.10 diz que é melhor ser um humilde porteiro na Casa do Senhor do que ter qualquer tipo de vida que ocupa os ímpios. Os portões das cidades muradas também tinham os seus vigias.

João 10.3: *A este o porteiro abre; e as ovelhas ouvem a sua voz; e ele chama pelo nome as suas ovelhas, e as conduz para fora.*

No entanto, a explicação dada pelo Senhor Jesus não nos fornece qualquer ideia acerca de que símbolo temos aqui. A porta do aprisco geralmente era pesada e fortificada, a fim de que pudesse resistir aos ataques externos. Ao lado da mesma se postava o porteiro. O porteiro só podia abrir a porta para pessoas devidamente autorizadas. O porteiro ficava de vigia, durante a noite, do lado de dentro do aprisco, e, ao raiar da manhã, abria a porta ao pastor, quando este chegasse. *As interpretações acerca dessa particularidade são as seguintes*: **1**. O porteiro seria *João Batista* ou outros ministros da Palavra, revestidos de autoridade na igreja cristã, que em alguns casos atuam como subpastores. Naturalmente, neste caso, João Batista seria pintado em seu ofício de precursor de Cristo. Essa interpretação, entretanto, a despeito de encerrar certa verdade, não é muito provável neste caso. **2**. O porteiro seriam *os anjos*, o ministério dos anjos, que prepara o caminho para Cristo, trabalhando entre os homens de maneiras seletivas. Novamente temos neste caso alguma verdade, mas o mais provável é que não seja a verdade tencionada nesta passagem bíblica. **3**. O porteiro seria o *próprio Jesus Cristo*, que, nesse caso, seria tanto a porta como o pastor e o porteiro. (Assim pensavam Agostinho, Cirilo, e outros pais da igreja). Essa interpretação não é impossível, mas é possível que haja outra interpretação preferível. **4**. O porteiro seria *Deus Pai* (fazer a comparação com Jo 6.44,45; ver igualmente At 14.27, onde Deus é visto a abrir a porta da fé aos gentios; e os trechos de 2Co 2.12 e Cl 4.3 também contém a ideia do Pai a abrir a porta do serviço e do ministério). Essa é uma interpretação muito possível; porém, a interpretação mais provável de todas é a seguinte. **5**. O porteiro é o Espírito Santo. (Ver At 13.2; Ver também Jo 16.13, onde é dito que o Espírito é quem nos conduz a toda a verdade). Visto que não possuímos qualquer declaração de Jesus, identificando essa figura simbólica do "porteiro", não podemos asseverar dogmaticamente quem está aqui em foco, sem deixar nenhuma dúvida. (Ver o artigo acerca da *trindade*, onde há uma discussão sobre o Espírito Santo.) **6**. Alguns intérpretes são do parecer que o porteiro seria Pedro (provavelmente fazendo analogia com o décimo sexto capítulo do Evangelho de Mateus), mas essa interpretação é altamente improvável neste ponto.

As ovelhas ouvem a sua voz. Elas "ouvem e dão atenção..." (Robertson, *in loc.*). Essas palavras de Jesus subentendem que reina familiaridade entre o pastor e as ovelhas, uma familiaridade especial — as ovelhas estão tão acostumadas com a intimidade do pastor que o reconhecem só pelo timbre da voz, podendo distinguir a sua voz da de todos os outros, incluindo a dos falsos pastores. Aqui são implicadas a *conversão, a regeneração* e a *fé* (ver os artigos separados). Ora, conhecendo o verdadeiro pastor com tanta intimidade, as ovelhas o seguem e obedecem. Assim, pois, os crentes obedecem ao evangelho em sua integridade, que é justamente a ideia proeminente do discipulado cristão, no NT, como prova, fruto necessário e expressão da conversão. (ver Jo 3.36 e as notas ali existentes no NTI acerca da "obediência" ao evangelho). Jesus ensinou essa verdade de outra maneira também, ao dizer: *Se me amais, guardareis os meus mandamentos* (Jo 14.15). E igualmente: *Vós sois meus amigos, se fazeis o que eu vos mando* (Jo 15.14).

Falando acerca da voz do pastor, John Gill (*in loc.*) observa: "... a qual é a voz do amor, da graça e da misericórdia; a qual proclama a paz, o perdão, a liberdade, a vida, a retidão e a salvação; a qual revivifica a alma, atraindo, deleitando, refrigerando e consolando; essa voz o povo de Cristo é levado a ouvir, não apenas externamente, mas também internamente, a ponto de compreendê-la, deleitando-se nela e distinguindo-a de qualquer outra voz".

PÓRTICO

Precisamos considerar aqui quatro palavras diferentes: **1**. No hebraico, *'ulam*, um tipo de vestíbulo ou sala de entrada de um edifício. Ocorre por 34 vezes no Antigo Testamento, de 1Reis 6.3 a Joel 2.17. Uma passagem clara é Ezequiel 40.7,48. Havia tais entradas, abertas e ladeadas por colunas (1Rs 7.6). Essa mesma palavra hebraica é aplicada ao vestíbulo do templo construído por Salomão (1Rs 6 e Joel 2.17). Mas a expressão "pórtico do Senhor" parece ser aplicada ao templo inteiro (ver 2Cr.15.8 e 29.17). O templo de Salomão incluía um pórtico com pilares, à entrada do mesmo, além de outro, diante do trono de julgamento, segundo se vê em 1Reis 6. Alguns eruditos supõem que o conjunto foi copiado da *bit halani* dos sírios, que era um conjunto de salas com um pórtico, onde se chegava por meio de um lance de escadas e que conduzia a uma sala de audiências. Além disso, havia várias outras salas com uma escadaria, que levava ou a um andar superior, ou ao teto plano. **2**. **Misderom**. Esse vocábulo indica uma espécie de câmara-varanda (ver Jz 3.23). Era um vestíbulo que dava entrada a uma sala avarandada do templo de Jerusalém. Era aberto na parte da frente e nos lados, embora capaz de ser fechado por meio de cortinas ou toldos. Talvez fosse um corredor ou colunata, que ligava as salas principais do edifício. "Parte da colunata de uma estrutura de segundo piso, que formava os aposentos de verão do palácio de Eglon, talvez com uma balaustrada" (Z). **3**. No grego, *pulón*, "portão", "portal". Ocorre por dezoito vezes no Novo Testamento (Mt 26.71; Lc 16.20; At 10.17;12-13,14;14.13; Ap 21.12,13,15,21,25; 22.14). Era uma espécie de passagem que dava da rua ao primeiro átrio da casa. Era nessa área, e não dentro da casa propriamente dita, que o proprietário vinha saudar a seus visitantes e convidados. Em Marcos 14.68, nossa versão portuguesa diz "alpendre". Pedro retrocedeu para ali, ao ser acusado pela criada de ser alguém ligado a Jesus. **4**. No grego, *stoá*, um "pórtico" ou "colunata", como aquele que é chamado "pórtico de Salomão". Esse termo figura por quatro vezes: João 5.2; 10.23; Atos 3.11 e 5.12. A primeira dessas referências fala sobre o cego que Jesus curou, à beira do tanque de Betesda. Era uma colunata coberta, sendo, na verdade, um caminho coberto com cerca de 15m. de largura, com suas fileiras de colunas com cerca de 7,60 m de altura cada, localizado ao longo do lado oriental do átrio dos gentios. Josefo (*Anti*. 15.11) descreve esse lugar e outros pórticos ou claustros de sua época.

PÓRTICO DE SALOMÃO

No grego é *Stoá Solomôntos* ou é *Stoá tous Solomonos*. Esse era o nome de uma colunata coberta, existente no *templo de*

Herodes (vide), na Jerusalém da época do Novo Testamento. Esse pórtico é mencionado em três lugares do Novo Testamento: João 10.23; Atos 3.11e 5.12. O lugar ficava no lado oriental do átrio externo do templo de Jerusalém, sobre uma maciça muralha de retenção construída por Herodes, muralha essa visível até hoje em sua quase totalidade, como as camadas mais inferiores da atual muralha que cerca a área do templo. Dava frente para o vale do Cedrom. Talvez o pórtico tenha sido chamado "de Salomão" por causa de uma tradição no sentido de que, de certa feita, Salomão mandara construir uma muralha semelhante, no lado oriental das muralhas e um santuário (Josefo, *Guerras* 5.5,1; cf. *Anti*. 8,3,9). O Senhor Jesus caminhou e ensinou naquele lugar (Jo 10.23); e, a julgar pelos trechos de Atos 3.11 e 5.12, os seus discípulos ali costumavam ministrar ao povo, reunindo-se e ensinando.

PORTO

No grego é *limém*, "começo", uma palavra que, literalmente, significa "porto", mas que, metaforicamente, significa "refúgio" ou "retiro", isto é, "lugar seguro". Esse vocábulo aparece no Novo Testamento por três vezes: Atos 27.8 e 12, onde se lê sobre a cidade de *Bons Portos* (vide). Essa era uma cidade portuária da ilha de Creta. Um porto é uma enseada parcialmente fechada e protegida, que provê uma proteção natural para as embarcações, por causa das tempestades e ondas fortes. Os portos naturais algumas vezes são melhorados por estruturas feitas pelo homem, como quebra-mares, que diminuem o baque das ondas, antes de elas chegarem à praia. Algumas vezes, há portos construídos de forma inteiramente artificial, como aqueles que atualmente existem em *Le Havre*, na França, Matarani, no Peru, e Buffalo, em Nova Iorque, Estados Unidos da América do Norte. Portos naturais modernos incluem aqueles de Nova Iorque, de Boston, de São Francisco (nos Estados Unidos da América do Norte), do Rio de Janeiro (no Brasil), de Hong Kong (na China) e de Sydney (na Austrália). Os portos podem ser postos em muitos usos, mas, principalmente, são de natureza comercial ou militar. Os portos comerciais são equipados com as estruturas necessárias, a fim de receberem e exportarem cargas, o que requer muitas máquinas, docas, desembarcadouros, armazéns etc.

Praticamente todos os portos antigos sobre os quais lemos nas páginas da história ficavam no mar Mediterrâneo. Alguns desses portos eram parcialmente artificiais, com maciças obras feitas de pedra, algumas das quais duraram por séculos. A história também informa-nos que no Mediterrâneo havia portos em uso desde cerca de 3500 a.C. Tiro e Sidom encontravam-se entre os primeiros desses portos. Esses portos foram construídos pelos fenícios. Por volta de 700 a.C., os colonos fenícios tinham-se espalhado por todas as praias do mar Mediterrâneo. Eles tinham portos nas ilhas da Sicília, da Sardenha, e também nas costas do norte da África e da Espanha. Cartago foi um famoso porto na antiguidade. Alexandre, o Grande, foi o fundador do porto de Alexandria, o que foi possível mediante a construção de um molhe e de uma barragem, estendendo-se até à ilha de Faros, e incorporando a proteção que a ilha já fornecia. Essa barragem foi uma das maiores realizações da engenharia, com 1280 metros de comprimento e 183 metros de largura. Continha mais de um milhão e meio de metros cúbicos de material. Para tanto foi mister uma quantidade impressionante de trabalho manual.

Os gregos fizeram vários portos de formato circular, como aquele do Pireu, cerca de dez quilômetros de Atenas. Esse porto foi destruído pelos romanos, em 86 a.C. A Itália não provia portos naturais, pelo que os romanos tiveram de construir portos artificiais, em Porto (que "servia Roma"), Ânzio e Terracina. Após o declínio de Roma, entretanto, não mais foram construídos portos artificiais. Essa atividade só veio a ser renovada no século XVIII, quando então surgiram vários portos artificiais ao redor do mundo. Um dos portos artificiais mais interessantes do mundo é o de Manaus, estado do Amazonas, Brasil. É um dos dois únicos portos flutuantes do mundo. O outro fica na Austrália. Apesar de ficar a mais de mil e quatrocentos quilômetros da beira-mar, é considerado um porto de mar, visto que pode receber embarcações de grande calado. As águas do rio Negro, que banham a cidade, entre o nível máximo e o nível mínimo do rio, chegam a registrar uma diferença de quinze metros. Mas, visto que o porto é flutuante, os navios sempre aportam como se não houvesse qualquer desnível na superfície do rio.

PÓS AROMÁTICOS

No hebraico, *abaqah* "pó pulverizado" (Ct 3.6). Essa palavra é usada para aludir a pós aromáticos. Várias substâncias naturalmente agradáveis ao olfato eram pulverizadas. E o pó assim obtido era usado para perfumar objetos, como os leitos. No caso em foco, a liteira de Salomão é que era perfumada. Talvez esteja em foco algum tipo de incenso, em forma de pó, que era queimado e que assim exalava um odor perfumado.

POSSE

É tradução do hebraico, onde significa "aquilo, que é lançado". Indica uma partilha ou propriedade, distribuída por meio de lançamento de sorte. O termo ocorre por oito vezes em alusão à divisão da Palestina em porções distribuídas entre as tribos de Israel. (Ver Js 11.22-17.2; Ez 48.10-13). O povo de Israel atribuía essa partilha à escolha divina (ver Js 22.19), e não a quaisquer considerações humanas. Assim como Deus escolheu Israel, assim também determinou como Israel habitaria na terra (ver Êx 19.5; Sl 16.5; 73.26). A promessa geral feita a Abraão dizia: "A terra é tua". Promessas específicas foram feitas às tribos isoladas: "Esta porção é tua". (Ver Nm 26.53 e 33.54). Então cada família recebeu sua porção específica, salvaguardada pelas leis da herança. Levi não recebeu qualquer porção de terra, visto que a herança deles era o serviço prestado ao Senhor (ver Nm 18.20; Dt 10.9). Não foram alteradas essas partilhas. Nenhum terreno podia ser vendido permanentemente (ver Lv 25.23), e as propriedades alienadas tinham de ser eventualmente devolvidas à família proprietária (vs. 25). No *ano de jubileu* (ver o artigo a respeito), todas as terras revertiam aos seus donos anteriores (ver Nm 25.8-10). Mesmo quando não houvesse herdeiros, as terras continuavam pertencendo às famílias designadas (ver Nm 27.8-11 e 36.7-9).

Símbolo espiritual. A herança do Senhor está salvaguardada e não pode ser perdida. Inclui uma herança (ver Rm 8.17), e envolve a possessão da pátria celestial (ver Fp 3.20 e Hb 11.10). (PED Z)

POSTE-ÍDOLO

As traduções manuseiam de maneiras diferentes esse nome. Algumas dão *bosque;* mas outras, com maior razão, aplicam a palavra à deusa Aserá ou ao culto à mesma. A Septuaginta diz *bosque* ou *árvore*, na tentativa de traduzir o termo hebraico. Os autores da Mishina explicam a palavra como referência a uma árvore que era adorada. Talvez isso explique a seleção dos revisores da Bíblia portuguesa, em nossa versão, "poste-ídolo". No Antigo Testamento transparecem as seguintes ideias: era um ídolo feito de madeira (Js 6.26); era levantado do solo (1Rs 14.23); podia ser cortado (Êx 34.13); podia ser derrubado (Mq 5.14); destruído (2Cr 34.4); associado a lugares elevados (2Cr 17.6); juntamente com imagens (2Cr 34.4). A *imagem* de Aserá é mencionada em 1Reis 15.13 e 2Reis 21.7. Isso nos leva a crer que a referência é a ídolos de madeira que representavam Aserá, e que se tornou uma parte integrante desse culto levantar uma árvore ou poste. Aserá era uma deusa cananeia, que aparecia como a senhora do Mar na literatura de Shamra, no século XIV a.C. No trecho de Juízes 3.7 essa deusa é associada a Baal.

Informações extrabíblicas. Nos textos de Ugarite, ela é a deusa do mar, consorte de El, progenitora de vários deuses, inclusive Baal. Os tabletes de *Tell el-Amarna* preservam os nomes Abdi-Ashirti. (verve de asherah), e alguns textos acadianos mencionam Ashratu.

Conexões bíblicas. Com a era patriarcal, com o êxodo (ver Êx 34.13) e com Israel e Judá, durante a era do reino dividido (ver 2Rs 21.3,7; 23.4). A ascendência dessa deusa influenciou Israel, que criou seus lugares altos, imitando os cananeus, e especificamente incorporando o culto dela (ver 1Rs 14.23; 2Rs l7.10; Is 17.8 e Jr 17.2). (ALB RE)

POSTES

No hebraico, *tsiyyun*, "sinal de estrada". Essa palavra hebraica é utilizada por três vezes (Jr 31.21; Ez 39.15 e 2Rs 23.17). Muitos desses sinais de beira de estrada eram sepulcros monumentais, razão pela qual essa palavra hebraica é traduzida por "monumento", em 2Reis 23.17. A tradução *poste*, em Jeremias 31.21, não passa de uma interpretação. No antigo Israel, os sinais de estrada não tinham o formato de um poste. Portanto, devemos antes pensar em algum montão de pedras, desordenadas, ou em alguma construção ereta, como, por exemplo, uma pirâmide ou um túmulo.

POTIFAR

Esse nome, *Potifar* (ver Gn 39.1-20), é a forma contraída de *Potífera* (vide), apelativo que, no egípcio, significa "aquele a quem Rá (o deus-sol) deu". Potifar era um oficial militar do Faraó. Os irmãos de José, filho de Jacó, tinham-no vendido para ser escravo. E José terminou ficando na casa de Potifar, sem dúvida por haver sido adquirido por ele. Ali, José mostrou ser jovem dotado de honestidade, habilidade e ambição para melhorar. Foi assim que Potifar acabou fazendo dele o mordomo de sua casa, entregando-lhe grandes responsabilidades. Porém, a esposa de Potifar voltou os olhos para aquele notável jovem, e em várias oportunidades tentou seduzi-lo sexualmente. Mas José, sendo jovem temente a Deus, resistiu às tentativas dela. Desprezada, ela acusou-o de tentar fazer exatamente o que ela havia tentado. Parece que Potifar acreditou nela; ou, então, pelo menos, querendo manter tranquilidade doméstica, lançou José na prisão. A história é narrada no capítulo 39 de Gênesis. Isso aconteceu por volta de 1890 a.C. e nada mais é dito acerca de Potifar, nas Escrituras Sagradas. Na prisão, o carcereiro também reconheceu o valor de José, e terminou por entregar-lhe responsabilidades (ver Gn 40.3,4). Alguns intérpretes pensam que esse carcereiro era o mesmo Potifar, mas a maioria dos eruditos rejeita a ideia.

POTÍFERA

Ver sobre *Potifar*, quanto à explicação do sentido desse nome. Esse homem era um sacerdote egípcio em On (Heliópolis). Uma de suas filhas, de nome Asenate, veio a tornar-se a esposa de José. (Ver Gn 41.45-50; 46.20). Isso ocorreu em cerca de 1870 a.C. Heliópolis era um centro, se não mesmo o centro da adoração a Rá, o deus-sol. Não há registros arqueológicos do nome *Potífera* antes do século X a.C., mas isso não é motivo para duvidarmos da autenticidade do relato do livro de Gênesis.

O casamento de José com Asenate demonstra que não havia qualquer regra inflexível contra o casamento de israelitas com estrangeiros, conforme, posteriormente, chegou a ser proibido pela legislação mosaica. Não nos esqueçamos de que o próprio Moisés não hesitou em casar-se com Zípora, filha de um sacerdote dos midianitas. Outro fato instrutivo sobre a questão foi que José, dotado com poderes psíquicos, e homem muito religioso, naturalmente sentia certa afinidade com um sacerdote da religião egípcia, mesmo que não compartilhasse das práticas idólatras desse sacerdote. Deve ter havido alguma amizade ali, pois dificilmente José teria podido conhecer a filha dele o suficiente para casar-se com ela. Poder-se-ia argumentar que tal casamento foi arranjado, e não cultivado por namoro. Mas, seja como for, estou percebendo no incidente uma lição de *tolerância* (vide), o que não é a mesma coisa que participação.

POUPA

Ver Levítico 11.19 e Deuteronômio 14.18. Esse é um pássaro mencionado exclusivamente nessas duas passagens, mas cuja identificação é incerta. Na Palestina havia cerca de trinta aves que ou invernavam ali ou passavam por ali em arribação, e é provável que uma dessas aves esteja em pauta. A opinião mais provável parece ser aquela cujo nome científico é *Upupa epops*, que passava o verão na Palestina, mas que buscava regiões mais quentes no inverno. A cabeça dessa ave, com frequência, aparece nos monumentos egípcios. Seja como for, esta espécie atualmente é livremente consumida, mas o contexto onde ela é mencionada no Antigo Testamento mostra que se tratava de uma ave imunda, isto é, que não podia ser usada para consumo humano. Ver os artigos gerais sobre *Alimentos* e *Limpo* e *Imundo*.

POVO DE DEUS

Essa expressão tem vários sentidos. Pode indicar Israel, quando posta em contraste com as nações gentílicas; ou pode apontar para a igreja cristã, em contraste com os que se mantém na incredulidade. No seu sentido mais amplo, pode significar todos os homens que fazem parte daqueles que pertencem a Deus, em virtude da criação e em virtude de seu amor. No seu sentido mais estrito, é empregada para designar alguma seita ou denominação específica que é assim (arrogantemente) separada das outras como se fosse melhor, ou como se fosse o único verdadeiro povo de Deus. O segundo concílio do Vaticano (*Lumen Gentium*, caps. 1 e 2) usou o termo para referir-se a Israel, à igreja e a todos quantos fazem parte, naturalmente, da criação de Deus. O termo *povo* com frequência refere-se coletivamente a Israel, nas Sagradas Escrituras (ver Êx 1.9; 3.7; 5.1; 8.1; 15.3; Lv 4.3; Nm 5.21; 11.1; Js 1.2,6 etc.). Naturalmente, a mesma expressão é usada para indicar outras nações. A expressão "povo de Deus" é ocasionalmente usada, conforme se demonstra pelas seguintes referências: (Dt 27.9; Ez 36.20; 2Rs 11.17). Mais comum ainda é o uso da forma adjetiva possessiva: "meu povo" ou "seu povo", em alusão ao povo de Deus. (Ver 1Rs 8.30; 14.7; 2Cr 32.17; 35.3). No Novo Testamento, os crentes tornaram-se, por assim dizer, os sucessores da antiga nação hebreia, como "o povo de Deus". Ver essa doutrina em trechos como (At 3.25; Rm 1.7; 4.16 ss.; 9.6,27; 1Co 1.21; 2Co 6.6; Gl 3.17; 4.24; Ef 1.18; 1Pe 2.9; Ap 1.6; 2.9; 7.4 ss.; 13.7). Um paralelo desse uso é aquele dos "filhos de Deus", onde obtemos a mais profunda compreensão sobre o que está envolvido na salvação, ou seja, a *filiação*. Ver Romanos 8.15. Ver também o artigo separado intitulado *Filhos de Deus*.

O Ato Salvador de Deus. Deus escolheu todo um povo, e não meramente indivíduos. Portanto, a salvação também tem um aspecto coletivo, e não apenas individual. Todo um corpo místico está sendo salvo, e não meramente membros individuais desse corpo. Provavelmente, parte da futura glorificação será a comunidade de consciências, o que significa que o povo remido terá uma consciência comum, e não apenas consciências individualizadas. Isso aproxima-se da realidade da *onisciência*, que somente Deus possui em sua totalidade. Também faz parte desse conceito a ideia de *unidade*, em consonância com *o mistério da vontade de Deus* (vide; Ef 1.9,10). Como é óbvio, essa unidade também envolverá os restaurados, os não eleitos. Ver o artigo *Restauração*. Nesse sentido, está em foco a comunidade inteira dos homens, quando os remidos e os restaurados formarão, finalmente, um único povo de Deus!

Limitações. Naturalmente, as várias denominações cristãs têm limitado esse conceito. Praticamente cada denominação vê em si mesma o povo especial de Deus. Na igreja Católica

Romana, para exemplificar, para que alguém seja considerado *partícipe* do *corpo de Cristo*, do povo de Deus, é mister que seja batizado pela autoridade dessa igreja. Outras denominações cristãs impõem outros tipos de limitação, sendo incrível quão pequena pode ficar a igreja de Cristo, segundo a mentalidade de certas pessoas. A arrogância está à base dessa maneira de pensar. Mas, assim como Deus pode ser concebido como pequeno, assim também, inevitavelmente, a denominação que assim concebe é pequena. Por efeito de criação, todos os seres humanos fazem parte do povo de Deus. Em virtude do amor de Deus, todas as pessoas formam o povo de Deus. Mediante o ato salvador de Cristo, todas as pessoas fazem parte do povo de Deus; por força da eleição divina, algumas pessoas formam uma unidade especializada dentro do povo de Deus; por força da restauração, todos os homens virão a fazer parte da unidade que, finalmente, caracterizará o povo de Deus. Isso corresponde ao que deveríamos esperar da parte do amor de Deus e do poder da missão tridimensional de Cristo: na terra, no *hades* e nos céus.

POVO DO SENHOR

A expressão hebraica *Am Ha' Arez* significa "povo da terra", o que a Septuaginta traduziu por *o laós tes gés*, "o povo da terra". De modo geral, essa expressão era usada para indicar qualquer povo que ocupasse uma localidade específica. Cada terra tinha o seu próprio povo (*'am*), como os egípcios (Gn 42.6), os cananeus (Nm 13.28), os hititas (Gn 23.7) etc. Essa expressão, porém, acabou sendo usada para indicar Israel em um sentido especial, como o povo que conquistou a Terra Prometida. A expressão tem várias conotações, como o corpo dirigente de Israel, aqueles que exerciam autoridade sobre a terra, ou os proprietários aldeões, que ocupavam a terra. Eram o âmago do povo de Israel, que possuía e defendia a terra, que impunha reformas religiosas (ver 2Rs 11.13-18; 21.24), que estavam sujeitos aos abusos praticados por potências estrangeiras invasoras (ver 2Rs 23.35; 25.18-21). A propriedade privada ou coletiva da terra (através da autoridade dos clãs) era uma das principais características do povo da terra. Talvez o principal significado dessa expressão seja "cidadania responsável". Após o cativeiro babilônico, os povos misturaram-se, e não mais houve um povo da terra no mesmo sentido, embora a restauração gradual de Israel tenha revertido isso, até certo ponto.

Quando os fariseus se tornaram a classe religiosa dominante, e tentaram impor a vontade deles às massas, algumas vezes usaram essa expressão em sentido pejorativo, como se as massas populares estivessem abaixo deles, incapazes de atingir os elevados padrões dos fariseus. O trecho de João 7.49 reflete essa atitude, havendo referências à mesma ideia na *Mishna* (vide). Um tipo de atitude hostil desenvolveu-se contra as massas, e é certo que parte do sucesso do cristianismo primitivo foi que os cristãos não toleravam tal atitude. O amor de Deus foi visto em uma perspectiva mais lata por essa fé, conforme a história tem demonstrado a sobejo. Infelizmente, o exclusivismo de vários tipos, incluindo aquele herdado através da ideia da *eleição* (vide), sem qualquer *restauração* (vide), promove os preconceitos exclusivistas antigos do judaísmo. Ver o artigo sobre o *Povo de Deus*, quanto a outras ideias relativas ao tema do presente artigo.

PRADO (CARRIÇAL)

A palavra hebraica assim traduzida indica áreas pantanosas, com vegetação própria do terreno. Todavia, há traduções que dizem "prado", em um trecho como Gênesis 41.2,18, onde nossa versão portuguesa diz "carriçal". A palavra hebraica correspondente é *achu*. Prados não são comuns na quente e seca Palestina. Os chamados prados (no hebraico, *mahareh*) de Gibeá são um erro de tradução (ver Jz 20.33, onde nossa versão também diz, erroneamente, "vizinhança de Geba". A tradução correta é "do oeste de Geba"). Todavia, há prados recobertos de grama em certos lugares da Galileia e do Líbano, onde as chuvas se fazem abundantes em certas estações do ano. O vocábulo hebraico *abel* indica esse tipo de terreno, conforme se vê, em nomes combinados, como Abel-Meolá (ver Jz 7.22), cuja tradução certa, e não apenas transliteração, seria "prado da dança". Em Jó 40.21, algumas traduções traduzem a palavra hebraica *qaneh* por "prado", mas erroneamente, pois está em foco a *cana*, uma planta, Nossa versão portuguesa aproximava-se, ao dizer "canavial".

PRAGA

Ver também o artigo *Pragas do Egito*. Uma palavra hebraica comumente empregada para indicar uma praga é *nega*, "golpe" (ver Lv 13 e 14). Uma palavra cognata é *makkah*, "ferimento", "espancamento" (ver Lv 26.21; Nm 11.33; Dt 28.29; 1Sm 4.8; Jr 19.8). Também há o vocábulo *deber*, "pestilência", "praga", que vem de uma raiz que significa destruição (Jr 14.12; Ez 6.11). A grande epidemia que matou setenta mil pessoas em Israel, quando Davi foi castigado por seu orgulho, ao fazer o recenseamento do povo (ver 2Sm 24.5), foi indicada por essa palavra. Por sua vez, *maggepa* é termo hebraico que quer dizer "praga" ou "ferimento" (ver Êx 9.14; Zc 14.12). E *negep* quer dizer "tropeço" ou "praga" (ver Êx 12.13; Js 23.17).

No Novo Testamento encontramos três vocábulos gregos envolvidos: **1**. *Mástiks*, "açoite", mas que se refere aos açoites das pragas (ver Mc 3.10; 5.29,34; Lc 7.21; At 22.24; Hb 11.36). Também era palavra comumente usada para indicar alguma doença. **2**. *Loimós*, "praga", "peste" (ver Lc 21.11; At 24.5). Josefo usou esse termo em *Guerras dos Judeus* (6.9,3). Esse vocábulo é frequentemente associado à ideia de fome, visto que muitas pragas de enfermidades acompanham a escassez de alimentos. **3**. *Plege*, "praga", "golpe" (ver Lc 10.31; 12.48; At 16.23,33; 2Co 6.5; 11.23; Ap 9.18,20; 11.6; 12.3,12,14; 15.1,6,8; 16.9,21; 18.4,8; 21.9; 22.18). Ver ainda sobre *Fome*, quanto a um outro tipo de praga.

A Teologia da Praga. A leitura das referências dadas mostrará que, com frequência, se não sempre, as pragas indicavam o desprazer de Deus com o povo. De mistura com isto temos a demonologia. Ver os artigos separados sobre *Demônio* (*Demonologia*) e *Possessão Demoníaca*. Embora haja grandes exageros, as pesquisas modernas confirmam que tanto enfermidades físicas quanto mentais podem ser causadas por poderes espirituais malignos. E apesar da questão dos juízos divinos poder ser exagerada pelos homens, também é verdade que, algumas vezes, Deus julga a humanidade com pragas ou enfermidades. Não obstante, nem toda enfermidade é causada pelo pecado. Há vezes em que a questão tem tons didáticos, segundo grandes místicos nos afiançam. Mas também pode haver o resultado natural do caos, da desorganização, o que é uma realidade desagradável, embora isso não seja um fator dominante na vida humana. Também há coisas más que sucedem aparentemente sem causa. Paulo, no oitavo capítulo da epístola aos Romanos, mostra-nos que esse caos leva os homens a buscarem a Deus, pelo que até a confusão pode ter um bom propósito, se for acolhida de forma correta. A criação ficou sujeita *à futilidade* como medida disciplinadora (ver Rm 8.20). Há uma servidão à decadência que, finalmente, será revertida.

Antropomorfismos. Alguns intérpretes creem que Deus realmente fica irado, conforme ficam os homens. O Deus iracundo, pois, mataria por meio de pragas e outros instrumentos, como os terremotos etc. Mas outros objetam a esse tipo de linguagem, quando aplicada a Deus, pensando que tal linguagem é um crasso antropomorfismo. Seja como for, a realidade permanece de pé. Os pecados, individuais e coletivos, podem resultar em enfermidades e pragas, sem importar se Deus sente ou não emoções, à semelhança dos homens. Ver o artigo separado sobre o *Antropomorfismo*.

PRAGA DE GAFANHOTOS

1. Espécies de Gafanhotos e sua Descrição. A principal palavra hebraica é *arbeh*. Nos tempos bíblicos eram conhecidas várias espécies de gafanhotos, como o *Aedipoda migratoris* e o *Acridium peregrinum*. A primeira também é chamada pelo nome de *Locusta migratoria*. Outros nomes desse tipo de inseto, atualmente existente (e, provavelmente, que também atacava a Palestina), são o *Schistocerca gregaria* e o *Dociostaurus maroccanus*. O termo científico, *orthoptera*, aplicado a esses insetos, significa "asas retas". E o termo *acridium* vem da palavra grega *akris*, "gafanhoto". Esse vocábulo grego tem relação com a palavra grega para "pico", "cume", talvez, referindo-se à formação das pernas dos gafanhotos, que se projetam para cima, quando ele está pousado. A palavra latina *gryllus*, ao que tudo indica, está relacionada ao zumbido que eles fazem. O termo grego *grulízo*, "grunhir", é uma palavra relacionada.

Os órgãos produtores do zumbido dos gafanhotos encontram-se nas pernas traseiras e nas beiras das asas frontais. O som é produzido quando o animal raspa uma dessas partes contra a outra. O gafanhoto possui antenas curtas, corpo alongado, pernas longas e poderosas, com as coxas grossas e ovipositores curtos. Por ocasião das pragas, os gafanhotos chegam a escurecer a luz solar com o seu número imenso. Enquanto os adultos alçam voo, os filhotes ficam devorando toda a verdura ao seu alcance, no solo; estes últimos, quando crescem, também alçam voo. A fêmea do gafanhoto deposita seus ovos formando uma massa de forma oval, usualmente, em algum buraco feito no chão. Esses ovos são muito resistentes, capazes de tolerar condições muita adversas. O nascimento dos filhotes depende muito da umidade; mas os ovos podem ser postos em terreno muito seco, e ainda assim sobreviverem por mais de três anos. Mas, assim que chega a umidade, no espaço de dez dias, os ovos são chocados, e há uma produção de gafanhotos em números alarmantes. Os gafanhotos jovens parecem-se muito com os gafanhotos adultos, mas só adquirem asas aos cinco ou seis meses de idade. No entanto, mesmo sem asas, são muito vorazes, pelo que, em bem pouco tempo, depois que saem de seus ovos, os gafanhotos já são intensamente destruidores.

É difícil dizer quantas espécies de gafanhotos existem; mas talvez várias milhares de espécies diferentes seja um bom cálculo. Os intérpretes rabínicos diziam ter conseguido alistar oitocentas espécies diferentes.

2. Palavras Bíblicas para Gafanhoto. Há nove palavras hebraicas para indicar esse inseto, e também uma palavra grega. No entanto, as palavras hebraicas não indicam diferentes espécies, e, sim, descrevem coisas que podem ser ditas sobre o gafanhoto. O termo hebraico mais comum, '*arbeh*, está ligado à raiz que significa "multiplicar". É vocábulo usado para indicar o inseto, por 24 vezes (ver Êx 10.4,12-14,19; Lv 11.22; Dt 28.38; 1Rs 8.37; 2Cr 6.28; Sl 78.46;105.34; 109.23; Pv 30.27; Jl 1.4; 2.25; Na 3.15,17; Jz 6.5; 7.12; Jó. 39.20; Jr 46.23). Essa é a palavra que foi usada para indicar a praga de gafanhotos do Egito, que foi a oitava dentre as dez que fustigaram os egípcios. Em Levítico 11.22, esse termo indica uma dentre quatro espécies diferentes. Outra palavra hebraica que também aparece em Levítico 11.22 é *solam*, "calvo", porque a cabeça do gafanhoto dá a impressão de calvície. Nossa versão portuguesa traduz essa palavra por "locusta". *Hargol*, "saltador", ao que parece é outra espécie de gafanhoto, e não algum besouro, conforme dizem algumas versões, também em Levítico 11.22. Nossa versão portuguesa diz "gafanhoto devorador". *Chaqab* é outra palavra hebraica para esse inseto, que também figura em Levítico 11.22, onde lemos, em nossa versão portuguesa, "gafanhoto". Essa palavra deriva-se de um verbo que significa "ocultar". É possível que esse nome se deva ao fato de que quando bilhões de gafanhotos alçam voo ao mesmo tempo, chegam a ocultar a luz do sol enquanto estão passando. O trecho de Joel 1.4 tem três palavras hebraicas, que talvez indiquem estágios no desenvolvimento do gafanhoto. A primeira dessas palavras é *gazam*, que significa "cortador", conforme também se vê em nossa versão portuguesa, "gafanhoto cortador". Essa palavra refere-se à devastação que uma praga de gafanhotos causa às plantações e árvores frutíferas. A segunda palavra é *arbeh*, sobre a qual já pudemos comentar. E a terceira palavra é *yeleq*, que vem de "lamber", um nome que indica a voracidade desse inseto. A palavra hebraica *tselatsal* aparece somente em Deuteronômio 28.42. Significa "redemoinho", "rodopio", indicando o turbilhão provocado pela imensa quantidade de gafanhotos, quando levantam voo. Finalmente, no hebraico, temos a palavra *gob*, "enxame", que aparece somente em Naum 3.17.

Assim sendo, há cerca de 24 referências diretas ao gafanhoto, em páginas do Antigo Testamento, sem falarmos naquelas alusões de caráter duvidoso ou disputado.

A palavra grega *akris*, "gafanhoto", é usada por quatro vezes no Novo Testamento (Mt 3.4; Mc 1.6; Ap 9.3,7). As duas primeiras referências mostram que era permissível a ingestão desse inseto pelo homem, porquanto João Batista se alimentava de gafanhotos e mel silvestre. É verdade que alguns têm sugerido que se trataria de alguma planta, chamada "alimento de João Batista"; mas quase todos os intérpretes rejeitam essa especulação. O trecho de Levítico 11.21 contém a permissão para que se coma esse inseto.

3. O Gafanhoto Como uma Praga. Imaginamos os ovos do gafanhoto já depositados em buracos, no solo, em números prodigiosos. O tempo está seco, e nada sucede com os ovos. Ninguém suspeita de coisa alguma. Então chega alguma umidade e, dentro de dez dias, tem começo uma praga de gafanhotos. Mais seis meses, e a praga levanta voo. Os gafanhotos, voando, cobrem um vasto território. Novos ovos são depositados, e o ciclo se repete. As pragas de gafanhotos são um dos juízos divinos contra os pecados humanos, juntamente com os terremotos e outros desastres naturais.

John Walsh, em *Science*, de 3 de outubro de 1986, fornece-nos algumas incríveis informações sobre as pragas de gafanhotos. Via de regra, os gafanhotos vivem sem causar demasiada destruição. Também não percorrem grandes distâncias sob condições normais. Porém, quando seu número aumenta, resultando numa superpopulação, produzem um hormônio que altera toda a aparência física deles e toda a sua conduta. Quando isso sucede, então a *praga* está prestes a rebentar. A superpopulação ocorre quando os gafanhotos ainda não têm asas. Aí passam a consumir mais oxigênio, e sua taxa metabólica aumenta muito. Suas cores modificam-se e suas proporções corporais aumentam. Além disso, tornam-se muito mais ativos. Quanto mais chuva cair, mais ovos serão chocados; a chuva aumenta a relva e a verdura, e isso é mais alimento ainda para os gafanhotos. As poças que se formam no chão contêm cerca de cem ovos cada. Quando os gafanhotos emergem de seus ovos, logo há um enxame de pequenos gafanhotos, agitando-se no solo. Cada gafanhoto pesa cerca de 3,5 gramas, comendo o equivalente a seu próprio peso a cada dia. Uma dessas nuvens de gafanhotos pode conter um bilhão de insetos, e quando há uma praga das grandes, pode haver nada menos de cem nuvens dessas. Portanto, isso resulta em 100.000.000.000 de gafanhotos!

Os gafanhotos têm urna incrível capacidade de sobrevivência. Algumas vezes, um enxame desses pousa sobre uma montanha coberta de neve. Eles podem ficar ali durante semanas, para então alçarem voo outra vez. E podem, em um único dia, percorrer 320 km Em uma única migração, podem cobrir dez vezes essa distância. Podem até mesmo pousar no oceano e permanecer flutuando, pousando uns por sobre os outros. E, quando estão descansados, levantam voo da superfície do mar. Podem levantar vão da superfície do mar, do solo e das montanhas recobertas de neve. O dano que eles podem causar à lavoura tem inspirado e deprimido as mentes dos homens, desde os tempos mais remotos. E ainda não ouvimos tudo o que eles são capazes de fazer, apesar de todo o nosso avanço científico.

4. Usos figurados do Gafanhoto. *a. Grandes números*, como os exércitos dos assírios. Naturalmente, temos aqui, igualmente, o de destruidor com tais números. (Ver Is 33.4,5; Nm 3.15,17). *b. Os julgamentos divinos* usam as forças da natureza, ou literalmente, como no caso das pragas de gafanhotos, ou mediante algum outro poder, simbolizado pelos gafanhotos. (Ver Ap 9.7). Nesta passagem do Apocalipse, provavelmente, estão em foco poderes demoníacos. (Ver também Jl 1.1,6,7; 2.2-9).

PRAGAS DO EGITO

I. Fundo Histórico. Ver o artigo geral sobre *Praga*. Com frequência, as pragas eram vistas como calamidades infligidas por Deus às pessoas, em resultado da iniquidade delas. O artigo *Praga* oferece amplas evidências quanto a isso. Era natural que as calamidades que sobrevieram ao Egito, quando Israel esteve ali escravizado e queria partir, sem receber permissão dos egípcios, fossem vistas como visitações divinas. E, de fato, o caráter extraordinário dessas pragas, numa sequência nunca antes verificada, testifica isso. Moisés e Aarão foram os porta-vozes de *Yahweh*. Eles exigiram a soltura do povo de Israel, a fim de que o propósito divino acerca de seu povo avançasse e chegasse ao seu alvo. Podemos dizer, pois, que essas pragas foram desagradáveis, mas *persuadiram*. Ademais, havia nelas o propósito do exaltar o nome do Senhor, às expensas da vil idolatria que predominava no Egito. As pragas serviam de confirmações da autoridade de Moisés e de Aarão. O Faraó, pois, foi forçado a tomá-las a sério, e, finalmente, cedeu às exigências deles. Isso não teria sido possível sem os sofrimentos experimentados pelos egípcios. Por outro lado, Israel já vinha sofrendo há muito às mãos dos egípcios, e a retribuição estava *madura*. O Faraó era um indivíduo duro. Ele se imaginava o porta-voz das divindades que adorava, e dispunha de seus mágicos com as suas mágicas. Além disso, não respeitava Israel. Ele pensava que a sua medicina era mais poderosa que a medicina de Moisés e Aarão. E resolveu que entraria em competição com eles. E mesmo quando já estava muito derrotado, apegou-se à esperança de sair-se vencedor. Somente diante da morte de todos os primogênitos do Egito foi que o Faraó deu-se por vencido. O nono capítulo de Romanos apresenta Deus como aquele que endureceu o coração do Faraó, a fim de que este não cedesse de pronto, para que pudesse haver uma plena demonstração do poder e supremacia de *Yahweh*. Alguns teólogos sentem dificuldades diante desse fato, e comento sobre a questão na quarta seção deste verbete.

Na época, o poder egípcio era mais forte no delta do Nilo. O trecho de Salmo 78.43 parece indicar esse tipo de situação, ao mencionar o "campo de Zoã". Essa cidade era localizada na margem oriental do ramo tanítico do rio Nilo. Ver o artigo separado sobre o *Delta*. As condições da primeira e da segunda pragas naturalmente ocorreram em um lugar onde havia muita água, riachos e lagos, o que era típico no baixo Egito.

Não se sabe ao certo por quanto tempo perduraram as pragas do Egito. Provavelmente, as estações do ano foram favoráveis à manifestação das mesmas, pelo que deve ter havido a passagem de um ano, ou mesmo mais.

Houve dez prodígios nessas pragas, coletivamente chamados "julgamento" (ver Êx 7.4), e também "sinais" e "maravilhas" (Êx 7.3). Estas pragas foram a reação da justiça de Deus contra a iniquidade e a obstinação. Mui provavelmente, combinavam os fenômenos naturais com a intervenção divina, intervenção esta que servia de elemento controlador. As primeiras nove pragas demonstraram o controle que Deus exerce sobre a ordem natural (a criação); mas a décima praga foi por demais específica para ser atribuída a qualquer coisa que fosse natural.

"Hort salientou que as nove primeiras pragas formaram uma sequência lógica e ligada, a começar com uma inundação anormalmente elevada do rio Nilo, que ocorreu nos meses usuais de julho e agosto, e que a série de pragas terminou aproximadamente em março (hebraico *abib*). No Egito, uma cheia grande demais era tão desastrosa como uma cheia insuficiente" (ND).

II. Pragas Específicas

1. Água Transformada em Sangue (Êx 7.14-25). Moisés recebeu ordem para estender sua vara por sobre o rio Nilo, para que suas águas se transformassem em sangue, o que resultou na morte da vida aquática, além do que suas águas não eram mais potáveis. Alguns intérpretes pensam aqui em termos literais (conforme o texto espera que o façamos). Mas outros imaginam que o termo "sangue" indica alguma espécie de poluição "cor de sangue". Uma inundação particularmente severa poderia ter trazido lama e barro. A menos que o autor sagrado tenha criado uma história, se esse "sangue" não era biológico, deveria haver algum poluente bacteriológico. Se essa praga esteve associada a uma das cheias do Nilo, então pode ter ocorrido em julho-agosto ou outubro-novembro. Pode ter trazido barro vermelho das bacias do rio Nilo e do Atbara, o que explicaria a coloração, mas não os poluentes necessários para causar os danos. Outros intérpretes pensam que a cor foi causada por plantas criptogâmicas e infusórias, um fenômeno natural, apenas intensificado pelo juízo divino. O trecho de Joel 2.31 fala sobre a lua avermelhada como sangue, e, naturalmente, pensamos nisso como um colorido, e não em sangue verdadeiro. A maioria dos intérpretes, pois, pensa que temos aí uma maneira aceitável de interpretar esse milagre do sétimo capítulo do Êxodo. O rio ficou poluído, de águas mortíferas, avermelhadas como sangue. Milênios após o ocorrido, agora é extremamente difícil examinar o caso e dizer exatamente o que sucedeu. Os egípcios foram forçados a cavar poços em busca de água potável, pois, pelo menos durante um período de tempo, suas águas estavam envenenadas.

2. Rãs (Êx 8.1-14). As rãs multiplicaram-se aos milhões. Provavelmente foi uma praga das minúsculas rãs do Nilo, que os egípcios chamam de *dolfa*. Os pequenos batráquios disseminaram-se por toda parte, durante sete dias. Quando as rãs morreram em massa, seus corpos decompostos tornaram-se uma ameaça à saúde e eram muito ofensivos ao olfato. E é possível que as rãs tenham morrido devido a alguma doença, o que teria servido para aumentar o perigo. As rãs eram como uma praga de formigas. Elas infestavam os leitos, os utensílios domésticos, os fogões, as amassadeiras e saltavam e se grudavam nas pessoas. Os mágicos egípcios, porém, imitaram com sucesso o milagre, conforme tinham feito no caso do primeiro prodígio (de resultado não-estipulado). O texto bíblico parece querer que entendamos que algum poder oculto, maligno, foi manipulado por aqueles mágicos, embora não haja qualquer indicação do poder manipulado. Mas Moisés e Aarão foram solicitados a livrar o Egito da praga das rãs, o que o Faraó reconheceu como algo vindo da parte de *Yahweh*. De fato, as rãs eram tão desagradáveis que o Faraó chegou a concordar com a saída do povo de Israel do Egito; mas o rei retrocedeu em sua decisão, assim que as rãs desapareceram. A rã ou o animal que representava o deus Hekt, e era um dos animais adorados em alguns lugares. Isso posto, essa segunda praga deve ter sido desconcertante para os egípcios, que pensavam na rã como um animal que requeria respeito.

3. Piolhos (Êx 8.16-19). A tradução portuguesa "piolhos" dificilmente corresponde ao intuito do texto sagrado. Antes, devemos pensar em "mosquitos". A inundação do Nilo favoreceria uma incomum proliferação de mosquitos. Na verdade, essa é a mais constante e perigosa praga da humanidade. De fato, é difícil passarmos um dia sem recebermos ao menos uma ferroada de mosquito. O mosquito é o inimigo mais perigoso do homem, transmissor de várias enfermidades, e sempre presente. Seus ovos não amadurecem todos ao mesmo tempo, mas são programados a chocar gradualmente, um óbvio truque da natureza, com vistas à preservação da espécie. As únicas regiões do mundo isentas de mosquitos são a Ártica e a Antártica, absolutamente congeladas. E mesmo nas áreas subárticas, o mosquito consegue sobreviver, incomodando todos os demais seres vivos. Somente as fêmeas do mosquito sugam o sangue, o qual é necessário para sua reprodução. E elas também se deliciam com o sangue. Os machos da espécie sugam o néctar das plantas. Alguns intérpretes acreditam que o inseto em pauta era alguma espécie de mosquito da areia, espécie de pulga. Segundo o texto bíblico ajunta, essa praga foi iniciada quando Aarão bateu no pó da terra, que então se transformou em uma incrível massa de insetos. Porém, há quem pense que temos aí uma linguagem simbólica. Os mágicos do Egito conseguiram duplicar o milagre. E podemos pensar que foi o poder divino que restringiu o poder demoníaco que atuava por detrás das mágicas dos egípcios.

4. Moscas (Êx 8.20-32). Em foco provavelmente está algum tipo de mosca ferroadora dos alagadiços e não a mosca doméstica comum que conhecemos. Mas mesmo estas últimas, em grande número, poderiam ser perigosas e incômodas. A etimologia da palavra envolvida não identifica o inseto. Mas o número fantástico das moscas torna óbvio que estava em operação algum poder divino incomum. O Faraó queria que Moisés e Aarão efetuassem ritos e oferecessem sacrifícios que o isentassem de permitir a saída dos escravizados israelitas do Egito. E o Faraó prometeu dar liberdade aos israelitas se o Egito fosse livrado daquela praga; mas, assim que esta começou a amainar, novamente o monarca egípcio mudou de opinião.

5. Pestilência nos Animais (Êx 9.1-4). Está em pauta alguma enfermidade nos animais domésticos, embora a mesma não seja definida com precisão. Talvez esteja em pauta algum tipo de infecção, resultando em condições de saúde extremamente adversas no gado, ou que talvez até tenha antecedido a outras pragas. É possível que algum inseto tenha propalado a doença entre os animais. Os animais dos israelitas, porém, foram poupados por razões que desconhecemos. Mas devemos imaginar que houve alguma intervenção divina em favor do gado de Israel. Alguns estudiosos pensam que o gado dos egípcios estava solto nos campos, ao passo que o gado dos israelitas estava confinado em estrebarias, o que teria protegido o mesmo das enfermidades apanhadas ao ar livre. Mas, embora o Faraó tivesse podido verificar o fato de que somente o gado dos egípcios havia sido afetado e morrera (ao passo que nada disso sucedera ao gado dos israelitas), ele permaneceu de coração endurecido.

6. Úlceras (Êx 9.13-12). Essas úlceras mui provavelmente eram causadas por picadas de insetos, que permitiam que bactérias como estreptococus e estafilococus penetrassem sob a proteção da pele. A mosca cujo nome científico é *Stomoxys calcitrans* multiplica-se na matéria em decomposição, e poderia ser a principal transmissora. Essas úlceras (ao que parece) afetavam principalmente as mãos e os pés (ver Êx 9.11). Os mágicos do Egito também foram afetados por essa praga, pelo que não tentaram duplicá-la com suas mágicas. A etimologia da palavra hebraica envolvida sugere o irrompimento de pústulas, ou pelo menos de inchaço com pus. Alguns eruditos pensam estar em foco a peste bubônica, mas essa não se ajusta ao contexto. As pessoas eram atormentadas por essa praga, mas não eram mortas em grandes números.

7. Saraiva (Êx 9.17-35). A saraiva (em nossa versão portuguesa, "chuva de pedras") é um instrumento comum dos juízos divinos. (Ver Êx 9.18; Is 28.2; Ag 2.17). Há quem pense, igualmente, que devemos pensar aqui na saraiva, e, sim, no "granizo". Mas, tanto a saraiva quanto o granizo (quando este é pesado e demorado) podem ser muito destrutivos. O texto sagrado diz "mui grave chuva de pedras", como os egípcios nunca tinham visto qualquer coisa parecida. Essa chuva destruiu tudo, as plantações, os animais, e até seres humanos que não se abrigaram. Mas, na terra de Gósen, onde estavam os israelitas, nada disso sucedeu. A saraiva foi acompanhada por tremenda borrasca elétrica. Isso poderia ajustar-se a condições comuns no Egito, durante o mês de fevereiro. O Faraó confessou que havia pecado, por manter suas atitudes rigorosas. O linho e a cevada, que já tinham florido, foram destruídos; mas não o trigo e o centeio, que "ainda não haviam nascido". Moisés, a pedido do Faraó, fez essa praga cessar, embora sabendo que o Faraó ainda não humilhara o seu coração diante de Deus.

8. Gafanhotos (Êx 10.1-20). Ver o artigo separado intitulado *Praga de Gafanhotos*, quanto a uma completa descrição do poder destruidor desse inseto. Certas condições climáticas fazem esses insetos modificarem-se fisicamente e multiplicarem-se em números astronômicos. A raiz hebraica desse vocábulo para "gafanhoto" significa "enxame". No Egito, pragas de gafanhotos eram uma constante, conforme também se sabe através de várias fontes literárias. O texto menciona um vento que soprou durante um dia e uma noite, e que trouxera os gafanhotos. Poderíamos interpretar que esse vento foi divinamente enviado. Além disso, o número dos gafanhotos foi tão grande que os próprios egípcios perceberam haver nessa praga um dedo do sobrenatural. O Faraó ficou desesperado, e mandou chamar Moisés e Aarão às pressas a fim de que orassem a *Yahweh* para que a praga cessasse. E então, veio um forte vento ocidental que levou para longe os gafanhotos. Ainda assim, o Faraó não permitiu que os israelitas saíssem do Egito. É que o Senhor havia endurecido o coração do Faraó (Êx 10.1), a fim de que Deus tivesse a oportunidade de exibir os seus sinais e as suas maravilhas. Alguns intérpretes assumem uma posição calvinista extremada aqui, vendo somente o lado divino da questão (Deus endureceu o coração do Faraó, e este foi apenas um títere nas mãos de Deus); mas outros afirmam que Deus endureceu um coração que já estava endurecido pela desobediência, desde o momento em que resistira a Moisés e a Aarão, antes mesmo da primeira praga. Seja como for, o fato é que o Faraó sofreu uma cegueira judicial, a princípio cultivada por sua própria desobediência e incredulidade, e então, confirmada pela vontade divina. Esta interpretação é mais racional; a primeira interpretação é duvidosa, mesmo porque também lemos que o Faraó endureceu o seu próprio coração. Lemos no versículo 34: ... *Faraó... Endureceu o seu coração, ele e os seus oficiais*.

9. Trevas (Êx 10.21-29). As trevas encobriram o Egito inteiro, excetuando a terra de Gósen (vs. 23), onde Israel habitava. As trevas foram totais, absolutas. Um homem não podia ver a um seu semelhante que estivesse na sua frente. Alguns intérpretes entendem que houve nisso um acontecimento sobrenatural, talvez único até hoje, em toda a história da humanidade. Mas outros pensam que algum forte vento provocou uma tempestade de poeira. Porém, também devemos pensar na chamada "poeira cósmica", que poderia ter bloqueado toda luz solar e das estrelas, no espaço sideral, durante algum tempo. E o fato de que a terra de Gósen não sofreu esse tipo de desastre é considerado por alguns como um toque mítico, para conferir ao incidente uma aura de mistério e milagre. Mas ainda outros supõem que esse detalhe confirma a natureza miraculosa dessas trevas, visto que nenhuma outra explicação pode informar-nos por que razão uma porção tão pequena do Egito — a terra de Gósen — desfrutava de iluminação natural, enquanto o resto permanecia sob trevas espessas. Naturalmente, o escritor sagrado queria que entendêssemos ter havido uma intervenção divina miraculosa. O Faraó resolveu que seria aceitável uma saída parcial do Egito, por parte dos israelitas. As pessoas poderiam ir, mas não o seu gado. Moisés rejeitou esse plano econômico do monarca, e o Faraó ficou tão irado que disse a Moisés para partir e não voltar, sob ameaça de morte. Moisés sabia que o Faraó não mais veria o seu rosto, mas não do modo como o Faraó pensava (ver Êx 10.29). É que a praga final seria um golpe definitivo, depois do qual não haveria mais a necessidade da mediação de Moisés.

10. A Morte dos Primogênitos (Êx 11.1 — 12.36). As calamidades sofridas até então tinham sido tão severas que o Egito jazia virtualmente arruinado. Ao término da oitava praga, a dos gafanhotos, os servos do Faraó lhe haviam dito: *Acaso não sabes ainda que o Egito está arruinado?* (10.7). Porém, nenhuma das pragas anteriores foi capaz de comparar-se à da morte dos primogênitos dos homens e dos animais. O anjo da morte passou por todo o Egito. Mas o povo de Israel foi protegido mediante a instituição da *Páscoa* (vide), com seu sangue aspergido. A morte sobreveio à meia-noite. O fato de que morreram somente os primogênitos, tanto dos homens quanto dos animais, serviu de prova de que o acontecido era a mão de Deus. Um grande clamor de desespero ouviu-se por todo o Egito; e Moisés e seu povo não somente tiveram permissão de partir, mas também foram exortados a fazê-lo, de modo insistente. Acresça-se a isso que a Israel foram dados suprimentos abundantes para que pudessem partir, e isso por parte dos próprios egípcios.

III. IMPLICAÇÕES TEOLÓGICAS. 1. O Teísmo (vide). Deus existe e está interessado em sua criação; ele faz intervenção; ele recompensa ou castiga, em contraste com o conceito deísta de Deus, de acordo com o qual Deus seria apenas transcendental e divorciado de sua criação, não fazendo intervenção, não galardoando e nem punindo, e tendo deixado a sua criação entregue aos caprichos das forças naturais. Ver sobre o Deísmo. **2**. *A possibilidade do miraculoso* é um elemento importante na vida humana. Ver o artigo geral intitulado *Milagres*. Quanto a um operador atual de atos miraculosos, ver sobre *Satya Sai Baba*. **3**. *O erro da idolatria e da crença religiosa distorcida*. Houve em todo o incidente das pragas do Egito um conflito entre Deus e as divindades pagãs. **4**. *A estupidez da rebeldia*, em face de avassaladores sinais e maravilhas, o que nos faz lembrar de Jesus e seu ministério, quando ele teve de enfrentar amarga oposição, a despeito de suas portentosas obras. **5. A Predestinação e a Perdição**. A história das pragas do Egito foi tomada por Paulo, no nono capítulo de Romanos, a fim de ilustrar a soberania e a inexorável vontade de Deus, capaz de amaldiçoar e destruir, se ele assim o quiser. Ver Romanos 9.17,18. Essa passagem, bem como todo o nono capítulo de Romanos, tem recebido diferentes interpretações. A mais radical delas (mas aquela que o apóstolo, provavelmente, tencionava) é a que diz que, de fato, Deus manuseia os homens como peões, endurecendo-lhes os corações e tornando-os vasos de ira. Essa impiedosa vontade de Deus chega mesmo a dividir famílias, fazendo Jacó ser amado e Esaú ser odiado (ver Rm 9.13). E isso foi decidido sem importar o que um e outro viessem a praticar de "bem" ou de "mal" (vs. 11). Isso posto, tudo depende de Deus, e o homem nada representa. Esse texto (paralelamente a outros) tem sido enfatizado por alguns intérpretes, unipolares, que convenientemente ignoram aqueles outros textos neotestamentários que falam sobre o amor universal de Deus, sobre o intuito universal do evangelho e sobre a capacidade universal de os homens escolherem entre o bem e o mal. Os artigos chamados *Determinismo*, *Predestinação* e *Livre-Arbítrio* abordam todas as implicações envolvidas nesse problema. Ver também os artigos intitulados *Paradoxo* e *Polaridade*. Minha própria opinião é que a doutrina do determinismo, isoladamente, sem o concurso de seu polo do amor divino e do livre-arbítrio humano, constitui uma doutrina má, destrutiva e imoral. Pois pretende dar solução ao paradoxo inerente à questão do determinismo *versus* livre-arbítrio humano, perfazendo uma humanologia, em vez de uma teologia. Por outro lado, de nada adianta distorcer o nono capítulo de Romanos para que o mesmo diga o que ele não diz. Alguns intérpretes dizem, simplesmente, que o mesmo é uma peça má de teologia e recusam-se a examiná-lo. Pessoalmente, apesar de admitir a natureza paradoxal desse problema (o qual existe na filosofia e na ciência, e não meramente na teologia), lanço meu voto em favor do amor de Deus e o universal poder da expiação realizada por Cristo (ver 1Jo 2.2), bem como da missão tridimensional de Cristo (na terra, no *hades*, no céu). Afinal de contas, nisso consiste a mensagem do evangelho, as boas-novas celestes para o homem. O resto do que tenho a dizer pode ser lido nos artigos mencionados acima. **6. O Poder do Sangue de Cristo**. Uma das principais mensagens teológicas envolvidas no relato das pragas do Egito é a da expiação pelo sangue, que protegeu os israelitas do anjo da morte. Isso é um emblema do sangue de Cristo, o qual nos livra da morte espiritual. Cristo tornou-se a nossa Páscoa (ver 1Co 5.7). Ver os artigos *Expiação* e *Expiação pelo Sangue*. **7. A Teologia dos Tipos**. O relato sobre as pragas do Egito, especialmente em seu desfecho, mostra-nos como Deus opera entre os homens. No Antigo Testamento, isso é feito de maneira preliminar e típica. E a epístola aos Hebreus demonstra que, em Cristo, essas coisas tiveram uma grande e universal aplicação. **8**. *A controvérsia conservadora-liberal* entra no problema da interpretação desses episódios históricos, o que é tratado na quarta seção deste artigo. **9. Os Pactos**. O texto ilustra como *Yahweh* honrou o pacto estabelecido com Abraão, garantindo a identidade e a continuidade da nação de Israel — os descendentes de Abraão — que deveria ser o veículo da mensagem divina, culminando no aparecimento do Messias. A libertação de Israel fazia parte do plano divino e tinha que ocorrer.

IV. OUTRAS INTERPRETAÇÕES; CRÍTICAS. Com a palavra "outras" indico aquelas interpretações que procuram explicar, por meios naturais, as pragas do Egito, furtando-lhes seus elementos miraculosos ou suas causas miraculosas. Naturalmente, muitos estudiosos liberais, bem como os céticos, dizem que esse fator miraculoso foi inventado, para dar maior dramaticidade aos relatos bíblicos. Creio que é um erro ver aqui apenas um elemento miraculoso. Mas também é errado negar que os milagres podem acontecer e realmente acontecem. O artigo sobre *Milagres* aborda detalhadamente essa questão. Alguns intérpretes, procurando promover a ideia da invenção (talvez com base em *algum* fato), chegam a opinar que o relato das pragas do Egito tem base em várias fontes informativas, destacando-se nisso a teoria do J.E.D.P. (S.). Ver o artigo cujo nome é essa abreviação, quanto à teoria das múltiplas fontes informativas do Pentateuco. De acordo com isto, as pragas são divididas entre as fontes com J (pragas 1, 3, 4, 5, 7, 8 e 10); E (partes das pragas 1, 7 e 8, toda a praga 9 e partes da praga 10); S (partes das pragas 1 e 2, todas as pragas 3 e 6, e partes da praga 10). Desse modo, o relato é visto como uma tradição que se foi desenvolvendo, e não um relato histórico de uma série de acontecimentos vinculados entre si. Durante a Renascença e o período da Reforma Protestante, esse relato era chamado de uma lenda crua e brutal. No século XIX, a alta crítica desmembrou o relato, conforme acabamos de mostrar. E o resultado disso foi um relato tão fragmentado que é impossível defendê-lo. E alguns intérpretes complicam ainda mais a questão, pensando haver encontrado causas extraterrestres. Assim, I. Velikovsky propôs alguma catástrofe natural de origem astronômica, aplicando isso à divisão das águas do mar Vermelho e à nuvem de fumaça que emanou do monte Sinai, bem como às próprias pragas do Egito. O livro de autoria dele, *Worlds in Collision*, está recheado dessas explicações cósmicas que resultaram em alterações no globo e outros eventos, as quais podem ser respeitadas, mas não aceitas sem investigação e meditação. Sem dúvida, algumas grandes transformações terrestres têm tido causas cosmológicas, mas será preciso um maior estudo para verificar se isso tem aplicação ao relato das pragas do Egito e acontecimentos subsequentes.

Imitações Egípcias. Para muitos estudiosos liberais e céticos, o fato de que os mágicos egípcios foram capazes de duplicar algumas das pragas serve apenas para provar a natureza lendária do relato como um todo. Por outro lado, alguns eruditos conservadores encontram nisso o poder de forças demoníacas, que pode imitar os milagres de Deus, produzindo assim milagres reais, embora malignos. Não há que negar que isso pode suceder. Mas permanece questão aberta se isso tem aplicação às pragas do Egito.

PRAIA

No hebraico, há três palavras envolvidas que nos convém examinar, e, no grego, três, a saber: **1.** *Choph*, "praia". Esse termo hebraico ocorre por sete vezes, conforme vemos em (Jz 5.17; Jr 47.7; Js 9.1; Ez 25.16). **2.** *Qatseh*, "fim", "extremidade". Palavra hebraica usada apenas por uma vez com o sentido de "costa marítima", em Josué 15.2. **3.** *Saphah*, "lábio", "beirada". Vocábulo hebraico empregado por seis vezes com o sentido de "praia" (a saber: Gn 22.17; Êx 14.30; Js 11.4; 1Sm 13.5; 1Rs 4.29 e 9.26). **4.** *Aigialós*, "praia". Palavra grega empregada por seis vezes (Mt 13.2,48; Jo 21.4; At 21.5; 27.39,40). **5.** *Che~ios*, "areia". Palavra grega que aparece sete vezes (Mt 15.8 (citando Is 29.13); Mc 7.6; Rm 3.13 (citando Sl 140.4); 1Co 14.21 (citando Is 28.11); Hb 11.12; 13.15; 1Pe 3.10 (citando Sl 34.14). **6.** *Prosormízo*, "puxar para a praia". Palavra grega usada exclusivamente em Marcos 6.53.

As praias do mar desempenham um papel bastante insignificante na narrativa bíblica, excetuando dentro do contexto da símile familiar para os leitores da Bíblia: ... *muito povo, em multidão, como a areia que está na praia do mar* (Js 11.4), ou expressão paralela. Os israelitas nunca foram um povo voltado para as atividades do mar, de tal modo que até mesmo as suas costas marítimas do Mediterrâneo quase nunca foram bem controladas por eles. Ver sobre *Mar* e *Mar Grande*. Em consequência disso, para os israelitas o mar permanecia um elemento estranho e hostil. Nas páginas do Novo Testamento, as referências razoavelmente frequentes ao mar dizem respeito ao mar da Galileia, visto que tão grande parcela do seu sustento era extraída dali. Em torno do mar da Galileia desenvolveu-se uma ativa indústria pesqueira que, nos tempos neotestamentários, exportava o pescado até para a capital do império romano. No círculo quase contínuo de cidades e aldeias, em redor desse mar interior que, na realidade, era apenas um lago, na época do Novo Testamento, não somente a pesca, mas igualmente toda a espécie de meio de transporte (como no caso do trigo que era transportado por meio de embarcações de um lado para outro do lago) formava a base dos empregos remunerados. Em consequência disso, pode-se dizer que Jesus escolheu a região mais ativa e populosa do território para servir de seu púlpito, quando resolveu pregar nas cidades em tomo do mar da Galileia, como um dos centros de seu ministério. E, sem dúvida alguma, as marcas deixadas pelas passadas de Jesus ficaram impressas nas areias da praia do mar da Galileia, entre tantas outras daquela região.

PRANTO. Ver o artigo sobre *Lamentação*.

PRATA

No hebraico, *keseph*. Essa palavra era usada com o sentido de prata, propriamente dita, ou com o sentido de dinheiro. Com o sentido de "prata" aparece por 287 vezes, desde Gênesis 13.2 até Malaquias 3.3, o que significa que é palavra bastante comum no Antigo Testamento. Isso sem falar nas 115 que ela aparece com o sentido de dinheiro. No grego, *árguros*, palavra que é usada por quatro vezes no Novo Testamento (Mt 10.9; At 17.29; Tg 5.3 e Ap 18.12). As palavras cognatas *argúreos*, "prateado", e *argúrion*, "moeda de prata", ocorrem por mais 24 vezes, no total.

A prata é um dos metais preciosos. Tem cor branca, é dúctil e tão maleável que pode ser reduzida a folhas tão finas quanto 0,00025 mm. Sua densidade é 10,5 e funde-se a 961 graus centígrados. Dá boas ligas com outros metais, como o ouro, o cobre, o níquel e o zinco. O ouro nativo apresenta um teor de entre 10 e 15 por cento de prata. O metal chamado electro, usado em muitas moedas antigas, era a liga natural com o ouro, com 15 a 45 por cento de prata. No Egito, essa liga era chamada *asem*. A estrutura dos cristais de prata assemelha-se às dos cristais do *ouro* (vide) e do *cobre* (vide), um entrelaçado de cubos. As dimensões das células cúbicas básicas da prata e do ouro, formadas por quatro átomos, são quase idênticas, e, por causa disso, a prata substitui o ouro, e vice-versa, com 100% de eficácia.

Em face de sua comparativa escassez, cor branca, grande lustre (a prata é o mais lustroso de todos os metais), resistência à oxidação atmosférica e maleabilidade, a prata tem sido usada, desde a antiguidade, no fabrico de artigos de luxo e valor, como, para exemplificar, ornamentos (ver 1Cr 18.10; At 19.24), joias e moedas (ver Lv 5.15; Mt 26.15). A prata mais antiga, provavelmente, provinha do norte da Síria (o estado arameu de Zobá, 1Sm 14.47), bem como de certas regiões da Ásia Menor. Visto que não havia prata no território da Palestina, Israel a importava de Társis (1Rs 10.22; Jr 10.9 e Ez 27.12). Para os judeus, não era tão rara quanto o ouro (2Rs 15.19,20). Na corte de Salomão, o ouro era tão abundante, que todas as taças do seu palácio eram feitas desse metal mais nobre; ali nada havia feito de prata, porquanto, na época daquele monarca judeu, no dizer de 1Reis 10.21, *não se dava a ela estimação nenhuma*.

No Egito conhecia-se a prata, embora ali fosse muito rara. Menes, que fundou a primeira dinastia do antigo Egito (cerca de 3100 a.C.), estabeleceu o valor da prata como um quarto do valor do ouro. Conhecem-se ornamentos caldeus feitos de prata, provenientes de cerca de 2850 a.C. Parte das riquezas materiais de Abraão consistia em peças de prata (Gn 13.2). Em Tiro, cidade fenícia, havia prata em grande abundância (Zc 9.3). É provável que, por volta de 800 a.C., todas as nações entre o Nilo e o Indus usassem tanto o ouro quanto a prata como dinheiro. Os registros dos romanos nos mostram que antes de ser usado o termo *argentum* para indicar a prata, a prata era chamada *luna* e seu símbolo era uma lua em quarto crescente. Os alquimistas da Idade Média usavam esse mesmo símbolo e denominavam a prata de *luna*, ou de *ártemis*, este último nome com base na grande deusa pagã da Ásia (cf. At 19.10,22,26,27).

A prata era utilizada na confecção de adornos (Gn 24.53; Êx 3.22), utensílios diversos, como pratos ou colheres, e até mesmo ídolos (Is 2.20; At 19.24).

Estranhamente, a prata nativa ocorre com bem maior raridade do que o ouro nativo, mas encontra-se largamente distribuída em pequenas quantidades. Grande parte da produção mundial de prata provém da mineração do chumbo, como a galena, ou de sulfetos de cobre e zinco, os quais contêm pequena porcentagem de prata. Todavia, a prata pode ser extraída de seus minérios, mediante certo número de processos metalúrgicos simples, entre o quais aquele chamado *copelação*, que remonta aos tempos dos babilônios antigos, e que até hoje é usado. Esse processo é interessante para nós, pois explica a formação da "escória" da prata, referida em Ezequiel 22.18. O minério de prata era fundido juntamente com chumbo ou minérios de chumbo, em uma fornalha simples. A liga daí resultante, prata-chumbo, era então fundida em um forno poroso de cinzas de ossos. O chumbo oxidava-se em contato com o oxigênio do ar, formando uma camada do óxido de chumbo derretido. Quaisquer outras impurezas metálicas também se oxidavam e se dissolviam no óxido de chumbo, que era então removido como uma fina camada à superfície do metal fundido. Somente a prata, juntamente com algum ouro ou platina presentes, permanecia no caldinho, sem a presença de qualquer outro metal (cf. Is 1.22). Ver sobre o artigo *Metais* e *Metalurgia*.

A prata cria uma camada escura devido à ação do ácido sulfúrico ou de compostos sulfurosos na atmosfera, depositando uma camada de sulfeto de prata à superfície dos objetos feitos desse metal. Esse efeito pode ser verificado especialmente nas cidades pesadamente indústrializadas, como São Paulo, capital do estado do mesmo nome. Talvez por esse motivo os habitantes do Rio de Janeiro, que é relativamente pouco indústrializado, apreciem tanto o uso de adornos de prata, o que já não sucede na cidade de São Paulo. Mas talvez o motivo seja outro, ou seja, o medo dos assaltantes e descuidistas, chamados "trombadinhas" ou "trombadões", dependendo de serem eles menores de idade ou adultos. Já nos tempos bíblicos, a prata não perdia tão facilmente o seu lustro e nem enegrecia, a menos se estivesse em lugares onde houvesse minérios de sulfetos. Ver também sobre *Moedas*.

PRATA BATIDA

No hebraico, é uma expressão que indica "espalhar em chapas". Desde há muito que os homens reconhecem a maleabilidade da prata. Os fenícios exportavam chapas finas de prata batidas a martelo (Jr 10.9). Um uso comum da prata era o servir de incrustações nos ídolos (Is. 30.22) e recobrir peças de uso caseiro, conforme se vê também nos móveis do tabernáculo (Êx 38.17). Até mesmo certas peças de cerâmica eram recobertas com uma fina camada de prata (Pv 26.23). (FOR)

PRATA, CORDA (FIO) DE . Ver *Fio de*.

PRATO

Três palavras hebraicas e duas palavras gregas estão envolvidas neste verbete. Vários tipos de pratos são mencionados nas Escrituras, e nem sempre há certeza sobre o tipo exato em foco. A arqueologia tem iluminado bastante essa questão. Alguns pratos eram bastante crus, essencialmente feitos de argila não trabalhada. Outros eram autênticas obras de arte, altamente coloridos, principalmente nos tons verde, azul e amarelo. Também havia pratos feitos de vários metais, principalmente de cobre. **1**. *Sephel*, "baixo". Palavra hebraica que provavelmente alude a um prato ou panela rasa. Aparece somente por duas vezes: Juízes 5.25 e 6.38. Na primeira referência temos um prato para conter manteiga ou coalhada; na segunda referência talvez uma taça para água. **2**. *Tsallachath*, "colo", um prato ou algum outro receptáculo para receber uma libação (2Rs 21.13). Em Provérbios 19.24 e 26.15, algumas versões traduzem, erroneamente, por "seio". Melhor é fazer com faz nossa versão portuguesa, que também traduz essa palavra por "prato". **3**. *Qearah*, "prato", "pires". Palavra hebraica que ocorre por três vezes com esse sentido (Êx 25.29; 37.16; Nm 4.7). Essa palavra hebraica significa "fundo", pelo que poderíamos imaginar algo parecido com um de nossos pratos fundos. Os pratos de ouro do tabernáculo tinham esse nome, no hebraico. **4**. *Trublíon*, "prato", "terrina". Termo grego que aparece somente em Mateus 26.23 e Marcos 14.20. Aparece na narrativa sobre a última Ceia, onde Jesus e os seus discípulos molhavam o pão no molho. **5**. *Pínaks*, palavra grega que se refere, metaforicamente, ao prato raso cujo lado externo os fariseus mantinham limpo, ao passo que no interior havia muita sujeira. O vocábulo grego ocorre por cinco vezes (Mt 14.8,11; Mc 6.25,28; Lc 11.39). É neste último versículo que Jesus acusa os fariseus de hipocrisia.

Os antigos egípcios e israelitas tinham o interessante mas anti-higiênico costume de usarem um único prato para servir os alimentos, em cujo prato, posto sobre uma mesa, todos os participantes da refeição metiam o seu pão, para absorver o molho. Essa prática era considerada sinal de hospitalidade e de amizade. As pessoas não usavam talheres, mas apanhavam os alimentos com os dedos. O pão era usado como colher. Ficar com um pedaço escolhido, quando se era um convidado, era receber um cumprimento e um sinal de amizade. (Ver Jo 13.25-27; Mt 16.23).

Na antiguidade, muitos pratos tinham forma oval, e eram mais rasos do que os atuais, como também maiores. Podemos supor que o prato sobre o qual foi entregue a cabeça de João Batista era especial, de ouro ou de prata, algo adequado para a circunstância festiva e solene da ocasião. Os pratos eram feitos de metal, cerâmica e madeira.

O Senhor Jesus usou a palavra "prato" de modo figurado, quando falou sobre a hipocrisia que inclui a corrupção interior, oculta, com aparência externa de piedade, de tal modo que o copo ou prato pode parecer limpo, mas, ao ser examinado com cuidado, contém toda espécie de corrupção. (Ver Mt 23.25,26; Lc 11.39).

PRAZER

1. Considerações Bíblicas. Os termos hebraicos traduzidos por "prazer" têm raízes que indicam as ideias de "boa vontade", "intenção" e "prazer" (mental ou físico). (Ver Ne 9.37; Sl 51.18; 111.2; Ec 5.4; 12.1; Is 58.3). Uma outra palavra hebraica que significa "propósito" ou "vontade" (aparece em Êx 10.10; Is 44.28; 46.10; 48.14 e 53.10).

O termo grego *eudokía*, "boa vontade", "bom propósito", algumas vezes é traduzido por prazer. (Ver Mt 11.26; Lc 2.14; 10.21; Rm 10.1; Ef 1.5,9; Fp 1.15; 2.13; 2Ts 1.11). A sua forma verbal, *eudokéo*, figura por 21 vezes (Mt 3.17; 12.18 (citando Is 42.1); 17.5; Mc 1.11; Lc 3.22; 12.32; Rm 15.26,27; 1Co 1.21; 10.5; 2Co 5.8; 12.10; Gl 1.15; Cl 1.19; 1Ts 2.8; 3.1; 2Ts 2.12; Hb 10.6 (citando Sl 40.7); 10.8,32 (citando Hc 2.4); 2Pe 1.17). Mas a palavra grega comumente traduzida por "prazer", no Novo Testamento, é *edoné*. (Ver Lc 8.14; Tt 3.3; Tg 4.1,3; 2Pe 2.13). É daí que se deriva nosso adjetivo "hedonista", que indica alguém cujo alvo na vida é o prazer. Temos um detalhado artigo sobre o *Hedonismo*, que expõe os vários pontos de vista filosóficos sobre os valores ou desvantagens dos prazeres, bem como o modo em que esta palavra aparece usada nos sistemas filosóficos. Nas referências bíblicas que acabamos de dar, na maioria dos casos estão em foco os prazeres pecaminosos, que guerreiam contra o bem da alma, o que já é uma forma de morte. Mas esses prazeres pecaminosos também aparecem no Novo Testamento grego como *spataláo* (1Tm 5.6; Tg 5.5), ou como *trufáo*, (Tg 5.5). O primeiro desses verbos significa "viver sensualmente"; o segundo, "viver indulgentemente", "viver em orgias".

2. Definições Amplas e Truques Filosóficos. Tal como qualquer outra palavra de rico significado, o termo "prazer" pode receber certo número de definições, indicando tanto aquilo que é bom quanto aquilo que é mau. Se estivermos falando sobre as alegrias da vida após-túmulo, sobre a ausência de sofrimentos, sobre as enfermidades ou sobre as alegrias que temos no Senhor, então estaremos falando sobre prazeres desejáveis. Mas, se estivermos aludindo às coisas deste mundo que dão prazer aos homens carnais e impedem a inquirição da alma (ver 1Jo 2.15-17), então já estaremos falando a respeito de prazeres pecaminosos e daninhos. Mas, mediante um truque filosófico, podemos emprestar à palavra "prazer" uma definição tão ampla que podemos fazer dos prazeres o alvo mesmo da vida neste mundo. Um exemplo tradicional disso consiste em salvar a vida de outrem, somente para perder a própria vida. Presumivelmente, esse ato seria um "prazer". Digamos, para exemplificar, que o leitor veja uma criança que está se afogando. O leitor não sabe nadar, pelo que um cálculo rápido lhe diz que não são muito boas as chances de ele salvar a criança e a si mesmo. De acordo com essa teoria, o leitor estará fazendo uma rápida "avaliação de prazer". Se não fizer a tentativa de salvar a criança, sentirá depois muito remorso, pela perda da pequena vida. Mas o leitor também julga que seria menos doloroso perder a própria vida do que ficar com remorso pelo resto da vida, além de ter de passar por um covarde. E assim, o leitor profere o "prazer" de fazer a tentativa, com o risco da própria vida. Porém, o que sucede em um caso assim é que a pessoa pesou as "alternativas dolorosas", e não suas "alternativas prazerosas". Isto envolve um truque filosófico, distorcendo o significado usual das palavras, a fim de que "dor" venha a significar "prazer".

3. A Alegria de Quem Serve a Jesus. Se estivermos falando sobre a vida diária, então teremos de reconhecer que o prazer é um de seus principais fatores. Na verdade, há pessoas que vivem para sentir *prazer* e evitar a *dor*. A essas pessoas dá-se o nome de "hedonistas". Usualmente, os hedonistas fazem dos prazeres físicos o alvo da vida. Epicuro tentou convencer os homens que os verdadeiros prazeres são de natureza mental; mas os hedonistas autênticos não pensam dessa forma.

A pessoa religiosa busca prazer, embora fazendo-o na fé religiosa, no serviço caridoso, na generosidade etc. Uma vida transformada é o maior de todos os prazeres. Podemos imaginar que Pedro e Paulo sentiam prazer em ser encarcerados, não pela experiência em si, mas porque tão duras experiências podem fazer parte da inquirição espiritual, à qual muitos homens de Deus têm dado um valor supremo.

4. O Prazer nas Funções Bem-Sucedidas. Aristóteles não dava tanta importância aos prazeres, para que fizesse deles o alvo próprio de sua vida. Antes, esse alvo ele achava na realização de funções ou tarefas para as quais o indivíduo está preparado, preenchendo assim o devido lugar que lhe cabe na sociedade. Afirmava ele que esse cumprimento das próprias funções é o mais elevado prazer na vida. A experiência comprova a correção geral desse ponto de vista. Spinoza pensava, por sua vez, que o prazer é aquele sentimento que obtemos quando passamos de uma perfeição menor para uma perfeição maior. Em outras palavras, há prazer no aperfeiçoamento pessoal, onde cada estágio nesse aperfeiçoamento confere um bem-estar específico. Por outra parte, Freud pensava que os homens devam viver segundo o "princípio do prazer", como algo essencial à experiência humana.

O resto que tenho a dizer sobre este assunto aparece no detalhado artigo chamado *Hedonismo*.

Essa é uma palavra que tem implicações éticas. Está ligada às ideias de prazer, satisfação e bem-estar. No sentido físico, falamos em prazer através dos sentidos físicos, embora também exista aprazimento que envolve a mente e o espírito. Diz certo hino evangélico: "Há alegria no serviço a Jesus"; e a *Confissão de Westminster* diz que podemos desfrutar de Deus para sempre. Em sua forma mais crassa, porém, o aprazimento consiste no simples *hedonismo* (vide) de acordo com o qual os homens supõem que a única finalidade da vida é a obtenção de prazeres, usualmente interpretados como prazeres físicos. Quanto a seu lado positivo, o aprazimento na vida é considerado pelos psicólogos como parte de uma personalidade bem integrada. A alegria espontânea é sinal de boa saúde mental. Há muitos fatores que permitem ao indivíduo desfrutar da vida. Em primeiro lugar, a verdade é que o homem precisa de aprazimento físico. Um asceta geralmente não é pessoa muito alegre. O aprazimento físico sempre será legítimo se for mantido dentro de seus limites próprios, se não for exaltado ao ponto de tornar-se o grande alvo da vida. A medicina psicossomática tem demonstrado que uma pessoa que aprecia a vida normalmente, de maneira física, é uma pessoa mais saudável que outras. Mas, além dessa satisfação geral diante da vida, há aquele prazer vinculado às realizações pessoais, ao trabalho bem-feito, à busca por alvos dignos, entre os quais, naturalmente, está a realização espiritual. Em Cristo, pois, temos confiança na vitória final sobre a morte, pelo que a vida nos parece digna de continuar. E isso confere alegria autêntica. Por isso mesmo, quando estamos em meio a tristezas e aflições, não nos lamentamos, conforme fazem outras pessoas, que não têm tal esperança.

Alguns filósofos e teólogos insistem que o bem é a sua própria recompensa e isso é parcialmente assim, porque a prática do bem, mesmo que não venham recompensas imediatas, nos infunde satisfação. Por outra parte, a prática do mal envolve a sua própria tristeza consequente, a despeito das vantagens momentâneas que uma pessoa possa obter com essa prática. O ódio e a maldade, por si mesmos, aleijam a alegria da vida, a despeito das risadas dos ímpios. Até mesmo as provações da vida podem ser motivos de alegria, se sofrermos por amor a Cristo e ao progresso espiritual. (Ver Tg 1.2,3; 1Pe 1.6-9; Fp 2.17; Mt 5.12). O aprazimento está relacionado à alegria, e a alegria é um dos cultivos do Espírito (Gl 5.22). Isso significa que nosso maior aprazimento nos é dado quando o Espírito de Deus opera em nós e através de nós, visando ao nosso próprio bem e tornando-nos instrumentos benéficos para outras pessoas. Ver o artigo sobre *Meios do Desenvolvimento Espiritual*.

PRÉ-ADÂMICOS

Ver os artigos gerais, *Antediluvianos*; *Criação e Adão*, onde são oferecidos estudos que incluem a ideia de que houve raças pré-adâmicas de homens, que não são antecipadas e nem descritas no relato bíblico sobre o homem. Evidências avassaladoras acerca da imensa antiguidade do globo terrestre e de raças de seres humanos, que antecedem em muito aos seis ou sete mil anos de cronologia bíblica, têm dado margem a especulações. Entre essas, a apresentação de alguns fatos que favorecem fortemente a noção de que a raça adâmica não foi a primeira raça humana na terra, mas apenas o começo de tempos relativamente modernos. Certo calvinista francês (em 1655) antecipou esse pensamento (embora sem evidências científicas), que ele descreveu em um livro onde asseverava que Adão foi o progenitor somente dos judeus, ao passo que os gentios descendiam de habitantes anteriores da terra. De conformidade com esse ponto de vista, o trecho de Gênesis 1.26 ss descreve a criação dos antepassados dos gentios, no sexto dia da criação, ao passo que Gênesis 2.7 fornece informações sobre a criação de Adão, após o sétimo dia da criação. E ele achava apoio para a sua ideia, no Novo Testamento, em Romanos 5.12-14. Posteriormente, porém, ele renunciou a essas noções e tornou-se católico romano. Assim passou para a história essa curiosa exposição, mas a tese de raças pré-adâmicas tem crescido em importância, devido a descobertas científicas que, na atualidade, como os muitos métodos modernos de descobrir a antiguidade de objetos (não apenas o método do carbono 14), têm feito essa ideia tornar-se necessária, a menos que consideremos o relato sobre Adão um mito antigo, sem qualquer base histórica. Ver também sobre o *Dilúvio de Noé*, primeira seção, *Mudanças dos Polos*, que fornece informações adicionais sobre o assunto. A segunda seção desse mesmo artigo fornece maiores evidências sobre as muitas mudanças de polos pelos quais, ao que tudo indica, a terra já passou.

PREDESTINAÇÃO

Em Romanos 8 — 9 e Efésios 1, o apóstolo Paulo ensina, definitivamente, uma doutrina da predestinação. Como resultado, a igreja tem laborado através dos tempos para entender o que Paulo e outros escritores bíblicos quiseram dizer por predestinação.

Muitos têm, na verdade, definido predestinação como idêntica à presciência de Deus. Em sua onisciência, Deus prevê como todos os indivíduos hão de responder à oferta do evangelho e tem predestinado para a vida eterna aqueles de quem previu que responderiam com fé e obediência. Outra definição de predestinação pode ser reportada a Agostinho. Refletindo sobre estudo que fez nas Escrituras e nas experiências da própria vida, Agostinho veio a concluir que o indivíduo entregue a si mesmo está tão perdido em pecado e rebelião contra Deus que certamente não buscará a Deus. Sua vontade, decaída, encontra-se tão corrompida que ele não tem como buscar por si mesmo a salvação. Nesse sentido, a humanidade não tem livre-arbítrio. Portanto, se existe salvação para o homem, esta deve vir por iniciativa divina. A graça de Deus busca, restaura, salva e preserva o pecador. Então, por que alguns são salvos e outros não? Agostinho e outros de sua tradição argumentam que não pode ser por algo da parte dos homens e mulheres — por alguma bondade ou superioridade moral residualmente existente nos salvos e não nos perdidos. A própria doutrina agostiniana do pecado impediria essa conclusão. Assim, a razão pela qual alguns pecadores são salvos e outros se perdem deve estar mesmo em Deus. É de acordo com o propósito soberano de Deus, ou seu decreto eterno, que alguns pecadores sejam resgatados e outros sejam deixados em seu pecado. O fundamento desse decreto divino é, enfim, simplesmente o beneplácito ou a vontade de Deus.

A doutrina agostiniana da predestinação possui certos atrativos bem claros. Dá pleno destaque à doutrina bíblica do pecado e engrandece a atuação da graça de Deus na salvação. Este, o motivo pelo qual uma maioria na igreja ocidental, no século V, deu total apoio a Agostinho contra as doutrinas de livre-arbítrio e da capacidade natural de encontrar salvação à parte da graça, ensinadas por Pelágio. A igreja pôde assim reafirmar perfeitamente o ensino de que a salvação é resultado somente da graça soberana de Deus.

O problema surgiu com o lado negativo da predestinação, comumente conhecido como reprovação. A doutrina da reprovação ensina que Deus, de acordo com sua vontade soberana, deixa alguns pecadores em seus pecados e, finalmente, os condena por sua impiedade. Essa doutrina, para muitos, parece demasiadamente severa, injusta e determinista. Desse modo, alguns crentes (entre os quais muitos luteranos que sustentam a Fórmula de Concórdia) aceitam o lado positivo, aceitando, em princípio, a doutrina da predestinação, mas rejeitam a doutrina da reprovação. Diz-se desses que eles creem na "predestinação simples", e não na "dupla predestinação".

Os que defendem a "dupla predestinação" (eleição e reprovação) argumentam, no entanto, ser bíblica a reprovação (p.ex., Rm 9.10-23) e expõem como correta a justiça de Deus, exatamente como a salvação expõe a misericórdia. Alegam que, além de não ser injusto que Deus deixe alguns dos pecadores em seus pecados, a dupla predestinação não constitui fatalismo, uma vez que Deus designou a pregação, a evangelização e a igreja como meios pelos quais realiza seus propósitos salvadores. Ademais, argumentam eles, a doutrina da "predestinação simples" é, teologicamente, inerentemente instável, tendendo a fazer de algo em nós o fator definitivo da salvação.

Muitos teólogos como Tomás de Aquino e Gregório de Rimini seguiram, na Idade Média, a doutrina agostiniana da predestinação. Outros, como Guilherme de Occam, chamavam-se a si mesmos de agostinianos, mas, na verdade, tendiam a identificar a predestinação mais com a presciência.

Os principais reformadores protestantes, como Lutero, Zuínglio e Calvino, ensinaram a plena doutrina agostiniana da predestinação. Tornou-se também o ensino oficial da igreja da Inglaterra, como resumida nos Trinta e Nove Artigos. Houve ainda defensores da visão agostiniana da predestinação na igreja Católica Romana, entre os quais o cardeal Gasparo Contarini (1483-1542) e teólogos dominicanos e jansenistas (ver Agostinianismo).

No final do século XVI, o jesuíta Roberto Bellarmino sugeriu uma posição conciliatória sobre a predestinação, que veio a ser conhecida como congruísmo, mas que, de fato, não é agostiniana. O congruísmo ensina que Deus elege determinados indivíduos para a salvação, mas os salva por lhes oferecer graça suficiente e em circunstâncias que ele previu resultariam na livre aceitação da graça por parte deles (ver Mérito). O agostinianismo, opostamente, ensina que a salvação vem aos eleitos mediante a graça eficiente, soberanamente dada aos indivíduos eleitos.

A predestinação veio a ter realce e papel especial na teologia de João Calvino e seus seguidores. Calvino tornou a predestinação elemento integral da experiência cristã, insistindo em que os crentes deveriam estar seguros de que são eleitos porque estão em Cristo. Sendo então eleitos, sua vida deveria se caracterizar por um serviço alegre e confiante a Deus e aos outros. Para Calvino, a predestinação é uma doutrina de conforto e segurança, capaz de libertar o cristão de introspecção mórbida e insegurança enfraquecedora.

Entre os calvinistas, no entanto, surgiu um desacordo sobre a ordem lógica dos decretos da predestinação na mente de Deus, com duas posições básicas, o infralapsarianismo e o supralapsarianismo. Os supralapsarianistas sustentavam que Deus primeiro decretou salvar alguns e condenar outros e, depois, a queda e a obra de Cristo como meio para esse fim. Seguiam Teodoro Beza em sua interpretação de Romanos 9, bem como o princípio aristotélico de que o que é derradeiro em ação deve ser primeiro no pensamento. Os infralapsarianistas, que sempre foram maioria entre os calvinistas, sustentavam que Deus primeiro decretou ou permitiu a queda e, então, decretou salvar alguns e condenar outros.

Dentro das igrejas reformadas, houve várias reações à doutrina da predestinação de Calvino. Alguns puritanos, por exemplo, sustentavam a doutrina, mas consideravam a certeza da salvação como resultado de longo processo ou luta por parte do cristão. Criaram uma espécie de calvinismo excessivamente introspectiva. Outros nas igrejas reformadas rejeitaram a doutrina da predestinação. O mais famoso foi, no século XVII, o teólogo holandês Jacobus Arminius (Armínio), que, tal como teólogos que o precederam, identificou a predestinação com a presciência. Seu nome foi tomado por protestantes posteriores que, na qualidade de arminianos, rejeitaram a doutrina agostiniana da predestinação. A igreja Metodista, de João Wesley, adotou oficialmente a teologia arminiana. Já a maioria dos batistas nos séculos XVII e XVIII tornou-se agostiniana. Ficaram conhecidos como batistas regulares, ou particulares. Mais tarde, muitos batistas se tornaram batistas arminianos, batistas gerais. A igreja evangélica contemporânea tem-se tornado amplamente arminiana, quase sempre como resultado de questão antidoutrinária do que de reflexão teológica. A doutrina agostiniana histórica da predestinação permanece bíblica e teologicamente discutível. Karl Barth propôs uma reinterpretação influente, fazendo de Cristo, de fato, o único a haver experimentado tanto a eleição quanto a reprovação, por toda a humanidade.

(**W. R. Godfrey**, A.B., M.Div., M.A., Ph.D., professor de História da igreja do *Westminster Theological Seminary*, Califórnia, EUA.)

BIBLIOGRAFIA. G. C. Berkouwer, *Divine Election* (TI, Grand Rapids, MI, 1960); J. Calvin, *Institutas* III.xxi-xxiv; *idem*, *Concerning the Eternal Predestination of God*, tr. J. K. S. Reid (London, 1960); C. Hodge, *Systematic Theology*, vol. 3 (London/Edinburgh/New York, 1873); P. Jacobs, H. Krienke, *NIDNTT* I, p. 692-697; C. H. Pinnock (ed.), *Grace Unlimited* (Minneapolis, MN, 1975); B. B. Warfield, *Biblical Foundations* (London, 1958).

PREDICÁVEL

A base dessa palavra está o termo latim *praedicare*, "proclamar", "afirmar". O que é *predicável* é aquilo que pode ser afirmado sobre qualquer coisa, como as descrições acerca de uma espécie, as categorias filosóficas etc. Para Aristóteles, os predicáveis eram tipos de relações que podem descrever algum termo universal, como gênero, espécie, diferença específica, propriedade e acidente contingente. Nessa conexão, ele não usou especificamente o termo "espécie". Mas *Porfírio* (vide) trouxe a questão à tona, em sua discussão na obra *Árvore* (o que é ilustrado no artigo acerca dele). Para ele, os predicáveis são em número de cinco, conforme se disse acima.

O uso dos predicáveis serve tanto para descrever quanto para limitar um assunto qualquer. Se Aristóteles quisesse definir um círculo, com os seus quatro predicáveis, teria digo algo parecido com isto: **1**. É um plano curvo, cada ponto extremo do qual é equidistante de um ponto central; **2**. Seu formato é tal que o ângulo no segmento que subtende um diâmetro é um ângulo reto; **3**. É um plano curvo; **4**. Pode ter um diâmetro específico, com 10 cm, que o distingue de outros círculos.

PRÉ-EXÍLIO, PÓS-EXÍLIO

Essas duas palavras indicam uma maneira genérica de dividir a história do reino de Judá de acordo com o tempo que houve antes e depois de 586 a.C., o ano em que o povo de Judá foi levado para o cativeiro na Babilônia. Setenta anos depois, um remanescente voltou a Jerusalém, a fim de dar prosseguimento ali à vida nacional. O período pré-exílico inclui as fases pré-histórica, patriarcal, mosaica, dos juízes e monárquica. O período pós-exílico armou o palco para a cultura helenista do judaísmo, quando o reino do norte (Israel) não mais existia, e quando o que restou do mesmo já havia sido incorporado em Judá, que então se tornara o único Israel que havia. Esse período estendeu-se até à próxima grande deportação, que teve lugar no tempo de Adriano, imperador romano. Dali até os nossos próprios dias, Israel tem estado no exílio. O moderno movimento restaurador (sionismo) conseguiu levar novamente o povo judeu a organizar-se como uma nação, com seu próprio território e governo. Conforme já seria de esperar, praticamente nenhum judeu moderno pode traçar a sua linhagem de volta, excetuando aqueles que descendem diretamente de Judá, pois a distância entre as chamadas dez tribos perdidas tornou-se impossível. Assim sendo, os termos pré-exílio e pós-exílio não se aplicam ao reino do norte, Israel, e ao cativeiro assírio, visto que não houve história pós-exílica do reino do norte das dez tribos. Ver os artigos gerais sobre *Cativeiros (Assírio e Babilônico)*.

PREEXISTÊNCIA DA ALMA

Tenho apresentado um estudo completo sobre as ideias atinentes à origem da alma, no artigo intitulado *Alma*, primeira seção (*criacionismo*; *traducionismo*; *fulguração*; *eternidade*; *preexistência*; *emanação*). A própria Bíblia não diz muita coisa que nos permita deduzir quando a alma humana começou. De acordo com alguns estudiosos, a declaração, em Gênesis 2.7 de que Deus soprou no homem o sopro da vida, não se refere à alma, visto que essa doutrina só veio a fazer parte do pensamento hebreu na época dos salmos e dos profetas. A lei de Moisés nunca apela à vida após-túmulo, nem como lugar de castigo em potencial para os perdidos, nem como lugar de recompensa para os retos. Isso posto, na história da criação, não encontramos qualquer declaração sobre a origem da alma. Mas o trecho de Gênesis 2.7 tem sido "cristianizado" em apoio ao criacionismo. Porém, mesmo que a alma humana tenha vindo à existência mediante um ato especial de criação, naquela ocasião, isso não significa que as almas *subsequentes* também estejam vindo à existência devido a um ato especial divino de criação, por ocasião da concepção ou nascimento.

A doutrina da preexistência da alma é comum no budismo, no *hinduísmo*, em várias religiões egípcias e na filosofia grega (pitagoreanos, vários filósofos socráticos, nos escritos de Platão e do neoplatonismo). O judaísmo helenista adotou essa ideia, pelo que muitos judeus a têm defendido, especialmente aqueles das tradições místicas, como os cabalistas. Os pais alexandrinos da igreja cristã (Pantaeno, Clemente e Orígenes), como também muitos da igreja oriental, têm advogado essa noção. Tal ensino aparece com frequência no Talmude. Essa doutrina tinha ampla circulação nos círculos cristãos até o tempo do Sínodo de Constantinopla (533 d.C.), que a rejeitou. Aqueles que acreditam na *reencarnação* (vide) naturalmente optam por ela; mas os pais alexandrinos da igreja a aceitavam sem essa ideia paralela. Atualmente, os mórmons ensinam essa doutrina, embora esse grupo não acredite na reencarnação, excetuando em casos especialíssimos. Alguns trechos bíblicos são apresentados em defesa da ideia, como Provérbios 8.22-31, mas alguns aplicam essas passagens exclusivamente ao Logos pré-encarnado, a sabedoria de Deus. O trecho de Jeremias 1.5 é um versículo mais forte, visto que ali, como é óbvio, a pessoa em foco é o profeta humano: *Antes que eu te formasse no ventre materno, eu te conheci, e antes que saísses da madre, te consagrei e te constituí profeta às nações*.

Porém, aqueles que não querem ver nesse trecho a preexistência da alma asseveram que temos aí apenas uma declaração do conhecimento prévio de Deus, e não que a alma de Jeremias tivesse existido antes de seu nascimento. Mas, contra essa interpretação alguns têm aduzido, em primeiro lugar, que a simples leitura da passagem não indica qualquer coisa como a precognição divina; e, em segundo lugar, que a teologia judaica posterior, mediante ideias tomadas por empréstimo, favorecia as ideias da preexistência da alma e da reencarnação. A teologia judaica posterior dizia que Jeremias era a reencarnação de Moisés, ensinando que os principais profetas são encarregados de mais de uma missão terrena, através de várias reencarnações. O trecho de Eclesiastes 1.9-11 talvez indique a ideia da preexistência da alma.

No Novo Testamento, encontramos o relato sobre João Batista, cheio do Espírito Santo desde antes de seu nascimento, como também uma informação sobre o apóstolo Paulo, que foi chamado para sua elevada missão desde o ventre materno. (Ver Lc 1.15 e Gl 1.15). Argumenta-se que as escolhas divinas nunca podem ser vistas como arbitrárias, e que se esses dois homens tiveram elevadas missões, as quais lhes foram atribuídas antes de se converterem, dentro da experiência humana, então eles devem ter tido existências anteriores, onde obtiveram elevada posição espiritual. Nesse caso, eram irmãos do Grande Irmão, Cristo, e todos foram preexistentes. Ora, se isso sucedeu a esses dois homens, então é lógico supormos que muitos, se não mesmo todos os homens, compartilham dessa mesma condição de preexistência.

Acresça-se a isso que há alguma evidência científica quanto à preexistência da alma nos campos de vida que circundam os fetos, um poder, uma energia, ou, talvez, um ser que prepara o feto para seu uso, através do controle do código genético. Ver o artigo sobre a *Aura Humana (Campo de Vida)*.

Teologicamente falando, é difícil sustentar o *criacionismo*, a ideia que diz que Deus cria novas almas "ex nihilo" (do nada), a cada concepção ou nascimento. Além de fazer Deus tornar-se ridiculamente ocupado nesse empreendimento (o que parece antieconômico), pode-se perguntar como é que cada indivíduo nasce pecador, se Deus cria uma alma nova de cada vez. Deus criaria almas pecaminosas? Como poderíamos ensinar o criacionismo e a doutrina do pecado original ao mesmo tempo? Certamente Deus não cria pecadores.

Para alguns, a solução para esse problema é o *traducionismo*. Temos aí a ideia que tanto o homem quanto a mulher, sendo ambos seres físicos e espirituais, mediante a procriação produzem filhos que são entidades físicas e espirituais. Em outras palavras, não somente o corpo físico, mas também a alma, seria produzida pelos pais. Todavia, essa ideia é apenas uma suposição, uma suposição racional ad hoc. Tal ideia teria sido inventada "para esse caso", a fim de explicar como almas humanas já nascem pecadoras, aliviando assim Deus de uma tarefa de criar almas a cada minuto do dia. Considerando-se todos os fatores, a ideia da preexistência é a que cria menor número de problemas. Assim sendo, apesar da maioria dos teólogos defender o criacionismo, não é contra o bom senso defender a ideia da preexistência. Mas, sem importar qual ideia advoguemos, ver-nos-emos envolvidos em profundos mistérios. É bom admitirmos que não sabemos muita coisa, e que teremos de continuar investigando, a fim de conhecer a verdade acerca de algumas importantes questões. O resto que tenho a dizer sobre cada assunto acha-se no artigo sobre a *Alma*, conforme mencionei acima.

PREGO

Precisamos considerar, neste verbete, três palavras hebraicas e uma grega. **1**. No hebraico, *yathed*, uma cunha de madeira. Todavia, esse mesmo vocábulo é usado para indicar pregos feitos de outros materiais. (Ver Ez 15.3; Is 2.25). As peças usadas para firmar uma corda de uma tenda também eram assim chamadas. Foi uma dessas peças de madeira que Jael utilizou para matar Sísera (ver Jz 4.21,22). **2**. No hebraico, *masmer*, um prego ordinário ou ornamental. (Ver 1Cr 22.23; 2Cr 3.9). Pregos de ferro foram usados como pivôs das portas do templo. O trecho de 1Crônicas 22.3 mostra que essas peças eram de ferro, o que chegava a constituir, então, um luxo, pois o ferro era raro e caro. Ver também 2Crônicas 3.9, que fala sobre pregos ornamentais, feitos de ouro, usados no templo de Jerusalém. Os pregos comuns usados pelos carpinteiros também recebiam esse nome, no hebraico. **3**. No hebraico, *sipporen*, palavra usada para indicar tanto uma unha humana (ver Dt 21.12) como a ponta de um estilete ou um alfinete metálico (ver Jr 17.1). Em Daniel 4.33 e 7.19 é usado o seu paralelo aramaico, *tephar*, onde alude às garras de aves ou de mamíferos. **4**. No grego, *elos*, que indica os cravos de ferro que foram usados quando da crucificação do Senhor Jesus (Jo 20.25; Cl 2.14). Os arqueólogos têm podido encontrar um grande número desses cravos, alguns dos quais pertencentes ao século I d.C.

Usos figurados. Os líderes nacionais de Israel eram chamados de *estacas de tenda* (ver Zc 10.4), porquanto conferiam estabilidade à nação. Eliaquim foi comparado com uma estaca fincada em lugar firme (ver Is 22.25). Ele conferia estabilidade à sua família inteira, mas quando ele caiu, arrastou-os consigo. As palavras ditas pelos sábios são comparadas a pregos bem fincados, aos ouvidos daqueles que lhes dão atenção (Ec 12.11). E isso porque causam impressões profundas e duradouras nas mentes dos homens. Algo similar foi dito quanto às palavras de Sócrates, isto é, que elas pareciam espinhos nas mentes dos seus ouvintes. E há um provérbio oriental que faz um prego simbolizar uma donzela pobre que se casou com um homem rico, firmando-se assim em uma casa. Talvez uma ideia assim esteja por detrás de textos como os de Esdras 9.8 e Isaías 22.23-25.

PREGUIÇA. Ver também *Preguiçoso*.

O fato de que muito daquilo que fazemos ou gostaríamos de fazer é pecaminoso, é consternador para a maioria das pessoas. A situação é conforme alguém disse: "Tudo do que gosto, ou engorda ou é imoral". Para aumentar ainda mais a nossa consternação, aprendemos que existem os pecados de omissão. Se deixarmos de fazer certas coisas, que fazem parte de nossa obrigação, estaremos pecando por inatividade. Além disso, existem aqueles pecados que não são pecaminosos por si mesmos, mas que se tornam errados se, ao praticá-los, ofendermos algum irmão na fé (ver Rm 14). E, acima de todas essas categorias, é pecaminoso nada fazer. Por esse motivo, alguém observou: "A pessoa é condenada se fizer, e é condenada se não fizer". E a isso, alguém acrescentou uma péssima teologia, ao asseverar: "Então, vamos fazer!"

A Preguiça. A preguiça consiste na indisposição para fazer qualquer esforço, na indolência, no ócio. A pessoa preguiçosa é um dos casos humanos mais lamentáveis que existem. Ela não se deixa inspirar por qualquer ideia; ameaças de nada adiantam para torná-la ativa. O preguiçoso não se envolve em qualquer ocupação, e olvida-se de qualquer propósito na vida. Com frequência, o preguiçoso é apenas um parasita que pensa que outros precisam sustentá-lo. Ele se queixa quando suas acomodações não são de primeira classe, e crítica a outros de egoísta quando não é servido como pensa que deveria. Quando algum trabalho precisa ser feito, ele se ausenta naquele dia. Mas, quando há qualquer festa e há alimentos gostosos em abundância, o preguiçoso está sempre presente.

Algumas pessoas preguiçosas são forçadas a trabalhar, ou pela simples pressão social, ou, então, por grave necessidade econômica. O indivíduo preguiçoso chega tarde ao trabalho; sai cedo de seu emprego; faz longas interrupções somente para tomar o cafezinho; entrega-se muito à maledicência; goza os feriados um dia antes e um dia depois dos mesmos, acaba adoecendo de tanto comer, mas fica bom miraculosamente, quando alguém fala em levá-lo a passeio; pensa que a terra é um lugar de lazer e prazer; pensa que o céu é um lugar fácil de ser obtido, porque sempre poderá aplicar o seu famoso "jeitinho". Alguns preguiçosos chegam a escrever livros. Os artigos que anunciam esses livros dizem algo como:

"O senhor Fulano ou Sicrano trabalhou durante 35 anos nesse livro, que será publicado no ano que vem". Então, descobre-se que o tal livro tem apenas 120 páginas! Algumas pessoas preguiçosas também escrevem teses universitárias.

Ouvi acerca de uma tese dessas, que precisou de seis anos para ser escrita. Os preguiçosos acabam criando feridas nas costas, de tanto ficarem deitados na cama, de papo para o ar. Se chegarem a andar um quilômetro, dizem que ficaram com os pés em carne viva. Seus olhos ardem, se tiverem de ler mais de dez páginas. Ficam com dor de cabeça por quase qualquer razão, especialmente se chegou a hora de irem para o trabalho; mas, miraculosamente, pouco depois estão inteiramente recuperados. Em qualquer lugar onde haja pessoas trabalhando, não é difícil identificar os preguiçosos. Eles costumam ficar juntos nos parapeitos das janelas, passando o tempo a olhar para fora, como se fossem aves que estão esperando somente que a porta da gaiola se abra, a fim de escaparem voando. E, quando têm que fazer algum trabalho, fazem o mínimo possível, a fim de castigarem seus patrões, que não lhes pagam conforme eles pensam que merecem.

É com extrema raridade que a preguiça se torna uma vantagem. Conta-se a piada de um homem realmente preguiçoso. Ela diz assim: Um homem, que fazia uma viagem a pé, parou em um lugar a fim de pedir informações. Viu um homem deitado debaixo de uma árvore. Aproximou-se dele e perguntou em que direção deveria seguir, para chegar onde queria. O homem debaixo da árvore nem se levantou apenas apontou na direção geral a ser tomada com o dedão de um pé. O viajante comentou: "Esse é o ato mais preguiçoso que já vi. Se alguém puder fazer algo ainda com maior preguiça, darei ao tal uma nota de mil reais!" O homem que jazia no chão respondeu: "Basta que você me role no chão e ponha a nota de mil reais em meu bolso".

Conheci um homem com terrível tendência para a preguiça. Quando alguém lhe perguntou o motivo para isso, ele replicou: "Meu pai trabalhou muito na vida, e eu já nasci cansado".

O indivíduo preguiçoso nem se inspira por nada e nem inspira a outros. Paulo mostrava-se definidamente avesso à preguiça. Disse ele: *Se alguém não quer trabalhar, também não coma* (2Ts 3.10). Muitas pessoas têm dito coisas espirituosas sobre a preguiça e sobre as pessoas preguiçosas:

"O ócio é apenas o refúgio das mentes fracas, o feriado dos insensatos" (Lord Chesterfield). "Ausência de ocupação não é descanso; uma mente sem nada para fazer é uma mente *inquieta*" (William Cowper). "Não há lugar para o ocioso na

PREGUIÇOSO

civilização. Nenhum de nós tem qualquer direito à preguiça" (Henry Ford). "A preguiça avança tão devagar que a pobreza não demora a alcançá-la" (Benjamim Franklin). "De todas as nossas faltas, aquela da qual nos desculpamos mais facilmente é a preguiça" (François de Ia Rochefoucauld). "Satanás acaba encontrando alguma coisa maléfica para as mãos ociosas fazerem" (Isaque Watts). "Nada fazer é a coisa mais difícil do mundo..." (Oscar Wilde). "Um homem sem ambição é como uma mulher sem belezas (Frank Harris). *Vai ter com a formiga, ó preguiçoso, considera os seu caminhos, e sê sábio* (Pv 6.6).

Ver o artigo intitulado *Ócio e Trabalho*, *Dignidade* e *Ética do*.

PREGUIÇOSO. Ver também *Preguiça*.

No hebraico, temos a considerar uma palavra, e duas palavras no grego, a saber: **1**. *Atsel*, palavra hebraica que aparece por catorze vezes (como, por exemplo, em Pv 6.6; 6.9; 10.26; 13.4; 20.4; 26.16; Jz 18.9). **2**. *Oknerós*, "preguiçoso", "displicente", principalmente no sentido de não obedecer aos Mandamentos de Deus ou ao seu chamamento. Esse termo grego aparece por três vezes (Mt 25.26; Rm 12.11 e Fp 3.1). **3**. Nothrós, "preguiçoso". Esse vocábulo grego aparece por apenas duas vezes (Hb 5.11 e 6.12).

1. Nos Provérbios. O livro de Provérbios, que é o livro bíblico que mais alusões faz ao defeito da preguiça, ou indolência, descreve o preguiçoso como indivíduo que gosta de dormir. O preguiçoso não cuida de suas propriedades, nem de suas plantações, pelo que também está sujeito a padecer fome, ao passo que o diligente ou trabalhador prospera e tem tudo em abundância. (Ver Pv 6.6,9; 13.4; 15.9; 24.30; 26.13-16). A condição da preguiça é tão lamentável que um preguiçoso, mesmo que tivesse alimentos, não levaria a comida até à boca (Pv 19.24). Vive descobrindo desculpas esfarrapadas para nada fazer, como aquele que diz que há um leão solto nas ruas, o que o impede de ir ao trabalho (Pv 22.13). Essa indolência, todavia, para o preguiçoso parece ser grande demonstração de sabedoria (26.16), como se ele estivesse se poupando do desgaste físico. Prefere as fantasias do que o trabalho, que é sempre cansativo e difícil (Pv 13.4; 21.25). Por essa razão, o preguiçoso não somente arruina a si mesmo, mas também causa prejuízos a quem ele tiver de prestar algum serviço (Pv 10.26).

2. Contrastado com a Indústria. A preguiça do preguiçoso é contrastada com a indústria da mulher virtuosa (31.27), um contraste que se destaca muito mais porque o preguiçoso é do sexo masculino, e a mulher virtuosa é do sexo feminino. Essa mulher virtuosa é abençoada não somente porque enriquece, mas também por causa da oportunidade que o seu trabalho lhe confere de cuidar dos mais pobres (Pv 31.20), além do que ela vê o seu marido tornar-se um dos líderes da comunidade onde vive o casal (Pv 31.23). O trabalho conjunto, do marido e da mulher, pois, produz ótimos resultados, não somente na forma de abundância material maior, mas também na forma de um maior prestígio social. O que mais importa, entretanto, é que a mulher virtuosa, trabalhadeira, recebe louvores da parte do Senhor (Pv 31.30).

3. É um Pecado. A preguiça não é apenas um dentre uma grande variedade de pecados, mas também é uma atitude que prejudica os próprios deveres do indivíduo para com Deus e para com o próximo. O preguiçoso oferece a Deus e aos seus deveres pessoais uma espécie de resistência passiva, mesmo que ele não se torne destrutivo; mas essa passividade muitas vezes é tão prejudicial como as ações dos destruidores, embora a incúria redunde em perda em ritmo mais lento, por falta de cuidados.

4. Nas Palavras de Jesus. A parábola de Jesus sobre os talentos reitera o tema do temor insensato como a própria raiz da preguiça e do ócio (Mt 25.25,26), além de salientar o temor ao Senhor como a fonte originária da diligência, deixando claro que será por ocasião da segunda vinda do Senhor, quando ele vier julgar aos homens (cf. O "dia da colheita", tantas vezes referido no livro de Provérbios) que o emprego diligente dos dons de Deus serão recompensados, ao mesmo tempo em que os preguiçosos serão punidos.

5. Nas Palavras de Paulo. O apóstolo dos gentios frisou a necessidade de servirmos a Deus, em proporção aos dons e às habilidades que ele nos outorgou (Rm 12.3-8), de tal modo que não devemos ser preguiçosos, mas antes, devemos ser impelidos a uma febricitante atividade, por meio do Espírito de Deus (Rm 12.11). Portanto, o preguiçoso está resistindo ao Espírito Santo! Por semelhante modo, a epístola aos Hebreus enfatiza que não devemos retroceder, depois de termos participado do Espírito, mas antes, cumpre-nos prosseguir a caminhada, e isso, conforme diz o escritor sagrado: *... para que não vos torneis indolentes, mas imitadores daqueles que, pela fé e pela longanimidade, herdam as promessas* (Hb 6.12). Conforme se pode deduzir desse e de outros trechos bíblicos, a preguiça não envolve somente as atividades humanas corriqueiras; existe também a preguiça espiritual, a pior forma de preguiça, porquanto importa em perda eterna e irremediável.

PREPARAÇÃO, DIA DE. Ver *Dia de Preparação*.

PREPÚCIO

A dobra de pele solta que encobre a glande do pênis masculino. Essa dobra de pele era removida quando da operação da *circuncisão* (vide), deixando a glande descoberta. Visto que a circuncisão simbolizava a purificação, o prepúcio simbolizava a corrupção. Por esse motivo é que achamos na Bíblia expressões como: *Circuncidai, pois, o vosso coração, e não mais endureçais a vossa cerviz* (Dt 10.16). *Circuncidai-vos para o Senhor, circuncidai o vosso coração, ó homens de Judá e moradores de Jerusalém...* (Jr 4.4). Expressões assim apontam para as corrupções humanas e para o seu estado pagão. Visto que a circuncisão era sinal do pacto abraâmico, o prepúcio era sinal daqueles que não faziam parte desse pacto. Algumas vezes, o prepúcio era tirado como um troféu, de gentios mortos, que eram inimigos de Israel, mais ou menos da mesma maneira que os indígenas norte-americanos tiravam os escalpos de suas vítimas (1Sm 18.25; 2Sm 3.14). A ciência médica moderna tem demonstrado que a circuncisão é uma excelente medida higiênica, capaz de impedir infecções tanto no homem quanto na mulher, e até mesmo o câncer do pênis. A mesma coisa, todavia, pode ser conseguida mediante uma lavagem diária com sabão desinfetante.

PRESA, DESPOJO

No hebraico, *baz*, "presa", palavra usada por 25 vezes (Por exemplo: Jr 49.32; Nm 14.3,31; Ez 7.21; 38.12,13). Um termo cognato é *malqoach*, "saque", palavra usada por oito vezes (Por exemplo: Nm 31.32). E ainda um terceiro termo cognato é *meshissah*, "despojo", palavra usada por seis vezes. Por exemplo: (Hc 2.7; Sf 1.13). Nossa versão portuguesa, secundando várias outras traduções estrangeiras, não se mostra coerente na tradução dessas três palavras, as quais têm sentidos específicos. Assim, *presa* é aquilo que pode ser útil ao captor; *saque* inclui tudo quanto pode ser consumido, satisfazendo o apetite; *despojo* é tudo quanto serve para designar o triunfo obtido.

A primeira referência bíblica a presa e despojo encontra-se em Números 31.27, onde também se vê que Moisés cuidou para que as coisas tomadas do inimigo fossem distribuídas equitativamente entre todo o Israel. Essa prática foi seguida por Josué, após a conquista da terra (Dt 2.35; Js 8.2), bem como por Davi (1Sm 30.24). (Ver também Jr 49.32; Na 3.1 e Hc 2.7). Somos informados, em Números 31.25-47, que a presa consistia até mesmo de mulheres virgens, além de gado vacum, ovino, asinino etc. Metade da presa foi dada ao Senhor, entregue aos levitas. Da outra metade, uma parte de cada cinquenta foi entregue aos levitas que cuidavam do tabernáculo do Senhor.

No Novo Testamento encontramos duas palavras gregas que nos chamam a atenção, quanto a essa ideia: diarpázo, "arrebatar totalmente; e *sulagogéo*, "levar como despojo". A primeira delas figura por três vezes (Mt 12.29; Mc 3.27), e a nossa versão portuguesa a traduz por "roubar" e "saquear". E a segunda delas é uma *hapax legomena* (vide), figurando apenas em Colossenses 2.8, onde Paulo a usa metaforicamente, para indicar o engodo com que os falsos mestres "enredam" suas vítimas crédulas. As vítimas desses falsos mestres servem-lhes, pois, de prova de triunfo. Que Deus nos guarde de servir de despojo para esses sofistas!

PRESENÇA DE DEUS

1. Declaração Introdutória. A expressão "presença de Deus" reveste-se de interesse, neste *Dicionário* em relação ao frequente ensino bíblico acerca da disponibilidade da "presença do Senhor". O trecho de João 1.18 ensina enfaticamente que ninguém jamais viu Deus. O trecho de 1Timóteo 1.16 diz que Deus habita em "luz inacessível". A passagem de Colossenses 1.15 diz que Deus é o *invisível*, mas que pode ser conhecido através do Filho, Jesus Cristo, que é a sua imagem. E Timóteo 1.17 também alude a Deus como o *invisível*, o que é reiterado em Hebreus 11.27. E devemos entender esse adjetivo, "invisível", como dando a entender mais do que não ser capaz de ser visto pelo sentido físico da visão. Pois também significa que, espiritualmente falando, Deus está oculto e é desconhecido pelos homens, cujo nível de conhecimento e de experiência espiritual não lhes permite ver Deus, nem espiritual nem fisicamente. Não obstante tudo isto, os místicos falam em experimentar a presença de Deus; efetivamente, a Bíblia contém muitas declarações que concordam com essa apreciação.

2. As Teofanias. Podemos supor que quase todas as revelações veterostesta-mentárias da presença divina deram-se mediante teofanias, ou seja, qualquer tipo de manifestação da presença divina que salienta o poder e a glória de Deus, embora sem a visibilidade de seu ser real. Um ser angelical, uma visão, um sonho etc., podem ser modos de o Ser divino revelar a sua presença, sem que seja vista a sua essência, porquanto, para o homem, isso é simplesmente impossível. Mas um ser humano pode perceber algo que representa a divindade. A "shakinah", era uma espécie de revelação resplandecente de Deus, em feérica exibição luminosa. No Antigo Testamento encontramos o relato sobre Adão e Eva, que andavam em companhia de Deus e conversavam com ele. A história de Moisés e a sarça ardente é outro desses episódios. Novamente, vemos Moisés e a teofania no monte Sinai. Ou então pensemos em Elias, no monte Horebe. No Novo Testamento, Paulo teve uma visão do Cristo ressurreto na estrada para Damasco. Jesus apareceu transfigurado a três de seus discípulos. E Ananias, um obscuro discípulo judeu, teve uma visão com Cristo, que lhe apareceu e conversou com ele (ver At 9.10 ss.). Apesar de termos de permitir espaço para as expressões antropomórficas, não imaginando que Deus tenha formato humano em qualquer sentido, ainda assim não há razão alguma para negarmos as reais manifestações da presença de Deus, que podem assumir muitas formas.

3. Manifestações Formalizadas. Entre essas devemos incluir as manifestações divinas como fogo que cai do céu, como se fosse um altar especial, como se deu com Elias. A arca da aliança, primeiro no tabernáculo e depois no templo, o próprio tabernáculo, e depois o templo, especialmente o Santo dos Santos, onde a presença divina ocasionalmente manifestava-se, eram outras tantas manifestações da presença de Deus. Também devemos incluir o trabalho do sumo sacerdote, que incluía visões, sonhos, adivinhações, oráculos, e, mais especificamente ainda, o uso dos misteriosos *Urim e Tumim*

(vide). Os intérpretes *rabínicos* imaginavam tolamente que mesmo após a destruição do templo de Jerusalém, a presença divina vagueava por toda aquela área. Além disso, entre eles, a presença divina era associada ao ensino da lei, de tal modo que, se ao menos duas pessoas se reunissem a fim de discutir sobre a lei, o Espírito de Deus far-se-ia presente com elas (*Pirke Aboth*, 3.2).

4. O Ensino da Imanência. É patente que a cultura hebreia esperava que Deus se manifestasse entre o seu povo, fazendo-se presente entre eles sob as mais variadas circunstâncias. Essa cultura era saturada com crenças místicas, comum às teologias altamente teístas. Ver sobre o *Teísmo*.

5. O Teísmo e o Deísmo. O *teísmo* (vide) ensina que Deus não somente criou, mas também está vital e continuamente interessado por sua criação, sempre presente para recompensar ou julgar. O *deísmo* (vide), por sua vez, ensina que embora tenha havido alguma força (ou pessoa) criadora, essa força ou pessoa deixou que as leis naturais governassem as coisas, de tal modo que não há qualquer comunhão direta entre Deus e os homens. Deus não galardoaria e nem castigaria, mas as leis naturais é que fazem ambas essas coisas.

6. A presença de Deus no Novo Testamento. A ideia essencial do Antigo Testamento é transferida para o Novo Testamento e a comunidade remida. No Novo Testamento, é Jesus Cristo que se faz presente, sempre que duas pessoas se reúnem em seu nome (ver Mt 18.20). O mesmo Espírito que se fazia presente com os santos do Antigo Testamento faz-se agora presente com a comunidade dos salvos. Ele é agora o alter ego de Cristo (ver o artigo intitulado *Paracleto*). O *Logos* (chamado Jesus Cristo, em sua encarnação) tornou-se o revelador do Deus invisível (ver Jo 1.18). O Novo Testamento narra várias manifestações e visitações divinas, por meio do Anjo do Senhor ou por algum outro meio, como os sonhos e as visões. (Ver Mt 1.20 ss.; At 7.55; 9.1 ss). A promessa da presença do Espírito Santo e do poder por ele conferido é registrada como cumprimento de uma profecia de Joel, no Antigo Testamento (ver At 2.17 ss.). Em 1Coríntios 12-14, essa presença é descrita em detalhes quanto às funções e poderes que tal presença deveria engendrar entre os remidos. Uma das grandes promessas escatológicas é que a presença de Deus estará com os homens, de forma toda especial, durante a era da eternidade futura (ver Ap 21.3,8). Para o povo remido, o céu lhes é prometido como um lugar ou um estado no qual eles desfrutarão continuamente da presença de Deus (Jo 14.1-6; 17.21-24).

7. O Misticismo. O *misticismo* (vide), que descrevi com detalhes em um artigo separado, tem, como um de seus conceitos fundamentais, a ideia de que a presença de Deus pode e deve ser experimentada, transcendendo a qualquer poder medianeiro, como a razão ou a percepção dos sentidos. O misticismo é o nosso mais poderoso meio de desenvolvimento espiritual, algo de que precisamos urgentemente.

PRESIDENTE

Algumas traduções (como a nossa versão portuguesa) usam esse vocábulo para traduzir o termo aramaico *sarekim* (ver Dn 6.2,4,6,7). Esse termo é ali usado para indicar os governadores nomeados pelo rei da Pérsia para governarem as 150 satrapias do império persa. Daniel foi chamado ali de "presidente", em face da autoridade que lhe fora conferida. Por causa da oposição e inveja de outros líderes, foi que Daniel terminou sendo lançado na cova dos leões.

PRIMÍCIAS

I. Caracterização Geral. Há duas palavras hebraicas principais envolvidas, e uma palavra grega, a saber: **1**. *Bikkur*, "primeiro fruto". Termo hebraico que aparece por dezoito vezes (conforme se vê, por exemplo, em Êx 23.16,19; 34.22,26; Lv 2.14; 23.17,20; Nm 28.26; 2Rs 4.42; Ne 10.35; Ez 44.30).

2. *Reshith*, "primeiro", "principal". Vocábulo hebraico usado por cinquenta vezes no Antigo Testamento, das quais por doze vezes tem o sentido de "primícias" (a saber: Lv 2.12; 23.10; Nm 18.12; Dt 18.4; 26.10; 2Cr 31.5; Ne 10.37; 12.44; Pv 3.9; Jr 2.3; Ez 20.40 e 48.14). **3**. *Aparché*, "primeiros frutos", palavra grega utilizada por nove vezes (Rm 8.23; 11.16; 16.5; 1Co 15.20,23; 16.15; 2Ts 2.13; Tg 1.18 e Ap 14.4).

Os preceitos levíticos acerca dessa questão tinham o propósito de relembrar os homens sobre todas as coisas boas que lhes são dadas como presentes ou dádivas, devolvendo-lhes algo em preito de gratidão. Essa era uma prática boa e saudável. Aquele que confere todas as coisas deveria ser reconhecido nas vidas daqueles que são os beneficiários. As primícias, pois, eram ofertas de vários tipos. Eram oferecidas aos sacerdotes, como representantes do povo. Uma certa porção das primícias era sacrificada e a outra parte era usada pelos sacerdotes, que se ocupavam dos deveres religiosos e não produziam alimentos para si mesmos. Por isso lemos em Êxodo 23.16,19: *Guardarás a festa da sega dos primeiros frutos do teu trabalho, que houveres semeado no campo, e a festa da colheita... As primícias dos frutos da tua terra trarás à casa do Senhor teu Deus...* Essa era uma das três festividades religiosas principais a serem observadas por todo o povo de Israel. Ver Levítico 23.9-14 quanto a detalhes adicionais sobre a questão. Ao que parece, essa festa começou a ser negligenciada após os dias de Salomão; mas foi revivida por Ezequias (2Cr 31.5; Ne 10.34,37; 12.44). Em um período de apostasia, em Israel, Eliseu sobreviveu em face do pão feito com as primícias, bem como através da miraculosa multiplicação da farinha de trigo (2Rs 4.42-44).

Israel não foi a única nação antiga a ter tais costumes. As cerimônias das primícias provavelmente originaram-se como um método tribal de proteger o suprimento de alimentos, além de ser uma maneira de agradecer aos deuses ou espíritos, pela ajuda que prestam no sustento das pessoas. Ofertas eram feitas aos deuses, em diversas cerimônias, como também aos sacerdotes que representavam esses deuses. Em algumas culturas, os antepassados já falecidos supostamente ajudavam a suprir as necessidades da tribo ou da família e a eles eram apresentados presentes na forma de primícias. Nos lugares onde o peixe e a carne eram o alimento principal, as oferendas eram dadas em forma dos primeiros peixes apanhados e dos primeiros filhotes do rebanho. Sacrifícios humanos, em outras culturas, faziam parte das oferendas em primícias. Santuários, lugares santos, templos e outras instalações de cultos religiosos com frequência eram sustentadas pelas oferendas de vários tipos.

II. Coisas Específicas Envolvidas nas Oferendas. **1**. Homens e animais (ver sobre *Primogênitos*) (Êx 13.2). **2**. A produção agrícola (Êx 22.29). **3**. O produto do labor humano, como a farinha de trigo, o azeite, o vinho, os cereais em geral, o gado criado (Êx 34.18,22; Lv 23.16-20; 2Cr 31.5).

III. Oferendas e Cerimônias Envolvidas nas Primícias. As primícias de todas as sortes eram levadas a Jerusalém em meio a grande pompa e cerimônia. Todo o povo de um dado distrito reunia-se em um dia marcado, em alguma cidade, em alguma praça ou rua. Quando chegavam ao templo de Jerusalém, aqueles que ofereciam os produtos recitavam o trecho de Deuteronômio 26.3-10. Daquele momento em diante, os produtos tornavam-se propriedade da classe sacerdotal. Os que tinham trazido as primícias ficavam na cidade durante a noite, e só voltavam a seus lugares de origem no dia seguinte. Nem todas as pessoas tinham a obrigação de fazer a viagem. Aqueles que cuidavam das árvores, das plantações, dos rebanhos etc., mas que não eram proprietários dos mesmos, não participavam do cortejo. Aqueles que viviam na Transjordânia, visto que, estritamente falando, não pertenciam ao território que manava leite e mel, não precisavam apresentar-se (Dt 26.10-15). Os prosélitos também traziam suas ofertas, mas não recitavam as Escrituras, visto que não eram descendentes "dos pais" de Israel. Além disso, servos, escravos e mulheres não tinham permissão de recitar as Escrituras, visto que não eram proprietários de terras (Dt 26.10). (Quanto a trechos bíblicos que se referem a esse costume, ver Dt 26.2-11; Sl 122.1,2; Sl 150; Lv 19.23 ss.; 23.15,20; Nm 18.12; 2Cr 31.5).

IV. Usos Figurados. **1**. Os patriarcas hebreus foram as primícias da nação judaica (Rm 11.16). **2**. Os hebreus foram as primícias do cultivo de Deus entre a humanidade, o seu povo peculiar, antes dos povos gentílicos terem sido reunidos em Silo (Jr 2.3). **3**. As primícias do Espírito são as suas bênçãos e provisões espirituais, que produzem a *filiação* e, em consequência, *salvação* (Rm 8.23). **4**. Os convertidos à fé cristã são as primícias de uma grande companhia de remidos, que representam a colheita espiritual (Rm 16.5; 1Co 16.15). **5**. Os cento e quarenta e quatro mil, referidos em Apocalipse 14.1-5, são primícias especiais dos remidos, em tempos de grande provação. **6**. O próprio Jesus Cristo é as primícias da ressurreição, garantindo a ressurreição de todos os remidos, por ocasião da segunda vinda de Cristo ou *parousia* (1Co 15.20,23).

PRIMOGÊNITO

I. Considerações Humanas. A palavra hebraica correspondente, *bekor*, que tem algumas formas variantes, como *bekirah* e *bakar*, vem de uma raiz que significa "irromper", uma alusão ao processo do nascimento, ocorre por cerca de 120 vezes no Antigo Testamento, com suas variantes, desde Gênesis 4.4 até Zacarias 12.10. No grego temos uma única palavra, *protótokos*, empregada no Novo Testamento por oito vezes (em Lc 2.7; Rm 8.29; Cl 1.15,18; Hb 1.6; 11.28; 12.23; Ap 1.5). E o substantivo, *prototókia*, aparece por uma vez, em Hebreus 12.16. A derivação desse vocábulo grego é importante, sobretudo quando aplicado a Jesus. Procede de duas outras palavras gregas, *prótos*, "primeiro", e *tíkto*, "dar à luz". Essas palavras, no hebraico ou no grego, eram usadas a respeito de seres humanos ou de animais.

Em Israel. Um filho primogênito do sexo masculino, em todas as famílias de Israel, bem como o primogênito de todos os seus animais, eram consagrados ao Senhor, em comemoração ao juízo com que Deus castigou os primogênitos do Egito. Ver Êxodo 13.2. Várias provisões da legislação judaica conferiam privilégios especiais aos filhos primogênitos: **1**. Um primogênito recebia uma dupla porção da herança ou das propriedades do pai da família (Dt 21.17). Isso constituía o seu direito de primogenitura. Contudo, esse direito podia ser transferido. (Ver Gn 21.15-17; 25.31,32). **2**. O filho mais velho oficiava como sacerdote da família, na ausência do pai, ou quando o pai falecia.

Posteriormente, essa função sacerdotal foi transferida para os homens da tribo de Levi, formando-se assim um sacerdócio formal. Ver Nm 3.12;18; 8.18. Em resultado, os primogênitos das outras onze tribos de Israel eram redimidos, sendo apresentados ao Senhor quando tinham um mês de idade, pagando uma soma que não excedia a cinco ciclos (Nm 18.16). Esse dinheiro da redenção era entregue a Aarão e seus filhos, como compensação pelos primogênitos, que pertenciam ao Senhor (Nm 3.40 ss.). Mesmo assim, todos os filhos primogênitos eram apresentados de modo especial ao Senhor e, presumivelmente, tinham elevados deveres a cumprir (Lc 2.22), mesmo quando o Senhor Jesus já estava na terra. Essa quantia indicava que tal pessoa não era obrigada a servir como sacerdote, compensando pelos serviços que ela poderia prestar, mas não prestaria. Contudo, reiteramos que a cerimônia vinculada à questão também relembrava o fato de que os primogênitos de Israel haviam sido poupados, ao passo que os primogênitos dos egípcios pereceram todos na décima praga do Egito. Quando um menino primogênito tinha treze anos de idade, jejuava no dia anterior à Páscoa, em comemoração ao fato de que os primogênitos do povo de Israel haviam sido poupados no Egito.

II. Considerações Animais. Os primogênitos de todos os animais limpos eram usados em sacrifício ou holocausto ao Senhor (Êx 13.2). E os primogênitos dos animais imundos (que não podiam ser servidos como alimento) podiam ser remidos com a adição de uma quinta parte de seu valor, conforme os sacerdotes determinassem (Lv 27.13). De outra sorte, teriam de ser vendidos, trocados ou destruídos (Êx 13.13; Lv 27.27). Supõe-se que os cães nunca eram redimidos (Dt 23.18). No entanto, quando uma pessoa devotasse qualquer coisa ao Senhor, tal coisa não podia ser redimida e nem usada para benefício pessoal.

III. O Termo "Primogênito" Aplicado a Cristo. No Novo Testamento, a palavra portuguesa "primogênito" é aplicada principalmente a Jesus Cristo. Trata-se de um título messiânico; sugerido desde Salmo 89.27: *Fá-lo-ei, por isso, meu primogênito, o mais elevado entre os reis da terra*. Há vários sentidos em que Cristo é o "primogênito", teologicamente falando, a saber:

1. Cristo como Primogênito de Toda a Criação. Esse ensino figura em Colossenses 1.15. Os antigos arianos agarravam-se a esse ensino, dizendo então que Cristo era apenas um ser criado, posto que a primeira de todas as criações de Deus. Isso já havia sido dito, de certo modo, pelos mestres gnósticos. E até hoje é a posição de alguns, como, por exemplo, as Testemunhas de Jeová. Se o resto do Novo Testamento não nos brindasse com quaisquer definições cristológicas, então a palavra "primogênito" teria de significar exatamente isso. Porém, visto que a Bíblia também ensina que Cristo é o Logos eterno (Jo 1.1,2), temos de buscar algum outro sentido. Assim, aprendemos que Cristo é o "primogênito" por ser o primeiro a pertencer à espécie humana espiritual, o protótipo de todos os remidos, cuja imagem será neles impressa, com perfeição, quando da ressurreição e glorificação dos santos. Além disso, Cristo é o primeiro em termos do tempo, visto que ele existiu antes de todos, desde a eternidade, o que não requer a ideia de começo. Agregue-se a isso a ideia de que Cristo é o primeiro em poder, proeminência e autoridade, dentro da família divina, o que, novamente, não subentende qualquer ideia de começo. Outrossim, Cristo é o primeiro de uma grande série de filhos espirituais de Deus. Ele é o Filho de Deus por excelência e nós somos os filhos de Deus. Nesse sentido, ele é o primeiro no senso de preexistência, ao passo que nós outros vamos surgindo no decurso do tempo. Essas são as ideias que devemos ter, quando lemos sobre Cristo como "primogênito da criação", e não que ele foi o primeiro Ser criado. Jesus não faz parte da criação, pois ele é o próprio Criador: *Todas as cousas foram feitas por intermédio dele, e sem ele nada do que foi feito se fez* (Jo 1.3).

2. Cristo é o Primogênito Dentre os Mortos. Ver Colossenses 1.18 e Apocalipse 1.15. Esse ensino não indica que Cristo foi o primeiro a ressuscitar da morte biológica, pois muitos outros ressuscitaram antes dele, e ele mesmo ressuscitou a muitos, nos dias de seu ministério terreno. Mas significa que ele foi o primeiro a experimentar a morte e então voltar à vida com uma nova modalidade de vida, revestido de imortalidade em seu próprio corpo. Na qualidade de Logos eterno, Jesus Cristo já era plena divindade; mas, quando de sua ressurreição, o seu próprio corpo humano foi divinizado, isto é, veio a participar da natureza divina. Os filhos de Deus, remidos pelo sangue de Cristo, haverão de receber essa nova natureza, essa imortalidade no corpo, quando da ressurreição dos santos, no último dia. Isso incluirá a participação na própria natureza divina, como verdadeiros filhos de Deus que eles já são, mas não no corpo, por enquanto. (Ver 2Pe 1.4; Cl 2.10; Rm 8.29 e 2Co 3.18). Esse ensino tem paralelo na ideia bíblica de que Cristo é *as primícias dos que dormem* (1Co 15.20). As primícias eram os primeiros frutos que amadureciam na colheita. Só mais tarde era feita a colheita por inteiro. Cristo já foi colhido; no tempo certo, haveremos de ser colhidos também. No Apocalipse, entre outros símbolos, esse fato aparece como a ceifa. *Olhei, e eis uma nuvem, branca, e sentado sobre a nuvem um semelhante a filho de homem, tendo na cabeça uma coroa de ouro, e na mão uma foice afiada... E aquele que estava sentado sobre a nuvem passou a sua foice sobre a terra, e a terra foi ceifada* (Ap 14.14-16).

3. Cristo é o Primogênito Entre Muitos Irmãos. Essa é uma maneira mais direta de afirmar o que já foi dito no segundo ponto, acima. Cristo é o irmão mais velho, dentro da família divina. Essa família, quando inteiramente recolhida no céu, consistirá de filhos ressurretos e imortais de Deus. Aos crentes é conferida a condição de filhos, ou seja, herdeiros. Destarte eles fazem parte da grande assembleia celestial dos filhos de Deus (Ver Hb 12.23 e Rm 8.14 ss).

4. Jesus Era o Filho Primogênito de Maria. Isso ocorreu mediante um milagre único de Deus, que os teólogos chamam de *partenogênese* (vide), (ver Mt 1.25; Lc 2.7). Foi assim que teve começo o ministério encarnado do Filho de Deus.

IV. Usos figurados. 1. O termo primogênito denota também aquilo que é suprema-mente excelente, capaz de prestar serviço especial a Deus. Isso pode ser aplicado especialmente à pessoa de Jesus Cristo, conforme vimos no item terceiro ponto. Mas também é uma ideia implícita na doutrina geral dos primogênitos, no tocante a homens e a animais. **2**. Os "primogênitos dos pobres" são aqueles que são extremamente carentes, devido à sua extrema pobreza (Is 14.30). **3**. O "primogênito da morte", referido em Jó 18.13, é a própria morte, que é atormentadora, miserável e maldita. E as enfermidades são consideradas filhas da morte.

PRÍNCIPE, PRINCESA

O fato de que nada menos de quinze diferentes palavras hebraicas são assim traduzidas, alerta-nos para a percepção de que essas palavras cobrem um campo muito amplo. Quase todos esses vocábulos estão ligados à ideia de liderança, sobre grandes agrupamentos humanos, como uma comunidade ou uma nação. Mas também estão envolvidas ideias de menor alcance, como "líder" ou "capitão".

1. Algumas Palavras Veterotestamentárias e seu Uso, traduzidas por "príncipe" ou "princesa". Os termos *sátrapa* (*ahasharpam*) e *fratama*, que indicam alguma pessoa destacada, foram tomados por empréstimo do persa. Ver Daniel 3.2. O termo aramaico *ahasdarpan* é empregado em Daniel 1.3. O acádico *sarru*, "rei", referia-se a algum elevado oficial entre povos não-israelitas (ver Gn 12.15; 19.11,13; Jr 25.19). *Sar* é termo usado para indicar o *Messias*, em Daniel 8.25; mas também *anjos guardiães*, em Daniel 10.13,21. O termo hebraico *nasi* é um vocábulo usado para indicar algum líder, chefe ou príncipe, sendo usado para indicar os chefes de Israel (ver Nm 1.16; 44; 7.2; 10.4; 16.2).

2. No Novo Testamento. Temos a considerar ali três termos gregos: ***a***. *Archegós*, "líder", "autor", "pioneiro". (Ver At 3.15; 5.31; Hb 2.10 e 12.2). Em Atos 3.15 e Hebreus 2.10, o termo é aplicado à pessoa de Cristo. ***b***. *Árchon*, "potentado", "autoridade", "príncipe". Esse termo é aplicado a várias pessoas, como os líderes dos gentios, Cristo, Satanás e os poderes demoníacos. Ocorre por 36 vezes (Mt 9.18,23,34; 12.24; 20.25; Mc 3.22; Lc 8.41; 11.15; 12.58; 14.1; 18.18; 24.20; 28.13,35; Jo 3.1; 7.26,48; 12.31,42; 14.30; 16.11; At 3.17; 4.5,8,26 (citando Sl 2.2); 7.27,35; 13.27; 14.5; 16.19; 23.5 (citando Êx 22.27); Rm 13.3; 1Co 2.6,8; Ef 2.2; Ap 1.5). ***c***. *Egemón*, "chefe". Palavra usada por dezenove vezes (Mt 2.6 (citando Mq 5.1); 10.18; 27.2,11,14,15,21,27; 28.14; Mc 13.9; Lc 20.20; 21.12; At 23.24,26,33; 24.1,10; 26.30; 1Pe 2.14). E o verbo correspondente, *egéomai*, "chefiar", também é bastante frequente (28 vezes), aparecendo desde Mateus 2.6 até 2Pedro 3.15. Além de aludir à cidade de Belém da Judeia (Mt 2.6), alude a oficiais romanos de vários níveis e patentes.

PRINCÍPIO

Apesar de haver pelo menos cinco palavras hebraicas que têm sido traduzidas como "princípio", "começo" ou sinônimos, interessa-nos aqui a palavra usada em Gênesis 1.1, no hebraico, *reshith*, "princípio", que reaparece em João 1.1 no grego *arché*, "princípio". Em Gênesis 1.1 temos o começo da criação, por ato de Deus. Teólogos e filósofos têm discutido inutilmente sobre o que Deus estava fazendo antes de seu ato de criação. Alguns deles supõem que a criação é um ato eterno de Deus, ou então que a criação é uma emanação de Deus, pelo que não se poderia determinar nenhum tempo específico quando tiveram começo as coisas que estão fora de Deus. Os mórmons aceitam o antigo ponto de vista dos gregos, da eternidade da matéria, fazendo de Deus apenas um Planejador e Organizador, mas não um Criador absoluto. Mas o ponto de vista da Bíblia é que houve tempo em que somente Deus existia, o que é um grande mistério. Por exemplo: *Onde estavas tu, quando eu lançava os fundamentos da terra?* (Jó. 38.4).

O conceito de criação *ex nihilo* (do nada) dificilmente pode ser correto, pois, do nada, nada pode vir. Antes, a energia divina esteve envolvida em alguma forma de transformação de energia em matéria. Esta ideia é claramente descrita em Hebreus 11.3, embora não em termos científicos (ver notas completas a respeito, nessa referência, no NTI). (Quanto ao ato de criação, ver também os trechos de Sl 33.7,9; Am 4.13; Rm 4.17; Hb 11.3; Jo 1.1 ss).

O termo grego *arché* envolve as ideias de "começo", "princípios elementares", "origem", "primeira causa", "autoridade" etc. No trecho de João 1.1 lemos: *No princípio era o Verbo, e o Verbo estava com Deus e o Verbo era Deus*. Isso mostra que o Verbo (no grego, *Logos*, "palavra", "ideia") já estava no princípio com Deus, o que mostra que ele é coeterno com o Pai. Isso é contrário à Ideia gnóstica (atualmente ensinada pelas Testemunhas de Jeová) de que o Logos foi o primeiro ser criado, por Deus, ou sua primeira emanação, e que então o Logos criou todas as demais coisas. Ver o artigo sobre o Logos. Em Apocalipse 3.14, Cristo é chamado de ... *princípio da criação de Deus*, onde o vocábulo grego *arché* sem dúvida indica "originador", e não que Cristo foi o primeiro ser criado por Deus. (Ver esse versículo nas notas completas do NTI).

O vocábulo grego *arché* é novamente usado em 1João 1.1, na expressão *O que era desde o princípio*... Muitos eruditos pensam que essa expressão pode apontar para o começo do ministério público de Jesus, o que podemos confirmar. Porém, em 1João 2.13, lemos: *... conheceis aquele que existe desde o princípio*..., onde, novamente, temos uma alusão ao Logos preexistente, cuja origem não pode ser determinada, que sempre existiu, cuja existência remonta a qualquer princípio que se possa nomear.

Isso concorda com o que nos diz Isaías 9.6: *Porque um menino nos nasceu, um filho se nos deu; o governo está sobre os seus ombros; e o seu nome será: ... Deus Forte, Pai da eternidade...*

Em Colossenses 1.18 Jesus aparece como *ele é o princípio, o primogênito dentre os mortos*... Como "princípio", Cristo é o "originador" de todas as coisas. Diz João, quanto a essa ideia: *Todas as coisas foram feitas por intermédio dele, e sem ele nada do que foi feito se fez* (Jo 1.3). E, como "primogênito dentre os mortos", Cristo foi o primeiro de uma nova categoria de homens "ressurretos dentre os mortos".

Cristo é o pioneiro, o primeiro a ter em seu corpo glorificado a vida independente. Que ele não ficará sozinho torna-se evidente através de 1Coríntios 15.20,22,23: *Mas de fato Cristo ressuscitou dentre os mortos, sendo ele as primícias dos que dormem... Porque assim como em Adão todos morrem, assim também todos serão vivificados em Cristo. Cada um, porém, por sua própria ordem: Cristo, as primícias; depois, os que são de Cristo, na sua vinda*. Aleluia! (Ver sobre a *vida independente*, a vida que Deus tem em si mesmo, a vida não-causada, mas causa de toda vida que há, e que Jesus afirmou possuir: *Porque assim como o Pai tem vida em si mesmo, também concedeu ao Filho ter vida em si mesmo* (Jo 5.26). (A B K NTI)

PRISÃO, PRISIONEIROS

1. Palavras Ligadas ao Aprisionamento. Cadeias (Sl 149.8; Jr 40.1,4); aprisionar, prisão e prisioneiro (Gn 39,20; 40.3; 42.16; Jz 16.21,26; Jó 3.18; Sl 68.6; 69.33; Is 14.17; 42.7; 49.9; Jr 37.15; Lm 3.14; Mt 27.15 ss.; Ef 3.1; Hb 10.34); pôr uma argola no nariz dos prisioneiros (Ez 19.4,9); celas do calabouço (Jr 37.16); tronco (2Cr 16.10; Jr 20.2 ss); guarda e prisão (Ne 3.25; 12.39; Jr 32.2); confinamento, guarda, prisão (Gn 40.3 ss.; 41.10; 42.17; Lv 24.12; Nm 15.34); masmorra (Is 24.22); cativeiro (Sl 68.18); companheiro de Prisão (Rm 16.7; Cl 4.10; 2Tm 1.16); acorrentar (At 12.6; 21.33; ss. 21.33; Ef 6.20; 2Tm 1.16; Ap 20.1 ss.), abismos (2Pe 2.4); sentinelas (At 12.5,6,16,23; 24.23; 25.4,21); prisão (Mt 5.25; 14.3; 18.30; 25.36; Jo 3.24; At. 5.19; 8.3; 12.4; 16.23; 2Co 6.5; 11.23; Hb 11.36; 1Pe, 3.19; Ap 2.10; 20.7); cárcere (At 5.23; 12.6,19).

2. Aprisionamento no Antigo Testamento. A lista de vocábulos acima dá-nos alguma noção sobre a natureza do aprisionamento na antiguidade. A primeira menção a essa prática, na Bíblia, envolve José, que foi encarcerado no Egito (Gn 39.20-23). A palavra hebraica ali usada é *bet-sohar*, que indica algum tipo de *ambiente fechado*. O termo egípcio *t'rt*, evidenciado desde tão cedo quanto 1900 a.C., indica uma cabine, um lugar fechado. Talvez exista alguma conexão linguística entre a palavra hebraica e a palavra egípcia. A história informa-nos que as prisões egípcias eram lugares horríveis, e os prisioneiros estavam sujeitos a trabalhos forçados.

Em Judá, eram utilizados lugares fechados como cárceres temporários (ver Jr 32.3,8,12; 37.21; Ne 3.27; 12.39). Os piores tipos de prisão eram as cisternas, usadas com uma espécie de masmorra (ver Jr 37.16,20). Nesses lugares foram encerrados profetas e homens santos, conforme se vê no ponto quarto, a seguir. Reis e guerreiros derrotados eram encarcerados. Quando o povo de Judá foi para o cativeiro, o rei Joaquim e outros nobres foram aprisionados; nesse caso, talvez uma espécie de prisão domiciliar, e não uma prisão pública comum. O trecho de Ezequiel 19.9 retrata o rei Joaquim sendo levado à Babilônia em uma gaiola, e uma representação, descoberta pela arqueologia, mostra a mesma coisa. Algumas vezes, casas particulares eram usadas como prisões (Jr 31.15). Em outras nações já existia a instituição das prisões públicas; mas em Judá isso só aconteceu terminado o cativeiro babilônico.

3. Aprisionamento no Novo Testamento. As leis romanas proibiam o encarceramento como uma forma de castigo; mas havia prisões onde ficavam detidas certas pessoas que haveriam de ser levadas a julgamento para então serem punidas de alguma outra maneira. Uma citação extraída dos escritos do jurista Ulpiano (falecido em 228 d.C.), entretanto, mostra que essa lei nem sempre era observada nas províncias mais marginais do império, e que ali um prisioneiro podia ficar mofando por muito tempo, antes de ser julgado. Justiniamo I (533 d.C.) deu apoio ao princípio de não se usar cárceres como lugares de castigo, o que foi aceito como uma prática aceitável na maior parte da Europa, até bem dentro da Idade Média. Porém, sabe-se que na Inglaterra o encarceramento era usado como uma forma de castigo, pelo menos desde 1200 d.C. Em cerca de 1500 d.C., essa prática já era bastante comum, pelo que as prisões serviam tanto de confinamento como de uma espécie de pena.

O Novo Testamento foi escrito dentro do período romano. Os Herodes usavam prisões, vinculadas à fortaleza que servia de palácio real, conforme se vê em Lucas 3.20 e Atos 12.4,10. A torre de Antônia também era usada como prisão (ver At 23.10); em Cesareia, o *pretória* (vide) servia para tal finalidade (ver At 23.35). Os prisioneiros mais importantes eram vigiados por soldados, a fim de impedir que escapassem, conforme foi o caso de Paulo, o qual vivia acorrentado a dois guardas, havendo mais dois guardas que se mantinham nas proximidades (ver At 12.3-6). Em Filipos, Paulo ficou sob custódia, em uma prisão da cidade, aparentemente em algum tipo de câmara subterrânea, dotada de troncos (ver At 16.24). Paulo também esteve encarcerado no castelo de Herodes, em Cesareia (ver At 23.35). Em Roma, ele foi submetido a prisão domiciliar, com o direito de alugar sua própria casa, onde também podia receber visitantes (ver At 28.16,20). Podemos imaginar que esse tipo de encarceramento estava de acordo com a legislação romana de não serem usados cárceres públicos como punição, e que Paulo estava sendo mantido em custódia, à espera do seu julgamento diante do tribunal de César. O *exílio* era uma forma alternativa de castigo, que muitos prisioneiros preferiam alegremente, quando lhes era oferecida a opção.

4. Notáveis Prisioneiros Mencionados na Bíblia. José (Gn 37.23-38); Sansão (Jz 16.21); o profeta Miqueias, o rei Oseias de Israel, nação do norte, o rei Jeoaquim, de Judá (1Rs 22.27; 2Rs 17.4; 24.15); Jr (Jr 37.15,16; 52.11); João Batista (Mt 4.12); Paulo (At 12.3-6; 16.24; 23.35; 28.16,20). Foi encarcerado que Paulo escreveu as epístolas aos Efésios, aos Filipenses e aos Colossenses. Após ter sido solto, aparentemente foi novamente aprisionado. Assim, o trecho de Atos 28.16,20 refere-se ao seu aprisionamento em Roma; os trechos de 2Timóteo 1.8 e 2.9 referem-se ao seu segundo aprisionamento. Paulo nunca foi libertado desse segundo aprisionamento, e acabou sendo executado. O Senhor Jesus havia predito que os seus discípulos seriam feitos prisioneiros (Lc 21.12). Pedro foi encarcerado (At 4.3), o que também sucedeu a outros apóstolos (At 5.18). E, novamente, Pedro foi encarcerado sozinho (At 12.3 ss.). Foi nessa última ocasião registrada que houve uma libertação miraculosa.

5. Usos figurados. O *hades* é chamado de prisão dos espíritos que daqui partiram (ver 1Pe 3.18-20). O próprio Cristo esteve ali a fim de libertar cativos, com propósitos salvadores, conforme o contexto nos mostra (ver 1Pe 4.6). Essa "viagem à prisão" é uma das grandes esperanças cristãs que adicionaram uma dimensão à missão de Cristo, mediante a qual ele tem uma missão tridimensional (na terra, no *hades* e nos céus). O abismo no qual Satanás será confinado durante o milênio é chamado de "prisão", em Apocalipse 20.7. As aflições angustiantes também são denominadas, simbolicamente, de "cárcere", em Salmo 142.7. A servidão ao pecado e a Satanás também é chamada de "prisão" (Is 42.7; 49.9; 61.1).

Nos sonhos e nas visões em que a pessoa se vê em uma prisão, isso alude a circunstâncias tolhedoras ou que servem de armadilha. A mentalidade embotada de um indivíduo também lhe serve de prisão. Aqueles que estão aprisionados dentro dos estreitos limites de suas próprias crenças e dogmas são tidos como prisioneiros espirituais, e são dignos de comiseração, como qualquer outro prisioneiro.

> Nossos estreitos sistemas têm sua época,
> Têm sua época, mas logo passam.
> São apenas lamparinas bruxoleantes,
> Ao lado de tua luz, ó Senhor.
>
> Russell Champlin

Ainda nos sonhos e nas visões, o carcereiro pode ser emblema da consciência do próprio sonhador, que restringe seus atos e ameaça com castigos. Os cárceres podem representar as atitudes da sociedade, ou então as atitudes de grupos a que a pessoa pertence, e que restringem pensamentos e seus atos.

> Fé de nossos pais, que sobrevive,
> Apesar de masmorras, fogo e espada;
> ...
> Nossos pais, detidos em prisões escuras,
> Eram livres no coração e na consciência.
>
> Frederick W. Faber

PROBLEMA DO MAL

I. Definição. A maldade existe e é maligna. Deus também existe e é todo-bondoso e todo-poderoso. Como é que podemos reconciliar estes fatos? Isto é o problema do mal. Sob a seção II, dou uma lista dos elementos que entram em choque e que complicam o problema.

Teodiceia. Esta palavra vem do grego *theos* (Deus) + *dike* (justiça). No uso, ela designa a controvérsia sobre como podemos reconciliar a existência do mal com a bondade e onipotência de Deus. Leibnitz usou o termo pela primeira vez em 1710. A teodiceia é a "Teoria para justificar a bondade de Deus em vista da existência de maldade no mundo" (MM). Na teodiceia examinamos e justificamos a conduta de Deus no mundo. Esta palavra também designa o ramo da filosofia que trata do ser, das perfeições e do governo de Deus e da imortalidade da alma. Sendo muito larga, a teodiceia, neste sentido, naturalmente trata do problema do mal, especialmente nas discussões sobre conceitos do *governo divino*, mas a primeira definição é aquela que é especificamente envolvida no problemas do mal. Ver o artigo sobre *Mal*.

II. A Reconciliação de Seis Elementos / Aparentemente Irreconciliáveis

1. a onipotência divina
2. a benevolência divina
3. a existência do mal
4. o pronunciamento do julgamento inarredável contra o mal.
5. a presciência de Deus que aparentemente força todos os acontecimentos, incluindo os de má natureza, que ou deixa de impedi-los, mesmo mediante a aplicação de medidas preventivas.
6. a doutrina bíblica da predestinação

Uma citação de *Epicuro*, que evidentemente põe em foco esse problema: "Ou Deus deseja remover o mal deste mundo, mas não pode fazê-lo, ou ele pode fazê-lo, mas não o quer; ou não tem nem a capacidade e nem a vontade de fazê-lo; ou, finalmente, ele tem tanto a capacidade como a vontade de fazê-lo. Ora, se ele tem a vontade, mas não a capacidade de fazê-lo, então isso mostra fraqueza, o que é contrário à natureza de Deus. Se ele tem a capacidade, mas não a vontade de fazê-lo, então Deus é mau, e isso não é menos contrário à sua natureza. Se ele não tem nem a capacidade e nem a vontade de fazê-lo, então Deus é ao mesmo tempo impotente e mau e consequentemente, não pode ser Deus. Mas se ele tem tanto a capacidade como a vontade de remover o mal do mundo (a única posição coerente com a natureza de Deus), de onde procede o mal (*unde malum?*), e por que Deus não o impede?"

III. Duas Distinções. Quando falamos do Mal, estabelecemos duas distinções, a saber:

1. O mal moral, isto é, aquele que se deriva da vontade pervertida do homem, da desumanidade do homem contra os seus semelhantes.

2. O mal natural, ou seja, os desastres, os dilúvios, os terremotos, os incêndios, os acidentes, as enfermidades e a morte, que é o maior de todos os males naturais.

Por que esses males existem? Por que Deus permite tais condições, sabendo de antemão que aconteceriam, e sendo possuidor do poder de impedi-los? Antes de tudo, por que ele permitiu que o mal entrasse no universo, se Deus é inteiramente bom, e se faz parte de nossa teologia o fato de que Deus tem o poder de governar conforme ele quiser, assim podendo impedir completamente a entrada do mal? E, finalmente, por que Deus permite que essas condições subsistam?

IV. Diversas Soluções Propostas

1. O ponto de vista natural. De acordo com essa posição, o Deus pessoal, onipotente e benévolo é substituído. Conforme os que assim dizem, tudo quanto existe é apenas a matéria, e tudo quanto acontece é apenas movimento da matéria. Portanto, matéria em movimento é tudo quanto se pode dizer a fim de descrever a existência. Quando se remove Deus do quadro, resta somente o mal; mas esse problema é solucionado no sentido de que todo o mal é meramente alguma forma de perversidade ou acontecimento adverso acidental, que atinge coisas inteiramente materiais. Por exemplo, um terremoto seria apenas um reajustamento da crosta terrestre, nada tendo a ver com um Deus que prevê o desastre ameaçador, mas não o impede. Em consequência disso, não há nenhuma força inteligente que, por causa desse conhecimento anterior, possa fazer cessar os acontecimentos. Assim, pois, o citado terremoto não é nenhum mal, mas tão somente uma ocorrência mecânica. Porém, de conformidade com esse ponto de vista, o homem é reduzido a um ser desamparado. O "existencialismo ateu", que se apega a esse parecer, chega ao extremo de dizer que o homem é uma piada da natureza. Sua existência ocorreu por puro acaso, em um mundo caótico. A alma e Deus são apenas duas invenções mentais, na tentativa de impor ordem e esperança a algo que verdadeiramente é destituído de ordem, ou, pelo menos, de ordem moral, e que certamente não é acompanhado de esperança alguma.

Na realidade, esse ponto de vista somente contribui para agravar o problema do mal, porquanto não oferece para o mesmo nenhuma solução. Na verdade, declara francamente que não há solução para tal problema. Remove o mal somente na aparência, mas, na realidade, aprofunda o desespero causado pela existência do mal.

2. O ponto de vista deísta. Segundo essa posição, existe um Deus, que é o criador. Todavia, Deus não se faz presente no mundo, e nem mantém qualquer interesse pelo mesmo. Não galardoa e nem pune às suas criaturas morais, como o homem, e nem orienta as leis naturais que ele pôs em movimento, mas antes, abandonou-as como coisas inteiramente mecânicas, a fim de que governassem sozinhas o universo.

Mas essa posição equivale ao ateísmo, ao mesmo tempo que, teoricamente, se aferra à ideia da existência de alguma força ou forças superiores. Todavia, de acordo com todas as considerações práticas, esse ponto de vista é idêntico ao primeiro, porquanto, segundo o mesmo, não há nenhum Deus em vinculação com este mundo. E assim, até onde nos diz respeito, tudo quanto existe é apenas a matéria, e tudo quanto acontece é somente movimento. Essa era a ideia que Epicuro fazia da existência de Deus, e, com a passagem dos séculos, muitos têm vindo a aceitar tal conceito, incluindo o famoso e profano filósofo francês, Voltaire. A 1º de novembro de 1775, um terremoto matou cinquenta mil pessoas em Lisboa, Portugal. Voltaire ficou profundamente amargurado contra Deus, por causa disso, ainda que a sua posição intelectual sobre a questão fosse o "deísmo". Ele descobriu ser possível alguém ficar amargurado contra um Deus cuja existência nega, o qual, de acordo com esse mesmo conceito, não poderia ter qualquer responsabilidade em relação ao que acontece.

3. O ponto de vista do pessimismo. Os que tomam essa posição afirmam que Deus realmente existe e é onipotente; porém, não é um Deus benévolo. Assim sendo, o mal existe realmente, e até pode ser provocado pelo exercício da vontade de Deus. Esse era o ponto de vista do filósofo alemão Schopenhauer, o qual considerava que a própria existência é um mal, tendo dito: "O maior pecado do homem é que ele nasceu". O ideal seria que todas as coisas cessassem de existir, por uma determinação da vontade universal (que teria loucura pela vida), revertendo essa sua tendência, e levando todas as coisas, inclusive a si mesmo, a desaparecerem da existência.

4. Voluntarismo cristão. Tudo o que importa é a vontade de Deus. Se ele salva ou condena é problema dele. Alguma coisa é certa porque o faz. Ele não faz coisa alguma porque é certa por algum tipo de lei exterior à vontade dele. A miséria que existe no mundo existe pela vontade de Deus e quem pode se queixar? Paulo, em Romanos 9.16, utiliza esta teologia que já existia no judaísmo, mas o resto do NT, inclusive as escrituras de Paulo, ultrapassam este pessimismo. Ver sobre *Reprovação*.

5. Dualismo. Ver este assunto. O bem existe; o mal existe. Nunca existiu, e nunca existirá uma reconciliação entre estes dois elementos. Continuam em guerra. O bem vai vencer, afinal, mas só no sentido de efetuar uma separação entre os dois princípios, não no sentido de eliminar o mal. Ou, segundo outros, talvez o mal vença. De qualquer maneira, o problema do mal existe justamente porque existem os dois princípios opostos, que nunca serão reconciliados. Estamos no meio do conflito e sofremos as consequências. *Zoroastrianismo* (ver) é uma religião dualista.

6. Tiquismo. Esta palavra vem do grego *tuche* que significa *chance*. Este mundo é mesmo um mundo de caos e chance onde as coisas acontecem sem qualquer desígnio. Portanto, é inútil esperar escapar de sofrimentos e tragédias. As dores humanas, as tristezas, as doenças e a morte, afinal, constituem parte do caos geral. Este mundo é um mundo pessimista, e não adianta falar outra coisa.

7. Tiquismo controlado. Enquanto o mundo realmente é um lugar como é descrito sob ponto 6, o homem, por força de sua vontade, poder moral e espiritualidade pode impor desígnio sobre este mundo de caos. Ele faz isto quando aprende lições em meio à miséria e quando ele avança a despeito dos sofrimentos Também, na prática da lei do amor, ele pode anular muitos resultados da maldade que reina neste mundo. Além disto, se ele é uma alma imortal, pouca diferença faz se ele sofre nesta esfera física. Na imortalidade, poderá descobrir bondade, paz e desígnio e assim escapar deste mundo caótico. A imortalidade curará tudo.

8. O ponto de vista do otimismo. A despeito de seus muitos problemas, de acordo com os que assim afirmam, o mundo é o melhor dos mundos. Alguns politeístas aceitavam a existência de algum deus ou deuses bons, que não eram, entretanto, todo-poderosos, ou seja, não eram onipotentes, e que, por isso mesmo, eram incapazes de impedir a atuação do mal sobre o mundo. De fato, conforme diziam tais indivíduos, o mal é perfeitamente real, não podendo haver certeza da esperança de que o bem prevalecerá por fim. Esse ponto de vista, infelizmente, tem sido defendido por alguns cristãos, que não aceitam a onipotência absoluta de Deus, mas que acreditam em sua bondade e em seu "grande" poder, mantendo assim a esperança de que ele conseguirá fazer com que o bem, finalmente, prevaleça,

9. O ponto de vista cristão; diversas ideias. Seria melhor falarmos em pontos de vista cristãos; pois nem todos os cristãos estão de acordo sobre o problema do mal. Assim sendo, devemos destacar as seguintes posições cristãs:

a. Alguns cristãos, conforme foi mencionado acima, aceitam a realidade do mal, mas limitando o poder de Deus, apesar de manterem a sua bondade. Esses têm a esperança de que o bem conseguirá triunfar, finalmente. O mal não seria proveniente de Deus e, sim, de outros poderes, inteligentes ou meramente mecânicos, conforme se vê na natureza, e Deus nem sempre teria perfeito controle sobre tais poderes.

b. Teólogos-filósofos, como *Agostinho* e *Tomás de Aquino*, têm procurado solucionar o problema da existência do mal, afirmando que o "mal", como uma entidade positiva, realmente não existe. (Ver A *Cidade de Deus*, de Agostinho, cap. XI). Pelo contrário, o mal seria algo *negativo*, isto é, a ausência do bem, o vácuo, tal como o frio é a ausência do calor, ou como as trevas são a ausência, da luz. O mal existiria no próprio homem, posto que no homem há um vácuo da boa influência. O mal seria, realmente, o bem, mal orientado, mas não uma entidade positiva, em si mesma. Isso parece explicar algumas formas de mal, de forma adequada, mas não pode explicar muitas de suas formas; e nem as mentes não filosóficas, ou mesmo filosóficas se satisfazem inteiramente com essa explanação. Após exame, tudo se reduz a um ponto de vista "simplório" sobre a existência do mal. Foi uma posição criada para aliviar Deus de haver criado ou de estar permitindo o mal, o que ele poderia ter-se recusado a fazer, sendo um ser todo-poderoso, se porventura assim tivesse querido fazê-lo. Eliminar a existência do mal deste mundo, mediante alguma explicação racionalizadora, não dá solução ao problema, mas tão somente oculta cruamente o mesmo, não passando tudo de um truque filosófico.

c. Alguns cristãos têm procurado encontrar soluções parciais, negando a realidade da presciência de Deus. Assim sendo, no que diz respeito à entrada do pecado no mundo, e não no tocante à escolha do homem — aceitando ou rejeitando a Cristo — Deus como que eliminou a sua própria presciência, pelo que é incapaz de impedir o mal ou de influenciar os acontecimentos dessa natureza. Mas essa posição faz de Deus menos do que Deus, e não é a posição defendida pelas Escrituras. Soluciona o problema do mal apenas parcialmente, porquanto se pode dizer que o mal é um produto inteiramente da leitura do homem, o qual, por assim dizer, apanhou Deus inteiramente de surpresa. Porém, ao solucionar assim parcialmente, o problema do mal, essa posição cria um problema, relativo ao conceito de Deus, e o resultado disso é dos mais abomináveis para a maioria dos cristãos. Agostinho mui astutamente procurou demonstrar que a "presciência" não exige necessariamente o "determinismo"; mas isso em nada nos ajuda neste ponto, porquanto tudo quanto essa posição afirma é que Deus, desconhecendo o que estava prestes a acontecer, naturalmente não foi capaz de sustar, pelo que também não é o responsável e nem é o autor do mal no mundo.

Ponto de vista do Novo Testamento. Não existe qualquer passagem neotestamentária que se lance à tentativa de dar alguma explicação completa sobre esse problema; por conseguinte, o melhor que se pode fazer é recolher implicações de vários lugares, a saber: **1**. Sob hipótese alguma se pode pensar que Deus é o originador do mal; mas para muitos, o próprio fato de que ele permitiu que o mal entrasse no mundo, através da vontade pervertida, angélica ou humana, mostra-nos que deve haver algo mais importante para Deus realizar do que meramente impedir que a sua criação ficasse maculada pelo mal. **2**. Tanto os seres angelicais como o homem foram feitos dotados de livre-arbítrio, o que significa que têm a potencialidade de se inclinarem para o mal. E essa potencialidade foi que deu margem ao fato. O fato do mal é assim atribuído à "queda", angelical ou humana (ver Gn I; Is 14.12 e ss e Rm 5.12 e ss.). **3**. Mas o problema surge quando aplicamos a "presciência" de Deus e a sua onipotência, juntamente com a sua benevolência. Deus percebeu que o mal se aproximava, e poderia tê-lo impedido; no entanto, não o fez. Por quê? Só podemos responder que existe algo mais importante para Deus do que impedir o mal; que deve haver algum alvo mais elevado, que ocupa o lugar mais importante nos pensamentos de Deus. E neste ponto *contradizemos* o antigo filósofo, Epicuro, asseverando que o fato de Deus não ter impedido o mal, não tendo sido o mal uma criação divina, não pode ser tomado como uma demonstração de "malignidade" da parte de Deus. **4**. Pelo menos no caso do homem, podemos atribuir uma razão pela qual Deus não impediu o mal. A fim de que o homem seja levado à transformação segundo a imagem de Cristo, é mister que seja um ser totalmente livre, porquanto essa é a natureza de Cristo; outrossim, o homem não poderia ser bom obrigatoriamente e, sim, por escolha própria; também teria de aprender a fazer essa escolha voluntariamente, sabendo que o bem é sempre melhor do que o mal. Somente se o homem pertencesse a essa categoria de ser é que poderia vir a ser perfeito, à semelhança de Cristo, tornando-se assim participante da natureza divina (ver Rm 8.29; Ef 1,23; 2Pe 1.4). Por conseguinte, a ascensão do homem, para que venha a participar da posição de Cristo, para que chegue à sua plenitude, sendo ele quem preenche a tudo em todos, só poderia tornar-se uma realidade sendo ele um ser inteiramente livre, alguém que já aprendeu, pela dura experiência, que o bem deve ser escolhido por seu próprio valor intrínseco, em vez do mal. Isso explica, pelo menos em parte, por que Deus permitiu a queda do homem, embora não tivesse sido o seu causador. Esse elevado alvo do homem é mais importante para Deus do que o de impedir a entrada do mal no mundo. **5. Por que o mal continua**. O problema que indaga por que Deus permite que o mal prossiga é mais fácil de compreender e de explicar do que o problema de sua origem. Assim, pois, o mal continua existindo no mundo, pelos seguintes motivos: *a*. para servir de lição objetiva para o homem; *b*. para servir de punição contra o pecado; *c*. para servir de testemunha do fato de que praticar o bem é melhor do que praticar o mal; *d*. para servir de contraste com a verdade e a bondade de Deus, o que mostra aos homens em que consiste a santidade verdadeira, em extensão maior e mais clara do que seria possível, se o homem fosse um autômato, que jamais pudesse experimentar pessoalmente o mal (conforme fica subentendido no terceiro capítulo da epístola aos Romanos). *e*. tragédias, desastres, doenças e morte nos ensinam que somos criaturas dependentes, isto é, devemos depender de Deus para estabilidade, paz, bondade. Só em Deus temos a nossa eternidade. Através dos resultados do pecado, que inclui o mal tanto moral como natural, porquanto tudo resulta da desordem que o pecado introduziu no universo, Deus ensina aos homens a grande lição: é melhor seguirem a ele do que a Satanás, porquanto todas as maçãs do diabo têm vermes ocultos e finalmente, o bem deverá ser livremente preferido, devido ao seu próprio valor intrínseco, de modo absoluto, sem qualquer lapso, pois de outra forma, o mal terá continuação. Essas lições são duras, mas necessárias, a fim de que seres inteligentes, como os anjos e os homens, possam tirar verdadeiro proveito da existência. O mal presentemente existente mostra-nos claramente que ele nos conduz a um alvo errado, quais os maléficos resultados do pecado, e que quanto mais intensos são esses resultados do mal, presumivelmente mais clara é a lição recebida. Por meio do mal que há no mundo, Deus é capaz de mostrar-nos quão excessivamente maligna é a natureza do pecado, e essa é a lição de que necessita o universo inteiro. E isso nos leva a perceber que a alma humana sempre sofre o que merece, devido às suas ações, presentes ou passadas; e que, por outro lado, sempre se beneficia em face daquele bem que tiver praticado, sem importar se isso sucedeu nesta esfera ou em outras quaisquer. **6. Textos e problemas**. Algumas passagens bíblicas, como o nono capítulo da epístola aos Romanos, parecem ensinar que Deus predestinou os homens para um curso que não conduz a ele, no caso dos que estão reservados para a perdição; isso significa que o mal é o curso determinado para essa gente. De alguma maneira a vontade divina age conjuntamente com a vontade humana, produzindo esse curso, o que depreendemos mediante o confronto de certas passagens bíblicas. Devemos ter cuidado aqui para não cair no exagero do hipercalvinismo. O NT, como um todo, é certamente contra essa posição, a despeito de alguns versículos que parecem ensiná-la. Ora, essa dupla atuação também se verifica no caso da salvação pessoal. A vontade humana se utiliza do livre-arbítrio humano sem destruí-lo, ainda que não saibamos explicar como isso pode suceder. Isso é um paradoxo, isto é, um ensinamento que aparentemente se contradiz. Não temos resposta para tal paradoxo como também não descobrimos solução para como Jesus Cristo pode ser, ao mesmo tempo, divino e humano, ou para como Deus pode ser um e três, ao mesmo tempo. Todo paradoxo, aparentemente, se contradiz; porém, suas partes componentes são apenas outros tantos aspectos da mesma verdade. Porém, como é que isso pode ser, não sabemos dizer. **7**. Aquilo que não podemos explicar e para o qual, na realidade, não dispomos de qualquer solução perfeita, como é o caso do problema do mal, ainda assim poderemos aplicar-lhe o princípio da *fé*. Acreditamos que o Juiz de todos tem feito e fará o que é direito, ainda que não compreendamos plenamente como isso tem sucedido. Cremos, outrossim, que o bem é o grande alvo de todo o mal, apesar de não sabermos dizer como isso acontecerá. Essa fé, juntamente com quaisquer explanações que porventura possamos formular, é melhor do que sacrificar a fé na existência e na bondade de Deus, ou do que o enfraquecimento ou a eliminação de qualquer outro de seus atributos, como o seu poder, o seu conhecimento ou a sua benevolência, conforme todos os outros sistemas são forçados a fazer.

8. A missão de Cristo tem efeitos *absolutamente universais* (Ef 1.9,10,23), e não pode falhar. Isto aprendemos em passagens como Colossenses 1.16; Efésios 1.23 e 1Pedro 3.18-4.6. Estes versículos ensinam um "humanismo cristão", no qual, afinal, Cristo recebe de novo tudo que ele criou, e para o bem-estar de tudo e todos. Isto não fará de todos, "eleitos", mas certamente resolverá completamente o problema do mal.

Não podemos chegar ao ponto da blasfêmia que assevera, conforme têm dito alguns: Se eu fosse Deus, teria criado um mundo melhor", ficando assim subentendido que não existe nenhum Deus Criador. E nem podemos ser queixosos, a exemplo do poeta que disse:

Se eu fosse Deus...
...
Se eu fosse Deus...
...
Não haveria mais: o adeus solene,
A vingança, a maldade, o ódio medonho,
E o maior mal, que a todos anteponho,
A sede, a fome da cobiça infrene!
Eu exterminaria a enfermidade,
Todas as dores da senilidade,
...
A criação inteira alteraria,
Porém, se eu fosse Deus...

Martins Fontes, Santos (1884-1937)

Pelo contrário, convém que reiteremos as palavras daquele outro poeta, que escreveu:

Oh, podemos ainda confiar que de algum modo o bem
Será o alvo final do mal,
Das dores da natureza, dos pecados da vontade,
Dos defeitos da dúvida, e das manchas de sangue,
Que nada caminha sem alvo
Que nenhuma única vida será destruída;
Ou lançada como refugo no vazio,
Quando Deus completar a pilha.
Que nem um verme é ferido em vão;
Que nem uma mariposa com vão desejo
É lançada em uma chama infrutífera,
Senão para servir ao ganho de outra.
Eis que de coisa alguma sabemos;
Penso tão somente confiar que o bem sobreviverá
Finalmente — de longe — finalmente, para todos,
E que todo inverno se tornará em primavera.
Assim se descortina o meu sonho: porém, que sou eu?
Um infante a clamar à noite;
Um infante a clamar pedindo luz;
E sem linguagem, mas apenas com um clamor.

Alfred, Lord Tennyson (1809-1892)

A *Restauração* (vide) anulará o problema do mal.

V. A RESPOSTA DO LIVRO DE JÓ. Jó é o único livro da Bíblia que aborda, especificamente, o problema do mal. Os "amigos" de Jó propuseram a teoria comum de que todo sofrimento pode ser atribuído a anteriores atos malignos da parte do sofredor. Porém, a resposta finalmente dada por Jó foi a *Presença*. Vale dizer, na presença de Deus sentimos que tudo vai bem com o mundo, afinal de contas.

PROCISSÃO

Uma procissão é um tipo de demonstração pública de crença, ou então celebração de algum acontecimento importante ou ato de fé. As procissões religiosas têm uma longa história. Há evidências de que esses cortejos religiosos eram comuns na Era do Bronze. O propósito original parece ter sido o desejo de transportar objetos sagrados (ou seja, poderes) de um lugar para outro. As procissões com ídolos, vasos religiosos ou rituais, tronos e outros objetos e equipamentos faziam parte das religiões do Egito, da Babilônia, da Índia, do Japão, da China, da Grécia e de Roma. Na Grécia, a mais célebre dessas procissões era aquela em que era honrada a deusa Atena, quando uma vestimenta nova lhe era apresentada, por parte de uma pessoa escolhida do Partenon. Outras famosas procissões eram as de Dionísia e Elêusis, quando eram celebrados os mistérios de Demeter. As procissões religiosas eram muito importantes em Roma, sobretudo nos tempos de crise, quando era buscado o favor dos deuses. Essas procissões com frequência eram ligadas a atos públicos e festividades.

Certas evidências indicam que no culto dos hebreus também havia procissões, em honra a *Yahweh*. Trechos veterotestamentários relacionados ao costume podem ser (Sl 24.7-9; 26.6; 47.1-9; 48.12-14, e especialmente 68.24-35).

O cristianismo antigo, sujeito a perseguições, não teve muita oportunidade para dedicar-se a essa prática. Porém, a começar pelo século IV d.C., as procissões foram-se tornando comuns. Eram então associadas a importantes feriados religiosos, como as festividades em honra aos mártires. A procissão das luzes era uma característica comum, mormente quando da festa da Purificação. O procedimento usual consiste em passar de um santuário ou templo, para outro santuário ou templo, de maneira solene, com acompanhamento de hinos. As procissões especiais incluem os funerais e aquelas que saúdam algum novo bispo ou elevado oficial eclesiástico.

É atrelada grande importância mística às procissões papais, que percorrem as diversas igrejas de Roma, ou então às procissões antes da alta missa, que incluem a congregação inteira naquele ato de veneração. Significados místicos e dramáticos são conferidos às procissões do Domingo de Páscoa e da Candelária, esta última sendo a festa que relembra a apresentação de Cristo no templo, segundo o registro de Lucas 2.22. No Ocidente isso é chamado de Purificação da Bendita Virgem, enquanto que no Oriente chama-se de Encontro com Simeão e Ana. Os rogos são um aspecto importante das procissões da Hóstia, como da procissão de *Corpus Christi*, ou nas litanias, onde há orações intercessórias solenes.

PROFECIA, PROFETAS E O DOM DA PROFECIA

Quanto ao muitos artigos oferecidos neste *Dicionário* sobre o tema das profecias, ver *Profecia*, onde há uma lista desses artigos.

I. TERMOS E DEFINIÇÕES. A palavra hebraica para "profeta" é *nabi*, que vem da raiz verbal *naba*. Essa palavra significa "anunciador", "declarador", e, por extensão, aquele que anuncia as mensagens de Deus, frequentemente recebidas por alguma revelação ou discernimento intuitivo. Ademais, os profetas usavam vários meios de adivinhação e envolviam-se em oráculos. Os termos hebraicos *roeh* e *hozek* também são usados. Ambos significam "aquele que vê", ou seja, "vidente". Todas as três palavras aparecem em 1Crônicas 29.29. Os eruditos procuram estabelecer distinções entre elas, mas talvez sejam meros sinônimos, usados para emprestar variedade literária às composições escritas. *Nabi* é termo usado por mais de trezentas vezes no Antigo Testamento. (Alguns exemplos são Gn 20.7; Êx 7.1; Nm 12.6; Dt 13.1; Jz 6.8; 1Sm 3.20;

2Sm 7.2; 1Rs 1.8; 2Rs 3.11; Ed 5.1; SI 74.9; Jr 1.5; Ez 2.5; Mq 2.11). É possível que esta palavra também fosse usada para designar a missão profética. Um título comumente aplicado aos profetas era "homem de Deus", que ocorre por cerca de 7 vezes no Antigo Testamento. Cerca de metade dessas ocorrências é usada em referência a Eliseu, e outras quinze dizem respeito a um profeta cujo nome não é dado (1Rs 13). Além disso, a expressão é usada para designar Moisés, Elias, Samuel, Davi e Semeías. Por sua vez, *roeh* figura por doze vezes no Antigo Testamento (1Sm 9.11,18,19; 2Sm 15.27; 1Cr 9.22; 26.28; 29.29; 2Cr 16.7,10; Is 30.10). Sete destas ocorrências aplicam-se a Samuel. *Hozeh* figura por dezenove vezes (1Cr 21.9; 25.5; 29.29; 2Cr 9.29; 12.2,15; 19.2; 29.25,30; 33.18,19; 35.15; 2Sm 24.11; 2Rs 17.13; Is 29.10; Am 7.12; Mq 3.7). Ainda outros títulos dados aos profetas são: Atalaia (no hebraico, *sophim*): (Jr 6.16; Ez 3.17); *pastor* (no hebraico, *raah*): (Zc 11.5,16).

No Novo Testamento, a palavra comumente usada é *prophétes*, que aparece por 149 vezes (que exemplificamos com Mt 1.22; 2.5,16; Mc 8.28; Lc 1.70,76; 7.16; Jo 1.21,23; 3.18,21; Rm 1.2; 11.3; 1Co 12.28,29; 14.29,32,37; Ef 2.20; Tg 5.10; 1Pe 1.10; 2Pe 2.16; 3.2 Ap 10.7; 11.10). O substantivo *propheteía*, "profecias", é usado por dezenove vezes no Novo Testamento (Mt 13.14; Rm 12.6; 1Co 12.10; 13.2,8; 14.6,22; 1Ts 5.20; 1Tm 1.18; 4.14; 2Pe 1.20,21; Ap 1.3; 11.6; 19.10; 22.7,10,18,19). Essas palavras derivam-se do grego *pro*, "antes", "em favor de", e *phemi*, "falar", ou seja, "alguém que fala por outrem", e, por extensão, "intérprete", especialmente da vontade de Deus. Tais palavras gregas, naturalmente, estão por detrás do termo português "profeta".

Apesar de a ideia de predição do futuro fazer parte inerente do ofício profético, incluindo acontecimentos nacionais, comunais e individuais, o ofício profético envolvia as atividades de exortação, ensino, pastoreio e liderança espiritual em geral. Os profetas eram tidos como representantes de Deus, libertadores e intérpretes da mensagem divina. Eles serviam de elo vital na questão das revelações, bem como veículos do conhecimento espiritual. As revelações por eles recebidas, por ordem do Senhor, em alguns casos tornaram-se concretas nos livros que escreveram. Esses livros, por sua vez, foram canonizados, com a passagem do tempo, sendo então aceitos como Escrituras Sagradas. Isso põe-nos frente a frente com o conhecimento através do *misticismo* (vide), do qual a profecia é uma subcategoria. Ver o artigo geral sobre o *Conhecimento e a Fé Religiosa*.

II. No Antigo Testamento. 1. No trecho de Números 11.29, encontramos a declaração de Moisés em favor da liberdade que deve ser outorgada aos profetas. Ele desejava que todo o povo de Deus se compusesse de profetas. Ele não aprovou a tentativa de censura aos profetas. Com base nisso, podemos deduzir a ideia de que havia muitos que receberam o dom profético, embora somente os nomes de certos profetas nacionais tenham chegado a tornar-se familiares para nós. Podemos apenas supor que declarações extáticas eram comuns desde a história inicial do povo de Israel. Também houve *videntes* individuais que não eram figuras públicas de nota, mas que eram procurados para solução de problemas pessoais, sendo essa uma das funções secundárias dos profetas. O simples fato de que a palavra "profeta" ocorre por mais de trezentas vezes no Antigo Testamento mostra-nos a importância da função naquele contexto.

2. Abraão foi a primeira pessoa a ser chamada de "profeta" na Bíblia (ver Gn 20.7). E Moisés foi o primeiro profeta nacional de Israel (ver Dt 18.15-19). Então Moisés tornou-se uma espécie de modelo dos profetas de todos os tempos. Muitos rabinos chegaram a pensar que Jeremias fosse Moisés reencarnado. De acordo com tal tradição, os principais profetas voltariam para cumprir novas missões proféticas. Essa tradição também é exemplificada na doutrina acerca de Elias-João Batista. Observando esses fatos, podemos perceber a grande importância atribuída aos profetas, dentro da cultura hebreia.

3. *Deus é quem prepara os profetas*, conforme aprendemos em (Êx 3.1-4.17; Is 6; Jr 1.4-19; Ez 1-3; Os 1.2; Am 7.14,15; Jn 1.1). Porém, um profeta falso pode ter a ousadia de autonomear-se (ver Jr 14.14; 23.21).

4. A profecia provê uma espécie de *consciência quanto à natureza da história*. A noção hebreia da história era teísta. *Yahweh* era o poder que atuava por detrás da história de Israel, a força ativa de suas realizações. E os profetas desempenhavam um importante papel nesse processo. (Ver Is 45.20-22; Êx 2.11 ss.; Dt 24.19-22). A própria lei mosaica foi dada por inspiração profética, cuja legislação governava toda a sociedade israelita, e serviu-lhe de guia na história.

5. Os Profetas-Estadistas. Descobrimos que alguns dos principais profetas da história de Israel aconselharam, ajudaram ou mesmo opuseram-se a reis. Com frequência eram perseguidos e foram martirizados, segundo Cristo frisou (ver Mt 23.37). Jeremias foi um exemplo conspícuo de profeta perseguido e banido, caluniado de traição, como se fosse partidário da Babilônia opressora.

6. Os Sumos Sacerdotes como Profetas. Esperava-se que os sumos sacerdotes de Israel fossem capazes de profetizar. Ver sobre *Sumo Sacerdote*. Eles usavam o *Urim e o Tumim* (vide), que talvez fossem sortes ou pedras preciosas, mediante o que eles entravam em transe, sendo assim capazes de profetizar.

7. A Ordem Profética. Esta não foi abandonada à sua própria sorte. Havia toda uma instituição profética. Os profetas e os sacerdotes eram ambos líderes civis e religiosos na cultura dos hebreus. Isso foi oficializado nas posições ocupadas por Moisés e Aarão, e o ideal foi levado avante durante toda a história subsequente de Israel. Foi feita a Moisés a promessa da perpetuidade do ofício profético em Israel (ver Dt 18.9,15), que culminaria na pessoa do Messias, o maior de todos os profetas. Houve Moisés; então a sucessão dos profetas, a fruição do ofício, profético na pessoa de Jesus Cristo. Entre os dias de Josué e de Eli *as visões não eram frequentes* (1Sm 3.1), o que significa que o ofício profético esteve em baixo nível. Mas esse ofício ressurgiu com os reis-profetas e com o aparecimento das escolas de profetas. Samuel, um levita da família de Coate (ver 1Cr 6.28), produziu um novo irrompimento da função profética e de reformas sociais (1Sm 9.22). Não foi Samuel quem criou essa ordem, mas foi o instrumento de renovação do seu poder. Quanto às raízes da ordem profética, ver Deuteronômio 13.1; 17.18; 18-20.

8. As Escolas dos Profetas. Essas surgiram nos dias de Samuel, e devido ao encorajamento que ele lhes deu. (Ver 1Sm 19.18,20; 2Rs 2.3,5; 4.38; 6.1). Essas escolas deram ao ofício profético um novo poder e perpetuidade.

9. A Inspiração Profética. A Bíblia ensina-nos que o Espírito Santo é o inspirador dos profetas (ver Nm 11.17,25; 1Sm 10.6; 19.20; 2Pe 1.21). Os falsos profetas, por sua vez, falavam por iniciativa própria, de seu próprio coração, de acordo com sua imaginação (ver Jr 23.16; Ez 13.3). Os modos de inspiração incluíam certas formas de adivinhação, conforme já foi mencionado. Ver o artigo intitulado *Adivinhação*. Mas também estavam envolvidos *sonhos e visões* (ver Nm 12.6). Além disso, encontramos exemplos bíblicos de comunicação direta, mediante a voz divina, a Presença divina. Os profetas adaptavam as suas mentes a condições favoráveis à recepção de revelações, como o transe (ver 1Rs 3.15; 1Sm 10.5; 1Cr 25.1). Mas esse estado podia sobrevir subitamente, como nos casos de Paulo e de Pedro, no Novo Testamento. Algumas vezes, foram outorgadas visões das dimensões celestes, como nos casos de Isaías (ver Is 6) e de Paulo (ver 2Co 12). Ver os artigos sobre *Inspiração; Revelação e Misticismo*. Tanto Isaías (ver Is 6.1) Ezequiel (ver Ez 1.1) "viram". Também havia o "assim diz o

Senhor", a palavra de autoridade divina (ver Jr 1.8,19; 2.19; 30.11; Am 2.11; 4.5; 7.3). A palavra do Senhor "vinha" a homens impulsionados pelo Espírito (ver Is 7.3,4), inclusive pela voz exterior (ver 1Sm 3.3-9). Eram passíveis de receber revelações súbitas, algumas vezes de maneiras deveras estranhas (ver Nm 22.31; 2Rs 6.15-17).

10. Funções Proféticas. Vários itens do material exposto em 9. indicam essas funções. Oferecemos aqui um sumário: ***a***. O recebimento de oráculos, privados ou particulares; ***b***. O ofício didático acerca do pecado e da retidão (Is 58.1; Ez 22.2; 43.10; Mq 3.8), como também as atividades de pastoreio, consolação, aviso de juízo divino, chamada ao arrependimento (Is 40.1,2); ***c***. O trabalho dos atalaias (Ez 3.17; 33.7-9), como também a obra de um embaixador, dentro e fora de Israel (a mensagem geral do livro de Jonas), o que incluía o evangelismo; ***d***. apesar de os profetas não serem sacerdotes no sentido pleno da palavra, o caso de Samuel mostra que eles também podiam desempenhar funções sacerdotais (ver 1Sm 16.6-13), e o trabalho de conselheiros de reis e outros oficiais civis (2Sm 7.3-16), o que dava aos profetas uma função própria de estadistas; ***e***. Os profetas derivavam de Moisés as suas funções, dando continuidade ao ofício profético, conferindo assim ao povo de Israel a consciência de ser um povo ímpar, preservando a identidade nacional (controlada pelas instituições santas e pelas leis escritas: Is 45.20-22; 60.3; 65.25; Êx 2.11 ss.; Dt 24.19-22; Mq 5.4). Ver o décimo primeiro ponto, abaixo, no que concerne à importância da função profética quanto à literatura.

11. Os Profetas e as Escrituras. Os profetas foram os principais instrumentos usados por Deus para a redução das revelações divinas à forma escrita — as Sagradas Escrituras. Essa era uma função especial revestida de importância capital, porquanto dava ao ofício profético uma função que ultrapassava em muito os limites da nação de Israel, tendo produzido um dos mais notáveis documentos espirituais do mundo, o Antigo Testamento. Costuma-se falar em profetas maiores e profetas menores, sobre cujo assunto damos artigos separados neste *dicionário*. O Pentateuco (os primeiros cinco livros da Bíblia) foram produzidos por Moisés, o primeiro dos grandes profetas, talvez chegado às nossas mãos pela instrumentalidade de vários editores, redatores e outras pessoas que adicionaram certas porções. Muitos dos salmos de Davi têm natureza, profética.

12. Os Meios do Conhecimento e a Profecia. Muitas pessoas religiosas sentem-se nervosas quando alguém fala em tomar conhecimento de qualquer coisa que não seja através da revelação divina. É que supõem que essa revelação é completa, e que basta a Bíblia para que possamos conhecer tudo de modo infalível. Porém, somente Deus é infalível. Sempre que alguém atribui infalibilidade a qualquer outro ser, está exercendo idolatria. Ademais, todos os meios postos ao nosso alcance para obtermos conhecimentos são legítimos, e deveriam ser utilizados em favor da espiritualidade e do conhecimento espiritual. Digamos que Deus forneceu-nos o cerne da verdade, e que agora precisamos revestir esse cerne com os pormenores que a completam. Para tanto, há vários esquemas, conforme vemos nos três pontos a seguir: ***a. Ceticismo***. Há ceticismos de muitas variedades. Ver o artigo *Ceticismo*. Assim, há um ceticismo antirreligioso que só busca negativismos. Podemos ignorar sem dano algum essa variedade, sem importar se labora contra a fé religiosa em geral ou contra a profecia em particular. Todavia, há uma forma não-hostil de ceticismo que é definidamente útil quando enfrentamos a questão das profecias. Alguns intérpretes pensam enxergar muitas profecias nas Escrituras, relativas ao futuro, quando, na realidade, muitas destas predições já ocorreram ou são descrições históricas, e não previsões de acontecimentos que ainda jazem no futuro. Precisamos mostrar-nos críticos quanto a essa probabilidade. Uma atitude cética também deve ser aplicada às previsões dos místicos modernos, os quais, se conseguem alguns acertos, também cometem alguns equívocos. ***b. Método Experimental***. Podemos crer em um profeta, bíblico ou extrabíblico, quando suas predições passam no teste experimental. Estas predições realmente cumprem-se? Alguns conservadores radicais supõem que as predições bíblicas são infalíveis, mas não levam em conta o fato de que tudo que passa através das mãos dos homens tem erros. Esta atitude envolve certa forma de idolatria, pois somente Deus é infalível. Para exemplificar, os profetas do Antigo Testamento predisseram o retorno do povo de Israel à sua terra, após os cativeiros (assírio e babilônico), e que então ocorreria a Idade Áurea, como acontecimento imediato, segundo é fácil entender com a leitura de seus textos. Porém, os profetas do Antigo Testamento não perceberam a grande expansão de tempo que teria de passar-se entre a volta dos cativos israelitas e a era do milênio. Passaram-se praticamente dois milênios e meio desde aqueles profetas, mas a Idade Áurea ainda não surgiu no horizonte. Assim, os profetas também não anteciparam a maior de todas as dispersões: aquela *provocada pelos romanos*, no século I d.C., a qual, infelizmente, ocorreu após o retorno dos judeus do cativeiro babilônico, desfazendo qualquer possibilidade de uma verdadeira restauração, durante muitos e muitos séculos. E ainda estamos esperando pelo cumprimento dessas predições bíblicas. Contudo, podemos estar certos de que, no tempo certo, elas terão cumprimento. As Escrituras Sagradas reservam a Deus o direito de conhecer o futuro. A questão "tempo" é uma das prerrogativas divinas. *Não vos pertence saber os tempos ou épocas que o Pai determinou para sua exclusiva autoridade* (At 1.7).

O autor do livro de Apocalipse, já no Novo Testamento, esperava para breve o fim do império romano, com um pronto retorno de Cristo. Ele não fazia qualquer noção sobre todo o longo período de tempo que se passaria — os dezenove séculos que já se passaram desde então — sem a volta de Cristo. E só Deus sabe quanto tempo ainda se escoará antes da volta bendita do Senhor. Ver Apocalipse 17.10 ss. Essa passagem tem sido distorcida por intérpretes desonestos para eliminar o fato de que o autor sagrado antecipava somente mais dois imperadores do império romano, e que o último deles seria a reencarnação de um sétimo (pelo que seria o oitavo e último imperador). É claro que o autor sagrado estava equivocado em sua maneira de pensar. Todavia, Deus que tudo sabe reservou para si mesmo um conhecimento mais alto das coisas. O império romano prosseguiu durante alguns séculos após os apóstolos de Cristo, e muitos cristãos perderam toda esperança de qualquer regresso imediato de Cristo. O importante é entendermos que coisas assim não anulam a profecia.

III. Gráfico dos Profetas do Antigo Testamento. Primeiramente, apresentamos aqueles profetas que foram usados na produção de livros sagrados. Em segundo lugar, alistamos outros profetas Importantes, embora não nos tivessem brindado com qualquer produção literária. (Vide próxima página).

Outros Profetas de Nota que Não Escreveram
1. No reino unido
- *Natã* (2Sm 7.2-17; 12.1-25), na época de Davi, ou seja, 1000 a.C.
- *Gade* (1Sm 22.5; 2Sm 24.11-19), na época de Davi, ou seja, 1000 a.C.
- *Aías*, o silonita (1Rs 11.29-40), na época de Salomão, ou seja, 971 — 931 a.C.

2. Em Judá
- *Semaías* (2Cr 11.2-4; 12.5-8), na época de Reoboão, ou seja, 931 — 913 a.C.
- *Azarias*, filho de Obede (2Cr 15.1-7), na época de Asa, ou seja, 911 — 870 a.C.

- *Hanani* (2Cr 16.7-10), na época de Asa, ou seja, 911—870 a.C.
- *Jeú*, filho de Hanani (2Cr 19.2,3), na época de Josafá, ou seja, 873 — 848 a.C.
- *Jaaziel* (2Cr 20.14-17), na época de Josafá, ou seja, 873 - 848 a.C.
- *Eliezer*, filho de Dodava (2Cr 20.37), na época de Josafá, ou seja, 873 — 848 a.C.
- *Elias* (2Cr 21.12-15), na época de Jeorão, ou seja, 853 - 841 a.C.
- *Zacarias*, filho de Joiada (2Cr 24.20-22), na época de Joás, ou seja, 835 — 796 a.C.
- *Hulda* (2Rs 22.14-20), na época de Josias, ou seja, 641 — 609 a.C.
- *Urías* (Jr 26;20-23), na época de Joaquim, ou seja, 609 — 598 a.C.

3. Em Israel

- *Aías*, o silonita (1Rs 11.29-39; 14.1-18), na época de Joroboão I, ou seja, 931 — 910 a.C.
- Um profeta cujo nome não foi dado, vindo de Judá (1Rs 13.1-32), na época de Jeroboão I, ou seja, 931 — 910 a.C.
- *Jeú*, filho de Hanani (1Rs 16.7,12), na época de Baasa, ou seja, 909 — 886 a.C.
- *Elias* (1Rs 17.2 — 2Reis 2), na época de Acabe (874-853 a.C.) e de Acazias (853 — 852 a.C.).
- *Micaías* (1Rs 22.13-28), na época de Acabe, ou seja, 874 — 853 a.C.
- *Eliseu* (1Rs 19.16 — 2Reis 13.21), na época dos reis Acazias (853 a.C.), Jeorão (852 — 841 a.C.), Jeú (841 — 814 a.C.), Jeoacaz (814 — 798 a.C.), Jeoás (798 — 782 a.C.).
- *Obede* (2Cr 28.9-11), na época de Peca, ou seja, 752 — 732 a.C.

Ordem Cronológica e Data Aproximada	Profetas	Referências Bíblicas	Reis Envolvidos
1. 837-800 a.C.	Joel	Joel 1.1; (2Rs 11)	Joás?
2. 825-182	Jonas	2Reis 13,14	Amazias, Jeroboão II
3. 810-785	Amós	2Reis 14,15	Jeroboão II
4. 782-725	Oseias	2Reis 15-20	Jeroboão II
5. 758-698	Isaías	2Reis 15-20 (2Cr 26-32)	Uzias; Jotão; Acaz; Ezequias
6. 740-695	Miqueias	2Reis 15.8-20; (Is 7,8; Jr 26.17-19; 2Cr 27-32)	Uzias; Jotão; Acaz; Ezequias
7. 640-630	Naum	Jonas; Is 10 (Sf 2.13-15)	Josias
8. 640-610	Sofonias	2Reis 22,23 (2Cr 34-36)	Josias
9. 627-586	Jeremias	2Reis 22-25 (2Cr 34-36)	Josias; Joacaz; Jeoaquim;
10. 609-598	Habacuque	2Reis 23,24 (2Cr 36.1-10)	Joaquim; Zedequias; Josias
11. 606-534	Daniel	2Reis 23-25 (2Cr 36.5-23)	Exílio; Nabucodonosor; Ciro
12. 592-572	Ezequiel	2Reis 24.17-25 (2Cr 36.11-21)	Exílio; Nabucodonosor
13. 586-583	Obadias	2Reis 25 (2Cr 36.11-21)	Exílio; Nabucodonosor
14. 520	Ageu	Esdras 5,6	Após o exílio; Ciro; Esdras
15. 520-518	Zacarias	Esdras 5, 6	Após o exílio; Dario I; Esdras
16. 433-425	Malaquias	Neemias 12	Após o exílio; Artaxerxes I; Neemias

O cativeiro assírio pôs fim (em 721 a.C.) à linhagem dos profetas do reino do norte, Israel, e o povo de Israel continuou através da nação de Judá. Realmente, as dez tribos de Israel perderam sua identidade.

IV. No Novo Testamento: Diversas Interpretações. Ver as notas expositivas a respeito no NTI em Atos 13.1 e Efésios 4.1, onde são distinguidos os "profetas" dos "mestres" cristãos. Quanto a notas expositivas sobre os "profetas do NT", ver At 11.27). Nas Sagradas Escrituras, os "profetas" são as seguintes pessoas: **1**. Algumas vezes são aqueles que, em sentido muito especial, foram escolhidos para algum ministério de revelação das verdades através de revelações ou oráculos, conforme se verifica no caso dos profetas do AT Esses profetas do AT, quanto à sua posição e autoridade, eram um tanto semelhantes aos apóstolos do NT O ofício espiritual deles era especial. Não há razão alguma para a suposição de que isso não pode continuar ocorrendo hoje em dia. Talvez indivíduos como Lutero, João Wesley e tantos outros, na história da igreja, incluindo até mesmo outros de menor envergadura, embora tenham sido elevados acima dos mestres e ministros comuns do evangelho, possam ser chamados "profetas". São pessoas encarregadas de alguma missão elevada, que falam com uma unção incomum do Espírito Santo. No sentido secundário da palavra, tais indivíduos também podem ser chamados "apóstolos", conforme esclarecemos nas notas expositivas sobre Atos 14.4 no NTI. Esses "apóstolos" seriam os mais elevados dentre esses "profetas". **2**. Os profetas da igreja cristã primitiva, aparentemente, eram homens de considerável habilidade psíquica, capazes de proferirem declarações inspiradas, não sendo confundidos com os pregadores comuns. No exercício dos dons espirituais, ocupavam posição secundária somente em relação aos apóstolos, conforme depreendemos de passagens neotestamentárias (como 1Co 12.28; Ef 2.20; 3.5; 4.11 e Ap 22.9 (ver igualmente Atos 13.1; 15.32 e 21.9,10). Esses profetas do NT exerciam seu ofício em virtude do recebimento de dons carismáticos, e não por sanção ou nomeação oficial por parte das igrejas locais, porquanto não há o menor laivo de evidência de que a posição deles fosse alcançada através da consagração a esse ofício. O trecho de 1Coríntios 14.29-30 mostra-nos que algumas vezes esses profetas se deixavam arrastar em seu entusiasmo, ao ponto de produzirem a desordem nos cultos, o que Paulo censurou severamente. Evidentemente, surgiram dúvidas, até mesmo naqueles dias primitivos, acerca da *autenticidade* dos dons espirituais de alguns desses "profetas", ao ponto de se suspeitar que seus poderes procediam de fontes malignas. (ver 1Jo 4.1 e 1Ts 5.20,21). Os poderes sobrenaturais, manifestamente superiores àquilo que se poderia esperar da parte das capacidades humanas normais, são sempre difíceis de julgar quanto à sua origem exata; o máximo que podemos fazer é aplicar as palavras do Senhor Jesus que disse: ... *pelos seus frutos os conhecereis* (Mt 7.20). Infelizmente, o critério moderno de julgar tais pessoas tem degenerado ao teste que declara: "Por suas denominações os conhecereis". Esse critério é fruto do sectarismo. Judas e Silas, nas páginas do NT, são chamados *profetas* (ver At 14.4 e 15.32). Esses possuíam uma inspiração superior à daqueles que falavam em línguas (ver 1Co 14.3). João Batista, por igual modo, foi chamado de *profeta* (ver Lc 7.26), embora não tivesse exercido qualquer dom miraculoso. Entretanto, foi um elevadíssimo mestre, enviado por Deus, e predisse o futuro com discernimento profético. **3**. Os profetas, não obstante, não profetizaram sempre e necessariamente o futuro, embora tal função evidentemente não fosse incomum entre eles (ver At 21.4,9-11). Nessa oportunidade, a profecia neotestamentária incluiu o conhecimento prévio, embora isso não faça parte necessária da profecia. Entretanto, é fenômeno comum, entre aqueles que possuem dons psíquicos, possuírem algum discernimento quanto a alguns acontecimentos futuros. Contudo, a profecia consiste muito mais em uma "afirmação inspirada" do que na predição do futuro. Todavia, é muito difícil fazer a separação dessas duas funções, no mesmo indivíduo.

É bem provável que certo número dos profetas existentes na época do apóstolo Paulo tivesse pertencido aos setenta discípulos especiais de Jesus, e que são mencionados como encarregados de missão especial (conforme o modelo da missão apostólica), no décimo capítulo do Evangelho de Lucas, embora não haja nenhuma razão para limitarmos a esfera de serviço profético a tão exíguo número de homens, como também não é correto supor que não pode haver profetas em nossos próprios dias, segundo os moldes dos dias do NT, ou segundo outros moldes. O dom da profecia visa especialmente a consolar e edificar a igreja, além de ter a serventia de convencer os incrédulos presentes sobre as verdades do evangelho. A importância do ensino foi assim salientada, porquanto um dom especial é conferido a certas pessoas, para que se tornem mestres mais poderosos. Além disso, não devemos supor que os "mestres" também não sejam diretamente inspirados pelo Espírito Santo, já que esse é um dos ministérios formados pelo Espírito de Deus. Contudo, esse ministério é mais útil, menos psiquicamente poderoso, mais geral e menos imediato; também é mais quieto e menos espetacular, estando mais limitado ao uso inspirado dos documentos sagrados — a Bíblia — como sua fonte, do que sucede no caso da inspiração imediata, que não depende dos documentos escritos, conforme se dá no caso dos profetas.

"Os profetas, que são associados aos apóstolos como o alicerce da igreja (ver Ef 2.20), porquanto podem revelar a mente de Deus, segundo me parece, em certo sentido subordinado, podem existir até os nossos dias, sendo aqueles que não meramente ensinam e esclarecem doutrinas comuns e proveitosas, mas também que, devido a uma energia especial do Espírito Santo, podem desdobrar e transmitir a mente de Cristo à igreja cristã, nos casos em que esta se mostrar ignorante da mesma (embora tal mentalidade esteja oculta nas Escrituras), podendo desvendar à igreja verdades bíblicas antes escondidas, através do poder do testemunho do Espírito de Deus, de conformidade com as circunstâncias presentes da igreja e das expectativas futuras para o mundo. Isso faz deles, para todos os efeitos práticos, profetas (embora nenhum fato novo seja revelado, mas tudo já esteja presente na palavra de Deus); os quais, por isso mesmo, tornam-se uma bênção direta e uma dádiva de Jesus Cristo à sua igreja, quanto à sua necessidade e aparecimento, embora eles se apeguem firmemente à palavra, que, entretanto, a igreja não possuiria o poder dessa Palavra". (Darby).

V. Vossos Filhos e Filhas Profetizarão (ver At 2.17 ss.). A copiosidade e a universalidade do dom do Espírito Santo não respeitariam qualquer distinção de sexo. Na sociedade moderna, onde a posição da mulher melhorou consideravelmente, em relação ao que era nas sociedades antigas, especialmente no que dizia respeito à antiga sociedade judaica, essa declaração não soa aos nossos ouvidos com qualquer sentimento de surpresa. Entretanto, isso deve ter parecido chocante para os judeus, porque a posição da mulher, na sociedade israelita, era extremamente baixa. A tradição rabínica degradava a mulher, porquanto nenhum rabino se rebaixaria a ensinar a lei a uma mulher. Era mesmo considerado melhor queimar a lei do que ensiná-la a uma mulher. Nos dias de Jesus era motivo de debate, entre os judeus, se as mulheres possuíam alma ou não. Era proibido aos homens conversarem em lugares públicos com as mulheres, ainda que se tratasse de suas próprias esposas, parcialmente porque essa atitude poderia provocar suspeitas e comentários escarnecedores, mas principalmente porque tal coisa não era considerada digna de ser realizada em público. (Ver Strack e Billerbeck, *Kommentar zum N. T. aus Talmud und Midrash*, II. 438). Os próprios discípulos do Senhor originalmente compartilhavam desse ponto de vista, porquanto ficaram surpreendidos por encontrar o Senhor a falar com uma mulher, à beira do poço de Jacó (conforme o registro histórico do quarto capítulo do Evangelho de João). "Foi Cristo quem descobriu e enfatizou o valor da mulher. Foi Cristo quem a elevou para equiparar-se ao homem; naturalmente não que seus deveres se tornassem idênticos, pois a própria natureza impede isso. No entanto, no dizer de Paulo, em Cristo não há nem homem e nem mulher, no sentido de que ambos podem ser igualmente queridos aos olhos de Deus e são igualmente convocados para servir no seu reino e ambos podem igualmente atingir os mesmos exaltados alvos espirituais. (Arthur John Gossip, *in loc.*, comentando sobre João 4.30).

Eles Profetizarão. 1. Ver notas completas sobre o "dom da profecia", na introdução ao décimo segundo capítulo de 1Coríntios, no NTI. **2**. Esse dom inclui a predição sobre o futuro (ver At 21.10 e ss); mas era, essencialmente, uma forma inspirada de falar, conforme fica demonstrado em suas descrições, nos capítulos 12 e 14 de 1Coríntios. **3**. A profecia teria por intuito trazer, para os tempos neotesta-mentários, e em profusão, aquilo que existia em casos relativamente isolados no AT Nos tempos antigos, houve poucos profetas. Nos dias do NT, entretanto, os profetas foram muitos. **4**. O ofício profético, naturalmente, envolve uma elevada autoridade, que ocupa segundo lugar somente em relação ao ofício apostólico. Quando eram profetas genuínos, e não meros mestres, eram homens dotados de grande poder. **5**. Houve muitos abusos contra o ofício e, sem dúvida, muitas imitações. Em alguns lugares, o ofício chegou a aproximar-se do caos, conforme vemos pelas palavras de Paulo, em 1Coríntios 14.29 e ss. **6**. O dom profético, como todos os dons, singular ou coletivamente considerados, tinha por intuito fazer a igreja avançar espiritualmente (Ef 4.11 e ss.). O alvo é a participação nas perfeições da imagem e da natureza de Cristo (ver o vs. 13 daquela passagem, e também 2Co 3.18).

No que diz respeito *a profetisas*, assim Ana é designada no trecho de Lucas 2.36, como também as filhas de Filipe, o evangelista, em Atos 21.9, casos em que precisamos entender uma forma de dom permanente, e não meramente alguma função exercida numa única oportunidade. (No tocante ao exercício do dom da profecia pelas mulheres, nos cultos das igrejas cristãs, ver o trecho de 1Co 14.34,35).

VI. Jesus Cristo como Profeta. Jesus Cristo ocupa, essencialmente, três ofícios: de profeta, sacerdote e rei. Temos um artigo separado sobre o assunto, chamado *Ofícios de Cristo*. A segunda seção daquele artigo descreve os três ofícios específicos e oferece amplas referências e ideias bíblicas.

VII. Profetas Modernos

1. Eclesiásticos. *a*. Dentro do *Movimento Carismático* (vide), os participantes creem que a função neotestamentária dos profetas tem continuação, o que descrevo sob as seções IV e V do presente artigo. *b*. Na *igreja Católica Romana*, acredita-se que os ofícios de sumo sacerdote e de profeta continuam a ser exercidos pelo papa. Ver o artigo intitulado *Papa, Papado*. *c*. Na *igreja Mórmon* (vide), o presidente do grupo (eleito pelo concílio dos Setenta) é tido como quem possui poderes proféticos mediante inspiração e revelação.

2. Não eclesiásticos. Em um sentido bem comum, *todos* os homens são profetas, visto que nossos sonhos preveem regularmente o nosso futuro. Esse nível de profecia é individual, privado, para orientação de cada pessoa. Mas alguns sonhos espirituais podem ocorrer, conferindo instrução moral e espiritual. Os sonhos são uma herança espiritual indiscutível, e podem revestir-se de grande valor. Ver o artigo sobre os *Sonhos*. Além disso, há aqueles indivíduos que formam uma espécie de tradição profética secular, que recebem sonhos, visões e experiências intuitivas que lhes permitem prever o futuro. A *adivinhação* (vide) pode estar envolvida nisso. Ver também sobre *Astrologia*. Os melhores entre esses prognosticadores desfrutam de uma taxa de oitenta por cento de exatidão, mas a maioria deles obtém um sucesso menor. Porém, é inquestionável que eles obtêm algum sucesso. Como eles obtêm esse sucesso, é o ponto debatido.

Duas funções proféticas têm-se feito continuamente presentes na maioria das culturas humanas: o poder de curar e o poder de prever o futuro. Ver sobre *Precognição (Conhecimentos Prévio)*. Embora seja verdade que as forças demoníacas podem inspirar a profecia, também é verdade que essa capacidade é inerente à personalidade humana. A função dos sonhos serve de frustração desta habilidade natural. Algumas pessoas podem ter habilidade em grau mais intenso, podendo prever acontecimentos mundiais, e não meramente questões pessoais. Visto que o homem é um espírito, naturalmente possui poderes espirituais, inteiramente à parte de quaisquer influências externas estranhas. Portanto, vemo-nos impossibilitados de fazer uma declaração não qualificada quanto à procedência dos poderes proféticos de certas pessoas. Estes poderes podem ser sobrenaturais, demoníacos ou puramente naturais. As funções e capacidades psíquicas são neutras em si mesmas, mas podem ser utilizadas para o bem, para o mal, ou mesmo por mera curiosidade, sem que esteja envolvida qualquer questão moral. Meu detalhado artigo sobre a *Parapsicologia* procura apresentar uma boa visão sobre as funções psíquicas do ser humano, além de mostrar que essas funções são perfeitamente naturais no homem. Nem por isso queremos negar a existência de poderes demoníacos. Ver os dois artigos sobre esse assunto: *Demônio (Demonologia)* e *Possessão Demoníaca*. Jamais haverá respostas fáceis para problemas complicados. Raramente um único argumento soluciona as questões complexas. Os fenômenos com frequência têm diversas causas, o que certamente é o caso nessa questão das funções proféticas.

Toda profecia é parcialmente inexata, devido às limitações que lhe são impostas (ver 1Co 13.9), sem importar se estamos pensando em profecias bíblicas, eclesiásticas ou privadas. Os profetas do Antigo Testamento, que viveram na época do cativeiro babilônico, pensavam que o retorno após o mesmo inauguraria a era do reino de Deus. O escritor do Apocalipse, no Novo Testamento, antecipava uma curtíssima duração para o império romano (ver Ap 17.10 ss.). Esses profetas erraram quanto à questão cronológica. Mas Paulo, naquela referência mencionada, em 1Coríntios, ensinou que nosso conhecimento e *nosso profetizar* são parciais. Qualquer coisa que tiver de passar pelos seres humanos tornar-se-á imperfeito. Os homens inventam dogmas que exigem a perfeição, mas coisa nenhuma na Bíblia diz-nos que as profecias sempre precisam ser 100% exatas e completas. O que importa não é a perfeição. A função profética tem desempenhado um papel vital e necessário em favor da espiritualidade humana, e sua exatidão essencial é adequada para esse propósito. "Um profeta pode conhecer um determinado aspecto da vontade divina, mas ser totalmente ignorante quanto a outros aspectos" (Z).

VIII. Profecia e Conhecimento. No artigo chamado *Conhecimento e a Fé Religiosa*, foi mostrado que a principal fonte do conhecimento espiritual é a *revelação*. Naturalmente, isso põe-nos frente a frente com a função profética. O processo é como segue: o profeta recebe a sua mensagem; esta mensagem mostra ser vital para o povo; o próprio profeta, ou então, seus discípulos, produzem uma versão escrita da mensagem profética; surge uma organização para primeiramente *proteger*, e então *canonizar* a versão escrita da mensagem profética. E isso põe Escrituras em nossas mãos. Essas Escrituras, ato contínuo, tornam-se uma das principais autoridades seguidas por aquela organização. Ver o artigo separado sobre *Autoridade*. Não podemos esquecer-nos que inspiração e revelação são subcategorias do *misticismo* (vide). O misticismo pressupõe que poderes divinos podem comunicar-se com os homens, e realmente o fazem, e que o nosso conhecimento não se limita nem à percepção dos sentidos e nem à razão. O fato de que o profeta é o primeiro elo dentro do processo do conhecimento através da revelação (misticismo) demonstra a grande importância desse ofício.

Bibliografia. B C E FREE ND P SCHU UN W Z

PROFECIA NO ANTIGO TESTAMENTO. Ver sobre *Profecia, Profetas e o Dom da Profecia*, seções 2 e 3.

PROFECIAS MESSIÂNICAS CUMPRIDAS EM JESUS

Atos 3.22: *Pois Moisés disse: Suscitar-vos-á o Senhor vosso Deus, dentre vossos irmãos, um profeta semelhante a mim; a ele ouvireis em tudo quanto vos disser*. As citações utilizadas aqui pelo apóstolo Pedro, combinando as passagens de Deuteronômio 18.15 e Levítico 23.29, mui provavelmente faziam parte dos "testemunhos", uma antiga coletânea de "textos de prova" com base no AT, usada pelos cristãos primitivos para comprovar o caráter messiânico de Jesus. Essas citações primeiramente apareceram em forma oral, mas foram incorporadas em forma escrita nos primitivos documentos cristãos, até que subsequentemente vieram a fazer parte do texto dos livros do cânon do NT Essas citações algumas vezes incluíam diversas passagens juntamente, ou parafraseavam trechos do AT, no hebraico ou da tradução da LXX (*Septuaginta*), em vez de serem dadas palavra por palavra de um ou outro desses documentos.

I. Moisés Falou Sobre Cristo. **1**. Moisés foi selecionado aqui como o maior dos profetas do AT, como aquele que ofereceu o testemunho mais convincente a respeito de Cristo (consultar Dt 18.15 e Lv 23.29). **2**. Os essênios esperavam que três personagens cumprissem as promessas messiânicas. Os judeus não tinham nenhuma doutrina fixa acerca do Messias. Os cristãos primitivos viam em Jesus o cumprimento de todas as expectativas e a harmonia de todas as ideias divergentes quanto ao Messias. **3**. Em João 20.31, no NTI, dou um sumário completo sobre a polêmica cristã em favor do caráter messiânico de Jesus. O testemunho de Moisés é um item importante nessa polêmica.

O uso de Moisés como representante da tradição profética, quando aceito, se reveste de significação toda especial para os judeus. Moisés era reputado tipo simbólico de Cristo (ver

Jo 1.21); Deus falava com ele face a face (ver Êx 33.11) e era considerado o maior de todos os profetas (ver Dt 34.10). Por semelhante modo, Moisés era considerado redentor de seu povo. (Quanto a outras referências ao "profeta", que os cristãos aceitavam como um único profeta e a mesma pessoa que o "Messias", ver Jo 1.21,25; 6.14 e 7.40). Tal como no caso de Moisés, o Messias entraria em contato com Deus de forma toda especial — face a face — tendo contato muito maior e íntimo com o Senhor do que os profetas comuns, e, tal como Moisés, estabeleceria uma nova ordem de coisas, embora de significação universal muito maior, visto que não atingiria somente a nação de Israel, mas também fluiria na forma de uma redenção e restauração universais de tudo. Tudo isso mostraria quão maior seria o Messias do que Moisés, embora Moisés tivesse sido seu tipo simbólico.

Moisés foi ao mesmo tempo legislador e profeta, e o Messias ocuparia, de maneira suprema, ambos esses ofícios, de modo a empanar a atuação extraordinária de Moisés.

Era necessário que os judeus reorientassem os seus pensamentos e a sua interpretação acerca dessa declaração de Moisés, porquanto prevaleciam muitas diferenças e havia muita confusão sobre o profeta. Alguns interpretavam essa predição como se ela fizesse alusão a uma série de profetas semelhantes a Moisés (ver Jarchi sobre Dt 18.15). Porém, jamais houve qualquer sucessão de profetas que ao menos se aproximasse da estatura espiritual de Moisés, e a própria história serve de ampla demonstração sobre esse fato. Outros estudiosos judeus aplicavam essa predição ao profeta Jeremias (ver Aben Ezra, *in loc.*) ou a Davi (ver *Herban. disp. cum Gregent.*, p. 13). Todavia, nenhum desses dois personagens ao menos começou a cumprir as exigências envolvidas nessa profecia sobre o "profeta".

Moisés tipificou o Messsias dos seguintes modos: **1**. Em uma grandeza óbvia, maior que a de todos os outros profetas. **2**. Como instigador de uma nova ordem de coisas e doador de uma nova lei. **3**. Como alguém que tinha contato especial com Deus, maior que o dos outros profetas. **4**. Como alguém que combinava em sua própria pessoa os ofícios de legislador e de profeta. **5**. Como alguém que trouxera redenção ao seu povo. O Messias se *distinguiria* de Moisés pelo fato de que o seu ofício teria uma amplitude muito maior, porque seria mesmo universal, e porque isso conduziria à restauração de todas as coisas, o que não teria fim, ao passo que o ofício de Moisés era apenas intermediário, mediatório. Naturalmente, se falarmos de Cristo como o "Logos" eterno (ver Jo 1.1-3), então não poderá haver qualquer base para comparações entre o Senhor Jesus e Moisés. Moisés não foi o único profeta da antiga dispensação judaica a fazer predições com referência ao Cristo, embora Simão Pedro, nesta passagem do livro de Atos, o tenha usado como o maior de todos quantos profetizaram a seu respeito. Neste ponto queremos apresentar um ponto de vista geral acerca das profecias messiânicas existentes no AT As profecias referentes ao Messias, como "Servo Sofredor", aparecem nos comentários do NTI, referentes ao décimo oitavo versículo deste mesmo capítulo. E as profecias referentes ao "reino" do Messias são dadas dentro das notas expositivas atinentes ao vigésimo primeiro versículo deste capítulo.

II. LISTA DE PROFECIAS MESSIÂNICAS CUMPRIDAS POR JESUS

Trecho Bíblico	Teor da Profecia	Cumprimento
(Gn 3.15)	Seria o "descendente da mulher"	(Lc 2.7; Gl 4.4 e Ap 12.5)
(Gn 12.3; 18.18)	Seria o "descendente de Abraão"	(Mt 1.1; Lc 3.34 e At 3.25)
(Gn 17.19)	Seria o "descendente de Isaque"	(Mt 1.2; Lc 3.34)
(Gn 28.14 e Nm 25.17)	Seria o "descendente de Jacó"	(Mt 1.2,3; Lc 3.33)
(Gn 49.10)	Descenderia de Judá	(Mt 1.2,3; Lc 3.33)
(2Sm 7.13; Is 9.7; 11.1-5)	Herdaria o trono de Davi	(Mt 1.1,6)
(Mq 5.2)	Nasceria em Belém de Judá	(Mt 2.1; Lc 2.4-7)
(Dn 9.25)	Tempo de seu nascimento	(Lc 2.1,2; 3-7)
(Is 7.14)	Nasceria de uma virgem	(Mt 1.18 Lc 1.26-35)
(Jr 31.15)	O massacre dos infantes	(Mt 2.16-18)
(Os 11.1)	Fuga para o Egito	(Mt 2.14,15)
(Is 9.1,2)	Seu ministério na Galileia	(Mt 4.12-16)
(Dt 18.15)	Seria profeta	(Jo 6.14; At 3.19-26)
(Sl 110.4)	Seria sacerdote da ordem de Melquisedeque	(Hb 5.5,6; 6.20 e 7.15-17)
(Sl 2.2; Is 53.3)	Seria rejeitado pelos judeus	(Lc 4.29; 17.25; 23.18; Jo 1.11)
(Sl 45.7; Is 11.2-4)	Algumas de suas características	(Lc 2.52; 4.18)
(Is 62.11; Zc 9.9)	Sua entrada triunfal	(Mt 21.1-11; Jo 12.12; 12.13,14)
(Sl 41.9)	Seria traído por um amigo	(Mt 26.14-16; Mc 14.10,43-45)
(Zc 11.12,13)	Seria vendido por trinta moedas	(Mt 26.15)
(Zc 11.13)	Tal dinheiro seria devolvido	(Mt 27.3-10)
(Sl 109.7,8)	Judas seria substituído	(At 1.16-20)
(Sl 27.12; 35.11)	Testemunhas falsas o acusariam	(Mt 26.60,61)
(Sl 38.13,14; Is 53.7)	Calar-se-ia ao ser acusado	(Mt 26.62,63; 27.12-14)
(Is 50.6)	Seria ferido e cuspido	(Mc 14-65; 15.17; Jo 18.22; 19.1-3)
(Sl 69.4; 109.3-5)	Seria odiado sem causa	(Jo 15.23-25)
(Is 53.4,12)	Sofreria vicariamente	(Mt 8.16,17; Rm 4.25; 1Co 15.3)
(Is 53.12)	Seria crucificado com criminosos	(Mt 27.38; Mc 15.27,28; Lc 23.33)
(Sl 22.16; Zc 12.10)	Teria mãos e pés traspassados	(Jo 19.37; 20.25-27)
(Sl 22.6-8)	Seria zombado e insultado	(Mt 27.39-44; Mc 15.29-32)
(Sl 69.21)	Dar-lhe-iam fel e vinagre	(Mt 27.34,48; Jo 19.29)
(Sl 22.8)	Ouviria palavras proféticas repetidas com zombaria	(Mt 27.43)
(Sl 109.4; Is 53.12)	Oraria pelos seus inimigos	(Lc 23.34)
(Zc 12.10)	Teria o lado traspassado	(Jo 19.34)
(Sl 22.18)	Soldados lançariam sortes quanto à sua túnica	(Mc 15.24; Jo 19.24)
(Êx 12.46; Sl 34.20)	Nenhum de seus ossos seria quebrado	(Jo 19.23)
(Is 53.9)	Seria sepultado com o rico	(Mt 27.57-60)
(Sl 16.10 e Mt 16.21)	Ressuscitaria dentre os mortos	(Mt 28.9; Lc 24.36-48)
(Sl 68.18)	Ascenderia aos lugares celestiais	(Lc 24.50,51; At 1.9)

PROFETA VELHO

Essa expressão aplica-se a um profeta cujo nome não nos é fornecido, que residia em Betel, no começo do reinado de Jeroboão I. Somos informados somente quanto a um incidente de sua vida (1Rs 13.11-32; 2Rs 23.16-18). Esse profeta queria oferecer hospitalidade a certo homem de Deus, que viera do reino do sul, Judá, e que aparecera em Betel a fim de denunciar o santuário idólatra real daquele lugar. O profeta de Judá já estava retornando à sua terra quando o profeta velho insistiu que ele ficasse. O profeta judaíta recusou-se a princípio, sob a alegação de que *Yahweh* lhe tinha proibido comer naquele lugar. Mas o profeta velho mentiu, ao dizer que um anjo do Senhor o instruíra, dizendo que não estaria errado se o outro comesse em Betel. E assim, o profeta de Judá acabou tendo uma refeição em companhia do profeta velho. Depois disso, o profeta de Judá partiu de volta para sua terra; mas, no caminho, um leão saiu ao encontro dele e o matou.

O profeta velho percebeu nesse evento a mão castigadora de *Yahweh*, embora ele mesmo tivesse enganado ao outro profeta, fazendo-o desobedecer à ordem original que recebera da parte do Senhor. E o velho profeta sepultou o profeta judaíta em seu próprio sepulcro. Com isso, o profeta velho exibiu seu arrependimento, embora isso não tivesse trazido de volta a vida do outro. Esse episódio mostra como podemos incorrer em erros que produzem consequências drásticas nas vidas de outras pessoas, que acabam caindo em algumas armadilhas, por meio de engano ou coisa parecida.

PROFETAS MENORES

Essa classificação cabe aos doze livros proféticos relativamente pequenos, que fazem parte do volume do Antigo Testamento. O fato de que eles são chamados "menores" não significa que os seus autores foram homens de importância secundária, mas apenas que os rolos que eles deixaram escritos não são muito volumosos, quando confrontados com os chamados Profetas Maiores: Isaías; Jeremias; Ezequiel e Daniel. Os doze livros dos Profetas Menores são: Amós; Oseias; Miqueias; Sofonias; Naum; Habacuque; Ageu; Zacarias; Obadias; Malaquias; Joel e Jonas. Os estudiosos judeus deram um título alternativo a essa coletânea: *Livro dos Doze*. E, na forma de rolos, geralmente eles eram escritos em um único volume.

PROFETISA

Quase tudo quanto pode ser dito sobre esse assunto foi incluído no artigo geral sobre profecia, isto é, *Profetas e o Dom de Profecias*, quinta seção. Algumas profetisas do Antigo e do Novo Testamentos foram esposas de profetas, ou, pelo menos, atuaram em íntimas associação com líderes masculinos do judaísmo ou do cristianismo. Contudo, houve algumas exceções. As mulheres chamadas profetisas no Antigo Testamento são: Miriã, irmã de Moisés (Êx 15.20); Débora, juíza de Israel (Jz 4.4); Hulda (2Rs 2.14); Noadia (Ne 6.14), profetisa falsa que se opôs a Neemias. A esposa de Isaías também é chamada "profetisa", em Isaías 8.3, o que dá a entender que ela era mais do que simplesmente a esposa de um profeta.

No Novo Testamento: Ana (Lc 2.36 ss); muitas profetisas estiveram ativas durante os tempos apostólicos (At 2.17; 1Co 12.10,28 ss.; 13.1 ss.; 14.1-33). O evangelista Filipe tinha quatro filhas que profetizavam (At 21.9). Jezebel foi uma notória profetisa falsa que exercia considerável poder sobre as igrejas da Ásia Menor (Ap 2.20).

Há evidências de que algumas destas mulher assumiam a autoridade de pastores, e não meramente que elas profetizavam ocasionalmente. Paulo condenou a prática, chegando mesmo a proibir que as mulheres falassem na igreja (ver 1Co 14.33 ss.; 1Tm 2.11,12). Julgamos que embora Paulo tivesse apelado ao costume que prevalecia nas igrejas (ver 1Co 14.33), esse costume de mulheres participarem ativamente era muito forte. As igrejas de origem judaico-cristã dificilmente estariam enfrentando esse problema, pois as crentes judias não ousariam tomar parte ativa nos cultos, quanto menos pregar ou profetizar publicamente. Mas, nas áreas greco-romanas, onde não havia nenhum costume repressivo à participação ativa das mulheres, as crentes assumiam grandes responsabilidades nas igrejas locais, não hesitando em ensinar e profetizar publicamente durante os cultos. O moderno movimento carismático, naturalmente, tem seguido o estilo greco-romano, ignorando completamente a instrução paulina. A questão a ser decidida aqui é se podemos ou não ignorar Paulo, com base na observação de que esse ponto de vista paulino acerca das mulheres (em harmonia com o ponto de vista judaico) é excessivamente prejudicial a elas, pelo que não somente deveríamos ignorar seu mandamento restritivo, mas até determinar em contrário. Quase todas as pessoas respondem de acordo com o que estão praticando, em vez de fazê-lo com base em uma convicção inspirada pelas Escrituras. A questão inteira da mulher e de seu desempenho nas igrejas é discutida no artigo intitulado *Mulher*.

PROFISSÕES. Ver sobre *Artes e Ofícios*.

PROFUNDEZAS

Há várias palavras hebraicas e gregas envolvidas neste verbete, a saber: **1**. *Metsulah*, "profundeza", "abismo". Palavra hebraica usada por sete vezes (Jó 41.31; Sl 68.22; 69.15; 107.24; Jn 2.3; Zc 10.11; Mq 7.19). **2**. *Amaq*, "profundezas". Palavra hebraica que ocorre por cinco vezes (Is 7.11; 29.15; Sl 31.6; 92.5; Os 9.9). Formas variantes são *emeq* (Pv 9.18) e *omeq* (Pv 25.3). **3**. *Tehom*, "profundeza", "abismo". Palavra hebraica que aparece por 36 vezes (como em Êx 15.5,8; Dt 8.7; Jó 28.14; Sl 33.7; 71.20; 77.26; 107.26; Pv 3.20; 8.24,27; Jn 2.5). **4**. *Báthos*, "profundezas", "coisa profunda". Palavra grega usada por oito vezes (Mt 13.5; Mc 4.5; Lc 5.4; Rm 8.39; 11.33; 2Co 2.10; 2Co 8.2; Ef 3.18). **5**. *Pélagos*, "mar alto". Palavra grega usada por duas vezes (Mt 18.6 e At 27.5).

Esse é um termo bíblico que tem sentidos literais e figurados.

1. Sentidos Literais e Mitológicos. As profundezas (Êx 15.5; Sl 68.22), como uma área ou um vale profundo (Pv 9.18), ou a profundeza do oceano (Jó. 28.14). Já o abismo (vide) indica o *hades*, que os antigos supunham ficar sob a superfície da terra. *O oceano primevo*, talvez aludido em Jó 28.14, seriam as águas que teriam sido a fonte da criação. Esse oceano era personificado por Tiamate, na religião dos babilônios. Finalmente, Tiamate teria sido derrotado por Marduque, e assim as águas foram divididas em duas esferas: as de cima e as debaixo do firmamento. Esse era, igualmente, um ponto de vista comum judaico, segundo se vê desde do Gênesis. Ver os artigos sobre *Astronomia* (que tem um gráfico que ilustra as antigas ideias judaicas) e sobre *Cosmogonia*. Além disto, havia o conceito das *águas do abismo*, sobre as quais, presumia-se, a terra flutuaria, e que cercariam as colunas que também sustentariam a terra. Essa era uma ideia comum entre os povos do Oriente Próximo, compartilhada pelos hebreus. O artigo sobre a *Astronomia* também ilustra o ponto. Os egípcios também acreditavam em um grande lençol de água subterrâneo.

No Novo Testamento, além daquelas duas palavras gregas já referidas, há alusão ao *ábussos*, isto é, o "sem fundo", associado ao *hades*, o lugar de punição das almas (Ap 9.1,2,11; 11.7; 17.8; 20.1,3).

2. Sentido figurado. Quando Paulo, em Romanos 8.39, falou sobre como nem a *altura* e nem a *profundidade* nos podem separar do amor de Cristo, é possível que ele estivesse pensando no "abismo", quando falou em profundidade. Mas outros estudiosos pensam que devemos aceitar essas palavras de Paulo como uma expressão poética. Também é possível que espíritos de dimensões elevadas e baixas estejam em pauta, os quais teriam sido aludidos por Paulo em termos vagos como altura e profundidade.

3. Na hinologia cristã encontramos menção às *profundezas do amor de Jesus*, o que reflete um grande conceito bíblico, porquanto foi devido a esse amor de Jesus, que se tornou possível o plano da redenção (Rm 5.5-8 e Jo 3.16).

PROGNÓSTICO. Ver sobre *Adivinhações*.

PROMESSA

I. As Palavras e suas Definições. A palavra portuguesa promessa vem do latim, *pro*, "para", e *mittere*, "enviar". Uma promessa é algo que uma pessoa ou situação projeta como certa ou como possível; ou, então, uma garantia dada de que alguém fará ou dará algo, ou que as circunstâncias proverão algo, de natureza positiva ou negativa. Uma promessa é uma declaração referente ao futuro, que diz: "Isto acontecerá"; ou então: "Tu receberás isto"; ou então: "Este benefício será teu". Uma promessa é uma espécie de encontro com o futuro, e usualmente envolve a situação onde um *doador* outorga algo a um recebedor. Uma promessa pode envolver um ato tencionado, que haverá de alterar alguma situação ou prover algo de interesse para o beneficiário da promessa. Na Bíblia Sagrada, muitas promessas estão alicerçadas sobre pactos que garantem resultados positivos, embora, algumas vezes, tais promessas dependam de responsabilidades que precisam ser cumpridas, pelo que elas se tornam condições.

A palavra hebraica assim traduzida é *dabar*, "falar" (termo usado por mais de oitocentas vezes no Antigo Testamento). Mas, quando alude a algum tipo de projeção ou de bênção proposta, torna-se naquilo que chamamos de "promessa". (Quanto a alguns desses usos, ver Dt 6.3; 9.28; 11.1; 15.6; 19.8; 1Rs 5.12) O resto deste artigo provê muitas referências bíblicas.

O vocábulo grego, usado no Novo Testamento, é *epaggelía*. A raiz dessa palavra é *aggelía*, "anúncio". Naturalmente, é dessa raiz que temos também o termo *euaggélion*, "as boas-novas", o "evangelho". A palavra *epaggelía* é usada 53 vezes no Novo Testamento. (Ver Lc 24.49; At 1.4; 2.33,39; 7.17; 13.23,32; 28.21; 26.6; Rm 4.13,14,16,20; 9.4,8,9; 15.8; 2Co 1.20; 7.1; Gl 3.14,16-18,21,22,29; 4.23,28; Ef 1.13; 2.12; 16; 6.2; 1Tm 4.8; 2Tm 1.1; Hb 4.1; 6.12,15,17; 7.6; 8,6; 9.15; 10.36; 11.9,13,17,33,39; 2Pe 3.4,9; 1Jo 2.25). Quase sempre esse vocábulo é traduzido por "promessas", embora também possa significar "mensagem".

II. As Promessas de Deus. As Escrituras contêm essas promessas divinas (Rm 1.2). Elas nos foram feitas em Cristo (Ef 3.6; 2Tm 1.1). Elas foram feitas ao Filho (Gl 3.16,19). Também foram feitas a Abraão, dentro do pacto abraâmico (Gn 12.3,7; Gl 3.16); a vários dos pais, como a Isaque (Gn 26.3,4), a Jacó (Gn 28.14), a Davi (2Sm 7.12, que também veio a ser um pacto), aos israelitas (Rm 9.4). Também há menção a promessas feitas aos pais (At. 13.32, formando vários pactos), a todos quantos são chamados por Deus (At 2.39), a todos quantos amam o Senhor (Tg 1.12). Há um juramento solene que confirma as promessas divinas (Sl 89.3; Hb 6.17). Deus é fiel às suas promessas (Tt 1.12; Hb 10.23). Ele nunca se esquece dessas promessas (Sl 105.42; Lc 1;54,55). As promessas divinas revestem-se de várias qualidades, sendo elas boas (1Rs 8.56), santas (Sl 105.42), grandíssimas e preciosas (2Pe 1.4), dotadas de absoluta certeza (2Co 1.20). Essas promessas têm o seu cumprimento em Cristo (2Sm 7.12; At 13.23; Lc 1.69-73). Elas podem ser obtidas mediante a fé (Hb 11.33). Elas são conferidas aos que creem (Gl 3.22). Elas são herdadas mediante a fé e a paciência (Hb 6.12,15; 10.36). Elas se cumprem no devido tempo (Jr 33.14; At 7.17; Gl 4.4). Nenhuma das promessas divinas haverá de falhar (Js 23.14; 1Rs 8.56). A lei não é contrária às promessas de Deus (Gl 3.21). A lei não anula as promessas de Deus (Gl 3.17).

III. Temas das Promessas: Quatro Classes Principais. Esses temas são muitos: Cristo (2Sm 7.12,13; At 13.22,23); o Espírito Santo (At 2.33; Ef 1.13); o evangelho (Rm 1.1,2); a vida que temos obtido em Cristo (2Tm 1.1); a cruz da vida consagrada (Tg 1.12); a vida eterna (Tt 1.2; 1Jo 2.25); todas as necessidades da vida presente (Tm 4.8); a adoção de filhos (2Co 6.18); a preservação das aflições (Is 43.2); as bênçãos celestes (Dt 1.11); o perdão dos pecados (Is 1.18; Hb 8.12); a *parousia* (vide) (2Pe 3.4); os novos céus e a nova terra (2Pe 3.13); a entrada no descanso eterno (Hb 4.1); o aperfeiçoamento da santidade (2Co 7.1); a herança dos santos (Rm 4.13; Gl 3.18).

Quatro Classes Principais de Promessas. 1. As promessas relativas ao Messias, em sua missão e trabalho. Ver o artigo separado sobre *Profecias Messiânicas Cumpridas em Jesus*. (Ver At 13.23). **2.** As promessas atinentes à igreja, formada pelos remidos (Rm 4.13; 8.17 ss.; Gl 3.14-29). **3.** As promessas que dizem respeito ao futuro dos gentios, à grande massa da humanidade, como no *Mistério da Vontade de Deus* (Ef 1.9,10) e na *Restauração*. Há artigos sobre ambos os assuntos. **4.** As promessas relativas a Israel, material e espiritualmente falando (Rm 11.1-24; Ez 37.1-14; Zc 8.1-12).

IV. A Teologia da Promessa. Por detrás das promessas acham-se a veracidade e a onipotência de Deus. Deus não promete com falsidade, e nem promete qualquer coisa que não possa cumprir. Visto que não pode jurar por quem lhe seja maior, Deus é a garantia de suas próprias promessas (Hb 6.13). Deus jura e não muda de parecer (Hb 7.21). Deus é fiel às suas promessas (Tt 1.2; Hb 10.23). As promessas divinas são positivas e certas (2Co 1.20). Esse mesmo versículo mostra-nos que essas promessas são mediadas através do Filho, visando ao benefício dos filhos de Deus. Essas promessas estão vinculadas a pactos; no caso dos crentes em Cristo, estão vinculadas especialmente ao novo pacto, em torno do sangue expiatório de Cristo. Essas promessas foram condicionadas à resposta da fé humana; mas esta resposta é garantida positivamente pela obra predestinadora e restauradora de Deus. Deus faz promessas aos homens, e então assegura que essas promessas terão cumprimento, garantindo que eles cumpram as condições para recepção dessas bênçãos prometidas. É nisso que consiste a graça divina. O poder predestinador de Deus está por detrás do seu amor, e não o seu poder de destruir. Mas, quando ocorre tal destruição, ela serve de meio para concretização de algum bem, em última analise, embora isso possa demorar muito tempo, enquanto o homem estiver sendo condicionado pelas suas adversidades.

V. Promessas de Cunho Escatológico. 1. A Parousia (vide) que é aludida, direta ou indiretamente, em um de cada 23 versículos do Novo Testamento. A *parousia* não será um evento único, e, sim, uma série de eventos, mediante a qual o reino de Deus será estabelecido palpavelmente (inaugurado pelo *milênio*), e então seguido pela era eterna. Assim, finalmente, surgirão os novos céus e a nova terra. O trecho de 2Pedro 3.4 mostra-nos que isso fará parte da segunda vinda de Cristo. Isso posto, ao pensarmos na *parousia* devemos pensar em termos de uma série de eventos, através de um longo período de tempo, cujos eventos imporão uma ordem completamente nova à criação. De fato, será uma nova criação. **2. Os Herdeiros.** Essa questão aplica-se ao Israel físico e ao Israel espiritual, e tem por base os pactos divinos. Trata-se de uma realização do Espírito Santo. (Gn 17.4; 18.10; 21.1; Rm 8;15 ss.; 2Co 9f 4.23; Hb 6.14). Ver o artigo separado intitulado *Herança*. **3. Filiação.** Esse é o aspecto mais importante da *salvação* (vide). Aos remidos é prometido que eles serão transformados segundo a imagem do Filho (ver Rm 8.29), assim chegando eles a compartilhar da natureza divina (ver 2Pe 1.4; Cl 2.9,10). Isso significa que eles participarão de toda a plenitude de Deus (ver Ef 3.19), e que estarão eternamente sendo transformados de um estágio de glória para outro (ver 2Co 3.18). Ver também o artigo de nome *Filiação*. **4. A Cidade Eterna**. Os herdeiros de Deus herdarão a Cidade celestial (Hb 11.9; Ap 21 e 22). **5. O próprio Cristo** haverá de ser herdeiro de Abraão, e seu Filho maior, o Filho no qual serão abençoados os demais filhos (ver Gl 3.16-18). **6. A Vida Eterna** (vide). Essa consiste em mais do que viver para sempre. Trata-se de um tipo de vida, que envolve a vida independente e necessária. Ver João 5.24 ss. esse é *o tipo de vida de Deus*, de onde mana a própria existência, dotada de independência (não dependente de qualquer outro tipo de vida a fim de continuar), a vida possuída por Deus. É uma vida necessária, visto que não pode deixar de existir. É vida divina, porque os filhos de Deus virão a compartilhar da natureza divina, segundo mostramos no terceiro ponto, acima. **7. O Reino** (vide) é uma promessa comum tanto ao Antigo quanto ao Novo Testamento. **8. A promessa do Espírito** é um importante ensinamento neotestamentário, visto ser ele o alter ego de Cristo, que assumiu o trabalho dele enquanto ele estiver ausente. Através do Espírito Santo, Cristo continua presente e ativo. Ver o artigo separado sobre o *Paracleto*. (Ver Jo 14.14,26; Lc 24.49; At 1.4; 2.33; e, no Antigo Testamento, Is 44.3 e Ez 37.28). **9. A Restauração** (vide). Ver Efésios 1.9,10. No cumprimento desse mistério, a missão tridimensional de Cristo terá a sua fruição. Para cumprir isso ele precisou ter uma missão sobre a terra, outra no *hades* e outra ainda no céu. Ver o artigo *Missão Universal do Logos* (*Cristo*), quanto a completas informações sobre essa questão. **10. A Restauração de Israel**. Ver Romanos 11.26. Ver o artigo separado sobre esse assunto. O Novo Testamento prevê uma nova filosofia da história.

VI. As Promessas Humanas. Uma exortação bíblica padrão é que devemos fixar os olhos em Deus e nos valores eternos, e não nos homens. Com frequência ficamos desapontados com os homens, os quais prometem, e então não cumprem suas promessas. Quase todas as promessas humanas estão baseadas no autointeresse mas, cessando o autointeresse, enfraquecem até desaparecerem, sem serem cumpridas. Um notório exemplo disso são as promessas feitas pelos políticos. Por isso, tornou-se quase proverbial dizer: "Essa era apenas a promessa de um político". Tais promessas não são feitas com seriedade. Porém, a população em geral compartilha da natureza dos políticos. O *egoísmo* (vide) usualmente é a regra da vida. Alguns homens cumprem as suas promessas, como no caso de José, que tornou certo que os ossos de Jacó seriam sepultados no território de Israel, e não no Egito (ver Gn 47.29 ss.; 50.7-13). Mas a promessa de Balaão não se mostrou fiel (ver Nm 22.17). Judas Iscariotes prometeu trair Jesus, se lhe fosse dada uma irrisória quantia em moedas. Essa foi uma promessa que nunca deveria ter sido cumprida, mas o foi. Nem todas as promessas ou votos são de bom cunho. Todas as formas de contrato são formas de promessas, e a honestidade básica requer que essas promessas sejam guardadas. Mas os contratos são notoriamente rompidos. Esses fatos apontam para a necessidade da promoção de votos espirituais, pois o homem é tão diferente de Deus. O homem é extremamente infiel, fraco e hesitante. Algumas vezes, os homens prometem coisas, embora não disponham de recursos para cumprir suas promessas. É boa norma prometer somente dentro dos próprios recursos. Por outra parte, existe a oração, que pode lançar em cena as forças divinas. E é diante da oração que se torna obsoleto falar em "meios humanos". Precisamos mais desse tipo de obsolescência.

PROPICIAÇÃO. Ver sobre *Expiação e Propiciatório*.
Romanos 3.25: *ao qual Deus propôs como propiciação, pela fé, no seu sangue, para demonstração da sua justiça, por ter ele, na sua paciência, deixado de lado os delitos outrora cometidos*:
I. A Quem Deus Propôs Como Propiciação. As palavras ... *a quem*... naturalmente se referem a Jesus Cristo. Foi Cristo quem Deus " ... propôs..." ou "exibiu" como propiciação. Esse verbo, "propôs", pode ter os seguintes significados: **1**. Pode ter o sentido de um decreto ou desígnio anterior, cumprido dentro do tempo. O decreto seria uma preordenação, nesse caso. Ver Efésios 1.9 e comparar 1Pedro 1.19,20, que diz: ... *Mas pelo precioso sangue, como de cordeiro sem defeito e sem mácula, o sangue de Cristo, conhecido, com efeito, antes da fundação do mundo, porém manifestado no fim dos tempos, por amor de vós*. Em vez da palavra *conhecido*, nessa passagem citada, muitos estudiosos preferem a tradução *preordenado*, que é o seu sentido correto. Esse primeiro ponto de vista sobre a significação da palavra "propôs" é correto, portanto, sem importar se isso era o que Paulo tinha em mente, nesta presente passagem da epístola aos Romanos. **2**. Outros pensam que o sentido é *substituiu*, ou seja, foi "posto em nosso lugar". Isso é uma verdade bíblica, que aparece em outros trechos, mas dificilmente é o que Paulo quis dizer aqui. **3**. A maioria dos intérpretes pensa que isso significa "exposto publicamente, para todos verem". Essa significação da palavra grega *prostithemi* ("propôs") precisa ser decididamente aceita, sendo um uso bem conhecido no grego (ver Heródoto iii.148; vi. 21; e o *Faedro* de Platão, p. 115), por causa da correlação para com as palavras *eis endeiksin* (visando à manifestação de sua justiça). Está então em vista a crucificação de Jesus e o anúncio público do fato, mediante a pregação ou evangelismo da igreja cristã. Assim, pois, Deus exibiu o Senhor Jesus, ante os olhos de todos os homens, em contraste com a arca da aliança, que fazia parte do mobiliário da tenda da congregação do povo judaico, que ficava oculta por pesadas cortinas, e da qual somente o sumo sacerdote podia aproximar-se, e mesmo assim apenas uma vez por ano. As referências centrais, naturalmente, não dizem respeito à prédica sobre esse fato da morte expiatória de Cristo, e sim, ao próprio ato de Deus, em que Cristo se apresentou como a expiação pelos nossos pecados, e de tal modo que se tornou visível e compreensível para todos os homens.

II. Propiciação: Diversas Interpretações. 1. O único outro uso desse vocábulo no NT é o que aparece em Hebreus 9.5, onde se refere ao *propiciatório*, que era a tampa de ouro da arca da aliança, e sobre cuja tampa era derramado o sangue do sacrifício, no dia da expiação, ao entrar o sumo sacerdote no Santo dos Santos. O "propiciatório", pois, era o "local" da expiação. O propiciatório jazia oculto, e os judeus, através de seus sumos sacerdotes, podiam aproximar-se do mesmo apenas uma vez por ano. Era ali que Deus vinha encontrar-se com os homens. (Ver Êx 25.17-22; Lv 16.2 e Nm 7.89). Era aquele, por igual modo, o lugar da meditação, bem como da manifestação da remissão do pecado. Assim também, por intermédio de Cristo, que é o antitipo ou realização do propiciatório, há uma mediação com Deus, já que Jesus é o grande Mediador entre Deus e os homens, e que, por meio dele, os homens têm acesso a Deus. (Ver Ef 2.18).

"Assim como a superfície de ouro cobria as tábuas da lei, assim também Jesus Cristo está por sobre a lei, vindicando-a como santa, justa e boa, e assim, igualmente, vindicando as reivindicações divinas que nos exigem obediência e santidade. E assim como o sangue era anualmente aspergido sobre a tampa de ouro, pelo sumo sacerdote, assim também Cristo é exibido 'em seu sangue', não vertido para aplacar a ira de Deus, para satisfazer a justiça de Deus ou para compensar pela desobediência humana, e isso, como a mais elevada expressão do amor divino pelo homem, tendo participado, junto com a humanidade, até da morte, a fim de que pudesse haver reconciliação do homem com Deus, mediante a fé e a rendição a Deus". (Vincent, *in loc.*).

Essa é a interpretação central desse conceito, e que certamente é defendida pela esmagadora maioria dos eruditos na Bíblia, ainda que tal posição tenha sido vigorosamente combatida por outros, à base das seguintes alegações: ***a***. Cristo é mais apropriadamente apresentado como o próprio *sacrifício*, e o sangue referido é o seu, e não aquele que era aspergido sobre a tampa da arca da aliança, o que era apenas uma ilustração simbólica. **b**. A "propiciação" aqui aludida não vem acompanhada do artigo definido, no original grego, o que deveríamos esperar se houvesse realmente alguma referência específica a algum aspecto do AT A esta objeção, porém, respondemos que nada se pode concluir disso, porquanto o grego "koiné" não segue qualquer regra estrita, de forma coerente, quanto ao emprego do artigo. **c**. Alguns estudiosos supõem que em vista de Cristo ser apresentado como justiça, isto é, como a demonstração da justiça, não pode ele ser assemelhado ao propiciatório, cuja ideia dominante era de haver necessidade de aplacar a ira divina e demonstrar a graça de Deus. Replicamos, contudo, que não há razão para alguém supor que exista uma perfeita correspondência simbólica entre Cristo e o propiciatório. A justiça, além disso, não indica apenas o aspecto negativo, isto é, a perda dos pecados; mas indica também a perfeita revelação da vida revivificadora, bem como a participação nos atributos positivos e santos de Deus. Diversas outras objeções têm sido levantadas contra essa interpretação, que apresentamos acima, mas nenhuma delas é conclusiva.

Em favor dessa interpretação, por outro lado, podemos enfileirar os seguintes motivos: **a**. A palavra aqui traduzida por *propiciação*, na Septuaginta (tradução do AT hebraico para o grego, completada cerca de duzentos anos antes da era cristã) é geralmente a palavra usada para indicar o propiciatório (ver Êx 25.18-21), num total de nada menos de 26 trechos diversos (conforme se lê no Comentário de Lange). **b**. O único outro uso desse termo, "propiciação", em todo o NT, aparece em Hebreus 9.5, que indica o propiciatório. **c**. Tal uso está de conformidade com a tipologia do AT, onde Cristo aparece como a nossa Páscoa, como a porta, como a rocha, como o amém e como o alvorecer da madrugada. **d**. Transparece uma excelente ideia contrastante, nessa interpretação. É que o propiciatório jazia "oculto", entre cortinas, só podendo ser avizinhado uma vez por ano, pelo sumo sacerdote. Em contraste com isso, pois, Deus propôs ou exibiu a Cristo, em seu caráter, como o verdadeiro "propiciatório"; e isso é típico do caráter mais elevado do NT, quando confrontado com a revelação do AT, o que também está de conformidade com a ideia de toda esta epístola aos Romanos, que contrasta o pacto antigo com o novo pacto, elevando o Novo Testamento muito acima do Antigo, como um desenvolvimento planejado e cumprido pelo próprio Deus.

2. A despeito desses muitos e variados argumentos sobre o sentido da palavra "propiciatório", devemos admitir que a maioria dos eruditos modernos duvida que Paulo estivesse fazendo precisamente esse uso da palavra; pelo contrário, tal vocábulo tem o sentido mais geral de um sacrifício (o que também transparece nas páginas do AT), em propiciação oferecida a Deus, que anula os pecados e os seus daninhos efeitos. A ideia dominante, entretanto, não é a da necessidade de aplacar a ira de Deus, conforme se ouve comumente, mas antes, é um meio de expiação, de perdão.

"Dodd prestou um significativo serviço ao estabelecer o fato de que, na Septuaginta, essa palavra raramente, (se é que alguma vez) ocorre no sentido de aplacar a Deus, como se Deus tivesse de modificar sua atitude de ira para favor, e que, pelo contrário, tal palavra é constantemente empregada no sentido de meio de perdão, em que Deus aparece como o agente" (*Journal of Theological Studies*, XXXII, 1931, 352-360. Ver também *The Epistle of Paul to the Romans*, Londres: Hodder and Stoughton, 1932, *The Moffart NT Commentary*). (John Knox, *in loc.*).

O sentido da palavra grega *hilasterion*, aqui traduzida por "propiciação", indica, com grande clareza, o sacrifício propiciatório. E de outra maneira poderia isso ter sido feito " ... para manifestar a sua (de Deus) justiça..."? Pois se traduzirmos essa palavra por propiciatório, nos esqueceremos que foi o sacrifício propiciatório da morte de Cristo que tornou possível a existência de um propiciatório. Era o bode sacrificado, no dia da expiação (ver Lv 16.15), cujo sangue era introduzido no Santo dos Santos para ser aspergido sobre o propiciatório, ou seja, sobre a tampa da arca da aliança, que dava à cerimônia todo o seu valor. A justiça do Senhor Deus era assim proclamada, na perda da vida do animal sacrificado, e assim, com base no sangue vertido, se efetuava o encontro entre Jeová e o homem, sobre o propiciatório. Por conseguinte, a justiça de Deus transparece na morte da vítima; mas a misericórdia, e seus efeitos sobre os homens, aparecem no próprio propiciatório.

Parece haver, entretanto, no todo, razões para suprimos a ideia de *sacrifício* (em vez da ideia de propiciatório), porquanto isso está mais de acordo com o contexto, sendo especialmente sustentado pelas duas frases, '...a quem Deus propôs...', isto é, exibiu publicamente, ao passo que a arca da aliança era mantida no segredo do Santo dos Santos, e '... Em seu sangue...' . Deveríamos traduzi-la, portanto, por 'sacrifício expiatório' ou 'sacrifício propiciador'". (W. Sanday, *in loc.*).

Não existe razão alguma para supormos, entretanto, que o propiciatório jamais tivesse estado na mente do escritor sagrado, ainda que "sacrifício expiatório", seja a ideia principal em foco.

III. O MODO. *Mediante a fé*. Ver o artigo sobre Fé.

No seu sangue. Alguns estudiosos acreditam que Paulo tão somente fez uso da "linguagem do sistema de sacrifícios", tal como também fez uso da linguagem dos tribunais. Todavia, reduzir Paulo a isso é compreendê-lo de conformidade com certas opiniões modernas, e não do ponto de vista do ambiente histórico em que o encontramos. *Sem derramamento de sangue não há remissão...* , era um conceito muito sério para os judeus, sendo compreendido em termos dos mais literais possíveis. Na morte expiatória de Cristo, pois, Deus proveu o sacrifício necessário, e pagou o preço requerido pela nossa redenção. Portanto, se por um lado fomos perdoados, por outro lado as exigências da justiça divina também foram satisfeitas.

"O sangue de Cristo significa a sua vida santa, oferecida a Deus como sacrifício expiatório, pelos pecados do mundo. Esse sangue é semelhante a uma fonte de cura, que envia riachos através do canal da fé, a fim de lavar as manchas culposas do pecado". Philip Schaff, em Romanos 3.25, no Comentário de Lange. Ver *Expiação*, e *Expiação Pelo Sangue de* Jesus.

IV. EXPIAÇÃO OU PROPICIAÇÃO? Alguns intérpretes fazem uma distinção entre expiação e propiciação. Ver sobre *Expiação*, seção IV, onde ofereço explicações completas.

PROPICIATÓRIO

1. Palavras e Definições. No hebraico, *kapporeth*, que aparece por 27 vezes no Antigo Testamento, segundo se vê, para exemplificar, (em Êx 25.17-22,34; 39.35; 40.20; Lv 16.2,13-15; Nm 7.89; 1Cr 28.11.) No grego, temos o substantivo *hilastérion*, que aparece somente por duas vezes (Rm 3.25 e Hb 9.5). O adjetivo, *híleos*, também aparece por duas vezes (Mt 16.22 e Hb 8.12) (citando Jr 31.34). O verbo, *hiláskomai*, também figura por duas vezes (Lc 18.13 e Hb 2.17). Finalmente, o substantivo *hilasmós*, "propiciação", aparece por duas vezes: 1João 2.2 e 4.10. O verbo pode ser entendido como "propiciar", "reconciliar", "expiar", "mitigar". O substantivo também era usado para indicar uma oferenda que procurava expiação, conciliação. Era no propiciatório que Deus mostrava-se gracioso e exibia a sua *misericórdia* (vide). O propiciatório era parte integrante do tabernáculo e do templo de Jerusalém.

2. Descrição. O propiciatório era a tampa da arca da aliança, uma sólida chapa de ouro, cujas dimensões eram, aproximadamente, 1,11 m x 0,67 cm Formando uma única peça com essa chapa, havia dois querubins, um diante do outro, com asas abertas, que se tocavam no alto, e que encimavam o propiciatório (ver Êx 25.17,22).

3. Na Teologia do Antigo Testamento. O propiciatório, como lugar onde o sangue dos sacrifícios era vertido, uma vez por ano, simbolizava tudo quanto estava envolvido no sistema sacrifical do Antigo Testamento. Os pecados eram considerados perdoados quando o sangue dos animais sacrificados era derramado. A arca da aliança indicava o lugar da presença misericordiosa e graciosa de Deus, o seu trono misericordioso entre os homens. Os querubins, de asas abertas por cima, representavam os guardiães dos atos misericordiosos de Deus, os observadores celestes de sua graça, aplicada aos homens. "Como se fosse o escabelo do trono de Deus (1Cr 28.2; Sl 132.7) o propiciatório era considerado o lugar onde o Senhor se encontrava com o representante sacerdotal do povo" (notas na *Revised Standard Version*, em Êx 25.22). Os sacrifícios não eram realmente feitos sobre o propiciatório. Ao propiciatório apenas era trazido o sangue do animal sacrificado, uma vez por ano, onde era aspergido. Ver o artigo intitulado *Expiação pelo Sangue*.

4. Na Teologia do Novo Testamento. Cristo é nossa expiação e nosso propiciatório. Ver *Propiciação e Expiação*.

PROPÓSITO

1. A Palavra e suas Definições. Essa palavra portuguesa vem da mesma raiz que o vocábulo "proposta" ou seja, o latim *pro*, "antes", e *poser*, "pôr". Um propósito, assim sendo, é "algo proposto", uma meta a ser alcançada, um princípio a ser posto em ação. No latim, *propositio* significava "proposição". A *Concordância de Strong*, em inglês, envolve quase cem ocorrências dessa palavra na tradução inglesa do rei Tiago. Porém, há doutrinas bíblicas de grande importância relacionadas a esse conceito. Ver no segundo ponto uma lista dessas ocorrências. Várias palavras hebraicas e gregas estão envolvidas neste verbete, usualmente tendo a ideia de "vontade de fazer-se algo" ou "plano, ou método de ação" etc. No Antigo Testamento, poderíamos examinar passagens (como 1Rs 5.5; 2Cr 28.10; Ed 4.5; Ne 11.4; Pv 20.18; Is 1.11; 14.26; Jr 6.20; 26.3; 36.3; 49.30; 51.29; Dn 6.17). Os propósitos aludidos nesses versículos são de natureza divina ou humana, podendo ser importantes ou triviais, morais ou imorais, espirituais ou mundanos.

Ao chegarmos ao Novo Testamento, há três vocábulos gregos que devem ser examinados, em sua forma verbal ou nominal, a saber: **a**. *Próthesis*, "proposta", "proposição". Essa palavra foi usada por doze vezes (Mt 12.4; Mc 2.26; Lc 6.4; At 11.23; 26.13; Rm 8.28; 9.11; Ef 1.11; 3.11; 2Tm 1.9; 3.10; Hb 9.2). Dessas doze ocorrências, quatro referem-se aos "pães da proposição (Mt 12.4; Mc 2.26; Lc 6.4; Hb 9.2). As demais envolvem propósitos divinos ou humanos. **b**. *Boúlema*, "vontade", "propósito". Esse substantivo aparece somente por duas vezes, em Atos 27.43 e Romanos 9.19. **c**. *Boúlomai*, "quero", "proponho". Esse verbo ocorre por 37 vezes (Mt 1.19; 11: 27; Mc 15.15; Lc 10.22; 22.42; Jo 18.39; At 5.28,33; 12.4; 15.37; 17.20; 18.15,27; 19.30; 22.30; 23.28; 25.20,22; 27.43; 28.18; 1Co 12.11; 2Co 1.15,17; Fp 1.12; 1Tm 2.8; 5.14; 6.9; Tt 18; Fm 13; Hb 6.17; Tg 1.18,3.4; 4.4; 2Pe 3.9; 2Jo 12; 3Jo 10; Jd 5).

2. Doutrinas e Ideias Relativas ao Propósito. Ver os artigos separados sobre *causa; Determinismo; Predestinação; Eleição, Restauração; Livre-Arbítrio*. Na Bíblia, aparecem vinculados, aos seus propósitos, os planos, as intenções e os atos de Deus. Ver o artigo *Decretos Divinos*. Certo argumento em favor da existência de Deus tem sido formulado com base no desdobramento do propósito e desígnio divinos na criação. Ver sobre o *Argumento Teológico*. Deus criou tudo com um propósito em mira (ver Gn 1). Ele remiu a sua criação por meio de um propósito (ver sobre a *Redenção*). Levantou uma nação a fim de que promovesse a sua mensagem, por meio desse propósito. O Israel espiritual é uma consequência desse propósito. Jesus, o Messias, veio ao mundo em consonância com o propósito de Deus, e as Escrituras tinham previsto isso (ver Lc 24.27). Os teólogos têm-se inclinado por chamar os propósitos divinos de "decretos"; o meu artigo sobre os *Decretos Divinos* apresenta um sumário a esse respeito.

3. O Mistério da Vontade de Deus. Ver o artigo sob aquele título e Efésios 1.9,10. Refere-se ao propósito final de Deus no tocante à *redenção humana* e à *restauração* (vide). Na dispensação da plenitude dos tempos, todas as coisas terão o *Logos* como seu centro, e todas as coisas expressar-se-ão por meio dele (ver Ef 4.10). Dessa maneira, ele tornar-se-á tudo para todos.

4. Consolo e Propósito. O fato de que Deus tem um bom propósito para tudo, e o fato de que o seu amor e a sua força toda-poderosa estão por detrás desse propósito, ensina-nos que este mundo não está sendo dirigido pelo *caos* (vide), e nem está ficando cada vez mais caótico. Sem dúvida, isso serve de consolo para nós. A experiência humana confirma esse discernimento. As *Experiências Perto da Morte* (vide) mostram-nos que o desígnio divino afeta até as menores questões da vida. Jesus ensinou que nem mesmo um passarinho cai ao chão sem que disso tome consciência o cuidado amoroso do Pai celeste (ver Lc 12.6,7). E isso nos consola, pois valemos muito mais que os passarinhos.

5. Qualidades dos Propósitos de Deus. *a*. Os propósitos divinos são eternos (ver Ef 3.11); **b**. são imutáveis (ver Jr 4.28); **c**. Seu cumprimento é certo (ver Is 14.24); **d**. a redenção e a restauração humanas são os focos principais de seus interesses (ver Rm 8.28-30; Ef 1.9,10); **e**. Estão alicerçados sobre a graça que nos é conferida em Cristo (ver 2Tm 1.9).

PROSÉLITO, PROSELITISMO

I. Palavras e Definições. A forma grega verbal dessa raiz é *proserchestai*, "aproximar". A forma nominal é *prosélutos*, "alguém que chegou" em um lugar. Nesse sentido, pode referir-se ao ato literal de chegar a um lugar estranho. Ou, por analogia, pode aludir a alguém que chegou a alguma nova fé religiosa, tendo vindo de algum outro lugar (metaforicamente falando). Na Septuaginta (tradução do Antigo Testamento, para o hebraico), essa palavra grega é usada para traduzir o vocábulo hebraico *ger*, um residente estrangeiro, que vivia em Israel mas não era hebreu. Esse termo hebraico pode ter um sentido civil, significando então "estrangeiro"; ou pode ter um sentido religioso, um estrangeiro "convertido", que assumira algumas ou todas as responsabilidades da fé judaica. O termo grego *prosélutos*, por sua parte, pode significar "recém-chegado", "visitante", "estrangeiro", e, por analogia, "convertido".

O *proselitismo* consiste no esforço proposital de fazer convertidos a alguma fé religiosa, ou a alguma ideia ou partido político. No seu sentido mais lato, um *prosélito* é um convertido a qualquer sistema ou conjunto de crenças e práticas, embora o termo tenha chegado a assumir um significado quase totalmente religioso ou político. Quase todas as fés religiosas, embora nem todas, fazem prosélitos.

II. Caracterização Geral. O termo hebraico *ger* indicava um estrangeiro que residia em Israel, e, por extensão, um estrangeiro convertido ao judaísmo. Um "prosélito justo" distinguia-se dos outros prosélitos, da classe religiosa, e tornava-se parte integral do Judaísmo. Recebia o banho batismal e a circuncisão. Esse indivíduo, na verdade, tornava-se judeu. Mas um "prosélito do portão" (ver Dt 5.14) não se filiava à fé judaica em sentido pleno, embora aceitasse os elementos universais da fé judaica, conforme são sumariados nas sete leis mosaicas. Estas leis salientavam a importância da justiça, proibiam a idolatria, proibiam a crueldade contra os animais, ilegitimavam o furto, o assassínio e a blasfêmia. Todavia, um homem desses não se envolvia com os aspectos ritualistas do judaísmo. Mas aos verdadeiros convertidos eram concedidos plenos direitos religiosos e legais, embora muitos deles não atingissem igualdade quanto a questões sociais e financeiras.

O trecho de Atos 2.10 distingue entre judeus e gentios que haviam adotado o judaísmo. O profundo senso de preconceito racial dos judeus não permitia uma verdadeira igualdade. Sabemos que os três séculos anteriores ao cristianismo caracterizaram um período de intento proselitismo (mediante todas as formas de atividade didática e missionária). Jesus referiu-se negativamente a isso, em Mateus 23.15. Tem sido calculado que havia nada menos de três milhões de judeus na diáspora, e que talvez a maioria deles consistissem, na verdade, em convertidos ao judaísmo, e não judeus de nascimento. Os conflitos entre os judeus e os romanos, com a destruição final de Jerusalém (nos anos 70 e 132 d.C.), pôs fim, de modo quase definitivo, ao proselitismo judaico. Então chegou a vez do cristianismo tornar-se a grande força proselitista do mundo, em obediência ao mandamento de Cristo (ver sobre *Comissão, A Grande*). E a passagem de Colossenses 1.16 mostra-nos que o cristianismo obteve um sucesso inicial surpreendente, nesse esforço.

III. No Antigo Testamento

1. A tolerância e a participação parcial. Essas condições eram oferecidas a todos os estrangeiros em Israel, embora houvesse exigências. Não podiam viver em Israel e blasfemar contra *Yahweh* (Lv 24.16). Também não podiam praticar a idolatria (Lv 20.2), tinham de agir com decência (Lv 18.26), não podiam trabalhar em dia de sábado (Êx 20.10), não podiam comer pão com fermento durante os dias da celebração da Páscoa (Êx 12.19), não podiam comer sangue ou a carne de animais que tivessem morrido naturalmente ou tivessem sido despedaçados por feras (Lv 17.10,15). Se cumprissem esses regulamentos, podiam viver em paz, embora não fossem cidadãos e nem tivessem os direitos de cidadania. Mas, se não cumprissem tais condições, estavam sujeitos ao extermínio.

2. Naturalização e Plena Participação. Aqueles que quisessem esse estado precisavam ser batizados e circuncidados. Desse modo, comprometiam-se a guardar a lei inteira, tornando-se israelitas nativos, participantes dos pactos (ver Êx 12.48,49; Rm 9.4). Havia algumas exceções. Nem todos os estrangeiros podiam ser assim recebidos. Os amonitas e moabitas estavam excluídos por certos atos que tinham de realizar, até à décima geração (o que, para todos os propósitos práticos, tornavam-se permanentes). Os edomitas só podiam ser admitidos na terceira geração (ver Dt 23.3,8). Essas nações tinham feito oposição a Israel, quando o povo de Deus deixou o Egito, e não podiam ser facilmente perdoadas por causa disso. Mas outros povos, como os queneus, podiam tornar-se convertidos plenos (ver Jz 1.16). Os gibeonitas foram aceitos, mas, na verdade, foram reduzidos a virtual escravidão. Vemos, pois, que houve vários padrões em ação, pelo menos na prática, posto que não oficial (ver Js 9.16 ss.). No tempo da monarquia, alguns estrangeiros obtiveram elevadas posições em Israel; mas, considerados como uma classe, eles eram cidadãos de segunda categoria, e muitos tiveram de tornar-se trabalhadores forçados (ver 1Cr 22.2; 2Cr 2.17,18). O profeta persa Baha Ullah estabeleceu uma boa regra ao afirmar que nunca deveríamos pedir a outra pessoa para fazer algo por nós, quando nós mesmos nos recusamos a tal. Isso é degradante para a personalidade humana; mas Israel, e até os cristãos (donas de casa com suas empregadas quase-escravas) continuam atuando dessa maneira.

Israel via-se a braços com uma espécie de problema estrangeiro, tal como sucede a muitas nações modernas, especialmente por razões militares e comerciais. E na época em que Judá voltou do cativeiro, tinha havido muita miscigenação entre os judeus, que Esdras e Neemias procuraram purificar; mas como é natural, o elemento estrangeiro sempre foi elevado, depois disso.

Houve uma modalidade de universalismo, em alguns segmentos e em alguns períodos do judaísmo, que não caracterizava a totalidade da nação. Generosas orações chegaram a ser feitas (ver 1Rs 8.41-43; Is, 2.24; 49.6; 56.3-8; Jr 3.17; Sf 3.9), que demonstram um espírito universalista. No Antigo Testamento, quanto a isto, destaca-se o livro de Jonas, que é o João 3.16 do antigo pacto.

3. Após o Cativeiro. Alguns estrangeiros foram atraídos pelo judaísmo devido à presença e ao exemplo da piedade religiosa que os hebreus deram na Babilônia e estavam dando em outros lugares. Além disso, estava havendo um amálgama de povos e ideias, e o judaísmo absorveu muitas ideias e práticas que não se originavam no Antigo Testamento. Isso tendia por fazer a fé judaica tornar-se mais aceitável diante de estrangeiros. O trecho de Ester 8.17 menciona especificamente que houve muitos convertidos ao judaísmo, durante o período persa. As conquistas dos macabeus naturalmente engrossaram as fileiras dos convertidos ao judaísmo. As conversões compulsórias também eram comuns durante aquele período histórico, mas essa prática foi posteriormente denunciada, ao ponto que chegou a ser proibido até mesmo forçar um escravo a converter-se ao judaísmo (*Hebamoth* 48b). Naturalmente, houve exceções. Os membros da família de Herodes, que eram convertidos vindos de Edom, sempre insistiram que aqueles que quisessem casar-se com membros da família se convertessem ao judaísmo (mediante a prática da circuncisão, para os homens).

4. O Grande Aumento. O período dos macabeus, com suas conversões forçadas, obviamente foi um tempo em que a causa judaica avançou, pelo menos quanto a números. Porém, além disso, os três séculos antes de Cristo foram assinalados por entusiásticas missões judaicas. Os trechos de Tobias 1.8 e Judite 14.10 dão-nos alguma ideia quanto a isso. Não demorou muito para o judaísmo ser bem representado nas grandes capitais do mundo antigo, como Alexandria. Uma abundante literatura religiosa ajudou nesse processo do proselitismo; Filo (vide) foi um dos poderosos autores nesse esforço. O próprio Josefo, exilado, sendo um historiador judeu autorizado (reconhecido por Roma), atuou com força em favor do proselitismo judaico. Houve colônias judaicas em Roma desde o século II a.C. Mostraram-se tão zelosos e bem-sucedidos que os romanos expulsaram-nos dali em 139 a.C., mas, no século I a.C. eles voltaram, mais resolutos do que nunca, propagando-se por várias cidades da Itália e de outras partes do império romano. Eles dispunham de numerosas colônias no Egito e em Cirene. Quando Pompeu obteve suas vitórias militares, levou muitos judeus para Roma como escravos. Alguns deles, posteriormente, adquiriram a cidadania romana. Autores como Tácito, Juvenal, Horácio e Cícero falaram dos judeus de maneira pejorativa. Mesmo assim, tais autores queixaram-se do exclusivismo dos judeus e das atitudes xenofóbicas deles, mesmo quando judeus eram os estrangeiros. Jesus comentou negativamente sobre os abusos do zelo missionário dos judeus (ver Mt 23.15). Todavia, um aspecto negativo não pode anular as atitudes e as práticas morais aprimoradas, e o judaísmo fazia espalhar pelo mundo. Afinal de contas, precisamos reconhecer que essa obra missionária, em mais de um sentido, facilitou a propagação do cristianismo no mundo greco-romano, e, com frequência, os primeiros convertidos ao cristianismo provinham de colônias judaicas de muitas localidades.

IV. Informações Rabínicas

Na literatura rabínica encontramos opiniões extremadas acerca dos prosélitos. Por um lado, eles chegaram a ser elogiados, até mesmo mais que os israelitas nativos. Mas, por outro lado, são escarnecidos ali como se nunca se tivessem realmente convertido, mas antes, sempre estivessem maculados pelo pecado, o qual se manifestaria com grande facilidade (ver *Baba Mesia* 59b). *Yebamot* 109b chega a compará-los com úlceras na pele de Israel. O termo hebraico *ger* era usado para indicar um prosélito pleno. Um estrangeiro residente era chamado de *gertosab*. Essa foi a expressão que acabou sendo traduzida por "prosélito do portão". Porém, quem se convertesse por motivo de temor, era apelidado, desprezivelmente, de "prosélito leão" (ver 2Rs 17.25 ss.). *Midrash Rabbath*, no seu oitavo capítulo (citado na *Antologia Rabínica*), reflete uma atitude bondosa de alguns rabinos para com os convertidos gentílicos ao judaísmo, afirmando que eles deveriam ser respeitados e amados mais do que os israelitas nativos. A questão dos meio-prosélitos foi levantada por Schuerer (*Geschichte des Juedischen Volkes, vol. III*, p. 124 ss.), como se tal condição fosse estranha às crenças fundamentais do judaísmo. Alguns escritores judeus chegam ao extremo de negar que o Talmude descreve qualquer coisa como um pleno convertido ao judaísmo. Porém, as citações oferecidas parecem ser contrárias a essa opinião, e o próprio Antigo Testamento certamente estabelece distinção entre os dois tipos de prosélitos.

V. No Novo Testamento

1. Ainda Sobre Bases Veterotestamentárias. Aqueles que no grego eram chamados "oi *phoboúmenoi*", "os tementes (a Deus)", quando eram gentios, sem dúvida eram convertidos ao judaísmo, que depois vieram a converter-se ao cristianismo. Dentro dessa categoria estavam o centurião de Cafarnaum (ver Lc 7.5), o eunuco etíope (ver At 8.27 ss.), Cornélio de Cesareia, (ver At 10). E os trechos de Atos 2.10 e 6.5 alertam-nos quanto ao fato de que deve ter havido muitos destes prosélitos que entraram em contato com a fé cristã, e assim supriram muitos membros à nova fé. Já pudemos ver que uma elevada porcentagem de judeus da diáspora compunha-se, na realidade, de convertidos gentios, e que o período helenista foi um tempo de intensas missões gentílicas. Talvez fosse mais fácil ser judeu nas áreas remotas do mundo greco-romano do que na Palestina. Uma condição básica para quem fosse aceito como judeu, se tivesse vindo do paganismo, era a circuncisão, e então o batismo purificador. Para as mulheres, a condição era o batismo e o oferecimento de um sacrifício.

2. No Tocante à igreja Cristã. A igreja cristã foi forçada a herdar o problema do proselitismo que havia no judaísmo, e então enfrentar seus próprios problemas com os novos convertidos, vindos do paganismo, sem que eles tenham, primeiramente, feito uma fase preparatória no judaísmo. O que deveria ser requerido da parte desses puros gentios que se tornassem crentes (sem o benefício de antes terem-se tornado judeus)? O décimo quinto capítulo de Atos conta-nos a história. A circuncisão não foi requerida da parte deles, o que pareceu extremamente insatisfatório para os judeus cristãos mais conservadores, os quais não podiam conceber a salvação sem a circuncisão (ver At 15.1). O primeiro concílio ecumênico, efetuado em Jerusalém, fornece-nos os requisitos impostos aos convertidos do paganismo: precisavam abster-se de coisas que tivessem sido oferecidas aos ídolos. Tais coisas não podiam ser usadas na alimentação. E também não podiam ingerir sangue e nem a carne de animais que tivessem sido sufocados. Igualmente, deveriam evitar de todo a imoralidade, e, naturalmente, qualquer forma de idolatria. À medida que o cristianismo foi-se expandindo para áreas puramente gentílicas, onde os legalistas não se fizessem presentes para levantar objeções, provavelmente diversas regras dessas começaram a ser ignoradas, como o uso de sangue nos alimentos; até mesmo a questão de comer coisas que tivessem sido oferecidas a ídolos parece ter sido relaxada, se nenhum irmão se ofendesse diante do fato (ver 1Co 8.7 ss.). Paulo recusou-se a permitir a circuncisão de Tito, a despeito das pressões que lhe foram feitas nesse sentido, porquanto Tito era um gentio puro (ver Gl 2.3-5). Porém, no caso de Timóteo, 50% judeu, Paulo permitiu sua circuncisão, a fim de outorgar-lhe maior aceitação entre os judeus da Ásia Menor (ver At 16.1-4). Em um dos casos, Paulo aplicou sua convicção; no outro, aplicou uma medida pragmática. E, em minha opinião, ele agiu acertadamente em ambos os casos.

3. A baixa avaliação, feita por Jesus, dos prosélitos do judaísmo (ver Mt 23.15), foi uma avaliação geral. Essa lata generalização não abordou casos como o dos verdadeiros "tementes a Deus", como o centurião de Cafarnaum ou o centurião de Cesareia. E também não negou a espiritualidade autêntica de muitos sinceros.

4. A igreja e sua Missão Gentílica. Jesus encorajou o proselitismo como a própria raiz da nova fé (ver Mt 28.19,20). Ver o artigo separado intitulado *Comissão, a Grande*. O trecho de Atos 1.8 mostra-nos que essa comissão recebeu a sua devida ênfase, e o próprio livro de Atos é demonstração do zelo que marcou as primeiras missões cristãs, as quais, em sua maioria, acabaram voltando sua atenção principalmente para os gentios. Gradualmente, a igreja cristã foi-se afastando de Jerusalém, sua base original, e estabeleceu seus quartéis-generais nas grandes capitais do mundo, como Éfeso, Constantinopla, Antioquia da Síria, Alexandria e Roma, os primeiros cinco grandes patriarcados. A Europa tornou-se o centro da igreja durante a Idade Média; as missões modernas, começando pela Alemanha, logo espalharam o cristianismo a todas as nações pagãs do mundo.

PROSTITUTA, PROSTITUIÇÃO

I. As Palavras e suas Definições. A raiz latina da palavra "prostituta" é *pro*, "antes" e *statuere*, "fazer ficar defronte", o que é uma ideia com óbvias implicações sexuais. A palavra latina *prostitutus* é o particípio passado de *prostituere*, que significava "expor publicamente", "prostituir". A raiz original parecia referir-se à exibição pública de prostitutas, as quais ou se exibiam voluntariamente ante os olhares masculinos, ou, então, eram submetidas a isso por outros, a fim de atrair clientes. Um vocábulo hebraico comum para "prostituta" era *Zanah*, um termo que podia referir-se tanto à fornicação quanto ao adultério, além do aluguel do sexo a dinheiro. figuradamente, a prostituição indicava a idolatria. (Ver Gn 34.31; 38.15; Lv 21.14; Js 6.17; Pv 7.10; Is 1.21; 23.15; Jr 2.20; Ez 16.16; 23.5,9; Os 2.5; 3.3; Jl 13; Am 7.17; Mq 1.7; Na 3.4). Um outro vocábulo hebraico é *qedeshah*, "devota" (quando estava em vista a prostituição religiosa, também chamada cultual), indicando uma prostituta qualquer. (Ver Gn 38.15,21,22; Dt 22.21).

No Novo Testamento encontramos a palavra grega *pórne*, "prostituta", que figura por doze vezes (Mt 21.31,32; Lc 15.30; 1Co 6.15,16; Hb 11.31; Tg 2.25; Ap 17.1,5,15,16; 19.2). A forma verbal é *porneúo*, "prostituir-se", "praticar imoralidade sexual". O masculino *pórnos* ocorre em (1Co 5.9-11; 6.9; Ef 5.5; 1Tm 1.10; Hb 12.16; 13.4; Ap 21.8; 22.15, geralmente traduzido por "imoral"). O verbo *porneúo* aparece por oito vezes (Mc 10.19; 1Co 6.18; 10.8; Ap 2.14,20; 17.2; 18.3,9. *Porneía*, "prostituição", ocorre por 26 vezes (Mt 5.32; 15.19; 19.9; Mc 7.21; Jo 8.41; At 15.20,29; 21.25; 1Co 5.1; 6.13,18; 7.2; 2Co 12.21; Gl 5.19; Ef 5.3; Cl 3.5; 1Ts 4.3; Ap 2.21; 9.21; 14.8; 17.2,4; 18.3; 19.2).

Definições Básicas. Fazer sexo em troca de dinheiro é a ideia básica na prostituição, embora seja essa uma noção simplista. A falta de castidade também é prostituição, mesmo quando não há dinheiro envolvido. Contudo, a prostituição pode ser voluntária ou forçada. Uma mulher seria uma prostituta moral quando fosse forçada a entrar nessa atividade para ganhar dinheiro para terceiros, enquanto ela mesma é mantida em abjeta pobreza, conforme tantas vezes tem sucedido na história. Temos de estabelecer diferença entre uma prostituta forçada, que chega mesmo a ser uma espécie de escrava, e uma outra, que vende voluntariamente o seu corpo. Esta última é a verdadeira prostituta.

II. Algumas Práticas das Sociedades Primitivas. A prostituição religiosa, na qual mulheres presumivelmente serviam às divindades, ganhando dinheiro para os tesouros dos templos pagãos, era um aspecto bastante comum das culturas antigas. Essa era uma característica usual dos cultos religiosos cananeus, dos quais participavam prostitutos e prostitutas. A classe feminina era chamada, no Antigo Testamento, de *qedeshah*; a classe masculina, *qades*. O trecho de Deuteronômio 23.18 chama o ganho vergonhoso dessa atividade de "salário de prostituição" (mais literalmente, "salário de um cão"). Os tabletes de Ugarite (11.73; 63.3; 81.2) referem-se à classe masculina com a palavra *qdsm*, enquanto que os sacerdotes que promoviam esse comércio eram os *khnm*. Naturalmente, na mente dos hebreus, havia a constante associação entre a prostituição e a idolatria, porquanto as duas coisas geralmente andavam lado a lado, havendo mesmo um uso metafórico do termo, que indicava idolatria. (Ver Is 1.21; Jr 13.27; Ez 16.16; Os 1.2). Quando o povo de Israel buscava outros deuses, essa busca era chamada de prostituir-se com outros deuses", de tal maneira que aquela associação de ideias veio a fixar-se na mente dos israelitas.

Algumas sociedades primitivas, onde a mulher era considerada mera propriedade do homem, não hesitavam em promover ativamente a prostituição. Isso incluía a prostituição até mesmo de esposas e irmãs, com finalidades de lucro. Em uma sociedade onde uma esposa podia ser comprada, era fácil utilizar a mesma mulher para captar dinheiro, oferecendo-a a outros homens com propósitos sexuais. E também lemos sobre pais que usavam suas filhas como prostitutas. A partir daí, foi preciso um pequeno passo para vender mulheres aos templos, a fim de serem prostitutas cultuais. Sabe-se que tal prática era comum entre os povos semitas. Por essa razão, foi mister que Moisés proibisse aos pais prostituírem suas filhas (ver Lv 19.29). Se um sacerdote levítico fizesse tal coisa, deveria ser executado na fogueira (Lv 21.9), ou então por apedrejamento (Dt 22.21). A destruição final dos povos cananeus teve por razão, pelo menos em parte, seus hábitos extremamente imorais (Lv 20.22).

Em algumas culturas africanas, a virgindade é desprezada, e meninas muito jovens são usadas como parceiras sexuais. Na cultura dos esquimós, é costumeiro o dono da casa entregar sua esposa a um visitante, como entretenimento. Pode-se ver, com base nesses vários exemplos, que os pontos de vista hebreu-cristãos a respeito das questões sexuais não concordam com o que os homens em geral têm pensado e feito. De fato, a atitude moralista dos hebreus formava um agudo contraste com a permissividade dos gregos e dos romanos. Os gregos tornaram-se famosos por seu homossexualismo. E também apelavam para as *hetaerae*, "outras", que eram companhias femininas que não eram esposas. Essas mulheres eram prostitutas profissionais, e algumas delas eram companhias não pagas. Costume muito parecido prevalece atualmente no Japão.

As mulheres que se tomassem prisioneiras de guerra supriam concubinas individuais e prostitutas que atuavam nos bordéis. Os romanos seguiam esses costumes, e as escravas estavam sujeitas aos piores abusos sexuais, comerciais e não-comerciais. E também havia escravos homossexuais. Os lupanares ou bordéis dos romanos tornaram-se numerosíssimos e tiveram de ser regulamentados por lei; mas em Roma as leis sempre foram baixadas a fim de serem desobedecidas. O governo cobrava taxas dos bordéis, indicação de um empreendimento lucrativo. Alguns dos primeiros pais da igreja, como Teodósio e Valentiniano, tentaram persuadir as autoridades civis a suprimirem os bordéis e não mais tachá-los como fonte de renda. Porém, os políticos romanos nunca se interessaram muito em reduzir seus ganhos em potencial. Justiniano, que se casara com uma prostituta, ficou sabendo mais do que queria sobre esse negócio, e o resultado foi que procurou introduzir reformas.

III. Pontos de vista do Antigo Testamento

1. A Prostituição é uma Antiga Prática. Na verdade, conforme se tornou proverbial, essa é a mais antiga das profissões, porquanto as mulheres sempre tiveram dificuldade em viver de forma independente, e os homens sempre se dispuseram a pagar dinheiro em troca de sexo. Nos tempos modernos, sobretudo na África, os missionários cristãos veem-se forçados a permitir a continuação da poligamia, visto que as esposas plurais, se forem repelidas, usualmente tornam-se prostitutas. Rejeitar uma esposa, quase sempre, na África, equivale a condená-la à prostituição; pelo menos equivale a torná-la adúltera (o que talvez esteja implícito em Mt 5.32). A prostituição prevalecia em sociedades mencionadas na Bíblia, desde o início. (Ver Gn 38.15; Jz 11.1). Era encontrada em Canaã (Js 2.1), na Filístia (Jz 16.1), e em muitas outras terras (Pv 2.16 e 29.3).

2. Regulamentos Mosaicos. Um pai não podia prostituir suas filhas (ver Lv 19.29); um sacerdote não podia contrair matrimônio com uma prostituta (ver Lv 21.14); se um sacerdote entregasse sua filha à prostituição, ele deveria ser executado na fogueira (ver Lv 21.9), ou, então, por apedrejamento (ver Dt 22.21). No templo não se podia usar dinheiro adquirido pela prostituição (ver Dt 23.17,18).

3. Atitudes dos Profetas. A prostituição e a idolatria eram sócias, de tal maneira que a primeira era usada como metáfora para indicar a segunda. (Ver Is 1.21; Jr 13.27; Ez 16.16; Os 1.2).

4. A Imagem Bíblica da Prostituição. Na Bíblia a prostituta aparece como uma aventureira que arrasta os homens à ruína (Pv 23.27). Uma sociedade ou nação ímpia e idólatra é comparada a uma prostituta coletiva (Ap 17.5,15-17). Uma prostituta sabe seduzir mortalmente (Na 14). Nações foram assemelhadas às prostitutas, devido às suas imoralidades e à sua idolatria (como Nínive, Na 3.4; ou Tiro, Is 23.15-17). Uma mulher virtuosa é benéfica para seu marido, mas uma prostituta arruína financeiramente um homem (Pv 29.3; Lc 15.30). As prostitutas exibem-se publicamente, e se caracterizam por vestes escandalosas (1Rs 22.38; Pv 7.12; Is 3.16). A prostituta tem moral baixa; mas a adúltera ainda é mais vil (Pv 6.26).

IV. Pontos de Vista de Novo Testamento

1. O Senhor Jesus repreendeu as frouxas ideias morais dos fariseus (ver Jo 8.7; Mt 5.32; 21.31 ss.; Lc 7.37-50), o que, naturalmente, resultava em formas diversas de prostituição. **2**. Paulo combateu a excessiva prostituição da cidade de Corinto, onde tornara-se comum a prostituição religiosa (ver 1Co 5.1 ss.; 6.15,16). **3**. O concílio de Jerusalém condenou a prostituição, exigindo que os convertidos ao cristianismo abandonassem toda e qualquer participação (ver At 15.20,29). **4**. As prostitutas estão moralmente mortas (ver 1Tm 5.6). **5**. A união sexual de alguma maneira combina as energias vitais das duas pessoas envolvidas. Sendo esse o caso, é ofensa séria o crente ter união com uma prostituta, ao mesmo tempo em que desfruta da presença do Espírito Santo, com quem goza de união espiritual vital (ver 1Co 6.18). O fato de que o crente é templo do Espírito Santo veda terminantemente, para ele, todas as formas de imoralidade.

V. Usos Metafóricos

1. A *idolatria é prostituição*, tal como sucede à *apostasia* (ver Is 1.21; Jr 13.27; Ez 16.16; Os 1.2). **2**. A prostituição é um *viver na morte* (ver 1Tm 5.6). **3**. Países inteiros ou cidades-estado são comparados com prostitutas, em face de sua imoralidade e idolatria. Foram os casos de Roma (Ap 17.5), Nínive (Na 3.4) e Tiro (Is 23.15-17). **4**. A prostituição é uma corrupção do corpo, que é um templo espiritual, sobretudo no caso do crente (ver 1Co 6.18 ss.). **5**. Um povo pecaminoso é como uma prostituta, que corre de um amante para outro, ansiosa por mais aventura e maior ganho (ver Is 57.3-5; Jr 2.23-25). **6**. Nos sonhos e nas visões, a participação na prostituição pode simbolizar toda uma série de atividades e atitudes dúbias, prejudiciais e pecaminosas, embora sem o concurso (ou incluindo) de atos sexuais.

VI. Causas da Prostituição

1. Muitas prostitutas tornam-se tais por terem um desejo desordenado por sexo, encontrando satisfação somente nos excessos que sua profissão (?) lhes permite. Geralmente, podem ser encontradas perturbações psicológicas que causam a condição, embora, em algumas delas, pareça também haver causas orgânicas. **2.** Usualmente há alguma distorção psicológica que leva as mulheres a buscar cumprimento ou aceitação por meio do sexo. **3.** As pesquisas têm descoberto que algumas mulheres têm personalidades que definidamente gravitam para a prostituição, tal como outras personalidades inclinam-se para outras atividades. **4.** Nos tempos em que vivemos, grande parte da prostituição deve-se à falta de dinheiro, a fim de sustentar vícios, como o das drogas. **5.** A despeito da passagem dos séculos e da melhoria das condições de vida das mulheres, muitas delas ainda são forçadas a uma vida de prostituição.

6. A grande causa da prostituição é o simples desejo ou necessidade de *dinheiro*. A prostituição é uma atividade lucrativa. Um simples encontro pode render, para uma prostituta, o que uma secretária só consegue ganhar em uma semana. Uma prostituta de luxo, no Brasil, pode ganhar, em um único encontro, o que uma jovem que trabalha só ganharia em dois ou três meses de trabalho. O fato de que uma cidade brasileira de tamanho moderado, como Recife, conta com cerca de quarenta mil prostitutas profissionais devidamente fichadas (para nada dizer sobre outras milhares que não o são), só pode dizer sobre o fator econômico como o maior de todos os motivos que levam as mulheres a tornarem-se prostitutas.

VII. Remédios Para a Prostituição. 1. Agências sociais, financeiras e governamentais podem reduzir a prostituição mediante programas que tendam por melhorar as condições sócioeconômicas das mulheres. **2.** As igrejas e a pregação do evangelho não têm conseguido reduzir apreciavelmente a prostituição massificada, embora tenha podido ajudar a muitas prostitutas individuais, especialmente por meio de missões de socorro e amparo, nas grandes cidades. **3.** Ao agências médicas, ultimamente, talvez tenham contribuído, mais do que qualquer outra coisa, para a redução da prostituição, visto terem espalhado os perigos envolvidos nas doenças sexualmente transmissíveis incuráveis. A mais temível dessas enfermidades é a AIDS, acerca da qual temos ouvido mais do que gostaríamos de saber. Mas, segundo outros, o povo ainda não foi informado de tudo a respeito da AIDS, porque a verdade sobre essa enfermidade é chocante. Seja como for, o temor à AIDS tem reduzido apreciavelmente a prostituição, e muitos homens têm descontinuado totalmente o contato sexual com as prostitutas. A homossexualidade também tem recebido um golpe muito rude e muitos lugares de encontros homossexuais têm fechado suas portas. Mas, o que resta de prostituição — hetero ou homossexual — ainda é temível. Quão perigosa é a prostituição pode ser avaliado pelo fato de que a *possessão demoníaca* (víde) está tão pesadamente envolvida na perversão das funções sexuais humanas. Uma outra característica básica da possessão demoníaca é o *ódio*, o equivalente diabólico do amor. O ódio e o sexo pervertido são as duas grandes expressões da atividade dos demônios.

PROTESTANTISMO

A palavra deriva do *Protestatio* dos representantes pró-Reforma no parlamento (dieta) de Speier (1529) contra as práticas católicas romanas. Logo viria a abranger toda a tradição cristã fora do catolicismo e da ortodoxia.

As origens do protestantismo se encontram no ensino e nas ações tanto dos reformadores principais, especialmente Lutero, Zuínglio e Calvino, quanto dos líderes da Reforma Radical (ver Reforma Radical). Embora tenham ocorrido algumas vezes dissensões de visão entre essas figuras seminais, uma série de iguais convicções importantes se manteve firme, caracterizando até hoje a maioria das confissões de doutrina protestante, conforme se segue.

1. Justificação pela fé. A questão central do protestantismo se relacionava à salvação. A "descoberta" de Lutero de que a justificação não dependia do merecimento acaso obtido pelo homem, mas, sim, do ato salvador de Deus em Jesus Cristo, foi da maior importância para o pensamento protestante. Marcou a diferença básica na abordagem teológica, entre o entendimento católico da justificação, como analítica — resultante de algo feito pela pessoa justificada — e seu entendimento protestante, como sintética — devido a algo providenciado de fora. A questão da justificação permanece até os dias atuais como uma das grandes áreas de controvérsia entre católicos e protestantes.

2. Escrituras. Os reformadores se uniram em seu compromisso para com as Escrituras como a única autoridade em matéria de doutrina. Os reformadores mantiveram alto respeito pela tradição, particularmente, dos pais (ver Teologia Patrística) e dos concílios da igreja primitiva. Rejeitaram, contudo, qualquer subordinação das Escrituras à tradição (ver Escritura e Tradição). Os reformadores radicais tinham, porém, respeito bem menor pela tradição, tendendo a considerar as Escrituras como único ponto de referência importante.

3. igreja e Estado. A Reforma, e, portanto, o protestantismo, não fez nenhuma reivindicação de exercer o poder político direto do modo que o catolicismo medieval o fizera. Os reformadores pioneiros procuraram instruir os governantes em sua responsabilidade espiritual. Alguns de seus sucessores protestantes, particularmente luteranos e anglicanos, estiveram sujeitos à acusação de erastianismo (ver Estado). Os radicais, contudo, buscaram total separação entre igreja e Estado.

4. Sacerdócio universal dos crentes. Esta doutrina foi sustentada por todos os grupos protestantes. Teve imensas implicações para a demolição da estrutura ministerial hierárquica e de divisão entre clérigos e leigos do catolicismo medieval. De modo geral, o ministério foi entendido pelos protestantes de uma maneira mais funcional do que ontológica. Ao mesmo tempo, no entanto, anglicanos e alguns luteranos retiveram determinadas estruturas ministeriais, que levaram apologistas posteriores a apontar a continuidade de uma prática católica tradicional.

A ênfase sobre o sacerdócio de todos os crentes alterou radicalmente a percepção dos leigos quanto ao papel do ministro ordenado em relação ao acesso a Deus e à salvação, mas as implicações relativas aos dons no corpo de Cristo não foram geralmente obedecidas. Nos ramos clássicos do protestantismo, o sentido de divisão entre os ministros e o laicato foi perpetuado quase tão fortemente pelo ministério da Palavra exercido por clérigos altamente preparados como o havia sido pelas funções sacramentais de sacerdotes medievais não tão treinados. O descontentamento dos leigos nesse sentido foi um fator importante na insatisfação dos reformadores radicais para com a Reforma tradicional, bem como de outros movimentos subsequentes de dissenção dentro do protestantismo. Todavia, muitos desses movimentos logo também desenvolveram instituições ministeriais comparáveis àquelas contra as quais haviam protestado.

5. Os sacramentos. O protestantismo rejeitou firmemente os sete sacramentos do catolicismo, enfatizando somente os outorgados pelo Senhor — o batismo e a ceia. Todas as confissões protestantes rejeitaram a interpretação sacrifical católica da eucaristia, aceitando a comunhão mediante os dois elementos; mas ainda permaneceram em debate considerável quanto ao real significado da ceia do Senhor. Lutero enfatizava a presença real corpórea de Cristo; Calvino, a presença espiritual; enquanto Zuínglio estava inclinado a considerar a ceia como uma comunhão dos crentes visando apenas lembrar a morte do Senhor. Os protestantes em geral têm mais frequentemente concordado com essa interpretação, embora no anglicanismo, no luteranismo e em algumas igrejas da tradição reformada prevaleçam ainda as ideias anteriormente referidas.

O PROTESTANTISMO MUNDIAL. Após a considerável criatividade e formação espiritual e institucional do período da Reforma, o desenvolvimento do protestantismo tem sido menos dramático, nestes séculos subsequentes. Numérica e territorialmente, seguiu a emigração da Europa para os Estados Unidos, o Canadá, Austrália e Nova Zelândia, e as realizações consideráveis do movimento missionário a partir da Europa e América do Norte, nos séculos XIX e XX, para a África, a Ásia e a América do Sul. Em termos mais amplos, o protestantismo mundial pode ser hoje dividido em sete principais famílias — luteranos (com cerca de 54 milhões de aderentes), anglicanos (50 milhões), batistas (48 milhões), presbiterianos ou reformados (40 milhões), metodistas (30 milhões), congregacionais (3 milhões); e outros grupos, que mantêm em parte a herança dos reformados radicais.

Se definido, enfim, em amplos termos, o protestantismo detinha em dezembro de 2008 uma comunidade mundial de quase 600 milhões de membros. Alguns anglicanos, contudo, não concordam em serem rotulados de protestantes. Essa discordância não faz jus à sua realidade histórica, do mesmo modo que a maioria dos anglicanos não questiona sua descrição em relação ao Movimento de Oxford (ver Teologia Anglocatólica). Alguns grupos ou famílias acima indicados escondem, na verdade, de certo modo, uma tendência divisória existente no protestantismo. Ao mesmo tempo, porém, apontam realmente para suas origens comuns e um mesmo sentido comum de identidade. Entre as principais denominações históricas, ocorrem movimentos em crescimento em uma direção mais ecumênica, que se refletem no Conselho Mundial de igrejas, o qual inclui também as igrejas ortodoxas, assim como em diversas igrejas resultantes de amplas uniões, como é o caso da igreja Unida do Canadá, da igreja do Sul da Índia e da igreja do Norte da Índia.

TENSÕES: OBJETIVA E SUBJETIVA. Da Reforma em diante, o Protestantismo tem tido a tendência de oscilar entre uma abordagem objetiva e dedutiva, olhando para a revelação bíblica como seu ponto de partida, e uma abordagem subjetiva e indutiva, que se volta de preferência para a experiência pessoal. Indicações anteriores dessa tensão podem ser vistas na luta de Lutero contra os chamados "entusiastas" (*Schwärmer*).

No século seguinte, a ruptura com Roma foi marcada por um período de ortodoxia confessional, em que emergiu um distintivo escolasticismo protestante. Foi, tal como sua contraparte católica, uma fase profundamente intelectualizada. Quase ao final do século XVII, o protestantismo foi desafiado pelo pietismo, que salientava a experiência como determinante e dava força ao trabalho externo ativo de compromisso cristão, como na obra missionária do conde Zinzendorf. O Iluminismo, por sua vez, com sua exclusiva fé na razão, trouxe ao protestantismo, como a todo o cristianismo, uma contestação considerável, que foi respondida, sem dúvida, mas, em grande parte, nos mesmos termos filosóficos e racionalistas do Iluminismo. A obra substancial de figuras de destaque nos meios evangélicos, como os bispos Berkeley e Butler, por exemplo, pouco fez então para satisfazer a necessidade espiritual ou religiosa das pessoas comuns, em países tradicionalmente cristãos como a Irlanda e a Inglaterra. Foi certamente, em grande parte, em reação a isso que o Reavivamento Evangélico surgiu para enfatizar a importância da religião experimental, sendo, nesse sentido, imensamente influente.

Semelhante reação ao Iluminismo racionalista teve Schleiermacher, que, sob a influência tanto do pietismo quanto do romantismo, procurou desenvolver uma teologia que refletisse a experiência humana da fé. Começando a partir do sentimento de absoluta dependência e usando do método indutivo, Schleiermacher construiu uma teologia extremamente influente, contendo, caracteristicamente, muito do liberalismo protestante, ao reduzir consideravelmente a importância da revelação e do sobrenatural. Os desafios da ciência e do pensamento histórico no século XIX acentuaram os problemas dos intelectuais protestantes, por levantarem a questão de se a revelação cristã, em qualquer sentido significativo, era divina e distintiva. O liberalismo, como refletido nas obras de Ritschl e Harnack, que continuaram a tradição de Schleiermacher, enfatizava a centralidade de Jesus como simplesmente aquele que ensinava a paternidade de Deus e a irmandade dos homens.

Por todo aquele século, o liberalismo veio a ser criticado por muitos cristãos conservadores, como, por exemplo, na Inglaterra, pelos evangélicos e os tractarianos (ver Teologia Anglocatólica). Já no século XX, o pensamento existencialista e a experiência da Primeira Guerra Mundial minaram o otimismo liberal. Karl Barth se tornou o oponente mais significativo do liberalismo. Reafirmou a importância de se ter como ponto de partida a palavra de Deus, em vez de a experiência humana. Apontou para o desencontro radical entre a religião natural, com sua confiança própria de que poderia encontrar Deus, e a palavra de Deus, que declarava que o homem não possui tal capacidade — somente mediante o dom da graça o homem pode experimentar Deus.

Barth polarizou, assim, a divisão entre a teologia natural e a sobrenatural, entre a razão e a fé, entre a história secular e a sagrada. Teólogos mais nossos contemporâneos, como Pannenberg e Moltmann, todavia, rejeitaram esses extremos contrastes, vendo na revelação, incluída, a ação de Deus através da história do mundo. Ao mesmo tempo, em suas teologias, mostram-se comprometidos com um entendimento bíblico, embora a Trindade e a ressurreição, por exemplo, permaneçam cruciais, juntamente com a escatologia. Já uma visão mais imanentista se reflete, na Inglaterra, na obra de Macquarrie.

Bultmann rejeitou o liberalismo quase tão vigorosamente quanto Barth, enfatizando também a palavra de Deus como decisiva. Ele traduziu sua mensagem em categorias existencialistas, mas revelou-se extremamente cético a respeito da realidade histórica dos eventos que aborda. Teólogos protestantes atuais, partidários de uma nova hermenêutica, apoiam igualmente a ênfase de Barth e Bultmann sobre a centralidade crucial da palavra de Deus.

Muitos líderes protestantes, no entanto, mostraram-se bastante insatisfeitos com as conclusões dos teólogos radicais, reagindo fortemente contra a consequente atenuação da crença que haviam aprendido e aceito, e que ensinavam aos irmãos, em suas principais denominações históricas. Isso levou a numerosas confrontações com os liberais — desde, por exemplo, Spurgeon, com sua chamada controvérsia sobre a degradação, no final do século XIX, até o debate que irrompeu sobre a obra *Os Fundamentos*, nos Estados Unidos, na primeira quadra do século XX, obra de Macquarrie, levando a um aumento das dissensões e da divisão protestantes. Outros, de inclinações também conservadoras, mas talvez com uma teologia da igreja mais desenvolvida, têm sentido e declarado a importância de se permanecer dentro das denominações históricas.

(**C P. Williams**, M.A., B.D., M.Litt., Ph.D., ex-vice-reitor do *Trinity College*, Bristol; vigário de All Saints, Ecclesall, Sheffield, Inglaterra.)

BIBLIOGRAFIA. J. Dillenberger & C. Welch, *Protestant Christianity Interpreted through its Development* (New York, 1954); M. E. Marty, *Protestantism* (London, 1972); J. H. Nichols, *Primer for Protestants* (New York, 1947), republicado como *The Meaning of Protestantism* (London, 1959); W. Niesel, *Reformed Symbolics: A Comparison of Catholicism, Orthodoxy and Protestantism* (Edinburgh, 1962); P. Tillich, *The Protestant Era* (Chicago, IL, 1948); J. S. Whale, *The Protestant Tradition* (Cambridge, 1955).

PROVÉRBIOS

1. A Palavra e suas Definições. Essa palavra vem do latim, *proverbium*, formada por *pro*, "antes", e *verbum*, "palavra". Seu sentido é algumas vezes expresso por poucas palavras, precisas e coloridas. O latim, *pro*, pode ter o sentido de "de acordo com", ou "através de", e talvez essa seja a força desse prefixo, nessa palavra. No hebraico, o vocábulo correspondente é *mashal*, "ser semelhante", o que salienta o valor dos provérbios para a feitura de comparações e observações sutis e inteligentes.

2. A Natureza dos Provérbios. Um provérbio é uma declaração expressiva, incisiva e concisa, embora com o intuito de transmitir um pensamento novo ou importante. Pode ser uma declaração enigmática ou uma máxima, como se fosse uma minúscula parábola ou símile. Os seus sinônimos são aforismo, máxima, mote, preceito, símile. No Oriente, os provérbios usualmente incluem comparações, uma espécie de observações aguda e condensada. Um provérbio também pode ser uma "declaração enigmática", que requer meditação e análise para que possa ser definido ou compreendido. É o caso de Provérbios 17.3, que diz: *O crisol prova a prata, e o forno, o ouro; mas aos corações prova o Senhor.* Pode-se comparar esse provérbio com um outro, que lhe é similar, em Malaquias 3.3. O trecho de Provérbios 1.17 é outro exemplo que requer reflexão demorada: *Pois debalde se estende a rede à vista de qualquer ave.*

3. Os Provérbios da Bíblia. Podemos encontrar os provérbios espalhados pela Bíblia inteira; mas o *Livro de Provérbios* (vide) é uma espécie de coletânea principal de provérbios, atribuídos a Salomão. Os trechos de 1Samuel 10.11; 19.24; 24.13 também contêm declarações proverbiais. Outros exemplos são Jeremias 31.29 e Ezequiel 18.2. Jó, sendo um livro poético, naturalmente encerra muitos provérbios. A passagem de Jó 28.28 é bem conhecida: *Eis que o temor do Senhor é a sabedoria, e o apartar-se do mal é o entendimento.* Esse provérbio, em uma forma modificada, reaparece no livro de Provérbios (1.7), como uma espécie de provérbio principal, que determina o espírito do livro inteiro.

A presença de provérbios em Deuteronômio 28.15 ss e vs. 37 mostra-nos que este uso é bastante antigo na cultura hebreia. Um povo desobediente é ameaçado de vir a tornar-se um provérbio.

A passagem de Salmo 69.10,11 serve-nos de exemplo da maneira como são apresentados os provérbios. Um indivíduo, humilhado e em estado aviltado, torna-se um provérbio para outras pessoas.

No Novo Testamento, há duas palavras gregas que são usadas e que podem ser traduzidas por "provérbio": *parabolé*, como em Lucas 4.23, e *paroimía*, como em João 6.25,29 e 2Pedro 2.22.

figuras de linguagem, expressões vívidas ou declarações enigmáticas podem estar envolvidas nesses vocábulos. Jesus empregou provérbios, em seu ensino, como aquele de Lc 4.23: *Médico, cura-te a ti mesmo.* Esse provérbio pode ser confrontado com João 16.25,39. Ver também Mateus 6.21 e João 12.24. Paulo falou em amontoar brasas vivas sobre a cabeça de alguém (ver Rm 12.20). E o trecho de 1Coríntios 15.33 contém um significativo provérbio, tomado por empréstimo do poeta grego Menandro: *As más conversas corrompem os bons costumes.* Outros provérbios de Paulo acham-se em 1Co 14.8: *Pois também se a trombeta der som incerto, quem se preparará para a batalha?*, e Tito 1.15: *Todas as cousas são puras para os puros; todavia, para os impuros e descrentes, nada é puro.* E Tito 1.12 tem outro provérbio, citação do poeta grego Epimênides: *Cretenses, sempre mentirosos, feras terríveis, ventres preguiçosos.* Também podemos citar 1Timóteo 6.10: *Porque o amor ao dinheiro é a raiz de todos os males*, um provérbio universalmente conhecido.

Provavelmente também poderíamos catalogar como proverbial a declaração de Tiago 2.26: *Porque assim como o corpo sem espírito é morto, assim também a fé sem obras é morta.* Uma outra dessas declarações é a de Tiago 1.22: *Tornai-vos, pois, praticantes da palavra, e não somente ouvintes, enganando-vos a vós mesmos.* Por sua vez, Pedro nos ofereceu um excelente provérbio, quando escreveu: *... o amor cobre multidão de pecados* (1Pe 4.8). E a afirmação que se lê Em 2Pedro 2.22: *O cão voltou ao seu próprio vômito, e a porca lavada voltou a revolver-se no lamaçal*, é chamada de "adágio verdadeiro", por esse apóstolo. A primeira parte dessa afirmação vem de Provérbios 26.11; mas não se conhece a fonte originária da segunda parte da mesma.

Certas declarações de Jesus, feitas como se fossem provérbios, expõem diante de nós a essência da esperança do evangelho: *... conhecereis a verdade, e a verdade vos libertará,* (Jo 8.32); *Se pois, o Filho vos libertar, verdadeiramente sereis livres* (Jo 8.36).

4. Os Provérbios Como Fenômeno Verbal e da Literatura Universal. Antes de a escrita haver sido inventada, os provérbios circulavam sob forma verbal. A literatura de todos os povos revela que tal costume era universal. A literatura antiga dos sumérios, dos babilônios, dos egípcios, dos gregos e dos romanos contém provérbios, o que também pode ser dito acerca dos chineses, dos celtas e de outros povos. Provérbios populares acabaram se tornando provérbios literários. As religiões também têm lançado mão dos provérbios. Os provérbios são especialmente úteis no ensino de princípios éticos, e para exprimir expressões de bom senso. São excelentes instrumentos didáticos.

PROVÉRBIOS, LIVRO DE

I. PANO DE FUNDO. Sem importar se a autoria salomônica é aceita ou não, pode-se facilmente concordar que o pano de fundo do livro de Provérbios parece ter sido a corte real em Jerusalém. Embora a literatura de *sabedoria* (ver a respeito no *Dicionário*), no antigo Oriente Próximo, seja anterior ao livro de Provérbios, por mais de mil anos, aquela forma particular de instruções, endereçadas ao "meu filho", parece-se mais com certas obras literárias egípcias, como *As Instruções de Ptahotepe*; *As Instruções de Mari-ka-Ré*; *As Instruções de Amem-en-hete* e *As Instruções de Ani*. O casamento de Salomão com a filha do Faraó pode ter conduzido esse grande rei israelita a interessar-se por esse tipo de instruções.

Características literárias individuais, como a *mashel*, o padrão X, X + 1 e os longos discursos encadeados encontram paralelos na literatura semítica anterior. Assim sendo, o livro de Provérbios deve ter atraído os leitores já familiarizados com aquela forma literária.

Muitos críticos modernos têm negado aos hebreus uma mente verdadeiramente filosófica, a qual caracterizaria mais os gregos. Assim, na opinião desses críticos, os israelitas preferiam depender das diretas revelações dadas do Alto, em vez de ficarem a pensar à moda dos filósofos gregos, que criavam sistemas com base em conceitos. Essa crítica, porém, leva em conta somente uma das facetas da mente dos hebreus. Outra faceta dessa mesma mentalidade mostra-nos que o povo israelita, tal e qual qualquer outro, sabia confiar nos méritos de uma filosofia humana autêntica. A grande diferença, porém, é que os hebreus não apreciavam a filosofia especulativa, que fica a imaginar como os mundos e os seus problemas teriam sido criados; antes, eles preferiam olhar para uma orientação prática na vida. E isso faziam de maneira intuitiva e analógica, e não em resultado de raciocínios dialéticos. Isto explica porque os hebreus davam a essa forma de pensamento o nome de "sabedoria", porquanto, na busca pela solução diante dos problemas morais do homem, diante da vida, eles demonstravam muito mais amor pela sabedoria prática do que pelas especulações filosóficas.

Em vista disso, o livro de Provérbios, começando com máximas isoladas acerca dos elementos básicos da conduta humana, revela, de muitas maneiras sugestivas, que os seus autores (ver sobre *Autoria*, seção III) cada vez mais se aproximavam, em suas apresentações, de uma postura filosófica. No mínimo pode-se afirmar que eles tinham uma filosofia em formação. Esse desdobramento pode ser visto até mesmo na maneira como o vocábulo hebraico *mashal* foi sendo cada vez mais usado com maior amplitude de significação, ao que já tivemos ocasião de referir-nos.

A *mashal*, em seus primeiros usos, era de natureza antitética, contrastando dois aspectos da verdade, de tal modo que o pensamento ali mesmo se completava, nada mais restando ao autor senão passar para algum outro assunto. Isso produzia o bom efeito de pôr em contraste os grandes antagonismos fundamentais da existência humana neste mundo: a retidão e a iniquidade; a obediência e o desregramento; a industriosidade e a preguiça; a prudência e a presunção etc., o que analisava, mediante contrastes, a conduta do indivíduo e dos homens em sociedade. Entretanto, a partir do momento em que começam a prevalecer as *mashalim* ilustrativas e sinônimas, o estudioso toma consciência da maior penetração e ampliação do alcance do pensamento, porquanto começam a aparecer distinções mais sutis e descobertas mais remotas, e as analogias que ali se veem passam a exibir uma relação menos direta entre causas e efeitos. E então, avançando ainda mais no livro de Provérbios, especialmente quando atinge a seção transcrita pelos "homens de Ezequias, rei de Judá" (caps. 25 — 29), o leitor pode notar que cada vez mais se usa do artifício literário dos paradoxos e dos dilemas. Além disso, a *mashal* amplia-se, ultrapassando a mera comparação entre dois contrastes. Tudo isto, apesar de não ser ainda uma filosofia autoconsciente, chega a ser um passo decisivo nessa direção.

Um pressuposto básico dos escritores do livro de Provérbios é que a sabedoria e a retidão são idênticas, e a iniquidade mesmo é uma espécie de insensatez. Isso é um ponto tão pronunciado no livro que chega mesmo a ser axiomático, emprestando ao volume o seu colorido todo especial. Isso transparece logo no primeiro provérbio, após as considerações iniciais sobre o filho sábio. Lemos ali: *Os tesouros dá impiedade de nada aproveitam; mas a justiça livra da morte* (Pv 10.2). Com base nesse pressuposto básico, vêm à tona outros princípios não menos axiomáticos: a fonte de uma vida caracterizada pele sabedoria é o temor a *Yahweh*; quem quiser ser sábio precisa ter uma mente disposta a aprender a instrução, e a atitude contrária é própria da perversidade; sábio é aquele que não se deixa impressionar pelas vantagens passageiras obtidas pelos ímpios, ao passo que o insensato não percebe as vantagens da verdadeira sabedoria, o temor ao Senhor. Esses princípios são constantemente reiterados no livro de Provérbios, não de forma sistemática, mas iluminando numerosos aspectos e aplicações às questões práticas da vida. O princípio que mostra que as más obras trazem em si mesmas as sementes da destruição, ao passo que o bem arrasta após si as bênçãos divinas, é um dos conceitos fundamentais do qual emergiu toda a filosofia de sabedoria dos hebreus.

De fato, essa capacidade de mostrar sagacidade nos pensamentos e nos conselhos, reduzindo-os a máximas ou parábolas, foi sempre tão admirada entre os israelitas que, desde antes de Salomão, os seus possuidores tornavam-se líderes naturais, bem reputados na comunidade de Israel. Cf. 2Samuel 14.2 e 20.16. E quem demonstrou maior habilidade, quanto a isso, do que o próprio Salomão? Não somente casos difíceis lhe eram trazidos para solução (ver 1Rs 3.16-28), como também lhe eram apresentadas questões complicadas, para que ele fornecesse resposta (ver 1Rs 10.1,6,7). Portanto, foi com base no reconhecimento de que há homens dotados de tremenda sagacidade mental, capazes de aplicar esta habilidade às questões práticas da vida, que surgiu a literatura de sabedoria, incluindo o livro de Provérbios.

II. Unidade do Livro. Visto que o próprio livro declara que se trata de uma coletânea, a sua unidade não depende de sua autoria. Antes, essa unidade encontra-se na natureza geral do seu conteúdo, os provérbios, declarações sucintas ou um pouco mais longas que exibem profunda sabedoria prática, aplicável à conduta diária dos homens. A obra pertence à categoria geral da literatura de *sabedoria* (ver a respeito no *Dicionário*), exaltando as virtudes da sabedoria (sob a forma de retidão) e condenando os vícios da insensatez (sob a forma de falta de temor a Deus).

III. Autoria. Tradicionalmente, o volume maior do livro de Provérbios tem sido atribuído a Salomão, filho de Davi e rei de Israel (cf. Pv 1.1; 10.1; 25.1). Entretanto, o próprio livro de Provérbios menciona dois outros autores, a saber: Agur (30.1) e Lemuel (31.1). Quanto a esta questão, existem duas posições extremadas, a saber: 1. Salomão escreveu o livro inteiro de Provérbios; ou **2**. Ele não teve nenhuma conexão direta com a obra (excetuando que ele é o "autor tradicional" e patrono da literatura de sabedoria). Um terceiro ponto de vista, que ocupa posição intermediária e está mais em consonância com o próprio testemunho bíblico, é aquele que diz que Salomão foi o autor da maior parte do volume do livro de Provérbios, à qual foram acrescentadas as obras de outros autores. Assim, é apenas uma meia verdade aquela que diz que o livro de Provérbios não teve "pai", segundo afirmam alguns estudiosos. Pois, apesar de as declarações de sabedoria geralmente se originarem entre pessoas do povo comum, alguém foi o primeiro indivíduo a fazer essas declarações em uma linguagem epigramática. Essa ideia é confirmada por nada menos de três vezes no volume do livro. Vejamos: "Provérbios de Salomão filho de Davi, o rei de Israel, (1.1); *Provérbios de Salomão...* (10.1; que em nossa versão portuguesa aparece como título, o que é um erro, pois faz parte do texto sagrado); e também *São também estes provérbios de Salomão, os quais transcreveram os homens de Ezequias, rei de Judá* (25.1). Por que duvidar do próprio testemunho bíblico? Todavia, essa última passagem citada indica que Salomão não reunira todos os seus provérbios, formando um único volume. Antes, ele deixara muitos de seus provérbios dispersos, que os copistas de Ezequias coligiram. Se juntarmos a isso as palavras de Agur e de Lemuel, teremos o que é hoje o nosso livro de Provérbios.

Uma tola objeção à autoria salomônica é aquela que assevera que Salomão não era praticante das virtudes inculcadas no livro de Provérbios; cf., por exemplo, Provérbios 7.6-23, que alguns pensam não refletir a vida de Salomão, porque ele teria tido um imenso número de mulheres e concubinas (ver 1Rs 11.3, que diz: *Tinha* (Salomão) *setecentas mulheres, princesas, e trezentas concubinas; e suas mulheres lhe perverteram o coração*. Tal objeção, entretanto, olvida-se de que uma coisa é escrever obras de sabedoria, e outra, inteiramente diferente; é viver de maneira sábia. Um homem pode trair os seus próprios princípios!

A narrativa sobre a vida de Salomão em 1Reis capítulos 3, 4 e 10 (ver, especialmente, 1Reis 4.30-34 e 2Cr 9.1-24) dá a entender a sabedoria e a versatilidade inigualáveis de Salomão, na composição de afirmações de sabedoria.

Por igual modo, a afirmação de que os subtítulos (ver 1.1; 10.1 e 25.1) seriam meramente honoríficos, não correspondendo à realidade da autoria salomônica, não faz justiça a Salomão. Mesmo que os subtítulos em 1.1 e 10.1 mostrem que pessoas posteriores compilaram provérbios esparsos de Salomão, nem por isso se negaria realmente a autoria salomônica. Os compiladores não foram autores. Eles compilaram o que já existia, e o que já existia era saído da pena de Salomão. Além disso, o argumento que diz que as repetições, em dus seções diferentes do livro de Provérbios, ou mesmo em uma de suas seções, elimina uma única autoria, esquece o fato de que os autores muitas vezes repetem o que dizem, e que os editores ou compiladores tinham por costume reter passagens duplicadas, conforme se vê, por exemplo, nos casos de Salmo 14.1 e 511.

A questão da autoria do trecho de Provérbios 22.17 — 24.34 está vinculada ao problema da relação entre essa seção e a obra *A Sabedoria de Amenemope*, o que é ventilado mais adiante. Durante as discussões e controvérsias que houve entre os judeus do século I d.C., acerca do cânon do Antigo Testamento, o livro de Provérbios foi classificado, juntamente com os livros de Eclesiastes e de Cantares de Salomão, como "salomônico", conforme se aprende em *Shabbat* 30b. O livro de Provérbios, conforme existe em nossos dias, deve ter tomado esta forma após os dias do rei Ezequias (ver Pv 25.1), isto é, após 687 a.C. De fato, Fritsch (IB, quarto volume, p. 775) pensa que a forma final pode ter sido alcançada somente por volta de 400 a.C. Outros asseveram que a coletânea final (incluindo as palavras de Agur e de Lemuel) deve ter sido feita em algum tempo entre os dias do rei Ezequias e o começo do período pós-exílico, o que daria, mais ou menos, o mesmo resultado.

Alguns estudiosos modernos, de tendências liberais, observam que devem ser levadas em conta as "palavras dos sábios" referidas em Provérbios 22.17 e 24.23. Para eles, isso representa mais alguns autores, embora anônimos. Entretanto, não é absolutamente necessário aceitarmos esta opinião. Salomão poderia estar meramente referindo-se a afirmações que antigos sábios haviam feito, mais ou menos de conhecimento geral em sua geração, às quais, agora, ele emprestava uma forma epigramática. É muito melhor ficarmos com a ideia da autoria salomônica, claramente declarada no próprio livro de Provérbios por três vezes, conforme já tivemos ocasião de verificar, do que imaginar uma multiplicidade de autores, segundo o sabor da alta crítica, que sempre quer exibir erudição multiplicando autores e atribuindo aos livros da Bíblia uma data posterior à qual eles realmente pertencem.

IV. Data. Duas questões diferentes estão envolvidas no problema da data do livro de Provérbios, a saber: a data em que cada seção do livro foi escrita (ver a seguir quanto às "seções" do livro); e, então, a data em que foi feita a "coletânea" ou "editoração" das várias seções, a fim de formar um único volume (rolo), naquilo que hoje conhecemos como o livro de Provérbios. Os eruditos conservadores seguem o ponto de vista tradicional da autoria salomônica do livro inteiro, excetuando os capítulos 30 (de Agur) e 31 (de Lemuel). Isto posto, eles datam o volume maior do livro como pertencente ao século X a.C., provavelmente dos últimos anos do reinado de Salomão. A coletânea das várias seções, por sua vez, é datada variadamente, pelos mesmos estudiosos conservadores, entre 700 a.C. e 400 a.C.

A paz e a prosperidade que caracterizaram o período de governo de Salomão ajustam-se bem ao desenvolvimento de uma sabedoria reflexiva e à produção de obras literárias desta natureza. Outrossim, vários especialistas observam que as trinta declarações dos sábios, em 22.17 — 24.22, contêm similaridades com as trinta seções da "Sabedoria de Amenemope", produzidas no Egito, e que eram mais ou menos contemporâneas à época de Salomão. Por semelhante modo, a personificação da sabedoria, tão proeminente nos caps. 1 — 9 (ver 1.20; 3.15-18; 8.1-36), pode ser comparada com a personificação de ideias abstratas em escritos em egípcios e mesopotâmicos pertencentes ao segundo milênio a.C.

O papel desempenhado pelos "homens de Ezequias" (ver 25.1) indica que importantes seções do livro de Provérbios foram compiladas e editadas entre 715 e 687 a.C., um período de renovação espiritual encabeçada por aquele monarca judeu. Ezequias demonstrou grande interesse pelos escritos de Davi e de Asafe (2Cr 29.30). Talvez também tivesse sido nesse tempo que fossem adicionadas às coleções de provérbios de Salomão as palavras de Agur (cap. 30); de Lemuel (cap. 31); bem como as palavras dos sábios (22.17-24.22;, 24.23-34), embora seja perfeitamente possível que o trabalho de compilação se tenha completado após o reinado de Ezequias, conforme também já demos a entender anteriormente.

Os eruditos críticos, por sua vez, rejeitam a autoria salomônica, pelo que datam cada seção do livro de Provérbios separadamente, em geral em datas muito posteriores à data tradicional da escrita e compilação do livro. Isso, por sua vez, leva-os a datar a coletânea inteira no fim do período persa, ou mesmo do período grego. Porém, descobertas arqueológicas e filológicas recentes têm feito alguns desses eruditos abandonar uma data extremamente posterior, o que andava tão em voga na primeira metade do século XX. Entre essas descobertas poderíamos citar o achado de declarações de sabedoria dos cananeus, bem como certos padrões linguísticos cananeus na literatura de Ugarite.

O que é indiscutível é que o livro de Provérbios pode ser dividido em certas seções, conforme se vê abaixo:

1. Seção I. Esta seção tem sido datada como passagem relativamente posterior, porquanto supõe-se que foi escrita como uma espécie de introdução para o volume inteiro. Há quem pense que essa primeira seção seja pós-exílica, enquanto outros dizem que a personificação da sabedoria (ver o oitavo capítulo) torna provável uma data dentro do século III a.C. Porém, um terceiro grupo de estudiosos tem demonstrado que essa personificação, ou melhor, hipostatização, é uma das características das religiões mesopotâmica e egípcia. A fórmula numérica de X, X + 1, encontra-se em Provérbios 6.16-19, ocorrendo também em textos ugaríticos (cf. Gordon, *Ugaritic Manual*, p. 34 e 201) do segundo milênio a.C. Albright (*Wisdom in Israel and in the Ancient Near East*) pensa que essa seção é anterior aos *Provérbios de Aicar*, isto é, o século VII a.C. Fritsch segue a tendência de dar uma data bem antiga à obra, ao afirmar que existem fortes influências ugaríticas e fenícias na primeira seção de Provérbios, e que os seus capítulos oitavo e nono compõem "uma das porções mais antigas do livro".

Um exemplo dessa influência ugarítica, que damos aqui como ilustração, é o uso do termo *lahima*, "comer", que só pode ser encontrado por seis vezes no Antigo Testamento, quatro delas no livro de Provérbios. Quando isso é combinado com a opinião de Scott (*Anchor Bible, Proverbs*, p. 9, 10), que disse que os capítulos primeiro a nono foram escritos como introdução a uma unidade já existente (isto é, os caps. 10 — 31), a mais antiga data provável para essa primeira seção faz com que uma data salomônica para as demais a ele atribuídas se torne bastante plausível. Entretanto, Scott considera que esta primeira seção do livro é um elemento posterior dentro do livro de Provérbios. O longo discurso desta seção (em contraste com o estilo de aforismos do restante) encontra paralelos na antiga literatura de sabedoria egípcia e acádica. Os aramaísmos ali existentes, ao contrário do que antes alguns supunham, argumentam em favor de uma data mais antiga, e não de uma data mais recente.

2. Seção II. Este segmento do livro de Provérbios é considerado salomônico pelos eruditos conservadores, como uma coletânea gradualmente feita, talvez com um núcleo salomônico, que teria atingido seu presente estado no século V ou no século IV a.C. Certo escritor moderno, Paterson, considera que essa é a porção mais antiga do livro de Provérbios.

3. Seção III e IV. Estas seções estão envolvidas na questão da dívida literária à *Sabedoria de Amenemope*, que será discutida mais abaixo. A ideia de que esta seção depende muito de uma obra egípcia possibilita uma data entre 1000 e 600 a.C., tudo estando na dependência da data da obra egípcia. Por isso mesmo, Paterson pensa que esta porção é pré-exílica, embora posterior a 700 a.C.

4. Seção V. De acordo com o seu subtítulo, esta seção vem da época do rei Ezequias, porém a autoria real pode ter pertencido ao século X a.C.

5. Seções VI, VII e VIII. Há uma diferença na colocação destas três seções do livro de Provérbios, entre a Septuaginta e o texto massorético (ver a respeito no *Dicionário*). Por isso mesmo, Paterson pensa que, originalmente, cada uma destas seções corresponde a antigas coleções separadas. À base de alegadas artificialidade, ele as colocou em data posterior. No entanto, a forma acróstica de composição (ver no *Dicionário* sobre *Poemas Acrósticos*), que alguns eruditos modernos consideram um artificialismo, era um método favorito de composição de poemas entre os antigos hebreus. Scott afirma que os poemas acrósticos apareceram muito antes do exílio do século VI a.C. e, visto que a literatura de sabedoria transcendia às fronteiras nacionais, a história política internacional oferece-nos pouca ajuda para fixar alguma data para estas três seções do livro de Provérbios.

V. LUGAR DE ORIGEM E DESTINATÁRIOS. O livro de Provérbios provavelmente originou-se nos círculos palacianos de Jerusalém. As porções salomônicas (excetuando a seção transcrita pelos "homens de Ezequias, rei de Judá"; ver 25.1) podem ter sido registradas pelos escribas desse monarca descendente de Salomão. A essas coletâneas de provérbios, pois, os, escribas reais adicionaram as seções VI—VIII. O seu conteúdo indica que o livro de Provérbios tinha por intuito instruir os filhos das famílias nobres. Assim, embora estas instruções sejam endereçadas frequentemente a "meu filho", estava em pauta uma audiência muito mais ampla. A sabedoria dos sábios destinava-se a "todos" (Paterson, p. 54).

VI. PROPÓSITOS DO LIVRO. O próprio livro de Provérbios assevera claramente o seu propósito em Provérbios 1.2-4, ou seja, infundir sabedoria e discrição aos homens, especialmente no caso dos símplices, destituídos de experiência na vida. Lemos no quarto versículo: ... *para dar aos simples prudência, e aos jovens conhecimento e bom siso*. É perfeitamente exequível que esse também tenha sido o propósito do livro inteiro: orientar os homens na conduta prática diária. Essa sabedoria, esse temor a *Yahweh*, é algo necessário para a formação de um caráter bem cultivado. A coletânea dos provérbios, pois, serviria de livro de informações útil para estudos públicos e privados. Os provérbios inculcam a moralidade pessoal, além de um direto "bom senso". Paterson conseguiu extrair bem o propósito do livro de Provérbios ao escrever que o alvo desse livro é ... *diminuir o número dos tolos e aumentar o número dos sábios* (p. 54).

Embora o livro de Provérbios seja uma obra de cunho eminentemente prático, ensinando como o homem deve viver diariamente, a sabedoria ali ensinada está solidamente escudada sobre o temor a *Yahweh* (ver, por exemplo, 1.7, que declara: *O temor do Senhor é o princípio do saber, mas os loucos desprezam a sabedoria e o ensino*). Por todo o volume, esse respeito ao Senhor é apresentado como a senda que leva à vida e à segurança (cf. 3.5; 9.10 e 22.4). No dizer de Provérbios 3.18, a sabedoria é ... *árvore de vida para os que a alcançam, e felizes são todos os que a retêm*.

VII. CANONICIDADE. Na obra hebraica, *Shabbat* (30b), Provérbios é listado como um livro de canonicidade disputada, nos fins do século I d.C., juntamente com os livros de Eclesiastes e Cantares de Salomão. Mas sua associação com outras obras reconhecidamente salomônicas, nessa afirmativa judaica, parece favorável ao argumento de que o livro era canônico, e assim era considerado. Outro tanto se vê em *M. Yadaim* (3.5), onde diferentes opiniões aparecem no tocante à canonicidade de Eclesiastes e Cantares de Salomão, mas não há nenhum debate no tocante ao livro de Provérbios. A LXX e a versão portuguesa concordam em dispor juntos todos os três livros atribuídos a Salomão, ou seja, Provérbios, Eclesiastes e Cantares de Salomão.

De acordo com o Talmude (*Baba Bathra*, 146), o livro de Provérbios aparece depois dos livros de Salmos e de Jó e, em conformidade com *Berakoth* (57b), deveria figurar entre os livros de Jó e de Salmos. A ordem de colocação nas modernas Bíblias (como na nossa versão portuguesa) deve estar alicerçada sobre certa tradição rabínica, que dizia que Moisés escreveu o livro de Jó, que Davi escreveu os Salmos, e que Ezequias compilou os Provérbios (*Baba Bathra*, 14b-45a).

O trecho de Tiago 4.6, ao citar Provérbios 3.34, fá-lo de tal maneira que mostra que o livro de Provérbios era considerado canônico no século I d.C. Em adição a isso, é com frequência que o Novo Testamento se refere à seção do Antigo Testamento que contém o livro de Provérbios, a saber, *kethubim*, os "escritos", tachando-os de "Escritura" (no grego, *graphé*). A sua inclusão na Septuaginta certamente favorece a ideia de uma bem remota aceitação do livro de Provérbios como parte integrante das Santas Escrituras.

VIII. ESTADO DO TEXTO. O livro de Provérbios, em sua maior parte, acha-se escrito em hebraico claro, estilo clássico. Entretanto, existem algumas poucas passagens difíceis no texto das seções principais. O erudito Fritsch lista como vocábulos que têm causado problemas para os tradutores os seguintes: *'amon* (Pv 8.30); *yathen* (12.20); *hibbel* (23.34); *manon* (29.21); *'aluqah* (30.15); *zarzir* e *'alqum* (30.31). A maioria das propostas de emendas, com o intuito de solucionar problemas textuais, não passa de conjecturia. Descobertas linguísticas recentes demonstram o valor de esperar por maiores informações em vez de apelar para emendas conjecturadas.

A Septuaginta é uma tradução frouxa, quase uma paráfrase, exibindo marcas do ponto de vista dos tradutores. Em certos lugares a tradução é inteiramente corrupta. Inclui quase cem duplicatas de palavra, frases, linha e versículos que aparecem somente por uma vez, no texto massorético. Além disso, omite algumas seções e adiciona outras. Na Septuaginta, o trecho de Provérbios 30.1-14 vem depois de 24.22 (segundo o texto hebraico), e então segue-se 24.23,24 (segundo o texto hebraico). Então a Septuaginta tem Pv 30.15 — 31.9, e então os caps. 25 — 29 (segundo o texto hebraico) e, finalmente, 31.10-31. Essas anomalias têm levado os estudiosos a acreditar que o texto continuava fluido ao tempo em que foi feita a tradução da Septuaginta.

IX. PROBLEMAS ESPECIAIS. Duas particularidades que merecem atenção especial são: **1.** A figura da Sabedoria, no oitavo capítulo de Provérbios; o **2.** A relação entre o livro de Provérbios (22.17 — 24.34) e a obra egípcia *Sabedoria de Amenemope*. Ambos os itens estão diretamente vinculados a abordagens críticas quanto à autoria e à data do livro de Provérbios, razão pela qual os ventilamos aqui.

1. A figura da Sabedoria. Apesar de a sabedoria ser exaltada como uma virtude, por toda a seção de abertura do livro de Provérbios, como também em outros segmentos do livro, é no seu oitavo capítulo que encontramos o tratamento da "sabedoria" como uma hipostatização. Ao que tudo indica, ali esse atributo divino aparece como um ser que mantém inter-relações com os homens. Em Provérbios 1.20-33; 8.1-36; 9.1-6,13,18, a "Sabedoria" aparece em oposição a uma personagem similar, embora contrária, a "senhora Loucura". A Sabedoria aparece como um profeta que prega pelas ruas (cf. Jr 11.6 e 17.19,20).

Não há nenhum traço de politeísmo no livro de Provérbios. Por conseguinte, qualquer tentativa de vincular o pano de fundo acerca de Salomão a Ma'at, Istar ou Siduri Sabatu, conforme fazem alguns, não é convincente nem tem base nos fatos. A única questão que ainda resta ser ventilada é se a "Sabedoria" é uma verdadeira hipostatização, isto é, um atributo ou atividade da deidade à qual foi conferida uma identidade pessoal. Alguns estudiosos defendem que o oitavo capítulo de Provérbios simplesmente apresenta uma vívida personificação.

A íntima correspondência entre as atividades da "Sabedoria", no livro de Provérbios, e as atividades de *Yahweh*, no resto do Antigo Testamento, é algo deveras notável. A Sabedoria derrama o espírito (ver Pv 1.23, cf. Is 44.3). Deus chama, mas Israel não responde (ver Pv 1.24-26; cf. Is 65.1,2,12,13; 66.4). O Espírito de Deus é a Sabedoria (ver Pv 8.14; cf. Is 11.2). A Sabedoria promove a justiça (ver Pv 8.15,16; cf. Is 11.3-5). Da mesma maneira que a Sabedoria prepara o seu banquete (ver Pv 9.5, em oposição à mulher louca, que também tem o seu banquete, Pv 9.13-18), assim o faz *Yahweh* (ver Is 25.6; 55.1-3; 65.11-13).

Nos seus escritos, tanto o judaísmo posterior quanto o cristianismo referem-se ao papel desempenhado pela "Sabedoria" na criação — um desempenho que em muito se assemelha à sabedoria hipostatizada no livro de Provérbios. O livro apócrifo Sabedoria de Salomão identifica a "Sabedoria" como "a modeladora de todas as coisas" (7.22), como "associada às obras (de Deus)" (8.4) e como "formadora de tudo quanto existe" (8.6). Filo (*De Sacerdota*, 5) afirma que a "Sabedoria" foi a fabricante do universo. Alguns estudiosos procuram demonstrar a ligação entre o "Logos" do primeiro capítulo do Evangelho de João, bem como a "Sofia" concebida pelos mestres gnósticos, com a "Sabedoria", hipostatizada do livro de Provérbios; porém, as conclusões desses eruditos não conseguem harmonizar-se entre si.

Se o erudito Scott (p. 71 e 72) está correto em sua vocalização da palavra hebraica '*amon*, para '*omen* (em Pv 8.30), visto que '*omen* significa "artífice principal" ou então "criancinha", segue-se que a "Sabedoria" é vista como aquela força hipostatizada que unifica a todas as coisas (cf. Eclesiástico 43.28; Sabedoria de Salomão 1.7; Cl 1.17 e Hb 1.3).

Embora alguns críticos tenham datado o livro de Provérbios como pertencente ao período helenista, em face da hipostatização da sabedoria (sob a alegação de que a tendência para as hipostatizações era forte durante o período de dominação grega), o fato é que há muitos paralelos entre o livro de Provérbios e o antigo mundo do Oriente Próximo, do segundo milênio a.C., ou mesmo antes. Entre esses paralelos, poderíamos citar os seguintes: **1**. A divindade egípcia de Mênfis, Ptá, teria criado as coisas com sua palavra e seu pensamento. **2**. Em Tote de Hermápolis, a sabedoria divina e o deus criador aparecem personificados. **3**. A divindade suméria Ea-Enki era chamada de "o verdadeiro conhecedor". **4**. O deus babilônico Marduque, intitulado de "o mais sábio dos deuses", teria conquistado Tiamate e então criado a terra e o homem. **5**. O altíssimo deus El, do panteão ugarítico, é descrito como alguém cuja "sabedoria é eterna". Esses e outros exemplos hebraicos (ver Sl 74.13,14; 82.1; Is 14.12-14; 27.1) demonstram claramente que, desde bem antes da época de Salomão, já se conhecia o artifício literário dá hipostatização.

Paterson fez um sumário da discussão da "Sabedoria", afirmando que o trecho de Provérbios 8.22,23 é uma ousada confirmação e reafirmação da doutrina expressa em Gênesis 1.2. Deus não criou um caos (cf. Gn 1 e 2), e, sim, um "cosmos", um todo organizado. A sabedoria é a essência mesma do ser de Deus. O universo não veio à existência por mero acaso, nem permanece existindo por suas próprias forças. O mundo conta com uma *teleologia* (ver a respeito no *Dicionário*) porquanto existe a teologia (ver Pv 3.19; 20.12).

2. Relação entre Provérbios e a Sabedoria de Amenemope. Desde que Adolph Erman ressaltou as similaridades existentes entre a *Sabedoria de Amenemope* e o livro de Provérbios (22.17 — 23.14), tem havido uma tendência geral para os estudiosos pensarem que essa passagem bíblica está diretamente em dívida com aquela antiga obra de origem egípcia. Todavia, os defensores da independência desse trecho bíblico de qualquer obra egípcia também aparecem em bom número, como E. Diroton, C. Fritsch e R.O. Kevin, para citar somente alguns. Embora a preponderância da erudição encare o livro de Provérbios como se houvesse alguma dependência entre ele e a *Sabedoria de Amenemope*, há argumentos sólidos suficientes para mostrar a inveracidade dessa dependência, conforme podem averiguar sérios estudiosos da Bíblia que queiram parar a fim de examinar todas as evidências disponíveis.

a. O Documento Egípcio. Foi Sir E. Wallis Budge, no seu artigo *Recuil d'Etudes Egyptologigue... Champollion*, em 1922, quem primeiro tornou conhecida a antiga obra egípcia *Sabedoria de Amenemope*. Em 1923, ele publicou o texto completo da obra, com fotografias e uma tradução. Outros eruditos trouxeram a público suas próprias traduções do original egípcio. Mas foi Erman o primeiro a sugerir que as "excelentes cousas" a respeito das quais lemos em Provérbios 22.20 poderiam ser traduzidas por "trinta", com base na divisão da *Sabedoria de Amenemope* em trinta capítulos. Essa tradução envolvia uma modificação textual, uma nova vocalização de *shalishim* para *sheloshim*, no texto hebraico do livro de Provérbios. E então Erman inferiu que o escritor bíblico teria, diante de si, os trinta capítulos da *Sabedoria de Amenemope*, tendo daí selecionado e incorporado trinta afirmações a seu próprio livro de sabedoria. A verdade é que Oesterley e outros veem pelo menos que 23 das trinta declarações daquela passagem do livro de Provérbios derivam da *Sabedoria de Amenemope*. Scott, por sua vez, afiançou que somente nove dessas declarações procedem daquela fonte. Mas o preâmbulo do trecho Provérbios 22.17-21 parece ser uma reformulação da conclusão da *Sabedoria de Amenemope*. Essa obra egípcia foi escrita por Amen-em-apete, egípcio nativo de Panópolis, em Acmim. Ele era um supervisor de terras, evidentemente uma posição importante. Também foi um sábio e um escriba. Devido à posição que ele ocupava, alguns estudiosos datam a sua obra como pertencente ao período pós-exílico de Judá (cf. Ed e Ben Siraque). Entretanto, o gênero literário da sabedoria e a instituição dos escribas eram realidades bem-estabelecidas no antigo Oriente Próximo desde muito antes do tempo de Salomão.

À obra *Sabedoria de Amenemope* têm sido atribuídas diversas datas, desde cerca de 1300 a.C. (Plumley) ou 1.200 a.C. (Albright), até data em torno do século VII a.C. (Griffith, Oesterley), ou do período persa-grego (Lange). A data mais antiga baseia-se em um ostracon que continha um extrato daquela obra egípcia. Se isso for aceito, então torna-se quase uma certeza que o livro de Provérbios realmente tomou por empréstimo elementos da *Sabedoria de Amenemope*. Existe mesmo a possibilidade de que aquele ostracon represente uma fonte informativa comum, usada tanto pelo livro de Provérbios quanto pela *Sabedoria de Amenemope*. Seja como for, isso em nada afeta a inspiração do livro de Provérbios, porquanto o fenômeno da inspiração envolve até mesmo a seleção de material, como também a composição do material original.

b. Relações Léxicas. Vários estudos sobre a lexicografia de *Sabedoria de Amenemope* tendem a mostrar que seu vocabulário egípcio-semítico pertence ao estágio final do idioma egípcio. Há indicações de que esse vocabulário da obra assemelha-se mais com a *Septuaginta* do que com o *texto massorético* (ver no *Dicionário* artigos sobre ambos os termos). Interessante é que, embora isso seja posto em dúvida por alguns eruditos, o uso de expressões idiomáticas semíticas no livro *Sabedoria de Amenemope* pode até mesmo mostrar que é essa obra egípcia que depende do livro de Provérbios, e não o contrário, conforme dizem alguns estudiosos. Assim é que, se o livro de Provérbios parece conter versículos espalhados por *Sabedoria de Amenemope*, essa obra egípcia parece conter versículos espalhados no livro de Provérbios. Destarte, os argumentos pró e contra parecem bem equilibrados. Também tem grandes possibilidades uma terceira posição, intermediária, que diz que tanto a obra egípcia quanto o livro de Provérbios usaram antigas tradições orais comuns no antigo Oriente Próximo, ou mesmo algum apanhado dessas tradições, já sob forma escrita. Também merece consideração a ideia de que a passagem do livro de Provérbios estava simplesmente usando os "trinta capítulos" egípcios como modelo, e não como fonte informativa direta. E Scott (p. 20) exprime um ponto de vista parecido com isso.

X. CONTEÚDO E ESBOÇO DO LIVRO. O conteúdo do livro de Provérbios pode ser classificado em conformidade com quatro critérios: por gênero literário, por assunto, por autoria e por motivos teológicos. Felizmente, as divisões feitas de acordo com os três primeiros critérios justapõem-se com facilidade, em quase todos os pontos.

1. Conteúdo

a. Gêneros Literários. As duas formas literárias que mais prevalecem no livro de Provérbios são: **1**. as declarações sucintas e expressivas usadas para transmitir sabedoria (os verdadeiros "provérbios"); e **2**. Os longos discursos didáticos, do que são exemplos a primeira seção (caps. 1 — 9), e as seções sétima e oitava (caps. 30 — 31). Praticamente todo o restante do livro cabe dentro da categoria dos "provérbios". Pode-se definir um provérbio como "uma declaração breve e incisiva, de uso comum". Tipicamente, um provérbio é anônimo, tradicional o epigramático. Conforme alguém já disse, um provérbio caracteriza-se por "sua brevidade, sentido e sal". E, conforme expressou com grande percepção Lord John Russell, um provérbio contém "a sabedoria de muitos e a argúcia de um só". Na segunda seção do livro de Provérbios, há 375 dessas declarações. Dentre os 139 versículos dos caps. 25 — 29, 128 são provérbios. Com frequência, os provérbios assumem a forma de um símile gráfico (cf. Os caps. 25 e 26).

Quase todo o livro de Provérbios, exceto as seções primeira, sétima e oitava (caps. 1 — 9, 30 e 31), foi escrito formando duplas que se completam, os dísticos. Esse paralelismo — uma típica característica da poesia hebraica — ocorre com certa variedade de formas. O chamado paralelismo sinônimo, em que a segunda linha reitera ou reforça a primeira, é a forma usualmente encontrada em Provérbios 16.10-22.15 (cf. 20.13). O paralelismo antitético, em que a segunda linha expõe um contraste do que foi dito na primeira, ou uma reversão da ideia da primeira linha, é a forma de paralelismo usualmente encontrada nos, capítulos 10 a 15 (cf. Pv 15.1). Ocasionalmente, vê-se no livro de Provérbios certa forma de paralelismo em que a segunda (ou a terceira) linha adiciona algo ao pensamento expresso na primeira linha. Esse tipo de paralelismo sintético acha-se em 10.22. Os capítulos 25 e 26 estão repletos desse tipo de paralelismo.

b. Assunto. Três tipos latos de material são apresentados no livro de Provérbios, isto é: **1**. instruções para que se abandone a insensatez e siga a sabedoria (caps. 1 — 9); **2**. exemplos específicos de conduta sábia ou de conduta insensata (as declarações gnômicas das seções II — V; caps. 10 — 29); e **3**. a vívida descrição acerca da mulher virtuosa (cap. 31; que talvez contrabalance o motivo do filho sábio, nos caps. 1 — 9).

Em adição a isso, o conteúdo do livro de Provérbios pode ser agrupado de acordo com os tópicos discutidos, como as declarações que versam sobre os males sociais (Pv 22.28; 23.10; 30.14); sobre as obrigações sociais (15.6,7,17; 18.24; 22.24,25; 23.1,2; 27.6,10); sobre a pobreza (17.5; 18.23; 19.4,7,17); sobre os cuidados com os pobres (14.31; 17.5,19; 18.23; 19.7,17; 21.13; 26.14,15); sobre as riquezas materiais como uma questão secundária (11.4; 15.16; 16.8,16; 19.1; 22.1), embora importante (10.22; 13.11; 19.4).

A vida doméstica é um tópico frequente do livro (Pv 18.22; 21.9,19; 27.15,16; 31.30), como também as relações entre pais e filhos (10.1; 17.21,25; 19.18,24; 22.24,25; 25.17).

O assunto da sabedoria já foi ventilado, anteriormente. Em contraste com o sábio, encontramos o "louco". Nada menos de quatro tipos de loucos podem ser discernidos no livro de Provérbios: **1**. O tolo símplice, que pode ser ensinado (Pv 1.4,22; 7.7,8; 21.11). Esse é o "desmiolado". **2**. O insensato empedernido (1.7; 10.23; 12.23; 17.10; 20.3; 27.22), que é um obstinado. **3**. O tolo arrogante, que escarnece de toda as tentativas para iluminá-lo. Isso envolve uma atitude mental, e não tanto uma "incapacidade mental", do que tal indivíduo se torna culpado (3.34; 21.24; 22.10; 29.8). **4**. O louco brutal, morto para toda decência e boa ordem (17.21; 26.3; 30.22; cf. Sl 14.1).

A conduta dos reis é um dos tópicos do livro (Pv 16.12-14; 19.6; 21.1; 25.5; 28.15; 29.14). O bom ânimo é encorajado (15.13-15; 17.22; 18.14). O uso da língua é discutido (10.20; 15.1; 16.28; 21.23; 26.4,23). Também são mencionados outros hábitos ou características pessoais (11.22; 13.7; 22.3; 25.14; 26.12; 30.33). Finalmente, são discutidos alguns aspectos do conceito de "vida": sua fonte originária (10.11; 13.14; 14.27; 16.22); sua vereda (6.23; 10.17; 15.24); e também o conceito da vida propriamente dita (11.30; 12.28; 13.4,12).

2. Esboço. Quase todos os esboços que se têm traçado sobre o livro de Provérbios contêm de quatro a dez seções principais. As divisões naturais do livro, todavia, parecem indicar um esboço em oito pontos, com bom base na autoria provável e nos estágios da coleção de unidades separadas, posteriormente coligidas em um único rolo escrito em hebraico. É o que se vê abaixo:

I. Instrução paterna: sabedoria *versus* insensatez (capas. 1 — 9)
II. Provérbios de Salomão: primeira coleção (10.1 — 22.16)
III. Palavras dos sábios: primeira coleção (22.17 — 24.22)
IV. Palavras dos sábios: segunda coleção (24.23,24)
V. Provérbios de Salomão: segunda coleção, feita pelos homens de Ezequias (caps. 25 — 29)
VI. Palavras de Agur (cap. 30)
VII. Palavras de Lemuel (31.1-9)
VIII. A esposa virtuosa (31.10-31)

Algumas dessas seções podem ser subdivididas. Assim, para exemplificar, Scott (p. 9 e 10) vê dez discursos de admoestação e dois poemas, além de algumas declarações gnômicas, na primeira seção, ao passo que Kitchen divide a mesma seção em catorze subdivisões. Na segunda seção, a diferença no paralelismo entre os capítulos 10-15 e 16.1 — 22.16 pode indicar uma divisão natural. A segunda seção, até Provérbios 23.14 parece estar intimamente relacionada à *Sabedoria de Amenemope*, enquanto o resto dessa seção não mostra tal relação, o que pode indicar outra divisão natural. Na quinta seção, talvez se deva perceber uma diferença entre os caps. 25 — 27 (principalmente preceitos e símiles) e os caps. 28 e 29 (principalmente declarações gnômicas, como em Pv 10.1 — 22.16). Quase todas as declarações dísticas do livro de Provérbios encontram-se na segunda seção e em Provérbios 28 e 29. Novamente, Scott subdividiu a sexta seção em um "diálogo com um cético" (presumivelmente Agur; Pv 39.1-9) e "provérbios numéricos e de advertência" (30.10-33), ao passo que Murphy divide essa seção após o vs. 14.

XI. TEOLOGIA DO LIVRO. Embora alguns estudiosos considerem o livro de Provérbios uma obra que ensina uma sabedoria secular e prática, um exame mais cuidadoso de seu conteúdo revela que este livro é extremamente teológico. Assim, é ali salientada a soberania de Deus (Pv 16.4,9; 19.21; 22.2). A onisciência de Deus é claramente referida (15.3,11; 21.2). Deus é apresentado como o Criador de tudo (14.31; 17.5; 20.12). Deus governa a ordem moral do universo (10.27,29; 12.2). As ações dos homens são aquilatadas por Deus (15.11; 16.2; 17.3; 20.27). Até mesmo neste nosso lado da existência a virtude é recompensada (11.4; 12.11; 14.23; 17.13; 22.4). O juízo moral é mais importante ainda do que a prudência (17.23).

O povo hebreu não dispunha de um termo genérico para a ideia de "religião". Não obstante, o livro de Provérbios demonstra esta ideia por intermédio da expressão "o temor do Senhor" (Pv 1.7; 9.10; 15.33; 16.6; 22.4), como também por meio daquela outra expressão que se acha nos livros dos profetas "o conhecimento de Deus" (ver, por exemplo, Is 11.2; 53.11; Os 4.1; 6.6). Essas duas ideias aparecem como um paralelo sinônimo, em Provérbios 2.5 e 9.10.

Interessante é observar que o livro de Provérbios ignora quase completamente o templo de Jerusalém e o culto religioso ali efetuado (o que serve de fortíssimo argumento contra uma autoria posterior do livro), exceutuando algumas alusões bastante indiretas (Pv 3.9,10). De fato, trechos de Provérbios, como 16.6 e 21.3, até parecem negar a necessidade dos sacrifícios levíticos (mas cf. 15.8 e 21.27). O que se destaca no livro de Provérbios é o caráter vital da verdade (28.4 e 29.18). Citamos a última dessas referências: *Não havendo profecia o povo se corrompe; mas o que guarda a lei esse é feliz.*

Embora o vocábulo "aliança" só ocorra em Provérbios por uma única vez (ver 2.16,17), não há que duvidar que esse conceito se faz presente no livro. A confiança, base de todo relacionamento de pacto, é um *sine qua non* (Pv 3.5,7; cf. 22.19; 29.25). Deus é mencionado, na maioria das vezes, por seu nome do pacto, isto é, *Yahweh* (nada menos de 87 vezes). Também é evidente a relação entre pai e filho, que tanto caracteriza a ideia de aliança (cf. Os 11.1), conforme se vê em Pv 3.12. *Porque o Senhor repreende a quem ama, assim como o pai ao filho a quem quer bem.*

Um ponto que não pode ser esquecido, neste nosso estudo, foi a marca deixada pelo livro de Provérbios e seus conceitos no Novo Testamento. Isso se faz sentir por meio de várias citações e alusões, conforme se vê nas duas listas abaixo, que servem apenas de exemplos:

1. Citações

3.7a	(Rm 7.16)
3.11,12	(Hb 12.5,6)
3.34	(Tg 4.6; 1Pe 5.5b)
4.26	(Hb 12.13a)
10.12	(Tg 5.20)
25.21,22	(Rm 12.20)
26.11	(2Pe 2.22)

2. Alusões

2.4	(Cl 2.3)
3.1-4	(Lc 2.52)
12.7	(Mt 7.24,27)

Se considerarmos que o livro de Provérbios é um extenso comentário sobre a lei do amor, então é certo que este livro canônico tem ajudado a pavimentar o caminho para aquele que era tanto o Amor quanto a Sabedoria encarnados, o Senhor Jesus Cristo.

Se perguntássemos por que motivo a última seção desse livro termina com um hino de elogio à mulher virtuosa (Pv 31.10-31), a resposta seria que a esposa de nobre caráter forma um arcabouço literário juntamente com os discursos de introdução ao livro, nos quais a Sabedoria é personificada como uma mulher. Na vida diária nenhum paralelo mais feliz poderia ser encontrado como a personificação da sabedoria do que a de uma esposa de bom caráter. Por conseguinte, o livro de Provérbios começa e se encerra com chave de ouro.

XII. BIBLIOGRAFIA. A principal fonte de informações sobre o livro dos *Provérbios* foi *The Zondervan Pictorial Encyclopedia of the Bible*, designada Z nas referências bibliográficas. Agradeço a gentil permissão dada pela *Zondervan Publishing House*, Grand Rapids, Michigan, EUA, pelo uso da obra. Ver também ALB AM E I IB KI ND WBC WES YO.

PROVIDÊNCIA DE DEUS

É o cuidado sobre todas as suas obras (Sl 145.9).

1. É Exercida. Na preservação de suas criaturas (Ne 9.6; Sl 36.6; Mt 10.29). No prover as necessidades de suas criaturas (Sl 104-27,28; 136.25; 147.9; Mt 6.26). Na preservação especial dos santos (Sl 37.28, 91.11; Mt 10.30). Na prosperidade dos santos (Gn 24.48,56). Na proteção dos santos (Sl 91.3; Is 31.5). No livramento dos santos (Sl 91.3; Is 31.5). Na orientação dos santos (Dt 8.2,15; Is 63.12). No cumprimento de suas palavras (Nm 26.65; Js 21.45; Lc 21.32-33). Na determinação dos caminhos dos homens (Pv 16.9; 19.21; 20.24). Na determinação das condições e circunstâncias dos homens (1Sm 2.7,8; Sl 15.6,7). Na determinação do período da vida humana (Sl 31.15; 39.5; At 17.26). Na frustração dos desígnios dos ímpios (Êx 15.9-19; 2Sm 17.14,15; Sl 33.10). Na frustração dos desígnios dos ímpios mediante o bem (Gn 45.5-7; 50.20; Fp 1.12). Na preservação do curso da natureza (Gn 8.22; Jó 26.10; Sl 104.5-9). Na direção de todos os acontecimentos (Js 7.14; 1Sm 6.7-10,12; Pv 16.33; Is 44.7; At 1.26). No governo dos elementos (Jó. 37.9-13; Is 50.2; Jo 1.4,15; Ne 1.4). Na determinação dos mais ínfimos detalhes (Mt 10.29,30; Lc 21.18). É justa (Sl 145.17; Dn 4.37). É perenemente vigilante (Sl 121.4; Is 27.3). Abarca a tudo (Sl 139.1-5). Algumas vezes é obscura e misteriosa (Sl 36.6; 73.16; 77.19; Rm 11.33).

2. Tudo é Determinado Por Ela. Para a glória de Deus (Is 63.14). Para o bem dos santos (Rm 8.28). Os ímpios têm de cumprir os desígnios dela (Is 10.5-12; At 3.17,18).

3. Deve Ser Reconhecida. Na prosperidade (Dt 8.18; 1Co 29.12). Na adversidade (Jó 1.21; Sl 119.15). Nas calamidades públicas (Am 3.6). No nosso sustento diário (Gn 48.15). Em todas as coisas (Pv 3.6). Não pode ser frustrada (1Rs 22.30,34; Pv 21.30). Os esforços humanos são vãos sem ela (Sl 127.1,2; Pv 21.31).

4. Os Santos Deveriam. Confiar nela (Mt 6.33,34; 10.9,29-31). Depender inteiramente dela (Sl 16.8; 139.10). Entregar suas obras a ela (Pv 16.3). Encorajar-se por meio dela (1Sm 30.6). Orar, em dependência a ela (At 12.5). Orar, para serem guiados por ela (Gn 24.12-14; 28.20; At 1.24). Resultado da dependência a ela (Lc 22.35). Vinculada ao uso de certos meios (1Rs 21.19 com 1Rs 22.37,38; Mq 5.2, com Lc 2.14; At 27.22,31,32). Perigo para quem a nega (Is 10.13-17; Ez 28.2-10).

5. Flexível e Vigorosa. A *Providência de Deus* é suficientemente *flexível* para incluir os homens livres... O seu plano é suficientemente *flexível* para destacar o que há de mais nativo em cada um de nós, o que praticamos desempenha papel preponderante no sucesso desse plano.

A *Providência de Deus* é suficientemente *vigorosa* para excluir a possibilidade de um fracasso final. O plano de Deus encerra muitos retrocessos, mas ele jamais desiste. Algumas vezes ele pode recuperar-se usando os restos que homens e mulheres deixaram para trás, os seus equívocos, seus ataques e seus sacrifícios. Um *insensato* conflito em família, como aquele que envolveu José e seus irmãos, pode ser usado por Deus para cumprir os seus propósitos (ver Gn 45).

O propósito da *Providência de Deus* consiste em preservar a vida, não somente a duração da vida terrena, mas também a sua qualidade e suas realizações.

6. A Ajuda Divina Nas Horas Críticas. Há ocasiões em que enfrentamos situações por *demais difíceis* para nós as vencermos sozinhos, e isso faz necessária a ajuda divina ou a intervenção divina. Quem já não experimentou em sua vida, em algum tempo, esse tipo de ajuda divina?

A tribulação, embora nos pareça sempre tão desagradável, com frequência nos serve de ajuda em nosso progresso espiritual, e não de empecilho, porque, em seu desenrolar, vamos obtendo as porções apropriadas e necessárias de vitória e felicidade. (Ver o artigo sobre *Sofrimento, Necessidade do*).

Luz que Brilha das Trevas

Deus se move de forma misteriosa
Para realizar suas maravilhas.
Implanta seus passos no mar,
E cavalga por cima do tufão.
No profundo, em minas insondáveis
De habilidades que nunca falham,

ele entesoura seus grandes desígnios,
E põe em obras sua vontade soberana.

William Cowper

Pode-se perceber a atuação da providência divina na vida do apóstolo Paulo. A simples leitura do livro de Atos revela-nos que o autor sagrado sentia que cada decisão importante que Paulo tomava de alguma maneira era inspirada por Deus, manifestada a vontade de Deus, em sua própria alma ou através de terceiros, que eram impelidos a prestar-lhe ajuda. Quanto a isso, podem ser examinadas (as seguintes referências: Atos 9.3-5; 11.28; 13.2; 16.10; 19.21; 21.11; 22.17-21 e 23.11).

PROVÍNCIA

1. Definição e Palavras Usadas. O ofício de um governante podia ser assim chamado. Mais especificamente, porém, devemos pensar no território assim governado. No hebraico, encontramos a palavra *medinah*, "distrito", que algumas vezes é traduzida por "província". Esse termo é usado por cerca de 56 vezes no Antigo Testamento, mas por apenas quatro vezes indicando governantes israelitas (distritos da época do rei Acabe: 1Rs 20.14,15,17,19). Outros usos apontam para os administradores de distritos babilônicos e persas (conforme se vê, por exemplo, em Ed 2.1; 4.15; 5.8; 6.2; 7.16; Ne 1.3; 7.6; Et 1.1; Ec 2.8; 6.8; Lm 1.1; Dn 2.47,49; 3.1-3,12,30; 8.2; 11.24). A Septuaginta (tradução do Antigo Testamento para o grego) usa a palavra grega *chóra*, "país", como equivalente. Entretanto, a palavra grega *basileía* é usada em Ester 1.3 e 8.9, enquanto que outra palavra grega, *eparcheía*, é usada em Ester 4.11. A primeira dessas duas palavras significa "reino", e a segunda, "província", "distrito". No Novo Testamento, essa última palavra é que é utilizada em Atos 23.23,24 e 25.1. Nos tempos do Novo Testamento, como até hoje, no grego essa última palavra significa "província" ou território dirigido por um governador.

2. As Províncias Romanas. Originalmente, a palavra traduzida como "província" denotava uma esfera administrativa. O *praetor urbanus* (oficial) exercia autoridade sobre a urbana província, uma área designada. Essa autoridade podia ser exercida dentro de alguma cidade (Lívio 6.42; 31.6), ou fora de uma cidade; mas nunca no segundo sentido, quando em foco algum território, o qual era virtualmente um pequeno país, segundo eram as províncias romanas dos tempos neotestamentários. Esse antigo uso acerca do exterior de uma cidade é mencionado por Tácito (Anais 4.27). Suetônio (Iul. 19) empregou a palavra da mesma maneira que o fez Tácito, ao referir-se a bosques e pastagens.

As primeiras províncias italianas eram territórios com alguma extensão. Entre 509 e 241 a.C., todas as menções às províncias aludem a territórios dentro da Itália. Os cônsules e dois magistrados judiciais (no latim, *praetors*) governavam essas províncias. Mas, de 241 a 27 a.C., também houve províncias fora da Itália. Pertence a essa época o uso neotestamentário do vocábulo. A ilha de Sardenha foi tomada de Cartago, em 238 a.C., tendo-se tornado província romana em 227 a.C. Mas, antes disso, a ilha de Sicília se tornara província romana. Posteriormente, a Espanha foi governada como uma província. Procônsules começaram a ser os governadores desses territórios, entre 27 a.C. e 180 d.C.

Durante a república romana, todas as províncias ficaram sob a jurisdição do senado; mas, a começar por César Augusto, as províncias foram divididas em três classes: **1**. As dez províncias mais antigas (senatoriais), que não precisavam de grandes forças militares, ficaram sob o controle do senado. Ex-cônsules eram os governadores desses territórios. **2**. Doze províncias ficaram sob a administração imperial. Todas elas eram áreas de fronteira, e precisavam de poderosas forças militares para serem controladas e protegidas. Os governadores desses territórios eram legados do imperador (no latim,

legatus Augusti pro praetore), e eram nomeados por ele por um período indefinido, de acordo com seu discernimento. **3**. Províncias imperiais governadas por um procurador imperial (no latim, *praefectus*) da classe equestre. Esses procuradores também eram designados pelo imperador, e governavam regiões agrestes e não-desenvolvidas, algumas vezes tendo como súditos populações sediciosas.

3. A Província da Judeia. Para os estudiosos da Bíblia, essa é a porção mais atrativa. Em 63 a.C., a Judeia tornou-se província da Síria; mas, em 40 a.C., foi dada a Herodes, o Grande, como parte integrante de seu reino. Porém, após a época dele, reverteu ao seu estado anterior. Os procuradores romanos residiam em Cesareia (ver Josefo, *Anti*. 18.3,1, 55-59; *Guerras* 2.9,2, 171; At 23.23,33; 25.1). Ao *praefectus* era conferida considerável autoridade, incluindo a questão da punição capital (Josefo, *Guerras* 2.8,1, 117). O Sinédrio judeu podia atuar, mas suas decisões estavam sujeitas à aprovação do *praefectus*. Isso posto, a punição capital podia ser pressionada pelos membros do Sinédrio, mas precisava ser decretada pelo governador romano. (Ver Jo 18.31; At 25.1-12). Pilatos só é figura conhecida por nós devido à sua má decisão acerca de Jesus. Em 36 d.C., Vitélio passou a governar a Judeia, e Pilatos foi convocado a Roma, a fim de responder pelos erros cometidos (Josefo, *Anti*. 18.4,2,88,89; Tácito, *Anais* 6.32).

PROVOCAÇÃO

Todo pecado é uma provocação do homem contra Deus, mesmo quando o homem também é ofendido, pois todo erro moral, em toda a criação, atinge a santidade divina. Davi, em seu adultério com Bate-Seba e assassinato do marido dela, ao reconhecer seu duplo pecado, escreveu: *Pequei contra ti, contra ti somente, e fiz o que é mal perante os teus olhos...* (Sl 51.4). Uma provocação é algo que reclama uma reação, seja boa, seja má. O trecho de 2Coríntios 9.2 contém o verbo "provocar" (em algumas traduções; nossa versão portuguesa diz "tem estimulado"), em um sentido positivo, mas em 2Reis 23.26; Jó. 17.2 e Ezequiel 20.28 encontramos a palavra hebraica correspondente, *kaas*, em um sentido negativo. A expressão "a provocação" ou "a grande provocação" é usada para falar sobre a obstinação do povo de Israel, quando andava vagueando pelo deserto, tendo desperdiçado 40 anos, antes de entrar na Terra Prometida. Aí encontramos as palavras hebraicas *meribah* (Sl 95.8), "contenção", e *neatsoth* (Ne 9.18;26), "desprezos".

A passagem de Efésios 6.4 estampa a palavra no tocante às relações pessoais, especialmente no caso de pais que provocam insensatamente seus filhos, mediante atos injustos e desarrazoados. Aí a palavra grega usada é *parorgízo*, "provocar além das medidas". Isso alerta-nos para o fato de que certas formas de egocentrismo estão por detrás de atos provocantes, e que até entes amados podem tornar-se nossas vítimas. Outra palavra grega que merece a nossa atenção é *parazelóo*, (Rm 10.19; 11.11,14; 1Co 10.22), que significa "provocar com ciúmes". Finalmente, devemos meditar sobre o vocábulo grego *parapikraíno*, "provocar abertamente" (Hb 2.16), no caso da obstinação do povo de Israel, no deserto.

PRÓXIMO

1. Palavras Envolvidas. Precisamos considerar quatro palavras hebraicas e uma grega: **a**. *Rea*, "associado", "companheiro". Mas tem uma larga aplicação, incluindo até mesmo objetos inanimados (ver Gn 15.10). Pode estar em foco um amigo íntimo (Pv 26.10), ou um amante (Ct 5.16), ou o marido de uma mulher (Jr 3.20). Essa palavra hebraica, pois, destaca como próximo uma pessoa que é íntima de quem fala, em um relacionamento onde imperam laços de amizade (ver Êx 20.16,17; Dt 5.20). Essa palavra hebraica, ocorre por 189 vezes. **b**. *Shaken*, "concidadão", "vizinho". Está em foco alguém que mora próximo, e de quem se pode pedir algo emprestado (ver Êx 3.22; 12.4; Pv 27.10). Tal vocábulo também era usado para indicar cidades próximas (ver Jr 49.18). O termo é utilizado por vinte vezes, como um substantivo, pois também era um verbo, com o sentido de "residir" etc. **c**. *Qarob*, "próximo", referindo-se a alguém ou a algum lugar; no caso de pessoas, significava "parente". Ocorre por 75 vezes nas páginas do Antigo Testamento. (Alguns exemplos: Êx 32.27; Jos, 9.16; Sl 15.3; Ez 23.5,12; Gn 19.20; Is 13.13; Jl 3.14; Sf 1.14). Essas duas referências mostram que a palavra também significava "perto" temporalmente. **d**. *Amith*, "colega", "próximo". Essa palavra hebraica aparece por doze vezes no Antigo Testamento (Zc 13.7; Lv 6.2; 18.20; 19.11,15,17; 25.14,15,17). Essas duas últimas referências mostram que ela pode ser traduzida em português como "outro", embora dando a entender outro ser humano, ou próximo. **e**. *Plesíon*, "próximo", "vizinho", "concidadão". Essa palavra grega aparece por dezessete vezes no Novo Testamento (Mt 5.43 (citando Lv 19.18); 19.19; 22.39; Mc 12.31,33; Lc 10.27,29,36; Jo 4.5; At 7.26; Rm 13.9,10; 15.2; Gl 5.14; Ef 4.25; Tg 2.8 e 4.12).

2. Ensinamentos Bíblicos Acerca do Próximo. Para um israelita, um outro israelita era o próximo, porquanto era um irmão, participante, com ele, do mesmo pacto com Abraão (ver Gn 12.1-3). Dentro desse contexto foi dado o mandamento de amar ao próximo como a si mesmo (ver Lv 19.18). Esse mandamento foi universalizado no Novo Testamento, ao passo que no Antigo Testamento era restringido aos participantes do pacto abraâmico. Assim, a interpretação rabínica dizia que aos israelitas foi ordenado que amassem o próximo, e que isso subentendia que eles deveriam odiar o não próximo, ou o estrangeiro, ou o inimigo; Jesus referiu-se a essa interpretação equivocada em Mateus 5.43 ss. e o Senhor reverteu essa ideia rabínica tão radicalmente que chegou a ordenar que amássemos os nossos próprios inimigos, determinando que orássemos em favor daqueles que nos perseguem (ver Mt 5.44). É desse modo que um crente chega a tomar-se um "perfeito" filho do Pai celeste (vss. 45,46) dotado de uma elevada natureza moral e espiritual. Diz Mateus 5.48: *Portanto, sede vós perfeitos como perfeito é o vosso Pai celeste*. Naturalmente, essa atitude para com o próximo faz parte da manifestação geral da lei do amor. A prática da lei do amor é prova da regeneração e da espiritualidade do indivíduo, segundo aprendemos em 1João 4.7 ss.

O Antigo Testamento, de fato, emprega em sentido mais amplo o termo "próximo", conforme se vê em Êxodo 3.22; 11.2 e Ezequiel 16.26. Também poderíamos pensar no livro do profeta Jonas, que é o "João 3.16" do Antigo Testamento. Entretanto, essa visão mais espiritual não conseguiu capturar a imaginação da corrente principal do judaísmo, que cada vez mais foi-se tornando uma fé exclusivista.

A mais significativa passagem "testamentária sobre a definição de quem é o nosso "próximo", e o que isso deveria significar para nós, acha-se na parábola do Bom Samaritano, em Lucas 10.29-37. Ver o artigo chamado *Samaritano, Parábola do Bom*. Ver também sobre Bom Vizinho. O próximo é sempre alguma pessoa em necessidade, ao qual devemos socorrer, sem importar se essa pessoa vive perto ou longe de nós, sem importar sua raça ou religião. Do ponto de vista da criação (posto que não do ponto de vista da regeneração), todos os homens são filhos do mesmo Deus, e todos eles são irmãos. Assim, um próximo, nesse amplo sentido, tem direito ao nosso amor. Ora, esse ensino era totalmente estranho ao judaísmo exclusivista dos dias de Jesus; mas, embora concorde com a nossa teologia cristã, raramente é observado na nossa prática. A real lei de Deus consiste em amarmos o próximo como a nós mesmos (ver Tg 2.8); mas quanto a isso temos pouca experiência, exceto uma proposição teológica.

Paulo também mencionou essa lei, no contexto da natureza do amor cristão (ver Rm 13.9,10). O amor ao próximo não o prejudica. Antes, cumpre todos os requisitos da lei, que encoraja o bem e proíbe que se faça mal ao próximo (ver Gl 5.14, que reitera esse mandamento). Um amplo ensino espiritual haverá de ser, finalmente, anunciado entre todos os homens (ver Hb 8.11), quando então a espiritualidade do ser humano será elevada ao ponto de ele deixar de ser um guerreiro tribal, conforme hoje se vê. Ver o artigo geral sobre o *Amor*, e também aquele sobre o *Fruto do Espírito*.

PRUMO

O prumo consiste de um fio com um peso qualquer em uma das extremidades, como uma pedra ou um pedaço de metal. Seu uso é o mesmo, desde a antiguidade até os nossos dias. Os pedreiros usavam-no e usam-no para encontrar a verdadeira perpendicular, para que possam construir paredes, edifícios, templos etc., para que se mantenham na vertical e não caiam. Visto que o prumo verifica a verdadeira perpendicular, simboliza a justiça, ou as condições de correção e justeza. A arqueologia tem demonstrado a existência desse instrumento pelo menos desde 2900 a.C., no Egito.

Usos figurados. **1**. Em Amós 7.7,8, o prumo é usado para averiguar a verticalidade de uma parede, em uma visão desse profeta. O povo de Israel também precisava ser examinado, a fim de que suas iniquidades fossem evidenciadas e corrigidas. **2**. Em 2Reis 21.13, o prumo simboliza o juízo divino contra os habitantes de Jerusalém, que se tinham enlameado com toda espécie de práticas injustas, duvidosas e distorcidas. **3**. Em Zacarias 4.10, esse pequeno instrumento simboliza a determinação de Deus em impor um correto julgamento, requerendo dos homens uma verdadeira retidão. Como vimos, todas essas referências pertencem ao Antigo Testamento, o que mostra que esse instrumento só aparece ali, e nunca é mencionado no Novo Testamento. No hebraico, "prumo" é *anak* (em Amós); *mishqoleth* ou *mishqeleth*, em 2Reis 21.13 e Isaías 28.17; e *eben bedil*, "pedra de estanho", em Zacarias 4.10. Também é claro que as menções a esse instrumento sempre envolvem um sentido metafórico, e nunca literal.

PSEUDEPÍGRAFES

I. A Designação. Essa palavra portuguesa vem do grego, *pseudepígraphos*, "escrito falso" ou "escrito espúrio". Apesar de que alguns dos escritos da coletânea assim conhecida são verdadeiramente "falsos", no sentido primário de que foram invenções, o termo é usado para aludir, especificamente, à ideia de "falsa autoria". Em outras palavras, os livros assim chamados não foram escritos pelos autores aos quais são atribuídos. Para exemplificar, *Enoque* não foi escrito por aquela personagem veterotestamentária chamada Enoque; Tomé não foi escrito pelo apóstolo desse nome; e o Apocalipse de Abraão não foi escrito pelo patriarca Abraão.

Não devemos esquecer que era costume comum na antiguidade atribuir um livro qualquer a alguma pessoa antiga e bem conhecida. Isto não sucedia apenas no campo religioso, mas também secular, como nas obras filosóficas e nas obras de literatura em geral. Os motivos da prática variavam. Na maioria dos casos, podemos supor que havia o desejo de obter uma melhor distribuição de uma obra recente, mediante a glorificação de algum nome famoso. Mas muitos autores também desejavam honrar o nome usado, e, em alguns casos, tencionavam promover as ideias e as tradições dos alegados autores.

O termo pseudepígrafes, quando usado para indicar livros relacionados à Bíblia, usualmente refere-se aos livros pseudepígrafes do Antigo Testamento. Há livros pseudepígrafes do Novo Testamento, mas usualmente são designados livros apócrifos. Para efeito de distinção, os livros pseudepígrafes do Antigo Testamento formam uma coletânea separada dos livros apócrifos, e, naturalmente, também separada dos cânones palestino e alexandrino do Antigo Testamento. No cânon alexandrino estão incluídos vários livros apócrifos, mas isto isso não se dá com os livros pseudepígrafes, embora alguns deles tivessem alcançado considerável prestígio, tendo exercido definida influência sobre as ideias do judaísmo helenista, e, daí, sobre certas ideias do Novo Testamento. Tenho artigos separados sobre os mais importantes dentre estes livros; nos artigos sobre os livros pseudepígrafes (como o *Enoque Etíope*, também chamado 1Enoque, ou como o *Enoque Eslavônico*, também chamado 2Enoque) tornar-se-á patente, para o leitor, que estes livros desempenharam um importante papel como influenciadores de ideias, mesmo quando não foram diretamente citados. 1Enoque foi citado em Judas 14 ss.(de 1Enoque 1.9); e o relato da descida de Cristo ao *hades*, em 1Pedro 3.18-4.6, foi verbalmente inspirado por passagens desse livro, embora com aplicação um tanto diferente.

II. Caracterização Geral. Vários pontos importantes devem ser salientados no tocante ao estudo desses livros: **1**. Eles constituem um corpo bastante extenso de literatura, uma espécie de terceiro desenvolvimento: *a*. Os livros canônicos do Antigo Testamento; *b*. Os livros apócrifos, os quais, quanto a alguns deles, obtiveram posição canônica entre os judeus da dispersão, e então no cânon católico romano do Antigo Testamento; *c*. Os livros pseude-pígrafes, alguns dentre os quais obtiveram situação canônica, pelo menos no parecer de alguns indivíduos ou localidades limitadas, mas que, considerados como um todo, exerceram considerável influência sobre ideias do judaísmo helenista, as quais então encontraram caminho para o Novo Testamento. **2**. Como uma coletânea, a maior parte desses livros pode ser datada entre 200 a.C. e 200 D.C; quase todos eles são de natureza apocalíptica. Ver o artigo geral sobre *Apocalípticos, Livros (Literatura Apocalíptica)*. **3**. Visto que muitos desses livros versam sobre questões apocalípticas, sua mais forte influência se dá na Área da tradição profética. Isso usualmente surpreende aqueles que tomam conhecimento do fato pela primeira vez; o esboço profético, em linhas mais gerais, presente no Novo Testamento, já aparecia em 1Enoque. Meu artigo sobre esse livro provê ampla ilustração sobre esse fato, embora muitas pessoas fiquem consternadas diante disto. **4**. Apesar de a maior parte desses livros nunca ter atingido posição canônica, eles são bem representados entre o material achado nas cavernas próximas do mar Morto. Ver sobre *Manuscritos (Rolos) do mar Morto*. Isso significa que em Jerusalém, e não somente entre os judeus da dispersão, eles eram importantes. Desempenharam um importante papel durante o período intertestamentário, e são valiosos até hoje devido à luz que lançam sobre o pano de fundo judaico do Novo Testamento. **5**. Os escritores católicos romanos preferem o nome *apócrifos* quando se referem aos livros dessa coletânea, provavelmente porque aqueles livros que os grupos protestantes chamam de apócrifos são livros canônicos para os católicos romanos. **6**. A coletânea dos livros pseudepígrafes inclui muitas obras *anônimas*, pelo que, estritamente falando, o termo pseudepígrafe não pode ser aplicado à coletânea inteira. Porém, visto que há tão grande número de obras verdadeiramente pseudepígrafes, não é errado empregar esse título geral para indicar a coletânea inteira. **7. Conteúdo**. É impossível caracterizar tão grande coletânea quanto ao seu conteúdo. Tudo quanto faz parte da religião aparece ali, desde ensinos éticos até relatos de experiências místicas, desde profecias até exposições escriturísticas, desde história até poesia, desde filosofia até liturgia, desde apologética até didática. Mas as ênfases principais são ensinos, apologética, temas filosóficos, pseudonarrativas com as devidas lições morais e espirituais, a busca da espiritualidade por parte da alma, principalmente através de experiências místicas. Além disso, visões e iluminações, a ascensão a esferas celestiais, a descida a esferas infernais, com a consequente aquisição de conhecimentos. Mas, se quisermos salientar um tema maior, então temos as *expectações apocalípticas* dos autores diversos. O leitor poderá verificar isso no artigo separado sobre *o Enoque Etíope (1Enoque)*. O conteúdo dessa coletânea ainda é mais variado do que o do Antigo Testamento, contendo vários tipos de literatura que não aparecem naquela coletânea sagrada. **8**. Classificações segundo as presumíveis proveniências. Essa coletânea é por demais variada para ser simplesmente classificada em blocos. Porém, pode-se fazer a tentativa de arranjar esse material de acordo com dois grandes blocos. Ver a seção III quanto a detalhes.

III. Classificações. Nenhum único método de classificação tem merecido a aprovação de qualquer grande número de eruditos. Mas um método favorito de classificação é aquele de acordo com a presumível proveniência. Se utilizarmos esse método da procedência, então a classe maior é a do grupo hebreu-aramaico ou palestino. As principais obras dessa alegada proveniência são: Testamentos dos Doze Patriarcas; Jubileus; Martírio de Isaías; Salmos de Salomão; Ascensão de Moisés; o Apocalipse Siríaco de Baruque; o Testamento de Jó; os Paralipomena de Jeremias, o Profeta; a Vida de Adão e Eva; as Vidas dos Profetas. Além desses, há os livros gregos ou *alexandrinos*, que também são conhecidos como grupo *judaico-helenista*. Essa coletânea contém a carta de Aristeias; alguns dos Oráculos Sibilinos; 3Macabeus (relatos lendários); 4Macabeus (obra de cunho filosófico); o Enaque Eslavônico (2Enoque); parte do Baruque escrito em grego.

Classificação Segundo o Gênero Literário. Talvez esse seja o melhor critério de classificação. Cinco distintos tipos literários podem ser distinguidos nos livros pseudepígrafes: **1**. Narrativas, principalmente histórias: Jubileus; a Vida de Adão e Eva; os Paralipomena de Jeremias. (A palavra paralipomena, que está no plural, significa "coisas passadas", ou seja, não mencionadas ou omitidas. Portanto, essa obra alega contar coisas que o livro canônico de Jeremias deixou de lado). **2** *Testamentos*, como o dos Doze Patriarcas e o de Jó. **3**. Escritos litúrgicos, como Salomão e os Hodayoth dos manuscritos do mar Morto. **4**. Apologias, como a Carta de Aristeias, III e 4Macabeus e alguns dos Oráculos Sibilinos. **5**. Apocalipses, como os de Enoque, Moisés e Baruque. Muitos livros, como é óbvio, contêm desses gêneros literários, pelo que esta classificação também é inadequada, embora útil.

IV. Lista Básica de Obras Pseudepígrafes. A obra em dois volumes, *the Old Testament Pseudepigrapha*, de autoria de James H. Charlesworth (Doubleday & Co., Nova Iorque), contém cerca de 65 livros dessa natureza. Apresentei artigos separados sobre os seguintes:

Abraão, Testamento de
Adão e Eva, Vida de
Aristeias, Carta de
Assunção de Moisés
Baruque, Apocalipse Grego de
Baruque, Apocalipse Siríaco de
Enoque, Etíope (1Enoque)
Enoque, Eslavônico (2Enoque)
Esdras (I ou IV)
Isaías, Martírio e Ascensão de
Jeremias, Paralipomena de
José, Oração de
Jubileus, Livro dos
Macabeus (III) — sob o título Macabeus, Livros dos
Macabeus IV) — sob o título Macabeus, Livros dos
Salmos de Salomão
Oráculos Sibilinos
Testamentos dos Doze Patriarcas

Oferecemos detalhes adicionais sobre os livros de literatura apocalíptica no artigo intitulado *Apocalípticos, Livros (Literatura Apocalíptica)*.

V. Preservação Cristã da Coletânea. Apesar de os livros pseudepígrafes serem de origem judaica, não teriam sido preservados sem os labores de escribas cristãos. Foram, pois, essencialmente preservados em grego, latim, siríaco, etiópico, cóptico e armênio. Com a descoberta dos *Manuscritos (Rolos) do mar Morto* (vide), alguns desses livros foram confirmados como de grande antiguidade, anteriores ao trabalho de amanuenses cristãos. Apesar de essa coletânea ser menos favorecida, e, portanto, menos copiada pelos rabinos judeus, obtiveram um certo favor entre os cristãos, a começar por alguns dos próprios autores sagrados do Novo Testamento, os quais incorporaram ideias (especialmente aquelas atinentes a predições proféticas). E os apologistas cristãos acharam nestes livros algum material de valor, como aquele que enfatiza questões devocionais. Muitas interpolações feitas por escribas cristãos penetraram nos textos desses livros, de tal forma que nem sempre é fácil distinguir essas interpolações dos escritos originais. Esses livros serviram de modelo para obras cristãs similares, especialmente aqueles atualmente chamados *Apócrifos* (vide, mormente aquela seção que trata dos livros apócrifos do Novo Testamento).

VI. Influências dos Livros Pseudígrafes

1. No Judaísmo Helenista. O período intermediário entre o Antigo e o Novo Testamentos foi um tempo fértil quanto ao desenvolvimento e mistura de ideias. O antigo judaísmo absorveu muitas ideias que não apareciam no próprio Antigo Testamento. A ideia da "alma" encontrou guarida na teologia judaica, após muitos séculos primeiramente de incredulidade, e depois, de obscurantismo. As chamas do inferno foram acesas pela primeira vez em 1Enoque, uma ideia transferida então para o Novo Testamento. O esboço essencial da tradição profética foi elaborado durante esse período intertesta-mentário, conforme fica comprovado no artigo chamado Enoque Etíope. Ascensões aos céus e descidas às regiões infernais tornaram-se temas populares. Desse modo, os livros pseudepígrafes (juntamente com os escritos apócrifos, com os livros de Josefo e com os manuscritos do mar Morto) vieram a outorgar-nos discernimento sobre a natureza do pensamento religioso e filosófico dos tempos judeu-helenitas. É necessário que o estudioso volva-se para os livros pseudepígrafes a fim de entender o desenvolvimento que teve lugar na teologia do judaísmo, após o encerramento do cânon do Antigo Testamento.

2. Algumas Ideias Proeminentes Desenvolvidas Nesse Período. *a.* o conceito da alma tornou-se universal, no judaísmo, algumas vezes vinculado à ideia da reencarnação; *b.* um inferno em chamas tornou-se doutrina para alguns judeus; *c.* foi desenvolvida uma elaborada angelologia, incorporando ideias persas, mas, ocasionalmente, com adições inéditas e fantásticas; *d.* foi dada grande ênfase ao apocalipticismo; *e.* doutrinas messiânicas, algumas delas de elevada ordem, bem como o esboço geral das predições proféticas; *f.* a doutrina da ressurreição dos mortos ficou estabelecida.

3. Sobre o Novo Testamento. O trecho de Judas 14 ss é o único empréstimo direto que se vê no Novo Testamento desses livros (extraído de 1Enoque). Todavia, há vários empréstimos verbais, o que indica que os autores do Novo Testamento estavam acostumados com aqueles livros, não hesitando em incorporar as ideias de alguns deles em seus escritos. Acima de tudo, o que pode ser facilmente comprovado, os autores do Novo Testamento incorporaram em suas obras o esboço profético geral dos livros pseudepígrafes, incluindo muitos termos e noções que se aplicam ao Messias. Ver sobre o Enoque Etíope, quanto a uma completa demonstração. Também não poderíamos deixar de mencionar aqui o conceito de um inferno em chamas, tomado por empréstimo de 1Enoque. O relato sobre a *Descida de Cristo ao Hades* (vide), que se acha no Novo Testamento, verbalmente é bastante similar ao relato em 1Enoque.

"... não é exagero dizer-se que é impossível compreender o pano de fundo teológico do Novo Testamento à parte do estudo desses e de outros escritos judaicos pré-cristãos" (Z).

Bibliografia. AM CH E ID J ND RU(1064) Z

PTOLOMEU

Nome que se dava a todos os governadores do Egito, da casa dos Lagos, a começar com Ptolomeu Soter, um dos generais de Alexandre, o Grande, e terminando na conquista dos romanos e morte de Cleópatra. Os primeiros três Ptolomeus, em particular, elevaram o Egito à altura de uma potência de grande importância política e militar, com muitas possessões no exterior, entre as quais se contavam a Fenícia, a Celesíria, Chipre e a Cirenaica, e até a Palestina, por algum tempo. Os Ptolomeus protegeram as artes, as letras e as ciências. Alexandria, que era a capital, possuía uma universidade, que se tornou o centro da cultura grega. Os judeus encontraram ali bom acolhimento, sendo animados a se estabelecerem nela com privilégios especiais, e ocupando cargos de destaque na ordem civil e militar. Os últimos Ptolomeus decaíram muito, tornaram-se fracos e perversos; entraram em frequentes guerras com os países vizinhos, e sofreram revoltas internas: a vida doméstica dos reis perverteu-se com as relações incestuosas e assassinatos de parentes. Tudo isto e mais a perda de suas colônias assinalaram a queda dos monarcas Ptolomeus. A história dos macabeus registra os nomes de três soberanos dessa dinastia, e mais os nomes de sete homens de humilde categoria social, que representaram papel saliente na antiguidade.

1. Ptolomeu IV, chamado Filopater, suspeito de causar a morte de seu pai. Os primeiros atos de seu governo foram o assassinato de sua mãe e de seu irmão mais novo. Todo o seu reinado consistiu em uma série de vícios e de crimes. Animado pela fraqueza e dissolução desse Ptolomeu, Antíoco III, rei da Síria, declarou-lhe guerra, com o fim de arrebatar-lhe a Fenícia, porém, foi totalmente derrotado pelo exército egípcio na batalha de Rafia em 217 a.C., (3 Mac 1.1-5). Depois disto, Ptolomeu sacrificou no templo em Jerusalém, mas sendo impedido de entrar no Santo dos Santos, planejou a matança de todos os judeus, residentes em Alexandria, para vingar-se. O terceiro livro de Macabeus contém uma fantasiosa narração desse fato. Morreu no ano 205 a.C.

2. Ptolomeu VI, denominado Filometor, começou a reinar em 181 a.C., quando tinha apenas sete anos, sob a regência de sua mãe Cleópatra. Governou durante alguns anos sozinho e outros em conjunto com seu irmão Fiscom, que foi o Ptolomeu VII. Mais tarde dividiram entre si o reino: Fiscom reinava sobre Cirene e a Líbia, e Filometor sobre o Egito e Chipre. Os seus generais invadiram a Síria, e colocaram-se em contato com Antíoco Epifanes, pelo qual foram completamente derrotados em Peluzium no ano 171 a.C. Antíoco tomou Chipre. Alexandria teria também caído em seu poder se não houvesse a intervenção dos romanos, que nesse tempo começaram a exercer um quase protetorado sobre o Egito. Filometor interferia com frequência nos negócios da Síria, uma vez ao lado de Alexandre Balas, (1 Mac 10.51-57), e depois com Demétrio Nicator, rival de Alexandre, 11.1-18. Quando estava empenhado em uma batalha na Síria, caiu do cavalo, vindo a morrer em consequência disso, no 145 a.C. Ptolomeu mostrou-se muito amigo dos judeus. Com o seu consentimento, Onias construiu um templo em Leontópolis, segundo o modelo do templo de Jerusalém.

3. Ptolomeu VII, denominado Fiscom, também chamado Evérgeta, que primeiro governou como corregente com seu irmão Filometor, 170-164 a.C., e que depois da morte deste reinou sozinho, 145-117 a.C. Também é reconhecido como sendo Ptolomeu VIII, seu sobrinho Eupator, filho de Filometor, que reinou por alguns dias após a morte de seu pai. A primeira parte de seu reinado consistiu em uma série de crimes contra sua própria família, e em vida tão depravada, que provocou várias revoltas de seu povo. À maneira de seus antecessores, interferiu nos negócios da Síria prestando apoio, primeiro a Zabinas e depois pondo-se contra ele. Esteve em correspondência com os romanos, 1 Mac 15.16, e é talvez a ele que se refere 1 Mac 1.18.

4. Ptolomeu, general de Antíoco Epifanes, (2 Mac 4.45; 6.8; 8.8). Tomou parte na expedição organizada por Lísias contra Judas Macabeu (1 Mac 3.38). É possível que seja o mesmo Ptolomeu Macrom (2 Mac 10.12), que primeiro esteve ao serviço de Ptolomeu Macrom em Chipre, e depois passou a servir Antíoco Epifanes e Antíoco Eupator. Caindo em desagrado desse último, suicidou-se, tomando veneno, 164 a.C.

5. Ptolomeu, genro do sumo sacerdote Simom. Matou o sogro e dois cunhados na fortaleza de Doque, perto de Jericó (1 Mac 16.11s).

PUÃ

No hebraico, **"sopro"**, **"declaração"**. E uma palavra aparentemente cognata deriva-se de uma raiz que significa "esplêndido". Esse é o nome de dois homens e de uma mulher, nas páginas do Antigo Testamento: **1**. O pai de Tola, que foi um dos juízes de Israel (Jz 10.1). Ele deve ter vivido por volta de 1240 a.C. **2**. Um descendente de Issacar (Gn 46.13). Nossa versão portuguesa, porém, grafa seu nome como Puva (uma variante), enquanto que as outras duas pessoas são chamadas Puá. Várias traduções intercambiam esses dois nomes. Puva viveu em cerca de 1700 a.C. **3**. Uma das duas parteiras israelitas que receberam ordem da parte do Faraó, para tirarem a vida dos meninos que nascessem às mulheres israelitas, mas que poupassem as vidas das meninas (ver Êx 1.15-20). O nome da outra parteira era Sifrá. Podemos imaginar que elas eram parteiras-chefes, e que as demais parteiras dos israelitas obedeciam às ordens dessas duas.

PUL

No hebraico, **"forte"**. No Antigo Testamento, esse é o nome de um rei assírio e de um povo, a saber: **1**. Pul é o nome alternativo do monarca assírio Tiglate-Pileser III (vide), o qual governou a Assíria em 745 — 727 a.C. É possível que Pul fosse seu nome pessoal, ao passo que Tiglate-Pileser fosse seu título real. Tal título fora usado por um grande rei assírio do passado. Os trechos de 2Reis 15.19 e 1Crônicas 5.26 mencionam-no por seu nome, Pul. Os historiadores e arqueólogos tiveram de fazer muitas contorções até que ficou razoavelmente provado que Pul e Tiglate-Pileser III foram nomes diferentes de um mesmo homem. **2**. Pul também aparece em Isaías 66.19, como nome de um povo e país africano. Todavia, os estudiosos acreditam que na grafia dessa palavra, nessa passagem, há um erro, pois deveríamos ler ali Pute, conforme também aparece em algumas traduções. Ver o artigo sobre Pute. Nesse caso, fica definida a Líbia; de outra sorte, não se sabe onde, exatamente, dentro do território africano, ficaria Pul.

PULGA

No hebraico, parosh, termo que ocorre somente por duas vezes em todo o Antigo Testamento: 1Samuel 24.14 e 26.20. A pulga, da qual há duas espécies (cientificamente denominadas pulex e ctenoce-phalides), é um inseto altamente especializado, praticamente formado somente de pernas. Se uma pulga tivesse o tamanho de um homem, seria capaz de saltar por cima de um edifício de dez andares! Os insetos adultos chupam o sangue de seus hospedeiros, pois, sem isso, não podem reproduzir-se. As larvas vivem na poeira; portanto, quanto mais limpo for um lugar, menos possibilidade haverá de as pulgas multiplicarem-se.

A pulga é um animal perigoso, transmissor de diversas enfermidades, incluindo a temível peste bubônica, transmitida a partir dos ratos. É difícil ver-se a pulga; e mais difícil ainda é matá-la. Trata-se de um inseto muito perturbador, por causa das picadas que dá na pele de uma pessoa.

Esse inseto era muito comum nos países orientais. Davi comparou-se a uma pulga, quando perseguido por Saul, que queria lançá-lo no descrédito (1Sm 24.14). Davi estava fugindo do rei Saul, que estava resolvido a matá-lo. Porém, a quem o monarca estaria perseguindo? Somente a um cão ou a uma pulga. E, com isso Davi procurava mostrar a Saul que ele não era uma ameaça à segurança do monarca, por ser uma pessoa de pequena importância. Essa posição era extremamente modesta, na verdade; e a história subsequente demonstrou que Davi estava destinado pelo Senhor a ser um homem muito mais importante para o reino e para os planos de Deus do que Saul.

Há cerca de onze mil espécies de pulgas. Isso mostra que as coisas más, neste mundo, existem em meio a uma grande variedade. Uma pulga pode pular até 20 cm de altura, e até 33 cm para a frente. Seu mecanismo de salto é uma autêntica catapulta, feita de uma proteína elástica, chamada resilina. Algumas pulgas têm dois olhos; mas também há pulgas sem olhos, cegas. Mas essa variedade mesmo assim não deixa de encontrar a sua presa, presumivelmente devido ao calor sentido, ou ao seu olfato. Há espécies que tendem por especializar-se ao ataque de determinadas formas de vida animal. Há muitas piadas modernas sobre a pulga. Algumas pessoas têm a paciência de treinar pulgas, formando circos de pulgas com elas! Mas, estar com pulgas à noite, no leito, não é nenhuma brincadeira!

A maneira como a natureza equipou a pulga também não é nenhuma brincadeira. Pode permanecer no interior de seu casulo quase indefinidamente, até sentir as vibrações que indicam a presença de algum hospedeiro. Então a pulga sai de seu casulo, transforma-se em um inseto adulto e ataca. Um edifício vazio pode conter um grande número de pulgas, mas que permanecem ocultas em seus casulos. Quando pessoas passam a ocupar o edifício, causando as vibrações que despertam as pulgas, estas começam a aparecer. E não demora a haver uma praga de pulgas. Uma pulga adulta pode viver nada menos do que um ano, para garantir que todas as suas vítimas sintam-se o mais desconfortáveis possível!

PÚLPITO

Essa palavra portuguesa vem do latim pulpitum, "palco", "plataforma". Ela ocorre em várias traduções (como na nossa versão portuguesa): Neemias 8.4, como tradução da palavra hebraica migdal, "lugar elevado", "plataforma". Esdras postou-se sobre uma plataforma a fim de ler, diante do povo reunido, as Escrituras Sagradas. Talvez o chão da plataforma fosse atingido por meio de uma escada. A elevação serviu para torná-lo conspícuo e para que pudesse ser facilmente ouvido pela multidão numerosa reunida. Naturalmente, nem devemos pensar que a migdal, nesse caso, se assemelhasse aos púlpitos das modernas igrejas cristãs, embora a finalidade seja mais ou menos a mesma: permitir que o orador seja facilmente visto e ouvido pelos presentes.

PUNIÇÃO CAPITAL

Ver os artigos sobre Punição, Crime e Castigo e Retribuição. Não há que duvidar que a punição capital, mediante a qual alguém perde a sua vida física, por causa de algum crime cometido, faz parte integral da ética do Antigo e do Novo Testamentos. Ver Gênesis 9.6 e Romanos 13.4. A legislação mosaica alistava diversos crimes em vista dos quais uma pessoa deveria perder a vida (Nm 15.32 ss.; Lv 20.2,9,10,27; Dt 17.3 ss.; 22.25). O artigo sobre Crime e Castigo, sob o subtítulo Apedrejamento, fornece detalhes completos sobre essa questão. Porém, muitos filósofos, políticos, sociólogos e clérigos modernos se opõem à punição capital, com base em supostas razões humanitárias, paralelamente à ideia de que é melhor recuperar uma vida do que destruí-la. Mas confesso que é difícil perceber por que todo o castigo precisa visar à reabilitação. De fato, há crimes, como o assassinato premeditado, que requerem uma justa *retaliação*, inteiramente à parte do princípio de reabilitação. Existem criminosos irrecuperáveis! É difícil ver como o homicídio pode ser considerado um crime que não merece a punição capital. Há aquele argumento que diz que a punição capital não serve de detenção para o crime, não baixa a taxa de criminalidade. Mas, o criminoso contumaz, uma vez executado, não continua fazendo vítimas inocentes! E é por isso que ele deve ser executado. E, se a taxa de criminalidade baixa ou não, isso não vem ao caso. A justiça é um princípio que existe inteiramente à parte da questão da prevenção. No caso de muitos clérigos "humanitários", que evocam a questão dos direitos humanos para os bandidos e criminosos, eles olvidam-se de duas coisas: **1**. Os direitos humanos das vítimas desses criminosos. **2**. A Inquisição fez milhões de vítimas, por motivos religiosos, vítimas estas consideradas hereges do ponto de vista de seus perseguidores, embora não tivessem outra culpa além de não concordarem com certas doutrinas da hierarquia de Roma. Essa hierarquia, que se tornou culpada da perda da vida de milhões de criaturas humanas, em muitos países, por vários séculos, agora se faz defensora de bandidos! Todo o amor e paciência cristãos não chegam para fechar-nos os olhos a tão lamentável distorção dos direitos, pespegada em nome de Cristo, e contrária aos princípios ensinados por Deus em sua Palavra!

As observações da sociologia mostram que a leniência ou o rigor contra a criminalidade obedecem a um regime de pêndulo de relógio. Quando a criminalidade atinge níveis insuportáveis, a sociedade exige maior rigor contra os bandidos, e a taxa de criminalidade desce; mas então surgem em cena os "humanitários", recomendando tratamento brando para os criminosos, e a taxa de criminalidade sobe. Será que isso não encerra nenhuma lição para nós? A brandura para com os criminosos é quase uma conivência com eles, pois provoca-lhes o atrevimento. Até quando continuará esse estado de coisas? O Juiz de toda a terra voltará a fim de governar o mundo. Fá-lo-á com luva de arminho ou com manopla de ferro? Ver Apocalipse 12.5. Diz Apocalipse 19.15: *Sai da sua* (de Jesus) *boca uma espada afiada, para com ela ferir as nações; e ele mesmo as regerá com cetro de ferro, e pessoalmente pisa o lagar do vinho do furor da ira de Deus Todo-poderoso.* A ira de Deus pesa sobre os ímpios rebeldes; sua misericórdia paira sobre os que se humilham e se arrependem! Ver João 3.36.

Um Princípio Espiritual Envolvido. Há um princípio espiritual envolvido nessa questão, que tanto os proponentes quanto os opositores da punição capital usualmente não levam em conta. É que, para os criminosos, a ameaça de morte iminente é, com frequência, a única coisa que os leva a reavaliar a sua vida e os seus atos, impelindo-os a buscarem alguma renovação espiritual; e não poucos deles têm-se convertido à fé cristã, sob as tensões envolvidas na ameaça da perda da existência física. Isso redunda em bem para os espíritos dos criminosos, pois a lei da colheita conforme a semeadura, quando devidamente aplicada, sempre redunda no bem daqueles que fazem a colheita.

Quando a Retribuição Pura Também é Reabilitação. O mundo opera com base na lei da colheita segundo a semeadura (ver Gl 6.7,8). Se alguém torna-se um assassino, haverá de beneficiar-se espiritualmente, mesmo que não se converta, ao sofrer a justa retaliação por seu crime; pois, dessa forma, terá pago a sua dívida e estará livre para prosseguir na busca espiritual. Portanto, aquilo que poderia ser classificado como pura retribuição, do ponto de vista físico e terreno, pode tornar-se um ato de reabilitação espiritual, para que o espírito possa entrar no mundo dos espíritos, não prosseguindo, neste mundo, em sua caminhada delituosa. Isso não significa que haja nisso qualquer expiação, no sentido teológico. Não há expiação na morte de um criminoso apanhado e justiçado. Mas, tal execução pode significar que, tendo aquele espírito partido para as dimensões espirituais, e estando ainda sujeito ao ministério remidor de Cristo (ver 1Pe 4.6), ele estará em melhor posição de ser beneficiário da missão de Cristo, do que se tivesse chegado, finalmente, ao mundo dos espíritos, sem haver saldado a sua dívida diante dos homens. Aquele que já pagou por algum crime grave certamente mostrar-se-á mais responsivo para com a chamada de Cristo, do outro lado da sepultura, do que aquele que partiu para a outra existência sobrecarregado de crimes e de culpa, por não haver pago sua dívida diante da sociedade, enquanto ainda estava no corpo físico.

Circunstâncias Mitigadoras. O argumento acima não pretende negar que, algumas vezes, até mesmo crimes como o homicídio não devem ser castigados mediante a punição capital. Pode haver circunstâncias mitigadoras, quando então um tempo passado no *cárcere* pode ser mais apropriado e justo do que a execução capital. O que não se pode esperar é que um tratamento mais brando, dado a criminosos, por si só seja capaz de recuperá-los. O criminoso assim o é alguém que quer satisfazer seus maus desejos; a perda da liberdade, enquanto ele estiver encarcerado, é suficiente para enfezá-lo, anulando qualquer bom efeito da leniência. Isso comprova-se cada vez em que algum criminoso consegue fugir da prisão. Ele recupera-se com a fuga, ou reenceta sua vida de crimes, com maior sanha ainda? O criminoso assim o é desde o coração; as circunstâncias externas em coisa alguma alteram isso. Muitos criminosos procedem de classes abastadas, usando seus vastos recursos para aprimorarem seus métodos criminosos e para melhor ocultarem os seus crimes. A sociologia tem fracassado, na busca da grande causa da criminalidade, porque não a busca no coração humano!

A Multiplicação dos Crimes. É fato largamente demonstrado que os criminosos, quando são finalmente apanhados, usualmente já acumularam muitos crimes em seu rol de atividades. No entanto, a justiça humana cai no absurdo de julgá-los e puni-los apenas por um crime. Nem mesmo a filosofia concorda com isso. Platão assegurava que a pior coisa que pode suceder a um homem é escapar ele da devida punição, quando se fez culpado. Quando isso sucede, sua alma corrompe-se definitivamente; e isso é questão muito mais séria do que não castigar ao criminoso com o devido rigor. Mas, quando um criminoso é finalmente apanhado, a justiça humana só pensa em abrandar a pena. Não me admiro que a taxa de criminalidade aumente cada vez mais em muitos países, onde os homens acabam pensando que podem fazer o que bem entenderem, sem qualquer consequência mais séria! Nos países árabes, um ladrão apanhado perde uma das mãos; na segunda vez, perde a outra mão. É ali que se encontram as mais baixas taxas de criminalidade do mundo! Isso não encerra alguma lição para nós? (H)

PUNOM

No hebraico, **"trevas"**. Esse era o nome de uma cidade de Edom, o lugar onde os israelitas fizeram alto em sua marcha, certa ocasião, quando vagueavam pelo deserto (ver Nm 33.42 ss.). Chegaram eles ali no segundo dia após terem partido do monte Hor, e antes de chegarem a Moabe.

Punom era um centro de mineração, e pode refletir o nome de certo chefe edomita, Pinom (que algumas traduções têm como alternativa para o nome Punom), que ali teria residido (ver Gn 36.41). Eusébio informa-nos que condenados eram forçados a trabalhar nas minas da área, que era rica em cobre (ver *Onomasticon* 299, 85; 123, 9). A arqueologia tem descoberto que ali se praticava a mineração desde tão cedo quanto 2200 a.C. Sofreu vários períodos de abandono, mas era uma área próspera nos tempos romanos, e mesmo depois. A moderna *Feinan* assinala o antigo local. Nas proximidades, ainda há minas e fundições, a saber: em Khirbet en-Nahas e em Khirbet Nqieb Aseimer. Algumas ruínas da época bizantina ainda são visíveis na região, incluindo as ruínas de uma basílica e de um mosteiro cristãos. Uma inscrição do bispo Teodoro (587 — 588 d.C.) foi encontrada entre as ruínas do mosteiro.

Jerônimo indicou que Punom era uma pequena aldeia em seus dias, ocupada na mineração do cobre, (realizada quase inteiramente por condenados). De acordo com as descrições de Jerônimo, ficava entre Petra e Zoar.

PUR. Ver sobre *Purim*.

PURA

No hebraico, **"ornamentação"**, **"folhagem"**. Esse era o nome de um servo de Gideão (ver Jz 7.10-14), e que viveu no século XII a.C. Por ordem do Senhor, Gideão e Pura foram-se arrastando até perto do acampamento dos midianitas e amalequitas e conseguiram ouvir um soldado contar o seu sonho, que falava sobre a destruição de Midiã, inimiga de Israel.

PUREZA. Ver sobre *Santidade e Purificação*.

1. As Palavras e sua Definições. O termo português "puro" vem do latim, *purus*, "limpo", "claro", "casto", "sem defeito". Várias palavras hebraicas são assim traduzidas: *a. Tahor*, que significa moral e cerimonialmente ou "limpo", embora também possa indicar algo "bonito" ou "limpo". (Ver exemplos dessa palavra em Êx 25.11,17,24; 28.14; Lv 24.4,6; 1Cr 28.17; Ez 6.20; Sl 12.6; Ml 1.11). Essa palavra hebraica é aplicada a pessoas, coisas e estados, por nada menos de 94 vezes no Antigo Testamento. O ouro é puro quando corretamente refinado; um homem é considerado puro quando isento de corrupções morais; uma oferenda é pura quando oferecida segundo as prescrições levíticas e pela pessoa apropriada. *b. Zak*, "puro", "limpo", "claro". Essa palavra ocorre por onze vezes, como se vê nos seguintes exemplos: em Êxodo 30.34 (acerca do incenso); Levítico 24.3 (acerca do azeite de oliveira); Jó. 8.6 (acerca do homem); Provérbios 20.11 (acerca das obras humanas). *c. Sagar*, "refinar", "encerrar". Seu sentido normal é "encerrar", "fechar", sendo de ocorrência bastante comum com esse sentido; no entanto, no particípio passado, ocorre com o sentido de "refinar", "purificar", por oito vezes (1Rs 6.20,21; 7.49,50; 10.21; 2Cr 4.20,22; 9.20). É palavra usada para indicar a pureza do ouro refinado. *d. Taher*, "brilhar", "ser inocente", "expurgar". Essa palavra é usada acerca de um homem, em Provérbios 20.9 e Jó 4.17, dando a entender um homem que não é puro como o seu Criador.

No Novo Testamento, por sua vez, encontramos as seguintes palavras gregas: *a. Katharós*, "puro", "limpo". Esse vocábulo aparece por 26 vezes (Mt 5.8; 23.26; 27.59; Lc 11.41; Jo 13.10,11; 15.3; At 18.6; 20.26; Rm 14.20; 1Tm 1.5; 3.9; 2Tm 1.3; 2.22; Tt 1.15; Hb 10.22; Tg 1.27; 1Pe 1.22; Ap 15.6; 19.8,14; 21.18,21). *b. Agnós*, "puro", "casto", "claro". Esse adjetivo é usado por oito vezes (2Co 7.11; 11.2; Fp 4.8; 1Tm 5.22; Tt 2.5; Tg 3.17; 1Pe 3.2; 1Jo 3.1). *c. Eilikrinés*, "puro", "sincero". Termo usado por duas vezes (Fp 1.10 e 2Pe 3.1). O substantivo, *eilikrinía*, aparece por três vezes (1Co 5.8; 2Co 1.12; 2.17).

2. A Pureza Cerimonial. Ver os artigos separados intitulados *Limpo e Imundo e Imundícia*, quanto a detalhes sobre esse assunto. A" significação bíblica original (da pureza) era cerimonial. Essa pureza deveria ser obtida mediante certas abluções e purificações impostas aos adoradores no cumprimento de seus deveres religiosos... no caso de Israel, a purificação cerimonial tinha aspectos sanitários e éticos" (ND). Ver o artigo *Purificação*.

3. Meios e Purificação. *a. Mediante o fogo*. Como no processo do refino de metais, processo esse que tinha usos metafóricos. (Ver Zc 13.9; Ml 3.2; Sl 12.6; Lc 3.16 ss.; 12.49; Ap 3.18). Mui provavelmente foi desse processo de purificação que se originaram as ideias do julgamento pelo fogo. (Ver 1Co 3.12 ss.; Lc 3.16 ss.; 12.49). ***b. Mediante a água***. O principal agente de limpeza é a água. (Ver Êx 19.10; Nm 19.17-21; 31.23; Dt 21.6; Sl 24.4; Mt 3.11; 27.24). Daí surgiu, metaforicamente, o batismo. ***c. Mediante meios espirituais***, a fim de ser conseguida a pureza moral e espiritual. (Ver 1Sm 16.18; Mt 5.34-37; Cl 4.6; 1Tm 4.12; Ap 19.8). As fés hebraica e cristã têm enfatizado esse aspecto da questão, em contraste com a esmagadora maioria das religiões pagãs. Ver o artigo geral sobre a *Santificação*. A regeneração é comparada com uma limpeza, em Tito 3.5, e, conforme esse mesmo versículo ensina, isso é obra do Espírito de Deus. Jesus, o Senhor, é o agente ativo nessa operação.

4. A Pureza Racial. Essa questão era crítica em Israel, porquanto Deus havia separado esse povo como sua possessão exclusiva. Essa separação de Israel de outros povos foi efetuada sobre bases religiosas, e não sobre bases raciais distintas. (Ver Êx 19.6; Ed 9.2; 10.10,44; Jo 4.22; Rm 9.3; 2Co 11.22; Fp 3.5). O povo de Israel tornou-se símbolo do Israel espiritual, composto dos regenerados, conforme é salientado no capítulo de Romanos. E o trecho de 2Coríntios 6.14 ss alude à necessidade de separação para o Israel espiritual, a igreja. (Ver também Gn 3.6-9,14,16,18; 6.16).

5. A Pureza Moral e Espiritual. A legislação mosaica dá grande importância ao problema do pecado e sua poluição, e não meramente ao lado cerimonial da fé religiosa. Daí é que proveio a necessidade do Dia de Expiação (ver Lv 16). O sacerdócio de Israel tinha de ser puro em símbolo e de fato (ver Lv 16.6). Jesus criticou a mera pureza cerimonial, que foi um dos grandes abusos em que se precipitou o judaísmo. (Ver Mc 7.3 ss.; Lc 11.39-41).

Os patriarcas, profetas e poetas do Antigo Testamento referiram-se à pureza moral e espiritual como algo necessário para a espiritualidade genuína. Os Dez Mandamentos estavam envolvidos nisso (ver Êx 20). Davi aludiu à pureza como um elemento necessário à comunhão com o Senhor (Sl 24.3 ss.). "Mãos puras" era uma expressão equivalente à inocência (ver Jó. 17.9; Sl 18.20; Mt 27.24). Davi entendeu que o importante é ter um coração limpo e puro (ver Sl 51.7,10). Jó referiu-se a estar limpo, diante de Deus (ver Jó. 11.4). O profeta Ezequiel enfatizou a necessidade de pureza nacional (ver Ez 36.25). O escritor dos Provérbios via o valor de uma linguagem pura e de uma clara moralidade (Pv 22.11).

No Novo Testamento, no sermão da montanha, Jesus ensinou que somente os limpos de coração podem ter a expectação de ver Deus (Mt 5.8). O trecho de João 13.3-11 ilustra a pureza de vida, na ordenança do lava-pés. Os servos de Deus precisam ser puros (ver 2Co 6.4,6). Os jovens inclinam-se para as impurezas morais ao entrarem em contato com as experiências da vida; mas um jovem espiritual repele essa tendência (ver 1Tm 1.5; 4.12; 5.2). Tiago exortou todos os crentes a buscarem a pureza (Tg 1.27; 4.8). Pedro mencionou a necessidade de alma ser purificada, pois é ali que jaz a corrupção moral (ver 1Pe 1.22). Se alguém quiser ser um instrumento a serviço de Deus, terá de ser puro (ver 2Tm 2.21).

"Isso posto, a pureza é a atitude de renúncia e de obediência que põe em sujeição a Cristo todo pensamento, sentimento e ação. Começa no íntimo e se exterioriza atingindo todos os aspectos da vida, purificando todos os modos da existência e controlando todos os movimentos do corpo e do espírito (ND). A mente deve demorar-se sobre pensamentos puros e sobre outras qualidades morais e espirituais, a fim de que o homem interior possa ir sendo transformado segundo o grande modelo, que é Cristo (ver Fp 4.8; Rm 12.1,2).

PURGATÓRIO

Na teologia católica-romana, um suposto estado médio entre céu e inferno (cf. *Escatologia*). Como definiram os concílios de Florença e Trento, o purgatório não é simplesmente um lugar de purificação (uma espécie de estado intermediário entre a morte e a ressurreição, sobre o qual mesmo alguns teólogos protestantes têm conjecturado), mas, sim, um lugar de castigo, embora de pena temporária, não eterna.

Essa crença não se baseia nas Escrituras canônicas. Seu suporte é difícil de encontrar nos primeiros séculos da igreja cristã; nunca foi aceita pela igreja oriental e na Reforma foi rejeitada pelas igrejas dissidentes do catolicismo romano.

A ideia de purgatório parece ter raízes na mentalidade legalista, que supõe que a salvação seja pelas obras e que Deus exerça seu juízo somente pesando nossas boas obras contra as más, tornando-se necessária assim alguma providência especial para aqueles cuja proporção entre umas e outras possa ser, de certo modo, equilibrada. Os rabinos judeus frequentemente pensavam nesses termos. A doutrina do purgatório, contudo, é mais sutil. Reconhece que a salvação é pela graça, mas sustenta que uma penalidade temporária tem de ser cumprida pelo pecador, mesmo quando o castigo eterno por seus pecados já haja sido remido pelo perdão. Se o pecador cumpriu essa penalidade na presente vida, mediante atos de penitência (ver "Penitência"), o moribundo irá diretamente, junto com os santos, para o céu; se for impenitente, irá diretamente para o inferno; mas se cumpriu parcialmente seu castigo, terá de pagar o restante no purgatório.

As almas no purgatório podem ser ajudadas, sendo sua permanência ali abreviada, conforme se crê, por atos dos vivos. Orações e esmolas podem e devem ser feitas em seu favor; o sacrifício propiciatório da missa (ver *Eucaristia*) pode ser oferecido por eles (a missa de réquiem); e para eles podem ser obtidas indulgências (ver *Mérito*). Na prática católica-romana, o antigo costume de rezar pelos fiéis que morriam acabou sendo totalmente substituído por orações pelas almas no purgatório. As indulgências se baseiam na crença de que a igreja tem o direito de propiciar benefícios do "tesouro de méritos", acumulado por Cristo e os santos. A venda de indulgências por agentes autorizados foi uma das causas que precipitaram a eclosão da Reforma.

(**R. T. Beckwith**, M.A., D.D., ex-bibliotecário da Latimer House, Oxford, Inglaterra.)

BIBLIOGRAFIA. J. Le Goff, *The Birth of Purgatory* (London, 1984); C. H. H. Wright, *The Intermediate State and Prayers for the Dead* (London, 1900).

PURIFICAÇÃO

1. A Palavra. Essa palavra portuguesa vem do latim, *purus*, "puro", e *facere*, "fazer", dando a entender qualquer agência ou condição que purifica alguém, em sentido ético, espiritual, ritual ou cerimonial.

2. No Antigo Testamento. O povo de Israel foi escolhido por um Deus santo para ser o seu povo, esperando, como consequência disso, que esse povo viesse a compartilhar de sua santidade (ver Lv 11.44,45; 19.2; 21.26). A lei mosaica enfatizava tanto o aspecto cerimonial quanto o aspecto ético da pureza (ver Lv 20.22-26 — os homens deviam viver separados do pecado). Mas as formas cerimonial e ritualista da purificação também eram importantes. Essa questão é longamente ventilada no artigo intitulado Limpo e imundo. Ver também sobre a imundícia. Na mentalidade dos antigos hebreus, naturalmente, não se fazia a clara distinção que hoje se estabelece entre questões éticas e questões cerimoniais. Para os israelitas, o que era apenas cerimonial revestia-se de alta importância ética.

A imundícia, contraída através do contato com objetos imundos, animais, alimentos etc., requeria purificação. Utensílios e vestes imundas eram lavados em água corrente. Mas objetos de barro e cerâmica, por serem porosos, se ficassem cerimonialmente imundos, precisavam ser destruídos (ver Lv 15.12). Os metais algumas vezes eram purificados fazendo-se os mesmos passarem pelo fogo (ver Nm 31.32,33). Pessoas que ficassem cerimonialmente imundas precisavam separar-se da congregação, e não podiam participar da adoração formal (ver Nm 5.2,3); antes, precisavam lavar-se e oferecer sacrifícios (ver Lv 3.6). Se alguém tocasse em um cadáver, era mister passar por uma elaborada cerimônia de purificação (ver Nm 19). Havia uma cerimônia de purificação no caso de ex-leprosos (ver Lv 14). Os israelitas que se tornassem cerimonialmento imundos, e se recusassem a passar pelos ritos de purificação, tinham de ser executados (ver Nm 19.19).

À parte da lei mosaica, há a impureza moral, e essa também precisa de purificação. Esses conceitos vieram a fazer parte da ideia de uma santidade mais profunda (ver Sl 51.7; Ez 36.24). Antigos conceitos de imundícia incluíam quatro aspectos principais: alimentos, funções sexuais, lepra e contato com cadáveres, especialmente no caso dos sacerdotes. A essa lista foram adicionadas as impurezas morais, em um conceito crescente do que se faz mister para que uma pessoa seja considerada santa. Sem dúvida, os salmos e os escritos dos profetas devotam maior atenção à pureza ótica e à necessidade de o pecador ser purificado de seu pecado, do que os livros anteriores do AT. A mensagem geral dos salmos e dos profetas convoca os homens para que se afastem dos males corruptores como a idolatria, a sensualidade e a busca desenfreada pelos prazeres.

3. No Novo Testamento. Aí encontramos o desenvolvimento dos melhores aspectos do ensino dos israelitas acerca da purificação, como acerca de muitas outras questões. A pureza cerimonial fica inteiramente para trás, conforme nos ensina o décimo quarto capítulo da epístola aos Romanos. Isso, no começo do cristianismo, pareceu revolucionário, para dizermos o mínimo. Esse novo ponto de vista foi antecipado-nos ensinamentos de Jesus (ver Mc 7.19 e comparar com Atos 10.15). O concílio de Jerusalém (historiado no décimo quinto capítulo de Atos) não requereu que as elaboradas regulamentações cerimoniais judaicas tivessem qualquer aplicação aos gentios convertidos ao Senhor. À medida que a igreja foi-se afastando de seu centro inicial — Jerusalém — o antigo judaísmo foi fenecendo, como o poder impulsionador da nova fé. (Ver Tt 1.15; 1Tm 4.4). No Novo Testamento, pois, encontramos a ênfase sobre a corrupção moral, que é a verdadeira causa da condenação de uma alma. O sangue de Cristo, derramado uma única vez, tornou-se o agente da purificação (ver 1Jo 1.7; Hb 1.3; 9.14), uma vez aplicado mediante a fé. Isso refere-se ao poder salvador de Cristo, em sua missão, na qual ele veio salvar e santificar. Ver o artigo sobre a *Santificação*. Ficou então compreendido que o ritual do Antigo Testamento era mera prefiguração da verdadeira purificação, que obtemos em Jesus Cristo (ver Hb 9.13 ss. 23). E os *fariseus* (vide) vieram a tornar-se símbolo de uma fanática rigidez, de acordo com a qual o que é meramente cerimonial ocupa o lugar dos verdadeiros valores éticos. Lamentavelmente, a igreja cristã, em alguns de seus segmentos, retém esse elemento ritualista em suas várias formas de legalismo. Ver o artigo geral intitulado *Pureza*.

PURIM

Ver sobre *Festas* (*Festividades*) *Judaicas*, seção terceira, *Festividade Após o Exílio Babilônico*, primeiro ponto, *Purim*.

1. Caracterização Geral. O trecho de Ester 9.24 explica o nome *purim* (que está no plural) como "sortes". Mui provavelmente, essa palavra vem do assírio, *puru*, se não é que se trata de um substantivo nativo do hebraico. O *puru* era um seixo, usado no lançamento de sortes. Hamã, que planejava exterminar os judeus, *lançou sortes* a fim de determinar um bom dia para execução de seu maligno plano. Mas o curso dos acontecimentos não seguiu a sequência desejada, tendo sido revertido pela intervenção de Ester, diante do rei persa. E uma festa jubilosa judaica foi estabelecida para celebrar essa grande vitória dos judeus. Essa festa era observada nos dias 13-15 do mês de *Adar* (fevereiro-março). O livro de Ester é lido nas sinagogas até hoje, e a congregação solta gritos e vaias, cada vez em que é mencionado o nome de Hamã.

O nome do rei persa, no livro de Ester, é Assuero, que alguns eruditos identificam como Xerxes; (485 - 465 a.C.), ou então como Artaxerxes II (404-359 a.C.). A falta de confirmação secular a Ester ou aos eventos descritos no livro com esse nome, tem levado alguns eruditos liberais a duvidarem da historicidade da narrativa, que eles então classificam como uma novela romântico-religiosa. Hamã foi uma espécie de primeiro-ministro do rei persa, que o livro de Ester apresenta como homem dotado de considerável autoridade, de tal modo que, Ester não tivesse refreado aquele homem, provavelmente ele teria conseguido concretizar seu plano criminoso.

Fora do livro de Ester, não temos qualquer outra referência ao relato. Mas o incidente é mencionado nos livros apócrifos chamados Adições a Ester 10.10-13; 2Macabeus: 15.36, e também em Josefo (*Anti*. 11.6,13). Nos dias dos macabeus, essa festividade era conhecida como *Dia de Mordecai*. Josefo alude à universalidade da celebração entre os judeus de seus dias (*Anti*. — 11.6,13).

Essa festividade sempre foi popular entre os judeus, desde o seu início. Além da rememorização em geral, mediante a leitura do livro de Ester, e dos gritos e vaias, conforme se disse acima, o leitor do relato pronuncia todos os nomes dos filhos de Hamã de um só fôlego, a fim de indicar que foram enforcados juntos. No segundo dia da celebração há um culto religioso formal, são entoados hinos, há dramas e atos teatrais, e são apresentadas recitações. Alimentos e presentes são distribuídos entre os pobres como um gesto de generosidade, em memória da generosidade de Deus para com o povo judeu (ver Et 9.19).

Possível Referência Neotestamentária. Alguns estudiosos supõem que o trecho de João 5.1 alude a essa festa judaica. Porém, o trecho labora contra o costume dos judeus celebrarem a festa de Purim em qualquer lugar em território de Israel. Isso significa que não havia necessidade de subir a Jerusalém para a celebração da festa (o caso da festa mencionada no Evangelho de João). Dos israelitas eram requeridas apenas três peregrinações anuais a Jerusalém, a saber: nas festas da Páscoa, do Pentecostes e dos Tabernáculos.

2. Historicidade. Embora a festa de Purim venha sendo celebrada com tanto entusiasmo e por tantos séculos, os eruditos liberais costumam salientar a total ausência de provas históricas seculares para a mesma. A história da Pérsia não fala sobre qualquer Ester, e a identificação de Assuero com Xerxes ou Artaxerxes pode ser uma identificação *ad hoc*, ou seja, uma conjetura, feita com o propósito de conferir a Assuero um caráter histórico. Por isto mesmo, alguns pensam que o relato é apenas uma novela religiosa que pode ter surgido durante o período dos triunfos militares dos macabeus, para então ser posta em um diferente contexto histórico. E outros períodos históricos também têm sido sugeridos como a época em que, alegadamente, aqueles eventos tiveram lugar, como o período persa, o período parta, o período do zoroastrismo ou o período do exílio babilônico. Abordei esses problemas mais detalhadamente no artigo sobre o livro de Ester, em sua primeira seção. Aquele artigo também fala sobre o relato dos acontecimentos por detrás da festa, sobre os quais aqui nada relatamos. Ver os artigos separados sobre *Hamã* e sobre *Mordecai*.

3. Lições Espirituais da Narrativa. Deus dispõe do tempo à sua vontade, agindo conforme ele quer. Coisa alguma está fora do seu controle, mesmo em nossas horas mais terríveis. Sempre haverá vilões ameaçadores contra nós, mas nenhum deles pode, realmente, prejudicar-nos, se estamos dentro da vontade de Deus. Pois, na providência divina, surgirão pessoas e circunstâncias favoráveis a nós, na hora crucial de nossa necessidade. Ver o artigo intitulado *Providência de Deus*.

Algumas de nossas vitórias são obtidas contra todas as forças adversas, e isso porque, para Deus, é igualmente fácil fazer algo difícil ou fácil. Como tipo, Ester simboliza o Messias, o Libertador nacional. O profundo interesse de Deus por seu povo de Israel não se abate e nem pode ser frustrado. Paulo garante-nos que os planos divinos estão se desdobrando em favor de seu povo, a despeito da atual cegueira de Israel. Ver Romanos 9.11, especialmente o trecho de 11.26 ss. A narrativa sobre Ester é uma espécie de expansão parabólica da promessa contida em Salmo 91.

PÚSTULA. Ver o artigo geral sobre *Enfermidades*.

Estão em pauta diversas afecções cutâneas, referidas no Antigo Testamento, indicadas por meio de quatro palavras hebraicas diferentes, a saber: **1**. *Garab*, "pelagra" Palavra que aparece pôr três vezes (Lv 21.20; 22.22; Dt 28.27). **2**. *Mispachath*, "pústula". Palavra que figura por três vezes (Lv 13.6-8). **3**. *Yallepheth*, "impingem". Palavra que aparece em Levítico 21.20; 22.22. **4**. *Sappachath*, "pústula". Palavra que aparece apenas em Levítico 13.2 e 14.56. Contudo, uma forma verbal da palavra encontra-se em Isaías 3.17, onde se lê: *O Senhor fará tinhosa a cabeça das filhas de Sião* ... Não há equivalente no Novo Testamento, embora a LXX os tenha. Uma pústula é uma crosta ou infecção purulenta. Por si mesma, não é alarmante, podendo até mesmo ser uma proteção orgânica. O que realmente importa é o tipo de afecção por baixo dessa crosta.

Assim, no caso de *garab*, a afecção não era considerada perigosa. A pelagra, afecção produzida pela falta de vitamina C no organismo, atacava muito as pessoas que não ingeriam frutas e legumes, como os marinheiros, em suas longas viagens, ou os soldados de infantaria, em suas conquistas.

Nos dias do Antigo Testamento, uma pessoa que tivesse uma afecção cutânea persistente devia mostrá-la aos sacerdotes, que determinariam se a mesma tinha caráter progressivo ou temporário, se era uma condição que requeria isolamento ou se era uma condição benigna. (Lv 13.2-8).

Os sacerdotes ficavam desqualificados para servir, e os animais a serem sacrificados eram rejeitados, se houvesse qualquer afecção cutânea presente. A "boca pustulenta", com feridas em redor dos lábios, do nariz e das pálpebras das ovelhas é uma condição bem conhecida atualmente pelos veterinários, e bem pode ter sido uma cena familiar no clima quente e seco de Israel. As filhas de Sião haveriam de ser punidas, por causa de sua altivez, com uma dessas afecções na cabeça (que nossa versão portuguesa traduz por "tinha") (Is 3.17). Precisamos apenas pensar em uma criança com aquela crosta seborreica generalizada conhecida na medicina como dermatite seborreica, para perceber a humilhante aflição que isso significaria para uma jovem israelita.

PUTE

1. O Homem. Pute foi o terceiro dos filhos de Cão e o único sobre o qual não há registro de descendentes. (Ver Gn 10.6; 1Cr 1.8). Mas Josefo (*Anti*. 1.6,2) diz-nos que ele foi o pai dos líbios, e que seus descendentes chamavam-se, antigamente, putitas.

2. Descendentes. Além do que Josefo escreveu, há algumas indicações bíblicas a respeito. Eles eram guerreiros, que foram mencionados juntamente com os *lubim* (vide), egípcios e etíopes, os quais foram incapazes de impedir que os assírios (ver Na 3.9) atacassem No-Amorn (Tebas). (Ver também Jr 46.9 e Ez 30.5, onde Pute é descrito como aliado dos egípcios. E em Ez 38.5, Pute aparece como parte formadora das forças de Gogue).

Parece que esse povo é africano, embora continuem questões disputadas sobre o povo preciso e a localização exata onde esse povo habitava.

3. Localização Geográfica. Isaías situa Pute entre Társis e Lude, como nações que, algum dia, haverão de ouvir falar sobre a glória de Deus (ver Is 66.19). Jeremias alista Pute entre a Etiópia e Lude, como nações cujos guerreiros foram empregados por Nabucodonosor na conquista do Egito (ver Jr 46.9). Ezequiel, por sua vez, associa Pute aos exércitos de Tiro (Ez 27.10). Pute é alistado juntamente com a Etiópia, Lude, Arábia e Líbia, como nações que haverão de sucumbir à espada (Ez 20.5). O trecho de Naum 3.9 associa esse povo à Etiópia, ao Egito e à Líbia. Essas muitas referências associam Pute com o continente africano, e na maioria das vezes ela tem sido identificada com a Líbia. Certa inscrição persa de Naqshi-i-Rustam menciona uma certa nação chamada *Putaya*, a qual, usualmente, tem sido identificada com a Líbia. "Opiniões mais recentes, no que concerne à identificação de Pute, vinculam este povo a Punte ou de Pute, vinculam Cuxe do sul da África, onde é comumente vinculada às costas da Somália (1Cr 1.8; Na 3.9). Porém, a opinião mais prevalente é que Pute é a *Líbia"*.

PUTÉOLI. Ver sobre *Potéoli*.

PUTEUS
Uma família israelita de Quiriate-Jearim, originada por netos de Calebe (1Cr 2.53).

PUTIEL
No hebraico, **"afligido por Deus (El)"**. Esse era o nome do pai da esposa de Eleazar, o sacerdote. Ela foi mãe de Fineias (ver Êx 6.25). Putiel viveu por volta de 1210 a.C. Eleazar era filho de Aarão.

PUVA
No hebraico, **"boca"** ou **"sopro"**. Esse era o nome do segundo filho de Issacar (Gn 46.13). (Ver também Nm 26.23 e 1Cr 7.1). Os descendentes de Puva são chamados "puvitas", em Números 26.23. Puva foi o pai de Tola (ver Gn 46.12). Viveu em cerca de 1770 a.C.

PUVITAS
Nome genérico dos descendentes de Puva ou Puá, da tribo de Issacar (ver Nm 26.23).

QUADRADO

Essa palavra, que no hebraico é *raba*, aparece por onze vezes no Antigo Testamento, como descrição do formato de edifícios, como o tabernáculo ou o templo (Êx 27.1; 28.16;30.2; 37.35; 38.1; 39.9; 1Rs 7.31; Ez 40.47). Em Apocalipse 21.16, que é o único uso da palavra no Novo Testamento (no grego, *tetrágonos*), esse termo descreve o formato da nova Jerusalém. Ver o artigo sobre o simbolismo do número quatro.

QUARENTA

Um número importante, tanto no Antigo Testamento quanto na símbologia em geral. Esse número era usado para designar a duração aproximada de uma geração, bem como períodos específicos de prova.

Períodos nos quais o número quarenta é importante: **1**. Quando do dilúvio, choveu durante quarenta dias e quarenta noites, e foram precisos outros quarenta dias completos para as águas baixarem (Gn 7.4,12,17; 8.6). **2**. Moisés tinha 40 anos de idade quando resolveu visitar seus irmãos de raça (At 7.23). **3**. Moisés esteve por quarenta anos em Midiã, um tempo de preparação para a sua missão (At 7.29,30). **4**. Moisés esteve por quarenta dias no monte, quando do recebimento da lei (Êx 24.18). **5**. Moisés orou durante quarenta dias, em favor de Israel, a fim de evitar um severo castigo divino contra esse povo (Dt 9.25). **6**. Israel ficou vagueando durante quarenta anos no deserto, por motivo de desobediência, antes de poder entrar na Terra Prometida (Nm 14.33; 32.12). **7**. Davi e Salomão reinaram, cada qual, pelo espaço de quarenta anos (2Sm 5.4; 1Rs 11.42). **8**. Jonas convocou os habitantes de Nínive para se arrependerem no prazo de quarenta dias (Jn 3.4). **9**. Em certa ocasião, Elias jejuou por quarenta dias, quando estava sob severa provação (1Rs 19.8). **10**. Jesus jejuou no deserto pelo espaço de quarenta dias (Mt 4.2). **11**. Alguns estudiosos calculam que Jesus esteve no sepulcro durante quarenta horas. Ver o artigo separado sobre as *Quarenta Horas de Devoção*. **12**. Após a sua ressurreição, Jesus continuou na terra por quarenta dias, antes de sua ascensão (At 1.3). **13**. Tenho especulado que a grande tribulação (ver sobre *Tribulação, A Grande*) perdurará por um total de quarenta anos, dos quais sete anos revestir-se-ão de significação especial para Israel. Ver o artigo intitulado a *Tradição Profética e a Nossa Época*.

QUATRO CANTOS DA TERRA

Esta expressão aparece em Ezequiel 7.2; Is 11.12 e Apocalipse 7.1. O trecho de Isaías 24.16 tem uma expressão menos definida: "confins da terra". Essas expressões mui provavelmente significam "de todos os lugares" da terra, considerados como uma totalidade. Entretanto, é perfeitamente possível que, por detrás da mesma, esteja a crença antiga de que a terra era plana e tinha quatro cantos, pois seria quadrangular. Ver o artigo sobre Cosmogonia, quanto ao ponto de vista mundial dos hebreus. Ver também sobre a Astronomia, onde exponho uma ilustração completa dessa posição, com comentários e referências bíblicas.

Sabemos que a terra é redonda e não tem quatro cantos, mas os antigos não sabiam disso. A antiga cosmologia dos hebreus supunha que a terra fosse plana e de forma retangular, com quatro cantos, naturalmente. Essa crença reflete-se em passagens bíblicas como Isaías 11.12 e Apocalipse 7.1. Esse conceito também é amplamente representado nos livros hebreus extracanônicos, bem como nas cosmologias dos povos do Oriente Médio, incluindo os babilônios. Os filósofos gregos jônicos pensavam que a terra tivesse a forma de um disco, o que significa que eles aproximaram-se mais da verdade dos fatos. Os quatro cantos da terra tornaram-se o símbolo de qualquer coisa *completa*, sendo esse um dos simbolismos do número quatro. Ver sobre *Quatro*.

QUATRO CONFINS DA TERRA

Sabemos que a terra não é chata e nem quadrada, pelo que o globo terrestre não tem cantos ou arestas em qualquer sentido. Porém, os antigos não sabiam disso, pelo que suas alusões aos quatro cantos da terra podiam ser feitas com seriedade, literalmente. Seja como for, a expressão significa a extensão da terra inteira. A expressão encontra-se em Isaías 11.12; Jó 37.3; 38.13 e Ezequiel 7.2. O trecho de Apocalipse 7.1 retrata quatro anjos, de pé sobre os quatro cantos da terra, segurando os quatro ventos. Isso refere-se a alguma forma de controle, porquanto se alguém controla esses quatro cantos, controla a terra inteira. Sabemos, por outras fontes informativas, que certos povos antigos chegaram a imaginar a terra na forma de um cubo. Os filósofos gregos jônicos (600 a.C.) modificaram a concepção, pensando ser a terra um disco; mas a maioria dos antigos, desde os tempos babilônicos, aceitava a ideia de que a terra tinha forma retangular, possuindo quatro cantos, portanto. O vidente, ao contemplar a terra do alto, viu a terra como um plano retangular. É óbvio que a visão que teve retratava o globo terrestre segundo essa antiga concepção sobre a forma da terra; mas isso em nada labora contra a fé, criando problemas somente para dois grupos de pessoas, os céticos e os ultraconservadores. É tolice pensar que os autores da Bíblia conheciam mais sobre questões científicas do que os seus contemporâneos. Quanto a explicações completas sobre o sentido dessa ideia, em Apocalipse 7.1, ver as notas expositivas do NTI, nesse ponto.

QUATRO DEDOS

Ver o artigo geral sobre *Pesos e Medidas*. Quatro dedos constituem a largura da mão, cerca de sete centímetros e meio, à altura da base dos dedos. A Vulgata Latina diz *quartor digitis*, em Êxodo 25.25. Seis larguras da mão correspondem a um côvado. Uma largura extra da mão constituía o côvado referido em Ezequiel 40.5. Essa medida foi empregada para medir o equipamento do tabernáculo (Êx 25.25; 37.12), bem como no caso do templo em Jerusalém (1Rs 7.26; 2Cr 4.5). O termo foi usado metaforicamente para indicar a duração da vida de um homem, enfatizando a sua brevidade (Sl 39.5; em nossa versão portuguesa, temos *palmos*, o que já não corresponde, exatamente, à medida hebraica, porque um palmo, para nós, representa cerca de 20 ou 22 centímetros).

QUATRO SERES VIVENTES

O simbolismo dos quatro seres viventes parece combinar o simbolismo que há nos livros de Ezequiel e Isaías. Os "querubins" de Ezequiel eram "quatro" em número, o que se verifica também em Apocalipse 4.6, no tocante aos "seres viventes". Mas a descrição recua às descrições babilônicas, onde aparecem gênios ou guardas com "quatro asas", na forma de um boi, de um leão, de um homem e de uma águia, tal como se vê em Apocalipse 4.7. Nos escritos judaicos, a função desses "seres" era a de sustentar a plataforma sobre a qual estava o trono de Deus, transformando-a em uma espécie de carruagem celestial. No trecho de Isaías 6.1-7, os serafins aparecem como seres celestes, de forma humana, mas com seis asas cada. Esses figuram perto do trono, como guardiães, a entoarem incessantemente: "Santo, santo, santo é o Senhor dos Exércitos". Tanto os "querubins" de Ezequiel como os "serafins" de Isaías tornaram-se figuras importantes nos escritos judaicos posteriores, e com frequência eram vistos juntos, aliados aos "ofanins", uma personificação dos olhos nas rodas da visão celeste de Ezequiel. Esses nunca dormiriam, e guardam constantemente o trono de Deus e seus muitos olhos fazem essa vigilância ser completa e absoluta. Ver 1Enoque 71.7 e 14.23. Em 2Enoque 21.1, os querubins e serafins diziam ambos "Santo, santo santo", o *tersanctus*. Abraão, no "sétimo céu", conforme é pintado no Ap de Abraão 18, teria visto os *ofanins*, aqueles que "tudo veem", os seres dotados de muitos olhos (comparar com Ez 1.18 e 10.12). Quatro eram os rostos de cada um deles: de leão, de homem, de boi e de águia, e cada qual estava equipado com seis asas. Essa obra judaica, que data mais ou menos da mesma época do Apocalipse canônico, mistura os querubins e serafins quanto à sua aparência e função.

Tendo acompanhado a origem desses símbolos, vemos claramente o vidente João obteve tais símbolos. Supomos que ele atribui a esses seres (provavelmente concebidos como seres literalmente celestiais) as mesmas funções que há nos outros livros mencionados: seriam guardiães, sustentadores do trono de Deus, poderes celestiais e seres que prestam louvores celestes. O número "quatro" mui provavelmente envolve, de alguma maneira, os poderes dos céus, os poderes da terra, as quatro extremidades da terra e os quatro ventos. Cada um deles tinha apenas uma cabeça, ao passo que, nos antigos escritos judaicos, tinham quatro. O que se pensa acerca dessas cabeças (leão, boi, homem e águia) é explicado nas notas expositivas, em Apocalipse 4.7 no NTI. Além disso, incorporam em si mesmos a natureza dos *ofanins*, dotados de muitos olhos, indicando a "vigilância" perante o trono, visando à proteção do mesmo, bem como uma sabedoria que "tudo vê", dotados por Deus de propósitos especiais. O vidente João nada apresenta de original em tudo isso, mas misturou figuras simbólicas antigas, sem dúvida bem conhecidas em seus dias, apesar de parecerem estranhas em nossa época, sobretudo para os que não dão atenção aos antigos Testamentos judaicos, como os livros apócrifos, pseudepígrafes e certas passagens apocalípticas do próprio AT.

Sumário da Identificação e Significados dos Seres Viventes: 1. Seriam as quatro extremidades da terra ou os quatro ventos. Portanto, representariam poderes *terrenos*, agências divinas que controlam a terra. A "natureza animada" louva a Deus e cumpre as suas ordens. Os seres viventes simbolizam isso, embora não sejam idênticos a essas forças naturais. **2**. Seriam, os quatro, signos do zodíaco, os poderes celestiais que têm poder sobre os céus e sobre a terra. **3**. Seriam seres celestes literais, que realizam tarefas que lhes foram determinadas do alto. **4**. Outros pensam que não seriam seres literais, mas meros "símbolos" do modo como Deus controla tudo e dá glória a tudo. Os anjos batem suas muitas asas, e o movimento de ar e energia, assim produzido, embora não seja perceptível por ouvidos terrenos ordinários, é a "música das esferas" das regiões espirituais. **5**. Outras interpretações incluem os ponto seguintes: ***a***. Os quatro Evangelhos; ***b***. as quatro igrejas patriarcais; ***c***. Os quatro grandes apóstolos, que simbolizariam os ministros do evangelho; ***d***. Os mestres da igreja e as principais faculdades da alma humana, que conduzem o homem a Deus. Todas essas interpretações, apesar de terem algum valor, talvez relacionadas à ideia do texto sagrado, não são interpretações primárias. **6**. Os "olhos" das rodas da visão de Ezequiel (ver Ez 1.18 e 10.12) são aqui transferidos aos próprios seres celestiais, conferindo-lhes a propriedade da visão completa, que tudo sabem, possuidores de perfeita vigilância. **7**. O autor sagrado fala através de símbolos místicos. Não sabemos dizer quanto de tudo isso ele supunha aplicar-se aos seres celestiais propriamente ditos, ou se a inteira descrição meramente indica os vários poderes e as várias glórias de Deus, como seus atributos pessoais ou como qualidades delegadas a seus servos celestiais.

QUÉ

Qué é um antigo nome da porção leste da Cilícia, na parte sudeste da Ásia Menor. Um certo documento de Nabucodonosor II, de cerca de 595-570 a.C., menciona um lugar que se refere a essa região pelo nome de *Khuwe*. O nome também se acha na estela de Nabonido, em Istambul, e nos anais de Salmaneser III (858-824 a.C.), um dos reis da Assíria. Sabemos que Tiglate-Pileser III (744-727 a.C.) recebeu tributo do rei de Qué. Heródoto faz várias alusões a esse lugar. Ficava situado em uma importante rota comercial que ia desde os Portões Sírios, nas montanhas de Amano, até às cidades da Cilícia, na cadeia do Taurus. Era região famosa por seus excelentes cavalos, de onde Salomão os importava (1Rs 10: 28; 2Cr 1.16). Em 103 a.C., a região, atualmente chamada Cilícia, tornou-se uma província romana. Foi governada por Cícero, em 51 a.C. Na época do imperador Vespasiano (72 d.C.), ela foi combinada com a Síria, sob uma única administração, pelo que Lucas e Paulo estão corretos, ao combinarem esses dois lugares, nas referências que fazem à região, em Atos 15.23,41 e Gálatas 1.21. Ver o artigo sobre a *Cilícia*.

QUEBAR

No hebraico significa "comprimento". Era nome de um rio da Mesopotâmia, em cujas margens o rei Nabucodonosor implantou uma colônia de judeus, entre os quais achava-se o profeta Ezequiel (Ez 1.1,3; 3.15). Esse tem sido identificado com o rio que os gregos denominavam Chaboras, atualmente chamado Khabour. Deságua no Eufrates, através da Mesopotâmia, sendo a única correnteza de qualquer volume que deságua naquele rio em Circésio. Alguns eruditos pensam que não se trata precisamente de um rio, mas de um canal feito pelos babilônios. É verdade que esses canais também eram chamados "rios". Um grande canal artificial, desviado do Eufrates, acima da cidade da Babilônia, fluía por quase cem quilômetros para sudeste, através de Nipur, e, finalmente, desaguava de volta no Eufrates, perto de Ereque, segundo a arqueologia tem descoberto. Atualmente, está seco, após séculos de negligência. Dois tabletes descobertos pelos arqueólogos mencionam-no com o nome de *Naru Kabari*. A identificação desse rio, ou canal artificial, chamado Quebar, continua incerta. O que é certo é que Ezequiel teve suas primeiras visões ali (Ez 1.1,3). Em cuneiforme babilônico, *naru* significa canal ou rio. Porém, a maioria dos eruditos rejeita a identificação com o rio que flui para dentro do Eufrates, em Circésio (Kierkesion). (S Z)

QUEDA

A primazia pós-Iluminismo do racionalismo e do idealismo, juntamente com o surgimento da crítica bíblica e o desenvolvimento da teoria evolucionista (ver Criação), tem proporcionado o contexto e o ímpeto para o questionamento rigoroso da doutrina da queda e dos conceitos de pecado original e justiça original. Terá havido alguma vez um estado de justiça original? Houve algum tempo em que a natureza não fosse "violenta"? Existiu um Adão histórico e, caso tenha existido, como pode o pecado de um homem ter afetado toda a humanidade? Tais questões têm levado inevitavelmente a interpretações simbólicas da narrativa de Gênesis 3, que a veem como uma narrativa mítica da condição da humanidade e da natureza do pecado humano.

Embora a narrativa possa, naturalmente, conduzir a interpretações simbólicas e existencialistas, elementos aparentemente históricos da narrativa, no entanto, não devem ser arbitrariamente ignorados ou evitados. A queda pode ser, de fato, uma experiência em que toda a raça humana esteja pessoalmente envolvida, uma saga concernente a toda a humanidade, mas, basicamente, narrada como experiência de um só homem em particular. Além disso, não apenas a humanidade foi afetada pela queda de Adão. A narrativa também mostra Deus amaldiçoando a terra, como consequência do pecado de Adão. Paulo declara que a totalidade da ordem criada se encontra "submetida à inutilidade" por causa da queda, na esperança de ser "libertada da escravidão da decadência" (Rm 8.20,21). Tais referências parecem significar uma "queda cósmica" como consequência do pecado e da queda de um único homem.

Apesar de marcante a narrativa de Gênesis 3 do evento da queda de Adão e suas consequências, não existe, todavia, texto bíblico algum que fale explicitamente em termos de uma *doutrina* da queda da raça humana, no sentido de uma afirmação clara e inequívoca do relacionamento entre o pecado e a culpa de Adão e o pecado e a culpa de toda a humanidade — exceto quanto a Romanos 5.12-21 e, implicitamente, ao já citado trecho Romanos 8.20,21 e, ainda, a 1Coríntios 15.21,22. Depois de Gênesis, o AT jamais se refere literalmente à origem ou à transmissão do pecado e da culpa, embora haja sugestões, como em Salmo 51.5; nem na literatura rabínica nem na judaica, também, há qualquer referência a algo que possa ser reconhecivelmente similar à doutrina (cristã) da queda. O pecado e o mal, no AT, são, de modo variável, atribuídos a Satanás, a seres demoníacos ou a um espírito do mal no homem (em contraste com um espírito do bem). Fica entendido aqui, como nos Evangelhos, que o homem é responsável pelo pecado que comete e por viver de acordo com o espírito que é o oposto ao do bem. Mesmo nos Evangelhos, não há referência explícita à origem ou à transmissão do pecado.

Embora os pais da igreja primitiva se refiram à queda de Adão, geralmente sustêm forte ênfase na responsabilidade humana individual. Em Agostinho, no entanto, e somente nele, encontra-se uma explanação que busca definir claramente uma doutrina da queda, em termos de conexão entre o pecado e a culpa de Adão e o pecado e a culpa de toda a humanidade. Agostinho entendia a corrupção da natureza humana como, essencialmente, "concupiscência", *i.e.*, luxúria, especialmente luxúria sexual. Pensava a respeito do pecado original como um pecado herdado, sendo a natureza decaída de Adão transmitida biologicamente por meio da procriação sexual, de pais a filhos. Além disso, como todos os seres humanos se encontravam presentes seminalmente em Adão, todos nós realmente participamos do pecado de Adão.

Esse entendimento foi rejeitado por Pelágio, que argumentava que homens e mulheres nasciam no estado anterior ao da queda de Adão, sendo, portanto, livres tanto da culpa quanto da contaminação pelo pecado de Adão, embora tivessem para sempre perante eles o exemplo das más consequências do pecado de Adão e de outros pecadores. A base da argumentação de Pelágio não é correta, por considerar o pecado como simples resultado de atos individuais, em vez de todo um estado de separação de Deus do qual precisamos ser libertos a fim de optarmos pelo que é bom (Rm 7.14-25). Além disso, como Calvino haveria de expor, uma vez que a justiça de Cristo não nos beneficia meramente como exemplo a ser seguido, o mesmo deve ser certamente verdadeiro quanto ao pecado de Adão.

A interpretação de Agostinho foi amplamente confirmada pelo Concílio de Orange (529). A despeito de modificação feita por Anselmo e moderação por parte de Tomás de Aquino, permaneceu sendo, de modo geral, a da igreja, por toda a Idade Média. O entendimento de concupiscência e de pecado herdado foi obviamente influente no desenvolvimento do ascetismo monástico, assim como da mariologia (ver Maria).

Apesar de os reformadores, de um modo geral (com a destacável exceção de Zuínglio), reafirmarem Agostinho, sua ideia da transmissão do pecado e da culpa foi modificada por Calvino. Em primeiro lugar, Calvino entende o texto de Romanos 5.12 de modo diferente. Agostinho interpretava o versículo como significando que todos os homens e mulheres estariam incluídos no pecado pessoal de Adão e, portanto, incluídos em sua culpa e sujeitos à condenação de morte. Calvino argumentava que, pelo fato de todos terem recebido a depravação de Adão, todos são culpados e estão sob o domínio da morte; todos pecaram porque estão "imbuídos da corrupção natural". Além disso, embora Calvino fale de "uma depravação e corrupção hereditária em nossa natureza" (*Institutas* II.i.8), ele considera o relacionamento entre o pecado de Adão e o pecado de todos como resultante de uma ordenança de Deus, e não basicamente uma questão de hereditariedade biológica. O pecado original, para ele, resulta de juízo de Deus sobre a humanidade, imputando o pecado de Adão a todos, exatamente como a justiça de Cristo é depois imputada a todos os crentes. Beza, sucessor de Calvino em Genebra, expressou esse entendimento da inclusão representativa de toda a raça humana na queda, ao referir-se a Adão como "representante federal" de todos os homens; inclusão que é confirmada pelos atos pecaminosos individuais que todos os homens e mulheres cometem.

A concepção de pecado original como "pecado herdado" é totalmente ignorada nos escritos de Karl Barth. Ele interpreta o texto de Gênesis 2 — 3 como saga ou relato (*praehistorisch Geschichtswirklichkeit; i.e. Urgeschichte*), narrativa que contém não apenas a verdade a respeito de cada pessoa, mas a história e a verdade determinantes para cada qual. Sua concentração cristocêntrica tende a uma interpretação "supralapsariana" da criação, pela qual o homem é visto como criado e imediatamente caído (Barth enfatiza muito a falta de uma sequência temporal em Gênesis 2 — 3). Consequentemente, não existe estado de justiça original (além da do próprio Cristo); o homem não está sob provação, mas, sim, sua queda é inevitável e imediata. Nem é originalmente imortal: sua imortalidade efetiva dependia da continuação do seu relacionamento com Deus; a morte era antes oculta para Adão, mas então passou a confrontar cada ser humano sob a forma de juízo.

O aspecto mais útil da contribuição de Barth (e de Calvino) talvez seja a determinação de argumentar a partir de Cristo para Adão, em vez de Adão para Cristo. Somente da perspectiva de nossa inclusão na justiça de Cristo e em suas consequências em termos de justificação e santificação é que podemos compreender a realidade de nossa inclusão no pecado de Adão e em suas consequências de culpa, morte e depravação total. Nossa inclusão em Adão pode ser "cronologicamente" anterior à nossa inclusão em Cristo, mas, na verdade, a situação, aqui, é invertida (o que pode explicar a ausência de uma doutrina da queda antes de Rm 5). Devido a essa estrutura cristológica, contudo, é que a queda de Adão deve ser considerada como realmente determinante para nós (para toda a humanidade, independentemente da extensão da "inclusão em Cristo"), e não apenas uma vez que a morte e a ressurreição de Cristo são determinantes para nós, como a base da verdade de nossa experiência.

Outra questão fundamental levantada pela doutrina da queda é quanto ao *de onde* e *para o que* Adão caiu. Essa questão envolve as várias interpretações da expressão "à imagem de Deus". Se uma pessoa peca por causa da "escravidão da vontade" (como pensavam Lutero e os reformadores) ou porque carece de uma "capacitação sobrenatural" da graça de Deus (como pensava Tomás de Aquino), são condicionais que não podem ser descartadas de um debate acadêmico relevante. Se a razão humana permaneceu sem ser afetada pela queda de Adão, pode-se então apelar à razão humana sem restrições. Mas se sofreu "depravação", como consequência do pecado de

Adão, apelar para a razão poderá levar então a um "beco sem saída": "Quem não tem o Espírito [ou: "O homem natural"] não aceita as coisas que vêm do Espírito de Deus, pois lhe são loucura; e não é capaz de entendê-las, porque elas são discernidas espiritualmente" (1Co 2.14).

(**J. E. Colwell**, B.D., Ph.D., lente de Teologia Sistemática do *Spurgeon's College*, Londres, Inglaterra.)

BIBLIOGRAFIA. Barth, *CD*, IV.1., p. 358ss; G. C. Berkouwer, *Sin* (Grand Rapids, MI, 1971); Calvin, *Institutas*, II.i-ix; M. Luther, *The Bondage of the Will* (1525; trans. J.I. Packer & O. R. Johnston, Cambridge, 1957); D. B. Milne, *Know the Truth: A Handbook of Christian Belief* (Leicester, 1982); J. Murray, *The Imputation of Adam's Sin* (Grand Rapids, MI 1959); H. Rondet, *Original Sin: The Patristic and Theological Background* (Shannon, 1972); N. P. Williams, *The Ideas of the Fall and of Original Sin* (London, 1929).

QUEDA DE SATANÁS. Ver *Satanás, Queda de*.

QUEDAR

No hebraico, **"poderoso"**. Esse é o nome de um homem e o nome da tribo que dele descendia, nas Páginas do Antigo Testamento: **1**. Um dos filhos de Ismael, filho de Abraão e Hagar. Viveu em torno de 1840 a.C. Ele é mencionado somente em Gênesis 25.13 e 1Crônicas 1.29. Há quem pense que a palavra hebraica significa "negro", ou "moreno", uma referência aos efeitos da radiação solar sobre a pele das pessoas que habitam em lugares desérticos, como é o caso do sul da Arábia, onde vivem os beduínos. Parece que isso é refletido em Cantares 1.5, onde a "esposa" diz que é *... morena... como as tendas de Quedar* ... Seja como for, quando o filho de Ismael recebeu esse nome, a razão disso não deve ter sido essa coloração da tez. **2**. Nome de uma tribo nômade de ismaelitas, que, em suas perambulações, iam até o golfo Elanítico. Porém, no Antigo Testamento o termo é usado em sentido genérico para indicar as tribos árabes (beduínos), como se vê em (Ct 1.5; Is 21.16,17; 42.11; 60.7; Jr 2.10,49; Ez 27.21). No trecho de Salmo 120.5, Quedar e Meseque referem-se, metaforicamente, a certas tribos bárbaras. Os povos nômades assim referidos trabalhavam como negociantes e criadores de ovelhas. Os seus numerosos rebanhos, seus camelos e suas tendas são mencionados em Isaías, Jeremias e Ezequiel. Alguns deles eram ferozes e temidos guerreiros (Jr 2.10). Isaías (21.6) e Jeremias (49.28,29) predisseram o julgamento de Quedar, dando a entender que seria destruída por Nabucodonosor.

Após o castigo que esse povo sofreu, às mãos de Assurbanipal e Nabucodonosor, eles diminuíram drasticamente em número, e, finalmente, foram assimilados por outras tribos árabes. As inscrições assírias mencionam-nos em seus conflitos com Assurbanipal. Muitas descobertas arqueológicas confirmam a importância de Quedar, em relação ao povo de Israel. Sabemos que a nona campanha de Assurbanipal foi dirigida contra Quedar. Gesém era um dos reis de Quedar, na oportunidade. Também havia quedaritas estacionados na fronteira leste do Egito, que talvez tivessem sido deixados ali propositalmente pelos persas. Os hagiógrafos islâmicos, ao reconstruírem a genealogia de Maomé, fazem-no descendente de Abraão e de Ismael, por *meio* de Quedar.

QUEDEMÃ

No hebraico, **"oriental"**. Um filho de Ismael, referido em Gênesis 25.15 e 1Crônicas 1.31, e que deu nome à tribo da qual ele era o ancestral e chefe. Ele aparece como o filho mais novo de Ismael. Viveu em torno de 1820 a.C.

QUEDEMOTE

No hebraico, **"regiões orientais"**. Nas páginas do Antigo Testamento aparece como um deserto e uma cidade, a saber: **1**. Um deserto na região leste do território de Rúben, perto do rio Arnom, referido somente em Deuteronômio 2.26. **2**. Uma cidade do território de Rúben, entregue aos levitas, perto de Jaza e Mefaate, referida em Josué 13.18; 21.37 e 1Crônicas 6.79. Dali foi que Moisés enviou mensageiros a Seom, rei de Hesbom (Dt 2.26), pacificamente, para solicitarem passagem através de seu país. Quando da conquista da Terra Prometida, a cidade foi dada à tribo de Rúben, cabendo aos levitas meraritas. Tem sido identificada com a moderna Qasr ez Za'feran, cerca de treze quilômetros a nordeste de Dibom.

QUEDES

No hebraico, **"santa"**, **"santuário"**. Nada menos de quatro cidades receberam esse nome, nas páginas do Antigo Testamento, talvez por estarem associadas a antigos santuários: **1**. Havia uma cidade murada com esse nome, no território de Naftali (Js 19.35-38). Havia sido uma cidade real dos cananeus. Tornou-se cidade levítica e de refúgio (vide) (Js 20.7; 21.32). Baraque nasceu nesse lugar (Jz 4.6). Ela aparece como uma das cidades de Naftali, que Tiglate-Pileser conquistou, e cujos habitantes foram levados para a Assíria, durante o reinado de Peca (2Rs 15.29). No período intertestamentário, foi a cena de uma grande batalha havida entre os macabeus e Demétrio (1Macabeus 9.63). Tem sido identificada com o moderno Tell Qades, a noroeste do lago Hulé. **2**. Uma cidade do território de Issacar, doada aos levitas gersonitas (1Cr 6.72). Ali um rei foi morto por Josué, sendo ela mencionada como uma das cidades do norte (1Cr 12.22). O sexto capítulo de 1Crônicas menciona tanto a Quedes de Naftali quanto a Quedes de Issacar (vss. 72 e 76). Na lista paralela de Josué 19.20, o nome Quislom aparece, podendo ser uma outra forma do mesmo nome, e que pode ter sido assim chamada devido a sua proximidade com um rio desse nome. O trecho de Juízes 4.11 afirma que Heber, o queneu, mudara-se para as vizinhanças de Quedes. Posteriormente, Sísera, ao fugir da batalha na qual foi derrotado, entrou na tenda de Helier, onde foi morto pela esposa deste, Jael (Jz 4.17). Se ele tivesse fugido para Quedes da Galileia, no território de Naftali, então teria tido de correr por mais de 65 quilômetros! Portanto, deve ter havido uma outra Quedes, mais próxima. **3**. Uma cidade de Judá (Js 15.23), que alguns estudiosos têm identificado com Cades-Barneia, (vide). Ficava localizada perto da fronteira com Edom. Ficava próxima de Hazor e Itnã. **4**. Alguns pensam ter havido uma outra Quedes, mencionada em Juízes 4.6,9-11, nas proximidades de onde estava o carvalho de Zaanim. Pois ali é que Sísera teria fugido, quando de sua derrota militar às mãos das tropas comandadas por Débora e Baraque. Lemos em Juízes 4.17 que Sísera *fugiu a pé para a tenda de Jael, mulher de Heber, o queneu*. Ver sobre a segunda Quedes, acima, que ficava a mais de 65 quilômetros de distância do local da batalha. Essa distância é que tem levado alguns estudiosos a postularem a existência de uma quarta Quedes, mencionado somente nessas citadas referências.

QUEDORLAOMER

O rei de Elão, líder dos três reis que invadiram Canaã na época de Abraão (Gn 14.4). No relato de Gênesis, aprendemos que Abraão veio de Ur dos caldeus; e, através de Harã, chegou à Palestina. Ali ele cuidou de seus rebanhos de gado e ovelhas, e recuperou os despojos que tinham sido tomados das cidades da planície. Também no livro de Gênesis, somos informados sobre os atos de Quedorlaomer, no tocante a Abraão. Ele era o rei de Elão, um país a leste da Babilônia, no fundo do golfo Pérsico (Gn 14.1,4,5). Ele aliou-se a três outros reis a fim de combater contra os cinco reis da região do mar Morto. Quando os governantes de Sodoma, Gomorra, Admá, Zeboim e de Zoar libertaram-se de sua hegemonia, ele tentou esmagar toda a resistência. Abraão entrou em conflito com ele, quando teve necessidade de libertar Ló, que fora levado como prisioneiro. Até agora, todas as tentativas para identificar esse homem, com figuras históricas conhecidas, têm fracassado. A identificação com Hamurabi (cerca de 1700 a.C.) não é mais mantida. Pelo menos, podemos datá-lo como pertencente ao século XXI a.C.

1. O Nome. A primeira parte desse nome, *kudu ou kuti*, é a palavra elamita que significa "servo". Nas combinações, usualmente esse nome era vinculado ao nome de alguma divindade. A segunda parte do nome, *lao'omer*, talvez seja uma referência à deusa Lakamar, que aparece nos textos acádicos de Agada, bem como no registro em babilônico antigo (Mari). O nome é próprio do período de cerca de 2000-1700 a.C.

2. Circunstâncias Históricas. Coligações políticas, como aquela descrita no livro de Gênesis referentes a esse homem, são refletidas nos textos cuneiformes do segundo milênio a.C. Porém, têm falhado todas as tentativas de identificação específica. Alguns tentam identificar esse homem com os chamados tabletes de Quedorlaomer existentes no museu Britânico e pertencentes ao século VII a.C. Ali, o rei de Elão é chamado Ku.Ku.Ku.Ml Alguns estudiosos pensam que isso representa quatro reis, não um só, cada qual representando diferentes períodos de quatro diferentes regiões do mundo, a saber: a Babilônia (sul); o Elão (leste); a Assíria (norte) e Goim (oeste). Se isso é verdade, então o décimo quarto capítulo de Gênesis é uma *Midrash* (vide). (ID S UN Z)

QUEELATA

No hebraico, **"convocação"**. Foi um dos acampamentos de Israel no deserto, a respeito do qual nada mais se sabe além de seu nome (Nm 33.22,23).

QUEFAR-AMONAI

No hebraico, **"vila dos amonitas"**. Um lugar mencionado entre as cidades de Benjamim (Js 18.24). O local da mesma é desconhecido. O nome relembra-nos as invasões dos amorreus, nas ravinas que começam às margens do Jordão e daí vão subindo até às terras altas do território de Benjamim.

QUEFIRA

Uma cidade dos gibeonitas, entregue à tribo de Benjamim (Js 9;17 e 18.26). Parece ter sido uma vila dos heveus. A cidade continuava a existir após o cativeiro babilônico (Ed 2.25; Ne 7.29). Estava localizada no lugar chamado Khirbet el-Keireh, cerca de três quilômetros ao norte de Quriate el Inabe, na estrada de Jerusalém a Jope, cerca de treze quilômetros a oeste-noroeste de Jerusalém.

QUEIJO

No hebraico temos duas palavras envolvidas: **1**. *Gebinah*, "coalhada". Essa palavra aparece somente em Jó 10.10. **2**. *Shaphah*, "queijo de vaca". Palavra que também só é usada por uma vez, em 2Samuel 17.29.

Também é usada uma expressão hebraica em 1Samuel 17.18, que significa *fatias de queijo*. Não há outras menções ao produto em toda a Bíblia.

O uso da palavra, no livro de Jó, é figurado, falando sobre a formação do feto no ventre materno. Homero, em *Odi*. 9, dá-nos alguma ideia da preparação do produto na área do mar Mediterrâneo, mencionando como o leite era deixado pendurado em odres e peles de cabra, provavelmente um dos estágios de sua fabricação. A água era drenada, permitindo que o coalho fosse pressionado, para formar uma massa. Não há razão alguma para supormos que a preparação do queijo fosse diferente, em Israel, do que em qualquer outro lugar. No Oriente, o queijo geralmente tinha o formato de um bolo pequeno. O produto terminado era posto em cestos pequenos, feitos de junco ou de folhas de palmeira, que então eram amarrados e tomavam a forma de saquinhos. O vale Tiropeano, em Jerusalém, é o equivalente grego de "vale dos fabricantes de queijo", por ter sido o grande centro de fabricação de queijo em Israel. Sabe-se que o queijo era um item importante da dieta dos judeus. A *Mishnah* requeria que os israelitas só comessem queijo fabricado por israelitas, essencialmente por temor a que o queijo dos pagãos tivesse sido fabricado com o leite de algum animal oferecido aos ídolos.

QUEILA

No hebraico, **"cercada"**. Uma cidadela no território de Judá (Js 15.44). Ficava cerca de 32 quilômetros a sudoeste de Jerusalém. Nos dias de Davi, essa cidade foi cercada pelos filisteus. Davi dirigiu-se à mesma, a fim de libertá-la dos filisteus, mas seus ingratos habitantes tê-lo-iam entregue a Saul, se ele não tivesse escapado dali (1Sm 23.1-13). Esse lugar é mencionado nas cartas de Tell el-Amarna com o nome de Queila. Os exércitos passavam por Queila, na direção do Egito, ou vindos de lá, conforme o demonstram as cartas dos príncipes de Jerusalém e Hebrom a Aquenaton, Faraó do Egito. Após o exílio babilônico, o lugar foi novamente ocupado pelos judeus, e alguns deles participaram da reconstrução das muralhas de Jerusalém, sob Neemias (Ne 3.17,18). Há tradições que dizem que o profeta Habacuque foi sepultado ali. Tem sido identificada com a moderna Khirbet Qila, cerca de quinze quilômetros a noroeste de Hebrom.

QUEILA (ABIQUEILA)

Em nossa versão portuguesa esse foi o nome de um descendente de Calebe, filho de Jefoné, mencionado em 1Crônicas 4.19. Ele é chamado "garmita", um patronímico que significa "forte" ou "ossudo". Seu pai é dado como Naum, da tribo de Judá. Entretanto, esse versículo, em nossa versão portuguesa, está com alguma falha, pois dá a impressão de que Abiqueila, o garmita, e Estemoa, o maacatita, eram filhos da mulher de Hodias, o que, convenhamos, é uma frase muito estranha, dando a impressão que ela ao casar-se com Hodias, já tinha esses dois filhos. Na verdade, o trecho é confuso até mesmo no hebraico. Várias traduções em inglês têm procurado encontrar a solução para a obscuridade. Talvez a melhor seja a tentativa da *Berkeley Version*, da *Zondervan Publishing House* (1960), que diz, vertendo aqui o versículo para o português: "A esposa de Hodias era a irmã de Naã, e os filhos dela, um de Gerém e o outro de Maacá, foram os ancestrais, respectivamente, de Queila, o garmita, e de Estemoa, o maacatita". O hebraico, a Septuaginta e as versões inglesas que pude examinar dizem *Queita*, nesse versículo. As versões portuguesas variam entre *Queila* e *Abiqueila*.

QUELAÍAS

No hebraico, **"insignificante"**. Mas outros estudiosos preferem *"Yahweh é luz"*. Esse foi o nome de um levita, que precisou divorciar-se de sua esposa estrangeira, após retornar do cativeiro babilônico (Ed 10.23). Ele também é mencionado em 1Esdras 9.23, onde é chamado Quelita. Esse nome também se acha em Neemias 8.7; 10.10 e Esdras 9.48, mas não há certeza se a mesma pessoa está em foco. Viveu em torno de 450 a.C.

QUELAL

No hebraico, **"perfeição"**. Esse nome, que só aparece em Esdras 10.30, indicava um dos oito filhos de Paate-Moabe, um homem que tomara esposas estrangeiras e precisou divorciar-se delas, quando terminou o cativeiro babilônico, ao voltar a Israel (cerca de 458 a.C.)

QUELUBE

No hebraico, **"gaiola"** ou **"cesto"**. Nome de dois personagens da Bíblia, a saber: **1**. O irmão de Suá e pai de Meir, da tribo de Judá (1Cr 4.11). **2**. O pai de Ezri, que era jardineiro de Davi (1Cr 27.26), em cerca de 1000 a.C. O nome pode ser uma variação de Calibe.

QUELUÍ

Nome de sentido desconhecido no hebraico, mas talvez relacionado à raiz *Klh*, "completo". Era nome de um levita, filho de Bani, homem que tomara esposa estrangeira enquanto estava no cativeiro, mas que, posteriormente, foi obrigado a divorciar-se dela (Ed 10.35). O nome não aparece no paralelo de 1Esdras 9.35.

QUEMARIM

A palavra hebraica, de sentido desconhecido, aparece somente por duas vezes, em 2Reis 23.5 e em Oseias 10.5. Algumas traduções transliteram essa palavra, por não se saber o que ela significa. Nossa versão portuguesa a traduz por "sacerdotes", na primeira dessas referências, e por "sacerdotes idólatras", na segunda. O Antigo Testamento só aplica essa palavra à ideia de sacerdotes idólatras. É possível que o vocábulo esteja relacionado à raiz aramaica *kumra*, que pode ser aplicada a qualquer tipo de sacerdote, bom ou mau. Porém, no Antigo Testamento, o termo sempre se reveste de um sentido negativo, como os sacerdotes dos lugares altos (2Rs 23.5), os que serviam ao bezerro de ouro, em Betel (Os 10.5), e os sacerdotes de Baal, em Sofonias 1.4.

QUEMUEL

No hebraico, **"assembleia de Deus"** ou **"Deus levanta-se"**. Esse foi o nome de três personagens do Antigo Testamento: **1**. O terceiro filho de Naor, irmão de Abraão, o qual foi pai de seis filhos, o primeiro dos quais chamava-se Arã, e o último, Betuel (Gn 22.21,23). Todas essas pessoas são de história desconhecida, exceto o último desses homens, o qual foi pai de Labão e Rebeca (Gn 24.15). Arã foi o nome próprio que Quemuel deu a seu primogênito, mas, visto que no hebraico também significa "Síria", alguns intérpretes, erroneamente, têm pensado que os sírios descendem dele. A Síria, entretanto, já constituía um povo quando esse homem nasceu; 1800 a.C. **2**. Um filho de Siftã, líder da tribo de Efraim. Foi um dos doze homens nomeados por Moisés para dividir a Terra Prometida entre as tribos (Nm 34.24). Viveu em torno de 1170 a.C. **3**. Um levita, pai de Hasabias, o qual era príncipe da tribo de Levi, na época de Davi (1Cr 27.7). Viveu em cerca de 1000 a.C.

QUENÃ

No hebraico, **"fixo"**, ou então, na opinião de outros, **"adquirido"** ou **"gerado"**. Foi pai de Enos, pai de Maalalel (Gn 5.9; 1Cr 1.2). Esse nome corresponde a Cainã, uma forma que se encontra na genealogia de Jesus, em Lucas 3.36. O texto hebraico, conforme contamos com ele, não inclui esse nome, mas aparece na Septuaginta, em Gênesis 5.24 e 11.12. Por essa razão, alguns estudiosos pensam que esse nome foi uma adição feita na Septuaginta, embora também apareça no texto do Evangelho de Lucas. Porém, não há qualquer evidência textual objetiva para tal conjectura.

QUENAANÃ

No hebraico, **"chato"** ou **"baixo"**. Nome de dois homens que figuram nas páginas do Novo Testamento, a saber: **1**. Um filho de Bilã, um descendente de Benjamim, cabeça de uma casa benjamita (1Cr 7.10), provavelmente da família dos belaítas (cerca de 1020 a.C.). **2**. Pai ou antepassado de Zedequias, um falso profeta, o qual encorajou Acabe a subir contra Ramote-Gileade (1Rs 22.11,24 e 2Cr 18.10,23), em cerca de 896 a.C. Entretanto, alguns estudiosos pensam que esses dois homens na realidade eram uma só pessoa.

QUENANI

No hebraico, **"feito ou nomeado por** *Yahweh***"**. Era nome de um levita que oficiou quando da solene purificação do povo, sob Esdras (Ne 9.4), em cerca de 459 a.C.

QUENANIAS

No hebraico, **"bondade de Deus"**. Esse é o nome de dois homens do Antigo Testamento: **1**. Um mestre dos músicos do templo, que conduzia os cultos musicais quando a arca foi removida da casa de Obede-Edom para Jerusalém (1Cr 15.22). A Bíblia de Jerusalém empresta a ele um ofício mais amplo, fazendo-o também diretor do transporte (vs. 27) e um profeta do templo (vs. 22). **2**. Um jizarita que, com seus filhos, cumpria deveres fora do templo de Jerusalém, como oficiais e juízes que eles eram (1Cr 26.20; Ne 11.16).

QUENATE

No hebraico, "possessão". Esse era o nome de uma cidade de Manassés, do outro lado do rio Jordão. Foi conquistada dos amorreus por Noba, tendo recebido, posteriormente, o nome desse homem (Nm 32.42). Mais tarde, foi recapturada por Gesur e Arã (1Cr 2.23). Tornou-se uma das cidades da Decápolis (vide), quando então recebeu o nome de Canata. Foi nesse lugar que Herodes, o Grande, foi derrotado pelos arabaianos (Josefo, *Guerras* 1.19,2). Tem sido identificada com a moderna Qanawat, a pouco menos de 27 quilômetros a nordeste de Bostra. Os arqueólogos têm feito ali muitas escavações, com muitos resultados positivos, especialmente nas camadas referentes ao período greco-romano. O número de edifícios em ruínas, ali encontrados, é considerável.

QUENAZ

No hebraico, **"caçador"**. Outros preferem o sentido **"flanco"**. Essa é uma forma singular do clã, "quenezeu" (vide). Há três homens com esse nome, no Antigo Testamento: **1**. Um filho de Elifaz, neto de Esaú (Gn 36.11; 1Cr 1.36), que foi um dos líderes dos idumeus (Gn 36.15). Viveu em torno de 1740 a.C. **2**. Um dos irmãos mais novos de Calebe (Js 1.13), pai de Otoniel, que foi um dos juízes de Israel (Js 15.17; Jz 3.9). Viveu em cerca de 1490 a.C. **3**. O filho de Elá, neto de Calebe (1Cr). Viveu em cerca de 1400 a.C.

QUENEUS

No hebraico, **"ferreiro"**, **"trabalhador em metais"**. Esse povo é mencionado por treze vezes no Antigo Testamento (Gn 15.19; Nm 24.21,22; Jz 1.16; 4.11,17; 5.24; 1Sm 15.6; 27.10; 30.29 e 1Cr 2.55). A palavra pode referir-se ao nome do clã quenita. No hebraico, o nome é equivalente ao de Caim, filho primogênito de Adão, embora não haja razões para vincularmos um nome ao outro, como se os queneus fossem descendentes de Caim. Esses pereceram no dilúvio, e a terra foi repovoada pelos descendentes de Noé, que era descendente de Sete. Em Números 24.22 é proferido um juízo divino contra esse clã, embora vivessem fortemente protegidos por suas rochas e montanhas. Eles estavam muito reduzidos em número nos dias de Saul (1Sm 15.6). Tiglate-Pileser, rei da Assíria, quando exilou o povo da Síria, levou o povo desse clã juntamente com os sírios (2Rs 16.9).

Em nossa versão portuguesa, "Caim" é também o nome de uma cidade localizada perto de Hebrom, no território de Judá (Js 15.57). Em outras versões, o nome dessa cidade é "Queneu". Ela tem sido identificada com a Khirbet Yaquin, a sudeste de Hebrom. A Septuaginta não menciona o lugar, pelo que, nesse trecho, esta versão dá nove cidades em vez de dez.

Originalmente, os queneus eram uma tribo midianita (Nm 10.29). Ao que parece, eles trabalhavam com metais, conforme o nome indica, no hebraico. Nas regiões por eles habitadas, segundo os arqueólogos têm demonstrado, há minas e fundições de cobre. O nome aparece pela primeira vez em Gênesis 15.19, indicando os habitantes cananeus da Palestina, nos tempos patriarcais. Uma das áreas habitadas era a faixa que acompanha as costas marítimas do Mediterrâneo, a sudoeste de Hebrom (Jz 1.16), embora eles também fossem conhecidos como nômades. Hobabe, o filho de Reuel, sogro de Moisés, era queneu (Êx 2.18). Moisés convidou seu sogro para acompanhá-lo como guia dos israelitas, em face de sua grande experiência como nômade (Nm 10.29).

Os queneus também ocupavam a área atual do *wadi* Arabah (Nm 24.20-22), no que veio a ser o território de Naftali (Jz 4.11). Nos tempos de Davi e Salomão, eles foram mencionados em associação a Judá (1Sm 15.6; 27.10). Heber, mencionado em Juízes 4.11 e 5.24, era queneu, e os ascetas recabitas, de Juízes 2.55, pertenciam a essa tribo.

Os queneus acompanharam a tribo de Judá à herança deles (Jz 1.16; 1Sm 27.10). Foram poupados por Saul e sua guerra contra os amalequitas (1Sm 15.6). Davi cultivava a amizade deles (1Sm 30.29). As aldeias de Jezreel e Carmelo são mencionadas juntamente com a cidade de Caim, em Josué 15.55, e duas das esposas de Davi vieram dessas aldeias. Por essa razão, alguns supõem que essas mulheres eram quenitas, embora não haja evidências conclusivas quanto a essa conjectura. Com base em 1Samuel 30.26-31, alguns estudiosos chegam a pensar que o próprio Davi era queneu, porquanto os queneus eram grandes cultores da música, na época, o que explicaria o interesse de Davi pela música, na promoção do ritual religioso. Esse argumento também alicerça-se sobre o fato de que Davi enviou presentes a seus "parentes", os anciãos de Judá, entre os quais haveria queneus. Mas outras traduções, como a nossa tradução portuguesa, dizem ali "amigos", sentido que a palavra hebraica envolvida pode ter. Isso, entretanto, contradiria outros trechos bíblicos, onde Davi aparece claramente como descendente de Judá. Portanto, um Davi queneu não passa de uma conjectura, que a maioria dos eruditos repele.

A Hipótese Quenita. Alguns intérpretes supõem que um dos nomes de Deus, *Yahweh*, originou-se entre os queneus. Eles supõem que Moisés tomou conhecimento dessa palavra com Jetro, seu sogro queneu-midianita. Presumem eles que o sacrifício oferecido por Jetro (Êx 18.12) foi feito para instruir Moisés quanto à adoração a *Yahweh*. No entanto, se aceitarmos o versículo anterior a esse, veremos que Moisés foi o mestre, e Jetro foi o aprendiz, e não ao contrário. Os queneus-recabitas, de um período posterior, eram zelosos adoradores de *Yahweh*, mas fizeram-no como convertidos à fé judaica, e não como originadores da mesma. Esses teóricos supõem que, originalmente, *Yahweh* era um deus do fogo, e trabalhadores em metais, como eram os queneus, naturalmente teriam interesse em promover o culto de um deus assim. Além disso, eles supõem que Caim foi seu mais remoto antepassado, e que, visto que ele tinha a marca de *Yahweh*, ou, do Senhor, os queneus, de milênios mais tarde, eram zelosos adoradores dele (ver Gn 4.15). Tudo isso reflete um raciocínio extremamente deficiente. O trecho de Gênesis 4.1,25 revela que os patriarcas já eram adoradores de *Yahweh*, o que significa que a adoração a *Yahweh* não foi um desenvolvimento já da época do povo de Israel estabelecido na Palestina.

QUENEZEU

Nome de um clã ou família. Ver o artigo Sobre *Quenaz*. Essa era uma das tribos que ocupava o sul da Palestina (Gn 15.19). A terra deles foi prometida por *Yahweh* a Abraão. Eram aparentados dos queneus (vide) e, como eles, eram excelentes artífices em metais, do vale do Jordão, rico em cobre. Essa palavra é usada como um epíteto, para indicar Calebe, sendo possível que ele descendesse do idumeu Quenaz (vide). Nomes idumeus e horeus aparecem na genealogia de Calebe. Lemos que ele era filho de Jefoné, o quenezeu. (Nm 32.12; Js 14.6,14). Os quenezeus são descritos como um povo estrangeiro (Gn 15.19). A Calebe foi prometida uma porção na Terra Prometida, com base em sua fidelidade, e não por direito de nascimento. Entretanto, as genealogias dos capítulos 2 e 4 de 1Crônicas fazem dele um neto de Judá, através de Hezrom (2.9,18). Por essa razão, muitos eruditos têm encarado as genealogias dos livros de Crônicas como uma tentativa proposital de dar a Calebe posição legal em Israel, no judaísmo pós-exílico. Há nisso tudo uma discrepância que não é fácil de resolver. Por essa razão, alguns sugerem que devemos pensar em mais de um Calebe, o que não é impossível.

QUENOTICISMO

Do gr. *kenōsis*, significando (auto) **"esvaziamento"** (como é empregado em Fp 2.6,7), refere-se a uma série de teorias cristológicas concernentes ao estado divino do Cristo encarnado. O termo é encontrado em escritores da patrística e viria a constituir ponto-chave de controvérsia entre as faculdades teológicas luteranas de Tubingen e Giessen, no século XVII. O quenoticismo, todavia, é comumente mais associado a um grupo de teólogos alemães dos meados do século XIX, que contava, entre outros, com G. Thomassius (1802-1875), F. H. R. von Frank (1827-1894) e W. F. Gess (1819-1891), assim como a um grupo de teólogos britânicos do final daquele mesmo século e começo do XX, reunindo, além de outros, principalmente, Charles Gore, H. R. Mackintosh, Frank Weston (1871-1924), P. T. Forsyth e O. C. Quick (1885-1944).

Os quenoticistas alemães levaram a ideia de autoesvaziamento além dos limites da simples autolimitação voluntária da natureza divina por parte do Deus-homem (posição da faculdade de Giessen), crendo que o *Logos* divino se limitou no ato mesmo da encarnação. As teorias, na verdade, variaram. Thomassius separou os atributos metafísicos de Deus, de onipotência, onipresença e onisciência, de seus atributos morais, de amor e santidade. O *Logos* abrira mão dos primeiros, enquanto reteve os últimos. Outros, como Frank e Gess, contudo, tomaram posições mais radicais, despojando Jesus de qualquer dos atributos da divindade e pondo em dúvida o uso do termo "encarnação".

Já os britânicos assumiram uma orientação mais positiva. Embora acusados de desenvolver o quenoticismo simplesmente como meio de acomodar as ideias da crítica bíblica, por admitirem a possibilidade da ignorância humana em Jesus, seria mais apropriado dizer que, sob o impacto de uma leitura mais histórica dos Evangelhos, haviam chegado à conclusão de que as cristologias tradicionais não faziam justiça à vida humana de Jesus. Assim, asseveraram o registro nos Evangelhos da consciência humana e limitada de Jesus em contraposição à tradição dogmática, fortemente docética. Entre os quenoticistas, individualmente, variava a maneira como criam ter ocorrido o autoesvaziamento divino, mas a ênfase em geral recaía sobre o caráter gracioso da condescendência divina, e não na exata explicação metafísica do ato.

É difícil avaliar o atual estado do quenoticismo. Embora não seja um modo comum de expressar a natureza da encarnação entre os cristãos conservadores, deve-se observar que muitos dos temas principais dos quenoticistas britânicos têm sido incorporados à cristologia evangélica moderna. A realidade das tentações de Jesus, sua consciência única (em oposição a uma consciência dupla) e a profundeza patética do grito de desamparo da cruz são hoje universalmente afirmadas. No século XIX, eram frequentemente consideradas parte das inovações heréticas dos quenoticistas. Por outro lado, no entanto, o evangelicalismo moderno é justificavelmente cético quanto a qualquer especulação metafísica a respeito do processo da encarnação, vendo no uso da linguagem quenoticista, quase sempre, um convite a tal especulação.

(**B. E. Foster**, M.A., M.Div., Ph.D., pastor da Calvary *Lutheran Church*, Lemmon, South Dakota, EUA.)

Bibliografia. P. Dawe, *The Form Of a Servant: A Historical Analysis of the Kenotic Motif* (Philadelphia, 1963); P. T. Forsyth, *The Person and Place of Christ* (London, 1909); O. C. Quick, *Doctrines of the Creed* (London, 1938).

QUERÃ

Um dos filhos de Disã, filho de Seir, o horeu (Gn 36.26; 1Cr 1.41), em cerca de 1920 a.C.

QUEREIAS

Um capitão amonita, irmão de Timóteo, que se apôs a Judas Macabeu (1Macabeus 5.6). Ele controlava a fortaleza de Gazara (1Macabeus 5.8). Judas *Macabeu* assediou essa fortaleza. Judas venceu a batalha e executou os dois irmãos, Quereias e Timóteo, além de muitos dos seus seguidores (2Macabeus 10.32-38).

QUÉREN-HAPUQUE

No hebraico, **"chifre de pinturas"**, ou seja, **"caixa de cosmético"**, embora outros estudiosos prefiram "sombra para os olhos". Esse foi o nome da filha mais jovem de Jó, que lhe nasceu quando sua prosperidade lhe tinha sido devolvida pelo Senhor (Jó. 42.14). Provavelmente, o nome diz respeito à sua beleza física. Ela viveu em cerca de 1590; mas tudo depende do período em que devemos situar a vida de seu pai, Jó, o que constitui um dos problemas cronológicos do livro que tem o seu nome.

QUERETEUS

Esse nome é de significação incerta, mas a alusão é à guarda real de Davi, uma tropa de elite (2Sm 8.18 e 1Cr 17.17).

1. Significado do Nome. As traduções desse termo hebraico têm sido diversas, como "chefes", "corredores", "executores" etc. Porém, parece melhor entender essa palavra como um nome próprio, e não como um substantivo comum. A palavra é o plural de quereteu, uma referência às tribos filisteias que habitavam na porção sudoeste da terra de Canaã (1Sm 30.14). Ver os comentários abaixo, sobre esse termo. Os membros da guarda pessoal de Davi incluíam homens provenientes das áreas que aqueles filisteus haviam ocupado, razão pela qual esse corpo de elite acabou sendo conhecido por esse nome.

2. As Tribos Filisteias. O termo "quereteus" referia-se aos filisteus que habitavam na porção sudoeste de Canaã (1Sm 20.14). Os trechos de Ezequiel 25.16 e Sofonias 2.5 usam o nome como sinônimo dos filisteus em geral. A LXX diz, ali, cretenses, e é possível que isso seja correto, pois atualmente acredita-se que os filisteus (vide), são provenientes de Creta. Na escrita cuneiforme temos *kaptara*. Alguns eruditos, entretanto, supõem que apesar de relacionados aos filisteus, os quereteus nunca estiveram diretamente associados à ilha de Creta, podendo ter tido outra origem, embora tivessem sido assimilados subsequentemente pelos filisteus. O termo "peletitas", usado como sinônimo dos quereteus, pode ter sido empregado para evitar a ideia de que Davi estava por demais intimamente associado aos filisteus, e, nesse caso, o termo foi formado por analogia, com aquele outro, ou então por assimilação fonética. As identificações exatas, porém, continuam na dúvida.

3. As Tropas de Davi. Muitas daquelas pessoas, embora filisteias, haviam sido incorporadas ao povo de Israel. E, além disso, os israelitas daquelas áreas eram simplesmente chamados por esse nome, embora não fossem de ascendência filisteia. É provável que ambas as situações existissem ali. Seja como for, os nomes quereteus e peletitas tornaram-se um termo coletivo para indicar as tropas de elite de Davi (2Sm 8.18; 15.18; 20.7,23; 1Rs 1.33,44; 1Cr 18.18). Posteriormente, eles passaram a ser chamados "capitães dos cários e da guarda" (2Rs 11.4,19). Eles mostraram-se leais a Davi em períodos de crise, em todas as revoltas que perturbaram a sua vida. Eles o acompanharam quando ele fugiu de Absalão (2Sm 15.18). Eles perseguiram Seba, após a rebelião do mesmo (2Sm 20.7). Quando Adonias tentou suceder a Davi, por um golpe de astúcia, foram eles que deram apoio à escolha de Salomão, formando a guarda pessoal para a sua unção como rei (1Rs 1.38). O líder deles era Benaia, filho de Joiada (2Sm 8.18), o qual também é chamado de, líder da guarda pessoal de Davi (2Sm 23.23). (G HA JM)

QUERIGMA, TEOLOGIA QUERIGMÁTICA

A palavra grega kērygma, comumente traduzida por **"proclamação"**, **"pregação"** ou **"anúncio"**, era geralmente usada, fora do NT, em referência a uma notícia pública proclamada por um arauto, proclamação essa pela qual o que era anunciado entrava logo em vigor e se tornava efetivo somente pelo ato de ser desse modo anunciada.

Assim também, o uso da palavra no NT não faz distinção entre o ato da proclamação e o conteúdo desta. Em razão disso, C.H. Dodd e outros estudiosos buscaram traçar um único cerne de conteúdo na proclamação do evangelho da igreja primitiva, como registrada nos sermões e cartas do NT. No entanto, embora se possa supor haver uma unanimidade entre os escritores do NT a respeito dos elementos essenciais da mensagem do evangelho, não há provas de existência de um "credo" fixo ou definitivo segundo o qual a proclamação do evangelho pela igreja primitiva tivesse invariavelmente de se conformar. Nesse sentido, o conteúdo do querigma, como registrado no NT, deve ser discernido em cada contexto específico da proclamação.

A palavra adquiriu, todavia, nova importância técnica e filosófica específica na teologia moderna, segundo análise e argumentação que sobre ela faz Rudolf Bultmann. Assevera Bultmann que a escrita dos documentos do NT ocorreu dentro do contexto da proclamação do evangelho pela igreja primitiva e que, portanto, os próprios documentos são querigmáticos por natureza. Alega, assim, ser tão impróprio quanto inútil investigar o querigma registrado nos documentos do NT com a finalidade de poder discernir dados históricos subjacentes. A tentativa, enfim, de se querer legitimizar o querigma em termos históricos é considerada por Bultmann como sintomática da falta de fé. Em outras palavras, a busca por se descobrir o "Jesus histórico" por trás do "Cristo da fé" deve ser rejeitada como inválida. Bultmann considera então que, por ser o querigma do NT expresso em termos de uma cosmovisão primitiva, deve ser demitificado (ver Mito) e reinterpretado em termos de uma filosofia existencialista. Esse modo de esticar o termo "querigma" e a maneira forçada daí resultante com que é conduzido por entre o "Jesus da história" e o "Cristo da fé" são, no entanto, inúteis e enganosos. Não se pode deixar de concluir que, por meio de tal processo de demitificação e reinterpretação existencialista do querigma, haja Bultmann chegado a um "outro evangelho" (Gl 1.6).

A hermenêutica de Bultmann foi desenvolvida da sementeira da teologia dialética, algumas vezes referida como teologia querigmática e característica dos primeiros escritos de Karl Barth. Como reação ao liberalismo da teologia alemã do século XIX, Barth proclamou a descontinuidade radical entre Deus e o homem. O autêntico sujeito da teologia não é o homem e sua religião, mas, sim, Deus e sua palavra — palavra que exige obediência; que se autentica a si mesma; e que, portanto, não precisa de legitimação histórica. Embora em sua obra *Dogmática da igreja*, Barth continue a negar a necessidade de qualquer autenticação da Palavra de Deus por meio da crítica histórica, ele evita o dualismo implícito na distinção de Bultmann entre o "Jesus da história" e o "Cristo da fé", rejeitando também o processo de demitificação de Bultmann: a ressurreição de Jesus Cristo é um evento real no tempo e no espaço, ainda que não faça concessão ao escrutínio da ciência histórica positivista.

(**J. E. Colwell**, B.D., Ph.D., lente de Teologia Sistemática do *Spurgeon's College*, Londres, Inglaterra.)

BIBLIOGRAFIA. H. W. Bartsch (ed.), *Kerygma and Myth*, 2 vols. (London, 1953, 1962); Rudolf Bultmann, *Theology of the New Testament*, 2 vols. (London, 1952, 1955); C. H. Dodd, *The Apostolic Preaching and its Developments* (London, 1936); Van A. Harvey, *The Historian and the Believer* (London, 1967).

QUERIOTE

No hebraico, **"cidades"** ou **"aldeias"**. É o nome de duas cidades, nas páginas do Antigo Testamento: **1**. Uma cidade de Moabe, referida juntamente com Dibom e outros lugares, em Jeremias 48.24. Talvez seja um outro nome de Ar, a antiga capital dos moabitas, por causa do lugar proeminente que lhe é dado, na enumeração das cidades de Moabe, quando Queriote é citada e Ar é omitida (Jr 48), ou vice-versa (Is 15 e 16). Ver também Amós 2.2. O lugar tem sido identificado com a moderna Saliya, cerca de quarenta quilômetros a leste do mar Morto, imediatamente ao norte do rio Arnon. No Antigo Testamento há predições de sua destruição. A cidade é mencionada na pedra Moabita, linha 13. **2**. Uma cidade ao sul do território de Judá (Js 15.25), talvez pertencente à tribo de Simeão. Parece ser a cidade aludida no nome Judas Iscariotes (vide), que seria nativo dessa cidade se isso é verdade. O local tem sido identificado com Khirbet el-Qarratein, a pouco mais de 22 quilômetros ao sul de Hebrom, e a 25 quilômetros a oeste do mar Morto.

QUERIOTE-HEZROM

Uma cidade do distrito do Neguebe, no território de Judá (Js 15.25). Nesse versículo ela é identificada com Hazor (vide). Tem sido modernamente identificada com Khirbet el-Quaryatein, cerca de oito quilômetros ao sul de Maom.

QUERITE

Um ribeiro existente na Transjordânia, onde Elias escondeu-se, após fugir da rainha Jezabel (1Rs 17.3,5). Um local proposto é o *wadi* Kelt, um riacho de águas revoltas que deságua no vale do Jordão. Porém, a expressão bíblica "fronteira ao Jordão", parece dar a entender que esse ribeiro ficava a leste daquele lugar, bem como na própria terra nativa de Elias, Gileade. Nesse caso, o *wadi* Yabis, defronte de Bete-Seã, parece ser a identificação mais provável. A localização do mesmo permanece em dúvida, e qualquer *wadi*, entre os inúmeros ali existentes, com suas numerosas cavernas, pode ter sido o lugar.

QUEROS

No hebraico, **"dobrado"**. Ele foi ancestral de uma família de servidores do templo, que retornaram da Babilônia com Zorobabel. Seu nome aparece em Esdras 2.44 e Neemias 7.47, como também em 1Esdras 5.30. Viveu em cerca de 630 a.C.

QUERUBE

No Antigo Testamento, temos o nome de um dos lugares de onde voltaram exilados, terminado o cativeiro babilônico, em companhia de Zorobabel (Ed 2.59 e Ne 7.61). E, no livro apócrifo de 1Esdras 5.36, esse é o nome de um dos homens de Israel que voltaram do exílio babilônico.

QUERUBIM

1. O Nome. Em português, o nome está no singular, mas reflete a forma plural no hebraico. O sentido dessa palavra, no hebraico, é incerta, embora possa estar em foco a ideia de *intercessor*, vindo de uma raiz básica do acádico, *caribu ou kuribu*. Seja como for, os querubins eram uma classe de seres angelicais.

2. As Ordens Angelicais. É bastante antiga a formação de uma angelologia, incorporando a ideia de que há várias ordens, classes, poderes ou mesmo espécies de anjos. Ver o artigo sobre os *Anjos*. A maioria dos estudiosos acredita que esse desenvolvimento ocorreu, a princípio, na religião persa, dali passou para o judaísmo e, deste, para o cristianismo. O judaísmo contava com uma hierarquia de anjos, encabeçada por *sete ou quatro* arcanjos. Haveria miríades de anjos subordinados, e muitas ordens e funções. Coletivamente falando, eles eram servos de Deus, ministros seus que garantiam que a sua vontade seria cumprida por toda a sua criação, tanto nos céus quanto na terra. Estariam envolvidos em toda a forma de fenômeno natural e sobrenatural.

3. A Ordem e a Classe dos Querubins e sua Aparência. Nessa conexão, ver abaixo sobre a *aparência* desses seres. Por causa da associação dos querubins com asas e outras características, alguns arqueólogos têm pensado em uma identificação com a esfinge alada ou com o leão alado, dotado de cabeça humana, o que aparece como artigo proeminente da arte na Síria-Palestina. Outros os têm identificado com os colossos assírio-babilônicos, com os grifos egípcios, e com outras figuras tais. Supor que não há conexão alguma, entre eles e tais representações, ao menos no tocante a como esses seres eram concebidos pelos hebreus, parece-me uma maneira muito precária de pensar. Não parece provável que as representações simbólicas dos hebreus se tenham originado em um vácuo. Também é improvável que as nações pagãs tenham feito empréstimos das noções dos hebreus, com distorções, assim inventando seus deuses grotescos, parte homem e parte animal. Porém, estabelecer paralelos e identificações específicas também é precário. As escavações arqueológicas têm descoberto todas as espécies de formas híbridas na Assíria, na Babilônia, entre os hititas, gregos, egípcios e cananeus, a partir dos dois primeiros milênios a.C. Assim, têm sido encontradas esfinges aladas, o trono esfinge do rei Airão de Biblos, seres humanos dotados de asas mas com cabeça de águia, e todas as espécies de formas com um misto de animal e homem, como se fossem figuras divinas.

4. Aparência dos Querubins. A arqueologia tem lançado bastante luz sobre a aparência dos querubins, conforme os mesmos apareciam nas figuras rituais dos hebreus. Um par de querubins foi encontrado, como apoio do trono do rei Hirão, de Biblos, de cerca de 1200 a.C. Era uma criatura dotada de corpo de leão, rosto humano e asas avantajadas. Os querubins, mandados fazer por Salomão, estariam postos sobre seus pés (2Cr 3.13). Ezequiel diz que eles se assemelhavam a um homem, mas com asas (Ez 10.8). O leão alado com cabeça humana (esfinge com asas) aparece por centenas de vezes na iconografia da Ásia Ocidental, entre 1800 e 600 a.C. Por muitas vezes, os querubins aparecem apoiando o trono de alguma divindade. É perfeitamente claro que essas representações, descobertas pela arqueologia, ajustam-se às descrições bíblicas. Ezequiel fala em querubins com dois rostos, um de homem e outro de leão (Ez 41.18), ou então com quatro rostos (Ez 1.6,10; 10.14,21,22). Nesse caso, além dos leões, havia uma cabeça de boi. As asas são mencionadas em relação aos querubins, em 1Reis 6.24, asas essas que seriam quatro, de acordo com Ezequiel 1.6,11. Duas asas estavam estendidas por cima da figura, e duas eram usadas para voar, ao passo que duas outras lhe cobriam o corpo. Sob as asas havia mãos humanas (Ez 1.8; 10.8,21). E seus pés assemelhavam-se à sola das patas de uma vaca (Ez 1.7).

5. Usos no Templo de Jerusalém. Figuras de querubins decoravam as portas e as paredes do templo de Salomão. Dois querubins eram feitos de madeira de oliveira, recoberta de ouro. Essas figuras foram postas no santuário do templo, com suas asas voltadas para cima, tocando nas pontas umas das outras, no meio da câmara, e debaixo das quais havia a arca (vide).

A própria arca tinha as figuras de dois querubins de ouro batido, defronte uma da outra, nas duas extremidades da tampa da arca, ou propiciatório (no hebraico, *kaporet*). Suas asas estavam elevadas para cima, formando uma espécie de tela. Era ali, entre os dois querubins, que Deus revelava-se e comunicava a sua mensagem. *Yahweh* é assim referido em (1Sm 4.4; 2Sm 6.2; 2Rs 19.15; Sl 80.2 e 99.1), como aquele que estava entronizado entre os querubins. No segundo templo, porém, segundo tudo indica, não havia querubins. Na visão de Ezequiel, o trono do Senhor repousava sobre as asas dos quatro querubins, cada um dos quais tinha a forma de um homem com quatro rostos, a saber: de um homem, de um leão, de um boi e de uma águia, e cada qual tinha quatro asas, com mãos humanas por baixo das mesmas. Cada querubim tinha uma roda a seu lado, que se movia juntamente com o querubim, e tanto o querubim quanto essa roda eram recobertos de olhos. Isso posto, esses querubins serviam de carruagem divina.

6. Como uma Ordem Angelical. Antes de tudo, torna-se mister dizer que as apresentações descritas acima devem ser entendidas simbolicamente. Não é necessário supormos que os anjos, ou qualquer classe entre eles, realmente tenham essas características. Também é patente que as descrições acima concordam com a atmosfera religiosa da Palestina, do Egito e da Assíria, naquele tempo. Podemos perceber sentidos simbólicos nessas descrições, e não devemos rebuscar além disso. Dentro da hierarquia angelical, que se desenvolveu posteriormente, os querubins vieram a ser situados em várias posições, dentro da escala dos poderes angelicais. As funções deles eram de guardiães e assessores do Senhor. Com base nas referências bíblicas, não conseguimos descobrir para eles quaisquer patentes fixas, formando uma hierarquia bem ordenada. Porém, o fato de que os querubins são pintados como assessores de Deus, associados ao seu trono, parece sugerir que eles ocupavam uma elevadíssima posição.

7. Funções. *a. Como Guardiães*. Depois que Adão e Eva foram expulsos do jardim do Éden, Deus pôs querubins e uma espada flamejante, que se revolvia, a fim de guardar o acesso à árvore da vida (Gn 3.24). O uso da figura, no templo de Salomão, sugere a mesma atividade. Nos países ao redor de Israel, os arqueólogos têm encontrado figuras de querubins como guardas de cidades, palácios e templos. *b. Sua Associação ao Fogo*. No monte santo, os querubins andariam entre pedras de fogo. Na visão de Ezequiel, eles são retratados em meio a relâmpagos e trovões (Ez 1.4,13,14,27,28). O relâmpago era um antigo símbolo do poder dos deuses. Brasas de fogo estariam entre os querubins e as rodas da carruagem divina (Ez 10.6). Os querubins espalharam brasas por sobre a cidade de Jerusalém, um símbolo de julgamento divino (Ez 10.2). *c. Transportadores do Trono-Carruagem de Deus*. (Ver 1Sm 4.4; 2Sm 6.2; 2Rs 19.15; Sl 80.1; 99.1 e Is 37.6). Deus manifestava-se a Moisés dentre os dois querubins, montados nas extremidades opostas do propiciatório ou tampa da arca (Êx 25.22). Essa representação tem paralelos nos cultos do Oriente próximo, nos quais há divindades ilustradas a montar sobre leões, bois ou animais mistos. As rodas da carruagem de Deus seriam impulsionadas por esses seres (Ez 1.16,17), e, com suas asas, eles faziam o trono voar (Ez 10.16). Portanto, *Yahweh* usa essa carruagem e flutua sobre nuvens rápidas, e, dessa maneira, controla as condições atmosféricas (Sl 104.3 e Is 19.1). Outro tanto é dito acerca de várias divindades do panteão cananeu. O *Texto de Ugarite* (p. 484), fala sobre os montadores das nuvens. Os trechos de 2Samuel 22.11 e Salmo 18.10 aludem a Deus montado sobre um querubim. Salmo 80 encerra descrições que nos fazem relembrar as descrições do deus-sol, de outras culturas. Ele teria um rosto resplandecente, montado sobre um querubim, atravessando o firmamento. Paralela a essa concepção é a ideia do sol alado do antigo Oriente próximo, bem como as carruagens solares da adoração pagã ao sol (2Rs 23.11). Esses muitos paralelos simplesmente são óbvios demais e exatos, para supormos que todas essas coisas tiveram um desenvolvimento separado e original. Em todas essas ideias religiosas, houve muitos empréstimos e cópias. Não sabemos dizer quanto os hebreus aceitavam isso literalmente, e quanto entendiam de modo poético e simbólico. Talvez ambas as concepções estivessem envolvidas. Na verdade, nosso conceito de Deus vai-se aprimorando, à medida que os séculos passam; e nunca chegará o tempo em que o nosso conceito sobre o Senhor será perfeito. A maioria dos homens cria um Deus segundo a sua própria imagem, conforme a sua própria imaginação. Nosso conhecimento sobre Deus continua bastante cru. *d. Decorações Simbólicas*. Os querubins eram usados como símbolos, em Israel e em outras culturas antigas; mas, ao mesmo tempo, eles se revestiam de valor decorativo. Sobre o propiciatório da arca do pacto, havia as figuras de dois querubins, de frente uma para a outra. Eram feitas de ouro, formando uma peça sólida com a tampa do propiciatório. Suas asas estavam abertas como que para fazer uma sombra. No tabernáculo, havia figuras de querubins bordadas nas dez cortinas brancas, de linho fino retorcido, tecidas em azul, púrpura e escarlate. Essas cortinas tinham cerca de 13,50 m de comprimento cada, e então eram reunidas aos pares, a fim de cobrirem tanto a parede externa como a cobertura mais interior da tenda (Êx 26.1 ss., 36.8 ss.). Um outro véu, feito do mesmo material, era pendurado entre o Lugar Santo e o Santo dos Santos (Êx 26.31 ss., 36.35 ss.). No templo de Salomão, no santuário mais interior, havia dois querubins entalhados em madeira de oliveira e recobertos de ouro (1Rs 6.23-28). Tinham 4,45 m de altura e asas exatamente com a metade dessas dimensões, de tal modo que, "abertas", elas atingiam 4,45 m figuras de querubins, palmeiras e flores abertas haviam sido entalhadas nos painéis de madeira das paredes do templo. E também havia os suportes das bacias, em número de dez, de bronze, com a forma de um carroção. Os painéis desses carroções tinham decorações que representavam leões, bois, querubins e grinaldas. Na visão de Ezequiel (Ez 41.17-20), apareceram vários entalhes de palmeiras e querubins. Essas figuras estavam em posição alternada, ou seja, uma palmeira, um querubim, uma palmeira, um querubim.

8. Sentidos Simbólicos. O material acima sugere várias coisas simbolizadas pelos querubins: *a*. eles eram guardiães; *b*. agentes dos julgamentos divinos; *c*. assessores de Deus e instrumentos especiais de suas ações; *d*. vindicadores da santidade de Deus (Ap 4); *e*. mantenedores da santidade de Deus, no tocante aos sacrifícios cruentos (Êx 25.17-20; Rm 3.24-26); *f*. símbolos da hierarquia existente entre os seres imateriais; *g*. símbolos do controle de Deus sobre os elementos naturais, como o sol, as intempéries etc. (AM BA E ID UN VA Z I-1961)

QUESALOM

No hebraico, **"força"** ou **"fortaleza"**. Era um dos marcos, de fronteira, na porção ocidental da fronteira norte de Judá (Js 15.10). Evidentemente era uma cidade grande, localizada perto de Jerusalém. Tem sido comumente identificada com a aldeia de Kesla, cerca de dezesseis quilômetros a oeste de Jerusalém.

QUÉSEDE

No hebraico, a palavra tem sentido desconhecido. Era nome do quarto filho de Naor, irmão de Abraão, cuja esposa era Milca (Gn 22.22), em cerca de 2088 a.C.

QUESIL

No hebraico, **"carnal"**, **"ímpia"**. Era uma cidade de Judá (Js 15.30). Eusébio, o historiador eclesiástico, chamava-a de Xil, situando-a no sul do território de Judá. Em 1Crônicas

4.28-32, ela aparece com o nome de Betuel. Pelo menos, com base nos paralelismos que os textos apresentam, isso parece corresponder aos fatos. Tem sido identificada com a moderna Khirbet el Qarjetein, a oito quilômetros ao norte de Tell 'Arad.

QUESULOTE

No hebraico, **"gordura"** ou **"cintura"**. Era o nome de uma das cidades do território de Issacar (Js 19.18). Ficava localizada entre Jezreel e Suném. Eusébio identificava-a com Acchaseluth, mas esta está por demais ao norte para ser a identificação correta. Provavelmente, é a mesma Quislote-Tabor de Josué 19.12. As identificações modernas incluem Iksal, que fica cerca de três quilômetros a sudeste de Nazaré, ou um pouco mais ao norte, perto de Khirbet et-Tireh.

QUETURA

No hebraico, **"incenso"**. Segunda esposa ou concubina de Abraão (1Cr 1.32). O casal teve seis filhos: Zinrã, Jocsã, Medã, Midiã, Jisbaque e Sua. Abraão estabeleceu-os para os lados do Oriente, a fim de que não entrassem em futuro conflito com Isaque (Gn 25.1-6).

Abraão havia chegado à idade de cem anos, e, naturalmente, seus poderes geradores haviam cessado (Hb 11.12). No entanto, foi-lhe prometido um filho, que ainda não havia nascido: Isaque. A promessa divina cuidou desse aspecto. Então, depois do falecimento de Sara, Abraão casou-se com Quetura. Os críticos descobrem toda a espécie de problemas na narrativa. Precisamos pensar que seu vigor juvenil havia sido restaurado pelo Senhor, porquanto, em seu segundo casamento, foi capaz de gerar seis filhos. Ou então, conforme alguns supõem, pode ter havido uma deslocação cronológica de relatos, em cujo caso Quetura e seus filhos com Abraão faziam parte da vida anterior de Abraão, que não foi registrada senão após a morte de Sara. Outros têm pensado que Quetura teria sido concubina de Abraão, tendo tido esses seis filhos com ele. E então, após o falecimento de Sara, ela foi elevada à posição de esposa legítima. Entre essas duas alternativas, a primeira é a mais provável. Isso levanta a questão do rejuvenescimento de Abraão. É possível que ele tenha ficado estéril apenas temporariamente, e que o seu rejuvenescimento tenha feito parte de um novo ciclo biológico. Ou então, conforme ensinam as Escrituras, houve a intervenção divina, que renovou as funções biológicas de Abraão.

Seja como for, as tribos árabes atribuem sua origem a Abraão e Quetura. É possível que Bildade, o suíta (Jó 2.11), um dos "amigos" de Jó, tenha sido descendente de Sua, o filho mais novo de Abraão e Quetura. As três tribos de Midiã, Seba e Dedã, que são árabes em sua natureza, descendem desse casamento. Os midianitas eram o grupo mais bem conhecido dentre esses três, e ocupavam o território da porção superior do litoral do mar Vermelho. O vigésimo sétimo capítulo de Gênesis menciona-os, tachando-os de negociantes com camelos. Vieram a associar-se a Moisés (Êx 2.16; 3.1; 18.1). Mais tarde, porém, invadiram o território de Israel (Jz 6 — 8).

QUEZIA

No hebraico, **"cássia"** ou **"cinamomo"**. Mas é usada como nome próprio da segunda filha de Jó, que lhe nasceu depois que ele passou pela sua grande provação (Jó 42.14). Segundo alguns estudiosos, teria vivido em torno de 1520 a.C., mas tudo depende da época em que viveu Jó. Ver sobre *Jó*.

QUIBROTE-HATAAVÁ

No Hebraico, **"sepulcros do desejo"**. Essa expressão designa um dos lugares onde os israelitas tiveram um de seus acampamentos, quando vagueavam pelo deserto (Nm 11.34). Não se sabe, em nossos dias, onde ficava essa localidade, embora se saiba que ficava próximo do monte Sinai. Foi ali que os israelitas murmuraram contra Moisés, ao se lembrarem dos deliciosos acepipes de que desfrutavam no Egito. Em face disso, Deus enviou codornizes ao acampamento de Israel, em tanta quantidade que eles adoeceram de tanto se empanturrarem. Seguiu-se então uma praga, durante a qual muitos morreram (Nm 11.33). Os mortos foram sepultados nesse local, o que explica o nome do mesmo: "sepulcros do desejo" ou "sepulcros da concupiscência". Dali os israelitas partiram para Hazerote (Nm 11.35). O trecho de Deuteronômio 9.22 mostra-nos que a lição ensinada em Quibrote-Hataavá foi relembrada algum tempo mais tarde.

QUIBZAIM

No hebraico, **"dois montões"**. Esse era o nome de uma cidade do território de Efraim, entregue aos sacerdotes coatitas (Js 21.22). Ela tem sido identificada com a cidade de Jocmeão, mencionada em 1Crônicas 6.68. O local é incerto, embora ela tenha sido identificada com Gusin, a três quilômetros a noroeste de Nablus, ou então com o Tell Qaimun, se o local era o mesmo chamado Jocmeão, conforme dizemos acima. Esse lugar fica ao pé do monte Carmelo, cerca de treze quilômetros a sudeste de Haifa.

QUIDOM

No hebraico, **"lança"**. A alusão é a uma pessoa ou a uma localidade. Se a referência é a uma pessoa, então seria ao israelita a quem pertencia a eira, onde ocorreu o incidente que envolveu a arca, em sua viagem para Jerusalém. Se a referência é a um lugar, então se refere ao sítio onde o lamentável acontecimento sucedeu, quando Uzá morreu (1Cr 13.9), porque tocou na arca (vide), quando os bois que puxavam a carroça, onde ela estava sendo transportada, tropeçaram, e ela quase caiu. Em 2Samuel 6.6, o nome aparece sob a forma "Nacom", onde os manuscritos variam. Isso pode dar a entender que a identidade do lugar ficou em dúvida.

QUILAN

Cabeça de uma numerosa família, que retornou do cativeiro babilônico, em companhia de Zorobabel (1Esdras 5.15). Nunca é mencionado nos livros canônicos do Antigo Testamento.

QUILIOM

No hebraico, **"fracasso"**. Nome de um dos filhos de Elimeleque e Noemi. Quiliom era o marido de Orfa (Rt 1.2 e 4.9), tendo falecido enquanto essa família de Israel jornadeava na terra de Moabe. Ele é chamado efrateu, o que talvez signifique que ele era de Belém da Judeia. Cerca de 1360 a.C.

QUILMADE

Uma cidade asiática (Ez 27.23), mencionada em conjunção com Seba e Assícia. Não se conhece a localização atual dessa cidade.

QUIMÃ

No hebraico, essa palavra significa **"anelo"**. Também era usada para indicar uma fisionomia lívida, ou então para indicar um cego. É nome de um homem e de uma localidade, como se vê abaixo: **1**. Um seguidor, e talvez filho de Barzilai, o gileadita, que acompanhou Davi até Jerusalém, após a revolta de Absalão. Foi agraciado por Davi com uma possessão em Belém, em consideração pelos serviços prestados por seu pai (2Sm 19.37-40), em cerca de 1023 a.C. **2**. Nome de uma localidade, perto de Belém da Judeia, identificada com a propriedade que Davi outorgara a um homem do mesmo nome. A localidade teve essa designação pelo menos durante quatro séculos. Joanam e Careá, e seu bando, acamparam ali quatro séculos mais tarde, quando então a localidade continuaria com o mesmo nome. Alguns identificam-na com o lugar onde José e Maria não puderam encontrar alojamento, quando Jesus era infante (Lc 2.7). Porém, isso não passa de uma conjetura. Seja como for, o lugar tem uma história antiga. O trecho de Jeremias 41.17 o menciona como o lugar onde havia uma hospedaria.

QUINÃ
No hebraico, **"lamento pelos mortos"**. Uma cidade no extremo sudeste do território de Judá, próxima da fronteira com Edom (Js 15.22). Talvez tenha sido um lugar ocupado pelos queneus (1Sm 27.10), conforme o nome sugere. O local dessa cidade não pode ser identificado em nossos dias.

QUINERETE
No hebraico essa palavra significa **"com formato de harpa"**, e tem dois empregos diversos: **1**. Era o nome de uma cidade fortificada no território de Naftali (Js 19.35, que é a única referência bíblica). Jerônimo a identificava com a cidade que, posteriormente, chamou-se Tiberíades. Também há aquela colina ou cômoro chamado Tell 'Oreimeh, que significa "cômoro da harpa". Fica no lado noroeste do mar da Galileia. As evidências arqueológicas mostram que o local vinha sendo ocupado desde os dias de Josué, pelo que poderia ser o local original. **2**. O mar de Quinerete (Nm 34.11; Dt 3.17; Js 11.12; 12.3 etc.), o qual também é chamado "lago de Genesaré", em Lucas 5.1, e "mar de Tiberíades", em João 6.1 e 21.1 (Bahr Tarbarihey é seu nome nativo) e, naturalmente, o "mar da Galileia" (vide). Provavelmente, o nome Quinerete deriva-se de algum antigo nome cananeu, que existia antes da conquista da terra por Israel. O lago, visto de cima, tem a forma de uma harpa, e disso deriva-se o nome do lago.

QUIR
No hebraico, **"muralha"**. O nome desse distrito aparece Em 2Reis 16.9; Amós 1.5; 9.7 e Isaías 22.6. Pertencia ao império assírio, entre os mares Negro e Cáspio, próximo do Elão, margeando o rio Qur. Modernamente é chamado Geórgia, em território da Rússia. Tiglate-Pileser levou para ali, cativos, os habitantes de Damasco (2Rs 16.9). Isso cumpriu a profecia de Amós 1.5. Na referência do livro de Isaías, o lugar aparece em conexão com o vale da visão, o qual, provavelmente, é o mesmo que aparece no segundo livro dos Reis. Todavia, há estudiosos que pensam que a região ficava localizada ao sul da Babilônia, às margens do rio Tigre.

QUIR DE MOABE
Com esse nome, a cidade figura apenas em Isaías 15.1. Mas conforme pensam quase todos os estudiosos, trata-se da mesma cidade chamada Quir-Haresete, mencionada em 2Reis 3.25 e Isaías 16.7, ou então Quir-Heres, mencionada em Isaías 16.11 e Jeremias 48.31. Era uma das duas cidades fortificadas de Moabe, a outra sendo a cidade de Ar. O nome Quir-Haresete ou Quir-Heres significa "cidade da cerâmica" ou "cidade nova".

Há estudiosos que pensam que Ar era uma região, e não uma cidade de Moabe. Após a derrota de Mesa, de Moabe, pelos israelitas, somente em Quir-Haresete ficou pedra sobre pedra. Todavia, a cidade foi capturada e destruída (2Rs 3.25). Isaías previu sua destruição (Is 16.7).

Alguns eruditos identificam o lugar com Queraque, a antiga capital daquele distrito. Sabe-se que esse era um local muito importante, estrategicamente falando, situado sobre um elevado lugar, de fácil defesa. Dominava todas as antigas rotas de caravanas, estando no famoso Caminho do Rei, que ia do Egito à Síria. Os cruzados reconheceram a importância estratégica do lugar, muitos séculos mais tarde. Ver o artigo sobre as Cruzadas. Atualmente a área é habitada, situada a dezesseis quilômetros a leste do mar Morto. O *wady* Hesa fica cerca de vinte e três quilômetros para o sul. Um castelo encima a colina.

Alguns supõem que o nome moabita original da cidade era QRHH. E, nesse caso, é mencionada na pedra Moabita, da linha 22 em diante, onde é dito que o rei Mesa estabeleceu ali um santuário em honra a Quemós, e ali dirigiu um projeto de construções.

QUIRIATAIM
Segundo muitos pensam, este nome significa "cidade dupla". Nas páginas do Antigo Testamento, há duas cidades com esse nome, a saber: **1**. Em trechos como (Nm 32.37; Js 13.19; Jr 48.1,23 e Ez 25.9), aparece uma cidade que fazia parte do território de Rúben, a leste do Jordão, cerca de seis quilômetros a oeste de Medeba, que fica a sudeste de Hesbom. Ela foi construída pelos descendentes de Rúben. Os moabitas expulsaram os gigantescos emins daquele lugar. Em seguida, ela passou para as mãos dos amorreus, e, mais tarde, para a possessão dos israelitas. Durante o período do exílio assírio, os moabitas conquistaram novamente a cidade, juntamente com outras da mesma área geral. Por causa disso, os moabitas foram condenados por Deus (Jr 48.1,23). O local tem sido identificado com a moderna el-Qereiyat, a quase quinze quilômetros a leste do mar Morto, e à mesma distância do rio Arnon. **2**. Uma das cidades levíticas de refúgio, dentro do território de Naftali (1Cr 6.74). Tem sido identificada com Khirbet el-Kureiyat, ruínas existentes entre Medeba e Dibom. Também era chamada Cartã, referida em Josué 21.32 (vide).

QUIRIATE.Ver sobre *Quiriate-Jearim*.

QUIRIATE-ARBA. O antigo nome de *Hebrom* (vide).

QUIRIATE-ARIM. Ver sobre *Quiriate-Jearim*.

QUIRIATE-BAAL. O nome mais antigo de *Quiriate-Jearim* (vide).

QUIRIATE-HUZOTE
No hebraico, **"cidade dos lugares exteriores"**. É mencionada apenas em Números 22.39. Nesse trecho aprendemos que Balaque e Balaão foram até ali com o propósito de oferecerem sacrifícios. Era uma cidade moabita. O lugar ficava perto de Bamote-Baal (vs. 41) embora não saibamos dizer sua localização. Provavelmente ficava perto do rio Arnon. Foi conquistada por Seom, e depois pelos israelitas.

QUIRIATE-JEARIM
No hebraico, **"cidade das florestas"**. Nas páginas do Antigo Testamento, aparece como o nome de uma cidade de Judá e como o patronímico de um descendente de Calebe, filho de Hur, a saber: **1**. Essa cidade também aparece com o nome contraído de Quiriate-Arim, em Esdras 2.25. Com seu nome completo é mencionada em (Js 9.17; 15.9,60; 18.14,15; Jz 18.12; 1Sm 6.21; 7.1,2; 1Cr 13.5,6; 2Cr 1.4; Ne 7.29; Jr 26.20). Apesar de ter sido entregue à tribo de Judá, mais tarde passou para o território de Benjamim. Em Josué 15.9 é chamada Baalá, e, em Josué 15.60, Quiriate-Baal. Foi desse lugar que a arca da aliança foi trazida e entregue aos cuidados de Eleazar (1Sm 7.1). Vinte anos mais tarde, Davi levou-a para Jerusalém (2Sm 7.2; 1Cr 13.5; 2Cr 1.4). O profeta Urias morava em Quiriate-Jearim (Jr 26.20). Várias tentativas de identificação têm sido dadas no tocante à sua localização moderna. Uma possibilidade é Kuriet' Enab, localizado ao norte do monte Jearim Khirbet 'Erma, que fica mais ao sul, é outra possibilidade. Ambas estas vilas refletem o nome antigo, e ambas podem cumprir as descrições daquele lugar do Antigo Testamento. Kuriet 'Enab também aparece com o nome de Qaryet el-Inab, em outra literatura antiga. Os habitantes árabes da atualidade chamam o lugar de Qaryeh. Mas a cidade também é conhecida

como Abu Ghosh, devido ao nome de famosos xeques desse nome, dos séculos VIII e IX, que ali exerceram o seu poder.

Perto do local original, há restos de habitações romanas, bem como do período das cruzadas. O período bíblico faz-se representar por um grande cômoro, sobre o qual foi edificada a igreja da Arca da Aliança. Esse cômoro tornou-se conhecido como Deir el-Azhar, o que talvez seja uma alusão a Eleazar, filho de Abinadabe (vide), o qual foi escolhido pelos homens de Quiriate-Jearim para tomar conta da arca da aliança (1Sm 7.1). Há evidências arqueológicas pertencentes à Idade do Bronze Posterior e à Idade do Ferro, principalmente na forma de fragmentos de cerâmica. Eusébio afirmou que esse lugar ficava a dez milhas romanas de Jerusalém, na estrada para Lida, metragem essa que ele corrigiu, posteriormente, para nove milhas romanas. Ficava entre Neftoá (Lifta) e Chesalom (Quesla), o que concorda com os informes bíblicos atinentes à sua posição na fronteira norte de Judá (Js 15.9 e 18.15).

Informes Históricos. **1**. Quiriate-Jearim foi uma das quatro cidades gibeonitas que estabeleceram acordo com os israelitas invasores, tendo-os enganado (Js 9.17). **2**. A cidade servia como marco de fronteira entre Judá e Benjamim (Js 15.9). Ela foi cena de certos eventos que circundaram a arca da aliança (1Sm 7.1). **3**. Foi fortificada por Salomão (chamada Baalate, em 1Rs 9.18). **4**. Foi invadida quando a região foi invadida pelos egípcios (1Rs 14.25; 2Cr 12.1-9). **5**. Foi o lugar onde habitava o profeta Urias, que denunciou o corrupto reinado de Jeoaquim, o que o forçou a fugir para o Egito; mas Urias foi capturado no Egito, trazido de volta a Judá e foi executado (Jr 26.20-23). **6**. Alguns dos cidadãos de Quiriate-Jearim voltaram do exílio babilônico com Zorobabel (Ed 2.25; Ne 7.29). (AH UNA (1962) Z)

QUIRIATE-SANÃ. Ver sobre *Debir*.

QUIRIATE-SEFER. O nome mais antigo de *Debir* (vide).

QUIRÍNIO

Seu nome figura em Lucas 2.2. Seu nome completo era Publius Sulpicius Quirinius. Ele era o que os romanos chamavam de "homem novo". Tal como Cícero, ocupou o ofício de governador e tornou-se cônsul em 12 a.C., sem a vantagem de um nome de família tradicional na política ou na administração. Tácito, o historiador romano, devotou um breve capítulo a Quirínio, por ocasião de sua morte, em 21 d.C.

Quirínio era um militar notável, tendo a seu crédito uma campanha no deserto de Cirene, região essa que, juntamente com Creta, governou como procônsul, em cerca de 15 a.C. Entre 12 e 2 a.C. Ele esteve ocupado em um projeto de pacificação na Pisídia, contra os montanheses que Tácito, na passagem acima citada, descreveu erroneamente como cilícios. As datas são vagas, mas os eruditos bíblicos interessam-se pelas mesmas, por estarem ligadas à data do nascimento de Cristo. O "primeiro recenseamento", efetuado quando Quirínio era governador da Síria (Lc 2.2), pode ter sido aquele ao qual Gamaliel aludiu, segundo se lê em Atos 5.37. Esse recenseamento deu-se em 6 ou 7 d.C. Segue-se que o recenseamento anterior, devido ao ciclo costumeiro de catorze anos, deu-se em 8 ou 7 a.C. e daí resulta o problema. Quirínio devia ter sido especialmente comissionado para a tarefa de supervisão, por Augusto, pois sabe-se que Quintílio Varus; ocupava então o importante posto de governador da Síria. Mas, como Varus perdera três legiões na floresta germânica de Teuteburgo um dos mais chocantes desastres das forças romanas naquele século, talvez Augusto preferisse um homem de maior envergadura para ocupar-se do recenseamento. A intervenção de Quirínio, a organização necessária para o recenseamento e os preparativos podem ter adiado a data do mesmo para o fim de 5 a.C., uma data mais razoável.

Quirínio mostrou-se astuto o bastante para cortejar discretamente a amizade de Tibério, que estava exilado em Rodes. E nada perdeu com isso, quando Tibério, por falta de outros herdeiros do trono, sucedeu a Augusto. Quirínio, porém, morreu sem herdeiros.

QUIS

No hebraico, "**arco**" ou "**chifre**". Esse é o nome de cinco personagens do Antigo Testamento: **1**. O filho de Ner; pai do rei Saul (1Sm 9.1; 1Cr 8.33; 9.38,39). A genealogia bíblica talvez registre o fato de que Quis era descendente de Ner, e não seu filho imediato. Isso permitiria a inserção de Abiel e de outros nomes, entre Quis e Ner. Comparar 1Samuel 9.1,14 com 1Crônicas 8.33 e 9.36, que aparentemente estão em conflito:

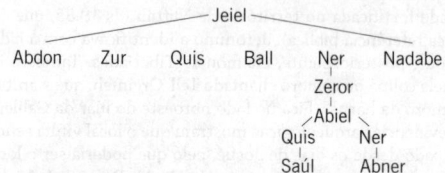

Talvez somente um Quis e um Ner descendiam de Jeiel, e, nesse caso, os descendentes de Ner tornaram-se duas casas tribais. A primeira delas tornou-se a família real de Saul, tomando Quis como seu fundador, porém, era um ramo mais recente da linhagem de Ner. Seja como for, ambas as casas pertenciam à família de Jeiel. Quis foi um rico benjamita (1Cr 8.33). A única coisa que a Bíblia nos revela sobre ele foi que ele mandou Saul buscar seus jumentos perdidos (1Cr 9.3), e que ele foi sepultado em Zela (2Sm 21.14). Isso ocorreu em torno de 1025 a.C. Há uma referência a ele, em At 13.21. **2**. Filho de Jeiel e tio do Quis de número "um" (1Cr 8.36). **3**. Um benjamita e bisavô de Mordecai, que foi levado cativo para a Babilônia (Et 2.5), em cerca de 478 a.C. **4**. Um filho de Abi, um levita da família de Merari (2Cr 29.12), que ajudou o rei Ezequias na restauração da verdadeira fé judaica. Viveu em torno de 720 a.C. **5**. O segundo filho de Mali. Seus filhos casaram-se com as filhas de seu irmão, Eleazar (1Cr 23.21,22). Um de seus filhos chamava-se Jeremeel (1Cr 24.29). Viveu em torno de 1060 a.C.

QUISI

No hebraico, "**arco de** *Yahweh*". Era filho de Etã, que foi nomeado como cantor e músico, nos dias de Davi (1Cr 6.44). Em 1Crônicas 15.17 ele é chamado Cusaías. Viveu em torno de 1015 a.C.

QUISIOM

No hebraico, "**dura**" ou "**terra dura**". Era uma cidade da tribo de Issacar, entregue aos levitas da família de Gérson (Js 19.20 e 21.28). O nome dessa cidade aparece com a forma de Quedes, em 1Crônicas 6.72, mas isso representa um erro escribal. A localização não é certa, mas têm sido sugeridos os cômoros el-Ajjul e el-Muqarqash, como possibilidades.

QUISLEU

Ver Neemias 1.1 e Zacarias 7.1. Esse era o nome do terceiro mês do ano civil e do nono, do ano eclesiástico dos judeus, que começa na lua nova de dezembro. Ver o artigo sobre o *Calendário*. A origem do nome é acádica. A Crônica Babilônica afirma que a marcha de Nabucodonosor contra Jerusalém começou nesse mês, no ano de 598 a.C. Dias memoráveis desse mês incluíam a festa da dedicação do templo; a comemoração de haver sido purificado após as poluções feitas pelos sírios; um jejum em face do fato de que Jeoaquim queimou o rolo das profecias de Jeremias (Jr 36.22).

QUISLOM

No hebraico, **"forte esperança"**, **"confiança"**. Ele era pai de Elidade, príncipe de uma das famílias de Benjamim, que foi escolhido para assessorar na divisão da terra de Canaã entre as tribos (Nm 34.21), em cerca de 1618-1490 a.C.

QUISOM

No hebraico, **"meândrico"**, **"sinuoso"**. Um rio que regava o vale de Esdrelom, em torno do qual há o registro de muitos incidentes bíblicos. Trata-se de uma torrente de inverno, que seca nos quentes meses de verão. (Ver Sl 83.9). Em Juízes 5.19 chama-se "águas de Megido". Origina-se nas colinas perto de Tabor e de Gilboa. Corre na direção noroeste, através das planícies de Esdrelom e Acre, e despeja suas águas no mar Mediterrâneo, próximo do monte Carmelo. Há dois canais que se tornam um só, a curta distância ao norte de Megido. O rio é profundo e de águas rápidas, em certos meses do ano, quase não podendo ser atravessado, mas, no verão, o leito do rio seca e a área fica estorricada. Somente a poucos quilômetros do mar vê-se alguma água nesse rio, nos meses de verão. Seu nome moderno é Nahr el Mukatta, que significa "rio da matança". Ver 1Reis 18.40. No cântico de Débora (Jz 5.21), é chamado "ribeiro das batalhas". Um incidente bíblico de nota, associado a esse rio, é a história de Sísera (vide), em Juízes 5.20,21. Os sírios, sob o comando de Sísera, combatiam contra Israel, os quais eram liderados por Débora e Baraque. Sísera contava com forças muito superiores, com o apoio de carros de combate e de cavalaria. Porém, chuvas pesadas fizeram o rio transbordar, pondo as forças de Sísera à imobilidade; o resultado foi que Israel obteve uma vitória fácil. Um outro notável incidente bíblico, que teve lugar perto desse rio, foi o conflito entre os profetas de Baal e o profeta Elias (1Rs 18.40). O local desse último incidente tem sido identificado com Deir al'Muraqa, onde existe um mosteiro carmelita, de Santo Elias. Os derrotados sacerdotes de Baal foram levados a Quisom, onde foram executados. O rio provavelmente foi usado para o ritual da purificação.

As cidades mencionadas em conexão com o rio são a cidade de Jocneão (Tell Qeimum), Megido (Tell el-Mutessellim), Taanaque (*Tell ti'nnik*). Ver Josué 19.11 e Juízes 5.19. Esse rio era cruzado por importantes rotas de caravanas, e também foi a região onde várias campanhas militares envolveram povos como os midianitas e os filisteus. O rei Josias foi morto ali. Em tempos posteriores, esteve envolvido nas guerras dos hasmoneanos, dos romanos e dos cruzados. (ALB SMI)

QUITIM

No hebraico, "insulanos". Esse povo, descendente de um dos filhos de Javã, filho de Jafé, é mencionado na Bíblia, com esse nome, somente em Gênesis 10.4 e 1Crônicas 1.7. Quitim é um nome alternativo para a Ilha de Chipre (vide). Josefo compara esse nome ao nome da cidade de Citiom, na costa sudeste dessa ilha. Atualmente, essa cidade chama-se Lamaca. As referências fenícias dizem *kt ou kty*, ao se reportarem a esse lugar. O povo de Quitim ocupava-se no comércio marítimo (Nm 24.24). Em Isaías 23.1,12, esse nome parece aplicar-se à ilha inteira de Chipre, bem como às costas do Mediterrâneo oriental. Ver Jeremias 2.10 e Ezequiel 27.6. Na quarta visão de Daniel, o nome aparentemente aplica-se a Roma (Dn 11.30), o que tem paralelo em uma referência nos manuscritos do mar Morto em um Comentário sobre Habacuque, ao interpretar a palavra "caldeus". O texto trata sobre a guerra entre os Filhos da Luz e os Filhos das Trevas. Ali, "quitim" poderia indicar os gregos selêucidas, os romanos etc., como uma referência obscura aos adversários da retidão.

QUITILIS

Em Josué 15.40 é uma das cidades que foram atribuídas à tribo de Judá, quando a terra foi dividida, durante as conquistas. A cidade permanece sem poder ser identificada.

QUITROM

No hebraico, **"figurada"** ou **"pequena"**. Nome de uma cidade do território de Zebulom, pertencente anteriormente aos cananeus, mas de onde os israelitas não puderam expulsá-los. Ela é chamada Catate, em Josué 19.15. Aparentemente, era a maior cidade da Galiléia, naquela época. Tem sido identificada com o Tell el-Far, cerca de treze quilômetros a sudeste do Porto de Haifa, embora outros prefiram identificá-la com Catá ou com o Tell Qurdaneh.

QUIUM

De acordo com vários estudiosos, esse nome vem da palavra síria *kainanu*, que é uma referência ao deus pagão, Saturno. Em Amós 5.26, única passagem onde aparece o nome, ele aparece como o deus-estrela adorado por Israel, em certa fase de sua história. Os egípcios usavam o termo *Seb*, para indicar essa divindade. O termo hebraico envolvido é similar ao vocábulo que significa "coisa detestável". Alguns estudiosos chegam a pensar que houve uma mudança deliberada na grafia da palavra, como uma espécie de jogo de palavras. Mas outros pensam que a palavra hebraica está ligada à raiz da palavra que significa "pedestal", o lugar onde uma imagem era colocada. A Septuaginta diz *rephan*, e Estêvão, em sua defesa -pregação, em Atos 7.42 ss., usa esse nome em sua forma grega, que nossa versão portuguesa translitera para "Renfã", referindo-se à adoração idólatra de Israel, durante quarenta anos, no deserto.

QUMRAN. Ver *Khirbet Qumran e mar Morto, Manuscritos do*.

RÁ

Vem do egípcio, e ficaria melhor como *Ré, sol*. Era o principal deus do sol do antigo Egito. Aparecia como homem dotado de cabeça de falcão, usando um disco solar.

Em tempos bem remotos, *Rá* era identificado com o deus criador, Atom, de Heliópolis (vide), onde se tornou a principal divindade. Comumente ele era chamado de Ré-Haracte, "Rá-Horus do Horizonte", o sol que surgia no horizonte oriental.

Rá começou a ser protegido pela realeza na segunda dinastia, atingindo maior proeminência na época dos construtores das pirâmides, nas dinastias IV e V (c. de 2600-2400 a.C.), quando os reis intitulavam-se "filhos de Rá". Mais tarde, se tornou proeminente o deus fúnebre, Osíris. Na XVIII dinastia, Aquenatom deificou o sol, chamando-o de Aten, introduzindo uma ideia monoteísta no Egito. Mas, nas duas dinastias seguintes, Amom, de Tebas, Rá e Ptá, de Mênfis, formaram um trio concebido como três aspectos de uma única divindade. No AT, Rá aparece somente no nome do sogro de José, Poti-fera, sacerdote de Om (Heliópolis).

RÃ

No hebraico, *tesephardes*, palavra que aparece por treze vezes, em Êxodo 8.2-9,11-13; Salmo 78.45 e 105.30. No grego, *bátrachos*, que ocorre apenas por uma vez, em Apocalipse 16.13.

No Antigo Testamento, a palavra aparece em conexão com uma das pragas que houve no Egito, ao passo que, no Novo Testamento, em Apocalipse 16.13, o termo é usado em sentido metafórico, para indicar uma praga de espíritos malignos, que procederão da boca do dragão, a besta ou anticristo, e da boca do falso profeta. Esses demônios operarão milagres e influenciarão os homens a virem à grande batalha do Armagedom, a fim de se destruírem mutuamente.

Diversos tipos de rãs, do gênero *Rana*, eram nativos do vale do rio Nilo, e uma ou mais dessas espécies poderia ter causado a praga mencionada no livro de Êxodo. Tais rãs atingem um comprimento de cerca de sete centímetros, o que significa que são bastante pequenas. A rã verde é comestível, mas tais batráquios eram considerados imundos pelos egípcios e pelos israelitas. O rio Nilo, por ocasião da primeira praga, ficou severamente poluído, sendo essa a causa provável do aparecimento das rãs, que saíram das águas marginais desse rio, para invadirem os campos.

Nos lugares quentes e secos, as rãs desidratam-se e morrem rapidamente, o que resulta na putrefação, com seus odores desagradáveis e sua ameaça à saúde das pessoas. É uma ironia que as rãs mostrem-se muito úteis no controle da multiplicação de insetos, e algumas das pragas que se seguiram à praga das rãs devem ter sido causadas pelos insetos, pelo menos em parte. Portanto, uma coisa conduzia a outra, em uma série de desastres, atribuídos à indignação de Deus contra os egípcios. Seja como for, uma doutrina bíblica comum é aquela que diz que a natureza revolta-se contra a pecaminosidade dos homens, e que eles se revoltam somente para seu próprio prejuízo. Por essa razão, pois, é que aqueles juízos divinos caíram sobre os egípcios.

RAABE

No hebraico significa **"tempestade"** ou **"arrogância"**.

1. A pessoa. Raabe era uma meretriz em Jericó, em cuja casa abrigaram-se dois espias, imediatamente antes da conquista da Palestina por Josué (Js 2.1-21). Aterrorizada ante a aproximação dos israelitas, ela fez um acordo com os espias, pedindo proteção para ela e para seus familiares. Ela escondeu os espias dos agentes do rei de Jericó, ajudando-os a escaparem através de uma janela de sua casa, na muralha da cidade. Quando da queda de Jericó, Josué poupou a ela e a sua família (Js 6.17,22,25).

De acordo com a genealogia de Mateus (1.5), ela se tornou esposa de Salmom e mãe de Boás. O autor da epístola aos Hebreus menciona seu nome como um exemplo de fé (Hb 11.31), Tiago alude a ela, por haver demonstrado sua fé mediante suas obras. (Tg 2.25).

Na literatura rabínica, Raabe é considerada prosélita, instrumento do Espírito de Deus e ascendente de muitos sacerdotes e profetas, além de aparecer, contrariamente ao que diz a Bíblia, como esposa de Josué.

Hebreus 11.31: *Pela fé Raabe, a meretriz, não pereceu com os desobedientes, tendo acolhido em paz os espias*.

(Ver esse relato em Js 6.22-25). Raabe era então mulher moralmente depravada, que jamais pensaríamos ser capaz de obter tão grande vitória, mediante a fé. Mas ela se tornou exemplo clássico do que pode fazer a fé, a despeito do material humano menos promissor, mostrando-nos, ao mesmo tempo, que não há pessoa que esteja fora do alcance do milagre da fé. Tiago reuniu Abraão e Raabe juntamente (ver Tg 2.21-25) e isso foi algo espantoso. O fato de que seu nome *veio* a ser mencionado em justaposição com o de Abraão, usado dentro de um mesmo parágrafo, entretanto, ilustrou o poder extraordinário da fé.

O autor sagrado deixa entendido que se o caso de Raabe não era desesperador, então também não era desesperador o caso de seus leitores originais. Eles tinham começado a afastar-se de Cristo, mas a fé poderia restaurá-los, não menos do que operara um prodígio moral em favor de Raabe. E o milagre que envolveu Raabe parece ainda maior quando nos lembramos que ela pode ser quase certamente identificada com a esposa de Salmom, mãe de Boaz, um ancestral de Davi, que evidentemente pertencia à árvore genealógica de nosso Senhor. (Ver Mt 1.5). Alguns antigos intérpretes procuravam evitar o claro ensinamento acerca da vil profissão de Raabe, traduzindo a palavra grega "porne", isto é, "meretriz", como "proprietária". Mas tal interpretação é ridícula.

A primeira tentativa de "limpar" o registro passado de Raabe, tornando-a uma hospedeira condigna dos espias, teve lugar nos comentários judaicos. O Targum sobre Josué 2.1 chama-a de "mulher que vendia alimentos". (Ver também os escritos do rabino *Sol. Urbin, Obel Moded.*, fol. 24.1). Porém, os textos simples, em grego (como se vê aqui), ou em hebraico (como em Js 6.17), dificilmente podem ser interpretados com esse sentido suavizado.

Os *desobedientes*, isto é, os "incrédulos". A ideia de "desobediên-cia" faz parte das implicações do vocábulo grego. Recusaram-se a crer que Deus dera a terra aos israelitas, e, por essa razão, ofereceram resistência. Raabe, entretanto, deu crédito a esse relatório e ajudou os espias israelitas. (Ver Js 2.9-11). A verdade é que Raabe tinha consciência das maravilhas anteriormente feitas por Deus, estando impressionada com as mesmas.

Acolheu. A recepção dada foi amigável e ela os ajudou no seu propósito. Ela agiu de conformidade com a sua fé, de que Deus estava em favor dos israelitas, pelo que ela não poderia mesmo recusar-lhes tal ajuda.

Com paz, apesar de que os desobedientes certamente gostariam de ter morto os espias. Houve a exibição de gentileza, na fé de Raabe; isso lhe poupou a vida, transformando também o seu caráter.

E assim Raabe, a meretriz, juntamente com Sara (ver Hb 11.11) e com a mãe de Moisés (ver Hb 11.23), além de outras mulheres fiéis (ver Hb 11.35), é lembrada como notável mulher de fé. (Ver no NTI as notas expositivas, no décimo primeiro versículo, sobre esse pensamento, que é notável, posto que os judeus davam tão pouco valor às mulheres).

"Raabe agiu de acordo com sua crença nesse propósito (o de Deus) e, em vez de denunciar os espias como inimigos de sua pátria, acolheu-os em 'paz', isto é, como amigos, arriscando sua vida, devido a sua fé" (Dods, *in loc*.).

A seguir transcrevemos as notas de Newell (*in loc*), acerca de certas qualidades e pontos notáveis na vida de Raabe: *a*. Raabe era uma pecadora comum, e até mesmo uma meretriz. Mas Deus diz para todos nós: *Não há diferença, pois todos pecaram*. *b*. A fé de Raabe (ver Js 2.8-11) foi confessada por ela com estas palavras: 'Bem sei que o Senhor vos deu esta terra, e que o pavor que infundis caiu sobre nós, e que todos os moradores da terra estão desmaiados'. *c*. Essa crença significou que ela se voltou contra o seu próprio povo, tal como agora todos os crentes se afastam do mundo e não mais pertencem a ele. *d*. Isso incluía a crença de que Jericó seria *destruída* (ver Js 2.13), e isso a fez pensar em sua própria família. *e*. Isso produziu o belíssimo quadro simbólico da corda escarlate, amarrada em sua janela, através do qual os espias tinham escapado (ver Js 2.15-21). E como essa corda faz lembrar do sangue derramado por Cristo! *f*. Mediante sua fé, foram preservados ela, seu pai, sua mãe, seus irmão e todos os seus parentes ... *de qualquer que estiver contigo em casa*. (Js 2.19 e 6.22,23,25). *g*. Raabe se tornou mãe de Boaz (ver Mt 1.5), o bisavô de Davi, o rei. (Ver Rt 5.21,22).

2. Um monstro. Nos livros poéticos do AT, o nome é aplicado a um monstro de poderes demoníacos. As alusões ocorrem dentro do contexto do poder de Deus sobre a natureza — Deus domina Raabe em uma demonstração de força (Jó 9.13; 26.12; Sl 89.10 e Is 51.9; contudo, nossa versão faz silêncio sobre Raabe, nessas duas primeiras referências; chama-o de "monstro marinho" na referência de Isaías, e só estampa o termo *Raabe* em Sl 89.10). Cada uma dessas passagens está ligada a algum ato criador de Deus, ao restringir as forças do mar, como demonstração de seu poder supremo. O episódio foi aplicado ao livramento dos israelitas da servidão egípcia, quando Deus abriu as águas do mar e permitiu que o seu povo o atravessasse em seco (Is 2.10).

3. Um nome aplicado ao Egito. Talvez devido às associações acima referidas com o êxodo, Raabe tornou-se um nome simbólico para o Egito. Raabe é incluída na lista de nações hostis a Israel, em Salmo 87.4, sendo definidamente vinculada ao Egito por Isaías (30.7, onde nossa versão portuguesa diz "Gabarola", talvez uma alusão a um dos sentidos do nome hebraico, "arrogância").

RAAMÃ

Aparece em Gênesis 10.7 e 1Crônicas 1.9 com leves variações ortográficas. Pode significar "trovão" ou "vibração", de acordo com a derivação hebraica ou aram., ou então "constranger", "humilhar" se a derivação for árabe. Pertencia aos descendentes de Cão, filho de Cuxe e pai de Sabá e Dedã. Portanto, era nome de uma tribo da Arábia, embora não semita. Os negociantes de Raamá e Sabá levavam aos mercados de Tiro suas melhores especiarias, pedras preciosas e ouro (Ez 27.22). A localização exata ainda não foi identificada. Com base na forma grega, *Regamá*, muitos identificam-na com uma cidade desse nome, mencionada por Ptolomeu (VI. 7,14), localizada a leste da Arábia, no golfo Pérsico. Mas a identificação é improvável, porque o nome dessa cidade nas inscrições não teria chegado no hebraico em sua forma presente. Uma identificação melhor é com a Raamá perto de Me, no sudoeste da Arábia, mencionada nas inscrições mineanas, como o lugar de onde partiram assaltantes de Sabá e do Haulã contra uma de suas caravanas. Pode ser a mesma *Ramanitai*, mencionada por Estrabão (XVI.4,24). Se a identificação é correta, então a lista de tribos, em Gênesis 10.7, começa no lado africano e termina no lado asiático do mar Vermelho.

RAAMIAS

Um dos doze chefes israelitas que voltaram do exílio babilônico em companhia de Zorobabel (Ne 7.7). É chamado Reelaías, em Esdras 2.2, e Resaías, em 1Esdras 5.8.

RAÃO

No hebraico significa **"misericórdia"**, **"amor"**. Era descendente de Judá e Calebe. Filho de Sema e pai de Jorqueão (1Cr 2.44).

RABÁ

No hebraico, **"grande"** ou **"populosa"**. Era a grande cidade, ou seja, a capital amonita.

1. Geografia. Seu nome completo é Rabá dos Filhos de Arnom (Dt 3.11 e Ez 21.20), e o seu nome moderno é Amam, capital da Jordânia. Esta foi edificada sobre as ruínas da cidade bíblica. Parece ser a única cidade amonita ser mencionada na Bíblia. Fica cerca de 35 km a leste do rio Jordão, nas cabeceiras do Wadi Amam, que logo se torna no rio Jaboque. A poderosa fonte de água, à beira do deserto, tornou-se a razão principal da existência da cidade. Por isso, é chamada *a cidade das águas*, em 2Samuel 12.27.

2. História Bíblica. A primeira menção bíblica à cidade é Deuteronômio 3.11, que fala sobre o "leito de ferro" de Ogue, rei de Basã. A interpretação desse leito, talvez um sarcófago, é um enigma para os eruditos; isso porque Ogue viveu no início da Idade do Ferro, quando esse metal era caríssimo. No território gadita, a cidade de Aroer ficava a leste de Rabá (Js 13.25). A referência bíblica seguinte diz respeito ao assédio da cidade pelos israelitas, sob as ordens de Joabe, junto com o episódio de Davi e Bate-Seba (2Sm 11.1 — 12.31). Joabe esperou a chegada de Davi para completar a conquista (2Sm 12.27-31; 1Cr 20.1-3). A cidade foi uma rica presa, e seus habitantes foram reduzidos à condição de trabalhadores forçados. Parece que Davi antecipava que Salomão reedificaria Jerusalém. Quando fugia de Absalão, Davi chegou a Maanaim, onde foi ajudado por amigos, entre os quais estava Naás, rei de Rabá (2Sm 17.27-29). Davi deve ter estabelecido uma nova dinastia no trono amonita, após ter capturado a capital.

Nos dias do profeta Amós, a cidade foi novamente a capital independente do reino amonita, cujas fronteiras se tinham expandido até Gileade. Em face da brutalidade da conquista, Amós predisse a destruição de Rabá (Am 1.13,14). Nos dias de Jeremias, a predição se repetiu, pelo mesmo motivo (Jr 49.1-3). Ezequiel teve duas predições contra os amonitas. O rei da Babilônia capturaria Rabá na mesma campanha em que Jerusalém seria destruída (Ez 21.20), embora a capital amonita não fosse aniquilada nessa ocasião. Isso ocorreria às mãos dos árabes do deserto (Ez 25.1-7). Rabá se enriqueceu devido ao controle das rotas comerciais das tribos do deserto com os árabes. Ezequiel predisse que essas mesmas tribos reduziriam a cidade a terras de pastagem no deserto.

3. História Intertestamental. A primeira alusão a Rabá, após o encerramento do AT, é sua captura por Ptolomeu Filadelfo. A cidade foi rebatizada com o nome de Filadélfia, o qual perdurou durante todo o período romano, aparecendo, ocasionalmente, o nome antigo. Antíoco, o Grande, capturou a cidade em 218 a.C. após longo cerco. Em 199 a.C., retornou à esfera de influência ptolemaica. A cidade tornou-se romana por ocasião da conquista da Palestina por Pompeu, em 63 a.C. Os nabateus, seus ocupantes normais no primeiro século a.C., foram dominados por Herodes, o Grande, em cerca de 30 a.C. Sob os romanos, a cidade tornou-se a cidade mais ao sul da confederação de cidades chamada Decápolis.

4. História Arqueológica. O abundante suprimento de água foi o segredo da contínua existência de Rabá. Artefatos descobertos pela arqueologia mostram ocupação desde os tempos paleolíticos até os tempos calcolíticos. O mesmo se dá quanto a sua ocupação por toda a Idade do Bronze e por toda a Idade do Ferro (menos a III), bem como nos períodos helenista e romano. Um túmulo do período dos hicsos mostra a riqueza da cidade na época. Mais interessante ainda é um templo da Idade do Bronze Posterior, em campo aberto, a quatro quilômetros da cidade. A rota principal do comércio com as margens do Mediterrâneo passava através de Rabá, entre a Arábia e Damasco.

Os grandes edifícios da época romana e bizantina são por demais valiosos no sentido de podermos descobrir a sua história anterior. A única parte viável para as escavações arqueológicas é uma parte do muro da cidade da Era do Ferro.

Dos templos romanos foi descoberto um grande teatro e um pequeno odeão. Também há dois templos, um ninfeu, um banho, um aqueduto e restos de ruas com colunatas. Através desses restos, pode-se fazer boa ideia das formas arquiteturais básicas de Jerusalém, Jericó e Samaria, quando Jesus visitou essas cidades. Jerás é uma espetacular mostra de antiga cidade em ruínas, da época romana, sem igual em todo o Oriente Próximo.

RABE-MAGUE

Título babilônico de um oficial da corte real. Trata-se de uma palavra composta cujo sentido é desconhecido. O trecho de Jeremias 39.3 menciona Nergal-Sarecer, o rabe-mague que se fez presente quando da capitulação de Jerusalém. Nossa versão portuguesa, porém, dá a entender que Rabe-Mague era um Príncipe distinto, entre os outros cinco, e não o título de um deles.

RABE-SÁRIS

Palavra de origem assíria. Era título dado ao eunuco que realizava vários serviços em favor do rei, incluindo a responsabilidade pelo harém real. De acordo com 2Reis 18.17, Senaqueribe, o rei assírio, enviou um Tartã, um Rabe-Sáris e um Rabsaqué para forçarem a capitulação de Jerusalém. O termo também se encontra em Jeremias 39.3,13. A versão portuguesa dá a impressão de que eram nomes pessoais, quando eram apenas títulos de cortesãos.

RABI

No aramaico rabh, **"mestre"**; *rabbi*, **"meu mestre"**, *Rabbôni* e *rabban* são formas enfáticas de rabbi. Doutor ou mestre, termo de distinção honrosa aplicado pelos judeus a seus instrutores espirituais, cf. Mateus 23.7; João 1.38. Dizem que as escolas judias continham três graus de honra: *rab* (mestre), grau inferior, *rabbi* (meu mestre) grau médio; e *rabboni* (meu senhor, meu mestre), que era o mais elevado de todos. Quando o apóstolo João escreveu o seu Evangelho, a terminação *oni*, "meu", havia perdido a sua significação especial de adjetivo possessivo, porque dá às palavras *rabbi* e *rabboni* o mesmo sentido de mestre, cf. João 1.38; 20.16.

RABITE

Cidade fronteiriça de Issacar (Js 19.20). Talvez seja a mesma cidade chamada Daberate, uma cidade levítica no território de Issacar (Js 21.28; 1Cr 6.72). A LXX e o manuscrito B dizem "Daberote", em lugar de Rabite, em Josué 19.20.

RABSAQUÊ

Título assírio que significa **"copeiro mor"**. Vem do acadiano *rab*, "chefe", e *saqû*, "dar de beber". Era designação de um oficial da corte, que ocupava importantíssima posição. Quando Senaqueribe atacou Laquis, enviou o seu Rabsaqué para entregar-lhe um ultimato (2Rs 18.17,19, 26-28,37; Is 36.2,3,11-13,22; 37.4,8). A versão portuguesa dá a impressão de tratar-se de um nome pessoal, e não de um mero título nobiliárquico.

RACAL

Localidade no sul de Judá para onde Davi enviou parte dos despojos obtidos em Ziclague (1Sm 30.29). A LXX e o manuscrito B dizem "Carmelo", havendo boas razões para se pensar que esse é o texto correto.

RAÇAS PRÉ-ADÂMICAS

Ver os artigos separados *Antediluvianos* e *Língua*, onde, na discussão relativa à origem dos idiomas, entra esse ponto das raças pré-adâmicas. Ver também sobre *Criação* e *Astronomia*. Os telescópios que usam luz vermelha estão captando luz em dezessete bilhões de anos de antiguidade. É possível sustentar a crença em uma criação recente em geral, e da terra em particular. O próprio homem é de maior antiguidade que muitos têm pensado, e grandes mistérios circundam esse assunto.

RACATE

No hebraico, o sentido da palavra é incerto. Era uma cidade fortificada de Naftali, mencionada na Bíblia em Josué 19.35. Alguns estudiosos lhe dão o sentido de "barranco" ou "torrente". A tradição judaica a identifica com Tiberíades, mas a erudição moderna prefere identificá-la com Khirbet el-Quneitireh, pequena e antiga localidade perto da praia ocidental do mar da Galileia, a pouco mais de dois quilômetros ao norte de Tiberíades.

RACHADORES DE LENHA

Os rachadores de lenha parecem ter formado, em Israel, uma classe operária distinta. Algumas vezes esse trabalho era imposto como um trabalho forçado, visto que era muito cansativo, que qualquer homem teria evitado, se possível. Os gibeonitas, que iludiram Josué quanto a um certo acordo, temendo que seriam tratados a exemplo do que fora feito aos habitantes de Jericó e de Ai, uma vez descoberto o engano, foram forçados a fazer esse trabalho, como também o de serem transportadores de água (Js 9.21). Tais serviços, usualmente, eram realizados por trabalhadores das classes sociais mais humildes (Dt 29.11). O trecho de 1Reis 5-15 revela-nos que Salomão tinha quatro mil rachadores de lenha nas montanhas, por serem elementos importantes em qualquer projeto de construção. Os rachadores de lenha, mencionados em 2Crônicas 2.10 e Jeremias 46.22, parecem ter sido considerados profissionais, formando uma classe social. Parece que isso se confirmava ainda mais quando algum projeto de construção estava sendo efetuado.

RACOM

No hebraico, aparece com o artigo definido, pelo que na LXX é Iarak Kon. Os estudiosos relacionam a palavra à raiz que significa "cuspir", embora seja mais provável que se relacione a uma raiz que significa "ser fino", ou seja, *praia* (?) ou *lugar estreito* (?).

Era uma das cidades que coube por herança a Dã, presumivelmente, em ou perto de Nahr el-´Auja (rio Jarcom), cerca de 24 Km. de Jope e próxima do Mediterrâneo, de acordo com o contexto (Js 19.46). Têm sido sugerido o cômoro er-Reqqeit, a dez quilômetros ao norte de Jope. Visto que a LXX a omite, alguns sugerem o nome como ligado a Me-Jarcom. Todavia, as formas desses nomes são suficientemente diferentes para tornar a sugestão improvável. O mais provável é que a LXX corrompeu o texto mediante um *homoeteleuton* — omissão de uma passagem porque o olho do copista saltou de um fim de linha para outro fim de linha similar. (Ver Me-Jarcom).

RADAÍ
Quinto dos sete filhos de Jessé, pai de Davi (1Cr 2.14).

RAFA
No hebraico, o nome adquire duas formas, o que reflete na LXX, *Ráfe*, em 1Crônicas 8.2, e *Ráfaia*, em 1Crônicas 8.37. A primeira forma significa, no hebraico, *ele curou*; a segunda, *ele (Deus) tirou*; ou então, *ele (Deus) curou*. É nome de duas pessoas: **1.** O quinto filho de Benjamim (1Cr 8.2). Entretanto, a lista dos filhos de Benjamim, em Gênesis 46.21, omite inteiramente o nome. **2.** Nome de um descendente de Saul de Benjamim; era filho de Bineá e pai de Eleasá (1Cr 8.37; cf. 9.43).

RAFAEL
No hebraico, significa **"curador divino"**. Era um dos "sete santos anjos que apresentaram as orações dos santos e entraram na presença da glória do Santo" (Tobias 12.15). Na mesma passagem desse livro apócrifo, o arcanjo teria dito a Tobias: "Agora Deus enviou-me a curar a ti e à tua nora, Sara" (12.14).
Os sete arcanjos seriam Rafael, Gabriel, Uriel, Miguel, Izidquiel, Hanael e Quefarel. Eram príncipes dos exércitos angelicais, os únicos seres criados que teriam o direito de penetrar na radiância da glória divina (cf. Lc 1.19, onde Gabriel se descreve como quem vive na presença de Deus). Rafael seria um protetor de Tobias.
No livro de Enoque, Rafael e Miguel aparecem comissionados a punir os anjos caídos que se tinham casado com mulheres, nos dias de Noé. Rafael recebeu ordens para amarrar as mãos e pés de Azazal e jogá-lo no abismo (Enoque 10.4; cf. 2Pe 2.4). Mesmo assim, Rafael agia como um curador, pois assim a terra seria sarada da contaminação produzida pelos anjos caídos. De acordo com o *Livro de Noé*, um tratado de medicina, mencionado nos Midrashim dos judeus, os homens foram afligidos por várias enfermidades após o dilúvio, e então Deus enviou Rafael para mostrar a Noé o emprego de várias plantas e raízes curativas. Uma outra tradição judaica diz que Rafael foi o terceiro dos anjos a aparecer a Abraão, em Gênesis 18.2-22. Rafael teria dado a Sara a capacidade de conceber, embora já tivesse passado da idade de ter filhos. Todavia, ele nunca é mencionado nos livros canônicos da Bíblia.

RAFOM
Moderna er-Rafeh, à margem direita do Nahr el-Ehreir, a 13 km ao norte de Carnaim (moderna Asterote-Carnaim). Essa cidade não é mencionada na Bíblia, mas, provavelmente, é a cidade que ocupa o vigésimo nono lugar nas listas das cidades conquistadas por Tutmés III. Foi também ali que Timóteo, comandante de Gileade, reorganizou o seu exército e o reforçou com tropas árabes auxiliares, depois que foi derrotado por Judas Macabeu e Jonatã, no comando de oito mil judeus, em Datema. Ao atravessarem a ravina para ir ao encontro do adversário, na margem oposta de Rafom, os judeus novamente derrotaram os gentios.

RAFU
No hebraico, significa **"curado"**. Pai de Palti, espia que representava a tribo de Benjamim, em Números 13.9, e que trouxe um relatório pessimista do que vira.

RAINHA, RAINHA-MÃE
No hebraico, foram usadas quatro palavras diferentes. A Septuaginta as traduz de várias maneiras, com o sentido de *poderosa* etc. No hebraico, a forma mais comum é apenas o gênero feminino da palavra que quer dizer *rei*. É a palavra usada para indicar, por exemplo, a rainha de Sabá (1Rs 10.1 ss.), Vasti e Ester, no livro de Ester, e a esposa do monarca babilônio, em Daniel 5.10. A segunda palavra hebraica mais comum é usada para indicar Tafnes, esposa do Faraó (1Rs 11.20); Maacá, rainha-mãe do rei Asa (2Rs 10.13); Jezabel (2Rs 10.13) e Neusta (2Rs 24.8). Há uma forma hebraica, muito rara, usada em Neemias 2.6, que descreve a rainha sentada junto a Artaxerxes. Esse termo hebraico também é usado em Salmo 45.9. E, em Isaías 49.23, a palavra hebraica que significa "princesa" é traduzida por rainha. O NT também menciona Candace, rainha das etíopes (At 8.27). A única rainha que governou em Israel foi Atalia, que fora rainha-mãe até à morte de seu filho, Acazias (2Rs 11.1 ss.). Ela governou durante sete anos, até ser derrubada pelo sacerdote Joiada (2Rs 11.4-20).

As esposas dos reis hebreus eram intituladas rainhas. As mais notáveis foram Mical, filha de Saul e esposa de Davi, e Jezabel, esposa de Acabe. Foram ousadas. Mical zombou de Davi (2Sm 6.20 ss.), e Jezabel imortalizou-se como perseguidora de Elias (1Rs 10.1-3). A rainha-mãe geralmente era a viúva de um rei anterior, e mãe do monarca reinante. Tinha responsabilidades e era tratada com certo respeito. Mas Asa removeu sua mãe herege, Maacá (1Rs 15.13). Em contraste, Salomão respeitou sua mãe, Bate-Seba (1Rs 2.19). Também é digno de nota que, em Judá, sempre que um rei subia ao trono, fazia-se menção ao nome de sua mãe (por exemplo, 2Reis 12.1). A importância do título é vista no fato de que a prostituta Babilônia, em Apocalipse 18.7, arrogava-se, pomposamente, o título: "Estou sentada como rainha".

RAINHA DE SABÁ
Uma rainha que visitou Salomão, vinda do antigo reino árabe de Sabá. Ela o fez, ostensivamente, com o propósito de "prová-lo com perguntas difíceis, somente para descobrir se ele ultrapassava tudo quanto ela ouvira a seu respeito (1Rs 10.1-13; 2Cr 9.1-12). Talvez também houvesse motivos comerciais nessa visita. Seus camelos vieram carregados de especiarias, muitíssimo ouro e pedras preciosas (1Rs 10.2,10). O que Salomão lhe deu de volta não é especificado, embora pareça que lhe tenha dado mercadorias (v. 13). O comércio era uma faceta importante das atividades de Salomão. O mar Vermelho e a península da Arábia estavam dentro de seu círculo de interesses. De fato, ele tinha um porto no mar Vermelho, em Eziom-Geber (1Rs 9.26-28; 10.11,12,20-29). Há uma alusão específica, em 1Reis 10.15, ao "tráfico" dos negociantes dos reis da Arábia e dos governantes da terra. Portanto, uma visita de uma rainha árabe não era algo inconcebível.

O antigo reino de Sabá, nome sul-arábico do antigo estado sabeu (ver Sabá), ficava na extremidade sudoeste da península da Arábia, mais ou menos na região do moderno Iêmen. O estado e seu povo, os sabeus, são freqüentemente referidos no AT (Jó 6.19; Sl 72.10,15; Is 60.6; Jr 6.20; Ez 27.22,23; 38.13). Importantes escavações feitas em Maribe, a antiga capital, em 1951-1952, nos têm dado grande conhecimento quanto à civilização dos sabeus. Suas origens são desconhecidas, embora haja alguma evidência de que a região pode ter sido ocupada por semitas que migraram para, o sul, em meados do segundo milênio a.C. Pelo século X a.C., havia um reino florescente na região. Uma missão diplomática e comercial, efetuada por uma rainha, ao reino de Salomão, cerca de dois mil e quatrocentos quilômetros para o norte, possivelmente fazia parte de um esforço de expansão comercial. Há inscrições assírias dos séculos VII e VIII a.C. que mencionam diversas rainhas, o que sugere uma linha de sucessão matrilinear.

A origem da tradição de que a linhagem real da Abissínia descende de Salomão e da rainha de Sabá é difícil de provar. Certamente a Etiópia foi colonizada por sabeus provenientes do sul da Arábia. Lendas árabes fornecem muitos detalhes sobre a rainha que teria se casado com Salomão, e Josefo vinculava a rainha de Sabá à Etiópia (Josefo, *Anti*. II.x2; VII.vi.5,6).

RAINHA DO CÉU

Objeto de adoração dos judeus, nos dias de Jeremias. Quase toda informação que temos sobre esse culto vem de fontes extrabíblicas. Os únicos indícios bíblicos são Jeremias 7 e 44. Diz o trecho de Jeremias 7.18: *Os filhos apanham a lenha, os pais acendem o fogo, e as mulheres amassam a farinha para fazerem bolos à rainha dos céus...* Geralmente pensa-se que esses bolos tinham a forma de um ser humano. Muitos fragmentos têm sido encontrados, feitos de argila — usualmente com traços femininos exagerados. Lemos em Jeremias 44.17 que o povo tencionava queimar "incenso à rainha dos céus" e oferecer-lhe libações "nas cidades de Judá e nas ruas de Jerusalém".

O problema consiste no uso da incomum forma massorética hebraica da palavra *rainha*. Alguns consideram essa forma distorcida da forma verdadeira. Outros, incluindo os tradutores da LXX, entenderam que a palavra hebraica significa "obra das mãos", o que explica a tradução da LXX, "ao exército do céu", em Jeremias 7.18. O Targum aramaico diz ali "estrelas", em vez de "rainha".

Geralmente aceita-se que se tratava de uma divindade estrangeira. Diversos povos vizinhos de Israel tinham consortes para as suas divindades masculinas — deusas e uma rainha dos céus. Na Assíria, a deusa Istar era chamada *senhora do céu*, ao passo que na literatura ugarítica ela é chamada "rainha do céu". A Astarte dos cananeus era uma bem conhecida deusa da fertilidade. Esse parece ser o domínio da rainha do céu, mencionada em Jeremias 44, visto que o povo regozijava-se nela por causa de seu bem-estar geral. O povo de Ugarite também contava com Anate, uma espécie de deusa-mãe. Esse nome aparece nos textos elefantinos do Egito. Anate-Yaho era a consorte de Yaho (*Yahweh*). Talvez essa fosse uma repetição do culto contra o qual Jeremias pregava.

Dentro da maioridade católica romana, também são dados os títulos de "rainha" e de "senhora" à virgem Maria, noções extrabíblicas que entram em choque com o ensino da Bíblia, onde só há um Rei do universo (Deus), e um único Senhor dos céus e da terra (Jesus Cristo).

RAMA

Sem o artigo definido, Neemias 11.33 e Jeremias 31.15. Um nome geográfico bastante comum, cujo sentido é "altura", dado a diversas cidades da antiga Israel, usualmente edificadas em algum lugar elevado.

1. Em Naftali. Essa cidade é mencionada por uma vez (Js 19.36; na LXX, *Ramá*, A ou *Araél*, B). Aparentemente, E. Robinson foi o primeiro pesquisador moderno a notar que o nome é preservado na vila de er-Râmeh, cerca de 13 km a oeste-sudoeste de Safade (atual Zefat). A localização dessa aldeia árabe (cristã e drusa) é topograficamente marcante; está na vertente baixa do Jebel Heider (atual Har Ha'ari), perto do passo que separa aquele monte das outras colinas na serra direita que divide claramente o Wadi esh-Shaghur (vale talmúdico de *Beth*-cerem), a fim de formar uma parede maciça entre a baixa Galileia, ao sul, e a alta Galileia, ao norte. Assim, er-Râmeh fica na linha divisória natural entre a alta e a baixa Galileia; também fica perto da junção da estrada entre Aco e Safade, com a estrada que vai para o sul, para Nazaré. O contexto bíblico em que Ramá aparece ajusta-se à localização geográfica de er-Râmeh; as aldeias antes de Ramá ficam na baixa Galileia, e aquelas que se seguem, na alta Galileia (incluindo Hazor, que deveria estar mais ligada à alta Galileia, embora fique no vale de Hulé). Os termos alta e baixa Galileia não aparecem na Bíblia, mas a distinção é óbvia na topografia local, além do que, a ordem das cidades de Naftali, nessa lista, certamente reflete conhecimento sobre as duas regiões. Josefo (*Guerras* III. iii.1 e ss) tinha plena consciência dessa divisão, pondo a linha demarcatória na Beerseba do norte, atualmente Khirbet Abu esh-Shibâ, que fica em uma colina a apenas 5 km a leste de er-Râmeh. Uma posição assim privilegiada, militarmente falando, certamente seria cidade do comandante militar da Galileia, cujo intuito era fortificar os pontos estratégicos. Por outro lado, os rabinos, interessados nas questões da vida diária, davam como limite entre as duas Galileias um centro rural conhecido por seu mercado e por seus líderes religiosos, ou seja, Kefar Hananiah (Kefr Inân, uma aldeia no vale, abaixo de Beerseba; Shebi. IX.2).

Na vila de er-Râmeh, as ruínas antigas (incluindo uma inscrição em aramaico: "Em memória do rabino Eleazer, filho de Tedeor, que edificou esta casa de hóspedes") datam dos períodos helenista e romano.

Quanto à Ramá da época bíblica, seu sítio era Khirbet Zeitun er-Râmeh, também conhecida como Khirbet Jûl, um cômoro antigo, cerca de 3 km a leste de er-Râmeh, no lado sul da estrada para Safade. Trata-se de um cômoro típico das Eras do Ferro I e II, localizado em um trecho pedregoso do vale. Os limites exatos da antiga povoação são difíceis de determinar atualmente, visto que a área inteira está ocupada pelos famosos bosques de oliveiras da região.

2. Em Aser. A descrição exata da linha fronteiriça da tribo de Aser, cuja linha é difícil de seguir, aparentemente, situa a cidade de Ramá (Js 19.29; na LXX, *Ramá*) em algum ponto entre a grande Sidom e a cidade fortificada de Tiro. Esse último lugar é conhecido em fontes não bíblicas pelo nome de Usu (maneira assíria de grafar: *Ushu*); o escrito clássico *palaityros* (Estrabão XVI.II.24) a localiza em Tell Rashidiyeh. Portanto, essa Ramá deve ser procurada na área a noroeste da moderna cidade de Tiro. A identificação, frequentemente proposta com a pequena aldeia de er-Ramiyeh, parece fora de questão, porque fica por demais para o sul.

3. Em Benjamim. Uma aldeia dada à tribo de Benjamim (Js 18.25; na LXX, *Ramá*, com variações insignificantes em alguns manuscritos). As evidências em favor de sua identificação são das mais conclusivas em relação a qualquer localidade em Israel. Deve ser localizada perto de Betel (Jz 4.5), a moderna Beitin, no antigo tronco rodoviário que vai de Belém para o norte, e que passa a oeste de Jerusalém (Jz 19.13). Josefo (*Anti* VIII. xii.3), ao discutir sobre os eventos de 1Reis 15.16,17, situa essa cidade, que ele chamou de Aramaton, a cinco milhas romanas de Jerusalém. Mas Eusébio e Jerônimo situaram-na a seis milhas romanas ao norte da cidade santa. Robinson notou que o nome é preservado na moderna aldeia de er-Râm, e Jerusalém fica apenas a pouco mais de 9 km para o sul.

A profetisa Débora (vide) exerceu sua autoridade como juíza de Israel em um lugar entre Betel e Ramá (Jz 4.5). Em vez de ter feito meia volta para passar a noite em Gibeá, o levita poderia ter caminhado um pouco mais até Ramá (Jz 19.13). Além de estar na estrada norte-sul, er-Râm também está a pequena distância da estrada leste-oeste que parte de Jerusalém e passa por Gibeom, e da descida de Bete-Horom até Gezer. A hostilidade de Baasa (vide) consistiu no estabelecimento de um ponto forte em Ramá, capaz de bloquear o tráfico com Jerusalém, ao longo dessa rota vital (1Rs 15.17; 2Cr 16.1). Retaliando, Asa (vide) persuadiu os sírios a atacarem Israel pelo norte. E aliviando assim a pressão na fronteira com Judá, ele pôde desmantelar a fortificação em Ramá, usando os blocos da edificação para construir dois novos fortins em Geba (vide) e em Mispa (vide). Destarte, a fronteira entre Judá e Israel foi fixada como uma linha que dividia a anterior herança tribal de Benjamim em duas (1Rs 15.17-22; 2Cr 16.2-6). A divisão do território de Benjamim, dessa maneira, faz lembrar a divisão sobre a qual se lê em Josué 18.21-28, onde Ramá pertence ao distrito mais ao sul. Um breve oráculo de Oseias contra Gibeá,

Ramá e Bete-Áven (vide), aparentemente, visava a tribo de Benjamim, talvez com uma alusão particular a essa meia tribo "judia" (Os 5.8). E quando uma coluna do exército de Senaqueribe estava assolando na direção sul, desde Samaria, como quem ia para Jerusalém, Ramá ficava na rota direta do avanço assírio (Is 10.29). Jeremias descreve Ramá como o cenário de lamentação de Raquel por seus filhos (Jr 31.15; cf. Mt 2.18). Alguns dos anteriores habitantes de Ramá estavam entre os que retornaram, terminado o exílio (Ed 2.26; Ne 7.30). A cidade também é mencionada na lista de lugares ocupados (Ne 11.33), que pertenciam a territórios fora da província judaica. Portanto, podemos supor que Ramá foi uma daquelas cidades onde uma parte da população manteve seu domínio, durante o tempo em que o corpo principal dos judeus esteve no exílio.

4. Local do nascimento do profeta Samuel. Embora seja muito provável que essa Ramá seja idêntica à anterior, as referências a ela pertencentes são tratadas em separado, por efeito de conveniência. O lar de Elcana (vide) e de Ana é chamado de "Ramataim-Zofim", em 1Samuel 1.1. Mas a construção hebraica é um tanto estranha. Visto que Elcana descendia de Zufe (vide), um levita coatita (1Cr 6.35), estabelecido ao norte do território de Benjamim (1Sm 9.5; cf. Js 21.5; 1Cr 6.22-26,35,66 ss.), aparentemente a maneira mais correta de se entender o nome, em 1Samuel 1.1; é "Ramataim dos zufitas". O subformativo no hebraico, *aim*, provavelmente, deve ser compreendido como um locativo, e não como um simples sufixo dual (cf. Titaim, e outros). Todas as demais alusões à terra de Samuel (excetuando 1Sm 25.1 e 28.3), têm o subformativo locativo -*a*, pelo que a LXX traduz esse nome como *Armathain ou Armathém*, chegando mesmo a inseri-lo em 1Samuel 13, após as palavras "sua cidade".

A identificação de Ramataim-Zofim com Ramá é confirmada pela comparação entre 1Samuel 1.1 com 1.19 e 2.11. Embora Samuel tivesse nascido ali, foi criado em Siló, e retornou à sua terra quando Siló foi abandonada como centro religioso de Israel. Fez de Ramá o seu quartel general, de onde partia em seu circuito anual a Betel, Gilgal e Mispa (1Sm 7.15-17). Os anciãos de Israel vieram a ele em Ramá quando lhe pediram um rei (1Sm 8.4). Foi em Ramá, na "terra de Zufe", que Saul se encontrou pela primeira vez com Samuel e foi secretamente ungido rei (1Sm 9.5-10.10). A provável associação do túmulo de Raquel com Ramá de Benjamim (Jr 31.15; Mt 2.18; cf. Gn 35.16-20) ajusta-se à descrição da viagem de Saul para o sul (1Sm 10.2-5,10). Samuel continuou a habitar em Ramá mesmo após ter cortado relações com Saul (15.34; 16.13). Davi se refugiou ali quando fugia de Saul (19.18-24). Esse trecho também confirma a existência de um lugar chamado Naiote (vide), em Ramá (19.19,22,23; 20.1), que, provavelmente, representava um posto ou povoado, habitado por um grupo de profetas. Finalmente, Ramá tornou-se o último lugar de descanso do profeta Samuel.(25.1; 28.3).

5. No Neguebe. Uma cidade mencionada na descrição da herança tribal de Simeão (Js 19.8). O texto massorético afirma que as cidades de Simeão e suas aldeias iam "até Baalate-Beer, que é Ramá do Neguebe". Os manuscritos gregos exibem alguma confusão nos textos: *A* diz: "até Baalate-Ramote, indo para Bamete, na direção sul"; ao passo que *B* diz: "até Bareque (variante: Baleque), indo para Bamete, na direção sul". Deve-se desconsiderar a tradução da LXX do termo geográfico "Neguebe" por um termo direcional "para o sul", pois é mais provável que o hebraico "Ramate-Neguebe" indicasse um acusativo adverbial de direção. Destarte, o versículo poderia ser traduzido por "até Baalate-Beer, na direção de Ramate-Neguebe". A passagem paralela de 1Crônicas 4.33 diz apenas "até Baal". E Ramate-Neguebe também não aparece na lista de povoados no Neguebe de Judá (Js 15.21-32), que incluía Simeão.

Por outro lado, parece que essa cidade aparece como Ramote do Neguebe (1Sm 30.27), um dos lugares para cujos anciãos Davi enviou parte dos despojos conquistados dos amalequitas. Mas não há qualquer indicação acerca da localização.

Um novo ostracon, encontrado em Tell 'Arad (julho de 1967), levanta de novo a questão da identificação e localização de Ramá/Ramote-Neguebe. Trata-se de uma carta de alta autoridade que exigia confirmação de uma ordem anterior, baixada pelo rei, de que fossem enviadas tropas de Arade e de alguns outros lugares, para Ramote-Neguebe, a fim de tentar impedir um ataque dos idumeus. Essa ameaça dos idumeus provavelmente corresponde à situação retratada em Salmo 137.7, onde se lê que Edom tirou proveito da queda de Judá, em 587 a.C., para pilhar colonos indefesos na Cisjordânia. A retribuição anunciada proficiamente por Obadias reverteria o feito: *Os de Neguebe possuirão o monte de Esaú...* (v. 19).

As atuais especulações sobre a identificação de Ramote-Neguebe giram em torno de Khirbet Ghazzeh, na beira oriental do Neguebe de Judá, que guarda uma das estradas principais vindas de Edom (Aharoni). Além da fortaleza com casamatas, pertencente à Idade do Ferro II, tem sido encontrada uma quantidade de material da Idade do Ferro I, nas circunvizinhanças. Por outro lado, a elevada posição dominante de Khirbert Gharreh e sua localização no centro do Neguebe de Judá (ou seja, na fronteira da herança de Simeão) são fortes argumentos em favor desta última.

RAMATE-LEÍ

No hebraico, **"colina de Leí"**. Foi o lugar onde Sansão derrotou os filisteus com uma queixada de jumento, como sua arma (Js 15.17).

RAMATE-MISPA

No hebraico, **"colina da torre de vigia"**. Uma cidade pertencente ao território de Gade, na divisão da Palestina. É mencionada como localizada entre Hesbom e Betonim (Js 13.26).

RAMATITA

Um nativo de Ramá. O encarregado das vinhas de Davi, Simei, é chamado ramatita, em 1Crônicas 27.27, embora não se saiba precisar qual era o seu povoado, entre os muitos existentes nas cercanias.

RAMASSÉS

Deriva-se do egípcio *Pr-R'mss*, isso é, "propriedade do rei Ramsés". Cidade residência das dinastias egípcias XIX e XX, no delta do rio Nilo. Ali trabalharam os hebreus, de onde partiram por ocasião do êxodo.

O local da Pi-Ramesse egípcia (original da forma hebraica) tem sido muito debatido na egiptologia: em Tânis (no hebraico, *Zoã*, vide), ao sul do lago Menzalé, ou perto de Qantir, cerca de 27 Km. mais para o sudoeste. Em ambos os locais têm sido encontrados consideráveis restos de objetos da época daquele Faraó, embora o último nunca tenha sido plenamente escavado. Pesados os prós e os contras, todavia, tudo leva a crer que devemos identificar Ramessés com a moderna Qantir, incluindo o importante fator que ela está na rota do êxodo dos israelitas. (Ver *Êx*).

RAMIAS

No hebraico, *"Yahweh* **é alto**". Um descendente de Parós; (cf. Ed 2.3), que retornou do exílio babilônico com Zorobabel. Foi um dos que se tinham casado com mulheres estrangeiras (Ed 10.25).

RAMOS

Era uma região árida como a Palestina, similar à caatinga do nordeste brasileiro. É natural que haja muitas espécies vegetais arbustivas; isso explica o incrível número de palavras hebraicas usadas no Antigo Testamento para indicar esse tipo de vegetação, ou ramos da mesma. Podem-se contar cerca de quinze palavras hebraicas para indicar tais ramos. Nem sempre os tradutores podem encontrar palavras modernas que correspondam exatamente àquelas. A nossa Bíblia portuguesa em vários casos usa a tradução "ramos", quando há alusão a porções de alguma planta, excetuando o tronco ou as raízes. Alguma árvore jovem também é assim chamada, conforme se vê em Ezequiel 31.5. Há alusões literais e metafóricas. As alusões literais incluem os ramos usados quando da festa dos Tabernáculos (vide) (Lv 23.40); os galhos verdes onde abrigavam-se pequenos roedores e aves (Ez 31.13); os ramos de hissopo, mergulhados no sangue do cordeiro pascal, aplicado às entradas das residências dos filhos de Israel (Êx 12.22), ou usados em rituais e purificações religiosas (Êx 14.51; Nm 19.6). Porém, quase todas as menções a essas formações arbustivas ou similares são metafóricas, a saber: **1**. Grandes homens e líderes são comparados a ramos (Is 11.1; Jr 23.5; Zc 3.8; 6.12; no hebraico, *netzer*), como o grande Príncipe que brotaria dentre a família de Davi, Jesus Cristo. **2**. Essa maneira de referir-se a pessoas também foi empregada pelos antigos poetas, como Sófocles, *Elec*. iv.18; Homero, *Ilíada*, 2.47,170,211,252,349; Píndaro, *Olymp*. 2.6,3. **3**. Os descendentes de reis (Ez 17.3,10; Dn 11.7). **4**. A prosperidade, indicada por ramos vigorosos (Ez 17.3; Pv 11.28; Sl 80.11,14; Is 25.5). **5**. O ramo abominável de Isaías 14.19, uma pessoa que seria rejeitada como um ramo sem utilidade. **6**. A adoração idólatra (Ez 8.17), provavelmente devido ao costume dos idólatras de levarem ramos para decorar seus ritos e cortejos. **7**. Os crentes, os quais refletem a natureza de Cristo e estão em união mística com ele (Jo 15.5,6). No mesmo contexto, lemos sobre aqueles que não estão unidos a Cristo, porquanto rejeitam-no, pelo que são lançados fora e queimados (Jo 15.6; ver a exposição desse versículo no NTI, bem como o artigo sobre a *Eterna Segurança do Crente*). **8**. Os ramos que reverdecem, mostrando que o verão já se aproxima, o que é utilizado no simbolismo de certos eventos, os quais prenunciarão a segunda vinda do Senhor (Mt 24.32). **9**. A mostarda, com seus ramos que se espalham muito, simboliza a propagação do reino de Deus (Lc 3.19). **10**. Os ramos que foram postos no caminho por onde Jesus estava prestes a passar, quando de sua entrada triunfal em Jerusalém, foi uma forma singela de o povo prestar-lhe homenagem (Mt 21.8). **11**. No décimo primeiro capítulo da epístola aos Romanos, Paulo compara os judeus a ramos naturais de uma boa oliveira, ao passo que os gentios são ramos de oliveira brava, enxertados naquela. **12**. Em Zacarias 4.12, há menção a dois "raminhos" (no hebraico, *shibboleth*) que representam dois servos e testemunhas especiais do Senhor. Há muitas interpretações a respeito da identidade desses dois. Seriam figuras messiânicas, profetas, Enoque e Elias etc. (Ver Ap 11, que talvez estribe-se sobre essa alusão). Outros veem nas duas testemunhas símbolos de Cristo e do Espírito Santo, ou então da comunidade judaica e cristã etc.

No Novo Testamento, há três vocábulos gregos a serem levados em conta, a saber: *Baíon*, "ramo de palmeira", que aparece somente em João 12.13; *Kládos*, "rebentos", que aparece em (Mt 13.32; 21.8; 24.32; Mc 4.32; 13.28; Lc 13.19; Rm 11.16-19, 21; *Stoibás*, "ramos", em Mc 11.8). (G HA LAN S NTI)

RAMOTE

No hebraico significa **"alturas"**. A LXX exibe várias formas para esse nome. É nome de uma pessoa e de três cidades no AT **1**. Em Esdras 10.29, de acordo com Qere (vide), era um dos filhos de Bani, israelita, que divorciou-se de sua esposa gentílica, após o cativeiro. Na LXX, ele é chamado *Remoth*. Mas, de acordo com Ketib (vide), seu nome seria *Jeremote*. **2**. Uma cidade pertencente a Gade, em Gileade (Dt 4.43); na LXX, *Ramoth*, Js 20.8; 21.38; 1Cr 6.80 no hebraico, em 1Cr 6.65). Ver *Ramote de Gileade*. **3**. Uma cidade do Neguebe, para onde Davi enviou presentes, após o seu ataque devastador contra o acampamento dos amalequitas (1Sm 30.27; na LXX, *Ramá*). **4**. Uma cidade levítica pertencente aos descendentes de Gérson, no território de Issacar (1Cr 6.73; na LXX, *Ramoth*). Sem dúvida é a mesma Jarmute de Josué 21.29, porquanto ocupa a mesma posição na lista das cidades levíticas, havendo muitas outras discrepâncias entre as duas listas. Além disso, deve ser a mesma Remete (Js 19.21). Uma estela de Seti I (1309-1290 a.C.) declara que os *apiru* do monte Iarmute atacaram os asiáticos. O monte Iarmute, sem dúvida, deve ser associado à Jarmute-Remete-Ramote de Issacar, isto é, na região alta a noroeste de Bete-Sean. Assim sendo, a forma Iarmute é mais original do que a forma Ramote. Albright sugeriu como local o povoado de Kokab el-hawa, localizado a pouco mais de onze quilômetros ao norte de Bete-Seanon, um platô com 305 cm de altura, acima do nível do mar, e uma região de fontes (ver "The Topography of the Tribe of Issachar", ZAW, XLIV (1926), p. 231).

RAMOTE-GILEADE

Sob a administração de Salomão, Ramote-Gileade se tornou o centro do distrito a leste do rio Jordão, e daí para o norte, até o Iarmuque (1Rs 4.13). Essa era uma das cidades de refúgio (Dt 4.43; Js 20.8), concedida aos levitas meraritas de Gade (Js 21.38; 1Cr 6.80). Era uma cidade de fronteira, sendo um posto avançado militar importantíssimo, nas guerras entre Israel e Síria. Acabe foi morto em batalha em Ramote-Gileade (1Rs 22.3-40; 2Cr 18). Então Jeú foi ungido rei por um dos profetas mais jovens de Eliseu (2Rs 8.28-9.14).

A localização de Ramote-Gileade não é certa. O *Onomasticon* a situa perto do rio Jaboque, cerca de 24 km a oeste da Filadélfia (Amam). As listas dos centros administrativos de Salomão, e os relatos da guerra entre Israel e a Síria sugerem um local mais para o norte. Albright sugeriu a imponente localização de Husn Ajlum. Os estudos da superfície, feitos por Glueck, dão apoio a essa possibilidade. As escavações efetuadas ali em 1967, em Tell er-Ramith, descobriram evidências muito favoráveis para a sua identificação com Ramote-Gileade. Ramith fica a 24 km a leste de Irbide e a quase 5 km de Ramtha. A continuidade de nomes e a localização geográfica têm sido notados como fatores significativos. Os paralelos entre a história da ocupação, determinada pelas provas arquiteturais encontradas nas escavações, bem como artefatos e registros literários, dão apoio à identificação de Ramith como forte possibilidade da localização moderna da antiga Ramote-Gileade.

RAMSÉS

No egípcio, *R'MS-sw*, que significa **"Rá (deus sol) o criou"**. Foi nome de onze Faraós do Egito e epíteto de dois outros, a saber:

I. NA DÉCIMA NONA DINASTIA

1. Ramsés I. Fundador da décima nona dinastia do norte do Egito. Pertencia a uma família militar. Já idoso, quando subiu ao trono, reinou somente por dezesseis meses, mas se notabilizou como o pai do formidável Setos I.

2. Ramsés II. Reinou durante sessenta e seis anos (entre 1304-1238 a.C. Ou entre 1290-1224 a.C.). Filho de Setos I e da rainha Mut-tui, ambos de famílias militares. Tal como a rainha Hatsepsut e Amenofis III, ele se utilizava do mito de origem divina de Faraó para legitimar o seu reinado. Ramsés II lutou por muitos anos contra os hititas, na Síria. Em seu quarto ano de governo, provavelmente, livrou o reino de Amurru do domínio hitita. No quinto ano, marchou contra Cates do Orontes, diretamente para dentro de uma armadilha hitita, mas conseguiu desvencilhar-se por seu valor pessoal e pela chegada oportuna de ajudantes. A famosa batalha foi tratada como um feito épico, em cenas e textos nas paredes dos templos. Politicamente, porém, foi um retrocesso, embora contrabalançado por seu heroísmo pessoal e por suas campanhas subsequentes (anos oitavo, décimo etc., de seu reinado). Suas conquistas também envolveram Seir e Moabe. Devido a ameaças assírias, egípcios e hititas entraram em um acordo de paz, observado por ambos os lados com lealdade, alicerçado pelo casamento de Ramsés II, em seu trigésimo quarto ano de reinado, com uma filha do rei hitita, e ainda depois, com outra princesa hitita.

No que concerne ao número, as edificações de Ramsés II ultrapassam as de todos os demais Faraós. Basta-nos falar sobre sua ambiciosa capital do delta, Pi-Ramessés (vide), seu vasto salão com colunas de 24 m de altura, no templo de Karnak, em Tebas, e seu templo funerário com um colosso de mil toneladas, na margem oeste *tebana*, e os dois espetaculares templos de pedra em Abu Simbel, modernamente transportados inteiros, para não ficarem sob o nível das águas da represa do Nilo. Houve muita prosperidade durante o seu longo reinado, e a intensificação das atividades literárias no Egito. Talvez ele tenha sido o Faraó do êxodo (Ver *Êx*). Sua orgulhosa autoconfiança parece ser refletida no Faraó do Êxodo 5 — 12.

3. Ramsés-Sipta. Reinou por seis anos, no fim dessa dinastia. Mudou seu nome para Rerenepta-Sipta, e morreu jovem. Os verdadeiros mandantes, por detrás do trono, eram a rainha Tewosred e o chanceler Bay (de origem síria, dotado de poderes similares aos de José, filho de Jacó).

II. VIGÉSIMA DINASTIA

1. Ramsés III. Filho de Setnact, que fundou a dinastia. Reinou durante trinta e um anos. Lutou em três batalhas épicas que impediram a invasão do Egito. No seu quinto ano, derrotou os líbios, posto que de modo indeciso. No seu oitavo ano, lançou-se contra os povos do mar, incluindo os filisteus (primeira menção a eles na história), fazendo o exército inimigo recuar e destruindo a sua marinha. No seu décimo primeiro ano, derrotou os líbios mais decisivamente. Também lutou em Edom. Manteve a grandiosidade da dinastia a princípio, mas não pôde impedir a decadência administrativa, em seus últimos anos. O mais importante edifício de seu reinado foi o templo funerário em Tebas ocidental.

2. Ramsés IV. Reinou somente por seis anos, mas, de acordo com a famosa estela de Abydos, orou pedindo um reinado de sessenta e sete anos, como o de Ramsés II. Compilou uma lista dos benefícios realizados por seu pai, Ramás III, aos templos egípcios, para ajudá-lo em sua sucessão ao trono.

3. Ramsés V. Filho de Ramsés IV. Reinou apenas por quatro anos, tendo morrido de varíola quando ainda bem jovem. Seu reinado tomou-se famoso por causa do vasto papiro Wilbour, parte de uma pesquisa de terras do médio Egito, um documento de imenso valor para o estudo da administração e das instituições.

4. Ramsés VI. Reinou pelo menos durante sete anos. Deu continuidade e completou o túmulo de seu sobrinho, Ramsés V, no vale dos Reis, em Tebas, onde guardou importantes textos funerários.

5. Ramsés VII. Reinou por sete anos. Se antecedeu ou se sucedeu ao Faraó que alistamos em seguida, é algo incerto.

6. Ramsés VIII. Um governante efêmero, que dirigiu melhor o Egito em seu primeiro ano de governo.

7. Ramsés IX. Reinou por dezoito anos. O sumo sacerdócio de Amom, em Tebas, era exercido por membros de uma poderosa família. A administração se tornou tão lassa que os próprios túmulos dos Faraós estavam sendo roubados. Invejas entre os administradores do leste e do oeste de Tebas trouxeram à luz o escândalo. Isso provocou a intervenção de uma comissão, cujo relatório aparece em uma série notável de papiros que narram o roubo de túmulos.

8. Ramsés X. Quase nada se sabe sobre o seu reinado de nove anos.

9. Ramsés XI. O último dessa linhagem, reinou pelo menos durante vinte e sete anos. Houve invasores líbios e uma guerra civil que envolveu o vice-rei da Núbia, e talvez a morte ou o exílio de um sumo sacerdote de Amom, em Tebas. As falhas administrativas foram solucionadas com a nomeação de dois governantes subalternos ao Faraó, um para o Alto Egito e outro para o Baixo Egito. Houve então um verdadeiro "renascimento". Smendes, governante do Baixo Egito, sucedeu Ramsés XI como rei, tendo sido o fundador da vigésima primeira dinastia, pois, aparentemente, casou-se com uma princesa da família real de Ramsés.

III. VIGÉSIMA PRIMEIRA DINASTIA E DEPOIS. *Psusenes I* (cerca de 1040 a.C.). Adotou o nome duplo de Ramsés-Psusenes, a fim de frisar sua ligação (através de Smendes) com a família Ramsés, e, assim, seu legítimo direito de governar o Egito. Seus sucessores foram contemporâneos de Davi e Salomão (ver *Filha de Faraó*; *Egito*, *Terra do*). O título "Filho do Rei de Ramsés" tornou-se um elevado título honorífico durante essa e as duas dinastias egípcias seguintes.

RANCHO DE PROFETAS

O primeiro livro de Samuel 10.5 fala de um rancho de profetas que desciam do Outeiro de Deus, morada de Saul. Não se sabe com certeza se eram profetas que iam de cidade em cidade, ou se formavam uma comunidade estabelecida em Gibeá. A designação Outeiro de Deus derivara, provavelmente, não por ser habitação dos profetas, e sim por ser ali um lugar em que se adorava a Deus. Samuel habitava em Ramá, 1Samuel 7.17; 28.3, onde existia um rancho de profetas por ele dirigido, 19.18-20. Mais precisamente, Samuel estava em Naiote de Ramá, nome de uma habitação, ou de uma localidade situada naquela cidade, onde existia uma comunidade de profetas (veja *Casa dos Profetas*). A tradição judaica, segundo o Targum de Jônatas, diz que a palavra Naiote quer dizer casa de ensino, o que deu origem à frase "escola de profetas". Os profetas se agregavam, naturalmente, para empregar o tempo no estudo das coisas pertencentes a Deus. Não há motivos para se pensar que tenha sido uma escola onde entravam noviciados para o ofício de profeta. O que diz o texto, e o que dele se pode deduzir, é que em Ramá existia um grupo de homens dotados de espírito profético e de vigor, em cooperação com Deus, 1Samuel 10.10; 19.20-23, de que participavam os que estavam em contato com eles. Esse rancho de profetas ocupava a casa onde residia Samuel, ou residiam em torno dela. Sob a direção de Samuel, empregavam o tempo em louvor a Deus, em expandir as suas emoções religiosas, 1Samuel 10.5; 1Crônicas 25.1-3, e cumprindo outros deveres religiosos inerentes ao seu caráter oficial. Pode se observar a situação do seguinte modo: Siló, centro religioso de adoração do povo de Israel, havia sido abandonado por Deus. Os profetas agrupados em torno do grande representante de Deus e chefe espiritual naquele tempo procuravam cultivar sua vida espiritual, prestar culto a Deus em comum e louvá-lo, conforme o Espírito os ajudava, 1Samuel 19.20, unindo-se em oração a favor da pátria, 12.23; 15.11,35; 16.1. De um lado, procuravam fortalecer-se, cultivando a fraternidade, mantendo constante comunhão com Deus, cercados de um ambiente favorável para satisfazer às suas aspirações espirituais, como a se habilitarem a cumprir a missão inerente a seu cargo de falar em nome de Deus; e de outro, criar um centro de resistência contra a grande apostasia de Israel. Duzentos anos depois surgiram no Reino do Norte ranchos de profetas, ou comunidades deles, que logo desapareceram. É provável que fosse trabalho de Elias, baseado no modelo de Samuel, cujos membros eram conhecidos pela designação de filhos dos profetas. Isto quer dizer que pertenciam à ordem dos profetas, do mesmo modo que se apelidavam os que cultivavam a música, Neemias 3.8,31; 12.28. Os membros da comunidade chamavam-se profetas e filhos dos profetas, aos quais Deus revelava a sua palavra, 1Reis 20.35-38, 41; 2Reis 2.3,5; 9.1. As associações, por eles formadas, eram relativamente grandes, 2Reis 2.7,16; 4.42,43; ocupavam uma habitação comum, ou grupo de habitações, 4.38; 6.1-4, em vários lugares, como Gilgal, Betel e Jericó, 2.3,5; 4.38. Betel era um centro de culto idólatra, bem como Jericó. O estabelecimento de uma sociedade organizada, e composta de profetas nesses centros, parece indicar que o seu fundador tinha em vista oferecer resistência ao paganismo, para reformar o país. Elias, e depois dele, Eliseu, foram chefes dessas comunidades, visitavam-nas alternadamente, 2.1,2,4; 4.38, e por elas eram tidos como seus mestres a quem muito respeitavam, 6.5. Elias recebia deles especial afeto; desejavam sua presença, assentavam-se diante dele, contavam-lhe os seus planos, apresentavam-lhe as suas dificuldades, e recebiam instruções para o exercício de seu trabalho, 4.38,40; 6.1-7; 9.1. Mesmo que não tivessem revelações, aprendiam a respeito da vontade de Deus com o maior dos profetas, do mesmo modo que Miriã e Arão aprendiam dos lábios de Moisés, 2.16-18. Assentar-se diante de um profeta equivalia a estar na presença de Deus para saber sua vontade (Ez 8.1; 14.1-7; 20.1). As condições espirituais, até mesmo de profeta, dependiam muito do auxílio dos meios de graça e da meditação na lei de Deus. Não há provas que nos levem a crer que essas associações continuassem a existir depois de Elias, Eliseu, Isaías e Amós (Is 8.16; Am 7.14). A profetisa Hulda não fazia parte dessas associações; ela habitava em Jerusalém, no segundo quarteirão da cidade (2Rs 22.14).

RANGER

No hebraico, *charaq*, "ranger (os dentes)". Essa palavra é usada por cinco vezes no Antigo Testamento (Jó 16.9; Sl 34.16; 37.12; 112.10; Lm 2.16). No grego, temos três palavras: **1.** *Brúcho*, "rilhar (os dentes)", que ocorre apenas por uma vez, em Atos 7.54. **2.** *Trídzo*, "rilhar (os dentes)", palavra que aparece também somente por uma vez, em Marcos 9.18. **3.** *Brugmós*, "o rilhar (dos dentes)", forma nominal do primeiro verbo grego, que ocorre por sete vezes (Mt 8.12; 13.42,50; 22.13; 24.51; 25.30; Lc 13.28). No Antigo Testamento, o ato de rilhar os dentes aparece em conexão com a fúria ou com profunda tristeza. No Novo Testamento, o trecho de Atos 7.54 refere-se a como os inimigos de Estevão, cheios de ódio, rilhavam os dentes, e a fúria deles não demorou a levá-los ao homicídio. Marcos 9.18 é trecho que fala sobre como o epiléptico rangia os dentes. O termo grego *brugmós* é usado em conexão com o ranger dos dentes daqueles que serão lançados nas trevas exteriores (Mt 8.12), da angústia daqueles que serão lançados na fornalha de fogo do juízo final (Mt 13.42). A ideia do julgamento final, vinculado a esse ato de agonia, aparece em Mateus 24.51 e reaparece em Mateus 25.30, o que é reiterado em Lucas 13.28.

RÃO

Na LXX o nome aparece com as formas de *Arám* ou *Ram* ou *Arran*. O significado do nome *é alto*. Há três homens com esse nome, no AT: **1.** Um dos antepassados do rei Davi, mencionado somente nas genealogias (Rt 4.19; 1Cr 2.9). Também aparece como antepassado de Jesus, em Mateus 1.3,4 (no grego, *Arám*). Nos manuscritos gregos, o trecho de Lucas 3.33 apresenta problemas, pois ali aparecem as formas *Arni* ou *Arám*. Nossa versão portuguesa diz "Arni". **2.** Filho primogênito de Jerameel, de Judá (1Cr 2.25,27). Esse Rão, aparentemente, era sobrinho do primeiro Rão, item 1. de acordo com 1Crônicas 2.9. **3.** Cabeça da família de Eliú, que foi um dos "consoladores" molestos de Jó (Jó 32.2).

RAPOSA

No hebraico, *shual*, "raposa", "chacal". Esse termo aparece por sete vezes (Jz 15.4; Ne 4.3; Sl 63.10; Ct 2.15; Lm 5.18; Ez 13.4.) No grego, *alópeks*, vocábulo que ocorre por três vezes (Mt 8.20; Lc 9.58; 13.32). No caso do Antigo Testamento, pelo menos nos trechos de Juízes 15.4 e Salmo 63.10, o animal que está em vista é o chacal, porquanto também nesse caso há certa confusão entre as espécies animais, nas páginas da Bíblia, visto que os antigos não os classificavam cientificamente, mas, muitas vezes, apenas pela aparência geral. A raposa e o chacal assemelham-se quanto ao tamanho e à forma, pelo que eram facilmente confundidos entre si. Seja como for, há três espécies de raposas que vivem na área da Palestina e do Egito. Há duas variedades de raposa vermelha, uma delas de porte bem menor que a outra. E a raposa síria é idêntica à raposa europeia comum, chamada cientificamente de *Vulpes vulgaris*.

As raposas e os chacais fazem parte da família do cão. A raposa é um animal solitário, mas o chacal vive em pequenos bandos. Ambas as espécies comem frutas e vegetais, incluindo uvas (Ct 2.15). O relato de Juízes 15.4 que diz que Sansão apanhou trezentos animais, atou-os rabo com rabo com uma tocha entre eles e soltou-os nos campos plantados dos filisteus, provavelmente envolve chacais, e não raposas. Nos tempos da dominação romana, raposas com tochas atadas às caudas eram caçadas nos circos, durante as festas em honra a Ceres.

Os lobos atacam suas presas com certa valentia. As raposas, por serem muito menores, precisam depender de sua astúcia. Talvez por isso Jesus tenha dito a respeito de Herodes: *Ide dizer a essa raposa que ...* (Lc 13.32). As pequenas forças físicas da raposa transparecem no motejo de Sambalá, acerca das muralhas de Jerusalém, quando, nos dias de Neemias, os judeus estavam reerguendo os muros arruinados da capital da Judeia: *Ainda que edifiquem, vindo uma raposa derrubará o seu muro de pedra*, (Ne.4.3). Os falsos profetas de Israel são comparados por Ezequiel com as raposas: *Os teus profetas, ó Israel, são como raposas entre as ruínas* (Ez 13.4).

Usos figurados. 1. Os mestres e profetas falsos são comparados com raposas, por causa de sua astúcia e obstinação nos seus maus caminhos (Ez 13.4; Ct 2.5). **2**. Os tiranos e outros homens ímpios são assemelhados a raposas, por causa de seus desígnios maldosos, que executam astutamente contra seus semelhantes (Lc 13.32; onde Herodes é especificamente mencionado). **3**. Aqueles que se deixam levar por concupiscências pecaminosas parecem-se com as raposas, em seus caminhos astuciosos e ruinosos (Ct 2.15). **4**. Ser alguém "pasto dos chacais, é o mesmo que ter as próprias terras ou a própria habitação desolada, ao mesmo tempo em que o indivíduo que sofreu tal perda é deixado insepulto, ao morrer (Sl 63.10).

RAQUEL

I. O NOME. No hebraico, *rahel*, **"ovelha"**. Na Septuaginta, tradução do Antigo Testamento hebraico para o grego, terminada cerca de duzentos anos antes da era cristã, encontramos a forma *Rachel*, que é apenas uma transliteração do nome hebraico para o grego. Em uma cultura agropastoril, como era a de Harã, na região da moderna Síria, seria natural dar a uma filha o nome de um animal de criação, como é o caso da ovelha. Isso é confirmado pelo fato de que *Lia* (vide), irmã mais velha de Raquel, tinha um nome que, no hebraico, significa "vaca selvagem".

Raquel era a filha caçula de Labão, irmão de Rebeca, mãe de Jacó e Esaú. Por conseguinte, Raquel tal como Lia, era prima em primeiro grau de Jacó, por parte da mãe deste.

II. ORIGENS RACIAIS DE RAQUEL. Em Gênesis 10.22, aprendemos que os filhos de Sem, filho de Noé, foram cinco: Elão (os elamitas), Assur (os assírios), Arfaxade (os babilônios), Lude (os lídios) e Arã (os sírios). Como é natural, houve casamentos mistos entre os descendentes desses cinco filhos de Sem. Porém, na narrativa bíblica sobre Jacó e Raquel (e também Lia), precisamos considerar Arfaxade e Arã. A família de Abraão (o nono na linhagem direta de Sem; ver Gn 11.10-27) tinha um ramo arfaxadita (babilônico) e um ramo arameu (sírio).

Quando Terá, pai de Abraão, resolveu deixar Ur dos caldeus, seguindo na direção do Ocidente (ver Gn 11.31), um ramo da família se deixou ficar em *Harã* (o que é hoje a Síria), ou seja, Naor, Betuel e Labão (ver os artigos separados sobre esses três), ao passo que Abraão prosseguiu até entrar na terra de Canaã, destino final a que se propusera Terá, e para onde o Senhor Deus enviara especificamente Abraão. Os que ficaram em Harã foram chamados de o *ramo arameu* da família de Abraão. Raquel e Lia, sua irmã, pertenciam ambas ao ramo arameu da família.

Visto que os israelitas, com suas doze tribos, descendem de Jacó e de suas quatro mulheres, Lia, Raquel, Bila e Zilpa, e visto que as duas primeiras eram arameias, por isso mesmo, lemos em Deuteronômio 26.5: *Arameu, prestes a perecer, foi meu pai* (Jacó) *e desceu para o Egito, e ali viveu como estrangeiro com pouca gente; e ali veio a ser nação grande, forte e numerosa.* As palavras assim citadas faziam parte da confissão que os israelitas deveriam fazer, a mando do Senhor, quando tivessem entrado na Terra Prometida.

Após o incidente da perda da bênção da primogenitura, por parte de Esaú, irmão gêmeo de Jacó (ver Gn 27), com cuja bênção Jacó ficou, Isaque, pai de ambos, mandou Jacó tomar esposa dentre a sua parentela arameia. Esse relato aparece em Gênesis 28.1-5. Destacamos partes dessa passagem: ... *vai a Padã-Arã, à casa de Betuel, pai de tua mãe, e toma lá por esposa uma das filhas de Labão, irmão de tua mãe... Jacó, que se foi a Padã-Arã, à casa de Labão, filho de Betuel, o arameu...* (vs. 2 e 5).

Por conseguinte, nos primórdios do povo de Israel, três das matriarcas eram do ramo arameu da família, a saber: Rebeca, Lia e Raquel. Lia foi mãe de seis filhos (metade das tribos de Israel): Rúben, Simeão, Levi, Judá, Issacar e Zebulom. E Raquel foi mãe de dois filhos (uma sexta parte das tribos de Israel): José e Benjamim. Essas são as oito tribos de Israel com maior incidência de sangue arameu, embora as outras quatro tribos também tivessem sangue arameu, porquanto Rebeca, mãe de Jacó, era arameia. Mas não se sabe a etnia de Bila e Zilpa; porém, pode-se conjecturar que elas eram sírias; ver o artigo sobre Arã. Ver também sobre as Tribos de Israel.

III. ENCONTRO COM JACÓ. Primos que eram, Jacó e Raquel avistaram-se pela primeira vez à beira do poço que havia no campo, nas proximidades de onde ela residia. Raquel trazia suas ovelhas para beber, "porque era pastora, (Gn 29.9). Jacó, em demonstração de grande força física, "removeu a pedra da boca do poço", para que as ovelhas pudessem beber. *Feito isso, Jacó beijou Raquel e, erguendo a voz, chorou* (Gn 29.10,11).

Como deve ter sido agradável para Jacó encontrar-se com sua prima, longe de casa como ele estava, ainda sem saber onde ficaria! Felizmente, seu tio, Labão, irmão de sua mãe, Rebeca, o acolheu. Chegou mesmo a dizer-lhe: "De fato, és meu osso e minha carne" (Gn 29.14). Um mês depois, porém, era preciso arranjar a permanência de Jacó em bases mais dia-a-dia. E Labão perguntou a Jacó que salário ele aceitaria para ficar com ele. Jovem solteiro como era, Jacó estava de olho nas primas. A Bíblia nos dá uma breve descrição das duas: *Lia tinha os olhos baços* (no hebraico, "delicados"), *porém, Raquel era formosa de porte e de semblante* (Gn 29.17). Mas o coração de Jacó rendera-se à graça feminina de sua prima mais nova: *Jacó amava Raquel, e disse: Sete anos te servirei por tua filha mais moça, Raquel* (Gn 29.18). Não há que duvidar que Jacó amara Raquel desde que a viu pela primeira vez. Ele não tinha chegado a Padã-Arã a fim de arranjar esposa? Não lemos que ele também tenha beijado Lia, mas beijou Raquel e chorou! Quem pode penetrar naquela explosão de sentimentos e explicar por que Jacó chorou? O que sabemos é que os sete anos de serviço, propostos pelo próprio Jacó, ... *lhe pareceram como poucos dias, pelo muito que a* (Raquel) *amava* (Gn 29.20).

IV. ESPOSA FAVORITA DE JACÓ. Após sete anos de serviço prestado por Jacó, chegou o dia do seu casamento. Houve grande festividade, com muitos convivas e muita comida e bebida. Mas, à noite, em vez de Labão dar Raquel como esposa a Jacó, fez introduzir na tenda dele sua filha mais velha, Lia. Jacó só descobriu o logro na manhã seguinte (ver Gn 29.21-25). Agora, Jacó estava casado com Lia, porquanto o casamento se consumara nas trevas da noite. É evidente que Lia amava seu primo, pois, se tivesse aversão por ele, jamais teria consentido em coabitar com ele. Mas, isso não satisfazia Jacó. Por isso, uma semana mais tarde, Labão também deu Raquel a Jacó, como esposa, em troca de mais sete anos de serviço! E o favoritismo de Jacó por Raquel transparece de imediato. *E coabitaram. Mas Jacó amava mais Raquel do que Lia e continuou servindo a Labão por outros sete anos* (Gn 29.30). Assim, por amor a Raquel, Jacó acabou servindo por nada menos de catorze anos!

Todos esses costumes matrimoniais antigos têm sido amplamente confirmados pelas descobertas arqueológicas e históricas, incluindo o costume de nunca se dar em casamento uma filha menor, enquanto outra filha, maior, estivesse solteira, conforme Labão alegou que fizera no caso de Lia e Raquel. Além disso, alguns estudiosos pensam que, a essa altura dos acontecimentos, Labão não tinha filhos homens. O casamento de Jacó (um parente chegado) com Lia e com Raquel garantiria que a herança ficaria em família. Não sabemos se Labão agiu assim tão friamente, como se a única coisa que interessasse fossem as questões econômicas, mas os documentos de Nuzi, no norte da Mesopotâmia, mostram que tal costume era bem generalizado no antigo Oriente Médio. Esses documentos têm sido encontrados pelos arqueólogos, lançando muita luz sobre a vida na época dos patriarcas do povo de Israel!

O favoritismo de Jacó por Raquel não foi coisa passageira, e não se alterou mesmo depois que Lia começou a dar-lhe filhos, ao passo que Raquel se mostrava estéril. Os leitores de Gênesis 29 — 35 podem verificar facilmente esse favoritismo, que se manifestava das mais diversas maneiras, principalmente no leito! Um incidente tocante é o das mandrágoras achadas por Rúben no campo. Quando Raquel pediu essas mandrágoras (então consideradas um afrodisíaco), Lia respondeu à sua irmã mais nova: *Achas pouco me teres levado o marido, tomarás também as mandrágoras de meu filho?* Era a resposta de Raquel ainda é mais reveladora: *Ele te possuirá esta noite, a troco das mandrágoras de teu filho* (Gn 30.15). Pobre Lia! Para deitar-se com seu marido, era forçada a apelar para pequenos expedientes! Incidentalmente, isso demonstra um dos males da poligamia. Felizmente, o Senhor Deus não estava alheio à situação, pois lemos: *E Jacó, naquela noite, coabitou com ela* (Lia). *Ouviu Deus a Lia; ela concebeu e deu à luz o quinto filho, que foi Issacar* (Gn 20.16,17).

O favoritismo de Jacó por Raquel nunca se abateu. Mesmo depois da morte dela (ver ponto VII), ele se lembrava dela carinhosamente. Em diálogo que teve com José, muitos anos depois, disse Jacó: *Vindo, pois, eu de Padã, me morreu, com pesar meu, Raquel, na terra de Canaã, no caminho... sepultei-a ali no caminho de Efrata, que é Belém* (Gn 48.7).

V. FILHOS DE RAQUEL. Quando Lia já tivera quatro filhos, isto é, Rúben, Simeão, Levi e Judá (ver Gn 29.31-35), Raquel sentiu tremendos ciúmes de sua irmã. Portanto, a bigamia estava envenenando o coração de Raquel. Porém, ela apelou para um expediente comum na época. Entregou a Jacó sua serva (dada por seu pai, Labão), de nome Bila. A alegação de Raquel foi: ... *coabita com ela, para que dê à luz e eu traga filhos ao meu colo, por meio dela* (Gn 30.3). E foi assim que Jacó recebeu sua terceira mulher, com a qual teve dois filhos: Dã e Naftali (ver Gn 30.5-8). Estabelecera-se uma estranha competição entre as duas irmãs: Quem daria filhos a Jacó, e seria mais amada por ele?

A reação de Lia foi dar a Jacó a sua quarta mulher, Zilpa. Esta era a serva de Lia, que lhe fora dada por seu pai, Labão. E Jacó também teve dois filhos por meio de Zilpa: Gade e Aser. Mais tarde, Lia teve mais dois filhos, Issacar e Zebulom.

É claro que Lia estava levando a melhor. Ela dera a Jacó nada menos de seis filhos, biologicamente seus, enquanto que Zilpa, sua serva, dera a Jacó mais dois filhos. Se juntarmos a isso a única filha de Jacó, que era filha de Lia, Diná, então veremos que, entre os filhos indiretos e os filhos biológicos de Lia, havia nada menos de oito filhos homens e uma filha.

1. Filhos Indiretos de Raquel. Enquanto isso, Raquel só podia contar com os dois filhos que Bila, sua serva, dera à luz: Dã e Naftali. Mas, uma coisa é ter filhos através da concubina da esposa. (no hebraico, *issah*, "esposa", o que mostra a legalidade do casamento de Jacó e Bila) e outra coisa é ter seus próprios filhos. Na antiguidade, essa era uma questão crucial. Problema semelhante já tinham tido, no passado, Sara (ver Gn 16.1 ss) e Rebeca (ver Gn 25.19 ss.). Sara apelara para que Abraão tomasse por esposa Hagar, a serva egípcia de Sara, e assim nascera *Ismael* (vide). No caso de Rebeca, porém, Isaque orara ao Senhor, e Rebeca, após alguns anos de esterilidade, teve gêmeos: Esaú e Jacó. Mas, no caso presente de Raquel, até agora ela não fora mãe.

2. Filhos Biológicos de Raquel. Novamente houve a intervenção divina, embora muito discreta. A única notícia que a Bíblia nos dá a respeito encontra-se em Gênesis 30.22: *Lembrou-se Deus de Raquel, ouviu-a e a fez fecunda*. Assim, Raquel ficou grávida pela primeira vez, deu à luz José, e exclamou, aliviada, vitoriosa: *Deus me tirou o meu vexame*! (ver Gn 30.23). Isso mostra-nos que, até então, Raquel vivia um drama não se sentindo realizada como mãe. O nome José chegou a ser um vaticínio. No hebraico, esse nome significa "que ele (Deus) adicione". Na verdade, Deus atendeu a essa petição de Raquel, anos mais tarde, quando do nascimento de Benjamim, o segundo e último filho de Raquel. Porém, o parto lhe foi tão difícil que ela veio a morrer.

Portanto, os filhos biológicos de Raquel foram *José e Benjamim*. Ver os artigos sobre ambos; quanto aos seus descendentes, ver *As Tribos de Israel*. José e sua esposa egípcia, Asenate (ver Gn 41.45), tiveram dois filhos: Manassés e Efraim. Séculos mais tarde, a nação do norte, Israel, tinha na tribo de Efraim a tribo liderante. E quanto a Benjamim? Os descendentes de Benjamim sempre estiveram muito ligados à nação de Judá, descendentes do quarto filho de Lia, juntamente com Simeão e parte de Levi. Atualmente, os judeus classificam-se em descendentes de Benjamim e descendentes de Levi. Esses formam o núcleo do povo judeu, tanto no moderno estado de Israel quanto na dispersão, pelo mundo inteiro. Em torno desse núcleo, naturalmente, há descendentes das outras nove tribos, em menores proporções, diluídos e não mais distinguíveis daquelas três tribos básicas.

VI. Morte e Sepultamento de Raquel. Quando Raquel estava grávida pela segunda vez, e já fazia nada menos de 20 anos que Jacó estava longe de sua casa paterna, Jacó e seu clã tinham resolvido retornar à terra de Canaã. De fato, esse retorno chegou a ser determinado pelo Senhor, que dissera a Jacó: *Torna à terra de teus pais, e à tua parentela, e eu serei contigo* (Gn 31.3). As duas mulheres originais de Jacó, Lia e Raquel, concordaram plenamente com ele. E, aproveitando o fato de que Labão estava tosquiando suas ovelhas (Gn 31.19), eles fugiram. *Jacó levantou-se e ... passou o Eufrates e tomou o rumo da montanha de Gileade* (Gn 31.21). No entanto, Labão acabou alcançando Jacó e seu grupo, na montanha de Gileade. A conversa entre Jacó e Labão não foi amena. Houve recriminações de parte a parte, conforme pode verificar o leitor ao examinar o trecho de Gênesis 31.22 ss. Mas, finalmente, Labão e Jacó firmaram um pacto de não agressão mútua, e separaram-se. Jacó, tendo partido de Padã-Arã, ... *chegou... são e salvo à cidade de Siquém, que está na terra de Canaã* (Gn 33.18). Após o infeliz incidente entre Diná e o príncipe Siquém, filho do heveu Hamor (Gn 34), por ordem do Senhor, Jacó mudou-se para Betel (ver Gn 35.1 ss.). Foi em Betel que o Senhor mudou o nome de Jacó, dizendo: *Já não te chamarás Jacó, porém Israel será o teu nome* (Gn 35.10). E, então, lemos: *Partiram de Betel e, havendo ainda pequena distância para chegar a Efrata, deu à luz Raquel um filho, cujo nascimento lhe foi a ela penoso* (Gn 35.16). A parteira ainda a encorajou. De fato, o menino nasceu. Moribunda, Raquel chamou a criança de *Benoni* (no hebraico, "filho de minha tribulação"), mas, Jacó deu-lhe o nome de *Benjamim* (no hebraico, "filho de minha mão direita"). As Escrituras descrevem a morte de Raquel de modo *sui generis*, mas muito esclarecedor: *Ao sair-lhe a alma* (porque morreu)... (Gn 35.18). De fato, o homem é a sua porção imaterial, composta de espírito e alma. O corpo físico é apenas nosso veículo animal, para vivermos neste mundo material. E a morte física consiste na separação entre a parte material do homem e sua parte imaterial. O corpo é sepultado e volta ao pó. E a alma toma um novo ramo. A morte é a grande niveladora. Todas as distinções que os homens estabelecem uns diante dos outros são reduzidas a nada. Mais do que isso, a morte nivela o homem aos animais irracionais. O autor do livro de Eclesiastes observou isso, ao meditar: ... *O que sucede aos filhos dos homens, sucede aos animais... como morre um, assim morre o outro, todos têm o mesmo fôlego de vida, e nenhuma vantagem o homem sobre os animais... todos procedem do pó, e ao pó tornarão. Quem sabe que o fôlego de vida dos filhos dos homens se dirige para cima, e os dos animais para baixo, para a terra?* (Ec 3.19-21). Todavia, esse quadro mostra somente o quanto a morte é desnatural para seres eternos como são os homens. Tudo isso nos ensina que a vida terrena é apenas um fato da existência da alma humana. Mas, devido à misericórdia divina, a ressurreição virá consertar essa violência contra o ser humano, produzida pelo pecado. Na ressurreição, pois, Deus haverá de reunir novamente os elementos constitutivos do homem. Claro que haverá diferenças bem radicais, entre a ressurreição para a vida e a ressurreição da condenação, mas não é aqui que queremos falar sobre essas distinções. Aqui, preferimos falar sobre a tremenda dor da separação imposta pela morte física. No caso de Raquel, para que Benjamim tivesse vida, sua mãe teve de pagar com a morte! ... *E foi sepultada no caminho de Efrata, que é Belém. Sobre a Sepultura de Raquel levantou Jacó uma coluna que existe até o dia de hoje* (Gn 35.19,20). Terminada estava, a vida de Raquel neste mundo! Jacó só haveria de revê-la, muitos anos depois, mas só no estado espiritual, depois que fechou os olhos físicos pela última vez. Como o NT fala, a morte é o nosso maior inimigo. Por isso mesmo foi que comentou o apóstolo Paulo: *O último inimigo a ser destruído é a morte* (1Co 15.26). E isso ficou garantido pelo próprio Filho de Deus, que nos afiançou: ... *a vontade de quem me enviou é esta: Que nenhum eu perca de todos os que me deu; pelo contrário, eu o ressuscitarei no último dia* (Jo 6.39).

VII. O Caráter de Raquel. Raquel foi mulher com alguns graves defeitos. Ela, mostrou ser mulher descontente e impaciente, diante do fato de que não tinha filhos. Jacó, que tanto a amava, chegou mesmo a irritar-se com essa atitude dela (Ver Gn 30.1,2).

Em sua luta com sua própria irmã, Lia, além do condenável ciúme que teve dela, também mostrou ser egoísta em seu amor, pois, noite após noite, deitava-se com Jacó, enquanto Lia ficava sozinha em sua tenda. O ponto culminante dessa situação foi atingido no caso das mandrágoras (ver item IV, *Esposa Favorita de Jacó*, terceiro parágrafo).

Porém, a maior mácula no caráter de Raquel se deu no caso dos *terafins* que furtou da casa de seu pai. Essa narrativa, que deixa transparecer a astúcia de Raquel, um defeito que, sem dúvida, ela herdara da família, é contada em Gênesis 31.19;35. Mas, a característica pior de Raquel não era propriamente o seu espírito ardiloso e, sim, a sua tendência para a idolatria. Os *terafins* (em nossa versão portuguesa, "ídolos do lar") eram ridiculamente pequenos, porquanto ela os pôde esconder debaixo da sela de seu camelo. Isso significa que não havia, naqueles objetos, qualquer valor material.

Todavia, talvez ela não pensasse nos *terafins* como objetos de veneração, mas somente como garantias de que seus próprios filhos ficariam com a herança que lhe caberia da parte de Labão. Muitos estudiosos têm dito que quem ficasse com os "ídolos do lar" também ficava com a herança. Nesse caso, a ação de Raquel é um tanto suavizada, e não podemos acusá-la de idolatria. Seja como for, Jacó deixou entendido (sem saber quem furtara os ídolos de seu tio, Labão) que o culpado do furto era digno de morte. *Não viva aquele com quem achares os teus deuses...* (Gn 31.32). O resultado desse ato de furto, por parte de Raquel, não nos é revelado. Mas sabemos que, não muito depois, quando Jacó e seus familiares precisaram achegar-se mais perto do Senhor, foi necessário que ele dissesse aos seus familiares: *Lançai fora os deuses estranhos, que há no vosso meio, purificai-vos...* (Gn 35.2). E esses objetos acabaram enterrados *debaixo do carvalho que está junto a Siquém* (vs. 4). E ali ficaram, porquanto, ato contínuo, Jacó e sua gente partiram para Betel. Para que serviram, portanto, os *terafins* furtados por Raquel?

Se nós sabemos que somos meros pecadores, salvos pela pura graça de Deus, e que continuamos muito defeituosos até o último dia de nossa vida, certamente Jacó compreendeu a mesma coisa. Assim, apesar de reconhecer os defeitos óbvios de Raquel, nem por isto Jacó a amou menos. Bem pelo contrário, ao tomar conhecimento da aproximação de Esaú, seu irmão gêmeo, que vinha contra ele com quatrocentos homens, Jacó dispôs a sua gente em grupos, um após outro, com alguma distância entre cada grupo. Dessa forma, se Esaú atacasse um dos bandos, talvez os outros pudessem fugir. E lemos: *Pôs... Raquel e José por último*, (Gn 33.2). Isso não demonstrou um extremoso cuidado de Jacó por Raquel e o único rebento deles, José? Sim, Jacó amou Raquel até o fim!

VIII. SIMBOLISMO BÍBLICO. Em Jeremias 31.15,16, o profeta alude ao exílio das dez tribos de Israel, a nação do norte, pelos assírios. Isto ocorreu na época de Salmaneser, rei da Assíria. Ver também 2Reis 17.20. O profeta alude à comoção e tristeza que esse cativeiro provocou, referindo-se simbólica e poeticamente a Raquel, como a antepassada maternal das tribos de Efraim e Manassés, que, juntamente com outras tribos, foram levadas para aquele exílio forçado. Lemos naquela passagem de Jeremias: *Assim diz o Senhor: Ouviu-se um clamor em Ramá, pranto e grande lamento; era Raquel, chorando por seus filhos, e inconsolável por causa deles, porque já não existem. Assim diz o Senhor: Reprime a tua voz de choro, e as lágrimas de teus olhos; porque há recompensa para as tuas obras, diz o Senhor, pois os teus filhos voltarão da terra do inimigo.* Portanto, essa predição tanto fala no castigo de Israel quanto em sua futura restauração. Oh! A entranhável misericórdia de Deus! E é em termos de restauração que o Espírito de Deus continuou a falar, pela boca do profeta Jeremias, até o fim do trigésimo primeiro capítulo do seu livro, e que o leitor faria bem em examinar.

Quando chegamos ao Novo Testamento, porém, encontramos uma outra aplicação daquela mesma predição de Jeremias. Essa outra aplicação se encontra em Mateus 2.18, no caso da matança dos inocentes, por determinação do iníquo rei Herodes. Mateus informa-nos de que a matança dos meninos de Belém e de "todos os seus arredores", foi cumprimento do que fora dito "por intermédio do profeta Jeremias". Nesse caso, Raquel representou todas as mães judias que perderam seus filhinhos, a fim de que Jesus, ainda menino, pudesse escapar com vida da sanha assassina de um rei que não hesitou em matar meras crianças, porquanto temia que ele ou os seus descendentes fossem ameaçados no trono pelo Rei dos Judeus!

No livro de Rute (4.11), Lia e Raquel são reputadas como figuras ancestrais que "edificaram a casa de Israel". Isto disseram os anciãos de Israel, ao aceitarem a moabita Rute (vide), como parte integrante do povo antigo de Deus!

Raquel é mencionada por nada menos de 48 vezes nas páginas da Bíblia; por 44 vezes no livro de Gênesis. (E em Rt 4.11; 1Sm 10.2 (que apenas alude ao "sepulcro de Raquel"); Jr 31.15 e Mt 2.18).

RAQUEL, TÚMULO DE

De acordo com Gênesis 35.19,20, Jacó erigiu uma coluna sobre o *túmulo de Raquel*, um marco que ainda existia no tempo de Samuel (1Sm 10.2). Muitos estudiosos pensam que a Bíblia expõe duas tradições divergentes, no tocante ao local do sepulcro. Já se argumentou que nos trechos de Gênesis 35.16; 1Samuel 10.2 e Jeremias 31.15, Efrata ficaria na fronteira norte de Benjamim, cerca de dezesseis quilômetros ao norte de Jerusalém, mas que, de acordo com Gênesis 35.19 e 48.7, ficaria perto de Belém, presumivelmente, ao sul de Jerusalém. A verdade, porém, é que aqueles três versículos não contradizem a afirmação clara de Gênesis 35.19 e 48.7. O primeiro desses trechos diz, literalmente: *havia ainda um trecho de terreno até Efrata*, dando a entender um local ao sul de Jerusalém. 1Samuel 10.2 assevera que ficava localizado na fronteira de Benjamim. Isso pode referir-se à fronteira sul de Benjamim, imediatamente ao sul de Jerusalém (Js 15.8; 18.15-17), pois a cidade mencionada em 1Samuel 9, presumivelmente próxima da fronteira, não é identificada. Outrossim, a expressão "junto ao sepulcro de Raquel" (1Sm 10.2) não precisa ser pressionada, pois, de outra sorte, as palavras "em Zelza", seriam supérfluas (embora Zelza não possa ser identificada). Por outro lado, o local tradicional pode não ser autêntico, pois parece estar por demais ao sul da fronteira de Benjamim. Finalmente, a declaração em Jeremias 31.15 não fornece qualquer evidência de que o túmulo de Raquel ficava em Ramá, a oito quilômetros ao norte de Jerusalém. O profeta pode ter evocado, em sublime prosopopeia, Raquel a lamentar-se por seus filhos em Ramá, ou pode ter previsto que os cativos de Judá e Benjamim seriam levados a Ramá, após a queda de Jerusalém, antes de serem levados para o exílio (Jr 40.1), ou porque Ramá ficava em um lugar alto no território de Benjamim, de onde podia ser vista a desolação.

Josefo e os talmudistas concordam que o túmulo de Raquel ficava perto de Belém. Orígenes, Eusébio e Jerônimo também aceitavam o local. Posteriormente, os peregrinos descreveram o túmulo como uma pirâmide, formada por doze pedras. As cruzadas reconstruíram-no, erigindo um edifício quadrado, com 7 m de lado, formado por quatro colunas encimadas por arcos pontudos com 3,6 m de largura e 6,4 m de altura, tudo coroado por uma cúpula. Em 1788, os arcos foram preenchidos com paredes. Em 1841, Sir Moses Montefiore obteve para os judeus a chave de Qubbet Rahil, adicionando um vestíbulo quadrado com um *mihrab*, para os islamitas.

RAS SHAMRA

Nome de um cômoro na Síria, a antiga cidade de Ugarite, cerca de doze quilômetros ao norte de Laodiceia e Mare, na costa marítima da Síria. Ali, a partir de 1929, começaram a ser encontrados objetos arqueológicos de imenso valor para o estudo da religião fenícia e cananeia, inaugurando assim uma nova era no estudo do AT Ver *Ugarite*.

REAÍAS

Na LXX, *Raiá*. No hebraico significa **"Deus tem visto"**. Há três homens com esse nome, no AT: **1**. Um descendente de Judá. Seu pai era Sobal, e seu filho era Jaate (1Cr 4.2). Talvez ele também seja referido em 1Crônicas 2.52, onde aparece como pai de Haroé. **2**. Um descendente de Rúben; seu pai era Mica e seu filho era Baal (1Cr 5.5). **3**. Cabeça de uma família de servos do templo que retornou com Zorobabel do exílio babilônico (Ed

2.47 e Ne 7.50; cf. 1Ed 5.31, onde uma genealogia similar diz Jairo, na posição ocupada por Reaías, em Ed 2.47 e Ne 7.50).

REALIZAR, REALIZAÇÃO

1. Termos Empregados. Há três palavras hebraicas principais e seis palavras gregas envolvidas, a saber: *a. Male*, "preencher", "cumprir". Termo hebraico usado por cerca de 210 vezes (conforme se vê, para exemplificar, em Gn 29.27,28; Êx, 23.26; 1Rs 2.27; 8.15,24; 2Cr 6.4,15; 36.21; Jó 36.17; Sl 20.5; Jr 44.25). Essa palavra vem de uma raiz que significa "encher", com a ideia de realizar, cumprir, confirmar, expirar, chegar ao fim, satisfazer etc. As ideias que nos interessam, neste verbete, são aquelas em que as promessas ou a palavra de Deus são cumpridas, como no caso de predições e promessas. *b. Kalah*, "completar", "terminar". Palavra hebraica que aparece por quinze vezes (como, por exemplo, em Êx 5.13,14; Ed 1.1; Nm 7.1; Jr 4.27; 5.10,18; 46.28; Ez 11.13). Esse termo, que vem da raiz que significa "terminar", é usado a fim de indicar ideias como cessar, realizar, cumprir, destruir, desgastar, consumir etc. *c. Asah*, "fazer". Vocábulo hebraico usado por cerca de 2.600 vezes e, portanto, extremamente comum. Nas traduções, aparece com os mais variados sentidos, como realizar, produzir, causar, cometer, fazer, efetuar, executar, exercer, modelar, adaptar, obter, guardar, manter, ordenar, preparar, prover etc. Com o sentido específico de realizar (ver, por exemplo, 2Sm 14.22; 1Cr 22.13; Sl 145.19; 148.8). *d. Teléo*, "terminar". Palavra grega usada por 28 vezes (Mt 7.28; 10.23; 11.1; 13.53; 17.24; 19.1; 26.1; Lc 2.39; 12.50; 18.32; 22.37; Jo 19.28,30; At 13.29; Rm 2.27; 13.6; 2Co 12.9; Gl 5.16; 2Tm 4.7; Tg 2.8; Ap 10.7; 11.7; 15.1,8; 17.17; 20.3,5,7). *e. Teleióo*, "cumprir", "realizar", "aperfeiçoar". Palavra grega que ocorre por 23 vezes (Lc 2.43; 13.32; Jo 4.34; 5.36; 17.4,23; 19,28; At 20.24; Fp 3.12; Hb 2.10; 5.9; 7.19,28; 9.9; 10.1,14; 11.40; 12.23; Tg 2.22; 1Jo 2.5; 4.12,17,18). *f. Suntéleo*, "cumprir juntamente com". Palavra grega usada por sete vezes (Mc 13.4; Lc 4.2,13; Jo 2.3; At 21.27; Rm 9.28 (citando Is 10.23); Hb 8.8 (citando Jr 31.31). O substantivo, *suntéleia*, "cumprimento", "realização", aparece por seis vezes (Mt 13.39,40,49; 24.3; 28.20; Hb 9.26). *g. Pleróo*, "preencher", "cumprir". Vocábulo grego que aparece por oitenta e sete vezes, desde Mateus 1.22 até Apocalipse 6.11. *h. Anapleróo*, "cumprir", "suprir", "preencher totalmente". Palavra grega usada por seis vezes (Mt 23.14; 1Co 14.16; 16.17; Gl 6.2; Fp 2.30; 1Ts 2.16). *i. Ekpleróo*, "cumprir totalmente". Palavra grega usada somente por uma vez, em Atos 13.32, onde está em pauta o cumprimento das promessas messiânicas na pessoa de Jesus. A leitura de todas essas referências mostra-nos que a Bíblia usa as ideias de realizar, aperfeiçoar, levar a bom termo etc. No segundo ponto abaixo, alistamos *tipos de realização*.

2. Tipos de Realização *a. As predições dos profetas foram cumpridas* (1Rs 14.12. Ver Mt 26.34,75). As profecias messiânicas tiveram cumprimento (Gn 3.15). O fato de que ele seria descendente da mulher cumpriu-se, segundo Lucas 2.7. Ele seria descendente de Abraão (Gn 12.3; Mt 1.1); procederia da tribo de Judá (Gn 49.10; Mt 1.2,3); nasceria em Belém (Mq 5.2; Mt 2.1); seria sumo sacerdote de acordo com a ordem de Melquisedeque (Sl 110.4; Hb 5.6) etc. No NTI, ofereço longa lista de tais predições, nos comentários sobre Atos 3.22. Quanto a uma afirmação geral do Novo Testamento, referente a essa atividade, ver Lucas 24.44. *b. Cumprimentos de conceitos das Escrituras*. A epístola aos Hebreus destaca o cumprimento dos tipos e instituições veterotesta-mentárias na pessoa de Cristo. Ver as várias referências no primeiro ponto, acima. *c. Um elemento na prédica da igreja primitiva*. A *kérugma* (pregação) cristã partia do pressuposto de que o que sucedeu a Cristo e no seio da igreja primitiva era cumprimento de antigas expectativas proféticas. O trecho de Romanos 1.1,2 demonstra isto. O evangelho de Deus foi prometido de antemão pelos profetas, nas Santas Escrituras. O trecho de Habacuque 2.4 contém um dos principais temas desenvolvidos na epístola aos Romanos: "O justo viverá pela fé". A epístola aos Romanos, em todos os seus capítulos, demonstra depender pesadamente dos conceitos do Antigo Testamento, que são apresentados, sob uma nova luz, nas páginas do Novo Testamento. *d. A tradição profética* antecipava Cristo e as suas realizações conforme se vê no primeiro ponto, acima; mas também esboçava o futuro em termos gerais. O vigésimo quarto capítulo de Mateus, o chamado "pequeno Apocalipse", apresenta as profecias gerais escatológicas, feitas por Jesus. O livro de Apocalipse é o grande livro profético do Novo Testamento, antecipando os últimos dias com detalhes como não aparecem em nenhum outro livro da Bíblia. Quanto a pormenores a esse respeito, ver o artigo sobre *Profecia: A Tradição da, e a Nossa Época*.

3. A Realização e as Promessas. As promessas de Deus ao povo de Israel cumprem-se, literalmente, na nação de Israel, mas, espiritualmente falando, no novo Israel, a igreja (Rm 9.4; 15.8; 2Co 1.20; Hb 6.12; 7.6). O trecho de Hebreus 8.6 enfatiza as melhores promessas do evangelho, que têm cumprimento nas vidas dos crentes. A passagem de 2Pedro 1.4 mostra-nos que, em Cristo, temos recebido grandes e preciosas promessas, por meio das quais chegamos a compartilhar da própria natureza divina, que é a maior de todas as realizações, em sentido espiritual ou em qualquer outro sentido. As promessas de Deus não podem deixar de cumprir-se. Ver João 10.35. Ver o artigo separado sobre *Promessa e Cumprimento*, e também sobre *Promessas*. Ver, igualmente, sobre a *Salvação*, que é a grande realização do evangelho sobre a alma humana. Ver também sobre a *Imortalidade*. Lemos em 2Coríntios 1.20: "Porque quantas são as promessas de Deus tantas têm nele o sim; porquanto também por ele é o amém para glória de Deus, por nosso intermédio".

REBA

No hebraico, **"descendência"** ou **"rebento"** (Js 13.21 e Nm 31.8). Foi um dos reis midianitas, morto pelos israelitas em batalha nas planícies de Moabe. De acordo com Números 31, Moisés recebeu ordens para se vingar dos midianitas, porque estes haviam tentado aos israelitas com seus deuses falsos. No décimo terceiro capítulo de Josué, Reba é mencionado como um dos reis de Midiã, que provavelmente eram vassalos de Seom, rei dos amorreus. Aparentemente, Seom apossara-se da área de Moabe, sujeitando as tribos midianitas que residiam em Moabe.

REBANHO

Há seis palavras hebraicas e duas palavras gregas envolvidas neste verbete, a saber: **1**. *Eder*, "rebanho". Termo hebraico que é usado por 38 vezes (segundo se vê, por exemplo, em Gn 29.2,3,8; 30.4; Jz 5.16; 1Sm 17.34; 2Cr 32.28; Jó 24.2; Sl 78.52; Ct 1.7; 4.1,2; Is 17.2; 32.14; Jr 6.3; 13.17,20; 31.10,24; 51.23; Ez 34.12; Jl 1.8; Mq 2.12; 4.8; 5.8; Sf 2.14; Zc 10.3; Ml 1.14). **2**. *Tson*, "ovelha", "rebanho". Essa palavra ocorre por mais de 260 vezes, principalmente com o sentido de "ovelha". Mas, com o sentido de "rebanho" aparece por 137 vezes (conforme se vê, para exemplificar, em Gn 4.4; Êx 2.16,17; Lv 1.2,10; Nm 11.22; Dt 8.13; 1Sm 3.20; 2Sm 12.2,4; 1Cr 4.39,41; 2Cr 17.11; Ed 10.19; Ne 10.36; Jó 21.11; Sl 65.13; Ct 1.8; Is 60.7; Jr 3.24; Ez 24.5; Am 6.4; Jn 3.7; Mq 7.14; Hc 3.17; Sf 2.6; Zc 9.16; 10.2; 11.4,7,11,17). **3**. *Miqneh*, "gado", "aquisição". Palavra hebraica que ocorre por 75 vezes (conforme se vê, por exemplo, em Gn 4.20; Êx 9.3; Nm 20.19; Dt 3.19; Js 1.14; Jz 6.5; 1Sm 23.5; 2Rs 3.17; 1Cr 5.9,21; 2Cr 14.15; Is 30.23). **4**. *Marith*, "gado no pasto". Palavra hebraica que aparece por apenas uma vez com esse sentido, em Jeremias 10.21, embora apareça outras dez vezes com o sentido de "pasto". **5**. *Chasíph,* "rebanho ao relento". Palavra hebraica utilizada por apenas uma vez: 1Reis 20.27. **6**. *Ashtaroth,* "multiplicações". Palavra hebraica empregada por quatro vezes, com o sentido de "rebanhos": (Dt 7.13; 28.4, 18,51). **7**. *Poímne,* "rebanho". Palavra grega usada por cinco vezes (Mt 26.31 (citando Zc 13.7); Lc 2.8; Jo 10.16; 1Co 9.7). **8**. *Poimníon,* "pequeno rebanho". Termo grego usado também por cinco vezes (Lc 12.32; At 20.28,29; 1Pe 5.2,3).

Esse vocábulo português, quando usado na Bíblia, indica um grupo de ovelhas, ou de cabras, ou de ambas essas espécies (Gn 4.4; 29.2; Ct 4.1; Jl 1.18). Em Números 32.36, porém, está em pauta o gado vacum. Ver os artigos separados sobre *Ovelhas,* Cabras e *Gado.*

Usos figurados. **1**. Exércitos, nações e grandes grupos de pessoas são assim denominados (Jr 49.20; 51.23). Isso acontece porque tais grupos estão unificados em torno de alguma causa comum, ou porque representam alguma herança cultural comum. **2**. Os "donos dos rebanhos" (Jr 25.34,35) são os líderes e governantes do povo, homens poderosos e ricos. **3**. Israel aparece como o rebanho do Senhor (Jr 13.17,20), alvo de seu amor e de seus cuidados. Eles formam um rebanho santo (Ez 37.38), em distinção às multidões dos povos pagãos. **4**. O trecho de Zacarias 11.4 fala nas ovelhas destinadas para a "matança", que são aquele grupo de pessoas que Deus determinou destruir mediante o seu juízo, dentre o povo de Israel. Nações pagãs serão usadas para produzir essa matança. **5**. A *igreja* é o rebanho do Senhor Jesus e ele é o seu Pastor (Is 40.11; At 20.28; Jo 10). Nessa conexão, examinar também Lucas 12.32 e 1Pedro 5.2,3.

REBECA

No hebraico, provavelmente, **"laço"**; no árabe, significa **"amarrar"**. Consideremos estes pontos a seu respeito: **1**. **Família**. Era filha de Betuel, que era sobrinha de Abraão (Gn 22.20 ss.). Vivia no território dos arameus, perto do rio Eufrates. Tornou-se esposa de Isaque e mãe de Esaú e Jacó. **2**. **Casamento**. O encontro com o servo de Abraão (Gn 24), Eleazar, é relembrado como um exemplo clássico da providência divina e de resposta à oração. O pai e o irmão de Rebeca reconheceram que a mão do Senhor estava dirigindo tudo e consentiram no casamento dela com Isaque. Tomando Rebeca para sua tenda, Isaque a amou. E *assim foi Isaque consolado depois da morte de sua mãe* (Gn 24.67). **3**. **Maternidade**. Durante 20 anos, Rebeca não teve filhos. Mas, em resposta às orações de Isaque, Deus lhe deu gêmeos (Gn 25.20-26). E o Senhor lhe revelou que escolhera o mais novo para abençoar. Malaquias cita as experiências de Israel como provas disso (Ml 1.2 ss.). Paulo mostra que, nos gêmeos, Deus estava estabelecendo o princípio da graça da eleição (Rm 9.10-13).

O livro de Gênesis mostra como Jacó, o irmão gêmeo mais novo, suplantou seu irmão, Esaú, arrebatando-lhe o direito de primogenitura e a bênção paterna. Esaú prometeu matar seu irmão. Mas Rebeca encontrou meio de fazê-lo escapar da ira de Esaú, enviando-o para a casa de seu pai, em Harã, sob a alegação de que ali ele deveria arranjar noiva, e não entre as mulheres de Canaã. Portanto, Rebeca foi instrumental na preservação de Jacó, cumprindo assim a vontade divina. Segundo Gênesis 49.31, Rebeca foi sepultada no túmulo da família, em Macpela, perto de Hebrom.

REBELIÃO

Rebelião na Sociedade. Apesar de o décimo terceiro capítulo da epístola aos Romanos ensinar a lealdade geral aos governos humanos (ver sobre *Governo*), sempre haverá casos claros nos quais a rebelião se tornará necessária, por amor à justiça. Geralmente os indivíduos malignos é que preferem a vereda da rebeldia (ver Pv 17.11); mas há vezes quando a rebelião pode estar servindo à reta justiça. A maioria das revoluções alicerça-se sobre atos rebeldes e nem todas as revoluções são erradas. Por outra parte, existem movimentos políticos maléficos que excitam os povos à rebeldia, e, quando obtêm sucesso, oprimem esses mesmos povos a ditaduras piores do que aquelas que conseguiram expelir. Assim sendo, a questão é bastante complexa, não podendo ser avaliada de forma simplista.

A Rebelião e o Crente. Um seguidor de Cristo, que se veja forçado a optar pela rebelião ou por alguma forma secundária de oposição àquilo que ele considera opressivo, tanto na esfera governamental quanto em alguma esfera menor (mesmo nas relações eclesiásticas), só deve tomar tal decisão após haver sopesado cuidadosamente as questões morais envolvidas. Talvez seja correto dizer que, para o crente, a rebeldia deve ser um último recurso, depois que se exaurirem todos os outros meios em busca de uma solução pacífica para a injustiça e a opressão.

REBELIÃO CONTRA DEUS
- Proibida (Nm 14.9; Js 22.19).
- Provoca a Deus (Nm 16.30; Ne 9.26).
- Provoca a Cristo (Êx 23.20,21 com 1Co 10.9).
- Vexa ao Espírito Santo (Is 63.10).

Exibida:
- Na Incredulidade (Dt 9.23; Sl 106.24,25).
- Na rejeição do governo divino (1Sm 8.7; 15.23).
- No desprezo à sua lei (Ne 9.26).
- No desprezo aos seus conselhos (Sl 107.11).
- Na desconfiança quanto ao seu poder (Ez 17.15).
- Na murmuração contra Deus (Nm 20.3,10).
- Na recusa de dar-lhe ouvidos (Dt 9.23; Ez 20.8; Zc 7.11).
- No afastar-se de Deus (Is 59.13).
- Na rebeldia contra os líderes nomeados por Deus (Js 1.18).
- No afastar-se dos preceitos divinos (Dn 9.5).

A culpa devido à rebeldia:
- É agravada pelos cuidados paternais de Deus (Is 1.2).
- É agravada pelos incessantes convites de Deus, para que o rebelde retorne a ele (Is 65.2).
- Deve ser lamentada (Js 22.29).
- Deve ser confessada (Lm 1.18,20; Dn 9.5).
- Só Deus pode perdoá-la (Ne 9.17).
- A instrução religiosa visa a impedi-la (Sl 78.5,8).
- Promessas feitas aos que a evitam (Dt 28.1-13; 1Sm 12.14).
- É perdoada em face do arrependimento (Ne 9.26,27).

Os Ministros:
- São advertidos contra ela (Ez 2.8).
- São enviados aos rebeldes (Ez 2.34; 3.4-9; Mc 12.4-8).
- Devem advertir contra a mesma (Nm 14.9).
- Devem testificar contra a mesma (Is 30.8,9; Ez 17.12; 44.6).
- Devem relembrar o passado a seus liderados (Dt 9.7; 31.27).

RECA

Um lugar desconhecido no território de Judá (1Cr 4.12).

RECABE, RECABITAS

No hebraico, o nome significa **"carreteiro"**, pois deriva-se de uma raiz que significa "montar", "dirigir". Consideremos estes pontos: **1**. Um filho de Rimom, um benjamita de Beerote. Com seu irmão, Baaná, os dois guerrilheiros assassinaram traiçoeiramente Isbosete, seu rei, mas foram devidamente castigados por Davi (2Sm 4.2,5,6,9). **2**. A casa de Recabe, ou seja, os recabitas, famosos por sua regra de total abstenção de vinho, também não edificavam casas, não semeavam e não plantavam vinhas, mas viviam em tendas (Jr 35.6-8).

1. Relação com os queneus. De acordo com 1Crônicas 2.55, certos queneus "vieram de Hamate, pai da casa de Recabe". Para interpretarmos corretamente o texto, precisaremos compreender "Hamate" e "pai". Antes de tudo, Hamate pode ser o nome de um lugar, bem como um locativo: *a*. nessa lista de Judá (1Cr 2 — 4), os nomes dos chefes de clãs são mencionados de tal modo que também se tornam nomes locativos; contudo, o fraseado desse trecho é estranho. **b**. A preposição "de", antes de Hamate, parece dar a entender que os queneus em foco vieram de um lugar, Hamate (cf. a LXX alexandrina *eks Aimàth*). **c**. De acordo com Juízes 4.11,17, o grupo de Heber, o queneu, separou-se dos queneus que descendiam de Hobabe, armando tenda em Cades de Naftali, na mesma região geral de Hamate (cf. Js 19.35-37). Em segundo lugar, o termo "pai" pode dar a entender que os recabitas eram aparentados aos queneus, ou que Hamate havia sido o fundador dos recabitas como uma guilda profissional. Em qualquer dos casos, o texto se reveste de interesse porque alguns dos queneus ganhavam a vida como trabalhadores de metais que provavelmente era a profissão dos recabitas. Ver *Queneus*.

2. Posição social e religiosa de Jonadabe, fundador da disciplina dos recabitas (2Rs 10.15,23; Jr 35.6,14). Os eruditos diferem em sua opinião sobre a posição social deles, pensando alguns que eles seriam homens simples do deserto, e outros que seriam nômades criadores de rebanhos. Mas se tem pensado até que eles eram uma guilda socialmente importante. Além disso, a designação "filho de Recabe" (2Rs 10.15) talvez não indique uma verdadeira relação de pai-filho, mas apenas um membro de uma guilda associada à profissão dos carreteiros. Essa designação também poderia indicar que Jonadabe era nativo de um lugar chamado Recabe, talvez porque ali houvesse muitos carreteiros. Talvez por isso Jeú levou Jonadabe em seu carro, na viagem a Samaria. Finalmente, o diálogo entre Jeú e Jonadabe serve para confirmar uma aliança militar (cf. 2Rs 10.16 com 1Reis 22.4; 2Rs 3.7). Uma coisa é clara. Por causa do lugar proeminente que o novo governante lhe deu (2Rs 10.16,23), sua influência não era de pequena monta. Quanto à sua posição *religiosa*, ele era um defensor radical do nome de *Yahweh*, sob a ameaça de um crescente *baalismo*, durante o reinado da casa de Onri. A declaração de que Jonadabe "lhe vinha ao encontro" (de Jeú), mostra que Jonadabe tomou a iniciativa (ver 2Rs 10.15).

3. Regras de Jonadabe. Alguns estudiosos pensam que as regras dele visavam à preservação da simplicidade primitiva, ou seja, a manutenção do nomadismo, pois a vida civilizada, inevitavelmente, leva à apostasia, para longe de *Yahweh*. Essa maneira de entender repousa sobre três pressupostos: a abstenção de bebidas alcoólicas é própria da sociedade nômade; viver em tendas indica nomadismo; desdenhar a agricultura é sinal seguro de nomadismo. Contudo, outros estudiosos não aceitam essa interpretação, tendo exposto opiniões alternativas.

4. Aprovação de *Yahweh* **aos recabitas**. O Senhor não recomendou tanto as regras deles, mas a obediência deles às suas regras, contrastando-os com os demais membros da nação de Israel, que não obedeciam ao Senhor.

5. Sobrevivência dos recabitas. O Senhor prometeu que, devido à obediência dos recabitas, nunca lhes faltariam representantes nas gerações sucessivas (Jr 35.19). O cumprimento dessa promessa se verifica das seguintes maneiras: **a**. O título do Salmo 71, na LXX: "dos filhos de Jonadabe e dos primeiros cativos"; **b**. uma referência a Malquias, que reparou a "Porta do Monturo", quando da restauração de Jerusalém sob Neemias (Ne 3.14); **c**. uma tradição judaica no sentido de que as filhas deles se casaram com sacerdotes; **d**. uma duvidosa afirmativa de Hegesipo de que um sacerdote recabita protestou contra o martírio de Tiago (Eusébio, *Hist.* 11,23); **e**. uma declaração no Talmude de que os recabitas tinham um dia especial, o sétimo do mês de *Abe*; 6. Até hoje existiriam professos descendentes da seita, no Iraque e no Iêmen.

RECÂMARAS DO SOL

Essa expressão encontra-se somente em Jó 9.9, juntamente com a menção às constelações da Ursa, do Órion e das Sete-estrelas ou Plêiades. Segundo a astronomia da Babilônia, não haveria polo sul correspondente ao polo norte, mas antes, uma região denominada *Ea*. Aparentemente, Jó estava aplicando essa expressão a essa região. A identificação dos eruditos difere: **a**. Uns pensam tratar-se da constelação de Argo, de Centauro ou do Cruzeiro do Sul. **b**. Outros pensam que a expressão é indefinida, não podendo ser aplicada, com certeza, a qualquer estrela ou constelação. **c**. Ainda outros pensam que essa expressão refere-se a um espaço destituído de corpos celestes (o que justificaria a palavra "recâmaras") existente entre certas estrelas e constelações. Nesse caso, alguns destes últimos identificam tais recâmaras com aquela de onde é dito que *sai o pé-de-vento*, em Jó 37.9. Ultimamente, muitos estudiosos têm dado preferência a esta última interpretação. (Z)

RECIPIENTES

No hebraico, *machtah*, **"incensário"**, **"recipiente"**. Essa palavra hebraica ocorre por 22 vezes. Por quinze vezes é traduzida como "incensário", por três vezes é traduzida como "apagadores". E, por quatro vezes, tem o sentido de "recipientes" (em geral: Êx 27.3; 38.3; 2Rs 25.15 e Jr 52.19).

Nessas últimas passagens está em foco algum tipo de recipiente para transportar brasas apagadas ou acesas. Dentro do sistema de sacrifícios de Israel, esse utensílio tinha três funções diferentes. É de acordo com essas funções que, nas traduções, o mesmo utensílio aparece como "incensário", "apagador" ou "recipiente". (Ver sobre "incensário", em Lv 10.1; 16.12; Nm 4.14; 16.6,17,18, 37-39,46; 1Rs 7.50; 2Cr 4.22. Quanto a *apagador*, ver Êx 25.38; 37.23; Nm 4.9).

REDE

1. Palavras Envolvidas. Há cinco palavras hebraicas (algumas com formas variantes) e três palavras gregas, que precisamos considerar neste verbete, a saber: **a**. *Cherem*, "rede", "armadilha", "dano". Esse vocábulo hebraico ocorre por nove vezes (Ec 7.26; Ez 26.5,14; 32.3; 47.10; Mq 7.2; Hc 1.15-17). **b**. *Resheth*, "rede". Palavra hebraica que aparece por vinte vezes (Êx 27.4,5; Jó 18.8; Sl 9.15; 18.9; 25.15; 31.4; 35.7,8; 57.6; 140.5; Pv 1.17; 29.5; Lm 1.13; Ez 12.13; 17.20; 19.8; 32.3; Os 5.1; 7.12). **c**. *Makmor, mikmar, mikmoreth*, "arrastão". Em suas diversas formas, essa palavra ocorre por apenas uma vez cada. A última forma está no plural. Salmo 141.10; Isaías 19.8; 51.20. **d**. *Matsod, matsud, metsodah, metsudah*, "rede". Por igual modo, cada uma destas variantes ocorre apenas por uma vez. (Jó 19.6; Pv 12.12; Sl 66.11; Ec 9.12). **e**. *Sabak*, "rede". Essa palavra é um *hápax legómenon*, igualmente, ou seja, um termo que só ocorre por uma vez em todo o Antigo Testamento: 1Reis 7.17. **f**. *Díktuom*, "rede de pesca". Esse vocábulo grego aparece por doze vezes no Novo Testamento (Mt 4.20,21; Mc 1.18,19; Lc 5.2,4-6; Jo 21.6,8,11). **g**. *Sagéne*, "arrastão", um *hápax legómemon* no grego: (Mt 13.47). **h**. *Amphíblestron*, "algo lançado de ambos os lados", "tarrafa". Esse termo grego ocorre por duas vezes (Mt 4.18 e Mc 1.16).

A palavra grega *sagéne* vem do verbo *satto*, "carregar", "equipar". Embora também possa indicar uma "albarda", no Novo Testamento é usada para indicar uma grande rede de arrastão, munida de cordas. Seu uso, em Mt 13.47, é simbólico, indicando como o reino de Deus apanha toda variedade de almas humanas, que depois precisam ser selecionadas em boas e más.

2. Tipos de Rede. **a**. **Rede de Pesca**. Não dispomos de informações diretas sobre os tipos de redes de pesca utilizados pelos hebreus, mas pode-se supor que usavam algum tipo egípcio. Havia o arrastão, dotado de boias na parte superior, que a estendia do sentido vertical, enquanto sua parte inferior raspava o fundo da água. Podia ser lançado da praia ou arriado de um barco. (Ver Is 19.9; Jo 21.6,8). Em seguida, essa rede era puxada para a praia ou para dentro do barco. Uma rede menor era usada para pescar em águas rasas. Dispunha de duas varas em cada extremidade. Era manipulada por dois homens, um em cada extremidade. Esse tipo de rede era usado para apanhar peixes que tivessem sido fisgados com anzol ou traspassados com uma flecha, como também peixes que ainda não tivessem sido apanhados. ***b*. Redes Passarinheiras**. Os egípcios usavam armadilhas feitas com redes, a fim de apanhar aves. A parte superior podia cair subitamente sobre a parte inferior, prendendo a ave. E esta era atraída por alguma coisa que servisse de chamariz. A estrutura dessas redes variava, embora possamos chamá-las "redes", por causa de sua forma de construção. (Ver Pv 1.17). ***c*. Redes de Caça**. Até mesmo para apanhar animais de certo porte eram usadas redes, conforme se vê em (Sl 25.15; 35.7,8; Pv 29.5; Is 51.20; Ez 19.8). Era estendida uma longa rede, esticada por meio de postes; os animais eram tangidos por caçadores, que os perseguiam. Ou, então, redes eram simplesmente estendidas em lugares onde se sabiam que os animais costumavam vir comer ou beber. E seus movimentos naturais deixavam-nos enrodilhados na rede.

3. Nas Decorações e nos Móveis. Obras de rede eram usadas em decorações arquiteturais e em móveis. Ao redor do altar do tabernáculo havia uma grelho, ou trançado de bronze, que se assemelhava a uma rede (Êx 27.4,5; 38.4). Os capitéis das duas colunas de bronze, na frente do templo de Salomão, tinham ornamentos com o formato de redes. (Ver 1Rs 7.17).

4. Usos figurados. As artimanhas e as sutilezas dos inimigos são comparadas com o uso que os caçadores fazem de redes de caça (Sl 9.15; 10.9; 25.15). O mal que se abate subitamente sobre um homem é como uma rede que apanha um animal, que não pode livrar-se mais da rede (ver Is 51.20). (Ver também Lm 1.13; Ez 12.13; Os 7.12). Exércitos poderosos são comparados com redes, conforme se vê em Habacuque 1.14-16. Os maus governantes são comparados com redes, que arrastam outras pessoas à ruína e ao pecado (Os 5.1).

REDE (ARMADILHAS, LAÇO)

Nada menos de oito palavras hebraicas e duas palavras gregas estão envolvidas neste verbete, a saber: **1**. *Chebel*, "corda", "armadilha", "destruição". Mas, com o sentido claro de "armadilha", só podemos pensar no trecho de Jó 18.10: *A corda está-lhe escondida na terra, e a armadilha na vereda*, embora o termo hebraico ocorra por um total de sessenta vezes. **2**. *Yaqush*, "armadilha", "apanhador de aves". Palavra hebraica usada por três vezes (Jr 5.26; Sl 91.3; Pv 6.5). **3**. *Moquesh*, "armadilha", "apanhador de aves". Palavra hebraica usada por 25 vezes (como em Êx 10.7; 23.33; Dt 7.16; Jz 2.3; 8.27; 1Sm 18.21; 2Sm 22.6; Jó 40.24; Sl 18.5; 64.5; 106.36; Pv 13.14; 14.27; 18.7; 29.6,25; Is 8.14). **4**. *Matsod*, "rede". Palavra hebraica usada por três vezes (Ec 7.26; Jó 19.6; Pv 12.12). **5**. *Metsudah*, "rede". Palavra hebraica usada por quatro vezes (Sl 66.11; Ec 9.12; Ez 12.13; 17.20). **6**. *Pach*, "armadilha". Palavra hebraica usada por 25 vezes, como em (Js 23.13; Jó 22.10; Sl 11.6; 69.22; 142.3; Pv 7.23; 22.5; Ec 9.12; Is 24.17,18; Jr 18.22; Os 5.1; Am 3.5). **7**. *Pachath, "poço"*, "armadilha". Palavra hebraica usada por dez vezes (Lm 3.47; 2Sm 17.9; 18.17; Is 24.17,18; Jr 48.24,43,44). **8**. *Sebakah*, "trança", "armadilha". Palavra hebraica usada por apenas uma vez com o sentido claro de "armadilha" (Jó 18.8), embora empregada por um total de quinze vezes. **9**. *Bróchos*, "corda", "armadilha". Termo grego que aparece por apenas uma vez (1Co 7.35). **10**. *Pagís*, "rede", "armadilha". Vocábulo grego que é empregado por cinco vezes (Lc 21.35; Rm 11.9 (citando Sl 69.23); 1Tm 3.7; 6.9; 2Tm 2.26).

Estas várias palavras hebraicas e gregas denotam os vários métodos antigos de apanhar homens ou animais. Ver também sobre *Grinalda*. O termo hebraico mais comum, *pach*, segundo pensam alguns estudiosos, teria ligação com o verbo "fechar". No Antigo Testamento, indicava uma armadilha de ferro (Js 23.13). Na grande maioria das ocorrências, essas palavras têm um sentido metafórico ou poético. A forma mais comum de armadilha, na mente dos escritores sagrados, era a rede do passarinheiro (ver Jó. 18.8; Sl 69.22; 91.3; 124.7; 140.5; Pv 6.5; 7.23; 12.13; Os 9.8; Lc 21.34; 1Tm 17;6.8; 2Tm 2.26). Na maior parte dos casos, isso é expresso pelo termo hebraico *pach*. A Septuaginta traduz essa palavra por *pagís*, termo que também é empregado nas páginas do Novo Testamento por cinco vezes.

As ilustrações que nos chegaram do Egito permitem-nos entender como eram essas armadilhas para pássaros. Era uma rede que se soltava e envolvia a ave de baixo para cima, quando o pássaro tocava no gatilho, que era, geralmente, um graveto ou coisa parecida (Sl 141.9; Ez 12.13; Am 3.5). Isso ilustrava, metaforicamente, o desastre e a catástrofe em que o indivíduo era envolvido, quando se deixava iludir por alguma vantagem imaginária.

Uma outra forma comum de armadilha era o "laço", que se apertava em torno do pescoço do animal ou ave apanhada, devido ao seu próprio movimento para a frente (Jó. 18.10; 1Co 7.35). Essa forma de armadilha parece ser o tipo de metáfora que está por detrás de trechos veterotestamentários como Provérbios 22.8. É possível, que a passagem de Ezequiel 17.20 se refira a um laço que caía de cima sobre a vítima, embora também pudesse ser uma rede que caía sobre a presa, enquanto esta prendia as patas em alguma espécie de gatilho. Ou, então, é possível que o passarinheiro puxasse algum fio, que soltasse uma rede, quando o pássaro ou animal se aventurasse a passar debaixo da rede suspensa (Pv 1.17,18). Um buraco devidamente camuflado era outra forma de armadilha, usada para captura de animais pesados (ver 2Sm 17.9; Is 24.17,18; 42.22; Jr 18.22; 48.43,44; Lm 3.47). E o trecho de Salmo 9.15 desenvolve a metáfora, ao dizer: *Afundam-se as nações na cova que fizeram, no laço que esconderam, prendeu-se-lhes o pé*. Ironicamente, pois, o caçador acabou caindo na armadilha que havia preparado para suas vítimas. As nações do mundo haverão de autovitimar-se, quando aceitarem o anticristo como seu imperador e salvador.

Em Romanos 11.9 temos a menção metafórica à "armadilha", em um trecho onde Paulo cita Salmos 69.23, que ensina a reprovação divina no caso dos ímpios. Exatamente *como* Deus endurece os corações e cega os olhos dos homens, para que não percebam e sejam condenados, é algo que a Bíblia não revela. Mas, a julgar por esse trecho e vários outros, Deus tanto seleciona para a salvação como reserva para a condenação, tudo dependendo de seu conselho sábio e soberano. O que mais esteja envolvido, que nos satisfaça a mente e o nosso senso de justiça, ficou reservado para o próprio Deus, e não nos foi revelado.

A Bíblia também ensina, claramente, o livre-arbítrio e a responsabilidade humana. Ver os artigos: *Livre-arbítrio*; *Eleição*; *Reprovação* e *Paradoxo*.

REDENÇÃO

É um conceito encontrado no Antigo Testamento, também chamado remissão ou resgate, para expressar a ação de um parente em tornar livre um membro de sua família ou comprar de volta sua propriedade (Lv 25.25ss), ou, de modo geral, adquirir alguma coisa por determinado preço. O preço de redenção, remissão ou resgate é pago para garantir a liberação de quem, ou daquilo, que, de outra forma, estaria perdido (p.ex., Êx 21.30). Sob a visão religiosa, Deus age como redentor ao libertar poderosamente seu povo do cativeiro (Êx 6.6,7; Is 48.20) ou do pecado (Sl 130.8). Resgate poderá ser pago a Deus na forma de sacrifício ou oferta, para libertar pessoas cujas vidas estariam perdidas (Êx 13.13). Não há, porém, um consenso se, quando o ato de redimir é atribuído a Deus, deve ser considerado como se Deus estivesse pagando um preço para libertar seu povo; certamente há, no caso, custo e esforço aplicados, mas está fora de cogitação a ideia de alguém receber determinado preço cobrado de Deus (Is 43.3 é metafórico; cf. 52.3).

O termo era também aplicado no mundo greco-romano à libertação de escravos, referindo-se ao pagamento de um resgate aos seus senhores. Isso poderia ser feito de vários modos, um dos quais envolvia uma cerimônia religiosa em que o escravo era objeto de uma compra fictícia por um deus, de forma que se tornava livre dos senhores terrenos. A terminologia então usada não era muito diferente daquela empregada no NT, o que tem conduzido recentes eruditos a duvidarem se a origem da metáfora da redenção no NT estaria nessa área. De qualquer modo, a alforria de escravos teria fornecido certamente ilustração excelente e relevante da redenção.

O ponto de partida para o uso do conceito no Novo Testamento é encontrado nos ditos de Jesus, que afirma que ninguém pode dar coisa alguma em troca de sua vida, ou de sua alma (Mc 8.37; cf. Sl 49.7-9), mas que o Filho do homem veio para dar sua vida em resgate por muitos (i.e., por todos; Mc 10.45, como parafraseado em 1Tm 2.6; cf. Tt 2.14). Assim, Jesus faz o que somente Deus pode fazer (Sl 49.15), ao dar a própria vida, e o uso aqui do substantivo *lytron* no original grego deixa claro que ele dá sua vida em troca daqueles cujas vidas estão perdidas e, assim, os liberta. A morte de Jesus é, portanto, concebida como o sacrifício (At 20.28; Rm 3.24; 1Pe 1.18) por meio do qual somos libertos de nossos pecados e suas consequências; em outras palavras, por meio do qual recebemos perdão (Cl 1.14; Ef 1.7). A redenção é pela fé em Cristo (Rm 3.24), não havendo mais nenhuma necessidade de guardar a lei, como os judeus supunham, para assegurar a salvação (Gl 3.13; 4.5). Dos crentes, contudo, pode também ser dito terem sido comprados por Deus para torná-los seu povo; ele pagou o preço por eles (1Co 6.20; 7.23). O termo "redenção" pode então, desse modo, ser usado em um sentido bem amplo para expressar o conceito geral de salvação e libertação (*p.ex.*, Lc 24.21).

(**I. H. Marshall**, M.A., B.D., B.A., Ph.D., professor de Exegese do Novo Testamento da Universidade de Aberdeen, Escócia.)

BIBLIOGRAFIA. F. Buchsel, *TDNT* IV, p. 328-356; D. Hill, *Greek Words and Hebrew Meanings* (London, 1967), cap. 3; L. Morris, *The Apostolic Preaching of the Cross* (London, 31965), cap. 1; J. Schneider & C. Brown, *NIDNTT* III, p. 177-223; B. B. Warfield, *The Person and Work of Christ* (Philadelphia, 1950), p. 325-348, 429-475.

REDENHO

No hebraico, *yothereth*, "**diafragma**". Palavra que ocorre por nove vezes (por exemplo: Êx 29.13; Lv 3.4; 4.9; 9.10,19).

Muitos estudiosos preferem pensar que a palavra é de sentido incerto. Talvez indique uma camada do revestimento interno da cavidade abdominal, que envolve parcialmente o fígado de todos os animais, tal como o grande omento envolve o estômago. A tradução inglesa RSV diz "apêndice do fígado". Outros eruditos pensam mesmo no diafragma, que envolve o fígado como uma capa; ou então no mesentério gorduroso, que cobre os intestinos delgados como se fosse um avental. Em Oseias 13.8 temos uma outra palavra hebraica, *segor*, "pericárdio", que algumas versões também traduzem por redenho, mas que a nossa versão portuguesa, mais acertadamente, traduz por "envoltura do coração", em linguagem figurada, para indicar o castigo de Israel que seria comparável ao rompimento do pericárdio, através do ataque de uma fera.

REDONDEZA DA TERRA

Essa expressão encontra-se somente em Isaías 40.22, onde Deus aparece "assentado sobre a redondeza da terra". Uma declaração similar encontra-se em Jó. 22.14, onde se lê: ... *Ele passeia pela abóbada do céu*. O trecho de Provérbios refere-se ao "horizonte sobre a face do abismo". Alguns intérpretes têm-se valido dessas expressões para dizer que os antigos hebreus acreditavam na esfericidade da terra. Porém, aqueles que têm estudado a cosmologia dos hebreus negam que esse conceito emergiu da cultura dos hebreus, embora saibamos que na filosofia grega antiga (pré-socrática), a ideia já havia aparecido. Os hebreus imaginavam um firmamento abobadado, um tipo de substância sólida que separava a terra dos céus. Por baixo do firmamento haveria luzeiros secundários como o sol, a lua e as estrelas, a fim de iluminarem a terra. É bem possível que a alusão à "redondeza da terra", naquele trecho de Isaías, seja uma referência àquele arco. Outros eruditos pensam que está em foco o *horizonte*, porque, às vezes, devido às nuvens, parece formar-se em um semicírculo. Mas a palavra "redondeza" poderia apontar meramente para a ideia de esfera, ou localidade. Não há como saber o que a expressão significa. Quanto ao ponto de vista dos hebreus sobre o mundo, ver o artigo sobre *Cosmogonia*. No artigo sobre a *Astronomia*, exponho um desenho que ilustra a questão, acompanhado por explicações.

REFAIM

No hebraico, "**curas**"; ou talvez o nome venha de uma raiz que significa "afundar", "relaxar". Nesse caso, o título poderia significar "afundados" ou "destituídos de poder". Consideremos os pontos abaixo, que apresentam a questão com maiores detalhes: **1**. Alguns eruditos têm pensado que essa palavra era usada para denotar os habitantes do mundo inferior. O termo aparece na literatura, poética e de sabedoria do Antigo Testamento, bem como nas inscrições fúnebres fenícias de cerca de 300 a.C. Algumas referências mitológicas obscuras também parecem empregar a palavra nesse sentido. Os israelitas, sem dúvida, usavam a palavra para aludirem a pessoas mortas e desaparecidas (ver Sl 88.10; Pv 2.18; Is 14.9; 26.14). Em Jó 26.5, ao que tudo indica, esses seres são apresentados como dotados de alguma forma de consciência, formando uma espécie de assembleia unida (ver Pv 9.18; Is 14.9). A passagem de Isaías 26.19 (*mortos*) diz que, algum dia, eles haverão de ser ressuscitados. Os textos fenícios e ugaríticos, e talvez os trechos de Isaías 14.9 e 26.14, sugerem que esses seres são a aristocracia dos espíritos que partiram deste mundo, embora talvez isso seja emprestar ao vocábulo um sentido por demais especiliazado. No Pentateuco (os primeiros cinco livros da Bíblia) não há qualquer referência clara à sobrevivência da alma após a morte física. Esse ensino só aparece com clareza nos Salmos e nos Profetas. Mas, no período intertestamental (na literatura apócrifa e pseudepígrafe), o conceito já aparece bem desenvolvido, até com elementos tomados por empréstimo de outras culturas. E, naturalmente, o ensino aparece perfeitamente desenvolvido no Novo Testamento. **2**. Os habitantes da Transjordânia, em tempos pré-israelitas, eram chamados por esse nome, ao mesmo tempo em que os moabitas chamavam-nos *emins*, e os amorreus, *zanzumins*. Quedorlaomer subjugou-os em cerca de 2000 a.C., em Astarote-Carnaim (ver Gn 14.15). Eles estavam alistados entre os habitantes do território que Deus prometeu à descendência de Abraão (ver Gn 15.20). Quando o povo de Israel lançou-se à conquista de Canaã, os refains pareciam ocupar um extenso território, mas eles eram conhecidos por nomes diversos, conforme a localidade. Em Moabe, os refains foram finalmente substituídos pelos moabitas, sem dúvida com alguma mescla racial (Ver Dt 2.11,20,21). Os refains eram gigantes como os filhos de Anaque (ver Dt 2.21). A Septuaginta (tradução do Antigo Testamento para o grego) chamou-os gigantes (ver Gn 14.5; Js 12.4; 13.12; 1Cr 11.15; 14.5; 20.4).

Alguns eruditos pensam que as palavras *rapa* e *rapâ* (ver 2Sm 21.16,18,20,22; 1Cr 20.6,8), que alguns tradutores traduzem por "gigantes", na verdade indicam formas variantes da palavra *repaim*. Fora da Bíblia, a arqueologia ainda não encontrou esse nome em sentido étnico.

O trecho de Deuteronômio 2.11,12 informa-nos que eles eram numerosos, de elevada estatura, como os filhos de

Anaque, como Ogue, rei de Basã. A arqueologia tem descoberto algumas estruturas que sugerem que seus construtores eram gigantescos. Também havia gigantes entre os filisteus contra os quais Davi teve de combater, sendo possível que alguns deles fossem descendentes dos refains. Eles descendiam de Rafa, o ancestral epônimo dos refains. (Ver 1Cr 20.4,6,8; 2Sm 2.1,6,18,20,22). Destarte, encontramos três usos bíblicos dessa palavra: os fantasmas, uma raça de elevada estatura, na época de Abraão, e os gigantes dos dias de Davi. A tradução RSV corretamente distingue esses três usos, utilizando-se de termos separados: *sombras, refains, gigantes*. Em português, esses termos poderiam ser traduzidos por *fantasmas, refains e gigantes*.

REFAINS, VALE DOS

Usualmente, essa expressão é traduzida por "vale dos gigantes" (nossa versão portuguesa diz "vale dos *refains*"). Esse vale é mencionado na descrição da fronteira norte de Judá, no livro de Josué (15.8). Foi cena de vários choques armados entre Davi e os filisteus (ver 2Sm 5.17-22; 23.15-17; 1Cr 14.9 ss).

E o trecho de 1Crônicas 11.15,16 sugere que esse lugar não ficava longe de Belém. Era um lugar fértil, famoso por suas colheitas abundantes (Is 17.5). Parece tratar-se da mesma área que um vale com cerca de cinco quilômetros de comprimento, que jaz entre a parte sudoeste de Jerusalém e que prossegue até a meio caminho de Belém. Atualmente, chama-se *Baqa*.

REFEIÇÃO SACRAMENTAL. Ver *Sacramental, Refeição*.

REFEIÇÕES (BANQUETES)

Ver sobre *Alimentos*. Em 4.d desse artigo, são especificamente mencionadas refeições. E esse artigo também descreve a preparação de alimentos para as refeições.

I. Fontes Informativas. Quase todo o artigo que se segue deriva-se de fontes bíblicas, identificadas com os itens em discussão. A mais antiga cena de banquete que os arqueólogos têm conseguido preservar foi encontrada em um cilindro de lápis-lazúli, descoberto em Ur, na Mesopotâmia. Atualmente está no museu da Universidade de Filadélfia. Data de cerca de 2600 a.C. Os convidados pelo rei aparecem sentados em banquetas baixas e são servidos de vinho em canecas, por servos vestidos com aventais feitos de lã. Um harpista provê a música ambiental. Servos munidos de grandes leques proveem o condicionamento de ar. Artefatos semelhantes têm sido achados na Babilônia. Um baixo relevo assírio exibe o rei Assurbanipal comendo em companhia de sua esposa, no palácio real de Nínive. Ele aparece reclinado sobre um divã almofadado, erguendo uma taça de vinho até seus lábios. Sua esposa faz o mesmo gesto, com uma taça de formato elegante. Um monumento, erguido em 879 a.C., representa um banquete que deve ter sido um dos mais notáveis da história. Ali é dito que houve 69.574 convivas! Foi uma festa organizada por Assurbanipal II.

A Bíblia, escrita como foi através de um longo período histórico, naturalmente fornece-nos detalhes sobre a questão de banquetes e refeições, em vários períodos da história do antigo Oriente Próximo e Médio. Vejamos: **1**. Quanto ao primitivo *período patriarcal*, há evidências arqueológicas provenientes do Egito. José viu-se envolvido em banquetes egípcios (ver Gn 40.20). Informações detalhadas, sobre o que teve lugar em tais oportunidades, chegaram até nós. Os hóspedes eram elegantemente perfumados e emperucados, sentados sobre divãs postos perto de mesas baixas. Havia grande variedade de abundantes alimentos, como aves assadas, legumes, massas e guloseimas. Também era comum servir várias qualidades de vinhos e bebidas fermentadas. Desenhos tumulares exibem servos, músicos, muito vinho, muitos alimentos e, naturalmente, até mesmo alguns comensais já intoxicados, caídos no chão, perto de seus divãs. **2**. *Na Pérsia*, no século V a.C., o livro de Ester relata-nos várias cenas de banquetes. Um desses banquetes, em Susã, durou seis meses, tendo sido oferecido em honra aos príncipes da Pérsia e da Média (ver Et 1.3 ss.). Mas, como não pareceu o suficiente, houve mais sete dias de festividades nos jardins reais, quando então foram convidados todos os que trabalhavam no palácio, a fim de participarem dos festejos. Foram estendidos toldos para proteger os convidados dos raios solares; os divãs estavam ornamentados com ouro e prata. Outras festas mencionadas nesse mesmo livro são aquelas que houve no palácio das mulheres (ver Et 1.9); uma festa de casamento (2.16-18); um banquete de vinho de Assuero e Hamã (5.4; 7.1-8); a festa de Purim, dos judeus (9.1-32). **3. O Povo Comum**. As descrições dos itens 1 e 2 não deveriam levar-nos a pensar que o povo comum vivia nababescamente. O povo de Israel, até à época de Salomão, era uma nação bastante pobre. O desjejum dificilmente podia ser chamado de refeição, e, se houvesse outra refeição durante o dia, isso era produto do trabalho pessoal nas lides agrícolas ou devido à criação de gado vacum e ovino. A época de Saul já apresentou melhorias quanto a isso, e a generosidade de Davi tornou-se bem conhecida (ver 2Sm 9.7). Salomão, por sua vez, imitava os luxos dos monarcas orientais, tendo organizado esplêndidas festas. Jezabel sustentava quatrocentos e cinquenta profetas de Baal e quatrocentos profetas de Aserá, e todos comiam bem. (Ver 1Rs 18.19).

As classes trabalhadoras, porém, a menos que pertencessem a famílias ligeiramente mais abastadas, não passavam bem. Não tinham um desjejum formal, mas levavam alguma provisão de boca em seus bornais ou cestas. Contudo, dispunham de pão, leite de cabra, queijo, figos, azeitonas e outras frutas. Ao que parece, os egípcios tinham uma boa refeição ao meio-dia; mas os hebreus não se alimentavam muito nesse horário (ver Rt 2.4). E, entre os judeus, quando um homem não comia nesse horário, era porque estava jejuando (Jz 20.26; 1Sm 14.24). Para os hebreus comuns, o jantar, no fim do dia, era a refeição mais importante (ver Rt 3.7). Os trechos de Gênesis 18.8 e 27.25 indicam que o povo comum costumava sentar-se no chão, quando comia. Mesas tornaram-se mais comuns, em tempos posteriores (ver 1Rs 13.20; Sl 27.5; Ez 23.41). Pode-se supor que o estilo egípcio, descrito acima, foi transportado para Israel. Ver Ester 7.8, que sugere precisamente isso.

II. Terminologia. **1. Comer**. O verbo hebraico bem comum correspondente é *akal*. Todavia, esse termo também pode significar "queimar", "consumir" e "almoçar". As referências bíblicas são muito numerosas. Para exemplificar, ver Gênesis 2.16; 43.16 e Salmo 141.4. No Novo Testamento, temos o verbo grego comum *esthío* (Mt 6.25,31; Mc 1.6; Lc 4.2; 5.30,31; Jo 4.31-33; At 9.9; Rm 14.2,3,6,20,21,23; 1Co 8.7,8,10,13; Ap 2.7,14,20; 19.18, só para exemplificar), "comer". **2. Alimento**. No hebraico, *akal* também é substantivo (Gn 1.29). E *ma'akal* é uma palavra geral para indicar alimentos, tanto para os seres humanos quanto para os animais, incluindo artigos como carne, frutas etc. (Ver Gn 2.9; 3.6; Lv 19.23; Pv 6.8). *Lechem* é outra palavra hebraica, que alude a pão, cereais, e também alimentos em geral, incluindo carne e frutas. (Ver Lv 3.11; 22.7; Sl 78.25). No grego encontramos três palavras: *Trophê*, que era a palavra que comumente indicava alimentos (ver Mt 3.4; 6.25; 10.10; 24.45; Lc 12.23; Jo 4.8; At 2.46; 9.19; 14.17; 27.33,34,36,38; Hb 5.12,14; Tg 2.15). *Brôma*, "comida" (ver Mt 14.15; Mc 7.19; Lc 3.11; 9.13; Jo 4.34; Rm 14.15,20; 1Co 3.2; 6.13; 8.8,13; 10.3; 1Tm 4.3; Hb 9.10; 13.9). *Brôsis*, "comida" (ver Mt 6.19,20; Jo 4.32; 6.27,55; Rm 14.17; 1Co 8.4; 2Co 9.10; Cl 2.16; Hb 12.16). Uma forma variante é *brósimos*, que ocorre somente em Lucas 24.41. **3**. O horário das refeições também era expresso mediante a palavra hebraica *akal* (ver Rt 2.14). **4**. O costume, na antiga terra santa, geralmente era o de as pessoas tomarem duas refeições, em lugar de três, conforme se dá entre nós. Na maioria das vezes, porém, os hebreus só tinham uma verdadeira refeição diária, usualmente à noite. O termo grego *áriston* (alimento tomado antes de se começar a trabalhar) referia-se ao "desjejum", embora também pudesse indicar o almoço (ver Mt 24.4; Lc 11.38). Sua forma verbal, *aristáo*, significa "tomar o desjejum" (ver Jo 21.12,15). *Deípnon*, outra palavra grega, tanto apontava para a refeição vespertina quanto para banquetes em geral (ver Mt 23.6; Mc 12.39), ou mesmo para indicar o que chamamos de jantar (ver Jo 12.2 e 13.2). **5. Banquetes e Orgias.** Para indicar esses festins era usada a palavra hebraica *mirzach*. Interessante é que, literalmente, significa "clamor", pelo que também era usada com o sentido de "lamentação". Todavia, os clamores dos festejadores caracterizavam bem um banquete, com seu vinho, sua comilança e suas orgias. (Ver Am 6.7). Outra palavra hebraica, comumente usada para indicar banquetes, era *mishteh*, que vem de uma raiz que significa "beber". Essa palavra é empregada em Ester 5.4-6,8,12,14; 6.14; 7.2,7,8. O termo grego correspondente era *pótos*, "beber". Esse termo também transmitia a ideia de "farra" (ver 1Pe 4.3). Mas há outras palavras gregas envolvidas: Dochê, "festa", cuja raiz envolve a ideia de "receber" algum convidado (ver Lc 5.29; 14.13). Eortê, "festa", cuja raiz tem a ideia de "guardar um dia de festa" (ver Mt 26.5; Lc 3.41 e Jo 4.45). Suneuochéo, "festejar juntamente com", transmitindo a ideia de um festim comunitário (ver 2Pe 2.13; ver também Jd 12). **6. Festa Sagradas.** A palavra hebraica *chag* é usada com esse sentido, em Êxodo 10.9; 23.15 e 34.33. Uma palavra cognata, *chagag*, tem raízes que significam "mover-se em círculos" ou "marchar em cortejo". Danças e cortejos estavam associados a essas ocasiões, o que explica o uso desta palavra com essa significação. (Ver Êx 5.1; Lv 23.39; Dt 16.15).

III. Tempo e Modos de servir; Tipos de Refeições; Costumes. As refeições dos israelitas consistiam em um desjejum simples (quando o tomavam), uma refeição leve ao meio-dia (ver Gn 18.1; 43.16,25; Rt 2.14; 1Rs 20.16), e uma refeição mais pesada, no começo da noite (ver Gn 19.1; Rt 3.2). Entre os israelitas, as refeições eram acompanhadas por uma bênção sobre os alimentos (ver 1Sm 9.13; Mt 14.19; 15.36; Jo 6.11). A carne era servida sob forma sólida. Os israelitas, ao que parece, desconheciam as sopas. Porções de alimentos eram postas, com os dedos, em um pedaço de pão, que servia de prato. As classes mais pobres costumavam molhar o pão no vinagre, no leite ou então usavam cereal tostado (Rt 2.14). As classes mais abastadas dispunham de vários tipos de carne, legumes e frutas.

Nos banquetes, cada comensal recebia seu lugar em consonância com seu grau de honra. Os ricos tinham servos, músicos proviam o entretenimento, e também havia itens importados que faziam variar o cardápio. Os trabalhadores trabalhavam até o meio-dia sem comer coisa alguma. Então, recebiam alimentos simples como pão, azeitonas, alguma fruta, e, então, descansavam por algum tempo. À noite, terminado o trabalho do dia, as pessoas aproveitavam o tempo para comer e descansar. A refeição principal, no começo da noite, constituía-se em uma espécie de reunião da família, e não meramente um tempo para comer. Os homens sentavam-se em roda e conversavam. (Ver Jr 15.17). Ao que parece, havia refeições segregadas, em que os homens comiam à parte, e as mulheres à parte (ver Rt 2.14; Jó 1.4). No começo, os hebreus sentavam-se no chão; com a passagem do tempo, entretanto, adotaram o costume cananeu de usar mesas e cadeiras. Essas mesas, na verdade, eram uma espécie de armação recoberta com couro. As casas das pessoas pobres não dispunham de um lugar separado para comer. De fato, muitas residências, na Palestina, contavam somente com um aposento, que servia para tudo, desde dormitório até cozinha. Porém, as residências das classes mais abastadas, sobretudo dos ricos, dispunham do que hoje chamamos de sala de jantar, onde tomavam suas refeições ou se banqueteavam. As pessoas reclinavam-se sobre divãs, que, normalmente, acomodavam três pessoas. Ver Amós 6.4.

Os viajantes tinham dificuldades para alimentar-se, a menos que fossem ricos e pudessem transportar alimentos consigo. As antigas hospedarias viviam infestadas de ladrões e prostitutas. Exatamente por essa razão é que a hospitalidade era tão importante.

Vários relatos do Antigo Testamento referem-se a provisões divinas para as refeições. Israel dispunha de maná, dado por Deus, e, de certa feita, codornizes em grande abundância (ver Êx 16.13-16), tudo o que serve de excelente metáfora acerca das provisões divinas para todas as necessidades. Elias foi alimentado por corvos (1Rs 17.6). Os caravaneiros levavam alimentos e água em abundância, mas os indivíduos sofriam. Os alimentos favoritos dos caravaneiros, em suas jornadas, eram frutas secas, pão, azeitonas e queijo. Desenvolveu-se, necessariamente, um código de hospitalidade entre os nômades do Oriente Próximo. Dos estrangeiros esperava-se que ajudassem e protegessem aos viajantes. Algumas vezes, esses costumes chegavam a ser exagerados. Assim, Ló (ver Gn 19.8) e o idoso homem de Gibeá (ver Jz 19.23,24), dispuseram-se a sacrificar a virgindade de suas próprias filhas, a fim de protegerem seus hóspedes. Os hóspedes eram recebidos com um ósculo (ver Lc 7.45), tinham seus pés lavados com água (ver Gn 18.4; Mt 15.1,2), recebiam uma muda de roupa (Ec 9.8), eram ungidos com azeite (Am 6.6; Mt 26.7). O Senhor Jesus repreendeu Simão, o fariseu, por não haver observado esses favores (Lc 7.44-46). Servos lavavam as mãos dos convidados, antes de alguma refeição, e era oferecida uma bênção sobre os alimentos (1Sm 9.13). As mulheres da casa serviam os alimentos, ou então, no caso dos ricos, servos ou servas realizavam esse serviço (ver Mt 8.14,15; Mc 1.30,31; 1Rs 10.5; 2Cr 9.4). Não eram usados nem garfos e nem quaisquer outros utensílios de mesa. As pessoas comiam usando as pontas dos dedos para apanhar os alimentos (ver Pv 26.15; Mc 14.20; Jo 13.26). Um hospedeiro, a fim de mostrar respeito por seus hóspede servia-os pessoalmente, ou entrava em diálogo com eles. Os hóspedes, de honra recebiam as porções melhores de alimento, e também as porções mais fartas (ver Gn 43.34; 1Sm 9.24). As migalhas que caíam das mesas eram servidas aos cães (ver Mt 15.27). Nos banquetes havia música e dançarinos (ver Is 5.12; 1Sm 30.16 e Mt 14.6), como também se apresentavam adivinhações e quebra-cabeças (Jz 14.12-18). Terminadas as refeições, havia momentos para conversar, sendo, então, incluídos todos os assuntos imagináveis, desde filosofia, até religião e política.

Apesar de as festas serem momentos de comunhão, certas pessoas ou classes evitavam outras pessoas ou classes. Assim, os egípcios evitavam os pastores (ver Gn 43.31), os judeus evitavam comer com os pagãos (Jo 4.9). Jesus foi criticado por comer com pecadores e cobradores de impostos (Mt 9.11; Lc 15.2). O ato de lavar as mãos era importante para os judeus, antes das refeições, muito mais como um ritual do que como uma medida higiênica (ver Mt 15.2; Mc 7.2; Lc 11.33). O costume dos persas, caldeus e romanos, de se reclinarem em divãs, a fim de tomarem suas refeições, acabou absorvido pela sociedade israelita, segundo se vê em Jo 13.23,25.

IV. Tabus e Restrições. As leis dos hebreus eram muito estritas quanto a esse particular. Os artigos sobre *Alimentos* e *Limpo e Imundo* abordam a questão, com detalhes. Ver *Alimentos*, 4.a. *Proibições*, e b. *Alimentos Permitidos*. Entre as proibições e restrições, temos a questão da lavagem das mãos, as pessoas com quem os judeus não comiam e os próprios alimentos vedados aos judeus. As normas neotestamentárias alteraram tudo isso. Os cristãos não deveriam rejeitar qualquer coisa, visto que todas as coisas foram criadas por Deus (ver At 11.9). Jesus ensinou que os alimentos nada têm a ver com a espiritualidade do indivíduo (Mt 6.25). Os excessos são condenados (Rm 13.13; Gn 5.19,21; 1Pe 4.3), mas não os alimentos propriamente ditos (Rm 14.2 ss.). Até mesmo quando estivessem comendo em companhia de pagãos, os cristãos não deveriam fazer perguntas sobre a procedência dos alimentos, ainda que essa procedência fosse idólatra (ver 1Co 10.25-27), algo que ultrapassava totalmente a compreensão da mente judaica.

V. Refeições de Cunho Religioso

1. Refeições Pagãs. Festividades comunais e ritualistas eram importantes nos países de origem semita. As descobertas arqueológicas em *Ras Shamra* (Ugarite) mostram quão importante isso também era para os cananeus. Havia templos dedicados a Baal, onde, com frequência, havia festas religiosas, ritualistas. Em Siquém, nas ruínas de um templo dos hicsos, foram encontrados salões de banquetes. Os babilônios costumavam oferecer animais selvagens e domésticos às suas divindades, organizando grandes festividades em sua honra. Jeremias precisou denunciar aqueles que ofereciam bolos à rainha dos céus (ver Jr 7.18). Além disso, entre os egípcios e mesopotâmicos havia o generalizado costume de oferecer alimentos aos espíritos dos mortos. E aqueles que leem as antigas obras clássicas, a começar por Homero, conhecem as muitas alusões, que esses antigos documentos contêm, às festividades em honra aos deuses, tanto em lugares sagrados quanto fora dos mesmos. Sacrifícios de animais também faziam parte dessas celebrações, e as festas dos mistérios eleusianos incluíam oferendas sob a forma de cereais. Os romanos também praticavam coisas dessa natureza. Ocasiões especiais, como aniversários natalícios, casamentos, aniversários de acontecimentos importantes ou o retorno de alguma longa viagem, eram ocasiões festivas, quando as divindades também eram honradas devido à proteção e provisão que, supostamente, teriam dado às pessoas.

2. Refeições Hebreias. É provável que em algumas das festas rituais mais primitivas que havia entre os hebreus, eles pensassem, tal como sucedia no paganismo, que os sacrifícios, em algum sentido, fossem refeições oferecidas a *Yahweh*. Todavia, não é isso que, finalmente, veio a transparecer do sistema de sacrifícios levíticos. Naturalmente, os festejos tinham um papel importante dentro daquele sistema. Porém, as ideias psicológicas fundamentais, entre os hebreus, eram as seguintes: *a. Comunhão*. As pessoas reuniam-se em atitude devocional, participando de refeições a fim de desfrutarem de companheirismo. *b. Provisão*. A providência divina é quem faz provisão para todas as nossas necessidades, e os alimentos abundantes, nos banquetes, evidenciavam isso. *c. Sacrifício*. Antes de ser consumido pelos homens, um animal qualquer era oferecido em sacrifício, a fim de agradar ao Senhor. A ideia do perdão dos pecados terminou sendo envolvida nesses sacrifícios, embora não fosse essa a única razão para os mesmos. *d. Dedicação*. O animal representava o sacrifício supremo, um exemplo de sacrifício vivo, envolvido na inquirição espiritual (ver Rm 12.1,2). Nas três festas religiosas mais importantes entre os judeus, a Páscoa, o Pentecostes e a festa dos Tabernáculos (ver os artigos a respeito), envolviam-se ofertas e sacrifícios, acompanhados por festejos, o que mostra quão importante era a questão, dentro da cultura dos hebreus. Todavia, o sistema inteiro poderia redundar em nada, senão em festejos, e os profetas protestaram contra a abundância de sacrifícios e ofertas, oferecidos por um povo desobediente ao Senhor (ver 1Sm 15.22; Is 1.13-17; Am 5.21-24; Mq 6.7,8; Ml 1.6,7). As refeições dessa natureza eram para todos. Até os escravos participavam delas (ver Dt 12.12).

3. Refeições Cristãs. A Ceia do Senhor (também chamada eucaristia), instituída pelo próprio Senhor Jesus, deriva-se da Páscoa judaica. O Senhor Jesus é o *antítipo* dessa cerimônia simbólica (Jo 1.29), na qualidade de *Cordeiro de Deus*. Ver o artigo separado sobre *Cordeiro de Deus*. Ver também sobre

Eucaristia e Ceia do Senhor. A refeição instituída por Jesus, como é óbvio, visa à comunhão entre os seus seguidores. Ela representa a *doação da vida* e o *perdão dos pecados*. Mas também lança os olhos para o futuro, quando a *parousia* (vide) levar à plena concretização o plano de salvação, com a glorificação dos crentes. Visto ser uma demonstração do amor de Deus, por isso mesmo essa refeição é chamada no Novo Testamento grego de *agapé* (vide). Originalmente, a Ceia do Senhor era comemorada com uma refeição, da qual o pão e o vinho eram uma pequena parte. Os abusos e excessos levaram à redução para somente a esses dois elementos. Houve tais abusos desde o começo, e o apóstolo dos gentios advertiu aos crentes coríntios para que não fizessem dessa refeição sagrada uma zombaria e uma galhofa. (Ver 1Co 11.20-22). Os gnósticos costumavam desrespeitar a Ceia do Senhor, e Judas declarou que eles se haviam tornado máculas e nódoas nas festas de amor dos crentes (Jd 12).

VI. Usos Metafóricos. Há notas abundantes sobre esses usos metafóricos no fim do artigo intitulado *Alimentos*. Ver também sobre *Banquetes, Uso figurado*, no último parágrafo. Por igual modo, há um artigo bem detalhado sobre o *Pão da Vida, Jesus como o*.

Nos Sonhos e nas Visões. Uma refeição particular, com outra pessoa, pode significar comunhão íntima, ou desejo de intimidade, incluindo aquela de natureza sexual. Os atos de beber, de comer e de satisfazer outros apetites podem indicar a mesma coisa. Ser convidado a uma festa aponta para a ideia de provisão, e aquele que oferece a festa é o provedor. Se o sonho tem origem divina, então a provisão também é divina, e o provedor é o próprio Deus.

REFIDIM

No hebraico, o sentido provável é **"refrigérios"**. Lugar onde os israelitas estacaram, no caminho entre o Egito e o Sinai (Êx 17.1,8; 19.2; Nm 33.14). Números 33.13-15 localiza Refidim entre Alus e o deserto do Sinai. Visto que o deserto do Sinai é de localização incerta, outro tanto sucede a Refidim. Há três opiniões comuns: o monte Sinai tradicional, também chamado Jebel Musa, Cades-Barneia, ou algum lugar em Midiã, a leste do golfo de Áqaba. Com base no local tradicional do monte Sinai, perto da extremidade sul da península formada pelos golfos de Suez e Áqaba, Refidim pode ter sido o atual *wadi* Feiran, ou o *wadi* Rufaid.

O trecho de Êxodo 17 e 18 registra os eventos ocorridos em Refidim. Um deles foi a água extraída da rocha, a mando de Deus, após o povo ter-se queixado da falta de água. Por causa disso, Moisés chamou o lugar de Massá e Meribá, que significam "prova" e "contenda" (Êx 17.7). Moisés, reiteradamente, aludia ao incidente, lembrando ao povo a fidelidade de Deus e a infidelidade do povo (Nm 20.13,24; 27.14; Dt 6.16; 9.22;

32.51; 33.8). O autor do Salmo 81 também relembrou o incidente (vs. 7).

Foi em Refidim que os amalequitas lutaram contra Israel (Êx 17.8 ss.), em famosa batalha porque as mãos de Moisés tiveram de ser amparadas, enquanto ele orava. Após a derrota do inimigo, Moisés erigiu um altar, chamando-o de *o Senhor é a minha bandeira* (Yahweh-Nissi). Provavelmente, a visita de Jetro, sogro de Moisés, a esse legislador, também ocorreu em Refidim (ver Êx 18). A última menção a Refidim é em Êxodo 19.2, quando o povo dali partiu.

REFINAR, REFINADOR

Ver o artigo geral sobre *Metal, Metalurgia*, que oferece detalhes concernentes ao refino de metais, que não são reiterados aqui. Ver também o verbete *Artes e Ofícios*.

A metalurgia é a arte ou ciência da extração de um metal ou metais, dos seus respectivos minérios, mediante processos como fundição, redução, refino, liga e eletrólise. A raiz hebraica que alude ao processo de refinação de metais é *srp*, que exprime a fundição, teste e refino. O termo hebraico para refinador é *sorep*. Esse vocábulo era geralmente usado para indicar um homem que trabalhava com metais. No Novo Testamento, o termo grego usado é *puróomai*, que figura por seis vezes (1Co 7.9; 2Co 11.29; Ef 6.16; 2Pe 3.12; Ap 1.15 e 3.18).

Na Bíblia, o refino usualmente diz respeito a metais, mas em Jó 36.27 está em foco a chuva (o que explica a tradução "destilam", em nossa versão portuguesa), enquanto que em Isaías 25.6, o vinho é o assunto (em nossa versão portuguesa, "vinhos velhos bem clarificados"). Além disso, encontramos o uso metafórico no qual Deus é o refinador, e os homens é que são refinados. (Ver Jz 7.4; Sl 13.9; 17.3; Ml 3.2,3). A palavra de Deus também nos refina (Pv 30.5; Sl 12.6). Deus procura purificar o seu povo da corrupção do pecado (ver Is 1.25). As provações têm por escopo refinar os crentes, e aqueles que são sábios permiterm que essas tribulações realizem o seu efeito (ver Dn 11.35; 12.10).

O processo de refino era bastante simples na antiguidade. Envolvia a aplicação de grande calor ao minério, a fim de que se fundisse, fazendo o minério entrar em estado líquido. Então o líquido era soprado ou desnatado de sua espuma superficial. Antes de ser descoberto o processo de refino, eram usados vários metais em seu estado natural, como aqueles encontrados em meteoritos. Mas o refino aumentou extraordinariamente a capacidade de o homem controlar seu meio ambiente. O artigo *Metal, Metalurgia* oferece pormenores a respeito.

"A arte do refinador era essencial para que se pudesse trabalhar com metais nobres. Consistia na separação entre a escória e o minério puro, o que se conseguia reduzindo o metal a um estado fluido, mediante a aplicação de calor, com a ajuda de solventes com um álcali (ver Is 1.25), ou de chumbo (ver Jr 6.29), os quais, amalgamando-se com a escória, permitiam a extração do metal não adulterado. Os instrumentos imprescindíveis eram o forno ou cadinho e o fole. O derretedor de metais costumava sentar-se para realizar seu trabalho (ver Ml 3.3). Dessa maneira ele podia observar e acompanhar melhor o processo, deixando o metal dissolvido ser derramado no momento mais propício. Os egípcios desenvolveram a um grau de extraordinária perfeição o trabalho com metais, não tendo que duvidar que os hebreus obtiveram no Egito o conhecimento que tinham dessa arte, embora haja evidências de que a fundição do cobre e do ferro já era conhecida antes mesmo do dilúvio (ver Gn 4.22)" (UN).

REFORMA RADICAL

Estes termos são usados para denominar o tipo de reforma da igreja preconizado e logo praticado por alguns protestantes, reforma essa mais extrema do que a pregada e levada a efeito pelos primeiros reformadores como Lutero, Zuínglio e Calvino. Alguns historiadores preferem usar os termos "ala esquerda" para se referir ao grupo adepto de tal pensamento radical. Pesquisa recente aponta para uma continuidade entre esses reformadores radicais e grupos apocalípticos medievais mais recentes. Erasmo é também, no caso, referência particularmente importante, pois, estudando seriamente a Bíblia, chegou a conclusões diferentes daquelas dos reformadores mais ortodoxos.

I. Origens. As origens desse radicalismo reformador podem ser atribuídas às exigências de aceleração de mudança, feitas em Wittenberg, em 1522, por Carlstadt (c. 1477-1541) e pelos chamados profetas de Zwickau. Queriam a abolição total das práticas litúrgicas católicas; pregavam que o batismo infantil estava errado; os profetas de Zwickau alegavam receber revelações diretas de Deus. Thomas Muntzer (fl. 1490-1525), por exemplo, pregava em termos revolucionários e apocalípticos e foi agressivamente crítico de Lutero, por este pôr, segundo ele, confiança demasiada no ministério erudito e dar insuficiente destaque à condução do povo comum pelo Espírito Santo. Muntzer foi também muito influente em encorajar a resistência confiante, mas sem esperança, da Revolta dos Camponeses, da qual Lutero discordou totalmente. Por fim, com um grupo criado em Zurique e que foi crítico de Zuínglio, ficou claro que suas preocupações não eram somente sobre a questão de como os reformadores poderiam alcançar rapidamente seus objetivos, mas também qual era a natureza de tais objetivos. Os reformadores radicais conclamavam ao rompimento total com as tradições e uma separação de seus adeptos dos que "comprometiam" a fé.

G. H. Williams, em estudo que se pode considerar definitivo, afirma a existência comprovada de três grupos abrangentes de reformadores radicais, dentro dos quais alguns subgrupos podem ser detectados.

Anabatistas. Enfatizavam o batismo dos crentes, a separação do mundo (incluindo a recusa em se envolver com instituições do Estado) e um biblicismo bastante literal. São, por vezes, acertadamente diferenciados dos reformadores por buscarem uma restauração ou "restituição" mais exata do cristianismo do NT (algumas vezes, por exemplo, advogando o uso das coisas em comum), em oposição a uma simples "reforma" segundo os princípios neotestamentários. De certa forma incorretamente, as atividades de elementos revolucionários entre os anabatistas — que procuraram estabelecer uma regra de piedade baseada em uma interpretação rígida e autoritária da lei do AT em Munster em 1534 —, os levaram a se tornarem, infelizmente, um símbolo dos perigos do radicalismo para a maioria dos seus contemporâneos. Na verdade, porém, não representavam ameaça alguma ao Estado, e os adeptos do pensamento de Menno Simons (1496-1561) e Jacob Hutter (m 1536) sobreviveriam pelos séculos seguintes em significativos agrupamentos (ver Teologia Menonita).

Espiritualistas. Davam considerável ênfase à condução do Espírito, algumas vezes em detrimento da Bíblia. Isso poderia levar a um entendimento místico da fé e a uma concentração na habitação da Palavra no crente. Seu líder Caspar Schvenckfeld, além disso, escandalizou os crentes de pensamento ortodoxo, ao sugerir uma suspensão temporária na prática da ceia do Senhor nas igrejas porque se tornara muito divisiva.

Racionalistas evangélicos. Consideravam a razão equivalente às Escrituras. Geralmente situavam-se do lado da sã doutrina, mas favorecendo mais uma teologia unitarista. Dentre seus adeptos, surgiu o socinianismo, desenvolvido a partir do ensino de Lélio Socino (1525-1562) e de seu sobrinho Fausto Socino (1539-1604).

II. Características. É possível identificar oito características dos radicais, mas o movimento foi tão diverso que as exceções são abundantes. **1**. Destaque maior à santificação do que propriamente à justificação. Lutero, diziam eles, havia dado ênfase excessiva à pecaminosidade contínua do homem (*semper peccator*). Em oposição, alguns sustentavam a possibilidade de se alcançar um estado de perfeição. Muitos achavam até que a lamentação de Paulo em Romanos 7.24 (*Miserável homem que eu sou!*) não se aplicava aos cristãos. **2**. Reação contra uma fé demasiadamente intelectual. Havia uma forte convicção de que os reformadores tinham intelectualizado demais a fé na ênfase que davam à teologia e aos ministérios doutos. Para eles, mais importante era o testemunho íntimo do Espírito. **3**. A convicção de que era possível estabelecer uma igreja santa. Todos os reformadores aceitavam que a igreja visível não poderia ser uma réplica exata da verdadeira igreja. Os radicais, todavia, tinham uma confiança ainda maior na possibilidade de criar uma igreja constituída de verdadeiros crentes reais e, com esse fim, davam ênfase ao banimento (excomunhão). **4**. Uma determinação de se manter separado do mundo. Em particular, salientavam que a administração civil, o Estado, era assunto dos não cristãos e que o cristão, tanto quanto possível, deveria ter muito pouco contato com as atividades estatais. Com isso, causaram sérios problemas, por se recusarem a prestar qualquer serviço público, de natureza civil ou militar, parecendo, assim, desafiar a estrutura de uma sociedade baseada, tanto na teoria católica como protestante, sobre um íntimo relacionamento entre a igreja e o Estado. **5**. Importância do batismo dos crentes. A maioria dos radicais era fortemente contra o batismo infantil e, consequentemente, praticavam o rebatismo. **6**. Tendência à heterodoxia teológica. Sua ênfase na restauração significava, entre outras coisas, ignorar as grandes formulações credais da igreja. O resultado foi uma tendência às ideias teológicas não ortodoxas, particularmente em relação à Trindade e à cristologia. Muitos dos radicais, por exemplo, criam que Cristo não havia assumido a nossa carne humana, mas trouxera seu próprio corpo divino à terra ("carne celestial de Cristo"). **7**. Comprometimento apaixonado com a evangelização. Tinham forte sentido da força contínua da Grande Comissão, que os reformadores tendiam a limitar à era apostólica. Isso, juntamente com a sua ausência de interesse em fronteiras políticas e o destemor de enfrentar perseguição, os tornou evangelistas eficazes e corajosos. **8**. Uma convicção crescente a respeito da tolerância. Embora seja indubitável que sua reação ao protestantismo e ao catolicismo teve o efeito de prejudicar a ideia de tolerância, aos radicais cabe uma parte importante na extensão da ideia de que a opinião religiosa deve ser deixada ao indivíduo decidir, sem nenhuma pressão da igreja ou do Estado.

Na prática, os radicais, embora frequentemente liderados por homens de boa formação e posição, eram geralmente pessoas simples, quase sempre camponeses e artífices, manifestamente procurando uma identidade e um meio de autoexpressão, que a doutrina do sacerdócio universal dos crentes, dos reformadores, prometera, mas, assim se contestava, não havia cumprido. Geralmente se encontravam em ambientes simples e informais. Eram muito propensos à divisão. Algumas vezes, a ênfase deles sobre a orientação do Espírito produzia conduta perigosamente emocional, assim como extravagante para a moral vigente da época. Os reformadores radicais e suas ênfases constituem um bom exemplo das tensões frequentes na igreja cristã entre o entusiasmo e a ordem; entre o Espírito e a Palavra; entre a Escritura e a tradição; entre ver a igreja como uma comunhão de santos ou uma escola de pecadores; entre entender o sacerdócio universal dos crentes como ou dar ministério igual para todos, porém reservando-se um ministério especial de autoridade para alguns.

(**C P. Williams**, M.A., B.D., M.Litt., Ph.D., ex-vice-reitor do *Trinity College*, Bristol; vigário de All Saints, Ecclesall, Sheffield, Inglaterra).

BIBLIOGRAFIA. C. P. Clasen, *Anabaptism: A Social History, 1526-1618* (Ithaca, NY/London, 1972); J. S. Oyer, *Lutheran Reformers against Anabaptists* (The Hague, 1964); G. H. Williams, *The Radical Reformation* (Philadelphia, 1962); Williams & M. M. Angel, *Spiritual and Anabaptist Writers* (London, 1957).

REFÚGIO

No hebraico significa exatamente o que significa em português, "refúgio", "abrigo". São usados cinco substantivos e um verbo, no hebraico. A ideia de segurança permeia todos esses vocábulos, porque o senso de segurança pode ser visto de vários ângulos. Um dos termos hebraicos exprime a segurança como um abrigo, que protege de uma tempestade ou de um perigo. Deus é o refúgio dos piedosos (Sl 14.6; 104.18; Is 4.6). Outras vezes, a segurança pode ser equiparada a uma fuga, como se vê em Jeremias 46.5 e Amós 2.14. Também pode ser concebido como um lugar de habitação, especialmente como um lugar secreto como a cova de uma fera, segundo se vê em Amós 3.4. Em Israel havia cidades de refúgio (Nm 35.11 ss.). Ali a palavra hebraica usada significa "aportar", como quem chega a um porto seguro. Outra palavra hebraica significa *torre*, exibindo a segurança como uma altura inacessível (Sl 9,9; Is 33.16).

REGÉM

No hebraico, **"amigo"**. Era o epônimo de uma família de Calebe. Foi um dos filhos de Jadai (1Cr 2.47).

RÉGEN-MELEQUE

Membro de uma delegação enviada pelo povo de Betel aos sacerdotes do templo para inquirirem sobre a propriedade de continuarem o jejum, em comemoração à destruição do templo (Zc 7.2). Há alguma incerteza se está em foco um nome pessoal ou um título, "amigo do rei". Neste último caso, o sentido pode ser: Quando de Betel foi enviado Sarezer, amigo do rei..."

REGENERAÇÃO. Ver o artigo sobre *Novo Nascimento*.

No grego, *paliggenésia*, "renascimento", "regeneração". Indica a doutrina bíblica do renascimento, da renovação e da restauração final de todas as coisas.

I. TESTEMUNHO BÍBLICO. O diálogo de Jesus e Nicodemos é o testemunho bíblico mais importante da doutrina da regeneração. Representante da seita religiosa mais importante de que era membro, Nicodemos veio investigar Jesus acerca do reino de Deus, procurando instrução. Jesus orientou os pensamentos de Nicodemos, dizendo-lhe abruptamente: ... *se alguém não nascer de novo, não pode ver o reino de Deus* (Jo 3.3). Nessas e nas declarações seguintes, Jesus frisou a necessidade do novo nascimento, de natureza espiritual. Nicodemos não precisava de informações, mas de alterar radicalmente o rumo de sua vida, nascendo do alto.

Quando se referia à regeneração, João sempre a descreveu como um nascimento da parte de Deus (cf. Jo 1.13). Destaca-se nisso a origem do novo nascimento, na atividade sobrenatural do Espírito Santo. E a menção ao vento mostra que se trata de algo fora do alcance da experiência terrena (Jo 3.8). As ideias de *novidade*, de *regeneração* e da *origem sobrenatural do Espírito* aparecem em Tito 3.5, onde se lê que a salvação ocorre ... *mediante o lavar regenerador e renovador do Espírito Santo*.

Na salvação há uma lavagem e uma regeneração, com alteração das inclinações e atitudes mais profundas do ser humano, e isso só pode ser corretamente retratado por um nascimento — um novo nascimento — cuja origem não é humana, mas na vontade soberana de Deus (Jo 1.13). A regeneração transfere o indivíduo de sua condição de poluição e morte espirituais para um estado renovado de santidade e de vida. É nessa mesma veia que a Bíblia fala sobre o indivíduo regenerado como *nova criatura* (2Co 5.17). De acordo com Paulo (Gl 6.15), o que realmente importa é ser uma nova criação. Por isso, o crente é exortado a se revestir *do novo homem, criado segundo Deus, em justiça e retidão procedentes da verdade* (Ef 4.24). O novo nascimento também é descrito como uma *geração* (ver Tg 1.18), e como uma *vivificação* (Jo 5.21 e Ef 2.5). Do crente é dito que ele é um "ressurreto dentre os mortos" (ver Rm 6.13), e também que ele é "feitura" de Deus (Ef 2.10).

Tendo estado morta em suas transgressões e pecados (Ef 2.1,5), cega e indiferente para com as realidades do Espírito de Deus (1Co 2.14), incapaz de fazer obras meritórias da salvação (2Tm 1.9; Tt 3.5), a pessoa, embora até então corrompida em todas as suas faculdades, é recriada em Cristo Jesus. Tal como um recém-nascido não tomou a iniciativa de sua própria concepção e nascimento, assim também o homem regenerado tem que olhar para fora de si mesmo se quiser encontrar a fonte de sua regeneração, encontrando-a exclusivamente no Espírito que lhe é dado do alto.

II. Perspectiva Teológica Bíblica. A palavra grega para regeneração (*paliggenesía*) acha-se somente em Mateus 19.28 e Tito 3.5. No primeiro caso, a alusão é à restauração do Universo inteiro, no fim dos tempos. No segundo caso, refere-se à iniciação de uma nova vida no crente. Mais comumente, esse novo começo é expresso pelo verbo grego *gennan*, ou pelo verbo composto *anagennan*. Essas palavras significam "gerar", "gerar novamente" ou *dar à luz* (cf. Jo 1.13; 3.3-8; 1Pe 1.23; 1Jo 2.29; 3.9; 4.7; 5.1,4,18). Em Tiago 1.18 é usado o termo grego *apokúein*, "dar à luz". A ideia da produção de uma nova vida também é expressa pela palavra *ktízein, criar* (Ef 2.10). A criação resultante é chamada *nova criação* (2Co 5.17; Gl 6.15), ou *novo homem* (Ef 4.24). Em Efésios 2.5 e Colossenses 2.13 encontramos a palavra *suzoopoieín*, "vivificar com".

A doutrina mais específica do novo nascimento ocorre, porém, no contexto do ensino bíblico mais lato acerca da "renovação". Esse termo não aparece, com frequência, nas Escrituras; figura somente nas epístolas, como *anakainoūn*, e seus cognatos (ver Rm 12.2; 2Co 4.16; Ef 4.23; Cl 3.10; Tt 3.5; Hb 6.6). Essa raridade, porém, não significa que a doutrina não seja importante. A ideia bíblica da renovação é ensinada em todos os estágios da revelação divina.

No AT as ideias de purificação e limpeza são muito proeminentes, embora quase sempre de natureza cerimonial. Como exemplos disso temos a purificação ritual do sumo sacerdote, antes de ele entrar no Lugar Santo (Lv 16.14) e a purificação ritual da mulher, após o parto (Lv 12). Embora externas, essas purificações tinham certo sentido ético, simbolizando a retidão e a santidade do coração, exigidas da parte do povo de Deus. Os profetas repreendiam os israelitas quando eles perdiam de vista o sentido mais profundo, espiritual desses ritos. Havia a profecia de uma nova era, quando a lei de Deus seria inscrita nos corações de um povo realmente separado para Deus (ver Jr 31.33).

O conceito de *renovação do coração* não é tão claramente ensinado no AT quanto o é no Novo. Todavia, o sentido central do pacto de Deus com o seu povo é que eles seriam o seu povo (Gn 17.1,7,8). Essa separação era simbolizada pelo rito da circuncisão, que retratava o intuito mais profundo de Deus (Gn 17.10), o que envolvia a união mística com Deus. Essa era também simbolizada pela ideia de casamento, pelo que o rompimento do pacto era comparado à prostituição (Jr 2.2; 3.1; Os 1.2 e outros).

O povo de Israel ainda não estava maduro para as realidades simbolizadas por esses ritos. Tinha de ser governado pela lei, bem detalhada e cheia de imposições (At 15.10; Gl 3.19,23-26; 4.1-7; 5.1), podendo ser observada externamente, sem a mudança correspondente no coração. Além disso, o acesso a Deus se dava através de um sacerdócio humano, e a palavra de Deus era recebida através de profetas. O AT, porém, reconhece a natureza temporária desses arranjos. Ali é prometido um tempo quando o Espírito seria derramado sobre toda a carne (Jl 2.28). Também ali se reconhece o sentido mais profundo da lei. Para exemplificar: *O Senhor teu Deus circuncidará o teu coração, e o coração de tua descendência, para amares o Senhor teu Deus de todo o coração e de toda a tua alma, para que vivas* (Dt 30.6). Isso os tornaria em um povo espiritual: *Dar-lhes-ei um só coração, espírito novo e porei dentro deles; tirarei da sua carne o coração de pedra, e lhes darei coração de carne,* (Ez 11.19; cf. 36.26; 37.1-14; Jr 31.33). Em reação positiva, há a bela expressão de piedade dos santos do AT *Purifica-me com hissopo, e ficarei limpo; lava-me, e ficarei mais alvo que a neve... Cria em mim, ó Deus, um coração puro, e renova dentro de mim um espírito inabalável* (Sl 51.7,10).

Embora poucas passagens mencionem diretamente o tema de regeneração, esse ensino aparece dentro do contexto do ensino mais geral da renovação espiritual, o que inclui não só o próprio novo nascimento, mas igualmente tudo "quanto dali flui, a nova vida em Cristo. Assim, embora a regeneração seja o passo inicial da renovação, não deve ser isolada desta última.

III. Desenvolvimento Doutrinário. Visto que o tema da regeneração aparece na Bíblia dentro do contexto mais amplo da ideia de renovação, o termo "regeneração" não adquiriu de pronto o sentido preciso que lhe damos na teologia moderna. A não distinção entre a regeneração e a justificação, por exemplo, exerceu efeitos adversos na teologia escolástica. Hoje distingue-se uma da outra declarando que, na justificação, Deus declara alguém justo por ter crido na retidão de Cristo, sendo esta lançada na conta daquele, na mente de Deus. A regeneração, porém, envolve uma operação feita pelo Espírito, no coração do pecador, conferindo-lhe um novo coração, uma nova vida, uma nova inclinação.

IV. Formulação Doutrinária. Uma pesquisa no tema da regeneração, dentro da Bíblia, mostra que o mesmo não é ali definido com clareza. Estão envolvidas tanta a fase inicial, do novo nascimento propriamente dito, como o processo inteiro de renovação, em suas dimensões pessoal e cósmica. Deus visa a salvação do homem inteiro — espírito, alma e corpo — e, juntamente com ele, o cosmos, sobre o qual o homem foi nomeado vice-regente. A regeneração, pois, envolvera vários elos interligados dentro da cadeia da salvação. Assim como o pecado afeta não somente o pecador individual, mas o próprio cosmos — *maldita é a terra por tua causa* (Gn 3.17), assim também a regeneração do indivíduo chegará a produzir uma renovação universal (que a Bíblia chama de *paliggenésia, regeneração* (ver Mt 19.28), ou *apokastáseos, restauração* (ver At 3.21). Isso envolve a transformação dos remidos segundo a natureza de Cristo, com o recebimento da natureza divina por parte deles. ... *nos têm sido doadas as suas preciosas e mui grandes promessas para que por elas vos torneis co-participantes da natureza divina...* (2Pe 1.4).

A culpa do pecado é resolvida pela justificação, e a mácula do pecado é resolvida pela santificação. Na regeneração é insuflado um princípio de santidade, que embora nunca atinja estado perfeito neste mundo, introduz na vida do crente o *poder renovador* que terminará por conferir-lhe a retidão e a santidade de Deus. Assim, João foi capaz de dizer acerca de quem é regenerado: *Todo aquele que é nascido de Deus não vive na prática de pecado; pois o que permanece nele é a divina semente; ora, esse não pode viver pecando, porque é nascido de Deus* (1Jo 3.9).

A diferença entre o homem regenerado e o homem não regenerado transparece como uma antítese que assinala a vida inteira deles. No homem regenerado há a consciência que busca sujeitar tudo ao senhorio de Cristo, paralelamente à consciência de que há um antigo princípio que procura tornar-se independente de Deus. A solução é entregar nas mãos do Senhor a direção inteira da vida. ... *no tocante ao homem interior, tenho prazer na lei de Deus, mas vejo nos meus membros outra lei que, guerreando contra a lei da minha mente, me faz prisioneiro da lei do pecado que está nos meus membros. Desventurado homem o que sou! quem me livrará do corpo desta morte? Graças a*

Deus por Jesus Cristo nosso Senhor... (Rm 7.22-25). Esse conflito íntimo termina quando ele se liberta do corpo físico, a sede da natureza carnal, por ocasião da morte física. O corpo ressurreto terá deslocado o seu centro de decisões, passando da alma para o espírito. Nosso corpo atual é animal (impulsionado pela alma), nosso corpo futuro será espiritual (impulsionado pelo espírito). (Ver 1Co 15.44).

A criação inteira aguarda pela manifestação dessa transformação dos filhos de Deus (ver Rm 8.19-23). Embora nem todos os seres humanos venham a receber a salvação dos remidos, o cosmos inteiro será beneficiado por ocasião da glorificação dos filhos de Deus. Ver sobre *Restauração*. Todas as coisas serão renovadas no novo céu e na nova terra. E essa renovação desde agora e para sempre emana do Filho de Deus, que se tornou homem para que nos tornássemos participantes na natureza divina. Glória a Deus por isso!

V. Novo Nascimento; Nova Criação. Ver os artigos separados sobre *novo nascimento; Nascer de Novo e Nova Criatura*. O artigo sobre *novo nascimento* explica a doutrina da *Regeneração* detalhadamente.

VI. Alvos Finais da Regeneração. **1. Redenção dos eleitos**. Ver o artigo separado sobre *Redenção*. **2. Salvação escatológica**. Ver o artigo geral sobre *Salvação*. Este conceito inclui, como elemento principal, a transformação do crente à Imagem de Cristo. Ver *Transformação Segundo a Imagem de Cristo*. Esta transformação incluirá, necessariamente, participação em toda a plenitude de Deus (Ef 3.19), portanto, na própria natureza divina (2Pe 1.4). Ver o artigo separado, *Divindade, Participação na, Pelos Homens*. **3. Restauração**. Os não-eleitos também participarão na regeneração efetuada por Cristo. Ele tinha (tem) uma missão tridimensional: na terra, no *hades*, e nos céus. As três missões *juntas* alcançarão *todos os* homens (Ef 1.9,10), formando uma *união* de tudo em Cristo. O Logos Divino alcançará *todos os* homens, embora não da mesma maneira, e não com os mesmos resultados. Ver a discussão que esclarece estes conceitos no artigo sobre *Restauração*. **4**. A realização final do *Mistério da Vontade de Deus* (vide), que efetuará, afinal, uma *união* de tudo ao Logos.

REGIÃO MONTANHOSA

As referências bíblicas que contém essa expressão ou expressões similares são um tanto vagas, a menos que o contexto forneça uma definição acerca do local em questão. Geralmente, estão em pauta áreas que continham montes em Judá, Efraim e Naftali, embora todas essas áreas fossem parte de uma única serra. As elevações, na Palestina, raramente atingem mais de 900 m, pelo que aquilo que alguns chamariam de montes, outros chamariam de colinas. Há quatro divisões geográficas naturais na Palestina: **1**. A planície marítima ao longo do mar Mediterrâneo; **2**. A Sefelá ou região montanhosa; **3**. O vale do rio Jordão; **4**. O platô da Transjordânia. Todavia, quase toda a Palestina pode ser considerada como uma região montanhosa.

Usos: **1**. As colinas onde os cananeus efetuavam seus ritos pagãos (Dt 12.2; 1Rs 14.23). **2**. Os habitantes das regiões montanhosas, como Gibeá de Saul (1Sm 11.4; 15.34); a Gibeá de Fineias (Js 24.33); a Gibeá de Benjamim (1Sm 13.16). **3**. Simples montes ou serras, como o monte Sião (Sl 2.6; 48.11); as colinas em redor do território de Judá (Js 11.21; Lc 1.39,65); o monte Efraim (Js 17.15); as colinas em redor do território de Naftali (Js 20.7); as colinas de Gileade (Dt 3.12); os montes de Basã (Sl 68.15); os montes de Amom (Dt 2.37); os montes dos amorreus (Dt 1.7). **4**. O monte da Transfiguração (Lc 9.37), que talvez seja o mesmo *monte Hermom* (vide).

REGIÃO MONTANHOSA DOS AMALEQUITAS

Um lugar próximo de Piratom, no território de Efraim (ver Jz 12.15). Não há que duvidar que esse lugar era assim chamado porque, antigamente, os amalequitas tinham ocupado o lugar.

REÍ

No hebraico, **"amigável"**. Um dos apoiadores de Salomão, ao tempo da tentativa de Adonias de obter para si o trono de Davi (1Rs 1.8). Pertencia à tribo de Judá, e era oficial da guarda real.

REI, REALEZA

No hebraico, *melek*, palavra que ocorre por mais de duas mil e quinhentas vezes, desde Gênesis 14.1 até Daniel 7.24. No grego, *basiléus*, termo que aparece por 111 vezes. Se considerarmos seus cognatos, como "rainha", "reinar" e "reino", então esse número aumentará para mais de trezentas vezes. O termo grego *basiléus* ocorre de Mateus 1.6 até Apocalipse 21.24.

Ver diversos artigos separados que acrescentam informações sobre este assunto: *Israel, Reino de*, que alista todos os reis de Israel e dá uma descrição abreviada de cada um; *Israel, História de*; *Reino de Judá*, que alista todos os reis de Judá e dá uma descrição abreviada sobre cada um. Muitas outras informações são incluídas nesses artigos. Sob o título Israel, uma lista de títulos de artigos dirigirá o leitor para uma riqueza de informações sobre essa nação e suas instituições.

I. Usos da Palavra. Os termos hebraico e grego são usados para indicar o principal chefe ou governante de uma tribo ou nação. Os reis da antiguidade eram mais chefes locais, como de uma vila ou grupo de vilas. Com o tempo foram surgindo reis de cidades-estado, de nações ou mesmo de impérios. Os imperadores, em português, eram os governantes dos grandes impérios posteriores, como os imperadores romanos ou os imperadores chineses. Os governantes meramente locais são, algumas vezes, chamados "reis". Isso é provado pelo fato de que Ben-Hadade tinha autoridade sobre 32 "reis" (1Rs 20.1,16). Em Canaã, Adoni-Bezeque derrotou setenta reis, tendo-os obrigado a comer pão debaixo de sua mesa (Jz 1.7). Nas Escrituras, Ninrode é uma das primeiras figuras da história a ser chamado rei, mas logo temos os reis do Egito (intitulados Faraós), da Pérsia, de Edom, de Canaã etc. (Gn 10.10 e os capítulos 13, 14, 20 e 36). O que poderíamos chamar de "reino" era uma modalidade comum de governo, no Oriente Médio, pelo menos até onde a história nos pode fazer retroceder. Um único homem tornava-se o governante de uma cidade, ou de uma área específica (Gn 14.10; 5.13; 20.1 ss.). Desde os tempos antigos, esse poder era hereditário, pelo menos em alguns casos (Gn 36.31 ss.). Em tais casos, por detrás do sistema, havia toda uma teologia, segundo a qual a família reinante era considerada de origem divina. Em certos lugares, os reis eram concebidos como dotados de poderes e de autoridade divinas. Platão pensava que a autoridade dos reis deriva-se de Zeus, o deus supremo do panteão helênico.

II. Religião e Realeza. Acabamos de observar alguns elementos a esse respeito. Como é óbvio, um rei local, que aterrorizava e pilhava ao seu redor, não estava interessado em ser identificado com alguma divindade. Porém, a linhagem real dominante em países de mais elevada civilização, com frequência, era identificada com alguma divindade ou mesmo com vários deuses. Esse era um corolário natural do conceito de que os deuses eram os protetores deste ou daquele povo. O rei, por ser a principal autoridade de uma nação, torna-se a encarnação da proteção daquela divindade. Os seres humanos são incuravelmente religiosos, e as crenças humanas mesclam-se facilmente com as ideias políticas. Os épicos gregos, como a *Ilíada* e a *Odisseia*, falam sobre deuses que comungam com os homens, ajudando-os, pondo obstáculos no caminho deles, manifestando-se nas batalhas etc. E assim, os anais dos povos gentílicos nos fornecem uma visão imanente do poder divino, onde homens e deuses misturam-se livremente. O rei, pois, era aquele que desfrutava de contato mais íntimo e constante com os deuses. Os heróis, por sua vez, eram aqueles que adquiriam uma espécie de semidivindade no além-túmulo, mediante seus feitos extraordinários.

Através dos longos séculos da história egípcia, e também com frequência na área da Metopotâmia, os deuses eram considerados uma espécie de alta realeza que governava os homens, e os reis e os sacerdotes eram tidos como seus representantes especiais. Também devemos pensar nos homens que, de algum modo, eram considerados descendentes dos deuses, de onde, supostamente, derivava-se o seu poder. Nos mitos gregos, os deuses sempre acabavam tendo relações sexuais com as mulheres terrestres, e seus filhos eram os grandes homens da terra. O Faraó do Egito era tido como uma espécie de encarnação do deus Horus, pelo que todos os Faraós, em seus títulos, tinham alguma referência a essa divindade. Além disso, vários epítetos de divindades mesopotâmicas são os mesmos adotados pelos reis humanos.

Os deuses eram apresentados sob muitas formas, como pastores, mensageiros, copeiros, jardineiros e até mesmo inspetores de canais. Torna-se evidente que o salto da condição humana para a condição divina não era muito grande. A soteriologia vinha misturar-se com esse programa de deificação, o que significa que a esperança de imortalidade alicerçava-se sobre a promessa feita pelos deuses aos homens que os agradassem de alguma maneira. A atividade das divindades principais era retratada em termos das atividades nos palácios dos reis. Até mesmo na Bíblia esse uso metafórico é bastante frequente. Estas ideias chegaram até os tempos do império romano. Surgiram os reis divinos, e alguns imperadores romanos chegaram a pensar, com seriedade, que neles havia algo de divino. O direito divino dos reis sempre foi um fator importante, nos governos europeus da idade Média. O décimo terceiro capítulo da epístola aos Romanos refere-se a essa ideia, o que significa que ela tem raízes ainda anteriores à Idade Média. Algumas estudiosos de sociologia acham que a ideia é útil, quando não é distorcida pelo exagero, porquanto a sociedade humana precisa de autoridade dotada de muita força, que possa coibir os excessos.

As evidências arqueológicas mostram que nas culturas do antigo Oriente Médio o ofício real era fomentado, quanto à sua importância, pelos costumes populares relativos às festividades e a certos elementos dos diversos calendários. Assim, as colheitas abundantes eram celebradas como provas da bênção dos deuses ao governo deste ou daquele rei. A casta sacerdotal não deixava de explorar esse aspecto da questão. Nas sociedades antigas, usualmente a casta sacerdotal era quem, realmente, exercia autoridade sobre o povo, depois dos militares, e ambas essas classes estavam sob o controle dos reis. Em diversos países, a festa da colheita também servia de ocasião para a coroação do rei, quando lhe eram conferidos títulos divinos, dando a entender que ele representava a divindade, e não somente que havia uma preocupação política em foco. Alguns eruditos pensam que esse foi um fator decisivo em muitos lances da história de Israel. Ali, anualmente, *Yahweh* era entronizado representativamente na pessoa do rei.

Há evidências de que eram dados títulos divinos aos reis de Israel, embora a teoria inteira repouse sobre a especulação, com poucos textos de prova possíveis, como Salmo 47, 93, 96 e 99; comparar com Salmo 68.24.

Todavia, não se pode duvidar que os reis de Israel esperava-se que fossem líderes da religião nacional. O Antigo Testamento cuida em mostrar os vícios e as virtudes dos reis de Israel, porquanto a medida da utilidade de um rei era a qualidade de sua espiritualidade. Ademais, temos a considerar a doutrina do Messias, o Rei que descenderia de Davi e estabeleceria o reino de Deus sobre a terra, por intermédio de Israel. A realeza, do princípio ao fim, era uma espécie de subcategoria da teologia, porquanto Israel era uma teocracia, dentro da qual o rei era uma das figuras mais proeminentes.

III. O Reinado em Israel

1. Pano de Fundo e Preparação. *Moisés.* Uma autoridade real ou monárquica era estranha às antigas instituições mosaicas. A ideia dominante é que *Yahweh* era o único Rei que Israel poderia ter (1Sm 8.7). O trecho de Isaías 33.22 afirma enfaticamente o princípio envolvido: *Porque o Senhor é o nosso juiz; o Senhor é o nosso legislador, o Senhor é o nosso rei: ele nos salvará.* Moisés servia de juiz do povo de Israel, atuando por meio da legislação levítica, divinamente inspirada. Mas ele jamais imitou as nações circunvizinhas, tornando-se um soberano. No entanto, o povo de Israel foi moldado no Egito, onde o rei-divino era a autoridade suprema; eles tinham saudades de muitas coisas que haviam visto no Egito, das quais também tinham participado. Há uma certa grandeza na realeza, onde um homem é exaltado até os céus, fazendo grandes pronunciamentos que alimentam o orgulho dos povos. Para muitos, em Israel, Moisés deve ter parecido um pobre substituto do Faraó. Portanto, desde o começo da história de Israel, como povo livre, havia as sementes da realeza, semeadas em Israel. O rei teocrático, *Yahweh*, era invisível, e, mui provavelmente, havia suspeitas sobre até que ponto ele realmente se comunicava por meio de Moisés e dos sacerdotes levíticos. Os israelitas, pois, queriam um rei visível. ***As primitivas condições palestinas.*** Na antiga nação de Israel, a autoridade era exercida, essencialmente, através de chefes de aldeias (Jz 11.5). Quando necessário, esses chefes podiam convocar um exército de emergência (Jz 11.9). Não parece que os juízes ocupassem um ofício hereditário. A Gideão foi pedido que governasse Israel (Jz 8.22), mas ele se recusou a isso. Seu filho, Abimeleque, conseguiu obter para si mesmo um reino local e temporário (Jz 9.6 ss); mas o livro de Juízes termina com uma nota melancólica, observando que, em Israel, cada qual fazia o que bem entendia, em meio ao caos generalizado. E isso era explicado como resultado da ausência de um rei (Jz 19.1; 21.25). Após o desaparecimento dos fortes líderes, como Moisés e Josué, os chefes das aldeias nunca foram suficientemente importantes para impedir o caos. ***Eli e Samuel.*** Esses dois homens proveram uma forte liderança. Eli era o sacerdote principal em Silo (1Sm 1.3; 4.13). Samuel tinha uma liderança não hereditária. Ele governava de diversos lugares em Israel, em seus circuitos pela nação (1Sm 7.15 ss.). A demanda nacional por um rei tornou-se premente, e foi o próprio Samuel que, com relutância, cedeu diante dessa exigência (1Sm 8.4 ss.). Esse pedido popular foi considerado uma apostasia, da teocracia original para o governo humano (1Sm 8.7).

2. O Rei Saul. Saul, homem de grande vitalidade física e de muita força de vontade, embora *não dotado* de profunda espiritualidade, foi ungido rei por Samuel. O décimo capítulo do livro de 1Samuel conta a história inteira da escolha de Saul para ser o primeiro rei. O evento é baseado sobre três razões: ***a.*** O povo de Israel insistira, erroneamente, em ter um rei (vs. 18,19), rejeitando assim, pelo menos quanto a certo aspecto, o reinado de *Yahweh*. ***b.*** Todavia, Saul era o homem escolhido pelo Senhor (vs. 1). ***c.*** Porém, o povo de Israel estava à cata de meros valores humanos, porquanto Saul era mais alto que qualquer outro homem em Israel (vs. 23). Como em quase tudo quanto os homens fazem, houve a mistura de valores divinos e valores humanos; como resultado houve uma vitória parcial e uma derrota parcial. Quase sempre, as vitórias obtidas pelos homens são maculadas por algo inferior ou errado, apesar do que, são vitórias.

O rei Saul obteve poderes consideráveis, em pouco tempo. Ele tinha a última palavra na administração da justiça e da política interna (2Sm 15.2; 1Rs 3.16). Exercia o poder de vida e morte sobre os cidadãos (2Sm 14). Chegou a imiscuir-se em assuntos religiosos (1Rs 8 e 2Reis 12.4; 18.4; 23.1). Era o *comandante em chefe* do exército. E essa era a principal razão pela qual os israelitas queriam ter um rei: porque temiam os muitos inimigos que viviam ameaçando Israel por todos os lados (1Sm 8.20). Para todos os efeitos práticos, a única força que contrabalançava o poder real era o poder da casta sacerdotal, juntamente com a dos profetas, os quais interviram por mais de uma vez, algumas vezes com sucesso, e outras vezes sem sucesso, quando o rei cometia algum erro (1Sm 14.45; 1Rs 20.22,28; 2Rs 1.15). Houve oportunidades, entretanto, quando a espada do rei prevaleceu sobre qualquer força restringidora (1Sm 22.17).

3. Melhorias Sob Davi. Com Davi, o poder do reinado foi anexado à sua linhagem, que se tornou hereditária. O trono, preferencialmente, era dado ao filho mais velho (2Rs 21.21). Essa norma, naturalmente, nem sempre era observada (1Rs 1.17; 2Cr 11.21). Os reis eram ungidos pelo sumo sacerdote do momento, um gesto que refletia a teocracia (1Sm 8.14; 10.1; 15.1; 16.12; 2Sm 2.4; 5.3; 1Rs 1.34,39,40), ao menos simbolicamente, mesmo que não literalmente. A despeito de seus grandes erros, Davi era espiritualmente superior a Saul (1Sm 13.14; 1Rs 11.4; 14.8). O governo de Davi foi muito bem-sucedido dos ângulos pessoal, militar e religioso, de tal modo que Davi chegou a ser considerado o monarca ideal. Todavia, houve algumas falhas graves, como seu adultério com Bate-Seba e a morte provocada do marido dela, Urias. Grandes homens, grandes vícios. O pacto davídico (Sl 132.11 ss.), sem dúvida, foi um fator essencial na importância dele, visto que tornava-se clara a existência de um propósito divino, operante através da linhagem de Davi. Esse propósito era o surgimento do Messias, Jesus Cristo. Davi tornou-se uma espécie de rei-sacerdote, tendo restaurado, até certo ponto, o ideal mosaico (2Sm 6.13 ss.; comparar com 1Rs 8.5).

A Esperança Messiânica. Várias passagens das Escrituras confirmam o ensino que, mediante a linhagem de Davi, viria o Messias, o qual seria um verdadeiro Rei-Sacerdote, em nível universal, e não apenas nacional. (Ver Sl 2; 110; 132; Is 11.1-4; Jr 23.15; Mt 2.6) (citando Mq 5.2). As genealogias do Novo Testamento apresentam Jesus como pertencente à linhagem de Davi (Mt 1.6; Lc 3.31,32). Tornou-se doutrina aceita que o Messias seria Filho de Davi (Mt 21.9). A mesma coisa é ensinada em Mateus 22.42. Mas Jesus, ao citar Salmo 110.1, em Mateus 22.43, mostrou que o Messias também é o Senhor de Davi, pelo que a expressão "Disse o Senhor ao meu Senhor" subentende a divindade de Jesus de Nazaré.

4. Salomão. Salomão, filho de Davi, levou a nação de Israel a seu ponto culminante de poder e prosperidade, em um período essencialmente pacífico. Foi nesse período que o templo de Jerusalém foi edificado, o que adicionou uma nova dimensão ao caráter nacional de Israel. Salomão, em meio ao grande luxo que vivia, naturalmente envolveu-se em alguns vícios, primeiramente com mulheres, e então, com a idolatria. Novamente vemos que grandes homens, grandes vícios. A história dele é narrada em 1Crônicas 1-12 e 2Crônicas 3, 22, 23, 28, 29. Salomão encontrou dificuldades onde a maioria dos monarcas orientais escorrega. Um numeroso harém era um dos luxos mais cobiçados da época (1Sm 5.13; 1Rs 11.1; 20.3). Salomão foi o mais luxuoso e sensual deles todos, tendo tido mil esposas e concubinas. O trecho de Deuteronômio 17.16,17 prediz os maus resultados dos reis de Israel que multiplicassem cavalos, esposas e riquezas materiais.

5. Desenvolvimentos Posteriores. Cada um dos reis de Israel e de Judá merece um comentário em separado. Ver também o artigo sobre os dois livros de *Reis*. O Antigo Testamento aquilata os reis essencialmente em acordo com a adoração e serviço que eles prestaram a *Yahweh*, como também com base em sua retidão pessoal. As narrativas sobre as sangrentas e intermináveis guerras ocupam uma porção desencorajadora do espaço do volume da Bíblia, ao ponto de ficarmos chocados ante a selvageria daquela gente. Muitos dos reis de Israel e de Judá foram ímpios que encorajaram a impiedade (1Rs 14.15; 2Rs 21.16). Porém, fica entendido, do princípio ao fim, que Deus estava realizando um propósito nacional para Israel. O ponto central desse propósito era que Israel seria o instrumento da revelação divina e, finalmente, todas as nações seriam beneficiadas. Isso faz parte das provisões dos pactos abraâmico e davídico. Ver o artigo geral sobre as *Alianças*, quanto a detalhes sobre essa questão.

Após a divisão do reino, nos dias de Reoboão e Jeroboão, em reino do norte (Israel) e reino do sul (Judá), a monarquia judaica foi declinando. No espaço de duzentos anos, Israel chegou ao fim, mediante o cativeiro assírio (722 a.C.). A nação mais estável de Judá durou mais cento e trinta e cinco anos, até o cativeiro babilônico (587 a.C.). Ver os artigos separados sobre esses dois cativeiros. Houve o retorno de um remanescente, após o cativeiro, registrado nos livros de Neemias e Esdras, mas o povo de Israel nunca mais foi o mesmo. Israel ficou sujeito ao domínio estrangeiro até à revolta encabeçada pelos macabeus.

6. Os Macabeus. Durante o período entre 104 e 37 a.C., certos sumos sacerdotes de uma mesma família, chamados macabeus, assumiram o título e a autoridade próprios de reis, e houve algum tempo de independência para os judeus. Mas Roma, finalmente, subjugou a Palestina inteira, em cerca de 63 a.C. Duas revoltas, uma no ano 70 d.C. E a outra no ano 132 d.C., culminou na grande dispersão dos judeus entre as nações gentílicas. Esta condição só veio a ser revertida em nossa própria época, após a Segunda Guerra Mundial, em 1948. Ver o artigo separado sobre o *Período Intertestamental*, quanto a detalhes sobre esse período geral.

IV. Aspectos do Reinado em Israel

1. Poderes dos Reis. O rei era o *comandante em chefe*, o principal defensor da fé nacional, o juiz supremo, o administrador das questões financeiras, o guerreiro principal, o diretor dos empreendimentos de construção da nação, o vice-regente de *Yahweh* (1Sm 10.1). Esperava-se do rei que ele fosse homem dotado de grande retidão pessoal (2Sm 7.14; Sl 89.26; 2.6,7). Os reis tinham uma corte e seus respectivos oficiais. A corte provia ao rei os luxos tipicamente orientais, as riquezas materiais, os edifícios decorativos, e muitas mulheres (1Sm 8.15; 2Rs 24.12,15). Ver também 1Reis 22.10 e 2Crônicas 18.9 acerca do dinheiro e das decorações em que o rei se via envolvido. Quanto ao aspecto religioso, o rei era ajudado pelos sacerdotes levitas. Ele tinha o seu cronista (2Sm 8.17). O povo de Israel sempre foi muito sensível à história. Por isso, o rei tinha seu administrador (Is 22.15), seus companheiros (1Rs 4.5), sua guarda pessoal, com um capitão (2Sm 20.23), bem como os oficiais sobre seus armazéns, tesouros, plantações, vinhas etc. (1Cr 27.25-31). Também havia um comandante do exército às ordem do rei (2Sm 11.1; 20.23; 1Cr 27.34), e conselheiros reais, equivalentes a ministros (1Cr 27.32; Is 3.3; 19.11,13).

2. Suas Rendas. Os reis de Israel dispunham de gado e de plantações (1Sm 21.7; 2Sm 13.23; 2Cr, 26.10). Eles cobravam taxas dos negociantes que passavam pelo território de Israel (1Rs 10.14), cobravam impostos dos seus súditos (1Sm 10.27), do comércio (1Rs 10.22), das aventuras comerciais (1Rs 9.28), dos despojos de guerra (2Sm 8.2,7,8), e taxas diversas (1Sm 8.15 e 2Reis 23.25).

V. Usos do Novo Testamento. Nas páginas do Novo Testamento, o rei maior é o imperador romano (1Pe 2.13,17), os sete reis da história romana ligados ao surgimento do anticristo (Ap 17.10). Esse termo é ali também aplicado a governantes locais, como Herodes, o Grande (Mt 2.1) e Herodes Antipas (Mt 14.9). Ver outros usos abaixo, sob *Usos figurados*.

VI. Usos Figurados. 1. Ser rei é ter sido dotado de poder supremo (Pv 8.15,16). **2.** Deus é o Rei brandindo a autoridade suprema (1Tm 1.17). **3.** Cristo é Rei, como cabeça da igreja (1Tm 6.15,16; Mt 27.11), como Rei messiânico (Mt 21.5), como Rei dos reis e Senhor dos senhores (Ap 19.16). **4.** O povo de Deus compõe-se de reis e sacerdotes (Ap 1.6). **5**. A palavra "rei" é usada em sentidos simbólicos diversos (Mt 18.23; 22.2,7,11,13). **6**. A morte é o rei dos terrores (Jó 18.14). **7**. O crocodilo é rei, sobre todos os animais orgulhosos (Jó 41.34).

VII. Gráficos dos Reis de Israel e Judá, Confrontados com os de Outras Nações

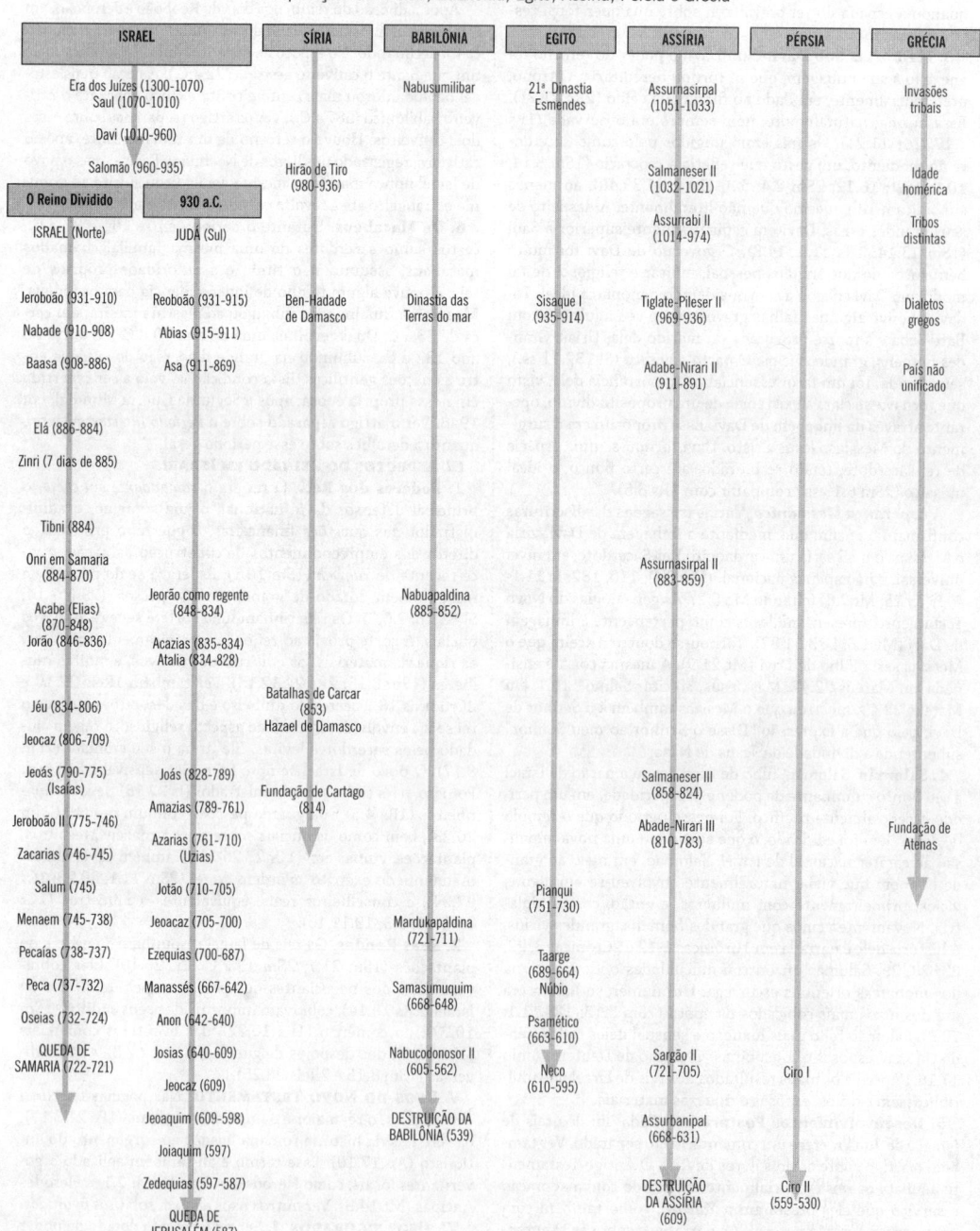

GRÁFICO HISTÓRICO COMPARATIVO
Os Reis de Israel e Judá
Comparações com Síria, Babilônia, Egito, Assíria, Pérsia e Grécia

REINO

No hebraico, temos cinco termos, e no grego, um, a saber: **1**. *Melukah*, palavra que ocorre por dezoito vezes (Por exemplo: 1Sm 10.16, 25; 2Sm 16.8; 1Rs 1.46; 1Cr 10.14; Sl 22.28; Is 34.12). **2**. *Maleku*, palavra aramaica usada por 53 vezes. Para exemplificar (Dn 2.37,39-41,44; 4.3,17,18,26,30,31,34,36; 7.14,18,22-24,27). **3**. *Malekuth*, palavra hebraica usada por 75 vezes com esse sentido (Por exemplo: Nm 24.7; 1Sm 20.31; 1Rs 2.12; Et 1.2,4,14). **4**. *Mamlakah*, palavra hebraica usada por 110 vezes (Por exemplo: Gn 10.10; Êx 19.6; Js 11.10; 2Sm 3.10,28; 1Rs 2.46; 2Cr 9.19). **5**. *Mamlakuth*, palavra hebraica usada por nove vezes (Js 13.12,21,27,30,31; 1Sm 15.28; 2Sm 16.3; Jr 26.1; Os 1.4). **6**. *Basileia*, palavra grega usada por 160 vezes, desde Mateus 3.1 até Apocalipse 17.18.

Em sentido geral, esse vocábulo é usado no Antigo Testamento para especificar algum país ou países sujeitos a um monarca (Dt 3.4) ou então a fim de designar o poder e o governo de algum rei (1Sm 18.8; 20.31).

Sentidos Religiosos e Espirituais. Há muita variedade de tais sentidos, uma questão considerada no artigo intitulado *reino de Deus* (*ou dos Céus*).

REINO DE DEUS (OU DOS CÉUS)

I. CARACTERIZAÇÃO GERAL. Antes de tudo, devemos dizer que não há qualquer diferença entre "reino de Deus" e "reino dos céus". Alguns estudiosos têm pensado que a primeira dessas expressões é mais abrangente, abarcando todas as inteligências criadas, nos céus e na terra, ao passo que a segunda delas descreveria o governo de Deus em algum lugar ou em alguma circunstância específica, como o reino do Messias. Porém, a expressão "reino dos céus" é usada no Evangelho de Mateus com respeito a questões vinculadas ao "reino de Deus", nos outros Evangelhos. Para exemplificar, em Mateus 3.2, lemos que João Batista veio pregando o reino dos céus; mas, na passagem paralela de Marcos 1.14, lemos que ele veio pregando o reino de Deus. É claro que o Batista não veio pregando dois reinos diferentes. Marcos e Lucas não usam as palavras "reino dos céus", mas descrevem as mesmas realidades mediante a expressão "reino de Deus". Usualmente, Mateus alude ao esperado reino messiânico, ao governo do Messias sobre o trono de Davi. A expressão deriva-se de Daniel 2.34-36,44; 7.23-27, que alude àquele reino, divinamente estabelecido e que será estabelecido à face da terra quando a pedra cortada sem ajuda das mãos tiver posto fim ao sistema mundial gentílico. Esse foi o reino que Deus prometeu a Davi (2Sm 7.7-10), que foi descrito nos escritos dos profetas (Zc 12.8) e que foi confirmado em Jesus Cristo mediante o anjo Gabriel (Lc 1.32,33). De acordo com Mateus 3.2, esse reino está "próximo", porquanto em breve se concretizará. Teria um cumprimento preliminar nesta dispensação (Mt 13), e teria um aspecto profético, o reino que será estabelecido quando da segunda vinda de Cristo, ou "parousia" (vide) (Mt 24.29-35).

Por que "reino dos céus" é usado, em vez de "reino de Deus"? Os judeus tinham profundo respeito pelo nome divino. Portanto, no Evangelho de Mateus, escrito principalmente a leitores judeus, é empregada a expressão *reino dos céus* como um eufemismo, para evitar tantas menções ao nome de Deus.

Nos Evangelhos sinópticos, a pregação do reino é o tema central. Não podemos duvidar que João Batista, seus seguidores, Jesus e os seus discípulos pensassem que o reino de Deus haveria de ser estabelecido na terra. O reino de Deus foi uma oferta genuína feita a Israel; mas a oferta foi rejeitada. Isso posto, a vontade divina apresentou aos gentios o esplendor da igreja e de nossa era da graça. De nada nos adianta tentar imaginar como o reino de Deus poderia ter sido genuinamente oferecido ao povo de Israel, ao mesmo tempo em que ele tinha de ser rejeitado, a fim de que pudesse surgir a igreja cristã. Essas razões pertencem aos mistérios ocultos de Deus.

Em sentido bem amplo, poderíamos definir esse reino como composto por aqueles que reconhecem, adoram, amam e obedecem a Deus, como o único Deus vivo e verdadeiro. Portanto, esse reino pode ser concebido como existente no céu, ou então no coração dos homens regenerados. Os remidos, pois, comporiam o reino de Deus. A igreja seria a coletividade formada por esses remidos, nos céus e na terra. Sem importar qual forma assuma, esse reino incorpora a luz do mundo, sendo a vida e o sal da terra. Jesus nasceu para ser Rei, e, de muitas maneiras onde ele consegue impor-se como tal, aí está o reino de Deus. Por esta razão, o reino de Deus é chamado de "reino de Cristo, o Filho", por causa de sua administração. Mas é chamado reino de Deus, porque Deus é a autoridade final, por detrás desse reino. No Evangelho de Mateus é chamado "reino dos céus" porque o céu é a habitação de Deus. Finalmente, a autoridade real de Jesus Cristo será exercida em todos os lugares (Ef 1.10), quando então haverá a unidade de todas as coisas em torno da pessoa de Cristo.

II. SUMÁRIO DE CONCEITOS

1. A criação inteira é o reino de Deus. Ele é o Deus do céu, retratado como quem está sentado no trono do governo do universo (Sl 103.19; Ez 1.26-28). Isso, Deus faz cercado pelas hostes celestes que o servem (1Rs 22.19), cuidando de tudo e governando tudo (Sl 33.13 ss.), como o Rei Eterno (Sl 145.13; Dn 4.3,4). O direito que Deus tem de ser Rei deriva-se do fato de que ele é Criador de todas as coisas (Sl 95.3-5). Sua jurisdição abrange todas as nações (Sl 22.28; Jr 46.18). Ele determina quem deve governar na terra (Dn 2.37; 4.17). Ele determina todos os sistemas e condições (Sl 29.10; 93.14). O seu governo caracteriza-se pela verdade e pela retidão (Sl 96.13; 99.4). Deus requer que todos os seus súditos o temam e respeitem (Sl 99.1-3; Is 6.5; Ml 1.14). Nesse ponto, encontramos uma metáfora antropológica, onde o poder e a majestade do Senhor são simbolizados pela grandiosidade das cortes orientais.

2. A nação hebreia é o reino de Deus. Por essa razão, aquela nação tornou-se um reino de sacerdotes (Êx 19.6). A glória de Deus manifestava-se no templo de Jerusalém, que era lugar da autoridade de Deus, com o intuito de refletir a sua glória e autoridade celestial (2Rs 19.15). Deus governava no monte Sião ou Jerusalém (Sl 48.2; 99.1 ss.). É possível que o reino de Deus fosse celebrado anualmente, em uma festa especial da colheita (Salmos 47, 93, 96, 97 e 99. Ver também Salmo 68.24). Sem importar o sentido exato do conceito, Deus como o Rei de Israel é uma noção comum no Antigo Testamento (Dt 33.5; 1Sm 12.12; Jz 8.23). Ver o artigo sobre *Rei, Realeza*, em seus pontos segundo e terceiro, que ilustra a questão.

3. O reino messiânico. Esse era o reino profetizado que os judeus esperavam, o qual, segundo a doutrina cristã primitiva, tornou-se parte do ensino sobre o *milênio* (vide). Ver os comentários sobre o primeiro ponto deste verbete, que ampliam a ideia.

4. Conceito geral. O reino de Deus abarca todas as coisas sobre as quais Deus exerce poder, quer o mundo e tudo que nele existe, quer as vidas dos homens. Portanto, o reino de Deus pode ter um significado puramente espiritual ou ótico (Lc 17.20,21; Rm 14.17).

5. O reino de Deus pode indicar salvação, vida eterna. No Evangelho de João, a expressão "reino de Deus" é praticamente equivalente à salvação, ou vida eterna (Jo 3.3-5). Nesse trecho, a expressão "reino de Deus" aparece como a salvação transcendental, ou seja, a *vida eterna* que um homem não pode possuir sem o novo nascimento. Pelo tempo em que o Evangelho de João foi escrito, isto é, depois da destruição de Jerusalém, para muitos crentes já havia desaparecido a esperança da inauguração de algum reino político no futuro previsível, ainda que muitos deles preservassem tal esperança sob a forma da doutrina do milênio, vinculada à *parousia* (vide). Por essa razão é que, no Evangelho de João, o reino político não mais ocupa qualquer posição. Ali, a *salvação no outro mundo* é o reino de Deus.

6. A igreja cristã. No trecho de Colossenses 1.13, a expressão "reino de Deus" indica a igreja cristã, na qual estão investidas todas as esperanças humanas de participação no futuro reino celeste. Esse é o uso popular da expressão, em nossos dias.

7. A vida cristã. Quando bem vivida, no sentido de 1Coríntios 4.20. Deus governa os corações humanos, através do seu Espírito, e assim infunde neles o seu reino.

8. As virtudes cristãs cardeais. Estão em foco a justiça, a paz e a alegria, mediante o poder do Espírito (Rm 14.17). Esse uso é discutido em uma porção distinta deste artigo, a terceira porção.

9. Os crentes como o reino de Deus. Esse é um uso paralelo daquele descrito no segundo ponto deste verbete. A nação hebreia era o reino de Deus, e agora os crentes, judeus ou gentios, tornaram-se esse reino. Ver Apocalipse 1.6. Esse uso é discutido na quarta porção deste artigo.

10. O futuro Governo de Deus. Esse governo será absolutamente universal. Deus tornar-se-á então tudo para todos, preenchendo tudo (1Co 15.28). A restauração geral terá assim o seu cumprimento, e isso através da missão universal do Verbo de Deus (Ef 1.10). Ver o artigo sobre a Missão Universal do Logos, o Cristo. Em última análise, coisa alguma ficará fora do poder remidor e restaurador do Logos, do que resultarão a unidade e a harmonia finais. Esse é o mistério da vontade de Deus (vide).

11. Aspectos na teologia moderna. Ver explicações a esse respeito no quinto ponto deste artigo.

III. O Reino Como Virtudes Cristãs Cardeais.

O reino de Deus consiste na justiça, na paz, na alegria e no Espírito Santo. O reino de Deus, neste caso, é a vida cristã, desde seus primórdios, quando da regeneração, incluindo a participação na justiça de Deus, através de Jesus Cristo, e suas aplicações práticas na vida cristã, através da santificação, isto é, a vida diária na real retidão divina, a qual já nos havia sido atribuída, e que agora nos é proporcionada no homem interior, como transmissão real, por obra e graça do Espírito Santo. Equivale à "paz com Deus", bem como a paz que os crentes têm uns com os outros. Também é a mesma coisa que a nossa alegria no Espírito Santo, atitude jubilosa essa que deveria caracterizar todos aqueles que foram libertados dos seus pecados.

Aqueles que preferem salientar questões de dieta, manifestando-se contra ou a favor da abstinência de determinados alimentos, e que assim fazendo provocam grande confusão no seio da igreja, não enfatizam as coisas que realmente têm valor e são de vital importância no que tange à vida cristã. O apóstolo desejava que primeiramente percebêssemos quais são as coisas que realmente se revestem de importância, e então vivêssemos de tal modo a destacar essas coisas de real valor, rejeitando questões laterais e secundárias, que geralmente conduzem à contenda, e não à preservação do vínculo da paz e do amor no seio da irmandade.

O reino de Deus é justiça. Paulo só podia ter querido dizer o que vinha descrevendo tão intensamente por toda esta epístola aos Romanos, isto é, a "justiça atribuída" a nós por Deus, por intermédio de Cristo. (Ver Rm 4.3 e 3.21).

O Reino Consiste de Retidão. **1**. O reino consiste de retidão imputada, mediante a qual recebemos uma correta posição diante de Deus, através de Cristo. Essa é a santidade de Deus, na qual se postam os crentes. (Ver Rm 3.21; 4.11 e 5.13). **2**. Trata-se da santidade de Deus, que se torna real na vida do crente, através do poder do Espírito, na santificação (ver as notas em 1Ts 4.3 no NTI). **3**. Trata-se da retidão divina finalmente aperfeiçoada, em que as virtudes espirituais positivas de Deus são implantadas no crente (ver Mt 5.48). **4**. Em sua aplicação prática, isso ensina-nos que existem certos elementos indiferentes, que nada têm a ver com a santidade, como a guarda de dias especiais, as questões de dieta etc. Ao ensinar-se essa lição, as Escrituras recomendam-nos que não façamos campanhas em prol de coisas não-essenciais, para que a unidade da igreja não seja ameaçada. A verdadeira santidade promove a paz e a concórdia.

Paz. Existe aquela paz de Deus que é um dos aspectos do fruto do Espírito Santo, e que é uma qualidade formada na alma, mediante o exercício ou operação do Espírito de Deus. Essa paz também faz parte integrante da transformação moral dos crentes. Essa paz é verdadeiramente formada no íntimo dos remidos, de tal maneira que ela permite que estes vivam em harmonia tanto com Deus como com os seus irmãos na fé e com os seus semelhantes, além de viverem em paz com suas próprias almas. Esse aspecto da "paz", bem possivelmente, era o que Paulo tinha especificamente em mente, quando usou esse vocábulo neste versículo. Não nos olvidemos, todavia, que a paz dos crentes, uns com os outros, se fundamenta sobre a paz com Deus. Ver o artigo sobre Paz.

Alegria. Essa qualidade, igualmente, é um dos aspectos do fruto do Espírito Santo. Tal alegria não pode ser duplicada pelos esforços humanos, esforços de natureza religiosa ou não. Trata-se de uma qualidade de bem-estar, que envolve não meramente as sensações corporais e as circunstâncias externas da vida material, mas até mesmo a própria alma. A alma que se sente segura em Cristo, por ter vindo a conhecer a verdadeira vida, sua beleza e seu alvo glorioso, desfruta intensamente de sua posição em Cristo, e se enche de esperança. A felicidade, tanto a temporal como a eterna, é o grande resultado disso. (Ver Gl 5.22,23).

Queres Fazer Alguma Campanha? 1. Nesse caso, promove o reino de Deus, a sua retidão, a sua alegria, a sua paz. **2**. Não faças nenhuma campanha em favor de questões secundárias, que só servem para desunir a igreja; aprende o que tem valor primário, e o que é apenas secundário. Poderíamos sugerir aqui algumas ideias, como aquelas relativas ao modo de batismo, ao governo eclesiástico, ou "quais seriam os melhores manuscritos gregos para dali se fazerem as traduções do NT?" **3**. Não insistas em impor os teus direitos.

O trabalho do Espírito Santo. Romanos 14.17 e Gálatas 5.22,23 enfatizam que somente o Espírito é capaz de cultivar nos homens as virtudes e qualidades espirituais que devem caracterizar o homem verdadeiramente espiritual. Isto acontece através do uso dos meios do desenvolvimento espiritual (vide).

IV. Os Crentes Como um Reino.

Apocalipse 1.6. *E nos fez reino, sacerdotes para Deus, seu Pai; nos constituiu no reino*. O autor sagrado evidentemente toma por empréstimo ideias do trecho de Êxodo 19.6, onde Deus prometeu a Moisés, que, após a miraculosa libertação de Israel, da escravidão egípcia, Israel estava destinada a tornar-se um "reino de sacerdotes, uma nação santa", o que significa que aquele povo se tornaria uma "teocracia". A promessa ao "novo Israel", por conseguinte, é que este tornar-se-á, por semelhante modo, uma teocracia, mas não pertencente a este mundo, e, sim, ao celestial. Cada remido haverá de ser um rei; cada remido haverá de ser um sacerdote. Essa promessa sem dúvida alguma está vinculada ao conceito do "milênio" que aparece em Apocalipse 20.6 (comparar com Ap 5.10 e 1Pe 2.9), mas não há razão para limitarmos esse conceito a isso.

O grego aqui empregado pelo autor sagrado leva-nos a entender que ele diz, "constituiu-nos um reino, "sacerdotes", porquanto ele usa o nominativo e não o genitivo, que teria usado se ele tivesse querido dizer "reino de sacerdotes". Vários intérpretes supõem que o autor queria que compreendêssemos isso, mas que seu grego (conforme sucedeu com frequência), saiu de seu controle, e ele terminou por traduzir equivocadamente a passagem que usava, extraída do AT e essa ideia é possível, considerando-se o grego deficiente desse livro. (Ver o artigo sobre o Apocalipse, seção VIII, acerca do tipo de grego que nele foi empregado). Porém, a despeito do mau grego empregado, uma profunda verdade nos é transmitida. O "novo Israel" tornar-se-á um reino de reis, e, nesse reino, cada homem será um sacerdote.

Notemos, no sétimo capítulo do livro aos Hebreus, como Melquisedeque aparece como "rei-sacerdote". Assim também se aprende Em 1Pedro 2.9, a nosso próprio respeito.

V. ASPECTOS DO REINO NA TEOLOGIA MODERNA. Todas as explicações dadas sob o segundo ponto deste artigo, *Sumário de Conceitos*, estão incluídas na teologia moderna, no que tange a esse assunto. A isso, poderíamos acrescentar algumas outras considerações, como, por exemplo:

A história eclesiástica tem forçado várias definições sobre esse conceito. A teologia católica romana tem confundido a igreja com o reino de Deus. Na verdade, há algum precedente para isso no Novo Testamento, conforme vimos no segundo ponto, mas não no sentido mais preciso da questão. Agostinho foi quem mais desenvolveu o conceito. Os teólogos da era medieval construíram sobre a base agostiniana, a fim de sancionarem a teologia de uma igreja onipotente, cujos poderes estariam enfeixados nas mãos do papa. Os papas Gregório VII e Inocente III foram os que mais tiraram proveito dessa ideia.

As atividades da igreja têm por escopo fomentar o reino de Deus, mediante o seu esforço missionário. Com base nesse ensino neotestamentário, os reformadores protestantes salientaram o reino, em seus aspectos espiritual e invisível, fazendo contraste com a ênfase católica romana. Nos ensinos concernentes à segunda vinda de Cristo, são enfatizados pelos teólogos evangélicos os preceitos escatológicos relativos ao reino. Mas as pessoas incorrem em erro quando exageram a ênfase sobre um aspecto, em detrimento de outros, porque o ensino bíblico sobre o reino de Deus é muito lato, e cada aspecto tem sua própria importância. É entristecedor vermos essa doutrina ser posta a serviço do *Exclusivismo*, quando alguma denominação cristã afirma ser o reino de Deus, com exclusão de todas as outras denominações. Outros erros incluem a secularização do conceito, o que o reduz ao progresso evolutivo da sociedade humana, mediante sistemas religiosos, políticos e sociais. O chamado evangelho social do liberalismo resvalou para esse equívoco. O conceito bíblico do reino de Deus sempre envolve a transformação espiritual dos remidos, e só secundariamente a transformação social da sociedade humana, como um resultado que ocorrerá automaticamente, no tempo devido (quando da inauguração do milênio, ou governo de Cristo sobre a terra). Um dos mais graves erros da Teologia da Libertação, pregada pela igreja Católica Romana, em alguns de seus segmentos, é a secularização da teologia, conforme até mesmo teólogos católicos romanos conservadores têm dito. Ver sobre a *Teologia da Libertação*. (DOD HIE NTI SCHW W SCO)

REINO DE ISRAEL. Ver sobre *Israel, Reino de*.

REINO DE JUDÁ

Considerações Preliminares 1. Pano de Fundo Histórico. Alguém já disse: "A característica distintiva de Israel é que essa foi a nação que escolheu Deus". Porém, quando examinamos os registros bíblicos, descobrimos que a verdade é exatamente o contrário: Israel é a nação que Deus escolheu! Os trechos de Gênesis 12.3 e Romanos 11.11,12 mostram que a escolha divina não foi nem arbitrária e nem exclusivista. A nação de Israel deveria tornar-se o guia espiritual de toda a humanidade, mormente através da realização da missão do Messias. A tradição profética assegura-nos que a tarefa da evangelização mundial, que a igreja não completará, antes da conversão de Israel, finalmente será terminada, com a ajuda de Israel (ver Is 11.9). Quando consideramos as minúsculas dimensões do território e do povo de Israel, em comparação com outras nações, ficamos impressionados ante o fato de que o número e a estatura de seus filhos ultrapassam em muito a importância geográfica dessa nação. A melhor explicação para esse fato é que a vontade de Deus se está desdobrando em meio ao povo de Israel.

2. O reino unido. As doze tribos de Israel constituíam um reino unido, nos dias de Davi e Salomão. A dinastia de Davi, sobre a nação de Judá (após a divisão do reino em dois: Israel, ao norte, e Judá, ao sul), continuou governando em Jerusalém até à destruição do reino do sul, o que teve lugar em 586 a.C., pelas tropas babilônicas de Nabucodonosor. A divisão da nação em dois reinos limitou severamente o poder e a influência da dinastia davídica. A glória de Salomão nunca mais conseguiu ser duplicada. Além disso, tensões entre as nações do norte e do sul polarizaram-se nas pessoas de Reoboão, rei de Judá, filho de Salomão, e de Jeroboão, filho de Nebate, rei de Israel, que pertencia à tribo de Efraim. A rebeldia de Jeroboão obteve êxito, e ele acabou ascendendo ao trono do reino do norte, Israel. Assim, a glória pessoal de Jeroboão foi fomentada às expensas da glória de Israel. Reoboão, por sua vez, reteve a coroa de Davi, governando sobre as tribos aliadas de Judá e Benjamim; mas o seu reino era uma mera sombra do que havia sido o reino de Salomão. No entanto, seu reino manteve acesa a lâmpada de Davi, ainda que, em várias oportunidades, pareceu estar à beira da extinção. Em consequência, a linhagem messiânica foi preservada, em consonância com o desígnio sobrenatural que se estava desdobrando.

3. O Território de Judá. Além da tribo de Judá, o reino do sul incluía a maior parte da tribo de Benjamim, e, ao que tudo indica, finalmente abarcou também a tribo de Simeão, que ficara isolada no extremo sul da Palestina. A tribo de Judá era a mais próspera de todas elas, tendo absorvido Benjamim e Simeão. Também não nos podemos esquecer dos levitas que habitavam nesse território, além de outros que se bandearam para a família de Davi. Isso devia-se, pelo menos em parte, ao fato de que Judá é que havia herdado as riquezas de Salomão.

Fronteiras. A oeste o limite era o mar Mediterrâneo. A leste as fronteiras eram o rio Jordão e o mar Morto. Ao norte não havia qualquer limite natural entre Judá e Israel, pelo que a fronteira era um convênio. Por isso mesmo, tal fronteira modificava-se vez por outra, embora passasse sempre um pouco ao norte ou um pouco ao sul de Betel. Aparentemente, essa linha estendia-se desde um pouco ao norte de Jope até o rio Jordão, em um ponto que ficava cerca de vinte e um quilômetros ao norte do mar Morto. Ao longo dessa linha, várias fortalezas foram construídas, em Ramá, em Gibeom e em Betel. Ao sul, o território era incertamente limitado, pois dava para o deserto da Idumeia, uma região estéril e sem vida, e, por conseguinte, uma barreira natural.

O Minúsculo País. O território do reino de Judá formava um quadrado tosco, cobrindo, aproximadamente, cento e dezesseis quilômetros quadrados. Que um território tão pequeno, com pouco mais de dez quilômetros de lado, tivesse sido a pátria dos profetas e a localização do desdobramento da promessa messiânica, mostra-nos que a diferença era a presença do Espírito de Deus.

Vinte reis reinaram sobre a nação de Judá, desde a época da divisão da nação de Israel em dois reinos, em 936 a.C., até o cativeiro babilônico, em 586 a.C.

Em relação às nações circunvizinhas, a história de Judá pode ser dividida em três períodos. O primeiro período caracterizou-se pela interação entre Judá e Israel; o segundo, pela interação entre Judá e a Assíria; o terceiro, pela interação entre Judá e a Babilônia.

O primeiro desses períodos estendeu-se da divisão desse reino de Reoboão, em 936 a.C., até o fim do reinado de Jotão, em 751 a.C. Inicialmente, esse período caracterizava-se por muitos conflitos entre Judá e Israel. Nos anos em que Judá combateu Israel, com o propósito básico de reunir novamente as doze tribos, Judá só conseguiu reconquistar algumas cidades fronteiriças. Após esse período de lutas, Asa, em 875 a.C., foi capaz de reestabelecer a amizade com as tribos do norte. Essa amizade perdurou até 722 a.C., quando a Assíria levou cativa a nação do norte, Israel. Mas essa amizade com Israel foi prejudicial para a espiritualidade de Judá, porquanto fê-la desviar-se para a adoração pagã que a nação do norte havia aceitado.

Durante o reinado de Acaz (731 a.C.) começou o segundo período da história de Judá. Esse período caracterizou-se pelo poder assírio em ascendência, mas também pelo fato de que o reino foi abandonando cada vez mais os caminhos do Senhor. E Judá ficou muito dependente da Assíria, exatamente por esse motivo. Entre outras coisas, Judá teve de pagar pesados tributos, 46 cidades de Judá foram capturadas, e nada menos de duzentas mil cento e cinquenta pessoas foram levadas para o cativeiro, na Assíria. Judá só se viu livre da tirania dos assírios quando a Assíria foi destruída, no ano de 608 a.C., durante o reinado de Josias.

Após a queda da Assíria, Judá entrou no seu terceiro período histórico. Porém, a única alteração real é que, dali por diante, o poder opressor tornou-se a Babilônia, da parte da qual Judá teve de sofrer o saque, a destruição e o cativeiro.

Quatro reinos assinalaram esse breve período de 22 anos. A cada novo rei sucessivo, Judá caía mais e mais para longe de Deus, até que, em 586 a.C., foi destruída, e quase todos os judeus foram levados cativos para a Babilônia.

Por todo este artigo será feita a tentativa de entendermos, mediante os informes históricos, algumas das razões pelas quais o povo de Judá afastou-se tanto de Deus.

I. RAZÕES DA DIVISÃO

1. O Declínio de Salomão. Josefo revela-nos que Salomão "cresceu cada vez mais em seu amor pelas mulheres, não se dominando em sua concupiscência". Ele também andou muito ocupado imitando os reinos pagãos, buscando poder e esplendor pessoais. Obteve o que desejava, e se inchou em sua arrogância e exibicionismo. Desbaratou os recursos de Israel em seu tão opulento programa de edificações. Podemos ter a certeza de que, em meio a tudo isso, não estava dando muita atenção à espiritualidade. O descontentamento intensificou-se entre as tribos, antigas contendas foram renovadas, e não demorou nada para que a divisão se tornasse inevitável. Para tanto, faltava somente aparecer um líder decidido. Quando tudo se foi tornando cada vez mais "asiático", com costumes estrangeiros novos, poligamia descontrolada, introdução de religiões pagãs, alianças políticas com potências estrangeiras etc., a solidariedade de Israel foi sofrendo cada vez mais.

2. Fatores Econômicos. Salomão era glorioso, mas o povo de Israel é que estava pagando a conta, altíssima, por sinal. A construção do templo fora ordenada por Deus; mas houve muitos outros projetos desnecessários, nos quais Salomão malbaratou os recursos de Israel. A fim de sustentar um reino que gastava tanto, foram cobrados altíssimos impostos, e muitos súditos foram reduzidos ao virtual labor escravo. A cada novo ano o reino de Salomão debilitava-se, conforme a insatisfação crescia.

3. Causas Políticas. Judá obteve maior poder e independência econômica, devido às suas terras muito produtivas e ao comércio com o Egito e outras nações. Isso servia de causa de rivalidades e ciúmes, por parte de outras tribos. A mudança do santuário nacional de Silo para Jerusalém nunca foi aceita de bom grado. Efraim tornou-se o centro da competição e da rivalidade com Judá. O reino unificado de Salomão e a concentração de riquezas, em Jerusalém, diminuiu a importância das demais tribos, um fato que Efraim ressentia de modo todo especial. A revolta, pois, pelo menos em parte era um reclamo em prol da restauração tribal.

4. A Luta de Jeroboão pelo Poder. Jeroboão procurava restaurar o prestígio da tribo de Efraim, mas podemos ter a certeza de que ele também procurava a sua própria glória. Havia o fator pessoal de suas próprias ambições. Era a mesma velha história da luta pelo poder, com base na glorificação pessoal.

5. Debilitamento da Espiritualidade. Várias declarações dadas acima ilustram o fato de que foi o enfraquecimento da espiritualidade dos líderes do povo de Israel que produziu a divisão política em duas nações. Se os homens tivessem dado a Deus o primeiro lugar, então os demais problemas, de ordem econômica e política, teriam sido devidamente equacionados e resolvidos. Reoboão reteve algo da sabedoria de seu pai, pois, se os reis do norte mudaram de capital, ele fortaleceu Jerusalém e preservou a herança de Davi. (Ver 2Cr 11.23).

II. PONTOS ALTOS DAS RELAÇÕES ENTRE JUDÁ E OUTRAS NAÇÕES

1. Com o Reino do Norte e com o Egito. Apresentamos aqui um esboço abreviado dos eventos. Mais adiante, cada rei de Judá terá seu governo individualmente considerado. Quanto a maiores detalhes, ver o *gráfico cronológico*, no apêndice. As contendas generalizaram-se. Judá queria forçar a reunião das doze tribos, mas o profeta Semaías interveio. Jeroboão cooperava com Sesonque, do Egito, e o território de Judá foi invadido. Os egípcios saquearam os tesouros do templo de Jerusalém. A derrota de Judá foi interpretada como o juízo de Deus contra o ambicioso Reoboão. Contudo, seu filho e sucessor, Abias, obteve uma significativa vitória sobre Jeroboão, e assim expandiram-se um pouco os territórios do reino do sul. Abias e Asa estabeleceram acordos com a Assíria. Porém, antes da destruição do reino do norte, pelos assírios, Asa estabeleceu relações amistosas com o norte. Isso perdurou até o ano da destruição de Israel, em 722 a.C.

2. Com a Assíria. Isso marca o segundo período da história de Judá. Os assírios ameaçavam tanto Israel quanto Judá. Tiglate-Pileser III (o Pul referido em 2Reis 15.19) encabeçava essa ameaça. A fim de evitar a destruição, Acaz estabeleceu um pacto com Tiglate-Pileser, embora tivesse de pagar pesados tributos por causa disso. Isso deu início à norma de tratados com potências estrangeiras. Conforme os profetas disseram que sucederia, tais tratados mostraram-se prejudiciais, afinal de contas. O paganismo invadiu as instituições e até mesmo a adoração judaica. Ezequias liderou uma reforma que conseguiu certa medida de purificação. Porém, nenhuma manipulação foi capaz de fazer cessar o avanço dos assírios. Isaías encorajou Ezequias para que oferecesse resistência aos assírios, a qualquer custo. Jerusalém só foi salvo por divina intervenção (ver Is 37.36), mas Senaqueribe, outro rei assírio, conseguiu tomar 46 cidades, segundo sua contagem. Manassés, filho e sucessor de Ezequias, foi forçado a submeter-se como rei vassalo da Assíria. Em sua própria degeneração, Manassés foi testemunha da total desintegração de Judá. Porém, foi em seus dias que começou a declinar o poder assírio.

3. Com a Babilônia. Tanto o Egito quanto a Babilônia tiraram proveito da queda da Assíria, pelo que tinham chegado a promover essa queda. O Faraó Neco, temendo a Babilônia, aliou-se à Assíria e assim obteve controle sobre Judá e a Síria. Depôs Jeoacaz e estabeleceu Jeoaquim, seu irmão, como governante de Judá. Todavia, esse arranjo perdurou por brevíssimo tempo. Neco aliou-se a Asur-Ubalite e aos assírios para combater os babilônicos. A total derrota da coligação deu azo ao surgimento do predomínio babilônico.

Os babilônios aniquilaram o poder assírio. Judá tornou-se um estado vassalo da Babilônia. Jeoaquim, que ficara como títere no trono de Judá, por determinação do Faraó Neco, continuou tendo apenas um vassalo sob as ordens da Babilônia. No entanto, quando Jeoaquim revoltou-se, isso trouxe Nabucodonosor às portas de Jerusalém. Durante o cerco que teve lugar, Jeoaquim ou morreu ou foi assassinado. Jerusalém caiu em março de 587 a.C. Jeoaquim chegou a governar de modo ilusório e temporário, após a morte de seu pai, mas somente pelo espaço de três meses. Foi levado para o exílio na Babilônia juntamente com seus familiares e a nata da sociedade judaica. Matanias, filho de Josias, chamado Zedequias por Nabucodonosor, foi posto no trono como um títere, com a condição de se mostrar leal à Babilônia (Ez 27.13). Sua lealdade, porém, foi de curta duração. Zedequias conspirou contra a Babilônia, juntamente com o Egito. Nabucodonosor perdeu a paciência e avançou novamente contra Jerusalém. A matança, o saque, lutas sangrentas, fome e exílio em grande escala puseram fim ao que ainda havia restado da nação de Judá.

Judá, como um reino, durou trezentos e cinquenta anos, desde 936 a.C., ou seja, duzentos e catorze anos mais do que o reino do norte, Israel. Essa duração um tanto maior do reino de Judá pode ser atribuída a um grau menor de apostasia. Essa história da minúscula nação de Judá é mais a história de uma dinastia do que a história de uma nação; é mais a história de uma cidade do que a história de um país. Seus pontos fortes e fracos residiam nesses fatos.

III. SUMÁRIO DE EVENTOS

A História e a Apostasia de Judá. A história do povo judeu consiste quase inteiramente em vitórias e derrotas militares. Porém, paralelamente a esses conflitos militares, rugia uma contínua guerra espiritual. Sem dúvida, essa batalha espiritual prolongada foi declarada quando as forças satânicas perceberam que Deus estava separando um povo que o adorasse como único Deus, não seguindo as formas de adoração pagãs que glorificam Satanás.

Mesmo após a separação entre os reinos do norte e do sul, essa tensão espiritual prosseguiu. O reino do norte cedeu quase totalmente à pressão de Satanás, ao passo que o reino do sul continuou obtendo vitórias e fracassos, nessa guerra espiritual. As derrotas espirituais podem ser atribuídas a muitas causas, como: orgulho, sede de poder e suposta autossuficiência do governante, a influência negativa dos conselheiros dos reis, e também as alianças com potências estrangeiras, em vez de a nação depender da proteção divina. Por várias vezes, essas alianças resultaram em casamentos por interesse, levando a nação inteira a sofrer a infiltração de ideias pagãs e da idolatria, fazendo com que a geração judaica seguinte fosse criada no paganismo. E o resultado final de tudo isso era que os judeus depositavam a sua confiança em outras coisas, mas não no Senhor.

Com base em 1Reis 14.21-24, pode-se ver que o reino do sul vivia imerso na idolatria. Era mesmo impossível um governante judeu casar-se com alguma princesa pagã, sem que a nação judaica ficasse sujeita aos avanços da idolatria.

A mãe de Reoboão era amonita. Ela se chamava Naama, sendo muito provável que ela tivesse sido o instrumento que atraiu Reoboão para a idolatria. E também não constituiu surpresa que Abias, sucessor de Reoboão, tivesse seguido a idolatria de seu pai (1Rs 15.3). Abias condenou a idolatria de Jeroboão, sem perceber, ou, melhor, sem querer perceber a sua própria idolatria (ver 2Cr 13.8-12).

Durante trinta e seis anos Asa foi fiel ao Senhor. Ora, poderíamos indagar por que motivo Asa não apelou para a proteção divina, quando foi confrontado pela ameaça externa. Por que motivo tentou subornar o rei da Síria? No décimo quarto capítulo de 2Crônicas, pode-se ver que por causa da fidelidade de Asa ao Senhor é que ele havia sido galardoado com sucessos militares. Porém, diante das vitórias, Asa deve ter-se orgulhado, e, conforme Josefo afirmou, esse rei começou a imitar o iníquo Jeroboão. Com o passar dos anos, tornou-se Asa tão mau que não se arrependeu mais de seus erros. Por isso, foi-lhe tirado o poder, e, sem ajuda divina, precisou socorrer-se em outras nações, todas elas pagãs. De certa feita, deixou clara a sua falta de confiança no Senhor, quando pediu ajuda de um médico para que curasse sua doença nos pés. (Ver 2Cr 16.12,13).

Poderíamos fazer aqui uma interessante pergunta: Por que motivo Josafá honrou ao Senhor, em seu reinado, embora herdeiro de um exemplo tão negativo como o de seu pai, Asa, em seus últimos anos de governo? A resposta pode ser dada pela cronologia. Josafá nasceu no sexto ano do reinado de Asa, e, destarte, por cerca de trinta anos foi treinado nos retos caminhos do Senhor.

O orgulho e as riquezas materiais levaram Josafá a desviar-se do Senhor, afinal. Conforme está escrito em 2Coríntios 18.1, Josafá ... *aparentou-se com Acabe*. Seu filho, Jeorão, casou-se com a filha de Acabe. Mas, os efeitos mais daninhos desse casamento só apareceram durante o reinado de Jeorão, sucessor de *Josafá*.

Após a morte de Josafá, a nação de Judá mergulhou em grande depressão espiritual. Durante quinze anos, a luz do Senhor não brilhou em Judá. Essa depressão espiritual pode ser atribuída à invasão de poderes satânicos. O casamento de Jeorão e Atalia, filha de Acabe, foi um convite franco a todo tipo de adoração pagã. Atalia era filha de Jezabel, uma mulher astuciosa, atrevida e sem escrúpulos, que odiava a adoração a *Yahweh* e se dispunha a qualquer coisa para lançá-la no opróbrio. Não há que duvidar que Atalia herdou essas péssimas qualidades.

Assim, durante quinze anos, Judá esteve em total bancarrota espiritual. Após esse período, Joás, que fora escondido por Jeosa-beate, filha do rei Jeorão, mulher do sacerdote Joiada, como único sobrevivente do "massacre" provocado por Atalia, foi guindado ao trono. Enquanto esteve escondido, embora criança, Joás foi instruído nos caminhos do Senhor. Enquanto viveu o sacerdote Joiada, Joás seguiu nos caminhos do Senhor. Porém, após o falecimento desse sacerdote, Joás foi persuadido pelos oficiais do reino a reverter à idolatria. Lemos em 2Crônicas 24.17: *Depois da morte de Joiada, vieram os príncipes de Judá e se prostraram perante o rei, e o rei os ouviu*. Esse ato de prostrar-se diante do rei de Judá foi um ato de lisonja, pois, conforme deixaram escrito alguns escritores judeus, como Kimchi, prostrar-se diante de alguém era um ato de adoração religiosa, o que elevava esse alguém à posição de Deus. Foi mediante esse ato de falsa honraria que a corte judaica, que favorecia o culto a Baal, conseguiu reestabelecer o culto a esse deus pagão. Todavia, também é possível que o ato fosse uma demonstração de revolta contra a hierarquia que o sistema anterior havia imposto.

Joás foi substituído no trono por Amazias. Nos escritos de Josefo sobre Amazias, ele diz que esse rei era excessivamente cuidadoso em praticar o que era reto, quando ainda era bem jovem. Uma vez mais, porém, vemos nele as características que marcavam os monarcas orientais. É provável que Amazias tenha observado as vitórias do rei de Israel contra a Síria, despertando nele o desejo de também brandir poder militar, o que significa, por sua vez, que o fator dominante foi a jactância e a crueldade. Sob tais circunstâncias, a adoração a *Yahweh* novamente foi substituída pela idolatria.

Poderíamos indagar por que motivo Uzias, sucessor de Amazias, voltou à adoração ao Senhor. Josefo assevera que Uzias foi "um homem bom, por natureza reto, magnânimo e trabalhador". Visto que Uzias tinha apenas 16 anos de idade quando se tornou rei, provavelmente esteve sob a direção espiritual de grandes sacerdotes e profetas.

No entanto, posteriormente, devido ao seu orgulho, Uzias acabou se afastando do Senhor. Não parava para meditar que Deus é quem lhe dera toda sua autoridade e riquezas.

Uzias foi substituído no trono por Jotão. A narrativa bíblica sobre Jotão é impecável. Jotão permaneceu leal ao Senhor durante todo o seu reinado, embora não se possa dizer a mesma coisa acerca da nação de Judá. Lemos em 2Reis 15.35 que o povo continuou a adorar nos lugares altos, o que envolvia a idolatria.

A contínua idolatria mostrou que as advertências de Isaías, durante os últimos anos de reinado de Uzias e durante o reinado de Jotão, foram incapazes de refrear a corrida do povo para a idolatria. Tudo isso mostra-nos que a tendência nacional era mergulhar na idolatria. Todavia, é impossível determinarmos se todas as formas de idolatria, descritas em 2Crônicas 28.3,4, começaram durante o reinado de Acaz, ou se foi um desenvolvimento gradual, através de vários governos. O mais provável é que tenha sido uma infiltração gradual, usando como pretexto os sucessos militares dos sírios, com os deuses que eles adoravam.

O reinado inteiro de dezesseis anos de Acaz foi assinalado por uma desabrida idolatria. E essa apostasia prosseguiu até os primeiros anos de governo do rei Ezequias.

Em uma reunião a que estiveram presentes o rei e o povo comum, o profeta Miqueias, revestido da autoridade do Senhor, apareceu na assembleia, a fim de repreender ao povo. E a multidão ouviu, boquiaberta, a amarga sátira mediante a qual os nobres foram descritos como se estivessem preparando seu banquete canibalesco, com a carne e os ossos dos pobres.

Ezequias voltou-se de todo o coração ao Senhor, e muitas reformas tiveram lugar na nação de Judá. As práticas idólatras foram descontinuadas, e Ezequias chegou a ordenar a destruição da serpente de bronze que Moisés mandara fazer, porquanto até isso se havia tornado um objeto de adoração idólatra.

Mas, quando chegou o governo de Manassés, filho de Ezequias, houve novo desvio para longe do Senhor. É muito improvável que esse desvio possa ter tido como causa a influência de Hefzibá (que a tradição judaica diz ter sido filha do profeta Isaías), pois ela aparece como mulher piedosa.

Em contraste com Joás, o jovem Manassés não deve ter tido uma forte orientação religiosa antes de ascender ao trono. Outros dois fatores negativos também talvez expliquem seu caráter: **1**. Alguns conselheiros do rei tendiam para a idolatria (Is 22.15-19; 29.14-16; 30.1; 9.14). **2**. Nos últimos anos do governo de seu pai, Ezequias, houve uma aliança com a Babilônia. Alguns fatores também devem ser levados em conta na apostasia de Manassés, embora não fossem fatores de primeira grandeza.

No fim de sua vida, após uma carreira tão maligna como nenhum outro rei de Judá tivera antes, Manassés arrependeu-se, e os ídolos foram removidos do país. Todavia, essa condição purificada não perdurou por muito tempo. Conforme informa-nos Josefo, Amom "... imitou as obras de seu pai, que ele tão insolentemente praticara na juventude".

Depois de Amom, foi a vez de Josias. Através da narrativa bíblica, podemos ver que Josias governou Judá de acordo com os princípios do Senhor. Novamente, temos aí um rei que subiu ao trono de Judá ainda bem jovem. Visto que tinha somente oito anos de idade quando subiu ao trono, sem dúvida, ele tinha bons tutores e conselheiros. Entre eles estavam os profetas Jeremias e Sofanias, e a profetisa Hulda.

Após o reinado de Joás, o reino de Judá só continuou pelo espaço de 22 anos. As estruturas internas da nação estavam se desmantelando, sob o peso da idolatria, ao mesmo tempo em que potências estrangeiras estavam-na destruindo mediante ataques armados e tributos pesados.

Os três meses do reinado de Jeoacaz foram assinalados pelo fato de que o rei do Egito mandou prendê-lo, impondo pesadas taxas sobre a nação de Judá. O Faraó Neco forçou Judá a receber Jeoaquim, filho de Josias, como rei. Durante os seus onze anos de governo, ele teve de pagar tributo ao Egito, serviu a Nabucodonosor por três anos, e seu território foi invadido pelos caldeus, arameus, moabitas e amonitas. Finalmente, nos dias de Joaquim, seu filho, Nabucodonosor atacou a cidade de Jerusalém e levou para o exílio a esse rei e à sua nobreza. Durante o breve reinado de três meses de Joaquim, entretanto, não houve qualquer dificuldade com os egípcios, pois os babilônios haviam tomado conta de larga porção do Egito. Mas, por ocasião do ataque babilônio, o templo de Jerusalém foi saqueado.

Finalmente, no décimo primeiro ano do reinado de Zedequias, Jerusalém foi cercada pelas tropas babilônias. E foi então que começou o cativeiro de Judá que se prolongou por setenta anos. Esses acontecimentos históricos deveriam servir de lição para todas as gerações, pois ali rebrilham as verdades transcendentais: aqueles que seguem o caminho da retidão são honrados e ajudados pelo Senhor, mas aqueles que seguem as veredas da injustiça são tratados de acordo com a ira de Deus, conforme se vê no caso da nação de Judá.

IV. CONSIDERAÇÕES SOBRE A INDIVIDUALIDADE DOS REIS DE JUDÁ

1. Reoboão, "o povo expande-se": *a*. Reinado: 936-919 a.C. (17 anos); *b*. O jugo econômico não é aliviado (1Rs 12.1-15; 2Cr 103.15); *c*. O reino divide-se em dois (1Rs 12.16-24; 2Cr 10.16,17); *d*. Tempo de prosperidade (2Cr 11.5-23); *e*. Julgamento divino (1Rs 14.25-28); *f*. Morte (1Rs 14.29-31; 2Cr 12.16). **2. Abias**, *"Yahweh é pai"*: *a*. Reinado: 919-916 a.C. (3 anos); *b*. Anda nos caminhos de seu pai (1Rs 15.3); *c*. Mostrou a Israel como pecar contra Deus (2Cr 13.8,9); *d*. Tentou reunificar o reino (2Cr 13.4-19); *e*. Morte (1Rs 15.18; 2Cr 14.1). **3. Asa, "médico"**: *a*. Reinado: 916-875 a.C. (41 anos); *b*. Removeu a idolatria (1Rs 15.12,13; 2Cr 14.3-5); *c*. Fortificou a nação (2Cr 14.6-8); *d*. Derrotou os etíopes (2Cr 14.9-15); *e*. Fez mais reformas religiosas (2Cr 15.8-16); *f*. Dependeu do homem, e não do Senhor (1Rs 15.18,19); *g*. Morte (1Rs 15.24; 2Cr 16.13). **4. Josafá,** *"Yahweh é juiz"*: *a*. Reinado: 875-851 a.C. (25 anos); *b*. Fortaleceu as defesas (2Cr 17.2); *c*. Ensinou o povo (2Cr 17.7-9); *d*. Entrou em aliança com Israel (1Rs 24.4; 2Cr 18.3); *e*. Instituiu reformas (2Cr 19.4-11); *f*. Os invasores foram derrotados pela fé (2Cr 20.1-30); *g*. Morte (1Rs 22.50; 2Cr 21.1). **5. Jeorão; "***Yahweh* **é exaltado"**: *a*. Reinado: 850-842 a.C. (8 anos); *b*. Matou seus próprios irmãos (2Cr 21.4); *c*. Edom revoltou-se contra Judá (2Cr 21.8-10); *d*. Judá deixou-se arrastar para a idolatria (2Cr 21.11); *e*. Predição de calamidade (2Cr 21.14,15); *f*. O Senhor julgou mediante a invasão estrangeira, e Jeorão foi ferido nos intestinos (2Cr 21.16) **6. Acazias,** *"Yahweh* **agarrou"**: *a*. Reinado: 842-841 a.C. (1 ano); *b*. Seguiu as más veredas de sua mãe, Atalia (2Cr 22.2,3); *c*. Aliou-se a Jeorão de Israel (2Rs 8.28; 2Cr 22.5); *d*. Jeorão é ferido (2Rs 8.28,29; 2Cr 22.5,6); *e*. Acazias é morto por Jeú, como juízo divino (2Rs 9.27; 2Cr 22.8,9). **7. Atalia,** *"Yahweh* **é exaltado"**: *a*. Reinado: 841-835 a.C. (6 anos); *b*. Assassinou os filhos do rei (2Rs 11.1; 2Cr 22.10); *c*. Joás é oculto por Jeosabete (2Rs 11.2; 2Cr 22.11); *d*. Atalia é destronada e executada (2Rs 11.4-16; 2Cr 23.1-21). **8. Joás,** *"Yahweh* **deu"**: *a*. Reinado: 835-795 a.C. (40 anos); *b*. Instruído na verdade por Joiada (2Rs 12.2); *c*. Reparou o templo (2Rs 12.4-16; 2Cr 24.8-14); *d*. Foi persuadido por seus conselheiros a voltar à idolatria, após a morte de Joiada (2Cr 24.17-19); *e*. Morto por seus servos (2Cr 12.20; 2Cr 24.25). **9. Amazias,** *"Yahweh* **é forte"**: *a*. Reinado: 795-768 a.C. (29 anos); *b*. Vingou a morte de seu pai (2Rs 14.5; 2Cr 25.3); *c*. Fortificou o reino e usou soldados de Israel (2Cr 25.5,6); *d*. Despediu os soldados de Israel (2Cr 25.10); *e*. Foi repreendido por sua idolatria (2Cr 25.14-16); *f*. Judá foi julgada com sua derrota por Israel (2Cr 25.17-28). **10. Uzias, "minha força é** *Yahweh***"**: *a*. Reinado: 768-740 a.C. (52 anos); *b*. Governou com justiça, no começo (2Rs 15.3; 2Cr 26.4,5); *c*. Derrotou os filisteus e os árabes (2Cr 26.7); *d*. Fortificou a nação (2Cr 26.9-15); *e*. Corrompeu-se em face de seu orgulho (2Cr 21.23); *f*. Foi julgado pela lepra (2Rs 15.5,7). **11. Jotão,** *"Yahweh* **é perfeito"**: *a*. Reinado: 740-731 a.C. (16 anos); *b*. Reino justo (2Rs 15.34; 2Cr 27.2); *c*. A nação continuou idólatra (2Rs 15.35; 2Cr 27.2); *d*. Fortificou Judá (2Rs 15.35; 2Cr 27.4); *e*. Vitória sobre os amonitas (2Cr 27.5); *f*. Morte (2Rs 15.38; 2Cr 27.9). **12. Acaz, "ele (Deus) agarrou"**: *a*. Reinado: 731-725 a.C. (16 anos) *b*. Andou na idolatria (2Rs 16.2-4; 2Cr 28.2-4); *c*. Judá cai sob o poder dos sírios (2Rs 16.5; 2Cr 28.5); *d*. Israel recebe ordens de soltar os cativos de Judá (2Cr 28.11-15); *e*. Confiou nos ídolos de Damasco (2Rs 16.10-18; 2Cr 28.23-25). **13. Ezequias,** *"Yahweh* **fortalece":** *a*. Reinado: 725-696 a.C. (29 anos); *b*. Reformas religiosas (2Rs 18.4); *c*. Reformas no templo (2Cr 29.3-36); *d*. Reestabelecimento da Páscoa (2Cr 30.1-27); *e*. Os ídolos são destruídos (2Cr 31.1-21); *f*. Vitória sobre os assírios (2Rs 18.13-37.19; IICrô. 32.1-22); *g*. Mostrou riquezas aos babilônios (2Rs 20.13). **14. Manassés, "levando a esquecer":** *a*. Reinado: 696-641 a.C. (55 anos); *b*. Restaurou a idolatria (2Rs 21.1-16); *c*. Idolatria castigada pelo cativeiro babilônico (2Cr 33.10,11); *d*. Humilhou-se diante do Senhor (2Cr 33.14-20); *e*. Morte (2Rs 21.18; 2Cr 33.20). **15. Amom, "hábil trabalhador":** *a*. Reinado: 641-639 a.C. (2 anos); *b*. Andou na maldade (2Rs 21.20; 2Cr 33.22); *c*. Morto por conspiradores (2Rs 21.23,24; 2Cr 33.24); **16. Josias,** *"Yahweh cura":* ***a.*** Reinado: 639-608 a.C. (31 anos); *b*. Livrou Judá da idolatria (2Cr 34.3-8); *c*. Reparou o templo (2Rs 23.3-7; 2Cr 34.8,13); *d*. Encontrado o livro da lei (2Rs 22.8; 2Cr 34.14); *e*. Condenação predita (2Rs 23.16,17; 2Cr 34.24,25); *f*. Removeu a idolatria (2Rs 23;29; 2Cr 34.33); *g*. Morte (2Rs 23.29; 2Cr 34.24). **17. Jeoacaz,** *"Yahweh* **apossou-se de":** *a*. Reinado: 608 a.C. (3 meses); *b*. Fez o mal aos olhos do Senhor (2Rs 23.32); *c*. Pagou tributo ao Egito (2Rs 23.33; 2Cr 36.3); *d*. Morte (2Rs 23.34). **18. Jeoaquim,** *"Yahweh* **levanta":** *a*. Reinado: 608—597 a.C. (11 anos); *b*. Rei mau (2Rs 23.37; 2Cr 36.5); *c*. Pagou tributo ao Egito (2Rs 23.35); *d*. Serviu a Nabucodonosor (2Rs 24.1); *e*. Voltou à idolatria (2Cr 36.5,8); *f*. Levado cativo à Babilônia (2Cr 39.6); *g*. Sepultado como um jumento (Jr 22.19). **19. Jeoaquim,** *"Yahweh* **estabelece":** *a*. Reinado: 597 a.C. (3 meses); *b*. Não andou retamente diante do Senhor (2Rs 24.9); *c*. Levado cativo à Babilônia (2Rs 24.12; 2Cr 36.10); *d*. Levados os tesouros do templo (2Rs 24.13; 2Cr 36.10); *e*. Só os mais pobres são deixados em Judá (2Rs 24.14-16). **20. Zedequias,** *"Yahweh* **é justiça":** *a*. Reinado: 597-586 a.C. (11 anos); *b*. Um reinado iníquo (2Rs 24.19; 2Cr 36.12); *c*. Rebela-se contra Nabucodonosor (2Rs 24.20; 2Cr 36.13); *d*. Faz aliança com o Egito (Ez 17.15); *e*. Zombados os mensageiros de Deus (2Cr 36.16); *f*. É cego e levado prisioneiro (2Rs 25.7); *g*. Destruição de Judá (2 r 17-21).

Avaliando a história de Judá, o reino do sul, Edersheim frisou que a idolatria "não conseguiu lançar raízes profundas entre o povo". E citou três razões para isso: **1**. A influência positiva do templo de Jerusalém, como o santuário central da nação. **2**. Os reis idólatras de Judá eram sempre sucedidos por monarcas piedosos, que reparavam os estragos feitos por seus antecessores. **3**. O reinado dos reis idólatras era comparativamente breve, em relação ao reinado dos monarcas piedosos.

Nesse quadro individualizado sobre os reis de Judá, vê-se que as datas dos reinados de alguns deles não concordam com os anos que se diz que eles reinaram. É que, nesses casos, conta-se o tempo em que reinaram como corregentes e como reis isolados. É difícil a cronologia relativa aos reis de Judá e Israel.

Vale a pena mencionar que os reis de Israel, o reino do norte, tiveram uma história bem diferente da dos reis de Judá. Em Israel predominou sempre a idolatria e o paganismo, muito mais entrichei-rados que em Judá. Esse fator, sem dúvida, abreviou a duração da nação de Israel.

Conclusão: Somente o propósito divino, atuante na história da humanidade, poderia ter preservado a identidade de Israel após os cativeiros assírio e babilônico. Podemos supor que esses cativeiros tiveram lugar por várias razões: **1**. Os inimigos de Israel eram mais numerosos e mais fortes do que eles. A mera superioridade militar produziu a queda de Israel. **2**. As contendas e divisões internas apressaram essa queda. **3**. Governantes ostentadores, que só buscavam seus próprios interesses, contribuíram para garantir o colapso da nação. **4**. Mas, visto que Israel fora levantada por intervenção sobrenatural, podemos pensar que o declínio espiritual foi o principal fator na catástrofe de Israel. Certamente essa foi a mensagem dos profetas. Tal como as parábolas de Jesus, a história de Judá torna-se para nós uma série de exemplos, alguns positivos e outros negativos. É impossível subestimarmos a importância e a força do exemplo.

V. GRÁFICO: CRONOLOGIA COMPARADA. Israel, Judá, Egito, Assíria, Babilônia, Grécia. Ver o artigo sobre *Rei, Realeza*, que contém este gráfico.

BIBLIOGRAFIA. AH ALB ALBR AM ANET E G I JE JNES PF PFE SH TH V VA YO WE WRI WRIG Z

REIS, LIVROS DOS

I. CARACTERIZAÇÃO GERAL. Os livros de 1 e 2Reis, que formavam um único livro de acordo com o cânon hebreu, são livros históricos do Antigo Testamento, incluídos entre os profetas anteriores, ou seja, os livros de Josué até 2Reis, que se seguem ao Pentateuco. Esses livros narram a história de Israel desde a conquista da terra de Canaã (século XIII a.C.) até a queda de Jerusalém, em 586 a.C. A história sempre foi importante para os hebreus. Nesses livros há um autêntico material histórico, conforme admitem até mesmo os mais liberais eruditos. Os livros de 1 e 2Reis fornecem-nos a história de Israel desde os últimos dias de Davi e da ascensão de Salomão (cerca de 970 a.C.) até o aprisionamento do rei Jeoaquim, em uma prisão na Babilônia, por Amel-Marduque, em cerca de 561 a.C. Muitos estudiosos creem, que esses livros, conforme os temos atualmente, incorporam duas edições, a primeira das quais teria sido publicada em cerca de 600 a.C., escrita por um historiador deuteronômico e a segunda, que conteria material suplementar, relativo principalmente à nação do norte, Israel, que teria sido produzida cerca de cinquenta anos mais tarde (ver sobre *Data*, abaixo). Esses livros mencionam várias fontes informativas, pelo que o autor sagrado, mesmo que tenha sido contemporâneo de alguns dos eventos históricos, foi, essencialmente, um compilador. Ver abaixo, sobre as *Fontes Informativas*. Os historiadores respeitam esses livros canônicos como obras sérias, embora supondo alguns que ali haja um certo colorido, com propósitos pessoais e teológicos. Por serem complementares do livro de Deuteronômio, eles expõem os grandes ideais da doutrina deuteronômica, como a centralização de toda a adoração sacrificial no templo de Jerusalém, ou como a doutrina da retribuição divina segundo os feitos humanos, bons ou maus. Esses livros recebem seu nome devido à palavra inicial, no texto hebraico, do livro de 1Reis, *wehammelek*, isto é, "e o rei" bem como devido ao fato de que essa porção das Escrituras trata principalmente da descrição dos feitos e do caráter dos monarcas de Israel e de Judá.

II. ANTIGAS FORMAS DESSES LIVROS. Na Bíblia em hebraico, esses dois livros formavam um único volume, ou rolo. A divisão do livro em dois, ocorreu na Septuaginta, por razões práticas. O hebraico, que era escrito somente com as consoantes, ocupa muito menos espaço do que o grego, que tem vogais como letras separadas. Quando esse livro foi traduzido para o grego, pois, ocupava tanto espaço que não era prático deixá-lo sob a forma de um só rolo ou volume. Por isso, foi dividido em duas porções. A divisão não apareceu na Bíblia hebraica senão quando Bomberg imprimiu a Bíblia hebraica, em Veneza, em 1516-1517. Essa divisão também apareceu na Vulgata Latina impressa. Na Vulgata Latina e na Septuaginta, os livros de 1 e 2Samuel, 1 e 2Reis são tratados como uma história contínua, pelo que ali temos os livros de I, II, III e IV Reis. Embora a divisão entre 1 e 2Reis seja totalmente arbitrária, tem sido preservada nas versões das línguas vernáculas. Essa arbitrária divisão corta bem pelo meio a narrativa sobre o reinado de Acazias. O primeiro capítulo de 2Reis termina a narrativa sobre o seu governo. Ainda mais estranho é que a história do profeta Elias, e a unção de Eliseu, aparecem em 1Reis; mas o final dramático do ministério de Elias aparece Em 2Reis.

III. AUTORIA. A tradição judaica piedosa, segundo é refletida no Talmude (Baba Bathra 14b) diz que Jeremias foi o autor desses livros. Essa ideia é defendida por alguns estudiosos com base no fato de que parte desse livro (2Rs 25.27-30; atribuída por alguns a um outro autor, que teria começado a escrever Em 2Reis 23.26) poderia ter sido escrita por Jeremias, para nada dizermos sobre a primeira porção, porquanto a tradição judaica afirma que Nabucodonosor levou esse profeta para a Babilônia, depois que aquele monarca conquistou o Egito, em 568 a.C. Na Babilônia, conforme prossegue a história, Jeremias morreu quando já tinha mais de 90 anos de idade. Segundo esse ponto de vista, a compilação em duas porções fica justificada (ver sobre Fontes, quarto ponto). E a avançada idade de Jeremias teria sido suficiente para satisfazer a cronologia envolvida. Naturalmente, precisamos depender da tradição, a fim de encontrar apoio para essa posição. E muitos duvidam da precisão desta tradição. Por esse motivo, outros eruditos opinam que tenha havido dois distintos autores-compiladores, defensores das tradições teológicas do livro de Deuteronômio, pelo que foram chamados de autores deuteronômicos.

A linguagem usada por Isaías, por Jeremias e pelo autor do livro de Deuteronômio assemelha-se à dos livros de Reis, por conterem um tipo comum de admoestação, de exortação, de reprimenda e de encorajamento, reiterando os mesmos grandes temas da centralização da adoração, no templo de Jerusalém, e da doutrina da retribuição divina, juntamente com uma rígida avaliação espiritual das personagens descritas nesses escritos. Os eventos ali registrados cobrem um período de quatrocentos anos; mas sabemos, com base nas fontes informativas usadas, que tudo foi um trabalho de compilação, em sua maior parte, e que o autor sagrado foi contemporâneo apenas de uma pequena parte dos eventos registrados. Mesmo que Jeremias não tenha sido o autor, é perfeitamente possível que, pelo menos, uma parte dos eventos tenha ocorrido durante a vida do autor sagrado. Provavelmente esse autor foi um profeta, o que se reflete no espírito profético com que esses livros foram escritos. Em cada geração do povo de Israel, parece que os profetas mostraram-se ativos, sempre intervindo na política da nação, e não apenas no culto religioso de Israel. Houve um número muito maior de profetas que escreveram narrativas, do que aqueles cujos livros foram incluídos no cânon hebreu. Ver os comentários sobre Fontes, quarto ponto.

IV. FONTES. Com base em informes nos próprios livros de Reis, sabemos que a porção maior de 1Reis (pelo presumível primeiro autor-compilador) dependeu pesadamente de fontes informativas já existentes: **1**. O livro da história de Salomão (1Rs 11.41). **2**. O livro da história dos reis de Israel (1Rs 14.19). **3**. O livro da história dos reis de Judá (1Rs 14.29). A primeira dessas obras era uma espécie de louvor a grandes homens, com o propósito de salientar a sabedoria, a magnificência e o resplendor do reinado de Salomão. Trata-se de algo similar às memórias dos reis persas. Todos os detalhes foram arranjados de tal modo que fazem os adversários de Salomão parecerem uns anões, em contraste com ele. As outras duas fontes informativas são mais históricas do que biográficas e religiosas, provavelmente representando anais oficiais reais. Os hebreus sempre mostraram ser muito sensíveis para com a história, e esses anais foram cuidadosamente compilados. **4**. Alguns eruditos propõem que os capítulos sexto ao oitavo de 1Reis constituam o reflexo de uma fonte informativa independente, provendo informações sobre a construção do templo de Jerusalém, sua forma de culto e sua dedicação, embora outros duvidem que isso corresponda à realidade dos fatos. **5**. Parece que o autor sagrado também tinha acesso a algum tipo de coleção de livros a respeito de Isaías, narrando sobretudo o tempo quando ele era amigo e conselheiro de certos reis (2Rs 18.13-20 e capítulo 19). **6**. A história do reino sobrevivente de Judá, mediante a soltura, no exílio, do rei Jeoaquim (2Rs 18 — 25) que se alicerçaria sobre uma fonte ou fontes informativas distintas, embora não identificadas. Grande parte dessa fonte deve ter sido constituída por narrativas de testemunhas pessoais, compiladas pelo próprio autor sagrado ou por aqueles cujo material escrito foi aproveitado.

Os Profetas e seus livros. As diversas fontes informativas por trás dos livros dos Reis dizem-nos aquilo que também nos é dito em outras fontes, ou seja, que houve uma grande atividade de crônica em Israel, com o envolvimento de vários profetas, de cujos escritos o Antigo Testamento é apenas uma representação parcial. Sabe-se da existência de vários livros de profetas como: **a**. Crônicas registradas por Samuel, o vidente (1Cr 29.29). **b**. Crônicas de Gade, o vidente (1Cr 29.29). **c**. Livro da história de Natã, o profeta (2Cr 9.29). **d**. A profecia de Aías, o silonita (2Cr 9.29). **e** Livro da história de Ido, o vidente (2Cr 12.15). **f**. Livro da história de Semaías, o profeta (2Cr 12.15). **g**. História do profeta Ido (2Cr 13.22). **h**. Os atos de Uzias, escritos pelo profeta Isaías (2Cr 26.22).

V. DATA. Como é óbvio, todo o material tomado por empréstimo foi escrito antes de ter sido usado na compilação que há nos livros dos Reis. Como uma unidade, a data não pode ser anterior a 562 a.C., quando, ao que sabemos, Jeoaquim foi liberado de sua prisão, na Babilônia (2Rs 25.27-30). Esse informe histórico fala sobre os favores que lhe foram prestados no fim de sua vida, pelo que o autor sagrado estava escrevendo alguns anos após a soltura de Jeoaquim. É possível que a compilação final tenha ocorrido em cerca de 550 a.C. Entretanto, esse dado pode ter sido adicionado a uma composição escrita anterior. É possível que a porção maior desse livro tenha sido escrita durante o cativeiro babilônico, ou seja, entre 587 e 538 a.C. Alguns estudiosos, porém, acham que devemos pensar em uma data após a morte de Josias (609-600 a.C.), pois supõem que o autor sagrado tenha sido o primeiro a usar o material histórico derivado do recém-descoberto livro de Deuteronômio que, ao que se presume, apareceu em 621 a.C. A lei, sem-par, do santuário central, que figura no décimo segundo capítulo de Deuteronômio, supostamente, seria o princípio avaliador dos reis, conforme é salientado nos livros dos Reis. Esses eruditos também afirmam que um segundo escritor deuteronomista acrescentou a narrativa sobre a liberação do rei Jeoaquim, que seria a seção de 2Reis 25.27-30. Essas teorias, porém, não passam de especulações, não havendo maneira histórica, digna de confiança, que nos permita confirmá-las ou rejeitá-las.

VI. PROVENIÊNCIA. Já pudemos notar que os livros de Reis estão, intimamente relacionados às atividades literárias dos profetas hebreus. Tendo sido esse o caso, é provável que esses livros tenham sido escritos em uma das cidades onde essa atividade acontecveu. Os centros proféticos estavam localizados nas áreas fronteiriças, entre as nações de Israel, ao norte, e Judá, ao sul. Lugares como Betel, Gilgal e Mizpa eram centros de ensino, nos dias de Samuel (1Sm 7.16). Essas cidades, além de Jericó, eram centros dessa natureza, nos dias de Elias e Eliseu. As duas capitais, Samaria (de Israel, ao norte) e Jerusalém (de Judá, ao sul) ficavam cerca de 65 quilômetros uma da outra, e as cidades das fronteiras eram suficientemente distantes para que um profeta pudesse expressar ideias, mas não tão distantes que não tivesse informações exatas sobre o que estava ocorrendo em ambas as capitais. Portanto, uma das cidades acima mencionadas pode ter sido o local da compilação de nossos livros de Reis. Entretanto, um lugar como cidade da Babilônia também conta com pontos em seu favor, se os livros de Reis foram escritos durante o cativeiro babilônico.

VII. MOTIVOS E PROPÓSITO. O autor da suposta primeira edição de livros dos Reis era admirador do rei Josias, o modelo perfeito de rei aos moldes deuteronômicos. Ele também se entusiasmava diante da grandeza de Salomão, pelo que lançou mão da fonte que descrevia os resplendores do reinado salomônico. Porém, os livros de Reis não estão interessados em meros registros históricos. Há ali tentativas para avaliar a espiritualidade dos reis envolvidos, e, nossa avaliação, projetar aos leitores o tipo de líderes espirituais que convém ao povo. A espiritualidade sofreu um retrocesso, diante da divisão em duas nações, Israel e Judá. A correta adoração era aquela que se efetuava no templo de Jerusalém. As divisões e hostilidades entre os homens servem como empecilhos aos propósitos divinos, felizmente transponíveis. Os homens têm de pagar um preço por causa disso, porquanto Deus é um rígido avaliador e juiz das ações humanas. O propósito do autor sagrado é claramente revelado em 1Reis 2.3,4, nas instruções finais dadas por Davi a Salomão: *Guarda os preceitos do Senhor teu Deus, para andares nos seus caminhos, para guardares os seus estatutos, e os seus mandamentos, e os seus juízos, e os seus testemunhos, como está escrito na lei de Moisés, para que prosperes em tudo quanto fizeres, e por onde quer que fores; para que o Senhor confirme a palavra que falou de mim...*

Há um só Deus, como também um único santuário. Todos os homens são responsáveis, diante de Deus. A lei da colheita segundo a semeadura haverá de prevalecer. A vida dos homens prova esses fatos. Contudo, a misericórdia divina e o destino da alma têm prosseguimento. A narrativa da soltura de Jeoaquim não deve ser considerada um mero apêndice. Antes, é uma nota de esperança. Deus, embora muito severo em seus juízos, nunca abandonou o seu povo. Ele exilou o seu povo em razão de seus pecados; mas não deixou de restaurá-los. A linha davídica não fora finalmente rejeitada. A história da redenção tinha prosseguimento.

VIII. Cronologia. O leitor poderá consultar o artigo sobre a *Cronologia do Antigo Testamento*. Ali fica demonstrado que as cronologias antigas não tinham a finalidade de serem exatas, historicamente falando. Havia outras forças por trás delas. Em primeiro lugar, há simetria. Anos foram adicionados ou subtraídos, a fim de emprestar simetria às listas cronológicas. Em segundo lugar, interesses pessoais, crenças etc. podem ter alterado as listas. Um indivíduo ímpio, assim sendo, era eliminado de uma lista por razão de sua iniquidade. Em terceiro lugar, as cronologias, tal como as genealogias, eram apenas representativas, e não absolutas. Especificamente, no que diz respeito aos livros de Reis, o período da monarquia dividida é apresentado juntamente com um cuidadoso sistema de referências cruzadas, entre os reis de Judá e de Israel. Apesar disso, evidentemente está em operação a atividade simetrista, porquanto a soma dos anos de governo dos reis de Israel, em um dado período, não corresponde à soma dos anos de governo dos reis de Judá, durante o mesmo período. O período desde a subida ao trono de Reoboão até a morte de Azarias aparece como 95 anos, mas o período correspondente em Israel, de Jeroboão até a morte de Jorão, aparece como 98 anos. Além disso, o total de anos de governo desde Atalias até o sexto ano do reinado de Ezequias é de 165 anos; mas, o mesmo período em Israel, de Jeú até a queda de Samaria, aparece como 143 anos e sete meses. Parte dessa discrepância pode ser explicada pela contagem de parte de anos como se fossem anos inteiros. Também há o problema da corregência, onde pai e filhos compartilhavam do trono por certo número de anos, embora esses anos fossem subsequentemente alistados em separado, nos cálculos cronológicos. Ver os casos de Davi e Salomão (1Rs 1.34,35) e de Azarias e Jotão (2Rs 15.5).

A isso podemos acrescentar o problema do uso de dois tipos de calendário em Israel, o civil e o religioso que eram diferentes um do outro. Ver sobre *Calendário*, onde damos um gráfico sobre o calendário judaico, ilustrando a questão. Várias obras descrevem em detalhes as razões possíveis dessas discrepâncias cronológicas, sendo fácil negligenciarmos a mais grave delas, a saber, que os antigos autores simplesmente, não se preocupavam com cronologias exatas, conforme os modernos historiadores fazem, pelo que nenhum exame e manipulação podem explicar as coisas que aparecem nessas genealogias bíblicas. O artigo no *Dicionário* ilustra abundantemente essa declaração. Seja como for, as listas e as datas dos reis de Israel e de Judá, incluindo as comparações entre essas listas, aparecem no artigo sobre *Cronologia*, em seu quinto ponto, *Períodos Bíblicos Específicos. f. Da fundação do Templo de Salomão até a sua Destruição*.

IX. Cânon. Provemos no *Dicionário* um artigo sobre o assunto, no caso do Antigo e do Novo Testamento, onde oferecemos detalhes. A questão é complexa, porquanto, em nosso cânon sagrado, há livros, de ambos os Testamentos, que por muito tempo não foram universalmente aceitos. Porém, no que tange aos livros de Reis, que, originalmente, eram apenas um rolo ou livro o cânon hebraico nunca os omitiu. De acordo com Josefo, o cânon dos judeus ficou completo por volta de 400 a.C., composto de 22 livros, que correspondem exatamente aos 39 livros do Antigo Testamento de edição protestante, ainda que a ordem desses livros não seja a mesma na Bíblia hebraica e na Bíblia cristã. Para os hebreus, os livros de Reis faz parte dos escritos dos profetas. Nos arranjos posteriores, porém, os nossos livros de Reis aparecem entre os livros históricos.

X. Conteúdo e Mensagem

1. Salomão, o Rei (1Rs 1.1 — 11.43)
   a. Subida ao trono (1.1-53)
   b. Recomendações de Davi (2.1-46)
   c. Casamento e sabedoria (3.1-28)
   d. Sua administração (4.1-34)
   e. Suas atividades como construtor (5.1 — 8.66)
   f. Sua prosperidade e esplendor (9.1 — 10.29)
   g. Sua apostasia (11.43)
2. Reinados comparativos de reis em Israel e em Judá (1Rs 12.1 — 2Reis 17.41)
   a. Reoboão-Josafá (1Rs 12 — 22)
   b. Jeorão-Acaz (2Rs 8 — 16)
   c. Ezequias-Amom (2Rs 18-21)
   d. Josias-Zedequias (2Rs 22 — 25)
3. Reis de Judá, após a queda de Samaria, até a queda de Jerusalém (2Rs 18.1 — 25.26)
   a. Ezequias (18.1 — 20.21)
   b. Manassés (21.1-18)
   c. Amom (21.19-26)
   d. Josias (22.1 — 23.30)
   e. Jeoacaz (23.31-35)
   f. Joaquim (23.36 — 24.7)
   g. Jeoaquim (24.7-17 e 25.27-30)
   h. Zedequias (24.18 — 25.26)

Julgamentos de Valor e História. O autor sagrado não temia fazer julgamentos de valores. Mostrou-se sempre cônscio das operações de Deus entre os homens, bem como da responsabilidade dos homens diante de Deus. Os principais aspectos de sua mensagem são bons para qualquer época. Há um só Deus. Deus é severo e inflexível em relação ao pecado. Para o autor sagrado, devemos ter uma visão teísta de Deus, um Deus que galardoa e castiga. Deus é imanente em sua criação. Ver no *Dicionário* os artigos Teísmo, em contraste com o *Deísmo*. O pecado é uma questão séria, que resulta em desastre para a alma, conforme a história dos livros de Reis o demonstra. A comunidade dos homens é considerada responsável, e não apenas o indivíduo. Há misericórdia divina e restauração, porquanto Deus está esperando para acolher àqueles que se voltam para ele de todo o coração, de toda a alma (1Rs 8.48). O cativeiro foi revertido por meio do retorno.

As realizações religiosas dos reis parecem mais importantes para o autor sagrado, do que seus feitos políticos e militares. Dois desses reis, Onri e Jeroboão II, que obtiveram o maior sucesso econômico e político, merecem breves comentários apenas. Os historiadores seculares, porém, ter-se-iam demorado mais sobre esses dois. Mas o autor dos livros de Reis não se interessou muito por eles. A Acabe e seus filhos foram dedicadas várias páginas, não porque foram bons, como reis ou como homens, mas por causa de seus conflitos com Elias e Eliseu. E o autor sagrado anelava por contar essa história com pormenores. Reis como Josafá, Ezequias, e Josias recebem descrições entusiasmadas, porquanto lideraram movimentos de reforma religiosa. Teologicamente falando, esses livros complementam a narrativa da história de Israel, sob a orientação divina, conforme vemos nos livros de Êxodo, Josué, Juízes e 1 e 2Samuel. O autor sagrado deve ter sido um profeta-historiador, e o resultado de seus esforços foi uma história de forte cunho religioso.

XI. Gráficos dos Reis. (Ver 16.9)

REJEITAR

O principal vocábulo hebraico para essa ideia é *ma'as*, que também pode significar "desprezar". Quando o ser humano despreza a lei de Deus e suas exigências, está rejeitando o Ser divino, para seu próprio detrimento. Todos os homens envolvem-se constantemente nessa questão, visto que o pecado é a rejeição dos princípios divinos. E alguns indivíduos veem-se radicalmente envolvidos, porquanto nunca se ocupam em qualquer inquirição espiritual. Deus rejeitou a nação de Israel, quando seus mandamentos foram rejeitados por ela (ver 1Sm 15.23 ss.). No Novo Testamento, a grande rejeição foi a do Messias, pelos judeus, segundo aprendemos em João 1.11. As próprias palavras foram por eles rejeitadas (ver Mt 8.31; 12.10).

A palavra grega envolvida aqui é *apodokimázo*, "pôr de lado", "ignorar", como se algo fosse indigno de nossa consideração. (Ver Mt 21.42 (citando Sl 118.22); Mc 8.31; 12.10; Lc 9.22; 17.25; 20.17; Hb 12.17; 1Pe 2.4,7). O trecho do primeiro capítulo de Romanos mostra-nos que todas as variedades de ideias e práticas más estão por detrás da rejeição da verdade divina por parte dos homens. Algumas vezes, a intolerância religiosa rejeita verdades religiosas genuínas, o que pode ser exemplificado pelas atitudes dos fariseus. Ver o oitavo capítulo de João, quanto a uma longa descrição dessa atitude. Quando o Senhor Deus rejeita homens que preferem apegar-se aos seus pecados, ele os julga. O próprio julgamento divino já é uma rejeição, e isso pode perdurar por muito tempo. Entretanto, o trecho de 1Pedro 4.6 mostra-nos que o próprio juízo divino é remediador, pelo que a rejeição divina é um meio que Deus tem para forçar os homens à restauração. E a passagem de Efésios 1.9,10 ensina que a rejeição será, finalmente, substituída pela restauração, de tal maneira que todas as coisas serão unificadas em Cristo. Ver os artigos chamados *Restauração* e *Mistério da Vontade de Deus*.

RELÂMPAGO

1. Palavras e Referências Bíblicas. Várias palavras hebraicas são usadas para aludir ao fenômeno natural dos relâmpagos. Dentre essas palavras, a mais comum é *baraq*, que tem a ideia de "brilho". Ela figura por catorze vezes com o sentido de "relâmpago" (Êx 19.16; 2Sm 22.15; Jó 38.35; Sl 18.14; 77.18; 97.4; 135.7; 144.6; Jr 10.13; 51.16; Ez 1.13; Dn 10.6; Na 2.4; Zc 9.14). Já no Novo Testamento encontramos o termo grego *astrapé*, empregado por oito vezes (Mt 24.27; 28.3; Lc 10.18; 17.24; Ap 4.5; 11.19 e 16.18).

2. Natureza do Relâmpago. O relâmpago é uma descarga elétrica que risca a atmosfera. Esta corrente pode fluir entre nuvens, entre superfícies carregadas de uma mesma nuvem, ou entre uma nuvem e o solo terrestre. A terra tem uma superfície negativamente carregada. Durante os períodos de bom tempo, o potencial elétrico da atmosfera aumenta, com uma elevação média de cerca de cem volts por metro quadrado. A terra (negativa) e a atmostera, ou a ionosfera (positiva), tornam-se um imenso condensador. As nuvens, por sua vez, por terem uma carga potencial negativa ou positiva, por ocasião das precipitações atmosféricas, tornam-se positivamente carregadas no alto, e negativamente carregadas na parte inferior. Além disso, cada gotícula de água tem uma carga elétrica à sua superfície. Os cientistas acreditam que as nuvens ficam eletricamente carregadas devido à taxa diferencial de queda entre as gotas de água maiores e menores. A descarga elétrica, ou relâmpago, ocorre a fim de neutralizar a carga assim criada, sendo, na verdade, uma gigantesca fagulha, que pode ter até quase cinco quilômetros de comprimento. A fagulha vai de seu polo negativo ao seu polo positivo, pelo que, na verdade, os relâmpagos sobem em vez de descerem, quando os mesmos se dão entre a superfície da terra e alguma nuvem. Podem ocorrer relâmpagos em nuvens de poeira, nos desertos, ou sobre os vulcões ativos. Mas, a grande maioria dos relâmpagos ocorre por ocasião das tempestades. Em um ano, ocorrem cerca de dezesseis milhões dessas agitações atmosféricas. A ilha de Java conta com nada menos de 222 dias anuais com relâmpagos. Certos trechos do estado norte-americano da Califórnia podem ter nada mais do que quatro dias com relâmpagos. Na média, na superfície inteira do mundo ocorrem cerca de cem relâmpagos a cada segundo. O relâmpago pode ter até 15 cm de espessura. Considerando-se a grande emissão de luz, produzida por um relâmpago, isto pode parecer surpreendente.

3. Usos Bíblicos. Esses usos são todos metafóricos, conforme se vê na lista abaixo: *a*. A gloriosa e espantosa majestade de Deus (Ap 4.5). *b*. O poder destruidor dos decretos de Deus, se eles forem desobedecidos (Sl 18.14; 144.6; Zc 9.14). *c*. Os julgamentos divinos apocalípticos (Ap 8.4; 16.18; 11.19). *d*. A queda repentina e espetacular de Satanás, a estrela do céu (Lc 11.8). *e*. A repentina e inesperada volta de Cristo (Mt 24.7; Lc 17.24). *f*. O poder com que o Senhor combate em favor de seu povo (Zc 9.14). *g*. A gloriosa aparência das teofanias (Êx 19.16; 20.18). *h*. O resplendor da face de Deus (Dn 10.6; 28.3 *i*. A brancura de certas vestes, nas visões (Lc 24.4).

RELIGIÃO JUDAICA. Ver sobre *Judaísmo*.

RELÓGIO DO SOL

Há evidências em favor da suposição de que o relógio de sol foi inventado pelos babilônios; Heródoto informa-nos que os gregos obtiveram deles esse instrumento, bem como a divisão do dia em doze unidades ou horas (ii.109). A primeira menção à "hora", no Antigo Testamento, encontra-se em Daniel 3.6, bem como no contexto babilônico. Os trechos de 2Reis 20.11 e Isaías 38.8, em conexão com o rei Ezequias, parecem aludir *gnômon* (indicador vertical) do relógio de sol, onde o termo hebraico *maalah* significa "degrau". Porém, a referência ali existente mais provavelmente aponta para uma série de degraus sobre a qual alguma coluna lançava sua sombra, projetada pela luz do céu que ia ascendendo, ou uma sucessão de marcas, onde a sombra atingia, segundo a hora do dia. Esse sistema era usado como um método primitivo para dizer a hora do dia. O aparelho, sem importar o seu formato e natureza, foi erigido pelo rei Acaz. O profeta Isaías, a fim de mostrar que a Ezequias seria conferida a saúde física que ele buscava recuperar, predisse que a sombra retornaria dez graus (ou degraus), o que devemos considerar um grande milagre, a menos que, naquela oportunidade, tenha ocorrido uma leve mudança na posição dos polos magnéticos da terra, o que alterou a sombra em dez graus.

REMALIAS

Pai de Peca, um dos últimos reis de Israel, reino do norte. Peca obteve o trono assassinando seu antecessor, Pecaías (2Rs 15.25), que fora o rei que o nomeara como seu capitão.

REMANÊNCIA

Esse termo, cunhado por *Wycliffe* (vide), vem do vocábulo latino *remanare*, "permanecer". Assim ele deu nome a certa doutrina sua. Ele afirmava que, na eucaristia, os elementos materiais do pão e do vinho permanecem nesse sacramento, mesmo após as palavras de consagração, mas fazem-se acompanhar pelo corpo e pelo sangue de Cristo. Essa ideia pode ser comparada às doutrinas da *transu-bstanciação* e da *consubstânciação*, sobre as quais apresentei artigos separados. Ver também o artigo Jesus *Como o Pão da Vida*, quanto à interpretação mística da Ceia do Senhor.

REMANESCENTE

No hebraico temos três palavras diversas, com o sentido de "aquilo que resta", "escape" e "remanescente". No NT também temos três palavras gregas, *katáleimma*, *leîmma* e *loipós*, todas com o sentido de "remanescente".

O conceito de remanescente encontra-se ao longo da Bíblia, com vários aspectos e significações. Aquelas palavras originais algumas vezes eram usadas em combinações que lhes emprestavam um efeito intensificador ou especial. Podiam indicar objetos ou pessoas que sobraram, após o uso ou alguma mortandade ou destruição. Os profetas se utilizaram especialmente de expressões como *restantes de Sião* (Is 4.3; Jr 6.9, "resíduos de Israel"; Mq 2.12, "restante de Israel"; Mq 5.6 *ss*., "restante de Jacó") e expressões similares. Essas expressões têm um sentido teológico e escatológico, um resumo das esperanças dos crentes israelitas. O povo ao qual seria dada a salvação final consiste na comunidade daqueles que, pelo desígnio gracioso de Deus, vierem a escapar do juízo condenatório, por haverem sido escolhidos pelo Senhor. Todavia, como muitos outros conceitos teológicos, o conceito de "remanescente" também sofreu uma evolução ao longo da revelação bíblica:

1. Uso profano ou natural. A ideia de algo que sobrou é comum no uso secular. A Bíblia alude ao resto das ofertas de manjares ou de cereais (Lv 2.3), ao resto do azeite (Lv 14.18), os restantes dos prostitutos cultuais (1Rs 22.46) etc. A palavra "restante" é usada, especialmente, para indicar minorias políticas de vários tipos (ver Js 23.12; Dt 3.11; 2Sm 21.2; Is 14.22,30; 16.14; 1Rs 14.10; 2Rs 25.11; Ez 14.22 etc.). Os grupos de exilados que retornaram da Babilônia em companhia de Zorobabel e Esdras também eram chamados "remanescente".

2. Uso teológico. É nesse campo que a palavra se reveste de grande importância. O destino político de Israel é uma questão escatológica, profetizada. Um exemplo pertinente disso é Miqueias 5.3: *Portanto os entregará até ao tempo em que a que está em dores de parto tiver dado à luz; então o restante de seus irmãos voltará aos filhos de Israel*. Estão em foco os eleitos de Deus dentre todas as nações, que serão unidas aos israelitas salvos no fim de nossa dispensação, completando a igreja. Os profetas do AT apenas vislumbravam o que o NT descreve com maior clareza. Aquele que faz a vontade de Deus é irmão, irmã ou mãe de Cristo (Mt 12.50); Cristo não se envergonha de chamá-los irmãos (Hb 2.11). A promessa se estende a todos quantos são chamados por Deus (At 2.39).

Que a Bíblia ensina um *retorno* literal dos judeus à Palestina que pode ser identificado ou não ao contemporâneo movimento sionista, parece claro, através de trechos como Jeremias 31.7-9 e Miqueias 5.7,8. Mas, quando chegamos ao NT, a palavra "remanescente" é usada especialmente em relação aos judeus que, em cada geração, se vão convertendo a Cristo, até à grande colheita final de Israelitas, nos dias da grande tribulação. Romanos 9.27-29 é passagem crucial dentro da teologia do remanescente. Só o remanescente de Israel será salvo. Esses são a semente espiritual de Abraão, em contraposição à sua descendência natural — aqueles que são tão numerosos como as estrelas, em contraste com aqueles que são tão numerosos como a areia dos mares. Portanto, é um erro equiparar a moderna nação de Israel com o remanescente profetizado. Contudo, apesar de esse remanescente visar especialmente aos judeus eleitos por Deus, também estão em pauta os gentios eleitos (ver Rm 9.24,25: ... *a quem também chamou, não só dentre os judeus, mas também dentre os gentios...*). Isso esclarece que a igreja de Cristo, em seu estágio final, consistirá de judeus e gentios eleitos, tal como se deu no começo do cristianismo, fortalecendo a posição pós-tribulacional, que não concebe a igreja gentílica arrebatada antes da tribulação, somente após o que os judeus se voltariam para Cristo. As promessas bíblicas, acerca do povo de Deus do fim, visam igualmente a judeus e gentios, pois, em Cristo são eliminadas todas as distinções que os separavam, formando-se um único corpo místico de Cristo. (ver Jo 17.22,23).

Romanos 11.4,5 é trecho que fala de um remanescente escolhido de acordo com os propósitos da graça divina. A base histórica disso é a experiência do profeta Elias, que foi relembrado, em um período de grande apostasia em Israel, que havia ali muitos que não tinham dobrado os joelhos diante de Baal. O ponto frisado pelo apóstolo foi que esses fiéis do passado são paralelos ao remanescente da graça na dispensação atual. A soberana eleição de Deus está em foco. Apesar de a maioria da nação de Israel ter caído em apostasia, o remanescente permaneceu fiel ao Senhor. O mesmo sucederá no período escatológico do fim. Outro pensamento que se salienta é que Deus jamais rejeita os seus escolhidos, pois a eleição para a salvação não depende das realizações morais dos escolhidos, mas do beneplácito de Deus. A ênfase recai sempre sobre a profundíssima misericórdia do Senhor, em todas as discussões sobre o remanescente.

REMETE

Uma cidade de fronteira, no território de Issacar, alistada juntamente com En-Ganim (Js 19.21). Provavelmente era idêntica à Ramote de 1Crônicas 6.73, e à Jarmute de Josué 21.29.

REMIDOR DE PARENTE. Ver *Goel*.

REMISSÃO DE PECADOS. Ver *Perdão*.

RENFÃ

Na Septuaginta, *Raifan*; no NT, *Romía*, além de numerosas variantes, todas com sentido incerto; Atos 7.43.

Nome de uma divindade astral associada ao planeta Saturno, citado em Atos 7.43, baseado na tradução da LXX, citando Amós 5.26. O texto hebraico massorético diz aqui *kiyyun*, similar ao acádico *kaiwanu*, "Saturno". No hebraico houve a substituição das vogais de *siqqus*, "coisa detestável", pelas vogais da palavra acádica, a fim de refletir quão detestável era aquela divindade pagã. Não se sabe como a Septuaginta terminou exibindo a forma inesperada Raifàn. Talvez se trate de uma transliteração equivocada ou uma forma de Repa, um nome egípcio do deus do planeta Saturno, em substituição às traduções alexandrinas menos inteligíveis, *kiyyun*.

REOBE

No hebraico, *lugar aberto*, praça ou mercado. No AT, nome de dois homens e de três localidades, a saber: **1**. Pai de Hadadezer, rei de Zobá, a quem Davi feriu à margem do rio Eufrates (2Sm 8.3,12). **2**. Um levita que assinou o pacto das reformas, juntamente com Neemias (Ne 10.11; um versículo omitido pela LXX). **3**. Uma cidade ou distrito no extremo norte do vale do Jordão, assinalando o limite da viagem dos espias (Nm 13.21). Durante o reinado de Davi, era uma das fortalezas dos arameus que enviaram forças para ajudar Amom (2Sm 10.6,8). É chamada de Bete-Reobe em 2Samuel 10.6; cf. Josué 18.28. Na lista topográfica de Tutmés III, provavelmente, ocupa o 87º lugar. Mas sua localização exata é desconhecida. **4. e 5**. Duas cidades fronteiriças em Aser (Js 19.28 e 19.30; a LXX chama-as por nomes levemente diferentes, *Raàb e Raaú*). A primeira delas coube aos gersonitas, uma das famílias dos levitas (Js 21.31; 1Cr 6.75). A tribo de Aser não conseguiu expulsar os habitantes cananeus de uma delas (Jz 1.31). Uma Reobe é mencionada ao lado de Dor, em uma lista de Ramsés II, de Amara, pelo que parece necessário localizá-la na planície ao sul de Aco. Talvez deva ser identificada com o moderno Tell el-Gharbi (ou *Berweh*), localizado cerca de onze quilômetros a leste-sudeste de Aco, na planície.

REOBOÃO

No hebraico significa *o povo se expande*, mas há quem tenha sugerido a tradução *acolhendo o povo*. No hebraico posterior, passou a significar *liberal*. Foi o primeiro rei de Judá, após a divisão do reino em dois: 1Reis 11.43 — 12.27; 14.21 — 15.6; 2Crônicas 9.31 — 12.16. No NT aparece somente em Mateus 1.7.

1. Família. Era filho de Salomão, que lhe nasceu antes de subir ao trono (1Rs 11.42; 14.21). Sua mãe era Naamá, uma princesa amonita. Entre as suas esposas, uma delas, Maalate, era neta de Davi. Mas, subsequentemente, ele preferiu Maacá, filha de Absalão, tendo nomeado o filho mais velho deles, Abias, como seu sucessor. Seguindo o mau exemplo de seu pai, Salomão, Reoboão mantinha um numeroso harém, tendo designado seus filhos para comandarem cidades fortificadas (2Cr 11.18 ss.).

2. Cronologia. Reoboão sucedeu a seu pai no trono quando tinha 41 anos de idade, tendo reinado por dezessete anos, até a sua morte. Thiele calculou suas datas como 931/930 a 941/913, com base em sua análise dos informes nos livros de Reis, retrocedendo desde a batalha de Qarqar, em 853 a.C. (fixada nos registros assírios; ver *Cronologia*). Esse cálculo tem sido confirmado por outros informes históricos.

3. A revolta das dez tribos. *a. Situação*. Reoboão subiu ao trono em um período muito tenso, devido a estes fatores: *a*. Grandes despesas oficiais, particularmente da corte e do exército permanente, financiadas em parte por pesados impostos que incidiam principalmente sobre o norte agrícola. Essa conclusão pode ser tirada *a priori* com base nos informes de 1Reis 4, acerca da organização distrital de Salomão. *b*. O trabalho forçado constituía-se em uma queixa constante, apesar da negação de que houvesse escravos no tempo de Salomão. Mas a formação de uma leva de trabalhadores por Salomão (1Rs 5.13), certamente tornou-se uma prática comum, gerando descontentamento. *c*. Apesar da poderosa força militar de Salomão, ele perdera controle da área de Damasco, e os sírios estavam assediando o norte de Israel (1Rs 11.25). *d*. A atitude frouxa para com as religiões estrangeiras era um convite ao castigo divino, expresso nas palavras do profeta Atas a Jeroboão (1Rs 11.29 ss.). Certamente todo o Israel tomou conhecimento dessa profecia (1Rs 12.3).

4. Confronto. Foi convocada uma assembleia nacional para confirmar a subida de Reoboão, ao trono. Isso só pode significar que em Israel ainda não se conhecia o direito hereditário de reinar, à parte dos desejos do povo. A assembleia, formada por anciãos que representavam o povo, exigiu alívio das pesadas cargas impostas pelo governo de Salomão. As alternativas eram: Reoboão teria uma autoridade constitucional ou uma autoridade absolutista? Reoboão respondeu à assembleia com a famosa frase: *Meu pai fez pesado o vosso jugo, porém eu ainda o agravarei; meu pai vos castigou com açoites, eu, porém, vos castigarei com escorpiões*. Provavelmente, "escorpiões" eram látegos com pontas armadas de ferro ou osso. O povo reagiu à resposta com um *As vossas tendas, ó Israel! Cuida agora da tua casa, ó Davi*.

5. Consequências. Adonirão, que controlava a força de trabalho, estando encarregado da ordem pública, foi enviado para abafar a revolta. Mas foi apedrejado até morrer, e o próprio Reoboão escapou para Jerusalém. Foi convocada a milícia de Judá e Benjamim, para tentar dominar as dez tribos do norte à força, mas o profeta Semaías proibiu publicamente a expedição, em nome do Senhor. Estabe-leceu-se um estado de hostilidades (1Rs 14.30; 2Cr 12.15). Abias chegou a invadir Israel, talvez com a esperança de restaurar o reino davídico ali.

6. Expedição de Sisaque. A tentativa de Sisaque de impor novamente a autoridade egípcia sobre a Palestina é descrita (naquilo que afetou a Judá) em 1Reis 14.25-28 e 2Crônicas 12.1-12, sendo representada em gravura na parede do templo de Amom, em Carnaque. Isso ocorreu no quinto ano do reinado de Reoboão. Sisaque, após destacar forças para invadir o Neguebe, subiu as colinas através de Gibeom (norte de Jerusalém), cruzou até o vale do Jordão e atravessou o vale de Jezreel, e dali de volta, pela estrada costeira. Sisaque queria impor seu domínio sobre Jeroboão, que fora um refugiado em sua corte. Tendo abandonado o serviço do Senhor, o rei e seu povo o que experimentariam o que seria estar à mercê de um tirano (2Cr 12.8). A fonte histórica comum dos livros de Reis e Crônicas dá a impressão de que Sisaque realmente entrou ou enviou oficiais para entrarem na cidade.

7. Defesa. Duas linhas de evidências sugerem que a força de Sisaque no Neguebe estabeleceu um estado tampão no vale de Gerar: *a*. O caráter das forças que atacaram Judá, trinta anos mais tarde (ver Asa); *b*. A lista de cidades em colinas fortificadas por Reoboão contra os filisteus, os egípcios e talvez ameaças dos idumeus (2Cr 10). Todavia, em sua fronteira norte, Reoboão não deve ter-se considerado na defensiva.

8. Normas religiosas. Reoboão afirmava-se leal ao Senhor e seu templo. Substituiu os escudos levados por Sisaque por outros, para as cerimônias tradicionais; o discurso de Abias, em 2Crônicas 13; indiretamente, a necessidade de Jeroboão estabelecer pontos de atração, retaliando contra o templo de Jerusalém. Em resultado, muitos levitas se mudaram para Judá (2Cr 11.13 ss.). O cronista registra, em 2Crônicas 11.17 e 12.1, que, após três anos, ao sentir-se firmado no trono, Reoboão abandonou o Senhor. Os reis e seus cortesãos aceitaram a repreensão do profeta Semaías, mas com meio arrependimento apenas. Talvez Reoboão não tivesse a força de caráter suficiente para fazer virar a maré de desobediência ao Senhor, além do fato de que Salomão abrira precedentes para a introdução das práticas estrangeiras pecaminosas.

REOBOTE

Na LXX, *Euryxoria*, **"lugares amplos"**. Três localidades são chamadas por esse nome, no AT: **1**. Um poço cavado por Isaque, a sudeste de Beerseba. Gênesis 26 relata as dificuldades de Isaque com Abimeleque e os pastores de Gerar. Os filisteus haviam entupido um antigo poço, obrigando os servos de Isaque a cavarem novos poços. Mas os pastores de Gerar contenderam pelos dois primeiros para si mesmos (vss. 20 e 21). Quando um terceiro poço foi aberto e não disputado, Isaque deu-lhe o nome de *Reobote*, dizendo: *Porque agora nos deu lugar o Senhor, e prosperamos na terra* (vs. 22). Ruheibeh, cerca de trinta e dois quilômetros a sudeste de Beerseba, exibe um nome moderno similar, sendo geralmente aceita como a mesma localidade. **2**. Os trechos de Gênesis 36.37 e 1Crônicas 1.48 falam sobre Saul de Reobote, junto ao Eufrates. (O hebraico diz apenas "junto ao rio"). Saul foi um dos "reis" que governaram a terra de Edom, antes que houvesse reis em Israel. Essa cidade de Reobote não tem sido identificada nem mesmo vagamente, mas certamente não é a mesma Reobote do sul de Judá. **3**. Reobote-Ir (cidade dos lugares amplos) é um dos lugares, ao norte da Mesopotâmia, que Ninrode, o poderoso caçador, edificou (Gn 10.11). Também é um lugar que nunca foi identificado. Alguns estudiosos pensam que se trata de um substantivo comum, e não do nome de uma cidade, compreendendo que a alusão é às praças abertas ou subúrbios desocupados de Nínive ou de Calá, que são os nomes anterior e posterior a Reobote-Ir, naquela lista.

REOBOTE-IR. Ver sobre *Reobote*, terceiro ponto.

REPARAÇÃO (RESTITUIÇÃO)

Essa palavra vem do latim, *reparatio* "renovação", "substituição". A ideia envolvida é a de reparação por algum erro cometido. No sentido teológico, o termo pode ser usado como equivalente à *expiação*, quando então refere-se a como o Senhor Jesus, mediante seu sacrifício, abriu caminho para a reconciliação dos homens com Deus.

Dentro da teologia católica romana, essa palavra indica aquelas orações, boas obras, atos de abnegação e de sacrifício pessoal que são oferecidos a Deus com o propósito de compensar pelas más ações praticadas. Dentro da teoria moral em geral, a *reparação* é aquilo que alguma pessoa faz na tentativa de anular as más ações antes praticadas, ou de devolver algo a alguém que a pessoa tinha defraudado. Conheço pessoalmente um pastor que, em sua juventude, foi leiteiro. Durante a distribuição diária, ele não conseguia refrear-se de tomar algum leite. E quando deu início a seu treinamento teológico, sua consciência começou a perturbá-lo por esse pequeno ato de desonestidade. E quando se tornou pastor, dirigiu-se a seu ex-patrão e entregou-lhe certa quantia em dinheiro, a fim de reparar o prejuízo que causara. Isto foi um ato típico de reparação. E também há pessoas que fazem reparação mediante algum ato de caridade. E isto já fala sobre uma reparação *indireta*, geralmente por ser impossível a devolução direta, a quem de direito.

A reparação pode ser um sinal de genuíno arrependimento, no esforço de corrigir injustiças cometidas. Zaqueu serve de bom exemplo disto. Ao converter-se, disse ao Senhor: ... *se nalguma cousa tenho defraudado alguém, restituo quatro vezes mais* (Lc 19.8). A reparação direta é necessária para aquele que está procurando seguir pela estreita vereda espiritual. Isso deve ser feito, sempre que possível. A reparação indireta sempre será um bom princípio, contanto que a reparação direta se tenha tornado impossível, pois, na realidade, não compensa nossas vítimas pelos erros sofridos. Paulo apresentou-nos um caso de reparação indireta, ao ordenar que aqueles que antes haviam sido ladrões, agora dessem algo aos pobres (ver Ef 4.28). O Antigo Testamento encarece esse princípio, contendo várias estipulações acerca de reparação ou restituição, (segundo se vê em referências como Êx 22.1-11; 2Sm 12.6; Pv 6.31. Quanto ao Novo Testamento, ver também Rm 13.7,8; 1Co 6.1-8; Fm 18,19; Gl 6.1).

REPOSTEIRO

No hebraico, *Masak*, **"coberta"**. Palavra que aparece por 25 vezes (Para exemplificar: Êx 26.36,37; 27.16; 35.15,17; Nm 3.25,31; 4.25,26). Deve-se distinguir entre o reposteiro e a cortina (no hebraico, *qelaim*). O reposteiro servia de porta do tabernáculo. Nas especificações do tabernáculo, dadas a Moisés (Êx 25 — 27), havia provisão para três reposteiros feitos de azul, púrpura, escarlate e linho fino retorcido. Eram postos em postes de madeira de acácia, pendurados por meio de ganchos; mas não é claro se esses reposteiros eram afastados ou retirados, a fim de se ter acesso ao tabernáculo.

O primeiro desses três reposteiros ficava na extremidade oriental do átrio do tabernáculo (Êx 27.16). Tinha dez metros de comprimento e era sustentado por quatro pilares decorados com filetes de prata, cada um sobre bases de bronze. Os reposteiros eram similares às cortinas de linho, de que eram feitos os lados do átrio, exceto que os reposteiros eram peças decoradas. As especificações para os reposteiros do átrio parecem indicar que havia um pilar a cada 2,5 m (ver *Tabernáculo*), em cujo caso um reposteiro destacável de dez metros de comprimento requereria cinco pilares para ser sustentado. Se havia tal intervalo entre os pilares, o que não é certo, então, o reposteiro não seria removível e, por isso, requereria mais quatro pilares, ainda não computados, nas paredes.

O segundo reposteiro ficava à entrada da tenda da congregação (Êx 26.36 ss.), sendo similar ao da entrada do átrio, excetuando que era sustentado por cinco pilares ou recobertos de ouro, ou, mais provavelmente ainda, decorado com filetes de ouro e com capitéis. O terceiro reposteiro formava a divisão entre as duas divisões principais da tenda, vedando a entrada para o Santo dos Santos, o recinto mais interior (Êx 35.12). Com maior frequência, é chamado de véu (*paroketh;* por exemplo: Êx 26.31,33,35; 27.21), outras vezes de véu do reposteiro (*paroketh hammasak;* por exemplo: Êx 35.12) e, apenas por uma vez, de reposteiro (*masak*). Nesse último caso (Nm 3.31), certamente é o véu descrito como guardado pelos coatitas, visto que o reposteiro da tenda estava ao cargo dos gersonitas (Nm 3.25).

REPREENSÃO (ADMOESTAÇÃO)

A raiz dessa palavra é o termo latino *monitio*, que indica um conselho amigável. Nas Sagradas Escrituras há várias fontes originárias de advertência espirituais, a saber: **1**. Os preceitos divinos (Sl 19.11). **2**. Os profetas (Ez 33.4; Jr 6.10). **3**. Os apóstolos (At 20.31; 1Co 4.14; Cl 1.28; 1Ts 6.14). **4**. Meios sobrenaturais admoestam secretamente (Mt 2.12; At 10.22; Hb 11.7). **5**. Os pastores das igrejas locais têm o dever de estar equipados para admoestarem, mediante o conhecimento que têm das Escrituras, a razão, a intuição, e até mesmo mediante alguma experiência mística.

Muitas passagens bíblicas contêm repreensões de Deus contra o mal. Os juízos divinos são repreensões ativas. A misericórdia divina em Cristo e a missão tridimensional de Cristo (na terra, no *hades* e no céu) são reprimendas contra a injustiça. O povo de Deus está na obrigação de repreender o mal em outras pessoas (ver Lv 19.17; Lc 17.3; 1Tm 5.20), embora deva fazê-lo sem arrogância e com o espírito de brandura e de amor. Talvez, na próxima oportunidade, seja a nossa vez de sermos repreendidos (ver Gl 6.1). Se não repreendermos o mal, poderemos tornar-nos coniventes com a iniquidade. Deus repreende os povos pagãos (ver Sl 9.5), os inimigos de Israel (ver Sl 76.6) e Satanás, o acusador dos crentes (ver Zc 3.2). Mas também repreende o seu próprio povo, quando este merece tal reprimenda (ver Pv 3.19). O Senhor Jesus repreendeu os poderes demoníacos (ver Mc 1.25), as enfermidades (ver Lc 4.39), o vento e ao mar (ver Mt 8.26), e também os seus próprios discípulos, quando eles precisaram ser repreendidos (ver Mc 8.33; Lc 9.55).

RÉPROBO

No hebraico temos uma palavra usada por 77 vezes, no AT, e no grego temos o termo *adókimos*, empregado por seis vezes no NT (Jo. 1.28; 2Co 13.5-7; 2Tm 3.8 e Tito 1.16). O termo hebraico dá a entender um "refugo", como o refugo da prata (ver Jr 6.30). O termo grego significa "rejeitado", por não ter passado em um teste. Na LXX, esse mesmo termo grego é usado em Provérbios 25.4 e Isaías 1.22, onde a ideia é similar à que aparece em Jeremias 6.30. Paulo usa um jogo de palavras com o termo grego, em Romanos 1.28: *E, por haverem desprezado* (ouk edokímasen) *o conhecimento de Deus, o próprio Deus os entregou a uma disposição mental reprovável (adókimon), para praticarem cousas inconvenientes.* Ter sido reprovado é idêntico a ter sido "desqualificado", que Paulo usa em uma metáfora atlética, em 1Coríntios 9.27. No tocante aos falsos apóstolos, Paulo sugere que eles se examinassem, para ver se podiam ser aprovados no teste da autenticidade. Em nossa Bíblia portuguesa, a única vez em que a forma "réprobo" é usada é em 2Timóteo 3.8, onde o apóstolo diz que alguns não eram aprovados no tocante à autenticidade de sua fé.

REQUÉM

No hebraico, significa **"amizade"**. No AT, era nome de dois homens e de uma cidade, a saber: **1**. Um dos cinco reis midianitas mortos pelos israelitas em uma batalha nas planícies de Moabe (Nm 31.8; Js 13.21). De acordo com Números 31,

Moisés recebeu ordens de Deus para vingar-se dos midianitas. Anteriormente, os midianitas haviam seduzido Israel para que adorasse Baal de Peor. Zinri, príncipe da casa paterna dos simeonitas, havia tomado Cosbi, filha de um rei midianita, à casa de sua família (Nm 25). Requém aparece como um dos cinco reis midianitas que, provavelmente, eram vassalos de Seom, rei dos amorreus (Js 13.21). Aparentemente, Seom tomara posse da área de Moabe, sujeitando as tribos midianitas residentes na área. **2.** Um descendente de Calete, filho de Hebrom e pai de Samai (1Cr 2.43,44). **3.** Uma dentre as diversas cidades dentro do território dado por Josué à tribo de Benjamim (Js 18.27). Sua localização moderna é incerta. **4.** Um clã de Maquir (1Co 7.16). Era descendente de Manassés.

RÊS

Vigésima letra do alfabeto hebraico. Também representava o número 200. A vigésima seção do Salmo 119, no original hebraico, começa com essa letra, que se repete a cada verso.

RESEFE

Na LXX, essa palavra aparece de duas maneiras diversas. No hebraico, significa **"chama"** ou **"raio"**. Consideremos estes pontos: **1.** Foi um membro da tribo de Efraim, provavelmente, filho de Berias e irmão de Refa (1Cr 7.25). **2.** Há estudiosos que dizem que se trata de um nome próprio, mas traduzido como nome comum (em Dt 32.24; Jó. 5.7; Sl 76.3; 78.48; Ct 8.6). A Septuaginta também a entende como um substantivo comum nesses trechos. Portanto, haveria nisso uma alusão à divindade cananeia que figura nas listas de oferendas e entre os nomes dos deuses de Ras Shamra, no papiro egípcio Harris (final da dinastia XIX) e nas inscrições sírias em aramaico (século VIII a.C.). Com base no próprio nome, podemos deduzir que Resefe era vinculado às pestilências. As representações artísticas e as referências literárias mostram que ele era considerado o senhor do submundo, bem como da guerra e da pestilência. No épico de Keret, ele aparece como o deus da praga ou da destruição em massa. Segundo Albright, estaria intimamente relacionado ao Nergal da Babilônia. Os gregos chamavam-no Apolo. Mas a ligação dessa divindade com aquela divindade cananeia deve ser rejeitada, porque é altamente improvável que os escritores monoteístas da Bíblia tivessem atribuído vida a uma divindade pagã. Por outro lado, pode-se perceber uma polêmica contra Resefe, em Habacuque 3.5.

RESERVATÓRIO

No hebraico, essa palavra é usada por muitas vezes, com o sentido de "cisterna", "poço" e até mesmo "masmorra". Indicava um lugar para guardar água.

O clima muito seco da Palestina obrigava os seus habitantes a descobrirem meios de preservar seu suprimento de água, principalmente, durante os meses de estio, de maio a setembro. O terreno roxo era excelente para se cavarem reservatórios, com um mínimo de esforço. Com cuidado, a água coletada durante as chuvas era conservada potável durante um considerável tempo. Era vital um adequado suprimento de água o tempo todo, especialmente durante períodos de cerco por tropas inimigas (cf. 2Cr 32.3,4). Nossa Bíblia portuguesa acertadamente diz "reservatório", em Isaías 22.11, onde aparece um outro termo hebraico, derivado da raiz que significa "coletar" (isto é, nações, em Jr 3.17, e águas, em Gn 1.9). A precisão na terminologia requer as traduções "reservatório" como lugar onde a água era coletada, "aqueduto" como meio de transporte da mesma e "fonte" como um manancial de águas borbulhantes. Ver *Cisterna* e *Poço*.

RESGATE

Duas palavras hebraicas e duas palavras gregas são traduzidas em nossa versão portuguesa por "resgate". No AT, a palavra mais usada significa "cobertura", (que se vê, por exemplo, em Êx 30.12; Sl 49.7; Pv 6.35 etc). Apesar de seu sentido original, chegou a ser usado nas Escrituras com o sentido de "expiar", "isentar da punição". Essa é uma das palavras-chave no ensino veterotestamentário sobre o pecado e a sua expiação (Lv 1.4 etc.). A outra palavra hebraica é usada apenas por uma vez, em Êxodo 21.30, e vem da raiz que significa "saldar uma dívida". Está em pauta o dinheiro pago como multa pelo descuido com a guarda de um touro feroz, que porventura matasse um ser humano. Seria morto o animal e seu proprietário, a menos que este pagasse toda a quantia que lhe fosse exigida. Isso lhe garantia a "liberdade", que é o sentido do termo.

No NT grego temos *lútron*, que ocorre com frequência em passagens-chave do NT (Lc 24.21 etc.), com o sentido de "resgate" ou "redenção"; por uma única vez, *antílutron* (1Tm 2.6), que tem o sentido de "preço correspondente". Ver *Expiação*; *Propiciação*.

RESGATE DE TERRAS

Em Israel, era o processo legal mediante o qual a terra era conservada sob o domínio e usufruto de uma família. O termo hebraico significa *pagar de volta* ou *vingar*. Tecnicamente, todas as terras em Israel, que houvessem sido vendidas, revertiam à família possuidora original, no ano do jubileu, a cada cinquenta anos. O trecho de Levítico 25.25-28 ensina que o parente próximo de um endividado comprasse de volta a sua propriedade, antes do ano de jubileu. Exemplos desse processo podem ser encontrados em Rute 4.4-6 e Jeremias 32.6-15.

RESPIGAR

Há duas palavras hebraicas envolvidas, a saber: **1.** *Alal*, "respigar". Palavra que ocorre por quatro vezes com esse sentido (Lv 19.10; Dt 24.21; Jz 20.45; Jr 6.9). **2.** *Laqat*, "colher", "respigar". Vocábulo que aparece por doze vezes com o significado de "respigar": Rute 2.2,3,7,15-19,23.

A lei mosaica provia um tratamento liberal para os pobres. Por ocasião da colheita, o proprietário de um campo plantado não deveria fazer a ceifa completa, mas deveria deixar as pontas das plantações para serem recolhidas pelos pobres, pelos aflitos ou estrangeiros (Dt 24.20-22; Jz 8.2). Esse costume é lindamente ilustrado na história de Rute, no segundo capítulo desse livro. As azeitonas eram respigadas (Is 24.13). No trecho de Juízes 20.45, há um uso metafórico. Homens mortos em batalha quando fugiam, eram metaforicamente "respigados". Obter informações aos poucos, ou tirar proveito de algum benefício recebido, também era "respigar".

RESPIRAÇÃO

Está em foco o ar que passa pelos pulmões, nos movimentos de inspiração e expiração, que nos fornece o oxigênio e expulsa da corrente sanguínea o gás carbônico. Uma pessoa pode viver cerca de trinta dias sem alimentos, três ou quatro dias sem água, mas apenas cerca de dez minutos sem oxigênio. Portanto, o processo é essencial à vida (Gn 2.7; Jó 27.3; Ez 27.5,6). No hebraico há três palavras a serem consideradas, e no grego, uma. As palavras hebraicas são: **1.** *Nephesh*, "respiração", "alma". Essa palavra é extremamente comum, aparecendo por mais de 680 vezes, embora só por uma vez tenha o sentido de "respiração", isto é, em Jó 41.21. **2.** *Neshamah* ou *nishma*, que figura por 21 vezes, mas, com o sentido de "respiração", apenas por onze vezes (por exemplo: Gn 2.7; 7.22; 1Rs 17.17; Jó 33.4; Is 2.22; Dn 5.23 e 10.17). **3.** *Ruach*, "espírito", outra palavra que aparece por muitas vezes, mais de 370 vezes, embora apenas por 28 vezes com o sentido de "respiração" (por exemplo: Gn 6.17; 7.15; Jó 12.10; 17.1; 19.17; Sl 146.4; Ec 3.19; Is 11.4; Ez 37.5-10). A palavra hebraica é *pnoé*, "respiração", que figura apenas em Atos 2.2 e 17.25.

Há um uso simbólico, em Atos 9.1, *Saulo, respirando ainda ameaças e morte...*, cujo sentido é autoevidente. Há um artigo separado, neste dicionário, acerca do "sopro" de Jesus, mediante o qual o Espírito Santo foi dado aos discípulos (Jo 20.22). Quanto aos termos hebraicos *neshamah* e *ruach*, temos a dizer ainda que embora essas palavras tenham significados levemente diversos, a primeira sugere um sopro gentil, enquanto que a última indica um sopro súbito e forte. Pode-se ajuntar a isso que *neshamah* é empregada preferivelmente para indicar a respiração em sentido fisiológico, ou "respiração vital", de onde lhe provém o sentido secundário de "vida (ou alma) animal" (cf. Gn 2.7; 7.22; Jó 27.3, onde ambas essas palavras hebraicas ocorrem, e também Is 45.52 e Dn 5.23). Por outro lado, *ruach* é a palavra geralmente empregada onde a respiração é considerada fisicamente — um sopro como ato de força — razão pela qual está ligada às ideias da vontade ou das emoções, de onde lhe provém o sentido secundário de "espírito", mas também "pensamento" ou "propósito" (segundo se vê em Jó 4.9; 9.18; Sl 18.15; Ez 37.5-10). Apesar de nem sempre haver uniformidade nesse uso, *ruach* exprime a expressão da vida, ao passo que *neshamah* exprime o princípio da vida. Não obstante, quando *ruach* e *neshamah* são atribuídas a Deus, elas indicam o princípio, não de sua própria vida, mas da vida conferida às suas criaturas. Ver também *Espírito*.

RESSURREIÇÃO. Ver *Ressurreição e a Ressurreição de Jesus Cristo*.

RESSURREIÇÃO DE LÁZARO. Ver *Lázaro, Ressurreição de*.

RESSURREIÇÃO E A RESSURREIÇÃO DE JESUS CRISTO

I. Pano de Fundo. A crença na ressurreição, de uma forma ou de outra, não se confina à herança judaico-cristã. Uma noção vaga de ressurreição existia entre os mais primitivos povos animistas, e o costume de sepultar utensílios, alimentos e outros itens de interesse, juntamente com os mortos, em algumas culturas, provavelmente refletia a crença na ressurreição. Nessa categoria se poderia incluir a maneira elaborada como os egípcios embalsamavam seus mortos. Contudo, muitas culturas primitivas, apesar de crerem no após-vida, não distinguiam claramente entre o corpo e o espírito, e por essa razão os ensinamentos sobre a sobrevivência da alma e sua natureza não podem ser facilmente acompanhados, através da história.

Para alguns povos antigos a alma foi uma espécie de substância semifísica, capaz de atarefar-se em atividades similares às do corpo, pelo que também poderiam usar utensílios que haviam sido úteis para o corpo; o que talvez explica a maior parte dos hábitos de sepultamento dos povos antigos. É interessante observarmos que os hábitos de sepultamento, até mesmo entre o homem Neanderthal, demonstram a crença na sobrevivência em face da morte física. Apesar do pensamento ordinário, dos gregos e dos romanos, acerca da existência após-túmulo, envolver alguma forma de descida ao *hades*, em que a alma seria uma substância bem diluída apesar de material, a a qual vários graus de inteligência e de vida real eram atribuídos, aqui e acolá, dentro dos mitos (como, por exemplo, no mito de *Osíris*), aparecem casos de ressurreição, por parte dos deuses ou dos heróis, e, algumas vezes, até mesmo de pessoas comuns. Contudo, essa não era a ênfase e nem o ensinamento comum, e sabemos que tais noções não eram levadas muito a sério pelos antigos. A ideia da sobrevivência, em sua forma mais elevada, era ensinada por Platão, em diálogos como Fédon e Banquete. É ali que encontramos uma bem elevada ideia sobre a grandeza da personalidade humana, que não se concentra no corpo, e nem mesmo na combinação do corpo com a alma (porquanto tal combinação ali aparece realmente como uma punição contra o homem, por haver perdido a perfeição, ao cair no pecado); antes, a alma aparece ali como uma substância pura, eterna em sua natureza, embora dotada de um começo remoto no tempo, na forma de individualização; mas mais tarde, devido à sua queda, teria assumido o veículo de um corpo físico.

Segundo essas noções platônicas, a vida consistiria essencialmente da luta da alma por libertar-se deste mundo material, na tentativa de retornar ao mundo eterno ao qual ela pertence. Muitas ideias de Platão são paralelas à doutrina cristã, embora não haja nelas qualquer indício da ressurreição do corpo, e nem qualquer noção que disso se aproxime, porque tal conceito seria altamente indesejável para Platão.

Apesar do fato de que o conceito do após-vida, no *zoroastrismo*, era mais materialista que a maioria das ideias antigas, contudo, até mesmo ali não havia qualquer ideia claramente definida acerca da ressurreição dos mortos. A afirmação mais clara sobre a ressurreição, fora da herança judaico-cristã, se encontra no Alcorão, onde Deus é retratado como alguém que conclama os anjos a tirarem os mortos e ressuscitarem-nos, como corpos vivos de carne. Isso ocorreria quando do julgamento, após o que os eleitos viveriam no aprazimento sensual de alimentos abundantes, de gemas preciosas ofuscantes, e de donzelas de 'olhos grandes', ao passo que os ímpios seriam lançados numa punição física eterna. Tais ensinamentos têm sido interpretados simbolicamente, mas tal "modernização" tem sido vigorosamente atacada pelos islamitas "ortodoxos". O ensinamento sobre a ressurreição, no Alcorão, entretanto, na realidade não é uma doutrina independente, porquanto o próprio Alcorão estribou-se pesadamente tanto sobre o Antigo como sobre o Novo Testamentos, em muitos particulares.

II. A Ressurreição no Antigo Testamento. As declarações que têm sido extraídas do Pentateuco, apesar de darem a entender um "após-vida", são extremamente duvidosas como evidências da crença na ressurreição, dentro dos livros de Moisés. O trecho de Êxodo 3.6,16 é usado pelo Senhor Jesus, nas citações, a fim de provar o fato de que os antigos patriarcas continuavam "vivendo", mas isso, por si mesmo, dificilmente poderia servir de prova da ressurreição no livro de Êxodo, ainda que possa mostrar que o judaísmo posterior veio a encarar tais passagens desse modo. Sabemos, de fato, que assim aconteceu. (Ver Mc 12.18 e ss.). O rabino Simai argumenta em prol da ressurreição com base em Êxodo 6.3,4 (a promessa de que a Terra Prometida seria dada aos patriarcas), mas isso provavelmente foi compreendido pelos próprios patriarcas como uma promessa referente aos seus descendentes. A exclamação de Jacó: *A tua salvação espero, ó Senhor!* (Gn 49.18), bem como o desejo expresso por Balaão: *Que eu morra a morte dos justos, e o meu fim seja como o dele* (Nm 23.10), apesar de indicarem alguma crença no "após-vida", dificilmente podem ser considerados como uma afirmação da ressurreição naquele período tão remoto.

Naturalmente, a famosa passagem da *ressurreição*, em Jó 19.23-27, é uma declaração expressa dessa crença, e o livro de Jó é o mais antigo volume da coletânea do AT. Porém, essa doutrina não se tornou tradicional na fé judaica senão depois que já estava escrito o Pentateuco. Pela época em que foi registrada a história dos reis (1 e 2Reis), essa doutrina já deveria estar bem estabelecida em Israel, porquanto os Salmos certamente contêm tal pensamento (ver Sl 17.15), e a literatura daquele período registra várias ressurreições contemporâneas. (ver 1Rs 17.17,24; 2Rs 4.18-37; 13.20-25). Nos livros proféticos, a passagem de Isaías 26.16-19 provavelmente é a passagem isolada mais importante de todo o AT, acerca da ressurreição. A passagem de Ezequiel 37.1-14, apesar de provavelmente ter por referência primária a restauração da nação de Israel, igualmente ensina a doutrina da ressurreição. No trecho de Daniel 12.2 essa doutrina se faz perfeitamente clara.

A igreja cristã primitiva se utiliza dos trechos de Jeremias 18.3-6 e Salmo 88.10 como textos de prova da doutrina da ressurreição. (Ver também Sl 16.9, que mui provavelmente prediz especificamente a ressurreição de Cristo). E o trecho de Oseias 6.2 é outra profecia acerca da ressurreição de Cristo, ao passo que Oseias 13.14 fala sobre a ressurreição em geral.

A crença na ressurreição foi-se tornando cada vez mais comum após os exílios, sobretudo no período dos macabeus. E, pelo tempo em que nasceu Jesus Cristo, era uma crença praticamente universal na Palestina e no judaísmo em geral. Os fariseus eram os grandes defensores dessa doutrina, e a isso haviam acrescentado a crença na sobrevivência da alma, nos anjos, nos espíritos e na existência de um mundo sobrenatural. A grande exceção no judaísmo era a tradição dos saduceus. Os saduceus se ufanavam de sua "pureza doutrinária", rejeitando aquilo que reputavam meros mitos. Esses consideravam o Pentateuco como seu "cânon" das Escrituras. Por essa mesma razão rejeitavam eles a ressurreição, a sobrevivência da alma, a existência dos espíritos etc., porquanto essas doutrinas não são claramente ensinadas no Pentateuco, apesar de haver ali alguns indícios das mesmas. (Ver Josefo, *Antiq.* 18.1.4, onde vemos que os saduceus chegavam até a negar a imortalidade da alma, quanto mais a realidade da ressurreição. Ver os artigos sobre *Saduceus* e *Fariseus*).

III. A Ressurreição no Novo Testamento. A afirmação mais decisiva sobre a realidade da ressurreição aparece nas páginas do NT, onde essa doutrina pode ser encontrada em muitas passagens, e o capítulo 15 de 1Coríntios é a sua declaração clássica. Podemos supor que a descrição exposta por Paulo não era muito diferente daquilo que se poderia encontrar nos estudos rabínicos mais refinados, excetuando, naturalmente, a ênfase cristã sobre a importância da pessoa de Jesus Cristo como as primícias dos ressurretos, além do fato de que os cristãos sempre vincularam a ressurreição de Cristo à concretização da imortalidade, porquanto é a vida de Cristo que possibilita aos remidos viverem em qualquer sentido espiritual, na imortalidade ao nível da alma, ou, finalmente, na imortalidade final, quando a alma houver de ser revestida pelo corpo espiritual.

Nas páginas do NT, os seguintes pontos específicos deveriam ser observados acerca do fato da ressurreição, envolvendo tanto a ressurreição de Cristo como a de outros: **1**. Jesus Cristo, antes de sua morte e ressurreição, já possuía poder sobre a morte, tendo ressuscitado a várias pessoas dentre os mortos. (Ver Mt 9.25; Lc 7.12-15 e João 11.43,44). **2**. Cristo previu a sua própria ressurreição. (ver Jo 10.18 e Lc 24.1-8). **3**. Houve uma ressurreição de mortos que se seguiu imediatamente após a ressurreição de Cristo. (Ver Mt 27.52,53). **4**. Os apóstolos também puderam ressuscitar certos homens da morte. (Ver At 9.36-41 e 20.9,10). **5**. Existem duas ressurreições gerais e futuras, a saber: *a*. A ressurreição para a vida (ver 1Co 15.13,22; 1Ts 4.14-17 e Ap 20.4); *b*. A ressurreição para o "juízo" (ver Jo 5.28,29 e Ap 20.11-13). Essas duas ressurreições ocorrerão com um hiato de mil anos entre elas (ver Ap 20.5). **6**. A ressurreição do Senhor Jesus foi corporal (ver Jo 20.3-10; 20.19-23,24-29; 21.12-14). Mas as suas várias aparições mostram que o seu corpo fora espiritualizado, tendo sido ressuscitado para a vida com uma nova forma, e, por ocasião de sua ascensão aos céus, podemos imaginar que houve mais uma fase de "espiritualização". **7**. O ensino contido no décimo quinto capítulo de 1Coríntios parece indicar que, de alguma maneira, ultrapassa em muito nossa compreensão e nossa própria ressurreição também envolverá os antigos elementos do corpo morto, recolhidos, transformados e espiritua-lizados. O corpo ressurreto será incorruptível, glorioso, poderoso, espiritual, e será até mesmo conformado segundo a natureza celestial de Jesus Cristo, o que nos permitirá participar de sua própria natureza, e até mesmo de sua divindade, que ele possui na qualidade de Deus-homem. (Ver Rm 8.29; 2Co 3.18; 2Pe 1.4 e 1Co 14.42-44,49; Ef 3.19; Cl 2.10). **8**. Os crentes que ainda estiverem vivos quando da segunda vinda de Cristo receberão o mesmo tipo de corpo, através de transformação súbita, quando de sua manifestação, assim escapando aos efeitos da morte física. (Ver 1Co 15.50-53 e Fp 3.20,21). **9**. Essa transformação magnificente, quer quando da ressurreição, quer quando da transformação súbita, é chamada de *redenção do corpo*; mas significa um passo mais elevado em direção à glorificação, sendo, na realidade, um passo na glorificação do "ser inteiro". (Ver Rm 8.23 e Ef 1.13,14). **10**. Após a "segunda" ressurreição é que terá lugar o julgamento final. (Ver Ap 20.7-15 e Jo 5.29). **11**. Alguns dos pais antigos da igreja ensinaram que parte da diferença entre a glorificação de uma pessoa, em comparação com outra, será devida à natureza mais avançada ou menos avançada do corpo da ressurreição. Isto provavelmente expressa uma verdade. Todavia, não contemplamos nenhuma estagnação. As pessoas sendo glorificadas terão, continuamente, (especulamos) uma transformação do *veículo* (corpo) espiritual da alma. Ver Efésios 3.19 que pode servir de base desta ideia, embora não a expresse diretamente.

IV. A Ressurreição de Cristo. Quanto ao que está implícito na ressurreição de Cristo, para os remidos, consultar todo o décimo quinto capítulo de 1Coríntios que é a declaração clássica sobre o tema. Quanto ao "modo" da ressurreição, acerca do que há intensa controvérsia, ver as notas expositivas em Lucas 24.6 no NTI que apresentam os diversos pontos de vista sobre essa questão. Quanto às manifestações de Cristo, após sua ressurreição, o que serve para demonstrar a historicidade da ressurreição de Cristo, ver as notas expositivas sobre a passagem de João 20.1 no NTI, onde aparece a nota de sumário.

V. Subentendidos Teológicos da Doutrina da Ressurreição de Cristo. **1**. A ressurreição de Cristo confirmou sua doutrina. Jesus a predisse, e mostrou-se a si mesmo como o Senhor da vida. Portanto, Cristo é um ser de elevadíssima estatura, e podemos confiar no que ele nos ensinou. **2**. A ressurreição de Cristo declarou a sua divindade e caráter único e sem-par, conforme também o indica o trecho de Romanos 1.4. **3**. A salvação em sua inteireza, do princípio ao fim, depende da ressurreição de Cristo. A justificação é garantida por ela. (Ver Rm 4.25). Mas a vida inteira, agora, quando da transformação da alma, quando da glória do estado intermediário e imaterial, ou mesmo quando da glorificação, isto é, quando a alma for revestida pelo corpo imaterial e já espiritualizado, depende da "vida que nos foi dada através da ressurreição de Cristo", e isso porque ele compartilha dessa vida com os homens. E, através disso, em qualquer nível de existência em que se encontrem os homens, podem os remidos compartilhar de sua *vida eterna*. (Ver 1Co 15.12,17; Rm 5.10 e 1Co 15.20). **4**. Fomos regenerados para uma viva esperança; a conversão original, a regeneração, a transformação progressiva segundo a imagem de Cristo, e a própria vida de Deus, que haverão de ser compartilhadas por nós, mediante a graça de Deus em Cristo, dependem todas da sua ressurreição. (Ver 1Pe 1,3,4; Jo 5.25,26; 6.57 e 2Co 4.14). **5**. Devido à ressurreição de Cristo, a vida "necessária e independente", que é a própria vida de Deus, a autêntica imortalidade, é dada aos homens, que, assim, assumem a natureza de Cristo. (ver Jo 5.25,26; 6.57). **6**. Por conseguinte, a imortalidade da alma, por mais profunda que seja essa doutrina (ver o quinto capítulo da segunda epístola aos Coríntios, o primeiro capítulo da epístola aos Filipenses e as notas no NTI sobre 2Coríntios 5.8, além do artigo que versa sobre esse tema), não será completa ainda, porquanto existe uma imortalidade mais elevada, que é a dos espíritos novamente revestidos de seus corpos espiritualizados. O estado dos espíritos desencorporados é "muito melhor" do que o da presente vida física (ver Fp 1.23); no entanto, a plena glorificação não poderá ocorrer enquanto a alma não for revestida pelo corpo espiritual e imortal. (Ver 2Co 5.4 e 1Co 15.42-50). **7**. O corpo ressurreto não será composto de carne, visto que carne e sangue não podem herdar o reino de Deus. (Ver 1Co 15.50). Antes, será um *corpo espiritual*, que muito provavelmente não será atômico em qualquer sentido, mas antes, será um campo de força espiritual, um elemento mais básico e puro do que as estruturas atômicas. Será semelhante ao corpo de Cristo (ver 1Jo 3.2 e Fp 3.21).

VI. A Natureza do Corpo Ressurrecto.

Será um corpo espiritual, uma forma espiritual, pertencente ao mundo eterno. Provavelmente não terá constituição atômica, mas antes, se comporá de algum *campo de força* ou energia espiritual, um veículo apropriado para a alma, nos lugares celestiais. Sim, certamente o corpo ressurreto dos crentes não será *físico*, conforme já dissemos acima. Não obstante, poderá conter alguns elementos do presente corpo físico, conforme parece dar a entender a ilustração que Paulo usou sobre a semente e sua florescência. Se assim realmente for o caso, então poderemos basear-nos diretamente no paralelo da ressurreição de Cristo.

Entretanto, alguns estudiosos têm sentido que existe algum elemento, no "ser" do homem, talvez de natureza misteriosa, ou talvez de alguma maneira vinculado à alma, que será usado pelo poder celestial para ser transformado em um *corpo espiritual*. A palavra "corpo" é com frequência usada, no pensamento hebreu, para expressar o *ser inteiro*, e não apenas o corpo-físico; isso permitiria, do ponto de vista do hebraico, tal interpretação. Seja como for, haverá a real restauração do ser inteiro do indivíduo, de tal modo que a morte não terá conquistado partícula alguma de todo o seu ser. Assim sendo, o espírito do indivíduo remido não continuará "desincorporado", porquanto essa "derrota" será revertida, e depende inteiramente de Deus como ele fará tal reversão.

Alguns eruditos têm ensinado uma forma de ressurreição à qual denominam de nova criação, onde os elementos do corpo físico antigo não seriam utilizados, porque Deus restaura a personalidade humana revestindo a alma com um corpo espiritual, criado para o momento. Contudo, tal corpo seria muito mais elevado e espiritual do que este nosso corpo físico, que a morte física nos leva a perder como novo veículo de expressão. Isso representa uma verdadeira restauração, uma ressurreição, embora envolva termos celestiais exclusivamente.

O corpo espiritualizado será veículo da alma; esse corpo se revestirá de poder e glória, por assemelhar-se ao corpo de Jesus Cristo. Nesse "revestimento", o crente alcançará um elevado estado de glória, tanto na forma de exaltação de seu próprio ser (o que o elevará acima dos anjos, porquanto seremos a plenitude de Cristo, que é aquele que preenche tudo em todos, o que jamais foi dito com respeito aos anjos; ver Ef 1.23), como na forma de participação na própria divindade (ver 2Pe 1.4), como, ainda, na forma de obras exaltadas que os ressuscitados poderão realizar, como um serviço eterno. Nenhuma imaginação pode ao menos começar a apreender o sentido de tudo isso; mas sabemos que isso faz do destino humano algo excessivamente elevado, verdadeiramente espantoso. E como poderia ser menos do que isso quando consideramos que haveremos de participar da plenitude da glória de Cristo, de sua natureza, de sua vida, de sua herança, na qualidade de filhos de Deus, que estão sendo conduzidos à glória, juntamente com o Filho de Deus? (Ver o artigo sobre a Glorificação, da qual a ressurreição faz parte essencial. Quanto a maiores detalhes sobre a "natureza do corpo ressurreto", ver as notas expositivas em 1Co 15.35 no NTI).

VII. Inferências Éticas da Ressurreição.

Toda a moralidade cristã se baseia na crença do após-vida, na punição, na recompensa, na colheita segundo a semeadura; tudo isso para não ser meramente presente (conforme de fato é), mas também transcenderá a este mundo físico, quando a verdadeira justiça fará parte do mundo eterno. A alma sobreviverá, e será revestida pelo corpo espiritual, e o que tiver sido feito nesta vida terrena afetará diretamente o estado, a exaltação, o progresso e as atividades dos crentes no estado eterno. Visto que fomos ressuscitados com Cristo, somos exortados a buscar aquelas coisas que são "de cima", isto é, aquelas coisas que pertencem a Deus, posto que Cristo está assentado à sua "mão direita" (Ver Cl 3.1). As coisas terrenas não podem mais exigir nossa legítima atenção, porquanto "morremos" já para essas coisas. Não mais existimos para elas, e nem elas para nós. (Ver Cl 3.2). Por conseguinte, compete que *mortifiquemos* todas as carnalidades que nos servem de empecilho e todas as tendências mundanas, visto que não mais pertencemos a este mundo e seu sistema de vida. (Ver Cl 3.5 e ss.). Já não somos mais cidadãos deste mundo, mas aguardamos o aparecimento de Cristo. Então, quando ele aparecer, também apareceremos juntamente com ele, "em glória", o que nos será apropriado com filhos da ressurreição, que seremos. (Ver Cl 1.4). Nossa cidadania, na realidade, é a dos céus, e nos deveríamos conduzir como súditos leais desse reino. (Ver Fp 3.20). Nossa esperança de realização celestial é uma esperança purificadora (ver 1Jo 3.3).

Assim também vós considerai-vos mortos para o pecado, mas vivos para Deus em Cristo Jesus ... Mas oferecei-vos a Deus como ressurretos dentre os mortos, e os vossos membros a Deus como instrumentos de justiça (Rm 6.11,13). Ver todo o contexto desta passagem, que fala diretamente sobre esse assunto. (Ver também os trechos de Rm 7.4; 8.11; Ef 1.18-20; Fp 3.10,11 e Cl 2.13).

VIII. A Ressurreição em Relação à imortalidade da Alma e o Estado Intermediário da Alma Desencarnada.

Considerando toda essa questão com olhos sóbrios (1Co 1) *precisamos dizer que*: **1**. Ou Paulo não compreendia plenamente a doutrina da imortalidade da alma, conforme dizia a tradição grega comum, ou então, pelo momento, ignorava tal realidade, como algo que não era adequado para ele em seu argumento. **2**. Ou aqueles que eram os opositores à verdade da ressurreição eram da variedade cética, do tipo de incredulidade dos saduceus, os quais negavam igualmente a imortalidade. Contra tal noção Paulo se opunha. Mas esta ideia não é provável. **3**. Ou então as noções de Paulo sobre a ressurreição também envolviam uma certa doutrina que a alma, embora sobreviva, assume um tipo muito inferior de existência, esperando ser restaurada ao corpo; nisso é que seria dada a verdadeira imortalidade, prometida em Cristo. Porém, se lermos outras passagens, como o quinto capítulo da segunda epístola aos Coríntios, bem como a esperança paulina expressa constantemente que estar "ausente" do corpo é estar "presente" com o Senhor (ver 2Co 5,8), bem como a sua confiança de que "morrer é lucro" (ver Fp 1.21) e partir "do corpo" e estar com Cristo é "muito melhor" (ver Fp 1.23), então precisamos admitir que Paulo não tinha qualquer doutrina dessa natureza, mas antes, via a alma como algo muito superior ao corpo, como a verdadeira pessoa, bem como via ele a alma como o veículo da inteligência e da vida. Os gregos, nos tempos bem remotos, tinham uma doutrina no sentido de que a alma sobrevivia a uma espécie de sombra insensível, vazia, uma entidade destituída de memória e de inteligência; porém, não há qualquer evidência de que Paulo defendia tal doutrina, quando os textos acima referidos são examinados. **4**. Naturalmente, com base em 1Coríntios 15.11, fica bem compreendido que a imortalidade, em seus níveis mais elevados (não meramente alguma condição "melhorada" em relação ao estado presente), *deve incluir* a restauração da personalidade inteira, o que significa ressurreição de alguma espécie. Essa é a teologia cristã padronizada.

Contudo, até mesmo a imortalidade do estado intermediário, que aguarda a plena glorificação, *está vinculada* à ressurreição (conforme se vê nos versículos décimo sétimo e décimo oitavo), pois tudo quanto envolve a salvação, do princípio ao fim, consiste da participação nessa vida que Cristo possuía quando saiu do túmulo. A própria justificação está ligada à ressurreição. (Ver Rm 4.25). Assim, a glória presente, no estado imaterial, bem como na mais elevada glória futura, quando estivermos vestidos da imortalidade perfeita, estão ambas vinculadas à ressurreição. A ressurreição é a substância da presente imortalidade imaterial, bem como é a garantia da futura e mais elevada imortalidade, o eterno "revestir-se" que haverá de restaurar a personalidade inteira.

Portanto, precisamos concluir por uma dentre três possibilidades, a saber: **1**. Que Paulo tinha em vista a segunda possibilidade, na lista anterior, isto é, ele se opunha àqueles que negavam tanto a ressurreição como a imortalidade. Essa é a posição tomada por alguns comentadores bíblicos. Contudo, tal posição é enfraquecida pela observação de que tudo quanto a imortalidade promete, a intermediária ou a futura, o apóstolo parece vincular à "ressurreição", e isso concorda com outras passagens, como o primeiro capítulo da epístola aos Filipenses e o quinto capítulo da segunda epístola aos Coríntios. Portanto, Paulo se opunha não àqueles que negavam a imortalidade, mas aos que a negavam em vinculação à ideia da ressurreição. Queriam eles uma imortalidade sem a ressurreição. Mas Paulo retruca que não existe uma forma "cristã" da imortalidade desacompanhada da ressurreição, porquanto essa imortalidade, no que se relaciona aos crentes, terá de assemelhar-se à de Jesus Cristo, que ressuscitou dentre os mortos e foi transformado em sua ascensão aos céus. **2**. Naturalmente, existe outra possibilidade que resolve perfeitamente o problema, e que aparentemente satisfaz as exigências do, presente texto, a saber: que o apóstolo acreditava na ressurreição como o *próprio portão* da imortalidade, negando completamente a sobrevivência da alma. Isso parece harmonizar-se de maneira suave com o presente texto, mas não podemos aceitar essa possibilidade (embora alguns crentes o façam; e esse era o pensamento hebreu mais antigo), porque tal ideia é uma contradição frontal a passagens como o quinto capítulo da segunda epístola, aos Coríntios e o primeiro capítulo da epístola aos Filipenses, bem como com o pensamento farisaico (e Paulo fora *fariseu*), além de contradizer a doutrina neotestamentária padrão, que ensina a sobrevivência da alma (como 1Pe, capítulos terceiro e quarto, e Ap 6.9 e ss.). Relembremo-nos de que a teologia dos hebreus, em sua forma mais primitiva, não envolvia qualquer esperança de vida *além-túmulo* (conforme se verifica no Pentateuco, que jamais alude a tal ideia), e isso foi seguido pela tradição dos saduceus. Mas então, a ressurreição do corpo, como a esperança da vida eterna (mas desacom-panhada da ideia da sobrevivência da alma), apareceu em seguida, nesse desenvolvimento. Finalmente, mais ou menos pela época dos profetas do cativeiro é que veio à lume a ideia da imortalidade, bem como a da ressurreição. Essa síntese foi seguida pelo cristianismo, e isso não meramente por motivo de acidente histórico, mas porque essa síntese expressa a verdade da questão. Ora, se Paulo, como judeu que era, reverte momentaneamente, devido ao seu argumento, ao segundo estágio do pensamento hebreu (ressurreição, mas não sobrevivência da alma), então a passagem de 1Coríntios 15.11 se torna perfeitamente clara. Contudo, isso representa uma contradição com o ensino paulino em geral, bem como com o ensino geral do NT Podemos considerar, pois, que Paulo provavelmente não assumiu essa posição. Crendo em tal coisa, permanecemos com o problema. Assim sendo, aqueles membros de Corinto que criam na imortalidade, mas não na ressurreição (embora aceitassem a ressurreição de Cristo como um "sinal" de seu poder sobre a morte), encontrariam várias debilidades nos argumentos de Paulo que aparecem nos versículos décimo segundo e décimo nono, conforme salientamos mais acima. O problema central deste texto, se o quisermos declarar com brevidade, é o seguinte: neste texto Paulo vincula toda a imortalidade à ressurreição, e aparentemente não estabelece qualquer distinção entre estágios mais baixos e mais elevados da imortalidade. Porém, em outras passagens, como o primeiro capítulo de Filipenses e o quinto capítulo da segunda epístola aos Coríntios, ele reconhece uma elevada forma de vida imortal (bem "melhor" do que a vida presente), que consiste do estado imaterial. Todavia, falta, essencialmente, tal reconhecimento nos argumentos óbvios dos versículos décimo segundo a décimo nono deste capítulo. Mas esse reconhecimento pode ter sido a base mesma do ensino em Corinto de que não havia ressurreição. Seja como for, dentro do sistema do cristianismo a ressurreição é vinculada à "forma mais alta" da imortalidade, conforme foi prometida no evangelho cristão, embora uma forma mais baixa e intermediária, apesar de muito exaltada, da imortalidade, possa ser experimentada nesse estado imaterial, o que subsistirá até à primeira ressurreição, se alguém se acha "em Cristo". O vigésimo versículo deste mesmo capítulo descreve exatamente o que a imortalidade promete, por meio da ressurreição, dentro do cristianismo. **3**. Quanto à solução bíblica para esse problema (sem importar se os opositores de Paulo, em Corinto, concordavam ou não com isso), observemos a mensagem geral dos versículos décimo sétimo e décimo oitavo deste capítulo. A totalidade da "imortalidade" e da glória, e, realmente, a salvação inteira, do princípio ao fim, está vinculada à ressurreição; pois a própria morte de Cristo não traria benefício algum aos homens, se isso não houvesse sido confirmado pela ressurreição (ver Rm 4.25). Além disso, nossa própria ressurreição, que por ele foi prometida, é aquele elemento que garante e confirma a glória "intermediária" que agora desfrutam os espíritos desincor-porados. Quando da ressurreição, pois, essa glória se tornará *completa*. Não haveria qualquer glória "intermediária" para espíritos desincorporados, se não fosse a ressurreição, porquanto é na ressurreição que nos chega *aquela vida através da qual vivemos* em qualquer nível, conforme o trecho de Romanos 5.10 indica. Em qualquer nível, portanto, somos salvos pela vida de Cristo, e essa é a vida ressurrecta.

IX. A Ressurreição de Jesus nas Escrituras. Predita pelos profetas (Sl 16.10 com At 13.34,35; Is 26.29). Predita por ele mesmo (Mt 20.19; Mc 9.9; 14.28; Jo 2.19-22).

Era necessária
- Para cumprimento das Escrituras (Lc 24.45,46).
- Para o perdão dos pecados (1Co 15.17).
- Para a justificação (Rm 4.25; 8.34).
- Para a nossa esperança (1Co 15.19).
- Para a eficácia da pregação (1Co 15.14).
- Para a eficácia da fé (1Co 15.14,17).
- Prova de que ele era o Filho de Deus (Sl 2.7 com At 13.33; Rm 1.4).
- A fraude era impossível (Mt 27.63-66).
- Ele deu muitas provas infalíveis de sua ressurreição (Lc 24.35,39,43; Jo 20.20,27; At 1.3).

Foi confirmada
- Pelos anjos (Mt 28.5-7; Lc 24.4-7,23).
- Pelos apóstolos (At 1.22; 2.32; 3.15; 4.33).
- Pelos seus inimigos (Mt 28.11-15).
- Asseverada e pregada pelos apóstolos (At 25.19; 26.23).

Os Santos
- São gerados para uma vívida esperança, por meio da ressurreição (1Pe 1.3,21).
- Desejam conhecer o seu poder (Fp 3.10).
- Devem manter-se na lembrança da mesma (2Tm 2.8).
- Ressuscitarão na semelhança de Cristo ressurreto (Rm 6.5; 1Co 15.49 com Fp 3.21).
- É emblema do novo nascimento (Rm 6.4; Cl 2.12).
- É as primícias de nossa própria ressurreição (At 26.23; 1Co 15.20,23).
- A verdade do evangelho depende da mesma (1Co 15.14.15).
- Foi seguida pela exaltação de Cristo (At 4.10,11; Rm 8.34; Ef 1.20; Fp 19,10; Ap 1.18).

- É garantia do julgamento (At 17.31).

Tipificada
- Isaque (Gn 22.13 com Hb 11.19), Jonas (Jn 2.10 com Mt 12.40).

Efetuada
- Pelo poder de Deus (At 2.24; 3.15; Rm 8.11; Ef 1.20; Cl 2.12).
- Pelo seu próprio poder (Jo 2.19; 10.18).
- Pelo poder do Espírito Santo (1Pe 3.18).
- No primeiro dia da semana (Mc 16.9).
- No terceiro dia após sua morte (Lc 24.46; At 10.40; 1Co 15.4).

X. A Ressurreição na Pregação da Igreja. Atos 2.24: *ao qual Deus ressuscitou, rompendo os grilhões da morte, pois não era possível que fosse retido por ela*.

O Grande Tema. 1. Dentre todos os itens da apologética cristã, a ressurreição de Jesus era o mais poderoso, como prova do fato de que Jesus foi o Messias. **2.** No livro de Atos, a ressurreição sempre subentende a ascensão (ver At 1.6), e a subsequente glorificação de Jesus. Portanto, Pedro foi capaz de dizer que Jesus foi recebido à mão direita do Pai (ver At 2.25). **3.** Os crentes participam de tudo quanto Cristo fez, foi e é (ver Rm 8.30).

Este sermão de Pedro é, na realidade, nosso *mais primitivo* exemplo dessa apologia cristã. O vigésimo segundo versículo destaca as obras de Jesus, os seus muitíssimos milagres, os seus prodígios e sinais, como nenhum mortal comum poderia jamais ter produzido. O vigésimo terceiro versículo menciona como o próprio Deus autenticara a missão de Jesus, porque, através dele, se cumprira o plano divino referente ao Messias. A citação extraída da profecia de Joel (vss. 17-21) vincula o *Yahweh* do AT (do que se deriva a forma corrompida *Jeová*, nos tempos modernos) com o "Cristo" do NT, que é o Senhor de todos. E, dessa maneira (como nos vss. 25-28 deste mesmo capítulo), Jesus é associado ao AT, como cumprimento vivo das profecias messiânicas. A promessa e o cumprimento da vinda do Espírito Santo, por si mesmos, serviram de prova do caráter messiânico de Jesus, porquanto o Pentecostes e os eventos daquele dia cumpriram todas as expectativas do AT acerca do ministério do Espírito Santo, e isso fora especificamente prometido e conferido através do Senhor Jesus, ficando assim demonstrada a veracidade de suas predições e promessas. No Evangelho de João essa apologia aparece de forma ainda mais bem desenvolvida, e quanto a um sumário sobre a questão, ver as notas expositivas referentes a João 7.45 no NTI.

A ressurreição do Senhor Jesus inspirara os seus discípulos a uma atuação ousada, e podemos concordar com Crisóstomo (345-407 d.C.), *in loc*., de que aqueles homens teriam continuado derrotados e descoroçoados, se não pensassem verdadeiramente que o Senhor Jesus ressuscitara dentre os mortos. A pior interpretação possível dos acontecimentos é aquela que afirma que os discípulos perpetraram uma fraude, sabendo perfeitamente bem, que Jesus continuava bem morto, porquanto eles foram perseguidos e geralmente tiveram morte horrível, tudo com base em uma mentira totalmente desnecessária. É óbvio, portanto, que para os primitivos discípulos o Senhor Jesus estava vivo, e, mais do que isso, que estava bem presente entre eles, tal como havia prometido, através do seu "alter ego", o Espírito Santo. O Espírito de Deus atuava sobre eles, e Pedro, que há tão poucos dias se acovardara ante uma simples pergunta de uma criada, agora discursava com uma coragem impávida e serena, ante a multidão que havia bradado acerca de Cristo: *Crucifica-o! Crucifica-o!*

Johannes Weiss, em sua obra *History of Primitive Christianity*, faz o seguinte comentário sobre as vidas e as realizações dos apóstolos, que estavam alicerçadas firmemente na crença sobre a realidade da ressurreição de Jesus: "Em verdade, em meio a uma geração melancólica, sem esperança, *perversa*, ali estava um grupo de homens inspirados, corajosos, que dependiam exclusivamente de seu Deus; em meio a uma nação que se avizinhava de sua destruição, estava um novo povo, e com que futuro!" (Nova Iorque: Wilson-Erickson, 1937, I, p. 41).

Rompendo os grilhões da morte. Não há certeza absoluta acerca do significado da palavra "grilhões" neste caso, sendo motivo de debates o seu sentido. Muitas traduções dizem "dores", sendo verdade que o termo tem sido usado na literatura grega para indicar as dores de parto. O comentário de Vincent (*in loc*.) sumaria as diversas ideias: alguns afirmam que Pedro seguiu a tradução errônea da LXX em Salmo 18.5, onde a palavra hebraica para "tramas" foi traduzida pela palavra aqui usada para indicar dores, e que, portanto, a tradução deveria ser "tramas de morte", em que o simbolismo seria o de escape do laço de um caçador. Mas outros supõem que o simbolismo é o do "trabalho de parto", que cessaria ao dar à luz, isto é, na ressurreição. Mas essa interpretação parece muito desviada, embora seja verdade que, no grego clássico, o vocábulo fosse comumente empregado para indicar as dores de parto. Talvez seja melhor, no seu todo, pensar que essa expressão tem o sentido dado pela *Authorized Version* (KJ), fazendo com que as dores da morte sejam a mesma coisa que a própria morte.

Deve-se observar, por outro lado, que essa palavra é a mesma traduzida por *dores*, em Mateus 24.8, a qual, literalmente traduzida, seria *dores de parto*, o que salientaria a intensidade do sofrimento, e não necessariamente a ideia de algum tipo de nascimento, que estivesse para ocorrer. Porém, se realmente houver em mente alguma forma de nascimento, então Pedro talvez tenha feito alusão à ideia da "nova vida", que vem através da ressurreição. Mas, se ele se referia a laços ou algemas (a ideia que aparece no hebraico, no trecho citado, Sl 18.5), então pode estar em vista uma armadilha. Eis como Robertson compreende a questão, conforme se evidencia em seu comentário: "... 'laços'", 'armadilhas' ou 'cordas' da morte aludem ao *seol*, isto é, à morte personificada, como caçadores que põem uma armadilha para a presa". Todavia, esse autor também reconhece a possibilidade da outra interpretação, quando diz: "Os primitivos escritores cristãos interpretavam a ressurreição de Cristo como um nascimento saído da morte".

É verdade que diversos dos primeiros pais da igreja interpretaram a morte de Jesus como as dores de parto da nova vida, na ressurreição; porém, isso pode ter se derivado da interpretação sobre esta passagem, que não é, necessariamente, a interpretação correta, embora, naturalmente, isso expresse uma grande verdade, sem importar se tal verdade é ensinada aqui ou não. É muito provável que o sentido tencionado seja simplesmente que embora os sofrimentos de Cristo, na morte, fossem grandes, tais sofrimentos não fizessem parte permanente de sua experiência, e nem a morte provocada por essas dores pudesse fazer parte permanente dessa experiência, sendo que também Deus o libertou de todo o contexto dos sofrimentos e da morte, levando-o à vida imortal, aquela vida que ele mesmo possui. (ver Jo 5.26 e 6.57).

"Apesar de que há um mistério que não pode ser dissipado, no que concerne à maneira da ressurreição, o fato da ressurreição não pode ser posto em dúvida mais do que a evidência histórica e honesta do assassinato de César" (*De Wette*).

"Pode-se afirmar, sem a mínima hesitação, que a ressurreição de Cristo é o fato mais bem comprovado da história". (*Edersheim*).

"Nada é tão historicamente confirmado como o fato de que Jesus ressuscitou dentre os mortos e apareceu novamente para os seus seguidores" (Ewald).

"Se ainda não sabemos que Jesus de Nazaré ressuscitou dentre os mortos, então ainda não sabemos coisa alguma sobre a história". (John A. Broadus).

Porquanto não era possível que fosse ele retido por ela. Cinco são as razões principais pelas quais era impossível que

Cristo, o Filho de Deus, ficasse retido pela morte: **1**. Era impossível por causa do fato de ser ele o *Filho de Deus*, participante da divindade, e em sua humanidade, na qualidade de ser mortal, foi-lhe outorgada a verdadeira imortalidade por parte de Deus Pai, aquela vida independente e necessária que Deus possui (ver Jo 5.26 e 6.57). Não devemos perder de vista o ponto de que, nessas passagens, o mesmo tipo de vida é prometido a todos os crentes. Por conseguinte, também é impossível que a morte possa reter qualquer remido pelo sangue do Senhor Jesus, porquanto todos eles são verdadeiramente imortais, no mesmo sentido que Deus é imortal e conforme foi concedida tal vida a Jesus Cristo. **2**. Também era impossível essa retenção de Cristo no sepulcro, porque em sua pessoa, em sua missão, e em sua obra pioneira, como mortal, isto é, em sua encarnação, ele é o Príncipe da Vida, razão pela qual a morte não poderia jamais caracterizá-lo. Ele é o Príncipe da Vida de conformidade com os termos da explicação dada no primeiro ponto, acima. **3**. Isso era igualmente impossível porque, devido ao Pai, o Filho não poderia ser retido pela morte, nem por qualquer dos resultados desse estado, quer no mundo espiritual, quer no íntimo de seu próprio ser; porquanto era a vontade do Pai erguê-lo novamente dentre os mortos, e isso serviu de prova completa da autenticação de sua pessoa e de sua missão divinas, salientando o fato de ser ele as primícias de todos quantos entram no estado da morte, mas que, finalmente, haverão de ressuscitar triunfalmente. (Ver o trecho de 1Coríntios 15.19-21, que salienta essa mensagem). **4**. Outrossim, isso era impossível por nossa causa, porque a promessa que nos foi feita por Deus é que Cristo é a nossa garantia de vida eterna. Os pecadores penitentes são aceitos no Amado, e os dons de Deus são proporcionados aos homens através dele. Todos quantos nele confiam participam necessariamente de seu tipo de vida (ver Jo 6.57), pelo que também era impossível que a morte pudesse triunfar sobre a fonte de toda a vida aos homens. **5**. Finalmente, era impossível que Cristo ficasse retido pela morte porque a tendência de todas as profecias do AT, no que tange à pessoa, ao ministério, à morte e à ressurreição do Messias é que a sua missão fosse *um sucesso*; embora lhe tivesse sido mister passar pela morte, também haveria de ressuscitar dentre os mortos sem experimentar corrupção física. Essas predições das Escrituras não poderiam jamais ser quebradas. Portanto, era impossível que a morte o retivesse, como é impossível que ela nos retenha permanentemente. Essa é a mensagem que aparece neste mesmo capítulo do livro de Atos, que faz alusão às profecias de Davi. (Ver At 2.25-28). **6**. O texto não menciona o *hades*, mas a morte de Cristo subentende o mesmo, e o versículo 27 deste mesmo capítulo alude definidamente ao *hades*. Em sua descida ao *hades*, Cristo realizou uma missão ali, igualmente. Ver o artigo sobre a *Descida de Cristo ao Hades*.

XI. Diversas Teorias sobre o Modus Operandi da Ressurreição de Jesus.

1. Jesus não teria, realmente, ressuscitado dentre os mortos — mas os seus seguidores teriam furtado o seu corpo, conforme também os judeus declararam, e assim os discípulos deram a entender que houvera ressurreição. A narrativa inteira dos Evangelhos, entretanto, labora contra essa noção, não sendo provável que os apóstolos tivessem criado uma ressurreição simulada, para em seguida terem sido perseguidos e, finalmente, mortos de maneira vergonhosa, em defesa de algo que, sabiam o tempo todo, fora inventado por eles. Somente as convicções de homens coletivamente desvairados poderiam tê-los feito sofrer tanto, produzindo frutos tão notáveis, se não estivessem escudados na realidade. **2**. As narrativas acerca desses acontecimentos são relatos de entusiastas, não podendo ser consideradas como *dignas de grande valor*. As mesmas objeções oferecidas contra o primeiro argumento se aplicam aqui também. Outrossim, pode-se observar que as outras quinhentas testemunhas oculares do Cristo ressurreto também deveriam ter sido entusiastas desvairados, para explicar uma ilusão coletiva dessa envergadura. Segundo aprendemos pelos escritos de Paulo, em seus dias, a maioria desses quinhentos irmãos ainda vivia, e a história poderia ser facilmente verificada em sua autenticidade, sendo altamente improvável que tão grande número de pessoas pudesse ter caído naquilo que, de outra maneira, seria reputado um ponto de fé extremamente difícil de defender. **3. A teoria do desmaio**. Essa teoria afirma que Jesus realmente não morreu na cruz, mas que tão somente entrou em um estado comatoso. Quando foi posto em um túmulo frio, recuperou os sentidos. Essa teoria tem sido sustentada por muitos elementos liberais, mas está sujeita a objeções fatais. Em primeiro lugar, é altamente improvável que um debilitado Jesus, que quase chegara às portas da morte, e que realmente fora considerado morto por todos os circunstantes, pudesse ter cumprido as ações do vivíssimo Jesus que é retratado após a ressurreição. Em segundo lugar, tal Jesus não teria sido um homem extraordinário, e, sim um homem abaixo do normal, durante um período muito longo. Nada disso se coaduna com o quadro apresentado acerca de suas aparições após a ressurreição. Os discípulos e todas as demais testemunhas oculares dos fatos devem ter sido pessoas extremamente estúpidas e infantis, para crerem que ele realmente ressuscitara. Outrossim, topamos com o problema da fiel dedicação de suas vidas ao Senhor Jesus, por motivo de que viveram sob tremenda perseguição até que tiveram fim vergonhoso; tudo por causa de um homem que estaria *semimorto*, que continuaria mutilado, que não só perdera a consciência na cruz mas que recobrara os sentidos ao ser colocado no túmulo. Tudo isso pressupõe extrema obtusidade por parte de mais de quinhentas testemunhas oculares do Cristo ressurreto, o que é impossível de ser aceito. Adicione-se a isso, ainda, que Jesus, que não teria morrido, mas que meramente teria perdido os sentidos, finalmente deve ter morrido — destruindo assim toda a confiança que fora depositada nele. Uma vez mais a história não consubstancia essa teoria. Outrossim, acrescente-se a isso o testemunho inconsciente mas importante de João, acerca das circunstâncias da morte de Jesus. João 19.34 revela que o ferimento feito com a lança, no lado de Jesus, fez sair ... *sangue e água*..., o que, conforme a medicina tem aprendido pela observação, é sinal de um coração rompido. Um coração rompido sem a menor sombra de dúvida é uma ocorrência médica fatal. E, se em último lugar, admitirmos a evidência dada pelo sudário de Turim (ver a nota em Mt 28.6 no NTI), veremos que as provas químicas demonstram que o corpo que aquela peça de linho um dia conteve, realmente morreu, embora não tivesse permanecido envolto no pano por tempo suficientemente longo para borrar as imagens produzidas pelos agentes químicos de um corpo que padeceu horrores, o que, de outro modo, teria ficado irreconhecível pela continuação das reações químicas de um corpo em putrefação. **4. A ideia da ressurreição em termos mediúnicos**. Esta teoria pode assumir muitas formas variadas, mas diz, essencialmente, que Jesus apareceu aos seus seguidores, após a morte, embora tais aparecimentos fossem apenas de seu espírito desligado do corpo. Isso equivale a afirmar que o espírito humano de Jesus tinha o poder de fazer-se visível e compreendido. As narrativas dos Evangelhos, contudo, negam essa teoria, porquanto diversos dos discípulos "tocaram" nele, o que sem a menor dúvida, indica que Jesus apareceu em forma corpórea. Além disso, o próprio Jesus, querendo dar a entender a sua ressurreição física, e não o seu mero aparecimento em espírito, no trecho de Lucas 24.36-43, além de dar sobejas provas de que tinha corpo e podia fazer o que os corpos fazem (ser apalpado, comer etc.), declarou ante os discípulos espantados: *Vede as minhas mãos e os meus pés, que sou eu mesmo; apalpai-me e verificai, porque um espírito não tem carne nem ossos, como vedes que eu tenho*

(Lc 24.39). Apesar de que esta teoria do aparecimento mediúnico de Jesus admite, pelo menos, a sobrevivência da alma, contudo, as narrativas dos Evangelhos não lhe prestam apoio algum. O sepulcro estava vazio e as cicatrizes puderam ser vistas e apalpadas nas mãos e no lado de Jesus. **5. Explicação psicológica**. Conforme essa teoria, a ressurreição de Jesus teria sido, na realidade, uma impressão interna, íntima, para certo número de pessoas, e não uma realidade exterior. Teria sido um tipo de mecanismo do cumprimento de um "desejo", podendo ter envolvido elementos dos fenômenos similares ao hipnotismo em massa. Essas condições psicológicas teriam sido provocadas pelo tremendo desejo, dos seguidores íntimos de Jesus, em vê-lo vivo novamente. E essa energia mental, criada dentro das estruturas do pensamento de tantas pessoas, possibilitou o aparecimento de eventos profundamente anelados, embora não tivessem eco no mundo das realidades materiais. Porém, essa ideia se torna extremamente fraca e *insustentável* quando nos lembramos do número de pessoas envolvidas — nada menos de quinhentos indivíduos que, de uma só vez, foram testemunhas oculares da presença física do Cristo ressurreto, além do fato das diversas aparições do Senhor Jesus, no processo de quarenta dias. Não é provável que tal estado psicológico pudesse ter sido mantido por tanto tempo, e entre tantas pessoas, sem o fundamento da realidade externa. As pessoas simplesmente não podem enganar a si mesmas por tanto tempo, e em massa, como nesse caso. Relatos, como o caso ocorrido com Tomé, que pôde tocar no corpo físico de Jesus, também labora contra essa ideia de uma ilusão psicológica em massa sobre a ressurreição de Jesus. Chega mesmo a ser impossível crermos que tantas pessoas tivessem criado um mundo de fantasias por tantos dias, mantendo-se, digamos assim, em um estado de sonho permanente. **6**. Segundo certos estudiosos, a ressurreição seria meramente a existência do espírito perenemente vivo de Jesus, isto é, a influência de Jesus no mundo e sobre as vidas dos homens, embora não tivesse sido uma realidade física. Até certo ponto isso expressa parte da verdade, porquanto o espírito de Cristo continua perfeitamente vivo em muitas pessoas; mas, uma vez mais, isso não concorda plenamente com os fatos do caso em foco, porquanto requer a negação da realidade dos aparecimentos de Jesus aos discípulos, o manuseio de Jesus por parte de alguns, e a realidade de suas conversas audíveis com diversas pessoas. **7. A realidade da ressurreição literal e corporal de Jesus**. Jesus ressuscitou o seu próprio corpo, transformado, mas ainda dotado de propriedades físicas. Jesus espiritualizou o seu próprio corpo. Esse foi o seu último e maior milagre terreno, e a intenção dos escritores dos Evangelhos é justamente a de transmitir-nos o fato. Houve muitas testemunhas oculares dessa realidade. Quando da ascensão e glorificação de Cristo, é perfeitamente possível, sendo fato muito provável, que Jesus tenha sido ainda mais poderosamente transformado no ideal da criação de Deus, tendo-se tornado o modelo de Deus, para conduzir muitos filhos à glória — o padrão para a transformação final dos crentes (Ver Rm 8.29 e Ef 3.19).

XII. Acontecimentos no Dia da Ressurreição. 1. As mulheres, Maria Madalena, Maria, mãe de Jesus, e Salomé dirigem-se ao sepulcro. **2**. Ao chegarem elas, ou talvez pouco antes, desceu o anjo, o Senhor ressuscitou e os guardas caíram por terra como mortos. **3**. Pouco depois disso, o mesmo anjo que aterrorizara os guardas fala com as mulheres, que haviam chegado à cena. (Alguns registros tradicionais pintam os guardas a correr de terror, passando pelas mulheres que iam a caminho do túmulo). **4**. As mulheres encontraram a pedra rolada para um lado, e Maria Madalena volta a fim de contar o ocorrido aos discípulos (Lc.23.55-24; Jo 20). **5**. Pedro e João, ao receberem a notícia, vão ao túmulo, examinam-no e vão embora (Jo 20.11-18). **6**. Maria Madalena volta à cena da ressurreição, chorando, ainda duvidosa; então, vê os dois anjos e o próprio Senhor Jesus (Jo 20.11-18). Em seguida, Maria Madalena é enviada para avisar os outros discípulos. **7**. Maria, mãe de Tiago e José, retornou com as outras mulheres ao sepulcro; as mulheres veem os dois anjos (Lc 24.4,5 e Mc 16;5), e ao receberem a mensagem angelical saem à procura dos discípulos, mas ao encontro delas sai o próprio Senhor Jesus (Mt 28.8-10).

Todavia, a ordem exata desses acontecimentos não é dada em parte alguma, e eles são variadamente arranjados. Mas toda ordem apresentada está sujeita a dúvidas.

A ressurreição de Jesus Cristo é o grande alicerce histórico da igreja cristã, sendo elemento do qual se origina uma das principais diferenças da doutrina cristã, quando contrastada com outras religiões. É um equívoco declarar ou mesmo supor que a mensagem de Cristo não teria significação se ele não houvesse ressuscitado dentre os mortos, porquanto, até mesmo sem a história da ressurreição, provavelmente seria considerado um dos maiores homens que já viveram à face da terra, tanto por causa dos seus ensinamentos como por causa de sua vida extraordinária, na qual demonstrou diversos poderes admiráveis.

Hoje em dia, muitos não aceitam a realidade de uma ressurreição literal, ou pelo menos física, e apesar disso encontram grande valor na vida e nos ensinamentos de Cristo. Não obstante, a ressurreição é pressuposta em todas as porções do NT, sendo constantemente solicitada como *fato* mais certo e como aquele com tremendas consequências teológicas de maior alcance. (Ver, por exemplo, as declarações do apóstolo Paulo, em 1Co 15.12-20,29-32). É verdade que, em sua maior parte, a nossa crença na ressurreição de Jesus não pode ser apoiada pela moderna investigação científica; mas certamente não lhe falta o "apoio histórico". Paulo afirma que mais de quinhentos irmãos tinham visto Jesus, após a sua ressurreição (ver 1Co 15.6), Teria sido fácil verificar o testemunho dessa gente, quando Paulo fez tal declaração. Outrossim, certo número de indivíduos específicos afirmava não só ter visto Jesus, mas também ter tido extenso contato com ele. As tradições que cercam a ressurreição de Jesus provavelmente sofreram modificações e adornos; mas o grande fato da ressurreição permanece de pé, e, em todos os seus elementos essenciais, as tradições mais antigas (as de Pedro, as de Paulo e as dos Evangelhos) estão em plena harmonia umas com as outras.

No findar do sábado. No Evangelho de Marcos, lemos: *Passado o sábado...* E no Evangelho de Lucas: *... alta madrugada...* O comentário adicional de Mateus, *... ao entrar o primeiro dia da semana...*, faz harmonia com a narrativa de Lucas. Goodspeed (GD) traduz aqui, "após o sábado", sendo, provavelmente, a tradução mais correta do trecho. Alguns acreditam que Mateus falava do pôr do sol, que Marcos falava do nascer do sol, mas isso não é uma inferência necessária, à base de Mateus 28.1. De fato, o versículo indica que as mulheres compareceram ao túmulo cedo pela manhã, pouco antes do romper do dia.

XIII. Aparições de Jesus após a Ressurreição. Ver o artigo separado com este título. *Naturalmente* que se estabeleceu certa confusão quanto ao nome das testemunhas da ressurreição de Jesus, especialmente no que se refere àquelas primeiras visitas. João refere-se apenas a Maria Madalena, quando da primeira aparição. Marcos também menciona Salomé. Lucas menciona diversas outras, como Joana, esposa de Cusa (ver Lc 83). Mateus apresenta as duas Marias. Alguns têm suposto que essas diferenças se originaram devido à ênfase de cada escritor, pois cada evangelista teria enfatizado mais uma pessoa do que outra. Mais provavelmente, os próprios relatórios foram fragmentários e confusos por causa do impacto das emoções envolvidas.

Bibliografia. AM B C E IB ID LAN NTI P Z

RESTAURAÇÃO DE ISRAEL

Romanos 11.26. *E assim todo o Israel será salvo, como está escrito: Virá de Sião o Libertador, e desviará de Jacó as impiedades.* A fim de dar apoio à sua doutrina da "restauração nacional de Israel", o apóstolo Paulo emprega uma bem conhecida passagem das Escrituras do AT, isto é, Isaías 59.20,21, de conformidade com a versão da Septuaginta, que é aqui citada de forma um tanto ou quanto livre. O original hebraico diz: "... e um Redentor virá a Sião, e àqueles que abandonarem a transgressão em Jacó". (Ver também as passagens de Sl 13.7 e 52.7, que parecem ter exercido influência sobre o fraseado de Paulo nessa citação). O próximo versículo deste capítulo dá prosseguimento a essa citação, onde uma porção final do versículo foi extraída do trecho de Isaías 27.9. A combinação de várias passagens bíblicas pode ter sido feita com base nos chamados *testemunhos cristãos*, ou seja, passagens do AT utilizadas pelos primitivos cristãos como textos de prova quanto às ideias neotestamentárias, e que com frequência combinavam trechos bíblicos provenientes de lugares os mais diversos e divergentes.

Devemos dar atenção às palavras "... como está escrito....". Paulo se utiliza dessa terminologia com frequência, em suas epístolas, a fim de vincular certas passagens do AT aos seus temas neotestamentários, mostrando que ele cria que o sistema cristão é tão somente a continuação do espírito dos melhores elementos do judaísmo e não alguma excrescência herética. (Ver as notas expositivas completas sobre essa expressão, e como e quando Paulo a usa, em Rm 11.8 no NTI).

Lietzmann cita o Talmude babilônico (*Sanh*. 98a) a fim de demonstrar que a passagem de Isaías 59.19,20 era compreendida pelos judeus como profecia que fala sobre uma nova era: "O rabino Jochanan (cerca de 250 d.C.) disse: "Quando virdes o tempo em que muitas tribulações sobrevierem a Israel como um rio, então esperai que o próprio Messias venha, conforme está dito: Pois virá como um rio... E continua, e virá a Sião um Salvador". O apóstolo Paulo, pois, não lançou mão dessa passagem profética de maneira grandemente diversa do que fizeram tantos rabinos judeus.

Todo o Israel será salvo. Em que sentido deveríamos entender a palavra "... todo...", que é aqui usada? A seguir alistamos as diversas interpretações a respeito: **1**. *Não pode significar* "todo o Israel espiritual", como se estivesse aqui em vista o remanescente, quer dentro, quer fora da igreja cristã. Essa interpretação é contrária a todo o fluxo do argumento que Paulo expõe neste texto, onde ele salienta especificamente a salvação do remanescente israelita, a despeito de ser importante e significativa, não é o cumprimento das profecias em sua inteireza. De fato, o remanescente torna-se as "primícias", o fermento que levedará a massa inteira, finalmente. **2**. A promessa teria sido feita ao "Israel nacional", embora pudesse significar "Israel como um todo", o "Israel predominante", e não necessariamente cada indivíduo pertencente a Israel. **3**. Portanto, essa palavra poderia significar, simplesmente, que Israel se tornará uma *nação cristã*. **4**. Mas Paulo parece estar insistindo sobre *algo mais* do que isso, pelo que também alguns intérpretes destacam a plena força da palavra *todo* a fim de que adquira o sentido de — *cada indivíduo*. Compreende-se que essa conversão total de Israel terá lugar após a Grande Tribulação, durante a qual essa nação será grande-mente reduzida em número, e quando, mediante as misérias da provação, o povo judeu será purificado. Os israelitas restantes, que representarão nesse caso toda a nação de Israel, serão salvos em sua totalidade. Mui provavelmente, esse é o sentido do texto que temos à nossa frente. Podemos esperar, pois, que Israel se torne uma nação cristã quando, por ocasião da terceira guerra mundial, ela será ameaçada por um inimigo avassalador, que ameaçará aniquilar a todos os israelitas restantes. Nessa crise, Israel receberá um óbvio livramento divino, através da intervenção do Senhor, e os israelitas reconhecerão que isso é feito pelo Senhor Jesus Cristo. Como resultado, a conversão nacional de Israel será a grande experiência, depois do que será inaugurado o reino do Messias. Desse modo, todas as profecias do AT serão levadas à plena concretização, profecias essas que, até então, haviam permanecido sem seu devido cumprimento. **5**. É difícil acreditar, todavia, que a salvação de Israel será somente das pessoas vivas durante e depois da *Grande Tribulação*. Devemos nos lembrar do fato de que Cristo desceu ao *Hades* e tinha uma notável missão lá, em benefício das almas perdidas. (Ver 1Pe 3.18; 4.6). É bem provável, portanto, que a salvação de Israel seja *vasta*, devido à *missão cósmica* de Cristo, e seja de *todo* o Israel, de todas as gerações. Isto não quer dizer, entretanto, que todos os indivíduos de Israel serão salvos, mas provavelmente significa alguma coisa espantosamente *maior* do que ousamos imaginar. É deveras significativo que as profecias atuais dos místicos, à parte das profecias bíblicas, apontam para o mesmo fato. **6**. Sendo essa a verdadeira interpretação dessa passagem, outras interpretações de menor envergadura, como aquela que diz que estão em foco os "cento e quarenta e quatro mil", a outra que diz que há aqui alusão aos "judeus convertidos em qualquer período específico da história eclesiástica", ou ainda as que pensam sobre um "Israel espiritual" ou "fragmentos tribais da nação a ser convertida", devem ser todas rejeitadas, porquanto são produtos de um ponto de vista extremamente limitado sobre o que significam essas profecias.

Será salvo. Estas palavras indicam a entrada na posse do reino messiânico, o começo do milênio e a participação da nação de Israel no mesmo, embora também esteja em foco a salvação *pessoal*, porquanto essa é a mesma, no contexto inteiro, sem importar se estão em vista judeus ou gentios.

RETIDÃO

I. Sentido do Termo, Linguisticamente Falando. O termo técnico no AT é traduzido por "retidão" ou "justiça", ao passo que a forma adjetivada é traduzida por "reto" ou "justo". O termo neotestamentário, *dikaiosúne*, e seus cognatos, também são traduzidos da mesma maneira, no Novo Testamento. Quanto a seu uso geral, indica a conformidade com um padrão, sem importar se esse padrão tem a ver com o caráter de uma pessoa ou com o objetivo de uma lei aceita. Thayer sugere a seguinte definição: "O estado de quem é conforme deveria ser). No seu sentido mais amplo, refere-se àquilo que é reto ou virtuoso, que exibe integridade, pureza de vida e correção de sentimentos e de ações. Em um sentido um tanto negativo, significa inocência, ausência de defeito. No tocante ao homem, diz respeito à sua conformidade com a santidade de Deus. Em um falso sentido, porém, pode aludir àqueles que se jactam em suas próprias virtudes — às vezes reais, outras vezes, imaginárias — em cujo caso os tais "justos" na verdade estão debaixo da condenação do Deus reto (cf. Mt 9.13; Mc 2.17; Lc 5.32 e 15.7).

II. Retidão no Antigo Testamento. Entre os usos acima sugeridos, a abordagem bíblica preocupa-se, principalmente, com o homem cuja maneira de pensar, de sentir e de agir amolda-se inteiramente à retidão de Deus. Nesse sentido, só Jesus Cristo pode ser chamado *díkaios* (cf. At 7.52; 22.14; 1Pe 3.18; 1Jo 2.1). A perfeita conformidade com a vontade divina não pode ser encontrada entre os homens, estando eles ainda na existência terrena (ver Rm 3.10,26). Isso suscita o problema teológico que é o âmago próprio da mensagem neotestamentária: Como é que um homem pode ser justo diante da absoluta santidade de Deus? Se Deus requer retidão, mas o homem não é reto, como pode um homem ser "justificado", isto é, como pode ser "declarado justo"?

1. No tocante à natureza de Deus. Com razão os judeus julgavam-se possuidores de uma revelação emanada da parte de Deus: a lei. Nas Escrituras do antigo pacto não há qualquer hesitação quanto à ideia de que a base de operações, tanto para a nação de Israel como para os israelitas, era a revelação escrita, sumariada na lei mosaica. Mas, como explicar o estranho júbilo refletido nas Escrituras, diante de tão exigente lei? É que esta era considerada em Israel como um dom de Deus, o que tornava os judeus não apenas diferentes dos povos de outras nações, mas também superiores quanto à moral, o que os tornavam mais felizes do que os outros.

Precisa ser dito nestes dias em que a lei de Deus reputada subserviente ao amor de Deus (embora esse amor possa ser concebido como mero sentimentalismo, à parte da lei), que os judeus não viam qualquer conflito entre a lei de Deus e o amor de Deus, pois, como poderia Deus amar mais do que sendo fiel à sua própria natureza reta? O que a física significa para os cientistas do século XX, a lei moral era para os antigos judeus. Portanto, obedecer à lei era encontrar o sentido da vida; desobedecer à lei era cair em confusão.

Uma breve comparação com o taoísmo talvez ilumine a questão. Os taoístas buscam harmonizar suas vidas às supostas leis do céu. Isso equivale a procurar ajustar-se às leis naturais. O homem apenas destrói a si mesmo e perde qualquer esperança de cumprimento quando age contrariamente às leis naturais. Ora, o fator decisivo do Antigo Testamento é que o caminho, a verdade e a lei são ultrapassados por uma Pessoa divina. Deus é um Ser vivo e supremo, que sustenta tudo quanto existe em seu Universo, em consonância com sua vontade soberana e benfazeja. Sua vontade e santidade absolutas são refletidas sob a forma de retidão, codificada e entregue aos homens sob a forma de mandamentos. Deus condescende em revelar a sua vontade.

Deus ama tão profundamente que o seu amor inclui um elemento paralelo, embora possa parecer estranho à mente moderna. É como ele mesmo declara: ... *Eu sou o Senhor teu Deus, Deus zeloso...* (Êx 20.5). Transparece aí o elemento de ciúme por aquilo que lhe pertence, embora devamos conceber esse zelo por seu melhor prisma, e não por seu lado doentio, como sucede a muito do ciúme humano. Assim, quando o Senhor disse: *Não terás outros deuses diante de mim* (Êx 20.3), ele não baixou essa proibição por temer alguma competição. Mas Deus queria evitar o que qualquer perfeito amante quer evitar — a interferência de qualquer fator estranho e destrutivo. O grande perigo da idolatria é uma vida falsa, sem autenticidade. Quando o *summum bonum*, o bem maior, não é a perfeição, então os valores secundários tornam-se menos importantes ainda do que deveriam ser.

O pensamento bíblico é dominado por sua norma teocêntrica. Repousa sobre o fato revelado de que Deus é *santidade absoluta*. Portanto, as imposições para que o homem tenha uma vida reta nunca são relativas. São exigências *absolutas*. O que assusta o homem é que Deus, necessariamente, é justo e equitativo em todo o seu trato para com ele. Visto que Deus é o centro de toda a realidade e existência, tudo quanto há no Universo está ligado a ele, mediante essas mesmas exigências absolutas. A conclusão de toda a questão é segundo Paulo afirma: ... *como está escrito: Não há justo, nem sequer um...* (Rm 3.10). Em outras palavras, na presença de Deus, "quem poderá permanecer de pé?" A resposta é óbvia: Ninguém! Para os homens não há recompensa pela obediência por eles prestada, nem podem reivindicar reconhecimento da parte de Deus e, finalmente, não há desculpas pela falta de santidade deles, na presença da absoluta santidade de Deus.

O catolicismo romano tem procurado algum alívio para esse dilema na sua doutrina de "retidão original" (*justitia originalis*). Graciosamente, Deus teria conferido ao homem, em sua condição original, antes da queda no pecado, uma retidão perfeita. Supostamente, isso incluiria liberdade da concupiscência, imortalidade física e impassi-bilidade e, talvez, até a garantia da felicidade. Mas, segundo os termos bíblicos, tal ideia é inteiramente fictícia. E, ainda que estivesse de acordo com a revelação bíblica, seria inútil para nós, porquanto o homem não mais vive segundo as condições anteriores à queda. Ademais, o Novo Testamento mostra que o real problema é o da retidão *positiva*. Uma coisa é um homem viver livre de pecados escandalosos e evidentes e outra coisa é cumprir ele as demandas do amor. Quando seguimos os esforços dos antigos israelitas por atingirem as demandas da retidão absoluta, topamos com a impotência humana. O resultado de todo o esforço judaico para obedecer à lei degenerou no legalismo tipo farisaico. Não obstante, nenhum outro grupo religioso da época do Senhor Jesus foi tão constante e duramente vergastado por Cristo como o grupo dos fariseus. Ouçamo-lo: *Porque vos digo que, se a vossa justiça não exceder em muito a dos escribas e fariseus, jamais entrareis no reino dos céus* (Mt 5.20). As exigências da lei mosaica, por conseguinte, tornaram-se naquilo que Paulo intitulou de "jugo de escravidão" (Gl 5.1). Algo saíra inteiramente errado na abordagem da retidão, por parte do povo de Israel.

2. No tocante ao pacto. Pelo que temos visto, é claro que a retidão tem a ver com o cumprimento das demandas do nosso relacionamento com Deus, primária e supremamente, e com os nossos semelhantes, em segundo lugar. E também ficou claro que o homem sempre falha nesse duplo relacionamento. Isso posto, que solução dá o Antigo Testamento para o dilema das absolutas demandas de Deus e da insuficiência humana? A mensagem veterotestamentária, confirmada, reforçada e esclarecida no Novo Testamento, é que a retidão precisa ser considerada em termos que independam da obediência absoluta. Embora a retidão humana fracasse, a de Deus permanece. Esse é o sentido da misericórdia, do amor permanente de Deus, em suma, da "graça" da mensagem cristã. Apesar da falha do homem, no dizer de Isaías, ... *Deus é justo e Salvador...* (Is 45.21). Deus, pois, intervém em favor daqueles que lhe pertencem, salvando-os dos efeitos desintegradores do pecado, perdoando-os de seus pecados e justificando-os diante de si mesmo e de toda a criação inteligente. A conexão de tudo isso com a mensagem cristã é perfeitamente óbvia: ... *Deus prova o seu próprio amor para conosco, pelo fato de ter Cristo morrido por nós, sendo nós ainda pecadores...* (Rm 5.8). E também: ... *Deus estava em Cristo, reconciliando consigo o mundo...* (2Co 5.19). Paulo enfocava a questão debaixo do problema crucial de como Deus poderia ser "o justo e o justificador" (ver Rm 3.25,26).

O Antigo Testamento pode ser visto como uma série de novos começos, diante de cada sucessivo fracasso humano. Houve um pacto com Adão, baseado na condição de obediência absoluta. O ponto axial é atingido por Abraão, que, em Gênesis 12.1-3, é o beneficiário de uma série de pactos firmados entre Deus Pai e os que creem. Deus também chamou Isaque e um filho deste, Jacó, que, não fora a graça divina, nem entraria nas nossas cogitações como homem a quem Deus dava atenção. No entanto, Jacó tornou-se Israel, pai da nação judaica, príncipe diante de Deus. Por meio de Moisés, Deus outorgou a lei. Depois surgiu Davi. E, através dos profetas, a partir do século VIII a.C., Deus falou com Israel, e, através do judaísmo, com o resto da humanidade.

A "graça" é corretamente definida como "favor desmerecido de Deus". Não haveria a história do Antigo Testamento sem a iniciativa do favor desmerecido de Deus. E isso desde o começo. Quando Adão se ocultava, após o seu ato de desobediência, por sua graça, Deus veio procurar por ele entre as árvores do jardim. Esse é o enredo central das Escrituras. O grande Caçador dos Céus jamais desiste de sua presa: ... *nestes últimos dias (Deus) nos falou pelo Filho* (Hb 1.2).

As Escrituras insistem, desde o Antigo Testamento, que Deus, apesar de absolutamente reto e puro, devido ao seu amor, sempre busca o homem pecaminoso. Isso reflete-se no

Novo Testamento: *aquele que não conheceu pecado, ele o fez pecado por nós; para que nele fôssemos feitos justiça de Deus* (2Co 5.21).

Tal como na literatura judaica, o *sábio* era aquele que melhor podia perceber a vida do ponto de vista de Deus (cf. a *sub specie aeternitatis*, de Spinoza), assim também o *justo* era aquele que melhor podia compreender e preservar a sua relação com Deus. O livro de Jó, usualmente, é reputado literatura de sabedoria. Mas também podemos usar o termo "literatura de retidão", pois, ao defender-se, Jó defendeu o ponto de vista veterotestamentário do homem reto, em seu relacionamento com Deus. (Ver especialmente Jó 29.19-17; 31.13-23). Ou, então, a queixa de Jó: *Que o Todo Poderoso me responda!* (Jó 31.35). O livro de Provérbios também reflete o homem reto em suas relações com a sua comunidade (ver Pv 10.7; 11.10; 12.10; 14.34; 16.8; 21.26; 23.24; 29.7; 31.9 etc.).

Nos contextos mais amplos, o que era requerido do cidadão comum era exigido dos reis e dos juízes. Segundo os códigos ocidentais, a ênfase recai sobre a justiça forense, segundo a qual se chega a uma decisão imparcial quanto às duas partes contendoras, com base em alguma legislação padrão. Para os juízes de Israel, a justiça era mais do que o cumprimento das exigências da comunidade, com vistas ao bom equilíbrio e à harmonia. Ali os juízes desejavam restaurar a justiça da comunidade e, em alguns casos, dava a uma das partes não somente o que lhe cabia por justiça, mas além do que lhe cabia por justiça. Os juízes retos seriam protetores e restauradores. Isso nos ajuda a compreender os clamores dos profetas, mormente em favor dos deserdados e dos espezinhados.

Uma das mais interessantes criações da economia veterotes-tamentária era o ano sabático, aliado ao ano de jubileu. O ano sabático pode ser entendido como um modo de conservar a terra, similar às modernas ideias de rotatividade no plantio. Porém, visto que a terra jazia sem cultivo durante o ano sabático, os pobres tinham certos direitos sobre a mesma. O ano de jubileu, porém, se mostrava ainda mais característico quanto a isso. Após sete anos sabáticos, totalizando quarenta e nove anos, o quinquagésimo ano era declarado ano de jubileu, quando todas as terras retornavam às famílias proprietárias originais. Assim, muitos erros e injustiças eram corrigidos, dando uma nova chance e atendendo aos reclamos de justiça social. Contudo, que um sistema tão perfeito não tivesse funcionado muito bem na antiga nação de Israel é demonstração patente do egoísmo humano, mas o fato de que os profetas nunca cessaram de clamar pela restauração da herança ilustra muito bem o que era considerado retidão, segundo a lei do Antigo Testamento. Nisso destacaram-se Amós e Isaías. E quão distante pode estar o conceito de retidão do que é meramente "religioso" é ilustrado pelo infeliz episódio de Judá e Tamar, onde o conceito inteiro da retidão gira em torno do uso ou abuso dos relacionamentos familiares apropriados. (Ver Gn 38).

O que era verdadeiro no caso dos juízes também o era no caso dos reis. Era responsabilidade destes estabelecerem um reino de justiça, e a ênfase não recai sobre uma justiça meramente forense, mas sobre a coesão e a estabilidade comunais. O Salmo 72 é um quadro de paz e prosperidade, estabelecido por um rei que julga com justiça. O apelo de Jeremias (22.3,15) era que Jeoaquim fosse o rei para firmar a justiça e a retidão. Significativamente, as passagens proféticas acerca do Messias falam de um reino onde imperariam a retidão e a paz e onde o rei estabeleceria o reino contra todos os inimigos (cf. Is 9.7; 11.3; 16.5; 32.1-8; Jr 23.5,6; 33.14-16).

Ora, o que era verdadeiro no caso de cidadãos comuns, juízes e reis, deve ser verdadeiro no tocante à retidão de Deus. O pacto é anterior à lei. Paulo explora o fato de que a fé de Abraão antecedeu à lei mosaica. Abraão não foi escolhido por Deus por ser ele um homem justo — certamente ele era um pecador como qualquer um de nós — mas porque Deus resolveu estabelecer um povo, através de Abraão, mediante o qual pudesse fazer o seu poder salvador afetar a todos os homens. *Ele* (Abraão) *creu no Senhor, e isso lhe foi imputado para justiça* (Gn 15.6). Por igual modo, Habacuque frisou o princípio normativo da teologia paulina e da teologia da Reforma, com este lema: ... *Mas o justo viverá pela sua fé* (Hc 2.4).

O Deus justo, não tendo outros homens com quem tratar senão com homens pecadores, aproxima-se com suas promessas do pacto, iniciando o processo mediante o qual os homens podem ser levados a um relacionamento salvador. O Senhor sustenta os homens nesse relacionamento pelo poder dele, e não pelo poder humano, perdoando e restaurando a si mesmo àqueles que, mediante a fé, aceitarem essas promessas e se voltarem para ele arrependidos, por haverem rompido o pacto. Deus é o grande herói do Antigo Testamento. Não importa tanto o que os homens fazem, mas no que eles podem tornar-se, quando Deus se oferece para erguê-los e eles reagem positivamente. Isso é o que torna possível a concretização do pacto. Portanto, não é uma questão de empreendimento ou perfeição humana, mas de um relacionamento salvador provido por um Deus misericordioso e infinitamente paciente.

Em todos os lances da narrativa bíblica podemos notar a iniciativa divina, mesmo contra todas as expectativas humanas. Embora as Escrituras levem em conta a inicial inércia passiva dos homens, elas não destacam tanto o que eles são, mas aquilo em que podem e deverão tornar-se, se aceitarem a oferta da iniciativa divina.

Israel podia sofrer a ira de Deus, mas não podia cair de suas mãos graciosas. Disse sabiamente um escritor evangélico: "Podemos pecar até ficar sujeitos à ira de Deus, mas não podemos pecar de tal modo que saiamos da órbita de seu amor". (Cf. Sl 89.28-37, especialmente, vss. 32 e 33).

Qual é a função da lei dentro de um pacto gracioso? A lei estabelece a norma e o direito, proferindo uma palavra de juízo contra tudo que é menos que o melhor, e conduz o indivíduo ao Deus Todo-Poderoso, que é capaz de capacitar o indivíduo a cumprir de modo crescente as exigências da santidade. A própria lei não tem o poder de levar o homem a uma vida boa. Mas ela estabelece no que consiste a vida boa, e esta última pode tornar-se realidade pelo poder de Deus e não pelo empenho humano.

Uma outra verdade é que a lei (que Paulo chama de *aio para nos conduzir a Cristo*, em Gl 3.24) serve de guia para aqueles que estão dentro do pacto. Somente para os que estão dentro do pacto há o interesse de corresponder aos convites de Deus relativos ao padrão de conduta. Portanto, para um judeu convertido do Antigo Testamento, a lei fazia parte do dom da graça. Basta-nos meditar sobre as palavras do salmista (Sl 19.7-10) para entendermos isso. Para eles, a lei estava longe de ser opressiva.

Um outro aspecto que nos ajuda a compreender todo esse relacionamento dentro do pacto consiste em contemplarmos como Deus agia em favor de seu povo, contra todos os adversários. Do ponto de vista do Antigo Testamento, isso faz sentido. De que outra maneira Deus poderia proteger o seu povo de "outros"? Por outro lado, Abraão foi escolhido não por ser algo especial, mas a fim de vir a ser algo especial. ... *de ti farei uma grande nação, e te abençoarei ... Em ti serão benditas todas as famílias da terra* (Gn 12.2,3). Todo judeu perdia a sua finalidade quando pensava que a bênção divina terminava nele. O mesmo se dá com o conceito dos "eleitos", no Novo Testamento. Os eleitos são agentes de Deus para que outros sejam abençoados. Mas, voltando ao Antigo Testamento, vemos ali que a mediação de Israel, como canal de bênçãos, não bastava. Por isso, o foco de atenção cada vez mais se concentrava no Messias, o "Servo Sofredor", que obedeceu de modo perfeito e cumpriu toda a justiça. Todo o empenho de Paulo, na sua exposição do cristianismo, consistia em mostrar como isso se tornou realidade.

III. Retidão no Novo Testamento

1. A ideia exposta nos Evangelhos. Todos os estudos sobre o Novo Testamento partem do pressuposto de que as epístolas de Paulo antecedem cronologicamente ao registro escrito dos quatro Evangelhos. Mas, na forma como o Novo Testamento, geralmente, é impresso, os Evangelhos aparecem logo no começo do volume, dando a impressão de que o ensino sobre a retidão alicerça-se sobre os escritos de Paulo e não sobre os Evangelhos. Mas, conforme disse um comentador: "Cristo não veio pregar o evangelho, veio para que houvesse um evangelho a ser pregado". Cristo não era uma teologia, era uma Pessoa. E a teologia seguiu-se à exibição da retidão em Cristo. As bases do ensino sobre a retidão encontram-se potencialmente nos Evangelhos (como, de fato, em todo o restante anterior do Antigo Testamento), mas esse ensino só é devidamente desdobrado nas epístolas, mormente nas epístolas paulinas. Nos Evangelhos, José, noivo de Maria, aparece como um homem *justo* por não ter querido entregá-la à morte por apedrejamento, quando ela se achava grávida antes de haver-se juntado a ele. (Ver Mt 1.19). A esposa de Pilatos considerou Jesus um homem "justo" (ver Mt 27.19-24), havendo reconhecido nele algo de grandeza moral.

Em um sentido mais estrito, os fariseus exibiam uma fachada de retidão (ver Mt 23.28), observando meticulosamente as formas externas exigidas pela lei. Mas Abel era chamado justo (Mt 23.35); os heróis do passado eram justos (Mt 23.29); e a promessa do reino messiânico é que o mesmo seria caracterizado pela "justiça" (13.43-49; 25.37-46). Nos Evangelhos reflete-se o empenho de Jesus em modificar o conceito popular de "justiça" como mera anuência a padrões externos para o conceito da retidão implantada no coração por obra do Espírito de Deus. Cristo era o campeão da "piedade" (o respeitoso temor a Deus), em luta contra a superficialidade do ascetismo. Para Deus não basta a anuência às meras observâncias externas. Ele mesmo insufla no coração humano a sede por algo mais profundo: *Bem-aventurados os que têm fome e sede de justiça, porque serão fartos* (Mt 5.6). E o resultado dessa fome e sede se vê em uma outra bem-aventurança: *Bem-aventurados os limpos de coração, porque verão a Deus* (Mt 5.8). Deus é quem faz o homem tomar consciência de sua miséria e insuficiência; também é ele quem a soluciona, amoldando-o para ter comunhão com ele e, finalmente, chegar à sua presença, pois "verão a Deus".

Os que buscam a retidão divina são objetos de perseguição, em cada geração. Sabedor disso, Jesus disse: *Bem-aventurados os perseguidos por causa da justiça, porque deles é o reino dos céus* (Mt 5.10). E os dois versículos seguintes (vide) expandem e aclaram o conceito.

Na grande passagem sobre a ansiedade, Jesus traça a distinção entre os que se preocupam apenas com as necessidades materiais e aqueles que, não sendo inconscientes quanto às mesmas, elevam os olhos para as realidades superiores: ... *buscai, pois, em primeiro lugar, o seu reino e a sua justiça, e todas estas cousas vos serão acrescentadas* (Mt 6.33). Somente quando se verifica a intervenção divina, na vida de uma pessoa, é que se cumpre o ideal da "retidão", cujos primeiros albores começam no livro de Gênesis, e cujo meio-dia só ocorre nos escritos paulinos. E a concretização desse ideal é contemplada por nós, como uma prelibação, nos escritos escatológicos dos profetas, dos quais o livro de Apocalipse é um tapete de várias cores.

Foi Jesus quem mostrou que a questão da "retidão" não é tanto uma questão de atos, mas de motivos. Os homens precisam galgar das meras formas externas da lei para o seu conteúdo espiritual. Por isso mesmo, Jesus sumariou a lei no amor a Deus e ao próximo: *Amarás o Senhor teu Deus de todo o teu coração, de toda a tua alma, e de todo o teu entendimento. Este é o grande e primeiro mandamento. O segundo, semelhante a este, é: Amarás o teu próximo como a ti mesmo. Destes dois mandamentos dependem toda a lei e os profetas* (Mt 22.37-40).

2. Abordagem crucial por parte de Paulo. A chave da posição paulina acerca da retidão, básica para a boa compreensão do evangelho de Cristo, acha-se na sua epístola aos Romanos. Temos ali a sua "teologia", e o seu tema é a "retidão". Seu tema é enunciado logo no começo: *Pois não me envergonho do evangelho, porque o poder de Deus para a salvação de todo aquele que crê, primeiro, do judeu e também do grego; visto que a justiça de Deus se revela no evangelho, de fé em fé, como está escrito: O justo viverá por fé* (Rm 1.16,17; cf. Hc 2.4). O problema fundamental nessa tese é aquilo que Paulo chamou de "a justiça de Deus" *(dikaiosúne theou)*. Há três interpretações possíveis da palavra grega no genitivo, *theou*.

A primeira interpretação é que poderia ser o simples genitivo possessivo, seu uso mais comum. Estaria em foco um atributo do caráter de Deus. Isso volta ao começo desta discussão, que diz respeito à própria essência divina, pois a justiça ou a retidão de Deus faz parte essencial de seu Ser. Sem importar o que mais esteja envolvido, esse fator deve ser considerado.

A segunda interpretação reflete uma posição comum ao judaísmo, ou seja, aquela retidão de Deus que se exibe em seu trato com o povo com o qual entrou em acordo, onde a justiça se autotransmite, em vez de ser distributiva. Os judeus concebiam a retidão de Deus como o elemento que sustentava o povo de Israel, defendendo-o quanto a seus direitos. Foi mediante essa justiça que Deus estabeleceu seu povo como nação entre outras nações. (Ver Sl 35.24,28; 51.14; 71.2 ss.; 24; Is 51.5; 54.17 e 56.1). Mas essa retidão é comunal, e não individual, podendo até haver a combinação de retidão nacional e de pecado individual, como se vê em Salmo 143.1,2.

A terceira interpretação da "retidão" é crucial. A pregação paulina do evangelho não era mensagem dirigida a um grupo nacional. No evangelho, Deus não estava livrando o seu povo em qualquer sentido comunal; antes, prega até hoje a indivíduos pecadores, concla-mando-os ao arrependimento e à fé. O Deus justo se dispõe a justificar os injustos, sem com isso ameaçar a sua própria justiça. E conforme explicou Paulo: ... *tendo em vista a manifestação de sua* (de Deus) *justiça no tempo presente, para ele mesmo ser justo e o justificador daquele que tem fé em Jesus* (Rm 3.26). Após anunciar o seu tema, Paulo mostrou que a retidão dos homens, gentios ou judeus, não passa de uma ficção, concluindo ele como segue: ... *pois já temos demonstrado que todos, tanto judeus como gregos, estão debaixo do pecado, como está escrito: Não há justo, nem sequer um*... (Rm 3.9,10). E novamente: ... *porque não há distinção, pois todos pecaram e carecem da glória de Deus* (Rm 3.22,23). *E visto que no anúncio de seu tema ele havia dito que a ira de Deus se revela do céu contra toda impiedade e perversão dos homens*... (Rm 1.18), assim, na presença de Deus justo, a condição humana é desesperadora, é de falência total. A boa mensagem é realista: faz o homem encarar essa sua dura realidade, como um dos lados da moeda, e, então, apresenta-lhe o outro lado da moeda, a graça divina, em Cristo Jesus, que dá solução ao problema (para o homem insolúvel): Deus justifica o ímpio.

Do ponto de vista de Deus, a questão simples mas profunda é como Deus pode justificar o ímpio sem violar sua própria retidão e santidade. Deus não pode tolerar o pecado, e nem ao menos contemplá-lo. A solução é dada em Cristo, que, sendo Deus encarnado, em carne humana "cumpriu toda a justiça". Estão envolvidas ideias básicas como expiação vicária, resgate pelo sangue de Cristo e justiça lançada na conta do ímpio, diante do tribunal do Justo Deus: tudo com base no sacrifício único e suficiente do Deus homem.

Cristo morreu em lugar dos homens, e satisfez as demandas da infinita santidade de Deus. Satisfeita a santidade de Deus, face à morte e à ressurreição de Cristo, pôde ele demonstrar para com os homens que aceitam essa substituição o seu amor gracioso e perdoador.

Um outro aspecto da questão é destacado por Paulo em uma outra de suas epístolas: ... *Deus estava em Cristo, reconciliando consigo o mundo, não imputando aos homens as suas transgressões, e nos confiou a palavra da reconciliação* (2Co 5.19). Vemos nisso quatro elementos necessários: *a*. Deus não foi mero espectador da morte de Jesus, foi participante. Assim entendia Paulo, segundo se vê em outras palavras suas: ... *a igreja de Deus a qual ele comprou com o seu próprio sangue* (At 20.28). *b*. A morte de Cristo é suficiente para apagar todas as transgressões de todos os homens. João mostra-nos que essa conclusão é legítima. ... *E ele* (Jesus Cristo) *é a propiciação pelos nossos pecados, e não somente pelos nossos próprios, mas ainda pelos do mundo inteiro* (1Jo 2.2). Potencialmente, todos os homens poderiam ser salvos em face do sacrifício expiatório de Cristo. *c*. Em Cristo, Deus não estava agindo como Juiz, mas como Salvador: ... *porque eu não vim para julgar o mundo, e, sim, para salvá-lo* (Jo 12.47). Contrariamente aos méritos dos homens (que só mereciam desprezo e condenação da parte de Deus), Deus oferece aos homens a sua misericórdia e o seu amor. *d*. E o quarto elemento, que transparece nas palavras de Paulo ... *e nos confiou a palavra da reconciliação*, mostra-nos que há uma participação humana ativa na grande negociação proposta por Deus no sangue de Cristo. Diante da oferta da reconciliação, infelizmente a maior parte dos homens repele o plano gracioso de Deus. E assim, por rejeitarem a única maneira de serem salvos, por preferirem estabelecer a sua própria justiça humana, eles não aceitam a reconciliação oferecida. Contrariamente ao que diz muito da nossa teologia, a reconciliação não tem apenas o lado divino. O lado humano é imprescindível: ... *rogamos que vos reconcilieis com Deus* (2Co 5.20b). Não fora a necessidade dos homens se reconciliarem com Deus, não haveria necessidade da pregação do evangelho. Este consiste no convite, e até mesmo na exortação, para que os homens desempenhem sua parte. Somente quando o homem se volta para Deus, confiando na eficácia expiatória do sangue de Cristo, este lhe é aplicado à alma manchada. Mas, por que a maioria dos homens rejeita a proposta divina, e só alguns a aceitam, é algo que só pode ser explicado se descermos mais fundo nos méritos da questão inteira, evocando a doutrina ainda mais basilar da eleição (vide). O próprio Senhor Jesus sumariou a questão: *Mas vós não credes, porque não sois das minhas ovelhas. As minhas ovelhas ouvem a minha voz; eu as conheço, e elas me seguem. Eu lhes dou a vida Eterna; jamais perecerão, eternamente, e ninguém as arrebatará da minha mão.* Aleluia! A reconciliação garante a salvação e a segurança eternas do pecador justificado!

IV. Retidão no Mundo Moderno

1. A ênfase existencialista e relativa. O existencialismo tem dominado grande parte do pensamento filosófico moderno sobre a retidão. O termo pode ser facilmente entendido, especialmente no tocante a corretas decisões. O existencialismo destaca o momento da existência. Tudo depende das circunstâncias em que se encontra o indivíduo, bem como do que ele acha ser justo em determinado momento. Assim, duas pessoas, diante de uma mesma situação, podem tomar decisões diametralmente opostas, mas o existencialismo decretará que ambas as decisões podem estar igualmente certas. Uma expressão usada pelos existencialistas para indicar tais situações é "ética situacional". Esse aspecto da questão também aparece nas páginas do Antigo Testamento, onde a retidão consistia em uma série de ajustamentos, dentro das demandas das relações sociais do indivíduo. Isso nos mostra que a abordagem existencial é um dos aspectos da abordagem bíblica. E isso se torna ainda mais evidente no Novo Testamento, que enfatiza o relacionamento do homem com Deus, como quem determina o que é reto ou não. Adicione-se a isso a ideia neotestamentária da obediência a um Senhor supremo, que é dinâmico e pessoal, de que ninguém cumpre perfeitamente a lei, e de que todas as nossas melhores ações são como "trapos de imundícia" (cf. Is 64.6), e até poderemos justificar certos eruditos que interpretam o cristianismo segundo o prisma existencialista, contanto que não exclusivamente, mas só quanto a determinados aspectos da questão.

O ponto de vista bíblico e paulino é muito mais completo e abrangente que o existencialismo. Paulo mostrara que o que era apenas latente no Antigo Testamento tornara-se patente no Novo. A retidão de Deus é agora derramada através da vida e da morte de Cristo, primeiramente, como redenção e, em segundo lugar, como novidade de vida para o ser humano. O que começara como um código ético baseado na natureza divina, agora tornou-se uma fonte de vida e um poder que emana da própria natureza de Deus. A retidão, segundo os olhos cristãos esclarecidos a veem, não é apenas um padrão de conduta, mas é um poder capacitador; não é apenas um código, mas uma vida que palpita. Consiste em uma lealdade, em um relacionamento salvador, que dá colorido à vida diária, em todas as suas atividades.

O existencialismo também tem suscitado a indagação sobre se resta qualquer valor ético e religioso absoluto. A resposta bíblica é que há um valor absoluto, que serve de ponto de referência a toda decisão moral — o amor. Os apologistas do amor afirmam que quando este é considerado como o grande valor absoluto deve ser concebido em termos do amor de Deus, conforme foi revelado em Jesus Cristo. Nesse amor não há qualquer relativismo. Em seu relacionamento com Deus, assinalado pela fé, sua primeira consideração é o amor de Deus, e decisões "retas" são tomadas exclusivamente sobre essa base. Assim, qualquer pessoa que vive sob a direção do poder do amor de Deus, necessariamente, é uma pessoa "reta". E visto que o amor de que as Escrituras falam é *agape*, o amor cristão não descamba para o mero sentimentalismo ou emocionalismo. É conforme Jesus disse: *Aquele que tem os meus mandamentos e os guarda, esse é o que me ama...* (Jo 14.21).

Mas, apesar de haver um valor absoluto para o crente, o amor de Deus, a verdade é que continua havendo necessidade de controle e disciplina, o que transparece na citação que acabamos de fazer. Ama quem obedece, impulsionado pelo amor. Por serem os homens o que são, sempre inclinados ao erro e à distorção, têm necessidades de um padrão fixo de conduta. Nas ruas e avenidas, o fluxo de veículos só permanece ordeiro por causa das leis do trânsito. Assim também, a vida cristã só se manifesta plenamente e em liberdade sob a direção da verdade revelada de Deus. *Disse, pois, Jesus aos judeus que haviam crido nele: Se vós permanecerdes na minha palavra, sois verdadeiramente meus discípulos e conhecereis a verdade e a verdade vos libertará* (Jo 8.31,32). A lei de Cristo, que é a lei mosaica elevada ao expoente da espiritualidade pura, permanecerá para sempre. Sem esse ponto fixo, o relativismo humano atira às cegas.

2. Retidão em algumas religiões do mundo. Um dito popular é: "Nenhuma religião ordena ou aprova a prática do mal". É verdade, toda religião que conta com alguma parcela da verdade tem natureza ética. Mas somente a religião cristã, conforme revelada na Bíblia, não se ressente de dois defeitos fatais: *a*. a ética só abrange o relacionamento entre homem e homem. As religiões do mundo não sabem como o homem injusto pode restaurar o seu relacionamento quebrado com Deus. O plano de salvação, revelado no evangelho, é que nos dá a solução para esse mistério. *b*. As religiões do mundo dispõem somente das ações humanas como possível base de aceitação merecida diante de um Deus ou Ser supremo desprovido de graça e misericórdia. Sucede a seus seguidores o que sucedia à mente judaica que dependia da eficácia duvidosa dos holocaustos diários: ... *não teriam cessado de ser oferecidos* (os sacrifícios e ofertas), *porquanto os que prestam culto, tendo sido* (supostamente) *purificados uma vez por todas, não mais teriam consciência de pecados?* (Hb 10.2). No entanto, os seguidores das religiões do mundo vão do berço à beira do sepulcro sem ter a certeza de aceitação e de salvação. Isso demonstra a falência de seu sistema de obras meritórias. A igreja Católica Romana chega a estigmatizar os crentes, que afirmam a sua certeza de salvação, mediante os méritos exclusivos e suficientes de Cristo. A certeza de salvação foi condenada em mais de um concílio romanista. Todos os porta-vozes das demais religiões do mundo, se convidados a se manifestarem, concordariam com tal juízo.

O máximo negativo atingido pelo judaísmo foi a hipocrisia farisaica, que consistia na conformidade externa a regras de conduta, sem o concurso da motivação do amor a Deus. Quando o crente obedece, não fá-lo a fim de tornar-se merecedor da aprovação divina, e, sim, para agradar Àquele que já o salvou.

Alguns sistemas do budismo representam uma religião dos "escapistas". Seu alvo é a cessação da existência, absorvida na existência impessoal do universo. As mentes que preferem evitar enfrentar a negra realidade de suas almas manchadas sentem-se muito atraídas por tal fuga. O espantalho do budismo e de todas as religiões que concebem a ideia da transmigração das almas é a repetição da vida em uma série interminável de vidas humanas terrenas. Para *alguns* sistemas, a salvação, jamais atingida, seria a interrupção desse ciclo sem fim. Triste solução! Jesus não veio trazer o fim da vida, mas vida ainda mais abundante!

O islamismo dá muito valor à justiça social, mas muito mais dentro do âmbito local. Um islamita não deve ser injusto com outro islamita. E tudo é muito colorido pelas conveniências do momento. Para eles, o fim justifica os meios. A generosidade, o cavalheirismo e o heroísmo são mais importantes do que as exigências reais do direito. O bom islamita morre na esperança de que suas ações heroicas sejam recompensadas com um harém de lindas e provocantes "huris", as lindas moças imaginárias do paraíso deles. É uma religião extremamente sensual.

RETÓRICA

Essa palavra vem do termo grego *rhétor*, "orador". A retórica é a arte de falar ou escrever bem, tendo em mira a persuasão dos ouvintes ou leitores. Visto que tanto a filosofia quanto a religião têm procurado persuadir aos homens, ambas essas atividades têm tido uma relação histórica com a retórica. Ver também o artigo *Homilética*, uma variante cristã da retórica. **1**. *Os sofistas* foram os primeiros claros retóricos da história. Eles pouco se importavam com as questões morais, mas seu deleite era vencer nos debates e apresentar discursos impressionantes. Os advogados modernos, em certo sentido, são herdeiros dos sofistas, quando eles primam mais em convencer os jurados com argumentos bem arquitetados do que em buscar a justiça. A retórica, pois, pode produzir sentimentos e convicções, mas não necessariamente a verdade. **2**. Platão opunha-se aos sofistas com base em questões morais e em uma sã teoria de conhecimento, que negava o ceticismo (posição tomada pelos sofistas). *Isócrates* também os combateu, e criou uma retórica mais técnica que a daqueles. Ao que tudo indica, ele foi o primeiro a chamar essa disciplina de "ciência da persuasão". **3**. Aristóteles encarava a retórica como uma arte que exige que o conhecimento seja potencializado, tendo algum motivo significativo e útil, não envolvendo apenas uma questão de persuasão. Ele concebia a retórica como uma espécie de contraparte da dialética, utilizan-do-se de de silogismos populares, e não de silogismos formais. **4**. *Filodemo de Gadara* procurou maestria na expressão, guiado por regras, a fim de obter uma decente taxa de probabilidades na questão da veracidade. **5**. *Hermágoras de Temnos* não se esqueceu de incluir o ideal de Aristóteles, combinando-o com um sistema de retórica prática. **6**. *Cícero* seguiu o modelo filosófico de Hermágoras, embora frisando mais o ideal aristotélico. Seus escritos sobre as técnicas da retórica exerceram grande influência. Ele pensava que o *rhétor* deve ser um homem bom, que procura exprimir e viver a verdade. **7**. *Quintiliano* foi discípulo de Cícero, aderindo ao conceito do orador-homem-bom e enfatizando a necessidade do cultivo intelectual. Também salientava a retórica prática e o desenvolvimento de regras práticas. Sua influência foi sentida desde o século I d.C. (época em que viveu), passando por todo o período medieval, e chegando até à *Renascença* (vide). **8**. *Hermógenes de Tarso* tornou-se uma autoridade sobre o assunto, e exerceu vasta influência durante um século e meio. **9**. *Longino*, no século III d.C., escreveu um volume chamado *Arte da Retórica*, que teve boa influência em seu tempo. **10**. Outros nomes importantes para a retórica, antes da Idade Média, foram Aftonio, do século IV d.C., e *Élio Theon*. **11**. Agostinho, no século V d.C., empregou sua habilidade retórica para defender a fé cristã, tendo-se tomado um dentre vários outros que praticaram essa arte em benefício, da fé. Ver o artigo intitulado *Rhetorici*, quanto a uma declaração concernente aos seus esforços nesse sentido. **12**. *Durante a Idade Média*, a retórica foi elevada à posição importante de ser uma das disciplinas de estudo do *Trivium*. Entre os séculos V e VII d.C., importantes nomes desse campo foram *Martino Cappela, Cassiodoro e Isidoro*. **13**. *Durante a Renascença*, a retórica tornou-se um instrumento de ataque contra o escolasticismo (e, naturalmente, contra o aristotelismo). Foi sentida a necessidade de ser formulada uma nova lógica. **14**. *Lourenço Valla* manteve a retórica em associação à filosofia, mas desenvolveu uma abordagem mais linguística do assunto. **15**. *João Luís Vives* usou sua habilidade retórica para atacar a exagerada influência de Aristóteles nos vários campos do conhecimento, pedindo que se fizesse uma reavaliação do conhecimento. **16**. *Pedro Ramus* retornou aos moldes clássicos, influenciado pelas ideias de Aristóteles e Cícero, especialmente este último. **17**. *Após a Renascença*, a retórica começou a declinar em popularidade e uso. Uma notável exceção a essa negligência crescente foi George Campbel, que escreveu o notável volume *Filosofia da Retórica*, em 1776. A lógica e a retórica foram combinadas por ele para iluminar, instruir, excitar as emoções e influenciar a vontade. *Whately* foi personagem influente nesse campo, no século XIX. **18**. *No século* XX, alguns poucos filósofos e linguistas têm enfatizaram a arte da retórica. Esse é o caso de I. A. Richard, o qual, em sua obra *Philosophy* of *Rhetoric*, proveu uma análise da linguagem e suas funções. Chaim Perelman teve atuação parecida com seu volume *Rhetoric and Philosophy*.

RETRIBUIÇÃO

Trata-se do ato de tratar alguém de acordo com seus merecimentos. Usualmente, é concebido como termos de punição pelos erros cometidos, embora não com exclusividade. A teologia sistemática distingue entre a justiça remuneradora de Deus, segundo a qual ele distribui *recompensas*, e a justiça retributiva de Deus, segundo a qual ele inflige *penas*.

I. TERMOS BÍBLICOS. A ideia de retribuição ocupa lugar importante na Bíblia, segundo se vê pelo uso frequente de palavras hebraicas e gregas como "ira" (quatro termos hebraicos; *thumós* e *orge*, no grego: Êx 22.24; Jó 19.11; Sl 2.12 etc.; Rm 2.8; Ap 14.10 etc.), "vingança" (dois termos hebraicos; *ekdikesis*, no grego: Sl 94.1; Is 34.8; Jr 50.15; Rm 12.19; Hb 10.30), *punição* (dois termos hebraicos; *epitimia* e *kólasis* no grego: Sl 89.32; Is 10.3; Jr 51.6; 2Co 2.6; Mt 25.46), "julgamento" (uma palavra hebraica; *kríma* e *krísis*, no grego: Dt 1.17; Jó 19.29; Sl 76.8 etc.; Rm 2.2; Ap 19.2), "recompensa" (dois termos hebraicos; *misthós, apodídomi;* no grego: 1Sm 24.19; Sl 58.11; Pv 11.18 etc.; Mt 5.12; Rm 2.6; etc.). Exemplos de retribuição são o castigo contra Adão, Eva e a serpente, no Jardim do Éden (Gn 3.14-19), contra Caim (Gn 4.11,12), o dilúvio (Gn 6.5-8) e a destruição de Sodoma e Gomorra (Gn 18.20,21;

19.15,24-29). Na Palestina, o povo de Israel escolheria entre as bênçãos resultantes da obediência e o castigo retributivo, resultante da desobediência (Dt 27.14-26; Js 8.34). As muitas advertências e promessas dos profetas e de Cristo indicam a realidade da retribuição divina.

II. Princípios Bíblicos Envolvidos

1. A natureza de Deus. A doutrina da retribuição deriva-se da própria natureza divina. Deus caracteriza-se pela retidão, pela justiça e pela onipotência. Portanto, ele quer e é capaz de punir o mal e recompensar a retidão. Por isso, as pessoas recebem de Deus exatamente o que merecem, exceto quando sua justiça é temperada por sua misericórdia, quando então, as pessoas recebem melhor e até contrariamente aos seus merecimentos. Contudo, a misericórdia não envolve apenas a negligência acerca do mal, antes, em Cristo, Deus recebeu o castigo que nós merecemos. O mal foi penalizado, e nós fomos salvos (ver 2Co 5.21).

2. Inevitabilidade da retribuição. A retribuição é própria e inevitável devido à natureza divina. Isso é destacado em Gálatas 6.7,8: *Não vos enganeis: de Deus não se zomba, pois aquilo que o homem semear, isso também ceifará. Porque o que semeia para a sua própria carne, da carne colherá corrupção, mas o que semeia para o Espírito, do Espírito colherá vida eterna.* Isso apenas reitera o ensino veterotestamentário: *Arastes a malícia, colhestes a perversidade...* (Os 10.13). Esse ensino mostra que a retribuição não é apenas ato de Deus, mas também é resultado inevitável das ações humanas, boas ou más. É significativo que a palavra hebraica por detrás da ideia signifique tanto pecado quanto punição. Tal como no mundo físico, onde cada ato produz resultados inevitáveis, o mesmo se dá no campo espiritual e moral.

3. Propriedade da punição. Deus, como Juiz do Universo, não pode deixar o mal praticado passar despercebido e sem castigo. E este será de acordo com o mal feito: *Pois com o critério com que julgardes, sereis julgados, e com a medida com que tiverdes medido vos medirão também* (Mt 7.2). Diz o trecho de Provérbios 26.27: *Quem abre uma cova nela cairá, e a pedra rolará sobre quem a revolve.* E Apocalipse 16.6 esclarece: *... derramaram sangue de santos e de profetas, também sangue lhes tens dado a beber; são dignos disso.* (Ver também Rm 1.27 e Ap 18.6,7).

4. Contradições aparentes. Por desconhecerem os motivos de Deus, por muitas vezes os homens se rebelam contra o que lhes parece injustiça no trato divino para com eles. Assim, Jó parecia estar sofrendo, apesar de sua vida reta, ao passo que notórios malfeitores continuavam prosperando. Diz Salmo 73.12-14: *Eis que estes são os ímpios e, sempre tranquilos, aumentam suas riquezas. Com efeito, inutilmente conservei puro o coração e lavei as mãos na inocência. Pois de contínuo sou afligido, e cada manhã castigado.* O AT não fornece solução final para o problema. A solução é dada no NT, que transfere a retribuição para o mundo vindouro, quando todas as injustiças serão reparadas definitivamente, e toda ação boa não passará despercebida. *Portanto, nada julgueis antes do tempo, até que venha o Senhor, o qual não somente trará à plena luz as cousas ocultas das trevas, mas também manifestará os desígnios dos corações, e então cada um receberá o seu louvor da parte de Deus* (1Co 4.5).

III. Retribuição na Vida Presente

1. Ênfase do Antigo Testamento. Sem olvidar a retribuição final, o AT frisa o castigo divino nesta vida terrena. Esse é o tema básico do primeiro salmo, além de muitos outros trechos, como Provérbios 11.31, que diz: *Se o justo é punido na terra, quanto mais o perverso e o pecador.*

2. O indivíduo e o grupo. A Bíblia fala muito em punições coletivas. O pecado de Adão afetou a humanidade inteira (Rm 5.21-19). A obediência de Abraão exerceu consideráveis efeitos sobre ele mesmo e sua descendência. A família de Acã foi punida por seu desvario (Js 7.10-26). Mas Jeremias e Ezequiel mostraram que cada um é responsável pelos seus próprios erros, não respondendo apenas pelos erros de gerações anteriores. *Cada um, porém, será morto pela sua iniquidade; de todo homem que comer uvas verdes os entes se embotarão* (Jr 31.30; ver também Ez 18.4-20).

3. Uso de instrumentos humanos. Controlando todos os acontecimentos, Deus pode usar homens para castigar a outros. Judá foi castigada pela ímpia Babilônia. Deus mesmo disse: *Pois eis que suscito os caldeus, nação amarga e impetuosa, que marcha pela largura da terra, para apoderar-se de moradas não suas* (Hc 1.6). Mas a Babilônia seria castigada, por sua vez, por outras nações: *Visto como despojaste a muitas nações, todos os mais povos te despojarão a ti...* (Hc 2.8). Mas o crente nem por isso deve arrogar-se ao direito de administrar justiça, antes, deve confiar na justa administração da mesma por parte do Senhor: *... não vos vingueis a vós mesmos, amados, mas dai lugar à ira; porque está escrito: A mim pertence a vingança; eu retribuirei, diz o Senhor* (Rm 12.19). Cabe ao crente viver em nível superior, condizente com o que Paulo diz dois versículos adiante: *Não te deixes vencer do mal, mas vence o mal com o bem.*

IV. Retribuição no Mundo Vindouro

A retribuição divina só começa neste mundo, completando-se apenas na futura existência. Muitos crimes atrozes jamais serão castigados aqui. Mas a Bíblia assegura que haverá um dia de prestação de contas (2Co 5.10; 2Pe 2.9; 3.7), quando os homens serão ressuscitados para a glória ou para a maldição eternas (Dn 12.2,3; Jo 5.29). Também fala sobre as angústias da *Geena* final (Mt 8.12; 10.28; 13.42; ver sobre o *Inferno*). Essa é a ênfase do NT Enquanto os castigos terrenos são temporários, o castigo final será ininterrupto. (Ver *Julgamento de Deus dos Homens Ímpios*). Na terra, o crente é disciplinado para escapar do castigo eterno. *... quando julgados, somos disciplinados pelo Senhor, para não sermos condenados com o mundo* (1Co 11.32). Por isso, o crente não deve estranhar suas tribulações, que são apenas momentâneas, afinal. *Amados, não estranheis o fogo ardente que surge no meio de vós, destinado a provar-vos... Porque a nossa leve e momentânea tribulação produz para nós eterno peso de glória, acima de toda comparação* (2Co 4-17). Em contraste com os crentes, os impenitentes sofrerão eternamente o fruto de sua perversa predileção. *Dará à vida eterna aos que, perseverando em fazer o bem, procuram glória, honra e incorruptibilidade, mas ira e indignação aos facciosos que desobedecem à verdade e obedecem à injustiça* (Rm 2.7,8).

V. Retribuição e Restauração

Alguns intérpretes têm uma visão míope sobre o amor de Deus. A própria retribuição é uma manifestação do amor divino. A retribuição castiga, sim, dura muito tempo, sim, mas também restaura. É um imenso erro pensar que a retribuição tem um polo só, aquele do castigo. O próprio castigo tem o propósito de restaurar, não meramente de ajustar as contas da lei da semeadura e da ceifa. A cruz de Cristo representava uma retribuição contra o pecado, mas também era uma medida de salvação. O crente é castigado pelo Pai Divino para que ele cresça na espiritualidade (Hb 12.6 ss). O julgamento do ímpio tem o propósito de restaurar (1Pe 4.6). Um polo da retribuição é vingança contra o mal. O outro polo é restauração através de uma severidade merecida, mas que funciona como um remédio contra o mal. Ver o artigo sobre *Restauração*.

RÉU

No hebraico, **"amigo"**, **"companheiro"**. Era filho de Pelegue e pai de Serugue. Descendia de Sem (Gn 11.18-21; 1Cr 1.25; Lc 3.35).

REUEL

No hebraico, **"amigo de Deus"**, ou **"companheiro de Deus"**. **1**. Nome de um dos descendentes de Esaú e de Ismael (Gn 36.2-4). **2**. Nome do sogro de Moisés (Êx 2.18) (veja

Jetro). **3**. Nome de um benjamita, filho de Ibnijas (1Cr 9.8). **4**. Nome de um gadita, pai de Eliasafe (Nm 2.14).

REUM (RAGUEL)

Ver também *Raguel*. Na LXX, *Ragouel*. Significa amigo ou companheiro de Deus. Há quatro personagens com esse nome, no Antigo Testamento: **1**. Filho de Saú e Basemate, filha de Ismael (Gn 36.3,4,10; 1Cr 1.35), e pai de Naate, Zerá, Samá e Mizzá, chefes de clãs dos edomitas (Gn 36.13,17; 1Cr 1.37). **2**. Um sacerdote de Midiã, que deu sua filha, Zípora, como esposa a Moisés (Êx 2.16-22). Visto que muitos dos antigos do Oriente Próximo tinham nomes duplos, ele era Reuel/Jetro (cf. Êx 4.18-20). Ele também era pai de Hobabe, um queneu, e cunhado de Moisés (Nm 10.20; Jz 4.11). **3**. Pai de Eliasafe, capitão dos exércitos do Senhor por ocasião do recenseamento no Sinai (Nm 2.14). No texto massorético, as passagens paralelas (Nm 1.14; 7.42,47; 10.20) dizem Deuel, confundindo as letras hebraicas "D" e "R", mas a LXX sempre diz Reuel. **4**. Um benjamita cujo nome aparece na lista dos habitantes de Jerusalém, antes do cativeiro (1Cr 9.8). Uma personagem do livro de Tobias (3.7 ss.), marido de Edna e pai de Sara, esposa de Tobias. Um arcanjo, em 1Enoque 20.4.

REUM

As duas variantes do nome em hebraico significam, ambas, *misericordioso*. Há cinco pessoas com esse nome, no AT: **1**. Um dos líderes que voltaram do exílio babilônico com Zorobabel, conforme o registro de Esdras 2.2 (1Esdras 5.8 diz *Roimus*). O trecho paralelo de Neemias 7.7 diz *Neum*, que parece ser um erro escribal. **2**. Nome de um oficial persa, um dos autores de uma carta enviada a Artaxerxes em oposição à reconstrução do templo de Jerusalém (Ed 4.7-24). Após a chegada da resposta real, ... *foram eles apressadamente a Jerusalém, aos judeus e, de mão armada, os forçaram a parar com a obra* (vs. 23). Em 1Esdras 2.16-30, o nome desse homem aparece como *Ratumo*. **3**. Nome de um levita, filho de Bani, que ajudou Neemias a reparar as muralhas de Jerusalém (Ne 3.17). **4**. Nome de um daqueles que apuseram o "selo" da "aliança fiel" de Neemias (Ne 10.25). Pode ter sido o mesmo homem chamado Reum, em Neemias 3.17, ou pode estar relacionado ao Reum de Esdras 2.2. **5**. Nome de um dos sacerdotes alistados no trecho de Neemias 12.1-7, que retornaram do exílio com Zorobabel. O confronto com Neemias 12.15 e 1Crônicas 24.8 tem levado alguns a compreenderem que o nome foi escrito por engano em lugar de *Harim*. No texto consonantal, essa alteração na forma do nome poderia ter sido efetuada pela transposição das duas primeiras letras. A Septuaginta omite totalmente o nome.

REUMÁ

No hebraico significa **"pérola"** ou **"coral"**. Era concubina de Naor (Gn 22.24). Seus quatro filhos tornaram-se os ancestrais de tribos aramaicas que viviam ao norte de Damasco.

REVELAÇÃO (INSPIRAÇÃO)

I. Principais Artigos a Consultar. Ver o artigo Intitulado *Conhecimento e a Fé Religiosa, O*, especialmente em sua seção I.4. *Misticismo*. A revelação é uma subcategoria do misticismo. Ver também o artigo detalhado sobre *o Misticismo*. Na segunda seção do artigo *Conhecimento e a Fé Religiosa, O*, mencionado acima, em seu sexto ponto, descrevo a revelação como uma teoria ou critério de conhecimento.

II. Modos Básicos de Conhecer. Os modos básicos de tomarmos conhecimento das coisas são: **1**. *a percepção dos sentidos* (empirismo); **2**. *a razão* (capacidade inata, alicerçada sobre os poderes mentais), que transcende à percepção dos sentidos; **3**. *a intuição*, com base nas ideias inatas e nos poderes espirituais do homem, capaz de ficar sabendo de coisas acima da percepção dos sentidos e da razão; **4**. *as experiências místicas*, que envolvem o conhecimento através de poderes espirituais, ou internos (como a alma) ou externos (como Deus, Cristo, o Espírito Santo, os santos, espíritos dos mortos, outros espíritos etc.). A revelação é uma subcategoria das experiências místicas. Em primeiro lugar, temos visões dos profetas; em segundo lugar, a concretização dessas visões em forma escrita, depois esses escritos tornam-se livros sagrados por via da canonização; então aparece alguma igreja ou outra organização religiosa para proteger e propagar a revelação, ou seja, o conteúdo dos livros sagrados.

A fé religiosa tira proveito de todos os modos de obtenção de conhecimento, embora, para ela, o principal meio seja a revelação. Ver o verbete chamado *Inspiração*, que aborda um aspecto necessário que o estudioso precisa considerar quando trata da questão da revelação.

É uma infeliz tendência de muitas pessoas religiosas de degradarem outros meios do conhecimento. Ver sobre o *Anti-intelectualismo*. Paralelamente a isso, elas costumam dizer que o conhecimento que é dado através da revelação não contém qualquer tipo de erro, embora Paulo tenha afirmado que sabemos apenas em parte, que somos dotados de um conhecimento meramente fragmentar, e assim, até o conhecimento obtido através da revelação tem seu ponto de debilidade e é incompleto. Portanto, é um dogma, e não um fato, que o conhecimento obtido através da revelação é destituído de erro, e a luta para manutenção dessa posição é a defesa de um dogma, e não uma real defesa da verdade. É evidente que a revelação divina não pode chegar até o homem sem estar maculada por problemas, debilidades e erros por omissão, mesmo porque o ser humano não compreenderia uma revelação completa, conforme Deus a entende. Mas também é verdade que o conhecimento que nos é dado por intermédio da revelação é válido, tendo-nos conduzido ao mais profundo e importante conhecimento espiritual de que dispomos. O que importa entender, em toda essa questão, é que o conhecimento dado por meio da revelação é o suficiente como roteiro da alma, para obtenção da felicidade eterna e para escaparmos da merecida punição a que nossos pecados fazem jus. ... *falamos a sabedoria de Deus em mistério, outrora oculta, a qual Deus preordenou, desde a eternidade, para a nossa glória*... *Mas Deus no-lo revelou pelo Espírito*... (1Co 2.7,10).

III. Limitando a Revelação. Um outro dogma envolvido nessa questão é o que diz que não pode haver revelação fora da Bíblia. O trecho de Apocalipse 22.18 é erroneamente usado como texto de prova a esse respeito, embora aquela recomendação aplique-se somente ao conteúdo do livro de Apocali-pse. Cronologicamente, sabe-se que outros livros do Novo Testamento foram escritos depois dele. Deus está na plena liberdade de revelar-nos outras coisas, e até de fornecer material para outros livros sagrados, e é bem provável que venha a fazê-lo, quando começarem os grandes sinais para a abertura de uma nova dispensação, inaugurada pela *parousia* (vide). A segunda vinda de Cristo quase certamente produzirá outra grande revelação, à mesma maneira que ocorreu por ocasião de seu primeiro advento. Naturalmente, quaisquer propostas de novas revelações terão de ser testadas quanto à sua validade, mediante meios empíricos, históricos e espirituais, e jamais mediante o dogma, o qual sempre arrasta após si a estagnação. E até as alegadas modernas revelações devem ser submetidas à prova da universalidade, bem como de outros critérios que combinem com a espiritualidade. Ver o artigo sobre os *Livros Apócrifos Modernos*, onde teço comentários acerca de algumas supostas revelações modernas. Quanto a outros artigos que ventilam aspectos vários da revelação, ver *Revelação (Inspiração, em Ef 1.17); Revelação Natural; Revelação Sobrenatural, Revelação Geral* e *Especial*.

IV. Considerações Bíblicas

1. Definição. Revelação é o desvendamento que Deus faz de si mesmo, girando em torno da pessoa de Jesus Cristo, através da criação, da história, da consciência humana e das Escrituras. Ela é dada através de acontecimentos e de palavras. Não há um termo técnico para exprimir a ideia nas Escrituras, pois a mesma é expressa de vários modos. Duas palavras gregas são mais comumente usadas: *apocalúptein e farenoûn*. Entre as duas há sutis sombras de significado. A primeira significa "desvendamento", ao passo que a segunda aponta mais para o conceito de "manifestação daquilo que fora desvendado". Portanto, a ideia de revelação envolve o que antes era misterioso, oculto e desconhecido. *Um sumário:* o pecado embotou a mente humana no tocante às realidades divinas. A revelação divina em Cristo vai devolvendo gradualmente essa percepção, para que o homem conheça o plano de Deus, que gira em torno de Cristo. O último livro da Bíblia chama-se Apocalipse, "revelação", porque ali temos a fase final da revelação escrita, onde Deus mostra que o seu plano é reverter todos os efeitos do pecado e levar os remidos à glória de Deus, assentando-se com Cristo em seu trono.

2. O duplo aspecto. Os teólogos geralmente descrevem a revelação divina em termos de revelação geral (ou natural) e de revelação especial. O primeiro consiste no testemunho que Deus dá de si mesmo através da criação, da história e da consciência humana. (Aparece em trechos como Sl 19; At 14.8-18; 17.16-34; Rm 1.18-32; 2.12,16 etc).

Quanto à revelação geral, católicos e protestantes concordam. A revelação geral proveria a base para a construção de uma teologia natural. (Teologia natural é o esforço de erigir uma doutrina de Deus, em que sua existência é estabelecida sem o apelo à fé ou à revelação especial, mas apenas através da natureza da razão e da experiência).

A teologia teria dois níveis. O inferior é o da teologia natural, que inclui provas da existência de Deus e da imortalidade da alma. É insuficiente para a salvação da alma, embora importante para quem queira subir ao segundo nível da *revelação*. A maioria dos homens nem chega ao primeiro nível. No segundo nível, temos *blocos de realidades revelados* na revelação especial (como nas Escrituras), cimentados uns aos outros pela argamassa da fé. Essa teologia revelada inclui todas as crenças distintivas da fé cristã, a Santa Trindade etc. Só nesse nível o indivíduo é levado ao sermão remidor com Deus, na pessoa de Cristo. Essa é a ideia exposta pela maioria dos cristãos.

Calvino dizia que a revelação geral só pode ser corretamente entendida através das lentes da revelação especial. Isso porque, apesar de dispor de uma revelação geral, com base na natureza das coisas ao seu redor, segundo Paulo mostra no primeiro capítulo de Romanos, o homem caído procura sempre suprimir a verdade, substituindo-a por suas fantasias, segundo o apóstolo nos mostra em Romanos 1.20. Até mesmo os chamados "salmos naturais" foram escritos por homens que viam a natureza através da perspectiva da revelação especial. Se o primeiro ponto de vista levou a uma apologética racionalista, o de Calvino levou a uma apologética revelacional. Essa é a posição da fé reformada.

A revelação especial é o desvendamento que Deus faz de si mesmo, dentro da história da salvação (revelação na realidade), e na palavra interpretativa das Escrituras (revelação na Palavra), Quantitativamente, portanto, essa revelação encerra mais do que aquilo que temos registrado nas Escrituras. Muitos lances da vida de Cristo não foram registrados (ver Jo 21.25). Mas, nas Escrituras, temos o sumário interpretativo de seus atos reveladores. A importância desse sumário foi estabelecido pelo próprio Cristo: *As Escrituras não podem falhar*, disse ele. A revelação bíblica, porém, só pode ser entendida pela iluminação do Espírito. Sem essa iluminação, os discípulos teriam aproveitado apenas parte do que Cristo lhes ensinara (ver Jo 14.26).

3. Características do conceito bíblico de revelação. O objetivo final da revelação divina é nos conduzir a Deus. Isso é o que caracteriza as revelações divinas, e não meras formulações doutrinárias. O conceito bíblico da verdade não é mera reflexão crítica, mas um envolvimento subjetivo e apaixonado com o próprio Deus da verdade, na pessoa de Cristo. A revelação divina provê a resposta para o duplo dilema humano: *a*. Sua ignorância de Deus, e, portanto, de si mesmo; *b*. Sua culpa diante de Deus. Portanto, isso envolve conhecimento e santidade.

A revelação se dá através dos atos da história. Não há fé em Cristo sem o *Jesus histórico* (vide). A história bíblica é a seleção de eventos que têm a ver com essa revelação. É como se lê em Miqueias 6.5: *Povo meu, lembra-te... do que aconteceu desde Sitim até Gilgal; para que conheças os atos da justiça do Senhor.*

A revelação bíblica culmina em Jesus Cristo. A encarnação, e tudo quanto está envolvido na mesma, é o supremo ato revelador de Deus. Cristo é o centro do evangelho (ver Rm 1.30; 1Co 15.14; Gál. 4.4; Hb 1.1, 2 etc.). O Antigo Testamento revelava Cristo antecipadamente, o Novo reflete a pessoa de Cristo. Deus só se revela em Cristo (Cristomonismo).

A revelação bíblica também é interpretação divina do sentido da revelação, ou seja, a Bíblia é sua própria interpretação. Em 1Coríntios 15.3,4, Paulo vincula a morte, o sepultamento e a ressurreição de Cristo às Escrituras do Antigo Testamento — "segundo as Escrituras". É que ele via a *continuidade* da revelação do Antigo no Novo Testamento. O *kerygma* do Novo Testamento é o fim de um processo iniciado no Antigo Testamento.

Todos os eventos revelatórios se concentram na crucificação e ressurreição de Cristo. E tudo olha para a futura e final revelação de Cristo, de tal modo que passado e presente só podem ser entendidos da perspectiva escatológica revelada. Disso conclui-se que a Bíblia não apenas contém a revelação, mas é a própria revelação autoritária de Deus.

A revelação deve ser entendida em termos de três fatores: *a*. *O revelador*, que é o próprio Deus; *b*. Os *instrumentos da revelação* — visões, sonhos, *Urim* e *Tumim*, sortes, teofanias, anjos, a voz divina, eventos históricos selecionados e a encarnação, tudo o que produziu a Bíblia. Esses dois primeiros aspectos veem o lado objetivo da revelação. *c*. *O recebedor*, aqueles que correspondem com fé em Cristo. Esse é o aspecto subjetivo da revelação.

Um ponto de vista adequado da revelação também reconhece que a Bíblia precisa ser corretamente interpretada. *A hermenêutica* (vide) está sendo reestudada com interesse em nossos dias. A verdadeira filosofia da interpretação bíblica é a interpretação histórica gramatical, com seu manuseio responsável e sério do texto das Escrituras. O alvo da interpretação é determinar o que o Espírito de Deus, que falava através dos diversos escritores humanos, queria dizer em qualquer porção da Bíblia, dentro do contexto da revelação inteira. Vale dizer, a interpretação deve levar em conta todos os fatos revelados, sem destacar qualquer um deles do total. A *exegese*, por sua vez, interpreta a mensagem bíblica em sua aplicação às necessidades espirituais do homem moderno. E a iluminação é o ato do Espírito mediante o qual o leitor da Bíblia é capacitado a compreender seu registro do ponto de vista do Espírito (ver 1Co 2.13,14). Portanto, se a revelação tem a ver com um *desvendamento objetivo*, a Iluminação tem a ver com a *apreensão subjetiva*. Esses três conceitos formam os passos essenciais da comunicação divina ao homem. A revelação diz respeito *àquilo que foi comunicado*; a inspiração, ao *como* a mensagem foi comunicada; e a iluminação ao *por quê* a mensagem foi comunicada.

V. Valores Relativos dos Modos de Conhecer.

1. Tertulianismo é o nome que se dá à doutrina que diz que a revelação é autossuficiente e não precisa da ajuda de outros métodos para que a verdade chegue ao conhecimento dos homens. Naturalmente, essa *verdade* é aquela de natureza espiritual, visto que Tertuliano não se referia à ciência. Contudo, ele desprezou a filosofia (utilizando-se de argumentos filosóficos!), e não via qualquer lugar para o uso da razão. Em seu anti-intelectualismo radical, conforme ele mesmo declarou, ele "cria por ser absurdo"! **2. O averroísmo** (uma noção do filósofo Averróis) salienta a supremacia da *razão*. Ele acreditava que a revelação é uma espécie de concessão às massas ignorantes, incapazes de empregar o poder do raciocínio filosófico, pelo que só seria útil para os ignorantes. Para ele, o raciocínio filosófico seria um instrumento muito mais poderoso e eficaz para que o homem chegue a conhecer as coisas, ultrapassando, assim, em grau de importância, a revelação, com suas debilidades inerentes. **3. O tomismo** (com base em ideias do filósofo e teólogo Tomás de Aquino) valoriza a razão, como um poder capaz de obter algumas verdades religiosas, embora reconhecendo que não é capaz de atingir as verdades mais altas, como a doutrina da *Trindade*. Para tanto, precisamos da revelação, mediante o concurso da fé, e isso porque não entendemos muitas elevadas doutrinas, nem lhes podemos emprestar uma roupagem racional. Não obstante, para o tomismo, a razão pode atuar como meio de preparação para a nossa aceitação da verdade divinamente revelada. **4. O agostinianismo** (com base em ideias de Agostinho, um dos pais da igreja) assevera que a razão é uma capacidade humana divinamente outorgada, mas que precisa ser submetida à fé. "Creio, a fim de compreender". Dessa maneira, a fé aparece como primária, e a fé seria a aceitação da revelação divina. **5. O intuicionismo** afirma que "a verdade é imediata", podendo derivar-se das ideias inatas contidas na alma, ou, então, podendo derivar-se de poderes superiores. Ademais, haveria intuições provindas de fontes desconhecidas. Essa maneira de pensar, quando se torna exclusivista, despreza a revelação divina (ou pode ser um aspecto dessa revelação). Mas, seja como for, costuma subestimar tanto a percepção dos sentidos quanto a razão, como instrumentos fracos na obtenção de conhecimentos. **6. O empirismo** (vide) dá preeminência à percepção dos sentidos, e apenas admite, secundariamente, os outros modos de obtenção de conhecimentos. O empirismo radical, entretanto, nega qualquer valor a esses outros meios, embora reconheça que a razão é útil para organizar informes. No empirismo, o misticismo em geral, e a revelação em particular, são ignorados ou mesmo repudiados.

BIBLIOGRAFIA. AM B E EP F P MM

REVERÊNCIA

Tanto no hebraico como no grego, *fóbos*, o sentido primário é de *temor*, tanto no Antigo quanto no Novo Testamentos. **1. No Antigo Testamento**. No original, as palavras usadas são duas, uma delas com o sentido de *temer*, e a outra com o sentido de *prostrar-se*. No caso da primeira, ver Lv 19;30; 26.2 e Sl 89.7. No caso da segunda (ver 2Sm 9.6; 1Rs 1.31; Et 3.2,5). Estão em foco o temor, a deferência em tributo de adoração a Deus ou a uma outra coisa sagrada. Todas as referência do AT dizem respeito a um contraste entre a adoração a *Yahweh* e a outros deuses. **2. No Novo Testamento**. Temos várias palavras, como *entrépomai*, "voltar-se para" ou "reverenciar" (ver Mt 21.37; Mc 12.6; Lc 20.13 e Hb 12.9); *fobéomai* "ficar aterrorizado" ou "temer" (ver Ef 5.33); *eulábeia*, "piedade" (ver Hb 12.28).

REVERENDO

Essa palavra portuguesa vem do latim, *reverendus*, o gerúndio de *reveri*, ou seja, "ser reverenciado" ou "digno de reverência". ... *santo e tremendo é o seu nome* (Sl 111.9).

Quando ainda estudante de seminário teológico, vários colegas (e eu entre eles) objetavam a qualquer homem ser chamado de "reverendo". Chegávamos a debater calorosamente sobre a questão. Nunca mereci e nem utilizei o título, e dói-me ver o título atrelado ao nome de alguém. Não obstante, trata-se de um título comumente aplicado a clérigos, sem importar o que eu e muitos outros pensemos a respeito. O título é usado para indicar mulheres, pois as freiras são chamadas, em português, reverendas. Nem homens e nem mulheres merecem o título, mas o mesmo tornou-se de uso comum. Os membros do clero superior são distinguidos pelo título Reverendíssimo. Assim, um arcebispo tinha esse título, mas de acordo com um uso católico romano recente, esse título também começou a ser aplicado a bispos e a simples padres.

Além disso, o título "padre" (pai) é aplicado aos sacerdotes romanistas. Essa prática parece ter começado na Irlanda. Na Inglaterra, a prática teve início em 1865. Na comunidade anglicana, o termo "padre", para os sacerdotes católicos romanos, não é obrigatório, e depende da preferência de cada um.

Alguns evangélicos têm pensado que o único título que deveríamos ter é "irmão". Com base nas palavras de Jesus, em Mateus 23.9 e seu contexto, essa maneira simples de tratamento está correta. Há o Pai celeste, que merece o título de reverendo; há o nosso Guia nesta vida terrena, Jesus Cristo, o qual também merece o título. Mas todos nós somos apenas "irmãos". Algumas traduções preferem dizer *mestre* ou *rabi*, em vez de Guia. O termo grego correspondente é *kathegetés*, "professor", "guia". Talvez o termo aramaico por detrás desse vocábulo grego (e que teria sido usado realmente por Jesus) era *rabbi*, o que explica a preferência de algumas traduções.

REVESTIMENTO

A arqueologia tem descoberto muitos itens que demonstram a habilidade dos artífices que usavam o processo de revestimento de materiais mediante certa variedade de meios. Essa técnica era conhecida desde os tempos remotos, no Egito, e podemos supor que os israelitas aprenderam essa técnica quando estavam ali escravizados. A forma mais comum dessa técnica consistia em recobrir artigos de luxo com placas de ouro. No tabernáculo, as colunas que apoiavam o véu e os arcabouços laterais foram recobertos de ouro, como também vários móveis usados no interior do mesmo. A arca da aliança foi revestida por fora e por dentro com ouro, como também o foram o altar do incenso e suas varas (ver Êx 25; 26; 36 e 37). Salomão, por sua vez, recobriu com ouro grande parte do templo de Jerusalém, retendo artigos que haviam sido também usados no tabernáculo, e adicionando outros. O interior do Santo dos Santos foi decorado dessa maneira, ficando inteiramente revestido de ouro. O altar perto da entrada, os querubins, o assoalho, as duas portas de entradas do templo — tudo foi recoberto de placas de ouro. O trecho de 2Crônicas 3.8 afirma que foram usados seiscentos talentos de ouro, somente no Santo Lugar, o que totaliza mais de vinte toneladas desse precioso metal! Placas de ouro foram fixadas às paredes mediante cravos de ouro, e Salomão utilizou ouro para revestir o seu trono (1Rs 10.18; 2Cr 9.17). Visto que o ouro foi tão prolixamente usado, aparentemente não houve muito interesse no uso da prata. Todavia, esse metal foi usado para recobrir os capitéis das colunas, no átrio do tabernáculo (ver Êx 38.17,19,28).

Um revestimento de bronze foi usado para forrar o altar dos holocaustos, bem como as varas usadas para seu transporte, e as portas do átrio do templo (ver Êx 27.2,6; 38.3; 2Cr 4.9).

No Novo Testamento, só há menção a esse processo no trecho de Hebreus 9.4, onde é mencionada a arca da aliança, e onde seus lados revestidos de placas de ouro são especificamente descritos.

REZEFÉ

Na LXX, *Rafes*. No hebraico significa **"fortaleza"**. Trata-se de uma das várias cidades mencionadas pelo Rabsaqué de Senaqueribe a Ezequias, como exemplos de cidades anteriormente capturadas pelos assírios (2Rs 19.12 e Is 37-12). Essas cidades não haviam sido livradas por suas próprias divindades locais, e, segundo Rabsaqué argumentou, nem os habitantes de Jerusalém deveriam esperar que Yahweh os livrasse das mãos dos assírios. Não se sabe, porém, quando caiu a cidade de Rezefe. Mas, em 701 a.C., quando há menção ao lugar, nessas passagens, essa cidade já estava em possessão dos assírios por pelo menos um século. Textos assírios mencionam diversos governadores durante o período entre 839 e 673 a.C., pelo que é bem provável que a cidade tivesse caído em poder dos assírios nos dias de Salmanezer. Rezefé era importante centro de caravanas entre o Eufrates e Hamate. Seu local moderno é Rasafa.

REZIM, REZOM

Na Septuaginta, *Raassón*. No siríaco, a raiz significa *truque*. Mas há estudiosos que pensam no sentido *riacho*, ao passo que outros pensam no sentido *chefe*, devido ao assírio, *rasunu*, que tem esse sentido. Na nossa Bíblia portuguesa, o nome aparece sob as formas "Rezim" ou "Rezom". Há duas personagens com esse nome no Antigo Testamento: **1**. Rezom ben Eliáda, um aventureiro sírio, que desertou de Hadadezer de Zobá e se estabeleceu em Damasco (2Sm 8.5 ss.; 1Rs 11.23). Talvez se trate do mesmo Heziom de 1Reis 15.18 e da estela de Ben-Hadade, encontrada em Alepo. Ele começou a reviver o poder sírio, tendo fundado um reino que perdurou por dois séculos. **2**. Rezim, último rei de Damasco, que foi derrotado e morto por Tiglate-Pileser III, em 732 a.C. Os anais de Tiglate-Pileser mencionam a "casa de seu pai" em Hadara, a 48 quilômetros a sudoeste de Damasco. Unger infere que o pai de Rezim era um príncipe local. Jeroboão II de Israel era suserano de Damasco (ver 2Rs 14.28), o que significa que Rezim pode ter tomado o trono à força. A primeira menção clara de sua posição é que ele pagou tributo, juntamente com Menaem, a Tiglate-Pileser, em 740 a.C., após a queda de Arpade, em algum tempo entre 743 e 739 a.C. Durante a campanha assíria contra Urartu (737-735 a.C.), Rezim e Peca, que haviam usurpado o trono de Israel, estabeleceram uma aliança, procurando organizar uma coligação contra a Assíria. Quando Acaz de Judá recusou dar o seu apoio, esses "dois tocos de tições fumegantes" (Is 7.4) tentaram obter o apoio de Judá mediante pressão militar, estabelecendo um rei títere, o filho de Tabeel.

Os aliados nortistas tiveram de se contentar com a notícia de que Judá, circunscrito às suas defesas e atacado por idumeus e filisteus (ver 2Cr 28.18), não era capaz de interferir. Em 734 a.C., os assírios responderam ao pedido de ajuda por parte de seu vassalo. Eles atacaram a Filístia, tendo atravessado a Galileia, voltaram-se para abafar o reino de Israel, ao norte, e exigiram tributo de Tiro. Destarte, Rezim ficou isolado em Damasco, tendo sido morto quando a cidade se rendeu, após um assédio de dois anos. E assim chegou ao fim o império arameu de Damasco.

A forma Rezom significa "potentado", "governantes". É possível que Rezom, que muitos eruditos identificam com o Heziom de 1Reis 15.18, conforme já dissemos, tenha traído o seu senhor, Hadadezer, rei de Zobá, quando este foi derrotado por Davi (ver 2Sm 8.3). Desde então Rezom se tornou um livre atirador. Talvez somente durante o reinado de Salomão, ele tenha fundado uma dinastia em Damasco, que veio a tornar-se o mais poderoso dos reinos arameus, conforme já dissemos (ver 1Rs 11.23-25). Essa ordem de acontecimentos foi necessária para dar tempo a Davi de estabelecer guarnições entre os arameus de Damasco, tendo-os submetido ao pagamento de tributo após a sua vitória sobre Hadadezer (em cerca de 984 a.C.; ver 2Sm 8.5,6). Rezom sobreviveu a Davi e tornou-se adversário de Salomão (ver 1Rs 11.23).

REZOM. Ver sobre *Rezim* (*Rezom*).

RIBAI

No hebraico, "*Yahweh* **contende**". Era pai de Itai, um dos "heróis" de Davi (ver 2Sm 23.29; 1Cr 11.31). Era natural de Gibeá, da tribo de Benjamim.

RIBEIRO

Esse termo indica as correntes de água menores que as dos rios, indicando três coisas diferentes, a saber: **1**. Riachos que emanavam de fontes subterrâneas e atravessavam vales, como o Arnom, o Jaboque, o Cedrom e Soreque, e a torrente dos salgueiros (referidos em Is 15.7). **2**. Torrentes de inverno, que provinham da chuva ou da neve em fusão e que se ressecavam no verão (Jó. 6.14,19). Atualmente, algumas dessas torrentes são chamadas *wadis*, termo árabe que alude aos leitos *secos* de riachos e rios, e que se encontra com frequência na literatura sobre assuntos arqueológicos. O termo português arroio é um termo equivalente. **3**. O leito de uma torrente também pode ser chamado de ribeiro, embora ali não haja água, conforme se vê no caso do ribeiro do Egito, no sul da Palestina (Nm 34.5; Js 15.3,47).

Uso figurado. 1. A sabedoria ou a verdadeira religião podem ser chamados de ribeiro fluente, porquanto traz a abundância, sendo fonte de vida, além de promover o bem-estar (Pv 18.4). **2**. Os ribeiros de mel e manteiga denotam notável abundância de comestíveis. Outro tanto se pode dizer no caso dos rios que transbordam de mel e leite (Jó. 20.17). **3**. Há também a ideia de comportar-se de modo enganador como um ribeiro, o qual aparece e desaparece, segundo a estação do ano, denotando como os amigos podem nos desapontar, deixando de nos prestar ajuda, quando esta se faz mais necessária (Jó 6.15).

RIBEIRO DA ARABÁ

Essa torrente é referida somente em Amós 6.14, e sua identificação moderna não é clara. Alguns identificam esse ribeiro com a torrente dos Salgueiros (Is 15.7), que ficava na fronteira entre Moabe e Edom. Mais provavelmente, porém, trata-se do *wadi* Zerede (vide), modernamente *wadi el-hesa*, que flui para a Arabá (vide), do lado oriental para o sul do mar Morto. (SI)

RIBEIRO DO EGITO

Um *wadi* ou torrente, que fluía somente durante a estação chuvosa, existente na fronteira sudoeste da Palestina. (Suas referências bíblicas são: Nm 34.5; 1Rs 8.65; 2Rs 24.7; 2Cr 7.8; Is 27.12; Ez 47.19 e 48.28). Tem sido identificado com o *wadi el-Arish*, que flui para o norte, desde o interior da península do Sinai, desaguando no mar Mediterrâneo, a meio caminho entre o canal de Suez e a cidade de Gaza. (SI)

RIBLA (DIBLA)

Alguns estudiosos preferem pensar em um significado desconhecido, mas outros dizem que significa "lugar despido de vegetação". Era uma cidade da Síria, a cinquenta e seis quilômetros a nordeste de Baalbeque.

O Faraó Neco, do Egito, iniciou uma campanha na Palestina, durante o reinado de Josias, rei de Judá (ver 2Rs 23.28 ss.). No esforço de fazer o Faraó retroceder, Josias perdeu a vida em Megido. O povo elegeu o filho caçula de Josias, Jeoacaz, como rei de Judá. A escolha não agradou nem a Neco e nem ao Senhor, porquanto Jeoacaz fez o que era mau perante o Senhor. O Faraó Neco mandou prender Jeoacaz em Ribla, para que não reinasse em Jerusalém (2Rs 23.31-33). Aparentemente, Neco havia chegado às margens do rio Orontes por essa altura dos acontecimentos. Então, o Faraó fez subir ao trono de Judá a Eliaquim, irmão mais velho de Jeoacaz, embora tendo-lhe mudado o nome para Jeoaquim (vs. 34).

Ribla ficava cerca de oitenta quilômetros ao sul de Hamate, pouco acima do lago Homs. A moderna cidade de Ribleh a representa. Fica bem situada, topográfica e geograficamente, podendo-se compreender por que razão um monarca militarista teria escolhido o local como sua base de operações.

Em 605 a.C., cinco anos após a campanha de Neco, Nabucodonosor ocupou a cidade, transformando-a em sua base de operações contra a Palestina. Zedequias, o novo rei a quem o monarca babilônio pusera no trono de Jerusalém, rebelou-se contra ele. Quando Jerusalém foi cercada, Zedequias conseguiu fugir. Mas o exército de Nabucodonosor apanhou-o perto de Jericó, e Zedequias foi levado a Ribla, onde lhe furaram os olhos, — imediatamente depois que ele foi testemunha da execução de seus filhos (ver 2Rs 25.14; cf. Jr 39.14; 52.1-11). Posteriormente, outros líderes israelitas rebeldes perderam a vida na mesma cidade (ver 2Rs 25.18 — 21; Jr 52.24-27).

Em Ezequiel 6.14, o texto massorético diz "Dibla", o que é seguido nesse lugar pela nossa versão portuguesa.

O trecho de Números 34.11 menciona Ribla como um ponto na fronteira leste da Terra Prometida (embora Ez 47.15-18 não a mencione). Nessa instância isolada, o nome é acompanhado pelo artigo definido hebraico. Trata-se de uma cidade não identificada, em algum lugar ao nordeste do mar da Galileia. A LXX diz *Arbela*, mas desconhece-se qualquer local com esse nome, na área do Golã.

RIFÁ

Tanto no hebraico quanto no grego (LXX), é desconhecido o sentido dessa palavra. Foi o segundo filho de Gômer, irmão de Asquenaz e Togarma (Gn 10.3). Todos esses nomes são de origem não semita e, provavelmente, derivaram-se da região da antiga Anatólia. A passagem paralela (1Cr 1.6) diz *Difate*, embora cerca de trinta manuscritos da LXX e da Vulgata Latina digam *Rifá*. O nome tem sido identificado com as montanhas Rifeanas, com o rio Rebas, na Bitínia, segundo outros estudiosos, e com os Ribis, um povo que vivia a leste do mar Cáspio, além dos rifeaus, o antigo nome dos Paflagônios (ver Josefo, *Antiq*. I,vi.1). O ponto de vista de Josefo é favorecido pela contiguidade de Asquenaz, e a opinião de sua época favorecia Togarma. Segundo Bevan, o peso maior da opinião, em sua época, favorecia as montanhas Rifeanas, que Knobel identificou, etimológica e geograficamente, com a cadeia dos Cárpatos, a nordeste da Dácia (*A Dictionary of the Bible*, editado por W. Smith (1863). De acordo ainda com outros autores, *Rifá* teria dado origem aos celtas, que atravessaram a cadeia Rifeana (ou dos Cárpatos) e se espraiaram pelas regiões central e ocidental da Europa. Mas outros pensam que Rifá teria sido o ancestral dos armênrios, que até hoje dão nome à sua terra com um som parecido com esse nome bíblico.

RIM. Ver *Rins* e, também, *Órgãos Vitais*.

RIMOM

No hebraico, **"romã"**, mas, quando considerada como palavra tomada por empréstimo do acádico, *trovoador* (cf. O acádico, *ramanu*, "rugir"). Na Bíblia representa nomes de pessoas, de cidades e de uma divindade síria, conforme se vê a seguir: **1**. Um benjamita de Beerote, cujos dois filhos, Baaná e Recabe, que eram capitães guerrilheiros, assassinaram Isbosete, filho de Saul (ver 2Sm 4.24; na LXX, *Remmón*). **2**. Uma cidade do Neguebe, próxima à fronteira com Edom, que a princípio foi dada à tribo de Judá (ver Js 15.32; na LXX, *Eromoth*), mas posteriormente alocada à tribo de Simeão (ver Js 19.7; na LXX, *Remmón*; 1Cr 4.32; na LXX, *en Remmión*, mas que é omitida nos *MS* Alexandrino). No texto de Josué e de 1Crônicas, Rimom sempre é precedida por Aim (mas nota-se a confusão na LXX), ao passo que no livro de Neemias, os dois nomes são tratados como um só. De acordo com Zacarias 14.10 (na LXX, *Remmòn*), a cidade assinalava o extremo sul da terra que terminava em uma planície, sobre a qual Jerusalém se alçava quando *Yahweh* se aproximava. Usualmente, essa cidade é identificada com a moderna Khirbet er-Ramamim, cerca de 14 km a norte-nordeste de Beerseba. **3**. Uma cidade fronteiriça de Zebulom (ver Js 19.13; na LXX, *Remmóna*, mas na LXX Alexandrina, *Remmòn*), entregue a levitas meraritas (1Cr 6.77; na LXX, Remmòn). No trecho paralelo de Josué 21.35, há leve variante no texto hebraico, mas, provavelmente, trata-se da mesma cidade, pelos seguintes motivos: *a*. Dimná é desconhecida em outros trechos; *b*. Os antigos textos latinos dizem ali Remom; *c*. O "D" e o "R" são, frequentemente, confundidos pelos escribas antigos. Usualmente, essa cidade é localizada no extremo sul do Sahl-el-Bettof, na moderna Rummaneh, uma aldeia a dez quilômetros a norte-nordeste de Nazaré. **4**. Seiscentos homens, sobreviventes de Benjamim, refugiaram-se por quatro meses na rocha de Rimom, quando foram perseguidos, após a matança de Gibeá (ver Jz 20.45,47; 21.13; na *LXX, Remmon*), Um pesquisador moderno, Robinson, identificou-a com Rammum, localizada em uma elevada rocha ou colina cônica de giz, cerca de dez quilômetros a norte-nordeste de Jeba (Gibeá), e a pouco menos de cinco quilômetros a leste de Betel. Essa colina é visível de todas as direções, protegida pelas ravinas do norte, do sul e do oeste, e contém muitas cavernas. **5**. Uma divindade síria, representação local de Hadade, o deus da tempestade, da chuva e do trovão. Na Síria, essa divindade era chamada "Baal", ou seja, o senhor por excelência. Os assírios chamavam-na de Ramanu, " o trovoador". Escreveu um comentador: "A identidade de Rimom com Hadade... é confirmada pelo fato de que 'Hadade' ocorre como um elemento no nome teofórico Ben-Hadade, que vários reis sírios adotaram como título, e por Tabrimom, pai de Ben-Hadade, contemporâneo de Asa, de Judá" (J. Gray, IDB, IV, 99). É bem provável que os judeus tivessem procurado zombar do nome alterando suas vogais a fim de que desse a entender a palavra hebraica romã.

Naamã, comandante do exército arameu, adorou no templo dessa divindade, em Damasco (2Rs 5.17-19; na LXX, *Remmàn*). Disso, concluiu D.J. Wiseman: "O templo (de Rimom) provavelmente estava situado abaixo da atual mesquita de Ummayid, naquela cidade, a qual, por sua vez, foi construída sobre um templo ainda mais antigo, dedicado a Zeus, cujo símbolo, tal como o de Rimom, o de Hadade e o de Baal, era um relâmpago" (NDB, 1097).

RIMOM-PEREZ

No hebraico, **"o irrompimento da romã"**. Uma das estações na jornada dos israelitas no deserto, entre Ritmá e Libna (ver Nm 33.19,20). Modernamente, pode ser a Naqb el-Biyar, a oeste de Áqaba.

RIMONO

Forma alternativa para Rimom, em 1Crônicas 6.7.

RINA

No hebraico, **"louvor a Deus"**. Era filho de Simão, da tribo de Judá (ver 1Cr 4.20).

RINS

No hebraico *kelayoth*. Os rins são órgãos humanos vitais. Normalmente temos um par de rins, localizados à altura da cintura, mais para as costas do que para a parte posterior do corpo. Medem, aproximadamente, em centímetros, dez, cinco ou três, de cada lado da coluna vertebral. São protegidos por fortes músculos existentes nas costas. Sua função essencial é excretar os resíduos e toxinas do sangue. Funcionam como filtros. São dotados de cerca de um milhão de capilares com esse propósito, em cada rim. O produto final é a urina, coletada na pélvis em forma de funil, existente em cada rim, e, mediante os ureteres, passa para a bexiga, de onde é, finalmente, eliminada do corpo.

Crenças e Metáforas Antigas. Os antigos atribuíam muitas coisas aos rins, que não podem ser literalmente atribuídas a eles, como as reações emocionais e a capacidade de pensar. Naturalmente, o envenenamento pela ureia, retida na circulação sanguínea por mau funcionamento dos rins, pode causar inconsciência ou mesmo o estado de coma. Talvez por isso os rins eram ligados a funções que, na verdade, pertencem ao cérebro. Os trechos de Salmo 16.7; Lamentações 3.13 e Apocalipse 2.23 associam nossos pensamentos e desejos mais íntimos aos rins. Em Jeremias 12.2, lemos que Deus está longe dos rins das pessoas que não têm verdadeiro conhecimento dele nem o temem, nem o amam, e nem se deleitam nas realidades espirituais, pelo que realizam uma obediência meramente superficial. Nossa versão portuguesa, entretanto, diz "coração", e não "rins", nesse versículo. Os homens se comovem em seus "rins" (em nossa versão portuguesa, "entranha"), quando suas almas são feridas ou inquietadas por pensamentos de inveja, de tristeza, de ira, ou de paixões atormentadoras de qualquer sorte (Sl 73.21). Em contraposição, os "rins" (em nossa versão portuguesa, o "coração") nos instruem, quando Deus nos desperta os pensamentos, a fim de ensinar-nos (Sl 16.7). Julgava-se, entre os antigos, que o sangue e os rins continham a vida. Os rins seriam especialmente privilegiados por causa de seu envoltório de gordura, e por estarem protegidos por fortes músculos. Essas crenças dos hebreus sobre os rins não eram isoladas, visto que nos textos de Ras Shamra (vide) há alusão à instrução que os rins nos podem dar. A tradição judaica posterior, no Talmude, aproveita esse uso figurado (*Berakoth* 61a).

Uso dos Rins nos Sacrifícios de Animais. Os rins dos animais sacrificados, juntamente com o redenho ou gordura circundante, eram queimados sobre o altar como a porção de *Yahweh*, ao passo que os adoradores podiam comer o resto (Lv 3.4; 4.9; 7.4). Isso significava que a porção melhor era dada a Deus, por ser um direito seu, sendo ele a fonte de toda a vida e bem-estar. Embora não apareça em nossa versão portuguesa, a parte mais substancial do trigo é chamada de *gordura dos rins* (Dt 32.14). Nossa versão portuguesa diz apenas "o mais escolhido trigo". Os rins de animais são mencionados muitas vezes nas prescrições sobre os holocaustos levíticos. No caso dos seres humanos, esse órgão, juntamente com o coração (sendo ambos aludidos juntos por muitas vezes), quase sempre indica o homem interior, que só Deus conhece. Assim, Deus escuta o coração e sonda os rins. Mas, na Bíblia portuguesa, sempre que a palavra hebraica traduzida por "rins" é usada em sentido simbólico, aparecem os vocábulos "pensamentos" ou "afetos" ou "coração". Nesse sentido simbólico, a palavra hebraica aparece no AT por treze vezes (Ver Jó 16.13 (único trecho onde aparece o termo "rins" na Bíblia portuguesa); 19.27; Sl 7.9; 16.7; 26.2; 73.21; 139.13; Pv 23.16; Jr 11.20; 12.2; 17.10; 20.12 e Lm 3.13). Por que os revisores da Bíblia portuguesa teriam evitado a palavra "rins"? Os rins são considerados a sede da consciência (Jr 12.3; Sl 16.7; Pv 23.16), da tristeza e de outros sentimentos (Sl 73.21; Jó. 16.13; 19.27). No NT, a única menção aos "rins" (no grego, *nefrós*) aparece em Apocalipse 2.23, que cita livremente Jeremias 11.10 ou 17.10, mas que, na nossa Bíblia portuguesa, novamente, é palavra substituída por outra, no caso, "mente". Dentro do antigo sistema filosófico, os rins, devido à sua sensibilidade, eram tidos como uma das sedes das emoções, tais como os desejos. As Escrituras vinculam aos rins, simbolicamente, às nossas mais ternas experiências. Quanto se perde, desse simbolismo, quando se evita a palavra "rins"! Quando Deus sonda os rins, por exemplo, ele está perscrutando nossas mais ternas emoções e desejos. Ver o artigo separado, *Órgãos Vitais*.

RIO

No hebraico, temos cinco palavras diferentes traduzidas por "rio", "ribeiro", "canal" etc. E no grego é *potamós*, "rio". As terras bíblicas incluem as duas grandes áreas de civilização ribeirinha do mundo antigo: as regiões do Nilo e do Eufrates. Nessas regiões, onde os respectivos rios permitiam a vida, sendo adorados como doadores da vida, era natural que os rios formassem a principal característica geográfica na consciência do povo. É por essa razão que, algumas vezes, a Bíblia se refere simplesmente ao "rio" ou ao "grande rio" (ver Js 1.4; Ap 9.14; 16.12), mediante cujo nome devemos pensar ou no rio Nilo ou no rio Eufrates. Os antigos concebiam um rio como doador da vida, e, consequentemente, de conforto e paz, conforme tantas vezes se percebe nas Escrituras (para exemplificar, Is 48.18 e 66.12).

A Palestina nunca contou com uma civilização ribeirinha que se comparasse com as civilizações dos grandes vales ao norte e ao sul da mesma. O Jordão é pequeno demais em volume de água, e por demais limitado em seu profundo vale para prover o tipo de agricultura irrigada que se via no Egito e na Mesopotâmia. De fato, nos tempos bíblicos o vale do rio Jordão era pouco povoado, havendo ali uma densa vegetação, que abrigava uma fauna numerosa, principalmente de animais ferozes. Somente na visão de Ezequiel (cf. Ez 47), aparece um rio suficientemente grande na Palestina para encher o leito do rio Jordão e sustentar um cultivo generalizado. Seria um rio doador de vida, que desembocaria no mar Morto no ponto exato onde o Jordão — que por tantas vezes é simbolizado nas Escrituras como um rio mortífero — desemboca naquele mar, em um ponto a leste do templo de Jerusalém. A mesma imagem aparece como visão em Apocalipse 22.

Na história do povo de Israel, depois que eles partiram do Egito e deixaram a estável civilização à beira do rio Nilo, os rios aparecem mais frequentemente como fronteiras ou marcos históricos, na carreira daquele povo, e não tanto como uma fonte de satisfação ou suprimentos. Em uma época em que não havia pontes (essa palavra nem aparece no Antigo Testamento), a travessia de um rio, mesmo de tão pequenas dimensões quanto o Jordão, constituía um enorme risco, exigindo a intervenção divina (ver Js 3). Uma vez que um povo atravessasse um rio, em muitos sentidos estava-se rompendo com o passado. Assim, para os israelitas poderem voltar à margem esquerda do rio Jordão, com toda a probabilidade devem ter esperado pela época da vazante do mesmo. Por semelhante modo, Josué relembrou os israelitas sobre o importante passo histórico dado pelo antepassado deles, Abraão, que habitara com sua parentela "dalém do Eufrates", (ver Js 24.15), antes que ele tivesse atravessado esse rio, a caminho da Terra Prometida. Atravessar um rio, pois, era um ato simbólico de rompimento com o passado, ao qual não se podia retornar.

O rio Jordão, com seus tributários da margem esquerda, forma o único sistema principal de rios na Palestina, embora as montanhas do Líbano, mais ao norte, alimentem numerosos riachos, devido ao degelo de seus campos de neve. A despeito disso, os rios menores da Palestina fluem somente em certos períodos de cada ano.

Sentido metafórico. Às vezes, o Nilo e o Eufrates personificam, na Bíblia, os impérios do Egito e da Assíria, respectivamente (ver Is 8.7 ss.; 33.21; Jr 46.7 s; Ez 29.3-5; cf. Jr 2.18 e Ez 32.2). Isso envolve um conjunto de sentimentos de orgulho e prestígio, bem como de fatores estratégicos, como se pode deduzir da comparação de textos como 2Reis 5.12; Isaías 8.6 e 33.21. Por isso é que Jerusalém glorificada terá o seu rio (Sl 46.5). De mistura com a ideia do rio do paraíso, esse tema reaparece em Apocalipse 22.1 s, texto que talvez seja um eco de difícil declaração de João 7.37,38. Não menos apocalíptico do que isso é o rio de fogo que emana do trono de Deus (Dn 7.10), onde tanto o fogo quanto o rio têm seu simbolismo na aparição do Ser divino. O nome do Senhor virá *como torrente impetuosa* (Is 59.19). Bens como paz (Is 48.18; 66.12), sabedoria (Ec 24, 25 — 27; 47.14) e a bênção de Deus (Ec 39.22;

cf. Jó 20.17) estão simbolizados pela ideia de força, irresistibilidade e abundância de um rio. Por outro lado, a metáfora do rio descreve, mui sugestivamente, calamidades como um terremoto (Am 8.8; 9.5), a morte (Jó 14.11) e as perseguições (Ap 12.15,16).

RIO DO EGITO

No hebraico e no grego o sentido é o mesmo, conforme se vê em português. Esse pequeno rio formava a fronteira sul da Terra Prometida aos descendentes de Abraão (ver Gn 15.18). Os hebreus davam a palavra *nahar*, "rio", aos maiores rios que eles conheciam, contrastando isso com a palavra *nahal*, que eles aplicavam a algum riacho ou *wadi* perene. Portanto, o termo *nahar* aplica-se ao rio Nilo, principalmente a seu canal mais oriental, o *Peleusíaco* (ver *Shihor*). Nessa referência bíblica, os dois grandes rios da região coberta pela narrativa do Antigo Testamento, o Nilo e o Eufrates, são considerados, grosso modo, como as fronteiras da Terra Prometida. Não há qualquer apoio textual para se emendar aquele texto, de *nahar* para *nahal*, conforme alguns querem fazer, apesar do fato de que o rio do Egito não é uma grande torrente.

RIQUEZAS

Pelo menos 25 raízes hebraicas são usadas para se traduzir riquezas, prosperidade etc. No Novo Testamento são usados apenas cinco vocábulos diferentes. Muitos dos termos hebraicos são mencionados por algumas vezes; não há indícios quanto à possível gama de significados, nos diversos contextos. Abaixo fazemos uma breve análise dos oito termos hebraicos, mais comumente usados no Antigo Testamento: **1**. Um termo usado por onze vezes refere-se, primariamente, a bens valiosos e móveis, como ouro, prata, incenso, vestes etc. O termo indica bens que podiam ser transportados em lombo de camelo ou de jumentos (ver Is 30.6). Há duas outras palavras hebraicas que também são usadas para indicar bens que podem ser transportados por animais. Uma delas, usualmente, não inclui riquezas sob forma de rebanhos (Gn 34.28,29), embora as inclua ocasionalmente (Nm 31.9). Tais formas de riquezas podiam ser adquiridas pelo comércio, como no caso de Tiro (ver Ez 28.4,5). (Ver também: Jó 20.15; Sl 62.10; 73.12; Is 8.4; 10.14; 61.1; Ez 26.12). **2**. Um outro termo indica riquezas em termos de prata e ouro (ver Na 2.9), mas também em termos de rebanhos (ver Gn 31.1). **3**. Há um termo geral para indicar toda espécie de propriedade móvel, como, por exemplo, quando Abraão deixou Harã (ver Gn 12.5). Essa palavra hebraica também é usada por onze vezes (Gn 12.5; 13.6; 15.14; 1Cr 27.31; 28.1; 2Cr 21.17; 31.3; 32.29; 35.7; Ed 8.21 e 10.8). Jeremias 20.5 usa um termo hebraico, traduzido por "tesouros", em nossa versão portuguesa, que indica os despojos tomados pelo inimigo a uma cidade. **4**. Um outro termo hebraico é usado por quatro vezes (em Gn 43.23; Jó 3.21; Pv 2.4 e Jr 41.8). Tem o sentido de tesouro oculto, enterrado em tempo de guerra ou aflição. Nossa versão o traduz por "tesouro", na primeira dessas quatro referências. **5**. Um certo termo hebraico, traduzido por prata, é o termo geral para indicar dinheiro. **6**. Um termo hebraico muito usado, se incluirmos suas formas variantes, aparece por cerca de setenta vezes, e que tem o sentido de "avançar", em português, geralmente é traduzido por *prosperar*. (Exemplificamos com algumas referências: Nm 14.41; Is 53.10; Jr 12.1; Ez 16.13; Gn 24.10; Dt 28.29; 1Rs 22.12; 1Cr 22.11; 2Cr 13.12; Ne 1.11; Sl 1.3; Pv 28.13; Jr 2.37; Dn 11.36; 6.28 etc). **7**. Um outro termo hebraico, que se pode traduzir por "substância", "suficiência" etc., aparece por seis vezes no livro de Provérbios e por uma vez em Cantares (Pv 1.13; 19; 6.31; 12.27; 28.8; 29.3; Ct 8.7). Trata-se de um termo poético para indicar riquezas. O trecho de Provérbios 28.22 nos fornece uma interessante análise psicológica: *Aquele que tem olhos invejosos corre atrás das riquezas*. **8**. Uma outra palavra hebraica muito usada que figura por cerca de 36 vezes é usualmente traduzida por "riquezas". (Para exemplificar, damos algumas referências: Gn 31.16; 1Sm 17.25; 1Rs 5.11; 1Cr 29.12; 2Cr 32.27; Et 1.4; Sl 49.6; Pv 3.16; Ec 4.8; Jr 9.23; Dn 11.2). A única novidade quanto ao uso é o emprego da palavra para indicar as riquezas de reis, como Salomão, Josafá e Ezequias, e também do rei da Pérsia, conforme se vê em Ester 1.4.

I. ASSUNTOS CENTRAIS. **1**. O item mais importante das riquezas de ordem material eram os alimentos. Nos templos bíblicos, a alimentação era questão de vida ou morte. Ver Provérbios 11.26: *Ao que retém o trigo o povo o amaldiçoa...* Segundo o profeta Miqueias, a retenção de alimentos por parte dos ricos de seus dias, que os negavam aos pobres, equivalia ao canibalismo (ver Mq 3.2,3). Entre os artigos da alimentação são mencionados o trigo, as azeitonas, o azeite (de oliveira e sésamo), o mel, o vinho e os figos. As carnes eram principalmente de carneiros e bodes. Os ricos também dispunham de especiarias, embora só sejam mencionadas por nome a cássia e o cálamo. *... nunca houve especiarias tais como as que a rainha de Sabá deu ao rei Salomão* (2Cr 9.9). O bálsamo também era um luxo. **2**. Os ricos contavam com bens que eram itens luxuosos. A lã embranquecida pelos lavandeiros, o linho tingido de azul e púrpura, acabado com bordados entretecidos, eram usados para o fabrico de vestes suntuosas. Panos para selar animais e para tapetes multicoloridos eram muito procurados. Pedras preciosas de muitas variedades, sobretudo esmeraldas, ágatas e pérolas eram usadas no fabrico de joias. Cavalos e mulas treinados para servir de montaria, e também cavalos treinados para puxar carruagens, eram usados pelos abastados, em seu transporte pessoal. O marfim e o ébano eram importados para o fabrico de móveis de madeira entalhada. Os homens da época do Antigo Testamento sabiam fabricar peças de metal quase tão bem quanto nós o fazemos agora. Ezequiel menciona o ouro, a prata, o cobre e suas ligas, além do ferro, do estanho e do chumbo. **3**. A maior tragédia era a abastança em forma de escravos, embora Israel geralmente contasse com um menor número de escravos do que sucedia às nações ao redor. As manufaturas, que tiveram início na época de Isaías, não demoraram a tornar-se riquezas importantes. As terras abandonadas eram arrendadas e os agricultores iam trabalhar nas manufaturas.

II. COMÉRCIO. Abraão é grande exemplo de bom negociante da antiguidade. Seu comércio estendia-se de Harã ao Egito. Ele mesmo se concentrava na área do Neguebe, deixando Eliezer cuidar dos negócios em Damasco, enquanto Ló cuidava do comércio com os árabes. Salomão também é mencionado como grande negociante, embora parte do crédito coubesse a Davi. As conquistas militares de Davi chegaram ao rio Eufrates, capacitando-o não somente a apossar-se de extensos despojos, como também a participar como um dos principais membros do monopólio do ferro, quando esse metal era tão revolucionário como o alumínio se tornou em nossos próprios dias. Além disso ele podia cobrar impostos sobre qualquer mercadoria que circulasse por suas fronteiras através da Anatólia, do rio Eufrates, do deserto da Arábia, do Egito e de certas porções da costa do mar Mediterrâneo. Foram as riquezas amealhadas por Davi que permitiram a Salomão a construção do templo de Jerusalém e do complexo de seus palácios. Salomão adicionou o comércio com cavalos, algumas manufaturas e a venda de cobre — seu monopólio estatal — para os povos mais atrasados das margens do mar Vermelho. Após a época de Davi, a corte deu oportunidade para o avanço econômico ao povo em geral. Iniciou-se a atividade bancária, com a cobrança de juros sobre os empréstimos concedidos, embora não pudessem ser taxados juros quanto a empréstimos para fins agrícolas. Propriedades nas cidades podiam ser vendidas, mas as propriedades no interior tinham de permanecer na posse da família imediata.

RISO

III. Manufaturas. 1. Foi nos dias de Isaías, após a rápida introdução das manufaturas, que certos israelitas ímpios adicionaram Mamom ao seu panteão pagão, que não tardou a igualar-se ao degenerado Baal. Depois que os habitantes de Jerusalém se negaram a arrepender-se, apesar dos repetidos apelos dos profetas, a cidade foi deixada vazia por setenta anos. Há uma excelente descrição da riqueza móvel de Tiro, em Ezequiel 27.12-25, descrição essa que também se aplica a Israel. O trecho de Apocalipse 18.11-13 provê outra excelente lista de riquezas, onde o único item que não aparece nas listas do Antigo Testamento é a seda. Contudo, alguns estudiosos debatem se Ezequiel 16.10 menciona ou não a seda. Nossa versão portuguesa a menciona, seguindo versões em outras línguas. Mas a seda chinesa só apareceu na Ásia Menor por volta do século I a.C. (ver *Seda*). **2. Moedas e Dinheiro**. Antes da invenção das moedas, o dinheiro era transportado sob a forma de lingotes, barras ou argolas de ouro ou de prata, mas o metal também podia ser pesado sob alguma outra forma. As joias feitas com esses metais sempre eram mais valiosas, do que os metais propriamente ditos, devido ao trabalho de arte investido. O ouro que Acã roubou em Jericó (ver Js 7.21), literalmente, era uma "língua" de ouro. Uma dessas "línguas" foi encontrada em escavações em Gezer. Pedras preciosas de todas as variedades também eram usadas como dinheiro, mesmo após a invenção da moeda. Devido ao grande valor concentrado nas pequenas pedras preciosas, eram elas o método mais conveniente de transportar grandes somas de dinheiro. Até hoje muitos judeus são joalheiros e montadores de joias. A moeda só foi inventada no século VII a.C. (ver *Moedas*). A primeira referência veterotestamentária às moedas aparece em Esdras 2.69, onde se lê sobre as "dracmas", que eram *dários* persas de ouro. O Novo Testamento faz alusão a diversas moedas de ouro, de prata e de cobre. **3. Riquezas no Novo Testamento**. O Novo Testamento usa apenas um quinto do número de palavras para indicar riquezas, em relação ao Antigo Testamento. E apenas um desses termos gregos aparece por mais de três vezes. O grego *ploutos*, termo usado na parábola do semeador, é usado mais figuradamente do que de maneira literal. O trecho de 2Coríntios 8.2 contrasta as riquezas com a pobreza. *Euporía* é termo grego que se refere às riquezas obtidas com o fabrico de nichos de Diana. Em nossa versão portuguesa essa palavra é traduzida por "prosperidade" (ver At 19.25). A palavra grega *euodóo*, "prosperar", é usada na saudação que há em 3João 2. Paulo, em 1Coríntios 16.2, admoesta os crentes a contribuírem para a igreja em proporção à prosperidade de cada um. *Plousíos* é termo grego empregado em 1Timóteo 6.17, onde os ricos são exortados a dependerem de Deus, e não de suas riquezas. **4. Teologia da Riqueza**. Por toda a parte a Bíblia ensina que Deus é o Criador, o proprietário de todas as coisas. Só ele é o Criador e o distribuidor de riquezas. A riqueza é um dom de Deus. Em Deuteronômio 8.18, Israel foi instruído: *Antes te lembrarás do Senhor teu Deus, porque é ele que te dá força para adquirires riquezas...* O crente, pois, é apenas um administrador das riquezas pertencentes a Deus. Na aplicação da parábola dos talentos, porém, Cristo diz que ele merece um lucro em face do seu investimento. **5. Abusos e Obstáculos**. Em parte alguma da Bíblia as riquezas materiais são consideradas como más por si mesmas. De fato, Israel recebeu ordens para honrar ao Senhor com os seus *bens* (Pv 3.9), e os dízimos eram uma parte integral da adoração. Não obstante, as riquezas materiais com frequência se tornavam motivo de tentação, pelo que o salmista (ver Sl 62.10) sabiamente aconselhou: ... *se as vossas riquezas prosperam, não ponhais nelas o coração*. A atitude de Jó para com a totalidade da vida também se aplica ao seu aspecto econômico: *Nu saí do ventre de minha mãe, e nu voltarei; o Senhor o deu, e o Senhor o tomou; bendito seja o nome do Senhor!* (Jó. 1.21). Nos dias do cristianismo primitivo, o dinheiro e a filosofia eram dois dos maiores obstáculos à adoração de Deus em Cristo. O perigo mortal do amor ao dinheiro se percebe na observação de Cristo: *Quão dificilmente entrarão no reino de Deus os que têm riquezas!* (Mc 10.23). E a parábola do rico tolo e o episódio do jovem dirigente salientam a mesma verdade. O Senhor Jesus sumariou: *Não podeis servir a Deus e às riquezas* (Mt 6.24). E também: ... *porque onde está o vosso tesouro, ai estará também o vosso coração* (Lc 12.34). Certos personagens do Antigo Testamento, como Abraão, Davi e Jó foram homens muito abastados. No Novo Testamento não há santo que se compare com eles quanto a esse particular. Podemos observar, entretanto, que o centurião romano, acerca de quem Cristo disse: *Em verdade vos afirmo que nem mesmo em Israel achei fé como esta* (Mt 8.10), era homem suficientemente rico para haver construído a sinagoga de Cafarnaum, onde Cristo ensinou (ver Lc 7.5). E, embora Jesus Cristo fosse o Senhor de todas as riquezas espirituais e materiais, achou por bem passar pela vida terrena sem riquezas materiais, confiando-se à compaixão de seus amigos. **6**. A verdadeira riqueza é a *Espiritualidade* (1Tm 6.18; Hb 11.26; Lc 12.21).

RISO

No hebraico, *sachaq* ou *tsachaq*. (Ver Jó 5.22; 29.24; 41.29; Sl 2.4; 37.13; 52.6; 59.8; Pv 1.26; Ec 3.4; Gn 17.17; 18.12,13,15; 21.6). Em Gênesis 21.6 encontramos a forma *tsechoq*. O homem é o único animal *ridente*, ou seja, a única criatura terrestre capaz de rir.

1. Natureza do Riso. O riso consiste na atividade convulsiva dos músculos da respiração, que produz exalações e inalações espasmódicas. Esses atos produzem ruídos característicos, acentuando os movimentos da face, que caracterizam o riso. O riso expressa certa variedade de emoções, desde a alegria à derrisão, desde a tristeza à consternação. Até mesmo o temor faz algumas pessoas rirem-se, incluindo algum perigo que ameaça, mas acaba não se tornando realidade.

2. Uma Significativa Citação de Nietzsche. Disse ele: "O homem é o animal mais sujeito ao sofrimento. Por essa razão, precisou inventar o riso, a fim do preservar a sua sanidade". Devemo-nos lembrar, entretanto, de que ele era um pessimista que via muitas tragédias na vida, com poucos fatores remidores.

3. Uma Variedade de Citações

"Deus nem ao menos concedeu aos mortais, dignos de comiseração, que rissem sem lágrimas" (Calímaco; 260-240 a.C.).

"A gente não se ri na manga da camisa" (Cícero, em *De Finibus*; 106-43 a.C.).

"A gargalhada que exprimiu a mente vazia" (Oliver Goldsmith, em *The Deserted Viliage*, 1730-1774).

"Um riso insopitável surgiu dentre os deuses benditos" (Homero, em *A Ilíada*, cerca de X-VIII a.C.).

"Rio-me porque não devo chorar" (Abraham Lincoln, 1809-1865).

"Merece o paraíso aquele que faz seus companheiros rirem (Maomé, no *Alcorão*; 570-632 d.C.).

"Tudo é motivo para o riso ou as lágrimas" (Sêneca, em *De Ira*; 4? a.C.-65 d.C.).

"O riso mais agradável é aquele que rimos às expensas de nossos inimigos" (Sófocles, em *Ajax*; 495-406 a.C.).

"O riso não é um mau começo para uma amizade, e é a melhor maneira de terminar uma amizade" (Oscar Wilde, em *The Picture of Dorian Gray*; 1854-1900).

Ai de vós os que agora rides! Porque haveis de lamentar e chorar (Lc 6.25).

Pois qual o crepitar dos espinhos, debaixo duma panela, tal é a risada do insensato... (Ec 7.6).

Essas citações ilustram os vários motivos que há para o riso. Também devemos pensar que há o simples sorriso, o riso franco e a gargalhada, cada um refletindo um ânimo diferente de espírito.

4. O Ser Humano, um Ser Muito Ridente. É realmente admirável observar quão inclinado é o homem para o riso. James Joyce tentou expressar algo da facilidade com que as meninas adolescentes riem, combinando a palavra inglesa *giggle* "risadinha", "risote" (um riso nervoso, e em tom alto), com *girl*, "menina". Disso resultou *gigirl*. Também é curioso que os antropoides podem produzir uma espécie de casquinada, e pelas mesmas razões que fazem os homens rirem. Todavia, eles não casquinam diante do ridículo, pois isso, ao que parece, está acima da capacidade de abstração deles.

Os infantes humanos também sorriem, e, com base nisso, sabemos que as emoções que produzem o riso encontram-se inerentes no ser humano, desde o começo.

5. O Riso como Substituto da Ação. Divertimo-nos, vicariamente, diante de coisas engraçadas que acontecem a outras pessoas. Os comediantes utilizam-se dessa capacidade humana, como também muitas produções teatrais. Ao mesmo tempo, o riso pode impulsionar os seres humanos à ação, porquanto tem o poder de liberar a inibição.

6. Exemplos Bíblicos de Riso. *a*. Abraão riu diante da ridícula ideia de que, com sua avançada idade, poderia gerar um filho (ver Gn 17.17). Abraão caiu de rosto em terra, gargalhando convulsivamente. Sara também riu, porém, *no seu íntimo* (Gn 18.12), ou seja, sem expressar externamente o riso. Foi esse contexto que provocou aquela notável declaração bíblica: *Acaso para Deus há cousa demasiadamente difícil?* (Gn 18.14). No tempo determinado, Deus realiza o que promete, sem importar o quanto julguemos isso difícil. *b*. Homens regozijaram-se e riram diante das bênçãos prometidas, ou quando entraram na posse das mesmas, por causa de sua segurança e prosperidade, ou por haverem sido preservados de calamidades diversas (ver Gn 17.17; 31.6; Jó. 5.22 e Lucas 6.21). *c*. Existe uma espécie de hilaridade pecaminosa, que expressa dúvidas diante do poder espiritual. O riso também pode ser provocado por sentimentos de derrisão, como zombaria contra outras pessoas (Gn 18.12,13; Lc 6.25; Jó 29.24). *d*. O riso também pode resultar de sentimentos de segurança (Jó 5.22). *e*. Como uma expressão antropomórfica, o riso é atribuído a Deus. Ele é retratado como quem ri diante das calamidades que as pessoas atraem contra si mesmas, mediante seus atos insensatos, apesar das instruções apropriadas que tiverem recebido, instruções essas que poderiam ter evitado aquelas calamidades (ver Jó 9.23; Sl 2.4; 37.13; Pv 1.26). *f*. O riso pode ser escarnecedor (ver Pv 14.13; Ec 2.2 e 7.16). *g*. As pessoas riem diante de tarefas tidas como impossíveis, quando outras pessoas resolvem realizá-las. Isso é uma forma de derrisão diante das ambições aparentemente absurdas de outras pessoas. Assim, muitos riram de Neemias, quando ele se propôs a reconstruir as muralhas de Jerusalém (ver Ne 2.19). Quando o Senhor estava prestes a ressuscitar uma menina, os circunstantes riram de suas intenções (Mt 9.24; Mc 5.40) e também porque, eufemisticamente, ele se referiu à morte como se fosse apenas um sono, do qual fosse possível despertar a pessoa. *h*. O cínico filósofo de Eclesiastes 2.2 declarou que a lamentação é melhor do que o riso (ver também 7.3) e que o riso, em meio a todas as dificuldades enfrentadas pelos homens, é apenas uma forma de loucura (2.2). *i*. O riso expressa a alegria, naturalmente (Sl 126.2). *j*. Aqueles que agora choram, haverão de rir quando chegar o momento do triunfo espiritual (Lc 6.21). *k*. O verdadeiro riso, vinculado à alegria, origina-se em um senso de fortaleza, de segurança, de correção, de higidez, de produtividade. Um coração alegre é um tônico. Porém, o espírito abatido resseca os ossos (Pv 17.22). A medicina psicossomática, naturalmente, tem podido comprovar cientificamente essa declaração bíblica. Nossas emoções, sem a menor sombra de dúvida, podem tornar-nos saudáveis ou adoentados. Ver o artigo detalhado sobre o *Humor*.

RISPA

No hebraico o sentido é **"variedade"** ou **"pedra brilhante"**. Está em pauta uma filha de Aiá (que talvez seja o horeu mencionado em Gênesis 36.24), que foi concubina de Saul. Após a morte de Saul, Isbaal, filho de Saul e rei somente de nome, acusou Abner, o verdadeiro mandante real, de havê-la tomado como sua esposa. Se isso fosse verdade, equivaleria a estar reivindicando o trono (cf. 2Sm 16.20.22; 1Rs 2.22). Como resposta à calúnia de Isbaal, Abner, prontamente, entregou o reino do norte a Davi, o que ocorreu por volta de 997 a.C. (ver 2Sm 3.7).

Mais tarde (cerca de 970 a.C.), um período de fome de três anos foi atribuído ao desprazer divino devido à matança dos gibeonitas, por parte de Saul, em violação ao pacto que Israel estabelecera com eles (ver Js 9.3,15-20). E quando Davi indagou dos gibeonitas que tipo de expiação poderia ser efetuado, os gibeonitas, de acordo com a lei mosaica (ver Nm 35.33), rejeitaram dinheiro como compensação, mas exigiram que sete filhos de Saul fossem expostos às intempéries diante do Senhor. Então o rei lhes entregou dois dos filhos de Rispa e cinco dos filhos de Mical. Foi então que Rispa espalhou cilícios sobre a rocha — em sinal de que a terra se arrependera — e iniciou a sua heroica vigília perto dos cadáveres, enxotando as aves e as feras (cf. Sl 79.2), desde o começo da colheita da cevada (que seria o mês de abril), até que a ira de *Yahweh* se abrandou, e houve chuvas (talvez no começo de outubro), conforme se lê, *até que sobre eles caiu água do céu* (2Sm 21.8-10). Em face da devoção dela, Davi mandou sepultar os ossos deles juntamente com os ossos de Saul e Jônatas, no sepulcro de Quis, pai de Davi (ver 2Sm 21.11-14).

RISSA

No hebraico significa **"orvalho"**. Foi uma das paradas nas jornadas dos israelitas (ver Nm 33.21,22), entre Libna e Queelata. Talvez possa ser identificada com a moderna Kuntilet el-Jerafi.

RITMÁ

No hebraico, **"vassoura"**. Uma das paradas dos israelitas, em suas jornadas pelo deserto, entre Hazerote e Rimom-Perez (ver Nm 33.18,19). Mas sua localização é desconhecida.

RIZIA

Palavra de sentido desconhecido no hebraico. Era nome de um chefe e poderoso guerreiro da tribo de Aser. (Ver 1Cr 7.39).

ROCA

No hebraico, *pelek*. Com esse sentido, o termo hebraico é usado somente em Provérbios 3.19. O termo refere-se à vareta usada para segurar os fios de linho ou de lã, durante o processo da fiação. Naquele versículo, é declarado que, entre suas muitas atividades, a mulher virtuosa ocupa-se no trabalho com a roca, em benefício de seus familiares. A pessoa que fiava, mantinha a roca sob o braço esquerdo. O fio da roca prendia-se no gancho que havia no fim do fuso, que era uma vara entre 23-31 cm de comprimento, afilada em ambas as extremidades. Perto da extremidade inferior do fuso havia uma peça que era um peso circular de argila, de pedra, de metal ou de algum outro material pesado. Essa peça tinha uma perfuração no centro, que permitia ser posta no fuso. Esse peso provia o movimento necessário para o processo da fiação, sendo manipulado com os dedos. Quem fiava tinha de repor continuamente os fios na roca. O processo era laborioso, mas eficaz na produção de tecidos.

ROCHA

No hebraico precisamos considerar várias palavras, e, no grego, duas. **1**. *Challamish*, usada por cinco vezes no Antigo Testamento. Essa palavra significa "pederneira", tradução que aparece em Deuteronômio 8.15; 32.13; mas como "seixo", em

Salmo 114.8 e Isaías 50.7; e como "rochedo", em Jó 28.9. **2**. *Kefim*, "rochas", pois é palavra usada no plural, em Jó 30.6 e Jeremias 4.29. Mas a palavra é traduzida por "penhascos", na segunda dessas referências. **3**. *Sela*, "rocha", olhada do ponto de vista de sua elevação. É palavra usada por sessenta vezes (por exemplo: Nm 20.8,10,11; Dt 32.13; Jz 1.36; 2Sm 22.2; Sl 18.2; Is 2.21; Jr 5.3; Ob 3). **4**. *Tsur*, "rocha", olhada do ponto de vista de sua agudeza, é outra palavra muito usada (setenta e duas vezes com sentido literal e figurado). Para exemplificar: (Êx 17.6; Nm 23.9; Dt 8.15; Jz 6.21; Jó 14.18; Sl 18.31; 114.8; Is 2.10; 51.1; Na 1.6). **5**. *Petra*, "rocha", palavra grega usada por dezesseis vezes (ver Mt 7.24,25; 16.18; 27.51,60; Mc 15.46; Lc 6.48; 8.6,13; Rm 9.33; 1Co 10.4; 1Pe 2.8; Ap 6.15,16). A variante *petródes*, "lugares pedregosos", aparece por quatro vezes (ver Mt 13.5,20; Mc 4.5,16). A alcunha dada a Simão pelo Senhor Jesus, "Pedro", é uma variante dessa palavra, que em grego aponta para um seixo, embora nas páginas do Novo Testamento sempre indique a alcunha desse apóstolo. É de uso frequente, aparecendo de Mateus 4.18 a 2Pedro 1.1. **6**. *Líthos*, "pedra". É palavra usada por 56 vezes no Novo Testamento (por exemplo: Mt 3.9; 28.2; Mc 5.5; 16.4; Lc 3.8; Jo 8.59; At 4.11; Rm 9.32,33; 2Co 3.7; 1Pe 2.4-8; Ap 4.3; 21.11,19).

Os dois termos hebraicos mais usados são difíceis de serem distinguidos, embora o primeiro seja mais concebido como uma rocha elevada, ao passo que o segundo aponta mais para uma laje de pedra. Ambas as formas abundam nas terras bíblicas, onde séculos de destruição da vegetação e de erosão do solo removeram quase inteiramente a cobertura verde. Nos seus quarenta anos de vagueação pelo deserto, o povo de Israel deve ter passado muito de sua vida entre as regiões rochosas da península do Sinai e do sul da Palestina. Petra, a capital de Edom, foi escavada na pura rocha vermelha do local.

Em resultado do meio ambiente, as rochas da Palestina desempenharam, um papel proeminente na história bíblica, e o livro sacro abunda em metáforas, que acompanham a primeira referência bíblica a Deus como uma rocha (ver Dt 32.4). **1**. Nos primeiros tempos da ocupação dos hebreus na Palestina, era uma precaução racional usar a qualidade natural defensiva dos lugares rochosos, para edificar *cidades-fortalezas*. Tais localidades se tornavam praticamente inexpugnáveis, em face das técnicas militares da época; somente a traição ou o assédio ofereciam alguma possibilidade de captura. **2**. As rochas ofereciam abrigo face aos temporais (em sentido literal ou figurado). A pedra calcária da Palestina é cheia de perfurações, pelo que podemos encontrar Davi ocultando-se de Saul na caverna de Adulão (ver 1Sm 22.1), ou nas rochas em derredor de En-Gedi (ver 1Sm 24.1-3). **3**. As rochas serviam de fonte de água para Israel, no deserto (ver Êx 17.6; Nm 20.11). É fato bem conhecido que nos lugares rochosos a água se infiltra no solo para aflorar em lugares inesperados, sob a forma de fontes. E é claro que Deus guiou Moisés a lugares onde isso podia acontecer.

Dentro do simbolismo bíblico, Deus é a Rocha de seu povo; o Novo Testamento transfere a imagem para Cristo, a Rocha de onde seu povo bebe (ver 1Co 10.4), a Rocha sobre a qual a igreja está alicerçada (ver Mt 16.18). Que o próprio Pedro assim entendeu, é patente em suas palavras, em Atos 4.11: *Este Jesus é pedra rejeitada por vós, os construtores, a qual se tornou a pedra angular*.

RODA

No hebraico temos três vocábulos que precisam ser estudados, no tocante a este verbete, a saber: **1**. *Galgal*, "roda" "coisa rolante". Essa palavra hebraica ocorre por dez vezes (Sl 83.13; Ec 12.6; Is 5.28; Jr 47.3; Ez 10.2,6,13; 23.24; 26.10 e Dn 7.9). A forma variante, *gilgal*, não como nome de uma localidade, mas alusiva a uma roda, aparece somente por uma vez, em Isaías 28.28. **2**. *Ophan*, "roda". Esse termo aparece por 24 vezes (Êx 14.25; 1Rs 7.30,32,33; Pv 20.26; Is 28.27; Ez 1.15,16,19,20;21; 3.13; 10.6,9,10,12,13,16,18; 11.22 e Naum 3.2). **3**. *Obnayim*, "rodas". Com o sentido de "rodas" figura apenas por uma vez, em Jeremias 18.3, onde se lê: *Desci à casa do oleiro, e eis que ele estava entregue à sua obra sobre as rodas*. Conforme se vê, essa palavra aponta para a roda do oleiro. Ver também o artigo *vasos*.

No Novo Testamento encontramos a palavra grega *trochós*, "roda", que figura ali somente por uma vez, em Tiago 3.6, onde lemos: *Ora, a língua é fogo...* E não só põe em chamas toda a carreira (no grego a roda) da existência humana, como é posta ela mesma em chamas pelo inferno. Como é evidente, aí a palavra "roda" (em nossa versão portuguesa, "carreira") é empregada em um sentido metafórico. A invenção da roda, além de ser, sem dúvida, das mais antigas, de tal maneira que está perdida nas brumas do passado, também constituiu um dos maiores avanços tecnológicos do homem. Modelos de argila, tanto de veículos dotados de rodas quanto de alguns fragmentos de rodas de oleiro, indicam que ambos os usos da roda já eram conhecidos nos países do Oriente Próximo e Médio, desde tão cedo quanto o quarto milênio a.C.

É fácil de imaginar que as primeiras rodas tivessem sido criadas por alguma mente humana inventiva, que se inspirou em algum tronco de árvore a rolar. As primeiras rodas, portanto, devem ter sido meras partes cortadas de troncos de árvores. Por muito tempo, pois, mesmo quando não se usava mais esse método tão primitivo de fabrico de rodas, as rodas continuaram a ser compactas, tanto de madeira quanto de pedra. As rodas com raios só vieram a surgir em cena quando o cavalo passou a ser usado como animal de tração em substituição ao jumento, já nos meados do século XXV a.C.

Lemos em Êxodo 14.25. ... *Emperrou-lhes as rodas dos carros, e fê-los andar dificultosamente*. A alusão é aos carros de combate que o Faraó, rei do Egito, lançou contra o povo de Israel, que fugia para longe do Egito. Muitos pensam que, nessa altura da história, as rodas seriam munidas de raios, dando-lhes maior leveza, e, se bem feitas, até maior resistência do que no caso das rodas compactas.

Na descrição sobre o templo de Salomão, no sétimo capítulo de 1Reis, lemos a respeito das bacias de bronze, moldadas nos seus suportes como se fossem carros dotados de rodas. Ali são mencionados os eixos, as cambas, os raios e os cubos das rodas, embora tudo formando uma só peça soldada, que não girava. É possível que esse ornamento tivesse sido inspirado na pesada carroça dos assírios, e não no carro de combate, muito leve, dos egípcios. Os carros de guerra dos países do norte, como a Assíria e a Babilônia, eram pesados e rolavam fazendo grande ruído (ver Jr 47.3 e Na 3.2).

Tanto Daniel (ver 7.9) quanto Ezequiel (ver 1.18,19) receberam visões apocalípticas, onde as rodas que ali apareceram simbolizavam poder e força, além da ideia de movimentos rápidos de um lugar para outro. Em Ezequiel 23.10,24 a palavra "rodas" é usada como uma sinédoque, para indicar carros de combate, porquanto esses veículos dependiam de sua velocidade e robustez, para serem úteis nas batalhas. No entanto, no dizer dos profetas de Israel, essas armas de guerra (equivalentes a tantos outros veículos de guerra modernos, como os tanques, os aviões etc.) eram como um nada diante do poder de Deus. Lemos em Salmo 83.13: *Deus meu, fazei-os como folhas impelidas por um remoinho, como a palha ao léu do vento*. Ver também Isaías 17.13.

A roda do oleiro é abordada no artigo *Artes e Ofícios*. Também há menção, no Antigo Testamento, a um aparelho de rodas, usado na antiguidade para extrair água de um poço, em Eclesiastes 12.6: *... E se desfaça a roda junto ao poço*. Sem dúvida, de acordo com o contexto, está em pauta o funcionamento harmônico do corpo humano, ameaçado de perto pela morte, que ocorre logo em seguida, quando o pó volta à terra e o espírito volta a Deus. E o poder que as autoridades constituídas têm de fazer justiça, castigando os malfeitores, também é retratado com uma roda, em Provérbios 20.26, que diz: *O rei sábio joeira os perversos, e faz passar sobre eles a roda.*

RODA DO OLEIRO. Ver sobre *Oleiro (Olaria)* e *Cerâmica*.

RODANIM

O nome aparece somente em Gênesis 10.4 e 1Crônicas 1.7. O texto massorético grafa *Dodanim* na primeira referência, e *Rodanim*, na segunda. É claro que um mesmo grupo étnico está em foco, pelo que uma das grafias está incorreta. A maioria dos estudiosos conclui, com base no fato de que esse povo é incluído entre os habitantes das ilhas do mar Egeu, que estão em pauta os habitantes da ilha de Rodes, ou seja, Rodanim. A LXX traduz por *Ródioi*, "ródios".

A troca do "r" pelo "d" pode ser explicada pelo fato de que as letras hebraicas correspondentes às letras latinas r e d assemelham-se uma à outra quanto à forma. Todavia, a variante Dodanim não tem explicação razoável, e nenhuma identificação plausível de um povo com esse nome tem sido proposta, embora alguns tenham sugerido os dardânios. Segundo a lenda, Dardanus, filho de Zeus e da ninfa Electra, filha de Atlas, em consequência de um dilúvio, retirou-se de Samotrácia para Trôade e terminou por fundar Dardânia, ao pé do monte Ida. Gerações mais tarde, Dardânia, Troia e Ilion tornaram-se uma única cidade. As lendas continuam dando detalhes mais ou menos inverossímeis.

Sem importar a forma exata do nome, trata-se de uma raça descendente de Javã, filho de Jafé, um dos três filhos de Noé. Os filhos de Javã *repartiram entre si as ilhas das nações*, segundo se vê em Gênesis 10.5. Todos os estudiosos concordam que a expressão "ilhas das nações" representa as terras em redor do norte do Mediterrâneo, ou seja, desde a porção ocidental da Ásia Menor até às costas da Espanha. Onde ter-se-iam instalado os descendentes de Rodanim? Talvez novas investigações lancem luz sobre o assunto. Nossa versão portuguesa segue o texto massorético quanto à grafia do nome (ver acima).

RODAS

No hebraico, *obnayim*. figura apenas por duas vezes em todo o Antigo Testamento, em Êxodo 11.16 e em Jeremias 18.3. Há várias possibilidades quanto ao seu significado. **1**. As rodas de um oleiro, embora alguns duvidem disso. Com esse sentido é traduzida em nossa versão portuguesa (Jr 18.3). **2**. Talvez uma banqueta com abertura no centro, sobre a qual se assentavam as mulheres, ao darem à luz. No trecho de Êxodo 1.16, em nossa versão portuguesa, os tradutores não a traduziram, ficando apenas levemente subentendida. **3**. Também pode significar uma banheira para lavagem dos recém-nascidos. Não há qualquer certeza quanto ao sentido do vocábulo. (S)

RODES

Nome de uma ilha nas costas da Cária, a sudoeste da Ásia Menor. Seu comprimento é, aproximadamente, 45 milhas de comprimento e 20 de largura, notável pelas grandes plantações de laranjas e cidras. Essa ilha estava no intercurso das grandes linhas dos navios costeiros, e foi centro comercial de importância igual a Alexandria e Cartago. A capital tem o mesmo nome da ilha, que, além do mais, se tornou famosa pelo seu colosso, um grande farol com cerca de 105 pés de altura, levantado em 300 ou 288 a.C. Rodes era semi-independente sob o governo romano, 1Macabeus 15.23, exceto durante nove anos no reinado de Cláudio, a começar do ano 44 da nossa era, e outra vez no tempo de Vespasiano. O navio em que o apóstolo Paulo viajava para Palestina, partido de Assôs, tocou em Rodes (At 21.1), que era então uma cidade esplêndida. Como essa ilha continuasse na plenitude de

RODES

sua independência, em poder dos cavaleiros de S. João, que no ano 1130 se apoderaram dela, ali desafiaram eles o poder dos turcos até 1522, quando os cavaleiros se renderam, sendo-lhes concedida a sua transferência para a ilha de Malta. Desde esse tempo ficou sujeita aos turcos.

ROGA

No hebraico, o nome significa **"clamor"**, **"alarme"**. Foi um aserita, segundo filho de Semer. (Ver 1Cr 7.34). Viveu por volta de 1600 a.C.

ROGELIM

A LXX grafa o nome como *Rogelleim* ou *Rakabein*. No hebraico, o nome significa "lavandeiros". Era onde habitava o idoso e rico Barzilai, que juntamente com outros, mostrou-se simpático para com Davi, quando este fugia de Absalão e chegou a Maanaim (ver 2Sm 17.27-29), tendo escoltado Davi de volta, às margens do Jordão. Barzilai pediu que Davi favorecesse seu servo, Quimã (ver 2Sm 19.31 ss.). Um certo erudito sugeriu uma localização possível na moderna Tell Barsina, a leste de Gileade, devido à similaridade do nome com o de Barzilai, mas um outro erudito não encontrou qualquer evidência de povoação ali antes do período romano, em razão do que propôs a localidade próxima de Zaharet Soq'ah. Ainda um outro estudioso vê possibilidades de identificação em Bersinya, cerca de quarenta quilômetros ao norte de Maanaim (*The Macmillan Bible Atlas, 1968.* p. 182).

ROLA

No hebraico, *tor*, palavra usada por catorze vezes (Gn 15.9; Lv 1.14; 5,7,11; 12.6,8; 14.22,30; 15.14,29; Nm 6.10; Sl 74.19; Ct 2.12; Jr 8.7). No grego, *trugón*, que aparece por somente uma vez, em Lucas 5.24 (citando Lv 12.8).

O nome científico da espécie é *Streptopelia turtur*. Há muitas raças de rolas espalhadas pela Europa, Ásia e porção norte e central da África. As rolas são comuns na Palestina, em todas as estações do ano, e muitas outras são aves de arribação, que por ali passam por migração, ao viajarem entre a África e os lugares onde nidificam, bem mais ao norte. Raças aparentadas são as rolas das palmeiras e as rolas de colarinho, que residem na Palestina, mas onde são chamadas por um mesmo nome. A rola bárbara, um tanto mais pálida em seu colorido do que a rola comum, e também um pouco mais volumosa, é uma espécie domesticada que se origina da rola de colarinho. Pode-se supor que a espécie era criada para ser sacrificada. Pelo menos, sabe-se que não era prática, entre os israelitas, oferecer animais ou aves selvagens em seus holocaustos.

Somente em duas ocorrências, essas aves não são consideradas próprias para os sacrifícios: Cantares 2.14 e Jeremias 8.7. Ali, essas aves são mencionadas como aves de arribação. Ver o artigo geral sobre *Aves*.

ROLO. Ver *Escrita*.

ROLOS (MANUSCRITOS) DO MAR MORTO. Ver *Mar Morto, Manuscritos (Rolos) do*.

ROLOS DE ISAÍAS

ROLOS (TÁBUAS) DA CRIAÇÃO

ROMÃ

No hebraico, *rimmom*, uma árvore de pequeno porte, cientificamente chamada *Punica granatum*, que cresce selvagem em alguns países do Oriente Próximo e Médio, mas que também era muito prezada e cultivada desde tempos tão remotos quanto a história nos faz recuar. Vários nomes locativos, nos livros do Antigo Testamento, incluem o nome dessa fruta, como Gate-Rimom (Js 19.45); Rimom (Ne 11.29). A árvore tem muitos galhos, com alguns espinhos ocasionais e folhas verde-escuras. Produz um fruto com o formato da maçã, com cores misturadas de amarelo e marrom. A fruta é cheia de sementes, rodeadas por uma polpa. Um refresco delicioso pode ser feito das sementes; um suco, feito da sua inflorescência, também é usado como adstringente. A graça das formas dessa árvore e seu fruto inspirou muitos artistas a incorporarem seu formato em adornos arquiteturais. Assim, romãs ornamentais decoravam as vestes sumo sacerdotais de Israel (ver Êx 28.33), e os capitéis das colunas do templo de Salomão continham esse desenho (ver 1Rs 7.20). Uma moeda de prata que circulou na Palestina, aproximadamente entre 143 e 135 a.C., trazia a figura de uma romã. Além dos usos que acabamos de mencionar, somos informados de que o suco da romã também era empregado no fabrico de um tipo de vinho, que servia para temperar vários pratos. A romã pode ser comida em seu estado natural. O líquido extraído das pétalas da flor teria sido usado para controlar a disenteria. Nos tempos modernos, o suco das sementes tem sido usado para dar gosto a um tipo de sorvete aguado. A película da casca contém *tanino*, que é um remédio eficaz contra a tênia solitária. (Ver 1Sm 14.2; Ct 4.13; Êx 28.28; 1Rs 7.20; 2Rs 25.17 e Jr 52.22), quanto a referências bíblicas.

ROMA

A data de 753 a.C. é reconhecida pelas melhores autoridades como sendo a que Rômulo fundou a cidade de Roma, de que foi o primeiro rei. O pequeno reino foi crescendo em tamanho e em importância, atraindo para si os vizinhos mais próximos, durante o governo de sete reis, até que a tirania de Traquínio Soberto levou o povo a depositar o governo em suas próprias mãos e estabeleceu a república. No princípio desse novo regime, o governo esteve inteiramente nas mãos de algumas famílias patrícias. Os plebeus submetiam-se docilmente às resoluções tomadas pelo governo. Com o decorrer do tempo, porém, alcançaram consecutivos privilégios até que qualquer cidadão romano participava do governo. Durante o regime republicano, Roma estendeu o seu poder, a princípio sobre toda a península, e finalmente, sobre todo o mundo conhecido. O primeiro contato de Roma com a Ásia ocorreu no ano 190 a.C., quando os exércitos romanos derrotaram Antíoco, o Grande, rei da Síria, na batalha de Magnésia, assumindo o protetorado sobre algumas cidades da Ásia Menor, *cf.* 1Macabeus 10. A maior parte das conquistas subsequentes realizou-se pacificamente ao poder de Roma. No ano 63 a.C., a Judeia passou a ser formalmente sujeita a Roma, depois que Pompeu a tomou, reduzindo o reino dos selêucidas à província romana. Nessas condições tornou-se tributária do império, com a faculdade de ser administrada por autoridades da própria terra. Entretanto, formaram-se vários partidos contrários entre si, resultando lutas internas, que comprometiam a paz do império. Formou-se, então, o triunvirato de César, Pompeu e Crasso. Com a morte de Crasso e por causa da derrota de Pompeu nas lutas civis, o governo caiu inteiramente nas mãos de César, que, logo depois, foi assassinado, 44 a.C. Organizou-se novo triunvirato de que faziam parte Antônio, Otávio e Lépido, que, semelhante ao primeiro triunvirato, ficou reduzido a um só, na pessoa de Otávio. Este, dominado pela ambição, proclamou-se imperador, com o título de Augusto. Foi esse o princípio do império. Durante o reinado de Augusto, nasceu Jesus Cristo, e este foi crucificado no reinado de Tibério. O martírio de Tiago, irmão de João, aconteceu no reinado de Cláudio (At 11.28; 12.1,2). Nero governava o império quando Paulo apelou para César (25.11). A destruição de Jerusalém, profetizada por nosso Senhor (Mt 24; Mc 13; Lc 19.41-44; 21.5-36), ocorreu no ano 70, sendo Tito, general do exército, e, mais tarde, imperador. Nos tempos de sua maior extensão, o império romano media três mil milhas de este a oeste, e duas mil de norte a sul.

ROMANOS

1. Habitantes de Roma, 1 Macabeus 8.1; Atos 2.10.

2. Pessoas que representavam o governo romano (Jo 11.48; At 25.16; 28.17).

3. Pessoas nascidas no território do império, ou que fizeram jus ao título de cidadão romano (At 16.21,37,38; 22.25,26,27,29). Pela lei pórcia, assim chamada por haver sido criada e colocada em execução por P. Pórcio Laeca, tribuno do povo, no ano 248 a.C., ficou estabelecido que nenhum magistrado tinha o direito de ligar com cadeias, açoitar ou matar um cidadão romano. Não se podia condenar à morte um cidadão romano senão pelo voto decisivo de todo o povo, reunido em *comitia centuriata*, que era uma assembleia do povo, que votava por centúrias. Se um magistrado ou governador mandasse açoitar algum indivíduo protegido pela lei, bastava que ele dissesse: "Eu sou cidadão, romano", para suspender a execução, até que o povo se pronunciasse. Quando o voto popular passou para a pessoa do imperador, era ele quem resolvia. Os privilégios de cidadão romano, a princípio, eram limitados aos que nasciam ou residiam na capital; depois se estenderam a várias tribos e cidades da Itália, tornando-se extensivos a quase toda a Itália; mais tarde, a outros lugares além da península, e assim por diante, até que, segundo dizem, Caracala (211-217), o conferiu a todos os habitantes do império romano. Durante o período de transição, todos os indivíduos que haviam prestado serviços ao governo poderiam comprar esse privilégio, mesmo que habitassem em cidades ou em distritos não privilegiados. Alguns dos que libertavam escravos adquiriam iguais direitos. Essas explicações servem para dar a entender por que o apóstolo Paulo, sendo descendente de judeu, desfrutava foros de cidadão romano (Fp 3.5). Cláudio Lísias tornou-se cidadão romano à custa de grande soma de dinheiro (At 22.28). Quando mandou açoitar o apóstolo Paulo, soube por boca de um centurião que ele era cidadão romano, pelo que mandou logo cessar o flagelo (25.29) As autoridades da cidade de Filipos ficaram seriamente atemorizadas ao saber que Paulo e Silas, aos quais haviam mandado açoitar publicamente, sem forma alguma de juízo, desfrutavam foros de cidadão romano (16.36-38). Torna-s e claro também que Paulo, apelando a César, exercia um direito que a lei lhe conferia por ser cidadão romano (25.11).

ROMANOS, EPÍSTOLA AOS

Segundo a ordem dos livros do Novo Testamento, a epístola aos Romanos é a primeira das epístolas do apóstolo Paulo. Na ordem, porém, de sua composição, ocupa o sexto lugar, tendo sido escrita em Corinto, como se observa pelas saudações por ele enviadas, (*cf.* 16.23, com 1Coríntios 1.14, e 2Timóteo 4.20), e pelo fato de ter sido enviada a Roma, pela irmã Febe, a serviço da igreja de Cencreia (Rm 16.1), existente perto de Corinto (At 18.18), em vista de que, a epístola aos Romanos deveria ter sido escrita durante a sua visita à Grécia, mencionada no (cap. 20.2,3), de Atos dos Apóstolos, e que se efetuou no inverno de 57 e 58. O apóstolo há muito que desejava visitar Roma (Rm 1.10-12; 15.23), e não tendo já motivo para demorar-se no Oriente (15.23), iria visitar a capital quando estivesse a caminho para a Espanha, (v. 28). Antes disso, porém, resolveu ir a Jerusalém em serviço dos santos, levando consigo as coletas das igrejas dos gentios, em benefício dos irmãos pobres dessa cidade, (v. 25,26). Não sabendo, porém, o que lhe poderia acontecer nessa perigosa viagem (v. 30-32; *cf.* Atos 20.22), enviou essa carta à igreja de Roma, onde tinha muitos amigos, *cf.* Romanos 16, porquanto na qualidade de apóstolo dos gentios considerava a igreja de Roma como objeto de seus cuidados (15.15), apesar de nunca o haver visitado. O tema dessa epístola, uma das mais bem elaboradas que ele escreveu, foi determinado pelas controvérsias existentes e, por ser necessário expor formal e completamente o evangelho que ele pregava entre os gentios. É um tratado completo das doutrinas de salvação e, por isso, de suprema importância. Dirigindo-a aos cristãos de Roma, mostra quanto ele tinha em conta a influência que a igreja que estava na capital do mundo exerceria no futuro, e a consequente necessidade de estabelecer nela os fundamentos da fé para resistir aos assaltos do erro. Se a epístola aos Gálatas é a "magna carta" da igreja universal, a epístola aos Romanos é a sua constituição. Analisando-a, encontramos o seguinte: Depois das saudações (1.1-7), e do interesse que o apóstolo manifesta pelo bem-estar da igreja (v. 8-15), faz um resumo das feições do evangelho que ele pregava, e assim fazendo apresenta o tema do seu discurso: ... *evangelho... é o poder de Deus para a salvação de todo aquele que crer... visto que a justiça se revela no evangelho, de fé em fé* (Rm 1.16,17). Passa, então, a demonstrar que a justiça é necessidade universal (1.18 até o cap. 3.20). Primeiro mostra que o mundo gentílico jaz em estado de miséria e pecado, merecedor de justa condenação (1.18-32). Depois, que o povo judeu não está fora dessa regra e que igualmente merece a condenação, (cap. 2). Responde à objeção que os benefícios da salvação dos gentios prejudicam os privilégios do povo de Deus, dizendo que tais privilégios consistiam apenas em ser ele o depositário da revelação que o declara (3.1-19), de modo que não existe exceção alguma quanto à universalidade da culpa. Pela lei é que vem o conhecimento do pecado, v. 20. Fala em seguida da justiça pela qual Deus aplica aos crentes, pela obra redentora e sacrificial de Cristo (3.31-30), e prova que esse meio de salvação tem raízes no Antigo Testamento (3.31 até o cap. 4.25), que serve de base a todo o conhecimento das doutrinas cristãs (5.1-11), e que opera sobre os mesmos princípios do governo moral sobre que Deus age, em suas relações com o gênero humano na pessoa de seu representante, Adão, no jardim do Éden (v. 12-21). O apóstolo passa a refutar três objeções, que poderiam ser levantadas contra a doutrina da salvação pela obra de Cristo por nós, alcançada pela fé somente. A primeira objeção é que baseados nessa doutrina, os homens podem continuar a pecar e ainda ter a salvação, a que ele responde: Não, porque a fé em Cristo envolve união vital com ele, pela qual o crente ressuscita com Cristo para uma nova vida moral (*cf.* 6.1-14). A segunda objeção é que a doutrina ensinada por ele, acerca de sermos livres da condenação da lei, isenta o homem de obrigações morais. A isto responde: Não, porque o crente aceita uma obrigação mais nobre e elevada pela qual ele se consagra a fazer a vontade de Deus, (*cf.* 6.15 até o cap. 7.6). A terceira objeção é que a doutrina de Paulo converte a lei de Deus em pecado, a que ele reponde: Não, pela razão de que a lei não nos pode salvar, não se segue daí que seja má; o homem é que, sendo pecador, não a pode guardar perfeitamente, (*cf.* v. 7-25). Tendo refutado as objeções, (cap. 8), passa a demonstrar que, na base da obra redentora de Cristo, existe uma provisão para renovar espiritualmente a alma e para completa santificação dos que estão em Cristo e sua final glorificação, os quais, sendo escolhidos e chamados por Deus, desfrutarão, com certeza, a fruição perfeita do amor divino. Tendo assim demonstrado o caminho da salvação, aberto pelo evangelho, o apóstolo denuncia o povo de Israel por havê-lo rejeitado. Assim fazendo, ensina que a promessa salvadora que Deus fez não era somente para os judeus como povo, mas somente para os eleitos, para a semente de Abraão, escolhida por ele, (9.1-13), e fundamenta essa doutrina nas próprias Escrituras, (14.29). Acrescenta ainda que os judeus foram rejeitados por causa da sua incredulidade, desprezando o caminho da salvação ensinado nas próprias Escrituras, (9.30 até o cap. 10.21). Finalmente, que essa rejeição não é completa, porque, segundo a eleição de sua graça, Deus salvou um pequeno número que Ele reservou para si (11.1-10). E, por fim, os judeus serão convertidos e, com os gentios, confiarão no Redentor prometido (v. 11-36). O restante da epístola contém exortações sobre a vida prática dos crentes, (cap. 12), sobre os deveres civis e sociais (cap. 13), sobre a caridade e a união (14.1 até o cap. 15.13), terminando com mensagens e saudações (15.14 até o cap. 16.27). Teria a epístola aos Romanos, nos tempos antigos, forma, talvez, mais resumida do que a atual? Em vista de certos fenômenos, existem duas teorias que merecem atenção somente sob o ponto de vista literário, sem prejuízo doutrinário. Segundo uma dessas teorias, fez-se um resumo da epístola, destinado a circular entre as igrejas, omitindo as referências locais como "em Roma" (1.7, e os capítulos 15 e 16) retendo inteiras as instruções doutrinais e as exortações essenciais à vida prática. As provas em que se apóia essa teoria são as seguintes: A doxologia, no final do capítulo 16.25-27, aparece em alguns manuscritos no fim do capítulo

14, como no capítulo 16, e também por não se encontrarem citações dos capítulos 15 e 16 nos escritos de Tertuliano, Ireneu e Cipriano, e na aparente omissão que deles faz Marcion. A falta de citações ou referências a esses capítulos não tem importância, em vista do assunto de que tratam. Nunca foram muito citadas, principalmente no que diz respeito às saudações.

A hipótese de ter havido uma edição resumida dessa epístola baseia-se principalmente em se haver encontrado a doxologia referida, no fim do capítulo 14, em alguns manuscritos. É prova muito fraca em vista de que não existe manuscrito que seja resumo da epístola, todos eles, sem exceção, contêm os capítulos 15 e 16. A outra teoria, e a mais vulgarizada, é que o capítulo 16 não fazia parte da epístola: era apenas uma nota adicional, recomendando a irmã Febe à igreja de Éfeso. O capítulo 15 não se pode facilmente destacar do capítulo 14, visto ser ele a continuação dos apelos feitos antes, ao espírito de abnegação cristã daqueles que eram mais valentes na fé. Ainda mais: o capítulo 15 conclui com uma bênção no v. 33, semelhante à que se observa no fim de outras cartas escritas pelo mesmo apóstolo (2Co 13.11; 1 Ts 5.23; 2 Ts 3.16; Fp 4.9), forma uma conclusão à epístola aos Romanos, portanto, o cap. 16 parece mesmo ser um apêndice. Que o último capítulo foi originalmente uma carta de recomendação à irmã Febe para a igreja de Éfeso e não para os cristãos de Roma pode-se julgar pelas seguintes considerações: **1**. O fim principal consistia em recomendar aquela irmã (*cf.* 16.1). **2**. Áquila e Priscila, a quem se mandam saudações, residiam com certeza em Éfeso, três anos antes de ser escrita a epístola aos Romanos, e não estavam em Roma quando Paulo escreveu a segunda epístola a Timóteo, *cf.* 2Timóteo 4.19. **3**. A referência a Epêneto, "primícias da Ásia" (Rm 16.5), cabia mais em uma epístola. **4**. Não é provável que o apóstolo tivesse tantas relações pessoais em uma igreja que ele nunca havia visitado, como se observa no capítulo 16. As objeções a essa teoria que apresenta o capítulo 16 como breve nota dirigida à igreja de Éfeso são as seguintes: ***a***. Era costume adicionar saudações ocasionalmente depois de uma doxologia, ou após uma bênção, mesmo quando seguida do amém (Fp 4.20; 2 Ts 3.16; *cf.* 2Tm 4.18). ***b***. O fato de que o capítulo 16 é parte integrante da epístola em todos os manuscritos existentes. ***c***. Áquila e Priscila emigravam constantemente de um lugar para outro; residiam em Roma; quando todos os judeus receberam ordem de abandonar a cidade, foram residir em Corinto durante cerca de um ano e meio e acompanharam Paulo a Éfeso, onde trabalharam ativamente, e ali estiveram até que Paulo voltasse de uma jornada a Jerusalém. Não seria de estranhar que tivessem voltado a Roma especialmente em conexão com o plano do apóstolo de visitar aquela cidade com o fim de a evangelizar, (At 19.21). ***d***. Não é de admirar que Epêneto, convertido na Ásia, tivesse ido a Roma, porque cristãos judeus e gentios iam constantemente a Roma por diversos motivos, saindo de várias províncias do império, por exemplo, Epafras, de Colossos, Áquila do Ponto e Herodes o tetrarca. ***e***. As pessoas às quais se dirigem as saudações do capítulo 16 têm nomes muito usuais na capital imperial, e alguns deles são conhecidos entre os cristãos daquela cidade. ***f***. Não é necessário supor que as pessoas, a quem ele manda saudações, fossem conhecidos como cristãos ativos, por meio de cartas que havia recebido de Áquila e Priscila, sobre os negócios da igreja em Roma com uma população de 120.000.000. Enfraquecido por excessos e pela corrupção dos costumes da sua vida interna, e combatido por inimigos de fora, começou a declinar. O primeiro golpe sério deu-se com a divisão do império no ano 395, e desapareceu com a tomada de Roma por Odoacro, rei dos godos no ano 476. Durante o declínio do poder civil, os cristãos foram crescendo em poder e influência.

Apesar da tolerância política do império em respeitar a religião dos povos conquistados, os cristãos sofreram perseguições desde o princípio da igreja, devido, principalmente, a duas causas: atitude agressiva contra os ritos do paganismo e esforço para fazer prosélitos. As mais severas perseguições ocorreram no reinado de Nero, que atribuiu aos cristãos a prática de seus crimes nefandos. Outras perseguições cruéis aconteceram no tempo de Domiciano. Não obstante, as prisões e as mortes, os cristãos continuaram a crescer em número e em influência, a ponto de a igreja de Roma e seu bispo constituírem um fator considerável no progresso geral do cristianismo, que chegou a ser a religião do Estado no princípio do século sob o governo de Constantino, o Grande.

ROMANTI-EZER

No hebraico, **"ajuda maior"**. Era filho de Hemã e foi nomeado por Davi como líder da vigésima quarta divisão dos cantores, no santuário (ver 1Cr 25.4,31). Ele, seus filhos e seus irmãos, formavam um coro de doze pessoas, o que também sucedia no caso de cada uma das outras 23 divisões.

RÔS

Precisamos considerar duas coisas diferentes: o nome de uma pessoa e o nome de um lugar: **1**. Sétimo filho ou neto de Benjamim (ver Gn 46.21). **2**. Um título de Gogue, que algumas versões, mas não nossa versão portuguesa, dão como "príncipe de Rôs", em Ezequiel 38.2,3 e 39.1. Nossa versão portuguesa diz: "príncipe e chefe de Meseque e Tubal". Portanto, a questão envolve a interpretação da palavra "Rôs".

Seria o nome de um lugar ou teria o sentido de "cabeça", "chefe" (que é o sentido literal da palavra hebraica envolvida)? Visto que no texto antigo não se grafava os nomes próprios, pessoais ou locativos, com a inicial maiúscula, a tradução tem que depender de outros fatores. No entanto, é impossível identificar com precisão um povo ou país chamado *Rôs*, embora Rússia e Rasu, esta última na Assíria, tenham sido sugeridas. É interessante observar que, no grego moderno, *Rós* é Rússia, a mesma forma em que a palavra aparece na tradução da LXX. Coincidência ou não? Fora da Bíblia, os russos são mencionados pela primeira vez no século X d.C., por escritores bizantinos, onde o nome aparece como *Rôs*. Ibn Fosslan chama o mesmo povo de *Rus*, como um povo que habitava às margens do rio Volga. As opiniões a respeito estão divididas. Há eruditos que aceitam a identificação de Rôs com a Rússia moderna, e há outros que acham a identificação prematura, embora não tenham oferecido alternativa. Caso aquela identificação seja correta, então Ezequiel predisse a destruição das forças armadas da Rússia, nos últimos dias, em terras do Oriente Próximo, por ocasião de alguma futura invasão russa na Palestina. Essa predição ocupa os capítulos 38 e 39 do livro de Ezequiel.

ROSA

A palavra hebraica *chabatstseleth* figura apenas por duas vezes no Antigo Testamento: Cantares 2.1 e Isaías 35.1. Nossa versão portuguesa a traduz, na primeira referência, por "rosa", e, na segunda, por "narciso". A moderna flor chamada "rosa", criada por cultivo especial, certamente não é a espécie em foco nesses dois trechos. O mais provável é que se trate da espécie que, cientificamente, é chamada de *Hypericum calycinum*, que não é muito fragrante e nem tem o odor de rosa. Mas também não pode ser o moderno narciso, que cientificamente é a espécie *Narcissus tazetta*. Sabe-se, entretanto, que a *Hypericum calycinum* medrava na Ásia Menor, em sua porção ocidental, bem como no vale de Sarom. (daí o nome *rosa de Sarom*, em Ct 2.1). É uma planta perenemente verde, e suas flores douradas e fofas podem ser vistas durante quatro longos meses. A planta cresce em quase qualquer lugar, mesmo debaixo das árvores. Portanto, poderia medrar na planície ou vale de Sarom, embora de mistura com outras espécies vegetais. Recentemente, um professor de botânica bíblica da Universidade de

Jerusalém declarou que, provavelmente, está em pauta uma tulipa, a *Tulipa montana* — que, conforme seu nome científico sugere, cresce nos montes. Nesse caso, seria ainda mais provável a *Tulipa sharonensis*, que se encontra com abundância no vale de Sarom, uma variedade de espécie que medra selvagem nas margens norte do Mediterrâneo, no Oriente Próximo, na Armênia, no Cáucaso, no norte da África, no Irã e, esporadicamente, no centro da Ásia até no Japão.

Alguns estudiosos pensam que a palavra hebraica envolvida, na realidade, significa *bulbo*. Ora, a tulipa é uma planta bulbosa. Contudo, se se trata da *Narcissus tazetta*, então precisamos pensar em uma espécie inteiramente diferente, muito popular entre os israelitas antigos, que produz flores de cor creme ou branca, em grupos de cinco a dez flores.

Embora no livro apócrifo de Eclesiástico (ver 24.14 e 39.13) haja menção a uma "rosa", é improvável que se trate realmente de uma rosa, pois tal planta não floresce nos *wadis* e riachos. Seria melhor pensarmos no oleandro, que medra muito bem à beira da água e, especialmente, no vale do Jordão. Essa *Nerium oleander* é um arbusto de 1,20 m a 3,00 m de altura, e suas flores podem ser brancas ou róseas, e quando duplas assemelham-se, realmente, a uma rosa.

No livro apócrifo de 2Esdras 2.18,19 lemos: ... *onde crescem rosas e lírios*. Nesse caso, "rosas" poderia ser menção à *Rosa phoenicia*, uma planta que chega até 2,70 m de altura e produz flores brancas isoladas, de aroma doce, além de muitos estames dourados. Essa planta medra em lugares de até 1.500 m de altura. Portanto, ajusta-se dentro do quadro das *sete elevadas montanhas*, mencionadas no segundo capítulo de 2Esdras.

ROSADO, RUIVO

A ideia precisa ser desdobrada nas três palavras hebraicas que a expressam, a saber: **1**. *Adom*, "vermelho", palavra que aparece por oito vezes no Antigo Testamento, e que em Cantares 5.10, nossa versão portuguesa traduz por "rosado". **2**. *Admoni*, "avermelhado", palavra que figura por três vezes (Gn 25.25; 1Sm 16.12 e 17.42). Nossa versão portuguesa sempre traduz esse termo por "ruivo". **3**. *Adam*, "vermelho", palavra que aparece por dez vezes, e que em Lamentações 4.7 a nossa versão portuguesa traduz por "ruivos".

Os israelitas de antes do exílio (portanto, antes de sua miscigenação com pessoas de tez mais clara, como é o caso dos judeus asquenazes, que foram para o centro e o leste europeus — países germânicos e eslavos) eram mais trigueiros ou morenos do que atualmente se vê. Os judeus sefarditas, que após o exílio ocuparam terras gentílicas em torno do Mediterrâneo, conservaram um tanto mais puro o tipo israelita antigo, embora também houvesse miscigenação (mas com povos de tez mais escura que os germânicos e eslavos). Entre os antigos israelitas, a pele morena era considerada um toque de beleza. Lê-se em Cantares 1.5 *Eu estou morena, porém formosa* ... Essa tonalidade da pele era indicada por alguma das palavras acima consideradas, embora, em algumas passagens, como em Gênesis 25.25, talvez haja mais uma alusão à cor ruiva dos cabelos.

ROSETA, PEDRA DE

Uma estela de basalto, inscrita em egípcio (hieroglífico e demótico) e em grego. A inscrição é um decreto dos sacerdotes egípcios em honra a Ptolomeu V Epifânio, em seu nono ano de governo (196 a.C.). O monumento foi desenterrado em 1799, por um certo tenente Bouchard, do exército de Napoleão, quando da consolidação de um fortim perto de Roseta, o que explica o nome da pedra. Quando as forças de Napoleão foram derrotadas pelos ingleses, a pedra foi levada para o Museu Britânico, em 1802. Paralelamente a um obelisco e seu pedestal encontrados em File (inscritos um em egípcio e o outro em grego), o texto bilíngue da pedra de Roseta desempenhou um papel vital no deciframento dos antigos sistemas de escrita egípcia, por Thomas Young (inglês) e Jean François Champollion (francês), mas principalmente por este último. O alemão Lepsius confirmou o sucesso do francês, e assim abriu-se o patrimônio escrito inteiro do antigo Egito, cobrindo três mil anos da história e da civilização. Isso envolveu grande ganho para a humanidade em geral, e para a erudição bíblica em particular.

ROSTO (BOCHECHAS)

Parte lateral da boca, de cada lado do rosto, embora essa palavra popular não tenha uma limitação precisa. Continua desde as pálpebras inferiores até à base do maxilar inferior. Termina no nariz e nos lábios, e vai até cada orelha.

Usos na Bíblia. **1**. Ferir na face é um ato de reprimenda (Lm 3.30). **2**. Jesus ordenou que os homens espirituais voltassem a outra face para ser esbofeteada também, em uma atitude de não violência e de paciência sob o sofrimento e a perseguição (Mt 5.39). Isso tem paralelo no ensino de 1Pedro 4.14 e 2Coríntios 12.10, que fala sobre a humilde aceitação do crente quanto às diversas tribulações que precisa enfrentar. **3**. No tocante aos animais sacrificados, a porção que cabia aos sacerdotes compreendia as queixadas, a espádua e o bucho (Dt 18.3). **4**. Os dentes dos queixais de uma leoa, em Joel 1.6, indicam o poder que esse animal tem de despedaçar e triturar a presa. Portanto, quebrar essa parte de seu corpo é desarmar a fera. Um símbolo de como Deus age, defendendo seu povo do inimigo, é que ele fere o inimigo nos queixos (Sl 17).

ROUBO. Ver sobre *Crimes e Castigos*.

ROUPAS. Ver sobre *Vestimentas*.

RUA

Precisamos considerar três palavras hebraicas e uma expressão no mesmo idioma, e três palavras gregas, quanto a este assunto: **1**. *Chuts*, "lado de fora", "rua". Esse vocábulo hebraico ocorre por 75 vezes, mas, apenas por 44 vezes com o sentido de "rua", visto que também quer dizer "espaço exterior" "campo" etc. Com o sentido de "rua" (ver, para exemplificar Js 2.19; 2Sm 1.20; 1Rs 20.34; Sl 18.42; Is 5.25; 10.6; 15.3; Jr 5.1; 7.17,34; 11.6,13; Lm 2.19,21; 4.1,5,8,14; Ez 7.19; 11.6; Mq 7.10; Na 2.4; Sf 3.6; Zc 9.3; 10.5). **2**. *Pene chuts*, "lado de fora". Essa expressão hebraica aparece somente em Jó 18.17, onde a nossa versão portuguesa a traduz por "praças". **3**. *Rechob*, "lugar espaçoso", "rua". Palavra hebraica que aparece por 43 vezes (conforme se vê, por exemplo, em Gn 19.2; Dt 13.16; Jz 19.15,17,20; 2Sm 21.12; 2Cr 29.4; Ed 10.9; Ne 8.1,3,16; Et 4.6; Jó 29.7; Sl 55.11; Pv 1.20; 5.16; 26.13; Is 15.3; Jr 9.21; 50.30; Ez 16.24,31; Dn 9.25; Zc 8.4,5). **4**. *Shuq*, "lugar de andar", "rua". Esse termo hebraico é usado por quatro vezes: Pv 7.8; Ec 12.4,5; Ct 3.2. Portanto, foi usado exclusivamente nos escritos atribuídos a Salomão. **5**. *Plateîa*, "rua larga". Vocábulo grego utilizado por dez vezes (Mt 6.5; 12.19 (citando Is 42.2); Mc 6.56; Lc 10.10; 13.26; 14.21; At 5.15; Ap 11.8; 21.21 e 22.2). **6**. *Rúme*, "rua estreita", "viela". Vocábulo grego que aparece por quatro vezes (Mt 6.2; Lc 14.21). **7**. *Agorá*, "mercado", "praça do mercado". Palavra grega usada por onze vezes (Mt 11.16; 20.3; 23.7; Mc 6.56; 7.4; 12.38; Lc 7.32; 11.43; 20.46; At 16.19; 17.17). Somente no trecho de Marcos 6.56 há possibilidade de esse vocábulo grego ser entendido como "rua". A nossa versão portuguesa o traduz por "praça", o que é uma tradução contra a qual não se pode fazer objeção.

Nas antigas cidades orientais as ruas eram estreitíssimas, às vezes, não atingindo dois metros de largura, o que permitia a passagem apenas de uma carroça puxada por animal, com uma só mão de trânsito. Acresça-se a isso que as ruas eram sinuosas, traçadas ao acaso, sem qualquer planejamento.

RUA DE CORINTO

RUA DE NAZARÉ

Somente as cidades maiores contavam com uma ou duas avenidas, retas e largas. Visto que o lixo e o refugo das casas eram lançados diretamente nas ruas, usualmente, estas eram muito sujas e *malcheirosas*. Na verdade, essa condição perdurou até bem no fim da Idade Média, mesmo nas cidades europeias. As ruas de Paris, capital da França, eram tão sujas que muitos franceses desmaiavam, ao passar por elas. Não havia serviço de limpeza pública, e os lixeiros eram inteiramente desconhecidos; os cães vadios é que se encarregavam de fazer desaparecer a maior parte desse lixo. Tudo isso refletia o grande atraso em que viviam as populações citadinas antigas, tanto do Oriente quanto do Ocidente. Praticamente eram desconhecidos os princípios comezinhos da higiene pública.

Comerciantes e artífices de um mesmo ofício, geralmente, se amontoavam todos em uma mesma rua ou em um mesmo bairro. Havia a rua dos ferreiros, dos joalheiros, dos negociantes de cereais etc. Porém, visto que as ruas não eram pavimentadas (pelo menos em sua grande maioria), usualmente, elas eram lamacentas e cheias de depressões e desigualdades. Sabe-se, entretanto, de governantes que mandavam pavimentar as ruas principais de suas cidades. Foram esses os casos de Herodes, o Grande, que mandou pavimentar a principal rua de Antioquia com pedras brancas, e o de Agripa II, que mandou pavimentar certas ruas de Jerusalém, também com pedras brancas. Usualmente, as casas e outros edifícios não eram construídos afastados alguns metros para trás, sendo que a parede da frente das construções coincidia com a margem da rua. Cada casa tinha uma porta nessa parede da frente, e as janelas ficavam na parede oposta, isto é, a de detrás, dando frente para um pátio interior.

Do lado de dentro dos portões das cidades muradas havia grandes espaços abertos (as "praças", onde havia mercados abertos um tanto semelhantes às modernas feiras livres brasileiras), onde se reuniam os comerciantes para fazerem seus negócios e transações. Também era ali que havia os "fóruns" ou tribunais de justiça. Ali, pois, dispensava-se a justiça, executavam-se os criminosos, liam-se as proclamações oficiais e espalhavam-se as notícias.

RUAH

No hebraico um fator religioso indefinido, formado por forças não humanas, espíritos, ou almas tardias. Todavia, esta palavra também incluía a ideia da espiritualidade de *Yahweh*. O homem é uma *nephesh*, um diferente tipo de fator religioso, representante de uma natureza metafísica diferente. Após o exílio babilônico, o vocábulo *ruah* adquiriu a natureza da alma imaterial, de espíritos de muitos tipos, tornando-se o fator metafísico compartilhado por *Yahweh* e pelos homens, até certo ponto. O conceito de "alma" não entrou no pensamento dos hebreus senão já no tempo dos Salmos e dos Profetas, e mesmo assim sem qualquer definição ou análise teológica ou filosófica. A tendência do judaísmo helenista era tomar por empréstimo tais descrições de outras origens, incluindo a filosofia grega e o pensamento oriental.

RÚBEN

De acordo com Gênesis 29.32, seu nome deriva-se de dois termos hebraicos que significam "ver" e "filho". Filho mais velho de Jacó e de sua primeira esposa, Lia. Nasceu em Padã-Arã. Ele foi usado como instrumento no episódio das mandrágoras que deram início à intriga em família (Gn 30.14-16). Perdeu o direito à primogenitura por ter tido relações sexuais com Bila, concubina de seu pai (Gn 35.22; 49.4). Impediu que José fosse morto pelos demais filhos de Jacó (Gn 37.21,22), e mais tarde, quando os irmãos foram pressionados por José, no Egito, que se mantinha incógnito, lembrou-lhes de que os aconselhara a não fazer mal a José (Gn 42.22), e chegou a oferecer seus filhos a Jacó, como garantia de que Benjamim seria devolvido em segurança a seu pai (Gn 42.37). Quando a família migrou para o Egito, Rúben tinha quatro filhos (Gn 46.8,9).

A *tribo de Rúben* é mencionada pela primeira vez nas listas de Êxodo 1.1-4 e Números 1.5,20,21, aparecendo em primeiro lugar. Mas, em outras listas, já não é mencionada em primeiro lugar, pois a liderança passara para a tribo de Judá (Nm 2.10 e 3). Rúben encabeçava a segunda divisão, que seguia os levitas que transportavam o tabernáculo (Nm 10.17,18). Durante a conquista, Rúben, juntamente com Gade e a meia tribo de Manassés, preferiu o elevado platô a leste do rio Jordão, onde havia pasto abundante para o gado. Essa região lhes foi dada, terminada a conquista, pois deveriam ajudar seus irmãos (Nm 32.1-32; Js 4.12,13; 13.8-23; 18.7). Separadas das demais, essas duas tribos e meia quiseram ter seu próprio centro de adoração, o que quase provocou uma guerra (Js 22.10-34). A tribo de Rúben não se envolveu nos conflitos subsequentes com os reis cananeus depois dos dias de Josué (Jz 5.15,16), mas os rubenitas devem ter participado da guerra civil contra Benjamim (Jz 20.10 e 21.5), visto que são mencionadas "todas" as tribos. No exército de Davi havia rubenitas (1Cr 11.42 e 12.37), e eles foram integrados na estrutura política de Davi (1Cr 26.32; 27.16). No reino dividido, os rubenitas foram-se afastando cada vez mais das atividades nacionais, até que o território deles passou ao controle sírio (2Rs 10.32,33). Vestígios da tribo são mencionados como deportados para a Assíria, por Tiglate-Pileser, juntamente com a tribo de Gade e a meia-tribo de Manassés (1Cr 5.26). O NT menciona Rúben apenas por uma vez, na enumeração das tribos que serão seladas (Ap 7.5).

RUBI

Essa pedra preciosa algumas vezes é chamada de "rubi oriental", sendo uma pedra relativamente rara e preciosa. Sua cor vai do vermelho ao carmesim profundo, embora algumas vezes seja rósea ou com tom púrpura. Tal como a safira (vide), o rubi é uma variedade de coríndon (óxido de alumínio). Depois do diamante, é o mineral de maior dureza que se conhece. Pensa-se que a cor vermelha do rubi se deve à presença de traços de cromo. Os rubis correm em pedras calcárias cristalinas e em cascalhos produtores de gemas, derivados dessas rochas. As melhores gemas encontram-se em Burma.

No hebraico, a pedra *peniyyim, ou peninim*, (é mencionada em Jó 28.18; Pv 3.15; 8.11; 20.13; 31.10 e Lm 4.7). Mas nossa versão portuguesa traduz variadamente a palavra por "pérolas", "joias" ou "corais" e nenhuma vez por *rubi*. O termo grego *xalkedón* aparece em Apocalipse 21.19, e algumas versões também traduzem essa palavra por rubi. Porém, o peso da erudição prefere traduzir tal palavra por "calcedônia", o que acontece também em nossa versão portuguesa. (Ver *Pedras Preciosas* e *Calcedônia*). Nossa versão portuguesa traduz por "rubi" a palavra hebraica *kadkod*, que aparece em Isaías 54.12 e Ezequiel 27.16. No entanto, fá-lo somente no trecho de Isaías, ao passo que em Ez prefere "pedras preciosas". Também há muito escassas indicações para se determinar a natureza exata dessa pedra. Por isso, as versões variam entre o "jaspe", a "ágata", o "crisópraso" e o "rubi". A Vulgata Latina translitera a palavra por *chodchod*, em Ezequiel 27.16. Há muita incerteza sobre como se devem traduzir nomes de plantas, de animais, de aves, de peixes, de pedras preciosas etc., tanto no Antigo quanto no Novo Testamentos, mas mormente no Antigo. Isso explica a incrível hesitação dos tradutores, desde antes da era cristã até os nossos dias, quando procuram traduzir estes nomes.

RUMA

No hebraico, **"altura"**. As várias cópias da LXX dão o nome como *Krouma, Ruma ou Lobena*. Local do nascimento de Zebida, filha de Pedaías (ver 2Rs 23.36). A localidade tem sido variadamente identificada. Por causa da aparência similar entre o "*r*" e o "*d*" em hebraico, alguns pensam tratar-se da mesma Dumá, que aparece em Josué 15.52, não distante de Libna, aldeia nativa de uma das esposas de Josias. Mas isto é improvável, porque a LXX distingue claramente entre as duas. Outros estudiosos sugerem Arumá (ver Jz 9.41), nas vizinhanças de Siquém. Essa sugestão é apoiada por um trecho paralelo em Josefo, que menciona Abouma, sem dúvida, um erro escribal para Arumá (ver *Anti*. X. 5,2). No entanto, Josefo também esclareceu que há uma Rumá na Galileia (ver *Guerras* II. 7.21). O mais provável é que esteja em foco essa última, que modernamente chama-se Khirbet er-Rameh, perto de Rimom de Gileade. Nos anais de Tiglate-Pileser III a cidade é chamada Arumá (ANET, 283). Ora, se esse local está correto, então a observação de que uma das esposas de Josias e seu pai vieram dali é interessante, porquanto demonstra que a densa população do reino do norte, Israel, não fora inteiramente removida por aquele monarca assírio, quando ele conquistou a região e deportou os seus habitantes. (Cf. Y. Aharoni, *The Land of the Bible*, 1967, p. 349 e 350).

RUMOR

No hebraico, *shemuah*. "notícia". No grego, *akoé*, "voz" e *logos*, "palavra". A palavra hebraica é usada por 26 vezes (Por exemplo 1Rs 19.7; Is 37.7; Jr 49.14; 51.46; Ez 7.26; Ob 1). O termo grego *akoé* figura por 22 vezes (por exemplo: Mt 4.24; 13,14; Mc 13.7; Rm 10.16,17; Gl 3.2). Esse termo deriva-se do verbo que significa "ouvir". E o termo grego, *logos*, extremamente frequente no Novo Testamento (cerca de 325 vezes), pelo menos em Lucas 7.17 tem o sentido de "notícia", conforme também é traduzido em nossa versão portuguesa.

RUTE

Visto tratar-se de uma forma contraída, alguns estudiosos preferem não identificar seu sentido, mas outros pensam em "companheira". Na LXX, *Routh*. Seria uma palavra moabita, pois nenhuma raiz hebraica pode ser, convincentemente, identificada. Ela foi mulher moabita, bisavó do rei Davi.

Uma família judaica migrara de Belém para Moabe, a fim de escapar da fome que se agravava. O chefe da família, Elimeleque, não demorou a falecer, como também os dois filhos homens, Malom (que se casou com Rute), e Quiliom, que se casara com outra jovem moabita, Orfa. Desses casamentos, não houve filhos. As três viúvas, sogra e noras, ficaram juntas. Quando Noemi, a sogra, resolveu voltar à sua terra, insistiu com suas noras viúvas que retornassem cada uma à casa de sua mãe. Orfa terminou cedendo, mas Rute estava resolvida a acompanhar sua sogra onde quer que ela fosse, dizendo: ... *O teu povo é meu povo, o teu Deus é meu Deus* (Rt 1.16).

Chegaram em Belém, no tempo da colheita. Rute foi respigar, conforme o direito que assistia aos pobres, no campo plantado de Boaz, parente do falecido Elimeleque e que acolheu bondosamente à jovem moabita, por ter ouvido falar de sua lealdade para com Noemi. Disso resultou que, embora sendo homem já idoso, Boaz resolveu casar-se com Rute, embora houvesse um homem que tinha maiores direitos de *casamento levirato* (vide), do que ele. Como esse outro homem se recusou a cumprir o seu papel de *parente remidor* (vide), Boaz alegremente assumiu esse papel. O filho do casal, Obede, foi o avô paterno de Davi. Quanto a certos detalhes técnicos sobre costumes e leis dos judeus, ver o livro de Rute.

Rute é uma das cinco mulheres mencionadas na genealogia de Jesus, em Mateus 1.1-17, a saber: *Tamar*, cananeia; *Raabe*, cananeia; a mulher de Urias, *Bate-Seba*, judia; *Maria*, mãe de Jesus, judia; a própria *Rute*, moabita. A inclusão de Rute é muito mais notável porque os moabitas não podiam fazer parte do povo de Israel (ver Dt 23.3-6; Ne 13.1), mas sua lealdade e confiança foram recompensadas, e ela se tornou uma das antepassadas do Senhor Jesus, uma honra em nada pequena.

RUTE (LIVRO)

I. SIGNIFICADO DO NOME. No hebraico, *Rut*; na Septuaginta *Routh*. Embora haja estudiosos que dão a esse nome próprio feminino o sentido de "companheira", outros preferem pensar que o significado do nome é desconhecido.

No cânon hebraico, o livro de Rute faz parte de sua terceira seção, os *hagiógrafos* (ver a respeito no *Dicionário*). O livro era um dos cinco rolos (no hebraico, *megilloth*), cada um dos quais usado em uma das cinco principais festividades de Israel. O livro era lido por ocasião da festa das Semanas ou Pentecostes. Entretanto, na Septuaginta, na versão latina da Vulgata, e na Bíblia portuguesa, o livro de Rute vem imediatamente depois de Juízes. E essa arrumação parece historicamente lógica, porque o autor situa sua narrativa dentro daquele período da história de Israel, ao dizer logo no início da obra: *Nos dias em que julgavam os juízes...* (Rt 1.1).

O livro gira principalmente em torno de sua heroína, Rute, a moabita. O nome dela aparece treze vezes na Bíblia, doze no próprio livro de Rute, e uma vez em Mateus 1.5, dentro da genealogia do Senhor Jesus Cristo. Aliás, por três razões principais a heroína, Rute, merece figurar como uma das grandes personagens femininas da Bíblia: **1**. O romance de sua vida e de sua fé no Deus de Israel, *Yahweh*. **2**. O fato de ter sido bisavó de Davi, o grande rei de Israel. **3**. O fato, consequente do anterior, de ter sido uma das antepassadas do Senhor Jesus. Na genealogia de Cristo, no livro de Mateus, há menção a quatro mulheres: Tamar, nora de Judá; Rute; a que fora mulher de Urias, Bate-Seba; e Maria, sua mãe. Tamar era cananeia. Bate-Seba e Maria eram israelitas. Mas Rute era moabita. E bastaria esse fato para torná-la uma figura estranha, porquanto Deus havia decretado que nenhum moabita faria parte do povo de Israel. Lemos em Deuteronômio 23.3: *Nenhum amonita nem moabita entrará na assembleia do Senhor; nem ainda a* sua décima geração entrará na assembleia do Senhor, eternamente. Portanto, seu casamento com Quiliom e, posteriormente, com Boaz (ver sobre os dois nomes no Dicionário), e dessa vez, na terra de Israel, têm de ser atribuídos a duas causas: ou esses israelitas afrouxaram na proibição acerca dos moabitas ou, então, Rute mereceu ser uma exceção à regra, devido à sua excelência de caráter. Quanto à Rute, ela se integrou perfeitamente ao povo de Israel, o que transparece, acima de tudo, em sua famosa declaração à sogra, Noemi: *Não me instes para que te deixe, e me obrigues a não te seguir; porque aonde quer que fores, irei eu, e onde quer que pousares, ali pousarei eu; e teu povo é o meu povo, o teu Deus é o meu Deus* (Rt 1.16).

II. PANO DE FUNDO. A origem racial de Rute faz parte do pano de fundo da narrativa. Ela pertencia a um dos povos cuja entrada na comunidade de Israel era vedada até a décima geração (ver Dt 23.3). Os dois primeiros capítulos do livro armam palco para a introdução de Rute na vida e história do povo de Israel. Havendo uma época de escassez de alimentos em Judá, um habitante de Belém de Judá migrou para a terra de Moabe (não muito distante), levando consigo sua esposa e seus dois filhos solteiros. O chefe da família chamava-se Elimeleque. Seus familiares eram Noemi, sua esposa, Malom e Quiliom (ver a respeito de todos esses nomes no *Dicionário*). Elimeleque faleceu em Moabe. Agora a família de Noemi era composta de somente três pessoas, ela mesma e seus dois filhos rapazes. Mas, como é natural, eles se enamoraram de duas jovens moabitas, com as quais acabaram se casando: Malom com Orfa, e Quiliom com Rute. Alegria de Noemi, porém, já amargurada com sua viuvez e distante de sua terra, não durou muito. Menos de dez anos depois, seus dois filhos, Malom e Quiliom, também faleceram. Agora, a família estava em situação difícil como nunca, pois eram três viúvas numa só casa, uma já idosa e as outras duas ainda bem jovens, ambas sem filhos. A situação da mulher na antiguidade era da mais total dependência ao homem. Se não houvesse homem que tomasse conta dela, e se ela não tivesse recursos próprios, geralmente, ficava reduzida à mais abjeta situação. Se fosse viúva, então, seu estado piorava mais ainda. Muitas mulheres nestas condições só dispunham de uma solução: entregar-se à prostituição. Era insustentável a situação de Noemi em Moabe. Então ela resolveu voltar à sua terra, velha e amargurada, sem marido, sem filhos, sem netos, com duas noras viúvas... E moabitas!

Noemi sabia das dificuldades que as três enfrentariam, mesmo em Israel. Por isso, no caminho, tentou convencer suas duas noras moabitas a retornar à terra delas, onde poderiam casar-se de novo. Orfa, viúva de Malom, resolveu atender às instâncias de sua sogra e desistiu de continuar viagem. Mas Rute, como já vimos, não quis afastar-se dela, disposta a compartilhar as durezas da vida diária de mulher estrangeira e viúva na terra de Israel, na época dos Juízes, período extremamente conturbado para o antigo povo de Deus, conforme toma consciência todo leitor do livro de Juízes.

Assim, apreensivas quanto ao presente e ao futuro, as duas mulheres finalmente retornaram a Belém de Judá. Os anos se tinham passado, e Noemi envelhecera. Mas os habitantes da cidade ainda se lembravam dela. Desoladas diante da situação de Noemi e Rute, as mulheres judias perguntavam: *Não é esta Noemi?* E ela, muito triste e amargurada de espírito, respondia: *Não me chameis Noemi* (no hebraico, "agradável"), *chamai-me Mara* (no hebraico, "amarga"), *porque grande amargura me tem dado o Todo-poderoso* (Rt 1.20). Todavia, o Senhor é aquele que fere e cura a ferida, e o futuro próximo traria a Noemi perenes alegrias, como ela nem imaginava. O amargor e a desesperança de Noemi cederiam lugar à satisfação e ao senso de realização, conforme se vê no decorrer da história.

Um dado interessante aparece no último versículo do primeiro capítulo do livro: Noemi e Rute *chegaram a Belém no princípio da sega das cevadas*. Esse informe permite-nos saber que a seca terminara em Judá — os campos estavam novamente floridos e produtivos. E também faz-nos saber que elas chegaram em abril/maio. Na Palestina, era a primavera! Semanas mais tarde começaria a colheita do trigo e do linho. De acordo com Levítico 23.10,11, no mês de *abib* (ver a respeito no *Dicionário*), mais ou menos correspondente ao nosso abril, ocorreria a entrega das primícias do campo. Portanto, tudo era festivo em Israel. Somente Noemi guardava no coração sua profunda tristeza. Mas, para Rute, as coisas começavam a perder os tons sombrios e iam-se tornando róseas e promissoras!

Havia um parente rico de Elimeleque, falecido marido de Noemi. O nome desse parente era Boaz (ver a respeito no *Dicionário*). Era o tempo da sega das cevadas, e Rute desejou ser uma das segadoras. Com a permissão de Noemi, ela foi. E "por casualidade" entrou na parte do campo plantado que pertencia a Boaz. Nessa casualidade, entretanto, podemos ver a mão de Deus, que controla desde os movimentos das estrelas até o voo dos pássaros. Quando Boaz veio ver como ia a colheita, pôs a vista em Rute e perguntou ao encarregado: *De quem é esta moça?* E a resposta que recebeu foi: *Esta é a moça moabita que veio com Noemi da terra de Moabe* (Rt 2.5,6). Imediatamente Boaz interessou-se por ela, posto que com grande discrição e respeito, chamando-a de "filha". De fato, a diferença de idade entre os dois era bastante grande. Embora viúva, Rute provavelmente ainda não havia chegado aos 25 anos, pois, na antiguidade, as mulheres casavam-se muito jovens. Boaz, entretanto, conforme a história nos permite depreender, já era homem maduro. O segundo capítulo do livro permite-nos ver com que carinho Boaz tratou Rute. Não há que duvidar que ele sabia que ela era nora de Noemi, viúva de Elimeleque, um parente seu, já falecido. Mas, sem dúvida, também sabia que Rute havia aceitado o povo de Israel como seu povo, e o Deus de Israel como seu Deus! Além disso, por que haveríamos de pensar que Rute fosse feia e sem graça?

Quando Rute contou à sua sogra, Noemi, onde estivera trabalhando durante todo aquele dia, estampou-se um sorriso na enrugada fisionomia da velha judia. E Noemi disse, triunfante: *Esse homem, esse Boaz, é um dos nossos parentes chegados. Ele é um dos nossos possíveis resgatadores* (ver Rt 2.20).

Encontramos ali menção à lei mosaica do *parente-remidor* (ver a respeito no *Dicionário*). O parente-remidor tinha varias obrigações: cuidar dos membros necessitados de sua família mais imediata e mais remota, saldar as dívidas incorridas por esses membros, e fazer tudo em favor do bem-estar deles, incluindo o dever de ser o *vingador do sangue* (ver também a respeito no *Dicionário*). (Ver Dt 25.5-10; Lv 25.25-28,47-49; Nm 35.19-21). Esse aspecto será ventilado com maiores detalhes na seção VII, *Teologia do Livro*. Por enquanto, diremos apenas que a "redenção" é um dos temas-chaves do livro de Rute. Ora, tudo isso mostrou a Noemi que a mão do Senhor estava com ela e com sua nora, afinal de contas! A esperança brilhava cada vez mais intensamente para as duas!

Diante de um protetor da qualidade de Boaz, por que Rute procuraria outra ocupação? Por isso mesmo, o segundo capítulo do livro termina com esta informação acerca de Rute: *Assim passou ela à companhia das servas de Boaz, para colher, até que a sega da cevada e de trigo se acabou, e ficou com a sua sogra.*

O terceiro capítulo do livro de Rute é muito romântico. Narra o namoro entre Boaz e Rute. Noemi agiu como cupido, instruindo a nora viúva sobre como comportar-se de modo que atraísse a atenção de Boaz, sem também mostrar-se vulgar. Esse capítulo do livro é interessante porque nos mostra antigos costumes sociais na antiga nação de Israel, uma época romântica e repleta de mesuras e respeito, que nunca mais voltará. Há muitos lances, inclusive aquele de outro parente ainda mais chegado que Boaz, que contudo não quis cumprir o seu dever de parente-remidor. Penso que somente a própria leitura do livro será capaz de descortinar, para o leitor, o véu do tempo, a fim de que penetre naquela atmosfera para nós tão diferente. Eram outros tempos, e as pessoas não se sentiam ameaçadas de extinção repentina, em face de uma explosão atômica. Havia muito respeito pelos sentimentos das pessoas. É verdade que os tempos em Israel eram conturbados, e Israel só conseguia sobreviver graças às intervenções divinas, quase sempre miraculosas. Mas Boaz era um nobre de sua época e todas as suas ações refletem sua condição social.

III. AUTORIA. O livro é anônimo, isto é, seu autor não se identifica. Segundo uma tradição judaica, o autor do livro de Rute foi o profeta Samuel. Outros opinam, todavia, que isso é improvável, porque o trecho de Rute 4.17,22 menciona Davi, o que já implica uma data posterior. No entanto, alguns intérpretes defendem a autoria de Samuel, argumentando que essas notas sobre Davi foram adicionadas por algum editor posterior. Além disso, os filólogos ajuntam que o estilo literário do livro, em seu original hebraico, sugere que a obra tenha sido escrita durante o período da monarquia de Israel. Voltam à carga os que defendem a autoria de Samuel, apelando para o Talmude (*Baba Bathra*, 14), que diz que os livros de Rute, Juízes, 1 e 2Samuel devem todos ser atribuídos a Samuel, embora ele só possa ter sido o cronista do âmago histórico dessas obras, ao que editores posteriores vieram juntar suas anotações e acréscimos. Mas, conforme temos insistido no tocante a outros livros do Antigo Testamento, questões como autoria e data de composição não são de primária importância. O que realmente importa é a mensagem do livro, dentro do fluxo da história revelada. Entretanto, estas questões secundárias dão margem a intermináveis discussões e debates, que não levam a coisa alguma, visto que, em muitos casos, a própria Escritura não nos fornece tais dados, e tudo quanto se possa dizer será dito por inferência, ou mesmo por pura especulação.

IV. DATA. A questão da data da composição do livro está presa à questão da autoria, como é lógico. Todavia, o livro de Rute pelo menos fornece-nos um indício seguro quanto à questão da data. Visto que em Rute 4.17-22 Davi aparece como rei e, sabendo-se que Davi só se tornou o segundo monarca de Israel após a morte de Samuel, por isso mesmo o livro deve ter sido escrito após a época daquele profeta. Se aceitarmos as datas extremas de Samuel como 1170-1060 a.C., então teremos de datar o livro de Rute depois disso. Todavia, a questão tem suscitado muitos debates, com a apresentação de argumentos especiais. Procuraremos mencionar aqui os mais pesados desses argumentos. **1**. A inclusão do livro de Rute entre os Hagiógrafos (ou Escritos), de acordo com o cânon hebraico, não determina necessariamente uma data posterior para a obra. O livro pode ter sido colocado ali devido ao fato de que era um dos cinco livros lidos nas festividades judaicas (os *Megilloth*; ver a respeito no *Dicionário*). **2**. Alguns aramaísmos e outras formas literárias posteriores têm levado certos eruditos a aceitar uma data *pós-exílica* para o livro. Mas esse argumento é rebatido por outros estudiosos, que afirmam que os aramaísmos podem ser vistos nos livros da Bíblia desde o período mosaico, e isso anula (possivelmente) esse argumento. **3**. Aqueles que dizem que o livro de *Deuteronômio* é uma obra posterior, pertencente ao século VII a.C., e não ao período mosaico propriamente dito, também argumentam que o livro de Rute não pode ser posterior a Deuteronômio 23.3, onde se encontra a proibição da aceitação de amonitas e moabitas na comunidade judaica. Esse argumento, porém, depende inteiramente da data da composição do livro de *Deuteronômio*. E a opinião dos autores da teoria do *J.E.D.P.(S.)* (ver a respeito no *Dicionário*), que envolve o livro de Deuteronômio (*D*), dizendo que ele é de composição tardia, em relação aos demais livros do *Pentateuco* (ver sobre esse termo no *Dicionário*), cada vez mais cai no descrédito. A maioria dos eruditos continua atribuindo a Moisés a autoria do Deuteronômio. E isso arrasta novamente mais para a antiguidade a data da composição do livro de Rute. **4**. É verdade que a pureza do hebraico, que se vê no livro de Rute, quanto à gramática e ao estilo, aponta para uma data pré-exílica. Mas pré-exílica até que ponto? O outro extremo é obtido graças à genealogia que se encontra em Rute 4.18-22, à menção a Davi e à explicação acerca de um costume antigo, em Rute 4.7. Isso nos mostra que a época da composição do livro deve ter sido após a subida de Davi ao trono de Israel. **5**. Uma aproximação talvez maior é obtida levando-se em conta a falta de hostilidade contra os moabitas. Não há necessidade alguma de apelar para Deuteronômio 23.3, quanto a essa amizade entre israelitas e moabitas. Pois, nos primeiros anos de Davi, não havia hostilidades entre Israel e Moabe, conforme se aprende em 1Samuel 22.3,4, embora esse quadro seja um tanto negado em 2Samuel 8.2,12 (trechos que o leitor deve examinar para que entenda a força desse argumento). Todavia, sabe-se que mais tarde, ainda durante o período monárquico dividido, quando a nação de Israel já se havia separado em duas — Israel (ao norte) e Judá (ao sul) —, houve hostilidades entre Israel e Moabe. E os profetas posteriores chegaram a ameaçar os moabitas, (conforme se vê, por exemplo, em Is 15 e 16; 25.10; Jr 9.26; 25.21; 27.3 e Ez 25.8-11). Levando-se em conta todos esses argumentos, embora não se possa precisar uma data exata para a composição do livro de Rute, pelo menos pode-se afirmar, com alguma segurança, que ele deve ter sido escrito no começo da monarquia de Israel unida, nos dias de Davi ou Salomão.

V. PROPÓSITO DO LIVRO. O propósito do livro de Rute também depende, em muito, da data da sua composição. Na opinião de muitos estudiosos, pelo menos o principal propósito dessa joia literária sagrada de Israel é servir de elo entre o conturbado período dos juízes, ... *quando não havia rei em Israel...* (Jz 21.25), e a monarquia, sobretudo o governo perenemente decantado de Davi, o maior de todos os monarcas de Israel. Que rei não tem sua genealogia? O livro de Rute, pois, preenche um período histórico que formaria um hiato misterioso e obscuro sem ele. Contudo, talvez nenhum outro livro do Antigo Testamento, dos menos volumosos, na opinião dos eruditos, tenha tantos propósitos, conforme se pode observar na lista a seguir: **1**. Para alguns, seria uma novela sem valor histórico, um relato idílico em torno de personagens com nomes bem escolhidos: Rute, "companheira"; Noemi, "agradável"; Mara, "amargurada"; Malom, "enfermidade"; Quiliom, "desperdício"; Orfa, "teimosa"; Elimeleque, "Deus (El) é rei"; Boaz, "préstimo". No entanto, o próprio livro apresenta-se como uma obra histórica (Rt 1.1), não havendo evidências de anacronismo. **2**. Para outros, o livro quis mostrar como uma moabita foi incluída na linhagem ancestral de Davi. O clímax da narrativa do livro é atingido quando Rute dá à luz Obede (no hebraico, "servo"). Obede foi pai de Jessé, e Jessé foi o genitor de Davi! Contudo, alguns pensam que esse propósito é pequeno demais, e que deveríamos incluir algo mais. **3**. Um apelo para que se desse continuidade à lei do levirato. Essa lei impediria a extinção de uma importante família em Judá. E isso de mistura com sentimentos humanitários para com Rute, uma estrangeira, moabita, viúva, desamparada, sem filhos, mas que aceitara tornar-se parte integrante do povo de Israel. Assim pensam outros eruditos. **4**. Há quem creia que o livro foi escrito como um tratado pós-exílico a fim de combater o estreito exclusivismo dos judeus, introduzido por Esdras e Neemias. Destaca-se, então, o estatuto deles contrário a casamentos de mulheres estrangeiras com homens judeus. Todavia, há fortes razões para não se aceitar essa opinião. A canonicidade do livro dependeu, em grande escala, de judeus que eram herdeiros espirituais de Esdras e Neemias, pelo que, se esse tivesse sido o propósito do livro, eles o teriam rejeitado. Conforme dizem alguns comentadores, a possibilidade de uma guerra literária em torno de questões ideológicas é muito duvidosa naquele período tão remoto. **5**. Outros pensam que Rute é o modelo mais fulgurante de proselitismo. Assim também disseram rabinos posteriores. Lembremos que ela rompeu definitivamente com o seu próprio povo, tornando-se leal à nação e à religião que preferiu adotar. Não há que duvidar que esse motivo é forte no livro de Rute. **6**. Talvez não devêssemos pensar em um único propósito abrangente. O livro de Rute foi preservado por seus próprios méritos, como reflexo da providência abrangente e amorosa de Deus, que condescende em dirigir a vida simples de pessoas como Noemi e Rute. A história é muito consoladora para os desesperançados, desolados e destituídos de seus entes queridos. Também não podemos esquecer o papel de Boaz como o parente-remidor, um tipo do nosso grande Parente-Remidor, o Senhor Jesus Cristo, que nos remiu da servidão ao pecado ao preço de seu próprio sangue vertido. Se a isso ajuntarmos que o livro serviu de importante elo na corrente histórica do povo de Israel, na história da redenção, então teremos penetrado na mente e no coração do autor sagrado, fosse ele quem fosse, dirigido como estava sendo pelo Autor maior, o Espírito de Deus. Há muitas lições preciosas no livro de Rute. Elas nos fazem lembrar do que diz Paulo, em uma de suas epístolas: *Pois tudo quanto outrora foi escrito, para o nosso ensino foi escrito, a fim de que, pela paciência e pela consolação das Escrituras, tenhamos esperança* (Rm 15.4).

VI. CANONICIDADE.

A canonicidade do livro de Rute nunca foi posta em grande dúvida. Nem pelos judeus, que não tardaram em incluí-lo entre seus livros mais conhecidos, lido que era anualmente, publicamente, durante a festa das Semanas ou Pentecostes. Josefo (*Contra Apoio* 1.8) aparentemente contou Rute juntamente com o livro de Juízes, tal como reuniu Lamentações com Jeremias, perfazendo assim 22 livros, segundo o cânon hebraico. Jerônimo, um dos pais da igreja, também indica, no seu *Prologus Galeatus*, que os judeus juntavam Rute com Juízes, embora também tivesse dito que outros punham Rute e Lamentações entre os hagiógrafos. Esta última disposição do livro, dentro do cânon, foi feita na sinagoga judaica, embora não se saiba quando nem por quê. Isso é o máximo que se pode dizer sobre a história do cânon hebraico quanto ao livro de Rute. Dentro do cristianismo, o livro também nunca viu sua canonicidade ameaçada em nenhum sentido.

VII. TEOLOGIA DO LIVRO.

Quando Abraão foi abençoado por Deus, o Senhor decretou: ... *Em ti serão benditas todas as famílias da terra* (Gn 12.3). Esta promessa permanece de pé, para os judeus, sempre que eles se conservam obedientes ao Senhor e entendem sua missão na terra. É claro que a bênção mais definitiva chega a todos os povos da terra por meio de Jesus Cristo, descendente de Boaz e Rute. No entanto, muitos judeus, em cada geração, mas especialmente em certos períodos de sua história, têm esquecido esse fato e sido até exclusivistas e xenófobos. O livro de Rute, pois, ensina o erro desse exclusivismo judaico, sem dúvida uma das atitudes de defesa à qual eles apelam quando muito perseguidos. O amor de Deus é universal, englobando todos os povos. A história de Rute, a moabita, veio ilustrar exatamente isso. Ela foi um exemplo vivo da verdade de que a participação no reino de Deus não depende de carne e sangue (pois ela era moabita, estando vedada sua entrada na comunidade de Israel por dez gerações) e, sim, em face da *obediência por fé* (Rm 1.5). Ela aceitou de todo o coração ao povo de Deus e ao Deus do povo de Israel. Mas Deus a aceitou de tal maneira que ela se tornou antepassada não somente de Davi, mas do próprio Cristo!

Boaz, por sua vez, é o grande tipo de Redentor, no livro de Rute. De fato, como já dissemos, a "redenção" é o conceito central do livro. O termo hebraico correspondente, em suas várias formas, ocorre por nada menos de 23 vezes no livro. Esse termo é *gaal*. Boaz fez isso publicamente, à porta da cidade, diante de testemunhas: *Sois hoje testemunhas de que comprei da mão de Noemi tudo o que pertencia a Elimeleque, a Quiliom e a Malom; e também tomo por mulher a Rute, a moabita...* No tocante a Noemi, o relato acompanha a transformação pela qual ela passou, depois que voltou à sua terra, de mulher amargurada em mulher feliz. Ela chegou ali empobrecida (1.21; 3.17), destituída de todos os seus parentes (1.1-5), e terminou uma mulher segura de si, feliz, radiante de esperança (4.13-17). Podemos ver dois reflexos disso. Primeiro na história nacional de Israel, após a morte de Eli (1Sm 4.18), quando a nação chegou a perder a arca da aliança, o emblema visível, por excelência, da presença do Senhor, e daí passou para a paz e a prosperidade dos primeiros anos do reinado de Salomão, trineto de Rute (1Rs 4.20-34; 5.4). Muito mais dramática, entretanto, é a transformação experimentada por toda alma remida ao sangue de Cristo, do que todo o Novo Testamento dá testemunho. Podemos citar um trecho neotestamentário para avivarmos a memória: ... *pois todos pecaram e carecem da glória de Deus, sendo justificados gratuitamente, por sua graça, mediante a redenção que há em Cristo Jesus* (Rm 3.23,24). E esse segundo reflexo a teologia do livro de Rute é ainda maior que o primeiro, porquanto fala de bênçãos universais e eternas!

VIII. VALOR LITERÁRIO.

O valor literário do livro de Rute é indiscutível. Ombreia-se com o melhor que a literatura mundial tem produzido. É um conto rápido, mas escrito com consumada habilidade. Em gênero, talvez não tenha igual dentro da Bíblia inteira. Damos a mão à palmatória. Os antigos israelitas sabiam escrever. A melhor técnica de obra literária de ficção é ali observada, desde a introdução, passando por um cativante enredo, com sua crise quase insolúvel, até a solução mais feliz, que satisfez a todos os envolvidos. Na observação de vários comentadores, o livro mostra-se muito simétrico em seus lances. A solução começa a descortinar-se exatamente no meio do livro, quando Noemi diz à sua nora: ... *O Senhor... ainda não tem deixado a sua benevolência nem para com os vivos nem para com os mortos... Esse homem é nosso parente chegado, e um dentre os nossos resgatadores...* (2.20). Tem-se também observado que o encerramento de cada episódio facilita a transição para o que vem em seguida (ver 1.22; 2.23; 3.18 e 4.12). Outra característica do livro, que prende o interesse dos leitores, são as duas personagens principais: Rute e Boaz. A primeira é jovem, estrangeira e desamparada em sua viuvez; a outra personagem é um homem de meia-idade, abastado, respeitado em sua comunidade. Boaz desempenha o papel masculino de protetor com admirável ternura. Rute, por sua vez, soube oferecer-se sem ser coquete, desempenhando seu papel feminino com muita dignidade. Além disso, ambas as personagens principais contaram com alguém que fez contraste com elas, salientando suas qualidades de caráter e de realização. Rute teve uma Orfa, que ficou muito aquém dela em valor; e Boaz teve o parente mais chegado ainda, mas cujo nome nunca é dado, e que, por causa de seus próprios interesses, não cumpriu seu papel de parente-remidor, que lhe cabia, por dever, por ser parente ainda mais chegado que Boaz.

Outros lances da narrativa não são menos dignos de comentário. Noemi e Rute voltaram a Judá, para a cidade de Belém (no hebraico, "casa do pão"), enquanto em Moabe tinham sofrido privações. E voltaram no tempo da sega, o que, por si só, serviu de previsão de abundância de bênçãos materiais e espirituais. Isso constituiu uma autêntica restauração. Nesse episódio, Noemi representa o povo judeu do futuro, e Rute, a moabita, representa todos os povos gentílicos que tiverem permissão de compartilhar a sorte renovada e feliz do povo de Israel, durante o milênio.

Enfim, aquele que começa a ler o livro de Rute só cessa a leitura quando chega ao fim. E, então, sente o seu espírito refrigerado, compartilhando a felicidade da idosa e simpática Noemi. Obede, filho nascido de Boaz e Rute, embora não fosse neto autêntico de Noemi, representou grande consolo para ela. As mulheres judias compreenderam isso e lhe disseram: *Ele (o menino) será restaurador da tua vida, e consolador da tua velhice, pois tua nora, que te ama, o deu à luz, e ela te é melhor do que sete filhos*. E Noemi, com o coração transbordando da felicidade recém-encontrada, ... *tomou o menino, e o pôs no regaço, e entrou a cuidar dele*. Todos devem ter percebido o apego de Noemi pela criança, pois as mulheres da localidade comentavam: *A Noemi nasceu um filho* (4.15-17).

Também nós, quando da volta do Senhor Jesus, haveremos de apegar-nos a ele para nunca nos cansarmos. E ele nunca cansará de nós. Cristo já não mostrou como nos tratará? Eis que ele mesmo diz: *Eis aqui estou eu, e os filhos que Deus me deu* (Is 8.18 e Hb 2.13).

IX. Esboço do Conteúdo

A. *Introdução: O Drama de Noemi* (1.1-5)
B. *Noemi Volta a Judá* (1.6-22)
   1. Rute apega-se a Noemi (1.6-18)
   2. Noemi e Rute chegam a Judá (1.19-22)
C. *Encontro de Rute e Boaz* (2.1-23)
   1. Rute começa a colher (2.1-7)
   2. Bondade de Boaz para com Rute (2.8-16)
   3. Rute volta a Noemi (2.17-23)
D. *Rute e Boaz na Eira* (3.1-18)
   1. Instruções de Noemi a Rute (3.1-5)
   2. Boaz resolve ser parente remidor (3.6-15)
   3. Rute volta a Noemi (3.16-18)
E. *Boaz Prepara-se para Casar com Rute* (4.1-12)
   1. O parente mais chegado nega-se (4.1-8)
   2. Boaz torna-se o remidor e casa-se com Rute (4.9-12)
F. *Conclusão: A Felicidade de Noemi* (4.13-17)
G. *Epílogo: Genealogia de Davi* (4.18-22)

Queremos ainda tecer alguns comentários esclarecedores sobre certos pontos desse esboço do conteúdo:

1. A Desastrosa Migração a Moabe (1.1-5). Uma data aproximada para esses acontecimentos, se formos retrocedendo da genealogia de 4.17, é 1100 a.C. O período de fome, em Israel, tornou Elimeleque e os três membros de sua família "peregrinos" em Moabe, onde eles não tinham nenhum direito como cidadãos. Não há menção a algum castigo divino por haverem eles deixado a sua terra, e em face do casamento de Malom e Quiliom com jovens moabitas, mas esse castigo pode aparecer implícito nos desastres que se abateram sobre a família com a morte dos três membros masculinos: Elimeleque primeiro, e, então, Malom e Quiliom, deixando três mulheres viúvas. Outrossim, a lamentação de 1.21 sugere a perda de consideráveis possessões materiais, que a família teria trazido de Belém, talvez adquiridas antes que a fome apertasse em Judá. Diz aquele versículo: *Ditosa eu parti, porém o Senhor me fez voltar pobre...*

2. Volta de Noemi a Belém de Judá (1.6-22). Quando Noemi resolveu voltar à sua terra, suas duas noras viúvas teriam mais probabilidades de arranjar novos casamentos em Moabe. Orfa percebeu a desvantagem de ir para Judá com Noemi. Mas certas palavras de Rute mostram que ela já havia aceitado *Yahweh* como o seu Deus, antes mesmo de resolver partir para Judá. Disse Rute: *... faça-me o Senhor o que lhe aprouver...* (1.17). E assim Rute partiu com Noemi, naquela viagem de apenas 80 km até Belém da Judeia. Para nós, essa distância nada representa. Com um automóvel, nas estradas modernas, tal distância pode tomar apenas uma hora de viagem. Mas, naquele tempo, viajando a pé, duas mulheres podem ter passado vários dias no trajeto, enfrentando os mais diversos perigos.

3. Rute e Boaz Conhecem-se (2.1-23). Os cuidados demonstrados por Boaz em favor de Rute mostram-nos quão indefesa estava uma mulher, jovem e estrangeira, em outra terra que não a sua. Apesar do perigo, Rute trabalhou arduamente, a fim de sustentar a si mesma e à sua idosa sogra. Sem dúvida, isso não deixou de ser observado por Boaz. Quem gosta de uma mulher preguiçosa, mesmo quando sofre penúria?

4. O Plano de Noemi (3.1-5). Assim como Rute mostrou-se disposta a trabalhar para sustentar a sogra, também Noemi planejou a felicidade de sua nora. As instruções de Noemi a Rute foram um apelo indireto a Boaz, para que ele desempenhasse seu papel de parente-remidor. Nessas instruções, Rute teria de tomar a iniciativa na conquista amorosa. Talvez Noemi tenha visto que Boaz, por ser homem de meia-idade, e solteirão, não tomaria a iniciativa. Mas depois que Rute pediu que ele lançasse a capa sobre ela, mostrando assim que o aceitaria com prazer como marido, Boaz começou a agir. Assim, Noemi planejou de modo estratégico certo. O primeiro obstáculo para Boaz foi afastar o parente ainda mais chegado, o que ele conseguiu valendo-se do argumento de que ele também deveria casar com Noemi, o que o parente mais chegado não aceitou. E, tendo começado a tomar providências para casar com Rute, Boaz não era homem irresoluto para ficar pelo meio do caminho, conforme Noemi reconheceu. (Ver Rt 3.18).

5. Na Porta da Cidade (4.1-12). Essa porta sempre dava para a praça principal das cidades antigas. Ali se faziam os negócios comerciais, judiciais e sociais. Interessante é o antigo costume refletido em 4.7,8. Aquele foi o sinal público de que o parente mais chegado desistia do dever de ser o parente-remidor, transferindo-o a Boaz. O ato solenizou e deu legalidade ao casamento de Boaz e Rute.

IX. Bibliografia. AM E I IB LAN MOF TI Z

SAAFE
No hebraico, *união*, *amizade*, ou, talvez, a palavra derive do aramaico, significando *bálsamo*. **1**. O sexto filho de Jadai (1Cr 2.47). **2**. O terceiro de quatro filhos que Calebe teve com sua concubina, Maaca. Era o "pai" (isto é, o fundador) da região chamada de Madmana, localizada ao sul de Judá (1Cr 2.49). Viveu em algum período após 1380 a.C.

SAALABIM
No hebraico, **"chacais"**, **"raposas"** ou **"lugar de raposas ou chacais"**. Uma vila localizada próximo a Aijalom, Zora e Ir-Semes, cerca de 24 km ao oeste de Jerusalém, que pertencia à tribo de Dã (Js 19.41-45). Sua identificação com *Saalbim* (Jz 1.35; 1Rs 4.9) pode estar correta. O *Selbit* moderno (cerca de 5 km ao noroeste de Aijalom) provavelmente marca o antigo local.

SAALBIM
No hebraico, **"chacais"**, **"raposas"** ou **"lugar de raposas ou chacais"**, nome alternativo para *Saalabim* (ver). Essa era uma vila ou uma região da tribo de Dã localizada entre Aijalom e Ir-Semes (Js 19.42; ver também Jz 1.35 e 1Rs 4.9). Esta região era controlada pelos amorreus que resistiram com zelo à invasão dos hebreus. Posteriormente, uma vez incorporada a Israel, tornou-se um dos distritos administrativos de Salomão (1Rs 4.9). Sua forma adjetiva, *saalbonita*, refere-se a *Eliaba* (2Sm 23.32; 1Cr 11.31; Js 19.42). O trecho de 1Reis 4.9 parece posicionar Saalbim próximo a Estaol, Bete-Semes e Aijalom, cerca de 24 km ao oeste de Jerusalém, dentro do território da tribo de Dã. O local exato é desconhecido hoje.

SAALBONITA. Ver *Saalbim*.

SAALIM
No hebraico, **"chacais"**, **"raposas"** ou **"lugar de raposas ou chacais"**. Saul passou por esta região quando estava procurando por asnos perdidos de seu pai, Quis (1Sm 9.4). A região localizava-se ao norte de Micmas e provavelmente pertencia à tribo de Dã, mas alguns acadêmicos afirmam que ficava no território da tribo de Benjamim, à qual pertencia Saul (ver 1Sm 13.17). O local exato não é conhecido hoje. O nome pode ser uma alternativa a *Saalbim* (ver).

SAARAIM (LUGAR)
No hebraico, **"dois portões"**. **1**. Uma cidade localizada a sudeste de Jerusalém em *Sefelá* (região de planícies e morros). Cf. Josué 15.33-36. Esta cidade dominava o vale através do qual os filisteus fizeram um rápido recuo (1Sm 17). A cidade pertencia à tribo de Judá (Js 15.36; 1Sm 17.52). (Cf. 1Cr 4.31). O local exato não é conhecido hoje, mas sabemos que ficava abaixo de Azeca (1Sm 17.1). **2**. Uma vila da tribo de Simeão (1Cr 4.31), talvez um nome alternativo de *Silim* (ver) ou *Saruém* (ver). São dadas algumas informações sobre o local em Josué 15.27-32 e 19.2-6. Ambos a identidade e a localização do local são desconhecidas hoje, embora não pudesse ser localizada distante de Gaza e de Berseba.

SAARAIM (PESSOA)
No hebraico, **"aurora dupla"**, nome de um descendente de Benjamim. De acordo com 1Crônicas 8.8, ele teve três mulheres e nove filhos. Na Bíblia em português, seu nome é idêntico a dois locais (discutidos acima), mas o hebreu tem palavras levemente diferentes para designar os locais e a pessoa. O homem assim chamado viveu em Moabe por muitos anos, fazendo dela seu lar adotivo.

SAASGAZ
Este é um nome persa cujo significado não nos é conhecido hoje. Saasgaz era um eunuco que guardava as concubinas de Assuero, rei da Pérsia. Ester era uma das tais companhias, de acordo com Ester 2.14. Este homem viveu em cerca de 515 a.C. Ver o artigo *Eunuco*.

SAAZIMA
Uma vila ou região da tribo de Issacar, localizada entre Tabor e o rio Jordão (Js 19.22). Equivale ao nome hebraico para *alturas*. O local foi identificado como o local que hoje é chamado de *Tell el Mekarkash*.

SABACTANI. Ver *ELI, ELI, Lama Sabactini*.

SÁBADO
I. Os Termos. A palavra hebraica *sabbat* significa *descanso* ou *cessação*; provavelmente está relacionada à forma verbal *sbt*, que significa "trazer a um fim". Alguns estudiosos supõem que a ideia do sábado surgiu na Babilônia, e que o termo hebraico *sabbat* se relaciona à palavra acadiana (babilônica) *sab/pattu*, que fala do dia de lua cheia. Esta teoria perdeu aceitação em anos recentes. A palavra grega na Septuaginta é a forma transliterada do hebraico *sabbaton*, que pode significar especificamente o *sábado* ou pode referir-se a uma semana inteira.

II. Caracterização Geral. O sétimo dia da semana era chamado de *sábado* e apenas esse dia tinha um nome. Os outros eram designados por números. Não há registro de que o sábado era observado na época patriarcal, embora o início "teológico" esteja relacionado à criação divina de todas as coisas e ao descanso de Deus de seu trabalho (Gn 2.2). O início histórico na Bíblia é associado ao Pacto Mosaico. Ver o artigo *Pactos*, onde apresento um resumo dos pactos bíblicos. Observar o sábado tornou-se o próprio sinal do Pacto Mosaico. Ver as anotações introdutórias ao capítulo 19 de Êxodo no *Antigo Testamento Interpretado* para uma descrição completa. Na teologia hebraica, esse dia sagrado comemorava a criação original e a redenção de Israel do Egito (Gn 2.2; Êx 20.8,11; Dt 5.15). No início era um dia de descanso, mas gradativamente assumiu outro significado relativo à devoção e piedade. O acúmulo de regras relacionadas ao sábado era sufocante na época de Jesus. O descanso oferecia a oportunidade de engajamento em louvor, estudo e, especialmente, na leitura das Escrituras. A sinagoga (ver) transformou o sábado em seu dia sagrado mais importante. Ele se inicia na sexta-feira às 18h00 e perdura até o sábado, às 18h00. Em tempos modernos, a comemoração de modo geral inicia-se mais tarde, para permitir às pessoas que trabalham uma chance para chegar à casa de reuniões. As Escrituras são lidas, são pregados sermões e oferecidas orações. Embora haja teorias diversas quanto às origens (ver a seção III, a seguir), parece que essa era uma instituição exclusiva aos hebreus antes de a ideia propagar-se a outros povos.

III. Teorias da Origem. Afirmações Não bíblicas
1. Teoria planetária. Não há dúvida de que o desenvolvimento do sábado teve relação com a semana, mas foi apenas

no início da era cristã que os nomes dos planetas passaram a ser associados com dias específicos. Chamar os sete dias com os nomes dos sete planetas chegou tarde demais para ter alguma relação com o sábado hebreu. Não há evidência de que tal dia tivesse alguma coisa que ver com a veneração de um planeta, algo que seria contrário à teologia hebraica. Nem há evidências de um "empréstimo hebraico" que tivesse sofrido adaptações para ajustar-se à sua cultura.

2. Teoria pambabilônica. Os tabletes cuneiformes babilônicos usam a palavra *shabatum* para designar o 15º dia do mês, à hora da lua cheia, e tal dia era considerado um dia de pacificação ou apaziguamento do *deus* (presumivelmente o *deus-chefe*). Outros dias do mês, especificamente o 7º, o 14º, o 21º e o 28º (as fases da lua) eram considerados dias do mal ou do azar. Nesses dias até mesmo o rei tinha sua vida limitada: ele não podia andar de carruagem, comer carne assada em fogo, mudar de roupa ou discutir os negócios do Estado. Sacrifícios eram oferecidos aos deuses para afastar acidentes e reversões de fortuna. O épico babilônico *Enuna elish* descreve esses e outros particulares, e lembramos, aqui e ali, o relato bíblico da criação, mas as diferenças são tão grandes que eliminam o possível apoio à teoria do "empréstimo direto".

3. Teoria da festa lunar. O sábado hebraico era originalmente um antigo festival lunar? Alguns estudiosos acham que sim. A própria Bíblia ocasionalmente associa o sábado à lua nova (2Rs 4.23; Is 1.13; Am 8.5). Um exame cuidadoso de Levítico 23.11,15 parece indicar que a palavra "sábado" pode referir-se ao dia de lua cheia. No paganismo, as fases da lua (lua nova, lua cheia, meia-lua, lua minguante) eram comemoradas com sacrifícios e orações, principalmente para afastar o mal. Os judeus tinham certos sábados fixos, que caíam no dia de lua cheia, a saber, a Páscoa, o banquete dos Tabernáculos e o banquete de Purim. O sábado comum de todas as semanas, contudo, não era vinculado à lua e às fases da lua. Alguns insistem que observações das fases lunares, em um momento posterior, provocaram uma observação semanal que perdeu as conexões lunares originais, mas não há nenhuma evidência que sustente tal opinião.

Afirmações Bíblicas. 1. O próprio Deus deu origem ao sábado, o dia de descanso, para comemorar seu descanso da atividade de criação (Gn 2.2). Os conservadores consideram a afirmação de Gênesis como o fim de todos os argumentos sobre a origem do sábado. Os liberais e os críticos, contudo, acreditam que essa é uma afirmação anacrônica que de fato repousava em eventos posteriores ocorridos na época de Moisés. Nesse caso, a doutrina de que o próprio Deus deu origem ao sábado, imediatamente após a criação, é "idealista" e "teológica", não uma doutrina histórica. Os críticos destacam que o sábado não era observado na época patriarcal. **2.** O sábado iniciou como um *sinal* do Pacto Mosaico (que descrevo na introdução a Êx 19, no *Antigo Testamento Interpretado*). **3.** O sinal foi então transformado no *quarto* dos Dez Mandamentos (o Decálogo). Ver o artigo *Dez Mandamentos. Lembra-te do dia de sábado, para o santificar* (Êx 20.8).

IV. Observações Bíblicas. Importantes observações bíblicas sobre o sábado são as que seguem. O originador deste dia como o *dia de descanso* foi *Elohim*, o Poder, o Deus universal e criador de todas as coisas (Gn 2.2). A observação do sábado pelos homens, imitando a Deus, transformou-se um sinal do *Pacto Mosaico* e no *quarto* dos Dez Mandamentos (Êx 19; 20.11). Embora originalmente fosse apenas um dia de descanso, o sábado tornou-se *dia sagrado* (Êx 16.23). Ele passou a ser associado a festas solenes, especialmente aquelas em dia de lua cheia (Am 8.5; Os 2.13; Is 1.13). O dia era comemorado, provavelmente, como um dia de louvor, adoração e oração (Lv 23.1-3). Aqueles que se recusavam a observar o dia arriscavam possível apedrejamento até a morte (Nm 15.32-36). Muitas vezes a celebração do sábado tornou-se uma formalidade sem que estivesse associada a isso qualquer fé religiosa sentida no coração. Tal degeneração foi denunciada pelos profetas (Is 1.12,13). Houve abusos do dia e de suas exigências, abusos que foram combatidos pelos profetas (Jr 17.21, 22; Ez 22.8). A assembleia sagrada do sábado exigia que as ofertas diárias fossem dobradas (Nm 28.9 ss.). A manutenção do dia tornou-se um sinal da lealdade de Israel a *Yahweh* (o Deus Eterno), como vemos em (Is 56.2; 58.13; Ez 20.12,21). O dia deveria ser de deleite e felicidade, não um dia de obrigações infelizes (Nm 10.10; Is 58.13; Os 2.11).

No período entre o Antigo e o Novo Testamento, ocorreu uma radicalização na celebração do sábado. Na época dos macabeus, muitos preferiam morrer a deixar de celebrar o sábado. Soldados recusavam-se a defender a si mesmos e ao próprio povo naquele dia (1Macabeus 2.32-38; 2Macabeus 6.11). A tradição judaica posterior permitia que o dia deixasse de ser observado sob circunstâncias de vida ou morte. Perigos que ameaçassem à vida poderiam ser encarados de maneiras que violassem a manutenção da tradição sabática (Yoma 8.6). Mas nem todas as facções do judaísmo seguiram as diretrizes de liberalização. Materiais encontrados em Qumran mostram que os fazendeiros não podiam realizar no sábado atos que preservassem a vida de animais durante parturições complicadas. Se a mãe ou sua cria morresse, o acontecimento era considerado um ato de Deus.

Jesus, que vinha de uma região liberal da Galileia, entrou em conflito direto com as autoridades judaicas por causa de sua aparente falha em cumprir as regras do sábado. De fato, isto aconteceu *seis* vezes, de acordo com os registros das Escrituras. (Ver as referências a seguir: Mt 12.1-4; 12.5; 12.8; Jo 5.1-18; 9.1-41; 9.40,41). A regra básica de Jesus era a de que o homem não havia sido feito para o sábado, mas, sim, o sábado havia sido feito para o homem (Mc 2.27).

O ensinamento de Paulo era que, para o cristão, não há dias especiais. Por outro lado, um cristão tem a liberdade de tornar um dia sagrado *se* fizer isso "para o Senhor" (a fim de promover a espiritualidade, Rm 14.1-6).

Depois do livro de Atos, a palavra sábado aparece apenas duas vezes no Novo Testamento (Cl 2.16; Hb 4.4). Nesses versículos, o sábado não é apresentado nem promovido como um dia que devesse ser celebrado, mas como um dia típico, como todos os outros que Cristo dá àqueles que nele acreditam.

V. Opiniões sobre a Obrigatoriedade. Batistas do sétimo dia e adventistas do sétimo dia continuam a celebrar o sábado no sétimo dia da semana. Outros cristãos o transformaram no domingo, o primeiro dia da semana, ou seja, um "sábado cristão". Como em todas as polêmicas, devemos lembrar-nos de praticar o amor cristão, que é o maior princípio moral e espiritual de todos. À parte de qualquer obrigação de manter a celebração do sábado que alguém possa emprestar do Antigo Testamento, Paulo informa-nos que é legítimo uma pessoa celebrar dias especiais, se isso for de sua escolha. Por outro lado, a liberdade funciona de outra forma: uma pessoa pode optar por considerar todos os dias iguais (Rm 14.5,6).

Ver a exposição sobre certos versículos-chave do *Novo Testamento Interpretado* (Rm 14.5,6; Cl 2.16; Gl 4.10).

Em Defesa da Observação do Sábado. 1. Deus santificou o dia (Gn 2.2). **2.** O dia tornou-se um sinal do Pacto Mosaico e o quarto mandamento (Êx 19; 20.11). **3.** Jesus e a igreja inicial praticavam a celebração, como demonstram várias referências das Escrituras em Atos. (Ver At 2.46; 5.42; 9.20; 13.14; 14.1; 17.1,2,10; 18.4). **4.** A mudança do dia sagrado para o domingo fez parte da apostasia inicial da igreja, particularmente da igreja Católica Romana. **5.** A celebração do dia não é legalista, pois foi estabelecida antes da lei, por ato do próprio Deus, que foi o primeiro a observar o sábado.

A Crítica à Celebração do Sábado. 1. Gênesis 2.2 não estabelece uma regra para os cristãos, ou tal regra certamente teria sido reiterada no Novo Testamento de alguma forma óbvia e definitiva. Os liberais e os críticos apontam essa referência como uma inserção na história da criação, um fragmento *anacrônico* que foi emprestado da história de Moisés e inserido no relato da origem das coisas. **2**. O simples fato de que o sábado era o *sinal* do Pacto Mosaico mostra que ele não pertence ao novo pacto. A celebração do sábado é uma forma de legalização que Paulo refutou, pois os crentes não estão sob a lei (Rm 6.14; Gl 3.10-23). **3**. Naturalmente, a igreja inicial, especialmente na Palestina, celebrava o sábado, pois essa prática descendia das raízes judaicas. Houve um *período de transição* da antiga à nova ordem das coisas. À medida que a igreja se espalhava aos países gentios, a celebração do sábado perdeu força e praticamente desapareceu. Apocalipse 1.10 mostra que, mesmo na época dos apóstolos, o domingo, dia do Senhor, substituía o sábado antigo. **4**. Se uma mudança do sábado para o domingo como um dia especial (seja ou não este considerado o "sábado cristão") foi um ato de apostasia, isso ocorreu muito antes da formação da igreja Católica Romana. O *Didache* (150 d.C.), uma espécie de manual de ética e doutrina do cristianismo inicial, fala sobre o domingo como o dia no qual os cristãos se reuniam para o louvor e a oração. O mesmo é real sobre os escritos de Hipólito (160 d.C.) e Clemente de Alexandria (200 d.C.). **5**. Embora pareça correto falar sobre a celebração do sábado como anterior à Lei, não sendo ela, portanto, uma prática legal, os versículos de Romanos 14.5,6; Colossenses 2.16 e Gálatas 4.10 parecem colocá-la em tal classe. A celebração do sábado era de extrema importância para os hebreus, um verdadeiro *sine qua non* da condição de ser hebreu/judeu; de fato, era o sinal do Pacto Mosaico, e isso diz tudo. Algo tão importante assim dificilmente deixaria de ser reforçado vigorosamente *caso* se esperasse que os cristãos devessem celebrá-lo.

Deixo ao leitor a consulta dos artigos mencionados na seção V para discussões mais detalhadas. Quaisquer discussões desse tipo devem ser deixadas no Altar do Amor, e não representar um teste de espiritualidade ou retidão. Muitos cristãos judeus hoje continuam a observar uma variedade de festas e feriados judeus. Se fizerem isso "para o Senhor", com vistas a ampliar sua espiritualidade, não devem ser críticados por aqueles que consideram todos os dias iguais. Por outro lado, aqueles que não seguem tais celebrações (incluindo aqui o sábado) não devem ser críticados. Certamente não merecem a designação de "hereges" ou apóstatas. A verdadeira espiritualidade não reside em manter nem em ignorar o sábado.

SABÃO

Do hebraico *borith*, que pode ser qualquer agente de limpeza. A palavra é encontrada na Bíblia hebraica apenas em Jeremias 2.22 e em Malaquias 3.2. O termo está relacionado a *bor* (Jó 9.30; Is 1.25), que se refere a *aleli* (potassa). Esta substância era obtida a partir das cinzas de plantas queimadas. No Oriente, as expressões "cinzas de borite" e "cinzas de quali" referiam-se a agentes de limpeza e podem ser traduzidas como *sabão*. Muitas plantas produzem substâncias alcalinas quando reduzidas a cinzas, e a Palestina tinha várias dessas espécies, como, por exemplo, a planta que os botânicos chamam de *Salsola kali*, a qual cresce em abundância próximo ao mar Morto. Outras plantas desse tipo são a *Ajram*, encontrada próximo ao Sinai, e a *Saponaria officinalis* e a *Mesembryanthemum nodiflorum*, achadas em várias partes da Palestina. *Metaforicamente*, agentes de limpeza são usados para falar da purificação dos pecadores. Marcos 9.3 usa o termo *lavandeiro* para referir-se à gloriosa transfiguração de Jesus, que brilhou com tanta intensidade em seu estado transformado que até mesmo suas roupas assumiram extrema brancura.

SABAOTE. Ver sob *Senhor dos Exércitos* e sob *Deus, Nomes Bíblicos de*.

SABEDORIA

I. TERMOS RELATIVOS AOS TIPOS DE SABEDORIA. 1. *Chokmah* (também transliterado como *hokmah*): habilidade ou destreza na arte (Êx 28.3; 31.6, *et al.*); habilidade mais elevada de raciocínio, prudência, inteligência (Dt 4.6; 34.9; Pv 10.1, *et al.*). **2**. *Sakal*, ser prudente, circunspecto (1Sm 18.30; Jó 22.2, *et al*). **3**. *Tushiyah*, retidão, bom conselho e compreensão (Jó 11.6; 12.16; Pv 3.21, *et al.*). **4**. *Binah*, compreensão, introspecção, inteligência (Pv 4.7; 5.5; 39.26; Dt 4.6; 1Cr 12.32; Dn 1.20; 9.22; 10.1, *et al.*). **5**. *Sophia* (no Novo Testamento), palavra geral para todos os tipos de sabedoria, divina e humana (Lc 1.17; 11.31,49; At 6.3,10; Rm 11.31; 1Co 1.17,19; Ef 1.8,17; Tg 1.5; 3.13, 15, 17; 2Pe 3.15; Ap 5.12; 13.18; 17.9, *et al.*).

II. CARACTERIZAÇÃO GERAL. Ter sabedoria é pensar bem e agir bem em qualquer empreendimento realizado, seja secular ou espiritual. Deus é a principal fonte de todo o bom pensamento e de toda a boa realização, pois seu espírito vive no homem, é expresso nele e conduz o caminho. Ver o artigo *Teísmo*: O Criador permanece com sua criação, orientando, dando recompensas e punindo. Contraste isto com *Deísmo* (também no *Dicionário*): a força criativa, pessoal ou impessoal, abandonou sua criação às mãos da leis naturais. A sabedoria pode ser destreza mecânica e habilidade nos trabalhos manuais (Êx 28.3); a arte dos mágicos (Gn 41.8; Êx 7.11); sagacidade, aprendizado, experiência, aplicação do conhecimento (Jó 12.2; 38.37; Sl 105.22); as filosofias engenhosas dos pagãos (1Co 1.20; 2.5; 3.19).

A sabedoria é um atributo de Deus (1Tm 1.17; Jd 25) e um presente especial de Deus ao homem (At 6.10; 1Co 2.6; 12.8; Ef 1.17; Tg 1.5; 3.15-17). Jesus, o Cristo, era a sabedoria personificada (1Co 1.30).

A sabedoria era tratada como uma senhora nobre que é tanto profetisa quanto professora (Pv 1.20-33; 9.1-6). Esta mulher é mãe e esposa, e pode tornar-se irmã de alguém (Ct de Salomão; Pv 7.4; 31.10). Como esposa e mulher, é uma boa conselheira e mestra (Pv 8.6-10, 14). É contrastada com a mulher ignorante e profana (Pv 9.13-18). A Boa senhora "seduz" aos bons pensamentos e atos; a senhora ignorante está interessada apenas no corpo, em seus apetites e adornos (Pv 2.16; 5.3-20; 7.5-27). Este motivo de Sabedoria Feminina repete-se em outros livros judaicos, como Sabedoria de Salomão, Siraque, Baruque e em algumas passagens dos materiais do Qumran.

III. A MAIOR FONTE DE TODA SABEDORIA. ... *ao Rei eterno, imortal, invisível, único Deus* (1Tm 1.17); ... *O único Deus, nosso Salvador* (Jd 25). O teísmo bíblico representa Deus como o dono de qualidades humanas mais nobres em grau infinito. Platão transformou a sabedoria em um de seus "universais", a partir da qual fluem todas as manifestações inferiores da mesma qualidade, e isto está em consonância com o pensamento bíblico. A sabedoria é atribuída à Deidade (1Rs 3.28; Is 10.13; 31.2; Jr 10.12; 51.15; Dn 5.11). Deus tornou conhecida sua sabedoria na natureza e na revelação. Ele a abre à intuição humana se um homem for piedoso e estiver em busca de um caminho mais alto (Rm 11.33; 1Co 1.24,26; Tg 1.5; Ap 7.12; At 6.10; Ef 1.17; Cl 1.9; 3.16). Logicamente, a despeito destas revelações, a sabedoria divina não pode ser alcançada pelo homem em nenhum sentido completo, mas é meramente um aspecto da salvação do homem (o ser finito, em constante movimento em direção a Deus, o Infinito). Esse é um processo eterno. Ver as anotações sobre 2Coríntios 3.18 no *Novo Testamento Interpretado*. Como há uma infinidade a ser preenchida, deve também haver um preenchimento infinito.

IV. A UNIDADE DA VERDADE. Os patriarcas da igreja primitiva, particularmente aqueles da igreja oriental que foram influenciados pela filosofia grega, descreveram toda a verdade como uma unidade regida divinamente. Deus, a fonte da verdade, é encontrado em todos os ramos do conhecimento e é o objeto real de todo o conhecimento. Isto significa que mesmo o chamado "conhecimento secular" é, de fato, apenas um ramo da *teologia*. Todas as disciplinas meramente tentam seguir o raciocínio divino e, quanto mais descobrem, mais revelam o intricado trabalho da mente divina. Se estudo biologia, descubro, em um grau pequeno, como Deus operou nas coisas vivas. Se estudo matemática, descubro um pouco sobre o Grande Matemático. Deus é o Grande Intelecto, e eu sou um intelecto pequeno recortado, eu poderia dizer, do mesmo molde, uma pequena fagulha da Faísca Infinita. Um livro de sabedoria como Provérbios não descansa em revelações divinas dogmáticas, mas é um livro da busca humana pela compreensão e pela sabedoria do modo que isso se aplica à vida diária. O livro presume que pode ser feito progresso significativo em direção à sabedoria pelos homens piedosos e diligentes, mesmo sem o auxílio da revelação. Um livro de sabedoria negativa como Eclesiastes presume que a busca é fútil, mas podemos divertir-nos com ela, participando nos pequenos prazeres da vida que são o *summum bonum* do homem, ainda que fúteis.

A religião natural é uma busca legítima e útil, pois Deus está em tudo, deixando pegadas a serem seguidas por aqueles que estão em uma busca honesta. Tudo é a mão de Deus estendendo-se ao homem, mas o homem deve buscar o Divino através do estudo, da oração e da piedade.

A verdade mais alta e unificadora. Um grande princípio que rege toda a busca humana é a *lei do amor*, que inicia no amor a Deus e continua sua manifestação do homem pelo homem. Esta é a base de toda a vida e do viver, de todo o conhecimento e sabedoria. Um homem pode exercitar todos os dons espirituais, mas, se não tiver amor, ele nada é (1Co 13).

Amor divino, todos os amores em excelência,
Alegria dos céus à terra desceu;
Coloque em nós sua habitação humilde;
Todas suas misericórdias fiéis coroe.

Charles Wesley

A canção popular expressa o princípio: "A maior coisa que você jamais aprenderá é apenas amar e ser amado em retorno". O homem *sábio* é aquele que aprendeu esse "segredo" e o pratica.

V. Fontes Secundárias de Sabedoria Bíblicas. 1. Os profetas do Antigo Testamento trouxeram uma revelação preliminar que foi a fonte de alguma sabedoria. Eles não eram sábios a seus próprios olhos, como eram os falsos profetas (Jr 9.23; Is 5.21). Ver a sabedoria de Deus *personificada* em Provérbios 8.22-31. **2.** Outras personagens do Antigo Testamento, como os autores dos diversos livros, incluindo a literatura de sabedoria do Antigo Testamento: alguns salmos, Jó, Eclesiastes; Pv. **3.** O *Logos* inspirou esses instrumentos de sabedoria, mas apresentou o *Messias*, Filho Divino, como instrumento especial. Ele era o revelador de Deus (Jo 1.1-5, 18). Nele (o Logos-Messias) estão escondidos em todos os tesouros da sabedoria e do conhecimento (Cl 2.3). **4.** Os ministros do evangelho, especificamente os *apóstolos*, trouxeram novos livros que elucidaram um conhecimento mais alto sobre Deus e propagaram uma sabedoria mais elevada. **5.** Tais instrumentos (Antigo e Novo Testamento) falavam através de sabedoria acumulada, aprendida, mas também tinham a vantagem da *revelação*. (Ver artigo com esse título e ver também At 6.10; 1Co 2.6; Ef 1.17; Cl 1.9; 2Tm 3.16).

Não bíblicas. 1. Filósofos e homens sagrados de tradições religiosas externas à herança hebraico-cristã, mas ainda operando como instrumentos do Logos, de acordo com a unidade do conceito de verdade. Ver a seção IV deste artigo. **2.** Cientistas e homens de todos os ramos que trabalham bem e trazem novo conhecimento e diversas aplicações desse conhecimento para o bem do homem. Às vezes os poetas têm sabedoria intuitiva. O Logos emprega muitos instrumentos para o benefício do homem, e nenhum campo do conhecimento está totalmente destituído de sabedoria.

VI. Literatura sobre a Sabedoria. Apresento aqui um breve resumo.

Canônica. 1. Alguns dos salmos são composições de literatura de sabedoria. Há 18 classificações dos *Salmos*, uma das quais é "literatura de sabedoria". Ver a introdução àquele livro. Os Salmos 19, 104 e 147 são notáveis salmos de sabedoria. **2.** *Provérbios* é o principal livro de sabedoria do Antigo Testamento e fornece os melhores ditados sábios de rabinos que tocam em cada aspecto da vida humana. Ver a introdução àquele livro para maiores detalhes. **3.** O livro de Jó examina o problema do significado do "louvor desinteressado": O louvor de Deus que não promete nenhuma recompensa pessoal ao fiel. O conceito (errôneo) por trás disso é o *voluntarismo*. Jó é o único livro bíblico que examina com maior profundidade o *Problema do Mal*. "Por que os homens sofrem e por que sofrem como sofrem?" Apenas um claro entendimento da sabedoria de Deus poderia informar-nos do "porquê" do sofrimento. Jó tem algumas respostas, mas deixa muitas perguntas em aberto. Ver a *Introdução* ao livro para maiores detalhes. Jó nega que todo o sofrimento deriva da operação da lei da colheita de acordo com a semeadura. **4.** *Eclesiastes* é um tipo de livro anti-sabedoria, que acaba por informar-nos que a busca da sabedoria é fútil. O *summum bonum* (bem mais alto) do homem são os pequenos prazeres da vida, mas esses também têm valor falso. O livro é pessimista, niilista e cético, e, de fato, um tratado negativo, parecido com a visão grega da sabedoria, em vez de mostrar a visão ortodoxa hebraica. Ver a *Introdução* ao livro para um tratamento mais completo do assunto. **5.** No Novo Testamento temos a sabedoria divina propagada em muitos dos dizeres de Jesus e Paulo. *Tiago* é do mesmo estilo do Antigo Testamento, que se enquadra virtualmente por inteiro nesta categoria. Ver a *Introdução* do livro para maiores detalhes.

Não canônica. 1. *Eclesiástico*, atribuído a Jesus, filho de Siraque (chamado de Sabedoria de Siraque), é semelhante ao livro canônico de Provérbios. A vida ideal é apresentada em muitos dizeres sábios. Ver o artigo sobre esse livro para maiores detalhes. Tal livro é chamado de *apócrifo* pelos protestantes e evangélicos e não foi mantido no cânon palestino. A Septuaginta, contudo, contém o livro e os católicos romanos o aceitam como canônico. Portanto, podemos dizer que era (é) um livro autoritário do cânon alexandrino. **2.** A *Sabedoria de Salomão* tem o mesmo status canônico e não canônico de *Eclesiástico*, e é considerado o melhor desses livros por muitos estudiosos. O livro combina conceitos da sabedoria do Antigo Testamento com aqueles dos melhores filósofos gregos.

Enquanto a literatura de sabedoria do Antigo Testamento não menciona as grandes histórias dos livros históricos do Antigo Testamento, nem os pactos, nem faz apelos diretos à lei etc., é ir longe demais chamá-la de "corpo estranho de literatura" dentro do cânon do Antigo Testamento. É verdade que esses livros representam a busca humana pela sabedoria sem a intrusão contínua da revelação para explicar todas as coisas. Ao mesmo tempo, muitos dos dizeres são elaborações dos conceitos básicos da lei de Moisés.

Os livros representam quatro categorias: natural, experimental, judicial e teológica, que obviamente vão além da dependência contínua da revelação, que é encontrada em grande parte do Antigo Testamento.

Em concordância com o restante do Antigo Testamento, esses livros têm forte fundamentação antropocêntrica e uma interpretação enfaticamente teísta da vida. Problemas humanos, como vida longa, saúde, riqueza, crianças, ambições terrenas, são os principais assuntos, e a busca depende do intelecto e da intuição, em vez de depender da revelação divina.

Portanto, esses livros de certo modo representam a filosofia da religião natural. Contudo, dizer que são apenas dessa natureza seria certamente um grande exagero.

VII. Sabedoria de Acordo com a Filosofia. **1**. Platão fazia da "sabedoria" uma das quatro principais virtudes, juntamente com a coragem, a temperança e a justiça. A sabedoria é o conhecimento do todo, bem como a capacidade de aplicar esse conhecimento de forma correta e justa, em qualquer situação dada. Segundo ele, o rei-filósofo deveria ser treinado para não somente ser o homem mais sábio, mas também o mais justo, o que o qualificaria a governar. A sabedoria deve proceder do mundo das ideias, porquanto todas as qualidades, das maiores às menores, são apenas imitações ou reflexos deste mundo material e da percepção dos sentidos. Assim sendo, em última análise, a sabedoria é uma qualidade divina inerente que os homens possuem em certo grau e que têm a obrigação moral de cultivar. **2**. *Aristóteles* falava sobre a sabedoria especulativa e sobre a sabedoria prática, refletindo, assim, a diferença entre *sophia* e *phrónesis*. A sabedoria especulativa (que poderíamos designar aqui como "sabedoria") requer a aplicação de rigorosa filosofia e de um raciocínio bem controlado, a busca das causas primeiras e dos princípios. Essa pesquisa pode ser vista de modo mais proeminente na *teologia* e então na *metafísica*, também conhecida como a primeira filosofia. A sabedoria prática corresponde à *phrónesis*, "prudência", de Aristóteles, e relaciona-se à conduta prudente na vida diária. **3**. Os filósofos *cirenaicos*, *epicureus* e *estoicos* enfatizavam a *phrónesis*, ou seja, a sabedoria prática. **4**. *Tomás de Aquino* cristianizou a ideia de Aristóteles, preservando a distinção entre a sabedoria especulativa e a sabedoria prática. Ele via a principal expressão da sabedoria especulativa na teologia revelada e nas operações iluminadoras do Espírito Santo. **5**. *Nicolau de Cusa* não se impressionava muito diante da sabedoria humana, preferindo chamá-la de "ignorância informada". **6**. *Spinosa* tinha sua própria divisão dupla. Ele falava sobre a *ratio*, "razão", relacionada ao conhecimento e às leis científicas, e sobre a *scientia intuitiva*, "conhecimento intuitivo", através da qual o indivíduo pode chegar a "ver" o universal em todos os particulares da existência. Esta seria a verdadeira sabedoria, mediante a qual o indivíduo compreenderia as essências e significados da existência e do ser, ou seja, "a vida sob o aspecto da eternidade".

Fé

Oh, Mundo, não escolhestes a melhor parte!
Não é sábio ser apenas sábio,
E fechar os olhos para a visão interior.
Mas é sabedoria acreditar no coração.
Colombo achou um mundo, e não tinha mapa;
Confiar na empresa invencível da alma
Era toda a sua ciência, toda a sua arte.
Nosso conhecimento é uma tocha fumegante
Que ilumina o caminho um passo de cada vez,
Através de um vazio de mistério e espanto.
Ordena, pois, que brilhe a luz terna da fé,
A única capaz de dirigir nosso coração mortal
Aos pensamentos sobre as coisas divinas.

George Santayana

SABEDORIA DE SALOMÃO

I. Títulos. Este livro, falsamente atribuído a Salomão, recebeu diversos títulos diferentes: a Septuaginta diz *Sophia Salomonos* (Sabedoria de Salomão); as traduções Latina e Vulgata apresentam *Livro de Sabedoria*; a igreja antiga, em sua maioria, favorecia o título latino; Clemente de Alexandria deu o nome *Sabedoria Divina*, que Orígenes também favorecia; Agostinho o chamava de *Livro de Sabedoria Cristã*. Não há um título hebraico, pois o livro foi escrito em grego. Ao contrário da Torá e dos Profetas, os livros de sabedoria (ver *Sabedoria*, cujo artigo inclui anotações sobre a *Literatura de Sabedoria*) não eram produtos de guardiães autoritários do cânon do Antigo Testamento, nem seus autores eram considerados profetas (os porta-vozes de Deus), mas perspicazes observadores e comentaristas que empregavam, principalmente, o *mashal*, ou provérbio. Seus ensinamentos cobriam ampla gama de assuntos de interesse à vida humana, e os estilos literários eram variados.

II. Status Canônico. O cânon hebraico (palestino) rejeitou este livro, atitude que foi seguida por evangélicos e protestantes. Seria impensável para os judeus da Palestina aceitar um relato dos judeus da Dispersão escrito em grego. Mas era natural para os judeus da Dispersão que utilizaram tais relatos aceitar certos livros. Este livro é encontrado na Septuaginta, o mesmo ocorrendo no chamado cânon alexandrino. Esta sugestão foi seguida pela igreja Católica Romana, que chama o livro de canônico, enquanto os protestantes o denominam apócrifo. O Concílio de Trento (ver) não hesitou em incluir o livro na Bíblia Católica Romana. Várias versões antigas, além da grega (Septuaginta), também incluíam o livro, a saber, as versões latina, siríaca e armênia. Vários patriarcas da igreja inicial tanto do Oriente como do Ocidente atribuíam ao livro status canônico, como Clemente de Alexandria, Orígenes, Eusébio e Agostinho. O livro também aparece na lista canônica do fragmento Muratoriano, que era, contudo, uma lista de livros canônicos do Novo Testamento!

III. Caracterização Geral. Como vimos, um grande segmento da igreja cristã aceitou este livro como canônico, seguindo o chamado cânon alexandrino, que é exemplificado na Septuaginta. Mesmo aqueles que o consideraram apócrifo de modo geral reconheceram o grande valor desse livro e muitas vezes o apontaram como o melhor dos trabalhos apócrifos. Há, indubitavelmente, alusões e empréstimos do livro no Novo Testamento. Ver maiores detalhes a respeito sob a seção VI, *Influências*. O livro é uma exortação hábil para o homem espiritual sério buscar sabedoria e, assim, ampliar sua espiritualidade. A sabedoria é uma essência divina e está disponível a homens finitos. Embora muito da sabedoria do Antigo Testamento influencie esse livro, os capítulos 6-9 claramente repousam na filosofia grega. A sabedoria trazia prosperidade e bem-estar a Israel, enquanto os pagãos, que não a tinham, pereciam (caps. 10-19). Os capítulos 11-19 são quase certamente de um autor separado, que nenhuma vez emprega o termo sabedoria. Mas as instruções dessa seção dão margem a muita reflexão sobre a natureza da punição de vários tipos de apostasia e idolatria, contrastando Israel às nações pagãs.

O autor (es) exibe (m) considerável habilidade literária, empregando a retórica e figuras literárias como equilíbrio, personificação, ironia, jogo de palavras e piadas sutis. O aprendizado grego definitivamente está por trás da composição, cuja produção provavelmente é da responsabilidade de algum (ns) judeu (s) helenístico (s). Uma característica notável do livro é a identificação de *retidão com sabedoria* (Parte II, 6.12-10.21). A senhora Sabedoria, parceira de Deus, é muito elogiada e até mesmo considerada parceira do autor do livro (6.14; 9.4). Mas a declaração da autoria por parte de Salomão está apenas em uma convenção literária que nada tem a ver com fato histórico.

Um tema principal do livro é a presença salvadora de Deus (teísmo), e este poder é estendido a todos os povos, o que teríamos esperado de uma produção helenística. O Deus desse livro é um Deus que intervém nas atividades humanas, quer para salvar, quer para julgar, conforme as escolhas do homem.

A Parte III fornece uma explicação da justiça de Deus. Ele não pune os pecadores sem causa e sem sabedoria (ver 11.15-12.27). Todos os julgamentos são cuidadosamente pesados com amedrontadora precisão (11.20).

A Parte IV, que se inicia em 16.1, contrasta o cuidado de Deus em relação a Israel (os fiéis) com seus julgamentos de pecadores, apóstatas e idólatras. O autor emprega toques literários helenísticos, como, por exemplo, quando descreve a *escuridão* como criadora de uma prisão de medo para os egípcios (17.2-21).

IV. Autor e Data. Este livro, de autoria composta (desconhecida), foi escrito em grego, provavelmente na Alexandria e ao final da primeira metade do primeiro século a.C. O livro exibe conhecimento da filosofia helenística e de estilos literários que eram comuns ao período de 100 a.C. a 100 d.C. O autor aparentemente desconhecia os escritos de Filo Judeu (20 a.C. a 50 d.C.). Qualquer livro helenístico judeu escrito durante ou depois da época de Filo muito provavelmente teria emprestado algo dele. A ausência de quaisquer empréstimos óbvios implica que o livro foi produzido antes de sua época.

Os antigos deleitavam-se em atribuir livros a pessoas famosas, *primeiro* para ampliar a importância de seus escritos e, *segundo*, para honrar ao "mestre" cujo nome havia sido emprestado. Não há nenhuma chance de que Salomão tenha escrito qualquer parte deste trabalho grego helenístico.

V. Conteúdo. Este livro pode ser dividido convenientemente em *quatro seções*: **1ª. seção: 1.1 — 6.11**. Esta seção serve como um tipo de prólogo que persuade os leitores a buscar a *retidão* na qual a *imortalidade* será atingida, o que um homem verdadeiramente *sábio* faria. Esta seção ilustra os princípios com exemplos de pessoas "sábias" que fizeram aquilo que o autor as persuadiu a fazer, em contraste com seus adversários arrogantes. Os sábios, que fazem a vontade de Deus, reinarão com Deus para sempre. Assim, temos uma afirmação clara e forçosa da *imortalidade* (ver), em contraste com a maior parte do Antigo Testamento, que tem poucas referências claras a essa realidade importante. **2ª. seção: 6.12 — 10.21**. Esta seção é destinada a cantar o louvor da *senhora Sabedoria*, caracterizada como parceira de Deus e do autor do livro (6.14; 9.4). Também nessa seção afirma-se a autoria do rei Salomão. Em todo o caso, a senhora Sabedoria é retratada como uma grande figura, recebendo algumas descrições que fazem lembrar descrições egípcias da deusa Ísis, a patroa da sabedoria. A segunda seção foi apropriadamente chamada de "o Livro de Sabedoria Adequada". **3ª. seção: 11.15 — 12.27**. Dois propósitos dominantes inspiraram a redação desta seção: *a*. uma explicação sobre a justiça de Deus no mundo, incluindo seu modo de governar (11.15 — 12.27); *b*. O apelo do autor aos judeus para que rejeitem os modos pecaminosos dos pagãos que provocaram o julgamento de Deus sobre eles. A adoração à natureza recebe uma denúncia especial (13.1-9) e a idolatria é fortemente criticada (13.10 — 14.8). Nesta seção temos uma repetição da teoria de Euémero (300 A.c.) sobre a origem da idolatria, isto é, que os primeiros deuses eram mortais deificados (14.9 — 15.6). **4ª. seção: 16.1 — 19.22**. Esta seção apresenta *sete contrastes* entre o sábio e o tolo, o bom e o mau, o sagrado e o não sagrado, com base na experiência de êxodo de Israel. A mensagem geral (desenvolvida de forma elaborada e poética) é a de que Deus se importa com seu povo enquanto continua sendo severo (em julgamento) com seus adversários. Deus empregou várias armas para cumprir seus propósitos: pragas e desastres que incluíram água, animais, morte súbita e utilização divina da luz e do escuro. O escuro é poeticamente chamado de "prisão do medo" que retém os ímpios.

VI. Influências. Para parte significativa da igreja, este livro forneceu uma boa fonte de lições e sermões, enquanto outra parte, temerosa da palavra *apócrifo* vinculada ao livro, perdeu seus benefícios. Vários patriarcas iniciais, tanto do Oriente como do Ocidente, não hesitaram em empregar o livro para o ensino e a edificação. O próprio Novo Testamento tem várias alusões e empréstimos verbais do livro (como segue: Rm 1.18-23 parece ter alguns empréstimos dos capítulos 11-14; o trecho de Romanos 1.19 ss. assemelha-se com 13.1-9; Rm 9.19 é um eco de 12.12 e 15.7, onde, para ilustrar a soberania de Deus, é empregada a mesma analogia do fabricante de vasos e da argila. A paciente resistência de Deus em Rm 2 é similar a 11.23 e 12.10,19; Rm 5.12 é parecido com 2.24; através do trabalho do demônio, a morte entrou na esfera terrena. Ef 6.11-17 se parece com 5.18-20, mas aqui a real dependência pode ser de Is 59.17. A linguagem cristológica, como em Cl 1.15 e Hb 1.2 ss. e João 1.9, pode refletir 7.25 ss. Cf. ainda João 1.1 com 9.1 ss). Intérpretes cristãos encontraram nesse livro profecias messiânicas, tanto da encarnação de Cristo como de sua crucificação (2.12-20; 14.7; 18.15).

A lição que ganhamos disso tudo é que os bons livros que contêm altos ideais espirituais e elevadas doutrinas são úteis para todos os homens espirituais, sejam eles rotulados como canônicos ou não canônicos. De acordo com o judaísmo helenístico (que emprestava da filosofia grega), este trabalho afirma enfaticamente a imortalidade da alma. Os autores do Novo Testamento incorporaram este desenvolvimento, que ia muito além de qualquer ensinamento do Antigo Testamento. A imortalidade, não a abundância material, é a principal preocupação do homem bom. O autor desse livro estava atrás de uma perspectiva "de outro mundo", em contraste com o judaísmo antigo. Ele encontrou uma solução para o problema do mal (ver) ao olhar para a eternidade, onde todas as feridas serão curadas. A personificação da Sabedoria por parte do autor era sugestiva do Filho, da mesma forma que a manifestação da sabedoria de Deus e certas passagens do livro têm sido úteis para a formação do conceito de trindade, embora não seja possível que o autor tenha antecipado tal pensamento.

SABEDORIA DE SIRAQUE. Ver *Eclesiástico*.

SABETAI

No hebraico, *nascido no sábado*, ou *meu descanso*. **1**. Um hebreu do século quinto a.C., um importante levita associado a Esdras que ajudou a explicar a Lei ao povo depois de Ed ter lido o texto em reuniões públicas. (Ver Ed 10.15 e 1Ed 9.14. Ver ainda Ne 8.7 e 1Ed 9.48). **2**. Talvez tenha havido outro homem com esse nome mencionado em Neemias 11.16. Juntamente com Jozabade, ele era um administrador do segundo templo. Alguns identificam o homem ao qual refiro sob os números 1 e 2 como o mesmo homem.

SABEUS

Este talvez seja um nome alternativo para o Semaías de Esdras 10.31. O nome aparece apenas em 1Esdras 9.32. A Septuaginta o translitera como Sebaías.

SABEUS (POVOS)

O significado desse nome é incerto. A RSV adivinha "bêbados" em Ezequiel 23.42. A raiz *shebha* sugere *distúrbio*, talvez em referência a um povo saqueador e destrutor. (Cf. Jó 1.15). A Bíblia em português usa o mesmo nome para dois povos distintos que são chamados por nomes um pouco diferentes em hebraico: **1**. Os descendentes de Sabá. O filho mais velho de Cuxe é chamado assim, ou pelo menos é assim que alguns supõem. Esse homem era um neto de Cuxe (ver Gn 10.7). Seu território era o norte da Etiópia, que incluía o Meroe. **2**. Os descendentes de Jocsã também eram chamados de *sabeus*. Jocsã era um filho de Abraão com Quetura, cujos descendentes vieram a ocupar, juntamente com Edom, partes da Síria e da Arábia (Gn 24.3). Um isolamento relativo os protegia de poderes estrangeiros, mas lhes permitia o comércio com outros países. Seus produtos comerciais incluíam ouro, incenso, pedras preciosas, marfim e uma variedade de outros itens (ver Sl 72.15; Is 60.6; Jr 6.20; Ez 27.22; 38.13). Eles comandavam rotas de caravanas que levavam à África e à Índia. A perícia nos negócios e na agricultura os tornava essencialmente autossustentados. Descobertas arqueológicas indicam que seu lar original se encontrava no norte da Arábia, de onde paulatinamente se espalharam. Até o século XII a.C., eles haviam estabelecido uma capital fortificada em Maribe. No século X a.C. a princesa deles viajou à Jerusalém para testar a sabedoria de Salomão e sem dúvida para promover o comércio com o rico rei hebreu (1Rs 10.1-13; 1Cr 9.1-12). A longo prazo, o sul da Arábia foi consolidado em um estado forte que continuou como tal até o crescimento do Islã.

As regiões gerais desse povo foram exploradas pela Expedição Árabe da *American Foundation for the Study of Man*, organizada por Wendell Phillips. Foi criada uma breve história desse povo com base nessas escavações. Antes de 1200 a.C., ocorreu uma migração para o sul de Sheba e a tribos aliadas; essas tribos se expandiram e formaram uma antiga nação no período entre 1000 a.C. e 700 a.C. Entre os séculos IX e V governaram reis sacerdotes. Foi em cerca de 950 a.C. que a Rainha de Sheba (Sabá) fez sua viagem de cerca de 2 mil km pelo deserto para visitar Salomão, levando com ela uma fartura de presentes (1Rs 10.1-13). Ver o artigo *Rainha de Sabá*, que adiciona detalhes interessantes aos aqui fornecidos.

A Etiópia moderna representa uma mistura de vários povos antigos, entre os quais os sabeus semitas e os sabeus camitas. Não faz muito tempo que a Etiópia enviou a Israel um grande grupo de etíopes semitas que, aparentemente, eram verdadeiros judeus em fé religiosa e, supõe-se, pelo menos alguns deles descendiam do próprio Salomão, mas seria possível provar uma teoria como essa?

SABI

Um nome hebraico de significado incerto, transliterado como Sabele na Septuaginta. O Antigo Testamento canônico não faz nenhuma referência a ele, mas 1Esdras atribui a uma família de porteiros esse nome (5.28). Além disso, alguns descendentes de escravos de Salomão também eram chamados assim (1Esdras 5.34). Eles retornaram a Jerusalém da Babilônia sob a liderança de Zorobabel.

SÁBIO (PROFICIÊNCIA)

Um sábio é tão somente um homem venerável, de grande sabedoria. A raiz latina desse adjetivo é *sapiens*, "sábio". Por outro lado, trata-se de alguém que obteve um desenvolvimento espiritual incomum, o que o faz distinguir-se dos demais homens. Todas as fés religiosas dão lugar à proficiência, a sabedoria, e que é exaltada como um alvo a ser atingido pelos homens. Mas nem todas as religiões creem que todos os seres humanos são capazes de atingir essa meta. Doutrinas como a da predestinação e da depravação dos homens impedem a ideia de a graça iluminadora de Deus ser administrada a todos os homens, sem distinção; dogmas limitam. Apesar disso, o alvo da vida, segundo o neoconfucionismo, é que todos os homens venham a tornar-se sábios. Chou Tun-I afirmava que um sábio dirige de tal maneira a sua vida que obedece à regra áurea; e que o resultado disso é que ele vem a tornar-se sábio, atingindo aquele elevado alvo. A doutrina do meio-termo requer sinceridade e persistência. Por outro lado, You Yen acreditava que o verdadeiro sábio e a sua condição estão acima de nossas categorias, às quais damos nomes.

No cristianismo, Jesus Cristo é a nossa sabedoria, é o modelo segundo o qual nossa transformação metafísica e moral terá lugar (ver 1Co 1.30; 2Co 3.18). E, ainda segundo os ensinos bíblicos, o ministério do Espírito deve ser atuante sobre uma vida humana, para que aquela pessoa venha a ser um verdadeiro sábio. Não podemos esquecer, por igual modo, o estudo das Sagradas Escrituras, com a absorção de seus princípios espirituais. Diz Paulo a Timóteo: ... *desde a infância sabes as sagradas letras, que podem tornar-te sábio para a salvação, pela fé em Cristo Jesus* (2Tm 3.15). A mensagem universal do evangelho de Cristo abriu as portas da proficiência espiritual a todos os homens, posto que nem todos valer-se-ão dessa oportunidade, preferindo permanecer no estado de ignorância espiritual, aquilo que a Bíblia chama de "néscios". A participação na própria natureza divina, incluindo a sabedoria divina, é o alvo final dos remidos (ver Cl 2.9,10; Ef 3.19; 2Pe 1.4).

SABOROSA COMIDA

Do hebraico *matammim*, que significa, literalmente, "coisas gostosas". Os únicos usos desta expressão ocorrem em Gênesis 27.9,14,17,31, onde lemos o relato sobre como Rebeca tentou ajudar Jacó na tentativa de obter o direito de primogenitura que estava em posse de Esaú. O prato foi preparado com leite de cabra misturado a vários legumes. A mistura produzia um bom cheiro, que excitava o apetite, e Isaque foi vítima fácil do plano. Compare a história sobre como *Yahweh* ficou satisfeito com tais cheiros deliciosos, ocasião que, em hebraico, "sabor" é usado no lugar dessa palavra em Gênesis 27 (ver Gn 8.21). A moral da história é que os *cheiros* têm grande significado para os seres humanos.

SABTÁ

Terceiro filho de Cuxe, cujos descendentes habitavam no terço médio do sul da Arábia, ao norte de Cane (Periplus), por volta de 2300 a.C. (Ver Gn 10.7 e 1Cr 1.9.) Era também nome de um lugar na Arábia, provavelmente, na costa oriental ou próxima daí. Diversas localidades têm sido sugeridas, mas nenhuma delas tem sido identificada com certeza. Acredita-se que os cuxitas tenham atravessado o mar Vermelho desde a Núbia, na direção nordeste, entrando pela península da Arábia.

SABTECÁ

O significado desta palavra hebraica é desconhecido. Era o nome de um filho de Cuxe (ver Gn 10.7; 1Cr 1.9) e, segundo alguns, de uma região por ele estabelecida. O local ficava na Arábia, provavelmente na costa oriental, mas há sugestões de outros locais. A conexão entre a pessoa de Cuxe e a região com o mesmo nome era uma migração dos cuxitas pelo mar Vermelho vindos da Núbia, ao nordeste, em direção à península da Arábia.

SACAR

1. No hebraico, *alugado* ou *recompensa*. O pai de Aião, um dos confiados guerreiros ou "heróis" de Davi. Ele era um hararita, um dos "trinta" homens poderosos. É chamado de Sarar em 2Samuel 23.33. Ver também 1Crônicas 11.35. **2**. O quarto filho de Obede-Edom, porteiro cuja família assumiu tal ocupação por hereditariedade (1Cr 26.4). Ele era do ramo coraíta de sacerdotes (1Cr 26.1).

SACERDÓCIO UNIVERSAL DOS CRENTES

Doutrina definitivamente de origem bíblica, mas classicamente formulada por Lutero, que afirma a dignidade, o chamado e o privilégio comum de todos os cristãos perante Deus. Israel distinguia-se de outros povos como *um reino de sacerdotes e uma nação santa* perante Deus (Êx 19.6; cf. Is 61.6), e a igreja é igualmente assim descrita (1Pe 2.9; Ap 1.6; 5.10), chamada a ser *sacerdócio santo, oferecendo sacrifícios espirituais aceitáveis a Deus por meio de Jesus Cristo* (1Pe 2.5), como o louvor e o serviço de amor cristão (Hb 13.15,16; cf. Rm 15.15,16). O NT não liga explicitamente esse sacerdócio real dos cristãos ao sacerdócio de Cristo (mas cf. Hb 10.19-22), em quem o sacerdócio do AT foi plenamente cumprido e, portanto, substituído (cf. Hb 6.20-10.25). Não há nenhuma sugestão no NT para se atribuir qualquer qualificação especial de sacerdócio a pessoas ordenadas para a execução de ministérios na igreja (como argumenta, p. ex., T. F. Torrance, *The Royal Priesthood* [O sacerdócio real], Edinburgh, 1955).

Pais primitivos chamavam os cristãos "raça (sumo) sacerdotal", que apresentava sacrifícios puros a Deus (*cf.* Ml 1.11). Todavia, a designação de bispos e presbíteros como sacerdotes medianeiros, sacrificadores, nos termos do AT, promovida especialmente por Cipriano, nos meados do século III, foi obscurecendo cada vez mais o sacerdócio geral, universal, ou seja, de todos os cristãos. Assim, na Idade Média, os cristãos que não eram clérigos ou monges foram, de fato, relegados a uma posição secundária.

Contra essa distorção protestou Lutero, afirmando que "o nosso batismo nos consagra a todos, sem exceção, e nos torna a todos sacerdotes [...]. Temos todos a mesma autoridade com respeito à palavra e os sacramentos, embora ninguém tenha o direito de administrá-los sem o consentimento dos membros de sua igreja". Em particular, "aqueles que exercem autoridade secular são batizados, como o restante de nós [...]. São sacerdotes e bispos. Eles desempenham seu ofício como um ofício da comunidade cristã" e podiam, por isso, desenvolver a reforma da igreja. Todas as vocações humanas são aceitáveis perante Deus. "Todo sapateiro pode ser um sacerdote de Deus e dedicar-se à sua profissão ao mesmo tempo que exerce seu sacerdócio". Mais ainda: "Em virtude de seu sacerdócio, o cristão exerce poder juntamente com Deus, porque Deus faz o que ele lhe pede e deseja".

Essa doutrina foi fundamental para toda a Reforma. Em Calvino, ela foi mais firmemente baseada no sacerdócio único de Cristo. A Reforma, no entanto, não chegou a abolir propriamente a ordem ministerial, deixando algo de incerto no relacionamento entre o ministério ordenado e o laicato. Na teologia moderna, o sacerdócio universal dos crentes é geralmente reconhecido, mas quase sempre mudado no interesse de um sacerdócio especial dos ordenados, geralmente apresentado como pertencente a uma ordem completamente diferente do sacerdócio geral ("em essência e não somente em grau" — Vaticano II) ou como foco representativo do sacerdócio de todos os demais cristãos. Permanece, então, a verdade: de que, quanto ao sacerdócio universal dos crentes, nenhuma só igreja tem sido capaz de expressar, em sua adoração, obra e testemunho, a plena riqueza dessa doutrina (C. Eastwood).

(**D. F. Wright**, M.A., reitor da Faculdade de Teologia e catedrático de História Eclesiástica do *New College*, Universidade de Edimburgo, Escócia.)

BIBLIOGRAFIA. E. Best, *Spiritual Sacrifice: General Priesthood in the New Testament*, Int 14 (1960), p. 280-290; J. H. Elliott, *The Elect and the Holy: An Exegetical Examination of 1Pedroter 2.4-10 and the Phrase basileion ierateuma* (Supl. de NovT 12, Leiden, 1966); C. Eastwood, *The Priesthood of All Believers. An Examination of the Doctrine from the Reformation to the Present Day* (London, 1960); Lutero, ver *LW*, vols. 35, 36, 39.

SACERDOTAL, CÓDIGO

Ver o artigo intitulado *J.E.D.P.(S.)*, onde *P.(S.)* indica "sacerdotal" (no português) e *priesthy* (no inglês), e que fazem parte daquele artigo que descreve o código sacerdotal. Ver também P (*Código Sacerdotal*).

SACERDOTES, VESTIMENTAS DOS

Ver os artigos intitulados *Sacerdotes e Levitas, o Sumo Sacerdote*. Temos uma descrição sobre as vestes especiais dos sacerdotes comuns de Israel, no primeiro desses dois artigos, em sua quarta seção. Portanto, o que se segue é uma descrição das vestes sacerdotais do Sumo Sacerdote. O sumo sacerdote de Israel não precisava de vestes oficiais fora do desempenho de suas funções. E, quando em serviço, não usava calçados, aparentemente, por uma questão de respeito, mais ou menos como Moisés, diante da sarça ardente, precisou tirar as sandálias. (Ver Êx 3.5). O sumo sacerdote compartilhava, de modo geral, as vestes dos sacerdotes comuns. Mas, além daquelas peças, ele também usava estas outras peças:

1. O peitoral (no hebraico, *hoshen*; Êx 28.15,30). Essa era uma peça quadrada de tecido, que fora dobrada pelo meio. Era feita do mesmo tecido da estola sacerdotal, descrita abaixo. Uma vez dobrada pelo meio, formava uma espécie de bolso. Sobre essa peça de tecido havia doze pedras preciosas engastadas em ouro. Nessas pedras havia os nomes gravados das doze tribos de Israel. Além disso, nas quatro pontas do peitoral, havia argolas de ouro. As duas argolas de cima permitiam que duas tiras prendessem o peitoral aos ombros. E as duas argolas de baixo permitiam que o peitoral fosse preso à estola, por meio de tiras ou cordões de cor azul. (Ver Êx 28.13-28; 39.8-21). No peitoral é que ficavam guardados os misteriosos objetos chamados *Urim* e *Tumim* (vide). Esses dois objetos, provavelmente pedras preciosas, eram usados com propósitos de adivinhação. (Ver Êx 28.30; Lv 8.8). Ninguém, até hoje, desde tempos antigos, conseguiu fornecer uma explicação apropriada desses objetos, embora muitos o tenham tentado. Sabe-se somente que esses objetos eram usados para determinar a vontade de Deus entre opções (ver Nm 27.21), razão pela qual o *Urim* e o *Tumim* talvez fossem apenas sortes. No artigo sobre esses objetos, apresentei várias ideias a respeito.

2. A estola. Essa peça do vestuário do sumo sacerdote era feita de linho fino, bordada em azul, púrpura e escarlate e com figuras douradas. Consistia em duas peças, uma para cobrir o peito e outra para cobrir as costas. Essas duas metades eram ligadas uma à outra sobre os ombros, mediante colchetes de ouro. Esses colchetes contavam com uma pedra de ônix cada; e sobre cada pedra haviam sido gravados os nomes de seis das tribos de Israel, dando um total de doze. Era na estola que ficava preso o peitoral, segundo foi descrito acima. (Ver Êx 28.6-12, 39.2-7). Neste *Dicionário* há um artigo separado sobre a *Estola*, com maiores detalhes. A estola descia, formando uma espécie de robe de cor azul, tecida sem emendas. Chegava até ligeiramente abaixo dos joelhos. A túnica aparecia por baixo da estola, e descia até à altura do chão. Era azul e sem costuras. Havia fendas nos lados, que serviam para passar por ali os braços. Da cintura para baixo, havia um bordado decorativo, representando romãs, nas cores azul, vermelho e carmesim. Havia um sinete de ouro entre cada romã.

3. O cinto (no hebraico, *hesheb*), que era feito do mesmo material que a estola, e que mantinha no lugar esta peça, em torno da cintura do sumo sacerdote. (Ver Êx 28.8).

4. A mitra (no hebraico, *misnepheth*, "enrolado"), que era uma espécie de turbante, de cor azul-escuro. Ao que parece, era uma espécie de gorro em torno do qual era enrolado um pano, formando então um turbante. Na parte da frente havia um diadema de ouro puro (uma placa de ouro), onde estavam inscritas as palavras "Santo a *Yahweh*". Era preso ao turbante mediante um fio azul-escuro. (Ver Êx 28.36-38; 39.30 ss).

Alguns Presumíveis Símbolos Dessas Peças. **1**. *As cores* tinham seu próprio simbolismo: o branco, a santidade; o ouro, a deidade; o vermelho, o sangue da expiação; o azul, o céu ou a espiritualidade. (Ver Dn 10.5; 12.6,7; Ez 9.3; 10.2,7; Mt 28.3; Ap 7.9). **2**. *As vestes*, como cobertura, simbolizavam que a nudez espiritual do ser humano é coberta pelas provisões especiais de Deus, em Cristo. **3**. *As vestes sem costura*, falam de integridade moral e espiritual, ou seja, a retidão que Deus confere. **4**. *O turbante*, parecido na forma com o cálice de uma flor, talvez simbolizasse a vida, o crescimento e o vigor. O sumo sacerdote não podia tirar da cabeça o seu turbante; e, se ele viesse a cair acidentalmente, isso era considerado simbolicamente negativo. (Ver 1Pe 1.24; Tg 1.10; Sl 103.15;

Is 40.6-8). **5**. *O cinto* servia, no Oriente, para segurar no lugar as vestes soltas da antiguidade, a fim de que a pessoa pudesse movimentar-se sem empecilho. Desse modo, o cinto simboliza serviço. Podemos lembrar-nos, nessa conexão, do humilde Cristo que se cingiu ao lavar os pés de seus discípulos. (Ver Mc 10.45). O material do cinto do sumo sacerdote era da mesma cor e do mesmo estilo do véu do santuário, servindo de indício de que as vestes do sumo sacerdote mostravam ser ele o administrador do santuário, em suas diversas funções sacerdotais. **6**. *A parte superior da túnica* era tecida em uma única peça de cor azul. E isso indica a espiritualidade em sua inteireza; a origem celestial do serviço prestado pelo sumo sacerdote e o caráter espiritual de seu ofício também eram destacados. Todo israelita precisava usar fímbrias azuis na borla de suas vestes, relembrando-lhe suas obrigações diante da lei (ver Nm 15.38 ss.). As romãs ali bordadas falavam sobre a vida, e as sinetas entre as romãs talvez indicassem que ele deveria estar sempre atento à voz de Deus. **7**. *A estola*, com a peça dos ombros e com o peitoral, podia ter vários símbolos, como o trabalho que o sumo sacerdote levava aos ombros. Ali havia a insígnia das doze tribos, que ficavam debaixo de sua responsabilidade (ver Is 22.22). No peitoral também havia os nomes das doze tribos, o que servia de lembrete adicional. No bolso formado pelo peitoral, estavam o *Urim* e o *Tumim*, símbolos da função do sumo sacerdote como recebedor e transmissor de oráculos, de orientação espiritual, de sua ação como mediador entre Deus e os homens. O sumo sacerdote não era apenas um juiz. Sua função espiritual visava, essencialmente, à higidez espiritual do povo de Israel. **8**. *O turbante* era emblema de sua autoridade e de suas responsabilidades governamentais. Ele tinha uma coroa que era símbolo de sua autoridade (ver Êx 29.6; 30.30; Lv 8.8). Ele fora escolhido e coroado para ocupar-se de suas funções. Sobre o turbante havia uma placa de ouro com as palavras "Santo a *Yahweh*", relembrando que seu trabalho era inteiramente consagrado a Deus, no tocante aos pecados do povo, procurando guindá-los a um nível espiritual mais elevado. E isso combinava-se com seu trabalho de expiação anual, a sua função principal.

A *unção* do sumo sacerdote mostrou que ele fora devidamente nomeado e equipado para o seu trabalho. No tocante aos tipos, algumas vezes a Bíblia nos dá claras indicações sobre seu significado; mas a questão tem sido sujeitada a exageros, havendo muitas ideias que evidentemente não faziam parte do intuito original. Seja como for, o que dissemos mostra um exemplo dos tipos de coisas que podem ser vistas, como símbolos, nas vestes sumo-sacerdotais.

A Aplicação Maior. Cristo, como o nosso grande Sumo Sacerdote, que substituiu a todos os outros, é simbolizado, de modo preeminente, pelas várias peças do vestuário e das funções dos sumos sacerdotes de Israel, algo obviamente apoiado na mensagem geral da epístola aos hebreus. Ver o artigo separado intitulado *Sumo Sacerdote, Cristo Como*. Ver também sobre *Sumo Sacerdote*.

SACERDOTES E LEVITAS

Ver os artigos separados intitulados *Levitas*; *Levi*; *Tribos* (*Tribos de Israel*); *Sacrifícios e Ofertas*; *Sumo Sacerdote*; *Sumo Sacerdote, Cristo Como*; *Sacerdote, Crentes Como*; *Melquisedeque*; *Sacerdote Eclesiástico*.

I. Desenvolvimento Histórico. Antes do desenvolvimento formalizado do sacerdócio levítico, na família de Arão (o que, segundo alguns estudiosos, só teria sido plenamente organizado depois do cativeiro babilônico), houve as seguintes fases: **1**. *O homem santo, dotado de poderes psíquicos e espirituais*, que era consultado como um oráculo. Esse antigos sacerdotes, fossem eles hebreus ou não, usualmente tinham um santuário (embora tosco), orações, encantamentos etc., tudo o que fazia parte do seu trabalho. Além disso, com frequência ele era uma figura importante, social e politicamente falando. Esperava-se dele que servisse de mediador entre algum poder divino e os homens, e que também fosse capaz de pronunciar-se sobre questões éticas e legais, além de prever o futuro. O brahmanismo, na Índia, é um exemplo de como tal ofício tornou-se hereditário e veio a fazer parte de um sistema de castas. Os sacerdócios egípcios eram altamente organizados, sob o controle do rei, que era o sumo sacerdote do sistema religioso. Na Babilônia, uma classe especializada ocupava-se dos deveres sacerdotais. Nas culturas grega e romana, porém, a questão era um tanto mais livre. Qualquer indivíduo que demonstrasse possuir habilidades psíquicas e espirituais podia tornar-se um sacerdote, embora a história demonstre que havia um número maior de sacerdotes nobres do que plebeus. Com frequência, nessas culturas todas, o sacerdócio funcionava sob o controle do Estado. Na história posterior de Roma, o imperador tornou-se o equivalente ao sumo sacerdote, e era considerado um vulto divino. Em seus primórdios, o budismo e o islamismo não contavam com um sacerdócio. *Na antiga cultura hebreia*, qualquer homem podia ser sacerdote, se mostrasse possuir a capacidade para tanto, mas, durante o período patriarcal, o sacerdócio era desempenhado pelo cabeça de cada família (ver Gn 8.20; 22.13; 26.25; 33.20). Os sacerdotes por muitas vezes tornavam-se líderes nacionais, conforme se vê no caso de Melquisedeque. Embora seja muito duvidoso que ele fosse um hebreu, é certo que ele era semita. E também podemos pensar no caso do Moisés, que foi líder nacional e sacerdote.

2. O Estágio Deuteronômico. Nos tempos de Moisés, os sacerdotes eram todos da família de Arão. Todavia, isso não sucedeu de modo absoluto, pelo que, se é geralmente correto dizer que todos os sacerdotes pertenciam à tribo de Levi (através de Arão), isso não ocorria no caso de todos eles. Pode-se dizer que, se um levita pudesse ser achado, ele era a preferência natural; mas, houve exceções a essa regra. Assim, Samuel exercia poderes sacerdotais, mas ele mesmo não era da tribo de Levi. Talvez seja correto dizer que Salomão foi um rei-sumo sacerdote; e, no entanto, ele era da tribo de Judá. Os profetas também desempenhavam certa função sacerdotal, posto que não formal, no tabernáculo ou no templo. Em face da sua ocupação, os sacerdotes também eram juízes. O filho de Mica, que era efraimita, atuou como sacerdote (Jz 17.5). Outro tanto fizeram alguns dos filhos de Davi (2Sm 8.18), Gideão (Jz 6.26) e Manoá, este da tribo de Dã (Jz 13.19).

3. O Estágio de Transição. Nos capítulos 40 a 48 do livro de Ezequiel, foram favorecidos os sacerdotes zadoquitas (de Jerusalém), o que estreitou a opção de onde podiam proceder os sacerdotes, em Israel.

4. O Estágio Pós-Exílico. O sacerdócio foi monopolizado pelos descendentes reais ou supostos de Arão, enquanto outros levitas ocuparam posições subordinadas e, algumas vezes, manuais. Foi durante esse último estágio de desenvolvimento que emergiu o verdadeiro sumo sacerdote de Israel, embora Arão tivesse sido um protótipo do ofício. Os sacerdotes tinham o direito de receber dízimos e porções determinadas das oferendas. Eles cuidavam do santuário e das formas externas do culto, e envolviam-se no sistema sacrifical. Eram os guardiães das tradições e protegiam a pureza da adoração. No judaísmo posterior, o sacerdote (no hebraico, *cohen*) retinha o privilégio de pronunciar a bênção sacerdotal, e de ser o primeiro a ler o livro da lei. Quando o sacerdócio formal caiu e desapareceu da história, os rabinos retiveram o trabalho dos sacerdotes, em forma simbólica, embora também literal em outros sentidos, tornando-se então os líderes espirituais do povo de Israel.

5. Divisões dos Sacerdotes Levíticos. Três famílias davam prosseguimento ao sacerdócio, em Israel: os descendentes de Gérson, de Coate e de Merari. Outros levitas ajudavam nos cultos, mas, até que ponto, é disputado pelos historiadores bíblicos (ver Nm 3.5 ss.). Sabemos que os levitas que não pertenciam a essas famílias contavam com seus santuários em certos lugares. Mas isso terminou por ocasião das reformas instituídas por Ezequias (ver 2Rs 18.4; 23;8 ss.). Outrossim, conforme já vimos, alguns não levitas envolviam-se nos deveres sacerdotais.

II. Distinções no Ofício e nas Funções Sacerdotais; Argumentos dos Críticos. Na primeira seção deste artigo, mostrei algumas dessas divisões. Quando a família de Arão obteve o monopólio do sacerdócio em Israel, houve uma tríplice divisão. Mas alguns não levitas receberam funções e autoridades sacerdotais. A relação entre os sacerdotes que eram descendentes de Arão e os levitas (da linhagem geral, mas não especificamente de Arão) é algo disputado entre os eruditos. E o problema vê-se complicado ante o fato de que as próprias referências bíblicas a respeito nem sempre são claras, sem falar no fato de que a própria prática seguida nem sempre foi coerente. Assim, enquanto os levitas normalmente assumiam uma posição subordinada aos sacerdotes, em alguns casos eles chegaram a exercer plenos poderes. E por que não, visto que até não levitas algumas vezes assim o fizeram?

A Tríplice Divisão. O ofício e as funções sacerdotais estavam divididos entre o sumo sacerdote, os sacerdotes e os levitas. Todos eles descendiam de Levi. Assim sendo, todos os sacerdotes eram levitas. Porém, nem todos os levitas eram sacerdotes. As obrigações menores, algumas vezes até manuais, como de limpeza, arranjo e arrumação no templo, cabiam aos levitas não sacerdotais. (Seus deveres são descritos em Êx 13: 2,12,13; 22.29; 34.19,20; Lv 27.27; Nm 3.12,13,41,45; 8.14-17; 18.15; Dt 15.19). Eram os descendentes diretos de Arão que, normalmente, desempenhavam o ofício superior do sacerdócio. Essa questão é mais desenvolvida no artigo intitulado *Levitas*, que deveria ser lido juntamente com o presente artigo.

Julius Wellhausen fez um extenso estudo sobre a questão das ordens, da hierarquia e dos serviços prestados pelos sacerdotes, e então sobre a relação entre os levitas e os sacerdotes. E grande parte do estudo crítico sobre essas questões gira em torno de suas observações, bem como das confirmações e negações de tais observações. Sua obra encontra-se em seu *Prolegomena à História de Israel*, em dois capítulos, intitulados "Os Sacerdotes e os Levitas" e "Os Dotes do Clero".

Elementos Básicos das Ideias de Wellhausen. **1**. Ele enfatizava o desenvolvimento do código sacerdotal (ver sobre *P.(S.)*, em *J.E.D.P.(S.)*, o qual, presumivelmente, reflete uma fruição posterior do ofício sacerdotal. **2**. Ezequiel mencionou como os levitas seriam impedidos de entrar no ofício sacerdotal (ver Ez 44.6-16). E daí, Wellhausen deduziu o alegado fato de que, antes disso, os levitas desempenhavam funções sacerdotais, embora nos dias de Ezequiel eles fossem pouco mais do que escravos do templo. **3**. Os sacerdotes descendentes de Zadoque seriam isentados dessa drástica alteração no sacerdócio, porquanto tinham servido no santuário em Jerusalém e não se tinham envolvido nas corrupções dos lugares altos, os lugares de adoração não-autorizada e quase pagã. **4**. Supondo-se que a distinção feita por Ezequiel, entre sacerdotes e levitas, parecia ser apenas uma *inovação*, e não o retorno a um anterior *modus operandi*, ele chegou à conclusão de que o livro de Números não existia ainda nos dias de Ezequiel. **5**. O código sacerdotal *P.(S.)*, da teoria *J.E.D.P.(S.)*, alegadamente frisa somente o sacerdócio aarônico. Em seguida, a esse documento foi negada autenticidade histórica, e seu conteúdo seria mera "ficção". O mesmo argumento afiança que tudo foi uma invenção, para dar autoridade a uma casta sacerdotal que, na realidade, só teria vindo à existência muito mais tarde. **6**. Um violento contraste foi feito entre a elaborada natureza do culto no deserto e a descentralização que houve no período dos juízes de Israel. Presumivelmente, a adoração teria desempenhado um papel secundário nessa versão posterior, o que talvez seja indicado no Juízes 3-16. E Wellhausen acreditava que esse período posterior foi a verdadeira fonte das formas de adoração que ali se desenvolveram. Teria tudo começado com chefes de família que dirigiam os próprios santuários particulares (como o de Eli, em Silo). **7**. Uma ilustração foram as radicais diferenças das duas formas de adoração. Assim, Samuel (que era efraimita, e não levita) servia a cada noite ao lado da arca (1Sm 3.3), enquanto o décimo sexto capítulo de Levítico mostra que somente um sumo sacerdote podia aproximar-se da arca, e isso somente uma vez por ano. **8**. Quando a monarquia centralizou o governo, assim também aconteceu com o sacerdócio, e então a família dos zadoquitas adquiriu grandes poderes. Davi nomeou os zadoquitas, juntamente com Abiatar, a fim de substituírem os familiares de Eli. Não demorou muito, nos dias de Salomão, foi estabelecido um santuário permanente no templo, e então ficou assegurada a proeminência especial de uma casta sacerdotal. Jeroboão teve santuários reais, e os sacerdotes eram responsáveis diante dele, como se ele fosse cabeça do culto religioso (o que também sucedera nos dias de Salomão), seguindo a filosofia egípcia da religião, o conceito do rei-sacerdote. **9**. A centralização do culto foi fortalecida ainda mais, quando Josias aboliu os lugares altos. **10**. Presumivelmente, além da composição do código sacerdotal como uma espécie de base documentar da nova situação (dando-lhe uma falsa antiguidade), veio à tona o ofício *sumo sacerdotal* (vide), mas isso somente já nos tempos pós-exílicos, visto que, no tempo da monarquia, o próprio rei era uma espécie de sacerdote. Esse desenvolvimento, de acordo com Wellhausen, representa um tempo em que governos estrangeiros tinham perturbado a monarquia, pelo que o poder religioso foi transferido para o sumo sacerdote, que então se tornou uma espécie de rei-sacerdote. O código sacerdotal deu ao sistema da época uma espécie de autoridade, com base (mediante invenção) na história antiga. **11**. Sentiu-se que a posição atribuída aos levitas no código sacerdotal (ou seja, uma posição humilde em contraste com os fatos históricos) é o tendão de Aquiles daquele documento, revelando que ele é apenas uma invenção, e não um verdadeiro documento histórico no tocante ao culto religioso de Moisés e do tempo de Arão. De acordo com o pensamento de Wellhausen, esse código, que divide o ministério religioso em sumo sacerdote, sacerdotes e levitas, seria uma contradição com o verdadeiro quadro, onde só haveria sacerdotes levíticos.

Objeções e Argumentos Contra Essa Teoria Crítica. Enquanto alguns aumentavam, e outros reduziam as teorias de Wellhausen, o ponto de vista crítico lhes dava muito valor, pelo que uma resposta a essas teorias serve de uma espécie de resposta geral aos críticos como um todo. **1.** A teoria de Wellhausen depende pesadamente da ideia do *J.E.D.P.(S.)*, acerca da qual escrevi um artigo, e onde há alguns comentários contrários a essa ideia. A reconstituição do material do Antigo Testamento, em supostos blocos, cada um dos quais com seu conteúdo e suas ênfases especiais, parece ser uma atividade muito artificial, e quase sempre exagerada. **2.** As teorias de Wellhausen dependem demais do pressuposto de que os levitas, que tinham sido convidados (segundo Dt 18.6,7) para servir no santuário central, foram justamente aqueles desligados de sua função, quando da abolição dos lugares altos, durante os dias de Josias. Mas as evidências em favor dessa ideia não são convincentes, e o trecho de 2Reis 23.9 parece dizer precisamente o oposto. **3.** A teoria supõe que não havia nos dias de Arão uma clara distinção entre os sacerdotes e os levitas; mas isso parece ser contradito pelo fato de que foi feita uma distinção entre eles no tocante às responsabilidades do povo para com as duas classes. (Ver Dt 18.3-5 e 18.6-8). A própria expressão "sacerdotes e levitas" mostra alguma forma de distinção. (Ver Dt 17.9,18; 18.1; 24.8; 27.9). **4.** As passagens que parecem contradizer as teorias dos críticos são tachadas por eles de *interpolações*, e assim eles fazem-se surdos às evidências que desdizem as ideias deles, pois nenhum argumento veterotestamentário contrário a essas teorias é levado em conta, nem é considerado autoritário. **5. Contradição Acerca dos Dízimos.** Os trechos de Números 18.21 ss. e Levítico 27.30 ss. falam sobre os dízimos dados aos levitas. Porém, a passagem de Deuteronômio 14.22 ss. permite que os israelitas comessem os dízimos em uma refeição sacrifical, o que, presumivelmente, refletiria duas situações contraditórias, talvez originárias de duas diferentes fontes informativas do Pentateuco. Isso, como é óbvio, reforçaria a noção básica da teoria *J.E.D.P.(S.)*. Os intérpretes do Antigo Testamento tradicionalmente têm reconciliado a questão supondo que havia um *segundo dízimo*, conforme também é explicado no Talmude, que o chama de *Ma'aser Sheni*. E alguns estudiosos têm pensado que havia variações nos dízimos, por razões desconhecidas, ou que a ausência de imposição de leis específicas fazia parte de situações aparentemente contraditórias. Nesse caso, o livro de Números exporia o ideal quanto aos dízimos, ao passo que o livro de Deuteronômio refletiria o que sucedia na prática, durante o tempo da conquista da terra de Canaã e da fixação de Israel naquele território. Mas o ponto de vista da alta crítica é que o livro de Números contém a ordem original das coisas, enquanto Deuteronômio mostra aquilo que foi determinado depois que os levitas teriam sido depostos, nos tempos do rei Josias. **6.** Wellhausen acreditava que a denúncia feita por Ezequiel (44.4 ss.) foi o desmantelamento da ordem original e a redução dos levitas a virtuais escravos do templo, de modo contrário à prática antiga. Mas os eruditos conservadores supõem que essa denúncia, na verdade, reduziu os levitas idólatras à posição mais limitada que lhes cabia, ou seja, uma posição de subserviência. E, nesse caso, Ezequiel não estabeleceu nenhum costume novo, apenas reverteu a situação ao que havia sido em seu estado original. **7.** Apesar de o título *sumo sacerdote* ser de origem posterior, isso não significa que o próprio ofício não tivesse sido inaugurado na pessoa de Arão. E assim, aquele ofício não veio à existência somente em tempos pós-exílicos. É lógico que qualquer sistema sacerdotal tivesse de ter um cabeça. Também é natural que tivesse havido desenvolvimentos no ofício, mas a essência do sumo sacerdócio, em Israel, começou com Arão. O próprio título aparece somente em 2Reis 12.10; 22.4,8 e 23.4. Porém, em 1Samuel 21.2 encontramos a expressão "ao sacerdote" (aplicada a Aimeleque), o que também sucede em 2Reis 11.9,10,15 (em alusão a Joiada), e em 2Reis 16.10 ss. (em alusão a Urias). Nesses casos, o artigo definido "o" (dentro de "ao") poderia ter o significado de "sumo". **8.** Não parece que o sumo sacerdote tivesse qualquer autoridade de um monarca. **9.** A suposição de Wellhausen, de que o sumo sacerdote foi ofício originário de tempos posteriores, é uma contradição histórica com aquilo que sabemos acerca das práticas semíticas de uma remota antiguidade, onde havia, sem dúvida, um sumo sacerdote, e não meramente um tipo democrático de sacerdócio sem alguma forte autoridade central. Além disso, é provável que a minimização do ofício sacerdotal tão somente indique que, no tempo da monarquia, esse ofício se tivesse *degenerado*, e não reflita alguma condição existente *antes* de seu desenvolvimento. **10.** Albright opinava que levitas, distintos em sua ordem e função, algumas vezes eram promovidos àquele ofício sacerdotal, pelo que não havia linhas de diferenciação muito rígidas, embora tal distinção fosse mantida de forma geral.

Argumentos e contra-argumentos abundam quanto à questão, mas não parece haver razão sólida para aceitarmos os pontos de vista radicais dos críticos ou para duvidarmos da historicidade básica do Pentateuco, quanto ao assunto do sacerdócio em Israel.

III. Características e Funções. No que tange especificamente aos levitas, forneci amplas informações sobre eles, no artigo a respeito. Mas aqui podemos considerar os seguintes sete pontos: **1.** Os sacerdotes eram ordenados a seu ofício e às suas funções mediante um elaborado ritual (Êx 29; Lv 8). **2.** Eles usavam vestimentas especiais, como sinal de seu ofício, e cada peça de seu vestuário, ao que se presume, tinha significados simbólicos (Êx 28). **3.** O sumo sacerdote estava encarregado de certos deveres especiais, que só ele podia cumprir, como oficiar no dia da expiação, entrando no Santo dos Santos com esse propósito, e servir de principal oráculo do sacerdócio. Também tinha o dever de oferecer a refeição diária (ver Lv 6.19 ss.). Ver o artigo separado intitulado *Sumo Sacerdote*. **4.** Os sacerdotes comuns realizavam todos os sacrifícios (Lv 1-6), cuidavam de questões sobre alimentos próprios e impróprios (Lv 13-14), e estavam encarregados de diversos outros deveres secundários (Nm 10.10; Lv 23.24; 25.9). **5.** Eram sustentados mediante dízimos, primícias do campo, primícias dos animais e porções de vários sacrifícios (Nm 18). **6.** A função original de um sacerdote (no hebraico, *cohen*) era a de ser o intermediário de um oráculo, alguém que dava instruções por inspiração divina, segundo dele se esperava. E isso continuou a ser uma parcela importante do ofício sacerdotal, mormente no caso do sumo sacerdote. Os sacerdotes também eram os guardiães e mestres dos documentos e das tradições sagradas. Finalmente essa função foi transferida para os rabinos, com o desaparecimento do sacerdócio em Israel. Como é óbvio, os profetas compartilhavam dessas atividades; e, de fato, atuavam quase como se fossem sacerdotes, embora sem fazerem parte do sacerdócio, de maneira formal. **7.** Os sacerdotes eram guardiães dos ritos sagrados, os quais promoviam o conhecimento sobre a santidade de Deus e a necessidade de os homens aproximarem-se dele sem a poluição do pecado, mediante os holocaustos apropriados e a mudança de vida a eles correspondentes. Eles queimavam o incenso sobre o altar de ouro, no lugar santo, o que era mesmo um símbolo das funções sacerdotais. Também cuidavam das lâmpadas, acendendo-as a cada novo começo de noite, e arrumavam os pães da proposição sobre a mesa própria, a cada sábado (ver Êx 27.21; 30.7,8; Lv 24.5-8). Eles mantinham a chama sempre acesa no altar dos holocaustos (Lv 6.9,12); limpavam as cinzas desse altar (Lv 10,11); ofereciam os sacrifícios matinais e vespertinos (Êx 29.38-44); abençoavam o povo, após os sacrifícios diários

(Lv 9.22; Nm 6.23-27); aspergiam o sangue, e depositavam sobre o altar as várias porções da vítima sacrificial; sopravam as trombetas de prata e o chifre do jubileu, por ocasião de festividades especiais; inspecionavam os imundos quanto à lepra (Nm 6.22 ss. e capítulos 13 e 14); administravam o juramento que uma mulher deveria fazer, quando acusada de adultério (Nm 5.15); eram os mestres da lei e agiam como juízes quanto às queixas do povo, tomando decisões válidas quanto aos casos apresentados (Dt 17.8 ss.; 19.17; 31-5).

IV. As Vestes Sacerdotais. Nem os sacerdotes comuns nem o sumo sacerdote usavam vestes especiais quando não estavam servindo em suas funções. A mais antiga vestimenta dos sacerdotes parece ter sido o *'epod bad*, uma espécie de pano passado à cintura, e que nossa versão portuguesa chama de *estola sacerdotal* (ver 2Sm 6.14,20). Somos informados, nessa passagem e em 1Samuel 22.18, que essa peça era feita de linho. Já o sumo sacerdote usava uma estola sacerdotal de material mais caro, o *ses* (linho finíssimo), trabalhado em ouro, púrpura e escarlate. Parte dessa peça descia da altura do peito até os quadris, e era mantida no lugar por duas tiras que passavam por cima dos ombros e por outras duas que davam um laço à altura da cintura (ver Êx 39.1-26). Além disso, havia uma estola que era usada para dar oráculos, e que ficava pendurada em um lugar especial, no templo (ver 1Sm 21.9). Os sacerdotes comuns, por sua vez, usavam uma peça que cobria seus quadris e suas coxas (ver Êx 28.42,43; Lv 16.4); e também dispunham de uma longa túnica bordada, com mangas (ver Êx 28.40; 39.27), e um elaborado cinto feito de linho torcido, azul, púrpura e escarlate (ver Êx 28.40; 39.27). Uma espécie de turbante lhes cobria a cabeça (ver Êx 28.37, 39; 29;6;39.28). Não podiam usar nenhuma peça feita de lã, uma regra que também era mantida no Egito e na Babilônia, no tocante aos sacerdotes (ver Ez 44.17). Além disso, no templo, não podiam calçar sandálias (ver Êx 3.5; 19.20). Ali, precisavam andar descalços (ver Êx 3.5; Js 5.15), sem dúvida como sinal de respeito. Quanto às vestes distintivas do sumo sacerdote, ver o artigo intitulado *Sacerdotes, Vestimentas dos*.

1. O sacerdócio do Antigo Testamento tinha Cristo como seu antitipo. Ele incorpora em si mesmo todos os tipos e funções do sacerdócio veterotestamentário. Essa é a mensagem central da epístola aos Hebreus, parecendo muito radical quando foi exposta pela primeira vez, pois anulava uma porção extensa e importante do Antigo Testamento, substituindo-a por um único sacrifício, o de Cristo, no Calvário. Finalmente, a história fez essa substituição tornar-se um fato, posto que o judaísmo moderno retém símbolos que levam avante o espírito da casta sacerdotal do Antigo Testamento. (Ler a epístola aos Hebreus, mormente trechos como 2.14-18, 4.14-16; 5.1-10 e seu sétimo capítulo). **2**. Jesus Cristo também foi o cumprimento cabal do sacerdócio de Melquisedeque (ver Hb 7). Ver o artigo sobre *Melquisedeque*. **3**. Os deveres sacerdotais de Cristo cumpriram-se após o sacerdócio aarônico ter cumprido seu papel, sendo um cumprimento desse sacerdócio; e seu ofício como sacerdote seguiu a ordem ou categoria de Melquisedeque. Ver o artigo intitulado *Sumo Sacerdote, Cristo Como*. **4**. Todos os crentes são sacerdotes. Ver sobre *Sacerdotes, Crentes Como*. As passagens neotestamentárias cêntricas que ensinam essa doutrina são (1Pe 2.5,9; Ef 1.5 ss). Os sacerdotes do Novo Testamento (todos os crentes) têm acesso ao trono celeste por meio de seu Sumo Sacerdote, Jesus Cristo (Hb 10.19-22). O sacerdócio dos crentes é vinculado à filiação deles, o que, por sua vez, é uma maneira de definir a salvação da alma. Visto haver acesso pessoal a Deus, por meio de Cristo, não há necessidade da intermediação de qualquer casta sacerdotal.

Princípios do Sacerdócio Bíblico. **1**. Deus Pai ordena sacerdotes; esse é um privilégio e um ato divino. (Ver Hb.5.4-6). **2**. Sacerdotes eram nomeados mediadores entre Deus e os homens, sobretudo no tocante ao pecado, à expiação e à reconciliação dos homens com Deus. (Ver Hb 5.1). **3**. A expiação pelo sangue de animais sacrificados ocupava o centro das funções sacerdotais. (Ver Hb 8.3). **4**. O trabalho intercessório dos sacerdotes do Novo Testamento (os crentes) repousa sobre a natureza eficaz da expiação de Cristo. E é aí que os crentes obtêm a Deus. (Ver Hb 8.1 ss). **5**. O novo pacto, com base no sacerdócio superior de Cristo, envolve melhores promessas que aquelas do antigo pacto (Hb 8.6). De fato, o novo pacto anulou totalmente o antigo (a totalidade da epístola aos Hebreus).

Bibliografia. L ALB M B BRIN E ND ORR PF UN WEL Z

SACO (PANO DE SACO)

No hebraico, *saq*; no grego, *sakkos*, uma mecha, um pano áspero normalmente feito de pelo de cabra (Is 50.3; Ap 6.12). Este tecido parecia com o *cilicium* dos romanos.

Usos do material. **1**. Para fazer sacos (Gn 42.25; Lv 11.32). **2**. Para fazer roupas humildes, mas duráveis, às vezes usadas próximo à pele, mas às vezes usadas como peças de vestuário externas (1Rs 21.27; Jó 16.15; Is 32.11; Jn 3.6). **3**. Empregado como roupas na época de luto como um tipo de humilhação e pano apropriado para expressar a "dureza" de uma situação (Gn 37.34; Et 4.1-4); usado por homens e por mulheres com vários propósitos (2Rs 6.30; Jó 16.15; Jl 1.8; 2Macabeus 3.19). **4**. Para marcar ocasiões solenes (Gn 37.34; 2Sm 3.31). **5**. Para expressar uma penitência (Jr 6.26). **6**. Meio de autopunição (Is 58.5; Dn 9.3). **7**. Usado em épocas de calamidades nacionais (Is 37.1;1Reis 20.32).

Usos figurados. **1**. De punições pesadas (Sl 35.13). **2**. Retirar o tecido de saco significava a liberação da tristeza (Sl 30.11). **3**. Severos julgamentos pelo Divino (Is 50.3; Ap 6.12). **4**. Os profetas usavam o material como roupa de baixo em sinal de sinceridade e seriedade de seu chamado e de sua missão (Is 20.2; Mt 3.4).

SACRIFÍCIO HUMANO

Temos aí a execução capital do um ser humano, por motivos cerimoniais, como parte de algum culto religioso. Essa prática era generalizada nas antigas culturas, mesmo naquelas que já tinham ultrapassado o nível da selvageria. De modo geral, pode-se dizer que a motivação básica para esse ato era o temor aos deuses ou a poderes desconhecidos. A mentalidade envolvida era que sacrificar um ser humano era uma espécie de sacrifício supremo, que poderia esperar o resultado máximo. Na maioria dos casos, tais sacrifícios eram feitos sob a hipótese de que beneficiavam a comunidade inteira, pelo que eram vistos ou como um serviço prestado por aqueles que eram forçados a tal situação, ou que se apresentassem voluntariamente como vítimas. O indivíduo assim sacrificado, pelo menos em algumas culturas, poderia esperar encontrar um favor todo especial da parte dos deuses ou das forças cósmicas. Ou então, no caso dos pais que sacrificassem os seus filhinhos, pensava-se que os genitores haviam realizado um nobre serviço que só podia ficar no aguardo da recompensa correspondente.

Propósitos do Ato. Esses propósitos eram aplacar os deuses, evitando assim as pragas, ou pondo fim às mesmas, prevenir contra o fracasso nas colheitas; invocar as chuvas, garantir vitórias nas batalhas; conseguir curas; fazer expiação pelos pecados da comunidade; enviar um mensageiro (a alma liberada do corpo físico) aos deuses; comungar com os deuses mediante a ingestão de carne humana, que muitos povos antigos pensavam ser a residência de algum deus, obter riquezas ou favores da parte dos poderes divinos, ou, finalmente, grosso modo, evitar catástrofes e agradar aos deuses, que haveriam de reconhecer a grande natureza do sacrifício efetuado.

Na Bíblia. Ficamos desolados diante do vigésimo segundo capítulo de Gênesis. Nenhuma explicação pode aliviá-lo de sua demonstração de uma religião primitivista. Mesmo que Abraão tenha crido sinceramente, que Deus requerera dele um sacrifício humano, e isso de seu próprio filho, é impossível crer que Deus lhe tenha dado, realmente, tal mensagem. Abraão teria agido em boa fé; mas o Senhor não estaria vinculado à questão, sob hipótese alguma. E óbvio, pois, que Abraão ainda retinha traços de selvageria e paganismo em sua fé, apesar do seu grande avanço espiritual. Podemos extrair do relato muitas boas lições morais; mas é catastrófico para a fé religiosa sã, a suposição de que Deus, sob qualquer circunstância ou razão, tenha ordenado que se fizesse um sacrifício humano. Mais tarde, na legislação de Israel, os sacrifícios humanos foram estrita e enfaticamente proibidos. (Ver Lv 18.21). E a pena de morte era imposta aos desobedientes (Lv 20.2,3).

SACRIFÍCIO VESPERTINO

O povo de Israel tinha, como uma de suas instituições, a queima contínua de ofertas. Pela manhã, era feito o sacrifício de um cordeiro, com certa quantidade de cereais. À noite, o mesmo sacrifício se repetia. Nessas oportunidades também havia uma oferta sob a forma de libação de pequena quantidade de vinho. (Ver Êx 29.38-42; Nm 28.3-8). E o trecho de 2Crônicas 13.11 mostra que isso era um importante elemento do judaísmo antigo. Todavia, dentro do sistema sacrifical do templo restaurado de Ezequiel, um templo ideal, somente os sacrifícios matinais foram retidos. (Ver Ez 46.13-15).

SACRIFÍCIOS

Sacrifícios que podiam ser comidos, ou que, de alguma outra maneira, conferiam certo benefício pessoal para os sacerdotes: **1**. A oferta queimada dos governantes (um cabrito), bem como a oferta pelo pecado oferecido pelo povo comum (uma cabrita ou um cordeiro) (ver Lv 4.22 e ss e 27 e ss. Comparar com as regras que aparecem no sexto capítulo do livro de Levítico, acerca de comer ou não os sacrifícios). **2**. A pomba oferecida por um homem pobre (ver Lv 5.9). **3**. A oferta pela transgressão (ver Lv 7.7). **4**. A pele da oferta queimada, inteira (ver Lv 7.8. O sacerdote podia ficar com o couro). **5**. A oferta movida do peito e do ombro das ofertas pacíficas. **6**. As ofertas movidas da festa das Semanas, em sua inteireza.

Mas as ofertas de que os sacerdotes não podiam participar, eram as seguintes: **1**. A oferta pelo pecado do sumo sacerdote, por si mesmo (ver Lv 4.5-7,12). **2**. A oferta pelos pecados de ignorância do povo (ver Lv 14.16-21, e com Nm 15.24). **3**. A oferta pelo pecado do sumo sacerdote e do povo combinados, no grande Dia da Expiação, cujo sangue era levado ao Santo dos Santos, e não somente ao Lugar Santo (ver Lv 16.27).

Além disso, há uma regra geral, à qual o autor sagrado sem dúvida fez alusão, e que se acha em Levítico 6.30: "Nenhuma oferta pelo pecado, da qual o sangue era levado ao interior do tabernáculo da congregação, para reconciliar, no lugar santo, seria comida; seria queimada no fogo" (Alford, citando *Delitzsch*).

O sacrifício de Cristo não pode ser pessoalmente apropriado por aqueles que insistem em aferrar-se aos antigos caminhos, porque foi um sacrifício efetuado fora do portão, e nada de seu benefício foi deixado no interior do tabernáculo, para uso dos sacerdotes. Somente aqueles que saem com Cristo, até fora da porta, podem ser beneficiados.

SACRIFÍCIOS DE ANIMAIS. Ver o artigo sobre *Sacrifícios*.

SACRIFÍCIOS E OFERTAS

I. Caracterização Geral. Na maioria das fés antigas do período antes de Cristo, o sacrifício era o principal instrumento de louvor, o modo mais favorecido de tentar aproximar-se do Divino. No tangente à fé hebraica, os livros de Levítico, Números e Deuteronômio eram as principais compilações das regras que regiam a prática. Originalmente, os materiais comestíveis utilizados para sacrifícios eram considerados o "alimento" dos deuses ou de Deus. Os sacrifícios dos israelitas eram, essencialmente, de duas classificações amplas: **1**. O *sacrifício do pacto*, com sua refeição sacramental. A Deidade era considerada o anfitrião da refeição, e os participantes, seus amigos e membros companheiros no acordo que estava sendo feito. Os membros companheiros eram os "convidados" da refeição sacrificial. Achava-se que o ritual tinha por propósito estabelecer um laço de amizade e obrigação mútua entre o "anfitrião" e os "convidados". **2**. O *sacrifício tabu* transformava todos os materiais usados em produtos da criação da Deidade. Os materiais eram de origem tanto vegetal como animal. O tabu proibia o uso por humanos dos materiais designados, sendo esses propriedade exclusiva do Divino. Quando os sacrifícios eram realizados, a redenção e a expiação eram alcançadas, bem como eram obtidas bênçãos para os participantes que apaziguavam a (s) Deidade (s) através de seus atos. Os primeiros frutos da doação de materiais eram do tipo tabu.

Os materiais para sacrifícios poderiam apenas ser de propriedade doméstica e agrícola do homem. Animais silvestres não poderiam ser usados, nem materiais vegetais que crescessem de forma silvestre, distante do cultivo humano. O sacrifício precisava ter um "toque pessoal". Originalmente, todos os animais domésticos mortos para alimentação eram considerados sacrifícios, mas posteriormente cerimônias específicas passaram a limitar o sacrifício a rituais especiais e regulados.

Muitos oráculos locais estavam envolvidos em sacrifícios, mas, a longo prazo, houve um esforço para limitar os sacrifícios ao templo e seu lar, Jerusalém. A Reforma Deuteronômica ocorreu por volta de 621 a.C., segundo as avaliações dos críticos, mas muito antes, segundo o pensamento de conservadores, que associavam a limitação com regulamentações mosaicas instituídas por Davi e Salomão. (Ver Dt 12).

No período pós-exílico (depois de 539 a.C.), o sistema de sacrifícios judeu foi sistematizado. O antigo *sacrifício do pacto* passou a ser chamado de *oferta de paz*, enquanto o tipo *tabu* foi dividido em várias classificações, como a oferta queimada, a oferta de refeição, a oferta por pecados, com sua subdivisão de oferta por culpa. Todos os sacrifícios estavam envolvidos em algum tipo de propósito de acordo ou expiação. A destruição de Jerusalém em 70 d.C. provocou o fim do sistema sacrificial judeu. Os rabinos supunham que a oração, os símbolos rituais e o serviço humanitário tivessem tomado o lugar do antigo sistema de sacrifício. Tal atitude prevaleceu em tempos modernos.

II. Classificação dos Sacrifícios. Já vimos algo sobre isso nas descrições anteriores relativas aos sacrifícios do "pacto" e do "tabu". Sob a lei mosaica, temos ainda outras divisões: **1**. Sacrifícios efetuados para estabelecer e ampliar a comunhão do homem com o Divino. Os meios de estabelecer a comunhão eram a expiação, as ofertas por pecados e as ofertas por violações. **2**. Uma vez estabelecida a comunhão, pensava-se que sua preservação e ampliação fosse alcançada através de ofertas queimadas, *ofertas de paz*, que incluíam ofertas de agradecimento, de votos, de desejo livre, e de carne e bebida.

O adorador perdoado avançava em comunhão com o Divino e cria-se que tal avanço era mediado pelo intricado sistema de sacrifícios.

III. Materiais Empregados. Esses materiais eram de *duas classes principais*: em primeiro lugar, o *sangrento* (sacrifícios de animais). Originalmente incluíam o sacrifício humano, mas a lei mosaica denunciou essa prática (um lembrete do que vemos na intenção de Abraão de sacrificar seu filho, Isaque). Em segundo plano, havia os sacrifícios *não sangrentos*, isto é, de produtos vegetais e agrícolas.

1. Os sacrifícios animais eram realizados com os *cinco animais nobres*: o boi, a ovelha, cabra, a rola e a pomba. Esses animais tinham de cumprir as *quatro exigências*: **a**. nenhuma mancha ou defeito: animais *limpos*, isto é, apenas aqueles designados para propósitos sacrificiais e considerados limpos de acordo com as regulamentações levíticas; *b*. animais adequados para alimentação; *c*. parte da propriedade do adorador; *d*. de idade adequada, entre uma semana e três anos de vida. O boi castrado de sete anos de idade que figura em Judas 6.25 é excepcional. Animais machos e fêmeas podiam ser usados, mas certos tipos de sacrifícios permitiam apenas o uso de machos. (Para referências bíblicas que falam de tais regulamentações, ver Lv 3.1.6; 5.7; 7.16; 12.8; 22.20-24 e os contextos nos quais essas referências são situadas; Êx 22.30; 28.38 e contextos; Nm 15.5 ss.; 28.11 ss).

2. Materiais de origem vegetal. Vários grãos, azeite de oliva, vinho e materiais adequados para incenso. O sal também era usado em ambos os ritos, animais e vegetais. De fato, todas as ofertas vegetais tinham de ser salgadas (Lv 2.13; Ez 43.24; Mc 9.49). Leveduras e mel não eram permitidos (Lv 2.13).

Preparações: os grãos eram assados na espiga (Lv 2.14); transformados em farinha fina (Lv 2.1); às vezes eram preparados em misturas com incenso e óleo (Lv 2.1,15 ss.); farinha sem levedura era usada para fazer certos tipos de bolos ou biscoitos.

Cozimento: as ofertas em grãos eram assadas em uma panela ou em um forno, ou fritos em uma panela.

IV. MODOS DE APRESENTAÇÃO. Rituais específicos deviam ser seguidos. O homem que trouxesse o animal sacrificial era o que deveria realizar a matança. Ele abatia o animal no lado norte do altar (Lv 1.4,5,11; 3,2,8; 6.25; 7.2). No caso dos cultos regulares do santuário e das ofertas para ocasiões festivas, os sacerdotes faziam as ofertas em nome do povo. As vítimas eram mortas, suas peles eram retiradas e as carcaças eram cortadas em pedaços. Exceto pelo holocausto (a oferta tendo sido completamente queimada), seguiam refeições comunais, nas quais os sacerdotes tinham direito de escolher os cortes de carne e ao povo era destinado o restante. As peles ficavam com os sacerdotes para servir de vestimenta e abrigo.

O sangue das vítimas era coletado pelo sacerdote em um vaso usado para esse propósito, e então era respingado em qualquer dos lados do altar, em seus chifres, ou nos chifres do altar de incenso, ou, às vezes, "nele", isto é "na direção" do altar. O que restava do sangue era então esvaziado no pé do Grande Altar (Êx 29.12; Lv 4.17,18). O sangue e a gordura pertenciam a *Yahweh*.

Se a vítima era uma ave, o sacerdote arrancava-lhe a cabeça e permitia que o sangue fluísse no lado do altar. As vísceras eram jogadas nas cinzas ao lado do altar, e a cabeça e o corpo eram queimados no altar (Lv 1.15).

Ofertas de origem vegetal. Às vezes ofertas de grãos eram associadas às ofertas animais. Nesses casos, parte da farinha e do óleo, algumas das espigas dos grãos e os bolos (com incenso) eram queimados no altar. Parte era destinada ao consumo dos sacerdotes. Não era permitida levedura em nenhuma dos preparos (Lv 2.2 ss.; 6.9-11; 7.9 ss.; 10.12 ss.). No caso da *oferta de graças*, um bolo era oferecido a *Yahweh*, o Recebedor, e então se tornava o alimento do sacerdote que respingava o sangue (Lv 7.14). Os outros bolos tornavam-se o alimento dos sacerdotes que os apresentavam. Ver outros detalhes na seção VI, onde apresento um sumário dos tipos de ofertas.

V. SACRIFÍCIOS DO MUNDO ANTIGO. É inútil isolar os sacrifícios hebraicos e suas formas de outros sistemas do mundo antigo, pois havia um tipo de semelhança e mesmice, sugerindo que ocorreram empréstimos e adaptações no sistema hebraico. Em outras palavras, nem toda a legislação do Antigo Testamento era exclusiva. No mundo mesopotâmico, as ideias dominantes eram a expiação e a provisão de alimentos para os deuses. O deus, feliz com os sacrifícios oferecidos, consideraria "seus adoradores" com maior gentileza e acumularia benefícios para eles. Diziam-se que Marduque, o deus-chefe dos Babilônicos, criou os homens (chamados de "aqueles de cabeças negras") com o propósito específico de que o servissem com seus sacrifícios e rituais religiosos. Seus templos o agradariam, pois ele estaria recebendo bastante atenção daqueles que os haviam construído. Os deuses ficavam felizes com a provisão de alimentos, que, de alguma forma misteriosa os agradava, especialmente os cheiros deliciosos produzidos que se propagavam pelo ar, chegando às narinas dos deuses. (Cf. Gn 8.21; Êx 29.25; Lv 1.9, 13, 17; Nm 15.3).

Os deuses do antigo *Sumer* tinham seus próprios santuários e cidades dedicadas a seus cultos. Orações e ritos eram realizados e incenso era queimado. O sacrifício era sempre central. Como na cultura hebreia, ofertas de animais e vegetais faziam parte do sistema. Gêneros alimentícios eram colocados diante dos deuses e então retirados para serem comidos pelo rei e pela família real. De alguma forma misteriosa, os deuses conseguiam saciar-se com esses rituais e então retribuíam aos homens, ajudando-os e livrando-os de perigos. Os vizinhos de Israel não tinham regras sobre o uso apenas de certos animais domésticos "aprovados" para sacrifício. Sabemos que, no norte da Síria e na Anatólia, burros eram usados em ritos sacrificiais. Um livro hitita de rituais fala do sacrifícios de cães. Soldados no campo de batalha, na esperança de apaziguar os deuses e conseguir sua ajuda, não hesitavam em sacrificar animais silvestres, algo que um hebreu jamais faria.

Tabuletas ugaríticas e fenícias informam sobre sacrifícios que nos fazem lembrar do Antigo Testamento, no tocante tanto a sacrifícios animais como vegetais, e *El* (o poder), um nome semita comum (também usado pelos hebreus) para representar Deus, figura com destaque no ritual. Os sacerdotes de Baal tinham terminologia e práticas similares às dos israelitas (ver 1Rs 18; 2Rs 10.18-27).

Os gregos eram um povo muito religioso desde os dias de Homero, até à época do Novo Testamento. Sacrifícios aparecem com destaque em toda a sua história (ver *Ilíada*, I.11.446-476). Os sacrifícios envolviam animais, vegetais e a refeição sagrada da qual compartilhavam homens e deuses. Os sacrifícios eram oferecidos tanto às deidades do submundo como àquelas do augusto Olimpo. Além do uso do boi e do cordeiro, os gregos empregavam cães e outros animais "sujos", da perspectiva hebraica.

VI. SACRIFÍCIOS NO ANTIGO TESTAMENTO. Os sacrifícios específicos do sistema hebraico eram os que seguem:

1. Oferta por pecados (Lv cap. 4). Do hebraico *hattath*, "ofensa". Os pecados de ignorância eram reparados através de sacrifício animal (Lv 4.2). Pecados premeditados não tinham reparação (Lv 15.30). O reparo adequado resultava no perdão do pecado cometido (Lv 4.20, 26, 31, 35, 5.10). O sangue e a gordura eram a porção de *Yahweh*. Os sacerdotes ficavam com os cortes de escolha, e o povo, com o que sobrava. Uma refeição sagrada, comunal, encerrava o rito. A gordura era queimada no altar e o sangue era espalhado pelos lados, na direção do altar, ou derramado na sua base. Pensava-se que a "vida" do animal estava em seu sangue (Lv 17.11, 14). Portanto, *Yahweh* recebia a "vida" do animal, o que lhe agradava, e por isso ele perdoava o "dono" que havia trazido o animal para sacrifício: em outras palavras, era realizado um rito *vicário*. Os materiais usados para este tipo de sacrifício eram bois jovens, cabritos e cabras, ovelhas, rolas e pombas (para os pobres que não possuíam animais grandes, e para os ritos de purificação de mulheres). (Ver Lv 4, 5, 6, 14, 15 para descrições. Ver ainda Nm 6, 8, 28).

2. Ofertas por transgressões, para infrações específicas da Lei, do hebraico *asham* (falha). A reparação era o objeto desta oferta. Fornecia-se uma recompensa para um tipo específico de erro. A oferta pelo pecado era geral, enquanto a oferta por transgressões era específica, mas os objetivos eram os mesmos. Um cordeiro era o animal comum neste ritual (Lv 4.14, 15; 6.6; 19.21). O animal usado para os leprosos e para os nazireus era o cordeiro.

3. Ofertas queimadas, do hebraico *olah*, que se refere a "fumaça ascendente". Neste *holocausto* (ver), o animal inteiro era queimado até sobrar quase nada. Apenas a pele era guardada e dada ao sacerdote que estava realizando o ritual. A oferta era tanto reparatória como restauradora de uma comunhão e simbolizava o compromisso de um homem com Deus. Foi uma oferta de pacto especial que vinculou Israel a *Yahweh*, e essa era realizada todas as manhãs e nos finais de tarde, em todos os sábados e em certos dias festivos. Ofertas queimadas especiais também estavam na ordem para a purificação de mulheres, para a limpeza de leprosos, para a promessa dos nazireus e para ofertas voluntárias. Os animais usados para este tipo de oferta eram bois jovens, cordeiros, cabritos, carneiros e, no caso dos pobres, rolas ou pombas, independentemente do sexo (Lv 1.3, 10, 14).

4. A oferta de paz, do hebraico *skelamim*, "sacrifício de paz". Havia três classificações para este tipo de oferta: *a*. a oferta de graças por alguma bênção recebida (ver Lv 7.12, 22.29); *b*. uma oferta que correspondia a uma promessa específica (ver Nm 6.14; 15.3; 17.16); *c*. uma oferta de boa vontade (ver Lv 17.16; 22.18, 21). Gado (bois e vacas) podia ser usado para esses tipos de ofertas; até mesmo um animal defeituoso podia ser usado no caso de ofertas voluntárias (Lv 22.23), pois esses sacrifícios iam além das exigências da Lei e, assim, poderiam representar um gasto menor para o adorador. Os sacrifícios eram sempre acompanhados por ofertas de cereais e derramamento de líquidos (Lv 7.11). Aparentemente não eram utilizadas aves nesses rituais.

5. Ofertas de cereais e de líquidos derramados. Do hebraico *minhah*, ou "oferta". Essas ofertas eram feitas em conjunção com os rituais de ofertas queimadas e de paz. Os bolos de cereais eram assados, num total de dez, exceto no caso em que os bolos preparados representavam toda a Israel, e então eram usados doze. Os bolos significavam alimento para *Yahweh* e para os sacerdotes e pessoas. Aplicações especiais das ofertas de cereais: *a*. a oferta diária do Sumo Sacerdote (Lv 6.14 ss.); *b*. parte do ritual da consagração dos sacerdotes (Lv 6.20); *c*. substituição para uma oferta de pecado no caso de pobreza (Lv 5.11, 12). O derramamento de vinho sempre acompanhava as ofertas de paz.

6. As ofertas de levantamento e de acenos: *levantamento* (do hebraico *terumah*, "levantar"), referentes a como os sacerdotes levantavam e abaixavam o material das ofertas, isto é, as porções dos animais sacrificiais ou material vegetal (Êx 25.2 ss.; 35.24; 36.3; Lv 7.14; Nm 15.19 ss.; 18.19). Nessas ofertas, acenavam-se os materiais, do hebraico *tenuphah*, "ondear" (Lv 2.2.9; 7.32; 10.15). Elas indicavam: "Veja, *Yahweh*, levanto ou aceno ante o Senhor tudo o que tenho e sou, entregando tudo ao ti". Presentes eram oferecidos ao templo e ao seu ministério. Essas eram *ofertas* verdadeiras, em contraste com os sacrifícios. Ofertas de graças envolviam este tipo de ritual (Lv 14.12; Nm 6.20). Os sacerdotes eram consagrados por tais tipos de ofertas, numa demonstração de entrega completa a *Yahweh*.

7. A oferta de cinzas da novilha vermelha. Este animal era reduzido a cinzas, que depois eram usadas em purificações (Nm 19.1) e ofertas de pecados (Nm 19.9, 17). O pecado causa a morte; as cinzas removem a causa e limpam o adorador. As pessoas purificavam-se de qualquer tipo de impureza através deste ritual. Os "impuros" ficavam, assim, "limpos", de acordo com a lei de Moisés. Ver *Limpo e Imundo* para detalhes sobre as coisas que deixavam o homem impuro.

Ocasiões (Momentos) para Ofertas. 1. Diariamente (Nm 28.3-8), pela manhã e à tarde: dois cordeiros sacrificados em uma oferta queimada, acompanhados de uma oferta de cereal e do derramamento de líquidos. **2. Aos sábados** (Nm 28.9, 10; Lv 24.8): as ofertas diárias regulares mais dois cordeiros para uma oferta queimada; uma oferta de cereal com derramamento de líquidos e doze pães novos da proposição colocados nos lugares apropriados. **3. Na lua nova** (Nm 28.11-15): a oferta diária mais dois bois jovens, um carneiro, sete ovelhas para ofertas queimadas; uma oferta de cereal e o derramamento de líquidos. **4. Na Festa das Trombetas** (Nm 29.1-6): os sacrifícios diários mais as ofertas de lua nova; sacrifícios de um boi jovem, um carneiro e sete cordeiros para uma oferta queimada; ofertas de cereais, mais derramamentos de líquidos. **5. Na Páscoa** (Êx 12.1 ss.): as oferta diárias, mais outra oferta de um cordeiro jovem cujo sangue era esparramado nos batentes e nos arcos das portas. **6. Na Festa dos pães asmos** (Nm 28.17-24): as ofertas diárias mais o sacrifício de um cabrito (oferta por pecados); dois bois jovens, um carneiro e sete ovelhas jovens (oferta queimada), acompanhados por ofertas de cereal e de líquidos derramados. O programa todo era repetido por sete dias, com variações a cada dia. **7. No Pentecoste** (Nm 28.27-31; Lv 23.16-20): os sacrifícios diários mais a oferta de uma criança para uma oferta de pecado; dois bois jovens, um carneiro, sete cordeiros para uma oferta queimada, acompanhados com ofertas de cereais e líquidos derramados, além de ofertas de aceno e de paz, com diversas variações durante o dia. **8. No Dia da Expiação** (Lv 16.3; Nm 29.7-11): as ofertas diárias mais um boi jovem para uma oferta de pecado; um cordeiro para uma oferta queimada, especialmente para os sacerdotes, dois cabritos para uma oferta de pecado, um carneiro para uma oferta queimada, especialmente para o povo, um boi jovem, um carneiro, sete cordeiros para uma oferta queimada, acompanhados por ofertas de cereais e líquidos derramados. **9. Na Festa dos Tabernáculos** (Nm 29.13 ss.): ocasião campeã da complexidade, durava oito dias. Além dos sacrifícios diários regulares, incluía: *primeiro dia* - 13 bois jovens, dois carneiros, 14 cordeiros e 1 cabrito sacrificados; *segundo dia* - 12 bois, dois carneiros, 14 cordeiros e 1 cabrito; *terceiro dia* - 11 bois, 2 carneiros, 14 cordeiros e 1 cabrito; *quarto dia* - 10 bois, 2 carneiros, 14 carneiros e 1 cabrito; *quinto dia* - 9 bois, 2 carneiros, 14 cordeiros e 1 cabrito; *sexto dia* - 8 bois, 2 carneiros, 14 carneiros e 1 cabrito; *sétimo dia* - 7 bois, dois cordeiros, 14 carneiros e 1 cabrito; *oitavo dia* - 1 boi, 1 carneiro, 7 cordeiros e 1 cabrito. Esse emaranhado de sacrifícios ainda era acompanhado por ofertas de cereais e derramamento de líquidos.

O sistema sacrificial dominou toda a história da fé religiosa hebraica, mas alguns dos profetas posteriores começaram a sentir que o sistema não satisfazia as necessidades mais profundas da espiritualidade humana. A "rejeição" do sistema estava no ar. Ver Am 5.21-27; Is 1.10-20; Sl 51.16-17). Uma mudança total veio com o Messias, Jesus Cristo.

VII. SACRIFÍCIOS NO NOVO TESTAMENTO. Obviamente, Jesus, seus discípulos e os primeiros cristãos, ainda vivendo no contexto judeu, observavam as exigências do sistema sacrificial. Cristo não exigiu sua abolição (Mt 5.24). Ele ordenou aos leprosos que haviam sido limpos que cumprissem as leis sacrificiais (Mt 8.4, Lc 17.14). Ele previu que sua própria morte seria um sacrifício vicário (Mc 10.45; Mt 20.28). O Evangelho de João refere-se a ele como "o Cordeiro de Deus" que remove os pecados do mundo (1.29, 36, um sentimento repetido em Ap 13.8).

Os romanos destruíram Jerusalém em 70 d.C. E, com a cidade, também o sistema sacrificial dos judeus. Esse sistema não foi restaurado, e os cristãos passaram a considerar o "sacrifício sangrento" de Jesus, o Messias, o cumprimento de todos os tipos e sobras do antigo sistema. O livro de Hebreus é uma grande elaboração sobre este tema. (Ver Hb 8.7 e 10.1, para declarações específicas de sumário). O Espírito Eterno tornou seu sacrifício totalmente eficaz (Hb 9.13, 14). A redenção era vista no sangue de Cristo (1Pe 1.18, 19). 1João fala sobre a expiação e a limpeza do pecado em Cristo (1.7; 2.2; 5.6, 8; ver ainda Ap 1.5).

Em Romanos 12.1 o sacrifício ideal é o próprio homem espiritual, que se torna um "sacrifício vivo", ao cumprir o desejo de Deus para sua vida. (Ver também Rm 15.16; Fp 2.17; 4.18; 1Pe 2.5).

SACRILÉGIO

O termo latino de onde se deriva esse vocábulo português é *sacrilegus*, "ladrão de templos". À raiz desse vocábulo temos *sacer*, "santo", e *legere*, "reunir". Um sacrilégio consiste no ato de violar ou profanar qualquer coisa considerada santa ou consagrada. Ademais, a violação de votos religiosos ou morais é também considerada um sacrilégio. Os antigos pensavam que os sacrilégios envolvem algum perigo de ordem mística. O Antigo Testamento contém muitos exemplos de ofensas que eram severamente punidas (mediante provisões da lei mosaica), por serem tidas como sacrílegas. Ver Josué 7.7-26 quanto ao relato sobre Acã, que ilustra graficamente a questão.

Dentro da literatura clássica greco-romana, a pilhagem de templos era considerada a principal ofensa sacrílega, e foi com base nessa circunstância que o vocábulo se desenvolveu. A maioria dos países do mundo civilizado, sem importar qual seja a sua religião, olha com desdém para qualquer ato que profane um templo ou cause dano às suas instalações materiais. Em muitas nações há legislação específica a esse respeito.

No grego, *ierosuléo*, "roubo de templos". O verbo grego figura apenas em Romanos 2.22, onde Paulo indaga retoricamente dos judeus incrédulos, aos quais ele acusava de incoerência: "... abominas os ídolos, e lhes roubas os templos?" A palavra grega também ocorre em 2Macabeus 4.39, na LXX, onde é descrito o saque dos tesouros do templo pelo sacerdote renegado, Lisímaco.

Em nossa versão portuguesa, o termo português aparece também em Atos 19.37, dentro das palavras do escrivão da cidade de Éfeso, quando procurava pacificar a multidão, açulada pelos ourives, que defendiam sua indústria de fabricação de nichos de Diana: *... estes homens que aqui trouxestes não são sacrílegos, nem blasfemam contra a nossa deusa*. Aí aparece o adjetivo cognato, no grego, *ierósulos*, "roubador de templos".

De acordo com as leis romanas, o termo indicava a remoção de algum objeto sagrado de seu devido lugar, o que envolvia severas penas. Escreveu Cícero: "Seja tratado como parricida aquele que rouba ou retira qualquer coisa sagrada ou o que é confiado a uma pessoa sagrada" (*De Legibus*, 2.9). Segundo a lei germânica, o sentido da palavra também cobria a remoção de qualquer objeto sagrado de seu lugar determinado. Na Idade Média, o sacrilégio era considerado um crime contra a igreja e contra o Estado, punível com multas ou mesmo com a execução capital. Em sentido mais estreito, o termo denotava o furto de qualquer objeto sagrado, e, no sentido mais lato, qualquer injúria ou desonra infligida a um objeto ou a uma pessoa sagrados. Talvez nenhum povo se tenha mostrado tão zeloso na defesa de seus objetos de culto sagrado como os judeus. Transpassar certos limites do espaço do templo de Jerusalém, por exemplo, era convite à morte. Isso é refletido em Atos 21.27 ss., onde se lê que os judeus, só por pensarem que Paulo introduzira Trófimo, um efésio, no recinto do templo, estiveram a pique de linchá-lo; e o apóstolo só escapou da morte ante a intervenção dos soldados romanos, que o arrancaram das mãos do povo, quando do já estava sendo espancado.

SADAI

O significado deste nome de Deus é controverso, mas provavelmente deriva da raiz *shadad*, "ser forte ou poderoso", de modo que é um tipo de sinônimo de *El*, nome semita muito comum para representar deus ou Deus. Ver Gênesis 17.1. Para uma pesquisa geral sobre nomes divinos na Bíblia, ver o artigo chamado *Deus, Nomes Bíblicos de*.

SADRAQUE, MESAQUE E ABEDE-NEGO

1. Os nomes. Esses nomes foram dados aos "três jovens hebreus" pelo chefe eunuco do rei babilônico. Os nomes em hebraico eram Hananias, Misael e Azarias. O significado desses nomes não é conhecido, mas eles contêm sílabas que refletem *El* (o Poder), nome semita comumente atribuído a Deus, como *Yah* (*Yahweh*, o Deus Eterno). Os significados desses nomes babilônicos são desconhecidos, mas talvez Aspenaz (o chefe eunuco) tenha imitado os significados hebraicos. De toda a forma, os nomes dados pelo eunuco certamente honravam deidades pagãs. No caso de Sadraque, argumenta-se que seu nome reflete o nome acádico *Shudur* (comando de) e o sumério Aku (o deus lua), ou poderia ainda ser uma corrupção de *Marduque*, líder do panteão babilônico. Os nomes são sempre encontrados juntos e na mesma ordem (Dn 1.4; 2.49; 3.12-20). Há alusões à história (sem citar os nomes) em 1Macabeus 2.59,60; 3Macabeus 6.6; 4Macabeus 13.9; 16.3.21; 18.12.

2. A história. Esses três jovens hebreus estavam entre os cativos judeus na Babilônia por volta de 605 a.C. Aparentavam ter características e liderança incomuns, portanto foram selecionados para servir ao rei. Entre os que estavam sendo treinados com esse propósito, os três demonstraram ser superiores e assim obtiveram favores especiais. Através deles, o sonho misterioso de Nabucodonosor foi interpretado por Daniel (Dn 1.7, 8), o que ampliou suas já ascendentes posições. Oponentes babilônicos nativos, enciumados dos "estrangeiros", convenceram o rei a fazer uma imagem de ouro à qual todos do reino deveriam adorar. Naturalmente, os três jovens hebreus recusaram-se. Uma fornalha foi preparada para cremar os dissidentes, e os três jovens foram lançados dentro dela. Nada aconteceu a eles, pois o anjo de *Yahweh* protegeu os inocentes que se recusaram a tomar parte de qualquer forma de idolatria. Os jovens foram então promovidos (Dn 3.1-30). Não há mais referências a eles no livro de Daniel, nem no restante do Antigo Testamento. Faço algumas menções a eles em Macabeus. Talvez Hebreus 11.34 seja uma alusão quando fala sobre aqueles que foram salvos do fogo com sua fé.

3. As lições morais e espirituais. Qualquer forma de idolatria deve ser condenada pelo homem espiritual. Os *perigos* decorrentes da lealdade podem ser anulados pelo poder de Deus, que trabalha através de seus anjos. A lealdade sempre é a melhor opção, em qualquer caso; aderir ao princípio espiritual é a postura correta, independentemente de qual seja a situação. A lealdade espiritual obterá a recompensa apropriada, mesmo que tenham de ocorrer milagres para tal propósito.

SADUCEUS

I. Nome. A derivação e o possível significado do nome são muito debatidos. A ideia mais provável é a de que o nome se referia a qualquer um que simpatizasse com os *zadoquitas*, descendentes sacerdotes de *Zadoque*, o sumo sacerdote nos dias de Davi e Salomão. Para maiores detalhes, ver *Zadoque*.

II. Caracterização Geral. Os saduceus compunham uma das mais importantes e influentes seitas judaicas, muitas vezes em oposição tanto política quanto teológica com os fariseus. Esta seita era amplamente constituída pelos elementos mais ricos da população, em contraste com os mais pobres e mais populares fariseus. Entre seus componentes se encontravam os sacerdotes mais poderosos, mercadores prósperos e a classe aristocrática da sociedade. Eles aderiam apenas à lei mosaica (fundamentalistas originais), rejeitando os profetas e a lei oral como espúrios. Seu partido manteve o controle político por muito tempo, enquanto um ramo da casta de sacerdotes controlou o ofício de sumo sacerdote por vários séculos. Disputas entre eles e os fariseus são mencionadas com relativa frequência nos escritos do judaísmo posterior (m Yad. 4.6-7; ʿErub. 6.2; m Para 3.7; m Nid. 4.2; Yoma 2a, 19b, 53a; b. Suk. 48). Então, no Novo Testamento, encontramos várias referências às disputas deles com Jesus (Mc 12.18; Mt 16.1, 6) e até mesmo a estranha com os fariseus para livrar-se de Jesus. Eles também se opuseram fortemente à igreja primitiva (At 4.1; 5.17).

III. Fontes de Informação. Além dos vários itens de informação dados pelos escritores judeus posteriores, que acabo de revisar no parágrafo anterior, Josefo informa-nos sobre seus ensinamentos e poder político (*Ant.* 13.5.9; 18.1, 16, 17; 20.9.1; *Guerras* 2.8.165). Na obra farisaica *Salmos de Salomão*, os saduceus eram os "pecadores" de destaque que resistiam. O Novo Testamento apresenta várias referências a eles, que serão listadas na seção V.

IV. Ensinamentos. Seu cânon era a lei escrita de Moisés, o Pentateuco, de modo que doutrinas não mencionadas claramente ali eram rejeitadas. Eles não criam em uma alma imortal nem acreditavam em nenhum tipo vida após a morte; rejeitavam a doutrina dos anjos e espíritos de qualquer tipo e não viam sentido no ensinamento da ressurreição do corpo. Repudiavam a tradição oral como uma invenção do homem (Josefo, *Ant* 13.10.6). Sua negação dos "princípios de pós-vida" os tornava materialistas que buscavam tirar o máximo proveito desta vida através de poder político e material. Josefo (*Ant.* 18.1, 4) informa-nos explicitamente que eles não criam na alma nem em recompensas ou punições após a vida. Atos 23.8 declara: *Os saduceus declaram não haver ressurreição, nem anjo, nem espírito; ao passo que os fariseus admitem todas essas cousas*. Em alguns pontos no Antigo Testamento, como em Daniel 12.2, tais crenças são declaradas e, logicamente, os anjos são uma constante naquela coleção de livros, mas a Torá (o cânon dos saduceus) não é uma boa fonte de crenças espiritualistas. Os saduceus não acreditavam em demônios nem no destino. Um homem é livre para fazer seu próprio destino, mas apenas dentro do contexto de "uma vida presente". Eles criam no arrependimento pelos pecados de tal forma que isso garantia uma vida presente razoável abençoada pela prosperidade e pelo poder.

V. No Novo Testamento. Apenas os Evangelhos sinópticos e o livro de Atos fazem referências aos saduceus (Mt 3.7; 16.1, 6, 11, 12; 22.23; Mc 12.18; Lc 20.27; At 4.1; 5.17; 23.6-8). São sempre relatórios negativos sobre esta seita, seja por sua oposição e perseguição a Jesus, seja por sua cosmovisão materialista. Eles também se opunham aos apóstolos, efetuando perseguições (At 4.1 ss.). A referência final aos saduceus ocorre em Atos 23.6 ss., por ocasião do julgamento de Paulo pelo Sinédrio. Nesse julgamento Paulo conseguiu que os fariseus e saduceus entrassem em choque e debate, pondo fim à reunião.

VI. Sumário de sua História. Não há motivo para duvidar de que o início desta seita remonta à influência da linhagem sacerdotal de Zadoque. Alguns, contudo, apontam um Zadoque posterior, aluno de um dos sábios, Antígono de Soco, do início do segundo século a.C. como o verdadeiro pai desta seita. No entanto, descendentes do sumo sacerdote original, o Zadoque do Antigo Testamento, serviram sob Davi e Salomão. Esta linhagem veio a controlar tanto o templo como as coisas públicas, herdando o poder religioso e político. Josefo indica o início da história dos saduceus no segundo século a.C., quando este emergiu de uma crise ocasionada pela usurpação do sumo sacerdócio por Jônatas em 152 a.C. Provavelmente nessa época, os essênios se separaram do judaísmo principal, fugiram ao deserto e iniciando seu estilo de vida monástico. Nesta época, os fariseus e saduceus começaram sua duradoura briga de "cão e gato". Buscando agora as coisas boas, os saduceus não estavam interessados em derrubar o governo romano. A primeira menção desta seita por Josefo (*Ant.* 13.5.9) diz respeito ao período de Jônatas Macabeu, sucessor de seu irmão, Judas. Somos informados de três seitas judaicas existentes naquela época (saduceus, fariseus e essênios). O controle se alterna frequentemente na luta pelo poder, ora estando por cima os saduceus, ora os fariseus. Os saduceus conseguiram controlar o Sinédrio, o corpo regente mais poderoso entre os judeus por um longo tempo. Os fariseus tiveram um surto temporário de influência com o governo de Salomé Alexandra, que sucedeu seu marido Janeu (76 a.C.). Quando de sua morte (67 a.C.), seus dois filhos lutaram pela sucessão, e Aristobolo II, apoiado pelos saduceus, finalmente derrotou Hircano II, apoiado pelos fariseus. Ele assumiu o sumo sacerdócio, e a sorte dos saduceus floresceu por algum tempo. Mas com o surgimento de Herodes, o Grande, os saduceus foram deixados de lado. Josefo informa-nos que 28 sumo sacerdotes governaram de Herodes até a queda de Jerusalém (*Ant.* 20.10.5), o que mostra que o caos geral era o poder real daquela época. Com a queda de Jerusalém em 70 d.C., quando os exércitos romanos destruíram aquela e muitas outras cidades em Judá, os saduceus desapareceram como partido político e religioso.

SAFÁ

A Bíblia portuguesa fornece esta mesma transliteração para dois nomes hebraicos diferentes, mas com certa semelhança. Três personagens do Antigo Testamento são assim chamadas: **1.** Um chefe da tribo de Gade que viveu em Basã. De fato, ele era o segundo na hierarquia de comando em sua tribo (1Cr 5.12). A palavra hebraica significa "jovem", "vigoroso". Ele viveu em cerca de 750 a.C. **2.** De uma palavra hebraica um pouco diferente, que significa "cônico" ou "texugo de pedra", temos o nome de um homem que era o filho de Azalias e secretário do rei Josias. (Ver observações sobre sua família pessoal em 2Rs 22.3; 2Cr 34.8; 34.20; 36.10-12; 39.14;40.5, 9, 11; 41.2; 43.6). Como escriba, ele parecia ter autoridade quase igual à do governador da cidade e do escrivão real. Ele foi enviado com esses dois homens para relatar sobre o dinheiro que havia sido coletado pelos levitas para o reparo dos templos e para os salários dos trabalhadores (2Rs 22.4; 2Cr 34.9). Foi em tal ocasião que Hilquias, o sumo sacerdote, informou ao rei que ele havia encontrado uma cópia da lei ao preparar as reformas do Templo. A Safá foi confiado o livro, e ele o entregou ao rei para leitura. O rei então ordenou uma consulta com Hulda, a profetisa, sobre a questão. (Ver 2Rs 22.14, 15). Como resultado disso, ressurgiu o interesse pelas coisas espirituais. A família de Safá exerceu subsequentemente uma influência para o bem. Seu filho, *Aicão*, não permitiu que o profeta Jeremias fosse linchado quando enfrentou a oposição de falsos profetas e líderes políticos corruptos. Outro filho, *Gemarias* (Jr 36.10,25), era o dono da casa onde o escriba de Jeremias, Baruque, leu as profecias condenatórias do profeta contra a corrupta Jerusalém e seus horrendos habitantes. O malvado rei Joiaquim destruiu as profecias escritas que foram lidas para ele e que circulavam entre seus súditos. *Gedalias*, indicado governador de Judá pelo rei da Babilônia após o cativeiro babilônico, era neto de Safá (Jr 39.14). **3.** Outro homem chamado por este nome era o pai de *Jaazanias*, um dos setenta idólatras que "ministravam" no templo na época de Ezequiel (Ez 8.11), em cerca de 590 a.C.

SAFATE

No hebraico, juiz, provavelmente querendo dizer "ele, que é, Deus, juízes". **1.** Um filho de Hori, da tribo de Simeão (Nm 13.5), o qual representou sua tribo como espião enviado à Terra Prometida por Moisés. Isto foi feito em preparação para a invasão da terra, mas o relatório negativo produzido na volta adiou por 40 anos a tentativa de invasão. Isso ocorreu em cerca de 1440 a.C. **2.** Um filho de Gade era chamado assim. Ele estabeleceu seu lar em Basã (1Cr 5.12), em cerca de 1070 a.C. Alguns acreditam que ele teria vivido em torno de 738 a.C. **3.** Um filho de Adlai, reprodutor e criador do gado de Davi (1Cr 27.29), que viveu em cerca de 1015 a.C. **4.** O pai do profeta Eliseu (1Rs 19.16, 19, 20; 2Rs 3.11; 6.31), natural da cidade de Abel-Meola, situada a leste do rio Jordão. Seu lar havia sido identificado com Tell el-Maqlub, no curso de água el-Yabis. Este homem viveu o suficiente para ver seu filho substituir Elias como o principal profeta de *Yahweh*, em cerca de 930 a.C. No entanto, alguns acreditam que ele teria vivido por volta de 865 a.C. **5**. O filho mais jovem dos seis filhos de Semaías (1Cr 3.22, que lista, contudo, apenas cinco nomes). Ele era da linhagem real de Judá e viveu após o cativeiro babilônico, em cerca de 350 a.C., embora alguns aproximem sua data em torno de 450 a.C.

SAFE

Hebraico para *limite* ou *prato*, mas alguns dizem *preservador*. Era o nome de um gigante filisteu, membro da etnia de Rafa. A Bíblia informa-nos de várias etnias de gigantes que os israelitas acabaram por exterminar da Palestina. Este homem foi abatido por Sibecai, o husita, um dos *trinta* poderosos guerreiros de Davi (2Sm 21.18). Esse gigante também era chamado de Sipai, como vemos em 1Crônias 20.4. Talvez ele tenha sido filho do famoso gigante Golias, como supõem alguns. Ele viveu por volta de 1048 a.C.

SAFIR

No hebraico, **"bela"**, **"agradável"**. O nome de uma das cidades que o profeta Miqueias denunciou (Mq 1.1). Ela foi identificada com es-Suafir, situada um pouco a sudeste de Asdode. Alguns a chamam de es-Suafir Tell es-Sawafir. Estudiosos recentes preferem uma identificação em Judá como Khirbet el-Kom, a oeste de Hebrom, onde há um curso de água chamado Es-Safar. Robinson indicou que várias vilas eram chamadas por este mesmo nome, o que aumenta a confusão da identificação.

SAFIRA

A palavra hebraica é *sappir*; a grega (*sappheiros*, emprestada do aramaico) diz *safira*, significando "lindo". Essa pedra preciosa, dura e brilhante, é uma das variedades de corídon (óxido de alumínio) e manifesta-se na cor azul-escuro. Algumas vezes, a palavra aparentemente se refere ao lápis-lazúli. (As referências bíblicas são Êx 24.10; 28.18; 39.11; Jó 28.6.16; Ct 5.14; Is 54.11; Lm 4.7; Ez 1.26; 10.1; 28.13). O equivalente grego aparece em Apocalipse 21.19. Essa é a pedra mais dura mencionada na Bíblia, depois do diamante. Algumas safiras radiavam com pontos de ouro e nunca eram transparentes, embora o sejam algumas pedras modernas assim chamadas. Certas variedades de *topázio* de cor amarela são chamadas de safiras. A *ametista* de cor roxa também tem sido assim denominada. O Ceilão tem sido a principal fonte desta pedra há 2.500 anos, além de produzir também rubis.

SAGE

Do hebraico, **"vagueação"**. O nome do pai de Jônatas que foi um dos trinta "heróis" de Davi, ou guerreiros especialmente habilidosos que o acompanhavam, na função de guarda-costas, e se tornaram o núcleo de sua ordem quando ela se formou. (Ver 1Cr 11.34). Ele viveu em torno de 1048 a.C.

SAL

No hebraico, *melach* (cerca de trinta ocorrências no Antigo Testamento); no grego, *alas* ou *als*, com doze ocorrências no Novo Testamento em diversas categorias gramaticais. Cloreto de sódio, composto cristalino que tinha (e tem) diversos usos, quer naturais, quer espirituais. Há ainda os usos simbólicos, morais e espirituais. O sal era um item comercial no Oriente, obtido de lagos de sal, especificamente do mar Morto, e da mineração.

Usos. **1**. Condimento para temperar alimentos, tanto para os homens como para animais (Jó 6.6; Is 30.24). **2**. Elemento necessário para ofertas e sacrifícios, seja em cereais, seja nos animais (Lv 2.13). **3**. Preservativo para alimentos (vegetais e animais), Êx 30.35. **4**. Auxílio à fertilização do solo para apressar a decomposição de excrementos (Mt 5.13; Lc 14.35). **5**. Elemento medicinal usado para lavar bebês recém-nascidos e para outros tipos de limpeza (Ez 16.4). **6**. Dado como recompensa por serviços, juntamente com o óleo e o vinho, e, entre os romanos (e posteriormente), usado como pagamento, derivando daí a palavra "salário". **7**. Elemento destrutivo misturado ao solo dos inimigos para garantir a infertilidade por longos períodos (Jz 9.45). **8**. Item de comércio (Josefo, *Ant.* 13.4.9)

Usos figurativos. **1**. Nas cerimônias do pacto, para falar sobre sinceridade e durabilidade (Nm 18.19; 2Cr 13.5; Ed 4.14). **2**. Para simbolizar os ministérios sinceros dos homens bons em contraste com o serviço falso e frívolo de alguns (Mt 5.13). **3**. Para simbolizar a graça e a sinceridade do coração (Mc 9.50). **4**. Para falar da sabedoria e da fala sensível, livre de hipocrisia (Cl 4.6) **5**. Promotores falsos de fé religiosa têm falta de sal (isto é, de sinceridade e genuinidade; ver Mt 5.13; Mc 9.50). **6**. Uma cova de sal representava a desolação (Sf 2.9). **7**. Salgar com fogo significa julgamento severo (Mc 9.49); também poderia significar a purificação dos pecadores através de julgamentos. **8**. O valor de um homem espiritual sincero o transforma no "sal da terra" (Mt 5.13). Como genuíno homem de fé, ele dá valor à terra. **9**. Para falar de coisas infrutíferas (Dt 29.23; Sf 2.9; Jz 9.45; Sl 107.34). **10**. Para simbolizar cura ou poderes de transformação (2Rs 2.20,21). **11**. Para significar esterilidade e improdutividade (Dt 29.23; Sf 2.9).

SAL, CIDADE DO

O nome de uma cidade no deserto de Judá (Js 15.62), provavelmente na extremidade sudoeste do mar Morto, onde algumas formações montanhosas são de sal puro. Foi uma de seis cidades dadas a Judá como posse naquela área geral. Talvez Khirbet Qumran marque o antigo local. A área vem sendo povoada desde pelo menos a Idade do Ferro II.

SAL, VALE DO

O que *aconteceu* nesta região é claro em referências bíblicas, mas o *local* é disputado. Alguns sugeriram que o wadi el-Milh (sal), por causa da similaridade de nomes. Esse wadi se localizava um tanto a leste de Berseba. Um local mais provável é es-Sebkah, região estéril e salina ao sul do mar Morto. De qualquer modo, este local foi o palco de várias batalhas importantes de Israel, como se pode observar nas seguintes referências: (2Sm 8.13; 2Rs 14.7; 1Cr 18.12 e 2Cr 25.11).

SALA SUPERIOR (CENÁCULO)

O termo *cenáculo* também é usado. O termo hebraico correspondente é *'aliyah*, "alto". (Ver 2Rs 1.2; 23.12; 1Cr 28.11; 2Cr 3.9; Jz 3.23). No Novo Testamento grego, o termo grego correspondente é *anageon*, (usado em Mc 14.5, Lc 22.12), e também temos *uperoon*, em (At 1.13, 9.37,39 e 20.8).

Os cenáculos eram usados como salas de meditação, oração, para escapar à canícula do dia, e também como sala de visitas. Nas casas hebreias, os cenáculos eram cobertos com um telhado plano. Nas estruturas gregas e romanas, o cenáculo fazia parte do andar superior de uma casa. O cenáculo era usado durante o verão, e o andar térreo, durante o inverno. Os judeus associavam o inverno ao interior da casa, e o verão, ao ar livre.

No grego, *anagaion*, "quarto superior", isto é, um quarto do primeiro andar. O termo grego ocorre somente em dois trechos que descrevem a cena da Última Ceia do Senhor Jesus com seus discípulos (Mc 14.15 e Lc 22.12). É possível que o vocábulo seja uma contração do grego αν τὸν γϛεν, "acima do chão". Tal termo é raro, confinado ao período helenista.

Grandes salões, em um patamar superior, com escadas internas ou externas, um pouco acima do ruído e da agitação das ruas das cidades antigas, são mencionados como uma característica da arquitetura palestina. No Antigo Testamento, havia o que se chamava de "quarto alto", correspondente aos cenáculos, no Novo Testamento (ver 2Rs 1.2 etc.).

Na narrativa do livro de Atos outro tipo de aposento é mencionado, a saber, o *uperõon*, que é o substantivo neutro do termo grego comum, *uperõos*, "sob o telhado", "escada acima". Esse é o termo usado na Septuaginta para traduzir o termo hebraico a que já nos referimos. Mas, visto que Lucas não usou esse vocábulo para indicar o aposento usado na *Última Ceia*, é extremamente duvidoso que seja o mesmo quarto onde os discípulos costumavam orar, e onde Pedro discursou, após o que os apóstolos escolheram Matias, para tomar o lugar de Judas Iscariotes (At 1.13). Nesse texto, não há evidências em apoio nem à noção que esse foi o mesmo aposento onde os discípulos receberam o Espírito Santo, no dia de Pentecostes, e nem o aposento onde Jesus celebrou a sua última Páscoa, em companhia dos discípulos. De fato, há muitas provas em contrário.

O atual cenáculo, no latim, *coenaculum*, adjacente ao mosteiro beneditino, na antiga cidade de Jerusalém (no latim, *Dormition Sanctae Mariae*), data do período medieval, pelo que está inteiramente fora de cogitação. E, embora o túmulo por baixo dele, tradicionalmente, chamado de Túmulo do rei Davi, tenha sido identificado há muito tempo (desde a época do rabino Benjamim de Tudela, c. de 1173 d.C.), nada foi dito que essa seria a localização do *cenáculo*, senão muito depois do século XII. E embora Epifânio (359-403 d.C.) tenha mencionado que o imperador romano, Adriano, visitou o "cenáculo", em 135 d.C., não há confirmação a isso, senão já durante a Idade Média, o que empresta à questão uma aura de muitas dúvidas. O templo cristão, depois transformado em mesquita islâmica, e, mais tarde, novamente em templo cristão, construído onde o cenáculo estaria localizado, data somente do século XIV d.C. Em vista do exposto, é melhor pensar que não se sabe onde ficava esse cenáculo. E nem a questão é importante para nós, evangélicos, que não cremos em lugares sagrados, no sentido da igreja Católica Romana e de outras religiões.

SALAI

A palavra hebraica para *pesado*, ou para *quem rejeita*, o nome de duas famílias no Antigo Testamento, ou de dois indivíduos: **1**. Uma família de Benjamim, e um membro líder daquela família. Esta pessoa e sua família (928 pessoas) radicaram-se em Jerusalém após o retorno do cativeiro babilônico, por volta de 455 a.C. (Ne 11.8). **2**. Um chefe de família de sacerdotes que retornaram do cativeiro babilônico na companhia de Zorobabel, por volta de 536 a.C. (Ne 12.20).

SALAMIEL

Nome hebraico semelhante a *Selumiel*, de Números 1.6, que significa "paz de Deus". A variante *Salmiel* é dada na Septuaginta. Em Judite 8.1, o homem é mencionado como ancestral de Judite.

SALÁRIOS

I. Os Termos

Palavras hebraicas: **1**. *sakar*, "contratar", "recompensar" (Gn 31.8; Êx 2.9; Ez 29.18,19). **2**. *Maskereth*, "recompensa", "aluguel", "recompensa" (Gn 29.15; 31.41; Rt 2.12). **3**. *peulah*, "recompensa", "gratuito", "trabalho", "salário" (Lv 19.13; Sl 109.20) **4**. *chinnam*, "gratuito", "vão", "sem salário" (Jr 22.13). **Palavras gregas**: **1**. *misthos*, "Recompensa". **2**. *Opsonion*, "salário".

Nossa palavra *salário* é uma transliteração da palavra latina para *sal*. Soldados romanos recebiam parte de seus proventos em sal. O cloreto de sódio (sal) tornou-se um importante item comercial. Ver o artigo geral sobre *Sal*.

II. Primeiros Usos. A forma mais antiga do "salário" era o item de troca ou de comércio através do qual uma pessoa adquiria outros itens. O trabalho era *vendido* por objetos de valor, sejam agrícolas ou outros. O preço pago pelo trabalho era um salário. O trabalho é uma propriedade a ser vendida, seja em pares (para ganhar muitos itens), seja de uma só vez, para ser usado ao longo de um período específico de tempo. Trocas de uma coisa por outra constituíam a forma mais primitiva de salário. Produtos específicos pagavam por serviços: (Ver Gn 29.15,20; 31.7,8,41). "Salários" para soldados ou trabalhadores (são mencionados em Ag 1.6; Ez 29.18,19; Jo 4.36), e tais pagamentos eram feitos em produtos, não em moedas, uma invenção posterior. Metais preciosos em peso, contudo, constituíam uma forma muito antiga de pagar salários. Embora já existissem moedas na Ásia Menor (entre os lidianos), em períodos tão remotos quanto 700 a.C., o Oriente Próximo não adotou tal prática até cerca de 300 a.C.

III. Informações Bíblicas. A legislação mosaica era muito rígida em favor ao pagamento justo pelo trabalho e pela honestidade na troca de itens. Isso era controlado pela casta dos sacerdotes, que eram os guardiões da lei (Lv 19.13; Dt 25.14,15). Censura grave era invocada contra aqueles que abusavam da lei (Jó 24.11); a retenção de salários justos era considerada um crime sério (Jr 22.13; Ml 3.5). Tiago 5.4 informa-nos sobre os maus patrões de seus dias. A barganha era uma forma de determinar a quantidade do salário, e um empregador poderia ser mais ou menos generoso, conforme suas qualidades espirituais e morais (Gn 30.28; Mt 20.1-16). A lei reduzia a exploração: os salários eram pagos diariamente, antes do pôr do sol (Lv 19.13; Dt 24.14,15). Mas, como nos tempos modernos, na história remota passada, era comum a exploração de trabalhadores. O homem que tivesse dinheiro não tinha dificuldade em explorar aquele que não tivesse. O "escravo do salário" tem sempre sido uma constante na história humana. (Ver Jr 22.13; Ml 3.5). A medida de um homem é sua generosidade, outro nome que se pode dar à lei do amor, mas não são muitos os que seguem essa lei nas sociedades em que o dinheiro é deus e a maioria dos homens é escrava desse deus. Um antigo *padrão* bíblico para trabalhadores diaristas era o *denário* (Mt 20.2); ou o *dracma*, Tobias 5.14, que alguns calculam tivesse o valor de uns 16 centavos de dólar americano, mas todos as suposições dessa natureza são inúteis. Podemos assegurar-nos que o salário padrão, onde existisse, era suficiente apenas para sustentar a vida.

IV. Usos figurativos. **1**. Deus paga seus "salários" (recompensas) aos fiéis que obedecem à sua vontade e trilham pelo caminho espiritual. O mesmo se aplica aos infiéis, de forma negativa (Is 40.10; 62.11; Sl 109,20; 2Pe 2.15). **2**. O julgamento é um tipo de salário de retribuição negativa para aqueles que ignoraram as leis espirituais (Sl 109.20). **3**. A vida eterna é um *presente* de Deus, mas os *proventos* do pecado são a morte (Rm 6.23). O *salário justo*, literal ou figurativo, é uma subcategoria do princípio de *justiça*, que, presume-se, rege este mundo e por fim triunfará.

SALATIEL

Esta é uma forma alternativa de *Sealtiel* (ver).

SALCÃ

Do hebraico, **"caminhar"**, cidade ou região de Basã (Dt 3.10; 13.11), aparentemente uma das capitais do reino de Ogue. 1Crônicas 5.11 parece indicar que ela se localizava na fronteira leste de Manassés e Gade. Este assentamento controlava o acesso ao sudeste do vale fértil de Haurã (isto é, a Basã bíblica. Ainda pode ser vista hoje uma antiga estrada romana na área. A cidade foi identificada com a moderna *Salkhade*, situada no topo de um vulcão extinto. A arqueologia descobriu algumas ruínas significativas do local, incluindo uma cidadela cuja forma presente tem o nome de *Ayyubid*.

Algumas ruínas são dos tempos romanos. Entre as descobertas estão moedas de Areta, rei dos nabateus (9 a.C.-40 d.C.).

SALEFE

Do hebraico **"retirado"**, palavra usada para designar um filho de Joctã e uma tribo árabe (Gn 10.26; 1Cr 1.20). É provável que os descendentes do homem em questão tornaram-se a tribo com o mesmo nome. Os nomes Salaf e Sulaf sobreviveram como designações de locais na área envolvida. Salefe parece ter vivido em cerca de 2200 a.C. O nome talvez derive de *salafa*, que significa "cultivar" e "trazer para frente". O significado pretendido pode fazer referência a uma *colheita*.

SALÉM

Do hebraico, **"paz"**, uma forma abreviada para Jerusalém. Estritamente falando, esta era a forma original do nome da cidade. A palavra ocorre apenas quatro vezes na Bíblia (Gn 14.18; 33.18, Sl 76.2; Hb 7.1). Melquisedeque foi um antigo rei do local, como nos informa a referência em Hebreus. Ele foi o "rei da paz", definido melhor no verso seguinte, implicando "segurança, prosperidade e bem-estar". Os jebuseus originais provavelmente adoravam a divindade cananeia Salém. Se isso for real, esta era a verdadeira origem do nome da cidade. Nas Cartas Amaranas, a forma do nome é Uru-salim (cidade da paz).

SALEQUETE

Do hebraico, **"expulsão"** ou **"rebaixamento"**. Este era o nome de um dos portões do templo de Salomão, através do qual era jogado refugo (daí o motivo da designação). Na saída deste portão uma calçada levava ao vale chamado *Tiropeon*. (Ver 1Cr 26.16). Alguns estudiosos supõem que as cinzas e entranhas dos animais sacrificados no templo fossem jogadas por este portão. Mas sabemos que tais materiais eram depositados no vale do Cedrom, que ficava a leste do templo.

SALGUEIRO

As palavras hebraicas para esta espécie de árvore são *saph* e *saphah*, equivalentes dos termos árabes *sifsaf* e *'arab*. Esta é uma árvore que tem folhas finas e galhos flexíveis que são usados para a feitura de cestas. (Ver Ez 17.5; Lv 23.40; Jó 40.22; Sl 137.2; Is 15.7; 44.4). A canção folclórica do Salmo 137 faz referência a uma das espécies de salgueiro, possivelmente a *Salix babylonica*, que crescia na Babilônia. Há outras opiniões sobre a questão e nada pôde ser demonstrado.

SALISA, TERRA DE

Do hebraico, **"triangular"**, mas chamada por alguns de "terra do terceiro terreno". Este era o nome de um distrito junto ao monte Efraim (1Sm 9.4), localizado ao norte de Lida. Aparentemente, a Khirbet Keir Thilth moderna identifica o antigo local, estando a palavra *thilth* etimologicamente relacionada a *shalishah*. Está em vista a terra ao redor de Baal-Salisa (2Rs 4.42). Os eruditos não concordam sobras as informações dadas a respeito deste lugar, começando com o sentido da palavra "Salisa". A Septuaginta (a tradução da Bíblia hebraica para o grego, ver o artigo no *Dicionário* sobre esta obra literária) tem "e ge Salissa", designando a região que Saul atravessou quando procurava os asnos de seu pai, uma missão de considerável importância para ambos, sendo que os animais domésticos eram parte importante das possessões da família. Aqueles animais eram necessários tanto para o trabalho como também para as viagens da família. O nome do lugar Em 2Reis 4.42 (Baal-Salisa) poderia conter uma referência a um santuário dedicado a *Baal* (ver o artigo sobre este deus pagão no *Dicionário*). Neste caso, a região fazia parte importante dos cultos pagãos daquele lugar. A adoração e o culto a Baal já tinham se espalhado nos tempos de Saul. Ele era um dos deuses pagãos dos sidônios e de outros povos vizinhos. A idolatria, sacrifícios de crianças e outras abominações foram características da adoração de Baal. Assim, podemos afirmar que Saul atravessava território de inimigos perpétuos. Logo, ele se envolveria em batalhas contra uma variedade de inimigos como o primeiro rei de Israel.

Eusébio e Jerônimo acharam que a referência fala de certa Bete-Salisa que se localizava ao norte de Lida. Outros eruditos identificam a localidade com o moderno *Khirbet Kefr Thilth*. É verdade que *thilth* está etimologicamente relacionado com *shalisha*, a forma hebraica deste nome, que é um fator em favor desta identificação.

Saul fez uma boa obra em favor de seu pai. Logo a chamada de *Yahweh*, através do juiz e profeta Samuel, daria a oportunidade para ele fazer favores para o Pai Celestial, para beneficiar Israel. Naquela missão, Saul tinha menos êxito do que no serviço de seu pai biológico.

SALITRE

No hebraico *nether*. Essa palavra aparece no texto hebraico somente em Provérbios 25.25 (onde nossa versão portuguesa a traduz por "vinagre") e Jeremias 2.22 (onde nossa versão portuguesa a traduz por "salitre"). Era uma substância alcalina, usada para propósitos de limpeza, como o carbonato de sódio, encontrado naturalmente em incrustações no solo ou em alguns lagos salinos; ou então o carbonato de potássio, obtido do freixo ou de outras espécies do reino vegetal. O nitro moderno é o salitre, que se compõe de nitrato de potassa, não correspondendo ao *nitron* dos antigos. Talvez fosse melhor, nesses trechos, a tradução *lixívia ou barrela, ou* mesmo detergente.

SALIVA (CUSPIR)

Essa palavra indica o ato de expectorar a saliva, ou cuspir. Ela é indicada por meio de certo número de palavras, nos originais hebraico e grego. **1.** *Rir*, "saliva" ou "clara de ovo" Com o primeiro sentido, ocorre somente em 1Samuel 21.13. **2.** *Roq*, "saliva", "cuspir". Palavra hebraica usada por três vezes (Jó 7.19; 30.10 e Is 50.6). **3.** *Raqaq*, "cuspir". Termo hebraico empregado por apenas uma vez (Lv 15.8). **4.** *Yaraq*, "cuspir". Palavra hebraica usada por duas vezes (Nm 12.14 e Dt 25.9). **5.** *Ptúsma*, "saliva". Palavra grega usada por apenas uma vez: (Jo 9.6). **6.** *Ptúo*, "cuspir". Verbo grego usado por três vezes (Mc 7.33; 8.23 e Jo 9.6). **7.** *Emptúo, cuspir*. Termo grego que figura por sete vezes (Mt 26.67; 27.30; Mc 10.34; 14.65; 15.19 e Lc 18.32). Há palavras hebraicas que implicam um ato apropositual, que envolve a noção adicional de contaminação ritual, conforme os casos de *raqaq* e *yaraq* (Nm 12.14; Dt 25.9 e Lv 15.8). No Novo Testamento parece haver dois sentidos básicos desse ato. Há, casos em que a ideia é a de desprezo e contaminação, conforme se vê nas narrativas da paixão de Cristo (Mt 26.67; Mc 10.34; Lc 18.32), onde é empregado o termo grego *emptúo*. No entanto, em vários dos milagres de cura de Jesus, ele usou a própria saliva (Mc 7.33; 8.23; Jo 9.6). Ver também sobre *Saúde* e sobre *Curas*.

SALMA, SALMOM

No hebraico, **"firmeza"**, **"fortaleza"**. Aparecem ambas as formas no hebraico, como nome de duas personagens do Antigo Testamento: **1.** Um filho de Calebe, filho de Hur, e "pai" ou fundador de Belém (1Cr 2.11,51,54). Em nossa Bíblia portuguesa, seu nome é grafado como "Salmo". **2.** O pai de Boaz (Rt 4.20,21). No hebraico (no vs. 20), o nome aparece como *Salmah;* no versículo seguinte, como *Salmon*. Nossa versão portuguesa opta por *Salmom* em ambos os versículos. Seu nome aparece na genealogia de Jesus, em Mateus 1.4,5, como "Salmom", e em Lucas 3.32 como "Salá".

SALMÃ

Esse rei é mencionado em Oseias 10.14, como o monarca que saqueou Bete-Arbel. É possível que a referência seja a

Salmaneser V, o rei assírio que assediou a cidade de Samaria, entre 725 e 723 a.C., embora o nome de Salmaneser apareça por extenso em outras passagens bíblicas. Menos provável é a sugestão que diz que esse nome deve ser equiparado ao rei moabita Shalamanu, mencionado nos registros históricos assírios.

SALMAI

No hebraico, *"Yahweh* **é o recompensador"**. Seu nome aparece em duas passagens diferentes: Esdras 2.46 e Neemias 7.48. Contudo, na primeira dessas passagens, seu nome aparece, em nossa versão portuguesa, com a forma de "Sanlai", o que também ocorre no livro apócrifo de 1Esdras (5.30). Ele representava uma família de servidores do templo que retornou do exílio babilônico (Ne 7.48). Cerca de 536 a.C.

SALMANESER

Esse rei tem seu nome mencionado apenas por duas vezes na Bíblia: 2Reis 17.3 e 18.9. Foi rei da Assíria de 726 a 722 a.C. Porém, ele foi o quinto de uma sucessão de cinco reis com esse nome, conforme alistamos abaixo. Esse nome, em assírio, Sulmanu asaridu, significa "o deus Sulmã é o chefe". No grego o seu nome aparece com a forma de *Salannésar* ou Salmnásar.

1. Salmaneser I (1345 — 1274 a.C.), filho de Adade-Nirade I, e o maior guerreiro do período assírio médio. Ele derrotou os povos de Urartu, Guti e, no oeste, os hurrianos, hititas e arameus. Com a captura de Carquêmis, ele foi o primeiro monarca assírio a entrar em choque direto com os egípcios, na Ásia Ocidental.

2. Salmaneser II (1030-1020 a.C.). Sua principal ação consistiu em fortalecer a Assíria, após um período de dominação, por parte de tribos aramaicas.

3. Salmaneser III (858-824 a.C.), filho de Assurnasirpal II. Foi o primeiro rei assírio a entrar em contato direto com Israel. Mediante uma longa série de ataques, ele procurou conter as pressões exercidas pelas tribos das colinas, em Urartu, e pelos medos e persas, na região de Urmia, pressões essas que não impediram seu principal avanço para o oeste, durante trinta e um anos de campanhas militares.

Três expedições militares foram necessárias para neutralizar Bete-Éden (Bit-Adini), quando então os assírios conseguiram uma cabeça de ponte para atravessar o rio Eufrates com facilidade. A capital de Bit-Adini, Til-Barsip, foi capturada em 856 a.C., e rebatizada com o nome de Car-Salmaneser. Em 853 a.C., o principal avanço militar foi contra Damasco, via Alepo. Após a captura de Argã, o exército assírio avançou para Carcar, sobre o rio Orontes, perto de Hamã, onde teve de enfrentar uma poderosa aliança, liderada por Irulene, de Hamate, formada por setecentos cavaleiros e dez mil infantes com o apoio de 1200 carros de guerra e vinte mil infantes de Adade-Nirari ou Hadadezer (o Ben-Hadade II, referido na Bíblia). Acabe, o rei de Israel, supriu dois mil carros de guerra e dez mil infantes. Contingentes fornecidos por doze reis, incluindo os da Cilícia, Arvade, Musru, Amom e Arábia, reforçaram essa aliança até um total de 62.900 homens, 1.900 cavalarianos e 3.900 carros de combate. Salmaneser afirmou-se vitorioso em uma batalha das mais sangrentas, durante a qual pereceram 20.500 homens. Entretanto, é significativo que nem Hamate e nem Damasco foram conquistadas, e que os assírios não reapareceram no Ocidente durante três anos (1Rs 16.29; 20.20; 22.1).

Em 849 a.C., Salmaneser marchou novamente contra o Ocidente. Carquêmis, o último estado nominalmente independente do vale do alto Eufrates, foi tomado e incorporado no crescente sistema provincial sob controle assírio direto. Os assírios afirmaram-se vencedores de Hadadezer, de Damasco, mas é improvável que isso tenha envolvido mais do que um recuo temporário, visto que o monarca assírio teve que sair a campo novamente, no ano seguinte, para enfrentar o mesmo adversário, os sírios e seus doze aliados, perto de Astamacu. Novamente, não parece que os assírios tivessem, realmente, levado a melhor na refrega. Em seu décimo quarto ano de governo (845 a.C.), Salmaneser reuniu uma força de cento e vinte mil homens e, então, afirmou haver derrotado novamente Hadadezer.

Por volta de 841 a.C., a aliança ocidental de vários povos se havia rompido, e Hazael estava governando em Damasco, em lugar do assassinado Adade-Nirari (2Rs 8.15). Agora o monarca sírio estava sozinho e, para enfrentar os assírios entrincheirou-se fortemente no monte Senir (Hermom; cf. Dt 3.9), tendo perdido dezesseis mil homens e algum território. No entanto, a linha de ataque dos assírios desviou-se para as margens do Mediterrâneo, por meio de Haurã. Em Baal-Rasi, a norte de Beirute, Salmaneser recebeu tributo de Tiro e Sidom, que foi trazido de navio, e também da parte de "Jeú, filho de Onri", de acordo com inscrições e relevos do Obelisco Negro, levantado em Calá, a fim de comemorar o evento, por parte de correios israelitas. Embora esse incidente não seja mencionado nas páginas do Antigo Testamento, harmoniza-se com a política do usurpador Jeú, que bem pode ter tentado obter, mas sem sucesso, o apoio dos assírios contra os ataques de Hazael, ao norte de Israel (2Rs 10.31,32). Isso explica a subsequente necessidade da intervenção Assíria, quando Samaria tentou tornar-se independente. Após mais uma tentativa infrutífera de apossar-se de Damasco, em 838 a.C., Senaqueribe, um outro monarca assírio, parece haver deixado em paz o Ocidente, provavelmente por causa de desordens intestinais, que o impediram de campanhas militares em maior escala.

Na Babilônia, Marduque-Zaquir-Sumi estava envolvido em conflito com seu irmão, após a morte do pai deles, Nabu-Apla-ldina, com quem os assírios tinham estado em íntimo acordo (885-852 a.C.). Então o primeiro desses príncipes babilônios invocou o auxílio de Salmaneser que, em 851 a.C., avançou contra a cidade da Babilônia, derrotou os rebeldes e fez uma exibição de força por todo o país dos caldeus, até o golfo Pérsico.

Quase no final de seu reinado, Salmaneser parece ter permanecido em Calá, cidade reconstruída por seu pai. Nessa cidade, Salmaneser construiu um novo palácio e um depósito de armamentos, um ato talvez necessário, devido à revolta iniciada por um de seus filhos, Assur-Danin-Apla, que conseguira arrastar nesse levante as cidades de Nínive, Erbil e Arrafa. Um outro filho de Salmaneser, Samsi-Adade V, estava empenhado na tentativa de sufocar a rebelião; quando seu idoso pai faleceu, Samsi-Adade V reivindicou o trono do império assírio.

4. Salmaneser IV (782-722 a.C.), filho de Adade-Nirari III, aquele que recebera tributo de Samaria (estela de Rimá). A maior parte de seu reinado passou-se em meio a tentativas de suprimir perturbações locais.

5. Salmaneser V (726-722 a.C.) deu prosseguimento à política de seus antecessores de marchar periodicamente pela Síria, a fim de impor tributo. Ele fez de Oseias, rei de Israel, um vassalo seu (2Rs 17.3), e quando esse rei de Israel interrompeu o envio de tributo, no seu sétimo ano de reinado, o monarca assírio reagiu imediatamente. Salmaneser V assediou a cidade de Samaria pelo espaço de três anos. Porém, não se sabe por que motivo ele não estava no comando de suas tropas, quando a cidade caiu diante dos assírios, para Sargão II, em 723/722 a.C., a menos que se tivesse retirado para Nínive onde veio a falecer. Esse foi o monarca assírio que pôs fim ao reino do norte, Israel, cumprindo assim as predições feitas pelo Senhor, por vários de seus profetas. Quase oitenta mil israelitas do norte foram exilados para o Oriente, e colonos vindos de vários lugares do Oriente ocuparam o território de Israel. De mistura com o resto da população local, eles vieram a tornar-se os samaritanos. Ver sobre os *Samaritanos* e sobre *Israel, Reino de*.

SALMOS

I. O TÍTULO E VÁRIOS NOMES. 1. O moderno título desse livro do Antigo Testamento vem do grego *psalmós*, que indica um cântico para ser cantado com o acompanhamento de algum instrumento de cordas, como a harpa. O verbo grego *psallein* significa "tanger". A Septuaginta diz *Psalmoi* como o título do livro. E é da Septuaginta que se deriva nosso título moderno do livro. A Vulgata Latina diz, como título, *Liber Psalmorum*. **2**. O título hebraico antigo do livro era *Tehillim*, "cânticos de louvor". Esse título refletia o principal conteúdo dessa coletânea em geral. Mas vários outros vocábulos hebraicos introduzem salmos específicos, a saber:

Shir, "cântico" (29 salmos). *Mizmor*, "melodia", "salmo" (57 salmos); essa palavra subentende o tanger de algum instrumento de cordas, pelo que é similar ao termo grego *psalmós*. *Sir Hammolot*, "cânticos dos degraus" (Sl 120 a 134), que eram cânticos entoados por peregrinos que subiam a Jerusalém para celebrar as festividades religiosas. *Miktam*, cujo sentido exato se perdeu, embora haja nas composições envolvidas a ideia de lamentações e expiação (Sl 16, 56-40). *Maskil*, "instrução", que são salmos didáticos (Sl 74, 78 e 79). *Siggayon*, também de significado duvidoso, mas talvez uma palavra relacionada ao termo hebraico *saga*, "dar uma guinada", "girar", referindo-se a um tipo de música agitada (Sl 7). *Tepilla*, "oração", referindo-se a alguma composição poética envolvida como uma oração ou petição (Sl 142). *Toda*, "agradecimento", *Le annot*, "aflição". *Hazkir*, "comemorar" ou "lembrança", como no caso de um pecado cometido (Sl 38 e 70). *Yedutum*, "confissão" (Sl 39, 62 e 77). *Lammed*, "ensinar" (Sl 60). *Menasseah*, "diretor musical" (55 salmos). *Yonat elem rehoqim*, que diz respeito a alguma "pomba" (deve estar em foco algum tipo de sacrifício). *Ayyelet hassahar*, "corça do alvorecer" (estando em foco algum sacrifício). *Sosannim*, "lírios" (Sl 60, 65 e 69), talvez uma referência ao uso de flores em cortejos nos quais eram entoados salmos. *Neginot*, uma referência a instrumentos musicais que sem dúvida acompanhavam o cântico de salmos (Sl 6, 54, 55 e 67). *Sela*, "elevar", talvez uma direção para que se elevasse a voz em algum tipo de bênção ou vozes responsivas (39 salmos). *Nehilot*, "flautas", uma referência ao acompanhamento do cântico de salmos por meio desse instrumento de sopro.

A complexidade desses títulos reflete tanto a própria complexidade da coletânea quanto o seu variado uso em conexão com a devoção privada e com a adoração pública, especialmente aquele tipo que era acompanhado por música.

II. Caracterização Geral. "O livro de Salmos, tradicionalmente atribuído a Davi, é uma antologia de cânticos e poemas sagrados dos hebreus. Aparece na terceira seção do Antigo Testamento, chamada os Escritos (no hebraico, *Ketubim*). A palavra *salmos* é de origem grega e denota o som de algum instrumento de cordas. Seu nome, em hebraico, é *tehillim*, 'louvores'. Os temas dos salmos envolvem não somente louvores ao Senhor, mas também alegria e tristeza pessoais, redenção nacional, festividades e eventos históricos. O seu fervor religioso e poder literário têm conferido a essa coletânea uma profunda influência através dos séculos, e não menos no mundo cristão".

"Tem havido intensa disputa entre os eruditos acerca da antiguidade e autoria desses salmos, e acerca de sua conexão com o rei Davi. Provavelmente foram compostos durante um período bíblico de mil anos ou mesmo mais. Dentre os 150 salmos, 73 têm, no seu título, as palavras "de Davi"; e muitos deles foram compostos na primeira pessoa do singular. Alguns desses, ou porções dos mesmos, parecem ser de data posterior à do reinado de Davi. Entretanto, o cotejo com outras peças poéticas religiosas do Oriente Próximo e Médio da mesma época geral sugere que alguns dos poemas atribuídos a Davi datam, realmente, do tempo dele. Sem importar o que os especialistas digam, é apenas natural que a crença popular tenha atribuído a obra inteira ao maior dos reis de Israel, um poeta e músico que se sentia em íntima comunhão com Deus" (WW).

Os salmos reverberam as mais profundas experiências e necessidades do coração humano, e assim exercem uma atração permanente sobre as pessoas de todas as religiões. Incorporaram o que havia de melhor nas formas poéticas dos hebreus, tendo-as desenvolvido, e eram acompanhados por um surpreendente desenvolvimento musical, com frequência usado para acompanhar a recitação dos salmos na adoração formal de Israel.

Tem-se tornado comum aos eruditos liberais aludirem aos salmos como "o hinário do segundo templo", o que serve de uma boa descrição. Contudo, não há nenhuma razão constrangedora que nos force a duvidar de que pelo menos muitos dos salmos, bem como a música que os acompanha, já faziam parte da liturgia do primeiro templo de Jerusalém. Ver a terceira seção, intitulada *Ideias dos Críticos e Refutações*, quanto aos argumentos pró e contra acerca da data e da compilação dessa coletânea de hinos e poemas. Esse hinário do segundo templo contém muitos elementos antigos que correspondem ao que se conhece sobre a poesia antiga de outras culturas, e não somente da cultura hebreia; e isso favorece a antiguidade pelos menos de uma parcela razoável da coletânea.

Seja como for, a fé religiosa viva resplandece através desses hinos e poemas. O Saltério é o hinário do antigo povo de Israel; e, posteriormente, veio a ser o livro veterotestamentário mais constantemente citado no Novo Testamento. Os primeiros hinários cristãos, em vários idiomas, incorporaram muitos dos salmos, que então foram musicados. Sob o primeiro ponto, temos dado indicações sobre os muitos tipos de salmos que compõem a coletânea, e, nas seções quinta e sexta, ilustramos essa questão um pouco mais. Os principais tipos de salmos são os de louvor, lamentação, confissão, júbilo, triunfo, agradecimento, salmos reais, imprecações contra os inimigos, história sagrada, sabedoria, liturgias, cânticos festivos. O livro de Salmos reflete muitos aspectos da vida religiosa e das aspirações do antigo povo de Israel, e é dotado de profunda beleza e percepção espiritual, o que tem feito do livro uma parte imortal da literatura religiosa.

III. Ideias dos Críticos e Refutações. Apesar de todos os homens louvarem os salmos, nem todos pensam que eles foram autenticamente compostos por Davi e produzidos naquele antigo período da história. Talvez a maioria dos eruditos modernos veja os salmos como uma série de coletâneas que terminou unida em uma única grande coletânea, embora a totalidade tivesse sido composta e desenvolvida no processo de um longo tempo.

Alistamos os principais pontos de vista dos críticos, juntamente com as refutações às suas críticas:

1. O uso do termo hebraico *le* levanta uma questão de interpretação. Essa palavra pode significar "por", envolvendo assim a ideia de autoria. Porém, também pode ter o sentido de "pertencente a", não requerendo assim a ideia de que determinados salmos foram compostos pelo indivíduo que aparece no título. Onze salmos presumivelmente são atribuídos aos filhos de Coré, mas essa palavra hebraica aparece nos títulos introdutórios. No entanto, o trecho de 2Crônicas 20.19 mostra-nos que esses homens formavam uma guilda de cantores do templo, após o exílio. Não é provável que eles tenham, verdadeiramente, composto os salmos que lhes são atribuídos; antes, esse grupo de salmos foi selecionado por eles (provavelmente procedentes de diferentes autores), e os cantores os usavam em seu trabalho. **Resposta**. Apesar de ser verdade que o vocábulo hebraico em questão pode envolver o sentido de "pertencente a", e que, de fato, em certos casos assim deve ser entendido, também é verdade que tal termo pode significar "por", indicando a autoria. E se havia uma guilda musical dos filhos de Coré, que existiu depois do exílio babilônico, é também provável que essa guilda já existisse desde tempos mais antigos, e que os seus descendentes é que foram mencionados em 2Crônicas. Ver no

Dicionário sobre *Coré; Coate e Coatitas*. A passagem de 1Crônicas 6.31 ss. fornece-nos os nomes daqueles que *Davi* nomeou para ocuparem-se da música sacra, e os filhos de Coré estavam entre eles. (Ver o vs. 38). "Quando da reorganização instituída por Davi, os coatitas ocuparam certa variedade de ofícios, incluindo um papel na música executada no templo" (ND).

2. *Os títulos dos salmos* não eram originais, e sem dúvida contêm muitos desejos piedosos, não informações históricas autênticas. **Resposta**. É verdade que as tradições tendem por adicionar toda espécie de material não histórico, mas também podemos estar tratando com anotações e observações verdadeiramente antigas dotadas de valor histórico, pelo menos no que se aplica à maioria dos salmos. A baixa crítica (estudo do texto dos manuscritos antigos) arma-nos de um constante testemunho em favor desses títulos. Todavia, este último argumento não é muito definitivo, visto que todos os manuscritos que temos dos Salmos são tão posteriores que se torna impossível fazer qualquer afirmação quanto ao valor histórico dos títulos, meramente por se encontrarem em todos os manuscritos conhecidos. *Todos os* manuscritos conhecidos do livro de Salmos são de data relativamente recente.

3. *Setenta e quatro dos salmos são atribuídos a Davi*, mas entre eles manifesta-se uma grande variedade de estilo, expressão e sintaxe, mostrando que dificilmente eles foram compostos por um único autor. **Resposta**. Esse tipo de argumento só pode ter peso se também for exatamente detalhado quais problemas estão envolvidos. Argumenta-se que são achados aramaísmos nos salmos de Davi. Os eruditos conservadores dizem que isso poderia ter ocorrido durante o processo de transmissão dos textos. Questões assim só podem ser tentativamente resolvidas por eruditos no hebraico. Entretanto, todos os autores são, parcialmente, compiladores, pelo que é possível que Davi, embora poeta de alto gabarito, algumas vezes tenha incorporado composições que não são de sua autoria, em seus poemas. Além disso, é possível que vários dos chamados salmos de Davi não fossem de sua autoria, embora esse reparo não caiba à grande massa deles. Salmos anônimos provavelmente também foram atribuídos a Davi, visto que ele foi o principal para a coletânea. No Novo Testamento, certos salmos são atribuídos a Davi, embora os títulos do Antigo Testamento não digam tais coisas. Isso pode ter sido instância do que acabamos de asseverar. Não há necessidade de nos empenharmos pela autoria davídica desses salmos. Mas precisamos defender o conjunto dos salmos de Davi. (Quanto a observações neotestamentárias, ver At 4.25 e Hb 4.7). O trecho de 1Crônicas 16.8-36 contém porções dos Salmos 96, 105 e 106, e parece atribuí-los a Davi, ao passo que, no próprio livro de Salmos, eles figuram como anônimos. E no tocante a Hebreus 4.7, alguns estudiosos argumentam que esse versículo não precisa ser interpretado com o sentido de que a autoria davídica está em pauta, pois estariam em foco apenas as questões do uso de ideias e o cuidado na prestação de ações de graças.

4. *Muitas coletâneas*, incorporadas naquilo que finalmente veio a ser o Saltério, provavelmente indicam um processo muito prolongado. Assim, apesar de alguns dos salmos terem sido de autoria davídica, a maior parte não o é, e a compilação final ocorreu após o exílio babilônico. **Resposta**. Na primeira seção, acima, ficou demonstrado que, de fato, muitos dos títulos dos salmos sugerem fontes múltiplas, muito mais complexas do que se dizer que Davi e alguns outros, como Asafe, Salomão, os filhos de Coré etc., não legaram os salmos. Todos os bons hinários bem como antologias de hinos adicionados através dos séculos. Porém, o reconhecimento desse fato não anula a ideia de que Davi foi o principal e mais volumoso contribuinte, e que outros salmos, como os de Asafe, também pertencem, autenticamente, à época de Davi. Ver a quinta seção, abaixo, quanto à complexidade de fontes que aparentemente estão por trás do livro de Salmos. Parece que precisamos admitir que o livro de Salmos recebeu contribuições da parte de muitos, ao longo de um prolongado tempo. Contudo, isso não anula o antigo âmago do livro, especialmente aquela porção que pertence autenticamente a Davi.

5. *Os títulos davídicos* relacionam os salmos a certos eventos da vida de Davi, mas a leitura desses salmos envolvidos revela-nos que o seu conteúdo nada tem a ver com o que aqueles títulos dizem. **Resposta**. É admirável que as mesmas evidências possam ser interpretadas de modos diferentes, tudo dependendo de como os intérpretes aparentemente queiram distorcer a questão. Alguns eruditos liberais admitem nada menos de dezoito salmos como de autoria autenticamente davídica; mas outros desses mesmos eruditos não podem achar um único salmo que seja tão antigo que possa ser atribuído a Davi. Na quarta seção, Autoria e Datas, apresentamos um estudo sobre esses salmos que parecem refletir circunstâncias verdadeiras da vida de Davi. E consideramos isso adequado para demonstrar a presença de genuínos salmos davídicos no livro de Salmos, mesmo que isso não possa ser aplicado a todos os setenta e quatro salmos a ele atribuídos.

6. Apesar de poder ser demonstrado que alguns dos salmos contêm elementos antiquíssimos, que mostram afinidade com a poesia norte-cananeia (como aquela que foi encontrada em Ras Shamra; ver no *Dicionário* a respeito) ou com os antigos textos babilônicos, pode-se interpretar melhor esse ponto supondo-se que antigos elementos tivessem sido incorporados, e não que todos os salmos fossem verdadeiramente antigos. Por outra parte, pode-se mostrar que material literário semelhante aos salmos era bastante comum em tempos pré-exílicos (segundo se vê em Os 6.1-3; Is 2.2-4; 38.10-20; Jr 14.7-9; Hc 3.1 ss.; 1Cr 16.8-36). O mesmo sucedeu em tempos pós-exílicos, conforme se vê em Esdras 9.5-15 e Neemias 9.6-39. Com base nas evidências, podemos afirmar que essa forma de composição escrita era encontrada em várias colunas antigas, e isso cobrindo um período de tempo muito longo.

7. O guerreiro Davi poderia ter sido o autor desses monumentos de espiritualidade? Infelizmente é verdade que, em muitas ocasiões, Davi agiu como um puro selvagem* Mas ele viveu em tempos extremamente violentos, e precisou usar da violência a fim de sobreviver. Ficamos desconsolados ao ler os relatos de matanças insensatas que ocorreram em seus dias. Davi desejou construir o templo de Jerusalém; e o profeta Natã encorajou-o a fazê-lo. Mas, pouco depois, o Espírito de Deus mostrou a Natã que Davi não era a pessoa indicada para a obra, devido à sua trajetória sanguinária. E assim a tarefa foi transferida para Salomão, um dos filhos de Davi. O relato acha-se no sétimo capítulo de 2Samuel. O trecho de 1Samuel 27.8 ss registra o incrível incidente no qual Davi e seus homens executaram todos os homens, mulheres, crianças e até animais, meramente a fim de engodarem a Aquis, fazendo-o pensar que era contra Judá que Davi tinha agido. Isso Davi fez a fim de fortalecer a sua posição diante daquele monarca pagão, quando exilado no território dele. Davi queria que Aquis pensasse que a sua inimizade contra seu próprio povo israelita era tão grande que ele nunca mais seria uma ameaça para os vizinhos de Israel. Ora, um homem assim tão brutal poderia ter composto uma poesia tão sublime? Diante dessa indagação, relembramos o leitor de que os poemas homéricos, uma literatura de insuperável beleza e técnica, foram escritos dentro do contexto de matanças e ameaças de morte. Tem havido grandes poemas de fundo belicoso, com também soberba prosa. De fato, as guerras têm inspirado muitas grandiosas peças de literatura, além de notáveis produções teatrais. Também devemos considerar que Davi, embora tivesse vivido em tempos selvagens, também tinha outro lado em sua personalidade, o lado de uma profunda devoção ao Senhor. Isso fica claro nos livros de 1 e 2Samuel, 1 e 2Reis, além de várias outras referências a Davi, espalhadas pela Bíblia. Outrossim, a habilidade de

Davi como poeta e músico já era proverbial em seus próprios dias. Os trechos de 1Crônicas 6.31 ss. e 16.8-36 fornecem-nos indicações a esse respeito. Finalmente, cumpre-nos considerar a natureza do próprio ser humano, um misto de nobreza e vileza, em uma mesma criatura. O sétimo capítulo da epístola aos Romanos elabora esse ponto. Até Adolfo Hitler gostava de cães! A passagem de Amós 6.5 mostra quão grande era a reputação de Davi como músico e poeta (ver também 2Sm 1.17 ss.; 3.33 ss.), a qual continuou a ser notória mesmo séculos depois de sua morte. A Bíblia chega a revelar que Davi inventou instrumentos musicais. O Cântico de Moisés (Êx 15) e o Cântico de Débora (Jz 5) mostram que a poesia dos hebreus era muito antiga e muito bem desenvolvida. Não há nenhuma razão em supormos que o templo original de Jerusalém não contasse com música e poesia dessa qualidade altamente desenvolvida. Não há nenhuma dúvida razoável acerca do papel desempenhado por Davi em tudo isso, a despeito de sua natureza belicosa, e, com frequência, violenta.

8. Pode-se explicar melhor os salmos como composições que giraram em torno de tempos pós-exílicos e isso por várias razões, algumas das quais foram descritas acima. A música e a liturgia elaborada servem de outro fator de uma data posterior. Porém, contra isso, além dos argumentos que já foram expostos, deveríamos observar que os Manuscritos do mar Morto (ver a respeito no *Dicionário*) já continham muito material proveniente dos Salmos, e isso evidencia que os Salmos já haviam sido escritos em um período histórico anterior ao daquele em que foram produzidos os rolos do mar Morto. Todavia, essa resposta não nos faria retroceder até os dias de Davi, mas somente até um tempo anterior ao tempo dos macabeus. No entanto, o argumento é sugestivo, mesmo que não conclusivo.

9. A esperança messiânica é por demais pronunciada no livro de Salmos para que essas composições sejam consideradas saídas da pena de Davi. Historicamente, essa esperança ajusta-se melhor ao período dos macabeus, sendo similar ao material dos livros pseudepígrafos, no tocante aos anseios dos judeus pelo aparecimento de um Libertador. Uma posição mais radical é aquela que diz que nada semelhante ao Messias cristão está em foco, mas tão somente a figura de um Rei-Salvador, como aquela que foi concebida no tempo dos macabeus. **Resposta**. Contra essa ideia, deve-se observar que desde tempos bem antigos na história de Israel esperava-se um Messias (ver Dt 18.15). Isaías (750 a.C.) também reflete essa forte ênfase messiânica, conforme é claro para todos os que estudam a Bíblia, e isso certamente é anterior, e em muito, ao período pós-exílico. Ademais, afirmar que os antigos hebreus não poderiam ter tido a esperança messiânica é apenas uma opinião subjetiva. Podemos opinar subjetivamente que os hebreus poderiam ter tido tal esperança. Além disso, há indicações, extraídas da própria história da literatura bíblica, que mostram que o tipo de esperança messiânica davídica é mais antigo que a esperança refletida nos livros pseudepígrafos. O fato é que o livro de 1Enoque contém uma esperança messiânica muito mais refinada e muito mais parecida com a do Novo Testamento do que aquela que transparece no livro de Salmos, refletindo um estágio posterior desse ensino. O artigo sobre 1Enoque no *Dicionário* certamente demonstra que, quanto a esse aspecto, 1Enoque está mais próximo do Novo Testamento do que o livro de Salmos. Quanto a pormenores sobre a esperança messiânica no livro de Salmos, ver a seção VII abaixo, que se dedica a esse assunto. Finalmente, no tocante a essa questão, precisamos relembrar dois itens incomuns e místicos que sempre acompanham as culturas humanas, antigas e modernas; o poder de curar e o de prever o futuro. Visto que o Messias brotou dentre o povo de Israel, não há nenhuma razão em supormos que a sua vinda não pudesse ter sido percebida com muita antecedência. Mas o contra-argumento mais definitivo aqui é que o próprio Jesus Cristo ensinou a natureza messiânica dos Salmos; ... *importava se cumprisse tudo o que de mim está escrito na lei de Moisés, nos Profetas e nos Salmos* (Lc 24.44).

10. A música e a liturgia elaborada, refletida no livro de Salmos, falam sobre uma época posterior à de Davi, ou seja, a época do segundo templo, terminado o exílio babilônico. **Resposta**. Não há razão para crer que uma elaborada situação músico-litúrgica não se caracterizava no primeiro templo. O trecho de 1Crônicas 6.31 ss. certamente ensina que, desde bem cedo, o aspecto musical de fé religiosa ocupava um largo espaço na religião dos hebreus. As observações musicais, existentes nos títulos dos salmos, referem-se a três elementos: instrumentos musicais, melodias utilizadas, vozes e efeitos musicais. Nada há nesses elementos que necessariamente pertença a tempos posteriores aos de Davi, embora, como é óbvio e como ninguém pretende negar, tudo isso tenha sido sujeitado a um progressivo desenvolvimento e elaboração. Nos tempos pós-exílicos havia guildas de músicos, como a dos filhos de Coré (ver 2Cr 20.19); mas esse trecho mostra que essa família formava uma antiga guilda musical, desde os tempos do primeiro templo de Jerusalém.

Observações Gerais sobre o Conflito: Críticos *Versus* Conservadores. Temos dado um sumário bastante detalhado do debate que ruge entre estas duas facções de estudiosos. Opino que não há como solucionar todos os problemas envolvidos, visto que cada teoria tem sua contrateoria. Parece-me que a solução desses problemas só poderia partir de especialistas no idioma e na cultura dos hebreus, os quais, além disso, fossem técnicos no estudo dos próprios Salmos. E isso, como é óbvio, está acima da maioria dos eruditos do Antigo Testamento, para nada dizer sobre os leitores comuns. Controvérsias dessa natureza têm alguns elementos positivos, especialmente se forçam pessoas interessadas a estudar os livros da Bíblia em profundidade. Quanto ao seu lado negativo, essas controvérsias podem ser prejudiciais ao espírito do fé religiosa, dando maior ênfase à contenda do que à espiritualidade. A fim de ilustrar essa declaração, o leitor pode meditar sobre o fato de que uma de minhas fontes informativas (uma respeitável enciclopédia) desperdiça espaço desproporcionalmente grande sobre estas questões controvertidas, ao mesmo tempo que dedica muito pouco espaço à mensagem e ao valor dos salmos, como uma colêtanea sagrada. Certas pessoas (em sentido positivo ou em sentido negativo) gostam de debate, e acima de todas as coisas, elas debatem. É óbvio que isso é um exagero, que só pode ser prejudicial para a espiritualidade. Assim sendo, que debatamos, mas que o façamos sem hostilidade e exageros. Quando o amor transforma-se em ódio teológico, então eu me despeço e vou-me embora.

IV. Autoria e Datas. Quanto a esta particularidade, precisamos depender essencialmente dos informes dados nos títulos de introdução aos Salmos. Se dependermos somente desses títulos, obteremos o seguinte quadro:

Setenta e quatro salmos são atribuídos a Davi; dois a Salomão (Sl 72 e 127); um a um sábio de nome Hemã (Sl 88); um a um sábio chamado Etã (Sl 89; quanto a esse, ver 1Rs 4.31); um a Moisés (Sl 90); 23 aos cantores levíticos de Asafe (Sl 50; 73-83); vários aos filhos de Coré (Sl 42, 43, 44-49, 84, 85, 87). Os 49 salmos restantes são anônimos.

Os informes existentes nos salmos subentendem que várias guildas musicais ou escreveram ou utilizaram os salmos. Quanto a uma exposição mais completa a respeito, ver a quinta seção da Introdução.

Várias Compilações e Fontes Informativas. Os eruditos conservadores contentam-se em confiar no valor histórico desses informes. Os eruditos liberais, por outra parte, têm achado pouco ou nenhum valor nessas informações. R. H. Pfeiffer considera-os "totalmente irrelevantes". Mas, se os estudiosos conservadores estão com a razão, então a maior parte dos salmos foi composta nos dias do Davi. E, se os liberais estão certos, podemos pensar em um desenvolvimento gradual da coletânea, a começar por Davi, com uma compilação final nos tempos pós-exílicos. Na terceira seção, ventilamos os argumentos e os contra-argumentos que circundam a questão. Não se pode duvidar que desde antes de Davi havia uma literatura similar a dos salmos, que tem paralelo em várias culturas da época. Penso que nada de fatal pode ser dito acerca do possível valor dos pontos dos salmos, mesmo que não cheguemos a ponto de canonizar esses títulos juntamente com o texto, dependendo estupidamente de qualquer coisa que esses títulos digam.

Os argumentos que cercam a palavra hebraica le ("por" ou "pertencente a"?) não podem anular a antiga autoria davídica, mas, em alguns casos, podem apontar para os processos de seleção e compilação, e não exatamente autoria. (Ver III.1). A baixa crítica (que trata do texto dos manuscritos) favorece uma data definitiva, pois todos os manuscritos que chegaram até nós são de origem relativamente recente, e não se sabe quando foram acrescentadas as composições poéticas. Podemos conjecturar com segurança, porém, que esses títulos são posteriores à época de Davi, embora possam estar alicerçados sobre sólidas tradições históricas. Em caso negativo, precisamos depender do conteúdo dos salmos que refletem situações diversas na vida de Davi, e não dos títulos propriamente ditos. Muitos eruditos conservadores têm preferido esse argumento, apresentando assim um caso que merece respeito.

Salmos que Parecem Redefinir Situações Genuínas na Vida de Davi: Catorze dos salmos refletem motivos específicos de sua composição. Depondo aqui das informações supridas por Z. A ordem de apresentação é cronológica, e não numérica.

O Salmo 59 foi ocasionado pelo incidente registrado em 1Samuel 19.11, e projeta luz sobre o caráter de certos associados invejosos de Davi (59.12).

O Salmo 56 mostra como o temor que Davi sentiu em Gate (ver 1Sm: 21.10), acabou transmutando-se em fé (56.12).

O Salmo 38 ilumina as demonstrações de bondade subsequentes, da parte do Senhor Deus (38.6-8, cf. 1Sm 21.13).

O Salmo 142, à luz da perseguição descrita em seu sexto versículo, sugere as experiências de Davi na caverna de Adulão (cf. 1Sm 22.1), e não em En-Gedi (ver sobre o Salmo 57, mais abaixo).

O Salmo 52 (cf. O vs. 3) enfatiza a iniquidade de Saul, como superior de Doegue, que foi o carrasco executor dos sacerdotes (cf. 1Sm 22.9).

O Salmo 54 (cf. O vs. 3) impreca julgamento contra os zifeus (cf. 1Sm 23.13).

O Salmo 57 envolve a caverna de En-Gedi, quando Saul foi apanhado na própria armadilha que havia armado (57.6; cf. 1Sm 24.1).

O Salmo 7 apresenta-nos Cuxe, o caluniador benjamita (7.3), ao mesmo tempo em que o oitavo versículo desse mesmo salmo corresponde a 1Samuel 24.11,12.

O Salmo 18 é repetido na íntegra em 2Sm 22; cronologicamente, deveria ter sido posto em 2Samuel 7.1.

O Salmo 60 (cf. vs. 10) ilumina a perigosa campanha militar contra os idumeus (ver 2Sm 3.13,14; 1Cr 18.12), também referida em 1Reis 11.15.

O Salmo 51 elabora o pecado de Davi com Bate-Seba e contra Urias (ver 2Sm 12.13,14).

O Salmo 3 retrata (cf. vs. 5) a fé que Davi demonstrou ter, ao tempo da revolta de Absalão (cf. 2Sm 15.16).

O Salmo 63 lança luz sobre a fuga de Davi para o Oriente nessa ocasião (cf. 2Sm 16.2), pois, em suas fugas anteriores, ele ainda não subira ao trono de Israel (ver Sl 63.11).

O Salmo 30 alude ao pecado de orgulho de Davi, devido ao poder do seu exército (ver os vss. 5, 6; cf. 2Sm 24.2), antes da perturbação que perdurou pouco tempo (cf. 2Sm 24.13-17; 1Cr 21.11-17). A isso seguiu-se o seu arrependimento e a dedicação do altar e da *casa* (a área sagrada do templo; 1Cr 22.1) de *Yahweh*.

Entre os salmos restantes cujos títulos determinam a sua autoria, os 23 salmos compostos pelos cantores de Israel exibem panos de fundo inteiramente diferentes uns dos outros, visto que aqueles clãs levíticos continuaram em atividade durante e após os tempos do exílio babilônico (ver Ed 2.41). A maior parte desses 23 salmos pertence aos dias de Davi ou de Salomão. Todavia, o Salmo 83 ajusta-se dentro do ministério do asafita Jaaziel, ou seja, em torno do 852 a.C. (cf. Oseias vss. 5-8 com 2Cr 20.1,2,14), ao passo que os Salmos 74, 79 e as estrofes finais dos Salmos 88 e 89 foram compostos por descendentes de Asafe e de Coré que, ao que tudo indica, sobreviveram à destruição de Jerusalém, em 586 a.C. (ver Sl 74.3,8,9; 79.1; 89.44). Entre os salmos sem títulos ou anônimos, alguns poucos são oriundos do tempo do exílio babilônico (Sl 137), do tempo do retorno dos judeus a Judá, em 537 a.C. (Sl 107.2,3 e 126.1), ou da reconstrução das muralhas, sob a liderança de Neemias, em 444 a.C. (Sl 147.13). Outros salmos, que refletem momentos trágicos, facilmente poderiam estar vinculados às desordens provocadas pela revolta de Absalão, ou então a certas calamidades que se abateram sobre Davi (cf. Sl 102.13,22, 106.41-47). R. Laird Harris recomenda que se use de grande cautela na crítica a respeito das datas de determinados salmos, escrevendo: "É de regular interesse que as alusões históricas dos salmos não ultrapassam os tempos de Davi, excetuando o Salmo 137, um salmo anônimo que versa sobre o cativeiro. Vários salmos dizem respeito, em termos gerais, aos tempos do cativeiro e às dificuldades enfrentadas em períodos de desolação do templo (por exemplo, Sl 80; 85 e 129). Entretanto, essas são descrições poéticas bastante gerais, e não deveríamos esquecer que Jerusalém foi saqueada por mais de uma vez. O próprio Davi enfrentou duas conspirações em seu palácio. Nenhum dos salmos acima referidos é atribuído a Davi, embora alguns deles pudessem ter sido compostos em seus dias, ou pouco mais tarde" (Cf. F. H. Henry, editor, *The Bíblical Expositor*, II, p. 49).

Após termos suprido tais informações, nem por isso temos demonstrado que todos os 74 salmos atribuídos a Davi foram, na realidade, escritos por ele. Porém, temos bons motivos para crer que a contribuição de Davi foi real e vital. A posição radical que diz que os Salmos, como uma coletânea, foram compostos em tempos pós-exílicos, pelo menos em sua maioria, não resiste à investigação. Podemos concluir, portanto, que a maior parte dos salmos foi composta mais ou menos na época do primeiro templo de Jerusalém, ou seja, 1000 a.C., ou ligeiramente mais tarde.

V. VÁRIAS COMPILAÇÕES E FONTES INFORMATIVAS. Já apresentamos o essencial desta questão, conforme aparecem diversos informes nos títulos dos salmos, no segundo parágrafo da quarta seção da Introdução. Se esses títulos estão essencialmente corretos historicamente falando, então outras fontes informativas devem ser rebuscadas entre os 49 salmos anônimos. Sempre que um título não for de caráter histórico, teremos o aumento no número de salmos anônimos. Diversas coletâneas secundárias (envolvendo assim autores e datas diferentes) podem estar indicadas nos títulos hebraicos *shir*, *miktam*, *maskil* etc. Uma de minhas fontes informativas conjectura que pode ter havido um mínimo de dez coletâneas menores de salmos, antes da compilação final do Saltério. Temos o *Saltério Eloísta* como exemplo de uma coletânea distinta. Esses são salmos sob o nome divino predominante é Elohim. Trata-se dos Salmos 42 a 83. (Curiosamente, o Sl 53 é uma recensão eloísta do Sl 14; e o Sl 70, de Sl 40.13-17). Além disso, temos os *Cânticos dos Degraus*, um grupo distinto de salmos (120 a 134) que, provavelmente, eram usados pelos peregrinos, quando subiam para celebrar festividades religiosas em

Jerusalém. O trecho de Salmo 135.21 tem uma doxologia que pode ter assinalado o fim de uma dessas coletâneas secundárias. As doxologias finais do quarto livro podem ter encerrado originalmente uma pequena coletânea, que acabou fazendo parte do todo. (Ver Sl 106.48). As coletâneas secundárias refletem crescimento e a ideia de crescimento implica diferentes datas para diferentes segmentos do livro de Salmos.

VI. CONTEÚDO E TIPOS

1. Quatro Tipos Principais: *a. Os Salmos de Davi*. O livro I (Sl 1 - 41) é essencialmente atribuído a Davi, exceto o Salmo 1, que é a introdução a esse livro I, e o Salmo 33, que não tem título. Parece que foi Davi quem primeiro coligiu o primeiro grande bloco de material que, finalmente, veio a fazer parte da coletânea total, no livro de Salmos. Um total de 74 salmos lhe são atribuídos; e, como é óbvio, eles não ficam todos no livro I. *b. Os Salmos de Salomão*. Os livros II e III exibem um maior interesse nacional que o livro I. Esses livros incluem os Salmos 42 a 89. O rei Salomão foi o responsável pela doxologia de 72.18-20, e pode ter sido o compilador (embora não o autor) do livro II. Porém, os Salmos 42 a 49 são produção do clã cantante dos filhos de Coré. O Salmo 50 é de autoria de Asafe. *c. Os Salmos Exílicos*. O livro III contém os Salmos 32, 52, 74, 79, e 89, que aludem à história posterior de Israel, já distante do período de Davi, mencionando a destruição de Jerusalém, em 586 a.C., e certas condições próprias do exílio. Porém, esse livro mostra certa variedade de composições, da parte de vários autores. De Davi (como o Sl 86), de Asafe (Sl 73 -83), dos filhos de Coré (Sl 84, 85 e 87). *d. Os Salmos da Restauração, Pós-Exílicos e Macabeus*. Nestes salmos predomina o interesse litúrgico. Os Salmos 107 e 127 devem ter provindo do tempo após o retorno dos exilados, em 537 a.C., e talvez existissem em uma coletânea separada, que foi então adicionada. Um inspirado escriba pode ter trazido o livro V (Sl 107—150) à existência, unindo-o aos livros I — IV, ao adicionar a sua própria composição (Sl 146-150) como uma espécie de grande aleluia! relativo ao Saltério inteiro. E isso pode ter ocorrido em cerca de 444 a.C. (Sl 147.13), quando Esdras proclamou a renovação da adoração de Israel no segundo templo de Jerusalém. Alguns estudiosos pensam que o próprio Esdras pode ter sido o responsável pela compilação final (Ed 7.10). Outros eruditos têm pensado que o período dos macabeus foi o tempo da produção de muitos salmos, a começar por 168 a.C. Porém, naquele período, o aramaico já havia sobrepujado quase inteiramente o hebraico, e os salmos não foram compostos em aramaico. Ademais, o material dos Manuscritos do mar Morto contém os salmos, fazendo a data de sua composição retroceder para antes do período dos macabeus. Por conseguinte, é improvável que um grande número de salmos se tenha originado no tempo dos macabeus.

2. Os Cinco Livros. O livro de Salmos divide-se em cinco livros, cada um dos quais termina com uma doxologia. São os seguintes: Livro I (Sl 1-41); Livro II (Sl 42-72); Livro III (Sl 73-89); Livro IV (Sl 90-106); Livro V (Sl 107-150).

3. Temas Principais. *a. O tema messiânico*. Preservei este assunto para ser ventilado na seção oitava, onde ele é descrito pormenorizadamente. *b. Louvor*. Alguns exemplos são Sl 47; 63; 104; 145 - 150. *c. Pedidos de bênção e proteção*. Sl 86; 91 e 102. *d. Pedidos de intervenção divina*. Sl 38 e 137. *e. Confissão de fé*, especialmente no tocante aos poderes e ofícios do Senhor. Sl 33; 94; 97; 136 e 145. *f. Penitência pelo pecado*. Sl 6; 32; 38; 51; 102; 130 e 143. Em algum destes salmos, o perdão recebido é o assunto principal. *g. Intercessão* em favor do rei, da nação, do povo etc. Sl 21; 67; 89 e 122. *h. Imprecações*. Queixas contra os adversários e o pedido para que Deus proteja, faça justiça e vingue. Sl 35; 59; 109. *i. Sabedoria*, homilias espirituais, onde o oferecimento de instruções (salmos pedagógicos). Sl 37; 45; 49; 78; 104; 105-107; 122. *j. O governo e a providência divina*. Como Deus trata com todas as classes de homens, incluindo os ímpios. Sl 16; 17; 49; 73 e 94. *k. Exaltação à lei de Deus*. Sl 19 e 119. *l. O reino milenar do Messias*. Sl 72. *m Apreciação pela natureza*. Temos aqui um reflexo da bondade, da glória e da beleza de Deus. Sl 19; 29; 33; 50; 65; 74; 75; 104; 147 e 148. *n. Salmos históricos e nacionais*, onde é elogiada a condição de Israel. Sl 14; 44; 46-48; 53; 66; 68; 74; 76; 78-81; 83; 85; 87; 105; 108; 122; 124-129. São passados em revista muitos incidentes da história de Israel, e a providência divina é celebrada. O futuro de Israel é projetado de forma esperançosa. *o. A humilde natureza humana e sua grandeza*. Sl 8; 31; 41; 78; 100; 103 e 104. *p. A existência da alma e sua sobrevivência*. Sl 16.10,11; 17.15; 31.5; 41.12; 49.9,14,15. Historicamente, essa crença entrou no judaísmo mediante os Salmos e os livros dos profetas, e mostra-se ausente no Pentateuco. *q. Liturgia*. (Sl 4; 5; 15; 24; 26; 30; 66; 92; 113-118; 120-134).

VII. A ESPERANÇA MESSIÂNICA. Ver a décima segunda seção quanto a uma lista completa de citações extraídas do livro de Salmos e contidas no Novo Testamento. Muitas dessas citações são de natureza messiânica. O próprio Senhor Jesus referiu-se aos Salmos, que prediziam a seu respeito (ver Lc 24.44). Billy Graham chegou a asseverar que todos os Salmos são messiânicos. Certamente isso é um exagero, mas o fato de que esse livro do Antigo Testamento foi o mais constantemente citado pelos autores do Novo Testamento mostra que ali o elemento messiânico certamente é fortíssimo. Por esse motivo, destaquei essa questão do restante do conteúdo deste verbete, para efeito de ênfase. **1. (Sl 2.1-11)**. O poderoso Filho de Deus, exaltado pelo Pai contra os seus adversários, triunfa sobre tudo e todos. Este trecho é citado em (At 4.25-28; 13.33; Hb 1.13 e 5.5); onde recebe uma interpretação messiânica. **2. (Sl 8.4-8)**. A exaltação do Filho de Deus. Todas as coisas foram postas debaixo de seus pés, o que sob hipótese nenhuma pode aplicar-se a um mero ser humano. Esta passagem é citada em Hebreus 2.50-10 e 1Coríntios 15.27, dentro de contextos messiânicos. **3. (Sl 16.10)**. A incorrupção do Filho de Deus em sua morte; sua divina e miraculosa preservação; sua segurança no Pai. Este salmo é citado em Atos 2.24-31 e 13.35-37, sendo aplicado à ressurreição de Cristo, bem como à sua autoridade e exaltação gerais. Há seis salmos da paixão: (Sl 16; 22; 40; 69; 102 e 109). **4. (Sl 22)**. Um dos salmos da paixão que fornecem detalhes sobre a crucificação e descrevem os sofrimentos do Messias. Este salmo é citado em (Mt 26.35-46; Jo 19.23-25 e Hb 2.12). O Salmo 22.24 prediz a glorificação de Cristo; o vs. 26 fala sobre a festa escatológica e o futuro trabalho de ensino do Messias (vss. 22, 23, 25; Hb 2.12). **5. (Sl 40.6-8)**. A encarnação. A citação acha-se em Hebreus 10.5-10. **6. (Sl 46.6,7)**. O trono eterno do Messias. Sua natureza divina (vs. 6), embora distinta do Pai (vs. 7). O trecho de Hebreus 1.8,9 cita esta passagem. **7. (Sl 79.25)**. A maldição sobre Judas Iscariotes, citada em Atos 1.16-20. **8. (Sl 72.6-17)**. O governo do Messias. Seu reino será eterno (vs. 7); seu território será vastíssimo (vs. 8); todos virão para adorá-lo (vss. 9-11). **9. (Sl 89.3,4,28,29,34-36)**. O Messias como o Filho de Davi; sua descendência será eterna (vss. 4, 29, 36, 37). Este salmo é citado em At 2.30. **10. (Sl 102.25-27)**. A eternidade do Filho-Messias. Uma invocação a *Yahweh* (vss. 1,22) e a El (vs. 24) é aplicada a Jesus Cristo. **11. (Sl 109.6-19)**. Judas Iscariotes é amaldiçoado. O Messias teria muitos adversários, mas havia um maior de todos. O plural aparece nos vss. 4,5 e muda para o singular no vs. 6, sendo reiniciado no vs. 20. Este salmo é citado em Atos 1.16-20. **12. (Sl 110.1-7)**. A ascensão e o sacerdócio do Messias. Ele é o Senhor de Davi (vs. 1), e é sacerdote eternamente (vs. 4). Este salmo é citado em (Mt 22.43-45; At 2.33-35; Hb 1.11; 5.6-10; 6.20; 7.24). **13. (Sl 132.11,12)**. Ele, o Filho de Davi, é a semente real e eterna. Este salmo é citado em Atos 2.30. **14**. Ofício de Profeta, Sacerdote e Rei. Que o Messias pudesse ocupar esses três ofícios, foi profetizado antes mesmo do tempo de Davi. O Messias é visto como profeta (Dt 18.15), como sacerdote (Lv 16.32) e como rei (Nm 24.17). Ora, nos Salmos há indicações acerca de todos esses três ofícios. Ele é profeta em (Sl 22.22, 23, 25; Sl 23). Ele é sacerdote, divino e humano em (Sl 110.2). Ele é rei em (Sl 2; 6; 12; 24 e 72). Essas três ideias são combinadas (em Sl 22.12 e 110.2). Quanto a completos detalhes sobre a questão dos ofícios de Cristo como profeta, sacerdote e rei, ver no *Dicionário* o artigo intitulado Ofícios de Cristo. Ver a tradição profética em geral sobre o Messias, com referências cruzadas com o Novo Testamento, no artigo chamado Profecias Messiânicas Cumpridas em Jesus.

VIII. Usos dos Salmos. **1**. Todos os estudiosos concordam que os Salmos eram o hinário do segundo templo de Israel. No entanto, essa restrição não é imperiosa. O trecho de 1Coríntios 6.31 ss. demonstra o uso de música elaborada no culto divino, nos próprios dias de Davi. Portanto, o uso litúrgico dos salmos foi importante desde o começo. E isso teve prosseguimento na igreja cristã, onde muitos salmos foram musicados e usados no culto de adoração. Além disso, muitos versículos, porções de salmos ou ideias ali contidas foram incorporados nos hinos cristãos. **2**. Os salmos prestam-se muito bem a devoções particulares, sendo extremamente ricos em conceitos espirituais, além de excelentes como consolo e inspiração para o louvor ao Senhor. Muitos salmos são obras-primas literárias em miniatura, conforme se vê nos Salmos 1; 2; 8; 19; 22; 23 e 91. Qualquer seleção será forçosamente defeituosa, mas essa seleção ilustra o ponto. **3**. Os Salmos são uma Bíblia em miniatura dentro da Bíblia, conforme Lutero afirmou, repletos de ideias religiosas e de fervor. Não foi por acidente que os autores do Novo Testamento citaram mais dos Salmos do que de qualquer outro livro do Antigo Testamento. Ver a décima segunda seção quanto a uma demonstração desse fato. O próprio Senhor Jesus muito se utilizou dos salmos. Ele e os seus discípulos entoaram o Hallel (Sl 113 -118), por ocasião da Última Ceia. **4**. Textos de prova acerca do messiado de Jesus são abundantes nos Salmos, conforme é demonstrado na sétima seção da Introdução. **5**. Uso dos Salmos em Ocasiões Especiais. Os títulos dos salmos dizem-nos que muitos deles eram usados em certas ocasiões, como o sábado, as festividades religiosas etc. Para exemplificar, o Salmo 92 era usado no sábado, e talvez igualmente o Salmo 136. Os Salmos 120 — 134 são conhecidos como "Salmos dos Degraus", porquanto eram entoados pelos peregrinos quando subiam a Jerusalém, para celebrar as principais festas dos judeus. Alguns eruditos pensam que vários salmos eram usados na festa anual da entronização de *Yahweh*, como Rei de Israel, um costume que tinha paralelos no paganismo. Os Salmos 47; 93; 95 — 99 são designados como tais. E alguns estudiosos supõem que essa prática se alicerçasse sobre a festa do Ano Novo na Babilônia, o *akitu*, quando o deus Marduque era carregado pelas ruas da cidade da Babilônia. Depois de um elaborado ritual, era-lhe conferido mais um ano de autoridade no país, como um rei divino. Presumivelmente, as palavras do Salmo 24.7,8: *Levantai, ó portas, as vossas cabeças; levantai-vos, ó portais eternos, para que entre o Rei da Glória... O Senhor poderoso nas batalhas*, refletem aquele costume, que teria sido copiado pelos israelitas. Mas a maior parte dos eruditos conservadores assevera que salmos que supostamente aludem a essa festa podem ser explicados melhor de outras maneiras. Talvez aquelas assertivas do Salmo 24 reverberem o transporte da arca da aliança para Jerusalém. Além disso, os salmos que exaltam ao Rei, de modo geral, fazem-no Rei sobre todas as coisas e sobre todos os povos, e não meramente sobre Israel. E isso pode ser um argumento contra a interpretação que fala em uma entronização específica do Rei divino sobre a nação de Israel. Essa universalidade pode ser vista em Salmo 93; 95-100. Com base em raciocínios subjetivos, alguns eruditos opinam que Israel jamais haveria de emular uma festividade pagã, e argumentam que não há nenhuma evidência convincente e direta de que havia tal festividade em Israel. Outrossim, de que adiantaria ao homem entronizar a Deus? Em sociedades idólatras, ideias assim podem parecer razoáveis; mas não nas comunidades onde Deus aparece como todo-poderoso e transcendental.

6. Crítica de Forma: Formas Literárias. Hermann Gunkel, em sua obra *Awrewahlte Psalmen*, 1905, procurou demonstrar, no livro de Salmos, cinco distintas formas literárias que, por sua vez, implicariam usos específicos dos Salmos. Essas formas literárias seriam: **a**. hinos para cultos de adoração pública; **b**. lamentações e intercessões coletivas, em tempos de desastre nacional; **c**. salmos reais, cuja função prática era de confirmar a autoridade do rei, como cabeça da teocracia em Israel; **d**. salmos de ação de graças; **e**. lamentações, intercessões e confissões individuais, além de pedidos para que fossem supridas necessidades pessoais. Não parece haver nenhuma razão para duvidarmos da exatidão geral dessas observações. Pois podemos estar certos de que havia um uso coletivo e comunal dos salmos, embora também houvesse um uso individual e privado. **7. Magia e Contraencantamentos**. Alguns estudiosos têm sugerido que trechos do livro de Salmos, como 6.6-8; 64.2-4; 69; 91; 93.3-7 e 109 talvez fossem usados como fórmulas mágicas, para neutralizar as forças demoníacas. Isso poderia envolver uma prática coletiva e cúltica, ou então uma prática individual. Argumentos em favor e contra essas práticas (mormente no caso do uso dos salmos) estão baseados em sentimentos e raciocínios subjetivos, porquanto é extremamente difícil determinar quanta verdade possa haver nesse parecer. Seja como for, sabemos que tais práticas eram e continuam sendo comuns em muitas culturas. Sempre haverá muitas forças malignas ao nosso redor, que precisarão ser exorcizadas.

IX. A Poesia dos Hebreus. Como é evidente, os Salmos são a grande coletânea de composições poéticas da Bíblia. Quedamo-nos admirados diante da qualidade de muitas dessas antigas peças literárias, algumas das quais são obras-primas em miniatura. A poesia teve uma antiga e longa tradição na literatura dos hebreus. Ver no *Dicionário* sobre *Pentateuco*, primeira seção, décimo ponto, quanto a ilustrações a respeito, extraídas da porção mais antiga do Antigo Testamento. Ver também sobre *Poeta, Poesia*, especialmente em sua segunda seção, *Poesia no Antigo Testamento*.

X. Pontos de Vista e Ideias Religiosas. **1**. Apesar de os Salmos serem composições líricas, expressões emocionais e de fervor religioso, também transmitem muitos pensamentos, e, indiretamente, apresentam muitas doutrinas. A teologia hebreia geral faz-se presente, com algumas adições, como a crença na existência da alma e sua sobrevivência diante da morte biológica, e um fortíssimo tema messiânico. O estudo sobre os temas, na sexta seção, onde os principais temas são alistados, dá uma ideia sobre a multiplicidade de ideias apresentadas nesse livro da Bíblia. **2**. A existência da alma e sua sobrevivência diante da morte física foi uma doutrina que só passou a ser expressa mais tarde, no judaísmo. No Pentateuco não há nenhuma referência clara e indisputável a esse fato. Muitas leis nunca são associadas a alguma recompensa ou punição após-túmulo. Não faltamos com a verdade ao afirmar que a maior parte dos ensinamentos do judaísmo sobre essa questão foi tomada por empréstimo. Tendo começado a ser expressa nos Salmos e nos livros dos profetas, foi nos livros apócrifos e pseudepígrafos, porém, que esse assunto encontrou seu maior desenvolvimento, antes do começo do Novo Testamento. O relato sobre Saul e a feiticeira de En-Dor demonstra a crença na existência da alma ao tempo de Davi. Ver 1Samuel 28.3 ss., quanto à interessante narrativa do encontro de Saul com o espírito de Samuel. Indicações existentes no livro de Salmos, acerca da crença na existência da alma (são: 16.10,11; 17.15; 31.5; 41.12; 49.9,14,15).

3. Os salmos imprecatórios, de fervorosa invocação a Deus para que mate os inimigos, podem ser facilmente entendidos dentro do contexto histórico, quando o povo de Israel quase sempre via-se sob a ameaça de um punhado de inimigos mortais; e o próprio Davi, como indivíduo, sempre teve de enfrentar tais dificuldades. Naturalmente, a atitude desses salmos não é a mesma que a de Jesus, o qual exortou os homens para que amassem seus inimigos. As imprecações fazem parte da natureza humana, e não nos deveríamos surpreender em encontrá-las nas páginas da Bíblia. Porém, é ridículo defender a espiritualidade das imprecações propriamente ditas. Muitos estudiosos conservadores têm tentado fazer precisamente isso. Talvez o comentário de C. I. Scofield, em sua introdução ao livro de Salmos, seja o mais sugestivo que podermos achar: "Os salmos imprecatórios são um grito dos oprimidos, em Israel, pedindo justiça, um clamor apropriado e correto da parte do povo terreno de Deus, e alicerçado sobre promessas distintas do pacto abraâmico (ver Gn 15.18); porém, um clamor impróprio para a igreja, um povo celeste que já tomou seu lugar junto com um rejeitado e crucificado Cristo (ver Lc 9.52-55)". Exemplos de salmos imprecatórios são os de números 35, 59 e 109. **4.** O ensino sobre o Messias, apesar de não tão avançado quanto no livro de 1Enoque (se comparados aos conceitos que figuram no Novo Testamento), é surpreendentemente extenso. Dediquei a sétima seção da Introdução ao assunto. **5.** Apesar de que muitos dos salmos foram designados para um uso litúrgico, neles aparecem muitas indicações de uma apropriada atitude individual espiritual, bem como da correta espiritualidade pessoal. Quanto a esse aspecto, os salmos concordam, grosso modo, com os livros dos profetas. (Ver Sl 15.1 ss.; 19.14; 50.14,23; 51.16 ss). **6.** Há uma exaltada doutrina de Deus nos salmos; tão generalizada que aparece praticamente em todos os salmos. **7.** A importância da experiência religiosa pessoal é uma ênfase constante no livro de Salmos. Deus é retratado como quem está à disposição dos seres humanos, refletindo assim o ensino do *teísmo*, e não do *deísmo* (ver a respeito no *Dicionário*). O teísmo ensina que Deus não somente criou, mas também permanece interessado na sua criação, intervindo, recompensando e castigando. Mas o deísmo alega que Deus, ou alguma força divina criadora, após ter criado tudo, abandonou o mundo, deixando-o à mercê de forças naturais. **8.** São ressaltados os deveres do homem para com Deus, como o arrependimento, a vida santificada, a adoração, o louvor, a obediência através do serviço e o amor ao próximo. **9.** A adoração pública é uma questão obviamente frisada no livro de Salmos, visto que muitas dessas composições eram usadas exatamente nesse contexto. Precisamos pesquisar pessoalmente as questões religiosas; mas também precisamos fazê-lo coletivamente. A participação na adoração pública é encarecida em trechos como Salmos 6.5, 20.3, 51.19; 66.13-5. **10.** A adoração não ritual não é desprezada, devendo fazer parte integrante da busca espiritual dos homens. (Ver Sl 40.6 e 50.9).

XI. CANONICIDADE. Ver no *Dicionário* o artigo sobre Cânon, no que se aplica ao Antigo Testamento. Para os saduceus, somente o Pentateuco era considerado digno de ser chamado de Escrituras santas e autoritárias. Para os judeus palestinos, como era o caso dos fariseus, as três grandes seções de livros sagrados aceitos eram: o Pentateuco, os Escritos (que incluíam os Salmos) e os Profetas. Na ordem da arrumação judaica, os Escritos formavam a terceira seção. Entre os judeus da dispersão, vários livros apócrifos eram aceitos. E não é inexato falar sobre o Cânon Alexandrino. Além disso, havia as obras pseudepígrafas, revestidas de prestígio suficiente para que muitas ideias ali contidas fossem aproveitadas pelos escritores do Novo Testamento, embora, como uma coletânea, os livros pseudepígrafos nunca tivessem obtido condição canônica. É que a canonicidade origina-se, essencialmente, do valor interno de uma obra escrita, que se torna óbvio para todos quantos a leem, além de originar-se da consagração da antiguidade, o que é uma espécie de processo histórico religioso, e, finalmente, de originar-se de pronunciamentos oficiais da parte de líderes religiosos, pronunciamentos esses que formam a base tradicional acerca dos livros sacros. Os estudiosos conservadores, ademais disso, pensam que o poder e a presença do Espírito Santo estão envolvidos nesses vários aspectos da questão. Mas os eruditos liberais mais radicais são da opinião de que o processo inteiro depende da mera seleção natural (uma espécie de seleção do leitor, aplicada às questões religiosas); mas, assim pensando, esses eruditos olvidam-se totalmente do elemento sobrenatural e dos poderes divinos por trás desse processo. Ver no *Dicionário* sobre *Inspiração*.

Se a coletânea dos Salmos foi-se formando através de um longo período de tempo, chegando a ser compilada somente após o cativeiro, então nenhuma canonização final poderia ter ocorrido até estar completa a coletânea. Porém, coletâneas preliminares (como aquelas de Davi, de outras antigas personagens e de clãs de músicos) tiveram suas próprias canonizações preliminares, o que explica a sua preocupação no decorrer de muitos séculos.

"No caso dos livros I, II e IV do Saltério, a canonização deve ter ocorrido com considerável presteza. O Salmo 18 foi incluído dentro do livro canônico de Samuel, dentro de meio século após a morte de Davi... Os Salmos 96 — 105 e 106 foram *designados* por Davi como um padrão para a adoração pública, bem no início de seu governo sobre todo o Israel (ver 1Cr 16.7-36). A designação de muitos outros salmos, para que os músicos os preparassem para a adoração prestada por Israel, serve de evidência de uma similar canonização consciente dos poemas de Davi. E o fato de que Davi e Salomão compilaram intencionalmente os livros I, II e IV, quando ainda viviam, fornece-nos testemunho extra do reconhecimento da autoridade espiritual pelo menos daqueles oitenta e nove salmos pelos contemporâneos desses dois monarcas". (Z)

O livro III, portanto, que contém as porções pós-exílicas do livro de Salmos, foi acrescentado. Talvez muitos dos salmos ali envolvidos fossem pré-exílicos e já fizessem parte da coletânea. Há pouco ou mesmo nenhum testemunho externo quanto à aceitação canônica do livro de Salmos, até o período intertestamentário. Somente então obtemos algumas declarações acerca do uso desses poemas. Por exemplo, o trecho de 2Macabeus 2.13 refere-se aos livros de Davi, juntamente com os escritos de outros reis e de profetas. A passagem de Salmo 79.2 é citada como Escritura. Os Salmos já faziam parte da versão da Septuaginta do século III a.C., o que significa que o recolhimento e a autoridade desses poemas devem ter sido cristalizados antes do preparo daquela versão. O material das cavernas de Qumran, do século II a.C., também exibe os Salmos, o que serve de outro índice da aceitação da coletânea desde tempos mais remotos do que alguns estudiosos têm pensado. O rolo principal dos Salmos, encontrado na caverna II (além de cinco outros fragmentos), apresenta amplo material extraído dos livros IV e V dos Salmos. Esse material, porém, apresenta alguma variação na ordem sucessiva dos salmos, sugerindo que houvesse certa fluidez no arranjo dos salmos, e que o livro de Salmos ainda não havia chegado à sua forma final, conforme o conhecemos atualmente. Entretanto, alguns especialistas pensam que os salmos achados na caverna II formavam uma espécie de lecionário, e não uma completa coletânea dos salmos, em sua ordem normal. Porém, é impossível determinar a verdade por trás dessa questão.

Seja como for, de acordo com o arranjo final dos escritos do Antigo Testamento, encontramos a Lei, os Profetas e os Escritos. E o livro de Salmos fazia parte dessa terceira porção, os Escritos. Josefo referiu-se ao Antigo Testamento como uma coletânea de 22 livros: Pentateuco, cinco; Profetas, treze, e os Hinos de Deus e Conselhos dos Homens (Apion, 1.8), que incluíam os Salmos, Provérbios, Eclesiastes e Cântico dos Cânticos.

Outrossim, temos as próprias declarações canônicas do Senhor Jesus, em Mateus 23.35 e Lucas 24.44.

Os Salmos são o segundo livro mais volumoso da Bíblia, perdendo somente para as profecias de Jeremias, mas o livro de Salmos é o mais constantemente citado no Novo Testamento. É dificílimo pôr em dúvida sua posição no cânon da Bíblia e sua autoridade espiritual.

XII. Os Salmos no Novo Testamento. Os Salmos são citados no Novo Testamento por cerca de oitenta vezes, o que significa que, dentre todos os livros do Antigo Testamento, esse foi o mais constantemente utilizado pelos autores neotestamentários. A muitas dessas citações foi dada uma interpretação messiânica, sobre o que comentei com pormenores na sétima seção e o artigo separado intitulado *Profecias Messiânicas Cumpridas em Jesus*.

Salmos	Novo Testamento
2.1,2	(At 4.25,26)
2.7	(At 13.33; Hb 1.5 e 5.5)
4.4	(Ef 4.26)
5.9	(Rm 3.13)
8.3 LXX	(Mt 21.16)
8.4-6 LXX	(Hb 2.6-8)
8.6	(1Co 15.27)
10.7	(Rm 3.14)
14.1-3	(Rm 3.10-12)
16.8-11	(At 2.25-28)
16.10	(At 2.31)
16.10 LXX	(At 13.35)
18.49	(Rm 15.9)
19.4	(Rm 10.18)
22.1	(Mt 27.46; Mc 15.34)
22.18	(Jo 19.24)
22.22	(Hb 2.12)
24.1	(1Co 10.26)
31.5	(Lc 23.46)
32.1,2	(Rm 4.7,8)
34.12-16	(1Pe 3.10-12)
35.19	(Jo 15.25)
36.1	(Rm 3.18)
40.6-8	(Hb 10.5-7)
41.9	(Jo 13.18)
44.22	(Rm 8.36)
45.6,7	(Hb 1.8,9)
51.4	(Rm 3.4)
53.1-3	(Rm 3.10-12)
68.18	(Ef 4.8)
69.4	(Jo 15.25)
69.9	(Jo 2.17; Rm 15.3)
69.22,23	(Rm 11.9,10)
69.25	(At 1.20)
78.2	(Mt 13.35)
78.24	(Jo 6.31)
82.6	(Jo 10.34)
89.20	(At 13.22)
91.11,12	(Mt 4.6; Lc 4.10,11)
94.11	(1Co 3.20)
95.7,8	(Hb 3.15; 4.7)
95.7-11	(Hb 3.7-11)
95.11	(Hb 4.3; 5)
102.25-27	(Hb 1.10-12)
104.4	(Hb 1.7)
109.8	(At 1.20)
110.1	(Mt 22.44; 26.64)
	(Mc 12.36; 14.62)
	(Lc 20.42,43 e 22.69)
	(At 2.34,35; Hb 1.13)
110.4	(Hb 5.6,10 e 7.17,21)
112.9	(2Co 9.9)
116.10	(2Co 4.13)
117.1	(Rm 15.11)
118.6	(Hb 13.6)
118.22	(Lc 20.17; At 4.11; 1Pe 2.7)
118.22,23	(Mt 21.42; Mc 12.10,11)
118.25,26	(Mt 21.9; Mc 11.9,10)
118.26	(Jo 12.13; Mt 23.39)
	(Lc 13.35; 19.38)
132.11	(At 2.30)
140.3	(Rm 3.13; Rm 3.13)

XIII. Bibliografia. AM NET BA E I IB IOT ND WBC WES YO Z

SALMOS DE ROMAGENS

Esse termo aplica-se aos Salmos 120-134, em nossa Bíblia portuguesa. Trata-se dos mesmos salmos chamados, em outras versões, de Salmos dos Degraus. Também são intitulados Salmos dos Peregrinos. Alguns eruditos pensam que os peregrinos entoavam esses salmos, enquanto iam subindo em direção ao templo de Jerusalém. Foi com base nessa alegada circunstância histórica que esses salmos passaram a ser assim subtitulados. Em nossa Bíblia portuguesa, o subtítulo exato é "Cântico de Romagem", em cada um desses referidos salmos.

SALOMÃO

I. Nomes. A palavra *Salomão* deriva do hebraico *Shelomah*, que significa "pessoa pacífica". Sob as ordens do profeta Natã, ele também recebeu o nome de *Jedidias*, que significa "amado por *Yahweh*" (2Sm 12.24, 25). Mas *Salomão* foi o nome que prevaleceu, e o homem é chamado assim 300 vezes no Antigo Testamento.

II. Família. O rei Davi teve muitas mulheres e muitos filhos. Salomão foi aparentemente o décimo filho do rei Davi. Sua mãe era a bela Bate-Seba, que já havia tido um filho de Davi, resultado de seu adultério. Este filho morreu logo após o

Estábulos de Salomão

nascimento, mas sua mãe foi colhida ao harém de Davi depois do assassinato de Urias, marido de Bate-Seba. Ver o artigo sobre ele para maiores detalhes de sua história vergonhosa. Salomão teve seis meio-irmãos que nasceram em Hebrom, cada um de uma mãe diferente (2Sm 3.2-5). A linhagem messiânica, é claro, passou por Salomão (Mt 1.6).

III. PANO DE FUNDO HISTÓRICO. Saul e Davi tiveram origem humilde, em contraste com Salomão, que nasceu em um palácio. Saul foi capaz de enfraquecer alguns dos inimigos de Israel, mas foi Davi quem realizou a árdua tarefa de unificar o país ao derrotar seus muitos inimigos. Aqueles que ele não aniquilou, conseguiu confinar. De fato, ele derrotou sete pequenos impérios para obter seu poder total. (Ver 2Sm 5.17-25; 7.10; 12.26-31; 21.15-22 e 1Cr 18.1). Davi foi o Guerreiro Rei perfeito, enquanto Salomão foi o construtor Sábio perfeito, capaz de alcançar a época áurea de Israel e tornar-se o maior rei israelita. Mas ele não poderia ter feito isso sem o trabalho preparatório de seu pai que, digamos, lhe ofereceu o império numa bandeja de prata. Davi unificou o império e assim Salomão recebeu poder sobre tanto o norte como sobre o sul. Esta situação logo desintegrou no reino de seu filho, Reoboão, que, sem sabedoria, criou condições que dividiram o país em duas partes: o sul (Judá e Benjamim) e o norte (as Dez Tribos de Israel). O Egito, inimigo perene, havia sofrido sérias derrotas que o mantiveram no fundo do cenário por dois séculos. Isto permitiu que Salomão se engajasse em suas extensas atividades. O império hitita da Anatólia (o território da moderna Turquia) também sofreu um período de derrota nas mãos dos frigianos e dos filisteus. A Assíria era ainda um poder nascente e, assim, não interferiu nos avanços de Salomão, e o dia da Babilônia ainda não havia chegado. Salomão tinha vizinhos encrenqueiros, mas nenhum rival verdadeiro.

IV. CHEGADA AO PODER. Salomão teve rivais ao trono e, na verdade, não era o candidato mais óbvio. Davi havia recebido uma revelação de que "Salomão era o homem certo" para o cargo (1Cr 22), e isso teve grande influência na escolha daquele filho em particular, entre várias possibilidades. Muitos de seus filhos mais velhos foram eliminados violentamente. Adonias era mais velho que Salomão e, portanto, a escolha óbvia para o reinado. Ele contava com homens poderosos e tentou forçar a questão. O sumo sacerdote, Abiatar, o apoiou e deu às suas ambições um tipo de aval espiritual. Um suposto festival religioso em En-Rogel (1Rs 1.9) acabou sendo uma operação política secreta para tornar Adonias o rei. O profeta Natã e Bete-Seba imediatamente planejaram colocar seu homem "Salomão" no poder. Davi ordenou que Zadoque ungisse Salomão como rei. As forças se acumularam em apoio a Salomão, e logo Adonias implorava por misericórdia, asilando-se nos chifres do alto altar do Tabernáculo. Como prêmio de consolação, ele solicitou que a bela *Abisague* lhe fosse dada por esposa. Mas ela fazia parte do harém de Davi, embora continuasse virgem porque o velho rei se tornara impotente antes de incluí-la em sua coleção. Ela acabou sendo apenas um aquece-cama para ele. Em qualquer caso, Salomão, furioso com o fato de que seu meio-irmão tentara ascender à cama de seu pai, ordenou sua execução. Isso significou o fim da rivalidade e a consolidação do poder de Salomão. (Ver 1Rs 2.24,25).

Abiatar não foi executado, mas a linhagem de Zadoque tomou o ofício de sumo sacerdote, em recompensa por ter apoiado a facção Davi-Salomão. O único xeque ao poder de Salomão foi a opinião do povo em geral. Os impostos ridiculamente altos, o trabalho escravo e a posterior apostasia e idolatria mancharam os anos finais de seu reinado e montaram o palco para a divisão do reino nas partes norte e sul.

V. CONSTRUÇÃO DO IMPÉRIO. O Pacto Abraâmico (ver o artigo *Pactos*) havia estabelecido a fronteira nordeste no rio Eufrates e sudeste no rio Nilo. Salomão foi o rei que mais se aproximou da realização desse extenso território. Mas muito provavelmente ele tivesse apenas postos militares avançados no Eufrates, enquanto sua fronteira sudeste parava no *Ribeiro do Egito* (ver), que era um wadi às vezes chamado de rio do Egito, levando a uma confusão com as referências bíblicas ao Nilo. O wadi el-hesa é o nome moderno desse "rio".

Aspectos específicos da construção do império de Salomão: **1**. Sua *sabedoria* extrema aplicava-se a coisas tanto espirituais como materiais. Ele se tornou o maior rei da monarquia hebraica, expandindo o território, introduzindo cavalos, carruagens e várias inovações militares que o tornaram invencível. No início, Salomão era um modelo de rei, chegando até a pedir que recebesse sabedoria em vez de riqueza material e poder (ver 1Rs 4.29 ss.). **2**. Já vimos sua expansão de território no primeiro parágrafo desta seção. Seu território tocava o Eufrates no nordeste, o ribeiro do Egito no sudeste, o mar Mediterrâneo no oeste e o deserto arábico no leste. A fronteira leste de Israel sempre foi indefinida, mas era marcada pelo deserto e por alguns "lugares por lá". Sua expansão logo foi manchada, contudo, pela tomada de Edom de suas mãos por Hadade (1Rs 11.14-22), e pela perda de Gezer para os egípcios. Para fortificar seus ganhos territoriais, Salomão fez várias alianças com poderes estrangeiros. Ainda assim, com toda a sua glória, o império inteiro de Salomão ocupou menos espaço que o atual Estado de São Paulo. **3**. Israel era um país *ao lado* do mar, mas não *do* mar. Todavia, com a ajuda dos fenícios, Salomão desenvolveu um próspero comércio marítimo que trouxe ouro ao tesouro de Jerusalém. I Hirão de Tiro tornou-se seu amigo e ajudante em seu programa de enriquecimento rápido. (Ver 1Rs 5.1-12; 9.10-14). **4. Tratados**. Salomão selou tratados com os grandes e com os humildes, mediante casamentos (1Rs 10.24, 25; 2Cr 9.23, 24). Seu filho Reoboão, o sucessor ao trono, era filho de uma amonita. Essas alianças ampliaram sua grandeza e garantiram um período de paz. **5. Programa de construção**. Os projetos de construção mais ambiciosos de Salomão foram o *Templo* (ver) e seu próprio estupendo palácio, a "Casa da Floresta", no Líbano, mas houve muitos outros projetos menos significativos. Para levá-los a cabo, ele extorquiu com altos impostos e empregou trabalho escravo, mantendo assim um costume Oriental e uma atividade copiada por políticos desde então. Os israelitas não eram cientistas, e seu conhecimento de matemática era primitivo. Consequentemente, eles tinham de apelar para trabalho e material estrangeiro nas empreitadas de construção. (Ver 1Rs 9.10-14). Os gastos extravagantes de Salomão e o trabalho escravo provocaram muitas reclamações de seus súditos e, assim, foram plantadas as sementes da rebelião e divisão (ver 1Rs 5.13-14; 12.18). **6. Mineração e refinamento de cobre**. As famosas "minas de cobre do rei Salomão" de fato existiram e não eram meramente uma história antiga que prendeu a imaginação dos diretores de cinema. A arqueologia demonstrou que foi realizada extensa mineração de cobre em Eziom-Geber. Novamente, os cientificamente ignorantes israelitas tiveram de apelar aos fenícios para realizar esta operação. Minerações semelhantes de cobre foram encontradas na Sardenha e na Espanha. Navios fenícios transportavam o cobre aos mercados de todo o mundo conhecido na época. Ver os artigos sobre *Eziom-Geber* para maiores detalhes. A cidade ficava na extremidade norte do golfo de Ácaba (ver). O local é assinalado pelo moderno *Tell el kheleifeh*. (Ver 1Rs 9.26). Unger chamou Salomão de "rei do cobre", comparando Eziom-Geber à americana Pittsburgh, a "cidade do aço". Mas não esqueçamos a mina de cobre *Kennicott*, próxima a *Salt Lake City*, Utah, a maior operação de cobre de todos os tempos. De qualquer forma, foi esta extração de cobre o principal fator na transformação de um pequeno país em um império. Ver o artigo separado sobre *Salomão, Minas de*. **7. Realizações culturais**. 1Reis 4.29-34 afirma que Salomão foi o mais erudito dos estudiosos de sua época, superando os grandes sábios de Edom. São atribuídos a ele 3.000 provérbios e 1.005 canções. É provável que alguns dos provérbios canônicos tenham sido escritos por ele, talvez alguns salmos, mas não há quase nenhuma chance de que haja algo entre ele e os Cantares ou o Eclesiastes. E, claro, ele não foi o autor dos livros não canônicos *Sabedoria de Salomão* e *Salmos de Salomão* (ver os artigos). Alguns estudiosos também supõem que ele tenha auxiliado na organização de vários livros históricos do Antigo Testamento como Josué, Juízes, Rute e os dois livros de Samuel, mas tais declarações, impossíveis de provar, são muito provavelmente falsas. Outras referências a essas realizações literárias podem ser encontradas em 1Reis 11.41 e 2Crônicas 9.29. Não se pode duvidar que Salomão foi um "homem das letras", embora não seja possível determinar exatamente quanto do Antigo Testamento tenha passado por suas mãos.

VI. ÉPOCA ÁUREA DE ISRAEL. Se se considerar a grandeza, a prosperidade, a sabedoria e as realizações em construções de modo geral, nenhum rei de Israel ou de Judá poderia ser comparado a Salomão. É dito corretamente que ele trouxe a *Idade de Ouro* de Israel. Ainda assim Jesus, referindo-se a si mesmo, disse que "alguém maior que Salomão está aqui! (Mt 12.42). Isto nos ensina que a verdadeira grandeza deve ser medida por padrões espirituais, não materiais. Salomão era um homem sábio, mas Jesus, o Cristo, o Logos manifesto, era a Sabedoria Personificada (1Co 1.30). Jamais devemos esquecer de nos afastar da busca do dinheiro e nunca devemos esquecer os verdadeiros tesouros que residem no espírito.

VII. VIDA ESPIRITUAL. O início da carreira de Salomão foi manchado por três *execuções políticas* (isto é, *assassinatos* políticos cometidos por alegados motivos *nobres*). As vítimas foram Adonias (um meio-irmão!), Joabe e Simei (ver os artigos). A consolidação pessoal do poder e a "proteção do estado" sempre recebem o crédito por tais crimes, que, de fato, escondem a ganância pessoal, a ambição e os egos inflamados.

Ainda assim, as Escrituras elogiam o início do reinado de Salomão, afirmando que ele buscava a *Yahweh* e obedecia à legislação mosaica. Sua sabedoria (1Rs 4.29 ss.) resultava de boas escolhas, quando ele enfatizava a parte espiritual da vida em detrimento do lado material. Sua construção do templo foi uma grande realização espiritual, mas, no início, influenciado por seu bando de mulheres e concubinas, ele caiu em idolatria (1Rs 11.5, 33). Seus abusos morais (elevados impostos e trabalho escravo) definiram o palco para o colapso de seu império e a consequente divisão nas partes norte (Israel) e sul (Judá-Benjamim). O homem que inicialmente teve um "coração que ouvia" (1Rs 3.9) logo passou a ter uma mente poluída. Um típico julgamento deuteronômico é passado ao homem em 1Reis 11. Este capítulo fala de vários adversários que se levantaram contra o rei e o puniram por suas infrações.

SALOMÃO, AÇUDES DE. Ver *Açude*.

SALOMÃO, CANTARES DE. Ver a Introdução ao livro.

SALOMÃO, MINAS DE. Ver o artigo *Minas do Rei Salomão*.

SALOMÃO, PÓRTICO DE. Ver o artigo *Pórtico de Salomão*.

SALOMÃO, SABEDORIA DE. Ver o artigo *Sabedoria de Salomão*.

SALOMÃO, SERVOS DE. Ver *Servos de Salomão*.

SALOMÉ

No grego é salome, derivado do hebraico *shalôm*, **"paz"**. Nome da mulher de Zebedeu e mãe de Tiago e João (*cf.* Mt 27.56 com Mc 15.40; 16.1). Foi uma das mulheres que de longe contemplaram a tragédia do Calvário (Mt 27.56), e que foi ao sepulcro de nosso Senhor na manhã do primeiro dia da semana, levando aromas para ungir o seu corpo (Mc 16.1).

SALPICADOS. Ver sobre *Cor, Cores*.

SALTÉRIO. Ver sobre *Salmos*.

SALU

No hebraico, **"rejeição"**, **"desprezo"**. A forma do termo hebraico varia. Duas pessoas aparecem com esse nome, no Antigo Testamento: **1**. Epônimo de uma família benjamita que se estabeleceu em Jerusalém, terminado o cativeiro babilônico (1Cr 9.7; Ne 11.7). **2**. Uma família sacerdotal que figurava entre os exilados da Babilônia (Ne 12.7), cujo chefe é chamado Salai, em Neemias 12.20.

SALUM

Do hebraico, **"recompensa"**. A Bíblia hebraica menciona 15 pessoas assim chamadas, embora variações desse mesmo nome tenham sido padronizadas na versão portuguesa. Sigo a ordem cronológica dessas personagens. **1**. Um homem também chamado de Silem (ou Shilem), filho de Naftali, avô de Josafá (rei de Israel, 1Reis 22.42; 2Cr 20.31). Viveu no século XVI a.C. **2**. Neto de Simeão, um líder daquela tribo, pai de Mibsão (1Cr 4.25). Viveu no século XVI a.C. **3**. Um filho de Sisamai da tribo de Judá, pai de Jecamias (1Cr 2.40, 41), de data incerta. **4**. Filho de Coré, um levita, descendente de Corá. Era o chefe dos porteiros que vigiavam o tabernáculo na época de Davi. Seus descendentes continuaram naquele tipo de ocupação na época de Esdras e Neemias. Ele também era chamado de Meselemaias e Selemias (1Cr 9.17, 19, 31; 26.1, 2, 9, 14; Ed 2.42; Ne 7.45). Viveu no século X a.C. **5**. Décimo quinto rei de Israel, viveu no século VIII a.C. após a divisão do império entre o norte (as Dez Tribos) e o sul (Judá e Benjamim). Era filho de Jabes. Para conseguir o poder, assassinou Zacarias (2Rs 14.29), filho de Jeroboão II. Dentro de um mês, o próprio Salum foi assassinado por Menaém (2Rs 15.8-15). Viveu em cerca de 745 a.C. **6**. Pai de Jeizquias, líder da tribo de Efraim. Quando Israel tomou prisioneiros de Judá em uma batalha entre o norte e o sul, ele insistiu que os prisioneiros fossem enviados de volta à Judá. Isto ocorreu na época do rei Peca (2Cr 28.12), no século VIII a.C. e foi um pequeno toque de humanidade no meio da brutalidade. **7**. Marido da profetisa Hulda, filho de Ticva (2Rs 22.14; 2Cr 34.22), no século VII a.C. Talvez ele fosse tio do profeta Jeremias (Jr 32.7), mas alguns duvidam desta identificação. Era o mantenedor do guarda-roupa do rei Josias. **8**. Filho de

Zadoque e pai de Hilquias. Era sumo sacerdote na época do rei Josias e ancestral de Esdras (1Cr 6.12; Ed 7.2). Viveu no século VII a.C. **9**. Pai de Hanamel e tio de Jeremias. Jeremias redimiu seu campo em Anatote, embora soubesse que a invasão de Israel pelos babilônicos estava próxima. Por este ato, ele estava dizendo: *As coisas se normalizarão, uma vez que o julgamento de Deus tenha cumprido seu propósito* (Jr 32.7). Viveu no século VII a.C. **10**. Décimo sétimo rei de Judá, também chamado de *Jeoacaz*. Ver sob esse título, ponto 2. **11**. Pai de Maaseias, um porteiro do templo de Jerusalém na época do profeta Jeremias (Jr 35.4). Viveu no século VI a.C. **12**. Levita, porteiro nos portões do templo, foi forçado a divorciar-se de sua esposa pagã após o cativeiro babilônico, na época de Esdras (Ed 10.24). Viveu no século V a.C. **13**. Descendente de Binui, que foi forçado a divorciar-se de sua esposa pagã após o cativeiro babilônico, na época de Esdras (Ed 10.42). Viveu no século V a.C. **14**. Filho de Haloés, que governou parte de Jerusalém como um tipo de prefeito. Ele e suas filhas foram designados à tarefa de reparar parte do muro da cidade na época de Neemias (Ne 3.12). Viveu no século V a.C. **15**. Filho de Cl-Hoze, governador de um distrito de Mispá. Foi designado à tarefa de reparar o Portão da Fonte de Jerusalém e o muro próximo ao Poço de Selá (Ne 3.15). Viveu no século V a.C.

SALVAÇÃO

Nossa palavra, salvação, vem do latim *salvare*, que significa "salvar", e de "salus", que significa "saúde" ou "ajuda". A palavra hebraica traduzida em português por "salvação" indica "segurança". O termo grego *soteria* e suas formas cognatas, têm a ideia de *cura, recuperação, redenção, remédio, bem-estar* e *resgate*. Essa palavra pode ser usada em conexões totalmente físicas e temporais, ou no que diz respeito ao bem-estar da alma, presente e eterna. A ideia de "salvar", quando usada para indicar a salvação espiritual, fala sobre o livramento do pecado, da degradação moral e das penas que devem seguir-se, como o julgamento divino. Mas o *livramento* também nos confere algo: o perdão, a justificação, a transformação moral e a vida eterna, que consiste na participação na própria vida de Deus, no seu "tipo" de vida. A discussão abaixo explica mais amplamente a natureza desse "livramento para alguma coisa", bem como desse "livramento de alguma coisa".

I. SALVAÇÃO SEGUNDO O AT. Apesar de que a salvação, com frequência, aparece ali apenas como algo no tempo, como da ira de algum inimigo ("o justo viverá por sua fé", em Hc 2.4; fala de preservação física), há passagens, como Isaías 45.17, Daniel 7.13 *ss*., e Isaías 53, que entram no nível espiritual da salvação. Os rabinos, após o período patriarcal, criam na alma, no após-vida, nos lugares celestiais. Mas, a salvação, nas páginas do AT, jamais tomou alguns aspectos revelados no NT, especialmente no tocante à plenitude da filiação, em que os homens assumem a natureza do próprio Cristo, a fim de terem sua mesma glória e herança. Esse é um conceito que escapou à teologia dos judeus, que continua a ser ignorado e desconhecido na maioria das igrejas de hoje em dia, onde a salvação é reduzida ao perdão dos pecados e à mudança de endereço para os céus, após a morte física.

II. SALVAÇÃO NO NT. Até mesmo a leitura superficial do NT revelará que nem todos os autores do NT têm o mesmo ponto de vista acerca da salvação. Não obstante, seus pontos de vista são *suplementares*, e não contraditórios. A visão da plenitude da salvação é mais clara em alguns escritores sagrados do que em outros.

1. Nos Evangelhos sinópticos. A salvação vem por meio de Jesus (ver Lc 19.9). Ele veio para salvar (ver Mc 3.4; Lc 4.18; Mc 18.11; Lc 9.56 e Mt 20.28). Sua missão impõe certa obrigação moral sobre os homens (Mc 8.35; Lc 7.50; 8.12; 13.24 e Mt 10.22). A salvação requer um coração contrito, uma receptividade como a de uma criança, a renúncia de tudo por causa de Cristo. Ela nos conduz à vida eterna, à salvação da alma (ver Mt 7.13,14 e Mc 8.34 e ss.). Isso envolve a associação com Jesus em seu reino (ver Mt 13; Mc 8.38), que é visto como algo ao mesmo tempo celestial e terreno. Ver Mateus 3.2 e o artigo sobre a doutrina do reino. Envolve a inquirição e a posse final das perfeições morais (ver Mt 5.48). Nos Evangelhos sinópticos, entretanto, nunca temos a descrição dos níveis mais altos da transformação segundo a imagem de Cristo, em que passamos a ser o que ele é e a possuir o que ele tem. O evangelho normalmente pregado nas igrejas evangélicas se eleva somente até o nível dos Evangelhos sinópticos, o que deixa de lado especiais e maiores revelações, como aquelas dadas a Pedro e, mormente, a Paulo.

3. No Evangelho de João. Nesse Evangelho temos um ponto de vista mais similar ao de Paulo do que aos dos Evangelhos sinópticos. O princípio de *filiação* é associado à salvação, e isso é um discernimento penetrante. Fica subentendido que aquilo que é o Filho, nisso nos transformamos, pois também seremos autênticos filhos do Pai celeste. Somente no Evangelho de João, de maneira mais clara e como descrição direta, é que temos o conceito da participação do homem na vida "necessária" e "independente" de Deus, o Pai. Há muitas "modalidades" de vida, a começar pelos animais unicelulares, passando por animais mais completos, do mar, da terra e dos ares. Finalmente, chegamos ao homem, o qual incorpora em si mesmo os aspectos físico e espiritual da vida, de maneira especial. As evidências mostram que toda a vida é dual, e talvez imortal, pelo menos toda e qualquer vida tem uma porção psíquica, que talvez seja o controle real do desenvolvimento físico. A fotografia Kirliana tem demonstrado o fato. Trata-se de um processo fotográfico, similar à radiologia, que fotografa a aura existente ao redor de todas as coisas vivas, e que mostra que todas as coisas possuem dualidade. Existem *formas de vida* que cobrem e possuem a parte física, e essas, evidentemente, são as inteligências que dirigem o desenvolvimento físico desde a concepção, mantendo a vida física. Não obstante, o homem, em alto grau, é uma incorporação da vida espiritual com a vida física. Além disso, há uma vida puramente espiritual, dos seres celestiais. Mas a vida inteira, incluindo a desses últimos, é vida *dependente*, isto é, depende de Deus para ser sustentada. Toda a vida, abaixo da vida de Deus, é vida "não-necessária", isto é, pode existir ou pode ser reduzida a nada, por ser vida potencialmente perecível. Mas Deus é o pináculo de toda a vida, sua fonte e sustentáculo. Já o "tipo" de vida de Deus é diferente. Ele é *independente*, dependendo somente dele mesmo para continuar a viver; e também é *vida necessária*, isto é, não pode deixar de existir. Sim, Deus tem vida "independente", porque ele depende somente de si mesmo para existir; e tem vida "necessária", porque essa forma de vida não pode deixar de existir. Foi esse o tipo de vida que o Filho recebeu até mesmo por ocasião de sua encarnação, na posição de Cabeça federal da raça remida. E, através dele, os remidos também recebem essa forma de vida. (Assim nos ensinam os trechos de João 5.25,26 e 6.57 o que é um dos mais elevados conceitos de todo o NT). Os homens chegam a compartilhar dessa forma de vida, tornando-se muito mais elevados que os anjos, tornando-se membros autênticos da família divina, possuidores da natureza divina (ver 2Pe 1.4). Notemos que o elevadíssimo tipo de vida exposto no Evangelho de João faz parte integral da salvação, sendo mediado através da ressurreição.

4. No livro de Atos. Neste ponto retornamos ao terreno dos **Evangelhos sinópticos**, conforme se poderia antecipar do fato de que Lucas, seu autor, também é o autor do evangelho de Atos, um dos Evangelhos sinópticos. O perdão dos pecados, o arrependimento, a conversão, a entrada no reino celestial, são elementos da salvação, mas não cobrem a revelação inteira, embora destaquem os conceitos primários da salvação, que são indispensáveis. Não pode haver glorificação sem o perdão dos pecados e o arrependimento, mas esses são apenas os passos iniciais da salvação. O livro de Atos é essencialmente uma narrativa sobre como o evangelho de arrependimento se propagou entre todas as nações. (Ver At 2.38; 4.12 e 16.30 e ss.).

5. Nas epístolas paulinas. Neste ponto encontramos os conceitos mais elevados, os quais são enumerados neste parágrafo. ***a. Rm 8.29***. A salvação envolve nossa transformação segundo a imagem moral e metafísica de Cristo, em que compartilharemos de sua natureza essencial. ***b. Ef 1.23***. Ser "salvo" significa vir a possuir, finalmente, a "plenitude de Cristo", que é tudo para todos. ***c. Ef 3.19***. Ser "salvo" significa compartilhar finalmente de "toda a plenitude de Deus" em sua natureza, atributos e perfeições; ***d. Cl 2.9,10***. Ser "salvo" significa participar da plenitude da divindade, tal como o Filho dela participa. ***e. 2Co 3.18***. Tudo isso é produzido pelas operações do Espírito que nos amolda segundo a natureza moral de Cristo, e então segundo a sua natureza metafísica. ***f. A filiação sumaria a obra***: aquilo que o Filho é, isso seremos; aquilo que ele possui, nós possuiremos. Cristo é tanto o Caminho como é o Pioneiro do Caminho. Ele assumiu a natureza humana e, na qualidade de homem, foi espiritualizado para compartilhar da divindade, na qualidade de Deus-homem, um novo modo de tal participação. É essa participação na divindade que foi aberta a todos os homens que nele confiam (ver Rm 8.17,29,30), tornando-os capacitados para receber sua herança, sua natureza, sua imagem e sua glorificação. Para Paulo, pois, ser salvo é tornar-se aquilo que é o Filho de Deus, é compartilhar do que ele possui. Esse é o mais elevado conceito que o homem conhece. Exige arrependimento e perdão de pecados, mas esses são apenas meios para atingirmos a glorificação.

6. Nos escritos de Pedro. A passagem de 2Pedro 1.4 encerra a declaração mais significativa. Isso mostra-nos que chegamos a *participar da divindade*, da *natureza divina*, escapando da corrupção que há no mundo, para que as promessas de Deus se cumpram em nós.

III. O MEIO DA SALVAÇÃO. Isso nos vem através do arrependimento, da fé, da conversão, enfim (ver At 2.38; Rm 8.29,30 e Jo 3.3-5). O novo nascimento é parcialmente realizado agora, mas o total novo nascimento consiste em nascermos dentro do reino de Deus, já como seres celestiais. Portanto, é ter por término a glorificação, quando nos tornarmos cidadãos do novo mundo. A salvação nos vem pela graça divina (ver Ef 2.8), mas é mediada pela "santificação" (ver 2Ts 2.13). Ninguém verá jamais Deus se não for totalmente santo, como Deus é santo (ver Hb 12.14 e Rm 3.21). A imputação envolve muito mais do que a declaração *forense* de que estamos perfeitos em Cristo. Significa que, através da santificação do Espírito, chegaremos realmente a possuir a natureza de Deus, em sua santidade e perfeições; em outras palavras, chegamos realmente a possuir a verdadeira natureza de Deus, aquilo que a declaração forense meramente nos atribui. A justificação nos dá a santidade de Cristo por decreto forense, mas também garante e opera em nós a posse real da mesma. (Ver o artigo sobre a *Justificação*.) A salvação não vem através de *obras legais*, pois ninguém pode tornar-se um ser semelhante a Cristo, que é o alvo da salvação. Contudo, envolve certas obras, pois o Espírito Santo opera em nós e nos faz expressar os frutos da piedade, os seus próprios frutos, dos quais Cristo é o supremo possuidor (ver Gl 5.22,23). Essa é a razão pela qual os homens são exortados a "levar a bom termo a sua própria salvação, e conforme se lê em Filipenses 2.12. Nesse sentido, "graça" e "obras" se tornam sinônimas, pois a graça vem do Espírito, como também vêm as obras. No entanto, as obras devem ser reais e eficazes na vida, devendo ser cultivadas pela vontade humana; de outro modo, não haverá "operação da graça" no homem. A salvação, pois, consiste em trazer o infinito ao finito, o divino ao humano, e o homem precisa cooperar com o Senhor, embora o próprio resultado seja divino em sua natureza.

A salvação, pois, é uma cadeia de ouro. Consiste em arrependimento, fé, conversão, santificação, glorificação, que levam um homem à plena filiação. Se qualquer desses elos for quebrado, não haverá salvação.

A salvação, pois, é "inicial", quando nos convertemos, pelo que também um homem pode dizer: "Estou salvo". Mas também tem um aspecto progressivo: estamos sendo salvos, porquanto estamos sendo preparados para o reino celestial. E a salvação também tem um aspecto final: a glorificação, quando obtivermos a natureza divina.

IV. A SALVAÇÃO É UM PROCESSO ETERNO E INFINITO. Posto que nela chegamos a possuir "toda a plenitude de Deus" (ver Ef 3.19), isso significa que não pode haver fim na obra de salvação, pois Deus é infinito. A existência inteira nos mundos eternos, tal como aqui, terá o propósito de participarmos daquilo que Deus é, através do modelo de Cristo. Jamais poderemos participar completamente de tudo quanto Deus é, embora filhos autênticos junto com o Filho, dotados de sua natureza metafísica, pois não haverá como chegarmos ao fim da infinitude. Portanto a diferença entre a natureza remida do homem e a natureza do Pai não consiste em "espécie", e, sim, em "extensão" da glória. A salvação consiste em trazer o infinito ao que é finito, em trazer o que é divino ao que é humano. Quanto a isso não pode haver fim, e toda a eternidade nos ensinará o que esse preceito significa.

V. O CONCEITO DE FILIAÇÃO. O conceito de filiação sumaria a ideia da salvação, conforme aparece no NT Somos "filhos que estão sendo conduzidos à glória" (ver Hb, 2.10); compartilhamos da natureza do Filho (ver Rm 8.29; 2Co 3.18 e 1Jo 3.1,2). O indivíduo salvo é alguém que se tornou filho de Deus, de modo a compartilhar de tudo quanto o Filho possui, de ter a sua natureza essencial. O Cabeça e o corpo místico devem possuir a mesma natureza embora tenham diferentes ofícios e funções. A glorificação do corpo deve ser a mesma glorificação desfrutada pelo Cabeça.

Pode-se perceber facilmente, por essa descrição, por que razão a salvação, em sua natureza essencial, é chamada de "grande" em Hebreus 2.3. Fala da "imensidade" do bem-estar espiritual que é conferido aos remidos, da imensidade que o homem é transformado, pois se torna mais elevado que os mais altos anjos, tal como o próprio Cristo é infinitamente superior a eles. Ver o artigo sobre o problema da *segurança do crente*.

Gloriosa, mais gloriosa é a coroa
Daquele que nos trouxe a salvação,
Por humildade chamado de o 'Filho':
Tu que creste naquela estupenda verdade
E agora o feito sem-igual foi realizado,
DETERMINADO, OUSADO E FEITO,

Christopher Smart

VI. ELEMENTOS DA SALVAÇÃO. A salvação consiste no processo, no estado resultante e no progresso contínuo da alma, em sua inquirição para obter toda a plenitude de Deus (ver Ef, 3.19), experimentando a transformação segundo a natureza e a imagem do Filho (ver Rm 8.29), que avança de um estágio a outro de glória, interminavelmente (ver 2Co 3.18). A teologia tem dado nomes aos vários estágios desse processo, e já oferecemos artigos separados sobre os mesmos. Ver sobre os seguintes: *Expiação, Arrependimento, Conversão, Justificação, Regeneração, Santificação, Glorificação*. Ver também o artigo intitulado *Divindade, Participação na, Pelos Homens*.

VII. A REALIZAÇÃO DA SALVAÇÃO: PONTOS DE VISTA TEOLÓGICOS. No artigo *Salvação em Várias Religiões*, demonstrei que há uma grande variedade de pontos de vista no tocante ao que a salvação se propõe a realizar. Também demonstrei que em qualquer sistema religioso, incluindo o judaísmo e o cristianismo, a salvação é um conceito crescente. De fato, nem a Bíblia (no Antigo e no Novo Testamentos) oferece-nos somente um ponto de vista a respeito, visto tratar-se de um conceito complexo, que envolve muitas facetas. Para exemplificar, a visão paulina da salvação é muito mais extensa e exaltada que a dos Evangelhos sinópticos. Mas a mensagem de salvação, pregada nas igrejas cristãs de nossos dias, reflete a mensagem dos Evangelhos sinópticos. Apresentamos os vários níveis de pensamento a respeito, sob o segundo ponto. Não é de surpreender, pois, que a teologia também encare a salvação de modos diversos. É possível alguém ler um dicionário bíblico, no verbete *Salvação*, sem nada encontrar acerca da transformação do crente à imagem de Cristo ou acerca da participação na plenitude de Deus. O que ali é abordado são temas como a fé, o arrependimento, a justificação e a glorificação, os quais, embora verdadeiros, estão longe de explorar toda a gama de facetas que Paulo expôs. Em outras palavras, alguns intérpretes não têm podido ver além da visão dos Evangelhos sinópticos.

As teologias cristãs tendem por apresentar um ou outro dos ângulos do Novo Testamento acerca da salvação, ao mesmo tempo em que negligenciam aspectos desse mesmo documento sagrado que expõem outras ideias, que não somente acrescentam algo, mas também modificam pontos de vista muito drásticos. Por isso mesmo, as teologias via de regra são provinciais, e não representam, universalmente, os ensinamentos do Novo Testamento. O que dizemos abaixo serve de ilustração dessa declaração:

1. A Questão da Expiação. Ver o artigo geral intitulado *Expiação*. O calvinismo limita a expiação somente aos eleitos, apesar do claro pronunciamento de 1João 3.2, que foi escrito contra o exclusivismo gnóstico. Estes acreditavam que a grande maioria dos homens não pode ser remida, tal como o fazem os calvinistas, embora por outros motivos. Assim, o intuito de Deus é limitado desde o começo, e seu amor universal (ver Jo 3.16) é reduzido a uma farsa. O ponto de vista *arminiano*, por sua parte, pensa que o potencial para a salvação é universal, mas não tem fé na concretização desse potencial, para todos os propósitos práticos, pelo que não se mostra mais generoso acerca da missão de Cristo e de suas propostas realizações do que o calvinismo. O universalismo irrestrito (vide) é extremamente generoso, fazendo a aplicação da missão de Cristo incidir sobre todos, sem qualquer supressão, de modo absoluto e final. Muitos cristãos têm tomado esse ponto de vista, e, nos tempos modernos, especialmente os estudiosos liberais. Meu ponto de vista pessoal é o da redenção- restauração, que significa que os eleitos serão remidos, e que os não eleitos serão restaurados. Destarte, a expiação de Cristo terá uma aplicação absoluta. O poder de Cristo alcança todos os homens eficazmente, embora não da mesma maneira para todos. Meus artigos sobre a *Restauração* apresentam completos detalhes sobre esse ponto de vista.

2. A Missão Tridimensional de Cristo. Se limitarmos a missão de Cristo, mui naturalmente limitaremos o potencial de suas realizações. Cristo tem tido três ministérios que contribuem para o mesmo grandioso propósito: a missão terrena, a missão no *hades* e a missão celestial. E todas essas missões têm algo a ver com a oportunidade de salvação, e o que essa oportunidade espera realizar. Os Evangelhos falam sobre a missão terrestre do Cristo; os trechos de 1Pedro 3.18 — 4.6 e Efésios 4.8 ss. falam sobre o seu ministério no *hades*. Sabemos que o evangelho foi anunciado até mesmo àquele lugar de julgamento, oferecendo a oportunidade de salvação para os que ali estão encerrados. 1Pedro 4.6 deixa isso claro. É que o julgamento é remediador, e não meramente retributivo. A ideia, ali, é que os homens "vivam no espírito segundo Deus", depois que o juízo divino tiver surtido o seu efeito. Ver sobre *Descida de Cristo ao Hades*, quanto a completos detalhes sobre a missão de Cristo àquele lugar. Sua descida teve o mesmo propósito que sua subida dali, ou seja, que ele fosse aquele que encheu "todas as cousas", conforme Efésios 4.10 afirma. Mas também precisamos considerar o seu ministério celestial, que dá prosseguimento à sua grandiosa obra. O propósito dessa missão celeste é que os remidos venham a participar de toda a plenitude de Deus (a *sua pléroma*), porquanto isso só poderá tornar-se uma realidade se Cristo realizar sua poderosa obra celeste, transformando os filhos de Deus à imagem do Filho. Dessa maneira é que chegaremos a participar da natureza divina (ver Cl 2.9,10; 2Pe 1.4).

A missão tridimensional de Cristo garante uma oportunidade universal, absoluta, o que contempla a aplicação universal dos benefícios da missão de Cristo. Ora, isso é precisamente o que deveríamos esperar do grande amor de Deus, que alcança desde o mais fundo inferno até os pincaros do céu. Ver o artigo intitulado *Missão Universal de Cristo*.

3. O Mistério da Vontade de Deus. O trecho de Efésios 1.9,10 alude a esse profundo mistério. O seu propósito é unificar, finalmente, *todas as coisas*, em redor de Cristo. Isso será realizado na *redenção-restauração* que envolve as três missões de Cristo. Quanto a completos detalhes, ver o verbete *Mistério da Vontade de Deus*.

4. O *que a missão de Cristo propõe-se a realizar* pode ser sumariado em duas palavras: *Redenção* e *Restauração*. Meus artigos sobre esses dois assuntos oferecem ambos os detalhes.

Derrota das Teologias Pessimistas. Todas as teologias limitadoras, como o calvinismo e o arminianismo, são pessimistas. Todas elas dependem da utilização de determinados textos de prova, e a correspondente distorção ou supressão de outros textos, que não se ajustam àqueles esquemas. O calvinismo limita o *intuito* de Deus, suprimindo o magnificente mistério da vontade de Deus. E o arminianismo limita a *aplicação* da boa vontade do Senhor. O universalismo, por sua vez, não compreende que o Deus todo-poderoso, operando através de seu Filho absolutamente eficiente, pode aplicar o seu poder de diferentes modos, garantindo o sucesso, embora não da *mesma maneira* no tocante a todos os homens.

Podemos ter a certeza, contudo, que o plano de salvação é grandioso; o labor de Cristo é inigualável; a aplicação da tridimensional missão de Cristo é absoluta. Coisa alguma permanece fora do poder do Logos de Deus, a sua vontade terá cumprimento cabal; a sua missão será realizada em termos absolutos. Qualquer afirmação menor do que isso faz injustiça à verdade da salvação.

SAMA

Do hebraico, **"ouvinte"**, um dos trinta "heróis" ou guerreiros que atuavam como uma espécie de guarda-costas de Davi, e depois tornaram-se o núcleo de seu exército. Era filho de Hotão, que nasceu em Aroer, cerca de 1048 a.C. (Ver 1Cr 11.44).

SAMÁ

Do hebraico, **"fama"**, **"renome"**. Um homem do Antigo Testamento era assim chamado por esse significado. O mesmo nome em português, representando quatro outras pessoas, tem uma forma levemente diferente no hebraico. Esta forma significa *desolação*. **1**. O homem cujo nome significava "fama" era um *aserita*. Foi o oitavo filho de Zofá, de acordo com 1Cr 7.37, e viveu em cerca de 1500 a.C. As quatro pessoas a seguir eram chamadas com aproximadamente o mesmo nome, no hebraico; o significado é *desolação*. **2**. Filho de Reuel (filho de Esaú e Basamate, filha de Israel). Era líder de uma tribo (Gn 36.13; 1Cr 1.37) e viveu em torno de 1700 a.C. **3**. Irmão do rei Davi, terceiro filho de Jessé. Nos dias de Saul, engajou-se em batalhas contra os filisteus. Estava presente quando Davi derrotou Golias e também quando Samuel fez ungiu Davi como rei (2Sm 13.3; 1Cr 2.13). É o *Simei* de 2Samuel 21.20, 21. Seu filho, Jônatas, matou outro gigante notável. Viveu em torno de 1050 a.C. **4**. Filho de Age, o hararita (2Sm 23.11). Foi um dos três guerreiros mais poderosos de Davi, distinção que não era fácil de obter, considerando-se a fama de seus trinta "heróis".

Alguns o identificam com o número 5, a seguir. Seu heroísmo em 2Samuel 23.11, 12 é atribuído a Eleazar em 1Crônicas 11.10-14. Talvez ele tenha sido um dos três que trouxe ao rei Davi água da fonte de Belém (2Sm 23.13-17). Viveu em torno de 1050 a.C. **5**. Herodita, isto é, de Harode (Jz 7.1). *Ain Jslud* marca o antigo local, o que significa "fonte de Herodes". O homem chamado com esse nome era um dos trinta heróis guerreiros de Davi, que acabaram formando o núcleo de seu exército quando ele obteve o poder (2Sm 23.23,25). Samã é chamado de "Samute, o izraíta" em 1Crônicas 27.8, e Samote em 1Crônicas 11.27. Viveu em torno de 1050 a.C.

SAMAI

Do hebraico, **"célebre"**. **1**. Filho mais velho de Onã e pai de Nadabe e Abisur, viveu em torno de 1450 a.C. **2**. Filho de Requem e pai de Maom, descendente de Calebe, da tribo de Judá, viveu em torno de 1450 a.C. **3**. Há duas ideias sobre este homem: filho de Esdras da tribo de Judá (1Cr 4.17), que viveu em torno de 1190 a.C. Ou, se a última cláusula do versículo 18 for inserida no versículo 17, após o nome Jotão, então compreendemos que se está falando do filho de Merede com sua mulher egípcia Bitia, filha do faraó.

SAMARIA, CIDADE DE

No hebraico, **"vigia"**. O nome desta cidade provavelmente originou-se do fato de ela estar situada em um morro alto, cerca de 65 km ao norte de Jerusalém. Samaria era uma importante cidade de Israel e tornou-se a capital do reino do norte após a cisão com o sul. A cidade deu seu nome à região ao redor dela e também a uma seita resultante de divisão posterior na fé judaica.

I. GEOGRAFIA. O morro no qual a cidade foi construída tinha cerca de 100 m de altura. Descansava em uma bacia hidrográfica formada pelo vale que vai de Siquém à costa, atualmente chamado de wadi es-Sair (o quase vale). Na primavera, o local brilhava com água e flores, mas as coisas secavam consideravelmente no verão. Samaria era cercada de morros por três lados. A oeste havia uma vista espetacular do vale abaixo, sobre os morros e ao mar, que ficava a cerca de 37 km.

II. HISTÓRIA. **1**. O sexto rei do rei do norte (Israel), Onri (que reinou entre 885 e 873), foi o fundador de Samaria (no hebraico, *somron*). Ele comprou a terra de Semer por dois talentos de prata (2Sm 24.24). Arqueólogos encontraram vários traços de propriedades rurais que datam entre os séculos XI e IX no morro de Samaria. O nome Samaria logo tornou-se sinônimo do reino do norte (1Rs 21.1; 2Rs 1.3). **2**. O norte logo tornou-se um leito quente de idolatria, com os principais santuários localizados em Dã e Betel (1Rs 12.29). Uma inscrição (de cerca de 800 a.C.), encontrada em Kuntillet 'Ajrud (no norte do Sinai) implica que havia um santuário para *Yahweh* em Samaria, e podemos supor com certeza que tal santuário representasse um centro sincrético no qual *Yahweh* partilhava sua glória com divindades inferiores (ou mesmo iguais). Acabe, filho de Onri, construiu um templo para Baal ali, como informa 1Reis 16.32. Jeú, ao realizar suas reformas, demoliu o santuário de Acabe e transformou-o em uma latrina (2Rs 10.27), mas um santuário para a deusa Aserá persistiu (1Rs 16.33; 2Rs 13.6; Am 8.14). **3**. A cidade teve seus dias de prosperidade e glória, especialmente na época dos reis Onri, Acabe e Jeroboão II (até meados do século VIII a.C.). O Samaria Ostraca (63 fragmentos de cerâmica inscritos) dá algumas informações gerais, especialmente sobre a riqueza acumulada pela cidade. **4**. A história de Samaria foi, na prática, recheada de guerras e rumores de guerra. O país lutou contra Damasco (1Rs 20.24); Judá (1Rs 22.2; 2Rs 8.26) e outros vizinhos. **5**. Samaria mantinha bom relacionamento comercial e diplomático com os fenícios. Tecnologia e talentos artísticos foram emprestados desse povo para a construção e adorno da casa de marfim de Acabe (1Rs 22.39). A arqueologia descobriu centenas de móveis de marfim no local. Paredes de pedra calcária decoradas também foram descobertas e, novamente, havia marcas do trabalho fenício. Além disso, foram encontrados muitos itens de cerâmica, artefatos de bronze, impressões de selos e moedas representando períodos posteriores. **6**. Em 722 a.C., os assírios invadiram o local, e os poucos sobreviventes ao ataque foram levados à Babilônia, além, é claro, dos poucos que ficaram e se misturaram a povos importados ao local pelos estrangeiros. O resultado da mistura foram os *Samaritanos* (ver). **7**. Após o exílio babilônico do sul, o governador dos samaritanos foi o infamo Sambalate, que se opunha às tentativas de Neemias de reconstruir Jerusalém (Ne 4 e 5). Havia oposição tanto religiosa, como política. **8**. Após a época de Alexandre, os samaritanos construíram seu famoso santuário no monte Gerizim, próximo a Siquém, mas alguns estudiosos insistem que isso não ocorreu até o período hasmoneano (século II a.C.). De qualquer modo, os samaritanos tornaram-se rivais religiosos do judaísmo principal, o que é refletido em João 4, que narra a história do encontro de Jesus com uma mulher samaritana. **9. Destruições**. Alexandre destruiu a cidade em 331 a.C. e João Hircano repetiu a dose em 108 a.C. Roma a reviveu, e Herodes, o Grande, a embelezou em 63 a.C. Os romanos deram à cidade um nome novo, *Sebaste*. Naquela época Samaria tornou-se uma cidade maravilhosa, com ruas colunadas, um estádio, um teatro e vários templos. Mais uma vez foi nivelada durante a primeira revolta dos judeus contra Roma (66-70 d.C.). **10**. Para referências do Novo Testamento (ver Lc 9.52-53; 10.29-37; Jo 4 e At 8), que dão informações boas e ruins sobre o povo chamado samaritano. Esse era um povo transnacional entre os judeus e os gentios. Na época do Novo Testamento, a cidade tinha uma população de cerca de 40 mil pessoas. A área do morro na qual ela foi construída, estimada em 20 acres, limitou seu crescimento.

III. DESCOBERTAS ARQUEOLÓGICAS. **1**. Propriedades rurais ilustradas: (ver II.1). **2**. Um santuário para honrar *Yahweh*: (ver II.2). **3**. O Samaria Ostraca: II.3. **4**. Casa de marfim de Acabe e a prosperidade (II.5) **5**. Muitos outros itens de épocas posteriores (ver II.5). **6**. Vários prédios descobertos dos períodos de Onri, Acabe, Jeú e do século VIII a.C. **7**. Fortificações do mesmo período. **8**. Muitas cisternas que mantinham a cidade abastecida durante o verão. **9**. Contas de receita real e dos negócios do estado. **10**. Menção a muitos nomes bíblicos em inscrições, algumas das quais continham também Yahu (*Yahweh*). **11**. Figuras em marfim, papiro e outros materiais de escrita, leões, touros, esfinges, deuses egípcios e desenhos florais. **12**. Os trabalhos de Herodes, o Grande, um construtor maior do que Salomão! (Ver II.9.) Evidências da grandeza de Sebaste são abundantes, incluindo restos do templo de Herodes e outras construções.

Expedições específicas foram realizadas nos períodos de 1908-10; 1931-33; 1935; 1952. A Samaria tem sido um dos principais sítios para escavações arqueológicas.

A Samaria era uma cidade cosmopolita, sendo o lar de muitas etnias: judeus, samaritanos, gregos, romanos, macedônios, além de refúgio para muitos mercenários estrangeiros.

Ver os artigos separados: *Samaria, Território de*; *Samaritanos*; *Samaritano, o Pentateuco*.

SAMARIA, TERRITÓRIO DE

Agora não estamos lidando com a Samaria, o sinônimo do reino do norte. A *província de Samaria* apareceu pela primeira vez na história dos macabeus quando o selêucida Demétrio recompensou Jônatas por levantar o embargo de Acra em Jerusalém, dando-lhe os três distritos de Samaria: Efraim, Lida e Ramataim.

1. Limites. É impossível determinar com precisão quais eram os limites, ou fronteiras, deste território (província), mas grande parte era composta de terras ocupadas em tempos remotos pelas tribos de Efraim e Manassés ao oeste. A fronteira do sul era marcada por uma estrada que ia de Jericó a Betel. A do norte cobria desde o monte Carmelo até o monte Gilboa e os morros que conectavam esses dois pontos altos.

2. Fertilidade. A área gerava abundantemente produtos agrícolas como uvas, azeitonas e várias frutas. Grandes bandos de aves e manadas eram suportados pela riqueza da terra. O território era servido por boas estradas, ao longo das quais ocorria considerável comércio. De fato, a maior parte do comércio entre o Egito e a Síria passava pelo distrito da Samaria.

3. História. Os samaritanos vieram a existir como resultado da mistura do pouco da população judia deixada na terra pelos assírios na época do cativeiro, com povos do norte que o conquistador enviou para ocupar a terra. Ver detalhes completos no artigo sobre *Samaria, Cidade de* e *Samaritanos*. Depois do cativeiro (722 a.C.), Sargão II transformou o local em uma província e deu a ela o nome de *Samerena*. A única passagem do Antigo Testamento que fala do "território da Samaria" é 2Reis 17.29. Os judeus remanescentes conseguiram preservar muito de seus antigos costumes, mas os do sul (Judá) e os de períodos posteriores os consideravam pagãos.

O poder dos assírios enfraqueceu, e o domínio egípcio se estendeu. Josias tentou reconquistar o território, mas seu rival, o faraó Neco, controlava o local. Não muito tempo depois, o rei babilônico, Nabucodonosor, tornou-se o novo dono (em cerca de 612). O mesmo aconteceu ao império assírio, que perdeu para a Babilônia. Jerusalém foi destruída em 587 a.C., como outro resultado da hegemonia babilônica. Os persas então dominaram os territórios babilônicos e Samaria continuou sendo uma província sob um poder estrangeiro. Alexandre a livrou dos persas, e seguiram-se muitos incidentes sangrentos. Siquém tornou-se a única cidade de destaque do antigo território. O paganismo e o tipo samaritano de judaísmo misturaram os costumes e ideias judaicas, no sul, e o paganismo, no norte.

Ptolomeu levou prisioneiros da Samaria à Alexandria, e seu poder e prestígio caíram. Antíoco Epifânio (o rei selêucida, 175-163 a.C.) aparentemente deixou o lugar em paz, de modo que a região passou por um período de renovação.

A fé samaritana já estava estabelecida havia muito, mas o templo do monte Gerizim foi dedicado a Zeus por Antíoco. Ele provavelmente também enviou seu próprio governador para reinar ali.

Na época dos macabeus, o selêucida Demétrio recompensou Jônatas com três distritos de Samaria, sendo eles Efraim, Lida e Ramataim, para auxiliá-lo contra Acra, que estava impondo um embargo a Jerusalém. João Hircano conseguiu dominar grande parte do território de Samaria. Ele capturou Siquem e destruiu o templo no monte Gerizim. Depois passou a controlar todo o território ao capturar Scitópolis.

A época do controle judeu, contudo, não durou muito. Pompeu capturou toda a Palestina e anexou Samaria à província da Síria. A história da Samaria é muito parecida com a da própria Israel. Ela passou de poder a poder, à medida que a maré de impérios humanos subia e descia.

SAMARITANO, PENTATEUCO

1. Origem. Os samaritanos originais eram uma mistura de hebreus que deixaram sua terra na época do cativeiro assírio (ver) com pessoas do norte que a Assíria havia enviado para ocupar a terra. Exatamente quanto era hebreu e quanto era pagão é discutido, mas uma paganização gradual fez com que o sul (Judá) considerasse a população do norte pagã e apóstata. De fato, uma fé rival surgiu com o santuário sagrado do norte estabelecido no monte Gerizim, enquanto Jerusalém era a cidade sagrada para aqueles do sul. Não há motivo para duvidar que cópias do Pentateuco (Torá) sobreviveram no norte, apesar da invasão assíria. Isto significa que essas Escrituras estiveram presentes todo o tempo. Um tipo de escrita que tinha cópias da Torá, vindas de Samaria, com letras hebraicas arredondadas, chamaram a atenção dos escribas, e logo essa se tornou a forma padronizada de escrever aquela língua. Mas, com o passar do tempo, as letras quadradas do estilo aramaico prevaleceram.

2. Variantes. O Pentateuco Samaritano aderiu ao antigo estilo hebraico de escrita e com o passar do tempo surgiram muitas variantes no texto. Ele difere do Pentateuco Judaico em cerca de 6.000 passagens, embora grande parte das diferenças não seja muito significativa. Às vezes, é o Pentateuco Samaritano que retém as leituras originais, e essa tem sido uma ferramenta importante para crítica textual da Torá. Alguns estudiosos supõem que a linhagem textual do Pentateuco Samaritano represente um texto anterior ao texto massorético padronizado (ver sobre *Massora* (*Massorah*); *Texto Massorético*). É seguro supor que ambos, o texto padronizado e o Pentateuco Samaritano, tenham perdido muitas de suas leituras originais, o que, contudo, não afeta a precisão geral do texto. Há grande semelhança entre as duas recessões da Torá, apesar do longo período de desenvolvimento independente. Às vezes o documento samaritano concorda com a Septuaginta, contra o Pentateuco hebraico. Devemos lembrar que a descoberta dos Manuscritos do mar Morto (manuscritos hebraicos) demonstrou que as versões, particularmente da Septuaginta, às vezes preservam as leituras originais que foram perdidas no texto massorético padronizado. Talvez esse percentual possa chegar a 5%. Ver o artigo *Manuscritos do Antigo Testamento*. Ver mais descrições sob o ponto 3, a seguir.

3. O Pentateuco Samaritano e os Manuscritos do mar Morto. As quatro cavernas em Qumran renderam muitos fragmentos sobre uma cópia mais antiga do Êxodo (catalogada como 4QExa), que aparentemente é um representante remoto do Pentateuco Samaritano. Este texto exibe as seguintes características: ***a***. Em alguns lugares, fica próximo ao texto protomassorético do Antigo Testamento, portanto apresenta ocasionalmente uma leitura que representa o manuscrito original, contra o texto massorético padronizado. ***b***. Tem grande número de passagens que concordam com a Septuaginta (versão grega), algumas das quais podem ser originais, enquanto outras não. ***c***. O texto foi escrito com muito liberdade que os textos judeus padrões que produziram grande número de leituras inferiores: expansões, transposições, paralelos inseridos de outros trechos da Bíblia. Tais variantes reduziram o valor deste documento para crítica textual. ***d***. Os fragmentos evidentemente datam do período macabeu, portanto são realmente antigos, mas ainda assim estão longe da data dos escritos originais.

SAMARITANOS

I. NOME. Do hebraico *shomeronee*, habitantes de *shomerone* (um posto de vigia), derivado do fato de que a cidade capital, Samaria, era construída em um morro. Ver o artigo *Samaria*,

SAMBALATE

Cidade de. Os samaritanos eram os habitantes do distrito (da cidade e de suas áreas adjacentes) chamado *shomerone*, que de modo geral é transliterado sem o *e* no final, como Shomeron. A única referência do Antigo Testamento com este nome é a de 2Reis 17.29.

II. Origem. O reino do norte (chamado de Israel em contraste com o reino do sul, chamado de Judá) foi convidado pelo império assírio e, em 722 a.C., a Samaria e as outras cidades importantes foram dominadas. Seguiu-se então o cativeiro da maioria dos sobreviventes. Ver o artigo *Cativeiro Assírio*. Os hebreus que foram deixados misturaram-se então com os povos que os assírios enviaram para ocupar a terra. A população mista resultante foi chamada de "samaritana". Salmaneser V (726-722 a.C.) foi o captor. Seu sucessor foi Sargão II. Ver o artigo sobre *Salmaneser*, que descreve cinco reis assim batizados. Quantos hebreus permaneceram na terra é um número disputado, portanto é difícil determinar o percentual de hebreus em relação a outros povos importados, mas sabemos que o local era considerado pagão pelos judeus do sul e que o número de estrangeiros cresceu com o passar do tempo. Algumas raízes judaicas, contudo, nunca foram perdidas, nem mesmo com os samaritanos da atualidade.

III. História. A história subsequente naturalmente apresenta um paralelo à da cidade de Samaria, portanto peço que o leitor leia o artigo correspondente para maiores detalhes. Ezra 4.2 indica que os samaritanos representavam uma etnia mista com um centro pagão, mas, mesmo na época do rei Ezequias (2Cr 30.11), do rei Josias (2Cr 34.9) e do profeta Jeremias (Jr 41.5), "israelitas" do norte continuaram louvando a *Yahweh*; não havia, contudo, uma fé religiosa que fizesse um paralelo, em todos os aspectos, com à fé do sul.

Os historiadores judeus registram sua história como descendentes dos colonos que os assírios plantaram no norte, revelando certo preconceito, talvez, mas não reconhecendo a todos da população hebraica que permaneceu na terra. 2Crônicas 30.10,11 informa-nos que, na época de Ezequias, as pessoas ainda vinham do norte para passar a Páscoa em Jerusalém. Os samaritanos também preservavam seu próprio pentateuco (ver sobre *Samaritano, o Pentateuco*). Manassés e Efraim continuaram sendo tribos frouxamente vinculadas e contribuíram com os reparos do *Templo de Jerusalém* (2Cr 34.9).

Quando Zorobabel construiu o segundo templo, algumas pessoas do norte, afirmando-se adeptas do louvor a *Yahweh*, queriam participar da construção, mas foram rejeitadas (Ed 4.2). É provável que os judeus não quisessem complicar sua renovação histórica do judaísmo com elementos dúbios do norte. Tal julgamento provavelmente estava correto, o que é demonstrado pelo fato de que *Sambalate*, governador da província persa de Samaria, se opunha à reconstrução de Jerusalém (Ne 2.10-6.14; 13.28). Ver o artigo separado sobre ele. Josefo (*Ant.* XI. Viii.1-4) informa-nos sobre o templo que os samaritanos construíram no monte Gerizim, o qual, finalmente, acabou sendo um tipo de culto de cisma ao qual João 4 se refere no Novo Testamento. É impossível determinar exatamente quando os samaritanos construíram seu templo.

A rejeição aos samaritanos continuou a crescer e tornou-se intensa no período intertestamentário. *Eclesiástico* os chama de uma "não nação" (50.25,26). O *Testamento de Levi* chama Siquém de "a cidade dos tolos". As referências do Novo Testamento fornecem observações tanto negativas como positivas. (Ver Lc 9.52-53; 10.29-37; Jo 4; At 8).

IV. Teologia. Informações do Antigo Testamento são escassas, mas podemos presumir que os samaritanos do norte, que estavam envolvidos com o culto a *Yahweh*, não eram muito diferentes de suas contrapartes do sul. Os samaritanos acreditavam que Josué havia construído um santuário no monte Gerizim, que foi o primeiro local centralizado para o louvor de Israel, vários séculos antes da construção do templo.

Presumivelmente, então, o santuário em Silo era uma divisão. O mesmo era verdade (segundo a estimativa deles) sobre o templo em Jerusalém. *Nossos pais adoraram neste monte; vós, entretanto, dizeis que em Jerusalém é o lugar onde se deve adorar* (Jo 4.20). A afirmação da mulher samaritana é apoiada em (Jz 9.7; Dt 12.5;11; 1Rs 9.3; 2Cr 7.12). É claro, tais *textos de prova* nata têm a ver com uma situação "permanente". Muitas coisas aconteceram na cultura hebraica posterior que foram teologicamente tão importantes quanto acontecimentos anteriores. Nunca podemos colocar uma cerca ao redor de Deus e da espiritualidade e dizer "as coisas acabam aqui", ainda que denominações e até sistemas religiosos inteiros insistam em agir dessa forma. Além do mais, muitos textos bíblicos são informativos, não dogmáticos. Então, considere: a revelação move-se juntamente com o processo histórico, portanto nunca chegará uma época em que poderemos escrever "finis" sobre o avanço da revelação, do conhecimento e da espiritualidade.

A maioria das informações que temos sobre a teologia dessas pessoas vem do século IV d.C., tarde demais para lançar alguma luz sobre o início do movimento. Baba Rabba foi o principal colaborador ao nosso conhecimento sobre este assunto. Em cerca de 300 d.C., os judeus começaram a excomungar e colocar os samaritanos em ostracismo e, dali por diante, as coisas azedaram de vez.

Alguns escritores judeus comparam os samaritanos com os saduceus, declarando que eles negaram a ressurreição do corpo e os trabalhos judeus "posteriores", mantendo exclusivamente o Pentateuco como suas escrituras canônicas. Logicamente, a principal objeção era a insistência deles em usar o monte Gerizim como local de louvor, e sua forte rejeição a Jerusalém como cidade sagrada.

O samaritanismo posterior exaltava Moisés a tal ponto que os samaritanos lembram os cristãos em seu louvor a Jesus, o Cristo. Como os judeus, eles esperavam (esperam) por um Messias, em cujas mãos ocorrerá o julgamento final. O gnosticismo teve sua parte na teologia samaritana posterior, e também houve certo relacionamento com os essênios.

Muitas coisas eram (são) mantidas em comum com o judaísmo principal: o Pentateuco como a principal linha de doutrinas e práticas; a exigência absoluta da circuncisão; a manutenção do sábado sagrado; adesão às leis de dieta; a esperança messiânica; o julgamento futuro dos homens bons e maus, tendo o Messias como Juiz.

V. Pentateuco Samaritano. Forneço um artigo separado sobre este assunto que o leitor pode consultar.

VI. Samaritanos da Atualidade. Ainda hoje um pequeno grupo de samaritanos vive em Nablo e em Jafa, hoje subúrbio de Tel Aviv. De acordo com um senso de 1960, havia 214 pessoas no grupo em Nablo e 132 em Jafa. O monte Gerizim continua sendo o local sagrado para eles, que ainda seguem os antigos festivais hebraicos como a Páscoa e o Dia da Expiação (seu dia mais sagrado). Além disso, o sábado é observado rigidamente. Seu sumo sacerdote é o líder político-religioso, com quem os "forasteiros" (como o governo) devem tratar no tocante a qualquer questão relacionada ao grupo. Embora pequena, eles ainda representam uma forte seita religiosa.

SAMBALATE

1. O nome. Este nome é babilônico, significando "que Sin (o deus-lua) lhe dá vida" (*sin-uballit*). Ele deu aos seus filhos nomes que incluíam a referência a *Yahweh* (2Rs 18.23), mas provavelmente apenas refletiam uma cultura sincretista, não uma devoção exaltada a *Yahweh*. **2.** Ele era chamado de *horohita*, provavelmente uma referência a Bete-Horom, ao sul de Efraim (Js 10.10; 2Cr 8.5), considerada sua cidade natal. **3. Fundador do templo no monte Gerizim.** A única coisa que sabemos com certeza é que ele tinha algum tipo de poder civil ou militar na Samaria, no serviço ao rei Artaxerxes (Ne 4.2), e tentou usar sua influência para deter a reconstrução de Jerusalém por Neemias. Ele contou com a ajuda de Tobias, o amonita, e de Gesém, o árabe (Ne 2.19; 4.7). Seus planos falharam porque era o dia de Judá para a restauração, acabada que era a época para reversões. **4. Confirmação histórica**. Entre os documentos dos Papiros Elefantinos há uma carta escrita por Sambalate e enviada a Bagoas, governador de Judá. Naquela época ele devia ser um homem velho. A época de sua força e influência foi 445 a.C.

SAMEQUE

A forma hebraica é *Samek*, o nome da 15ª letra do alfabeto hebraico. Em algumas versões, esta letra é colocada no início da seção 15 do Salmo 119. Cada frase dessa seção dos salmos começa com essa letra, sendo este um instrumento literário ocasionalmente empregado por autores do Antigo Testamento. Ver o artigo sobre *Alfabeto*.

SAMIR

Palavra hebraica traduzida de várias formas: pedregulho, espinho, diamante. Uma pessoa e duas cidades eram assim chamadas: **1**. Filho de Mica, da tribo de Levi, e descendente de Izar (1Cr 24.24). **2**. Vila nas montanhas de Judá (Js 15.48), localizada cerca de 20 km a sudoeste de Hebrom. Talvez a moderna el-Birch, ou Somerah, marque o antigo local. **3**. Uma cidade nas montanhas de Efraim também era chamada assim. Era a cidade natal e também foi o local do enterro do juiz Tola (Jz 10.1, 2). Ninguém sabe como identificar sua localização geográfica hoje, mas talvez ela estivesse próxima à Samaria. A Septuaginta, seguindo esta ideia, chama a vila de *Samaria* em vez de Samir.

SAMLÃ

Da palavra hebraica que significa *veste*, ou *tecido*, o quinto rei de Edom, com datas incertas. Ele sucedeu a Hadade (Gn 36.36, 37; 1Cr 1.47, 48). Um monarca muito antigo, reinou antes de a monarquia chegar a Israel.

SAMUA

No hebraico, **"boato"**, **"famoso"**, o nome de quatro pessoas: um filho de Zacur, representante da tribo de Rúben (Nm 13.4, por volta de 1490 a.C.); um filho de Davi, talvez por Bate-Seba (1Cr 3.5, c. 989); representante da família sacerdotal de Bilga (1Cr 10.8, c. 445); um levita, pai de Abda (Ne 11.7, c. 450).

SAMUEL

1. Nome e família. No hebraico, "nome de Deus", ou então, "seu nome é El (Deus)". Samuel viveu durante o tempo de transição dos juízes para a monarquia hebreia. Com frequência ele é alistado como o último dos juízes, cuja fase histórica foi substituída pela fase dos reis, dos quais o primeiro foi Saul. Em seu ministério, Samuel atuou como juiz, como sacerdote e como profeta. Portanto, é difícil classificá-lo apenas como juiz ou apenas como profeta. O primeiro livro de Samuel fornece-nos os dados básicos de sua vida.

Os pais de Samuel foram Elcana e Ana. Elcana era levita, descendente de Coate, mas não da linhagem aarônica (1Cr 6.26,33). Ele vivia no território de Efraim, visto que Ramá, onde residia, ficava no distrito montanhoso da tribo de Efraim. Ramá tem sido mais especificamente identificada com Ramataim ou com Ramataim-Zofim (vide).

Os pais de Samuel eram israelitas tementes a Deus, que iam anualmente a Silo, para adorar no tabernáculo. Ana, que não tinha filhos, fez uma petição fervorosa nesse sentido. No devido tempo, Deus concedeu-lhe o pedido. Ela chamou o menino de Samuel, cumprindo seu voto, ao dedicá-lo a uma vida de serviço ao Senhor. E assim, em vez de iniciar seus serviços com a idade de 25 anos, como era costume entre os levitas, Samuel passou a servir ao Senhor, no tabernáculo, quando ainda era menino. Elcana e Ana voltavam anualmente, suprindo o menino de roupas, enquanto ele era criado em Silo, sob a supervisão do sacerdote Eli.

2. Enfrentando condições adversas. O ambiente que havia no tabernáculo não era bom, pois os filhos de Eli, Hofni e Fineias, não reverenciavam a Deus e nem respeitavam seu pai, embora continuassem agindo como sacerdotes. Eli repreendia seus filhos brandamente, embora as suas imoralidades já fossem notórias diante de todo o povo de Israel. Deus advertiu Eli sobre o que sucederia a seus filhos e a sua família, mediante um profeta cujo nome não é dado (ver 1Sm 2.22-36).

Foi nessas circunstâncias que a chamada divina foi dada ao menino Samuel (1Sm 3.1-14). A Eli restava percepção espiritual suficiente para aconselhar Samuel corretamente. Quando Samuel respondeu, em atitude de obediência, "Fala, porque o teu servo ouve", recebeu uma mensagem de condenação referente a Eli e sua descendência. Eli respondeu, resignadamente: *É o Senhor; faça o que bem lhe aprouver* (1Sm 3.15-18).

Após isso, Samuel foi-se tornando reconhecido nacionalmente como profeta do Senhor. A admirável graça de Deus transparece nas palavras: *... o Senhor era com ele, e nenhuma de todas as suas palavras deixou cair em terra* (1Sm 3.19).

3. Problemas com os filisteus. Os filisteus estavam apertando muito aos israelitas. Em uma batalha, Israel foi derrotado, tendo perdido quatro mil homens. O povo exigiu a presença da arca da aliança no arraial. Mas, quem cuidava da arca? Hofni e Fineias! Aqueles a quem o Senhor não perdoara, e resolvera matar (cf. 1Sm 2.25). Não admira que os israelitas tenham sido novamente derrotados, que Hofni e Fineias tivessem sucumbido, e pior ainda, que a arca da aliança tivesse sido arrebatada pelos filisteus, a qual só foi devolvida por eles anos mais tarde, e que alguns estudiosos pensam ter chegado a vinte. Ao receber a notícia da morte dos dois filhos e da tomada da arca da aliança, Eli, que estava sentado, caiu para trás, quebrou o pescoço e morreu, após ter julgado Israel por quarenta anos. Obviamente, a fase dos juízes estava no fim, e uma nova ordem de coisas precisava começar. As palavras finais da viúva de Fineias, que estava grávida de últimos dias, e que teve um parto prematuro, mostram-nos uma opinião, provavelmente calçada sobre noções supersticiosas acerca da arca da aliança: *Foi-se a glória de Israel, pois foi tomada a arca de Deus* (1Sm 4.22). Como se a glória do povo de Deus dependesse de um objeto, e não de sua aprovação por parte do Senhor!

Embora a narrativa bíblica não mencione nos livros históricos a destruição de Silo, local do santuário do Senhor, há referências (Jr 7.12,14; 26.6,9; Sl 78.60) que dão a entender que isso sucedeu. Silo deixa de ser mencionada como centro religioso após o quarto capítulo de 1Samuel.

4. Juiz de Israel. Por muitos anos, Samuel julgou Israel. Porém, tornou-se muito melhor conhecido como profeta, fazendo o povo abandonar a idolatria (1Sm 7.1-4). Um dos episódios marcantes da vida de Samuel foi o que envolveu a ereção da pedra que ele erigiu entre Mispa e Sem, à qual chamou de "Ebenézer", dizendo: *Até aqui nos ajudou o Senhor* (1Sm 7.12). Como juiz, embora residente em Ramá, onde edificara um altar dedicado a Deus (1Sm 7.17), Samuel dirigia tribunais anualmente em Betel, Gilgal e Mispa (1Sm 7.15,16), além de outras cidades não mencionadas nos registros bíblicos. Infelizmente, à semelhança do caso anterior de Eli e seus filhos, os filhos de Samuel, Joel e Abias, não se mostraram dignos de servir como juízes.

Quando os israelitas requereram de Samuel um rei, a petição estava escudada em duas razões; negativamente, estavam desapontados com a delegação de autoridade, por parte de Samuel e seus filhos; positivamente, eles queriam ter um rei e ser como as outras nações. Samuel ficou grandemente perturbado ante o pedido, mas o Senhor assegurou-lhe de que essa era sua vontade permissiva, e que Samuel deveria esboçar as responsabilidades que os israelitas teriam de assumir, comandados por um rei (1Sm 8.1-22).

5. Unção do Rei Saul. A comissão de Samuel para ungir Saul como rei deixava bem claro que um rei, em Israel, era *príncipe sobre o meu povo de Israel* (1Sm 9.16) e príncipe sobre a herança do Senhor, *o povo de Israel* (1Sm 10.1). Isso equivale a dizer que o rei daria contas a Deus pela autoridade que exerceria sobre os israelitas. As instruções que Samuel escreveu em um livro, chamadas "o direito do reino", concordam com as instruções dadas no sétimo capítulo de Deuteronômio. (Ver 1Sm.10.25.)

Apesar de algumas boas vitórias iniciais, Saul, o primeiro rei de Israel, não demorou muito a incorrer no desagrado do Senhor. Samuel ainda intercedeu por Saul, mas este simplesmente não reagia espiritualmente, mas antes, mostrava-se voluntarioso e atrevido. As coisas chegaram a um extremo em que Samuel foi usado para avisar a Saul (e, incidentalmente, a todos nós): *Tem porventura o Senhor tanto prazer em holocaustos e sacrifícios quanto em que se obedeça à sua palavra? Eis que o obedecer é melhor do que o sacrificar, e o atender, melhor do que a gordura de carneiros. Porque a rebelião é como o pecado de feitiçaria, e a obstinação é como a idolatria e culto a ídolos do lar. Visto que rejeitaste a palavra do Senhor, ele também te rejeitou a ti...* (1Sm 15.22,23).

6. Unção do Rei Davi. Tempos depois, Samuel recebeu ordens para ir a Belém de Judá, ungir a outro escolhido do Senhor para reinar em lugar de Saul. Foi assim que Davi, filho de Jessé, foi ungido rei, embora ainda se passassem bem mais de dez anos, até ele receber o trono. O relato sagrado, a partir da narração da unção de Davi, ocupa-se principalmente em retratar os episódios entre Davi e Saul. Mas em 1Samuel 25.1, lemos: *Faleceu Samuel; todo o Israel se ajuntou, e o prantearam, e o sepultaram na sua casa, em Ramá*. Isso sucedeu quando Saul vivia caçando a Davi por toda a parte.

7. Última mensagem a Saul. A última mensagem de Samuel a Saul ocorreu depois da morte do profeta, na presença da médium de En-Dor. Sem que a mulher pudesse controlar os acontecimentos, sem dúvida por permissão divina, Samuel falou diretamente com o rei, informando-o sobre a morte próxima dele e de seus filhos. De fato, isso ocorreu no dia seguinte (1Sm 28.4-19). Ver sobre a *Médium de En-Dor* e sobre *Consulta aos Mortos*. O aparecimento de Samuel a Saul, após a morte do primeiro, constitui um dos capítulos mais estranhos da Bíblia. Por um lado, prova que há vida após a morte (pelo menos para quem aceita o testemunho da Bíblia); e, por outro lado, prova que pode haver o contato de espíritos de mortos com os vivos. Não queremos aqui abordar as consequências teológicas desse fato. Tratamos sobre isso algures, neste *Dicionário*. Aqui queremos somente frisar a possibilidade desse contato, que a Bíblia proíbe como algo intencionalmente buscado. (Ver *Necromancia*).

8. Caráter de Samuel. Samuel é conhecido como grande homem de oração e intercessão (1Sm 15.11; Sl 99.6), por meio de quem Deus abençoou muito a Israel, fazendo seu antigo povo entrar em uma nova fase de sua história, a era do reino, que prefigurava o futuro reino messiânico. Samuel ocupa lugar proeminente entre os líderes e profetas do Senhor, por meio dos quais se evidencia que o favor do Senhor Deus continua com seu povo (At 3.24; 13.20; Hb 11.32).

SAMUEL (LIVROS)

I. Nome. Nossos livros de 1 e 2Samuel, no cânon hebraico, aparecem como um único volume. Isso é provado pela nota marginal, ao lado de 1Samuel 28.24, que diz que ali se encontra "a metade do livro". Naturalmente essa nota posta à margem não aparece em nossa versão portuguesa. O nome do livro deriva-se de uma das três personagens principais da obra, o profeta Samuel. Ele aparece, com proeminência, nos primeiros quinze capítulos de 1Samuel. E, mesmo depois que a história passa a gravitar em torno, primeiramente, de Saul, então, de Saul e Davi, e, finalmente, de Davi apenas, Samuel continua aparecendo como uma das três personagens principais do relato, até a sua morte (ver 1Sm 25.1), inter-relacionando-se com Saul e Davi. De fato, Samuel continua a desempenhar importante papel no livro de 1Samuel. O trecho de 1Samuel 28.20 é a última menção a esse grande profeta de Deus. Interessante é observar que o nome de Samuel nunca aparece no livro de 2Samuel. Isso se repete em ambos os livros de Reis. (Mas o seu nome reaparece em 1Cr 6.28; 9.22; 11.3; 26.28; 29.29; 2Cr 35.18; Sl 99.6 e Jr 15.1 no restante do Antigo Testamento; e também em At 3.24; 13.20 e Hb 11.32 (no Novo Testamento). Seu nome, figura por um total de 136 vezes em toda a Bíblia, das quais 125 vezes em 1Samuel. Esse nome significa "ouvido por Deus". Samuel era levita, filho de Elcana e Ana (ver a respeito desses nomes no *Dicionário*). Nasceu em Ramataim-Zofim, no território montanhoso de Efraim. Foi o último dos juízes e o primeiro dos profetas (depois de Moisés), uma categoria de servos de Deus que, quanto ao Antigo Testamento, prosseguiu até Malaquias, e, na verdade, até João Batista, o precursor do Senhor Jesus. Quanto a maiores detalhes sobre sua pessoa, ver no *Dicionário* o artigo sobre Samuel.

II. Caracterização Geral. Como já dissemos, o cânon hebreu tinha um único livro de Samuel, que nós conhecemos como 1 e 2Samuel. Foi na Septuaginta que, pela primeira vez, apareceu a divisão em dois livros, quando eles foram chamados "Livros dos Reinos" (no grego, *bíbloi basileiōn a e b*). Foi na mesma ocasião que os livros que chamamos de 1 e 2Reis apareceram como "Livros dos Reinos III e IV", visto que o conteúdo desses dois últimos continha o relato iniciado em 1 e 2Samuel. Jerônimo, por sua vez, afixou o título "Livros dos Reis" (no latim, *Libri Regum*) a esses *novos* quatro livros. Foi também ele quem modificou o título "Reinos" para "Reis". E, finalmente, com o tempo, a Vulgata Latina conferiu o nome "Samuel", aos dois primeiros desses quatro livros.

Os livros de Samuel, pois, historiam a transição do povo de Israel da teocracia para a monarquia. A *teocracia* (ver a respeito no *Dicionário*), que indica o governo de Deus sobre o povo de Israel, mediante homens divinamente escolhidos, como *Moisés, Josué* e os *juízes* (ver sobre esses termos também no *Dicionário*), foi iniciada no livro de Êxodo; instaurada na Terra Prometida, quando da conquista sob a liderança de Josué, e teve continuidade até os dias do próprio Samuel, que atuava como o agente escolhido por Deus para representar a teocracia. Isto posto, há um vínculo inegável entre os livros de Moisés, Josué, Juízes, Rute e 1 e 2Samuel, como se fossem elos de uma corrente. Na verdade, a corrente prossegue nos livros de Reis e de Crônicas, dentro dos quais também devemos incluir os livros proféticos pró-exílicos, os livros dos profetas pós-exílicos e, finalmente, livros como Esdras, Neemias e Ester. Os livros poéticos (Jó a Cantares de Salomão), embora também nos propiciem alguns informes históricos, têm o seu material englobado nos primeiros livros bíblicos que mencionamos, que constituem o *Pentateuco*, os Livros *Históricos* e os Livros *Proféticos* (ver a respeito no *Dicionário*). Todavia, os livros de Samuel assinalam um período histórico todo especial na vida da nação de Israel: o período do surgimento da monarquia, com Saul e Davi. Organizacionalmente, a nação galgou um degrau na evolução de sua história; espiritualmente, porém, houve algum retrocesso, que só será anulado por ocasião da segunda vinda do Senhor Jesus. Todavia, como o Senhor nunca é frustrado em seus planos eternos, a monarquia, afinal, acabou contribuindo para que o palco fosse armado para a primeira e a segunda vinda do Senhor Jesus; porquanto Cristo, quanto à carne, é descendente de Davi, o segundo e mais importante dos monarcas da nação de Israel.

III. AUTORIA. Os próprios livros históricos da Bíblia nos fornecem algumas indicações sobre a autoria de 1 e 2Samuel. Lê-se em 1Samuel 10.25: *Declarou Samuel ao povo o direito do reino, escreveu-o num livro, e o pôs perante o Senhor*. E também somos informados em 1Crônicas 29.29: *Os atos, pois, do rei Davi, assim os primeiros como os últimos, eis que estão escritos nas crônicas, registrados por Samuel, o vidente, nas crônicas do profeta Natã e nas crônicas de Gade, o vidente*. Esses trechos bíblicos dão-nos a entender que, pelo menos em parte, Samuel é um dos autores do âmago da narrativa de 1Samuel e também que Natã e Gade, que viveram na geração seguinte à de Samuel, tiveram participação nessa obra. Que outros autores dos livros de Samuel (I e II) possam ter participado já não passa de especulação, pois a Bíblia faz total silêncio a respeito. A autoria dos livros de Samuel, pelo menos em parte, é confirmada pelo Talmude (ver *Baba Bathra* 14), que diz que esse profeta escreveu os livros de Samuel. É claro que Samuel não pode ter sido o autor da obra inteira (1 e 2Samuel, segundo o nosso cânon), porque ele morreu quando Saul ainda era rei; assim Samuel não pode ter acompanhado nem mesmo o começo do reinado de Davi, com cujo governo se ocupa o livro de 2Samuel, embora possa ter sido autor do âmago inicial de 1Samuel.

A *composição* dos livros de 1 e 2Samuel, por isso mesmo, tem dado margem a diversas teorias: **1.** A alta crítica oferece mais de uma opinião acerca da origem dos livros de Samuel. Eles falam em contradições "óbvias", relatos duplicados e outras evidências de múltipla autoria. Para eles, essa múltipla autoria explicaria tais problemas, criados no decorrer de muito tempo, em que os autores envolvidos tanto teriam apelado para informes históricos dignos de confiança quanto para informes meramente orais e tradicionais. Outros estudiosos da alta crítica acham que grande parte de Deuteronômio a Reis foi reescrita entre 621 e 550 a.C., e que esses compiladores foram os responsáveis pela composição final de 1 e 2Samuel. **2.** A maioria dos estudiosos acredita que 1 e 2Samuel se formaram pela mistura de várias fontes informativas, que seriam duas ou três. Eissfeldt vincula os livros de 1 e 2Samuel às fontes informativas *J.E* e *L*, as duas primeiras da teoria *J.E.D.P.(S.)* (ver a respeito no *Dicionário*), e *L* sendo uma criação dele, para denominar informantes "leigos". Todos os estudiosos que apelam para essa teoria pensam que os livros bíblicos, de Gênesis até Reis, tiveram por base essas supostas fontes informativas. A suposta fonte informativa *L* representaria opiniões populares, sem interesses teológicos, mas com a atenção concentrada na arca da aliança. **3.** Bentzen expressa dúvidas se as fontes *J* e *E* realmente prosseguem nos livros de 1 e 2Samuel. Albright nega explicitamente a validade das fontes informativas *J* e *E* quanto aos livros de Samuel. De fato, ele pensava que nenhuma teoria baseada em supostas fontes informativas poderia ser formada no tocante aos livros de Samuel. **4.** Segal, que também rejeitava a hipótese de tais fontes informativas documentárias, prefere pensar na combinação de duas narrativas independentes acerca de Davi. A primeira delas seria uma boa biografia; e a segunda era mais lendária quanto à sua natureza. A isso teriam sido acrescentados relatos independentes sobre a arca, sobre Saul e sobre o profeta Samuel. **5.** A escola tradicional histórica enfatiza que teria havido ciclos de sagas em torno das vicissitudes sofridas pela arca da aliança, a respeito dos quais se criaram crônicas históricas um tanto desconexas entre si. Alguns membros dessa escola adiam a fase escrita dos livros de Samuel até os tempos pós-exílicos. **6.** A maioria dos críticos pensa que os livros de Samuel refletem tanto fontes informativas exatas quanto meras tradições orais, pelo que seu valor histórico flutuaria muito. Muitos deles creem que os relatos fragmentares sobre Davi, de 1Samuel 16 a 2Samuel 8, não passam de uma novela histórica, com o propósito de glorificar Davi. Essas narrativas teriam sólida base histórica, mas com muitos adornos fantasiosos. Por outra parte, o material de 2Samuel 8 — 20 consistiria, juntamente com os livros de 1 e 2Reis, em "narrativas de sucessão ao trono". Muitos críticos dão mais valor histórico a essa porção de Samuel (2Sm 9 — 20) do que a todo o restante do livro. O quadro formado pelos críticos torna-se extremamente complicado quando eles supõem ter havido um propósito "político" nos livros 1 e 2Samuel e de 1 e 2Reis. Quanto às complexas ideias desse grupo, queremos destacar apenas que eles pensam que os trechos de 1Samuel 15 a 2Samuel 8 representam uma "apologia" da dinastia davídica, em tudo superior à dinastia de Saul.

Preferimos ficar com a ideia de que o âmago dos livros de 1 e 2Samuel consiste nas crônicas históricas de Samuel, Natã e Gade. E, então, algum autor-compilador-editor, para nós desconhecido, formou a obra com base nos escritos daqueles três, utilizando-se também do "Livro dos Justos" (ver 2Sm 1.18), uma fonte informativa histórica que ele sem dúvida, usou, pois isso ele próprio mencionou. O trabalho desse compilador talvez explique como pode ter havido uma transição suave de episódio para episódio e de seção para seção nos livros de Samuel, conferindo-lhes assim a inequívoca unidade. Por trás desses livros há um propósito único (ver a seção V, *Propósito*), e eles foram escritos em uma linguagem uniforme.

IV. DATA. A questão da data dos livros de 1 e 2Samuel depende, em muito, da questão de sua autoria. Assim, se Samuel, Natã e Gade foram os autores essenciais, então esses dois livros foram escritos durante os dias do reinado de Davi, ou imediatamente depois. Todavia, os estudiosos pensam que certas porções da obra, particularizando 2Samuel 9 — 20, teriam sido escritas no século X a.C., ao passo que outras porções são atribuídas por eles a períodos posteriores, que se estenderiam até depois do exílio babilônico.

Mas, se a ideia de "apologia" davídica tiver de ser aceita (ver anteriormente), então, pode-se argumentar em favor de uma data anterior para aqueles capítulos. E isso porque a necessidade de tal defesa da dinastia davídica seria uma imposição nos dias do próprio Davi e nos dias de Salomão, mas especialmente durante os primeiros anos do governo de Davi, quando seu trono estava seriamente ameaçado, de sorte que apenas a tribo de Judá o aceitava como rei, ao passo que as demais tribos permaneciam em compasso de espera. (Ver 2Sm 2.1 — 4.12). Em 1Samuel 27.6 lemos que *Ziclague pertence aos reis de Judá, até o dia de hoje*. Isso pode indicar ou que o livro de Samuel foi escrito durante os dias da monarquia dividida, isto é, após Salomão, ou então que essas palavras foram inseridas posteriormente.

Os eruditos conservadores fazem variar a data dos livros de Samuel desde 970 a.C. (pouco depois da época de Davi) até 722 a.C. (época em que a cidade de Samaria foi destruída pelos assírios e começou o exílio de Israel, nação do norte). Todavia, a ausência de qualquer referência à queda de Samaria provê um extremo temporal seguro. Os livros de Samuel não podem ter sido escritos após a queda de Samaria. Doutra sorte, haveria alguma alusão a esse acontecimento, por demais importante para ter sido esquecido por um autor-compilador, caso, porventura, já tivesse ocorrido.

V. PROPÓSITO. Os livros de Samuel, como já dissemos, foram escritos para apresentar uma narrativa conexa dos eventos que cercaram a instauração da monarquia em Israel. Esses livros historiam tanto a carreira do último dos juízes, que também foi o primeiro (depois de Moisés) da longa série de profetas, Samuel, quanto os acontecimentos que circundaram a vida de Saul e Davi, os dois primeiros reis de Israel. Portanto, os livros de Samuel assinalam um período crítico de transição.

É com toda a razão que os livros se chamam 1 e 2Samuel, porque o papel desempenhado por esse profeta de Deus é crucial para a correta compreensão tanto da instauração da monarquia quanto do desenvolvimento do ofício profético no Antigo Testamento, que terminou com a figura fulgurante de João Batista, precursor do Senhor Jesus. Foi Samuel, o agente da teocracia, quem deu legitimidade à dinastia davídica, diante dos olhos um tanto duvidosos de toda a nação de Israel.

As lições morais e espirituais que derivamos das experiências pessoais de Samuel, de Saul e de Davi também se revestem de importância capital. Um ponto a destacar, nessas lições, é a atitude de desobediência a *Yahweh*, por parte de Saul. Isso o condenou aos olhos do Senhor, que o rejeitou como rei. Esse é um dos pontos altos da narrativa. ... *visto que rejeitaste a palavra do Senhor, já ele te rejeitou a ti, para que não sejais rei sobre Israel* (1Sm 15.26). Outra dessas lições foi a queda de Davi, no caso de Bate-Seba, que quase lhe custou a coroa e a vida (ver 2Sm 11.1 — 12.25). Contudo, a despeito de seus graves defeitos, Davi era o escolhido e ungido do Senhor, pelo que a sua dinastia foi firmada. O Senhor estabeleceu com Davi o chamado pacto davídico (ver 2Sm 7.1-29). De acordo com os termos desse pacto, o Messias procederia da casa de Davi consoante as palavras do Senhor, através do profeta Natã: *Quando teus dias se cumprirem, e descansares com teus pais, então farei levantar depois de ti o teu descendente, que procederá de ti, e estabelecerei o seu reino. Este edificará uma casa ao meu nome, e eu estabelecerei para sempre o trono do seu reino* (2Sm 7.12,13).

Acrescente-se a isso que os livros de Samuel fornecem um excelente pano de fundo para alguns dos salmos. E, finalmente, vários fatos importantes acerca da cidade de Jerusalém são esclarecidos no livro. O propósito dos livros de Samuel é, pois, multifacetado.

VI. Estado do Texto. O texto hebraico tradicional, representado pelo *texto massorético* (ver a respeito no *Dicionário*), mostra-se estranhamente defeituoso no que concerne a 1 e 2Samuel. Há mesmo casos nos quais as emendas são imperiosas, por motivo de textos muito mal preservados. Para exemplificar, temos 1Samuel 13.1, que omite o número de "anos", ao descrever a idade de Saul. Nossa versão portuguesa, juntamente com outras, atrapalha ainda mais a passagem. A tradução emendada diz, conforme a NVI (1Sm 13.1): *Saul tinha trinta anos de idade quando se tornou rei; e reinou em Israel por 42 anos*. Entretanto, a nossa versão portuguesa diz: "Um ano reinara Saul em Israel. No segundo ano do seu reinado sobre o povo...".

Permanecem desconhecidas as razões pelas quais o texto massorético sobre os livros de Samuel apresenta maior número de dificuldades do que o texto de qualquer outro livro do Antigo Testamento. Há estudiosos, como Archer, que sugerem que o texto oficial, formulado durante o período intertestamental, dependeu de uma antiga cópia, desgastada pelo uso ou mesmo atacada por insetos. E os massoretas teriam reproduzido fielmente o texto "oficial". Outros, como Segal, creem que os livros de Samuel foram negligenciados em face da competição feita pelos livros mais populares de Crônicas. Por ser menos lido, o texto de Samuel, de alguma maneira, veio a sofrer de corrupções várias.

Interessante é que fragmentos do manuscrito dos livros de Samuel, entre os chamados *Manuscritos do mar Morto*, sobre os quais se baseou a tradução da *Septuaginta* (ver a respeito ambos os termos no *Dicionário*), mostram-se superiores à tradição massorética. Cross tem estudado várias passagens nas quais o material das cavernas de Qumran se assemelha muito com a Septuaginta, sobretudo o códex B. Isso indica que os tradutores dessa versão do Antigo Testamento para o grego manusearam o texto hebraico com extrema fidelidade, pelo que seriam mais dignos de confiança do que o foram até bem pouco tempo, entre os estudiosos. Pelo menos nos dois livros de Samuel, a versão da Septuaginta reveste-se de grande valor na determinação do verdadeiro texto de muitas passagens problemáticas. Albright opinou que as cópias mais antigas de Samuel, entre o material encontrado nas cavernas de Qumran, exibem superioridade tanto em relação ao texto hebraico massorético quanto em relação ao texto da Septuaginta. Os estudiosos estão preparando uma edição melhorada do texto de 1 e 2Samuel, com base nesses achados de *Qumran* (ver a respeito no *Dicionário*). Esperemos, pois, por essa edição!

VII. Problemas Especiais. Os críticos geralmente apontam para três problemas especiais existentes nos livros de Samuel: **1**. relatos duplicados; **2**. a identidade de quem matou Golias; e **3**. dificuldades em torno da feiticeira de En-Dor. No tocante ao primeiro desses problemas, os estudiosos encontram discrepâncias e contradições no texto dos livros de Samuel. De acordo com eles, as descrições dos mesmos eventos, de duas maneiras diversas, deixa-nos "entrever" o uso de diferentes fontes informativas, ou então a existência de relatos paralelos, o que revelaria, no mínimo, a mão de mais de um autor do livro. Ver a terceira seção, sobre *Autoria*, anteriormente. Exemplos de duplicação seriam os seguintes: Por duas vezes Saul é feito rei, por duas vezes, igualmente, Davi foi apresentado a Saul; e por duas vezes os habitantes de Zife informaram a Saul acerca do local onde Davi se ocultava. Além desses casos, eles falam em várias outras duplicações. Mas, em cada um dos casos apresentados, sempre se pode encontrar uma explicação satisfatória, o que reduz a nada esses problemas especiais, criados pelos críticos.

Assim, os eventos que cercam as duas "coroações" de Saul foram acontecimentos diferentes um do outro. Na primeira ocasião, Saul foi escolhido mediante o lançamento de sortes e, então, foi apresentado ao povo. Porém, alguns *filhos de Belial* (1Sm 10.27) mostraram dúvidas quanto à sua capacidade de governar a nação, e recusaram-se a reconhecê-lo. No capítulo 11 de 1Samuel, Saul liderou o exército de Israel a obter uma vitória decisiva sobre os amonitas, e Samuel reuniu o povo em Gilgal, a fim de que renovassem o "reino" (1Sm 11.14). Então todo o povo *proclamou* Saul como seu rei (vs. 15), em meio a grandes demonstrações de regozijo e unidade. As palavras "proclamaram a Saul seu rei" não aparecem no capítulo 10; e a referência à renovação ou confirmação do reino deixa entendido que Saul havia sido previamente designado como rei.

Davi foi inicialmente apresentado a Saul (ver 1Sm 16.21). Na oportunidade, Saul recebeu-o como músico e armeiro, e o jovem Davi foi contratado para acalmar, com sua música, o perturbado monarca. Mas, depois que Davi retornou do campo de batalha, onde matara o gigante Golias, Saul indagou: *De quem é filho este jovem, Abner?* (1Sm 17.55). Mas Abner não sabia dizê-lo. Há aqueles que interpretam isso como se Saul houvesse esquecido o nome de Davi. Notemos, porém, que a dúvida não estava sobre a identidade de Davi e, sim, de seu pai. O rei repetiu a pergunta diretamente a Davi: *De quem és filho, jovem?* E Davi, havendo entendido que Saul não perguntava por seu próprio nome (de Davi) e, sim, pelo nome de seu pai, respondeu: *Filho de teu servo Jessé, belemita* (1Sm 17.56-58). Como vemos, novamente, a falta de atenção levou alguns eruditos a imaginar que Davi precisou ser apresentado por duas vezes a Saul, o que teria sido realmente estranho, para dizer o mínimo.

A indagação de Saul acerca do pai de Davi fica ainda bem compreendida em face de 1Samuel 17.25-27, onde o rei prometera que o homem que matasse o gigante Golias não pagaria os impostos da casa de seu pai. Para que Saul cumprisse a promessa, era mister saber o nome do pai de Davi, que abatera ao atrevido gigante. A promessa dizia: *A quem o (ao gigante) matar, o rei cumulará de grande riqueza, e lhe dará por mulher a filha, e à casa de seu pai isentará de impostos em Israel* (vs. 25). Lembremo-nos de que, naquele período de sua vida, Davi ainda não era o famoso rei Davi e, sim, apenas um jovem cortesão, músico, proveniente de uma família que até então não havia alcançado notoriedade em Israel. Também poderíamos argumentar que a mente do rei estava tremendamente perturbada, por permissão de Deus, o que também pode ter contribuído para o seu esquecimento quanto ao nome do pai de Davi. Além disso, 1Samuel 18.2 afirma que Saul, depois que Davi matou a Golias, não lhe permitiu retornar à casa paterna, sugerindo uma diferença em sua maneira de tratar o jovem, o que deve ser entendido em confronto com 1Samuel 17.15.

Os dois episódios que envolveram os zifitas são também superficialmente semelhantes. Nos capítulos 23 e 26 de 1Samuel, os habitantes de Zife levaram ao conhecimento de Saul informações sobre o paradeiro de Davi. Os dois eventos, porém, envolvem circunstâncias muito diferentes, em períodos diferentes, embora o local envolvido, como esconderijo de Davi, fosse o mesmo: o outeiro de Haquilá. Um caso similar a esse foi o de Abraão, que apresentou Sara como sua irmã, por duas vezes, nos capítulos 12 e 20 do livro de Gênesis. Mas os críticos não argumentam que ali houve duplicação de narrativas, em face de fontes informativas diferentes! A impressão que se tem é de que os críticos, querendo fazer prevalecer sua opinião sobre as origens de diversos livros antigos da Bíblia, criam hipóteses que depois não são capazes de consubstanciar.

Conforme dissemos anteriormente, outro problema especial criado pelos intérpretes gira em torno da pergunta: "Quem, realmente, matou Golias?" Certos críticos pensam que houve uma versão mais popular do feito, segundo a qual o matador do gigante teria sido *Elanã*. Entretanto, na verdade, Elanã (de acordo com 2Sm 21.19) é quem teria abatido o gigante. Mas, posteriormente, o feito teria sido transferido para Davi, a fim de torná-lo uma figura heroica, capaz de ocupar o trono de Israel. Essa suposição, contudo, esbarra com dificuldades intransponíveis. Se Davi não tivesse matado Golias, como explicar o intenso ciúme de Saul? E como explicar o cântico triunfal, que atribuiu, imediatamente em seguida, o triunfo a Davi (ver 1Sm 18.7)? Essa suposta dificuldade teria sido prontamente dirimida mediante a atenção ao trecho de 1Crônicas 20.5, onde se lê: ... *E Elanã, filho de Jair, feriu a Lami, irmão de Golias, o geteu, cuja lança tinha a haste como eixo de tecelão.* Isto posto, Davi matou Golias, e Elanã matou Lami, irmão de Golias. Não há nenhuma duplicação de relatos. Evidentemente, houve um erro primitivo de transcrição em 2Sm 21.19, onde se lê: ... *E Elanã, filho de Jaaré-Oregim, o belemita, feriu Golias, o geteu, cuja lança tinha a haste como eixo do tecelão.* Mas essa passagem, quando comparada com aquela outra, de 1Crônicas, fica esclarecida. O que houve não foi a repetição de relatos, na qual em um deles Davi teria sido o matador de Golias, e, em outro, o matador teria sido Elanã. O que, realmente, houve, foi um erro primitivo de transcrição.

E acerca da feiticeira de En-Dor? Sobre o que objetam os críticos? Alguns declaram que, em face de certas proibições bíblicas, o contato de vivos com os mortos não pode ter acontecido. Tudo teria sido apenas um fenômeno psicológico, talvez fruto da condição perturbada de Saul. Um ponto de vista mais conservador admite que Deus permitiu que Saul visse uma forma semelhante a Samuel, embora tudo não passasse de uma visão, e não do corpo ou do espírito real daquele profeta. Entretanto, a explicação mais certa e óbvia é aquela que reconhece que Samuel realmente apareceu a Saul em forma visível, e que o profeta já morto realmente comunicou-se com Saul. O relato está no capítulo 28 de 1Samuel. A médium de En-Dor, diante da pergunta de Saul: *Não temas; que vês?*, replicou: *Vejo um deus que sobe da terra* (vs. 13). Sabemos que os médiuns espíritas e outros realmente se comunicam com espíritos dos lugares tenebrosos. Isso é ensinado desde o livro de Gênesis, no caso dos magos do Egito. Esses médiuns, porém, não têm normalmente contato com espíritos remidos. Portanto, Deus deve ter intervindo, permitindo o aparecimento de Samuel à vidente de En-Dor. Isso surpreendeu à mulher, que gritou.

Que os mortos podem aparecer aos vivos, vê-se no caso de Moisés e Elias, que apareceram juntamente com o Senhor Jesus, quando de sua transfiguração, diante de três de seus discípulos: Pedro, Tiago e João (ver Mt 17.1-8; Mc 9.14-29 e Lc 9.37-43). Esse episódio, juntamente com o do aparecimento de Samuel após a sua morte, por intermediação da médium de En-Dor, incidentalmente prova a existência consciente dos espíritos humanos que daqui partiram, por força da morte biológica, além de ser um fortíssimo apoio à doutrina da imortalidade da alma! Por conseguinte, toda essa objeção à aparição de Samuel à feiticeira de En-Dor, e ao recado que ele deu a Saul, baseia-se naquela razão que foi dada pelo Senhor Jesus aos saduceus: *Errais, não conhecendo as Escrituras nem o poder de Deus* (Mt 22.29).

VIII. TEOLOGIA DO LIVRO. Embora a ênfase principal dos dois livros de Samuel seja histórica, e não teológica, vários capítulos contêm importantes doutrinas, que nos são ensinadas de maneira inequívoca. Três são as lições teológicas destacadas nos livros de Samuel:

1. A Vontade Soberana de Deus. Muitos estudiosos ficaram perplexos diante da atitude de Deus em relação ao estabelecimento da monarquia em Israel. Indícios suficientes indicam que Deus não ficou satisfeito com o fato de que os israelitas rejeitaram o governo teocrático. Ver 1Samuel 8.7, onde se lê: *Disse o Senhor a Samuel: Atende à voz do povo em tudo quanto te dizem, pois não te rejeitaram a ti, mas a mim, para eu não reinar sobre eles.* Mesmo assim, o homem de Deus tentou dissuadir o povo de desejar um rei; mas a maioria esmagadora do povo mostrou-se inflexível na exigência de ter um monarca que os conduzisse às batalhas conforme sucedia aos povos em derredor. Por outro lado, antes mesmo de Saul haver sido ungido rei, Deus prometeu abençoá-lo e usá-lo para livrar seu povo dos inimigos, segundo se aprende em 1Samuel 9.16: *Amanhã a estas horas te enviarei um homem da terra de Benjamim, o qual ungirás por príncipe sobre o meu povo de Israel, e ele livrará o meu povo da mão dos filisteus; porque atentei para o meu povo, pois o seu clamor chegou a mim.* É evidente que devemos traçar uma distinção entre a vontade diretiva e a vontade permissiva de Deus. Assim, o desejo que os israelitas tiveram de um rei foi um desejo pecaminoso, mas o Senhor Deus contornou isso, permitindo que, ainda assim, o povo fosse abençoado.

Outro aspecto da vontade de Deus diz respeito à questão da predestinação em relação à responsabilidade humana. Depois que Saul já era rei de Israel fazia algum tempo, ele desobedeceu a Deus, oferecendo um sacrifício, privilégio reservado exclusivamente ao sacerdócio. Samuel repreendeu-o severamente por isso, anunciando que Saul havia perdido o direito de ser cabeça de uma dinastia reinante duradoura. No dizer de Samuel: *Procedeste nesciamente em não guardar o mandamento que o Senhor teu Deus te ordenou; pois teria agora o Senhor confirmado o teu reino sobre Israel para sempre* (1Sm 13.13). Mas, em vez disso, por causa desse ato de precipitação e rebeldia de Saul, o Senhor transferiu a liderança do reino a outro, a saber, Davi.

É evidente que o pecado de Saul pode ser apontado como a causa da perda de seus direitos dinásticos. No entanto, desde os dias do patriarca Jacó, estava profetizado que *o cetro não se arredará de Judá* (Gn 49.10). A tribo governante sobre o povo de Israel seria a tribo de Judá, à qual pertencia Davi, e não a tribo de Benjamim, à qual pertencia Saul. Isto posto, o cumprimento dessa predição do Espírito de Deus, por intermédio de Jacó, não exigia a desqualificação de Saul? Por outra parte, vemos que Samuel não consolou Saul, dizendo-lhe: *O pecado que cometeste não foi uma falta tua, e tinha mesmo de acontecer.*

Pelo contrário, Saul não foi desculpado por sua desobediência, mas foi severamente julgado. Isto posto, naturalmente, Deus tanto previu esse acontecimento quanto cuidou para que ele realmente se efetuasse; mas a responsabilidade humana permaneceu sendo um fato, e Saul foi julgado culpado, apesar de seu ato ter sido previsto desde há muito.

2. A Doutrina do Pecado. Os livros de 1 e 2Samuel ilustram, em vivas cores, a pecaminosidade do coração humano e os inevitáveis maus resultados do pecado. Líderes piedosos de Israel, como Eli, Davi e Samuel, não acertaram sempre, pois suas falhas também são salientadas no relato bíblico. O que é de admirar, entretanto, é que esses três homens tiveram filhos que foram rebeldes contra o Senhor. Na qualidade de pais, os três enfrentaram tremendas dificuldades para encaminhar seus filhos na senda da retidão. Assim, os filhos de Eli furtavam os sacrifícios trazidos pelo povo, blasfemavam contra Deus e cometiam fornicação, e isso no papel de sacerdotes do Senhor. (Ver 1Sm 2.13-17,22; 3.13). Não admira que eles tenham sido mortos pelos filisteus. O trágico, na história de Samuel, é que justamente por causa dos delitos de seus filhos que o povo de Israel chegou a exigir que lhes fosse dado um monarca (1Sm 8.5).

Saul começou seu governo como homem humilde, que recebia orientação do Espírito de Deus. No entanto, à medida que seu governo avançava no tempo, ele passou a rebelar-se contra o Senhor, até que terminou sob a influência de espíritos malignos e foi atacado por acessos de inveja e fúria que nos fazem pensar em demência precoce, ou coisa pior. Sua queda moral e espiritual foi tão vertiginosa que ele acabou apelando para a médium de En-Dor! Para quem chegara a receber instruções diretas da parte de Deus, isso foi como ser precipitado do céu ao inferno! Deus não mais lhe respondia. Lemos em 1Samuel 28.6: *Consultou Saul o Senhor, porém este não lhe respondeu, nem por sonhos, nem por Urim, nem por profetas.* Por isso, em seu desvario, desesperado, Saul perguntou onde poderia encontrar uma médium que consultasse aos mortos. Quando aconteceu a batalha dos israelitas com os filisteus, estes conseguiram cercar Saul e seus três filhos, seu escudeiro e todos os homens de guerra que estavam em sua companhia!

A experiência pecaminosa de Davi provê-nos uma triste instrução, que tem aspectos positivos e negativos. O grande rei Davi era homem segundo o coração de Deus. Mas, em um momento de falta de vigilância, deixou-se arrastar pela tentação, tendo-se envolvido em adultério secreto e homicídio cometido sob as circunstâncias mais covardes e agravantes. E isso depois de ter exibido por anos a fio grande fé e devoção ao Senhor. Todavia, tendo Davi finalmente reconhecido seus graves pecados, foi espiritualmente restaurado (ver 2Sm 12.13). O Senhor o perdoou e deu continuidade à bênção e lhe prometida, demonstrando-lhe, assim, grande graça e misericórdia. Entretanto, um aspecto que não podemos esquecer da lição que esses incidentes nos ensinam é que, apesar da confissão sincera de Davi — e de haver sido ele perdoado —, ele precisou sofrer as inevitáveis consequências penais do pecado. O filhinho dele e de Bate-Seba acabou morrendo ainda tenro infante. Amon, primogênito de Davi, imitou-o e cometeu incesto com sua meio-irmã, Tamar. Isso precipitou a vingança de Absalão, que terminou, traiçoeiramente, tirando a vida de Amom. E houve várias outras tragédias na família, como a da revolta de Absalão, que violentou as mulheres de seu pai e acabou sendo morto com três dardos que lhe transpassaram o coração, estando ele preso pelos longos cabelos, enroscados em um galho de árvore pendurado cerca de um metro acima do solo.

Apesar desses pontos extremamente negativos na vida de Davi e de seus familiares mais diretos, ainda assim o Senhor muito o abençoou, assim como o seu reinado, em sua incalculável misericórdia. Deus também recuperou Bate-Seba, culpada com Davi de adultério. E o Senhor até abençoou a Salomão, outro filho que, mais tarde, Davi e Bate-Seba tiveram, escolhendo-o para ser o sucessor de seu pai no trono de Israel.

3. O Pacto Davídico. Este é um dos mais importantes pactos estabelecidos por Deus, em todo o Antigo Testamento. Deus firmou esse pacto com Davi (ver 2Sm 7.1-29), ampliando ainda mais as provisões do pacto abraâmico, que encontramos no livro de Gênesis. A Davi foi prometida uma linhagem permanente, um trono firme e um reino perpétuo. O direito de governar Israel sempre caberia a um de seus descendentes, promessa que antecipa e garante o reinado eterno do Senhor Jesus Cristo, o Filho maior de Davi. A fidelidade e o amor constante de Deus por seu servo Davi podem ser vistos no fato de que ele o perdoou graciosamente de seu grave pecado duplo: adultério e homicídio. Não admira, pois, que Davi se tenha regozijado diante da promessa divina feita à sua casa. As "últimas palavras" de Davi, que encontramos em 2Samuel 23.1 ss., referem-se a essa *aliança eterna*. Ver no *Dicionário* o artigo sobre os *Pactos*.

Um ponto deveras tocante nos livros de 1 e 2Samuel foi a profunda e fiel amizade que se estabeleceu entre Davi e *Jônatas* (ver a respeito no *Dicionário*), filho de Saul. A amizade entre eles ilustra a responsabilidade daqueles que se compactuam de alguma maneira. Jônatas não traiu a seu amigo, Davi, em momento algum, até o último dia de sua vida, embora tivesse todas as razões para compartilhar da inveja e hostilidade de que seu pai, Saul, nutria por Davi. E Davi também não se mostrou menos leal a seu amigo Jônatas. Depois que se tornou rei, Davi cuidou zelosamente do bem-estar de um filho aleijado de seu amigo Jônatas, Mefibosete (ver 2Sm 9.1-13). Em uma época sangrenta e violenta como foi a de Davi, é grato encontrarmos uma amizade como essa entre Davi e Jônatas, que redime muito daquilo que nos provoca repulsa, quando consideramos a selvageria própria do período. Os homens são fruto do meio em que vivem. Davi era um bom filho de sua época histórica, mas ele mostrou ser um homem sensível, amigo fiel, artista, poeta, músico, embora também um gênio militar, muitas vezes sanguinário e cruel. A personalidade de Davi era tão cativante que todos os israelitas, até hoje, têm como um de seus mais caros ídolos um governante como Davi.

IX. CONTEÚDO E CRONOLOGIA. Conforme dissemos na segunda seção, *Caracterização Geral*, a Bíblia dos hebreus tinha um único livro de Samuel, que englobava o que conhecemos como 1 e 2Samuel. A divisão apareceu, inicialmente, na Septuaginta (a tradução do Antigo Testamento hebraico para o grego, terminada cerca de 200 anos antes da eclosão do cristianismo). Mas, que há uma unidade e continuação ininterrupta na narrativa, pode-se ver claramente nas passagens sumariadoras: 1Samuel 14 e 2Samuel 8, que destacaremos a seguir, no decurso dos comentários sobre cada ponto importante do esboço do conteúdo. Essas passagens dão-nos as chaves para uma boa compreensão sobre a estrutura de 1 e 2Samuel. Isto posto, nosso esboço de conteúdo não observará essa divisão literária em 1 e 2Samuel, mas exibirá as vinculações óbvias entre um livro e outro, como se não houvesse dois livros de Samuel.

A. Samuel (1.1 — 7.17)
 1. Seu nascimento (1.1-28)
 2. O Cântico de Ana, mãe de Samuel (2.1-10)
 3. O sacerdote Eli e seus filhos (2.11-36)
 4. Chamada de Samuel (3.1-21)
 5. A arca da aliança é tomada (4.1-22)
 6. A arca na Filístia (5.1-12)
 7. Devolução da arca (6.1 — 7.1)
 8. Exortação ao arrependimento (7.2-17)
B. Samuel e Saul (8.1 — 15.35)
 1. O fim da teocracia (8.1-22)
 2. Saul e Samuel encontram-se (9.1-24)
 3. Saul ungido rei (9.25 — 10.27)

4. Primeiras vitórias de Saul (11.1-11)
5. Saul é proclamado rei (11.12-15)
6. Samuel resigna o cargo de juiz (12.1-25)
7. Temeridade de Saul e sua reprovação (13.1-15ª)
8. Vitória sobre os filisteus (13.15b — 14.52)
9. Saul é rejeitado (15.1-35)

C. Samuel Unge a Davi (16.1-13)
D. Davi e Saul (16.14 — 2Sm 1.27)
1. Davi, o músico (16.14-23)
2. Davi e Golias (17.1-58)
3. Davi e Jônatas (18.1-5)
4. A inveja de Saul (18.6 — 19.24)
5. Aliança entre Davi e Jônatas (20.1-43)
6. Fuga de Davi (21.1 — 27.12)
7. Saul e a médium de En-Dor (28.1-25)
8. Davi e os filisteus (29.1 — 30.31)
9. Morte de Saul (31.1-13)
10. Davi lamenta por Saul e Jônatas (2Sm.1.1-27)

E. Davi Torna-se Rei (2Sm 2.1 — 24.25)
1. Sobre Judá (2.1-7)
2. Oposição a Davi (2.8 — 4.12)
3. Sobre todo o Israel (5.1-12)
4. Feitos vários de Davi (5.13 — 10.19)
5. O pecado de Davi (11.1 — 12.31)
6. Consequências temporais do pecado (13.1 — 19.10)
7. Davi novamente em Jerusalém (19.11 — 20.22)
8. Oficiais de Davi (20.23 — 21.22)
9. Ação de graças de Davi (22.1-51)
10. Últimas palavras de Davi (23.1-7)
11. Feitos dos maiores guerreiros de Davi (23.8-39)
12. O recenseamento (24.1-25)

Comentários sobre o item A) *Samuel (1.1 — 7.17).* **a.** Samuel nasceu como resposta graciosa de Deus às instantes orações de sua mãe, Ana. Até então, Ana tinha profunda tristeza por ser estéril. Fiel à sua promessa, Ana dedicou o filho, Samuel, já desmamado, ao Senhor. **b.** O cântico de gratidão de Ana. Seu salmo é chamado de "oração". Em Salmo 72.20, os salmos de Davi também são chamados de "orações". **c.** Os filhos de Eli eram pecaminosos. Lembremo-nos de João 1.12,13, que ensina que os *filhos de Deus não nasceram do sangue, nem da vontade da carne, nem da vontade do homem*. A responsabilidade diante de Deus é pessoal. Ver Ezequiel 18.1 ss., onde é estabelecido um princípio básico: *a alma que pecar, essa morrerá*. **d.** O Espírito de Deus entra em contato real com o espírito humano. A experiência dos grandes homens de Deus confirma isso. O título posto acima do capítulo 3 de 1Samuel, em nossa versão portuguesa, diz "Deus fala com Samuel em sonhos". Isso é um erro. Deus apareceu a Samuel; houve uma *teofania* (ver a respeito no *Dicionário*). **e.** Não somente a arca foi tomada, mas seu santuário, Silo, foi destruído. Isso foi um castigo divino, conforme se aprende em Jeremias 6.9 e 7.12,26. O quanto isso representou para o povo de Israel, pode-se depreender das palavras da nora de Eli: *Foi-se a glória de Israel, pois foi tomada a arca de Deus* (vs. 22). **f.** Os filisteus não puderam saborear o gosto da tomada da arca. A mão do Senhor veio contra eles sob a forma de graves enfermidades. *Os homens que não morriam eram atingidos com os tumores; e o clamor da cidade* (Asdode) *subiu até o céu* (5.12). **g.** Não há que duvidar que houve o impulso de forças divinas ou angelicais sobre as vacas que puxavam o carro em que era devolvida a arca da aliança. A arca era apenas um objeto, mas um objeto sagrado que representava muito. Setenta israelitas morreram, por terem olhado o interior da arca. A pergunta dos habitantes de Bete-Semes faz-nos pensar: *Quem poderia estar perante o Senhor, este Deus santo?* (6.20). **h.** Os israelitas seriam livrados da opressão filisteia caso se arrependessem. Essa era e sempre será a condição do livramento divino. Samuel entendia isso e exortou o povo a se arrepender. E o povo se arrependeu: *Então os filhos de Israel tiraram dentre si os baalins e os astarotes, e serviram só ao Senhor* (7.4).

Comentários sobre o item B) *Samuel e Saul (8.1 — 15.35).* **a.** Findou-se um período importante no trato de Deus com o povo de Israel. O aviso de Samuel foi profético: ... *naquele dia clamareis por causa do vosso rei, que houverdes escolhido; mas o Senhor não vos ouvirá naquele dia* (8.18). Só haverá novamente a teocracia por ocasião da Segunda Vinda do Senhor Jesus, mas dessa vez sobre bases muito superiores, no milênio e no estado eterno. Os israelitas queriam ser iguais aos povos vizinhos. Eles não queriam um governo justo, mas um governo militarista: ... *O nosso rei poderá governar-nos, sair adiante de nós, e fazer as nossas guerras* (8.20). Mas, no milênio, não haverá mais guerra, e as nações desaprenderão a arte bélica. (Ver Is 2.4). **b.** O primeiro rei de Israel tinha muitas qualidades humanas, entre as quais é destacada sua beleza física: ... *Saul, moço, e tão belo que entre os filhos de Israel não havia outro mais belo do que ele; desde os ombros para cima sobressaía a todo o povo* (9.2). Era, porém, defeituoso quanto às qualidades morais e espirituais, conforme deixa claro toda a narrativa bíblica sobre ele. **c.** ... *O Espírito de Deus se apossou de Saul, e ele profetizou no meio deles* (10.10). Alguma coisa tinha sucedido a Saul, mas não fora o novo nascimento. Isso deve ser entendido à luz de Hebreus 6.4-8. A unção divina, pois, é uma realidade espiritual transformadora, mas não necessariamente salvadora. **d.** Um dos resultados da unção divina sobre Saul foi a sua nova habilidade militar. *E o Espírito de Deus se apossou de Saul, quando ouviu estas palavras, e acendeu-se sobremodo a sua ira* (11.6). **e.** Não temos aqui a repetição do relato sobre sua unção (ver 9.25 — 10.27), mas sua aclamação como monarca, sua aceitação como rei por parte do povo. Ver a seção VII, *Problemas Especiais*, segundo parágrafo. **f.** Samuel terminou seu juizado de maneira vitoriosa e digna, embora triste por ter-se encerrado a teocracia. Notemos, porém, que ele não renunciou às suas funções proféticas; e nem mesmo poderia tê-lo feito, porquanto era caso escolhido por Deus para tanto, e os dons de Deus são sem arrependimento. (Ver Rm 11.29). **g.** A guerra de Saul foi gradativa. Primeiro ele foi reprovado por ter-se imiscuído em funções que não lhe cabiam, usurpando uma função sacerdotal. Contudo, Deus continuou dando vitórias a Israel, por meio de Saul e de Jônatas, seu príncipe herdeiro, que se mostrou um digno e honrado candidato à sucessão ao trono, quando seu pai fechasse os olhos. Mas a queda moral e espiritual de Saul prosseguiria, anulando todas as possibilidades futuras de Jônatas. **h.** O voto de Saul, muito precipitado, demonstra que ele já estava perdendo o contato com o Espírito de Deus. E a decisão popular, mais sábia que o voto impetuoso de Saul, salvou a vida de Jônatas (14.45). **i.** Repreendido por Samuel, Saul não deu o braço a torcer, e tentou justificar-se. As palavras de Samuel são uma lição para todas as questões: *Tem porventura o Senhor tanto prazer em holocaustos e sacrifícios quanto em que se obedeça à sua palavra? Eis que o obedecer é melhor do que o sacrificar, e o atender melhor do que a gordura de carneiros. Porque a rebelião é como a idolatria e culto a ídolos do lar...* (15.22,23). Quando Saul buscou lugar de arrependimento, já era tarde. E Samuel sentenciou: *Visto que rejeitasse a palavra do Senhor, já ele te rejeitou a ti, para que não sejas rei sobre Israel* (vs. 26). Um dos pontos cruciais do livro de Samuel acha-se no versículo 28: *O Senhor rasgou hoje de ti o reino de Israel, e deu a teu próximo, que é melhor do que tu.* O reino estava passando de Saul para Davi!

Comentários sobre o item C) *Samuel Unge a Davi* (16.1-13). Saul era belo como nenhum outro jovem em Israel. Quando ia ungir a Davi, Samuel deve ter pensado que ungiria a um lindo moço. Mas Deus lhe ensinou uma grande lição, à qual todos devemos prestar atenção: *Não atentes para a sua aparência, nem para a sua altura, porque o rejeitei* (a Eliebe, irmão mais velho de Davi), *porque o Senhor não vê como vê o homem. O homem* vê o exterior, porém o Senhor, o coração (16.7). (Ver também 2Co 5.16). Por que primeiro Saul teve de ser rei, e somente então Davi? Porque um dos princípios básicos espirituais é o que se aprende em 1Coríntios 15.46: *Mas não é primeiro o espiritual, e sim, o natural; depois o espiritual.*

Comentários sobre D) Davi e Saul (1Sm 16.4 — 2Sm 1.27). *a*. Agora, um espírito maligno perturbava Saul. Mas ele se aliviava ouvindo a harpa do jovem Davi. Os psicólogos reconhecem atualmente os efeitos benéficos ou maléficos da música. Lemos que houve profetas que profetizavam impelidos pela música. (Ver 1Sm 10.5,6 e 2Rs 3.15). Mas também há música sensual e degradante. Há música que, embora não seja sacra, nem por isso é errada para um crente. Mas há música que, definitivamente, deveríamos evitar. A música mexe muito conosco, para melhor ou para pior! *b*. Golias confiava em seu gigantismo e em sua armadura. Davi confiava no seu Deus. Por isso, Davi replicou ao filisteu: *Tu vens contra mim com espada e com lança e com escudo; eu, porém, vou contra ti em nome do Senhor dos Exércitos, o Deus dos exércitos de Israel, a quem tens afrontado* (17.45). Como é que o resultado daquela batalha singular poderia ter sido diferente? Os antigos, ... *por meio da fé... puseram em fuga exércitos de estrangeiros...* (Hb 11.33,34)! *c*. Jônatas amava a Davi ... *como à sua própria alma* ... (18.3). Sem dúvida, existem almas gêmeas. A sincera e duradoura amizade de Jônatas deve ter sido um grande consolo para Davi, ao mesmo tempo que as perseguições de Saul eram-lhe extremamente molestas. *d*. A inveja rói a alma do invejoso e é extremamente desagradável para o invejado. Nada demovia Saul de suas suspeitas ciumentas, nem a intervenção de seus próprios filhos, Jônatas e Mical. Um momento crítico foi quando Saul intentou cravar Davi na parede com sua lança enquanto este dedilhava seu instrumento de música (19.10). *e*. Jônatas reconheceu que Davi era o escolhido do Senhor para ocupar o trono em lugar de seu pai, Saul. Jônatas, pois, mostrou grande abnegação. Por essa sua defesa em favor de Davi, quase Jônatas paga com a própria vida (20.33). A aliança entre Davi e Jônatas envolvia até mesmo os seus descendentes: *O Senhor seja para sempre entre mim e ti, e entre a minha descendência e a tua* (vs. 42). *f*. Um longo período muito perigoso para Davi. Há muitos episódios, e não podemos comentá-los separadamente. Para piorar a situação de Davi, foi durante esse tempo que Samuel morreu (25.1). Davi respeitava Saul, seu rei e seu sogro. Sua atitude para com Saul pode ser vista na observação que fez em certa ocasião: *O Senhor me guarde, de que eu estenda a mão contra o seu ungido...* (26.11). Saul estava fora de si. Reconhecia momentaneamente sua tola perseguição contra Davi, seu genro, mas o espírito maligno apossava-se dele, e ele voltava à carga contra Davi. Era uma fixação doentia! *g*. Deus abandonara a Saul, e Saul abandonara o Senhor. Não sabendo para onde se voltar em busca de socorro, com medo dos filisteus, Saul resolveu consultar uma médium espírita. Foi o ponto mais baixo de toda a sua carreira. Foi a gota que fez entornar o balde. Samuel mostrou a Saul que era o ponto terminal para o primeiro rei de Israel: ... *amanhã tu e teus filhos estareis comigo...* (28.19). *h*. O rei dos filisteus confiava em Davi. Mas os nobres filisteus, não, porque se lembravam: *Não é este aquele Davi, de quem uns aos outros respondiam, nas danças, dizendo: Saul feriu os seus milhares, porém, Davi os seus dez milhares?* (29.5). Para eles, Davi era dez vezes mais perigoso que Saul. No caso de divisão da presa, Davi mostrou sua sensibilidade social. Ele era homem justo e equânime: ... *qual é a parte dos que descerem à peleja, tal será a parte dos que ficaram na bagagem; receberão partes iguais* (30.24). *i*. Gravemente ferido, Saul acabou suicidando-se, atirando-se contra a própria espada (31.4). A batalha foi uma grande derrota para Israel. O rei, que começara seu governo com vitórias sobre os inimigos em derredor, quarenta anos mais tarde amargou sua maior derrota, pagando com a própria vida! Tudo isso lhe sucedeu porque ele se afastou do Senhor, a ponto de ficar perturbado por espíritos malignos. Uma lição horrível, para todas as gerações! *j*. Só três dias depois Davi soube da morte de Saul e de seus três filhos. Não há certeza quanto às circunstâncias em que o amalequita deu o golpe de misericórdia em Saul. Mas, como todo o ungido do Senhor era "intocável", o amalequita pagou com a própria vida por seu ato sacrílego (2Sm 1.11 ss.). O lamento de Davi por Saul e Jônatas é comovente. Na lamentação de Davi há um estribilho, reiterado por três vezes: "Como caíram os valentes!" Vêm-nos as lágrimas quando lemos acerca das palavras de Davi sobre Jônatas: *Angustiado estou por ti, meu irmão Jônatas; tu eras amabilíssimo para comigo! Excepcional era o teu amor, ultrapassando o amor de mulheres* (2Sm 1.26).

Comentários sobre o item E Davi Torna-se Rei (2Sm 2.1-24.25). *a*. Os judaítas foram os primeiros a reconhecer Davi como seu rei. As demais tribos ainda ficaram esperando por mais algum tempo. (Ver 2Sm 2.1-7). *b*. Abner, capitão do exército do falecido Saul, encabeçava a oposição a Davi, e fez de Is-Bosete, filho de Saul, um rei rival, de tal modo que *somente a casa de Judá seguia a Davi* (2.10). Seguiu-se sangrenta batalha, em que os homens de Davi levaram a melhor (2.12-32). *Durou muito tempo a guerra entre a casa de Saul e a casa de Davi...* (3.1). Contudo, a casa de Davi fortalecia-se cada vez mais, até que Abner, comandante do exército partidário da casa de Saul, bandeou-se para o lado de Davi. O assassínio de Is-Bosete, por ex-partidários seus, foi um ato covarde e traiçoeiro (4.1-12). *c*. Então todas as tribos de Israel vieram a Davi... (5.1) e *ungiram a Davi, rei sobre Israel* (vs. 3). Quando Hirão, rei de Tiro, enviou mensageiros a Davi, este reconheceu que ... *O Senhor o confirmara rei sobre Israel e exaltara o seu reino por amor do seu povo* (vs. 12). *d*. A primeira coisa que Davi fez foi tomar concubinas e mulheres, além de Ainoã e Abigail (ver 2.2; 3.2-5), Maaca, Hagite, Abital e Eglá. Em 2Samuel 15.16 e 20.3, lemos que ele tinha "dez concubinas". Davi obteve grandes vitórias militares contra os inimigos tradicionais de Israel, transportou a arca da aliança para Jerusalém e projetou a construção do templo. Um ponto importante no relato fica em 2Samuel 8.15: *Reinou, pois, Davi sobre todo o Israel; julgava e fazia justiça a todo o seu povo*. Para isso é que ele fora levantado como rei, embora o povo pensasse mais em um heroico guerreiro como ideal da realeza. Um detalhe que mostra algo do caráter de Davi foi a sua bondade para com Mefibosete, filho de Jônatas e neto de Saul (9.1-13). *e*. seu caso com Bate-Seba foi a maior mancha no caráter de Davi, que o transformou em um adúltero e assassino. Quando parecia que tudo conseguira ficar encoberto, eis que Natã é enviado por Deus para desmascarar Davi (2Sm 11.1 — 12.15). Deus perdoou o pecado de Davi, mas a primeira consequência adversa foi a morte de seu filho com Bate-Seba (12.15 ss.). Todavia, Davi já se casara legalmente com a viúva Bate-Seba; e um segundo filho do casal foi Salomão, destinado por Deus a ser o próximo rei de Israel (24.25). *f*. Uma série de funestos acontecimentos atingiu Davi e seus familiares, como consequências temporais de seu pecado. Os capítulos 13 a 19 de 2Samuel devem ser lidos com muita atenção. Mediante essas ocorrências, Deus deixou todo o seu povo saber do pecado de Davi. O Senhor nunca se torna cúmplice dos pecados de ninguém. Uma das coisas que mais doeu a Davi foi a revolta e a morte de seu querido filho, Absalão. Quase podemos ouvir os soluços do rei, enquanto ele clamava, desconsolado: *Meu filho Absalão! Quem me dera que eu morrera por ti, Absalão, meu filho, meu filho!* (2Sm 18.33). *g*. Davi voltou a Jerusalém, convidado pelos homens de Judá. ... *mandaram dizer-lhe: Volta, ó rei, tu e todos os teus servos* (2Sm 19.14). Houve reconciliações e protestos de fidelidade. O caso da sedição de Seba foi gravíssimo, fazendo a nação dividir-se em duas. Lemos em 2Samuel 20.2: *Então todos os homens de Israel se separaram de Davi, e seguiram Seba, filho de Bicri; porém,* os homens de Judá se apegaram ao seu rei... **h**. Davi organizou melhor o reino, com oficiais civis e militares. Entrando em batalha, Davi ficou "muito fatigado" (21.15). Que idade teria ele? Efeitos prematuros de muitas privações? Seja como for, não mais deixaram Davi sair em batalha: ... *para que não apagues a lâmpada de Israel* (vs. 17). Ainda restavam gigantes, quando o reinado de Davi já se aproximava do fim. Os homens de Davi mataram quatro deles. Ver 2Samuel 21.19, sobre o qual já tecemos comentários na seção sétima, *Problemas Especiais*, sexto parágrafo. **i**. Cronologicamente esta seção deveria estar no começo de 2Samuel, porque o cântico celebra o livramento de Davi das perseguições de Saul (2Sm 22.1). **j**. Davi compõe um poema, agradecendo pela "aliança eterna" estabelecida pelo Senhor Deus com ele. Ver a oitava seção, *Teologia do Livro*, no trecho *O Pacto Davídico*. **k**. Davi foi um grande homem que foi assessorado por grandes homens, sobretudo no campo militar. A lista que aqui se encontra dos "valentes" de Davi inclui 37 nomes. Um trecho paralelo — 1Crônicas 11.11-41 — acrescenta mais 16 nomes, totalizando 53 heróis de guerra. **l**. O incidente do recenseamento mostra que o orgulho começara a tomar conta do coração do idoso rei Davi. O livro de 2Samuel termina com estas palavras positivas: ... *O Senhor se tornou favorável para com a terra, e a praga cessou de sobre Israel* (2Sm 24.25). O livro termina em uma nota de reconciliação e restauração. O governo justo de Davi, apesar de falhas, dentre delas algumas graves, no seu todo era aprovado pelo Senhor.

Cronologia: Nos livros de 1 e 2Samuel, há narrativas que nos permitem formular certa cronologia quanto aos episódios cobertos. (Para exemplificar, ver 1Sm 6.1; 7.2; 8.1,5; 13.1; 25.1; 2Sm 2.10,11; 5.4,5; 14.28; 15.7). No entanto, os informes são insuficientes para que se possa formar uma cronologia precisa quanto à maioria dos eventos desse período da história de Israel. Com exceção das datas do nascimento de Davi e da duração de seu reinado, que são dados firmes (ver 2Sm 5.4,5), quase todas as demais datas têm de ser meras aproximações.

O problema textual que envolve a passagem de 1Samuel 13.1, acerca da idade de Saul, quando ele se tornou monarca de Israel (ver a seção VI, *Estado do Texto*), contribui ainda mais "para essa falta de precisão cronológica, pelo menos quanto ao tempo de seu nascimento e ao começo de seu governo. Nenhuma informação nos é dada acerca do tempo do nascimento ou da morte de Samuel (1Sm 1.1 e 25.1). Porém, calcula-se que Samuel deve ter vivido desde os tempos de Sansão e de Obede, filho de Rute e Boaz, e avô de Davi. Todavia, é-nos indicado que ele já era homem bem avançado em anos quando os anciãos de Israel lhe pediram que ungisse um rei a Israel (ver 1Sm 8.1,5).

Um forte fator de incerteza cronológica é que o (s) autor (es) sagrado (s) nem sempre arranjou(aram) o material em estrita sequência cronológica. Ao que tudo indica, por exemplo, 2Samuel 7 deveria aparecer após as conquistas militares de Davi descritas em 2Samuel 8.1-14. A narrativa sobre a escassez que houve em Israel, por castigo divino, devido ao fato de que Saul violou um tratado estabelecido com os gibeonitas, o qual se acha em 2Samuel 21.1-4, deveria aparecer antes do relato sobre a rebelião de Absalão, registrada em 2Samuel 15 — 18. Em face dessa série de dificuldades, pois, oferecemos a seguir um quadro cronológico com datas aproximadas, alicerçado muito mais em deduções do que em informes bíblicos seguros.

Nascimento de Samuel (1Sm 1.20)	1105 a.C.
Nascimento de Saul	1080
Unção de Saul como rei (1Sm 10.1)	1050
Nascimento de Davi	1040
Unção de Davi para ser o próximo rei (1Sm 16.1-13)	1025
Davi começa a reinar sobre Judá (2Sm 1.1; 2.1,4,11)	1010
Davi começa a reinar sobre todo o Israel (2Sm 5)	1003
As guerras de Davi (2Sm 8.1-14)	997-992
Nascimento de Salomão (2Sm 12.23; 1Rs 3.7; 11.42)	991
O recenseamento (2Sm 24.1)	980
Fim do governo de Davi (2Sm 5.4,5; 1Rs 2.10,11)	970

X. Bibliografia. ALB AM ANET E I IB WBC VO Z

SAMUTE

Do hebraico, *fama*, *renome*, mas alguns dizem *desolações*, *ruínas*, um guarda de Davi (2Cr 11.27), considerado por alguns *Samá*, o harodita de 2Samuel 23.25, e o *Samute* de 1Crônicas 27.8.

SANCTUS

Palavra latina que significa **"santo"**. Essa é a designação da última parte do prefácio, que aparece imediatamente antes do cânon da missa. A passagem começa com as palavras *Sanctus, sanctus, sanctus*, extraídas de Isaías 6.3. Essa fórmula litúrgica esteve em uso desde Clemente de Roma, que faleceu em 104 d.C.

SANDÁLIA (SAPATO)

A arqueologia tem podido mostrar o uso antiquíssimo de diferentes tipos de calçados, dos quais o mais comum eram as sandálias. Tal como hoje em dia, era essencialmente uma sola, presa aos pés por meio de correias. Elas têm sido encontradas na Babilônia, no Egito, em Israel, na Grécia e em Roma. O termo hebraico é *naal*, com frequência traduzido por "sandálias", no Antigo Testamento. (Ver Êx 3.5; 12.11; Dt 25.9,10; 29.5; Js 5.15; 1Rs 2.5; Rt 4.7,8). As palavras gregas usadas são *upódema* e *sandálion* (ver Mc 6.9; At 12.8). Sapato é a tradução comum para *upódema*. Essa palavra ocorre por dez vezes no Novo Testamento (Mt 3.11; 10.10; Mc 1.7; Lc 3.16; 10.4; 15.22; 22.35; Jo 1.27; At 7.33 (citando Êx 3.5); 13.25). Sua forma verbal é *upodéo*, que significa "amarrar", provavelmente estando em foco a sandália, na maioria das ocorrências. Os calçados variavam, segundo a necessidade da ocasião, e havia muitos tipos de calçados para as diversas profissões. Ver o artigo geral intitulado *Vestuário*.

Os formatos dos calçados antigos têm sido amplamente demonstrados em monumentos, desenhos etc., principalmente aqueles de origem assíria, babilônica, egípcia e persa. Algum tipo de proteção para os pés pode ser visto nas gravuras desde o quarto milênio a.C. O painel de Beni-Hassan, de cerca de 1900 a.C., mostra um grupo de asiáticos, que vinham do Egito, usando uma espécie de sandália que revestia o calcanhar e o peito do pé. As mulheres usavam botas que chegavam acima dos tornozelos, com uma faixa branca no alto. O obelisco negro de Salmaneser III (século IX a.C.) mostra Jeú e os israelitas com calçados de ponta virada para cima, sem dúvida com propósitos decorativos, e sem qualquer utilidade prática.

Os calçados eram tirados quando se entrava em alguma casa, e o lava-pés era um ato comum de cortesia e hospitalidade (ver Lc 7.44). Nas famílias mais abastadas, eram escravos que realizavam esse humilde serviço.

Usos figurados: 1. O sumo sacerdote de Israel não usava calçados quando cumpria seus deveres; seus pés descalços *simbolizavam respeito*, porque ninguém podia usar calçados na presença de *Yahweh*. Talvez isso proviesse da ideia de andar descalço em terra santa (ver Êx 3.5), quiçá envolvendo a ideia de que os calçados, que pisam o chão, estão geralmente sujos. Ver o sexto ponto, abaixo. **2**. A sandália com correias era um calçado barato, feito de material que até mesmo os pobres podiam comprar. Assim, Abraão não concordou em ficar nem com a mais insignificante possessão do rei de Sodoma (ver Gn 14.23). Em Amós 2.6 e 8.6, comprar "os necessitados por um par de sandálias" era vendê-los por preço irrisório. **3**. O calçado, tão ao nível do chão, representa a parte mais humilde ou a porção mais humilde de uma pessoa. João Batista disse que não era digno nem mesmo de tocar nas sandálias de Jesus (ver Mt 3.11; Mq 1.7; At 13.25). **4**. Os calçados falam sobre a preparação para alguma viagem (Êx 12.11). **5**. Não precisar de dois pares de sandálias aponta para as provisões adequadas, conferidas por Jesus aos seus discípulos (ver Mt 10.10; Lc 10.4; 22.35). **6**. As sandálias e os pés ficam sujos devido às imundícies com as quais entram em contato. Isso simboliza como a vida diária contamina espiritualmente o indivíduo, e como o crente precisa de purificação diária. Provavelmente, essa foi a razão pela qual Deus ordenou que Moisés tirasse as sandálias, quando este se achava em terreno santo (ver Êx 3.5). Essa é também a lição espiritual por detrás da cerimônia do lava-pés, descrita com detalhes no sexto capítulo do Evangelho de João. **7**. A remoção dos calçados poderia simbolizar transferência de propriedades ou direitos, ou a desistência em um direito, como no caso da responsabilidade pelo casamento levirato. Um homem que se recusasse a casar-se com a viúva de um seu irmão, para gerar filhos em nome dele, tinha de remover os calçados como sinal de sua recusa em assumir tal responsabilidade. Ver Deuteronômio 25.9,10 e comparar com Rute 4.7,8. Talvez por detrás desse costume houvesse a ideia de que pisar uma propriedade conferia, ao que assim fizesse, direitos sobre ela. Tirar os calçados e entregá-los a outrem indicava a transferência dos direitos acerca de alguma propriedade. Israel precisava pisar a Terra Prometida, como símbolo de que tomava posse dela. (Ver Dt 11.24,25). **8**. Fazer algo, *calçado*, indicava fazê-lo com vigor, força e de modo completo, visto que a maioria das pessoas tem pés por demais delicados para fazerem muita coisa descalços. **9**. Lançar fora os calçados simbolizava rejeitar alguém ou alguma coisa, depois de ter tirado proveito desse alguém ou coisa. Usualmente, a expressão exprime alguma injustiça nesse ato de rejeição. **10**. Nos sonhos e nas visões, amarrar um calçado é símbolo de morte, provavelmente devido ao fato de que, quando as pessoas amarram os sapatos, preparam-se para viajar. A morte é uma viagem para o além.

SÂNDALO

Uma árvore que dava excelente madeira de construção, que Hirão trazia de Ofir, para ser usada na construção do templo (ver 1Rs 10.11; 2Cr 2.8 e 9.10,11). Alguns pensam estar em vista a *Pterocarups Santalinus*, uma madeira da Índia que pode ser intensamente polida. É uma madeira avermelhada, macia e cara, para ser usada em móveis. Contudo, esse tipo de árvore não se tem podido localizar entre os cedros e ciprestes do Líbano. Por isso, alguns estudiosos têm conjecturado estar em vista algum tipo de pinheiro, ou o cipreste. Outros conjecturam tratar-se de uma madeira da variedade cítrica, conforme diz a Vulgata Latina, *thyinum*, que os antigos muito estimavam por sua beleza e seu odor agradável. Porém, nada se sabe com certeza a seu respeito. (FA S UN Z)

SANGAR

A palavra hebraica aparentemente significa *fugitivo*, *copeiro*, ou *espada*, talvez associada linguisticamente ao hurriano Simigari, dos textos de Nuzi, filho de Anate (Jz 3.31). Talvez ele tenha sido de Bete-Anote, que lhe teria dado esse nome.

Foi o terceiro juiz de Israel, cuja bravura livrou Israel dos filisteus, em cerca de 1350 a.C. Recebeu o crédito de ter matado 600 filisteus com um cajado de boi, o que pode significar que ele realizou um feito extraordinário em uma única ocasião, ou talvez o número seja uma contagem de corpos de toda a sua carreira assassina.

SANGAR-NEBO

General babilônico que ajudou no ataque contra Jerusalém (Jr 39.3). O texto em questão pode listar três ou possivelmente quatro oficiais militares babilônicos. Se foram somente três, teremos: Nergal-Sareser, o Sangar; Nebo-Sarsequim, o Rabe-Saris, e Nergal-Sarezer, o Rabe-Mague. Nesse caso, Sangar, Rabe-Saris e Rabe-Mague seriam títulos honoríficos, ao passo que Nergal-Sareser, Nebo-Sarsequim e Nergal-Sarezer seriam nomes próprios.

SANGUE

Aquele fluido viscoso e vermelho, essencial à vida biológica, que flui pelo organismo inteiro através do sistema circulatório, levando oxigênio e nutrientes aos tecidos, e, ao mesmo tempo, removendo o dióxido de carbono e outros materiais decompostos. Nesse sentido literal, o sangue é frequentemente mencionado nas Escrituras (ver Gn 37.31; Êx 23.18 *ss*.; 2Sm 20.12; 1Rs 18.28; Lc 13.1) onde a alusão é ao sangue tanto de seres humanos quanto de animais irracionais.

1. Ideias das Culturas Antigas. Nos estágios iniciais de quase todas as culturas, o sangue é encarado com certo ar de respeito, o que tem provocado as noções mais estranhas. Alguns atribuem ao sangue um poder misterioso, pelo que os guerreiros bebiam o sangue de suas vítimas, a fim de adquirirem as energias vitais dos inimigos mortos. Alguns pensavam que era perigoso tocar no sangue. Outros supunham que o sangue derramado nas batalhas, o sangue da menstruação das mulheres, ou o sangue perdido por ocasião do parto, poderia transmitir um contágio qualquer, pelo que deveria ser lavado.

Os antigos semitas (ver o artigo), identificavam o sangue com o princípio ativo da própria vida biológica. Por essa razão, proibiam a ingestão de sangue, derramavam sangue sobre altares consagrados, cobriam o sangue com terra, nos lugares sagrados, ou aplicavam o sangue a pedras que representavam deuses. Segundo eles imaginavam, desse modo os perigos e maravilhas do sangue podiam ser controlados e utilizados. O sangue podia ser visto como perigoso ou benéfico. Por isso mesmo era aspergido sobre os batentes das portas, para que a casa fosse protegida. Ou então os idosos tomavam sangue, a fim de recuperar a vitalidade da juventude. E o sangue também era empregado nas cerimônias de purificação e expiação. Alguns povos antigos chegavam a usar sangue, ao invés de água, em ritos batismais.

As pessoas que se consideravam íntimas bebiam um pouco do sangue uma da outra, como ato de união e dedicação mútua. O ato algumas vezes servia de selo confirmatório de algum pacto ou acordo, feito entre duas pessoas, ou mesmo entre duas nações. Os estrangeiros eram admitidos como cidadãos pela troca mútua de sangue, ou pela ingestão mútua de sangue.

2. O Sangue Usado como Alimento. Muitas culturas antigas e modernas têm usado o sangue como alimento. Uma das mais vigorosas tribos africanas, os zulus, bebem o sangue de seu gado. Algumas vezes, a prática é ou era vinculada às ideias expostas no primeiro ponto. Além de servir de alimento, esperava-se que o sangue provesse ao seu consumidor alguma espécie de virtude. Dentro da cultura dos hebreus, era estritamente proibida a prática da ingestão de sangue (Gn 9.4; Lv 3.8; 7.26), especificamente diante do fato de que a vida da carne está no sangue. Em outras palavras, o sangue revestir-se-ia de virtudes misteriosas, tornando-se sagrado. Portanto, não servia como artigo próprio para a alimentação.

3. O Sangue e os Hebreus. No Antigo Testamento, a palavra hebraica *dam*, "sangue", aparece por 362 vezes, das quais 203 como descrições de mortes violentas, e 103 vezes, em alusão a sacrifícios cruentos. Em três passagens do Antigo Testamento, o sangue é diretamente vinculado ao princípio da vida (Gn 9.4; Dt 12.23 e Lv 17.11). Também já verificamos que os povos semitas se apegavam a essa ideia. O texto de Levítico mostra que, por causa *desse* conceito, surgiu a ideia da expiação pelo sangue. Mas, visto que o uso do sangue requer a morte de alguma vítima, o sangue também era associado à morte, na antiga cultura dos hebreus. De modo geral, pois, temos nesses sacrifícios alguma vida oferecida a Deus, envolvendo o supremo sacrifício da vítima, ou seja, a sua morte. Em tudo isso fica subentendida a seriedade do pecado, porquanto o pecado requer um remédio radical. A expiação é obtida através da morte da vítima, mas igualmente, por sua vida, oferecida no sangue.

4. O Sangue no Novo Testamento. O vocábulo grego *aima*, "sangue", além de referir-se à morte sacrifical de Cristo, indica as ideias de reinado (Jo 1.13); da natureza humana (Mt 16.17; 1Co 15.50); de morte violenta (25 trechos diferentes); e de animais sacrificados (doze referências, como se vê em Hb 9.7,12 etc.) onde se enfatiza a perda da vida das vítimas, um conceito destacado no Antigo Testamento. Quanto ao sangue de Cristo e o valor expiatório do mesmo, há referências como Colossenses 1.20. Ver o artigo separado sobre esse assunto, que provê certa variedade de referências e ideias. Os intérpretes têm debatido se é a morte ou a vida perdida do animal que obtém a expiação. Penso que se trata de ambas as coisas, pois, afinal de contas, é a vida de Cristo que nos salva (Rm 5.7) dando a entender a sua ressurreição e ascensão, em virtude do que ele tornou-se o Salvador medianeiro permanente. Aquele mesmo contexto, no nono versículo, afirma que o seu sangue nos justifica, o que nos fez pensar tanto em sua vida como em sua morte e ressurreição. A vida que Jesus viveu também faz parte de nossa inquirição espiritual, com vistas a nossa salvação final; porque, quando procuramos imitar a vida de Cristo, passamos a compartilhar de sua natureza metafísica, mediante operações do Espírito Santo (2Co 3.18). Como é que alguns teólogos separam essas ideias inseparáveis, como se fossem categorias distintas e valores isolados? Dentro do programa de salvação, a vida e a morte de Jesus são fatores inseparáveis, embora em sentidos diferentes.

5. Sentidos Metafóricos. *a*. Temos visto como os *sacrifícios cruentos* simbolizavam tanto a vida quanto a morte e, como é óbvio, os sacrifícios do Antigo Testamento simbolizavam a morte expiatória de Cristo. A epístola aos Hebreus tem isso como um de seus temas principais. Ver Hebreus 7.27, quanto a uma declaração geral. *b*. *Estar no próprio sangue* indica um estado imundo e destituído, uma condição de perdição (Ez 16.6). *c*. Beber sangue indica ter a perversa satisfação de haver assassinado alguém (Ez, 39.8; Is 49.26; Nm 23.24). *d*. Ter de beber sangue, significa ser morto como retribuição por ter-se deleitado em derramar sangue (Ap 17.7; Ez 16.38). *e*. A vingança divina é retratada pelo ato de mergulhar os próprios pés no sangue (Sl 58.10; 68.23). *f*. Um homem de sangue é uma pessoa cruel (2Sm 16.7). *g*. O plural, sangues, aponta para homicídios repetidos (Gn 4.10; 2Sm 3.28). *h*. Tirar o sangue da boca e das abominações significa libertar alguém do poder dessas coisas e de sua inclinação para o homicídio. (AM ID S Z.)

SANGUE, VINGADOR DO. Ver *Vingador do Sangue*.

SANGUESSUGA

A palavra hebraica assim traduzida, *aluqah*, que figura exclusivamente em Provérbios 30.15, é de sentido duvidoso, embora muitos estudiosos pensem estar em foco, realmente, a sanguessuga. A raiz da palavra hebraica parece significar *chupadora*. Há um número fantástico deles, ou seja, animais tipo verme, que sugam o sangue dos animais vertebrados. Esses animais formam parte de uma classe especializada de nome científico *Hirudinea ou Annelida*, distinguidos por terem exatamente 34 segmentos nos corpos, dos quais os primeiros cinco ou seis formam a cabeça que chupa, enquanto que os últimos sete formam a cauda que chupa.

As sanguessugas são bastante espalhadas pelo mundo, podendo habitar dentro da água ou em terra úmida. Alimentam-se principalmente de sangue, e chupam tão prodigiosas quantidades, que seus corpos distendem-se quais balões. Embora usualmente agarrem-se à pele da pessoa, há espécies que invadem a garganta ou as passagens nasais. Nesses casos, obtêm acesso quando a pessoa está nadando ou bebendo água. Tanto os homens quanto os animais são atacados pelas sanguessugas. No século XIX, julgava-se que as *sangrias* tinham valor medicinal sendo usadas sanguessugas com essa finalidade, especialmente quando se tratava de remover o sangue de pisaduras e inchaços.

Alguns intérpretes têm pensado estar em destaque alguma espécie de vampiro, naquele trecho do livro de Provérbios; mas, o mais provável é que não seja, visto que esses morcegos confinam-se à América Central e à América do Sul. Mas, naturalmente, é possível que uma espécie desconhecida e atualmente extinta de morcegos esteja em vista, ou que o morcego-vampiro simplesmente desapareceu da Palestina. O mais provável, porém, é que o texto realmente alude a alguma espécie de sanguessuga.

Metaforicamente, a sanguessuga refere-se a algum indivíduo ou a alguma circunstância debilitadora, gananciosa e extremamente egoísta em suas exigências. A referência bíblica em apreço ilustra como os homens anelam por mais e mais; a natureza desfrutiva de indivíduos sanguinários que nunca matam ou aleijam o suficiente; a cobiça humana que jamais se satisfaz; a concupiscência de certas pessoas que sempre desejam mais. Diz aquele versículo: *A sanguessuga tem duas filhas, a saber; Dá, Dá*... Isso cria uma situação cada vez mais premente.

Também há estudiosos que pensam que esse versículo deve ser entendido juntamente com o versículo seguinte, e esses interpretam que as sanguessugas representam a "sepultura", consumidora de vidas. Também há aqueles que opinam que essas sanguessugas seriam demônios, ou a sorte, ou qualquer outra espécie de força destruidora.

SANSANA

No hebraico, **"instrução"**. Mas há estudiosos que preferem o sentido "ramo de tâmara". Aparece exclusivamente em Josué 15.31. Era uma cidade localizada no Neguebe de Judá, cujo sítio é por nós desconhecido. A comparação com outras listas de nomes de localidades tem levado alguns estudiosos a identificá-la com a Hazar-Susa de Josué 19.5, e com a Hazar-Susim de 1Crônicas 4.31, embora não se possa ter certeza quanto a esse particular. Uma possível localização moderna é a *Khirbet esh--Sham-saniyat*, a 24 quilômetros ao norte de Berseba.

SANSÃO

1. Nome. No hebraico, *homem do sol* (*shimshon*, literalmente, "pequeno sol"), mas alguns dão o significado de "distinto" ou "forte".

2. Família. Foi o filho de Manoá, membro da tribo de Dã. Seu nascimento foi previsto por um anjo do Senhor, pois, de forma violenta, ele devia cumprir a missão de aliviar a opressão de Israel pelos filisteus.

3. Observações pessoais. Em Timna, ele se interessou pela filha de um filisteu e com ela casou apesar dos protestos de seus parentes. Quando de sua primeira visita para ver a jovem mulher, um leão o interceptou, mas isso não foi problema, pois aquele gigante não teve nenhum problema para matar o animal. Na festa de casamento, ele propôs uma charada, que fazia parte do entretenimento na ocasião. Prometeu roupas àqueles que conseguissem resolver o quebra-cabeças. Ninguém conseguiu, mas, pressionando a esposa de Sansão, a resposta apareceu. Em uma fúria para conseguir as roupas, ele foi a Asquelom, matou 30 filisteus e levou suas roupas para dar aos falsos solucionadores de charadas. O casamento logo fracassou: sua mulher foi dada a outro e ele voltou à casa de seu pai (Jz 14.1-20). O homem era uma máquina de matar. Para se vingar de sua mulher, seu sogro e os filisteus de modo geral, ele prendeu 300 chacais, amarrou seus rabos e os enviou aos campos, o que destruiu as colheitas. Os filisteus ficaram furiosos e mataram a mulher de Sansão e seu sogro. A máquina de matar respondeu com outro grande massacre de filisteus (Jz 15.1-80).

4. A promessa do *nazireado*, que exigia cabelos longos, sem cortes, existia desde o nascimento de Sansão, mas, ao longo de sua vida, encontramos muitas infrações dessa condição. Ver Números 6.2-21, para detalhes sobre esta promessa. O homem que não cumprisse suas promessas religiosas tinha uma vida cheia de reversões e violência, e acabava morrendo prematuramente, algo muito temido pelos hebreus.

5. Outras vicissitudes. Ou Sansão estava atrás dos filisteus, ou os filisteus estavam atrás dele. *Vingança* é o nome do jogo. Após o incidente dos chacais, seu próprio povo o prendeu (por considerá-lo um encrenqueiro) e o entregou ao seu inimigo. Sansão foi amarrado com duas cordas e imobilizado. Eles concordaram em não matá-lo com as próprias mãos e levaram-no a Leí (Lehi, que significa *queixo*). Ali os filisteus o receberam e pretendiam divertir-se ao torturá-lo e matá-lo. Mas quando Sansão ouviu os gritos de triunfo, sua força repentinamente anormal reapareceu. Ele rompeu as cordas, agarrou o queixo de um asno e imediatamente matou mil filisteus. Acabou-se a história de amarrar o homem com cordas! (Jz 15.9-20).

6. Sentindo-se razoavelmente bem, ele foi a Gaza e ali viu uma linda jovem, uma prostituta, e manteve relações com ela. Os habitantes da cidade fecharam os portões e o confinaram na cidade, planejando matá-lo no dia seguinte. Pela manhã, a máquina de matar deixou a casa onde passara a noite com a mulher e viu os portões trancados. Imediatamente quebrou as travas e levou consigo *toda* a estrutura do portão até o topo de uns morros das redondezas. Acabou-se a história de confinar o homem com portões! (Jz 16.1.3.). Isso ocorreu por volta de 1070 a.C. Meus amigos, estou relatando apenas parte da história, pois contá-la toda seria assustador. O homem andava por aí como Zeus encarnado e fazia o que queria com homens, o que, de modo geral, significava matá-los exatamente como fazia Zeus.

7. A perversa Dalila. O homem que nenhum homem pôde conquistar foi derrubado por uma *mulher*, uma história tão antiga quanto o próprio mundo. Após várias tentativas, aquela temível mulher foi capaz de arrancar de Sansão o "segredo" de sua força. Nenhum homem poderia ser tão forte quanto ele sem algum tipo de segredo. A promessa havia sido feita a *Yahweh*, e seus longos cabelos eram o sinal do pacto. Se seus cabelos fossem cortados, Sansão seria reduzido à normalidade. Os filisteus conseguiram cortar-lhe os cabelos e prendê-lo, depois o cegaram e o forçaram a moer grãos (como um animal) no moinho giratório de uma prisão. Mas seu cabelo voltou a crescer e nenhum filisteu percebeu o perigo que se aproximava. Em uma ocasião especial, para honrar o deus-chefe Dagom, os filisteus trouxeram Sansão para fazer parte da diversão no festival. A festa estava sendo realizada entre dois pilares que sustentavam a casa. Após uma rápida oração a *Yahweh*, Sansão agarrou os pilares, derrubou-os e, com eles, a casa toda, matando a si mesmo e a três mil filisteus. Assim, com sua morte, Sansão matou mais inimigos do que havia matado durante toda a sua vida, o que foi uma realização e tanto (Jz 16).

8. Historicidade. Os críticos consideram essa história um folclore romântico e dramático, um tipo de romance antigo. Outros acham que tudo isso foi verdade, pondo e tirando alguns detalhes. Outros ainda estão certos de que apenas metade da temível história foi contada, pois ela é assustadora demais para ser exposta. De qualquer forma, dizem que o homem "julgou Israel" por vinte anos (Jz 16.28-31), embora a história sobre Sansão nada aponte nessa direção, mais interessada em discursar sobre a incrível máquina de matar. Suponho que Sansão nada tenha feito para julgar. Ele estava ocupado demais entrando e saindo de encrencas.

9. Caráter. Não há muito que falar sobre o "caráter" de um homem como Sansão. Ele era um homem de ação, não de pensamento, exceto quando usou sua inteligência para ajudá-lo a realizar seus planos destrutivos. Por outro lado, Sansão teve vários encontros próximos com *Yahweh*, e o Deus de Israel nunca o desapontou. O segredo de sua força foi a associação com *Yahweh*, não seus cabelos, que eram apenas um símbolo. Sansão foi o nazireado, o homem de extraordinária força sobrenatural, a qual ele recebeu como uma dádiva de Deus para cumprir uma missão específica. Ele cometeu muitos erros e tomou más decisões, mas ainda assim conseguiu realizar o trabalho, e talvez essa seja uma boa descrição da maioria de nós. Sua história é contada em Juízes 13-16. Ele foi o Hércules dos hebreus. Verdadeiramente, como disse Hércules, se pudesse ter encontrado um lugar para se posicionar, ele teria sido capaz de mover o mundo todo.

SANSERAI

No hebraico, a palavra significa *heroico*. Foi o nome do primeiro dos seis filhos de Jeroão, que residiu em Jerusalém em torno de 1100 a.C. (1Cr 8.26).

SANTIDADE

I. OS TERMOS ENVOLVIDOS. O vocábulo hebraico *qodesh* envolve a ideia de separação ou frescor. O termo grego *agiosúne* significa "separação", "santidade". A palavra raiz, *agos*, indica qualquer objeto que merece respeito religioso, que pode ser um sacrifício expiatório, uma maldição, uma poluição, algo que transmite culpa, algo separado para uso e adoração aos deuses. A raiz verbal é *adzomai*, que significa "ter medo", "ter respeito profundo". *Agiótes* é a condição da santidade. Esses são os sentidos básicos. Ver o sumário abaixo:

No Hebraico: *Qodesh*, o substantivo, "separação", "santidade". O verbo, *qadash*, "separar". O adjetivo, *qadosh*, "santo", "sagrado". O verbo *qidash*, "santificar", "separar". As raízes consonantais do substantivo *qdsh* (vocalizadas, como *qodesh*) continuam sendo estudadas pelos especialistas. É palavra cognata de termos que significam "glória", "honra", "abundância" e "peso". No emprego dessa raiz temos a ideia de "separação" para uso santo ou no reconhecimento como sagrado. Em suas várias formas e derivações, essa palavra é usada por mais de 830 vezes no Antigo Testamento, das quais 350 só no Pentateuco, o que ilustra a importância desse conceito para os hebreus. *Qodesh* é palavra usada acerca de Deus, de lugares e de coisas. Deus é santo, um rito levítico é santo, um santuário é um lugar santo. Essas coisas e lugares eram separados para uso divino. Ver os exemplos bíblicos: Êx 3.5 (terra santa); Êx 12.16 (convocação santa); (Êx 15.13 (habitação santa); Êx 16.23 (um descanso santo); Lv 2.3,10 (oferendas santas); Nm 4.4 (coisas santas); 1Sm 2.2 e 6.20 (Deus é santo); Sl 99.9 (o monte santo de Sião).

No Grego: *Ágos* é palavra que indica qualquer objeto ou condição que desperta o respeito e a solenidade religiosos, mas também o temor, uma maldição, um sacrifício etc. *Ágios* era um dos cinco sinônimos para "santo", no grego clássico. Os deuses eram santos, os seus santuários também eram santos. O sentido original está relacionado àquilo que desperta respeito ou temor; mas, no uso diário, a palavra algumas vezes indica coisas que são puras, castas, dedicadas ao serviço divino, coisas dignas de estarem ligadas com Deus. O próprio Deus é santo (Jo 17.11; 1Pe 1.15), tal como os profetas (Lc 1.70; At 3.21; 2Pe 3.2). João Batista figura como um homem santo (Mc 6.20); os apóstolos são santos (Ef 3.6); os crentes são santos (Cl 3.12; 2Tm 1.9). Assim como Deus é santo, assim também devem ser considerados santos a adoração e o serviço que prestamos a ele (1Pe 1.15,16). O termo grego *ágios* é mais ou menos equivalente, no Novo Testamento, ao vocábulo hebraico *qodesh*, conforme também se vê na tradução da Septuaginta.

II. Características da Santidade de Deus. A santidade, em seu sentido mais sublime, é aplicada a Deus. Ela denota os pontos seguintes: **1**. O fato de que Deus está separado da criação, até mesmo daquela porção da mesma que não está maculada com a maldade inerente, como os seres angelicais que não caíram no pecado. Isso é assim porque a santidade consiste também na bondade positiva, e não meramente na ausência do mal. **2**. *Yahweh*, pois, é transcendental, fazendo contraste com os falsos deuses (ver Êx 15.1) e com a criação inteira (ver Is 40.25). **3**. Deus é a essência absoluta da santidade, da bondade e da retidão, sendo ele o alvo de toda a inquirição por santidade, pureza e bem-estar, baseados na retidão. **4**. A santidade de Deus é *perfeita* e inspiradora. (Ver Sl 99.3). **5**. A santidade de Deus fala acerca de sua "excelência moral", bem como do fato de que ele está livre de todas as limitações acerca da excelência moral (ver Hc 1.13). **6**. A santidade incorpora em si mesma todas as excelências morais de Deus, como a sua bondade, o seu amor, a sua longanimidade, sendo a luz solar que abarca todas as cores do espectro, mesclando-se com uma força de poderosa luz. **7**. A santidade de Deus é *incomparável* (ver Êx 15.11 e 1Sm 2.2). **8**. A santidade de Deus é exibida em seu caráter (ver Sl 22.3 e João 17.11), em seu nome (ver Is 57.15), em suas palavras (ver Sl 60.6), em suas obras (ver Sl 145.17) e em seu reino (ver Sl 47.8 e Mt 13.41). Há pureza, justiça e bondade perfeitas em todas essas coisas, tendendo à retidão e ao bem-estar de todos, pois Deus é a fonte de tudo isso. **9**. A santidade de Deus deve ser magnificada (ver Is 6.3 e Ap 4.8). **10**. A santidade de Deus deve ser imitada (ver Lv 11.44; 1Pe 1.15,16). **11**. A santidade de Deus será duplicada nos remidos (ver 1Ts 4.3; Mt 5.48 e Gl 5.22,23). **12**. A santidade de Deus requer um serviço santo (ver Js 24.19 e Sl 93.5).

III. A Santidade do Povo de Deus, Cuja Base É a Salvação

1. A Mensagem Bíblica Fala sobre a Redenção. O pecado é o obstáculo básico à redenção. Deve haver liberação do princípio do pecado, se o homem tiver de ser salvo. Ademais, deve haver a santificação ao Ser divino. Não basta alguém ser impecável. Também deve haver a participação positiva nos atributos divinos e nas qualidades morais. Ver os artigos separados sobre *Santificação* e *Fruto do Espírito*.

2. A Transformação Moral processa-se somente mediante a santificação. A transformação moral é necessária à *transformação metafísica*. Esses são estágios da própria salvação. São elos de ouro da cadeia da redenção que, finalmente, leva a alma salva à *glorificação*. Essa glorificação consiste em um processo eterno, não sendo um único acontecimento que ocorra de uma vez por todas. Ver o artigo sobre a *glorificação*. A glorificação leva-nos a participar da imagem e da natureza de Cristo (Rm 8.29), através do poder do Espírito, o qual nos conduz através de muitos estágios de transformação (2Co 3.18), de modo que participemos de toda a plenitude de Deus (Ef 3.19), ou seja, da própria natureza divina (Cl 2.10; 2Pe 1.4). Essa participação será real, embora finita. Ver o artigo intitulado *Divindade, Participação dos Homens na*.

3. A Base Necessária. Torna-se patente, de imediato, que a santidade é algo supremamente necessário à salvação, e não algo opcional. O trecho de Hebreus 12.14 garante-nos que ninguém verá Deus sem a santificação. Jamais deveríamos conceber a santidade como a mera ausência de pecado. Esse é um *começo* necessário, mas não a própria substância da santidade. Deve haver a participação nas qualidades morais positivas e metafísicas do Ser Divino, para que a verdadeira santidade seja atingida.

4. O Pano de Fundo Veterotestamentário. O povo de Israel deveria santificar-se para o Senhor (Dt 7.6; 14.2,21), tornando-se uma nação santa (Êx 19.6); um povo santo (Is 62.12; 63.18; Dn 12.7); uma raça santa (Ed 9.2; Is 6.13); uma comunidade de santos (Sl 16.3; 34.9); um reino de sacerdotes (Êx 19.6) e uma consagração santa (Nm 16.3). O livro de Levítico servia de uma espécie de código de santidade, com inúmeras leis pessoais, rituais e cerimoniais, com a finalidade de promover e tipificar a santidade. Ver Números 17-26. Ali são tratadas todas as questões de moralidade prática e pessoal, e não apenas questões cerimoniais. Espera-se que o povo de Deus seja honesto (Nm 19.11,36), veraz (19.11), respeitoso aos seus pais (19.3), respeitoso aos idosos (19.32), tratando os servos com justiça e equidade (19.13), amando o próximo (19.33,34), mostrando-se generoso para com os pobres (19.14,32), mostrando-se sexualmente puro (18.1-30; 20.1-21), e evitando as superstições (19.26,31; 20.6,27).

Adzomai, "ter medo", "sentir profundo respeito", embora não apareça no Novo Testamento, ilustra o sentido original básico.

Agiádzo, um verbo, significa separar coisas para propósitos religiosos apropriados (Êx 29.27,37,44) (na Septuaginta). Esse verbo tem o sentido de santificar, consagrar (conforme é comum na Septuaginta e nos escritos de Filo, como em *Leg. All.* 1.18; *Spec. Leg.* 1,67). A ideia de separação para uso divino encontra-se em Mateus 23.18; 1Timóteo 4.5. A consagração, dedicação e santificação de sacrifícios em Hebreus 2.11; 9.13, e a santificação do cônjuge incrédulo pelo cônjuge crente (1Co 7.14), são ideias ilustrativas. Deus consagrou ou santificou o seu Cristo (Jo 10.36), e também os crentes (Jo 17.17; 1Ts.5.13). O nome de Deus precisa ser *tratado* como santo, reconhecido como tal, segundo se vê em Isaías 29.23 e Ezequiel 36.23, na Septuaginta. A ideia de *purificação* também faz parte do significado dessa palavra (ver Nm 6.11, na Septuaginta; Rm 15.16; 1Co 1.2; 1Ts 5.23).

Agíasma aponta para o "santuário" (1Macabeus 1.23 e Testamento de Daniel 5.9).

Agiasmós significa "santidade", "consagração", "santificação". (Ver Rm 6.18,22; 2Ts 2.13; 1Pe 1.2; 1Co 1.30).

Agiosúne também é traduzida por "santidade" e "retidão". É a santificação, em contraste com o ato de santificar (*agiasmós*). Essa palavra acha-se apenas por três vezes no Novo Testamento: em Romanos 1.4 (o espírito de santidade); em 2Coríntios 7.1 (a santidade que os santos devem possuir, no temor a Deus); e em 1Tessalonicenses 3.13 (a santidade que os crentes precisam ter diante de Deus, tornando-se inculpáveis, a fim de poderem enfrentar a segunda vinda de Cristo).

Agiótes indica a santificação como um estado, e não como o processo santificador. Ver Hebreus 12.10.

Osiótes, "santidade", encontra-se somente por duas vezes, em Lucas 1.75 e Efésios 4.24. O significado básico dessa palavra é a observância das leis divinas, da retidão e da piedade.

Ósios indicava algo sancionado ou aprovado pelas *leis da natureza*, ao passo que *díkaios* indicava algo estabelecido pelas *leis humanas*. Originalmente, no grego clássico, o seu sentido cúltico apontava para aquelas coisas que pertenciam aos deuses, ao "sagrado", em contraste com o que é profano. A raiz verbal, *osíoo* (que nunca aparece no Novo Testamento), significa "tornar santo", "purificar", "fazer expiação", e corresponde ao termo latino *expiare*. O vocábulo *ósios* encontra-se por oito vezes no Novo Testamento, sendo usado acerca de Deus, o Santo (At

2.27; 13.35), dos atos de misericórdia (At 13.34), das mãos santas, erguidas em oração (1Tm 2.8); e também é usado acerca de Cristo como o nosso Sumo Sacerdote (Hb 7.26). Cristo era *separado* dos pecadores, conforme aquele versículo esclarece. Ver também o artigo separado sobre a *Piedade*.

5. A Santa Igreja do Novo Testamento. A santidade é salientada por Cristo, o que nos trouxe um código moral superior, como também os meios espirituais através do poder do Espírito, o que nos permite cumprir as exigências da lei. Ele nos trouxe a nova lei, que opera mediante o poder do Espírito (Rm 8.2). A comunidade cristã é o novo Israel (Gl 6.16; Ef 2.12). O trecho de 1Pedro 2.9 destaca a ideia do reino de sacerdotes (Êx 19.6), trazendo-a para o Novo Testamento, e aplicando a questão à igreja. Os crentes devem se separar de todo o mal, tal como sucedia a Israel, não entrando em alianças comprometedoras (2Co 6.14 ss.). Eles devem participar das virtudes morais positivas do próprio Deus (Gl 5.22 ss.). À igreja cumpre ser o veículo das atividades divinas neste mundo (1Co 12.27; Cl 1.18). A igreja é o templo do Espírito Santo (Ef 2.22; 3.5,6; 1Co 3.16 ss.). O próprio templo é a edificação do espírito, sendo equivalente, segundo os termos neotestamentários, à igreja (Ef 2.19-22). A expiação realizada por Cristo, em favor de sua igreja (a Noiva), deve resultar na santidade, e não apenas no perdão dos pecados (Ef 5.25-27; 2Co 11.2). (Ver também Ap 19.7,8; 21.9). Os próprios santos são frequentemente intitulados "santos", o que significa que eles são um povo distinto e separado para Deus. (Ver Rm 1.7; 1Co 1.2; Ef 1.15; Cl 1.12,26; Hb 6.10; Jd 3; Ap 8.3; 16.6 e 19.8).

A associação com Cristo separa os crentes do pecado (1Co 6.19), conferindo-lhes pureza e piedade (Ef 1.4; 5.27), dando-lhes uma chamada santa (Cl 3.12; 2Tm 1.9). Na vida do crente, a santidade torna-se uma realidade mediante a vontade de Deus (1Ts 4.3), estando centrada em Cristo (1Co 1.30), além de ser produzida pelo Espírito (2Ts 2.13), em parceria com a fé (At 26.18; Ef 1.1; 2Ts 1.11; Ap 13.10). O seu objetivo é a glória de Deus, agora e sempre (2Ts 1.10,12). É resultante de estar alguém *em Cristo*, uma expressão usada por Paulo por mais de 160 vezes. Ver sobre o *Cristo-Misticismo*. A união com Cristo deve produzir a santidade, sob pena de nem ter havido tal união (Rm.8.9).

IV. Santidade de Coisas e de Lugares. Momentos específicos de adoração e observância religiosa são santos, como o sábado (Gn 2.3; Êx 16.23). Há também dias santos (Ne 8.11), *santas convocações religiosas* (Êx 12.1-6), nas quais Deus se mostra santo (Dt 26.15,11; 2Cr 30.27; Sl 11.4). A Terra Prometida é santa (Êx 15.13), como também o acampamento de Israel (Lv 10.4), a cidade de Jerusalém (Ne 11.1), Sião (Is 11.9), o tabernáculo e o templo (Êx 38.24; Lv 10.17;18; 1Cr 29.3; Sl 5.6). Além disso, coisas contidas no tabernáculo e no templo eram consideradas santas (Êx 29.38; 30.27; 40.10; 2Cr 29.33; Nm 5.9; Sl 89.20; 1Sm 21.4; 1Rs 7.51).

V. O Filho de Deus é Santo. Cristo é pioneiro no caminho que conduz à salvação (Hb 2.10). Aquele que é santo conduz o seu povo à santidade. Em doze trechos do Novo Testamento, Jesus Cristo é descrito como santo. Em nove dessas vezes, é empregado o termo grego *agios* (Mc 1.24; Lc 1.35; 4.34; Jo 6.69; At 3.14; 4.27,30; 1Jo 2.20; Ap 3.7). Por três vezes é empregado o termo grego *ósios* (At 2.27; 13.5 e Hb 7.26). Cristo foi prometido como o santo filho de Maria, e seria o santo Filho de Deus, irmão mais velho dos outros filhos de Deus (Lc 1.35). Um demônio, em Cafarnaum, reconheceu que Cristo é o Santo de Deus (Mc 1.24; Lc 4.24). Ele é o Santo por meio de quem os crentes são ungidos (1Jo 2.20). Ele é o Senhor das igrejas e também aquele que é santo e verdadeiro (Ap 3.1). Ele foi escolhido para a sua missão messiânica pelo Pai, por causa de sua santidade superior (Hb 1.9). Ele foi tentado, mas não revelou qualquer falha moral (Hb 4.15). Ver o artigo separado sobre a *Impecabilidade de Jesus*. Em nossa própria transformação segundo a sua imagem, a sua santidade vai sendo produzida em nós mediante o poder do Espírito Santo (2Co 3.18).

VI. O Espírito de Deus é Santo. Um adjetivo muito comum, para indicar o Espírito de Deus, é "santo". No Antigo Testamento, esse título ocorre apenas por três vezes (ver Sl 51.11; Is 63.10,11). Porém, no Novo Testamento, a expressão *Espírito Santo* ocorre por mais de noventa vezes. Ver o artigo separado sobre *Espírito de Deus*. Quanto a algumas referências neotestamentárias sobre o Espírito Santo, ver Mateus 3.11 (é ele quem batiza); At 2.4 (é ele quem enche e santifica a igreja); Romanos 5.5 (é ele quem derrama o amor de Deus em nossos corações); 1Coríntios 2.13 (ele é o nosso Mestre); 1Coríntios 3.17 (somos o templo que ele santifica); 2Pedro 2.21 (ele é o inspirador das Santas Escrituras); Judas 20 (ele nos ajuda em oração).

VII. A Suprema Manifestação do Amor é a Santidade. A única virtude ou atributo de Deus que pode tomar o lugar do nome divino é o amor. Ver 1João 4.8. O amor é a prova mesma da espiritualidade de alguém (1Jo 4.7). Essa é a grande prova de que alguém nasceu de Deus.

"A suprema manifestação da santidade é o amor. Vemos, ao mesmo tempo, um elogio ao *agape* cristão e ao delineamento da santidade cristã, no décimo terceiro capítulo de 1Coríntios. Isso teve pleno cumprimento somente no homem Jesus Cristo. No entanto, permanece como critério pelo qual é medido o desenvolvimento do crente na graça. A essência da natureza divina é o amor santo. É nisso, acima de tudo, que assim como ele é, também o somos no mundo (1Jo 4.17)". (Z)

Deus ama, e, por conseguinte, deseja santificar-nos, porquanto, sem a santificação, as aspirações do amor de Deus, no tocante à salvação do homem, jamais se concretizam. O pecado e a imperfeição destroem o plano piloto da salvação do homem. Isso posto, o amor busca e atinge a verdadeira santidade no homem. O amor cultiva a santidade nos crentes.

SANTIDADE, CÓDIGO DA

Ver sobre *J.E.D.P.(S.)* e o artigo geral sobre o *Pentateuco*. O *Código da Santidade* é a alegada fonte literária do Pentateuco, uma parte do material que foi incluído nos cinco primeiros livros da Bíblia, por algum compilador e editor. Refere-se a certa porção do livro de Levítico (capítulos 17 a 26), além de incluir outras passagens, como Êxodo 21.13,14; Levítico 11.43,45 e Números 15.37-41. Conforme afirma essa teoria, tornou-se uma coletânea de leis, e mais tarde foi incorporada no que se denomina Código Sacerdotal. Os eruditos aludem a esse código como "S", de "sacerdotal". Quanto às várias presumíveis fontes de informação do Pentateuco, ver sobre a teoria *J.E.D.S.*, onde cada letra representa um dos quatro supostos documentos originais. O *Código da Santidade* teria sido inspirado pela escola de Ezequiel, advertindo contra as transgressões morais, as corrupções rituais e as influências pagãs, fazendo valer as apropriadas advertências de juízo divino, se o povo de Israel não obedecesse às normas desse código.

SANTIFICAÇÃO. Ver também *Santificar*.

I. Ideias Gerais. O termo grego aqui empregado é *agiasmos*, que significa "consagração", "separação", "santificação". Refere-se ao processo que leva o crente a tornar-se uma pessoa dedicada, santa, baseada em um início implantado quando da conversão, judicialmente reconhecido diante de Deus, mas também concretizado nele, através de sua transformação moral. O alvo final é a perfeita concretização dessa santidade no indivíduo, de modo que a própria santidade de Deus Pai seja plenamente absorvida (ver Mt 5.48 e Rm 3.21). Somente essa forma de santidade é aceitável por Deus; todos os seres que habitam nos lugares celestiais e, portanto, estão próximos de Deus, devem ser santos como Deus é santo. A conversão e a justificação são as sementes da santificação. No artigo sobre *Justificação*, pode-se perceber que a justificação, conforme os termos paulinos, realmente inclui aquele processo que se chama santificação, ainda que os reformadores protestantes, sobretudo Lutero, tenham feito clara distinção entre uma e outra doutrina, provavelmente no zelo em procurar preservar a justificação, isenta de qualquer pensamento de esforço humano. Todavia, essa distinção não é paulina, pois a justificação é para a *vida*, onde há comunicação de vida santa, e não apenas um "decreto forense" de Deus, que declara que o crente está "posicionalmente" perfeito em Cristo. É verdade que essa declaração forense está envolvida, mas está envolvida ainda mais do que isso. Consiste em realmente aperfeiçoar o crente, mediante a influência do Espírito Santo; e isso pode ser chamado de santificação "progressiva" ou "presente".

A linha divisória entre a justificação e a santificação é muito tênue, se é que realmente existe. A justificação, em seu sentido pleno, torna-se real e vital na santificação, que é a operação do Espírito Santo que torna o indivíduo dedicado e santo, e que assim, finalmente, vem a tornar-se tão santo quanto o próprio Deus. (Ver o artigo sobre a *Justificação*.) A "santificação" tem um aspecto passado, obtido quando da conversão; há também a santidade presente (ver Gl 5.22,23), que vai sendo paulatinamente implantada pela ação e poder do Espírito; e há também um aspecto futuro da santificação, quando todo o resquício de pecado será tirado, quando o indivíduo tornar-se finalmente participante das qualidades morais positivas de Deus, e não meramente livre da presença do pecado. E isso significa que o homem tornar-se-á tão santo como Deus, perfeito na bondade, na Justiça e no amor, e esse é o alvo na direção do qual estamos sendo levados pela santificação.

Ora, é a transformação de nossa natureza moral que produz uma transformação correspondente da natureza metafísica, a qual nos tornará participantes da própria natureza e divindade de Cristo (ver Rm 8.29; 2Co 3.18 e 2Pe 1.4), ou seja, da *total plenitude de Deus* (ver Ef 3.19). Esse é o alvo culminante da santificação.

II. ELEMENTOS DA SANTIFICAÇÃO. **1**. Separação do crente para Deus e para o seu serviço (ver Sl 4.3; Cor. 6.17). **2**. Ela é uma realização divina (ver Ez 37.28; 1Ts 2.23 e Jd 1), por meio de Cristo (ver Hb 2.11 e 13.12), e através do Espírito Santo (ver Rm 15.16; 1Co 6.11 e 1Ts 4.8). **3**. Consiste na "comunhão mística com Cristo" (ver 1Co 1.2). **4**. Depende do valor da expiação pelo sangue de Cristo (ver Hb 10.10 e 13;12). **5**. Realiza-se mediante a energia da palavra de Deus (ver Jo 17.17,19 e Ef 5.26). **6**. Cristo é o nosso mais elevado exemplo de santidade, porquanto ele é a nossa santificação (ver 1Co 1.30). **7**. A eleição leva a efeito esse alto objetivo, por meio da santificação, não podendo esse alvo deixar de ser concretizado na vida do crente regenerado, visto que é um dos elos da cadeia de ouro que nos leva à glorificação (ver 2Ts 2.13 e 1Pe 1.2). **8**. A igreja se tornará gloriosa por meio da santificação (ver Ef 5.26,27). **9**. Conduz o crente à presente mortificação da natureza pecaminosa (ver 1Ts 4.3,4). **10**. Conduz o crente àquela santidade no íntimo, sem o que ninguém verá Deus (ver Rm 6.22; Ef 5.7-9 e Hb 12.14). **11**. Torna aceitável para Deus a "oferta" dos santos (ver Rm 15.16). **12**. A vontade de Deus é que os crentes sejam santos (ver 1Ts 4.3). **13**. Também é mediante a santificação que os ministros de Deus são separados para o serviço divino (ver Jr 1.5). **14**. Deveríamos orar insistentemente para que os crentes participem plenamente da santificação (ver 1Ts 5.23). **15**. Sem a santificação ninguém poderá herdar a reino de Deus (ver 1Co 6.9-11).

III. INTEIRA SANTIFICAÇÃO. **1**. Biblicamente falando, isto é declarado impossível para a vida atual. Ver 1João 1.8. **2**. A experiência mostra que declarações de inteira santificação são falsas. **3**. As pessoas que declaram que têm alcançado a "perfeição" sempre reduzem a definição do pecado para ter a capacidade de viver (em algum grau) suas declarações. **4**. A santificação inclui a participação positiva nas virtudes morais de Deus. (Gl 5.22,23). Deste ponto de vista, a santificação deve ser um processo infinito eterno. Ver Efésios 3.19, sobre a nossa participação na plenitude de Deus. A perfeição, atualmente, é o alvo. A perfeição de Deus sempre será o alvo de nosso viver.

Em termos gerais, tudo isso está envolvido no processo de sermos separados ou dedicados para ser santo, para seu uso, para seu serviço, tanto nesta terra como nos céus, tanto no tempo como na eternidade. Deus santifica, Cristo santifica, e o Espírito Santo santifica (conforme declaramos acima), mas o próprio crente também se santifica, cedendo à influência divina e aplicando os meios normais de adoração e purificação, como a oração, o estudo da Palavra e a meditação, além da inquirição pelo Espírito Santo. Esses são "meios" que compete ao crente aplicar a si mesmo, a fim de que o Espírito Santo, por sua vez, opere sua obra santificadora. (Ver os trechos de Lv 11.44, Js 7.13 e 2Co 6.14-18, onde a responsabilidade da santificação é imposta ao homem).

A santificação consiste na *transformação moral* do crente, segundo a imagem de Cristo. Por isso mesmo torna-se necessária a comunhão com ele, para que haja essa realização (ver 1Co 1.4 e 2Co 3.18). As experiências espirituais específicas podem intensificar a busca e fornecer vitórias especiais no terreno da santificação; mas nenhuma experiência poderá entregar tudo para nós. De fato, na qualidade de seres mortais, não somos ainda o tipo de seres que possa ter a santidade em seu sentido mais completo, conforme é explanado acima. É mister que o indivíduo receba a natureza divina e esteja habitando nos lugares celestiais, antes de poder dar os passos gigantescos na direção da perfeição moral, que podemos intitular de "inteira santificação". Trata-se de uma inquirição eterna, e não meramente da terra ou dos céus, como se, por ocasião da partida do crente deste mundo e de sua entrada nos lugares celestiais, tudo pudesse ser atingido automática e repentinamente. Pelo contrário, esse exaltado alvo está sendo atingido; e nisso consiste a própria existência do crente, nisso consiste a própria natureza da vida terrena: tornarmo-nos cada vez mais semelhantes a Deus.

A santificação tem sido reduzida a um "sacramento", porquanto muitos estudiosos supõem que, na igreja Católica Romana, a santificação é conferida através da graça supostamente inerente nos sacramentos. Pelo contrário, a santificação é e sempre será "mística", ou seja, vem através da comunhão mística com o Espírito de Deus, mediante sua presença habitadora contínua. Certamente que isso não envolve um processo legalista. Não pode a santlficação ser atingida mediante a observância consciente de algum código legal.

IV. O ALVO DA SANTIFICAÇÃO. **1**. A santificação tem seus primórdios originários na eleição; e uma vez que se desenvolve em realidade, ela se torna um meio da eleição. **2**. O Espírito Santo é o agente da santificação, pois, afinal de contas, trata-se de uma realização divina. Requer a cooperação humana e isso se concretiza mediante o uso dos meios de desenvolvimento espiritual, como o amor, bem como o emprego dos dons espirituais, no cumprimento de nossas respectivas missões e na santificação. **3**. O alvo é elevadíssimo: antes de mais nada, a própria natureza santa de Deus está sendo implantada em nós (ver Dn 3.21). **4**. A perfeição de Deus é o alvo da santificação (ver Mt 5.48). Chegaremos a participar da natureza do Pai, porquanto somos filhos de Deus e estamos sendo conduzidos à glória (ver Hb 2.10). **5**. A participação na natureza metafísica de Deus é o resultado da inquirição após a perfeição (ver 2Pe 1.4). Isso nos conferirá a plenitude divina (a natureza e os atributos de Deus), conforme se aprende em Efésios 3.19. Essa transformação é levada a efeito em conformidade com a imagem do Filho, o qual é o arquétipo da nossa salvação (ver Cl 2.10 e Rm 8.29).

SANTIFICAR. Ver também *Santificação*.

O termo hebraico *kadash* envolve as ideias de separar, de consagrar, de tornar santo, de mostrar que algo é santo. O vocábulo grego *agiázo* significa "separar" (para algum uso sagrado), "santificar", "dedicar", "reverenciar", "purificar", "tratar como santo". Ver o artigo separado sobre a *Santifcação*. Os sinônimos encontrados na Bíblia, que se referem ao ato de santificar e à santificação, são: consagrar, devotar, dedicar, reverenciar. A ideia de *separação sagrada*, com frequência, faz parte inerente do termo.

Coisas Santificadas:

1. Oferendas. Ofertas especiais de vários tipos eram apresentadas pelos sacerdotes, as quais eram consideradas *santas* (Êx 28.38). Os dízimos eram santificados para uso dos sacerdotes (Nm 18.29). Os indivíduos ritualmente imundos eram separados dos adoradores, visto que não haviam cumprido os requisitos da santificação cerimonial (Lv 22.3).

2. Edifícios. Lugares dedicados à adoração e ao serviço a *Yahweh* eram reputados lugares santos (Lv 16.19). Isso era aplicado até àqueles lugares que eram temporariamente estabelecidos com essa finalidade (1Rs 8.64). O tabernáculo e o templo, com todos os seus imóveis e utensílios, também eram considerados santos (Êx 20.8-11; Ez 20.20).

3. Ocasiões Especiais. Festas e festivais eram períodos separados para a adoração a *Yahweh* (e para a celebração de eventos especiais. Isso incluía o ano do jubileu (vide), celebrado a cada cinquenta anos (Lv 25.10). Ver o artigo separado sobre as *Festas, Festividades Judaicas*. O sétimo dia de cada semana era santificado, dedicado à adoração ao Senhor (Gn 2.3; Ez 20.20).

4. Os Sacerdotes. Aarão e seus filhos foram originalmente consagrados às funções sacerdotais. E então os seus descendentes continuaram a tradição. Ver Êxodo 29. Cristo pôs fim ao antigo tipo de ofício sacerdotal, quando se tornou o nosso grande Sumo Sacerdote (Hb 9.11). Deus consagrava-se por amor ao seu povo (Jo 17.19). Agora, todos os crentes formam uma raça eleita, um sacerdócio real. Deles é requerido que se santifiquem, não menos que os sacerdotes originais (1Pe 2.9).

5. Deus. O nome do Senhor deve ser considerado santo por todo o seu povo (Lv 22.32). Ele não é santificado somente em relação à doutrina, mas, acima de tudo, através dos atos e formas de adoração de seu povo. Jesus declarou, na oração do Pai Nosso: *... santificado seja o teu nome...* (Mt 6.9).

6. Os Crentes do Novo Testamento. Já vimos no quarto ponto, acima, que todos os crentes são sacerdotes, dentro da dispensação do Novo Testamento. O trecho de Romanos 12.1,2 refere-se especificamente à necessidade de o crente viver separado da maneira de viver do mundo, inteiramente dedicado ao Senhor, mediante a renovação de seus hábitos mentais. Ver o artigo geral sobre a *Santificação*. Ver também sobre *Hábito*.

SANTO DE ISRAEL. Ver sobre *Deus, Nomes Bíblicos de*.

SANTO DOS SANTOS. Ver *Lugar Mais Santo*.

Ver os artigos gerais sobre o *Tabernáculo* e o *Templo*. O Santo dos Santos (em hebraico, *Kodesh ha Kodashim*) era a porção mais sagrada do tabernáculo e do templo. No tabernáculo, simplesmente fazia parte do mesmo, como uma repartição separada por cortinas. No templo de Jerusalém, porém, era uma construção mais substancial. Era ali que o sumo sacerdote realizava os ritos do dia da Expiação (vide). Só se podia chegar ao Santo dos Santos passando-se primeiro pelo Lugar Santo, atravessando a divisória de cortinas. Contudo, só o sumo sacerdote tinha o direito de fazê-lo, e isso somente uma vez por ano. Isso representava o fato de que o acesso até Deus fazia-se somente por fases. De acordo com a economia do Novo Testamento, o próprio crente torna-se o templo e o Santo dos Santos, onde reside continuamente o Espírito (1Co 3.16 e ss.).

A visita do sumo sacerdote ao Santo dos Santos fazia-se apenas uma vez por ano, um violento contraste com a contínua presença habitadora do Espírito no crente. Aparentemente, o Santo dos Santos era mantido completamente às escuras (1Rs 8.12), o que servia para envolver o lugar em um mistério ainda maior, onde se esperava sentir a assombrosa presença de Deus. Seus móveis consistiam na arca da aliança, sombreada pelos querubins por cima do propiciatório, que, na verdade, era uma espécie de tampa sólida da arca da aliança.

O trecho de Hebreus 9.4 diz que o Santo dos Santos *tinha*, como um dos seus itens, o incensário de ouro, o que não é historicamente verdadeiro, até onde sabemos, no tocante a qualquer das épocas da história de Israel. Alguns intérpretes supõem que o autor sagrado equivocou-se; mas outros pensam que a palavra "tinha" significa "pertencente a", embora sem deixar entendido que esse objeto ficava dentro do ambiente fechado do Santo dos Santos. Na verdade, não há nenhuma boa maneira de solucionarmos o problema, e nem é importante resolvê-lo.

No tabernáculo original, o Santo dos Santos ficava localizado no fim do ambiente fechado, penetrando na área do Lugar Santo. Cinco colunas formavam a entrada, e, perante elas, ficava o véu. O santuário mais interno, o Santo dos Santos, tinha cerca de dezoito metros de lado; era quadrado. Continha somente a arca da aliança, a tampa (que era chamada de propiciatório) sobre a qual eram feitas as ofertas do dia da Expiação. A própria arca continha os itens mencionados e descritos em Hebreus 9.4. Esse lugar simbolizava o acesso final a Deus. No Novo Testamento, Cristo substituiu esse lugar. Afinal, o acesso é espiritual, e não local. Quando somos feitos filhos de Deus, moldados segundo a imagem do Filho, nós mesmos somos transformados e adquirimos acesso a Deus, na qualidade de *filhos*. As passagens de Hebreus 4.14; 6.20; 9.8 e 10.9 descrevem o acesso espiritual de que desfrutamos. Ver o artigo sobre *Acesso*. O Santo dos Santos representava a salvação final que nos é oferecida, vinculada à ideia de *acesso* a Deus.

As dimensões exatas do Santo dos Santos, no templo de Salomão, aparecem em 1Reis 6.

SANTOS

I. Termos

Hebraico: **1.** *chasid* (*hasid*), piedoso, justo. (Alguns exemplos: 1Sm 2.9; 2Cr 5.41; Sl 30.4; 31.23; Pv 2.8). **2.** *qadosh*, pessoa santa, consagrada ao serviço de Deus: os sacerdotes (Sl 106.16); o primogênito (Êx 12.2; 7.1); anjos (Dt 33.2, 3). **3.** *qaddish*, separado (Dn 4.8, 9; 7.18-27). **Grego**: **4.** *agios* (no Novo Testamento), separado, santificado, piedoso mais de 200 vezes. (Exemplos: Mt 1.18; Ap 22.21).

II. Comentários sobre Termos Específicos. Acima de tudo, *Yahweh* é *sagrado* (do hebraico, *Qadosh*, Lv 11.44), por consequência seu povo também é sagrado, pois, seguindo seu exemplo, é transformado moral e espiritualmente e assume um grau de santidade divina. O mesmo termo é usado para os anjos e para os lugares sagrados onde eram praticados cultos a *Yahweh*. O ugarítico usa uma palavra cognata para referir-se à santidade dos deuses e santuários nos diversos cultos dos cananeus. (Cf. Dt 23.18). *Qaddish* deriva da mesma raiz que *qadosh* e tem as mesmas aplicações. *Chasid* tem um forte tom moral e lembra-nos das expectativas divinas em relação aos homens. Este termo se relaciona a questões de misericórdia e bondade, não meramente à retidão moral. A palavra é muito usada nos salmos e na época dos macabeus, em referência à seita de pessoas alegadamente piedosas que foram os antecessores da posterior seita dos *fariseus*.

III. No Novo Testamento. A palavra grega *agios* significa separado, piedoso, moral e eticamente correto, uma pessoa favorecida por Deus por causa de sua participação na santidade divina, através da missão de Cristo e no ministério do Espírito Santo, cujo objetivo é transformar os homens na imagem do Filho (Rm 8.29; 2Co 3.18). Sem tal transformação, a salvação é impossível. (Ver Hb 12.14).

O nome mais comum no Novo Testamento para o crente é "santo". (Alguns exemplos são: Atos 9.13; 32; 26.10; Rm 8.27; 12.13; 15, 25, 26; Fp 4.21; Ef 4.12; 5.3). Não há evidências no Novo Testamento de que apenas os "bons crentes", ou só aqueles que demonstraram dádivas ou realizações, podem ser chamados assim.

IV. Usos pelas igrejas Católica, Ortodoxa e Mórmon. Na igreja Católica Romana, bem como nas igrejas Ortodoxas, pessoas incomuns, que demonstraram santidade de vida e poder para fazer milagres, são canonizadas e transformadas em um grupo de almas especiais vistas como dotadas de poderes e qualidades virtualmente semelhantes às de deuses. A *canonização* é o nome dado ao decreto que inclui uma pessoa no catálogo ou cânon *dos santos*, os quais são recomendados à veneração dos fiéis. Para tanto, a pessoa precisa ser *beatificada* e ter pelo menos dois de seus milagres confirmados através de investigação. Nenhuma pessoa viva pode ser canonizada. A doutrina desses tipos de "santos" é muito complexa e levou muitos séculos para ser desenvolvida.

A igreja de Jesus Cristo dos Santos dos Últimos Dias retornou aos ensinamentos do Novo Testamento ao empregar com força o termo "santos" aos seus fiéis. Alguns fanáticos chegam a chamar outros cristãos de "gentios", para fazer a distinção radical entre os seus *santos* e as outras pessoas que se autodenominam cristãos. Além disso, esses "santos" são dos últimos dias, pois essa igreja acredita ainda que o Milênio não está longe e que vivemos no fechamento da época final antes de ocorrer a grande intervenção divina.

V. Negligência Protestante. Os protestantes e os evangélicos estão muito cientes de sua característica "não muito sagrada" e envergonham-se de chamar a si mesmos de "santos". Além disso, não creem na doutrina que torna de alguns fiéis "superiores", assumindo grandes poderes acima dos outros. Embora isso sem dúvida seja verdadeiro, eles não acreditam em nenhuma *classe oficial* dessa natureza, em contraste com outros.

VI. Lição Moral. *Segui... a santificação, sem a qual ninguém verá o Senhor* (Hb 12.14). Um elemento necessário da própria salvação é a santificação. O título "santo" mantém esse fato diante do crente. Além disso, na vida diária de santidade opera a lei do amor, e essa é a principal lei da espiritualidade (1Jo 4.7). Ver os artigos *Santificação; Salvação* e *Amor*.

SAQUIAS

Nome de um homem que foi o sexto filho de Saaraim e de sua terceira mulher, Hodes. Era descendente de Benjamim. (Ver 1Cr 8.10).

SARAFE

No hebraico, **"queimadura"**. Seu nome figura exclusivamente em 1Crônicas 4.22. Foi um descendente de Judá, por meio de Selá. Por algum tempo ele governou em Moabe. Depois, porém, retornou a Leém. Sobre este lugar coisa alguma se sabe. O texto hebraico que cerca essa crônica é extremamente difícil de acompanhar.

SARAI

No hebraico, **"Yahweh é libertador"**. Um israelita que se casara com uma mulher estrangeira, na época de Esdras (Ed 10.40). Seu nome não aparece no trecho paralelo de 1Esdras 9.34.

SARAI, SARA

1. Nome. A palavra hebraica quer dizer **"princesa"** ou *mandatária*. Seu nome original era *Sarai*, que significa "*Yahweh* é príncipe". O nome foi alterado na mesma época em que o de Abrão foi mudado para *Abraão* (ver), quando do estabelecimento da circuncisão como sinal do Pacto Abraâmico (ver sobre *Pactos*). Ver os comentários de Gênesis 15.18 no *Antigo Testamento Interpretado*.

2. Família. Não temos muitas informações sobre esse tópico, exceto em Gênesis 20.12, onde Abraão fala de Sara como sua "irmã, a filha de meu pai, mas não a filha de minha mãe". Alguns interpretam este termo de forma liberal, querendo dizer sobrinha, sendo que Hara era presumivelmente seu pai, meio-irmão de Abraão. Não há como testar esta teoria. Sabemos que os antigos no Oriente casavam até mesmo com irmãs, prática que mais tarde a legislação mosaica proibiu, considerando-a incestuosa (ver Lv 18.9).

3. História pessoal. A história de Sara, logicamente, é um paralelo rígido à história de Abraão, seu marido. Para maiores detalhes, ver o artigo sobre ele. Sara o acompanhou de Ur a Canaã (Gn 11.31), e então a Hara e Canaã (Gn 12.5). O faraó (aparentemente da 12ª dinastia do Reino Médio, cerca de 2000-1775 a.C.) ficou maravilhado com sua beleza e a tomou por mulher. Ela tinha cerca de 65 anos naquela época, portanto podemos dizer apenas que era uma mulher de uma espécie diferente, ou que algum tipo de poder divino a conservou jovem. Mas o faraó nada conseguiu com essa medida, além de problemas, e logo devolveu a mulher a Abraão, reprovando-o por sua inverdade, que a havia a representado como sua "irmã" (apenas uma meia-verdade) (Gn 12.10-20).

Como Sara não tinha filhos, empregou uma antiga forma de tê-los ao dar a Abraão Hagar para que ela tivesse filhos com ele. Ismael resultou desse relacionamento e tornou-se objeto de ciúme insano, uma vez que nasceu Isaque, filho de Sara (Gn 16.1-16). Sara forçou Abraão a exilar Hagar e seu filho, e aí começou o problema judaico com os árabes. Maomé declarava ser descendente direto de Ismael e ele pode até ter estado certo sobre isso.

Após a destruição de Sodoma e Gomorra, Abraão foi ao sul e radicou-se em Gerar. O rei filisteu, Abimeleque, repetiu a façanha do faraó e levou Sara a seu harém. Abraão manteve o ato de "ela é minha irmã", provavelmente temendo por sua vida caso contrariasse ao rei. O "nobre filisteu", contudo, avisado em um sonho atribuído a *Yahweh*, devolveu-lhe a mulher (Gn 20.1-18).

Veio então o milagroso nascimento de Isaque, aquele que iria continuar a linhagem de Abraão. Ver o livro de Gênesis. O Messias, é claro, estava nesta linhagem (Mt 1.2). Embora com idades muito adiantadas, Abraão e Sara foram capazes de reproduzir como diz Paulo em Romanos 4.19.

Sara morreu cerca de 37 anos após o nascimento de Isaque, aos 127 anos de idade. Isto ocorreu em Hebrom. Ela foi enterrada na caverna em Macpela, que hoje está nas mãos dos árabes! Portanto, de uma forma limitada, Ismael acabou vencendo no final.

Sara foi, de muitas formas, uma mulher típica, uma grande ajudadora ao marido, mas seus exagerados ciúmes que fizeram com que ela cometesse sérios erros humanitários. Além disso, embora em posição secundária, obedecendo (de modo geral) a seu marido (o que 1Pe 3.6 elogia), ela encontrou maneiras (nem sempre adequadas) de ver cumpridos seus próprios desejos. A lei do amor às vezes era ignorada, o que é verdadeiro para ela e todos nós que continuamos a deixar de cumprir as leis espirituais.

SARAIVA

No hebraico, *barad*, um vocábulo que figura no Antigo Testamento por 28 vezes (uma vez como verbo, a saber: Êx 9.18,19,22-26,28,29,33,34; 10.5,12,15; Jó 38.22; Sl 18.12,13; 78.47,48; 105.32; 148.8; Is 28.2,17; Ag 2.17 e Is 32.19) (esta última ocorrência como verbo).

A saraiva consiste em chuva congelada ou vapor congelado, que cai em forma de pedrinhas, durante as tempestades.

Ocasionalmente, esses pedaços de gelo atingem considerável peso e tamanho, quando então ocorrem grandes destruições. Se as partículas são pequenas, então o nome dado é granizo. A saraiva começa como pequenas partículas de gelo duro ou fofo. Fortes correntes ascendentes de ar, com velocidades de até 160 km por hora, sustentam o gelo a flutuar. Essas partículas sobem e descem, formando camadas mais pesadas, ao mesmo tempo em que as partículas vão crescendo de volume, até que o vento não mais é capaz de sustentá-las flutuando, e caem. Usualmente essas partículas são arredondadas, embora, outras vezes, tenham formato irregular. A saraiva, geralmente, acompanha tempestades com fortes vendavais, o que aumenta a sua força de destruição. Outras vezes, as saraivas acompanham os tornados. Os relatos sobre o tamanho das pedras de gelo, das saraivadas, com frequência são exagerados; mas têm-se visto pedras de gelo até do tamanho da mão fechada de um homem.

A Saraiva e a Bíblia. A saraiva é uma das armas naturais de Deus. Israel obteve uma de suas vitórias, sobre um exército cananeu, mediante a ajuda de uma saraivada (Js 10.11), e os israelitas deram o crédito da vitória à intervenção divina, de que tanto precisavam. Uma das pragas do Egito foi uma saraivada com grandes pedras de gelo (Êx 9.24). Na Palestina, a saraiva é comum, e, usualmente, ocorre de mistura com grandes chuvas. (Ver Sl 18.12,13; 78.48; 105.32. Os trechos de Isaías 28.2,17; Ez 38.22; Hc 2.17; Ap 8.7,11; 11.19; 16.21) mencionam a saraiva como uma das maneiras de Deus punir aos ímpios. Portanto, pode-se dizer que a saraiva é um símbolo da vingança divina. As passagens no Novo Testamento onde ocorre a palavra "saraiva" (no grego, *chálaza*), são: (Ap 8.7; 11.19; 16.21). No Antigo Testamento também encontramos a palavra hebraica *ebenbarad*, "pedra de saraiva", em Josué 10.11; Isaías 30.30.

SARÇA ARDENTE

Chamas de uma sarça que ardia (Êx 3.2; At 7.30). Tratar-se-ia da acácia espinhenta, vegetal que caracterizava aquela região. As chamas, neste caso, mui provavelmente faziam parte visual da visão, sendo alguma forma de energia que se tornara visível, para dar a aparência de fogo, assim atraindo a atenção de Moisés, a fim de que apreciasse melhor o fenômeno. Esse tipo de acontecimento é comum nas experiências místicas, porquanto os homens exigem alguma espécie de manifestação visual para que obtenham entendimento, mas isso não significa que o objeto contemplado é realmente o que parece ser, pois usualmente não é assim. Não obstante, trata-se de um fenômeno real, sem importar qual a natureza exata da energia que se manifesta nessas oportunidades.

Qual o significado da *sarça ardente*? Muitos sentidos alegóricos têm sido vinculados à sarça ardente, nos escritos judaicos de natureza religiosa, a saber: **1**. Seria a representação das nações do mundo. A chama seria Israel. A sarça e a chama existiam juntas. A chama não podia ser extinta pela sarça, mas a chama também não podia consumir a sarça. Assim sendo, a chama representaria a nação de Israel possuidora da lei, a palavra de Deus. **2**. A sarça ardente talvez representasse a angústia de Israel, escravizada em uma terra estrangeira. **3**. *Filo*, filósofo judeu neoplatônico, dizia que a sarça simbolizava a oprimida nação de Israel, ao passo que *a* chama seria o opressor. (Ver *De Vita Mosis*, 1.1). Com isso concordam diversos outros escritores judeus. A chama não podia consumir a sarça. Brown em Atos 7.20, juntamente com outros intérpretes bíblicos, aplica a mesma ideia às perseguições movidas contra a igreja cristã, porquanto, embora moribunda, ela continua sobrevivendo. (Ver 2Co 4.9 e 6.9). **4**. Posto que não nos informam as Escrituras qual o simbolismo dessa sarça ardente, todas as ideias acima descritas não passam de tentativas. As ideias expressas ali são verídicas, sem importar se a sarça ardente tem ou não tal representação simbólica. É bem possível, todavia, que a sarça ardente tivesse apenas a finalidade de chamar a atenção de Moisés, preparando-o para receber a mensagem do Anjo do Senhor. **5**. Referências Bíblicas (Êx 3.2; Dt 33.16; Is 55.13; Mc 12.36; Lc 20.37; At 7.30).

SARDES

No grego é *sardeis*. Nome de uma cidade que pertenceu aos meônios e que veio a ser capital da Lídia. Estava situada ao pé do monte Tmolo, e nas margens do rio Pactolos, tributário do rio Hermo. A maior parte da cidade ocupava uma planície pantanosa, mas a cidade ficava sobre um outeiro de uma região muito fértil. Um dos seus reis chamava-se Creso, famoso pelas suas imensas riquezas. No ano 546 a.C. foi tomada por Ciro, o Grande, que fez dela a sede de uma satrapia. O incêndio de Sardes pelos atenienses em 499 a.C. provocou a invasão da Grécia pelos persas, nos reinados de Dario e Xerxes. No ano 334 a.C., entregou-se a Alexandre, o Grande, depois da vitória de Granico. Em 214 a.C., Antíoco, o Grande, a tomou, e a perdeu depois de vigorosa resistência no ano 190 a.C. após a derrota que os romanos lhe infligiram em Magnésia. Fez parte do reino de Pérgamo, porém, no ano 129 a.C. organizada que foi a província da Ásia, a cidade de Sardes ficou dentro de seus limites. Havia nela uma colônia de judeus, Antig. 14.10,24. O livro de Apocalipse menciona a existência de uma igreja nessa cidade (Ap 1.11; 3.1,4). Sardes existe atualmente; é uma pequena cidade ao lado do grande sítio arqueológico deixado pela glória da antiga cidade. Há nas suas vizinhanças magníficas ruínas de um templo que parece pertencer ao período em que era a capital da Lídia, e bem assim as ruínas de um estádio, de um teatro e de igrejas. A cidadela está destruída em parte, talvez por causa de alguns dos terremotos muito frequentes nessa região.

TEMPLO DE ARTEMIS

SÁRDIO

No hebraico, *odem*; no grego, *sárdion*. (No Antigo Testamento figura em Êx 28.17; 39.10 e Ez 28.13). No Novo Testamento em Apocalipse 4.3 e 21.20.

Trata-se de uma variedade translúcida de sílica (dióxido de sílica), muito fina. Torna-se marrom ou marrom laranja mediante luz refletida, mas vermelho profundo, mediante luz transmitida. Trata-se de uma subvariedade da calcedônia. É uma pedra semipreciosa (Êx 28.17). Na visão de João sobre a nova Jerusalém, essa pedra decorava o sexto fundamento de suas muralhas (Ap 21.20).

SAREA

Sentido desconhecido. Era um dos cinco escribas que escreviam rapidamente, postos a serviço de Esdras (ver 2Esdras 14.24). O nome Sarea aparece na Vulgata Latina, pois o texto grego envolve um hiato, nesse ponto.

SAREÁ

Um dos cinco escribas que escreviam rapidamente a serviço de Esdras (2Ed 14.24). Entretanto, o nome aparece na Vulgata Latina, pois tal nome não aparece no texto grego desse livro apócrifo.

SAREPTA

Em algumas traduções, esse nome também aparece grafado como Zarepta. Houve uma cidade com esse nome, onde Elias residiu durante a última porção da famosa seca de três anos e meio (ver 1Rs 17.9,10). A própria Bíblia, porém, não nos fornece informações suficientes sobre o lugar, permitindo-nos determinar melhor a sua localização, mas parece ter sido perto de Sidom (e talvez dependente dela). De fato, Josefo (ver Anti, 8.13,2) afiança-nos que Sarepta não ficava distante de Tiro e Sidom, entre as duas cidades. Ao que parece, ficava localizada à beira-mar, ao norte de Tiro. Em sua obra, *Onom.*, Jerônimo acrescenta a informação de que ela ficava na principal estrada da região. Com base nesses poucos detalhes, alguns têm-na identificado modernamente com Sarafend. Várias antigas ruínas têm sido localizadas ali, como alicerces de edifícios, colunas, lajes etc. Lucas (4.26) apresenta a forma grega do nome, *Sarepta*. Sarepta, cidade originalmente fenícia, a princípio pertencia a Sidom; mas, após 722 a.C., ela passou para a órbita de Tiro, quando as duas cidades entraram em conflito, e esta última saiu-se vitoriosa. Senaqueribe, da Assíria, incluiu a cidade na relação de lugares que ele capturara, ao invadir a Fenícia, em 701 a.C. Obadias (vs.20) profetizou que, no dia do Senhor, os habitantes de Israel, que haviam sido deportados pelo rei Sargão, da Assíria, após a queda de Samaria, possuiriam a Fenícia até Sarepta.

SAREZER

No hebraico, **"príncipe"**, ou, como muitos dizem, no acádico **"proteger o rei"**. **1**. Um dos dois filhos de Senaqueribe, da Assíria, que assassinou seu pai enquanto ele adorava no templo de Nisroque, em Nínive, no século VII a.C. (2Rs 19.37; Is 37.38). Após o assassinato, o homem foi forçado a entrar no exílio em Ararate. O outro participante no assassinato foi Adrameleque. **2**. Um dos dois líderes de uma delegação de Judá que foi perguntar ao profeta Zacarias se o povo ainda estava sob a obrigação de celebrar o aniversário da destruição do Templo de Salomão, embora o segundo templo já o tivesse substituído, em cerca de 500 a.C. (Ver Zc 7.2).

SARGÃO

1. Nome e família. Está em pauta aqui Sargão II, que se envolveu na destruição de Samaria, a capital do reino do norte, e no subsequente cativeiro. Seu nome em acádico significa "o rei é legítimo". Ele foi sucessor de Salmaneser V (ver) e pai de Senaqueribe. Filho de Tiglate-Pileser III, ele começou a reinar no mesmo ano da morte de Salmaneser (722 a.C.) e governou a Assíria até 705 a.C. Seu nome aparece na Bíblia apenas em Isaías 20.1.

2. O fim do reino do norte. Isto ocorreu em 722 a.C., com a queda da *Samaria* (ver). A destruição da cidade foi seguida pelo *Cativeiro Assírio* (ver), no qual grande parte dos habitantes da cidade (bem como do resto do país) foi levada a várias regiões do império assírio. Eles nunca voltaram, embora a Samaria tivesse continuado nos períodos persa, grego e romano como uma província dos respectivos poderes. As pessoas que ficaram na terra misturaram-se com as que foram enviadas para ocupá-la, e da combinação hebraico-pagã nasceram os *samaritanos* (ver).

3. Estados Subordinados. Judá e outros reinos vizinhos continuaram como estados subordinados e pagavam tributos à Assíria. Em 711 a.C., Sargão enviou um exército para eliminar uma revolta em Asdode da qual participou Judá.

4. Rebelião na Babilônia. O príncipe do local, chamado de marduk-apal-idina, o Merdaque-Baladã da Bíblia, liderou uma rebelião bem-sucedida que permitiu à Babilônia ser independente durante doze anos. Após esse período, Sargão conseguiu reconquistar o domínio, que veio em 711 a.C. A Babilônia, é claro, substituiu a Assíria como o próximo poder mundial, quando a maré do curso da história reverteu a cena.

5. Sargão, um dos maiores soldados que já viveu, continuou com suas campanhas militares que mantiveram a Assíria no topo dos poderes mundiais. Midas, o rei dos musqui frígios, na Ásia Menor, era um inimigo louvável que finalmente foi eliminado. O estado subordinado da Carquêmia da Síria também se havia rebelado contra o poder Assírio, o que forçou Sargão a destruir o local, que era um antigo centro da cultura hitita. Urartu foi outra de suas vítimas. Os bárbaros poderes indoarianos também sentiram o ardor de seu chicote. Essas pessoas eram chamadas de *cimérios*.

6. Calmaria. Depois de 720 a.C., Sargão deixou a Palestina em paz, provavelmente por causa de sua temível reputação ter-se espalhado e de as pessoas temerem promover rebeliões. Mas até 713 a.C., Asdode rebelou-se e Judá, Edom e Moabe estavam envolvidos na disputa. O auxílio egípcio foi prometido, mas não se materializou de forma satisfatória. Ver Isaías 18 e 20. A revolta terminou em desastre, e Sargão pôde dedicar seu tempo à preparação da reconquista da Babilônia.

7. Os registros assírios dos últimos anos de Sargão são escassos. Aparentemente, ele foi assassinado em 704 a.C. e sucedido por seu filho Senaqueribe (2Rs 17; Is 20.1). Sargão II também foi um construtor, como demonstra abundantemente a arqueologia. Sua capital militar era Cala (Kalhu ou Nimrude). Além de outros trabalhos públicos, ele renovou e embelezou o palácio de Assurbanipal. Depois ergueu seu próprio palácio magnificente em uma nova cidade que ele mesmo construiu. Essa cidade recebeu seu nome, *Dur-Sharrukin*, que significa *Sargonsburg*. O local foi escavado pela primeira vez em 1845 e então depois mais uma vez pelo Instituto Oriental da Universidade de Chicago. Sargão construiu uma grande biblioteca para abrigar milhares de tabletes cuneiformes localizada em Nínive. Essa biblioteca foi amplamente escavada pelos arqueólogos. Parece que a linda cidade de Sargão não foi muito usada após sua morte, já que seus sucessores deram preferência a Nínive e a Corsaeade como capitais. Talvez fosse correto dizer que, por causa de sua breve vida, Dur-Sharrukin foi uma falha magnificente.

SARGOM. Ver sobre *Sargão*.

SARIDE

No hebraico, *refúgio*, embora alguns traduzam como "sobrevivente", uma importante cidade do território de Zebulom, aparentemente localizada na fronteira sul (Js 19.10). Tell Shaddua marca o local antigo. A cidade ficava ao sudoeste de Nazaré e ao norte da planície de Esdrelom, entre duas montanhas íngremes de onde emergia um *wadi*.

SAROM

No hebraico, *planície* (1Cr 5.16; Is 33.9; 35.2; 65.10; Ct 2.1).

1. Um rico pedaço de terra entre as montanhas centrais e o Mediterrâneo era assim chamado. Essa terra estendia-se de Jopa (Jafa) em direção ao monte Carmelo, no norte. A terra era proverbialmente fértil e um local no qual havia uma exibição maravilhosa e variada de flores (Is 35.2; Ct 2.1). Tinha 9 a 18 km de largura e cerca de 80 km de comprimento, e bom abastecimento de água com riachos e lençóis subterrâneos. Em tempos antigos, a cidade mais importante era Dor (Js 11.2; 12.23; 1Rs 4.11), que por muito tempo resistiu à dominação de Israel na região. Jope era outra cidade importante deste território, que havia sido fortificado no passado

SARONITA

pelo faraó Tutmes III (1490-1435 a.C.). A planície foi tentativamente dada a Dã, mas não foi de fato plenamente ocupada e controlada até a época de Davi, que consolidou e unificou Israel, derrotando as sete pequenas nações para realizar tal propósito: (2Sm 5.17-25; 8.10; 21.15-22; 1Cr 18.1). Quando os romanos dominaram, toda a província da Judeia foi construída por Augustus, e a Cesareia, no meio do caminho ao longo da costa de Sharon, foi transformada em um importante porto, de fato, um dos mais importantes da época, juntamente com a costa do Mediterrâneo. A província também era um importante centro da igreja cristã primitiva (At 10.1, 24; 11.11; 18.22; 21.8; 23.23, 35; 25.13). Em todos os tempos antigos, representava uma rota favorita das caravanas. Na Palestina moderna, esta planície, que continua fértil e florida, transformou-se em importante centro para as fazendas de frutas cítricas e o endereço de várias cidades prósperas. **2.** Outro local que tem este nome é mencionado em Josué 12.18. Aparentemente Jerônimo e Eusébio fizeram referência ao local quando falavam de uma cidade localizada entre o monte Tabor e Tiberíades. **3.** Também se associa o nome a um distrito de terras de pastoreio a leste da Jordânia (1Cr 5.16, Transjordânia). Ele pertencia à tribo de Gade, juntamente com Gileade e Basã, mas o local exato da cidade continua em dúvida, e o uso do nome Sarom aqui pode ser uma corrupção de *Siriom*, que era a terra de pastoreio de Hermom.

SARONITA

O *Sitrai* de 1Crônicas 27.29 era assim chamado por ser desse local. Ele foi o principal pastor de Davi que realizou sua profissão na planície de Sarom.

SAROTIE

O chefe de uma família de descendentes de escravos do templo na época de Salomão. Após terminar o cativeiro, ele e sua pequena família, sobreviventes do ataque babilônico, retornaram para ajudar a reconstruir Jerusalém (Ed 2.57; Ne 7.59; 1Esdras 5.34). O nome não é listado em Esdras e Neemias, embora outros nomes associados ali apareçam.

SARSEQUIM

No hebraico, **"chefe dos eunucos"**. Nome ou título de um príncipe babilônico, presente quando da conquista de Jerusalém por Nabucodonosor (Jr 39.3). As versões grafam a palavra de vários modos: "Nabousachar", "Nabousaraque" e "Sarsacheim", mostrando que o texto está corrompido. Também pode ser uma corrupção de Nebuzaradã (no vs. 13). Se o trecho de Jeremias 39.3 indica três nomes, e não quatro, então teríamos de compreendê-lo como "Nebo-Sarsequim, o Rabe-Saris". Neste caso "Nebo-Sarsequim" seria o nome deste príncipe, ao passo que "Rabe-Saris" seria o seu título honorífico. Ver Sangar *Nebo*.

SARUÉM

No hebraico, **habitação de graça**. Este local foi dado pela primeira vez à tribo de Judá e depois passado a Simeão (Js 19.6). Localizava-se no Neguebe, isto é, "país do sul". Em Josué 15.32 é chamado de *Silim*, e em 1Crônicas 4.31, de *Saaraim*. E, sem dúvida, é o Srhon dos textos egípcios. *Tell el-Far'ah* aparentemente marca o antigo local, que fica a pequena distância de Laquis (*Tell ed-Duweir*). Uma das principais rotas de caravanas passava por ali, estendendo-se do Egito à Palestina. A arqueologia descobriu ruínas e artefatos do período hicsco do Egito, além de fortificações posteriores dos egípcios e dos romanos. Muito material vem da época dos hicscos, o que fez arqueólogos e historiadores supor que Saruem represente *Tell el-Far'ah* em vez de possibilidades alternativas. O local é um pequeno morro que surge acima do deserto circundante e descansa a noroeste de Berseba.

SASAI

No hebraico, **"nobre"**. Era filho de Bani, que se casara com uma mulher estrangeira, durante o período do exílio babilônico (Ed 10.40 e 1Esdras 9.34). Viveu por volta de 445 a.C.

SASAQUE

No hebraico, **"assaltante"** ou **"corredor"**. Foi um benjamita, filho de Elpaal, homem que teve um total de onze filhos. Ver 1Crônicas 8.14,25. Viveu por volta de 1400 a .C.

SATANÁS

I. O NOME. Satanás. Uma palavra hebraica que significa *adversário*. Também é chamado pelo nome de "diabo", que significa "acusador" ou *caluniador*, e também Belzebu ou Baalzebu, que significa *senhor das moscas*, uma referência ao deus de Ecrom (ver 2Rs 1.1-6,16). Alguns acreditam que o nome "Belzebu" pode ser uma alteração hebraica do nome cananeu "Baalzebu" *senhor dos lugares altos*. O NT aplica o termo ao "príncipe" ou chefe dos demônios (Ver Mt 12.24-29). A passagem de Isaías 14.12 intitula Satanás de *Lúcifer*, isto é, "estrela do dia", o filho da manhã, e a alusão especial é ao domínio que ele exerce neste mundo, especialmente através de intermediários. No trecho de Apocalipse 12.3 ele é chamado de dragão, uma referência à sua astúcia, malignidade e veneno. Apocalipse 12.9 é passagem que se refere ao "dragão" como *a antiga serpente*, uma referência a sua astúcia, misturada com a sua natureza destruidora.

II. UM SER VIVO. Sem importar o termo empregado acerca desse ser, em todas as descrições bíblicas está em vista um ser real, vivo, e não meramente um símbolo do mal. Evidentemente foi um dos espíritos criados por Deus (ver Ez 1.5 e 28.12-14). Ocupava posição extremamente exaltada e muitos acreditam que poder maior do que o seu só se encontra no próprio Deus. (Ver Ez 28.11-15). Essa mesma passagem indica que originalmente, Satanás não era um ser pervertido mas perfeito em sua personalidade e em sua astúcia, misturada com a sua natureza destruidora.

III. SUA QUEDA. É notável e tocante a observação de que Satanás, obviamente inchado de orgulho, por causa das perfeições e belezas de seu ser, além de sua vastíssima inteligência, deve ter realmente crido *ser possível* exaltar-se acima do próprio Deus, estabelecendo a si mesmo como a autoridade suprema do universo. (Ver Is 14.13,14). O seu plano era ousado, astucioso, incrível. Em todo isso transparece que o mundo dos anjos, incluindo o próprio Lúcifer, fora dotado de livre-arbítrio perfeito quanto às suas ações, e que nenhum anjo estava forçado a servir e a adorar a Deus, a não ser pelos laços da razão, do amor e do senso de correção moral. A elevada posição de Satanás nos céus é ilustrada pelo fato de que ele deve ter crido que tinha bons motivos para esperar obter o sucesso no mais ousado de todos os feitos jamais tentados — a derrubada do próprio Deus. A sua revolta começou onde ele se encontrava, na presença de anjos que também são aceitos como seres dotados de grande poder e inteligência. O trecho de Apocalipse 12.4 parece indicar o grau do seu êxito, e esse êxito foi realmente retumbante: mediante seu poder e astúcia, trouxe para debaixo de sua influência uma terça parte do reino celeste. Nada poderia indicar com maior clareza o poder de Satanás do que essa declaração simples. Quais promessas devem ter sido feitas aos outros anjos, e quais pensamentos devem ter atravessado as suas mentes, só podemos conjecturar; mas também devem ter compartilhado da ideia de Satanás de que poderia ter derrubado Deus.

A rebeldia e o plano audaz do diabo não se limitaram ao reino celestial, porquanto nem bem Deus realizou a criação terrena e eis que Satanás foi capaz de propagar sua rebeldia à face da terra, mediante a sua astúcia. E embora nossos progenitores originais tivessem sido alvos da redenção divina, Satanás tem podido alcançar muito maior porcentagem de sucesso entre os homens do que entre os anjos. Não obstante, nem mesmo à superfície da terra o diabo tem podido provar que o governo de Deus não seja justo, e nem que um ser dotado de vontade livre não possa preferir o bem, ao invés do mal. Um de seus argumentos, desde o princípio, deve ter sido que o governo de Deus não é inteiramente justo e bom. Também deve ter sido um de seus argumentos, desde o princípio, que uma criatura dotada de vontade livre não prefere os caminhos de Deus, ainda que tais caminhos sejam comprovadamente verídicos. Também deve ser verdade que o próprio Satanás estava convicto da verdade de suas próprias opiniões, e que disso continua convicto. Também é possível que no momento, embora tenha sofrido algumas derrotas, em face de alguns notáveis sucessos por ele obtidos, ainda acredite que uma vitória final lhe será possível. Dessa forma, fica salientada outra particularidade ou realidade que é importante observar. Aqueles que revolvem crer na mentira, sofrem *ilusão*, e isso é igualmente verdadeiro tanto entre os anjos como entre os homens. Assim sendo, para uns e outros a verdade deve parecer absurda, e o papel feito à inteligência deles tão somente aprofunda a ilusão em que estão mergulhados.

IV. História do Universo. A história de como Deus tem tratado dessa rebelião é, *essencialmente*, a história do universo. Deus não tem utilizado de seus poderes infinitamente superiores para subjugar repentinamente essa rebelia. Isso tão somente demonstraria que Deus é mais poderoso, e não necessariamente que ele é mais justo, melhor e mais inteligente. Deus não se assemelha ao mitológico Zeus dos gregos, que empregava o seu raio para abafar qualquer rebelião. Com frequência se pergunta por que Deus não esmagou instantaneamente a rebeldia de Satanás; e uma indagação aparentada se ouve com insistência: por que Deus não põe fim ao mal, mas permite a sua continuação? Por que prossegue o sofrimento, até mesmo de pessoas supostamente inocentes?

V. O Problema do Mal. Pelo menos uma resposta pode ser dada a isso. Ao mal é permitido continuar — quer esse mal seja *natural* (como o sofrimento causado pelos terremotos, incêndios etc., que são coisas fora do controle da vontade humana), quer esse mal seja *moral* (males provocados pela vontade maligna do homem) — a fim de que Deus possa demonstrar, em um longo período de tempo, à criação inteira, que o caminho proposto por Satanás é mau, conduzindo a resultados maus, incluindo o sofrimento. A criação em geral jamais poderia ter plena certeza sobre isso a menos que Deus tivesse demonstrado, no decurso da história, que a sua vontade, o seu caminho, tudo é efetuado em total bondade, inteligência e misericórdia. Ele precisa demonstrar que a rebeldia de Satanás tem produzido resultados desastrosos, tanto nos céus como sobre a terra. E também precisa demonstrar que as criaturas, celestiais ou terrenas, que são agentes livres e completos, podem escolher e realmente preferem o bem, fazendo-o pela escolha inteligente, e não por coação.

VI. O Plano Redentor. *O eterno plano de salvação*, traçado por Deus, por intermédio de Cristo, era um propósito divino que antecedia à queda de Satanás, não tendo sido arruinado por essa queda, porquanto a expiação, feita por meio de Cristo, era outra provisão para levar adiante os seus propósitos, sendo também um meio de cuidar dos péssimos resultados da rebeldia satânica. Deus queria, através dessa rebelião, produzir uma nova ordem de seres, filhos de Deus, transformados à imagem de Cristo, seu Filho amado. Essa ordem de seres, no princípio, foi feita um pouco menor do que a dos anjos (o Sl 8.5 se aplica aos homens em geral; Hb 2.6-9 aplica essas palavras tanto aos homens como a Cristo). Não obstante, em vários trechos bíblicos descobrimos que o destino do homem crente é muito mais exaltado do que o dos anjos. (Ver Ef 1.18-23; Rm 8.28-39; 1Jo 3.1,2). Os homens serão transformados à imagem de Cristo, e isso jamais foi dito com respeito aos anjos. Assim sendo, o homem é a obra-prima da criação de Deus.

Para tanto, tornava-se *necessária* a redenção por intermédio da cruz de Jesus Cristo. A *total identificação* de Cristo com os homens, na encarnação, e a nossa futura total identificação com Cristo, em sua ressurreição e glorificação, são lados da mesma moeda que se completam. Ora, a realização desse plano envolve o julgamento gradual de Satanás. Ele já perdeu sua glória e sua posição anteriores no céu, mas continua tendo acesso ao trono de Deus. (Em Apocalipse 12.10 ele aparece como o acusador de nossos irmãos). A expiação limitou mais ainda o seu poder, conforme é claro na passagem de Colossenses 2.14,15; por isso mesmo, a referência de Lucas 10.18: *eu via Satanás caindo do céu*, pode referir-se à autoridade dada aos homens sobre a terra, bem como à obra da expiação, efetuada na cruz, que provocará a futura queda final de Satanás, quando for expulso do céu e for lançado na *geena*.

Mas por enquanto Satanás continua exercendo grande poder, embora limitado. A sua astúcia continua sendo a responsável pela destruição das vidas e do testemunho dos cristãos. Porém, no início da grande tribulação, será interrompido o acesso de Satanás ao trono de Deus (ver Ap 12.7-12). Somente a partir desse ponto é que o diabo começará realmente a compreender que a sua rebeldia está condenada ao fracasso, pelo que se atirará contra os homens da terra, com grande ira e sentimento de vingança. Mas isso servirá, mais ainda, para salientar, perante a criação inteira, a malignidade dos caminhos de Satanás, a insensatez de segui-lo, a loucura de negligenciar a verdade de Deus, a justiça de todas as obras de Deus, e o acerto de todas as suas relações com os homens, realizadas de conformidade com a mais perfeita razão. Será quando de sua expulsão do céu que Satanás começará a revelar-se conforme ele realmente é, embora os homens, cegados por uma ilusão generalizada, ainda assim não se arrependerão.

VII. Satanás Limitado e Julgado. *Quando da segunda vinda de Cristo*, Satanás será aprisionado pelo espaço de mil anos, durante o período inteiro do milênio (ver Ap 20.2). Depois disso, será mister que seja novamente solto, a fim de demonstrar a sua insensatez e maldade (ver Ap 20.3,7,8), o que será a demonstração final e conclusiva de sua estultícia e rebelião. Todos os olhos verão, tanto nos céus como na terra, essa grande e milenar verdade. Finalmente o diabo será lançado no lago de fogo, sua moradia eterna (ver Ap 20.10). Somente então retornará o estado de paz, anterior à rebelião de Satanás; a criação terminada dos "filhos de Deus" se completará, e todos que adoram e servem a Deus atingirão esse alvo por meio de seu livre arbítrio e sua escolha inteligente, e isso demonstrará quão retos são os caminhos de Deus, bem como quão inteligente é a sua previsão e sua justiça perfeitas.

VIII. A Queda Gradual de Satanás. Ver o artigo sobre *Satanás, Queda de*.

IX. Restauração de Satanás?. Os universalistas acreditam na restauração de todas as coisas, e de todos os seres, como o resultado final da missão redentora, universal de Cristo. Efésios 1.10 promete uma restauração cósmica que poderia incluir esta ideia. Ver o artigo sobre *Restauração*, que apresenta os argumentos pró e contra.

SATANÁS, QUEDA DE

I. Estágios desta Queda. 1. Em algum tempo no passado *distante*, totalmente além da capacidade humana de cálculo, *Lúcifer*, um poder angelical dos mais exaltados, por motivo de seu orgulho, veio a cair na transgressão; e assim, por causa de sua revolta contra o Senhor, por motivo de sua própria vontade, que até aquele momento aparentemente só visava o bem, arrastou nessa queda cerca de um terço de todos os poderes angelicais, que passaram a segui-lo, caindo assim, por semelhante modo, no pecado e na rebelião. (Ver os trechos de

Isaías 14 e Ap 12.4). No entanto, essa queda limitou o poder de Satanás nos lugares celestiais, embora ele tivesse continuado a reter acesso aos lugares mais elevados. **2**. As Escrituras também aludem à *expulsão* de Satanás do céu, outra parte integrante de seu julgamento gradual. (Ver Lc 10.18). Contudo, esse julgamento é ainda meramente parcial, pois embora não tenha mais acesso ao próprio trono de Deus, os lugares celestiais mais elevados, não obstante, tem acesso a planos espirituais ainda bastante elevados. O julgamento original contra Satanás, mui provavelmente, foi se tornando mais completo. Toda essa demora é explicada pelo fato de que mediante sua maneira de tratar Satanás, Deus está gradualmente mostrando, aos homens e aos seres espirituais elevados, que o caminho de Satanás é mau, embora possa revestir-se da semelhança de bondade, e que o caminho de Deus é que deve ser deliberadamente preferido por todos os seres dotados de verdadeira bondade, porquanto a suposta bondade de Satanás é uma imitação barata, porque ele não passa da personificação mesma da iniquidade maligna. Todavia, será preciso um longo tempo para convencer a criação inteira sobre a malignidade dos caminhos satânicos (e assim, realmente, tem acontecido). **3**. Quando da vida terrena do Senhor Jesus, houve também *certo aspecto* do julgamento de Satanás e seu reino, mediante o poder demonstrado por Jesus em expulsar os demônios, e, dessa maneira, limitar o poder de Satanás entre os homens. Ora, esse poder, Deus também delegou aos homens. A missão terrena inteira do Senhor Jesus limitou o poder de Satanás, porquanto o Senhor exerce uma força contrária, sendo grandiosa para com os que se aproveitam dela. **4**. A morte e a ressurreição de Jesus fornecem-nos a *garantia* da vitória final, se porventura essa vitória esteve em dúvida, não somente sobre Satanás, mas igualmente sobre todo e qualquer outro poder maligno, e esse fato é especificamente mencionado no trecho de Colossenses 2.15. Essa é a alusão particular que temos em João 17.31, embora outros aspectos do julgamento gradual de Satanás talvez também tenham sido aludidos indiretamente. **5**. Quase no tempo da *segunda vinda* de Cristo, o poder de Satanás será ainda mais limitado, e ele será expulso das regiões celestes para a terra, quando então perderá todo o direito sobre os altos lugares celestiais. (Ver Ap 12.9). **6**. Tendo produzido sobre a terra toda a confusão que lhe for possível, já *no fim* da atual dispensação, Satanás será sujeitado a um julgamento ainda mais severo, e ele será expulso da terra para o abismo, região essa acerca da qual nada sabemos dizer, embora esteja fora de qualquer dúvida que essas palavras sejam figuradas e simbólicas. Isso removerá inteiramente a influência de Satanás da face da terra, e condições de ambiente boas e até mesmo perfeitas serão devolvidas aos homens (durante o período do milênio), quando Deus estará testando os homens para verificar se, cercados de uma boa influência e de condições favoráveis, o livre-arbítrio dos homens (livre na natureza) haverá de escolher o bem ou o mal. Alguns escolherão o mal, e Satanás será libertado por algum tempo, a fim de que se manifestem, de maneira final, os seus pervertidos desígnios, para que todas as criaturas inteligentes os contemplem. **7**. Descendo ainda mais, em sua *derrota final*, Satanás será finalmente lançado no lago do fogo, que será sua habitação eterna, e dessa forma a sua influência maléfica será total e permanentemente removida dentre os homens e dos seres angelicais. (Ver Ap 20.10). Tudo isso contribuirá para comprovar, universalmente, tanto a maldade inerente de Satanás como a insensatez de segui-lo, a loucura do pecado, a loucura da revolta espiritual contra Deus e a loucura de ter alguém qualquer outro alvo na vida que não seja Deus.

No que diz respeito à declaração específica de João 12.31, está em foco *a quarta possibilidade*, dada acima, mas, ao mesmo tempo, provavelmente o Senhor Jesus via as coisas numa espécie de visão panorâmica, incluindo a queda total e final de Satanás, do que a sua própria morte e ressurreição serviram de garantia, porquanto foi nesses grandes feitos de sua vida terrena que Jesus arrebatou de Satanás o poder da morte eterna sobre os homens.

II. EM JOÃO 12.31. Aqui figuram dois julgamentos, ou seja, um do mundo, e outro, do príncipe deste mundo, Satanás. Os dois julgamentos estão vinculados entre si, pelo que também o autor sagrado os mencionou juntamente neste passo bíblico. No que diz respeito ao sentido em que o julgamento deste mundo teria lugar, podemos asseverar o seguinte:

No que consiste esse julgamento? 1. Não foi a destruição de Jerusalém, em 70 d.C. (ver o artigo). Essa destruição, porém, pode ter prefigurado o julgamento referido neste versículo. **2**. Por certo está em foco o próprio juízo que foi imposto pela missão de Cristo, o qual separa as trevas da luz, a palha do trigo, os corruptos dos puros, os incrédulos dos crentes, segundo se vê em João 3.17,18. Quanto a isso, o juízo divino é discriminado e separador, aguardando um julgamento que ainda jaz no futuro. **3**. Também temos o juízo antecipado da cruz, onde os homens, uma vez crendo, seriam salvos, mas, se a rejeitassem, seriam condenados. A cruz acentuaria a divisão entre os homens, antecipando a divisão final, diante do trono de Deus. **4**. Há alusão ao juízo final. (Ver o artigo a respeito). **5**. O julgamento do mal, de Sátanas e de suas hostes é aqui indicado. (Ver acerca do "poder de Satanás", em Ef, 6.12 no NTI.) Esse poder foi debilitado na cruz, sua condenação será selada, embora ainda não se tenha consumado.

O trecho de Colossenses 2.15 se refere especificamente a esse juízo. Não obstante, esse julgamento será parcial, pois o julgamento final deste mundo não terá lugar senão após o milênio. Nesses sentidos, pois, o julgamento virá contra esse "mundo". Ver diversos artigos detalhados: *Possessão Demoníaca; Demônio (Demonologia); Mal e Mal Cósmico*. Ver Efésios 6.12.

Agora o seu príncipe será expulso. O julgamento de Satanás, que aqui recebe o título de "príncipe deste mundo", será gradual. (Quanto a esses título de Satanás, príncipe deste mundo, ver também os trechos de João 14.30 e 16.11). Somente este quarto Evangelho inclui esse título, com essas palavras exatas, mas a passagem de Efésios 2.2 diz "príncipe das potestades do ar", e que significa que ele é o governante de poderes espirituais que se agitam em regiões superiores à terra, mas que mantém algum contato com este mundo (tal como a camada de "ar" físico tem contato com a "terra"), especialmente como poderes que inflenciam os homens para a maldade! Por semelhante modo, as passagens de Mateus 9.34 e 12.24 chamam-no de *príncipe dos demônios*. (Outro tanto se lê no trecho de Marcos 3.22).

SÁTIROS

No hebraico, *sair*, que a Septuaginta chama de *mataia*. A referência é obscura e muito debatida. Ao tentar definir a palavra, os estudiosos deixam-nos uma série de dúvidas: peludo, bodes selvagens, tipos de deuses ou demônios. Talvez estranhos animais que andavam soltos se tornaram os nomes de deuses mais assustadores que perturbavam a vida dos homens. (Ver Is 13.21; 34.14 e Lv 17.7). Talvez estejam em vista os espíritos (semideuses) que assombravam locais desertos. Em Mendes, no Baixo Egito, o bode era louvado com rituais sujos que podem ser associados ao Sátiro. (Cf. Js 24.14, 15 e Ez 23.8, 9, 21). Na mitologia grega e romana, Sátira era um deus repugnante, meio homem, meio animal, que originalmente pode ter sido inspirado por deuses pagãos de Canaã alegadamente controlados por demônios, ou pelas imagens através das quais se manifestavam as entidades demoníacas. De qualquer forma, rituais especialmente repugnantes acompanhavam os cultos a tais deuses.

SÁTRAPAS

No hebraico (derivado de uma palavra persa), a palavra significa **"príncipe"**, **"tenente"**, mas no persa significa "**protetor do reino**". No sistema persa de governo internacional, o *sátrapa* era um oficial em serviço no exterior. Heródoto forneceu uma lista de 20 sátrapas persas. Em Ester 3.12 a palavra tem o significado de "tenente", e em Daniel 6.2 e 6.1 quer dizer "príncipe". Num sentido secundário, a comissão de Esdras relacionada ao seu ministério em Jerusalém era chamada com este termo (Ed 8.36).

SAUDAÇÃO

1. *No grego, aspasmós* (a forma verbal é *aspadzomai*), palavra usada nas cartas antigas como uma saudação, equivalente ao termo latino *salutare*. Seus sentidos básicos são "saudar", "desejar o bem", "abraçar", "beijar", "alegrar-se". Esta palavra era usada nos encontros e nas despedidas, e não apenas em comunicações escritas. A forma verbal é usada por sessenta vezes no Novo Testamento, com os significados de "saudar" ou "cumprimentar". (Por exemplo: Mt 5.47; Mc 15.18; At 18.22; 1Co 16.5,7,8,10; Cl 4.10; 1Pe 5.13). Mas a forma verbal também significa "abraçar", conforme se vê em Atos 20.1 e Hebreus 11.13; e "despedir-se", segundo se vê em Atos 21.6. A forma nominal aparece por dez vezes no Novo Testamento, com a ideia de saudação, (conforme se podem ver em Mt 23.7; Mc 12.38; Lc 1.28,41,44; Cl 4.18 e 2Ts 3.17). **2**. Uma saudação com um desejo pela vida eterna de um monarca, expressa por um súdito seu, era um típico exagero oriental. Em Neemias 2.3 vê-se um uso hebraico; e em Daniel 2.3, um uso aramaico. **3**. O termo grego *chaire* (no plural, *chairete*) (ver Mt 10.12 e Mc 13.38) significa, literalmente, "alegra-te". A forma infinitiva do verbo, *chairein*, também era usada (ver 2Jo 11 e 1Macabeus 10.18,25). A raiz desse verbo é *chairo*, uma palavra comum para "alegrar-se", "regozijar-se". É dessa forma que se deriva a palavra grega para "graça", *charis*. *Chairo* é palavra usada por 74 vezes no Novo Testamento, sendo traduzida como "saudações", em Atos 15.23 e 23.26, e como "adeus", em 2Coríntios 13.11. Em nossa versão portuguesa, essa palavra é traduzida como "saúde", em Atos 23.26. Nos trechos de Mateus 26.49 e 27.29, a palavra é usada como uma saudação verbal, em um encontro entre duas ou mais pessoas; e isso constituía um uso comum. **4**. O *ósculo* de saudação é indicado pelo termo grego *phílema* (usado na Septuaginta) em 1Samuel 10.1; e, no Novo Testamento (em Rm 16.16; 1Co 16.20; 2Co 13.12; Lc 7.45; 22.48 e 1Pe 5.14), ou seja, por um total de sete vezes. Usualmente esse ósculo se fazia mediante dois beijos, um em cada face, conforme continua sendo usual nas saudações orientais. Naturalmente, *phílema* também pode indicar um beijo afetuoso na boca. Tal beijo pode ser eliminado, ou por falta de tempo (2Rs 4.29; Lc 10.4), ou por querer o indivíduo evitar qualquer associação com o erro (2Jo 11). A palavra hebraica correspondente é *nashaq* que se vê, por exemplo, em Gn 29.11; Rt 1.14; 1Sm 20.41; 1Rs 19.20; Pv 7.13, Ct 1.2; Os 13.2). Mas no grego há mais dois termos envolvidos com esse tipo de saudação: *Philéo*, "mostrar-se amigo" (ver, por exemplo, Mt 26.49; Mc 14.44 e Lc 22.47); e *Kataphiléo*, "mostrar-se muito amigo", usado por seis vezes (Mt 26.49; Mc 14.45; Lc 7.38,45; 15.20; At 20.37). **5**. O termo hebraico *Shalom* (no árabe, *salaam*) significa, literalmente, "paz", mas era usado como uma saudação (ver 1Sm 1.17). O equivalente neotestamentário é *eirene*, "paz", "tranquilidade" (ver Mc 5.34; Lc 10.5,6; At 16.36 e Tg 2.15,16). **6. Nas Epístolas Paulinas**. Nessas epístolas encontramos saudações mais elaboradas, embora muito similares umas às outras. Na epístola aos Romanos (1.7), encontramos: *Graça a vós outros e paz da parte de Deus nosso Pai e do Senhor Jesus Cristo*. Encontramos saudações parecidas a isso em 1 e 2Coríntios, Gálatas, Efésios, Filipenses, Colossenses, 1 e 2Tessalonicenses. Porém, quanto à questão da autoria paulina, nas epístolas pastorais, encontramos outra fórmula: *Graça, misericórdia e paz...* **7**. A primeira epístola de Pedro contém a seguinte saudação: *Graça e paz vos sejam multiplicadas* (1Pe 1.2b). A segunda epístola de Pedro (2Pe 1.2) repete essa saudação. **8**. A primeira epístola de João não encerra qualquer saudação formal. Mas 2João (vs. 3), diz: *A graça, a misericórdia e a paz, da parte de Deus Pai e de Jesus Cristo, o Filho do Pai, serão conosco em verdade e amor*. Em 3João, o amado Gaio é saudado com estas palavras: *... Gaio, a quem eu amo na verdade* (vs.1)

Era um costume oriental exprimir interesse pessoal por outrem em várias ocasiões, em algum encontro fortuito no caminho, na volta de alguma viagem, nas despedidas, quando do nascimento de alguma criança etc. Quando alguém se encontrava com outrem, era costume a saudação *Salve!* (Mt 26.49), e em ocasiões de despedida: *Vai-te em paz* (1Sm 1.17). Essas saudações orais, muitas vezes, eram acompanhadas pelos atos de ajoelhar, abraçar e oscular. Os setenta discípulos de Jesus, quando por ele foram enviados a pregar e curar, foram proibidos de fazê-lo, porque o costume consumia tempo demais (Lc 10.4). Os fariseus gostavam muito de serem saudados, porquanto isso lhes fomentava o orgulho e o senso de importância pessoal (Mt 23.7). No fim das epístolas paulinas, as saudações são expressas sob a forma escrita, com frequência, incluindo alguma oração, pedindo a misericórdia especial do Senhor sobre as pessoas endereçadas (1Co 16.21; Cl 4.18; 2Ts 3.17).

SAÚDE

Ver o artigo geral sobre as *Enfermidades da Bíblia*, especialmente sua quarta *seção, Teologia da Doença*.

1. Palavras Usadas na Bíblia Acerca da Saúde. No hebraico, *aruka*, "**carne nova**", referindo-se a como o organismo repara seus tecidos atingidos, como que por uma nova carne. (Ver Is 58.8; Jr 8.22; 30.17; 23.6). No hebraico, *marpe, riput*, que vem da raiz *rapa*, "**costurar junto com**". (Ver Pv 12.18; 13.17; 16.24; Jr 8.15). No hebraico, *yesua*, que significa **"saúde de meu rosto"**, que representa as ideias de "meu socorro" ou "meu libertador". No hebraico, *salom*, "**paz**", "**algo completo**" (ver 2Sm 20.9). E esse vocábulo também era usado na pergunta de cortesia acerca da saúde ou do bem-estar de alguém, como na pergunta: "Está tudo bem com você?"

No grego, no Novo Testamento, temos o substantivo *soteria* (At 27.34), palavra comumente usada nos papiros do período neotestamentário para indicar as ideias de "saúde" e "segurança", embora o próprio Novo Testamento a use com o sentido de "salvação". No grego, *hugiaino*, verbo que significa "estar saudável" (3Jo 2). Lucas também usou essa palavra para indicar a saúde literal, física (ver Lc 5.31; 7.10; 15.27), embora Paulo a tivesse usado com o sentido de sã doutrina (ver 2Tm 1.13; 4.3; Tt 1.9 e 2.1).

2. Usos Metafóricos. Esses usos são comuns nos casos de todas as palavras acima alistadas. *Aruka* é usada no caso da restauração de Israel (ver Is 58.8, Jr 8.22). *Marpe* e *riput*, acerca do uso sábio da língua (ver Pv 12.8) e da linguagem empregada por um fiel embaixador (ver Pv 13.17). *Yesua* (ver Sl 42.6 e 43.5), a respeito do livramento ou ajuda espiritual. *Salom* (ver 2Sm 20;9), para indicar a noção de paz. Quanto ao grego, *soteria* (Lc 2.30; 3.6; At 28.28; Ef 6.17), é usada para indicar a eterna salvação da alma. A palavra grega comum que significa "Salvador" provém dessa raiz, ou seja, *sotér* (ver Lc 1.47; At 5.31; Ef 5.23; Fp 3.20 etc.), em um total de 24 vezes no Novo Testamento. E *hugiaino* é usada por Paulo para referir-se à sã doutrina, ou seja, a doutrina correta, conforme se viu no primeiro ponto.

3. Importância da Saúde. Parece ser verdade que a maioria das pessoas é capaz de sacrificar qualquer coisa, incluindo todo o seu dinheiro, para gozar de boa saúde. Mas a ignorância espiritual impede-as de fazer um sacrifício similar quanto à saúde da alma. Alguns estudiosos têm observado que Jó tolerou bem suas aflições até que seu corpo físico foi atacado, quando então caiu no desespero, emitindo queixumes amargos. Pelo menos para algumas pessoas, a má saúde física é a mais severa de todas as aflições. Por outra parte, pessoas que estão espiritualmente enfermas podem sentir-se felizes em meio à sua miséria espiritual. Grandes indústrias e instituições existem empenhadas na melhoria da saúde física, e grandes filas formam-se quando essa ajuda custa pouco ou nada. Em comparação, as igrejas vivem quase vazias.

4. Saúde, Enfermidade e Pecado. Quanto a uma ampla discussão sobre essa questão, ver *o artigo Enfermidades da Bíblia*, em sua quarta seção, *Teologia da Doença*.

5. Medicamentos e Outros Meios de Cura. Muitos medicamentos têm sido criados para curar o corpo enfermo. Alguns desses medicamentos surgem devido a experiências feitas por pessoas que, através do método do teste e erro, têm permitido a descoberta de remédios úteis. Outros medicamentos devem-se a esforços resolutos dos cientistas. No ramo da saúde espiritual, também há medicamentos, a começar pela provisão de Cristo, o qual veio ao mundo para redimir os homens de suas misérias espirituais. E também há os meios de crescimento espiritual diários, que transmitem saúde à alma. Ver sobre o *Desenvolvimento Espiritual, Meios do*.

SAUL

I. NOME. Saul é uma palavra hebraica que significa "solicitado" ou "esmolar". Ele foi o primeiro rei de Israel quando esse país deixou de ser governado por juízes e tornou-se mais semelhante aos países vizinhos. Seu período de reinado foi de 1020 a 1000 a.C., num desempenho trágico de quem dava um passo para frente e dois para trás. D. H. Lawrence, em sua peça *Davi*, colocou as seguintes palavras na boca de Saul: "Sou um homem dado aos problemas e jogado entre dois ventos". Ele foi um gigante, cabeça e ombros acima das do homem comum (1Sm 9.2), mas como pessoa espiritual nunca pareceu ser capaz de tomar conta de si. 1Sm.8 inicia sua história, que se encerra no capítulo 31, onde também acaba 1Samuel.

A época dos juízes terminou em corrupção e desorganização. O país estava fragmentado, e os inimigos estrangeiros nunca deram a Israel descanso das matanças praticamente diárias. Esperava-se que a monarquia unisse o país e fornecesse proteção aos cidadãos. Esse sonho tornou-se apenas parcialmente real com Davi e então um pouco mais com Salomão, porém após o reinado deste último, *declínio* tornou-se a palavra do dia.

Saul iníciou humilde, mas à medida que o tempo passou ele perdeu controle, tornando-se arrogante e irracional. Era um poderoso matador, como tinham de ser os antigos reis orientais: os governantes eram guerreiros-matadores-reis, e os homens fracos, que evitavam o derramamento de sangue, não chegavam ao topo. A fama de Davi excedeu a de Saul, especificamente porque Saul matou apenas milhares, enquanto Davi matou dezenas de milhares (1Sm 8.37).

II. FAMÍLIA. Saul era o filho de Quis, da tribo de Benjamim (1Sm 9.1). Sua genealogia é fornecida em 1Crônicas 8.33, embora provavelmente contenha lacunas, como ocorre à maioria das genealogias hebraicas. É provável que Saul tivesse irmãos e irmãs, mas não há registro disso. Pelo menos sabemos que ele teve quatro filhos com sua primeira mulher, cujos nomes são fornecidos em 1Crônicas 8.33 e 9.39. Uma concubina deu a ele outros dois filhos (2Sm 21.8, 11). E havia também duas filhas, incluindo Mical, que foi mulher de Davi.

III. INÍCIO DE VIDA. Não temos muitos registros sobre a juventude de Saul. O que está disponível vem de 1Samuel 9. Sua família parece ter sido influente. Seu pai criava animais, inclusive os asnos que se perderam e fizeram com que Saul saísse à sua procura. Esse incidente uniu Samuel (o profeta) e Saul, o potencial rei, e o profeta o reconheceu como o homem que *Yahweh* queria para ocupar pela primeira vez o trono de Israel. Ele era um bom espécime fisicamente — bonito, forte e alto — e isso pode ter influenciado a escolha de Samuel.

IV. VIDA COMO REI DE ISRAEL. Saul foi ungido por Samuel como rei numa cerimônia em Gilgal. Embora tenha iniciado humilde, sob pressão tornou-se arrogante e irracional. Ele não tinha o caráter necessário para um ofício real de longo termo, e isso logo se tornou evidente. A necessidade imediata de Saul era enfrentar o assédio de seu povo por parte dos filisteus. Outro desafio foi unificar o país e equipá-lo com as armas adequadas de defesa. Saul começou com um pequeno exército, de cerca de 3 mil homens. Embora os filisteus fossem bem equipados, foram derrotados em Micmas; Jônatas, filho de Saul, foi o herói daquela ocasião (1Sm 14.1-15). O rei estava obtendo grande sucesso contra os filisteus e adicionou os amonitas e amalequitas à sua lista de vítimas. 1Samuel passa de guerra em guerra, de matar a ser morto, à mais matança, o jogo essencial no qual se envolveu Saul.

V. DECLÍNIO. No início de sua carreira como rei, de fato, no segundo ano, Saul cometeu a primeira transgressão. Os filisteus haviam reunido um grande exército para guerrear em Micmas. Samuel trabalhava para Saul como um tipo de conselheiro espiritual, e nesse ofício, oferecia os sacrifícios necessários para obter o favor de *Yahweh* nas batalhas. Em Gilgal, Saul esperou que Samuel chegasse para realizar seus ritos, mas após sete dias ele não apareceu. O tempo estava acabando, portanto Saul decidiu ir adiante com o esforço de guerra, incluindo a questão dos sacrifícios.

Logo depois, Samuel chegou. Saul argumentou que a condição era muito séria, mas Samuel o condenou por sua intrusão no ofício sacerdotal, e profetizou que ele não teria longa carreira como rei e que a realeza não continuaria em sua família (1Sm 13.1-14). Talvez o principal motivo para isso tenha sido que Samuel se cansara da monarquia que era rejeitada pelos profetas e por *Yahweh* como contrária a toda a filosofia teocrática. Dispensar Saul poderia ter sido uma tentativa de cancelar o erro.

Guerra Santa. Isto exigia que o inimigo fosse oferecido a *Yahweh* como uma oferta queimada completa, um *holocausto* (ver). Para tanto, todos os homens, mulheres e crianças, e até mesmo os animais domésticos, deveriam ser massacrados. Muitas vezes, até prédios e colheitas eram destruídos pela fúria do exército da guerra santa. Samuel ordenou que Saul realizasse esse tipo de destruição total contra os inimigos de Israel, não deixando nenhum sobrevivente que pudesse reverter a vitória. Saul não cumpriu as ordens para esse tipo de guerra quando lutou contra os amalequitas. Ele destruiu todas as pessoas, menos o rei, Agague. E também salvou algumas cabeças de gado, alegando que ele os sacrificaria para *Yahweh*. Samuel, enfurecido por sua desobediência, imediatamente anunciou o rei dos amalequitas e reiterou a profecia de que Saul não permaneceria muito tempo mais como rei de Israel. Ver 1Samuel 15.

Abuso de Davi. Tornou-se público que Davi substituiria Saul como rei. Saul reagiu violentamente e começou a perseguir o pobre homem em toda a região, tentando pôr fim a seus problemas com um assassinato. No processo, Saul matou o sacerdote Aimeleque, que presumivelmente apoiava a causa de Davi. Tendo perdido a racionalidade, Saul se transformara em um simples assassino e um assassino potencial. Ver 1Samuel 22-25.

A Bruxa (médium) em En-Dor. As coisas foram de mal a pior, e por isso Saul decidiu consultar com uma bruxa psíquica que também era médium. Diante da vitória dos filisteus, Saul, praticamente no desespero, lançou mão do sobrenatural, abandonando *Yahweh*, já que se sentia rejeitado por ele. Samuel havia morrido e, portanto, o principal oráculo não podia ser consultado. O rei pediu que a mulher invocasse Samuel, o que ela fez, mas a mensagem entregue foi de condenação. Os filisteus venceriam a batalha, e Saul e seus filhos seriam mortos.

Quanto à discussão se o espírito de Samuel foi ou não foi invocado e compareceu, temos estas respostas: **1**. Os críticos dizem que toda a história era apenas folclore popular, e nunca aconteceu. **2**. Fundamentalistas rígidos acreditam que a médium teve uma experiência psicológica, mas não espiritual. Isto é, ela achava que Samuel havia ascendido do hades para falar com ela, mas isso foi apenas uma alucinação privada. Ou, segundo alguns, um espírito demoníaco imitou Samuel. **3**. É melhor, contudo, reconhecer que a história simplesmente afirma que Samuel se comunicou. Chegaremos a essa conclusão se não insistirmos em alguma proposta teológica de que isso não poderia acontecer. Isso, contudo, não significa um encorajamento à prática de invocar os espíritos, nem nos diz que o envolvimento nessas tentativas é aconselhável. De qualquer forma, Saul havia violado a legislação mosaica sobre espíritos familiares (Lv 19.31; 20.6, 27; Dt 18.11). Ver a história em 1Samuel 28.7-25. No lado positivo, a história torna-se um texto de prova para a crença na existência e sobrevivência da alma humana. Ver o artigo *Alma e Imortalidade*.

VI. MORTE. Filisteus e israelitas lançaram-se uns contra os outros na planície de Jezreel (1Sm 29.1), e os filisteus imediatamente levaram vantagem. Isto forçou os israelitas a fugir para as montanhas de Gilboa, onde ocorreu o grande massacre. Os três filhos de Saul, Jônatas, Abinadabe e Malquisua foram mortos, e Saul terminou mortalmente ferido. Ele implorou que um escudeiro acabasse com sua vida para que o rei não caísse nas mãos do inimigo e por eles fosse torturado e morto, mas o homem negou-se a assassiná-lo. Assim, Saul caiu sobre sua espada, cometendo suicídio, algo raro para uma pessoa de sua etnia. Cumpriu-se a terrível profecia do espírito de Samuel (dada na ocasião da consulta com a médium em En-Dor). Isso encerrou a carreira do promissor mas patético Saul.

SAUL

Para a definição deste nome, ver o artigo acima sobre *Saul*, o primeiro rei de Israel. Três outras pessoas eram chamadas assim no Antigo Testamento. Havia ainda o apóstolo Paulo, cujo nome original era *Saulo*. Sigo em ordem cronológica: **1**. Um filho de Simeão com uma mulher cananeia mencionada (em Gn 4610; Êx 6.15 e 1Cr 4.24). Em Números 26.13, temos o adjetivo na forma "saulitas", que designa seus descendentes. Viveu em cerca de 1690 a.C. **2**. O profeta Samuel teve um ancestral que era chamado assim, como lemos em 1Crônicas 6.24. O versículo 26 o chama de Joel, portanto temos dois nomes, o que era comum entre os hebreus. Sua época foi cerca de 1650 a.C. **3**. Um dos primeiros reis de Edom, o sucessor de Samlá. Ele era de Reobote. Seu nome é dado como Saul, em Gênesis 36.37, 38, mas *Shaul* em 1Crônicas 1.48.

SAUSA

No hebraico, **"nobreza"**, **"esplendor"**, **"domínio"** (1Cr 18.16), chamado de *Seva* em 2Samuel 20.25, e de *Seraías* em 2Samuel 8.17. Em 1Reis 4.13 aparece ainda outra variação, a de *Sisa*. Ele é chamado de "secretário" de Davi, isto é, um escriba ou *escrivão*. Os hebreus eram bons historiadores e mantinham bons registros. 1Reis 4.3 mostra-nos que os filhos do homem continuaram naquela profissão. O nome do homem pode ser derivado do babilônico *Shamshu* (sol) e talvez indique uma origem estrangeira do homem. Ele teria sido valioso para registrar assuntos externos. Não conhecemos o nome do pai de Sausa, possivelmente porque ele era um estrangeiro, e os hebreus não teriam demonstrado interesse em sua genealogia.

SAVÉ-QUIRIATAIM

No hebraico, **"planície das cidades gêmeas"**. Esta planície se situava próximo à cidade moabita chamada de *Quiriataim*, daí seu nome (Gn 14.5). A tribo de Rúben a possuiu pela primeira vez quando ela foi incorporada a Israel (Nm 32.37; Js 13.19). Neste plano, o pequeno rei Quedoriaomer derrotou os emins, uma raça de gigantes. Ele repetiu o feito no caso de outro povo anormalmente alto, incluindo os *zuzins* (Gn 14.5). Naquele local, Absalão, muito depois, erigiu um pilar memorial (ver a história em 2Sm 18.18 e seu contexto). Josefo localizou o pilar a cerca de 400 m de Jerusalém. Talvez se possa identificar local nas ruínas de *el Teym*, cerca 2 km a oeste de Medeba.

SAVIAS

Na LXX, *Saouía*. Um antepassado de Esdras, de acordo com 1Esdras 8.2, mas cujo nome não figura no trecho paralelo canônico de Esdras 7.4.

SCHAEFFER, FRANCIS AUGUST (1912-1984)

Nascido nos Estados Unidos, Schaeffer estudou com C. Van Til e outros mestres de destaque no *Westminster Theological Seminary* [Seminário Teológico Westminster], na Filadélfia, e foi ordenado ao ministério na *Bible Presbyterian Church* [igreja Presbiteriana Bíblica]. Mudando-se em 1948 para a Suíça, ali, mais tarde, estabeleceu, em Huemoz (Vaud), a comunidade *L'Abri* ["A desamparada"], que dirigiu até sua morte. Esse seu ministério especial voltou-se para todos aqueles que houvessem começado a sentir uma desesperança nos ideais humanistas e aos cristãos em perigo de serem levados, pela corrente do existencialismo, a uma posição relativista. Schaeffer restaurou em muitos cristãos uma renovada confiança na verdade de Deus. Falava a respeito de uma "verdade verdadeira".

Calvinista ortodoxo, deu ênfase especial à confiabilidade e autoridade da Bíblia. Sua abordagem apologética tem sido descrita como "apologética cultural", dando maior destaque à graça comum que a apologética de Van Til e dos seguidores de Dooyeweerd, ajudando os cristãos a argumentar junto aos não cristãos e a expor a impropriedade de sua cosmovisão, assim como a afirmar a verdade objetiva da doutrina e da ética cristãs. Schaeffer colaborou também intensamente com o professor Hans Rookmaaker (1922-1977) no exame da história da arte como uma descrição das tendências filosóficas e religiosas. Seus muitos livros começaram a aparecer em 1968 e, juntamente com seus filmes e seminários abertos, nos Estados Unidos e Europa, propiciaram-lhe uma receptividade e influência de âmbito mundial.

Muito fez Schaeffer para restaurar a confiança dos evangélicos eruditos na teologia ortodoxa. Ajudou a muitos entenderem as tendências culturais e, por esse meio, obterem tanto uma visão mais positiva das artes e seu uso como uma consciência do que era atraente na cultura humanista.

(**O. R. Barclay**, M.A., ex-secretário geral de Universities and Colleges Christian Fellowship, Leicester, Inglaterra.)

BIBLIOGRAFIA. *Complete Works* (5 vols). (Westchester, IL, 21985); *Escape from Reason* (London, 1968); *The God Who is There* (London, 1968); *He is There and He is Not Silent* (London, 1972); *How Should We Then Live?* (London, 1980); (& C. E. Koop) *True Spirituality* (London, 1972); *Whatever Happened to the Human Race?* (London, 1983). L. T. Dennis (ed.), *Letters of Francis Schaeffer*, vol. 1 (Eastbourne, 1986).

L. T. Dennis, *Francis A. Schaeffer: Portraits of the Man and His Work* (Westchester, IL, 1986); R. W. Ruegsegger (ed.), *Reflections on Francis Schaeffer* (Grand Rapids, MI, 1986); E. Schaeffer, *L'Abri* (London, 1969).

SCHLEIERMACHER, FRIEDRICH DANIEL ERNST (1768-1834)

Teólogo protestante alemão, é comumente considerado como o fundador do protestantismo liberal, embora transcenda esse movimento e possa ser mais propriamente classificado entre os grandes teólogos que desenvolveram o pensamento protestante posterior à Reforma.

Nascido em família religiosa, Schleiermacher experimentou sua conversão sob influência morávia. Todavia, ao frequentar um seminário morávio, viu sua teologia pietista da juventude como intelectualmente inadequada. Foi então estudar filosofia em Halle, onde mergulhou em Kant e Platão. Durante seus estudos ali e seu primeiro trabalho, como tutor e pastor, deu início ao processo de reconstituição do significado de sua fé cristã. Seus anos de maturidade foram vividos em Halle e depois em Berlim, como professor, pregador e ativista político. É principalmente conhecido da teologia de língua inglesa por meio da tradução de sua obra, intitulada em inglês *On Religion: Speeches to its Cultured Despisers* [Sobre religião: arrazoados para as pessoas cultas que a desprezam], e pela edição de sua dogmática, em inglês denominada *The Christian Faith* [A fé cristã], obra de compreensão altamente difícil, que, juntamente com a *Dogmática da igreja*, de Barth, é considerada o texto teológico protestante mais importante desde as *Institutas* de Calvino. Entre seus outros escritos significativos, encontram-se a suma metodológica *Breve introdução ao estudo da Teologia*, a obra póstuma *Hermenêutica* e um grande conjunto de sermões, juntamente com traduções suas de Platão, uma *Dialética*, uma *Ética*, além de muita coisa importante, constante de seu material biográfico, e que permanecem até hoje nos originais, em alemão.

A teologia de Schleiermacher é conscientemente uma teologia da igreja. Ele considera a teologia como um exercício intelectual que tem suas origens nas formas concretas de vida religiosa. Porque a teologia cristã está relacionada à piedade corporativa da comunidade cristã, é para ele empírica, e não especulativa: a fé cristã não é primariamente conceitual, sendo as doutrinas uma conceitualização secundária de sua verdade religiosa primária. Estabelecendo a piedade como central, Schleiermacher está, em parte, buscando uma base alternativa para o conhecimento religioso, em resposta às restrições à teologia especulativa pela filosofia crítica de Kant e outros. Sua abordagem da revelação em *A fé cristã* é, assim, a de um conhecimento de Deus mediado pela experiência corporativa da redenção, em vez de o ser por um conjunto de doutrinas proposicionalmente reveladas. Daí sua perspectiva distinguir claramente, quanto às doutrinas, entre a forma dogmática destas e a realidade corporativa da vida religiosa, à qual as doutrinas dão expressão secundária, podendo ser assim manifestadas alternativamente.

O cerne do entendimento de Schleiermacher dos fenômenos da piedade reside em sua noção, bastante questionada, do "sentimento de absoluta dependência". Propõe que a estrutura primordial da vida religiosa, cristã, ou como quer que a chamem, seja a consciência do eu, determinada por aquilo que o transcende. Ao falar de "sentimento" de dependência, Schleiermacher não quer dizer "emoção": refere-se mais propriamente a uma estrutura fundamental de existência pessoal, anterior à emoção, à ação ou ao pensamento. A autoconsciência é a consciência de dependência, sendo a consciência de Deus, portanto, de onde procede o sentimento. E, assim, a consciência do eu como dependente é a base da autorrevelação de Deus à sua criatura humana.

Em *A fé cristã*, esse entendimento de caráter universal da piedade recebe uma forma cristológica distinta. Embora em seus escritos *Sobre religião*, Schleiermacher busque afirmar apenas a religião, primacialmente, como base implícita das ciências e das artes, abordando o cristianismo somente de forma secundária, sua dogmática tem por princípio que a consciência cristã de Deus é determinada, ponto por ponto, pela obra redentora de Cristo. Entende a redenção como a impressão causada sobre a comunidade cristã pela consciência nítida de Jesus a respeito de Deus, ou seja, o modo pelo qual a consciência empobrecida da comunidade quanto a Deus é reparada por essa consciência de Deus que Jesus possuía.

O relacionamento de Cristo em sua própria história como o arquétipo da consciência de Deus não fica muito claro em Schleiermacher, tendo estado sujeito a críticas diversas desde, principalmente, F. C. Baur (ver Escola de Tubingen). Além disso, seu modo de abordar a cristologia por meio de uma rota soteriológica significaria, ao que parece, que Schleiermacher descartaria grande parte do aparato da cristologia clássica como expressão inadequada da autoconsciência cristã.

De modo consentâneo, ele se recusa também a fazer uma análise além das condições de piedade para discutir a objetividade de Deus em si mesmo. Assim, em sua doutrina de Deus em *A fé crisiã*, não enfoca o dogma da Trindade, uma vez que, para ele, toda discussão de distinções dentro da Divindade é oura especulação divorciada da piedade: "Não temos nenhuma formulação a respeito do ser de Deus em si mesmo como distinto do ser de Deus no mundo" (172.2). Desse modo, confere um tratamento prioritário às doutrinas da criação e da preservação, considerando que se relacionam diretamente à consciência de dependência do homem, enquanto a doutrina da Trindade recebe dele apenas um apêndice (posicionamento que Barth reverte no começo de sua *Dogmática*).

A relação do dogma com a piedade na hermenêutica de Schleiermacher é paralela, sendo matéria cuja proeminência contemporânea se deve muito à sua obra, sobretudo póstuma e recentemente publicada. Muito embora seus escritos hermenêuticos anteriores enfoquem a objetividade da linguagem, ele viria mais tarde a entender o ato de interpretação como *psicológico*, em vez de *gramatical*, penetrando, através do texto, até a consciência do autor, à qual se teria assim acesso.

Tal como a totalidade de sua teologia, a hermenêutica de Schleiermacher tem frequentemente recebido a acusação de subjetivista. Argumenta-se que, ao sublinhar a primazia da interpretação psicológica, ele dá prioridade à questão de significado, e não da verdade, focalizando o referente no texto por meio de uma consciência subjetiva, e não da condição objetiva das coisas. Assim também, e por uma visão mais ampla, afirma-se que ele enfatiza a autoconsciência religiosa a ponto de subestimar a base objetiva da vida e do pensamento religioso. Consequentemente, é por vezes acusado de haver iniciado o processo (completado por Feuerbach) de reduzir a teologia à antropologia. Essa linha de crítica foi fortemente adotada por Barth, que, não obstante, guarda grande respeito por Schleiermacher e sua proximidade com ele. Disso, muitos interpretam a discordância inicial de Barth de seu predecessor como apenas uma forma de interpretação de Schleiermacher, que o próprio Barth depois abandonaria. Essa crítica, inclusive, é seriamente afetada pelo fato de Schleiermacher entender o "sentimento de absoluta dependência" como *intencional*, i.e., referindo-se a uma base externa. A autoconsciência religiosa apreende um mundo que transcende o eu, de modo que, por meio da piedade, é revelado "de onde procede" a vida religiosa. Essa interpretação sugere que Schleiermacher está recolocando a ênfase da Reforma na coinerência de Deus com a vida de fé, tal como pode ser encontrado em textos de Lutero. Permanece aberta, todavia, a questão quanto a poder a teologia de Schleiermacher oferecer apoio a qualquer ideia de ação e presença de Deus, além de sua imanência, o que pode ser confirmado em sua ambivalência para com os milagres e a providência. Ademais, é questionável se sua recusa quanto à linguagem especulativa a respeito do próprio ser de Deus em si mesmo não traia nenhuma perda de confiança de sua parte na possibilidade de revelação procedente de fora dos processos da história humana.

Após a hostil recepção que obteve por causa da influência de Barth, a obra de Schleiermacher veio a ganhar avaliação positiva mais recentemente, notadamente na Alemanha, onde uma nova edição crítica de sua obra suscitou pesquisa acadêmica sobre o desenvolvimento de suas ideias. Não mais é possível, certamente, sustentar os estereótipos pelos quais Schleiermacher tem sido geralmente rejeitado. Ele permanece como expoente da quintessência de uma tradição reformada alternativa da articulada a partir de Calvino e Barth, a saber, alternativa preocupada com a religião humana como resposta à autorrevelação de Deus. Continua constituindo, além disso, um tipo de resposta às críticas do Iluminismo às possibilidades da teologia, resposta em que a realidade de Deus está situada na experiência histórica humana.

(**J. B. Wesbster**, M.A., Ph.D., professor de Teologia Sistemática do Wycliffe College, Toronto, Canadá.)

BIBLIOGRAFIA. Obras: *Kritische Gesamtaugsgabe* (Berlin, 1980-); *Brief Outline on the Study of Theology* (Richmond, VA, 1966); *The Christian Faith* (Edinburgh, 1928); *Christmas Eve* (Richmond, VA, 1967); *Hermeneutics* (Missoula, MT, 1977); *On Religion: Speeches to its Cultured Despisers* (London, 1894); *Selected Sermons* (London, 1890). **Estudos**: K. Barth, *The Theology of Schleiermacher* (Edinburgh, 1982); idem, *Protestant Theology in the Nineteenth Century* (London, 1972); R. B. Brandt, *The Philosophy of Schleiermacher* (New York, 1941); B. A. Gerrish, *A Prince of the Church: Schleiermacher and the Beginnings of Modern Theology* (London, 1984); idem, in: N. Smart (ed.), *Nineteenth Century Religious Thought in the West* (Cambridge, 1985), vol. 1, p. 123-156; H. R. Mackintosh, *Types of Modern Theology* (London, 1937); R. R. Niebuhr, *Schleiermacher on Christ and Religion* (London, 1964); M. Redeker, *Schleiermacher* (Philadelphia, 1973); S. W. Sykes, *Friedrich Schleiermacher* (London, 1971); R. R. Williams, *Schleiermacher the Theologian* (Philadelphia, 1978).

SEAL

No hebraico, **"requisição"**. Esse é o nome de um dos filhos de Bani, que se casara com uma mulher estrangeira, no tempo de Esdras (Ed 10.29; 1Esdras 9.30). Viveu por volta de 445 a.C.

SEALTIEL

No hebraico, **"Deus é um escudo"**. Seu nome aparece nos livros de 1Crônicas, Esdras, Neemias e Ageu. E, no Novo Testamento, com a forma de Salatiel, em Mateus e Lucas, na genealogia do Senhor Jesus. Viveu em cerca de 536 a.C.

(Ver os trechos de Ed 3.2,8; Ne 12.1; Ag 1.1,12,14; 2.2,23; 1Cr 3.17). Do ponto de vista legal, foi o pai de Zorobabel (ver Lc 3.27; Mt 1.12). Pedaías foi o pai biológico de Zorobabel (ver 1Cr 3.18,19). Sealtiel morreu sem deixar filho homem, e Pedaías, mediante o casamento levirato (vide), casou-se com a viúva do seu irmão (ver Dt 25.5-10; Mt 22.24-28). Ele era filho de Jeconias, não por nascimento natural, mas por direito de herança, somente pelo lado materno. O trecho de Lucas 3.27,31 diz que Sealtiel, filho de Neri, era descendente de Davi, através de Natã, e não de Salomão. Jeconias teve outro filho, Assir (que nossa versão portuguesa traduz por "o cativo"), que deixou somente uma filha, a qual, de acordo com a lei das herdeiras (ver Nm 27.8; 36.8,9) casou-se com um homem de sua tribo paterna, Neri, da família de Natã, que era da linhagem de Natã. Desse casamento foi que nasceram Sealtiel, Malquirão e vários outros filhos, ou seja, mais provavelmente "netos" de Jeconias, conforme se lê em 1Crônicas 3.17.18.

SEARIAS

No hebraico, **"Yahweh decide"**. Ele era filho de Azei, de Benjamim, e descendente de Saul (1Cr 8.38; 9.44). Viveu em cerca de 860 a.C.

SEARIAS

No hebraico, **"Yahweh é a aurora"**. Foi um chefe tribal benjamita, filho de Jeroão (1Cr 8.26). Viveu em cerca de 1360 a.C.

SEBA

Na Bíblia portuguesa, essa palavra é transliteração de três palavras hebraicas de grafia levemente diferente:

1. Um nome que aparece pela primeira vez, em Gênesis 10.7, com a forma de "Sebá", em nossa versão portuguesa. Ali, Sebá e Dedã eram dois filhos de Raamá, filho de Cuxe. No entanto, em Gênesis 25.3, segundo nossa versão portuguesa, "Sabá e Dedã" aparecem como dois filhos de Jacsã, filho de Abraão e Quetura. Em Gênesis 10.28, "Sabá" aparece como filho de Joctã, filho de Éber, que era descendente de Sem. Com base nesses informes bíblicos, parece que Sabá era o nome de uma tribo árabe e, consequentemente, descendente de Sem. Mas o fato de que Sebá e Dedã aparecem como tribos cuxitas, em Gênesis 10.7, parece apontar para uma migração por parte dessas tribos, para a Etiópia. E assim, sua derivação de Abraão (Gn 25.3), indicaria que algumas famílias localizaram-se na Síria. Na realidade, Sabá era uma tribo joctanita, ou árabe do sul (Gn 10.28), e o seu próprio nome, como os nomes de alguns de seus irmãos (para exemplificar, Hazarmavé = Hadramaute) são nomes próprios de lugares no sul da Arábia.

Os sabeus, ou povo de Sabá, apareceram como comerciantes em ouro e especiarias que habitavam em uma terra distante da Palestina (1Reis 10.1,2; Is 60.6; Jr 6.20; Ez 27.22; Sl 72.15; Mt 12.42); ou, então, como escravos (Jl 3.8), ou mesmo como tribos que vagueavam pelo deserto (Jó 1.15; 6.19).

De acordo com as genealogias árabes, Sabá aparece como bisneto de Katan (Joctã), antepassado de todas as tribos do sul da Arábia. Os árabes dizem que ele foi chamado Sabá por ter sido o primeiro homem a fazer prisioneiros de guerra (*shabbah*). Ele fundou a capital, Sabá, juntamente com sua cidadela, Maribe, famosa por sua poderosa barragem. Ver o artigo sobre os *Sabeus*, onde apresentamos pontos sobre a história, a religião e a civilização desse povo semita.

Sob essa primeira forma da palavra hebraica, temos a considerar três nomes pessoais e um locativo, a saber: ***a***. Um filho de Raamá, que era descendente de Cuxe, filho de Cão (Gn 10.7; 1Cr 1.9). Seu irmão chamava-se Dedã. Cerca de 2240 a.C. ***b***. Um filho de Joctã, que era descendente de Sem (Gn 10.28; 1Cr 1.22). Cerca de 2200 a.C. ***c***. Um filho de Jocsã, que descendia de Abraão e Quetura (Gn 25.3; 1Cr 1.32). Também era irmão de Dedã. Cerca de 1800 a.C. Não há certeza se essas três personagens eram, realmente, três, ou se eram uma só. A possibilidade de que sejam apenas uma pessoa é fortalecida pelo fato de que todos esses nomes estão associados à Arábia, que o primeiro e o segundo têm Dedã como irmão, e que o segundo e o terceiro fazem parte da linhagem de Sem. Que o primeiro deles aparece como pertencente à linhagem de Cuxe e Cão, pode indicar a íntima relação entre os africanos (camitas) e os árabes do sul. ***d***. Um país no sudeste da Arábia, atualmente chamado Iêmen, a região mais montanhosa e fértil da Arábia. As genealogias da Bíblia consideram a pessoa acima referida (Sabá) como a origem do nome desse país, bem como progenitor de seus habitantes, os sabeus (vide). Esse país obteve riquezas mediante o controle do comércio de perfumes e incenso, que eram artigos importantes na vida comum e na religião do mundo antigo. Caravanas de camelos partiam de Sabá (Jó 6.19) para o norte e para os países da margem oriental do Mediterrâneo, levando mercadorias como ouro, pedras preciosas e incenso, que exploravam no sul da Arábia (Is 60.6; Jr 6.20; Ez 27.22). Sabá teve duas capitais, Sirwah, e depois Maribe. Em Maribe estão os restos de uma grande represa e as ruínas do templo do deus lua, Ilumquh. Nas milhares de inscrições dos sabeus aparecem os nomes de seus governadores-sacerdotes.

No século X a.C., a rainha de Sabá (vide) visitou Salomão (1Rs 10.1-13; 2Cr 9.1-12). Sua caravana de camelos trouxe à Palestina produtos típicos do comércio de Sabá: ouro, pedras preciosas e especiarias, que ela trocou por presentes que lhe foram dados por Salomão. Sabá também tem um lugar reservado nas expectativas de Israel quanto ao futuro. Espera-se que Sabá envie presentes ao rei de Israel (Sl 72.10,15), louvando ao Deus de Israel (Is 60.6).

2. *Uma outra palavra* hebraica, que significa "juramento", ou "acordo", aparece como nome de uma localidade e como nome de duas pessoas, a saber: *a*. Uma cidade no território de Simeão, perto de Berseba e Moladá, talvez a mesma Berseba que figura somente em Josué 19.2. *b*. Um filho de Bicri, um benjamita que se rebelou contra Davi, após a morte de Absalão, e cuja cabeça foi decepada pelos habitantes de Abel. Ele viveu por volta de 1020 a.C. As menções a esse homem aparecem em 2Samuel 20.1-22. *c*. Um chefe gadita, cujo nome é mencionado somente em 1Crônicas 5.13. Viveu por volta de 1700 a.C. De acordo com o versículo 17, sua família foi arrolada nas genealogias oficiais do tempo de Jeroboão II, de Israel, ou reino do norte.

3. Ainda com uma outra forma, no hebraico, mas também com o sentido de "juramento", precisamos considerar um poço que foi cavado pelos servos de Isaque, perto de Berseba, em Judá, em cerca de 1818 a.C. O nome desse poço aparece somente no trecho de Gênesis 26.33. Nesse versículo, lemos: *Ao poço chamou-lhe Seba; por isso Berseba é o nome daquela cidade até o dia de hoje*.

SEBÁ

No hebraico, **"bálsamo"**. Uma cidade do território de Rúben, antes pertencente aos amorreus, e antes disso ainda, aos moabitas. Jerônimo dizia que ficava cerca de quinhentos passos de Hesbom, embora vários estudiosos modernos não concordem com isso. Ver sobre *Sibma*. O confronto entre as listas geográficas de Números 32.3, 32.34-48 e Josué 13.16-2 indica que Sebã e Sibma eram nomes diferentes de uma mesma cidade. Embora um local tivesse sido outorgado à tribo de Rúben, com o tempo refluiu às mãos dos moabitas. As referências proféticas chamam atenção para suas vinhas. (Is 16.8,9; Jr 48.32). A forma Sebã, em nossa versão portuguesa, aparece somente em Números 32.3.

SEBATE

Décimo primeiro mês do calendário dos hebreus, correspondente aos nossos meses de janeiro e fevereiro. Ocorre somente em Zacarias 1.7. Mas também ocorre nos livros apócrifos, em 1Macabeus 16.14.

SEBE, CERCA

Para proteger as vinhas dos ladrões, eram feitos cercados (Sl 80.12,13; Is 5.5; Mt 21.33; Mc 12.1). Vários materiais eram empregados nesses cercados, como pedras empilhadas sem qualquer argamassa de ligação, ramos espinhentos e arbustos. Ou então eram plantados arbustos espinhentos em redor da área desejada, fechando-a. O trecho de Miqueias 7.4 menciona a "sebe de espinhos".

São usadas três palavras hebraicas principais e uma palavra grega, a saber: **1**. *Gader*, "sebe", "cerca", "aprisco". Essa palavra hebraica ocorre por doze vezes (conforme se vê, por exemplo, em Sl 80.12; Ec 10.8; Ez 13.5; 22.30; Os 2.6; Mq 7.11). **2**. *Gederah*, "sebe", "cerca", "aprisco". Palavra hebraica que aparece por nove vezes no Antigo Testamento (segundo se vê, para exemplificar, em 1Cr 4.23; Sl 89.40; Jr 49.3; Na 3.17). **3**. *Mesukah*, "cerca", "sebe", vocábulo hebraico que é utilizado por três vezes (Pv 15.19; Is 5.5 e Mq 7.4). **4**. *Phragmós*. "cerca". Essa palavra grega ocorre por quatro vezes (Mt 21.33; Mc 12.1; Lc 14.23; Ef 2.14).

Usos Metafóricos. **1**. A proteção divina, a sua providência e o seu governo atuam quais cercas de proteção, que impedem seus filhos de serem espiritualmente prejudicados (Jó 1.10; Is 5.2 e Ez 13.6). **2**. As tribulações, os obstáculos e os empecilhos são comparados com cercas (Lm 3.7; Jó 18.8; Os 2.6). **3**. O caminho seguido por uma pessoa preguiçosa é assemelhado a uma sebe de espinhos. Ela sempre vê quão difícil é fazer qualquer coisa, e tem medo de começar. Atrapalha-se em dificuldades imaginárias e, finalmente, acaba enroscando-se em dificuldades reais (Pv 15.19).

SEBER

No hebraico, **"brecha"**. Um filho de Calebe e de sua concubina, Maaca (1Cr 2.48). Viveu em cerca de 1430 a.C.

SEBNA

No hebraico, **"que Deus possa sentar"**, ou como pensam alguns, "juventude" ou "retorno". Talvez o nome seja uma forma abreviada de *Seganias* ou *Sebaniahú*, que parece significar "Retorna agora, ó Senhor!" (cf. 1Cr 15.25 e Ne 9.4, 5). **1**. O tesoureiro do templo, que viveu em cerca de 700 a.C. Ele foi substituído por Eliaquim, filho de Hilquias. Ver Isaías 22.15, a única referência a esse homem. **2**. O escriba oficial do rei Ezequias era chamado por este nome. Ele participou nas negociações entre Judá e os assírios agressores no tangente à rendição de Jerusalém àquele poder estrangeiro. Não foi feito nenhum acordo. Então o rei o enviou como numa delegação para consultar o profeta Isaías, instruindo-os a não negociar com a Assíria, pois seu exército poderia simplesmente se retirar, o que de fato aconteceu. A maioria dos estudiosos modernos identifica 1 e 2 como uma única personagem, negando que duas pessoas estejam sendo consideradas.

O último Sebna esculpiu para si uma complexa tumba de pedra, algo que de modo geral apenas a realeza fazia. Isaías opôs-se a esse ato vão e previu que ele jamais usaria a tumba, mas morreria no exílio, na Assíria. Além disso, o profeta fez objeção a suas diretrizes pró-Egito e contrárias à Assíria. Isaías sabia que a devastação que a Assíria traria a Judá seria um julgamento de *Yahweh* (2Rs 18.29), mas a hora ainda não havia chegado. O Senhor operava de acordo com um cronograma divino. De qualquer forma, a Babilônia era o inimigo devastador, de longo período, a ser enfrentado.

2Reis 19.18-37 mostra que o motivo pelo qual os assírios simplesmente se retiraram foi que o anjo do Senhor bateu neles com tanta força, que em uma única noite 185 mil assírios morreram. Críticos alegam que há algum tipo de praga envolvido aqui (o que poderia ser verdade), mas outros acham que Senaqueribe simplesmente mudou de ideia sobre a invasão e se retirou. Em qualquer caso, o rei foi morto por seus próprios filhos pouco tempo depois (2Rs 19.37).

É interessante observar que o oráculo contra Sebna, em Isaías 22.15-25, é o único daquele profeta contra um indivíduo chamado por este nome. Para detalhes sobre a história, ver 2Reis 18-19; Isaías 22.15-25.

SEBUEL

No hebraico, **"Deus é renomado"**. Na Septuaginta, Soubaél, o que talvez explique a forma "Subael" (em 1Cr 24.20). O nosso conhecimento acerca de Sebuel limita-se a referências no livro de 1Crônicas (ver 1Cr 23.16; 25.4; 26.24). Ele é identificado como um levita cuja linhagem é traçada até Anrão (1Cr 24.20) e Gérson, filho de Moisés (1Cr 23;16 e 26.24). O Sebuel mencionado em 1Crônicas 25.4, como filho de Hamã, pode ter sido um outro homem do mesmo nome. Sebuel serviu como levita, na organização governamental de Davi, ocupando funções religiosas. Ele foi escolhido para ser um dos principais oficiais, encarregado da tesouraria (1Cr 26.24).

SECA

Esse é um dos piores distúrbios ecológicos da natureza. A despeito de todo o seu avanço científico, o homem continua muito dependente das condições atmosféricas, porquanto a água é a origem de toda a vida biológica. O mundo tem aprendido o quanto depende da chuva. As culturas antigas dispunham de um elaborado sistema de cerimônias e sacrifícios a fim de induzir os deuses, bem como poderes espirituais de todos os tipos, para garantir chuva suficiente, para que houvesse boas colheitas. O meu artigo sobre o Calendário, na porção que aborda a questão do calendário judaico (ver o gráfico) ilustra como Israel implorava ao Senhor para que viessem chuvas, e como celebrações e orações especiais estavam envolvidas na questão. Quando a seca persiste por tempo suficiente, seguem-se a escassez e a fome (1Rs 17.1). A Bíblia refere-se à seca como uma das maneiras pelas quais Deus castiga os homens por seus pecados.

Usos figurados. O homem que está sofrendo de má consciência acerca do pecado, ou que é julgado por causa do pecado, é como um homem cuja força se ressecou por causa da seca, no calor do verão (Sl 32.4). Algo similar está implícito no ensino de Cristo como a água da vida, pois, sem a sua provisão, a alma resseca-se e definha (Jo 4.14 ss.). O Espírito Santo é também a água da vida espiritual (Jo 7.37-39). Ver o artigo sobre a Água, quanto a seus usos metafóricos.

SECACÁ
No hebraico, a palavra significa **"matagal"** ou **"local fechado"**, uma cidade do deserto de Judá próxima ao mar Morto, mencionada apenas em Josué 15.61. Era conhecida por ter uma cisterna gigante para o suprimento de água naquele local seco. Ficava perto de Khirbet Qumran, e talvez a Khirbet es-Samrah moderna marque o local antigo. Os arqueólogos escavaram nesse local algumas ruínas significativas que datam da era do Ferro II.

SECANIAS
No hebraico, *"Yahweh é vizinho"*. Os estudiosos geralmente dividem esse nome em duas formas, de acordo com a grafia exata no hebraico. De acordo com isso, há dois Secanias com o nome grafado com uma forma, e há outros sete homens, cujo nome é grafado com uma outra forma em hebraico, a saber: **Primeira forma**: **1**. Um sacerdote do tempo de Davi (1Cr 24.11). **2**. Um sacerdote do tempo de Ezequias (2Cr 31.15). **Segunda forma**: **1**. Um descendente de Zorobabel (1Cr 3.21,22) e, portanto, membro da família real de Judá. Quase certamente ele deve ser identificado com o Secanias de Esdras 8.3 e talvez com o pai de Semaías, em Neemias 3.29. Viveu em cerca de 470 a.C. **2**. O filho de Jaaziel, que retornou juntamente com Esdras da Babilônia para Jerusalém, durante o reinado de Artaxerxes (Ed 8.5). Viveu em torno de 530 a.C. **3**. Um outro homem do mesmo nome, cujos descendentes também voltaram do exílio babilônico (Ed 8.3). Viveu em torno de 530 a.C. **4**. Um filho de Jeiel, que foi um dos primeiros a confessar a transgressão de haver tomado esposa estrangeira, e não dentre as filhas de Israel. (Ed 10.2). Viveu por volta de 445 a.C. **5**. O pai de Semaías, que ajudou a reparar as muralhas de Jerusalém (Ne 3.29). Viveu em cerca de 445 a.C. **6**. O sogro de Tobias, o amonita, que fez oposição a Neemias (Ne 6.18). Viveu em cerca de 445 a.C. **7**. Um sacerdote que retornou da Babilônia a Judá, em companhia de Zorobabel (Ne 12.3). Viveu por volta de 530 a.C. Uma substituição de palavras hebraicas, em seu nome, duas letras que podem ser facilmente confundidas, tem produzido a forma Sebanias, em Neemias 10.4 e 12.14. Porém, trata-se do mesmo indivíduo.

SECU
No hebraico, **"lugar de observação"**, o local de um grande poço entre Gibeá e Ramá, que Saul visitou quando tentava encontrar Davi, que estava em fuga (1Sm 19.22). Talvez a moderna Khirbet Shuweikeh marque o local. As versões dão nomes que refletem incerteza sobre a localização. O manuscrito B da Septuaginta tem *en tozephei* (na colina nua), mas este é um erro de escriba. A Siríaca Peshitta (a última revisão) dá a última palavra sobre isso. Mas outras versões dão apoio ao texto massorético com este "local de observação". Ver o artigo *Massora (Massorah); Texto Massorético*. Às vezes as versões (especialmente a Septuaginta) estão corretas contra o texto massorético padronizado, como os Manuscritos do mar Morto (hebraicos) demonstraram.

SEDA, BICHO DA
No hebraico, *meshi,* que ocorre somente por duas vezes (Ez 16.10,13). No grego, *serikós* vocábulo que aparece exclusivamente em Apocalipse 18.12.

É muito duvidoso que o fio retorcido do bicho da seda da China (*Bombyx mori*) fosse conhecido no Oriente Próximo, nos dias do Antigo Testamento. Por esse motivo, muitos eruditos têm preferido pensar em um tipo de tecido de algodão ou de linho, de grande preço, proveniente do Egito.

Quanto ao trecho de Provérbios 31.22 onde aparece o termo hebraico *Shesh*, há traduções que também dizem ali "seda". Nossa versão portuguesa diz "linho fino". Vários estudiosos pensam que se trata de uma substância parecida com o alabastro. É difícil entender como uma mulher poderia vestir-se com uma substância parecida com o alabastro. Parece que essa palavra hebraica tinha mais de um sentido, pois as traduções têm sido forçadas a vertê-la para várias palavras diferentes, como, por exemplo, *mármore, linho fino* e *seda*. Ver Ester 1.6.

Quanto ao termo grego, esse deriva-se de um vocábulo grego que significa "china", *Seres, serikós*. Entretanto os gregos, no dizer de Pausanius VI. (26,6 ss.), não tinham certeza sobre a origem da seda. Contudo, sabe-se que a seda chinesa já era conhecida desde o século I a.C. na Ásia Menor.

SEDEUR
No hebraico, **"fonte de luz"**. Foi pai de Elizur, que foi o chefe dos rubenitas, quando Israel vagueava pelo deserto do Sinai (Nm 1.5; 2.1; 7.30,35 e 10.18). Viveu em cerca de 1500 a.C. Foi um dos ajudantes de Moisés, na enumeração do povo.

SEDUÇÃO
Essa palavra vem do latim, *seducere*, **"desviar"**, "levar para um lado". Os sentidos gerais são "induzir ao erro", "engodar para o mal", "encorajar a prática de atos imorais".

A *sedução* pode envolver qualquer departamento da conduta humana, mas a palavra, na maioria das vezes, é empregada dentro de um contexto sexual. Usualmente envolve a exploração da sexualidade feminina com propósitos egoístas. Há vezes em que a sedução equivale moralmente ao estupro, como quando uma mulher realmente é seduzida a fazer coisas que não faria de outra maneira. Mas há casos de *sedução aparente*, em que a mulher coopera e até encoraja o homem, embora, segundo todas as aparências, ela esteja agindo como se estivesse fazendo algo contra sua vontade. Tudo não passa de jogo sexual. Ocasionalmente, até ouve-se falar de uma mulher que acabou seduzindo um homem. Mas é bastante difícil encontrar casos autênticos dessa ordem, pois, conforme alguém já disse: "Os homens gostam de ser seduzidos!"

Malandragem e Pressões Extraordinárias. Talvez seja verdade, o que alguém falou: "Todas as mulheres podem ser seduzidas. É questão de método e preço". Por outro lado, devemos nos lembrar que todos os seres humanos são fracos e estão sujeitos às pressões do mundo e de outras pessoas. O homem forte pode ser abalado, por receio, e chorar sob ameaças contra a vida. Até os criminosos mais violentos e virulentos imploram misericórdia quando suas próprias vidas estão em jogo. Não é nada de surpreender, então, se uma mulher cede a pressões extraordinárias, sejam financeiras, profissionais, amorosas etc. O ceder pode ser, meramente, o resultado da fraqueza gerada por circunstâncias incomuns.

Algumas Ilustrações. Bertrand Russel nos conta uma experiência de um filósofo. Este filósofo-malandro decidiu testar uma mulher da alta classe e de reputação inquestionável. Ele começou a oferecer dinheiro para a mulher ter uma experiência íntima com ele. Ela resistia. Enquanto ela resistia, ele aumentava a quantidade de dinheiro que oferecia. Ele aumentou, aumentou *e aumentou*. Daí, ela cedeu, só para aprender que todo aquele drama não passava de uma *experiência na ética*. Então, ele teve a coragem de dizer: "Agora ficou comprovado o que você é. Uma prostituta de classe que recebe altas quantias de dinheiro. É só questão de preço". Esta conclusão era *absurda*. O que o filósofo demonstrou foi meramente que qualquer pessoa, inclusive aquela pobre mulher, sob circunstâncias *extraordinárias*, pode fazer alguma coisa que é contra a disposição normal dela. Não é preciso fazer uma experiência para comprovar a fraqueza humana.

Outra História. Marilyn Monroe aceitou $10.000 para ter relações com alguém. Quando o marido descobriu, ele se divorciou. Ele não foi o primeiro marido dela, e nem o último. Ficamos surpreendidos diante do fato de que o preço dela era tão baixo, e julgamos que esta sedução não foi por meios extraordinários.

Mais Histórias. Um homem que vendia seguros tinha certo êxito seduzindo mulheres casadas. O método dele era oferecer um prêmio de seguros falsificado para pagar as despesas do parto. Ele simplesmente manipulava datas, dando às mulheres o seguro, a despeito do fato de que já estavam grávidas antes do início do seguro. Outro conseguiu seduzir mulheres, oferecendo empregos. Sexo significava uma colocação; sem sexo, não havia colocação.

Seduções Intelectuais. Todos os sistemas filosóficos e teológicos são, de certa maneira, *sedutores*. Nós entregamos as nossas vontades e sacrificamos nossa *individualidade* para ganhar conforto mental e para "pertencer" a um grupo: isto é, para ganhar *aceitação*. O pioneiro é perseguido, seja na ciência, na filosofia ou na teologia. O sistema nos seduz e nos sacrifica. Ver o artigo intitulado *Unidade de Tudo, Afinal, no Logos*, para uma ilustração do poder sedutor dos sistemas.

Os autores da Bíblia (mormente aqueles do Antigo Testamento) nunca se mostraram puritanos. Na Bíblia há relatos detalhados de sedução e violação. (Ver Gn 34.2 (Diná); 2Sm 13.1-4 (Tamar), ver também Gn 19.30-35; 35.22; Dt 22.23-29; Pro 6.23-35; 7.4-27; 9.13-18).

Todo pecado envolve seu próprio preço e julgamento, e a verdadeira sedução será severamente punida por Deus. É difícil alguém pecar "em particular", de modo a nunca afetar outras pessoas. O pecado, por muitas vezes, é uma questão coletiva, e quando ofendemos ao próximo, dificilmente escapamos à devida retribuição nesta vida, e certamente não escaparemos à retribuição no outro lado da existência.

Ver *Crimes e Punições*.

SEERÁ

No hebraico, **"parente"**, a filha de Efraim (1Cr 7.24) e fundadora de duas cidades com o nome Bete-Horom e outra chamada Uzem-Seera. Os antigos locais das primeiras cidades são conhecidos, mas ninguém tem certeza sobre o terceiro. Talvez Bet Sira, 2 km ao sudoeste de Bete-Horom, seja o local. O Efraim do texto provavelmente era um descendente do patriarca que tinha esse mesmo nome. A mulher, *Seerá*, provavelmente viveu em cerca de 1170 a.C., mas alguns a posicionam em um período tão distante quanto 1700 a.C.

SEFÁ

No hebraico, **"frutífera"**. Um lugarejo, provavelmente erigido em alguma colina, na fronteira oriental ideal de Israel (Nm 34.10,11). Ainda de acordo com outros estudiosos, esse lugar tinha um nome que significava "lugar desnudo", pelo que eles têm pensado em alguma localidade nas serras do Antilíbano. Provavelmente era o lugar do nascimento de Zabdi, o sifmita, que cuidava das vides usadas no fabrico do vinho guardado nas adegas reais de Davi (1Cr 27.27).

SEFAR

No hebraico, **"numeração"**; mas no hebraico pós-bíblico, "país fronteiriço". Muitos estudiosos pensam que, mais provavelmente, trata-se de um nome próprio, de origem não hebraica, de sentido desconhecido. As terras dos descendentes de Jactã, descendente de Sem, iam desde Messa, "indo para Sefar, montanha do Oriente" (Gn 10.30). Se as palavras "indo para Sefar" meramente definem a direção na qual as terras dos joctanitas se estendiam (cf. *indo para Gerar*, em Gn 10.19), então a identificação com o monte Séfer (Nm 33.23) é possível, embora não seja provável. Visto que os dois locais relacionados com identificações plausíveis (isto é, Hazarmavete e Seba; vide), estão no sul da Arábia, então localidades árabes têm sido usualmente sugeridas, como, por exemplo, Zafar, no sul da Arábia, ou Safari, em Hadramaute. Mas, alternativamente, conforme já vimos, tem sido sugerida a tradução "país fronteiriço". Ainda outros estudiosos, destacando o fato de que Gênesis 10.30 diz que Sefar era uma montanha no Oriente, e que essa montanha assinalava o extremo oriental das terras dos joctanitas, não aceitam qualquer identificação no sul da Arábia, porquanto isso seria uma extensão para o sul, e não para o leste ou Oriente. A verdade é que ninguém sabe com certeza onde ficava esse monte.

SEFARADE

O sentido dessa palavra é desconhecido, e a localização da região também está cercada de muitas dúvidas. Tem-se pensado na antiga Ibéria ou Geórgia, atualmente no sul da Rússia, entre a Cólquida e a Albânia; outros têm pensado em Sardes, capital da Lídia, que atualmente faz parte do território turco; ou, então, segundo os Targuns, a versão Peshita, Ben Gannach e Kimchi, a Espanha.

O local é mencionado na Bíblia somente em Obadias 20, como lugar do exílio de certos cativos de Jerusalém. Alguns eruditos pensam que se trata de Saparda, uma região que aparece nos anais assírios de Sargão II, como um distrito a sudoeste da Média. Outros acham que devemos pensar em Sardis, capital da Lídia. A diferença de soletração é linguisticamente justificável, visto que em uma inscrição bilíngue em aramaico e lídio, encontrada em Sardis, o nome dessa cidade tem as mesmas três consoantes que se acham em Sefarade. Nas inscrições em persa antigo, Sardis aparece com a forma de *sparda*.

A luz dessa possível identificação, a citação de Sefarade, em Obadias 20, reveste-se de grande importância histórica, porquanto ela indica a existência de uma colônia judaica em Sardis, já desde a época da escrita do livro de Obadias. A importância de Sardis, como centro comercial entre as rotas marítimas do mar Egeu e as rotas continentais, não nos surpreende pelo fato de que ali podiam ser encontrados judeus exilados.

Se essa identificação é autêntica, então os Targuns identificam, equivocadamente, Sefarade com a Espanha. Os judeus da dispersão são divididos pelos próprios estudiosos judeus em *asquenazim* (judeus que foram para países germânicos e eslavos; para eles, Asquenaz são os germânicos e escandinavos) *sefardim* (judeus que foram para países em torno do mar Mediterrâneo, do sul da Europa, do norte da África e do Oriente Próximo; para eles, Sefarade é a Espanha); e *orientais* (judeus que foram para o Iraque, Índia, China, etc). De onde voltarão os exilados de Jerusalém, à sua terra, por ocasião da restauração futura de Israel à terra santa? Isso ocorrerá quando da volta do Senhor, conforme se vê em Isaías 49.22; Ezequiel 20.40; etc. Se a opinião dos Targuns está com a razão, então devemos pensar no extremo ocidental da Europa, e na extensão da mesma, as Américas do Norte, Central e do Sul. A maior colônia judaica que há no mundo é a dos Estados Unidos da América; a segunda maior, a da Rússia; na América do Sul, a da Argentina e a do Brasil. Ver sobre a *Restauração de Israel*.

SEFARDIM

Ver sobre *Sefarade* (Ob 20). Existem várias identificações quanto a esse lugar, conforme aquele artigo o demonstra. Uma dessas identificações é Espanha. Nesse caso, há uma referência aos judeus que viveram em grande número na península Ibérica até, aproximadamente, o fim do século XV, embora até hoje haja judeus espanhóis e portugueses. Porém, alguns eruditos afirmam que os Targuns erroneamente fizeram essa identificação entre Sefarade e a Espanha; mas é mais provável que esses eruditos é que tenham laborado em erro. Em face dessa identificação é que os judeus dispersos pelas terras em redor do mar Mediterrâneo (Sul da Europa, norte da África e Oriente Próximo) são chamados sefaraditas, fazendo contraste com os judeus asquenazitas (aqueles que se estabeleceram no centro e norte da Europa; Asquenaz, para os judeus, é Alemanha) e com os judeus orientais (aqueles que se estabeleceram no Oriente Médio e Distante).

SEFARVAIM

Uma cidade ao sul da Mesopotâmia (também chamada Sipara e Sifris), e que Salmaneser teria conquistado, juntamente com outros, em 710 a.C. O termo é de sentido desconhecido, aparecendo no Antigo Testamento por seis vezes (2Rs 17.24,31; 18.34; 19.13; Is 36.19 e 37.13). Os naturais da cidade, chamados de "sefarvitas", figuram em 2Reis 17.31. No hebraico, o nome encontra-se em forma dual (um tipo de plural), mas, como dissemos, os estudiosos nunca conseguiram descobrir-lhe o significado.

Foi dessa localidade que foram trazidos colonos para repovoar o território de Israel, depois que o reino do norte foi deportado pelos assírios (2Rs 17.24). Suas divindades incluíam Adrameleque e Anameleque (vide). O enviado de Senaqueribe mencionou Sefarvaim como um lugar cujos deuses se tinham mostrado impotentes contra os assírios (2Rs 18.34 etc.). Há duas identificações possíveis: **1**. a menos provável é Sipar, na Mesopotâmia, conhecida como Sipar de Samás ou Sipar de Anuntum, o que explicaria a forma dual. **2**. Saranaim, na Síria, que foi capturada por Salmaneser. A Sibraim referida na Bíblia (Ez 47.16) talvez aluda a esse local. Dessas duas possibilidades, a segunda é mais provável, visto que se ajusta ao contexto sírio de Sefarvaim (mencionada, como ela é, juntamente com Hamate, que ficava na Síria), bem como ao caráter possivelmente sírio de Adrameleque.

Há estudiosos que apontam para a impossibilidade de se identificar Sefarvaim com Sipar, pois se o rei de Sefarvaim é mencionado em 2Reis 19.13, sabe-se que a Sipar bíblica (vide), nunca teve seu próprio rei, como também foi o caso de Acade, com a qual tem sido identificada por alguns, durante, pelo menos, mil e duzentos anos antes de Senaqueribe. Outros destacam o fato de que Babilônia e Cuta encabeçam a lista de cidades conquistadas pelo monarca assírio (ver 2Rs 17.24); contudo, não indica que Sefarvaim fosse uma cidade babilônica. Antes, como foi dito acima, a composição da lista aponta noutra direção, pois o nome aparece após Ava e Hamate, o que dá a entender que essa cidade ficava na Síria. Os sefarvitas, naturais de Sefarvaim, eram idólatras da pior espécie. Em 2Reis 17.31 lemos que, embora tivessem aprendido a temer ao Senhor, queimavam os seus filhos no fogo a Adrameleque e a Anameleque, deuses de Sefarvaim. Não admira, portanto, que os judeus alimentassem tão grande repúdio aos samaritanos, que gerações depois, abandonaram totalmente essas práticas idólatras, tendo chegado a adotar como livros sagrados o Pentateuco dos judeus, posto que com algumas alterações propositais e tendenciosas. Ver sobre *Samaria*.

SEFATIAS

No hebraico, **"***Yahweh* **é Juiz"** (*Yahweh* julga). Há dez pessoas chamadas por este nome no Antigo Testamento. A lista está em ordem cronológica: **1**. Benjamita da cidade (território) de Harufe, que se uniu aos guerreiros de Davi quando este recuou de Ziclague, fugindo de Saul (1Cr 12.5). A época foi cerca de 1000 a.C. **2**. Davi teve seis filhos nascidos em Hebrom, e Sefatias foi o quinto, filho de Abital (2Sm 3.4; 1Cr 3.3). Isso ocorreu em cerca de 994 a.C. Davi estabeleceu seu quartel-general em Hebrom, e a todo o lugar que ia ele estabelecia um novo harém, como demonstra o artigo com seu nome. **3**. Príncipe da tribo de Simeão, filho de Maaca, que viveu por volta de 960 a.C. (Ver 1Cr 21.2,3). Davi o indicou como regente de sua tribo nativa. **4**. Sexto filho do rei Josafá, de Judá. Foi o irmão de Jeorão, que ascendeu ao poder matando os irmãos (2Cr 21.2). A "matança de irmãos" era prática comum entre os reis orientais. Viveu em torno de 875 a.C. **5**. Filho de Matã, contemporâneo do profeta Jeremias. Foi um dos homens maus que sugeriu ao rei Zedequias lançar Jeremias em uma masmorra por sua alegada atitude pró-babilônica e por ser um encrenqueiro que nunca desistia. (Ver Jr 38.1-4). Viveu em torno de 600 a.C. **6**. Filho de Reuel (filho de Ibnijas), da tribo de Benjamin. Foi pai de Mesulão, uma das primeiras pessoas a estabelecer-se em Jerusalém após o retorno dos cativos da Babilônia. (Ver 1Cr 9.8). **7**. Pai de uma família que retornou a Jerusalém para reconstruir a capital após o cativeiro babilônico. Foram contados 370 membros, um número grande de sobreviventes para uma só família. Eles acompanharam Zorobabel (Ed 2.4; Ne 7.9). **8**. Ancestral de Zebadias que voltou com Esdras do *cativeiro babilônico* (ver), liderando 80 pessoas no retorno (Ed 8.8), por volta de 536 a.C. **9**. Outro Sefatias, líder da família que descendeu dos escravos do templo de Salomão. Membros de sua família retornaram a Jerusalém após o cativeiro babilônico, acompanhando Zorobabel (Ed 2.57; Ne 7.59). Isto ocorreu em torno de 536 a.C. **10**. Descendente de Perez (Farez) (filho de Judá), cujo descendente distante *Ataías*, de Judá, viveu em Jerusalém na época de Neemias (Ne 11.4), por volta de 550-536 a.C.

SÉFER

No hebraico, **"beleza"**. Esse é o nome de um monte defronte do qual os israelitas acamparam, durante o período de suas vagueações pelo deserto (Nm 33.23,24). Fica localizado entre Queelata e Harada. Mas, além desse informe bíblico, nada se sabe quanto à sua localização exata.

SEFÓ

No hebraico, **"despreocupado"**. Ele foi um horita, chefe em Edom. Foi o quarto filho de Sobal, que descendia de Seir (Gn 36.23 e 1Cr 1.40). Viveu por volta de 1750 a.C.

SEGA

No hebraico temos a considerar uma palavra, e no grego, duas, a saber: **1**. *Qatsar*, "segar", "cortar". Essa palavra hebraica ocorre por 22 vezes com esse sentido agrícola. (Por exemplo: Lv 19.9; 23.10,22; Rt 2.9; Jó 4.8; Pv 22.8; Is 37.30; Jr 12.13; Os 8.7). **2**. *Therízo*, "segar". Palavra grega que ocorre por vinte vezes (por exemplo: Mt 6.26; 25.24; 26; Lc 12.24; Jo 4.36-38; 1Co 9.11; 2Co 9.6; Gl 6.7-9; Tg 5.4; Ap 14.15,16). **3**. *Amáo*, "ceifar". Esse verbo grego aparece somente em Tiago 5.4.

As colheitas, na região sul da Palestina, são feitas quando o grão amadurece, mais ou menos, em meados de abril. Porém, na porção norte e nas regiões montanhosas são necessárias mais três semanas para a sega ter início. A colheita da cevada começa juntamente com a festa da Páscoa (Lv 23.9-14; 2Sm

21.9; Rt 2.23), e termina ao começar a colheita do trigo (Gn 30.14; Êx 34.22). A sega do trigo faz-se cerca de duas semanas depois da colheita da cevada. Nos tempos antigos, estendia-se por sete semanas (Rt 2.23). Os frutos de verão, como os figos e as uvas, eram colhidos em agosto e setembro. Em cerca de meados de novembro há a colheita das azeitonas (Dt 24.20). Os pobres tiravam proveito da lei sobre a respiga das plantações (ver sobre *Respigar*). Por ocasião das colheitas do campo havia grande alegria e festividades. Ver o artigo sobre o *Calendário*, onde há um gráfico que inclui todas as diversas colheitas, as condições climáticas e o período do ano de cada colheita. Ver o artigo geral sobre a Agricultura.

Usos figurados. O termo geral "ceifa" é usado para indicar o julgamento divino. (Jr 51.33; Os 6.11; Jl 3.3; Ap 14.15). Mas também pode indicar um período da manifestação da graça divina (Jr 8.20), ou o tempo em que as pessoas podem ouvir e aceitar o evangelho (Mt 9.37,38; Jo 4.35). O fim desta nossa dispensação, que coincidirá com a segunda vinda de Cristo ou *parousia*, será uma espécie de colheita (Mt 13.39). Os cuidados de Deus são simbolizados pelo orvalho que promove uma boa colheita (Is.16.4). O frio, durante o tempo da sega, é sinal de refrigério, visto que o tempo da colheita, na Palestina, coincide com um tempo extremamente quente (Pv 25.13). Quando caíam chuvas fora de tempo, durante a época da colheita, isso simbolizava as honrarias prestadas aos tolos (Pv 26.1). A colheita segundo a semeadura simboliza a lei divina da retribuição, um princípio universal (Gl 6.7,8). Nos sonhos e nas visões, a colheita pode indicar a recompensa final por um trabalho bem-feito, ou o benefício recebido por algo que fora feito. A colheita também pode simbolizar a morte física, pois é então que cada um de nós presta contas por sua vida. Mas também, mais simplesmente, pode representar a abundância material, quando não faltam comestíveis aos homens.

SEGUBE

No hebraico, embora a palavra apareça sob formas levemente diferentes, segundo os manuscritos, o seu sentido é **"exaltado"**. Na LXX, Σεγοσυβ. Nas páginas do Antigo Testamento foi nome de duas personagens: **1**. O filho mais jovem de Hiel, de Betel, que reconstruiu Jericó, durante o reinado de Acabe (1Rs 16.34). Os *Targuns* afirmam que Hiel ofereceu Segube e seu irmão, Abirão, como sacrifícios de fundação, um rito comum entre os pagãos que viviam na região. Mas, segundo a opinião de alguns estudiosos (como De Vaux), se esse incidente envolveu um sacrifício de fundação, então, isso era devido à influência fenícia. Tais sacrifícios humanos são confirmados em Gezer, onde três esqueletos foram encontrados debaixo de um alicerce construído em cerca de 1800 a.C. O autor dos livros de Reis considerava a morte dos filhos de Hiel como um cumprimento da maldição de Josué, no sentido de que quem quer que tentasse reconstruir Jericó perderia seus filhos mais velho e mais novo (ver Js 6.26). **2**. Um filho de Hebrom, neto de Maquir, bisneto de Judá (1Cr 2.21,22). No caso deste último, a LXX diz *Sero u ch*, ao passo que o texto grego de Luciano diz Σεγοσυβ.

SEGUNDA VINDA

O Antigo Testamento, é claro, tem profecias sobre a Segunda Vinda. Ver artigos detalhados sobre este assunto na *Enciclopédia de Bíblia, Teologia e Filosofia: Segunda Vinda* e *Parousia*.

SEIOS

No hebraico temos três palavras principais: *dad*, palavra que figura por quatro vezes (exemplos: Pv 5.19 e Ez 23.8); *shad*, palavra que aparece em vinte lugares (por exemplo: Gn 49.25; Sl 22.9; Ct 1.13; Ez 23;3) e *shod* (para exemplificar: Jó 24.9); esta última figurando por três vezes. Além disso, temos os vocábulos hebraicos *chadin*, "peito" ou "tórax" (somente em Dn 2.32); *chazeh*, "tetas", pois aponta para a glândula mamária dos animais (por exemplo: Êx 29.26; Lv 7.30,31,34), *atin*, "veias" (somente em Jó. 21.24), *e lebab*, "coração", (palavra que figura por cerca de 240 vezes embora se deva traduzi-la por peito, em Na 2.7). No grego temos duas palavras: *stéthos*, "peito" ou "seio", que aparece por cinco vezes (Lc 18.13; 23.48; Jo 13.25; 21.20 e Ap 15.6); e *mastós*, "seio", que figura por três vezes (Lc 11.27, 23.29 e Ap 1.13).

O termo aramaico *hadi*, "peito", equivale ao termo grego *stéthos*, o lugar onde o punho fechado bate, em sinal de consternação ou tristeza (Lc 18.13), ou sobre o qual alguém se inclina, em tristeza (Jo 13.25). Nas Escrituras, o termo pode significar tanto a parte anterior inteira do tórax, entre o pescoço e o abdôme, onde as costelas e o externo proveem proteção para os órgãos vitais do coração e dos pulmões, como pode limitar-se à glândula mamária feminina.

1. Um sinal de beleza. A linguagem empregada em Cantares 8.8-10 demonstra que os seios femininos eram muito apreciados por sua beleza. O texto também demonstra uma certa preocupação com as dimensões dos seios, de tal modo que a atração física de uma mulher, para o seu marido, depende bastante dos seios, de seu formato e dimensões. A atração física é um detalhe também enfatizado em Provérbios 5.19. Estudos psicológicos mostram que as mulheres se preocupam consideravelmente com a questão. Os seios são símbolos do arquétipo da Grande mãe, a fonte de toda vida e de todos os seres vivos, bem como da ideia da pessoa *inteira*. Os seios são órgãos sexuais secundários, um potente símbolo sexual.

2. Sentidos psicológicos. Os psicólogos têm provado que as mulheres têm uma preocupação especial com seus seios, incluindo formato e dimensões; e que os homens também participam desse interesse. Portanto, qualquer enfermidade deformante dos seios é considerada uma ameaça à figura da mulher, em sua integridade, bem como uma destruição de sua feminilidade.

3. Usos figurados. *a*. Os seios de uma virgem pressionados e apalpados, simbolizam os abusos que a idolatria inflige a um povo (Ez 23.3, 8; Os 2.2) *b*. Bater no peito simboliza grande aflição (Na 2.7; Lc 23.48). *c*. Total vitória, obtida sobre um adversário, é retratada pelo ato de sugar o leite de um seio materno (Is 60.16). *d*. O império persa, dentro do sonho de Nabucodonosor, interpretado por Daniel, foi simbolizado pelo peito e pelos braços de prata da grande estátua, denotando sua prudência, humanidade e o valor de suas riquezas materias (Dn 2.32).

SEIR

No hebraico, *áspero, cabeludo, desgrenhado*. No Antigo Testamento, é o nome de uma pessoa, de uma cadeia montanhosa e de um território: **1. Seir, a pessoa**, um horeu, cujos filhos foram Lotã, Sobal, Zibeão, Aná, Disom, Eser e Disã. (Ver Gn 2.21, 22 e 1Cr 1.38). Essas pessoas descendiam distantemente de Esaú. Não se sabe se o homem deu à terra onde vivia o nome Seir ou se seu nome derivava do local. A época em que ele viveu não pode ser determinada com precisão. **2. Seir, a cadeia montanhosa**. Essa cadeia de montanhas encontra-se próximo ao mar Morto, a leste do vale de Arabá. Estende-se do wadi Armom, indo ao sul, até as regiões próximas à Ácaba moderna. A primeira menção ao local é encontrada em referência à campanha militar de Quedorlaomer, rei de Elão. Os horeus eram habitavam o local naquela época (Gn 14.4 ss.). Essas pessoas são relativamente bem conhecidas através dos tabletes cuneiformes escavados pelos arqueólogos em Nuzu e outros sítios arqueológicos. Tal povo invadiu o norte da Mesopotâmia em cerca de 1780-1600 a.C. e paulatinamente se espalhou por boa parte da Palestina e da Síria. Por ordem de *Yahweh*, os israelitas tiveram de deixar em paz os territórios que pertenciam aos horeus, pois haviam sido dados por Deus como posse a Esaú e seus descendentes (ver Dt 2.5). No que diz respeito a montanhas, essa cadeia não impressiona muito, variando entre 180 m e 1.800 m acima do nível do mar. A área era importante para os habitantes, inclusive para os hebreus, pois lucrativas rotas comerciais a cruzavam. Pontos importantes da área incluíam Petra e o monte Hor. Os íngremes penhascos dessa cadeia de montanhas assinalam a fronteira oeste de Edom, ao passo que suas faldas se estendem até a fronteira oriental de Edom. Os termos Seir, monte Seir e terra de Seir são usados intercambiavelmente, praticamente como sinônimos, e todos se referem ao próprio Edom. (Ver 2Cr 25.11; 20.10 e Gn 36.30). A largura desse trato montanhoso entre Arabá e o deserto do leste não excede mais de 24 a 32 km Contraste isto com as Montanhas Rochosas que entre Denver, no Estado do Colorado, e Salt Lake City, ocupam 1.000 km! Foi esta região que Isaque descreveu a seu filho, Esaú, como o local onde ele iria viver, bem como onde habitaram seus descendentes, depois dele: *Longe dos lugares férteis da terra será a tua habitação; longe do orvalho do alto céu* (Gn 27.39). **3. A terra de Seir**. Este pedaço de terra localizava-se a sudeste de Berseba. Quando Esaú deixou sua casa, radicou-se neste território abandonado, que se tornou conhecido como *a terra de Seir*. (Ver Gn 32.3). Foi ali que Esaú e seu irmão alienado, Jacó, tiveram o encontro fatal quando Jacó retornava de Padã-Arã (Gn 31.18). O local não era, é claro, a área montanhosa de monte Seir, mas, naquela época, também assumiu o nome de Seir. A longo prazo, Esaú e seus descendentes ocuparam a área montanhosa assim chamada (Gn 35.27, 29; 36.1-8). A distância entre a terra chamada de Seir e o monte Seir era (é) de uns 100 km, portanto, na verdade, estamos lidando com a mesma área geral. Até hoje, traços do nome Seir são encontrados em nomes de locais da região mais ao sul. A planície *Es Seer* é um exemplo (Seer correspondendo a Seir). **4. Outro Seir**. Este lugar situava-se a oeste de Jearim. A única referência ao local está em Josué 15.11, onde são dados outros nomes geográficos que nos fornecem o local exato. Trata-se de um cume de pedra elevado, com vários picos agudos, a sudoeste de *Kureyet el Enabe*. O terreno é árido e abandonado.

SEIRÁ

No hebraico, **"distrito coberto de madeira"**, **"emaranhado"**, **"áspero"**, **"cabra"**, um local nas montanhas de Efraim que fazia fronteira com Benjamim. Foi ali que Eúde se refugiou, depois de ter matado Eglom (Jz 3.26). A matança ocorreu em Jericó (Jz 3.27) e provavelmente o local não ficava longe dali. A compreensão correta do texto poderia ser que Eúde fugiu para a "floresta da região montanhosa de Efraim".

SELA

A palavra aparece somente no Antigo Testamento. Há três palavras hebraicas envolvidas: *Merkab*, "selar"; palavra usada por uma vez com o sentido de *carro* (1Rs 4.26), e por duas vezes com o sentido de *selar* (Lv 15.9 e Ct 3.10). *Chabash*, "preparar"; palavra usada por 33 vezes, mas com o sentido de "preparar" o animal para ser montado em (Gn 22.3; Nm 22.21; Jz 10.10; 2Sm 16.1; 17.23; 19.26; 1Rs 2.40; 13.13,23,27; 2Rs 4.24). *Kar*, palavra usada por catorze vezes, mas apenas por uma vez indicando, possivelmente, uma sela dotada de grandes bolsas (em Gn 31.34).

É possível que a sela tenha sido uma antiga invenção persa, usada tanto para acomodar melhor o cavaleiro como para proteger as costas dos cavalos de coisas que poderiam feri-los. No primeiro sentido é usada a palavra em Levítico 15.9, onde a regra atinente à imundícia envolve também uma "sela" usada pela pessoa cerimonialmente impura. Ordinariamente, conforme se aprende na história de Abraão, quando ele subia ao monte Moriã em companhia de Isaque (Gn 22.3), ou no relato sobre Balaão, que foi amaldiçoar o povo de Israel (Nm 22.21), geralmente, eram os asnos que eram selados. Em uma instância, quando Labão perseguia suas filhas fugitivas (Gn 31.22), há alusão a um camelo selado (Gn 31.34), que os estudiosos pensam ser de um tipo munido de bolsões, onde Raquel havia escondido os ídolos do lar, pertencentes a seu pai, os quais eram muito importantes para ele. Ver *Ídolos do Lar*.

SELÁ

No hebraico, **"rocha"** ou **"penhasco"**. No grego, *pétra*, "rocha". **1**. Em composição com Rimom (vide), Etã (vide) e Hamalecote (ver Sela Hamalecote). **2**. Uma localidade não-identificada, no território dos amorreus (Jz 1.36). **3**. O nome semítico para Petra, capital da antiga nação de Edom (vide).

Descrição. Petra é acessível hoje em dia pelo leste, partindo-se da moderna aldeia de El Ji, através do *wadi* Musa. Esse *wadi* estreita-se até tornar-se no *Siq* ou "Gargalo", dificilmente alcançando 1,80 m de largura, mas com paredes laterais que se elevam até 80 m de altura. Nos tempos antigos, uma represa protegia o "Gargalo" das enxurradas súbitas. Um aqueduto cortado na rocha, ao lado esquerdo, antigamente levava água até Petra. Após ultrapassar o "Tesouro do Faraó", o *wadi* abre-se, transformando-se em um vale com cerca de mil metros por quatrocentos metros, onde ficava localizada a cidade baixa. Algumas importantes ruínas dali são o castelo do Faraó, o Templo Peripteral, o palácio e o Grande Teatro.

Mais algumas estruturas de vários tipos e estilos encontram-se nas colinas próximas e nas ravinas. Entre as mais famosas estão os túmulos e os templos escavados nas paredes das ravinas. Os lugares elevados, usados na adoração, também são significativos, particularmente aquele em Zibb Atuf.

História. À parte das pederneiras dos habitantes das cavernas, as mais antigas evidências de habitação são os remanescentes de uma fortaleza idumeia e de cerâmica idumeia encontrados em um certo lugar alto, Umm el-Buyara, que provavelmente, é a Sela original. É provável que Amazias tenha precipitado desse lugar alto os seus prisioneiros edomitas (2Cr 25.12). Durante o tempo dos nabateus, Petra tornou-se o ponto local do comércio terrestre entre a Arábia e certas localidades do noroeste. Após haver sido anexada por Roma, em 106 d.C., a cidade de Palmira assumiu esse papel e, pelos fins do século III d.C., Petra havia perdido inteiramente a sua importância econômica. No século IV d.C., Petra tornara-se a sede de um bispado cristão. Para todos os propósitos práticos, as conquistas árabes do século VII d.C. puseram fim à história de Petra. Após o século XIII, até mesmo o antigo local da cidade havia sido esquecido, até haver sido redescoberto por Burchardt, em 1812.

SELÁ. Ver *Músicas e instrumentos Musicais*.

SELÁ

No hebraico, **"paz"**. Há duas pessoas e um acidente geográfico com esse nome, nas páginas do Antigo Testamento, a saber: **1**. Um filho de Árfaxade, da linhagem de Sem e pai de Éber (Gn 10.24; 11.12-15; 1Cr 1.18,24; Lc 3.35). **2**. O filho mais jovem de Judá e Sua, uma cananeia, que fora prometido, de acordo com a lei, mas que não fora dado em casamento a Tamar, sua cunhada viúva. Ela se casara com Er, o primogênito de Judá (Gn 38.2-5,14,26; 46.12; 1Cr 2.3; 4.21). A família dos selanitas (Nm 26.20), que talvez sejam os mesmos silonitas, referidos em Neemias 11.5, descendia dele. Ele viveu por volta de 1700 a.C. **3**. Nome de um poço em Jerusalém, perto do jardim do rei, comumente chamado Siloé e, nos dias modernos, Silwan (Ne 3.15; Is 8.6). Na primeira dessas duas passagens, "açude de Hasselá".

SELEDE

No hebraico, **"exultação"**. Um jerameelita. Era o primogênito de Nadabe, de Judá. Ele faleceu sem filhos (1Cr 2.30).

SELEMIAS

No hebraico, *"Yahweh* **recompensa***"* ou **"restaura"**. Nove pessoas do Antigo Testamento são assim chamadas. Essas são listadas abaixo em ordem cronológica: **1**. Porteiro que cuidava da entrada leste do tabernáculo. Filho de Zacarias, comandava o portão do norte (1Cr 26.14). É chamado de *Meselemias* em 1Crônicas 9.21, de *Salum* em 1Crônicas 9.17, 31, e de *Mesulão*, em Neemias 12.25. Era um descendente distante de Coré, da tribo de Levi. Viveu em torno de 960 a.C. **2**. Avô de Jeudi, que foi enviado pelos governantes para convidar Baruque a ler o manuscrito das profecias de Jeremias para eles (Jr 36.14). Sua época foi cerca de 606 a.C. **3**. Filho de Abdeel, que, juntamente com outros, recebeu ordens de Jeoaquim para prender Baruque e Jeremias, algo que acabou por não acontecer (Jr 36.26). A época era cerca de 580 a.C. **4**. Pai de Irias, que foi um guarda da porta de Benjamim que prendeu Jeremias, acusado de tentar desertar para o lado dos babilônios (Jr 37.13). Viveu por volta de 586 a.C. **5**. Pai de Jucal, líder dos judeus que acusou Jeremias ante o rei Zedequias, afirmando que ele era um espião da Babilônia e estava ferindo a causa de Judá em uma época crítica (Jr 38.1). Viveu em torno de 580-590 a.C. **6**. Filho (ou descendente) de Bani, viveu na época de Esdras (ver Ed 10.39), em torno de 450 a.C. **7**. Outro filho (ou descendente) de Bani na época de Esdras (Ed 10.41), que viveu em cerca de 450 a.C. **8**. Pai de Hananias, que ajudou a reconstruir as paredes de Jerusalém após o retorno do restante do cativeiro babilônico (Ne 3.30). Viveu por volta de 445 a.C. **9**. Sacerdote indicado por Neemias para servir como tesoureiro dos dízimos levíticos. Neemias deu aos levitas serviços religiosos melhores do que eles tinham anteriormente (Ne 13.13). Viveu em cerca de 445 a.C.

SELES

No hebraico, **"poderoso"**. Era filho de Helém e cabeça de um clã da tribo de Aser (1Cr 7.35). Viveu em cerca de 1600 a.C.

SELEUCO

Alexandre conquistou a Palestina em cerca de 332 a.C. Ele poupou a cidade de Jerusalém e disseminou a língua e a cultura grega por toda a parte. Marchas forçadas e bebidas imoderadas arrebataram-lhe a vida aos 33 anos de idade, quando ele estava na Babilônia, no ano de 323 a.C. Com seu falecimento, morreu também a ideia de um governo universal e, em cumprimento das profecias de Daniel (11.4, 5), seu reino foi dividido. O império foi repartido entre os quatro generais de Alexandre. As duas porções *orientais* ficaram com generais separados: a *Síria* ficou com Seleuco; o *Egito* ficou com Ptolomeu. Dessa maneira, vieram a existir os ptolomeus (reis gregos no Egito) e os selêucidas (reis gregos da Síria). Outros domínios foram estabelecidos como resultado da morte de Alexandre, mas só esses dois têm algum significado na história bíblica, em relação ao período intertestamentário. A princípio, a Palestina ficou sob o controle sírio, mas logo depois passou para o controle egípcio. Assim permaneceram as coisas durante cerca de cem anos, até 198 a.C. Nesse período os judeus estavam dispersos, e a Alexandria serviu de importante centro político e cultural. O Antigo Testamento foi traduzido para o grego, e a *Septuaginta* (a maior das versões) (ver) passou a existir. Essa versão também é designada LXX, nome derivado da lenda de que 72 tradutores participaram das traduções da obra, que levou 70 anos para ser concluída. Quanta verdade pode haver na lenda não pode ser demonstrado.

Para detalhes completos sobre as condições históricas do período intertestamentário, ver na *Enciclopédia de Bíblia, Teologia e Filosofia* o artigo chamado *Período Intertestamental*, que é ilustrado por gráficos detalhados.

A palavras *Seleucidae* (plural) deriva do nome Seleuco Nicator, general de Alexandre, o Grande (312 a.C.). Esse general, depois da morte de Alexandre, iniciou a dinastia que governou a maior parte da Ásia Menor, Síria, Pérsia e Bacria (312-364 a.C.). Periodicamente a Palestina caía sob o controle dos selêucidas e do ptolomeus, conforme fluía o poder militar.

Seis reis constituíram os selêucidas, mas apenas quatro deles foram significativos para os acontecimentos bíblicos que preparam o caminho para a entrada de Jesus, o Cristo. Forneço seus nomes e breves descrições:

1. Seleuco Nicator, "conquistador" (cerca de 358-280 a.C.), filho de um nobre da Macedônia e amigo íntimo de Alexandre, o primeiro a reinar sobre a Síria e a Babilônia depois da morte de Alexandre. Em 316 a.C. Ele perdeu o poder e teve de fugir ao Egito. Ptolomeu o ajudou a reconquistar o poder nos territórios perdidos, e assim iníciou-se a dinastia selêucida, que perdurou até 65 a.C. Daniel 11.5 refere-se a ele como o príncipe do sul.

2. Seleuco II Calino, "glorioso vencedor" (265-226 a.C.), filho mais velho de Antíoco II e pai de Antíoco III. Daniel 11.6-9 descreve como ele conseguiu o trono e os eventos subsequentes. Sua mãe, Laodice, recebeu pouca atenção de seu pai, que a expulsou e casou com a irmã de Ptolomeu III (Berenice). Antíoco voltou a ela apenas para ser traído. Ele foi envenenado e morreu. Seleuco II tomou o poder no lugar do pai. A maior parte do reino foi perdida na Terceira Guerra Síria, e ficou nas mãos do filho de Seleuco, Antíoco, o Grande, a responsabilidade de restaurar o império. Seleuco morreu em um acidente de cavalaria, o que abriu o caminho para seu filho tomar o poder.

3. Seleuco III, Soter, "salvador" (cerca de 245-223 a.C.). Daniel 11.10 refere-se a ele e ao seu irmão e sucessor, Antíoco, o Grande. Ambos eram filhos de Seleuco II. Ele reinou apenas por dois anos e morreu misteriosamente em uma campanha militar contra Átalo de Pérgamo, ao tentar reconquistar o controle da Ásia Menor.

4. Seleuco IV Filopater, "amigo do pai" (cerca de 218-175 a.C.), filho de Antíoco, o Grande. Daniel 11.20 menciona esse homem como um usurpador de tributos das terras conquistadas. Ele reinou sobre um império reduzido e tinha relacionamentos amigáveis com os poderes do leste, o Egito e a Macedônia. Pagou parte das despesas do templo no início de seu reinado (187-175 a.C.), mas depois tentou apropriar-se do que havia ali por meio da força. Ele devia muito dinheiro a Roma, e isso pode tê-lo inspirado a tentar roubar o templo. Foi assassinado pelo seu ministro-chefe em verdadeiro estilo oriental.

SELO

I. Termos. O principal termo hebraico é *hotham*, palavra genérica para todos os tipos de selos. A principal palavra grega é *sphragis*, que serve à mesma função. Uma transliteração alternativa de *hotham* é *chotham*.

- *Chatham* (selar, terminar): (Dt 32.34; Jó 9.7; Is 8.6 servem como exemplos).
- *Chotham* (sinete, selo): (Êx 28.11; Jr 22.24; Ag 2.23).
- *Chothemeth* (sinete, selo): (Gn 38.25).
- *Izqa* (sinete): (Dn 6.17).
- *Tabbaath* (afundar, sinete, anel): (Gn 41.42; Êx 25.12, 14, 15, 26, 27; 39.16).
- *Sphragis* (selo): (Rm 4.11; 1Co 9.2; 2Tm 2.19; Ap 5.1, 2, 5, 9).
- *Sphragizo* (selar): (Mt 27.66; Jo 3.33; 7.27; Rm 15.28).

II. Caracterização Geral. O selo era um instrumento portátil usado para carimbar documentos ou fazer impressões em barro e outros materiais. A impressão servia para autenticar um documento ou uma assinatura. Selos deste tipo permanecem em uso em algumas regiões do Oriente. Em alguns lugares, na antiguidade, o selo tinha tal importância que nenhum documento sem selo era considerado legal ou autêntico. Em tempos modernos, a assinatura de uma pessoa (às vezes exigindo a autenticação de um agente legal) tomou o lugar dos selos. Cofres, portas de casas, depósitos de bens de valor e tumbas eram selados a fim de desencorajar a violação.

III. Tipos

1. Os selos de carimbo, que faziam impressões em vários tipos de material, eram um método de selar que data do século IV a.C. Pedras preciosas, anéis e amuletos muitas vezes eram instrumentos que portavam a imagem a ser impressa. A superstição supunha que a autoridade e o poder poderiam ser transmitidos pelo selo, algo que ia bem além da *autenticação* fornecida pelo ato.

2. Selos de cilindro. Este tipo de selo parece ter surgido a partir da feitura de bobinas de barro que às vezes eram decorativas e continham figuras de animais, deuses, flores etc. Os cilindros eram rolados em material macio, no qual as figuras eram impressas. Esse tipo de selo já existia antes de 3000 a.C. e seu uso espalhou-se por todo o Oriente, sendo o mais comum e popular até cerca de 1000 a.C. Os cilindros eram feitos de vários tipos de materiais, como argila, pedra, metal, marfim, cerâmica resinada, pedras preciosas. Havia pedras preciosas que davam "sorte" e os que davam "azar". Às vezes as autoridades usavam selos de cilindros em um cordão pendurado no pescoço. Outros cilindros eram presos ou colocados nas dobras das roupas.

3. Selos de escaravelhos e amuletos eram populares no Egito. Este era um tipo de selo de carimbo. Alguns besouros egípcios botavam ovos em excrementos de animais e então rolavam essas fezes em bolas para proteger as larvas. Para os egípcios, esta era uma lembrança do sol, um objeto sagrado para Rá, o deus-sol. Ou se acreditava que o próprio sol era um deus. O escaravelho (um grande besouro preto) tornou-se sagrado para os egípcios, como um emblema da vida eterna. Era natural que os selos de carimbo fossem feitos na forma de escaravelhos. Esses besouros chegavam a ser enterrados com os mortos e colocados nas bandagens das múmias. A mensagem era: a morte será conquistada pela vida eterna.

4. Cabos de jarras às vezes eram selos de carimbos, usados principalmente para a assinatura de documentos ou para impressões em argila macia, que, quando secava, tornava-se um selo. As mercadorias eram seladas com tal argila, assim como os documentos. Artefatos deste tipo de selo foram descobertos datando dos séculos V e IV.

IV. Dos Vizinhos de Israel

1. Egito. Selos de escaravelhos, geralmente na forma de joias, eram os mais populares no Egito. Alguns eram verdadeiros trabalhos de arte, não apenas utilitários para o processo de selagem. A arqueologia descobriu esses objetos remontando a até 2500 a.C. Os mais humildes eram de argila, mas alguns eram feitos de pedras preciosas, cerâmica ou porcelana. Os selos eram usados para fazer impressões ou às vezes eram amarrados aos documentos com cordões.

2. Mesopotâmia. Foi em Uruque (o Ereque bíblico, a Waraka moderna) que o selo de cilindro foi introduzido, em cerca de 3200 a.C. Muitos desses selos eram embelezados artisticamente. O Instituto Oriental da Universidade de Chicago produziu estudos monumentais sobre este tipo de selo. O professor Frankfort estucou cerca de 1.000 desses selos descobertos apenas no Iraque. Um selo de Darius, o Grande, representa o rei andando em sua carruagem de duas rodas, correndo entre duas palmeiras de tâmaras. Muitos selos de cilindros contêm figuras e escritos. Na Mesopotâmia, o selo do cabo de jarra era um tipo comum, tendo sido introduzido por volta de 2500 a.C.

V. Hebreus

Jó 38.14 menciona o uso de selos através do emprego de argila. O selo de anel é mencionado em Gênesis 38.18. É provável que este selo tenha ficado suspenso do pescoço, da mesma forma que muitos árabes modernos carregam seus selos ainda hoje. Anéis gravados eram usados pelos hebreus, como demonstrado na descrição do peitoral do sumo sacerdote em Êxodo 28.11, 36; 39.6. O trabalho do gravador era uma profissão distinta (Ecclus. 38.27).

VI. Usos Literais

1. Proteção. Achava-se que o selo, especialmente o amuleto, tinha poder mágico que poderia proteger a coisa que estava sendo selada.

2. Para indicar posse. A propriedade de uma pessoa era carimbada com um selo especial que indicava a posse. Tais selos têm sido encontrados com datas tão longínquas quanto a idade neolítica.

3. Autenticação. Documentos escritos de todos os tipos, cartas, notas de venda, recibos, comunicações oficiais, eram autenticados por selos, pelo método de carimbo, ou por selos de argila (carimbados), amarrados a objetos. Judá entregou a Tamar seu selo pessoal, como um tipo de promessa de intenções (Gn 38.18). (Ver ainda Gn 41.42; Ne 9.38; 10.1; Et 8.8 e 1Macabeus 6.15).

4. Marcas comerciais. Trabalhadores que faziam objetos, como objetos de cerâmica, identificavam seu trabalho usando selos. Algumas dessas identificações informavam ao comprador quem ou qual "empresa" havia feito o objeto.

5. Ritualístico. Grandes selos foram descobertos inscritos com nomes de deuses e reis no principal templo da Babilônia. Tais selos atrairiam (esperançosamente) a atenção e o favor dos deuses.

VII. Usos figurativos.

1. O dia e a noite vêm e vão, da mesma forma que uma pessoa rola um selo de cilindro para fazer sua impressão (Jó 38.14). Isto é, o tempo em movimento muda as coisas. **2**. O selo no coração da pessoa amada significa aquele que a ama. O amante faz uma impressão no coração da pessoa amada para estabelecer entre eles uma relação permanente e de grande valor (Ct 8.6). **3**. Um relacionamento valioso e duradouro é retratado pelo selo (Ag 2.23; Jr 22.24). Tal relação pode florescer e apagar, dependendo de seu valor intrínseco. **4**. O selo fala de algo que é permanente (Is 8.16); **5**. O selo fala daquilo que está confirmado (Jo 6.21; Rm 4.11); **6**. Ou o selo fala daquilo que deve ser mantido em segredo (Dn 8.26; 12.4, 9), até que chegue o momento conveniente para a revelação. **7**. O selo pode simbolizar o que é desconhecido ou talvez impossível de saber pelos homens, mas conhecido pelo Senhor, que se manifesta em Jesus, o Cristo (Ap 5.2-8). **8**. Selar as nuvens significa cobri-las para que sua luz deixe de chegar ao homem (Jó 9.7), e isso pode referir-se a como a sabedoria de Deus está escondida do homem comum, que não é capaz de entender as ações de Deus. **9**. O selo do Deus vivo é o selo da salvação, isto é, um homem está seguro sob o selo e por ele é redimido, enquanto outros estão fora do poder salvador do selo, portanto sob julgamento (Ap 7.2-8). **10**. A existência do Espírito Santo é como o selo que protege, mantém e salva (Ef 1.13; 4.30; 2Co 1.22). **11**. As fundações de Deus são inscritas com os selos apropriados (2Tm 2.19). A construção mística dos santos porta as inscrições divinas adequadas, que falam de firmeza, durabilidade e segurança através do decreto da salvação. Portanto, os crentes devem ter confiança no trabalho de Deus, que criou o prédio espiritual. **12**. A circuncisão era um sinal do selo ou Pacto Abraâmico (Rm 8.11). **13**. A manutenção da celebração do sábado era o sinal ou o elo do Pacto Mosaico (Êx Cap. 19). **14**. O apostolado de Paulo foi selado, ou confirmado, como um trabalho autêntico de Deus através da conversão das pessoas à fé Cristã (1Co 9.2).

SELOMI

No hebraico, *"Yahweh* **é paz**". Foi o pai de um príncipe da tribo de Aser, Abiúde, que ajudou na distribuição das terras de Canaã, a oeste do rio Jordão, entre as tribos de Israel (Nm 34.27). Viveu em cerca de 1500 a.C.

SELOMITE

No hebraico, **"pacífico"**, **"perfeito"**, **"completo"**. A palavra é a forma feminina do termo hebraico *shelomi*. A forma

SELOMOTE

masculina é *Selomote*. Ver o número 3 da lista a seguir e o artigo separado sobre a forma masculina. Alguns dizem que *Selomote* é o plural de *shelomi*. Os nomes obviamente são confundidos e apresento artigos separados sobre os dois. A lista é apresentada em ordem cronológica. **1**. Filha de Dibri, da tribo de Dã. Foi mãe de certo homem que acabou apedrejado por blasfêmia (Lv 24.11) . Viveu por volta de 1440 a.C. **2**. Primeiro filho de Simei, que era um líder dos gersonitas. Viveu na época de Davi, por volta de 950 a.C. A versão portuguesa dá o nome *Selomote*. **3**. Levita, líder dos jizaritas (1Cr 24.22). Em 1Crônicas 24.22, é chamado de Selomote, mas, em 1Crônicas 23.18, o nome é Selomite. Embora diferentes, as denominações geram confusão. Ver o parágrafo introdutório a esta lista. **4**. Levita, filho de Zicri, isto é, descendente distante do homem que na época de Davi foi um dos tesoureiros do santuário (1Co 26.25-28). A versão portuguesa dá seu nome como *Selomote*. Viveu em 1015 a.C. **5**. Uma criança perdida de Reoboão com sua mulher Maacá (2Cr 11.20). Viveu em torno de 935 a.C. **6**. Filha de Zorobabel (1Cr 3.19), que viveu por volta de 536 a.C. **7**. Filhos de Selomite, de acordo com uma interpretação do texto, juntamente com um filho de Josifias (Ed 8.10), retornaram do cativeiro babilônico com Esdras. Provavelmente, contudo, houve uma omissão no versículo. O verdadeiro texto seria: "Dos filhos de Bani, Selomite, o filho de Josifias... retornou... ". É assim que está escrito na Septuaginta. A época era cerca de 530 a.C.

SELOMOTE

Este nome foi confundido com *Selomite*. Ver o primeiro parágrafo sob *Selomite*. A versão em português confunde totalmente as duas ortografias. **1**. Gersonita (uma família de levitas), filho de Simei (1Cr 23.9). Viveu em cerca de 1015 a.C. **2**. Na versão em português, jizarita chamado Selomote em 1Crônicas 24.22, mas Selomite em 1Crônicas 23.18. Viveu por volta de 1015 a.C. **3**. Ver o número 4 sob *Selomite*.

SELOS. Ver sobre *Selo*.

SELOS CILÍNDRICOS

Ver o artigo sobre a *Escrita*. A arqueologia tem descoberto um significativo número de pequenos selos cilíndricos, feitos de pedra, de argila queimada ou de alguma outra substância dura. Esses selos estampam toda a espécie de cenas, religiosas ou seculares, divinas ou humanas. Selos de vários tipos eram usados para assinalar identidade pessoal, propriedade ou segurança (1Rs 21.8; Jó 14.17; 41.15), como também para comunicar mensagens. Um selo era rolado sobre argila mole, a qual quando endurecia retinha o carimbo que fora posto pelo selo. As mudanças nos desenhos dos selos ajudam os arqueólogos a datarem as coisas, visto que certos tipos de selos caracterizavam certos períodos de tempo. Os selos mais antigos que conhecemos datam do quarto milênio a.C. Os selos tiveram uma história de cerca de três mil anos, tendo sido usados como modos de identificação e de comunicação antes do invento da escrita. Os selos tipo carimbo, do período persa, terminaram substituindo os selos cilíndricos. Durante algum tempo, esses dois tipos de selos conviveram um com o outro. Os selos dos anéis de selar também eram um tipo popular (Jr 22.24; Hc 2.23).

SELUMIEL

No hebraico, **"Deus é a minha paz ou bem-estar"**. Ele era filho de Zurisadai. Foi principal oficial da tribo de Simeão, terminado o êxodo. Ele ajudou no recenseamento historiado no primeiro capítulo do livro de Números, bem como em outras ocupações importantes (Nm 1.6; 2.12; 7.36,41; 10.19). Nos livros apócrifos, seu nome aparece como Salamiel, filho de Salasadai, dentro da genealogia da heroína Judite (Judite 8.1). Viveu em cerca de 1490 a.C.

SEM

O significado desta palavra hebraica é disputado. Adivinhações incluem "nome", "filho", ou um nome derivado de *sumer*, que nos levaria a entender que ele descendeu dos povos muito antigos da Mesopotâmia. Mas até onde a história nos revela, os semitas (descendentes de Sem) eram da região montanhosa da Armênia. Alguns alegam que esses povos surgiram no Egito e migraram à Suméria. É do nome de Sem que temos a palavra *semitas* e, presumivelmente, a referência aos que falam as línguas semíticas. Gênesis 7.13 nos diz que ele e sua mulher estavam entre as oito pessoas que escaparam do dilúvio, sendo este o filho mais velho de Noé (Gn 5.32; 1Cr 1.4). Ver o artigo separado sobre o *Dilúvio de Noé*. Ele nasceu quando seu pai tinha 500 anos de idade, em uma data indeterminada, mas alguns apontam 5000 a.C. Ele tinha 98 anos de idade quando veio o dilúvio. Dois anos depois, nasceu seu filho Arfaxade (Gn 11.10), que figurou na linhagem ancestral de Jesus, o Cristo (Lc 3.36). Ver a Tabela de Nações em Gênesis 10.21-31, para detalhes sobre os nomes de seus filhos, cujos descendentes presumivelmente ocuparam as terras da Pérsia, Assíria, Caldeia, Lídia, Síria. Os críticos supõem que Sem tenha sido apenas o "legendário" pai dessas etnias. (Ver Gn 5.32; 6.10; 9.18-27; 10.1, 21, 22, 31; 11.10, 11; 1Cr 1.1, 17, 24).

SEMA

No hebraico, **"ouvindo"**, **"relatório"**, **"rumor"**, **"fama"**, ou, possivelmente, **"ele (Deus) ouviu"**. No Antigo Testamento, uma cidade e quatro pessoas eram chamadas assim. **1**. Filho mais jovem de Hebrom e pai de Raão, descendente distante de Calebe da tribo de Judá (1Cr 2.43, 44). Viveu por volta de 1500 a.C. **2**. Benjamita que viveu em Aijalom, líder do clã que ajudou seu povo a derrotar os filisteus que ocupavam Gate (1Cr 8.13). No vs. 21 ele é chamado de Simei. Era filho de Elpaal. **3**. Filho de Joel, da tribo de Rúben (1Cr 5.8), pai de Azaz. É chamado de Simei em 1Crônicas 5.4. Viveu em torno de 1230 a.C. **4**. Sacerdote que ficou ao lado direito de Esdras quando ele leu a lei para o povo (Ne 8.4). Naquela época, de renascimento nacional, a lei de Moisés estava sendo reinstituída para os que haviam voltado do cativeiro babilônico. Em 1Esdras 9.43, ele é chamado de *Samus*. Viveu em torno de 445 a.C. **5**. Vila ao sul de Judá, mencionada entre Amã e Moldã, assim, presumivelmente, próxima a elas (Js 15.26). Talvez possamos identificar este local com Sebá, que estava no extremo sul da tribo. (Cf. Js 19.2).

SEMAA

No hebraico, **"fama"**. Ele foi um gibeonita, pai de Aiezer e Joás, os quais foram fazer parte das forças proscritas de Davi, em Ziclague (1Cr 12.3). Viveu por volta de 1080 a.C.

SEMAÍAS

No hebraico, **"Deus ouve"**, o nome de 26 pessoas no Antigo Testamento e de três nos livros apócrifos. Listo-as em ordem cronológica, à medida que isto é possível de ser feito. Algumas datas são incertas.

No Antigo Testamento. **1**. Pai de Sinri, ancestral de Ziza, líder da tribo de Simeão na época de Ezequias, rei de Judá (1Cr 4.37). Viveu em um período indeterminado. **2**. Avô de Bela, líder da tribo de Rúben, chamado de Sema em 1Crônicas 5.4, 8. As datas referentes a ele são desconhecidas. **3**. Profeta que viveu durante o reino de Reoboão, o filho de Salomão que ocupou o trono quando o pai morreu. Este profeta avisou a Reoboão que não guerreasse com o recém-formado reino do norte, que, sob a liderança de Jeroboão, havia-se separado do sul. Ele exigiu que irmão não lutasse contra irmão (1Rs 12.24). Reoboão foi sábio o suficiente para aceitar o conselho. Depois, quando o Egito se lançou contra Judá, o profeta disse a Reoboão que isto estava acontecendo por causa de sua rebelião e apostasia contra *Yahweh*. O rei se arrependeu (temporariamente) e isto evitou a dominação egípcia, mas Judá tornou-se um virtual subordinado do Egito, pagando-lhe pesados tributos. 1Reis 12.22; 2Crônicas 11.2; 12.5, 6, 15 dizem-nos que este profeta, juntamente com Ido, escreveu uma história sobre o reino de Reoboão, mas esta foi perdida, a não ser, é claro, que parte dela ou todo o documento tenha sido incorporado aos livros históricos bíblicos que tratam dos reis. **4**. Filho ou descendente de Elizafã, chefe de uma família de levitas. Participou da cerimônia do transporte da arca da aliança a Jerusalém na época de Davi, em torno de 1000 a.C. (Ver 1Cr 15.8, 11). **5**. Filho de Natanel, um levita, escriba na época de Davi, que determinou a rota de serviço para os sacerdotes do tabernáculo (1Cr 24.6), cerca de 1000 a.C. **6**. O filho mais velho de Obede-Edom, uma família de porteiros nos portões do tabernáculo em Jerusalém durante o reino de Davi. Teve vários filhos conhecidos pela força e que também estiveram envolvidos nos cultos do tabernáculo (1Cr 26.4), em torno de 1000 a.C. ... *foram varões valentes* (vs. 6). **7**. Um levita enviado pelo rei Josefá de Judá para ensinar a lei de Moisés ao povo nas cidades do reino do sul. Viveu por volta de 940 a.C. (Ver 2Cr 17.8). **8**. Levita, filho ou descendente de Jedutum, que recebeu ordens do rei Ezequias de Judá primeiro para santificar a si mesmo através dos ritos adequados, e depois para limpar o templo (2Cr 29.14). Viveu em torno de 700 a.C. **9**. Levita que serviu a Judá na época de Ezequias, rei de Judá. Recebeu a incumbência de distribuir ofertas entre os sacerdotes nas cidades do reino do sul (2Cr 31.15). Viveu em cerca de 700 a.C. **10**. Levita que contribuiu com grande quantidade de gado a ser sacrificado na Páscoa no 14º ano do reinado do rei Josias, de Judá (2Cr 35.9). Viveu por volta de 620 a.C. **11**. Pai do profeta Urias de Quiriate-Jearim. Previu a queda e a destruição de Jerusalém e foi morto pelo rei Jeoaquim de Judá por ser encrenqueiro (Jr 26.20). Viveu em cerca de 620 a.C. **12**. Sacerdote de Judá que retornou do cativeiro babilônico com Zorobabel. Foi ancestral de Jeonatã, que foi o chefe de uma família de sacerdotes nos dias de Neemias (Ne 12.6, 18, 34). Sua época foi por volta de 520 a.C. **13**. Falso profeta de Judá que foi levado ao cativeiro babilônico na época de Jeremias, o profeta. Ele falsamente profetizou que o cativeiro não duraria muito e arrogantemente pediu que o sacerdote Sofonias refutasse Jeremias por proclamar que Judá permaneceria na Babilônia por longo tempo. Jeremias responde dizendo que esse homem e seus filhos jamais sairiam do exílio (Jr 29.24-32). Sua época foi cerca de 520 a.C. **14**. Pai de Delaías, um dos líderes de Judá que falou ao rei Jeoaquim sobre as profecias negativas de Jeremias no tangente ao cativeiro babilônico (Jr 36.12). Viveu em torno de 620 a.C. **15**. Filho de Secanias, líder da tribo de Judá, descendente distante de rei Davi. Secanias foi o porteiro do portão leste de Jerusalém. Semaías ajudou a reparar os muros nos dias de Neemias (Ne 3.20; 1Cr 3.22). Sua época foi cerca de 520 a.C. **16**. Filho de Hassube, filho de Azricão, levita e descendente distante de Merari, filho de Levi. Foi um dos primeiros levitas que voltaram do cativeiro babilônico para novamente viver em Jerusalém. Ele ministrou no segundo templo (1Cr 9.14; Ne 11.15). Sua época foi cerca de 450 a.C. **17**. Filho de Galal (filho de Jedutum) e pai de Obadias, que tinha a responsabilidade de realizar orações e cultos de ações de graças no segundo templo, na época de Neemias, por volta de 450 a.C. (ver 1Cr 9.16 e Ne 11.17). **18**. Descendente de Adonicão, que retornou do cativeiro babilônico com Esdras (Ed 8.16). Sua época foi cerca de 450 a.C. **19**. Um dos vários homens que Esdras enviou a Ido, em Casifia, solicitando que ele mandasse levitas para servir no segundo templo (Ed 8.16). Sua época foi cerca de 450 a.C. **20**. Filho ou descendente de Harim, o sacerdote, que estava entre aqueles que foram forçados a divorciar-se de suas mulheres estrangeiras na época de Esdras (cerca de 450 a.C.). (Ver Ed 10.21). **21**. Outro descendente de Harim, o sacerdote, que estava entre aqueles forçados a divorciar-se de suas mulheres pagãs na época de Esdras (cerca de 450 a.C.). (Ver Ed 10.31). **22**. Filho de Delaías que convidou Neemias para encontrar secretamente com ele no segundo templo, para que pudesse dar-lhe informações sobre os homens que planejavam matá-lo. Neemias, contudo, percebeu que o homem havia sido contratado por seus assassinos potenciais para assustá-lo e assim deter o trabalho de reconstrução das muralhas de Jerusalém. Dessa forma, Neemias recusou o convite (Ne 6.10). A época foi por volta de 450 a.C. **23**. Sacerdote de Judá que assinou o acordo solene de tornar a lei de Moisés o guia para as pessoas que haviam retornado do cativeiro babilônico (Ne 10.8). A época foi por volta de 450 a.C. **24**. Líder de Judá que participou da cerimônia da dedicação das muralhas reconstruídas de Jerusalém na época de Neemias, por volta de 450 a.C. (Ver Ne 12.34). **25**. Avô de Zacarias, um dos sacerdotes que tocou trombeta na cerimônia de dedicação das muralhas reconstruídas de Jerusalém, após o cativeiro babilônico e a reconstrução do segundo templo em torno de 450 a.C. (Ver Ne 12.35). **26**. Levita que tocava instrumentos musicais durante o culto de dedicação das muralhas reconstruídas de Jerusalém na época de Neemias, em torno de 450 a.C. (Ver Ne 12.36, 42).

Nos Livros Apócrifos: **1**. Líder dos levitas que, em companhia de Conanias e Natanel, seus irmãos, deram ofertas liberais de animais sacrificiais para a Páscoa quando o rei Josias promoveu suas reformas (2Cr 35.9; 1Esdras 1.9). Viveu em torno de 620 a.C. **2**. Filho de Ezora que havia desposado uma mulher pagã durante o cativeiro babilônico e teve de divorciar-se quando o povo retornou a Jerusalém (1Esdras 9.34). Viveu em torno de 450 a.C. **3**. Conhecido de Tobias que era chamado de "o grande Semaías" (Tobias 5.13). Viveu em torno de 400 a.C.

SEMANA. Ver sobre *Calendário*.

SEMANAS, FESTA DAS. Ver sobre *Festas Judaicas*.

SEMARIAS

No hebraico, **"preservado por Deus"** ou **"aquele que *Yahweh* guarda"**. **1**. Habilidoso arqueiro (guerreiro) da tribo de Benjamim que abandonou o rei Saul e juntou forças com Davi em Ziclague, quando este fugia do enfurecido rei que buscava matá-lo (1Cr 12.5). A época era em torno de 1000 a.C. **2**. Filho de Reoboão, rei de Judá. Sua mãe foi Maalate (2Cr 11.18, 19). A época era em torno de 970 a.C. **3**. Filho ou descendente de Harim, que havia desposado uma mulher pagã durante o cativeiro babilônico e foi forçado a divorciar-se quando os cativos retornaram a Jerusalém (Ed 10.32). A época foi em torno de 450 a.C. **4**. Filho de Binuí que havia desposado uma mulher pagã durante o cativeiro babilônico e foi forçado a divorciar-se quando os cativos retornaram a Jerusalém (Ed 10.41). A época foi em torno de 450 a.C

SEMEADOR, SEMEAR. Ver sobre *Agricultura*.

SEMEADURA E COLHEITA, LEI DA

Gálatas 6.7: *Não vos enganeis; Deus não se deixa escarnecer; pois tudo o que o homem semear, isso também ceifará*.

Considerações preliminares: *A metáfora baseada na vida agrícola*: **a**. Comparar essa metáfora com o trecho de Gálatas 5.22. Muitos dos leitores originais de Paulo estavam perfeitamente cônscios do labor árduo envolvido na produção de uma safra abundante. Sabiam que a safra produzida tinha paralelo direto com o labor dispendido. **b**. Também sabiam que as ervas daninhas e as enfermidades podiam ameaçar ou mesmo destruir completamente a colheita. **c**. Além disso, sabiam bem como uma colheita abundante poderia ser obtida, se fossem envidados os esforços apropriados, e quão agradável, encorajadora e preciosa poderia ser uma colheita assim.

Características Dessa Lei: *a*. Ela não é contrária ao princípio da graça. De fato, a graça a requer, pois aquele a quem muito é dado, muito é requerido. A graça nos confere os meios para colhermos abundante safra espiritual. *b*. Essa lei regulamenta a liberdade cristã e nosso relacionamento com os crentes mais fracos. Ninguém pode servir a si mesmo, exibindo seus direitos, e esperar ter uma boa colheita. Essa lei envolve "responsabilidade" na vida, e não o desregramento (conforme se vê no contexto presente). *c*. Ela tem vinculações com o tribunal de Cristo (ver 2Co 5.10). *d*. Ela se relaciona com as recompensas e as *coroas* (ver o artigo a respeito, ver 2Tm 4.8). *e*. Ela não permite a ideia de estagnação espiritual. Quando entrarmos no estado eterno, de conformidade com aquilo que tivermos feito, receberemos certo nível de glorificação. Todavia, esse estado estará perenemente sujeito a aprimoramento, pois todos os eleitos, finalmente, terão toda a plenitude de Deus (ver Ef 3.19), pois, do contrário, o corpo de Cristo seria enfermiço e imaturo, o que significa que a glória de Cristo ficaria diminuída.

Considerações. **1.** O julgamento será de conformidade com as obras dos homens. Sempre é declarado, no caso de crentes e incrédulos igualmente, que os homens serão julgados de acordo com suas obras. Isso faz parte da lei universal da colheita segundo a semeadura. (Ver o artigo sobre as *Obras*). A própria natureza da liberdade, conforme o NT olha para as coisas, mostra que é preciso envolver uma correta moralidade, porquanto se ela chegar a ser perdida, o indivíduo imediatamente será reduzido à posição de escravo do pecado, de Satanás e do próprio "eu".

2. Temos aqui uma lei. Paulo ilustra isso com base no mundo natural. Todos sabem, sem importar se são agricultores ou não, que um homem só pode colher aquilo que semear. A semente que ele lançar na terra determinará o tipo de planta que crescerá; e a sua diligência determinará a extensão do crescimento e da fruição de sua lavoura. A negligência e a semeadura de sementes defeituosas naturalmente resultarão em ausência de safra ou em uma colheita inferior. Se alguém plantar ervas daninhas, naturalmente só colherá ervas daninhas. Além disso, existem outras leis naturais que também entram em cena, como a lei da gravidade. O poder da lei da gravidade é permanente, e tudo neste mundo está sujeito a ela, enquanto daqui não for tirado. Seria realmente de estranhar que, no mundo espiritual, certas leis não funcionassem. Paulo já nos mostrou duas dessas leis espirituais, a saber: um homem será julgado segundo as suas obras; um homem colherá aquilo que semear.

Semeai um hábito, e colhereis um caráter.
Semeai um caráter, e colhereis um destino.
Semeai um destino, e colhereis... Deus.

Prof. Huston Smith

3. Qual é a necessidade dessa lei? Sem essa lei, não poderia haver esperança alguma de a verdade e a bondade serem vencedoras na guerra contra a falsidade e a maldade. Essas leis garantem a vitória final do bem sobre o mal. Também nos asseguram, a nós que nos encontramos na luta em prol da vida piedosa, que essa maneira piedosa de viver é digna de ser vivida, a despeito de quaisquer vantagens temporárias que a vida de pecado nos oferecer . Essas leis nos dão a certeza de que a luta contra o mal vale a pena, pois, de outra maneira, nunca poderíamos ter certeza de que não há vantagem em vivermos para o próprio "eu, e para a carne" Precisamos ter a certeza de que em algum lugar, em algum tempo, os piedosos serão herdeiros do reino eterno de Deus, de que os piedosos triunfarão. Ora, essas leis garantem tal resultado para nós.

4. Provas da existência de Deus e da alma. As leis morais servem de provas tanto da existência de Deus como da existência da alma. É óbvio que, nesta esfera terrena, a justiça nem sempre é feita, que a recompensa nem sempre é recebida. Por conseguinte, deve haver uma esfera, além da morte física, onde a justiça impere. Deve haver um Juiz, dotado de capacidade e poder suficientes, bem como de inteligência, capaz de fazer os homens receberem a retribuição positiva e negativa, segundo suas obras boas ou más, respectivamente. Ora, Deus é exatamente esse ser. Além disso, deve haver aqueles que receberão a recompensa ou o castigo; porquanto, em caso contrário, o mundo será um autêntico caos. Ora, a imortalidade garante isso. Todo o ser humano sobrevive à morte física, estando sujeito então ao castigo ou à recompensa eternos. A lei moral garante a imortalidade. E somente essa proposição concorda com a razão e a intuição, para nada dizermos sobre a revelação divina. Essa é uma verdade tremenda, à qual devemos dar cuidadosa atenção, visto que todo o nosso bem-estar depende dela. Cada dia que amanhece é uma nova oportunidade de semearmos o bem, assim como de recolhermos o bem-estar. Por semelhante modo, cada dia pode ser desastroso para nós, pois podemos estar fazendo aquela espécie de semeadura que finalmente nos prejudicará eternamente. A vida, assim sendo, não é nenhum jogo. Antes, é uma questão seriíssima, com regras fixas sérias, às quais todos nós precisamos nos sujeitar.

5. A vida não é nenhum jogo. O que se conclui do ponto anterior é que a vida não é um jogo, porquanto existem leis e regras bem definidas que controlam a existência. O resultado não depende de meras chances. Antes, quaisquer que sejam os resultados, tudo é consequência do que fazemos e daquilo em que nos tornamos. Não, a vida não é um jogo. Pelo contrário, é um investimento. Algumas pessoas se arriscam durante a vida inteira como se fossem viciadas no jogo. Consideremos, nesse particular, a parábola dos "talentos", em Mateus 25.14-29. Um homem recebeu cinco talentos. Esse não foi jogar com os mesmos, mas antes, investiu-os. Um outro homem recebeu dois talentos. Esse também não se pôs a jogar; antes, investiu a importância de que fora encarregado. E o seu investimento mostrou-se frutífero, porquanto duplicou os seus recursos. Um terceiro homem, porém, que recebera apenas um talento, resolveu não investi-lo. Simplesmente guardou-o em seu lugar oculto, mas isso era contrário à confiança que seu senhor depositara nele. Sabia que seu Senhor era homem severo, exigente; no entanto, resolveu "jogar" com a possibilidade de que, de alguma maneira, embora estivesse fazendo o que sabia que desagradava ao seu senhor, haveria de pelo menos não perder o seu talento. E sua esperança era de que seu senhor fosse não "justo", mas, de alguma maneira, "condescendente", agindo de forma contrária a toda a justiça. Porém, seu jogo e especulação falharam. Seu senhor ficou muito indignado com ele e lhe tomou seu único talento; e um severo castigo foi o que aquele homem recebeu. O senhor daqueles três homens não se deixou zombar. O servo desviado e infiel não pôde modificar as regras. Outro tanto sucede com todos os homens, universalmente: todos recebem um depósito sagrado, uma missão sem-par a cumprir, nesta vida terrena e por toda a eternidade. Cada ser humano será chamado a prestar contas exatas de como usou ou abusou de seu elevadíssimo privilégio de possuir a vida, e até mesmo a vida eterna.

Quando eu chegar ao fim do meu caminho,
Quando eu descansar no fim do dia da vida,
Quando 'bem-vindo!' eu ouvir Jesus dizer,
Oh, isso será a aurora para mim!
Quando em sua beleza, eu vir o Grande Rei,
Unidos aos seus remidos para entoar seus louvores,
Quando eu unir a eles os meus, tributos,
Oh, isso será a aurora para mim!
Aurora amanhã, aurora amanhã,
Aurora na glória, espera por mim;

Aurora amanhã, aurora amanhã,
Aurora com Jesus, pela eternidade.
W.C. Poole

6. Importância da atitude acolhedora dos aprendizes, no ensino. Paulo muito se preocupava com a "apostasia" dos crentes gálatas. Não sabia ele até que ponto essa apostasia tinha ido. Porém, sabia que o fato de que estavam se voltando para os falsos mestres e para as doutrinas errôneas só poderia ser-lhes prejudicial, e que teriam de colher uma safra amargosa. Queria que não se enganassem a si mesmos, e nem fossem iludidos por outros. Faz extraordinária diferença aquilo em que alguém acredita, pois isso é capaz de determinar o que alguém faz. Os crentes gálatas haviam negligenciado o diligente ministério de ensino do apóstolo Paulo; e isso não podiam fazer sem se prejudicarem, porquanto ele era o ministro de Deus a eles enviado, e eles tinham a responsabilidade de dar atenção à sua mensagem.

Não vos enganeis. No grego temos a palavra *planao*, que significa "levar alguém a desviar-se"; "desviar-se" (na voz passiva), ainda que, nos escritos de Paulo, sempre signifique "enganar". (Ver 1Co 6.9,15.33, 2Tm 3.13 e Tt 3.3.) O engano em que os crentes gálatas laboravam era tanto autoprovocado como *induzido* por outros. Permitiam que os falsos mestres os iludissem, e eles mesmos permitiam propositadamente que os seus sentidos se embotassem, o que os levava a se desviarem do caminho de Cristo.

7. Torcendo o nariz para Deus: ... *de Deus não se zomba...* No grego é *mulcterizo*, que, literalmente, significa "torcer o nariz para", ou seja, "ridicularizar", ou, em alguns casos, "ignorar". No presente texto, essa palavra parece não significar "ridicularizar", e sim, parece indicar um tipo de atitude que procura ignorar as leis de Deus com impunidade. Trata-se de uma espécie de tentativa de ser mais "esperto" do que Deus, de evadir-se da punição natural e necessária por motivo dessa forma de ação. Porém, conforme o apóstolo dos gentios nos assegura, ninguém pode escapar dessa maneira, e a própria razão e a intuição nos dão a certeza da mesma verdade, para nada dizermos acerca da revelação divina.

8. Contribuindo para o sustento dos ministros da Palavra. Este versículo segue-se imediatamente à ordem de darmos aos ministros do evangelho o seu sustento devido. Essa é uma das coisas exigidas dos crentes, e, se for negligenciada por eles, redundará em juízo. Porém se um crente semear apropriadamente nesse particular, será apropriadamente recompensado em sua colheita, tanto na forma de bênçãos materiais como na forma de vantagens espirituais. Isso faz parte integrante do sentido do versículo, ainda que o verdadeiro sentido seja universal, aplicando-se a todas as questões da vida diária. Assim, pois, aquele que semear liberalmente, também colherá liberalmente, e aquele que semear com parcimônia também colherá com parcimônia. (Comparar com o trecho de 2Coríntios 9.6, que fala sobre o mesmo tema da liberalidade nas nossas ofertas para o trabalho de Deus).

9. A colheita é certa e exatamente de acordo com a semeadura. No dizer de Rendal (*in loc*.): "Ninguém pode usar de desonestidade com Deus, porquanto ele conhece todos os pensamentos e intuitos do coração...".

10. Zombar de Deus é ato que só existe, realmente, na intenção do homem. Na realidade, porém, ninguém pode zombar do Senhor. Não existe tal coisa. E essa verdade intensifica o impacto do presente versículo.

11. Ceifará. Uma das verdades envolvidas nessa palavra é a da "ceifa", no fim da presente ordem de coisas. Mas cada dia certamente envolve a questão da colheita segundo a semeadura. O sentido escatológico, entretanto, parece ocupar a posição central aqui. (Comparar com Mt 13.39.)

Este sétimo versículo forma uma das medidas que nos *salvaguardam* a santidade e a liberdade em Cristo. A santidade nos é garantida pela lei universal da colheita segundo a semeadura, o que pode ser aplicado a todos os seres humanos. (Ver as notas expositivas, em Gl 5.15 no NTI, acerca das várias salvaguardas, no contexto geral desta passagem.)

SEMEBER

No hebraico, **"esplendor do heroísmo"**. Era rei de Zeboim, uma pequena cidade-estado da época de Abraão. Ele e outros quatro reis, seus aliados, foram derrotados no vale de Sidim, por uma coligação de reis orientais (Gn 14.2). Viveu em cerca de 1920 a.C.

SEMEDE

No hebraico, **"vigia"**, embora o sentido seja incerto. Foi cabeça de um clã da tribo de Benjamim. Descendia de Saarim. Após o exílio babilônico, ele reprovou as cidades de Ono e Lode (1Cr 8.12). Viveu em cerca de 445 a.C.

SEMENTE, SEMENTEIRA

O termo hebraico *zera* serve para indicar tanto a "semente" quanto a "semeadura". E, tal como os termos gregos *spérma* e *spóros*, era usado para indicar tanto a semente agrícola quanto a semente humana; e esta última tanto no seu sentido físico mais estreito como também como uma descrição da descendência de um antepassado comum.

Para os agricultores da Palestina, a sementeira ocorria nos fins de outubro ou no começo de novembro. Após o verão, seco e quente como era, tornava-se impossível arar a terra e semear, até chegarem as primeiras chuvas. Ver sobre as *Chuvas*. Eram as chuvas que afofavam o solo, tornando-o arável. Então tinha lugar a semeadura.

Aos israelitas era vedado, pelos preceitos da lei mosaica, misturar sementes de espécie diferente, em qualquer campo ou vinha. Eles só podiam plantar uma espécie em cada terreno plantado. (Ver Lv 19.19; Dt 22.9). Essa proibição tinha paralelo na proibição da mistura da semente humana, através do casamento misto entre judeus e pessoas de outras nações. Isso não tinha por intuito ensinar aos israelitas qualquer senso de superioridade racial ou cultural, embora muitos deles tenham chegado a entender as coisas por esse prisma; o intuito de tal proibição era evitar que os hebreus adquirissem hábitos e costumes pagãos, entre os quais se destacava, acima de todos, a idolatria, com seu séquito de imoralidades e aviltamento da pessoa humana.

Os principais tipos de semente agrícolas, plantados pelos israelitas, eram o trigo, a cevada e o centeio, além de certo número de legumes. Dentre esses cereais, o que geralmente amadurecia primeiro era a cevada, mais ou menos dez semanas após ter sido semeado, sendo colhida mais ou menos na época da Páscoa (ver sobre *Estações do Ano*). O amadurecimento dos outros cereais ocorria mais tarde, o trigo aproximadamente seis semanas após a colheita da cevada.

Nosso Senhor deu à palavra "semente" uma nova dimensão, quando ensinou como segue: *A semente é a palavra de Deus* (Lc 8.11). É por esse motivo que o Novo Testamento combina os conceitos agrícola e físico da semente, em sua apresentação das verdades espirituais. Assim, a palavra de Deus é semeada, lança raízes no coração dos ouvintes, e então estes nascem como filhos da família de Deus (1Pe 1.23), tornando-se eles uma semente espiritual ou uma nação espiritual.

SEMER

No hebraico, **"vigia"**. Na Septuaginta, *Samer*. Houve três homens com esse nome, nas páginas do Antigo Testamento: **1**. O proprietário de uma colina adquirida por Onri para ser o local de uma cidade que ele edificou e chamou de Samaria (1Rs 16.24). O nome dessa cidade, segundo nos informa esse versículo, é "oriundo de Semer, dono do monte". Viveu por volta de 925 a.C. **2.** Um merarita que foi antepassdo de um cantor do templo de Jerusalém, de acordo com a organização do culto por parte de Davi (1Cr 6.46). Viveu por volta de 1000 a.C. **3.** Um descendente de Aser, cujo nome aparece nas listas genealógicas, em 1Crônicas 7.34. Ele é chamado "Somer", no versículo 32 desse mesmo capítulo.

A despeito do que diz 1Reis 16.24, alguns estudiosos têm proposto que a cidade de Samaria devia seu nome a Samir (Jz 10.1), onde o juiz Tola viveu durante toda a sua vida. Mas, como é lógico, isso não passa de conjectura inaceitável, porquanto contradiz as Escrituras.

SEMIDA

No hebraico, **"fama do conhecimento"**. Ele foi um gileadita, descendente de Manassés, cujo nome encontra-se no segundo recenseamento feito por Moisés, ainda no deserto (Nm 26.32; Js 17.2; 1Cr 7.19). Ele foi pai de Aiã, Siquém, Liqui e Anião, bem como o ancestral epônimo dos semidaítas, que se estabeleceram no território de Manassés, no tempo de Josué. Viveu em cerca de 1450 a.C.

SEMIPELAGIANISMO

Amplo movimento monástico de reação contra os ensinos antipelagianos de Agostinho — mais corretamente, contra o chamado semiagostinianismo, pois surgiu depois do século XVI.

A denominada "revolta dos mosteiros" teve origem, na verdade, em 427, na África romana, contra as obras de Agostinho *Graça e livre-arbítrio* e *Correção e graça* e como resposta às críticas de sua *Carta* 194. Quando Agostinho soube da dissensão monástica no sul da Gália, onde o ensino de João Cassiano difundia um otimismo origenista (*cf.* P. Munz em *JEH* 11, 1960, p. 1-22), escreveu *A predestinação dos santos* e *O dom da perseverança*. A controvérsia continuou após sua morte (430), entre o seu crítico mais forte, Vincent de Lérins (ver Catolicidade), cuja famosa obra *Comunitório* implicitamente acusa a doutrina agostiniana de "não católica", e Próspero de Aquitânia (*c.* 390-*c.* 463), seu incansável defensor. Mais tarde, Fausto de Riez (*c.* 408-*c.* 490) e Fulgêncio de Ruspe (468-533) representariam essas duas posições.

Em 529, sob convocação do bispo Cesário de Arles (*c.* 470-542), reuniu-se o Segundo Concílio de Orange, que condenaria as doutrinas semipelagianas (e pelagianas) e endossar uma teologia agostiniana devidamente qualificada. As decisões do concílio, compiladas parcialmente por Cesário da defesa de Próspero sobre Agostinho, rejeitavam a predestinação para o mal, afirmavam que, com a graça de Deus, podemos cumprir sua vontade e silenciava sobre questões como a da graça irresistível, a do destino das crianças não batizadas e da maneira de transmissão do pecado original.

O ponto inicial de diferença entre as doutrinas referia-se ao "início da fé". Os críticos de Agostinho insistiam em ser esse um ato da liberdade humana, sem nenhuma ajuda, embora a graça fortalecesse de imediato a fé incipiente. Agostinho sustentava que "a vontade é preparada pela graça preveniente de Deus somente". A investida de caráter pelagiano se estendia contra a "cota fixa" agostiniana, limitada somente aos predestinados à salvação e que recebiam essa graça, com o abandono do restante da "massa perdida" de pecadores, destinada à justa condenação; e também contra a irresistibilidade da graça pelos eleitos e a perseverança infalível destes até o fim. Era feita também objeção à negação de Agostinho de que Deus "desejava que todas as pessoas fossem salvas", ponto que até mesmo Próspero mais tarde abandonou.

Esse antiagostinianismo surgiu, em parte, de uma espiritualidade cultivada nos mosteiros, pela preocupação de que o fatalismo não viesse a encorajar a letargia (*accidie*) monástica e tornasse sem sentido a repreensão e a exortação, para não dizer a oração e a evangelização. Embora Agostinho temesse um recrudescimento do pelagianismo propriamente dito, os "semiagostinianos" reafirmavam o pecado original e a necessidade da graça para a salvação, embora buscando uma antinomia equilibrada entre a graça e a liberdade; rejeitavam usar do recurso aos conselhos ocultos de Deus na eleição e duvidavam que uma predestinação justa pudesse deixar de estar baseada na presciência.

As questões doutrinárias abertas naqueles anos vieram a reaparecer regularmente, especialmente nos séculos XVI a XVIII (ver Teologia Jesuítica), bem como no incessante debate entre calvinistas e arminianos, no evangelicalismo moderno.

(**D. F. Wright**, M.A., reitor da Faculdade de Teologia e catedrático de História Eclesiástica do New College, Universidade de Edimburgo, Escócia.)

BIBLIOGRAFIA. Obras de Próspero, tr. P. De Letter, *ACW* 14 (1952) e 32 (1963); P. Brown, *Augustine of Hippo* (London, 1967); N. K. Chadwick, *Poetry and Letters in Early Christian Gaul* (London, 1955); O. Chadwick, *John Cassian* (Cambridge, 21968); G. Fritz, *in: DTC* 11 (1931), cols. 1087-1103; J. Pelikan, *The Christian Tradition,* 1: *The Emergence of the Catholic Tradition (100-600)* (Chicago, IL, 1971); G. Weigel, *Faustus of Riez* (Philadelphia, 1938); E. Amann, *in: DTC* 14 (1941), cols. 1796-1850; F. H. Woods, *The Canons of the Second Council of Orange* (Oxford, 1882).

SEMIRAMOTE

No hebraico, **"fama do mais alto"**. Há dois homens com esse nome, nas páginas do Antigo Testamento: **1.** Um músico levita que proveu música quando a arca da aliança estava sendo transferida da casa de Obede-Edom para Jerusalém (1Cr 15.18,20), e que ajudou no aspecto musical do culto, diante da arca, depois dessa ocasião (1Cr 16.5). Viveu em cerca de 1015 a.C. **2.** Um levita que foi incumbido de ensinar a lei nas cidades de Judá (2Cr 17.8). Viveu em cerca de 910 a.C.

SEMITAS

1. Usos iniciais do termo. A palavra "semitas" foi usada pela primeira vez por Johann Gottfried Eichhorn, em 1787, em seu livro *Introdução ao Antigo Testamento*, sem aderência às definições bíblicas no tangente a quais nações descenderam de Sem, o filho de Noé. Ele chamou os seguintes povos de *semitas*: habitantes da Fenícia, Síria, das regiões do Tigres e Eufrates. Foi apenas em 1871 que o termo passou a ser usado estritamente para referir-se aos descendentes de Sem. A. L. Schlozer apelou à história da Tabela de Nações de Gênesis 10 para montar sua lista. Alguns estudiosos, contudo, estão seguros de que os descendentes de Sem não correspondem inteiramente àqueles que falam as línguas semíticas. *Elão*, por exemplo, que é listado em Gênesis 10.22, não fazia parte de um povo que falava uma língua semítica. Outras confusões entram aqui: pessoas chamadas de descendentes de *Cão*, como os cananeus e os sidônios, eram semitas linguísticos. Compreendemos que a Tabela de Nações de Gênesis 10 não é um registro científico, o que, sem dúvida, está além do conhecimento de seu autor. A lista não é totalmente etnológica, mas falha em considerações geográficas.

2. As linguagens semíticas, semitas do leste: babilônico e assírio; *semitas do noroeste*: dialetos aramaicos; dialetos cananitas como o hebraico, fenício, moabita e ugarítico; *semitas do sul*: dialetos arábico e etíope. Os dialetos de todos esses povos (exceto o acádico e o etíope) eram escritos da esquerda para a direita e, originalmente, empregavam apenas consoantes. O acádico e o etíope foram os primeiros a empregar vogais. O ugarítico era registrado em escrita cuneiforme e da esquerda para a direita. Essas línguas compartilham grande porção de palavras de gramática semelhante.

3. Local geográfico original. Não há resposta certa a este problema, mas o Crescente Fértil, desde o início da civilização, fornece evidências, através de descobertas arqueológicas, de ter sido o lar dos povos semíticos. Estudiosos modernos não limitados pela Tabela das Nações classificam os povos que falavam línguas semíticas como sendo os verdadeiros (cientificamente falando) semitas: os povos da Síria, Iraque, Jordânia, Israel, Arábia, muito da Turquia, Líbano e o norte da África. As migrações, é claro, "semitizaram" grandes partes de praticamente todos os continentes, particularmente os movimentos dos judeus e dos árabes.

4. Religião. Ver artigo separado sobre os *Semitas, Religião dos*.

SEMITAS, RELIGIÃO DOS

1. O Termo Semitas. Esse termo foi usado pela primeira vez por A.L. Scholozer, em 1781, e desde então tornou-se um vocábulo universalmente empregado. Baseia-se sobre o trecho de Gênesis 10.22, onde é dito que os filhos de *Sem* foram Elão, Assur, Arfaxade, Lude e Arã. As áreas envolvidas são as regiões dos rios Tigre e Eufrates: Elão, um país ao sul da Babilônia, às margens do golfo Pérsico; Assur, a antiga Assíria; Arfaxade, os atuais judeus e árabes; Lude, na Ásia Menor; Arã, os sírios e outros. Na opinião de alguns, os descendentes de Sem (com base em quem surgiu o termo) não correspondem exatamente aos povos semitas. Assim, Elão não teria sido um povo semita. Os cananeus, incluindo os sidônios (ver Gn 10.15), figuram como descendentes de Cão, embora fossem semitas. Mas talvez tenha havido uma antiga conexão racial, semitocamita, conforme é sugerido pelas similaridades entre os seus idiomas. A tabela das nações, no décimo capítulo do Gênesis, não é inteiramente etnológica, pois pelo menos em parte é geográfica. Apesar de tais dificuldades, podemos obter uma ideia regularmente boa de quem eram os antigos povos semitas. Não há certeza quanto ao centro do qual os semitas se espalharam, mas o chamado *Crescente Fértil* (vide) parece ser tão boa hipótese como qualquer outra. Atualmente a designação "povos semitas" segue linhas linguísticas, incluindo os habitantes da Síria, do Iraque, da Jordânia, de Israel, da Arábia e de uma elevada porcentagem da Turquia, do Líbano e do Norte da África. A influência semita sobre o mundo ocidental deve-se principalmente aos judeus, um dos povos semitas. Os árabes, também semitas, têm influenciado a África e, historicamente, o sul da Europa.

2. Idiomas Semíticos. *a*. Do oriente: acádico, babilônio e assírio; *b*. do Norte: aramaico, siríaco, mandeano (linguagem em que foi escrito o Talmude babilônico), inscrições em aramaico, aramaico palestino, judaico e cristão, palirene, nabateu, cananeu ou amorreu (fenício, ugarítico — Ras Shamra — hebraico, moabita, púnico (Cartago); *c*. do Sul: Árabe, árabe clássico, dialetos modernos, inscrições em mineano e sabeano, etíope.

3. Religião dos Semitas. Seria melhor falarmos em "religiões dos semitas" face à grande variedade de povos semitas que ocupavam uma extensa região geográfica, e que, naturalmente, não tinham uma única religião, mas muitas. Não obstante, é digno de atenção que as três grandes religiões monoteístas originaram-se entre os semitas: o judaísmo, o cristianismo e o islamismo. O monoteísmo é importante porque assinalou uma espécie de novo começo no pensamento religioso. Houve desenvolvimentos similares na religião egípcia e entre pensadores como Xenófanes e Platão, estes da cultura grega; mas essas foram instâncias comparativamente isoladas de monoteísmo. E. Renan afirmou que "a tenda dos patriarcas semitas foi o ponto de partida do progresso religioso da humanidade".

Antes do advento do monoteísmo, houve grande variedade de formas religiosas, que os eruditos têm chamado de totemismo (W. Robertson Smith); adoração aos ancestrais (Herbert Spencer); polidemonismo (J. Wellhausen); e, naturalmente, o animismo, do qual todas as antigas culturas compartilharam, em seus estágios iniciais de desenvolvimento religioso. Naturalmente, o politeísmo é mais antigo que o monoteísmo. O primeiro passo do afastamento para longe do politeísmo foi o *henoteísmo* (vide), que é a noção de que apesar de existirem muitos deuses, só somos responsáveis diante de um deles. Isso envolve um monoteísmo prático, embora um politeísmo teórico. E mesmo entre os hebreus, conforme pensam alguns especialistas, não se estabeleceu um verdadeiro monoteísmo senão já no tempo do Moisés. Esses acreditam que antes de tudo predominou entre eles o politeísmo, e em seguida, o honoteísmo. As dificuldades enfrentadas por Moisés para manter sua gente longe da idolatria foram causadas pelo fato de que todo o pendor da raça era para o politeísmo e a idolatria. Na verdade, os israelitas só se expurgaram da idolatria com o cativeiro babilônico!

O polidemonismo (divindades secundárias em grande número, conforme o sentido original da palavra grega *daemon*), com uma expressão animista, era comum entre os antigos povos semitas, bem como de muitos outros povos da antiguidade. Eles consideravam as pedras, as árvores, os mananciais, os montes e outros lugares e formações da natureza como residências de espíritos. Cada um desses poderes era chamado *il* ou *el* (um poder, uma força). Como é sabido, *El* veio a tornar-se uma das três designações principais dadas a Deus, na religião hebraica; esse nome é formativo de muitos nomes próprios em hebraico, como Israel, Ismael, Daniel, Miguel etc. Alguns pensam que a narrativa sobre Hagar (ver Gn 16.13,14), que foi salva da morte pelo poder divino, no deserto, significa que, naquele lugar, ela encontrou um *el*. Outro tanto aplicar-se-ia, conforme alguns eruditos, à pedra que figura conspicuamente na história sobre Jacó (ver Gn 31.33; 35.7,15). Além disso, temos o nome Betel, o lugar onde o Deus Todo-Poderoso veio visitar Jacó, estabelecendo o rumo de sua vida futura.

El foi crescendo em importância até desalojar divindades locais. Nos poemas fenícios (nos tabletes de Ras Shamra), *El* aparece como o "pai de anos", a divindade suprema. Usando de algum sincretismo, Filo de Biblos identificava-o com *Kronos*. Entre os árabes, *Il* finalmente veio a tornar-se *Allah* (ou *Ilah*, o único Deus). No livro de Jó, *Il* aparece como o único verdadeiro Deus.

Outros nomes divinos também devem ser considerados. Mui provavelmente, representam antigas divindades do panteão politeísta, mas que os patriarcas hebreus aplicaram ao verdadeiro Deus. *Adonai* era o Deus de Abraão (ver Gn 15.2). *Yahweh* foi o nome que Deus aplicou a si mesmo, em sua teofania a Moisés (ver Êx 6.3). Mas esse nome não aparece isolado na cultura hebreia, pois também figura na literatura de outros povos do Oriente Próximo. Ver o artigo geral intitulado *Deus, Nomes Bíblicos de*.

As religiões semíticas não estabeleciam a clara distinção, prevalente entre nós, entre preceitos morais e preceitos cerimoniais. Aquilo que, segundo era crido, fora imposto ao clã (e, finalmente, à nação), sem importar se ritual, cerimonial ou sacrifical, era recebido como de obrigação moral e espiritual. Sacerdócios foram formados para a realização apropriada das obrigações religiosas, além de proverem liderança religiosa e política para o povo. Peregrinações e festas que consolidavam as culturas, a princípio não requeriam qualquer sacerdócio formal; mas, à medida que iam crescendo as populações, foi-se fazendo mister algum tipo de autoridade centralizada. Os primeiros sacerdotes dos semitas eram adivinhos, conforme é confirmado por abundantes evidências arqueológicas; e esse detalhe foi incorporado nos sacerdócios que se seguiram, como uma importante função que se esperava daqueles líderes religiosos.

"A integridade do clã era garantida pelo governo férreo dos costumes ancestrais, onde não se fazia qualquer distinção entre obrigações ou tabus sociais, legais, éticos e religiosos. Foi dentre começos assim crus que surgiu o politeísmo dos reinos semíticos civilizados, e, mais tarde, as grandes religiões monoteístas" (E). Ver os artigos separados sobre *Judaísmo* e sobre *Israel, Religião de*.

SEMUEL

No hebraico, **"ouvido por Deus"**. De acordo com nossa versão portuguesa, há somente um homem com esse nome exato, um filho de Tola, cabeça de um clã da tribo de Issacar (1Cr 7.2). Seus descendentes eram homens aguerridos nos dias de Davi. Há outros dois homens com o nome de "Samuel", mas que algumas versões dão como Semuel. Esses homens são: **1**. Samuel, filho de Amiúde, representante da tribo de Simeão, quando da divisão das terras de Canaã (Nm 34.20). Viveu em cerca de 1450 a.C. **2**. Samuel, filho de Elcana e pai de Joel, referido em 1Crônicas 6.33. Seu neto, Hemã, foi um dos cantores levitas.

SENAÃ

No hebraico, **"cerca de espinhos"**. Nos livros apócrifos, na LXX, *Sanaás*. Era um clã ou uma família que se encontrava entre os exilados que voltaram da Babilônia em companhia de Zorobabel (Ed 2.35; Ne 7.38; em 1Esdras 5.23, Senaás ou Annaás). Senaá ajudou a reconstruir as muralhas de Jerusalém (Ne 3.3). É possível que ele seja o mesmo "Hassenua", referido em 1Crônicas 9.7 e Neemias 11.9, como um clã de Benjamim. Nesse caso, essa forma entre aspas seria a forma correta do nome.

SENADO, SENADOR

Termos. Hebraico: *zagen* (idoso, ancião). O termo de modo geral se refere meramente a um homem de *idade adiantada*, mas com certa frequência fala de homens mais velhos com autoridade religiosa e política e, ocasionalmente, do corpo regente, o sinédrio, isto é, o corpo inteiro de anciãos que agia como um tipo de suprema corte em Israel. (Alguns exemplos são: Gn 50.7; Êx 3.16; 4.29; Lv 4.15; Nm 11.16, 24, 25, 30; Dt 5.23; Js 7.6; Jz 2.7; 1Sm 4.2, 4 9; 1Cr 11.3; 2Cr 5.2.4; Sl 105.22). **Grego**: *gerousia* (primogenitura); *geron* velho, (apenas em Jo 3.4). Um "corpo deliberativo" emprega os primeiros desses termos (ver At 5.21). Está em vista o sinédrio judaico. **Latim**: senatus (*senado*, assembleia dos *antigos*, de *senex*, homem velho). O Senado Romano original era composto por 100 membros. Depois, o número subiu a 300 e incluiu um elemento da plebe que quebrou o domínio exclusivo de políticos. Na época do Império, Júlio César elevou o número a 900. Augusto fez o número retornar a 600 e adicionou exigências de idade e propriedade aos membros potenciais. *Tarefas*. Sob o Império, o Senado manteve a religião do Estado; propriedades e finanças supervisionadas pelo governo; províncias senatoriais controladas; tarefas legislativas, incluindo a ratificação das decisões do imperador; nomeação de todos os magistrados, exceto os cônsules.

SENAQUERIBE

Ver o artigo geral sobre a *Assíria* e também o artigo sobre *Salmaneseres*, muitos dos quais tinham algum tipo de relacionamento com a história de Israel.

Sargão II é mencionado no Antigo Testamento somente em Isaías 20.1. Mas as escavações feitas em seu esplêndido palácio, em Dur Sarruquim ou Corsabade, com muitas descobertas, fizeram dele um dos mais bem conhecidos reis assírios. Seu filho Senaqueribe sucedeu-o ao trono em 704 a.C., governando a Assíria até 681 a.C. As crônicas da Babilônia informaram que ele foi assassinado pelo próprio filho. Seu filho mais jovem, não envolvido no assassinato, teria perseguido seus irmãos rebeldes, presumivelmente comparsas no crime, até o sul da Armênia. Senaqueribe foi um construtor, não apenas um guerreiro, tendo erguido palácios, portões e templos em Nínive. Também concebeu aquedutos e represas. Prisioneiros, entre os quais havia judeus, foram forçados a ajudar nessas obras. *O nome Senaqueribe* deriva do acádico Sinahhe-erriba, que significa "o pecado tem aumentado ou substituído os irmãos perdidos". Seu nome mostra que ele não era o filho mais velho de Sargão II, embora tenha ocupado seu lugar no poder. Um homem corajoso diante de circunstâncias difíceis, foi uma escolha lógica para o poder, deixando os outros filhos de Sargão de escanteio.

História. Ele serviu como o administrador no interior assírio enquanto seu pai realizava campanhas militares para aumentar a glória do Império. Depois de Sargom ter sido morto em batalha, Senaqueribe dissociou-se da imagem e das obras de seu pai, pois considerava a morte paterna um sinal de desprazer divino. Ele deixou a recém-construída capital e, ao contrário do costume assírio, omitiu sua genealogia nas inscrições oficiais. Transformou a antiga Nínive em capital e logo a embelezou com grandes avenidas, construiu aquedutos para trazer água dos morros, e plantou árvores e jardins.

Senaqueribe fez várias campanhas militares em terras estrangeiras, principalmente contra a Babilônia, para checar suas expansões de limites e avanços que ameaçavam o bem-estar da Assíria. Seus sucessos em batalha detiveram, por algum tempo, a ameaça. A vitória da coroação ocorreu em Musezibe-Marduque na Babilônia. Ele cercou a cidade por nove meses. Quando a capturou, massacrou brutalmente os habitantes, levou o grande ídolo do deus Marduque de volta a Nínive e, assim, alcançou um período de paz.

Em 701 a.C., ele liderou uma expedição à Palestina para restabelecer o pai de Ecron, que havia sido deposto por seus súditos. Sua ocupação de Láquis foi ilustrada vivamente por afrescos feitos no palácio real em Nínive. Tendo obtido significativa vitória em Láquis, decidiu aterrorizar Jerusalém e o rei Ezequias de Judá. Os anais assírios contam-nos que ele prendeu o rei da Judeia "como um pássaro em uma gaiola". Ezequias fez a paz ao pagar um pesado tributo, mas essa não é a história que a Bíblia conta. (Ver 2Rs 18-19 e Is 36-37). Segundo esses relatos, uma intervenção divina, através do anjo do Senhor, deixou 185.000 assírios mortos nos portões de Jerusalém, o que obrigou Senaqueribe e seu exército (ou o que sobrava dele) a simplesmente voltar para casa (2Rs 19.35-37). Pouco depois esse rei foi assassinado pelo próprio filho. Tentativas de reconciliar os relatos dos anais assírios e da Bíblia são as que seguem: **1**. Os registros assírios estão corretos. Mas foi inventada uma história supernatural para aliviar a vergonha de Judá e fornecer um relato teológico mais aceitável. **2**. Os dois relatos não são do mesmo evento: a primeira ameaça do exército assírio ocorreu em algum momento antes de 689 a.C. e é a história mencionada nos registros daquele país. Outra invasão ocorreu após essa data, e é aquela mencionada na Bíblia. Tal invasão malsucedida ficou fora dos anais porque representava uma vergonha para o Império Assírio. **3**. O que é descrito na Bíblia foi de fato uma devastadora *praga* que um historiador judeu considerou um ato de Deus, rotulando-a como o "anjo do Senhor". **4**. Uma história contada por Heródoto (ii.141) é vinculada por alguns à questão. De acordo com esse relato, uma grande infestação de camundongos do campo ocorreu, e a multidão dessas criaturas devorou os porta-flechas e os arcos dos inimigos, assim como as correias que mantinham seus escudos na altura dos peito. O exército debilitado tentou lutar, mas sem as armas, sofreu grande perda. Essa história, contudo, é mais difícil de acreditar do que as outras já apresentadas. De qualquer modo, seja qual for o *modus operandi* da derrota do exército de Senaqueribe, foi eficaz. O exército assírio foi barrado nos portões de Jerusalém. Além disso, sabemos que a intervenção divina às vezes ocorre, portanto deixemos a história da Bíblia ficar como está e não nos preocupemos com a interpretação dos detalhes.

Em casa, Senaqueribe realizou um governo firme mas humano. Sua mulher, Naquia-Zakutu, que tinha forte sentido estético, encorajou o embelezamento de Nínive e a realização de programas úteis de construção. Isso ele fez com habilidade singular. Construiu um palácio para si que não teve rivais, mas não esqueceu o bem comunitário. A arqueologia descobriu este lugar e ele foi aberto à visitação pública em 1965. Evidentemente Senaqueribe inventou novas técnicas arquitetônicas, fez novos canais, introduziu o plantio de algodão na Assíria.

Sua morte (2Rs 19.37) resultou do violento assassinato por parte de um de seus filhos. Alguns dizem que dois filhos estavam envolvidos, e isso provavelmente está correto. Senaqueribe foi morto enquanto louvava no santuário do deus Nisroque. Seus assassinos fugiram para Ararate, e outro filho, Esar-Hadom, reinou em seu lugar. Os registros assírios não mencionam a história posterior de seus filhos exilados e há contradições no tangente aos últimos dias e à morte de Senaqueribe. Seu neto, Assurbanipal diz que ele foi "esmagado" entre as figuras das deidades protetoras", o que significaria uma morte acidental ou um eufemismo para um "assassinato esmagador".

SENAZAR

No hebraico, derivado (transliterado) do acádico (babilônico), "Sin (o deus-lua) é protetor". Este era o nome de um dos filhos de Jeconias (Conias), irmão de Salatiel (1Cr 3.18), que viveu cerca de 606 a.C. Ele era tio de Zorobabel.

SENÉ

No hebraico, **"espinheiro"** ou **"arbusto"**. Era o nome de uma das projeções rochosas que ficava na "passagem de Micmás" (1Sm 14.4). Essa era uma via de acesso importante às terras altas da Judeia. O wadi Qelt está situado em suas partes mais baixas. Foi ali que Jônatas e seu escudeiro subiram para examinar o acampamento dos filisteus (1Sm 14.4) quando eles se preparavam para a batalha. Josefo parece referir a este lugar como o último acampamento de Tito antes de seu ataque a Jerusalém. O local ficava (fica) cerca de 11 km ao nordeste de Jerusalém. Talvez o wadi es-Suweinit marque o antigo local.

SENHOR

1. Grande Número de Usos: o Teísmo. "Senhor" é a tradução portuguesa mais comum para as palavras bíblicas que indicam os nomes divinos. Ver o artigo geral *Deus, Nomes Bíblicos de*. A palavra "Senhor" aparece por oito mil vezes na Bíblia portuguesa como um nome de Deus, no Antigo Testamento, e por cerca de setecentas vezes no Novo Testamento, onde, na maioria das vezes, refere-se ao Senhor Jesus.

A grande frequência com que essa palavra é usada mostra até que ponto a Bíblia é um livro teísta. O teísmo ensina que Deus não somente é a fonte originária da vida que criou, mas também está permanentemente interessado pela sua criação; ele recompensa e castiga; ele guia os homens e manifesta-se a eles. Em contraste, o Deus concebido pelo *deísmo* (vide), apesar de também ser a fonte de toda vida, é uma personagem ou uma força divorciada de sua criação, pois permitiu que as leis naturais governassem a criação. Ver o artigo sobre o *Teísmo*.

2. Palavras Hebraicas Envolvidas. a. Yahweh. Embora esse nome divino esteja vinculado à ideia de autoexistência, de vida divina necessária, a origem de toda outra vida, geralmente foi traduzido como Deus ou Senhor, simplesmente. No artigo *Deus, Nomes Bíblicos de*, oferecemos completas descrições a respeito. **b. Adon**, um antiquíssimo nome de Deus que denota "propriedade", "controle", ser "senhor de escravos". Esse termo é aplicado a Deus como o proprietário e o dirigente da terra inteira (Êx 23.12; Sl 114.7); mas também é frequentemente empregado para indicar os senhores e proprietários humanos como aqueles que possuíam escravos (ver Gn 24.14; 39.2,7), ou um rei que governava os seus súditos (Is 26.13), ou um marido que dirigia a sua esposa (Gn 18.12). Também era bastante usado como pronome de tratamento, conforme fazemos com a palavra portuguesa "senhor". **c. Adonai**, "Senhor", talvez a forma plural de *Adon*. Esse nome aparece sobretudo no Pentateuco. Tem os mesmos sentidos de *Adon*, tendo sido usado por mais de trezentas vezes no Antigo Testamento. Essa palavra, quanto às suas letras vogais (no hebraico, seus sinais vocálicos), em combinação com as letras consoantes do nome divino *Yahweh* (no hebraico, *Yahweh*), deu um pseudônimo de Deus, *Jeová* (vide), que os hebreus de épocas posteriores começaram a usar para evitar pronunciar o verdadeiro nome de Deus. Para eles, o tetagrama YHWH era o nome inefável de Deus. **d. Adonai Yahweh** aparece em combinação, sendo usualmente traduzido por Senhor Deus. Ocorre por muitas vezes (ver Êx 34.23). **e. Baal**, "senhor", "mestre". Refere-se ou a divindades pagãs ou a senhores humanos, maridos, peritos em suas artes ou ofícios, mas nunca ao Deus do Antigo Testamento. **f. Shalish**, "senhor", homem dotado de autoridade (2Rs 7.2,17). **g. Seren**, termo usado para indicar oficiais filisteus, segundo se vê nos livros de Josué, Juízes e 1Samuel. Essa palavra também apontava para nobres babilônicos (Dn 4.36; 5.1,8,10,23; 6.17). **h. Mare**, *mestre* (ver Dn 2.10). **i. Rab**, "chefe", "capitão" (Dn 2.10). **j. Sar**. Um título nobiliárquico, indicando alguma pessoa importante durante o período medo-persa (Ed 8.25).

3. A Palavra Grega Envolvida. Na Septuaginta e no Novo Testamento, a palavra grega traduzida por "Senhor" é *kúrios*. Essa palavra grega foi usada como tradução de dois termos hebraicos, *Yahweh* e *Adonai*. No Novo Testamento, Deus Pai é endereçado como o Senhor dos céus e da terra (ver Mt 9.38; 11.25; At 17.24; Ap 4.11). Entretanto, mais comumente, o termo grego *kúrios* é usado no Novo Testamento para indicar o Filho, Jesus Cristo. Jesus, na sua qualidade de Messias, é assim chamado (ver At 10.36; Rm 14.8; 1Co 7.22; 8.6; Fp 2.9-11). A invocação de Jesus como Senhor tornou-se fundamental na adoração cristã (1Co 1.2,3; 12.3; Rm 10.9). Esse título de Jesus, "Senhor", tornou-se parte comum das orações dos cristãos (ver At 7.59,60; 22.8-10; 2Ts 2.16). Algumas parábolas usam essa palavra quando falam acerca de Jesus, o Messias, em sua autoridade. (Ver Mt 24.45-51; 25.13-30; Lc 12.35-38). Ele é o Senhor da casa (Mc 13.35); ele é o Senhor do sábado (Mc 2.28); ele é o Senhor de todos (At 10.36); ele é o Senhor da glória (1Co 2.8; Tg 2.1); ele é o Senhor dos Senhores (Ap 17.14; 19.16); ele é o *meu Senhor e meu Deus* (Jo 20.28).

Níveis de uso, no tocante a Jesus: **a**. Senhor, *rabi*, um título de respeito; **b**. Seu ofício messiânico; **c**. Sua divindade, como nos títulos exaltados; acima mencionados. Na maioria das vezes, quando os discípulos dirigiam-se a Jesus como Senhor, eles entendiam o tratamento no primeiro desses sentidos. A teologia cristã, porém, desenvolveu os outros dois usos, embora tenhamos precedente para esse uso exaltado do título em alguns dos livros pseudepígrafos, sobretudo 1Enoque, onde o Messias aparece como uma figura e um poder celestiais, e não meramente um homem que viria cumprir alguma missão humana especial.

O Título Conforme Usado para Homens. Nesses casos, o termo grego *kúrios* tem apenas a força de um pronome de tratamento respeitoso, "senhor", podendo também ser um título de algum oficial ou governante. Os oficiais militares, bem como todos os oficiais também são chamados "senhores". O marido é o "senhor" de sua mulher (1Pe 3.6). Como pronome de tratamento comum, temos essa palavra grega (em Mt 25.11; Jo 12.21; 20.15; At 16.30; Ap 7.14). Outro tanto era dito acerca dos proprietários (ver Gl 4.1; Mt 20.8; Lc 20.13).

SENHOR (PROPRIETÁRIO)

Essa palavra portuguesa aparece em textos que, em nossa Bíblia portuguesa, falam sobre algum *proprietário ou senhor* (humano ou divino), *instrutor ou déspota* (soberano). Neste artigo, seguimos os vocábulos hebraicos e gregos com seus respectivos significados: **1**. *'Adon*, palavra hebraica de sentido geral, que pode indicar qualquer tipo de dirigente, possuidor ou proprietário. Assim eram chamados os proprietários de escravos (Gn 24.14,27; 39.2,7); um governante que tivesse súditos (Is 26.13); um marido que era o senhor de sua mulher (Gn 18.12); qualquer tipo de governante que merecesse respeito (Gn 45.8), um ancião, pai ou irmão mais velho de uma família que era o dirigente da mesma (Gn 31.35; Nm 12.11); alguém que era possuidor de alguma coisa (1Rs 16.24). **2**. *Baal*, palavra hebraica que indica qualquer tipo de senhor, humano ou divino: o proprietário ou chefe de uma casa, como o marido e pai de família (Gn 20.3, Dt 22.22); um proprietário de terras (Jz 9.2; 1Sm 23.11); o proprietário de uma casa (Jz 19.22); o deus pagão Baal, uma divindade do noroeste semítico, deus da tempestade, e que, gradualmente, se tornou a principal divindade dos fenícios, e cujo culto foi uma influência tão corruptora em Israel. **3**. *Rab*, palavra hebraica que significa "grande" ou "chefe". Em Daniel 1.3 lemos sobre o "chefe dos seus eunucos". Também se lê sobre o "chefe dos magos", em Daniel 4.9 e 5.11. **4**. *Sar*, palavra hebraica que envolve a ideia de líder ou comandante. Pode referir-se a uma pessoa ou a um lugar. Em 1Reis 22.26 a alusão é a uma cidade; em Gênesis 39.22 refere-se a um carcereiro, em Êxodo 2.14 e Isaías 23.8, a um príncipe. Gênesis 21.22 exibe a palavra no sentido de um comandante. **5**. *Oikodespótes*, palavra grega que significa "dono da casa" ou "chefe de família". Essa palavra é usada por treze vezes nas páginas do Novo Testamento (Mt 10.25; 13.27,52; 20.1,11; 21.33; 24.43, Mc 14.14; Lc 12.39; 13;25; 14.21 e 22.11). **6**. *Didáskalos*, "professor", "mestre". Essa é a palavra neotestamentária equivalente ao termo hebraico *rabi*. É um título comum aplicado a Jesus, o grande Mestre. Esse termo aparece por 58 vezes no Novo Testamento (segundo se vê , por exemplo em Mt 8.19, 9.11; 12.38; 22.16,24,36; Mc 4.38; 5.35; 9.17; 10.17,20; Jo 1.38; 8.4; 11.28; 20.16; At 13.1; Rm 2.20; 1Co 12.28,29; 1Tm 2.7; 2Tm 1.11; 4.3; Hb 5.12 e Tg 3.1). **7**. *Kathegetés*, "professor", "instrutor". Essa palavra aparece somente por uma vez, em Mateus 23.8,10. *Um só é o nosso mestre; e todos nós somos irmãos*. **8**. *Epistátes*, "posto acima de", "supervisor". Pode substituir a palavra hebraica *rabi*. É usada como sinônimo de *didáskalos*. A palavra é usada somente por Lucas, em todo o Novo Testamento (Lc 5.5; 8.24,45; 9.33,49; 17.13). A forma verbal, *epístamai*, significa "saber", "conhecer". Um cognato dessa palavra, epistemologia, significa a teoria do conhecimento. **9**. *Kubernétes*, palavra grega que significa "piloto", "mestre do navio". (Ver At 27.11 e Ap 18.17). O substantivo *kubérnesis*, que nossa versão traduz por "socorros", em 1Coríntios 12.28, segundo vários estudiosos, aponta para o dom ministerial do "pastor", como aquele que dirige a igreja local. **10**. *Kúrios*, a palavra grega mais comum para "senhor", tanto os humanos quanto o próprio Deus. Essa palavra conota posse de autoridade. A raiz, *kúros*, significa "poder", "autoridade". É usada por nada menos de 749 vezes no Novo Testamento, sendo usada como um título comum do Senhor Jesus. Ocorre pela primeira vez em Mateus 1.20, referindo-se a Deus, e sua última ocorrência fica em Apocalipse 22.21, o último versículo da Bíblia: *A graça do Senhor Jesus seja com todos*. **11**. A transliteração para o grego da palavra hebraica *rabi* é usada no Evangelho de João. (Ver Jo 4.31; 9.2; 11.8; Mt 26.25,49) tem um uso similar. O trecho de Mateus 23.7,8 usa a palavra como título dos mestres judeus, onde se aprende que o Senhor Jesus ensinou que não devemos cobiçar tais títulos.

SENHOR DOS EXÉRCITOS
Ver sobre *Yahweh Sabaoth*. Ver também *Deus, Nomes Bíblicos de*, seção III, número 11, *Yahweh Sabaoth*.

SENIR
Há estudiosos que pensam que o sentido desse nome é desconhecido, mas outros opinam que significa "pico" ou "monte nevado". A palavra hebraica aparece por quatro vezes (Dt 3.9; 1Cr 5.23; Ct 4.8 e Ez 27;5). No acádico, a palavra aparece como *saniru*; e, no árabe, *sanirun*. Esse era o nome que os amorreus davam ao monte Hermom (vide), segundo se vê em Deuteronômio 3.9. Houve época em que o apelativo era empregado para indicar porções mais amplas de cadeia do Antilíbano, conforme talvez se veja em Ezequiel 27.5. Não obstante, o uso do hebraico também distingue entre o monte Hermom e o monte Senir (ver Ct 4.8), e também entre aquele e os montes de Baal-Hermom (1Cr 5.23). Muitos estudiosos têm-se sentido inclinados a pensar que picos individuais dos três cumes do monte Hermom eram assim chamados, em tempos posteriores.

SENTIDO DAS ESCRITURAS
Os próprios intérpretes rabínicos perceberam que nem sempre é possível interpretar literalmente os textos do Antigo Testamento. Os místicos judeus (sobretudo os cabalistas) viam sentidos místicos nos textos, e as porções proféticas do Antigo Testamento para eles não tinham sentido se fossem literalmente interpretadas. Os seguidores da interpretação alegórica, da escola de Alexandria, pensavam que certos trechos do Antigo Testamento são ofensivos (como o sacrifício de Isaque), pensando que se deve emprestar significados morais e alegóricos aos mesmos. Ver o artigo chamado *Alegoria*, mormente em seu quarto ponto, *Interpretação Alegórica e Interpretação Literal*.

Orígenes (vide), um dos pais alexandrinos, desenvolveu uma tríplice teoria de interpretação bíblica: **1**. literal; **2**. moral; **3**. Espiritual. A terceira parte ele dividiu posteriormente em alegórica e anagógica, envolvendo a descoberta de verdades espirituais ocultas em textos que podem ser entendidos literalmente, para todos os propósitos práticos. O termo anagógico também pode ser usado para descrever a vida futura. Ver o artigo geral sobre a *Exegese*. Esses princípios governaram a interpretação bíblica até o alvorecer da Reforma Protestante. Mas a maioria dos reformadores tem-se constituído de literalistas empedernidos, e quase todos os crentes evangélicos têm mantido esse modo de interpretação, incluindo nisso o Apocalipse, um livro repleto de simbolismos apocalípticos!

SEOL. Ver sobre *Sheol*.

SEOM
No hebraico, **"grande"** ou **"ousado"**. Era o nome de um rei dos amorreus que Israel consegui derrotar em 1450 a.C. Ele e seu povo representavam um obstáculo que os hebreus tinham de remover para realizar a conquista da Palestina (Canaã). Alguns estudiosos dão a seu nome o significado de "varredura". Quando Israel chegou ao rio Arnom, a leste do mar Morto, descobriu que os amorreus haviam recentemente conquistado a área. Moisés pediu a permissão para passar pelo território, prometendo ficar no Caminho do Rei. Em vez de dar permissão, Seom reuniu seu exército e atacou. A batalha ocorreu em Jaaz, e Seom sofreu uma derrota sonora. Seu território foi invadido pelos conquistadores do rio Arnom até Hesbom, a capital. A terra foi adicionada ao território de Ogue (outro rei dos amorreus), que foi derrotado em Basã, mas acabou com as tribos de Rúben e Gade quando foi feita a divisão da terra.

O memorial. O sucesso inicial dos israelitas tornou-se um memorial que foi recontado em histórias e canções. Cantores de Basa Ballad fizeram dessas canções parte de seu repertório padrão (Nm 21.27-30). Moisés recontou a história para inspirar confiança nos israelitas a fim de que continuassem como um povo distinto, obedecendo à lei que os tornava quem eram (Dt 1.5; 2.24-37; 3.1-11; 29.7; 31.4). Josué referiu-se à questão como uma vitória significativa que deveria ser repetida pelo exército invasor hebreu (Js 12.2, 5; 13.10, 21, 27). Jefté usou a história para tentar assustar os amorreus de sua época (Jz 11.12-18).

Posteriormente, a Transjordânia era chamada, alternativamente, de *o país de Seom, rei dos amorreus* (1Rs 4.19). Os escritores dos Salmos continuaram a recontar a história (135.11; 136.19), como o fez Jeremias em seu oráculo contra Moabe (Jr 48.45).

SEORIM

No hebraico, **"temor"**, **"angústia"**. Era o nome de um sacerdote do quarto turno sacerdotal, que atuava no templo de Jerusalém, no período posterior ao exílio babilônico (1Cr 24.8).

SEPTUAGINTA (LXX)

1. Caracterização Geral. O significado da palavra é "setenta" no grego. O nome (muitas vezes abreviado com o numeral romano LXX) deriva da lenda do segundo século a.C. de que 72 anciãos de Israel traduziram a Bíblia hebraica para o grego em meros 72 dias! Presumivelmente, este feito fantástico teria sido realizado em Alexandria, no Egito. Pelo menos a substância da lenda, de que as versões mais antigas no grego do Antigo Testamento hebraico foram produzidas no terceiro século, por judeus que falavam grego, é verdadeira. A LXX é, sem dúvida, a mais importante versão da Bíblia hebraica. Foi provavelmente preparada em Alexandria por vários tradutores que trabalharam entre os séculos III e I a.C. Conforme ocorre a todas as obras de autores variados, seu material difere bastante quanto ao nível linguístico e à qualidade literária. A edição de Orígenes, a *Hexapla* (ver), demonstrou a corrupção do texto grego mediante influências do hebraico, de modo que seu grego helenístico não é um representante puro da história da língua daquele período. Há mais de dois mil manuscritos da LXX, a maioria redigida do século II até o século XVI d.C. Todos foram cuidadosamente catalogados por estudiosos bíblicos. A descoberta dos Rolos do Mar Morto incluíram alguns manuscritos da Septuaginta. Esses manuscritos gregos antecederam por vários séculos todos os manuscritos hebraicos do Antigo Testamento, exceto os manuscritos hebreus dos Rolos do Mar Morto. Ver o artigo *mar Morto, Manuscritos do*. Críticos textuais sempre suspeitaram de que a LXX deveria ser altamente respeitada como um auxílio para descobrir as leituras originais no Antigo Testamento hebraico no caso de variantes. Meu próprio trabalho com variantes dos Manuscritos do mar Morto, no livro de Isaías, sugere que cerca de 5% do texto massorético padronizado não é representativo dos manuscritos originais. A LXX frequentemente concorda com os manuscritos hebreus dos Rolos do Mar Morto contra o texto padronizado. Ver o artigo *Massora (Massorah); Texto Massorético*.

2. A Septuaginta e o Cânon do Antigo Testamento. Evangélicos, sem conhecimento e perspectiva histórica, falaram coisas tolas sobre o chamado "Cânon Católico" do Antigo Testamento, ignorando que a Septuaginta contém os livros que sempre fizeram parte do Cânon Alexandrino. Alguns fazem objeção a esse termo, mas devemos lembrar que a Septuaginta não conteria estes livros extras se eles não tivessem sido aceitos pelos judeus da *Diáspora* (dispersão), que tinham, como uma de suas capitais, Alexandria (onde a LXX provavelmente foi produzida). Na época de Jesus havia três cânones: o dos *Saduceus*, que aceitavam apenas os primeiros cinco livros, a Torá; o Pentateuco, dos *Judeus Palestinos*, incluindo aí os fariseus, que aceitavam os 39 livros da Bíblia Protestante; e o dos *Judeus da Diáspora*, que aceitavam os livros apócrifos e alguns outros que não fazem parte da Bíblia Católica. Ver o artigo geral sobre o *Cânon do Antigo Testamento*, onde são oferecidos detalhes abundantes sobre a questão. É evidente, então, que o cânon dos judeus da Diáspora (o Alexandrino) é o que a igreja Católica Romana seguiu, em sua maioria, enquanto os protestantes adotaram o cânon palestino. Como em todas as questões controversas, cada homem que se denomina cristão deve respeitar as opiniões, crenças e costumes dos outros homens. Embora alguns livros apócrifos sejam definitivamente inferiores a outros livros do Antigo Testamento, eles contêm muitas preciosidades de conhecimento e ensinamento que os protestantes ignoraram para seu próprio prejuízo.

3. A Septuaginta no Novo Testamento e os Primeiros Pais Cristãos. O Novo Testamento faz várias citações do Antigo como seu principal livro-texto, e quase todas delas vêm da Septuaginta. O hebraico clássico, exceto pelo uso restrito à elite, era uma linguagem morta, mas o grego helenístico (falado amplamente até em Jerusalém) estava em seu ponto alto. O Novo Testamento foi escrito no *Koine* (grego comum) da época, o idioma universal. Era natural, portanto, que a versão da Septuaginta do Antigo Testamento fosse empregada para citações pelos autores do Novo Testamento.

Os primeiros pais cristãos continuaram a usar a Septuaginta para suas citações do Antigo Testamento. Ver o ponto 9 do artigo *Cânon do Antigo Testamento*, que fornece informações detalhadas, além de um gráfico ilustrativo. Esses pais citaram os livros apócrifos do Antigo Testamento, não meramente os considerados canônicos pelo padrão palestino. De fato, o próprio Novo Testamento tem muitas alusões e reflexões sobre esses livros. Quando eu era estudante na faculdade teológica, foi-me ensinado que o *Novo Testamento* nunca cita os livros apócrifos do Antigo Testamento. No entanto, quando escrevi o *Novo Testamento Interpretado* e tive de repassar versículo por versículo pelo Novo Testamento, fiquei surpreso ao descobrir as muitas citações diretas e indiretas dos livros apócrifos. Visto que os escritores do Novo Testamento como um todo usavam a versão Septuaginta em suas citações, isso não deveria causar surpresa. O propósito deste artigo não é enfatizar o problema do cânon nem glorificar os livros apócrifos. Não obstante, quando falamos da Septuaginta, não podemos deixar nenhum desses assuntos de fora.

4. Influência. Apesar de seu texto desigual (com alguns bons tradutores, outros não tão bons), de suas às vezes óbvias adições ao texto original e da frequente reprodução demasiado livre do hebraico, não há como deixar de enfatizar a influência que esta tradução tem tido, iniciando em sua própria época entre os judeus da Diáspora, e nos séculos posteriores na igreja cristã. "A Septuaginta foi a forma primária da Bíblia para as comunidades de judeus helenizados e, assim, foi usada pela maioria dos primeiros cristãos. Quando a Bíblia é citada no Novo Testamento, é quase sempre a partir da versão Septuaginta, que elevava seu status para os teólogos cristãos" (Michael D. Coogan).

À parte de a Septuaginta ser citada com tanta frequência no Novo Testamento, ela exerceu profunda influência naquele documento; nas palavras e frases empregadas, os ecos verbais são abundantes. Como diz Swete, algumas das grandes palavras teológicas da idade apostólica parecem ter sido preparadas para as conotações cristãs pela Septuaginta. "Não apenas o Antigo Testamento, mas a versão Alexandrina do Antigo Testamento, deixou sua marca em cada parte do Novo Testamento, até mesmo nos capítulos e livros onde ela não é citada distintamente. Não é demais dizer que, em sua forma e expressão literária, o Novo Testamento teria sido um livro amplamente diferente se escrito por autores que conhecessem apenas o Antigo Testamento no original, ou o conhecessem em outra versão grega que não a Septuaginta" (Henry Barclay Swete, *An Introduction to the Old Testament in Greek*).

SEPULCRO. Ver sobre *Sepultamentos, Costumes de, e Túmulo*.

SEPULTAMENTO, COSTUMES DE

SEPULCRO DOS REIS

SEPULTAMENTO, COSTUMES DE

Os ritos e os costumes vinculados à necessidade dos vivos desembaraçarem-se dos mortos são tão universais quanto o fenômeno da própria morte. Consideremos os seguintes pontos a respeito:

1. O Protesto. Os homens sempre protestaram contra a tragédia da morte. Multidões procuram adiar ao máximo a data da morte, dependendo para isso dos meios mais diversos como a superstição, a medicina moderna e as forças espirituais. Até mesmo as pessoas muito enfermas preferem continuar sofrendo do que morrer. E mesmo diante da morte como fato consumado, os costumes de sepultamento dos povos demonstram que os homens continuam protestando. Entre muitos povos antigos e contemporâneos, os cadáveres são sepultados juntamente com objetos que dão a entender que aquele que morreu, de alguma maneira, talvez possa levar consigo os tais objetos. As culturas primitivas sepultam seus mortos com algum alimento, na esperança de que o espírito da pessoa morta possa tirar disso alguma vantagem. Porém, as práticas de sepultamento também servem de símbolos de esperança, e com frequência são uma declaração de fé na imortalidade. No mínimo, usualmente servem de símbolos de respeito.

2. A Morte é Inevitável. Talvez a mais crítica indagação de todas seja esta: "Por que os homens morrem?" As religiões e as culturas, de modo geral, sempre encararam a morte como o maior mal físico que há, e, com frequência, como a porta para um infortúnio ainda pior, nos mundos espirituais. Quiçá o confucionismo seja a única religião a falar sobre a *boa* morte, que põe fim a uma vida plenamente vivida. Os pensadores antigos, seguidos por muitos modernos, simplesmente não podiam acreditar que a morte possa ser o fim correto de uma vida terrena. Em face disso, a morte era por eles explicada como um equívoco, como um castigo dos deuses. O Antigo Testamento praticamente principia com a narrativa da queda de Adão como a causa da morte, e o Novo Testamento dá continuação a essa noção (ver Rm 5); a Bíblia inteira vê a morte como um possível prelúdio para a morte espiritual, um estado ainda pior do que a morte física. Entretanto, as Escrituras prometem ao homem espiritual a melhoria de condições na vida espiritual, se ele tiver atingido, deste lado da existência, um estado espiritual apropriado. Não obstante, os teólogos têm-se mostrado atônitos diante da morte, a despeito daquelas indicações bíblicas da sua causa. Que dizer sobre as raças pré-adâmicas, aquelas que certamente existiram antes da cronologia bíblica que remonta até 6000 ou 7000 a.C.? Qual foi a causa da morte, e até do desaparecimento dessas raças? A resposta real seria a evolução dos corpos físicos, que simplesmente possuem células defeituosas, que perdem seu poder de regeneração, e, finalmente, são destruídas como qualquer objeto físico fatalmente é destruído? Os teólogos liberais consideram que a história da queda de Adão é uma lenda piedosa que procura responder a uma indagação para a qual não há resposta. Os mágicos antigos consideravam as enfermidades e a morte como truques de um inimigo qualquer, que podiam ser contrabalançados por encantamentos mágicos e ritos diversos. A maioria daqueles que aceitam a inevitabilidade da morte, e que aceitam ou rejeitam uma ou outra das teorias a respeito da morte, transferem suas esperanças para além-túmulo, na esperança da imortalidade (vide), e desse modo, esperam poder reverter a maldição da morte.

O temor da morte é um grande e constante inimigo (Hb 2.15), e aqueles que dizem que não temem a morte, provavelmente são pessoas que supõem que não terão de enfrentar a morte dentro de pouco tempo. Por outra parte, faz parte da experiência humana comum o fato que, uma vez que uma pessoa aproxima-se da hora de sua morte, sem importar a denominação religiosa, desaparece o temor da morte. Na verdade, chegado o instante da morte, muitas pessoas alegram-se por fazê-lo, sentindo-se até mesmo ansiosas para morrer. Não obstante, sem importar quais circunstâncias estejam envolvidas, trata-se de um momento solene, aquele em que sepultamos nossos entes queridos, ao mesmo tempo em que imaginamos que, algum dia, nossos filhos e filhas estarão fazendo a mesma coisa a nosso respeito. Como esse desembaraço dos cadáveres se efetua, muito revela sobre o homem e a sua cultura.

3. Métodos de Desembaraço do Corpo Morto

a. Cremação. Essa não era uma prática comum entre os judeus, pois, no Antigo Testamento inteiro, encontramos somente duas instâncias da mesma. Saul e seus filhos foram cremados, talvez por causa da grande desfiguração que sofreram, o que excluía a possibilidade de lhes serem conferidas honras reais de qualquer espécie (1Sm 31.12). O caso mencionado em Amós 6.10 talvez trate daqueles que morreram de pestilência, razão pela qual a cremação pode ter sido uma medida sanitária, para evitar que outras pessoas fossem contaminadas pela praga. A ideia que os antigos faziam da ressurreição, imaginando que os corpos mortos seriam, de algum modo, devolvidos à vida (ver o artigo sobre a *ressurreição*, onde se inclui uma discussão sobre a natureza do corpo ressuscitado), excluía, entre os hebreus, a prática da cremação. É difícil imaginar que as chamas possam destruir o corpo morto mais completamente do que séculos de decomposição e absorção pelo solo, mas essa era a crença primitiva. Na Índia, a cremação sempre foi a principal maneira dos vivos desembaraçarem-se dos cadáveres dos mortos. Ali, a crença na imortalidade da alma é tão vigorosa que a cremação do corpo é considerada, de alguma maneira, uma medida apropriada, porquanto libertaria a pessoa, final e absolutamente, de sua tenda física desgastada. Na verdade, há certa evidência psíquica de que é recomendável que a alma que parte se sinta inteiramente livre de qualquer noção de vinculação ao corpo físico; e, desse ângulo, a cremação é um método superior a qualquer outro. Em certo sentido, também é o método mais higiênico.

A cremação também era um método grego comum de se desembaraçarem dos seus mortos; mas Tácito (*Hist.* 5.5) revela-nos que os judeus eram contrários figadalmente a esse método. Quanto à prática da cremação, entre os gregos, ver Sófocles *Elect.* 1136-1139; Thus. 1.134,6; Platão, *Faedo* 115E.

Os romanos, igualmente, praticavam a cremação de mortos. Ver Cícero, *De Leg.* 2.22,56.

b. Sepultamento. Esse é o método mais universal dos vivos desembaraçarem-se dos mortos, mostrando-se comum na maioria das culturas ao redor do globo. Na antiguidade, os ricos mandavam escavar seus túmulos na rocha. Os pobres eram meramente lançados em uma cova, no solo. Cavernas e outros lugares naturais de refúgio eram usados. A maioria das religiões exige o sepultamento como sinal de respeito, e alguns povos antigos, como os gregos, supunham que a alma precisa disso para obter passagem pronta e imediata para o outro mundo. (Ver Gn 23.4; Dt 21.23; 2Rs 11.15 e Rm 6.4 ss).

c. Modos de sepultamento. A maneira mais comum consiste em deitar o cadáver de costas, dentro de um caixão, ou envolto em panos. Porém, algumas culturas sepultam os mortos em posição acocorada ou sentada, ou então de pé ou mesmo na posição fetal. Em alguns casos, a direção para que fica voltado o rosto da pessoa morta é considerada importante. A direção leste é a direção favorita, nesses casos, porquanto ali surge o sol a cada novo dia, um símbolo do novo dia e da imortalidade (vide). Mas outros povos fazem o rosto do falecido ficar voltado para sua casa, para onde vive o seu clã, ou para alguma cidade santa. Em várias culturas antigas, costumava-se pôr alimentos, bebidas, utensílios, objetos de valor, armas e lembretes de amigos etc., no sepulcro dos mortos.

Alguns desses objetos apenas demonstravam respeito para com as pessoas mortas, mas outros desses objetos mostravam que os povos antigos antecipavam uma vida no além-túmulo. É interessante observar que os sepulcros dos homens de Neandertal também mostram objetos, sepultados juntamente com os cadáveres, que mostram que eles antecipavam uma outra vida; e penso que eles estavam com a razão, embora essa espécie seja considerada proto-humana, uma raça de habitantes das cavernas, que teria vivido antes do *Homo sapiens,* que é a nossa própria raça.

d. Receptáculos para os mortos. Além de caixões comuns, havia esquifes sofisticados, feitos de bronze, de ouro ou de prata. Também eram usadas grandes urnas de barro, esquifes de terracota e sarcófagos de mármore, para os ricos. As escavações onde seriam postos os cadáveres eram apenas buracos. Porém, havia algumas forradas com rochas ou tijolos, como também havia túmulos com várias dependências. Os lugares de sepultamento com frequência eram usados por várias vezes, quando os ossos anteriormente postos eram queimados, para dar lugar a novos cadáveres.

e. Companhias para os mortos. Em varias culturas antigas havia o costume de sepultar os mortos com as esposas, os cavalos, os servos e até os cães dos falecidos, a fim de que contassem com a companhia dos familiares, no outro lado da existência. Posteriormente, o costume passou a ser sepultar efígies dos familiares dos falecidos, bem como formas simbólicas de suas posses materiais.

f. Comendo os mortos! Uma maneira econômica de os vivos desembaraçarem-se dos mortos consiste em comê-los. Esse costume continua sendo praticado, pelo menos por alguns indígenas do norte do Brasil, os quais moem os ossos dos mortos e bebem-nos com água. Isso é considerado um ato de respeito!

g. Exposição às intempéries. Algumas culturas até hoje expõem os seus cadáveres sobre uma plataforma, deixando que as aves de rapina venham devorá-los. Na antiga Pérsia, os mortos eram dados aos cães ou às aves, para lhes servirem de alimento. Os modernos persas retêm esse costume, expondo seus mortos em torres de silêncio, para benefício das aves de rapina.

h. Descarnamento. No Tibete, uma forma de disposição dos mortos consiste em ir-se tirando a carne dos ossos, dando-a para os animais comerem. Em seguida, os ossos são sepultados ou esmigalhados, ou então misturados à ração dos animais domésticos.

i. Sepultamento na água. Várias culturas sepultam seus mortos na água, nas florestas ou em lugares desérticos. Alguns povos usam barcos para transporte dos cadáveres, e então esses barcos e os mortos são afundados juntos, ou então o corpo é lançado na água e o barco incendiado.

j. Parece que as *cavernas* sempre foram usadas como cemitérios.

k. Nenhum sepultamento. Em algumas culturas, os criminosos e os suicidas são deixados insepultos, ou então, se são sepultados, o ato é feito sem qualquer cerimônia acompanhante.

l. Sepultamento em terreno santo. Em muitas culturas cristãs, os membros regulares da igreja são sepultados em terreno santo, ou cemitérios da igreja; mas tal sepultamento é negado aos não batizados, aos suicidas e aos criminosos.

4. Rituais de Sepultamento. Esses ritos variam muito de cultura para cultura, embora alguns elementos sejam comuns *a*. Festejar é um ritual comum que acompanha o velório, e também o pós-sepultamento. Tenho ouvido dizer que algumas culturas choram por ocasião do nascimento e casamento, mas regozijam-se e festejam por ocasião dos funerais; porém, não fui capaz de encontrar a origem da informação para documentá-la. Seja como for, festejar é uma característica quase constante nos sepultamentos, na antiguidades e em nossos dias. Uma razão para isso é distrair os parentes do morto; mas, diante da morte, surgem sentimentos difíceis de serem suprimidos. As pessoas, por muitas vezes, envergonham-se desses sentimentos. Por qual motivo? *i*. Porque, em seus corações, eles sabem que a vida prossegue para o morto. *ii*. Porque eles sentem-se felizes que foi o outro, e não eles, que morreram. Festas anuais comemoram a data da morte dos parentes, em certos lugares **b**. O ritual de purificação também é uma caracterização comum dos costumes de sepultamento. A lei judaica mostrava-se elaborada quanto a esse ponto. (Ver Lv 11.24; 21.1,11; 22.4; Nm 5.2; 6.6; 19.11 ss). (especialmente esta última referência). *c*. A preparação do corpo por parentes e amigos, é outro costume usual. (Ver Gn 46.4; Mc 5.40; Mt 27.57-60; At 5.6 e 8.2). *d*. Lamentação. Esse aspecto fazia parte importante do processo de sepultamento, envolvendo grande pranto. (Ver At 8.2). Ou então choro. (Ver Jr 54.8; 49-3). A família do morto participava dessas manifestações (1Sm 25.1,2; 2Sm 1.11,12), e lágrimas eram vertidas até mesmo ritualmente, no momento apropriado (Jr 9.17,18; Mt 2.13; Lc 7.32). Carpideiras profissionais eram contratadas, acompanhadas pela música de flauta (Gn 23.2; Jr 9.17; Mt 9.23; Lc 7.12,13). O costume envolvia sessões sete dias após o falecimento (Gn 50-10), e no caso de pessoas importantes, até trinta dias após o falecimento (Nm 20.29; Dt 34.8).

5. Lugares de Sepultamento. As culturas antigas, da Idade da Pedra e Calcolítica, costumavam sepultar seus mortos sob os pisos de suas casas; mas, em Israel, o costume era sepultá-los do lado de fora das muralhas das cidades (Lv 21.1; Lc 7.12), por temerem a contaminação cerimonial. Porém, no Antigo Testamento havia casas de sepultamento (1Sm 25.1; 1Rs 2.34; 2Rs 21.18; 2Cr 33.20), sendo difícil explicar o costume nisso envolvido, face à lei cerimonial vigente.

6. Ocasião do Sepultamento. Entre os judeus, como também entre os povos em geral do Oriente Próximo, era usual sepultar os mortos no mesmo dia do seu falecimento (Dt 21.23), ou no máximo, dentro de um período de 24 horas, devido a problemas sanitários e à questão da impureza cerimonial (Nm 9.10,14; Gn 23.4; Jo 11.17; Mt 27.57-60).

7. Cuidados com os Mortos. Evidências provindas da Idade da Pedra Calcolítica, bem como da Era do Bronze, mostram que os povos muito antigos já exerciam cuidados com seus mortos, incluindo cuidado com os ossos e com importantes objetos postos juntamente com os cadáveres. Porém, o apressado sepultamento de Absalão (2Sm 18.17) demonstra que pouco ou nada foi feito nesse sentido. O cadáver usualmente era lavado (Ct 9.37), e, algumas vezes, ungido com aromáticos (Mc 16.1; Jo 19.29), e então envolto em tiras de pano. Ver o artigo sobre o *Sudário de Cristo*. O embalsamamento não era uma prática judaica, e os casos que envolveram Jacó e José (Gn 50.2,26) são excepcionais, devido à influência egípcia.

8. Visitação aos Túmulos e Sepulcros. A fim de mostrar respeito pelos finados e reviver memórias, os lugares de sepultamento eram visitados durante as primeiras semanas após o enterro. Membros da família e amigos envolviam-se nessa prática, e as mulheres mostravam-se especialmente ativas, decorando os sepulcros com flores e derramando lágrimas sobre os mesmos (Jo 11.31).

9. A Esperança sobre o Além

Pôr do sol e estrela vespertina,
E uma clara chamada para mim!
Que não haja lamentos no porto,
Quando atirar-me em alto mar.
......
Não haja a tristeza das despedidas,
Quando eu tiver de embarcar.
Pois, mesmo que de nosso tempo e lugar
O dilúvio me leve para longe,
Espero ver meu Piloto face a face,
Depois que tiver cruzado a barra.

Alfred, Lord Tennyson

As esperanças mundanas que os homens abrigam —
Tornam-se cinzas — ou prosperam por um pouco apenas,
Como a neve sobre a face arenosa do deserto
Brilhando por uma hora ou duas — antes de ir-se.

Edward Fitzgerald

Nosso nascimento é apenas um sono e um olvido:
A Alma que se ergue conosco, a Estrela de nossa vida,
Teve algures a sua origem
E vem de muito longe:
Não no total esquecimento,
E nem em completa nudez,
Mas trilhando nuvens de glória chegamos
Da parte de Deus, que é nosso lar.

William Wordsworth

Ver os artigos seguintes: *Imortalidade; Reencarnação; Ressurreição*. (AM CAL E G IB S Z)

SEPULTURA. Ver sobre *Sepultamento, Costumes de* e *Túmulos*.

SEQUESTRO. Ver sobre *Crimes e Castigos*.

SERA

No hebraico, **"abundância"**. Era filha (e provavelmente seus descendentes chegaram a ser um clã) de Aser (Gn 46.17; Nm 26.46 e 1Cr 7.30). Juntamente com seus irmãos, Imna, Isvá, Isvi e Beerias, ela foi para o Egito, em companhia de seu avô, Jacó (Gn 46.17).

SERAFINS (TERAFINS)

A crença na existência dos anjos é de data remota, entre os hebreus, visto que Abraão tinha essa crença. (Ver Gn 16.1-13; 21.17-19; 22.11-16). A mais antiga evidência arqueológica acerca dos anjos (até hoje encontrada) parece ser a estela de Ur-Nammus, de cerca de 2250 a.C., onde anjos aparecem a esvoaçar por sobre a cabeça desse rei, quando ele orava. Visto que Abraão chegou naquela região pouco depois desse tempo, sem dúvida estava familiarizado com a angelologia, desde a juventude. Mas não sabemos quão complexas eram suas noções a respeito, embora saiba-se que, entre os persas, essa doutrina chegou a ser muito elaborada. E essa elaboração foi tomada por empréstimo pelo judaísmo, e daí passou para o cristianismo. Ver o artigo geral sobre os *Anjos*, onde ofereço maiores detalhes a respeito.

A Bíblia reconhece certas divisões entre os anjos, falando sobre os *querubins* e os *serafins*. Os informes bíblicos acerca da aparência e das atividades dos serafins limitam-se ao trecho de Isaías 6.2,6. Cada um deles tinha seis asas; tinham rosto, mãos e pés. Com duas asas cobriam o rosto; com duas, os pés, e com duas voavam. A descrição assemelha-se a um humanoide com seis asas. Alguns estudiosos ligam os serafins com demônios alados, com grifos guardiães ou com serpentes aladas de fogo (Nm 21.6-9; Dt 8.15; Is 14.29; 30.6), embora tal conexão esteja longe de ser clara.

O nome *serafins* significa "nobres" ou "afogueados", e este último significado sugere aquela teoria, embora não a prove. Alguns eruditos ligam-nos com as serpentes voadoras que constituiriam os braços do trono de madeira de Tutancamom. Em Números 21.6 e Deuteronômio 18.15, as "serpentes abrasadoras" (no hebraico *sarap*) eram serpentes venenosas, cuja picada ardia como fogo, o que nos dá uma outra possível conexão com aquela ideia.

O relato bíblico parece associar os serafins à adoração a Deus, como condutores dessa adoração. Nesse caso, seriam uma ordem angelical que existe justamente com essa finalidade. A cena descrita, naturalmente, é a de uma sala do trono com seu trono, uma cena bastante comum nas religiões antigas, sem dúvida de natureza antropomórfica.

As investigações arqueológicas acerca da XII Dinastia egípcia, no túmulo de Beni-Hasã, revelaram dois grifos alados, cujos nomes, escritos em egípcio demótico, era *seref*. Estavam estacionados como guardas do sepulcro, e a similaridade do nome sugere seres angelicais, os serafins, embora a conexão verbal não nos diga nada sobre os seres bíblicos assim denominados. Mais parecidos com a descrição bíblica, ao ponto de não fornecer base para acasos, são os serafins representados em artefatos fabricados na Mesopotâmia. Foram descobertos em Tell Halaf. Esses artefatos têm sido datados de cerca de 1000 a.C. Parece patente que Isaías participou de uma tradição a respeito de anjos, e não inventou a noção dos serafins, embora suas elaborações tenham sido um tanto diferentes. Está envolvido um empréstimo cultural.

Seja como for, as Escrituras ensinam a existência dos serafins, uma ordem de anjos com funções específicas na adoração ao Senhor Deus. Provavelmente, tanto Serafins quanto *querubins* (vide) estão relacionados aos "seres viventes" de

Apocalipse 4.6-8. Uma última explicação é que o termo hebraico *seraphim* está no plural. Em português, porém, costuma-se dizer serafim (o singular) e serafins (o plural).

SERAÍAS

No hebraico, "*Yahweh* **é príncipe**", ou, de acordo com outros, "guerreiro de Deus", ou "*Yahweh* prevaleceu". Este é o nome de onze pessoas no Antigo Testamento, que listo em ordem cronológica até onde é possível determinar: **1**. Sacerdote que teve seu ministério na época do rei Davi, pertencendo ao quarto turno, em cerca de 1000 a.C. (Ver 1Cr 24.8). **2**. Escriba que agiu como secretário de Davi quando este assumiu o trono, em cerca de 1000 a.C. Dois de seus filhos seguiram seus passos e foram secretários do rei Salomão. Também era chamado de *Seva* (2Sm 20.25) e Sisa (1Rs 4.3), além de Sausa (1Cr 18.16). **3**. Avô de Jeú, líder da tribo de Simeão. Viveu no século IX a.C. (Ver 1Cr 4.35). **4**. Sumo sacerdote de Judá durante o reino de Zedequias, o rei. Depois da destruição do templo, o rei babilônico o executou (2Rs 25.18, 21; 1Cr 6.14; Jr 52.12, 27). Sua época foi em torno de 597 a.C. **5**. Capitão do exército que acompanhou Gedalias quando este se tornou governador das cidades após o cativeiro babilônico. Sua época foi em torno de 590 a.C. (Ver 2Rs 25.23 e Jr 40.8). **6**. O rei Jeoaquim ordenou que um homem com este nome, juntamente com outros, prendesse o profeta Jeremias e seu escriba Baruque, considerados desordeiros simpáticos à Babilônia. A época foi em torno de 600 a.C. (Ver Jr 36.26). **7**. Príncipe de Judá que serviu como camareiro, ou camareiro mor, sob o rei Zedequias, tendo acompanhado o rei no cativeiro babilônico. Jeremias instruiu-o a levar para a Babilônia um rolo de suas profecias de destruição e, depois de ler o rolo, jogá-lo no rio Eufrates, onde ele, naturalmente, afundaria até o leito do rio. Isso simbolizava a futura destruição da Babilônia, quando chegasse sua hora de cair através da agência dos medos e persas, que seriam os próximos reis da região. A época foi cerca de 597 a.C. (Ver Jr 51.59-64). **8**. Um dos líderes dos judeus enquanto esses estavam no cativeiro babilônico. Ele retornou a Jerusalém com Zorobabel. Também era chamado de Azarias. (Ver Ed 2.2; Ne 7.7; 12.1, 12). **9**. Pai de Esdras, o escriba (Ed 7.1) que viveu por volta de 600 a.C. **10**. Sacerdote que, após o cativeiro babilônico, assinou o pacto que prometia a volta dos judeus ao cumprimento da lei mosaica (Ne 10.2). A época era em torno de 450 a.C. **11**. Sacerdote que voltou à Jerusalém após o cativeiro babilônico, em torno de 450 a.C. (Ver 1Cr 9.11; Ne 11.11).

SEREBIAS

No hebraico, "*Yahweh* **é originador**", ou talvez, como dizem alguns, "**o calor que queima de** *Yahweh*". **1**. Levita que retornou da Babilônia para servir na Jerusalém restaurada depois de Esdras ter apelado ao profeta Ido por reforços para os cultos a *Yahweh*. Ele recebeu a tarefa de carregar de volta a Jerusalém os vasilhames de ouro e prata que haviam sido roubados do templo. Dirigiu os cultos de ação de graças no segundo templo e ajudou a explicar ao povo as exigências da lei mosaica. Viveu em cerca de 530 a.C. (Ver Ed 8.18, 24; Ne 8.7; 9.4; 10.12). **2**. Talvez um homem diferente chamado com o mesmo nome, um levita que retornou do exílio babilônico junto com Josué e Zorobabel (Ne 12.8). Ele estava encarregado do ministério da música no segundo templo, e sua época foi em torno de 530-500 a.C. Muitos identificam este homem com o número 1.

SEREDE

No hebraico, *escape* ou *livramento*, ou, como dizem outros, "estar apavorado". Primeiro filho de Zebulom, ancestral distante dos *sereditas*, possivelmente do século XVI a.C. Ele foi ao Egito com seu avô, Jacó. (Ver Gn 46.14 e Nm 26.26).

SERES

No hebraico, "**união**" ou "**raiz**", filho ou descendente de Maquir (1Cr 7.16), que viveu por volta de 1400 a.C. Era neto de Manassés e líder daquela tribo.

SERPENTE. Ver sobre *Serpentes* (*Serpentes Venenosas*).

SERPENTE, A ANTIGA

Título de Satanás. (Ver Ap 12.9). Ele é "homicida" desde o princípio (ver Jo 8.44). E ele foi o "começo" (ou "iniciador") mesmo do pecado, segundo se lê no Evangelho de Nicodemos. Encontrâmo-lo, primeiramente, no livro de Gênesis, onde ele já aparece como um ser maligno. O décimo quarto capítulo do livro de Isaías pinta suas atividades antes da existência da terra; e ali ele já é um poder pervertido e grandemente destruidor. Ele tem estado solto por longo tempo, dotado do caráter de "serpente", um dos constantes símbolos que a humanidade tem usado para indicar um poder astucioso e destruidor, que ataca sem misericórdia. Por isso é que Satanás é aqui chamado de "a antiga serpente".

"O grande dragão, na qualidade de inimigo mortal de Cristo, desde há muito dera início a seu esporte assassino, na qualidade de antiga serpente. A serpente do paraíso transformou-se no grande dragão do inferno". (Lange, *in loc.*).

Satanás tanto é a "serpente" como é o dragão. O "dragão" é um animal semelhante à serpente, nas histórias antigas. Esses dois vocábulos, no grego, *drakon* e *ophis*, são usados na Septuaginta como termos intercambiáveis para "leviatã", ou seja, "monstro-marinho". Trata-se do "antigo dragão" ou da "antiga serpente", que são expressões rabínicas. É um ser malicioso e invejoso (ver Sap. ii.24; En. xx.7 e Testamento de Rúben 5), devendo ser identificado com a serpente do terceiro capítulo do livro de Gênesis, segundo essas referências o demonstram.

"Na qualidade de destruidor, ele é um 'leão que ruge', e na qualidade de enganador, ele é uma 'serpente'". (Fausset, *in loc.*). Mas, na qualidade de "serpente", ele também é um destruidor, pois é gigantesco e tem um tremendo poder em sua cauda. (I IB NTI RO)

SERPENTE DE BRONZE

No hebraico, *nachas*, que tem o significado de *sutil* (Gn 3.1). O termo completo para *serpente de bronze* é *nachash nechosheth*, que ocorre apenas em 2Reis 18.4. Bronze significa *cobre*. Para detalhes da história que relata como Moisés fez uma serpente dessa para cura, ver Números 21.4-9. O comentário do livro apócrifo *Sabedoria* resume a situação ao dizer: "Eles ficaram perturbados por um curto período, pois talvez fossem reprovados por terem um *sinal de salvação*. Aquele que se virasse a ela (a serpente de bronze) não era salvo por ela, mas pelo Senhor (*Yahweh*), que é Salvador de todos" (ver 16.5, 12). Ver o comentário do Novo Testamento sobre a história que se aplica à missão salvadora de Cristo (Jo 3.14, 15). Israel, sempre culpado de uma variedade de infrações, começou a reclamar do suprimento de alimentos. Como punição, as pessoas foram atacadas por cobras, mas, para acabar com a punição, a serpente de bronze foi feita. Uma mera olhada na direção do animal curava. As pessoas dos tempos antigos criam no poder de cura das serpentes, e talvez isso tenha influenciado a réplica de bronze. A serpente de bronze (cobre) tornou-se um objeto de louvor e teve de ser destruída na época do rei Ezequias.

Usos figurativos: **1**. Poderes destrutivos, especialmente do tipo maligno. **2**. Satã como o poder destrutivo (Ap 12.9; 2Co 11.3). **3**. Malícia (Sl 58.4; 140.3). **4**. O poder destrutivo do vinho (Pv 23.31, 32). **5**. O mal ou a calamidade inesperada, como uma serpente escondida em um buraco (Ec 10.8). Ver ainda Mateus 3.7. **6**. Alguém que fala demais, bobo como uma serpente não treinada (Ec 10.11). **7**. Inimigos que assediam (Is 14.29; Jr 8.17). **8**. Hipócritas (Mt 23.33). **9**. O prudente (Mt 10.16). **10**. A missão salvadora de Cristo (Jo 3.14, 15). **11**. A proteção supernatural é tipificada quando alguém pode manusear uma serpente e não sofrer nenhum mal (Mc 16.18).

SERPENTE, ENCANTAMENTO DA

Do hebraico, *sussurrar*, referindo-se ao alegado poder dos encantadores de serpentes, que conseguiam (conseguem) colocar uma cobra em algum tipo de estado hipnótico ao sussurrar com ela ou através do uso de um instrumento musical. Por esse processo, o animal uma vez perigoso torna-se dócil e inofensivo. Eclesiastes 10.11 infere que algumas espécies de cobras estão sujeitas a essa pacificação, enquanto Salmo 58.4, 5 e Jeremias 8.17 sugerem que outras espécies não podem ser encantadas. A referência em Jeremias transforma as cobras que não podem ser domadas nos *inimigos de Judá*, os quais estavam prontos para agredir e fazer mal àquele povo. Os ímpios que nunca ouvem conselhos e nunca se arrependem são como "cobras surdas" que não podem ser encantadas (Sl 58.4,5).

SERPENTE, PEDRA DA (PEDRA DE ZOELETE)

A tradução, na passagem onde ocorre essa expressão (1Rs 1.9), é insegura quanto ao seu significado. Algumas traduções, como a nossa versão portuguesa, deixam a expressão bem parecida com a do hebraico "pedra de Zoelete". Mas o sentido poderia ser "pedra do que se arrasta", a serpente estando em pauta. Mas esse termo, Zoelete, também pode significar "escorregadio", dando a entender algo que "escorrega enquanto avança", o que novamente aponta para a serpente. Seja como for, essa era a designação de uma penha próxima de En-Rogel, como também de uma fonte que havia perto de Jerusalém, no vale do Cedrom. Foi ali que Adonias ofereceu sacrifícios, quando procurou, sem sucesso, ser o sucessor de seu pai, Davi, no trono. Alguns estudiosos têm sugerido que a ideia de "escorregadio" refere-se à própria penha, de superfície lisa, nada tendo a ver com serpentes. Mas outros opinam que o lugar talvez estivesse vinculado à adoração a serpente.

SERPENTES (SERPENTES VENENOSAS)

I. TERMINOLOGIA. 1. *Hebraico*: *zachal* (temível, arrastar-se), (Dt 32.23; *nachash* (serpente), Gn 3.1, 2, 4, 13, 14; Êx 4.3; Nm 21.6, 7, 9; Ec 10.8, 11; *saraph* (requeimante) Nm 21.6, 8; Dt 8.15; Is 14, 29, 30.6; *tannin* (serpente), Êx 7.9, 10, 12. **2**. *Grego*: *ophis* (serpente), (Mt 7.10; 10.16; 23.33; Mc 16.18; 1Co 10.9; 2Co 11.3; Ap 9.19).

II. GÊNESIS 3. O relato de Gênesis sobre a serpente tentadora que tinha o dom da fala e aparentemente andava nada diz sobre o Ser arquimaligno, Satã, cuja doutrina foi um desenvolvimento posterior do judaísmo que dificilmente seria antecipada no primeiro livro da Bíblia. Em outras palavras, Satã em Gênesis 3 é uma interpretação posterior do texto, não uma ideia do próprio texto. (Cf. Ap 12.9 e 2Co 11.3). Como as pessoas sentem instintivamente que as cobras são traiçoeiras e perigosas, por causa de seus ataques repentinos e às vezes fatais, era natural que a história em Gênesis viesse a ser interpretada como "Satã na forma de uma cobra". Os antigos também acreditavam que as cobras eram astutas e sutis, características que combinam com a doutrina de Satã. Liberais e críticos, é claro, visualizam o assunto como apenas outro mito usado nas histórias que relatavam eventos pré-históricos.

III. MITOS. Provavelmente devemos entender que Gênesis 3 esteja descrevendo uma cobra real, não a manifestação de um ser superior de qualquer tipo naquela forma particular. Em alguns lugares do Oriente, a cobra era louvada juntamente com outros animais, como o touro. Tal ideia provavelmente influenciou a interpretação judaica posterior de Gênesis 3. Podemos corretamente classificar todas essas noções como mitos.

Então, acredita-se em coisas míticas relacionadas a cobras comuns. Salmo 140.3 reflete a crença de que serpentes têm línguas afiadas que podem causar mal e sob seus "lábios" é que está o veneno. As pessoas não estavam cientes das glândulas especiais que contêm veneno que é injetado através dos canais nos dentes. As habilidades das cobras têm sido exageradas. Elas têm de se enrolar para poder dar o bote, e nesse ato elas se estendem em apenas 2/3 de seu comprimento. Claro, ninguém esquece que elas podem enrolar-se outra vez e dar outro bote em um curto espaço de tempo, portanto a limitação de 2/3 pode facilmente ser eliminada. Pessoas que acampam e caçadores supõem que, se colocarem uma corda ao redor da barraca, as cobras não passarão por cima dela, e portanto não entraram na barraca. As cobras, contudo, não estão cientes desse limite, mas, tudo bem, a corda ao redor da barraca pode dar algum nível de falso conforto e, de qualquer maneira, não atrairá as cobras. No passado cria-se que as cobras se alimentavam ao "lamber" com a língua (Mq 7.17), mas a verdade é que elas engolem suas presas inteiras. Pelo menos é verdade que, se você encarar uma cobra e tiver sorte o bastante de dispor de algum tipo de instrumento à mão, deve bater na cobra *em qualquer lugar*, e ela enrolará. Quando ela enrolar, você pode então conseguir dar-lhe uma boa cacetada na cabeça. Esse pingo de "conhecimento verdadeiro" já salvou muitas vidas. O resto é essencialmente notícia ruim ou mito. A única boa notícia é que a maioria das espécies não é venenosa.

IV. SERPENTES NA BÍBLIA E NA PALESTINA. É quase sempre impossível identificar, com alguma clareza, as espécies de cobra mencionadas na Bíblia. Aristóteles foi a primeira pessoa a extensivamente classificar os animais, aplicando certo critério de padrões no tangente àquilo que distingue uma espécie da outra. Ele foi, portanto, o pai da zoologia, mas os hebreus não eram zoólogos nem se destacavam em nenhum outro tipo de ciência. O resultado é que as passagens bíblicas que falam de cobras não nos informam sobre as espécies. A maioria das referências a essa criatura insidiosa na Bíblia é figurativa. Ver a seção VI do presente artigo para maiores detalhes.

O Oriente Médio, incluindo a Palestina, tem uma variedade incrível de cobras. Algumas são minúsculas, alcançando apenas uns 30 cm de comprimento, mas outras chegam a atingir o tamanho temeroso de mais de 2 m, pequenas para os padrões africanos ou sul-americanos, mas grandes o suficiente para assustar os homens. Por outro lado, o poder do veneno que uma cobra injeta não é determinado por seu tamanho, Apenas seis cobras da Palestina são venenosas, mas elas estão distribuídas na maioria das áreas do território, portanto não é possível escapar do temor de encontrá-las. Além disso, algumas dessas cobras são noturnas, enquanto outras são diurnas, o que complica a vida de presas potenciais e também do homem. As cobras, como uma classe, têm "sangue frio", portanto não conseguem aquecer a si mesmas através de exercício nem por outro meio "particular". Elas devem manter sua temperatura corporal, entre 15º C e 25º C, através de fontes externas de calor. Algumas hibernam quando as temperaturas externas atingem níveis intoleráveis. Outras fogem a regiões mais altas ou mais baixas devido às variações de temperatura.

SERPENTES ABRASADORAS

No hebraico, *nachash saraph*. A referência é às víboras do deserto que atacaram o povo de Israel, no deserto, quando estavam jornadeando em torno do território de Moabe (Nm 21.4-9). No sétimo versículo desse mesmo capítulo, elas são chamadas apenas *nachash,* "serpente". A espécie particular de víbora poderia ter sido a *Echis carinatus*, que significa, literalmente, "víbora das planícies arenosas". Em outros contextos, a mesma expressão hebraica é traduzida, em nossa versão portuguesa, por *serpente voadora* (Is 14.29) e por *serpente volante* (Is 30.6).

O termo hebraico *saraph*, traduzido nesses três trechos por "abrasadora", "voadora" e "volante", na verdade é cognato da palavra hebraica que, em português, é traduzida por "serafim", uma ordem de seres angelicais (ver Is 6). É possível, por conseguinte que o uso do termo hebraico *saraph* em Números 21.6 tenha o intuito de indicar algo de incomum, ou mesmo de sobrenatural, naquele ataque de serpentes, no deserto. Por outra parte, a palavra pode apenas ter tido vários empregos, aparentemente distintos um do outro. Ver o artigo sobre as Serpentes.

SERRA

No hebraico há duas palavras, ambas com esse sentido: *megerah*, usada por três vezes (2Sm 12.31; 1Rs 7.9; 1Cr 20.3); e *massor*, usada somente em Isaías 10.15. A palavra não aparece no Novo Testamento, mas a LXX a traduz por *prízo*, "serra". A serra era de uso comum no mundo do Oriente Próximo. Um baixo-relevo egípcio da quinta dinastia (2560-2420 a.C.) mostra dois carpinteiros com longas serras, preparando tábuas. Também era um dos implementos familiares dos carpinteiros e lenhadores israelitas (Is 10.15). Eram serrados metais e pedras, e não somente madeira. As evidências arqueológicas demonstram egípcios da décima segunda dinastia (1989-1776 a.C.) usando serras de bronze com dentes de esmeril, para cortar granito. Na construção do templo de Salomão, algumas das pedras de maior valor foram *serradas para o lado de dentro e para o de fora* (1Rs 7.9). O trabalho de serrar era árduo e, com frequência, os cativos em períodos de guerra eram mandados para as serrarias (2Sm 12.31; 1Cr 20.3). Por causa de sua dificuldade, muitos antigos preferiam usar grandes blocos de pedra nas construções, para minimizar o trabalho da serra. A serra era, igualmente, um terrível instrumento de execução capital (ver Hb 11.37). Há tradições no sentido de que Isaías sofreu o martírio sendo "serrado ao meio".

SERUGUE

No hebraico, **"firmeza"** ou **"força"**. Seu nome aparece em (Gn 11.20-23, 1Cr 1.26 e Lc 3.35) (no grego, sua forma é *Serouch*). Foi pai de Naor e bisavô de Abraão. Por isso mesmo, aparece na genealogia de Jesus, em Lucas, que retrocede até Adão.

SERVA

No hebraico, há duas palavras envolvidas e, no grego, uma, a saber: **1**. *Amah*, "criada". Esse vocábulo hebraico aparece por 56 vezes (como, por exemplo, em (Êx 23.12; Jz 19.19; Rt 3.9; 1Sm 1.11,16; 25.24,25,28,31,41; 2Sm 6.20; 14.15; 1Rs 1.13,17; Sl 86.16; 116.16). **2**. *Shiphchah*, "serva". Um termo hebraico que ocorre por 71 vezes (como se vê, por exemplo, em Gn 16.1; 25.12; 29.24,29; 30.4; 33.1,2; 35.25; 35.26; Rt 2.13; 1Sm 1.18; 25.27; 28.21,22; 2Sm 14.6,7,12,15,17,19; 2Rs 4.2,16; Pv 30.23; Is 14.2; Jr 34.11,16; Jl. 2.29). **3**. *Doule*, "serva", "escrava". Palavra grega que, nessa forma feminina, só aparece por três vezes em todo o Novo Testamento (Lc 1.38,48; At 2.18) (citando Joel 3.2).

Os versículos que contêm esses termos, com frequência referem-se a escravas. Mas algumas delas, naturalmente, tornavam-se concubinas do senhor da casa. Algumas delas, tornavam-se meios para prover filhos quando a esposa do dono da casa era estéril. (Ver Gn 16.1; 25.12; 29.24,29; 30.4; Êx 23.12; Jz 19.19). Essas duas palavras hebraicas também eram usadas por mulheres, para referirem-se a si mesmas, quando estavam diante de pessoas importantes, ou queriam assumir uma posição de humildade, embora elas não fossem servas ou escravas em nenhum sentido (Ver Rt 2.13; 3.9; 1Sm 28.21; 1Rs 1.13,17). Uma mulher piedosa era serva de Deus e da humanidade. (Ver 1Sm 1.11 e comparar com Sl 86.16 e 116.16). Maria, mãe de Jesus, referiu-se à sua própria pessoa como serva (Lc 1.38,48).

SERVIÇO

A principal palavra hebraica a ser considerada é *abodah*, que ocorre por cerca de 120 vezes (de Gn 29.27 a Ez 44.14). Há pelo menos quatro outros sinônimos hebraicos, todos com o mesmo sentido. No grego, precisamos levar em conta quatro palavras, alistadas abaixo: **1**. *Douleía*, "serviço escravo" (que ocorre em Rm 8.15,21; Gl 4.24; 5.1 e Hb 2.15). **2**. *Diakonía*, "ministração", "serviço", que aparece por 33 vezes (Lc 10.40; At 1.16,25; 6.1,4; 11.29; 12.25; 20.24; 21.9; Rm 11.13; 12.7; 15.31; 1Co 12.5; 16.15; 2Co 3.7-9; 4.1; 5.18; 6.3; 8.4; 9.1,12,13; 11.8; Ef 4.12; Cl 4.17; 1Tm 1.12; 2Tm 4.5,11; Hb 1.14 e Ap 2.19). **3**. *Latreía*, "serviço reverente ou religioso", que aparece por cinco vezes (Jo 16.2; Rm 9.4; 12.1; Hb 9.1,6). **4**. *Leitourgía*, "serviço público", que é usada por seis vezes (Lc 1.23; 2Co 9.12; Fp 2.17,30; Hb 8.6; 9.21).

Naturalmente, nessa exposição das palavras usadas, estamos apresentando somente os substantivos e não os verbos respectivos. Os conceitos bíblicos proeminentes, acerca do serviço, são de natureza religiosa, ainda que também haja alusões ao serviço meramente secular. Porém, o conceito atinge seu clímax no aspecto espiritual do serviço cristão, conforme se vê abaixo:

1. Serviço Secular. A primeira referência a esse tipo de serviço diz respeito ao serviço prestado por Jacó a Labão, em troca de suas esposas (Gn 30.26-29). A próxima alusão é ao serviço prestado por José ao Faraó (Gn 41.46). Em seguida, temos menção ao trabalho escravo bem conhecido prestado pelos israelitas, no Egito, antes do êxodo, que fez "amargar a vida com dura servidão, em barro e em tijolos, e com todo o trabalho no campo; com todo o serviço em que na tirania" eles serviam (Êx 1.14). Jamais esquecido dessa dura servidão, Moisés determinou leis que proibiam a escravidão de israelitas por outros israelitas, e que regulamentavam o serviço de trabalhadores assalariados (Lv 25.52). Um outro tipo de serviço secular era o serviço militar (Nm 4.30,35,39,43; 31.12; 2Tm 2.4). Um belo exemplo de serviço doméstico foi aquele de Marta, que servia as mesas (Lc 10.40; Jo 12.2).

2. Serviço Ritual. Dentre as duas variedades de serviço religioso, a mais antiga é a da adoração, vinculada ao sacerdócio, ao tabernáculo, ao altar ou ao templo de Jerusalém. O Antigo Testamento contém numerosas referências a esse tipo de serviço. Moisés intitulou a Páscoa de serviço memorial (Êx 12.25 ss.; 13.5). As taxas cobradas por ocasião do recenseamento eram investidas no custeio da adoração na tenda da congregação (Êx 30.16). Moisés consagrou os levitas para que servissem ao Senhor (Êx 32.29). Dos levitas procediam os sacerdotes responsáveis pela "tenda da congregação e o santuário" (1Cr 23.32; cf. Nm 8.11,15), e para fazerem "o serviço dos filhos de Israel na tenda da congregação" (Nm 8.19; cf. 8.24-26; 16.9; 18.4-6; 21-23,31). Esse serviço sacerdotal atingiu um ponto culminante notável na época de Zacarias (Lc 1.23). Não somente o ato de adoração era chamado "serviço", conforme acontece até os nossos dias, mas também estavam envolvidos "todos os utensílios do serviço do tabernáculo, para a tenda da congregação" (Êx 39.40).

3. Serviço Espiritual. À medida que a revelação divina foi progredindo, o serviço foi adquirindo um sentido mais amplo e novo. O serviço cristão, por exemplo, requer uma dimensão horizontal, isto é, de homem para homem... tal como o *Filho do homem, que não veio para ser servido, mas para servir e dar a sua vida em resgate por muitos* (Mt 20.28). Desse modo, Jesus estabeleceu exemplo e precedente para serem seguidos por todos os seus discípulos, de todas as épocas. Jesus nos deixou esse exemplo sobretudo em sua vida, morte e drama (Jo 13.3-17). Declarou ele: *Se alguém me serve, siga-me, e onde eu estou, ali estará também o meu servo. E, se alguém me servir, o Pai o honrará* (Jo 12.26). Os cristãos primitivos não tardaram a aprender o conceito ensinado por Jesus, de um total serviço

SERVIDÃO

religioso, incluindo o evangelismo e a ação missionária. Paulo esclareceu: *E também há diversidade nos serviços...* (1Co 12.5). Esse apóstolo chegou a agradecer a Jesus Cristo. *Sou grato para com aquele que me fortaleceu, a Cristo Jesus nosso Senhor, que me considerou fiel, designando-me para o ministério* (1Tm 1.12), e se ufanava de seus cooperadores, nesse serviço cristão. (Ver 2Co 8.23). É muito apropriado que a primeira ordem de serviçais cristãos, que apareceu logo depois dos apóstolos, tenha sido a dos diáconos (At 6.1 ss.). Que esse serviço não era apenas secular, apesar de terem sido escolhidos para servir às mesas, se depreende do fato de que Paulo deixou instruções claras, altamente espirituais, acerca da escolha dos diáconos, em 1Timóteo 3.8-13.

No original grego, é *diakonia*, que normalmente quer dizer, no NT, *serviço espiritual*, embora algumas vezes seja indicação das ministrações físicas aos enfermos e necessitados. Porém, até mesmo essa ministração física é de ordem espiritual, pois servir a outros dessa maneira, na realidade, é servir a Cristo, conforme encontramos em Mateus 25.35 *e ss.* (Ver ainda At 1.25; 6.4; 20.24; Rm 11.3; 1Tm 1.12; 2Tm 4.5,11, quanto a outras ocorrências dessa palavra.) O "trabalho do ministério" é limitado neste contexto àquilo que é realizado em favor da igreja, através do exercício dos dons ministeriais, embora a menção dos "evangelistas" mostre que o trabalho entre os não convertidos também é um aspecto vital para a igreja.

Efésios 4.12 não se refere a "ofícios eclesiásticos e suas funções", porquanto nada tão formal está em pauta aqui. Destacam-se aqui meramente os ministérios espirituais na igreja, que visam o benefício mútuo que nos é apresentado como o ideal. São focalizados aqui, tanto o ministério público como o particular, no seio da igreja, pois os dons são exercidos com toda a naturalidade. Quem quiser ser grande, que seja o *escravo* de todos, um serviço de instrumento dedicado ao Senhor, conforme o próprio Senhor Jesus indicou em Mateus 20.26. O Senhor Jesus foi o exemplo supremo de como deve ser um servo (ver Mt 20.28), porquanto veio para servir e não para ser servido.

Porém, os diáconos foram apenas o começo de um serviço ministerial diversificado. Mais tarde, o Espírito do Senhor inspirou a igreja primitiva a desdobrar o ministério apostólico. Referindo-se a isso, ensina Paulo, em Efésios 4.11-13: *E ele mesmo (Cristo) concedeu uns para apóstolos, outros para profetas, outros para evangelistas, e outros para pastores e mestres, com vistas ao aperfeiçoamento dos santos, para o desempenho do seu serviço, para a edificação do corpo de Cristo, até que todos cheguemos à unidade da fé do pleno conhecimento do Filho de Deus, à perfeita varonilidade, à medida da estatura da plenitude de Cristo...* Essa passagem, juntamente com seus paralelos, mostra-nos o alvo do serviço cristão, que é elevadíssimo. Somos cooperadores do Senhor, quando ministramos fielmente, contribuindo, cada um com sua parcela, para levar a bom termo o plano de Deus relativo a sua igreja. Esse plano é que todos os remidos tragam estampada, em suas próprias pessoas, a natureza divina do Filho bendito de Deus. (Ver também 2Co 3.18 e 2Pe 1.3,4). Não há serviço tão exaltado, e de tão imensas consequências, como o serviço que prestamos ao Senhor Jesus Cristo! Essa é uma das glórias do ministério cristão!

SERVIDÃO

No hebraico temos três palavras, e no grego uma, a saber: **1.** *Abduth*, "servidão", palavra usada por três vezes (Ed 9.8,9; Ne 9.17). **2.** *Abodah*, "serviço", palavra usada por cerca de 150 vezes (Por exemplo: Êx 1.14; 6.6,9; Dt 26.6; Ne 5.18; Is 14.3; 1Cr 6.48; 2Cr 8.14; Ez 29.18; 44.14). **3.** *Ebed*, "servo", palavra usada por cerca de s770 vezes (Por exemplo: Êx 13.3; 13.14; 20.2; Dt 5.6; 6.12; 8.14; 13.5; Js 24.17; Jz 6.8; 1Sm 3.9; 2Sm 2.12; 1Rs 1.2,9,19,26,27,33,47,51; Sl 19.11,13; Pv 11.29; Ec 2.7; Is 14.2; 66.14; Jr 2.14; Dn 1.12; Ml 1.6; 4.4). **4.** *Douleía*, "servidão", "escravidão". Palavra grega usada por cinco vezes (Ver Rm 8.15,21; Gl 4.24; 5.1; Hb 2.15). Mas, se o substantivo é raro, o adjetivo *doulos*, "escravo", aparece por cerca de 125 vezes, e nossa versão portuguesa quase sempre abranda para "servo".

Na Bíblia, a servidão, quando *literal*, indica a servidão nacional de Israel e a servidão de indivíduos isolados. **1.** *Nacional*. Essa condição figura de forma proeminente na história de Israel, com três períodos destacados de servidão: o período egípcio, o período assírio e o período babilônico (ver os artigos). (Ver trechos como Êx 1.14; 13.3,14; Ed 9.8; Ne 5.18). A servidão egípcia foi arranjada pela providência divina, a fim de cumprir uma série de desígnios, provendo-nos também uma ilustração gráfica da redenção (vide). Os cativeiros de Israel também foram juízes divinos que nos mostram o que o pecado e o desvio podem fazer a uma nação ou a um indivíduo. **2.** *Individual*. Muitas pessoas tornavam-se escravas de outras, como Hagar, serva de Sara (Gn 16.1), e Ziba, servo de Saul, que tinha quinze filhos mas também vinte escravos (1Sm 9.10). Em tempos de guerra, muitos povos conquistados foram reduzidos à servidão. Também temos a triste condição enfrentada por certos judeus que, forçados pela pobreza e pelas privações, vendiam seus filhos e suas filhas como escravos (Ne 5.5). O caso de José, que foi vendido por seus irmãos como escravo, é um notável exemplo de degradação entre comunidades que não deveriam atingir tal estágio de degradação (Gn 37). Muitos cristãos, na igreja primitiva, continuavam a manter escravos, conforme a carta a Filemom nos permite ver. Quanto à instituição da *escravidão* e suas horríveis implicações morais, ver o artigo separado sobre esse assunto.

Usos Metafóricos: *a*. No Egito, Israel aparece como o filho de Deus cativo no mundo, mas então remido quando do êxodo. *b*. O povo de Israel, cativo na Assíria ou na Babilônia, aparece como o filho de Deus sendo castigado em virtude de suas prevaricações e desvios, mas que, finalmente, foi restaurado. *c*. O crente altamente dedicado ao Senhor é escravo de Cristo, procurando cumprir a vontade do seu Senhor acima de qualquer outra coisa (Rm 1.1). *d*. O jugo da lei, o formalismo e o orgulho humano são empecilhos à vida espiritual (Gl 4.3,9,24,25; 6.1). *e*. A sujeição da criação à decadência, em contraste com a liberdade dos filhos de Deus (Rm 8.21). *f*. O espírito de servidão, em contraste com a liberdade do Espírito (Rm 8.15). *g*. O temor da morte, que escraviza os homens (Hb 2.15). *h*. Os falsos mestres com suas corrupções morais e doutrinárias, os quais prometem liberdade, e, na verdade, escravizam seus discípulos em seus falsos sistemas (2Pe 2.19). (B NTI Z)

SERVO

I. A Palavra. A palavra hebraica mais usada é *ebed*, "servo", "escravo". Ela ocorre por quase 7 vezes no Antigo Testamento. Na Septuaginta e no Novo Testamento, essa palavra é traduzida por *doulos*, "escravo", παιϛ ιϛ, "criado", e, menos frequentemente, por *therápon*, "servo de algum deus" e *oikétes*, "escravo criado em casa". Outras palavras hebraicas usadas podem ser traduzidas por "jovem", "servo do templo", "trabalhador assalariado (em distinção a um escravo)". E outras palavras hebraicas incluem: *diákonos*, "ministro" ou "ajudante"; *misthíos ou misthotós*, "mercenário", e *uperétes*, "ajudante", "assistente".

II. Usos no Antigo Testamento. Essa terminologia é, frequentemente, usada (sobretudo *ebed*) no Antigo Testamento para se referir a escravos (ver sobre *Escravo* e sobre *Escravidão*). Um "servo", nesse sentido, era considerado mera propriedade, embora também possuidor de determinados direitos (quanto a leis referentes à proteção e aos direitos dos escravos, ver Êx 21.1-11; Lv 25.39-55; Dt 15.1-18). Entretanto, em algumas instâncias, fica melhor a tradução "servo" do que a tradução "escravo", porquanto a ideia diz respeito a serviço ou obediência prestados, em um sentido muito mais geral do que se conhece, nos tempos modernos, sob o regime escravagista. Um servo podia ser qualquer pessoa entregue a alguém mais poderoso do que ela, como um mordomo de confiança (Gn 24.2), um soldado no exército (Jr 52.8), um oficial da corte real (1Sm 8.14,15), ou um rei vassalo (2Rs 17.3). Um servo dependia de seu senhor, por quem era protegido (2Rs 16.7), ao mesmo tempo em que concordava defender os interesses de seu senhor, em ocasiões de necessidade (2Rs 10.3). Portanto, esse sistema foi copiado bem de perto pelo sistema medieval feudal. A relação entre um servo e o seu senhor podia envolver uma espécie de pacto (por exemplo, Js 9.6 ss.), voluntariamente firmado mediante as palavras: *Somos teus servos* (Js 9.8; 2Rs 10.5), ou, então: *Serei teu servo...* (2Sm 15.34).

A terminologia usada pelos servos, quando se dirigiam a seus senhores, é usada conspicuamente em passagens onde alguém fala como servo de Deus. Assim, Elias proclamou a sua lealdade a Deus com as palavras ... *eu sou teu servo...* (1Rs 18.36). Os juízes e os reis se dirigiam ao Senhor como qualquer servo dirigir-se-ia a seu senhor terreno (ver Jz 15.18; 1Sm 3.9; 14.41; 23.10,11). Aqueles que oram a Deus, com frequência, dirigem-se a ele chamando-se *servos* de Deus (por exemplo, 2Sm 7.19 ss., 7.27 ss.; Sl 19.11,13; 27.9; 31.16). Ou, então, apelam para o relacionamento que, no passado, havia entre Deus e Moisés, o *teu servo* (1Rs 8.53; Ne 9.14) ou entre Deus e Davi (1Rs 8.24,25; Sl 132.10; 89.39). Por sua parte, Deus reconhecia a pessoa que lhe era leal como *meu servo*, por exemplo: Moisés (2Rs 21.8; Ml 4.4), Calebe (Nm 14.24), Davi (2Rs 19.34; Ez 34.23; 37.24), Jó (Jó 1.8), Zorobabel (Ag 2.23), ou, então, figuras messiânicas cujos nomes não são dados (Is 52.13; Zc 3.8). Os profetas são chamados de servos de Deus, tanto individualmente (1Rs 14.18; 2Rs 14.25; Is 20.3; 22.20), quanto como um grupo (2Rs 17.13,23; Ez 38.17; Am 3.7; Zc 1.6). No sentido mais amplo, os servos de Deus são o povo de Deus. Todos os fiéis de Israel eram considerados como servos de Deus (Is 65.9), ou, então, coletivamente *Israel, meu servo* (Is 41.8,9; 44.1,2; Sl 136.22).

Já que o relacionamento entre um senhor e seu servo se alicerçava sobre uma forma de pacto, era natural que o "povo" de Deus e os "servos" de Deus fossem considerados, com muita frequência, conceitos paralelos, (conforme se vê, por exemplo, em Dt 32.36; Sl 135.14; cf. Ne 1.6; Sl 105.25; Is 63.17). E, visto que a aliança fora mediada ao povo de Deus através de "servos" individuais, como, por exemplo, os patriarcas, Moisés, os reis de Israel e os profetas, não é surpreendente que, algumas vezes, o "povo" apareça associado a um único "servo", considerado representante do povo diante do Senhor (para exemplificar: 1Rs 8.30,52,59,66, cf. Ne 1.11; Sl 78.70,71). Interessante é observar que se ausenta conspicuamente, nas páginas do Antigo Testamento, a ideia de que um "servo de Deus", que exercia liderança sobre Israel, em algum sentido também era "servo do povo". Nem a noção moderna de "servo público", e nem o ideal católico romano de "servo dos servos de Deus" têm qualquer analogia explícita nas páginas do Antigo Testamento. A maior aproximação de tal conceito talvez seja o conselho que os conselheiros mais idosos deram a Reoboão, em 1Reis 12.7: *Se hoje te tornares servo deste povo, e o servires, e, atendendo, falares boas palavras, eles se farão teus servos para sempre.* Porém, esse conselho não foi ouvido pelo afoito Reoboão. Talvez ele nem estivesse acostumado com tal ideia.

O leque de significados da ideia de "servo", no Antigo Testamento, pode ser melhor ilustrado em Levítico 25.42, onde a palavra hebraica *ebed* é usada em dois sentidos diferentes: *Porque são meus servos, que tirei da terra do Egito, não serão vendidos como escravos.* A redenção da escravidão no Egito foi o começo da aliança. Ser alguém um servo, dentro do pacto, não é a mesma coisa que ser um "escravo" de Deus, mas significa ser parte de seu povo e de seus filhos (cf. Êx 4.22,23).

III. Usos no Novo Testamento. No Novo Testamento, tanto quanto no Antigo, a palavra "servo" pode referir-se ao povo de Deus em geral (ver Ap 2.20; 19.5), aos profetas de Deus em particular (Ap 10.7; 11.18), ou a um profeta e seu povo juntamente (Ap 1.1). "Teu servo" pode continuar sendo uma autodesignação daqueles que se dirigem a Deus em oração (Lc 2.29; At 4.29; cf. O uso que Jesus fez das palavras "teu Filho", em Jo 17.1). Moisés e Davi (Ap 15.3; Lc 1.69; At 4.25), bem como a comunidade de Israel (Lc 1.54), continuavam sendo chamados "servos" de Deus. Porém, mais tipicamente ainda, esse título era aplicado a Jesus Cristo (Mt 12.18; At 3.13,26; 4.27,30; cf. Fp 2.7). Um ponto decisivo nesse desenvolvimento é a identificação de Jesus Cristo com o Servo Sofredor, referido em Isaías 52.13 — 53.12, por causa de sua morte expiatória (cf. Mc 10.45; 1Pe 2.24,25).

1. Terminologia no Novo Testamento. Quanto à terminologia, o Novo Testamento é diferente da Septuaginta, porquanto distingue entre os termos gregos *doulos* e παιστ com muita frequência (embora nem sempre). O primeiro desses vocábulos é usado para indicar um "escravo", ao passo que o último dá a entender uma "criança", um "criado", um "filho". Os escritores do Novo Testamento puderam falar sobre a escravidão ao pecado (Jo 8.34; Rm 6.16), mas também puderam aludir, em sentido positivo, à servidão a Jesus Cristo ou à justiça (Rm 6.16 ss.; 1Co 7.23). Entretanto, o próprio apóstolo dos gentios indica que essa linguagem é uma *metáfora* excepcional (Rm 6.18). Quando ele e outros escritores sagrados chamavam-se de "servos de Jesus Cristo", não estavam pensando na metáfora da escravidão, mas no uso veterotestamentário de um pacto, dentro do qual o Senhor controlava o pensamento dos seus servos. Portanto, chamar-se "servo", nas páginas do Novo Testamento, é um simples corolário da confissão de Jesus Cristo como "Senhor". Sabemos que esse vocábulo (no grego *kúrios*) é tradução dos títulos divinos *Yahweh* e *Adonai*, empregados ambos para indicar a relação de Salvador e Senhor de escravos, que vem desde Abraão e Moisés. Incidentalmente, isso é uma comprovação da deidade de Jesus Cristo, pois, em muitas citações, quando esses títulos são aplicados a Deus, no Antigo Testamento, são aplicados a Jesus Cristo no Novo Testamento, sem qualquer tentativa de mitigação.

2. Contraste com o Antigo Testamento. Em contraste com o Antigo Testamento, um "servo de Jesus Cristo" também é explicitamente encarado como um servo da comunidade inteira dos remidos (Mc 10.43,44; 2Co 4.5). Uma vez mais, o fato decisivo nessa alteração na aplicação é a pessoa de Jesus Cristo, que reverteu os padrões usuais de autoridade (tanto pagãos quanto judaicos), primeiramente por meio de seus ensinamentos, e também porque foi ele quem cumpriu, em sua própria pessoa, o papel de Servo do Senhor (Mc 10.35-45; Mt 23.8-12; Jo 13.1-17). Esse assunto, entretanto, é melhor esclarecido no verbete *Servo do Senhor* (vide).

3. Escravidão. Ver o artigo com este título.. Todavia, se os "servos do Senhor", no Novo Testamento, são muito mais concebidos como aqueles que fazem parte do novo pacto, como seus beneficiários, não se faz inteiramente ausente a ideia de servidão doméstica, a única forma de escravidão que transparece nas páginas do Novo Testamento. Isso fica bem claro em uma expressão como *a família de Deus* (Ef 2.19). O caráter legal do "jugo de escravidão" (Gl 5.1), não fora inteiramente esquecido. As ideias de carta de alforria e de adoção na família de Deus enchiam os primeiros cristãos de santa ufania, dentro dessa mesma corrente de pensamento, segundo se vê em Romanos 8.15-17 e Gálatas 4.5-7. Uma das mais interessantes conclusões lógicas que se pode tirar daí é que, embora nunca tivessem atacado diretamente a instituição da escravatura (o que tem levado muitos comentadores bíblicos a estranharem, e com toda a razão), menos indiretamente, na prática ou por analogia, eles deixaram claro que tal instituição fazia parte da ordem de coisas que estava desaparecendo, à medida que se fosse propagando o reino de Deus, influenciando as atitudes e os sentimentos da sociedade em geral, conforme o tem feito no tocante a tantas outras instituições e costumes. Se Paulo, para exemplificar, não determinou que Filemom desse a liberdade ao seu ex-escravo, Onésimo, que se convertera sob o ministério de Paulo, depois que fugira de seu senhor, nem por isso deixou de sugerir que, dali por diante, Filemom deveria desistir de seu senhorio sobre Onésimo, tratando-o *não já como escravo; antes, muito acima de escravo, como irmão caríssimo...* (Fm 16). Os apóstolos não pregavam o transtorno das instituições vigentes, e, sim, a eliminação gradual dessas instituições por meios pacíficos, ou seja, através da influência lenta mas segura do evangelho. As condições sociais de nossos dias, apesar de longe da perfeição (que só no tempo do milênio, ou governo milenar de Cristo, chegarão a um ideal verdadeiramente utópico), devido à influência do cristianismo bíblico, ao longo dos séculos, são muito melhores do que no século I d.C., sobretudo naqueles países que têm estado mais diretamente sob a influencia cristã, ou seja, a influência ocidental, embora não devamos confundir uma coisa com a outra. Civilização ocidental não é a mesma coisa que cristianismo!

SERVO DO SENHOR

I. Terminologia. No hebraico, *ebed Yahweh*, isto é, o servo do Eterno (Deus). Pessoas temporais são capazes de servir ao Divino, que é atemporal e, isso dá significado à vida delas, incluindo um toque do outro mundo para o qual os homens rumam. No grego, *doulos kuriou*, isto é, o *escravo do senhor*; e *pais kuriu*, criado do Senhor. No grego, *Kurios*, começando na Septuaginta e estendendo-se ao Novo Testamento, ocupa o lugar de *Yahweh* (o Eterno). Isto tem o significado básico de "autoridade suprema", "senhor", "controlador", perdendo o sentido que *Yahweh* de modo geral tem e sendo mais como o hebraico *El*, o *Poder*.

II. Usos no Antigo Testamento. A expressão *ebed Yahweh* pode referir-se a qualquer tipo de servo dos cultos hebraicos ou do governo (a teocracia), mas às vezes tem significado especializado, "servo especial", "ministro", "anjos", "profetas".

Alguns usos especiais. Quatro passagens em Isaías, 42.1-4; 49.1-6; 50.4-9 e 52.13-53.12, são chamadas *Cânticos do Servo de Yahweh*. Alguns especialistas aumentam a lista, considerando que 42.5-7; 49.7; 50.10,11 e 61.1 ss. merecem a mesma classificação. Naturalmente, alguns pensam que essas referências são messiânicas, mas outros veem nelas o "profeta" especial, ou o homem sagrado. O termo pode ser menos específico e/ou não messiânico. Moisés e Davi são servos especiais (Gn 26.24; Êx 14.31; 2Sm 7.5; Is 20.31; Am 3.7). Qualquer verdadeiro profeta pode ser chamado de "o servo de Yahweh", ou de "El", ou qualquer um que faça alguma contribuição valiosa à vida religiosa ou civil. Para maiores detalhes sobre isso, ver a seção IV desse artigo.

III. Modos de Interpretação. Se ficarmos apenas com a ideia de um *Servo Especial*, ignorando, pelo momento, as referências gerais que podem incluir muitos tipos de pessoas, então temos as seguintes interpretações.

1. Interpretações coletivas. O servo é a nação, Israel (Is 49.3). Uma nação inteira deve passar por sofrimento redentor, ou, como supõem alguns, um resto de tal nação é o servo e será redimido. Ou o servo é o "Israel Ideal" do profeta.

2. Interpretações individuais. Algumas passagens definitivamente falam de um indivíduo, de seu nascimento, obediência, sofrimento, morte e triunfo, e tal indivíduo poderia ser uma grande personagem do passado como Moisés, Jeremias, Ciro, Zorobabel, o próprio Isaías, ou algum contemporâneo do profeta. Naturalmente, todas essas passagens de Isaías são interpretadas de forma messiânica por vários estudiosos cristãos.

3. Símbolo mitológico de culto. As passagens do "Servo do Senhor" contêm uma referência mitológica à morte e ressurreição simbólicas de um rei, que, por sua vez, descansou no mito babilônico do deus que morria e ressurgia, Tammuz. Por extensão, tais passagens poderiam falar do Rei, o Messias, com base em outras referências culturais, como os mitos babilônicos. Se esse fosse o caso, até mesmo mitos antigos poderiam ser proféticos e representar o *logoi spermatikoi*, as "sementes do Logos", manifestando-se em outras culturas.

4. Referências diversas. Não há motivo para limitar a interpretação a um único modo de pensamento. Vários textos "servos" poderiam indicar uma variedade de coisas: Israel, o rei, servos especiais como profetas de destaque, o Messias etc. Servos inferiores poderiam encontrar sua plenitude *no Servo*. Israel (a nação) poderia indicar um Servo especial daquela nação, o Messias, isto é, a personalidade corporativa (a nação) poderia ser resumida em seu Filho Maior. Como o *Logos* deve finalmente reunir todas as coisas em si mesmo (Ef 1.9, 10), também o pode o Servo, que é uma manifestação de tal Logos.

IV. Algumas Referências Gerais. *O servo de Yahweh pode ser*: **1**. Qualquer adorador sincero dos cultos a *Yahweh* (Ne 1.10); indivíduos específicos, como Daniel (Dn 6.20); Abraão (Sl 105.6, 42); Js (Js 24.29). **2**. Um ministro, profeta, líder de estado, isto é, qualquer um cuja missão seja fazer algo que de alguma forma beneficie a obra da vontade de Deus: Nabucodonosor (Jr 27.6; 43.10); um anjo (Jó 4.18); um profeta (Ed 9.11; Jr 7.25); Moisés (Dt 34.5); um apóstolo (Rm 1.1; Tg 1.1; 2Pe 1.1). **3**. Mais particularmente, o Messias (Is 42.1; 52.13; Mt 12.18). Ele foi pensado por *Yahweh* (Is 50.40); sofreu por sua vontade (53.10); padeceu, mas manteve sua fé (Is 49.4; 50.7-9); obedeceu em todas as coisas (50.4-5); foi vitorioso (42.4; 50.8, 9). Observe que todas essas referências são retiradas de Isaías, como temos *canções* especiais.

V. Ideias do Judaísmo Posterior. **1**. No *judaísmo helenístico*, os versículos do "servo de *Yahweh*" no Antigo Testamento não eram interpretados de forma messiânica, porém mais em linha com o modo geral, como descrito sob a seção IV. **2**. No *judaísmo palestino*, por outro lado, a interpretação messiânica existiu lado a lado com os rabinos não messiânicos que não conseguiam conciliar a ideia do sofrimento com o Messias. O Targum em Isaías 52.13-53.12 é explicitamente messiânico, mas manipula o texto para transferir o sofrimento aos gentios, a Israel ou aos ímpios de modo geral, um truque ou "exegese" genial que se tornou *eisegesis*: ver no texto aquilo que se deseja ver, em vez de retirar dele aquilo que ele realmente ensina.

VI. O Servo do Senhor no Novo Testamento. Interpretes cristãos do Antigo Testamento estavam ansiosos por encontrar textos de prova quanto a Cristo, o Servo Sofredor. *... importa que se cumpra em mim isto que está escrito: E com os malfeitores foi contado. Pois o que me diz respeito tem seu cumprimento* (Lc 22.27). (Ver ainda Mc 10.45; 14.24). Esses versículos enfatizam o propósito redentor. E nisso estava envolvido o sofrimento do Enviado (Mt 26.24; Mc 9.12; 14.21, 49; Lc 18.31). Considere ainda a voz celestial que aprovou Jesus como o Messias (Mc 1.11). Jesus foi chamado de *pais theou* (At 3.13, 26). (Ver ainda At 4.27, 30. Ver também as alusões à ideia de Servo em 1Pe 2.21-25; 3.18; 1Co 15.3; Fp 2.6-11; Rm 4.25; 5.19; 2Co 5.21). O uso *Cordeiro do Senhor* em João 1.29, 36 faz-nos lembrar de Isaías 53.7.

SERVOS DE SALOMÃO

Ver os artigos separados sobre *Escravidão* e *Escravo, Escravidão*. Estamos desapontados que a Bíblia (Antigo e Novo Testamentos) não se tenha posicionado contra isso, um dos maiores males já inventados pela humanidade: um homem pertence a outro homem e é reduzido à posição de um animal de trabalho. Logicamente, é verdade que o princípio do amor no Novo Testamento foi o principal fator que finalmente "pôs fim" a essa prática. Pelo menos em muitos lugares a prática continua, pois há os "escravos de salário" nos países pobres: pessoas que trabalham por muito pouco, presas à sua miséria de educação e/ou oportunidade.

Salomão, apesar de toda a sua sabedoria, rendeu-se ao absurdo moral tanto de uma classe de escravos como de uma classe de escravos de salário. E cobrou pesados impostos para sustentar sua luxuosa operação federal. As traduções tornam a questão obscura ao falar do *servo* em vez do *escravo*. Todos os subordinados de um rei oriental poderiam ser escravos, mas certas classes, como as de povos conquistados, estavam sujeitas a essa prática humilhante. Mão de obra barata inspirou a redução de povos conquistados ao nível de animais de carga. A tradução da expressão hebraica "os servos de Salomão" diz respeito a uma classe, isto é, os escravos do Estado que não tinham nenhuma esperança de liberdade, nem mesmo no ano do jubileu. Foi Davi, pai de Salomão, que reduziu alguns dos inimigos de Israel ao ponto de serem transformados em escravos. Mas sua atividade nesta linha foi pequena em comparação com a de seu filho. Davi transformou os amonitas em escravos (2Sm 12.31), mas Salomão reduziu à escravidão toda a população cananita, quer dizer, aquilo que sobrava deles após os massacres realizados em guerra. Foram, especificamente, esses povos conquistados que passaram a ser conhecidos como os *escravos de Salomão*. (Ver 1Rs 9.27; 2Cr 8.18; 9.10). Essa forma especial de escravidão continuou durante toda a monarquia, e até mesmo depois do cativeiro babilônico lemos sobre os descendentes desse povo antigo (Ed 2.55-58; Ne 7.57-60; 11-3). Eles, juntamente com os *Netinim* (ver), continuaram com essa prática humilhante em Israel. Os netinim eram escravos que serviam ao templo, fazendo as tarefas cansativas, pesadas e sujas. O ponto inicial da história dos escravos de Salomão provavelmente é encontrado em (1Rs 5.13, 14; 9.20, 21 e 2Cr 8.7, 8).

SESÃ

No hebraico, **"livre"**, **"nobre"**. Na Septuaginta, *Sosán*. Seu nome aparece somente em 1Crônicas (2.31,34,35). Ele foi um dos descendentes de Judá, cabeça de uma família que consistia somente em filhas (1Cr 2.31,34). Esse parágrafo, nas listas genealógicas, mostra a linha de descendência de Jeremael até Elisama (1Cr 2.25-41). O aparecimento de um escravo, na família de Judá, é documentado, quando do casamento de uma filha de Sesã com Jará. Desse casamento houve um filho, Atai. Há uma certa dificuldade no versículo 31, pois ali esse filho é chamado de *Alai*. Sesã não teve filhos, mas somente filhas (vs. 34). Por isso, a linha de descendência e herança foi perpetuada através do neto de Sesã. Ele viveu em cerca de 1400 a.C.

SESAI

No hebraico, **"livre"**, **"nobre"**. Ele aparece como um dos três filhos do gigante Enaque, que vivia em Hebrom, quando os israelitas enviaram espias para explorar os pontos fracos da Terra Prometida (Nm 13.22; Js 15.14; Jz 1.10). Quando, algum tempo depois, os israelitas invadiram a terra de Canaã, Sesai foi derrotado em batalha, conforme se vê em Josué 15.14 e Juízes 1.10. Sesai viveu em torno de 1450 a.C.

SESAQUE

Um nome críptico da Babilônia, que alguns estudiosos pensam ser uma alusão aos portões de Ferro da cidade ou aos seus ídolos. Em algumas versões, o nome figura somente em dois trechos de Jeremias (25.26; 51.41). Em ambas as passagens a palavra não aparece na Septuaginta. Alguns eruditos dizem que ela não faz parte do texto original de Jeremias, mas teria sido uma adição feita por editores posteriores. Isso é um fenômeno raro no Antigo Testamento, pois os judeus contavam com a classe profissional dos escribas, copistas que tinham o máximo cuidado na transcrição. Outro tanto não se pode dizer quanto ao Novo Testamento, que foi copiado, muitas vezes, por amadores. Ver sobre os *Manuscritos*. Nossa versão portuguesa não traz esse vocábulo nos trechos onde aparece em algumas outras traduções.

SESBAZAR

O nome dele reflete uma forma hebraica de um nome babilônico que significaria **"Oh, Shamash, protege o pai"**. Ele aparece como um "príncipe de Judá", no trecho de Esdras 1.8 ss. entretanto, não há qualquer corroboração do nome em textos cuneiformes, ou seja, extrabíblicos. No entanto, há uma alta probabilidade de que Sesbazar tenha sido filho de Jeoaquim, rei de Judá, que governou em 598 e 597 a.C., após o que foi levado para o cativeiro pelo rei neobabilônico, Nabucodonosor II. Em 1Crônicas 3.19, entre os sete filhos de Jeconias (Jeoaquim), aparece o nome de Senazar. É possível que esse nome seja uma forma variante de Sesbazar. Na verdade, na genealogia de 1Crônicas, esse nome aparece sob várias formas, nos manuscritos. Se a identificação acima está correta, então Sesbazar era um príncipe de Israel, pretendente do trono e governador nomeado pelo governo persa. Ele é intitulado "governador", em Esdras 5.14. A nomeação de um membro da casa real judaica, como representante dos persas, em Judá, harmoniza-se com a política bastante magnânima de Ciro, o Grande, para com os povos a ele sujeitados. Se nossa suposição está correta, então Senazar e Sesbazar são formas variantes do nome de um mesmo homem, o que significa que o decreto de Ciro, registrado em Esdras 5.15-17, dizia respeito a esse príncipe judeu. Foi Sesbazar quem tomou as providências para o lançamento dos "fundamentos da casa de Deus". Todavia, de acordo com o registro histórico, ele não foi capaz de cumprir plenamente a sua comissão, porquanto talvez tenha falecido antes de poder fazê-lo. O trecho de Esdras 6.1-12 esclarece que Dario, o próximo rei da Pérsia, reordenou a renovação da "casa de Deus". O decreto original de Ciro deve ser datado em cerca de 538 a.C., ao passo que o decreto de Dario deve ter ocorrido após 522 a.C.

Isso faria de Sesbazar o primeiro governador da Segunda Comunidade, e também ele seria o tio de seu sucessor, Zorobabel (Ed 5.1,2). Sesbazar deve ter vivido em torno de 560 a.C., se, de fato, era tio de Zorobabel.

Entretanto, algumas autoridades têm proposto a ideia de que Sesbazar e Zorobabel foram a mesma pessoa. Nesse caso, é difícil compreender essa identificação diante da informação dada no livro apócrifo de 1Esdras 6.18, no sentido de que os vasos que haviam sido tirados do templo de Jerusalém, por Nabucodonosor II, foram entregues aos cuidados de Sesbazar e Zorobabel, onde eles aparecem como dois homens distintos. Contudo, os estudiosos veem alguma confusão nos manuscritos, quanto a isso combinando os nomes como se fossem um só. Além disso, alguns estudiosos têm objetado, dizendo que, nos livros de Esdras e Ageu, quem aparece como os pioneiros na reconstrução do templo são Josué e Zorobabel, e não Sesbazar e Zorobabel. Todavia, isso não envolve qualquer contradição com a ideia da distinção entre Sesbazar e Zorobabel, porquanto o trecho de Esdras 3.2 alude ao estado da reconstrução do templo, em um tempo que não estava distante dos dias desse autor sagrado, ao passo que o trecho de Esdras 5.16 refere-se ao decreto anterior, do rei Ciro. Visto que o decreto de Dario era apenas uma recomissão, ambos aqueles líderes continuavam executando a ordem original de Ciro.

É fato bem conhecido que as narrativas do Antigo Testamento, em qualquer de suas porções, preocupam-se não tanto com a análise cronológica ou continuidade histórica. Antes, ali compreende-se a história em relação a um tema abrangente, de natureza metafísica e mesmo espiritual. Exigir inflexibilidade cronológica na narrativa de Esdras é considerar a reconstrução do templo, em preparação para a inauguração da era messiânica, através dos olhos de um Tucídides, uma patente impossibilidade.

Ainda um outro argumento tem sido exposto por alguns estudiosos, no sentido de que Sesbazar seria o nome acádico babilônico, enquanto Zorobabel seria o nome judaico do mesmo homem, com base na analogia de nomes paralelos, segundo se vê em Daniel 1.7. Entretanto, esse argumento peca pela base, demonstrando falta de conhecimento de causa, porquanto Zorobabel é simplesmente uma transliteração do nome acádico *zer-babili* e não um nome tipicamente judaico. Além disso, devemos levar em conta o fato de que a carreira de Zorobabel é situada dentro do reinado de Dario, dentro das crônicas feitas por Esdras. Assim, apesar de Sesbazar ter sido uma personagem secundária na narrativa do Antigo Testamento, ainda assim ele ocupa um importante papel na continuação da linhagem real de Davi. Essa linhagem real, após o retorno do exílio babilônico e a restauração da cidade de Davi, haveria de produzir o Salvador, Cristo Jesus. A esperança de Ciro, rei da Pérsia, que Deus chamou de seu *ungido* (Is 45.1), era que o templo dos judeus, em Jerusalém, fosse reconstruído e que o âmago da herança de Israel fosse preservado. E ambos os alvos foram concretizados por meio de Sesbazar. Foi pequeno o seu papel?

SESSENTA. Ver sobre os *Números*.

SETAR

No hebraico, **"estrela"** ou **"comandante"**. Ele foi um dos sete príncipes da corte de Assuero, que tinha direito de acesso direto e imediato à presença do monarca persa, exceto quando este estivesse em companhia de uma de suas esposas (Et 1.14). Embora grafado à moda hebraica, provavelmente esse nome era de origem persa. Setar viveu em cerca de 510 a.C.

SETAR-BOZENAI

No persa, **"estrela do esplendor"**, oficial persa que viveu em cerca de 445 a.C. Ele ficou perturbado com a reconstrução, pelos judeus, do segundo templo, portanto escreveu a Dario, rei da Pérsia, para checar se Zorobabel de fato tinha autoridade para realizar seu programa de construção. O rei respondeu que havia tal autorização e Zorobabel deveria ser auxiliado. Assim, Setar-Bozenai juntou suas forças com as de Zorobabel para apressar a construção. (Ver Ed 5.3, 6; 6.6, 13).

SETE (FILHO DE ADÃO E EVA)

1. No hebraico, **"fundador, compensação"** ou **"broto"**. De data desconhecida, devido à natureza precária das genealogias iniciais. O nome do terceiro filho de Adão e Eva, que nasceu após seu filho mais velho, Caim, ter matado Abel. Na época de seu nascimento, Adão tinha 130 anos de idade. Sete foi o pai de Enos (Gn 5.6, 7), que nasceu quando seu pai tinha 105 anos, de acordo com o Pentateuco Hebreu e Samaritano, mas 205 anos segundo a Septuaginta. Às vezes as versões preservam uma leitura original quando o texto massorético está errado, especialmente a Septuaginta. O nome *compensação* (se esse é o significado correto) pode implicar que ele nasceu como uma compensação pela morte de Abel, mas a palavra parece ambígua. Talvez Sete derive de *shath*, que significa *nomear* ou *determinar*. (Ver Gn 4.25; 5.3-8; 1Cr 1.1; Eclesiástico 49.16 e Lc 3.38).

2. Outra pessoa com esse nome é mencionada em Números 24.17, mas a derivação correta aí pode fazer com que o nome signifique *tumulto*, apesar de a versão portuguesa dar seu nome como sendo o mesmo nome do filho de Adão. Esse Sete foi ancestral de um povo mencionado por Balaão. Talvez Albright estivesse correto quando identificou este povo com o *Swtw*, dos textos egípcios, mas não temos como identificá-los com alguma certeza, nem temos nenhuma informação sobre eles.

SETE (SETENTA). Ver sobre *Número* (*Numeral, Numerologia*).

SETE SALMOS PENITENCIAIS

Esses são os Salmos de números 6, 32, 51, 102, 130 e 143. Ao que se presume, foi Agostinho, em seu leito de morte, quem falou especificamente sobre esses sete Salmos, como dotados especialmente de natureza penitencial. E a igreja passou a usá-los liturgicamente com finalidades penitenciais, e começaram a ser entoados. Algumas vezes, esses Salmos penitenciais são contrapostos pelos sete pecados mortais, respectivamente. Assim, o orgulho estaria ligado ao Salmo 32; a ira, ao Salmo 6; a inveja, ao Salmo 130; a avareza, ao Salmo 102; a glutonaria, ao Salmo 39; a preguiça, ao Salmo 143; e a sensualidade, ao Salmo 51.

SETENTA. Ver sobre *Número* (*Numeral, Numerologia*).

SETENTA SEMANAS

I. ELEMENTOS DA PROFECIA. Ver Daniel 9.24-27. O profeta decretou setenta semanas (para serem calculadas em anos, um dia representando um ano) para cumprir um período crítico na história de Israel. Os elementos a serem alcançados: **1**. Acabar com a transgressão através da missão do Messias. **2**. Pôr um fim aos pecados. **3**. Efetuar a reconciliação. **4**. Trazer a retidão eterna. **5**. Selar a visão profética. **6**. Ungir o Mais Santo, o Messias.

II. DIVERSAS INTERPRETAÇÕES

1. Crítica Liberal. A "profecia" foi escrita como história e não como profecia. As setenta semanas começaram em 538 a.C. com o decreto de Ciro e terminaram em 172 a.C. com o assassinato do sumo sacerdote Onias III, que tinha sido deposto em 175 a.C. Os três anos e meio mencionados pelo profeta designaram o intervalo entre sua queda e morte. Os versículos 26 e 27 descrevem o ataque de Antíoco Epifânio contra Jerusalém. Esta interpretação não contém 490 anos, mas não devemos procurar nenhuma precisão nestas coisas. A profecia não é messiânica. Intérpretes de uma época posterior inventaram esta visão da questão.

2. Tradicional. Intérpretes que levaram seriamente o elemento profético deste trecho de Daniel entenderam que a profecia é messiânica e que fala do período de tempo que começou com o decreto de Artaxerxes, que enviou Esdras de volta a Jerusalém (c. 485 a.C.). A *última* semana, supostamente, começou com o batismo de Jesus. Alguns iniciam o período com o decreto de Ciro (538 a.C.).

3. Dispensacionalista. De modo geral, estes intérpretes seguem as ideias da interpretação tradicional. Mas eles fazem um grande parêntese entre as semanas 69 e 70, preservando a última semana para depois do arrebatamento da igreja. Esta semana será (segundo a ideia deles) o tempo do poder do *anticristo* (vide) em Jerusalém.

III. GRÁFICO E OBSERVAÇÕES. **1**. Este gráfico representa o ponto de vista dos dispensacionalistas. **2**. A objeção principal contra esta interpretação é que a separação da semana 69 da semana 70 (com um grande hiato no meio) é artificial. **3**. Contra isto, os dispensacionalistas acham razões para entender a profecia desta maneira, comparando Daniel com o Apocalipse (ver 11.2,3 e 13.5), onde, aparentemente, encontramos a semana de número setenta. **4**. Os liberais continuam rejeitando o elemento messiânico do trecho, achando tudo já cumprido na história antiga, mas os conservadores acham que ele é claramente profético e messiânico.

É significante que pelo menos *alguns* intérpretes da tradição rabínica consideraram a profecia messiânica e predisseram o tempo do Messias (corretamente) através do uso da mesma.

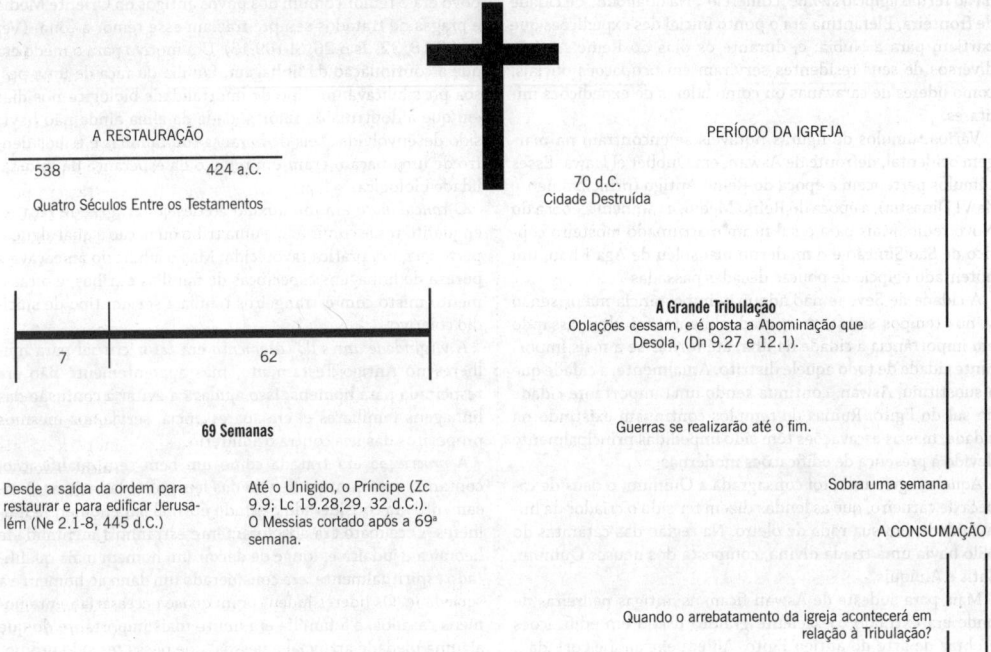

As Setenta Semanas Do Livro do Profeta Daniel
Daniel 9.24-27
Setenta semanas estão determinadas sobre o teu povo, e sobre a tua santa cidade.

SETUR

No hebraico, "oculto", "secreto". Foi um aserita, filho de Micael, que esteve entre os homens enviados por Moisés para espiar a terra de Canaã (Nm 13.13). Visto que somente Calebe, de Judá, e Oseias (ou Josué), de Efraim, prestaram relatório confiante, Setur foi um dos incrédulos que levaram o povo de Israel a recusar-se a conquistar a Terra Prometida naquela geração.

SEVA

No hebraico, **"autossatisfeito"**. Nas páginas do Antigo Testamento há dois homens com esse nome: **1**. O secretário real da administração de Davi (2Sm 20.25), que servia como secretário particular do rei e como secretário de Estado. Ele era o responsável pela correspondência, pela redação, pela custódia de documentos e pelo registro crônico dos acontecimentos. Parece que esse mesmo indivíduo é referido nas Escrituras, em outros trechos, por diversos nomes: Seraías (2Sm 8.17), Sisa (1Rs 4.3) e Sarisa (1Cr 18.16). Os estudiosos pensam que dentre todas essas formas, a verdadeira era a última, Sausa, e que as outras formas eram apenas variantes. Na Septuaginta, a forma desse nome também difere muito. R. de Vaux sugere que o ofício de Seva ou Sausa era uma cópia em miniatura do ofício existente no Egito. Outros eruditos têm sugerido também que Davi importou, do Egito, pessoal habilitado para preencher certos cargos da burocracia governamental. Viveu em cerca de 1030 a.C. **2**. Um filho de Maaca, concubina de Calebe (1Cr 2.49). Ele foi pai de Nacbena e de Gibeá. Viveu em torno de 1450 a.C.

SEVENE

O nome dessa cidade egípcia ocorre na Bíblia somente em Ezequiel 29.10 e 30.6. Ficava localizada à margem direita do rio Nilo, no local da moderna Aswan, cerca de 885 km ao sul da cidade do Cairo, na primeira catarata daquele rio, e bem defronte da ilha de Elefantina. Toda a região foi tremendamente transformada, quanto à sua topografia, devido à ereção de uma nova represa pouco mais acima do antigo sítio de Sevene. A área daquela catarata assinalava a fronteira sul do Egito, durante grande parte da história antiga daquele país. Oito quilômetros mais ao sul de Aswan fica o local de uma outra represa, mais antiga; e ainda mais oito quilômetros para o sul, isto é, rio acima, fica a nova Alta Represa de Sadd el Aali, que é extremamente importante para os projetos agrícolas e industriais do Egito moderno.

A ilha de Bigá, ainda acima da antiga represa, aparece nos textos antigos como a fronteira sul do Egito. Ali havia uma fortaleza e alguns templos. Filae, antigamente conhecida como "Pérola do Egito", é famosa por seus templos, quase todos da época da dominação greco-romana. Foi ali que a religião dos antigos egípcios celebrou seus últimos cultos pagãos, no século VI da era cristã.

Na ilha de Elefantina havia uma cidade que era considerada a cidade localizada mais ao sul de todo o Egito, bem como o ponto extremo sul daquele país. Essa ilha conta com muitos monumentos que datam do Reino Antigo em diante. Vários templos pertencentes à época do novo reino foram derrubados no começo do século XIX, e suas pedras foram usadas em outras construções. Os estudiosos da Bíblia estão familiarizados com a existência de uma colônia judaica na ilha de Elefantina. Um papiro escrito em aramaico, pertencente ao século V a.C., provê interessantes informações a respeito de um templo judaico ali, além de mencionar os filhos de Sambalate, o adversário de Neemias (ver Ne 4.1,7; 6.1,5,14), e o sacerdote Joanã (Ne 12.22,23). No lado leste da ilha há um famoso e antigo *nilômetro*, isto é, um medidor da altura das águas desse rio. Essa medição era importantíssima para a agricultura egípcia, pois o rio estava sujeito a transbordamentos.

A catarata mencionada como a primeira do Nilo, rio acima, era importante como obstáculo às viagens e aos transportes, pelo que a região era estratégica e comercialmente importante. De fato, a palavra Sevene (no egípcio, *swnw*) está relacionada ao termo egípcio *swnw*, "comércio". Na qualidade de cidade de fronteira, Elefantina era o ponto inicial das expedições que partiam para a Núbia; e, durante os dias do Reino Antigo, diversos de seus residentes serviram em ocupações oficiais, como líderes de caravanas ou como líderes de expedições militares.

Vários túmulos de figuras notáveis se encontram na margem ocidental, defronte de Aswan, em Qubbet el Hawa. Esses túmulos pertencem à época do Reino Antigo (principalmente da VI Dinastia), à época do Reino Médio, e também à época do Novo reino. Mais para o sul ficam o arruinado mosteiro cóptico de São Simeão e o moderno mausoléu de Aga Khan, um potentado egípcio de poucas décadas passadas.

A cidade de Sevene não adquiriu importância maior senão já nos tempos saítas, mas, gradualmente, foi ultrapassando em importância a cidade da ilha, até tornar-se a mais importante cidade de todo aquele distrito. Atualmente, a cidade que a substituiu, Aswan, continua sendo uma importante cidade do sul do Egito. Ruínas de templos continuam existindo na cidade, mas as escavações têm sido impedidas principalmente devido à presença de edificações modernas.

Aquela região toda foi consagrada a Quinum, o deus de cabeça de carneiro, que as lendas dizem ter sido o criador da humanidade, em sua roda de oleiro. Na região das cataratas do Nilo havia uma tríada divina, composta dos deuses Quinum, Satis e Anúquis.

Mais para sudeste de Aswan ficam as antigas pedreiras de onde era extraído o excelente granito usado em edificações e obras de arte do antigo Egito. Ali era extraída e cortada a pedra usada em templos, túmulos, estruturas diversas, obeliscos, colossos e sarcófagos. Essas pedras de granito eram transportadas por embarcações para locais determinados, ao longo do rio Nilo. Nessa pedreira até hoje há um obelisco imenso e não terminado, com quase 42 m de comprimento.

A cidade de Sevene, como já dissemos, só aparece na Bíblia por duas vezes, ambas no livro de Ezequiel, nas declarações proféticas desse escritor contra o Egito. É possível que em ambas as referências (ver acima) haja indicações da extensão geográfica do Egito. Assim, em Ezequiel 29.10, as palavras ... *desde Migdol até Sevene, até as fronteiras da Etiópia*..., indicam que o Egito inteiro será sujeitado a "completa desolação". E o trecho de Ezequiel 30.6 afirma que o orgulho dos egípcios cairá por terra, quando o Egito inteiro for desolado pela guerra.

SEXO

I. Caracterização Geral. Embora a palavra *sexo* não seja mencionada na Bíblia, o tema ocupa um espaço muito amplo nessa coleção de documentos, e tudo o que há de bom e de ruim relacionado a isso é descrito de forma explícita. Os hebreus não eram um povo puritano. Na verdade, eram um povo do vinho, das mulheres e da canção. Confinar o sexo dentro do casamento exigia a instituição do concubinato, que, de modo geral, tinha regras muito frouxas, portanto o ideal (da Criação) de um homem para uma mulher na prática quase nunca teve efeito. Apenas as mulheres estavam limitadas a um único homem. O ideal original de Gênesis 1.26-28 era que houvesse uma união entre um homem e uma mulher e que essa união tivesse o propósito da procriação, pois era *obrigação* deles "frutificar e multiplicar". Jesus aprovou o plano original como sendo parte do esforço contra o abuso (Mt 19.4.8).

Os *casamentos restritos* tinham por propósito produzir a "raça de Abraão" (culminando nos hebreus e então nos judeus) como um povo distinto, que participou dos diversos pactos (Abraâmico, Mosaico, Palestino etc.; ver o artigo *Pactos*). Havia um propósito espiritual que não poderia ser cumprido se as leis do casamento permitissem a livre mistura com outros povos, pois isso anularia um povo especial a longo prazo. A ameaça da extinção da linhagem biológica de um povo era o temor comum dos povos antigos do Oriente Médio e pragas de tratados sempre traziam esse temor à tona. (Ver Dt 28.18, 32; Js 6.26; Sl 109.13). Um motivo para o medo era que a continuação da linhagem, família ou raça de uma pessoa possibilitava um tipo de imortalidade biológica nos dias em que a doutrina da imortalidade da alma ainda não havia sido desenvolvida. Leis de herança (ou famílias e tribos dentro de uma nação) eram um reforço da esperança da imortalidade biológica.

O *concubinato* era um auxílio ao desejo da "grande raça" e, enquanto fosse confinado a uma tribo ou nação à qual alguém pertencia, era prática favorecida. Mas o adultério ameaçava a pureza de linhagens específicas de famílias e tribos, e o casamento misto com estrangeiros tendia a ser um tipo de suicídio coletivo.

A *virgindade antes do casamento* era fator crucial para mulheres no Antigo Testamento, mas aparentemente não era respeitada para homens. Isso ajudava a evitar a confusão das linhagens familiares e, em sua essência, servia aos mesmos propósitos das leis contra o adultério.

A *procriação* era tratada como um bem sem qualificação, contanto que mantida dentro das leis indicadas acima. O casamento era considerado o estado normal para homens e mulheres. O celibato era absolutamente estranho à mentalidade hebraica e judaica e, longe de deixar um homem mais qualificado espiritualmente, era considerado um dano ao homem e à sociedade. Os líderes judeus eram quase necessariamente homens casados, e a família era muito mais importante do que alguma piedade artificial e pessoal que possa ter sido promovida através do celibato.

II. Observações do Antigo Testamento

1. Ao criar o homem e a mulher, Deus foi a origem da sexualidade humana (Gn 1.27), sexualidade que alguns sedutores perverteram para servir como desculpa para seus excessos, mas que outros corretamente empregam para demonstrar que nada há de errado com o sexo *per se*. **2.** A criação do homem e da mulher implica uma diferença de estado e ordem que é declarada abertamente em Gênesis 3.16 e reiterada em termos claros por Paulo em 1Coríntios 11.3 e por Pedro em 1Pedro 3.1. **3.** No casamento, os dois parceiros têm obrigação de prover satisfação sexual um ao outro, ato que pode estar subordinado à procriação (Gn 1.22, 28; 8.17), ou meramente dar prazer, que é um fator necessário à saúde e à manutenção de um ego respeitável (1Co 7.5). **4.** A família é o objeto do sexo (Ed 8.1-14), algo ilustrado pela quase obsessão demonstrada pelos hebreus e judeus em relação às genealogias. **5.** O homem é o líder da família não meramente por motivos tribais, mas também para liderança e desenvolvimento espiritual (Gn 3.16; Êx 12.1-6; 20.12; Dt 6.20-25). **6.** O pai era o sacerdote da unidade da família até que foi desenvolvido um sacerdócio formal. Quando isso aconteceu, apenas homens eram sacerdotes aceitáveis e isso foi limitado ainda mais aos descendentes de Levi, através de Arão (Êx 19.22; Lv 1.11). **7.** Líderes espirituais especiais, os profetas, eram, de modo geral, homens, mas havia exceções a essa regra (Êx 15.20; Jz 4.4; 2Rs 22.14; 2Cr 34.22; Ne 6.14; Is 8.3). **8.** A distinção entre homens e mulheres era mantida de diversas formas, incluindo a regra de que a mulher não podia usar roupas masculinas e de que os homens não poderiam usar roupas tipicamente femininas (Dt 22.5). Em um momento posterior, os estilos de cabelo também foram objeto de regras (1Co 11.14), mas a história nos mostra que na maioria dos povos os homens usavam cabelos longos, exceto entre os egípcios, que não gostavam de cabelos. Os homens não podiam cortar os cabelos laterais, pois esse era o estilo de cabelos pagão (Lv 21.5). Apenas na Diáspora (dispersão) foi que os homens judeus imitaram os estilos romanos para os cabelos, incluindo o corte, mas as mulheres continuaram mantendo cabelos longos. As tribos gregas mantinham práticas de cabelos longos e curtos para homens. A declaração de Paulo em 1Coríntios 11.14 reflete-se a costumes posteriores, não aos do Antigo Testamento. **9**. A criação da mulher a partir da costela (Gn 2.21, 22) ilustra o papel dominante do varão e também que a mulher deveria ser uma "ajudante" do homem (2.20). A mulher existia para propósitos utilitários e encontrava sua plenitude nesse serviço. O principal serviço da mulher era ter filhos e educá-los (Gn 3.14-16). **10**. As mulheres podiam e deveriam ter ocupações diferentes, mas sempre centradas na família (Pv 31.10-31). Elas poderiam ganhar dinheiro, mas trabalhando em casa. **11**. A Bíblia culpa as mulheres pela entrada do pecado no mundo (Gn 3.1-6) e isso levou à degradação da mulher na psique hebraica e judaica, a ponto de alguns rabinos chegarem a duvidar de que as mulheres tivessem alma. Até mesmo a dor do parto era atribuída ao pecado (3.15-16), não a uma característica inadequada da anatomia feminina para o parto.

III. Tipos de Casamento

1. Monogamia era o ideal original, mas ele foi logo perdido, pois os homens passaram a praticar casamentos plurais e concubinato (Gn 1.27; caps. 15-16). A poligamia de Abraão sem dúvida refletia uma instituição já estabelecida, não uma exceção para a geração de um herdeiro.

2. Poligamia. Casamentos plurais e concubinato logo dominaram o cenário doméstico, que, na história bíblica, começou com Abraão e dominou todos os patriarcas, com a possível exceção de Isaque, já que não se menciona especificamente que ele tenha tido mais de uma mulher. As mulheres mais afluentes tinham escravas, que automaticamente se tornavam parte do "círculo familiar" e estavam disponíveis aos homens, como no caso ilustrado de Jacó (Gn 30.1-5). Raquel contava os filhos de sua escrava como se fossem dela e como uma dádiva de Deus (30.6). Portanto, foi assim que Israel, a nação, se originou de duas esposas, Raquel e Lia, e de suas escravas, Bila e Zilpa. O negócio da poligamia floresceu e, de fato, abusaram dele, como foram nos casos de Davi e Salomão (1Sm 25.29-43; 27.3; 2Sm 3.2-5). Isto resultou em adultério espiritual (Dt 17.17; 1Rs 11.1-7).

3. Endogamia. Essa palavra significa limitar o casamento à tribo, à casta ou ao grupo social, e essa foi a forma de casamento exigida por Israel (Êx 34.15-16; Dt 7.3-6; Js 23.11-13), mas o casamento misto com estrangeiros era praticado comumente a despeito da consternação dos profetas. Considere-se o caso de Sansão (Jz 13-16) e o caso radical do rei Salomão (1Rs 11.1-7). A *exogamia* (casamento fora da família, casta, tribo ou nação) tornou-se prática comum entre os judeus da Diáspora, mas foi denunciada violentamente e anulada após o retorno dos exílios do cativeiro babilônico (Ed caps. 9-10; Ne 10.28-30). (Cf. o relato em At 16.1-3; 24.24).

4. A homossexualidade, a *bestialidade* e a *contracepção* eram proibidas diretamente ou por inferência. Dou um artigo detalhado sobre o *Homossexualismo* na *Enciclopédia de Bíblia, Teologia e Filosofia*. Ver ainda os artigos *Bestialidade* e *Onã*. Tais práticas eram consideradas destrutivas para o relacionamento do casamento. (Cf. as atitudes de Paulo em Rm 1.26-27).

5. Sexo antes do casamento e adultério. A atividade sexual do homem antes do casamento não foi assunto de crítica no Antigo Testamento, mas a da mulher trazia a ela sérios problemas. A atividade sexual de uma mulher antes do casamento, independentemente de ela ganhar ou não dinheiro por seus atos, era chamada pelo mesmo nome em hebraico, *zana*, que pode comumente ser traduzido usando a palavra *fornicação*. Mulheres que fizessem isso seriam consideradas cidadãs de segunda categoria, e a filha de um sacerdote foi queimada por esse motivo (Lv 21.9, cf. Gn 38.24). O adultério, é claro, foi proibido tanto a homens com a mulheres, mas os casamentos plurais e o concubinato não eram classificados como adultério. Adultério era manter relações sexuais entre pessoas casadas e outras. (Ver Êx 20.14, 17; Lv 18.20; 20.10; Nm 5.11-31; Dt 22.22-29; Mt 5.32).

6. Incesto. Levítico 18 é uma denúncia detalhada de diversos tipos de incesto e, no *Antigo Testamento Interpretado*, no início desse capítulo, forneço um gráfico que ilustra tipos de incesto e as várias punições dadas a tal ação. O incesto era (é) uma forma agravada de adultério (na maioria dos casos). O capítulo 20 dá outros detalhes sobre o problema do incesto.

7. Estupro. Na maioria dos casos, esse mal é incestuoso, tanto na Bíblia como em tempos modernos no Brasil, mas de qualquer forma é condenado. Ver o artigo sobre *Crimes e Castigos* (II.d.4) para maiores detalhes. O estupro é um dos tipos mais violentos de opressão social. A sedução é uma forma não violenta de estupro. Todas essas práticas violam o ideal do casamento.

Para uma declaração mais detalhada, ver o artigo sobre *Matrimônio*, que trata com os tópicos desta seção de forma mais completa.

IV. No Período Greco-Romano

Embora Filo (20 a.C. a 50 d.C.), o estudioso judeu helenizado, tenha colocado o adultério no topo da lista dos Dez Mandamentos, afirmando que era o mais sério de todos os pecados (*De Dec.* 121, 131), teve pouco apoio para essa tese tanto na sociedade pagã (greco-romana) como na sociedade judaica da época. O mesmo autor também condenou qualquer forma de atividade sexual que não fosse exclusivamente para a procriação (Spec. Leb. 3.32-36). Tal atitude exagerada foi seguida pelos essênios, muitos dos quais aderiram ao celibato, supondo que qualquer forma de atividade sexual fosse poluente (Ap 14-17; Josefo, *Guerras*, 2.8.120-21; *Ant*. 18.121). A raridade de esqueletos de jovens e mulheres nos cemitérios de Qumran demonstra que a maior parte daquela comunidade (que provavelmente incluía muitos essênios) praticava o que pregava. Por outro lado, o pagão daquela época não via mal algum na fornicação e, embora condenasse o adultério, não se considerava atado às próprias regras. E, assim, a abstinência radical andava lado a lado com a promiscuidade quase total.

V. Observações do Novo Testamento

O Novo Testamento preservou as atitudes judaicas do Antigo Testamento relativamente ao sexo. Mas também podem ser observadas as radicalizações das ideias de Filo e dos essênios. Jesus condenou as atitudes por trás dos atos, incluindo os pecados sexuais, e assim apresentou um código ético mais profundo (Mt 5.27-32; 15.19-20). Embora seu código tivesse mais percepção, também apresentava mais misericórdia, o que é ilustrado por seu desejo de perdoar em vez de participar na matança da mulher adúltera (Jo 8.1-11).

Paulo foi um pioneiro nos direitos da mulher, ignorando as antigas atitudes judaicas de "homens apenas para a maioria das coisas". Ver Gálatas 3.28: *Não há judeu, nem grego; não há escravo nem livre; não há homem nem mulher; porque todos vós sois um em Cristo Jesus*. Paulo injetou um significado místico na união do casamento, sugerindo haver uma combinação de energias vitais que transformava duas pessoas numa só, de uma forma indefinida mas real, mística (Ef 5.31, 32). Ainda assim, o homem continua sendo o líder da mulher, bem como Cristo é o líder do homem (Ef 5.23).

Como há um tipo de união mística e compartilhamento de energia no ato sexual, o cristão deve tomar cuidado com tal união com uma mulher lasciva (1Co 6.15). O corpo de um homem tornou-se um templo para o Espírito, assim ele deve evitar infrações externas (1Co 6.14-16).

Não pode haver dúvida sobre o fato de que Paulo pensava que a vida de celibato era superior à vida de casado para aquele que busca espiritualidade intensamente (1Co 7.1, 7-9), e tais visões também eram atribuídas a Jesus (Mt 19.10-12). Essas atitudes provavelmente refletem as de Filo e dos essênios, que tiveram grande influência no pensamento judaico-cristão do primeiro século. (Ver Mt 8.21-22; 10.34-37; 19.10-12; Lc 8.19-21). Os primeiros cristãos, como os essênios, supunham viver às vésperas do esforço final entre a escuridão e a luz, portanto os apelos feitos a uma vida celibatária eram convincentes para alguns, como foram os chamados "sentimentos antifamiliares". Condições para continuar a vida como sempre deixaram de existir para uma igreja que era continuamente perseguida. Novos caminhos espirituais eram buscados para o seguidor ávido. Um desses caminhos era esquecer o casamento e o sexo e devotar-se às questões espirituais sem os empecilhos das coisas comuns. Levando coisas aos extremos, alguns fundaram monastérios e ordens monásticas como sistemas de apoio para os "seguidores superiores".

Por outro lado, para *poucos seletos*, a vida monástica pode ser o melhor caminho. A filosofia ensina que todas as *generalizações* são falsas. Desse ponto de vista, podemos presumir que generalizar a prática do celibato e forçar isso em um sacerdócio geral também é prática precária. Ver na *Enciclopédia de Bíblia, Teologia e Filosofia* o artigo *Celibato*, para um tratamento completo do assunto.

SEXTÁRIO

Ver o artigo geral intitulado *Pesos e Medidas*. O *sextário* era uma medida para líquidos, mencionado em Levítico 14.10, onde se lê que, para a purificação da lepra, havia certa medida de azeite, com outros ingredientes, para serem oferecidos por sua purificação. O sextário era um doze avos do *bato*, ou seja, cerca de 1,8333 litros.

SHEKINAH

I. O TERMO. No hebraico, *moradia* ou *presença*, ou "aquilo que vive". Esse termo não é encontrado na própria Bíblia, mas descreve amplamente as situações bíblicas de manifestação divina. Apareceu pela primeira vez nos *Targuns* (traduções, comentários dos rabinos) e no *Talmude*. Do uso aprendemos algo sobre o que os hebreus pensavam de como Deus se manifesta no mundo. Tanto os judeus da Palestina como os da Babilônia empregaram a palavra para expressar a inerência e a atividade divina em contraste com as ideias teóricas de sua natureza. Em outras palavras, o termo nos lembra sobre como Deus está com os homens, em vez de como ele é transcendente e está acima deles, o Desconhecido Essencial. Termos alternativos são "a glória de Deus", "a palavra de Deus", ambos sugerindo como Deus se manifesta, mas não dizendo muito sobre a natureza divina.

II. MOTIVOS PARA O USO DO TERMO. O uso desse termo provavelmente foi ocasionado: **1**. pela reverência: um homem diz o que ele pode sobre como Deus se revela sem se envolver em investigações proibidas; **2**. pela necessidade de visualizar Deus como quem cuida do homem, ou seja, ele está próximo, e não é uma deidade distante, sem interesse no homem; **3**. por um veículo para expressar o conceito do *teísmo* em vez do *deísmo*: em outras palavras, o Criador ainda está presente em sua criação para intervir, recompensar ou punir. Isto é, ele não abandonou sua criação aos cuidados de uma lei natural, impessoal; **4**. para evitar o *antropomorfismo*. Mas o termo assumiu, em muitos escritos, um significado quase independente (significado pessoal), porquanto o que estava sendo evitado recorria como um virtual Ser Presente com atributos humanos. Em outras palavras, em um esforço de falar sobre Deus como um Ser pessoal que tinha atributos humanos, muitos autores criaram um Ser pessoal, que se manifestava, a ser descrito em termos humanos o quanto mais possível. Nos escritos iniciais, este Ser não era visto como um *intermediário*, mas isso, por fim, também se tornou parte da doutrina.

III. SHEKINAHS DO ANTIGO TESTAMENTO

1. A *glória de Deus* era uma expressão alternativa; e a *palavra de Deus* foi a mensagem que a manifestação trouxe (Lv 26.11, 12). Ambas as expressões assumiram fortes conotações teístas. **2**. A *face de Deus*, que naturalmente traz com ela óbvias descrições antropomórficas. (Ver Nm 6.25; Dt 1.17, 18). **3**. A *arca da aliança* era o local para a manifestação da Presença ou *Shekinah* (Nm 10.35, 26). **4**. A *nuvem* que guiou Israel no deserto foi uma manifestação de *Shekinah* (Êx 13.21, 22). **5**. A glória de Deus que se manifestou no tabernáculo, em locais sagrados, oráculos, altares e, finalmente, no templo, era *Shekinah*. Houve então manifestações a indivíduos na forma de visões e sonhos, o aparecimento do anjo do Senhor (Êx 13.21; 14.19, 24), e especialmente as experiências de Moisés no monte Sinai (Êx 24.15-18), onde a *Shekinah* se manifestava. Ver ainda a experiência de Abraão em Gênesis 18; e a de Hagar em Gênesis 16.7-14. A experiência de Jacó em Betel é outro excelente exemplo (Gn 28).

IV. USOS NO TALMUDE. A variedade de experiências místicas descritas sob a seção III, que as pessoas na época do Antigo Testamento tinham, eram rotuladas de *Shekinah* pelos Targuns e pelos autores responsáveis por escrever o *Talmude*. O *Mishna*, a parte mais antiga do *Talmude* (ver) apenas usa a palavra duas vezes. Ela data de 135 - 220 d.C. Uma parte posterior do documento, chamada de *Haggadah*, contém o volume de tais referências. Ela fala sobre a presença de Deus como a "luz eterna". Deus enche a terra com sua presença da mesma forma que o faz o sol no mundo físico. A *glória de Deus* brilha nesse mundo, de modo geral, e então com poder em certas ocasiões, e tal *glória* é de *Shekinah* (*Aboth d'Rabbi Nathan* II). A luz brilhou no tabernáculo, mas fez seu lar no templo. Embora o *Shekinah* não estivesse no segundo templo, continuou a brilhar no mundo, de modo geral, trazendo a presença de Deus ao homem. Ver o artigo *Misticismo*, uma palavra que a teologia e a filosofia usam para falar do homem a experimentar o divino, os poderes e os seres (incluindo os anjos) mais elevados que ele mesmo. Toda a teologia, é claro, baseia-se em tais experiências, pois a própria *revelação* é uma subcategoria da experiência mística.

V. SHEKINAHS DO NOVO TESTAMENTO. Embora o Novo Testamento não empregue o termo, há momentos do fenômeno de manifestação da Presença Divina em maneiras especiais. **1**. As diversas aparições do *anjo do Senhor* (como em Lc 2.9), podem ser assim consideradas. **2**. A glória do Senhor brilhou na face de Jesus Cristo, e ele mesmo pode ser considerado o *Shekinah* (2Co 4.6). **3**.Então nós, observando sua face, como em um espelho, somos transformados em sua imagem pelo trabalho do Espírito de Deus (2Co 3.18). Esta é a mensagem mais alta do evangelho, a participação no divino, para que os homens possam assumir a natureza divina (2Pe 1.4). Essa participação é, logicamente, finita, mas como há um infinito que deve ser preenchido, deve haver ainda um preenchimento infinito. Este é um processo eterno, não um acontecimento único. **4**.A transfiguração de Jesus foi um exemplo notável da *Shekinah*. Enquanto ele orava, seu corpo e sua roupa se transformaram em um branco intenso (Lc 9.29; Mt Cap. 17). Pedro interpretou o evento como um prenúncio da Segunda Vinda (2Pe 1.16, 18). **5**.O Apocalipse de Pedro mistura esse evento com a glória de sua *ascensão* e talvez Atos 1.9 deva ser visto como outra manifestação da glória divina. **6**. A visão de Paulo de Jesus na estrada à Damasco foi uma manifestação óbvia da *glória* (At 9.3-6; 22.6-11; 26.12-16). **7**. O *Logos* que vivia entre os homens na encarnação do Filho (Jo 1.1, 14) é o *Shekinah* que vive continuamente e agora pode ser visto como um intermediário entre Deus e o homem, conceito que o termo não tinha nem nos escritos do Talmude nem nos Targuns. **8**. Talvez possamos classificar o primeiro milagre de Jesus (Jo 2.21) como um momento especial da presença manifesta entre os homens, então seus *milagres* continuaram a acontecer com esse tipo particular de poder divino e glória entre os homens. **9**. João 17, a *oração de sumo sacerdote* de Jesus, fala sobre a manifestação especial do Filho entre os homens para transformá-los e fazer deles filhos de Deus e irmãos do Filho, o Cristo. **10**. A voz que veio do céu (Jo 12.28) foi um *Shekinah* audível que foi rotulado o *Bath Qol* pelos intérpretes hebreus. Ver na *Enciclopédia de Bíblia, Teologia e Filosofia* o artigo *Bath Kol* (*Qol*), para maiores detalhes. No hebraico, o termo significa "filha de voz". Os Targuns e o Talmude usam o termo para significar a voz divina que revelou as coisas aos homens. **11**. A *ressurreição* de Jesus foi uma manifestação especial da glória e todos os Evangelhos dão descrições do evento. (Ver Mt 28). O anjo do Senhor desceu do céu e rolou a pedra para trás do túmulo, em outro ato divino de glória. **12**. Cristo é o *brilho da glória de Deus* de acordo com Hebreus 1.3. Ele é chamado de *Senhor de glória* em Tiago 2.1, e o "Espírito de glória" em 1Pedro 4.14 é sua testemunha. O Pai é a Glória Majestosa, de acordo com 2Pedro 1.17.

A afirmação teísta. De modo geral, os vários modos de manifestação do *Shekinah* afirmam que Deus não apenas criou mas também está sempre presente em seu mundo. Ele não o abandonou e continuamente intervém nas atividades dos homens, recompensando, disciplinando e controlando-as. A doutrina do *deísmo* que afirma que Deus abandonou sua criação, e que a lei natural que tomou seu lugar é contradita. Claro, há uma lei natural que está em sua instituição, mas a experiência humana mostra que Poder e Glória às vezes se manifestam entre os homens para lembrar que eles não estão sós e que o destino humano transcende o limite físico. De um total de 250 milhões, cerca de 15 milhões de americanos passaram por *Experiências Perto da Morte* e, presumivelmente, o mesmo percentual reina entre outras populações. Essa é uma experiência que dá ao homem um relance da glória de Deus e de sua própria espiritualidade essencial: o homem é um ser espiritual, não muito inferior aos anjos, e destinado a compartilhar com a divindade. Quando os homens experimentam a *Shekinah*, são lembrados desses fatos. Devemos ainda ter em mente que tais experiências se destinam a pessoas de todas as épocas. Não há coisas limitadas à época da Bíblia.

SHEOL

I. O TERMO, TRANSLITERAÇÕES E TRADUÇÕES. A etimologia desta palavra hebraica é incerta, mas ela comumente se refere a *buraco*, *abismo*, câmara subterrânea sob a superfície da terra, túmulo, mundo infernal. Alguns dizem que a palavra significa "mundo invisível", mas isso é uma indicação, não uma tradução direta. A palavra também é transliterada como *Seol* e recebe uma variedade de traduções, como indicado acima. Traduzi-la como *inferno* é errôneo, embora em épocas pós-canônicas da literatura judaica *Sheol* tenha sido mesclado com *Geena* (ver), tornando-se, assim, alegadamente um local de punições e sofrimentos de natureza grave. A Septuaginta fornece a palavra *Hades* (ver), pois o conceito grego desse local melancólico era semelhante ao sheol dos hebreus.

Sua alegada derivação de *shaal*, "perguntar" ou "buscar", é dúbia, mas, se essa for a ideia correta, então presumivelmente a referência é à "pergunta" contínua do túmulo a receber novos corpos, ao desejo insaciável do submundo de engolir a alma dos homens. Sheol (Seol) é o monstro de boca aberta, o "lar" dos mortos, conscientes ou inconscientes, o local sem retorno (Is 5.14; Jó 7.10; 10.21; 30.23). A teologia hebraica antiga não é muito útil, na verdade, não é muito profunda como metafísica antropológica, e nunca fez uma afirmação realmente clara no tangente à esperança humana, exceto pela minúscula minoria dos homens, e ainda assim, a afirmação não foi muito brilhante.

II. SHEOL, UMA DOUTRINA PROGRESSIVA. Dizer *sheol* não é pronunciar uma única ideia, mas sim colocar um rótulo em uma doutrina progressiva que avançou de um estágio a outro.

1. Originalmente significava apenas *túmulo* e não fazia nenhuma referência a uma pós-vida de qualquer tipo, boa ou ruim. Este significado estava em linha com a teologia hebraica geral, que no *Pentateuco* não contemplava nenhum tipo de vida posterior, nenhuma felicidade para os bons, nenhum tormento para os maus. Essa coleção de documentos não promete uma vida após a vida de glória aos que obedecem à lei, nem ameaça o desobediente com algum tipo de "inferno". Recompensa e punição devem ocorrer "agora", neste mundo. Grande parte do judaísmo ainda hoje declara que "o morto está morto", querendo dizer com isso que não há vida após a morte nem para os bons nem para os maus. Nos Salmos e nos Profetas, a esperança de imortalidade começa a entrar no pensamento hebraico. Mas foi nos livros pseudepígrafos e apócrifos que a esperança mais se desenvolveu. Então o Novo Testamento adicionou dimensões significativamente maiores à doutrina. A maioria das referências ao *sheol* (*seol*) no Antigo Testamento fala apenas do túmulo. Os seguintes versos ilustram isso clara e inequivocamente.

2. Progressão. O primeiro passo além do significado simples de "túmulo" foi a noção de que fragmentos psíquicos humanos vão ao sheol e flutuam de um lado a outro como fantasmas sem consciência. Da ideia do fantasma sem consciência, a doutrina prosseguiu a falar de almas reais no sheol (hades), dos bons e dos maus, e é em Lucas 16 que encontramos a doutrina. No Antigo Testamento, contudo, a felicidade para os bons e o tormento para os maus não formam uma ideia promovida sobre o sheol, a não ser que consideremos que as passagens que contrastam o céu e o "inferno" signifiquem algo assim (ver Jó 11.8; Sl 139.8; Am 9.3). Ver ainda Provérbios 23.14 nessa conexão, onde está em vista o "lar dos maus".

Ao preparar a publicação do *Antigo Testamento Interpretado*, descobri os seguintes versículos nos quais *sheol* (*seol*) significa mais do que túmulo. O leitor que tirar o tempo para ver a exposição sobre esses versículos no trabalho mencionado será iluminado sobre as maneiras em que a doutrina progrediu além da *ideia de túmulo*. (Ver Sl 16.10; 88.10; 139.8; Jó 10.21, 22; 26.5; Is 14.6; Pv 5.5; Ez 31.14, 18). As referências dessa natureza não são abundantes, contudo são suficientes para mostrar que estava em desenvolvimento uma doutrina da vida após a vida e da imortalidade da alma. O maior desenvolvimento, contudo, teve de aguardar pela elaboração dos livros pseudepígrafos e apócrifos, isto é, pelo judaísmo do período intertestamentário. Salmo 16.10, embora messiânico, pode ser uma visão ao fato de que Cristo desceu ao sheol, mas depois voltou, pelo poder de Deus, o que implica que o mesmo pode ocorrer a outros homens, através de sua graça, exatamente o que ensinamos através de 1Pedro 3.18-4.6. Em outras palavras, sua descida até aquele lugar foi redentora e restauradora e ... *O Evangelho foi pregado aos mortos*.

Após os escritos canônicos, *sheol* mesclou-se com *geena* e essa mescla transformou-se no "local" que era de punição dos ímpios. Lucas 16 mostra que o "sheol posterior" também era a habitação dos justos. Ainda não havia nenhum elemento como o "céu" cristão, um "local" completamente separado, em tal versão da vida após a morte. Contudo, escritos pseudepígrafos, como 1Enoque, apresentavam vários céus, como os de Paulo em 2Coríntios 12 e João 14.1.

III. A HABITAÇÃO DOS MORTOS. Retornamos aqui à ideia de que "o morto está morto" e "morto" significa *inexistente*. Sheol é a *terra do silêncio*, onde não há almas para louvar a Deus e nenhum pecador para lançar pragas (Sl 94.17; 115.17). Nenhum "homem" no hades (sheol) pode louvar a Deus, pois lá nenhum homem tem inteligência, consciência ou espiritualidade (Sl 6.5). Não há milagres nem ajuda de salvação naquele lugar (Sl 88.10-12). Os mortos nada sabem (Jó 14.21; Ec 9.5, 10). Tudo isso está em linha com a teologia hebraica original e primitiva (como no Pentateuco), onde não havia nenhum tipo de vida após a morte.

IV. A HABITAÇÃO DE ALMAS DESINCORPORADAS, CONSCIENTES. Agora o morto não está morto; há transição. A teologia hebraica moveu-se nessa direção em alguns locais no Antigo Testamento, como ilustro na seção II. A soberania de Deus exige que os homens sejam recompensados pelo bem que fizeram ou paguem pelo mal, e é apenas nesta forma que pode haver algum conceito são de justiça. *Os mortos tremem debaixo das águas, como os que ali habitam* (Jó 26.5). Ver Isaías 38.10, que é uma possível referência a almas conscientes no submundo. Para versículos do Antigo Testamento que ensinam sobre uma vida após a morte (sobrevivência da alma, e presumida imortalidade), ver sob *Alma* (IV.7), *Revelação*. Se há uma vida após a morte, e se as almas vão ao sheol para viver tal estado, então elas são almas reais, não meramente fantasmas, e estão conscientes. Kant desenvolveu um *argumento moral* em favor da existência e sobrevivência da alma e da existência de Deus. Seu argumento é como segue: está claro que neste mundo não é feita justiça. Os bons não recebem sua recompensa adequada, e os maus não pagam adequadamente pelo mal que fizeram. É evidente, então, que a alma tem de existir e os homens devem viver além da morte biológica para que possam receber a recompensa ou punição apropriada e *seja feita justiça*. Deve ainda haver um Juiz com o poder e o conhecimento necessários para julgar tanto os bons como os maus. A tal Poder e inteligência chamamos de Deus. A teologia no Antigo Testamento dirigia-se a tal compreensão, e os versículos aqui e ali refletem uma crescente teologia sobre a metafísica antropológica.

O progresso da teologia da vida após a morte estava limitado por ideias cruas que davam conta de que o sheol se situava abaixo da superfície da terra, sendo uma caverna subterrânea escura de algum tipo. Sheol, em vez disso, é um estado de ser, não uma localização geográfica.

V. SHEOL E A IMORTALIDADE. Um corolário importante da ideia de que o sheol contém almas vivas e conscientes é o que demonstra a existência e a sobrevivência de almas. Isso não provaria a imortalidade, pois as almas, como os corpos, poderiam ter um fim. Não obstante, alvas vivas no sheol *implicam* a doutrina da imortalidade. Jó 19.25-27, embora não fale diretamente do sheol, representa a esperança além-túmulo de uma vida na qual o Redentor pode ser conhecido e louvado. Em Jó, contudo, isso parece ser realizado através da ressurreição, não através de almas sendo levadas para o sheol. Ver na *Enciclopédia de Bíblia, Teologia e Filosofia* o artigo *Imortalidade*, onde apresento diversos comentários sobre o assunto.

VI. SHEOL, LOCAL DE ESPERANÇA, UM ESTADO INTERMEDIÁRIO. Cristo levou seu evangelho ao sheol (hades), como fica claro em 1Pedro 3.18-4.6. Ele pregou aos mortos seu evangelho, não uma mensagem de condenação. Assim, os perdidos receberam a pregação das boas-novas e puderam receber os benefícios da redenção. Esta doutrina mostra que o hades se tornou um campo de atividade missionária. Assim opera o grande amor de Deus! A morte biológica não termina o dia da oportunidade. Deus não tem pressa, embora os teólogos possam ter. Ver na *Enciclopédia de Bíblia, Teologia e Filosofia* o artigo chamado *Descida de Cristo ao Hades*, onde forneço detalhes sobre esta doutrina. O Cristo (o Logos) tinha, e tem, uma missão tridimensional: na terra; nos céus; e no hades. Sua missão dispersou-se até mesmo a sombra do sheol. Ver também o artigo *Hades*.

Se almas perdidas podem ser tiradas do hades, então esse é obviamente um estágio intermediário. Os crentes vão imediatamente à presença do Senhor, e não ao sheol (hades), o que significa que para eles tal lugar deixou de existir, embora as evidências sejam que ele ainda existe para os ímpios. Alguns interpretam 1Pedro 3.18-4.6 como "boas almas" são libertadas do sheol e "agora" não mais param ali na jornada da alma. Mas o significado da descida de Cristo ao hades é maior: mesmo os maus agora têm uma saída. A antiga ideia hebraica de que o sheol é um local sem retorno (Is 5.14; Jó 10.21; 30.23, 7.10) está ultrapassada, e é exatamente o que poderíamos esperar da graça de Deus em operação, pois o *amor* é o maior princípio, que rege a todos os outros. Seu amor chega ao mais alto céu e ao mais baixo inferno.

SHEPHELAH

I. O TERMO. *Shephelah* é o termo hebraico que significa *terras baixas*, e a maioria das transliterações fornece uma tradução da palavra em vez de uma transliteração. A versão portuguesa de modo geral fornece a palavra *vale* ou *planície*. A *King James Version* segue o mesmo modo de lidar com a palavra exceto no livro apócrifo 1Macabeus, onde em 12.38 é fornecida uma transliteração, ou seja, *Sephela*.

II. LOCALIDADE. Shephelah era (é) um pedaço de terra de morros baixos entre a planície costeira e os morros altos centrais de Judá e Samaria. Ali platôs rochosos e morros alcançam 500 m acima do nível do mar. A elevação um tanto moderada dessa parte da Palestina deu à região seu nome, *terras baixas*. A área agia como um tipo de zona de "tampão" entre a planície costeira da Filisteia e as terras altas de Israel. Antigamente um tipo de vegetação cobria a maior parte da área que consistia basicamente em arbustos. A área não era adequada para empreendimentos agrícolas.

III. OBSERVAÇÕES HISTÓRICAS

1. A conquista da terra pela tribo de Judá teve início nos morros do leste, ao redor de Belém. Essa tribo então se espalhou a *Shephelah*. **2**. Um grupo de fortes dos cananitas no norte da área não abriu espaço ao avanço de Israel, portanto o território continuou nas mãos desse povo, incluindo as cidades de Gezer, Saalbim e Aijolom. **3**. Lutas pelo poder fizeram com que os israelitas e cananeus periodicamente trocassem partes do Shephelah. Os "povos do mar" (os cananeus) nunca deram um descanso a Israel até que Davi aniquilou a maioria deles, e os que ele não aniquilou, confinou. **4**. Os filisteus dominaram parte do leste de Shephelah. As batalhas de Sansão com esse povo iniciaram nessa área, quando a tribo de Dã estava sendo pressionada (Jz 15.9 ss.). **5**. A casa de Eli foi derrotada na batalha nessa área (1Sm cap. 4). **6**. Silo foi derrotada por esse povo. Antes o centro do norte de Israel (Sl 78.60; Jr 7.12, 16; 26.6, 9), Silo nunca recuperou seu antigo status, e o tabernáculo foi movido para outro lugar (Quiriate-Jearim, 1Sm 7.1, 2). **7**. Por cerca de 1cinquenta anos os filisteus dominaram a área e desenvolveram siderúrgicas e outras indústrias na região **8**. Saul e depois Davi tentaram quebrar a resistência desse povo no Shephelah. Foi ali que Davi destruiu a Golias. **9**. Depois de tomar Jerusalém, o poder de Davi cresceu a ponto de paulatinamente toda a área ter caído sob o seu controle (2Sm 8.1). O que não foi destruído tornou-se um tipo de estado vassalo pagando tributos. **10**. Depois da época de Davi, as forças pagãs mais uma vez venceram batalhas ali e retomaram parte da área. (Ver 1Rs 14.25-28; 2Rs 14.11-23; 2Cr 28.18). O pêndulo do poder balançou de um lado para outro até o cativeiro babilônico, quando todo o Israel, incluindo Judá, caiu ante um poder superior e perdeu a maioria de seu território. Shephelah foi sempre um tipo de zona de "tampão" no qual forças em conflito se confrontavam quase constantemente.

SHIGGAION. Ver sobre *Música e Instrumentos Musicais*.

SIA

No hebraico, **"congregação"**. Nome de um dos servidores do templo, cujos descendentes retornaram à Palestina, em companhia de Zorobabel, terminado o exílio babilônico (Ne 7.47; Ed 2.44; 1Esdras 5.29). Viveu por volta de 530 a.C.

SIÃO

I. O Termo. O significado do nome é desconhecido, mas suposições o conectam com a palavra hebraica *erigir*; ou "estar seco"; ou com a palavra arábica para *crista*; ou com a palavra hurriana para *riacho*, uma possível referência a Geom. Todos esses possíveis derivativos se associam a alguma característica da cidade, mas, considerando-se que o local era originalmente uma fortaleza jebusita, a ideia de um *forte* é a mais provável. Não há uma palavra semita para "proteção" que seja semelhante à palavra Sião, e essa foi provavelmente a referência original.

II. Aplicação Ampla. 1. A referência original limita-se à fortaleza jebusita localizada na crista de um morro no canto sudeste de Jerusalém. O local também era chamado de Ofel (2Cr 27.3). **2.** Depois de Davi conquistar o local, renomeou-o como "a cidade de Davi" (2Sm 5.9). **3.** Jerusalém logo se expandiu ao norte e incluiu o que se tornou o monte do Templo, mas *Sião* ainda se aplicava à cidade de Davi ao sul. (Ver 1Rs 8.1). **4.** Depois de escritos os livros bíblicos, o termo passou a incluir o morro ao sudoeste de Jerusalém. **5.** Mas, simbolicamente, o termo passou a referir-se à cidade de Deus e ao local do templo, de modo que o monte do Templo (o monte Moriá) era abarcado pelo termo Sião. **6.** Então o termo passou a aplicar-se a toda a cidade de Jerusalém, com seus diversos morros. De fato, Sião tornou-se sinônimo de Jerusalém (Is 40.9; Mq 3.12). **7.** Dali por diante, os habitantes da cidade passaram a ser chamados por esse título (Jr 51.35). **8.** O termo *filha de Sião* passou, finalmente, a referir-se ao povo de Deus, Israel em geral (Jr 6.23). Sem dúvida, daí vem a denominação do movimento sionista moderno, pois o povo disperso foi chamado de volta a *Israel*.

III. Simbolismos e Teologia. 1. O povo especial escolhido de Israel, os verdadeiros eleitos e privilegiados eram os de Sião, de onde a autoridade de *Yahweh* se espalhava entre o povo. Aqui temos a "fonte de bênção" na teologia hebraica. **2.** Sião era chamada de *a habitação de Yahweh* (Sl 132.13). **3.** Era apontada como *o morro sagrado* (Sl 2.6). **4.** A *salvação* de Deus foi colocada ali (Is 46.13), e essa foi uma provisão da glória para todo o Israel, cujo povo é chamado de a *glória de Yahweh*. **5.** Alguns líderes exageraram e passaram a pensar que Sião fosse um refúgio certo em épocas de problemas, um local que não poderia ser invadido com sucesso (Is 14.32; 31.4, 8, 9; 33.1-5; 37.22, 32-35; 46.13; 52.1, 2, 7, 8). **6.** Mas Judá (e Jerusalém), em sua idolatria-adultério-apostasia, anulou as expectativas positivas dos profetas e passou a merecer a invasão babilônica e o cativeiro. Portanto, muitas aflições atingiram o local (Jr 4.21; 6.23). *Yahweh* abandonou-o (Jr 8.19) e Miqueias previu sua derrota total (3.10-12). **7.** *Yahweh* passou a odiar a antes adorada cidade (Jr 14.19; 30.17). **8.** A destruição e o cativeiro chegaram em 586 a.C. e, dali para frente, em os exilados apenas poderiam chorar ao lembrar de Sião (Sl 137.1). **9.** Mas esses eventos dramáticos não terminaram com a história de Sião. Ocorreu ali uma nova história após o exílio, e outra história escatológica ainda estaria por ocorrer. A restauração foi prevista (Is 12.6; 59.20), pois o Messias ainda deve reinar (Sl 2.2, 7, 12; 110.2). Cf. Isaías 35.9, 10, que procura a redenção. **10.** Hebreus 12.22 emprega o nome para referir-se ao *novo pacto* em Jesus. **11.** 2Esdras (13.36) fala de Sião como a *Jerusalém celestial* destinada a tomar o lugar da Jerusalém terrestre, tema abordado em Apocalipse 21.1-17. **12.** A igreja de Jesus Cristo dos Santos dos Últimos Dias (Mórmons) chama o centro de sua fé, a cidade de *Salt Lake City*, em Utah, EUA, de Sião, pois é ali que se encontram seu templo e seus principais cultos religiosos.

IV. A Arqueologia e Sião. *Sião*, no significado mais amplo de cidade de Jerusalém, é o melhor sítio arqueológico ilustrado do mundo. Todas as suas características geológicas e geográficas foram identificadas, e a maioria de seus sítios específicos de construção foram investigados com evidências positivas. Os jebuseus construíram uma fortaleza no local e eram os habitantes dali antes de Davi tê-la conquistado e batizá-la como "cidade de Davi". Suas principais características são o Poço de Geom, o Vale da Virgem, o Poço de Jacó (En-rogel), o ribeiro Cedrom, o vale chamado pelo mesmo nome, o vale de Hinom, o Jardim de Getsêmani, o sistema de suprimento de água, além de muitas construções. Elas já foram ilustradas pelas escavações arqueológicas, por suas inscrições e referências literárias. A Jerusalém original tinha a forma de uma enorme pegada humana de cerca de 400 m de comprimento e 100 m de largura. Para maiores detalhes, ver o artigo sobre *Jerusalém* e especificamente a seção VI, *Jerusalém e Arqueologia*. A seção III, *Situação Geográfica e Topográfica*, também contém informações essenciais. Na seção IV são apresentadas ilustrações das principais características da cidade na época de Neemias e de Jesus.

SIÃO, FILHA DE

No hebraico, *bath sion*, título dado pelos profetas aos habitantes de Jerusalém. O termo emprega o uso mais amplo da palavra *Sião*, referindo-se à cidade toda, e não somente à parte sudeste, o antigo forte dos jebuseus. Ver o artigo *Sião*, I. *O Termo* e II. *Aplicação Ampla*. A expressão "filha de" personifica os habitantes de Jerusalém como se fossem as descendentes mulheres do local, do mesmo modo que falamos sobre uma cidade como "ela". Mas Lamentações 2.10, falando sobre as "mais velhas da filha de Sião", mostra que a população inteira está em vista quando se usa a expressão. Salmo 137.8 apresenta expressão análoga, "filha da Babilônia", e Isaías aplica o termo a vários outros povos, como os habitantes de Sidom, Tarso e Galom etc. Uma expressão alternativa é "filha de Jerusalém", que Isaías usa seis vezes. Jeremias apresenta "filha de Sião" onze vezes em Jeremias e Lamentações. Outros profetas também empregaram o termo, como Miqueias, Sofonias e Zacarias. Ver as referências a seguir que ilustram os usos (Jr 51.35; Zc 2.7; Sl 125.1; Is 35.10, Mt 21.15; Jo 12.15 e Hb 12.22). O plural "filhas de Sião" geralmente indica as habitantes mulheres, como em Isaías 3.16, mas os subúrbios e as vilas que pertenciam à cidade principal também eram chamados assim. O leitor que deseja localizar todos os usos dos termos descritos neste artigo pode fazê-lo usando uma concordância completa da Bíblia.

SIBECAI

No hebraico, **"Yah intervém"**, onde o nome divino é o mesmo que *Yahweh*, o *Eterno* (Deus). Formas de tal nome básico eram Yah, Yahu e Yeho. Para maiores detalhes, ver o artigo sobre *Deus, Nomes Bíblicos de*, particularmente sob III.8, *Yahweh*. Sibecai era o nome de um dos trinta poderosos guerreiros de Davi, guarda-costas seus que se tornaram o núcleo do exército quando Davi assumiu o trono. Sibecai era nativo da cidade de Husate e recebe o crédito de ter matado o gigante Safe durante um dos muitos conflitos de Israel contra os filisteus (2Sm 21.18; 1Cr 20.4). (Ver ainda 1Cr 11.29 e 2Sm 23.27). O *Mebunai husatita* dentre essas referências pode ter sido uma corrupção do nome desse homem. Os nomes hebreus estão mais próximos em forma do que as traduções portuguesas indicariam.

SIBMA

No hebraico, *frieza*, da raiz semítica que significa "estar frio", sendo a forma arábica *shabima*, nome de uma vila a leste da Jordânia. Alguns especialistas fornecem a tradução *bálsamo*. A cidade se situava no território da tribo de Rúben e é chamada de *Seba* em Números 32.3. Originalmente pertencia a Moabe, mas foi capturada pelos amorreus sob Siom (Nm

21.26). Finalmente, a cidade caiu sob o domínio de Rúben. (Ver Nm 32.38 e cf. Js 13.19). A cidade ficou famosa por seus finos vinhos (Is 16.8, 9; Jr 48.32). O local não foi identificado com certeza absoluta, mas ficava na área do platô da Transjordânia e pode ser identificado corretamente com a região de Nebo, Jazer e Hesbom. A Qurn el-Kibsh moderna pode marcar o sítio antigo, onde foram realizadas várias escavações arqueológicas. Talvez estivesse situada entre Nebo e Hesbom, onde está localizado o wadi Salmah.

SIBOLETE. Ver sobre *Chibolete*.

SIBRAIM

No hebraico, **"colina dupla"**. Um lugar que, segundo a descrição do livro de Ezequiel (47.16), ficava na fronteira norte da terra de Canaã, entre Damasco e Hamate, provavelmente perto de Hums. Sua localização exata é desconhecida.

SICAR

No grego, *Suchár*. A única referência bíblica a essa cidade descreve-a como uma *cidade samaritana* (Jo 4.4,5). Ficava perto do território que Jacó deu a seu filho José (Gn 33.19, que aquele patriarca comprara dos filhos de Hamor, pai de Siquém). Jerônimo, em sua obra *Onomasticon*, distinguiu Sicar de Siquém; mas, em outras obras suas identificou-as como um só lugar, argumentando que a forma Sicar envolve um erro escribal de cópia. Todos os debates que têm havido, até os nossos próprios dias, deixam como questão aberta a identificação de Sicar. Visto que nas proximidades de El-Askar há um local chamado *askar*, que no árabe significa "acampamento militar", alguns estudiosos têm pensado que esse é uma corruptela de Sicar. Essa aldeia de El-Askar fica na vertente oriental do monte Ebal, cerca de oitocentos metros ao norte do poço de Jacó e a leste de Siquém. Mas, a maioria dos eruditos não acredita que "askar" corresponda, realmente a Sicar. A narrativa de João 4.15 sugere que a mulher samaritana tinha o hábito de ir buscar água no poço de Jacó. Portanto, devido a distância (800 m), é difícil crer que Sicar possa ser identificada com El-Askar. A mulher teria de andar mais de um quilômetro e meio para buscar um único cântaro de água.

Outros têm argumentado que Siquém é Sicar. Porém, a arqueologia tem demonstrado que Siquém, como cidade, perdurou somente até 107 a.C., quando os judeus de Jerusalém, sob João Hircano (134-104 a.C.) destruíram o templo samaritano sobre o monte Gerizim, em 128 a.C., e arrasaram totalmente a cidade em 107 a.C. Entretanto, no local dessas ruínas, atualmente chamadas Tell Balatah, há evidências de ocupação humana desde o período samaritano até o período romano. De conformidade com uma tradição constante, o poço de Jacó ficava a oitocentos metros a leste da vila de Balatah. Historicamente falando, esse poço é um dos locais melhor confirmados da Palestina, pelo menos desde os dias neotestamentários. Ele fica na margem oriental do vale que forma o passo entre os montes Ebal e Gerizim. Devido ao acúmulo de escombros, que se vem depositando desde os tempos dos hicsos, atualmente Siquém fica entre doze e vinte e cinco metros acima do solo do vale ao derredor.

A mulher samaritana disse que o poço era "fundo" (cf. Jo 4.11). Esse poço, segundo os cálculos, deveria ter entre 32 e 35 metros de profundidade. A ótima qualidade da água que se extraía desse poço, em comparação com a água que se extraía de outros poços da circunvizinhança, nas vertentes do monte Gerizim, talvez explique a preferência que se dava ao mesmo, o que tem continuado por toda a história.

SICLO. Ver sobre *Dinheiro*.

SICÔMORO

O nome desta árvore deriva das palavras gregas *syke* (figo) e *mora* (amoreira). O termo utilizado no Novo Testamento é *sukomorea*; seu nome científico é *Acer pseudo platanus*. A árvore é uma espécie que está sempre verde e tem galhos fortes que se espalham muito, o que facilita que alguém suba nela (considere o caso de Zaqueu, Lc 19.4). O fruto que a árvore produz não é um figo de fato, mas pequenas frutas que crescem agrupadas e parecem com pequenos figos, daí o nome *pseudo* no termo científico. Amós (7.14) cultivava esta fruta paralelamente à criação de animais domesticados. Bastante trabalho está envolvido no cultivo desta fruta, pois ela só amadurece se cada fruto for perfurado com um instrumento pontudo em determinado estágio de seu desenvolvimento. Amós ocupava-se furando os frutos, certamente um trabalho entediante, mas foi recompensado com uma colheita abundante.

SICROM

Uma localidade, na fronteira norte de Judá, entre Ecrom e Baalá, como quem ia na direção do mar (Js 15.11). O sítio é desconhecido, mas, provavelmente é o moderno Tell el-Ful, um pouco mais ao norte do vale de Soreque.

SICUTE E QUIUM

Esses nomes aparecem no texto de Amós 5.25, de acordo com nossa versão portuguesa. Trata-se de uma questão muito debatida, no tocante ao sentido de tais palavras. Procuraremos deslindá-la.

Sentido dos Termos. Em um livro babilônico de encantamentos, torna-se patente que *Sakkuth* e *Kaiwan* eram nomes intercambiáveis dados ao deus Saturno. Mediante um jogo de palavras, parece que tanto um quanto outro desses apelativos foram alterados, para adquirirem um novo sentido, talvez pejorativo. Assim, *sakkuth* também pode ser vocalizado como *sukot*, dando-lhe o sentido de "tabernáculos" ou "tendas". Isso transparece na citação feita por Estêvão, em Atos 7.43: ... *e acaso não levantastes o tabernáculo de Moloque...*? Tal possibilidade é refletida na LXX, que Estêvão, quase certamente, estava citando de memória. Por igual modo, a alteração de *kaiwan* para *kiyyun*, em Amós, teve por intuito injetar na palavra os sons vocálicos da palavra hebraica por *abominável*, isto é, *shiqqus*, a fim de mostrar o que o abominável era. Voltando à citação feita por Estêvão, lemos: ... *e a estrela do deus Renfã...* (a LXX diz, em Amós 5.26, *rephan*). Parece que isso se deriva de *repa*, um dos nomes egípcios aplicados ao deus Saturno. Mas, por que Estêvão também falou em "Moloque"? Em primeiro lugar, porque assim diz a LXX. E, em segundo lugar, porque Moloque, geralmente, era adorado em tendas. Ver o artigo sobre *Moloque*. E, em terceiro lugar, porque tanto Moloque quanto Saturno eram nomes do deus sol. Sumariando, temos na passagem duas referências à mesma divindade pagã, Saturno, cujas festividades, entre os romanos, as Saturnálias, eram assinaladas por excessos de comidas e bebidas e grande licenciosidade. Para melhor entendermos a questão, diremos ainda que uma mesma divindade era, às vezes, conhecida por vários nomes, dependendo do povo que se esteja pensando e da época. Assim, *muluk* era adorado em Mari, em cerca de 1800 a.C. Os textos acádicos falam em *malik*. Os amonitas chamavam-no *milkom* (cf. 1Rs 11.5). Os fenícios lhe davam o nome de *molok*. Os gregos chamavam esse deus de *Kronos*. Os romanos, *Saturno*.

A adoração aos corpos celestes sempre foi uma ameaça real a Israel, pelo que esse povo foi repetidamente advertido e condenado por essa causa (Dt 4.19; 2Rs 17.16, para exemplificar). Durante o período da dominação assíria, sobretudo após o reinado de Salmaneser III (858-824 a.C.), tal culto tornou-se extremamente popular. Amós, portanto, advertiu o povo de Israel de que tal devoção só poderia trazer ruína ao povo de Deus.

Não tem sido fácil o deslindamento dessas antigas questões, por parte dos estudiosos e tradutores. Nossa versão portuguesa segue descobertas arqueológicas a respeito e textos de várias traduções e revisões modernas, em outros idiomas. No entanto, no texto de Amós 5.26, nossa versão portuguesa dá a impressão de que estão em pauta três divindades pagãs: ... *Sicute, vosso rei, Quium, vossa imagem, e o vosso deus estrela*... Mais acertada seria a tradução "Sicute, vosso rei, Quium, vosso deus estrela, as vossas imagens, que fizestes para vós mesmos", pois só estão em pauta duas divindades, ou melhor, dois nomes diversos de uma mesma divindade.

SIDIM, VALE DE

Possíveis significados da expressão são "o vale dos campos", indicativo de que essa teria sido uma fértil área agrícola antes da destruição de Sodoma e Gomorra com a qual ela estava associada. Talvez o nome tenha vindo da palavra hitita que significa *sal*, em linha com esse mineral encontrado comumente na localidade. A única referência bíblica ao local ocorre em Gênesis 14.3, que fala da vitória de Quedoriaomer e seus aliados sobre os reis de Sodoma e Gomorra e outras cidades que se aliaram àqueles locais. Alguns supõem que o antigo sítio esteja agora submerso na parte sul do mar Morto. Como ocorre no caso de qualquer lago salgado, o nível da água varia com o fluxo (maior ou menor) de seus afluentes, portanto em períodos de seca a água baixa, enquanto em períodos de chuvas mais abundante sobe consideravelmente, e não há saída para nivelar as águas. De qualquer forma, em torno do século XX a.C., a área toda passou por um violento cataclismo: cidades inteiras foram destruídas, e algumas, sem dúvida, ficaram submersas. A região estava repleta de covas de betume, material usado pelos egípcios para o embalsamamento. Ainda hoje são encontradas covas desse tipo na área.

SIDOM

No hebraico, **"fortificada"**. No Antigo Testamento, a única menção a essa cidade fica em Gênesis 10.19, na lista dos descendentes de Canaã. É evidente que essa cidade derivava seu nome do primogênito de Canaã, de nome Sidom (Gn 10.15). No Novo Testamento, a cidade é mencionada por doze vezes (Mt 11.21,12; 15.21; Mc 3.8; 7.24,31; Lc 4.26; 6.17; 10.13,14; At 12.20; 27.3). Mas, se no Antigo Testamento a cidade só figura em Gênesis 10.19; seus habitantes, os "sidônios", (são mencionados em Dt 3.9; Js 13.4,6; Jz 3.3 e 1Rs 5.6).

Os cananeus, pois, habitavam numa faixa do norte para o sul, desde Sidom até Gaza, acompanhando a beira-mar do Mediterrâneo. A captura de Laís, pelos descendentes de Davi, parece haver sido facilitada porque era cidade distante de Sidom, sob cuja proteção aparentemente vivia (Jz 18.28).

No Novo Testamento, com frequência, Sidom é mencionada juntamente com Tiro, quase como se fosse uma fórmula fixa. Uma visita feita por Jesus à região de Tiro e Sidom é registrada nos Evangelhos (Mt 15.21 e Mc 7.31), quando o Senhor ministrou à mulher siro-fenícia. Esse foi o único episódio registrado, do ministério de Jesus, fora das fronteiras da Palestina. Quando criticou as cidades da Galileia por causa de sua incredulidade, Jesus as comparou com Tiro e Sidom, declarando que estas teriam correspondido mais prontamente ao evangelho do que Corazim e Betsaida (Mt 11.21,22; Lc 10.13,14). Fora dos Evangelhos, vemos que os habitantes de Tiro e Sidom tiveram dificuldades com Herodes, mais ou menos na época de sua morte (At 12.20). Na viagem de Paulo a Roma, quando sofreu naufrágio, um dos portos abordados foi Sidom (At 27.3). A moderna cidade libanesa de Sidom está edificada sobre as ruínas da antiga cidade com esse nome. Fica cerca de 48 quilômetros ao sul de Beirute e cerca de 48 quilômetros ao norte de Tiro. Essa localização dificulta imensamente as escavações arqueológicas. Outros dados históricos sobre a cidade de Sidom podem ser melhor acompanhados no verbete Fenícia. Ver também sobre livro e sobre Biblos, outras importantes cidades antigas da Fenícia.

SIFI

No hebraico, *"Yahweh* **é plenitude"**. Foi um príncipe simeonita, que descendia de Semaías. Tinha um filho com o nome de Ziza. Viveu em cerca de 830 a.C. Seu nome é mencionado somente em 1Crônicas 4.37.

SIFMITA

Um nativo de Sefã, como foi o caso de Zabdi, que Davi nomeou para cuidar das adegas reais. (Ver 1Cr 27.27).

SIFMOTE

No hebraico **"frutífera"**. Era uma das cidades de Judá, com cujos habitantes Davi dividiu os despojos de Ziclague (1Sm 30.28). Foi visitada por Davi na época em que ele andava fugindo do rei Saul. A identificação dessa cidade é incerta.

SIFRÃ

No hebraico, **"beleza"**. Era uma das duas parteiras hebreias, a quem o Faraó, rei do Egito, ordenou que matassem todos os meninos que nascessem aos israelitas (Êx 1.15). Ela viveu em cerca de 1570 a.C.

SIGNOS DO ZODÍACO

No hebraico, *mazzaroth*. Essa palavra hebraica ocorre somente uma vez em toda a Bíblia, sendo aquilo que os eruditos chamam, no grego, um *hapax legómenon*. Ver Jó 38.32. Ocorre dentro de um paralelismo poético, em oposição à constelação da Ursa, pelo que, mui provavelmente, refere-se a algum fenômeno sideral. Uma forma variante dessa palavra ocorre também em 2Reis 23.5, onde algumas traduções também dizem "sinais do zodíaco". Essa outra palavra hebraica é *mazzaloth*, e nossa versão a traduz por "planetas", e ainda outras dizem ali "constelações". Portanto, é provável que o termo refira-se a alguma constelação, embora seja impossível determinar exatamente o que está em foco. No livro de Jó, essa palavra ocorre no contexto da repreensão do Senhor à ignorância de Jó, o que o levou ao arrependimento, embora ele não estivesse sofrendo tanto por motivo de algum pecado. John Gill *in loc.*, liga *mazzaroth* às "recâmaras do sul" sobre as quais se lê em Jó 9.9, com as suas estrelas. A palavra ali usada, "recâmaras", dá a entender que essas estrelas estão ocultas da visão humana naquela porção do céu. Ele acreditava que esse vocábulo hebraico tem sua raiz no termo hebraico nazar, "separação", porquanto essa área do firmamento fica distante de nós mediante uma insuperável distância. Ou, alternativamente, estão em foco os doze sinais do zodíaco, cada qual aparecendo em seu próprio período do ano, não pelo poder dos homens, mas pelo poder de Deus. Ver Isaías 40.26.

SIDOM

SILA

Um lugar de localização indefinida, citada em conexão com o assassinato do rei Joás (2Rs 12.20). Sabe-se que essa palavra hebraica significava "estrada". Sua associação com Milo sugere que pode ter sido um setor da cidade de Jerusalém, ou, então, uma descida que havia nas proximidades da mesma.

SILAS

Uma contração do nome *Silvanus*. Distinto membro da igreja apostólica de Jerusalém. Em companhia do apóstolo Paulo, foi a Antioquia levar aos cristãos dessa cidade as decisões do concilio de Jerusalém, *cf.* Atos 15.22,27,32. Quando o apóstolo dispensou a companhia de Marcos, na segunda viagem missionária, partindo com Barnabé escolheu Silas para fazer parte de sua missão, v. 40. Ambos foram encarcerados em Filipos, 16.19,25,29. Silas estava em companhia de Paulo quando se levantou o tumulto contra eles em Tessalônica, 17.4. Retirando-se, Paulo, para a parte do mar, Silas e Timóteo ficaram ali (v. 14). Eles tiveram de seguir para Atenas atendendo a um chamado urgente de Paulo, v. 15, mas parece que não subiram com ele senão depois de chegar a Corinto, 18.5. Nessa cidade Silas prestou valioso auxílio ao trabalho de Paulo, 2Coríntios 1.19. A mesma pessoa, familiarmente designada pelo nome de Silas em Atos dos Apóstolos, tem o nome de Silvano nas epístolas. O seu nome aparece com o de Paulo e Timóteo nas duas epístolas aos Tessalonicenses, (1Ts 1.1; 2Ts 1.1). Possivelmente seja ele o mesmo Silvano que foi portador da primeira epístola de Pedro, 1Pedro 5.12.

SILÉM

No hebraico, **"recompensa"**. Foi o quarto filho de Naftali (Gn 46.24), e fundador de uma família tribal ou clã chamada de "os silemitas" (Nm 26.49; 1Cr 7.13). Ver também sobre *Salum*. Viveu em torno de 1690 a.C.

SILI

No hebraico, **"guerreiro"** ou **"dotado de dardos"**. Ele foi pai de Azuba, mãe do rei Josafá (1Rs 22.42; 2Cr 20.31). Cerca de 920 a.C.

SILIM

No hebraico, **"fontes"**. Era uma cidade que foi outorgada à tribo de Judá, uma parte de suas possessões territoriais em Canaã (Js 15.32). Saruém (Js 19.6) e Saaraim (1Cr 4.31), mui provavelmente, são outros nomes do mesmo local. A diferença de grafia entre Silim e Saruém pode ser explicada linguisticamente como uma troca entre o "l" e o "r", que podia ser observada em vários idiomas semíticos. Ver sobre Saruém.

SILO

I. O Termo e a Localização. O significado da palavra é desconhecido, mas é interpretado como "até que ele (Judá) venha a *Shiloh*" (isto é, *local de paz*). Presumivelmente, a palavra deriva do termo hebraico *shalah*, ou "descansar". Em Silo, Israel encontrou descanso, e, se há uma referência messiânica em Gênesis 49.10, está na ideia de que é no Messias que será encontrado o descanso.

Juízes 21.19 descreve sua posição geográfica como ao norte de Betel, a leste da estrada que ia desse local a Siquém (isto é, Nablus) e ao sul de Lebona. O antigo local é marcado, evidentemente, pela moderna *Seilun*. Estava no território de Efraim e ficava cerca de 32 km ao nordeste de Jerusalém.

II. Observações Históricas. Há 33 referências a Silo no Antigo Testamento, mas a primeira na versão portuguesa é diferenciada das outras por ter sido escrita Siló, em vez de Silo. A forma acentuada aparenta ter sido o nome de uma pessoa, não de um local, e eu discuto na seção III os problemas aí envolvidos.

1. Josué, depois da conquista da terra por Israel, a princípio estabeleceu seu lar em Gilgal, mas depois mudou para Silo (Js 14.6; 18.1). O tabernáculo foi erigido ali, e a cidade tornou-se um importante santuário. Ela provavelmente não havia sido ocupada pelos cananeus, portanto era considerada não poluída. Além disso, sua posição geográfica centralizada, a cerca de 15 km de Betel, lhe concedia certo "prestígio sagrado". **2.** Mensageiros enviados dali foram buscar descrições da Terra Prometida. Ao retornar, a sorte foi tirada para determinar a divisão da terra entre as sete tribos que ainda não haviam recebido herança (Js 18.1; 19.51). **3.** Na época dos juízes, o local reteve seu lugar como o centro dos cultos a *Yahweh*. (Ver Jz 18.31). **4.** Havia outros santuários em Israel, especialmente o de Betel, e por um período a arca da aliança ficou localizada ali (Jz 20.26, 27). **5.** Silo era um local de festividades religiosas. A cada ano se realizava uma celebração com banquetes e danças em louvor a *Yahweh* (Jz 21.19 ss.). **6.** Silo perdeu seu status de supremacia na época de Samuel. Os malvados filhos de Eli ocuparam os cargos de sacerdotes pouco antes da destruição do local, e o abuso da lei mosaica foi uma das causas espirituais da queda do santuário. A *arca da aliança* (ver) foi capturada pelos filisteus e levada à terra deles (1Sm 4.3, 4, 12). **7.** Antes disso, *Yahweh* apareceu a Samuel em Silo, e um novo início, incluindo a monarquia, logo ocorreria (1Sm 3.21). **8.** O centro do culto a *Yahweh* foi removido (em cerca de 1050 a.C.), mas é possível que o local tenha continuado como um santuário de ordem menor, o que pode ser subentendido pela visita da mulher de Jeroboão à casa do profeta Aías. Ela buscava cura para um filho doente. (Ver 1Rs 14.1-4). O julgamento caiu sobre a casa de Jeroboão, começando com a morte do filho. **9.** O complexo de adoração em Silo incluía um templo, e Jeremias dá a entender que em seus dias as ruínas da destruição ainda podiam ser vistas. O Templo em Jerusalém sofreria o mesmo destino, e por um motivo semelhante: a apostasia do povo (Jr 7.12, 14; 26.6, 9). Isso ocorreu por volta de 500 a.C.

III. A Silo de Gênesis 49.10. A versão portuguesa distingue esse título com o acento sobre o *o*. A referência é problemática e várias interpretações foram vinculadas ao versículo: **1. O Messias**. O termo é considerado um nome pessoal por alguns. Se esse fosse o caso, então ele era chamado de o "pacificador", o que parece ser o significado do termo. A comunidade do mar Morto acreditava que o nome se referia ao poder real de Davi, a ser continuado, em contraste com a linhagem de reis hasmoneanos que governou sobre eles. O rei da linha davídica renovada seria um rei de característica messiânica. **2.** Em objeção a Silo como nome próprio de uma pessoa (em outros lugares, o nome não é usado nesse sentido), alguns estudiosos supõem não haver distinção entre a Silo de Gênesis 49.10 e as outras 32 referências do Antigo Testamento. Gênesis 49.10 apenas significaria que o reino de Judá deveria continuar "até" Silo. Mas Silo então assumiria um significado metafórico, indicando "Israel" em geral, da mesma forma que um dos significados de *Sião* era Israel inteiro. Em termos práticos, Silo ainda seria conquistada, mas, quando isso ocorresse, o governo de Israel se estenderia até tal local. **3.** Uma terceira interpretação deriva do relato da Septuaginta, que evita a ideia do nome próprio por completo. No hebraico, *asher lo* é transliterado como "de quem é". A tradução portuguesa seria, então, lida como segue: "O cetro não se arredará de Judá, nem o bastão de entre seus pés, até que venha aquele *de quem é* (ou então, aquele a quem ele pertence)". Cf. Ezequiel 21.27, que diz algo semelhante. Com esta tradução, o versículo ainda pode ser considerado messiânico.

Há outras ideias, mas a verdade é que ninguém de fato sabe o que Gênesis 49.10 está ensinando.

IV. A Arqueologia e Silo. Escavações arqueológicas identificaram o local antigo como Khirbet Seilum. Além disso, as indicações são que a área não era habitada pelos cananeus na época de Josué, o que o teria tornado aceitável como santuário para o louvor a *Yahweh*. Há evidências, no entanto, de uma ocupação pagã em período posterior (isto é, em cerca de 1050 a 1200 a.C.). Arqueólogos provaram que ocorreu uma destruição completa do local, o que está em linha com o registro da Bíblia. Em épocas posteriores, foi construído ali um muro, bem como uma ou mais sinagogas e uma igreja cristã. Isto significa, sem dúvida, que por longo período dali por diante, as pessoas lembraram que Deus colocou seu dedo naquele local de modo especial. Ver outros detalhes no artigo sobre a *Arca da Aliança*.

SILOÉ

No hebraico significa **"envio"**. Em nossa versão portuguesa também aparece com a forma de *Hasselá*, somente em Neemias 3.15. No grego, *siloám*, que aparece somente por três vezes, em Lucas 13.4; João 9.7,11. Com a forma de Siloé, porém, nunca aparece no Antigo Testamento, fora de Isaías 8.6. O termo é aplicado tanto a um açude quanto a uma torre (ver sobre *Siloé, Torre de*) da época da Jerusalém bíblica. Modernamente, esse mesmo nome é dado às águas que percorrem um túnel que vertem para aquele açude. Sabe-se que, no tempo do rei Acaz, a torrente corria ao pé da vertente leste da colina sudeste de Jerusalém (*ed-dahurah*), o que significa que ficava fora das muralhas da cidade, levando as águas da fonte de Giom, antes de serem usadas para a irrigação dos jardins do rei e outros trechos cultivados, passando pela extremidade sul dessa colina e daí para um grande tanque que ficava na porção sudeste da cidade (as "águas do açude inferior", de Is 22.9). Esse canal era superficial, pelo que, em ocasião de ataque militar, tornava-se muito vulnerável, e Jerusalém ficava destituída de seu único recurso de água potável. Foi por essa razão que, como defesa contra os ataques dos assírios, que culminaram com a campanha de Senaqueribe, em 701 a.C. (cf. 2Cr 32.4), o rei Ezequias, de Judá, construiu o túnel das águas de Siloé, que conduzia até o vale central Tiropoeano (vide), em Jerusalém. Esse túnel tem forma retangular, em seu perfil, com uma média de 60 cm de largura e 1,80 m de altura. Visto que é sinuoso, percorre 534 m para cobrir uma distância real de 332 m Talvez isso tenha sido feito para evitar trechos de rochas mais densas, ou então para evitar outras construções subterrâneas, como túmulos, além do fato de que as equipes que trabalhavam em ambas as extremidades, durante as escavações do túnel, devem ter-se esforçado por entrar em contato uma com a outra. Isso provocou até mesmo desníveis no chão do túnel. Esse túnel de Ezequias, pois, veio substituir um mais antigo (2Cr 32.30). Na época de Jesus, o açude onde o túnel desembocava era cercado por uma colunata, construída por Herodes, o Grande (que é o tanque de Siloé, de João 9.7, e onde também é interpretado o nome do tanque, "Enviado"). Foi ali que, a mando de Jesus, o cego de nascença foi lavar-se, e voltou vendo, depois que o Senhor aplicou saliva aos olhos dele. Por esse motivo, alguns cristãos antigos diziam que esse tanque é símbolo de Cristo e do batismo cristão, embora a Bíblia nunca tenha tencionado emprestar ao mesmo esse simbolismo.

Foi descoberta uma inscrição, em 1880, imediatamente do lado de dentro do portal sudoeste. Essa inscrição foi escavada da rocha e removida para o museu de Istambul, na Turquia. Essa inscrição foi feita em letras hebraicas (fenícias) arcaicas, relatando os esforços dos escavadores para chegarem uma equipe à outra, até que o fizeram, a uma profundidade de cerca de cem metros abaixo do solo. Não há dúvida de que, para a época, foi uma notável obra de engenharia, quando ainda não havia recursos modernos como explosivos, escavadoras mecânicas, prospecção do solo etc., e tudo tinha de ser feito como um laborioso trabalho manual.

Apesar de que esse açude de Siloé ficava fora das muralhas da cidade, como uma cisterna coberta, mediante túneis de acesso adicionais escondidos, parece que Ezequias conseguiu trazer a água "para dentro da cidade", conforme se lê em 2Reis 20.20. Muitos pensam que isso se fazia através de alguma extensão ainda não descoberta do túnel, que passava sob as fortificações de Sião, a sudoeste (cf. O "outro muro por fora", referido em 2Cr 32.5). Por sua vez, parece que Isaías aludiu a essa extensão quando registrou acerca de "um reservatório entre os dois muros, para as águas do açude velho" (Is 22.11). Esse "açude velho" talvez seja uma referência a um original "açude superior" (ver Is 7.3), próximo da fonte de Giom. Sabe-se que um "açude inferior" (Is 22.9), modernamente conhecido por Kirbet el-Hamra, na extremidade sul da cidade de Jerusalém, de antes dos dias de Ezequias, recebia água dali, através de um canal superficial, que aparece com o nome de "águas de Siloé", em Isaías 8.6. Até hoje pode ser acompanhado o curso dos seus primeiros sessenta metros, com um levíssimo desnível descendente, o que explica as palavras de Isaías 8.6, "que correm brandamente". Nos tempos pós-exílicos o próprio açude inferior veio a ser chamado Hasselá, que tem o mesmo significado que Siloé (ver Ne 3.15), e que parece ter continuado a ser usado para aliviar as águas do açude mais recente, construído por Ezequias.

É perfeitamente compreensível que, já nos dias do cristianismo, o nome "Siloé tenha sido transferido para o açude mais novo, feito por Ezequias. Josefo refere-se à *pegé*, "fonte", com cuja palavra apontou para a saída do túnel de *Ezequias* (*Guerras* 5.4, 1 e 2). A torre de Siloé (ver artigo separado a respeito) que ruiu ao custo de dezoito vidas (Lc 13.4), deve ter ficado nas vertentes do monte Sião, em seu lado oriental.

Uma igreja cristã bizantina comemorativa foi construída bem a noroeste desse reservatório, em cerca de 440 d.C., a mando da imperatriz Eudóxia, juntamente com pórticos elaborados ao redor do açude. Porém, restam apenas alguns fragmentos visíveis dos mesmos, e o próprio açude fica agora a 5,5 m abaixo do nível do terreno circundante. O atual açude de Siloé, que tem o título de Birket Silwan pode ser atingido mediante um trecho de degraus de pedra. Mede cerca de 15 m de comprimento por 4,90 m de largura. Uma pequena mesquita foi construída sobre as ruínas do antigo templo cristão. E o nome Silwah acabou vinculado à vila árabe do outro lado do vale do Cedrom, mais para o Oriente.

SILOÉ, VILA DE

Apesar dessa pequena comunidade árabe não ser mencionada nas Escrituras, existe atualmente uma aldeia de Siloé (Silwan), situada do lado oposto do vale onde fica a fonte de Giom. Perto dessa vila foi encontrada pela arqueologia uma inscrição em hebraico, em um túmulo. Talvez se trate da inscrição de Sebna, o mordomo do rei, que foi repreendido por Isaías (ver Is 22.15,16). Alguns estudiosos pensam que a torre de Siloé (vide), que ruiu, matando dezoito pessoas (Lc 13.4), ficava localizada no local atualmente ocupado pela vila de Siloé. Mas há quem localize essa torre perto do açude de Siloé. Isso mostra que a arqueologia não tem podido identificar nem mesmo fragmentos dessa torre.

SILONITA

Essa palavra é um adjetivo pátrio, dando a entender alguém natural de Silo. O termo aparece em 1Reis (11.29; 12.15; 15.29), 1Crônicas (9.5) e 2Crônicas (9.29 e 10.15). O adjetivo é aplicado a dois homens diferentes, no Antigo Testamento: **1**. Aías, um profeta natural de Silo ou que atuava naquela cidade(1Rs 11.29; 2Cr 9.29). Ele rasgou a túnica de Jeroboão em doze pedaços, tendo profetizado que dez das tribos de Israel lhe seriam entregues nas mãos, para governá-las. **2**. Um membro de uma família judaica que retornou à Palestina, após o exílio babilônico (1Cr 9.5; Ne 11.5). Eram pessoas cujos antepassados haviam residido em Silo, e que, ao retornarem do exílio, estabeleceram-se em Jerusalém. Por causa de certas diferenças na alistagem dos grupos, nessas passagens bíblicas, alguns intérpretes sentem que o nome deveria ser gravado como "Selé" (exatamente conforme o encontramos em nossa versão portuguesa) (cf. Gn 38.5 e Nm 26.20).

SILSA
No hebraico, **"poder"** ou **"heroísmo"**. Ele foi cabeça do clã de Zofá, da tribo de Aser (1Cr 7.37). Viveu em torno de 1500 a.C.

SIM. Ver sobre *Sin*.

SIM, DESERTO DE. Ver sobre *Sin, Deserto de*.

SIMÃO
No grego *simon*, é uma forma do nome hebraico *Simeão*. **1**. Nome de um homem registrado na tribo de Judá, 1Crônicas 4.20. **2**. Nome do segundo filho do sacerdote Matatias, também chamado Tassi, que talvez signifique diretor ou guia (1 Mac 2.3), em siríaco *Tarsi*. Esse Simão, com seus irmãos, simpatizou com a atitude de seu pai na revolta contra a intolerância religiosa dos sírios (v. 14). Considerando-o como o melhor e mais sábio dos filhos, seu pai, estando para morrer, nomeou-o conselheiro da família, mas conferiu a autoridade militar a Judas, irmão mais novo de Simão, (v. 65,66), que serviu no exército sob as ordens de Judas, e comandou um exército para auxiliar os judeus da Galileia (5.17,20-23). Depois da morte de Judas, Jônatas assumiu a direção do governo e nomeou Simão comandante das tropas que operavam na costa, 11.59; 12.33,34. Quando Jônatas foi preso por Trifom, Simão assumiu a direção da guerra, como sendo o último dos irmãos remanescentes da família dos Macabeus (13.1-9). Imediatamente procedeu à conclusão das fortificações de Jerusalém e assegurou a posse de Jope (10,11). Quando Trifom invadiu a Judeia, Simão o perseguiu, 20, e quando Trifom abandonou o país, Simão reconstruiu as fortificações da Judeia, 33. Também se aliou a Demétrio II, rival de Trifom e alcançou dele o reconhecimento da independência da Judeia, 142 a.C., (v. 34-42). Depois sitiou e capturou Gezer (Gaza), 43-48. Na primavera do ano 141, submeteu a cidadela síria de Jerusalém, 49-52. Seguiu-se um período de paz durante o qual Simão aplicou as suas energias à administração interna, a desenvolver o comércio e a agricultura (14.4-15). Embelezou o túmulo da família em Modim, onde havia depositado os restos mortais de seu irmão Jônatas (13.25-30). Roma e Esparta renovaram a união com ele, (14.16-24; 15.15-24). Os judeus o reconheceram como sumo sacerdote, capitão e chefe, (13.42; 14.41,42,47; 15.1,2), e no ano 140 a.C., o autorizaram a usar a púrpura 4.43,44). Antíoco Sidetes, nas vésperas de ir para a Síria, a fim de auxiliar a causa de Demétrio, que estava ausente, contra Trifom, fez concessões a Simão e lhe deu autoridade para cunhar moedas (15.6), mas, depois, separou-se dele e exigiu que lhe entregasse Jope, Gaza e a cidadela de Jerusalém, 26-31. Simão se recusou e sucedeu a guerra, 138-137. a.C., mas os sírios foram vencidos. No princípio da primavera de 135 a.C. quando visitava as cidades por ele conquistadas, foi traiçoeiramente assassinado no castelo de Doque, perto de Jericó, por seu genro (16.14-16). **3**. Nome do pai de Judas Iscariotes (cf. Jo 6.71), que também tinha o mesmo apelido de Iscariotes, *cf.* 13.26. **4**. Simão Pedro, o apóstolo de Jesus (Mt 10.2; At 15.14) (veja *PEDRO*). **5**. Simão, chamado Zelote, nome de um dos 12 apóstolos (*cf.* Lc 6.15; At 1.13). **6**. Nome de um dos irmãos do Senhor (Mt 13.55; Mc 6.3). **7**. Nome de um fariseu que deu um banquete a Jesus em sua casa, e onde uma mulher pecadora ungiu os pés do Senhor (Lc 7.36-50). **8**. Nome de um morador de Betânia. Havia sido leproso e talvez fosse curado por Jesus. Quando Jesus estava à mesa em sua casa, Maria, irmã de Lázaro, ungiu-lhe os pés com precioso bálsamo (Mt 26.6-13; Mc 15.3-9; Jo 12.1-8). Marta servia, e Lázaro era um dos que estavam à mesa. A presença de Lázaro e de suas irmãs e a parte ativa que elas tomaram, e bem assim o fato de a casa de Simão encontrar-se na mesma povoação de Betânia, dão a entender que esse Simão era parente ou amigo íntimo de Lázaro e de suas irmãs. Não há motivo para pensar que ele era o pai ou esposo de Maria. É mais provável que fosse marido de Marta (veja *Maria*). **9**. Nome de um homem de Cirene que foi constrangido a levar a cruz de Cristo. Era pai de Alexandre e de Rufo (Mt 27.32). **10**. Nome de um curtidor de peles, residente em Jope, em cuja casa se hospedou o apóstolo Pedro (At 9.43; 10.6,17,32). **11**. Nome de um cristão, profeta ou doutor, residente em Antioquia, o qual tinha por apelido Níger, talvez por ser de raça africana, (At 13.1).

SIMÃO, O MÁGICO
No grego é *Simom*, magos. Nome de um feiticeiro, conhecido por Simão, o mágico, *que praticava... a mágica, iludindo o povo de Samaria, insinuando ser ele grande vulto; ao qual todos davam ouvidos, do menor ao maior, dizendo: Este homem é o poder de Deus*, (At 8.9,10), ele teve uma conversão aparente por instrumento de Filipe, o evangelista, que o batizou. Posteriormente, tentou obter o dom do Espírito Santo por meio de dinheiro, a fim de impor as mãos e transmitir o poder santificador. O apóstolo Pedro o repreendeu severamente, declarando que seu coração não era reto diante de Deus; que estava em fel de amargura e preso aos laços da iniquidade. Simão recebeu com brandura essa repreensão e pediu ao apóstolo que rogasse por ele para que não viesse sobre si tudo quanto havia dito (*cf*. At 8.9-24). Teve medo, mas não consta ter se arrependido. A tradição eclesiástica diz que esse Simão voltou novamente a exercer a feitiçaria e foi grande e persistente antagonista do apóstolo Pedro, acompanhando-o de um lugar para outro e procurando opor-se às suas doutrinas, mas sendo constantemente confundido. Dizem que foi ele um dos fundadores do gnosticismo. Há notícias contraditórias quanto ao modo de sua morte.

SÍMBOLO, SIMBOLISMO
I. Definições e Usos. A palavra "símbolo" é uma combinação de duas palavras gregas transliteradas, *syn* (com) + ballein (lançar), isto é, *comparar* uma coisa com outra ao lançá-las uma junto com a outra. Símbolo é algo que sugere outra coisa mediante um relacionamento, uma associação, como, por exemplo, um leão simbolizando a coragem. A *metáfora* usa o verbo ser: a Babilônia, o leão, devorou Judá. Empregando um *símile*, poderíamos dizer, a Babilônia, *como* um leão, devorou Judá: símiles usam *como* e *igual*, mas têm a mesma função de uma metáfora. *Parábola* é uma história que ilustra um ou mais princípios, sejam morais, espirituais, mundanos ou práticos. *Alegoria* é um tipo de parábola na qual *animais* personificam pessoas ou coisas. A mente humana está equipada com uma variedade de modos comparativos e ilustrativos para tornar os significados mais claros. As metáforas são numerosas na Bíblia. O Antigo Testamento não tem uma palavra que possa ser transliterada diretamente como *símbolo*, mas *oth* (sinal) chega perto (ver Gn 1.14; 9.13). Há também *mopheth* (uma maravilha, em Êx 4.21). No Novo Testamento temos *semeion* (sinal, Ap 12.1, 3; 13.13) e *teras* (prodígio, Mt 24.24; At 2.19, 22, 43). Essas coisas podem funcionar como símbolos de poder divino, ou como lembretes de que Deus dá *sinais* aos homens para atrair sua atenção. Usar símbolos significa transmitir ideias e ensinar lições.

II. Origens. A mente humana foi constituída para empregar símbolos, metáforas, símiles, parábolas e alegorias. O símbolo é provavelmente uma função tanto espiritual (alma) quanto cerebral. Geralmente há algumas semelhanças entre o objeto empregado como símbolo e seu paralelo. Um riacho cheio e com fortes corredeiras pode fazer-nos lembrar de um animal feroz, portanto o animal torna-se um símbolo do riacho. Sem dúvida, alguns símbolos presentes nos sonhos e visões são revelatórios, dados ao homem por alguma fonte divina exterior, ou, em casos drásticos, resultado da ação de poderes negativos ou demoníacos. Nesses casos, os símbolos podem confundir a mente, o ser e até certo ponto tornar-se impossíveis de ser descritos, de modo que a comunicação se dá através das sensações, e não por meio da lógica.

III. Símbolos da Bíblia. A maioria dos símbolos bíblicos são inspirados na vida diária e em objetos comuns e físicos. A luta entre o bem e o mal, entre o claro e o escuro, está ligada à *guerra* (Sabedoria de Salomão 5.17-20; Ef 6.11-17; 1Tm 6.12; Ap 12.17). O *fogo* pode simbolizar a Teofania divina (manifestação de Deus através de anjos etc.). Na literatura apocalíptica, os símbolos às vezes podem ser *estranhos*, mas isto está em linha com o lado mais escuro da psique humana. Portanto, temos animais temerosos e criaturas fantásticas que têm pouca semelhança a criaturas comuns. A numerologia também entra em cena, e os números tornam-se símbolos misteriosos de algo, como o 666 do anticristo, O Um ou o Três de Deus, e o sete da perfeição.

Personagens da Bíblia tornam-se símbolos do bem e do mal ou de outras qualidades, como coragem, fé, sabedoria etc. Adão, Abel, Caim, Abraão, Moisés, Noé, Salomão simbolizam coisas através da essência de suas ações. Alguns nomes podem ser símbolos, como o divino "Eu Sou", ou o tetragrama sagrado, YHWH, que significa o Deus Eterno. Emanuel é "Deus está conosco" e *christos* é aquele que foi abençoado, que tem a função de Messias e Salvador. Os ofícios dos profetas, sacerdotes e reis simbolizam os elevados ofícios do Filho. Partes do corpo humano, como o olho, a mão, o coração, os rins e os intestinos, simbolizam estados morais e espirituais e também verdades. E, é claro, todos os sacrifícios e ofertas no Antigo Testamento têm significado na pessoa e no ministério de Jesus, o Cristo, como o livro de Hebreus explica extensivamente.

Há, então, os sinais dos pactos, tais quais a *manutenção do sábado* como símbolo do pacto mosaico, e a circuncisão como símbolo do pacto abraâmico.

Certas *ações* simbolizavam verdades espirituais e morais, como a compra, por Jeremias, do campo em Anatote (Jr 6-44), que demonstrou sua fé na restauração de Judá do cativeiro babilônico. Oseias ilustrou a falta de fé de Israel em *Yahweh* ao casar com uma mulher prostituta (Os 1.2, 36-9; 3.1-3).

No Novo Testamento, o rito do *batismo* (Rm 6.3-4) simbolizava a dedicação total de uma pessoa a Cristo, sendo enterrada e levantando-se com ele, em completa identificação. A *eucaristia* (1Co 11.23 ss.) ilustra a participação do crente nos benefícios e nas exigências da expiação. Os *milagres* de Cristo e de seus apóstolos eram sinais ou símbolos do poder maior que toca a vida dos homens para transformá-las. O *domingo* tornou-se um sinal do poder da ressurreição que ajuda uma pessoa a levar uma vida nova (Ap 1.10). A *cruz* de Jesus tem muitos simbolismos, incluindo a morte para o mundo que possibilita uma nova vida; a dedicação total a uma causa; a expiação; o sofrimento vicário; um ponto de tropeço dos que não são crentes. Ver os artigos sobre *Cruz* na *Enciclopédia de Bíblia, Teologia e Filosofia*, especialmente na seção II, *Simbolismos Neotestamentários*, e *Cruz de Cristo, Efeitos*, onde apresento muitas ideias com referências.

IV. Sonhos e Símbolos. Uma pessoa pode ter de 20 a 30 sonhos por noite, passando cerca de duas horas e meia de seu período de sono sonhando. O sonho fornece uma linguagem de sinais primitiva, que muitas vezes é ilógica e difícil de decifrar. A questão é complicada pelo fato de que um símbolo pode significar mais de uma coisa, da mesma forma que uma palavra em um dicionário pode ter mais de uma definição. As pessoas em estado consciente podem não ser capazes de interpretar seus símbolos, mas a mesma pessoa hipnotizada os entenderá nessa forma alterada de consciência. No homem, os símbolos dos sonhos são acompanhados pela linguagem, mas a linguagem empregada é muitas vezes tão misteriosa quanto os próprios símbolos. Embora a maioria dos símbolos dos sonhos envolva apenas o "cumprimento do desejo" (como dizia Freud), sonhos psíquicos (incluindo precognição) e sonhos espirituais têm como objetivo fazer crescer nossa espiritualidade.

V. Artigos para Consulta. Ver sob os títulos *Símbolo, Simbolismo, Tipos* na *Enciclopédia de Bíblia, Teologia e Filosofia*. Esses artigos incluem abordagens teológicas e filosóficas do assunto e dão muitas informações que não foram apresentadas aqui.

SIMEÃO

Esta é uma palavra hebraica que significa **"audição"**, possivelmente com a ideia de "(Deus) ouviu". O *on* do hebraico (*ão* em português) é um diminutivo que indica um nome pessoal. A raiz é *shama*, "ouvir". A ideia é de que *Yahweh* ouviu o chorar da mãe por um filho e concedeu-lhe um descendente. **1**. Este foi o nome do segundo filho de Lia, uma das mulheres de Jacó (Gn 29.33). A época foi em torno de 1925 a.C. Este homem cooperou na terrível empreitada de vender o irmão José para ser escravo no Egito. Outro evento notável em sua vida foi a matança de Siquém, que havia seduzido e violado a irmã dele, Diná (Gn 34.25-31). Este ato forçou Jacó a mover a família para o sul, para Betel, a fim de evitar a vingança do povo de Siquém. Quando os filhos de Jacó foram ao Egito, buscando grãos em uma época de fome, José, o irmão que havia sido vendido como escravo mas havia assumido um alto cargo naquele país, reteve Simeão como refém para garantir que, quando os outros retornassem, trouxessem Benjamim, o único irmão completo de José (os únicos dois filhos da favorita Raquel). (Ver Gn 42.24, 26). A família inteira, incluindo Simeão, estabeleceu-se no Egito, a terra da abundância na época, e, assim, a nação de Israel desenvolveu-se naquele local e teve de ser libertada por Moisés de seu primeiro cativeiro. A bênção no leito de morte e o pronunciamento de Jacó sobre Simeão indica que ele era um homem esperto, mas cheio de raiva e crueldade (Gn 49.5-7). **2**. A *tribo chamada Simeão* foi formada por descendentes desse homem, ideia negada por liberais e críticos que supõem não haver como indicar um único progenitor para essa ou para qualquer das doze tribos de Israel. De qualquer forma, através da conquista da Terra (Palestina) por Israel, foi alocada à tribo de Simeão uma área ao sul que incluía Berseba. O status independente da tribo logo foi perdido, quando ela se mesclou com outras tribos. O censo feito em Números 1 e 26 mostra que esta tribo perdeu mais de 27 mil membros. A herança dessa tribo foi muito limitada; ela recebeu certas vilas dentro dos limites de Judá (Js 19.2-9; cf. 15.20-63). Para informações gerais, ver o artigo Tribo (*Tribos de Israel*). Ver ainda *Tribos, Localização das*, especificamente a seção IV.1, que trata da tribo de Simeão e dá mais detalhes do que os fornecidos aqui. **3**. Um israelita que foi forçado a divorciar-se de sua mulher pagã depois do retorno de Judá do cativeiro babilônico, quando Esdras e Neemias forçaram o cumprimento da lei mosaica para a Nova Israel. (Ver Ed 10.31).

Outras pessoas chamadas de *Simeão* levam-nos além da época do Antigo Testamento: **1**. Um bisavô de Judas Macabeu I (1Macabeus 2.1). **2**. Um ancestral de Jesus, o Cristo, mencionado em sua genealogia em Lucas 3.30. **3**. Um israelita justo e devoto que tinha o dom da profecia e recebeu as informações de que não morreria até que tivesse pessoalmente visto o Messias prometido. Isto ocorreu como registrado em Lucas 2.29-32. Sua famosa oração deu origem à fórmula de despedida, *Nunc Dimittis*: *Senhor, agora deixe seu servo ir embora*. Tendo visto o "Senhor", o Messias de *Yahweh*, ele estava pronto para partir desta vida, e realmente o fez, cheio de alegria. É uma bênção especial da graça de Deus quando um homem pode cumprir toda a sua missão e "voar", sabendo que seu trabalho foi realizado com sucesso. Ó, Senhor, conceda-nos tal graça! **4**. O nome de um profeta e professor do Novo Testamento na Antioquia (At 13.1). Seu nome gentio era Niger. Ele provavelmente era um judeu por nascimento e o nome alternativo facilitava a circulação no "mundo externo" controlado por poderes pagãos. Juntamente com outros, ele era sensível à liderança do Espírito no comissionamento de Paulo e Barnabé para a viagem missionária no mundo gentio. Foi ali que nasceram as missões estrangeiras. **5**. Tiago (At 15.14) usou este nome para designar Pedro, que também era chamado de *Simão* (Mt 4.18; 10.2; 13.55).

SIMEÃO

No hebraico, **"audição"**. Na Septuaginta, *Sumeón*. Embora, no hebraico, encontremos a mesma forma que aquela usada para indicar o nome de um dos filhos de Jacó, algumas traduções fazem uma diferença na grafia, quando se trata de dar o nome a um homem referido em Esdras 10.31. Nossa versão portuguesa, entretanto, grafa o nome de ambos da mesma maneira. O Simeão do livro de Esdras aparece como um dos filhos de Harim. Ele aceitou divorciar-se de sua esposa estrangeira, após o retorno, para a Palestina, dos exilados judeus para a Babilônia. Esdras acusou os transgressores de serem culpados, solicitando a lealdade deles à lei, despedindo suas esposas estrangeiras. Muitos dos ofensores eram levitas e outros pertenciam aos "de Israel". Simeão pertencia a este último grupo (Ed 10.31). O livro apócrifo de 1Esdras (9.32) o chama de Simão Chosomeu. Viveu por volta de 445 a.C.

Ainda um outro Simeão é referido em 1Crônicas 4.20, como cabeça de uma família ou clã de Judá (1Cr 4.20). No hebraico, porém, seu nome é grafado de uma outra forma, numa palavra que significa "testador". Ele viveu em cerca de 1400 a.C.

SIMEATITAS

Nome de uma das três famílias de escribas que residiam em Jabez (1Cr 2.55). Os nomes das outras duas famílias são os tiratitas e os sucatitas. Todos eles eram descendentes de Calebe. Jabez é identificada como uma dentre um grupo de cidades nas vizinhanças de Belém e do vale de Elá. Essas cidades ou aldeias também eram habitadas pelos queneus, que provinham da linhagem de Hamate, pai da casa de Recabe. A passagem é um tanto obscura, visto que os queneus eram uma tribo seminômade de trabalhadores em metais, que foram notados, a princípio, no *wadi* Arabah, na direção do Tell'Arad (Nm 24.21; Jz 1.16). Eles parecem ter penetrado na Palestina em companhia da tribo de Judá (cf. 1Sm 15.6), o que explica por que motivo se estabeleceram entre eles. Casamentos mistos entre judeus e recabitas, e o uso ampliado de nomes, talvez expliquem certas obscuridades restantes.

SIMEI

No hebraico, **"pessoa famosa"**, **"alguém reconhecido"**, ou, como dizem alguns, **"*Yahweh* é a fama"**. Para outros, o significado é "Ouça-me!" **1**. Filho de Gérson, que, por sua vez, era filho de Levi (Nm 3.18; 1Cr 6.17,29; 23.7, 9, 10; Zc 12.13). Em 1Crônicas 6.29 ele é chamado de filho de *Libni*, descendente de Merari, um dos ramos de sacerdotes. Pode haver algum erro primitivo no texto. Em outros lugares, ele é citado como irmão de Libni. (Ver 1Cr 6.17 e 23.7). **2**. Filho de Gera, da tribo de Benjamim, da casa de Saul. Quando Davi fugia de Absalão, este homem rogou-lhe uma praga, não querendo ter nada a ver com "Davi como rei". O homem chegou ao ponto de jogar pedras nos companheiros de Davi, e Abisai quis cortar sua cabeça com uma espada. Davi, sentindo de alguma forma que essa praga era merecida, não permitiu que ele levasse a cabo sua intenção sangrenta. Quando Davi chegou ao poder, o homem teve de arrepender-se rapidamente e humilhar-se diante do rei. Davi poupou-lhe a vida (2Sm 19.16-23). Mas, antes de morrer, Davi avisou seu filho, Salomão, a respeito desse homem, que o confinou atrás dos muros de Jerusalém, um tipo de exílio dentro do próprio país, alertando-o de que, se ele passasse daquele ponto, morreria. Por três anos o acordo funcionou, mas depois disso, em busca de escravos fugitivos, o homem se aventurou além dos muros. Quando voltou, foi executado imediatamente (1Rs 2.38-46). Sua época foi em torno de 950 a.C. **3**. Homem que deu apoio ao pleito de Salomão pelo trono quando Adonias quis tomar o poder (1Rs 1.8). **4**. Filho de Elá, oficial do rei Salomão, que viveu em cerca de 950 a.C. (Ver 1Rs 4.18). **5**. Filho de Pedaías e irmão de Zorobabel, que viveu em cerca de 503 a.C. (1Cr 3.19). **6**. Filho de Zacur, que tinha uma família muito numerosa (1Cr 4.26, 27). Viveu por volta de 1200 a.C. **7**. Membro da família de Rúben, filho de Gogue (1Cr 5.4). **8**. Levita da linhagem de Gérson, filho de Jaate (1Cr 6.42). **9**. Filho de Jedutum, líder da 10ª divisão de cantores durante a época de Davi, em torno de 950 a.C. (1Cr 25.17). **10**. Levita, filho de Hemã, que participou da cerimônia de purificação do templo na época do rei Ezequias (2Cr 29.14), por volta de 720 a.C. **11**. Levita que, com seu irmão Conias, estava encarregado das ofertas trazidas ao templo na época do rei Ezequias (2Cr 31.12, 13), em torno de 719 a.C. **12**. Levita que viveu na época de Esdras (cerca de 450 a.C.). Ele havia casado com uma mulher pagã durante o cativeiro babilônico e foi forçado a divorciar-se quando Judá foi restaurado a Jerusalém (Ed 10.23). **13**. Outro homem que havia casado com uma mulher pagã durante o cativeiro babilônico e teve de divorciar-se quando os exilados retornaram à Jerusalém (Ed 10.38). Era filho de Bani, que viveu em cerca de 450 a.C. **14**. Filho de Quis, da tribo de Benjamim, ancestral de Mordecai (Et 2.5). Viveu em alguma época antes de 518 a.C.

SIMEIA

Para os significados desse nome hebraico, ver sob *Simei*. Algumas versões não distinguem entre as pessoas chamadas *Simei* e aquelas chamadas *Simeia*, portanto há confusão em algumas listas. Os que fazem a distinção, pelo menos em algumas traduções portuguesas, têm a forma de Simeia. **1**. Irmão mais velho de Davi (1Cr 2.13), chamado de Sama em 1Sm 16.9. Foi o pai de Jonadabe (2Sm 13.3, 22). Homem esperto, no sentido negativo, ajudou Amom a cometer incesto com sua meia-irmã Tamar. Para outras observações bíblicas que mencionam esse homem, ver 1Samuel 16.1-13 e 17.13. Ele viveu por volta de 1050 a.C. **2**. Filho de Davi que tinha um nome alternativo, Samua (2Sm 5.14; 1Cr 14.4). Ver 1Crônicas 3.5 para o nome *Simeia*. Viveu em torno de 1000 a.C. **3**. Levita do ramo de Merari (1Cr 6.30). Seu ministério de música foi muito importante para Davi, que ativamente o apoiou, dando-lhe um cargo de autoridade entre os cantores do templo. A época desse homem foi em torno de 1000 a.C. **4**. Levita do ramo de Gérson, membro dos músicos profissionais que serviram no templo (cerca de 1000 a.C.) **5**. Descendente de Jeiel e Gibeom, membro da tribo de Benjamim (1Cr 8.29-34), que viveu por volta de 1100 a.C.

SÍMPLICES

No hebraico, *pethi*, que tem uma variedade de significados, negativos e positivos: por um lado, bobo, ignorante, inocente; no lado positivo, sem culpa, sem maldade, sem sofisticação no tangente ao mal e alguém que não planeja maldade. (Ver Sl 19.7; 116.6; Pv 1.4, 22, 32; 7.7; 8.5; 27.3,12).

No grego, *akakos*, sem maldade, ingênuo, inocente. (Ver Rm 12.8; 2Co 8.2; 9.11, 13; Ef 6.5).

Usos. alguém que rejeita o temor de Deus (Pv 1.32); um homem bobo (Pv 8.5); um herdeiro da loucura (Pv 14.18); alguém que permanece em suas maneiras bobas até o julgamento (Pv 21.11); um homem que é facilmente atraído por uma prostituta (Pv 7.7); um homem enganado facilmente (Rm 16.18, 19); sem culpa, como era Cristo (Hb 7.26). Outra palavra grega traduzida como símplices, *aplotes*, quer dizer simples ou sincero, puro. (Ver 2Co 11.3 e Ef 6.5).

SIN

Vigésima primeira letra do alfabeto hebraico. Aparece no começo de cada verso da vigésima primeira seção de Salmo 119. Visto que os judeus não usavam algarismos para representar quantidades, essa letra representava o número trezentos.

SIN (CIDADE). Ver sobre *Pelúsio*.

SIN, DESERTO DE

Há menção a dezenove diferentes desertos, no Antigo Testamento, cada um deles chamado por seu respectivo nome. O deserto de Sin, provavelmente, derivava o seu nome do deus lua, *Sin*. Não deve ser confundido com o deserto de Zin (vide), que ficava no norte do Neguebe. O deserto de Sin ficava mais para o sul, na rota seguida pelos israelitas entre o Egito e o monte Sinai (ver Êx 16.1; 17.1; Nm 33.11,12). Usualmente é identificado com o moderno Debbet er-Ramleh, na porção sudoeste da península do Sinai. Mas há quem o identifique com a planície costeira de el-Markhah. Como sua posição depende da fixação do monte Sinai, que é incerta (ver o artigo a respeito), é impossível determinar o local exato do deserto de Sin. Todas essas sugestões, pois, são meras opiniões, tão dignas de crédito como quaisquer outras opiniões.

SINABE

Rei da cidade-estado de Admá, que se aliou a quatro outros governantes sul-palestinos, em uma rebelião contra Quedor-laomer, mas que foi esmagado por Quedorlaomer e seus três aliados (Gn 14.2). Viveu em torno de 1910 a.C. Não se sabe, entretanto, qual o sentido de seu nome.

SINAGOGA

I. A Palavra e Descrições. *Sinagoga* é palavra grega que significa **"trazer com"**, ou seja, **"assembleia"**, que era o lugar onde a assembleia se congregava. O termo aparece 57 vezes no NT Usualmente o edifício tinha forma retangular, talvez medindo 21 por 15 metros, com colunas em três lados e um balcão para mulheres (essa é a descrição de uma sinagoga escavada em Cafarnaum). Provavelmente as dimensões variavam, dependendo do número de pessoas que assistiriam às reuniões. A destruição das sinagogas pelos romanos, em cerca de 70 d.C. (até mesmo na Galileia) foi tão completa que não há certeza de que qualquer das sinagogas escavadas date de antes do século II d.C.

Embora a sinagoga fosse e continue sendo uma instituição tipicamente judaica, a palavra que a designa é grega, *sunagogé*, *"congregação"*. Todavia, ela corresponde ao vocábulo hebraico *moed*, que ocorre por mais de 210 vezes no Antigo Testamento. Entretanto, a *moed* do Antigo Testamento não era exatamente a *sunagogé* do Novo Testamento, porquanto as sinagogas foram criadas durante o período intertestamentário, depois que o templo de Salomão fora destruído pelos babilônios, e onde o culto judaico foi profundamente modificado, pois na sinagoga não se processavam sacrifícios cruentos, conforme sucedia no templo de Jerusalém, o único lugar autorizado por Deus para os mesmos.

A arquitetura das primeiras sinagogas é outro ponto a considerar. Elas se assemelhavam, extraordinariamente, ao estilo das construções pagãs gregas e romanas. No entanto, a formação da congregação assemelhava-se mais à formação das congregações israelitas do Antigo Testamento. Para que pudesse ser organizada uma sinagoga, tornava-se mister que houvesse dez homens que se reunissem para adorar, sem importar o número de mulheres. Esses homens podiam ser adultos ou meninos de doze anos ou mais, que tivessem passado pela cerimônia de iniciação da responsabilidade religiosa.

O Período do Novo Testamento. O vocábulo *sinagoga* é usado nos Evangelhos por mais de trinta vezes, mas uma frequência ainda maior ocorre no livro de Atos. Tanto na literatura talmúdica quanto no Novo Testamento fica entendido que os líderes das sinagogas formavam a liderança válida, o corpo executivo do judaísmo, sem importar se estivessem em Jerusalém ou em Corinto. As inscrições que têm sido encontradas pelos arqueólogos, nas sinagogas desenterradas, mostram que o propósito delas era a "leitura da lei", e que elas deveriam também ser usadas como albergues para os judeus em trânsito. Em todas essas inscrições transparece a cultura helenista. Os Evangelhos mencionam certo número de pequenas aldeias da Galileia, bem como as sinagogas onde Jesus ensinou (Mt 4.23; 9.35; Lc 4.16,33). Às vezes têm sido achadas outras construções ao lado das sinagogas, e os estudiosos pensam que as mesmas serviam como tribunais de lei, escolas, bibliotecas e mercados. Interessante é observar que os homens, e não as mulheres, é que tomavam a parte mais ativa na sinagoga. Mas, o mais importante legado que as sinagogas do século I d.C. nos deixaram foi a forma e a organização que serviram de modelo para a igreja apostólica.

II. Origem da Sinagoga. Provavelmente as sinagogas tiveram origem no primeiro cativeiro, em substituição ao templo, quando o povo não tinha acesso a tal lugar de adoração. A sinagoga, então, tornou-se parte da vida religiosa dos judeus. No tempo de Jesus havia sinagogas em qualquer vila, e em Jerusalém seu número era de cerca de 450. Além dos cultos regulares aos sábados e em dias especiais, os judeus se congregavam no segundo e no quinto dias da semana, para orar e ler as Escrituras.

III. Oficiais da Sinagoga. *Os líderes das sinagogas eram:* **1**. Os chefes (Lc 8.49;13.14; At 18.8,17). Eram os responsáveis pelo arranjo dos cultos e pela execução da autoridade na comunidade. **2**. Os presbíteros (Lc 7.3; Mr. 5.22; At 13.15), que evidentemente formavam um concílio sob a autoridade dos "chefes". **3**. O *"legatus" ou angelus ecclesiae*, que operava como leitor das orações e como mensageiro. **4**. O assistente (Lc 4.20), que preparava e cuidava dos livros, limpava a sinagoga, fechava e abria suas portas etc. A sinagoga era usada como escola religiosa para as crianças, bem como para reuniões especiais.

IV. Centro da Sociedade. Em qualquer lugarejo onde houvesse pelos menos *dez* homens adultos, havia uma sinagoga. A sinagoga servia de escola comunitária, lugar de concílios locais religiosos e políticos, e como *igreja* ou centro de adoração. Os seus líderes eram os *anciãos*. O líder principal era o *chefe*, que dirigia a adoração. Em seguida, na ordem de importância, havia o *mestre* que era encarregado do edifício e que dirigia semanalmente a escola. Também executava as decisões tomadas pelos outros anciãos, tanto sobre questões políticas como religiosas. Algumas vezes as sinagogas contavam com um intérprete, que traduzia o hebraico antigo para o aramaico coloquial, que era o idioma do povo comum. Jesus tanto podia pregar em uma sinagoga como ser expulso da mesma, de acordo com a disposição do chefe, que nomeava os pregadores. Jesus utilizou-se extensamente das sinagogas em seu ministério de ensino, e evidentemente era largamente aceito como mestre nas regiões da Galileia. Mas a sinagoga, como instituição, decepcionou-o em sua missão, e finalmente lhe fez oposição. Talvez o seu ensino fosse por demais revolucionário; e sua exigência de justiça fosse por demais difícil. Não eram capazes de

apoiar suas palavras ou de acolher os seus ensinos. Que lição temos aqui para as igrejas modernas!

V. Arquitetura e Funções das Sinagogas. O estilo arquitetural permaneceu praticamente sem modificações, por toda a Idade Média, como fora nos dias greco-romanos. Esse estilo seguia um desenho greco-coríntio, com colunas diante do pórtico, e também com colunas no interior, em fileiras, a fim de dar apoio ao teto em forma de cúpula.

Quanto à localização, o Talmude recomendava que as sinagogas fossem construídas com a fachada dando frente para Jerusalém. Era costumeiro serem edificadas em alguma pequena elevação. Algumas vezes, eram construídas perto de água. Debate-se até hoje, entre os eruditos, se as sinagogas locais eram construídas como modelos ou miniaturas do grande templo de Jerusalém, ou se eram antes concebidas, em seu plano, como centros de estudos, com participação bastante ativa por parte da congregação. Não sei dizer quanto às sinagogas antigas, mas, quanto às dos tempos modernos, elas só poderão ser consideradas modelos miniaturas do templo de Jerusalém se essa cópia for muito estilizada, pois o plano é bastante diferente. E note-se que o papel geral das sinagogas atuais ficou mais ou menos fixo desde os fins do primeiro século da era cristã. Esse estilo assemelha-se ao das basílicas, com uma fachada maciça e bem ornamentada. Como é claro, a qualidade do material e a profusão dos ornamentos dependiam sempre da capacidade econômica dos membros de cada congregação.

Deveríamos observar, todavia, alguma diferença entre os judeus asquenazitas e os judeus sefarditas (do centro e oriente europeu e das terras ao redor do mar Mediterrâneo, respectivamente), quanto as suas sinagogas, em face de seus diferentes panos de fundo culturais. Assim, as sinagogas germânicas e russas seguem mais ou menos o estilo gótico e romanesco de construção, ao passo que as sinagogas espanholas e portuguesas (algumas das quais são as mais magnificentes que jamais foram erigidas), sofreram forte influência dos estilos mediterrâneos, pelo que contam com cúpulas com arabescos, assemelhando-se, embora de longe, com as mesquitas islâmicas. No entanto, no moderno mundo ocidental, muitas sinagogas seguem avanços estruturais próprios da arquitetura moderna, variando muito quanto ao seu estilo, ainda que o plano geral continue sendo seguido de perto. Quanto ao uso religioso e educacional das sinagogas, temos a dizer que, desde o Antigo Testamento, a religião judaica sempre deu um grande valor à educação, tanto de seus membros como dos filhos dos mesmos. Em uma época em que ainda não havia escolas "seculares", a sinagoga era a escola que todos os meninos judeus conheciam desde pequenos. As escolas para estudos pré-rabínicos, as *yeshivot*, eram frequentadas por adolescentes promissores. Visto que a responsabilidade primária de um judeu adulto, na sinagoga, era ler, a leitura era a principal disciplina ensinada nas sinagogas; e o grande alvo dessa disciplina era a leitura da Torá. Há indícios de que as primeiras lições seguiam mais ou menos o método da memorização; mas os alunos mais avançados liam os rolos bíblicos existentes nas sinagogas, guiados pelo *hazzan*.

VI. O Culto nas Sinagogas

1. A Shema. A recitação da *shema* e as bênçãos que eram proferidas em seguida formavam a porção central do culto mais simples na sinagoga, do qual podiam fazer parte um mínimo de dez homens judeus, devidamente inscritos. Fazia parte das tradições orais a ideia de que esse culto de oração, que frisava o monoteísmo de *Yahweh*, foi instituído pelo próprio Moisés. As dezoito breves orações que compõem a bênção geral, certamente, são mais antigas que a era cristã, e até são anteriores ao período aramaico. As orações, nesse culto, sempre eram seguidas pelo "Amém", geral, proferido por toda a congregação.

2. As Escrituras e o Sermão. A leitura da Torá inteira (o Pentateuco) em hebraico sempre foi o ato central da adoração congregacional, tendo sido efetuada de várias maneiras através dos séculos, até os nossos próprios dias. A Torá estava dividida em 154 ou 155 seções, e era lida em sua inteireza durante um período de três anos, quando então se reiniciava o ciclo. Há evidências no Novo Testamento, bem como nos escritos de Filo e de Josefo, que esse sistema estava em vigor ainda nos dias de Jesus, bem como nos dias da igreja primitiva. Era esse sistema que dava oportunidade aos frequentes convites feitos a Paulo, para pregar nas sinagogas (ver At 13.14-41 etc.). O culto, provavelmente, terminava com alguns cânticos por parte de toda a congregação. Qual o valor que então se dava a algum sermão formal, não se sabe dizer, com base nos informes bíblicos, mas fica claro, com base nos discursos dos reis e dos profetas do Antigo Testamento, que não eram desconhecidas exortações alicerçadas sobre a Torá.

Posteriormente, os rabinos parecem haver adotado o tipo do apelo pessoal, em sua homilética, que já havia sido adotado pelos cristãos. E um ponto que não deve fugir à nossa observação é que na sinagoga não havia o sacerdotalismo que chegou a desenvolver-se pouco depois da era apostólica, nos círculos cristãos. E os reformadores do século XVI não deixaram de notar isso, em seus contatos com as sinagogas judaicas, em resultado da Renascença. A grande importância que se dava nos cultos das sinagogas, ao livro de Salmos, tanto quanto nas congregações cristãs reformadas da França, da Suíça e da Holanda, talvez tivesse origens comuns.

3. Jejuns e Festividades. As festas religiosas da religião judaica, nos dias do Antigo Testamento, seguiam o ano agrícola. Visto que, depois de iniciada a dispersão dos Judeus, era impossível que todos os judeus retornassem a Jerusalém para as grandes festas religiosas, muitas das festas congregacionais dos judeus eram efetuadas nas sinagogas da *diáspora* (dispersão) (vide). Todavia, a maioria das festas do calendário judaico é de origem posterior, tendo aparecido já nos tempos em que a sinagoga era uma instituição bem formada. As cerimônias antigas, referentes ao Dia da Expiação, são celebradas em forma muito modificada, mas ao nível doméstico com o nome de *Pesah*, "Páscoa", nos meses de março-abril. Mas, nas reuniões sociais efetuadas nas sinagogas, com maior frequência, são os feriados do estado de Israel que são observados na atualidade, como, por exemplo, o dia da Independência de Israel, o quinto dia do mês de *Iyar* (14 de maio), e quase todas as celebrações em Israel são derivadas da Europa central, por influência dos judeus asquenazitas, que são a maioria da população israelense.

4. Administração. Quando as sinagogas dos judeus começaram a ter também o papel de escolas, isso fez com que as atividades nas mesmas ocupassem todos os sete dias da semana, sem nenhuma folga. O resultado disso foi o desenvolvimento de um corpo de educadores profissionais, professores e administradores, capazes de fazer o sistema funcionar a contento. Muitas comunidades, existentes nos mais variados lugares do mundo, são grandes centros comunitários que proveem os mais diversos serviços sociais, sem falarmos no culto religioso formal. A supervisão tradicional das sinagogas, às mãos de uma junta de "anciãos", não se modificou em quase nada através de longa história dessa instituição. Uma das poucas alterações foi a criação de um corpo separado de encarregados financeiros. Não acompanhando o que costumeiramente ocorre nas igrejas cristãs, um rabino é o chefe executivo da sinagoga, em todos os casos.

As sinagogas desempenharam um papel-chave, em todos os países por onde os judeus foram dispersos, divulgando entre os pagãos o elevado ideal monoteísta. Apesar do fato de que a mensagem da sinagoga era parcial, e, algumas vezes, preconcebida contra os gentios (e com muita dose de razão), o fato é que as sinagogas pavimentaram o caminho para os pregadores cristãos. Assim, Paulo, ao chegar a uma cidade, procurava pela sinagoga judaica, por onde iniciava a sua prédica. E o Senhor Jesus foi quem lançou as bases para essa prática seguida pelos mensageiros do cristianismo (ver Mt 4.23; Lc 4.44 e Atos 13.5).

VII. SINAGOGA DE CAFARNAUM DO PRIMEIRO SÉCULO, DESCOBERTA PELA ARQUEOLOGIA.

É declaração padrão dos arqueólogos que a destruição de sinagogas judaicas, por parte dos romanos, no século I d.C., foi algo tão completo que nenhuma sinagoga tem sido encontrada pelos pesquisadores, pertencente àquele século. Mas hoje essa situação foi revertida. A própria sinagoga de Cafarnaum, onde Jesus ensinou, foi encontrada pelos arqueólogos. Dois frades franciscanos, Estanislau Loffreda e Vergílio Corbo, que também eram arqueólogos, removeram cuidadosamente o entulho de vinte séculos, em Cafarnaum, e foram recompensados com a sensacional descoberta de uma sinagoga, onde, mui provavelmente, Jesus ensinou. A descoberta feita por eles ilustra várias passagens dos Evangelhos, adicionando outro importante capítulo à arqueologia bíblica.

Os dois frades escavaram o solo de Cafarnaum, uma aldeia conhecida pelos antigos israelitas como *K'far Nahum*, "aldeia de Naum". Ver meu artigo sobre *Cafarnaum*, quanto a detalhes. Essa aldeia fica localizada às margens do mar da Galileia, em sua parte norte, não distante do lugar onde o rio Jordão ali despeja as suas águas. Na direção sudoeste, do outro lado do mar da Galileia, ficava Tiberíades, que o rei Herodes ordenara ser construída em honra ao imperador Tibério. Cafarnaum nunca foi tão impressionante quanto Tiberíades, e o trabalho de escavação daqueles dois frades mostrou seu estado relativamente humilde. As escavações feitas por eles identificaram a rua principal, uma avenida cujo eixo é norte-sul, pavimentada em parte de seu percurso com pedras de basalto negro, comuns na região. Além disso, várias ruas laterais, imediatamente adjacentes à sinagoga, também tinham sido pavimentadas. Aqueles arqueólogos calcularam que Cafarnaum, nos dias de Jesus, contava com cerca de mil habitantes, divididos em famílias, abrigadas em residências modestas. Como em todos os lugares pobres, ali as famílias tendiam por amontoar-se, várias gerações ocupando uma mesma casa, talvez com dois aposentos. Muitas casas, trazidas à luz pela arqueologia, em Cafarnaum, tinham apenas um único aposento. Não é de estranhar pois, que os Evangelhos digam-nos que a sogra de Pedro e o irmão deste, André, viviam com ele e sua esposa, na mesma residência. A pobreza forçava esse tipo de arranjo. Algumas casas de Cafarnaum foram construídas com as mesmas pedras de basalto negro que tinham sido usadas para pavimentar as ruas da aldeia.

A Vila Maria. A poucos metros ao norte da aldeia, os dois frades franciscanos descobriram os restos da antiga *Via Maria*, uma estrada imperial romana que passava perto de Cafarnaum. Essa estrada, chamada de "o caminho do mar" (no latim, *Via Maria*), começava no Egito e acompanhava as margens do mar Mediterrâneo, e, a certa altura, atravessava diagonalmente o território de Israel, antes de atravessar a Alta Galileia, na direção norte. Isso posto, o poder romano passava bem perto da localidade. Mateus estivera atarefado ali como cobrador de impostos (publicano), o que serviu de desagradável lembrete do domínio romano sobre o povo judaico. No sétimo capítulo de Lucas lemos sobre o centurião cujo servo paralisado precisou da ajuda do Senhor Jesus. Esse centurião mantinha um bom relacionamento com o povo judeu, e construíra para eles uma sinagoga (ver Lc 7.5). Mui provavelmente, essa foi a sinagoga escavada por aqueles dois arqueólogos. Nenhuma outra casa de adoração foi encontrada naquela humilde aldeia judaica, pelo que é provável que fosse a única ali existente, nos dias de Jesus. Os alicerces da construção foram feitos das mesmas pedras de basalto negro, antes mencionadas, obviamente um material de construção básico naquela área. Essa sinagoga ficava localizada em nível bem abaixo de uma outra sinagoga, do século IV d.C., e que foi construída no mesmo local, ocultando o notável edifício por baixo dela. Essa sinagoga do século IV d.C. Era feita de pedra calcária branca, uma edificação comparativamente suntuosa. Mas a sinagoga do século I d.C. Era bastante espaçosa, considerando-se a pequenez e humildade de Cafarnaum. Media cerca de 18 m x 21 m.

O frade Loffreda não ficou surpreso diante das dimensões da antiga sinagoga de Cafarnaum, explicando que na pequena aldeia onde ele nascera na Itália, havia uma igreja bem grande. Além disso, é na minúscula Aparecida, cidade moderna, no Estado de São Paulo, que existe uma das maiores basílicas católicas romanas do mundo. Considerando-se sua área total construída, ela ainda é maior que a basílica de São Pedro, em Roma! É perfeitamente possível que o centurião romano de Cafarnaum tenha posto seus soldados a trabalhar na construção daquela sinagoga, tal como Salomão empregara mão-de-obra estrangeira para construir o primeiro templo de Jerusalém. Restos de cerâmica, encontrados em Cafarnaum, têm sido datados como pertencentes ao século I d.C., e moedas também daquele período têm sido achadas na área. Outros artefatos confirmam sua antiguidade, e assim, nesse descobrimento, encontramos uma vitória da arqueologia mui significativa. Foi naquela sinagoga que Jesus deixou seus ouvintes atônitos diante de sua autoridade e doutrina (ver Mc 1.21-28).

Jesus teve algo a ver com aquele centurião romano, o construtor daquela sinagoga, e cujo criado foi por ele curado (ver Mt 8.8). O centurião exprimiu a sua humildade e fé, pedindo que Jesus tão somente dissesse uma palavra. Na sua opinião, não era preciso que Jesus viesse à sua casa muito humilde para acolher aquele a Quem tudo e todos obedeciam! Talvez seja apropriado que, hoje em dia, os católicos romanos, ao receberem a hóstia, recitem as palavras: "Senhor, não sou digno de receber-te; mas, diz apenas uma palavra, e serei curado". Se não estão mesmo recebendo a Cristo — o qual é recebido espiritualmente, mediante a fé, e não através de algum rito religioso — pelo menos estão recordando as palavras do centurião romano!

As notícias do descobrimento das ruínas da sinagoga de Cafarnaum logo se espalharam. Muitos peregrinos viajaram até o local, buscando a presença do Senhor. O frade Loffreda testifica: "É bastante comum virem aqui os turistas. E, encontrando um lugar tranquilo e sombreado, leem os Evangelhos no lugar onde se narra a história do centurião. Isso como que lhes aumenta o entendimento, emprestando uma certa perspectiva à história. Isso dá ao relato dos Evangelhos um maior significado". E conforme diz certo hino: "Hoje andei por onde Jesus também andou, e ali senti a sua presença". Meus amigos, isso é válido para todos os cristãos. (Informações básicas extraídas do artigo *The Streets Where Jesus Preached*, publicado na revista Fate, edição de março de 1987).

SINAGOGA, A GRANDE

Este não é um assunto bíblico, mas uma tradição dos judeus sobre um suposto grande conselho da época de Esdras e Neemias. Ouvimos falar a respeito nos escritos do Talmude, Pirke Aboth, 1.1, 2. A referência em 1Macabeus 14.28 fala apenas de uma grande reunião, mas não faz referência a um conselho na época de Esdras. Presumivelmente, esse conselho era constituído por 120 membros; foi iniciado por Esdras e persistiu até a ascensão dos gregos ao topo do poder mundial. Como não há menção de tal corpo legislativo e regente nos livros apócrifos, nem em Josefo, e como nenhum outro historiador que lidasse com a questão judaica, como Filo, tratou do assunto, alguns especialistas duvidam que ele tenha existido. Isto significa que o comentário do Talmude em Neemias 8-10 continha embelezamentos e exageros. Os ajudantes de Esdras, embora possam ter formado um conselho, provavelmente não chegavam a 120 em número, nem ao grande corpo regente e legislativo no qual o Talmude os transforma.

SINAI

De acordo com o trecho de Êxodo 3.1, o lugar era Horebe. As relações entre essas duas localidades têm deixado os intérpretes um tanto perplexos, e as tradições posteriores identificam-nas entre si. O mais provável é que se tratassem de dois picos diferentes da mesma cadeia de montanhas. A palavra *Sinin*, de onde se deriva o vocábulo *Sinai*, significa a casca fina de certas plantas do deserto, ou uma espécie de acácia nodosa e espinhenta, que ainda medra em certas regiões do deserto do Sinai. É justamente a "sarça" mencionada em Êxodo 3.1, em torno da qual surgira um estranho fogo que não a consumia. Por conseguinte, a montanha, ou mesmo a área em derredor, derivou o seu nome da vegetação típica que cobria a localidade.

Por sua vez, *Horebe* quer dizer *terra seca*, uma região qualquer caracterizada por um solo ressequido e duro. Podemos supor, portanto, que essas duas características topográficas distintas se evidenciavam naquela área, e que dois picos montanhosos separados, mas contínuos, estão aqui em foco. Todavia, isso é apenas uma conjectura, embora pareça ser a melhor explicação para as duas designações desse lugar. Contudo, existem intérpretes que pensam que o mesmo pico era conhecido pelos dois nomes.

É possível que tanto a acácia espinhosa como a terra ressequida e dura caracterizasse essa localidade de tal maneira que ambas as designações vieram a ficar associadas à mesma área. Essa era justamente a opinião que Jerônimo e diversos estudiosos bíblicos, através dos séculos, têm concordado com ela. (Ver *De locis Hebraicis*, fol. 92, Jerônimo.) Alguns antigos intérpretes judeus concordam igualmente com essa conjectura de Jerônimo, como o rabino Eliezer, o qual afiança-nos que "Horebe" era o nome mais antigo da área, embora *Sinai* também viesse a ser aplicado à mesma, posteriormente. (Ver *Pirke Eliezer* (cap. 41), Aben Ezra sobre Êx 3.2). Além disso, Josefo se refere a essa montanha, usando ambos os nomes, alternadamente. (Ver Josefo. *Antiq.* 1,2, cap. 12 e seção 1).

Embora a identificação moderna da área exata nos seja incerta, a ideia mais comum é aquela que diz tratar-se de Gebel Musa, monte em cujo sopé se acha localizado o mosteiro de Santa Catarina, onde foi feita a importantíssima descoberta do manuscrito Aleph, um de nossos manuscritos bíblicos mais antigos, por Tischendorf, em 1844. (Quanto a informações sobre esse manuscrito, ver o artigo sobre *Manuscritos*).

Ali, por igual modo, foi descoberto o mais importante dos manuscritos siríacos do NT intitulado *Sinaítico*.

Esse mosteiro de Santa Catarina possui a maior coleção mundial de manuscritos bíblicos. A segunda maior coleção similar é a da biblioteca do patriarca grego, em Alexandria. Essa montanha é de granito e porfírico e se eleva a uma altura de cerca de 2.246 metros. Outros picos elevados caracterizam a mesma cadeia montanhosa, os quais, em períodos diversos da história, têm sido variadamente identificados com o bíblico monte Sinai.

SINAI, DESERTO DO

O deserto do Sinai ficava na porção norte da península do Sinai. Aparece nas páginas do Antigo Testamento por treze vezes diferentes (Êx 19.1,2; Lv 7.38; Nm 1.1,19; 3.4,14; 9.1,5; 10.12; 26.64; 33.15,16). Não há que duvidar que o deserto do Sinai era a região agreste em torno do monte Sinai. Tendo chegado o povo de Israel ao deserto do Sinai, *subiu Moisés a Deus, e do monte o Senhor o chamou...* Êx 19.3). Ver sobre *Sinai, monte*.

SINAI, MONTE

I. Termo e Localização Geográfica. O significado da palavra *Sinai* é desconhecido, mas há diversas sugestões e possíveis derivações. Alguns supõem que queira dizer "espinhoso", a partir da palavra *seneh* (arbusto espinhoso), em referência aos muitos desfiladeiros e ravinas do monte que, com um pouco de imaginação, podem relembrar um conglomerado de arbustos espinhosos. Mas essa poderia ser uma referência ao deus-lua *Sin*, cujo culto havia-se espalhado por toda a Arábia. Outros supõem que a palavra signifique *lamacento, barrento* ou *brilhante*. O local exato do monte no qual a Lei foi dada não pode ser determinado, mas foi próximo à península triangular ou mesmo na própria península que fazia fronteira com o norte pelo mar Mediterrâneo, a oeste pelo golfo de Suez, e a leste pelo golfo de Ácaba. O terreno se eleva gradativamente à medida que se aproxima do platô Ijma, que fica próximo ao centro da península. A região ao sul torna-se montanhosa antes de descer e nivelar-se na costa. As montanhas da área são ricas em cobre, e a mineração tem sido realizada ali desde o quarto milênio a.C. A área pode ser dividida em três partes: a do extremo sul, a vizinhança do Sinai; o deserto de Tih, onde Israel vagueou por 40 anos; o Neguebe, ou país do sul onde Abraão, Isaque e Jacó uma vez viveram. O Sinai fica no centro da península que está entre os dois "chifres" do mar Vermelho. O monte é uma massa de granito e de outros tipos de rocha, com ângulos agudos que chegam a atingir altitudes de 3 mil m Como o Sinai é o deserto mais próximo ao Egito, é provável que em alguma parte daquela região estivesse localizado o monte Sinai (ver Nm 33.8-10; Dt 1.1; Josefo, *Apion*, 2.2.25).

Designações. Às vezes esse monte é chamado apenas de *a montanha de Deus* (Êx 3.1; 4.27); ou *Sinai* (presumivelmente das fontes *J* e *P* do Pentateuco); ou *Horebe* (presumivelmente das fontes *E* e *D* do Pentateuco). Essas variações podem referir-se ao mesmo monte, ou podem estar em vista montanhas diferentes (picos altos). Talvez, como dizem alguns, Horebe tenha sido a designação original, porém mais tarde o monte foi chamado de *Sinai*, assumindo tal nome por causa da península. Outros dizem que Sinai é o nome mais antigo, e Horebe seria mais recente, ou que os dois nomes designavam dois picos posicionados proximamente. Ver as observações

MONTE SINAI

adicionais no artigo sobre *Horebe*, que trata do problema. Ver ainda *J.E.D.P.(S.)* na *Enciclopédia de Bíblia, Teologia e Filosofia*.

II. OBSERVAÇÕES BÍBLICAS. A maioria das referências a esse local está no Pentateuco, onde ele é mencionado 31 vezes (Ver Êx 16.1 e Dt 33.2 para mais exemplos; depois ver Jz 5.5; Ne 9.13; Sl 68.8, 17; At 7.30, 38; Gl 4.24, 25).

Deixando Elim, os israelitas chegaram ao deserto de Sim e dali a Refidim, onde montaram acampamento (Êx 16.1 ss.; 17.1). No terceiro mês após o êxodo, alcançaram o deserto do Sinai (19.1). Ali Moisés recebeu uma comunicação preliminar de *Yahweh*, lembrando-o da orientação passada e garantido-lhe que haveria *orientação no futuro*. Ó, Senhor, concede-nos tal graça! (19.36). *Yahweh* convocou o povo a reunir-se para um comunicado direto. Ocorreu uma manifestação divina no Sinai e nenhum homem pôde aproximar-se por temer por sua vida. As pessoas deixaram o acampamento para encontrar com *Yahweh*, mas permaneceram na parte inferior do monte (19.17). Relâmpagos, trovões e um terremoto informaram ao povo que *Yahweh* estava próximo. As pessoas moveram-se, assim, a uma distância maior, pois as manifestações eram grandes demais para suportar (20.18). Moisés recebeu as tábuas da lei duas vezes, inclusive os Dez Mandamentos e outras revelações que instruíam sobre o culto a *Yahweh* (Êx 20; 31.18; 34; Lv 7.36). Assim foi estabelecido o *Pacto Mosaico*, o maior evento na história de Israel e no qual se baseou toda a história subsequente. Ver as observações introdutórias a Êxodo 19 no *Antigo Testamento Interpretado*, para maiores detalhes sobre esse pacto, e ver também o artigo *Pactos*. (Ver Jz 5.5; Ne 9.13; Sl 69.8, 17; Ml 4.4; At 7.30, 38). Elias visitou Horebe em uma época de desânimo e depressão (1Rs 19.4-8). Paulo falou a respeito do Sinai como símbolo da aliança da Lei, enquanto Jerusalém, que está acima, representa a liberdade trazida pelo Evangelho de Cristo. Israel transformou-se em uma nação distinta pelo que aconteceu no Sinai. (Ver Dt 6).

III. TENTATIVAS DE IDENTIFICAÇÃO. 1. O *monte Serbal* no wadi Feiran foi uma suposição até a época de Eusébio. Mas a área não tem espaço suficiente para abrigar o acampamento de um grande número de pessoas (6.000.000?). **2. Jebel Musa** (a *montanha de Moisés*) tem sido a suposição mais popular, que data das declarações de monges bizantinos feitas no século IV d.C. Este monte localiza-se próximo ao Monastério de Santa Catarina. Não há, contudo, nenhuma evidência que dê apoio a tal suposição. Jebel Musa faz parte de uma pequena crista que se estende por cerca de 3 km Ela tem dois picos altos, um chamado Ras es-Safsaf (cerca de 2 mil m de altura) e outro chamado Jebel Musa (cerca de 2,5 mil m). **3.** Jebel Musa é rejeitado por alguns, que afirmam que próximo a esse lugar ficavam as minas de cobre e turquesa do Egito e não é provável que Israel tenha chegado perto desse local. Assim, eles apontam para *Jebel Helal*, um pico de cerca de 700 m que se situa aproximadamente 45 km ao sul de El'Arish. **4**. O candidato mais recente para a identificação do monte Sinai é o *monte Seir*, no sul da Palestina, próximo à Mídia. A atividade vulcânica dessa montanha poderia explicar os acontecimentos que se deram durante a entrega da Lei. Logicamente, a teofania não precisa de vulcões para sua atividade, e esse é o único aspecto em favor dessa identificação.

IV. DEPÓSITO DE MANUSCRITOS BÍBLICOS. O mosteiro de Santa Catarina no monte Sinai tem a maior coleção de manuscritos bíblicos do mundo. O manuscrito denominado *Aleph*, ou *Codex Sinaiticus*, foi descoberto lá em 1844 e tornou-se um dos mais valiosos do mundo, tanto do Antigo como do Novo Testamento. Ver uma descrição a respeito no artigo sobre *Manuscritos*.

SINAL (MARCA)

A palavra hebraica mais usada é *oth*, marca. Usada por 79 vezes, desde Gênesis 1.14 até Ezequiel 20.20. Outras palavras hebraicas são: *Athin* "sinal"; usada por três vezes, em Daniel 4.2,3, 6.27. *Mopheth, maravilha*; usada por 34 vezes (por exemplo: 1Rs 13.3,5; Ez 12.6,11; 24.24,27). *Tsiyyun, marco*, usada por três vezes (em Ez 39.15; 2Rs 23.17, Jr 31.21). *Mattarah*, "rampa de alvo", usada por três vezes, em (1Sm 20.20; Jó 16.12; Lm 3.12). *Miphga*, "alvo", que aparece somente em Jó 7.20. *Tav*, "marca", que aparece em Ezequiel 9.4,6. *Qaaqa*, "cruz", que aparece somente em Levítico 19.28. No grego encontramos quatro vocábulos: *Semeíon*, "sinal", usado por 72 vezes, de Mateus 12.38 até Apocalipse 19.20. *Cháragma*, "impressão", usado por oito vezes, de Atos 17.29 a Apocalipse 20.4. Sete vezes só no Apocalipse. *Stígma*, "punção"; usado somente em Gálatas 6.17. *Skopós*, "alvo", usado somente em Filipenses 3.14.

Muitas marcas eram feitas a fim de indicar propriedade, distinção etc. Assim sendo, lemos sobre a marca feita por Deus na testa de Caim, com o propósito de protegê-lo de possíveis vingadores de sangue (Gn 4.15). Ezequiel viu uma espécie de sinal, na forma da letra hebraica *tau*, semelhante a uma cruz latina, na testa de certos indivíduos importantes de sua época (Ez 9.4,6). Paulo aludiu aos estigmas recebidos em perseguições sofridas por amor a Jesus, como sinais de sua dedicação e fidelidade ao ministério do evangelho (Gl 6.17). Quando da Grande Tribulação futura, às pessoas que não forem de Cristo será aplicada uma certa marca na testa ou na mão direita, identificando-as como seguidoras do anticristo (Ap 13.16,17).

SINAL (MILAGRE)

I. TERMOS E SINÔNIMOS. No hebraico, *oth* (sinal, milagre, portento), usado 79 vezes no Antigo Testamento. (Exemplos: Gn 1.14; Êx 4.8, 9, 17, 28, 30; Nm 14.1; Dt 4.34. Js 4.26; Ez 4.3; 20.12, 20).

No grego, *semeion*, usado 73 vezes no Novo Testamento. (Exemplos: Mt 12.38, 39; 16.1, 3, 4; Jo 2.11, 18, 23; Rm 4.11; 1Co 21.22; Ap 12,1, 3; 13.13, 14; 19-20).

Sinônimos: No hebraico, *motheph* (maravilha); Deuteronômio 28.45, 46; *nes* (insígnia, emblema, advertência): Números 26.10; *maseth* (sinal, tocha, aviso): Jeremias 6.1; *tisiyyun* (monumento, marcador), às vezes usado para significar eventos que ensinam algo; um "ato de Deus" significava prender a atenção dos homens: Ezequiel 39.15. No grego, Teras (sinais, maravilhas), na Septuaginta, Deuteronômio 4.34; 6.22; 13.1; No Novo Testamento, *dunamis* (poder, um ato de poder especial): (Mt 6.13; 7.22; Mc 5.30; Lc 1.17, 35; Rm 1.4, 16, 20; 1Ts 1.5; Hb 1.3; Ap 1.16; 3;8); *ergon* (trabalho, feito): (Mt 11.2; Jo 5.20); *teras* (portento): (Mt 24.24; Mc 12.22; Jo 4.48; Hb 2.4).

Essas palavras são usadas para falar de ocasiões nas quais os trabalhos divinos fazem maravilhas (positiva ou negativamente) entre os homens para chamar sua atenção de modo que sua vida e busca espiritual possam ser melhoradas. Há ainda os "sinais e maravilhas de julgamento", que têm como objetivo disciplinar, pois todos os julgamentos de Deus são remediadores, não meramente retributivos.

II. CARACTERIZAÇÃO GERAL. As várias palavras listadas sob a seção I denotam um evento miraculoso, ou pelo menos obviamente extraordinário, que pode ter manifestado o poder divino. Este poder entra na cena humana de acordo com o ensinamento do *teísmo*, de que o Criador não abandonou sua criação, mas intervém, recompensa ou pune de acordo com as ações dos homens. Ele está presente na criação e torna sua presença conhecida através de suas obras. Um contraste com o *deísmo*, que supõe que o Poder Criador (pessoal ou impessoal) abandonou a criação ao governo das leis naturais. Ver ambos os termos no *Dicionário*. A experiência humana ensina que o divino às vezes entra em ação entre os homens e faz uma repentina e surpreendente diferença. Ver o artigo geral sobre *Milagres* para maiores ilustrações. Ver ainda sobre *Cura* e *Curas pela Fé*. O poderoso trabalho que pode ser atribuído ao poder divino através da intervenção é um "sinal" ou uma "amostra" da presença de Deus e evidencia seu trabalho entre os homens. Sinais e maravilhas denotam, assim as provas ou demonstrações do poder e da autoridade da Presença Divina (Mt 12.38; Jo 4.48; At 2.22). Milagres (sinais) atestam a autoridade do Messias ou de um profeta ou mestre (Mt 16.1; 24.30). Sinais são "milagres que ensinam".

III. Atos Sobrenaturais. O sinal ou o milagre que ensina primeiro ensina algo sobre a estrutura metafísica do mundo. Há o *natural* e o *sobrenatural*, e eles às vezes interagem pela agência de algum ato prodigioso que se revela além do poder de realização humana. O próprio homem é um ser multidimensional de vastos poderes, os quais às vezes consegue usar. Uma cura pode ser extraordinária, mas totalmente humana, pois não vai além daquilo que um homem pode fazer se aprender a manipular suas energias espirituais. Mas há poderes mais elevados que o homem, como os anjos e o próprio Deus, que podem realizar coisas que ultrapassam totalmente aquilo que pode ser esperado da natureza humana em qualquer nível. *Sinais*, isto é, milagres que ensinam, são relances ocasionais de uma dimensão superior da existência. Sobrenatural é o que procede de forças que vão além da natureza ou do mundo visível e observável. Há poderes além daquilo a que chamamos de natureza.

IV. Significados. 1. O *sinal* (milagre) dá uma indicação de como o homem está envolvido em uma criação multidimensional que tem esferas e atividades naturais e sobrenaturais. **2**. As *superstições* aparecem quando os homens inventam falsas origens para atos prodigiosos, ou criam histórias que incluem atos que de fato não aconteceram. A existência de superstições, contudo, não anula a coisa real. Fenômenos naturais são explicados através de crenças supersticiosas. A ciência lentamente remove tais explicações ao provar esses fenômenos como naturais. Mas tal atividade não anula os poderes e as obras que estão além da natureza. **3**. Os homens buscam orientação por meio de *sinais* (eventos incomuns ou mesmo milagres). Acaz recebeu um sinal divino (Is 7.10, 14; 8.18; 19.20; 20.3). O rei Ezequias também recebeu seus sinais (Is 37.30; 38.7,22). Gideão recebeu "sinais de direcionamento" para cumprir sua missão (Jz 6.17 ss.). Ó, Senhor, concedenos tal graça! Os judeus, um povo sempre orientado espiritualmente, gostava de sinais e os buscava com frequência (Mt 12.28), mas um tom espiritual negativo pode anular tais manifestações. **4**. *A atividade de Deus* entre os homens às vezes se revela através de sinais especiais que incluem eventos prodigiosos (Ne 9.10; Sl 78.43; Jr 21). O poder de Deus é revelado aos homens. *Clama a mim e responder-te-ei, e anunciar-te-ei coisas grandes e ocultas que não sabes* (Jr 33.3). **5**. *Seres humanos ou anjos*, ou entidades demoníacas, às vezes podem fazer um milagre que não é explicado naturalmente, como os mágicos que se opunham a Arão e Moisés (Êx 8.7). Eles eram limitados, contudo, e acabaram confessando que o que Arão e Moisés haviam feito era por causa do "dedo de Deus" (Êx 8.19), além de seus poderes. Satã, através de suas agências, é capaz de "maravilhas" que às vezes têm a intenção de enganar os homens e obter sua adesão. (Ver 2Ts 2.9; Ap 13.3; 1Jo 2.26). Os oponentes de Jesus atribuíam seus milagres ao poder de Satã (Mc 3.21-27). No lado positivo, os anjos, poderes bons e mais altos, sujeitos a Deus, às vezes intervêm e fazem milagres que poderiam ser a principal fonte de tais acontecimentos no mundo de hoje. Alguns supõem que os anjos estivessem ativos na própria criação. Ver o artigo sobre *Anjo* para maiores detalhes. Ver especialmente as seções X e XI daquele artigo. **6**. O *Logos* (que se manifestou em Jesus, o *Cristo*) é o intermediário entre Deus e o homem e, naturalmente, é o realizador de milagres divinos e o responsável pela criação original (Gn 1.1). Os Evangelhos são o registro histórico dos milagres de Cristo. Ver os artigos *Logos* e *Jesus* na *Enciclopédia de Bíblia, Teologia e Filosofia*. De interesse especial é o artigo sobre o *Problema Sinóptico*, que lista os milagres de Jesus. A crença nos milagres de Cristo faz com que se aceite a sua autoridade (Jo 5.36). O mesmo é verdadeiro quanto ao testemunho dos apóstolos (Hb 2.4).

SINDÉRESE

Esse termo português significa **"fagulha de consciência"**, **"preservação"**, **"resguardo cuidadoso"**. Foi Jerônimo que introduziu esse vocábulo na teologia, na sua tentativa de explicar os quatro seres viventes do trecho de Ezequiel 1.4-15. Ali achamos o homem, o leão, o boi e a águia. Jerônimo interpretou esses símbolos como segue: o homem (a parte racional humana); o leão (a parte irascível do homem); o boi (os apetites humanos); a águia (a fagulha de consciência que restaria no homem). A águia, pois, representa a ideia de que o homem tem um resto de consciência da existência de Deus, podendo reagir positivamente a ele, apesar de estar morto em seus pecados.

A expressão latina usada para indicar a alegada centelha divina restante no homem é *scintilla conscientiae*. Jerônimo e outros têm sentido que isso teria sido preservado no homem, por haver sido criado à imagem de Deus. Tomás de Aquino, apesar de ter aceito a ideia, deu-lhe um novo sentido, dizendo que a sindérese consiste em um *habitus*, uma característica inerente ao homem, onde residiriam os primeiros princípios do raciocínio prático.

É curioso que os animais simbólicos de Ezequiel 1.4-15 acabaram sendo emblemas, no parecer de outros biólogos cristãos, dos quatro Evangelhos: o homem (o querubim) representaria Mateus; o leão representaria Lucas, o boi representaria Marcos; e a águia representaria João. E isso deitou abaixo a sindérese de Jerônimo. A verdade é que nem a Bíblia ensina a ideia de "centelha", nem os animais da visão de Ezequiel representam os quatro Evangelhos!

Importância da Sindérese na Teologia Moral. A teologia moral reteve a ideia de sindérese, que seriam as qualidades inatas, intelectuais e morais do homem, que o capacitariam a intuir os princípios gerais e básicos do raciocínio moral, e em vista dos quais ele é responsável por seus atos, diante de Deus, inteiramente à parte da regeneração. Mas a *centelha divina* de Jerônimo não mais desempenha aí qualquer papel na moralidade humana. A intuição moral humana não foi destruída com a queda no pecado, mas tão somente sua capacidade de querer, realmente, o bem. Essa intuição moral não dependia da presença de Deus com o homem, e nem foi reduzida à mera centelha com a queda. A intuição moral faz parte inata do homem. O que o homem perdeu, com a queda, foi o poder da *escolha contrária* (vide), ou seja, a capacidade de reverter o seu estado moral. Foi o que também sucedeu a Satanás e seus anjos. Tendo escolhido o mal, eles tornaram-se "maus". Mas Deus, em sua misericórdia para com o homem, muda as predisposições humanas, sem fazer qualquer violência à livre-vontade humana (elemento que precisa ser preservado a todo custo, se tivermos de falar em responsabilidade do homem). Antes, como que através de uma "conquista amorosa", Deus reverte a caminhada rebelde do homem perdido. Destarte, uma vez convertido, um pecador, antes "escravo do pecado" (Jo 8.31-36), torna-se "servo da justiça" (ver Rm 6.15-23, especialmente o vs. 18). Esse ensino bíblico é enfatizado em vários verbetes deste dicionário. Ver sobre *Consciência* e *Livre-Arbítrio*, que lançam luzes sobre essa espinhosa questão da teologia e da filosofia.

SINDICATOS. Ver sobre *Ofícios e Profissões*.

SINEAR

No hebraico, *shinar*, cujo sentido é desconhecido. No grego da Septuaginta, *Senaár* ou *Sennar*. Uma das designações, talvez a mais antiga, para indicar o território da Babilônia. (O nome aparece em Gn 10.10;11.2;14.1,9; Is 11.11; Dn 1.2 e Zc 5.11).

I. IDENTIFICAÇÃO. Essa é dada logo na primeira referência onde o nome aparece, Gênesis 10.10, que diz: *O princípio do seu reino foi Babel, Ereque, Acade e Calné, na terra de Sinear*. Isso significa que onde foram erigidas essas antiquíssimas cidades, aí era a terra de Sinear. A princípio, a questão parece tão simples quanto isso. Todavia, há fatores de complicação. O mais difícil de deslindar é que a porção sul do território, tradicionalmente considerada como a antiga terra de Sinear, isto é, a Babilônia, era chamada Suméria, ao passo que a porção norte desse mesmo território era chamada Acádia (devido à sua capital, Acade). Apesar de Sinear parecer ter alguma ligação com a Suméria, os estudiosos mostram que não há qualquer vinculação possível entre os dois nomes. A identificação da terra de Sinear com a Acádia já não é tão difícil, mesmo porque Acade é a terceira cidade mencionada no trecho de Gênesis 10.10. O que dificulta a aceitação simples e sem discussão dessa segunda identificação é que nenhum equivalente do termo hebraico *shinar* tem sido encontrado nos textos antigos da própria Babilônia. E o termo Suméria, usado desde 2350 a.C. para indicar a região, é atualmente usado para descrever a totalidade da antiga Babilônia, antes que a dinastia semítica viesse a tornar-se dominante na Babilônia. Antes dessa dominação semítica, os sumérios foram os primitivos habitantes da região.

II. OS SUMÉRIOS

1. Sua Origem. Os primeiros povos que imigraram para o vale dos rios Tigre e Eufrates chamavam a si mesmos de "povos de cabeça negra". Todavia, seu lugar de origem é desconhecido e isso tem dado origem a diversas teorias. Visto que eles empregavam o mesmo ideograma para indicar *terra* e *montanha*, é possível que seu lugar de origem tivesse sido nas proximidades das montanhas do Cáucaso, e que eles tenham sido os originadores das torres-templos, semelhantes a montes (ver sobre *Zigurates*). Porém, visto que primeiramente eles ocuparam o que se tornou a porção sul da Babilônia, e não a porção norte, ou seja, aquela que ficava mais perto do mar, outros estudiosos pensam que eles vieram mais do Oriente, por via marítima, o que pode explicar por que, à semelhança dos semitas, que também chegaram a habitar na mesma área geral, eles não eram reforçados por novas ondas migratórias periódicas.

2. Sua Escrita. O sumério não tem nenhuma ligação conhecida com qualquer língua antiga ou moderna. É uma língua não-semítica, aglutinativa, que muitos estudiosos classificam como uma língua turaniana, com afinidades turco-chinesas, segundo a opinião de muitos. Não obstante, as línguas semíticas das populações que vieram misturar-se com os sumérios terminaram absorvendo muitos termos de origem suméria. No século IV a.C., a escrita dos sumérios era pictográfica; mas essa forma de escrita não tardou a ceder lugar para uma escrita polissilábica bem desenvolvida, que empregava mais de quatrocentos sinais diferentes. A literatura ali produzida mostrou ser muito influente, visto que essa mesma forma de escrita foi aproveitada por povos de línguas semíticas, como o assírio e o babilônico (acádico), ou o sírio e o palestino, como também por povos de línguas não-semitas, como o elamita, o cassita, o hitita, o hurriano e o persa antigo. E os informes arqueológicos provenientes de diferentes períodos de ocupação, mostram que havia um povo ímpar, que residia nas principais cidades.

III. HISTÓRIA. Os estudiosos da história dos sumérios geralmente dividem-na em três períodos: *a*. período anterior; *b*. período clássico; *c*. renascença suméria. Forneceremos ao leitor apenas os dados suficientes para que ele possa acompanhar essa história em seus lances principais.

O "período anterior" gira em torno do dilúvio. De acordo com os mais antigos registros que têm sido encontrados, oito reis diferentes reinaram em cinco cidades diversas e então "o dilúvio varreu a terra". Todavia, nenhuma correlação é possível entre esses reis e os patriarcas antediluvianos (Gn 5). As vidas desses reis teriam sido imensas. Basta dizer que o reinado conjunto deles foi de 241.209 anos! Terminado o dilúvio, uma nova lista de reis, com 78 nomes de monarcas, fala em cidades capitais como Quis, Ur, Ereque, Mari e outras. Que esses reis foram personagens históricas, não se pode duvidar, visto que há restos epigráficos e arquitetônicos que atestam a presença deles naquela região.

O *"período clássico"* vai de 2700 a 2150 a.C. Nesse período a civilização suméria se desenvolveu com a organização do trabalho, devido à necessidade de irrigação e de defesa militar. Há evidências de certa forma de governo democrático, que não demorou a entrar em choque com o poder crescente da classe sacerdotal. Houve muita riqueza material na época, confirmada pelos riquíssimos túmulos reais encontrados em Ur. Um dos grandes líderes da época, de nome Urukagina, efetuou reformas sociais com uma legislação que buscava desburocratizar as questões públicas, que pesavam muito sobre os pobres, as viúvas e os órfãos. Não demorou muito, entretanto, para que a Suméria acabasse nas mãos do poderoso semita Sargão, de Acade. Isso pôs fim ao período clássico sumério. Isso também unificou a Babilônia, o norte e o sul, como uma nação predominantemente semita.

O período da renascença suméria deu-se após um período de mediocridade sob governantes gutianos, até que foram derrubados, já em 2120. Após alguns anos de ajustamentos perturbados, foi inaugurada a terceira dinastia de Ur (2113-2006 a.C.), quando houve uma prosperidade econômica e literária sem-par sob a hegemonia sumeriana. É desse período que nos chegou o código de Ur-Namu, o mais antigo código legal que chegou ao nosso conhecimento. Os feitos arquitetônicos também foram notáveis. Ur foi virtualmente reconstruída. Outras cidades beneficiadas foram Uruque, Eridu e Nipur. Em cada um desses lugares foi erigido um zigurate e templos arruinados foram restaurados. Um contemporâneo de Ur-Namu, chamado Gudea, de Lagase, marchou na direção da Síria e da Anatólia, de onde trouxe material de construção para embelezar sua própria capital. Após Ur-Namu, houve vários reis da mesma dinastia. Um deles, de nome Isbi-Irra, fez uma tentativa sem êxito de conseguir ajuda dos elamitas contra os semitas ocidentais, diante dos quais a cidade caiu, em 2006 a.C. Samu-Iluna, filho do famoso Hamurabi, na sua tentativa de se livrar do domínio semita, só provocou a total destruição da cidade. Daí por diante, a Suméria ficou, definitivamente, sob as mãos de governantes semitas, exceturando breves intervalos, até que caiu sob o tacão de Ciro, o persa, já em 539 a.C.

IV. USOS BÍBLICOS DO NOME. Conforme já dissemos, Sinear é usado como nome, na Bíblia, para descrever o território onde estavam as cidades de Babel, Ereque, Acade e Calné, que faziam parte do reinado de Ninrode (Gn 10.10). Esse foi o lugar onde chegaram imigrantes vindos do Oriente e ali edificaram a cidade e a torre de Babel (Gn 11.2). Um rei de Sinear, de nome Anrafel, fez parte da coligação armada que atacou Sodoma e Gomorra (Gn 14.1), mas que acabou sendo derrotada pelos homens de Abraão (Gn 14.12-17) Uma excelente capa proveniente de Sinear (embora nossa versão portuguesa diga "babilônica") (Js 7.21), foi poupada e escondida por Acã, perto de Jericó, o que resultou na sua execução. Foi para a terra de Sinear que Nabucodonosor levou os cativos de Jerusalém (Dn 1.2), de onde também um profeta previu que voltaria um remanescente fiel (Is 11.11). Zacarias 5.11 indica que Sinear era um lugar distante e iníquo.

Tudo quanto dissemos acima tende por demonstrar que o equivalente babilônico da "terra de Sinear" não se encontra na Suméria. Isso também fica implícito no fato de que, no siríaco, a palavra *Sen'ar* apontava para a região em redor de Badgá, o que, segundo muitos estudiosos pensam, na antiguidade incluía a planície onde se encontram, em nossos dias, as ruínas da cidade da Babilônia. Disso conclui-se que, com toda a probabilidade, Sinear é a região norte da Babilônia. Se os estudiosos aceitassem a Bíblia naquilo que ela afirma, sem tentarem outras explicações, não haveria necessidade de tanto debate e de tantas opiniões contraditórias. Gênesis 10.10 seria o suficiente para indicar que Sinear, para os hebreus, era um sinônimo da Babilônia. Afinal, a cidade de Babel ficava na terra de Sinear, segundo esse versículo. E Babel ficava na Babilônia. Os sumérios, a despeito de sua tão significativa civilização, que influenciou os babilônios, os persas, os gregos, e que chegou a deixar marcas no Antigo Testamento, chegaram a se misturar com os semitas do norte da Babliônia, e com semitas recém-chegados, vindos de outras regiões; mas não podemos confundi-los com os habitantes da terra de Sinear.

SINÉDRIO

Do grego *synedrion*, **"concílio"**, **"assento junto"**. Nome que os escritores da história e das antiguidades judias davam ao tribunal supremo que deliberava sobre a vida e costumes dos hebreus no tempo de Cristo. O Sinédrio compunha-se de 71 membros, que no período do Novo Testamento era assistido por três classes: os escribas, que geralmente eram fariseus; os anciãos, que eram os mais velhos dos chefes das famílias e dos clãs e os ex-sumos sacerdotes com os anciãos das quatro famílias sumo sacerdotais. Por ser o tribunal supremo da nação judia, tinha caráter tanto religioso quanto secular, podia prender e coagir, mas não tinha poder para exercer penas capitais, estas deveriam ser confirmadas pelo governador romano. O processo para esse tipo de condenação exigia o respaldo do testemunho de duas pessoas, eram ouvidos primeiro os defensores do acusado. A sentença para absolvição poderia ser pronunciada no mesmo dia do processo, mas a de condenação somente no dia seguinte. A votação era simples, o membro ficava em pé, começando sempre pelo mais novo membro. A condenação exigia a maioria acima de dois votos, ou seja, mais de 51% dos votos. Para absolvição bastava maioria simples, ou seja, 51% dos votos. O surgimento do Sinédrio parece remontar à época de Esdras e Neemias, quando receberam autoridade para dirimir com os judeus as questões locais (Ed 5.5-9; 6.7,14; 7.25,26; 10.8; Ne 2.16; 4.14,19; 5.7; 7.5). Tempos depois os gregos outorgaram a existência do *gerousia*, "senado", composto de anciãos que representavam a nação (Antig. 12.3,3; 1 Mac 12.3,6; 14.30). Mas tradicionalmente sua origem está no "conselho" dos 70 anciãos estabelecidos por Moisés no período do êxodo (Nm 11.16,17).

SINETE

No hebraico temos a considerar quatro diferentes palavras, a saber: **1**. *Chotham*, que ocorre por catorze vezes no Antigo Testamento, como em (Gn 38.18; Êx 28.11,21,36; 39.6,14,30; Jr 22.24; Ag 3.23). Esse vocábulo foi usado pela primeira vez para indicar a questão entre Judá e sua nora, Tamar, quando ele pensou que ela fosse uma prostituta (Gn 38.18). Ele entregou a ela o seu *chotham*, como garantia do pagamento por ter tido relações sexuais com ela. É evidente que tanto para ele quanto para ela, o objeto era valioso, porquanto era capaz de identificá-la. A raiz dessa palavra significa "selar" ou "apor um selo". Essa mesma palavra aparece em Êxodo 28.11,21,36 e 39.6,14,30, em conexão com a gravação, em pedras preciosas, dos nomes das tribos dos filhos de Israel. Cabia a Aarão levar essas pedras sobre os seus ombros, quando se vestia como sumo sacerdote. O mesmo tipo de gravação também foi usado na placa de ouro, usada sobre o turbante de Aarão, na parte da frente. Esse mesmo vocábulo reaparece em Jeremias 22.24. O contexto mostra que se tratava de um anel precioso, considerado valiosíssimo. Por igual modo, em Ageu 2.23, o "anel de selar" aparece como símbolo de alguém altamente considerado e favorecido. Pode-se concluir que o *chotham*

muito significava para o nome e a reputação de seu proprietário. Nossa versão portuguesa também traduz o particípio do verbo hebraico como "sinete", em Ezequiel 28.12, onde está em pauta o rei de Tiro, mas, metaforicamente, devemos pensar em Lúcifer. Ver Ezequiel 28.11-19. E segundo muitos estudiosos pensam, também está em foco a pessoa do futuro anticristo. **2**. *Chothemeth*, palavra sinônima da primeira, e que ocorre somente em Gênesis 38.25. **3**. *Izqa*, termo aramaico que aparece exclusivamente em Daniel 6.17. Esse objeto foi usado para selar a pedra que cobria a cova dos leões onde Daniel fora deixado, por ordem do rei Dario. **4**. *Tabaath*, palavra hebraica que ocorre por 45 vezes (como em Gn 41.42; Êx 25.12,14,15,26,27; 39.16,17,19-21; Nm 31.50; Et 3.10,12; 8.2,8,10; Is 3.21). Essa palavra apontava para um anel comum, como aquele dado pelo Faraó a José, como sinal da autoridade deste último, (cf. também Ester 3.10 e 8.2). Em Números 31.50 refere-se às joias entregues a Arão, pelos israelitas, em preito de gratidão a Deus. Esses anéis preciosos foram posteriormente usados pelas mulheres ricas de Israel; mas o profeta predisse que os mesmos lhes seriam tomados, como prova do desfavor divino (Is 3.21).

Um sinete era usado por seu proprietário para imprimir sobre a argila mole a sua própria assinatura, o que oficializava um documento. Alguns desses anéis eram feitos de metais preciosos ou com pedras preciosas.

O uso de sinetes remonta ao tempo dos egípcios e dos babilônios. Alguns eram pendurados no pescoço, por meio de um cordão; e outros eram usados em um dedo, como um anel. A arqueologia tem encontrado muitos desses sinetes, tanto no Egito quanto na Babilônia. Ver também sobre *Selo*.

SINEUS

Esse povo é mencionado apenas por duas vezes na Bíblia (Gn 10.17 e 1Cr 1.15). Seria uma tribo de cananeus que vivia ao norte do Líbano, ou, então, em Trípoli ou Ortosia, entre Trípoli e Arca. Jerônimo sabia de um lugar chamado Sin, não longe de Arca, e Estrabão referiu-se a uma fortaleza conhecida, Sina, no monte Líbano. Todavia, a identificação dos sineus é problemática, nada tendo sido estabelecido em definitivo quanto a isso.

SINGULARIDADE DE CRISTO

Não é somente no sentido subjetivo de lealdade pessoal que o cristão confessa que *Jesus é Senhor* (1Co 12.3), pois ele crê que Cristo é, de fato, Senhor do mundo todo, reconheçam-no as demais pessoas ou não. É bem verdade que, falando de modo estrito, todo indivíduo é "singular"; mas, no sentido usual do termo, ou seja, "sem semelhança", refere-se, legitimamente, tão somente a Jesus.

Jesus foi singular em seu ensino, com suas parábolas incomparáveis e seu conhecimento íntimo tanto de Deus como da natureza humana, tanto quanto na influência que vem exercendo em toda a humanidade, no decorrer de todos esses séculos. Foi singular, ainda, em sua vida e caráter, acima de tudo como "homem de dores" e por sua compaixão infinita pelos pobres, desprezados e pecadores. Jesus foi singular na combinação perfeita de humildade pessoal e bondade com uma autoridade apropriada somente a Deus. Além de tudo, de ninguém mais poderiam seus mais íntimos amigos testificar que "ele não cometeu pecado algum", ou que "nele não há pecado" (1Pe 2.22; 1Jo 3.5).

Contudo, foi sua ressurreição dentre os mortos o que, sem dúvida, mais compeliu seus seguidores, conquanto convictos e fiéis monoteístas que eram, a se sentirem firmes em adorá-lo, em orar a ele e aplicar à sua pessoa algumas das grandes afirmações monoteístas do AT, que originalmente se referiam somente ao Deus do pacto com Israel. De fato, sua ressurreição não foi a ressuscitação de um cadáver, mas a transformação de um corpo humano sem vida em um corpo espiritual. Isso fica bastante claro não somente nas narrativas dos Evangelhos a respeito do sepulcro vazio e de seus aparecimentos após a ressurreição, mas também nos textos das epístolas (cf. Rm 6.9; 1Co 15.42-49; Fp 3.21).

O fato de que Deus o havia ressuscitado dentre os mortos não somente confirmou aquilo em que os discípulos já previamente criam (que Jesus era o Cristo), mas acrescentou uma dimensão totalmente nova para a visão que eles tinham do termo "Messias". Foi a ressurreição, também, que lhes provou que sua morte, "crucificado em fraqueza" (2Co 13.4), não constituíra simplesmente o martírio de um justo reformador, mas, muito mais que isso, um sacrifício expiatório dos pecados do seu povo. Aquele que não tinha pecado *Deus tornou pecado* [ou oferta pelo pecado] *por nós, para que nele nos tornássemos justiça de Deus* (2Co 5.21). A asserção de que "não haveria outro valor suficiente para pagar o preço do pecado", embora verdadeira, é inteiramente inapropriada; porque é impensável que Deus fosse permitir que alguém que não passasse de um simples ser humano maravilhoso portasse *em seu corpo os nossos pecados sobre o madeiro* (1Pe 2.24). Nem teria sido possível a Paulo afirmar que *Deus demonstra o seu amor por nós: Cristo morreu em nosso favor quando ainda éramos pecadores* (Rm 5.8), se não tivesse havido uma identidade básica entre o Pai que enviou e o Filho que morreu.

É à luz de sua vida, morte e ressurreição que deveríamos ver sua concepção e seu nascimento singular. Disso os Evangelhos dão testemunho inequívoco, embora, aparentemente, não fosse parte da "proclamação" apostólica. Conquanto a mitologia pagã esteja cheia de lendas de heróis nascidos como resultado da relação entre um deus e uma mulher, é igualmente verdadeiro que "a mente judaica (e Mt 1 e Lc 1 são intensamente judaicos) teria ficado revoltada pela ideia de uma relação física entre um ser divino e uma mulher" (Richardson). Seu nascimento virginal é, além disso, inegavelmente consentâneo com a preexistência de Cristo (Jo 8.58; l7.5; Fp 2.6,7).

(**J. N. D. Anderson**) (falecido), O.B.E., M.A., LL.D. (hon.), D.D., Q.C., F.B.A., ex-professor de Direito Oriental e diretor do *Institute of Advanced Legal Studies* da Universidade de Londres, Inglaterra).

BIBLIOGRAFIA. J. N. D. Anderson, *Christianity and World Religious: The Challenge of Pluralism* (Leicester, 1984); idem, *Jesus Christ: the Witness of History* (Leicester, 1985); S. Neill, *The Supremacy of Jesus* (London, 1984); A. Richardson, Virgin Birth, *in:* Richarson (ed.), *A Dictionary of Christian Theology* (London, 1969); H. H. Griffith Thomas, *Christianity is Christ* (London, 1925).

SINRATE

No hebraico **"vigia"**. Ele foi o nono filho de Simei, da tribo de Benjamim (1Cr 8.21). Viveu em torno de 1300 a.C.

SINRI

No hebraico, **"vigilante"**. Um nome compartilhado por quatro homens diferentes do Antigo Testamento, a saber: **1**. Um simeonita, filho de Semaías e pai de Jedaías, príncipe de sua tribo (1Cr 4.37). Viveu em cerca de 930 a.C. **2**. O pai de Jediael, que foi um dos seguidores fiéis de Davi e membro do seu exército (1Cr 11.45). Viveu em cerca de 1070 a.C. **3**. O filho de Hosa, um levita da divisão de Merari. Ele foi nomeado por Davi para ser um dos porteiros do templo de Jerusalém. Embora não fosse o filho primogênito, seu pai fez dele o chefe da família (1Cr 26.10). Viveu em torno de 1015 a.C. **4**. O filho de Elisafã, um levita do ramo gersonita que ajudou nas reformas religiosas levadas a efeito nos dias de Ezequias (2Cr 29.13). Viveu por volta de 730 a.C.

SINRITE

No hebraico, **"vigia"**, a forma feminina de *Sinri*. Era mãe de Jeozabade, um dos assassinos de Joás, rei de Judá (2Cr 24.26). Foi chamada de *Somer* em 2Reis 12.21. A época dessa moabita foi em torno de 840 a.C.

SINROM

No hebraico, **"vigia"**, **"guarda"**. **1**. Filho de Issacar e neto de Jacó (Gn 46.13; 1Cr 7.1), pertencia à linhagem de Lia. Era um líder do clã chamada sinronita (Nm 26.24). Sua época foi em torno de 1700 a.C. **2**. Vila da tribo de Zebulom (Js 19.15) que havia sido uma cidade cananeia antes da conquista da terra por Israel. Essa cidade juntou-se à confederação de Jabim contra Josué (Js 11.1-5). Seu nome completo era Sinrom-Merom (Js 12.20). Foi identificada tentativamente com a moderna Tell es-Semuniya, onde escavações arqueológicas descobriram ruínas da época do Bronze Médio e Posterior.

SINROM-MEROM

Este é, provavelmente, o nome mais completo da cidade de *Sinrom* (ver acima). A Septuaginta transforma os dois nomes em cidades diferentes, mas essa separação não tem autoridade real, sendo apenas a opinião dos tradutores daquela versão.

SINSAI

No persa, **"ensolarado"**, escriba ou secretário oficial de Reum, um tipo de governador que regia sobre a província de Judá. Ele também tinha autoridade sobre a colônia de Samaria (Ed 4.8, 9, 17, 23). Escreveu uma carta a Artaxerxes para tentar persuadi-lo a proibir a construção do segundo templo em Jerusalém. Sua carta obteve sucesso temporário, acarretando o adiamento por um período (Ed 4.17-24; 1Esdras 2.25-30). Depois o trabalho foi retomado na época de Dario (Ed 6.1012). Talvez ele fosse aramaico, pois sua carta foi escrita em aramaico. Por outro lado, tal idioma era quase universal naquela parte do mundo.

SIOM

No hebraico, **"exaltada"**. No grego, *seón*. Uma das diversas designações dadas ao monte Hermom (Dt 4.48).

SIOM

No hebraico, *shl'on*, de sentido desconhecido. Na Septuaginta, *Sioná* ou *Seián*. Era uma cidade fronteiriça de Issacar (Js 19.19). Entre os locais modernos que têm sido sugeridos como possível identificação, o mais largamente aceito é o de 'Ayum esh-Sha'in, cerca de cinco quilômetros a leste da cidade de Nazaré, na antiga Galileia. Uma outra localidade sugerida é Sirim, cerca de 23 quilômetros a sudeste do monte Tabor.

SIOR

No hebraico, **"turvo"**, **"lamacento"**, também transliterado como *Shior*. Possivelmente o nome do Nilo, ou de parte desse rio, localizado próximo à cidade de Ramsés (de acordo com alguns) ou de Qantir, cerca de 24 km ao sul de San el-Hagar. Alguns opinam que um riacho perto do wadi el Arish está em vista. O nome hebraico do rio pode ter sido sugerido pelo *Shi-hrw* egípcio, que significa lago ou poço de Horus, o deus-sol egípcio. As referências em Josué 13.3 e 1Crônicas 13.5 parecem favorecer o wadi mencionado acima como o local desse rio. Ele formava o limite sul do império de Davi. Ver o artigo a respeito desse wadi sob *Ribeiro do Egito*. (Ver ainda Is 23.3 e Jr 2.18).

SIOR-LIBNATE

Um riacho que servia de marco de fronteira das terras entregues à tribo de Aser (Js 19.26). Esse riacho tem sido variadamente identificado como o Nahr ez-Zerqa, o Belus, e outros. Sua identificação, entretanto, permanece incerta. A Septuaginta considera Sior e Libnate como pontos geográficos diferentes um do outro.

SIQUÉM

No hebraico, **"ombro"** ou **"crista"**, o nome de três pessoas e de uma cidade no Antigo Testamento. **1**. Filho de Hamor, o heveu que seduziu Diná, filha de Jacó, e foi depois assassinado (vingado) pelos irmãos dela, Simão e Levi (Gn 34; Js 24.32; Jz 9.28). A época foi em torno de 1730 a.C. **2**. Nome de um homem da tribo de Manassés, descendente distante de José, da família imediata de Gileade, e líder de um clã dos siquemitas. Sua família é mencionada em Josué 17.2. Ver também Números 26.31. Viveu em torno de 1450 a.C. **3**. Filho de Semida, da tribo de Manassés (1Cr 7.19), que viveu por volta de 1400 a.C. **4**. *Siquém, a cidade*.

I. Nome. Ver os significados sob 1, pessoas (acima). A versão portuguesa padronizou o nome, exceto em João 4.5, onde é fornecido *Sicar*. Alguns supõem que a cidade tenha recebido o nome do homem número 1, acima, mas é provável que uma localização geográfica da cidade explique isso. Ela se situa em uma ladeira ou em uma *crista*, ou *encosta*, do monte *Gerizim* (ver). É provável que o nome próprio das pessoas tenha derivado do nome da cidade ou do acidente geográfico que nomeou o local. O nome antecede as fontes israelitas e também é encontrado em referências literárias extrabíblicas, o que implica que ele, como a própria cidade, é muito antigo. O nome é encontrado em textos egípcios que datam do século XVIII a.C. e nas cartas de Amarna. Várias formas do nome são encontradas nos documentos. Ver o artigo *Tell el-Amarna* no *Dicionário*.

II. Observações Geográficas. A cidade era localizada em uma passagem que corre entre o monte Ebal ao norte e o monte Gerizim ao sul. Uma estrada atravessava a área e conectava o lado leste do Jordão com o mar Mediterrâneo. Próximo à cidade, essa estrada cruzava outra que ia de norte a sul e era conhecida como o Caminho do Carvalho do Divino. A área era fértil e bastante irrigada. Escavações arqueológicas demonstraram que Teel Balatah marca o antigo local, não o sítio da cidade romana posterior de Neapolis ou Nablus, que alguns estudiosos por muito tempo confundriam com o local antigo.

III. Observações Bíblicas. 1. Em sua primeira viagem à Palestina, Abraão acampou neste local e construiu um altar sob o carvalho de Moré (Gn 12.6). O território, naquela época, pertencia aos cananeus. **2**. Quando Jacó chegou ali, depois de sua estadia na Mesopotâmia, o local estava nas mãos dos heveus (Gn 33.18; 34). Hamor era o chefe daquele povo na época. **3**. Jacó comprou daquele líder parte de um campo que depois foi herdado, como patrimônio especial, por José (Gn 33.19; Js 24.32; Jo 4.5). É provável que seu campo fosse localizado na planície fértil chamada de Mukhna. Foi ali que Jacó cavou o famoso poço que recebeu seu nome. Isso lhe permitiu ter uma fonte de água independente. **4**. A sedução (estupro) de Diná, filha de Jacó, fez com que seus irmãos se vingassem por ela, massacrando os habitantes de Siquém (Gn 34.1 ss.). **5**. Depois da conquista da terra, o território ao redor de Siquém foi dado a Efraim (Js 20.7). **6**. A cidade tornou-se uma cidade de refúgio (Js 21.20,21). **7**. Por uma época, ela se tornou um centro para o ensino da Lei; *bênçãos* eram dadas de Gerizim, e cursos em Ebal (Dt 27.11; Js 8.33-35). **8**. Naquele local, Josué proferiu sua palestra de despedida ao povo, pouco antes de morrer (Js 24.1,25). **9**. Depois da morte de Gideão, Abimeleque, seu filho renegado, proclamou-se rei naquele local (Jz 9). Mas seu reino durou apenas três anos; a cidade foi destruída e a terra foi misturada com sal para que se tornasse estéril (Jz 9.25-45). **10**. A cidade levantou-se novamente, apesar dessas medidas drásticas. Roboão foi abençoado como rei de Israel nesse local (1Rs 12). **11**. Foi ali que as Dez Tribos renunciaram à linhagem real de Davi e transferiram a aliança a Jeroboão I (1Rs 12.16); por um período, essa foi a capital do reino do norte. **12**. Na época do cativeiro assírio (722 a.C.), Siquém foi uma vítima especial (2Rs 17.5, 6; 18.9 ss.). **13**. Salmaneser colonizou o local com pagãos para garantir o genocídio que havia sido cometido (2Rs 17.24). Outra leva de estrangeiros foi enviada por Esar-Hadom (Ed 4.2). O remanescente de Israel que permaneceu na terra uniu-se em casamento com os pagãos, dando origem aos samaritanos. **14**. Os samaritanos reergueram Siquém como centro religioso e transformaram o monte Gerizim em local sagrado que se tornou um rival de Jerusalém. **15**. A história da mulher no poço em João 4 reflete a antiga divisão entre o norte, o sul, e a instituição de um sistema religioso antagonista e separado.

IV. Arqueologia. Escavações feitas por arqueólogos alemães entre 1913 e 1934 demonstraram que a cidade era um lugarejo muito antigo, de modo geral próspero (2000-1800 a.C.) e muito fortificado em torno de 1400 a 1200 a.C. Foram escavadas fortificações da Idade do Bronze junto com um muro de 10 m de altura que datava entre os séculos XVII e XVI. Um templo significativo foi construído ali no século XI, que foi descrito através de descobertas arqueológicas. Talvez Abimeleque tenha sido responsável por essa estrutura (Jz 9). Foram descobertos vários tabletes de argila com inscrições em acádico (babilônico). Mais escavações foram realizadas em 1956 e 1957 por uma equipe da *Drew University - McCormik Theological Seminary*.

SIRÁ, POÇO DE

No hebraico, **"poço de desvio"**. Esse foi o lugar de onde Joabe convocou Abner, a fim de matá-lo à traição (2Sm 3.26). Josefo ajunta que Abner se encontrava em uma localidade chamada Besira quando foi chamado por Joabe. Ele localizou esse lugar a vinte estádios de Hebrom (*Anti.* 7.1,5). A mais provável identificação é com a moderna 'Ain Sarah, cerca de dois quilômetros e meio a noroeste de Hebrom.

SÍRIA. Ver sobre *Arã, Arameus*.

SÍRIA DE DAMASCO

Em outras versões aparece sob a forma de Arã-Damasco, conquistada por Davi (ver 2Sm 8.5,6).

SIRIOM

Nome que os fenícios de Sidom davam ao monte Hermom (Dt 3.9). No paralelo poético de Salmo 29.6, aparece em associação com o Líbano: "Ele os faz saltar como um bezerro, o Líbano e o Siriom, como bois selvagens". Idêntica associação ocorre no material proveniente de Ugarite: "O Líbano e as suas árvores, o Siriom, o mais precioso de seus cedros" (Ball e Anate 6.20,21). A ocorrência desse termo, como um paralelo da cadeia do Líbano, sugere que esse nome denominava toda a cadeia do Antilíbano. (Ver também sobre *Siom*.)

SÍRIOS DA MESOPOTÂMIA

No hebraico, **"Arã dos dois rios"**. Esse título ocorre no título do Salmo 60 e como *Mesopotâmia* (Gn 24.10; Dt 23.4; Jz 3.8,10; 1Cr 19.6). Segundo indica o termo Mesopotâmia, essa é uma área limitada por dois rios, o alto rio Eufrates, no oeste, e o rio Habur, no leste. Era nessa área que existia a cidade de Harã, onde Terá estabeleceu-se, após deixar Ur (ver Gn 11.31). A região também era chamada Padã-Arã, sendo a localidade onde o servo de Abraão foi buscar esposa para Isaque (ver Gn 24.10). Após a morte de Josué, Israel foi entregue nas mãos de Arã-Naaraim, durante oito anos (ver Jz 3.8-10, onde nossa versão portuguesa também diz *Mesopotâmia*). Posteriormente, os amorreus alugaram cavaleiros e carros de guerra nessa região para lutarem contra Davi (ver 1Cr 19.6). (OC S Z)

SISA

No hebraico, **"distinção"**, **"nobreza"**. Seu nome aparece somente em 1Reis 4.3, onde somos informados de que ele foi o pai de Eliorefe e Aías, que foram secretários de Salomão. Viveu em torno de 1040 a.C.

SISAQUE

1. Nome e Posicionamento Histórico. Está em vista o faraó egípcio *Sheshonk I*, cujas datas foram em torno de 935-914 a.C. Ele foi o fundador da XXII dinastia líbia e o primeiro faraó citado nominalmente na Bíblia. O significado de seu nome é incerto. Vários de seus sucessores retiveram seu nome, que se tornou uma identificação de dinastia, não meramente um nome pessoal.

2. Observações Bíblicas. Os ancestrais desse homem haviam entrado no Egito como soldados líbios mercenários, mas seus descendentes constituíram uma família dominante que, a longo prazo, forneceu uma linhagem de reis ou faraós. A família assumiu os traços egípcios em linguagem e cultura. Os interesses dessa família real estenderam-se a locais distantes e próximos e, finalmente, ao interior da Palestina. Talvez ele tenha sido o faraó que conquistou Gezer (1Rs 9.16), mas muitos estudiosos acham que Siamom tenha sido o responsável por isso. Em todo caso, Sisaque manteve um olho na Palestina. Ele abrigou os inimigos israelitas de Judá, inclusive Jeroboão, que fugiu para o Egito (1Rs 11.40) para escapar da ira de Salomão. Quando Roboão assumiu o poder de Salomão, seu pai, em seu quinto ano, Sisaque invadiu a Palestina, primeiro ao norte e depois ao sul. Registros egípcios mostram que essa invasão tinha objetivos amplos, embora a Bíblia fale apenas no saque a Jerusalém (1Rs 14.25, 26; 2Cr 12.2-12). A ofensiva estendeu-se a pontos tão distantes quanto o mar da Galileia, ao norte, e várias pessoas foram levadas cativas. O Egito não tinha poder para invadir e ocupar a terra. Dinheiro era o nome do jogo. Sisaque precisava de recursos para financiar seu programa de construção. E talvez ele tenha tentado assumir o controle das rotas comerciais do mar Vermelho ao Mediterrâneo, o que pode ter sido conseguido através da destruição das cidades ao longo dessa rota.

3. Arqueologia. O corpo recoberto de ouro de Sisaque foi recuperado, intacto, em sua câmara de enterro em Tanis, em 1938. Em Carnaque (antiga Teba) foi descoberta uma *estela* triunfal que continha um registro de suas conquistas militares. Essa estela lista várias cidades que ele capturou, inclusive algumas cidades de Judá. Somos informados que suas conquistas estenderam-se até a planície costeira e até Esdrelom, para não falar na Galileia. Ambos os reinos, do norte e do sul, sofreram sua ira, inclusive Jerusalém, sem dúvida, embora essa parte da estela recuperada não mencione o local. Ver o último parágrafo da seção II para detalhes sobre as citações bíblicas referentes a essa invasão. Outra estela foi recuperada em Megido, e um afresco triunfal exibe cativos de Sisaque, que foram levados em suas incursões à Palestina. Seus trabalhos de construção foram apenas um dos incontáveis capítulos tristes da história de Israel.

SÍSERA

1. Nome e Referências Bíblicas. *Sísera* é a palavra hebraica para "mediação" ou "exibição", mas a palavra cananeia da qual o termo hebraico se originou significava "líder". Alguns consideram o nome de significado incerto.

Este homem é mencionado nas seguintes passagens (Jz 4.2, 7, 9, 12, 13, 14, 15, 16, 17, 18, 22; 5.20, 26, 28, 30).

2. Pano de Fundo Histórico. Jabim, rei de Hazor, havia conquistado e tratado mal os israelitas por cerca de vinte anos (Jz 4.23). As forças dos cananeus eram muito mais sofisticadas do que as de Israel, contando com novecentas carruagens de ferro (Jz 4.2, 3), enquanto Israel tinha uma humilde infantaria que estava mal equipada para lutar contra inimigos sofisticados. Sísera era o principal general de Jabim quando ocorreu a batalha decisiva entre os dois povos. Josefo (*Ant.* V.5.1) pinta um quadro ainda mais negro das chances de vitória de Israel ao afirmar que o exército cananeu tinha 3 mil carruagens, 10 mil cavalheiros e 300 mil homens de infantaria. Os vinte anos de constante opressão haviam paralisado o comércio de Israel e atrapalhado qualquer forma de vida normal. Uma vitória militar parecia fora de questão antes de a profetisa Débora aparecer para provocar o povo a tomar a ação decisiva.

3. A História da Bíblia. Com o encorajamento de Débora, Baraque formou um exército de 10 mil soldados para atacar Sísera, que estava estacionado em Harosete-Hagoim, provavelmente localizado em um estreito vale, com cerca de 1,5 km de largura, onde o rio Quisom flui da planície de Esdrelom para a planície de Acre e daí para o mar Mediterrâneo. Juízes 4.15 dá ao "Senhor" (*Yahweh*) o crédito de reverter a batalha a favor de Israel no rio Quisom. Alguns estudiosos especulam que era uma época seca e que pesadas chuvas tornaram o local um "mar de lama" que anulou as carruagens e as forças superiores dos cananeus. De toda forma, Israel causou pesadas perdas ao inimigo, e Sísera, tentando salvar sua vida, fugiu a pé no sentido norte. Ele se refugiou na tenda de Jael, mulher de Heber, o queneu. A mulher recebeu o homem com a hospitalidade oriental usual, mas, quando ele adormeceu, matou-o enfiando uma estaca da tenda através de sua têmpora (Jz 4.17-22). O ato quebrou as regras da hospitalidade oriental, mas também o controle que Jabim tinha sobre Israel, de modo que por um período a tormenta parou. Mas os cananeus sempre voltavam para atormentar mais, uma constante na história de Israel até que Davi derrotou todos os seus inimigos, aniquilando-os ou confinando-os a áreas restritas.

Pensa-se que a famosa *Canção de Débora* seja um relato da mesma história, mas de um ponto de vista mais primitivo (Jz 5). Ela conta a história de como a mãe de Sísera aguardava seu retorno com ansiedade, mas inutilmente, pois o homem forte estava morto na tenda de Jael. A versão da história chama Sísera de "rei", não de general de um rei, mas isso era por *licença poética* que permite que a história não receba tratamento exato.

Outro homem que tinha esse nome era o ancestral de uma família de escravos do templo que retornou com Zorobabel a Judá depois do cativeiro babilônico (Ed 2.53; Ne 7.55). Eram os remanescentes de *Netinim* (ver).

SISINES

No grego, *Sisinnes*. Governador de Coele-Síria e da Fenícia na época do rei persa, Dario. Ele fez objeção à reconstrução do templo de Jerusalém, sob a liderança de Zorobabel. Mas Dario ordenou-lhe desistir de qualquer resistência contra os judeus (1Esdras 6.3,7,27; 7.1). Em Esdras 5.3 e 6.6 ele é chamado *Tatenai* (vide).

SISMAI

No hebraico, **"Yahweh é distinguido"**. Ele pertencia à tribo de Judá, da família de Hezrom, e da casa de Jerameel (1Cr 2.40). Viveu por volta de 1.280 a.C.

SISTEMA PATRIARCAL

Ver o artigo separado sobre *Sistema Matriarcal*. Apesar de haver alguns genuínos exemplos de sistema matriarcal, o sistema que tem prevalecido quase universalmente é o sistema patriarcal. Certamente, a história de Israel ilustra o sistema patriarcal. Esse sistema provê a força por detrás das tradições, instituições e formas religiosas e hierárquicas de Israel, sem falar em seu modo de pensar. A unidade doméstica era o *bet ab*, a *casa do pai*. (Ver Gn 38.11; Jz 6.15; 18.1,11; 1Sm 9.20,21; Nm 1.20-43). A história e a organização nacionais estavam baseadas nos pais, os chefes dos clãs, que vieram a ser os patriarcas da nação. O Pentateuco, talvez mais particularmente o código sacerdotal (ver o artigo intitulado *J.E.D.P* (S), onde *P.(S.)* refere-se a esse código), traça a história da raça humana inteira partindo de um único progenitor, Adão. Dali, setenta nações, segundo se vê em Gênesis 2,5 e 10, derivam sua origem dos três filhos de Noé: Sem, Cão e Jafé.

No tocante a questões religiosas, o sacerdote original era o pai da unidade da família. Quando foi formada uma casta sacerdotal especial, esta alicerçou-se sobre os membros masculinos da tribo de Levi, e dos descendentes masculinos diretos de Aarão. Ocasionalmente, surgiu alguma profetisa em Israel; mas em sentido algum o ofício profético era controlado ou perpetuado por mulheres. Dentro da questão familiar, o casamento significava (entre outras coisas) que a mulher tornava-se posse de seu marido. Assim, um homem podia possuir várias mulheres. O marido era chamado *bael*, "senhor". Ser chefe de uma casa significava ser possuidor da casa com tudo quanto havia nela, incluindo as mulheres, os filhos e os servos (ver Gn 31.43; 46.26). A autoridade do homem era absoluta, excetuando algumas raras ocasiões, quando a esposa era a personalidade mais forte e podia manipular as coisas, extraoficialmente pelo menos, segundo Sara, algumas vezes, foi capaz de fazer, ou como se deu com Raquel. Com a passagem do tempo, surgiram algumas restrições à autoridade do homem. Por exemplo, um homem podia vender sua filha, mas somente enquanto ela fosse menor de idade (ver Êx 21.7-11; Lv 19.29; Nm 30.4-15). A dissolução do casamento era uma questão relativamente fácil; mas a iniciativa tinha de partir do homem. A esposa não podia pedir o divórcio, embora pudesse exercer pressões para que o homem tomasse tal iniciativa. Ver o artigo separado sobre o *Matrimônio*. Os casamentos eram arranjados e ordenados de acordo com as preferências do homem. (Ver Lv 18; Dt 22.20,21). A poligamia satisfazia o impulso sexual masculino, além de prover ao homem a oportunidade de obter poder e glória através de muitos filhos, os quais eram grandemente valorizados pelas famílias. Mas as mulheres israelitas não podiam casar-se com vários homens ao mesmo tempo. Os filhos desses casamentos com várias esposas eram distinguidos uns dos outros mediante o uso dos nomes das mães.

A herança seguia a linhagem masculina, porquanto a propriedade ficava nas mãos dos homens. Por ocasião da morte de um chefe de família, a herança passava para os seus filhos homens (ver Nm 27.8-11). Só havia uma exceção a isso, quando não havia filhos, mas somente filhas, que então recebiam a herança paterna, embora elas tivessem de casar-se dentro de sua própria tribo (ver Nm 27.8; 36.6 e *ss.*; Tobias 6.12; 7.13). Se não houvesse nem filhos e nem filhas, então a herança passava para algum irmão do falecido; e, no caso de não haver irmão, para algum tio paterno. Se não houvesse tio paterno, passava para o parente mais próximo (Nm 27.9-11), mas sempre dentro da linhagem paterna. Ver o artigo separado sobre *Herança*.

SITIM

1. Nome e Referências Bíblicas. No hebraico, *acácias*, região nas planícies de Moabe, citadas nos seguintes trechos no Antigo Testamento (Nm 25.1; Js 2.1; 3.1; Jl 3.18; Mq 6.5).

2. Geografia (duas localidades) e Observações Bíblicas. *a*. O último local onde Israel acampou a leste do Jordão antes de entrar na Palestina: (Nm 25.1; Js 3.1; Mq 6.5). O nome completo desse local era *Abel-Sitim* (Nm 33.49). Foi desse mesmo local que Josué enviou os 12 espiões para verificar se Israel seria capaz de conquistar o território com sucesso (Js 2.1). As identificações modernas incluem Tell el Kefrein e Tell el-Hammam, mas é impossível decidir qual (se algum) dos dois está correto. A história negativa que a maioria dos espiões contou evitou a invasão da Terra Prometida, mas, após quarenta anos de vagueações, Israel voltou ao mesmo ponto e, dessa vez, avançou, cruzou o rio Jordão e iniciou a conquista (Js 3.1). *A árvore shiita*, na versão portuguesa chamada de *sita*. O local descrito acima era rico desse tipo de madeira. *Sitim* (o local) é o plural da palavra, e *sita* (o singular) é o nome da árvore. A madeira é mencionada 26 vezes no Antigo Testamento. Havia duas espécies: a *acácia seyal* e a *acácia tortilis*. Essa árvore era praticamente a única na Palestina que se adaptava bem às áreas muito secas. O *tortilis* era (é) uma madeira de grão fino e marrom, excelente para a feitura de móveis e tão natural que a arca da aliança, o altar e as mesas do tabernáculo foram feitos dessa madeira. *b*. Vale deserto próximo ao Jordão, provavelmente no lado oeste, acima do mar Morto. As árvores de acácia também cresciam ali. Joel (3.18) usava o nome para referir-se a um vale muito seco. Em sua profecia, as águas jorravam do templo para regar o local e torná-lo fértil, o que, por sua vez, falava de bênçãos espirituais que viriam, a longo prazo, à Palestina, apesar da secura corrente. Talvez esteja em vista a Idade do Reino (ver ainda Zc 14.8 e Ez 47.1-12). Alguns estudiosos identificam 1 e 2.

SITNA

No hebraico, **"briga"**, **"contenda"**. Nome do segundo poço cavado pelos servos de Isaque, nas proximidades de Gerar (Gn 26.21). Esse nome reflete o conflito que ocorreu quando os criadores de gado de Gerar disputaram com os criadores de gado de Isaque, acerca dos direitos da água potável dos poços. Embora a localização exata desse poço seja desconhecida, sabe-se que ficava perto de Reobote (Gn 26.22).

SITRAI

No hebraico, **"Yahweh está decidindo"**. Esse homem era um sarotita que foi o principal pastor dos rebanhos que pastavam em Sarom (1Cr 27.29). Viveu em cerca de 1015 a.C. Nossa versão portuguesa diz "gados", por duas vezes, nessa referência de 1Crônicas. No hebraico, a palavra *baqar* aponta para qualquer tipo de gado domesticado na época.

SITRI

No hebraico, **"Yahweh é proteção"**. Era neto de Coate e filho de Uziel. Também era primo de Moisés (Êx 6.22). Viveu em cerca de 1530 a.C.

SIVÃ

Terceiro mês do calendário judaico, correspondente aos nossos meses de maio e junho. Ver sobre *Calendário*.

SIZA
No hebraico, **"esplendor"**. Ele foi um rubenita, um dos heróis de guerra ao serviço de Daniel. Seu nome aparece somente no trecho de 1Crônicas 11.42. Viveu em torno de 1060 a.C.

SÔ
Esse rei do Egito é mencionado nas páginas da Bíblia somente em 2Reis 17.4. Ele tem sido identificado com *Sib'e*, um general egípcio, por ocasião da batalha de Rafia (cerca de 720 a.C.), ou então com Sabaca, rei do Egito (cerca de 716-701 a.C.). A primeira dessas identificações, com Sib'e ou Sive, é possível. Porém, estudiosos recentes indicam que o nome, nos registros assírios, deveria ser lido como Re'e, e não como Sib'e. Já "Sabaca" oferece maiores dificuldades fonéticas, além do que ele viveu muito tarde para ajustar-se cronologicamente. O contemporâneo de Oseias era Tefnact, de Sais (cerca de 730-720 a.C.). Uma sugestão feita mais recentemente pelos especialistas é que a palavra "Sô" refere-se não a um monarca, mas a uma cidade, Sais. Nesse último caso, o trecho de 2Reis 17.4 deveria dizer: ... *porque enviara mensageiros a Sô, ao rei do Egito*...

SOA
No hebraico, **"rica"**. Esse nome designa um povo, mencionado em Ezequiel 23.23, juntamente com outros lugares, como Babilônia, Pecode e Coa, além dos assírios, como um dentre muitos povos que, de futuro, haveriam de levantar-se contra Judá. O povo de Soa não tem sido identificado com grande grau de certeza; porém, o mais provável é que se trate dos *Sutu*, um povo nômade que, por algum tempo, viveu a leste do rio Tigre e também no deserto da Síria. Os assírios viviam em estado de guerra quase constante contra eles, mas eles nunca foram inteiramente dominados.

SOALHO
No hebraico, *qarqa*, "soalho", "fundo". Essa palavra hebraica ocorre por sete vezes (Nm 5.17; 1Rs 6.15,16,30; Am 9.3; 1Rs 7.7). Essa palavra indica o piso de algum edifício. No sexto capítulo de 1Reis há alusão ao piso do templo de Jerusalém. Os soalhos eram feitos de madeira, de cerâmica ou de pedras. Mas, nas casas das classes pobres, usualmente eram feitos apenas de terra batida. O fundo do mar também pode ser classificado nessa categoria (Am 9.3), embora o português prefira, para isso, a palavra "fundo".

SOÃO
No hebraico, **"berilo verde"**. Ele foi um levita descendente de Merari. Era filho de Jaazias (1Cr 24.27). Viveu por volta de 1700 a.C.

SOBABE
No hebraico, **"retorno"**. Há dois homens com esse nome, nas páginas do Antigo Testamento: **1**. Um filho de Calebe e sua esposa, Azuba (1Cr 2.18), que viveu em torno de 1540 a.C. **2**. Um dos quatro filhos de Davi e Bate-Seba, que nasceram em Jerusalém (2Sm 5.14; 1Cr 3.5; 14.4). Viveu por volta de 1020 a.C.

SOBAI
No hebraico, *"Yahweh* **é glorioso"**. Foi cabeça de uma família de porteiros do templo de Jerusalém, após o retorno dos exilados na Babilônia. Ele voltou em companhia de Zorobabel (Ed 2.42, Ne 7.45, 1Esdras 5.28). Viveu em cerca de 530 a.C.

SOBAL
No hebraico, **"vagueação"**. Há dois ou três personagens com esse nome, no Antigo Testamento: **1**. Um *filho* de Seir, o horeu, chefe de um clã dos habitantes horeus de Edom (Gn 36.20,23,29; 1Cr 1.38,40). Viveu em torno de 1820 a.C. **2**. O antepassado de uma família calebita da tribo de Judá, e também antepassado de muitos habitantes de Quiriate-Jearim (1Cr 2.50,52; 4.1,2). É possível que esse homem seja o mesmo Sobal descrito acima, no primeiro ponto. **3**. Um dos filhos de Judá, e que veio a ser pai de Reaías (1Cr 4.1,2). Viveu em cerca de 1670 a.C.

SOBEQUE
No hebraico, **"livre"**. Esse foi o nome de um chefe judaico, signatário do pacto estabelecido por Neemias (Ne 10.24). Viveu em cerca de 445 a.C.

SOBERANIA DE DEUS
Ver os artigos separados sobre *Determinismo* e *Livre Arbítrio*.

O termo "soberania" denota uma situação em que uma pessoa, com base em sua dignidade e autoridade, exerce o poder supremo, sobre qualquer área, em sua província, que não esteja sob a sua jurisdição. Um "soberano", pois, exerce plena autonomia e desconhece imunidades rivais.

Quando é aplicado a Deus, o termo indica o total domínio do Senhor sobre toda a sua vasta criação. Como Soberano que é, Deus exerce de modo absoluto a sua vontade, sem ter de prestar contas a qualquer vontade finita. Conforme se dá com outras ideias teológicas, o termo não figura nas páginas da Bíblia, embora o conceito seja reiterado por inúmeras vezes. Para tanto, as Escrituras apelam para a metáfora de "governante e súditos". Embora expresse essa ideia de outras maneiras, é principalmente nas doxologias ou atribuições de louvor que aparece o conceito. Poderíamos citar aqui uma passagem do Antigo Testamento e uma do Novo Testamento, como prova disso. ... *até que conheças que o Altíssimo tem domínio sobre o reino dos homens, e o dá a quem quer* (Dn 4.25). *Assim, ao Rei eterno, imortal, invisível, Deus único, honra e glória pelos séculos dos séculos. Amém* (1Tm 1.25).

A soberania de Deus consiste em sua onipotência, expressa em relação ao mundo criado, mormente no tocante à responsabilidade moral das criaturas diante dele. Visando a um fim benfazejo, e executando o seu plano eterno para a criação inteira e para os homens, Deus exerce autoridade absoluta, amoldando todas as coisas e todos os acontecimentos à semelhança do que o oleiro faz com o mesmo monte de barro amassado. (Ver Rm 9.19 ss). embora, erroneamente, quanto aos seus motivos, o suposto objetor, postulado por Paulo, expressou uma verdade inconteste: *Pois quem jamais resistiu à sua* (de Deus) *vontade?* (vs. 19). Além de mandar na sua criação sem que alguém possa intervir nas decisões divinas, a Bíblia nos ensina que essa soberania é exercida tendo em vista galardoar a piedade e castigar a rebeldia. É o que se vê em trechos como o de Romanos 11.22, que diz: *Considerai, pois, a bondade e a severidade de Deus, para com os que caíram, severidade, mas para contigo, a bondade de Deus, se nela permaneceres; doutra sorte também tu serás cortado*. Isso nos permite chegar à conclusão de que Deus não age arbitrariamente, movido pelo capricho, quando determina todas as coisas segundo os ditames de sua soberana vontade.

Porém, se rebrilha mais intensamente esse governo de Deus sobre as questões morais do bem e do mal, nem por isso devemos esquecer que as próprias forças da natureza lhe estão sujeitas de maneira absoluta. Em sua vida terrena, Jesus mostrou a sua divindade, precisamente, exercendo total controle sobre as forças naturais. Acalmada a tempestade e tranquilizado o vendaval, os discípulos de Jesus perguntavam uns aos outros: *Mas quem é este, que até os ventos e o mar lhe obedecem?* (Mt 8.27). Ver também Mateus 5.45 e 6.30, que mostram que o controle de Deus desce até às coisas que consideraríamos destituídas de importância.

Entretanto, a soberania de Deus cria problemas para nós, com a nossa limitada compreensão, quando a colocamos lado a lado com as atividades humanas. O homem agiria por compulsão divina ou agiria livremente? No primeiro caso, temos o problema do *Determinismo* (vide); se o homem age livremente, sem qualquer controle divino, onde ficou a soberania de Deus? A solução é pensar que o homem atua como um livre agente mas sempre dentro dos limites estabelecidos pela soberania divina. Deus, pois, refreia os excessos do livre-arbítrio, dirigindo os atos humanos de tal modo que cheguem a resultar naquilo que sua sabedoria tem por alvo. A liberdade de ação do homem só vai até onde Deus lhe permitiu. Em Gênesis 2.15, aprendemos que o homem recebeu domínio sobre a natureza terrestre. E os próprios monarcas da terra governam como delegados, por mandato divino (1Sm 15.11 e 2Cr 1.9). Por isso mesmo, os governantes podem ser destituídos de suas funções. Todavia, se, por uma parte, Deus limita o alcance das ações humanas, por outro lado ele mesmo se restringe quanto à sua soberania, quando isso se faz mister. De outra sorte, não haveria espaço para o livre arbítrio humano. É nessa altura que entram em nossas cogitações a paciência de Deus, as renovadas oportunidades de arrependimento que Deus dá aos desobedientes, o adiamento dos castigos divinos contra o mal e até mesmo o aparente retardamento do retorno de Cristo a este mundo. E conforme diz o escritor sagrado: *Não retarda o Senhor a sua promessa, como alguns a julgam demorada; pelo contrário, ele é longânimo para convosco, não querendo que nenhum pereça, senão que todos cheguem ao arrependimento* (2Pe 3.9).

O problema do determinismo *versus* o livre arbítrio humano tem causado perplexidades teológicas desde longa data. Assim, ao refutar o erro de Palágio, Agostinho inclinava-se tanto para o extremo direito (da soberania divina) que parecia negar qualquer liberdade humana. Em conflito com Erasmo de Roterdã, Calvino caiu no mesmo desequilíbrio. Em seu afã por preservar a ideia da iniciativa divina, Calvino criou um sistema teológico, que vários de seus seguidores levaram a um ponto ainda mais extremado, que virtualmente nega ao homem ter vontade livre. Nesse caso, destituído de livre-arbítrio, seria uma injustiça o homem ser condenado, por praticar aquilo que estaria impossibilitado de evitar. Portanto, o calvinismo (especialmente quando radical) (vide), exprime, quando muito, uma meia-verdade. E o arminianismo cai precisamente no erro contrário, quando exalta o livre-arbítrio humano, sem levar em conta que este é, necessariamente, limitado pela vontade planejadora de Deus. Isso nos permite chegar à conclusão lógica de que tanto o calvinismo quanto o arminianismo são visões parciais da verdade, a qual se acha na correta relação entre a soberania de Deus e o livre-arbítrio humano. Deus usa o livre-arbítrio do homem sem destruí-lo, mas *como*, não sabemos.

Tudo isso suscita o princípio teológico da *polaridade* (vide). Em outras palavras, existem verdades complexas, formadas pelo relacionamento entre *duas verdades* menores. Em nosso estudo, a soberania de Deus e o livre-arbítrio humano seriam os *dois polos* opostos de uma verdade espiritual maior.

SOBI

No hebraico, "*Yahweh* **é glorioso**". Foi filho de Naás, de Rabá, um amonita. Sobi e dois companheiros, Maquir, de Lodebar, e Barzilai, de Rogelim, trouxeram provisões para Davi e seus homens, quando estes fugiam de Absalão e dos que o apoiaram na sua rebelião (2Sm 17.27-29). Quando os líderes de Absalão rejeitaram o conselho de Aitofel, preferindo o parecer de Husai, então Davi e seus seguidores conseguiram escapar de um encontro imediato com as forças de Absalão e assim tiveram tempo de se prepararem melhor. E, quando Davi e seus homens acamparam em Maanaim, receberam ajuda da parte de Sobi e seus companheiros. As provisões, incluindo mantimentos, trazidas por Sobi e seus associados, foram suficientes para satisfazer as necessidades dos homens de Davi, enquanto se preparavam para o seu próximo movimento. Sobi viveu em cerca de 1020 a.C.

SOBOQUE

No hebraico, "**expansão**". Esse nome aparece em 2Samuel 10.16,18. Ele foi um dos generais sírios que atuavam sob as ordens do rei Hadadezer.

Soboque foi o comandante das *forças sírias* que combateram contra Davi, em Helã. Esse ataque de Soboque foi uma tentativa síria para reverter duas derrotas anteriores dos sírios, às mãos de Israel. As forças sírias de Hadadezer haviam sido derrotadas em Reobe e Zobá. E, novamente, quando Israel esteve envolvido em conflito com os amonitas, estes procuraram obter a ajuda dos sírios. Joabe, general israelita, saiu-se vitorioso da refrega, e os sírios, amargurados diante da derrota, apelaram para as suas forças que estavam para além do rio Eufrates, as quais, sob as ordens de Soboque, atacaram Davi, em Helã. Os homens de Davi, entretanto, feriram Soboque, de modo que ele morreu. E, então, os sírios fugiram (2Sm 10.16,18). No trecho paralelo de 1Crônicas 19.16,18, Soboque é chamado Sofaque. Ele viveu por volta de 1040 a.C.

SOBRENOME

Neste verbete consideraremos uma palavra hebraica e três palavras gregas: **1**. *Kanah*, "sobrenome" ou "dar títulos lisonjeadores". Esse termo hebraico aparece por quatro vezes (Is 44.5; 45.4; Jó 32.21 e 32.22). **2**. *Epikaléomai*, "dar um sobrenome". Palavra grega usada por trinta vezes (Mt 10.25; At 1.23; 2.21 (citando Joel 3.5); 4.36; 7.59; 9.14,21; 10.5; 11.13; 12.12,25; 15.17 (citando Amós 9.12); 18.32; 22.16; 25.11,12,21,25,26.32; 28.19; Rm 10.12,13,14; 1Co 1.2; 2Co 1.23; 2Tm 2.22; Hb 11.16; Tg 2.7 e 1Pe 1.17). **3**. *Kaléo*, "chamar". Palavra grega usada por cento e quarenta e sete vezes, desde Mateus 1.21 até Apocalipse 19.13. **4**. *Epitíthemi ónoma*, "dar um nome". Expressão grega usada somente por duas vezes: Marcos 3.16,17.

Um sobrenome é algum nome ou alcunha, aplicado a uma pessoa, denotando alguma característica individual que a distingue. No Antigo Testamento, o termo hebraico *kanah* tem sido traduzido de modo bem pouco coerente nas traduções em geral. Como o leitor pode verificar, o termo aparece somente no livro de Isaías e no livro de Jó. Nas duas ocorrências do livro de Jó, a verdadeira tradução deve ser "dar título lisonjeador" ou coisa parecida, conforme fez a nossa versão portuguesa. No Novo Testamento, o vocábulo grego *epikaléo* ocorre como um particípio na voz passiva, *epikletheís*, quase sempre vinculando um apelativo judaico com outro de origem grega ou romana, conforme pode ser visto, por exemplo, em Atos 10.5: *... manda chamar Simão, que tem por sobrenome Pedro*. No entanto em quase todos os casos, no Novo Testamento traduzido, o nome adicional e o particípio de explicação não se encontram nos manuscritos mais antigos e mais exatos. Não há que duvidar que, originalmente, esses casos representavam antigas glosas, cujo intuito era meramente identificar o indivíduo mencionado no texto, por seu nome mais comumente conhecido. Mas, no decurso da transmissão de alguns nomes de família, nos manuscritos, esses comentários adicionais passaram a fazer parte do próprio texto copiado. Só no livro de Atos há nove.

SOCÓ

No hebraico, "**cerca de espinhos**" ou "**lugar espinhoso**". **1**. No distrito mais ao sul do terreno montanhoso de Judá, chamado *Estemote*, havia 11 cidades, e uma delas se chamava Socó (Js 15.48). Talvez Khirbet Shuweikeh, localizado cerca de 15 km ao sudoeste de Hebrom, marque o antigo sítio. **2**. Parte baixa de Judá, habitada pelos filhos de Esdras. Reoboão fortificou o local após a revolta das dez tribos (2Cr 11.7). Golias foi morto ali, num dos 12 distritos administrativos de

Salomão. Socó situava-se no lado norte do wadi Es-Sunt, ou, como dizem alguns, em Khirbet 'Abbad. As versões fornecem diversos nomes semelhantes para os quais a versão portuguesa padronizou um único termo. Alguns estudiosos identificam o local com a Khirbet Shuweikeh moderna, situada cerca de 25 km a sudoeste de Jerusalém. (Ver ainda 1Sm 15.35, 48; 1Rs 4.10; 2Cr 28.18). **3.** Uma cidade na planície de Sarom também tinha esse nome. Na época de Salomão, o local era governado por Ben-Hesede (1Rs 4.10). Esse local ficava cerca de 18 km a nordeste de Siquém, mas a posição exata é desconhecida. **4.** Nome do filho de Heber na genealogia dos "filhos de Judá" (1Cr 4.18). Mas o termo pode designar um local, pois alguns outros nomes nessa genealogia são denominações de locais. Ver Josué 15.48-58. No caso de uma pessoa, ela provavelmente recebeu seu nome do distrito mencionado sob o número 1. O costume de chamar uma pessoa por um *segundo nome*, isto é, pelo nome da cidade ou área onde ela vivia, é antigo e persistiu até a Idade Média; por exemplo, Tomás de Aquino (Aquino é nome de um local).

SODI

No hebraico, "*Yahweh* **deterrnina**". Era o pai de um dos espias enviados por Josué. Pertencia à tribo de Zebulom (Nm 13.10). Viveu por volta de 1492 a.C.

SODOMA

I. Nome e Referências Bíblicas. O significado do nome *Sodoma* é incerto, mas provavelmente deriva do Vale de *Sidim*, que em hitita quer dizer *sal*. O nome fala das planícies de sal e das covas de betume de um vale que ficava próximo ao mar Morto, onde se situavam Sodoma e Gomorra. O local é mencionado mais de cinquenta vezes na Bíblia, na maioria das quais relacionado à incomum natureza pecaminosa que foi punida com julgamento incomum. (Exemplos: Gn 10.19; 13.10, 12, 13; 14.2, 8, 10, 11, 12; 14.17, 21; 19.1, 4; Dt 29.23; Is 1.9, 10; Jr 23.14; 49.18; 50.40; Ez 16.46, 48; Am 4.11; Sf 2.9; Mt 10.15; Rm 9.29 (com o nome grego do local, *Sodoma*); 2Pe 2.6; Jd 7; Ap 11.8).

II. Local. Na história da guerra de Abraão contra o rei do leste (Gn 14), Sodoma e Gomorra são mencionadas entre as "cinco cidades" no *vale de Sidim* (junto com Admá, Zeboim e Zoar). As passagens que mencionam essas cidades concordam em localizá-las ao longo da costa sul do mar Morto. Jamais foi encontrada alguma evidência arqueológica da existência dessas cidades nos locais onde pensamos que devem ter existido. Talvez estejam sob águas rasas do sul do mar Morto, como supõem alguns. A arqueologia descobriu no lado sudeste do mar Morto cemitérios em Bab edh-Dhra e Numéria que mostram que em uma data muito antiga havia lugarejos na área, muito antes da época em que Israel dominou o território.

III. Observações Bíblicas. O local é mencionado mais de cinquenta vezes, como demonstro na seção I. Gênesis 14 registra a história da guerra de Abraão contra os reis do leste. Ló optou por morar ali, mas fugiu quando o julgamento divino atingiu o local, como registrado em Gênesis 19. Os capítulos 18 e 19 explicam por que a reputação de Sodoma era tão ruim. Até mesmos as entidades enviadas pelo Senhor (que visitaram Abraão) reuniram muitas reclamações e prepararam uma punição severa para um povo muito mau (Gn 18.20, 21). Dois anjos visitaram Ló no local e acabaram vítimas de agressão homossexual, mas os agressores foram atingidos por cegueira. Ló teria dado suas filhas virgens a eles, mas o toque dos anjos as salvou, e elas então pronunciaram que o julgamento estava por vir. O capítulo 19 registra tudo isso, assim como o julgamento, que lembra uma erupção vulcânica, mas pode ter sido uma teofania em operação.

A maioria das outras referências ao local denuncia sua característica pecaminosa e a maldade de seus habitantes. A quantidade de material dedicado à história não é muito grande, mas os profetas de épocas posteriores não se cansaram de mencionar o local como exemplo número um do mal que exigia severa intervenção divina.

IV. Seu Pecado Condenado. A palavra *sodomita*, significando *homossexualidade*, demonstra que o principal pecado do local era perversão moral, sexual, mas isso não deve ocultar de nós o fato de que o povo do local era pecador notório que participava em todas as classificações da má conduta. De fato, eles praticavam uma *prostituição cultural*, não apenas uma prostituição sexual literal. Ver sobre *Sodomita* após este artigo. Eles eram homens *consagrados* ao mal e aos vícios não naturais. O artigo dá os detalhes. Sodoma e Gomorra tornaram-se poderosos símbolos do mal humano que exige retribuição divina. De fato, elas são exibidas como virtuais *arquétipos* do pecado. Esse tema se repete continuamente nos profetas (Is 1.9; Jr 23.14; Ez 16.44-58; Am 4.11). Até mesmo o Novo Testamento não ignorou o tema (Mt 10.15; Lc 10.12; Rm 9.29; 2Pe 2.6; Ap 11.8). Mas aqueles que rejeitavam a Jesus, apesar de seus ensinamentos maravilhosos e poderosos milagres, eram ainda piores do que esses, pois disse Jesus: *Em verdade vos digo que, no dia do juízo, haverá menos rigor para a terra de Sodoma e Gomorra do que para aquela cidade* (Mt 10.15, em referência a qualquer cidade ou vila que rejeitasse a mensagem de Jesus, fosse dada por ele mesmo ou por seus discípulos; o capítulo 10 descreve a primeira missão dos Doze apóstolos). Paulo condenou fortemente o pecado sodomita, seja por homens, seja por mulheres, em Romanos 1.25-28. O apóstolo nos conta que esse pecado resultou de um julgamento divino de homens que mudaram a verdade de Deus em mentira e envolveram-se em idolatria de diversos tipos. Estudos atuais indicam que existe de fato um "terceiro sexo", homens e mulheres que nascem homossexuais. Isso, por si só, não justificaria seus atos, pois, como sugere Paulo, o julgamento divino faz com que os homens sejam perversos para que possam receber a punição que merecem, de uma forma mais vívida, por causa de "outras" perversões, especialmente a de abandonar Deus ou adorar ídolos e coisas criadas, em vez de adorar o Criador. Tendo dito isso, não demos ao assunto um tratamento completo e justo. Ver o artigo sobre *Homossexualismo*, que entra em detalhes.

V. Seu Julgamento. *Primeiro*, como arquétipos do pecado, essas pessoas mereciam o julgamento que receberam, de forma que o relato se torna uma história clássica do princípio do *carma*, isto é, a operação da *Lei da Colheita Segundo a Semeadura*.

Segundo, qual foi a natureza desse julgamento? Se uma *teofania* (ver) estava envolvida, então não havia necessidade de terremotos e erupções vulcânicas. Por um lado, nada há de antibíblico em "acontecimentos naturais" serem instrumentos da retribuição divina. A área ao sul do mar Morto apresenta tanto atividade vulcânica como de terremotos, como demonstram as evidências geológicas, de modo que forças naturais poderiam estar em operação. A doutrina do teísmo e da punição, continuando ativa no mundo, permite que sejam empregados acontecimentos naturais pelo planejamento divido, se não diretamente por uma intervenção espetacular. Ver o artigo *Teísmo* no *Dicionário* e no *Antigo Testamento Interpretado*.

Terceiro, o caos faz parte de nosso mundo, e alguns eventos acontecem sem nenhuma razão. Por outro lado, esse *caos* ("futilidade" nas palavras de Paulo, Rm 8.20), embora sem causa divina direta, torna-se um instrumento da vontade divino para fazer com que os homens virem os olhos para o divina, buscando a liberação de acontecimentos ridículos, destrutivos. Claro, a história de Sodoma não se encaixa nessa terceira categoria de eventos trágicos.

Podemos rir? Quando eu era estudante de pós-graduação, meu professor de grego contou uma história "engraçada"

SODOMA, MAR DE

certo dia. Havia uma empresa dos Estados Unidos interessada em abrir um cassino. Onde? Na extremidade sul do mar Morto! Mas um dos encarregados anulou o plano ao declarar: "Ah, não vamos envolver-nos *naquilo* de novo!" Por outro lado, em 1953 uma cidade foi fundada na área e batizada de *Sodoma*. Está localizada na margem oeste do mar Morto, um pouco ao norte de Jebel Usdum. Pessoas corajosas!

SODOMA, MAR DE. Ver sobre *Mar Morto*.

SODOMA, VINHA DE. Ver sobre *Vinha de Sodoma*.

SODOMIA. Ver sobre *Crimes e Punições*.

SODOMITA

1. O nome. A palavra hebraica é *qadesh*, que significa "separado", "santo", mas, com uma pequena alteração do significado original, passou a representar "dedicado" a enormes pecados, como um *devotado* da perversidade. A palavra grega é simples, *arseokoitai*, isto é, homem que tem relações sexuais com outro homem, "homossexual".

2. As pessoas envolvidas. O termo, é claro, refere-se aos primeiros dos habitantes de Sodoma, jovens e velhos que estavam envolvidos pesadamente no homossexualismo: ... *assim os moços como os velhos, sim, todo o povo de todos os lados* (Gn 19.4 e contexto). Ló, em sua fraqueza, ofereceu a esses perversos filhas virgens que eles prontamente rejeitaram! Por extensão, a palavra significa qualquer pessoa que seja ativa de forma homossexual. (Ver Gn 19.5 e cf. Rm 1.27). Pode haver uma referência aos ritos religiosos; portanto, como as mulheres estavam envolvidas na prostituição sagrada, para o sustento de templos pagãos, é possível que homens também fossem *consagrados* a deuses e deusas, ganhando dinheiro para ajudar a financiar o "ministério". Uma de minhas fontes afirma que esse tipo de prostituição homossexual sagrada se espalhava pela Síria, Frígia, Assíria e Babilônia. Asterote (Astarte) (ver) era a principal deusa envolvida. Dar dinheiro a um homossexual em troca de relações era chamado de *o preço de um cão* (Dt 23.18), tão degradante era considerado. Os homossexuais eram chamados de *kinaidos* pelos gregos, palavra derivada de *cão*, para lembrar a forma canina (sem restrições) na qual eles praticavam a atividade sexual. Compare esse uso com Apocalipse 22.15. O estado atual de ciência e religião praticamente nos impossibilita lidar com este problema de qualquer forma inteligente ou eficaz. Se de fato há um "terceiro sexo", então reverter isso, em muitos, se não na maioria dos casos, pode ser uma tarefa impossível. Se o terceiro sexo existe, pois, porque há por trás dele algum tipo de julgamento divino sobre os pecadores, entendemos que, a longo prazo, o problema pode ser anulado por meios espirituais, ou que talvez exija intervenção divina direta. Se o estado do terceiro sexo existe por causa de alguma anomalia física ou fisiológica, ou por acidente, então talvez a ciência algum dia possa reverter isso, especialmente se for passado pela genética de pai a filho. Se *alguns* homossexuais são assim por causa de *condicionamento social*, então esse grupo minoritário pode ser curado pela psicoterapia ou por treinamento religioso, incluindo a "conversão". A maioria dos problemas mais difíceis tem múltiplas causas e exige múltiplas soluções, e esse é, sem dúvida, o caso da homossexualidade.

Legislação bíblica. A sodomia é condenada com termos severos pela lei mosaica (Dt 23.17) e por Paulo (Rm 1.27; 1Co 6.9), que não conseguia ver lugar para os homossexuais no reino de Deus.

Percentuais. Estudos demonstram que os verdadeiros homossexuais constituem cerca de 4% da população, mas a *bissexualidade* pode atingir o assombroso percentual de 20%.

Misericórdia e amor. Seria errado completar um artigo como esse sem fazer com que a luz da misericórdia e do amor brilhasse no problema. A perseguição, o ódio e a discriminação contra os homossexuais obviamente devem ser condenados por qualquer homem que se proclame seguidor de Cristo. Todos nós cometemos pecados igualmente sérios, mas não perdemos a aceitação social por causa disso. Em outubro de 1998 houve um caso na Universidade de Wyoming em que um estudante homossexual foi espancado até a morte por dois estudantes heterossexuais, e suas namoradas participaram no *crime*, que é como devemos chamar o que fizeram. Os legisladores agora estão discutindo leis mais específicas contra o "crime de ódio", algo semelhante ao que o Brasil fez contra a discriminação racial e sexual.

SOFAQUE

Forma alternativa do nome Soboque (vide), em 1Crônicas 19.16,18.

SOFERETE

No hebraico, **"erudição"**. Ele era chefe de uma família de netinins ou "servos de Salomão", que voltaram do exílio babilônico, em companhia de Zorobabel. Ele é mencionado em Neemias 7.57 e Esdras 2.55. Nos livros apócrifos, ele é mencionado em 1Esdras 5.33. Viveu por volta de 536 a.C.

SOFONIAS

No hebraico, "*Yahweh* **escondeu**", "**tesouro**", ou, como pensam alguns, "*Yahweh* é trevas". Outros ainda dizem que o significado é "*Yahweh* protege", ou *Zafom é Yahweh*. Zafom era uma divindade cananeia que alguns identificaram com o *Yahweh* de Israel. Esse pode ter sido o significado original que veio a ser substituído por outros em épocas posteriores. De toda a forma, quatro personagens bíblicas são chamadas assim: **1**. Levita do ramo caotita de sacerdotes. Hemã, descendente distante, serviu no ministério da música no tabernáculo. Sofonias também era um servo no ministério da música no tabernáculo. Ele foi um ancestral de Samuel, o juiz e profeta (1Cr 6.36). **2**. O autor do livro com o mesmo nome, que estava ativo na primeira parte do reinado de Josias, em torno de 630 a.C. (Ver Sf 1.1). Ele é o único profeta/escritor cuja genealogia remonta a *quatro gerações*, informações dadas em Sofonias 1.1. Suas profecias foram dirigidas contra Judá e Jerusalém apóstatas. Em sua época, o reino do norte havia há muito sido feito cativo na Assíria. Ele foi um contemporâneo de Jeremias, juntamente com quem fez discursos veementes contra a idolatria, o adultério e a apostasia existente na época. Os profetas de Judá se tinham tornado homens obscenos; seus conselheiros, enganadores; seus sacerdotes, presos em formas idólatras de cultos, especialmente a adoração das estrelas; seus juízes e mercadores, gananciosos; e os líderes religiosos, hipócritas e idólatras. Sofonias também denunciou os oráculos contra os povos vizinhos (Sf 2.7, 9). Ele enfatizou o temeroso "dia do Senhor", que poderia ser uma retribuição contra todos os pecadores, tanto em Judá como fora dela. Depois de um grande expurgo, haveria uma restauração em Sião. Mesmo as nações pagãs participariam dessa renovação de toda a humanidade. Para maiores detalhes e referências, ver a introdução ao livro de *Sofonias*. **3**. Filho do sacerdote Maaseias (Jr 21.1). Ele também foi um sacerdote e conselheiro do rei Zedequias nos dias finais do reino de Judá, antes de a Babilônia pôr fim à confusão em que o reino do sul se havia transformado em sua apostasia generalizada. Esse homem, contudo, se opunha a Jeremias e à sua política "maleável" com relação à Babilônia. Ele favorecia a revolta, mas Jeremias percebeu que isso fracassaria, apenas provocando um massacre intolerável do povo. Quando veio o ataque babilônico, esse homem, juntamente com outros encarregados, foi levado a Ribla e executado, exatamente como havia previsto Jeremias. (Ver 2Rs 25.18; Jr 21.1; 29.25, 29; 37.3; 52.24, 27). **4**. Pai de Josias, em cuja casa em Jerusalém o profeta Zacarias ordenou que Josué, filho de Jeozadaque, o sumo sacerdote, deveria ser consagrado como líder dos cativos que retornaram a Judá após o cativeiro (Zc 6.10, 14).

SOFONIAS (LIVRO DE). Ver a *Introdução ao livro*.

SOFONIAS, APOCALIPSE DE

Três livros receberam esse título: **1.** O primeiro conhecemos através de cotações e referências de Clemente da Alexandria (cerca de 190 d.C.). Esse era um livro pseudepígrafo judeu, e o escritor não hesitou em atribuí-lo ao antigo profeta Sofonias. Mas os antigos faziam tais declarações por convenção literária, para exaltar o mestre e possivelmente obter uma circulação melhor para seus trabalhos. Mas poucos, provavelmente, levavam essas declarações a sério. Esse trabalho é semelhante à Ascensão de Isaías e descreve uma jornada do profeta ao quinto céu (presumivelmente um dos *sete* locais gloriosos), como nos conta 1Enoque. **2.** Um livro posterior, de origem cristã, chamado pelo menos nome, é representado por apenas duas páginas existentes que datam do século V d.C. O idioma é o copta saídico. O profeta vê anjos de aparência terrível e uma alma sendo espancada por causa de suas transgressões. Uma cena semelhante é descrita no Apocalipse de Pedro, um trabalho pseudepígrafo do Novo Testamento. Esse livro em particular tem algumas cenas comuns com o livro listado acima sob o número 1. **3.** Um livro escrito em copta armímico, que pertence ao século IV d.C., composto por dezoito páginas. Pode pertencer ao livro descrito sob o número 2, mas por causa de sua identificação incerta é chamado de Apocalipse Anônimo. A parte desse livro preservada é essencialmente uma descrição dos sofrimentos no inferno.

Todos esses três livros são *pseudepígrafos*, isto é, escritos como se fossem de autoria de uma pessoa bem conhecida, no caso o profeta Sofonias, que não eram seus verdadeiros autores. Daí o nome pseudo, ou falso. Ver sob *Pseudepígrafos*, na *Enciclopédia de Bíblia, Teologia e Filosofia*.

SOFRIMENTO E O PROBLEMA DO MAL

Ver o artigo detalhado sobre o *Problema do Mal*. Se existe um Deus *bondoso*, todo-poderoso, que prevê *tudo*, como é que tanta maldade e sofrimento existem no mundo?

SOL

I. Termos e Referências Bíblicas. No hebraico, *shemesh*, que significa "brilhante"; *charcah*, aparentemente de uma raiz que significa "coçar" ou "raspar", mas como isto pode significar "sol" é difícil de entender, a não ser que um de seus usos, *placa vermelha*, por associação com o vermelho do *calor*, esteja em vista; *chammah* significa "calor" e, por implicação, o "sol"; *ore*, que significa "iluminação", "brilho", "claro", "dia" e o "sol". O total de referências ao sol no Antigo Testamento chega a 120. (Alguns exemplos incluem: Gn 15.12, 17; 19.23; Êx 16.21; 17.2; Lv 22.7; Dt 4.19; Jz 5.32; 9.33; 1Sm 11.9; Ec 1.3,5 9, 14). No grego, *helios*, a única palavra no Novo Testamento para referir-se ao sol. Ela é usada cerca de 33 vezes (Alguns exemplos: Mt 5.45; 13.6, 43; Mc 1.32; 4.6; Lc 4.40; At 2.20; 1Co 15.41; Ef 4.26).

II. A Origem de Toda a Vida. Os antigos eram completamente ignorantes sobre distâncias astronômicas e sobre o tamanho dos corpos celestes, mas tinham completa ciência de que a vida, como nós a conhecemos na terra, é impossível sem o sol. Este conhecimento provocou a transformação do sol em deus e a sua adoração em muitas culturas.

O sol é a origem da vida, como nós a conhecemos, de duas formas óbvias: sem seu calor, tudo congelaria imediatamente; e todo o suprimento de água da terra deriva da evaporação das águas dos oceanos, o que é afetado pelo sol. A água evaporada sobe ao céu, forma nuvens, é carregada pelas correntes de ar à terra e dali é depositada em lagos e córregos e diretamente na terra. Então volta novamente aos oceanos, e o ciclo começa mais uma vez.

III. Observações Bíblicas. 1. O sol não era a fonte da *luz primitiva* que existiu antes de sua criação (Gn 1.3) Esse é um assunto misterioso e convido o leitor a consultar a exposição sobre esse versículo no *Antigo Testamento Interpretado*. **2.** De acordo com o relato de Gênesis, o sol, a lua e os corpos celestes, de modo geral, foram feitos no *quarto dia*, depois das plantas, árvores etc., que sabemos que dependem da luz do sol para viver (o sol foi feito no *terceiro dia*, vss. 11-13)! Para o trabalho do quarto dia (ver os vss. 14-18). Essa ordenação dos dias que faz com que a terra exista antes dos céus, incluindo o sol, revela a natureza primitiva do relato e alerta-nos a não tentar extrair ciência dele. A ideia de que o sol etc. Existia antes e apenas *passou a brilhar* no quarto dia é obviamente um "drible" filosófico à questão. Além disso, a *Luz* do vs. 3 definitivamente não vem do sol, mas sim de algum tipo de Luz Divina, primitiva, muito separada da criação das coisas materiais. **3.** O sol e a lua foram feitos em benefício da terra, para serem as luzes maior e menor para sua iluminação. Os hebreus não tinham nenhuma ideia sobre o tamanho dos dois corpos, e imaginavam que eles ficassem relativamente próximos à terra (como aparentam estar), não que tivessem algum tamanho gigante. Ver os artigos gerais sobre *Criação; Cosmologia; Cosmogonia* e *Astronomia* para maiores detalhes sobre as ideias hebraicas a respeito da origem das coisas. **4.** O sol era um item da criação de Deus, não um deus a ser adorado. A adoração do sol é rigidamente proibida na lei mosaica (Dt 4.19). Após o êxodo, Israel entrou em contato com povos que adoravam o sol. Isso é refletido nos nomes dos locais *Bete-Semes* (a casa do sol, Js 15.10) e *En-Semes* (a fonte do sol, Js 15.7). No Egito havia a adoração a *Rá*, o deus-sol, a principal deidade do panteão egípcio. E na Babilônia havia *Utu* (masculino), enquanto os cananeus tinham seu *Sps*, uma deusa. Assim, o sol era transformado em deidades tanto masculinas como femininas. A teologia hebraica rejeitou todas essas invenções férteis e reduziu o sol a *algo criado*, em vez de a um deus das coisas. **5.** Como algo criado, pensava-se que o poder de Deus, trabalhando através do homem, seria capaz de deter o movimento do sol e atrasá-lo por um tempo, assim temos o *dia longo* de Josué (Js 10.12, 13), o que tem dado muito trabalho aos intérpretes. De modo geral, é declarado o que aconteceu foi uma paralisação temporária da revolução da terra (um feito praticamente tão grande quanto parar o sol!) ou um milagre de reflexão, nenhum dos quais o autor do Pentateuco poderia ter antecipado como explicação. Ver o artigo sobre o *Dia Longo de Josué* para detalhes sobre uma variedade de interpretações que a história atraiu. **6.** Os antigos acreditavam que o sol se movia ao redor da terra, e não o contrário, pois certamente ele *parece* fazê-lo. (Ver Js 10.13; 2Rs 20.11; Sl 19.6; Ec 1.5; Hb 3.11). Os hebreus acreditavam que o sol fazia um *circuito* diário, inconscientes de que a terra gira em seu próprio eixo, criando essa ilusão. **7.** Na ausência de máquinas do tempo artificiais criadas pelo homem, os antigos transformaram o sol no determinador dos cálculos do dia e da noite e dos estados. A alvorada e o pôr do sol formavam os dias. Então havia três períodos do dia solar: *a.* quando o sol esquentava, lá pelas 9h (1Sm 11.9; Ne 7.3); *b.* O sol duplo ou forte, isto é, o do meio-dia (Gn 43.16; 2Sm 4.5); *c.* a parte fresca do dia, antes do pôr do sol, quando o sol está pronto para se retirar pelo dia (Gn 3.8). **8. O estabelecimento dos hemisférios e das direções.** As posições do sol eram usadas para fazer esses cálculos. O sol levanta no leste, se põe no oeste (Is 45.6; Sl 50.1). Se se estiver de frente para o sol quando ele se levanta, o norte fica à esquerda, e o sul, à direita. Os hebreus não falavam de meias-direções, como o sudeste, nordeste etc. **9**. No Novo Testamento, o *helios* determina os relógios do dia (Mc 1.32) e está envolvido em acontecimentos catastróficos causados divinamente (Ap 1.16; Mt 24.29). O Novo e o Antigo Testamento têm vários usos metafóricos ou figurativos que explico sob a seção V.

IV. EM OUTRAS LITERATURAS E CULTURAS.
Em épocas posteriores, havia cultos de adoração ao sol, como o mitraísmo e outros cultos persas. O sol é uma figura central em 1Enoque 41.3-9. No mundo greco-romano, o sol é uma das principais deidades, se não a principal. Sócrates achava que a lua era um deus, e que mais poderoso ainda era o sol como uma deidade. Tais ideias influenciaram ainda a arte cristã. Jesus muitas vezes é retratado em pé na frente de um escudo solar, chamado de *clipeus*, e também em sua carruagem solar, uma imitação direta dos retratos pagãos do deus-sol fazendo seu circuito diário no céu. Alguns cristãos primitivos falam ainda de Jesus com todos os atributos do disco solar, conforme definido pelas fontes pagãs. A Reforma contribuiu para refutar todos esses simbolismos pagãos.

V. USOS FIGURATIVOS.
1. O favor de Deus é como o sol em chamas (Sl 84.1). **2**. A lei de Deus brilha como o sol (Sl 19.7). **3**. A vinda de Cristo é como o brilho do sol (Mt 17.2; Ap 1.16; 10.1). **4**. Poderes supremos são como o sol em sua glória (Gn 37.9). **5**. A pureza da noiva (em Ct 6.10). **6**. A glória dos santos do futuro (Dn 12.3; Mt 13.43). **7**. O triunfo dos santos (Js 5.31). **8**. Símbolo de calamidades (Ez 32.7; Jl 2.10, 31; Mt 24.29; Ap 9.2). **9**. Símbolo de grande força (Sl 19.5). **10**. Símbolo de destruição prematura (Jr 15.9; Am 8.9). **11**. Bênçãos perpétuas (Is 60.20). **12**. Vergonha pública (2Sm 12.11, 12; Jr 8.2), com a ideia da exposição. **13**. A pessoa do Salvador (Jo 1.9; Ml 4.2). **14**. Glória e pureza dos seres celestes (Ap 1.16; 10.1; 12.1).

SOL, ADORAÇÃO AO
Era natural que o homem não regenerado incluísse, em suas miríades de formas de idolatria, a adoração ao sol, a fonte de toda a energia para a vida física, sem o que vida alguma de natureza física poderia existir neste mundo. Mitos relativos ao sol podem ser encontrados nas mitologias de todas as raças e povos. Simbolismos solares são igualmente bem disseminados, e ocorrem desde as culturas neolíticas. Alguns têm mesmo pensado que a adoração ao sol é a mais antiga das religiões humanas. O sol tem recebido uma incansável e variada atenção por parte das religiões dos homens, bem como de seus mitos e de sua ciência, e nem toda essa atenção reveste-se da forma de adoração. Calendários elaborados, com base nas relações entre o sol e a terra, têm existido desde tempos remotos. Nas culturas mais avançadas, como na babilônia e na maia, desenvolveu-se uma astronomia surpreendentemente avançada, que incluía observações sobre os movimentos do sol, da lua e das estrelas, no tocante à terra. Naturalmente, isso acabou misturando-se com a fé religiosa dos homens. Ver sobre *Astrologia*, quanto a descrições. Tais atividades foram importantes no desenvolvimento da astronomia e da matemática.

A adoração ao sol ocupa um papel proeminente na história do Egito, do México e do Japão. Importantes descobertas científicas, nos campos da matemática e da astronomia, acompanharam a fé religiosa. No Egito, mui provavelmente, as pirâmides estavam associadas à adoração ao sol, conforme se verifica por sua orientação. O deus-sol, *Ra* (vide) teve uma longa história através das muitas dinastias egípcias que se sucediam quase interminavelmente. No século XIII a.C., Iquinaton estabeleceu no Egito um monoteísmo passageiro que girava em torno de *Aton*. Ele era representado por um disco com raios, que alguém segurava na mão. A adoração ao sol espalhou-se do Oriente para o Ocidente e achou lugar até mesmo na Grécia e em Roma. Os maias representavam o deus-sol como um jaguar. Sacrifícios humanos faziam parte desse culto. Calendários exaustivos foram preparados e a matemática servia de importante ciência auxiliar. Os ameríndios contavam com suas próprias formas de adoração ao sol, distintas da adoração que se via no México.

A mitologia religiosa do Japão fazia a família real japonesa descender da deusa-sol, *Amaterasu*. Essa tradição manteve-se por nada menos de 26 séculos, sem interrupção. Há muitos cultos solares, quase todos eles incluindo a ideia de luta pela sobrevivência em um lugar de clima adverso, onde impera a necessidade de benevolência da parte do sol para que os homens possam sobreviver. Os cultos ao sol incluem ainda o inevitável tema da sobrevivência, dependente da luz e do calor. Porém, os deuses-sol aparecem empenhados em todas as formas de função divina, julgando as almas dos homens, promovendo guerras contra povos inimigos etc.

SOL, CAVALOS DO.
Ver o artigo sobre *Sol*.

SOL, CIDADE DE
Ver os artigos sobre as duas *Heliópolis* na *Enciclopédia de Bíblia, Teologia e Filosofia*. Alguns manuscritos do texto massorético, em Isaías 19.18, apresentam *ir-ha-heres*, "cidade do sol", enquanto a maioria apresenta *ir-hares* (com uma letra hebraica diferente para o *h*), "cidade de destruição". Ver sob *Massora* (*Massorah*); *Texto Massorético*. Talvez a pequena alteração que transformou *sol* em *destruição* tenha tido por objetivo ser uma sátira, consignando à cidade à destruição. O contexto é o oráculo *contra* o Egito, e essa teria sido uma alteração natural dos escribas. Esperava-se que *Yahweh* derrubasse o Egito e outros estados pagãos (Jr 43.13). Com o passar do tempo, apareceu o verdadeiro Sol no Egito, com a disseminação do judaísmo e finalmente do cristianismo, tendo a Alexandria ocupado o centro em ambos os casos. A espiritualidade, a lei de Deus, é o sol que ilumina o homem (Sl 19.7). Cristo é um sol para animar e orientar, de fato, o Sol da Retidão traz a cura em suas asas (Ml 4.2; Ap 1.16).

SOLDADO.
Ver sobre *Exército* e sobre *Guerra*.

SOLDADURA
No hebraico, *debeq*, **"junção"**. Essa palavra é usada por três vezes no Antigo Testamento (em Is 41.7, 1Reis 22.34 e 2Cr 18.23). Mas, somente na primeira dessas referências poderíamos pensar em soldadura, porquanto nas outras passagens está em foco alguma junta da armadura do rei de Israel, Acabe, por onde um dardo atirado ao acaso entrou e o feriu, matando-o. A ideia de soldadura, porém, envolve a ligação de duas peças de metal, de tal modo que se tornem uma só, sem qualquer fenda para entrada de um dardo ou flecha.

SOMBRA
1. Os Termos. No hebraico, *a. tsel*, "sombra" ou "defesa" (Gn 19.8; Jz 9.15, 36; 2Rs 20.9-11; Sl 17.8; Is 4.6; 16.3; Ez 17-23; Jn 4.5,6).; *b. tselel*, "sombra" (Jó 20.22; Ct 2.17; 6.4); *c. tselatsal*, "sombra" ou "sombreado" (Is 18.1). No grego, *a. aposkiasma*, "sombra" (Tg 1.17); *b. skia*, "sombra" (Mt 4.16; Mc 4.32; Lc 1.79; At 5.15; Cl 2.17; Hb 8.5; 10.1).

2. Usos Literais. O Rei Ezequias pediu que a *sombra* do relógio solar fosse invertida (que andasse na direção oposta) como um sinal de Deus (2Rs 20.10). As pessoas doentes sobre as quais a *sombra* de Pedro passou foram curadas (At 5.15). O restante das referências da Bíblia é figurativo.

3. Usos figurativos. *a*. Fala-se da morte como uma sombra, pois a morte é vista pelos homens como uma experiência de tristeza, remorso e dor, ausência de luz e iluminação (Sl 23.4). *b*. O túmulo (Jó 10.21; 12.22; 16.16; Is 9.2; Jr 2.6). *c*. Uma sombra que passa rapidamente representa quão rapidamente acaba a vida humana (1Cr 29.15; Jó 8.9; 14.2; Sl 102.11). *d*. Uma sombra pode proteger uma pessoa do calor do sol, e *Yahweh* é uma grande rocha que lança sombra refrescante em uma terra fatigada (Is 32.2; 49.2; Ct 2.3; Sl 17.8; 63.7; 91.1). *e*. No Pai, que é Luz, não pode haver sombra de mudança, isto é, variação ou falta de fé (Tg 1.17).

4. O Tabernáculo como uma Sombra. O santuário sagrado e seu conteúdo eram apenas sombras de coisas maiores por vir na época do Messias (Hb 8.5; 10.1), o que significa que o Antigo Testamento prefigurou (ou pré-sombreou) o Novo Testamento. Os ritos, símbolos e prédios do Antigo Testamento (como o tabernáculo e o templo) lançam como se fossem sombras, nas quais uma realidade maior poderia ser discernida. Dizendo o mesmo em outras palavras, podemos falar em "tipos".

SOMER

No hebraico, **"vigilante"**. Há dois homens com esse nome, nas páginas do Antigo Testamento: **1**. O pai (ou mãe) de Jeozabade, um dos assassinos de Joás, rei de Judá (2Rs 12.21; 2Cr 24.26). Ver, igualmente, sobre Simeate. Viveu em cerca de 870 a.C. **2**. Um descendente de Aser, filho de Heber (1Cr 7.22). As evidências mostram que ele viveu por volta de 1600 a.C.

SONHOS

A ciência dá cada vez maior importância aos sonhos, nos campos da psicologia e da psiquiatria. A religião também dá grande valor aos sonhos. Escrevi um livro sobre o assunto, com título em português *Como Descobrir o Sentido dos seus Sonhos*, publicado pela Nova Época Editorial Ltda., de São Paulo, Estado de São Paulo. O leitor que estiver interessado sobre a questão encontrará nesse livro informações históricas, científicas, psíquicas e espirituais acerca dos sonhos. Muitas teorias se têm desenvolvido sobre o assunto, e neste artigo, ofereço apenas algumas ideias representativas. A quantidade de material escrito sobre o assunto dos sonhos, na atualidade, é bastante extensa. De modo geral, porém, as enciclopédias e os dicionários bíblicos comentam quase de passagem sobre a matéria, apresentando ao leitor algumas teorias que já se tornaram obsoletas diante da ciência.

I. O QUE É UM SONHO? DEFINIÇÕES. Meus amigos, ninguém sabe ainda o que é sonhar. Todas as definições fracassam em algum ponto. Mas talvez várias dessas definições nos possam dar uma razoável descrição a respeito.

1. Bergson supunha que há um elo direto entre a percepção dos sentidos e a memória. De acordo com essa definição, um sonho seria uma atividade mental que emprega o armazém de percepções gravadas no cérebro, envolvendo a memória e reconstruindo cenas. Sem dúvida, muitos sonhos estão envolvidos nesse tipo de atividade. Mas até mesmo isso tem aspectos misteriosos, porquanto não sabemos como a memória é entesourada no cérebro humano. Além disso, sempre haverá o problema da *mente* como distinta do *cérebro*. É patente que a mente, e não somente o cérebro, está envolvida nos sonhos. Sonhar é uma função mental que pode ultrapassar o fundo de informações armazenadas no cérebro. Ainda recentemente tive um sonho lúcido que pode ilustrar o ponto. Um sonho lúcido é aquele em que a pessoa sabe que está sonhando, e pode exercer algum controle sobre o mesmo. Nesse sonho, pois, eu caminhava ao longo de uma rua muito enfeitada, com muitos desenhos coloridos. E as construções de um e do outro lado da rua, embora humildes, também tinham desenhos de variadas cores. Eu sabia que estava sonhando, e parei para admirar a cena. Pensei: "Como é que a minha mente pode inventar tudo isso?" Olhei para as coisas que via e notei quão perfeitas elas eram, não menos perfeitas do que no estado de vigília. No sonho, tudo era perfeito em suas sombras e intrincados detalhes. Poderia ter sido aquilo somente o banco de memória do meu cérebro, reorganizado? Ou a mente tem participação ativa nos sonhos? Sabemos que até mesmo a simples percepção, no estado de vigília, vai muito além do que realmente a gente vê. O cérebro (ou a mente) inventa coisas, adicionando detalhes às informações captadas pelos olhos. Portanto, podemos afirmar que até mesmo a percepção, quando estamos despertos, envolve um pouco de alucinação. Tenho tido sonhos onde ouço admiráveis peças musicais. Isso complica o problema porque creio que a qualidade da música que tenho tido em meus sonhos ultrapassa tudo quanto está armazenado em minha memória. Após um sonho assim, desperto com um senso de admiração completamente fascinado pelo que acabei de ouvir no sonho. Identifico sonhos assim como *espirituais*, porquanto esse tipo de coisa, a extrema beleza dos sons e das cenas, sempre acompanha algum tipo de mensagem que recebo, alguma forma de discernimento especial ou de projeção para o futuro. Meus próprios sonhos me têm convencido de que há muito mais coisa envolvida nos sonhos do que meros novos arranjos de percepções anteriores, armazenadas na memória, embora isso possa ser suficiente para explicar a maioria dos sonhos. Estou convencido de que, nisso, está envolvida a *mente*, e não apenas o cérebro.

2. Fromm diz que um sonho é uma expressão significativa de qualquer tipo de atividade mental quando estamos dormindo. Isso afirma apenas o óbvio, e não nos transmite qualquer ideia sobre o real *modus operandi* dos sonhos.

3. Freud declarava que um sonho é o cumprimento de algum desejo, mesmo em casos onde esse elemento não seja óbvio. Mas, nos seus últimos anos de vida, ele entendeu que certo tipo de sonho não se ajusta a essa teoria, ou seja, o sonho traumático, que alguém revisa continuamente, trazendo à tona alguma experiência desagradável. Os soldados, por exemplo, nunca se livram dos sonhos sobre as batalhas em que tomaram parte. Todavia, Freud sentia que sempre se pode achar, nos sonhos, algum desejo que o sonhador está satisfazendo. Em casos óbvios, uma pessoa quer algo, como dinheiro ou posição, e então sonha sobre essas coisas. Porém, em casos não tão óbvios, temos o exemplo do jovem médico que, em seus sonhos, via-se processado pelas autoridades, por haver enganado no pagamento de seu imposto de renda. Ninguém quer enfrentar um tribunal e ser ali condenado. Mas aquele jovem médico tinha poucos pacientes e ganhava pouco dinheiro. Portanto, ele inventava aqueles sonhos (conforme Freud assegurava), porque, se ele tivesse de enfrentar uma acusação por ter enganado em sua declaração de imposto de renda, é que teria de estar ganhando muito mais dinheiro do que realmente sucedia.

4. O sonho fisiológico. Alguns pesquisadores supõem que os sonhos nada mais são do que uma reação mental a algum estímulo fisiológico. Isso realmente pode suceder. Se respingarmos um pouco de água sobre o rosto de uma pessoa que dorme, poderemos fazê-la sonhar que está chovendo. Talvez ela até invente um sonho muito dramático, como estar se debatendo sob um grande dilúvio. As experiências em laboratório têm mostrado que muitas reações e sonhos elaborados ocorrem em face de estímulos externos. Mas isso sucede no caso apenas de poucos sonhos, e não de todos eles.

5. Os sonhos sem sentido. Alguns pesquisadores supõem que os sonhos não tem qualquer significado, sendo apenas reprocessamentos mentais de eventos que já aconteceram ou poderão ainda acontecer. Provavelmente, alguns sonhos não passam disso.

6. Possibilidade de loucura momentânea. Alguns estudiosos têm ido ao extremo de pensar que um sonho é uma insanidade temporária e que todos nós gostamos de enlouquecer parte do tempo. É possível que esse estado tenha algum valor terapêutico, talvez não. Mas, apesar de alguns sonhos serem insensatos, isso dificilmente pode explicar a essência dos sonhos. Outrossim, muitos sonhos loucos não o são realmente, se conseguirmos compreender os símbolos envolvidos. De fato, alguns dos sonhos mais estranhos são os mais significativos, uma vez que compreendamos os nossos próprios símbolos nos sonhos. A linguagem dos sonhos é extremamente simbólica e primitiva, e há um paralelo direto entre os símbolos dos sonhos e os símbolos das visões, talvez até significando as mesmas coisas na maioria das vezes. Trata-se de uma linguagem pictórica, e não verbal, mostrando-se muito sutil, mas não insana.

7. Os sonhos didáticos. Jung supunha que os sonhos tratam daqueles assuntos pelos quais nos interessamos vitalmente, através de símbolos, e que precisam ser entendidos, não tendo o intuito de ocultar. Os sonhos, pois, nos diriam como restaurar o equilíbrio em nossas vidas, quais coisas nos são prejudiciais, quais coisas precisamos desenvolver ou cultivar. Os sonhos nos trazem mensagens espirituais mediante as quais somos encorajados a aprimorar as nossas vidas.

8. *Freud,* além de postular a ideia do cumprimento do desejo, ensinava que os símbolos dos sonhos têm por intuito ocultar, e não revelar. Ele cria que os sonhos extraem toda espécie de coisas terríveis do subconsciente, pelo que os sonhos distorceriam esse material, para não ficarmos chocados com o que vemos, porquanto dentro de todos nós, mesmo que sejamos crianças, as coisas mais monstruosas se agitam e buscam expressar-se. Um sonho, pois, provê uma válvula de escape para essa energia negativa, tornando-a aparentemente real nos sonhos, mas então oculta seu verdadeiro sentido de todos nós, mediante imagens loucas, distorcidas. É provável que alguns sonhos sejam apenas isso; mas não muitos deles. Jung contradizia essa opinião, ao afirmar que as imagens dos sonhos têm a finalidade de revelar, e não de esconder. Contudo, precisamos aprender a compreender a linguagem de nossos sonhos, o que, para a maioria das pessoas, é algo tão misterioso como um idioma estrangeiro desconhecido.

9. *Freud* também pensava que um sonho é um *guardião do sono*. Isso quer dizer que, mediante distorções, não ficamos assustados com aquilo que vemos nos sonhos, e assim continuamos a dormir, imperturbáveis. Porém, as pesquisas modernas têm mostrado que sonhamos em ciclos, e que no fim de cada ciclo há um breve período de vigília, o que, evidentemente, tem o propósito específico de dar-nos a oportunidade de relembrar e interpretar os nossos sonhos.

10. Os sonhos que resolvem problemas. A maioria dos pesquisadores acredita que os sonhos têm uma função de resolvedores de problemas, pelo menos no caso de alguns sonhos. Adler não achava que é importante lembrarmos os nossos sonhos, porquanto sua função seria fornecer-nos uma espécie de condicionamento psicológico, que nos ajudasse a enfrentar e resolver os nossos problemas. Porém, tem sido demonstrado que os sonhos que lembramos transmitem mensagens específicas, pelo que é útil lembrarmos dos nossos sonhos, a fim de podermos interpretar suas mensagens gerais ou específicas.

11. Os sonhos psíquicos. Os estudos em laboratório têm mostrado que os sonhos podem ser influenciados pela telepatia. Um sonho compartilhado por duas pessoas não é incomum. Disso podemos concluir que há uma espécie de intercomunicação entre as pessoas, quando dormem, e que as pessoas que estão intimamente relacionadas, como os membros de uma família, ou pessoas que trabalham juntas, estão envolvidas em um tipo de esforço de equipe em sua vida. Portanto, compartilhar de alguns sonhos pode ajudar-nos. Isso tem sido um elemento importante em algumas culturas, para as quais esse aspecto dos sonhos é muito importante e sério.

12. Os sonhos espirituais. A maioria das religiões supõe que os sonhos podem ser um veículo de comunicações divinas. A Bíblia registra certo número de sonhos dessa natureza. Os sonhos espirituais têm sido vinculados ao dom da profecia, como um irmão mais fraco do mesmo. Assim, os jovens veem visões, e os homens de mais idade têm sonhos, mas supostamente com a mesma finalidade: comunicar alguma mensagem espiritual. Ver Atos 2.17.

13. Os sonhos como parte de nossa herança espiritual. Nem *todos* os sonhos espirituais são uma comunicação divina, de qualquer tipo direto. Antes, os próprios sonhos fazem parte da nossa espiritualidade. Naturalmente, nem todos os sonhos cabem dentro dessa categoria. Alguns deles são apenas cumprimentos de desejos, conforme Freud dizia. Outros resultam apenas de estímulos físicos, como após uma refeição muito lauta, ou por causa de alguma impressão táctil ou auditiva. Há sonhos francamente sensuais, meramente porque somos animais sexuais, acordados ou dormindo. Os sonhos aparecem em vários níveis. Alguns são meros reflexos da vida diária, e podem representar-nos envolvidos em toda a espécie de atividade duvidosa, sobre o que a consciência pouco nos acusa, porquanto, segundo dizemos, "foi apenas um sonho". Esses sonhos não nos censuram moralmente. Muito pelo contrário, podem até encorajar-nos a atos negativos. Mas, em um nível mais profundo, alguns sonhos nos censuram moralmente; em níveis ainda mais profundos, alguns deles nos fornecem orientação espiritual. Edgar Cayce defendia a moralidade dos sonhos, quando disse: "O sonho é aquele período durante o qual a alma faz uma avaliação sobre a maneira como ela tem agido, entre um período de descanso e outro; fazendo comparações, por assim dizer, que aquilatam a harmonia, a paz, a alegria, o amor, a longanimidade, a paciência, o amor fraternal e a bondade — frutos do Espírito Santo; ou então aquilatando o ódio, as palavras duras, os pensamentos descaridosos e a opressão — que são frutos podres de Satanás. Os sonhos da alma ou abominam aquilo que ela tem experimentado, ou entram na alegria do seu Senhor".

II. Algumas Ideias Antigas sobre os Sonhos

1. Os antigos povos orientais, incluindo os judeus, davam grande valor aos sonhos, supondo que eles tinham o intuito de fazer-nos comunicações divinas. O Antigo Testamento exprime essa ideia, mas também outras, as quais descrevo na seção III. Os *Sonhos na Bíblia*. Os intérpretes de sonhos eram altamente estimados no Egito, conforme a narrativa de José nos assegura (Gn 40.41). Outro tanto sucedia na Pérsia, na época de Daniel (ver Dn 7). Três ideias principais podem ser extraídas dos sonhos entre os povos orientais: *a*. Os sonhos como revelações divinas; *b*. Os sonhos como reflexos da vida normal do indivíduo, incluindo problemas de saúde física ou mental, presumivelmente com o intuito de dar-nos um meio de melhorá-la; *c*. Os sonhos de conhecimento prévio, como avisos ou encorajamentos acerca de certos atos.

2. Na cultura grega. Hipócrates pensava que os sonhos são úteis para diagnosticar os males físicos. Sócrates tinha um sonho que se repetia, dizendo-lhe para "fazer música", que ele interpretava como "sê um filósofo", visto que, para ele, a filosofia era a mais linda música. Platão antecipou alguns elementos da teoria freudiana, supondo que os sonhos refletem toda a espécie de répteis horrendos que se ocultam na mente humana, e que são combatidos mediante o processo da santificação moral. Aristóteles mencionou a ideia comum de que os sonhos são comunicações divinas, mas terminou supondo que os sonhos, até mesmo os de conhecimento prévio, usualmente (se não mesmo sempre) são acidentais, ou seja, são coincidentes. Entretanto, ele reconhecia também o valor da teoria futuramente chamada Adleriana (ver 1.11), que diz que um sonho pode criar estados emocionais que afetam nossa vida desperta, *condicionando nossos atos*.

3. Na cultura romana. Como era usual, os romanos também tomaram por empréstimo o que a cultura grega dizia sobre os sonhos, sem grandes modificações. Eles praticavam a incubação, a fim de provocar sonhos supostamente espirituais e significativos. Isso era feito permanecendo a pessoa em algum lugar sagrado, como um templo ou um santuário, na esperança de ter um sonho durante a noite, estando naquele lugar. Os sonhos assim obtidos eram considerados espiritualmente significativos, podendo ser interpretados pelo próprio indivíduo ou por algum sacerdote. A incubação era praticada em nada menos de trezentos templos do mundo greco-romano. Cícero, porém, mostrava-se cético quanto ao método, preferindo o ponto de vista aristotélico dos sonhos. No entanto, ele não se mostrou coerente sobre a questão, porque uma das razões pelas quais ele se aliou a Otávio, quando houve a luta pelo poder, em Roma, foi que um sonho lhe dissera que Otávio seria vitorioso nesse conflito. O sonho realizou-se, mas não na época certa. Marco Antônio obteve sucesso em um apelo que fez, e Cícero e seus irmãos foram executados.

4. No islamismo. Tanto os antigos quanto os modernos adeptos do islamismo dão muito valor aos sonhos. Maomé afirmou que os sonhos são um dos 46 aspectos da missão profética. O Alcorão tem muitas alusões aos sonhos divinos proféticos. A interpretação dos sonhos é um exercício religioso dentro desse sistema. Entretanto, julga-se que diferentes classes de pessoas teriam diferentes níveis de sonhos, alguns mais valiosos do que outros. Portanto, os governantes e os santos seriam aqueles que têm os sonhos mais profundos, enquanto que as pessoas comuns teriam sonhos mais corriqueiros. Entre as mulheres, as mães seriam as que têm sonhos mais significativos.

III. Os Sonhos na Bíblia

1. No Antigo Testamento. Os sonhos ali relatados envolvem instruções e revelações espirituais. Ver os sonhos de Jacó (Gn 28.12 ss.; 31.11 ss.), de José (Gn 37.5; 41.1 ss.), os de Daniel (Dn 1.7; 2.1 ss.; 7) Ver também o princípio ensinado em Joel 2.28. Há trechos, como Números 12.6 e Jó 33.15, que ensinam que a vontade de Deus é revelada por meio de sonhos. Os falsos profetas julgavam-se dotados de sonhos significativos, ou então contavam sonhos que nunca tiveram (Dt 13.1-3; Jr 23.25-28; 29.8). Contudo, os sonhos, de acordo com Eclesiastes 5.7, podem ser vazios e sem sentido.

2. No Novo Testamento. Podemos evocar os sonhos de advertência dados a José, que salvaram a vida de Jesus (Mt 1.20); os sonhos dos magos, com o mesmo propósito (Mt 2.12,13); as instruções dadas a José para retornarem a Nazaré, o que propiciou a formação de Jesus, em seus primeiros anos de vida terrena, naquela cidade (Mt 2.18); o sonho da esposa de Pilatos, que pode ter sido orientado por Deus ou não, mas que sem dúvida foi muito significativo (Mt 27.10); a declaração sobre a utilidade espiritual e profética dos sonhos, em Atos 2.17. Com base nessas referências, chegamos a entender que os sonhos são tidos, no Novo Testamento, como revestidos de uma importante função, mas certamente sujeitos a outras funções espirituais, como a função profética.

IV. Os Sonhos nos Estudos Científicos

É impossível exagerarmos a importância dos sonhos em relação ao desenvolvimento *da psicoterapia*. Freud experimentou a hipnose, mas descobriu muitas armadilhas e inexatidões nas análises resultantes da mesma. E terminou encarando os sonhos como a *estrada real* que leva à mente inconsciente. Em seus estudos ele descobriu os sonhos psíquicos e os sonhos compartilhados. E, principalmente através desses estudos, veio a crer na validade e naturalidade dos fenômenos psíquicos. Jung fez experiências idênticas e, embora tivesse chegado a conclusões diferentes das de Freud, quanto ao sentido dos sonhos, usou extensivamente os sonhos em seus estudos e análises de pacientes. Quando Freud publicou o seu livro, *A interpretação dos Sonhos*, em 1900, tiveram início os estudos científicos sobre os sonhos. Muita coisa, porém, tem acontecido desde então. Muitos cientistas têm voltado a atenção para os sonhos. Os pontos a seguir descrevem algumas dessas descobertas.

Fatos sobre os sonhos, descobertos pelas pesquisas científicas: **1**. A descoberta de que os olhos da pessoa entram em uma fase de movimentos rápidos, durante os sonhos, em contraste com os momentos sem sonhos, tem ajudado os pesquisadores a capturarem muitos sonhos, despertando a pessoa no meio de um sonho. Isso foi descoberto na Universidade de Chicago, em 1953. **2**. Essa descoberta possibilitou saber o número e a frequência dos sonhos. Sabe-se agora que a pessoa comum tem entre vinte e trinta sonhos a cada noite, embora bem poucos sejam lembrados, e com frequência, nenhum. **3**. Alguns sonhos têm lugar quando não há movimentos rápidos dos olhos; mas usualmente, nesse estado, a conceitualização está tendo lugar, sem quaisquer imagens visuais. O cérebro nunca descansa. **4. Os sonhos ocorrem em ciclos**. A noite é dividida em uma série (de quatro a seis) de ciclos, de cerca de noventa minutos cada. Os sonhos ocorrem em uma porção do fim de cada um desses ciclos, começando com a duração de apenas cerca de dez minutos, mas aumentando em duração, à medida que a noite progride. Nada menos de duas horas podem ser gastas em sonhos, a cada noite. A pessoa comum, portanto, passa cerca de cinco anos sonhando, durante sua vida terrena. **5**. Todas as pessoas sonham, embora nem todas possam lembrar seus sonhos, depois que acordam. **6**. Os sonhos, ao passar a pessoa de um ciclo para outro, geralmente reiteram os mesmos temas, embora possa haver modificações nas imagens e símbolos empregados. **7**. Os sonhos, embora variando em sua simbologia, reaparecem nas noites seguintes. Parece que a função principal é a *solução de problemas*, mas os sonhos também dissipam emoções prejudiciais, ou, pelo menos, ajudam-nos a solucionar problemas difíceis, permitindo nos ajustarmos às circunstâncias que não podemos alterar. **8**. *Os sonhos psíquicos* são uma realidade, e representam fenômenos dessa espécie, que podem ser repetidos. Os sonhos compartilhados por duas pessoas são bastante comuns. **9**. Os sonhos podem ser *influenciados* pela hipnose ou pela telepatia. **10**. Todas as pessoas têm sonhos com imagens coloridas, embora talvez não se lembrem do fato. Isso só não ocorre com as pessoas cegas de nascença, ou cuja visão não possa distinguir as cores. Mas mesmo assim, algumas dessas pessoas conseguem ter sonhos coloridos (incluindo pessoas cegas de nascença), por razões misteriosas e desconhecidas, a menos que a alma se faça presente nesses sonhos, de alguma maneira. **11**. Sonhar parece ser uma *necessidade* tão grande quanto comer e beber; visto que a privação de sonhos pode resultar em drásticas consequências (até mesmo na morte, conforme se tem verificado com estudos feitos com animais, ou em casos de desordens psíquicas, no caso de seres humanos). **12. Os sonhos lúcidos**. Nesses sonhos, a pessoa sabe que está sonhando. Alguns cientistas estão fazendo grande esforço para aprender como provocar esses sonhos, utilizando, por exemplo, leves choques elétricos. Eles têm podido reunir alguma evidência em favor da ideia de que se alguém sonhar e souber que está sonhando, pode utilizar-se desses sonhos com propósitos criativos, literários, psíquicos e científicos. Sabemos que os sonhos são dotados de poder criativo, visto que algumas invenções e descobertas têm sido feitas por meio de sonhos, como também algumas notáveis peças musicais têm se originado em sonhos com impressões auditivas. Essa ciência dos sonhos ainda está no começo, mas é bem possível que os homens descubram como utilizar-se de seus sonhos para toda forma de atividade criativa, um exercício que poderia fazer *sair da garrafa* o gênio do espírito humano. **13**. Os sonhos têm variados aspectos. A maioria das teorias que os psicólogos têm sugerido acerca dos sonhos tem algum valor, embora essas teorias sejam parciais. A verdade sempre é assim. Obtemos uma faceta da verdade e supomos que descobrimos a essência da verdade. Porém, quando reunimos muitos aspectos, derivados de certa variedade de fontes, usualmente nos aproximamos da essência de alguma coisa, ao passo que os sistemas que dogmatizam os vários aspectos envolvidos permanecem unilaterais e fragmentares.

V. SONHOS PSÍQUICOS. Algumas pessoas religiosas supõem que todos os fenômenos psíquicos de algum modo estão envolvidos com forças demoníacas. Se isso é uma verdade, então todos somos controlados ou possuídos por demônios, porquanto todos somos psíquicos, enquanto estamos sonhando. Os ciclos dos sonhos tendem por trazer à nossa atenção os três aspectos temporais de nossa vida: nos primeiros ciclos, há uma revisão do passado; nos ciclos intermediários há uma revisão do presente, e finalmente, nos ciclos finais, há uma previsão do futuro, especialmente quando o raiar do dia já se aproxima. A função psíquica mais comum conhecida pelos homens é o sonho de conhecimento prévio. Eu mesmo tenho tido muitos desses sonhos. Em poucos deles, tenho sido capaz de predizer o dia de algum acontecimento, juntamente com seu modo de concretização. Conheço outras pessoas que têm tido o mesmo tipo de experiência. Os estudos sobre os sonhos, feitos em laboratório, têm descoberto muitos sonhos dessa ordem, em uma grande variedade de pessoas, que não exibem qualquer sinal de estarem sob influência ou possessão demoníaca. Os estudos têm mostrado que as pessoas pressentem a aproximação da morte, às vezes com um ano de antecedência, mesmo quando morrem acidentalmente, e, portanto, não há quaisquer causas físicas, quando elas têm esses sonhos. O quinto capítulo do meu livro sobre os sonhos, *Como Descobrir o Sentido dos seus Sonhos*, que consiste em vinte e três páginas, relata muitos sonhos psíquicos de outras pessoas ou meus mesmos. As provas sobre esse tipo de sonhos são avassaladoras e convincentes. Tudo isso faz parte de nossa herança espiritual. Com frequência, somos capazes de resolver melhor os problemas se, mesmo subconscientemente, temos consciência de onde seremos levados por algum curso de ação. Ver a praia à distância algumas vezes ajuda-nos a dar o passo seguinte. No Centro Médico Maimônides de Brooklyn, Nova Iorque, nos Estados Unidos da América, o dr. Stanley Krippner, e Montague Ullman, médico, em cooperação com Charles Honorton, têm apresentado um vasto acúmulo de provas irrefragáveis de que os fenômenos psíquicos têm lugar quando o indivíduo está dormindo. Eles têm demonstrado a facilidade com que a telepatia pode influenciar ou mesmo criar o conteúdo dos sonhos.

Os sonhos psíquicos incluem as variedades telepática, psicométrica, precognitiva, retrocognitiva e a projeção da psique.

VI. SONHOS ESPIRITUAIS. Já podemos verificar que muitas culturas têm acreditado nos sonhos como um modo de comunicação e ajuda espirituais. A terceira seção relaciona a questão aos pontos de vista da Bíblia. Nos pontos abaixo, procuramos mostrar a natureza dos *sonhos espirituais*: **1**. Um sonho espiritual pode ter uma função reveladora, similar à das visões, conferindo-nos uma ideia sobre o futuro ou comentando sobre questões espirituais importantes. **2**. É espiritual aquele sonho que nos provê iluminação sobre algum problema, que nos ajuda em nossa inquirição espiritual ou nos confere algum conhecimento metafísico. **3**. Se um sonho nos ajuda a realizar certos atos que fazem parte do cumprimento de nossa missão na terra, então esse sonho é espiritual. **4**. Se um sonho nos confere instruções morais que nos ajudam a viver mais em consonância com os princípios espirituais, então esse sonho é espiritual. **5**. Em algumas religiões, os sonhos são considerados parte integrante do ofício profético. Alguns documentos sagrados têm sido produzidos assim, pelo menos em parte. Seja como for, um profeta pode ter sonhos como um elemento de seu ofício, conforme fica subentendido em Atos 2.17. Também é significativo que os símbolos dos sonhos e os símbolos das visões são os mesmos. Por conseguinte, uma visão, pelo menos em alguns casos, pode ser um sonho vívido,

estando a pessoa desperta. Assim como os místicos têm que aprender a desconfiar de suas visões, assim também os sonhadores não devem permitir que os seus sonhos os guiem sem a necessária disciplina da investigação. Bem poucas vezes em minha vida tenho tomado alguma decisão importante *somente* por causa de algum sonho. Um sonho, para mim, faz parte de um quadro maior de orientação, tudo o que forma um quadro muito complexo. Os vários elementos se contrabalançam ou suplementam.

SONO

1. As Palavras e seus Usos. Três palavras hebraicas e duas palavras gregas estão envolvidas neste verbete, a saber: ***a***. *Shakab*, "deitar-se". Palavra hebraica que é usada por pouco mais de duzentas vezes com esse sentido ou sinônimo. (Para exemplificar: Gn 28.11; Êx 22.27; Dt 24.11,12; 2Sm 7.12; 11.9; 1Rs 1.21; 2.10; 11.21; 21.18; 24.6; 2Cr 9.31; 12.16; 14.1; 16.13; 21.1; 32.33; 33.20; Jó 7.21; Pv 6.9,10,22; 24.33). ***b***. *Yashen*, "dormir". Um verbo hebraico que ocorre por dezoito vezes (Para exemplificar: Gn 2.21; 41.5; 1Rs 18.27; 19.5; Jó 3.13; Sl 3.5; 4.8; Pv 4.16; Is 5.27; Jr 51.39,57; Ez 34.25; Dn 12.2; Os 7.6). ***c***. *Shenah*, "sono". Substantivo hebraico que aparece por 22 vezes (Gn 28.16; 31.40; Jz 16.14,20; Jó 14.12; Et 6.1; Sl 76.5; 90.5; Pv 3.24; 4.16; 6.4,9,10; 20.13; 24.33; Ec 5.12; 8.16; Jr 31.26; 51.39,57; Dn 2.1; Zc 4.1). ***d***. *Upnós*, "sono". Palavra grega que é usada por seis vezes (Mt 1.24; Lc 9.32; Jo 11.13; At 20.9 e Rm 13.11). ***e***. *Katheúdo*, "dormir". Verbo grego que aparece por 21 vezes (Mt 8.24; 9.24; 13.25; 26.40,43,45; Mc 4.27,38; 5.39; 13.36; 14.37,40,41; Lc 8.52; 22.46; Ef 5.14; 1Ts 5.6,7,10). Essa ideia de dormir ou do sono é empregada na Bíblia de três modos distintos: como alusão ao sono natural, como alusão à indolência espiritual e como alusão ao estado da morte, como à ressurreição final.

2. Sentido Físico. Nada há de incomum quanto ao uso desse vocábulo em seu sentido físico, literal. Assim, depois que Jacó sonhou com a escada que descia do céu à terra, ele simplesmente acordou do seu sono (Gn 28.16). Quando Êutico caiu da janela, durante o longo sermão de Paulo, isso se deveu ao típico cansaço humano, à perda de concentração e ao sono (At 20.9). Apenas em um ou dois casos, em toda a Bíblia, o sono foi aprofundado por razões sobrenaturais. Isso é registrado, por exemplo, quando do relato da formação de Eva (Gn 2.21,22). E Saul e seus homens estavam tão ferrados no sono, em certa ocasião, que Davi e Abisai puderam tirar a lança ou a jarra de água de perto da cabeça do monarca benjamita (2Sm 26.12).

3. Os Preguiçosos. Salomão se mostrava muito abrasivo quando falava sobre os preguiçosos. Evidentemente, ele era um homem ativo, e não simpatizava nem um pouco com a atitude de indolência. Ele falava em pobreza como fruto que será recolhido por aqueles que apreciam demasiadamente o sono, indagando: *Ó preguiçoso, até quando ficarás deitado? Quando te levantarás do teu sono? Um pouco para dormir, um pouco para toscanejar, um pouco para encruzar os braços em repouso. Assim sobrevirá a tua pobreza como um ladrão, e a tua necessidade como um homem armado* (Pv 6.9-11).

4. Usos Metafóricos

a. Falta de Vigilância Espiritual. Jesus Cristo, quando instruía os seus seguidores sobre a sua segunda vinda, exortou-os a serem fiéis e vigilantes: *... para que, vindo ele inesperadamente não vos ache dormindo* (Mc 13.36). E Paulo, ao exortar os crentes no tocante à vida diária deles, advertiu-os acerca da grandiosidade da tarefa de que estavam encarregados, dizendo-lhes: *E digo isto a vós outros que conheceis o tempo, que já é hora de vos despertardes do sono; porque a nossa salvação está agora mais perto do que quando no princípio cremos* (Rm 13.11). Paulo exorta-nos a tomar consciência da necessidade de buscar a vitória moral, não nos deixando vencer pela indolência espiritual dos que se deixam vencer pelo pecado, conforme também vemos nos três versículos seguintes. O mesmo escritor sagrado, ao referir-se à luz que foi outorgada às vidas dos crentes, comparou esse processo a quem desperta do sono (Ef 5.14). **b. A Morte Física**. Quando o sono é usado para simbolizar a morte física, o quadro dado é o de um sono temporário, que terminará por ocasião da ressurreição. Alguns interpretam isso como se fosse um sono literal, e falam sobre o "sono da alma", como se esta, realmente, dormisse. Outros ainda vão um pouco além, dizendo que esse sono deve ser compreendido como a cessação da existência. Segundo eles, as almas não somente dormiriam quando ocorre a morte física, mas também deixariam de existir. Como explicar então, que elas virão a participar do juízo final? Esses que assim pensam imaginam uma engenhosa solução: as almas seriam momentaneamente ressuscitadas, para presenciarem o seu próprio julgamento e ouvirem a sentença condenatória, e o castigo no inferno consistiria em, nada mais nada menos, que a sua eterna cessação da existência, e que significa que o sofrimento delas perduraria, quando muito, por alguns bravos instantes. Entretanto, Jesus deixou claro: *E irão estes* (os que estavam a sua esquerda) *para o castigo eterno, porém os justos, para a vida eterna* (Mt 25.46). Jesus não haveria de enganar-se ou de querer nos enganar. Ele mostrou que a alma continua perfeitamente consciente de si mesma e do seu meio ambiente, no relato sobre Lázaro e o rico. No *hades*, o rico sofria, aquilatava sua situação, lembrava-se de seus irmãos ainda vivos e apelava para Lázaro e raciocinava com ele. E Lázaro, embora nada tivesse dito, evidentemente, também não estava dormindo e nem deixara de existir, pois o rico pediu a Abraão que mandasse Lázaro deixar cair algumas gotas de água em sua boca. Mesmo que o Senhor Jesus tivesse falado parabolicamente, não temos o direito de distorcer o quadro, dizendo que Lázaro e o rico estavam dormindo ou tinham deixado de existir, porque ambos haviam morrido. A verdade é que a doutrina do "sono da alma" é um ensino extrabíblico, não podendo ser encontrado nas páginas da Bíblia, por mais que alguns queiram distorcer as instruções escriturísticas. **c. Estado Depois da Morte**. Quanto ao estado temporário das almas, entre a morte e a ressurreição, Paulo discute a questão em 1Coríntios 15. É evidente que essa referência à morte física como um "sono" é figurada. A alma não se cansa e nem precisa da recuperação do sono, como se dá com nossos corpos físicos. Passagens como Lucas 16.24; 23.43; 2Coríntios 5.8 e Apocalipse 6.9,10 demonstram que, em nenhum momento, nem aqui e nem no outro lado da existência, as almas perdem a consciência, caem em sono literal ou deixam de existir. **d. Esperança no Julgamento**. O Novo Testamento não deixa o homem sem esperança no julgamento. De fato, Cristo, na sua descida para o *hades*, pregou o evangelho às almas perdidas daquele lugar. (Ver 1Pe 3.18-4.6). 1Pedro 4.6 fala, especificamente, que ele pregou as *boas-novas* naquele lugar. Este ensino também nega que a morte seja um *sono*. Ver o artigo sobre *Descida de Cristo ao Hades*. Ver também *Restauração*.

SOREQUE

No hebraico, **"vinha seleta"**. Essa palavra ocorre exclusivamente em Juízes 16.4. Indicava tanto um vale quanto um ribeiro entre Asquelom e Gaza, não muito longe de Zorá. Era nesse vale que habitava Dalila, amante de Sansão (Jz 16.4).

Esse vale era um dos três estreitos vales paralelos que corriam na direção leste-oeste, que cruzava a Sefelá (o platô rochoso que se estendia de Aijalom a Gaza). As cidades de Estaol e Zorá ficavam ao norte desse vale, e Timna, onde Sansão buscou esposa (Jz 14.1), ficava mais para sudoeste, perto da entrada do mesmo. Atualmente, o vale é conhecido como *wadi* es-Sarar, que começa cerca de 21 quilômetros a sudoeste de Jerusalém, e corre na direção noroeste por cerca de 32 quilômetros, aproximando-se do mar Mediterrâneo. Visto que Bete-Semes foi separada como cidade levítica, nos dias do Josué (Js 21.6), a proximidade à entrada sudeste desse vale exigiu que essa cidade fosse pesadamente fortificada para defendê-la dos ataques dos filisteus.

A traição de Dalila, contra Sansão, certamente constituiu uma ameaça contra essa importante fortaleza dos israelitas.

SORTES

Essa palavra aparece por dezessete vezes nas páginas do Antigo Testamento e por três vezes no Novo Testamento. Ver o artigo geral sobre a *Adivinhação*. Havia vários métodos de lançamento de sortes; o relato bíblico deixa claro que a vontade de Deus, algumas vezes, alegadamente ou de fato, era determinada por meio de tais métodos. Alistamos abaixo os tipos propostos de adivinhação: **1. O Urim e o Tumim** (ver Êx 28.30, Dt 33.8 Ed 2.63). De acordo com o que pensam alguns intérpretes, esses objetos eram pequenos seixos, guardados no peitoral das vestes sumo sacerdotais de Israel. Um deles indicava "sim", e o outro, "não". Ao que se presume, o sumo sacerdote metia a mão no peitoral, e tirava uma das pedras. Isso determinava o "sim" ou o "não" a qualquer pergunta importante que se fizesse. Mas outros eruditos supõem que as pedras envolvidas eram diamantes ou outras pedras preciosas quaisquer, usadas para induzir uma espécie de transe hipnótico, em cujo estado a pessoa receberia a resposta. **2. Exemplos Públicos de Lançamentos de Sortes**. Aarão, no dia da Expiação, mediante o lançamento de sortes escolhia o bode a ser usado como "azazel", para levar sobre si, simbolicamente, os pecados do povo. Esse animal era enviado ao deserto, o que representava que os pecados do povo tinham desaparecido. (Ver Lv 16.7-10,21,22). A *Mishnah* informa-nos como as sortes eram lançadas. Peças de madeira, com os sinais próprios para indicar um resultado, eram postas dentro de uma caixa. Em uma peça estava escrito: "para o Senhor", e na outra: "para Azazel". A caixa era sacudida e o sumo sacerdote enfiava a mão e retirava uma das peças. A sorte "para o Senhor" significava que o bode seria sacrificado. A outra sorte, "para Azazel" (a palavra hebraica significa "bode expiatório"), indicava que o bode seria enviado para o deserto. Essa palavra, "azazel", vem de uma raiz que significa "remoção total". **3**. A divisão da terra da Palestina, após a conquista, foi efetuada mediante o lançamento de sortes (Js 14.2; 18.6; 1Cr 6.54 ss.). O texto bíblico, entretanto, não revela como as sortes eram lançadas, mas podemos supor que era usado o mesmo método que indicamos, acima, no segundo ponto. **4**. O culto do templo (quem deveria realizá-lo, o que e quando) e também os porteiros eram escolhidos por sortes. (Ver 1Cr 35.7,8; 26.13 ss). Havia muitas sortes envolvidas nessa questão, provavelmente com os nomes das pessoas envolvidas marcadas nessas sortes; ou, então, havia alguma maneira complexa de se fazer a seleção, mediante a qual se tomavam as decisões. Provavelmente, retirar as sortes de dentro de uma caixa era o método usado. **5**. A culpa de suspeitos de algum crime era estabelecida por meio de sortes (ver Js 7.14; 1Sm 14.42). O livro de Provérbios mostra-nos o elemento de "fé" envolvido nessa questão do lançamento de sortes. Diz o trecho de Provérbios 16.33: *A sorte se lança no regaço, mas do Senhor procede toda decisão*. **6. No Novo Testamento**. O fato de que uma questão tão importante como a escolha do discípulo que substituiria Judas Iscariotes no apostolado foi resolvida mediante o lançamento de sortes, tem perturbado muitos intérpretes. Temos visto, porém, que a prática era bastante comum no Antigo Testamento, até mesmo no tocante a importantes questões religiosas; assim sendo, não é surpreendente que os apóstolos tivessem lançado mão desse método. Talvez o método consistisse em pôr os nomes escritos dos candidatos em uma caixa com boca aberta. Então a caixa era sacudida, até que um dos nomes saltasse fora. Ou, então, um dos apóstolos simplesmente metesse a mão na caixa e retirasse um dos nomes, ao acaso. (Ver At 1.26). A única outra referência neotestamentária a essa prática aparece em Mateus 27.35, onde lemos que os soldados romanos lançaram sortes para determinar quem ficaria com as vestes de Jesus. **7. Em Outras Culturas**. A prática de lançar sortes era bastante generalizada, não estando limitada à cultura hebreia. Há referências a ela em Lívio (23.3), *Sófocles* (*Aías*, 1285) e *Josefo* (*Anti*. 6.5). **8. Condenação e Aprovação**. O Antigo Testamento condena a prática da adivinhação, por parte dos povos pagãos (Lv 19.26; Dt 18.9-14; 2Rs 17.17; 21.6). Mas aprovava o lançamento de sortes, por parte de Israel, conforme fica demonstrado acima. Quase todas as formas de adivinhação são ineficazes, dependendo, na verdade, do puro acaso. Ocasionalmente, ouve-se falar em algo de significativo que ocorre nessa área. Provavelmente estão envolvidas forças que nem são divinas e nem demoníacas. Não obstante, para o crente, há outras maneiras de determinar a vontade divina, envolvendo a oração, os sonhos, a intuição, as visões e o arranjo das circunstâncias. Sinais assim podem dar-nos convicção quanto à resposta divina, e são preferíveis a jogos e sortes, como o lançamento de sortes, para determinação da vontade de Deus. O autor deste dicionário tem sido capaz de resolver seus problemas mais prementes mediante o uso da oração tradicional. Quando não há resposta a algum problema, através da oração, então, precisamos apelar para a *razão*, que também é um dote divino, tomando decisões em consonância com conclusões alicerçadas sobre o exame racional.

SORTES, FESTA DAS

Ver sobre *Purim*. O termo "sortes", que caracteriza essa festividade, surgiu devido à circunstância de que Hamã, ao planejar o aniquilamento dos judeus, na época da dominação persa, lançou sortes a fim de determinar o melhor tempo para executar o seu plano (Et 3.7; 3.12 ss.).

SOTAI

No hebraico, "*Yahweh* **está se afastando**" ele era chefe de uma família dos servos de Salomão, cujos descendentes voltaram do cativeiro babilônico em companhia de Zorobabel (Ed 2.55; Ne 7.57). Seu nome é omitido no trecho paralelo de 1Esdras 5.33. Viveu por volta de 536 a.C.

SOVELA

No hebraico, "**furadeira**" (ver Êx 21.6 e Deu.15.17). Era instrumento usado para fazer pequena perfuração. Certamente os israelitas copiaram a ferramenta que tinham encontrado no Egito. Várias formas desse antigo instrumento são preservadas nos museus modernos. Os instrumentos encontrados, usados para fazer perfurações em couro, no lóbulo da orelha etc., têm cerca de 15 cm de comprimento, com uma ponta cônica. (Ver também 2Rs 12.9). (S)

SPURGEON, CHARLES HADDON (1834-1892)

Pregador batista, nascido num lar congregacionalista em Essex, Spurgeon experimentou uma conversão dramática no começo de sua adolescência e buscou ser batizado como crente. Após curto ministério vitorioso na região rural de Cambridgeshire, tornou-se ministro batista na *New Park Street Chapel* [igreja da Rua New Park], em Londres, congregação que mais tarde se mudou para o *Metropolitan Tabernacle* [Tabernáculo Metropolitano], a fim de acomodar o vasto público que comparecia para ouvi-lo pregar. Sua popularidade foi grandemente aumentada pela publicação semanal, de 1855 em diante, de seus sermões, com a venda do que, na Inglaterra e nos Estados Unidos, viria a financiar uma escola teológica que havia estabelecido em 1856.

Seus sermões deram rica expressão tanto às suas firmes convicções calvinistas quanto à sua preocupação evangelística. Em 1864, seu sermão *Batismal Regeneration* [Regeneração batismal] o colocou em conflito teológico com pedobatistas e evangélicos. Mais tarde, quando as ideias teológicas liberais passaram a ganhar terreno, Spurgeon afirmaria sua lealdade absoluta à doutrina bíblica. Durante a controvérsia chamada da "Decadência", de sua própria denominação (1887-1889), expressou sua preocupação a respeito das ideias não ortodoxas, retirando-se, em 1887, "com extrema tristeza", da União Batista. Seus escritos, volumosos (135 livros), que frequentemente refletem sua dívida para com o puritanismo do século XVII, continuam a ser publicados, preservando sua imensa influência espiritual por todo o mundo evangélico.

(**R. Brown**, M.A., B.D., M.Th., Ph.D., ex-reitor do *Spurgeon's College*, Londres, Inglaterra.)

BIBLIOGRAFIA. J. C. Carlile, *C. H. Spurgeon: An Interpretative Biography* (London, 1933); H. F. Colquitt, *The Soteriology of Charles Haddon Spurgeon...* (dissertação não publicada, New College, Edinburgh, 1951); I. H. Murray, *The Forgotten Spurgeon* (London, 1966); G. H. Pike, *The Life and Work of Charles Haddon Spurgeon*, 6 vols. (London, 1892-1893); H. Thielicke (ed.), *Encounter with Spurgeon* (London, 1964).

STRONG, AUGUSTUS HOPKINS (1836-1921)

Ministro batista, teólogo e professor de seminário, sua vida, desde seu nascimento até sua morte, e a maior parte de seu ministério se desenvolveram em Rochester, Estado de Nova York. Strong graduou-se em Humanidades em Yale, em 1857, e no Rochester Seminary [Seminário de Rochester] em 1859, tendo completado seus estudos em 1860 em Berlim. Foi ministro na Primeira igreja Batista de Haverhill, Massachusetts, de 1861 a 1865, e na Primeira igreja Batista de Cleveland, Ohio, de 1865 a 1872. De 1872 a 1912, foi presidente e professor de Teologia Sistemática do Seminário de Rochester e seu presidente emérito de 1912 a 1921.

Seu pensamento amadurecido está refletido em *Christ in Creation and Ethical Monism* [Cristo na criação e no monismo ético] e na edição de 1907 de sua *Systematic Theology* [Teologia sistemática]. Strong buscava manter a ortodoxia tradicional dentro da estrutura calvinista, enquanto adotava tanto o pensamento evolucionista quanto da alta crítica bíblica. A imanência radical de Cristo na criação foi sua chave para equilibrar esse suposto conflito. Suas ideias a respeito da criação, da providência, de inspiração, pecaminosidade humana, justiça divina, expiação e missões mundiais foram moldadas por esse princípio.

(**T. J. Nettles**, B.A., M.Div., Ph.D., professor adjunto de História da igreja da *Trinity Evangelical Divinity School*, Deerfield, Illinois, EUA.)

BIBLIOGRAFIA. C. F. H. Henry, *Personal Idealism and Strong's Theology* (Wheaton, IL, 1951); G. Wacker, *Augustus H. Strong and the Dilemma of Historical Consciousness* (Macon, GA, 1985).

SUA

Na nossa versão portuguesa há três pessoas com esse nome, mas refletindo palavras hebraicas de grafia diferente, a saber: **1**. Com o sentido de *prosperidade*, nome de um cananeu de Adulão, cuja filha Judá tomou como esposa. O nome dela, entretanto, nunca é revelado na Bíblia. Ela é mencionada apenas como "a cananeia". Seu pai, Sua, é mencionado em Gênesis 38.2,12 e 1Crônicas 2.3. Sua viveu em torno de 1730 a.C. **2**. Ainda com o sentido de *prosperidade*, esse nome aparece como o apelativo de um dos filhos de Sofa (1Cr 7.36). Sua tinha onze irmãos, com os nomes de Harnefer, Sual, Beri, Inra, Bezer, Hode, Samá, Silsa, Itrã e Beera. Visto que ele aparece em primeiro lugar nessa lista de nomes, parece que ele era o primogênito. Viveu em torno de 1500 a.C. **3**. Com o sentido de *depressão*, um filho de Abraão e Quetura, cuja posteridade habitou em território idumeu. Seu nome figura em Gênesis 25.2 e 1Crônicas 1.32. Viveu por volta de 1800 a.C. Alguns estudiosos pensam poder ver reflexos de seu nome em lugares como *Sakkaia*, a leste de Basã, em *Sichan*, em Moabe, e em *Siajcha*, a leste de Aila. Mas parece que isso alicerça-se apenas sobre conjecturas. Ver também sobre *Suá*.

SUA MULHER, JUDIA

Essa expressão, que ocorre em nossa versão portuguesa, em 1Crônicas 4.18, tem causado alguma confusão em outras versões. Nelas, a palavra "judia" é interpretada como se fosse o nome próprio da mulher, e não como um adjetivo gentílico. Mas quase todos os eruditos concordam que a tradução correta seria algo como: "E sua mulher, judia, deu à luz Jerede...", segundo se vê em nossa versão portuguesa.

SUA, SUDE

No grego, *Souá* ou *Soúd*. De acordo com 1Esdras 5.29, esse era o nome de uma das famílias dos servos do templo, que retornaram do exílio babilônico em companhia de Zorobabel. A mesma lista também aparece nos livros canônicos de Esdras e de Neemias, sob a forma de *Sia* (ver Ed 2.44 e Ne.7.47). O dever dos servos do templo consistia em aliviar os levitas das tarefas manuais mais pesadas, associadas ao templo de Jerusalém. No contingente encabeçado por Zorobabel, retornaram 392 desses servidores do templo.

SUÁ

Em nossa versão portuguesa, esse nome aparece como tradução de uma palavra hebraica que também significa **"depressão"** (ver sobre *sua*, terceiro ponto), embora com grafia levemente diferente. Nas páginas do Antigo Testamento há duas pessoas com esse nome: **1**. Suá, irmão de Quelube, descendente de Calebe, filho de Hur. Seu nome aparece somente no trecho de 1Crônicas 4.11. Viveu em cerca de 1430 a.C. **2**. Suá, uma mulher da tribo de Aser, filha de Heber e irmã de Jaflete, Somer e Hotão. Ela é mencionada somente em 1Crônicas 7.32. Viveu em torno de 1600 a.C.

SUÁ

No hebraico, **"depressão"**. Foi um dos filhos de Dã (Nm 26.42). No trecho de Gênesis 46.23 ele é chamado Husim. Ele é o ancestral dos suamitas. Viveu em torno de 1700 a.C.

SUAL

No hebraico, **"raposa"**. Esse é o nome de um homem e de uma região geográfica, nas páginas do Antigo Testamento, a saber: **1**. Um dos filhos de Zofa, da tribo de Aser (1Cr 7.36). Ele viveu em torno de 1500 a.C. **2**. Uma região nas vizinhanças de Ofra, para onde foi um dos três destacamentos de filisteus, estando eles acampados em Micmás (1Sm 13.17). A manobra, em três pontas de lança, fazia parte da retaliação dos filisteus em face do ataque lançado por Jônatas, filho de Saul, contra seu posto avançado de Geba. Dois desses destacamentos foram para o leste e para o oeste, ao passo que o terceiro dirigiu-se para o norte, na direção de Ofra. Visto que a terra de Saul ficava na direção de Ofra, evidentemente essa terra ficava ao norte de Micmás. É possível que essa cidade deva ser identificada com *Saalim* (vide), que significa "raposas", o território por onde andou Saul, ao buscar os asnos perdidos de seu pai (1Sm 9.4).

SUBAS

No grego, *Soubás*. Foi chefe de uma família dos "filhos dos servos de Salomão", que retornaram do exílio em companhia de Zorobabel (1Esdras 5.34). Esse nome não figura nas listas paralelas, em Esdras 2.57 e Neemias 7.59.

SUBIDA DE ACRABIM

No hebraico, *maaleh-acrabbim*, **"subida dos escorpiões"**. Esse era o nome de um monte que foi assim chamado devido à exagerada população de escorpiões que infestava a área. Ficava no extremo sul do mar Salgado (ver Nm 34.4; Js 15.3). Tem sido identificado com a íngreme subida pelo passo de *Es Sufah*. Embora algumas versões digam Maalé-Acrabim, nossa versão portuguesa diz "subida de Acrabim".

SUBORNO

No hebraico temos duas palavras: *Kopher*, **"cobertura"**, palavra que figura por treze vezes (para exemplificar: 1Sm 12.3; Am 5.12); *Shochad*, **"suborno"**, **"recompensa"**, vocábulo que aparece por 23 vezes (por exemplo: 1Sm 8.3; Jó 15.34; Sl 26.10, Is 33.15). A palavra não aparece no grego, embora a ideia esteja lá, como se vê, por exemplo, em Atos 24.24,26.

O termo hebraico *kopher* envolvia a ideia de dinheiro da redenção; podia também ser usado em um mau sentido, quando indicava o dinheiro que um homem poderia usar para escapar da punição capital (1Sm 12.3). Nos trechos de 2Reis 17.8 e Pv 6.35 o suborno é visto como um meio para alguém escapar do castigo merecido, ou como meio de alguém perverter a justiça (1Sm 8.3; Ez 22.12). Além disso, há casos de suborno que são usados para condenar pessoas inocentes (Sl 15.5; Is 5.23). A lei de Moisés proibia o suborno (Êx 23.8, Dt 16.19). Os profetas denunciaram essa prática vergonhosa (Is 1.23, Am 5.12). Porém, conforme sempre é verdade, governantes e juízes deixavam-se corromper pelas peitas (Êx 18.21; Is 1.23; Mq 3.11 e 2Cr 19.7). Tal prática corrompe a mente (Ec 7.7). Os filhos de Samuel deixavam-se subornar (1Sm 8.3). Porém, o homem aprovado por Deus não usa de tais artifícios (Sl 15.27). O Antigo Testamento, embora declarando errônea essa prática, não fixava qualquer pena específica contra a mesma. (G HA 1)

SUBÚRBIOS

Este verbete envolve três hebraicos, a saber: **1**. *Migrash*, "lugar de tanger o gado", "subúrbio". Palavra que aparece por 110 vezes (conforme se vê, por exemplo, em Lv 25.34; Nm 35.2-5,7; Js 14.4; 21.2,3,8,11,13; 1Cr 5.16: 6.55,57-60,64,67-81; 2Cr 11.14; Ed 27.28; 45.2; 48.15,17). **2**. *Parvar*, "subúrbio" ou "casa aberta de verão". Esse termo ocorre apenas por uma vez, em 2Reis 23.11. No entanto, nossa versão portuguesa traduz essa palavra por "átrio", que talvez diga respeito ao sentido possível de "casa aberta de verão", embora de modo impróprio.

De acordo com a primeira dessas palavras hebraicas, os "subúrbios" eram os lugares nas cercanias das cidades, para onde era tangido o gado. Portanto, originalmente não haveria a ideia de bairros periféricos elegantes ou favelados, conforme se vê, na atualidade, nos Estados Unidos da América do Norte (no caso de bairros elegantes), e no Brasil (no caso de bairros pobres). Antes, o vocábulo indicava espaços abertos, em redor das muralhas de uma cidade. Somente mais tarde na história essas áreas começaram a ser ocupadas, quando certos grupos populacionais particulares foram proibidos de residir intramuros. Por isso é que em Josué 21.2 lemos sobre a solicitação de que os subúrbios fossem dados "para os nossos animais". E, em 2Crônicas 31.19, lemos sobre os sacerdotes que "moravam nos campos dos arredores das suas cidades". Que essas áreas "suburbanas", ou seja, dos arredores das cidades muradas, desempenhavam um papel importante na vida e na economia das comunidades urbanas da Palestina, pode ser demonstrado pela inclusão de subúrbios em cada cidade designada às tribos de Israel. (Ver Js 21.1 e 1Cr 6). Ver também sobre *Cidade*.

SUCATITAS

Uma família de escribas, contada entre outras duas famílias de escribas, os tiratitas e os simeatitas, que vivia em Jabez de Judá, descendente de Calebe (1Cr 2.55).

SUCOTE

No hebraico, **"tendas"**, o nome de duas cidades no Antigo Testamento. **1**. Este era o nome de um local na Palestina, a princípio talvez apenas um acampamento, e depois uma vila. Jacó construiu currais para seu gado ali e uma casa para si mesmo depois que ele e seu irmão gêmeo, Esaú, se separaram e iniciaram vidas independentes (Gn 33.17; Js 13.27). Foram estabelecidas fundições de bronze ali na época dos reis (1Rs 7.46; 2Cr 4.17). Gideão, em perseguição aos midianitas, encontrou oposição ali (Jz 8.5, 8, 15-16). O local foi identificado com a Tell Deir'alla moderna, ou com Tell Akhsos, que fica cerca de 2 km ao norte do rio Jaboque (Nahr es-Zerka). Em Salmo 60.6 e 108.7, esse local simboliza a ocupação vitoriosa da Terra Prometida por Israel e um exemplo para alcançar outras vitórias. **2**. Este era o nome do primeiro local onde Israel acampou depois de deixar Ramessés (Êx 12.37; 13.20; Nm 33.5,6). Nessas passagens estão em vista um distrito, não uma vila. Talvez o antigo *Tuku* egípcio seja o local em questão, mas as investigações modernas parecem favorecer Tell el-Maskhutah, um forte próximo ao wadi Tumeilat, na fronteira leste de uma terra de *Gósen*, onde Israel havia vivido por tantos anos enquanto no Egito. Ver o artigo sobre esse local.

SUCOTE-BENOTE

No hebraico, **"tendas de meninas"**. Esse era o nome de uma divindade, que os samaritanos, provenientes da Babilônia, fizeram e adoravam. (Ver 2Rs 17.30).

Depois que os assírios derrotaram a nação nortista de Israel, levando para o exílio a maioria de seus habitantes, eles enviaram para as terras desocupadas povos provenientes de várias regiões da Alta e da Baixa Mesopotâmias. Os estudiosos encontram grandes dificuldades para ligar o nome dessa divindade às fontes informativas extrabíblicas, que falam sobre Sarpanitu, como deusa consorte de Marduque, especialmente quanto à primeira porção desse nome, *Sar*, ou *Zir*. Mas, apesar dessas dificuldades, parece que "Sucote-Benote" é uma corruptela de Sarpanitu ou Zir-Banitu, deusa babilônica.

SUDIAS

Forma alternativa para Hodavias (1Cr 5.24), nos livros apócrifos.

SUFÃ

No hebraico, **"serpente"**. Era um dos filhos de Benjamim, filho mais novo de Jacó. Seus descendentes eram chamados sufanitas (Nm 26.39). Supim e Hupim, em lugar dos sufanitas, aparecem em 1Crônicas 7.12 como filho de Ir, da tribo de Benjamim. Sesufá ("serpente"), filho de Bela, é o nome desse descendente de Benjamim, em uma outra lista genealógica (1Cr 8.5). De acordo com as diversas listas genealógicas sobre a tribo de Benjamim, parece haver uma tendência para o emprego de pares de nomes de sons similares, com a ocorrência de algumas variações. Para exemplificar, na lista do livro de Números, encontramos Sufã e os *sufamitas* (Nm 26.39) como também Hufã e sufamitas. No sétimo capítulo de 1Crônicas, encontramos as formas mais abreviadas de Supim e Hupim, como também Husim (1Cr 7.12). Mupim e Hupim aparecem entre os filhos de Benjamim (Gn 46.21). Parece ter havido a tendência para a simplificação e estilização dos nomes próprios. Isso explica, talvez, como Sesufá veio a assumir a forma de "Sufã", uma forma estilizada posterior do mesmo nome. Sufã viveu em cerca de 1630 a.C.

De acordo com o trecho de 1Crônicas 8.1-5, Sesufá aparece não como filho de Benjamim, e, sim, como seu neto, filho de Bela. Isso não é para admirar nas listas genealógicas antigas, onde alguém podia aparecer como filho, quando, na realidade, era seu descendente. Assim, teríamos Benjamim, Bela e Sufã nessa ordem, cada um filho do anterior.

SUFÁ

No hebraico, **"tempestade"**(?). Assim diz a nossa versão portuguesa em Números 21.14. De acordo com esse trecho bíblico, era uma região dos moabitas citada no livro das *Guerras do Senhor*. Nossa versão portuguesa diz ali: "Vaebe em Sufá...", o que tem causado confusão para muitos leitores da Bíblia em português. Os estudiosos vêm em nosso socorro esclarecendo que Vaebe seria uma cidade localizada na região de Sufá. A sua associação com o ribeiro do Arnon sugere que a região ficava a oriente do mar Morto, na área onde corriam o Arnon e seus tributários. A versão portuguesa sem dúvida segue a *Revised Standard Version*, que diz *Waheb in Suphah*. As versões mais antigas pensavam que se tratava de uma alusão ao mar Vermelho (*yam Suph*).

SUFE

Essa palavra ocorre somente em Deuteronômio 1.1, dentro da expressão hebraica *yam suph*, "mar de canas". Esse mar é de localização incerta, sabendo-se apenas que foi ali que Moisés expôs a lei de Deus diante do povo de Israel. A associação desse mar com Parã, com Hazarote, com Arabá, com o vale do Jordão e com o mar Morto, que se prolonga para o sul na direção do golfo de Ácaba, sugere que sua identificação com o mar Morto deve estar certa. Essa tem sido a interpretação de algumas versões, como é o caso da *King James Version*, em inglês.

SUL

Definir as direções, em uma época que desconhecia a bússola, constituía um problema difícil. As direções leste e oeste podiam ser vinculadas ao nascer do sol e ao pôr do sol. A direção norte, quando uma pessoa se postava com o rosto voltado para o nascer do sol, como era comum fazer, era chamado de direção "esquerda". E a direção sul, logicamente, era a direção "direita". Entretanto, mais comum ainda era chamá-lo de *negeb*, "ressecado", porquanto descrevia a região semidesértica que ficava na região sul de Israel. Na atualidade, no moderno estado israelense, o nome *Negeb* indica toda aquela região.

No Novo Testamento, o termo grego *nótos* indica tanto o ponto cardeal "sul" quanto o "vento sul" (cf. Lc 12.55). Esse vocábulo grego aparece por sete vezes (Mt 12.42; Lc 11.31; 12.55; 13.29; At 27.13; 28.13; e Ap 21.13). A fronteira sul do reino de Israel (ou de Judá, mais tarde), era um tanto indefinida, porquanto consistia em uma região desértica e erma, não havendo qualquer característica topográfica precisa. Logo adiante vagueavam tribos aguerridas, como a dos amalequitas. O antigo povo de Israel aprendeu a esperar daquele lado um estado permanente de conflito armado. E também era dali que vinham efeitos climáticos desfavoráveis à agricultura. Ver sobre *Tempestade*. Eliú referiu-se ao "pé de vento" que soprava da direção sul (Jó 37.9). E o trecho de 1Samuel 30.1 reflete as condições de fronteira perturbada que havia no sul de Israel.

SULAMITA

No hebraico, **"mulher de Sulém"**, Há uma variante Sunamita, que significa "mulher de Suném". Nossa versão portuguesa prefere a primeira forma (Ct 6.13). Os estudiosos variam de opinião se Sulamita é o nome ou o título de uma donzela. O intercâmbio entre o "l" e o "n" é comum nos idiomas semíticos. Portanto não devemos estranhar a variante. À luz desse fato, tem sido sugerido que visto que Abisague (em 1Rs 1.1-4,15; 2.17-22) é chamada de "sunamita", talvez ela tenha sido a mesma que é chamada "sulamita" (em Ct 6.13). Era comum os reis da antiguidade herdarem o harém do monarca anterior, tendo sido esse o motivo pelo qual Absalão cometeu incesto com as concubinas de seu pai, estando este ainda vivo (2Sm 16.22), quando tentou eleger-se rei de Israel. Mas Salomão, na qualidade de sucessor de Davi, deve ter ficado com Abisague, juntamente com outras mulheres do harém de Davi.

Uma outra mulher "sunamita", isto é, natural ou habitante de Suném, foi a mãe do menino que o profeta Eliseu ressuscitou (2Rs 4.8 ss.). Era uma mulher rica que preparou para o profeta um aposento sobre o eirado. O menino, provavelmente vítima de insolação, foi ressuscitado pelo profeta.

Alguns estudiosos também têm proposto que *sulamita* seria um título feminino correspondente ao nome masculino Salomão. Um outro caso seria "Judite", a forma feminina de Judá. Nesse caso, sem qualquer emenda gramatical, o nome "sulamita" poderia ser grafado como "selomita". Ora, o nome hebraico "Shelomith" aparece no grego como "Salomé", o que significaria "Solomonesa", "rainha" ou "princesa". Porém, temos de admitir que nisso tudo há um inequívoco elemento de especulação.

SULCO

O sulco é a pequena valeta feita no chão pela ponta de um arado. A palavra hebraica *telem* indicava "campo arado". Na antiguidade, o arado algumas vezes era feito de madeira. Após os dias de Davi começaram a ser feitos arados de metal, embora continuassem sendo feitos arados de madeira. (Ver Sl 129.3; 1Sm 14.14; Jó 31.38; 39.10; Os 10.4 e 12.11). Quando os sulcos ficavam cheios de água, isso servia de sinal das bênçãos divinas (Sl 65.10). O ato de fazer sulcos no chão simboliza a preparação para o próprio trabalho, o cultivo dos próprios ideais. A ideia de cultivo pode representar a reprodução das espécies, visto que um sulco pode representar, nos sonhos e nas visões, os órgãos sexuais femininos externos. O ato de tornar a arar pode indicar a tentativa de refazer alguma coisa, de melhor maneira, tornando-a mais proveitosa e útil.

SUMATEUS

Juntamente com os itritas, os puteus e os misraeus, dos quais desceram os zoratitas e os estaoleus, os sumateus eram uma das famílias calebitas que habitaram em Quiriate-Jearim (1Cr 2.53).

SUMÉRIA

I. NOME. O nome *sumério* é *kengir*; o acádico é *sumeru*. O significado é incerto. Estudiosos mais antigos identificaram essa palavra com o termo bíblico *Sinar*, de Gênesis 10.10, mas estudiosos modernos rejeitam essa ideia. Há, contudo, algumas palavras emprestadas no hebreu da linguagem da Suméria: *henkal* (local, templo); *tipsar* (escriba); *mallah* (marinheiro); mais vários nomes de especiarias, plantas, minerais e outros produtos. Alguns estudiosos também insistem que várias ideias do Antigo Testamento se originaram desse povo, que foram recompensados pelos hebreus.

II. LOCALIDADE. A *Suméria* é o nome dado para identificar as planícies inferiores da Mesopotâmia. Juntas, a *Suméria* e a *Acádia* ocuparam toda a terra entre os rios Tigre e Eufrates, abaixo de sua convergência mais próxima perto de Bagdá. A Suméria ocupava uma área entre a cidade de Nipur (Niffer) ao nordeste e a linha costeira do Golfo Pérsico ao sudeste. Rio acima de Nipur localizava-se a terra dos acadianos. Nessa área relativamente restrita surgiu a Babilônia posterior e maior.

Centros culturais da Suméria eram Quis (Tell el-ohemir); Quide Nun (Jembet Nasr); Nipur (Niffer); Lagase (Telloh); Uruque (Warka); Ur (Tell Muqayyir); Eridu (Abu Shahrain); Surupaque (Fara); Larsa (Senkere) e Uma (Jocha). Apenas dois desses nove centros (cidades) são mencionados no Antigo Testamento: *Ereque* (Uruque) e Ur. Este último local era o lar de Abraão antes de sua visita histórica à Palestina. Foi na Suméria que surgiu a primeira civilização conhecida do mundo. Sua cultura estava destinada a influenciar os povos de nações e impérios posteriores, inclusive os hebreus. O moderno Iraque essencialmente ocupa o antigo território denominado Suméria.

III. OBSERVAÇÕES HISTÓRICAS. 1. A origem dos sumérios é incerta, mas esse povo afirmava ter vindo de *Dilmum*, isto é, das *ilhas* e da costa arábica do Golfo Pérsico. Eles falavam de *Eridu* como sua primeira cidade, localizada à beira norte do Golfo. Parece que alguns traços dessa tradição em Gênesis 4.17b podem ser traduzidos como segue: *E ele* (Enoque) *tornou-se o* (primeiro) *construtor de uma cidade e ele a chamou com o nome de seu filho* (Irad). **2**. *Escavações arqueológicas* demonstraram que o Iraque foi habitado por povos razoavelmente sofisticados no período de 3300 a 3000 a.C. Habitações desses povos antigos foram encontradas em Eridu, Ur, Nipur, Quis, Adabe, Culabe, Larsa e Isin. O povo (ou melhor, a mistura de povos) que constituiu os sumérios presumivelmente chegou à região em torno de 3300 a 2800 a.C. **3**. *Estátuas* que representam os sumérios mostram um povo de nariz curto e reto, além de cabeça longa. Outras características, como nariz grande, olhos saltados e pescoço grosso, são bastante comuns em todas as estátuas da época para identificar os sumérios tão especificamente. Os antropólogos supõem que este povo fosse, de fato, uma mistura de povos, possivelmente de origem armênia e mediterrânea predominantemente. **4**. A linguagem suméria desafia a classificação. Linguagens conhecidas da área não parecem ser refletidas (convincentemente) no sumério. Os babilônicos, é claro, eram obviamente semitas em origem, o que não pode ser dito definitivamente a respeito dos sumérios. Se houve migração de um povo chamado assim distintamente, ela provavelmente ocorreu do norte e do oeste do mar Cáspio. Mas talvez esse povo simplesmente tenha sempre estado ali, e fosse formado por uma mistura de povos que chegaram e deixaram a área. **5**. Os *principais ingredientes* da civilização que emergiu na Suméria incluem a escrita e a fundação de cidades com construções significativas. Assim, uma civilização urbanizada se misturou a uma agrícola. Reinados eram uma instituição importante, e foi desenvolvido o artesanato, além da metalurgia e de outras habilidades industriais. Uma documentação rica foi registrada em tabletes cuneiformes que ainda hoje estão sendo estudados. **6**. A peça mais conspícua de historiografia suméria é a famosa *Lista de Reis da Suméria*, que lista onze cidades e seus respectivos regentes. São fornecidos os nomes dos reis, a duração de seus reinados e algumas anotações biográficas. As histórias começam em épocas legendárias e terminam com comentários sobre a cidade de *Isin*, que existiu em torno de 1790 a.C., um ano antes de Hammurabi, da Babilônia. Os regentes antidiluvianos (oito ao todo) e seus sábios *conselheiros* assemelham-se às histórias das linhagens de Sete e Caim em Gênesis 5 e 6, respectivamente. **7**. Aparece então uma história de dilúvio, depois da qual se continuou o reinado em muitas cidades. Ver mais sobre isso sob a seção IV deste artigo. **8**. De cerca de 2300 a.C. a 2150 a.C., os sumérios foram sujeitos aos acadianos (babilônicos). Sua cidade, *Acade*, deu a eles seu nome diferenciador. Alguns supõem que Sargom e seu neto Naram-Sin possam ter fornecido o modelo bíblico de Ninrode, o construtor de cidades e caçador, e de Acade de Gênesis 10.8-12. **9**. Os sumérios reafirmaram-se sob regentes locais como Gudea de Lagache, que deixou consideráveis heranças literárias e esculturais. Naquela época, Ur era a capital da confederação de cidades (cerca de 2100 a 2000 a.C.). **10**. *Ur* caiu por volta de 2000 a.C. e ficou a cargo de *Isin* continuar com as tradições e realizações da Suméria. **11**. Dali os babilônios assumiram, herdando a civilização da Suméria e construindo sobre ela.

IV. A HISTÓRIA SUMÉRIA DA INUNDAÇÃO. É uma pena que essa história esteja preservada em um único fragmento, mas esse fragmento contém detalhes suficientes para convencer os estudiosos de que há paralelos entre esse relato bíblico e o de Gênesis 6-8. A maioria dos estudiosos de hoje acredita que ambas as histórias (suméria e bíblica) têm base em relatos ainda mais antigos, e que o relato sumério é o mais antigo dos dois. Depois da inundação, o reinado continuou na Suméria, primeiro na cidade de Quis, então em Uruque (o Ereque da Bíblia, Gn 10.10). O épico de *Enmerakar e o Senhor de Aratta* tem partes que nos lembram da história bíblica da confusão de idiomas (Gn 11). A construção de *Zigurate* (ver) era uma característica comum de cidades sumérias. Ver sob *Torre de Babel*. Definitivamente parece ter havido um intercâmbio de histórias entre os sumérios e os hebreus, bem como entre eles e outras culturas.

V. Religião. Os sumérios eram um povo irremediavelmente politeísta, cuja característica especial era o deus padroeiro protetor de cidades. Cada cidade tinha seu próprio deus-chefe. Esse deus era alojado em seu próprio templo, vestido com roupas finas e alimentado com ofertas diárias, além de entretido com o canto de hinos e louvores. Em épocas de guerra, o objetivo dos inimigos era roubar a imagem especial do deus da cidade, o que, presumivelmente, debilitava o povo daquela cidade. Havia festivais especiais, dentre os quais a celebração do Ano Novo e os banquetes eram os mais proeminentes. Parte das atividades do dia era a cerimônia sagrada do casamento, na qual o rei era unido em casamento com Inana, a deusa do amor e da reprodução. O papel dessa deusa era realizado pelos sumos sacerdotes. A união terrena-celeste tinha como objetivo garantir o favor dos poderes das alturas e resultar na fertilidade da terra e dos animais domesticados. Havia uma doutrina de deuses que morriam e surgiam para lidar com a aparente morte da natureza durante o inverno e o seu ressurgimento durante a primavera. O mais conhecido desses deuses era *Dumizide* (o verdadeiro filho), chamado pelos povos semitas de Tamuz. Teólogos dos sumérios envolveram-se em uma cosmologia e uma teologia complexa e especulativa, mas os leigos não davam nenhuma atenção a essa parte da religião da Suméria.

SUMO SACERDOTE

I. História. O sumo sacerdote ocupava o ofício eclesiástico mais elevado do sistema religioso dos judeus. As tradições bíblicas apresentam-no como alguém que descendia de Aarão, mas que isso sempre aconteceu não pode ser historicamente demonstrado. Os eruditos de inclinações liberais supõem que o ofício sumo sacerdotal só começou em 411 a.C., mas há passagens bíblicas que certamente indicam que o ofício era muito mais antigo do que isso. Para admitirmos essa data tão posterior, teremos de supor duas coisas: *primeira*, que as porções da Bíblia que abordam a questão foram escritas posteriormente; *segunda*, que o próprio ofício não antecedeu, por muito tempo, as narrativas escritas. O que podemos dizer é que a formalização do ofício resultou de um desenvolvimento de responsabilidades, embora a essência do ofício retroceda, verdadeiramente, até Aarão. Uma vez estabelecida a adoração no templo de Jerusalém, o sumo sacerdote tornou-se o principal ministro eclesiástico do judaísmo, oficiando durante as grandes festividades e observações religiosas, como no dia da Expiação. Além disso, ele presidia o Sinédrio (vide), o que lhe emprestava grandes poderes não somente eclesiásticos, mas também políticos. Todavia, o ofício sumo sacerdotal chegou ao fim quando os romanos destruíram a cidade de Jerusalém e seu templo, quando o Sinédrio também foi dissolvido.

O ofício sumo sacerdotal teve suas origens mais primitivas nos dias em que qualquer homem podia edificar um altar, onde quer que Deus se tivesse dado a conhecer. Aquele que se tornasse associado aos ritos do altar levantado tornava-se conhecido como um *levita*, isto é, alguém vinculado a um lugar, ou então como um *kohen, ou* "sacerdote". De um sacerdote esperava-se que ele fosse um revelador da vontade divina, como um mediador entre Deus e os homens. Além disso, encontramos a primitivíssima instituição em que o chefe de uma casa também era o sacerdote de sua família. Quando

as formas religiosas passaram a ser institucionalizadas, um grande sacerdote, ou sumo sacerdote, tornou-se necessário, a fim de organizar as funções religiosas do povo, preservando, promovendo e protegendo as instituições religiosas. No século VIII a.C., os levitas surgiram como uma classe distinta, ocupando-se, essencialmente, da direção da adoração religiosa em Israel.

É no *código sacerdotal*, chamado *S* pelos eruditos, que encontramos a *kohen hagadol*, ou "sumo sacerdote". Os eruditos liberais datam essa fonte do Pentateuco no século V a.C., quando, para eles, consequentemente, teria surgido o ofício sumo sacerdotal. Ver o artigo sobre o *Código Sacerdotal*, quanto a comentários sobre essa presumível fonte independente dos livros de Moisés. Porém, mesmo se admitirmos que esse material é de data comparativamente tardia, isso não provaria que as coisas ali referidas, no tocante a instituições religiosas, só tivessem começado naquele tempo. A tradição do próprio sumo sacerdote parece ser antiquíssima, e o próprio Aarão ocupou o ofício, sob sua forma mais primitiva.

A posição do sumo sacerdote de Israel atingiu seu ponto de maior influência em 105 a.C., quando o sumo sacerdote, Aristóbulo I, também assumiu o título de *rei*. Em 63 a.C., Roma tomou sobre si mesma a tarefa de nomear os sumos sacerdotes; desse ponto em diante da história, houve mudanças frequentes no ofício, o qual começou como uma posição hereditária e vitalícia.

Alguns Informes Históricos Cronológicos: 1. *Arão* foi o primeiro sumo sacerdote de Israel. Depois que o tabernáculo foi erigido, de acordo com os planos divinos, e que os ritos tiveram início (Êx 18; 24.12-31; 35.1 — 40.38), Aarão e seus filhos foram solenemente consagrados a seus ofícios sacerdotais respectivos, por Moisés (ver Lv 8.6). Isso teve lugar por volta de 1440 a.C. As elaboradas descrições das vestes do sumo sacerdote, que aparecem em Êxodo 28.3 *ss.*, certamente indicam um ofício distintivo, superior ao dos sacerdotes. **2**. Por ocasião da morte de Arão, o ofício passou para seu filho mais velho, Eleazar (Nm 20.28). Então os descendentes de Fineias passaram a ocupar a linhagem de onde o ofício era herdado (Jz 20.28). **3**. Por razões desconhecidas, o ofício sacerdotal foi entregue a Eli, que pertencia à linhagem de Itamar. Isso continuou até que Salomão mudou o sistema e nomeou Sadoque, na pessoa de quem o encargo passou novamente para os descendentes de Eleazar (1Rs 2.26 ss.).

4. Os sumos sacerdotes antes de Davi, sete em número, foram os seguintes: Arão, Eleazar, Fineias, Eli, Aitube (1Cr 9.11; Ne 11.11; 1Sm 14.3), Aías e José. Josefo assevera que o pai de Buqui, a quem ele chamou *José* (mas que na Bíblia é chamado de Abiezer, equivalente a Abisua), foi o último sumo sacerdote da linhagem de Fineias, antes de Sadoque. **5**. Nos dias de Davi havia dois sumos sacerdotes, Sadoque e Abiatar, que parecem ter brandido igual autoridade (1Cr 15.11; 2Sm 8.17; 15.24,25). Alguns estudiosos têm conjecturado que Sadoque era um aliado importante de Davi, embora tendo sido nomeado por Saul. Davi não perturbou a situação, mas a sucessão coube, por direito, a seu amigo, Abiatar. Diplomaticamente, Davi deixou ambos no cargo; mas o *Urim* e o *Tumim*, com a estola sacerdotal, permaneceram com Abiatar, o qual, por isso mesmo, ficou encarregado dos serviços especiais que circundavam a arca da aliança. **6**. Nos tempos de Salomão há certas dificuldades históricas, pois é difícil reconciliar os dados históricos existentes. Josefo (*Anti*. 10.8,6) diz que quem ocupava o ofício sumo sacerdotal, nesse tempo, era Sadoque; mas o trecho de 1Reis 4.2 diz que era Azarias, que era neto de Sadoque. Temos de supor, assim sendo, que há algum defeito nos registros históricos, que não nos permitem precisar a situação que envolvia o ofício sumo sacerdotal nos dias de Salomão. Mas, considerando-se todos os fatores, parece ter havido quinze sumos sacerdotes que foram contemporâneos dos reis de Judá. Seja como for, os sumos sacerdotes dessa série terminaram com Seraías, que foi aprisionado por Nabucodonosor e executado em Ribla, por ordem daquele monarca caldeu (2Rs 25.18), ao tempo do cativeiro babilônico. **7**. Por causa do cativeiro, passaram-se cerca de 52 anos sem alguém para ocupar o ofício sumo sacerdotal em Israel. Jeozadaque (ver Ag 1.1,14) deveria ter herdado o ofício de seu pai, Seraías, mas Jeozadaque viveu e morreu durante o período do cativeiro babilônico. Então o ofício foi ocupado por seu filho, Josué (vide), depois que um remanescente do povo de Israel regressou a Jerusalém, em companhia de Zorobabel. A Bíblia alista os sucessores dele, chamados Joiaquim, Eliasibe, Jeoiada, Joanã e Jadua. Jadua foi sumo sacerdote de Israel na época de Alexandre, o Grande, tendo sido sucedido por seu filho, Onias I, e este por seu filho, Simão. Quando Simão faleceu, quem veio a ocupar o ofício foi seu irmão, Eleazar, visto que seu filho, na época, ainda era um jovem menor de idade. Foi durante o reinado de Eleazar que teve lugar a famosa tradução do Antigo Testamento para o grego, chamada Septuaginta ou LXX. **8**. Menelau, o último dos Onias, trouxe desgraça ao ofício sumo sacerdotal. E o ofício ficou vago por sete anos. E então Alcimo ocupou o cargo, embora também tivesse sido uma infame personagem. **9**. Em seguida veio o período dos hasmoneanos (vide). Essa família era do turno sacerdotal de Joiaribe (1Cr 24.7), que havia retornado do cativeiro babilônico com Zorobabel (1Cr 9.10; Ne 11.10). Eles ocuparam esse ofício até 153 a.C., quando a família foi destruída por Herodes, o Grande. Aristóbulo, o último sumo sacerdote dessa linhagem, foi assassinado por ordem de Herodes, embora eles fossem cunhados. Isso ocorreu em 35 a.C. **10**. Roma começou a nomear os sumos sacerdotes de Israel, de acordo com os ventos do poder e do favor político. Houve nada menos de 28 sumos sacerdotes desde o reinado de Herodes, o Grande, até à destruição do templo de Jerusalém, pelo general Tito, em 70 d.C. Esse período foi de cerca de 107 anos; assim, na média, houve um novo sumo sacerdote a cada três ou quatro anos. O Novo Testamento, por sua vez, fornece-nos alguns dos nomes de pessoas envolvidas nesse ofício, como Anás, Caifás e Ananias, sobre quem damos artigos separados. O sumo sacerdote que deu a Paulo cartas que lhe permitiam perseguir e encarcerar judeus cristãos chamava-se Teófilo, filho de Anano. (Ver At 9.1,14). Panias foi o último dos sumos sacerdotes. Ele fora nomeado pelo lançamento de sortes, pelos zelotes, dentre o turno de sacerdotes que Josefo chamou de *Eniaquim*, provavelmente, uma forma corrupta de Jaquim.

II. Vestes dos Sumos Sacerdotes. Ver o artigo separado, intitulado *Sacerdotes, Vestimentas dos*.

III. Natureza dos Deveres do Ofício Sumo Sacerdotal. Qual é a natureza e quais são os deveres do ofício sumo sacerdotal? **1**. O sumo sacerdote precisava descender diretamente de Arão, o primeiro sumo sacerdote levítico. **2**. Não podia ter defeitos físicos (ver Lv 21.16-23). **3**. Não podia contrair matrimônio com viúva, estrangeira ou ex-meretriz, mas somente com uma virgem israelita (ver Lv 21.14). Mais tarde isso foi modificado, permitindo-lhe casar-se com a viúva de outro sacerdote. (Ver Ez 44.22). **4**. Ele tinha de dedicar-se a seu trabalho, não podendo abandoná-lo nem mesmo ante a morte de um membro de sua família, como pai ou mãe. (Ver Lv 21.10-12). Parece que as calamidades públicas eram uma exceção (ver Judite 4.14,15 e Jl 1.13). **5**. Estava obrigado a observar regras de dieta, acima dos israelitas comuns (ver Lv 22.8). **6**. Precisava lavar mãos e pés antes de servir (ver Êx 30.19-21). **7**. Originalmente, ele queimava o incenso sobre o altar de ouro, como um de seus deveres; posteriormente, porém, isso ficou ao encargo de outro sacerdote. (Ver Lc 1.8,9). **8**. Repetia, a cada manhã e a cada tarde, a oferta de manjares que ele oferecera no dia de sua consagração (ver o décimo nono capítulo do livro de Êxodo). **9**. Cumpria-lhe efetuar as cerimônias do grande Dia da Expiação, entrando no Santo dos Santos uma vez por ano, a fim de fazer expiação pelos pecados do povo (ver o vigésimo primeiro capítulo do livro de Levítico). **10**. Cumpria-lhe arrumar os pães da apresentação a cada sábado, consumindo-os no Santo Lugar (ver Lv 24.9). **11**. Precisava abster-se das coisas santas se ficasse impuro por qualquer razão, ou se contraísse lepra (ver Lv 22.1-7). **12**. Qualquer pecado que ele cometesse teria de ser expiado por sacrifício oferecido por ele mesmo (ver Lv 4.3-13). **13**. Por igual modo, oferecia sacrifício pelos pecados de ignorância do povo (ver Lv 22.12-16). **14**. Cumpria-lhe proferir a validade da lepra curada (ver Lv 13.2-59). **15**. Cabia-lhe certo direito legal de julgar casos (ver Dt 17.12), especialmente quando não houvesse juiz disponível. **16**. Deveria estar presente quando da nomeação de algum novo governante, intercedendo subsequentemente em seu favor (ver Nm 27.19-20). Havia ainda outros deveres secundários que ele compartilhava com os sacerdotes inferiores.

Vários desses itens prestam-se para a aplicação espiritual a Cristo, ao passo que outros não têm essa serventia. O ponto central, frisado no livro de Hebreus, se relaciona ao fato de que o sacerdote fazia sacrifício pelos pecados do povo. Esse é o começo da abertura do acesso a Deus, até a sua presença imediata, no Santo dos Santos (ver Hb 10.19 e ss.).

IV. Lições e Tipos Espirituais do Ofício. Ver dois artigos separados, intitulados *Sacerdotes, Crentes Como* e *Sumo Sacerdote, Cristo Como*.

Aarão, como sumo sacerdote de Israel, era um tipo de Cristo. Os tipologistas veem muitos símbolos do ofício messiânico e salvador de Cristo nas funções, vestes e ritos efetuados pelo sumo sacerdote aarônico. O Novo Testamento refere-se a Cristo como sacerdote segundo a ordem ou categoria de Melquisedeque (Hb 5.6; 6.20; e 7.21); mas ele também executou o seu ofício segundo o padrão e a autoridade do sacerdócio aarônico. Cristo é o *Mediador Único* das bênçãos divinas, e nomeia todos os crentes como *sacerdotes*, a fim de participarem plenamente de sua espiritualidade e posição.

SUMO SACERDOTE, CRISTO COMO

I. Detalhes de Hebreus 8.1—10.18. Estendendo-se até o vigésimo oitavo versículo deste capítulo, encontramos uma analogia (entre os sacrifícios no santuário terrestre e aqueles efetuados no santuário celestial) que reenfatiza diversos pontos já discutidos, mas agora mencionados novamente, como sumário. A esses pontos foi adicionada a afirmação de crença, por parte do autor sagrado, na "parousia" ou segunda vinda de Cristo, no vigésimo oitavo versículo. **1**. Há dois santuários, o terreno e o celestial. O terreno era apenas uma cópia ou imitação do celestial. Nisso se vê, uma vez mais, a metafísica em "dois andares" do autor, em que as ideias de Filo e de Platão foram cristianizadas. Na terra, tudo é apenas cópia dos elementos existentes nos céus. Essa ideia era comum no judaísmo helenista. E os judeus tinham ideias literais a esse respeito; imaginavam um templo celeste literal, com todas as peças de mobiliário e alguma forma de sistema de sacrifícios, segundo os moldes do templo terreno. O autor sagrado, porém, não vê nada tão cru e materialista como isso, mas apenas que o templo terreno, seus ritos etc. simbolizavam alguma realidade superior. Assim, o próprio templo (ou a tenda, antes dele) indicaria os "céus", uma pluralidade de esferas celestes, cada uma com seu nível mais elevado de acesso. (Ver Hb 7.26). O Santo dos Santos fala sobre a presença de Deus, sobre como os homens podem obtê-la, juntamente com a transformação de vida e de ser, necessária para a admissão àquele lugar. (Ver as notas expositivas no NTI, em Hebreus 8.5 e toda a seção IV no artigo sobre o tratado, intitulado Ideias *Religiosas e Filosóficas*, as descrições sobre o conceito metafísico do autor sagrado.) **2**. Cristo é o Sumo Sacerdote do santuário celeste, e não do terrestre, como se dava com os sacerdotes aarônicos. Este capítulo inteiro foi calculado para ensinar isso. O ministério de Cristo não só é melhor, mas também ultrapassou e abrogou todo outro sacerdócio terreno. Dentro da antiga dispensação havia uma lei, seu sacerdócio e seu pacto. Em Cristo entretanto, tudo isso foi eliminado. Agora há uma nova lei, um novo sacerdócio e um novo pacto (ver os capítulos sétimo a nono deste tratado). Sendo essa a verdade da questão, pode-se supor corretamente que o ministério de Cristo é superior àquele que era realizado no antigo tabernáculo. Sim, é tão superior que o antigo tabernáculo perdeu toda a razão para sua existência. E, na realidade, só existia para funcionar como tipo simbólico do novo. **3**. O acesso provido no ministério de Cristo é real, e não simbólico e dá-nos o direito de penetrar no mais alto céu, o Santo dos Santos celeste. Já o antigo acesso era apenas simbólico, em que o sumo sacerdote nunca foi reputado como precursor de ninguém até à presença de Deus. Seu serviço se reduzia a um ato simbólico de expiação de pecados. (Ver Hb 6.20 e 10.19). **4**. Cristo ofereceu um único sacrifício, mas foi um sacrifício muitíssimo melhor do que a soma total de todos os milhares e milhares de sacrifícios levíticos, pois todos eles tão somente simbolizavam o sacrifício de Cristo. (Ver os versículos 25 e 26 deste capítulo). **5**. O sacrifício de Cristo foi eficaz — eliminou o pecado; foi o sacrifício da sua própria pessoa. (Ver Hb 7.27). **6**. O ministério de Cristo jamais terminou: ele voltará e mesmo agora está empenhado em uma eterna intercessão. Mas, finalmente, tudo quanto ele fizer estará completamente divorciado do problema do pecado. Esse problema será solucionado completa e absolutamente, de tal modo a não permanecer uma questão espiritual, sem qualquer vinculação com a inquirição espiritual. (Ver o vigésimo oitavo versículo deste capítulo). **7**. É declarada aqui a necessidade de purificar o santuário celestial. O sacrifício de Cristo mostrou-se eficiente e final quanto a esse mister. (Ver o versículo vigésimo terceiro deste capítulo).

"Após a breve digressão do vigésimo segundo versículo, o escritor sagrado focaliza agora o aparecimento de Cristo, no santuário perfeito dos céus, munido do perfeito sacrifício (ver os versículos vigésimo quinto em diante), o qual, por ser perfeito e absoluto, não precisa de repetição" (Mofatt, *in loc*.).

II. Sumário de Ideias. 1. Ele entrou nos *verdadeiros céus*, no real Santo dos Santos, enquanto os sacerdotes terrenos manuseavam apenas com sombras e símbolos (ver Hb 4.14). **2**. E ofereceu o *verdadeiro sacrifício*, ao passo que os demais ofereciam apenas sacrifícios simbólicos (ver Hb 9.23 e ss.). **3**. O sacrifício de Cristo foi *final*; os deles eram simbólicos (ver Hb 9.25 e ss.). **4**. Sua expiação foi *eficaz*, a expiação oferecida por eles era apenas uma representação simbólica (ver Hb 9.28). **5**. Ele foi Sumo Sacerdote *maior* e mais elevado que Arão, por ser o Filho de Deus (ver Hb 5.1 — 7.28). **6**. Ele administrou um *melhor pacto* (ver Hb 8.1-18). **7**. Ele ministra em um *melhor santuário* (ver Hb 9.1-12). **8**. Seu sacrifício é melhor que o de todos, por ser o fim de todos os sacrifícios (ver Hb 9.13 — 10.18). **9**. Seu ministério se alicerça sobre *melhores e mais permanentes promessas* (ver Hb 10.19 — 12.3).

Cristo, pois, é visto como nosso caminho de acesso a Deus Pai. Os crentes judeus são aqui avisados a não perderem sua obra intercessória em favor deles, afastando-se de Cristo, retornando às suas anteriores formas religiosas, que serviam somente para apontar para Cristo simbólica e profeticamente.

III. Sumo Sacerdote no Lugar de Arão e Melquisedeque. O ofício sumo sacerdotal, no tocante a Cristo, envolve tanto Arão quanto Melquisedeque. Posto que nossas informações sobre Melquisedeque são tão escassas, quase todos os tipos simbólicos sobre o ofício de Cristo se acham no sacerdócio arônico. Quais são as ideias envolvidas no sacerdócio de Cristo, que é conforme a ordem de Melquisedeque? Ei-las: **1. Cristo é o rei-sacerdote**, tal como Melquisedeque (ver Gn 14.18 e Zc 6.12,13). **2. Cristo é o rei justo** de Salém ou Jerusalém (ver Is 11.5 e 6.9). **3. Ele é eterno**, não havendo registro de seu início no tempo (ver Jo 1.1), nunca tendo sido nomeado por homem algum para seu ministério (ver Sl 110.4; ver também Hb 7.23.25 e Rm 6.9).

Vê-se, pois, que a obra de Cristo seguiu o padrão do sacerdócio aarônico, mas que a alusão a Melquisedeque fala sobre sua autoridade real, sobre sua eternidade, sobre a natureza perene de sua obra, ideias essas que não estavam vinculadas ao sacerdócio aarônico. Desse modo, certos aspectos de superioridade são atribuídos ao sacerdócio de Cristo, que é segundo a ordem de Melquisedeque.

IV. A Superioridade de Jesus. *Eis cinco particulares* que mostram que Jesus é superior como Sumo Sacerdote: **1**. Nele mesmo, ele é melhor sacerdote que os sacerdotes aarônicos (ver Hb 8.1-6; como uma unidade, o sétimo capítulo contém muitos argumentos a respeito; ver também Hb 4.15 —7.28, como uma unidade). **2**. Sua esfera de atividades é no santuário celeste, e não na cópia terrena, onde labutavam os sacerdotes aarônicos. Portanto, seu ministério é "melhor" que o deles, e não apenas a sua própria pessoa. (Ver Hb 8.2-5). **3**. Ele ofereceu melhor sacrifício (ver Hb 8.3 e ss.), ou seja, a si mesmo (ver Hb 7.27). **4**. Ele é o Mediador de um pacto melhor, o "novo pacto" (ver Hb 8.6). **5**. Seus labores sacerdotais se baseiam sobre promessas superiores (ver Hb 8.6). Todos esses aspectos mostram a superioridade do "ministério" de Cristo, que agora é introduzido, ao passo que, antes disso, até este ponto no tratado, a ênfase recaíra sobre a superioridade da pessoa de Cristo.

SUNAMITA. Variante de *Sulamita* (vide).

SUNÉM

Em hebraico, **"desnivelada"**, identificada com *Sulam* (Solem), localizada no sopé do Pequeno Hermom, uma cidade no território da tribo de Issacar (Js 19.18). Era a cidade natal de Abisague (1Rs 1.3) e o lar de uma mulher cujo filho foi trazido de volta à vida por Eliseu (2Rs 4.8-37). O nome dessa cidade aparece também em uma lista compilada por Tutmes II (1490-1436 a.C.), sendo um dos locais conquistados por suas campanhas militares. Nas cartas de Tell el-Amarna, ela aparece com o nome de Shunama, que nos conta que ela caiu ante as forças de Labaya, uma personagem desconhecida.

SUNI

No hebraico, **"afortunado"**. Ele foi um dos sete filhos de Gade, filho de Jacó (Gn 46.16; Nm 26.15). Ele se tornou o antepassado dos sunitas. Viveu por volta de 1700 a.C.

SUOR

O ato de suar ou transpirar é mencionado tanto no Antigo quanto no Novo Testamentos, envolvendo duas palavras hebraicas e uma grega, a saber: **1**. *Zeah*, "suor". Palavra hebraica que figura apenas por uma vez, em Gênesis 3.19. **2**. *Yeza*, "suor", "transpiração". Termo hebraico usado por somente uma vez, em Ezequiele 44.18. **3**. *Hidrós*, "suor", vocábulo grego usado, igualmente, apenas por uma vez, em Lucas 22.44.

O " suor" é apresentado na referência do livro de Gênesis como uma das calamidades impostas ao homem como castigo por seu pecado e queda. Se o trabalho no jardim do Éden era ameno, após a expulsão o homem teria que lutar contra a própria natureza, porquanto a terra produziria, naturalmente, apenas cardos e abrolhos. Esse fato não pode ser negado. A agricultura, desde então, sempre foi um dos mais cansativos labores humanos. Mesmo em nossa era mecanizada, o homem tem que lutar contra as intempéries, como a seca, as inundações, a geada etc., e também contra as pragas das mais variadas formas.

Em Ezequiel, lemos que os sacerdotes tinham de se vestir de modo a não lhes escorrer o suor pelo corpo. É que as vestes sacerdotais eram consideradas sagradas, só podendo ser usadas enquanto ministravam, após o que tinham de mudá-las por roupas comuns. Essas instruções foram minuciosamente impostas no tocante aos sacerdotes zadoquitas (ver Ez 44.15 ss.).

No Novo Testamento, a única menção ao suor é aquela da cena da agonia do Senhor Jesus no horto, às vésperas de sua crucificação. Lemos ali: *E, estando em agonia, orava mais intensamente. E aconteceu que o seu suor se tornou como gotas de sangue, caindo sobre a terra* (Lc 22.44). O fenômeno não é desconhecido para a ciência, que pode ser observado até mesmo corriqueiramente, em certas ocasiões de grande dor ou aflição. Note-se que Jesus não suou sangue. Lucas diz que o seu suor "se tornou *como* gotas de sangue". Um cunhado deste tradutor, quando rapazinho, quebrou um braço. Um vizinho prestativo, mas sem conhecimentos médicos, ofereceu-se para pôr o osso no lugar, visto que não houvera fratura exposta, e nem havia alguém responsável na casa que o enviasse a um hospital devidamente aparelhado. No dia seguinte, o braço estava horrivelmente inchado. Quando, finalmente, meu cunhado foi levado a um médico, este teve que pôr o osso no lugar. A operação foi extremamente dolorosa. Meu cunhado dava urros de dor, e seu corpo ficou ensopado de suor, que brotava de todos os poros, como grandes gotas que pingavam.

A palavra grega *hidrós* é comum no grego clássico, de Homero em diante, indicando grande tensão ou dor, dando a entender intenso sofrimento físico ou mental. A luta do Senhor Jesus contra Satanás, diante de Deus, no Getsêmani, em tudo cumpriu a maldição do suor, imposta sobre o homem caído. No entanto, há casos de suor sanguinolento, que a ciência médica chama de hematidrose.

SUPIM

No hebraico **"serpente"**. Há dois homens com esse nome, nas páginas do Antigo Testamento: **1**. Um benjamita; ele e seu irmão Hupim eram filhos de Ir (1Cr 7.12,15). Viveu por volta de 1700 a.C. **2**. Um porteiro que cuidava do lado ocidental das muralhas de Jerusalém (1Cr 26.16). Viveu em cerca de 1010 a.C.

SUPORTE

Palavra portuguesa que é tradução de um termo hebraico usado por dezessete vezes no Antigo Testamento. Nos livros de Êxodo e Levítico é usado para indicar o pedestal da bacia de bronze e do altar dos holocaustos (ver Êx 30.18,28; 31.9; 35.16; 38.8; 39.39; 40.11 e Lv 8.11). Bezaleel dissolveu os espelhos das mulheres, feitos de cobre e bronze polidos, e, com o material, fez o suporte da bacia de bronze. O suporte da bacia e a própria bacia foram ungidos, quando foram instalados, segundo se vê na penúltima dessas referências. Nossa versão portuguesa omite uma frase inteira em 1Reis 7.29, onde, no original hebraico, aparece o mesmo termo hebraico de que falamos, *ken*. Essa frase é: "e sobre as molduras havia um suporte acima", a qual deveria ser inserida entre "querubins" e "nas molduras". E dois versículos adiante (1Rs 7.31), a mesma palavra hebraica é traduzida em nossa versão portuguesa como "pedestal". Esse trecho do sétimo capítulo de 1Reis fala sobre as dez bacias do templo de Salomão, em Jerusalém. Nos cantos das bacias havia eixos, o que significa que elas eram móveis. Podemos ler sobre suportes com rodas, em Chipre, dando a entender uma disposição similar naqueles objetos. (FOR)

SUPOSIÇÃO

Vem do latim *ad*, "para", e *sumere* "tomar". Indica o ato de aceitar pacificamente a verdade de uma proposição, por amor a um argumento alicerçado sobre essa proposição.

Usos. 1. Boetio e mais tarde os lógicos latinos usavam a palavra para indicar a premissa menor de um silogismo. **2**. Em sua *Lógica*, Mill *usou* o termo em um duplo sentido: *a*. para designar as verdades matemáticas que servem de ponto de partida em uma prova; *b*. para designar o ponto inicial de qualquer dedução, sem importar a veracidade ou falsidade da declaração. Nesse último sentido é que o termo é mais comumente empregado. Portanto, a *suposição* usualmente é aceita como o termo de significação menos específica dentro da família de termos que inclui: axioma, hipótese e postulado. (P)

SUQUITAS

Uma tribo, evidentemente africana, embora não possamos identificá-la com qualquer povo moderno. Sabemos apenas que Plínio falou sobre os Suchoe, em 29 a.C., e que talvez seja o mesmo povo. Eles ajudaram Sisaque, rei do Egito, quando este invadiu a Palestina. Ver 2Crônicas 12.3.

SUR

No hebraico, **"fortificação de muro"**, provavelmente referindo-se ao local como um tipo de barreira geográfica natural que se estendia pelas grandes estradas do nordeste do Egito próximo à fronteira leste. Mas alguns estudiosos pensam que havia um muro literal ali, batizado com o mesmo nome do território próximo a ele. "... um Grande Muro, existente ali através da entrada do Egito Inferior como uma barreira e como um marco entre o delta e o deserto... assim, era natural que a região em ambos os lados do muro tivesse o nome do muro. No lado oeste ficava a terra de Jazor, isto é, a *Terra muro adentro*. No lado leste ficava o deserto de Sur, ou o *sertão muro afora*. Assim foi criada a circunstância pela qual a terra do deserto a leste do Egito Inferior é conhecida na Bíblia como o 'deserto de Sur'" (Trumbull, *Cades-Barneia*). Gênesis 16.7 menciona o córrego que ficava no caminho para Sur, onde o anjo do Senhor encontrou Hagar quando ela fugiu da raivosa Sara. Provavelmente ela passou pela antiga rota de caravanas, o último segmento do famoso Caminho do Rei que saía de Edom e passava pelo deserto de Zim (Êx 15.22). Para referências a Sur (ver Gn 16.7; 20.1; 25.18; Êx 15.22; 1Sm 15.7; 27.8). Com o uso da palavra "muro" devemos entender fortificações, não apenas um único muro.

SURDO, SURDEZ

No hebraico, *cheresh*, palavra que aparece por nove vezes (Êx 4.11; Lv 19.14; Sl 38.13; 58.4; Is 29.18; 35.5; 42.18,19;

43.8). No grego, *kophós,* vocábulo que figura por quinze vezes (Mt 9.32,33; 11.5; 12.22; 15.30,31; Mc 7.32,37; 9.25; Lc 1.22; 7.22; 11.14).

A Bíblia usa essa palavra, como adjetivo ou substantivo, em sentido literal e em sentido figurado. Em Levítico 19.14, a lei mosaica requeria um tratamento humano para os surdos, porquanto nos homens há um impulso estranho para zombar dos débeis e defeituosos. O trecho de Isaías 29.18,35 mostra que até os surdos ouvirão a palavra de Deus, dando a entender que a mensagem de Deus será conhecida por toda parte, por todos os homens, sem o menor obstáculo.

Uso figurado. A condição da surdez simboliza a ausência de capacidade espiritual, o que não deixa o indivíduo compreender espiritualmente a verdade (Is 42.18,19; 29.18). Contudo, os santos também podem ser comparados com os surdos, quando exercem a paciência e resignam-se sob as tribulações (Sl 38.13; 39.9). Espiritualmente, um homem se faz voluntariamente surdo quando se recusa a ouvir e a entender a instrução espiritual. *Surdos, ouvi, e vós, cegos, olhai, para que possais ver* (Is 42.18). Jesus realizou milagres da cura da surdez (Mt 7.32-37), que também representavam o seu poder de fazer os homens abrirem os ouvidos espirituais para a verdade. Esse tipo de milagre, entre outros, serviu de sinal de seu ofício e autoridade messiânicos (Lc 7.22). Cria-se que a possessão demoníaca pode causar a surdez (Mc 9.25); isso significa que a expulsão de um espírito maligno pode livrar a pessoa dessa condição. Isso envolve uma óbvia lição espiritual.

SUSÃ (SUSA)

No hebraico, **"lírio"**. Uma cidade, também chamada *Susa,* que ficava às margens do rio Ulai, no Elã. Ali era a sede do governo persa. Seu nome moderno é Sus, na província do Cusistão. No grego tem a forma de *Sousa* ou *Sousís.* Essa cidade é mencionada nas Escrituras por 21 vezes (em Ne 1.1; Et 1.2,5; 2.3,5,8; 3.15; 4.8,16; 8.14,15; 9.6,11-15,18 e Dn 8.2).

De acordo com as explorações arqueológicas, o local vinha sendo ocupado desde a era neolítica, com um desenvolvimento cultural todo próprio, que os arqueólogos denominam *susiano.* Nas ruínas de Susa têm sido descobertos documentos escritos em uma forma hieroglífica ainda não decifrada, que os estudiosos têm designado de "protoelamítica", um estágio inferior da produção da escrita (vide). Quando essa cidade surge na história, ela já aparece como o centro da civilização elamítica. Nações contemporâneas citam Susa, como é o caso da lista de reis sumérios, onde há alusões a dinastias até do terceiro milênio a.C. Portanto, a cidade já tem cerca de cinco mil anos de existência. Parece que ela era o centro de um culto antiquíssimo, que girava em torno da divindade elamita In-Shushinak. Houve dominações sumérias e semitas, quando a cidade foi ampliada segundo os moldes mesopotâmicos, com um templo de astrologia e um zigurate. Era a rota quase obrigatória de negociantes e viajantes entre a Suméria e o Elão. Posteriormente, quando do enfraquecimento da Suméria, os elamitas vingaram-se, destruindo Ur dos caldeus, mas seu período de vitórias foi breve pois, em 1924 a.C, Gungunum, de Larsa, derrubou Susa, e, durante os quatro séculos em seguida, pouco se falou sobre Susa, nos registros em escrita cuneiforme. Finalmente, ela aparece como aliada dos assírios, como uma ameaça contra a cidade da Babilônia, que lhe ficava mais ao sul. Essas rivalidades entre grandes cidades da região continuaram, com a maré da sorte bafejando este ou aquele lado, até que, por ocasião do ressurgimento do império babilônico, levou à total destruição de Susa, por Assurbanipal, em 639 a.C, o que pôs fim às hostilidades milenares.

Isso permitiu o predomínio dos indo-europeus, recém-chegados na região do que é hoje o Irã. Com o surgimento do poder, primeiramente dos medos, e em seguida, dos persas, Susa tornou-se a capital regional dos arianos. Dario escolheu Susa como sua residência real, em 521 a.C. Susa é frequentemente mencionada no livro de Ester, como cena das atividades da corte de Xerxes (vide), filho e sucessor de Dario. Nesse livro bíblico tem-se uma ideia da opulência do palácio real. Já na época de Alexandre, a cidade e seu palácio foram um dos alvos mais cobiçados das conquistas daquele macedônio. No palácio houve casamentos em massa entre os oficiais militares gregos e as princesas persas, no ano de 324 a.C. A partir dessa época, porém, a cidade foi declinando em importância, tendo sido saqueada por algumas vezes durante a época medieval. Expedições francesas têm escavado cuidadosamente o local, desde os meados do século XIX. Até hoje, Susa é quase que o único lugar onde são encontradas antiguidades da época dos elamitas. A descoberta mais importante que houve ali, em 1902, foi a do código de Hamurabi (vide). Houve uma época em que o nome da cidade foi mudado. Sabe-se que Antíoco I Soter (cerca de 293-261 a.C.) alterou-lhe o nome para Selêucia, um toque do orgulho de família, porque ele era descendente de Seleuco, um dos quatro generais de Alexandre que herdaram o seu imenso império, quando de sua morte prematura.

SUSANA, HISTÓRIA DE

I. Nome. Do hebraico, **"lírio"**, dado como *Sousanna* na Septuaginta. Possivelmente o original foi escrito em hebreu e em aramaico, mas a história chegou a nós em grego. Alguns dizem que houve um original grego, indicando um jogo de palavras em conexão com o nome das árvores e as iminentes punições previstas (13.54 ss.) *schinoi — shcisei;* (vss. 54 ss.); *prinon — kataprise (prisai)* (vss. 58 ss.). É possível que os gregos tenham tentado imitar tal jogo de palavras no hebraico. De modo geral, as traduções são bem óbvias e deve-se admitir que essa "evidência" é fraca. Por outro lado, se o grego for grego natural, provavelmente não é uma tradução.

II. Caracterização Geral; Conteúdo. Este livro é chamado de apócrifo pelos protestantes e evangélicos que seguem o Cânon Palestino (os 39 livros do Antigo Testamento), mas canônico pelos católicos romanos que seguem o Cânon Alexandrino exibido na Septuaginta. Essa versão contém o livro e reflete o uso dele pelos judeus da *Diáspora* (ver). Tanto a Septuaginta quanto a Vulgata colocam esse livro no final do livro de Daniel, ao qual ele serve como um tipo de adição. Mas Teodotio o colocou no início de Daniel.

O livro conta a história de Susana, uma devota mãe judia, esposa de Joaquim. A época teria sido o cativeiro babilônico de Judá. Dois anciãos fazem fortes avanços em Susana, que ela rejeita firmemente. Eles a ameaçam com falsas acusações de adultério com um jovem homem, se ela não se entregar às suas exigências. A ameaça não funciona, portanto os juízes vão adiante com a vingança. Ela é condenada e preparada para a execução. Mas, no momento em que está sendo levada para a morte, Daniel aparece para ajudá-la. Ele, através de uma acareação cuidadosa das testemunhas falsas, é capaz de provar sua inocência. Assim, os próprios acusadores são executados de acordo com as provisões de Deuteronômio 19.19. A história provavelmente foi escrita por um judeu palestino durante o início do primeiro século a.C. Ela ilustra a insistência dos fariseus de que houvesse um rígido exame das testemunhas e forte punição de falsas *(Makkot,* 5b). O incidente serviu para exaltar a sabedoria e o poder de Daniel, o profeta.

III. Canonicidade. O livro pertence à Septuaginta, portanto era canônico pelos padrões dos judeus da Diáspora, isto é, de acordo com o Cânon Alexandrino. Mas ele não está contido no Cânon Palestino (os 39 livros), aceito pelos protestantes e evangélicos. Por este motivo é chamado de "apócrifo". A Vulgata, seguindo a liderança da Septuaginta (o que de modo geral faz), retém o livro. O livro angariou o respeito de alguns antigos. Como Jerônimo, Orígenes argumentou que ele é canônico. Alguns dos primeiros cristãos consideravam o livro uma alegoria da igreja cristã, que deu a ela certo prestígio. Ver o artigo geral sobre o *Cânon do Antigo Testamento*

IV. PROPÓSITO E HISTORICIDADE

1. Historicidade? Se o livro reconta uma história verdadeira, seu propósito era ilustrar certas verdades morais e espirituais através de um acontecimento significativo que ocorreu durante o cativeiro babilônico. Mas poucos estudiosos levam a história a sério como algum acontecimento real. Parece um romance religioso, um trabalho de ficção moralista. Joaquim, o marido de Susana, é retratado com se vivesse em circunstâncias opulentas, cheio com servos. E juízes "eleitos" tinham o poder da punição capital. Tais circunstâncias dificilmente podiam caracterizar os judeus na época do cativeiro babilônico. **2.** Ou o livro é um tipo de tratado enganoso dos fariseus contra os saduceus, que haviam cometido erros judiciais, permitindo que testemunhas falsas obtivessem êxito e não exigindo justiça rígida, sem investigação adequada. Houve o caso notório da execução de um filho de Simão ben Shetaque, fariseu de renome na época de Alexandre Janeu, por causa de acusações falsas. Falando rigidamente, devemos incluir que seu falso acusador foi demascarado, e o acusado poderia ter sido liberado. Mas pela interpretação dos saduceus do *Lex Talionis* (pagamento de acordo com o crime cometido), o acusador não poderia ser executado a menos que o acusado tivesse morrido. Portanto, o acusado optou por morrer para garantir a execução do acusador! A que preço essa vingança! **3**. Ou a história era simplesmente ficção que tinha por objetivo ilustrar várias virtudes morais, especialmente a pureza de vida diante da adversidade e o poder de oração e retidão. E, claro, significava aumentar a estatura de Daniel como profeta. Possivelmente a resposta correta seja uma mistura das ideias 2 e 3. Alguns dos livros mais poderosos já escritos são romances, portanto isso nada diz contra a canonicidade desse trabalho caso ele seja, de fato, um romance religioso.

V. AUTOR E DATA. Estudiosos não têm certeza se esse livro foi escrito na Palestina ou na Alexandria, nem se foi escrito em grego ou em hebraico, daí certamente não terem como identificar um autor. O próprio livro não faz declarações sobre isso, portanto ele é verdadeiramente anônimo.

Embora a data do livro também seja incerta, estudiosos datam-no no primeiro ou segundo século a.C. Nada no conteúdo do livro permite que possamos definir uma data mais precisa.

SUSANQUITAS

Trata-se de um adjetivo gentílico, que aponta para os habitantes da cidade de Susa (vide). Esse adjetivo aparece paralelamente a outros, como dinaítas, afarsaquitas, tarpelitas, afarsitas, arquevitas, babilônios, deavitas, elamitas, e outros, não designados nominalmente, que Reum e Sinsai usaram na carta endereçada ao rei Artaxerxes, solicitando a proibição da continuação da ereção do novo templo de Jerusalém, por parte dos judeus que estavam voltando do exílio babilônico. Mais precisamente, os susanquitas eram ex-habitantes da cidade persa de Susã, que haviam sido trazidos para a Palestina central, a fim de substituírem as dez tribos de Israel que haviam sido levadas quando do cativeiro assírio. Ver Esdras 4.9, o único trecho bíblico onde esse adjetivo gentílico é usado.

SUSI

No hebraico, *"Yahweh* **é veloz"** ou *"Yahweh* **está se regozijando"**. Seu nome aparece exclusivamente em Números 13.11. Ele pertencia à tribo de Manassés; foi o pai de Gadi, um dos doze espias enviados para explorar a Terra Prometida. Viveu em torno de 1490 a.C.

SUTELA

Do hebraico, **"estabelecimento de Tela"**. Duas pessoas das genealogias da tribo de Efraim são chamadas por este nome. Há alguma confusão nas genealogias. Em Números 26.35-37, um homem chamado por este nome era o *pai de Era*, mas, em 1Crônicas 7.20, 21, ele é chamado de o pai de *Berede*. Possivelmente, uma condensação (salto de alguns vínculos) provocou essa diferença. A confusão aumenta com a inserção, na Septuaginta, de "Sutela e seu filho Eden" em Gênesis 46.20. **1**. Filho mais velho de Efraim (Nm 26.35, 36) que viveu em torno de 1850 a.C. Seus descendentes, através de outro homem que tinha o mesmo nome, são dados em 1Crônicas 7.20, 21. **2**. Filho de Zaba, também da linhagem de Efraim (1Cr 7.21). Viveu em torno de 1500 a.C.

TAÃ

No hebraico, **"graciosidade"**. Há duas pessoas com esse nome, nas páginas do Antigo Testamento. **1**. Um filho de Efraim, fundador da família dos taanitas (Nm 26.35). Viveu em torno de 1600 a.C. **2**. Um efraimita, filho de Telá e pai de Ladã (1Cr 7;25). Era descendente do primeiro, quatro gerações mais tarde. Viveu por volta de 1500 a.C.

TAANAQUE

No hebraico, *graciosidade*. Referências no Antigo Testamento (Js 12.21; 17.11; 21.25; Jz 1.27; 5.19; 1Rs 4.12 e 1Cr 7.29).

Uma cidade real de Canaã. Esta cidade foi regida por um rei de pouca relevância dos cananeus, um dos trinta "reis" assim conquistados por Josué (Js 12.21; 1Rs 4.12; 1Cr 7.29).

Designada à tribo de Manassés, essa foi a meia tribo com esse nome que se estabeleceu no lado oeste do rio Jordão (Js 17.11; 21.25; 1Cr 7.29). Posteriormente tornou-se uma cidade dos levitas coatitas (Js 21.25), que não tinham herança como tribo, mas possuíam algumas cidades (e suas áreas imediatas), o que lhes permitiu ser autossuficientes.

Local. Esta cidade é geralmente mencionada juntamente com Megido, sendo ambas importantes cidades das planícies ricas de Escrelom. O antigo sítio é marcado por um monte identificado com um antigo forte da planície de Armagedom.

Cântico de Débora. Esse cântico menciona o local junto com outras cidades cananeias (Jz 5.19). Ela tinha 900 carros de ferro para fazer guerra (Jz 4.3). Baraque obteve grande vitória militar sobre os cananeus naquela área, vitória que livrou Israel, por um tempo, do assédio que deles sofria. Em um momento posterior, o faraó Sisaque do Egito dominou a área, e suas crônicas mencionam a cidade por nome. À medida que a história progrediu, os babilônicos assumiram o controle da área.

Arqueologia. Os alemães e os austríacos (1901-1904) realizaram escavações na área e descobriram uma dezena de tabletes cuneiformes que datavam de por volta do século XV a.C. O final da Era do Bronze era ilustrada de uma forma geral e vaga. Foi na Idade do Ferro que ela se tornou uma espécie de quartel para os carros de combate dos cananeus.

TAANATE-SILÓ

No hebraico, *aproximação a Silo*, local mencionado como situado na fronteira norte de Efraim (Js 16.6), especificamente em sua extremidade leste entre o Jordão e Janoa. Khirbet Tana marca o antigo local. Há um monte de ruínas ao sudeste de Nablo. Várias grandes cisternas foram desenterradas no local.

TAÃS

Um filho de Naor, irmão de Abraão, e de sua concubina, Reuma (Gn 22.24). Não se sabe o sentido de seu nome, no hebraico.

TAATE

No hebraico, **"depressão"**, **"humildade"**. Nome de três personagens e de uma localidade, que aparecem nas páginas do Antigo Testamento: **1**. Um levita coatita (1Cr 6.24,37). Era filho de Assir e pai de Uriel. Viveu por volta de 1480 a.C. **2**. Um efraimita, filho de Berede (1Cr 7.20). Era neto de Sutela, filho de Efraim. Viveu em cerca de 1600 a.C. **3**. Um efraimita, filho de Eleadá (1Cr 7.20). Era neto do Taate de número anterior. **4**. Um local não identificado, onde os israelitas fizeram uma de suas paradas no deserto. Ficava entre Maquelote e Tara. É localidade mencionada somente em Números 33.26,27. Foi a vigésima sétima dessas paradas, desde que o povo de Israel saiu do Egito.

TABAOTE

No hebraico, **"manchas"**. Uma família de servos do templo que retornou do exílio babilônico em companhia de Zorobabel (Ed 2.43 e Ne 7.46). Também são mencionados em 1Esdras 5.29. Corria a época de 536 a.C.

TABATE

No hebraico, **"extensão"**. Na Septuaginta, *Tabáth*. Uma cidade que ficava no território de Issacar ou no de Efraim. Aparece somente em Juízes 7.22. Tem-se tentado localizá-la a leste do rio Jordão. Foi até ali que Gideão perseguiu os midianitas, na planície de Jezreel. O trecho de Juízes 8.10-13 parece indicar que essa cidade ficava nas proximidades de Carcor. Isso nos ajudaria muito se a própria Carcor tivesse sido identificada com precisão, o que não tem sucedido. A região montanhosa de Gileade pode ter sido o lugar onde as forças derrotadas tornaram a unificar-se. Portanto, pode-se pensar em Ras Abu Tabat, nas vertentes do monte 'Ajlun, como o local da antiga Tabate.

TABEEL

No hebraico, **"Deus é bom"**. Nas páginas do Antigo Testamento, esse é o nome de duas personagens: **1**. O pai do homem a quem Rezim, de Damasco, e Peca, de Israel, planejavam colocar no trono de Judá como um rei títere, em lugar do rei Acaz (Is 7.6). O profeta Isaías, porém, deu o recado do Senhor: *Isto não subsistirá, nem tão pouco acontecerá* (Is 7.7). **2**. Um oficial persa que estava em Samaria e que se uniu a outras pessoas no envio de uma carta ao rei Artaxerxes I, solicitando-lhe que ordenasse a paralisação da reconstrução das muralhas de Jerusalém (Ed 4.7; ver também 1Esdras 2.16). O resultado foi que os judeus foram forçados, sob ameaça de armas, a interromperem o trabalho da reconstrução (Ed 4.23,24).

TABERÁ

No hebraico, **"lugar de refeição"** ou **"lugar de fogo"**. Aparece em Números 11.1-3, que conta o incidente da murmuração dos israelitas, diante do Senhor, que, em castigo, fez o fogo do *Senhor* arder entre eles, consumindo as extremidades do acampamento. A palavra hebraica é de sentido obscuro. E o próprio incidente não deixa claro se houve fogo literal ou se o mesmo representava algum outro tipo de julgamento divino consumidor. Taberá é mencionada novamente em Deuteronômio 9.22, embora não seja alistada entre as caminhadas de Israel no deserto, no capítulo 33 do livro de Números.

TABERNÁCULO

I. TERMOS. *No latim*. A palavra *tabernáculo* deriva da palavra latina *tabernaculum*, que é diminutivo de *taberna*, um *barraco*, e refere-se a uma moradia transitória, como uma *barraca*.

No hebraico: **1**. *Ohel* (dez), cerca de 200 vezes no Antigo Testamento, desde Êxodo 26 a Malaquias 2.12. **2**. *Mishkan* (uma residência, local de moradia), usado cerca de 140 vezes no Antigo Testamento. (Exemplos: Êx 25.9; 27.19; 40.38; Lv 8.10; Js 22.19, 29). **3**. *Sok* (cobertura, tenda): (Sl 10.9; 27.5; 76.2; Lm 2.6; Jr 25.38). **4**. *Sukkah* (enrolar, cobertura, tenda, cabana): usado cerca de 30 vezes (Exemplos: Lv 23.34,

43.43; Dt 16.13, 16; 31.10; 2Cr 8.13; 1Rs 20.12, 16; Sl 18.11; 31.20.) **5**. *Bayith* (uma casa), aplicado ao tabernáculo (em Êx 23.19; 34.26; Js 6.24; 9.23; Jz 18.31; 20.18). **6**. *Miqdash* (um local sagrado). O tabernáculo era um local *consagrado* para o culto a *Yahweh* ("yahwismo"), isto é, um *santuário*: (Lv 12.4; Nm 3.38; 4.12). Às vezes a palavra é usada para a parte mais interna do santuário chamado de *Lugar Mais Santo* (*Santo dos Santos*): (Lv 16.2). **7**. *Hekal* (templo), palavra que às vezes se refere ao tabernáculo antes de ser usada para o Templo de Salomão: (1Cr 29.1, 19: 2Rs 24.13, respectivamente). A palavra também se aplica ao tabernáculo em Silo: (1Sm 1.9; 3.3). **8**. *Ohel moed* (a forma composta significa *tenda de reunião*: Êx 29.42, 44). **9**. *Ohel haeduth* (a tenda de testemunho: Nm 9.15; 17.7; 18.2). **No grego. 1**. *Skene* (tenda), usado 27 vezes no Novo Testamento. (Exemplos: Mt 17.4; Mc 9.5; Lc 9.33; Hb 8.2, 5; 9.2, 3, 6, 8, 11, 21; 11.9; 13.10; Ap 13.6; 15.5; 21.3). **2**. *Kenos* (tenda: 2Co 5.1, 4). **3**. *Skeenoma* (tenda, local de habitação: At 7.46; 2Pe 1.13, 14). **4**. *Skenopegia* (Festa dos Tabernáculos: Jo 7.2).

II. Caracterização Geral. O tabernáculo (no hebraico, *Mishkan*), "local de moradia", é local onde *Yahweh* torna conhecida sua presença, por assim dizer, seu "lar longe de seu lar", onde ele trata com seu povo e faz conhecido seu desejo. (Ver Êx 25.8). O tabernáculo era uma tenda portátil que os israelitas carregaram nos quarenta anos de vagueações no deserto e durante seus anos na Terra Prometida até que Salomão construiu o primeiro templo. A época era por volta de 1450 a 950 a.C., o que significa que o tabernáculo teve uma "carreira" de cerca de quinhentos anos! O livro de Êxodo representa *Yahweh* como dando a Moisés todas as ordens necessárias para a construção e os cultos do Tabernáculo, incluindo suas medições e especificações (Êx 25-27) e um diminuto relato de sua execução (Êx 36.8-38.1). Os críticos atribuem todo esse material à fonte *P* (de sacerdote) do Pentateuco e pensam que sua composição ocorreu muito depois da época em que Moisés esteve vivo. Ver sobre *J.E.D.P.(S.)* na *Enciclopédia de Bíblia, Teologia e Filosofia*. Ver os comentários sobre as visões dos críticos na seção VIII deste artigo. No relato em Êxodo informa-nos que, após a entrega da Lei no Sinai, *Yahweh* ordenou que artesãos especiais construíssem a tenda e seus móveis de materiais doados pelo povo (Êx 31.11; 35.36.7). O local onde *Yahweh* manifestou sua presença também era chamado de "Tenda da Reunião" (Êx 29.42-45).

Propósitos do Tabernáculo. O principal propósito desta estrutura é explicado em Êxodo 25.8, 21, 22: *... para que eu (Yahweh) possa habitar no meio deles*; *... dentro dela porás o Testemunho...*; *... ali virei a ti... falarei contigo acerca de tudo o que eu te ordenar para os filhos de Israel*. O tabernáculo, como o templo posterior, tinha o objetivo de centralizar o louvor de Israel, evitando que muitos "oráculos" *lá fora*, que poderiam corromper os cultos a *Yahweh* ou permitir alguma espécie de sincretismo, se misturassem com influências pagãs. Altares isolados (ver Gn 12.7, 8) onde render sua autoridade àquela investida no tabernáculo. Isto não aconteceu de uma forma absoluta. Os oráculos persistiram.

III. Fontes de Informação. *Quatro* passagens principais no livro de Êxodo nos dão informações especiais sobre o tabernáculo; *a*. (caps. 25-29); *b*. (caps. 30-31); *c*. (caps. 35-40 junto com Números 3.25 ss.); *d*. (4.4 ss. e 7.1 ss). As narrativas afirmam a inspiração divina, de modo que dizem que *Yahweh* é a verdadeira fonte da informação *e*. Moisés é o mediador. Um *modelo* do tabernáculo foi mostrado a Moisés de acordo com Êxodo 25.9 e 26.30.

IV. História. Estritamente falando, houve *três* tabernáculos históricos, cada qual tomando o lugar de seu predecessor, na maioria dos aspectos. **1**. Um *tabernáculo provisional* foi erigido após o incidente do louvor ao bezerro de ouro. Essa "barraca de reunião" não tinha nenhum ritual e nenhum sacerdócio, mas era tratada como um *oráculo* (Êx 33.7). Moisés, é claro, estava encarregado de todos os procedimentos. **2**. O *tabernáculo sinaítico*, cuja construção e equipamento foram instruídos por *Yahweh*. **3**. O *tabernáculo provisional de Davi*, erigido em Jerusalém como o predecessor do Templo de Salomão (2Sm 6.12). O antigo tabernáculo (sinaítico) permaneceu em Gibeão com o altar insolente, e sacrifícios continuaram sendo feitos ali (1Cr 16.39; 2Cr 1.3).

O *tabernáculo de Moisés* passou pelos seguintes processos históricos: **1**. Depois do incidente do bezerro de ouro, devido à intercessão de Moisés, outra cópia da lei foi fornecida, o pacto foi renovado e foram coletados materiais para a construção do tabernáculo (Êx 36. 5,6). O povo colaborou com grande generosidade, até o ponto de excesso. **2**. O tabernáculo foi terminado em um curto período de tempo, no primeiro dia de nisã, do segundo ano após o Êxodo. O ritual complexo foi iniciado (Êx 40.2). **3**. O tabernáculo provisional estava fora do campo, mas se tornou o centro com as várias tribos estacionadas em uma ordem específica estendendo-se para fora (Nm 2). Uma observação histórica curiosa, em tempos modernos, é o fato de que Salt Lake City, em Utah, EUA, o Sião norte-americano, quartel-general da igreja de Jesus Cristo dos Santos dos Últimos Dias, tem todas suas ruas chamadas por nomes e numeradas em relação à posição da Praça do Templo, onde estão localizados o tabernáculo e o templo. Assim, a cidade toda está centralizada ao redor dessa praça, a partir da qual qualquer endereço pode ser determinado, e qualquer distância pode ser calculada usando essa referência. Um exemplo: 668 Oeste Segundo Norte significa cerca de sete quadras ao oeste e duas quadras ao norte da Praça do Templo. **4**. O tabernáculo continuou em Silo durante o período dos juízes. Na época de Eli, o sumo sacerdote (1Sm 4.4), a arca foi removida desse local e o próprio tabernáculo foi destruído pelos filisteus. A época era cerca de 1050 a.C. **5**. Quando Samuel era um juiz, os cultos de louvor central foram movidos a Mispa (1Sm 7.6) e então a outros lugares (1Sm 9.12; 10.3; 20.6). **6**. Nos primeiros anos de Davi, o pão da proposição era mantido em Nobe, o que implica que pelo menos parte dos móveis do tabernáculo de Moisés era mantida ali (1Sm 21.1-6). O *lugar alto* em Gibeão reteve o altar de ofertas queimadas e talvez alguns outros remanescentes do tabernáculo de Moisés (1Cr 16.39; 21.39). **7**. Depois de capturar Jerusalém e tornar essa cidade sua capital, Davi levou a arca da aliança àquele lugar e montou um tabernáculo provisional, no aguardo da construção do templo por seu filho Salomão. Isto foi feito no monte Sião (1Cr 15.1; 61.1; 2Sm 6.17). Ver o verbete *Sião*. Esse local também era chamado de "Cidade de Davi", pois esse rei tornou ela sua capital. A época era em torno de 1000 a.C. **8**. Quando o templo foi construído, os móveis do antigo tabernáculo que restavam foram ali colocados, e o local sagrado e o local mais sagrado foram incorporados na estrutura do prédio novo. Assim, o tabernáculo tornou-se o centro do templo. Ver o verbete *Templo de Jerusalém*.

V. Estrutura dos Móveis. 1. O tabernáculo foi dividido em *três* seções distintas que representavam três estágios de santidade crescente: *a*. O pátio que cercava a tenda. Esse pátio estava dividido em dois quadrados de 50 cúbitos (o cúbito medindo cerca de 45 cm). O quadrado ao leste continha o altar das ofertas queimadas (5 x 5 x 3 cúbitos). O Altar ficava no centro do quadrado. A oeste do altar estava a bacia para as lavagens rituais das mãos e dos pés. O quadrado ao oeste do próprio do tabernáculo era dividido no local sagrado (ou santuário), que media 20 x 10 x 10 cúbitos, e no local mais sagrado, que media 10 x 10 x 10 cúbitos. Assim, toda a estrutura era de 30 x 10 x 10 cúbitos. **2**. A leste do pátio ficava o portão; no lado oeste estava o Santo dos Santos. A estrutura, portanto, como um todo, ficava de frente para o sol nascente, a leste, o que não era por acaso. **3**. No local sagrado ficava a mesa na qual o pão da proposição era colocado. Isso ficava no lado norte e media 2 x 1 x 1,5 cúbitos. O pão era renovado todo sábado. No lado sul ficava o *candeeiro de ouro* (ver a respeito). Ainda no local sagrado, mas próximo à cortina que o dividia do Santo dos Santos, no centro da estrutura, havia o *altar de incenso*. **4**. O Santo dos Santos, que era separado do local sagrado por uma cortina bordada (Êx 26.31-33). Nele estava a *arca da aliança* (ver a respeito) que era uma caixa que media 2,5 x 2,5 x 1,6 cúbitos. Dentro da caixa ficava o *testemunho*, isto é, as tábuas da lei (Êx 25.21; 40.20). A tampa da caixa era chamada de *assento de misericórdia* ou *propiciatório* (ver a respeito). Ela era ornamentada pelas imagens de dois *querubins* (ver a respeito) com asas esticadas que se estendiam por toda a tampa e se tocavam umas às outras (Êx 25.17-20; 26.34; 37.6-9). Ali *Yahweh* se manifestava e se comunicava com o povo (Êx 25.22). Apenas o sumo sacerdote podia entrar no Santo dos Santos e ainda assim apenas uma vez por ano (Êx 30.10; Lv 16.29-34). Ver a respeito de *Lugar Mais Santo* no Dicionário. Ver também o *Lugar Santo (Santuário)*.

Materiais e Posições. Gradações de materiais e de posição falam de santidade maior. No local menos sagrado, o pátio externo onde os leigos podiam circular, era usado o bronze. Passando a ficar mais sagrado, os sacerdotes e os levitas podiam circular no lugar sagrado; o ouro era usado como um material ali junto com madeiras nobres. Então, nesse local onde *Yahweh* podia manifestar-se, talvez, ocasionalmente, na *teofania* (ver o verbete).

Forneço *detalhes* sobre os móveis em outros artigos, o que me permite apresentar uma descrição um tanto breve neste artigo. O leitor diligente não ficará contente em ler apenas o esboço. O livro de Hebreus simplifica a complexidade do tabernáculo e do templo ao fazer com que os próprios prédios, seus conteúdos e suas funções tipificassem a Cristo, sua pessoa e suas funções. Ver a seção VII, a seguir.

VI. Tipos e Usos figurados. As coisas que os intérpretes dizem aqui são experimentais e não dogmáticas e, sem dúvida, imaginam-se muitos tipos que não eram pretendidos por nenhum escritor sagrado. Mas, seguindo a liderança do livro de Hebreus, muitas coisas válidas podem ser ditas. **1**. De modo geral, o tabernáculo falava da *Presença de Yahweh* com seu povo e fornecia um local físico onde as manifestações divinas podiam ocorrer. Ver *Propósitos do Tabernáculo*, o último parágrafo da seção II, *Caracterização Geral*. A pessoa humana, nos tempos do Novo Testamento, tornou-se o tabernáculo ou o templo do Espírito, substituindo a edificação (ou prédio) material (1Co 3.16; Ef 2.21). A igreja, o corpo dos crentes, é uma habitação de Deus e o meio através do qual ele se manifesta a outros. **2**. O tabernáculo, com suas muitas partes e funções, fala de uma *realidade celeste* (Hb 9.23, 24). Essa ideia era exagerada pelos rabinos e pela doutrina deles de que de fato havia céu e uma contraparte do tabernáculo terreno ou "copiava" em suas partes essenciais, na versão terrena por Moisés, segundo as instruções de *Yahweh*. **3. Tipos e figuras de Cristo**. Sem dúvida, os intérpretes exageraram aqui, mas ofereço o que é dito: o *altar de bronze* (Êx 27.1-8) tipifica a cruz de Cristo. O próprio Senhor tornou-se uma oferta queimada, sem marcas, por parte de seu povo. O lavatório ou bacia para *lavagem ritual* fala sobre como Cristo santifica seu povo (Ef 5.25-27). O *candeeiro de ouro* tipifica Cristo como a Luz do mundo (Jo 1.9). Como o tabernáculo não tinha fonte externa de luz, o crente também não tem luz exceto por Cristo. O *pão da proposição* tipifica Cristo como o Pão da Vida, sustento espiritual (Jo 6.33-58). O *altar de incenso* tipifica Cristo como o Intercessor por todos os pecadores, em todos os lugares (Jo 17.1-26; Hb 7.25). A cortina ou *véu* que dividia o local sagrado do lugar mais sagrado foi aberta a todos os crentes, não meramente à elite, como o sumo sacerdote (Mt 27.51). A *arca da aliança*, feita de

madeira e ouro, tipifica o corpo material de Cristo unido com sua divindade. O *testemunho* (tábuas da lei) na arca tipificavam Cristo como tendo a lei em seu coração de modo especial para que pudesse ser o Mestre de outros. A vara de Arão, que floresceu, tipifica os poderes de dar vida que Cristo tem em relação ao seu povo. A tampa da arca, feita de ouro puro, o *propiciatório*, que recebeu o sangue da oferta do Dia do Arrebatamento, tipifica Cristo como o sacrifício para toda a humanidade, ideia que a lei condena. Ao mesmo tempo, esse item era o trono de Deus, o local de sua manifestação. Portanto, a manifestação de Deus é tanto de julgamento como de misericórdia, tanto de perseguição como de provisão de vida. O trono do julgamento foi transformado no trono da misericórdia pela missão de Cristo. Os *querubins* que estendiam suas asas sobre a área simbolizam como Deus usa seus agentes para guardar, proteger e glorificar o ministério de Cristo por parte da humanidade. A orientação e a proteção divina estão disponíveis àqueles que as buscam.

VII. Visão Crítica. Os críticos acreditam que Israel, ao fugir do Egito, e não sendo povo sofisticado em nenhum empreendimento científico, não teria tido o conhecimento nem os materiais necessários para construir uma estrutura religiosa como o tabernáculo mencionado em Êxodo até mesmo Salomão, na era dourada de Israel, dependeu de habilidades e materiais estrangeiros para construir seu templo (1Rs 5.1-6). As estatísticas enfatizam os argumentos. Ao avaliar aquilo que é dito no relato, estima-se que Israel precisaria ter disposto de 1.000 quilos de ouro; 3.000 quilos de prata e 2.500 quilos de bronze. O problema de transporte teria sido enorme. Ao responder a tais argumentos, os conservadores supõem que o desagrupamento dos egípcios poderia ter fornecido tal riqueza de materiais (ver Gn 15.13-14; Êx 11.2; 12.35-36). Oráculos móveis impressionantes também foram relatados no tangente a certas tribos arábicas que vagueavam pelo deserto. Acredita-se que o tabernáculo "idealista" dos críticos é o "histórico" dos conservadores. Quanto à mão de obra, é lógico supor que poucos israelitas que haviam passado toda a vida no Egito tivessem sido treinados naquele local como artesãos, portanto haveria conhecimento suficiente para fazer o trabalho do tabernáculo.

TABERNÁCULOS, FESTAS DOS

Ver o artigo geral *Festas (Festividades) Judaicas*, 11.4.c. Àquelas notas, pois, acrescento as presentes informações: A palavra hebraica traduzida dessa maneira é *sukkot*, e a festa em vista era uma festividade da colheita, no outono. Observava-se essa festa entre 15 e 22 do mês de *Tisri*. Essa festa passou por uma evolução, tendo começado como uma festa agrícola, mas depois recebeu sentidos especiais em relação ao êxodo e às precárias condições durante as quais o povo de Israel viveu em tendas. A legislação sacerdotal conferiu-lhe uma especial significação e autoridade.

No primeiro dia havia uma "santa convocação", e nenhum trabalho manual podia ser feito no mesmo. Eram feitas tendas com ramos de palmeiras, ramos de salgueiros etc., como memorial da maneira que Israel fora forçado a viver, após o Êxodo. (Ver Lv 23.33-43; Nm 29.12-38; Ne 8.15 ss). Em tempos pós-veterotestamentários, o sétimo dia adquiriu um caráter especial, passando a ser designado *Hoshana Rabbah*. Assim, o oitavo dia também era tratado como dia especial, de descanso solene. Na Babilônia nos tempos pós-talmúdicos, ainda um outro dia de observância foi acrescentado, o *Simhat Torah* ("regozijo na lei"). Era nesse dia que terminava o ciclo anual da leitura do Pentateuco, e um novo ciclo tinha começo.

TABLETES DE ARGILA

Ver o artigo separado sobre a *Argila*. Os tabletes de argila constituíram o mais antigo material de escrita que os homens conheceram. Quando a argila estava úmida, servia de excelente material para receber a escrita, sob a forma de impressões; e, uma vez seca, essas impressões tornavam-se razoavelmente permanentes. Esses tabletes usualmente tinham a forma de biscoitos chatos. Entretanto, havia outros com o formato de prismas ou de cilindros. Os caracteres impressos sobre os tabletes de argila eram chamados *cuneiformes*, o que se fazia com a ajuda de um instrumento preparado para o serviço. Os tabletes mais importantes eram levados ao forno, para se tornarem mais duráveis.

Quando o alfabeto foi desenvolvido, em cerca de 1500 a.C., a técnica da escrita tornou-se melhor, e começaram a ser usados outros materiais, como o papiro e o pergaminho, para receber a escrita em sua superfície. Entretanto, o uso dos tabletes de argila foi muito extenso durante todos os impérios assírios e babilônicos. Uma das maiores descobertas arqueológicas que envolvem tabletes de argila foram aquelas em Tell el-Amarna (vide), nome moderno da antiga cidade de Aquetatom, capital de Anenhotepe IV, o qual reinou no Egito entre 1387 e 1466 a.C. Ali foram descobertas as famosas cartas de Tell el-Amarna, em mais de trezentos tabletes de argila. Um número bem maior desses tabletes foi desenterrado na Babilônia (vide), o que contribuiu apreciavelmente para o conhecimento dos eruditos sobre aquela antiga sociedade.

TABOR, CARVALHO DE

No hebraico, "carvalho do penhasco". Um lugar que havia na área geral de Betel, mencionado somente em 1Samuel 10.3. O contexto da passagem nos informa que Saul, filho de Quis, teve dúvidas se Deus queria ou não que ele fosse o rei de Israel. O profeta Samuel, em vista disso, deu-lhe certos sinais confirmatórios da natureza divina da sua unção. O segundo desses sinais cumpriu-se quando ele estava voltando para sua casa. Quando se aproximava do carvalho de Tabor, encontrou-se com três homens que subiam para Betel. O local exato desse carvalho é desconhecido.

TABOR, MONTE. Ver sobre o *Monte Tabor*.

TABRIMOM

No hebraico, **"Rimom é bom"**. Esse homem era filho de Heziom e pai de Ben-Hadade I, rei da Síria (1Rs 15.18). Viveu por volta de 950 a.C.

TÁBUA DE PEDRA

O trecho de Êxodo 24.12 contém essa expressão, referindo-se às tábuas onde os Dez Mandamentos haviam sido inscritos. Temos artigos detalhados sobre a lei mosaica. Ver, especialmente, *Lei, Características da; Lei-Códigos da Bíblia* (especialmente o ponto 1. *A Lei Mosaica do Antigo Testamento*); *Lei Cerimonial Lei Moral; Lei e o Evangelho, A; Lei e Graça; Lei, Função da*. A tradição informa-nos que Moisés recebeu a lei da parte de Deus, cujos mandamentos foram escritos na pedra com o próprio dedo de Deus (ver Êx 31.18; 32.15,16). Descendo do monte, quando Moisés contemplou o povo a dançar, ocupado em atividades idólatras que envolviam o bezerro de ouro, ele deixou cair as pedras da lei, espatifando-as (ver Êx 32.19). Então foi-lhe ordenado preparar cópias exatas das tábuas de pedra, e ele passou quarenta dias e noites, no monte, preparando esse material (ver Êx 34.1-4,27,28). Foi então, quando desceu do monte, que o seu rosto refletia a glória do Senhor. Os tabletes foram postos dentro da arca da aliança. Algumas tradições rabínicas afirmam que cinco dos mandamentos foram gravados em uma das tábuas, e cinco em outra (*Cânticos Rabba* 5.4); mas há aqueles que pensam que todos os mandamentos foram registrados em cada tábua. A primeira das opiniões tornou-se mais aceitável, sendo seguida nas sinagogas, na apresentação das tábuas da lei.

TÁBUAS DE CIPRESTE

No hebraico, *gopher*. Essa madeira é mencionada somente uma vez em toda a Bíblia, isto é, em Gênesis 6.14. Ali é dito que Noé fez a arca com essa madeira.

Os estudiosos têm tentado identificar a espécie de madeira em vista, mas em vão. O cipreste, contudo, parece encabeçar a lista das possibilidades. Isso explica a expressão, "tábuas do cipreste", em nossa versão portuguesa. O cipreste era uma madeira própria para as construções navais, mostrando-se abundante na Babilônia e em Adiabene, a região onde Noé deve ter estado engajado na construção de sua gigantesca arca. A história também informa-nos que Alexandre, o Grande, usou essa madeira para a construção de sua flotilha de guerra. O cipreste tem sido favorecido como a madeira referida naquele trecho de Gênesis, devido à similaridade da palavra hebraica com o termo grego correspondente (no hebraico, *gopher*, no grego, *kyparissos*; e, no português, *cipreste*). Todavia, a palavra hebraica que significa "betume", *koper*, tem feito alguns intérpretes suporem que *gopher* significa apenas "madeira betuminosa", não indicando qualquer espécie de madeira em particular. Ou então a palavra pode indicar alguma madeira resinosa. Ver os artigos separados sobre o *Dilúvio*, a *Arca* e *Noé*.

TAÇA

Diversas palavras hebraicas e uma palavra grega estão envolvidas. Os objetos em foco eram feitos de madeira, conchas, cuias, pedra calcária, alabastro, ferro, bronze, prata, ouro etc. Eram empregadas em grande variedade de usos. Abaixo apresentamos sugestões dos tipos de taças: **1**. *Gabia*, "cálice". Palavra usada por duas vezes (Por exemplo: Êx 25.31,34; Gn 44.2,12,16,17). **2**. *Sephel*, "taça". Palavra usada por duas vezes (Jz 6.38 e 5.25). **3**. *Menaqqiyyoth*, "taças sacrificais". Palavra usada por cinco vezes (Por exemplo: Êx 25.29; Nm 4.7). **4**. *Fiále*, "taças". Palavra grega que ocorre por doze vezes, todas elas no livro de Apocalipse (5.8; 15.7; 16.1-4,8,10,12,17; 17.1 e 21.9).

A variedade de palavras podia ser usada de modo intercambiável. O que sabemos é que havia muitos tipos de taças, com muitos propósitos, feitas dos mais diferentes materiais.

Uso Metafórico. Em Apocalipse 16.1 ss., encontramos as sete taças da ira de Deus, uma série de julgamentos divinos com que se encerra a sétima trombeta. O simbolismo é de taças repletas de poder destrutivo, cujo conteúdo é derramado sobre a superfície da terra, deixando-a totalmente destruída quanto a todas as obras humanas nela existentes: ... *E ocorreu grande terremoto, como nunca houve igual desde que há gente sobre a terra; tal foi o terremoto, forte e grande. E a grande cidade se dividiu em três partes, e caíram as cidades das nações... Toda ilha fugiu, e os montes não foram achados; também desabou do céu, sobre os homens, grande saraivada, com pedras que pesavam cerca de um talento; e por causa do flagelo da chuva de pedras, os homens blasfemaram contra Deus, porquanto seu flagelo era sobremodo grande* (Ap 16.18-21). (KEL PRI)

TADMOR

1. Nome. No hebraico, um **"local das palmas"**, derivando de *tamar*, uma palmeira. O local foi chamado de Palmira pelos gregos e romanos. O nome significa a mesma coisa no hebraico, com suas referências às palmas do local.

2. Referências Bíblicas. Na Bíblia o local é mencionado apenas duas vezes (1Rs 9.18 e 2Cr 8.4)

3. Observações Históricas. *a*. Salomão construiu uma cidade com esse nome na fronteira sul da Palestina (Ez 47.19; 48.28. 1Reis 9.18, indicando sua localidade diz "naquela terra"). Ficava a aproximadamente 270 km de Damasco, cerca de metade do caminho entre essa cidade e o Eufrates superior, ao norte. Era um lugar de terra fértil, fontes minerais, jardins, pequenas florestas de palmeiras e uma grande estação de suprimentos para comerciantes que viajavam do e para o Eufrates. *b*. Há algumas antigas informações extrabíblicas sobre o local em inscrições cuneiformes que datam até o século XIX a.C. O local também é mencionado nos anais do Tiglate-Pileser I, da Assíria. Salomão provavelmente reconstruiu, em vez de construir a cidade, que passou a ser um "armazém" ou uma das "cidades da armazém" da área geral. Ele também fortificou tais lugares para controlar e proteger as rotas comerciais naquela parte do país. Na época áurea, as fronteiras de Israel estendiam-se até o Eufrates, mas temos de pensar em termos de postos avançados militares e em centros de controle, em vez de em verdadeiras fronteiras do império de Salomão. *c*. Por volta de 64 a.C., Marco Antônio assumiu a responsabilidade de atacar comerciantes e postos avançados na área, incluindo Tadmor, numa tentativa de conquistar a supremacia na área. *d*. O local era próspero no início dos tempos romanos. Além de rotas comerciais, prédios eram construídos em e por volta de Tadmor, especificamente para Adriano, que governou entre 117 d.C. E 138 d.C. *e*. Seu ponto máximo de esplendor veio com Odenato, por volta de 267 d.C. O local passou a ser conhecido como Palmira. Odenato tentou unificar as culturas da área ao desposar Zenóbia, filha de um poderoso xeque árabe. Em cooperação com os chefes beduínos, ele conseguiu superar os inimigos de Roma na área. Odenato foi o governador de Palmira até ser assassinado por um sobrinho. *f*. Sua mulher, Zenóbia, assumiu o controle e lutou pela independência e, por um período, teve sucesso com seu "autogoverno", mas o imperador Aurélio (273 d.C.) deu cabo ao sonho. Zenóbia tentou escapar, mas foi dominada e levada a Roma, onde recebeu uma vila e tornou-se a típica matriarca romana. Aurélio praticamente destruiu Palmira, e o local nunca mais voltou a ter importância. *g*. No século VII, o local foi dominado pelos islãos. *h*. Hoje há uma cidade chamada Tudmur, a cerca de 1 km do local antigo. Um número considerável de ruínas foi descoberto na localidade original. De fato, essa é uma das ruínas mais impressionantes do mundo moderno.

TAFATE

No hebraico, **"ornamento"**. Esse era o nome de uma das filhas de Salomão, que veio a tornar-se esposa de Ben-Abinadabe, um dos oficiais de Salomão, encarregado do distrito da "cordilheira de Dor", criado pelo monarca hebreu (1Rs 4.11). Tafate viveu por volta do ano 1000 a.C. Nada mais se sabe a respeito dela, além do que nos informa esse versículo.

TAFNES

Esse é o nome pelo qual, na Bíblia, é chamada uma rainha egípcia e uma localidade. Em português, a forma do nome é a mesma, mas tanto no hebraico quanto no grego da Septuaginta, há diferenças, a saber: **1. A rainha egípcia**. No grego da Septuaginta seu nome aparece como *Thekemimas* ou *Thecheminas*. Na Bíblia, ela é mencionada no décimo primeiro capítulo do primeiro livro dos Reis. Se seguirmos a indicação dos fonemas gregos, como representação dos fonemas egípcios, de acordo com os especialistas o seu nome egípcio significaria "a esposa do rei". Ela era esposa de algum Faraó da XXI Dinastia, talvez Siamon (976-958 a.C.). O rei egípcio também deu em casamento a irmã dela, a Hadade, o príncipe edomita que fugiu de Davi para o Egito (1Rs 11.17), e que veio a se tornar um dos grandes inimigos de Salomão, filho de Davi. Tafnes cuidou do filho de sua irmã Genubath, no palácio do Faraó. Tafnes viveu por volta de 1000 a.C. **2. A cidade egípcia**. No grego da Septuaginta *Taphnás*. Essa cidade é mencionada somente no livro de Jeremias (Jr 2.16, onde nossa versão portuguesa diz "Taínes", certamente um erro tipográfico; 43.7-9; 44.1 e 46.14). Essa cidade ficava no Baixo Egito perto do rio Nilo, nas proximidades de Pelusium, já perto da extremidade sul da Palestina. Os escritores clássicos chamaram-na Dafne. Atualmente é o Tell Defenneh. Foi para ali que muitos judeus fugiram dos caldeus, levando consigo, à força, o profeta Jeremias e seu amanuense, Baruque. (Ver Jr 431-7). Tafnes é nomeada juntamente com Mênfis (Jr 2.16), como cidade adversária de Israel e, juntamente com Migdol, como lugar para onde exilados judeus fugiram, depois de haverem assassinado Gedalias, governador dos judeus, designado pelos babilônios (Jr 44.1). É possível que o nome dessa cidade seja a transliteração hebraica do nome *Thphns*, que figura em fontes fenícias, em uma carta mencionada em um papiro do século VI a.C., encontrada no Egito. Esse texto alude a "Baal-Zefom dos deuses de Tafnes". Com base nisso, alguns estudiosos têm imaginado que, mais antigamente, a cidade chamava-se Baal-Zefom, o que corresponde a uma das paradas dos israelitas, no deserto, após o êxodo (Êx 14.2). Outros eruditos pensam que esse nome pode representar o egípcio que significa "palácio do núbio", o que talvez seja uma indicação de que foi fundada durante o reinado de Tiraca (2Rs 19.9). Mas a forma grega do nome apoia a identificação com a Dafnes dos escritores clássicos, no braço pelúsico do rio Nilo. Heródoto informa-nos que Dafnes contava com uma guarnição de mercenários gregos, ali postada por Psamético, Faraó da XXVI Dinastia (664-610 a.C.), a fim de repelir as incursões dos árabes e de outros asiáticos.

A arqueologia tem encontrado ali, entre outras coisas, uma plataforma de tijolos, fora de uma fortaleza da época de Psamético I, que talvez seja o mesmo "pavimento" que havia na "entrada da casa do Faraó, em Tafnes", de que nos fala Jeremias. Foi ali que Jeremias ocultou as pedras, assinalando o lugar onde, segundo ele predisse, o rei babilônio, Nabucodonosor II, haveria de erigir o seu trono, após haver conquistado o Egito (Jr 43.9).

TALHAS

No grego, *udría* (ver Jo 2.6,7, onde nossa versão portuguesa traduz essa palavra por "talhas", e Jo 4.28, onde nossa versão portuguesa a traduz por "cântaro"). Estão em foco jarras de barro ou de pedra, para conter água. Esses receptáculos

variavam muito em suas dimensões; alguns deles eram pequenos o bastante para que uma mulher pudesse carregá-lo sobre a cabeça ou no ombro (ver Jo 4.28), ao passo que outros continham uma média de 70 litros (ver Jo 2.6,7). A palavra hebraica correspondente é *kad*, que nossa versão portuguesa traduz por "cântaro" (ver Gn 24.14-18 etc.; Jz 7.16,19; Ec 12.6). Ver os artigos intitulados *Cerâmica* e *Jarra*.

TALMAI

No hebraico, **"ousado"**, **"vivaz"**. Há duas personagens com esse nome, nas páginas do Antigo Testamento: **1**. Um dos três filhos do gigante Anaque. Seu grupo tribal residia em Hebrom quando os espias enviados por Josué penetraram na Terra Prometida (Nm 13.22; Js 15.14 e Jz 1.10). Ele viveu por volta de 1450 a.C. **2**. O rei de Gesur, pai de Maaca, uma das esposas de Davi. Ele é mencionado em 2Samuel 3.3; 13.37 e 1Crônicas 3.2. Viveu por volta de 1040 a.C. Gesur era um principado arameu na região a nordeste da Galileia. Desobedecendo à lei mosaica, Davi casou-se com a princesa Maaca. Mas isto resultou na sua grande tristeza. A princesa tornou-se a mãe do apaixonado e violento Absalão (2Sm 3.3). Depois de haver assassinado seu irmão, Amom, Absalão fugiu para Gesur, onde ficou por três anos (2Sm 13.37,38).

TALMOM

No hebraico, **"opressor"**, **"violento"**. Seu nome é mencionado por cinco vezes (1Cr 9.17; Ed 2.42; Ne 7.45; 11.19 e 12.25). Ele era um levita que residia em Jerusalém, nos dias de Esdras (536-445 a.C.). Pertencia a uma família de porteiros do templo, que existiu depois do exílio babilônico.

TALMUDE

I. NOME. No hebraico, *lomed*, ou **"estudar"**, **"aprender"**. O substantivo tem o sentido de "discípulo". Os mestres estudam e transmitem o que sabem, e os estudantes tornam-se seus discípulos. O Grande Mestre foi Moisés, sendo que o Talmude é baseado principalmente no Pentateuco.

II. CARACTERIZAÇÃO GERAL. O Talmude é um tipo de enciclopédia da tradição judaica, que age como um suplemento à Bíblia. A obra resume mais de sete séculos de crescimento cultural e ideias. Suas origens orais remontam à época do cânon bíblico, e a obra não chegou à sua fase final até o final do século V. Embora lide principalmente com a lei, particularmente interpretando e suplementando o Criador da Lei (Moisés), também trata de religião geral, ética, instituições sociais, história, folclore e ciência. Foram desenvolvidos dois Talmudes, um em Israel, por volta de 400 d.C., e o outro na Babilônia, entre 500 d.C. e 600 d.C. O Talmude compilado na Palestina comenta as divisões do Misna (ver a seção III.1.), que se relaciona a uma variedade de assuntos como agricultura, épocas de apontamento, mulheres e família, lei e assuntos pessoais. O Talmude da Babilônia cobre as épocas de apontamento, mulheres e família, coisas sagradas e lei, mas omite a agricultura. Cerca de 90% do Talmude da Palestina enfatizam a exegese do Misna (Mishnah). O Talmude da Babilônia compartilha muito desse material, mas auxilia de uma forma considerável comentários da Bíblia. Ambos incluem comentários especiais sobre palavras e frases, os históricos bíblicos do Misna e contradições nos casos das questões bíblicas que exigem explicação e harmonia. O palestino trata quase por inteiro de questões do Misna, enquanto o babilônico adiciona muitas passagens da Escritura com comentários.

Ambos os Talmudes aceitam, sem questionamento, a autoridade da Torá como a palavra revelada de Deus através de Moisés, mas, à medida que as ideias e a cultura avançam, novas interpretações são necessárias para tornar viva a Torá para cada geração. Por exemplo: Deuteronômio 24.1 fala da possibilidade de dissolver os laços do casamento, mas não entra em detalhes. Os Talmudes entram em detalhes com suas interpretações e comentários. À medida que a sociedade judaica se desenvolvia, havia necessidade de fornecer regulamentações para o comércio, trabalho e indústria, coisas com as quais a Torá não lidara o suficiente para estabelecer regras adequadas. Os Talmudes tentam compensar tais deficiências, sempre, presumivelmente, aplicando a sabedoria de Moisés ao máximo possível.

Historicamente, a literatura do Talmude foi desenvolvida em duas camadas, a mais antiga do *Misna*, e a segunda do *Gemara*, das quais se trata na seção III. Havia visitas frequentes dos rabinos que representavam ambos os Talmudes, de forma que há grande nível de harmonia entre as duas tradições.

O Talmude, juntamente com outras criações literárias da época, frequentemente tem sido chamado de *Torá Oral*, pois houve um período de tempo considerável em que os materiais que existiam eram contidos apenas em tradição oral. Até o final do século V d.C., as sociedades judaicas estavam em declínio tanto na Palestina como na Babilônia, e como resultado a atividade de redação criativa do Talmude cessou.

III. O DESENVOLVIMENTO EM DUAS CAMADAS

1. O Misna (Mishnah). O Talmude teve um desenvolvimento histórico que envolveu duas camadas ou estágios distintos. O estágio mais antigo foi o *Misna* (Mishnah), que significa "repetir" ou "estudar". Forneço um artigo separado detalhado sobre o *Mishnah*, o que me permite fazer apenas uma apresentação breve neste artigo. Primariamente, o Misna foi produto da edição acadêmica do Rabino de Judá e de seus discípulos que estavam ativos no terceiro século d.C. na Palestina. O hebraico do texto era claro e lúcido, e o próprio texto era organizado em seis seções principais que depois foram subdivididas em 63 *tratados*. Os tratados (ensaios) eram então divididos em capítulos e parágrafos. **As Seis Seções**. As seções são chamadas de *Sedarim*, isto é, "ordens", pelo fato de que cada um representa uma organização ordenada de opiniões, leis e comentários sobre um assunto específico: **a**. *Zeraim*, isto é, "sementes", que trata de agricultura. Anexado a ela está um importante tratado (ensaio) sobre a oração, chamado de *Beracote*. **b**. *Moed*, isto é, estivais, que trata de muitos festivais e dias sagrados judaicos, dos sábados e das celebrações e banquetes do calendário judeu. **c**. *Nashim*, isto é, "mulheres", que trata do casamento, do divórcio e da vida familiar. **d**. *Neziquim*, isto é, "ferimentos", que trata da lei civil e criminal. **e**. *Kodashim*, ou "coisas sagradas", que discute os sacrifícios e os cultos do templo. **f**. *Taharote*, isto é "limpeza", que trata de questões de pureza ritual. Os tratamentos são um tanto breves, o que exigiu, por fim, revisões e adições. Assim, foi criado um suplemento, ou segunda camada, chamado de *Gemara*.

2. O Gemara. Esta palavra deriva do termo aramaico *gemar*, que significa "estudar", "ensinando". O Gemara existe em duas versões, ambas escritas nos vernáculos correntes, respectivamente, entre os judeus da Palestina e da Babilônia, resultando, assim, nas designações de Talmude Palestino e Talmude Babilônico. A comunidade de estudiosos judeus da Palestina, a longo prazo, foi desafiada, mas não ultrapassada pela sua contraparte da Babilônia, e ambas se tornaram importantes centros do aprendizado e produção literária dos judeus. A babilônica, finalmente, ultrapassou a sua "mãe" (Palestina). De qualquer modo, houve contato contínuo entre os dois lados para harmonizar o trabalho que estava sendo realizado.

Nem todos os 63 tratados (ensaios) têm tratamento com suplementos no *Gemara*. O Gemara palestino, também chamado de Yerushalmi (Jerusalém) suplementa 39 dos tratados. O Gemara da Babilônia, embora lidando apenas com 36,5 dos tratados, é o trabalho mais volumoso, sendo cerca de três vezes maior do que o palestino.

Unindo-se o Misna e o Gemara originais, obtém-se o Talmude.

IV. A Torá Original. Forneço um artigo detalhado sobre a *Torá*, que significa "lançar a sorte sagrada", que fala da prática de adivinhação oracular. Esse trabalho passou a designar o Pentateuco, os livros atribuídos a Moisés que os judeus piedosos supunham conter, em forma de semente, todas as leis divinas. Às vezes a palavra refere-se a todos os livros revelatórios dos judeus, ou à coleção do próprio Antigo Testamento, ou à Torá Divina, isto é, ao depósito de todo o conhecimento da Mente Divina. O Talmude, juntamente com diversas outras literaturas relacionadas dos rabinos mais famosos do mesmo período de produção, passou a ser chamado de *Torá Oral*. Por séculos muito do material circulou oralmente antes de ter sido reduzido a documentos escritos. Havia formas escritas de parte dele, derivadas de épocas muito antigas. Além disso, sua redação também levou muito tempo antes de poder ser considerada "produto final". O Talmude palestino foi concluído em alguma época no século V. O babilônico foi concluído em um período mais próximo ao final daquele mesmo século. Ambas as comunidades entraram em declínio naquele século, em parte por causa das perseguições promovidas pelas autoridades civis. Com o declínio das comunidades houve uma cessação de produtos literários significativos, de modo que os Talmudes congelaram em formas finais que não foram, em períodos posteriores, desenvolvidas.

V. A Importância do Talmude. Não é errado falar de uma canonização envolvida no Talmude, o mesmo que ocorreu com as Escrituras do Antigo Testamento. Os judeus de períodos posteriores (depois do século V d.C.) reconheceram que o aprendizado e o domínio do Talmude era o chamado mais alto e maior privilégio que uma pessoa poderia experimentar. Para muitos, o conhecimento do Talmude era mantido com maior estima do que o conhecimento das Escrituras do Antigo Testamento, e o conhecimento e domínio de ambos produzia judeus fanáticos e piedosos que eram, e ainda são, os líderes do zelo religioso. O liberalismo e a constante crítica do Antigo Testamento abalaram a fé na historicidade daquela coleção de documentos, e não é errado dizer que o judeu piedoso se refugiava no Talmude como sendo, de alguma forma, mais preciso e mais puro do que o próprio Antigo Testamento. Com o passar do tempo, a maioria dos judeus deu pouco interesse à complexidade do Talmude e muitos converteram-se a uma forma "kantiana" de filosofia, como a desenvolvida pelos filósofos judeus. Mas, com o surgimento do Estado judeu moderno, o interesse fanático foi reavivado tanto pelo Antigo Testamento como pelo Talmude. O estudioso cristão busca introspecção de primeira mão no pensamento judeu produzido pelos próprios judeus, que muitas vezes é mais iluminador do que os tratamentos comuns e de *segunda mão* dados pelos estudiosos cristãos, destituídos de conhecimento cultural para compreender muito do judaísmo. Muito daquilo que lemos nas Escrituras sobre os judeus pode ser encontrado e muitas vezes explicado em maior profundidade do que a apresentação das mesmas questões nos Evangelhos. A canonização final do Talmude trouxe cabo a uma das épocas mais criativas da história da tradição e atividade literária judaicas. Mas o Talmude agora vive de forma real no Estado judeu moderno e na mente dos estudiosos cristãos que buscam conhecimento mais perfeito.

TAMA

No hebraico, **"combate"**. Seu nome ocorre apenas em Esdras 2.53 e Neemias 7.55. Ele foi o fundador de uma família de servos do templo, que retornaram do cativeiro babilônico em companhia de Zorobabel. No trecho paralelo de 1Esdras 5.32, esse nome aparece sob a forma de Tamá. Viveu por volta de 536 a.C.

TAMAR

No hebraico, "palmeira" ou "tâmara (palmeira)". **1**. Esse era o nome da mulher de Er (filho de Judá), que depois passou a ser a mulher de seu irmão Onã. Era costume que um segundo irmão assumisse a viúva do primeiro que havia morrido, para criar uma descendência ou família que daria continuidade à linhagem daquele irmão. Isso sempre era possível por causa da poligamia. A mulher de um irmão simplesmente seria adicionada ao círculo familiar do segundo irmão que já fosse casado. Onã nada queria com este outro casamento e evitou a concepção através de *coitus interruptus*, derrubando, assim, o sêmen no chão. Com base nessa circunstância, surgiu o termo *onanismo*, que significa *coitus interruptus* ou *masturbação*. Ver a história em Gênesis 28.1-11. Ver também o verbete *Matrimônio Levirato*. Por causa de seu "pecado" em não cumprir seu papel, diz-se que *Yahweh* o executou, presumivelmente através de um acidente ou por doença. Assim, Tamar ficou sem marido pela segunda vez e exigiu que Judá lhe desse ainda um terceiro filho, mas ele relutou arriscar ter ainda outro filho com aquela mulher, por motivos óbvios. Ela então aplicou um truque radical para conseguir o terceiro filho. Disfarçou-se de prostituta e seduziu o próprio Judá! Ficou grávida e, quando foi acusada de falta de castidade, o que poderia ter ocasionado sua execução, revelou a terrível verdade de que *Judá* era o pai da criança. Nesse momento, tornou-se abundantemente claro de que poderia ter sido melhor para Judá e para seus filhos nunca ter chegado *perto* da mulher. Mas o que poderia fazer Judá? Primeiro, ele teve de confessar seu pecado e não promover acusações (Gn 25, 26). A mulher ficou livre e *presumivelmente* conseguiu um terceiro filho de Judá, vencendo, assim, o conflito. A propósito, a mulher deu à luz *gêmeos*, o pai sendo Judá, claro. Seus nomes foram Perez e Zerá, ambos ancestrais distantes de Jesus, o Cristo (ver Mt 1.3). (Ver Gn 39.29, 30). Quando surgiu o ditado "A verdade é mais forte do que a ficção", o criador do ditado deve ter tido em mente essa história bíblica. A época foi em torno de 1900 a.C. **2**. Uma filha de Davi com Maaca, irmã de Absalão e meia-irmã do depravado Amnom, o filho mais velho de Davi. Sua mãe era Ainoa, uma jezreelita (2Sm 3.2). Depois de elaborado planejamento, ele conseguiu estuprar Tamar, cometendo fornicação, incesto e estupro ao mesmo tempo! Depois foi a vez de Absalão fazer o planejamento de assassinato. Ele acabou matando Amnom, para constrangimento de Davi que, contudo, não tomou nenhuma atitude, o que combinou com sua inação no caso do estupro de Tamar. Ver a história toda contada em 2Samuel 13. A época foi em torno de 980 a.C. **3**. Absalão tinha uma filha naquela época que, presumivelmente, foi chamada pelo mesmo nome da irmã, Tamar, e possivelmente recebeu esse nome para honrar sua linda irmã, que havia sido tratada tão mal por Amnom, um meio-irmão. A única informação que temos sobre essa Tamar é que ela era uma "mulher formosa à vista" (2Sm 14.27). O vs. 25 do mesmo capítulo conta-nos que o próprio Absalão era extremamente atraente, de forma que Tamar obteve sua beleza diretamente de seus genes. **4**. Uma cidade próxima à fronteira de Judá e Edom, no extremo sul do mar Morto também recebe esse nome. Talvez o sítio moderno seja *Thamara*, que fica na estrada que leva de Hebrom a Elate. O profeta Ezequiel menciona Tamar como um local na fronteira de Israel restaurada (Ez 47.9; 48.28). Talvez uma alusão seja feita a esse local em 1Reis 9.18, ou talvez ele seja identificado com *Hazom-Tamar*, de 2Crônicas 20.2 (ver a respeito). Outro nome para é *En-Gedi* (ver o artigo com esse nome).

TÂMARA

Não há referências diretas às tâmaras nas páginas da Bíblia, mas a alusão à "bebida forte", em Provérbios 20.1, pode apontar para o vinho feito de tâmaras. Além disso, em 2Crônicas 31.5, há referência ao "mel", que muitos pensam tratar-se de mel feito de tâmaras. Com base em outras fontes informativas, ficamos sabendo como as tâmaras eram usadas na antiguidade. Tâmaras secas eram muito duradouras, utilíssimas para o consumo durante as viagens em lombo de camelo, pelos desertos. A tâmara, cujo nome científico é *Phoenix dactylifera*, cresce em enormes cachos, que ficam pendurados entre as folhas da planta. Durante longos séculos têm sido um dos principais itens da alimentação de várias tribos árabes. Ver também sobre a *Palmeira*.

TAMBOR. Ver sobre *Música* e *Instrumentos Musicais*.

TAMBORIL. Ver sobre *Música*, e também sobre *Instrumentos Musicais*.

TAMBORIM. Ver sobre *Música* e *Instrumentos Musicais*.

TAMUNETE
No hebraico, **"consolação"**. Ele é mencionado somente Em 2Reis 25.23 e em Jeremias 49.8. Ele é chamado de netofatita. Era o pai de Seraías, um capitão judeu que permaneceu em Judá juntamente com Gedalias (vide), após o exílio babilônico. Viveu por volta de 620 a.C.

TAMUZ
Uma divindade e ídolo sírio e fenício, correspondente ao Adônis dos gregos. Na Bíblia, esse deus pagão é mencionado somente em Ezequiel 8.14. A origem de seu nome perde-se na obscuridade da antiguidade. Mas muitos pensam que se derivou da história lendária suméria sobre Dumuzi ("verdadeiro filho"), um pastor pré-diluviano e suposto marido de Istar (vide). Embora nunca tenha obtido mui grande popularidade na Babilônia e na Assíria, tornou-se famosíssimo na Síria e na Fenícia, bem como, mais tarde, entre os gregos, onde o casal aparecia com os nomes de Adônis e Afrodite. No Egito, Adônis chegou a ser identificado com Osíris (vide), que teria sua própria história lendária. Na Síria, o principal centro desse culto ficava em Gebal, onde havia o templo dedicado a Afrodite, a deusa do amor carnal.

Provavelmente, foi devido à contiguidade entre a Síria e Israel que o culto a Tamuz penetrou entre o antigo povo de Deus. Ezequiel, em uma visão, viu mulheres sentadas na porta norte do templo de Jerusalém, a chorarem por Tamuz, o que consistia em um tremendo desvio religioso, condenado pelo Senhor, como uma das "abominações" que faziam Deus tapar seus ouvidos aos apelos dos judeus incrédulos.

Na Suméria, essa divindade apareceu como deus da vegetação da primavera. Ali ele era considerado irmão e marido de Istar, a deusa da fertilidade. Primeiramente ela o teria seduzido, cometendo incesto com ele, para depois traí-lo. Uma bela história, sem dúvida! Ali, Tamuz era representado em selos como protetor dos rebanhos, aos quais defendia das feras. Esse culto foi mais elaborado na Babilônia, onde já se falava em sua morte, indo ao mundo dos mortos e ressurreição. Essa morte e ressurreição corresponderiam, anualmente, ao início do verão e ao reflorescimento primaveril da vegetação. Os ritos em que se chorava pela imaginária morte de Tamuz ocorriam no 4º mês (correspondente aos nossos meses de junho e julho). Isso deu azo a que os judeus de tempos pós-bíblicos chamassem o seu quarto mês de Tamuz. Ver sobre o *Calendário*.

Havia muitas afinidades entre o culto a Tamuz e o culto a Osíris, este último no Egito. Até hoje, em regiões remotas do Curdistão, há variações desse antigo culto. Segundo a opinião de alguns estudiosos, Tamuz representaria o monarca reinante. E este, por sua vez, representaria todos os homens, dentro do potencial de que eles teriam de participar da natureza divina de Istar, o princípio da vida e da fertilidade.

Muitos cultos pagãos antigos giravam em torno de questões sexuais e do mistério da reprodução. Como essa é uma questão muito atrativa para os seres humanos, não admira que muitos judeus se tenham deixado envolver por cultos dessa natureza, ao longo de sua história. Mas, como é claro, todos os cultos dessa ordem indicam e levam a uma grande degradação. As sugestões deixadas pelos imaginários deuses pagãos nunca eram puras, mas sempre envolviam as piores perversões morais. Não admira que os profetas do Senhor sempre tivessem sentido que tais cultos eram infames, representando um grave perigo para o povo de Deus!

TAPUA
No hebraico, **"maçã"**. Esse foi o nome de um homem e de duas cidades, nas páginas do Antigo Testamento: **1**. Um descendente de Hebrom (1Co 2.43), que provavelmente deu seu nome a uma cidade próxima de Hebrom. Havia uma Bete-Tapua naquela área em geral, conforme se vê em Josué 15.53. Ele viveu por volta de 1500 a.C. **2**. Uma cidade na fronteira norte do território de Efraim, a oeste de Siquém (Js 15.32; 16.8; 17.8). Provavelmente é a mesma que, modernamente, se chama Sheikh Abu Zarad. **3**. Uma das cidades a oeste do rio Jordão, cujos reis foram derrotados pelos israelitas, sob as ordens de Josué (Js 12.17). Talvez seja a mesma cidade acima sob o número "dois". Aparece, na lista de Josué 12.7-24, entre Betel e Hefer.

TAQUEMONI
O sentido desse nome é desconhecido no hebraico. Era o nome do primeiro dos heróis de guerra de Davi. Ele é mencionado com esse nome somente em 2Samuel 23.8. No entanto, nossa versão portuguesa diz que Taquemoni foi o pai de Josebe-Bassebete, que teria sido o primeiro dos heróis de Davi, e não seu pai. Estranho é que há versões que dizem *Taquemoni... O mesmo era Adino...*, em 2Samuel 23.8. Em 1Crônicas 11.11, o trecho paralelo diz: *Jasobeão, hacmonita, o principal dos trinta...*. Portanto, há considerável indecisão no texto, conforme o encontramos em nossa Bíblia portuguesa e em outras versões. Por isso mesmo, alguns estudiosos pensam que está envolvido um erro de copista, onde uma letra hebraica teria sido confundida com outra, especialmente no caso de 1Crônicas 11.11. Viveu em cerca de 1048 a.C.

TARALA
No hebraico, **"poder de Deus"**. Uma cidade que ficava no território de Benjamim (Js 18.27). Ela aparece, em uma lista, entre Ispreel e Zela. Provavelmente ficava localizada na região montanhosa, a noroeste de Jerusalém. Atualmente, seu local exato é desconhecido.

TARDE
Vem do hebraico com o sentido de fim do dia (Jz 19.8). Incluía a quinta e a sexta divisões do dia. Os hebreus computavam o dia das 18:00 horas às 18:00 horas, dividindo-o em seis períodos de igual duração: romper do dia; manhã; calor do dia, começando cerca das 9:00 horas; meio-dia; frescor do dia, tarde. O *frescor do dia* correspondia ao final de nossa atual *tarde*. Tinha esse nome porque, no Oriente, o vento começava a soprar poucas horas antes do pôr do sol, continuando até descer a noite. Grande parte dos negócios do dia eram realizados durante esse período. (Ver Gn 3.8 e Jz 19.8 — no primeiro trecho temos "viração do dia"; no segundo, "declinar do dia", em nossa Bíblia portuguesa.)

TAREIA
No hebraico **"voo"**. Bisneto de Jônatas, filho do rei Saul. O pai de Tareia foi Meribe-Baal. É mencionado em 1Crônicas 8.35 e 9.41. Viveu por volta de 1000 a.C.

TARGUM
I. Nome. *Targum* é a palavra hebraica que significa **"tradução"**, mas na prática traduções, paráfrases e comentários do Antigo Testamento têm sido assim chamados. Aplicando o

sentido *amplo* do termo, o mais importante dos Targuns foi a Septuaginta ou a versão grega da Bíblia hebraica.

II. Caracterização Geral. Os Targuns tinham o objetivo de beneficiar no exílio os judeus que haviam esquecido o hebraico ou que tinham pouca habilidade com ele. Este foi certamente o caso da Septuaginta que serviu aos judeus da Diáspora. Mas essas traduções também eram muitas vezes paráfrases e comentários daquele texto iluminado, não meramente traduções. Os primeiros Targuns estavam em aramaico. Então veio a poderosa Septuaginta, o Targum (tradução dos Setenta que era assim chamada, pois, presumivelmente, era o trabalho de setenta estudiosos judeus da Alexandria). Outro Targum grego foi o de *Áquila* do segundo século a.C. Ele foi um prosélito da fé hebraica que nutria grande interesse na Bíblia hebraica e queria compartilhar dela com o povo que falava grego. Em um momento posterior, sua tradução foi vertida para o aramaico e tornou-se, por um período, o texto oficial na Babilônia. Mais tarde o trabalho dele também foi empregado na Palestina para ajudar aqueles que conheciam pouco hebraico clássico para compreender sua própria Bíblia. Essa tradução foi o *Targum Onkelos*. O uso mais *restrito* deste termo se refere a um grupo de traduções aramaicas do Antigo Testamento. Na prática, essa definição mais restrita passou a dominar os estudos da Bíblia e é aquela que é empregada no restante deste artigo. O fenômeno do Targum ilustra uma verdade óbvia a qualquer um que lida com literatura: trabalhos importantes apenas podem cumprir com seu potencial quando são traduzidos e disponibilizados a outros povos.

III. Targuns e Várias Porções das Escrituras. Antes da época de Cristo, o aramaico passou a ser a língua comum da comunidade judaica e assim tornou-se necessário *primeiro* ler o hebraico (pois teria sido impossível para o povo abandonar sua Bíblia histórica) e então fazer com que uma *segunda* pessoa lesse o aramaico da mesma passagem que havia sido lida. Também eram fornecidas explicações, que incluíam paráfrases e comentários, e parte disso começou a integrar o Targum e a tradição. Até o final do segundo século d.C., ou no início do terceiro, em muitas sinagogas, foi abandonado o serviço duplo, que consumia muito tempo, usava-se apenas a versão em aramaico, sendo esse o idioma que o povo compreendia. Esse foi o equivalente ao abandono, por parte da igreja Católica Romana, da missa em latim. Em locais fora da Palestina, onde outros idiomas eram falados, os Targuns deixaram de ser usados nos cultos, e outros idiomas eram usados para explicar as Escrituras por homens que, em particular, continuavam a usar os Targuns. Esse "modernismo" horrorizou muitos rabinos que continuavam a estudar o Antigo Testamento em seu idioma original e as traduções e paráfrases em aramaico.

1. Do Pentateuco. O *Targum de Onkelos* era o mais conhecido dos Targuns daquela parte das Escrituras. Originário da Palestina, cópias dele foram levadas à Babilônia. É mais literal (mais próximo ao hebraico) do que os Targuns que o seguiram. O trabalho contém, contudo, algumas ideias distintas e comentários que promovem a interpretação messiânica de Gênesis 49.10 e Números 24.17 e existe em número relativamente grande de cópias.

2. Dos Profetas. O melhor desses é aquele atribuído a Jônatas Ben Uziel, estudante do famoso rabino Hilel. Depois houve aquele chamado de Pseudo-Jônatas, que também continha o Pentateuco. Esse trabalho posterior fornece uma interpretação messiânica das passagens do Servo do Senhor de Isaías 52.13 — 53.12, mas declarações que se referem a seu sofrimento são excluídas, ou se faz com que elas se relacionem a Israel, não a seu Messias (o próprio Servo).

3. Da Hagiografia. O termo *Hagiografia* (do grego, para *escritos sagrados*) aplica-se à *terceira* seção do Antigo Testamento, sendo a primeira a lei, e a segunda os profetas. A terceira seção inclui o seguinte: Salmos, Provérbios, Jó, Cantares, Rute, Lamentações, Eclesiastes, Ester, Daniel, Esdras, Neemias e 1 e 2Crônicas, totalizando 13 livros. Os Targuns que tratam desses livros são um tanto recentes, mas alguns deles, ou partes deles, podem remeter a outros mais antigos que agora estão perdidos. O Talmude refere-se a um Targum sobre Jó que não existe hoje. Parece ter surgido durante o primeiro século a.C. Um fragmento de tal Targum (não necessariamente aquele mencionado pelo Talmude) estava entre os manuscritos descobertos em Qumran. Ver os artigos *mar Morto, Manuscritos (Rolos) de* na *Enciclopédia de Bíblia, Teologia e Filosofia* e neste *Dicionário*.

IV. Usos dos Targuns. 1. Os textos dos Targuns muitas vezes são livres demais para ser de uso para crítica textual. Isto é, eles não podem ser usados com muita frequência para ajudar a determinar as leituras originais da Bíblia hebraica. **2.** São úteis, contudo, para compreender a interpretação da Bíblia hebraica pelos rabinos que, através do século, ensinavam isso. **3.** Embora contenham alguns erros históricos e anacronismos, às vezes os Targuns dão informações valiosas sobre os significados de antigas palavras hebraicas que de outra forma poderiam ter continuado desconhecidas a nós. **4.** O maior serviço dos Targuns foi o de trazer o significado da Bíblia hebraica a povos que não mais falavam ou conseguiam ler o hebraico clássico (bíblico). **5.** Os Targuns abriram ainda outra janela ao estudo do Antigo Testamento.

TARPELITAS

Esse grupo de gente é mencionado exclusivamente em Esdras 4.9. Há pelo menos duas opiniões acerca da identificação deles. Uma delas é que esse pode ter sido o título de certos oficiais persas. Essa opinião é difícil de ser sustentada, pois todos os outros nomes que aparecem nesse versículo — dinaítas, afarsaquitas, afarsitas, arquevitas, babilônios, susanquitas, deavitas e elamitas — representam grupos étnicos. A outra opinião é que seria esse o nome de algum povo ou população que os babilônios haviam transportado para ocupar a cidade de Samaria. Mas, quando esse ponto é admitido, novamente surgem dificuldades de identificação. Há quem se confesse ignorante quanto à procedência deles, embora haja outros estudiosos que arriscam dizer que seria alguma tribo assíria, de *Tapur*, a leste do Elão, ou de *Tarpete*, nos alagadiços maeóticos. Seja como for, essa gente toda foi transportada para Samaria em 678 a.C.

TARSO

O termo não se deriva de *tarsus*, nome grego que significa **"cesto de vime"**, ou **"qualquer superfície plana"**. Os assírios pronunciavam *Tarzi*, e aparece em caracteres aramaicos com a forma *Trz*. Tarso era a principal cidade da Cilícia, na parte oriental da Ásia Menor. Estava situada em ambas as margens do rio Cidno, distante da costa cerca de 20 km No ano 833 a.C., já era conhecida por Salmaneser, rei da Assíria. Quando os romanos formaram a província da Cilícia, no ano 64 a.C., a cidade de Tarso servia de residência ao governador.

Para compensá-lo do que havia sofrido pela sua aliança ao partido de César, Marco Antônio a nomeou cidade livre e a isentou de impostos. Notabilizou-se pelas suas escolas que rivalizavam com as de Atenas e Alexandria. Ali nasceu o apóstolo Paulo, que depois de sua conversão a visitou, uma vez pelo menos (At 9.11,30; 11.25; 21.39; 22.3). Visto que muito longe da primitiva grandeza, ainda é cidade importante. Existem nela algumas relíquias da antiguidade.

TARTÃ

Vem do acádico, um idioma semita, *tartanu*, de significação desconhecida. Nas listas assírias, um "tartã" aparece como um elevado oficial, inferior somente ao próprio monarca. Esses oficiais figuram desde os tempos de Adade-Nirari II, Salmaneser III, Tiglate-Pileser III, Sargão II e Senaqueribe. Eram generais de exército. Nas páginas do Antigo Testamento dois desses "tartãs" são mencionados. O primeiro deles foi enviado pelo rei assírio Sargão II, a fim de capturar a cidade de Asdode (Is 20.1); o segundo deles foi enviado por Senaqueribe, juntamente com outros oficiais, Rabe-Saris e Rabsaqué (vide), exigindo a rendição de Jerusalém (2Rs 18.17). Nas traduções em geral (incluindo a nossa versão portuguesa) há considerável confusão quanto a esses títulos, onde aparecem como se fossem nomes próprios de indivíduos, e não títulos nobiliárquicos. Ver também os artigos sobre *Rabe-Saris* e *Rabsaqué*.

TARTAQUE

No hebraico, **"herói das trevas"**. Uma divindade e um ídolo adorado pelos aveus, aos quais Salmaneser removeu para Samaria. Esse deus pagão só é mencionado em 2Reis 17.31. Interessante é observar que, nos anais assírios, nenhuma divindade com esse nome é jamais mencionada. Porém, é possível que o nome "Tartaque" seja uma corruptela de *Atargatis*, uma divindade adorada na Mesopotâmia. Os aveus também trouxeram consigo um outro ídolo, chamado Nibaz, que os estudiosos dizem que tinha a forma de um asno. Esses e outros ídolos, que os pagãos transportados para Samaria trouxeram consigo do Oriente, faziam parte do culto misto dos samaritanos, que temiam ao Senhor Deus mas também tinham suas divindades pagãs particulares. Por causa disso mesmo é que os samaritanos sempre foram vistos com maus olhos pelos judeus, pois o culto samaritano era um misto de noções religiosas certas e erradas, constituindo um perigoso rival do culto judeu monoteísta.

TATENAI

Seu nome, em grego, era *Sisinnes*, que aparece em 1Esdras 6.3 e 7.1. Com esse nome, Tatenai, aparece na Bíblia somente no livro de Esdras (5.3,6; 6.6,13). Ele era um governador persa, sucessor de Reum, durante o reinado de Dario Histaspes, da Pérsia, no tempo de Zorobabel. Tatenai governava o distrito de Samaria, ao passo que Zorobabel era o governador da Judeia. Tatenai investigou e apresentou relatório encorajador à questão da reconstrução da casa de Deus, em Jerusalém, ao rei Dario. Em uma inscrição cuneiforme, proveniente da Babilônia, datada de 5 de junho de 502 a.C., Tatenai é chamado de "Tatenai do distrito daquém do rio", o que pode ser confrontado com o que se lê em Esdras 5.6: (Tatenai, o governador daquém do Eufrates).

TATIM-HODSI

Parece ter sido nome de um distrito localizado entre Gileade e Dã-Jaã. Esse distrito foi visitado por aqueles que faziam o recenseamento em nome de Davi, rei de Israel (2Sm 24.6). O texto é incerto, e o local não é mencionado em qualquer outra passagem bíblica. Algumas traduções especulam sobre o que esse nome significaria. Assim, a RSV e a nossa versão portuguesa dizem: "até Cades, na terra dos heteus", isto é, Cades sobre o Orontes, até onde se estendia o reino de Davi, no máximo de seu poder.

TATUAGEM

Essa palavra portuguesa vem do taitiano *tatau*, a reduplicação da palavra *ta*, que significa "marca", "sinal". Está em foco uma marca indelével, feita mediante técnicas próprias, picando a pele e inserindo algum pigmento sob a mesma. Embora, provavelmente, não haja nenhuma alusão direta à técnica da tatuagem, nas páginas da Bíblia, essa tem sido considerada uma interpretação possível em cinco situações aludidas na Bíblia, a saber: **1.** *Oth*, "sinal". Palavra usada por 79 vezes no Antigo Testamento (conforme se vê, por exemplo, em Gn 1.14; 4.15; Êx 4.8,9,17,28,30; Nm 14.11; Dt 4.34; 6.8,22; Js 4.6; Jz 6.17; 1Sm 2.34; 2Rs 19.29; Ne 9.10; Sl 74.4,9; Is 7.11,14; 8.18; Jr 10.2; Ez 4.3; 20.12,20). O termo grego correspondente é *semêion* "sinal", usado por 48 vezes (conforme se vê, por exemplo, em Mt 12.38; Lc 2.12; Jo 2.18; At 2.19,22,43; Rm 4.11; 1Co 1.22; 2Co 12.12; 2Ts 2.9; Hb 2.4; Ap 15.1). **2.** *Chaqaq*, "gravação". Com esse sentido, é usada por duas vezes (Is 22.16 e 49.16). Na última dessas referências, a ideia é que, gravando Deus os nomes de seu povo em sua mão, jamais se esqueceria deles. **3.** *Seret*, "incisão", "corte". Essa palavra só aparece em Levítico 19.28, onde se lê: *Pelos mortos não ferireis a vossa carne; nem fareis marca nenhuma sobre vós: Eu sou o Senhor*. O termo *seret* é traduzido ali como "ferireis". Isso parece ser uma clara proibição do uso de tatuagens, entre os judeus. Uma das mais horrendas tatuagens eram aqueles números que os nazistas tatuavam no braço de judeus que estavam condenados a morrer nos campos de concentração, onde foram mortos seis milhões de israelitas, a mando de Hitler e sua infame camarilha. **4.** *Charagma*, "impressão", "marca impressa". Esse termo grego aparece por oito vezes (At 17.29; Ap 13.16,17; 14.9,11; 16.2; 19.20; 20.4). Na primeira dessas referências temos a palavra "trabalhados", o que é uma tradução lícita. Em todas as referências do livro de Apocalipse está em foco algum tipo de marca que o futuro anticristo exigirá da parte de seus seguidores. Diz Apocalipse 13.17: *... para que ninguém possa comprar ou vender, senão aquele que tem a marca, o nome da besta, ou o número do seu nome*. Uma incrível sanção financeira, uma ditadura como nunca terá havido igual no mundo. Ninguém sabe, entretanto, no que consistirá a tal "marca", a menos que pensemos em uma sigla formada pelas letras gregas que correspondem ao número "666". **5.** *Stígma*, "ponto", "marca". Palavra grega usada somente em Gálatas 6.17, onde o apóstolo Paulo diz: *Quanto ao mais, ninguém me moleste; porque eu trago no corpo as marcas de Jesus*. Alguns têm pensado que estariam em foco o que, na igreja Católica Romana, é chamado de "estigma", marcas semelhantes a marcas deixadas pelos cravos, nas mãos de Jesus, e que teriam aparecido em alguns "santos" católicos romanos. Mas Paulo não estava falando sobre coisas assim. Antes, ele havia ficado marcado pelos sofrimentos, sofridos pela causa de Cristo, que tinham deixado sinais indeléveis em seu corpo quebrantado pelas asperezas da caminhada de um apóstolo de Cristo.

Alguns têm pensado que o trecho de Levítico 19.28 (ver o ponto terceiro), sem dúvida, alude à prática da tatuagem. Mas, embora algumas versões estrangeiras tenham traduzido o vocábulo hebraico *seret*, ali usado, por "tatuar", os estudos feitos quanto aos costumes de lamentação e luto pelos mortos indicam frequentes associações de cortes feitos no corpo ou pinturas com o raspar dos cabelos, mas nunca com tatuagens, que se revestem de outro sentido. Por semelhante modo, qualquer situação retratada nas Escrituras que possa ser interpretada como indício da prática das tatuagens tem base meramente conjectural, e não se escuda sobre qualquer inferência etimológica ou etnológica.

TAU

A vigésima segunda letra do alfabeto hebraico. Na Bíblia em hebraico, a vigésima segunda seção do Salmo 119 começa com essa letra. Visto que os hebreus não tinham algarismos para representar os números, representando-os por meio de letras, como também faziam os gregos e os romanos, embora usassem sistemas diferentes, essa letra representava o número quatrocentos.

TAV (TAU, ASSINATURA)

No hebraico, *tav*, usualmente considerada como uma forma sintética de *tau*, nome da última letra do alfabeto hebraico, mais um sufixo possessivo pessoal... Tem o sentido de "minha marca" ou "minhas iniciais". Aparece sem esse sufixo, no trecho de Ezequiel 9.4,6, onde nossa versão portuguesa, seguindo muitas outras, a traduz por "marca". Alguns estudiosos pensam que seria apenas uma espécie de "X", a forma de *tau* semita, de acordo com a primitiva escrita redonda. Em Jó 31.35, a única ocorrência do vocábulo sem o sufixo refere-se a um documento legal, provavelmente um tablete de artigo, sobre o qual a pessoa que se defendia ou contratava deixava impressa a sua marca. Nossa versão portuguesa diz ali "defesa assinada".

TAXAÇÃO

Há uma palavra hebraica e uma palavra grega envolvidas: **1.** *Arak*. No *hifil*, essa palavra tem o sentido de "taxar", por uma única vez: 2Reis 23.35. O substantivo correspondente, *erek*, "avaliação", "taxação", também só ocorre por uma vez com esse sentido, nesse mesmo versículo. **2.** *Apographé*, "registro". Essa palavra grega ocorre somente por duas vezes (Lc 2.2; At 5.37). Em ambas as passagens, observa-se claramente que esse registro ou recenseamento era feito com o objetivo precípuo de cobrar certa taxa por cabeça. Não há que duvidar que os antigos governantes sabiam cobrar taxas e impostos. Chegavam a abusar quanto a isso, sobretudo no caso de nações militarmente conquistadas, a um ponto que chegou a ser vergonhoso. Neste *Dicionário*, reservamos os comentários mais completos a respeito no artigo intitulado *Tributo*.

TEAR

Ver o artigo sobre *Fiação*. A palavra tear acha-se somente por duas vezes no Antigo Testamento (Jz 15.14 e Is 38.12). A arqueologia e as referências literárias têm demonstrado a existência de três tipos básicos desse instrumento. Um dos tipos jazia no chão, e a pessoa tecia laboriosamente, agachada. Os outros dois tipos eram armados verticalmente. O operador podia ficar de pé ou sentado, quando trabalhava com esses dois últimos tipos. Um dos tipos empregava um sistema de pesos para manter esticado o trabalho que estava tecendo, mediante a força da gravidade. O outro tipo dispunha de uma barra onde ficavam presos os fios, os quais podiam ser mantidos esticados através de um giro periódico dessa barra.

TEBÁ

No hebraico **"grande"**, **"forte"**. Esse foi o nome de um filho de Naor, irmão de Abraão; sua mãe era Reuma, concubina de Naor (Gn 22.14). Uma tribo do mesmo nome descendia dele. Em 1Crônicas 18.8, seu nome aparece com a forma de Tibate; no trecho paralelo de 2Samuel 8.8, ele é chamado Betá, que também seria o nome de um lugar, mas a localização desconhecida. Tebá viveu por volta de 1860 a.C.

TEBALIAS

No hebraico, **"***Yahweh* **mergulhou"**. Esse foi o nome do terceiro filho de Hosa, que era um dos porteiros do templo de Jerusalém (1Cr 26.11). Viveu em cerca de 1015 a.C.

TEBAS

1. Nome. A palavra hebraica é uma transliteração do vocábulo egípcio *Niwt-Imn*, que significa "cidade de Amom". A Septuaginta *traduz* o egípcio fornecendo a palavra *Dios polis*. As versões dão No-Amon, Moamom ou simplesmente No (Jr 46.25). A Versão Padrão Revisada em inglês dá "Amom de No" (Ez 30.14-16). Os autores clássicos dizem-nos que a cidade era muito antiga, espalhando-se por duas encostas do Nilo.

2. Local. O local era (é) localizado no Egito Superior, onde hoje existe o Luxor moderno, ficando cerca de 600 km rio acima, isto é, ao sul do Cairo.

3. Detalhes. Na encosta direita (leste) do rio, localizavam-se os templos de Carnaque e Luxor. Na encosta esquerda (oeste) do rio, localizavam-se os templos do Goorna, Deir-el-Bari, o Rameseum, os Colossos e o templo de Deir-el-Medina, mais o de Medinet-Abou. Esses templos constituíam uma fileira de prédios funerários. Os templos em ambos os lados do rio continham (contêm) uma riqueza de afrescos e pinturas de valor incalculável para arqueólogos e historiadores. As obras ilustram o histórico de certos períodos do Antigo Testamento. O mais magnífico dos templos era o do deus Amum em Carnaque, cujas ruínas figuram entre as mais significativas do Egito. Em outubro de 1899, nove colunas daquele grande templo ruíram, queda essa causada pela infiltração das águas do Nilo nas rochas. A cidade atingiu a proeminência durante a XI e XII dinastias, uma época de unidade e prosperidade no Egito. Mas os grandes monumentos datam das XVIII a XX dinastias, que existiram em por volta de 1550-1085 a.C. Após isso, a importância da cidade e da área diminuiu, tendo havido uma transferência de poder para o norte. Ainda assim, o local reteve sua importância religiosa até ser saqueado pelos assírios em 663 a.C. O profeta Naum (3.8) usou a imagem desse acontecimento para falar da própria queda da Assíria. Tanto Jeremias quanto Ezequiel ameaçaram o local com julgamento divino (ver Jr 46.25 e Ez 30.14-16). A cidade foi atacada pela Assíria no século VII a.C. e finalmente esmagada por Roma em 30-29 a.C.

TEBES

No hebraico, **"avistada de longe"**, nome de uma cidade situada nas encostas e no cume de um morro, cercada por muitas cisternas, algumas das quais que ainda estão em uso. Na área, ainda em tempos modernos, pessoas vivem em cavernas subterrâneas nas rochas. As duas referências bíblicas ao lugar são Juízes 9.50 e 2Samuel 11.21. Era um local fortificado no território de Manassés, cerca de 15 km ao nordeste de Nablo. A cidade é lembrada pela história de Abimeleque, filho de Gideão, que, avançando contra o local (após muitas vitórias sangrentas em outros lugares), foi ferido mortalmente por uma mulher que jogou nele uma pedra de moenda do alto de uma torre. Ele próprio ordenou que seu portador de armas o matasse com a espada para que o povo não dissesse que ele havia sido morto por uma mulher. O incidente tornou-se proverbial, e Joabe referiu-se a ele em seu relatório a Davi quando Urias, marido de Bate-Seba, morreu em batalha devido a um pré-acordo de Davi, que queria livrar-se dele (2Sm 11.21).

TEBETE

Nome do décimo mês do calendário judaico. Ver sobre *Calendário*.

TECER

1. Uma Arte Antiga. A arte de tecer é uma das ocupações e profissões mais antigas e conhecidas. Famílias (exceto dos ricos) teciam suas próprias roupas, coberturas e tendas. Os cananeus já eram habilidosos com este trabalho muito antes de os hebreus invadirem sua terra. A arte do tingir acompanhava a do tecer. Há evidências arqueológicas de ambos os tipos de trabalho manual em *Tel Beit Mirsim*, *Ugarite* e *Biblos* em épocas muito remotas. Considere os trinta roupões de linho e as trinta mudas de roupas que Sansão foi obrigado a dar aos filisteus por ter perdido uma aposta (Jz 13.14). Também era conhecido e praticado o tecer de carpetes. **2**. O *modus operandi* do tecer antigo. O processo exigia o entrelaçamento de fios, um fio chamado de *urdidura*, e o outro, o *urdume*. Os fios do urdidura são esticados em um *tear* e então os fios do urdume são passados por cima e por baixo deles, resultando no entrelaçamento que produz um tecido. **3**. O *antigo ancestral* do tecer era a elaboração de cestas no período Paleolítico, há cerca de 20 mil a 40 mil anos. Esse processo sugeriu a fabricação de tecidos para roupas, numa época em que as roupas eram feitas de peles de animais. Os arqueólogos descobriram pinturas de antigos teares que datam a cerca de 32 mil anos no Egito. A tumba em Beni-Hassan é um dos primeiros lugares onde pinturas de parede foram descobertas representando a arte. As roupas eram tingidas com cores brilhantes, e os tecelões eram homens, provavelmente profissionais que trabalhavam para pessoas importantes. **4. Materiais Empregados**. Linho, lã, seda, algodão e pelo de cabra eram materiais comumente empregados. Tecidos de tendas eram feitos de pelo de cabra para as tendas, mas peles de animais continuavam sendo usadas para roupas e tendas. Por volta de 2320, havia uma fábrica de tecidos na Babilônia. Esse tipo de trabalho já era profissional naquela época. **5. Processos de Aprendizado**. Os hebreus, sem dúvida, aprenderam essa profissão no Egito, e entre aqueles que dali fugiram no Êxodo, havia homens habilidosos na arte de tecer, como demonstra a habilidade de tecer cortinas para o tabernáculo (Êx 26.1 ss.) A má Dalila tinha um tear, como vemos ao ler Juízes 16.13, 14. Exceto pelos modelos profissionais de hoje, a estrutura básica do tear não foi muito alterada em 5 mil anos. Os *idumeus* participavam da arte, como demonstra Ezequiel 27.16. **6. Tipos de Teares nos Tempos Bíblicos**. *a*. O tear vertical de duas vigas que empregava um par de vigas eretas presas no chão e unidas no topo com uma viga cruzada. Fios longos eram guiados frouxamente da parte de cima até o chão sobre a viga cruzada. Pequenos punhados de lã eram amarrados em pedras para manter-se esticados. *b*. Então havia um tipo vertical de tear que exigia que dois tecelões operassem o equipamento. Um passador era passado de um lado para outro pelos fios, unindo-os. *c*. Um tear horizontal fixado no chão ainda é empregado por nômades hoje em dia. O dispositivo tinha (tem) duas vigas mantidas em seus lugares por quatro pinos inseridos no chão. O tecelão senta à frente do aparelho e, de modo geral, trabalha sozinho. **7. Referências Bíblicas**. Há 13 referências ao tecer (Êx 28.32; 35.35; 39.22, 27; Jz 16.13; 1Sm 17.7; 2Sm 21.19; 2Rs 23.7; 1Cr 11.23; 20.5; Is 19.9; 38.12; 59.5). Há também duas menções da *máquina* usada para fazer o trabalho: (Jó 7.6 e Jz 16.14).

TECOA

No hebraico, **"firmeza, estabelecimento"**, mas alguns pensam que a palavra significa "barulho de trombeta". Um deserto de Tecoa é mencionado, além de uma cidade. É provável que a área de deserto tenha sido adjacente à cidade com esse nome. A cidade ficava no território de Judá, cerca de 9 km ao sul de Belém. O nome moderno é *Takua* e escavações arqueológicas feitas na área revelaram várias evidências da existência de habitações hebraicas ali. A primeira referência bíblica ao local está em 2Samuel 14.2 ss., onde encontramos Joabe empregando os serviços de uma "mulher sábia" dali para tentar gerar uma reconciliação entre Davi e seu filho, Absalão. Davi fugiu ante a ira de Saul (1Sm 23.26). Um de seus poderosos trinta guerreiros era daquela região, que ele usava como um lar longe de seu lar.

Em um período muito posterior, as pessoas dali participaram da construção dos muros de Jerusalém depois do Cativeiro Babilônico (por volta de 450 a.C.). (Ver Ne 3, 5, 27). Esse foi o local do nascimento de Amós (Am 1.1). A cidade daquela área (é mencionada em 2Sm 14.2, 4, 9; 1Cr 2.24; 4.5; 2Cr 11.6; Jr 6.1; Am 1.1). Alguns acreditam que um *homem* com esse nome é apresentado em 1Crônicas 2.24 e 4.5. Presumivelmente, o nome de seu pai era *Asur*.

TEÍNA

No hebraico, **"súplica"**. Um judeu descendente de Quelube. Teína foi o pai de Ir-Naás. Alguns estudiosos pensam que ele não era exatamente genitor de Ir-Naás, mas fundador de uma cidade com esse nome. (1Cr 4.12). Viveu em cerca de 1400 a.C.

TEÍSMO

Tem sido provida uma descrição geral das muitas ideias sobre a pessoa de Deus e sobre como os homens chegam a saber algo acerca dele. Ver o artigo intitulado *Deus*, em sua terceira seção, *Conceitos de Deus*, onde apresento as dezesseis ideias principais. Entre elas, aparece o *teísmo*.

I. A Palavra e suas Definições. Esse vocábulo vem da palavra grega *theós*, "deus". Assim sendo, *teísmo* é a "crença em Deus, em algum deus, ou em deuses", fazendo contraste com o ateísmo. Visto que essa não é uma palavra técnica, pode ser usada de várias maneiras. Porém, quase sempre entende a existência de algum poder supremo, ou poderes supremos, usualmente concebidos (s) como uma (s) pessoa (s) que se revela (m) a si mesma (s). O teísmo pode defender o monoteísmo (um só Deus), o politeísmo (muitos deuses), ou pode ser bastante vago, indicando "um deus ou deuses em algum lugar".

Quase sempre a ideia envolve a crença de que os poderes divinos interessam-se pelas vidas humanas, com o intuito de recompensar ou punir, exercendo certas influências sobre o mundo dos homens. A ideia de uma divindade criadora, com frequência, faz parte do teísmo, mas não necessariamente. Quase todos os conceitos teístas arrastam após si a ideia de obrigação moral diante do Poder Divino ou de poderes divinos. Esse termo (juntamente com o adjetivo "teísta") surgiu na Inglaterra, no século XVII, quando foi usado em contraste com "ateísmo" e "ateu". Sem o termo, o conceito é tão antigo quanto as religiões humanas, as quais, por sua vez, são tão antigas quanto o próprio homem.

II. Contrastes com Outras Ideias. Podemos aquilatar melhor a força do teísmo contrastando-o com outros conceitos: **1**. O *teísmo* indica a crença em poderes divinos; o *ateísmo*, por sua vez, nega a realidade desses poderes. **2**. O *teísmo* ensina que os poderes divinos nutrem interesse pelos homens, intervindo na história humana, responsabilizando os homens por seus atos, recompensando-os ou castigando-os; mas o *deísmo* ensina que Deus divorciou-se de sua criação, deixando-a ao encargo das forças naturais, pelo que não se interessaria pelos homens e nem entraria em contato com eles, não os recompensando e nem os punindo, exceto indiretamente, através de leis naturais que continuam atuantes. **3**. O *teísmo* pode incorporar o *henoteísmo*, pelo que poderia haver muitos deuses, embora somente um deles entre em contato conosco, ao passo que os demais manter-se-iam indiferentes. O henoteísmo, pois, é uma forma de teísmo. **4**. O *politeísmo*, que assevera a existência de muitos deuses, também é uma forma de teísmo. **5**. O *teísmo* usualmente ensina que existem evidências adequadas, de natureza prática, mística e racional, para provar a existência de Deus ou de deuses. Fazendo contraste com isso, o *agnosticismo* crê que apesar da existência dessas evidências, elas são inconclusivas, havendo contraevidências (principalmente o *Problema do Mal*; vide), que deixam em dúvida qualquer pessoa que pensa. **6**. O *teísmo* assevera que podemos e devemos falar sobre Deus e investigar a sua pessoa, pois tal investigação pode ser frutífera e é legítima. O *positivismo*, por sua vez, afirma que toda investigação metafísica é fútil e sem sentido, porquanto não disporíamos de meios ou de evidências para fazer tal investigação, já que dispomos somente de sentidos físicos que podem sondar coisas materiais, mesmo com a ajuda de máquinas e aparelhos. **7.** O *teísmo* promove o *dualismo*, de acordo com o qual Deus e sua criação são diferentes: Deus pertenceria a uma classe toda sua, e a criação não pertenceria a essa classe. Em contraste, o *panteísmo* promove um *monismo*, de acordo com o qual Deus e o mundo seriam de uma mesma substância: Deus seria o cabeça de toda existência, e a existência seria o corpo de Deus.

III. Ideias dos Filósofos. **1**. Os termos "teísmo" e "teísta" apareceram no século XVII, o que também se deu com os vocábulos "deísmo" e "deísta". Por algum tempo, o *teísmo* e o *deísmo* foram usados como sinônimos, o que continua sendo verdade no vocabulário de algumas pessoas. Porém, nesse mesmo século ou no século XVIII, foi estabelecida a distinção mencionada entre *teísmo* e *deísmo*. Ver também o artigo separado sobre o *Deísmo*. **2**. O teísmo promove a ideia de um Deus ou de deuses, e essa divindade aparece, ao mesmo tempo, como imanente no mundo e transcendental ao mundo. Deus atua entre os homens. Usualmente, embora não necessariamente, o teísmo aparece associado a um Deus ou a deuses dotados de poderes criativos; a criação aparece como distinta de Deus, quanto à sua natureza. **3**. No *teísmo clássico*, Deus aparece como Ser absoluto, possuidor de diversos *ominis*, como onipotência, onipresença etc. No *teísmo dipolar*, Deus aparece como Ser absoluto, ao mesmo tempo imanente e transcendental. No *teísmo relativo*, Deus não figura como um Ser absoluto, apesar de ser possuidor de grande poder. Segundo esse ponto de vista, Deus é finito, e não infinito. Poucos teólogos cristãos têm aceitado esse ponto de vista. **4**. No *teísmo evolucionário* (John Fiske), o poder divino aparece por detrás do processo de evolução no mundo, por ser a sua causa. **5**. No *teísmo especulativo* (Christian Weisse), faz-se a tentativa de ver Deus como um Ser absoluto, identificado como o Absoluto dos filósofos. Deus, de acordo com essa concepção, é uma Pessoa infinita; o homem aparece como uma pessoa finita e livre, que encontra o centro e a razão de sua existência na Pessoa infinita. **6**. No *teísmo ético* (Sorley), um Deus finito é a origem de todos os valores humanos. **7**. No *teísmo moral* (A.E. Taylor), acha-se uma prova da existência de Deus nas experiências morais. Ali, esse tipo de experiência faz parte essencial da existência humana.

IV. Argumentos Teístas e a Existência de Deus. Quase todos os teístas — embora não todos — escudam-se nos argumentos tradicionais em prol da existência de Deus. A ideia de que Deus está interessado no homem e manifesta-se na natureza e nas experiências místicas (algo comum ao teísmo) promove o meio ambiente intelectual, de acordo com o que os homens pensam ser capazes de dizer coisas significativas a respeito de Deus e asseverar a sua existência. No artigo intitulado *Deus*, apresentei grande número de argumentos em favor da existência de Deus. Ver sua quinta seção, onde apresentei vinte desses argumentos. A bem da verdade, o *teísmo* só pode aceitar a ideia da existência de Deus mediante a fé, usualmente com base nos Livros Sagrados e suas afirmações. Nem por isso o teísmo condena os argumentos teológicos, místicos, racionais, naturais e sobrenaturais em favor da existência de Deus.

V. O Teísmo Cristão. A fé cristã, em seu aspecto tradicional e conservador, oferece uma versão especial do teísmo, segundo se vê nos pontos abaixo: **1**: Rejeita o politeísmo e o henoteísmo como variedades legítimas do verdadeiro teísmo. **2**. Rejeita o politeísmo, o agnosticismo, o ateísmo e o positivismo. **3**. Aceita a mensagem essencial dos Livros Sagrados cristãos, o Antigo e o Novo Testamentos. **4**. Aceita a natureza (teologia natural) como uma abordagem válida, embora parcial, da teologia. **5**. Ensina estar devidamente fundamentado sobre a ciência, a filosofia, a revelação (os Livros Sagrados) a natureza e, por que não, sobre a consciência e a intuição humanas, sempre sob a orientação da revelação divina. **6**. Assevera que a existência de Deus pode ser aceita com base na revelação, ainda que também respeite os argumentos filosóficos tradicionais, bem como as evidências colhidas na natureza criada. **7**. Sua ética alicerça-se sobre a ideia de que Deus revelou a sua vontade aos homens, e que eles são responsáveis diante dele por sua conduta. A aprovação ou desaprovação divina aquilatarão todas as prestações de contas morais. Deus é o autor da ética, e não o homem. **8**. O cristianismo ortodoxo aceita a visão trinitariana da deidade. Porém, é mister reconhecer que as explicações trinitarianas populares equivalem ao triteísmo, o que é apenas uma forma de politeísmo. Ver os artigos *Trindade*; *Tríades* e *Triteísmo*. **9**. Ao rejeitar o *deísmo* (vide), o teísmo cristão promove o conceito de um Deus imanente, interessado nos homens, que intervém na história humana, que garante a imortalidade das almas e que julga ou recompensa as almas, após a morte biológica. **10**. O teísmo cristão assevera a validade da missão salvadora de Cristo, como realização especial de Deus entre os homens. **11**. O conceito de um Deus pessoal é importante para essa forma de teísmo, onde figuram os atributos tradicionais de Deus como um Ser onipotente, onipresente, onisciente, que tudo sabe, que é completamente santo etc. O amor de Deus é enfatizado; o termo "amor" é o único dos atributos divinos que pode servir como um dos nomes de Deus. Foi o amor de Deus que inspirou e orientou a missão terrena do Filho.

TEKHELET

Esse é o nome de uma cor, no hebraico (Ez 23.6; Ec 40.4 e Jr 10.9). Essa cor tem sido variadamente identificada com a púrpura, com o verde, com o índigo e com o amarelo. Atualmente, porém, sabe-se que alude ao azul-purpurina. Na antiguidade, a grande fonte desse corante era o molusco chamado *Murex*. Irving Zinderman, do Instituto de Fibras de Israel, na revista *Science News*, assevera que os especialistas israelenses confiam que o quebra-cabeça envolvido nesse corante foi resolvido. O Talmude diz-nos que esse corante era feito do extrato puro desse molusco, embora não existam identificações mais precisas na literatura antiga. Esse corante era usado nas vestimentas dos príncipes e dos nobres, que tinham dinheiro para comprar roupas tingidas com essa cor. Tal corante requeria o emprego de milhares desses moluscos para a produção de qualquer quantidade mais apreciável do corante. As vestimentas dos ídolos da Babilônia também eram tingidas com essa cor (Jr 10.9). Ver o artigo geral sobre as *Cores*.

TEL-HARSA

No hebraico, **"colina do mago"**. Essa cidade é mencionada por duas vezes no Antigo Testamento, em Esdras 2.59 e em Neemias 7.61. Era uma localidade babilônica de onde voltaram exilados judeus, nas migrações de volta à Palestina, terminado o exílio babilônico. A peculiaridade dos contingentes judeus que dali chegaram é que eles, durante o tempo em que estiveram no estrangeiro, perderam os documentos que evidenciavam sua linhagem judaica. Em um grupo proletário, que não contasse com a ajuda de sacerdotes ou levitas, não seria muito difícil perder os registros ou a memória de sua genealogia.

Esse retorno de judeus ocorreu em torno de 536 a.C.

TEL-MELÁ

No hebraico, **"colina de sal"**. O nome dessa cidade aparece somente em duas passagens do Antigo Testamento, Esdras 2.59 e Neemias 7.61. É possível que a primeira porção desse nome, "Tel", que indica uma colina ou cômoro, indique uma antiga habitação humana, que tenha sido semeada "com sal", conforme também se vê no relato de Juízes 9.45, acerca de um outro incidente, ocorrido muito tempo depois.

Tel-Melá era uma outra localidade, juntamente com Tel--Harsa, para onde tinham voltado exilados judeus que foram incapazes de provar sua linhagem judaica, mediante provas genealógicas. O local de Tel-Melá é desconhecido. Talvez seja a mesma Telma mencionada por Ptolomeu, situada perto do terreno salgado às margens do golfo Pérsico. Contudo, esse parecer não passa de uma conjectura.

TELA
No hebraico, **"vigor"**. Foi pai de Taã, cujo nome aparece em uma genealogia pós-exílica de Josué (1Cr 7.25). Descendia de Efraim, através de Berias. Viveu em cerca de 1640 a.C.

TELÃ
No hebraico, *me-olam*, **"desde a antiguidade remota"**. Essa expressão hebraica ocorre por cinco vezes (Gn 6.4; 1Sm 27.8; Sl 119.52; Is 46.9; Jr 2.20). Mas, no trecho de 1Samuel 27.8, tem-se suscitado algum debate entre os estudiosos. A passagem deveria ser traduzida por "desde a antiguidade", conforme fazem algumas versões, ou como um nome próprio, como se fosse uma localidade, *Telã* (conforme se vê em nossa versão portuguesa). É difícil resolver a questão, que parece haver chegado a um impasse. A variante que diz "desde Telaim" (ou "desde Telã", conforme diz nossa versão portuguesa) apareceu pela primeira vez na Septuaginta. Aqueles que são favoráveis à tradução tradicional, "desde a antiguidade", parecem ter argumentos mais definitivos. Em primeiro lugar, nas outras ocorrências da expressão hebraica, "me-olam", ela não figura como um locativo, e, sim, como expressão adverbial de tempo. Em segundo lugar, sobretudo no que diz respeito à forma que aparece em nossa versão portuguesa, *Telã*, não existe qualquer localidade que tenha esse nome, nas Escrituras. Quanto à possibilidade de ser "Telaim", ver o artigo sobre esse nome. Das seis traduções diversas que este tradutor examinou, três em português e três em inglês, somente uma (a Tradução do novo mundo, da *Watchtower Bible and Tract Society*, das Testemunhas de Jeová) concorda com a nossa versão portuguesa, dizendo: "desde Telão até Sur"; isto é, dando a impressão de que se trata de uma localidade. Todas as outras versões dizem algo como "desde a antiguidade". Em terceiro lugar, essa variante, que parece indicar uma posição geográfica, aparece somente em alguns manuscritos da Septuaginta, e nunca em qualquer manuscrito hebraico. Por conseguinte, parece que os tradutores da Septuaginta interpretam o trecho, no tocante a essa expressão hebraica, em vez de simplesmente traduzi-la. E, desde então, alguns estudiosos têm procurado aproveitar a interpretação de alguma maneira, em vez de ficarem somente com o original hebraico.

TELAIM
No hebraico, **"cordeiros"**. Na Septuaginta, *en galgálios*. Era uma cidade do território de Judá, perto de Edom e da pouco definida fronteira com a terra dos amalequitas. Foi ali que Saul concentrou suas tropas, em seu contra-ataque sobre os amalequitas que estavam assediando vez por outra as terras de Judá. Esse nome ocorre somente em 1Samuel 15.4, em toda a Bíblia. A Septuaginta, seguindo as mesmas fontes informativas que Josefo (Anti. v.7,2), diz *Gigal* (galgálios) nessa passagem. Alguns estudiosos têm sugerido que Telaim pode ter sido uma forma corrompida de Telém (ver Js 15.24), que ficava na região do Neguebe, e que, estrategicamente, era um ponto mais provável para uma concentração de forças militares, com vistas a atuar no deserto. Ver sobre *Telém*. Outros eruditos, seguindo a Septuaginta, pensam que essa palavra ocorre novamente em 1Samuel 27.8, onde a nossa versão portuguesa diz *Telã* (vide). Se eles estão com a razão, então isso restauraria alguma precisão geográfica a uma passagem com nomes corrompidos, e onde algumas versões estrangeiras dizem "desde a antiguidade".

TELASSAR
Esse nome ocorre na Bíblia somente por duas vezes: 2Reis 19.12 e Isaías 37.12, dentro da frase: *... e os filhos de Éden, que estavam em Telassar*. Na Septuaginta, *Thálassar*. No original hebraico há leve diferença na forma escrita, entre 2Reis e Isaías. Essa cidade é citada, pelos mensageiros de Senaqueribe a Ezequias, como uma das comunidades destruídas por suas tropas assírias. Parece que Telassar representa Tell Assur, ou seja "cômoro de Assur". Os "filhos de Éden", em assírio, *Bit--Adini* (*Bete-Éden*), "casa de Éden", provavelmente, habitavam na área entre os rios Eufrates e Abli; mas nenhuma cidade assíria, chamada em assírio Til-Assur, jamais foi encontrada ou mencionada naquela região. Todavia, há uma Til-Assur mencionada nos anais de Tiglate-Pileser III e de Esar-Hadom, embora apareça próxima da fronteira entre a Assíria e o Elão.

A primeira porção do nome, "Til", parece indicar um lugar onde havia uma comunidade residente, antiquíssima até mesmo para os assírios. Todavia, parece impossível uma identificação precisa do lugar, tanto devido à sua extrema antiguidade como devido ao fato de que, em áreas tão devastadas pelo homem ou pelas causas naturais, qualquer precisão geográfica torna-se praticamente impossível. Por isso mesmo, as sugestões de identificação têm sido as mais variadas, incluindo Theleda ou Thelesa, a sudeste de Raca, perto de Palmira; Artemita, no sul da Assíria ou norte da Babilônia; Resém, atualmente chamada *Kalah Shergat*.

TELÉM
No hebraico, **"cordeiro"**. Há uma personagem e uma localidade com esse nome, nas páginas do AntigoTestamento: **1.** Um porteiro do templo de Jerusalém, que retornou do exílio babilônico, e que se casara no estrangeiro com uma mulher da qual teve de separar-se quando do pacto estabelecido por Esdras. (Ver Ed 10.24). Telém viveu por volta de 445 a.C. **2.** Uma cidade de Judá, próxima de Zife e de Bealote. É mencionada somente em Josué 15.24. Ver sobre *Telaim*, segundo parágrafo. Telém ficava na região do Neguebe, trecho semidesértico, na porção sul do território de Judá.

TELHA
No hebraico, *lebenah*, **"branco"**, **"tijolo"**. Essas peças de cerâmica chamavam-se de "branco" porque eram feitas de pedra calcária muito branca. A telha era um tipo de lajota. Antes de 3000 a.C., esses tabletes eram usados para sobre eles, quando a argila que os formava ainda estava mole, se fazerem os sinais cuneiformes, por meio de um estilete. Em seguida, o tablete era deixado ao sol, a fim de secar e endurecer, ou então, era posto para cozer no forno, perpetuando a escrita que ali tivesse sido gravada. As telhas, fabricadas com o mesmo material, foram usadas, em grande parte do mundo antigo, como uma maneira comum de cobrir casas e outros edifícios. Não obstante, na Palestina, usualmente, as casas eram cobertas com um tipo de teto feito de um forro inferior de madeira, por cima do qual se prensava uma camada de argila, bem compactada, misturada com palha. Ver sobre *Teto*. Telhas de cerâmica são mencionadas em Lucas 5.19 e Marcos 2.4. No caso de alguma casa palestina, provavelmente, a referência é à argila usada no teto chato e compactado de que acabamos de falar. Os estrangeiros gregos e romanos que possuíam casas na Palestina, geralmente, preferiam cobri-las com telhas, e não com esse teto chato e compactado.

TELL EL-AMARNA
I. O Nome e o Local. A palavra *tell*, encontrada em combinação com nomes próprios, deriva da palavra árabe que significa um monte artificial construído através de camadas sucessivas de antigas civilizações. De modo geral, os montes representam períodos progressivos na história, mas, às vezes,

apenas um é contido dentro do monte. Os *tells* são numerosos na Palestina. Alguns dos mais comuns são Tell en Nasbeh; Tell el Ful (Gibea); Tell Jezer (Gezer); Tell ed-Duwir (Laquis). O famoso Tell El-Amarna é localizado no Egito, cerca de 250 km acima do Delta, no Cairo. Primeiro, o estudante deve entender que o *Tell* dessa cidade não está relacionado ao *tell* dos arqueólogos, pois não reflete um "monte" que foi escavado. O nome Tell El-Amarna surgiu pela combinação de um nome de vila "El-Till" com "El-Amarna", o nome de uma tribo árabe que habitou a área em determinada época. O nome da cidade antiga era Akeht Aton, que significa *Horizonte de Aton*.

II. Caracterização Geral. A palavra *tell*, designação dos arqueólogos para um *monte* onde civilizações passadas foram enterradas, nada tem a ver com o *Tell* de *Tell El-Amarna*, como vimos acima. Rigorosamente falando, o nome do local é uma designação errônea que confundiu tanto estudiosos como estudantes. As cartas encontradas ali (ver a seção V) tiveram imensa importância para a compreensão da cultura egípcia daquela época e suas associações com os países vizinhos. Se confiarmos na cronologia da Bíblia hebraica massorética, podemos datar essas cartas à época da conquista da Palestina sob Josué, o que seria em torno de 1450 a.C. Mas alguns estudiosos pensam que elas são anteriores à conquista da Terra por Israel em cerca de um século e meio. Alguns também colocam a conquista em um período posterior e, nesse caso, a data de 1450 a.C. poderia ser preservada para as cartas, mas não para o êxodo e para a conquista. Em todo caso, as Cartas de Amarna são indispensáveis para a compreensão da Canaã imediatamente anterior à conquista da terra pelo povo hebraico. O faraó Aquenaton provocou revoluções religiosas e culturais no Egito, e extraímos informações sobre isso de cartas e escavações arqueológicas, mais de algum material derivado de antigas inscrições no Egito. Aquele faraó (não o do Êxodo) desenvolveu uma forma de monoteísmo, que de fato era um *henoteísmo*, ao suprimir os sacerdócios politeístas usuais. Além de ter absoluta autoridade religiosa, ele governava com mãos de ferro a política do estado a ponto de ter sido um ditador real.

III. Observações Culturais

1. A cidade era chamada de Akhet Aton, e o regente, de Ack-en-Atom, na versão portuguesa apresentado como *Aquenatom*. Ver a seção I para maiores detalhes sobre o local. A cidade era uma das três consagradas ao deus Aton, supremo naquele lugar, não tendo muita concorrência de outras divindades. Esse era um local, desde tempos muito antigos, de templos que honravam a um deus ou outro. O templo dedicado a Aton era uma estrutura complexa e notável e tinha um sistema sacrificial como principal característica de seus cultos. Havia outras estruturas notáveis, como um local rico, gigante em tamanho, medindo cerca de 450 m por 140 m Suas decorações exageradas incluíam ornamentação em ouro das partes superiores das colunas, e pisos altamente decorados. Era um local de riqueza extravagante. O Maru-Aton, possivelmente uma residência para a realeza, tinha uma piscina artificial, jardins fechados e ricas decorações. A cidade teve um período de glória um tanto curto e foi finalmente desfigurada por Horemabe, que desejava apagar a memória do rei herege *Aquenaton*.

2. Aquenaton. Para uma compreensão completa do presente artigo, o leitor deve ver o artigo separado sobre o faraó *Aquenaton*. Esse homem tentou promover uma revolução religiosa e cultural, estimulando um tipo de monoteísmo que, de fato, era um henoteísmo. Ver a seção IV deste artigo. Sua reforma falhou, por fim, pois os sacerdotes que honravam aos diversos deuses importantes à história e à cultura egípcias recusaram converter-se à nova fé de Aquenaton. O homem foi considerado um herege, e a história diz que seu corpo foi mutilado após sua morte, tamanho o ódio dos "conservadores"

contra ele. Alguns místicos modernos acreditam que esse homem foi um antigo ancestral do futuro anticristo, ou, por reencarnação, o anticristo será o antigo faraó retornado. Não há como testar tais especulações.

3. Arte Amarna. A inovação e a revolução eram palavras-chave de Aquenaton. Embora as formas de arte antiga tenham continuado, havia um tipo de radicalismo com a arte da época desse faraó. Talvez a principal característica dessa arte fosse o exagero grotesco do físico humano. Representações do rei eram o principal assunto dos desenhos, pinturas e esculturas. Trabalhos representando o rei dão a ele um pescoço bastante comprido, um queixo protuberante em forma de V, grandes quadris e pernas em forma de bulbo, mas canelas bastante finas. Outras características humanas eram distorcidas dessa mesma forma. Os trabalhos parecem uma versão antiga de Picasso. Com o passar do tempo, contudo, tais características radicais foram reduzidas a ponto de os arqueólogos chegarem até mesmo a considerar representações um tanto afeminadas produzidas naquele mesmo período geral.

4. Linguagem. Até mesmo a linguagem não escapou ao machado de modernização do faraó. Elementos obsoletos foram removidos do idioma e a linguagem escrita foi alterada para que correspondesse àquilo que o povo falava. Estudiosos referem ao produto dessa reforma como "Egípcio Posterior".

IV. Atonismo. O sol sempre foi uma grande atração teológica no Egito. Até mesmo Amon, o "escondido" de Teba, a longo prazo passou a ser identificado com o louvor ao sol. Aquenaton era um devoto radical de Aton, o deus sol, e forçou aos outros a seguir seu exemplo. O atonismo, contudo, não era um sincretismo real. Isto é, Aton não foi transformado na divindade principal de um panteão. Nem era esse um monoteísmo real, pois outros deuses continuavam existindo, mas eram chamados de *usurpadores*. Vários hinos e peças literárias cantavam seus louvores. O famoso longo hino a Aton das cartas de Tell El-Amarna é um notável exemplo. Ela eloquentemente louvava o poder universal, quase onipotente, criativo e providencial que sustenta o universo.

Apenas o devoto faraó, Aquenaton, podia de fato conhecer seu alto deus, sendo assim, ele era o sumo sacerdote, tomando em suas mãos todo o poder religioso. O faraó também torna-se um mediador entre o alto deus e a humanidade. Além disso, o faraó é o filho do deus sol, participando, dessa forma, em sua divindade. O deus que brilha tão forte sobre toda a humanidade, brilha com especial intensidade no rei. O deus é, dá e sustenta toda a vida. A mágica perdeu terreno nessa fé, provavelmente devido ao fato de o rei deter todo o poder como um mediador e não precisar de passes de mágica para ter eficácia.

Esta fé eliminou a idolatria do Egito (tanto quanto possível no período de vida de um homem), pois não fazia sentido ter imagens quando o rei vivo operava como sumo sacerdote e mediador de seu deus a outras pessoas. Esta série de exclusividades indica o monoteísmo, mas não era uma declaração final a respeito. O fanatismo do faraó não contaminou as massas, e entre a casta de sacerdotes havia muitos inimigos que continuavam a favorecer outras divindades. Os cultos populares a Osíres, Ísis e Horus retinham o imaginário das massas. Com a morte do rei, seus cultos foram simplesmente reabsorvidos nas crenças principais, permanecendo Aton como um deus entre muitos, legítimo de ser louvado, mas não um poder exclusivo totalmente abrangente.

V. As Cartas de Tell El-Amarna. No início, cerca de 350 tabletes de barro úteis foram encontrados, depois outros cinquenta, totalizando cerca de quatrocentos deles. Os tabletes eram assados ao sol e escritos no virtualmente internacional acadiano, com alguns "lustres" em amorítico. A maioria deles é um tipo de carta diplomática escrita em acadiano e enviada aos reis egípcios Amonefis III (1411-1375) e Amenofis IV, também chamado de Iknaton (1375-1358 a.C.) por seus governadores vassalos e príncipes na Síria-Palestina. Os tabletes fornecem muitas informações sobre a civilização do Oriente Próximo no segundo milênio a.C. Claro, os materiais dão uma introspecção especial à era de Amarna no Egito, e referem-se a *Hapiru*, que é importante para a compreensão das origens hebraicas. Ver o artigo sobre *Habiru, Hapiru*, na *Enciclopédia de Bíblia, Teologia e Filosofia*. Muitas informações são dadas sobre a situação sociopolítica interna de Canaã pouco antes da invasão e conquista daquela terra. Os detalhes fornecidos demonstram que essas condições eram muito semelhantes àquelas descritas em Josué. A terra era dividida em muitos pequenos estados ou reinados, cada qual com seu próprio pequeno rei. A história desses tabletes, como relacionada à Canaã, é de agitação social, assassinatos e morte, e a tomada e perda de cidades como o subir e descer da maré da história.

TEMA

No hebraico, **"país do sul"**, ou **"deserto"**. **1**. O nono filho de Ismael (Gn 25.15; 1Cr 1.30), que era um líder de seu clã. Viveu por volta de 1840 a.C. O nome também pode indicar "queimado pelo sol", provavelmente uma referência à sua compleição escura. **2**. A tribo que descendeu dele também era chamada assim (Jó. 6.19; Jr 25.23). Esse era um povo nômade que participava do comércio por caravanas. **3**. Assim era chamada uma cidade localizada entre Damasco e Meca. A Teima moderna marca o antigo local. Este é um oásis bem conhecido da Arábia. Nabonido, o último rei do império neobabilônico (em torno de 556-539 a.C.) marchou contra Tema (Teima) e contra a área, deixando o Belsazar bíblico encarregado em casa, de acordo com certa inscrição acádica. Ele conquistou o povo, arruinou a cidade e então transformou uma forma reconstruída dela na capital de seu império ocidental. O louvor ao deus sol foi estabelecido ali, de acordo com um *Estela Teima* aramaico. Por algum tempo o local teve grande prestígio, mas por volta de 450 a.C. O persa Ciro conquistou todas as áreas ao redor de Tema, e, ao contrário do costume, não matou Nabonido, mas de fato deu a ele poder, como subordinado, sobre Carmania, um local ao sul da Pérsia.

TEMÃ

No hebraico **"sul"** ou **"quarto sul"**, ou **"direita"**. **1**. O nome de um neto de Esaú, por sua esposa heteia, Ada (Gn 36.11; 1Cr 1.36). Era um príncipe dos edomitas (Gn 36.15, 42; 1Cr 1.36, 53) que deu seu nome à localidade que habitava. Ele viveu em torno de 1900 a.C. **2**. Esse era o nome do território (cidade e tribo) de Edom (Jr 49.20; Ez 24.13), que pode ser identificado com a Tawilan moderna, uma cidade cerca de 5 km ao leste da antiga Petra. Os temanitas ocupavam, de modo geral, a parte sul da Iduméia. Eram conhecidos por sua coragem e sabedoria (Jr 49.7). Vários profetas do Antigo Testamento incluem o local e seu povo quando denunciam os edomitas (Jr 49.50; Ez 25.13; Am 1.12; Ob 9). Em Habacuque 3.3, Tamã é usado como um nome para toda a Iduméia.

TEMENI

No hebraico, **"afortunado"**. Era um homem pertencente à tribo de Judá. Era filho de Asur, filho de Calebe. Ele é mencionado exclusivamente em 1Crônicas 4.6.

TEMOR

O medo é uma das principais emoções humanas. Ver o artigo geral sobre as *Emoções*. O trecho de Hebreus 2.15 reconhece quão importante é essa emoção, dentro da experiência humana, decifrando que, por causa do temor da morte, os homens passam a vida inteira na escravidão ao diabo. Existem temores benéficos e temores prejudiciais. O melhor temor de todos é o temor a Deus e às coisas que devemos evitar. Os temores prejudiciais são desnecessários, além de demonstrarem imaturidade e falta de fé.

I. TEMORES BENÉFICOS

1. O Temor a Deus. Deus é o mais apropriado objeto do nosso temor (Is 8.13). Deus é o autor do nosso temor (Jr 32.39), o temor a Deus consiste no ódio ao mal (Pv 8.13), na sabedoria (Jó 28.28; Sl 111.10). O temor a Deus é um tesouro para os santos (Pv 15.16); serve-lhes de força santificadora (Sl 19.7-9). O temor a Deus nos é ordenado (Dt 13.4 Sl 22.23). É inspirado pela santidade de Deus (Ap 15.4). A grandeza de Deus nos inspira a temê-lo (Dt 10.12). A bondade de Deus leva-nos também a temê-lo (1Sm 12.24). O temor a Deus conquista o perdão divino (Sl 130.4). As admiráveis obras de Deus inspiram-nos ao temor a Deus (Js 4.23,24). Os juízos de Deus levam os homens a temê-lo (Ap 14.17). O temor a Deus é algo necessário como parte da adoração ao Senhor (Sl 5.7). Faz parte do serviço que prestamos a Deus (Sl 2.11; Hb 12.28). O temor a Deus inspira os homens a um governo justo (2Sm 23.3). O temor a Deus é uma influência aperfeiçoadora (2Co 7.11). As Escrituras ajudam-nos a compreender o temor a Deus (Pv 2.3-5).

2. O Temor a Deus Residente no Homem. Aqueles em quem há o temor a Deus agradam o Senhor Deus (Sl 147.11). Deus compadece-se dos tais (Sl 103.13). Eles são aceitos por Deus (At 10.35). Eles recebem de sua misericórdia (Sl 103.11,17; Lc 1.50), eles confiam em Deus (Sl 115.11; Pv 14.26). Eles afastam-se do mal (Pv 16.6); eles têm comunhão com pessoas dotadas das mesmas atitudes santificadas (Ml 3.16). Deus cumpre os desejos daqueles que o temem (Sl 145.19), e a vida deles é prolongada na terra (Pv 10.27).

3. O Temor a Deus como uma Virtude. Os homens deveriam orar a fim de receberem o temor a Deus (Sl 86.11). O temor a Deus é exibido na vida cristã autêntica (Cl 3.22). Também demonstramos nosso temor a Deus quando damos aos nossos semelhantes uma razão para a nossa expectativa espiritual (1Pe 3.15). O temor a Deus é uma atitude que deveríamos manter com constância (Dt 14.23; Pv 23.17). Deveríamos ensinar aos outros o temor a Deus (Sl 34.11). Quem teme a Deus tem vários pontos de vantagem (Pv 15.16; 19.23; Ec 8.12,13). Os ímpios, por sua vez, não sabem o que é temer a Deus (Sl 36.1; Pv 1.29; Rm 3.18).

II. TEMORES PREJUDICIAIS.

1. O principal temor prejudicial é o medo da morte, que escraviza os homens que não têm confiança no Senhor (Hb 2.15). **2**. Há quem tema aos homens, que passam a governar-lhes a vida desnecessariamente (Rm 13.6). O remédio para isso é a fé em Deus, a qual não permite que homens irracionais e malignos nos prejudiquem. O temor ao homem assemelha-se a uma armadilha (Pv 29.25). **3**. Qualquer temor prejudicial serve somente para encher a mente de ansiedade (Mt 6.25 ss.). A cura para esse tipo de temor é o reconhecimento de que Deus é o nosso Pai, e de que ele cuida de nós. As pessoas temem não obter as provisões básicas para as necessidades físicas, e esse temor chega a atormentá-las diariamente. Porém, se buscarmos em primeiro lugar ao reino de Deus, e à sua justiça, então obteremos a vitória sobre o medo, porque veremos que tal receio não tem qualquer fundamento na realidade. **4**. Há temores que resultam de nossa participação no pecado (Gn 3.10; Pv 28.1). Os ímpios fogem mesmo quando ninguém os está perseguindo. O senso de culpa de Caim fê-lo ficar fugindo (Gn 4.14). O senso de culpa de Herodes fê-lo sentir-se um miserável e temeroso, depois que mandara decapitar João Batista (Mt 14.1 ss.). Os ímpios são assaltados por todas as formas de temores e de pressentimentos, de coisas que lhes podem acontecer (Jó 5.21; Is 7.25; 8.6; Ap 18.10,15).

III. O TEMOR A DEUS NO TOCANTE À SALVAÇÃO. É-nos ordenado que ponhamos em prática (em nossa versão portuguesa, "desenvolver") a nossa salvação, com temor e tremor,

reconhecendo que poderemos fracassar, a menos que apliquemos os meios da graça, cuidando também para que o poder do Espírito opere em nós (Fp 2.12). Ver o comentário sobre esse importante versículo, para a vida cristã, no NTI. Nesse e em outros sentidos, igualmente, o temor ao Senhor é o princípio da sabedoria (Pv 9.10; Sl 111.1).

IV. O Banimento do Temor. As Escrituras ensinam-nos como podemos banir o temor negativo ou prejudicial de nossas vidas, conforme se vê nos pontos abaixo discriminados: **1**. Experimentando a presença de Deus em nossas vidas. *Ainda que eu ande pelo vale da sombra da morte, não temerei mal nenhum, porque tu estás comigo...* (Sl 23.4). **2**. Mediante o poder protetor de Deus, através da fé. Deus servia de escudo para Abraão (Gn 15.1). **3**. Através da confiança no poder remidor de Deus. *Não temas, porque eu te remi; chamei-te pelo teu nome, tu és meu* (Is 43.1,5). **4**. A manifestação de Deus dissipa todo o temor (Êx 3.6; Lc 1.30; 2.1; Mt 14.26; 17.6 ss.). **5**. Há ajudantes espirituais que nos auxiliam para banirmos o temor (Mt 26.53). **6**. O amor cristão, uma vez aperfeiçoado, o que inclui a confiança no amor que Deus tem por nós, expulsa o temor de nossos corações. Isso envolve a liberdade do temor da morte, que é, precisamente, o castigo que sobrévém aos iníquos. (Ver 1Jo 4,18). **7**. A confiança na benevolência de Deus nos alivia de nossos temores no tocante à fome, aos sofrimentos e a qualquer forma de carência. (Lc 12.32; Mt 6.25 ss).

V. Exemplos de Temor Piedoso. **1**. Abraão (Gn 22.12); **2**. José (Gn 39.9); **3**. Obadias (1Rs 18.12); **4**. Neemias (Ne 5.15); **5**. Jó (Jó 1.1,8); **6**. Os crentes primitivos (At 9.31); **7**. Cornélio (At 10.2); **8**. Noé (Hb 11.7).

TEMPESTADE

Precisamos considerar cinco palavras hebraicas e quatro palavras gregas, a saber: **1**. *Suphah*, "tufão", "furacão". Esse vocábulo hebraico é empregado por quinze vezes, nas páginas do Antigo Testamento (Jó 21.28; 27.20; Sl 83.15; 37.9; Pv 1.27; 10.25; Is 5.28; 17.13; 21.1; 29.6; 66.15; Jr 4.13; Os 8.7; Am 1.14 e Nm 1.3). **2**. *Searah*, "vendaval". Palavra hebraica que aparece por catorze vezes (como em 2Rs 2.1,11; Jó 38;1; 40.6; Is 40.24; 41.16; Jr 23.19; 30.23; Zc 9.14; Sl 107.25,29; 148.8; Ez 13.11,13; Na 1.3). **3**. *Saar*, "tempestade". Palavra hebraica que é usada por apenas uma vez, em Isaías 28.2. **4**. *Zerem*, "tempestade", "inundação". Palavra hebraica que é utilizada por nove vezes (Is 4.6; 25.4; 28.2; 30.30; 32.2; Hc 3.10; Jó 24.8). **5**. *Saah*, "agitação", "arremetida". Termo hebraico usado somente por uma vez, no particípio, em Salmo 55.8. **6**. *Laílaps*, "tufão", "furacão", "vendaval". Termo grego usado por três vezes (Mc 4.37, Lc 8.23 e 2Pe 2.17). **7**. *Thúella*, "vendaval". Palavra grega que é utilizada apenas por uma vez, em Hebreus 12.18. **8**. *Cheimón*, "tempestade de inverno". Vocábulo grego que ocorre por seis vezes (Mt 16.3; 24.20; Mc 13.18; Jo 10.22; At 27.20; 2Tm 4.21). Em Atos 27.18 temos o verbo correspondente a esse substantivo, *cheimázemai*, que a nossa versão portuguesa traduz por "açoitados... pela tormenta". **9**. *Seismós*, "abalo", "terremoto". Embora essa palavra grega ocorra por catorze vezes, com o sentido comum de "terremoto", logo em sua primeira ocorrência, em Mateus 8.24, o autor sagrado a usa em relação à tempestade que ocorreu no lago de Tiberíades, e que ele acalmou com uma palavra de ordem. Trata-se, portanto, de um uso sui *generis* do termo grego.

Na região da Palestina, as tempestades eram um fenômeno bastante comum, figurando de forma proeminente na consciência de alguns dos escritores bíblicos, como o salmista e o profeta Isaías. Esses viam as tempestades como uma ameaça à segurança dos homens ou como um castigo divino infligido contra os malfeitores. (Ver Sl 55.8; 83.15; Is 4.6; 25.4; 28.2).

Por causa de sua frequência, e dos vários tipos de tempestades, havia tão grande número de palavras hebraicas envolvidas. Os tipos de tempestade mais comuns que se verificavam na Palestina eram os seguintes: **1**. Os temporais, que ocorriam, principalmente, no começo da estação chuvosa, no outono, quando a terra ainda estava quente devido aos dias de verão. Eram particularmente comuns em torno do mar da Galileia, quando o vento que soprava em direção à terra passava sobre a bacia quente do lago. **2**. Os remoinhos de ventos, ou vértices locais, como aquele que arrebatou Elias para o céu (2Rs 2). **3**. As tempestades no deserto. Esses eram os mais importantes e temidos, por causa dos seus efeitos. Ocorriam quando o vento soprava do deserto trazendo um ar quente e ressecante, que crestava as plantações às margens do deserto. Na Palestina, esse vento se chama siroco, soprando das direções sul ou leste, isto é, do deserto da Arábia. Geralmente acontece no começo e no fim do verão, e quase sempre é acompanhado por uma poeira sufocante e por elevadas temperaturas. Atravessando a Palestina do Oriente para Ocidente, esses vendavais chegavam até às margens do mar Mediterrâneo (cf. Sl 48.7). Jesus referiu-se as características do vento que sopra do deserto, em Lucas 12.55. *... e quando vedes soprar o vento sul, dizeis que haverá calor, e assim acontece.*

TEMPLO (ÁTRIOS)

Quatro átrios faziam parte do templo de Jerusalém:

1. O átrio dos gentios. Era assim chamado porque os gentios podiam entrar no mesmo, mas não mais adiante, sob pena de morte. Simbólica e espiritualmente, esse átrio mostrava que os gentios tinham um acesso apenas limitado à adoração e ao serviço a Deus. Eles não podiam adentrar o santuário, e, muito menos ainda, o Santo dos Santos. Porém, em Cristo todas essas barreiras foram derrubadas. Agora há acesso a todos os crentes, até o trono de Deus (Hb 10.19,20), por intermédio do Caminho, que é Cristo. Temos acesso mediante o sangue de Cristo, o novo e vivo caminho que nos foi aberto. Agora Cristo é o nosso Sumo Sacerdote, e nós somos um reino de sacerdotes (Ap 1.6; 5.10). Mais do que isso, o crente tornou-se um templo do Espírito de Deus (1Co 3.16), e a igreja, coletivamente falando, é o templo para habitação de Deus, em Espírito (Ef 2.19,20).

2. O átrio de Israel. Os homens de Israel tinham o direito de admissão a esse átrio. Esse átrio representava um outro nível de acesso. Embora participassem da adoração no templo, os israelitas comuns não tinham acesso ao Santo dos Santos. Somente o sumo sacerdote, e isso mesmo apenas uma vez por ano, podia entrar ali, a fim de cumprir a expiação simbólica sobre o propiciatório. Ver Êxodo 30.10.

3. O átrio dos sacerdotes. Era nesse átrio que ficava o altar dos holocaustos, e onde os sacerdotes e levitas exerciam o seu ministério. Esse átrio representava ainda um outro nível de acesso a Deus, embora ainda mais elevado. Até mesmo o Santo dos Santos era mero símbolo e acesso preliminar. Portanto, o templo de Jerusalém, com suas muitas divisões e níveis de acesso, servia de tipo de um acesso gradual a Deus. O evangelho de Cristo elimina todas as divisões. Ver Efésios 2.17 ss. O Espírito Santo confere aos crentes o mais pleno acesso.

4. O átrio das mulheres. Esse átrio ficava um pouco mais próximo do santuário do que o átrio dos gentios. O átrio das mulheres era posto à disposição das mulheres israelitas. No entanto, em Cristo não há qualquer distinção entre homem e mulher, no que concerne a privilégios espirituais (Gl 3.28). Essa é uma doutrina revolucionária, exposta pelo cristianismo.

TEMPLO DE JERUSALÉM

Para informações adicionais, ver o artigo separado sobre *Templos*. Este artigo é limitado aos templos que foram construídos no mesmo local em Jerusalém.

I. Nome e Terminologia. A palavra hebraica é *hekal*, termo derivado de um vocábulo sumério que significa "casa grande", que em uso de modo geral significa "a casa de uma deidade". Havia também o termo *bayith*, que significa "casa"; *godesh*, que significa, estritamente, "santuário", talvez em referência a templo que se tornou local sagrado de louvor e culto a Deus ou a um deus. Em conexão com o *yahwismo*, temos *beth YHWH*, "a casa de *Yahweh*". A palavra grega *naos* é usada comumente no Novo Testamento para "templo". O termo *oikos* (casa) é empregado uma vez (Lc 11.51). *Ieron*, "o local sagrado", é ainda outro termo empregado para um templo como *local sagrado*. Essa palavra é usada com muita frequência no Novo Testamento. (Ver Mt 4.5 e 1Co 9.13, a primeira e última das ocorrências). O monte do templo era chamado de *a montanha da casa do Senhor* (Is 2.2) ou "a montanha da casa" (Jr 26.18; Mq 3.12). Ver o artigo geral sobre *Sião*.

II. Histórico do Templo de Salomão.

Ver o artigo geral sobre o *Tabernáculo*, que por séculos serviu aos israelitas como um local sagrado portátil. A ideia de que ele deveria ser substituído por uma estrutura permanente, mais magnífica, foi de Davi, sem dúvida seguindo a sugestão do Espírito, que moveu seu coração e sua mente para ser generoso com os cultos de *Yahweh*, não meramente consigo mesmo. Ele havia construído para si mesmo um local rico e tinha vergonha de sua negligência para com o prédio da casa de *Yahweh*. Davi havia destruído ou confinado todos os inimigos de Israel, algo que Josué e as gerações a seguir não haviam sido capazes de fazer. Ele havia inaugurado um período de paz e prosperidade, que era uma época ideal de desenvolver os cultos religiosos sem interferência e invasão estrangeiras. (Ver 1Cr 28.12, 19; 1Cr 17.1-14; 28.1 ss). Mas Davi era um rei guerreiro sangrento que havia participado de vários assassinatos, muitos dos quais totalmente desnecessários. Portanto não era a pessoa certa para construir o templo. A tarefa foi deixada para o filho de Davi, o "homem de paz", significado do nome Salomão. Davi contribuiu muito para o projeto com materiais de construção e objetos valiosos (1Cr 21.9 ss.). Salomão iniciou a época áurea de Israel e parte disso foi a construção de um magnífico templo. Os israelitas eram um povo das grandes produções literárias, como o Antigo Testamento dos hebreus-israelitas-judeus da Palestina e os livros pseudepígrafos e apócrifos dos judeus da Diáspora. Mas eles nunca foram um povo de ciência e não tinham conhecimento nem mão de obra especializada para construir um templo. Salomão teve de contratar os fenícios para essa tarefa. Eles forneceram o conhecimento e muitos materiais, além de, provavelmente, quase toda a mão de obra especializada. (Ver 1Rs 5.1-6). O que Salomão tinha era o dinheiro e a mão de obra escrava para fazer o "trabalho sujo". Além disso, dispunha da visão emprestada de seu pai e da determinação de ver o trabalho terminado, o que ocorreu no 11º ano de seu reino. O trabalho levou sete anos e meio para ser concluído (c. 949 a.C.).

III. Local e Descrição.

O templo foi construído no *monte Moriá* (ver a respeito). Aquele já era um local sagrado por causa dos acontecimentos importantes que ali ocorreram na história passada de Israel. O monte era (é) localizado a leste de *Sião* (ver a respeito), um morro que o próprio Davi havia selecionado para o propósito quando construiu um altar ali depois de determinada praga destrutora ter acabado (1Cr 21.18 ss.; 22.1). O templo exigia uma área de pelo menos 400 cúbitos por 200 cúbitos (sendo que um cúbito mede cerca de 45 cm). O cume do morro precisava ser nivelado para fornecer uma fundação plana. A antiga *eira de Aruna*, também chamada de Orna, era a área em questão (2Cr 3.1). Presumivelmente, aquele foi o local onde ocorreu o sacrifício (pretendido) de Abraão de Isaque (Gn 22.2). (Ver 2Sm 24.24, 25; 1Cr 22.1; 21.18, 26) para outras Escrituras que tratam da área onde o templo foi construído. "O templo se situava no morro leste, ao norte da cidade de Davi, onde é localizado hoje a Abóbada da Rocha. Naquela época, o monte do templo era consideravelmente menor. Salomão precisou aumentá-lo um tanto (Josefo, *Guerras*, 5.5. 185). Herodes precisou ampliá-lo ainda mais para seu templo. Essa era a eira de Arauna (2Sm 24.18), o monte Moriá (2Cr 3.1) e provavelmente o Sião dos salmos e profetas (Sl 110.2; 128.5; 134.3; Is 2.3; Jl 3.16; Am 1.2; Zc 8.3), embora o termo tenha pertencido especificamente à *cidade de Davi* (1Rs 8.1)". (William Sanford LaSor).

Descrição. O templo foi construído com pedras cortadas; media cerca de 60 cúbitos de comprimento, 20 cúbitos de largura e 30 cúbitos de altura. Tinha um telhado plano e coberto, composto de toras e tábuas de cedro, sobrepostas com mármore. Josefo insiste em que houve outro andar construído em cima dessa estrutura de fundação que dava à estrutura dimensões duplas em altura, pois esse segundo andar, em dimensões, era uma duplicata do andar de baixo (*Ant.* viii. 3,2). Se ele estiver certo, então a altura da estrutura do templo era de 60 cúbitos de altura, 60 de comprimento e 20 de profundidade. É difícil harmonizar essas dimensões fantásticas com o relato do Antigo Testamento. O plano geral era semelhante ao do tabernáculo substituído pelo templo, mas as dimensões foram duplicadas. As partes que constituíam o prédio eram: uma estrutura retangular que tinha uma *varanda* ou vestíbulo (Hb *Ulam*, 1Reis 6.3); depois havia a nave (no hebraico *Hekal*), que ficava virada para o leste (o local sagrado); além disso ficava o *debir*, ou o local mais sagrado (1Rs 8.6). A varanda media 10 cúbitos de profundidade e 120 cúbitos de altura (2Cr 3.4), mas esse número, de tão gigantesco, pode ter sofrido alguma corrupção textual no início. Duas colunas, chamadas Jaquim e Boaz, feitas de bronze oco e 35 ou 40 cúbitos de altura, ficavam em cada lado da entrada (2Cr 3.15-17). As paredes internas eram revestidas com cedro trazido do Líbano (1Rs 5.6-10; 6.15-16), e sobre esse revestimento havia outro de ouro (vs. 22). O local mais sagrado era revestido com ouro puro (vs. 20). Os hebreus tinham de depender de trabalhadores habilidosos que o rei, Hirão da Fenícia, forneceu. O supervisor do prédio era chamado de Hirão (7.13) ou, alternativamente, Hurão-Abi (2Cr 2.13).

O *lugar mais santo* continha a *arca da aliança* (ver a respeito), 1Reis 6.19, e o *querubim*, cujas asas cobriam a arca (vs. 23). Esses anjos eram muito grandes, e suas asas iam de uma parede à outra. Uma porta de madeira de oliveira, revestida de ouro, separava o lugar mais sagrado da nave (o santuário externo também chamado de local sagrado), (vs. 31). Uma porta semelhante separava a nave da varanda (vs. 33). A nave continha um altar *dourado* (7.48) que era distinto do de bronze que ficava no pátio. Esse era feito de cedro (revestido de bronze), 6.20. O *altar de incenso* (ver a respeito) ficava na frente do lugar mais sagrado, centralizado entre as paredes. E havia a mesa de ouro do *pão da proposição* no muro do sul, além de lamparinas no muro norte.

O próprio templo era cercado por dois pátios, um interno para os sacerdotes (2Cr 4.9), e um externo, chamado de o Grande Pátio, onde os israelitas podiam circular e que provavelmente continha diversos prédios reais. As dimensões do pátio interno não são fornecidas, mas, se dobrarmos as do tabernáculo, a área deve ter medido 200 cúbitos por 100 cúbitos. O pátio interno continha o altar de bronze (2Cr 4.1), onde eram oferecidos sacrifícios; as dez bacias de bronze em dez suportes especiais, cinco de cada lado da casa; e o grande *derretido*, ou mar de bronze, um local de lavagens rituais localizado no canto sudeste da casa. Esse "mar" tinha um diâmetro de 10 cúbitos e 5 cúbitos de altura, podendo conter cerca de 40 mil litros de água. Essa era a fonte de água para as lavagens rituais dos sacerdotes para limpar partes dos animais sacrificiais (2Cr 4.6).

Minhas descrições excluíram as ornamentações elaboradas que o templo todo recebeu, nos quais metais preciosos, tapeçarias complexas e trabalhos de escultura foram empregados. Para uma descrição completa, algo verdadeiramente impressionante, ver 1Reis 5.6-7.51.

Arqueologia. O templo de Salomão foi estilizado de acordo com os templos fenícios, como demonstram claramente as descobertas arqueológicas. Isso poderíamos ter suposto sem o trabalho dos arqueólogos, já que foram os fenícios que forneceram as habilidades para sua construção (1Rs 7.13-15). Templos semelhantes do mesmo período geral foram escavados no norte da Síria, como o templo de Tell Tainat. Esse é menor, mas de projeto semelhante. Tanto esse quanto o templo de Salomão eram de construção pré-grega, um item que autentica sua antiguidade. Outras descobertas autenticaram vários itens de construção como a capital proto-aeólia nos pilares, que era um projeto usado extensivamente no templo de Salomão. Exemplos desse tipo foram desenterrados em Megido, Samaria e Siquém. As decorações de lírios gravados e palmas, além dos querubins, também foram encontradas em outras estruturas. As duas colunas na extremidade da varanda foram ilustradas por escavações feitas em Tell Tainat. Pilares, para guardar a entrada dos templos, eram um item comum nas antigas construções de templos.

O tabernáculo e o templo claramente ilustram *acesso limitado*, cada divisão admitindo apenas certas pessoas: Israel na corte externa; a corte externa para os sacerdotes; o local sagrado; o lugar mais sagrado, onde finalmente, podemos encontrar a Presença, a teofania de *Yahweh*. Em Cristo, temos acesso direto ao trono de Deus, como demonstra o livro de Hebreus (Hb 4.6, por exemplo). Ver o artigo sobre o *Acesso* para mais ilustrações.

O primeiro templo (o de Salomão) foi atacado diversas vezes e então destruído por Nabucodonosor, rei da Babilônia, em 587-586 a.C. (Ver 2Rs 25.8-17; Jr 52.12-23).

O estudante que deseja detalhes sobre o templo de Salomão deve ver o *Antigo Testamento Interpretado*, que fornece uma exposição versículo a versículo sobre todos os capítulos e versículos que nos falam dessa estrutura.

IV. O SEGUNDO TEMPLO. Esse templo é chamado de *segundo* por ter sido o que substituiu o de Salomão, que havia sido destruído. É também chamado de *Templo de Zorobabel*. Quando os judeus retornaram do *Cativeiro Babilônico*, encontraram uma cidade arruinada e não muito mais do que a fundação do templo de Salomão ainda existia. Foi feito um esforço para reconstruir o templo, em termos muito humildes, é claro, pois aquelas poucas pessoas pobres não tinham o dinheiro de Salomão nem os trabalhadores especializados que ele havia importado da Fenícia. O trabalho foi iniciado, como registrado em Esdras 3, mas não foi levado adiante. Como resultado do encorajamento dos profetas Ageu e Zacarias, o trabalho foi reiniciado em 520 a.C. O templo foi finalmente terminado no sexto ano de Dario, o rei persa, isto é, no dia 12 de março de 515 a.C. (Ver Ed 6.15). O resultado foi uma pobre substituição do primeiro templo, mas respeitava o mesmo plano geral (Ed 6.3), mesmo não tendo as ricas decorações do primeiro. Josefo, fornecendo informações dadas por Hecato, declara que a corte externa tinha aproximadamente 150 m por 45 m e continha um altar de rochas não polidas que media 20 cúbitos por 10 cúbitos de altura (*Ag. Ap.* 1.198). O Talmude (*Yoma*, 21b) fala-nos de cinco omissões tristes, isto é, coisas que o segundo templo não tinha: a arca da aliança, o fogo sagrado, o Skekinah (a Presença de *Yahweh*, manifestando-se em formas especiais como na teofania); o Espírito Santo, e o *Urim e Tumim* (ver a respeito).

V. O TEMPLO IDEAL DE EZEQUIEL. Ezequiel, nos capítulos 40 a 48, descreve em grande detalhe esse templo "ideal". Alguns supõem que esse templo deva tornar-se uma realidade no Milênio, portanto chamam-no de *Templo do Milênio*. Os dispensacionalistas favorecem essa ideia, mas a maioria dos intérpretes supõe que Ezequiel apresenta um *templo ideal*, do qual podemos extrair lições morais e espirituais sem tentar construir uma estrutura física de fato. Aqueles que retornaram do *Cativeiro Babilônico* e construíram o segundo templo, não utilizaram o plano de Ezequiel. Em primeiro lugar, eles não tinham dinheiro, materiais nem conhecimento para uma realização tão gigantesca. O *templo ideal* foi dado a Ezequiel em uma *visão*, e talvez seja melhor considerá-lo um *auxílio visionário* à fé e não um plano arquitetônico que deveria ser seguido "algum dia". De modo geral, o plano segue o de Salomão, mas há diferenças significativas. Alguns de seus arranjos foram incorporados no plano do templo de Herodes.

VI. O TEMPLO DE HERODES. Informações sobre esse templo derivam principalmente dos escritos de Josefo. Há algumas informações no Talmude. A arqueologia adiciona um pouco mais, porém não temos descrições detalhadas, como acontece no caso do templo de Salomão. Rigorosamente falando, o templo de Herodes foi o Terceiro Templo, tendo essencialmente substituído o segundo sem derrubá-lo (obviamente). Um templo de Deus não poderia ser derrubado, mas poderia ser substituído, se tal substituição fosse feita por meio de adição ou alteração. Herodes, o Grande, tinha um ego enorme e não havia como deixar o segundo templo humilde como era. De fato, ele ultrapassou a glória até mesmo do Templo de Salomão. O trabalho começou no 18º ano do reino de Herodes (em torno de 20 ou 21 a.C.). Levou apenas cerca de um ano e meio para terminar o próprio templo, mas para terminar as cortes foram necessários outros oito anos. Prédios subsidiários foram então adicionados e o trabalho estendeu-se pelos reinos dos sucessores de Herodes. A tarefa toda foi completada na época de Agripa II, quando Albino era o procurador (64 d.C.), totalizando 46 anos de trabalho. Josefo conta-nos que as cortes do templo de Herodes ocupava quinhentos cúbitos. A área do templo era construída em terraços, uma sobre a outra, com o templo localizado no nível superior. Isso deixava o templo facilmente visível de Jerusalém e suas redondezas. A aparência era, assim, bastante impressionante, como podemos inferir também em Marcos 13.2, 3. Esse templo ocupava mais espaço do que os outros, assim era necessário fazer mais plataformas para a fundação. Para realizar isso, o Vale de Cedrom teve de ser parcialmente aterrado, o que também ocorreu em parte com o vale central (chamado de *Tiropaeon*). O monte do templo foi estendido, assim, a uma largura de 280 m Enormes rochas foram empregadas para fazer os muros do leste e do oeste, muitas delas com 1,5 m de altura e de 1 a 3 m de comprimento. Uma delas media 12 m por 4 m! No canto sudeste foi construído um muro gigante que subiu 48 m acima do Vale de Cedrom. Um pórtico ou varanda foi construído ao redor de todos os quatro lados. Ele tinha colunas de mármore de 25 cúbitos de altura. O pórtico real, na extremidade sul, possuía quatro fileiras de colunas. Josefo (*Ant.* 20.9.221) conta-nos que o pórtico ao longo do lado leste foi construído por Salomão. (Cf. Jo 10.23 e At 3.11 e 5.12). O próprio templo era cercado por um muro de 3 cúbitos de altura que separava o local sagrado da corte dos gentios. Era nesse muro que havia advertências que proibiam a entrada dos gentios em qualquer área além de sua corte, tendo como penalidade a morte. A corte dos gentios ficava, por assim dizer, na extremidade do templo; depois havia a corte das mulheres e então a corte de Israel (aberta a homens judeus apenas), a corte dos sacerdotes e finalmente o *naos*, o próprio templo com o lugar sagrado e com o santo dos santos. Esse naos ficava em uma plataforma ainda mais alta. Apenas os sacerdotes podiam entrar no local sagrado e no santo dos santos e, ainda assim apenas no Dia da Expiação. Oito portões levavam ao monte do templo (Josefo, *Ant.* 15.11.38). O Misna estabelece o número de portões em *cinco* (Mid. 1.3) O magnífico templo de Herodes foi destruído em 70 d.C. como resultado da contínua agressão aos judeus por Roma, tendo por principal objetivo a independência. Tito comissionou Josefo para convencer os judeus a render-se para que o templo fosse preservado, mas ninguém deu ouvidos. Ampla agressão e massacre daí resultaram e tudo dentro do templo e ao redor dele que pudesse ser queimado, o foi. Curiosamente, isso ocorreu no décimo dia do 15° mês (AB), o mesmo dia no qual o rei da Babilônia destruiu o templo de Salomão. Jesus, o Cristo, havia sido crucificado, e a glória do Senhor havia partido de Jerusalém e de seu templo. A justiça foi feita em 70 d.C. O sistema sacrificial nunca foi reativado, sendo que o Grande Sacrifício, o Cordeiro do Senhor, havia cumprido sua missão de sofrimento e trazido o perdão para os pecados do povo.

VII. Significados e Propósitos dos Templos

1. Uma das principais lições dos templos judeus foi que essas estruturas tinham o propósito de ser os locais dos cultos de *Yahweh* e onde sua Presença poderia ser revelada. De fato, os tempos incluíam em sua própria estrutura o *acesso ilimitado*. Em Jesus, o Cristo, os limites foram removidos, e um homem tornou-se o templo de Deus (1Co 3.16). O mesmo é dito sobre a igreja (Ef 2.20). Ver *Acesso* e *Templo (Átrios)*, artigos que ilustram esse primeiro ponto. **2. Louvor** era a palavra-chave para todos os templos, judeus ou pagãos, embora algumas formas de louvor fossem idólatras e até imorais. **3. Sacrifício** era outro fator comum dos antigos templos, que demonstraram a consciência dos homens de que precisavam fazer algo com relação aos seus pecados para satisfazer ou apaziguar seus deuses ou Deus. Ver o artigo *Expiação*. **4. Liderança espiritual**. Certas pessoas levam sua fé religiosa mais seriamente e tornam-se os líderes do povo, sacerdotes dos templos. **5. Santuários**. Alguns *locais* são mais significativos do que outros como locais de louvor e busca espiritual. **6.** A necessidade de *louvor corporativo* é claramente retratada pelo templo. Algumas pessoas ainda chamam suas igrejas de templos. A fé religiosa progride melhor quando há um *esforço grupal* na espiritualidade. **7.** Os templos hebraicos demonstraram que o louvor deveria ficar *livre de idolatria* por causa de um *conceito mais alto* de Deus que estava sendo desenvolvido. Algo do mistério e da transcendência de Deus transformaram seus templos em locais distintos em contraste com os templos pagãos. **8.** Os templos hebraicos (o *naos*, santuários internos, local sagrado e santo dos santos) não tinham fonte de luz externa. A luz vinha de lamparinas por dentro. O conceito de iluminação e da luz que vem de Deus em si era enfatizado. Ver o artigo *Luz, a Metáfora da*. **9. Misticismo**. É possível para os homens terem contato direto com o divino. Esse contato ilumina e espiritualiza o povo que o alcança. Há mais na vida do que o mundo físico, embora muitos não o aflige. Ver sobre *Misticismo* na *Enciclopédia de Bíblia, Teologia e Filosofia*. **10. Teísmo**. O Criador não abandonou sua criação, mas continua presente nela. Deus emana, não apenas transcende. O Poder Divino interfere na vida humana, seja individual seja corporativa, recompensando os bons, punindo os maus, orientando e liderando, fazendo uma diferença. Contraste essa ideia com o *deísmo*, que ensina que o Poder Criativo (pessoal ou impessoal) abandonou sua criação, deixando à lei natural o governo das coisas. O teísmo bíblico vê Deus como uma Pessoa, não meramente como um grande poder. A observação ilustra o poder e a inteligência dessa Pessoa. Ver os artigos *Teísmo* e *Deísmo* na *Enciclopédia de Bíblia, Teologia e Filosofia*. **11.** A *confirmação dos pactos* era um conceito importante que os templos enfatizaram e ilustraram. *Yahweh* era o Deus dos *Pactos* (ver o artigo com esse nome). **12.** Os templos são *forças unificadoras* que ligam as pessoas que os utilizam, o que é bom para a comunidade espiritual. As pessoas compartilham de uma identidade espiritual comum. **13.** Os templos são um auxílio para limitar *facções* e heresias. Um dos principais propósitos do templo em Jerusalém foi o de unificar o yahwismo, possivelmente ao anular os muitos oráculos que existiam na região. Esse propósito nunca foi realizado por completo. Os antigos oráculos persistiram apesar dos esforços unificadores. **14. A glória Shekinah** recebeu a oportunidade de transformar a vida dos homens, pois era possível para tal glória manifestar-se no local mais santo e ser um fator iluminador. Ver o artigo *Shekinah*. **15**. A necessidade de *salvação* e um meio para conseguir isso eram motivos importantes para a existência dos templos. A *expiação* era a doutrina central do templo-salvação. **16**. Embora a Deidade tivesse um *lugar especial* para fazer contato com os homens, e embora houvesse um valor prático no louvor corporativo, não devemos pensar que os templos antigos limitavam o contato com o divino a apenas um lugar. Um templo era um local conveniente e abençoado de contato do divino com o homem, mas não um local exclusivo. A iminência não anulava a transcendência, nem a possibilidade de que a Presença pudesse ter muitos encontros com o homem fora de um local específico. O Novo Testamento, claro, traz tal contato com a alma humana, pois um homem torna-se o templo do espírito (1Co 3.16). *Mas, de fato, habitaria Deus na terra? Eis que os céus e até o céu dos céus não te podem conter, quanto menos esta casa que eu edifiquei!* (1Rs 8.27) **17. Milagres e fortalecimento da fé**. As pessoas entram em situações nas quais apenas milagres podem solucionar seus problemas ou ocasionar as coisas necessárias para a continuação de sua vida e trabalho. Elas vão a santuários e locais sagrados para buscar tais eventos transformadores, e alguns desses locais tornam-se centros de intervenções incomuns e miraculosas. Eles fortalecem a fé das pessoas e confirmam o valor da atividade espiritual. Ver o artigo sobre *Milagres*.

TEMPLO, SÍMBOLO DE GRAUS DE ACESSO ESPIRITUAL

1. O antigo templo de Jerusalém era, por si mesmo, uma ilustração dos vários graus de acesso a Deus. Havia o átrio dos gentios, o átrio das mulheres, o átrio dos homens, o santuário dos sacerdotes e o Santo dos Santos, onde somente o sumo sacerdote podia entrar e mesmo assim, somente uma vez a cada ano. **2.** O autor da epístola aos Hebreus acreditava que aquele antigo templo refletia certa realidade celestial, ou seja, o acesso ao Pai, nos próprios céus. As divisões do templo são paralelas às *muitas moradas* (Jo 14.2), referidas pelo Senhor Jesus. A casa do Pai tem "muitas salas" (tradução inglesa RSV, aqui vertida para o português). Esse conceito é similar aos "lugares celestiais", do vocabulário paulino. Na verdade, no "céu", há "muitos céus" e estes representam variados degraus de glória. Jesus foi capaz de penetrar no mais elevado céu, assentando-se à direita de Deus. Dessa maneira é que ele preparou o caminho para todos os crentes conquistarem a mais elevada glória. **3.** Entretanto, estar salvo significa penetrar nos céus, embora não atingir a mais elevada glória de imediato. Isso terá de esperar por uma conquista eterna, embora seja um alvo adredemente garantido, porquanto, nosso Sumo Sacerdote espera por nós, dentro do Santo dos Santos. O que aqui expressamos é equivalente a "graus de glória". Sem embargo o estado dos remidos jamais sofrerá estagnação. Haveremos de passar de um estágio de glória para outro, para todo o sempre (ver 2Co 3.18). E posto que haverá uma infinitude com que seremos cheios, também deve haver um enchimento infinito.

TEMPLOS

I. Caracterização Geral

Ver o artigo separado sobre o *Templo de Jerusalém*, que traz consideráveis informações paralelas ao assunto deste artigo. A ideia de criar templos não foi inventada pelo povo hebreu e, de fato, havia outros tabernáculos portáteis criados por povos que não da cultura hebraica. Ver o artigo detalhado sobre o *Tabernáculo*, uma construção anterior à do templo de Salomão. Os hebreus sem dúvida injetaram na ideia do templo alguns aspectos diferentes e importantes. Em primeiro lugar, pode existir um templo

TEMPLOS

que não promova a idolatria; ele pode existir sem promover o politeísmo; pode ser um local moralmente decente que não promova ritual sensual, que rejeite por completo coisas como a prostituição sagrada, parte integrante de culturas que louvavam a deuses e deusas de fertilidade. Em outras palavras, os templos hebreus estavam envolvidos na promoção de um conceito mais elevado de espiritualidade do que encontramos em outras culturas, embora haja muitos paralelos entre seus templos e os templos dos pagãos.

Templo é um termo empregado para falar de qualquer lugar ou edifício dedicado ao louvor a uma deidade. A arqueologia demonstrou que mesmo cavernas, em épocas muito antigas, eram usadas como sítios sagrados essas cavernas foram encontradas em locais separados uns dos outros por grandes distâncias, como Malta, Egito e Índia. Começando como estruturas simples com rituais simples, foram desenvolvidos e transformados em estruturas elaboradas e decoradas contando com cultos complexos. Templos elaborados requeriam o trabalho de homens habilidosos em vários ofícios, como os que trabalhavam com metais, tecelões e tinturas, escultura, pintura e construção. Alguns templos eram representações materiais peritas da melhor arte que os trabalhadores conseguiam produzir e muitos eram grandes realizações arquitetônicas. Os templos diferiam de cultura para cultura, cada qual expressando algo do gênio de seu povo. Considere as diferenças entre os grandes templos de Carnaque, do Egito, o Panteão da Grécia, o templo de Jerusalém e as catedrais da Europa medieval, os santuários complexos dos hindus e os imponentes templos budistas. Comum a todos é (era) o desejo de aproximação com o Divino, o louvor, a busca de um caminho superior, o enriquecimento da vida material e a afirmação de que há algo *além* deste tipo de vida. Enquanto os templos eram (são) tipos de declarações teológicas, isto é, promoviam (promovem) linhas específicas de crença e prática, também exemplificavam (exemplificam) a crença do homem no mistério e no misticismo, qualidades inefáveis da espiritualidade.

II. Terminologia. Para isso, ver o artigo sobre *Templo de Jerusalém*, seção I, *Nome e Terminologia*.

III. Tipos de Santuários. Nem todos os santuários podem ser chamados de templos, mas o santuário muitas vezes antecedeu a um templo formalizado.

1. Santuários Naturais. Lugares sagrados onde algum tipo de acontecimento incomum ocorreu; grutas, cavernas, picos de montanhas etc. Onde os profetas encontravam comunhão com o divino e onde pessoas comuns esperavam obter um pouco dos segredos dos profetas. Os cananitas consideravam os montes, tipos específicos de rochas, árvores e cavernas como locais onde os deuses ou espíritos se manifestavam e onde tais coisas poderiam ser repetidas. Os hebreus tinham santuários ao ar livre como os de Betel, Dã, Gilgal e Berseba.

2. Santuários Domésticos. A imagem de deus era colocada em um manto ou em uma sala especial dedicada ao divino e o lar transformava-se em um santuário. O *terafim* de Labão era uma imagem desse tipo (Gn 31.19). Essa prática era comum em tempos antigos e continua hoje, mesmo em segmentos do cristianismo atual.

3. Santuários Comemorativos. Em certos locais, ocorriam eventos especiais que lembravam aos homens que eles não estavam sós, que havia poderes que não eram vistos e podiam intervir nas atividades humanas e de fato o faziam. Uma gruta, um monte, uma rocha, uma tumba etc. tornavam-se santuários e alguns deles acabavam sendo transformados em templos. Considere o santuário de Betel, onde Jacó viu a escada e os anjos subindo e descendo, e originando-se da glória de *Yahweh* no local.

4. Forças de Santuários da Natureza. A mãe terra pode ser procurada em uma caverna ou em um monte. Havia em Creta cavernas dedicadas a Zeus; os minoanos louvavam em grutas subterrâneas escuras. Câmaras subterrâneas eram sagradas para alguns. Supunha-se que o totem da cobra curava. Os *kivas*, câmaras cerimoniais, alguns dos quais construídos embaixo da terra, eram parte importante do louvor dos índios americanos no sudoeste daquilo que hoje faz parte dos EUA. Fontes de água eram locais naturais para os homens buscarem o divino, como eram os picos das montanhas.

5. Santuários Portáteis. O mais conspícuo desses foi o tabernáculo hebreu que foi transportado durante quarenta anos de vagueações no deserto, mas a arqueologia mostrou que havia santuários portáteis desse tipo entre nômades árabes e no Egito, objetos sagrados relacionados a rituais fúnebres. Uma antiga tradição semita era a de levar à batalha a tenda, santuários e objetos sagrados que supostamente ofereceriam proteção e sucesso em batalha. A arca da aliança dos hebreus era empregada dessa forma (Nm 10.33; Dt 1.33). Quando os santuários eram honrados pela construção de prédios especiais para a realização de cultos de uma deidade, o santuário transformava-se em um templo.

IV. Templos de Várias Culturas

1. Hebraicos e Judeus. Ver o artigo detalhado sobre *Templo de Jerusalém*, onde são descritos os três templos daquela cultura: o templo de Salomão, o templo de Zorobabel (o segundo templo) e o templo de Herodes, o Grande.

2. No *Egito* haviam templos monumentais e estatais, grandes estruturas que promoviam a religião do estado, como o de Carnaque, que honrava o deus sol, Amon-Re. Havia outros nos montes em Mênfis, Tabas, Heliópolis, Hermópolis e Filae. Presumivelmente, os deuses davam atenção especial àqueles montes e ali podiam ser contatados. Era natural que os templos fossem erigidos para facilitar o contato. Um conceito comum era o "Deus no céu" que colocava o descanso de seus pés na terra. Os templos muitas vezes eram posicionais em locais próximos aos lugares dos reis, que eram considerados filhos dos deuses ou mediadores apropriados com eles, ou ambos.

3. Templos de Fronteiras. Pensava-se, em diversas culturas do Oriente Próximo, que a construção de templos nas fronteiras forneceria proteção à terra contra os inimigos, que estavam sempre à espreita "lá fora". Talvez os santuários de Jeroboão em Betel e Dã tivessem esse propósito (entre outros). O mesmo é verdade, presumivelmente, dos santuários em Laquis e Afeque, locais de resistência dos cananeus.

4. Templos Funerários. A morte, esse grande inimigo, é invocada por um santuário ou templo sagrado construído em áreas de enterro. Vários templos funerários foram descobertos no Egito. O povo tinha interesse em vencer o medo da morte ao fazer dela o centro de cultos religiosos e injetar "a vida além do túmulo" na questão através de rituais especiais. As pirâmides da terceira, quarta, quinta e sexta dinastias egípcias exigiram dois templos funerários cada. No início pequenos santuários e capelas eram construídos perto dos locais de enterro e pirâmides. Seria natural que a capela, a longo prazo, se transformasse em um templo.

5. Templos Mesopotâmicos. Eram as "casas dos deuses", cada qual de modo geral especializada em alguma divindade particular. O deus vivia e trabalhava no templo e era o supervisor de todas as atividades. De modo geral, os prédios eram retângulos longos, padronizados de acordo com os mais primitivos da época de Uruque e Al Ubaide. Uma porta levava ao retângulo, mas, em épocas posteriores, a porta ficava ao lado. Uma lareira era colocada no centro do retângulo para aquecimento em épocas frias. Havia então um altar posicionado em um local de comando. Em geral, podemos dizer que tais templos pareciam as áreas de convívio de um lar primitivo, mas sua dedicação ao deus transformava tais "habitações" em templos. Salas subsidiárias eram construídas junto às paredes, provavelmente para armazenamento. O material principal de construção eram rochas não polidas nativas da região. O *Zigurate* (ver a respeito) era um tipo de torre de templo erigido em estágios ou camadas. No topo era construído um santuário ou templo em honra ao mesmo deus. Em outras palavras, Zigurates eram *montanhas artificiais*. A arqueologia descobriu diversos desses em Ur, Asur e Choga. Talvez a torre de Babel tenha sido uma construção desse tipo. Templos mesopotâmicos posteriores adicionavam um pátio e um prédio secundário ou salas junto às paredes e muros.

6. Templos Gregos (do grego *Temno*, "cortar"). Esses locais originalmente nada mais eram do que uma área demarcada onde um sacerdote fazia sacrifícios ao seu deus, praticava sua divinação e, de modo geral, realizava os negócios do deus. Santuários eram construídos em tais locais sagrados, ao ar livre, então, finalmente, vieram prédios que poderiam de fato ser chamados de "templos". Quando prédios eram construídos para propósitos sagrados, a estrutura era um *naos*, um local para o deus morar ou manifestar-se. Uma única sala era o projeto mais antigo, que depois se dividia em corredores por fileiras de colunas de cada lado. Depois eram adicionadas colunas na frente ou atrás, ou em ambos os lados, e ainda mais para frente, em épocas sofisticadas, ao redor do *naos*. O próprio templo era construído em uma plataforma (pódio), que tinha escadarias pelas quais se atingia o templo. A maioria dos templos gregos ficava direcionada para o leste, onde nasce o sol para dar vida à terra. Dois tipos principais foram desenvolvidos simultaneamente: o dórico, com colunas maciças, simples, sem adornos. O estilo jônico era mais leve, caracterizado pela restrição artística e de com gosto. A Acrópolis de Atenas combinava os dois estilos. O estilo coríntio era um terceiro tipo, de fato um embelezamento adicional do jônico. O exemplo melhor conhecido desse tipo foi o templo colossal do Zeus de Olímpia em Atenas, completado em 135 d.C.

7. Templos Romanos. Os mais antigos templos romanos imitavam os etruscos, tendo um *naos* dividido em três seções, honrando a tríade sagrada, Júpiter, Minerva e Runo. Eles tinham um pódio ou uma plataforma onde o prédio descansava. Os templos romanos possuíam entradas (de modo geral) apenas por um lado, enquanto os templos gregos poderiam ser acessados por todos os quatro lados. Templos romanos posteriores copiaram as ideias das colunas gregas, isto é, o prédio de uma *fileira de colunas*. Um modelo posterior apresentava uma forma circular, como o templo de Vesta em Tivoli. Alguns dos templos eram um tanto pequenos, mas uma exceção foi o panteão maciço que Adriano construiu em Roma em 80 d.C. Templos gregos e romanos não eram lugares de assembleia pública para louvor. As pessoas vinham e iam, servindo ao deus, mas multidões não se juntavam. As primeiras igrejas cristãs não copiaram a disposição geral dos templos, mas imitaram a das basílicas de Roma ou da sinagoga dos judeus. A basílica era um corredor público alongado, a princípio utilizado para o comércio ou para assembleias. A igreja Católica Romana chama de basílicas certas igrejas que são honradas por motivos especialmente piedosos.

8. O templo também era uma instituição constante das culturas do Oriente Distante, como na China, na Índia e no Japão. "O Oriente Distante era adornado profusamente com templos" (Fern). Os templos dessa parte do mundo estão entre as maiores das realizações arquitetônicas. A "maravilha" da arquitetura Oriental é o *Templo do Céu*, da China. Ele tem nove grandes altares, como o altar da terra, da lua, do céu etc. O "do céu" é um local fechado de 737 acres cercado por uma grande parede vermelha com mais de 5 km de extensão. Dentro do local fechado há muitas áreas de florestas de árvores coníferas, largas avenidas, portões majestosos, um enorme altar, altares menores, o próprio templo, uma casa de tesouro, um corredor de festividades, salas de armazenagem, torres de sinos, poços etc. *Grandioso* é a palavra correta para este complexo de construção. O altar é uma série erguida de plataformas em três terraços de mármore. Não há imagens dentro do próprio templo, mas há um altar no centro com uma representação de dragão. O local foi construído em 1420 d.C. E depois ampliado e embelezado em 1752. A República Chinesa (quando chegou o comunismo) empregou a estrutura para escolas, hospitais e como estação agrícola e de experimentação.

9. Os templos de Confúcio foram liderados por oficiais do governo considerados intermediários de deuses. A estrutura principal desse tipo de templo é a encontrada na província de Chufu, em Shantung, construída em 442 d.C. O templo foi construído para honrar Sage, isto é, Confúcio, o mestre espiritual. Fora do complexo principal, há casas e templos familiares que dão honra aos descendentes diretos do Mestre. Há um poço ali, ainda preservado, de onde essas pessoas tiravam sua água. Cerca de 3 km ao norte dali fica uma pequena área florestada na qual se situa o túmulo de Confúcio. O Japão e a Coreia também têm templos de Confúcio.

10. Templos budistas são numerosos na China, no Japão e na Coreia. Eles têm o que é chamado de "estilo palaciano". Templos budistas de modo geral consistem em um complexo de prédios, templos, corredores ancestrais etc., todos virados para o sul. Os prédios agrupam-se ao redor de pátios sagrados, muitas vezes pavimentados e decorados com representações de lótus e outros desenhos artísticos. De modo geral há Corredores de Meditação, de Sabedoria, do Patriarca, além de monastérios que também formam a cena. A maioria dos templos têm jardins artísticos que decoram as áreas circundantes. Todos possuem uma torre de sino e um *pagode*, montes para guardar o *stupa*, isto é, os restos do humano morto. Além dos ossos e cinzas, esses locais abrigam escrituras e relíquias sagradas.

V. Significados e Propósitos dos Templos. Forneço informações detalhadas sobre isso, listando 17 itens, na seção VII do artigo sobre *Templo de Jerusalém*, acima.

TEMPO. Ver o artigo intitulado *Tempo, Divisões Bíblicas do*.

TEMPO, DIVISÕES BÍBLICAS DO

A palavra portuguesa tempo vem do latim, *tempus*, derivado do termo grego *temno*, "decepar", "cortar fora". A ideia é que o tempo é algo dividido em partes, como porção de alguma duração maior de tempo.

I. Terminologia

No hebraico: 1. *Yom*, "dia". Ou um dia natural, de 24 horas, ou algum tempo específico, com acontecimentos especiais, como "o dia do Senhor", o qual já indica um uso metafórico. Corresponde a *eméra*, no grego (ver abaixo). É muito comum. **2**. *Zeman*, "tempo determinado". Ver Eclesiastes 3.1; ver também Daniel 2.16, quanto à ideia de "período determinado". **3**. *Mahar*, "tempo vindouro" ou "amanhã". (Ver Êx 13.14; Js 4.6,21). **4**. *Eth*, "tempo geral", "tempo da tarde" (Js 8.29), "tempo cumprido" (Jó 39.1,2), "à hora do sacrifício", em Daniel 9.21.

TEMPO, DIVISÕES BÍBLICAS DO

Pode estar em foco qualquer "período" específico (Ez 16.8). **5**. *Paam*, "um tempo", ou, mais literalmente, "um golpe". (Ver Sl 119.126; Gn 18.32; Êx 9.27; Pv 7.12). Algumas vezes é traduzido como "agora". **6**. *Olam*, *"tempo oculto"*, tempo obscuro quanto à duração, cujo começo e fim estão na dúvida, ocultos do conhecimento humano. (Ver Js 24.2; Dt 32.7; Pv 8.23). **7**. No aramaico, *iddan*, *"tempo estabelecido"*. (Ver Dn 4.16,23,25,32). No plural, *iddanim*, essa palavra pode significar "anos", segundo parece ser o sentido nos versículos mencionados. (Ver também Dn 7.25, 12.)7. Mas em Daniel 4.29 parece estar em pauta a ideia de "duração de tempo", e não exatamente de um ano. Keil comenta sobre aquele versículo, onde o vocábulo em pauta é usado de maneira flexível. **8**. *Moed*, "tempo fixado". (Ver Êx 34.18; 1Sm 9.24; Dn 12.7). **9**. *Monim*, "tempos", "números". (Ver Gn 31.7,41). **10**. *Regel*, "tempos", "pés". (Ver Êx 23.14; Nm 22.27,32,33). **11**. *Mispar-hay-yamim*, *"número de dias"*. (Ver 1Sm 27.7; 2Sm 2.11). **No grego**: **1**. *Eméra*, "dia". Palavra extremamente comum no Novo Testamento, começando por Mateus 2.1 e terminando em Apocalipse 21.25. **2**. *Geneá*, "geração". (Ver At 14.16; 15.21). **3**. *Kairós*, "período fixo". Outra palavra grega muito usada, começando em Mateus 8.29 e terminando em Apocalipse 22.10. **4**. *Chrónos*, "tempo". Palavra usada por 33 vezes no Novo Testamento, desde Mateus 2.7 até Apocalipse 10.6. **5**. *Nun*, "agora". (Ver Mt 24.21; Mc 13.19; Cor. 16.12). **6**. *Ora*, "hora". (Ver Mt 14.15; 18.1; Mc 6.35; Lc 1.10; 14.17; Jo 16.2,4,25; 1Jo 2.18; Ap 14.15). **7**. *Poté*, "outra vez". (1Co 9.7; 1Ts 2.5; Hb 1.5,13; 2.1). **8**. *Prothesmía*, "tempo designado de antemão" (Gl 4.2). **9**. *Pópote*, "qualquer tempo". (Ver Jo 1.18; 5.37; 1Jo 4.12). **10**. *Ékpalai*, "tempo antigo". (Ver 2Pe 2.3). **11**. *Eúkairos*, "tempo oportuno" (Hb 4.16).

II. Divisões Específicas do Tempo

1. Shanah, "ano". A ideia básica da palavra é "revolução", ou seja, algo que se repete, uma unidade onde há uma *mudança* das estações. Para os hebreus, nos tempos pré-exílicos, o ano era *lunar*, e consistia em 354 dias, oito horas e 38 segundos, havendo doze meses lunares. Naturalmente, os antigos hebreus não sabiam da duração exata do ano lunar, conforme acabamos de mostrar. Como esse ano lunar tem cerca de seis dias a menos que o ano solar, os hebreus precisavam acrescentar, ocasionalmente, um mês, a fim de preservar a regularidade das festas da colheita e da vindima. Esse acréscimo mantinha o mês lunar mais ou menos igual ao mês solar. Todavia, não se sabe qual método era usado pelos hebreus para fazerem esse acréscimo, nos dias antigos. Entre os judeus posteriores, depois do mês de *Adar*, havia o *Ve-Adar*, ou segundo *Adar*, como adição. O Sinédrio decretava essa adição, quando isso era sentido como necessário. Mas nunca se fazia qualquer acréscimo a um ano sabático. O mês de *Abibe*, ou *Nisã* (março-abril), dava início ao ano, entre os hebreus (Et 3.7). O ano civil, porém, começava com o mês de *Tisri* (outubro). Forneci detalhes sobre os meses e anos, no artigo *Calendário Judaico* (*Bíblico*), juntamente com as festividades e os dias de celebração nacional, constantes nesse calendário.

2. Hodesh, *"mês"*. Literalmente, "lua nova". Os hebreus tinham um mês lunar de cerca de 29-1/2 dias. A regra geral aplicada era que em um ano não podia ocorrer menos do que quatro meses completos e nem mais do que oito meses completos. Para fazer os meses lunares corresponderem ao ano solar, ocasionalmente era adicionado um mês extra, conforme dissemos acima. Antes do exílio, ocasionalmente os meses são numerados, e não chamados por nomes (ver 2Rs 25.27; Jr 52.31; Ez 29.1), embora também pudessem ser chamados por nomes diversos, como: mês de *abibe* (Êx 13.4; 23.15). mês de *zive* (1Rs 6.1,37), mês de *bul* (1Rs 6.38) — nomes esses que dizem respeito a atividades agrícolas. Após o exílio foram dados nomes específicos aos meses, conforme mostro no artigo sobre o *Calendário Judaico*, mormente em seu terceiro ponto.

3. Shabua, "semana", no grego, *sabbaton*, *"descanso"*. O intervalo entre os sábados, ou dias de descanso. O texto de Gênesis 2;2,3 já menciona a semana. Ver também 7.4; 8.10,12. Instituições de semanas tornaram-se importantes para a sociedade dos hebreus. (Ver Nm 19.11; 28.17; Êx 13.6,7; 34.18; Lv 14.38; Dt 16.8,13). Após o exílio, semanas específicas receberam designações específicas. (Ver Mq 16.2,9; Lc 24.1; At 20.7). A derivação astronômica da semana repousa sobre o fato de que a lua muda, aproximadamente, a cada sete dias (na verdade são 7-1/8 dias), de tal modo que o mês lunar consiste em quatro semanas, ou quatro *quartos*. Os nomes dos dias da semana derivaram-se, em vários idiomas, de diversas origens. Os planetas deram aos dias os seus nomes, dentro da cultura egípcia; daí, o costume passou para a cultura romana, e, daí, para muitas outras.

4. Yom, "dia". Literalmente, "quente"; no grego, *eméra*, "período de tempo". Em ambos esses idiomas, está em pauta o dia natural, assinalado por luz e trevas; ou, metaforicamente, um período de tempo com fins metafóricos ou características específicas. A palavra hebraica ocorre pela primeira vez em Gênesis1.5. "Dia" é a mais antiga designação de tempo, e também a mais comum. Os antigos marcavam o dia, ou do pôr do sol ao pôr do sol, ou da alvorada à alvorada. (Ver Lv 23.32; Êx 12.18) quanto à primeira maneira. Os fenícios, os númidas e várias outras nações antigas também usavam esse método, mas as nações modernas preferem seguir o método romano. (Quanto a usos figurados da palavra "dia", ver Gn 2.4, Is 22.5, Jl 2.2). Este *Dicionário* apresenta vários artigos sob o título *Dia*. Ver também *Calendário Judaico*, em seu primeiro ponto. Vários artigos foram escritos sobre diferentes calendários.

5. Shaah, "hora". Literalmente, "um olhar". No grego, *ora*, "período específico". A palavra é usada de várias maneiras, mas, principalmente, indicando uma vigésima quarta parte de cada dia completo (noite e dia). Lemos acerca das "horas", pela primeira vez na Bíblia, já ao tempo do cativeiro babilônico (ver Dn 3.6; 5.5); parece que os babilônios foram um dos primeiros povos a dividir o dia em horas. Deles, os gregos derivaram a ideia (ver Heródoto 2.109). No Novo Testamento, encontramos as "vigílias", cada uma das quais consistia em várias horas fixas: três ou quatro. Ver o artigo detalhado sobre *Hora*. Esse termo era e continua sendo usado em sentido metafórico, conforme é ilustrado pelo artigo acima referido. Ver também sobre *Vigília*.

III. Gráfico das Divisões e dos Nomes

Os hebreus antigos marcavam o tempo com a ajuda da lua, dos fenômenos naturais e das observâncias religiosas:

Hora Moderna	Judaico	Talmude
18:00 horas	Pôr do sol (Gn 28.1; Êx 17.12; Js 8.29)	Crepúsculo (no árabe, *ahra*).
18:20 horas	Estrelas aparecem	Noitinha, shema ou oração.
22:00 horas	Fim da primeira vigília (Lm 2.19)	O jumento orneja.
24:00 horas	Meia-noite (Êx 11.4; Rt 3.8; Sl 119.62; Mt 25.6; Lc 11.5)	
2:00 horas	Fim da segunda vigília (Jz 7.19)	O cão ladra.
3:00 horas	Canto do galo (Mc 13.35; Mt 26.75)	
4:30 horas	Segundo canto do galo (Mc 26.75; Mc 14.30)	
5:40 horas	Início do alvorecer	
6:00 horas	Nascer do sol (Fim da terceira vigília) (Êx 14.24; Nm 21.11; Dt 4.41; Js 1.15; 1Sm. 11.11)	Alvorada (no árabe, subah) Três toques de trombeta (no árabe, doher) Sacrifício matinal.

9:00 horas	Primeira hora da oração (At 2.15)	
12:00 horas	Meio-dia (Gn 43.16; 1Rs 18.26; Jó 5.14)	
13:00 horas	Grande Vesperal	Primeira mincha (oração); (no árabe, aser).
15:30 horas	Pequena Vesperal	Segunda mincha (oração); (no árabe, aser).
17:40 horas		Sacrifício da tarde no altar noroeste. Nove toques de trombeta.
18:00 horas	Pôr do sol (Gn 15.12; Êx 17.12; Lc 4.40)	Seis toques de trombeta na véspera do sábado.

IV. CONCEITOS BÍBLICOS DO TEMPO. Apesar de a Bíblia não conter qualquer filosofia formal do tempo e do espaço, há conceitos relativos aos mesmos que se revestem de importância filosófica. Ver o artigo *Tempo e Espaço, Filosofia do*, que inclui as principais ideias sobre a questão. Ofereço aqui algumas ideias: **1**. Somente Deus sempre existiu, sendo ele a força por detrás de qualquer outra existência. **2**. Deus revelou-se ao homem, bem como o seu plano de redenção, por meio da história humana, de forma linear. A criação do homem foi seguida pela queda; o juízo divino sobreveio ao homem caído. Foi formada uma nação com propósitos remidores; essa nação está destinada a uma elevada glória e posição entre as nações. Dessa nação veio o Messias ou Cristo, o qual tem implicações universais, que envolvem cada indivíduo. Os remidos chegarão a participar de sua natureza. Os não-remidos finalmente serão restaurados, em uma obra secundária do Logos. A eternidade prové um progresso interminável, quanto aos remidos, no tocante às qualidades divinas, visto que os remidos participarão de sua natureza. A restauração pode encerrar muitas surpresas para os não-remidos. Ver os artigos intitulados *Redenção; Salvação* e *Restauração*, que detalham esses conceitos. **3**. A Bíblia contém uma filosofia da história, na qual *aquele* que vive fora do tempo (Deus em seus atos) entra no *tempo*. O tempo será absorvido pela eternidade, onde não haverá mais tempo. O tempo é real, e não uma ilusão, conforme erroneamente supõem algumas fés orientais. **4**. O Ser que vive fora do tempo representa a vida dos mundos não materiais. A vida temporal representa a vida física. O homem, como ser dual (material e imaterial), é capaz de experimentar tanto o tempo quanto a eternidade. O homem tem um propósito e um destino a cumprir dentro do tempo; mas, a longo prazo, também tem um destino, já na eternidade. **5**. A expressão "séculos dos séculos" refere-se à eternidade. Uma era (no grego, *aeon* ou *aion*) dá a entender ciclos futuros, que formarão a eternidade, cada um desses ciclos com seu próprio propósito. Esse assunto permanece essencialmente misterioso para nós. Alguns acreditam que o tempo, conforme o conhecemos, na verdade é circular, constituído por uma série de círculos, e que o tempo *linear* sobre o qual agora falamos, consiste meramente nas séries de eventos que constituem o ciclo *presente*. Talvez isso esteja certo. É razoável supormos que os tratos de Deus com o mundo têm ocorrido em muitos grandes ciclos do tempo, relacionados a seres e criações acerca dos quais nada sabemos, e que o presente ciclo dentro do qual vivemos, parecendo ser o único tempo existente, é apenas uma ilusão. Orígenes especulava que os ciclos nunca cessarão, e que um novo ciclo, uma vez iniciado, repetirá a necessidade de redenção, por ter havido outra queda. E talvez isso tenha ocorrido por muitas vezes. Talvez essas especulações envolvam alguma verdade, mas não temos meios de investigá-las. **6**. Evidências geológicas e arqueológicas definidamente indicam a existência de uma raça humana pré-adâmica. Ver sobre *Antediluvianos; Criação* e *Adão*. **7**. A igreja ocidental (católicos romanos, protestantes e evangélicos) tem uma versão linear de como Deus opera na história e na redenção humanas O homem foi criado e caiu; Cristo proveu a redenção; o homem precisa encontrar a salvação em um único período de vida terrena, quando é salvo ou condenado, pois a morte física determina uma estagnação sem remédio. Já a igreja oriental tem uma visão circular da questão. Para ela, a alma humana foi criada em algum passado distante (pois é preexistente), cujo ponto não podemos demarcar em um círculo. Ademais, a morte física também não assinala um ponto absoluto nesse círculo. A vida pós-túmulo caracteriza-se por uma contínua oportunidade; não podemos assinalar um ponto no círculo em que Deus interromperá essa oportunidade. Todavia, no cristianismo oriental alguns assinalam como marca do fim dessa oportunidade a segunda vinda de Cristo, e não por ocasião da morte biológica. Mas há outros que não tentam assinalar marca alguma, deixando a questão inteiramente nas mãos de Deus, acreditando que ali penetramos em mistérios divinos insondáveis. De acordo com esse ponto de vista circular, não há estagnação, visto que os remidos haverão de progredir para sempre na natureza divina e seus atributos, enquanto que os não remidos participarão de uma obra secundária do Logos, cuja atuação não pode ser estagnada. Além disso, as almas humanas diversificar-se-ão em muitas espécies espirituais, nessa evolução espiritual. Os remidos participarão da natureza divina, o que representa o mais elevado potencial oferecido aos seres humanos. **8**. O *Logos*, conhecido como Cristo em sua encarnação, está relacionado a *todos os períodos de tempo*, estando envolvido na criação, como também em uma missão tridimensional, que inclui *todos os lugares*: a terra, o céu e o inferno. Nenhum desses três aspectos chegará *jamais* ao término; todos eles continuarão atuantes em favor dos homens. De acordo com esse ponto de vista, fica garantido aos homens, dentro do tempo, que a dimensão *fora do tempo* de seus seres será transformada por alguma eficaz operação de Deus. Esse conceito mostra-nos que Deus não se apressa na consecução de seus propósitos. Apesar de os *homens* limitarem o tempo de que dispõem, essa limitação é falsa e ilusória. A redenção da alma humana eterna requer muito tempo. **9**. A visão humana daquilo que Deus está realizando, no tocante ao tempo e à eternidade, sempre será algo fragmentar, geralmente confinada aos ensinos de alguma denominação religiosa específica. Mas a verdade sempre é mais extensa do que a avaliação humana acerca dela.

TENAZ, ESPEVITADEIRA

No hebraico, temos duas palavras, uma das quais é apenas uma variante da outra, a saber: *malqachayim* e *melqachayim*. A primeira ocorre por duas vezes (Êx 25.38 e Nm 4.9), e a segunda, por quatro vezes (Êx 37.23; 1Rs 7.29; 2Cr 4.21 e Is 6.6). Um detalhe interessante, referente a essa palavra, em nossa versão portuguesa, é que em 2Crônicas 4.21 e Isaías 6.6, encontramos a tradução "tenaz", ao passo que em todas as outras quatro ocorrências, aparece a tradução "espevitadeiras".

As espevitadeiras eram pequenos instrumentos feitos de ouro, usados para tirar o carvão que se forma no pavio das lâmpadas alimentadas a azeite, como no caso do candeeiro de ouro, usado no tabernáculo armado no deserto, e no templo de Jerusalém. Essas pontas queimadas eram depositadas em receptáculos que, para aumentar a confusão, em nossa versão portuguesa, também são chamados "espevitadeiras" (embora aí tenhamos uma outra palavra hebraica, *mezammeroth*, por exemplo, em 2Rs 12.13; 25.14; Jr 52.18). Na verdade, os nomes desses pequenos instrumentos e utensílios são de difícil tradução, o que talvez explique a falta de homogeneidade na tradução de vários desses termos hebraicos. Por outra parte, torna-se mais evidente que, em Isaías 6.6, na visão desse profeta, ali relatada, um serafim tirou do altar uma brasa acesa, com uma "tenaz". É bem possível, pois, que as espevitadeiras tivessem o formato de uma pequena tenaz.

TENDA

1. Termos. A palavra hebraica que significa *tenda* é *obel*, que ocorre cerca de 150 vezes no Antigo Testamento. (Exemplos: Gn 4.20; 9.21, 27; 12.8; 35.1; Êx 16.16; 18.7; 26.11-14, 36; Dt 1.27; 1Cr 4.41). A palavra grega é *skene*, usada cerca de vinte vezes no Novo Testamento. (Exemplos: Mt 17.4; Mc 9.5; Lc 9.33; 16.9; At 7.43; Hb 8.2, 5; Ap 13,6; 15.5; 21.3).

2. Natureza. A tenda é uma habitação portátil, feita de materiais duráveis como o pelo de cabra (Ct 1.5), embora algumas fossem tecidas de outros materiais mais finos. O tecido de pelo de cabra é (era) ideal, pois pode resistir até mesmo às chuvas mais fortes. A tenda oriental era mantida em pé por postes de tendas chamados *amud*, de modo geral em número de nove, embora algumas tivessem apenas um. As cordas que mantinham a tenda em pé não passavam pelo material da tenda, mas sim por laços costurados nele. A extremidade das cortas era amarrada em pinos de tenda chamados *wed* ou *aoutad*, que eram inseridos no chão. A maioria das tendas era dividida em duas partes, separadas por uma cortina pesada. Os móveis que compunham a tenda eram um carpete, almofadas e uma mesa baixa. Havia também utensílios para preparar e consumir alimentos e uma lamparina.

3. Vida na Tenda. Os povos das tendas eram aqueles que iam de lugar a lugar para buscar alimentos ou para fazer comércio de caravana. Levavam com eles animais domesticados que tinham de pastorear, mas o povo das tendas não criava sua própria alimentação. Eles caçavam quando em áreas que forneciam alimentos para isso.

4. A Tenda e os Patriarcas. Abraão e seu povo, que vieram de Ur, tinham casas permanentes, não sendo nômades. Assumiram esse tipo de vida de romeiros na futura Terra Prometida. Canaã foi uma terra onde vaguearam até serem cumpridas as promessas de Deus de uma nação fixa. Os israelitas tinham casas em Gósen, Egito, mas retomaram uma vida nômade nos quarenta anos de vagueação. Uma vez que a terra havia sido conquistada, voltaram a viver em casas permanentes.

5. As pessoas mais pobres tinham apenas uma tenda que podia facilmente ser dobrada e carregada por um animal de carga, como um burro. Mas um xeque, um chefe ou um homem mais afluente teria várias tendas, especialmente se fosse polígamo, isso é, se tivesse mais de uma família. Patriarcas como Abraão, Isaque e Jacó, e seu irmão gêmeo Esaú, eram ricos habitantes de tendas (Gn 13.2 ss.). Isaque assumiu a agricultura, mas sua principal ocupação era a criação de gado (Gn 24.67; 26.12 ss.). Jacó era um nômade rico (Gn 31.33; 33.19; 35.21).

6. Usos figurativos. *a*. Os céus, que estão sempre em movimento, são como uma tenda (Is 40.22). *b*. A prosperidade, quando aumenta, é como ampliar uma tenda (Is 54.2). *c*. A vida do nômade, de constantemente ter de montar e desmontar sua tenda, exigia a ajuda de outros. Um homem que não tem amigos é como o nômade que não tem quem o ajude a montar sua tenda (Jr 10.20). *d*. Uma tenda que pode ser desmontada tão rápida e facilmente é como a vida física humana, que termina num piscar de olhos e é tão frágil (Is 38.12; 2Co 5.1). Mas esse não é um fator crítico, sendo que temos um *lar* permanente no céu. *e*. A futura desolação de Judá seria tão grande, disse Isaías, o profeta, que nem mesmo um árabe se incomodaria em montar sua tenda em tal lugar (Is 13.20). *f*. Idealmente, Jerusalém seria como uma tenda impossível de mover (Jr 33.20). *g*. Mas a queda da Judeia foi como uma tenda que teve suas cordas cortadas (Jr 10.20). *h*. Jesus, o Cristo, é o sumo sacerdote da "verdadeira tenda" que o poder divino montou e não podemos derrubar, em contraste com o tabernáculo móvel das vagueações de Israel (Hb 8.2).

TENDÕES

No hebraico, *gid*, "tendão", "nervo". É vocábulo usado por sete vezes (Gn 32.32; Jó 10.11; 40.17; Is 48.4; Ez 37.6,8). Um tendão é uma forte ligadura fibrosa, ligando um músculo a um osso qualquer. No corpo humano, talvez o tendão mais bem conhecido seja o "tendão de Aquiles", que liga o calcâneo à batata da perna. No caso de Ezequiel 37.6,8, os tendões foram as primeiras partes dos corpos a recobrirem os ossos nus, na grandiosa visão daquele profeta. A experiência de Jacó, em Peniel (Gn 32), pode ter envolvido a contratura do músculo e do tendão: ... *deslocou-se a junta da coxa de Jacó*... (vs. 25). Parece que se rasgaram fibras musculares, deixando Jacó manquejando de uma das pernas. O deslocamento da junta parece referir-se a alguma injúria na junção entre a coxa e o osso ilíaco. Se tomássemos literalmente a expressão, ela indicaria uma injúria grave nas *cadeiras*, impossibilitando o ato de andar.

TENDÕES FRESCOS

No hebraico, *yetherim lachim*, "cordões frescos" ou "cordões úmidos". Uma expressão hebraica que aparece somente por duas vezes, em Juízes 16.7,8. E, no nono versículo desse mesmo capítulo, reaparece a palavra que nossa versão portuguesa traduz por *tendões*. Dalila queria descobrir o segredo da extraordinária força de Sansão, a qual, naturalmente, residia no Espírito de Deus, enquanto ele fosse fiel à sua condição de homem consagrado a Deus, ou voto de nazireado. Sansão, de certa feita, enganou Dalila dizendo que perderia as forças se fosse amarrado com sete tendões de boi, ainda frescos. E Dalila, que fazia o jogo de seus compatriotas filisteus, acreditou e o amarrou desse modo — sem proveito nenhum. Sabemos que Sansão acabou revelando-lhe o seu segredo, e assim ele acabou sendo preso pelos filisteus, foi cego e perdeu a vida quando derrubou, com a renovada ajuda de Deus, os pilares onde se apoiava o templo do deus Dagom. Morreram tantos filisteus, que o domínio deles sobre Israel se debilitou.

Tendas dos beduinos

TENTAÇÃO

O destaque à provação é maior do que a tentação, na doutrina bíblica. No AT, Javé prova seu próprio povo para ver (na verdade, para ficar demonstrado) se o povo será sincero ou não quanto à sua parte no pacto (Dt 8.2,16; 13.3; Jz 2.22). É significativo que seja Israel, e não os povos pagãos, que ele coloque à prova. Tais comprovações de fé e obediência são essenciais para o relacionamento especial nisso envolvido (Dt 8.5,6; cf. Hb 12.4-11). Deus coloca os que mais valoriza em situações de provação, quer seja de modo direto (Gn 22.1,2,12) quer indireto (Jó 1.12), a fim de aperfeiçoar sua obediência (Sl 119.67,71; Zc 13.9) e fortalecer sua confiança (Sl 66.10-12).

Satanás também prova, mas somente para danificar ou destruir a fé e a obediência e provocar a exasperação e a rebelião contra Deus (Gn 3.1-4; Jó 1.12; cf. Lc 22.31). Até Israel coloca o próprio Deus à prova repetidamente, desafiando sua sabedoria e seu poder, o que é lembrado como tendo sido uma firme advertência para todos nós, no NT (Dt 6.16; cf. 1Co 10.9-11; Hb 3.7-12).

O próprio Jesus foi provado e sutilmente tentado a abandonar o caminho da redenção traçado por Deus e a cancelar o seu programa de conquista messiânica, buscando a paz pelo poder, e não pelo sofrimento (Mt 4.1-11; 16.21-23; 26.36-41; cf. Jo 12.27,38). O próprio relacionamento de Jesus com o Pai, assim como a justiça inerente de Deus, foram, desse modo, colocados em questão (Jo 5.19,20; Fp 2.8; Rm 3.26).

Em todo o NT, o "sofrimento inevitável" é a maior provação para a qual Jesus Cristo deveria estar preparado (Mt 6.13). Uma resoluta obediência à fé levou por vezes os cristãos primitivos a situações de grande tentação (Hb 2.1; 10.34; 12.4). A "provação" da ação de Deus não está em o crente arriscar se envolver em um perigo ou comprometimento pecaminoso, ou mesmo na mudança, necessariamente, da situação e das circunstâncias (1Co 10.13,14), mas em fé determinada (Hb 10.37-39), alegria triunfante (Tg 1.2-4) e graça invicta (1Pe 1.5-7). Uma visão de Cristo em tentação, sofrimento e glória é o antídoto supremo para os desencorajamentos (Hb 4.14-16; 7.25; 12.2-4; cf. Lc 22.31).

Além das tentações características de tempos de perseguição, o cristão enfrenta diariamente a tentação de Satanás (2Co 2.11; 11.14; 12.7; 1Ts 2.18), de uma sociedade ímpia (Sl 1.1; Jo 17.14-16; 1Jo 2.15-17) e, acima de tudo, do pecado que habita em nós (Gl 5.16-18; Ef 4.22-32; Cl 3.8; Tg 1.13-15; 1Jo 2.15-17). Deixar de enfrentar, resistir e vencer a tentação de pecar rompe nossa comunhão com Deus, enfraquece nosso poder de obedecer e desonra o nome do nosso Senhor. John Owen (ver Teologia Puritana), em seu clássico devocional *Of Temptation* [Da tentação], lembra as palavras de Cristo no Getsêmani — Vigiem e orem para que não caiam em tentação (Mt 26.41) — como um refúgio do crente a todo momento de ameaça e ataque inimigo.

(**P. H. Lewis**, pastor titular da Cornerstone Evangelical Church, Nottingham, Inglaterra.)

BIBLIOGRAFIA. D. Bonhoeffer, *Temptation* (TI, London, 1955); C. S. Lewis, *The Screwtape Letters* (London, 1942); J. Owen, *Of Temptation* (1658), in: W. H. Goold (ed.), *The Works of John Owen* (London, 1850-1855), vol. VI; J. I. Packer, in: NBD, p. 1173-1174; W. Schneider, C. Brown & H. Haarbeck, in: NIDNTT III, p. 798-811; H. Seesemann, in: TDNT II, p. 23-36.

TEOCRACIA

Palavra que vem de dois termos gregos, *theós*, "Deus", e *kratéo*, "governar". Isso chega ao sentido de "governo de Deus".

Devemos fazer distinção com outro vocábulo, *democracia*, cuja primeira porção, *demos*, significa "povo", e que indica o governo entregue às mãos do povo. E também devemos distinguir teocracia de *hierocracia*, o governo dos sacerdotes. E, finalmente, de *monarquia*, o governo de um único homem ou rei.

Embora a ideia de teocracia apareça nas Escrituras, com bastante frequência, o próprio vocábulo, "teocracia", nunca figura ali. Essa palavra parece ter sido cunhada por Josefo (vide), que se utilizou do termo a fim de referir-se ao caráter ímpar do governo dos hebreus, revelado a Moisés, em contraste com o tipo de governo de outras nações ao derredor. Escreveu Josefo: "Nosso legislador... Ordenou aquilo que, forçando a linguagem, poderia ser chamado de teocracia, ao atribuir a autoridade e o poder a Deus" (*Contra Ápion*, II, 165).

Não obstante, a ideia de teocracia é muito mais antiga do que a palavra que corresponde a ela, conforme o próprio Josefo sugeriu em sua declaração, citada acima. Essa ideia retrocede ao Antigo Testamento, desde a época de Moisés e, portanto, à iniciação mesma das Sagradas Escrituras (ver Êx 19.4-9; Dt 33.4,5). No âmago dessa ideia fica a relação ímpar entre Deus e Israel, como seu povo peculiar. Essa relação é constituída pela aliança que vinculou o povo de Israel a Deus (ver Êx 19 e 20), e que constituiu aquele povo em ... *reino de sacerdotes e nação santa*... (Êx 19.6).

Deus reclamou o povo de Israel como sua propriedade, por havê-los remido da servidão aos egípcios. Os grandes atos libertadores, da época da saída de Israel do Egito, e durante os quarenta anos de vagueação pelo deserto, declararam o Senhor como o eterno Governante de Israel (ver Êx 15.18). Moisés foi, tão somente, o homem por intermédio de quem Deus transmitiu a sua vontade ao seu povo terreno.

Gideão, várias gerações depois de Moisés, aceitou a coroa, porquanto acreditava que somente Deus poderia governar sobre Israel (Jz 8.22,23). No período que antecedeu ao surgimento da monarquia em Israel, profetas, sacerdotes e juízes foram os intermediários na expressão da teocracia. Vale dizer, Deus governava o seu povo através daqueles representantes. Assim, na guerra de Israel contra Sísera, a profetisa Débora e o juiz Baraque aparecem como os agentes do livramento de Deus (Jz 4.4-7). Os sacerdotes levitas também aparecem, com frequência, como os mensageiros da vontade divina (Jz 20.28; 1Sm 14.41). Mas, por ocasião da teocracia institucionalizada, quando surgiu a monarquia em Israel, a teocracia passou a se manifestar de forma muito menos direta, e o governo de Israel passou a assemelhar-se mais ao governo das nações gentílicas. *Disse o Senhor a Samuel: Atende à voz do povo em tudo quanto te dizem, pois não te rejeitaram a ti, mas a mim, para eu não reinar sobre eles... Porém, o povo não atendeu à voz de Samuel, e disseram: Não, mas teremos um rei sobre nós. Para que sejamos também como todas as nações; o nosso rei poderá governar-nos, sair adiante de nós, e fazer as nossas guerras* (1Sm 8.7,19,20). Apesar disso, depois que a monarquia se estabeleceu em Israel, principalmente de Davi em diante, o rei passou a ser considerado símbolo do reinado teocrático. Os reis de Israel não eram apenas reis, no sentido comum do termo, mas também eram ungidos do Senhor, em sentido puramente teológico (Sl 2.2; 20.6), um príncipe do Senhor (1Sm 10.1; 2Sm 5.2). Mesmo durante o período monárquico, concebia-se que o Senhor Deus seguia adiante do rei (2Sm 5.24). O rei estaria sentado no trono de Deus (1Cr 29.23; cf. 28.5). O Governante real era Deus, e a autoridade do trono de Davi derivava-se do Senhor. A natureza teocrática da monarquia de Israel é conformada, por exemplo, pela prerrogativa dos profetas de destronarem os reis, além do fato de que foi o profeta Samuel quem estabeleceu o reinado em Israel, a mandado do Senhor (1Sm 15.26; 16.1,2; cf. 1Rs 11.29-31; 14.10; 16.1,2,21.21). Nesse contexto, nota-se que não havia critérios estereotipados para reconhecimento ou confirmação de um profeta, em Israel. Somente a presença do indefinível Espírito de Deus revelava a diferença entre um profeta verdadeiro e um profeta falso.

A monarquia, em Israel, foi a organização do reino teocrático sob um governante humano. A teocracia talvez encontre sua mais excelente expressão nas predições dos profetas (ver Jr

1.1,2; cf. Is 7.7). As visões messiânicas dadas aos profetas foram organicamente entretecidas na curva da história dos reis de Judá, bem como na restauração final da dinastia davídica. Em sua essência e em seu intuito, o reino é um instrumento de redenção, inseparavelmente vinculado às expectativas messiânicas. De fato, em seu sentido messiânico, o trono de Davi aparece no centro da teologia bíblica, com seu reconhecimento de Deus como o Governante final sobre a terra inteira. Dentro da revelação progressiva da escatologia bíblica, o conceito teocrático do reino davídico suprimiu o padrão das ideias concernentes à vinda palpável do reino de Deus, quando da era milenar. Através da restauração do trono de Davi, Deus haverá de realizar a redenção final de Israel. Mas, esse futuro acontecimento, que fará parte da história, haverá de introduzir a era da justiça e da paz eternas sob o reinado universal do Filho maior de Deus, Jesus Cristo.

Não há espaço para o secularismo, dentro da teocracia de Israel. Descendo até os mais minúsculos detalhes, todos os regulamentos políticos, legais e sociais são essencialmente teológicos. Esses regulamentos eram a expressão suprema e direta da vontade de Deus. Até mesmo a detenção de criminosos e a punição dos mesmos fazem parte do interesse imediato de Deus (ver Lv 20.3,5,6,20; 24.12; Nm 5.12,13; Js 6.16).

Várias religiões — desde os tempos mais remotos — (hebreus, babilônios e egípcios), têm tomado a posição de que seus estados eram teocracias, visto que Deus ou os deuses, mediante revelações e profetas, lhes teriam dado suas leis e instituições. A *teocracia* é um estado no qual os princípios religiosos (usualmente com apoio de um monarca e de um sacerdócio alegadamente nomeados por Deus) são as principais leis e o poder controlador. Já nos tempos modernos, as cidades de Florença, na Itália, sob *Savonarola* (vide), e Genebra, na Suíça, sob *Calvino* (vide), durante algum tempo tornaram-se, alegadamente, teocracias. Além disso, as colônias da Nova Inglaterra, na América do Norte, sob o puritanismo, tornaram-se teocracias. O aparecimento de governos democráticos tem tendido a separar igreja e Estado, de tal modo que as teocracias são evitadas. Naturalmente, o Irã atual é um exemplo de teocracia; mas, como tantas outras teocracias distorcidas, entristecemo-nos diante das perseguições e matanças praticadas em nome de Deus. Ver *Governo Eclesiástico*.

Este coautor e tradutor quer dar aqui sua contribuição. No Novo Testamento não parece haver definição quanto ao tipo de "governo eclesiástico". Porém, com base nas condições vigentes em Israel até Samuel (ver 1Sm 8.7), bem como durante o governo milenar de Cristo, o que ainda jaz no *futuro*, o governo eclesiástico ideal seria o teocrático. Segundo penso, esse tipo de governo existiu na igreja, durante todo o período apostólico. Deus (na pessoa de Cristo), dirigia sua igreja mediante ministros por ele escolhidos (ver Ef 4.11 ss.). Pode-se dizer que a igreja entrou em decadência espiritual quando o ministério passou a ser tido como ofícios burocráticos, a partir do século II d.C., não mais ocupado por indivíduos misticamente designados e preparados. Parece-me evidente que o Espírito do Senhor restaurará esse tipo de governo eclesiástico, antes do segundo advento de Cristo. Doutra sorte, no dizer do quarto capítulo de Efésios, os crentes não atingirão a maturidade que deverá caracterizar a igreja nos dias finais do cristianismo. Seja como for, o *milênio* (vide) será a mais pura teocracia, sem os abusos do passado, e que têm feito muitos proscreverem-na, até mesmo de suas cogitações. E o estado eterno, passado o milênio, dará continuidade à teocracia, para sempre. A teocracia é a essência do reino de Deus.

TEOFANIA

1. O Termo. A palavra grega é *theophania*, que deriva de *theos* (Deus) + *phanein* (aparecer). Pelo simples entendimento das palavras envolvidas, qualquer aparição ou manifestação de Deus, presumivelmente, mesmo de sua verdadeira essência, poderia ser uma "teofania". Mas a teologia que cerca a palavra a limitou para a maioria dos pensadores cristãos, como explico sob o ponto 2. **2**. Como João 1.18 parece eliminar qualquer aparição ou manifestação de Deus em *essência verdadeira*, e como a experiência humana parece ensinar que manifestações divinas são "aparições", não a "essência", a palavra *teofania* é comumente usada para significar algum tipo de manifestação divina que não comunica ao homem a real essência de Deus. Logicamente, é impossível para um homem ter contato direto com a verdadeira essência divina, pois ele não conseguiria lidar com tal situação e provavelmente não haveria caminho metafísico para que isso ocorresse: ninguém jamais viu a Deus. O Deus (Filho) unigênito, que está no seio do Pai, é quem o revelou (Jo 1.18). **3. Antropomorfismo e a Teofania**. As teologias que reduzem Deus a algum tipo de super-homem e não distinguem radicalmente a essência do Divino e a essência humana transformam a teofania em essência real, não meramente um tipo de manifestação visível da glória de Deus. A teologia mórmon, por exemplo, que ensina que a base de toda a vida "espiritual" é de fato um material "refinado", acredita que João 1.18 pertence a uma revelação antiga e ultrapassada. Joseph Smith, presumivelmente de fato viu tanto o Pai quanto o Filho, várias vezes, não meramente algum tipo de manifestação deles. Mas o Pai e o Filho são compreendidos em termos daquilo que o homem é, não em termos de transcendência. O Deus mórmon é limitado, embora muito mais alto do que o homem. O Deus mórmon é muito poderoso, mas não onipotente, muito versátil em seus movimentos e manifestações, mas não onipresente. Esse tipo de Deus pode de fato manifestar sua *essência* ao homem. Ver o artigo *Antropomorfismo*. **4. A Teofania Suprema**. *No princípio era o Verbo, e o Verbo estava com Deus, e o Verbo era Deus... E o Verbo se fez carne e habitou entre nós, cheio de graça e de verdade; e vimos sua glória, glória como do unigênito do Pai... Quem me vê a mim vê o Pai...* (Jo 1.1; 14; 14.9). Aqui temos o *mistério* da encarnação, e mistério ele continua sendo, pois quem pode logicamente explicar como uma pessoa pode ser divina e humana ao mesmo tempo? Não há motivo para pensar que Jesus, o Cristo, não pode ser visto em tempos modernos, embora, sem dúvida, a maioria de tais afirmações seja patológica, exagerada ou mesmo fraudulenta. A ordem normal é que o Espírito revela o Filho, da mesma forma que o Filho revela o Pai: *o Espírito da verdade, que dele* (do Pai) *procede, esse dará testemunho de mim* (Jo 15.26). Ver a experiência de Paulo (At 9.3 ss.) e a de Estevão (At 7.55, 56). **5. O anjo do Senhor** é a teofania mais comum. (Ver Êx 23.20-23; 32.34; 33.14 ss.; Is 63.9). O anjo de Gênesis 48.15 ss. é paralelo a ver a Deus, embora não a sua essência. Abraão recebeu visitantes angélicos, como descrito em Gn 18. Ver o anjo do Senhor, na mentalidade judaica, era o mesmo que ver o Senhor que o enviou ("... vi o Anjo do Senhor face a face") (Jz 6.22); ... *Vi a Deus face a face e a minha vida foi salva* (Gn 32.30), disse Jacó depois de ter lutado com "um homem" (vs. 24), onde obviamente um anjo está envolvido. Ver também a visita do anjo do Senhor com Manoá, o pai de Sansão (Jz 13). **6. A Shekinah** (a *habitação* divina), ou Presença, especialmente no lugar mais sagrado. Ver o artigo separado sobre o assunto. **7. A Teofania, Prova de Teísmo**. Essa doutrina ensina que o Criador não abandonou a criação, mas está presente para intervir nas atividades humanas, recompensando e punindo, orientando e cuidando. Ver o artigo sobre *Teísmo* na *Enciclopédia de Bíblia, Teologia e Filosofia*. Contraste esse ensinamento com o *deísmo* (também no *Dicionário*) que ensina que o Criador, ou força criativa (pessoal ou impessoal) abandonou a criação aos cuidados da lei natural. "Teofania, manifestação íntima de Deus a um ser humano em um momento e local definido; muitas vezes físico como na *Ilíada* e no livro de Gênesis, mas mais espiritual na forma clássica posterior como para Moisés no arbusto em chamas, Moisés no Sinai, Elias em Horebe, e Jesus, em sua transfiguração. A teofania é mais espetacular e pessoal do que a mera revelação" (Fern, *Enciclopédia de Religião*).

TEÓFILO
No grego é *theophilos*, **"amante de Deus"**, ou **"amigo de Deus"**. Nome de um cristão a quem Lucas dirigiu o seu evangelho e Atos dos Apóstolos (Lc 1.3; At 1.1).

TEOLOGIA BÍBLICA
I. Sentidos da Expressão.
A expressão *teologia bíblica* é usada de várias maneiras, a saber: **1**. Uma atividade cuja finalidade é esclarecer os temas e as ideias da Bíblia, sem os pressupostos que inevitavelmente dão um certo colorido às interpretações particulares. Em outras palavras, trata-se da tentativa de determinar o que a Bíblia *realmente ensina*, mesmo que os resultados sejam embaraçosos para o estudioso e sua denominação. Essa atividade, na verdade, embaraça *todas* as denominações, cuja própria existência depende da distorção de certos ensinos da Bíblia. **2**. A tentativa para articular a significação teológica da Bíblia *como um todo*. Isso é uma tarefa quase impossível, porque a Bíblia não é um livro homogêneo, conforme as pessoas gostam de acreditar. Não obstante, a tentativa resulta em pontos positivos, a despeito de seu inevitável fracasso. **3**. A tentativa de construir um completo sistema teológico, mediante o uso da *Bíblia como única fonte informativa*. Isso tem sido tentado por muitos evangélicos fundamentalistas e conservadores. Também foi tentado por Karl Barth e sua neo-ortodoxia, ou pelos grupos protestantes que aprovam a rejeição das tradições eclesiásticas, dos pais da igreja e dos concílios, como autoridade, conforme fez Lutero. **4**. O pressuposto é que todos os autores da Bíblia concordam em seus pontos de vista fundamentais, e juntamente com exposições de ideias pretendem descobrir exatamente quais eram os pontos de vista daqueles autores sagrados.

II. Observações e Críticas Sobre Essas Ideias
1. A primeira dessas atividades é tão nobre como qualquer outra que poderia ser efetuada. Todas as denominações cristãs, sem importar quão bíblicas elas se suponham, descobrem ser necessário distorcer e dogmatizar certas porções das Escrituras, a fim de fazerem seus sistemas alicerçarem-se *exclusivamente* sobre a Bíblia. Mas fazem isso ajustando as Escrituras às suas crenças, e não ajustando suas crenças às Escrituras.

2. Apesar de ser impossível fazer a Bíblia tornar-se uma obra totalmente homogênea, dotada de uma única mensagem central, a tentativa é útil, pois procura determinar a mensagem ou as mensagens comunicadas pelas Sagradas Escrituras. Isso confere-nos uma melhor compreensão sobre a tradição geral hebraico-cristã, bem como sobre o tipo de fé ali ensinada.

3. As Escrituras como única regra de fé. O amigo leitor terá de desculpar-me quanto a esse ponto, pois vejo problemas sérios nessa regra artificial, apesar do fato de haver sido criado como crente batista e de ter sido ensinado a respeitar a noção. Porém, essa regra pode ser criticada quanto a diversos particulares, enumerados a seguir:

a. Trata-se de um *dogma*, e não de um ensino contido na própria Bíblia. Em parte alguma as Escrituras declaram que elas devem ser a única regra de fé e prática. De fato, não há na Bíblia qualquer declaração baseada no conhecimento do cânon terminado. Nenhum dos autores sagrados sabia quando o cânon sagrado estaria terminado. Não foi senão já no século IV d.C., que o cânon do Novo Testamento ficou fixado, no parecer da maioria dos cristãos; mesmo depois, oito livros continuaram sendo disputados em vários segmentos da igreja. Portanto, tomar o que *agora* se considera ser a coletânea das Escrituras, e afirmar que *somente* esses livros nos podem servir de regra, necessariamente é um dogma posterior. Esse dogma reveste-se de certa utilidade, porquanto nos infunde um profundo respeito pelas Escrituras. E, de fato, devemos respeitar ao máximo os oráculos de Deus. Porém, o ar de *finalidade* que está envolvido nesse dogma é uma ideia humana, e não uma verdade divina revelada.

b. *Na prática*, a aplicação dessa regra transmuta-se nisto: Como *eu e a minha denominação* interpretamos as Escrituras. Lutero tem sido altamente elogiado por defender fortemente a ideia das "Escrituras, somente". No entanto, ele ensinava a regeneração batismal, a consubstanciação (ver o artigo), e traçou o plano geral do luteranismo (ver o artigo), que as demais denominações evangélicas insistem não se harmonizar com a regra das Escrituras, somente. Poderíamos multiplicar exemplos de como essa regra reduz-se a alguma interpretação *particular* das Escrituras. Os grupos de restauração e os grupos pentecostais afirmam estar fazendo a igreja retornar ao seu primitivo estado, mediante a observância cuidadosa de todos os preceitos ou mediante a restauração dos dons espirituais. E, no entanto, conseguem ignorar completamente a unidade espiritual da igreja, que congraça todos os verdadeiros regenerados, mostrando-se extremamente sectaristas, ou mantendo certos ensinamentos práticos, como aquele que ordena que as mulheres se mantenham caladas na igreja. Também têm igrejas dirigidas por um único ministro, que os grupos dos Irmãos estão certos em não corresponder ao ministério diversificado das igrejas primitivas. Os batistas sentem-se confortados ante a ideia de que eles são os melhores representantes atuais da igreja primitiva, mas rejeitam os dons espirituais alicerçados sobre o dogma erroneamente derivado de 1Coríntios 13.1-13, que ensina como a "parousia" ou segunda vinda do Senhor obviará os dons espirituais. Mas os batistas interpretam que o término do cânon das Escrituras pôs fim ao exercício dos dons espirituais, embora tal interpretação seja inteiramente estranha ao texto sagrado, não podendo suster-se de pé diante do exame mais superficial. Além disso, certos grupos batistas mostram-se radicais quanto à doutrina da predestinação (que é uma doutrina bíblica), mas fazem-no de modo a ignorar certos textos como 1Timóteo 2.4, os quais aludem a uma oportunidade universal e ao amor verdadeiramente universal de Deus. Em contraposição, há grupos evangélicos que enfatizam de tal modo a doutrina do livre-arbítrio que precisam torcer textos bíblicos como o nono capítulo de Romanos, que ensina o controle do livre-arbítrio humano pela vontade soberana de Deus. Muitas pessoas não conseguem perceber que certas doutrinas terminam em *paradoxos*, e que a harmonização entre todas elas é simplesmente impossível, tanto por causa de nossa limitada compreensão como pelo fato de que Deus reservou para si mesmo certos informes que nos foram negados. A doutrina da salvação de crianças que ainda não atingiram a idade da responsabilidade moral não se baseia nas Escrituras, mas na razão. Na verdade, essa é uma doutrina importante, com implicações extensas. Porém, não é uma doutrina ensinada na Bíblia, e nem corresponde à verdade, até onde eu posso ver as coisas. Penso que as noções da pré-existência das almas e a continuação da oportunidade de salvação além do sepulcro (1Pe 4.6), nos dão respostas melhores, dotadas de base bíblica, ao passo que aquela é puramente racional e emotiva. Ainda temos que considerar que a igreja Católica Romana, a igreja Ortodoxa e os anglicanos estão certos da veracidade da doutrina da *sucessão apostólica* (ver o artigo), a qual está razoavelmente alicerçada sobre textos como João 20.23, e a mensagem geral das epístolas pastorais, que ensinam a transmissão de autoridade através da ordenação de anciãos ou bispos. No entanto, há outros grupos cristãos igualmente certos de que existem outras maneiras de transmissão da autoridade espiritual. Após examinarmos cada denominação cristã, chegamos à conclusão de que há em cada caso uma mescla particular de conceitos bíblicos e humanos onde a Bíblia nem sempre é o fator decisivo, e nem mesmo o Novo Testamento. Na prática, pois, a regra de "as Escrituras, somente" reduz-se a uma seleção de trechos bíblicos e à interpretação dos mesmos.

c. O problema da homogeneidade. A regra das "Escrituras, somente" pressupõe, erroneamente, que as próprias Escrituras são homogêneas. Mas, é evidente que o Antigo e o Novo Testamentos não podem ser considerados como uma unidade, para então tornarem-se a base da fé e da prática. Não mais oferecemos animais em sacrifício; não temos mais sacerdotes levitas etc. O Novo Testamento nos leva além do Antigo. Além disso, é óbvio que o próprio Novo Testamento não é tão homogêneo como as denominações evangélicas nos querem fazer acreditar. Assim, podemos encontrar versículos que quase certamente ensinam a regeneração batismal — como Atos 2.38 — embora também possamos descobrir, na epístola aos Romanos, que Paulo não acreditava nisso, pois em suas longas passagens que abordam a justificação pela fé, ele ignora totalmente o papel do batismo em água. Poderíamos especular que algum dos apóstolos cria na necessidade do batismo para a salvação (vinculando o batismo à circuncisão judaica, segundo se vê em At 15 e Cl 2.12,13). Além disso, transparece no Novo Testamento o paradoxal ensino do livre-arbítrio humano e do determinismo divino, e não apenas em interpretações dos séculos posteriores. Uma pessoa pode defender um lado ou outro dessa questão bilateral, oferecendo diferentes textos de prova. Nos Evangelhos, a salvação aparece como simples questão do perdão dos pecados e da transferência para o céu. Porém, nos escritos de Paulo, transparece a ideia da transformação dos remidos segundo a imagem de Cristo, conferindo-lhes a própria natureza divina, conforme a mesma se manifesta no Filho, como a essência mesma da salvação (Rm 8.29; 2Co 3.18; 2Pe 1.4).

O Julgamento também não é apresentado como doutrina sem diversas facetas — no Novo Testamento. Há realmente aquela posição, assumida pelos pais latinos da igreja, pela igreja de Roma e pelos grupos protestantes que se derivam do cristianismo ocidental, de que a morte física é o fim da oportunidade da salvação, conforme o texto de Hebreus 9.27 é usado como texto de prova. No entanto, Pedro alude à descida de Cristo ao *hades* (1Pe 3.18 — 4.6), o que garante a oportunidade renovada além do sepulcro (2Pe 4.6). Esse sempre foi o ponto de vista dos pais gregos da igreja, seguidos por muitas igrejas cristãs orientais, e pelos anglicanos, como uma denominação evangélica ocidental. Ambas as posições aparecem no Novo Testamento, e ambas as posições são representadas por modernas denominações cristãs. Precisamos selecionar aquilo que é melhor, do ponto de vista racional e intuitivo. Meus amigos, precisamos *escolher*, e não somente em relação a essa doutrina, mas acerca de muitas outras, pois o Novo Testamento não é um documento tão homogêneo como temos sido ensinados a aceitar. Seguir a verdade é muito mais uma aventura do que seguir o roteiro traçado em um mapa. Os mistérios referidos por Paulo levam-nos a regiões não exploradas por outros apóstolos; do contrário, nem seriam mistérios. Portanto, existem níveis diversos de verdade, expressos nas páginas do Novo Testamento, e não apenas quando o Antigo Testamento é comparado com o Novo.

O ensino paulino sobre o destino final do homem, a restauração referida em Efésios 1.10, não é doutrina antecipada pelos outros autores sagrados, e nem é ensino muito popular em muitos segmentos da igreja. No entanto, é uma preciosa e profunda verdade, que dá maior otimismo à fé cristã. Além disso, alicerça-se sobre uma interpretação verdadeiramente universal do amor de Deus, um amor escorado na onipotência divina. Há quem conceba um amor de Deus que não se escuda em seu poder mas isso não é o verdadeiro amor de Deus. Como é que Deus poderia amar o mundo (Jo 3.16), sem que isso fizesse uma diferença universal, em favor do mundo, através da missão de seu Filho, que foi o poder que trouxe o amor de Deus a todos os homens? Não me sinto satisfeito diante de amor meramente teórico, que não consegue cumprir o intento de Deus e faz do evangelho um fracasso. É impossível que a missão de Cristo tivesse falhado, embora seu sucesso seja alcançado em diferentes gradações, no caso de diferentes pessoas. Suspeito do evangelho que resulta em fiasco, que não beneficia, de alguma maneira, a todos os homens. Sem dúvida há mais verdade do que isso, mais poder, mais ação e mais resultados. Suspeito de um evangelho que afirma querer atingir todos os homens, mas que, em face de razões *humanas*, não consegue fazê-lo. Suspeito de um evangelho que tenciona atingir apenas alguns poucos, quando as próprias Escrituras declaram que o amor divino é universal, e que a intenção do Senhor é salvar a todos. Suspeito de um evangelho que se mostra apressado, que precisa salvar todos os homens dentro do estreito limite de suas vidas terrenas, algo claramente *impossível*, no caso da vasta maioria dos homens. Suspeito de um evangelho que, desde o começo, está baseado em uma impossibilidade. Suspeito de um Deus (segundo a concepção de alguns) que, embora se declare grande, na verdade é tão limitado que seu Filho não consegue realizar a missão que lhe foi dada a cumprir. Antes, concebo um Deus cujo propósito é universal e cujo poder é suficiente para cumprir todo o seu propósito, através de seu Filho. E, se eu tiver de escolher entre textos de prova, a fim de chegar a esse tipo de Deus, de Filho de amor divino e de evangelho, isso será exatamente o que farei.

d. Seleção de textos de prova. Meus amigos, ninguém pode aclarar toda a verdade examinando alguns textos de prova. Em primeiro lugar, alguma outra pessoa religiosa interpretará os mesmos textos de prova de maneira diferente. Em segundo lugar, os textos de prova escolhidos podem não ser a única informação disponível, sobre o assunto que se procura explicar. Em terceiro lugar, ouso dizê-lo, os textos de prova podem não ter mais aplicação. Por exemplo, os mandamentos acerca da guarda do sábado, que tinham aplicação a Israel, mas não têm mais aplicação em nossos dias da graça. Ou então Hebreus 9.27, que fala até o juízo, e é ultrapassado em alcance por 1Pedro 4.6, que fala até a restauração de todas as coisas. Ideias de um inferno eterno, sem mitigação, foram ultrapassadas por Efésios 1.10. E assim, na medida em que vamos entendendo a verdade, vamos crescendo no nosso entendimento, pois a verdade jamais é uma entidade fixa. Na verdade, a verdade é uma aventura contínua. No presente, somos possuidores de bem pouca verdade, embora alguns itens da mesma, que o Senhor já nos revelou, sejam extremamente importantes para nossa vida e bem-estar espirituais.

e. Muitas autoridades. Finalmente, preciso declarar a verdade sobre essa questão, ressaltando a necessidade da existência de muitas fontes de verdade. É impossível que toda a verdade de Deus esteja contida em um único livro ou coletânea de livros. Na verdade, não honramos Deus quando declaramos que isso tem de ser assim, pois nem mesmo as Escrituras fazem tal afirmação. Com declarações assim, limitamos drasticamente a palavra de Deus, pois essa Palavra é multifacetada. A Palavra é a totalidade da comunicação divina, sem importar como ele a tenha comunicado. A comunicação através da Bíblia é apenas uma dessas facetas. A Bíblia nos foi dada como padrão de aferição de nossas ideias religiosas. Mas a palavra de Deus é maior que a Palavra escrita. O Mensageiro enviado a Daniel revelou a ele: ... *eu te declararei o que está expresso na escritura da verdade*... (Dn 10.21). E diz o Salmista: *Para sempre, ó Senhor, está firmada a tua palavra no céu* (Sl 119.89). Mas, o que chegou até nosso conhecimento, foi aquilo que Deus nos quis revelar. A palavra de Deus é mais vasta e profunda do que a Palavra escrita, e a Palavra escrita envolve muito mais do que qualquer interpretação pessoal da mesma, sendo essa a base das denominações cristãs.

f. Coisa alguma do que dissemos acima deve ser interpretada como tentativa de diminuir a importância das Escrituras como *autoridade* espiritual. Realmente, quando mostramos que a Bíblia é maior que qualquer interpretação denominacional, quando mostramos que ele nos convida a um desenvolvimento espiritual que nos levará a ir redescobrindo a verdade em níveis cada vez mais elevados, quando mostramos que ela infunde em nossos espíritos uma atitude de otimismo, em face do amor de Deus e de seu plano benfazejo para com toda a humanidade, estamos apenas exaltando as Escrituras. Isso honra mais a Bíblia do que se lhe atribuirmos ofícios que ela não tem, ou do que se limitarmos o seu escopo. Portanto, podemos encerrar este ponto dizendo que se as Escrituras não são a autoridade exclusiva (ver o artigo sobre a questão da autoridade), elas ocupam posição central e precisam ser ouvidas, porquanto diz o Senhor: *À lei e ao testemunho! Se eles não falarem desta maneira, jamais verão a alva* (Is 8.20).

4. *Está equivocado* o pressuposto de que todos os autores bíblicos promoveram *uma só linha teológica*. Tal como no caso dos profetas, cada apóstolo explorou a verdade segundo lhe foi dada pelo Senhor. ... *o nosso amado irmão Paulo vos escreveu, segundo a sabedoria que lhe foi dada* (2Pe 3.15). Não obstante, o exame dessas diversas linhas é uma nobre atividade, porquanto devemos perscrutar a Bíblia como um todo, a fim de tomarmos consciência das noções fundamentais que ela nos transmite. E, se encontrarmos alguma discrepância entre os autores sagrados, isso não nos deveria assustar. A discrepância talvez se deva somente à nossa limitada compreensão. Os autores sagrados não deixaram escrito tudo quanto sabiam. Seus escritos são apenas representativos. Paulo testifica isso ao escrever: ... *sei que o tal homem, se no corpo ou fora do corpo, não sei, Deus o sabe, foi arrebatado ao paraíso e ouviu palavras inefáveis as quais não é lícito ao homem referir* (2Co 12.3,4). Conforme foi surgindo a necessidade, os escritores sagrados abordaram várias questões. Por assim dizer, eles nos forneceram as peças incompletas de um quebra-cabeça; e agora, a tarefa da teologia bíblica é procurar ordená-las em seus devidos lugares. Contudo, cumpre-nos fazer isto cônscios da existência de hiatos, de espaços em branco, não esclarecidos na Bíblia. O sistema de doutrinas ali revelado não é completo, mas é suficiente para guiar a alma no Caminho de volta a Deus! A fé não depende da homogeneidade, e nem de uma revelação que tampe todas as brechas. O anúncio divino, embora incompleto, pode resolver todos os problemas desta vida e da vindoura. Um anúncio completo, que só será recebido do outro lado da existência, haverá de outorgar-nos uma visão ainda mais satisfatória. *Porque agora vemos como em espelho, obscuramente, então veremos face a face; agora conheço em parte, então conhecerei como também sou conhecido* (1Co 13.12).

III. PRINCIPAIS TEMAS DA TEOLOGIA BÍBLICA. A despeito de hiatos e ponto obscuros, há um corpo de ensinos que podemos extrair da Bíblia, e que, necessariamente, torna-se a base de qualquer teologia cristã. Isso não quer dizer que a teologia não possa investigar outros frutíferos campos de pensamento, pois a verdade divina, não estando limitada a qualquer livro ou coletânea de livros, dificilmente pode ser inteiramente determinada através do apelo exclusivo às Escrituras. Estas servem de padrão aquilatador, mas não encerram toda a verdade de Deus. Nem por isso pretendemos diminuir a importância do grande tesouro de verdade que nos foi proporcionado através das Sagradas Escrituras. Não degrado a verdade que posso encontrar em um lugar, somente porque também posso encontrá-la em um outro lugar.

1. O conceito teísta. Temos de começar por esse ponto. As Escrituras descrevem um Deus que não somente criou, mas que também se conserva imanente em sua criação, que interessa-se por questões morais, que recompensa o direito e castiga o errado, que guia, e que pode ser buscado e achado. Essa é a posição do *teísmo* (ver o artigo), ao invés do *deísmo*. Este último (ver o artigo) ensina que Deus, ou alguma espécie de força cósmica, criou as coisas, mas em seguida abandonou a sua criação, permitindo que a mesma ficasse ao sabor das leis naturais. O deísmo divorcia Deus de sua criação. As Escrituras, tanto no Antigo quanto no Novo Testamentos, são decisivamente teístas. Deus cuida até dos pardais, quanto mais do homem que criou! Deus é um fator que precisa ser levado em conta todos os dias. A cada vez em que lemos nas Escrituras: "Assim diz o Senhor", podemos ver nisso um Deus teístico. A cada vez em que um profeta procura comunicar uma mensagem divina, temos de conceber Deus segundo moldes teístas. Quando o Filho veio para representar o Pai, encontramos nele as atividades do Deus do teísmo.

2. Deus como fonte e alvo de toda a vida física e espiritual. Deus criou os mundos (Gn 1 e 2). E também confere a vida espiritual (Jo 1.12, 5.25, 26). Ele é a origem de toda a vida e de todo ser vivo, e também é o alvo de tudo quanto vive e existe (1Co 8.6). Nessa conexão, o que é dito acerca do Pai é dito também acerca do Filho (Cl 1.16 ss.). Os títulos de Jesus, "O Alfa e o Ômega", visam ensinar a mesma verdade.

3. *Deus* tem muitos e *exaltados atributos* de poder, de conhecimento e de bondade. Ver o artigo separado sobre os *Atributos de Deus*. Ver também o artigo sobre Deus. Entre esses atributos destacamos a personalidade de Deus. Deus não é alguma força cósmica, um absoluto abstrato. Todos os antropomorfismos ensinam-nos essa verdade (ver Gn 1; Is 55.9; Êx 20.7), ainda que de maneira imperfeita. Por igual modo, não nos devemos olvidar da natureza espiritual e moral de Deus (ver Gn 3.26; Jo 4.24). Deus dá atenção ao pecado e a seus resultados (Rm 3).

4. O homem é um ser decaído, necessitado de redenção. Esse é um constante tema bíblico, a começar no terceiro capítulo de Gênesis. A redenção do homem está no Filho de Deus (Rm 8.29), através do poder atuante do Espírito Santo (2Co 3.18). O resultado final da redenção será a participação dos remidos na natureza divina, de forma real e metafísica, e não apenas como um conceito moral (2Pe 1.4).

5. *Em seu relacionamento com os homens, Deus age através de pactos*. Ver o artigo sobre os *pactos*.

6. Nas Escrituras há uma filosofia da história. Ver o artigo sobre *Historiografia Bíblica*. Deus vem ao encontro do homem, na história, como um ser caído. Mas haverá de tirar os remidos de dentro da história, quando estes atingirem a plena potencialidade de sua vida espiritual, e então terá início o aspecto transcendental da história humana. Deus guia essa história de tal modo que ela não fica entregue aos caprichos do acaso, pois a história é *linear*, isto é, a sucessão de eventos tem um começo e dirige-se a um fim pré-determinado. Contrariamente às ideias de Toynbee, um grande filósofo da história de nossa época, a história não consiste em ciclos repetitivos, pois, embora certas tendências se reiterem na história da humanidade, esta caminha em uma direção, e seu alvo transcende a mera expressão terrena, física.

7. As circunstâncias históricas são dirigidas pelas operações de Deus. Há importantes eventos e palcos históricos na Bíblia e em sua teologia. A nossa fé religiosa não está alicerçada sobre meros símbolos e metáforas, desacompanhada de condições históricas. A vida e os milagres de Jesus foram acontecimentos históricos. Houve um túmulo vazio, e também uma ressurreição literal. *Vede as minhas mãos e os meus pés, que sou eu mesmo; apalpai-me e verificai, porque um espírito não tem carne nem ossos, como vedes que eu tenho* (Lc 24.39). A crucificação reveste-se de grande importância teológica.

8. Há uma tradição profética. Isso tanto no sentido dos ensinos ministrados pelos profetas, como no sentido de que eles predisseram o futuro. O labor e a mensagem dos profetas ocupam lugar central na teologia bíblica. O elemento preditivo acerca dos últimos dias nos fornece a base da escatologia (ver o artigo). Esse aspecto da revelação é uma realidade.

9. Portanto, na teologia bíblica, o principal meio de conhecimento é a revelação, que é uma forma de misticismo. Ver sobre *revelação* e sobre *misticismo*.

10. A unidade das Escrituras. Apesar das discrepâncias que talvez existam, e a despeito do fato óbvio de que a exposição bíblica da verdade seja gradual, em que certas fases vão-se tornando obsoletas e outras vão entrando em vigor, toda e qualquer teologia bíblica repousa sobre o conceito da unidade básica e do propósito central das Escrituras. Ver o artigo sobre a *Bíblia*, em seu quarto ponto, intitulado *A Unidade da Coletânea*. Os itens doutrinários acima expostos ilustram a unidade essencial das Escrituras, em meio à diversidade. Assim, o Antigo e o Novo Testamentos refletem diferentes (ou mesmo muitos) estágios do desenvolvimento da fé e da cultura dos hebreus. É verdade que no período helenista essa cultura, e por conseguinte, essas ideias, mesclaram-se com a cultura grega. Mas isso serviu somente para enriquecer a teologia dos hebreus, pelo menos em certos aspectos. Com base em nosso pressuposto teísta (primeiro ponto), cremos que o desenvolvimento do Antigo e do Novo Testamentos, bem como os livros que compõem os mesmos, foram divinamente determinados e controlados. Esses livros não resultaram apenas das ideias digeridas por hebreus ou cristãos, nem são meras seleções com base no raciocínio e na preferência dos homens.

11. A inspiração da Bíblia é um ponto fundamental dentro da teologia bíblica. O crente tem fé nessa verdade. *Toda Escritura é inspirada por Deus...* (2Tm 3.16). Ver o artigo sobre esse assunto. Se a Bíblia não fosse produzida pelo sopro de Deus, não haveríamos de sentir o impulso de edificar um sistema teológico com base nas Escrituras.

12. Cristo é o centro da revelação bíblica. Antes de tudo, dentro da esperança messiânica do Antigo Testamento, a qual recebeu concretização quando do primeiro advento, no Novo Testamento, e terá plena fruição quando da segunda vinda de Cristo, para inaugurar o reino milenar do Messias. À essa esperança é então conferido um elevadíssimo aspecto, na glorificação dos remidos, quando estes vierem a participar da natureza mesma de Cristo (Rm 8.29). Portanto, a salvação é assim definida como uma *filiação*.

IV. Noções da História da Teologia Bíblica

1. *Os hebreus* sempre levaram muito a sério as suas Escrituras, como a Palavra revelada de Deus. Portanto, a teologia deles era uma teologia bíblica. Naturalmente, entre eles havia divergências. Alguém já disse, em tom de brincadeira, que se cinco judeus estiverem em uma sala, eles emitirão cinco opiniões diversas sobre qualquer assunto. Na verdade, os judeus gostam de discutir e debater. Os saduceus aceitavam somente o Pentateuco como autoritário. Em outro extremo, os judeus da dispersão aceitavam até os livros apócrifos. Por isso, havia vários *cânones*, e o termo Escrituras podia significar diferentes coisas, para diferentes grupos e indivíduos. Porém, as Escrituras, em uma forma ou outra, sempre eram autoritárias, servindo de base da teologia judaica. Naturalmente, os intérpretes cabalistas (ver sobre a *Cabala*) sentiam-se em liberdade para interpretar os textos bíblicos de modo simbólico e místico, e nem todas as suas doutrinas eram biblicamente alicerçadas. De modo geral, entretanto, os judeus sempre tiveram uma teologia bíblica.

2. *Os cristãos primitivos* deram prosseguimento à atitude judaica. Continuavam considerando o Antigo Testamento como autoritário, paralelamente aos livros do Novo Testamento, que eles também reputavam como "Escritura", como porções integrantes da Bíblia autoritária. E, embora certas ideias gregas viessem contribuir para o pensamento neotestamentário, houve a continuação da tendência essencial veterotestamentária. As revelações dadas a Paulo enriqueceram extraordinariamente a teologia, a qual tornou-se a base sobre a qual outras Escrituras foram escritas. Os grupos heréticos, como os gnósticos que chegaram a penetrar nas fileiras cristãs, estavam muito menos alicerçados sobre as Escrituras Sagradas. Antes de tudo, porque rejeitavam a totalidade do Antigo Testamento e certas porções do Novo; e, em segundo lugar, porque o seu sistema teológico era uma mescla de noções das religiões orientais e de conceitos filosóficos e mitológicos dos gregos.

3. *A igreja cristã* foi-se afastando gradualmente da Bíblia, à medida que o dogmatismo foi-se desenvolvendo. Noções extrabíblicas, como a regeneração batismal, a veneração a Maria e aos "santos" e as decisões de concílios, consideradas autoritárias, foram diluindo a firmeza cristã em torno das Escrituras. Esses desenvolvimentos permitiram a emergência da igreja Católica (que posteriormente dividiu-se em igreja Católica Romana e igreja Ortodoxa Grega), já tão diferente da primitiva igreja cristã. O bispo de Roma, que antes era apenas um bispo entre outros, foi adquirindo autoridade cada vez maior, porquanto ocupava posição na capital do império, e passou a ser reputado superior aos demais bispos. E disso desenvolveu-se o papado. Paralelamente a isso, os ministros do evangelho transformaram-se gradualmente em sacerdotes, um clero profissional, que supostamente herdara a autoridade dos apóstolos, ao mesmo tempo em que o papa tornava-se o vicário ou substituto de Cristo. A história do dogma demonstra que à medida em que o dogma adquiria mais e mais importância, as Escrituras iam sendo abandonadas como autoritárias.

4. As igrejas Ortodoxas do Oriente (ver o artigo), uma espécie de confederação frouxa das divisões não-ocidentais da cristandade, tornou-se uma entidade distinta do Ocidente, quando da divisão do império romano, em 395 d.C. Na segunda metade do século IX d.C., missionários das igrejas ocidental e oriental competiam em diversas regiões do mundo. No século XV houve um rompimento formal entre os segmentos ocidental e oriental do catolicismo, devido a razões doutrinárias e litúrgicas, e a igreja Católica Romana adquiriu uma feição mais parecida com a que conhecemos atualmente. As igrejas Ortodoxas também aceitam como sua autoridade um misto da Bíblia, dos escritos dos chamados pais da igreja e das decisões conciliares. Por causa disso, são menos biblicamente baseadas, do que a igreja cristã do primeiro século de nossa era.

5. A Reforma teve lugar em uma época de revolta contra tradições humanas, concílios eclesiásticos, dogmas e intolerância papal. Melancthon, Calvino e Lutero estavam fortemente baseados nas Escrituras, embora não de maneira perfeita. Lutero atacou a autoridade das tradições, dos pais da igreja, do método escolástico de manusear a fé religiosa, do predomínio dos modos aristotélicos de pensamento que essa atividade incorporava, tendo ficado escandalizado diante da exploração da crendice popular com as indulgências e com o apoio dado ao nefando negócio pela autoridade máxima do catolicismo romano. Isso posto, ele declarou o princípio das "Escrituras, somente", como única fonte autorizada de instruções religiosas para os cristãos. E a maioria dos grupos protestantes e evangélicos preserva essa regra em suas declarações de fé.

6. A crítica da Bíblia surgiu nos séculos XVIII e XIX. Incluía esforços para afastar os grupos protestantes e evangélicos da ideia de que a Bíblia é a única e perfeita autoridade. Ver o artigo sobre a *Crítica da Bíblia*, que ilustra esse desenvolvimento histórico.

7. Um escolasticismo protestante terminou surgindo em cena. Isso produziu credos e confissões que usam a Bíblia como mina de informes que apoiam ideias, embora nem todas essas ideias e confissões estejam realmente fundamentadas nas Escrituras. As denominações desenvolvem suas próprias interpretações, nem sempre baseadas na Bíblia, algumas delas com base nos elementos heterogêneos do Novo Testamento, e outras baseadas em interpretações evidentemente distorcidas.

8. O movimento pietista do século XVIII foi uma tentativa para fazer a teologia retornar à simplicidade bíblica. C. Haymann, em 1708, produziu uma teologia bíblica, que foi a primeira a usar como título a expressão, até onde temos conhecimento. Em 1758, A.F. Busching, seguindo o exemplo dado por Haymann, publicou sua obra, intitulada *Advantage of Biblical Theology Over Scholasticism*. Nas escolas e seminários, houve esforços para a produção de uma teologia bíblica, em contraste com a teologia sistemática, porquanto esta última, na época aparecia misturada com ideias e modos de interpretações contrários à Bíblia. Na teologia, elementos literários e históricos foram-se tornando gradativamente mais importantes. O século XIX viu a produção de certo número de obras que ressaltava a teologia bíblica. G. L. Bauer publicou quatro volumes de teologia bíblica, em 1800-1802. W.M.L. de Wette publicou uma obra similar e bem maior, entre 1813 e 1816. Ali ele identificou vários períodos históricos que influenciaram a natureza e o conteúdo da teologia, como a religião de Moisés e a religião dos judeus, no Antigo Testamento, e, no Novo Testamento, os ensinos de Jesus, seguidos pela interpretação e ampliação daqueles ensinos por parte dos apóstolos e discípulos posteriores.

9. A alta crítica, entrementes, nos séculos XIX-XX, afetava o conteúdo da teologia bíblica. Os especialistas na alta crítica não apenas estudavam questões como autoria, proveniência, unidade, integridade etc., dos livros da Bíblia, mas também impuseram aos estudos bíblicos o que ali queriam ver. Além disso, um certo espírito de ceticismo, que caracterizava alguns deles, levou-os a pensar que Jesus não pode ter feito aquilo que lhe é atribuído nos Evangelhos, nem pode ter sido a pessoa que Paulo diz que ele era. Em consequência, esses críticos atiraram-se ao esforço erudito de descobrir o que, realmente, teria sucedido, e quem, na realidade, era Jesus. Tais atividades afastaram-nos muito da teologia bíblica. Quanto a descrições mais detalhadas dessa forma de atividade, ver o artigo sobre a *Crítica da Bíblia*.

10. O liberalismo dos séculos XIX e XX rejeita a teologia bíblica como uma disciplina legítima e exclusiva, preferindo substituí-la pela "história religiosa de Israel e da igreja", ou então pela religião dos hebreus e dos primitivos cristãos, ou mesmo pelas ideias religiosas da Bíblia. Trata-se de uma avaliação humana daquilo que a Bíblia diz, sem qualquer tentativa para fazer a teologia ser influenciada pelas Escrituras, como a única e grande autoridade que governa todo o pensamento cristão. Uma ideia básica é que a religião da Bíblia não é única e ímpar, mas representa apenas um movimento entre muitos. Esse movimento merece o nosso respeito. A Bíblia conteria a verdade, mas não seria o próprio padrão da verdade. O estudo bíblico autêntico requer sua comparação e avaliação com outros sistemas religiosos. A religião da Bíblia existe porque muitos fatores a produziram, não sendo uma revelação que caiu do céu em um vácuo. Portanto, entre os liberais, a Bíblia passou a ser vista como um livro que contém algo da palavra de Deus, não devendo ser confundida com a própria palavra de Deus. Os pontos de vista liberais variam desde a posição radicalmente cética, que nega totalmente a revelação e qualquer elemento miraculoso, até uma posição quase conservadora.

11. A reação da neo-ortodoxia. Karl Barth (1886) preserva alguns aspectos e resultados das atividades da alta crítica e do liberalismo, embora tivesse encabeçado uma espécie de movimento de volta à Bíblia, procurando alicerçar quadradamente a sua teologia sobre a Bíblia. Sua teologia é uma reação ao liberalismo. De fato, seu comentário sobre a epístola aos Romanos é uma espécie de manifesto contra a teologia liberal. Ele percebia que a teologia liberal faz emudecer Paulo, incluindo seus grandes temas da prioridade da graça de Deus, de sua soberania e da natureza escatológica do Novo Testamento. Os liberais falavam de um Jesus meramente humano (com exclusão de sua natureza divina). Apesar dessa exposição fomentar a causa do liberalismo, não se enquadra, em muitas coisas, com o Jesus dos Evangelhos, cujo intuito declarado foi o de estabelecer o reino de Deus na terra em sua própria época, e que fez reivindicações pessoais fantásticas de autoridade e poder. Mas, se Barth representa um retorno à teologia bíblica, ele não chegou ao nível da teologia fundamentalista (vide). Quanto a detalhes, ver o artigo sobre *Karl Barth*.

12. Movimento conservador sofisticado do século XX. A reação dos evangélicos conservadores contra certos resultados da alta crítica e contra o liberalismo também é um esforço para retornar à Bíblia como base da teologia. Essa atividade foi fortalecida por uma qualidade aprimorada da erudição dos mestres conservadores. Antes disso, os eruditos liberais eram, por assim dizer, os únicos que faziam estudos eruditos e respeitáveis. As igrejas de tendências liberais começaram a perder membros, e um número cada vez menor de jovens interessava-se por frequentar os seminários liberais. Entrementes, aumentou extraordinariamente o número de alunos matriculados nas escolas e seminários conservadores, e movimentos missionários multiplicaram-se. Todo esse movimento alicerçava-se sobre a teologia bíblica. As pessoas estavam cansadas diante de uma série de probabilidades e de intermináveis alternativas na teologia, anelando pelo reavivamento da alma da fé religiosa.

Alguns acusaram o liberalismo de ter morto a alma da fé, embora retendo o cadáver. A consternação de Karl Barth, devido ao fracasso do cristianismo no campo social, e o papel ridiculamente pequeno das igrejas evangélicas durante a Primeira Grande Guerra (1914-1918) era compartilhada por muitos, mesmo quando não o acompanhavam em todos os seus pontos de vista teológicos. A declaração de Stephen Neill: "A Bíblia não é uma coleção de piedosas meditações do homem a respeito de Deus, mas é o tom da trombeta de Deus falando ao homem e exigindo sua reação" (*The Interpretations of the NT*, 1964), foi considerada perceptiva e exata pelos estudiosos conservadores.

Um movimento missionário intenso, como se viu no século XX, e o ministério de evangelistas como Billy Graham e outros, fizeram a teologia bíblica tornar-se popular. Infelizmente, a tendência dos eruditos conservadores tem sido de arrogância e autossuficiência, pois rejeitam os avanços positivos no campo dos estudos bíblicos, que a alta crítica, e até mesmo o liberalismo, obtiveram. A verdade quase sempre é achada bem no meio de dois pontos extremos. No presente caso, em um dos extremos há um ceticismo insuportável, e, no outro extremo, vemos a *bibliolatria* (ver o artigo). Sumariaríamos a questão, afirmando que parece ser fato que o vício do liberalismo é o ceticismo, e que o vício do conservatismo é o espírito contencioso. (AM B C BUL BULT FI ID RI RYR Z)

TEOLOGIA DO ANTIGO TESTAMENTO

Ver o artigo geral sobre o *Antigo Testamento*, o qual, naturalmente, aborda suas ideias essenciais. O presente artigo apenas reenfatiza alguns importantes aspectos da questão.

Observações Preliminares. A teologia do Antigo Testamento levanta muitas questões, a começar por definições dessa disciplina. Os teólogos sistemáticos não mostram paciência com qualquer coisa que não se adapta à ordem esperada adredemente. Porém, no caso do Antigo Testamento, é claro que não estamos tratando com um documento unificado. Antes, temos ali uma evolução, um desenvolvimento tal que há muita variedade que não se presta a uma perfeita harmonia entre suas partes constituintes. Assim também, todas as grandes fés da humanidade foram se desenvolvendo, incluindo-se aí o judaísmo e o cristianismo. A vontade de Deus opera em conjunto com o processo histórico, e não à parte do mesmo, ainda que, ocasionalmente, haja intervenções divinas que alteram esse curso. Os teólogos sistemáticos não estão mentalmente treinados para quando têm de enfrentar pontos que não se harmonizam facilmente entre si, tão grande é a necessidade que sentem de não deixar fios soltos sem nó. Assim, a teologia sistemática (apesar de suas óbvias utilidades) obscurece o estudo simples da teologia do Antigo Testamento. Mas, uma vez que os eruditos chegam a reconhecer que a teologia sistemática nem sempre descortina a história inteira, e que ela chega mesmo a obscurecer o quadro, libertam-se de rígidos métodos aprendidos, permitindo-lhes isso encararem o Antigo Testamento naquilo que ele é, e não em termos daquilo que eles gostariam que o mesmo fosse.

I. A Teologia dos Começos. Nosso primeiro problema consiste em entendermos que os hebreus na verdade tinham uma cosmologia que difere radicalmente daquilo que a ciência tem descoberto quanto à natureza do universo físico. Os teólogos têm "cristianizado" os primeiros capítulos do Gênesis, e assim têm obscurecido o seu verdadeiro sentido tencionado. Eles também têm "modernizado" esses textos, "atualizando-os", segundo poderíamos dizer, a fim de que os leitores modernos da Bíblia vejam neles a exatidão científica. Entretanto, os eruditos ainda não conseguiram tal "exatidão científica", embora agora saibamos muito mais que os antigos hebreus. Todavia, não expando aqui essa questão, porque o que tenho a dizer a respeito aparece nos artigos intitulados *Criação*; *Cosmologia* e *Cosmogonia*.

II. Conceitos Primitivos da Natureza Metafísica do Homem. Quando um cristão lê o trecho de Gênesis 2.7 ... *Deus... soprou-lhe nas narinas o fôlego da vida, e o homem tornou-se alma vivente...*, naturalmente pensa que, nesse ponto, Deus criou a alma humana, unindo-a ao corpo físico do homem. Porém, os eruditos do hebraico informam-nos que não havia qualquer noção de uma alma humana imaterial, nessa altura da teologia dos hebreus, e nem havia então qualquer conceito de uma existência após-túmulo, com os galardões ou castigos prometidos, o que, naturalmente, acompanha essa ideia. A lei de Moisés, apesar de bastante intrincada, nunca promete uma bem-aventurada vida após-túmulo aos obedientes; nem ameaçou aos desobedientes com algum tipo de julgamento na vida após-túmulo. A ausência total de tais ensinos certamente mostra-nos que os estudiosos estão com a razão quando afirmam que, no Antigo Testamento, a noção da alma só aparece mais claramente já nos Salmos e nos livros proféticos. Em consequência disso, fica ilustrado que até mesmo doutrinas importantes podem resultar de um desenvolvimento teológico. Mas a teologia sistemática gostaria de forçar sobre nós um conceito da alma "desde o começo" da revelação bíblica, ao passo que a teologia bíblica segreda-nos: "Isso só surgiu mais tarde".

III. Independência da Teologia Bíblica da Teologia Dogmática. Em 1787, J.P. Gabler iniciou, historicamente, a distinção entre a Teologia Bíblica e a Teologia Dogmática. A Teologia Bíblica (e, portanto, a teologia do Antigo Testamento) limita-se àquilo que "encontramos na própria Bíblia", em vez de sentir a necessidade de nos ajustarmos a algum sistema. Na Teologia Bíblica não há qualquer senso da necessidade de harmonização, e todas as ideias e verdades podem emergir, porquanto a harmonia não é a base de tudo. Naturalmente, muitos daqueles que escrevem teologias bíblicas ainda assim são sistematizadores no coração, e continuamente procuram forçar uma harmonia, nem que seja ao preço da honestidade. Porém, isso é uma corrupção da verdadeira teologia bíblica, e não uma autêntica expressão da mesma. Um outro vício dos sistematizadores é a tentativa de sempre verem o Novo Testamento oculto no Antigo Testamento, ou, então, forçarem o Antigo Testamento a concordar com o Novo.

Após Gabler, surgiu, com base em seus escritos, um renovado interesse pela história, pela linguagem e pela cultura dos hebreus, as quais desvencilharam-se de conceitos bitolados, próprios da teologia dogmática. Além disso, a ênfase passou a ser posta sobre a experiência religiosa, a antropologia e a psicologia religiosa, como aspectos importantes da antiga experiência dos hebreus. Os profetas de Israel também passaram a ser apreciados como homens dotados de experiência e gênio religioso, e não somente como homens que constituíram sistemas. E isso suavizou o choque que muitas pessoas até então sentiam ao perceberem contradições reais e aparentes no Antigo Testamento.

IV. Distinção entre a Religião e a Teologia do Antigo Testamento. O. Eissfeldt (1926) preocupou-se com essa distinção. Ele salientava que a teologia do Antigo Testamento trouxe à tona *verdades imorredouras* que prosseguem válidas através de todas as vicissitudes da vida. Por outro lado, grande parte da religião do Antigo Testamento foi ultrapassada e tornou-se obsoleta. Apesar de que os rabinos não se sentiriam felizes ante tal distinção, Paulo a reconhecia, embora sem dar-lhe os títulos dados por Eissfeldt. Se ele tivesse expressado tal distinção, provavelmente teria dito algo como: "A teologia veterotestamentária foi incorporada no Novo Testamento, ao mesmo tempo em que grande parte da religião do Antigo Testamento foi abandonada". Um exagero desse modo de pensar foi a tentativa de mostrar que o Antigo Testamento, do começo ao fim, serve de testemunho direto de Jesus Cristo e sua obra expiatória. Apesar de esse testemunho ser forte (ver o artigo *Profecias Messiânicas Cumpridas em Jesus*), aqueles que se interessam por questões teológicas têm claramente exagerado em suas definições. Assim, L. Kohler, na tentativa de defender a fé hebreia-cristã de um crescente paganismo, publicou sua obra, com título em alemão, *Das Christuszeugnis des Alten Testaments* (1942), que encerra esse exagero, mas que serviu ao propósito de desfraldar o pendão cristão em um momento crítico. Tais esforços achavam-se também à base de sua *Teologia Dialética*. Ver o artigo *Dialética, Teologia da*. Obras importantes, no tocante à teologia do Antigo Testamento, foram escritas por Eichrodt, Vriezen, von Rad e E. Jacob. O último desses contemplava essa teologia do ponto de vista dos atos de Deus, mais ou menos aos moldes de Kohler. Desnecessário é dizer que aqueles que contribuíram literariamente para esse campo, assumiram vários pontos de vista sobre quanto o Novo Testamento foi realmente antecipado no Antigo. F. Baumgartel criticou a exagerada cristianização de Jacob em seu livro *Verheissung* ("Promessa"), publicado em 1952.

V. Diferenças quanto à Metodologia e ao Ponto de Vista. W. Eichrodt, em seu livro, com título em alemão *Theologie des Alten Testaments*, asseverou que o tema dominante e a motivação do Antigo Testamento, que lhe emprestavam unidade, era a aliança entre *Yahweh* e o povo de Israel, o que se foi desenvolvendo até que *Yahweh* desejou ter comunhão com *todos* os homens. Von Rad, por outra parte, acreditava que a chave para a compreensão do Antigo Testamento é a *reportagem*, ou seja, o relato da história-da-salvação de Israel (*Heilsgeschichte*). James Barr adicionou uma importante discussão sobre a relação entre a história e a revelação. Von Rad encarava a revelação do Antigo Testamento como um certo número de atos distintos e heterogêneos, em contraste com a grande e única revelação de Deus, no Antigo Testamento, através de Jesus Cristo. Sem dúvida, temos nisso um certo exagero de sua parte, mas algo que deve ser considerado em relação ao propósito mais amplo do Novo Testamento. Pelo seu lado negativo, ele parece ter subestimado a unidade do Antigo Testamento. Ao que parece, Rad também não apreciou o papel da história na revelação. A revelação e a história, porém, podem cooperar uma com a outra sem qualquer contradição. A ênfase demasiada sobre a *reportagem* poderia levar-nos a um mito, e não ao registro divino de como Deus interveio na história humana, desvendando o seu propósito remidor. Eichrodt exortava-nos a reconhecer o testemunho da fé da comunidade do Antigo Testamento. A invasão pessoal de Deus no espírito humano teria produzido uma fé viva, onde também podemos encontrar a compreensão da história de Israel do ponto de vista do Antigo Testamento, e, por extensão, a compreensão da história da própria humanidade. Também não deveríamos considerar mitológicos os fatos *externos* da história, onde esse drama se desenrolou.

VI. O Poder Profético do Antigo Testamento — As Promessas de Deus.

Quanto a esse ponto, encontramos extremos. Alguns intérpretes têm pensado que o alegado poder profético do Antigo Testamento existe somente nas mentes dos intérpretes que veem ali algo que, realmente, não está lá. Por outro lado, há quem tenha exagerado o elemento profético do Antigo Testamento, encontrando Cristo e o cristianismo em todas as suas páginas, em todo tipo de pronunciamento, em todos os salmos) etc. Von Rad defendeu o autêntico poder profético do Antigo Testamento, como antecipação do Novo Testamento. Mas há intérpretes que negam a ideia de que o judaísmo precisava ter cumprimento no cristianismo, como se fosse um torso que precisasse de uma cabeça. Mas há outros que estão certos de que o judaísmo, sem o cristianismo, é como um torso sem cabeça. Baumgartel e Bultmann mantinham que o Antigo Testamento não é diretamente relevante para o cristão, embora, por analogia, haja relevância para ele. As *promessas* do Senhor a Israel teriam um papel nas promessas de Deus à igreja. Judeus e cristãos contam com o mesmo Deus prometedor, pelo que estão unidos de certa forma. De acordo com Baumgartel, as promessas feitas a Israel foram feitas somente a Israel, não podendo ser aplicadas a nós. Contudo, temos a ver com o mesmo Deus que fizera aquelas promessas a Israel. O problema do homem jaz na devida apropriação das promessas e isso depende de sua espiritualidade interior. Entretanto, isso é muito pouco, ainda que seja útil. Não é preciso grande fé para alguém crer que a principal promessa de Deus a Israel era, afinal de contas, o próprio Cristo, o Filho de Abraão e Filho de Davi. E, naturalmente, Cristo também foi o Segundo Adão, ou seja, o Salvador de toda a humanidade. Teologia é teologia, e não vida. Não obstante, os teólogos têm a tarefa de cuidar para que seus estudos iluminem as questões da vida e da morte; em Cristo é que achamos a vida. As teologias que se reduzem a meras histórias religiosas e sociologias talvez tenham contribuições a fazer ao pensamento e à maneira de viver dos homens; mas é como se tivessem perdido o principal tema da vida, ou seja, a alma imortal do homem. De outra sorte, tais estudos não merecem o título de *teologia*. É melhor darmos a esses estudos os nomes que realmente os definem: histórias, mitologias, psicologias, sociologias, teorias políticas.

VII. A Ética do Antigo Testamento.

Ver o artigo separado sobre esse assunto.

BIBLIOGRAFIA. Além das obras mencionadas no corpo deste artigo, ver também AND C ID VR WC.

TEOLOGIA MÍSTICA

Ver o artigo geral sobre o *Misticismo*, que é bastante detalhado. A expressão *teologia mística* é usada para indicar a atividade de descrever, analisar e sistematizar as experiências místicas. Os informes obtidos pelas experiências místicas formam a substância sujeitada à sua análise.

Essa expressão foi usada, pela primeira vez, por *Dionísio, o Areopagita*, (vide), no século VI d.C., em sua obra, *Teologia Mística*. Para ele, o ponto da questão era conhecer Deus através de experiências místicas. Teresa de Ávila usava a expressão por semelhante modo, conforme se vê no décimo capítulo de seu livro, *Vida*. Ali afirma ela: "Esse senso da presença de Deus possibilitou-me não duvidar que ele estava em meu interior. Acredito que a isso se denomina *teologia mística*". A expressão, pois, é usada em contraste com a teologia ética e com a teologia dogmática.

TEQUEL. Ver sobre *Mene, Tequel, Ufarsim*.

TERÁ

No hebraico, **"giro"**, **"duração"** ou **"vagueação"**; na Septuaginta, *Thárra*. Terá era o pai de Abraão (Gn 11.24-32). Em adição à alusão a Terá, no livro de Josué (24.2), ele aparece nas listas genealógicas de 1Crônicas 1.26 e de Lucas 3.34. Além disso, Estêvão refere-se ao pai de Abraão, em Atos 7.2. Terá teve três filhos, que, no livro de Gênesis, são chamados de Abraão, Naor e Harã. Isso corresponde à época em que Terá vivia em Ur, uma cidade que a maioria dos eruditos modernos identifica como Al-Muqayyar, no curso inferior do rio Eufrates, já próximo do golfo Pérsico. De Ur, pois, Terá migrou para o norte, cerca de oitocentos quilômetros, ao longo do rio Eufrates, até à cidade de Harã, localizada cerca de quatrocentos e quarenta quilômetros a nordeste de Damasco. Embora o nome de Abraão ocorra em primeiro lugar, não se deve concluir daí que, necessariamente, ele fosse o filho mais velho de Terá. É possível que Harã, que morreu antes de a família ter-se mudado mais para o norte, tivesse sido o filho mais velho. Foi o filho de Harã, Ló, quem finalmente acompanhou Abraão até à Palestina. De acordo com o trecho de Josué 24.2,15, Terá era idólatra. A principal divindade adorada em Ur era *Nannar* (em Semítico, *Sin*). E isso também aconteceu na cidade de Harã, durante os dias de Terá. Talvez por esse motivo, igualmente, foi que o Senhor, quando quis conceder a Abraão experiências espirituais, recomendou-lhe: *Sai da tua terra, da tua parentela e da casa de teu pai, e vai para a terra que te mostrarei, de ti farei uma grande nação...* (Gn 12.1,2). Isso precipitou a formação do povo de Israel, cuja finalidade principal foi servir de berço para o Messias. ... *deles são os patriarcas e também deles descende o Cristo, segundo a carne, o qual é sobre todos, Deus bendito para todo o sempre. Amém* (Rm 9.5). A graça de Deus operou toda essa transformação, desde o idólatra Terá, até o próprio Filho de Deus humanizado, o Salvador do mundo.

TERAFINS. Ver também *Serafins* (*Terafins*).

Há várias opiniões quanto ao significado dessa palavra, desde "nutridores" até "coisas vis". Por esse motivo, alguns estudiosos preferem pensar que o termo é de sentido incerto. O que é certo é que os "terafins" eram ídolos domésticos, que iam desde aqueles de pequenas dimensões (Gn 31.34,35) até aqueles do tamanho quase natural (1Sm 19.13,16).

Recentes descobertas arqueológicas, feitas em Nuzi, no Iraque, têm iluminado a função e a significação desses ídolos. A posse de um terafim indicava quem era o líder da família, com todos os direitos daí provenientes. Quando Raquel furtou os terafins de seu pai (ver Gn 31.19), isso foi uma tentativa que ela fez de conseguir tal liderança, para seu marido, Jacó, embora tal direito pertencesse aos irmãos dela. A irritação de Labão, pois, fica esclarecida por meio desse detalhe.

Ao que parece, durante grande parte de sua história os israelitas não pensavam que a possessão de tais ídolos era incoerente com a adoração a *Yahweh* (cf. Jz 17,18, mas, especialmente, o trecho de 1Samuel 19.13,16, onde se aprende que havia terafins até mesmo na casa de Davi). Foi a partir da época de Samuel (ver 1Sm 15.23), e daí até aos dias de Zacarias (ver Zc 10.2), que os terafins começaram a ser desaprovados.

A função dos terafins que os profetas mais combatiam era a função da adivinhação. Nessa qualidade de objetos de adivinhação, os terafins são frequentemente mencionados juntamente com estolas sacerdotais, também usadas nas adivinhações (Jz 17 e 18, onde parecem ser objetos separados dos ídolos, e também Os 3.4). Entre as coisas e as atividades que foram expurgadas durante a reforma instituída por Josias, parece que os terafins foram reunidos juntamente com os médiuns e os bruxos. Lemos que o rei da Babilônia costumava consultá-los (Ez 21.21), mas o profeta Zacarias declarou que eles eram faladores de "cousas vãs". Nessa passagem do livro de Ezequiel, novamente vemos a designação "ídolos do lar". Oseias referiu-se, esperançoso, ao tempo futuro quando Israel, dependendo totalmente de Deus, será capaz de viver sem apelar para os terafins (Os 3.4). Alguns estudiosos têm sugerido que a função de adivinhação dos ídolos do lar talvez explique o uso obscuro da palavra hebraica *elohim*, que pode ser compreendida como "Deus" ou como "deuses, em Êxodo 21.6 e 22.7-10.

Ver também sobre a *Idolatria*.

TEREBINTO

Essa palavra aparece em Isaías 6.13 e em Oseias 4.13, como tradução do vocábulo hebraico *allon*, o qual, em todas as suas outras ocorrências, é traduzido por "carvalho" (ver Gn 35.8; Is 2.13, 44.14; Ez 27.6; Am 2.9 e Zc 11.2). O nome científico da espécie é *Pistacia terebinthus palaestina*. É espécie bastante comum na Palestina, chegando até uma altura de dez metros. Alguns estudiosos têm pensado que o "vale de Elá" (1Sm 21.9), onde Davi matou o gigante Golias, seria recoberto de carvalhos, razão pela qual o gigante não conseguiu evitar a pedrada projetada pela funda brandida por Davi. Naturalmente, apesar de isso ser possível, é apenas uma especulação. Talvez Golias não teria conseguido evitar a pedrada nem mesmo em campo aberto, em pleno meio-dia. Nossa versão portuguesa diz "terebinto", em Isaías 6.13 e em Oseias 4.13, onde outras versões dizem "carvalho". O mesmo se deveria fazer em Josué 24.26, onde a palavra é um cognato, mas onde lemos "carvalho", o que é uma discrepância. Uma outra palavra hebraica muito parecida é corretamente traduzida por "carvalho", nos trechos de Gênesis 35.8; Isaías 2.13; Amós 2.9 e Zacarias 11.2. A palavra Hebraica traduzida corretamente como "terebinto" indica uma árvore de madeira dura. Presume-se que os israelitas ofereciam sacrifícios aos ídolos, sob árvores de terebinto, porque elas projetavam uma sombra compacta, como se fosse um esconderijo.

TERES

Há quem pense que o nome significa **"reverência"**. Outros opinam por **"severidade"**. Seja como for, Teres era um dos dois eunucos que serviam ao rei Assuero, da Pérsia, e que atentaram contra a vida do monarca. O outro eunuco chamava-se Bigtã (vide). Seus nomes aparecem juntos Em Ester 2.21 e 6.2. Mordecai, (vide), primo e pai adotivo de Ester, a rainha de Assuero, descobriu o plano dos eunucos, a vida do monarca foi salva, e os dois eunucos foram então enforcados (Et 2.21-23).

TERRA

Os povos antigos não tinham ideia segura sobre o formato e sobre as dimensões do globo terrestre. Em nosso artigo intitulado *Cosmogonia*, ilustramos a questão, incluindo antigas ideias dos hebreus, que não são reiteradas neste verbete.

1. Palavras Hebraicas. Dois vocábulos estão envolvidos: ***a***. *Eretz*, que geralmente denota a superfície da terra ou a terra como uma entidade, fazendo contraste com os céus. (Para exemplificar, ver Gn 1.1,2,10-12; 2.1; 4.12; Êx 8.17; 10.5; Lv 11.2,21; Nm 11.31; Dt 4.18,26; Js 2.11; Jz 3.25; 1Rs 1.31; Ed 1.2; Jó 1.7; 2.2; Sl 2.2). A leitura desses exemplos demonstra que a palavra tinha grande variedade de aplicações. ***b***. *Adamah*, que apontava mais diretamente para o solo, para o barro etc. (Para exemplificar: Gn 1.25; 4.11; Êx 10.5; Dt 4.10; 1Sm 4.12; Ne 9.1; Sl 104.30). Esta última palavra hebraica é de ocorrência bem menos constante do que *eretz*, mas também tem grande variedade de aplicações, de tal modo que as duas palavras são intercambiáveis.

2. Outras ideias são indicadas pela tradução "terra", a fim de indicar os habitantes da terra (Gn 6.11; 11.1). As nações gentílicas são distinguidas da terra de Israel (2Rs 18.25, 2Cr 13.9). As terras emersas são contrastadas com o mar (Gn 1.10). A palavra "terra" também indica algum terreno (Gn 23.15).

3. No Novo Testamento. O termo grego *ge* é usado de várias maneiras, podendo indicar desde o próprio globo terrestre como também o solo, alguma região, algum país, os habitantes da terra ou de uma região qualquer e também a ideia de *terra* ou *território*. Esse vocábulo grego é empregado por 252 vezes no Novo Testamento. Ver os seguintes exemplos, com certa variedade de sentidos (Mt 5.5,13,18; 10.34; 11.25; 17.25; Lc 2.14; 12.49; 23.44; 24.5; Jo 17.4; At 1.8; Rm 9.17,28; 10.18; 1Co 8.5; Ef 1.10; Cl 1.16,20; Ap 1.5,7,10; 5.3; 9.1,3,4; 10.2,5; 14.3; 21.1,24). A forma grega composta, *epígeios*, significa "terreno" (Jo 3.12; 2Co 5.1), bem como "terrestre" (1Co 15.40). Vasos de cerâmica são chamados *ostrakinoi*, conforme se vê em 2Coríntios 4.7 e 2Timóteo 2.20. Em certo sentido espiritual, a palavra *ge* é usada para denotar coisas que são terrenas e carnais, em contraste com as realidades espirituais. (Ver Jo 3.31 e Cl 3.2,5). Nosso dever moral e espiritual é fixar nossos pensamentos nas coisas celestes, e não nas terrenas.

4. A Existência da Terra. Essa realidade, com o resto da criação, é a base de dois argumentos, o *cosmológico* e o *teleológico* (ver sobre ambos) em favor da existência de Deus, o qual é o Criador e o Planejador de todas as coisas.

Usos Literais: A Bíblia usa a palavra "terra" em vários sentidos: **1**. Os continentes, em contraste com os mares (Mt 23.14). **2**. Um país em particular, ou alguma região de um país, ou mesmo os seus habitantes (Is 37.11). As terras aráveis (Mt 9.26; Gn 26.12).

Usos figurados: **1**. *Canaã* era a terra de Emanuel, isto é, a terra de *Yahweh*. Era uma terra prometida (Hb 11.9). Era a terra, a terra santa. Conforme muitos dizem até hoje, ela é santa demais, em face dos contínuos conflitos armados que a perturbam. (Ver Is 26.10). **2**. A terra da promissão, protegida por Deus, pelo que não precisava ser protegida pelos homens. No tocante ao milênio, será chamada de *a terra de aldeias sem muros* (Ez 38.11). **3**. O Egito aparece como a terra da tribulação e da angústia, porquanto ali o povo de Israel sofreu a servidão (Is 30.6). **4. A Babilônia** era uma terra de "imagens de escultura", em face de sua generalizada idolatria (Jr 50.38). **5. A terra dos vivos** é este mundo físico, onde vivem os homens morais (Sl 27.13 e 117.6). **6**. O sepulcro é a terra da escuridão e da sombra da morte (Jó 10.21,22). **7**. O *sepulcro* também é a terra do esquecimento. Quão prontamente os homens são esquecidos, assim que são sepultados! Quantas pessoas sabem qualquer coisa sobre os seus bisavós? (Ver Sl 88.12). Mas Deus nunca se esquece, e preserva intactos todos os valores humanos. **8**. A terra simboliza a *matéria*. **9. A mãe Terra** é a origem de toda a vida biológica **10** Há o arquétipo da *Grande mãe*, que inclui o conceito da *mãe Terra*. Esse é o equivalente feminino do *Sábio Idoso* ou *Profeta*, no caso do homem. Representa a inteireza potencial, a completa sabedoria, a espiritualidade consumada. **11**. A terra representa firmeza e provisão, em contraste com o mar, que representa a instabilidade e os poderes misteriosos e destrutivos. **12. O subsolo** aponta para as profundezas misteriosas da alma ou do oculto, as regiões infernais. No desenvolvimento espiritual, uma pessoa pode atravessar essas camadas inferiores de existência, antes de atingir níveis mais elevados. O subsolo, naturalmente, também alude à morte e à sepultura.

TERRA BAIXA DE HODSI

Essas palavras aparecem no texto de 2Samuel 24.6, segundo a Edição Revista e Corrigida da Sociedade Bíblica do Brasil.

Todavia, na Edição Revista e Atualizada no Brasil, da mesma Sociedade Bíblica, que usamos como base deste *Dicionário*, o texto é inteiramente diferente: "na terra dos heteus". O próprio texto bíblico nos informa de que era um distrito entre Gileade e Dã-Jaã (vide), que foi visitado no decurso de um dos recenseamentos efetuados em Israel, no tempo de Davi. Há muitas dúvidas se realmente existiu a "terra baixa de Hodsi", porquanto a mesma não é mencionada em qualquer outra fonte informativa, bíblica ou extrabíblica. Nossa versão portuguesa segue de perto a tentativa de solução dada na Bíblia inglesa da *Revised Standard Version*, que, por sua vez, segue a sugestão de Wellhausen. Este crítico pensava que o texto pode ser explicado sobre bases paleográficas, como se fosse uma menção a "Cades, na terra dos heteus", precisamente o que encontramos em nossa versão portuguesa. Se Wellhausen estava com a razão, então a alusão é a Cades sobre o Orontes, até onde chegava a fronteira do reino de Davi, no auge de seu poder, na sua porção norte. As modernas traduções e versões em inglês também estão divididas, quanto à questão, entre essas duas opções.

TERRA DOS FILHOS DO SEU POVO

Uma terra perto do rio Eufrates, onde Balaque, rei de Moabe, mandou buscar Balaão, a fim de amaldiçoar Israel. O trecho de Números 22.5 é a única referência bíblica a respeito. As traduções variam aqui. Algumas leem Amó, mas a Septuaginta serviu de base para a nossa versão portuguesa. Alguns manuscritos da Vulgata dizem "Terra dos filhos de Amom". Amó incluía Petor, a cidade de Balaão, e Emar, que era sua principal cidade. O nome Amó tem sido encontrado em algumas inscrições que datam dos séculos XVI e XV a.C.

TERRA ORIENTAL

No hebraico, "terra da fronteira oriental". O trecho de Gênesis 25.6 registra que Abraão enviou suas concubinas para aquela terra. Presumivelmente ficava a sudeste da Palestina, e faria parte da Arábia. Ver o artigo sobre *Oriente, Filhos do*.

TERREMOTO

I. Definição. Um terremoto é o abalo, a mudança, o irrompimento e a vibração da terra, em áreas rochosas subterrâneas, com reflexos correspondentes à superfície do planeta. Isso pode ocorrer sem que os homens nada sintam. Outras vezes, os abalos sísmicos são sentidos, mas sem que haja qualquer dano material. Às vezes, porém, são destruídas tanto propriedades quanto vidas humanas. A maioria dos terremotos nunca é sentida senão exclusivamente pelos cientistas que se ocupam em registrar a intensidade e efeitos desses abalos.

II. Magnitudes. Um sismólogo norte-americano, Charles F. Richter criou, em 1935, uma escala para medir a intensidade dos terremotos. Ele atribuía a essa intensidade um número que pode ser usado para efeito de comparação. De acordo com essa escala, um terremoto da magnitude 2,5 tem a energia de menos de 10 (17) ergs, mais ou menos a quantidade de energia liberada pela queima de 3.800 litros de gasolina. Esses abalos são considerados miniterremotos e são de ocorrência bastante frequente. Um terremoto da escala de 4,5 tem 10 (20) ergs e pode causar danos de pouca monta à superfície da terra. Um terremoto da escala Richter é potencialmente perigoso. Cerca de cem abalos sísmicos anuais têm essa potência. Os terremotos que atingem a escala 7 de magnitude (10 (25) ergs) representam abalos de grande poder destrutivo, ocorrendo uma média de 25 abalos desses, a cada ano. O mais poderoso terremoto já registrado, desde a criação dessa escala, atingiu a magnitude 8,6. Ocorreu na China, a 15 de agosto de 1950. O grande terremoto do Alasca, de 27 de março de 1964, atingiu a magnitude 8,5.

III. Distribuição dos Terremotos. Na média, a cada ano há um terremoto verdadeiramente grande, dez principais, bem destruidores, mil que produzem algum dano, dez mil abalos de pouca intensidade, que produzem danos desprezíveis, e cem mil choques que só os aparelhos científicos são capazes de registrar. Na verdade, a terra estremece o tempo todo. Por essa razão, se qualquer abalo sísmico, por menor que fosse, pudesse ser considerado um terremoto, então teríamos um total de mais de um milhão de terremotos todos os anos. Existe um cinturão de terremotos no oceano Pacífico, bem como outro que começa na área do mar Mediterrâneo e segue para o Oriente, atravessando o continente asiático. O cinturão do oceano Pacífico concorre com oitenta por cento de todos os terremotos; o cinturão do mar Mediterrâneo concorre com outros quinze por cento. Portanto, somente cerca de cinco por cento de todos os terremotos ocorrem fora desses dois cinturões. Entretanto, os terremotos sempre deixam os homens perplexos, porquanto áreas que todos pensavam estar isentas dessa atividade sísmica, subitamente, sem a menor explicação, produzem algum grande terremoto. Em qualquer região, onde já houve algum terremoto, poderá haver outros. Na verdade, não existe região do planeta que possa ser considerada imune a esse fenômeno.

IV. Os Lugares Bíblicos e os Terremotos. O vale profundo do rio Jordão conta com diversas falhas geológicas importantes, como a falha do vale do Jordão, a falha de Zarqa Ma'in, a falha Hasa, a falha Risha e a falha Quweira. Essas falhas estão vinculadas ao cinturão do mar Mediterrâneo e prolongam-se por diversas centenas de quilômetros. Há evidências geológicas que sugerem que o atual mar Mediterrâneo é apenas o remanescente de um grande oceano que existia antigamente entre a Eurásia e a África. Grandes terremotos do passado, provavelmente ligados a alguma mudança dos polos, rearrumaram as áreas de terras emersas e de mares, provavelmente por centenas de vezes. Ver o artigo sobre o *Dilúvio*, seções segunda e sexta, quanto a uma discussão completa sobre esse fenômeno. Os místicos modernos adiantam que estamos às vésperas de uma outra mudança dos polos. E, se isso vier a suceder, sem dúvida fará parte da grande Tribulação (vide). O profundo vale do rio Jordão é apenas parte de uma grande zona de falhas geológicas que se prolongam na direção norte, desde a entrada do golfo de Ácaba, por mais de mil e cem quilômetros, até o sopé das montanhas do Taurus. Há evidências geológicas que indicam que, nos últimos poucos milhões de anos, tem havido um movimento de afastamento que já chegou a cento e oito quilômetros, na região do mar Morto, associado à separação entre a península árabe e o continente africano. Os místicos modernos predizem um terremoto realmente forte, na área de Jerusalém, para um futuro não muito distante. Isso ajudaria os árabes em seu conflito contra Israel, precipitando os eventos da grande Tribulação e da batalha do Armagedom, quando a própria existência de Israel estará em jogo. Os trechos de Zacarias 14.4,5 e Apocalipse 16.18,19 predizem um vastíssimo terremoto que acompanhará o segundo advento de Cristo. E isso poderia estar associado à mudança dos polos predita pelos místicos modernos. Tanto estes quanto os estudiosos da Bíblia concordam que tudo isso não pode estar muito distante de nós. Quem for sábio, que se prepare!

V. Sons e Ondas Sísmicos. Referimo-nos a um assunto realmente espantoso quando falamos sobre os ruídos e as ondas de choque produzidos pelos terremotos. Essas coisas são realmente assustadoras. Grandes vibrações sacodem a terra quando algum terremoto tem lugar. No caso dos grandes terremotos, esses abalos liberam forças maiores que a explosão de muitas bombas atômicas, ao mesmo tempo. Tal atividade subterrânea pode ser ouvida como ruídos cavos e profundos. Além disso podem-se ouvir estalidos poderosos, quando grandes massas de rochas racham e se partem, mediante pressões inacreditáveis. A distância, um terremoto pode ser ouvido como se pesadíssimos veículos estivessem passando, ou como se estivessem sendo arrastadas imensas caixas pela superfície da terra. Ou então, podem ser ouvidos sons como de grandes trovões ou como se grandes canhões estivessem disparando.

Vários tipos de ondas de choque se precipitam do epicentro de um terremoto. Essas ondas são transmitidas pelo deslocamento de partículas, e podem levar consigo um tremendo poder de destruição. Algumas dessas ondas assemelham-se às ondas de choque sobre a superfície da água, quando algum objeto é lançado na mesma. Outras ondas como que se agitam de lado para lado, ou então para frente e para trás. Vários tipos de ondas de choque podem ter lugar simultaneamente. Essas ondas de choque propagam-se em diferentes velocidades, dependendo da resistência encontrada à sua passagem. Uma onda dessas pode percorrer 160 km em vinte segundos. Um único terremoto pode enviar diferentes tipos de ondas ao mesmo tempo, que se propagam em quatro diferentes velocidades. Essas ondas podem viajar por milhares de quilômetros, dependendo da magnitude de cada terremoto.

VI. REFERÊNCIAS BÍBLICAS A TERREMOTOS. Há uma palavra hebraica e uma palavra grega que precisam ser consideradas neste verbete, a saber: **1**. *Raosh*, "tremor", "abalo". Termo hebraico usado por cerca de trinta vezes (conforme se vê em 1Rs 19.11,12; Is 29.6; Am 1.1; Zc 14.5). **2**. *Seismós*, "abalo". Essa palavra grega figura por catorze vezes no Novo Testamento (Mt 8.24; 24.7; 27.54; 28.2; Mc 13.8; Lc 21.11; At 16.26; Ap 6.12; 8.5; 11.13,19; 16.18).

Durante o reinado de Uzias (Am 1.1) houve um grande terremoto, que Josefo vínculou à iniquidade, incluindo sacrilégios, que caracterizaram aquele reinado e aquele período da história de Israel. (Ver 2Cr 26.16 ss). É mencionado um terremoto em conexão com a crucificação de Jesus (Mt 27.51-54), e outro em conexão com a ressurreição (Mt 28.2). Também houve um terremoto que abriu as portas da prisão onde se encontravam Paulo e Silas (At 16.26). Um terremoto acompanhou a morte de Coré (Nm 16.32) e um outro seguiu-se à visita de Elias ao monte Horebe (1Rs 19.11). Josefo refere-se ao terremoto devastador que atingiu a Judeia em 31 a.C. (*Anti*. 15.52). As predições bíblicas dizem-nos que um terremoto de gigantescas proporções acompanhará a parousia ou segunda vinda de Cristo (Ap 16.18,19 e Zc 14.4,5). Os místicos modernos estão predizendo uma nova mudança dos polos para estes nossos tempos, e essas referências bíblicas bem podem estar fazendo alusão a essa mudança dos polos.

Sentidos figurados e espirituais. Os terremotos são uma das armas que Deus usa para a destruição da iniquidade. Muitos psíquicos de nossos dias acreditam que a maldade humana, que produz vibrações adversas, pode ser uma causa contribuinte dos terremotos. Isso significaria que uma atividade dessa espécie poderia ser produzida, pelo menos em parte, quando os homens perdem de vista os valores espirituais. Seja como for, os terremotos simbolizam o juízo divino (Is 24.20; 29.6; Jr 4.24; Ap 8.5). A derrubada violenta de nações é comparada a um terremoto (Ag 2.6,22, Ap 6.12,13; 16.18,19). Porém, essas referências bíblicas parecem incluir aquele terremoto literal que fará parte desses eventos.

VII. ESTAMOS NA GERAÇÃO DO TERREMOTO? As predições relativas à nossa época indicam que, à medida que o fim de nossa era for se aproximando, os terremotos ir-se-ão tornando o horror dos homens. Os místicos estão falando sobre *terremotos mortíferos*, alguns dos quais poderiam atingir até mesmo o grau 12 da escala de Richter. Dizemos que esses imensos terremotos ocorrerão como pré-choques da mudança dos polos que já se avizinha. Jeffrey Goodman escreveu um livro que foi publicado com o título em inglês, *We are the Earthquake Generation* (Somos a Geração do Terremoto). Goodman é um arqueólogo profissional. Ele tem recolhido evidências que falam sobre um período extremamente atribulado, que se iniciaria dentro de pouco tempo, e que incluiria muitos terremotos. Ele prediz um período de 20 anos de catástrofes dessa natureza. Os cristãos há séculos falam sobre a vinda da grande Tribulação para breve. Ver o artigo sobre a *Tribulação, a Grande*. Não há que duvidar que os terremotos serão uma parte importante dessas tribulações.

VIII. ANSIEDADE E PREPARAÇÃO PARA OS TERREMOTOS. Tememos essas coisas. Temos absoluta certeza de que elas já se aproximam. Queremos a paz, mas sabemos que todas as eras anteriores da humanidade encaminharam-se para a sua destruição, sendo substituídas por outras eras. Não há razão para pensarmos que o milênio (vide) ocorrerá através de uma transição pacífica. Só há uma preparação que está ao nosso alcance e que é eficaz, a preparação *espiritual*. Há pessoas que se têm mudado de áreas que, segundo dizem os místicos, serão mais pesadamente atingidas. Porém, os ímpios dificilmente serão protegidos somente por terem mudado de cidade. Além disso, se justos perecerem em algum grande cataclismo (e muitos homens justos padecerão tais coisas, naturalmente), bastar-nos-á pensar novamente sobre o valor da alma e da vida eterna. Sócrates estava certo de que nenhum dano final pode sobrevir a um homem bom, o que representa uma verdade espiritual permanente.

Muitos evangélicos creem que o *arrebatamento* (vide) haverá de livrar a igreja cristã de grande parte dos desastres finais. Também sou um dos que já acreditaram nessa ideia; mas agora penso que a igreja passará pela tribulação. Todavia, não acredito que nossos teólogos já tenham resolvido todos os problemas envolvidos. Penso que ninguém sabe, *com certeza*, quanto da tribulação a igreja terá de passar, antes de seu arrebatamento. Também acredito que a grande Tribulação prolongar-se-á por um total de quarenta anos, dos quais os famosos sete anos bíblicos seriam a parte principal. Ver o artigo sobre *Quarenta*. Escrevi um livro que reflete essa crença, intitulado *Profecias para o Nosso Tempo: 40 anos Finais da Terra?* Esse livro foi publicado pela editora Nova Época, de São Paulo. Nesse livro, procuro demonstrar que o período que nos aguarda com as suas tribulações representa um outro *quarenta* (o número simbólico para tribulações), porquanto, há muitos períodos atribulados na Bíblia, representados pelo número quarenta. Como já dissemos, os sete anos das predições bíblicas farão parte especial de um período maior de quarenta anos. Esses sete anos diriam respeito à nação de Israel. Seja como for, é fácil os crentes mostrarem-se apreensivos diante de todas essas possibilidades para o mundo futuro.

Nós, como crentes individuais, poderemos desfrutar ou não de proteção, em meio às tribulações finais. A conservação da vida física nem sempre é a questão que mais importa. O que importa é que vivamos corretamente dentro do período de tempo que nos foi dado, cumprindo a nossa missão na terra. É digno de consideração que, se fomos postos no mundo, nesta época particular, então é que há alguma razão especial para estarmos aqui, relacionados especificamente às tribulações que haverão de sobrevir ao mundo. Nas experiências perto da morte, quando um homem passa pelos primeiros estágios da morte física, quando a sua vida é posta em revista, uma das perguntas feitas pelo *Ser de Luz* é como ele *amou* durante a vida, bem como o que *aprendeu*. As duas grandes colunas da espiritualidade são o amor e o conhecimento. Deveríamos cultivar ambas as coisas, em nossa vida, com todo o *afã*. Ver o artigo sobre as *Experiências Perto da Morte*. Se assim fizermos, nada teremos a temer do futuro.

> Deus é nosso refúgio e fortaleza
> Socorro bem presente na angústia.
> Pelo que não temeremos, ainda que a terra se mude,
> E ainda que os montes se projetem para o meio dos mares:
> Ainda que as águas rujam e espumem,
> Ainda que os montes se abalem pela sua braveza. Selá.
> Há um rio cujas correntes alegram a cidade de Deus,

*O Lugar Santo das moradas do Altíssimo.
Deus esteve no meio dela;
Não será abalada.*

(Sl 46.1-5)

BIBLIOGRAFIA. AM GOOD WHI Z

TERTULIANO

Começou a escrever em Cartago, África do Norte, perto do final do século II, datando as obras que lhe são atribuídas, e comprovadamente de sua autoria, do ano de 196 ao de 212. Alguns eruditos têm afirmado haverem detectado novos elementos distintivos doutrinários na parte final de sua obra, quando se tornou favorável ao montanismo. Tertuliano tem sido caracterizado tanto como "o último dos apologistas gregos" como "o primeiro dos pais latinos". Ambas as designações lhe cabem perfeitamente, pois preserva em seus escritos um compêndio da principal corrente do cristianismo, ao mesmo tempo que prefigura significativamente a preocupação da igreja latina com o poder e enfatiza temas representativos desta como confissão, penitência, renúncia e mérito. Tertuliano concentrou muito do seu "poder de fogo" contra as opões "cristãs" tolerantes ao dualismo, mais em sua obra *Contra Marcião*. Outros sistemas dualistas atacados foram o gnosticismo e a filosofia de Hermógenes, que, na visão de Tertuliano, colocava a matéria original no mesmo patamar elevado do Deus único e singular.

Em todos os seus escritos, afirma defender a *regula fidei* (regra de fé) doutrinária sustentada universalmente pela igreja, segundo a tradição apostólica (*Contra Práxeas* 2; *Prescrição dos heréticos* 13, 36; *Véu de virgens* 2). Os pilares dessa confissão, compartilhados por seu grande predecessor, Ireneu de Lyon, encontravam-se na afirmação de um Criador de todas as coisas, da encarnação do Verbo divino e da ressurreição final dentre os mortos. No desenvolvimento desse esquema simples, no entanto, revela-se um comprometimento com detalhes significativos nele implícitos. Assim, o Criador forma o universo do nada (*creatio ex nihilo*), o que garante sua singularidade como Deus e protege o valor intrínseco do próprio produto resultante de sua criação. Daí, em sua oposição ao docetismo, Tertuliano pode vir a considerar a "carne" ou humanidade de Cristo como veículo digno da presença de Deus (*Contra Marcião* 2.4; 3.10; 5.14; *Carne de Cristo* 6,16) e, ousadamente, identificar o Deus gracioso em operação em Cristo com o verdadeiro Criador e divindade a quem Marcião dispensou como malévolo e fraco. Tertuliano vai ainda mais longe e inclui o próprio Cristo nas funções de criação e julgamento, colocando-o assim efetivamente do lado divino da divisão entre Criador e criação (*Contra Marcião* 4.20, 29, 30, etc.), embora ainda sublinhando repetidamente a realidade da natureza humana de Cristo (*ibid.* 2.27, 5.14; *Carne de Cristo* 5,15).

A questão da ressurreição geral futura repousa igualmente na doutrina da criação. O poder que fez todas as coisas do nada pode, do mesmo modo, chamar de volta os seres humanos da dissolução da morte e elaborar uma nova ordem, pela ressurreição, na natureza (*Ressurreição* 7,42,57).

O sentimento do poder divino permeando o presente, no pensamento de Tertuliano, não significa que não tenha uma visão da graça divina. A encarnação, para ele, não se trata de mera exibição do poder e da majestade de Deus, mas, sim, uma operação essencialmente *salvadora* (*Contra Marcião* 4.37, 5.14, 17; *Carne de Cristo* 5,14). O poder que empreendeu nossa salvação alcançou a cruz, onde Cristo "reinou desde o lenho" (*Contra Marcião* 3.18,19,21). Assim também, o Espírito Santo, pela virtude do seu poderoso papel na Criação, é o Espírito recriador da graça que opera na santificação (*Contra Práxeas* 12), nos sacramentos (*Batismo* 3,4), na oração (*Oração* 1) e no perdão (*Pureza* 21).

Tertuliano ficou principalmente famoso, no entanto, por suas formulações da Trindade, em sua obra mais madura *Contra Práxeas*, dirigida ao monarquianismo do século II. Para os monarquianistas, existia somente um poder governante, indiferenciado, que assumia, em sucessão, papéis apropriados na obra da redenção. Tertuliano admite o princípio de um só governante, mas sustenta ser esse governo administrado mediante o Filho e o Espírito Santo, como corregentes do Pai. A despeito dessa igualdade de posições, Tertuliano reconhece uma *delegação* do reino do Pai ao Filho, na auto-humilhação redentora deste. Faz, desse modo, uma distinção completa entre o Pai e o Filho, pelo menos na economia divina (ver Trindade), que rompe o estrito molde monoteísta do monarquianismo.

Em sua doutrina trinitariana, Tertuliano faz uso variado e complexo do termo *substantia* (substância). A maioria dos eruditos concorda em que a posterior teologia trinitária de Atanásio e dos concílios ecumênicos não deve ser lida, certamente, sob a mesma ótica com que Tertuliano empregava esse termo. Para ele, a palavra significa a substância-espírito singularmente divina, da qual o Filho e Espírito compartilham, em virtude, principalmente, de sua emergência do único Deus, na qualidade de agentes na obra da criação. Na base dessa Trindade econômica e dinâmica está a teologia do *Logos*, herdada de apologistas anteriores, altamente subordinacionista.

Em harmonia com *substantia*, está o termo *persona* (pessoa), basicamente realçando o diálogo (junino) de Pai e Filho e estabelecendo real distinção entre suas pessoas na economia da redenção. Não se pode presumir uma formulação na mente de Tertuliano de tudo que possa ser equiparável ao sentido moderno de "pessoa" (tal como autoconsciência, autodeterminação, etc.), muito embora a narrativa bíblica correspondente torne de certo modo natural essa concepção (cf. Hipóstase).

A doutrina trinitária de Tertuliano tem sido chamada, corretamente, de "Trindade econômica", uma vez que todas as suas formulações se encontram relacionadas às obras da criação e redenção, dificilmente se referindo de modo definitivo a uma Trindade dentro da natureza divina que esteja totalmente à parte da atividade de Deus. Isso é geralmente típico de sua teologia, que apresenta muitas das marcas do pensamento funcional e prático latino. Para Tertuliano, Deus é ativo, e não abstrato.

Em suas considerações sobre a morte e ressurreição do Filho de Deus, Tertuliano comenta que "é certa por ser impossível". Essa afirmação, aparentemente paradoxal ou irracional, sublinha sua alegada e conhecida aversão à filosofia. A avaliação dessa posição de Tertuliano, no entanto, deve levar em conta o fato de que ele, não obstante, faz uso, constantemente, embora de modo muito seletivo, de fontes filosóficas de seu tempo (especialmente o estoicismo), é severamente racionalista em muitos de seus discursos e se mostra principalmente mais interessado em se opor a expressões sincréticas da fé cristã do que propriamente à filosofia em geral.

Embora, algumas vezes, seja questionada a originalidade de Tertuliano como teólogo, e tenha admitido sua dependência de apologistas anteriores (*Contra os valentinianos* 5), sua disposição do material e a própria vigorosa apresentação que faz levam não somente à produção de um compêndio inestimável do pensamento cristão do século II, como também a muitas formulações originais, que justificam sua celebrada posição na história da doutrina cristã.

(**R. Kearsley**, B.D., Ph.D., lente de Teologia Sistemática do *Glasgow Bible College*, Escócia.)

BIBLIOGRAFIA. R. H. Ayers, *Language, Logic and Reason in the Church Fathers: A Study of Tertullian, Augustine and Aquinas* (New York, 1979); J. Daniélou, *A History of Early Christian Doctrine Before the Council of Nicaea*: vol. 3, *The Origins of Latin Christianity* (London, 1977); E. Evans, *Tertullian's Treatise Against Praxeas* (London, 1948); idem, *Tertullian's Treatise On The Incarnation* (London, 1956); idem, *Tertullian's Treatise On The Resurrection* (London, 1960); J. Morgan, *The Importance* *of Tertullian in the Development of Christian Dogma* (London, 1928); R. E. Roberts, *The Theology of Tertullian* (London, 1924); W. P. Saint, *On Penitence and On Purity*, in: *Tertullian: Treatises on Penance* (London, 1952).

TESBITA

1. Nome. Este é o nome de uma pessoa que nasceu ou habitou a cidade chamada *Tisbe*, como Elias (1Rs 17.1). Ver também 21.17, 28 e 2Reis 1.3, 8; 9.36. Parece que o nome significa "recurso". **2. Identificação e Localidade**. Estritamente falando, o local é desconhecido e sua localização continua um mistério, mas adivinhações colocam-no no território de Naftali, ou Gileade. Não há confirmação arqueológica da cidade nem sugestão de sua antiga localidade. **3**. Alguns estudiosos pensam que a palavra *Tisbe* ou *Tesbita* é de fato relacionada à *Jabes-Gileade* de 1Samuel 11.1, 3,5, e 31.12, de forma que Elias poderia ter sido chamado de jabesita em vez de tesbita. Ver o artigo sobre esse local para maiores detalhes. **4. Outras Identificações**. Talvez esteja em vista Listibe, do leste de Gileade, conjectura baseada na similaridade da palavra Tisbete com o árabe *el-Istibe*. O livro apócrifo Tobite (1.2) refere-se a Tisbe, que estava localizada ao sul de Cades, no território de Naftali. Talvez Elias tenha nascido naquela área, mas então se mudou para Gileade. Elias não tem uma associação com Gileade do Norte, no lado leste do rio Jordão, como sabemos com base em 1Reis 17.2-7. Talvez o ribeiro de Querite tenha sido um pequeno afluente de Jabes, que desemboca no Jordão. Tais especulações podem levar-nos à verdade, mas não temos como fazer uma afirmação com confiança.

TESOURARIA DO TEMPLO

1. Antigos santuários e templos muitas vezes eram usados como locais de depósito de objetos valiosos, como se fossem "bancos sagrados". Sabemos que o Panteão, por exemplo, tinha seu *opisthodomos*, ou tesouraria sagrada, que provavelmente servia como fonte para o pagamento de despesas da atividade do local. Os templos hebraicos tinham seus locais para armazenar presentes de ouro e prata, além de outros objetos valiosos que eram doados ao ministério (1Rs 7.51). Uma fonte de tal riqueza eram as ofertas do povo, mas não temos dúvida de que saques feitos durante as guerras compunham a maior fonte. E o dinheiro não era usado só para os cultos dos templos. Era uma grande fonte de riqueza que os reis usavam para seus projetos de construção e para enriquecimento pessoal, é claro. **2. Localização**. Alguns estudiosos acreditam que o templo não era o local para o tesouro, mas isso parece improvável. Logicamente, havia outras tesourarias e depósitos de riqueza além do templo. Estudiosos continuam a disputar exatamente onde estava localizada a tesouraria nos templos. **3. Administração**. Pelo menos antes do templo de Herodes, os administradores eram os levitas, depois os sacerdotes, isto é, levitas que descendiam diretamente de Arão, filho mais velho do levita Anrão e de Joquebede (Êx 6.20; Nm 26.29). Ele era irmão de Moisés. Arão estava na terceira geração depois de Levi, pelo que teríamos Levi, Coate, Anrão e Arão. Outros descendentes de Levi tornaram-se levitas, mas não eram levitas sacerdotes. Na época de Jesus, o *sumo sacerdote* assumiu essa função. Sob ele trabalhavam os principais tesoureiros (*katholikoi*) e sete curadores (*amarkalim*), mais três gerentes (*gizbarim*) que compartilhavam o trabalho e a responsabilidade. **4. Um Objeto de Ganância e Assaltos**. O tesouro do templo passou a possuir considerável riqueza, abrigando, como fazia, o maior banco do país. Naturalmente tornou-se objeto de ganância e assaltos. Exércitos invasores não o ignoravam. (Ver 1Rs 14.26; 2Rs 24.12 ss.; 1Macabeus 1.20-24; 2Macabeus 3.1-13). Como sempre ocorre na política, os próprios reis de Israel às vezes metiam as mãos no depósito de riqueza do templo para obter vantagens pessoais ou para comprar favores políticos. (Ver 1Rs 15.16 ss.; 2Rs 12.17 ss.). Às vezes o tributo pago a poderes estrangeiros vinha do tesouro do templo (2Rs 18.13 ss.). **5. Referências no Novo Testamento**. João 8.20 parece indicar que o tesouro era um lugar popular para reuniões públicas. (Ver ainda Mc 12.14 ss. em conexão com isso). Havia urnas na forma de trombetas para o recebimento das ofertas do povo. Mas Herodes, o Grande, tinha muito dinheiro e muito poder, e podemos ter certeza de que ele mantinha o tesouro e seus bolsos cheios.

TESOURO

I. Os Termos. No hebraico, temos nove vocábulos, e, no grego, cinco, neste verbete, a saber: **1**. *Otsar*, "tesouro", "coisa depositada". Palavra hebraica usada por 71 vezes com esse sentido (conforme se vê, por exemplo, em Dt 28.12; 32.34; 1Rs 7.51; 15.18; 2Rs 12.18; 14.14; 24.13; 1Cr 26.20,22,24,26; 2Cr 5.1; 8.15; 36.18; Ed 2.69; Ne 7.70,71; Jó 38.22; Pv 8.21; 10.2; Is 2.7; 30.6; 33.6; 45.3; Jr 10.13; 15.13; 17.3; Ez 28.4; Dn 1.2; Os 13.15; Mq 6.10). Também há a forma *atsar*, como em Ne 13.13 e Is 23.18. **2**. *Ginzin*, "tesouros". Palavra hebraica empregada por três vezes: Esdras 5.17; 6.1; 7.20. **3**. *Chosen*, "riquezas", "força". Palavra hebraica utilizada por três vezes (Pv 15.6; 27.24; Ez 22.25). **4**. *Matmon*, "coisa oculta". Palavra hebraica usada por quatro vezes (Gn 43.23; Jó 3.21; Pv 2.4; Jr 41.8). **5**. *Mikmannim*, "tesouros". Termo aramaico usado por uma vez apenas, em Daniel 11.43. **6**. *Miskenoth*, "tesouros", "armazéns". Vocábulo hebraico usado por uma vez com o sentido de "tesouros": Êxodo 1.11. **7**. *Athud*, "tesouro", "preparado". Palavra hebraica usada por uma vez com o sentido de "tesouro", em Isaías 10.13. **8**. *Saphan*, "coisa coberta", "tesouro". Palavra hebraica que ocorre por uma vez com esse sentido Deuteronômio 33.19. **9**. *Gedaberin*, "tesouros". Palavra aramaica usada por uma vez (em Daniel 3.2,3). **10**. *Thesaurós*, "tesouro". Palavra grega usada por dezessete vezes (Mt 2.11; 6.19-21; 12.35; 13.44,52; 19.21; Mc 10.21; Lc 6.45; 12.33,34; 18.22; 2Co 4.7; Cl 2.3; Hb 11.26). **11**. *Thesaurízo, entesourar*. Verbo grego usado por oito vezes (Mt 6.19,20; Lc 12.21; Rm 2.5; 1Co 16.2; 2Co 12.14; Tg 5.3; 2Pe 3.7). **12**. *Gáza*, "tesouro" (uma palavra derivada do persa), que aparece somente por uma única vez, em At 8.27. **13**. *Gazophulákion*, "tesouro". Palavra grega usada por quatro vezes (Mc 12.41,43; Lc 21.1; Jo 8.20). **14**. *Korbanâs*, "lugar das ofertas". Palavra grega transliterada do hebraico, usada somente por uma vez: Mateus 27.6.

II. Tipos de Tesouro. Na Bíblia, um tesouro consiste no dinheiro, nas joias, no ouro, na prata, nos vasos, nos unguentos, nas especiarias, nos armamentos, nos cereais, nas moedas ou em quaisquer outras possessões materiais que um governante, um monarca ou um indivíduo rico conservaram em lugar seguro, fora do alcance de ladrões e assaltantes. Os vasos sagrados e os móveis do templo de Jerusalém, ou mesmo dos templos de divindades pagãs, eram considerados tesouros (ver 1Cr 32.27-29; Ed 1.9-11; Ne 7.70). Visto que, nos tempos antigos, as riquezas estavam concentradas nas mãos dos monarcas ou dos templos, o termo tesouro veio também a significar "armazém" ou "tesouraria" o que se reflete nas traduções em geral. Na antiguidade, quando as forças inimigas invadiam um país, geralmente, dirigiam-se ao palácio real ou ao templo central, em busca dos tesouros ali guardados; esses tesouros, juntamente com os cativos de guerra, eram os despojos que o adversário vitorioso levava. Visto que os tesouros garantiam o suprimento das necessidades básicas das pessoas que os possuíam, com frequência, o vocábulo "tesouro" foi empregado, pelos profetas do Antigo Testamento e até pelo Senhor Jesus, para indicar as possessões e riquezas espirituais, apontando para coisas como a sabedoria, o amor, o céu e o evangelho (ver Pv 10.2; Is 33.6; Mc 10.21).

III. Aspecto Monárquico dos Tesouros. O conceito de tesouro ou de "armazém", nas páginas bíblicas, indica o aspecto monárquico da cultura e da economia dos povos do mundo antigo, no sentido de que todas as grandes riquezas ficavam concentradas nas mãos do rei, do templo sagrado, de sumos sacerdotes ou de pessoas eminentemente ricas. No entanto, o povo comum dispunha pouquíssimo dessas riquezas, e nem ao menos ambicionava possuí-las; mas, essas pessoas reverenciavam o rei ou o templo, por estarem guardando em segurança as riquezas do país. Isso posto, havia uma abastança incalculável, concentrada nas mãos de poucos, e uma pobreza extrema entre os cidadãos comuns, que formavam as multidões. É por esse motivo que, com frequência, os profetas do Antigo Testamento identificavam as riquezas com a iniquidade, e a pobreza, com a piedade. Também lemos nas Escrituras que *Aceitai o meu ensino, e não a prata, e o conhecimento antes do que o ouro escolhido* (Pv 8.10).

Entretanto, nos palácios reais e nos templos não havia caixas fortes ou cofres, onde os tesouros fossem trancados em segurança. Ver sobre *Bancos*. Mas os tesouros guardados nos templos, onde as multidões por muitas vezes se congregavam, eram defendidos por muitos homens armados. E os indivíduos ricos escondiam suas posses materiais em suas casas, em cavernas, ou nos campos. Muitas guerras estouraram por causa desses tesouros (ver 1Rs 14.26). E um dos métodos das nações se apossarem das riquezas consistia em pilhar as cidades e os templos de outras nações. Assim, quando Jerusalém caiu diante dos exércitos invasores, provenientes do Oriente, todos os tesouros ali existentes foram transportados para aqueles países estrangeiros. É fato bem conhecido que muitos imperadores, reis e rainhas, como no Egito, eram sepultados juntamente com suas posses materiais, em túmulos de difícil acesso, como era o caso das pirâmides. De fato, essas pirâmides são o exemplo mais notável desse antigo costume. No templo de Jerusalém, o aposento, onde eram guardadas as caixas para recolher as oferendas, era chamado de "gazofilácio", ou "tesouraria", conforme se vê em Marcos 12.41 e Lucas 21.1. Essas caixas para recolhimento das ofertas tinham o formato de trombetas.

Uma das primeiras alusões a um tesouro, nas páginas do Antigo Testamento, aparece no episódio em que os irmãos de José foram comprar alimentos no Egito, durante o período de escassez, quando José pôs novamente nos sacas deles o dinheiro com que haviam pago o cereal. Foi então que José disse aos seus assustados irmãos: *Paz seja convosco, não temais; o vosso Deus e o Deus de vosso pai vos deu tesouro nos vossos sacos; o vosso dinheiro me chegou a mim* (Gn 43.23).

IV. Tesouros de Davi e Salomão. Os reis Davi e Salomão tornaram-se conhecidos pelas imensas riquezas que conseguiram amealhar em seus palácios, ou então, no templo do Senhor, em Jerusalém. Os tesouros do templo, em Jerusalém, consistiam nos vasos, no altar de ouro, na mesa de ouro para os pães da proposição, no candeeiro de ouro, nas lâmpadas e seus utensílios, nas bacias e pratos para incenso, e até mesmo nas portas do edifício. O próprio templo era recoberto com placas de ouro. Lê-se em 1Reis 7.48-51: ... *fez Salomão todos os utensílios do Santo Lugar do Senhor: o altar de ouro, e a mesa de ouro... Os castiçais de ouro finíssimo... as flores, as lâmpadas e as espevitadeiras, também de ouro; também as taças, as espevitadeiras, as bacias, os recipientes para incenso, e os braseiros, de ouro finíssimo; as dobradiças para as portas da casa interior... E as das portas do Santo Lugar do templo, também de ouro. Assim se acabou toda a obra que fez o rei Salomão para a casa do Senhor; então trouxe Salomão as cousas que Davi, seu pai, havia dedicado, a prata, o ouro e os utensílios, ele os pôs entre os tesouros da casa do Senhor.*

V. Tesouros dos Reis de Israel. Algumas vezes, os tesouros dos palácios dos reis de Judá e de Israel correram perigo, quando das guerras locais que atingiram a Palestina. Para exemplificar, quando Baasa, rei de Israel, e Asa, rei de Judá, combateram um contra o outro, este último enviou todos os tesouros da nação a Ben-Hadade, rei da Síria, a fim de estabelecer um acordo com ele.

Segundo essa aliança, os sírios atacariam Baasa, de tal modo que Judá seria deixada em paz. ... *Asa tomou toda a prata e ouro restantes nos tesouros da casa do Senhor, e os tesouros da casa do rei, e os entregou nas mãos de seus servos; e o rei Asa os enviou a Ben-Hadade... dizendo: Haja aliança entre mim e ti, como houve entre meu pai e teu pai. Eis que te mando um presente, prata e ouro; vai, e anula a tua aliança com Baasa, rei de Israel, para que se retire de mim* (1Rs 14.18,19). E, por ocasião da reconstrução da nação de Israel, nos dias de Esdras e Neemias, continuava a ser usado o mesmo método de juntar grandes riquezas na casa do governante e no templo, conforme se vê em (Ed 2.69; Ne 7.70,71; 10.38 e 12.44).

Quando os sírios invadiram a nação do norte, Israel, o rei Acaz solicitou de Tiglate-Pileser, rei da Assíria, para vir livrá-lo do poder da Síria. Para animar o rei da Assíria a fazer essa intervenção, Acaz tomou a prata, o ouro e todos os tesouros da casa do Senhor e os enviou como presentes ao rei. E, então, os assírios chegaram, mas em vez de livrarem Judá, puseram o rei Acaz em aperto. (Ver 2Cr 28.16-21). Um incidente similar teve lugar nos dias de Ezequias, quando Senaqueribe, rei da Assíria, invadiu Judá. A compensação requerida pelo rei da Assíria foi a prata e o ouro que estavam guardados na casa do Senhor. E o fato de que o rei da Babilônia, tempos mais tarde, levou Jeoaquim, de Judá, como prisioneiro, tendo transportado para a Babilônia todos os tesouros da casa do Senhor, mostra-nos, mais uma vez, que o templo de Jerusalém era uma espécie de tesouro das riquezas da nação que vinham sendo amealhadas desde os dias de Salomão. (Ver 2Cr 36.6,7).

Os tesouros existentes no templo de Jerusalém vinham sendo recolhidos desde os dias de Davi, com as ofertas que ele e muitos outros israelitas haviam dedicado. Quanto a isso, examinar 1Crônicas 29.1-9. Além disso, grupos especiais e famílias ficaram encarregados de guardar os tesouros da casa do Senhor, segundo se aprende em 1Crônicas 26.22-28. No decorrer dos séculos, houve muitos outros donativos polpudos, recolhidos em certas oportunidades históricas, que aumentaram ou restauraram as riquezas do templo. Devido às guerras e invasões, esses tesouros foram pilhados por mais de uma vez. Mas o povo de Israel não demorava muito a reconstituí-los com suas generosas ofertas. Um caso desses é historiado em Esdras 2.68,69, onde está escrito: *Alguns dos cabeças de famílias, vindo à casa do Senhor... deram voluntárias ofertas para a casa de Deus, para a restaurarem no seu lugar. Segundo os seus recursos, deram para o tesouro da obra, ouro, sessenta e uma mil dracmas, e em prata, cinco mil arráteis, e cem vestes sacerdotais.* A isso poderíamos acrescentar os dízimos dados pelo povo, que engordavam ainda mais os tesouros ali armazenados.

VI. Tesouros como Tropeços Espirituais. Por outro lado, os homens espirituais de Israel nunca deixaram de perceber que as riquezas materiais, devido à debilidade humana, podem servir de tropeço e ameaça ao bem-estar espiritual dos homens. Um exemplo dessa cautela e sabedoria, que é um reflexo do temor ao Senhor, ou piedade, aparece, por exemplo, em Provérbios 15.16: *Melhor é o pouco, havendo o temor do Senhor, do que grande tesouro, onde há inquietação*. O profeta Isaías refere-se a riquezas que eram transportadas em corcovas de camelos, para indicar o rico comércio que se fazia por meio das caravanas. (Ver Is 30.6). Jeremias, por sua vez, dá testemunho do fato de que as riquezas das nações antigas eram guardadas em suas capitais, onde ficavam as sedes dos respectivos governos. Diz ele: *Também entregarei toda a riqueza desta cidade, todo o fruto do seu trabalho, e todas as suas cousas preciosas; sim, todos os tesouros dos reis de Judá entregarei na mão de seus inimigos, os quais hão de saqueá-los, tomá-los e levá-los à Babilônia* (Jr 20.5). O rei Ezequias, de Judá, dispunha de grandes tesouros acumulados, no tempo em que reinava em

Jerusalém: *Ezequias se agradou dos mensageiros (do rei da Babilônia) e lhes mostrou toda a casa do seu tesouro, a prata, o ouro, as especiarias, os óleos finos, o seu arsenal e tudo quanto se achava nos seus tesouros...* (2Rs 20.13).

O fato de que os reis invasores levavam as riquezas dos países invadidos para suas capitais, depositando-as em seus templos e palácios, indica que esse costume não prevalecia somente em Israel. Daniel 1.1,2 é trecho que nos mostra isso: *No ano terceiro do reinado de Jeoaquim, rei de Judá, veio Nabucodonosor, rei da Babilônia, a Jerusalém, e a sitiou. O Senhor lhe entregou nas mãos Joaquim, rei de Judá, e alguns dos utensílios da casa de Deus; a estes levou-os para a terra de Sinear, para a casa do seu deus, e os pôs na casa do tesouro do seu deus.*

VII. Sentido figurado de Tesouro no Antigo Testamento. Com frequência, o termo "tesouro" ou "casa do tesouro" é usado em sentido figurado no Antigo Testamento. Como exemplo disso, em uma terra com poucas chuvas, como era o caso da Palestina, as chuvas eram consideradas um autêntico tesouro. *O Senhor te abrirá o seu bom tesouro, o céu, para dar chuva à tua terra no seu tempo, e para abençoar toda obra das tuas mãos, emprestarás a muitas gentes, porém tu não tomarás emprestado* (Dt 28.12). As últimas palavras desse citado versículo mostram como essas chuvas, caídas no tempo certo, podiam transformar-se até em tesouros literais. A sabedoria, sobretudo aquela de cunho espiritual, também era considerada um grande tesouro, entre os antigos, quando eram dotados de entendimento espiritual: *Tesouro desejável e azeite há na casa do sábio, mas o homem insensato os desperdiça* (Pv 21.20). Um outro quadro simbólico comum, encontrado nas Escrituras, é que o temor ao Senhor constitui-se em autêntico tesouro para aquele que o possui, conforme Isaías predisse acerca do povo de Israel: *Haverá, ó Sião, estabilidade nos teus tempos, abundância de salvação, sabedoria e conhecimento, o temor ao Senhor será o teu tesouro* (Is 33.6). E o profeta Ezequiel reverbera o mesmo sentimento, quando escreve: *... pela tua sabedoria e pelo teu entendimento alcançaste o teu poder, e adquiriste ouro e prata nos teus tesouros* (Ez 28.4), embora ali falasse em relação ao rei de Tiro e, por conseguinte, em um sentido negativo.

VIII. Tesouros no Novo Testamento
1. Quadro Diferente. Quando chegamos ao Novo Testamento, o quadro mental é bastante modificado. Pois, se no Antigo Testamento um tesouro dava a ideia de vastas riquezas concentradas nos palácios reais ou nos templos, nas páginas do novo pacto um tesouro (no grego, *thesarós*) é concebido muito mais em *termos individuais*, como propriedade de algum ricaço. O Novo Testamento, logo no começo, refere-se a tesouros que os magos, vindos do Oriente, trouxeram para presentear ao menino Jesus. *Entrando na casa viram o menino com Maria, sua mãe. Prostrando-se, o adoraram; abrindo os seus tesouros, entregaram-lhe suas ofertas: ouro, incenso e mirra* (Mt 2.11). Por que motivo a sagrada família precisava desses tesouros, é o que alguns têm indagado. Lembremo-nos, porém, que dentro de poucos dias eles haveriam de descer ao Egito, onde ficariam até que Herodes falecesse (ver Mt 2.19-21). Sem dúvida, aqueles recursos os sustentariam naquele país estrangeiro, impedindo que fossem reduzidos à mendicância, por terem fugido praticamente sem levar bens volumosos.

2. Tesouros Espirituais. Em Hebreus 11.26 também há menção aos tesouros do Egito, que Moisés desprezara, por amor ao seu próprio povo. Se meditarmos que Moisés era "filho da filha do Faraó", então poderemos compreender que ele não desistiu de pouca coisa, nem de pequena posição na escala social, e nem de remotas possibilidades de tornar-se um importante vulto no Egito, talvez até mesmo um futuro Faraó. Mas é que Moisés também tinha visão espiritual, pelo que ... *considerou o opróbrio de Cristo por maiores riquezas do que os tesouros do Egito...* No Novo Testamento, porém, a ideia de "tesouro", na maioria das vezes, aparece dentro de um contexto espiritual, pelo que é empregada em sentido metafórico. Para exemplificar, mencionamos uma parábola do reino, que o compara com ... *um tesouro oculto no campo...* (Mt 13.44). Por igual modo, o Senhor Jesus admoestou aos seus discípulos e a todos nós: ... *mas ajuntai para vós outros tesouros no céu, onde traça nem ferrugem corrói, e onde ladrões não escavam nem roubam, porque onde está o teu tesouro aí estará também o teu coração* (Mt 6.20,21). Portanto, o nosso tesouro, no dizer de Jesus, é aquilo a que damos maior valor. Nós, os servos do Senhor, não somos instruídos a empobrecer e a mendigar; mas antes, a trabalhar com as próprias mãos, até para podermos contribuir para as necessidades dos que padecem por carência. (Ver 1Ts 4.11,12 e Ef 4.28). Paralelamente a essa industriosidade e generosidade, porém, o crente é ensinado a valorizar, acima de todas as riquezas terrenas, as riquezas celestiais. ... *buscai, pois, em primeiro lugar, o seu reino e a sua justiça, e todas estas cousas* (as posses terrenas) *vos serão acrescentadas* (Mt 6.33).

3. Tesouros do Coração. Acresça-se a isso que o Senhor Jesus também empregou o vocábulo "tesouro" a fim de designar o bem ou o mal que se ocultam no coração de cada indivíduo: *O homem bom tira do tesouro bom cousas boas, mas o homem mau, do mau tesouro tira cousas más* (Mt 12.35). Isso equivale a dizer que as virtudes cristãs devem ser reputadas como um de nossos tesouros, da mesma maneira que os ímpios entesouram as suas perversidades morais.

4. Tesouros nos Céus. O amor cristão e as obras impulsionadas pelo amor são tesouros que acumulamos no céu, conforme Jesus disse ao jovem rico: *Se queres ser perfeito, vai, vende os teus bens, dá aos pobres, e terás um tesouro no céu; depois vem, e segue-me*. No entanto, o jovem rico não estava disposto a trocar as riquezas terrenas imediatas, pelas riquezas celestiais, as quais, para ele, pareciam muito remotas. *Tendo, porém, o jovem ouvido esta palavra, retirou-se triste, por ser dono de muitas propriedades* (Mt 19.21,22). Essa é a atitude de muitas pessoas, que se julgam práticas e pragmáticas. Mas, no fim, o seu prejuízo é incalculável. Diferente é a sorte daqueles cujos olhos são abertos para perceberem o valor das riquezas espirituais. Foi acerca desses que Jesus falou, depois que o jovem rico e tresloucado se afastou: *E todo aquele que tiver deixado casas, ou irmãos, ou irmãs, ou pai, ou mãe, ou filhos, ou campos, por causa do meu nome, receberá muitas vezes mais, e herdará a vida eterna* (Mt 19.29).

5. A Palavra do Senhor. O Senhor Jesus também se referiu à sabedoria espiritual como um "tesouro", quando declarou: *Por isso todo escriba versado no reino dos céus é semelhante a um pai de família que tira do seu depósito cousas novas e cousas velhas* (Mt 13.52). O apóstolo Paulo secundou essa noção, dizendo que o evangelho de Jesus Cristo é um tesouro que transportamos conosco: *Temos, porém, este tesouro em vasos de barro, para que a excelência do poder seja de Deus, e não de nós.* (2Co 4.7). Para o crente, o valor maior, o tesouro mais prezado é o Senhor Jesus Cristo: *Por isso está na Escritura: Eis que ponho em Sião uma pedra angular, eleita e preciosa; e quem nela crer não será de modo algum envergonhado. Para vós outros, portanto, os que credes, é a preciosidade...* (1Pe 2.6,7). E isso é assim, para nós, porque é em Cristo que encontramos o que mais nos é caro, isto é, a salvação final, a natureza divina. (Ver 2Pe 1.4). Sim, podemos encerrar esta exposição sobre os tesouros celestiais, citando novamente o apóstolo Paulo: ... *para que os seus corações sejam confortados, vinculados juntamente em amor, e tenham toda riqueza da forte convicção do entendimento, para compreenderem plenamente o mistério de Deus, Cristo, em quem todos os tesouros da sabedoria e do conhecimento estão ocultos* (Cl 2.2,3).

TESSALÔNICA

No grego é *thessalonike*, **"conquista ou vitória de Tessália"**. Nome de uma cidade situada no golfo Termaico, que

agora se chama golfo de Salônica. O primeiro nome da cidade era Terme, ou Terma, que quer dizer, fonte de água quente. Cassandro, um dos sucessores de Alexandre, o Grande, foi residir nela e lhe deu o nome de Tessalônica em honra de sua mulher Thessalonike, filha do conquistador do Quersoneso e irmã do grande Alexandre. No tempo dos romanos serviu de capital do segundo distrito, um dos quatro em que foi dividida a Macedônia. Foi estação militar e comercial na Via Egnatia e declarada cidade livre no ano 42 a.C. Os magistrados civis tinham o nome de politarcas, ou governadores da cidade (At 17.60. Havia lá uma sinagoga judia, onde o apóstolo Paulo pregou e alguns se converteram, formando o núcleo de uma igreja (At 17.1-13; cf. Fp 4.16). A essa igreja o apóstolo Paulo enviou duas epístolas. Dois de seus coadjutores, Aristarco e Secundo eram de Tessalônica (At 20.4; 27.2). Essa cidade foi tomada pelos sarracenos no ano 904 d.C. Depois de várias vicissitudes, o sultão Amurate II a tomou em 1430. Ainda existe com o nome de Salônica, com uma população de 100 mil habitantes, composta de maometanos, cristãos e judeus.

TESSALONICENSES, EPÍSTOLAS DE PAULO AOS

A primeira epístola aos Tessalonicenses é a mais antiga de quantas escreveu o apóstolo Paulo. Foi dirigida à igreja de Tessalônica com Silvano (Silas) e Timóteo. Paulo havia fundado essa igreja em sua segunda viagem missionária, passando dali a Bereia, em caminho para Atenas, por causa da perseguição que lhe moveram os judeus. Essa epístola contém alusões à sua estada nessa cidade (1Ts 2). Também diz que, estando em Atenas, lhes havia enviado Timóteo para fortalecê-los no meio das perseguições (3.1-3), e que o mesmo Timóteo havia sido portador de boas notícias. Pela lição de Atos 18.5, sabe-se que Silas e Timóteo se reuniram ao apóstolo em Corinto, onde escreveu a epístola talvez no ano 52. As alusões que nela se contêm à permanência de Paulo em Tessalônica, a tristeza que a igreja sentia pela morte de seus amigos, bem como a feição rudimentar da doutrina que a epístola contém, confirmam a data referida. O estado da igreja apresenta três feições muito especiais que impressionaram o apóstolo e que o moveram a escrever a epístola, e vem a ser: **1**. A tendência para negligenciar as suas obrigações diárias, provavelmente sob a expectativa da próxima vinda de Cristo, resultando daí, certo afrouxamento da moral. **2**. Tristeza pela morte de irmãos que não puderam usufruir as glórias do reino que ia ser estabelecido por Jesus, cuja segunda vinda se esperava. **3**. Fricções entre os oficiais da igreja e as pessoas capacitadas pelo Espírito Santo com o poder de operar milagres. Resulta de tudo isto a seguinte análise: ***a***. Agradável testemunho de seu fervor religioso, firmeza nas tribulações e a salutar influência de sua vida no proceder das outras igrejas (cap. 1). ***b***. Recordação do procedimento do apóstolo quando ali esteve e do entusiasmo que manifestaram pela pregação, a despeito das perseguições dos judeus (cap. 2). ***c***. Manifestação de sua alegria pelas boas notícias que Timóteo lhe deu sobre as animadoras condições da igreja (cap. 3. 4) Instrução sobre pontos especiais (cap. 4.1 até o cap. 5.24), referentes: a) à pureza das relações sexuais (4.3-8); b) sobre a cordialidade que deve existir entre irmãos (v. 9-12); c) sobre a morte dos crentes, declarando que por ocasião da Segunda Vinda de Cristo, os crentes mortos ressuscitarão primeiro, e, em companhia dos que ainda viverem, irão receber a Cristo nos ares (v. 13-18); d) instruções sobre a necessidade de vigilância e sobriedade na vida (5.1-11); e) sobre o respeito devido aos oficiais da igreja, sobre o cuidado com as necessidades alheias, sobre a cultura dos dons espirituais e sobre outros deveres da vida cristã (v. 12-24). 5) Últimas palavras (v. 25-28). A epístola ilustra brilhantemente as dificuldades inerentes à vida de uma igreja gentílica de formação recente, e a grandeza de visão do grande apóstolo tão graficamente revelada. A segunda epístola de Paulo aos Tessalonicenses evidentemente seguiu-se à primeira em pouco tempo. Também deve datar de 52 e foi escrita em Corinto. A sua leitura dá a entender que a situação da igreja de Tessalônica se agravara seriamente e conservava a mesma feição. Essa epístola, semelhante à primeira, foi escrita pelo apóstolo Paulo com Silvano (Silas) e Timóteo; trata amplamente da Segunda Vinda de Cristo e das ideias errôneas sobre esse assunto. Refere-se outra vez às irregularidades da vida religiosa (2Ts 3.6-12). Na primeira epístola ocupa-se da Segunda Vinda em suas relações com os crentes, e na segunda epístola trata do mesmo assunto em relação aos ímpios (1.5-10). Em seguida, adverte a igreja a não pensar que o dia do Senhor estaria próximo (2.2), e que a manifestação pessoal do Salvador seria em breve. Não ocorreria enquanto não viesse a apostasia, predita por Cristo (Mt 24.912), e referida pelo apóstolo em Atos 20.29,30; Romanos 16.17-20; 2Coríntios 11.13-15; 1Timóteo 4.1, e antes que viesse o homem do pecado, o filho da perdição (2Ts 2.3, 4; Dn 7.25; 11.36; 1Jo 2.18, veja *ANTICRISTO*, a quem o Senhor destruirá com o assopro da sua boca). *Não vos recordais de que, ainda convosco, eu costumava dizer-vos estas cousas?* (2Ts 2.5), pergunta o apóstolo. A epístola presta-se à seguinte divisão: 1) Congratulações pela fidelidade que manifestaram em meio às perseguições, pela certeza de que por intermédio delas, a fé se avigorou, e de que os ímpios serão punidos à chegada do Salvador (cap. 1). 2) Exortação aos irmãos para não pensarem que o Dia do Senhor estaria perto; descreve a apostasia que o há de preceder, o aparecimento do homem do pecado, antes da Segunda Vinda (*cf.* 2.1-12). 3) Confiança que o apóstolo tem na eleição e fidelidade dos irmãos, membros da igreja de Tessalônica (*cf.* v. 13-17). 4) Admoestações finais, pedindo que, por ele, se apartem dos que andam desordenadamente, que tenham cuidado, que obedeçam à sua autoridade apostólica etc. (cap 3). Pelo que se observa no capítulo 2.2, parece que circulou na igreja uma carta apócrifa, o que o levou a dizer no capítulo 3.17: *A saudação é de próprio punho: Paulo. Este é o sinal em cada epístola; assim é que eu assino*. Por aqui se nota que, desde o princípio, a igreja reconhecia a autoridade do apóstolo, tanto nas suas cartas quanto em seus ensinos orais. O que se diz em referência à apostasia e ao homem do pecado tem recebido várias interpretações. É mais provável que o apóstolo se refira a uma apostasia que havia de manifestar-se dentro da própria igreja, culminando em um anticristo pessoal, detido em sua ação (2.6), por elementos civis, ou, mais provavelmente, pela influência do Espírito Santo. A primeira epístola aos Tessalonicenses encontra-se na versão latina, na lista do fragmento Muratório; é citada por Ireneu, que a atribui a Paulo, por Clemente de Alexandria e por Tertuliano. Nas obras de Policarpo e nas de Justino Mártir existem citações da segunda epístola aos Tessalonicenses.

TESTA

Há uma palavra hebraica e uma palavra grega envolvidas neste verbete: **1**. *Metsach*, "testa", termo hebraico usado por onze vezes (Is 48.4; Êx 28.38; 1Sm 17.49; 2Cr 26.19,20; Jr 3.3; Ez 3.8,9; 9.4). **2**. *Métopon*, "testa", "lugar entre os olhos". Palavra grega usada por oito vezes, sempre no livro de Apocalipse (7.3; 9.4; 13.16; 14.1,9; 17.5; 20.4; 22.4).

Literalmente a palavra grega envolvida significa " acima do olho. No Antigo Testamento encontramos os seguintes sentidos da palavra: **1**. No sentido literal (Êx 28: 28), Aarão foi instruído a usar uma placa de ouro puro, sobre a testa, quando estivesse oficiando como sumo sacerdote. Em 1Samuel 17.49 e 2Crônicas 26.19,20, a palavra "testa" é mencionada em conexão com os sinais da lepra, ali deixados. **2**. No sentido figurado, em Ezequiel 3.8,9, que menciona a direção em que a pessoa volta a cabeça, indica determinação ou desafio. Em Ezequiel 9.4-6 aprendemos que a letra hebraica "T" (que tinha a forma de uma cruz., nos tempos amigos), era marcada sobre a testa daqueles que lamentavam por causa das abominações de Israel.

Todas as referências neotestamentárias à testa de alguém dizem respeito às marcas, selos ou nomes que serão postos ali, para identificar quem é servo do Senhor, nos últimos dias. Mediante esses sinais, haverá a distinção espiritual entre os que são e os que não são servos de Deus. (Ver Ap 7.3; 9.4; 13.16; 14.1 e 20.4). Também sabemos que as antigas prostitutas faziam-se conhecer através de alguma espécie de marca posta na testa. (Ver Jr 3.3 e Ap 17.5). No livro de Ezequiel, as marcas sobre a testa eram feitas com tinta, mas, no livro de Apocalipse, essas marcas são selos. No Êxodo, as marcas na testa eram devidas a pragas. Além disso, os israelitas religiosos, a mando do Senhor, usavam *filactérias* (vide) sobre a testa.

Usos figurados: Entre os itens já mencionados, há sentidos figurados. Poderíamos alistar, especificamente, os seguintes: **1**. A atitude de desafio ou de determinação pode ser indicada pela direção em que o rosto ou testa se volta (Ez 3.8,9). **2**. Ter a testa selada ou assinalada pode indicar identificação, proteção (Ez 9.3; Ap 7.3). **3**. Ter o nome de Deus inscrito na testa identifica a pessoa como o ser divino e subentende a obediência às leis de Deus, bem como notável serviço prestado ao Senhor (Ap 14.1; 22.4). **4**. Uma testa ou fronte de prostituta (Jr 3.3, cf. Ez 3.8) indica obstinação contra Deus e idolatria com todos os tipos de pecados pagãos combinados. **5**. Aqueles que receberão a marca da besta (ver sobre o Anticristo) estarão irremediavelmente assinalados como seus servos, e serão os instrumentos especiais da rebelião e da corrupção mundiais, encabeçadas por ele (Ap 13.16; 20.4).

TESTAMENTO

No grego, *diathéke*, um vocábulo que figura por 33 vezes no Novo Testamento (Mt 26.28; Mc 14.24; Lc 1.72; 22.20; At 3.25; 7.8; Rm 9.4; 11.27 (citando Is 59.21); 1Co 11.25; 2Co 3.6,14; Gl 3.15,17; 4.24; Ef 2.12; Hb 7.22; 8.6,8 (citando Jr 31.31); 8.9 (citando Jr 31.32); 8.10 (citando Jr 31.33); 9.4,15-17,20 (citando Êx 24.8); 10.16,29; 12.24; 13.20 e Ap 11.19).

Na tradução da Septuaginta, do hebraico para o grego, terminada em cerca de 200 a.C., o termo hebraico *berith*, "acordo", "pacto", foi comumente traduzido pelo termo grego *diathéke*, "testamento", o que mostra que aqueles tradutores judeus compreenderam que o Antigo Testamento era mais do que um simples acordo ou aliança entre duas partes: entre Deus e o povo de Israel; antes, seria a publicação da soberana vontade de Deus, visando à salvação do homem.

Nos dias do Novo Testamento, o sentido primário da palavra grega *diathéke* havia chegado a uma evidência tal que a ideia secundária de "acordo" quase havia desaparecido. De fato, na literatura grega não-bíblica, esse vocábulo grego dava a entender única e tão somente como "última vontade", "testamento". Paulo usou essa palavra com esse sentido, em Gálatas 3.15-17: *Irmãos, falo como homem. Ainda que uma aliança seja meramente humana, uma vez ratificada, ninguém a revoga, ou lhe acrescenta alguma cousa. Ora, as promessas foram feitas a Abraão e ao seu descendente. Não diz: E aos descendentes, como se falando de muitos, porém, como de um só: E ao teu descendente, que é Cristo. E digo isto: Uma aliança já anteriormente confirmada por Deus, a lei, que veio quatrocentos e trinta anos depois, não a pode alterar, de forma que venha a desfazer a promessa.* Destarte, Paulo estava demonstrando que o pacto da promessa, estabelecido por Deus, à semelhança de qualquer testamento de origem humana, só poderia ser modificado por seu originador, demonstrando assim, em segundo lugar, a natureza provisória da lei mosaica, apenas para tampar um período de carência, enquanto o Filho de Deus não viesse dar o seu sangue como expiação pelos nossos pecados.

Por semelhante modo, o autor da epístola aos Hebreus exprime os termos do pacto (no grego *diathéke*), em analogia com um testamento ou última vontade (no grego, *diathéke*), segundo se vê em Hebreus 9.15-18: *Por isso mesmo, ele é o Mediador da nova aliança, a fim de que, intervindo a morte para remissão das transgressões que havia sob a primeira aliança, recebam a promessa da eterna herança aqueles que têm sido chamados. Porque onde há testamento, é necessário que intervenha a morte do testador, pois um testamento só é confirmado no caso de mortos, visto que de maneira nenhuma tem força de lei enquanto vive o testador. Pelo que nem a primeira aliança foi sancionada sem sangue...* Esse autor sagrado, pois, mostrou-nos que um testamento só se torna operante quando ocorre a morte do testador, reiterando assim a ideia paulina, expressa em Gálatas 3.15-17.

Entretanto, grosso modo, o Novo Testamento emprega o termo "testamento" em um sentido mais amplo, acompanhando bem de perto a noção que o mesmo tinha no Antigo Testamento. Quando o Senhor Jesus falou no ... *sangue da nova aliança...* (Mt 26.28), referiu-se a uma nova disposição no relacionamento entre Deus e os homens, com vistas à redenção dos homens. Com isso concorda plenamente o apóstolo dos gentios, ao explicar-nos, em 2Coríntios 3.9: *Porque se o ministério da condenação foi glória, em muito maior proporção será glorioso o ministério da justiça*. O pacto da lei levava à condenação, porquanto a lei não pode mesmo fazer outra coisa senão condenar os errados, e todos nós somos pecadores; mas o Novo Testamento, que gira em torno do sangue de Jesus Cristo, confere-nos a justificação e nos conduz à glória.

No grego, *diathéke*. A palavra portuguesa "testamento" procede do termo latino *testamentum*, que significa "testamento", ou expressão da vontade final de uma pessoa. O vocábulo grego correspondente, *diathéke*, indicava um testamento, embora não fosse o vocábulo usado para indicar um pacto, uma aliança. A palavra grega para indicar aliança era *sunthéke*, que descrevia algum tipo de acordo entre duas partes interessadas. Mas *diathéke* sugeria, antes, a doação dada por alguém a outro indivíduo. Todavia, em algumas ocasiões, parece que o vocábulo *diathéke* tinha o sentido duplo de "testamento" ou de "pacto". Assim, Aristófanes empregou a palavra para dar a entender "pacto"; o autor da epístola aos Hebreus, por semelhante modo, parece usar de um jogo de palavras com o duplo sentido do vocábulo *diathéke*, em Hebreus 9.15-17. Por isso, alguns estudiosos pensam que a base bíblica para "testamento", como designação das duas principais divisões da Bíblia, Antigo e Novo Testamentos, originou-se do uso da palavra *diathéke*, na epístola aos Hebreus.

A palavra era relativamente destituída de importância, em outros livros do Novo Testamento (ver Mt 26.28; Mc 14.24; 1Co 11.25; 2Co 3.6,14), embora de ocorrência frequente na epístola aos Hebreus (7.22; 8.6; 9.15,17; 10.29). Tem sido posto em dúvida se o idioma hebraico teria um termo equivalente ao de "testamento". Esse termo, sem dúvida, veio a ser associado ao Antigo Testamento, somente porque a Septuaginta traduziu o termo hebraico para "aliança", *berith*, pelo vocábulo grego *diathéke*. É provável que esse termo grego tenha sido escolhido porque salientava o fato de que, na relação entre Deus e os seres humanos, a iniciativa fica com Deus, e não com os homens. De fato, os homens não podem argumentar com Deus, e nem barganhar com ele; resta-lhes apenas aceitar ou rejeitar as ofertas dele. Além disso, a significação da morte de Jesus Cristo, como a inauguração do novo pacto, pode retroceder até o conceito de *diathéke* como "última vontade" ou "testamento". Um testamento só entrava em vigor em sobrevindo a morte do testador. A morte de Cristo, seguindo o modelo dos animais sacrificados, que inauguraram o antigo pacto, estabeleceu o novo pacto ou Novo Testamento. Ver Glálatas 3.15-18.

TESTAMENTO DOS DOZE PATRIARCAS

I. Caracterização Geral. Este é um dos melhores trabalhos dos pseudepígrafos judeus. O termo significa que os autores aos quais o trabalho é creditado não foram de fato as pessoas que produziram o material. Ver o artigo sobre *Pseudepígrafos* na *Enciclopédia de Bíblia, Teologia e Filosofia*. Era prática comum um autor atribuir seu trabalho a alguém famoso para honrá-lo e para aumentar a distribuição de seu próprio trabalho.

O trabalho (provavelmente escrito no segundo século a.C.) representa cada um dos filhos de Jacó dando instruções a seus descendentes. Os materiais fornecidos têm alta qualidade ética que supera a maioria do Antigo Testamento, mas não chega ao nível, em alguns aspectos, do Novo. Há ainda passagens escatológicas, demoniológicas e homiléticas.

A inspiração do trabalho sem dúvida repousa em Gênesis 49 (com luzes de Dt 33), onde Jacó profetizou sobre cada um de seus filhos e favoreceu-os com a bênção patriarcal. Em sua apresentação literária, o livro lembra as ordens de Josué a Israel (Js 23, 24) e as ordens de Davi a seu filho, Salomão (1Rs 2).

Estudiosos ainda debatem o idioma no qual o livro foi originalmente escrito (ver a seção II), embora tenhamos conhecido o livro através das cópias gregas que sobreviveram.

O livro demonstra uma unidade essencial que pode sugerir a existência de um único autor, sem autores secundários. Por outro lado, materiais dos Manuscritos do mar Morto indicam que o *Testamento de Levi* e o *Naftali* podem ter circulado primeiro. Se esse fosse o caso, então o livro pode ter sido compilado a partir de trabalhos de mais de um autor. Acima de tudo, há no livro algumas referências cristãs que sugerem que o autor ou compilador final fosse cristão. Como o *Testamento de Levi*, 15.1, tinha uma referência à destruição do templo, a compilação final pode ter vindo no final do primeiro século d.C., ou mesmo no segundo século.

II. Idioma Original. Conhecemos o trabalho através dos manuscritos gregos que foram traduzidos ao latim, esloveno, georgiano e sérvio. Alguns argumentam que teria havido um original grego, mas outros apontam para o hebraico ou o aramaico. Os manuscritos gregos têm muitos semitismos que poderiam implicar a existência de uma versão hebraica original. Por outro lado, mesmo um bom bilíngue (que conhecesse o hebraico (aramaico) e o grego, teria tido seu trabalho marcado por reflexões dos hebreus, particularmente quando se tratava de ideias do Antigo Testamento. Além disso, muitos dos semitismos poderiam derivar da imitação da Septuaginta, que também fazia muitos usos desse tipo, sendo traduzida do Antigo Testamento hebreu. Assim, nenhuma conclusão certa pode ser tirada, embora a maioria dos estudiosos prefira a ideia de um original em hebraico.

III. Data. No *Testamento de Rúben*, 6.10-12, há referência a um sumo sacerdote que também era rei e guerreiro. Isso certamente sugere que o autor escreveu na época dos reis sacerdotes macabeus. Então, no *Testamento de Levi*, 8.14, há menção ao "nome novo" que designava os sumos sacerdotes. Esta pode ser uma alusão a eles, chamados de "sacerdotes do Deus Mais Alto", título usado também em Jubileus, em Ascensão de Moisés, em Josefo e no Talmude. Novamente, está implícita a época dos macabeus. Se essa lógica está correta, então a data original dos escritos é o segundo século a.C., mas as referências cristãs mostram que o livro foi concluído no período d.C., provavelmente no primeiro ou segundo século.

IV. Conteúdo. A substância desse livro é constituída por "testamentos" de vários patriarcas hebreus que davam instruções aos seus descendentes.

1. O Testamento de Rúben. Ele lamenta seu pecado de incesto com a concubina de seu pai, Bila (Gn 35.22). Pecados sexuais, tanto do homem como da mulher, são severamente denunciados, e a culpa por eles é atribuída aos métodos peritos dos demônios, que assediam tanto homens como mulheres.

2. O Testamento de Simeão. Esse patriarca lamenta o ódio e o mal tratamento dado a José, seu irmão, quando este foi vendido ao Egito como escravo. Considerando o mal que ele mesmo fez, ele adverte seus descendentes contra a inveja, o ódio, o engano e a crueldade, além de aconselhar a pureza na vida, algo na ordem de Rúben.

3. O Testamento de Levi. Em sono profundo, o homem entra em um estado de transe e prevê julgamentos impostos sobre os inimigos de Israel. Há então uma promessa de que, no futuro, seus filhos serão ativos nos três ofícios — profecia, sacerdócio e reinado —, em um ministério que sinaliza a vinda do Messias. Ele fala sobre a corrupção da era final. A destruição do templo está incluída, provavelmente uma referência histórica disfarçada de profecia. A mensagem de Levi é, assim, essencialmente escatológica.

4. O Testamento de Judá. Judá gaba-se de sua proeza ao matar um leão, um urso, um leopardo e um touro selvagem e de suas habilidades militares ao derrotar os cananeus. Mas não esquece o incesto com sua nora, Tamar, que, embora praticado sem saber quem era a mulher, foi precedido por luxúria. Ele aconselha seus descendentes a ter uma vida de retidão e denuncia a bebedeira e a fornicação.

5. O Testamento de Issacar. Esse patriarca gaba-se da boa vida que vivia e convoca seus descendentes a seguir seu bom exemplo.

6. O Testamento de Zebulom. Esse patriarca declara que pouco participou da venda de José ao Egito e não ficou com nenhuma parte do dinheiro. Ele convoca os outros a ter compaixão, como ele.

7. O Testamento de Dã. Ele confessa sua parte na venda de José e declara que se sentiu feliz ao praticar esse mal. Apela que seus descendentes evitem a ira e o ódio. Há uma expectativa messiânica expressa em 5.10.

8. O Testamento de Naftali. Esta parte do livro contém uma genealogia de Bila, sua mãe, e são emprestadas várias exortações encontradas no Livro de Enoque. Ele tem uma visão na qual Levi domina o sol, e Judá faz o mesmo com a lua, enquanto José agarra um touro e dá uma volta nele. Está em vista uma profecia de que a salvação futura surgirá das tribos, Judá e Levi (as tribos real e de sacerdotes).

9. O Testamento de Gade. Gade confessa que odiava José e teve participação ativa em sua venda ao Egito. Com base nesse lamentável lapso à degradação, ele apela para que seus descendentes pratiquem o amor e busquem caráter nobre.

10. O Testamento de Aser. Ele pronuncia grandes dizeres de sabedoria e obediência que nos fazem lembrar a literatura de sabedoria e o livro de Tiago, no Novo Testamento. Ele tem uma ilustração de "duas vias", o bem e o mal, entre as quais o homem pode optar.

11. O Testamento de José. Ele nos conta sobre as tentações que sofreu às mãos da mulher de Potifar e sobre como foi capaz de resistir na hora da provação. Seus ensinamentos morais são então pronunciados com som emprestado do Novo Testamento. Ele também fala sobre como uma virgem deu à luz cordeiro, quase com certeza, alusões ao Novo Testamento (Maria e o Cordeiro de Deus, que tira o pecado do mundo, Jo 1.29).

12. O Testamento de Benjamim. José fala a Benjamim sobre sua experiência de ser vendido ao Egito. Assim, Benjamim pede que seus descendentes evitem pecados sexuais e o engano. Há interpolações cristãs. Dois versículos no capítulo 11 referem-se até ao apóstolo Paulo.

TESTEMUNHO

Há três palavras hebraicas envolvidas e três gregas, a saber: **1**. *Edah*, "testemunho". Termo hebraico que é usado por 26 vezes (conforme vemos, para exemplificar, em Dt 4.45, 6.17,20; Sl 25.10; 78.56; 93.5; 99.7; 119.2,22,24,46,59,79,95,119,125, 138,146,152,167,168; 132.12; Js 24.27; Gn 21.30; 31.52). **2**. *Ed*, "testemunho". Vocábulo hebraico usado por 69 vezes (Exemplos: Gn 31.44,48,50,52; Êx 20.16; Lv 5.1; Nm 5.13; Dt 5.20; 17.6,7; 31.19,21,26; Js 22.27,28,34; Rt 12.5; 1Sm 12.5, Jó 10.17; Sl 27.12; Pv 6.19; 12.17; 25.18; Is 8.2; 19.20; Jr 29.23; Mq 1.2; Ml 3.5). **3**. *Teudah*, "testemunho". Palavra hebraica que ocorre por três vezes (Rt 4.7; Is 8.16,20). **4**. *Martúrion*, "testemunho". Substantivo grego usado por vinte vezes (por exemplo: Mt 8.4; 10.18; 24.14 Mc 1.44; 6.11; 13.9; Lc 5.14; 9.5; 21.13; At 1.33; 7.44; 1Co 1.6; 2.1; 2Co 1.12; 2Ts 1.10; 1Tm 2.6; 2Tm 1.8; Hb 3.5; Tg 5.3; Ap 15.5). A forma *martúria*, "testemunho", aparece por 37 vezes (Mc 14.55,56,59; Lc 22.71; Jo 1.7,19; 3.11,32,33; 5.31,32,34,36; 8.13,14,17 (citando Dt 19.15); 19.35; 21.24; At 22.18; 1Tm 3.7; Tt 1.13; 1Jo 5.9,10,11; 3Jo 12; Ap 1.2,9; 6.9; 11.7; 12.11,17; 19.10 e 20.4). O verbo, *marturéo*, "testificar", aparece por 73 vezes (exemplos são: Mt 23.31; Lc 4.22; Jo 1.7,8,15,32,34; 4.39,44; 5.37,39; 7.7; 10.25; 12.17; 13.21; 18.23,37; At 6.3; 10.22, 43; 13.22; 14.3; 15.8;5; Rm 3.21; 10.2; 1Co 15.15; 2Co 8.3; Gl 4.15; Cl 4.13; 1Tm 5.10; 6.13; Hb 7.8,17; 10.15; 1Jo 1.2; 4.14; 5.6,7,9,10; 2Jo 3.6,12; Ap 1.2; 22.16,18,20). **5**. *Diamartúromai*, "testificar amplamente". Verbo grego usado por quinze vezes (Lc 16.28; At 2.40; 8.25; 10.42; 18.5; 20.21,23,24; 23.11; 28.23; 1Ts 4.6; 1Tm 5.21; 2Tm 2.14; 4.1; Hb 2.6). **6**. *Epimarturéo*, "testificar além", verbo grego usado somente por uma vez, em 1Pedro 5.12.

Com certa variedade de significados na Bíblia, a palavra "testemunho" e os seus cognatos verbais, dependendo do contexto, significam: **a**. testemunho; **b**. evidências em prol de alguma coisa; **c**. as tábuas de pedra sobre as quais foram gravados os Dez Mandamentos; **d**. a área da aliança; **e**. o livro inteiro da lei; **f**. a palavra de Deus dada a algum profeta; **g**. o evangelho cristão; **h**. as Escrituras, em sua inteireza. Vejamos alguns exemplos desses significados: **a**. O primeiro desses sentidos é visto em 2Timóteo 1.8, onde Paulo exorta Timóteo a não se envergonhar do testemunho dele (*martúrion*), em favor de Cristo. **b**. Um exemplo do segundo sentido encontra-se em Atos 14.3, onde nossa versão portuguesa diz: ... *o qual confirmava a palavra da sua graça*... **c**. Em certo número de casos, no Antigo Testamento, a palavra "testemunho" (na Septuaginta, *marturía*) refere-se ao decálogo, como clara afirmação da vontade de Deus (por exemplo: Êx 25.16,21), de onde nos chega a expressão "tábuas do testemunho" (Êx 31.18; 32.15; 34.29). **d**. Nesse mesmo contexto, lê-se acerca da "área do testemunho" (Êx 25.22; 26.33,34; 30.6; 31.7 etc.) ou, simplesmente, "testemunho", onde a área da aliança está em pauta (Êx 16.31; 27.21; Lv 16.13). **e**. A expressão "testemunho" passou então a indicar o livro inteiro da lei de Deus (Sl 19.8; 78.5; 81.5; 119.88; 122.4). **f**. Em algumas instâncias, "testemunho" quer dizer a palavra de Deus dada a algum profeta (Is 8.16,20). **g**. Nos trechos de Apocalipse 1.2,9; 12.17 etc., a palavra *marturía* é usada para indicar o evangelho de Cristo. Em Apocalipse 12.17, essa palavra aponta para o evangelho, no sentido de um testemunho em favor de Cristo. **h**. A revelação inteira de Deus ao homem algumas vezes está em foco, quando a palavra "testemunhos" é empregada (ver Sl 119.22). Nesse salmo esse uso reitera-se por várias vezes. Ver também o artigo intitulado *Testemunha*.

TESTEMUNHO DO ESPÍRITO

Todo testemunho pressupõe alguma pessoa, objeto, conteúdo ou acontecimento acerca do qual é conferido o testemunho. O Novo Testamento deixa claro que o Espírito de Deus dá testemunho, primariamente, sobre Jesus Cristo, e não sobre si mesmo ou sobre qualquer conjunto de doutrinas (ver Jo 14.26; 15.26; 16.7-15; cf. Mt 16.16 e 1Jo 2.20-22). Diz João 15.26: *Quando, porém, vier o Consolador, que eu vos enviarei da parte do Pai, o Espírito da verdade, que dele procede, esse dará testemunho de mim*.

Embora o Espírito Santo concentre o seu testemunho sobre a pessoa e as realizações de Cristo, ele parte desse ponto cêntrico para outros pontos também muito importantes para nós, como: a totalidade dos atos salvadores de Deus, em favor dos homens; a autoridade intrínseca e instrumental das Sagradas Escrituras; a natureza do homem caído no pecado e suas reações diante de Deus; finalmente, um ministério de instrução e de sustento, no caso daqueles que pertencem ao Senhor Jesus.

Mas, como já dissemos, o âmago da revelação neotestamentária, com o testemunho convencedor do Espírito de Deus, envolve a pessoa de Jesus. E isso como Senhor e Cristo. Lemos em Atos 2.36: *Esteja absolutamente certa, pois, toda a casa de Israel, de que a este Jesus, que vós crucificastes, Deus o fez Senhor e Cristo*.

Esses dois fatos sobre a pessoa de Cristo precisam ser melhor esclarecidos, se quisermos perceber todo o impacto do testemunho do Espírito. ... *Deus o fez Senhor e Cristo*. O primeiro desses títulos, "Senhor" (no grego, kúrios), fala sobre a deidade plena de Jesus de Nazaré. *Kúrios* é a tradução, para o grego, de dois nomes hebraicos de Deus, que lhe são dados no Antigo Testamento: *Yahweh* e *Adonai*. O primeiro desses nomes indica Deus como Salvador, e o segundo, como Senhor e Rei. Por conseguinte, o Espírito de Deus testifica: Jesus é o próprio Deus, é o verdadeiro e único Deus! Essa primeira parte do testemunho do Espírito já havia sido dada, profeticamente, desde o Antigo Testamento. Lemos, pois, em Isaías 9.6: *Porque um menino nos nasceu, um filho se nos deu; o governo está sobre os seus ombros; o seu nome será: Maravilhoso, Conselheiro, Deus Forte*... Vale dizer: aqueles que ainda não puderam aceitar a plena deidade de Jesus de Nazaré, é que ainda não acolheram, em seus corações, o testemunho do Espírito.

O outro fato do testemunho do Espírito sobre Jesus de Nazaré é que ... *Deus o fez...Cristo*. Isso aponta para o fato de Jesus ser o Ungido de Deus — o Grande Sacerdote, Profeta e Rei, o Herdeiro de todas as coisas, o Representante de Deus entre os homens, a Manifestação visível do Deus invisível. Ver o artigo intitulado *Jesus Cristo*. Cristo é transliteração do termo grego *Christós*, que, por sua vez, é tradução do termo hebraico *Messiah*, ungido. Em sua conversa com a mulher samaritana, lemos que Jesus foi interpelado por ela: *Eu sei, respondeu a mulher, que há de vir o Messias, chamado Cristo; quando ele vier nos anunciará todas as cousas*. E Jesus lhe respondeu: *Eu o sou, eu que falo contigo* (Jo 4.25,26). E sabemos que o Espírito de Deus testificou sobre isso no coração daquela mulher, pois, saindo ela à cidade, disse a certos homens: *Vinde comigo, e vede um homem que me disse tudo quanto tenho feito. Será este, porventura, o Cristo?* (vs. 29). E o resultado de tudo isso foi: *Muitos samaritanos daquela cidade creram nele, em virtude* do testemunho da mulher, que anunciara: ele me disse tudo quanto tenho feito (vs. 39). Assim, o testemunho do Espírito resultou em salvação eterna de muitos: Quem recebe o testemunho do Espírito Santo, sobre Jesus Cristo, é salvo. Quem não o recebe, continua perdido. Você já aceitou o testemunho do Espírito, prezado leitor?

Entretanto, essa é a verdade central que o anticristo negará, juntamente com todos aqueles que, em espírito, lhe são os seguidores. Mas os crentes afirmam, juntamente com o apóstolo João: E vós possuís unção que vem do Santo, e todos tendes conhecimento. Não vos escrevi porque não saibais a verdade, antes, porque a sabeis, e porque mentira alguma jamais procede da verdade. Quem é mentiroso, senão aquele que nega que Jesus é Cristo? Este é o anticristo, o que nega o Pai e o Filho. Todo aquele que nega o Filho, esse não tem o Pai; aquele que confessa o Filho tem, igualmente, o Pai (1Jo 2.20-23). (Cf. Mt 16.16,17 e Rm 10.9,10). Nessa confissão, houve a atuação poderosa do testemunho do Espírito, no tocante à significação do programa redentivo de Deus, diante do qual, então, são abertos os olhos do entendimento daqueles que creem. (ver 1Co 2.10-16; 2Co 3.12-18).

Tendo impulsionado homens escolhidos para deixarem em registro escrito a verdade revelada de Deus (ver 2Tm 2.16 e 2Pe 1.21), o Espírito acompanha isso, agora, pela iluminação interna, que capacita os seres humanos a apreciarem devidamente a revelação objetiva como a verdade de Deus, e apreenderem, assim, o sentido profundo da mesma (ver 1Co 2.10-16, 2Co 3.12-18). Paralelamente a isso, o Espírito convence os homens do pecado que têm cometido, e da retidão, advertindo-os sobre o julgamento vindouro (ver Jo 16.8-11).

O Espírito de Deus dá prosseguimento ao seu testemunho, no caso daqueles que se deixam salvar por Cristo, assegurando-lhes que agora estão em um eterno relacionamento com Deus, que jamais poderá ser ab-rogado (ver Rm 8.15,16 e Gl 4.6), o que se manifesta nos corações deles sob a forma de segurança na salvação; finalmente, confere-lhes discernimento espiritual (ver 1Co 2.15,16; cf. Rm 12.2; Fp 1.10; Cl 1.9). Ver o artigo Segurança na Salvação.

Quão rico e proveitoso, por conseguinte, é o testemunho do Espírito, a respeito de Jesus de Nazaré. Começa encontrando o homem, em seu estado de justa condenação, diante da lei de Deus, e o conduz seguramente à glória — com base exclusiva nos méritos e realizações de Jesus, Senhor e Cristo!

TESTUDO INIMIGO

Essa expressão encontra-se em Naum 2.5. O hebraico diz sakak. Essa palavra é de significado incerto. Os estudiosos têm aventado os mais variados sentidos. Algumas traduções dizem "defesa". Tradução parecida é a da NIV, "escudo protetor". A Berkeley Version, em inglês, diz mantlet, que indica um abrigo usado pelos soldados em tempo de guerra. É por aí que devemos interpretar essa palavra hebraica. A raiz da palavra hebraica significa "entretecido". Os baixos-relevos assírios mostram escudos de cipó entretecido. Os arqueiros ficavam por detrás de tais defesas, aguardando sua oportunidade de atacar. Talvez seja isso que os revisores de nossa versão portuguesa queriam dizer com "testudo inimigo". O que não devemos imaginar é que fossem soldados de testa grande! A Edição Revista e Corrigida, em português, diz "amparo".

TETE

Nona letra do alfabeto hebraico. Aparece, no original grego, no início de cada verso, no nono bloco do Salmo 119.

TETRAGRAMA

Esse é o nome que se dá às quatro letras que representam o inefável nome de Deus, Yahweh, ou seja, yhwh. Esse nome nunca foi e nunca é pronunciado pelos judeus, embora suas vogais tenham sido emprestadas dos nomes Adonai ou Elohim.

Uma corruptela de criação gentílica é Jeová, que nada significa para o povo hebreu. Quando estudei o hebraico, na Universidade de Chicago, os estudantes judeus sempre distorciam o som do nome Yahweh, quando liam o texto bíblico em voz alta, a fim de não se tornarem culpados de pronunciá-lo. Ver o artigo geral sobre Deus, Nomes Bíblicos de, que inclui maiores informações sobre esse nome divino.

TETRARCA

No grego é tetrarches, tetra, "quatro" e arché, "chefe", "**comandante da quarta parte de uma região**". Título que designava o governador da quarta parte de um reino ou de uma província. Filipe da Macedônia dividiu a Tessália em quatro distritos que denominou tetrarquias. Eventualmente, a mesma palavra veio determinar qualquer soberano que ficava sujeito a outro país, ainda mesmo que o seu território não estivesse em quatro tetrarquias. Os romanos adotaram esse termo para designar um príncipe a quem se confiava o governo de uma província, ou de pequeno território, sem honra de soberano. No Novo Testamento encontra-se esse nome aplicado a três pequenos dignitários do império. Herodes, tetrarca da Galileia; Filipe, tetrarca da Itureia e de Traconites, e Lisânias, tetrarca de Abilene (Lc 3.1). Em referência a Herodes Antipas e a Filipe, cabe-lhes bem o título, com a significação primitiva, porque o imperador Augusto deu a metade do reino de Herodes, o Grande, a Arquelau com o título de etnarca, e dividiu o restante em duas tetrarquias que distribuiu entre ambas, Antig. 17.11,4; Guerras 2.6,3. Às vezes dá-se o nome de rei a um tetrarca, por simples cortesia (Mt 14.1, 9; Mc 6.14).

TEXTOS E MANUSCRITOS BÍBLICOS. Ver Manuscritos Antigos do Antigo e Novo Testamento.

TEXUGO; DUGONGO

No hebraico, tachash. Nossa versão portuguesa diz "animais marinhos" (ver Êx 25.5; 26.14; 35.7,23; 36.19; 39.34; Nm 4.6,8,10-12,14,25; Ez 16.10). Outras versões portuguesas dizem, por exemplo, "golfinhos". Porém, "animais marinhos" é muito vago, e o golfinho, de acordo com muitos estudiosos, não é natural do Oriente Próximo e Médio. Mui provavelmente, está em pauta o texugo, de cujas peles foi preparada uma cobertura para o tabernáculo (ver Êx 25.5 ss.), para protegê-lo quando Israel estivesse em marcha. O trecho de Números 4.5,6 indica que uma cobertura desse tipo era posta sobre a arca da aliança, nessas ocasiões. E, desse mesmo material, eram feitos vários itens de uso pessoal, como sandálias (ver Ez 16.10). Essas peles eram bastante grandes (sem dúvida costuradas umas às outras), servindo para o propósito em questão. Em conexão com a arca, parece que bastava uma dessas peles; mas, no tocante ao tabernáculo, sem dúvida era mister a costura, pois o tamanho necessário teria de ser de cerca de 4 m x 13,5 m.

Há intérpretes que pensam estar em foco peles de cabras; mas outros opinam peles de foca ou de algum tipo pequeno de baleia. Apesar de haver um tipo de golfinho nas águas do mar Vermelho, sua pele não era apropriada para ser curtida e tornar-se um couro. É possível que o animal em questão fosse o dugongo, a única verdadeira espécie marinha da ordem Serenia, que existe até hoje nos mares da região e que antes era muito abundante no golfo de Ácaba. Um dugongo adulto chega a ter 3 m de comprimento, e suas dimensões torná-lo-iam apropriado para o propósito descrito. Mas ninguém pode ter certeza quanto à identificação do animal em questão.

TIA

Tradução de um vocábulo hebraico que significa carinhoso, dando a entender a irmã do pai ou a esposa do tio. Aparece em três lugares (Êx 6.20; Lv 18.14 e 20.20, todos abordando problemas incestuosos). O termo carinhoso provavelmente veio a ser usado como palavra de afeto, usada pelas crianças, o que, nesse caso, veio a ser aplicada a um grau específico de parentesco. (S Z)

TIAGO

No hebraico é *ya'aqobh*, **"suplantador"**, no grego é *iakobos*, uma forma do nome Jacó)

1. Tiago, filho de Zebedeu (Mt 4.21; 10.2; Mc 1.19; 3.17, e irmão do apóstolo João, Mt 17.1; 5.37; At 12.2, um dos primeiros discípulos, Mt 4.21; Mc 1.19, 29; *cf.* Jo 1.40,41, e um dos apóstolos mais íntimos de nosso Senhor, Mt 17.1; Mc 5.37; 9.2; 13.3; 14.33; Lc 8.51; 9.28). Nada sabemos do seu nascimento, da sua família, nem dos antecedentes de sua vida. Ocupava-se no serviço de pescador, no mar da Galileia, em sociedade com Pedro e André (Lc 5.10), o que parece indicar que residiam por ali perto. A pescaria no mar da Galileia era franca para os israelitas. Havia uma distinção social entre os filhos de Zebedeu e os filhos de Jonas, o que dá a entender que Zebedeu tinha a seu serviço jornaleiros (Mc 1.20). Sabe-se que o apóstolo João era conhecido do sumo sacerdote (Jo 18.16), e que talvez tivesse casa em Jerusalém (19.27). O nome de seu pai aparece só uma vez nas páginas dos Evangelhos (Mt 4.21; Mc 1.19), por onde se observa que nenhum embaraço fez a seus filhos para seguirem Jesus. Comparando Mateus 27.56, com Marcos 15.40; 16.1, e com João 19.25, tira-se a razoável conclusão de que sua mãe se chamava Salomé e era irmã da mãe de Jesus. Assim sendo, Tiago era primo de Jesus, pertencendo igualmente à linhagem de Davi. O seu nome encontra-se somente nos Evangelhos sinópticos. No Evangelho Segundo João há duas alusões a ele (nos caps. 1.40,41 e 21.2). Sempre que se fala de seu nome é em paralelo com o de João e em precedência a este (Mt 4.21; 10.2; 17.1; Mc 1.19, 29; 3.17; 5.37; 9.54). Quando se menciona João é como irmão de Tiago (Mt 4.21; 10.2; 17.1; Mc 1 19; 3.17; 5.37). Conclui-se que ele era irmão mais velho. Ocasionalmente nota-se a inversão desses nomes em Lucas 18.51 e 9.28, e em Atos 1.13; 12.2, graças à grande consideração que desfrutava o discípulo amado no círculo apostólico. Ao nome de João, recebeu de Cristo o sobrenome de Boanerges, ou filho do trovão (Mc 3.17). Em companhia dos outros discípulos foi repreendido por Jesus, por se manifestar tão irado contra a cidade dos samaritanos que negou hospedagem ao Mestre (Lc 9.55). Foi igualmente merecedor da indignação de seus companheiros, quando pediu um lugar de honra ao lado de Jesus (Mc 10.41). Depois da crucificação, encontramo-lo com os outros discípulos na Galileia (Jo 21.2), e em Jerusalém (At 1.13), terminando a referência a seu nome, com a sua morte à espada por ordem de Herodes Agripa I, no ano 44 d.C. (At 12.2). Foi o primeiro do círculo apostólico a selar com sangue o testemunho de Cristo.

2. Tiago, filho de Alfeu e um dos apóstolos de nosso Senhor (Mt 10.3; Mc 3.18; Lc 6.15; At 1.13). Nada mais se diz a seu respeito. É natural supor que o Tiago mencionado em (Mt 27.56; Mc 15.40; 16.1; Lc 24.10), seja esse mesmo Tiago, e neste caso, tem ele o sobrenome de "Menor", talvez por ser de pequena estatura (Mc 15.40). Sua mãe chamava-se Maria e foi uma das mulheres que acompanharam Cristo. Sabe-se também que era irmão de José, Levi ou Mateus, que segundo Marcos 2.14, era filho de Alfeu, pode bem ser mais um de seus irmãos, e também Judas o apóstolo, entra na irmandade de Tiago, segundo a tradução de Figueiredo (e que a V. B. dá como sendo filho dele), segundo Lucas 6.16 e Atos 1.13. É possível ainda identificar Maria, mulher de Cléopas, mencionada em João 19.25, com a Maria, mãe de Tiago, e, portanto, irmã de Maria, mãe de Jesus. De acordo com essa combinação, Tiago, filho de Alfeu, deve ter sido primo-irmão de Jesus. Pode-se ainda tirar outra conclusão, por causa da semelhança de nomes dos irmãos do Senhor com os dos filhos de Alfeu, que esse primo-irmão de Jesus é um dos irmãos do Senhor. Todos esses raciocínios não são muito seguros e não têm base sólida nos fatos bíblicos.

3. Tiago, irmão do Senhor (Mt 13.55; Mc 6.3; Gl 1.19), figura importante na igreja de Jerusalém nos tempos apostólicos (At 12.17; 15.13; 21.18; Gl 1.19; 2.9,12). Esse Tiago é mencionado nominalmente duas vezes nos evangelhos (Mt 13.55; Mc 6.3), mas os traços gerais de sua vida, só os poderemos encontrar nas relações com as notícias sobre "os irmãos do Senhor" que constituem classe distinta, tanto em vida do Senhor, quando ainda não acreditavam nele (Jo 7.5), quanto depois da sua ressurreição, quando se encontram no meio dos discípulos em Jerusalém (At 1.14). O exato relacionamento, desses "irmãos" com o Senhor Jesus, tem dado lugar a muita discussão. Alguns os identificam com os filhos de Alfeu, seus primos irmãos. Pensam outros que esses irmãos do Senhor vêm a ser filhos de José, de um primeiro casamento. Como eles aparecem sempre em companhia de Maria, morando com ela e a acompanhando em viagens e mantendo relacionamento muito íntimo, não é para duvidar que eles sejam realmente seus filhos e verdadeiros irmãos de Jesus (Mt 12.46, 47; Lc 8.19; Jo 2.12). Como o nome de Tiago é o primeiro que aparece na enumeração dos irmãos de Jesus, é de supor que fosse ele o mais velho (Mt 13.55; Mc 6.3). É provável que ele tenha participado da descrença de seus irmãos, (*cf.* João 7.5), e sem dúvida também dos cuidados pela segurança de sua vida (Mc 3.31). Quando e de que modo se operou a sua mudança em servo de Cristo, não sabemos (At 1.14; Tg 1.1). Quem sabe se ele se converteu em virtude de uma revelação especial como foi a do apóstolo Paulo (1Co 15.7). Desde o início da igreja de Jerusalém que o nome de Tiago aparece à sua frente (At 12.17; 15.13. 21.18; Gl 1.19; 2.9,12). Quando, pelo ano 40, Paulo visitou Jerusalém, depois de convertido, declara haver estado com Tiago; sinal evidente de que ele estava à testa da igreja (Gl 1.19). Há uma referência em Atos 12.17 e outra em 21.18, pelas quais se observa que esse discípulo continuava em destaque nos anos 44 e 58 respectivamente. A leitura do versículo 6 do capítulo 15 dá-nos a entender em que consistia a sua preeminência. Não sendo apóstolo é lícito pensar que ele era o presidente da corporação de presbíteros da igreja de Jerusalém e pastor dela. O seu nome aparece nessa qualidade, como se depreende (das seguintes passagens: *cf.* Gl 2.12; At 12.17; 15.13; 21.18). Os visitantes que iam a Jerusalém dirigiam-se em primeiro lugar a ele (12.17; 21.18; Gl 1.19; 2.9). A sua posição na igreja serviu muito para facilitar a mudança dos judeus para o cristianismo. Os fundamentos de sua fé aliavam-se perfeitamente com as ideias do apóstolo Paulo como se evidencia pela leitura de Gálatas 2.9; Atos 15.13; 21.20. Nas passagens citadas ele fala também em favor da consciência cristã dos judeus convertidos. Como Paulo fazia-se tudo para todos, era judeu com os judeus para ganhar os judeus. O emprego de seu nome pelos judaizantes (Gl 2.12); Lit. Clementina, e a admiração que existia por ele entre os judeus, a ponto de o apelidarem de "justo", tem explicado nesse traço de seu caráter, Eusébio, H. E., (2.23). A última vez que o Novo Testamento se refere a ele, é em Atos 21.18, onde se diz que o apóstolo Paulo havia ido à sua casa em Jerusalém, 58 d.C. A história profana, contudo, informa que ele sofreu o martírio por ocasião do motim dos judeus no interregno entre a morte de Festo e a nomeação de seu sucessor, 62 d.C. (Antig. 20.9,1; Eusébio, H. E., 2.23).

4. Tiago, pai ou irmão do apóstolo Judas (Lc 6.16; At 1.13). Nada mais consta a seu respeito.

TIAGO, EPÍSTOLA DE

Essa epístola, que se atribui ao apóstolo Tiago, descreve seu autor como simples servo de Deus e de nosso Senhor Jesus Cristo (cap. 1).

1. É natural atribuir sua autoria a Tiago, irmão do Senhor, como parece indicar sua linguagem. Essa epístola tem o perfume das primitivas eras do cristianismo. A igreja ainda tem a denominação de sinagoga, congresso ou reunião (v. 2).

2. Os crentes em Cristo são designados pelo nome das 12 tribos dispersas (1.1), sem distinção entre judeus e gentios. Os pecados, a que ela se refere e os erros que ela corrige, são plantas do solo judeu. Não se observa nela traço algum das controvérsias que já na sexta década do primeiro século da era cristã convulsionaram a igreja de Cristo. Pode-se datá-la em 45 d.C., e considerá-la como sendo o mais antigo documento dos escritos do Novo Testamento. Foi dirigida às tribos dispersas, ou da dispersão (1.1), isto é, não dos judeus dispersos, nem mesmo dirigida a toda a igreja, no sentido do Israel espiritual, mas provavelmente aos cristãos (2.1,5,7; 5.7), que estavam entre os judeus dispersos, nome que, tecnicamente, se dava aos judeus que habitavam fora da Terra Santa (Jo 7.35); (*cf.* 2 Mac 1.27). O objetivo dessa carta era corrigir os erros condenar os pecados a que estavam sujeitos os primitivos judeus convertidos ao cristianismo, e animar os crentes a sofrer as provações a que estavam expostos. Depois da saudação (1.1), Tiago, em primeiro lugar, consola os leitores e os exorta a permanecerem firmes, assinalando ao mesmo tempo as causas que originam a apostasia (1.2-21). Procede em seguida a admoestá-los contra as falsas demonstrações de religião, explicando em que consiste a verdadeira fé (1.22-27), quais são os efeitos que ela produz, sobre o pecado da distinção de pessoas (2.1-13), e de que modo se evidencia uma fé verdadeira (2.14-26). Exortações contra a presunção do exercício ministerial e a falsa sabedoria (3.1-18); reprova as contendas (4.1-12); os juízos temerários (4.13 até 5.6). A epístola termina com exortação à paciência nos sofrimentos (*cf.* 5.7-12), e à oração como recurso dos crentes em todas as circunstâncias (v. 13-18), juntando uma declaração sobre a satisfação e os bons resultados do trabalho cristão (v. 19,20). A feição literária da epístola é muito elevada. Foi escrita em grego correto que só poderá ser comparado à pureza de Lucas, elevando-se acima dos demais escritores do Novo Testamento. O seu estilo se assemelha muito ao dos profetas hebreus. Contém mais imagens tiradas da natureza do que todas as epístolas do apóstolo Paulo, relembrando desse modo a maneira dos ensinos de nosso Senhor, com os quais apresenta numerosos paralelos. O tom e os assuntos de que trata são muito próprios aos tempos e às pessoas a quem se dirige. A seção que discorre da fé e das obras (2.14-26), tem sido mal interpretada por muitos, julgando ser uma polêmica contra a doutrina de Paulo sobre a justificação pela fé, ou pelo menos, um corretivo às falsas ideias sobre aquela doutrina. É realmente a reprovação de uma falsa noção judia que afirmava ser necessário para a salvação, um entendimento completo das coisas divinas. Tiago, do mesmo modo que Paulo, afirma que o instrumento da salvação é a fé (2.22,23); e Paulo, com a mesma firmeza de Tiago, insiste em que a única fé salvadora é a fé que se manifesta por obras (Gl 5.6). Fica provado, evidentemente, que essa epístola era lida na igreja primitiva em tempos muito remotos. Não obstante isso, Orígenes, escrevendo no princípio do terceiro século, é o primeiro escritor que a cita nominalmente. Houve um período que escritores latinos pouco a mencionavam. Lutero, não encontrando completa harmonia entre essa epístola e os escritos de Paulo, pronunciou-se indiscretamente a seu respeito. Historicamente é reconhecida como parte integrante do cânon sagrado.

TIARA

No hebraico *migbaoth*, **"turbantes"**, palavra que ocorre por quatro vezes no Antigo Testamento (Êx 28.40; 29.9; 39.28 e Lv 8.13). Fazia parte da vestimenta do sumo sacerdote de Israel. Era feita de linho, e, aparentemente, tinha um formato cônico. Porém, não existe qualquer representação artística autêntica dessa peça, pelo que a sua natureza exata permanece duvidosa para nós.

TIATIRA

No grego é *thuateira*, o significado é incerto. Nome de uma cidade da Ásia Menor, na Lídia, nos limites da Mísia. Ficava na estrada que de Pérgamo vai a Sardes. Já era conhecida pelo nome de Pelópia e Euipia, quando Seleuco Nicator a colonizou com elementos gregos no ano 280 a.C., dando-lhe então o nome de Tiatira. Notabilizou-se pelos famosos tecidos de púrpura. Lídia, que comerciava púrpura na cidade de Filipos, era da cidade dos tiatirenos (At 16.14). Nela estava uma das sete igrejas da Ásia, mencionadas em Apocalipse 1.11; 2.18-24. Encontram-se traços de sua antiga existência nos fragmentos de colunas e de edifícios, nas ruas e nas casas de Ak Hissar, sua atual representante. Parte da população é cristã.

TIBATE

No hebraico, **"extensão"**. Essa cidade, capital de Hadadezer, rei de Zobá, só é mencionada na Bíblia por uma vez, em 1Crônicas 18.8. A cidade foi despojada por Davi, juntamente com a cidade de Cum. Havia, na antiguidade, duas outras cidades, com nomes semelhantes, como Tebata, na porção noroeste da Mesopotâmia, e Tebeta, ao sul de Nisilbis. Grande parte do bronze usado nos móveis e utensílios usados no templo de Jerusalém veio de Tibate. O trecho paralelo de 2Samuel 8.8 diz "Betá", mas alguns estudiosos pensam que houve inversão de sílabas, e que deveríamos ler ali "Tebá". O local dessa antiga cidade é desconhecido.

TIBNI

No hebraico, **"inteligente"**. O nome desse homem ocorre somente por duas vezes em todo o Antigo Testamento: 1Reis 16.21,22. Nesse trecho aprendemos que ele era filho de Ginate. Alguns dentre o povo queriam que ele fosse o sucessor de Onri, no trono de Israel. Os dois lutaram entre si durante quatro anos. O conflito só terminou com a morte de Tibni.

TIÇÃO

No hebraico, *ud*, **"tição"**. Palavra usada por três vezes (Is 7.4, Am 4.11, Zc 3.2). Essa palavra refere-se a uma extremidade de queimada de um pedaço de madeira, que não permaneceu queimando, mas ficou parecendo um pedaço de carvão, embora continue fumegando por algum tempo. Um tição podia ser meramente uma vara para remexer no meio das brasas. Israel foi tirado do fogo como um tição (o que equivale a dizer que estava próximo à destruição). O ato de ter sido tirado do fogo representa a misericordiosa proteção de Deus.

TICVÃ

No hebraico, **"esperança"**. Esse é o nome de duas personagens do Antigo Testamento, a saber: **1**. O sogro da profetisa Hulda (2Rs 22.14). Em 2Crônicas 34.22, entretanto, ele é chamado de Tocate. Era pai de Salum (vide). Viveu em torno de 640 a.C. **2**. Pai de Jaseías (Ed 10.15). Seu nome também ocorre no livro apócrifo de 1Esdras 9.14. Jaseías (vide) foi um daqueles que se ocuparam na alistagem dos judeus que se tinham casado com mulheres estrangeiras. Viveu por volta de 445 a.C.

TIDAL

No hebraico, **"esplendor"**, **"renome"**. Seu nome aparece somente em Gênesis 14.1,9. Ele era rei de Goim. Confederou-se com Anrafel, Arioque e Quedorlaomer, em sua Guerra contra o rei de Sodoma e seus aliados, nos dias de Abraão. Viveu por volta de 1910 a.C.

Parece que "rei de Goim" era mais um título honorífico, comum nos anais acadianos. Mas outros identificam Goim com Gutium, na Mesopotâmia. Os chamados textos de Mari usam a palavra *ga'um* para indicar um grupo ou bando. Isso talvez sugira que Tidal era o chefe de uma tribo nômade, sem fronteiras fixas. O nome Tidal parece corresponder a Dudalias I, um governante hitita que, segundo pensam alguns, foi o sucessor de Anitas. Todavia, a identificação é incerta, pois o nome pode ter sido improvisado por algum escritor hebreu. Uma figura de um passado tão remoto quanto ele e os outros nomes ligados a ele, no trecho de Gênesis 14, não pode ser identificada com facilidade.

TIFSA

No hebraico, **"passagem"**, **"vau"**. Os estudiosos opinam que a identificação provável é a cidade de Tapsaco (Anfípolis, nos tempos dos monarcas selêucidas) nos tempos modernos, Bibsé, um importante ponto de travessia do rio Eufrates. É asseverado, em 1Reis 4.24, que o reino de Salomão, a "era áurea" da nação unida de Israel, incluía territórios que chegavam até a essa estratégica cidade de caravanas. Porém, não dispomos de meios para saber por quanto tempo os israelitas conseguiram conservar essa fronteira remota. Uma grande rota comercial entre o leste e o oeste, que seguia o chamado Crescente Fértil (vide), tinha em Tifsa um de seus postos. Xenofonte mencionou a localidade (ver Anabasis 1.4,11). A Tifsa mencionada em 2Reis 15.16, e que foi atacada por Menaém, rei de Israel, pode ter sido a mesma localidade. Mas alguns eruditos, sem qualquer justificação nos princípios da crítica textual, têm emendado o nome, nesse trecho, para *Tipuá* (por exemplo, a *Revised Standard Version*, à margem).

TIGLATE-PILESER

1. Nome. No assírio, "minha confiança é o filho de Esarra", uma das divindades daquele povo. A forma assíria é *Tukulti-a-pil-esharra*. O nome do deus era *Ninib*. O nome bíblico desse homem é *Pul* (ver o ponto 2).

2. Pul é o nome no Antigo Testamento para Tiglate-Pileser III, que governou a Assíria entre 745-727 a.C. É provável que *Pul* (que significa *forte*) tenha sido seu nome pessoal, enquanto Tiglate-Pileser fosse um título real. Ver as seguintes referências de *Pul* (2Rs 15.19; 1Cr 5.26; Is 66.19). Essa referência posterior menciona um povo e um país africano, mas é provável que *Pute* tenha sido o nome deles, sendo essa a versão que algumas traduções fornecem. A terra desse povo era a Líbia.

3. Importância para o Estudo do Antigo Testamento. Esse foi o rei que assediou Israel antes da queda da Samaria em 722 a.C. Ele não viveu para ver a queda de fato, mas fez muito para prepará-la.

4. Seu reino. Ele sucedeu Asur-nirari III, um rei um tanto fraco, mas o mesmo não pode ser dito sobre Tiglate-Pileser. Pul reinou apenas entre 745-727 a.C. A arqueologia ilustrou seu reino, principalmente por meio das inscrições que foram desenterradas. Esse homem foi um dos maiores conquistadores da Assíria, cujas campanhas militares fizeram grandes varreduras e cujo terror atormentou muitos povos, inclusive os israelitas. Na campanha de 733-732, seus exércitos marcharam ao oeste e em uma série de ataques ele conquistou a Filístia, na costa do Mediterrâneo, destruiu Damasco e transformou Gileade e a Galileia em províncias assírias. Tudo isso aconteceu na época de Peca, rei de Israel, finalmente morto por *Oseias*. Esse último foi forçado a pagar tributos à Assíria para evitar o pior.

5. A Morte de Pul. Ele morreu em 727 a.C. e o trono passou a *Ululai*, governador da Babilônia que se tornou Salmaneser V (2Rs 15.19, 29; 16.7, 10; 1Cr 5.6; 2Cr 28.20.21). Ele assediou a cidade de Samaria (a capital) por três anos, mas, quando a cidade caiu em 722 a.C., foi Sargão II que terminou o trabalho, matando milhares de israelitas e levando a maioria dos sobreviventes à Assíria. Assim ocorreu o cativeiro assírio. Ver o artigo sobre *Salmaneser* (I, II, III, IV e V).

Pul é lembrado como um administrador hábil, mas brutal. Ele conquistava e exilava povos incansavelmente, e aqueles que ele não destruiu em sua prática de genocídio, sujeitou à tributação. Cativos tornaram-se escravos, cujo trabalho barato foi responsável por muito de seus programas de construção. Os melhores cativos foram empregados em seu exército, para ajudá-lo a continuar seu programa de devastação.

TIGRE

Este rio, juntamente com o *Eufrates* (ver a respeito) formava a planície aluvial da Mesopotâmia. O rio localiza-se no leste daquele que hoje é conhecido como o Iraque. Sua extensão total é cerca de 1.900 km Junto aos seus barrancos situavam-se muitas cidades antigas de destaque. Ele surge nas montanhas de Zagros e nas montanhas do oeste da Armênia e do Curdistão e, finalmente, desemboca no Golfo Pérsico. O rio formou o limite leste de *Sumer*, *Hidequel* (ver sobre ambos os termos). Esse foi um dos rios que banhavam o jardim do Éden (Gn 2.14). É provável que esse fosse o nome hebreu (original) do rio. Críticos, contudo, consideram o trecho de Gênesis 2.14 poesia e não acreditam que nada significativo seja dito sobre o Tigre ali. O Tigre ficava ao nordeste do Eufrates. Seu fluxo estende-se na direção sudeste até que finalmente ele se junta com o Eufrates antes de chegar ao Golfo Pérsico. O rio não é gigantesco pelos padrões brasileiros. Sua largura nunca excede os 200 m, exceto em épocas incomuns de pesadas chuvas e neve. Nos últimos 320 km antes de unir-se ao Eufrates, o rio foi intersectado por passagens de água artificiais e ocupou leitos de rio, como o Shat-el-hie, ou o rio Hie. Nesse distrito há ruínas de várias cidades antigas sobre as quais sabemos praticamente nada hoje. Uma delas, *Ur*, foi bem ilustrada por escavações arqueológicas e por descrições literárias. O rio corria pela Armênia e por Assir e então separava a Babilônia de Susana. Em um período posterior, formou um limite entre os impérios romano e partiano.

TIJOLO

No hebraico, *lebenah*, **"brancura"**, provavelmente devido à cor da argila escolhida para o fabrico de tijolos. O termo hebraico, no sentido de tijolos, aparece por catorze vezes (Gn 11.3; Êx 1.14; 5.7,8,16,18,19; Is 9.10; 65.3; Êx 5.14).

1. Origens. A primeira menção a tijolos, na Bíblia, diz respeito à construção da torre de Babel (Gn 11.3). O trecho de Êxodo 5 fornece-nos uma vívida descrição dos labores de Israel, quando fabricava tijolos no Egito. Ao que parece, tijolos de barro apareceram, pela primeira vez, nas regiões da Mesopotâmia, em cerca de 3500-3000 a.C., nas áreas montanhosas do que, mais tarde, veio a ser a Pérsia. Com o tempo, passou a ser um material comum de construção, em todas as civilizações. A princípio, os tijolos eram feitos de argila endurecida, depois passaram a ser fortalecidos com palha. Assim eram feitos os tijolos para a torre de Babel, ou aqueles feitos por israelitas, no trabalho escravo a que foram sujeitados no Egito. O uso de tijolos crus, queimados ao sol, tornou-se universal no Baixo e no Alto Egito. Cativos estrangeiros ficavam encarregados desse duro labor, e os tijolos assim produzidos eram usados em todo o tipo de construção, feitas pelos ricos e pelos pobres. Tijolos *queimados* vinham sendo usados desde tempos remotos, segundo nos indica o trecho de Gênesis 11.3.

2. Vitrificação. A técnica do fabrico de tijolos vitrificados já era conhecida no século XL a.C., tendo sido criada pelos egípcios. Dali, o método propagou-se para outras culturas. Há evidências desse tipo de tijolo em lugares tão distantes do Egito quanto Creta, Síria e Assíria. No templo de Nabu, em Corsabade, construído por Sargão, temos a técnica de tijolos assentados sobre betume. A Babilônia, conforme foi reconstruída por Nabucodonosor, exibe o uso de tijolos queimados e de tijolos vitrificados.

3. Traves de madeira eram empregadas nas construções de tijolos, tanto para efeito de alinhamento, como para fortalecer a construção. As áreas ocupadas pelos hititas mostram essa técnica. Esse tipo de construção também foi utilizada na construção do templo de Salomão (1Reis 6.36 e 7.12), bem como em Megido, nessa mesma época. Outro tanto se dava em regiões da Síria, onde também se praticava o acabamento por meio de *reboco*.

4. Fornos para cozimento de tijolos (no hebraico, *malben*) eram usados em Israel, nos dias de Davi (2Sm 12.31). Naum, com grande sarcasmo, disse aos habitantes de Nínive que pisassem bem a massa (para o fabrico dos tijolos), mas que, a despeito disso, não conseguiriam evitar a queda da cidade (Na 3.14). Isaías (9.10) repreendeu o orgulho dos samaritanos, que se jactaram em substituir suas muralhas de tijolos por novas muralhas, de pedra.

5. Sentido Metafórico. Construir com tijolos simbolizava ir adicionando, pouco a pouco, às realizações pessoais, até que se fizesse algo digno de ser mencionado. Também indicava um labor paciente e diligente. Nos escritos de Aristóteles, a construção de uma parede é usada para ilustrar a sua noção de substância. Portanto, quanto às causas envolvidas, temos os seguintes pontos a serem considerados: ***a***. *Material*: a argila, que compõe a substância básica do tijolo; ***b***. O que é *formal*, isto é, o plano que existe acerca da construção a ser feita; ***c***. O que é *efetivo*, ou seja, o poder que lança mão dos tijolos, o construtor ou pedreiro; ***d***. O *final*, que aponta para o produto, uma vez terminada a obra, o alvo mesmo de todo o labor efetuado. Todas as coisas podem ser concebidas como que produzidas por essas quatro causas, e essas causas são os modos de ação das substâncias. (AM EP FRA UN)

TILLICH, PAUL (1896-1965)

Escrevendo como teólogo filosófico, Tillich procurou mediar entre a teologia cristã e o pensamento secular. Via sua tarefa como pertencente à apologética, desde que definida a apologética à sua própria maneira, ou seja, uma "teologia de resposta" oferecida com base em uma área compartilhada de terreno em comum. Alemão, Tillich estudou e depois ensinou em diversas universidades de seu país e, embora tenha emigrado para os Estados Unidos quando Hitler assumiu o poder em 1933, seu pensamento permaneceu firmemente enraizado na melhor tradição filosófica germânica. Muito deveu ao movimento romântico (p.ex., Schleiermacher e F. W. J. von Schelling, 1775-1854), mas também à fenomenologia de Edmund Husserl (1859-1938) e Martin Heidegger (1889-1976). Muita coisa retirou também da psicologia de Jung, especialmente da obra deste sobre símbolos (cf. Psicologia de Profundidade; Psicologia da Religião).

Sua principal obra madura é a *Teologia sistemática*, em três volumes (1951, 1957, 1963). O princípio central da obra é o seu método da correlação, com o uso do qual "a teologia sistemática procede do seguinte modo: faz uma análise da situação humana de onde as questões existenciais surgem e demonstra que os símbolos usados na mensagem cristã são as respostas a essas questões" (*Teologia sistemática*, I, p. 70). A obra de Tillich é, desse modo, organizada em torno de cinco principais correlações: razão e revelação; ser e Deus; existência humana concreta e Cristo; vida em suas ambiguidades e o Espírito; o significado da história e o reino de Deus. Tillich reconhece que essas questões e suas respostas podem influenciar umas às outras em suas formulações. Por isso mesmo, filósofos seculares têm expressado desconfiança sobre a legitimidade das "questões", enquanto há teólogos que criticam as "respostas" como representando adequações em relação às perguntas. Tillich, todavia, encara seu próprio papel como o de um teólogo de mediação: ele busca mediar entre a teologia e a filosofia; entre a religião e a cultura; entre o luteranismo e o socialismo; entre as tradições da Alemanha e as dos Estados Unidos. Destaca que nenhum sistema isolado de doutrina ou teologia pode abarcar a totalidade da verdade. A fragmentação e a compartimentização são símbolos do que é demoníaco; a ideia de totalidade aponta para Deus.

Essa ideia está ligada ao que Tillich chama de "o princípio protestante". Uma vez que nenhum sistema de pensamento pode abarcar a realidade de Deus, a teologia nunca pode ser definitiva. Deve estar sempre em processo e correção. Deus permanece acima e além de todas as formulações da própria Bíblia. Sob o ponto de vista pastoral, Tillich considera esse princípio uma defesa contra a idolatria (ver Imagens). É possível pensar havermos encontrado ou rejeitado Deus, quando na verdade temos diante de nós somente uma imagem reduzida dele. O Deus que é verdadeiramente Deus é supremo. Na linguagem de Tillich, o Senhor "a preocupação suprema". Tillich argumenta que uma atitude de preocupação suprema pode ter somente como seu objeto o Supremo. A "preocupação suprema", assim, tem uma dupla acepção, significando tanto a própria atitude quanto a realidade para a qual esta é dirigida. Com isso, Tillich busca substituir os critérios tradicionais de conteúdo teológico pela prova de uma atitude de seriedade suprema. Mas esse duplo significado de preocupação suprema somente pode parecer plausível dentro de uma tradição filosófica alemã específica.

A teologia, insiste Tillich, usa a linguagem do símbolo. Os símbolos não só indicam aquilo que representam, como também dele participam, do mesmo modo, por exemplo, que a bandeira de um país é tida como representativa e ao mesmo tempo participante da dignidade nacional. Enfatiza, especialmente, o poder que exercem os símbolos em criar ou destruir, integrar ou fragmentar; abrem dimensões da realidade, mas também ressoam nas profundezas pré-conscientes da mente humana. Com base em Jung, Tillich salienta o poder criativo e curador dos símbolos que brotam do inconsciente. Embora as afirmações cognitivas tenham o efeito de reduzir Deus a "um" determinado ser juntamente com outros seres, Tillich acredita que os símbolos apontam, além deles mesmos, para um Deus que é a base do ser. Os símbolos nascem e morrem à medida que muda a experiência humana. Tillich, porém, muito embora enfatize corretamente o seu poder, não oferece um critério adequado para comprovar a verdade deles, estando sua teoria de símbolos baseada, insuficientemente, em uma abordagem abrangente de linguagem e significado.

(**A. C. Thiselton**, B.D, M.Th., Ph.D., professor de Teologia da Universidade de Nottingham, Inglaterra.)

BIBLIOGRAFIA. *Principais obras de P. Tillich, entre as quais*: *The Courage to Be* (New Haven, CN, London, 1953); *The Protestant Era* (Chicago, 1947); *Systematic Theology*, 3 vols. (Chicago, 1951, 1957, 1963); *Theology of Culture* (New York, 1959).

R. C. Crossman (ed.), *Paul Tillich: A Comprehensive Bibliography and Keyword Index of Primary and Secondary Writings in English* (Metuchen, NJ, 1984).

Discussões críticas, entre as quais: J. L. Adams, *Paul Tillich's Philosophy of Culture, Science, and Religion* (New York, 1965);

D. M. Brown, *Ultimate Concern — Tillich in Dialogue* (New York, 1965); J. P. Clayton, *The Concept of Correlation* (Berlin, 1980); K. Hamilton, *The System and the Gospel* (London, 1963); C. W. Kegley & R. W. Bretgall (eds.), *The Theology of Paul Tillich* (New York, 1952); D. H. Kelsey, *The Fabric of Tillich's Theology* (New Haven, CT, 1967); W. & M. Pauck, *Paul Tillich* (New York, 1976); J. Heywood Thomas, *Paul Tillich: An Appraisal* (London, 1963).

TILOM

No hebraico, **"escárnio"**, **"zombaria"**. Esse nome pertencia à tribo de Judá e era filho de Simão. Descendia de Calebe, filho de Jefuné. Viveu em cerca de 1400 a.C. O seu nome é mencionado somente em 1Crônicas 4.20.

TIMATE

A referência é o mito semítico e babilônico no qual as Águas Primitivas fornecem o material do qual os deuses, homens, os céus e a terra apareceram. Neste mito da criação, a mãe primitiva (Timate) está associada a um pai primitivo (Apsu). Eles são os pais dos deuses. Em um desenvolvimento posterior do mito, Marduque é o deus da vida e a luz, enquanto Timate é a personificação dos poderes da escuridão e do caos. Ela é representada como *águas caóticas* e como uma serpente enfurecida, um temeroso monstro dragão. Um estágio mais avançado dos mitos que cercam Timate são seus esforços com Marduque e depois Asur. Timate é morta e seu corpo é dividido no cosmo inferior e superior. A história é contada no épico nacional, *Enuma elis*. Alguns vinculam essa história com as descrições de Gênesis 1.2, a versão hebraica do relato da criação, mas alguns estudiosos bíblicos a rejeitam com base linguística.

TIMINATE-HERES, TIMINATE-SERES

No hebraico, **"porção do sol"**. Esse local é mencionado somente em Juízes 2.9. O lugar foi herdado por Josué, e ali ele foi sepultado. De conformidade com esse texto bíblico, ficava "na região montanhosa de Efraim, ao norte do monte Gaás".

O texto da Septuaginta diz *Thamnathares*, e uma antiga tradição dos samaritanos identificava esse local com a moderna Kafr-Haris, cerca de dezenove quilômetros a sudoeste de Nabus, e apenas a onze quilômetros de Siquém. Porém, há bem poucas evidências arqueológicas em confirmação dessa opinião. Dentro das tradições rabínicas, usualmente era vinculada ao lugar onde Josué ordenou que o sol parasse em seu trajeto (ver Js 10.13). A diferença entre esse nome e a forma que aparece em Josué 19.50 e 24.30, "Timnate-Seres" (vide), pode ter por base uma simples metátese. Porém, o fato de que a palavra tem sentido em ambas as passagens, bem como o testemunho da Septuaginta, indica que o mais provável é que o nome mais antigo dessa cidade era Timinate-Heres, e que o outro nome, Timnate-Seres, só apareceu mais tarde. Timnate-Seres significa "porção restante".

TIMNA (CIDADE)

No hebraico, **"partilha"**. A forma dessa palavra, no hebraico, é levemente diferente do nome pessoal que, em português, também é escrito como Timna (vide).

Nas páginas do Antigo Testamento há duas cidades com esse nome, a saber: **1**. Uma cidade de Judá, atualmente conhecida por Tibné, cerca de três quilômetros a oeste de Bete-Semes, e entre esta e Ecrom. É mencionada por seis vezes no Antigo Testamento (Gn 38.12-14; Js 15.10,57 e 2Cr 28.18). Visto que o nome dessa cidade é grafado, no original hebraico, de duas maneiras diferentes, alguns estudiosos têm pensado que seriam duas cidades, e não uma só. Todavia, é muito difícil que houvesse duas cidades diversas dentro de uma área tão pequena como a que havia entre Bete-Semes e Ecrom. **2**. Uma cidade do território de Dã, já perto da Filístia. Essa cidade é

mencionada por três vezes, no décimo quarto capítulo do livro de Juízes (vss. 1, 2 e 5) e por mais uma vez em Josué 19.43.

Ver *Minas do Rei Salomão*.

TIMNA (PESSOAS)

No hebraico, **"restrição"**. Há dois homens e duas mulheres com esse nome próprio, no Antigo Testamento: **1**. Um chefe de Edom, descendente de Esaú, filho de Isaque e irmão de Jacó. O seu nome aparece por duas vezes no Antigo Testamento (Gn 36.40 e 1Cr 1.51). Viveu em torno de 1500 a.C. **2**. Um filho de Elifaz, filho de Esaú. O seu nome ocorre somente em 1Crônicas 1.36. Viveu em cerca de 1700 a.C. **3**. Uma concubina de Elifaz, filho de Esaú. O nome dela só aparece em Gênesis 36.12. Viveu em torno de 1700 a.C. **4**. Uma filha de Seir, o horeu, e irmã de Lotã (vide). O nome dela é mencionado por duas vezes no Antigo Testamento (Gn 36.22 e 1Cr 1.39). Ela viveu por volta de 1700 a.C.

TIMNITA

Esse adjetivo pátrio indica algum nativo ou habitante da cidade de Timna (vide). O sogro de Sansão é descrito como tal, em Juízes 15.6. Interessante é observar que por todo o relato bíblico do casamento frustrado de Sansão com essa mulher filisteia, o nome dela não é mencionado nem uma vez sequer. Ela é caracterizada, quando muito, como "a mulher de Sansão" (ver Jz 14.15).

TIMÓTEO

No grego é *timotheos*, **"que honra a Deus"**

1. Chefe de uma grande corporação de amonitas contra quem Judas Macabeu travou diversos combates, (1Mac 5.6,40). **2**. Nome de um dos conversos do apóstolo Paulo que se tornou companheiro de trabalho e coadjutor em missões. As expressões *meu filho muito amado e fiel no Senhor* (cf. 1Co 4.17), *amado filho na fé*, 1Timóteo 1.2, parecem indicar não só o grande amor que lhe tinha, mas também que ele era seu pai espiritual. Seja como for, torna-se claro, 2Timóteo 1.5; 3.11, que, por ocasião da primeira viagem missionária, o apóstolo visitou Listra, que Eunice, mãe de Timóteo e sua avó Loide já eram crentes e que o moço Timóteo tinha idade bastante para compreender as lições sobre a nova fé que sua mãe havia adotado. A mãe era mulher fiel da Judeia e o pai era gentio, Atos 16.1. De outro lado, desde a infância havia sido instruído nas sagradas letras, 2Timóteo 3.15, apesar de não ter ainda sido circuncidado, Atos 16.3. Quer tenha sido convertido por Paulo, ou pela influência de sua mãe, certo é que em breve se tornou cristão ativo e fervoroso. Alguns anos mais tarde, por ocasião da segunda viagem missionária, Paulo visitou Listra outra vez, e soube que o jovem ministro tinha bom testemunho dos irmãos que estavam em Listra e em Icônio, 16.2. A voz das profecias já havia indicado que Timóteo se destinava a serviço especial, 1Timóteo 1.18; 4.14. Paulo resolveu levá-lo consigo. O jovem convertido foi separado para ser evangelista, pela imposição da mão do presbitério e do apóstolo (4.14); 2Timóteo 1.6. Para não ofender os judeus, Timóteo foi circuncidado. Por esse ato, o apóstolo manifestou o desejo de, sem ofensa de princípios, preparar o jovem evangelista para começar a sua obra, sem escandalizar os judeus a quem iria pregar. Dali em diante, Paulo e Timóteo se uniram no mesmo trabalho. Evidentemente, Timóteo acompanhou o apóstolo pela Galácia, Trôade, Filipos, Tessalônica e Bereia. Diz-se em Atos (17.14), que Silas e Timóteo ficaram em Bereia, quando Paulo se retirou para a parte do mar. Chegado que foi a Atenas, mandou buscar Timóteo; apressadamente foi encontrar-se com ele, (v. 15). Observa-se pela leitura de 1 Tessalonicenses 3.1,2, que ele fez voltar Timóteo a Tessalônica, e que Silas e Timóteo não se juntaram a ele enquanto não chegou a Corinto (At 18.5; 1 Ts 3.6). Timóteo permaneceu com Paulo em Corinto (1Ts 1.1; 2Ts 1.1), e provavelmente o acompanhou na sua volta. Ouve-se falar de Timóteo durante o ministério de Paulo em Éfeso. Diz Paulo, em 1Coríntios 4.17, que antes de escrever essa epístola, ele havia enviado Timóteo a Corinto para corrigir abusos que ali existiam. Ainda por alguma razão, como se depreende de 1Coríntios 16.10, ocorria a probabilidade de que Timóteo não chegasse a Corinto, o que de fato parece ter acontecido. Sabe-se, porém, que voltou a Éfeso. Timóteo e Erasto foram por ele enviados à Macedônia (At 19.22), onde encontrou jovens companheiros (2Co 1.1). Todos juntos entraram em Corinto (Rm 16.21). Timóteo foi um dos que acompanharam Paulo, quando fazia a terceira viagem a Jerusalém (At 20.4), mas não se diz se ele chegou até lá com o apóstolo; não aparece nos acontecimentos em Cesareia, nem na viagem para Roma. Mas encontra-se seu nome nas epístolas de Paulo, que ele escreveu de Roma (Fp 1.1; 2.19-22; Cl 1.1); Filemom 1. Evidentemente, Timóteo foi com o apóstolo para Roma, onde lhe prestou relevantes serviços. Depois de solto, o grande Paulo confiou-lhe o desempenho de sérias obrigações. Na Primeira Epístola a Timóteo, nota-se que a igreja de Éfeso ficou a seu cargo; missão difícil, plena de responsabilidades, principalmente para um jovem ministro do Evangelho, 1Timóteo 4.12. Tinha de dar combate a falsos doutores, nomear oficiais, e corrigir abusos introduzidos na vida da igreja. Parece que ele foi como delegado apostólico, e por isso não é de admirar que Paulo lhe escrevesse tratando especialmente desse assunto. A segunda epístola de Paulo a Timóteo foi escrita pouco antes da sua morte. Quase só, e com a morte diante dos olhos, Paulo desejava ardentemente a presença de seu "filho", 2Timóteo 4.9,21, cuja ausência lhe era tão sensível. É provável que ele, Timóteo, ainda chegasse a Roma antes da morte de Paulo. Sabe-se, no entanto, que esteve preso em Roma e que havia sido posto em liberdade (Hb 13.23). Se a epístola aos Hebreus foi escrita por Paulo, a prisão de Timóteo deveria ter-se dado no período entre a liberdade do apóstolo e a segunda prisão (veja PAULO). Se não foi escrita por ele, segue-se que Timóteo estava em companhia de Paulo na prisão. É simples conjectura, porque nada se conhece a respeito dos últimos dias de Timóteo.

TIMÓTEO, EPÍSTOLAS DE PAULO A

1. A Primeira Epístola de Paulo a Timóteo. Foi escrita depois que ele saiu da primeira prisão que sofreu em Roma e de reassumir a sua posição no trabalho missionário. Timóteo estava encarregado de cuidar da igreja de Éfeso enquanto Paulo se detinha em Macedônia, 1Timóteo 1.3. Supõem alguns que a epístola foi escrita na Macedônia, o que não parece provável, deve ter sido pelo ano 64 ou 65. Trata das dificuldades eclesiásticas que Timóteo tinha de vencer e para esse fim dá-lhe instruções específicas. Por ela se evidencia o interesse que ele mostrava pelo trabalho prático da igreja e o cuidado que ele tinha pelo bem-estar pessoal de Timóteo e pelo êxito feliz de seu trabalho. O conteúdo da epístola oferece a seguinte divisão: 1) Instruções sobre a maneira de governar e instruir a igreja, (cap. 1-3), incluindo advertências sobre os falsos mestres (cap. 1), intrusões sobre atos de culto (cap. 2), sobre os oficiais da igreja, terminando com breve exposição sobre a dignidade da igreja e das verdades fundamentais que lhe servem de base (cap. 3). 2) Instruções sobre o procedimento pessoal (caps. 4-6), referente às doutrinas falsas e os erros que ele tinha de enfrentar (cap. 4), e ao modo de tratar as diversas classes de pessoas de que se compunha a igreja (5.1 até 6.2), acompanhadas de exortações finais, parte de feição pessoal e parte reforçando as instruções anteriores (6.3-21).

2. A segunda epístola de Paulo a Timóteo foi escrita em Roma, depois de o apóstolo estar preso pela segunda vez, no ano 67, último produto de sua pena inspirada. Fala de si como prisioneiro do Senhor, 2Timóteo 1.8,16; 2.9, acusado de malfeitor (2.9), esperando ser martirizado em breve (4.6). Muitos de seus amigos o haviam abandonado (1.15; 4.10,12). Dos seus antigos companheiros, somente Lucas estava com ele (4.11), desfrutando, contudo, de um círculo de novos irmãos, entre os quais, particulariza Êubulo, Prudente, Lino e Cláudia (cf. v. 21). Já tinha havido o primeiro julgamento de que saiu livre (v. 16,17), estando, então, novamente para ser julgado. Solitário e ameaçado de novos perigos, lembra-se de Timóteo. Em parte, a sua carta tem como objetivo encorajá-lo para exercer a obra de evangelista e lhe pedir que apressasse sua volta a Roma, levando consigo alguns objetos de que precisava. A epístola presta-se à seguinte divisão: *a*. Depois de curta introdução, exprime o desejo de ver Timóteo, e se regozija pela sua firmeza (1.1-5), admoesta-o para que torne a acender o fogo da graça de Deus que havia recebido, a despeito das provações (v. 6-12), e a ser fiel à verdade que tinha recebido (v. 13-18). *b*. Exorta-o a ser forte, a fazer-se bom soldado de Jesus Cristo, a ter em mente o imperecível fundamento da verdade em que se baseia o cristianismo, a evitar os erros e a cuidar de sua própria espiritualidade (cap. 2). *c*. Anuncia-lhe o crescimento do erro e faz-lhe lembrar o exemplo que ele lhe oferece e os ensinos das Escrituras inspiradas em que ele havia sido instruído (cap. 3). *d*. Finalmente, ordena-lhe que pregue a palavra e faça a obra de evangelista (4.1-5), acrescentando solenemente que ele estava a ponto de ser sacrificado e que a morte se avizinhava dele (v. 6-8). Termina com algumas referências pessoais (v. 9-22). As epístolas de Paulo, a Timóteo e a Tito, chamavam-se epístolas pastorais, classificação justificada pelo assunto que versam. Os escritos racionalistas recusam-se a acreditar que Paulo seja o autor dessas cartas, pelo menos de acordo com a sua forma atual. Há, contudo, abundantes provas externas a favor de sua autenticidade, conforme o testemunho da igreja pós-apostólica que as recebeu como tais levando ainda em conta o fato de que nos últimos anos da vida do apóstolo, ele se entretreve a estudar a vida prática das igrejas. Essas epístolas ensinam as mesmas doutrinas que se encontrou em todos os seus escritos, somente com mais alguma ênfase sobre os aspectos práticos da fé cristã, de acordo com a situação. Paulo não seria homem de grandes horizontes que nós conhecemos, se não tivesse discutido, como fez nessas epístolas, as feições das igrejas e sua organização, nas vésperas de separar-se delas.

TINTA

Muitas tintas de escrever, fabricadas na antiguidade, eram de excelente qualidade. Não fora isso, e não teria havido a preservação de textos antigos, tanto da Bíblia quanto de outros documentos importantes para a humanidade.

A palavra hebraica correspondente é *deyo*, que ocorre por apenas uma vez, em Jeremias 36.18. E o termo grego é *mélas*, *negro*, que aparece por três vezes com o sentido de tinta (2Co 3.3; 2Jo 12 e 3Jo 13).

As tintas antigas eram feitas de substâncias como carvão vegetal pulverizado, ou negro de carvão misturado com goma e água. Esse tipo de tinta perdurava indefinidamente, se o material escrito com o mesmo fosse mantido seco, mas, caso se umedecesse, logo a tinta se dissipava. O trecho de Números 5.23 alude ao fato de que tintas dessa espécie podiam ser apagadas, o que se fazia com o uso de uma esponja e água. As tintas antigas não eram tão fluidas como as nossas. Demóstenes repreendeu Esquines por trabalhar tanto para pulverizar os ingredientes que entravam no fabrico de suas tintas, mais ou menos como os pintores esforçam-se por produzir as suas tintas. Uma tinta encontrada em um antigo tinteiro, em Herculano (cidade sepultada sob as cinzas do Vesúvio, juntamente com Pompeia, na Itália), aparenta ser como um óleo ou tinta grossa.

Certas tintas antigas, que continham ácidos, chegavam a corroer o papiro ou mesmo as peles de animais usados como material de escrita. Exemplos disso podem ser vistos nos manuscritos da biblioteca do Vaticano, das obras de Terêncio e Vergílio. As letras comeram o papel ao ponto de terem penetrado até o outro lado das folhas.

Tintas metálicas eram preparadas para uso em papiro; sabemos que em Israel, desde o século VI a.C., tais tintas já eram usadas. As cartas de Laquis (de cerca de 586 a.C.) foram escritas com esse tipo de tinta. Alguns manuscritos entre os do mar Morto, foram escritos com tintas de carbono. A *carta de Aristeas* afirma que uma cópia da lei, enviada a Ptolomeu II, fora escrita com tinta feita de ouro dissolvido.

Os egípcios usavam tintas de escrever de muitas cores, conforme os papiros egípcios descobertos bem o demonstram. Corantes vegetais e minerais eram empregados na produção dessas tintas. As cores incluíam o dourado, o prateado, o vermelho, o azul e o púrpura. Os materiais de escrita eram guardados em vários tipos de sacolas e caixas.

Origem da Tinta de Escrever. Até onde o nosso conhecimento nos permite recuar (o que geralmente não retrocede tanto quanto deveria ser), as tintas de escrever foram usadas inicialmente no Egito e na China, onde já são encontradas desde cerca de 2500 a.C. Tintas de carbono eram bastante resistentes, visto que essa substância resiste aos efeitos degenerativos da luz, do ar e da umidade.

As *tintas modernas* usam soluções de água e corantes, ou então água e químicos orgânicos como glicol propileno, álcool propil, tolueno e glicoésteres, que os antigos desconheciam. Quase todas as tintas de escrever modernas contêm também outros elementos como resinas, preservativos e agentes secantes. Algumas tintas são feitas para serem absorvidas pela superfície do papel. Outras formam uma espécie de filme que se forma sobre a superfície do papel, mas não é absorvido pela mesma.

TINTEIRO (TINTUREIROS)

No hebraico, *qeseth*. Essa palavra ocorre por três vezes (Ez 9.2,3,11). Os tinteiros antigos consistiam em um longo tubo onde eram guardadas as penas de escrever. Esse tubo ficava preso ao cinto. Eram feitos de bronze, cobre, prata ou madeira dura. Podia ter cerca de 25 cm de comprimento por 5 cm de espessura. O que chamaríamos hoje de tinteiros (não confundir com o *qeseth* dos hebreus) eram receptáculos feitos de vários materiais, como argila, metais e pedra. Esses receptáculos para tinta, feitos de terracota ou de bronze, têm sido encontrados nas ruínas dos escritórios da comunidade de Qumran (vide). A arte de tingir era generalizada, e de grande importância no mundo antigo. O povo de Israel aprendeu a arte no Egito, tendo-a usado até mesmo durante as suas vagueações pelo deserto, conforme vemos em Êxodo 26.1 e 28.5-8. Até mesmo as tribos nômades costumavam tecer e tingir seus próprios têxteis. Entretanto, com o tempo houve a comercialização dos panos tingidos, e assim surgiu a profissão dos tintureiros. A arqueologia tem descoberto tecidos elaboradamente tingidos, teares de madeira e cubas de tingir. Essas descobertas incluem aquelas realizadas em Laquis (vide), no sul da antiga Judá, além de muitos outros lugares. Os cananeus, antes mesmo da época de Abraão, sabiam tingir panos com maestria. Materiais e utensílios usados nesse mister foram encontrados em Tell Beit Mirsim (Quiriate-Sefer). Também houve descobertas similares em Ugarite. Os cananeus extraíam um corante de cor púrpura, das conchas do Murex. A cidade de Biblos (vide), às margens do mar Mediterrâneo, notabilizou-se em face de suas duas principais indústrias: a manufatura de folhas de papiro e de panos.

Na Suméria eram predominantes as profissões dos tecelões e dos tintureiros. O Egito notabilizava-se pela produção de linhos finos, e exportava tecidos finíssimos, quase transparentes, nas cores azul, amarelo e verde pálido. Eixos usados pelos tecelões (ver 1Sm 17.7) têm sido encontrados em vários locais mencionados na Bíblia.

Os corantes eram feitos de animais marinhos e também de insetos, substâncias vegetais, a casca da romãzeira, as folhas da amendoeira, a potassa e as uvas. A lã era o tecido mais comum nos tempos bíblicos, porquanto absorvia os corantes com grande facilidade. A lã natural na verdade já vinha em várias cores, como branco, amarelo, cinza claro e marrom. Cores tipicamente masculinas eram, portanto, obtidas com pouco trabalho para os tintureiros (Sl 45.14). Já o linho era mais difícil de tingir. Contudo, havia métodos adequados, e o tabernáculo, produzido no deserto, contava com seus linhos tingidos (Êx 35.6), o que também ocorreu, naturalmente, no caso do templo de Jerusalém, edificado muitos séculos mais tarde (2Cr 2.7). O algodão, por sua vez, era facilmente tingido, havendo vários centros de produção de tecidos de algodão. O algodão é originário da Índia. Na época da rainha Ester, o algodão era tingido na Pérsia (Et 1.6). A seda era tingida no Extremo Oriente e exportada para o mundo inteiro conhecido. E também havia couros de qualidade, devidamente tingidos.

Os melhores exemplares dessa arte pertencentes às terras bíblicas e aos tempos do Antigo Testamento são aqueles descobertos em Quiriate-Sefer, identificado com o moderno *Tell Beit Mirsim*. Seis plantas diferentes, usadas na tinturaria antiga, e cerca de trinta instalações diferentes, ocupadas nessas atividades, foram ali encontradas. O tamanho das cubas ali encontradas indica que os fios é que eram tingidos, e não o tecido já manufaturado. Quanto a outros detalhes sobre a questão, ver o artigo geral sobre *Artes e Ofícios* (4.b).

TINTUREIROS. Ver *Tinteiro (Tintureiros)*.

TIO. Ver o artigo sobre *Família*.

TIPO. Ver sobre *Tipos, Tipologia*.

TIPOLOGIA. Ver sobre *Tipos, Tipologia*.

TIPOS, TIPOLOGIA

I. Definição e Caracterização Geral. A tipologia é uma técnica, associada bem de perto à alegoria, mediante a qual pessoas, eventos, instituições ou objetos de qualquer espécie passam a simbolizar ou ilustrar a pessoa de Jesus Cristo, ou então aspectos da fé, da doutrina, das práticas, das instituições cristãs etc. Paulo e o autor da epístola aos Hebreus muito tiraram proveito do Antigo Testamento, visto que eles acreditavam que o Antigo Testamento prefigurava (por ato de Deus) o Novo Testamento, como também que Cristo foi o cumprimento de inúmeros tipos ou símbolos do Antigo Testamento.

Um *tipo* assemelha-se a uma alegoria, mas visto que tem melhores bases bíblicas, tem ocupado um sucesso maior, retendo um importante papel dentro da interpretação cristã. Ver sobre *Alegoria* e *Interpretação Alegórica*. Há algumas alegorias nas páginas da Bíblia, mas o Novo Testamento exibe um número muito maior de tipos do que de alegorias.

II. Termos Empregados. São todos vocábulos gregos: *Túpos*, "tipo" (ver Rm 5.14, 1Co 10.6,11). *Skiá*, "sombra" (ver Cl 2.17, Hb 8.5,10.1). *Hupódeigma*, "cópia" (ver Hb 8.5; 9.23). *Semêion*, "sinal" (ver Mt 12.28). *Parabolé*, "figura" (ver Hb 9.9; 11.19). *Antítupos*, "antitipo" (ver Hb 9.24; 1Pe 3.21). Todos esses vocábulos envolvem o uso de tipos para efeitos didáticos, e as passagens ilustrativas acima oferecidas proveem exemplos dessa atividade no Novo Testamento.

Esses tipos proveem sombras ou vislumbres de verdades que são melhor desenvolvidas e expostas no Novo Testamento, em contraste com o Antigo Testamento. Na verdade, o Antigo Testamento é usado como uma espécie de tesouro de onde são extraídas todas as formas de antecipações de Cristo, de sua igreja ou de sua doutrina, mediante o uso de pessoas ou coisas que são usadas simbolicamente. Os tipos muito enriquecem o estudo das Escrituras, ainda que possamos questionar a validade de alguns deles, porquanto pode haver exageros de interpretação. Na primeira instituição teológica na qual estudei, houve um curso de um semestre que só tratou do assunto da tipologia, o que mostra como esse assunto é considerado importante em alguns círculos.

III. Inspiração Dessa Forma de Interpretação. Os rabinos amavam símbolos, tipos, alegorias e parábolas. A tipologia tem um pano de fundo judaico, e era extremamente popular entre os rabinos. O material escrito dos Manuscritos do mar Morto (vide) provê ilustrações tanto da interpretação alegórica quanto da interpretação tipológica. Foi natural que os autores do Novo Testamento (quase todos eles judeus, acostumados com o estudo do Antigo Testamento) tivessem visto tipos claros no Antigo Testamento. Assim, Cristo tornou-se o Segundo (ou Último) Adão (Rm 12); a primeira Páscoa ilustrava Cristo como nossa Páscoa e a eucaristia (1Co 5.6-8); o cordeiro pascal antecipava o Cordeiro de Deus (Jo 1.29); Israel no deserto antecipava certos aspectos da vida cristã (1Co 10.1-11). Acresça-se a isso que a epístola aos Hebreus é, virtualmente, um estudo de tipos bíblicos, do princípio ao fim. Não se pode duvidar que tipos enriqueceram a teologia cristã. Porém, algumas vezes, um tipo é obtido ignorando-se o contexto, ou então através de uma fértil e exagerada imaginação. Por isso mesmo, tipos podem ser abusados, tornando-se fantasias subjetivas.

IV. Legitimidade da Tipologia e Oposição a Ela. A legitimidade do uso de tipos alicerça-se essencialmente sobre o fato de que os autores do Novo Testamento usaram livremente esse método. A inspiração das Escrituras insiste que este uso é inspirado pelo Espírito de Deus. Do ponto de vista histórico, salienta-se que o cristianismo nasceu dentro do judaísmo, e que o Novo Testamento foi o desdobramento natural e necessário do Antigo Testamento. As íntimas correlações entre os dois Testamentos exigiam que o Antigo se tornasse típico do Novo Testamento. Além disso, a tradição profética tem um papel a desempenhar aí, pois há predições sobre Cristo em muitas passagens, pelo que era inevitável que o documento de predições também contivesse tipos da figura sobre a qual predizia. Ver sobre *Profecias Messiânicas Cumpridas em Jesus*.

Oposição. Esta procede, essencialmente, de três setores: **1**. Os rabinos objetavam ao uso tipológico de seus Livros Sagrados, visto que rejeitavam a Pessoa e a fé religiosa que, alegadamente, estavam sendo tipificadas. Também objetavam à cristianização do Antigo Testamento, o que eles consideravam uma perversão, não um uso legítimo. **2**. Os teólogos liberais objetam aos excessos e abusos a que os tipos são sujeitados; os mais radicais entre eles objetam à própria prática, como uma cristianização do Antigo Testamento que vai além do que a razão permite. Assim, a crítica (que teve início no século XIX, na Alemanha), nunca deu muito valor aos tipos, e acabou desaparecendo ali. **3**. Os céticos concordam com os rabinos e com os estudiosos liberais mais radicais, supondo que a prática da cristianização do Antigo Testamento envolve uma falsidade, repleta de fantasias e exageros piedosos.

V. Características dos Tipos

1. Eles estão alicerçados na história e na revelação sagradas (Mt 12.40). **2**. São proféticos (Jo 3.14; Gn 14, comparado com Hb 7). **3**. Fazem parte integral da história sagrada e da doutrina cristã, e não pensamentos posteriores, inventados por rabinos e cabalistas (ver 1Co 10.1-11). **4**. São cristocêntricos (Lc 24.24,44; At 3.24 ss.). **5**. São excelentes para instrução e edificação. Cada tipo provê uma espécie de janela que permite a entrada de luz sobre o assunto ventilado. O livro aos Hebreus é o supremo exemplo noteostamentário de como funcionam os tipos bíblicos.

VI. Como Evitar Exageros. Alguns intérpretes cristãos têm pensado ver tantos tipos no Antigo Testamento que perdem de vista o valor histórico e religioso do Livro Sagrado. De maneira geral, encontramo-nos em terreno firme quando aceitamos aqueles tipos que nos são apresentados no próprio Novo Testamento, ou quando suspeitamos daqueles que não contam com tal confirmação. Entretanto, alguns intérpretes exageram, ao verem demais nesses tipos. Alguns intérpretes veem algum simbolismo em cada peça do mobiliário do tabernáculo, e até mesmo nos materiais empregados na confecção dos mesmos, como ilustrações de algo sobre a pessoa e a obra de Cristo. Mas se o relato acerca de Jonas certamente ilustra a ressurreição de Cristo, o retorno de Jonas à sua terra natal não ilustra, necessariamente, a restauração de Israel aos seus territórios, conforme alguns têm dito. Detalhamentos demasiados devem ser evitados, portanto. Alguns tipologistas têm-se atrapalhado com pormenores sem base, encontrando tipos dentro de tipos. Devemos procurar pela verdade essencial, não tentando escrever um livro com base apenas sobre um tipo, que é apenas uma ilustração. (B C E ID)

TIRACA

Nos registros egípcios, o nome desse homem aparece como *Taraca*. Está em questão um faraó da época em que a dinastia etíope governava o Egito. Alguns identificam a dinastia como a XX, mas outros dizem que era a XV. Em 2Reis 19.9 esse homem é mencionado como alguém que se revoltou contra Senaqueribe quando esse rei da Assíria invadiu Judá (701 a.C.) Mas quando a dinastia etíope governava o Egito, o líder do governo era Shabaka, não Tiraca, que não tomou o poder até 691 a.C., cerca de doze anos depois. Talvez Tiraca agisse por parte de Shabaka, seu tio, e, como general do exército, tenha recebido, erroneamente, o nome de "rei" em 2Reis 19.9 e em Isaías 37.9. Essa explicação parece uma visão melhor e mais simples do que a de que Senaqueribe executou duas campanhas, uma envolvendo a oposição de Shabaka, e outra envolvendo oposição de Tiraca. Em todo caso, não há muito valor prático em tentar harmonizar os anais do Egito, da Assíria e das poucas referências bíblicas que existem, e apelar para o "silêncio", pois inventar uma campanha de Senaqueribe não parece uma forma lógica de harmonizar os relatos. Tiraca obteve algumas vitórias iniciais, como aquela feita contra Esar-Hadom, filho de Senaqueribe, mas apenas três anos depois (670 a.C.) ele foi expulso de Mênfis e nunca retornou ao Egito, tendo voltado ao seu Sudão nativo, isto é, à cidade de Napata, onde morreu. Suas aventuras deram maus resultados.

TIRADORES DE ÁGUA

As pessoas empregadas na tarefa de tirar água dos poços pertenciam às classes humildes, excetuando as donas de casa, que prestavam esse serviço para suas famílias, como parte de suas tarefas diárias. Era uma tarefa manual, geralmente entregue a mulheres (Gn 24.13; 1Sm 9.11). Porém, rapazes também realizavam a tarefa (Rt 2.9). Algumas vezes, inimigos subjugados eram reduzidos a "tiradores de água", conforme se vê em Josué 9.21 ss. essa tarefa era necessária devido à ausência de qualquer sistema de transporte de água, na maioria das cidades, sem falar no fato de que os poços e os mananciais ficavam situados distantes das residências, o que obrigava as pessoas a andarem um pouco para tirarem água. A água era transportada em boa variedade de vasos, incluindo aqueles feitos de metal, de madeira ou de peles de animais. Quem puxava a água também a transportava aos ombros, ou então a punha sobre o lombo de animais de carga. Os tiradores de água aparecem entre os mais humildes daqueles que entraram em aliança com Deus (Dt 29.11). Muitas pessoas estão ocupadas em tarefas desinteressantes e até mesmo humilhantes, completamente destituídas de qualquer desafio. São os modernos "tiradores de água". Mas até mesmo esses podem entrar em aliança com Deus, no que encontram grande valor espiritual. Isso aumenta imensamente o interesse da vida. O apelo dos sistemas políticos ateus, em favor somente do corpo físico, nunca beneficia em coisa alguma a alma. Ao mesmo tempo, porém, os teólogos não deveriam mostrar-se indiferentes para com a situação de pessoas humildes, cujas vidas, do ponto de vista físico, têm pouco ou nenhum ponto de interesse. Essa preocupação deveria encontrar avenidas de expressão que não se olvidem de Deus ou da alma, pois, do contrário, a miséria final será pior do que a miséria que se tinha procurado resolver. Isso fez parte do ABC da espiritualidade.

TIRANÁ

No hebraico, **"gentileza"**. Esse homem era filho de Calebe e de sua concubina, Maaca (1Cr 2.48). Viveu por volta de 1440 a.C. Tinha um irmão de nome Seber (vide).

TIRAS

O filho mais novo de Jafé, que também deu nome aos seus descendentes (Gn 10.2 e 1Cr 1.5). Vários pontos de vista sobre a identidade desses descendentes têm sido conjecturados, mas nenhum deles tem merecido aceitação universal. Alguns escritores têm-nos identificado com os trácios (Josefo, *Anti* 1.6,1); outros, com os piratas Turusa, que invadiram a Síria e o Egito no século XIII a.C. Outros têm-nos vinculado a Tarso, na Cilícia, a Társis, na península ibérica, e, finalmente, aos progenitores dos etruscos, da península itálica. Talvez a razão mais forte para esta última hipótese seja o fato de que bem ao lado da península itálica há o mar Tirreno. Além disso, os estudiosos têm averiguado forte ligação entre os etruscos e os mais amigos *tursenoi*, referidos pelos gregos, embora os gregos também dessem esse nome a certos povos da Ásia Menor, além dos etruscos. Mas isso não é obstáculo intransponível, pois todos os povos europeus vieram da Ásia, quando os descendentes de Noé, através de seus três filhos, Sem, Cão e Jafé, começaram a se espalhar pela face da terra, partindo das regiões do monte Ararate, que hoje fica entre a Rússia, a Turquia e o Irã.

TIRATITAS

Uma das famílias de escribas, pertencentes à tribo dos queneus, que viviam em Jabez. As outras famílias são os simeatitas e os sucatitas (vide). Eles são mencionados exclusivamente em 1Crônicas 2.55.

TIRIA

No hebraico, **"alicerce"**, **"fundação"**. Era filho de Jealelel, da tribo de Judá (1Cr 4.16). Viveu por volta de 1400 a.C.

TIRO

1. A Palavra. No hebraico, *tsur*, "rocha". No grego, *Túros*. Esse foi um famoso porto marítimo da Fenícia, situado cerca

de quarenta quilômetros ao sul do porto irmão de Sidom, e a 24 quilômetros ao norte da fronteira entre o Líbano e Israel. Portanto, ficava perto de uma fronteira geográfica natural.

2. Geografia. Por detrás da cidade de Tiro, o espinhaço contínuo da cadeia montanhosa do Líbano já começa a baixar para tornar-se uma região de colinas confusas, e que continua para o sul até formar as terras altas da Galileia. Só há uma interrupção nessas colinas, a planície de Esdrelom, antes de se chegar à região montanhosa de Efraim e de Judá. Aproximadamente dezenove quilômetros ao sul de Tiro, certas colinas e promontórios, que avançam na direção do mar, formam uma espécie de muralha natural. Isso assinala a fronteira moderna, no sul do Líbano, e cerca de trinta quilômetros ou pouco mais, para o sul, fica o grande porto israelense de Haifa. Tanto Tiro quanto Sidom continuam funcionando como portos marítimos; mas as ruínas de Tiro são muito mais extensas, tendo sido alvo de grandes investigações e escavações arqueológicas.

3. Fundação. O historiador grego Heródoto (cerca de 490-430 a.C.) datou a fundação de Tiro em uma data tão remota como cerca de 2740 a.C. Mas Josefo falava em uma data como 1217 a.C. Devido à grande discrepância nos dados históricos, quanto à data da fundação dessa cidade, há suspeita em ambos esses historiadores. Provavelmente, Heródoto está mais certo do que Josefo quanto a essa data; porém, o informe perdido, em todas essas datas, é o tempo exato da chegada dos fenícios na faixa litorânea entre os montes do Líbano e o mar. Escavações feitas em mais de um ponto de ocupação, nessa faixa litorânea, revelam uma camada do período neolítico, debaixo da massa de ruínas fenícias. E estas, por sua vez, são pesadamente recobertas por ruínas gregas, romanas, e, algumas vezes, da época dos cruzados da era medieval, um fenômeno que pode ser verificado desde Biblos até Tiro.

4. Política Fenícia. Os fenícios, tal como os gregos, nunca formaram uma unidade nacional, e jamais conseguiram fundar qualquer coisa parecida com uma unidade política. À semelhança dos gregos, eles também estavam organizados em cidades-estados. E diferentes historiadores podem fixar de modo diverso o começo significativo de alguma cidade, o que explica aquela discrepância acerca de datas de fundação, como é o caso de Tiro.

5. Colônia de Sidom. O trecho de Isaías 23.2,13 parece dar a entender que Tiro começou como uma colônia de Sidom. De acordo com esse profeta, Tiro era uma "oprimida filha virgem de Sidom"; as palavras "bens sidônios", usadas por Homero, talvez deem a entender que Sidom era a mais antiga das duas cidades. Interessante é observar que Homero mencionou Sidom por diversas vezes, sem nunca haver mencionado Tiro. Porém, nos autores latinos, o adjetivo "sidônio" com frequência é vinculado a Tiro. Para exemplificar, Dido, filha de Belo, de Tiro, é chamada por Virgílio de "a Dido sidônia". E as cartas de Tell el-Amarna, que precedem a época de Josefo, contêm um apelo, feito pelo governador local de Tiro, que deve ser datado em cerca de 1430 a.C., onde ele solicita ajuda, pressionado como estava sendo pelos "habiri" (Hb) invasores. Mas, sem importar quem tenham sido esses invasores, o apelo, dirigido ao Faraó Amenhotepe IV, demonstra que o poder do Egito, havendo penetrado até tão para o norte, fraquejava nas costas da Fenícia, por estarem distantes demais do Egito. Josué entregou Tiro aos homens da tribo de Aser; porém, não parece provável que a invasão dos hebreus tenha chegado a uma localidade tão nortista quanto era Tiro (ver Js 19.29; 2Sm 24.7).

6. No Tempo de Hirão. Durante os próximos três ou quatro séculos não encontramos claros registros históricos a respeito de Tiro. A história só nos fornece informações claras e precisas no tempo de Hirão, rei de Tiro, e amigo de Davi. Hirão parece ter desfrutado de um reinado extremamente longo, pois ele foi mencionado pela primeira vez quando enviou madeira de cedro e artífices especializados a Davi (2Sm 5.11). E, de acordo com 1Reis 5.1, ele fez a mesma coisa nos dias de Salomão. Tiro parece ter sido o centro do poder fenício, na época, porquanto os sidônios são descritos naquele mesmo contexto onde também são alistados os servos de Hirão e pedreiros de Gebal, a antiga Biblos. Essa cidade fica cerca de quarenta quilômetros ao norte de Beirute.

7. Relação a Salomão. Também é interessante notar que Etbaal, reputado neto de Hirão, um século mais tarde, foi chamado de *rei dos sidônios* (1Rs 16.31). Portanto, parece que o poder dos fenícios oscilava entre Sidom e Tiro. O fato é que o astuto Hirão tirou grande proveito da sua sociedade com Israel. Conforme mostra o famoso papiro de Wenamom, os príncipes fenícios eram notáveis negociantes, sendo claro que Salomão muito embaraçou a nação de Israel por ter de fazer pesados pagamentos a Hirão, sob a forma de trigo e azeite (1Rs 5.11), sob a forma de tantos israelitas que tinham de trabalhar nas florestas tírias, na extração de madeira, e também por haver entregue, tolamente, vinte centros populacionais da Galileia para os fenícios (ver 1Rs 9.10-13). Não obstante, posteriormente Hirão queixou-se diante de suas aquisições na Galileia, servindo isso de possível indicação de que Salomão também tivesse usado de sua astúcia nativa.

Juntos, Salomão e Hirão estabeleceram uma sociedade mercantil, alicerçada no golfo de Ácaba, ao norte do qual Salomão tinha as suas fundições de cobre. Hirão dispôs-se a negociar, empregando as habilidades fenícias na construção de embarcações e com grandes marinheiros, para obter acesso às rotas comerciais com Ofir, provavelmente a Índia e o Ceilão, através do território de Israel.

Em adição à madeira de cedro, que motivou os primeiros contatos comerciais entre Israel e Tiro, esta última também negociava com o seu incomparável corante carmesim, feito de um molusco abundante em suas praias do mar. Isso posto, a madeira, os corantes, os tecidos tingidos, uma poderosa marinha mercante, e o estanho extraído na distante Cornuália (ilhas Britânicas, o ponto mais distante da navegação regular dos fenícios, cerca de 3400 milhas marítimas, ou seja, cerca de 6500 quilômetros), além de prata extraída na Espanha e cobre em Chipre, faziam de Tiro, do rei Hirão, uma das maiores cidades comerciais do mundo antigo, e acerca do que as Escrituras Sagradas mesmas prestam testemunho: *... e te enriqueceste e ficaste mui famosa no coração dos mares* (Ez 27.25).

Até onde os registros históricos fragmentares podem ser alinhavados, parece que depois da época de Hirão, que teve um reinado muito longo, estouraram muitos conflitos entre poderosos, que queriam assenhorar-se do trono tírio. Já notamos sobre a transferência de poder, de Tiro para Sidom, acima. Foi a filha de Etbaal, rei de Sidom, de nome Jezabel, que se casou com Acabe, rei de Israel, na época do profeta Elias. Aquele foi um casamento dinástico, de conveniência apenas. Comercialmente falando, as vantagens comerciais obtidas por Salomão, nos dias do reino unido de Israel, foram assim transferidas para o reino do norte. Tiro e a Fenícia geralmente, ressentiam-se de sua baixa produtividade agrícola, ao passo que Israel produzia muito nesse campo. Esses produtos agrícolas de Israel, portanto, eram trocados pelos produtos de luxo produzidos pelos fenícios, muitas vezes trazidos de longas distâncias pelos negociantes tírios.

8. Dominação Assíria. Por dois séculos de dominação assíria no Oriente Próximo, Tiro teve de sofrer, juntamente com outras comunidades da região, um longo período de agressão e opressão. No entanto, seu poder marítimo e sua posição quase inexpugnável, em uma ilha, a certa distância do continente, conferiam a essa cidade uma certa proteção. É significativo que Tiro conseguiu libertar-se da dominação exercida por Nínive, uma geração antes dessa grande capital, o último fortim do poder imperialista da Assíria, haver caído, o que já ocorreu nos fins do século VII a.C. A data mais precisa foi 612 ou 606 a.C. Isso assinalou uma outra *era áurea* da influência e do poder de Tiro. Os capítulos 27 e 28 do livro de Ezequiel, que denunciam fortemente os tírios, fornecem-nos uma descrição muito boa sobre o poder, as riquezas, o comércio variado e o luxo que pairava em torno desse porto fenício.

9. Dominação Babilônica. Quando a Babilônia substituiu Nínive, como o maior agressor e dominador das terras do Oriente Médio e Próximo, Tiro ainda ofereceu alguma resistência aos babilônios. Porém, as tensões de um prolongado cerco, a drenagem de suas riquezas e de seu potencial humano, a ruptura de seu comércio durante esse novo período de hostilidades acabaram por prejudicar, definitivamente, aquele grande porto de mar fenício. Deus entregara o mundo às mãos dos babilônios, e Tiro não escapou a esse domínio. Com Nabucodonosor teve início o "tempo dos gentios" (um período em que Israel perdeu o seu direito de autogovernar-se, tornando-se a cauda das nações, e não a cabeça), tempo esse que haverá de prolongar-se até o fim da carreira do anticristo. Pois bem, o declínio de Tiro começou com Nabucodonosor, embora sua queda ainda tivesse de esperar por mais alguns séculos.

Poderíamos sumariar os percalços de Tiro, durante seus últimos três séculos de história, antes de sua destruição final por Alexandre, o Grande, como segue: antes do aparecimento de Nabucodonosor, Tiro conseguira desfrutar de boa medida de independência do poder egípcio, até que os egípcios vieram a dominar essa cidade. Então, os assírios fustigaram essa cidade. Em seguida, vieram os babilônios, dos dias de Nabucodonosor. Mas, depois destes, vieram os persas. O trecho de Esdras 3.7 cita uma ordem do rei da Pérsia, Ciro II, para que os tírios suprissem a madeira de cedro necessária para a restauração do templo de Jerusalém, que aquele monarca persa havia aprovado. Nessa época, o cedro do Líbano, sem dúvida alguma, andava crescentemente mais escasso. As florestas existentes na região montanhosa do Líbano já vinham sendo exploradas por nada menos de sete séculos, sem que os fenícios se importassem com o reflorestamento. Contudo, os fenícios continuavam excelentes marinheiros, havendo indícios de que o enlouquecido rei da Pérsia, Cambises II, tenha recrutado uma flotilha tíria em seu ataque contra o Egito. Além disso, galeras tírias velejaram em companhia da malsucedida empreitada persa contra a Grécia. Os gregos esmagaram a marinha persa em Salamina, em 480 a.C.

10. Relação com Alexandre. Em 332 a.C., no decurso de sua marcha através do império persa, que se esboroava, Alexandre e seu exército vitorioso apareceram diante de Tiro. E a cidade, confiando em sua quase inexpugnável posição, fechou os seus portões contra o que lhe parecia um pequeno exército macedônio. O cerco que se seguiu tornou-se um dos grandes épicos da história militar do mundo. Alexandre construiu um molhe para cruzar o pequeno estreito que separava a cidade do continente. Até hoje, esse molhe é o âmago do promontório em forma de cunha que liga o antigo local da cidade de Tiro ao continente. A moderna cidade de Tarabulus ocupa as praias e parte desse istmo artificial. Foi somente através desse gigantesco feito de engenharia, que é considerado uma tremenda obra até mesmo em nossos dias, que Alexandre conseguiu lançar o ataque final, mediante o qual conquistou a cidade de Tiro. E isso mesmo ao custo de muitas vidas, que se perderam. Seja como for, foi desse modo que a profecia de Ezequiel teve cumprimento, quando a grande e famosa cidade de Tiro tornou-se um lugar onde os pescadores vinham enxugar e remendar suas redes (ver Ez 26.5,14; 47.10).

11. Relação à Roma. Não obstante, o local manteve algo de seu antigo prestígio. Tiro chegou mesmo a recuperar-se, parcialmente, desse tremendo golpe. Durante algum tempo, funcionou ali um governo republicano. Esse governo contemplou o aparecimento da estrela romana, no horizonte. Tiro estabeleceu uma aliança com Roma, tendo assim conseguido manter a sua independência até os dias de César Augusto. Mas, quando esse imperador absorveu Tiro no sistema provincial de Roma, em 20 a.C., a cidade de Tiro desapareceu de vez das páginas da história.

12. Arqueologia. As ruínas da cidade de Tiro, descobertas com muito cuidado pela arqueologia, mostraram-se muito estratificadas, desvendando uma longa história nas costas marítimas da Fenícia. As ruínas das docas e dos armazéns dos fenícios jazem por debaixo das construções feitas pelos gregos e pelos romanos. Uma estranha edificação dos tempos gregos é um teatro em forma oblonga, sem-par em todas as costas do Mediterrâneo. Há um magnífico pavimento, uma rua recoberta de mosaicos, com muitas lojas e colunatas, que se revestem de interesse especial para nós, porquanto pertencem à época da vida de Jesus Cristo. É possível que ele, tendo partido da Galileia, e tendo estado até em Sidom, tenha passado também por ali. Ver Mateus 15.21 *ss.*, onde se lê: *Partindo Jesus dali, retirou-se para os lados de Tiro e Sidom*. O que o Senhor foi fazer naquelas regiões? Ele tinha uma de suas escolhidas na pessoa da mulher cananeia. Embora uma mulher gentia, o Senhor lhe disse: *Ó mulher, grande é a tua fé! Faça-se contigo como queres* (vs. 28).

13. Referência de Jesus. Em outra oportunidade, o Senhor Jesus referiu-se a Tiro, juntamente com sua cidade irmã, Sidom, quando, repreendendo os habitantes de cidades da Galileia, expressou: *Ai de ti, Corazim! Ai de ti Betsaida, porque se em Tiro e em Sidom se tivessem operado os milagres que em vós se fizeram, há muito que elas se teriam arrependido, assentadas em pano de saco e cinza. Contudo, no juízo, haverá menos rigor para Tiro e Sidom, do que para vós outros* (Lc 10.13,14).

14. Referência de Paulo. A ultima menção à cidade de Tiro, nas páginas sagradas, fica no capítulo 21 do livro de Atos, onde se narra a viagem do apóstolo Paulo e seus companheiros cristãos de viagem, até Jerusalém. A menção é fortuita, nada havendo acontecido de especial ali. *Quando Chipre já estava à vista, deixando-a à esquerda, navegamos para a Síria e chegamos a Tiro... Quanto a nós, concluindo a viagem de Tiro, chegamos a Ptolemaida...* (At 21.3,7).

TIRO, A ESCADA DE. Ver sobre *Escada de Tiro*.

TIROPEANO, VALE. Ver o artigo sobre *Jerusalém*.

TIRSATA

No hebraico, **"o temor"**, **"a reverência"**. Esse título foi dado tanto a Zorobabel quanto a Neemias, como governadores de Judá, sob o governo persa, entre 536 e 445 a.C. Entretanto, o título não é transliterado em nossa versão portuguesa, mas interpretado como "governador", nas cinco vezes em que ocorre nas páginas do Antigo Testamento. (Ver Ed 2.63; Ne 7.65,70; 8.9; 10.1). Essa interpretação é correta, mas fez a palavra hebraica desaparecer de nosso texto da Bíblia portuguesa. Tirsata vem do persa antigo avestã, *tarsta*, que significava "respeitado", "reverenciado", mais ou menos equivalente ao nosso moderno "Vossa Excelência". Interessante é que os tradutores da Septuaginta preferiram traduzir o título Tirsata como se fosse um nome próprio, com diversas formas diferentes. Um sátrapa ou governante de província era, na realidade, um oficial subalterno, sem maior autoridade, cuja principal função incluía o cálculo e o recolhimento de impostos (ver Ne 7.70; cf. Ed 1.8).

TIRZA

No hebraico, **"deleite"**, **"satisfação"**. Esse é o nome tanto de uma personagem feminina quanto de uma cidade, nas páginas do Antigo Testamento: **1**. A filha caçula de Zelofeade, que tinha cinco filhas (Nm 26.33; 26.1; 36.11 e Js 17.3). Ela viveu por volta de 1450 a.C. **2**. Uma ex-cidade real dos cananeus, que ficava na parte norte do monte Efraim, no alto da descida do *wadi Farah*, que se precipita para leste, para o vale do rio Jordão, até o vau de Adão. Esse era o melhor trajeto que ligava a Transjordânia com o monte Efraim, e daí para o leste, atravessando Dotã e Bete-Lagã, até a planície de Jezreel. Essa estrada longitudinal ajuda a explicar o surgimento de cidades importantes, como Tirza, Siquém e Samaria, nas junções das principais estradas.

Famoso por suas belezas naturais, o vale de Tirza é cantado em Cantares 6.4: *Formosa és, querida minha, como Tirza...* A antiga cidade cananeia de Tirza passou a fazer parte do território de Manassés (Js 17.2,3), capturada por Josué (Js 12.24). É possível que no relato do cerco de Tebes, com sua poderosa fortaleza, onde Abimeleque encontrou a morte, envolva uma corrupção do nome de Tirza (Jz 9.51). Jeroboão I mantinha uma residência em Tirza (1Rs 14.17), que se tornou a capital do reino do norte, Israel, desde os dias de Baasa (1Rs 16.8,9), Elá e Zinri (1Rs 16.8,9,15).

Tendo ficado ali em uma armadilha, preparada por Onri, Zinri destruiu a sua residência, durante os conflitos dinásticos com Onri (1Rs 16.17,18). Seis anos mais tarde, Onri transferiu a capital do reino do norte para Samaria (vide), uma localização mais central e conveniente, que dominava os caminhos para a região montanhosa de Samaria. Isso assemelhou-se à escolha de Jerusalém, por parte de Davi, como capital do seu reino, porquanto Samaria não tinha associações tribais mais antigas, conforme era o caso de Tirza. Depois que Samaria tornou-se a capital do reino do norte, Tirza afundou para a insignificância de uma cidade provincial, embora ainda importante como tal. Quase no fim da existência da nação de Israel, um cidadão de Tirza, Menaem, usurpou o trono pertencente a Salum (2Rs 15.14,16).

O grande cômoro de Tell el-Far'ah, cerca de onze quilômetros a nordeste de Nablus, tem sido escavado pelos padres dominicanos. Essas explorações arqueológicas têm revelado uma contínua ocupação humana desde os tempos calcolíticos, antes de 3000 a.C., até o fim do reino do norte, Israel. Já florescia como cidade no século IX a.C., porém, um nível incendiado foi encontrado, depois da primeira camada da ocupação da Idade do Ferro. Isso talvez indique as desordens civis da época em que Onri subiu ao trono. Também há evidências de que a antiga fortaleza de Tirza foi reduzida a uma cidade aberta, mais ou menos na época em que Samaria foi fundada, em um novo local. Tudo isso parece confirmar fortemente o cômoro de Tell el-Far'ah como o local de Tirza.

TISRI

Sétimo mês do calendário eclesiástico dos hebreus. Também é chamado de *Etanim* (ver 1Rs 8.2). Era também o primeiro mês do calendário civil dos israelitas. O Ano Novo Judaico (*Rosh Hashanah*) cai no primeiro dia do mês de *Tisri*.

TITO

Nome do grande companheiro do apóstolo Paulo. Esse nome não aparece no livro de Atos, mas encontra-se repetidas vezes nas epístolas do grande apóstolo. Era filho de pais gentios (cf. Gl 2.3). Tomou parte na comissão da igreja de Antioquia (At 15.2), com Paulo e Barnabé, que foram a Jerusalém assistir ao concílio da igreja (Gl 2.3). É possível que fosse natural de Antioquia, uma vez que o apóstolo Paulo o chama de amado filho na fé que nos é comum (Tt 1.4); e que fosse convertido por ele. Evidentemente era mais moço que Paulo. A presença de Tito no concílio escandalizou os que eram da circuncisão, porém a igreja se recusou a ordenar quem se circuncidasse, tomando desse modo o partido de Paulo que era advogado dos gentios para liberá-los do jugo da lei cf. Gálatas 2.3-5. Tito aparece na casa de Paulo em Éfeso, onde lhe fez companhia. Pela leitura de 2Coríntios 2.13; 7.16; 8.6,16 e 12.18, sabe-se que foi mandado a Corinto para corrigir certos abusos que muito afligiam o espírito de Paulo. Supõem alguns que ele foi um dos irmãos que serviram de portador da primeira epístola aos Coríntios, 1Coríntios 16.12. É mais provável contudo, que ele e mais outro, 2Coríntios 12.18, fossem enviados lá, depois de remeter a primeira carta em virtude de novas informações que o apóstolo recebeu. A sua missão foi muito delicada, de modo que Paulo aguardava a sua volta com grande ansiedade, cf. 2Coríntios 2.13. Quando o apóstolo deixou Éfeso, esperava encontrar Tito em Trôade (12,13), e, como não o encontrou, seguiu para a Macedônia. Ali Tito foi encontrá-lo, dando-lhe boas notícias (7.6,13,14), sendo imediatamente enviado a Corinto, levando consigo a segunda epístola para a igreja daquela cidade, 2Coríntios 8.6,18,23. Não se ouve mais falar dele, senão depois que Paulo foi solto da prisão em Roma. Pela epístola a Tito, sabe-se que esteve em Creta para superintender a organização das igrejas nessa ilha. Parece que esteve em Éfeso como deputado apostólico. Sua missão foi temporária, porque logo teve de reunir-se ao apóstolo em Nicópolis. A última notícia que temos dele encontra-se em 2Timóteo 4.10, onde se diz que havia ido para a Dalmácia.

TITO, EPÍSTOLA A

A epístola do apóstolo Paulo a Tito foi escrita depois que o apóstolo saiu da prisão em Roma, e reassumiu sua obra missionária. Deve datar do ano 65 ou 66. Tito ficou supervisionando a igreja de Creta. A epístola que Paulo lhe enviou, à maneira da primeira epístola a Timóteo, tinha a finalidade de dirigi-lo no modo de resolver as dificuldades que iria encontrar. Pode dividir-se da seguinte forma: **1**. Saudações, descrevendo particularmente a dignidade da mensagem apostólica (1.1-4). **2**. Instruções a respeito do caráter dos que deveriam ser escolhidos para o cargo de bispos ou anciãos, especialmente, tendo em vista os falsos discípulos que havia de encontrar e o modo de combatê-los (v. 5-16). **3**. Instruções que ele deveria ministrar às várias classes de pessoas de que se compunha a igreja, a fim de que fossem todos zelosos de boas obras (cap. 2). **4**. Direções acerca dos deveres dos cristãos para com a sociedade, imitando o amor de Deus para com os homens, manifestado na pessoa de Cristo (3.1-8). **5**. Instruções para evitar a influência das doutrinas falsas e heréticas (v. 9-11). **6**. Direções Pessoais, exortações finais e bênção apostólica (v. 12-15). O pensamento central da epístola é colocar em destaque a importância das boas obras que devem ter todos que professam o cristianismo. Sobre as epístolas pastorais, veja parte final do verbete *Timóteo, Epístolas De Paulo A*.

TIZITA

Adjetivo patronímico de Joa, irmão de Jediael, que foi um dos "heróis" de Davi (1Cr 11.45). A origem desse termo é desconhecida, mas, provavelmente, refere-se à localidade de onde ele seria nativo. Joa viveu em torno de 1050 a.C.

TOÁ

No hebraico, **"depressão"**, **"humildade"**. Foi um levita descendente de Coate (1Cr 6.34). Em 1Crônicas, ele é chamado de Naate. Ele era o trisavô do profeta Samuel. Viveu por volta de 1230 a.C.

TOBE

No hebraico, **"frutífera"**, **"boa"**. Esse era o nome de um distrito e de uma cidade da Síria, a nordeste de Gileade. O nome figura em Juízes 11.3,5 e 2Samuel 10.6.

Esse distrito e essa cidade do sul de Haurã (vide) são mencionados como o lugar onde Jefté refugiou-se, e também em conexão com a guerra entre os israelitas, por um lado, e os amonitas e sírios, por outro lado (2Sm 10.6).

Provavelmente é a mesma Dubu dos documentos achados em Tell El-Amarna, um estado arameu da região a leste do rio Jordão, mas ao norte da região montanhosa de Gileade. Isso torna razoável a sua identificação com a cidade de Hopos, da região de Decapólis. Os estudiosos também têm sugerido a moderna al-Tabiya, a dezesseis quilômetros ao sul de Gadara, um nome que parece preservar a ideia de "boa", que faz parte do nome hebraico *tob*, "boa". Após o exílio babilônico, judeus instalaram-se ali, o que ocasionou uma incursão das tropas de Judas Macabeu ao lugar (ver 1Macabeus 5.13 e 2Macabeus 12.17), se é que *Toubias* e os *toubiani* devam ser identificados com Tobe e os seus habitantes.

TOBE-ADONIAS

No hebraico, **"bom é o Senhor** *Yahweh*". Um levita enviado por Josafá para ensinar a lei ao povo, nas cidades de Judá. Seu nome figura, exclusivamente, em 2Crônicas 17.8. Viveu por volta de 910 a.C.

TOBIAS

No hebraico, **"bom é** *Yahweh*". Há quatro homens com esse nome, nas páginas do Antigo Testamento, e dois, nos livros apócrifos. **1**. O fundador de uma família que retornou a Israel, depois do exílio babilônico, embora não pudessem provar sua ascendência israelita (Ed 2.60; Ne 7.62 e 1Ed 5.37). Esses descendentes deles viveram em torno de 445 a.C. **2**. Um "servo" amonita, provavelmente um oficial do governo persa, que se aliou a Sambalate e outros, em sua persistente oposição ao trabalho de reconstrução encabeçado por Neemias (Ne 2.10,19; 4.3,7; 6.12,14,17,19; 13.7,8). Tanto ele quanto seu filho, Joanã, casaram-se com mulheres judias. Ele era altamente favorecido pelo sumo sacerdote Eliasibe, que lhe concedeu uma sala para ocupar, nas dependências do templo de Jerusalém. Tobias procurou assustar Neemias (Ne 6.17-19). Mas este considerava Tobias seu principal adversário, tendo retirado, a ele e aos seus bens materiais, da sala que ocupava no templo (Ne 13.4-9). Alguns estudiosos opinam que a casa de Tobias, que, no século III. a.C., competiu com a casa de Onias, pelo sumo sacerdócio, descendia desse Tobias (cf. 2Macabeus 3.11 e Josefo, *Anti.* 12.4). Viveu em cerca de 445 a.C. **3**. Um dos levitas, enviado pelo rei Josafá, para ensinar a lei do Senhor nas cidades da tribo de Judá (2Cr 17.8). Viveu por volta de 445 a.C. **4**. Um dentre vários outros israelitas que vieram da Babilônia para Jerusalém, trazendo ouro e prata, a fim de fabricar com esses metais uma coroa para o sumo sacerdote Josué. Seu nome aparece somente em Zacarias 6.10,14. Viveu em cerca de 520 a.C. **5**. O pai de Hircano (2Macabeus 3.11). Na Septuaginta, seu nome aparece com a forma de Tobias. **6**. O filho de Tobias. Portanto, pai e filho tinham o mesmo nome. Ver sobre o *Livro de Tobias*.

TOBIAS, LIVRO DE

I. STATUS CANÔNICO. Protestantes e evangélicos consideram esse livro *apócrifo*, seguindo o cânon palestino. Os judeus da *Diáspora* (ver a respeito), seguindo o cânon alexandrino (exemplificado na Septuaginta que contém o livro), os católicos romanos e alguns segmentos ortodoxos chamam-no de canônico no sentido completo da palavra. Muitos dos patriarcas iniciais o utilizaram, alguns afirmando sua canonicidade, outros o negando. Em todo caso, a maioria dos patriarcas concorda com a avaliação de Jerônimo de que o livro era de valor e devia ser lido, mas não com a estatura de outros livros do Antigo Testamento. Ver os artigos separados sobre *Cânon do Antigo Testamento* e *Livros Apócrifos*.

II. Pseudo-história. O livro é colocado no período histórico do cativeiro assírio de Israel e menciona diversas personagens históricas: Salmaneser V (1.13); Senaqueribe (1.15); e locais específicos como palcos para a história: Nínive (1.3); Ecbatana (3.7); Rages (4.1). Mas o livro é um óbvio romance da Diáspora, um tipo de novela.

III. Idioma; Data; Conteúdo
1. Idioma. Durante um século os estudiosos discutiram o problema do idioma desse livro, imaginando se ele teria sido composto originalmente em grego ou em algum idioma semita (hebreu ou aramaico). A descoberta dos Rolos do Mar Morto joga luz no problema. Entre os muitos manuscritos encontrados com aquela descoberta havia um manuscrito em hebraico e quatro em aramaico. Estudiosos hoje supõem que o aramaico tenha sido o idioma original, que foi então traduzido para o hebraico clássico, o grego e o latim. Talvez a versão grega (Septuaginta) tenha sido baseada em uma cópia hebraica.

2. Data. Evidências indicam uma data entre 225 e 175 a.C. A última expressa "o livro da lei de Moisés" ocorrendo em 6.13; 7.11, 12, 13. Os livros proféticos são chamados de "palavra do Senhor", expressão um tanto posterior (14.4). Mas não há indicação de que os períodos turbulentos das Epifanias IV de Antíoco já tivessem ocorrido. Seu período no poder foi entre 175 e 164 a.C. O fato de os manuscritos desse livro estarem entre os Manuscritos do mar Morto mostra que ele não pode ter sido escrito em um período tão tardio quanto o primeiro século a.C.

3. Conteúdo. Generalização. O período era o do *cativeiro assírio*, depois de 722 a.C. Tobias era um tipo de Jó de dias posteriores, que tinha todos os tipos de problemas que atrapalhavam sua piedade. Embora estivesse entre os cativos que se paganizavam, ele e sua família aderiram às antigas rígidas leis judaicas. Ele se tornou vidente (como Daniel antes dele também o havia sido) e um dos assistentes de Salmaneser. Continuou tendo uma vida de retidão, do tipo judaico, embora assistente de um governo civil, incluindo prover enterros apropriados para os judeus mortos pelos assírios. Por causa de suas "atividades judaicas", ele teve de fugir de Senaqueribe para salvar sua vida. Muitas dificuldades se seguiram e com elas as reclamações de sua mulher (como havia feito a mulher de Jó). O pobre Tobias começou a preferir a morte em vez da vida por causa dos muitos sofrimentos pelos quais teve de passar (3.6), outra reflexão de Jó.

Então entrou no quadro a graciosa *Sara*. Ela era uma parente próxima, a filha de Raquel. Foi assediada por um demônio ciumento chamado *Asmodeus*, que tinha o mau hábito de matar seus maridos, de fato, sete deles, e, naturalmente, antes de o casamento ser consumado. Tobias também teve um problema especial que contraiu de um pedaço de estrume de pardal que caiu nos seus olhos, quando, em um período de sujeira cerimonial (ele havia tocado em um corpo morto), teve de dormir ao ar livre e ficou exposto às aves. Esse improvável bombardeamento das aves havia deixado Tobias cego. Portanto, aí temos potenciais amantes, Sara, assediada por um ciumento demônio matador de maridos, e Tobias, um homem cego. A tensão desaparece da história pela observação de que os dois seriam curados milagrosamente pelo anjo do Senhor (3.16-17). O resultado é tal que lemos o livro no conforto de saber que a piedade de Tobias a longo prazo resultará em recompensa. O anjo Rafael transforma-se no companheiro de jornada de Tobias durante uma viagem a Ecbatana, na Pérsia. Ao longo do caminho, *Azarias* (o anjo disfarçado) instrui Tobias a pegar um peixe que praticamente o engoliu. O anjo orienta Tobias a cortar o coração, o fígado e a bílis do peixe, pois queimar essas vísceras produziria uma fumaça poderosa para realizar um exorcismo. Assim, aprendemos como Sara foi livrada. O anjo também informa Tobias de que ele a longo prazo acabará por casar com Sara, mas não revela que ela está associada a um demônio ciumento e matador de maridos.

O casamento ocorre, e Tobias põe fogo nas vísceras do peixe. O pai de Sara prepara um túmulo para seu novo genro, que considerava "perdido". Tobias e Sara não estão ansiosos por consumar o casamento. Dormem pacificamente enquanto o demônio engasga na fumaça do peixe e, assim, é espantado do lado de sua amante. Ao descobrir que o demônio hão havia sido capaz de cumprir com a tarefa, Rogel (surpreso) oferece uma grande oração de ação de graças. Assim, inicia-se uma celebração de casamento que duraria 14 dias.

Tobias, agora um homem de boa sorte, envia Azarias a Media para buscar uma grande soma de dinheiro que ele havia deixado lá. Assim, o casal está livre para apreciar a boa vida. Em Nínive, a mãe de Tobias, Ana, e seu pai, Tobite, estavam preocupados com a segurança de seu filho. Não havia motivo para preocupação pois, como já vimos, Tobias e sua nova mulher estão divertindo-se muito na celebração de seu casamento. O anjo (disfarçado de Azarias), Tobias, Sara e o cão favorito de Tobias retornam a Nínive e aliviam as ansiedades naquele local ao fazer uma repentina aparição. Resulta disso uma grande e chorosa reunião de família, descrita de forma exuberante no livro. Sentindo-se generoso, no meio da celebração, Tobias e Tobite decidem doar metade de sua fortuna ao bom Azarias. Mas os anjos não têm interesse por dinheiro, portanto o "homem" revela sua verdadeira identidade: Rafael, um dos sete poderosos anjos sagrados do conhecimento judaico (12.15). Tobite então oferece uma oração magnífica de alegria, e por que não? Ele foi capaz de manter suas mãos em todo aquele dinheiro.

Após as mortes de Tobite e Ana, Tobias e sua família retornam a Ecbatana, onde vivem uma vida de homens ricos (como Jó antes dele) até sua morte aos 127 anos de idade.

Esta é uma história muito imaginativa e divertida, uma linda lenda que estica as coisas com muita frequência, mas tem muitas lições a ensinar à medida que é narrada.

IV. Fontes de Informação. O autor é um tipo de pessoa transuniversal que mistura antigas histórias folclóricas, mitos, um pouco de história com fundo bíblico e outros empréstimos. Um livro como esse nunca poderia ser canonizado na conservadora Palestina, mas os judeus alexandrinos, culturalmente miscigenados, não viam nada de errado nessa salada teológica e cultural. Começamos com uma história um tanto autêntica; misturamos a história universal dos Grandes Mortos, a antiga história dos homens perseguidos que acabam ficando ricos e famosos por causa de sua piedade singular. Daí vem o temeroso tema do monstro do Quarto, a criatura má apaixonada por uma mulher piedosa, uma matadora de maridos. Então até o fiel cão de Tobias entra no ato. Um judeu da Palestina jamais teria tido um cão como companheiro, já que os cães são animais sujos (6.2; 11.4). Mas a Bíblia não pode ser deixada de fora, portanto temos alusões à história de José (Gn caps. 37 e 39-50); a história do casamento relativa a Isaque e Jacó (Gn caps. 24 e 29); o antigo tema judeu de que a piedade atrai riqueza material; mas o mal sempre resulta em punição e desastre material (Tobias 1.21; 3.3-6; 13.12; 14.4, 10). A principal base bíblica, no entanto, é a história de Jó, o homem que sofreu por motivos desconhecidos, embora tenha sido uma pessoa reta. Os profetas Amós (2.6) e Naum (14.4) são mencionados por nome, mas Jeremias e Ezequias, de quem Tobias faz empréstimos, não são mencionados especificamente. Os capítulos 13 e 14 de Tobias se baseiam nas previsões de Isaías de que Israel retornaria do longo exílio, por fim.

V. Ensinamentos e Teologia. A maioria dessas questões já foi coberta ao longo do caminho. O livro tem as visões mais liberais dos judeus da Diáspora, que não hesitam em incorporar demônios parecidos com os dos pagãos. Faz muito do sujo cão e também menciona que o filho de Tobias derrama vinho no túmulo dos retos (4.17), um ato contrário ao Pentateuco (Dt 26.14). Tal costume era pagão, não judaico. Por outro lado, há muitas lições morais e muito material baseado na Bíblia. Tobias era um judeu exemplar que arriscou sua vida ao ser fiel à legislação mosaica, embora em alguns pontos sua prática tenha sido a mesma dos judeus da Diáspora, não a de radicais palestinos. O livro ensina a doutrina de confrontação de intervenção angélica na vida dos homens. O livro, contudo, tem antigos conflitos judeus: não há ensinamento sobre a imortalidade, enquanto a punição e a recompensa são limitadas apenas ao que ocorre ao homem durante sua vida terrena. Ele acreditava na validade e no poder da profecia e considerava os livros dos profetas "a palavra de Deus", ao contrário do cânon dos saduceus, que aceitava apenas o Pentateuco como inspirado. A passagem de 4.15 dá a nós uma forma de "regra sagrada": ... *aquilo que você odeia, não faça a ninguém*. O livro enfatiza os três pilares da fé judaica: oração, caridade e jejum (12.8) e assegura-nos de que onde há retidão, Deus agirá (a longo prazo) por parte daqueles que o praticam. Um bom resumo de ensinamentos morais é 14.11: ... *meus filhos, considerem o que a caridade realiza e o que a retidão entrega*.

TOCHA

No hebraico, *lappid*, uma palavra que aparece por quinze vezes, e que as tradições têm variadamente traduzido por "tocha", "lâmpada", "tição" etc. Na antiguidade, uma tocha provia uma iluminação mais forte do que uma lâmpada (lamparina de azeite), em atividades externas à noite. (Esse termo hebraico aparece em Gn 15.17; Jz 7.16,20; 15.45; Jó 12.5; 41.19; Is 62.1; Ez 1.12; Dn 10.6; Na 2.3; Zc 12.6; Jó 42.19; Êx 20.18).

No grego temos o vocábulo *lampás*, empregado por nove vezes no Novo Testamento (Mt 25.1,3,4,7,8; At 20.8; Ap 4.5 e 8.10). Ver também o artigo a respeito de *Lâmpada*. Interessante é que, em Êxodo 20.18, a palavra hebraica *lappid* é traduzida, e com razão, por "relâmpagos", pois, em face dos "trovões", sem dúvida houve relâmpagos.

TÓFEL

Na Septuaginta, *Tophol*. No hebraico, essa palavra significa "almofariz", "pilão". Esse nome é mencionado somente nas palavras de abertura do livro de Deuteronômio (1.1), citado entre outros quatro nomes de cidades, como o local onde Moisés dirigiu um grande discurso aos ouvidos do povo de Israel.

Essa localidade tem sido identificada como a moderna Tafile, uma aldeia cerca de 24 quilômetros a sudeste do mar Morto, em um fértil vale por onde passa a estrada de Queraque a Petra. Porém, nada mais se sabe sobre essa localidade.

TOFETE

No hebraico, **"altar"**. Essa era uma área do vale de Hinom (vide), localizada no *wadi* er-Rababeh, um vale com lados profundos, que tradicionalmente separava a cidade de Jerusalém do território pertencente a Judá, na vertente oriental do monte Sião (ver Ne 11.30). Esse nome aparece por dez vezes nas páginas do Antigo Testamento (2Rs 23.10; Is 30.33; Jr 7.31,32; 19.6,11-24). Outros estudiosos encontram uma derivação inteiramente diferente para essa palavra. Esses dizem que, provavelmente, o nome deriva-se de uma palavra que significa "fogão", "forno", devendo ser pronunciado como *tepat*, mas que, propositalmente, teve a pronúncia alterada para *tofete*, seguindo um termo ugarítico cognato, e que significa "opróbrio", "abominação". A etimologia rabínica, que fazia a palavra significar "tambor", não tem qualquer razão de ser.

Tofete era um bosque sagrado ou jardim pertencente aos cananeus, que, posteriormente, veio a tornar-se um dos grandes centros da adoração a Baal, por parte de judeus apóstatas (ver Jr 32.35). Entre as atividades desse culto, parece que estava envolvido o sacrifício ritual de recém-nascidos. Apesar de os estudiosos terem exposto dúvidas se um rito tão sanguinário e cruel realmente existiu, o fato é que urnas funerárias, encontradas na Palestina, pertencentes a diversos períodos históricos, têm demonstrado quão plausível é a narração que aparece em alguns escritos proféticos do Antigo Testamento. Além disso, em muitos lugares do mundo, a morte por exposição às intempéries, principalmente de meninas recém-nascidas e de crianças gêmeas, tem sido praticada por diversas tribos. O nome dessa localidade aparece por oito vezes, dentre suas dez menções, no livro de Jeremias, em seus capítulos sétimo e décimo nono. Esse horrendo culto se popularizou, sobretudo, durante os reinados de Acaz e de Manassés, os quais teriam sacrificado seus próprios filhinhos, no vale de Hinom, sem dúvida alguma, mais precisamente, em Tofete (ver 2Cr 28.3 e 33.6).

Há uma variante textual em Isaías 30.33, onde se encontra uma alusão à destruição definitiva do monarca assírio. Nessa variante há uma possível combinação de um vocábulo aramaico, talvez de algum termo acádico por detrás daquele, com o sentido de "lareira" ou "escarpa abrasada", e o nome de Tofete. Essa predição deixa clara a destruição da poderosa nação assíria, de maneira violenta, que viria a transformá-la em abominação. Quando da restauração instituída nos dias de Josias, o santuário de Tofete foi profanado e destruído (ver 2Rs 23.10). Mas a memória em torno daquele horrendo lugar prosseguiu, tendo-se transformado em um símbolo da desolação e do julgamento divino contra o pecado. Aquele vale começou a servir de monturo da cidade de Jerusalém. O lixo era lançado por cima das muralhas. Mas, devido aos muitos e muitos séculos que já se escoaram desde então, e das transformações topográficas a que Jerusalém tem estado sujeita, a localização exata de Tofete se perdeu.

TOGARMA

Um dos filhos de Gômer e neto de Jafé, filho de Noé. Foi o progenitor da nação jafetita que tem esse nome (ver Gn 10.3, 1Cr 1.6, Ez 27.14 e 38.6). A casa de Togarma, ou seja, a nação que dele descendia, é mencionada por duas vezes no livro de Ezequiel, onde é descrita como um povo que tinha forte comércio com Tiro, no campo de cavalos, mulas e cavaleiros (Ez 27.14). E, em Ezequiel 38.6, também é mencionada como uma das nações aliadas de Magogue, juntamente com Gômer, Pérsia, Cuxe e Pute. Ali parece estar em foco um ataque de nações gentílicas contra Israel, quando o antigo povo de Deus já estiver bem estabelecido em seu território, nos últimos dias de nossa dispensação.

Bastante problemática é a identificação desse povo de Togarma. Onde se encontrariam eles, em nosso mundo moderno? Josefo opinava que eles seriam os frígios, famosos por seus cavalos. Todavia, há inscrições assírias que mencionam certa cidade, Til-Garimmu. Em língua hitita, esse nome tem a forma de Tegarama, já bem parecida com a nossa forma portuguesa. Essa cidade ficava localizada na porção oriental da Capadócia. Visto que Ezequiel localiza Togarma como uma das nações do norte (ver Ez 38.6), em associação com Gômer, é perfeitamente provável que Togarma deva ser localizada na região a sudeste do mar Negro, e daí para o norte.

Til-Garimmu foi cidade destruída pelos assírios, em 695 a.C. Mas esta pode ter sido apenas uma de suas cidades principais.

Muitos estudiosos pensam que há vestígios de línguas indo-europeias dessa nação. O tocário foi um idioma falado em grande parte das estepes russas, chegando mesmo à parte oriental-norte do que hoje é a China. Por conseguinte, levando em conta todos os informes, ainda que escassos, de que dispomos, parece uma conjectura aceitável que esse antigo povo deve ter sido um dos formadores dos eslavos orientais que, atualmente, povoam grande parte das estepes da Rússia Europeia. Tudo indica, pois, que os descendentes de Togarma foram-se deslocando cada vez mais na direção da Sibéria, mesclando-se, nesse processo, com populações de origem mongol e turcomana.

TOI

No hebraico, **"erro"**, **"vagueação"**. Era rei de Hamate na época de Davi. Portanto, viveu em torno de 1040 a.C. Seu nome aparece por cinco vezes nas páginas sagradas: (2Sm 8.9,10; 1Cr 18.9,10). A cidade de Hamate ficava às margens do rio Orontes. Toi enviou a Davi uma mensagem de congratulação por haver vencido o inimigo comum deles, Hadadezer de Zobá. Nas referências paralelas de 1Crônicas, o nome dele aparece com a forma de *Toú*.

TOLA

Os estudos sobre o significado desse nome são complicados. Há duas etimologias possíveis para o mesmo. Uma delas é derivada do uso de um termo idêntico, como nome de um "verme", no acádico *tultu*. A outra vem do termo hebraico que ocorre em Isaías 1.18, com o sentido de "carmesim". Esta última alternativa tem mais peso, pois esse nome se parece com *Puva*, que tem sido interpretado como um nome que se deriva de "declaração" ou de "verde", ou alguma outra cor. Todavia, ambas as explicações estão baseadas sobre etimologias populares, havendo falta de uma evidência filológica mais séria. Há dois homens com esse nome, nas páginas do Antigo Testamento: **1**. Um dos filhos de Issacar (na Septuaginta, *Thola*) (Gn 46.13; Nm 26.23; 1Cr 7.1,2). Ele viveu por volta de 1690 a.C. Como filho de Issacar, esse homem era do partido daqueles que migraram para o Egito na época de José. Foi o fundador de uma das subtribos de Israel, chamado de "tolaítas, em Números 26.23. Essa genealogia repete-se em 1Crônicas 7.1,2. **2**. Um juiz da tribo de Issacar, mencionado somente em Juízes 10.1. Aqui aparece também o nome Puva. As Escrituras não nos prestam qualquer informação sobre os dois Tolas, além disso; a tradição rabínica também faz completo silêncio acerca deles. Esse juiz deve ter vivido em cerca de 1200 a.C.

TOLADE

No hebraico, **"geradora"**. Esse é o nome de uma cidade da tribo de Simeão, que ficava nas proximidades de Ezem. Com esse nome, ocorre somente em 1Crônicas 4.29. Em Josué 15.30, entretanto, seu nome já aparece com a forma de *Eltolade*.

TOLDO

No hebraico, significa cobertura (ver Ez 27.7). Provavelmente era usado em navios para proteger os passageiros dos raios solares. Geralmente era tecido por mulheres. (Z)

TOMÁS DE AQUINO (1225-1274)

O maior dos teólogos escolásticos do século XIII e um dos maiores teólogos de todos os tempos, conhecido tanto por sua obra teológica quanto filosófica, Tomás, filho do conde de Aquino, nasceu em Roccasecca, perto de Nápoles, Itália. Ainda jovem, ingressou nos dominicanos, então uma nova ordem religiosa mendicante, a despeito da forte oposição de sua família, que desejava que se tornasse monge beneditino tradicional. Os dominicanos enfatizavam tanto o retorno ao evangelho quanto o aprendizado acadêmico, atribuindo-se a missão de pregar e ouvir confissões. Tomás de Aquino foi logo enviado a estudar na Universidade de Paris. O restante de sua vida passou ensinando teologia, em Paris (1256-1259 e 1269-1272), Roma, Nápoles e Viterbo.

O principal problema enfrentado no século XIII pelo pensamento cristão era como lidar com o recentemente redescoberto ideário de Aristóteles. Aristóteles oferecia a visão mais rica do mundo natural que o Ocidente jamais havia conhecido; todavia, interpretado pelos comentadores árabes, sustentava posições opostas ao cristianismo, tais como a questão da eternidade do mundo e da existência de uma só mente ou alma em todos os seres humanos. A reação de alguns teólogos foi a de rejeitar Aristóteles por completo; outros o aceitaram sem crítica, mas sustentando que o que é verdadeiro na filosofia nem sempre concorda com o que é verdadeiro na teologia. Contrastando com tais posicionamentos, Tomás de Aquino aceitou o que considerava verdadeiro em Aristóteles e revisou de modo sistemático o que julgava ser errado ou inadequado. Para ele, uma vez que toda verdade é de Deus, ela é única. Não poderia haver, assim, em princípio, qualquer conflito entre fé e razão. Ao deparar com um conflito, Tomás buscou mostrar que era causado por erros ou equívocos no entendimento humano.

Com respeito à eternidade do mundo, Tomás de Aquino argumenta que a razão não pode provar que o mundo seja eterno, mas o fato de que ele tem um começo e fim foi dado a conhecer pela revelação. Sobre a questão da imortalidade pessoal, aprofunda significativamente a psicologia de Aristóteles, mostrando como o homem (ver Antropologia) é uma simples substância composta de matéria e forma, mas sua forma é imaterial e, portanto, imortal. Com essa base, atacou a visão de que há somente uma alma para todas as pessoas, na interpretação de Aristóteles dada pelo filósofo árabe Averróis e seus seguidores. Ao mesmo tempo, Tomás de Aquino contribuiu para modificar a antropologia tradicional no Ocidente cristão, que, em conformidade com Agostinho, tinha a tendência de ser dualista; e porque adaptou os métodos e princípios aristotélicos à organização da teologia, passou a ser considerado, e até contestado, como um inovador.

Do mesmo modo que outros teólogos escolásticos, Tomás de Aquino começou sua carreira escrevendo um comentário sobre as *Sentenças* de Pedro Lombardo. Por se opor à sua ordem monástica em Paris, sua licença para ensinar foi adiada, mas logo concedida por decretação direta do papa. Durante toda a sua carreira, Tomás fez preleções a estudantes sobre as Escrituras. Algumas chegaram até nós sob a forma de comentários. Mais conhecidas são suas "questões disputadas": *Sobre a verdade; Sobre o poder de Deus; Sobre o mal; Sobre criaturas espirituais;* e *Sobre a alma* — que são produto de cursos ministrados em universidade e disputas formais. Escreveu também comentários a respeito das obras de Boécio e da obra de Dionísio *Sobre os nomes divinos*. Seus principais trabalhos como comentador referem-se às mais conhecidas obras de Aristóteles, incluindo as de lógica, *Física, Sobre a alma, Metafísica* e *Ética*. É mais conhecido, no entanto, por duas obras produzidas à parte de seu ensino: a *Summa contra Gentiles* e a *Summa Theologica*. Essa última, que ele pretendeu fosse um sumário de teologia para principiantes, é dividida em três partes: a primeira contém a doutrina de Deus e a explanação de como as coisas procedem de Deus; a segunda trata de como as criaturas humanas retornam a Deus, cuidando, em primeiro lugar, de assuntos morais em geral e, em seguida, detalhadamente, das virtudes e dos pecados; a terceira parte trata a respeito da encarnação e dos sacramentos. Tomás de Aquino havia completado cerca de metade da terceira parte quando parou de escrever e morreu poucos meses depois.

Na abordagem aristotélica das ciências, a parte mais elevada da filosofia incluía a teologia, considerando tal matéria como "primeiro motor", ou causa determinante. Conquanto reconhecendo tal teologia e usando alguns de seus resultados, como, por exemplo, as provas da existência de Deus, Tomás de Aquino argumenta, não obstante, que há necessidade de uma teologia sagrada em adição à dos filósofos. A teologia sagrada se baseia na revelação e torna conhecidas determinadas verdades a respeito do fim do homem que não podem ser discernidas pela razão. Revela, além disso, outras verdades necessárias à salvação que a razão é capaz de *captar*, mas que somente pela razão muitos poucos poderiam fazê-lo e, mesmo assim, após muito estudo e misturadas a muitos enganos.

Para Tomás, a teologia sagrada é uma ciência diferente de qualquer outra; porque, enquanto todas as outras estão baseadas na razão humana, ela se baseia no que Deus revela. Uma ampla variedade de assuntos é considerada na teologia sagrada, mas são todos considerados do ponto de vista de haverem sido revelados. Por estar fundada no conhecimento divino, que não pode errar, ela possui uma certeza maior que qualquer ciência fundada na razão humana. Não obstante, por causa de nossa fraca capacidade de entender as coisas divinas, estas podem parecer duvidosas para nós, ainda que corretas por si mesmas. Por causa de sua origem na revelação, o argumento mais forte nessa ciência é o seu apelo à autoridade — o argumento mais fraco nas demais ciências. Tomás de Aquino nega que seja possível argumentar contra os artigos de fé, que são os princípios dessa ciência, mas é possível apresentar-se objeções baseadas em um falso entendimento. Não é certo procurar usar a razão como base para a fé, mas é meritório tentar entender o que alguém crê (ver Fé e Razão).

Ao discutir questões diversas, Tomás de Aquino usa consistentemente obras dos pais e de filósofos antigos, adotando o emprego que Paulo faz dos poetas como modelo. Os melhores argumentos dos filósofos mostram que há um "primeiro motor", uma primeira causa determinante ou eficiente, etc., e ele conclui, em toda questão, que é o que cada um entende como Deus. Naturalmente que Deus é muito mais do que simplesmente um primeiro motor, uma causa determinante ou eficiente, de modo que ele continua, a partir desse princípio, mostrando que Deus é único, bom, infinito, eterno e uma Trindade. Assim também, quanto à finalidade do homem, aceita a visão de filósofos antigos de que o objetivo do homem é desfrutar de felicidade e alegria, mas argumenta que isso poderá ser encontrado somente no céu, com a visão de Deus pelo ser humano bem-aventurado; na vida presente, há somente alegria imperfeita, que os filósofos conseguiam captar, em grau menor ou maior. Em sua discussão da lei, Tomás de Aquino argumenta em favor de uma lei natural, que está no homem, de uma participação na lei divina e de um guia para a formação das leis feitas pelos legisladores humanos. O Decálogo, como dado aos israelitas, ele crê ser uma formulação, divinamente dada, do conteúdo da lei natural. Para ele, a natureza é de Deus e, portanto, boa, mas, por causa do pecado, a ajuda divina é necessária, a fim de ser reconquistado o bem da natureza e se retornar a Deus.

Após cinquenta anos de sua morte, os dominicanos adotaram Tomás de Aquino como o doutor de sua ordem. Centros de erudição tomista têm florescido em muitos países desde o século XV. Tomás de Aquino permanece até hoje como o teólogo mais influente da igreja medieval e um dos mais importantes em todos estes séculos, de toda a igreja.

(**A. Vos**, A.B., M.A., Ph.D., professor de Filosofia da *Western Kentucky University*, EUA.)

BIBLIOGRAFIA. *Obras*: *Summa contra Gentiles*, tr. A. C. Pegis *et al.*, *On the Truth of the Catholic Faith*, 5 vols. (Garden City, NY, 1955-1957); repr. *Summa*... (Notre Dame, IN, 1975); *Summa Theologica*, TI, 59 vols. + índex (London, 1964-1981).

Estudos: M. D. Chenu, *Toward Understanding St. Thomas* (Chicago, 1964); E. Gilson, *Le Thomisme* (Paris, 61965); R. McInery, *St. Thomas Aquinas* (Boston, 1977); F. van Steenberghen, *Thomas Aquinas and Radical Aristotelianism* (Washington, DC, 1980); A. Vos, *Aquinas, Calvin and Contemporary Protestant Thought* (Grand Rapids, MI, 1985); J. A. Weisheipl, OP, *Friar Thomas D'Aquino* (Garden City, NY, 1974). Ver também Bibliografia em Tomismo e Neotomismo.

TOMÉ

No grego é *thomas*, palavra grega derivada do aramaico *te'ōma'*, que significa **"gêmeo"**. Nome de um dos doze apóstolos (*cf.* Mt 10.3), também chamado Dídimo, cujo sentido em grego é igual ao de Tomé em hebraico. Quando os discípulos se admiraram de que Jesus tencionasse voltar para a Judeia, onde pouco antes o queriam apedrejar (Jo 11.7,8), disse então Tomé aos outros condiscípulos: *Vamos também nós para morrermos com ele* (v. 16). Quando Jesus falou da sua próxima saída deste mundo, e de ir preparar lugar para seus discípulos, disse-lhes: *E vós sabeis o caminho para onde eu vou. Disse-lhe Tomé: Senhor, não sabemos para onde vais; como saber o caminho? Respondeu-lhe Jesus: Eu sou o caminho, e a verdade, e a vida* (Jo 14.4-6). Tomé não estava presente quando Jesus se manifestou vivo depois de sua ressurreição, e quando teve conhecimento deste fato, disse: *Se eu não vir nas suas mãos o sinal dos cravos, e ali não puser o meu dedo, e não puser a minha mão no seu lado, de modo algum acreditarei* (*cf.* 20.24,25). Deus converteu este incidente em bem para os outros discípulos. "Ele duvidou para que nós crêssemos" (Agostinho). Passados oito dias, Jesus lhe deu as provas exigidas, à vista das quais Tomé exclamou: *Senhor meu e Deus meu!* (*cf.* v. 26-29). Estava no mar da Galileia, com outros seis de seus companheiros, quando Jesus manifestou-se junto ao mar de Tiberíades e disse-lhes: "Filhos, tendes aí alguma cousa de comer? Responderam-lhe: Não. Então, lhes disse: Lançai a rede à direita do barco e achareis" (*cf.* 21.1-8). Tomé também estava com os demais apóstolos no quarto de cima em Jerusalém, depois que Jesus foi assunto ao céu (At 1.13). Diz a tradição que Tomé trabalhou na Pártia e na Pérsia, onde morreu. Dizem ainda que ele esteve na Índia, onde sofreu martírio. Há um lugar perto de Madras que se chama monte de S. Tomé.

TOPÁZIO

No hebraico, *pitedah*, um vocábulo que ocorre por quatro vezes (Êx 28.17; 39.10; Jó 28.19 e Ez 28.13). No grego é *topazion*, termo que ocorre exclusivamente em Apocalipse 21.20.

O topázio era um mineral verde amarelado, usado como pedra preciosa. Segundo disse Plínio, o nome deriva-se de uma das ilhas do mar Vermelho. Porém, visto que esse mineral podia ser riscado com uma lima, era por demais mole para ser a moderna pedra chamada *topázio*, que é um mineral duro. O topázio moderno é um flúor silicato de alumínio, que com frequência ocorre sob a forma de cristais prismáticos. Usualmente é destituído de cor, ou, então, é amarelo bem pálido, com menos frequência, azul ou rosa pálido, aparecendo, principalmente, em granitos e rochas similares. Muitos escritores antigos chamavam o topázio moderno de crisólito (vide). Assim o termo hebraico *pitedah* é traduzido em Êxodo 28.17, em algumas versões. Assemelhava-se a certas variedades amareladas de quartzo, que são consideradas um falso topázio. O topázio oriental é uma variedade amarelada do coríndon (óxido de alumínio).

Visto que os antigos não classificavam cientificamente os minerais, como nós o fazemos, dando-lhes nomes de acordo com sua aparência externa, e não conforme o grau de dureza, segundo se faz hodiernamente, é difícil equiparar as gemas modernas com os nomes que aparecem nas páginas da Bíblia. No livro de Apocalipse (21.20), o topázio aparece como a pedra preciosa que adornava o nono fundamento da nova Jerusalém, na última visão de João.

TOQUÉM

No hebraico, **"estabelecimento"**. Essa cidade é mencionada por nome somente em 1Crônicas 4.32. Era uma cidade pertencente ao território de Simeão, mencionada juntamente com Rimom e Asã. Na lista paralela de cidades (Js 19.7), o nome de Toquém é substituído pelo de *Eter* (vide).

TORA

Caracterização Geral. A palavra hebraica assim transliterada parece ter o sentido básico de "lançar", ou seja, "lançar a sorte sagrada", prática da adivinhação oracular. Evoluindo a fé dos hebreus, a palavra adquiriu uma conotação mais ampla: oráculo, conteúdo da revelação divina, a lei divinamente outorgada, e, finalmente, o *conteúdo inteiro* da interminada revelação a Israel e através de Israel. Essa última definição é sua significação específica em seu sentido mais amplo, a maneira como o termo passou a ser empregado na literatura judaica. Porém, em seu sentido mais restrito, a *Torá* designa os primeiros cinco livros do Antigo Testamento, o Pentateuco, a porção da Bíblia atribuída a Moisés.

Os judeus ortodoxos acreditam que essa Torá contém, literalmente, ou em forma seminal, todas as leis divinas. A palavra *Torá* também é usada para designar o *rolo* sobre o qual esses cinco livros costumam ser escritos; pelo menos uma cópia disso é depositada na arca de cada sinagoga judaica. Então são feitas leituras regulares e selecionadas, com base na *Torá*, nos cultos religiosos, acompanhando o calendário religioso judaico.

Essa palavra hebraica, aqui transliterada, usualmente é traduzida por "lei", referindo-se ao Pentateuco, isto é, os cinco livros de Moisés. Mas, no Antigo Testamento e nos escritos rabínicos, a Torá é mais do que um código legal.

Esse substantivo deriva-se do verbo hebraico *yarah*, "lançar", "atirar (uma flecha)", "alvejar". Mediante associação de ideias, veio a significar "orientação", "instrução" (cf. 2Rs 12.2), "lei", "mandamento" (cf. Êx 12.49 etc.; Lv 6.9,14,25 etc.; Nm 5.29,30; 6.13,21 etc.; Dt 1.5 etc.). A palavra Torá não deve ser interpretada somente em sentido legal. Antes indica uma maneira de viver, derivada da relação de pacto entre Deus e o povo de Israel. A conotação puramente legal entrou através da tradução da Septuaginta, onde esse termo hebraico é traduzido pela palavra grega *nómos*, "lei". Mas, que a Torá não aponta somente para a lei, pode ser visto através do fato de que também indica uma declaração profética (cf. Is 1.10 e 8.16) e até os conselhos dos sábios (cf. Pv 13.4). Até mesmo no Pentateuco, a Torá algumas vezes aponta para decisões que dizem respeito à equidade (ver Êx 18.20), às instruções atinentes à conduta (Gn 26.5; Êx 13.9), às regras atinentes ao culto religioso (Lv 6.9,14,25 etc.). O vocábulo *Torá* também envolve o princípio da justiça; haverá uma única Torá para os nativos e para os estrangeiros residentes na terra (Êx 12.49). Com base no trecho do Êxodo 24.12, parece que os mandamentos suplementam a Torá, embora não sejam idênticos a ela.

Nas páginas do Novo Testamento, a palavra grega *nómos* indica o código mosaico (ver Lc 2.22; 16.17; Jo 7.23; 18.31; At 13.39; etc.). Mas, pelo menos em uma instância, aponta para as Escrituras Sagradas como um todo, conforme se vê em João 10.34.

De conformidade com a tradição rabínica, a Torá indica tanto o código escrito quanto a interpretação do mesmo, codificado sob a forma de 613 preceitos. Dentro dessa tradição, a palavra *Torá* jamais aparece como a lei em sentido puramente legal, antes, indica a maneira judaica de viver, que exigia total dedicação em razão do pacto de Deus com o povo de Israel. (Cf. O tratado da Mishnah intitulado Pirke Avot).

TORRE

I. As Palavras. Essa é a tradução de várias palavras hebraicas e de uma palavra grega, a saber: **1**. *Migdal*, "torre grande". Vocábulo hebraico que é utilizado por 47 vezes (Gn 11.4,5; 35.21; Jz 8.9,17; 9.46,47,49,51,52; 2Rs 9.17; 17.9; 18.8; 2Cr 14.7; 26.9,10,15; 27.4; 32.5; Ne 3.1,11,25-27; 12.38,39; Sl 48.12; 61.3; Pv 18.10; Ct 4.4; 7.4; 8.10; Is 2.15; 5.2; 30.25; 33.18; Ez 26.4,9; 27.11; Miq 4.8; Zc 14.10). A forma *migdol* ocorre por três vezes (2Sm 22.51; Ez 29.10; 30.6). **2**. *Misgab*, "torre", "defesa", "refúgio", "fortim". Essa palavra ocorre por dezesseis vezes (2Sm 22.3; Sl 18.2; 144.2; Sl 59.9,16; 17; 62.2,6; 94.22; Is 33.16; 25.12; Sl 9.9; 46.7,11; 48.3). **3**. *Ophel*, "lugar alto", "torre". Com esse sentido ocorre por três vezes (2Rs 5.24; Mq 4.8; Is 32.14). **4**. *Matsor*, "baluarte", "defesa". Com o sentido de torre, aparece apenas por uma vez, em Habacuque 2.1. **5**. *Púrgos*, "torre". Palavra grega usada por quatro vezes (Mt 21.33; Mc 12.1; Lc 13.4 e 14.28).

II. Descrição. A palavra hebraica usual para "torre" é *migdal*, enquanto os outros vocábulos hebraicos indicam algum tipo de função particular ou raridade. Na antiguidade, as torres eram divididas em classes, de acordo com a função de cada uma: a torre na vinha (Is 5.2), para guardar seus conteúdos, ou a torre de defesa. As torres dessa última função eram as mais importantes, pertencendo a três tipos principais: a torre solitária (Jz 9.51), que servia tanto de defesa quanto de refúgio, e que, neste último caso, podia se transformar em uma autêntica armadilha. Também havia torres desse tipo ao longo das estradas, para proteção dos viajantes (2Rs 17.9). Um segundo tipo de torre de defesa era erigido como parte integrante das muralhas de uma cidade. E um terceiro tipo era uma grande estrutura oca, que flanqueava os portões das cidades ou posto em alguma esquina das muralhas.

As torres também variavam em suas dimensões, dependendo se eram apenas torres de vigias ou se serviam como baluartes de defesa. O cômoro de el-Farah (Tirza?) exibe um portão com torres de paredes compactas, em cada lado do mesmo. Essas torres têm salas internas, e uma escada até o topo, a fim de repelir possíveis atacantes. Em Gibeá (Tell el-Ful), a cidade de Saul tinha torres retangulares com espaços internos em cada esquina, construída de pedras lavradas mais ou menos quadradas, no estilo de casamata. Posteriormente, essa torre foi substituída por outra, em dimensões mais modestas, mas não demorou a ser abandonada, quando Jerusalém tornou-se a capital do reino. A torre mais espetacular de todas é a torre neolítica de Jericó, que deve ter sido erigida por volta de 7800 a.C., e que até hoje sobrevive com aproximadamente 8,30 m de altura, e com uma escadaria apertada até o nível do chão.

Uma torre construída como fortaleza era uma estrutura de construção especial, provavelmente, com avantajadas dimensões, e o mais inacessível possível (1Sm 23.14,29). Entretanto, não devemos pensar que, naqueles dias veterotestamentários, as torres já fossem castelos. Os castelos só surgiram bem mais tarde, entre os romanos, alcançando dimensões grandiosas somente na Idade Média. Ver sobre *Castelo*.

A torre de marfim, referida em Cantares 7.4, é a torre do Líbano, que refletia a grandiosidade e a beleza do monte Líbano, ao passo que a figura da torre faz-nos lembrar das linhas da beleza facial da sulamita.

A torre de Siquém, destruída por Abimeleque (Jz 9.46,47), não ficava fora das muralhas da cidade, e, sim, era a cidadela interna, que ficava na porção mais elevada da cidade. Ver sobre *Cidadela*. Ver também sobre a *Torre de Babel*.

III. Sentidos figurados. A estrutura e as funções de uma torre prestam-se admiravelmente para servir na linguagem altamente simbólica de muitas passagens da Bíblia. Vejamos: **1**. Deus *como protetor* de seu povo, é uma torre (2Sm 22.3,51; Sl 18.2; 61.3). **2**. O nome do Senhor é uma torre (Pv 18.10). **3**. Os ministros do Senhor são comparados com torres: (Jr 6.27). **4**. O monte Sião é uma elevada torre (Mq 4.8). **5**. A graça e a dignidade da igreja de Cristo (Ct 4.4; 7.4; 8.10). **6**. Indivíduos orgulhosos e altivos, também são assemelhados a torres (Is 2.15; 30.25). **7**. Jerusalém era notável pelo número de suas torres e pela beleza das mesmas: (Sl 48.12).

IV. As Torres na Guerra. Naturalmente, visto que elas representavam tão persistente defesa para uma cidade, as torres, com frequência, eram destruídas durante as guerras, quando uma cidade sucumbia diante do exército inimigo, conforme se vê, por exemplo, em Juízes 8.17; 9.49 e Ezequiel 26.4. Além disso, quando elas não mais serviam para os fins a que tinham sido destinadas, eram abandonadas e acabavam em ruínas, conforme se vê, por exemplo, em Isaías 32.14 e Sofonias 3.6.

TORRE DE BABEL. Ver sobre *Babel, Torre* e *Cidade*.

TORRE DOS CEM (MEAH)

A palavra hebraica traduzida por "Cem", em Neemias 3.1 e 12.39, é *meah*, que quer dizer exatamente isso, "cem". Essa torre ficava na muralha oriental de Jerusalém, provavelmente construída no ângulo da parte cercada do templo de Jerusalém. Ficava entre a Porta das Ovelhas e a Torre de Hananeel.

O sumo sacerdote Eliasibe, e seus auxiliares, restauraram essa torre quando as muralhas de Jerusalém foram reconstruídas, terminado o cativeiro babilônico. Ela é mencionada por ocasião da dedicação das muralhas reedificadas (ver Ne 12.39). Essa torre e a de Hananeel tinham por finalidade proteger a aproximação noroeste da área do templo. Não se sabe por que razão era chamada de "dos Cem", embora haja quem sugira que isso se devia às suas dimensões, ou à sua localização. Talvez ficasse a cem côvados da Porta das Ovelhas, e à mesma distância da torre de Hananeel. Ou então, tinha cem côvados de altura.

TORRENTES DOS SALGUEIROS

No hebraico, *nachal arabim*. Temos aí um dos *wadis* de Moabe, atualmente conhecido por Seil el-Qurahi (Is 15.7). Alguns estudiosos pensam que se trata do mesmo lugar chamado vale de Zerede (vide). Ficava nas fronteiras entre Moabe e Edom. No hebraico, isso se parece muito com o *nachal arabáh*, de Amós 6.14, a única diferença sendo que Isaías usa o plural, *arabim*, ao passo que Amós usa o singular, *arabáh*. Ver o artigo intitulado *Salgueiro*.

TOSQUIA

No hebraico, a palavra *gez* serve para indicar tanto a "tosquia" quanto o "corte da grama". Essa palavra ocorre por quatro vezes, das quais duas com o sentido de "tosquia" das ovelhas (Dt 18.4 e Jó 31.20). Um outro termo hebraico, cognato, é *gizzah*, com o mesmo sentido. Esse aparece por sete vezes, no trecho de Juízes 6.37-40. No entanto, nossa versão portuguesa só traz a palavra "tosquia" em Deuteronômio 18.4. Em Jó 31.20 e em todas as menções, no livro de Juízes, ela fala apenas em "lã". Mas, sabendo-se que palavra hebraica há nessas passagens, devemos pensar não em lã tecida e, sim, em um pouco de lã acabada de ser tosquiada, no seu estado bruto.

No seu sentido primário, a tosquia é o envoltório de lã natural do carneiro. Em um sentido secundário, trata-se de toda a lã tosquiada de um desses animais.

Nas Escrituras, há um notável incidente que envolve um punhado de lã tosquiada e ainda bruta. No livro de Juízes, no seu sexto capítulo, lemos sobre Gideão, que apanhou um punhado de lã tosquiada e com o mesmo pediu ao Senhor que lhe desse um sinal miraculoso de sua presença com ele, ao ser encarregado de libertar Israel da opressão dos midianitas. Tendo recebido resposta afirmativa, mas ainda não satisfeito, Gideão pediu outro sinal, com o mesmo punhado de lã tosquiada, na noite seguinte. Na primeira noite, Gideão queria que o orvalho molhasse somente o punhado de lã, sem umedecer o terreno ao redor. No segundo, ele queria que o orvalho molhasse o terreno em redor, deixando enxuto o punhado de lã. E Deus o atendeu por duas vezes, consoante o seu pedido.

Desde então, muitos crentes têm submetido Deus à prova de "tosquia de lã", de várias maneiras. Mas, alguém já observou: "Algumas vezes, funciona, outras, não". Talvez seja um tanto humilhante ser reduzido a buscar a orientação divina dessa maneira, mas, se ela funciona, então o indivíduo não terá motivos para queixar-se.

A lã tosquiada figurava entre os primeiros artigos que eram entregues como primícias aos sacerdotes levitas (Dt 18.4). Jó enumerou, entre suas obras de misericórdia, a dádiva de lã bruta aos pobres, para se aquecerem no frio (Jó 31.20).

TOSQUIADORES

No hebraico, *gazaz*. Essa palavra aparece por quatro vezes no Antigo Testamento. No grego, *keíro*, "tosquiar", verbo que figura por quatro vezes no Novo Testamento, a saber: **1**. No Antigo Testamento (Gn 38.12; 1Sm 25.7,11; Is 53.7). **2**. No Novo Testamento (At 7.32 (citando Is 53.7); 18.18; 1Co 11.6).

A tosquia das ovelhas era uma importante operação em Israel, como em outros países do Oriente Médio, nos dias antigos. A ocasião, evidentemente, tornara-se quase uma festa religiosa. Há menção à tosquia das ovelhas em Gênesis 31.19 e 38.12, por parte de Labão e Judá, respectivamente. Na primeira dessas oportunidades, Labão fugiu com suas esposas, filhos e rebanhos. O caráter da ocasião transparece claramente no episódio em que Davi indignou-se com Nabal, quando este último se recusou a prover suprimentos para os jovens guerreiros que estavam com Davi, estando ele, Nabal, no processo da tosquia das ovelhas. No entanto, os homens de Davi haviam protegido os homens de Nabal, que agora estavam tosquiando as ovelhas (1Sm 25.2,13).

Quanto ao verbo grego, é evidente que ele não indicava somente o ato de tosquiar ovelhas, pois, se esse é o sentido claro da primeira ocorrência do mesmo, em Atos 8.32, já precisamos traduzi-lo por "rapar", em Atos 18.18 e 1Coríntios 11.6. Portanto, cumpre-nos comentar aqui sobre Atos 8.32, onde a única tradução condizente é "tosquiar". Lemos ali: *Ora, a passagem da Escritura que estava lendo era esta: Foi levado como ovelha ao matadouro, e como um cordeiro, mudo perante o seu tosquiador, assim ele não abre a sua boca...* A linguagem desse versículo é metafórica, dando a entender a passividade de Jesus Cristo diante de seus juízes e algozes, quando de sua crucificação. Essa passividade é refletida na atitude de resignação de um cordeiro que está sendo tosquiado. É fato sabido que as ovelhas nessa ocasião, não reclamam. Muitos dizem que a operação é indolor, mas não é esse aspecto que é focalizado nesse versículo, mas antes, como Jesus não lutou contra a vontade do Pai, que o entregara às mãos de homens ímpios e cruéis, a fim de ser sacrificado em nosso lugar. Não havia verdadeira acusação contra Jesus, mas apenas alegadas faltas apresentadas pelos principais sacerdotes, diante do governador romano, Pilatos. Após diversas indagações, o governador lhe perguntou: *A tua própria gente e os principais sacerdotes é que te entregaram a mim. Que fizeste?* A resposta de Jesus foi: *O meu reino não é deste mundo. Se o meu reino fosse deste mundo, os meus ministros se empenhariam por mim, para que não fosse eu entregue aos judeus, mas agora o meu reino não é daqui* (Jo 18.35,36). Jesus se entregava pacientemente às mãos de homens injustos, que, sem nenhuma causa, queriam vê-lo morto. Porém, para isso mesmo ele viera e sabia disso. Essa consciência transparece nas palavras de sua oração solitária, no horto: *Meu Pai: Se possível, passe de mim este cálice! Todavia, não seja como eu quero e sim, como tu queres* (Mt 26.39). Essa é a atitude que devemos perceber por detrás da citação de Isaías 53.7, em Atos 8.32.

A tosquia era efetuada durante a primavera, a cada ano, ou pelos próprios donos das ovelhas (Gn 31.19; 38.13), ou por "tosquiadores" profissionais. Havia edifícios especiais, construídos para o propósito de tosquiar as ovelhas, segundo se vê em 2Reis 10.12-14. A tosquia era uma operação cuidadosamente feita, a fim de que não se estragasse a lã (Jz 6.37). Na antiguidade, as ovelhas não eram marcadas a ferro, mas pintadas. Era usado algum tipo de corante, que se passava em um ou mais lugares no pelo da ovelha, nas costas, como marcas distintivas. Em 2Reis 3.4, Mesa, o principal chefe da tribo de Moabe, é chamado "pintador de ovelhas" (em nossa versão portuguesa, "criador de gado", o que não corresponde ao verdadeiro sentido do original hebraico).

TOÚ

No hebraico, **"humildade"**, **"depressão"**. Ele era levita coatita, antepassado do profeta Samuel. Com esse nome, ele é mencionado exclusivamente em 1Samuel 1.1. Interessante é que em 1Crônicas 6.26, seu nome é dado como Naate e, em 1Crônicas 6.34, como Toá. Ele viveu em cerca de 1230 a.C.

TOUPEIRAS

Ver Isaías 2.20: *Naquele dia os homens lançarão às toupeiras e aos morcegos os seus ídolos...* Os estudiosos da Bíblia não estão certos quanto à identificação desse animal, que no hebraico chama-se *chapharperah* (conforme alguns têm procurado reconstituir a palavra). Tem sido sugerido até mesmo o "cisne". A verdadeira toupeira, um animal insetívoro, da família *Talpidae*, não pode ser encontrada na Palestina, embora Isaías também não diga que os homens lançarão seus ídolos às toupeiras e aos morcegos, *na Palestina*. Contudo, na Palestina são comuns as mucuras, que acumulam detritos extraídos do solo, quando fazem seus ninhos subterrâneos.

As toupeiras são roedoras de uma família especializada. Passam a maior parte de suas vidas enfurnadas no subsolo, pelo que seus olhos praticamente desapareceram. Mas têm dentes gigantescos, que usam para escavar o chão. As mucuras da Palestina são bem menores que as da América do Sul, atingindo um máximo de 20 cm de comprimento; também são vegetarianas, alimentando-se de raízes, bulbos etc.

Isaías estava ensinando, dessa forma, a futilidade da idolatria. Os ídolos pertencem aos esconderijos das toupeiras e dos morcegos, tão inúteis que são.

TOURO

No hebraico, temos quatro palavras a ser consideradas, e no grego, uma: **1**. *Abbir*, "poderoso", palavra que ocorre por seis vezes (por exemplo: Sl 50.13; Jr 50.11). **2**. *Ben baqar*, "filho do rebanho", expressão que aparece por 33 vezes com o sentido de novilho (por exemplo, Jr 52.20). **3**. *Par*, "touro", palavra que ocorre por 97 vezes (para exemplificar: Êx 29.3,10-14; Lv 4.4-21; Nm 7.87,88; Ez 46.11). **4**. *Shor*, "boi", palavra que aparece 76 vezes (por exemplo: Jó 21.10; Lv 4.10; 9.4; Nm 15.11; Dt 15.19; 33.17; Os 12.11). **5**. *Tâuros*, "touro", palavra grega que aparece por quatro vezes (Mt 22.4; At 14.13; Hb 9.13 e 10.4).

De acordo com a lei mosaica, esses animais eram limpos, podendo ser usados na alimentação humana. Eles tinham cascos fendidos e ruminavam, que eram os requisitos básicos, sendo largamente usados em sacrifícios e na alimentação humana. Ver Levítico 11.3 ss. Várias das palavras hebraicas, usadas para designar esse animal, dão a ideia de força. figuras de touros guardavam a entrada de casas, jardins e templos, e supostamente teriam o poder de assustar espíritos malignos, uma atitude um tanto supersticiosa, semelhante àquela que diz respeito às ferraduras postas pouco acima da ombreira das portas. No templo de Salomão, o "mar de fundição" (bacia grande) era apoiado às costas de doze touros de bronze, três deles de frente para os quatro pontos cardeais. Ver o artigo sobre o "mar de fundição" e as referências em 2Reis 25.13 e 1Reis 7.23. Os querubins, que guardavam o jardim do Éden, correspondiam a esses touros. O touro era um dos principais animais oferecidos em sacrifício cruento, conforme o registro de Levítico 4.9,16; Números 28 e 29. Os animais oferecidos precisavam ser sem defeito e sem mácula, sem testículos esmigalhados (Lv 22.24). O sangue das vítimas era posto sobre as pontas do altar, aspergido diante do véu e derramado à base do altar, ao passo que o resto do animal era queimado. Milhares de touros eram sacrificados anualmente (1Cr 29.21). Ocasionalmente, touros eram adorados em Israel, como reflexo de um antigo costume egípcio (Êx 32; ver o artigo sobre o boi *Ápis*). Alguns intérpretes pensam que o ato de Aarão, quando do episódio do bezerro de ouro que foi adorado por Israel, teve a finalidade de relembrar ao povo como o poder de Deus os tirara do Egito; mas essa interpretação parece por demais caridosa para com Arão. O touro também era adorado como símbolo de Baal e Moloque. A importância desse animal como um símbolo, segundo foi visto na visão de Ezequiel, é assim destacada. Ver Ezequiel 1 e 10. Nos manuscritos do Novo Testamento, de acordo com um antigo simbolismo cristão, embora não bíblico, o touro representa o Evangelho de Lucas.

As riquezas e os touros. Na nação agrícola de Israel, as riquezas de um homem eram parcialmente medidas pelo número de cabeças de gado que ele possuía. Abraão era homem muito rico, e lemos que ele tinha grandes rebanhos de gado vacum e ovino (Gn 24.35). Jó tinha quinhentas juntas de bois. Terminada a sua aflitiva prova, ele ficou ainda mais rico, e passou a possuir mil juntas desses animais. Em sua cobiça, Saul deixou de abater os bois dos amalequitas e foi considerado culpado do pecado de desobediência (1Sm 15.21 ss.).

Os touros e o trabalho pesado. Esses animais também eram empregados nas tarefas com arado e na eira, onde a palha era separada do cereal (1Rs 19.19 e 1Co 9.9).

Usos figurados. 1. Pessoas impacientes agem como se fossem touros (Is 51.20). **2**. Indivíduos maldosos, principalmente governantes e guerreiros, assemelham-se a touros, exibindo sua força e brutalidade (Jr 31.18; Sl 22.12). **3**. Os sacrifícios de touros, no Antigo Testamento, era um quadro do sacrifício expiatório de Cristo (Hb 10.5 ss.). Ver o artigo sobre *Ofertas e Sacrifícios*.

TRABALHADOR (EMPREGADO, MERCENÁRIO)

Em Israel havia dois tipos de trabalhadores contratados: **1**. Aqueles que eram contratados em países estrangeiros, para ajudar na agricultura ou para servir no exército, conforme se vê em Isaías 16.14. Alguns deles, sendo preguiçosos e negligentes, obtiveram a reputação de serem inadequados para seu serviço (Jr 46.21), realizando um serviço que ficava aquém do dinheiro que recebiam (Jó 7.1 ss.). Em tais casos, eles eram *mercenários*, pois essa palavra indica alguém que trabalha somente em função do dinheiro, sem qualquer outra motivação. Todavia, pessoas pertencentes a essa classe também eram exploradas, segundo se vê em Malaquias 3.5. Davi valeu-se de mercenários de várias categorias, para fortalecer o seu reino (2Sm 8.18). **2**. Também havia os que trabalhavam na agricultura, que tinham, geralmente, um nível de vida muito baixo (Is 5.8). Muitos deles terminavam escravos, a fim de saldarem suas dívidas (2Rs 4.1). Um israelita que precisasse vender-se a um seu compatriota assumia o papel de empregado, e tinha de ser libertado no ano de Jubileu (ver Lv 25.39-55). Várias leis levíticas protegiam-nos, até certo ponto. Ver Levítico 18.13 e comparar com Deuteronômio 24.14,15. Em certo período de sua vida, Jacó foi um empregado sujeito aos caprichos de seu futuro e então real sogro. Os dois contratos feitos por ele tipificavam bem os códigos de ética que cercavam esse tipo de serviço (ver Gn 19). Um mercenário era um trabalhador contratado por tempo limitado (Jó 7.1; Mc 1.20), contrastando com um trabalhador permanente. Um trabalhador temporário, geralmente, era tentado a servir mal, visto que sabia que não contava com um trabalho permanente. Isso parece refletir-se em João 10,12,13, na ilustração de Jesus entre um mercenário, que somente queria dinheiro, e um *pastor*, que se preocupava com o bem-estar das ovelhas. Isso prove uma lição espiritual sobre os tipos de líderes espirituais que existem. Provavelmente, Jesus quis ilustrar o interesse próprio dos líderes religiosos que se opunham ao Messias. Só eram religiosos por causa do que assim podiam ganhar.

A parábola sobre o reino dos céus (ver Mt 20.1-16), deixa claro que os trabalhadores eram contratados em base diária, sendo pagos no fim de cada dia, conforme a lei requeria (Dt 24.14,15). Até hoje, no Oriente Médio, essa prática continua.

TRAÇA

No hebraico, *'asb*. No Antigo Testamento, essa palavra ocorre por sete vezes (Jó 4.19; 13.28; 27.18; Sl 39.11; Is 50.9; 51.8; Os 5.12). No grego, *sés*. (Ver Mt 6.19,20; Lc 12.33). Em todas essas ocorrências, menos uma, a alusão a esse inseto indica a traça que ataca os tecidos e as vestes das pessoas.

Devemo-nos lembrar que, nas antigas culturas, o vestuário fazia parte importante dos bens materiais de uma pessoa, razão pela qual um ataque às vestes, por parte das traças, era uma questão muito séria. A traça ataca as roupas quando ainda se encontra no estado larval. Há muitas espécies de borboletas e traças, na Palestina, que não são mencionadas nas Escrituras. Mas a espécie de traça cujo nome científico é *Tineidae*, é a responsável por essa destruição de tecidos, penas, couros etc., o que vem acontecendo desde tempos imemoriais. Pouco depois de emergir de dentro da pupa, as traças fêmeas depositam seus ovos entre os tecidos e outros materiais. As larvas constroem uma "casa" em formato típico, feito de ciscos, forrada de material sedoso. E, então, só com a parte anterior do corpo para o lado de fora puxam a "casa" atrás. As roupas tornam-se a sua alimentação, até estarem prontas e passarem para o estágio adulto.

Uso figurado. A traça é um minúsculo inseto, mas pode causar muito dano, visto que atua sem ser notada, durante longo tempo. Jesus referiu-se a esse inseto como uma daquelas forças destruidoras que podem aniquilar a riqueza material de um indivíduo; ele deixou mesmo subendendido que tal destruição é inevitável, afinal de contas. Isso posto, é demonstração de sabedoria, da parte dos homens, buscarem para si riquezas que estão fora do alcance dessas forças físicas destrutivas, ou seja, as riquezas espirituais. ... *ajuntai para vós outros tesouros no céu, onde traça nem ferrugem corrói, e onde ladrões não escavam nem roubam...* (Mt 6.20).

Aqueles que condenam os justos estão sujeitos aos poderes dilapidadores de Deus. Esses acusadores sofrerão a vingança divina. Esse ato divino é assemelhado a uma traça que rói uma peça de roupa. Ver Isaías 50.9; 51.8. O *estado precário* do ser humano, neste mundo, é ilustrado pelo trabalho roedor das traças (ver Jó. 4.19). Os hipócritas edificam suas casas como se fossem traças, e aparentemente, isso indica algo extremamente frágil (ver Jó 27.18), embora esse texto seja controvertido quanto ao seu significado. Assim, há traduções que dão a impressão de que está em pauta a teia de uma aranha, e não a "casa" de uma traça.

TRADIÇÃO DOS ANCIÃOS

I. DEFINIÇÕES. O significado das palavras assim traduzidas, como a palavra grega *pardosis*, é "transmissão", que pode ser de um corpo de ensinamentos ou ideias "apresentadas" a um povo, por escrito ou oralmente. Tradição é um *acúmulo* de ideias, histórias, ensinamentos, leis etc., que assumem algum tipo de autoridade ou, em alguns casos, contradizem autoridades posteriores consolidadas por escrito. "O que é disseminado" é uma tradição, como os *ensinamentos* de Paulo (2Ts 3.6). Os judeus posteriores acreditavam que a Torá tenha começado com tradições orais que foram escritas por Moisés. As tradições podiam consolidar ou expandir corpo de ensinamentos já existente, adicionando detalhes e avançando em novos campos de pensamento. A expressão, por si mesma, não é necessariamente positiva nem negativa. As tradições são uma coisa ou outra, interpretadas de um jeito ou de outro por causa das crenças de uma pessoa. **1**. No latim, *traditio*, que significa "transmissão", tanto o repasse *oral* daqueles que vieram antes quanto a disseminação escrita. Uma transmissão oral é de um corpo de crenças, costumes, leis, preservado pelos ancestrais de um povo, sem documentos escritos. **2**. Às vezes transferida do passado, uma *cultura herdada*, com todas as suas ramificações. **3**. *Entre judeus*, um código não escrito de lei dado por Deus a Moisés para o bem de Israel, o qual passou a ser escrito, por fim, mas nunca foi registrado por completo e tem uma autoridade bastante separada do registro escrito. **4**. *Entre cristãos*, o corpo de doutrinas e disciplina promovido por Cristo e seus apóstolos, parte do qual, em um momento posterior, foi preservado de forma escrita. De acordo com alguns cristãos, adições podem ter sido feitas através dos escritos e das ideias dos pais da igreja, e esse material tornou-se uma autoridade adicional para a crença cristã.

II. SOBRE OS VIZINHOS DE ISRAEL. Há evidências em descobertas arqueológicas, já no período neolítico, do acúmulo de crenças, leis e costumes, que começaram na forma oral e foram solidificadas na forma escrita. Culturas antigas do Oriente Próximo atribuíram suas tradições aos deuses ou eram seus líderes e patriarcas. Assim, foi criada uma obrigação de seguir regras e ideias do passado que presumivelmente eram divinas, exatamente como aconteceu aos hebreus. As tradições acumuladas e registradas por escrito foram encontradas entre os sumérios, os elamitas, os babilônios e os cananeus.

III. TRADIÇÃO E O ANTIGO TESTAMENTO. A redução da *Torá* (ver o artigo) apenas aos *escritos* de Moisés foi uma doutrina estranha aos próprios judeus, embora comum aos intérpretes cristãos. Primeiro, presumia-se que a verdadeira fonte é *divina* e que, no *sentido amplo*, tudo o que significa o judaísmo é uma tradição que vai além de qualquer corpo de escritos. Na tradição dos rabinos, a *Torá* conota o código escrito, mais interpretação, registrado em 613 preceitos. Esses conceitos, contudo, tocam apenas na vastidão da Mente Divina, e o modo judeu de viver é um toque mais amplo nessa vastidão. O modo judeu é estabelecido na ideia dos Pactos, de forma que eles também eram trazidos à definição ampla da *Torá*, derivando daí o significado de tradição para os hebreus judeus.

Os críticos claramente presumem que as tradições hebraicas e judaicas tomavam empréstimos de forma um tanto liberal de outras culturas situadas por perto, e é verdade que as antigas histórias de criação, dilúvio etc. têm paralelos significativos. É provável que tanto os hebreus quanto os vizinhos de Israel repousassem suas crenças parcialmente em tradições antigas adaptadas para ajustar-se às ideias teológicas que passaram a ter autoridade em cada cultura. Todas essas culturas presumiam que havia revelação divina por trás de suas tradições e documentos escritos autoritários, como indicado na seção II. Os conservadores naturalmente negam todo sincretismo com outras culturas, mas essa é uma tese muito difícil de sustentar diante das descobertas arqueológicas.

As tradições hebraicas e judaicas foram primeiro retidas oralmente no *Mishna*, então no Talmude, que uniu esses escritos com o *Gemara*, naquilo que hoje é conhecido como *Talmude*. Ver os artigos sobre o *Mishna*, *Gemara* e *Talmude* para maiores detalhes.

IV. TRADIÇÃO E O NOVO TESTAMENTO. Cristãos conservadores que estudam apenas a Bíblia não têm ciência da grande influência dos trabalhos apócrifos e pseudepígrafos (do período entre o Antigo e Novo Testamento) no Novo Testamento. Ver os artigos sobre *Livros Apócrifos* e *Pseudepígrafos*. Ver particularmente sobre *Enoque Etíope* (*1Enoque*). Há nesses livros material suficiente para ilustrar a tese de que o judaísmo do período teve influência no Novo Testamento, não meramente o judaísmo do Antigo Testamento. Então, não devemos esquecer a tradição rabínica escrita, que naturalmente teria influenciado as ideias dos autores do Novo Testamento. Embora houvesse aquilo que é chamado de "peso morto da ortodoxia" que Jesus e seus apóstolos combatiam, havia muito ainda que era aceito no cristianismo geral.

Ver Mateus 15.2 para detalhes sobre a "tradição dos anciãos" que trata da lei que exigia a lavagem das mãos de uma pessoa antes que ela pudesse comer. Essa não era uma lei particularmente dedicada à higiene. Relacionava-se a ideias de poluição e pureza ritual. Ver uma explicação completa no *Novo Testamento Interpretado* na referência dada. A expressão *Tradição dos Anciãos* refere-se à interpretação oral e escrita da lei de Moisés, mais tarde codificada na Mishna (Misna), então no Talmude, que combina esse trabalho como *Gemara*. Todas essas tradições foram trazidas à forma escrita até o final do quinto século d.C. As tradições se aplicavam a quase todas as situações que um homem enfrentaria em sua vida diária, portanto havia enorme peso das leis a seguir que agradavam a mente do judeu, mas não eram tão agradáveis à mente cristã posterior, que era universalizada. A *lei da lavagem* era muito complexa, e os judeus davam grande atenção a coisas tão triviais, enquanto negligenciavam os materiais mais "pesados" da lei. Honrar pai e mãe era uma verdadeira lei que eles haviam transgredido (Mt 15.4). Era possível "transgredir" a lei de Deus ao insistir em questões secundárias ou supérfluas, e os ensinamentos de Jesus demonstram isso. Para maiores detalhes, ver a exposição da passagem geral no trabalho referido acima. Observe como Jesus chama tais tradições: "tradições dos homens" (Mc 7.8). Esse versículo refere-se às "lavagens" sem fim dos judeus, de potes, copos etc., que tinham os mesmos propósitos que a cerimônia da lavagem. Observe a forte crítica em 1Pedro 1.18, onde tais coisas são chamadas de "costumes fúteis" herdados dos pais. Claro, o judaísmo ritual atrofiou-se depois da destruição de Jerusalém, em 70 d.C., e o judaísmo da *Diáspora* era tanto liberalizado como também muitas vezes paganizado. Não obstante, a elaboração do Talmude naquele período (que naturalmente incorporou as antigas tradições do período a.C.) tinha como objetivo colocar uma cerca ao redor do judaísmo para protegê-lo contra uma paganização exagerada.

V. LUZ DOS ROLOS DO MAR MORTO. Vários manuscritos desse achado ilustram os mesmos tipos de refinamentos da lei mosaica encontrados no Antigo Testamento: instruções detalhadas sobre ofertas, lavagens rituais e outros costumes que tocavam a experiência humana de modo geral. O propósito de tais instruções era **1**. proteger o judaísmo do paganismo; **2**. Preservar, se possível, uma linhagem pura do judaísmo em face do crescente sincretismo.

VI. TRADIÇÃO NO JUDAÍSMO POSTERIOR E NO CRISTIANISMO. Muito do judaísmo foi simplesmente "engolido" por filosofias e teologias posteriores, mas o Talmude era uma força permanente. À medida que o criticismo bíblico ganhava terreno e balançava a fé judaica nos "documentos originais", o Talmude e muitas de suas tradições eram considerados um guia para a fé e a prática mais puro e melhor até mesmo do que o próprio Antigo Testamento. Enquanto isso, no cristianismo, uma nova autoridade cresceu, os dizeres e os escritos dos pais da igreja dos primeiros quatro séculos d.C. Portanto, podemos dizer, de forma inexata, que o corpo de interpretação era um tipo de *Talmude Cristão*. Isso pode ser inexato, mas certamente não sem paralelos ou sem significado. A igreja ocidental (latina) também adotou certos rituais judeus, enquanto a oriental se inclinou mais ao sincretismo do evangelho com o platonismo. Tal generalização fala a verdade, mas não toda a verdade. A igreja Ortodoxa Russa, por exemplo, ficou bastante judaica em sua metodologia ritual. Na reforma protestante, Lutero assumiu uma posição um tanto moderada, não rejeitando as tradições como um corpo do qual há muito o que ser aprendido, mas colocando a Bíblia acima delas a tal ponto que ela fosse sua única verdadeira autoridade. Logicamente, essa posição ignorava o fato de que a própria Bíblia incorporou tradições, pois não nasceu de um vácuo. Calvino foi mais radical em sua rejeição às tradições judaicas, mas através de interpretações rígidas e da predestinação radical, criou sua própria tradição "de denominação". Muito de sua teologia era unipolar, representando uma linha de ensinamentos bíblicos e torcendo outras.

Tradições de Denominações. Embora proclamassem muito alto sua doutrina de "Escrituras apenas", as denominações, através de suas *interpretações* específicas de passagens da Bíblia, criaram sua própria tradição. O leitor deve ver dois artigos na *Enciclopédia de Bíblia, Teologia e Filosofia* se desejar aumentar seu conhecimento sobre a questão das tradições cristãs e das tradições de denominações: *Tradição Cristã* e *Tradição e as Escrituras*. Ver também sobre *Autoridade*, que tem materiais relacionados. Cada denominação, confessando ou não, tem o próprio *Talmude* através de seu corpo de interpretações das Escrituras que contradiz os *Talmudes* de outras denominações. O artigo sobre *Tradições dos Homens* examina a situação de gnósticos iniciais e suas tradições que se propagaram na igreja primitiva.

TRADIÇÃO E AS ESCRITURAS

Ver sobre os artigos separados *Escrituras* e *Autoridade*. O alto respeito que algumas pessoas têm pelas Escrituras as tem feito supor que a norma que diz "as Escrituras, somente" é suficiente para a fé e a prática cristãs. Mas há outros cristãos que têm a convicção de que por maiores e mais importantes que sejam os escritos bíblicos, somente os dogmas humanos (e não as declarações das próprias Escrituras) podem conferir-nos a "única" autoridade em matéria religiosa. Meu artigo sobre a *Autoridade* aborda os raciocínios que circundam a questão.

1. O Problema da Autoridade. As pessoas que creem na norma das "Escrituras, somente" acabam por ignorar o fato de que as próprias Escrituras podem ser sujeitadas a variadas interpretações, de tal maneira que a realidade dos fatos seria expressa por algo como: "as Escrituras, e como eu e minha denominação as interpretamos". Dessa maneira, aquela regra torna-se subjetiva, e sua objetividade reside somente na arrogância e no exclusivismo de cada grupo denominacional.

Aqueles que defendem essa posição também ignoram o fato de que as próprias Escrituras não são tão homogêneas como alguns esperariam. Posições doutrinárias diversas, até sobre questões importantes, podem derivar-se do apoio de diferentes textos de prova. Naturalmente, isso requer seleção e manuseio. Assim, podemos ensinar o determinismo ou o livre-arbítrio pelas Escrituras (pois ambas as doutrinas são bíblicas). Também podemos ensinar uma doutrina do julgamento que concebe um inferno eterno, sem qualquer esperança para além do sepulcro, ou podemos ensinar uma visão de esperança e de restauração, com oportunidade de melhoria no próprio *hades*, ou seja, após a morte física. No primeiro caso, podemos apelar para Hebreus 9.27. No segundo caso, podemos apelar para o relato da descida de Cristo ao *hades*, especialmente 1Pedro 4.6, o versículo final do relato, como aplicação desse relato. Após escolhermos um lado ou outro, podemos distorcer ou ignorar os textos que parecem ensinar a posição oposta.

Continuando a ilustrar, quando falamos sobre a salvação, podemos usar textos de prova como os dos Evangelhos, que mostram estar envolvido o perdão dos pecados, com base na expiação pelo sangue de Cristo, e então, por ocasião da morte biológica, a transferência para uma existência melhor no céu. Ou então podemos examinar passagens paulinas, onde é ensinado que a salvação é uma evolução espiritual, mediante a qual vamos passando de um estágio de glória para outro, compartilhando cada vez mais da própria natureza de Cristo, em sua imagem e atributos (2Co 3.18; Rm 8.29), o que nos torna partícipes da natureza e da plenitude divinas (Ef 3.19; Cl 2.9,10). E, apesar de podermos chamar os ensinos paulinos de *superiores*, é inegável que aquela concepção mais limitada da salvação, expressa nos Evangelhos, é que predomina na prédica das igrejas protestantes e evangélicas, uma visão estreita em relação à soteriologia de Paulo.

Quanto mais nos pomos a examinar essa questão, melhor percebemos que quando falamos das Sagradas Escrituras como alicerce, também teremos de depender de outros meios de determinação da verdade. Se temos tão elevada consideração pelas nossas interpretações particulares das Escrituras, por que motivo não respeitamos as interpretações alheias, especialmente aquilo que os chamados "pais da igreja" disseram, e o que os vários concílios definiram. Apesar de ser ridículo esperar infalibilidade ali, é perfeitamente possível que os pais ou os concílios tenham podido interpretar melhor do que nós, nem que seja numa coisa ou em outra.

As pessoas geralmente não tomam consciência do fato de que sua teologia é um sumário de noções teológicas, que segue alguma formulação histórica doutrinária, e não uma representação completa e genuína dos ensinos bíblicos. As pessoas também geralmente ignoram que a teologia, tal como qualquer outro ramo do saber humano, é um empreendimento em desenvolvimento, e não uma realização já terminada.

Desde a Reforma Protestante aos nossos dias, tem havido um nítido desenvolvimento doutrinário. Deus levantou Lutero para relembrar a basilar doutrina da "justificação pela fé". Calvino enfatizou "a soberania absoluta do Senhor Deus", como também a "predestinação". Wesley encareceu a necessidade de "santidade". Outros grupos, como os batistas, estavam frisando a necessidade da "regeneração como condição ao batismo". Os grupos pentecostais, mais recentemente, têm frisado "o aspecto místico da experiência cristã". E certamente Deus continuará iluminando mentes e corações para que seu povo esteja devidamente preparado para o segundo advento de Cristo. Este coautor e tradutor sugere a "tomada de consciência da *unidade espiritual* do povo de Deus", com a consequente desvalorização dos vínculos denominacionais. Opino que o Espírito de Deus efetuará esse "milagre" por meio da Grande Tribulação, quando somente os que são de Cristo rejeitarão lealdade ao anticristo — e então os crentes reconhecerão, forçosamente, a sua unidade em Cristo. Ainda temos muito que aprender e avançar!

2. Manipulação Denominadora. A questão da tradição vem à tona, na presente discussão, porque todas as denominações são, na verdade, resultantes das tradições teológicas. Para exemplificar, as igrejas protestantes e evangélicas, excetuando alguns abusos, juntamente com a igreja Católica Romana, representam a tradição teológica ocidental, fundamentada sobre as interpretações dos pais da igreja ocidental. No entanto, há a tradição da igreja oriental, e, em minha estima, quanto a alguns pontos, essa tradição teológica é superior à tradição teológica ocidental. Também podemos pensar na tradição anglicana, que procura combinar elementos do Ocidente e do Oriente, com alguns sucesso em seus esforços por obter uma teologia mais completa e satisfatória. A grande verdade é que todos os sistemas teológicos envolvem ideias tradicionais, o que se evidencia mediante o estudo, apesar das negações movidas pela arrogância denominacional.

3. Tradições Usadas nos Evangelhos. O prefácio do Evangelho de Lucas alerta-nos para o fato de que estamos tratando com uma tradição oral e escrita que Lucas utilizou para compor o terceiro Evangelho. Os eruditos liberais não creem que essa tradição fosse isenta de erros, ou fosse absolutamente correta, historicamente falando. Seja como for, desde o começo temos que levar em conta uma tradição cristã, que se manifesta nos próprios Evangelhos. Outrossim, por detrás dos Evangelhos havia as tradições judaicas, não somente aquelas registradas no Antigo Testamento, mas também aquelas dos livros apócrifos e pseudepígrafes. A verdade é que o Novo Testamento inspirou várias ideias desses citados livros, apesar de não citá-los diretamente. Além disso, no próprio Novo Testamento encontramos tradições que continuam sendo transmitidas. Os estudiosos conservadores afirmam que o Espírito Santo preserva essas tradições (até mesmo aquelas que foram incorporadas) de qualquer erro. Mas os liberais julgam poder encontrar provas em contrário. Seja como for, é patente que não podemos estabelecer clara distinção entre Escrituras e tradições, conforme fazem os ingênuos; isso porque as mesmas Escrituras nos transmitiram tradições. Se essas tradições não envolvem erros, já constitui outro problema. E discuti sobre isso no artigo intitulado *Escrituras*, na parte que trata sobre a questão da inspiração divina.

4. Tradições Pós-Neotestamentárias. As vidas de Jesus e seus apóstolos inspiraram a escrita de muitos livros que apareceram, os quais seguiam o tipo de literatura que figura no Novo Testamento, tendo sido publicados Evangelhos, atos, epístolas e apocalipses. A maior parte desse material foi produzida por grupos heréticos (especialmente os gnósticos), incorporando muito material imaginário e fantástico. Não obstante, ali há algumas coisas de valor. Uma pequena porcentagem das narrativas acerca de Jesus e seus apóstolos pode exprimir a verdade. Algumas das declarações extracanônicas, atribuídas a Jesus, podem ser genuínas. Isso posto, encontramos ali tradições pós-neotestamentárias que se revestem de algum valor, nem que seja para efeito de comparação. Ver os artigos intitulados *Livros Apócrifos e Livros Pseudepígrafes*, onde essas questões são ventiladas com maiores pormenores, e que envolvem o Novo Testamento. Naturalmente, aquelas tradições presas ao Antigo Testamento também precisam ser investigadas.

5. As Tradições dos pais da igreja. Os antigos pais da igreja interpretaram as Escrituras e criaram um considerável corpo de literatura. Suas interpretações tornaram-se tradições. E assim a igreja ocidental veio a seguir os primeiros pais latinos da igreja, sempre que surgiram diferenças de opinião. Roma tornou-se um centro de autoridade, e as posições dos pais associados àquela capital vieram a ser uma fonte de tradições que se tornaram a herança das igrejas ocidentais. Porém, também houve as tradições criadas pelos pais da igreja oriental, sediados nos patriarcados de Constantinopla, Antioquia, Alexandria e Jerusalém. Essa tradição oriental influenciou a igreja Ortodoxa Oriental e a comunidade anglicana (esta última longe dali, nas ilhas britânicas). Contudo, é mais exato dizer-se que os anglicanos foram e continuam sendo uma ponte de ligação entre o Oriente e o Ocidente. As duas grandes tradições diferem no que concerne a pontos importantes como o ensino geral sobre a alma (o Ocidente aceitou o *criacionismo*; o Oriente, a *preexistência* da alma). Também diferem quanto à oportunidade das almas (o Ocidente limita essa oportunidade a antes da morte biológica, mas o Oriente assegura que a oportunidade de salvação prossegue no após-túmulo, dizendo que o *hades* é um campo missionário, tal como sucede no plano terrestre). E assim, as denominações, tendo conhecimento ou não desses fatos, seguem tradições interpretativas, visto que o próprio Novo Testamento não se mostra homogêneo sobre alguns pontos importantes. As tradições dos pais da igreja, pois, representam esforços de interpretação, e merecem pelo menos tanto respeito como as interpretações das atuais denominações cristãs, embora seja ridículo falar sobre inerrância interpretativa.

6. Recolhimento das Tradições nos Concílios. Os concílios ecumênicos (vide) atuaram quais árbitros de doutrinas e tradições cristãs e procuraram limitar os pontos de vista a alguma posição. O catolicismo romano caiu no erro de "canonizar" as deliberações desses concílios; os grupos protestantes caíram no erro de não respeitá-las de modo suficiente, no afã de livrarem-se dos abusos ali contidos. Mas, na verdade, os credos de denominações ou igrejas particulares são minúsculas decisões conciliares, que se mostram arrogantes o bastante para exigir conformidade com certas posições doutrinárias, sob a hipótese de que elas não encerram erros. O que geralmente não se reconhece é que há abusos e erros doutrinários tanto das decisões dos concílios quanto nesses "minúsculos concílios" denominacionais.

Da mesma forma que é impossível separar a pessoa que percebe, mediante os seus sentidos, algum objeto físico, de sua interpretação dessa percepção (pois vemos as coisas conforme somos, e não conforme as coisas realmente são), assim também é impossível separarmos as Escrituras do ato de interpretação das mesmas. Coletivamente falando, as interpretações tornam-se tradicionais, não havendo interpretação bíblica sem as tradições interpretativas. Uma tradição pode ser verdadeira ou falsa, e algumas vezes não podemos aquilatar isso com precisão. No entanto, a busca pela verdade é uma aventura, pelo que não nos deveríamos sentir perturbados diante da necessidade de continuarmos inquirindo.

7. As Denominações Giram em Torno de Tradições Organizadas. Surpreende ver quão arrogantes são as denominações. Cada qual tem a certeza de que possui a melhor interpretação do Novo Testamento. Mas a verdade é que cada denominação é depositária de tradições interpretativas que contém tanto a verdade quanto o erro.

8. Definição Católica das Tradições da igreja. Deus dirige tudo quanto sucede na igreja, que é o seu instrumento de salvação e transmissora da mensagem espiritual. "A palavra de Deus e os seus dons graciosos alcançam o homem através da prédica entregue à igreja. O mistério de Cristo permanece presente na história, porque há uma comunhão dos fiéis que, no processo vital da vida, transmite a doutrina, a adoração e a palavra de Deus" (R). Para os teólogos católicos romanos, isso é feito mediante a assistência do Espírito Santo, que vai acompanhando as mutações da história, assim transmitindo e desenvolvendo em segurança as tradições, a cada geração, por sua vez. Deus determinou que a igreja fosse uma instituição de revelação contínua, e não meramente que servisse de guardiã da revelação inicial, dada nas páginas do Novo Testamento. As tradições subsequentes não são consideradas infalíveis, embora merecedoras de respeito. Porém, as tradições interpretativas, dos concílios ecumênicos e dos pronunciamentos dos papas, são reputadas infalíveis, devido à agência orientadora do Espírito. Apesar de as doutrinas básicas da tradição neotestamentária permanecerem as mesmas, o avanço da história requer maior iluminação e novas diretrizes. E essa é a necessidade suprida pelas decisões dos concílios e pelos pronunciamentos papais. Outras tradições podem ser de ajuda, mas não envolvem idêntica autoridade. As contradições porventura existentes nas tradições não deveriam dividir a igreja. A verdade precisa ir sendo continuamente definida em muitas áreas, e as definições são sempre limitadas. O pluralismo, na igreja, não somente precisa ser tolerado, mas até mesmo precisa ser encorajado.

TRADUÇÃO. Ver *Versões*.

TRAIÇÃO

No hebraico, *ramah*, "entregar". Palavra usada por onze vezes (por exemplo, 1Cr 12.17; com o sentido de "enganar", ver 1Sm 10.17; 28.12 etc.). No grego, *paradídomi*, "entregar". É palavra usada por muitas vezes no Novo Testamento, cerca de 120 vezes, desde Mateus 4.2 até Judas 3. Neste artigo interessa-nos examinar a traição de Judas Iscariotes, mediante a qual o Senhor Jesus foi entregue a seus algozes. O vocábulo grego, de modo geral, envolve as ideias de mostrar-se desleal, de desapontar as expectativas de alguém, de desvendar informações secretas, de seduzir, de apresentar evidências falsas contra alguém, de agir traiçoeiramente. Jesus predisse (Mt 17.22) que seria traído por um de seus discípulos. O caráter do traidor era conhecido por Jesus, antes que aquele entrasse em ação (Jo 6.46). Os Evangelhos salientam a postura digna e a força de espírito do Senhor Jesus, durante todo o episódio (Mt 26.47-56). O Senhor só reagiu para repreender a seu ex-discípulo, quando foi por ele traiçoeiramente osculado: *Judas, com um beijo trais o Filho do homem?* (Lc 22.48).

O que foi que Judas traiu? *a*. De acordo com os incrédulos e céticos, Judas teria traído o *segredo messiânico*, embora esse segredo não correspondesse à realidade. O segredo messiânico era a consciência de que Jesus tinha de ser o longamente esperado e profetizado Messias de Israel, uma informação que ele manteve em segredo por longo tempo. Alguns incrédulos não creem que Jesus tenha sido o Messias de Israel, porquanto isso seria uma invencionice dos judeus, sem qualquer fundamentação. De acordo com essa tentativa de explicação, Jesus foi envolvido na ilusão, deixou-se enganar, e identificou-se com a imaginária figura do Messias. Judas Iscariotes, pois, teria revelado essa autoilusão às autoridades judaicas. Um dos mais curiosos aspectos dessa teoria é que Judas teria feito isso como um ato de misericórdia, a fim de salvar Jesus de sua ilusão e, talvez, da morte, visto que, declarando ser o Messias, ele entrara em choque com as autoridades judaicas e com Roma, que jamais tolerariam a rivalidade de um rei judeu! Isso fez de Judas o real herói da história! Infelizmente para ele, o traidor não compreendeu seu gesto por esse prisma, pois lemos: *Então Judas, que o traiu, vendo que Jesus fora condenado, tocado pelo remorso, devolveu as trinta moedas de prata aos principais sacerdotes e aos anciãos, dizendo: Pequei, traindo sangue inocente* (Mt 27.3,4). E foi enforcar-se! *b*. Ou então o segredo messiânico foi revelado por Judas às autoridades judaicas. E o tal segredo era genuíno — Jesus era o Messias prometido. Contudo, de acordo com essa explicação, apenas gradualmente Jesus foi tomando consciência de sua missão, tendo-a guardado em segredo enquanto não teve a certeza de quem era. *c*. No entanto, a leitura dos Evangelhos indica que tudo quanto Judas Iscariotes revelou às autoridades judaicas foi o lugar para onde Jesus costumava retirar-se à noite, o que facilitou a sua detenção (ver Jo 18.1-3).

A Traição e a Teologia. *a*. Se o segredo messiânico estava envolvido, então, teologicamente falando, a traição teve significação. Assinalou o ponto em que o caráter messiânico de Jesus não podia continuar sendo ocultado, e tinha de ser tornado de conhecimento público. *b*. O ato da traição mostrou até onde pode chegar a infidelidade humana. A igreja primitiva recuou, horrorizada: *um dos doze* havia traído ao Senhor. *c*. O ato de traição, que revelou onde o Senhor se abrigara, foi apenas símbolo do caráter aviltado do traidor. A natureza humana, quando profundamente aviltada, é capaz de qualquer ato traiçoeiro. *d*. O ato de traição mostra-nos como algumas pessoas tratam a graça do Senhor e a sua generosidade com escárnio. Os homens abusam da graça divina, mas apenas para seu próprio detrimento (ver Jo 15.16; 6.70; At 1.17). Judas lançou fora um tremendo privilégio que lhe tinha sido dado. *e*. Em todo o episódio havia a questão do destino, embora alguns tenham dificuldade em compreendê-la (Mt 26.24). A coisa tinha de acontecer, mas ai do instrumento usado! Sabemos que o desígnio de Deus coopera com a vontade humana, sem destruí-la, embora não saibamos explicar de que maneira.

Ver os artigos sobre o livre-arbítrio e o *determinismo*. *f*. Alguns supõem que aquele ato traiçoeiro de Judas tenha sido apenas um dentre toda uma carreira de sua alma, e que esse homem haverá de reencarnar-se e será o anticristo. (Ver as notas no NTI, em At 1.25, bem como o artigo sobre o anticristo). Naturalmente, o anticristo também terá uma missão divinamente determinada, pois aquilo que tiver de suceder-se, sucederá. Uma vez mais, vê-se que Deus usa o homem sem destruir-lhe a livre vontade, apesar de não sabermos explicar a questão. g. Judas teve remorso (Mt 27.2,3); mas, porventura, isso significará alguma coisa, em última análise? O trecho de Efésios 1.10 mostra-nos que haverá uma *restauração* geral (ver o artigo), e isso, naturalmente, incluirá Judas. Todavia, isso terá de esperar até o fim da fila, após toda a série de eras produzir aquela era em que o Logos será o centro de todas as coisas, a razão pela qual tudo existe. Não obstante, coisa alguma deveria servir para detratar a missão do Logos, o Cristo, em sua encarnação como o Messias prometido. Além disso, por qual motivo haveríamos de limitar e subestimar a graça e o amor de Deus, somente para continuarmos crendo que Judas nunca mais será recuperado pelo favor divino? (B NTI)

TRANCAR (CADEADO, FECHADURA, PINO)

Uma fechadura é um artifício mecânico para impedir que portas e outras entradas sejam abertas. Os antigos hebreus tinham trancas feitas de madeira ou de ferro, para trancar as portas de casas, prisões e fortalezas (ver Is 45.2). Os portões das muralhas erguidas por Neemias, em torno de Jerusalém, contavam com "ferrolhos e trancas" (Ne 3.3). Os ferrolhos e as trancas (sob a forma de barras) eram as formas mais comuns de fechaduras. As chaves consistiam em pinos de ferro ou de bronze, embora, ocasionalmente, também fossem usados pinos de madeira. Esses pinos serviam para manter aquelas barras ou trancas em seus respectivos lugares. Em alguns lugares, uma tradução mais exata para *fechadura* seria "ferrolho. A chave (vide) era um instrumento de metal ou de madeira, usado para fazer mover-se o ferrolho.

TRANQUILIDADE

Esse era o estado mais elevado procurado pelos filósofos epicureus mais intelectuais. Eles pensavam que a tranquilidade é fruto da rejeição do ciclo do desejo-cumprimento-descontentamento-desejo-cumprimento-descontentamento etc., *ad infinitum*. O homem tranquilo, para eles, seria aquele que não excita esse ciclo vicioso, mas contenta-se com os prazeres intelectuais, repelindo os prazeres carnais. Mostramo-nos tranquilos quando desejamos desaparecer, em vez de nos declararmos alegadamente satisfeitos. O prazer é o alvo da existência, dentro daquele sistema filosófico; mas estão em foco somente os prazeres que deixam um homem com uma mente satisfeita, distante dos conflitos que excitam os desejos humanos. A *ataraxia* é o alvo que todos deveriam procurar, ou seja, "o prazer desfrutado em meio à tranquilidade". Diz o trecho de Provérbios 17.1: *Melhor é um bocado seco, e tranquilidade, do que a casa farta de carnes e contendas*. A tranquilidade no lar deveria ser um de nossos grandes alvos. O trecho de Isaías 32.17 fala sobre retidão, paz e repouso, todos juntos, e isso subentende a redenção da alma, sem a qual é simplesmente impossível qualquer tranquilidade permanente. E os trechos de 1Tessalonicenses 4.11 e 2Tessalonicenses 3.12 exortam os homens à tranquilidade, para que, nesse estado, seja desenvolvida a piedade cristã.

TRANSE

1. As Palavras. Há três palavras hebraicas envolvidas, e uma palavra grega, a saber: *a*. *Naphal*, "cair (em transe)", que aparece com esse sentido somente em Números 24.4,16. Nas demais vezes significa apenas "cair". *b*. *Tardemah*, "sono profundo", uma palavra hebraica que ocorre por sete vezes (Gn 2.21; 15.12; 1Sm 26.12; Jó 4.13; 33.15; Pv 19.15 e Is 29.10). *c*. *Radam*, "transe", um termo hebraico que ocorre por três vezes com esse significado (Sl 76.6, Dn 8.18 e 10.9). *d*. *Ékstasis*, "fora do normal", "deslocamento", "confusão mental". Essa palavra grega é usada por sete vezes (Mc 5.42; 16.8; Lc 5.26; At 3.10; 10.10; 11.5 e 22.17).

2. Definições. Um transe é um estado alterado da consciência, mediante o qual o indivíduo, por assim dizer, é transportado para fora de si mesmo. Nessa condição de arrebatamento dos sentidos, embora pareça desperto, o indivíduo está desligado de todos os objetos que o circundam, de todos os estímulos. Os estímulos externos evidentes passam inteiramente despercebidos, visto que a pessoa fica total e obsessivamente fixada sobre coisas invisíveis, sejam elas de natureza divina, alucinatórias ou inconscientes. Em tal condição a pessoa pode pensar que está percebendo, com os seus sentidos naturais (principalmente com a visão e com a audição), realidades que lhe estejam sendo mostradas por Deus ou por outras forças sobrenaturais. Os transes religiosos ou assinalados como fortemente emocionais são chamados "êxtases". Os êxtases são algum arrebatamento de avassaladora alegria. Em suas formas externas, o transe assemelha-se ao estado de coma.

3. Usos Bíblicos. A forma extrema de transe, que poderíamos entender como "coma", aparece naquelas passagens onde é empregada a palavra hebraica *tardemah* (ver acima). É interessante observar que, em todos esses casos, há alguma manifesta intervenção de Deus. Por exemplo: *Então o Senhor Deus fez cair pesado sono sobre o homem, e este adormeceu: tomou uma das suas costelas, e fechou o lugar com carne* (Gn 2.21). Ou, então: *Ao pôr do sol, caiu profundo sono sobre Abrão, e grande pavor e cerradas trevas o acometeram; então lhe foi dito...* (Gn 15.12,13). Uma forma mais suave de transe é expressa mediante a palavra hebraica *radam* (ver acima, número "3"). Isso pode ser visto, por exemplo, em Daniel 8.18, que diz: *Falava ele comigo quando caí sem sentido, rosto em terra; ele, porém, me tocou e me pôs em pé no lugar onde eu me achava e disse...* A mesma coisa se vê em Daniel 10.9: *Contudo, ouvi a voz das suas palavras e, ouvindo-a, caí sem sentido, rosto em terra*. A mesma palavra ocorre em Salmo 76.6, onde, porém, diz a nossa versão portuguesa: *Ante a tua repreensão, ó Deus de Jacó, paralisaram carros e cavalos*.

No caso do profeta Balaão, por duas vezes é usada a palavra hebraica *naphal*. Citamos aqui os versículos envolvidos: *... palavra daquele que ouve os ditos de Deus, o que tem a visão do Todo-Poderoso e prostra-se, porém de olhos abertos...* (Nm 24.4,16). A ideia transparece nas palavras reiteradas "prostra-se, porém de olhos abertos".

No Novo Testamento, o uso da ideia de *transe* (que nossa versão portuguesa exprime através da palavra *êxtase*, correspondente exatamente ao termo grego original), está sempre vinculado às diretivas conferidas pelo Espírito de Deus. Assim, no caso que envolveu o apóstolo Pedro (At 10.10 e 11.5), o contexto, as circunstâncias e as consequências sugerem-nos que tudo foi permitido e usado pelo Espírito de Deus (ver ainda At 11.12,15,18). E o mesmo sucedeu no caso que envolveu o apóstolo Paulo (At 22.17). Ver também os artigos intitulados, *Espanto; Sonho; Visão*.

É evidente que está em foco um conceito psicológico, um fenômeno que não envolve apenas a porção física do homem. Naturalmente, os céticos não acreditam que coisas assim possam ocorrer, que possa haver qualquer intervenção divina ou demoníaca que influencie o ser humano. Porém, se até os hipnotizadores conseguem fazer as pessoas entrarem em transe (ver sobre o *Hipnotismo*), por que razão não poderiam fazê-lo forças espirituais superiores ao homem?

As práticas do espiritismo (vide) envolvem transes com vários fenômenos acompanhantes, como a "escrita automática",

TRANSGRESSÃO

ou psicografia, o desenho ou a pintura que reproduz os traços de algum grande mestre do passado, ou a música de algum grande pianista ou virtuoso de algum outro instrumento musical. Indagamos: se espíritos, humanos ou não, podem produzir tais fenômenos, usando-se de seres humanos em estado de transe, por que motivo, com muito maior razão, o Espírito de Deus não poderia utilizar-se dessa mesma potencialidade, para as suas próprias finalidades benfazejas?

TRANSGRESSÃO

Há três termos hebraicos e uma palavra grega envolvidos neste verbete, isto é: **1.** *Maal*, "ultrapassar". Palavra hebraica usada por 27 vezes (conforme se vê, por exemplo, em Js 22.22; 1Cr 9.1;10.13; 2Cr 29.19; Ed 9.4; 10.6). **2.** *Abar*, "ir além", "transgredir". Vocábulo hebraico que aparece por muitas vezes, embora apenas por duas vezes com o sentido claro de "transgredir", ou seja, Deuteronômio 17.2 e Provérbios 26.10. **3.** *Pesha*, "rebelar-se", "transgredir", "pisar além". Termo hebraico que aparece por 93 vezes (conforme se vê, por exemplo, em Êx 23.21; Lv 16.16,21; Nm 14.18; Js 24.19; 1Sm 24.11; 1Rs 8.50; Jó 7.21; 8.4; 35.6; 36.9; Sl 5.10; 19.13; 103.12; 107.17; Pv 12.13; 17.9,19; Is 24.20; 43.25; 44.22; Jr 5.6; Lm 1.5,14, 22; Ez 14.11; 18.22,28,30,31; 39.24; Dn 8.12, 13; 9.24; Am 1.3,6,9,11,13; Mq 1.5,13; 6.7; 7.18). Também há uma forma variante, *pasha*, que aparece por quarenta vezes (conforme se vê, para exemplificar, em Sl 37.38; 51.13; Is 1.28; 46.8; 48.8; 53.12; 59.13; Dn 8.23; Os 14.9; Am 4.4). **4.** *Parábasis*, "transgressão", "contravenção". Vocábulo grego que é usado no Novo Testamento por sete vezes (Rm 2.23; 4.15; 5.14; Gl 3.19; 1Tm 2.14; Hb 2.2 e 9.15). O adjetivo *parabátes, transgressor*, ocorre por três vezes (Gl 2.18, Tg 2.9,11). Também há uma palavra grega, *ánomos*, "sem lei", "desregrado", que ocorre por duas vezes e que nossa versão portuguesa também traduz por "transgressor", mas cujo sentido mais profundo e correto é o de alguém que vive desregrado, sem atender a qualquer lei; (ver Mc 15.28 e Lc 22.37). A transgressão é a quebra da lei, no sentido de ultrapassar um limite fixado. É preciso que haja algo proibido para que possa haver uma transgressão. Por isso mesmo, há uma sutil mas profunda distinção entre o pecado e a transgressão, porquanto aquele que não está sujeito a qualquer lei pode pecar (ver Rm 5.13); mas, com a introdução de uma lei, o contraventor comete transgressão, se chegar a violar essa lei (Rm 4.15; 5.14; Gl 3.19). Por conseguinte, o "pecado" leva-nos a transgredir (Rm 7.7,13). O pecado pode consistir em uma desobediência implícita, mas a transgressão é sempre uma desobediência explícita. Daí, a transgressão é uma forma agravada de pecado. **5.** *Transgressão (delito)*. No grego, *paráptoma*, "desvio". Esse vocábulo grego ocorre por dezenove vezes (Mt 6.14,15; Mc 11.25,26; Rm 4.25; 5.15-18,20; 11.11,12; 2Co 5.19; Gl 6.1; Ef 1.7; 2.1,5; Cl 2.13).

Nossa versão portuguesa não se mostra nada homogênea na tradução desse vocábulo. São usadas as palavras portuguesas "ofensa", "delito", "transgressão" etc., para traduzir o termo grego em foco. O ato indicado pelo termo grego é o de desviar-se de uma rota, o de cair para um lado, o de desertar, de apostatar. Isso posto, está envolvida a ideia de infidelidade, de ato traiçoeiro. Duas pessoas entraram em um acordo; mas uma delas rompe com o acordo. Incorreu nesse tipo de transgressão. Nas páginas da Bíblia, mais comumente está em pauta a infidelidade do homem diante de Deus, embora também haja menção ali a casos de infidelidade somente entre seres humanos.

Várias palavras hebraicas e gregas foram empregadas para indicar a complexa noção de pecado. Ver o artigo sobre *Pecado*. O ato expiatório de Cristo, entretanto, anula e permite o perdão do pecador, sem importar o aspecto que essas diversas palavras estejam salientando. Citamos aqui, na íntegra, o trecho de Efésios 2.4,5, onde aparece esse vocábulo grego, e onde a nossa versão portuguesa o traduz por "delitos": *Mas Deus, sendo rico em misericórdia, por causa do grande amor com que nos amou, e estando nós mortos em nossos delitos, nos deu vida juntamente com Cristo — pela graça sois salvos....*

TRANSJORDÂNIA

1. Definições. O termo hebreu envolvido é *eber iordan*, "além Jordão". *Transjordânia* é a versão latina do mesmo termo. *Cisjordânia* significa "nesse lado" do Jordão, apontando para o lado oeste, enquanto *trans* significa "leste". *Gileade* era usado para falar da área inteira do leste da Palestina (Dt 34.1; Js 22.9), e o termo grego relativo ao mesmo território era Coele-Síria (Josefo Ant. I.xi.5; XIII.xiii 2 ss.).

2. Local. O leste da Palestina inteiro pode ser representado por este termo, de modo geral reconhecido como aplicado a Israel e à sua terra, na forma de Dã, o norte do Egito, e a Arábia Saudita, no sul e sudoeste. O limite leste de Israel era sempre indefinido, estando limitado apenas por certas cidades ou marcos "lá fora". Mas essa fronteira indefinida estende-se do Iraque a Arábia Saudita, sem muita precisão. Os nomes da Bíblia associados a essa área eram Edom (sul do mar Morto), Moabe, Amom, Gileade e Basã.

3. Observações Bíblicas. A Rodovia do Rei passava por esse território (Gn 10.10 ss.; 14.12 ss.; 32.10). Era a via dos reis do leste. A Israel, quando caminhava em direção à Terra Prometida, foi negado o direito de passar por ali (Nm 20.17), o que criou muita confusão. Deuteronômio 8.9 menciona o local como um ponto de operações mineiras, a incluir as minas de cobre do rei Salomão localizadas em Eziom-Geber. Moisés viu a Terra Prometida, a incluir a parte leste, do monte Nebo, e, em uma época posterior, Davi, fugindo de Saul para preservar sua vida, correu de um lado para outro naquele território (1Sm 22.3 ss.). As tribos que ocupavam essa parte do território de Israel eram a meia tribo (leste) de Manassés, Rúben e Gade. Para maiores detalhes sobre isso, ver o artigo separado chamado de *Tribos, Localização das*, cuja seção II trata especificamente das tribos da Transjordânia. Ver Juízes 13 para detalhes sobre a divisão tribal.

A divisão tribal *idealista* de Ezequiel deixa a Transjordânia de fora por completo, por motivos desconhecidos. Os intérpretes que supõem que essa profecia deverá ser cumprida no futuro distante (como no Milênio) avaliam que o Desejo Divino simplesmente deixará fora essa parte de Israel quando a Nova Israel surgir. (Ver Ez 47.13-48.29). Mesmo se essa interpretação for real, ela não nos informa o porquê disso.

No Novo Testamento, o termo usado para referir-se à maior parte daquilo que foi chamado "além do Jordão" (*eber iordan*) é *Pereia*, que no grego significa "do outro lado". A Septuaginta tem *peran tou Iordanou* ("do outro lado do Jordão"). Esse nome apenas começou a ser empregado após o cativeiro babilônico. O artigo sobre *Pereia* é bastante detalhado, o que permite a brevidade aqui.

TRATADO

1. Termos e Definições. No hebraico, a palavra é *bereeth*, "tratado" ou "pacto", derivando de um vocábulo que significa "cortar". Está em vista o antigo costume de um sacrifício que atendia a alianças. O sacrifício era cortado em duas partes exatamente iguais, o que era conseguido ao realizar o corte ao longo da coluna vertebral. Daí os que estavam selando o acordo passavam pelas duas partes iguais. Por fim, havia uma refeição comunal para celebrar o pacto. A palavra portuguesa "tratado" deriva do latim *tractatus*, "manuseio" ou "tratamento", com a ideia básica de "negociar" algo. A palavra grega é *diathoke*, "contrato", "acordo", "pacto" ou um "testamento".

2. Tratados Humanos. No Antigo Testamento, os tratados humanos eram de três tipos principais: aqueles que tinham como objetivo evitar hostilidades militares; os selados entre um poder que havia conquistado outro, e o perdedor que "dava sua terra" através de acordo; e aqueles feitos no tangente ao pagamento de tributos por um poder (que havia perdido uma guerra ou desejava evitar uma) a um poder superior. Quando os poderes ainda eram iguais e simplesmente desejavam evitar guerras, o tratado era chamado "tratado de iguais". Quando poderes superiores sujeitavam outros, os tratados eram entre conquistadores e vassalos e eram chamados *sueranos*.

3. Tratados Humanos com o Divino. Aqui podemos simplesmente chamar os tratados de "pactos". *Yahweh*, em relação a todos os reinos e poderes terrenos, exige um tratado *suerano*, no qual todos os reinos terrenos são vassalos (Sl 2). O Grande Rei é o Senhor Universal. O Rei é soberano, mas é também benevolente. No caso de Israel, ele lhes deu a terra, favorecendo essa nação em vez de outras (Js 24.2-13). Antigos tratados sueranos exigiam um documento escrito, que deveria ser consultado periodicamente para lembrar os dois lados participantes das condições sob as quais estavam. A *lei* era o documento do pacto de Israel com Deus e devia ser revisado continuamente. Uma cópia dessa lei era colocada na arca da aliança (Êx 25.16, 21; 1Rs 8.9) para mostrar que esse documento era o poder regente por trás do acordo do divino com o humano. A arca foi colocada no tabernáculo, onde a *Presença (Shekinah)* se manifestava, portanto o Poder Divino estava sempre em controle e evidência. Periodicamente, a lei era lida ao povo (as pessoas não tinham cópias independentes e a maioria não sabia ler). Um sacerdote, um intermediário entre Deus e o homem, tinha a tarefa de ler e ensinar a lei ao povo (Dt 31.9-13). Deus era a Testemunha Divina de Israel, da mesma forma que no Oriente se considerava que os tratados eram testemunhados pelos deuses, que poderiam tomar as ações apropriadas contra os ofensores e violadores do acordo. Então, o próprio povo era testemunha para ou contra si mesmo no caso dos pactos de Israel (Js 24.22). O tratado trará bênção ou praga ao povo, dependendo de suas respostas às condições (Dt caps. 27 e 28).

TRAVESSEIRO

Há três palavras hebraicas e uma palavra grega a considerar: **1.** *Kebir* (1Sm 19.13,16). Essa palavra parece referir-se mais a um colchão fino do que mesmo a um travesseiro. Nossa versão portuguesa diz: "um tecido de pelos de cabra". **2.** *Meraashoth*, "apoio (para a cabeça)" (Gn 28.11,18). Na fuga para Arã, Jacó pôs uma pedra sob a cabeça, como "travesseiro". Literalmente, a palavra usada significa "à cabeça" ou "no tocante à cabeça". **3.** *Kesathoth*, "faixas" de algum tipo. Mas a moderna palavra hebraica para "travesseiro" ou "colchão" é essa, pelo que há uma boa possibilidade de que a antiga palavra também incluía essa ideia. Ver Ezequiel 13.18,20. Nossa versão portuguesa, entretanto, sugere algo inteiramente diferente: ... *invólucros feiticeiros para todas as articulações das mãos*... **4.** *Proskepháláion*, "travesseiro", "colchão". Ver Marcos 4.38 (sua única menção). Talvez, nesse caso, esteja em foco o coxim sobre o qual se assentava algum remador, e que o Senhor Jesus, cansado, usou como seu travesseiro.

Usos figurados. Nos sonhos e nas visões, o *travesseiro* simboliza conforto, apoio, restauração das forças e proteção.

TREINAR, TREINAMENTO

Temos duas palavras hebraicas envolvidas nesse verbete, e uma palavra grega, a saber: **1.** *Chanak*, "treinar", "dar instrução", que aparece nesse sentido, em todo o Antigo Testamento, apenas por uma vez, em Provérbios 22.6: *Ensina a criança no caminho em que deve andar, e ainda quando for velho não se desviará dele*. **2.** *Chanik*, "treinado", "instruído", palavra hebraica que também só figura por uma vez, no Antigo Testamento: Gênesis 14.14, onde se lê: *Ouvindo Abrão que seu sobrinho estava preso, fez sair trezentos e dezoito homens dos mais capazes, nascidos em sua casa, e os perseguiu até Dã*. A palavra *capazes* é a palavra em pauta. Evidentemente, eles haviam sido treinados para a guerra. **3**. *Sophronízo*, "dar mente sóbria". Paulo admoestou no sentido de que as mulheres mais jovens fossem treinadas a amar seus maridos e seus filhos, em Tito 2.4: ... *a fim de instruírem as jovens recém-casadas a amarem seus maridos e seus filhos*. Pode-se interpretar que Paulo aconselhava que as mulheres jovens deveriam ter o *bom juízo* de se dedicarem a seu lar.

TREVAS (METÁFORAS)

As palavras hebraicas e gregas envolvidas dão a entender trevas, obscuridade, nuvens, e incluem indicações metafóricas. Este verbete ocupa-se dessas metáforas. Ver também sobre *Trevas*.

1. Na narrativa do livro de Gênesis, lemos sobre as trevas primevas do mundo, uma parte da caótica condição em que estava o mundo, antes da criação da luz (Gn 1.2,3). Dentro da cosmogonia dos hebreus, a luz pertencia aos céus acima da abóbada do firmamento, enquanto que os luzeiros secundários, o sol, a lua e as estrelas, teriam sido criados para iluminar a terra, visto que *a luz* não incidia diretamente sobre a terra física. Ver o artigo sobre *Cosmogonia*, que contém uma seção especificamente dedicada à versão hebreia sobre os primórdios. **2**. *O dia e a noite* trazem a luz e as trevas em alternância, por todo o globo terrestre, porquanto apenas uma metade do globo terrestre pode ser iluminada a cada instante, e a outra metade permanece em trevas. Isso envolve certo sentido metafórico, visto que a vida de um homem é vivida em períodos alternantes de luz e trevas, do ponto de vista espiritual. Tal como Deus interveio e prolongou certo dia, para que o povo de Israel obtivesse vitória militar (Js 10.12), assim também ele pode fazer nas vidas espirituais daqueles que o buscam. **3**. O *Seol* é um lugar tenebroso (Jó 10.21,22; Sl 88.11-13), embora isso possa ser revertido, em face dos benefícios advindos da missão de Cristo (1Pe 3.18; 4.6). Não obstante, o julgamento divino é uma temível realidade, a despeito de seus efeitos remediadores. Ver os artigos separados sobre o *Hades* e sobre a *Descida de Cristo ao Hades*. **4**. As *trevas* podem ocultar coisas aos olhos dos homens; mas Deus, que vive em luz eterna, tem consciência de todas as coisas que acontecem, que já aconteceram e que ainda jazem no futuro (Sl 139.11,12). **5**. *Vários estados emocionais* são simbolizados pelas trevas, como a tristeza (Is 5.30; 9.1), a lamentação (Is 47.5), a perplexidade (Jó 5.14), a ignorância (Jó 12.24,25; Mt 4.16) e o cativeiro (Ez 34.12). **6**. Declarações secretas seriam ditas *às escuras* (Mt 10.27). **7**. O julgamento e o terror são comparados às trevas (Am 5.18). **8**. Os campos da ignorância espiritual, do pecado, da impiedade e das forças demoníacas são coletivamente referidos como as trevas ou como o reino das trevas (Is 9.1; 42.7; Jo 1.4,5). Os homens maus amam essa esfera tenebrosa (Jo 3.19,20). **9**. Os homens não-regenerados são chamados *trevas* (Ef 5.8)., o que também é aplicado aos espíritos malignos (Ef 6.11,12). **10**. O lugar do julgamento final também recebe essa caracterização (Mt 8.12 e 22.13). **11**. O crente pode estar andando em trevas, mas isso macula e prejudica enormemente o seu caráter, pondo sua alma em perigo (1Jo 1.6). **12**. Deus habita no lugar das espessas nuvens, o que indica que ele vive oculto do escrutínio humano (Êx 20.18; 1Rs 8.12). **13**. Há a *sombra da morte* (Sl 23.4). Porquanto a morte leva os homens a lugares misteriosos, e também porque há um certo terror que cerca a questão, e que obscurece as mentes dos homens. Nas experiências de quase-morte, um dos primeiros estágios ocorre quando a pessoa penetra em uma condição de trevas, por algum tempo, passando por uma espécie de corredor ou vale, totalmente tenebroso. Então aparece uma luz no extremo oposto, na direção da qual a pessoa se precipita. As pessoas que têm estudado a questão pensam que o trecho de Salmo

23.4 alude a esse aspecto da experiência da morte. É possível que assim seja, embora esse particular talvez não seja a coisa primária em foco. O romper do fio de prata (Ec 12.6), por igual modo, mui provavelmente é um outro aspecto dessa mesma experiência. Ver os artigos separados sobre *Experiência Perto da Morte* e sobre o *Fio de Prata*. **14**. O pecado, a depravação humana (Jo 3.19,20). **15**. O reinado do anticristo (Ap 6.10). **16**. O lugar do julgamento eterno (Jz 6.13).

Quanto a um contraste com essas ideias, ver o artigo *Luz, Metáfora da*.

TREZE, TRINTA. Ver sobre *Número*.

TRIBO (TRIBOS DE ISRAEL)

I. TERMOS EMPREGADOS. No hebraico, *matteh* (tribo, cajado, vara). Um grupo de pessoas sob uma vara comum, ou sob um fator regente (Êx 31.27, Hc 3.9) (cerca de 60 usos); *Shebet*, que também tem o significado de *vara* ou *cetro* (Gn 49.16; Zc 9.1) (cerca de 35 usos).

No grego, *fule*, uma tribo. O termo geral para qualquer tipo de tribo, que tem o significado básico de "rebento", aplicado a plantas, animais e pessoas. Rebentos têm uma natureza de parentesco com aqueles dos quais derivam, assim o termo pode significar um clã, uma tribo ou pessoas. A forma verbal é *fuo*, ou "gerar" (Mt 19.28; At 13.21) (cerca de 30 usos).

No latim, *tribus*, relacionado a *tributum*, divisão ou porção, assim um povo que tem uma divisão, território ou origem comum. A forma verbal é *tribuere*, dar, ceder, dividir. A palavra portuguesa, obviamente, deriva dessa raiz latina.

II. CARACTERIZAÇÃO GERAL. As tradições primitivas indicam uma descendência tribal de 12 filhos de Jacó, embora as listas da Bíblia das tribos nem sempre estejam em concordância com números e nomes específicos. (Ver Gn 29-35 para os nascimentos dos 12 filhos de Jacó). As listas são organizadas sob suas respectivas mães, portanto temos:

- Lia (*Leia*): Rúben, Simeão; Levi; Judá; Issacar e Zebulom.
- Raquel: José e Benjamim.
- Bila (concubina de Jacó, serva de Raquel): Dã e Naftali.
- Zilpa: (concubina de Jacó, serva de Lia): Gade e Aser.

O número tradicional 12 torna-se 13 quando José é eliminado como tribo e seus *dois filhos*, Manassés e Efraim, tornam-se líderes de *duas tribos*. Então Levi deixa de ser uma tribo e torna-se casta sacerdotal, levando o número de tribos de volta a 12. As tribos foram desenvolvidas, de forma preliminar, enquanto Israel estava no Egito, antes do êxodo (ver Êx 1.1-7). A família original de Jacó fugiu para aquele local a fim de escapar da fome e lá permaneceu por desejo próprio a princípio, e então forçosamente pelos egípcios. Moisés foi criado para livrar uma nação já desenvolvida de cerca de 6 milhões de pessoas. O êxodo montou o palco para a posse da Terra Prometida.

O povo unido, após quarenta anos de vagueação, tomou posse da Terra e, assim, cumpriu com uma grande provisão do Pacto Abraâmico. (Ver Gn 15.18 no *Antigo Testamento Interpretado* para uma descrição detalhada desse pacto). Ver o artigo *Pactos* na *Enciclopédia de Bíblia Teologia e Filosofia*.

Várias listas diferem no tangente aos nomes e números das tribos. Nas bênçãos paternas e patriarcais de Jacó para seus filhos, o número já sobe a 13 (potencialmente), quando Manassés e Efraim são "adotados" como filhos de Jacó, multiplicando a única tribo de José em duas (Gn 48.8-20). Na Canção de Débora, Judá e Gade estão ausentes, enquanto Maquir, filho de Manassés, toma seu lugar (Js 17.1; Jz 5). Em Apocalipse 7, os nomes das tribos são: Judá; Rúben; Gade; Aser; Naftali; Manassés; Simeão; Levi; Issacar, Zebulom; José; Benjamim. Dã e Efraim são deixados de fora da lista, e José entra como se fosse o líder de uma tribo, enquanto seu filho, Manassés, é o líder de outra. Há várias manipulações das interpretações para tentar explicar esse "novo arranjo", nenhuma delas satisfatória. Ver a exposição sobre a questão no *Novo Testamento Interpretado* no texto mencionado.

Josué e Juízes preservam as tradições relativas ao desenvolvimento inicial das tribos, incluindo suas divisões territoriais e esforços para obter a supremacia na Terra Prometida. Sabemos que a conquista não foi verdadeiramente plena até Davi, que com sua habilidade como rei guerreiro foi capaz de aniquilar ou confinar os inimigos tradicionais de Israel, as sete pequenas nações da Palestina (ver 2Sm 5.17-25; 8.10; 12.26, 21; 21.15-22; 1Cr 18.1).

Salomão assumiu o império unido de seu pai, Davi, e levou Israel à *época áurea*. Mas, para manter isso, teve de empregar trabalho escravo e cobrou impostos muito pesados.

Reoboão, seu filho, não tendo a sabedoria do pai, mas continuando com o trabalho escravo e altos impostos (que ele conseguiu aumentar ainda mais, como os políticos sempre fazem), enfureceu as tribos do norte, que se dividiram sob a liderança de Jeroboão.

Em 722 a.C., os assírios conquistaram as tribos do norte e levaram a maioria dos sobreviventes à Assíria naquilo que é chamado de *cativeiro assírio* (ver o artigo). Os poucos israelitas que permaneceram na terra misturaram-se com povos que os assírios enviaram para dominar o território, e seus descendentes foram os *samaritanos* (ver a respeito).

Embora os babilônios tenham destruído a tribo do sul (*Judá*, que absorveu Benjamim) e levado a maioria dos cidadãos para a Babilônia (o *cativeiro babilônico*, c. 596 a.C.), houve então o retorno de alguns a Jerusalém para começar tudo de novo. Foi nesse tempo que Judá se tornou Israel.

III. ORIGEM. Sob a seção II, *Caracterização Geral*, vimos alguns dos conceitos de origem. Junto com isso, foi fornecida uma descrição do desenvolvimento. Os liberais e críticos logicamente acreditam que as origens das tribos de Israel são obscurecidas pelas nuvens da antiguidade quando havia mais lendas inventadas para explicar as coisas do que história real. Eles acreditavam que os patriarcas eram personificações do início das tribos. O leitor pode ver detalhes sobre o desenvolvimento tribal ao consultar os artigos sobre cada tribo individualmente.

Esboço das origens e desenvolvimento

1. Abraão, chamado de Ur (do território do Iraque moderno), assumiu a vida nômade, mas entrou na Terra Prometida e fez conhecida a presença de sua família ali. Naquela época, o pacto de *Yahweh* com Abraão e seus descendentes montou o palco para o desenvolvimento posterior das tribos e da nação. Ver o artigo *Pactos* neste *Dicionário*. No *Antigo Testamento Interpretado*, ver a descrição detalhada sobre o *Pacto Abraâmico* em Gênesis 15.18.

2. Jacó, neto de Abraão, teve com quatro mulheres diferentes doze filhos, os quais receberam a bênção paternal e patriarcal que os tornou os potenciais líderes das tribos.

3. A fome forçou a família de Jacó ao Egito e foi ali, durante cerca de quatrocentos anos, que Israel se desenvolveu e se transformou em nação, habitando Gósen, uma província do Egito. A Bíblia hebraica estabelece essa época em 430 anos, mas a Septuaginta em apenas 215. (Ver Êx 12.40; At 7.6 e Gl 3.17). Muitos críticos optam pelo período menor, e a questão continua controversa.

4. A libertação de Israel do Egito (o *êxodo*, ver o artigo) definiu o palco para a eventual divisão tribal na Terra Prometida. A época foi por volta de 1450 a.C. Devemos entender que as tribos já estavam essencialmente desenvolvidas, mesmo em suas vagueações pelo deserto, e que essa organização foi consolidada na distribuição da terra sob Josué.

5. Josué caps. 13-19 descreve as *divisões tribais*. Foi Josué quem deu ao sistema tribal dos israelitas sua forma fixa, impondo o elemento do acordo para a fixação de terras específicas entre as diversas tribos (Js 24.1-28). A época foi em torno de 1365 a.C.

6. Localizações das tribos. Para isso, ver o artigo chamado *Tribos, Localização dos*.

IV. DESENVOLVIMENTO POSTERIOR. As tribos precisavam de liderança, e essa liderança coube aos *anciãos*. Eles eram os regentes dos clãs individuais, das cidades e das tribos individuais. Algumas tribos dominavam sobre outras, e a maré do poder mudava com o passar dos anos. Efraim e Judá emergiram com particular poder e, quando as tribos se dividiram em duas nações, tornaram-se os líderes de cada parte.

Anfictionia. Esta é a palavra grega que passou a ser usada posteriormente para indicar a liga das cidades-estados, algo preliminar a verdadeiras nações. Isso, sem dúvida, caracterizou a organização primitiva das tribos israelitas, pois sabemos que na época dos juízes não havia um governo central firme. De fato, na época dos juízes, as coisas entraram em grande confusão. *Naqueles dias, não havia rei em Israel; cada um fazia o que achava mais reto* (Jz 21.25).

Silo, chefe do santuário nacional onde a arca da aliança ficou estacionada por muito tempo, teve algum efeito unificador, mas havia muitos santuários locais, o que tendia a dividir em vez de unificar o povo. Juízes 19-21, contando-nos sobre o conflito de Benjamim com o resto de Israel e a rigidez da "lealdade tribal", demonstra a marcante desunião das tribos e a falta de uma verdadeira identificação nacional. Ver também Juízes 5.23, onde Naftali se recusa a ajudar uma causa nacional. A falta de união era um tipo de traição da suposta unidade nacional sob *Yahweh*, o Rei Celeste.

Silo foi destruído: o principal santuário nacional acabara; o povo estava sendo forçado a unir-se sob um *rei*, imitando as outras nações. O último juiz, Samuel, ungiu Saul como rei, mas Israel ainda não estava unida. Foi necessário o poder militar de Davi para ocasionar uma verdadeira união nacional. Assim, o antigo arranjo da *Anfictionia* havia acabado. A ideia era unir as tribos ao redor de cultos divinos centrais e Davi fez isso ao trazer a arca da aliança a Jerusalém e ao estabelecer seu tabernáculo ali. Mas Israel foi além do arranjo frouxo tribal da Anfictionia e uniu-se ao redor de uma capital, Jerusalém, e de um rei. Salomão, seu filho, levou o reino unido à sua época áurea, em termos econômicos, culturais e militares. Uma grande expansão territorial também estava envolvida na revolução de Davi e de Salomão.

Reboão, através de seu louco egoísmo e ganância, fez com que a maré de grandeza fluísse para longe de Israel, acabando como rei apenas das duas tribos do sul, que passaram a ser chamadas de *Judá*, em contraste com *Israel* (as dez tribos do norte). Os invasores assírios e o cativeiro deram fim às dez tribos (722 a.C.).

A invasão e o cativeiro babilônico reduziram Judá a praticamente nada, mas o retorno de um remanescente do cativeiro e a construção do segundo templo fizeram com que Judá se transformasse em toda a Israel. É por isso que os *judeus* modernos são assim chamados: eles são todos descendentes do povo de Judá, que voltou a Jerusalém por volta de 430 a.C.

A *Israel idealizada* de Ezequiel, presumivelmente profético dos últimos dias após a Grande Restauração, coloca todas as tribos ao oeste do Jordão, eliminando a *Transjordânia* (ver o artigo) por motivos desconhecidos. (Ver Ez 47.13-48.29).

V. NO NOVO TESTAMENTO. Os judeus da época de Jesus descendiam, quase completamente, da tribo de Judá. É provável que alguns representantes das dez tribos pudessem ser encontrados. Essas pessoas tinham forte mistura com povos vizinhos, mas haviam conseguido reter sua identidade nacional. Constantemente sob domínio estrangeiro, exceto por períodos relativamente curtos de liberação que os macabeus (ver o artigo) trouxeram, as identidades tribais antigas foram perdidas e Israel tornou-se província dos poderes estrangeiros. Ver *Israel, História de* para maiores detalhes. No Novo Testamento, com Israel sob refrigeração celestial, no aguardo de outra restauração nos últimos dias (Rm 11.25, 26), surge a Nova Israel (a igreja). O termo *doze tribos* fala da igreja como o povo de Deus (Tg 1.1); ou de toda a Israel, coletivamente, embora as distinções tribais tenham deixado de existir (At 26.7); ou da escatologia de Israel (Mt 19.28; Lc 22.30; Ap 7.4; 21.12). A lista das tribos (cap. 7) de Apocalipse (deixando fora Dã e Efraim, mas tornando José um líder tribal) é interpretada por alguns como referente à Israel restaurada nos dias de tribulação, mas por outros como símbolo da igreja cristã.

TRIBOS, LOCALIZAÇÃO DAS

I. HISTÓRIA E FONTES DE INFORMAÇÃO. A existência de outros artigos relacionados a este assunto permite a apresentação de um tratamento breve aqui. Ver os seguintes: *Israel, História de*; *Israel, Constituição de*; *Transjordânia*; *Tribo* (*Tribos de Israel*).

As fontes de nossas informações sobre a questão das divisões e localizações tribais são Josué 13-21; 1Crônicas 4.24-5.26; 6.54-81 e 7 e 8. As localizações originais foram modificadas pelos acontecimentos históricos, como a tribo de Dã mudando para o norte e Benjamim sendo absorvido por Judá. Os cativeiros assírio e babilônico também trouxeram mudanças territoriais, como o domínio de poderes estrangeiros posteriores da Terra.

II. TRIBOS DA TRANSJORDÂNIA. Para maiores informações sobre as tribos "do outro lado" do Jordão (Rúben, Gade e a meia tribo de Manassés), ver o artigo separado sobre a *Transjordânia*. Com base em Juízes 12.4, compreendemos que alguns membros da tribo de *Efraim* infiltraram-se nos territórios do outro lado do Jordão, tirando vantagem das áreas florestais e férteis ao norte do rio Jaboque, não longe de Zafom (ver Jz 12.1).

III. TRIBOS SEM FRONTEIRAS DEFINIDAS DECLARADAS

1. Simeão (Js 19.1-9; 1Cr 4.28-33). Essa tribo estendia-se a uma distância desconhecida ao sul, em direção ao Egito, sendo a tribo mais sulista de Israel. Foi bloqueada ao mar Mediterrâneo por Judá, que formava sua fronteira norte. O mar Morto formava sua fronteira oeste. Após a época de Davi, essa tribo aparentemente se dispersou, de forma que às vezes as cidades de seu território são citadas como pertencentes a Judá (ver Js 15.21-62). Ver também 1Cr 4.34-43).

2. Issacar (Js 19.17-23). Essa tribo, do norte de Israel, ficava a sudeste de Zebulom e ao sul de Naftali e tinha sua fronteira sul localizada em Manassés, da Cisjordânia. Várias de suas cidades são mencionadas e podem ser localizadas, mas não com fronteiras definidas. Isso é sem dúvida verdade pelo fato de as antigas fronteiras serem demarcadas por algum tipo de marco natural e pelas localizações das cidades, não de acordo com marcos latitudinais e longitudinais existentes hoje. Assim, no sentido limitado, nenhuma das tribos de Israel tinha fronteiras definidas.

3. Dã (Js 19.40-48; Jz 18.27-29). Esta tribo originalmente ficava a noroeste de Efraim, a oeste de Benjamim, a norte de Judá, confinada pelo mar Mediterrâneo. Em um período posterior, a maioria (mas provavelmente não todos) dos membros dessa tribo foi ao norte para dominar a terra de um povo indefeso (Js 19.47). Grande parte de seu antigo território voltou ao domínio de outras tribos de Israel, especialmente Judá. A Dã "do norte" localizava-se no topo da tribo de Naftali, que formava sua fronteira oeste. A meia tribo de Manassés formava suas fronteiras leste e sul, mas não há como desenhar fronteiras exatas.

IV. JUDÁ. Esta tribo (Js 15) tinha fronteiras mais estabelecidas do que outras, tendo o mar Mediterrâneo como limite oeste, o mar Morto a leste, e as tribos de Dã e Benjamim ao norte. Simeão ficava na fronteira sul, mas não existiam linhas exatas. A longo prazo, Judá absorveu as terras do sul que haviam pertencido a Simeão. Judá era uma tribo de expansão. Também dominou Benjamim e finalmente, como uma tribo ampliada, tornou-se a Nova Israel após a destruição e o cativeiro do reino do norte. Depois do cativeiro babilônico, de forma muito reduzida, também foi a Nova Israel de outro período.

V. As Tribos Centrais

1. Efraim (Js 16). Esta tribo tinha como fronteira leste o rio Jordão, norte a tribo de Manassés, oeste Dã, e sul Benjamim. Muitas de suas cidades foram localizadas com precisão, mas, exceto por sua fronteira leste (o Jordão), suas fronteiras não podem ser definidas com certeza absoluta. Era uma terra montanhosa, o que a tornava uma área de mais difícil sobrevivência, mas essa era uma defesa natural para a região em épocas de invasões estrangeiras. Havia florestas densas, o que significava que era pouco habitada (Js 17.15). A longo prazo, tornou-se o mais poderoso dos reinos do norte, e seu nome poderia significar norte, como uma nação.

2. Manassés (Js 17.1-13) da Cisjordânia (o lado leste do Jordão), tinha o rio Jordão como fronteira oeste, o mar Mediterrâneo como fronteira leste, Efraim ao sul, e Aser, Zebulom e Issacar ao norte. Muitas das cidades bíblicas mencionadas como associadas a essa tribo foram localizadas.

3. Benjamim (Js 18.11-28) também ocupava uma posição central em Israel, tendo o rio Jordão como fronteira leste, o mar Morto como parte de sua extremidade sul, e Judá ocupando o restante da fronteira. Dã estava ao oeste, e Efraim ao norte. Foi uma das duas tribos originais de Judá (o reino do sul), mas a longo prazo acabou sendo absorvida por Judá.

VI. As Tribos do Norte

1. Zebulom (Js 19.10-16) era uma tribo presa à terra, não chegando a encostar no rio Jordão nem no mar Mediterrâneo. Tinha em sua fronteira leste Naftali e Issacar. Este último também formava sua fronteira norte. Aser ficava a oeste dali, enquanto Issacar ficava a nordeste. Parte de Manassés ocupava sua fronteira sul. A maioria de suas cidades foi identificada, mas é impossível localizar fronteiras absolutas, já que não havia características geográficas que a confinassem, exceto pelo monte Tabor, ao sul, que era, contudo, apenas um ponto "no meio do nada" naquela direção.

2. Aser (Js 19.24-29) tinha sua fronteira oeste definida pelo mar Mediterrâneo. Em sua fronteira sudoeste inferior, ficava Manassés; Zebulom era parte de sua fronteira leste, como também Naftali. A Fenícia ficava em sua fronteira norte. Sua delineação exata não pode ser determinada, sendo que muitas de suas cidades não foram identificadas pela arqueologia moderna nem por referências literárias.

3. Naftali (Js 19.32-34) tinha sua fronteira norte limitada pela Fenícia, a do leste, no topo, com Dã transferida; o rio Jordão formava sua fronteira leste, com um toque da meia tribo de Manassés, na Transjordânia. Muitas de suas cidades foram identificadas pela arqueologia (assim são conhecidas suas fronteiras essenciais).

4. A tribo de transferência, Dã, formava uma parte do norte, em períodos posteriores, e essa tribo é discutida sob o ponto III.3.

5. Issacar era uma tribo do norte. Ela é discutida sob III.2.

VII. Cidades Levíticas

Levi deixou de ser uma tribo logo no início e tornou-se casta de sacerdotes. (Ver Js 21.1-42 e 1Cr 6.54-81 com diferenças consideráveis que provavelmente refletem as situações de épocas diferentes). Além disso, nomes alternativos podem confundir o assunto. Havia 48 cidades divididas entre as doze tribos. Ver o artigo separado sobre *Levitas, Cidades dos*, onde são dadas informações completas.

TRIBULAÇÃO

Há duas palavras hebraicas e duas palavras gregas que devemos considerar quanto a esse assunto, a saber: **1**. *Tsar*, "aflição", "estreiteza". Essa palavra hebraica aparece por 25 vezes com o sentido de "tribulação" (conforme se vê, por exemplo, em Dt 4.30; 2Cr 15.4; Jó. 15.24; 38.23; Sl 32.7; 59.16; 60.11; 66.14; 102.2; 107.6,13,19,28; 119.143; Is 26.16). **2**. *Tsarah*, "aflição", "estreiteza". Vocábulo hebraico que é usado por 71 vezes (conforme se vê, por exemplo, em Jz 10.14; 1Sm 10.19; 26.24; Dt 31.17,21; 2Rs 19.3; Ne 9.27; Jó 5.19; 27.9; Sl 9.9; 10.1; 25.17,22; 34.6,17; 37.39; 46.1; 50.15; 77.2; 78.49; 86.7; 138.7; Pv 11.8; 12.13; 21.23; 25.19; Is 8.22; 30.6; 33.2; 37.3; 46.7; 65.15; Jr 14.8; 30.7; Dn 12.1; Na 1.7; Hc 3.16; Sf 1.15). **3**. *Thlíbo*, "pressionar", "oprimir", "atribular". Verbo grego que é utilizado por dez vezes (Mt 7.14; Mc 3.9; 2Co 1.6; 4.8; 7.5; 1Ts 4.5; 2Ts 1.6,7; 1Tm 5.10 e Hb 11.37). **4**. *Thlípsis*, "pressão", "opressão", "tribulação". Palavra grega que aparece por 45 vezes (Mt 13.21; 24.9,21,29; Mc 4.17; 13.19,24; Jo 16.21,33; At 6.10,11; 11.19; 14.22; 20.23; Rm 2.9; 5.3; 8.35; 12.12; 1Co 7.28; 2Co 1.4,8; 2.4; 4.17; 6.4; 7.4; 8.2,13; Ef 3.13; Fp 1.17; 4.14; Cl 1.24; 1Ts 1.6; 3.3,7; 2Ts 1.4,6; Hb 10.33; Tg 1.27; Ap 1.9; 2.9,10,22; 7.14).

Geralmente falando, nas páginas da Bíblia, a tribulação consiste em aflição causada por alguém, que pressiona a outrem. É mister distinguir claramente qual o causador e qual a vítima, nos casos de tribulação.

1. Tribulação como Juízo Divino. Além da tribulação causada por um ser humano contra outro, há também o fato de que Deus pode afligir o seu povo, por motivo da infidelidade dele. Caso o povo de Israel viesse a pecar, conforme tinham feito as nações que Deus expulsara dali, ele também seria expulso e disperso entre as nações. No entanto, Deus prometeu que mudaria essa condição, dizendo: *Quando estiveres em angústia, e todas estas cousas te sobrevierem nos últimos dias, e te voltares para o Senhor teu Deus, e lhe atenderes a voz, então o Senhor teu Deus não te desamparará, porquanto é Deus misericordioso, nem te destruirá, nem se esquecerá da aliança que jurou a teus pais* (Dt 4.30,31). Por semelhante modo, quando ocorreu o exílio babilônico, o autor do livro de Lamentações observou: *Edificou contra mim, e me cercou de veneno e de dor* (Lm 3.5).

2. Tribulação como Testemunho. O mundo incrédulo, por outro lado, pode oprimir o povo de Deus, por causa do testemunho infiel destes últimos. No dizer do Senhor Jesus, todo aquele que não tem raiz em si mesmo, não demora a tombar no caminho. (Ver Mt 13.21). E o Senhor Jesus também disse: *No mundo passais por aflições, mas tende bom animo, eu venci o mundo* (Jo 16.33). Por causa dele, ... *somos entregues à morte continuamente, somos considerados como ovelhas para o matadouro* (Sl 44.22). Apesar de tudo, coisa alguma — incluindo tribulação, aflição ou perseguição — pode separar o verdadeiro crente do amor de Deus (ver Rm 8.35-39). Por essa exata razão, os crentes são ... *pacientes na tribulação...* (Rm 12.12). O apóstolo João, na ilha de Patmos, compartilhou ... *na tribulação, no reino e na perseverança, em Jesus...* (Ap 1.9). Depois que Paulo foi apredrejado e dado como morto em Listra, ele voltou a exortar aos discípulos como segue: ... *através de muitas tribulações, nos importa entrar no reino de Deus* (At 14.22).

3. A "Grande Tribulação". Relembrando O trecho de Daniel 12.2, o Senhor Jesus predisse que haverá uma ... *grande tribulação, como desde o princípio do mundo até agora não tem havido, e nem haverá jamais* (Mt 24.21). Isso incluirá os sofrimentos mais intensos para o povo de Deus, causados pelas forças do anticristo. Aos discípulos, no monte das Oliveiras, declarou Jesus: *Então sereis atribulados, e vos matarão. Sereis odiados, e todas as nações, por causa do meu nome* (Mt 24.9). Contudo, durante esse período também haverá atos interventores de Deus, que derramará de sua justa indignação contra os ímpios. *Logo em seguida à tribulação daqueles dias, o sol escurecerá, a lua não dará a sua claridade, as estrelas cairão do firmamento e os poderes dos céus serão abalados* (Mt 24.29). Essas manifestações da ira divina são detalhadamente descritas nos capítulos sexto a décimo nono do livro de Apocalipse. Dentre essa "grande tribulação" sairá uma imensa multidão de mártires, que será vista de pé, diante do trono do Cordeiro (ver Ap 7.14).

No tocante à identidade do povo de Deus, os dias da "grande tribulação" e do arrebatamento, os teólogos emitem diferentes opiniões. Os pré-tribulacionistas opinam que a igreja de Deus será arrebatada antes da Grande Tribulação. Nesse caso, o "povo de Deus" compor-se-á dos membros da nação judaica restaurada. Os meios tribulacionistas, por sua vez, pensam que a igreja haverá de ficar neste mundo até a metade da tribulação, quando então os crentes serão arrebatados, escapando assim da Grande Tribulação. Nesse segundo caso, o "povo de Deus" também compor-se-á dos membros da nação judaica restaurada. E os pós-tribulacionistas preferem pensar que a igreja ficará na terra até o fim da Grande Tribulação, após o que os crentes serão arrebatados. Nesse último caso, o "povo de Deus" consistirá, como sempre, de todos os convertidos, quer de Israel, quer das nações gentílicas. Ver Gálatas 3.28, que diz: *Destarte não pode haver judeu nem grego... porque todos vós sois um em Cristo Jesus.*

TRIBUNAIS DE JUSTIÇA

Nos dias do Antigo Testamento, os casos de disputa eram julgados usualmente em espaço aberto, geralmente em alguma praça, perto de um dos portões da cidade. Porém, Salomão construiu o átrio de julgamento, uma área do templo de Jerusalém. A partir de então, casos importantes de julgamento começaram a ser associados a esse templo. Ali funcionava uma espécie de tribunal superior, onde eram ouvidos os casos mais graves.

Sabemos que no Egito e na Mesopotâmia havia tribunais especiais ou salas de audiência. Mas, com frequência, o mercado do fórum era o lugar onde funcionava o tribunal. Um lugar favorito era o mercado que ficava fronteiro ao portão principal da cidade. Há referência a tal arranjo em Gênesis 19.1, onde se lê: *Ao anoitecer, vieram os dois anjos a Sodoma, a cuja entrada estava Ló assentado.* Foi ali que lhe vieram ao encontro os dois mensageiros celestes, aos quais ele convidou para irem à sua casa. Essa referência, provavelmente, indica que Ló ocupava funções judiciais em Sodoma. Alusões posteriores aos portões de alguma cidade, como lugares de julgamento, são Deuteronômio 16.18; 21.19 e 25.7. Juízes e oficiais eram nomeados, a fim de exercerem funções judiciais.

Após o êxodo, Moisés recebeu o poder de julgar. Mas também nomeou ajudantes (Êx 18.17-26). Esses chefiavam esquadrões de dez soldados; ou então eram capitães ou dirigentes de unidades ainda maiores. Moisés reservou para si mesmo os casos mais difíceis e importantes. Nos períodos dos juízes, encontramos juízes que também eram líderes militares e governantes. (Ver Jz 4.5). Os reis acabaram ocupando-se dessas funções. Davi encabeçava um tribunal em sua corte, a fim de julgar a nação inteira de Israel (2Sm 15.2), no que foi imitado por Salomão (1Rs 3.9). À medida que foi crescendo a nação de Israel, mais assistentes se foram tornando necessários. Assim lemos que Davi nomeou seis mil homens, dentre os levitas, para servirem como oficiais e juízes nos tribunais secundários. (Ver 1Cr 23.4 e 26.29).

Nos tempos do Novo Testamento tornou-se clara a influência greco-romana sobre a cultura judaica, pelo menos nas cidades maiores. Tribunais tornaram-se comuns. Mas, nas cidades gregas, como em Filipos, os casos que envolviam crimes continuaram sendo julgados ao ar livre, no *agorá* ou mercado, de acordo com um antiquíssimo costume dos gregos, onde havia um lugar reservado para os julgamentos. Em Corinto, Paulo foi levado à presença de Gálio, ao *bema* ou tribunal (At 18.12-17). Os lugares de julgamento vieram a ser conhecidos como *agoraioi*. (Ver At 19.38). Nos tempos do Novo Testamento, os advogados representavam uma profissão que se vinha desenvolvendo desde o período grego anterior. Havia tanto aqueles que eram especialistas na lei judaica (Lc 2.46, no grego, *nomikoi*), como aqueles que se ocupavam com as leis civis (Tt 3.13). Na época da dominação romana, os israelitas receberam permissão para cuidar de suas próprias questões judiciais, incluindo casos criminosos que não envolvessem a punição capital (Jo 18.31,32), com restrições ocasionalmente relaxadas. Os cidadãos romanos tinham o direito de serem ouvidos diante do próprio César (At 25.11,12). Ver os artigos sobre *Apelo* e *Apelo de Paulo a César.* (VA Z)

TRIBUTO
I. Palavras Empregadas

Hebraico: **1**. *mas*, tributo, carga de impostos, com cerca de vinte ocorrências no Antigo Testamento. Exemplos: (Gn 49.15; Dt 20.11; Js 16.10; Et 10.1; Pv 12.24). **2**. *massa*, carga, tributo, com duas ocorrências no Antigo Testamento (2Cr 17.11; Ne 10.31). **3**. *missah*, carga, tributo, com uma ocorrência no Antigo Testamento (Dt 16.10). **4**. *belo*, imposto alfandegário, tributo (com três ocorrências: Ed 4.13, 10; 7.24). **5**. *mekes*, tributo (com seis ocorrências: Nm 31.28, 37-40). **6**. *middah*, tributo, imposto, coisa medida (com três ocorrências: Ed 4.20; 6.8; Ne 5.4). **7**. *onesh*, multa, confisco, punição, com uma ocorrência: (2Rs 23.33). **Grego**: **1**. *phoros*, tributo, taxa, carga, com quatro ocorrências no Novo Testamento (Lc 20.22; 23.2; Rm 13.6, 7). **2**. *kensos*, taxa de recenseamento, com quatro ocorrências no Novo Testamento (Mt 17.25; 22.17, 19; Mc 12.14). **3**. *didrachmon*, dracma dupla, um tributo, com duas ocorrências no Novo Testamento (Mt 17.24). **Latim**: *Tribuere*, dar; *tributum*, um pagamento, imposto cobrado, responsabilidade.

II. Definições. As palavras acima demonstram a variedade de formas pelas quais o conceito de imposto, tributo, doação etc. pode ser aplicado ou cobrado. A maioria das palavras contém a ideia de algum tipo de contribuição compulsória que um poder mais alto impõe a um mais baixo, ou que um conquistador exige do conquistado, ou uma ameaça para fazer algo pior se uma pessoa ou uma nação não pagar, a incluir os impostos simples mas desagradáveis que os governos exigem que você pague, presumivelmente para *seu* bem. Ver o artigo separado sobre *Taxa, Taxação.*

III. Observações Bíblicas
1. Antigo Testamento

a. Um dos filhos de Jacó teve de pagar uma taxa para conseguir favores no Egito (Gn 43.11, 12). *b*. Yahweh cobrou sua parte, forçosamente, para o financiamento do ministério (Nm 31.28). *c*. Certos juízes eram forçados a contribuir com as autoridades (Jz 3.15-18). *d*. Israel tinha de pagar pesados impostos aos seus próprios governantes (1Sm 8.10-18). *e*. Além de impostos, as pessoas tinham de oferecer presentes aos regentes para *comprar* favores (1Sm 10.27). *f*. Quando tinha poder de fazê-lo, Israel cobrava pesados tributos dos poderes estrangeiros conquistados (2Sm 8.6); muitas nações foram submetidas por Salomão ao pagamento de tributos (1Rs 4.21); Acaz exigiu um tributo de Moabe (2Rs 3.4, 5); Josafá taxou os filisteus e os árabes (2Cr 17.11); Uzias cobrou impostos dos amonitas (2Cr 26.8). *g*. Poderes estrangeiros colocaram Israel e Judá sob tributo (2Rs 12.17, 18; 16.5-9; 17.3; 18.13-16; 20.12-15; 23.33-35). A Babilônia, por fim, assumiu o que sobrava da riqueza de Judá (2Rs 25).

2. Novo Testamento

a. Um imposto individual, *tributum capitis* (o imposto por cabeça), era exigido de todos os cidadãos judeus pelos romanos (Mt 22.17, 19; Mc 12.13-17). Esse imposto incluía impostos sobre propriedade. *b*. Os cristãos estão sob obrigação de pagar impostos ao governo (Rm 13.6, 7). *c*. Um imposto de templo era exigido de todos os homens judeus (Mt 17.24, 25).

Após o templo de Jerusalém ter sido nivelado pelos romanos, eles continuaram a coletar esse imposto para custear o templo de Júpiter Capitolinus, em Roma.

O governo romano cobrava um *tributum soli* sobre as províncias e o *tributum capitis*, um imposto sobre indivíduos.

TRIGO

1. As Palavras Usadas. No hebraico, *chittah*, palavra que é empregada por trinta vezes nas páginas do Antigo Testamento (Gn 30.14; Êx 9.32; 29.2; 34.22; Dt 8.8; 32.14; Jz 6.11; 15.1; Rt 2.23; 1Sm 6.13; 12.17; 2Sm 4.6; 17.28; 1Rs 5.11; 1Cr 21.20,23; 2Cr 2.10,15; 26.5; Jó 31.40, Sl 81.16; 147.14; Ct 7.2; Is 28.25; Jr 12.13; 41.8; Ez 4.9; 27.17; 45.13 Jl 1.11). E também *chitin*, que aparece somente por duas vezes, em Esdras 6.9 e 7.22. No grego, *sítos*, um vocábulo que encontramos por doze vezes no Novo Testamento (Mt 3.12; 13.25,29,30; Lc 3.17; 16.7; 22.31; Jo 12.24; At 27.38; 1Co 15.37; Ap 6.6 e 18.13).

2. Colheita Importante. Uma importantíssima colheita nos tempos bíblicos, conforme já seria fácil de imaginar, o trigo aparece em várias passagens bíblicas notáveis. Para exemplificar, salientamos aquela instância em que Gideão estava malhando o trigo quando o Senhor o chamou para ser um dos mais notáveis e bem-sucedidos juízes de Israel (ver Jz 6.11). Rute, a viúva moabita de um israelita, chegou em Belém no tempo exato (ver Rt 2.23) para respigar trigo suficiente para as suas necessidades, por bondade de Boás. Ornã estava malhando o trigo (ver 1Cr 21.20) quando viu um anjo. O Senhor Jesus também nos dá um quadro sobre o arrebatamento dos salvos, quando o "trigo" tiver de ser recolhido (Lc 3.17). E o Senhor também usa o trigo para nos ensinar a necessidade de morrermos para o nosso próprio "eu", em João 12.24: *Se o grão de trigo, caindo na terra, não morrer, fica ele só; mas se morrer, produz muito fruto.*

3. Nomes Científicos. O nome *científico* do trigo é *Triticum aestivum*. Também existe o *Triticum compostium*, ou trigo barbado, com várias espigas de trigo no mesmo pedúnculo. Também existe o trigo egípcio, cujo nome científico é *Triticum tungidum*; o *Triticum monoccum*, que é o trigo de um grão; e o *Triticum dicoccoides*, ou trigo selvagem.

Certo pesquisador encontrou apenas duas variedades de trigo medrando na Palestina. Cientificamente essas variedades chamam-se *Triticum durum zenati x Bonterli* e o *Triticum vulgare Florence x aurore*.

Quando os israelitas se estabeleceram na Palestina, tornaram-se grandes agricultores, e passaram a produzir vastas quantidades de trigo, grande parte do qual exportavam para outros países. Uma boa parte dessas exportações seguia por via marítima para Tiro (ver Am 8.5), como também para outros portos às margens do mar Mediterrâneo. Entretanto, alguns estudiosos têm opinado que, ao tempo do rei Jotão (ver 2Cr 27.5), os agricultores israelitas tinham-se tornado preguiçosos ou desmazelados quanto à triticultura, porquanto aquele monarca cobrou dos amonitas, como taxa, mil coros de trigo. Estaria faltando trigo em Israel?

4. Estação do Ano. Na Palestina, a colheita do trigo começa na terceira semana do mês de abril, e prossegue até à segunda semana de junho, embora muito dependa do solo, da situação geográfica e do tempo em que foi feita a semeadura. Esse era um período tão importante do ano, para os israelitas, que o povo se referia ao tempo *da ceifa do trigo* (Gn 30.14) ou aos dias da "sega de cevada e de trigo" (Rt 2.23).

5. Descrições. A malhação do trigo, via de regra, era feita com uma vara longa e flexível, conhecida como *mangual* (ver Is 41.16, onde se lê: *Tu os padejarás e o vento os levará, e redemoinho os espalhará...*). Também podia ser trilhado sob os pés de juntas de bois, que ficavam andando em círculos sobre o trigo já cortado (ver Dt 25.4). E também havia a prática de trilhar o grão de trigo por meio de uma roda ou de um carro que passava por muitas vezes sobre as espigas de trigo postas sobre uma área limpa de terreno. Esse último método é sugerido em Isaías 28.28, onde lemos: *Acaso é esmiuçado o cereal? Não, o lavrador nem sempre o está debulhando, nem sempre está fazendo passar por cima dele a roda do seu carro e os seus cavalos.*

6. Usos de Jesus. A referência feita por nosso Senhor à produção de trigo a cem por um, no décimo terceiro capítulo de Mateus, tem sido posta em dúvida por alguns céticos. No entanto, variedades do *Triticum aestivam* podem ter espigas de trigo que contêm cem grãos!

Usualmente, o trigo era semeado durante os meses de inverno, na Palestina. Era espalhado levemente e com pouca aragem. Ocasionalmente, a semeadura era feita em fileiras, segundo se depreende de Isaías 28.25: *... não lança nela o trigo em leiras...?* Presume-se que essa frase indique que o trigo era semeado de forma que as plantas ficassem arrumadas no solo em fileiras retas, paralelas umas às outras.

7. Usos figurados. Linguagem figurada da Bíblia sobre o trigo. Além da aparente morte do grão de trigo representar a morte vicária do Senhor Jesus, em expiação pelos nossos pecados (ver Jo 12.24), que ocorre a todos os estudiosos das Santas Escrituras, há dois outros simbolismos um tanto mais desconhecidos: **a.** da misericórdia divina (ver Sl 81.16 e 147.14). Diz a primeira dessas passagens, referindo-se ao povo de Israel, se este se voltasse para o Senhor de todo o coração: *Eu o sustentaria com o trigo mais fino, e o saciaria com o mel que escorre da rocha*. **b.** Da justiça aos próprios olhos, isto é, aquilo que o homem pensa haver adquirido com suas próprias obras e com sua própria bondade (Jr 12.13). Lemos ali: *Semearam trigo, e segaram espinhos; cansaram-se, mas sem proveito algum. Envergonhados sereis dos vossos frutos, por causa do brasume da ira do Senhor*. Isso faz parte de um simbolismo mais amplo e mais antigo. Lemos em Gênesis que Caim era agricultor, e Abel criava ovelhas. Caim ofereceu ao Senhor um sacrifício composto de frutos do seu trabalho, e foi rejeitado pelo Senhor. Abel, por sua vez, ofereceu ao Senhor um sacrifício dentre os animais que criava, e foi aceito por Deus. Ver Gênesis 4.2 ss. Pode-se mesmo dizer que, quanto a seu importantíssimo aspecto salvador, a Bíblia foi dada e escrita para ensinar essa lição aos homens.

TRISÁGIO

Proclamando, *Santo, Santo, Santo é o Senhor* (Ap 4.8). (Ver Is 6.3), que é a fonte informativa desse "triságio", ou seja, o "três santo", em que Deus é exaltado como Senhor e Todo-Poderoso. A literatura judaica, com frequência, repete essa fórmula. (Ver 2Enoque 21.1.) Em nosso presente texto, o louvor não incorpora toda a criação, conforme se vê na passagem original. Isaías declara: *... toda a terra está cheia da sua glória*. O presente texto concentra-se exclusivamente sobre a cena celeste. O cristianismo adotou o triságio nas Constituições Apostólicas.

O *triságio* também foi musicado na igreja antiga, na forma "Santo Deus, santo Todo-Poderoso, santo Imortal, tem misericórdia de nós". Na liturgia alexandrina (chamada de São Marcos) o triságio foi incorporado em um cântico responsivo. (Sacerdote: "A ti atribuímos glória e damos graças, e o hino do triságio, Pai, Filho e Espírito Santo, agora e para sempre e pelos séculos dos séculos". Povo: "Amém! Santo Deus, Santo, Todo-Poderoso, Santo Imortal, tem misericórdia de nós"). Na liturgia usada por Crisóstomo, o coro entoava o triságio por cinco vezes e, nesse ínterim, o sacerdote dizia secretamente a oração do triságio: "Deus, que és santo e descansas nos santos, que és saudado em hinos com a voz do triságio pelos serafins, e glorificado pelos querubins, e adorado por todos os poderes celestes! Tu, que do nada chamaste à existência todas as coisas, que fizeste o homem segundo tua imagem e semelhança, que o adornaste com todas as Tuas graças, que lhe conferiste buscar sabedoria e entendimento, e não passas pelo pecador, mas lhe dás arrependimento para a salvação; que propiciaste que nós, teus humildes e indignos servos, ficássemos de pé, neste tempo, perante a glória de teu santo altar, e que te deveríamos atribuir a adoração e o louvor que te é devido; recebe, Senhor, da boca de pecadores, o hino do triságio, e visita-nos com a tua bondade. Perdoa-nos cada ofensa, voluntária e involuntária. Santifica nossas almas e nossos corpos e concede-nos que te sirvamos em santidade todos os dias de nossa vida; pela intercessão da Santa mãe de Deus, e de todos os santos que têm agradado desde o começo do mundo". E então, em voz alta: " Pois Santo és tu, um único Deus és tu". O testemunho da história mostra que essa liturgia pertence, pelo menos, ao começo do século V d.C., e as tradições apócrifas lhe conferem uma origem celestial. Em tempos posteriores, entretanto, sofreu várias modificações. E hinos modernos também se têm alicerçado sobre o triságio:

Santo! Santo! Santo
Deus onipotente!
Cedo de manhã
Contaremos teu louvor.
Santo! Santo! Santo!
Deus Jeová trinitário
És um só Deus
Excelso Criador.

A santidade de Deus. Não se trata de algo destituído de inteligência e preferência, mas antes, é garantido pela escolha divina, de tal modo que nele não há maldade, nem tendência para o mal, e nem cegueira ou ignorância do mal. Na santificação, os crentes deverão duplicar a santidade divina, vindo a participar, finalmente, da própria natureza moral de Deus (ver Mt 5.48 e Gl 5.22). Essa santidade de Deus não é apenas passiva (ausência de pecado ou qualquer defeito), mas também é ativa, caracterizando-se por bondade positiva, por ações de santidade inerente. (Ver as notas expositivas no NTI em Rm 1.7 e Cl 1.2 quanto ao fato de que os crentes são "santos", devendo compartilhar da santidade de Deus.) É mediante a santidade que tem lugar a transformação moral do ser humano, para que venha a partilhar da própria natureza moral de Deus, manifestada em Cristo; e daí é que se deriva a transformação metafísica, que leva o remido a participar da própria essência ou natureza divina, conforme ela se acha em Cristo (ver 2Pe 1.4). Essa é a importância da *santificação* (vide). (Quanto à santificação como algo "absolutamente necessário à salvação", ver 2Ts 2.13).

A *santidade,* em seu sentido mais sublime, é aplicada a Deus. Ela denota os pontos seguintes: **1**. O fato de que Deus está separado da criação, até mesmo daquela porção da mesma que não está maculada com a maldade inerente, como os seres angelicais que não caíram no pecado. Isso é assim porque a santidade consiste também na bondade positiva, e não meramente na ausência do mal. **2**. *Yahweh,* pois, é transcendental, fazendo contraste com os falsos deuses (ver Êx 15.11) e com a criação inteira (ver Is 40.25). **3**. Deus é a essência absoluta da santidade, da bondade e da retidão, sendo ele o alvo de toda a inquirição por santidade, pureza e bem-estar, baseados na retidão. **4**. A santidade de Deus é *perfeita* e inspiradora (ver Sl 99.3). **5**. A santidade de Deus fala acerca de sua "excelência moral", bem como do fato de que ele está livre de todas as limitações acerca da excelência moral (ver Hc 1.13). **6**. A santidade incorpora em si mesmo todas as excelências morais de Deus, como a sua bondade, o seu amor, a sua longanimidade, sendo a luz solar que abarca todas as cores do espectro, mesclando-se com uma força de poderosa luz. **7**. A santidade de Deus é *incomparável* (ver Êx 15.11 e 1Sm 2.2). **8**. A santidade de Deus é exibida em seu caráter (ver Sl 22.3 e Jo 17.11), em seu nome (ver Is 57.15), em suas palavras (ver Sl 60.6), em suas obras (ver Sl 145.17), e em seu reino (ver Sl 47.8 e Mt 13.41).

Há pureza, justiça e bondade perfeitas em todas essas coisas, tendendo à retidão e ao bem-estar de todos, pois Deus é a fonte de tudo isso. **9**. A santidade de Deus deve ser magnificada (ver Is 6.3 e Ap 4.8). **10**. A santidade de Deus deve ser imitada (ver Lv 11.44; 1Pe 1.15,16). **11**. A santidade de Deus será duplicada nos remidos (ver 1Ts 4.3; Mt 5.48 e Gl 5.22,23). **12**. A santidade de Deus requer um serviço santo (ver Js 24.19 e Sl 93.5).

TRISTEZA

No hebraico, *etseb*. Essa palavra ocorre por seis vezes no Antigo Testamento. Por duas vezes tem o sentido de "labor". (Ver Gn 3.16; Sl 127.2; Pv 5.10; 10.22; 15.1; Ez 29.20).

No grego podemos considerar duas palavras: **1**. *Lupéo*, "entristecer-se". Esse vocábulo é usado por 25 vezes (Mt 14.9; 17.23; 18.31; 19.22; 26.22,37; Mc 10.22; 14.19; Jo 16.20; 21.17; Rm 14.15; 2Co 2.2,4,5; 6.10; 7.8,9,11; Ef 4.30; 1Ts 4.13; 1Pe 1.6). O substantivo, *lúpe*, "tristeza", aparece por quinze vezes (Lc 22.45; Jo 16.6,20,21,22; Rm 9.2; 1Co 2.1,3,7; 7.10; 2Co 9.7; Fp 2.27; Hb 12.11 e 1Pe 2.19). **2**. *Penthéo*, "lamentar-se". Termo que aparece por dez vezes (Mt 5.4; 9.15; Mc 16.10; Lc 6.25; 1Co 5.2; 2Co 12.21; Tg 4.9; Ap 18.11,15,19). O substantivo, *pénthos*, "lamento", aparece por cinco vezes (Tg 4.9; Ap 18.7,8; 21.4).

1. Por causa do pecado. Se a salvação em Cristo nos enche de alegria, o pecado deveria encher-nos de tristeza e lamentação. Aqueles que agora riem, deveriam lamentar-se (Lc 6.25). Os pecadores deveriam sentir-se miseráveis e lamentar-se (Tg 4.9). Não somente nos deveríamos entristecer diante de nossos próprios pecados, mas também por causa dos pecados de outros membros da igreja (1Co 5.2 — o contrário dessa tristeza é a arrogância; cf. 2Co 12.21).

A tristeza de Paulo, diante da teimosa incredulidade de Israel, chegou a fazê-lo desejar estar separado de Cristo e ser maldito (Rm 9.2;cf. Rm 11.26). Se o povo judeu se convertesse, isso haveria de anular a sua tristeza. Em contraste com isso, a tristeza dos aproveitadores do comércio da pecaminosa Babilônia (futura), não se devia aos pecados da cidade, mas porque a mesma foi destruída (Ap 18.8,11,15,19). Os que se entristecem, dentro das bem-aventuranças, fazem isso somente por si mesmos, ou por causa dos pecados do mundo também? Seja como for, os tais serão consolados (Mt 5.4).

2. Como Repreensão. A segunda epístola aos Coríntios é, praticamente, um tratado sobre a tristeza necessária que os cristãos precisam infligir uns aos outros, quando admoestam e corrigem o pecado que observam uns nos outros. Paulo não desejava fazer outra visita dolorosa (2Co 2.1), e nem o seu propósito fora jamais motivo de tristeza para os crentes (2Co 2.4). Pelo contrário, ele queria despertar, nos crentes que errassem, aquela tristeza piedosa que produz o arrependimento, a salvação, o zelo, e que terminaria por redundar em satisfação e alegria para o próprio Paulo (2Co 7.8-13).

A epístola aos Hebreus nos instrui que a disciplina dada pelo nosso Pai celeste a seus próprios filhos produz o fruto do arrependimento, que nos é vantajoso, embora nos pareça doloroso por algum tempo (Hb 12.11). Pedro deixou uma declaração similar (1Pe 1.6), ao escrever que nos regozijamos por causa de nossa imperecível herança, embora a genuinidade de nossa fé seja agora testada por várias provações, por breve tempo — o tempo em que dura esta vida terrena. Se sofrermos injustiças por amor a Cristo, sairemos aprovados (2Pe 2.19,20). Portanto, a herança do consolo capacita-nos a ter esperança, mesmo em meio à tristeza.

3. Tristeza Ante a Partida de Cristo. Conforme o próprio Senhor Jesus previu (Jo 16.6; cf. Mt 9.15, onde ele disse que é apropriado lamentar pela partida do *Noivo*), os corações de seus discípulos muito se entristeceriam diante de seus sofrimentos e de sua partida deste mundo. No entanto, conforme o mesmo Senhor Jesus ajuntou logo mais adiante, convinha aos discípulos que ele se fosse, de volta para o Pai celeste, porquanto assim ele lhes enviaria o Consolador, o Espírito Santo. O Consolador haveria de consolá-los de suas tristezas! Assim como uma mulher grávida, chegado o momento do parto, aflige-se e se entristece, mas, diante do nascimento da criança, alegra-se com profunda alegria, assim também os discípulos veriam sua tristeza transformar-se em alegria, por ocasião da volta do Senhor Jesus (Jo 16.21,22). Portanto, o Senhor não estava falando apenas a respeito de seus discípulos originais, mas de todos quantos se têm tornado seus discípulos, ao longo dos séculos.

TROMBETAS DE CHIFRES

No hebraico, uma palavra que só aparece no sexto capítulo de Josué, *yobel*. Ver *Música e Instrumentos Musicais*.

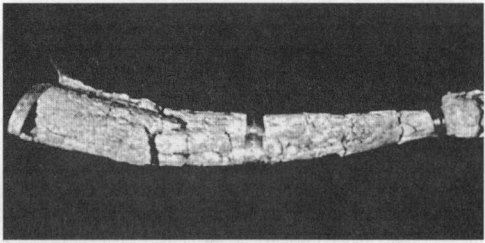

TROMBETAS, FESTA DAS. Ver sobre *Festas* (*Festividades*) *dos Judeus*.

TRONO

1. Terminologia

Hebraico: kisse (*kisseh*), as duas formas alternativas nas traduções portuguesas, com cerca de 135 ocorrências no Antigo Testamento. (Exemplos: Gn 41.40; Êx 11.5; Dt 17.18; 1Sm 2.8; 2Sm 3.10; Ne 3.7; Et 1.2; Sl 9.4, 7; Pv 16.12; Zc 6.13). *Aramaico: Korse:* (Dn 5.20; 7.9). *Grego: a. thronos*, com 59 ocorrências no Novo Testamento. (Exemplos: Mt 5.24; 19.28; Lc 1.32, 52; 22.30; At 2.30; Hb 1.8; 4.16; Ap 1.4; 2.13; 21; 4.2.2-6, 9, 10; 5.1, 6, 7, 11, 13; 6.16; 20.4, 11, 12; 21.3, 5; 22.1, 3). *b. bema*, com os significados de *trono* e *tribunal*, com 12 ocorrências no Novo Testamento. (Exemplos: Mt 27.19; Jo 19.13; At 7.5; 12.21; Rm 14.10; 2Co 5.10). *Latim: thronus*, a cadeira do estado, a cadeira real, o local de exaltação de um rei, uma autoridade do estado ou um juiz ou magistrado local e, metaforicamente, o *poder* de tal autoridade.

2. Caracterização Geral. Os termos usados podem significar qualquer assento elevado, ou cadeira especial para uma pessoa de autoridade, incluindo reis, magistrados civis ou o sumo sacerdote (1Sm 1.8); um juiz (Sl 122.5); um chefe militar (Jr 1.15); um rei (1Rs 10.19); ou o trono de Deus (Is 6.1), que na visão de Isaías era "alto e elevado". A maioria dos tronos dos reis era elevada em algum tipo de plataforma e muitas vezes chegava-se a elas usando escadas. No caso de Salomão, *seis* degraus levavam ao trono. Os degraus eram "guardados" por um par de leões. A autoridade que sentava no trono de modo geral vestia roupas especiais para as ocasiões de julgamento, para promulgar decretos ou para reunir-se com outras autoridades para deliberações.

3. Simbologia

a. Em termos gerais, o trono pode simbolizar a pessoa que senta nele, sua *autoridade*, a autoridade de seu reino ou de seu ofício, ou um grupo de poderes, terrestres ou celestiais. *b.* Símbolo de poder supremo e dignidade (Gn 41.40). *c.* Sentar no trono é o exercício de autoridade (Dt 17.18; 1Rs 16.11). *d. Tronos* podem significar a sucessão de poderes terrestres ou, falando coletivamente, de poderes celestiais, como arcanjos (Cl 1.16). *e.* O trono de Deus é o poder absoluto sobre os céus e a terra (Is 6.1).

4. Observações Bíblicas

a. Tronos dos faraós (Gn 41.40; Êx 11.5). *b.* Trono do rei de Nínive (Jn 3.6). *c.* Trono dos poderes babilônicos (Dn 5.20; Et 5.1, 2). *d.* Trono dos governos (Ne 3.7). *e.* Trono das dinastias (2Sm 3.10; 1Rs 1.13). *f.* Trono do trono eterno de Davi (sua linhagem real), 1Reis 2.45; Jr 33.17). *g.* Trono de Deus, o poder supremo (1Rs 22.19; Sl 11.4; Ap 5.11). *h.* Trono do Messias (Zc 6.13). *i.* Trono do Ancião de Dias (Dn 7.9). *j.* Trono dos usurpadores que serão derrubados de seus lugares altos ao sheol (Is 14.13-15).

V. Descrições. Alguns tronos eram pouco mais do que cadeiras elevadas, mas a arqueologia demonstrou a natureza opulenta desses reinados. Um trono de rocha de cristal foi descoberto nas ruínas do palácio de Senaqueribe. O trono de Salomão era feito de marfim revestido de ouro, com uma complexa escadaria levando até ele, guardada em cada lado pelas estátuas de leões. A parte de trás do trono tinha a figura esculpida de um touro, símbolo de força (1Rs 10.18-20). Presumimos que esse trono tenha sido típico daqueles elaborados no Oriente. Ver o artigo separado sobre *Trono Branco, o Grande*, na *Enciclopédia de Bíblia, Teologia e Filosofia*. Ver também *Trono da Graça* e *Trono de Satanás*.

TROVÃO

1. Terminologia. No hebraico, *qol*, "a voz" (Êx 9.23, 28, 29, 33, 34; 1Sm 7.10, 12, Jó 28.26). *Raam*, trovão, rugido (Jó 26.14; 39.35; Sl 77.18). No grego, *bronte*, "trovão" (Mc 3.17; Jo 12.29; Ap 4.5; 6.1). Os usos incluem referências literais a esse fenômeno meteorológico, as figuras da voz e do poder de Deus, um símbolo de julgamento através de meios naturais e sobrenaturais.

2. Observações Bíblicas. Uma manifestação do clima, em conjunção com outros como relâmpagos e chuva, ou granizo (Jó 28.26; Êx 9.23; 1Sm 12.17). A manifestação divina a ampliar a glória e o poder de Deus (Êx 19.16). O poder divino controla o fenômeno natural (1Sm 12.18). A *sétima praga* contra o Egito misturava trovões, chuvas e granizo com manifestações sem precedentes (Êx 9.17-35).

3. Trovões e Conceitos do Divino. Os nativos da região superior do rio Negro chamam seu deus-chefe de *Trovão* e é curioso que ele tem um *Filho*, o qual, quando esse deus fica com dor de estômago, produz um arco-íris no céu. Os antigos gregos pensavam que o alto e poderoso deus Zeus manifestava sua ira ao lançar relâmpagos, e isso era amplificado por fortes estalos de trovões. Zeus é visto como o controlador dos céus e da terra, usando relâmpagos aos quais nem deuses nem homens resistiriam. Alguns intérpretes tentaram mostrar que o tetragrama sagrado de *Yahweh*, isto é, YHWH, tinha conexão original com o conceito de Trovão, mas essa teoria não teve grande aceitação. A raiz da palavra *Yahweh* é *Eterno*. Ver *Deus, Nomes de* na *Enciclopédia de Bíblia, Teologia e Filosofia*.

4. Atividade Divina. O Novo Testamento, como o Antigo, associa o trovão à atividade divina, especialmente em relação a seus *julgamentos* (Ap 4.5; 6.1; 8.5; 10.3, 4; 11.19; 16.18; 19.6). Dois dos discípulos originais de Jesus eram chamados de *Boanerges*, "filhos do trovão", por causa de sua natureza explosiva (Mc 3.17). Eles eram Tiago e João, os filhos de Zebedeu.

TUBAL

Esse nome, de significado desconhecido, indica tanto um indivíduo, um dos filhos de Jafé (ver Gn 10.2; 1Cr 1.5), quanto os seus descendentes, quando já formavam uma nação (ver Is 66.19; Ez 27.13; 32.26; 38.2,3 e 39.1).

Os descendentes de Tubal formavam uma confederação localizada no centro das montanhas do Taurus, no sul da Anatólia (moderna Turquia), de onde se espalharam para vários lugares, tanto para o norte quanto para o ocidente. Nos tempos de Heródoto, historiador grego das coisas antigas, eles eram conhecidos pelos gregos como *Tibarenoi* (ver Heródoto 3.94). Visto que eles são mencionados em Gênesis 10.2 como um dos filhos de Jafé, juntamente com Java, que já são os gregos orientais, então devem ter ocupado regiões relativas às de seus irmãos, isto é, as "ilhas do mar", ou as costas do Mediterrâneo, posto que isso não exclui a ocupação deles em território continental asiático. De fato, há indícios de que eles se espalharam pela Sicília e até mesmo pelas costas da Espanha, no extremo ocidental do mar Mediterrâneo, como também pelo centro das estepes russas, sem falarmos em outros lugares.

Tubal (no acádico, *Tabal*) tornou-se um povo proeminente durante o primeiro milênio a.C., após o declínio do reino hitita de Hatusas. Na Bíblia, eles aparecem como fornecedores de escravos e de metais (Ez 27.13, por exemplo). Na maioria das passagens do livro de Ezequiel, eles aparecem em companhia de Meseque (no acádico, *Mushki*), nome que sobrevive na capital da Rússia, Moscou. Ora, muitos estudiosos pensam que Meseque é progenitor do povo que, séculos mais tarde, ficou conhecido como frígios, que vivia lado a lado com os gregos e macedônios, embora um pouco mais para o leste.

Quando o poder militar da Assíria expandiu-se para o norte e para o oeste, entrou em um longo e amargo conflito com as confederações de tribos da Anatólia, desde que Assurbanipal tornou-se rei assírio (cerca de 870 a.C.), até o assalto feito pelos citas, que já seriam germânicos, em 679 a.C. Tubal é mencionado em numerosos registros de campanhas militares punitivas, enviadas contra a região do Taurus, durante aqueles dois séculos. Heródoto também mencionou (3.94) que os homens de Tubal eram supridores de tropas dos exércitos persas de Dario e de Xerxes. A ferocidade dos exércitos de Tubal fica comprovada pelo fato de que eles só foram derrotados, e sua máquina militar só foi destruída, após centenas de anos de constantes conflitos armados. Sargão II (ver Is 20.1) morreu durante a campanha militar que desencadeou contra eles, em 705 a.C.De acordo com as profecias bíblicas para o fim, Tubal, Meseque e muitos outros povos, asiáticos, europeus e africanos, haverão de desfechar um tremendo ataque contra Israel, antes da segunda vinda do Senhor Jesus, quando então sofrerão esmagadora derrota (ver Ez 38 e 39). Muitos intérpretes modernos pensam que isso se refere a algum ataque futuro encabeçado pela Rússia (ver o artigo sobre *Gogue*), com temíveis consequências para muitos outros povos, que serão indiretamente atingidos pela conflagração.

TUBALCAIM

O nome *Tubal* significa **"tumulto"** e Tubalcaim significa "tumulto, o ferreiro". O Tubal posterior foi um dos sete filhos de Jafé, o neto de Noé. Mas Tubalcaim foi um antediluviano, filho de Lameque e Zila. (Ver Gn 4.22). Ele era um ferreiro habilidoso, que moldava toda a sorte de objetos cortantes, empregando cobre e ferro. Foi, segundo o relato da Bíblia, o inventor dos instrumentos de corte. A RSV fornece o versículo *... forjador de todos os instrumentos de bronze e de ferro*, mas a tradução rabínica o torna um *afiador* de tais instrumentos. O cobre é um metal macio, facilmente trabalhado até mesmo pelos antigos, enquanto o ferro é especialmente útil para instrumentos de corte. A entrada da palavra *ferro* nesse período muito primitivo é considerada um anacronismo por muitos intérpretes, mas não sabemos até onde se estendeu a idade do ferro.

TUMIM. Ver sobre *Urim e Tumim*.

TUMOR. Ver também sobre *Tumores*.

No hebraico, *ophel*, termo que ocorre por seis vezes no Antigo Testamento (Dt 28.27; 1Sm 5.6,9,12; 6.4,5). Uma enfermidade cutânea dolorosa, enviada contra os filisteus, como um juízo divino. Os estudiosos pensam que esses tumores eram parecidos com as hemorroidas. A arqueologia tem demonstrado que os ofertantes pagãos ofereceriam a seus deuses representações em cera ou metal das porções de seus corpos que tinham sido curadas ou que eles esperavam que fossem curadas por intervenção dessas divindades. É interessante observar que em Aparecida, São Paulo, muitos procuram curas comprando representações de cera das porções de seus corpos que eles querem ver curadas. Desse modo, as pessoas visualizam suas esperanças de cura, de forma concreta. E aqueles que tiverem algum severo caso de hemorroidas talvez tentem tal coisa, mesmo que o esquema tanto se pareça com o paganismo! O trecho de 1Samuel 6.5 evidentemente alude a essa prática entre os filisteus. Eles estavam sendo julgados, pelo menos em parte, mediante essa aflição. A referência que ali se faz aos "ratos", provavelmente significa que eles foram punidos com algo relativo a eles, como a peste bubônica, pois esta última propaga-se por meio de moscas que enxameiam sobre os ratos. Aparentemente, imagens feitas dos defeitos e aflições físicas, bem como figuras de ratos, deveriam ser mandadas para Israel, juntamente com a arca da aliança. Sabe-se que uma das manifestações da peste bubônica é certa forma agravada de hemorroidas. Essa enfermidade atinge elevadas taxas de mortalidade, ou seja, cerca de setenta por cento dos casos, depois da primeira semana do aparecimento dos sintomas. Ver o artigo geral sobre as *Doenças da Bíblia*.

TUMORES

No hebraico, precisamos levar em conta duas palavras, ligadas a esse verbete, a saber: **1**. *Techorim*, "tumores". Essa palavra ocorre por duas vezes (somente, em 1Samuel 6.11,16). **2**. *Ophel*, "tumor", "ferida". Esse vocábulo ocorre por seis vezes (Dt 28.27; 1Sm 5.6,9,12; 5.4,5).

Um tumor é um crescimento anormal de alguma parte do corpo; ou, então, pode ser um neoplasma, isto é, o desenvolvimento de tecidos anormais distintos dos tecidos saudáveis que os cercam. Um neoplasma pode ser tão benigno como uma borbulha ou tão maligno como um carcinoma. No relato sobre a devolução da arca da aliança, por parte dos filisteus (1Sm 5), os tumores feitos de ouro, provavelmente, serviam de emblemas dos bulbos que caracterizam aquela praga. Esses bulbos entumescem e afetam as glândulas linfáticas das imediações.

Quando os organismos infeccionadores, ou seus produtos tóxicos, chegam às glândulas linfáticas, estas últimas desenvolvem um grande esforço para impedir que esses organismos ou seus produtos tóxicos entrem na circulação sistêmica. E assim essas glândulas podem entumescer até cem vezes mais que o seu tamanho normal, na tentativa de impedir o avanço dos elementos indesejáveis, e então destruí-los. Algumas vezes, entretanto, o fluxo de material infeccionado é tão grande, como uma praga, que mesmo muitas glândulas linfáticas em sucessão são avassaladas, e o organismo sucumbe diante da enfermidade. Ver também o artigo sobre as *Pragas*.

No hebraico, "queimaduras". Eram tumores endurecidos, dolorosos, uma ulceração inflamada com fluxo de pus misturado com sangue, em alguns casos. Nas Escrituras, a palavra envolvida (no hebraico, *bashal*) parece referir-se a diversas enfermidades como a úlcera (Êx, 9.10,11; Lv 13.18), um tipo de pústula maligna ou o sinal de uma praga (2Rs 20.7, mas que nossa versão portuguesa também traduz por úlcera), ou então a lepra negra (Jó 2.7), embora essa última referência também possa aludir à úlcera comum. Alguns estudiosos supõem que a enfermidade de Ezequias (2Rs 20.7) foi um caso agravado de ulceração, de origem bacteriológica, e que foge a todo tipo de controle. Ver o artigo geral sobre as *Enfermidades*.

TÚMULO

Forneço um detalhado artigo sobre *Sepultamento, Costumes de,* que faz um paralelo com este artigo e me permite ser breve aqui. Ver também *Túmulo de Gordon* na *Enciclopédia de Bíblia, Teologia e Filosofia,* que foi, possivelmente, o local autêntico do enterro de Jesus, o Cristo. Esse artigo adiciona informações sobre tumbas que não estão incluídas aqui. Ver ainda, na *Enciclopédia de Bíblia, Teologia e Filosofia.*

I. Terminologia e Definições

Hebraico: **1**. *qeber,* "sepulcro", aparecendo 65 vezes no Antigo Testamento. (Exemplos: Gn 50.5; Êx 14.11; Nm 19.16, 18; 2Sm 3.32; 1Rs 13.30; 2Rs 22.20; Jó 3.22; 5.26; Sl 88.5, 11; Is 14.19). Os enterros mais antigos eram simplesmente *debaixo da terra,* como nosso costume moderno. No sentido amplo, a *tumba* pode referir a esse tipo de enterro, não necessariamente se referindo a uma tumba esculpida na pedra. **2**. *seol,* o significado mais primitivo do qual se diz simplesmente *túmulo.* (Ver Gn 37.35; 42.38; 44.29, 31; 1Sm 2.6; 1Rs 2.6, 9; Is 14.11; 38.10, 18). O termo foi usado para o local dos fantasmas dos mortos, depois dos espíritos que uma vez estiveram encarnados, como desenvolvimento posterior. Ver detalhes completos no artigo sobre *Sheol.* **3**. *qeburah,* "sepulcro" (Gn 35.20; Ez 32.23, 24; Dt 34.6; Ec 6.3). **4**. *bei,* "montão", isto é, um monte de enterro (Jó 30.24). A versão em português fornece "montão de ruínas", mas o monte de enterro (túmulo) está sob consideração. **5**. *schacheth,* "corrupção", isto é, o local onde o corpo físico entra em decomposição. A versão portuguesa dá *cova* (Jó 33.22). **6**. *bor,* "poço", o local dos mortos, uma alusão à prática antiga de jogar corpos em tal lugar: (Sl 28.1; 88.6; Is 14.15). **Grego**: **1**. *mnema,* "sepulcro", "memorial" (Mc 53.5; 15.46; Lc 8.27; Ap 11.9). **2**. *mnemeion,* "sepulcro", "memorial" (Mt 8.28; 23.29; 27.52, 53, 60; Jo 5.28; 12.17; 19.41, 42; 20.1-4, 6, 8, 11). **Latim**: *tumba,* um "monte de enterro". Tumbas construídas em rochas, ao lado dos morros ou em buracos naturais ou cavernas na rocha, eram uma prática das famílias mais afluentes.

II. Tipos de Enterro de Corpos Humanos

1. Evidências arqueológicas demonstram que em Jericó, no período neolítico, era usada a *exposição* em vez do enterro (cerca de 5000 a.C.), mas o costume hebraico-judeu não aceitava tal modo de dispor de corpos humanos. Isso era contrário ao seu sentimento de decência e respeito.

2. A cremação ou a queima de corpos era um antigo costume grego, embora eles também recorressem ao enterro. A cremação era empregada pelos hebreus apenas quando havia massas terríveis deixadas para trás pela guerra, o que tornava impraticável enterrar os corpos dos soldados, particularmente quando estava envolvida grande mutilação. 1Samuel 31.12 registra uma cremação desse tipo, quando os corpos de Saul e de seus filhos foram descartados dessa maneira.

3. Enterros simples eram o principal modo de livrar-se de corpos no Oriente, inclusive entre os hebreus. Às vezes, os enterros eram feitos em cavernas, o que a arqueologia demonstrou ser o costume já nos períodos paleolítico e mesolítico. Enterros em cavernas às vezes eram comunais, com uma caverna particular servindo para uma família ou para um clã. Sessenta pessoas foram enterradas no wadi el-Mugharah, em Carmelo, c. 8000 a.C.

4. Pedreiras revestidas de pedras serviam como locais de enterro, o ancestral ao costume de ter caixas de cimento tão comuns nos Estados Unidos hoje. Essas caixas, é claro, ficam embaixo da terra e uma pessoa nem imaginaria que embaixo de seus pés existe um tipo de caixa de cimento contendo um caixão. Esse tipo de cova também foi ancestral do caixão, que veio posteriormente.

5. Aberturas naturais em montes na Palestina muitas vezes ofereciam um tipo primitivo de enterro em tumba. Quando havia cavernas formadas pelas aberturas, os locais poderiam tornar-se "cemitérios" para o enterro de famílias. Era desse tipo a caverna de *Macpela* (ver o artigo), onde Abraão e a maioria dos membros de sua família foram enterrados. (Ver Gn 23.4-6). Tais túmulos foram os ancestrais das tumbas posteriores, esculpidas em pedra.

6. Antes da época de Abraão, havia monumentos de enterro no Egito, as pirâmides (ver o artigo), mas aqui estamos lidando com os locais de enterro dos faraós e de sua aristocracia superior. A mumificação fazia parte desse tipo de enterro.

7. Urnas de enterro. Os corpos eram colocados em posição pré-natal em receptáculos desse tipo, que funcionavam como uma espécie de caixão. Em Bilos, arqueólogos encontraram esqueletos de adultos em urnas assim, não apenas corpos de crianças.

8. Cisternas. Cisternas antigas, provavelmente não mais utilizadas, foram usadas como locais convenientes de enterro. Em Gezer foi encontrada uma que continha 15 corpos. A época era em torno de 1580-1100 a.C.

9. Tumbas de Colmeia de Abelha. Eram construídas pequenas casas, geralmente escavadas nos lados de morros, que serviam para enterros. Algumas eram retangulares, redondas, ovais ou quadradas. A maioria era túmulo de famílias. Esse tipo de tumba era comum na Grécia em por volta de 1200 a.C.

10. Sarcófagos, caixões com tampas, eram usados pelos vizinhos de Israel, mas não muito pelos **judeus**. A palavra grega significa "comedor de corpo". A maioria era feita de pedra. Uma vez que os corpos fossem "comidos", o que acontecia em algumas semanas, os ossos eram coletados e postos em *ossuários,* "caixas de ossos". Às vezes apenas o crânio era mantido, sendo supostamente considerado a única parte do esqueleto que merecia o esforço.

11. Tumbas esculpidas em rocha. Tais tumbas foram encontradas em épocas tão remotas quanto a idade do ferro, quando havia instrumentos adequados para fazer o trabalho de escavação. Muitas dessas tumbas eram para enterros de famílias. Elas eram feitas em vários estilos, mas o Talmude informa-nos que de modo geral eram "lares" dos mortos, geralmente com cerca de 2 m de comprimento, 3 m de largura e 3 m de altura. Nichos eram esculpidos e poderiam receber até oito corpos, três de cada lado e dois na parte de trás da escavação. Mas existiam outros maiores que poderiam conter até 13 corpos. A entrada de tais tumbas era, de modo geral, selada por uma grande pedra (Mt 27.65; Mc 15.46; Jo 11.38, 39). Obviamente, apenas as pessoas mais afluentes podiam ter tais tumbas.

12. Sepulcros caiados. Quando Jesus mencionou esse tipo de túmulos (Mt 23.27, 28), não estava falando sobre as caprichadas tumbas esculpidas em pedra das classes mais altas, mas sim dos túmulos mais comuns nos quais alguém poderia andar e ficar "sujo" do ponto de vista cerimonial. Tais túmulos às vezes eram decorados e pintados de branco para conferir uma aparência melhor e marcá-los de modo que as pessoas pudessem evitá-los.

13. Criptas. Esses eram nichos esculpidos de pedra nos lados dos morros, a maioria preparada para apenas um corpo. Várias criptas poderiam ser feitas e formar uma fileira, ou uma série de fileiras, produzindo um tipo de "apartamento" para os mortos.

14. Foram encontrados *túmulos em torre,* monumentos construídos sobre túmulos subterrâneos para marcar seus locais, remontando aos tempos de Herodes. A Torre de Absalom e a Torre de Zacarias são representantes desse tipo de túmulo.

III. Locais de Enterro

1. Alguns antigos enterravam seus mortos sob *assoalhos* de suas casas, e esse costume persistiu entre alguns índios brasileiros. Essa prática era popular na Assíria, Síria e em outros lugares do Oriente, mas nunca foi mantida em Israel, pelo menos do que podemos inferir. 1Samuel 25.1 é uma exceção. Na

Palestina, Jericó foi o sítio desse tipo de enterro, como era também o wadi el-Mugharah e Teileilate.

2. Dentro da cidade. Algumas pessoas importantes eram enterradas dentro dos muros da cidade, como foi o caso do rei Davi (1Rs 2.10). Arqueólogos descobriram o túmulo de uma mulher dentro dos limites da cidade de Gazer. Esqueletos foram encontrados dentro dos muros das cidades e em urnas mantidas dentro dos muros das cidades.

3. Enterros ao longo de *estradas* eram comuns, como também aqueles feitos próximos a *árvores sagradas* (ver Gn 35.8, 19; 1Cr 10.12).

4. O local comum para enterros era *fora da cidade* para a maioria das pessoas. Os pobres, de modo geral, eram enterrados fora da cidade em pedreiras, cisternas, cavernas ou túmulos simples na terra (2Rs 23.6; Jr 26.23; Mt 27.7).

5. Por motivos familiares, sentimentais, às vezes as tumbas eram colocadas em *jardins* de certas famílias (2Rs 21.18, 26). Mas o local mais comum ficava em um tipo de *necrópole*, uma cidade dos mortos localizada fora da vila ou da cidade.

6. As tumbas dos reis situavam-se na *cidade de Davi*, dentro dos muros. Os reis de descendência real, davídica, eram tratados dessa forma quando morriam. (Ver 2Cr 28.27; 32.33; 1Rs 2.10; Ne 3.16, *et al*). De Davi a Acaz, 13 reis foram enterrados naquele local.

IV. Conteúdo das Tumbas. Arqueólogos e ladrões têm sido os principais beneficiados das coisas deixadas para trás nas tumba. Há muito tempo as pessoas deixam objetos valiosos em tumbas, e a prática continua, o que encoraja os ladrões de hoje. Coisas de conveniência como itens de roupas, ferramentas, mesas, cadeiras, perfumes, barcos, animais de estimação empalhados, armas, lampiões, joias, dinheiro e outros objetos de valor figuram entre as descobertas arqueológicas. Algumas dessas coisas pessoais eram, sem dúvida, apenas simbólicas ou sentimentais, como a corrente que foi colocada no pescoço de minha avó pois havia sido um presente especial de sua nora. Algumas coisas, contudo, eram consideradas potencialmente úteis para a alma em sua viagem ao outro lado, embora ninguém explique como a alma da pessoa morta seria capaz de carregar os objetos. Isso me lembra de uma história sobre o homem que transformou toda sua fortuna em cheques de viagem antes de morrer para que pudesse levar consigo toda sua riqueza na viagem ao além. Um homem fez uma observação "Espero que ele tenha colocado seus cheques na *denominação* certa!" Produtos alimentícios eram deixados em tumbas como ofertas para os deuses, que receberiam a alma da pessoa morta, ou como alimento para a alma. Os egípcios exageravam nessa prática, como demonstram as tumbas extraordinariamente ricas de Tutancamom e da rainha Shubade.

V. A Esperança no Além. Quando um homem deita seu corpo e voa ao mundo da luz, ele fica feliz, sendo que o peso foi deixado para trás, o espírito está livre, e a verdadeira riqueza está à frente. Recentemente, assisti na TV ao final de um funeral que estava sendo realizado por um grupo religioso. A cena repulsiva do caixão sendo baixado ao túmulo para ser colocado na cova foi mostrada. Exatamente quando isso acontecia, a voz do homem que conduzia o ritual, soou forte, dizendo: "Ele não está morto. Nós o veremos novamente". Essa afirmação de fé, vinda como veio, no momento mais escuro da vida de várias das pessoas presentes, tirou o ardor da morte (1Co 15.55), pois *sabemos* que isso é verdade.

Ver os artigos a seguir na *Enciclopédia de Bíblia, Teologia e Filosofia*: *Imortalidade* (vários artigos); *Alma*; *Experiências Perto da Morte*.

TÚMULO DE ABSALÃO

Há um notável monumento que tem esse nome, no vale de Josafá, fora de Jerusalém. Fica perto da ponte mais baixa sobre o Cédron, um bloco quadrado isolado, escavado na rocha. A base do monumento tem cerca de oito metros de lado, em quadrado, sendo ornamentado em cada lado por duas colunas e por duas meias-colunas em estilo jônico. Tem cerca de seis metros de altura. Os estudiosos modernos não creem que o monumento tenha algo a ver com Absalão. (S)

TÚMULO DE RAQUEL. Ver *Raquel, Túmulo de*.

TÚNICA

Devemos pensar em uma palavra hebraica, outra aramaica, e outra grega, neste verbete, a saber: **1**. *Kethoneth*, "túnica". Palavra hebraica que ocorre por 29 vezes (conforme se vê, para exemplificar, em Gn 3.21; 37.3,23,31-33; Êx 28.4,39,40; 29.5,8; 39.27; 40.14; Lv 8.7,13; 10.5; 16.4; 2Sm 15.32; Jó 30.18; Ct 5.3). **2**. *Petesh*, palavra aramaica usada somente por uma vez, em Daniel 3.21. Essa palavra aramaica significa "veste fina superior", mas a nossa versão portuguesa também a traduz por "túnica". **3**. *Chitón*, "túnica". Esse vocábulo grego é utilizado por dez vezes (Mt 5.40; 10.10; Mc 6.9; 14.63; Lc 3.11; 6.29; 9.3; Jo 19.23; At 9.39 e Jd 23). Ver também sobre *Vestes*.

TURBANTE

Três palavras estão envolvidas nesse verbete, a saber: **1**. *Peer*, uma palavra de provável origem egípcia, que apontava para mais do que um simples turbante feito de pano enrolado. Aparece em Isaías 3.20, (onde nossa versão portuguesa diz "coroa"), Isaías 61.10, Ezequiel 24.17,23, 44.18. É óbvia a falta de coerência nas versões e traduções em geral, quanto à tradução desse termo. No entanto, fica claro que essa peça de vestuário, usada na cabeça, era um sinal de regozijo ou de solenidade, como adorno de sacerdotes e de noivos. Alguns estudiosos pensam que as palavras de Ezequiel 16.10 ... *te cobri de seda* se referem a um desses turbantes, feito de seda. **2**. *Mitsnepheth*, uma palavra hebraica que ocorre por doze vezes (Ez 21.26; Êx 28.4,37,39; 29.6; 39.28,31; Lv 8.9; 16.4). Essa palavra, geralmente, é traduzida por "mitra", em nossa versão portuguesa. Tal palavra, no hebraico, deriva-se do verbo "enrolar", o que é característico. **3**. *Tsaniph*, uma palavra hebraica empregada por cinco vezes (Is 3.23; 62.3; Jó 29.14; Zc 3.5) (duas vezes). Essa palavra também é derivada do verbo hebraico que significa "enrolar".

TURNOS DOS SACERDOTES E LEVITAS

Por causa da grande multiplicação do número de sacerdotes, Davi pensou ser conveniente dividi-los em 24 turnos, com um presidente para cada turno. Então os sacerdotes serviam ao altar em turnos. Cada turno recebeu o nome do membro mais distinto da família de onde foi tomado. (Ver 1Cr 24.1-19). Esses sacerdotes deveriam servir a partir dos 20 anos de idade (1Cr 23.6,27). Dezesseis ordens foram dadas aos descendentes de Eleazar, e oito, aos descendentes de Itamar, seu irmão. Nos períodos festivos, todos os turnos ativavam-se no sacerdócio. Em outras ocasiões, cada turno ministrava pelo espaço de uma semana, e havia mudança de turno no sábado, antes do sacrifício vespertino (2Rs 11.5,9). Qual turno deveria servir, em ocasiões específicas, era determinado pelo lançamento de sortes. O oitavo desses turnos coube à família de Abias, à cuja família pertencia Zacarias, pai de João Batista (Lc 1.5).

TUTMÉS

O nome egípcio é *dhwty-MS*, que significa "o (deus) Tote nasceu". Quatro faraós egípcios eram chamados assim:

1. Tutmés I (XVIII dinastia), filho de Tmenohotepe I, conhecido por suas campanhas militares de êxito e por algumas construções.

2. Tutmés II, que teve um casamento distinto (sua mulher era uma meia-irmã sua!), mas uma carreira como faraó totalmente indistinta, não deixando nenhum grande legado. Não era incomum para um homem casar-se com uma irmã sua no Egito, e alguns reis e altas autoridades o faziam pensando que, sendo divinos, para preservar a pureza deveriam casar com familiares. Famílias reais, alegadamente, tinham origens divinas.

3. Tutmés III. O poder real até sua morte foi a mulher meia-irmã de Tutmés II, que era chamada de Hatsepsute. Uma vez que ela morreu, Tutmés III mostrou-se um hábil líder e comandante militar que se envolveu na Palestina e na Síria com grande sucesso. Ele já foi chamado de o "pai do império egípcio" e, quando não estava matando, para não ser morto, era hábil construtor.

4. Tutmés IV foi o último dos faraós com esse nome e assim acabou a XVIII dinastia. Nada especial se sabe sobre esse homem, de forma que a dinastia terminou um tanto sem glória.

A Bíblia não menciona nenhum desses reis por nome, mas alguns estudiosos acham que Tutmés III foi o faraó da opressão de Israel no Egito, antes de Moisés retirar seu povo de lá.

U

UCAL

No hebraico, **"sou forte"**. De acordo com certas versões (mas não em nossa versão portuguesa), Ucal e Itiel seriam filhos, discípulos ou contemporâneos de Agur, aos quais este teria dirigido suas declarações oraculares (Pv 30.1). O nome Ucal não se encontra em qualquer outro trecho do Antigo Testamento. Já o nome Itiel aparece em Neemias 11.7, como um dos filhos de Jesaías, um benjamita. Nem a Septuaginta e nem a Vulgata Latina traduzem essas palavras — Ucal e Itiel — como nomes próprios. Por causa dessas e de outras considerações, alguns estudiosos eliminam, nesse trecho do livro de Provérbios, Ucal e Itiel como nomes próprios. Antes, rearranjam o texto hebraico sem alterar qualquer consoante, resultando naquilo que encontramos em nossa versão portuguesa, que acompanha versões estrangeiras no tocante às três últimas palavras do texto hebraico: "Fatiguei-me, ó Deus; fatiguei-me, ó Deus, e estou exausto".

UEL

No hebraico, **"vontade de Deus"**. Esse homem era filho (descendente) de Bani, da classe sacerdotal, e que se casara com uma mulher estrangeira na Babilônia. Terminado o exílio, de volta à terra santa precisou separar-se dela (Ed 10.34). No trecho paralelo de 1Esdras 9.34, ele é chamado Joel. Viveu por volta de 445 a.C.

UFAZ

Uma palavra que, segundo muitos estudiosos, é uma forma corrompida de *Ofir* (vide). Trata-se de um nome que aparece por duas vezes no Antigo Testamento (Jr 10.9 e Dn 10.5).

Dali procedia ouro fino, certamente de origem aluvial. Um certo estudioso, D.J. Wiseman, pesquisando a etimologia dessa palavra, sugeriu que o termo nem mesmo indica um local geográfico, mas antes, seria uma palavra técnica para indicar ouro refinado (ver NDB, p. 1304). Uma outra sugestão é que essa palavra é uma corruptela de *Ofir*; e, de fato, a *Hexapla* síria diz *Ofir*, na primeira daquelas duas referências. Com base nisso, pode-se deduzir que a questão está longe de ficar inteiramente resolvida, permanecendo algumas dúvidas sobre o significado da palavra.

UGARITE

I. IDENTIFICAÇÃO. Essa era uma antiga localidade da Fenícia, a moderna Ras Shamra, importante porto do norte da Síria, cerca de 90 km ao leste de Chipre. Essa antiga baía era chamada de Lukos Limen (o porto branco) pelos gregos. No início, era um centro de comércio na rota do Chipre à Mesopotâmia. Rigorosamente falando, a principal cidade na região localizava-se em Ras Shamra, mas havia outras habitações na área. Os tabletes encontrados contribuem para nosso conhecimento sobre a cultura da área, seu idioma, política, sistema jurídico, religião etc.

II. DESCOBRIMENTO. Em 1928, um fazendeiro sírio acidentalmente descobriu as tumbas na região costeira do Mediterrâneo, na área diretamente oposta à ponta nordeste de Chipre. Os arqueólogos imediatamente suspeitaram que poderia haver um importante sítio da antiguidade esperando ser descoberto. As primeiras escavações em Ras Shamra ocorreram entre 1929 e 1939, e logo uma das mais importantes descobertas arqueológicas do século XX veio à tona. Evidências surgidas indicaram que o local havia sido habitado em períodos tão remotos quanto o quinto e o sexto milênio antes de Cristo. Cinco diferentes níveis de ocupação foram identificados: ***a***. neolítico; ***b***. calcolítico; ***c***. uma cidade cobriu a área do nível 3; o nível 4 foi chamado de Strata II e era pré-ugarítico; o nível 5 foi chamado de Strata I e aquela foi a época do florescimento da cultura ugarítica e o nível do qual se originaram os famosos Tabletes de Ugarite, ou de Ras Shamra.

III. OS TABLETES DE UGARITE. Centenas de tabletes de argila foram descobertos em Ras Shamra durante o período de uma década inteira de escavações, iniciando em 1929. A maioria estava registrada em uma escrita alfabética de aparência cuneiforme que foi decifrada com sucesso sem a ajuda de um texto bilíngue, sendo que o idioma era parecido com os idiomas cananeu, fenício e hebraico, do norte de Canaã. Os tabletes cobrem muitas áreas de conhecimento e cultura como épicos, textos litúrgicos, religiosos, mitologia e informações gerais sobre a cultura da época, em torno de 1400 a.C. Os tabletes têm grande valor para o entendimento dos povos ugaríticos da época e seus vizinhos, idioma, cultura, crenças religiosas, leis e ocupações, mitologias etc. Os épicos incluíam os relativos ao rei Niqmade II, que pagou tributos ao rei hitita Supiluliumas (1375-1430 a.C.); o épico relacionado a *Baal* descreve suas guerras contra outros deuses como Yam (o mar) e contra Mote (a morte). Ele buscou liderança suprema nos céus e na terra. Nesse épico, são vistas muitas noções religiosas, algumas das quais fazem paralelos às ideias e conceitos religiosos dos hebreus. O épico *Querete* fornece detalhes sobre um rei que conseguiu ser próspero e divino ao mesmo tempo. Em uma época de medo, quando o rei temia por sua vida (ele havia perdido suas mulheres e não tinha herdeiro homem), El, o deus principal, apareceu e deu-lhe o conforto e as instruções necessárias para continuar sua vida. O homem então liderou campanhas militares de sucesso, conseguiu por mulher uma princesa, a filha de outro rei, e teve um herdeiro, que não foi, a propósito, o mais velho de seus filhos, sendo que o mais velho foi rejeitado, como acontece na história hebraica com Efraim, que recebeu a parte do leão da bênção em vez de seu irmão, Manassés (Gn 48.24). O épico relacionado ao *rei Danel* (uma variante do nome Daniel) informa-nos como o filho daquele homem acidentalmente conseguiu um arco que de fato pertencia à deusa Anate. Ela apareceu e prometeu ao filho de Danel grandes riquezas, imortalidade e fama se ele entregasse o aro a ela. Ele deixou de reconhecê-la como deusa e recusou-se a entregar o arco, considerando suas promessas inúteis. Não desistindo, a deusa empregou um homem rude e violento para ir buscar o arco. Yatpun, o homem mau, bateu tão violentamente no filho de Danel que, em vez de simplesmente derrubá-lo, o matou. A história para aí, pois os tabletes que contavam o restante dela foram perdidos. Isso deixa à nossa imaginação a continuação de um relato seguiria as veredas da vingança contra o homem mau por sua empregadora, a deusa. De maior interesse para os estudantes da Bíblia são as ideias sobre religião fornecida pelos tabletes, as quais resumo sob a seção V.

IV. REVELAÇÕES DO IDIOMA. O idioma dos Tabletes de Ugarite é o semita, desconhecido até o momento dessa descoberta. Ele foi facilmente decifrado por ser próximo à língua cananeia do norte da Palestina, e aos idiomas fenício, hebraico e aramaico. Esse grupo de idiomas pertence à família chamada de Semita do Noroeste. Foi desse ramo do idioma semita que surgiu nosso alfabeto. Ver o artigo separado sobre *Alfabeto*. Muitos usos e ideias hebraicas têm sido ilustrados a partir dos tabletes. Algumas porções da gramática e certas expressões hebraicas receberam iluminação. O idioma dos tabletes e o hebraico aparentemente compartilhavam as mesmas estruturas poéticas e dispositivos estilísticos. Algumas passagens anteriormente difíceis da Bíblia hebraica foram simplificadas através da comparação com o idioma dos tabletes. Um exemplo notável: a palavra *bamot*, que de modo geral significa "lugares altos" (valas sagradas nos montes), também podem significar as "costas" de um animal ou pessoa, mas isso não era sabido até a descoberta dos tabletes. Assim, em Deuteronômio 33.29, que fala sobre os inimigos de Israel, "lugares altos" (*bamot*) provavelmente deve ser compreendido como esses invasores que andam em suas "costas". Há um número razoavelmente grande de outros auxílios no vocabulário que surgiram dessa descoberta.

V. Religião. Primeiro, temos de reconhecer que a antiga sustentação da religião semita passou por desenvolvimentos em cada cultura, de forma que o que queria se dizer por certo nome de um deus, ou ideia religiosa, com o passar do tempo, veio a significar coisas diferentes. *El* (o Poder) é um nome ugarítico comum para o principal deus dessa literatura, e um dos nomes hebraicos favoritos para Deus, como *Elohim* (a forma plural). Então havia muitas combinações de El tanto em nomes divinos quanto humanos. Exemplos: Daniel significa "Deus é meu juiz"; Raf*el* significa *curador divino*; outros nomes de anjos também incorporam o *el*, como Gabriel, Uriel, Miguel, Izidquiel, Hanael e Quefarel, cada um dizendo algo diferente sobre *El*. Gabriel, por exemplo, significa "homem de Deus". Claro, o El dos tabletes e El o da Bíblia Hebraica são diferentes: o primeiro é o deus-chefe de um panteão; o El hebraico é o Deus único.

Os deuses dos tabletes muitas vezes são personificações das coisas que o povo ugarítico temia ou admirava, como Mote (a morte), Yam (o mar) que assumem *status* divino nas mitologias desse povo. Baal representa a "vida" e, assim, está em conflito com Mote por supremacia. Na Bíblia, a morte é personificada, mas não ganha a estatura de um deus, apenas de uma circunstância que é comum à vida e com a qual se deve lidar, finalmente, para que a vida possa ser alcançada para o bem e para a vida eterna (1Co 15.26, 55; Ap 20.14).

Os deuses dos tabletes são representados em termos humanos, tendo habilidades e profissões parecidas com as dos humanos, mas também podem poderes sobre-humanos de destruição e bênção. Hadade ou Baal Hadade é o poder que causa as tempestades; Yam causa a fúria do oceano; Ktar-wa-Khasis era um deus artesão que supria os outros com ferramentas úteis para o prazer ou para guerrear com outros poderes divinos. Yahweh, na Bíblia, é o General dos Exércitos, portanto às vezes é retratado como um deus da guerra, o que é verdade no caso das divindades ugaríticas. *Yahweh* também luta contra as forças caóticas da natureza como as *enchentes* (Sl 29.10; 93.4; 98.8), ou as *águas poderosas* (Sl 29.3; 77.19; Hc 3.15). Então, o monstro do Mar, o Levita (ver o artigo) não é concorrência para *Yahweh*, ou para aqueles favorecidos por ele. O nome ugarítico para ele é LTN. *Teofanias* (ver a respeito) de tempestades são comuns às duas culturas. Talvez a metáfora de Isaías sobre a Estrela do Dia (Is 14.12-15) seja uma reflexão de antigos símbolos semitas ou entidades divinas. Nos mitos ugaríticos, a estrela cadente é uma personagem demoníaca, a deidade caída *Athtar*, por exemplo, tentou roubar o trono de Baal mas foi derrubado, algo semelhante à história de Lúcifer, e então Satã do Novo Testamento (Lc 10.18). Dou ilustrações suficientes para provar o ponto de que havia um histórico semita comum para os tabletes do Ugarite e partes da Bíblia hebraica, mas os tratamentos resultantes são diferentes, pois estamos lidando com culturas diversas que desenvolveram linhas muito diferentes. O *monoteísmo* hebreu (ver a respeito) transforma as forças de deuses menores em forças naturais, em vez de entidades divinas ou demoníacas. Esses tabletes, contudo, demonstram que as ideias dos hebreus não se desenvolveram em um vácuo. Havia influências culturais que eram tratadas de formas diferentes do que o que era feito por outras culturas. Tudo isso é para não esquecer da inspiração, que é um fato da vida humana e mais amplamente difundido do que nos atrevemos a acreditar. Há "poderes lá em cima" que podem e de fato inspiram a mente dos homens em todos os campos de conhecimento, não meramente o teológico ou religioso. É provável que muitas de nossas melhores artes, composições musicais e ideias científicas e invenções têm sido auxiliadas pela inspiração divina. Um pouco disso opera, naturalmente, através de agentes de Deus, como os *anjos*, um tipo de palavra geral que significa poderes que não podemos ver com os olhos físicos, mas que são reais e às vezes se manifestam de alguma forma visível. Ver *Inspiração* e *Revelação* na *Enciclopédia de Bíblia, Teologia e Filosofia*.

ULA

No hebraico, **"carga"**. Era um homem aserita, pai de Ara, Haniel e Rizia. Seu nome aparece somente em 1Crônicas 7.39. Ele deve ter vivido por volta de 1452 a.C.

ULAI

Na Septuaginta, *Oúlai*. Esse era um rio, ou então mais provavelmente, um canal artificial de irrigação, perto de Susa, a capital da porção sudoeste da Pérsia, onde Daniel ouviu o som da voz de um homem, em uma visão (Dn 8.2,16). Atualmente, é muito difícil identificar esse lugar, devido às modificações topográficas, que podem ser muito rápidas e drásticas em terrenos de aluvião. Há estudiosos que sugerem que o atual alto curso do Kherlhah e do baixo curso do Karun, nos tempos antigos, formavam uma única correnteza, que desaguava em um delta, no alto do golfo Pérsico. O Ulai aparece em gravuras em alto relevo representando o ataque desfechado pelas tropas de Assurbanipal contra Susa, em 640 a.C. Com um sentimento sanguinário, próprio dos antigos monarcas sírios, esse rei afirma que avermelhou o rio Ulai com tanto sangue de seus inimigos mortos. O nome desse rio, nos tempos clássicos, era Eulaeus.

ULÃO

No hebraico, **"primeiro"**, **"líder"**. Alguns estudiosos também pensam no sentido de "solitário". Há dois homens com esse nome, nas páginas do Antigo Testamento, a saber: **1**. Um homem manassita, cabeça de um clã dessa tribo (1Cr 7.16,17). Era filho de Perez e irmão de Requém. Ele viveu em torno de 1400 a.C. **2**. Um dos três filhos de Ezeque, que era cabeça de uma família benjamita, descendente de Saul através de Jônatas (1Cr 8.39,40). O último versículo ajunta que Ezeque teve muitos filhos valentes, ótimos arqueiros, os quais também tiveram muitos filhos, em um total de 150. O trecho de 2Crônicas 14.8 também menciona a existência de benjamitas arqueiros. Esse Ulão viveu por volta de 840 a.C.

ULCEROSO

No hebraico, *yabbal*. Esse vocábulo aparece somente por uma vez em todo o Antigo Testamento, em Levítico 22.22, onde lemos: *O cego, ou aleijado, ou mutilado, ou ulceroso... não os oferecereis ao Senhor e deles não poreis oferta queimada ao Senhor sobre o altar*. A úlcera, normalmente, é um tumor cutâneo benigno, mas o contexto daquela passagem refere-se a algum animal que estivesse com uma úlcera que supurasse, talvez uma forma de antraz. É que os animais oferecidos em sacrifício, ao Senhor Deus, não podiam ser defeituosos em qualquer sentido.

UMÁ

No hebraico, **"união"**, **"parentela"**. Esse era o nome de uma cidade do território de Aser, perto de Afeque ou Reobe.

Atualmente ela ainda existe, com o nome de *Alma*, próxima de Ras Nakhura. No entanto alguns manuscritos gregos e, portanto, da Septuaginta, dizem Aco, cidade que mais tarde mudou o nome para Ptolemaida, uma interpretação que tem sido aceita por muitos eruditos. O nome dessa cidade só figura em um trecho bíblico, Josué 19.30.

UMBIGO (CORDÃO UMBILICAL)

No hebraico, *shor*, cujo sentido básico é "torcido". Essa palavra pode referir-se tanto ao umbigo quanto ao cordão umbilical. E também era usada no sentido comum de "cordão", "fio". Em Ezequiel 16.4, o sentido é o de "cordão umbilical", e, por extensão, indica o abdômen, porquanto o cordão umbilical está ligado ao abdômen (umbigo) do feto (ver 1Rs 7.33). No décimo capítulo de Ezequiel temos um uso metafórico dessa palavra. O povo de Israel, em sua miséria, assemelhava-se a uma criança recém-nascida, sujeita à morte, sem que seu cordão umbilical tivesse sido atado. Se o cordão umbilical não for atado, o sangue arterial começa a drenar para fora do corpo da criança, e esta morre. Portanto, Deus tomou Israel como um nascituro abandonado, lavou-o e cuidou dele.

Usos Metafóricos. O cordão umbilical é por onde os nutrientes chegam ao organismo do feto, podendo simbolizar essa ideia de transmissão de vida. Por outro lado, pode também ser emblema de uma dependência prolongada e exagerada de alguém a outra pessoa, condição ou coisa.

UM-ROSTO-VOLVERÁ

Em nossa versão portuguesa, essas palavras aparecem exclusivamente em Isaías 7.3, como tradução bastante boa das palavras hebraicas *shear iashub*, que ali figuram.

Esse era o nome simbólico do filho mais velho do profeta Isaías (Is 7.3; cf. Is 8.18). Ele estava presente quando Isaías confrontou o rei Acaz, segundo se vê em Isaías 7.3. Seu nome simbolizava a mensagem entregue pelo profeta. O juízo divino, sob a forma de um exílio do povo, era um aspecto essencial da mensagem de Isaías, embora também houvesse a promessa da restauração de um remanescente purificado. A doutrina de um remanescente, ensinada por esse profeta, aparentemente formou-se durante o período inicial de seu ministério, porquanto aquele filho mais velho nasceu quase no início de sua carreira profética, o que é indicado pelo fato de que por volta de 735 a.C., ele acompanhava seu pai àquele encontro com o rei Acaz. Ver sobre o *Remanescente*.

UNÇÃO

No grego, *chr sma*. Esse substantivo aparece somente por três vezes em todo o Novo Testamento, sempre na primeira epístola de João 2.20,27. O verbo *chrío*, "ungir", ocorre por cinco vezes (Lc 4.18 (citando Is 61.1); At 4.27; 10.38; 2Co 1.21; Hb 1.9) (citando Sl 45.8). Mas o adjetivo *christós*, "ungido", é usado por mais de 540 vezes, desde Mateus 1.1 até Apocalipse 22.21. Em todas as três ocorrências do substantivo, "unção", está em pauta a presença permanente do Espírito Santo com os crentes. O Senhor Jesus foi "ungido" com a presença do Espírito, capacitando-o a pregar o evangelho e a realizar prodígios e milagres (Lc 4.18). De acordo com as profecias bíblicas, o Messias (nome que procede do hebraico, correspondente em tudo ao termo grego Cristo, ou "ungido") era Servo de Deus por motivo de sua unção. O pensamento é reiterado em Atos 10.38. Por termos recebido o Espírito, também somos "cristos", ou "ungidos", segundo se vê em 2Coríntios 1.21,22: *Mas aquele que nos confirma convosco em Cristo, e nos ungiu, é Deus, que também nos selou e nos deu o penhor do Espírito em nossos corações*. Hebreus 1.9 mostra-nos que a unção de Jesus, entretanto, era de um nível todo especial: *... por isso Deus, o teu Deus te ungiu com o óleo de alegria como a nenhum dos teus companheiros*. (Ver também Jo 3.34).

A ideia de unção vem desde o Antigo Testamento, quando reis e sacerdotes recebiam a unção com óleo, literalmente falando, para ocuparem suas respectivas funções. (Ver Êx 40.13-15; Jz 9.8; 1Sm 9.16). Já a unção dos profetas era dada diretamente por Deus como uma operação espiritual. (Ver 1Rs 19.16 e, especialmente, Is 61.1). Essa é a base da unção tanto de Cristo quanto dos crentes, com o Espírito Santo, conforme já vimos. No Novo Testamento, a única menção à unção literal é a de Tiago 5.14,15, mas onde o autor sagrado já usa uma palavra grega diferente, *ale pho*, "untar", "besuntar", quando diz, segundo a nossa versão portuguesa: *Está alguém entre vós doente? Chame os presbíteros da igreja, e estes façam oração sobre ele, ungindo-o com óleo em nome do Senhor*.

Diversos vocábulos hebraicos são assim traduzidos, com raízes que significam "engordar", "esfregar", "derramar" e "ungir". No Novo Testamento temos *xriein*, "esfregar", "untar", e *aleifein*, "ungir". A ideia básica é a de esfregar com óleo (usualmente azeite de oliveira). Óleos eram especialmente preparados com essa finalidade, sobretudo se algum uso sagrado estivesse em pauta.

Pano de fundo. A prática da unção é antiquíssima, podendo ser acompanhada até de culturas pré-hebreias. A prática pode ter surgido nas práticas nomádicas de sacrifício, como a de untar de gordura os potes totens, como parte de alguma refeição comunitária. Ou pode ter surgido com base em unções para fins medicinais, quando se esperava a cura. Várias formas dessa prática foram bem averiguadas na Babilônia e no Egito, antes dos tempos bíblicos. A unção de reis, sacerdotes etc., eram formas comuns. Além disso, tal prática estava associada ao exorcismo e às cerimônias que preparavam os jovens para sua entrada na sociedade dos adultos.

Costume hebreu. No período pré-monárquico, temos em Gênesis 31.13 o relato sobre como Jacó ungiu a coluna que erigira em Betel, aparentemente uma forma de dedicação. Durante a época dos juízes, a prática era usada por ocasião da consagração de governantes (Jz 9.8,15).

Tipos de unção:

1. De coisas: (Ver 2Sm 1.21 e Is 21.5), a unção de escudos, talvez a fim de consagrá-los para a guerra. O tabernáculo e seus utensílios foram ungidos, incluindo todos os seus móveis (Êx 30.26-29; 40.9-11). O altar foi ungido (Êx 29.36), o que equivalia à unção das colunas ou pilhas de pedras, que eram usadas como memoriais ou altares (Gn 28.18; 35.14).

2. De pessoas: *a. Reis*. O azeite era derramado sobre as cabeças dos reis como símbolo de sua consagração ao ofício. Sacerdotes ou profetas, como representantes de Deus, usualmente encarregavam-se do ato da unção. (1Sm 10.1; 1Rs 1.39,45; 19.16). A unção fazia do rei um servo de Deus. O rito da unção dos reis criou o termo "ungido do Senhor" que se tornou virtual sinônimo de "rei" (1Sm 12.3,5; 2Sm 1.14,16; Sl 20.6). *b. Sacerdotes*. A unção de um sacerdote lhe conferia um ofício vitalício (Lv 7.3 ss.; 10.7; 4.3; 8.12-30). Os sacerdotes eram consagrados ao Senhor para cumprirem os seus serviços. *c. Profetas*. Elias comissionou Eliseu como seu sucessor por meio de unção (1Rs 19.16); embora o próprio ato não seja literalmente historiado. A comparação do Salmo 105.15 e 1Crônicas 16.22 parece indicar que pelo menos alguns profetas foram ungidos, o que os consagrou como representantes de Deus para a promoção da mensagem espiritual. *d. De hóspedes e estranhos*. A mulher ungiu os pés de Jesus, como sinal de respeito e hospitalidade (Lc 7.38). Jesus frisou que ele poderia ter sido assim honrado pelo seu hospedeiro (Lc 7.46), o que mostra que havia o costume de ungir os convidados. Seja como for, o costume era antigo, certamente não circunscrito à cultura dos hebreus. Trechos bíblicos como (Sl 23.5; Pv 21.7; 27.9 e Sab. 2.7) podem ser alusões à prática. *e. Por razões estéticas e salutares*. Os judeus ungiam-se quando saíam a visitar alguém, e também em muitas ocasiões ordinárias, talvez por higiene e para adornar a cútis, uma medida salutar e cosmética. (Dt 28.40; Rt 3.3; 2Sm 14.2; Am 6.6; Sl 104.15). Os cabelos e a pele eram ungidos. Parece que a pele lustrosa era considerada bonita, e a crença dos antigos no valor medicinal do azeite indicava que tais unções eram medidas salutares, tal e qual se sucedia no caso da lavagem das mãos.

f. Dos mortos. Essa unção era feita após a lavagem do corpo. Talvez para refrear o processo da corrupção, mas o mais provável é que fosse um sinal de consagração do morto a Deus. (Nm 5.22; Jr 8.22; Mc 14.1; Lc 23.56).

Sentidos metafóricos:
1. Da unção do Espírito (Sl 28.8; Hc 3.13; 2Co 1.22; 1Jo 2.20.27). **2.** Como termo técnico do *Messias*, pois ele é, supremamente, "o ungido". Esse é o sentido da palavra "Cristo". Messias é uma transliteração do vocábulo hebraico que significa "ungido". No plural, "ungidos", a palavra veio a indicar os sucessores da linhagem real de Davi (Sl 2.2; 18.50; 132.10). O esperado Messias foi assim designado por ser o mais digno dos sucessores de Davi, em Sl de Salomão 17.36 e 18.8.

A unção separa a pessoa ungida para o seu ofício, falando sobre o caráter sagrado de sua chamada e comissão. Há aquele "óleo de alegria" para aqueles que cumprem bem a sua missão (Hb 1.9). Assim são separados os homens para servirem a Deus (Rm 1.1). Mas, em seu lado negativo, a prática da unção pode simbolizar o excesso de luxo (Am 6.6).

Significado sacramental: Alguns intérpretes veem um uso sacramental na unção, em Tiago 5.14, nos termos de *extrema unção* (ver o artigo). As igrejas orientais continuam ungindo os enfermos em um rito formal, costume alicerçado sobre esse versículo. E outros grupos cristãos fazem o mesmo. (B E JP LAS S Z)

UNGUENTO
1. Termos Envolvidos
a. *Shemen*, um termo hebraico (que aparece em 2Rs 20.13; Sl 133.2; Pv 27.16; Ec 7.1; Is 1.6). Provavelmente, essa palavra indica vários tipos de óleo, embora usualmente esteja em foco o azeite de oliveira. Há outras referências veterotestamentárias, que as traduções têm traduzido de diversas maneiras, em um total de outras 180 menções. **b.** *Roqach*, "composição", "unguento". (Êx 30.25, 35). *Raqach*, uma forma variante, aparece por oito vezes (Êx 30.25,33,35; 37.20; Ec 10.1; 2Cr 16.14; Ez 24.10; 1Cr 9.30). Tratava-se de uma composição de elementos odoríferos. **c.** *Múron*, "mirra". Uma palavra grega com frequência traduzida como *unguento*. Ver o artigo separado sobre *Mirra*. Esse termo grego foi usado por catorze vezes no Novo Testamento (Mt 26.7,12; Mc 14.3-5; Lc 7.37,38,46; 23.56; Jo 11.2; 12.3,5; Ap 18.13).

2. A Preparação de Unguentos. A base oleosa de quase todos os unguentos referidos no Antigo Testamento era o azeite de oliveira. A isso adicionavam-se vários aromáticos, alguns deles importados (1Rs 10.10; Ez 27.22). As principais especiarias assim utilizadas eram a mirra e o nardo (vide). Essas especiarias eram importadas da Fenícia em pequenos frascos de alabastro. A preparação de unguentos era feita por profissionais que exerciam a atividade de farmacêuticos. Algumas pessoas envolvidas nessa atividade dirigiam ativos e extensos negócios. Às vezes, mulheres é que se mostravam muito habilidosas nessas misturas químicas. A arqueologia tem demonstrado que certos aromas são capazes de reter o seu poder odorífero durante muitos séculos, quando guardados em frascos bem fechados. Vasos de alabastro, encontrados no castelo de Alanwick, além de outros achados no antigo Egito, quando abertos, mostraram que seu conteúdo havia retido seus perfumes por mais de dois mil anos. Plínio informa-nos que a fórmula dos unguentos requeria dois ingredientes principais: uma parte líquida e uma parte sólida. A parte líquida quase sempre era o azeite de oliveira, embora os egípcios também usassem óleos como o de rabanete, de colocíntidas, de sêsame, de amêndoas, e até mesmo gorduras animais. As pessoas mais pobres usavam o óleo de mamona. A esses óleos e produtos graxos eram adicionados os ingredientes sólidos, como amêndoas amargas, anis, cedro, cinamomo, gengibre, mentol, rosa, sândalo etc. Os trecho de Cantares 1.3 e 4.10 trazem referências a certas substâncias odoríferas.

Não temos conhecimento completo sobre o modo de proceder exato para tais preparos. O azeite de oliveira era útil porque não se evapora facilmente. Eram usados vários processos de esmagamento. O pó era aquecido e então recebia a forma de bolas ou cones. No Egito havia uma guilda dos cozedores de unguentos que se associavam aos barbeiros, farmacêuticos, médicos e sacerdotes. Nos dias de Neemias, eles tinham sua própria guilda. Na época de Jesus, essa profissão, com frequência, tornava-se hereditária e era mantida como segredo de família. Visto que os produtos usados nessa indústria com frequência eram importados, o preço dos unguentos era elevado. Plínio revela-nos que os ingredientes eram fervidos juntos (13.2), e podemos supor que essa era uma prática universal.

3. Armazenamento. A fim de impedir a perda do odor, devido à exposição ao ar, e do volume, por causa da evaporação, os unguentos mais caros eram armazenados em frascos de alabastro e caixas de chumbo estanques, que eram então guardados em lugares frescos. A arqueologia tem descoberto muitos desses vasos decorativos. Algumas vezes, eram usadas jarras de vidro, um tanto mais baratas. As tampas dessas jarras eram hermeticamente fechadas. Assim, quando alguém queria usar o unguento, o gargalo fino dessas jarras tinha de ser partido. (Ver Mc 14.3).

4. Valor. Se alguém quiser saber algo sobre o valor dos perfumes, que indague a uma mulher. É admirável o quanto as mulheres estão dispostas a pagar por um bom perfume. Na antiguidade, os unguentos chegavam a fazer parte de tesouros. Ezequias exibiu unguentos em sua casa de tesouros, aos embaixadores babilônicos (ver 2Rs 20.13). Esses unguentos eram usados em lugar de dinheiro, e assim podiam ser usados para pagar dívidas de tributos (Os 12.1). Eram contados entre os *artigos de luxo* que foram denunciados pelo profeta Amós (6.6). Esse texto pode ser comparado com o trecho de Eclesiastes 7.1. Grande comércio cresceu em torno dos unguentos. Judas Iscariotes queixou-se que o unguento "desperdiçado" na unção de Jesus poderia ter sido vendido por uma grande soma em dinheiro, que poderia ser distribuída entre os pobres (ver Mt 26.9), circunstância essa que nos ajuda a entender o valor desse produto.

5. Usos dos Unguentos
a. Nas artes mágicas. Os homens sempre se deixaram impressionar pelos unguentos e seu grande valor, sendo natural que os mesmos estivessem associados a práticas mágicas. Os médicos egípcios usavam unguentos em conexão com seus ritos de cura, declarações mágicas e encantamentos. Um paralelo a esse costume era aquele de pintar o corpo dos pacientes. E nós, os cristãos, ungimos os enfermos com azeite, em consonância com o trecho de Tiago 5.14, embora sem imaginarmos que o azeite tenha qualquer propriedade mágica. Todavia, mesmo no mundo moderno, os unguentos continuam sendo substâncias mágicas, pelo menos para certos povos mais primitivos. E na cristandade, o uso sacramentalista de líquidos retém um certo caráter mágico, de acordo com aqueles que rejeitam o sacramentalismo.

b. Nos ritos religiosos. Tal uso tanto era privado quanto formal (empregado pelos sacerdotes) entre os hebreus, até onde a história nos faz retroceder. Jacó consagrou uma pedra, em Betel, derramando azeite sobre ela (ver Gn 28.18; 35.14). Era usado um azeite sagrado na consagração de *sacerdotes*, e do tabernáculo e seus móveis e utensílios (ver Êx 30.22-33). Certas regras foram ditadas a esse respeito (Êx 30.23-25,33).

Profetas eram ungidos em reconhecimento de seu ofício divino, como se vê no caso de Eliseu (1Rs 19.16). Os reis de Israel também eram ungidos (1Sm 10.1; 2Rs 9.1-3). Portanto, o ato de ungir envolvia profetas, sacerdotes e reis. Cristo, o Ungido, está investido em todos esses três ofícios. Escudos e paveses também eram ungidos, em um ato de consagração, para proteção de seus usuários(ver 2Sm 1.21, Is 21.5). Algumas vezes, o processo da unção era acompanhado por alguma manifestação do Espírito Santo (1Sm 16.13). O método de preparação do óleo da santa unção é descrito em Êxodo 30.22-25.

c. Propósitos cosméticos. Os fortes raios solares do Oriente Próximo e Médio inspiraram o uso de óleos para tratamento e proteção da pele humana. Os egípcios tinham práticas elaboradas quanto a isso, empregando cremes, pomadas, ruges, talcos, pintura de olhos, esmalte de unhas, além de vários tipos de óleo, os quais, sem qualquer mistura, eram aplicados à pele. As pessoas mais idosas queriam ficar mais jovens, e as pessoas jovens queriam preservar sua aparência juvenil, principalmente no caso de mulheres, naturalmente. O papiro cirúrgico Edwin Smith, que data de cerca de 1500 a.C., fornece-nos uma fórmula que seria garantida para rejuvenescer pessoas idosas. Essa inverdade continua sendo pespegada às pessoas até hoje, mas as mulheres continuam acreditando nela. Plínio e Teofrasto escreveram ensaios referentes à manufatura de cosméticos. Ver o artigo separado intitulado *Cosméticos*.

d. Propósitos medicinais. A medicina antiga sempre esteve às voltas com itens mágicos e supersticiosos. Para muitos antigos, a unção com azeite não era apenas um ato simbólico. Assim, o azeite era usado para pensar ferimentos (ver Is 1.6 e Ez 10.34), e, nos tempos modernos, óleos os mais variados têm sido usados à larga na medicina. Gileade era lugar conhecido por sua produção de um bálsamo com grande valor medicinal (Jr 8.22). Também havia colírios (Ap 3.18), e os enfermos eram ungidos com azeite (Tg 5.14). Por conseguinte, parte de uma prática judaica foi transferida para a igreja cristã, e assim nunca desapareceu.

e. Preparação para o sepultamento. Os cadáveres eram ungidos, embalsamados e envoltos em tiras empapadas em óleos (Gn 50.2,3,26; Mc 16.1). Pessoas ricas gastavam muito dinheiro com esses ritos, enquanto que os pobres tinham de contentar-se com a mera unção com azeite de oliveira.

f. Ritos de hospitalidade. Os servos tinham por tarefa ungir os convivas de um banquete no Egito, na Assíria e na Babilônia. Além de óleos também era usada água perfumada para salpicar nas vestes dos convidados. Jesus repreendeu Simão, o fariseu, por ter deixado de prestar-lhe essa cortesia tipicamente oriental (ver Lc 7.46).

g. Pagamento de dívidas ou de tributo. Visto que os unguentos eram geralmente tão valorizados, algumas vezes eram usados com essas finalidades (ver Os 12.1).

6. Usos Simbólicos. *a*. Um sinal de alegria e satisfação (Sl 45.7; Pv 27.9; Is 61.3). *b*. Um sinal de hospitalidade (Sl 23.5). *c*. Um sinal de prosperidade (Ez 16.19). *d*. Um sinal de luxo e fausto (Pv 21.17; Ez 16.13). *e*. Um sinal de abundância (Dt 32.13; 33.24). *f*. A ausência de unção simboliza tristeza e lamentação (2Sm 12.20,21; Dn 10.3), ou, então, de jejum (Mt 6.16;17) *g*. Nos sonhos e nas visões, o ato de ungir pode simbolizar a doação ou recebimento de autoridade espiritual, reconhecimento, o estado de alegria, vitória, ou a necessidade de curar ou ser curado.

7. Cristo, o Ungido. A palavra hebraica *messiah*, bem como a palavra grega *christós* significam, ambas, "ungido". Na qualidade de profeta, sacerdote e rei, Cristo é o maior de todos os ungidos, o Ungido por excelência. Ver os artigos *Cristo* e *Messias*.

UNI

No hebraico, "**respondendo com** *Yahweh*". Há dois homens com esse nome, nas páginas do Antigo Testamento, a saber: **1**. Um levita que dirigia os cânticos dos cultos do tabernáculo, nos dias de Davi. Ele é mencionado em 1Crônicas 15.18,20. Viveu por volta de 1015 a.C. **2**. Um levita que retornou do cativeiro babilônico para Jerusalém, em companhia de Zorobabel. Mencionado somente em Neemias 12.9. Viveu em torno de 536 a.C.

UNIÃO COM CRISTO

A adoração cristã e a literatura devocional, em todos os tempos, muito têm feito, correta e inteligentemente, para a união do crente e da igreja com Jesus Cristo. O conhecimento, a experiência e o prazer em Deus, no cristão, somente existem mediante Cristo; seu batismo é em Cristo; sua firme posição e todas as suas bênçãos estão em Cristo; seu destino é com Cristo. A igreja deve ser una com o Senhor como ele o é com o Pai e tal como ele conclama seus seguidores a serem uns para com os outros. As diferentes tradições na igreja e na teologia cristã têm-se concentrado nas diversas variações desse rico tema, que apresenta cinco aspectos principais:

1. União encarnacional O fundamento de nossa união com Cristo está no fato de ele haver assumido nossa natureza humana na encarnação. A tradição ortodoxa oriental sempre enfatizou que, em Cristo, Deus se torna um conosco, a fim de nos tornar um com ele; Deus condescendeu em assumir nossa natureza, para que pudéssemos ser restaurados, a fim de nos tornarmos participantes de sua própria natureza. (Os ortodoxos até mesmo se referem, por vezes, à sua "deificação" de nossa natureza — expressão que conduz a um entendimento inteiramente errôneo). A base teológica sobre a qual repousam todo esse processo e sua interpretação é a de que a humanidade foi feita à imagem de Deus e que Jesus Cristo é a perfeita imagem do Pai, imagem na qual ele nos restaura por sua encarnação, paixão, morte e ressurreição e mediante o Espírito Santo.

2. União pactual O NT toma o tema do AT do pacto entre Deus e a humanidade como a estrutura dentro da qual se entende o relacionamento do cristão e da igreja com Deus, mediante Cristo. Os cristãos se unem a Deus em um relacionamento pactual, baseado em promessas melhores e em um fundamento mais seguro, por causa da obra de Cristo em nosso favor. A alegoria do casamento, usada por profetas do AT para descrever o pacto de Deus com seu povo, é tomada no NT, com base em parábolas e ditos de Jesus Cristo, e aplicada a ele próprio (o Noivo) e à igreja (a Noiva). Isso sublinha a natureza da união pactual como um amor mútuo acompanhado de comprometimento, respeito, confiança e sujeição fiel. (Outras descrições, tiradas do relacionamento de família, como de pai e filho, filho primogênito e seus irmãos, etc., também são usadas para isso). Os puritanos, entre outros, estimavam de forma especial esse tema. Dentro do caráter geral de pacto das relações de Deus com o homem em Cristo, um aspecto do ensino de Paulo, algumas vezes chamado de *união federal*, tem sido especialmente observado e desenvolvido dentro da tradição teológica reformada. O modo com que os homens e mulheres são tratados por Deus "em Cristo" é considerado paralelo ao seu modo de tratar a raça humana "em Adão". Deus trata com muitos por meio de um só homem, representativo (o "dirigente federal") em cada caso, imputando o pecado de Adão a seus descendentes e a obediência de Cristo e sua expiação a seus seguidores (cf. Rm 5.12-21; 1Co 15.45-49), com todas as consequências disso resultantes em ambos os casos. Isso, em parte, é o significado de uma pessoa estar "em Cristo" ou de sua união com ele. Considera-se a base para as relações de Deus com seu povo, tendo por fundamento um representante, como estabelecida em seus relacionamentos com a humanidade desde Adão, ou seja, desde o princípio.

3. União sacramental A tradição católica tem sempre dado grande ênfase à natureza e aos meios sacramentais da união inicial e contínua com Cristo. No NT, a incorporação do cristão em Cristo, pela qual se torna um membro de seu Corpo, ocorre mediante o batismo, como um rito exterior sacramental de iniciação, ligado ao arrependimento e à fé em Jesus como o Messias, Salvador e Senhor como o meio interior de apropriação. O batismo em nome de Cristo fala da união do batizando com Jesus Cristo, especialmente em sua morte, sepultamento e ressurreição. Assim também, a ceia do Senhor ou Santa Comunhão, como rito ou sacramento do pacto de continuidade em Cristo e seu Corpo, visa a ajudar os cristãos a nutrir, aprofundar e fortalecer seu relacionamento e união com Cristo e o de uns para com os outros nele. Embora não citando direta e propriamente esse sacramento, João 6.25-59 enfatiza, na linguagem mais forte possível, a necessidade dessa constante nutrição em Cristo. A ceia enfatiza especialmente a morte de Cristo, como demonstração de seu amor e fonte da nova vida dos cristãos nele.

4. União experimental Jesus se tornou homem e passou pela plena experiência humana na vida, na morte e ressurreição, para unir o povo cristão a si, na mais plena realização de sua vocação e destino. Os cristãos, tendo morrido com Cristo no Calvário, para seus próprios pecados e sua velha vida de egocentrismo, e ressuscitado para uma nova vida com o Senhor, compartilham de sua condição e posição, de seu relacionamento com o Pai e sua vocação, como filhos e filhas de Deus, sendo, por isso, chamados a sofrer com ele, a passar pela morte física para a ressurreição física definitiva e com ele reinar em glória. Como precursor dos salvos nele poderem estar na presença mais imediata do Pai no céu, Cristo é o próprio garantidor da chegada ali de todo o seu povo. Sua herança como homem é também a herança deles. Com vistas a essa meta é que ele chama todos os cristãos a uma progressiva conformidade à sua própria imagem, continuamente renovando e transformando interiormente a personalidade do homem para a semelhança com Deus, pelo poder de seu Santo Espírito e aplicação da Palavra de Deus a todos os setores da vida humana. As tradições tanto evangélicas como católicas tratam enfaticamente dessa união da vocação, da posição, da experiência e do destino. O crente tem de assumir, e viver em sua experiência diária, a posição que é agora verdadeiramente a dele em Jesus Cristo, pelo livre dom de Deus.

5. União espiritual ou mística O aspecto final importante, enfatizado particularmente pelas tradições mística, pietista e carismática da igreja, é a união espiritual do cristão com Cristo, com quem agora está vinculado "em um só espírito". Essa união é, algumas vezes, chamada de "mística", por estar enraizada no mistério do encontro do espírito do homem com o Espírito de Deus ou de Cristo. Ela dá origem ao novo nascimento, produzido no interior da pessoa humana pelo Espírito Santo e centrado, daí em diante, em uma vida pessoal e dedicada de oração, meditação (baseada especialmente na palavra de Deus nas Escrituras), contemplação e adoração. O objeto dessas atitudes espirituais é aprofundar o conhecimento no Senhor e um relacionamento de amor com ele em confiança e obediência, sabendo que tal submissão de amor em resposta ao amor de Deus é a rota mais correta para a inteireza verdadeira do espírito e do ser.

Embora o Espírito Santo conceda várias iluminações e experiências ocasionais, o cristão não deve buscar uma experiência mística particular por si mesmo, nem quaisquer experiências à parte do alvo de vir a conhecer e ter prazer no Senhor com o seu ser total e em conformidade moral com a vontade de Deus. O alvo cristão definitivo de união completa com o Senhor, a visão clara de Deus, não tem, de forma alguma, necessariamente, nenhum conteúdo de "êxtase", no sentido pagão ou de ocultismos, embora venha realmente a satisfazer a alma; não envolve a perda da identidade individual em qualquer "absorção", do tipo budista, em uma "realidade infinita"

ou "consciência universal". O cristão verdadeiramente renovado à imagem de Deus desfruta livremente de comunhão plena com o Senhor, liberto de todo engano de "independência" que bloquearia o livre curso do amor puro, da verdade, confiança, obediência cooperativa e prazer entre ele e seu Criador e as outras criaturas.

(**J. P. Baker**) (falecido), M.A., B.D., ex-reitor de Newick, Lewes, East Sussex, Inglaterra.)

BIBLIOGRAFIA. L. Berkhof, *Systematic Theology* (Grand Rapids, MI, 1953); D. Guthrie, *New Testament Theology* (Leicester, 1981); J. Murray, *The Epistle to the Romans*, vol. 1 (Grand Rapids, MI, 1959); J. I. Packer, *Knowing God* (London, 1975); J. K. S. Reid, *Our Life in Christ* (Philadelphia, 1963); L. B. Smedes, *Union with Christ* (Grand Rapids, MI, 1983); J. S. Stewart, *A Man in Christ* (London, 1935).

UNIÃO COM DEUS

O objetivo da busca mística, dentro da fé cristã, é a união com Deus. Há muitos subobjetivos, como a iluminação da alma. A *Visão Beatífica* (vide) é uma expressão tradicional da união ideal com Deus. Muitas religiões incorporam esse ideal, tanto no Oriente quanto no Ocidente. O neoplatonismo enfatizava a possibilidade, fazendo-a mediada através do Logos. De acordo com a fé cristã e também com outras fés, a queda no pecado separou o homem de Deus. E a união é uma restauração, embora seja mais do que isso, visto que envolve o ideal de participação na natureza e nos atributos de Deus, sendo esse o nosso mais elevado conceito religioso. Deus é autoexistente, e tem uma vida que não pode deixar de existir. Deus é independente, porquanto não depende de qualquer outro ser ou força para existir. Mas a alma humana é dependente, não tendo capacidade de existir por si mesma e tendo de depender de Deus para continuar existindo. A vida do homem não é necessária, pois pode deixar de existir. Mas Deus tem uma vida que é necessária. Deus não pode deixar de existir. Ora, a união com Deus confere ao homem a vida independente e necessária de Deus. O homem remido vem a participar dessa vida de Deus, porquanto recebe a natureza divina (ver 2Pe 1.4) e a plenitude de Deus (ver Ef 3.19), a natureza divina em todos os seus atributos e em todas as suas manifestações. Isso ocorre através da transformação do homem interior segundo a imagem de Cristo, o Filho de Deus, o Logos encarnado (ver Rm 8.29). E é o Espírito Santo quem transforma os remidos mediante uma interminável série de estágios (ver 2Co 3.18). Temos aí a *glorificação* (vide), que nunca chegará a estagnar e que nunca chegará ao fim, pois seu escopo é ir aumentando cada vez mais. Passagens bíblicas como Gênesis 1.26,27; Jó 33.4; Salmo 8.4 e Isaías 64.8 enfatizam a dependência do homem. A imagem de Deus, embutida no homem, está destinada a expandir-se, e essa expansão é a concretização da salvação, que haverá de prolongar-se por toda a eternidade futura, nunca deixando de operar.

De acordo com a fé cristã, essa união é mediada pelo Logos, o princípio do Filho, dentro da deidade. Os remidos são identificados com Cristo, o Logos encarnado, processo pelo qual os filhos estão sendo conduzidos à glória do Filho de Deus (ver Hb 2.10). A salvação tem por escopo a união com Deus, e não meramente o perdão dos pecados e a vida em um lugar melhor (celestial), isento de problemas, e repleto de felicidade. Ver o artigo geral sobre a *Salvação*. Não é verdade, conforme afirmam equivocadamente alguns, que os homens podem ser unidos a Deus eticamente, mas não metafi- sicamente. Os versículos acima sugeridos referem-se definidamente à união metafísica com Deus, mostrando que os remidos participarão da mesma essência de tipo de vida que Deus tem, posto que sempre em uma maneira finita. Contudo, essa finitude ir-se-á aproximando mais e mais da infinitude, a alma remida ir-se-á tornando cada vez mais parecida com Cristo, porquanto está em foco uma glorificação eterna e interminável.

Desde o presente há certa participação do crente na natureza divina, devido à união mística com ele; mas isso representa apenas os passos preliminares, aquele estágio que promete uma plena participação na natureza divina. Essa participação, posto que parcial, vai-nos transformando moral e espiritualmente. O artigo sobre o *misticismo* (vide) aborda toda essa questão. Paulo teve experiência com o "terceiro céu", posto que não tenha estado na presença mesma de Deus, mas isso resultou para ele em efeitos admiráveis, e podemos ter a certeza de que nunca mais Paulo foi o mesmo homem. Escritores cristãos como Agostinho, Bernardo de Clairvaux, Boaventura, Meister Eckhardt, São João da Cruz, Santa Teresa, B. Ramon Lull e Jacó Boehme experimentaram todos, em um grau ou outro (embora em essência, a mesma coisa), uma profunda união com Deus, algumas vezes com resultados simplesmente espetaculares. A igreja oriental busca a iluminação através da meditação, o que, algumas vezes, produz a união preliminar com Deus. As religiões não cristãs, naturalmente, também têm pensado que essa questão reveste-se de primária importância.

Várias pessoas têm sugerido diretrizes quanto à união com Deus, e essa é a mensagem central do misticismo, sobre o que este *dicionário* oferece um detalhado artigo. A tentativa quase sempre incorpora alguma forma de meditação e alguma busca por estados alterados de consciência. Sempre requer a pureza moral como condição fundamental, sem a qual qualquer busca espiritual séria é inútil, sem qualquer avanço. O êxtase místico é procurado como veículo da transformação mística. Mas todos esses estados, quando conseguidos pelo homem mortal, são limitados. A alma precisa libertar-se do corpo físico antes que uma autêntica união com Deus possa tornar-se realidade. Isso não acontece automaticamente, ante a morte biológica do crente. De fato, isso faz parte da glorificação humana, que precisa atravessar muitas fases, durante um longo período de tempo (ver 2Co 3.18). Na verdade, é mais correto dizermos que a glorificação é um processo eterno, e que a união com Deus é uma consequência desse processo.

UNICÓRNIO

No hebraico, *reem*. A nossa versão portuguesa prefere pensar no "boi selvagem", e com toda a razão, conforme veremos. Essa palavra ocorre por dez vezes (Nm 23.22; 24.8; Dt 33.17; Jó 39.9,10; Sl 22.21; 29.6; 92.10 e Is 34.7).

Sem dúvida, está em pauta aquela espécie de animal selvagem que, nas esculturas assírias, aparece com o nome de *Rimu*. Provavelmente, corresponde ao auroque, também conhecido como bisão europeu, uma espécie extinta. Naquelas referências bíblicas, esse animal é descrito como forte, corpulento e feroz. Não era possível amansá-lo, para que ajudasse ao homem em seus labores agrícolas. Em vista de sua ferocidade, até mesmo caçá-lo era uma empreitada perigosa. O unicórnio, por sua vez, nunca existiu, senão nas lendas antigas. Ele era concebido como um animal bem menor que o touro, dotado de um único chifre, no meio da testa. Portanto, a nossa versão portuguesa mostra-se correta ao preferir "boi selvagem", e não "unicórnio". Ver também o artigo sobre o *Boi Selvagem*.

UR

No hebraico, **"chama"**. Esse era o nome do pai de Elifal, um dos trinta valentes guerreiros de Davi. Seu nome aparece somente em 1Crônicas 11.35. Viveu por volta de 1070 a.C. No trecho paralelo de 2Samuel 23.34, quem figura como pai de Elifelete (que deve ser o mesmo Elifal), é Aasbai. Ou Aasbai era o mesmo Ur, ou então devemos pensar que um desses dois trechos saltou por cima de alguma geração.

UR DOS CALDEUS

I. Termos. A palavra *caldeus* aparentemente deriva do nome próprio *Quesede*, o homem do qual, presumivelmente, os *caldeus* descendem. O significado desta palavra não é conhecido. Ele foi o quarto filho de Naor, irmão de Abraão. Viveu por volta de 2088 a.C. A palavra *caldeu* tornou-se, logo cedo, um virtual sinônimo de "astrólogo", sendo que os povos babilônicos eram adeptos dessa ciência. *Mágicos* profissionais também eram chamados assim, sendo que os babilônicos eram adeptos de várias ciências do ocultoUlt. O termo *caldeus* é usado como virtual sinônimo de babilônico. *Caldeia* (ver o artigo a respeito) era o nome de um distrito do sul da Babilônia. Passou a significar toda a Babilônia, quando essa parte do país se tornou dominante após o império neobabilônico de Nabucodonosor II (605-562 a.C.). Ver os detalhes no artigo sobre a *Babilônia*, 4. J. Ver também *Caldeia*.

II. Localidade

1. Uma ideia mais antiga. *Ur* provavelmente foi a cidade na Mesopotâmia de onde primeiro migrou Abraão (Gn 11.28, 31; 15.7; Ne 9.7) depois de ter sido chamado pela instrução divina. Mas alguns estudiosos pensam que a *Ur* da Bíblia de fato era um lugar na Turquia, chamada de Urfa, próximo de outra Harã localizada no sul daquele país. Uma tradição local faz essa declaração, mas a maioria dos estudiosos modernos rejeita essa ideia. **2**. Uma identificação mais provável é a de que Ur é Xamerina (a cidade da lua), que alguns chamaram de *Urie*. Arqueólogos encontraram inscrições em vários locais na cidade que diziam U-ri. O nome moderno desse local é Tell el-Muqayyar, no Sul do Iraque, cerca de 10 km ao sudeste de Nasiriyah, no rio Eufrates. O Antigo Testamento indica claramente que o lar de Abraão originalmente ficava na Mesopotâmia inferior, na cidade chamada Ur, de onde ele emigrou a caminho de Canaã (Gn 11.28-31; 12.1-4; 15.7; Ne 9.7).

III. Caracterização Geral

1. Ur era a terra natal de Abraão e o ponto inicial de sua migração a Canaã (Gn 11.28, 31; 15.7). **2**. O local tradicional é marcado pela Tell el-Muqayyar moderna, que se situa no rio Eufrates. **3**. Esse sítio foi escavado sistematicamente entre 1922 e 1934. Muitos itens de interesse aos arqueólogos foram desenterrados, a incluir o Zigurate construído por Urnammu, o fundador da Dinastia UR III no terceiro milênio a.C. Outras descobertas são listadas sob a seção IV. **4**. Um local alternativo, Urfa (Edessa) da Turquia, é sugerido, mas não encontra muito apoio entre os estudiosos modernos. A Septuaginta diz "terra dos caldeus", o que dá uma localização generalizada, não uma que seja específica. Alguns supõem que *ur* era um nome genérico, isto é "cidade", e nenhum local específico era chamado assim. Nesse caso, a leitura da Septuaginta é mais precisa do que a daquelas que tentam designar uma cidade específica. **5**. Os caldeus formavam um grupo de cinco tribos que se tornaram dominantes na Babilônia no final do sexto século a.C., e cujo nome passou a ser sinônimo de "babilônio". A frase "Ur dos caldeus" é anacrônica, o autor chamando o local pelo nome que o designou em seus dias, mas não originalmente na época de Abraão. Possivelmente, "dos caldeus" fosse um brilho de escribas posteriores, não sendo indicativo da época em que foi escrito o relato original de Gênesis. **6**. Os caldeus não chegaram ao sul da Babilônia até depois de 1000 a.C., assim, na época de Abraão, o local não era designado pela frase adjetivada, preposicional "dos caldeus".

IV. Arqueologia

1. As escavações iniciaram-se em 1854 e o local era chamado de monte de Betume (no árabe, *al muqayyer*). O Zigurate foi descrito juntamente com a área circundante. **2**. O templo circular de Ninhursague foi descoberto em Ubaid, 7 km a nordeste da cidade. Sua data foi em torno de 4000 a.C. **3**. Esta localidade foi escavada com maiores detalhes entre 1922 e 1934. Estima-se que cerca de 250 mil pessoas viveram na Ur Maior ou, em tempos modernos, na Ur metropolitana.

URI

No hebraico, **"iluminado"**. Há três homens com esse nome, nas páginas do Novo Testamento: **1**. Um filho de Ur, pai de Bezalel, o principal construtor do tabernáculo do deserto (Êx 31.2; 35.30; 38.22; 1Cr 2.20; 2Cr 1.5). Ele viveu por volta de 1525 a.C. **2**. O pai de Geber, um dos oficiais de Salomão em Gileade, encarregado do recolhimento de impostos (1Rs 4.19). Viveu em cerca de 1040 a.C. **3**. Um dos porteiros do templo, da época de Esdras (Ed 10.24). Ele se divorciou de sua esposa estrangeira, que adquirira quando Israel ainda estava exilado na Babilônia. Viveu por volta de 445 a.C.

URIAS

No hebraico, *"Yahweh é luz"*. O Antigo Testamento menciona cinco pessoas que tinham esse nome, os quais listo em ordem cronológica:

1. O primeiro marido de Bate-Seba, que pertencia à elite de trinta guerreiros defensores especiais e guarda-costas do rei Davi. Ele era *heteu*. (Ver 2Sm 23.23-30). Enquanto esse homem guerreava com Raba, Davi tirou proveito da situação para ter um caso com sua linda mulher. Quando ela descobriu que estava grávida, para livrar-se de seu marido, o rei deu um jeito de que ele fosse morto em batalha (2Sm 11.15). Quando o homem foi morto, Davi assumiu sua mulher. O filho morreu pouco depois de nascer, mas essa mulher se tornou a mãe do rei Salomão. A combinação de adultério e assassinato foi o ponto mais baixo da existência de Davi e mostrou os defeitos berrantes de sua espiritualidade. O nome Urias aparece 23 vezes na Bíblia, nos seguintes exemplos (2Sm 11.3,6-12,14-17, 21, 24, 26; 12.15; 23.39; 1Rs 15.5; 1Cr 11.41). Ele viveu em torno de 1000 a.C.

2. Um sumo sacerdote de Judá que viveu na época do rei Acaz. Esse homem, atendendo a uma solicitação do rei, projetou um altar a ser colocado no templo que duplicava aquele que o rei havia visto em Damasco. O rei vira o altar quando foi pagar tributos ao rei da Assíria, e ficou muito impressionado com ele; assim sendo, quis um como aquele no templo de Jerusalém. Sacrifícios eram então oferecidos no altar pagão que fazia parte da apostasia da época. Isaías denunciou a coisa toda e as condições de Jerusalém, no geral. Urias foi uma das testemunhas das profecias de temor de Isaías. (Ver 2Rs 16.10-16; Is 8.2). A época foi em torno do século 8 a.C.

3. Um filho de Semías, residente de Quiriate-Hearam, profeta que previu a destruição de Jerusalém na mesma época em que o fez Jeremias. Ele fugiu para o Egito a fim de escapar da ira do rei Jeoaquim, mas foi trazido de volta por agentes especiais enviados para buscá-lo e acabou executado por ordem real (Jr 26.20-23). Viveu no século 6 a.C.

4. Um levita que ficou do lado direito de Esdras quando ele fez a leitura da lei de Moisés ao povo quando o restante de Judá retornou a Jerusalém após o cativeiro babilônico (Ne 8.4). Isso ocorreu no século V a.C.

5. O pai de Meremoto, um sacerdote, homem em quem Esdras confiou para liderar uma equipe de quatro líderes de Judá para pesar o ouro e a prata, além de vasos preciosos, que o remanescente trouxe de volta da Babilônia quando retornou a Jerusalém. Esse homem também ajudou a reparar os muros de Jerusalém sob a direção de Neemias. (Ver Ed 8.33 e Ne 3.4). Ele viveu no século V a.C.

URIEL

No hebraico, **"El é luz"**. *El* é um dos principais nomes de um dos principais deuses dos semitas, e o mesmo nome foi emprestado pelos hebreus como um de seus nomes para o Deus de Israel. Ver sobre *Deus, Nomes Bíblicos* da *Enciclopédia de Bíblia, Teologia e Filosofia*. *El* significa "o Poder". Dois *homens* no Antigo Testamento eram chamados assim. No livro pseudepígrafo de 1Enoque e Tobias (um livro apócrifo), esse é o nome de um arcanjo, um dos sete principais anjos da angeologia judaica.

1. Um filho de Taate, levita da família de Coate e ancestral do profeta Samuel (1Cr 6.24). Viveu no século 13 a.C.

2. O chefe de uma família de levitas que havia descendido de Coate. Ministrou no tabernáculo na época do rei Davi, em torno de 1000 a.C. Estava entre o grupo de levitas que trouxe a arca da aliança da casa de Obede-Edom a Jerusalém. Do tabernáculo de Davi a arca foi finalmente transferida para o templo de Salomão. Isso terminou a série de deslocamentos que a arca sofreu até desaparecer da história no cativeiro babilônico. (Ver 1Cr 15.5, 11).

3. O arcanjo, um dos sete principais anjos da coletânea angélica judaica, mencionado no livro pseudepígrafo chamado 1Enoque 9.1 e em Tobias (um livro apócrifo). Tobias 12.15 fornece os nomes dos sete principais anjos, como Rafael, Gabriel, Uriel, Miguel, Izidquiel, Hanael e Quefarel. Observe que todos incorporam o nome divino *El*, o poder, e cada um diz algo diferente sobre esse poder que representavam. Uriel significa, "El é Luz"; Gabriel significa "homem de Deus"; Rafael significa "o poder cura" etc. Para outras informações, ver o artigo sobre *Rafael*. 1Enoque menciona Uriel em diversas passagens. Uma de suas tarefas foi avisar Noé sobre a inundação por vir. Ele falou a Enoque sobre o julgamento que viria sobre os anjos caídos (Enoque 21.5 ss.) e disse que eles seriam condenados por 10 mil anos, sendo que, depois disso, presumivelmente, teriam outra chance. Esse anjo era especialmente sábio quanto à natureza e aos movimentos das estrelas (Enoque 33.4) e da lua (75.3, 4; 78.10; 79.6; 80.1). 2Esdras mostra esse anjo condenando Esdras por causa de seu questionamento das maneiras misteriosas de Deus. Ele presumivelmente ajudou Adão e Abel a entrar no Paraíso. É chamado de o anjo que lutou com Jacó (Gn 32.25 ss.), mas não no próprio Antigo Testamento. Tais materiais pertenciam à coletânea judaica no período entre o Antigo e o Novo Testamento.

URIM E TUMIM

I. NOMES E SIGNIFICADOS. As palavras *Urim e Tumim* quase sempre ocorrem juntas (Êx 28.30; Lv 8.8; Dt 33.8; Ed 2.63; Ne 7.65; 1Esdras 45.40; Sir. 45.10). Em Números 27.21 e 1Samuel 28.6 aparece apenas *Urim*. Ambas as palavras estão no plural, embora, aparentemente, se refiram a dois objetos apenas. Esse é um exemplo do *aumentativo* hebreu, que aumenta a estatura de algo ao tornar a palavra plural. Outra instância conspícua é a constituição da palavra El, Elohim (o plural), ainda que se referindo a um único Poder Divino. Os nomes são de origem incerta, o que é ilustrado pelo fato de que as versões (traduções do hebraico) não as entendiam. Uma opinião comum é a de que signifiquem "luzes e perfeição". Urim pode ser o plural de *ur*, que significa *fogo*. Tumim pode derivar de *tom*, que significa presumivelmente que a Luz traz a perfeição ou completa o conhecimento quando os objetos são usados como forma de divinação.

II. ADIVINHAÇÕES SOBRE SUA NATUREZA E USO. Ninguém realmente sabe o que esses objetos eram. É claro que estavam às vestes sacerdotais do sumo sacerdote que os empregava, ou à placa do peito. É claro também que os objetos eram usados para divinação a fim de determinar a vontade de *Yahweh* ou responder a perguntas. Mas exatamente o que eram e como eram empregados continua um mistério. Algumas adivinhações são: **1**. Josefo (Ant. iii.7.5) identificou os objetos com os quartzos do ombro do efode. Presumivelmente, essas pedras mudavam de cor ou de brilho, significando, quando brilhavam, "sim" ou "faça", e, quando ficavam escuras, "não" ou "não faça". **2**. Ou, nas dobras da veste do sumo sacerdote, uma pedra (pedra preciosa) ou placa de ouro era colocada e manipulada em alguma forma de divinação, ou empregada para induzir um transe no qual a mente do sumo sacerdote era inspirada a dar respostas a problemas difíceis. Alguns incrementam essa adivinhação afirmando que o nome sagrado de Deus, *Yahweh*, estava gravado nesses objetos, o que ampliava o processo de divinação. **3**. Alguns transformam o número desses objetos em três. Em um estaria escrito "sim", em outro "não", enquanto no terceiro não haveria nada escrito. Assim as respostas poderiam ser dadas como "sim", "não" ou "não tenho opinião ou desejo a revelar", se a pedra em branco fosse a que aparecesse. Possivelmente essas pedras eram manipuladas pela mão do sumo sacerdote, sendo mantidas em uma dobra de sua veste. Quando recebesse uma pergunta, ele colocaria a mão na dobra e tiraria uma. Presumivelmente, o espírito guiaria sua mão à pedra certa. **4**. Ou as pedras eram lançadas, ou eram equivalentes a dados que tinham gravações esculpidas nos lados, e os lados que aparecessem após o lance determinariam as respostas. **5**. Um era um diamante, o outro um tipo diferente de pedra preciosa, e os dois juntos tinham o poder de induzir um estado de transe no qual o sumo sacerdote poderia dar respostas psíquicas ou espirituais que transcendiam seus poderes de razão. Ou as pedras brilhavam em alguma forma de brilho divino, influenciando a mente do sacerdote. **6**. Eram duas pedras, uma branca, uma preta, que, quando retiradas da veste do sacerdote, indicavam "sim" (branca) e "não" (preto).

Com base em (Nm 27.21; 1Sm 14.41; 28.6 e Ed 2.63) fica claro que as respostas buscadas não estavam sempre ao alcance, assim não sabemos (deixando de lado as adivinhações) como uma resposta neutra ou indefinida era obtida.

III. Divinação. Quando o pagão usava formas de divinação, os hebreus os condenavam, mas, quando *eles* usavam as mesmas formas, a prática era "santificada" por serem eles os hebreus que eram, presumivelmente, liderados por Deus através da divinação. Mesmo os apóstolos usaram uma forma de divinação ao selecionar um novo apóstolo para tomar o lugar de Judas (At 1.26). Ver os artigos detalhados sobre *Adivinhação* e *Magia e Feitiçaria*. A maioria das divinações é inútil, há vezes quando divinações funcionam positiva ou negativamente. A maioria das divinações que funciona é psíquica, não espiritual, não sendo nem positiva nem negativa, mas podendo ser usada para qualquer dos dois. Ver o artigo sobre *Parapsicologia* na *Enciclopédia de Bíblia, Teologia e Filosofia*. Há uma ciência psíquica que é tão legítima quanto a biologia ou fisiologia, e não está diretamente relacionada à divinação.

IV. Seu Desaparecimento. Com o desaparecimento do templo de Salomão, Urim e Tumim também deixaram de ser usados. Esdras 2.63 implica que, depois do retorno do remanescente do cativeiro babilônico, essa forma de divinação não era mais usada. Ben Sira não via necessidade da divinação se havia a lei a seguir (33.3). O Talmude fala sobre o Urim e sobre o Tumim, mas não prevê suas restaurações aos cultos de Israel. Não há registro sobre seu uso no segundo templo nem no templo de Herodes. De acordo com os registros, Abiatar foi o último sumo sacerdote a usar essa forma de divinação (1Sm 23.6-9; 28.6; 2Sm 21.1). Alguns intérpretes dizem que uma revelação superior pelos profetas (após o período do reino de Davi) tornou obsoletos o Urim e Tumim. Mas acho que esse modo de determinar as coisas era essencialmente inútil, e se não inútil, não muito confiável. De que vale algo se ele não funciona? Se funcionava e continuava a funcionar, provavelmente teria durado até o período dos profetas e formado um importante paralelo àquele ministério.

V. Significado Espiritual. Mesmo para as pessoas envolvidas em divinação, é mais divertido como jogo do que eficaz para determinar as respostas a problemas difíceis e sérios. *I Ching*, por exemplo, parece funcionar por poder psíquico, de forma que uma pessoa é capaz de fazer aparecer hexagramas que estão de acordo com suas expectativas ou desejos, mas que podem ser inúteis para resolver um problema. Ver o artigo

sobre essa forma de divinação sob o título *Livro de Mudanças*, na *Enciclopédia de Bíblia, Teologia e Filosofia*. Ben Sira estava correto quando colocou o estudo da lei acima do Urim e do Tumim. Para os cristãos há modos superiores de determinar o que fazer em qualquer dada circunstância e de determinar o desejo de Deus, em questões espirituais, do que qualquer forma de divinação. Por outro lado, é simplista atribuir a Satanás a questão da divinação, embora, às vezes, o mal entra em algo mesmo tão simples quanto isso. Ver o artigo sobre *Vontade de Deus, Como Descobri-la* na *Enciclopédia de Bíblia, Teologia e Filosofia*.

URSO

No hebraico, *dob*. É palavra que aparece por treze vezes no Antigo Testamento (1Sm 17.34; Jó 37; 2Sm 17.8; 2Rs 2.24; Pv 17.12; 28.15; Is 11.7; 59.11; Lm 3.10; Dn 7.5; Os 13.8; Am 5.19). No grego é *árktos*, vocábulo que figura apenas em Apocalipse 13.2. A palavra hebraica quer dizer "peludo". Muitos naturalistas modernos têm duvidado da existência de ursos na Síria e na África em qualquer tempo. Porém, as muitas referências a esse animal, no Antigo Testamento, asseguram-nos que uma espécie de urso, ou mesmo diversas, existiam na Palestina nos tempos bíblicos. Atualmente, o urso aparece na Síria somente mui raramente, sempre nas regiões elevadas do Líbano, do Antilíbano e de Amano. Também algumas raras vezes podem ser encontrados em Basã, Gileade e Moabe. No entanto, o urso nunca é visto na porção ocidental da Palestina. A espécie em foco é o *Ursus syriacus*, que tem um pelo acinzentado. É evidente que essa espécie já foi abundante na Palestina.

Ideias Extraídas das Escrituras. O urso é astuto (Lm 3.10). O urso defende furiosamente suas crias (2Sm 17.8; Pv 17.12). Tem muita força em suas patas (1Sm 17.37). Metaforicamente há um provérbio bíblico de que alguém pode fugir de um leão, somente para ter de enfrentar um urso, correspondente ao provérbio brasileiro: "Se ficar o bicho pega; se fugir o bicho come". (Am 5.19; 1Sm 17.36). Esse provérbio bíblico sugere que o urso representava o pior dos dois perigos.

Hábitos. Os ursos são classificados como carnívoros; mas, na verdade, eles são onívoros, isto é, alimentam-se de grande variedade de coisas, incluindo plantas das mais variadas espécies, peixe, pequenos animais etc. Também comem formigas abelhas e suas colmeias, e até mesmo carne putrefacta. Os ursos usualmente evitam o homem e seus animais domésticos; mas, no fim do inverno e começo da primavera, após saírem de sua hibernação parcial, os ursos, muito famintos, podem lançar-se contra os rebanhos ovinos, nas terras baixas, que se alimentam da relva que ressurge (1Sm 17.34). As ursas só têm filhotes uma vez por ano, dando até quatro crias de cada vez. Quando acompanhada por seus filhotes, qualquer ursa é perigosa (2Sm 17.8). Um único golpe da pata de um urso pode esmagar a cabeça de um homem ou animal. (ID ND UN)

USO DO ANTIGO TESTAMENTO PELOS CRISTÃOS PRIMITIVOS

1. Ilustrações Desse Uso. Ver o *artigo* sobre *Antigo Testamento*, em seu quinto ponto, que alude a citações diretas do Antigo Testamento, no Novo Testamento. Isso ilustra até que ponto a igreja cristã primitiva lançou mão do Antigo Testamento. Ver o artigo intitulado *Profecias Messiânicas Cumpridas em Jesus*. Ver também o artigo sobre a fórmula: *Está Escrito*. Essa fórmula foi muito usada para introduzir citações extraídas do Antigo Testamento no texto do Novo Testamento.

2. A Autoridade do Antigo Testamento. Os autores do Novo Testamento eram judeus piedosos (com a única exceção de Lucas, autor do Evangelho de seu nome e do livro de Atos), quase todos de persuasão farisaica. Isso significa que eles aceitavam (sem dúvida, incondicionalmente) o cânon palestino dos *39 livros* do Antigo Testamento. E talvez também aceitassem alguns livros apócrifos e pseudepígrafes, honrados pelos judeus dos tempos helenistas. Seja como for, é claro, no Novo Testamento, com suas muitas citações do Antigo Testamento, que os autores neotestamentários anelavam por fazer a fé cristã alicerçar-se sobre os fundamentos do Antigo Testamento. Autores do Novo Testamento, como Paulo, sempre quiseram apoiar as suas doutrinas com citações tiradas do Antigo Testamento. Isso não significa, porém, que a autoridade das revelações que produziram novas ideias fosse secundária, e que o Antigo Testamento fosse primário, mas significa que os autores do Novo Testamento estavam firmemente convictos na continuação da porção essencial do judaísmo revelado na fé cristã. Esses autores consideravam-se judeus piedosos da primeira linha, ao passo que a corrente principal do judaísmo havia apostatado, por ter rejeitado ao seu próprio Messias. A declaração que se acha em 2Timóteo 3.16: *Toda Escritura é inspirada por Deus...* reflete a atitude padrão dos autores sagrados do Novo Testamento, no tocante ao Antigo Testamento. Os artigos referidos no primeiro ponto, acima, demonstram a extensão em que os autores do Novo Testamento usaram o Antigo Testamento como um documento autoritário. Mas, se ansiavam por ter o Antigo Testamento como autoridade basilar, não temiam ultrapassá-lo quanto a várias categorias importantes, especialmente no que diz respeito à *cristologia* (vide). Seus escritos tornaram-se uma segunda grande autoridade, de onde surgiu a nossa Bíblia, composta por Antigo e Novo Testamentos. É muito difícil acreditar que isso sucedeu por mero acaso. Ver o artigo geral intitulado *Autoridade*.

3. Variações e Adaptações. Qualquer leitor sem preconceitos do Antigo e do Novo Testamentos descobre que o Novo Testamento ultrapassa o Antigo Testamento e chega a contradizê-lo quanto a alguns pontos fundamentais. Assim, no Antigo Testamento, a justificação é pela fé e pelas obras. Mas Paulo alterou esse conceito para o sistema da graça-fé. Apesar de O trecho de Isaías 9.6 dar-nos uma previsão da cristologia, é impossível dizermos que o Antigo Testamento antecipava o amplo desenvolvimento do conceito do Cristo divino do Novo Testamento. O desenvolvimento das doutrinas do céu e do inferno não eram conceitos bem formados no Antigo Testamento, mas estão mais alicerçados sobre desenvolvimentos que aparecem nos livros apócrifos e pseudepígrafes do Antigo Testamento. O Novo Testamento tirou proveito de alguns conceitos desses livros no tocante a essas questões e no tocante ao Messias de origem celeste, com algumas adições; isso produziu algumas doutrinas distintivamente cristãs. Ver o artigo sobre *1Enoque* quanto a uma demonstração sobre essas declarações.

Quando buscamos apoio no Antigo Testamento, no tocante à autoridade, ou à continuação do judaísmo sob formas novas e mais elevadas, então verificamos que, algumas vezes, os autores do Novo Testamento tiveram de fazer adaptações, produzindo variações que, sem dúvida, não concordavam com a exegese dos rabinos quanto às suas próprias Escrituras. Modernamente, chamaríamos essa atividade de "citação fora do conceito", pois foram feitas aplicações dos textos sagrados, e não tanto uma exposição exegética dos mesmos, em um bom número de casos. Ou, poderíamos dizer, algumas vezes os autores do Novo Testamento fizeram *eisegese*, em vez de *exegese*. Ver os artigos sobre ambos esses termos. Paulo, para exemplificar, em Gálatas 4.22 ss., produziu uma *alegoria* na qual Hagar e o monte Sinai são vinculados entre si, para então as duas coisas representarem Jerusalém em sua apostasia. Então, contrastada a essa cidade, temos a Jerusalém celestial, a verdadeira mãe dos espirituais. Sem dúvida, os rabinos chegaram a reclamar ao lerem essas manipulações de suas Escrituras Sagradas.

Quatro tipos de atividades participaram dessa questão do uso de textos de prova do Antigo Testamento, a saber: *a*. Um uso perfeitamente legítimo, incluindo muitas profecias messiânicas. *b*. Eisegese, que empresta aos textos sagrados novos significados que nenhum rabino teria antecipado. *c*. Alegorização, ou seja, conferir aos textos sagrados sentidos simbólicos. *d*. Seleção de textos de prova, com exclusão de outros. Em outras palavras, partes do Antigo Testamento foram levadas avante, mas outras partes foram deixadas para trás. A epístola aos Hebreus fornece-nos um exemplo clássico quanto a isso. O sistema sacrifical inteiro do Antigo Testamento foi descontinuado, sendo substituído por Cristo e seu sacrifício expiatório. Apesar de que isso representa um ABC para a doutrina cristã, podemos imaginar a consternação que isso deve ter causado aos judeus ortodoxos nos dias de Paulo.

Isso posto, apesar de que todos os livros do Antigo Testamento foram reconhecidos no Novo Testamento como autoritários, como na clássica declaração de 2Timóteo 3.16, contudo, *na realidade*, uma boa porção do Antigo Testamento foi deixada de lado, deixando de ter qualquer autoridade sobre os cristãos. A questão da lei mosaica, em contraste com o sistema da graça-fé é um sistema que fere a vista. O sacerdócio levítico foi rejeitado, e um novo sacerdócio foi criado. Na verdade, o Novo e o Antigo Testamentos são radicalmente diferentes quanto a muitos pontos, apesar de que a autoridade do Antigo Testamento continua a ser reconhecida. Sem essa atividade, o Novo Testamento não teria podido sobreviver. De fato, o Novo Testamento é muito mais do que mera modificação do Antigo Testamento. Antes, trata-se de algo radicalmente *novo*.

4. Rejeição de Posições Antigas. A transição do Antigo para o Novo Testamento ilustra um importante fato acerca da ideia inteira da inspiração das Escrituras. Apesar de a inspiração do Antigo Testamento ser defendida pelos escritores do Novo Testamento, contudo, na realidade, eles tiveram de crer que novas revelações fazem com que certas antigas revelações se tornem *obsoletas*, podendo até mesmo *contradizê-las* em termos nada indefinidos. Portanto, *não* é um princípio verídico aquele que diz que uma nova revelação *precisa* concordar com uma antiga revelação, a fim de ser válida. Uma nova revelação pode fazer mais do que suplementar. Pode até contradizer e tornar o antigo obsoleto. À medida que for crescendo o conhecimento espiritual, teremos aí um processo natural. E chego a afirmar que isso sucede até mesmo no corpo do Novo Testamento, não meramente no Novo Testamento em relação ao Antigo Testamento. Assim, parece que Paulo tinha uma visão mais clara e completa sobre a justificação do que Tiago. E certamente o ponto de vista do julgamento que emerge do relato sobre a descida de Cristo ao *hades* é mais lógico, esperançoso e abrangente do que a doutrina que fala em condenados a queimar para sempre, segundo se vê em alguns versículos do Novo Testamento, um conceito tomado por empréstimo dos livros pseudepígrafes. Assim também, quando Paulo escreveu sobre os seus *mistérios*, ele foi além de outros escritores do Novo Testamento quanto à questão. Não havia necessidade de Paulo concordar com o que fora dito antes dele, visto que a revelação anterior nem ao menos aborda a essência de seus mistérios. Por isso mesmo, os mistérios paulinos não precisavam concordar com ideias preliminares sobre o mesmo assunto. O mistério da vontade de Deus, de que Paulo fala em Efésios 1.9,10, certamente, ultrapassa todos os demais pontos de vista no tocante ao que Deus, finalmente, fará na redenção e na restauração da humanidade. Quanto a ilustrações sobre essas questões, ver os artigos *Descida de Cristo ao Hades; Restauração;* e *Mistério da Vontade de Deus*. Portanto, faremos bem em ter uma visão dinâmica da revelação, e não uma visão estagnada. Há muitas coisas por serem reveladas ainda; algum dia (embora não saibamos dizer quando), uma *terceira revelação* pode ultrapassar o nosso Novo Testamento, da mesma maneira que este ultrapassou o Antigo Testamento.

5. A Autoridade Primária do Novo Testamento. Jesus Cristo e Paulo são ali as autoridades primárias. De fato, deles é que emergiu o cristianismo bíblico. O Antigo Testamento serviu de pedra fundamental para o novo templo, embora não fosse o seu verdadeiro alicerce. Quando o Novo Testamento veio à existência, houve a tendência de rejeitar o Antigo Testamento, o que se vê no caso dos mestres gnósticos, que abandonaram totalmente a autoridade do Antigo Testamento. Isso foi um exagero que os escritores do Novo Testamento e que os primeiros *pais da igreja* (vide) rejeitaram, com toda a razão. Porém não há que duvidar que o novo pacto foi realmente novo, e não mera graduação sobre o Antigo Pacto.

UTA

No grego da Septuaginta, *Outá*. Ele aparece em 1Esdras 5.30 como um israelita cujos filhos retornaram à Palestina, terminado o cativeiro babilônico, em companhia de Zorobabel. No entanto, esse nome é omitido nas passagens paralelas dos livros canônicos de Esdras (2.45) e de Neemias (7.48).

UTAI

No hebraico, *"Yahweh* **é a ajuda**". Nas páginas do Antigo Testamento há dois homens com esse nome, e, nos livros apócrifos, também há menção a um homem com esse apelativo, a saber: **1**. Um membro da família de Judá, que retornou do exílio babilônico, para residir em Jerusalém. Seu nome ocorre em 1Crônicas 9.4. Ele era filho de Amiúde, descendente de Perez. Ele viveu por volta de 536 a.C. **2**. Um filho de Bigvai (Ed 8.14), que fazia parte do grupo que viajou em companhia de Esdras, da Babilônia para Jerusalém, nos dias do rei persa Artaxerxes (Ed 8.1). A caravana estacou no rio perto de Aava pelo espaço de três dias, a fim de permitir que Esdras recrutasse alguns levitas para se juntarem ao grupo que retornava a Jerusalém. Isso sucedeu em torno de 457 a.C.

Na literatura apócrifa há menção a um Utai, cujos filhos teriam retornado do cativeiro babilônico juntamente com Zorobabel. Ver 1Esdras 5.30.

UTENSÍLIOS

No hebraico, *kelim*. Essa palavra indica qualquer coisa ou objeto material que pode ser manuseado ou carregado, como um instrumento, uma arma, um implemento agrícola, um vaso, um receptáculo etc. A palavra é repetidamente empregada, em nossa versão portuguesa, para indicar vários itens usados no tabernáculo armado por Israel, no deserto, ou no templo de Jerusalém. (Por exemplo, Êx 25.39; 27: 3,19; 30.27,28; 31.8,9; 1Cr 9.28,29; 2Cr 24.14-19).

ÚTERO. Ver sobre *Órgãos Vitais*, sexto ponto.

UVA. Ver sobre *Vinha*, *Vinhedo*.

UVAS BRAVAS

No hebraico, *beushim*. Esse vocábulo hebraico ocorre exclusivamente no livro de Isaías (5.2,4). Lemos ali: ... *meu amado teve uma vinha num outeiro fertilíssimo... ele esperava que desse uvas boas, mas deu uvas bravas... como, esperando eu que desse uvas boas, veio a produzir uvas bravas?* Naturalmente, a alusão é ao rebelde povo de Israel. A tradução daquela palavra hebraica também ficaria correta como "uvas más". Isso indica que o profeta acreditava que tanto existe uma vinha boa (a *Vitis vinefera*, segundo seu nome científico moderno), quanto há uma vinha brava (ou *Vitis orientalis*). Esta última espécie produz uvas de pouco valor econômico. As uvas são negras, secas, pequenas e extremamente ácidas. Tal planta pode ser encontrada em várias regiões ao redor do mar Mediterrâneo. Na linguagem metafórica do profeta, pois, Deus não tinha mais proveito e utilidade para o povo de Israel. De fato, não demorou muito para que o povo judeu fosse rejeitado, tendo seguido para o exílio.

UVAS SECAS

No hebraico, *enab yabesh*, que aparece somente em Números 6.3. Esse item aparece na lista de alimentos que os nazireus não tinham permissão de comer. Naturalmente, uvas secas não eram proibidas para a população em geral. Todos os produtos derivados da uva entravam nessa lista, durante todo o tempo da separação do nazireado (vs. 4).

UZ

No hebraico, **"firmeza"**, presumivelmente de Uz, filho de Arã, filho de Sem, e assim o território onde ele e seus descendentes viviam. Alguns dizem que o nome significa "consulta". O Antigo Testamento contém três pessoas chamadas assim, além de um território. **1**. Um filho de Arã (Gn 10.23; 1Cr 1.17), neto de Sem. Viveu em torno de 2200 a.C. **2**. Um filho de Naor por sua mulher Milca (Gn 22.21). Sua época foi em torno de 2000 a.C. **3**. Um filho de Disom da família de Seir, ancestral distinto dos horeus (Gn 36.28), que viveu em torno de 1700 a.C. **4**. A terra de Uz, onde dizia-se que Jó vivia (Jó 1.1). A Bíblia fornece várias observações que nos ajudam a localizar essa terra: era um país (território) localizado próximo aos sabeus e caldeus (Jó 1.1, 1517). Era acessível aos temanitas e naamitas (Jó 2.11). Os buzitas estavam relacionados a ela (Jó 32.2). Os edomitas governaram o lugar em épocas passadas (Jr 24.20; Lm 4.21). Ficava próxima a um deserto (Jó 1.19). Teve vários xeques, chefes de tribos, povos semitas (Jr 25.20, 23). Na terra de Uz ficava a colônia de Edom, que é uma "filha" do local (Lm 4.21). Além das observações da Bíblia, temos o testemunho de Josefo, que situava o lugar no nordeste da Palestina, dizendo "Uz fundou Traconites e Damasco" (Ant. 1.6.4). As tradições árabes estão de acordo com isso. Talvez o wadi Sirhan moderno, ao sul de Jebel ed Druz, seja situado no antigo território. Essa é uma grande depressão rasa, parecida com uma planície, de cerca de 300 km de extensão e com uma média de 30 km de largura. Possui terra pastoril abundante, o que se ajusta a Jó 1.3. Há água suficiente para suportar animais silvestres e domesticados, além de uma população humana razoável, especialmente se os povos envolvidos fossem tribos nômades de números pequenos de indivíduos. Os mapas da *Zondervan Pictorial Encyclopedia of the Bible* localizam Uz próximo a Damasco, mas o wadi Sirhan, a leste do mar Morto, contradiz os aspectos das informações dadas acima. A localização a leste do mar Morto parece ser mais lógica. Ver as anotações sobre Jó 1.3 no *Antigo Testamento Interpretado*, que aumentam as informações. **5**. Servos do templo (escravos) chamados *netinins*, eram representados entre os exilados que retornaram a Jerusalém após o cativeiro babilônico. Um deles era chamado de Uz (Ed 2.49; Ne 7.51). Ele viveu em torno de 536 a.C.

UZÁ

No hebraico, esse nome aparece com duas grafias levemente diferentes, mas ambas com o sentido de "força". Há quatro personagens com esse nome, nas páginas do Antigo Testamento: **1**. Um filho de Abinadabe e irmão de Aiô. Seu nome aparece por oito vezes, em 2Samuel 6.3,6-8; 1Crônicas 13.7-9-11. Uzá morreu quando tocou na arca da aliança, quando esta estava sendo transportada da casa de seu pai, Abinadabe, para Jerusalém. Davi, desejando aumentar o prestígio de Jerusalém, que ele escolhera como capital do seu reino, resolveu trazer para ali a arca da aliança, que tempos antes fora devolvida pelos filisteus e ficara na casa de Abinadabe. Os filhos deste, Uzá e Aiô, puseram a arca em um carro puxado por bois. Mas, a certa altura do trajeto, parece que os animais tropeçaram, a carroça balançou e a arca deve ter ameaçado tombar. Uzá estendeu a mão para segurar a arca e, no mesmo instante, foi morto misteriosamente. A morte dele foi atribuída à violação do caráter sagrado da arca. O incidente deixou Davi profundamente abalado, e ele cancelou imediatamente o seu plano de levar a arca até Jerusalém. Em vez disso, a arca foi depositada na residência de Obede-Edom. E o rei apelidou o local de Perez-Uzá, "irrompimento contra Uzá", sem dúvida, devido ao fato de que o Senhor irrompera, em sua ira, contra Uzá, por causa da irreverência deste (2Sm 6.7,8). E assim a arca da aliança ficou na casa de Obede-Edom por três meses, antes de ser, finalmente, levada pare Jerusalém (ver 2Sm 6.12 ss.). Uzá, pois, era contemporâneo de Davi. **2**. Um dos descendentes de Merari, filho de Levi, também se chamava Uzá (1Cr 6.29). Uzá foi um dos homens a quem Davi encarregou do serviço dos cânticos da casa do Senhor, depois que a arca da aliança foi transportada para Jerusalém (1Cr 6.31). Portanto, ele também foi um dos contemporâneos de Davi. **3**. O proprietário de um jardim, onde Manassés e Amom, reis de Judá, pai e filho, foram sepultados (2Rs 21.18,26). Ao que parece, aquele jardim havia pertencido a esse homem, Uzá, acerca de quem só sabemos o nome. Ali encontrava-se a residência desses dois reis de Judá, provavelmente, adquirida por compra, embora não tenhamos informação alguma a esse respeito, nas Escrituras. Trata-se apenas de uma conjectura. Portanto, nada mais se pode dizer sobre esse Uzá, e nem sobre a época em que ele viveu, a não ser que deve ter sido da época de Manassés para trás, ou seja, antes de 680 a.C. **4**. Um dos servos do templo, ou netinins, que retornou do exílio babilônico para Jerusalém. Seu nome aparece por duas vezes na Bíblia, em Esdras 2.49 e em Neemias 7.51. Viveu por volta de 536 a.C.

UZAI

No hebraico, **"esperado"**. Esse era o filho de um homem de nome Palal, que ajudou Neemias no reparo das muralhas de Jerusalém (Ne 3.25). Ele viveu por volta de 445 a.C.

UZAL

No hebraico **"andarilho"**, embora alguns pensem que o nome seja de significado incerto.
1. Tabela das nações. Ver Gênesis 10.27 e 1Crônicas 1.21. Em vista está o sexto dos treze filhos de Joctã. Ele, por sua vez, era trineto de Sem, filho de Noé. Provavelmente Joctã foi um dos fundadores das tribos árabes. De qualquer forma, Uzal foi um líder de uma tribo do deserto, mas é impossível atribuir certa data a ele. **2. Uma tribo**. Uma tradição árabe conta-nos que Uzal era o nome original de Sanaa, a capital do Iêmen no sudoeste da Arábia. **3**. Ou, talvez, Uzal seja Azala, que ficava na vizinhança de Medina. O nome desse local é mencionado nos registros do rei assírio Assurbanipal, quando eles falam sobre suas campanhas contra os nabateus. Junto com essas informações ele menciona duas cidades principais do território, Iarqui e Hurarina, que são nomes semelhantes aos de Joctã, mencionado em Gênesis 10.26, 27, isto é, Jerá e Adorão. Ver sobre *Nabateus* neste *Dicionário*. **4**. O local associado a *Veda* e *Java*, na versão revisada de Almeida da Imprensa Bíblica Brasileira em Ezequiel 27.19. Vedão, Java e Uzal eram três pontos de parada para romeiros a caminho de Meca e Medina. **5**. Talvez Sanaã, da metrópole de Iêmen, marque o local antigo.

UZÉM-SEERÁ

No hebraico, "ponto de Seerá". Esse era o nome de uma das três aldeias edificadas por Seerá, uma mulher que aparece como filha ou descendente de Efraim, filho de José (1Cr 7.24). Alguns estudiosos pensam haver identificado a aldeia desse nome, que seria a moderna *Beit Sira*. Mas outros eruditos preferem pensar que não se sabe a localização de nenhuma das três vilas fundadas por Seerá. Além de Uzém-Seerá, ela também fundou a Bete-Horom de baixo e a Bete-Horom de cima. Uzém-Seerá ficaria a três quilômetros a sudoeste de Bete-Horom. Ver os artigos sobre *Seerá* e sobre *Bete-Horom*.

UZI

No hebraico, **"minha força"** ou **"forte"**, o nome de sete pessoas do Antigo Testamento, que listo em ordem cronológica. **1**. Um filho de Tola e neto de Issacar. Ele, juntamente com seus irmãos, liderava a tribo de Issacar e era conhecido por suas habilidades militares, sendo um *poderoso guerreiro* (1Cr 7.2). Viveu no século XVI a.C. **2**. Um filho de Bela e neto de Benjamim. Foi líder da tribo de Benjamim, conhecido por suas habilidades de guerreiro (1Cr 7.2). Sua época foi em torno de 1600 a.C. **3**. Um filho de Buqui (o sacerdote) e pai de Zaraías, ancestral distante de Esdras (1Cr 6.5, 6, 51; Ed 7.4). É difícil localizá-lo no tempo. **4**. Um filho de Micri e pai de Elá. Ele era da tribo de Benjamim e estava entre os exilados que conseguiram retornar a Jerusalém após o cativeiro babilônico (1Cr 9.8). Sua época foi em torno do século 6 a.C. **5**. Um filho de Bani, líder dos levitas após o retorno dos exilados do cativeiro babilônico (Ne 11.22). Viveu na época de Neemias, em torno de 445 a.C. **6**. Líder de uma família de sacerdotes, descendente de Jedaías. Era um sacerdote importante quando Jeoaquim, o sumo sacerdote, tomou parte na cerimônia da dedicação da reconstrução dos muros de Jerusalém (Ne 12.19, 42). Viveu em torno de 445 a.C. **7**. Um levita que participou na cerimônia da rededicação dos muros de Jerusalém que haviam sido reconstruídos após o cativeiro babilônico (Ne 12.42). A época era em torno de 445 a.C. É possível que os números 6 e 7 se refiram à mesma pessoa.

2Edsdras 1.2 menciona outro homem por esse nome, que era o pai de Arna e um ancestral de Esdras.

UZIA

No hebraico, **"minha força é** *Yahweh***"**. Esse foi o nome de um homem, da cidade de Astarote, alistado entre os "heróis guerreiros" de Davi (1Cr 11.44). Viveu por volta de 1048 a.C.

UZIAS

Nome de cinco personagens do Antigo Testamento. Esse nome significa "*Yahweh* **é forte**" ou "**a força de** *Yahweh*". Um deles foi um dos reis de Judá. **1**. Um filho de Uriel, um coatita. Seu nome figura somente em 1Crônicas 6.24. Viveu em cerca de 1100 a.C. **2**. O pai de Jônatas, que tomava conta dos tesouros do rei, nos campos, nas cidades, nas aldeias e nos castelos, nos dias de Davi. Seu nome só figura por uma vez em toda a Bíblia, isto é, em 1Crônicas 27.25. Deve ter vivido por volta de 1050 a.C. **3**. Um dos sacerdotes que voltou do cativeiro babilônico e que se havia casado no exílio com uma mulher estrangeira, tendo tido de divorciar-se dela, de acordo com o pacto firmado por todo o povo de Israel. Ver Esdras 10.21. Viveu em cerca de 445 a.C. **4**. O pai de Ataías, que veio residir em Jerusalém terminado o cativeiro babilônico. Ver Neemias 11.4. Viveu por volta de 445 a.C.

UZIAS, O REI

I. NOME E FAMÍLIA. Seu nome significa "*Yahweh* é força", que alguns interpretam como "*Yahweh* é *minha* força". Em algumas passagens, ele é chamado de Azarias, que pode ser uma forma longa da outra, ou um erro de escriba. Ver 2Reis 14.21; 15.1, 6, 8, 17, 27.

Ele era filho de Amazias, rei de Judá. Quando foi assassinado, Uzias tomou seu lugar, tornando-se o décimo rei daquela nação. Ele tinha apenas 16 anos de idade quando assumiu o poder. Sua época de reinado foi 781 a.C. a 740 a.C. Como se pode ver, ele ficou muito tempo no poder.

II. CRONOLOGIA. Há problemas cronológicos, considerando-se que parece que esse homem foi corregente com seu pai durante um longo tempo antes de tornar-se rei. Isso dificilmente permitiria uma condição em que ele se tornaria rei em seus próprios direitos, aos 16 anos de idade. Os intérpretes caem em contorções ao tentar explicar as observações bíblicas e não posso fazer nada melhor do que informar ao leitor aquilo que diz a *Zondervan Pictorial Encyclopedia of the Bible* sobre o assunto: "Uzias provavelmente foi corregente com Amazias por muitos anos. As evidências estão em 2Reis: **1**. (14.23), que o reino de Jeroboão durou 41 anos; **2**. (15.1), que Uzias se tornou rei (implicando que seu pai morreu) no 27^0 ano de Jeroboão; **3**. (15.8), de que o reino Jeroboão terminou no 38^0 ano de Uzias. Da rebelião de Jeú em 841 a.C., através dos reinos de Atalia, Joás e Amazias, a data da morte do último pode ser determinada em 768-767 a.C. Com base nisso, Uzias começou a contar seus anos de 792-791 a.C. e morreu em 740-739." Albright dá seu período de reino em torno de 783-742 a.C.

III. Observações Históricas

Um breve resumo. **1**. No início ele regeu com justiça (2Rs 15.3; 2Cr 26.4, 5). **2**. Ele derrotou com êxito os filisteus e os árabes (2Cr 26.7). **3**. Ele fortificou e fortaleceu Judá significativamente (2Cr 26.9, 15). **4**. Seu orgulho o corrompeu (2Cr 21.23). **5**. Por causa de sua atitude arrogante, ele foi julgado com "lepra" e teve de viver isolado do povo até sua morte (2Rs 15.6, 7). O *saraat* hebraico, muitas vezes traduzido como lepra, de fato era um termo geral que incluía muitas doenças de pele e mesmo a verrugas que penetravam nas roupas. Sem dúvida, a lepra é um de seus significados.

Alguns detalhes. **1**. Depois do assassinato de seu pai, o rei Amazias, Uzias assumiu o trono (2Rs 14.21), cerca de 783 a.C. Ver o ponto 2. *Cronologia*. **2**. Ele teve sucesso em derrubar os inimigos de seu pai, começando com os edomitas (2Rs 14.22; 2Cr 26.1). **3**. Outras guerras de sucesso foram realizadas no sul, especialmente com as tribos árabes e os filisteus (2Cr 25.7). Ele fundou cidades fortificadas novas no território dos filisteus. **4**. Ele fortificou Jerusalém; foi um sério promotor da agricultura; reteve seus cultos a *Yahweh*, sendo influenciado pelo profeta Zacarias (2Cr 26.5, 9, 10). **5**. Jerusalém e sua região sofreram poderoso terremoto em sua época, o que causou medo e distúrbios sociais (Am 1.1; Zc 15.4). **6**. 2Crônicas 26 revela que ele foi um dos reis mais energéticos e bem-sucedidos de Judá. **7**. Ele assumiu a liderança de uma coalizão de reis para bloquear o avanço assírio do norte sob *Tiglate-Pileser III* (ver o artigo). Esse esforço, contudo, não obteve êxito. O poder assírio derrotou Arã e Israel, e Judá teve de se contentar com guardar sua própria segurança e independência. Os registros (anais) do rei assírio falam de seu ataque a Azriyau e Yauda, que alguns estudiosos pensam referir-se a Uzias (Azarias) e Judá, mas uma interpretação alternativa relaciona esses nomes com o estado do norte da síria, *Ydi*, que é mencionado em inscrições aramaicas.

IV. Arqueologia. Talvez a questão de Tiglate-Pileser III, mencionada acima, qualifique como confirmação arqueológica a relação de Uzias com aquele poder, mas isso foi questionado, como explicado. Uma pedra encontrada fala do reenterro de Uzias em Jerusalém. A inscrição está em aramaico, mas em letras como as comuns às inscrições hebraicas. O texto diz: "Para esse local os ossos de Uzias, o rei de Judá, foram trazidos. Não abra". Sua data é o primeiro século, quando Jerusalém estava passando sob expansão sob Herodes, e todos os túmulos, exceto as tumbas dos reis, foram movidas para fora dos muros da cidade. Como Uzias tinha lepra, seu corpo não foi enterrado nas tumbas reais.

V. Doença e Morte. Com o orgulho elevado por causa de suas muitas vitórias que deram a ele uma carreira distinta, Uzias decidiu celebrar e queimar incenso no altar no templo. O sumo sacerdote fazia oposição a ele e isso com a ajuda de vários outros. O rei ficou muito bravo com a resistência a ele, um grande homem, e seguiu adiante com sua ideia. Repentinamente foi atingido pela lepra. Sua condição exigia isolamento, e assim acabou a carreira de um grande homem. Quando morreu, ele não foi enterrado nas tumbas dos reis (2Cr 26.23). A história de sua enfermidade e morte é contada em 2Reis 15.5-7 e 2Crônicas 26.16-23. Certamente, a palavra hebraica *saraat*, tão comumente traduzida por "lepra", pode significar diversas doenças da pele e até mesmo fazer referência a verrugas que entram nas roupas. Portanto, nunca poderemos ter certeza se a lepra real é a o que o termo refere nesse caso, embora, sem dúvida, *às vezes* seja.

UZIEL

No hebraico, **"Deus é força"**, que alguns interpretem como "Deus é minha força". Seis pessoas do Antigo Testamento tinham esse nome. Listo essas pessoas em ordem cronológica: **1**. Um filho de Bela e neto de Benjamim. Ele e seus irmãos eram líderes da tribo de Judá e poderosos guerreiros (1Cr 7.7). Ele viveu em algum momento no século XVI a.C. **2**. Um filho de Coate e neto de Levi. Um descendente dele, chamado pelo mesmo nome, foi tio de Moisés e Arão. Então outro homem com o mesmo nome foi proeminente na época de Davi, o rei. Ver as Escrituras a seguir, que falam dessas pessoas (Êx 6.18, 22; Lv 10.4; Nm 3.19, 1Cr 6.2; 15.10; 23.23, 30; 24.24). O primeiro desse grupo viveu no século XVI a.C. **3**. Um músico, filho de Hemã, que cooperou com o ministério musical de Davi (1Cr 25.4). Esses músicos eram profissionais que desenvolveram habilidades com diversos instrumentos como a lira, a harpa, o címbalo, e alguns compunham música apropriada para os cultos no tabernáculo e, mais tarde, para o templo. A época desse homem foi em torno de 1000 a.C. **4**. Um filho de Isi da tribo de Simeão. Ele e seus irmãos lideraram um grupo de quinhentos homens que afugentaram os amalequitas do monte Seir em uma batalha decisiva ali ocorrida. Com tal vitória, os simeonitas conseguiram aumentar seu território. Eles habitaram a terra conquistada na época de Ezequias, o rei (1Cr 4.42). A época foi em torno de 700 a.C.

VACA. Ver sobre *Gado*.

VAEBE EM SUFÁ

Essas estranhas palavras aparecem em nossa versão portuguesa, no trecho de Números 21.14, como parte do que estaria escrito no livro das Guerras do Senhor. Isso reflete o texto da *Revised Standard Version*. Porém, ninguém sabe o que tais palavras significam e nem onde estariam localizados tais lugares. A *Berkeley Version*, em nota de rodapé, explica que Vaebe seria uma cidade próxima do rio Arnon, um pouco mais para o norte, mas, na base do quê, não diz.

Outras traduções e outros estudiosos dão uma interpretação inteiramente diferente a essas palavras. Assim, a versão da *King James* diz: "O que ele fez no mar Vermelho". É mister que os hebraístas investiguem um pouco mais a respeito, e se manifestem. Essa passagem bíblica, por enquanto, permanece envolta em brumas. O que eu posso dizer acerca de *Sufá* é que temos aí uma transliteração do termo hebraico *suphah*, "tempestade", "redemoinho", que ocorre por quinze vezes nas páginas do Antigo Testamento, conforme se vê, por exemplo, em Jó 21.18; Isaías 5.28; 29.6; Jeremias 4.13 e Oseias 8.7.

VAGÃO. Ver sobre *Carruagem*.

VAGUEAÇÃO NO DESERTO POR ISRAEL

1. Cenário. Israel saiu do Egito sob a liderança de Moisés. Ver sobre o *Êxodo*. Mas uma falha de constância e de fé fez com que a posse da terra de Canaã fosse adiada por quarenta anos. E Israel começou a vaguear pelo deserto, pagando assim o preço por sua falha.

2. Território. Ficava dentro da península do Sinai, ou seja, aquela área dentro do ângulo ou garfo entre os dois ramos do mar Vermelho — o golfo de Suez e o golfo de Ácaba. A terra santa ficava ao norte dessa região e aquela porção da Arábia conhecida como Arábia Petrea (ou Arábia Rochosa). Seus distritos distantes eram: o deserto de Sur (ou Etã, a porção do Egito que vai desde Suez até o mar Mediterrâneo); deserto de *Parã*, que ocupa a porção central da península; deserto de *Sin*, que ocupava a porção inferior da península; deserto de *Zim*, para o nordeste. Foi nessa região que Israel ficou vagueando, quando retrocedeu de Cades, embora as vagueações tivessem envolvido as áreas adjacentes. Essa área inteira contava com pouca água e com poucas fontes de alimentos naturais, o que explica a situação crítica de Israel e sua necessidade de intervenção divina. Israel, ao partir do Egito, seguiu diretamente para o Sinai, e então para Cades. As vagueações começaram depois que Israel começou a retroceder de Cades (ver Nm 14.33; 32.13).

3. Estágios da Vagueação. Em primeiro lugar, houve a viagem direta para o Sinai, estritamente falando, não uma parte das vagueações, mas apenas a parte inicial do êxodo de Israel. Israel repousou durante cerca de um ano no Sinai, e em seguida mudou-se para Parã (ver Nm 10.12), para Taberá (ver Nm 11.3), para Hezerote (ver Nm 11.35 e 33.17), para a Arabá, por meio do monte Seir (ver Dt 1.1,2,19), para Ritmá (ver Nm 33.18), e então para Cades, no deserto de Parã (ver Nm 12.16; 13.26). Em segundo lugar, houve o começo mesmo das vagueações: de Cades a Rimom-Perez (ver Nm 33.19), para Libna (vs. 20), para Rissa (vs. 21), para Queelata (vs. 22), para o monte Séfer (vs. 23), para Harada (vs. 24), para Maquelote (vs. 25), para Taate (vs. 26), para Tara (vs. 27), para Mitica (vs. 28), para Hasmona (vs. 29), para Moserote (vs. 30), para Bene-Jaacã (vs. 31), para Hor-Gidgade (vs. 32), para Jotbatá (vs. 33), para Abrona (vs. 34), para Eziom Geber (Nm 20.1), ao longo das faldas do monte Seir (Dt 2.1). Em terceiro lugar, de Cades ao rio Jordão, durante essa fase, os lugares atravessados foram Beertoe (Dt 20.22), que tem sido identificada com Moserá (Dt 10.6), onde Arão morreu; Gudgodá (vs. 7), Jotbatá (vs. 7), ao longo do mar Vermelho (Nm 21.4); Eziom-Geber (Dt 2.8), Elate (vs. 8) Zalmona (Nm 33.41), Punom (vs. 42), Obote (21.10), Ije-Abarim (21.11), Tin (33.14), daí ao vale de Zerede (Nm 21.12), ao ribeiro do Arnom (vs. 13), a Dibom-Gade (Nm 33.45), a Almom-Diblataim (vs. 46), a Beer (21.16,18), a Mataná (21.18) a Naaliel (vs. 19), a Ramote (vs. 19), a Pisga (vs. 20) ou montes de Abarim, perto de Nebo (33.47), ao longo de Basã até às planícies de Moabe, perto do rio Jordão (21.33; 22.1; 33.48). Então Moisés faleceu, e foi sepultado em um lugar desconhecido. O povo de Israel entrou na Terra Prometida, havendo terminado os quarenta anos de suas vagueações pelo deserto.

4. Lições Espirituais. Más decisões ocasionam dolorosas derrotas espirituais. Essas derrotas podem adiar nosso progresso por muito tempo. A vida terrestre é caracterizada por lições difíceis que a alma precisa aprender, tirando proveito de suas oportunidades. A graça de Deus outorga-nos sempre novas oportunidades. E o triunfo pode vir, afinal. Uma outra interpretação metafórica diz respeito à vida terrena (as vagueações) e à nossa entrada nos céus, a vida espiritual (a posse da Terra Prometida). Moisés (a lei) governa a vida terrena; Josué (a graça de Jesus) governa a vida celeste.

VAIDADE

1. No Antigo Testamento. A ideia de "vaidade", nas páginas da Bíblia, passou por um complexo processo de desenvolvimento, incluindo as fases de algo vazio, daí para as porções de inutilidade, de engano e de iniquidade. E, de acordo com o seu propósito de revelar a verdade, que é final e duradoura, as Escrituras advertem-nos contra aquilo que tem apenas aparência de realidade, que tem mera aparência de valor. Posto que as pessoas estão sendo desviadas do reto caminho mediante essas coisas ilusórias, a Bíblia, pois, as revela e as denuncia. Acompanhemos esse desenvolvimento, através dos vocábulos hebraicos correspondentes: ***a. Ideia de coisa vazia***. Estão envolvidas palavras como *nabab* (Jó 11.12), "oco"; *ruach* (Jó 15.2; 16.3), "vento"; *riq* ou *req* (Lv 26.16,20; Jó 39.16; Sl 2.1; 73.13; Is 49.4; 65.23; Jr 51.58; Dt 32.47; Jz 9.4; 11.3; 2Sm 6.20; 2Cr 13.7; Pv 12.11; 28.19), "vazio"; *tohu* (1Sm 12.21; Is 45.18,19), "ruína", "coisa vazia". ***b. A ideia de inutilidade***. Está envolvida aí a palavra hebraica mais comumente traduzida, nas traduções e versões, por "vaidade", ou seja, *hebel*, que figura por nada menos de 65 vezes no Antigo Testamento (conforme se vê, por exemplo, em Jó 9.29; 21.34; 35.16; Sl 39.6; Pv 31.30; Ec 6.12; Is 30 7; 49.4; Jr 10.3; Lm 4.17; Zc 10.2; Ec 1.2; 12.8). Essa palavra tem o sentido de "inutilidade", "futilidade". ***c. A ideia de engano ou falsidade*** transparece, principalmente, em uma palavra hebraica como *shaw*, utilizada por cerca de 21 vezes (conforme se vê, por exemplo, em Jó 7.3; 15.31; 31.5; 35.13; Sl 12.2; 24.4; 41.6; 119.37; Pv 30.8; Is 5.18; Jr 18.15; Ez 13.6,8,9,23; 21.29; 22.28 e Os 12.11). Essa palavra hebraica significa "engano". ***d. A ideia de iniquidade***, que é o último estágio no desenvolvimento da noção de "vaidade", entre os hebreus, envolve palavras como: *aven* (Jó 11.11) "iniquidade"; *havvah* (Sl 5.9; 52.7; 55.11), "calamidade", *zimmah* (Lv 18.17; 19.29; 20.14), "artifício", "mau pensamento", *avlah* (2Sm 7.10; 1Cr 17.9; Jó 11.14; 24.20; 27.4; Sl 89.22), "perversidade"; *olah* (Sl 58.2), "perversão"; *ra* (Gn 6.5; 39.9; Dt 13.11; Jz 9.56; 20.3,12; 1Sm 12.17,20; 2Sm 3.39; 1Rs 1.52; 2Rs 21.6; Jó 20.12; Sl 7.9; 107.34; Ec 7.15, Is 47.10; Jr 1.16; 2.19; 22.22; 23.11,14; Ez 16.23; Os 7.1-3; 9.15; 10.15; Jl 3.13; Jn 1.2; Na 3.19), "maldade", "ruindade"; *roa* (Dt 28.20; Sl 28.4; Os 9.15) "ruindade", "tristeza"; *resha* ou *rishah* (Dt 9.27; 1Sm 24.13; Jó 34.10; 35.8; Sl 5.4; 84.10; Pv 4.17; 16.12; Ec 3.16; 8.8; Is 58.4,6; Jr 14.20; Ez 3.19; 31.11; 32.12; Os 10.13; Mq 6.10; Dt 9.4,5; Pv 11.5; 13.6; Is 9.18; Ez 5.6; 18.20,27; 33.12,19; Zc 5.8; Ml 1.4, "erro").

2. No Novo Testamento. *a*. *Kenós*, "vazio", "vão". Essa palavra aparece por dezoito vezes (Mc 12.3; Lc 1.53; 20.10,11; At 4.25 (citando Sl 2.1); 1Co 15.10,14,58; 2Co 6.1; Gl 2.2; Ef 5.6; Fp 2.16; Cl 2.8; 1Ts 2.1; 3.5 e Tg 2.20). A forma adverbial dessa palavra, *kenôs*, figura por apenas uma vez, em Tiago 4.5. *b*. *Kenophonía*, "som inútil", é termo grego que aparece por duas vezes no Novo Testamento (1Tm 6.20 e 2Tm 2.16). *Kenóo*, o verbo, em 2Coríntios 9.3. *c*. *Mátaios*, "vão", "inútil", "sem proveito". Palavra grega que foi usada por seis vezes (At 14.15; 1Co 3.20 (citando Sl 94.11); 1Co 15.17; Tt 3.9; Tg 1.26; 1Pe 1.18). *d*. *Mataiótes*, "vaidade", "inutilidade". Palavra grega usada por apenas três vezes (Rm 8.20; Ef 4.17; 2Pe 2.18). O verbo, *mataióomai*, "tornar vão" ou "tornar inútil", ocorre apenas por uma vez, em Romanos 1.21. *e*. *Máten*, "em vão". Palavra que ocorre por duas vezes (Mt 15.9 e Mc 7.7). *f*. *Eikê*, "em vão", "à toa". Esse advérbio figura por cinco vezes no Novo Testamento (Rm 13.4, 1Co 15.2; Gl 3.4; 4.11 e Cl 2.18). *g*. *Doreán*, "livremente", "em vão", "sem preço". Outro advérbio grego, que só aparece por uma vez com o sentido de "em vão", isto é, em Gálatas 2.21.

No Antigo Testamento, a palavra hebraica *hebel* é usada por 35 vezes, somente no livro de Eclesiastes, o que é típico da mensagem desse livro. O ponto de vista do mesmo pode parecer um tanto negativo e pessimista, mas isso somente do ângulo desta vida, cuja grande característica é a futilidade. Poderíamos mesmo dizer que a mensagem central desse livro é que a única coisa que vale a pena, nesta vida terrena, é: *Teme a Deus, e guarda os seus mandamentos; porque isto é o dever de todo homem. Porque Deus há de trazer a juízo todas as obras, até as que estão escondidas, quer sejam boas, quer sejam más* (Ec 12.13,14).

Nesta vida terrena há muita coisa que, à primeira vista, parece ter sentido, valor e substância; mas que, após análise mais detida, mostra ser falso e ilusório. Uma dessas ilusões é a adoração idólatra. De fato, por várias vezes os ídolos são chamados "vaidades" (por exemplo, Dt 32.21; 1Rs 16.13,26; Jr 18.15). Há estudiosos que afirmam que as artes mágicas e as bruxarias também cabem dentro da categoria dessas coisas falsas, que só parecem ter valor enquanto não são mais profundamente examinadas. (Para exemplificar, ver Jó 7.13; Is 5.18; 30.28; Jr 18.15). O mesmo se dá no caso do perjúrio (ver Sl 114.8).

3. Ideias Paralelas. Ideias paralelas, que não podem ser esquecidas em um estudo completo, são as de calamidade (Pv 22.8), falta de bom senso (Zc 10.2 e Ec 8.14), precipitação (Pv 13.11), destruição (Is 30.28) e acontecimentos lamentáveis, entristecedores (Ec 6.4).

4. As Vaidades Denunciadas. Também poderíamos preparar uma lista de coisas que, nas Escrituras, são designadas como vaidades, a saber: *a*. Os pensamentos e as palavras dos ímpios (Jó 15.35; Sl 10.7 e 144.8). *b*. Deixar os resultados do trabalho de uma vida inteira a outras pessoas, que, por muitas vezes, nem conhecemos (Ec 2.19,21). *c*.O fato de que tanto os sábios quanto os insensatos acabam tendo a mesma sorte, neste mundo (Ec 2.15). *d*. O fato de que os homens, apesar de tudo, não têm qualquer vantagem acima dos animais irracionais, se considerarmos que uns e outros terminam morrendo (Ec 3.19). *e*. A própria vida neste mundo é uma grande futilidade (Ec 9.9 e 11.10). *f*. Os profetas falsos (Ez 13.6,8,9,23; 21.29 e 22.28). *g*. As nações, juntamente com seus príncipes e governantes (Is 40.17,23). *h*. Os prazeres deste mundo (Ec 2.1). *i*. As riquezas materiais (Ec 5.10; cf. 4.7,8; 6.2; Pv 13.11 e 21.6). *j*. Cada indivíduo que vem a este mundo (Sl 39.5,11; 62.9; 144.4). *k*. Todas as coisas que há nesta vida terrena (Ec 1.1; 12.8).

5. Ideia Moderna de Vaidade. Em português e outros idiomas modernos, a ideia de "vaidade" é bastante diferente daquilo que encontramos nas páginas da Bíblia. Há elementos da moderna "vaidade" que não figuram nos vocábulos bíblicos, a saber: **1**. a noção de orgulho pessoal, que faz a pessoa sentir-se importante; **2**. a noção de riquezas materiais, de ostentação, de poder pessoal ou de excesso nos adornos pessoais. No entanto, conforme certos estudiosos, há três casos, nas páginas do Novo Testamento, que poderiam ser citados como cognatos, a saber: em Filipenses 2.3, encontramos o termo grego *kenodoksía*, "vanglória". Essa mesma palavra aparece como outra categoria gramatical, em Gálatas 5.26, onde nossa versão portuguesa diz: ... *Não nos deixemos possuir de vanglória, provocando uns aos outros, tendo inveja uns dos outros*. E, finalmente, em 1João 2.16, aparece o vocábulo grego *alazoneía*, "orgulho", "arrogância". Lemos ali: ... *porque tudo que há no mundo, a concupiscência da carne, a concupiscência dos olhos e a soberba da vida, não procede do Pai, mas procede do mundo*. E é precisamente devido à sua origem, que todas as coisas que há neste mundo são "vaidades", pelo menos comparativamente falando, quando postas em confronto com as realidades espirituais e eternas.

VAISATA

Esse nome significa **"nascido de Izede"**. Ele era o décimo filho de Hamã, o perseguidor dos judeus, nos tempos da rainha Ester. Juntamente com seus nove irmãos, ele foi executado quando da reação judaica contra o perseguidor. (Ver Et 9.9). Ele viveu por volta de 510 a.C.

VALA (FOSSO)

Trata-se de uma profunda e larga trincheira escavada em redor das muralhas de uma cidade fortificada, ou em torno de qualquer outra edificação. Usualmente o fosso era então cheio de água, para impedir a aproximação de atacantes e para controlar melhor o acesso ao lugar. (Ver Dn 9.25).

VALE

Há quatro palavras hebraicas envolvidas neste verbete. Dois desses vocábulos cabem dentro de uma categoria geral de vale e os outros dois cabem dentro da outra categoria possível. Essas categorias são: **1**. uma depressão; **2**. uma garganta. Na Palestina, as duas palavras da primeira categoria se aplicavam, primariamente, a característica geológicas como a planície de Esdrelom e o vale do rio Jordão. Outro exemplo é "o vale de Jericó" (Dt 34.3), em um ponto onde o vale tem cerca de dezenove quilômetros e meio de largura. E as duas palavras da segunda categoria descrevem vales resultantes do desgaste de terrenos de natureza calcária, mediante a ação de correntes de água. No clima muito seco da Palestina, isso criava uma paisagem altamente dissecada, criando uma topografia própria de *terras más*. As gargantas e fendas assim formadas representam um sério obstáculo de movimentação de homens e animais, pelo que desempenhavam um papel muito importante nas operações militares nos tempos bíblicos. (Cf. Js 8.11 e 1Sm 17.3). Essas quatro palavras hebraicas, divididas em suas duas categorias, são: **1. Uma depressão**. *a*. *Emeq*, "depressão", "lugar difícil". Esse vocábulo hebraico ocorre por 69 vezes (conforme se vê, por exemplo, em Nm 14.25; Js 1.19; 5.15; 7.1,8,12; 8.13; 13.19,27; 17.16; 18;28; 1Sm 6.13; 31.7; 1Rs

VALE DE JEZREEL

20.28; 1Cr 10.7; 12.15; 14.13; 27.29; Jó 19.10,21; Sl 65.13; Ct 1.1; Is 22.7; Jr 21.13; 31.40; 48.8; 49.4; Mq 1.4; Jl 3.2,12,14). **b**. *Biqah*, "vale". Essa palavra ocorre por vinte vezes (conforme se vê, por exemplo, em Dt 8.7; 11.11; Sl 104.8; Is 41.18; 63.14; Ez 37.1,2). **2. Uma garganta**. *a. Nachal*, "ravina", "vale com um riacho". Essa palavra ocorre por um total de 138 vezes, sendo que 23 vezes com o sentido específico de vale (a saber: Gn 26.17,19; Nm 21.12; 24.6; 32.9; Dt 1.24; 3.16; 21.4,6; Jz 16.4; 1Sm 15.5; 2Rs 3.16,17; 2Cr 33.11; Jó 21.33; 30.6; Sl 104.10; Pv 30.17; Ct 6.11; Is 7.19; 57.5). **b**. *Ge*, "garganta". Esse termo hebraico figura por sessenta vezes (conforme se vê, para exemplificar, em Nm 21.20; Dt 3.29; 34.6; Js 8.11; 15.8; 1Sm 17.3,52; 2Rs 2.16; 1Cr 4.39; 2Cr 26.9; Ne 2.13,15; 3.13; Sl 23.4; Is 28.1,4; Jr 2.22; Ez 6.3; 7.16; 31.12; 32.5; 35.8; 36.4,6; Mq 1.6; Zc 14.4,5).

Visto que o povo de Israel, uma vez instalado na Terra Prometida, tornou-se, essencialmente, um povo montanhês, a visão que eles tinham das terras baixas, ou vales, que os circundavam, dependia dessa circunstância, sobretudo devido ao fato de que era nos vales, principalmente, onde habitavam os seus inimigos. Em consequência disso, a expressão "o vale" era reservada, pelos israelitas, para indicar uma região específica, que ficava entre a região montanhosa da Judeia e o mar Mediterrâneo. Essa faixa de terreno baixo era chamada por eles de "depressão", o que, na geografia moderna da Palestina, é a Sefelá. Ver também o artigo sobre a Palestina. Curiosamente, essa região não forma, realmente, um vale. Pelo contrário, é uma espécie de zona de colinas baixas, entre a planície costeira, propriamente dita, e as montanhas da Judeia, e separada dessas montanhas por um estreito e autêntico vale. Essa região da qual falamos aparece em passagens como (Dt 1.7; Js 10.40 e 1Rs 10.27). Outro ponto interessante é que, no moderno estado de Israel, o termo não qualificado, "o vale", refere-se não à histórica Sefelá, e, sim, à planície de Esdrelom.

No Antigo Testamento há menção a 36 vales diferentes, a saber: Emeq, dezessete ao todo: vale de Acor (Js 7.24,26; 15.7; Is 65.10; Os 2.15); vale de Aijalom (Js 10.12); vale de Baca, ou vale da Bênção (Sl 84.6); vale de Beracá (2Cr 20.26); vale da Decisão (Jl 3.14); vale de Elá (1Sm 17.2,19; 21.9); vale dos Gigantes, que era a porção norte do vale de Hinom (vide) (Js 15.8; 18.16); vale de Gibeom (Is 28.21); vale de Hebrom (Gn 37.14); vale de Josafá (Jl 3.2, 12); vale de Jezreel (Js 17.16; Jz 6.33; Os 1.5); vale de Quezia (que nossa versão dá como Emeque-Queziz) (Js 18.21); vale do Rei (Gn 14.17; 2Sm 18.18); vale de Refaim (2Sm 5.18,22; 23.13; 1Cr 11.15; 14.9; Is 17.5); vale de Savé, que era o mesmo vale do Rei (Gn 14.17); vale de Sidim (Gn 14.3,8,10); vale de Sucote (Sl 60.6; 108.7). *Biqah*, quatro ao todo: vale de Jericó (Dt 34.3); vale do Líbano (Js 11.17); vale de Megido (2Cr 35.22; Zc 12.11). *Nachal*, cinco ao todo: vale de Escol (Nm 32.9; Dt 1.24); vale de Gerar (Gn 26.17); vale de Sitim, ou das Acácias (Jl 3.18); vale de Soreque (Jz 16.4); vale de Zarede (Nm 6.4). *Ge*, dez ao todo: vale dos Artífices (1Cr 4.14; Ne 11.35); vale de Hamom-Gogue (Ez 39.11,15); vale de Hinom (Js 15.8; 18.16; Ne 11.30); vale de Iftá-El (Js 19.14,27); vale dos Montes (Zc 14.5); vale dos Viajantes (Ez 39.11); vale do Sal (2Sm 8.13, 2Reis 14.7; 1Cr 18.12; 2Cr 25.11; Sl 60 no título); vale do Filho de Hinom, que é o mesmo vale de Hinom (Js 15.8; 18.16; 2Rs 23.10; 2Cr 28.3; 33.6; Jr 7.31,32; 19.2,6; 32.35); vale de Zeboim (1Sm 13.18); vale de Zefatá (2Cr 14.10).

Além desses vales, também há menção ao vale da Visão, mas que é apenas um nome simbólico da porção baixa de Jerusalém, em Isaías 22.1,5. Ver a seguir os artigos intitulados *Vale, Porta do* e *Vale de Refaim*.

VALE, PORTA DO

No hebraico, *shaar ge*, "porta do vale". Esse era um dos portões da cidade de Jerusalém, em seu lado sudoeste.

A Porta do Vale foi equipada com torres, para sua melhor defesa, nos tempos do rei Uzias, em cerca de 760 a.C. (ver 2Cr 26.9). Foi dessa entrada que Neemias deu início à inspeção nas muralhas e na restaurada cidade de Jerusalém, em 444 a.C. (Ne 2.13,15). Esta também fez parte de seu programa de reparos, estando localizada cerca de meio quilômetro a norte (ou oeste?) da Porta do Monturo (Ne 3.13). Se a cidade de Jerusalém, nessa época, ainda estava confinada às colinas orientais do vale central Tiropoeano, então, a Porta do Vale corresponderia ao portão grande que permitia a travessia da cidade a partir da fonte de Geom, e escavada por J.W. Crowfoot, em 1927. Em caso contrário, então daria acesso até às colinas do sudoeste, que Jeremias 31.39 chama de "outeiro de Garebe"; e, ainda mais especificamente, até o seu lado oriental, na direção do vale central. Foi da Porta do Vale que os dois grupos, encabeçados por Esdras e Neemias, avançaram, cada grupo na sua direção, ao longo das muralhas, por ocasião da cerimônia de dedicação dessas muralhas, em 444 a.C., até se encontrarem no templo, na porção nordeste de Jerusalém (ver Ne 12.31,39).

VALE DE REFAIM

No hebraico, *Rephaim Emeq*. Na Septuaginta, *Emék Raphaim* (em Js 18.16), e *gês Raphaim* (Js 15.8), como também *koilàs Raphaím, kailàs tõn titánon* e *koilàs gigánton*, ou seja, "vale dos gigantes". Esse era um vale existente a sudoeste de Jerusalém.

A extremidade norte do vale de Refaim ou vale dos Gigantes, assinalava a fronteira norte do território de Judá, como também a fronteira sul do território de Benjamim (ver Js 15.8; 18.16). Atualmente, esse vale é chamado, simplesmente, de Baq'a, ou seja, "vale", onde fica um dos subúrbios de Jerusalém. Contíguos ao mesmo ficam o vale de Hinom (vide), mais para o norte, e o vale de *Dier el-Musallabeh*, onde fica o Mosteiro da Santa Cruz.

Depois que Davi capturou a cidade de Jerusalém, e que os filisteus receberam a notícia de que ele havia sido ungido como rei, aqueles adversários acamparam no vale de Refaim, antecipando um ataque que desfechariam contra a nova capital de Israel (ver 2Sm 5.17-21). Davi aceitou o desafio, tendo derrotado os filisteus em Baal-Perazim, localizada na moderna Ras en-Nadir. Em face disso, os filisteus se prepararam para lançar um segundo ataque, mas, dessa vez, Davi os derrotou, lançando o seu próprio ataque contra a retaguarda deles, tendo avançado da direção leste (ver 2Sm 5.22-25). O relato sobre esses dois episódios militares é expandido em 1Crônicas 11.15-19 e 14.10-17.

A sétima e última menção ao vale de Refaim fica no trecho de Isaías 17.5. A fim de ilustrar a sobrevivência de um remanescente israelita que odiaria a adoração idólatra, diz esse profeta: *Será, quando o segador ajunta a cana do trigo e com o* braço sega as espigas, como quem colhe espigas, como quem colhe espigas no vale de Reafim.

Interessante é que as Escrituras não tenham registrado uma única razão pela qual esse vale teria sido chamado de acordo com o nome dos primitivos habitantes da terra de Canaã, que os israelitas supunham ser gigantes (cf. Gn 14.5; 15.20; Js 17.15). Resta-nos conjecturar que um povo chamado Refaim habitava nas circunvizinhanças desse vale.

VALE DE SIDIM

Nome de um vale, onde havia muitos poços de betume, na região do mar Salgado, ou mar Morto. Nesse lugar, Quedorlaomer, rei dos elamitas, derrotou o rei de Sodoma e seus aliados, (cf. Gn 14.3,8,10).

VALE DE SIDIM

VALE DO REI

Esse foi o vale onde o rei de Sodoma encontrou Abraão quando este voltava, após ter derrotado Quedorlaomer (Gn 14.17). Foi ali que Abraão erigiu uma coluna (2Sm 18.18). Um outro nome para esse vale, dado nesse mesmo versículo, é "vale de Savé". Aparentemente ficava localizado perto de Salém, a cidade onde residia Melquisedeque, e onde, posteriormente, foi edificada a cidade de Jerusalém. Muitos estudiosos identificam o vale do Rei com o vale de Josafá (vide).

VALE DOS ARTÍFICES

Esse vale, no hebraico, era chamado *charashim*, "dos artífices". Esse nome aparece somente em 1Crônicas 4.14 e Neemias 11.35. No Antigo Testamento, é o nome de um clã e de uma localização geográfica, a saber: **1**. Um clã queneu de artífices, cujo antepassado era Joabe, filho de Seraías, filho de Ofra, filho de Meonotai (1Cr 4.14). O lugar em que viviam veio a ser conhecido como "vale dos artífices", o que, por sua vez, deu nome ao clã. **2**. Uma área que ficava próxima de Lode e de Ono (Ne 11.35). Após o exílio babilônico, os benjamitas reocuparam o local. Os nomes das cidades mencionadas em associação ao lugar subentendem um dos vales que margeava a planície de Sarom. Várias sugestões têm sido feitas como identificação do lugar antigo com locais modernos, como o *wadi esh-Sellal* e Sarafan el-Kharab, ou Hirsha, a leste de Lode, isto é, a moderna Lida. Isso parece significar que o clã que tinha esse nome (ver o primeiro ponto, acima) na verdade vivia fora das fronteiras de Judá, o que poderia ser possível, devido às exigências do comércio.

VALE DOS VIAJANTES

No hebraico, *biqah abar*, uma expressão que aparece exclusivamente em Ezequiel 39.11, onde se lê: *Naquele dia darei ali a Gogue um lugar de sepultura a Israel, o Vale dos Viajantes, ao oriente do mar...* Alguns estudiosos têm pensado que se trata do mesmo vale de *Abarim* (vide), seguindo a antiga versão cóptica. Esse vale existe a leste do mar Morto, nos montes do Abarim, entre cujos montes estava o Nebo. Não há qualquer razão sólida para essa opinião ser refutada.

VALENTES

Ver sobre *Homens Valentes* (*Poderosos*). No hebraico, *gibborim*. Essa palavra hebraica variadamente traduzida por "valente", "poderoso" etc., descreve notáveis homens de guerra. Todos os homens de Gibeom eram assim chamados (Js 10.2), um adjetivo que também foi aplicado aos guerreiros de Davi, em 2Samuel 23.8-39. Em Gênesis 6.4, porém, é empregado um outro nome, no hebraico, *nephilim* (vide), que aparecem ali como descendentes dos filhos de Deus e as filhas dos homens. Essa explicação de sua origem tem deixado perplexos aos intérpretes, dando margem a interpretações conflitantes.

VÃO

Neste verbete, devemos dar atenção a três palavras hebraicas e a três palavras gregas, a saber: **1**. *Chinnam*, "gratuito", "vão", "em troca de nada". Esse termo hebraico aparece por duas vezes com esse sentido, segundo se vê em Provérbios 1.7 e Ezequiel 6.10. **2**. *Ruach*, "vento", "espírito", "vão". Com o sentido de vão, essa palavra hebraica também só ocorre por duas vezes, em Jó 15.2 e 16.3. **3**. *Saphah*, "lábio", "vão", "declaração só de lábios". Com esse sentido, esse vocábulo hebraico só é usado por uma vez, em Isaías 36.5. **4**. *Kenós*, "vazio", "vão". Esse adjetivo grego ocorre por cinco vezes (Rm 4.14; 1Co 1.17; 9.15; 2Co 9.3; Fp 2.7). A forma adverbial, *kenôs*, aparece somente por uma vez, em Tiago 4.5. **5**. *Dareán*, "gratuitamente", "de modo vão". Esse advérbio grego ocorre com o sentido em foco por apenas uma vez, em Gálatas 2.21. **6**. Eike, "ao acaso". Palavra grega que figura por cinco vezes (Rm 13.4; 1Co 15.2; Gl 3.4,11; Cl 2.18). Ver também o artigo sobre Vaidade.

A ideia básica parece ser a noção de algo "vazio", "insubstancial". Assim, a vida neste mundo é caracterizada como ... *os poucos dias da sua vida de vaidade, os quais gasta como sombra...* (Ec 6.12). E o trecho de Jeremias 23.16 refere-se às "vãs esperanças" instiladas entre o povo pelos profetas falsos porquanto falavam com base em suas próprias visões. O paralelo, grego mais correspondente é o da palavra grega *kenós*, que muitas versões traduzem como "vão", em Atos 4.25 e Gálatas 2.2, mas "vazio", "sem substância" em Efésios 5.6 e Colossenses 2.8. Ver também Salmo 41.6.

O aspecto mais concreto dessa ideia aparece em Jó 15.2 e 16.3. O primeiro desses trechos ilustra bem esse uso: "Porventura dará o sábio, em resposta, ciência de vento! E encher-se-á a si mesmo de vento oriental!" E na segunda dessas passagens, aquele patriarca fala em "palavras de vento..

O aspecto prático, entretanto, com major frequência, com a ideia daquilo que é "inútil", que é um "fracasso", que "de nada adianta". Geralmente, a expressão "em vão" tem esse sentido (ver Jó 9.29; Pv 1.17; Ez 6.10, por exemplo; e, no Novo Testamento Rm 13.4 Gl 3.4 e Tg 4.5, entre outras ocorrências). Ver também, nos livros apócrifos, Judite 6.9 e Eclesiástico 23.11.

O aspecto moral da questão, por sua vez parte da ideia de "ser destituído de valor" (ver Jz 9.4, 11.3, 2Cr 13.7; Pv 12.11), ou então, de "não estar ao lado da razão. (Cl 2.18; e também Sabedoria de Salomão 13.1, nos livros apócrifos).

Os antigos, em sua maneira de pensar e sentir, reagiam fortemente a isto. Uma "coisa vã" parecia ser algo que prometia alguma coisa, mas não cumpria sua promessa. Portanto, envolvia certo elemento de "engano", de "falsidade" e mesmo de "iniquidade" (quanto a este último elemento, ver o artigo *Vaidade*), nesse fracasso e senso de vazio. Assim, os "maus pensamentos", referidos em Jeremias 4.14, conforme a nossa versão portuguesa, em outras traduções é frase que aparece como "pensamentos vãos". Essa mesma palavra hebraica é traduzida, em diversas versões, por "em vão" (Êx 20.7), "sem valor" (Jó 11.11), "falso" (Sl 26.4), "ilusório" (Ez 13.7) e "maldoso" (Sl

139.20). Isso nos mostra que há um grande leque de ideias, que desdobra o significado desses vocábulos e seus cognatos. E isso tanto no Antigo quanto no Novo Testamento.

VARA

Precisamos pensar em quatro palavras hebraicas e uma palavra grega, de alguma forma envolvidas na discussão desse verbete. As palavras são: **1**. *Choter*, "rebento", que figura apenas por duas vezes (Pv 14.3, "vara"; Is 11.1, "rebento", em nossa versão portuguesa). **2**. *Maqqel*, "vara", que é usada por dezoito vezes (por exemplo: Gn 30.37-39, 41; 32.10; Jr 1.11; 48.17; Êx 12.11; Os 4.12; Zc 11.7,10,14). **3**. *Matteh*, "bordão", usada por 65 vezes com esse sentido, e por 182 vezes com o sentido de "tribo". (Para exemplificar: x 4.2,4,17,20; 7.9-20; Nm 17.2-10, Mq 6.9 — com o sentido de "bordão"; Êx 31.2,6; Lv 24.11; Nm 1.4,16,21,47,49; Js 7.1,18; 13.15,24,29; 2Cr 6.6-80; Hb 3.9 — com o sentido de "tribo"). **4**. *Shebet*, "cetro". Palavra que figura por 190 vezes, das quais 141 têm o sentido secundário de *tribo*. (Para exemplificar: Êx 21.20; Lv 27.32; 2Sm 2.14; Sl 2.9; 23.4; Pv 10.13; 29.15; Is 9.4; Jr 10.16; Ez 20.37 etc., com o sentido de "cetro"; Gn 49.16; Êx 24.4; Nm 4.18; Dt 1.13; Js 1.12; Jz 18.1; 1Rs 8.16; 2Rs 17.18; Sl 78.55; Is 19.13; Ez 47.13,21-23 etc. — com o sentido de "tribo"). **5**. *Rabdos*, "cetro", palavra grega que figura por onze vezes no Novo Testamento (ver Mt 10.10; Mc 6.8; Lc 9.3; 1Co 4.21; Hb 1.8,9; 11.21; Ap 2.27; 11.1; 12.5; 19.15).

A vara era um ramo de árvore ou o tronco fino de um arbusto, sendo moldado para uso individual, reto e com uma extremidade mais grossa ou com um gancho de pastor. As palavras hebraicas mais usadas são difíceis de distinguir uma da outra, pois suas raízes são praticamente iguais. A palavra *shebet* a princípio significava uma "muleta", depois, um cajado de pastor, e, finalmente, um cetro. A palavra "vara", sem importar qual o original hebraico ou grego, era usada simbolicamente para indicar a orientação e o cuidado divinos: ... *a tua vara e o teu cajado me consolam* (Sl 23.4). Também simbolizava a autoridade: *Moisés levava na mão a vara de Deus* (Êx 4.20), com a qual ele e Aarão operaram numerosos prodígios. A "vara da disciplina" (Pv 22.15) era aplicada a crianças, a filhas e às costas dos insensatos (ver Pv 10.13; 13.24; 14.3; 23.13,14 e 26.3), e também aos escravos (ver Êx 21.20). Como símbolo da ira divina e do castigo celeste, a palavra ocorre em inúmeras passagens (por exemplo, 2Sm 7.14; Jó 9.34; Lm 3.1; 1Co 4.21). O fato de que Jesus governará todas as nações com "cetro de ferro" foi predito em Salmo 2.9 e retratado em Apocalipse 2.27; 12.5 e 19.15. A vara era usada na contagem das ovelhas (ver Lv 27.32) e, simbolicamente, na enumeração dos eleitos de Deus (ver Ez 20.37). Finalmente, uma vara foi usada, nas visões de João, para medir a nova Jerusalém (ver Ap 11.1 e 21.15,16).

VARREDOURA

No hebraico, *mikmereth*, **"rede arrastão"**. Aparece somente em Habacuque 1.15,16. Era uma rede de pesca que deve seu nome ao fato de que roça o fundo do rio, lago etc., onde é lançada. Eram redes grandes, também usadas para apanhar animais. Para finalidades de pesca, a parte inferior da rede era munida de pesos, o que a fazia descer até o fundo. A parte superior da rede era mantida acima da linha da água, e então a rede era arrastada, o que explica o nome que lhe é dado em nossa versão portuguesa: "varredoura". Pescar desse modo era comum nos dias de Jesus. A única referência à pesca com anzol, no Novo Testamento, fica em Mateus 17.27, quando foi apanhado um peixe com uma moeda na boca, para pagar a taxa por Jesus e por Pedro.

VASNI

No hebraico, **"***Yahweh* **é forte"**. Essa palavra ocorre na tradução da Septuaginta com as formas de *Sanei* e *Sani*. (Ver 1Cr 6.28). No entanto, visto que o trecho de 1Samuel 8.2, o texto grego do Antigo Testamento, por Lagarde, e a versão siríaca de 1Crônicas 6.28 dão Joel como o primogênito do profeta Samuel, quase todos os eruditos textuais acreditam que esse nome, Vasni, foi apagado do texto massorético por motivo de *homoioteleuton* (vide). Em seguida, eles restauraram o nome, adicionando o artigo definido e escrevendo novos sinais vocálicos na palavra hebraica "vashni", obtendo então a tradução que vemos refletida em nossa versão portuguesa: ... *o primogênito, Joel, e depois, Abias*. A Edição Revista e Corrigida, da Sociedade Bíblica do Brasil, diz naquele versículo: *E os filhos de Samuel: Vasni, seu primogênito, e o segundo, Abias*. Conforme se calcula, Vasni teria vivido por volta de 1070 a.C.

VASO, RECEPTÁCULO

1. As Palavras Bíblicas. Temos duas palavras hebraicas e duas palavras gregas a considerar, neste verbete: *a*. *Reli*, palavra usada por mais de 270 vezes no Antigo Testamento. Sendo palavra de sentido muito geral, é variadamente traduzida, como por exemplo: "vaso", "instrumento", "coisa", "armadura", "móvel", "arma" etc. (Ver, por exemplo: Gn 43.11; Êx 25.39; 27.3,19; 40.9,10; Lv 6.28; 8.11; 15.12; Nm 1.50; 3.31,36; 19.15,17, 18; Dt 23.14; Js 6.19,24; Rt 2.9; 1Sm 9.1; 21.5; 2Sm 8.10; 17.28; 1Rs 7.45,47,48,51; 17.10; 2Rs 4.3,6; 25.14, 16; 1Cr 9.28,29; 28.13; 2Cr 4.18,19; 5.5; 36.7,10,18, 19; Ed 1.6,7,10,11; Et 1.7; Sl 2.9; 31.12; Pv 25.4; Is 18.2; 66.20; Jr 14.3; 18.4; 49.29; 52.18,20; Ez 4.9; Dn 1.2; Os 8.8; 13.15). *b*. *Man*, "vaso", "utensílio". Esse vocábulo aramaico aparece por sete vezes (Ed 5.14,15; 6.5; 7.19; Dn 5.2,3,23). *c*. *Skeuos*, "vaso". Palavra grega que figura por 23 vezes (Mt 12.29; Mc 3.27; 11.16; Lc 8.16; 17.31; Jo 19.29; At 9.15; 10.11,16; 11.5; 27.17; Rm 9.21-23; 2Co 4.7; 1Ts 4.4; 2Tm 2.20,21; Hb 9.21; 1Pe 3.7; Ap 2.27; 18.12). *d*. *Aggeion*, "vaso", "utensílio". Esse termo grego ocorre somente por uma vez, em Mateus 25.4. Há uma variante, em Mateus 13.48, que também usa essa palavra. Nossa versão portuguesa diz aí "cestos".

2. Caracterização Geral. Um vaso é algum receptáculo para líquidos ou outra substância fluida, feito de material duradouro, sobretudo para uso doméstico, empregado em conexão com o preparo de alimentos ou bebidas. Os vasos eram usados para guardar alimentos e outros itens valiosos. Também havia um uso metafórico da palavra, conforme se vê nos escritos de Paulo: *Temos, porém, este tesouro em vasos de barro, para que a excelência do poder seja de Deus e não de nós* (2Co 4.7). Os materiais empregados na feitura dos vasos iam desde a cerâmica comum, das antigas civilizações, até os metais preciosos, o vidro e as pedras ornamentais, como o alabastro (ver Mc 14.3).

Cestas de vime e odres, feitos de peles de animais, também eram considerados vasos (embora não usemos assim essa palavra). As dimensões variavam desde os pequenos frascos, usados para guardar cosméticos, até grandes jarras, conforme podem ser vistas, nas descobertas arqueológicas, como aquelas dos armazéns do palácio do Minos, em Cnossos, na ilha de Creta. Eram pendurados por meio de cordas. As cestas variavam em suas dimensões, desde aquelas que podiam ser transportadas na cabeça ou no ombro de uma pessoa (Gn 40.16; Êx 29.3), feitas com o propósito de carregar frutas (Jr 24.1,2), ou para levar os utensílios usados pelos pedreiros (Sl 8.6), até receptáculos com espaço interno tão grande que era suficiente para ali esconder-se um homem (At 9.25; 2Co 11.33).

3. Tipos de Vasos. A lista abaixo, dada em ordem alfabética, está longe de apresentar uma relação completa, mas é apenas representativa: *a*. *Bacias*. Eram usadas, principalmente, nas libações, pelo que são frequentemente mencionadas em conexão com os utensílios usados nos rituais do tabernáculo e do templo de Jerusalém (por exemplo, Nm 7.13; 1Rs 7.42,50), embora também fossem utilizadas em contextos domésticos

(2Sm 17.28; Jo 13.5). **b. Batos e Medidas**. Esses vocábulos indicavam, respectivamente, medidas para líquidos e para secos. Portanto, não eram tanto receptáculos para guardar coisas, mas serviam como medidas (1Rs 7.26,38; 2Cr 1.10; Is 5.10; no grego, *módios*: Mt 5.15 Mc 4.2; Lc 11.33). **c. Cântaros**. Esses vasos eram empregados para tirar água dos poços e outros mananciais. Um cântaro podia ser arriado até à água por meio de uma corda presa ao seu cabo. Não há certeza se os cântaros eram feitos de couro ou de madeira (Gn 24.14-19; Jo 4.11). **d. Cestos**. Além dos trechos de Atos 9.25 e 2Coríntios 11.33, conforme já vimos mais acima, poderíamos adicionar aqui aquelas passagens referentes à multiplicação dos pães para os cinco mil e para os quatro mil homens. No primeiro desses casos (Mt 14.20), encontramos a palavra grega *kophinos*, um tipo de cesto feito de talos ou de vime, que os judeus costumavam usar para conter alimentos não poluídos pelo contato com estrangeiros. Juvenal menciona essa palavra ao aludir a judeus que residiam no gueto que ficava fora do Portão Capena, em Roma (Sat. 3.14). Mui curiosamente, na segunda instância (Mt 15.37), temos uma outra palavra grega, *suprts*, que descrevia uma cesta grande, em forma de odre, usada pelos gentios. O incidente ali narrado teve lugar em um território ocupado predominantemente por gentios, em Decápolis. **e. Copos**. A nomenclatura é muito ampla e as distinções são incertas, após a passagem de tantos milênios. É possível, pois, que os estudiosos façam uma certa confusão entre essa palavra e a sétima nesta lista, especialmente no tocante a certos trechos bíblicos. O copo de José, no Egito, era usado em suas "adivinhações", algo sobre o que os estudiosos ainda não chegaram a um acordo. Todavia, é possível que esse fosse um antigo costume egípcio, e que José tivesse falado assim para emprestar ao incidente uma atmosfera mais local, embora ele mesmo não usasse tal utensílio com essa finalidade (Gn 44.2,4,5). Jeremias alude ao "copo de consolação" que seria oferecido aos que lamentavam (Jr 16.7). Também houve o famoso *cálice* da última Ceia, que não passava de um copo, afinal de contas (Mt 26.27, 1Co 11.25,28, e também se vê na Bíblia um uso figurado desse objeto, em Sl 23.5; Jr 25.15; Jo 18.11 e Ap 14.10). **f. Odres**. Esses vasos eram feitos com peles de animais. Eram usados para transportar água (Gn 21.14,15,19), leite (Jz 4.19) e vinho (Js 9.4,13; 1Sm 1.24; 10.3; 16.20; 2Sm 16.1). A palavra também é usada em sentido figurado, segundo se vê em Jó 32.19 e Isaías 40.15. **g. Pratos**. Usualmente, eram postos à mesa, para neles serem servidos alimentos, à hora das refeições. Até hoje, entre os beduínos do deserto, os pratos são grandes e fundos, feitos de bronze. É possível que a tradução "taça de príncipes", de Juízes 5.25, se refira a isso. Esse objeto foi servido por Jael, mulher de Héber, a Sísera, general dos cananeus. Também é possível que um prato desse tipo tivesse sido usado por ocasião da última Ceia, como também em todas as celebrações da Páscoa. (Ver Pv 19.24; 26.15 e Mt 26.23). Esta última referência lê: *E ele* (Jesus) *respondeu: O que mete comigo a mão no prato, esse me trairá*.

Interessante é o uso figurado que se vê, em Eclesiastes 12.6, acerca do cântaro: ... *e se quebre o cântaro junto à fonte*... Sem dúvida, isso alude à fragilidade da vida humana. De fato, esse é um tema constantemente repisado nas Escrituras. (Ver também 1Pe 1.24,25).

VASSALO

1. Definição. Nas Escrituras, a ideia de vassalagem aparece Em Lamentações 1.1, que lamenta a sorte da cidade de Jerusalém, onde se lê: ... (outrora) *princesa entre as províncias, ficou sujeita a* trabalhos forçados! Portanto, esse foi o estado de servidão ou vassalagem a que os invasores babilônicos reduziram os habitantes de Jerusalém. No original hebraico, essa ideia é transmitida por meio da palavra *mas*, "tributário". Todavia, não se deve pensar em uma vassalagem semelhante àquela que prevaleceu durante a Idade Média, em que o senhor de terras protegia militarmente aos que o serviam, presos à terra.

2. Nos Exílios. O que está envolvido, no caso dos exilados judeus, é uma queda na escala social. Antes livres, governados por seus próprios reis, os judeus perderam a liberdade e foram exilados para o estrangeiro.

3. No Reino do Norte. Isso já havia acontecido, cerca de um século e meio antes, com o reino do norte, Israel. Menaém e Oseias, reis de Israel, no período imediatamente anterior à queda da capital desse reino, Samaria (o que ocorreu em 722 a.C.), haviam sido forçados a reconhecer a soberania da Assíria. Por semelhante modo, quase todos os monarcas do reino do sul, Judá, a partir de Acaz até à queda de Jerusalém (o que sucedeu em 586 a.C.), se tornaram vassalos, primeiramente da Assíria, e, finalmente, da Babilônia.

4. Na Dominação Persa. Além disso, durante o período da dominação persa sobre Judá, homens como Zorobabel e Neemias foram meros governantes vassalos da Pérsia, com o título de "governadores". Assim, excetuando durante o breve governo da Judeia pelos macabeus (vide), a história inteira subsequente dos judeus foi uma história de vassalagem — ou aos egípcios, ou aos sírios ou, finalmente, aos romanos.

Os monarcas que se tornavam vassalos de outros monarcas gozavam de uma suficiente dignidade e de riquezas. Não obstante, eram forçados a pagar tributo aos poderes dos quais eram dependentes. Além disso, só permaneciam em seus postos de governo enquanto assim o quisesse o capricho de seus senhores. Ver também o artigo intitulado *Tributo*.

5. Na Dispersão. Após tantos séculos de dispersão (desde 70 d.C. até 1948 — portanto, mil oitocentos e setenta e oito anos) finalmente, foi formado o estado de Israel, graças a esforços de grandes líderes do movimento sionista (vide), com o apoio das Nações Unidas. Não se pode dizer que o moderno estado de Israel vive em estado de vassalagem para quem quer que seja; mas é inegável que só sobrevive — circundado pelos árabes, que lhe são quase cinquenta vezes superiores em número — devido à tutela de certas nações ocidentais, mormente os Estados Unidos da América.

6. Em Relação ao Anticristo. Quando do surgimento do anticristo, este proporá a Israel uma proteção segura, estabelecendo com essa nação um acordo que terá a vigência prevista de sete anos. Porém, na metade desse período, o anticristo haverá de romper o seu próprio acordo com Israel. E de protetor, passará a ser o mais cruel de todos os perseguidores que os descendentes básicos de Abraão já tiveram. O Senhor Jesus retrata essa perseguição com as seguintes palavras: *Quando, porém, virdes Jerusalém sitiada de exércitos, sabei que está próxima a sua devastação. Então os que estiverem na Judeia fujam para os montes; os que se encontrarem dentro da cidade, retirem-se; e os que estiverem nos campos, não entrem nela. Porque esses dias são de vingança para se cumprir tudo o que está escrito. Ai das que estiverem grávidas e das que amamentarem naqueles dias! Porque haverá grande aflição na terra, e ira contra este povo. Cairão ao fio da espada e serão levados cativos para todas as nações; até que os tempos dos gentios se completem, Jerusalém será pisada por eles* (Lc 21.20-24). Entretanto, por ocasião do retorno de Jesus Cristo, tudo isso chegará ao fim. Por isso mesmo, ele ajuntou, pouco adiante: *Ora, ao começarem estas cousas a suceder, exultai e erguei as vossas cabeças, porque a vossa redenção se aproxima* (Lc 21.28). E nunca mais o povo de Israel se encontrará em estado de vassalagem.

VASSOURA DA DESTRUIÇÃO

A expressão é usada em Isaías 14.23 para indicar metaforicamente destruição e julgamento. É como se Deus quisesse dizer que destruiria a Babilônia e deixaria limpo o antigo local da cidade. A vassoura, mui provavelmente, era feita de uma planta bastante comum na Palestina, a *Retama raetam*, um denso arbusto que, algumas vezes, cresce até 3,70 m de altura, nos lugares ermos da terra santa.

VASTI

No hebraico, o sentido do nome é desconhecido, porquanto deveria ser algum nome persa, cujos fonemas foram transliterados para o hebraico e daí para o português. Ela era a esposa do rei Assuero, que foi repudiada, por motivo de desobediência, tendo sido substituída por Ester (vide). O seu nome aparece por dez vezes, no livro de Ester (ver 1.9,11,12,15-17,19; 2.1,4,17). Ela deve ter vivido por volta de 520 a.C. Por não querer atender ao rei, que desejava exibir sua beleza, Assuero baniu-a e expediu um decreto (Et 1.22) dizendo que, em seu império, cada homem governasse o seu próprio lar. Essa também deve ser a norma em cada lar cristão (ver, por exemplo, o trecho de Efésios 5.23: ... *porque o marido é a cabeça da mulher, como também Cristo é o cabeça da igreja*...). Os movimentos feministas modernos procuram igualar homem e mulher. De fato, eles são iguais quanto a privilégios, mas não quanto a funções, e isso é o que o feminismo moderno não quer perceber. Nenhum outro sistema funciona tão bem, na humanidade, como aquele em que a família tem um cabeça, o marido, que planeja, provê e protege a sua esposa, os seus filhos e os demais dependentes. Heródoto (7.61; 9.108-112) afirma que a rainha de Xerxes (que as Escrituras chamam de Assuero) era Amestris (cf. SOTI, p. 404, e ATS, p. 516, quanto a uma completa discussão a esse respeito). Lembremo-nos, entretanto, que os antigos monarcas tinham muitas esposas e rainhas, e que as favoritas eram trocadas quase com a mesma frequência com que se trocavam as roupas. Assim como Vasti foi substituída por Ester, com igual facilidade Ester poderia ter sido substituída por outra. E quem garante que Vasti foi a primeira esposa de Assuero? Contudo, alguns estudiosos tentam identificar Vasti com Estateira, a rainha de Artaxerxes II (404-358 a.C.), embora a maioria dos especialistas opine que isso não é provável. Ainda outros pensam que Vasti poderia ter sido uma concubina, que satisfez ao monarca somente durante algum tempo. Nenhuma dessas conjecturas, entretanto, nos capacita a harmonizar o relato bíblico com aquilo que nos chegou por meio da história secular, embora não se deva pensar que o relato bíblico seja uma invenção, pois a vida de Assuero, como a de inúmeros outros monarcas antigos, está envolta em muitos pontos obscuros. E, quanto a tais personagens, as Escrituras só nos fornecem *flashes*, que não nos permitem reconstruir uma história completa e bem coordenada.

VAU

No hebraico, *maabar* ou *mabarah*, palavras que aparecem por dez vezes no total (Gn 32.22; 1Sm 13.23 (*maabar*); Js 2.7; Jz 3.28; Is 16.2; Jz 12.5,6; 1Sm 14.4; Is 10.29; Jr 51.32). Um vau é um lugar mais raso, em algum rio ou outra correnteza, onde é possível os homens fazerem a travessia a pé ou a cavalo etc., sem a necessidade de alguma ponte. Nos lugares destituídos de pontes, os vaus são essenciais às viagens e às comunicações. Na Palestina, os romanos construíram muitas pontes mas, antes disso, a população dependia de travessias naturais. Um pouco acima do mar Morto, dois vaus existem no rio Jordão, perto de Jericó, que podem ser atravessados quase todos os meses do ano. Esses vaus ligavam estradas que saíam das colinas da Judeia com estradas principais vindas de Gileade e de Moabe. A passagem de Samaria para Gileade era possível por causa de diversos vaus. Alguns vaus têm de 0,90 cm a 3,60 cm de profundidade. Naturalmente, durante os meses em que o regime de chuvas aumenta, esses vaus não podem ser usados (Js 3.15).

VAV

Essa sexta letra do alfabeto hebraico, quando escrita na escrita quadrada, aparecia como um risco vertical com um pequeno gancho para a esquerda. Essa letra recua até uma forma epigráfica que se assemelha a um "Y" maiúsculo, com diagonais curtas e uma longa cauda vertical. Por sua vez, dentro da escrita encontrada em Serabit el-Khadim, em inscrições sinaíticas, parece que isso representava um cacete de guerra (uma vara curta e potente com uma pedra em formato de pera em uma das extremidades). Esse tipo de maça de guerra, com frequência, aparece nos baixos relevos dos Faraós do Egito. Se, a princípio, essa letra representava mais ou menos o que o "w" representa hoje em inglês, com o tempo veio a ter o valor equivalente ao "v" do português, segundo se vê, atualmente, no hebraico que está sendo recuperado em Israel. Como algarismo (pois os antigos israelitas não dispunham de sinais numéricos separados), o *vav* representava o número seis.

VEADO

No hebraico, *ayyal*. Essa palavra ocorre por onze vezes (Dt 12.15,22; 14.5; 15.22; 1Rs 4.23; Sl 42.1; Ct 2.9,17; 3.14; 35.6; Lm 1.6). Pelo menos três espécies de veados viviam na Palestina antiga: **1. O veado vermelho**. Essa espécie estava largamente disseminada, vivendo em áreas de bosques da Europa, do sudoeste asiático e do norte da África. Também vivia na Palestina, mas parece haver desaparecido dali vários séculos antes da era cristã. É possível que seu mais próximo descendente seja o veado da moderna Anatólia e da Grécia. Perde o pelo anualmente e tem uma altura de cerca de 1,50 m nas espáduas. **2. O gamo**. Esse animal é um tanto menor que aquele que acabamos de descrever, e tem o dorso pintado. Vivia nas regiões montanhosas do Oriente Médio. A espécie tornou-se extinta na Palestina, embora sobreviva em um representante mais corpulento, nos montes Zagros do Luristã, na Pérsia. **3. O cervo**. Esse é um pequeno animal com a altura de cerca de 0,60 cm à altura das espáduas. É um animal solitário, que nunca anda em bandos, em contraste com as duas espécies acima descritas. Vive em área de bosques. Antigamente era abundante na Palestina, mas não mais vive ali. (Ver Dt 12.22). Os informes sobre os hábitos alimentares de Salomão sugerem que esse animal era abundante e procurado pela excelência de sua carne. (Ver 1Rs 4.23). Alguns dizem que esse animal pode ser ocasionalmente visto nos bosques de Gileade, no Carmelo e no lado oriental do rio Jordão. (BOD)

VEDÃ E JAVÃ, DE UZAL

Entre os estudiosos têm ocorrido algumas discussões sobre a significação desses três nomes. Essa é a forma do texto, que encontramos em nossa versão portuguesa. Uma leve variante disso diz: *Vedã, Javã e Uzal*... Sabemos que esses eram, precisamente, os nomes de três postos de parada ou estacionamento usados pelos peregrinos que chegavam às imediações de Meca e Medina, na Arábia. Opinamos que essa última forma é que deveria ser adotada nas traduções. Os três nomes também figuram em Ezequiel 27.19. Vedã tem sido identificada com *Waddan*, também designada *al-'Abwa'*, uma localidade situada entre Meca e Medina, envolvida na primeira expedição feita por Maomé (vide). Uzal, por sua parte, figura como nome de um dos filhos de Jactã, o que parece corresponder a alguma outra localidade da Arábia, provavelmente, a cidade chamada Sanaá, capital do Iêmen. Vedã parece ser uma forma cognata do vocábulo assírio *dannu*, que indicava uma grande jarra para armazenagem de vinho. Notar, igualmente, o trecho de Gênesis 10.27, onde se lê: ... *a Hadorão, a Uzal, a Dicla*...

VELHO TESTAMENTO (seu uso pelos cristãos primitivos)

Ver *Uso do Antigo Testamento Pelos Cristãos Primitivos*.

VENENO

1. As Palavras e suas Definições. Há duas palavras hebraicas envolvidas, e uma grega, a saber: *a. Chemah*, "calor", "fúria". O sentido desse vocábulo deve-se à circunstância de que alguns venenos causam uma sensação de queimadura no sistema digestivo ou sobre a pele. Ela figura por seis vezes com o sentido de "veneno" (Dt 32.24,33; Jó. 6.4; Sl 58.4; 140.3). **b.** *Rosh*, "veneno". Essa palavra hebraica só ocorre por uma vez em todo o Antigo Testamento, em Jó 20.16. **c.** *Iós*, "veneno". Esse termo grego figura por três vezes no Novo Testamento, em Romanos 3.13 e Tiago 3.8; 5.3. Na primeira dessas referências, há uma citação de Salmo 140.3. Um veneno é qualquer substância química, mineral ou vegetal que, ao entrar em contato com o organismo humano, ou por ingestão, ou por contato com a pele, podo exercer um efeito maléfico.

2. Referências no Antigo Testamento. As plantas venenosas que medravam na Palestina incluem: a cicuta (Os 10.4; em nossa versão portuguesa, "erva venenosa"); e a colocíntida (2Rs 4.39). E também devemos pensar nas águas de Mará (Êx 15.23) e nas águas de Jericó (2Rs 2.9), talvez envenenadas devido a alguma erva venenosa. Também são mencionados animais dotados de peçonha como os répteis e as serpentes (ver Dt 32.24, Sl 57.4), os dragões (Dt 33.33) e a áspide (Sl 140.3). O trecho de Jó 20.16 mostra como os ímpios serão punidos com veneno de áspides. Um uso ritualista era o caso da água amarga que uma mulher suspeita de adultério precisava ingerir (ver Nm 4.11-31). Ver esse incrível costume hebreu descrito no artigo chamado Água Amarga. Outrossim, devemos levar em conta a desumanidade do homem contra o homem, no emprego das flechas envenenadas (ver Jó 6.4).

3. Referências no Novo Testamento. Lemos em Romanos 3.13: *... veneno de víboras está nos seus lábios.* Essas palavras são descritas metaforicamente para descrever a depravação de homens ímpios, que assim precisam de redenção a fim de reverterem o seu curso maligno. E a passagem de Tiago 3.8 fala sobre a língua venenosa de certas pessoas, que a usam como instrumento que fere e calunia, para detrimento de seus semelhantes.

4. Veneno nos Sonhos e nas Visões. Um ódio concentrado contra alguém pode ser simbolizado, nos sonhos e nas visões, mediante o ato de envenenar essa pessoa. O veneno também pode ser emblema de más ideias que corrompem a mente, ou de atitudes odiosas que perturbam a alma, e que acabam por prejudicar outras pessoas.

VENTO

Temos a considerar uma palavra hebraica e três palavras gregas, quanto a este verbete, isto é: **1.** *Ruach*, "vento". Esse vocábulo hebraico aparece por um total de 370 vezes, com o seu sentido principal de "espírito", além do outros. Com o sentido de "vento", aparece por 91 vezes, desde Gnênesis 8.1 até Zacarias 5.9. **2.** *Ánemos*, "vento". Essa palavra grega ocorre por trinta vezes no Novo Testamento (Mt 7.25,27; 8.26,27; 11.7; 14.24, 30,32; 24.31, Mc 4.37, 39,41; 6.48,51; 13.17; Lc 7.24; 8.23,25; Jo 6.18; At 27.4,7,14,15; Ef 4.14; Tg 3.4; Jd 12 e Ap 6.13; 7.1). **3.** *Pneuma*, "espírito", "vento". Com o sentido de vento, figura apenas por uma vez, em João 3.8, nas famosas palavras de Jesus a Nicodemos, pois, certamente, o trecho emprega um jogo de palavras: *O vento sopra onde quer, ouves a sua voz, mas não sabes donde vem, nem para onde vai; assim é todo o que é nascido do Espírito*. **4.** *Pnoé*, "vento". Palavra grega usada somente por duas vezes, em todo o Novo Testamento: Atos 2.2 e 17.25.

O termo hebraico *ruach* é cognato do ugarítico *rh*, que algumas autoridades pensam ser oriunda da raiz *rwh*, embora isso seja duvidoso, pois o cognato fenício é apenas *rh*. O sentido dessa raiz é difícil de determinar, embora muitos estudiosos aceitem "sopro" ou "brisa". É uma palavra usada para indicar qualquer agitação ou movimento do ar, seja pela força de alguma tempestade, como em Oseias 13.15, seja pela respiração do homem, como em Jó 9.18. A distribuição dialética de vocábulos para indicar "sopro", nos idiomas semíticos, exibe um padrão bastante confuso, com muitas expressões idiomáticas. No tocante ao volume do Antigo Testamento, é interessante observar que essa palavra hebraica, *ruach*, fez-se totalmente ausente, ao passo que é muito frequente, em outros livros daquela coletânea. Em um sentido derivado, esse termo hebraico também indica "vaidade", em um sentido metafórico, algo tão sem substância quanto o ar, conforme se vê em Jeremias 5.13.

A mais difícil ocorrência do termo hebraico *ruach* encontra-se em Gênesis 1.2. Tradicionalmente, essa passagem tem sido vinculada ao trecho de Gênesis 8.1, mas, sem qualquer razão verdadeira. Em nossa versão portuguesa, essas passagens dizem, respectivamente: *... o Espírito de Deus pairava por sobre as águas*, e: *... Deus fez soprar um vento sobre a terra, e baixaram as águas.* E claro que as duas passagens não estão falando sobre uma mesma coisa. Antes, a ligação de Gênesis 1.2 é com Jó 33.4, onde lemos: *O Espírito de Deus me fez, e o sopro do Todo-poderoso me dá vida*. Gênesis 1.2 e Jó 33.4 indicam atividades divinas, pelo Santo Espírito.

No Novo Testamento, o termo principal é *ánemos*, termo grego que corresponde à palavra portuguesa "vento". Essa é a palavra que a Septuaginta usa para traduzir o termo hebraico *ruach*, em cerca de cinquenta ocorrências, quase exclusivamente quando descreve fenômenos naturais. *Pneuma*, outra palavra grega, entretanto, também foi empregada como tradução de *ruach*, em 274 citações. Explica-se isso facilmente, dizendo que *ruach* encerra os dois sentidos, que o grego desdobra em *pneuma* e em *ánemos*. *Pneuma* aponta muito mais para o "espírito", ao passo que *ánemos* indica muito mais o "vento".

Usos Simbólicos. É fácil compreender como o vento é usado ilustrativamente para muitas ideias de cunho espiritual, visto que, embora invisível diretamente para o olho humano, seus efeitos são perfeitamente perceptíveis. Podemos perceber treze desses usos ilustrativos do vento. As operações do Espírito de Deus (Ez 37.9; Jo 3.8; At 2.2). A vida humana (Jó 7.7). Os discursos dos desesperados (Jó 6.26). Os terrores que perseguem a alma humana (Jó 30.15). As imagens de escultura (Is 41.29). A iniquidade, que conduz à destruição (Is 64.6). As falsas doutrinas (Ef 4.14). Os ímpios, sob a forma de palha tangida polo vento (Jó 21.18, Sl 1.4). Os que se jactam de dons falsos, sob a forma de vento sem chuva (Pv 25.14). Os juízos de Deus (sob a forma de vento destruidor) (Is 27.8; 29.6; 41.16). A maldição do pecado (sob a forma de ventos semeados) (Os 8.7). As vãs esperanças (sob a forma de vento como alimento) (Os 12.1). As expectativas que não se cumprem (Is 26.18). Ver também o artigo *Clima*. E também outros vinculados a este, como *Tempestade, Tufão, Pé-de-Vento, Redemoinho* etc.

VENTO, PÉ DE

Quatro palavras hebraicas devem ser consideradas neste verbete. Embora sejam muito raros os verdadeiros tornados na Palestina, há violentos vendavais que ocorrem nas proximidades das montanhas e dos lagos que ficam próximos dos desertos quentes. Sabe-se hoje, mediante os estudos da meteorologia, que camadas de ar quente e de ar frio, quando se encontram, causam aguaceiros e vendavais. A porção norte do vale do Jordão, bem como a área de Tiberíades, tanto no Antigo quanto no Novo Testamento, tornaram-se notórias devido à frequência com que surgem essas condições tempestuosas. As quatro palavras hebraicas são as seguintes: **1.** *Suphah*, "vendaval", "pé de vento". Esse vocábulo aparece por quinze vezes (Jó 37.9; Pv 1.27; 10.25; Is 5.28; 17.13; 21.1; 29.6; 66.15; Jr 4.13; Os 8.7; Am 1.14; Na. 1.3; Sl 83.15; Jó 21.18; 27.20). No Antigo Testamento, nenhuma outra palavra ocorre com mais frequência do que essa, para dar a entender essas tempestades. **2.** *Saar*, "tempestade", "vendaval". É um termo cognato do acádico *saru*, "vento", que é um sentido secundário dessa palavra, no Antigo Testamento. Como substantivo, esse termo figura por catorze vezes (Hc 3.14; Zc 7.14; Jr 23.19; 25.32; 30.23; Dn 11.40; Is 54.11; Sl 55.8; 58.9; 83.15; Am 1.14; Jn 1.4,12). Em Jeremias 25.31 e outras passagens, a palavra é usada como símbolo do mal ou do julgamento divino. **3**. *Searah*, "redemoinho". Com duas formas variantes na grafia, essa palavra figura por dezoito vezes (2Rs 2.11; Jó 9.17; 38.1; 40.6; Is 29.6; 40.24; 41.16; Jr 23.19; 30.23; Zc 9.14; 107.25,29; 148.8; Ez 1.9; 13.11,13; Na 1.3). **4**. *Timeroth*, "coluna de fumaça". Está em foco um redemoinho em miniatura, mencionado somente por duas vezes, em Cantares 3.6 e Joel 2.30. Citamos ambas essas passagens: *Que é isso que sobe do deserto como colunas de fumo...? Mostrarei prodígios no céu e na terra, sangue, fogo e colunas de fumo...* Na antiguidade, essas colunas de fumaça eram comuns nas porções mais secas da Palestina. Se isso fala na sequidão do estio, então a passagem de Joel reveste-se para nós de um interesse todo especial, por ser um dos sinais da aproximação da segunda vinda do Senhor Jesus. Pela lógica, pode-se deduzir que haverá condições de grande seca, dominando boa parte da terra, com todas as misérias que isso representa. Nesse caso, também podemos evocar a atuação dos dois profetas do Apocalipse. Lemos ali: *Elas* (as duas testemunhas) *têm a autoridade para fechar o céu, para que não chova durante os dias em que profetizarem...* (Ap 11.6).

No Novo Testamento encontramos a palavra grega *laílaps*, por três vezes (utilizada, em Mc 4.37; Lc 8.23 e 2Pe 2.17). Nos Evangelhos, a palavra é empregada para indicar o tufão de vento que se levantou sobre o lago ou mar da Galileia, quando Jesus e seus discípulos atravessaram-no em uma embarcação, quando, então, Jesus operou um dos seus mais notáveis milagres sobre a natureza (ver Mc 4.35-41, quanto à história inteira). Na passagem de 2Pedro, o apóstolo caracterizava a inconstância espiritual e moral daqueles que abandonam o reto caminho do Senhor. Escreveu ele: *Esses tais são como fonte sem água, como névoas impelidas por temporal. Para eles está reservada a negridão das trevas...*

O termo grego *laílaps* indica "pé de vento". Na linguagem simbólica da Bíblia, os redemoinhos, pés de vento, temporais etc., apontam para a ira retributiva de Deus. Citemos Jeremias 23.19. *Eis a tempestade do Senhor! O furor saiu e um redemoinho tempestuou sobre a cabeça dos perversos*. Além desse significado simbólico, também há um uso metafórico que indica os frutos da injustiça, conforme se depreende de Oseias 8.7: *Porque semeiam ventos, e segarão tormentas...*, o que faz lembrar imediatamente um ditado popular.

VENTO ORIENTAL

Ver o artigo sobre os *Ventos*. O vento oriental era e continua sendo uma força ressecadora destruidora. Soprava através do deserto. Foi o vento oriental que ressecou as espigas do sonho do Faraó. Mais estritamente falando, esse vento era o vento sudeste (*chamsin*). Sopra do interior do deserto, principalmente em maio e outubro, e resseca a vegetação (Gn 41.6, Ez 17.10). Secam-se então as fontes de água e os riachos (Os 13.15). Algumas vezes, esse vento sopra com força suficiente para causar danos às propriedades (Jó 1.19). Esse foi o vento que a Providência divina usou para dividir as águas, a fim de que Israel pudesse cruzar a pé enxuto o mar Vermelho (Êx 14.21). A seca é um juízo divino, e esse vento era um instrumento desse propósito (Is 27.8; Jr 4.11,12; 18.17). Esse vento deixou Jonas aborrecido (Jn 1.8). Foi um vento oriental, na direção nordeste, que fez o navio de Paulo afastar-se de sua rota, chamado Euroaquilão (At 27.14). A expressão "ardente calor", em Tiago 1.11 poderia referir-se ao siroco (no grego, *kauson*), um vento sudoeste que sopra da costa norte-africana para a Itália, a Sicília e a Espanha. Trata-se de um vento quente, seco e, com frequência, poeirento. Essa palavra vem do árabe, *sharaqa*, "nascimento", por meio do italiano, *scirocco*.

VENTRE

Há cinco palavras hebraicas e três gregas, que precisam ser levadas em consideração neste verbete: **1**. *Beten*, "ventre", palavra hebraica usada por cerca de setenta vezes (Por exemplo: Nm 5.21,22,27; Jó. 3.11; Sl 17.14; Pv 13.25; Hc 3.16). **2**. *Gachom*, "ventre dos répteis", palavra hebraica usada por duas vezes apenas, (Gn 3.14 e Lv 11.42). **3**. *Keres*, "papo". Palavra usada por apenas uma vez, em Jeremias51.34. **4**. *Meim*, "intestinos", palavra usada por 32 vezes (por exemplo, Ct 5.14; Dn 2.32; Jn 1.17; 2.1). **5**. *Qobah*, "oco". Palavra usada somente em Números 25.8.Apesar de o hebraico ter uma palavra específica para "útero" (no hebraico, *racham* ou *rechem*), na maioria das vezes é usada a designação mais geral, "ventre", para indicar esse órgão feminino. A mesma coisa se dá com o grego. O vocábulo grego geral é *gastér* "ventre", mas são usadas duas outras palavras, *koilía*, "oco", e *métra*, "útero". Outro tanto se dá com o português, pois falamos no ventre de um homem ou de uma mulher, mas só falamos no útero de uma mulher. **6**. *Gastér*, "ventre". Palavra grega usada por nove vezes (Ver Mt 1.18,23; 24.19; Mc 13.17; Lc 1.31; 21.23; 1Ts 5.1; Tt 1.12; Ap 12.2.) **7**. *Koilía*, "oco". Palavra grega usada por 22 vezes (Ver Mt 12.40, 15.17, 19.12; Mc 7.19; Lc 1.15,41,42,44; 2.21; 11.27; 15.16; 23.29; Jo 3.4; 7.38; At 3.2; 14.8; Rm 16.18; 1Co 6.13; Gl 1.15; Fp 3.19 e Ap 10.9,10). **8**. *Métra*, "útero". Palavra grega usada somente por duas vezes (Lc 2.23 e Rm 4.19).

Entre os antigos hebreus, o ventre era considerado sede dos afetos carnais. Isso é refletido em Filipenses 3.9 e Romanos 16.19. As referências literais, no Antigo Testamento, incluem trechos como (Jz 3.21; Sl 17.14; Pv 13.25; Sl 22.9; 139.13). Números 5.21-27 fala sobre o abdomem distendido da mulher que, suspeita de adultério, submetia-se à prova do ciúme, e era apanhada como culpada. (Quanto aos intestinos como local das emoções, ver Is 16.11, Jr 4.19). Como sede do riso, ver Gênesis 18.12. E como sede dos pensamentos, ver Jeremias 4.14.

Usos figurados. **1**. O ventre simboliza o coração ou a alma, difíceis de serem sondados (Pv 18.8). **2**. Lugar onde o engano é preparado (Jó 15.35). **3**. Uma série de males que podem sobrevir a um homem é representado pelo ventre (Jr 4.19), embora nossa versão portuguesa, mais em consonância com os sentimentos de hoje em dia, fale sobre o "coração". **4**. O ventre e as coxas de bronze do sonho de Nabucodonosor, que representavam o império grego de Alexandre, o Grande. **5**. Os habitantes de Creta, inclinados à glutonaria, ao ócio e à preguiça (Tt 1.12). **6**. O ventre do peixe que engoliu Jonas, e dentro do qual ele se sentia como que na sepultura (Jn 2.2). **7**. O coração (Jo 7.39). (ID ND S Z)

VERÃO

No hebraico, *qayits*, **"arrancar"** ou **"recolher"**, isto é, a **"colheita"**. Essa palavra ocorre por onze vezes com esse sentido e também pode significar "fruto de verão". (Essas onze vezes são: Gn 8.22; Sl 32.4; 74.17; Pv 6.8; 10.5; 26.1; 30.25; Is 28.4; Jr 8.20; Am 3.15; Zc 14.8). Nossa versão portuguesa usa o vocábulo "verão" ou "estio", para indicar essa estação do ano. No grego encontramos a palavra *théros*, "verão", por três vezes (Mt 24.32, Mc 13.28 e Lc 21.30). O termo aramaico cognato, *gayit*, aparece somente em Daniel 2.35.

No hebraico, a mesma palavra é usada para indicar o verão e os produtos agrícolas do verão, que nossa versão portuguesa traduz por "frutos do verão". Na Palestina, o verão ocorre entre maio e outubro. Esses meses são praticamente sem qualquer precipitação de chuva. Portanto, no verão havia seca (Sl 32.4), um calor opressivo mas também de muito trabalho nos campos (Pv 10.5, Jr 8.20). A principal atividade humana no verão era a colheita (razão pela qual, no grego, o verbo "colher" é *therizo*, baseado no substantivo *théro*, um verbo que ocorre por vinte vezes, de Mateus 6.26 a Apocalipse 14.15,16. Primeiramente havia a colheita das primícias (cf. Is 28.4, onde nossa versão portuguesa diz "figo prematuro"), e somente mais tarde vinha a colheita principal. Se a colheita fosse adiada por algum tempo, o produto da terra tornava-se maduro demais e se estragava, como se vê na visão dos "frutos de verão" (Am 8.1,2). Dentro do simbolismo cristão, no tocante à ressurreição, esta aparece como uma colheita. O Senhor Jesus aparece então como as "primícias", e todos os crentes regenerados, como a "colheita principal". Explicou o apóstolo Paulo: *Cada um, porém, por sua própria ordem: Cristo, as primícias, depois os que são de Cristo, na sua vinda* (1Co 15.23).

VERDADE (NA BÍBLIA E OUTRAS CONSIDERAÇÕES)

O estudo sobre a *verdade* é vasto. Diversos artigos sobre este tema são apresentados neste *Dicionário*. Além do artigo que segue, que é essencialmente bíblico, ver os seguintes: 1. *Conhecimento e a Fé Religiosa*, especialmente seção II, *Teorias da verdade — Critérios*. 2. *verdade, Cristo Como*. 3. *verdade, O Evangelho Como*. 4. *verdade na Filosofia*.

I. TERMINOLOGIA E USOS BÍBLICOS. No hebraico devemos considerar uma palavra e, no grego, também uma, a saber: **1**. *Emeth*, "verdade", "constância". Esse vocábulo hebraico ocorre por 92 vezes no Antigo Testamento (conforme se vê, para exemplificar, em Gn 24.27; 42.16; Êx 18.21; Dt 13.14; Js 24.14; Jz 9.15; 1Sm 12.24; 2Sm 2.6; 1Rs 2.4; 2Rs 20.3,19; 2Cr 18.15; Et 9.30; Sl 15.2; 25.5,10; 30.9; 31.5; 40.10,11; 13.3; 51.6; 57.10; 61.7; 71.22; 91.4; 145.18; 146.6; Pv 3.3; 8.7; 12.19; 23.23; Ec 12.10; Is 10.20; 16.5; 38.18,19; Jr 4.2; 9.5; Dn 8.12; 9.13; Os 4.1; Mq 7.20; Zc 8.3,8,16,19; Ml 2.6). Há outras formas dessa palavra e outros vocábulos que ocorrem por poucas vezes, e que também podem ser traduzidos como "verdade". **2**. *Alétheia*, "verdade". Palavra grega que é usada por cento e dez vezes (Mt 22.16; Mc 5.33; 12.14,32; Lc 4.25; 20.21; 22.59; Jo 1.14,17; 3.21; 4.23,24; 5.33; 8.32,40,44-46; 14.6,17; 18.37,38; At 4.27; 10.34; Rm 1.18,25; 2.2,8,20; 1Co 5.8; 13.6; 2Co 4.2; 6.7; 13.8; Gl 2.5,11; 5.7; Ef 1.13; 4.21,24,25; 5.9; 6.14; Fp 1.18; Cl 1.5,6; 2Ts 2.10,12,13; 1Tm 2.4,7; 3.15; 4.3; 6.5; 2Tm 2.15,18,25; 3.7,8; 4.4; Tt 1.1,14; Hb 10.26; Tg 1.18; 3.14; 5.19; 1Pe 1.22; 2Pe 1.2; 2.2; 1Jo 1.6,8; 2.4,21; 3.18,19; 4.6; 5.6; 2Jo 1-4; 3Jo 1,3,4,8,12).

No Antigo Testamento, a palavra *emeth* e seus cognatos indicam as ideias de firmeza, estabilidade, fidelidade, alguma base fidedigna de apoio. É uma qualidade atribuída tanto a Deus quanto às criaturas. Também é atribuída não somente às mais diversas afirmações (por exemplo, Rt 3.12), mas também à conduta (ver Gn 24.49) e às promessas (2Sm 7.28). A verdade é associada na Bíblia à gentileza (Gn 47.29), à justiça (Ne 9.13 e Is 59.14) e à sinceridade (Js 24.14). Por essas razões, a Septuaginta, com frequência, a traduz pelo termo *gregopistis*, "fé", "fidelidade", "convicção", a fim de expressar o aspecto moral, em vez de empregar *alétheia*, "verdade".

Nas páginas do Novo Testamento, *alétheia* retém a ênfase moral e personalista que o termo paralelo hebraico tem no Antigo Testamento, embora a noção de fidelidade, com mais frequência, seja transmitida através da palavra grega *pístis*. Etimologicamente, *alétheia* sugere que alguma coisa foi aberta, descoberta, revelada, segundo a sua verdadeira natureza, dando a ideia daquilo que é real e genuíno, em contraposição com o que é imaginário ou espúrio, ou, então, daquilo que é veraz, em contraposição com o que é falso. Assim, lemos a respeito do "verdadeiro Deus" e da "verdadeira vinha", tal como o Credo Niceno fala sobre "o vero Deus do vero Deus". O adjetivo grego, *aléthinos*, aparece em contextos assim, ao passo que *alethés* é palavra empregada como um predicado (ver Mt 22.16, João 3.33 etc.). A julgar pelo uso que esses dois adjetivos têm no Novo Testamento, não se pode averiguar qualquer diferença essencial no significado fundamental desses dois termos. Porém, as referências neotestamentárias a declarações verazes tornam evidente que o conceito de verdade cognitiva deriva-se das noções de franqueza ou caráter fidedigno (ver, por exemplo, Mc 5.33, 12.32, João 8.44-46, Rm 1.25 e Ef 4.25). O conceito cognitivo é mais explícito no Novo Testamento do que no Antigo Testamento. A verdade está ligada não somente à fidelidade e à justiça, mas também ao conhecimento e à revelação. Isso se deve, pelo menos em parte, à intrusão da cultura grega — com seus interesses mais acentuadamente teóricos — no mundo judaico; e, também, em parte, ao idioma grego, e, seria um erro supormos que a língua grega e, portanto, o uso que o Novo Testamento fez do vocábulo *alétheia*, reflete um dualismo platônico, e uma epistemologia platônica ou mesmo enóstica. Pois, em primeiro lugar, a filosofia grega é muito mais variada do que isso subentende: não havia somente uma epistemologia grega. Em segundo lugar, os escritos bíblicos moldavam os significados que queriam dar a entender, mediante o seu próprio uso criterioso dos vocábulos. Sem dúvida alguma, ao escreverem para uma cultura já helenizada, com suas diferentes compreensões acerca da verdade, esses escritores conservavam em mente a ideia de verdade cognitiva. Todavia, a maneira de pensar dos escritores sagrados era mais diretamente moldada pelos conceitos veterotestamentários e acima de tudo, pela crença de que o verdadeiro Deus, o Deus *aléthinos*, não vive oculto, mas antes, age e fala com uma franqueza totalmente digna de confiança (*alethés*).

A verdade que Conhecemos

1. Sabemos bem pouco, mas aquilo que sabemos é imensamente importante.

2. Em contraste com o conhecimento de um historiador, que depende de pesquisas do passado distante, e isso contando com meios inadequados, a busca pela verdade religiosa depende da revelação. A revelação depende do interesse de Deus pelo mundo, e é evidência do mesmo.

3. A verdade é comprovada nas vidas daqueles que são transformados segundo a imagem de Cristo. Poder é necessário para que isso se concretize, e o que é bom traz consigo suas próprias evidências.

> A sabedoria não é finalmente testada nas escolas,
> A sabedoria não pode passar de quem a tem para quem não a tem,
> A sabedoria é da alma, não é susceptível de prova, é sua própria prova.
>
> Walt Whitman, *Canção da Estrada Aberta*

Conforme disse Aristóteles (Retórica II.13), a verdade é que os homens se vão tornando menos e menos dogmáticos, à proporção que envelhecem, reconhecendo cada vez mais a *vastidão* da verdade, e isso certamente é o caso da verdade de Cristo, pois essa é infinitamente ampla e não pode ser contida por qualquer credo ou denominação religiosa, porquanto é impossível alguém cercar Deus com uma sebe.

4. Contra a Arrogância

a. A fé não consiste em não crer em algo que não é a verdade. Um dogma pode servir de obstáculo para a verdade. *b*. Nenhuma denominação ou fé isolada pode ser guardiã da verdade divina. Podemos aprender coisas de outros, e as janelas deveriam ser mantidas abertas para permitir que a luz entre, para que possa haver crescimento.

> Da preguiça que aceita meias verdades,
> Da arrogância que pensa conhecer toda a verdade,
> Ó Senhor, livra-nos.
>
> Arthur Ford

O próprio Paulo exibiu grande confiança: "Sei em quem tenho crido", e, no entanto, aludiu a si mesmo como mero principiante na inquirição pela verdade espiritual. (Ver 2Tm 1.12, em comparação com Fp 3.10-14. Quanto a Jesus como "a personificação da verdade", ver Jo 14.6.)

5. Descrições e Elementos da verdade

- Deus é o Deus da verdade (Dt 32.4; Sl 31.5).
- Cristo é a verdade (Jo 14.6 com Jo 7.18).

VERDADE (NA BÍBLIA E OUTRAS CONSIDERAÇÕES)

- Cristo estava repleto de verdade (Jo 1.14).
- Cristo falou a verdade (Jo 8.45).
- O Espírito Santo é o Espírito da verdade (Jo 14.17).
- O Espírito Santo nos guia a toda verdade (Jo 16.13).
- A palavra de Deus é a verdade (Dn 10.21; Jo 17.17).
- Deus encara a verdade favoravelmente (Jr 5.3).
- Os juízos divinos são segundo a verdade (Sl 96.13; Rm 2.2).

Os santos deveriam:
- Adorar Deus na verdade (Jo 4.24 com Sl 145.18).
- Servir a Deus na verdade (Js 24.14; 1Sm 12.24).
- Andar diante de Deus na verdade (1Rs 2.4; 2Rs 20.3).
- Observar as festividades religiosas na verdade (1Co 5.8)
- Estimar a verdade como preciosíssima (Pv 23.23)
- Regozijar-se na verdade (1Co 13.6).
- Falar a verdade uns com os outros (Zc 8.16; Ef 4.25). Meditar sobre a verdade (Fp 4.8).
- Escrever a verdade sobre as tábuas do coração (Pv 3.3).
- Deus deseja a verdade no coração (Sl 51.6). O Fruto do Espírito se verifica na verdade (Ef 5.9).

Os ministros deveriam:
- Falar a verdade (2Co 12.6; Gl 4.16).
- Ensinar a verdade (1Tm 2.7).
- Ser aprovados pela verdade (2Co 4.2; 6.7,8; 7.14).
- Os magistrados deveriam ser homens caracterizados pela verdade (Êx 18.21).
- Os reis são preservados pela verdade (Pv 20.28).

Os que dizem a verdade:
- Exibem a retidão (Pv 12.17).
- Serão firmados (Pv 12.19).
- São deleitáveis para Deus (Pv 12.22).

Os ímpios:
- São destituídos de verdade (Os 4.1).
- Não dizem a verdade (Jr 9.5).
- Não sustentam a verdade (Is 59.14,15).
- Não pleiteiam pela verdade (Is 59.4).
- Não são corajosos em defesa da verdade (Jr 9.3).
- Serão punidos por não terem a verdade (Jr 9.5,9; Os 4.1).

O evangelho, como a verdade:
- Veio por meio de Cristo (Jo 1.17).
- Cristo dá testemunho da verdade (Jo 18.37).
- Ela se acha em Cristo (Rm 9.1; 1Tm 2.7).
- João deu testemunho da verdade (Jo 5.33).
- Ela é segundo a piedade (Tt. 1.1).
- Ela é santificadora (Jo 17.17,19).
- Ela é purificadora (1Pe 1.22).
- Ela fez parte da armadura cristã (Ef 6.14).
- Ela é revelada abundantemente aos santos (Jr 33.6).
- Ela permanece com os santos (2Jo 2).
- Ela deveria ser reconhecida (2Tm 2.25).
- Ela deveria ser crida (2Ts 1.12,13; 1Tm 4.3).
- Ela deveria ser obedecida (Rm 2.8; Gl 3.1).
- Ela deveria ser amada (2Ts 2.10).
- Os ímpios se afastam da verdade (2Tm 4.4).
- Os ímpios resistem a verdade (2Tm 3.8).
- Os ímpios estão destituídos da verdade (1Tm 6.5). A igreja é a coluna e o baluarte da verdade (1Tm 3.15).
- O diabo é despido de verdade (Jo 8.44).

II. TRÊS CONCEITOS DE VERDADE NA BÍBLIA. O uso que a Bíblia faz da palavra verdade sugere três conceitos relacionados entre si, a saber: **1**. a verdade *moral;* **2**. a verdade ontológica; **3**. a verdade *cognitiva*. Naturalmente, os conceitos 2 e 3 dependem, logicamente, do conceito *1;* o conceito 3 depende, logicamente, dos conceitos *1* e *2*. Em cada um desses casos, entretanto, a base da verdade se encontra em Deus, que é a fonte originária e o padrão de 1, a retidão, 2, o ser, e 3, o conhecimento.

1. A verdade Moral. A verdade é *um* dos *atributos* de Deus. Como tal, esse vocábulo se refere à integridade, ao caráter digno de confiança e à fidelidade de Deus. Um poeta hebreu celebra esse atributo no Salmo 89, e o profeta Oseias o fez em Oseias 2.19-23: Em ambos os casos, a verdade divina é combinada com a misericórdia e o amor de Deus. De acordo com Deuteronômio 32.4, Salmos 100.5 e 146.6, a fidelidade de Deus é revelada por meio da criação; e, no livro de Apocalipse, esse é o atributo de Deus sobre o qual repousa a expectativa de juízo (ver Ap 3.7,14; 6.10; 15.3,4; 19.11 e 21.5). Visto que o caráter divino deve ser imitado pelos homens, a verdade também deveria ser uma qualidade, virtude ou atributo humano. Por esse prisma, a verdade importa em honestidade (Sl 15.2; Ef 4.25) e justiça civil (Is 59.4,14,15). Dizer a verdade, portanto, para o homem constitui uma obrigação, de tal maneira que a veracidade (verdade cognitiva) seja uma das características do homem em quem se pode confiar (verdade moral). Entretanto, espera-se de cada indivíduo que se mostre íntegro diante de Deus e de seus semelhantes (Êx 18.21; Js 24.14). Nesse sentido moral, a verdade não é algum mero verniz superficial, pelo contrário, parte do próprio coração, distinguindo o caráter inteiro do homem interior (1Sm 12.24; Sl 15.2; 51.6).

2. A verdade Ontológica. Originando-se no conceito de que o indivíduo é inteiramente digno de confiança é veraz, temos aquele outro conceito do indivíduo que efetivamente é aquilo que se propõe a ser. Isso significa que tal indivíduo não vive uma ficção, não procura enganar ao próximo, e nem é um homem que dê um exemplo imperfeito ou negativo. Nesse sentido, *a verdadeira luz* (Jo 1.9) é a perfeição que João Batista refletia em parte, em sua pessoa; *o verdadeiro pão* (Jo 6.32) faz contraste com o imperfeito maná de Moisés; *os verdadeiros adoradores*. (Jo 4.23) fazem contraste com aqueles que adoravam por mera antecipação, aguardando por quem não conheciam — o Messias. Os crentes tessalonicenses abandonaram seus ídolos a fim de servirem ao verdadeiro Deus (1Ts 1.9). Cristo é a verdade personificada. Ver o artigo *verdade, Cristo Como*. É nesse sentido que falamos sobre "um verdadeiro homem", "um verdadeiro erudito" ou "um verdadeiro filho", dando a entender alguém que é fiel a algum ideal, que representa perfeitamente algum padrão de virtude. A teoria grega dos *universais* via, em todos os particulares, uma participação, em algum grau, nas formas ideais dos universais. Pensadores cristãos como Agostinho, Anselmo e Tomás de Aquino equipararam essas formas com as ideias e os decretos divinos (verdades eternas), tendo atribuído uma "verdade ontológica" aos objetos naturais que dão corpo a essas ideias e decretos. Entretanto, essa noção não se originou dos ensinamentos bíblicos, mas pela combinação das teorias gregas sobre a forma com o conceito bíblico de um Criador que faz todas as coisas em consonância com a sua perfeita vontade.

3. A verdade Cognitiva. Um outro fator resultante da verdade moral é que o indivíduo veraz diz a verdade e não a mentira ou falsidade. Em Deus, a verdade origina-se na sua onisciência, de tal modo que o atributo da verdade se refere, pelo menos em parte, ao seu perfeito conhecimento de todas as coisas (Jó 28.20-26; 38.39). Visto que Deus é o Criador, tudo quanto sabemos depende, em última análise, do Senhor. Toda verdade é uma verdade divina. Nossas habilidades cognitivas são uma criação de Deus, e o caráter inteligível da natureza confirma a sabedoria de Deus. Por conseguinte, o conhecimento de Deus é um conhecimento arquétipo, do qual o nosso conhecimento é parcial, uma *imitação*. Aquilo que declaramos verdadeiro, só o é à proporção que concorda com a verdade, que só se manifesta perfeitamente na pessoa de Deus. Isso posto, a verdade terrestre é contingente, dependente, limitada, provisória. É por um motivo assim que o apóstolo dos gentios explicou que *...agora vemos como em espelho, obscuramente...*, e que somente na presença imediata de Deus, quando estivermos na glória, é que *...veremos face a face...* Sim, ainda no dizer do apóstolo, agora conhecemos apenas parcialmente; no céu conheceremos tal e qual somos conhecidos. Em contraste com o nosso conhecimento refletido, a verdade arquétipa é ilimitada, imutável e absoluta. No caso do homem, a verdade permanece em formação constante, mas, no caso de Deus, a verdade já é perfeita, completa.

Isso é expresso através do conceito do *Logos*, nos escritos de João, bem como na discussão, na epístola aos Colossenses, sobre o fato de estarem ocultos, em Cristo, ... *todos os tesouros da sabedoria e do conhecimento...* (Cl 2.3). O Cristo por intermédio de quem todas as coisas foram criadas, e que agora sustenta tudo em existência, é aquele que empresta, à natureza e à história, inteligibilidade, boa ordem e propósito. Conhecer Cristo é conhecer a fonte onisciente de toda a verdade, de todo o conhecimento — não a fim de que possamos saber de tudo quanto ele sabe, mas a fim de podermos compreender como são possíveis todo o conhecimento e toda a sabedoria. Cristo é aquele que garante o caráter fidedigno de qualquer verdade que podemos obter. Apesar de ser evidente, no Novo Testamento, o conceito cognitivo da verdade (ver, por exemplo, Mc 5.33; 12.32; Rm 1.25), é particularmente aplicado ali à mensagem anunciada por Cristo e seus apóstolos (Jo 5.33; 8.31-47; Rm 2.8; Gl 2.5; 5.7; Ef 1.13; 1Tm 3.15; 1Jo 2.21-27). Um mensageiro cristão fiel fala a verdade que procede de Deus, e correspondendo a essa verdade de Deus, o crente confia em Deus, de quem procede essa verdade. A fé, pois, consiste tanto no assentimento da verdade como na dependência ao que Deus declara. Por isso é que se lê que uma pessoa "pratica a verdade", quando dá o seu assentimento à mensagem do evangelho e confia em Cristo, em vista de sua "verdade moral" ou fidelidade (ver 1Jo 1:ó-8; 2.4; 3.18,19).

III. Conceitos Filosóficos da verdade

1. Quanto à verdade Cognitiva. Se Deus é a fonte originária de toda verdade, então quaisquer verdades que cheguemos a conhecer dão testemunho sobre Deus.

a. Agostinho. Reconhecendo isso, Agostinho de Hipona (354-430 d.C.) arquitetou um argumento em favor da existência de Deus, partindo do nosso conhecimento da verdade, intitulado *Sobre o Livre Arbítrio II*. A mente humana apreende de certas verdades universais e necessárias, que não podem ser modificadas, que incluem as verdades lógicas como "A é ou B ou não B", e também as verdades matemáticas. Tais verdades nem são decretadas verdadeiras e nem são emendadas pela mente humana, como se fossem verdades inferiores; pelo contrário, a mente humana se submete de bom grado a essas verdades, deixando-se julgar e corrigir por elas, como verdades absolutas. A verdade existe independentemente da mente humana, e é superior a ela. Quando muito, a mente humana a descobre. Mas a mente humana flutua em sua apreensão da verdade, embora a própria verdade permaneça para sempre. O que explica a posição eterna, imutável e universal da verdade? É que as verdades individuais precisam participar da própria verdade, isto é, o Deus eterno e imutável, em quem e por meio de quem todas as coisas existem e subsistem. O argumento de Agostinho reflete o fato do que ele transformou a teoria platônica das formas em um contexto teísta. De acordo com esse argumento, não existem mais arquétipos subjacentes, unificados na *Forma do Bem*. Agora as formas são eternas verdades (*rationes aeternae*), subsistindo na mente de Deus, para quem todas as verdades estão unificadas em uma só. Essas formas também podem ser conhecidas por meio da memória, porquanto Agostinho também adaptou a teoria platônica das ideias inatas e do método dialético; porém, segundo ele dizia, toda e qualquer verdade que os homens apreendam deve-se ao Logos "que nos ensina no interior", iluminando cada indivíduo que vem a este mundo (*Sobre o Mestre* e *Solilóquio*).

b. Anselmo de Canterbury (1033-1109 d.C.) seguiu as diretrizes assinaladas por Agostinho, ao distinguir três sentidos diferentes na "verdade", a saber: **1**. Uma proposição é verdadeira quando declara aquilo que realmente existe, mas **2**. aquilo que realmente existe é aquilo que deveria ser ("verdade ontológica"), quando se amolda, e **3**. a ideia arquétipa na mente de Deus ("verdade eterna"). De conformidade com isso, Deus é a causa eterna de toda verdade. Anselmo também discutiu sobre "a verdade na vontade", com o que se referia ao conceito da "verdade moral", sobre o que já falamos.

c. Tomás de Aquino (1223-1274) modificou esse esquema, ao argumentar (*De Veritate*, quesito 1), que a verdade deveria ser predicada, primariamente, a algum intelecto e somente em sentido secundário, a alguma coisa. Pois uma coisa qualquer só pode ser chamada de verdadeira ("um homem verdadeiro" etc.) à medida que se conforma com alguma ideia. As coisas naturais são aquilo que são, por causa das ideias arquétipas, existentes no intelecto divino. Por conseguinte, a verdade existe, em última análise, no intelecto divino. Apesar de poderem ornar o intelecto humano — e os homens aprendem até através das coisas naturais — a verdade, em última análise, procede de Deus. Em Deus, a verdade significa que o seu conhecimento concorda, antes de tudo, com a sua própria essência, e, em segundo lugar, concorda com as coisas que ele criou. *Tomás de Aquino*, portanto, definiu a verdade como a adequação do pensamento a alguma coisa, e então aplicou essa definição tanto ao conhecimento divino quanto ao conhecimento humano. Ao assim fazer, ele lançou os alicerces para a moderna teoria da verdade chamada Correspondência.

d. René Descartes (1596 — 1650) foi educado na escola jesuíta de La Flèche, e a influência do pensamento escolástico foi permanente sobre ele. De acordo com essa formação, não é surpreendente que ele tenha feito repousar o caráter fidedigno da razão humana e da percepção dos sentidos humanos sobre o caráter de Deus (*Meditações* IV e V). Conforme ele argumentava, a possibilidade lógica de chegarmos à verdade depende de sabermos que Deus existe, e que ele jamais nos enganaria. Acrescente-se a isso que jamais podemos atribuir qualquer culpa a Deus, mas o erro surge quando a vontade humana afirma ou nega alguma coisa que jaz além do limitado escopo da razão humana. Mas a verdade fica assegurada mediante o uso lógico e cuidadoso do intelecto criado em nós. Em última analise, a verdade depende de Deus.

e. Outros pensadores cristãos do período da Renascença e do Iluminismo assumiram posições idênticas a essa. Assim, Malebranche, Berkeley, Leibniz e outros afirmaram, segundo os termos de seus próprios esquemas filosóficos, que toda a verdade, afinal de contas, é verdade de Deus, e que o conhecimento que possuímos da verdade depende, em última análise, de Deus. As teorias da correspondência clássica e da coerência da verdade foram formuladas desse modo; a primeira, dentro do contexto de epistemologias empíricas, e a última, mais dentro de um contexto racionalista e idealista. O pensamento não teísta, ao desvincular dessas amarras a teoria da verdade, levanta sérias dúvidas acerca da possibilidade de chegarmos à verdade e à objetividade da verdade. As epistemologias de pendor pragmático e relativista resultam, como é lógico, de filosofias naturalistas e de outras filosofias não teístas. Por semelhante modo, o aparecimento da ciência moderna, em seus primeiros passos, com a sua confiança indevida na investigação racional das descobertas empíricas, pode ser explicado como resultante da crença de que um Deus racional e digno da nossa confiança criou tanto um Universo inteligível quanto mentes finitas, dignos da nossa confiança no que diz respeito aos propósitos tencionados. Quanto a esses aspectos, o conceito bíblico da verdade cognitiva tem permeado e inspirado todo o pensamento ocidental.

2. A verdade Moral. A verdade moral, no sentido bíblico de retidão pessoal, historicamente tem sido posta à margem, dando-se preferência à verdade cognitiva, por parte dos pensadores, em suas investigações. Soren Kierkegaard (1813-1855) foi o principal responsável moderno pela redescoberta da verdade moral. Em sua obra, *Pós-Escrito Não Científico Final*, ele distinguiu entre a vereda "objetiva" para a verdade, através da inquirição histórica ou filosófica, e a vereda "subjetiva" de investigação. Segundo ele afirmava, apreender a verdade é algo "subjetivo". Com isso, porém, Kierkegaard não queria dar a entender que a verdade seja relativa ou particular. Antes, queria dar a entender que o indivíduo deve se aproximar da verdade como uma pessoa completa, assumindo totalmente o seu papel de sujeito, apaixonadamente envolvido e inteiramente autêntico em seu interesse. Esse tipo de reação é que distinguiria entre o crente verdadeiro e o crente meramente nominal. Seria isso que o Novo Testamento chama de "estar na verdade".

O conceito de Kierkegaard da verdade, tal como o de Descartes ou o de Leibniz, entretanto, tem sido distorcido pelos não teístas. O resultado dessa distorção é o ponto de vista existencialista, que considera a verdade como uma questão inteiramente pessoal, como se não houvesse qualquer verdade objetiva, na mente de Deus, que possa ser inteligível para as mentes finitas. Em outras palavras, a verdade moral pode ser retida sem o concurso da verdade cognitiva; além disso, o indivíduo chegaria à verdade moral através da experiência existencial. A análise feita por Heidegger (*O Ser e o Tempo*, § 44), a respeito da verdade, como o "desvendamento" do Ser, é extremamente valiosa, porém, a sua análise sobre o ser (*Dasein*), em termos de nós mesmos nos encontrarmos no mundo, tende por limitar a verdade à autodescoberta, ou autoautenticação pessoal. A influência do pensamento de Heidegger sobre a verdade evidencia-se, por um lado, na teologia de Paul Tillich, e, por outro lado, no nihilismo (vide) de Jean-Paul Sartre, cujos pensamentos ressentem-se da ausência do conceito bíblico e teísta da verdade.

A insuficiência e inadequação tanto do conceito cognitivo da verdade quanto do conceito existencial da mesma, se considerados isoladamente, levou certo pensador, Herman Dooyeweerd, a requerer a elaboração de uma ideia da verdade que fosse verdadeiramente cristã. Essa ideia cristã rejeitaria tanto a suposta neutralidade religiosa da verdade teórica, como também faria justiça à preocupação bíblica com a verdade "no coração", fazendo assim a vinculação necessária entre a verdade teórica e a verdade moral. Os ingredientes que se fazem necessários para uma formulação assim, sem dúvida já estão presentes tanto nas Sagradas Escrituras como no pensamento cristão através dos séculos.

IV. TEORIAS DA VERDADE. Ver o artigo chamado *Conhecimento e a Fé Religiosa*, seção II.

VERDE

Ver o artigo sobre *Cores*, especialmente no seu sétimo ponto. Além das descrições oferecidas naquele artigo, destacamos aqui os significados simbólicos dessa cor: o verde aponta para a vida, para coisas vivas, para o crescimento, para o vigor e para a vitalidade. E também pode indicar o sentimento da *esperança*, portanto pensamos sobre os verdejantes pastos de um dia melhor, lá nos céus. Por outro lado, essa cor pode falar sobre a inexperiência, a simplicidade e a inadequação, visto que várias plantas começam verdes, e então amadurecem, e aí adquirem uma nova coloração.

Além disso, a *inveja* também pode ser representada pela cor verde. Aqueles que podem ver a *aura humana* (vide) afirmam que ela adquire uma coloração esverdeada quando a pessoa sente ciúmes ou inveja. Finalmente, a cor verde também pode estar associada às enfermidades, por causa da palidez da pele quando a pessoa adoece gravemente.

VEREDA (CAMINHO)

No estudo da Bíblia, quanto a este verbete, o que nos interessa é a inquirição espiritual no uso metafórico dos vocábulos traduzidos por "vereda". Assim, os trechos do Gênesis 18.19, Deuteronômio 9.16 e 1Reis 2.3 referem-se ao "curso de conduta" requerido pelo Senhor ao homem. Os homens têm corrompido esse caminho (ver Gn 6.12). Samuel, como representante de Deus, forneceu instruções quanto a esse caminho (ver 1Sm 12.23). O trecho de Isaías 59.7,8 alista várias maneiras em que os homens têm corrompido essa vereda. Eles desconhecem o caminho da paz e têm seguido por um caminho de desolação e destruição. Suas próprias veredas também são tortuosas. Os ímpios têm seus próprios caminhos, que contradizem o bom senso e uma prática reta (ver Jr 12.1).

Por outra parte, há uma vereda estreita, que conduz à vida (Sl 5.6; 15.24; 16.11). Todavia, algumas pessoas começam a caminhar pelo reto caminho, para então abandoná-lo, preferindo um caminho tenebroso (Pv 2.13). As nações seguem seus próprios caminhos (ver At 14.16), como o fazem os indivíduos (1Rs 1.33; 2Rs 8.27). Alguns profetas também seguem uma vereda má e pervertida; o exemplo mais notável disso foi dado por Balaão (ver 2Pe 2.15). Paulo, em contraste com isso, seguia uma reta vereda, governada pela doutrina de Cristo (1Co 4.17). No Novo Testamento, essa vereda reta é o caminho de Cristo (ver Jo 14.6), o qual culmina nos lugares celestiais. Esse caminho não deve ser abandonado por nós em toda a nossa peregrinação. O *caminho* (At 9.2; 19.9; 22.4; 24.14,22) pode indicar a doutrina cristã e o modo de viver que ela requer de nós. Jesus contrastou dois caminhos possíveis: um leva à vida, e o outro conduz à perdição (ver Mt 7.13,14).

Elementos Inerentes à Metáfora: **1**. Uma vereda algumas vezes se faz por meio do esforço pessoal, e, presumivelmente, de acordo com algum plano específico. **2**. Trata-se de um caminho que leva de um lugar a outro. **3**. Alude a certo modo de conduta, visto que uma vereda limita os passos do indivíduo a um desígnio e intuito específicos. **4**. Refere-se à conduta (modo de andar) de uma pessoa, bem como às regras, às aspirações, às diretrizes e ao destino seguidos por essa pessoa. **5**. Refere-se ao início e à chegada, incluindo a curva inteira da vida do indivíduo. **6**. A vereda espiritual afasta-nos daquelas coisas que dirigem os homens comuns, inconversos. Nessa vereda espiritual pomos em prática os diversos meios do desenvolvimento espiritual, como o estudo dos documentos sagrados e outros livros que nos ajudam em nosso desenvolvimento espiritual e intelectual; a oração e a meditação são meios importantes nessa vereda para a espiritualidade; as boas obras devem ser postas em prática; a santificação é um fator essencial nessa vereda; uma missão específica deve fazer parte de nossos alvos gerais. Mas, acima de tudo, devemos pensar nos toques místicos. Precisamos aprender a buscar a presença do Senhor, deixando-nos transformar interiormente pelo seu Santo Espírito (ver 2Co 3.18).

VERGA DA PORTA

Ver Êxodo 12.22,23. Nas portas antigas, essa era uma peça superior, de madeira, que suportava o peso da estrutura, acima dela. Os israelitas foram instruídos a aspergir um pouco do sangue do cordeiro pascal sobre essa peça da porta de entrada de suas casas, quando da instituição da Páscoa. A palavra hebraica envolvida, *mashqoph*, significa "projeção", "saliência".

VERGONHA

Palavras Hebraicas. Há quatro palavras hebraicas principais envolvidas, além de outras, e também cinco palavras gregas, a saber: **1**. *Bosheth*, "vergonha", "coisa vergonhosa". Palavra hebraica que ocorre por cerca de 27 vezes (Por exemplo: 2Cr 32.21; Sl 35.26; 40.15; 132.18; Is 30.3,5; Jr 3.24,25; Sf 3.5). **2**. *Cherpah*, "opróbrio". Palavra hebraica que é usada por 71 vezes (Para exemplificar: Gn 30.23; 2Sm 13.13; Is 4.1; 47.3; Dn 12.2; Os 12.14; Jl 2.17,19; Sf 3.18; Sl 15.3; 22.6; 31.11; 39.8; 44.13; 69.7,9,10,19,20; 119.22,39; Jr 6.10; 20.8;

51.51). **3**. *Kelimmah*, "corar", "envergonhar-se". Palavra hebraica que aparece por trinta vezes (Para exemplificar: Sl 4.2; 109.29; Ez 16.52,54,63; 32.24,30; 36.6,7,15; 44.13; Mq 2.6). **4**. *Qalon*, "confusão", "vergonha". Palavra hebraica que ocorre por dezessete vezes (Por exemplo: Sl 83.16; Pv 3.35; 9.7; 11.2; Is 22.18; Jr 13.26; 46.12; Os 4.7,18; Hc 2.16). Além dessas palavras mais usadas, há outras, como *bosh*, "envergonhar-se" (Jr 48.39), *sushah*, "vergonha" (Sl 89.45; Mq 7.10); *boshnah*, "vergonha" (Os 10.6); *kelimmuth*,. "vergonha" (Jr 23.40); *ervah*, "nudez" (Is 20.4); e *shimtsah*, "desprezo" (Êx 32.25). **As Palavras Gregas Envolvidas São as Seguintes: 1**. *Aischrón*, "coisa vil". Termo grego usado por quatro vezes (1Co 11.6; 14.35; Ef 5.12 e Tt 1.11). **2**. *Aixchúne*, "vileza", "baixeza". Essa palavra grega ocorre por seis vezes (Lc 14.9; 2Co 4.2; Fp 3.19; Hb 12.2; Jd 13 e Ap 3.18). **3**. *Aschemosúne*, "inconveniência", "falta de decoro". Palavra grega que aparece por duas vezes (Rm 1.27 e Ap 16.15). **4**. *Atimía*, "desonra". Palavra grega que ocorre por sete vezes (Rm 1.26; 9.21; 1Co 11.14; 15.43; 2Co 6.8; 11.21; 2Tm 2.20). **5**. *Entropé*, "recolhimento", "vergonha". Vocábulo grego que ocorre por duas vezes (1Co 6.5; 15.34).

A ideia de vergonha, opróbrio etc., ocorre na Bíblia por cerca de 150 vezes, em associação com ideias como derrota, repriminada, nudez, insensatez, desprezo, pobreza, inconveniência, crueldade e nulidade. Trata-se de uma emoção aviltante, que se origina na autoconsciência da impropriedade, da ofensa, da reputação prejudicada, do orgulho ferido ou do senso de culpa. Na maioria das referências bíblicas, essa emoção aparece mesclada com questões religiosas, havendo apenas algumas instâncias ligadas à perda de prestígio social. Apesar de haver muitas facetas no senso de vergonha, dois aspectos destacam-se, pelo que podemos classificá-los como segue:

1. Vergonha Subjetiva. O pecado é o principal manancial do senso de vergonha, expressando-se por vários meios. Biblicamente falando, o primeiro desses meios é a nudez com um duplo significado: nudez física e nudez espiritual. Em seu estado primordial, ... *o homem e sua mulher estavam nus, e não se envergonhavam* (Gn 2.25). No entanto, depois que transgrediram, envergonharam-se de sua nudez, na presença de Deus (Gn 3.10; cf. Ap 3.18).

Quando foram expulsos do jardim do Éden, verificou-se que a retidão exclui a vergonha, ao passo que a impiedade a desperta. Davi rogou ao Senhor como segue: *Deus meu, em ti confio, não seja eu envergonhado... Com efeito, dos que em ti esperam, ninguém será envergonhado* (Sl 25.2,3). Esse apelo é frequentemente reiterado pelos salmistas e pelos profetas (Sl 25.20; 31.1,17; 119.6,31,46; Is 49.24; Jr 17.18; cf. Sf 3.11). Paulo se utilizou de um antigo refrão dos hebreus, quando escreveu: ... *não fiquei envergonhado*..., e também: ... *não me envergonharei*... (2Co 7.14 e 10.8). E, citando a profecia de Isaías a respeito de Cristo, disse ele: ... *e aquele que nela (na pedra) crê não será confundido* (Rm 9.33b). Cf. 1Pedro 2.6.

Uma pessoa pode atrair vergonha contra si mesma, como sucedeu com os israelitas, quando pediram para Arão fazer o bezerro de ouro, no deserto (Êx 32.25). Tamar rogou a seu irmão, Amom, que a poupasse da fornicação e de ser violentada (2Sm 13.13). Aqueles que odeiam e zombam do povo de Deus estão convidando sua própria vergonha (Jó 8.22; Sl 57.3; 71.24; 129.5; 132.18; Is 66.5). Aqueles que adoram imagens de escultura (Sl 97.7), e aqueles que fabricam e adoram ídolos, são envergonhados (Is 42.17; Jr 50.2; 51.17), como também os adivinhos (Mq 3.7). As nações pagãs e seus deuses serão envergonhados: o Egito, Quiriataim, Moabe, Bel e Merodaque (Jr 46.24; 48.1,20; 50.2). A apostasia de Israel trouxe grande opróbrio, devido aos juízos divinos (Ed 9.7; Is 3.24; 30.3-5; Ez 16.36; Os 10.6; Na 3.5). Outrossim, Deus, através de seus juízos, mediante outras nações, lançou Israel em opróbrio e vergonha (Jr 2.35,36).

Indivíduos rudes e ímpios podem provocar vergonha por parte de pessoas de natureza mais nobre. Os servos de Davi, tão cheios de boa vontade, foram "grandemente envergonhados" pelo tratamento humilhante que lhes foi dado pelo rei amonita, Hanum (2Sm 10.1-5). Davi invocou a Deus, devido ao que ele chamou de "a minha vergonha e o meu vexame", provocados por seus adversários (Sl 69.19). Um filho violento é filho *que envergonha e desonra* (Pv 19.26). Os sobreviventes do exílio babilônico, segundo foi anunciado, estavam *em grande miséria e desprezo* (Ne 1.3). Acima de qualquer outro, Jesus Cristo suportou a ignomínia da cruz, às mãos de homens ímpios (Hb 12.2; cf. Is 50.6).

2. Vergonha Objetiva. A vergonha é um dos componentes do juízo divino contra o pecado. Portanto, é um instrumento a ser temido por nós, que também pode ser empregado contra os inimigos de nossas almas.

Os hebreus se deleitavam diante do opróbrio sofrido pelos ímpios. *Envergonhados sejam os soberbos, por me haverem oprimido injustamente*... (Sl 119.78; cf. sobre os "perversos", em Sl 31.17). O lugar final dos incrédulos foi amaldiçoado com o opróbrio: ... *Deus dispersa os ossos daquele que te sitia; tu os envergonhas, porque Deus os rejeita* (Sl 53.5). Elã, e todos aqueles que foram seus ajudantes no crime, haveriam de levar a sua vergonha, e *os seus sepulcros foram postos nas extremidades da cova, e todo o seu povo se encontra ao redor do seu sepulcro* (Ez 32.23). Quando da ressurreição dos mortos, ... *ressuscitarão, uns para a vida eterna, e outros para vergonha e horror eterno* (Dn 12.2).

A pior coisa que um hebreu podia desejar para um inimigo seu é que este fosse envergonhado. A vergonha contra os tais era frequentemente invocada algumas vezes associada à outra maldição qualquer: ... *confundidos e cobertos de vergonha*... (Sl 35.4) ... *envergonhados e consumidos*... (Sl 71.13) ... *sejam à uma envergonhados e cobertos de vexame*... (Sl 40.14). Cf. também Sl 70.2; 109.28; Jr 17.18.

No Novo Testamento. Somos ensinados, no Novo Testamento, a evitar cair em opróbrio e vergonha. José não quis sujeitar Maria ao opróbrio (Mt 1.19). Jesus ensinou que o decoro modesto, nas festas para as quais somos convidados, evita muita vergonha (Lc 14.9). Paulo ensinou que os sábios e poderosos deste mundo são envergonhados devido ao fato de que Deus escolhe os fracos e insensatos (1Co 1.27). No tocante à má conduta, declarou esse apóstolo: *Porque o que eles fazem em oculto, o só referir é vergonha* (Ef 5.12). Alguns indivíduos são tão mundanos e pervertidos que ... *a glória deles está na sua infâmia*... (Fp 3.19). Paulo sentia vergonha pelos membros da igreja de Corinto, porquanto ali não havia homens suficientemente sábios para serem os pacificadores de seus irmãos (1Co 6.5). Ao jovem Tito, Paulo escreveu que o comportamento de um crente deve ser tal que ... *o adversário seja envergonhado, não tendo indignidade nenhuma que dizer a nosso respeito* (Tt 2.8, cf. 1Pe 3.16). Com suas palavras, Jesus fez seus adversários gratuitos se envergonharem. *Tendo ele dito estas palavras, todos os seus adversários se envergonharam* (Lc 13.17). O crente deve permanecer fielmente em Cristo, ... *para que, quando ele (Cristo) se manifestar, tenhamos confiança e dele não nos afastemos envergonhados, na sua vinda* (1Jo 2.28). De todas as vergonhas, a pior será um suposto seguidor de Cristo ser repelido por ele. Isso ocorrerá diante de todas as criaturas inteligentes. *Mas ele vos dirá: Não sei donde vós sois, apartai-vos de mim, vós todos os que praticais iniquidade* (Lc 13.27).

VERME

Nada menos de cinco palavras hebraicas e de uma palavra grega são traduzidas, nas versões em geral, pela palavra genérica "verme", a saber: **1**. *Tola*, "verme". Essa palavra, que também significa "carmesim", significa "verme", por uma vez, em Êxodo 16.20, onde nossa versão portuguesa a traduz por "bicho": *Eles, porém, não deram ouvidos a Moisés, e alguns deixaram*

o maná para a manhã seguinte; porém, deu bichos e cheirava mal...
2. Rimmah, "verme". Essa palavra hebraica ocorre por sete vezes no Antigo Testamento (Êx 16.24; Jó 7.5; 17.14; 21.26; 24.20; 25.6; Is 14.11). **3. Tolaath**, "verme". Esse termo hebraico aparece por sete vezes (Dt 28.39; Jó 25.6; Sl 22.6; Is 14.11; 41.14; 66.24; Jn 4.7). **4. Zachal**, "verme". Esse termo hebraico também só aparece por uma vez com o sentido de "verme", embora a nossa versão portuguesa prefira interpretá-lo como "répteis", conforme se vê no trecho de Miqueias 7.17: *Lamberão o pó como serpentes; como répteis da terra, tremendo, sairão dos seus esconderijos...* **5. Sas**, "verme". Esse é um outro vocábulo hebraico que foi utilizado somente por uma vez em todo o Antigo Testamento, em Isaías 51.8, onde a nossa versão portuguesa, novamente, o traduz por "bicho". Lemos ali: *Porque a traça os roerá como a um vestido, e o bicho os comerá como à lã...* **6. Skóleks**, "verme". Essa palavra grega foi empregada somente por uma vez em todo o Novo Testamento, em certa declaração do Senhor Jesus, em Marcos 9.48: ... *onde não lhes morre o verme, nem o fogo se apaga*. Outras versões, seguindo certos manuscritos inferiores, fazem toda essa sentença repetir-se nos versículos 44 e 46 desse mesmo capítulo do segundo Evangelho. Nossa versão portuguesa, entretanto, coloca essas reiterações entre colchetes, demonstrando assim que os seus revisores tinham consciência de que há uma dúvida quanto a essas reiterações, se elas deveriam ou não ser incluídas no texto sagrado.

Em vista da tremenda dificuldade de tradução dos vocábulos hebraicos (incluindo todo o vocabulário hebraico relativo à fauna e à flora, nas páginas do Antigo Testamento), não imaginemos que a nossa versão portuguesa tenha sido mais feliz que outras versões, portuguesas e estrangeiras, na interpretação desses vocábulos relativos aos *vermes*. Além dos sentidos literais, que todos os estudiosos reconhecem ser dificílimo de deslindar uns dos outros desde o Antigo Testamento até o Novo, as palavras traduzidas por "verme" também revestem-se de sentidos metafóricos, conforme se vê, por exemplo, em Isaías 41.14: *Não temas, ó vermezinho de Jacó, povozinho de Israel; eu te ajudo, diz o Senhor...* Passamos a comentar de modo abreviado cada um desses seis vocábulos (cinco hebraicos e um grego), na mesma ordem de apresentação da lista acima:

1. Tola. Segundo já vimos, esse vocábulo hebraico aparece dentro do contexto do recolhimento do maná por parte do povo de Israel, no deserto. Esse recolhimento deveria ser feito em porções adredemente determinadas, a cada dia, conforme se vê no décimo sexto capítulo do livro de Êxodo. Uma possível explicação para a podridão que se manifestou no maná guardado de um dia para o outro, excetuando em dia de sábado, é que esse verme seria na verdade, a larva da mosca. Em um clima quente como aquele que fazia no deserto, e em um período histórico em que as questões e as medidas sanitárias ainda eram tão precariamente conhecidas, não nos é difícil imaginar tal possibilidade. Quanto ao fato de que essa palavra hebraica também significava "carmesim", não devemos imaginar nada de especial. Em todos os idiomas, antigos e modernos, há palavras que significam mais de uma coisa.

2. Rimmah. Visto que esse termo hebraico foi frequentemente usado em um sentido metafórico, e isso da maneira mais variada, segue-se que esse deve ter sido um termo geral para indicar "verme". No cântico fúnebre da profecia de Isaías, lamentando pelo rei da Babilônia, encontramos os seguintes dizeres: "Derribada está na cova a tua soberba, também o som da tua harpa; por baixo de ti uma cama de gusanos, e os vermes são a tua coberta". Curiosamente, nesse trecho, "gusanos" é que corresponde ao termo hebraico *rimmah*; e a palavra portuguesa "verme", que ali também aparece, corresponde ao vocábulo hebraico *tolaath*, sobre a qual comentamos a seguir.

3. Tolaath. O que se reveste de maior interesse, no tocante a essa palavra hebraica, é que, em combinação com *shani*, "vermelho", por nada menos de 27 vezes ela significa uma cor "escarlate". Isso se vê, por exemplo, em Isaías 1.18: ... *ainda que os vossos pecados sejam como a escarlate, eles se tornarão brancos como a neve...* Talvez a explicação mais razoável para isso seja o fato de que o pigmento vermelho dos antigos era extraído de um inseto cujo nome científico moderno é *Coccus illicis*, que se hospeda no olmeiro, uma árvore muito abundante no norte da Palestina. Esses insetos têm um corpo muito mole, como o dos vermes, e, por causa disso, eles preparavam uma capa protetora, feita de cera, por cima de alguma pequena cavidade na casca daquela planta. O pigmento vermelho era extraído exatamente dessa capa protetora, que se parecia com uma escama. De acordo com a química moderna, sabe-se que o ingrediente ativo desse pigmento é o ácido quermésico, e que o corante obtido do mesmo é uma das antroquinonas. Dissolvido na água, assume uma cor vermelho-amarelada, mas torna-se vermelho-violeta em soluções ácidas. O próprio inseto em pauta é minúsculo, pertencente à classe dos piolhos das plantas. Outros estudiosos, com base nas mesmas indicações, pensam que se tratava de alguma lagarta.

4. Zachal. Visto que nossa versão portuguesa, em sua única referência no AT (Mq 7.17), traduz essa palavra como *répteis*, temos a dizer que muitos eruditos não acreditam nisso, porquanto preferem pensar em algum tipo de verme, a despeito das palavras de Miqueias: ... *sairão dos seus esconderijos...*, pois até os vermes podem esconder-se em esconderijos, e não somente os répteis. A versão Berkley da Bíblia inglesa diz ali (agora vertido para o português): ... *como vermes da terra, tremendo, sairão de suas fortalezas...* Naturalmente essa passagem fala de homens, tremendamente assustados diante da aproximação do Senhor Deus; daí também eles sairão de suas "fortalezas".

5. Sas. À primeira vista, o contexto de Isaías dá a entender que está em foco a lagarta da traça. E essa é a posição que muitos comentadores têm tomado. Mas, visto que a lagarta da traça não se parece nem um pouquinho com um verme, outros estudiosos preferem pensar na barata, ou em algum outro inseto similar, dado à destruição de fibras e tecidos. Ver também o artigo sobre a *Traça*. Isso exibe a dificuldade de interpretar essas palavras hebraicas.

6. Skóleks. Esse é o termo usado para indicar a tênia solitária em seu estado embriônico. A única passagem onde essa palavra aparece no Novo Testamento é em Marcos 9.48: ... *onde não lhes morre o verme, nem o fogo se apaga*. Temos aí uma citação direta de Isaías 66.24. Ora, em Is encontramos o termo hebraico *tolaath* (ver acima). Por conseguinte, não se deve pensar em qualquer interpretação literal, da palavra grega em Marcos, a menos que alguém consiga provar que a *tolaath* era o verme da tênia solitária.

Seja como for, o quadro mental que se forma, ante aquelas palavras de Jesus, em referência aos que serão lançados na Geena de fogo, não é nenhum quadro agradável, que indique alguma subida na escala do ser. Bem pelo contrário, refere-se aos condenados à perdição eterna (ao menos comparativamente com os remidos).

Embora seja legítimo falar comparativamente, usando palavras severas para comparar o estado dos perdidos com aquele dos remidos, uma teologia mais iluminada leva em consideração que a missão tridimensional de Cristo (na terra, no *hades* e nos céus) beneficiará os perdidos também. Alcançarão afinal, através do julgamento, uma glorificação notável, embora não aquela dos remidos. Ver estes conceitos desenvolvidos nos artigos: *Restauração*; *Mistério da Vontade de Deus*; *Missão Universal de Cristo* e *Descida de Cristo ao Hades*.

VERMELHO. Ver o artigo geral sobre *Cores*, quinto item.

Está em pauta o termo hebraico *shashar*, de etimologia desconhecida. A Septuaginta traduz esse termo por *míltos*, "ocre vermelho". Nossa versão portuguesa o traduz por "vermelhão" e por "vermelho" (respectivamente, nos dois únicos trechos onde essa palavra ocorre: Jr 22.14 e Ez 23.14).

O vermelhão é um pigmento vermelho, obtido em várias fontes, usado em pinturas. Primeiramente foi usado o inseto feminino do gênero cochonilha, cujo nome em árabe, *kermis*, está vinculado à nossa palavra *carmesim*. Também era feito a partir do cinábrio ou sulfeto de mercúrio, de cor muito vermelha. O cinábrio é usualmente encontrado em forma maciça, granular, de cor vermelha brilhante. Mas o vermelhão também pode ser fabricado a partir da hematita, um minério de ferro, também chamado "ocre vermelho" (no grego, *míltos*).

Nos dias do profeta Jeremias, o vermelhão era usado pelas pessoas das classes abastadas, para pintura das paredes de suas residências. O rei de Judá, da época, Jeoaquim, foi condenado pelo profeta porque se preocupava mais em adornar o seu palácio do que em praticar a justiça (Jr 22.14). Em uma alegoria, relatada pelo profeta Ezequiel, Oolibá, uma prostituta que representava a cidade de Jerusalém, teria visto ... *homens pintados na parede, imagens dos caldeus, pintados de vermelho* (Ez 23.14). Isso sugere que o vermelhão também era usado nas decorações murais. E também era empregado para pintar ídolos de madeira, feitos pelos carpinteiros. Ver Sabedoria de Salomão 13.14.

Os gregos usavam o vermelhão para pintar suas peças de cerâmica, o que chegou a ser imitado pelos romanos. Os homens das tribos africanas cobriam seus corpos com vermelhão, como pintura de guerra. Ver Heródoto 55.191,194; 7.69. Isso nos faz lembrar de nossos indígenas, que também se pintam de vermelho, feito de urucum, e que assim se adornam tanto para a guerra quanto para as suas frequentes festas e cerimoniais. De fato, todos os mongóis apreciam muito a cor vermelha.

Como adjetivo ou como verbo, aparece como várias palavras hebraicas e gregas, no AT hebraico, no NT grego e na LXX. (Ver Gn 25.25; 49.12; Pv 23.29; Lv 13.14; Mt 16.7,3; Jó. 16.6).

Da longa lista de palavras hebraicas e gregas, a raiz hebraica mais comum se baseia na cor do solo vermelho do Oriente Médio. A palavra grega mais comum (*purrós*), vem da palavra que significa "fogo". Em conexão com a palavra hebraica, temos o nome do primeiro homem, "Adão", que foi criado com terra vermelha. O nome da nação "Edom" tem os mesmos elementos radicais. Outra conexão é entre a palavra hebraica para "vermelho" e a palavra hebraica para "sangue". O trecho de 2Reis 3.22 tem um jogo de palavras com essas duas palavras.

O vermelho era uma cor natural de alguns cereais (Gn 25.30), do vinho (Pv 23.31), de uma novilha (Nm 19.2), de alguns cavalos (Zc 1.8; Ap 6.4) e do firmamento antes do tempo bom (Mt 16.2 ss.). Pontos vermelhos em uma pessoa podem indicar lepra, de acordo com Levítico 13.19; ou pode indicá-la em uma peça de vestuário (Lv 13.49). O vermelho ou a púrpura era usado em coisas dispendiosas, como as peles de carneiro, tingidas de vermelho, usadas na cobertura do tabernáculo (Êx 25.5), ou como os escudos de guerra (Na 2.3). Isaías 1.18 usa três palavras paralelas para indicar "vermelho", para descrever o pecado.

VERSÍCULOS, DIVISÃO DA BÍBLIA EM

A Vulgata Latina havia sido dividida em capítulos no século XIII, por Estêvão Langton. E *Roberto Etienne* (*Stephanus*, conforme é a forma latina de seu nome, usualmente impressa) foi quem introduziu a divisão da Bíblia em versículos. Etienne foi um impressor francês. Essa inovação foi introduzida pela primeira vez no texto do Novo Testamento grego, em 1551, quando foram marcados 7.929 versículos. William Whittingham, de Genebra, adotou essa divisão em sua edição do Novo Testamento grego, em 1557. As divisões em versículos estenderam-se também ao Antigo Testamento e aos livros apócrifos do Antigo Testamento, na Bíblia de Genebra, em 1560. Daí, essa divisão passou para as traduções bíblicas em diversos outros idiomas. Apesar de haver algumas variações, parcialmente devido aos manuscritos hebraicos e gregos com textos um tanto mais breves (pelo que lhes faltam certos versículos) que têm sido usados nas traduções, esse sistema tem sido preservado de forma notavelmente coerente.

VERSÕES ARAMAICAS. Ver sobre *Manuscritos Antigos do Antigo Testamento*.

VERSÕES DA BÍBLIA

Ver o artigo detalhado *Bíblia, versões da*. Várias versões são consideradas em separado, neste dicionário, com o título *Versão*. O artigo sobre *Manuscritos Antigos do Antigo e Novo Testamentos* tem alguma informação adicional.

VESPA

No hebraico, *tsirah*. Esse vocábulo ocorre por apenas três vezes em todo o Antigo Testamento (em Êx 23.28; Dt 7.20 e Js 24.12). Deus prometeu aos israelitas que combateria por eles, lançando as forças naturais violentas contra os seus adversários, sem falar em causas psicológicas, no íntimo dos inimigos. Uma dessas forças naturais seria o ataque de vespas e animais ferozes. Destarte, certos inimigos seriam expelidos da Terra Prometida, embora lentamente, para que os israelitas pudessem ir ocupando paulatinamente as terras abandonadas por adversários como os heveus, os cananeus e os heteus. Pode-se imaginar cenas como aquelas que, modernamente, têm sido imaginadas em certos filmes de terror, em que populações inteiras são aterrorizadas por animais e insetos que, normalmente, não dão trabalho maior aos homens, como as formigas, os passarinhos, os cães e as vespas! Todas as três passagens referidas aludem a essa ajuda prestada pelo Senhor Deus, na expulsão de inimigos de Israel, mais fortes, preparados e aguerridos que o antigo povo de Deus.

VESPAS

No hebraico, *sira*, uma palavra que significa "ferroadora". (Ver Êx 23.28, Dt 7.20, Js 24.12 e Sabedoria de Salomão 12.8). O termo grego correspondente é *sphekas*, que nunca aparece nas páginas do Novo Testamento.

Na Palestina abundam vespas de várias espécies. As passagens acima citadas têm sido entendidas em sentido literal ou figurado, pelos intérpretes. As vespas, com suas formidáveis ferroadas, podem servir de instrumentos, nas mãos de Deus, para infligir castigo. Ou então, elas podem servir de símbolos do látego divino. Há registros históricos de ataques de vespas que, literalmente, expulsaram as populações dos lugares onde residiam, como em Aélia (ver *Hist. Anim.* 9.28).

A vespa é o maior dos insetos himenópteros, que vive em colônias. Pertence a espécies bem variadas, distinguindo-se pelas dimensões. Faz ninhos suspensos em ramos de árvores. Facilmente pode ser enfurecida, e ataca em grandes números as suas vítimas. Um ninho de vespas contém uma rainha e muitas obreiras, de menor tamanho, suas filhas, que buscam o néctar e o mel de plantas, como também outros insetos, de corpos moles, para alimentarem suas larvas em desenvolvimento.

Usos figurados. **1**. Em Êxodo 23.28, a vespa simboliza o *temor*, e, de fato, a palavra "terror" aparece no versículo imediatamente anterior. Assim, o temor que Deus infunde, por seus atos de juízo, pode ser tipificado pelas vespas (Dt 2.25, Js 2.11). **2**. Outros têm identificado a vespa com o símbolo sagrado dos Faraós do Egito. Nesse caso, a vespa mencionada em Deuteronômio 7.20 e Josué 14.12 poderia aludir às campanhas dos egípcios em Canaã, antes do êxodo de Israel; mas essa interpretação não tem encontrado muitos adeptos.

VESTE SUNTUOSA

No hebraico, *pethigil*. A palavra ocorre somente em Isaías 3.24, indicando aquela porção das vestes femininas que encobriam a boca do estômago e o peito. É difícil dizer por que nossa versão portuguesa diz "veste suntuosa", pois até mesmo versões estrangeiras do século XVII, como a *King James Version*, haviam acertado quanto à tradução desse termo grego. Na *King James Version* encontramos o termo inglês *stomacher*, "cobridor do estômago" (tradução literal). Mas, a tradução portuguesa mais correta seria "corpete". Talvez a nossa versão portuguesa tenha seguido a *Revised Standard Version*, que diz *rich, robe*, "veste rica", embora isso represente um retrocesso, e não um avanço, quanto ao sentido da palavra hebraica.

O corpete, usado por mulheres elegantes até o começo do século XX, era uma peça ricamente ornamentada, usada debaixo de um justilho com laço. Todavia, cumpre-nos acrescentar que muitos estudiosos preferem pensar que o sentido da palavra hebraica é incerto, ou mesmo desconhecido.

VESTES. Ver *Vestimenta* (*Vestimentos*).

VESTES FESTIVAIS

Temos nisso uma expressão hebraica que denota não apenas uma mudança de roupas, mas roupas próprias para a participação em alguma festa. Os trajes comuns de uma pessoa são mudados por vestes festivais, que davam o privilégio da tal pessoa participar de uma festa ou banquete. (Ver Gn 45.22; Jz 14.12,13,19; 2Rs 5.5,22,23). Os reis orientais e outras altas autoridades expressam sua estima e aprovação a alguém, presenteando esse alguém com roupas luxuosas, para serem usadas em ocasiões especiais. A *imortalidade* é simbolizada nas Escrituras pelo ato de vestir uma veste branca (Ap 3.4). Paulo falou em estar "vestido", aludindo à alma que se está preparando para a existência nos mundos eternos (2Co 5.4).

VESTES SACERDOTAIS. Ver *Sacerdotes, Vestimentas dos*.

VESTIÁRIO, GUARDA-ROUPA

No hebraico, *shamar begadim*, "**guardador das vestimentas**" ou "guardador das capas". Essa expressão refere-se a um dos serviçais do palácio real, que cuidava dos paramentos do rei. Balúm, contemporâneo de Josias, era um deles. Na passagem correspondente a ele, o título que nossa tradução portuguesa lhe dá é "guarda-roupa". (Ver 2Rs 10.22; 22.14; 2Cr 34.22).

VESTÍBULO

No hebraico temos a considerar duas palavras, e no grego, três, a saber: **1**. *Ulam*, "pórtico", "arco". Esse vocábulo hebraico é utilizado por 34 vezes (conforme se vê, por exemplo, em 1Rs 6.3; 7.6-8,12,19,21; 2Cr 3.4; 29.7,17; Ez 8.16; 40.7-9,15,39,40, 48,49; Jl 2.17). **2**. *Misderon*, "pórtico". Palavra hebraica usada por apenas uma vez, em Juízes 3.23. **3**. *Proáulion*, "vestíbulo". Termo grego usado somente por uma vez, em Marcos 14.68. Em grego, esse é o verdadeiro vestíbulo. **4**. *Pulón*, "portão". (Palavra usada por várias vezes conforme se vê em Mt 26.71, Lc 16.20; At 14.13; Ap 21.12,13,15,21,25). **5**. *Stoá*, "pórtico". Vocábulo grego usado por quatro vezes (Jo 5.2; 10.23; At 3.11 e 5.12).

No templo de Jerusalém, o vestíbulo era uma área parcialmente fechada, usada como entrada para um ambiente maior. Essa característica arquitetônica já vinha sendo usada desde tempos imemoriais, mas a forma mais conhecida era a *bit hilani*, da Síria, encontrada desde o século XI a.C., que servia de entrada grandiosa para algum palácio. Na frente era parcialmente fechada, e inteiramente fechada dos lados, enquanto que a parte de trás dava para o salão. Ver *arquitetura* e *Pórtico*. A fachada do vestíbulo, usualmente, tinha colunas decorativas, que também serviam para sustentar o seu teto.

Em todas as passagens do Antigo Testamento (excetuando 1Reis 7.6), a alusão é ao templo de Salomão (ver sobre *Templo de Jerusalém*), um espaço parcialmente fechado, com dez metros de frente e cinco metros de fundo. As colunas denominadas Jaquim e Boaz (vide) ficavam defronte do pórtico, embora talvez não fizessem parte da estrutura, servindo de adorno memorial do caráter de Deus como o Sustentador e o Protetor de sua Palavra e de seu povo.

A altura presumível do pórtico, até o seu teto, era de quinze metros, a mesma altura que havia no Lugar Santo. Mas o trecho de 2Crônicas 3.4 diz que a altura do pórtico era de 120 cavados (sessenta metros, aproximadamente), a altura que também tinham as muralhas construídas por Jotão (ver *Templo de Jerusalém*).

Os pórticos das entradas do templo, no livro de Ezequiel, tinham colunas feitas de madeira de cedro com trinta metros de altura e um metro em quadrado, que, ou, novamente, serviriam de memorial ao Deus de Israel. Esses pórticos tinham doze metros e meio de largura por quatro de comprimento, sendo fechados parcialmente. As pessoas atravessavam os mesmos para chegarem aos portões, o que formava um apropriado ponto de parada para funções religiosas, antes de se prosseguir avante. O pórtico do portão norte da casa de Deus tinha quatro mesas, usadas na preparação dos animais a serem oferecidos em holocausto. Interessante é a estipulação de que o príncipe haveria de entrar pelo portão oriental, a fim de fazer a sua oferta (ver Ez 44.3).

VESTIMENTA (VESTIMENTOS)

Quase todas as civilizações, do passado e do presente, têm achado conveniente as pessoas usarem roupas. Àqueles grupos humanos que não usam vestes, intitulamos de *primitivos* ou *não-civilizados*. No entanto, na atualidade, vemos o espetáculo em que as pessoas estão se despindo de quase toda a sua roupa, ao mesmo tempo em que as leis se vão tornando mais e mais liberais sobre a questão. A nudez, que há apenas alguns anos teria sido punida pela lei, agora aparece publicamente na televisão, e poucas pessoas parecem preocupadas com a questão. Ver o artigo sobre o *Nudismo*. Seja como for, usar vestes parece ser, de alguma maneira, um requisito da psique humana. Há algo de embaraçoso em aparecer nu, e permito que os psicólogos e teólogos tentem descobrir o *porquê*. Certo comentador cujo comentário tenho à minha frente diz que as vestes são um "dom de Deus". Isso faria das vestes, de modo bem definido, uma categoria da teologia, embora secundária, segundo suponho. Seja como for, o propósito deste artigo não é tentar dizer ao leitor por qual motivo as roupas existem, mas somente como elas eram, nos tempos bíblicos. Muitos fatores estão envolvidos no estilo das vestes empregadas em alguma cultura qualquer: há questões como o clima, a matéria-prima disponível, as ideias religiosas sobre a modéstia e as classes sociais, a posição das mulheres, e o simples desenvolvimento, porquanto as pessoas ficam cansadas de usar um único estilo, pelo que avançam para outros estilos, *ad infinitum*.

Informações Gerais Introdutórias. Há palavras hebraicas e gregas que significam pano, pedaço de pano, lã, pedaço de lã, linha ou seda. Também havia vestimentas feitas de cânhamo, pelos de animais e outras fibras. As informações que encontramos na Bíblia, quanto à arte de fazer roupas, nos são dadas de forma bastante incidental. Há nomes de certo número de materiais, conforme já dissemos. E também há certo número de tipos de vestimentas que sugerem como esses materiais eram usados. Além disso, há algumas sugestões sobre como esses materiais eram preparados. Combinando essas escassas informações, com as descobertas arqueológicas, chegamos a um quadro mais ou menos completo.

1. Cores. José ganhou de seu pai, Jacó, uma túnica multicolorida (Gn 37.3). Tiago diz que certos homens frequentavam a sinagoga em trajes luxuosos (2.2,3). A arqueologia nos tem permitido tomar conhecimento de como os antigos tingiam tecidos, bem como das plantas ou dos animais marinhos usados com essa finalidade. Ver o artigo sobre *Artes e Ofícios* (4.g). Ver também sobre *Tintureiros*, quanto a detalhes sobre a questão.

2. Tecelagem. No mesmo artigo sobre *Artes e Ofícios*, descrevi a prática e a profissão dos tecelões (o que pode ser visto em 4.1). *Os tecelões*. Nas Escrituras, há referências literais e metafóricas a essa prática e profissão, e as informações ali existentes cobrem ambas as questões. Essa arte começava no lar, onde a dona de casa era quem tecia para a sua própria família. Em tempos de maior abastança e luxo, surgiu a profissão dos tecelões. A lã e os pelos de cabras foram os primeiros e preferidos itens para o fabrico de vestes. Os egípcios dispunham de teares grandes e complicados, ao passo que os da Palestina eram bastante primitivos, lentos e difíceis de manejar. Por essa razão era que uma boa dona de casa não podia mostrar-se preguiçosa (Pv 31.13-27). Não havia agulhas de aço, mas somente agulhas toscas, feitas de osso ou de bronze.

3. Boa Variedade de Vestimentas. Os povos mais primitivos faziam e continuam fazendo vestimentas de peles de animais. Provavelmente as peles de ovelhas vêm sendo usadas para esse mister desde tempos bem remotos. Capas, com formato quadrado, como um cobertor, eram usadas como veste externa, ou como proteção contra o frio. Ver o artigo sobre *Manto*. Posteriormente, os fios de lã das ovelhas eram utilizados no fabrico de tecidos, e também os pelos de cabra. Esse tipo de tecido era um pano grosso e negro, chamado cilício (Êx 35.26; Ct 4.1 e 6.5). O cilício era o tecido usado pelos pobres (Hb 11.37). João Batista usava vestes feitas de pelos de camelo. Tal tecido era grosso e à prova d'água, podendo ser usado como boa saca de dormir. A lei mosaica não permitia que um manto dessa natureza fosse dado como penhor, tão essencial era o mesmo para os pobres, como abrigo durante a noite (Êx 22.26,27). A túnica grosseira tornou-se marca dos profetas, que protestavam contra o luxo excessivo dos ricos. Paulo pediu que lhe fosse trazida a capa, a qual ele precisava para enfrentar o frio do inverno, na prisão onde se encontrava (2Tm 4.13). Dentre todos os materiais usados para o fabrico de tecidos, provavelmente a lã era o que vinha sendo usado desde os tempos mais remotos. A época da tosquia era uma ocasião festiva na antiguidade. Na Palestina, a lã vinha principalmente da Judeia, enquanto que a Galileia especializava-se no fabrico de tecidos de linho. A melhor lã era a do cordeiro. A lã era branqueada, ou então colorida. Aos sacerdotes não se permitia que usassem vestes de lã, provavelmente para distingui-los do resto do povo de Israel (Ez 44.17).

O *linho* e o *linho fino*, feitos da planta do linho ou do cânhamo, eram usados em vestes internas e externas. As vestes reais egípcias eram feitas de linho. Os ricos apreciavam muito esse material (Lc 16.19). Um bom tecelão da Palestina era capaz de produzir um linho tão fino quanto a seda. Alguns tecidos de linho chegavam a ter um efeito translúcido.

O *algodão* era conhecido na China e na Índia. Porém, os tradutores têm falado no algodão, em certos trechos da Bíblia, quando, na verdade, deveriam ter-se referido ao linho ou ao cânhamo.

A *seda* era um tecido reservado aos ricos, que a usavam para seu luxo e ostentação. Na época dos romanos, esse material tornara-se comum, pelo que já não simbolizava tanto as classes abastadas. A seda também era tecido usado pare embrulhar os rolos das Escrituras Sagradas. Metaforicamente, em Apocalipse 18.12, a seda é mencionada em conexão com os pecados e extravagâncias dos ricos, que abusavam dos pobres.

4. Lavagem de Vestimentas. Homens e mulheres, os lavandeiros utilizavam-se de riachos ou poços pare lavar roupas; ou então a água era transportada em receptáculos até tanques, onde era usada com esse propósito. Como medida preliminar, as peças eram ensopadas na água. O tecido era então esfregado e batido. Por esse motivo, a prática da lavagem de roupas veio a ser uma boa metáfora para indicar a lavagem do pecado (Sl 51.2,7), o que pode ser uma experiência bastante amarga e difícil. O sabão dos antigos usualmente era feito de uma mistura de óleo vegetal e álcali (Jr 2.22). As descobertas arqueológicas chegam a surpreender-nos. Embora os antigos não possuíssem as máquinas e a técnica de que dispomos, a maioria dos processos que usamos no campo da tecelagem, do tingimento e da fabricação de tecidos, já era conhecida por eles, embora de maneira crua e primitiva, sem a ajuda dos materiais sintéticos e da química avançada, que usamos em nossos dias. Por isso, até os nossos próprios dias, os têxteis tecidos manualmente no Oriente são procurados no Ocidente, sendo adquiridos por aqueles que podem fazê-lo.

5. Usos Metafóricos. *a*. Muitos profetas vestiam-se com roupas feitas de tecidos crus e grosseiros, como um protesto contra a vida luxuosa dos ricos, que pouco cuidavam dos valores espirituais (Mt 3.4). *b*. Tecidos de luxo, como aqueles feitos de seda, simbolizam os ricos e decadentes, moralmente falando (Ap 18.12). *c*. Uma capa ou manto pode simbolizar a posse e proteção de uma mulher, mediante casamento, e também o ocultamento da malícia e da incredulidade (1Ts 2.5; 1Pe 2.16). Também podem simbolizar o zelo do Senhor por punir seus inimigos e por livrar os justos, porquanto Deus veste um manto de justiça (Is 59.17). *d*. As vestes brancas que Cristo prometeu aos membros da mundana igreja de Laodiceia (Ap 3.18), simbolizam a sua santidade, que oculta a vergonha da vida espiritual inadequada dos crentes que andam afastados da santidade. Laodiceia era uma cidade rica, conhecida por sua manufatura de tecidos finos; isso nos mostra quão apropriada era aquela metáfora. *e*. Uma pessoa pode revestir-se com a salvação e o louvor, estando plenamente protegida, espiritualmente falando (Is 16.3,10). *f*. Um mestre falso pode disfarçar-se com uma pele de ovelha, fingindo santidade (Mt 7.15). *g*. O ato de rasgar as próprias vestes expressa profunda tristeza e consternação (At 14.14). Ver o artigo abaixo. (IB ID NTI Z)

Várias palavras hebraicas e gregas devem ser consideradas neste verbete: **1**. *Beged*, "veste". Palavra hebraica usada por 214 vezes (por exemplo: Êx 31.10; 35.19; 39.1; Nm 4.6-9,12,13; 1Sm 19.13; 2Sm 20.12). **2**. *Simiah*, "pano". Palavra hebraica usada por 29 vezes (por exemplo: Dt 22.17; 1Sm 21.9). **3**. *Makber*, "tecido grosso". Palavra hebraica usada por apenas uma vez, em 2Reis 8.15. **4**. *Othónion*, "tira de pano". Palavra grega usada por cinco vezes (Lc 24.12; Jo 19.40;

20.5-7). **5**. *Sindôn*, "linho fino". Palavra grega usada por cinco vezes (Mt 27.59; Mc 14.51,52; 15.46; Lc 23.53).

I. Por que Vestimos Roupas?

Faço uma pausa momentânea a fim de especular a esse respeito, sem tentar ser psicólogo ou teólogo. O terceiro capítulo de Gênesis mostra-nos que o pecado deixou Adão e Eva cônscios de sua *nudez*. Alguns estudiosos supõem que, antes da queda, o homem e a mulher eram cobertos por uma espécie de glória espiritual, de tal modo que o corpo físico deles não podia ser visto. Mas isso é pura especulação naturalmente. O que o relato bíblico parece ensinar é que, após a entrada do pecado, o homem tornou-se cônscio de sua nudez, de uma maneira diferente de antes. Assim dizendo, fazemos a questão do pecado vincular-se à questão do trajar-se com modéstia. Ouvi de certa feita um pregador dizer que "o corpo humano é obsceno", e ele pensava que os órgãos sexuais são feios. Porém, a maioria das pessoas não compartilha dessa opinião. Não obstante, muita gente parece sentir que há certa obscenidade no corpo humano despido, sobretudo em lugares públicos. Também sinto isso, mas, racionalmente, rejeito a ideia, quando me dou ao trabalho de meditar sobre a questão. Além disso, há a questão da *excitação sexual*. Algumas pessoas sentem que a nudez total ou a nudez parcial excita o apetite sexual. O *nudismo formal* (em colônias estabelecidas com esse propósito) parece não confirmar essa teoria; mas o nudismo *particular* e *público* (informal) certamente parece ter certo efeito sobre o apetite sexual. Algumas pessoas não acreditam que é errado excitar esse apetite, e assim elas não podem perceber a razão de tanta confusão acerca da nudez pública. Entretanto, há pessoas que pensam que a nudez envolve uma questão moral. É um erro excitar sexualmente as pessoas de modo desnecessário, público e frívolo. Posso sentir o peso desse argumento. Portanto, até onde posso ver as coisas, o vestir roupas apropriadas está envolvido na moralidade.

Também devemos pensar na questão do *conforto* pessoal. Algumas pessoas não se banham suficientemente. Os odores do corpo podem ser ofensivos, e as vestes ajudam a diminuir os mesmos. Também é boa medida banhar-se com frequência e usar desodorantes. Além da questão do conforto, pois, há a questão da *higiene*. Penso que provavelmente é verdade que certas enfermidades transmitem-se com mais dificuldade quando as pessoas usam roupas. Portanto, por razões médicas, convém que as pessoas usem roupas. Finalmente (visto que não vejo razão para levar adiante a questão), há também a razão *estética*. Sem dúvida, algumas pessoas têm melhor aparência quando vestidas do que quando despidas. Certas pessoas, especialmente mulheres, podem ocultar muitos defeitos do corpo usando as roupas do tipo certo. É difícil aceitar que houve alguma melhoria na aparência, quando certas mulheres usam calças compridas. Eu havia dito, finalmente, mas eis que me ocorre a *melhor* razão para o uso de roupas: precisamos delas para nos protegermos das intempéries, pois a maioria dos dias do ano seriam frios demais se não usássemos roupas. Mesmo nos países de clima tropical, pode tornar-se úmido e frio no começo da noite e até o raiar do sol.

II. Fontes Informativas

1. Fontes Literárias. Na Bíblia há muitas referências a vestes. Muitas dessas referências não nos ajudam a compreender muita coisa sobre o assunto, mas, consideradas em seu conjunto, elas nos suprem uma rica fonte informativa. Outro tanto se dá com as referências literárias extrabíblicas.

2. A arqueologia tem descoberto muitas peças de vestuário, o que nos fornece evidências diretas. Há muitos monumentos que exibem muitos estilos de vestimentas. Gravuras em paredes, em túmulos etc., nos dão uma boa ideia de como Israel e os povos vizinhos se vestiam.

3. As vestimentas atuais do Oriente refletem, em parte, os costumes antigos. Alguns itens em nada se alteraram durante todos esses séculos. As vestimentas das figuras religiosas, moldadas segundo documentos religiosos, preservam uma certa semelhança através dos séculos. As vestimentas usadas pelas tribos que vivem nos desertos têm conservado muitos aspectos tradicionais, que se derivam dos tempos antigos.

Ricas Descobertas que ilustram o Modo de Vestir da Antiguidade. Os monumentos do Egito, da Babilônia, e os monumentos hititas têm-nos provido muita informação sobre as vestes da antiguidade. O túmulo de Kunhotep, em Beni-Hasan, no Egito, proveu-nos com murais coloridos, onde há um cortejo de asiáticos, vestidos em trajes intensamente coloridos, incluindo até mesmo pintura para os olhos. É provável que Abraão e outros nômades do tempo da XII dinastia egípcia usassem roupas similares àquelas que aparecem nesse mural. Se tentássemos descrever as vestes típicas da época, diríamos que uma peça padrão era o pano passado em torno da cintura, como um robe longo ou curto. Também havia uma veste superior e uma túnica. Um cinto mantinha tudo no lugar, e também era comum algum tipo de turbante, para a cabeça. As mulheres usavam véus, e o calçado mais comum era a sandália.

III. Materiais Empregados.

Lemos, em Gênesis 3.7, que Adão e Eva usaram folhas de figueiras. Produtos vegetais, sem dúvida, foram usados no início. As peles de animais também foram usadas, desde o começo, para fazer vestimentas e tendas, uma prática que nunca foi interrompida por toda a história, visto que túnicas feitas de peles de animais continuam populares, embora adaptadas, e, algumas vezes, intrincadamente trabalhadas. O trecho de Gênesis 3.21 fornece-nos uma antiga referência sobre o uso de peles de animais. Aparentemente, Elias usava uma capa feita com peles de animais, o que veio a tornar-se uma característica do ofício profético (Zc 13.5; Mt 7.15). Também havia vestes manufaturadas mediante pelos de animais entretecidos (Êx 26.7; 35.6). A túnica de João Batista era feita de pelos de camelo (Mt 3.4). A lã das ovelhas desde bem cedo começou a ser usada no fabrico de vestes grosseiras (Gn 38.12; Lv 13.47; Dt 22.11). Também havia vestes de linho. Mas a seda, pelo menos nas terras bíblicas, começou a ser usada bem mais tarde (Ez 16.10,13). Teciam-se panos com fios adredemente tingidos (Êx 35.25). Os ricos usavam vestes feitas de tecidos bordados a ouro.

O trabalho com agulhas provia decoração com a incorporação de figuras geométricas, além de várias figuras de objetos, animados ou inanimados. O trecho de Salmo 45.13 menciona roupas decoradas com fios de ouro. Também eram empregados fios de prata. Ver Atos 12.21, acerca de trajes reais que com frequência eram entretecidos com fios de metais preciosos. Os trajes da realeza ou dos ricos eram bordados (Ez 16.13, Jz 5.30, Sl 45.14). Evidentemente, essa arte foi inicialmente desenvolvida no Egito e na Babilônia. Panos tingidos eram importados da Fenícia, mas eram bastante caros, pelo que eram usados somente pelas classes abastadas. Havia tecidos tingidos de púrpura (Pv 31.22; Lc 16.19) e de escarlate (2Sm 1.24). Tírios ricos (Ez 27.7), reis midianitas (Jz 8.26), nobres assírios (Ez 23.6) e oficiais persas (Et 8.15) usavam roupas feitas de tecidos tingidos, muito dispendiosos. O trecho de Apocalipse 18.16 retrata a Babilônia (Roma) como uma mulher vestida esplendidamente, em linho fino, púrpura, escarlate e adornos de ouro, de pedras preciosas e pérolas. Podemos supor que os ricos gostavam desses excessos. O trecho de Isaías 3.18-14 nos dá uma longa lista de vestes e ornamentos para elas. Havia anéis para os artelhos, toucas pendentes, braceletes, véus esvoaçantes, encantamentos, amuletos, turbantes, cintas, caixas de perfumes, cintos de vários estilos e materiais, sinetas, joias pendentes do nariz, vestidos festivos, mantos, xales, bolsas, espelhos, camisas de pano fino, atavios etc. A história de Abraão, que buscava uma noiva para Isaque, descreve os tipos de vestes e ornamentos de Rebeca. Ela usava pendentes de ouro no nariz e braceletes de ouro nos braços

(Gn 24.22,47), e também joias de ouro e de prata, e trajes finos (vs. 53).

IV. Vestes Masculinas

1. A túnica. No hebraico, *ketoneth* (por exemplo, Êx 28.4,39; 29.5). No grego, *chitón* (por exemplo, Mt 5.40, Mc 6.9; Lc 3.11). Era uma espécie de paletó, mas correspondente a uma camisa ou camisola. Algumas túnicas eram feitas de uma única peça de tecido, e outras, de duas peças de tecido, costuradas uma à outra. Esse era um item do vestuário masculino tão padrão, que sair à rua sem trazer a túnica equivalia a estar despido (1Sm 19.24; Jo 21.7). Algumas túnicas eram longas, chegando aos pulsos e aos tornozelos, sendo amarradas à cintura por meio de um cinto. Os sacerdotes usavam uma peça desse tipo, e, provavelmente, também José (Gn 37.3,23). Já o *chitón* dos gregos era uma peça interna, usada de encontro à pele, usada por ambos os sexos (Mt 10.10, Mc 6.9). O plural dessa palavra indicava "vestes" em geral, e não várias dessas peças, usadas ao mesmo tempo.

2. A túnica externa. No hebraico, *meil* (por exemplo, 1Sm 2.19). No grego, *imátion* (por exemplo, Mt 5.40; Jo 13.4,12; Ap 3.4,5,18). A palavra grega tem sentido bem amplo, podendo referir-se a qualquer tipo de vestimenta. (Ver Filo *Leg. All.* 3,239; Mt 27.35.) Porém, também pode referir-se à túnica externa, fazendo contraste com o *chitón* (Mt 9.20 ss.; Mc 8.44; Jo 19.2). Essa peça do vestuário compunha-se de um robe, usualmente bastante longo, aberto no alto, que podia passar pela cabeça, e com aberturas laterais, por onde passavam os braços. Era uma peça comum do vestuário, de modo que todas as classes a usavam, como os reis (1Sm 24.4), os profetas (1Sm 28.14), os nobres (Jó 1.20), os jovens (1Sm 2.19). Jesus tinha um *imátion* feito de uma única peça de tecido, aparentemente um item bastante caro, pois, de contrário, os soldados que o crucificaram não estariam interessados em jogar pela disputa do mesmo (Jo 19.23). O cumprimento de certa predição esteve envolvida nisso (ver Sl 22.18). No entanto, alguns estudiosos dizem que era costume dos romanos, por ocasião de alguma execução na cruz, ficar com alguma peça mais dispendiosa do condenado, sendo provável que qualquer peça de vestuário mais caro tivesse despertado a cobiça dos soldados.

3. O manto. No hebraico, *simlah* (por exemplo, Gn 41.14, Êx 3.22, Rt 3.3). Essa era uma peça de pano de formato quase quadrado. Era uma espécie de cobertor. Durante os meses mais quentes, era usado em torno dos ombros. À noite, ou durante os meses frios, servia de cobertor, sendo muito valorizada pelos pobres. Moisés estabeleceu como preceito que se essa peça fosse usada como garantia ou penhor por um empréstimo, não podia ser conservada com o credor até depois do pôr do sol (Êx 22.25,26, Dt 24.13, Jó. 22.6). No entanto, essa lei também podia referir-se ao *meil*, ou túnica externa. O trecho de Mateus 5.40 aparentemente é um reflexo disso, onde encontramos, contrastados, o *chitón* e o *imátion*, sem qualquer alusão a alguma manta adicional. A manta, algumas vezes, era grande o bastante para ser usada para transportar objetos, e era tirada quando a pessoa ia fazer algum trabalho (Mt 24.18). O termo grego *imátion* também indicava essa peça, pelo que indicava tanto a túnica externa quanto a manta, se alguém usava as duas peças.

4. A capa real. No hebraico, *addereth* (por exemplo, Gn 25.25; Js 7.21,24; Zc 13.4). Era uma peça feita de material caro (Js 7.21,24), usada pelos reis e altos oficiais (Jn 3.6), bem como pelos profetas (1Rs 19.13,19). Provavelmente era feita de peles de animais.

5. Calções ou cuecas. Era uma peça usada sob a túnica, uma espécie de calças curtas. Essa peça evidentemente era usada somente pelos sacerdotes. Ver o artigo separado sobre *Sacerdotes, Vestes dos*.

6. Cinto. No hebraico, *ezor* (por exemplo, 2Reis 1.8; Is 11.5; Jr 13.1-11). Todas aquelas longas peças do vestuário dos hebreus impediam a liberdade de movimentos. Por essa razão, o cinto era usado em volta da cintura, para manter aquelas peças junto ao corpo. Em casa, quando alguém estava descansando, era tirado o cinto; mas, se alguém quisesse sair fora de casa, punha o cinto, conforme fica refletido em trechos como 2Reis 4.29, 9.1; Isaías 5.27; João 21.7. Os cintos eram feitos de peles de animais, de linho, de algodão ou de seda. Alguns cintos eram bastante elaborados e bordados. O cinto era posto em volta da cintura, do que se deriva a expressão "cingir os lombos (1Rs 18.46, Is 11.5, Jr 1.17). Esse item do vestuário era um meio conveniente para levar alguma arma ou instrumento (1Sm 25.13; 2Sm 20.8-10), ou para formar uma bolsinha para levar moedas ou outros pequenos objetos de que a pessoa necessitasse (2Sm 8.11; Mt 10.9).

7. O turbante. No hebraico, *migboath* (por exemplo, Êx 28.40; Lv 8.13. Ver também Jó 29.4; Is 61.3,10 quanto a vários tipos de peças usadas na cabeça). Essa palavra era usada somente para indicar a mitra dos sacerdotes, uma espécie de faixa que segurava no lugar os cabelos, e que talvez tivesse o formato de um turbante. Em Isaías 61.10 encontramos o turbante do noivo; em Isaías 3.20, o turbante aparece como uma peça usada pelas mulheres elegantes, em Israel. O sumo sacerdote usava um turbante de linho (Êx 28.4,37,39; Lv 8.9). A realeza também usava turbantes (Ez 21.26). Tinha o formato de um cone, mediante o enrolamento sucessivo de uma faixa de pano, que culminava em ponta (Êx 29.9; Lv 8.13). Monumentos e gravuras mostram simples faixas usadas como peças para envolver a cabeça, ou então grinaldas que cobriam parte ou a totalidade da cabeça, as quais podiam ser simples ou enfeitadas com objetos de metal ou pedras preciosas. A maioria das pessoas, porém, usava a cabeça descoberta. Quanto a *coroas*, como uma peça do vestuário antigo, ver o artigo separado a respeito.

8. A estola. No hebraico, *ephod* (por exemplo, Êx 25.7, Jz 8.27, 2Sm 6.14). Era uma peça usada pelos sacerdotes e por homens ilustres. Era uma peça bem ajustada ao corpo, sem mangas, e de vários comprimentos, mas que usualmente descia até às cadeiras. Esse nome aparece em antigos textos assírios do século XIX a.C., bem como em textos ugaríticos do século XV a.C., sob as formas de *epadu* e *epattu*. Algumas estolas eram bastante elaboradas, bordadas e decoradas de várias maneiras. No caso do sumo sacerdote, a peça era feita de linho. Era segura em torno da cintura com uma espécie de cinto, e, nos ombros, era seguro por peças que passavam por cima dos ombros. Ver o artigo separado sobre a *Estola*.

9. Calçados. A maioria dos pobres nunca usava qualquer tipo do calçado. Mas a sandália era o calçado comum. No hebraico, *naal* (por exemplo, Êx 12.11; Dt 29.5; Ez 24.17,23). Os calçados eram tirados quando se entrava em algum lugar santo (Êx 3.5, Js 5.15). Os que lamentavam os mortos, imitando os pobres, andavam descalços (2Sm 15.30; Is 20.2; Ez 24.17,23). Os homens de autoridade e de elevada posição tinham escravos que os calçavam e descalçavam, levando os calçados por onde seus donos iam (Mt 3.11; Mc 1.7; Jo 1.27). As solas das sandálias eram feitas de couro ou de madeira.

10. Jesus e seus Discípulos. A maneira como eles se vestiam pode ser deduzida das instruções dadas aos doze e aos setenta (ver Mt 10.5-15, Lc 10.1-12), acerca do que podiam levar ou não em suas jornadas missionárias. Eles podiam usar túnicas (no grego, *chitón*), sandálias (no grego *upódema*), cintos (no grego, *zone*), bolsas de dinheiro (no grego, *ballántion*), e cajado (no grego, *rábdos*). Eles não podiam levar consigo duas túnicas. O termo grego usado nessa proibição é *chitón*, mas o plural pode referir-se a roupas em geral, e a proibição pode ser contra duas peças internas, ou não. Uma delas, provavelmente, era para ser levada como peça avulsa, não sendo provável que Jesus tivesse proibido o uso de duas peças ao mesmo tempo. Em tempos de frio, naturalmente, duas peças internas eram comumente usadas.

V. Vestes Femininas. Examinando as gravuras das vestimentas dos homens e das mulheres, na antiguidade, não posso ver grandes diferenças entre as peças. Unger concorda comigo ao dizer que a diferença entre as vestes masculinas e as vestes femininas era pequena, pois consistia principalmente na finura do material usado e no comprimento das peças. Em algumas denominações evangélicas atuais, o comprimento das vestes femininas continua sendo uma questão crítica. Os antigos judeus sabiam fazer a diferença entre as vestes masculinas e femininas, porque o trecho de Deuteronômio 22.5 proíbe que os homens usassem vestes femininas, e vice-versa. Além de usem tecidos mais finos e vestes mais compridas, as mulheres também tendiam por enfeitar-se mais que os homens. Esses enfeites consistiam mais nestes pontos: *a*. usavam mais cores; *b*. Enfeitavam-se com joias; *c*. usavam o todo-importante véu (vide); *d*. algumas vezes acrescentavam uma espécie de cauda as suas vestidos; *e*. Empregavam vários tipos de xales. As mulheres geralmente se envolviam em apreciável quantidade de panos, o que é demonstrado pelo fato de que Rute foi capaz de receber, no colo, uma boa quantidade de cereal, que Boaz lhe deu (Rt 3.15).

O Novo Testamento emprega as palavras gregas *chitón* e *imátion* para indicar, respectivamente, a veste interna e externa das mulheres. (Ver Mt 10.10; At 9.39 (*chitón*); At 9.39; 1Tm 2.9; 1Pe 3.3) (*imátion*). Os cintos que as mulheres usavam (Is 3.24) eram similares, se não mesmo iguais àqueles dos homens, como também as suas sandálias (Ct 7.1; Ez 16.10). Há alguma evidência de que as sandálias das mulheres cobriam maior área do pé do que as sandálias masculinas. As peças usadas na cabeça eram idênticas às dos homens, mas, devido às suas cabeleiras mais vastas, elas eram capazes de fazer coisas que os homens não podiam, em termos de decoração. Pedro não se sentia satisfeito diante de todos os adornos e penteados que as mulheres usavam, no mundo externo, ou mesmo no seio da igreja, conforme se vê em 1Pedro 3.13. Ele também pensava que elas se vestiam com demasiada elegância, e que não deveriam usar tantas joias.

Isaías referiu-se à vaidade e ao espírito altivo das *filhas de Sião*, deplorando as sinetas dos tornozelos, seus passos curtos (porque suas pernas eram limitadas, na dimensão dos passos, por cadeias decorativas, que iam de uma perna à outra), os braceletes e os véus esvoaçantes, os anéis e as argolas para o nariz, os linhos finos e todas as coisas sobre as quais lemos em Isaías 3.16 ss. Além disso tudo, Isaías acusou-as de andarem à caça de homens, com olhos impudentes (vs. 16). Parece que as coisas não têm mudado muito no decorrer dos séculos. Naturalmente, questões genéticas estão envolvidas nisso, pois, do contrário, como poderiam mulheres antigas e modernas, de culturas tão diferentes, exibir as mesmas características femininas?

VI. Vestes para Ocasiões Especiais. Ainda recentemente, ouvi de uma dama que alugara um vestido que usaria somente durante uma festa, tendo pago por *isso* um salário e meio. E outra observou: "Não foi muito caro!" Espantoso! Algumas mulheres teriam de trabalhar durante quase dois meses para ganhar o dinheiro que uma dama elegante gastou em uma única noite. As vestes festivas eram distinguidas, nos tempos bíblicos, das vestes de todos os dias, principalmente devido ao grande valor dos materiais e ao excesso de decorações, joias etc. (Ver Gn 27.15; Mt 22.11,12; Lc 15.22). As mulheres gostavam de adornar suas roupas com fios de ouro e de prata (2Sm 1.24; Sl 45.9; Ez 16.10,13). Além de finos materiais para as ocasiões festivas, também havia cores especiais para essas ocasiões (Ec 9.8; Mc 11.3; Ap 3.4).

Em contraste com isso, havia vestes especiais para o luto e a lamentação. Era então usada uma roupa feita de pano grosseiro, às vezes, diretamente sobre a pele (Gn 37.34; 2Sm 3.31; 1Rs 21.27; 2Rs 6.20). O pano de saco ou cilício era usado nessas oportunidades. Usualmente era feito de pelos de cabra (Is 50.3; Ap 6.12). O nome desse tecido grosseiro deriva-se do fato de que era usado para fazer sacas (Gn 42.25; Lv 11.32). Algumas vezes, esse tecido era usado como uma veste externa protetora (Jn 3.6), em lugar da túnica externa.

VII. Vestes Sacerdotais. Ver sobre *Sacerdotes, Vestimentas dos*.

VIII. Metáforas. Ver ao fim das ilustrações que seguem. (EDER HOU LUT ND UN Z)

VESTIMENTAS, RASGAR DAS

O ato de rasgar as próprias vestes era uma maneira comum e simbólica de exprimir alguma emoção forte, como ira, tristeza ou consternação. De algumas vezes, o ato era espontâneo, como no caso de Rúben, quando descobriu que a cisterna onde o jovem José fora deixado preso estava vazia (Gn 37.29,34). Gradualmente, porém, o ato foi-se formalizando, com frequência realizado de forma artificial, como quando o sumo sacerdote fingiu-se consternado diante da suposta blasfêmia de Jesus (Mt 26.65). Todos os presentes ter-se-iam surpreendido se ele não tivesse feito aquela encenação, sob as circunstâncias do momento. Contudo, dentro do contexto do Antigo Testamento, o ato fazia parte da lamentação pelos mortos; e Arão foi proibido de expressar tristeza, dessa maneira, ante a morte de seus filhos delinquentes (Lv 10.6). Os intérpretes já veem certa formalidade, envolvida na prática, nos casos que aparecem em Josué 7.6; 2Samuel 13.19 e Jó 1.20 e 2.12. A base desse ato parece ser o fato de que as vestes eram artigos dispendiosos. Portanto, qualquer pessoa que propositalmente rasgasse as suas vestes, com sua própria perda, deveria estar realmente consternada! Aqueles que faziam tal coisa, a menos que fossem ricos, certamente sentiam-se mal após o ato, o que usualmente é o que sucede àqueles que agem de forma insensata e descabida.

Detalhes do Ato. As proibições existentes no Antigo Testamento, contra um sacerdote rasgar suas vestimentas (Lv 21.10), provavelmente aplicava-se a períodos de luto pelos mortos, não proibindo o sentimento de consternação. Além de Mateus 26.65, encontramos outras referências em que algum sacerdote realizou tal ato, como em Josefo, *Guerras* (11.15,4). O sumo sacerdote rasgou a sua *simla ou* capa externa, e não suas vestes sumos sacerdotais propriamente ditas, as quais ele só usava quando ministrava no templo. Maimônides menciona as regras relacionadas a esse ato, e declara que se deveria rasgar a roupa do pescoço para baixo, cerca de um palmo. As roupas íntimas e a túnica eram deixadas intactas. O trecho de Atos 14.14 mostra que até mesmo Paulo e Barnabé, em momentos de grande consternação, rasgaram as suas vestes. Isso posto, a prática deveria ser generalizada, sendo efetuada espontaneamente em certas ocasiões. Ao que parece, Barnabé era homem de posses modestas (At 4.36), e suponho que ele remendou suas vestes, posteriormente. Ou então, alguma costureira habilidosa pode ter consertado a rasgadura. Doutra sorte, esse costume seria difícil de ser compreendido. (IB LAN NTI RO)

VÉU (NO TABERNÁCULO E NO TEMPLO)

I. Terminologia e Referências Bíblicas. No hebraico, *paroketh*, que significa "separação", do *acádico paraku*, que significa "barrar" ou "fechar"; a Septuaginta apresenta "cortina". A palavra hebraica tornou-se uma designação técnica para falar da grossa cortina que separava o local sagrado do tabernáculo (e templo) do local mais sagrado. Há 24 usos da palavra no Antigo Testamento (alguns dos quais são os que seguem: Êx 26.31, 33, 35; 30.6; 35.12; 36.35; Lv 4.6, 17; 16.2, 12, 15; Nm 4.5; 18.7; 2Co 3.14). A cortina era um tipo de tapeçaria espessa que fechava o acesso à Presença (a Glória que se manifestava no lugar mais sagrado), exceto para o sumo sacerdote, que poderia abrir a cortina uma vez por ano para realizar suas obrigações no *Dia da Expiação* (ver a respeito). Ver também o artigo Acesso. Em Cristo, a cortina foi rasgada de cima para baixo, e possibilitado o acesso à presença de Deus (Hb 4.14; 10.19).

II. Descrição e Arranjos. As cortinas (portas) do tabernáculo e então do templo serviam para bloquear as multidões e para permitir que apenas pessoas autorizadas entrassem nas diversas seções do prédio. O pátio externo era para Israel. Em tempos posteriores havia um pátio para os gentios, um para as mulheres, e outro para homens de Israel, todos antes da primeira cortina que isolava o local sagrado e permitia que apenas os levitas entrassem. E os levitas deviam ser da linhagem de Arão dos descendentes de Levi. Então, apenas o sumo sacerdote podia ir além do segundo véu e entrar no local mais sagrado e mesmo assim apenas uma vez por ano. Para maiores detalhes, ver o artigo chamado de *Templo* (*Átrios*). (Ver Lv 16.2 ss.; Nm 18.7; Hb 9.7.)

Quanto ao véu e sua descrição e materiais, o Antigo Testamento informa-nos que ele era feito de linho fino torcido bordado azul, roxo, vermelho com figuras de querubins (Êx 26.31-37; 36.35). Na mentalidade dos hebreus judeus, havia simbolismo e significado místico em quase tudo, de forma que era natural que eles pensassem que as cores da cortina tivessem significados especiais, e Josefo lembra-nos disso (*Guerras*, V.v.2). A cortina era pendurada em ganchos de ouro que estavam ligados a quatro pilares de madeira acácia coberta com ouro. Os ganchos de ouro eram inseridos em soquetes de prata. A cortina, de acordo com fontes posteriores, era da largura da mão de um homem, e apenas algum tipo de tapeçaria poderia ter realizado isso.

Quando os romanos se aproximaram do templo de Herodes, os sacerdotes, cientes de que haveria grande destruição, removeram os móveis e a decoração do lugar mais sagrado para que os invasores, ao adentrar o santuário, nada encontrassem.

III. "Porta" do Lugar Mais Sagrado. Os hebreus tinham portas em suas casas, e as pessoas afluentes tinham portas maciças decoradas, feitas de madeira e metais. Mas as "portas" do tabernáculo (e posteriormente do templo) eram meras cortinas grossas, provavelmente por ser mais convenientemente desmontado e carregado nas costas de animais de carga ao próximo local de parada no deserto. Quando o templo ofereceu à *arca da aliança* e outros móveis do lugar sagrado e do lugar mais sagrado um lar permanente, o arranjo de cortinas no lugar de portas permaneceu. É provável que a cortina tenha continuado a ser usada para lembrar o povo de sua experiência no deserto, onde vaguear era um meio de vida. No máximo, somos estrangeiros e romeiros nessa terra, onde nada é permanente e tudo nos lembra de quão temporárias as coisas de fato são.

IV. Referências do Novo Testamento. Na morte de Jesus, o Cristo, a cortina que fechava o lugar mais sagrado espontaneamente se rasgou de cima para baixo (Mt 27.41; Mc 15.38; Lc 23.45). Isso provavelmente ocorreu quando os sacerdotes estavam ocupados com seus sacrifícios de final de tarde, de forma que *o Sacrifício* substituiu todos os outros sacrifícios, como nos informa o livro de Hebreus. O lugar mais sagrado foi, assim, exposto, simbolizando que o acesso à Presença havia sido aberto a todos, não meramente a um ministro especial. (Ver Hb 6.19, 20; 9.11, 12; 10.19, 20).

Ver o artigo separado sobre *Véu Rasgado*, que dá outros detalhes e materiais ilustrativos.

VÉU DA MULHER

1Coríntios 11.5: *Mas toda mulher que ora ou profetiza com a cabeça descoberta desonra a sua cabeça, porque é a mesma coisa como se estivesse rapada*. Encontramos aqui as instruções paulinas sobre o véu das mulheres. Os versículos 5, 6, 9, 10, 12, 13 e 15 ensinam, mui dogmaticamente, que a mulher deve usar o véu quando ora ou profetiza. Que assim deve ser, está de acordo com o princípio geral exarado no terceiro versículo deste capítulo, e que Paulo considerava estar sendo violado pelos crentes de Corinto. É uma interpretação suicida, portanto, fazer os versículos 15 e 16 contradizer o ensino geral desta passagem, supondo que os cabelos das mulheres (se forem longos conforme o texto requer) lhes foram dados *em lugar* ou em substituição ao véu, tornando desnecessário o uso do mesmo, conforme alguns estudiosos têm interpretado o décimo quinto versículo. Igualmente incoerente e contrário ao texto inteiro é aquela interpretação que supõe que, no décimo sexto versículo, Paulo diz que se algum homem desejar levantar objeção acerca dessa questão, ele estava disposto a esquecer-se do assunto inteiro, permitindo que as mulheres fizessem como bem lhes entendessem. Não é isso que o décimo sexto versículo ensina.

I. Interpretações Antigas e Modernas

1. O próprio texto é claríssimo. A mulher deve usar um véu e também trazer os cabelos longos. Nenhuma outra interpretação é possível, considerando-se os conceitos do judaísmo antigo, quando as mulheres sem véu eram tidas como prostitutas, mulheres em período de luto ou esposas infiéis, cujos véus lhes tinham sido tirados e cujos cabelos lhes tinham sido raspados, a fim de que exibissem o seu opróbrio. Nenhuma mulher de respeito retirava seu véu em público ou trazia os cabelos cortados rente. **2**. Gradualmente, porém, os costumes foram mudando, pelo que, atualmente, nem o véu nem os cabelos longos são requeridos, e nenhum estigma é imposto às mulheres que negligenciam um ou outro desses cuidados. A igreja cristã, por conseguinte, adaptando-se aos modernos costumes sociais, tem ignorado essas instruções de Paulo. Ou então, em vez de ignorá-las, tem preferido distorcê-las, adaptando-as aos nossos costumes atuais. Mas isso é anacrônico e absurdo. (Ver as notas a respeito em 1Co 11.15 no NTI). **3**. Parece impossível, para certos homens religiosos, simplesmente admitirem que não estamos seguindo (e nem temos a intenção de seguir) certos mandamentos de Paulo, quando estes se derivam de costumes antigos e não são mais válidos em nossa sociedade, pois pensam que, de alguma maneira, estão seguindo todas as instruções dadas por Paulo, e por isso distorcem trechos bíblicos como aqueles que proíbem de modo absoluto, que as mulheres falem na igreja ou que requerem que as mulheres tragam os cabelos longos e usem véus. Mas que Paulo realmente determinou essas três coisas, é bem patente neste capítulo e no décimo quarto capítulo de 1Coríntios. E que ele só pode ter querido que esses preceitos fossem observados, é algo exigido pelo conhecimento que temos dos antigos costumes e atitudes dos hebreus. Além disso, a história da igreja primitiva mostra-nos que essas coisas eram praticadas estritamente nos primeiros séculos, exceto nos centros cosmopolitas e pagãos, como Corinto. **4**. É impossível tornar compatíveis os costumes da igreja do século XXI, no que diz respeito às mulheres e ao que podem fazer na igreja, com os costumes do primeiro século da era cristã. A tentativa é absurda, e as interpretações dadas por aqueles que não seguem à risca esses preceitos são desonestas ou baseadas na falta de conhecimento próprio. **5**. Não estamos praticando o que Paulo determinou. O que fazemos, então, para justificar-nos? Dizemos: "Os costumes se alteraram, e as exigências também". Essa é uma resposta honesta. Que cada um refute ou justifique *essa* resposta. Aqueles a refutarem, terão necessidade de pôr em prática o que o apóstolo determinou. Aqueles que a justificarem terão de satisfazer a própria consciência, diante da determinação da palavra de Deus .

Nas catacumbas, nos desenhos que representam os cultos públicos dos cristãos primitivos, as mulheres são vistas a usar xales apertados em torno da cabeça, os quais ocultavam completamente os seus cabelos. O propósito do véu era o de ocultar os cabelos. Por conseguinte, os modernos substitutos, como os chapeuzinhos ou os lenços de cabeça, dificilmente satisfazem as exigências do texto que ora comentamos.

II. Quais são as Razões Específicas para o Uso do Véu? A seguir enumeramos as razões bíblicas: **1**. A fim de manter a ordem divina sobre as posições que homens e mulheres devem ocupar. A mulher usa o véu a fim de mostrar que está subordinada ao homem. (Ver 1Co 11.3). **2**. Não usar o véu é desonrar essa ordem de coisas, bem como à própria mulher, que é assim reduzida à posição de uma prostituta; isso desonra a sua própria "cabeça", a sua própria pessoa, além de desonrar, em segundo lugar, o homem que é sua cabeça. (Ver o quinto versículo.) **3**. Paulo diz que se a mulher não se cobre com véu, então que também raspe os cabelos, a exemplo dos homens. Duas palavras diferentes são usadas pelo apóstolo Paulo para indicar o corte dos cabelos, neste texto. Uma delas indica *raspar com navalha* (nos versículos quinto e sexto), e a outra indica "cortar com tesoura" (no sexto versículo). Esse corte dos cabelos era o sinal social da escravatura, ou talvez de uma mulher de luto. Paulo assim diz que a "emancipação" que algumas mulheres buscavam, querendo desfazer-se do véu ou querendo cortar os cabelos (o que também era um dos costumes das prostitutas), na realidade era uma degradação, levando as mulheres a regredirem em sua dignidade, não uma emancipação. **4**. A mulher é a glória do homem" porquanto "vem dele" e é "para ele" (ver os versículos sétimo a nono) pelo que também não pode ser emancipada a ponto de ser igual a ele. O véu serve de símbolo dessa posição subordinada, pelo que também deve ser usado pelas mulheres crentes. (Ver os mesmos versículos). **5**. Os anjos observam os cultos de adoração dos crentes, sendo eles os guardiães da ordem divina. Assim, por causa deles, a mulher deveria mostrar o devido respeito por eles, usando o véu. (Ver o décimo versículo). **6**. É "decente" ou apropriado para as mulheres usarem o véu, segundo igualmente ditavam os costumes sociais da época. (Ver o décimo terceiro versículo). **7**. A própria natureza confirma quão próprio é às mulheres usarem véu, tendo-lhes dado cabelos longos, e isso *não* em lugar do véu, e sim, como uma coberta ou mantilha natural, que é, ao mesmo tempo, uma espécie de véu natural e primário. O véu de pano secundário corresponde ao véu primário dos cabelos, o que serve para nos mostrar que a própria natureza ensina às mulheres que elas *devem* colocar o véu. Sim, a própria natureza pôs certo véu sobre a mulher. A igreja cristã deveria aprender essa lição, requerendo que as suas mulheres usem o véu de pano. A vontade das mulheres crentes deveria concordar com a vontade expressa pela própria natureza. **8**. No entanto, se os crentes de Corinto quisessem mostrar-se contenciosos, que soubessem que a igreja em geral não tem *nenhum outro costume* além desse, isto é, não adotaria qualquer inovação, derivada de Corinto. Não seguiriam os crentes em geral tais costumes locais de Corinto, como se os mesmos fizessem parte integrante da "liberdade cristã" (ver o décimo sexto versículo).

III. Interpretando 1Coríntios 11.15 ... *mas se a mulher tiver o cabelo comprido, é para ela uma glória, pois a cabeleira lhe foi dada em lugar de véu.*

Melhor: *para ser um véu.*

Compreendendo Corretamente Este Texto

1. Os cabelos longos servem para a mulher de um véu natural e por si mesmos declaram: "Estou sujeita ao homem, especificamente a meu marido. Reconheço a minha subordinação". **2**. O véu serve à mulher de véu secundário (artificial), que a mulher deve pôr sobre seus cabelos como símbolo da mesma realidade representada pelos cabelos longos. Os cabelos longos da mulher requerem o uso de um véu, pois não servem de substituto. Se o véu for retirado, a mulher terá também de raspar os cabelos (ver vs. 6). Que seja usado o véu, e este confirmará o significado dos cabelos longos. Os cabelos longos da mulher como que "convidam" o uso do véu, porquanto as duas coisas encerram o mesmo simbolismo. **3**. O que se pode dizer sobre o uso do véu na sociedade moderna? Será atualmente necessário o seu uso? Ver seção I, *Interpretações Antigas e Modernas.*

"Se uma mulher usa naturalmente cabelos compridos, que lhe foram dados *como cobertura* para a cabeça, então não deve constituir vergonha para ela o cobrir a cabeça com um véu. Portanto, que ela use véu. 'A vontade deve corresponder à natureza'". (Shore, *in loc.*).

Não como substituto do véu, porquanto isso faria das palavras de Paulo uma estultícia; mas sim, 'na natureza de uma cobertura', algo que 'equivalha ao véu'" (Findlay, *in loc.*).

"É fato indiscutível que os cabelos longos, em um homem, o tornam desprezível; mas, em uma mulher, os cabelos compridos a tornam mais amigável. A natureza e o apóstolo falam o mesmo idioma; podemos tentar explicar isso como bem quisermos fazê-lo". (Adam Clarke, *in loc.*).

"Não é 'em lugar de véu' e, sim, correspondente ao véu (*anti*, no sentido em que essa palavra é usada em Jo 1.16), como um adorno permanente" (Robertson, *in loc.*).

John Gill (*in loc.*) narra uma interessante história, que mostra a importância do véu para as mulheres, na antiga nação de Israel: "As mulheres judias costumavam considerar uma imodéstia permitir que outros lhe vissem os cabelos. Por essa razão cuidavam, tanto quanto possível, em escondê-los sob uma cobertura. Certa mulher, cujo nome era Kimchith, tinha sete filhos, e todos ministravam como sumos sacerdotes. Os sábios lhe perguntaram de certa feita: O que fizeste, que és mulher tão digna? E ela respondeu: Todos os dias os caibros de minha casa nunca viram as madeixas de meus cabelos; isto é, nunca foram vistos por qualquer pessoa, nem mesmo no interior de minha casa". (Extraído do Talmude Bab. Yoma, fol. 47.1). (G HA I IB LAN NTI)

VIAGENS

O artigo a seguir é, essencialmente, um breve resumo de um longo artigo apresentado na *Zondervan Pictorial Encyclopedia of the Bible*. Esse assunto é raro nos materiais de referência para o estudo bíblico, mas não deve ser omitido.

I. As Estradas. Nos tempos bíblicos iniciais, apenas os fenícios dominavam as viagens por mar, e, embora Israel fosse um país que habitava ao lado do mar, não era *do* mar. A maioria das viagens na Palestina era feita por terra, algo comum em todo o período do Antigo Testamento. As rotas primitivas de caravanas foram possibilitadas com o uso de burros, mas os camelos, a longo prazo, tornaram-se os "cavalos do deserto". Os cavalos eram empregados apenas para propósitos militares. As carruagens não eram usadas em rotas de caravanas, pois não se adaptavam às más condições que as estradas, inevitavelmente, apresentavam. Carroças pesadas serviam para transportar cargas grandes, pois havia um limite ao que burros ou camelos conseguiam carregar. O tabernáculo portátil era transportado em uma carroça (Nm 7.3 ss.), e os filisteus usaram o mesmo meio para conduzir a *arca da aliança* depois de tê-la roubado do tabernáculo em Silo e levado a peça para a Filístia. Tais veículos tinham rodas sólidas de madeira, e a variedade de duas rodas era a mais comum, embora existissem carroças com quatro rodas.

Grandes caravanas empregavam centenas de animais, variando entre 1.000 e 5.000, o que significa que muitos dos suprimentos alimentares precisavam ser levados junto com a carga que seria vendida ou trocada em alguma terra distante.

As estradas eram extremamente ruins pelos padrões modernos, piores do que as piores estradas até mesmo nos países mais pobres de hoje. Isto significa que a viagem era extremamente lenta. As estradas serviam essencialmente para uso durante tempo bom, até que os romanos pavimentaram suas melhores estradas com pedras. Nas estações chuvosas, rotas de caravanas eram pouco utilizadas, sendo que, como hoje, as estradas nas montanhas ficam fechadas no inverno por causa da neve. As caravanas dependiam de oásis por causa de sua necessidade de renovação de água e suprimentos.

II. Principais Estradas da Palestina. A rota norte-sul mais importante para o comércio na Palestina era chamada de "via do mar", que recebeu esse nome porque seguia o mar Mediterrâneo do Egito a Gaza. Dali ia a Jope, e então ao canto da planície de Sarom. Depois prosseguia à Galileia até chegar à junção com Hazor. Nesse ponto cruzava o rio Jordão no lago Hulé. Então ia até a Síria e diretamente a Damasco. Essa era a estrada mais rápida na Palestina e a estrada internacional mais usada na época.

Outra estrada internacional chamava-se *Estrada do Rei*. Ela passava pelo alto platô ao leste da Jordânia e era por onde se dava o comércio árabe de Eziom-Geber a Maan, posteriormente substituída por Petra. Dali a estrada ia ao norte, entre o deserto e as montanhas, finalmente alcançando o vale do Jordão. Entre as cidades que se situavam no caminho, estavam Quir de Moabe, Dibom, Medeba, Hesbom, Rabate Amom, Edrei e Damasco.

Uma estrada estritamente nacional (israelita) era a que ia de norte a sul, começando em Berseba e estendendo-se à crista central do oeste da Palestina em Hebrom. Dali continuava até Jerusalém, Betel, Siquém, Samaria, Dotã e a planície de Esdrelom. Se a pessoa desejasse continuar dali, teria de passar à estrada internacional descrita acima.

Estradas de Leste a Oeste. Havia duas estradas principais nesse sentido. Uma partia do mar Mediterrâneo, em Jope, e ia para o noroeste, até Siquém, passando entre o monte Gerizim e o monte Ebal. Dali descia o vale até o rio Jordão, que cruzava em Adão. Na Transjordânia, ela passava pelo vale de Jaboque, atravessando Gileade. A estrada encontrava a Estrada do Rei, que levava os viajantes a Damasco.

Outra rota de leste a oeste era curta, mas importante. Corria ao longo do mar Mediterrâneo, de Aco em direção ao sudeste, a uma planície de Acre, indo até a Planície de Esdralon, e então a Jezeel, cruzando o rio Jordão em Bete-Seã. Dali ascendia até o grande planalto produtor de trigo, onde encontrava com a Estrada do Rei, próximo a Damasco.

III. Estradas Secundárias da Palestina
1. Uma estrada curta que passava ao longo do mar Mediterrâneo de Aco (chamada de Ptolomaida no Novo Testamento) a Tiro e Sidom. **2**. Uma estrada que ia de Siquém à Planície de Esdrelom, via Samaria. **3**. Uma pequena estrada de norte a sul cruzava o vale do Jordão, de Jericó a Cafarnaum. **4**. Na Transjordânia, uma pequena estrada seguia paralela à Estrada do Rei em parte de seu percurso. Passava ao lado do deserto. **5**. Uma estrada de leste a oeste passava ao sul de Siquém, subia pelo vale do Aijalom até a crista central. Naquele ponto, um ramo dela ia para o sul, até Jerusalém. Essa era a única estrada militar de uma planície filisteia até aquela cidade. Outro ramo ia para o norte, até Betel, a poucos quilômetros de distância, e então descia ao rio Jordão, a Jericó. Finalmente subia até Rabate-Amom. **6**. Outra estrada curta, mas importante, de leste a oeste, ia de Aco até a depressão chamada Sahl Battuf, e então até o mar da Galileia. **7**. Outra pequena estrada de leste a oeste ia do porto de Asquelom até Hebrom. **8**. Outra estrada ia de Gaza a Berseba.

IV. Viagens Internacionais através da Palestina. Viagens internacionais eram realizadas por dois motivos principais em épocas antigas: campanhas militares e comércio. As grandes civilizações da época tinham esse tipo de intercâmbio constantemente. Na época do Antigo Testamento, havia dois grandes centros de civilização fora de Israel: ao sul, o eterno Império Egípcio; ao norte, as civilizações do crescente fértil, primeiro a Assíria e então a Babilônia, que ocupou essencialmente o mesmo território. As pessoas estavam interessadas em guerrear e ganhar dinheiro, e isso tornava as estradas descritas acima (nas seções I e II) lugares movimentados. A viagem pela água também dava apoio às guerras e à economia, mas aparecia bem menos do que viagem por terra, pelo menos até o período romano (ver a seção V). Embora não se comparassem à grandiosidade das grandes civilizações ao norte e ao sul, dentro da própria Palestina havia civilizações notáveis que provocavam guerras e faziam comércio. Além de Israel, havia sete pequenas nações que os hebreus/judeus finalmente conseguiram deslocar. (Ver 2Sm 5.17-25; 8.10; 12.26-31; 21.15-22; 1Cr 18.1). As maiores civilizações do norte e do sul tinham contato com as localidades mais distantes, como aquelas ao longo do mar Mediterrâneo (como através de comércio com os fenícios), na Ásia e na Índia, de forma que os produtos daqueles lugares distantes de comércio chegavam à Palestina.

V. Viagens por Via Fluvial e Marítima. O único grande poder marítimo antes da época romana foi a Fenícia. Os hebreus sempre foram essencialmente ignorantes em ciência e matemática e não tinham capacidade de construir embarcações confiáveis e tentar viajar pelo mar. É claro que Salomão teve sua aventura marítima e ganhou muito dinheiro, mas para tanto teve de alistar a cooperação da Fenícia (1Rs 9.26, 28; 10.11, 12, 22). Salomão detinha o monopólio da indústria do cobre, o principal fator econômico que lhe permitiu trazer a época áurea a Israel. Os compradores do cobre de Salomão estavam localizados ao longo das rotas de comércio marítimo e, sem a ajuda da Fenícia, Israel não teria alcançado sua grandeza como poder militar e econômico na época de Salomão.

Os fenícios conseguiram dominar todo o mar Mediterrâneo, chegando a Társis (Espanha) e até as Ilhas Britânicas, onde havia comércio de latão. Sólidas evidências mostram que os fenícios chegaram até a América do Norte, mas, exceto por algumas inscrições, essa parte da história foi perdida.

Portos importantes da época eram Gaza, Jope, Dor, Ofir, Eziom-Geber no Golfo de Ácaba e Elate. Para maiores detalhes, ver o artigo geral sobre a Fenícia, especialmente o ponto III, *História 5. A Fenícia como senhora dos Mares*.

VI. Viagens Terrestres no Novo Testamento. O único fator revolucionário que se desenvolveu na época do Novo Testamento em contraste com os do Antigo Testamento para viagens por terra foram as estradas pavimentadas dos romanos. Essas estradas, de modo geral da largura apenas de uma faixa de sua contrapartida moderna, eram pavimentadas com rochas, e algumas partes delas sobrevivem ainda hoje. Embora a Palestina, na época de Jesus e de Paulo, provavelmente tivesse bem poucas ou nenhuma estrada romana, o mundo "lá fora", ao redor do mar Mediterrâneo, tinha, e isso facilitou consideravelmente a propagação do evangelho cristão. As viagens missionárias de Paulo através da Ásia Menor e por partes da Europa, principalmente pela Grécia, certamente foram facilitadas por melhores estradas. Mais pessoas, mais carruagens, mais carroças de frete "corriam" pelas estradas, isso e por mais tempo durante o ano: os problemas causados pela lama tinham sido resolvidos parcialmente. Antigas fontes informam que era comum que as pessoas viajassem a cavalo até 70 km por dia servindo às agências do governo. Os negócios, é claro, floresceram. As viagens internacionais foram facilitadas e era possível chegar à Alemanha, à China, aos países escandinavos, à Rússia e à África Central.

VII. Viagens Marítimas no Novo Testamento. Os romanos tinham a vantagem do progresso que os fenícios haviam feito pelo mar. As embarcações eram propulsionadas por velas e remos. Os romanos não inventaram nenhum novo sistema de propulsão, mas escavaram canais artificiais que encurtavam consideravelmente as viagens. Um exemplo é o Istmo de Corinto (8 km de largura), que evitava uma viagem de cerca de 300 km ao redor do cabo Malea, onde ocorreram muitos desastres de navios. Assim, a segurança foi melhorada, não apenas a velocidade. As embarcações eram grandes e pequenas. Uma embarcação grande era um navio de grãos da Alexandria, que poderia chegar a medir 60 m e transportar cerca de 1.200 toneladas de carga. Josefo sofreu um desastre de navio em uma embarcação com 600 tripulantes, o que exigia, obviamente, um tamanho razoável. Estudos de embarcações antigas encontradas no fundo do mar auxiliaram na determinação de sua natureza exata.

VIII. Razões para as Viagens nos Tempos Bíblicos

1. Dinheiro sempre foi o grande negócio. Viajar fazia parte do comércio, da compra e venda de muitos produtos que qualquer área particular não tivesse como produzir.

2. A guerra sempre foi algo grande. Rotas de viagem eram naturalmente usadas por exércitos quando saíam para matar ou para serem mortos.

3. Emprego internacional. As pessoas viajavam para conseguir empregos melhores ou para vender seus produtos em diversos lugares. Havia vendedores viajantes, mercadores, comerciantes, banqueiros.

4. Romarias religiosas. As pessoas viajavam para chegar aos santuários, como o templo de Jerusalém, ou a outros lugares sagrados para os povos. Na época do Novo Testamento, romarias religiosas levavam pessoas de todo o mundo conhecido da época a Jerusalém (At 2.5-11). Santuários pagãos que atraíam muitos viajantes nacionais e internacionais eram Atenas, Éfeso e Elêusis. As pessoas viajavam para conseguir cura, consultar oráculos, pagar promessas, orar pelos mortos e buscar ajuda para resolver problemas pessoais e familiares.

5. Eventos de atletismo. Os Jogos Olímpicos atraíam pessoas de toda a área do Mediterrâneo. Os locais de tais jogos variavam, acontecendo em locais tão distantes quanto a Espanha e até a Antioquia. Atletas profissionais viajavam e os fãs dos esportes os seguiam de um lugar para outro.

6. Educação. Centros educacionais como Alexandria, Atenas, Roma e Jerusalém atraíam professores e estudantes interessados em muitas buscas intelectuais. Alexandre, o Grande, que mantinha ávido interesse pelas ciências e pela filosofia (Aristóteles foi um de seus primeiros professores), levou cientistas e professores junto com ele em suas campanhas militares e encorajava o aprendizado em todos os lugares aonde ia.

7. A migração de povos era "viagem em massa". Algumas migrações foram forçadas, como no caso dos cativeiros assírio e babilônico, mas algumas eram voluntárias. Os heteus (povo indo-europeu), por exemplo, acabaram na Palestina e tornaram-se inimigos de Israel!

8. Turismo. Como agora, naquela época muitas pessoas que tinham dinheiro viajavam "para ver o mundo", o que para algumas pessoas é um grande prazer. Pausânio até escreveu um livro de guia para turistas, e um pouco da *História* de Heródoto é turismo puro. Mas tudo o que ele aconselhava era "Vá ver". No tangente ao Egito, ele disse: "Você tem de ver para acreditar". Os antigos não eram bons em fazer viagens durante o inverno, portanto a maioria das viagens de navio não era permitida (exceto em casos de extrema emergência) entre cerca de 10 de novembro e 10 de março.

9. Serviço de correio. Os persas inventaram um serviço de correio relativamente rápido que empregava cavalos que corriam por certa rota, com outros esperando para continuar "para fazer o correio chegar". A maioria das cartas, contudo, era entregue por agentes do governo que se especializavam na profissão, ou por amigos pessoais do escritor que por acaso estavam indo naquela direção ou que, por amizade, realizavam a tarefa de entregar uma carta ou livro. A maioria das cartas de Paulo foi transportadas por amigos pessoais. Algumas dessas cartas chegaram ao nosso Novo Testamento, e quem sabe quantas não chegaram.

VIAJANTE

No hebraico, *arach,* "usador do mesmo caminho". (Ver Jz 18.17; 2Sm 12.4; Jr 9.2 e 14.8).

Um viajante era alguém que caminhava, geralmente a pé, ao longo das estradas. Na antiguidade, as viagens eram muito mais perigosas do que hoje em dia, o que é ilustrado por trechos bíblicos como Juízes 5.6 e Isaías 33.8. Lemos na última dessas passagens: *As estradas estão desoladas, cessam os que passam por elas...*, em um trecho onde o profeta prevê as aflições que sobreviriam a Jerusalém.

A parábola do Bom Samaritano, no Novo Testamento, é outra excelente ilustração desse perigo das viagens, na antiguidade. Descreveu o Senhor Jesus: *Certo homem descia de Jerusalém para Jericó e veio a cair em mãos de salteadores, os quais, depois de tudo lhe roubarem e lhe causarem muitos ferimentos, retiraram-se, deixando-o semimorto* (Lc 10.30).

Visto que as hospedarias eram raras, com frequência, os viajantes ficavam dependendo da compaixão e da hospitalidade de estranhos, nas cidades e aldeias por onde tivessem de passar (ver Jz 19.16-30; 2Sm 12.4). Josefo, o grande historiador judeu, contemporâneo da geração que se seguiu à de Cristo, muito escreveu a respeito do banditismo que imperava na Palestina, durante os tempos de dominação romana. E Paulo, ao referir-se aos muitos perigos pelos quais passara em suas viagens missionárias, referiu-se a perigos de ladrões, perigos nas cidades e perigos no deserto (ver 2Co 11.26,27). O fato de que, dentro do império romano, todas as estradas conduziam à capital, Roma, deve ter significado uma decisiva vantagem para os viajantes de todas as categorias. Mas, por outro lado, a ausência de policiamento e a escassez de estalagens e hospedarias tornavam as viagens uma aventura muito perigosa para todos os viajantes.

VÍBORA

No hebraico temos duas palavras, e no grego, uma, a saber: **1**. *Epheh,* "víbora". Esse vocábulo aparece por três vezes (Jó 20.16, Is 30.6, 59.5). **2**. *Akshub,* "áspide". Esse termo hebraico figura por apenas uma vez, em Salmo 140.3. **3**. *Echidna,* "víbora". Esse vocábulo grego foi usado por cinco vezes no Novo Testamento (Mt 3.7;12.34; 23.33; Lc 3.7; At 28.3).

As quatro ocorrências da palavra hebraica *epheh* aparecem todas em passagens figuradas ou proféticas, que em nada nos ajudam a identificar precisamente a espécie. Todavia, esse termo hebraico é idêntico ao árabe *afa'a*, que pode indicar tanto as serpentes de modo geral quanto as víboras, mais especificamente. O contexto das passagens bíblicas envolvidas nos ajuda no sentido de que as espécies aludidas sempre são venenosas; em Jó 20.16, o escritor sagrado novamente relembra a antiga noção de que o veneno das cobras venenosas reside em sua língua, quando diz: *Veneno de áspides sorveu, língua de víbora o matará.* O trecho de Isaías 59.5 é puramente figurado, e lemos ali: *... se um dos ovos é pisado, sai-lhe uma víbora.* Essa frase talvez confirme que se trata mesmo de uma víbora, porquanto a víbora é ovípara, ou seja, põe ovos. Na maior parte dos membros da espécie víbora, os ovos são retidos no interior do corpo da fêmea, até que se chocam e, então, emergem, pelo oviduto. E, se uma dessas víboras grávidas for esmagada, então os ovos aparecem. Tal acidente, sem dúvida, deu origem à antiga história de que a víbora engole seus filhotes a fim de protegê-los de algum perigo. Quanto à outra palavra hebraica, *akshub*, os peritos não conseguem identificar qual a espécie exata de cobra está em foco, embora também possa estar em vista alguma espécie de víbora, motivo porque a alistamos acima.

Dentre as cinco ocorrências da palavra grega *échidna*, quatro aparecem dentro da expressão "raça de víboras", utilizada tanto por João Batista (Mt 3.7; Lc 3.7) quanto pelo próprio Senhor Jesus (em diferentes contextos Mt 12.34; 23.33). É claro que a alusão, nessas passagens, é a serpentes venenosas, ao passo que a palavra "raça" sugere os filhotes da víbora, que emergem de dentro do corpo da cobra mãe. A outra referência, em Atos 28.3, é a única referência literal a uma víbora, em todas as Sagradas Escrituras, onde se registra que Paulo foi mordido por uma víbora, mas não morreu e nem mesmo sentiu os efeitos do veneno. Essa espécie é, tradicionalmente, identificada como a víbora comum da área do mar Mediterrâneo, mas, atualmente, estão extintas todas as serpentes venenosas da ilha de Malta (vide). É possível que as víboras se tivessem extinguido ali com a passagem do tempo; também é possível que a espécie em foco não fosse venenosa (em partes subdesenvolvidas, até hoje, toda cobra é considerada venenosa, e até mesmo a mordida de uma cobra não venenosa causa um choque nas pessoas); ou, finalmente, conforme parece ficar entendido no texto sagrado, houve mesmo uma intervenção divina, não permitindo que a peçonha da víbora o afetasse. Isso concordaria com o que diz Marcos 16.18, ... *pegarão em serpentes*..., em que pese o fato de que os versículos 12-20 desse capítulo do segundo Evangelho não aparecem nos melhores e mais antigos manuscritos. Poderíamos dizer que a víbora é quase sinônimo de "áspide". Ver também o artigo sobre *Serpente*.

Serpentes venenosas, cujas precisas identificações são impossíveis. Os nomes hebraicos sem dúvida indicavam várias espécies. Quatro palavras hebraicas são traduzidas por víbora, serpente etc. nas traduções modernas. (Ver Gn 49.17, Sl 140.3 (Rm 3.13), Sl 58.4, 91.13, Jr 8.17, Ec 10.11 e Jr 8.17). Três das palavras usadas, por serem onomatopeicas, sugerem o silvar das várias víboras, ou então o ruído que certa espécie de víbora do deserto faz, ao esfregar suas escamas ásperas. A víbora da areia deu origem ao hieróglifo "f", no antigo Egito.

1. Usos simbólicos. ***a***. Qualquer coisa astuciosa, prejudicial, potencialmente perigosa; incluindo a ameaça de qualquer tipo de iniquidade (ver Dt 32.33 — os rebeldes hebreus). ***b***. Vinho em demasia (ver Pv 23.32). ***c***. A ameaça do dia do Senhor (ver Am 5.19). ***d***. Opressores estrangeiros (ver Is 14.29). ***e***. Guerra, fome e julgamentos divinos (ver Nm 26.4-6, Jr 8.17, Am 9.13). ***f***. O próprio Satanás (ver Gn 3; Ap 12.9,14,15). ***g***. O engano (ver Mt 23.33) que se origina no próprio arquienganador. ***h***. A sabedoria, sem haver qualquer má conotação necessária (ver Mt 10.16). ***i***. Os hipócritas (ver Mt 23.33). ***j***. Um mal inesperado (ver Ec 10.8).

2. Usos espirituais. **1**. O sinal realizado por Moisés diante do povo de Israel (ver Êx 4.2-5; 28.30) e por Moisés e Arão diante do Faraó (ver Êx 7.8-12). Isso aludia ao poder e à autoridade de Deus, e em consequência, a seus representantes, em contraste com os deuses pagãos e seus agentes. **2**. A serpente de metal posta no alto do poste, para cura de um povo rebelde (ver Nm 21.9), tornou-se um símbolo de Cristo, que foi levantado na cruz para cura de todos os pecadores crentes. Esse símbolo introduz a famosa declaração de João 3.16. (ver Jo 3.14,16). **3**. O grande poder maligno e iludidor do próprio Satanás, que é astucioso e mortífero. O tentador que fez o homem mergulhar no pecado (ver Gn 3), o contínuo opositor do bem e do direito, até o final dos tempos (ver Ap 12.9,14,15).

3. Serpentes bíblicas. Excetuando adivinhação, a identificação de espécies de serpentes, no tocante a passagens bíblicas específicas, é muito incerta. O cálculo pode ser devido a localidades ou condições locais específicas, que favoreçam a existência de mais de uma espécie que de outras. Há menção a serpentes por setenta vezes no Antigo Testamento e por 32 vezes no Novo Testamento. Muitas serpentes da Palestina não são venenosas, mas há várias espécies perigosas. Algumas são pequenas e outras chegam a atingir dois metros. Estão bastante espalhadas, dos desertos às florestas. Umas têm hábitos noturnos, e outras, diurnos. Todos os répteis e anfíbios são animais de sangue frio, o que significa que não têm controle automático da temperatura do corpo, dependem de fontes externas de calor, pelo que precisam ou buscar ou evitar o sol, dependendo da necessidade do momento. A hibernação é empregada para proteger esses animais dos rigores do frio. A temperatura do corpo precisa ser conservada na faixa entre os 15° e os 27° centígrados. ***a***. A serpente do terceiro capítulo de Gênesis é um problema teológico, e não zoológico. ***b***. Serpentes produzidas por varas (ver Êx 4 e 7) abordam questões como magia negra ou intervenção sobrenatural. Encantamento de serpentes e maldições por serpentes eram aspectos comuns da religião egípcia, muito antes do êxodo de Israel. Alguns intérpretes insistem que a transformação de varas em serpentes era apenas um truque dos mágicos, mas essa opinião apenas subestima o poder do mal. O Antigo Testamento definidamente não indica que se tratava apenas de um truque. A serpente nisso envolvida podia ser uma dentre as maiores espécies, a inofensiva serpente Montpelier; mas os intérpretes preferem ver nisso a cobra egípcia (*Naja haje*), que até hoje é usada pelos encantadores de serpentes, na Egito. No Egito antigo, os amuletos tipo escaravelho retratavam cobras seguras pelo pescoço, que é a maneira correta de se manusear serpentes venenosas. ***c***. As serpentes abrasadoras do deserto (ver Nm 21 e João 3.14). O local onde elas apareciam era o deserto de Neguebe, nas fronteiras com Edom, provavelmente a sudeste do mar Morto. Essas serpentes eram extremamente peçonhentas. A localização delas e essa condição reduzem a escolha a apenas quatro espécies: duas víboras da areia (*cerastes vipera*), a *víbora tapete* (*Echis coleratus*) e a *Carinatus ou Carinatus cerastes*, que pode atingir mais de noventa centímetros de comprimento, e é bem adaptada às condições de vida no deserto. Algumas se escondem na areia, deixando de fora apenas uma parte da cabeça. Quase sempre matam roedores, mas sua picada também pode ser fatal para os seres humanos. A *Cerastes vipera* é pequena, com menos de 45 cm e menos perigosa. Como em todas as víboras, na parte da frente do maxilar superior, há um par de presas que se ocultam em dobras de pele que forram o palato duro. Essas presas são aguçadas e ocas, permitindo que o veneno seja injetado na vítima, inoculando-a assim daquele conteúdo natural.

A mais provável é que naquela narrativa bíblica esteja envolvida a víbora tapete, com escamas serrilhadas. Cresce até cerca de sessenta centímetros e é bastante fina. As espécies podem ser encontradas no oeste e no leste da África, no sudoeste da Ásia, no norte da Índia, e na área bíblica em questão. Produzem um som desagradável quando roçam suas escamas, fazendo um movimento característico de oito. Seu veneno é típico da família das víboras, com efeitos hemolíticos, isto é, sobre o sangue, pois quebra os vasos capilares e rompe os *corpúsculos*, causando a morte por hemorragia interna generalizada. O processo da morte pode ser lento ou rápido. Esse efeito lento ou rápido do veneno assemelha-se aos efeitos do pecado sobre a alma. Os moribundos podem sentir-se relativamente bem por dois ou três dias, mas acabam morrendo, um quadro gráfico do pecador que se sente bem, mas que está em perigo mortal. (FA ND S UN Z)

VIDA

I. Definições e Termos Básicos

1. O Termo Latino. A palavra portuguesa *vida* vem do termo latino *vita*, uma palavra de sentido amplo, que pode indicar qualquer tipo de vida, física ou espiritual. Essa palavra também pode ser usada para indicar "maneira de viver", ou seja, *vida* metaforicamente compreendida. Também pode estar em foco a alma; de conformidade com a antiga teologia romana, a *sombra* ou a fantasmagórica virtual não entidade do submundo. Essa palavra também podia indicar os *homens vivos*, no sentido de *mundo* ou *humanidade*, coletivamente falando.

2. Modernas Definições Léxicas. Essas distinguem a vida orgânica das substâncias inorgânicas e da vida orgânica morta. Essa é a *vida física*. Todavia, a vida também pode indicar uma *essência vital,* dotada de propriedades misteriosas, sem a qual a vida biológica não poderia suster-se. Acresça-se a isso que a vida também pode ser encarada do ângulo de uma existência consciente e inteligente, o que sugere que as entidades orgânicas inferiores não possuem vida verdadeira. No campo da teologia, entretanto, a *vida* é sempre uma realização espiritual, derivada da fonte divina, se for verdadeira vida. Metaforicamente falando, os homens estão mortos em seus delitos e pecados, enquanto não acham a vida, mediante a conversão e a santificação. Esse ensino reflete-se em 1Timóteo 5.6: ... *entretanto, a que se entrega aos prazeres, mesmo viva, está morta.* É verdade que alguns físicos teóricos insistem que todas as coisas estão vivas, e que todas as coisas são uma espécie de presença viva. Mas, essa é apenas uma ideia *panteísta* (vide), e que até agora não teve comprovação científica. Seja como for, é difícil explicar como coisas mortas podem envolver tão intrincados movimentos, aparentemente guiados por alguma inteligência.

3. Palavras Hebraicas. *Chaiyim* é termo que se refere à vida física, conforme se vê claramente em Deuteronômio 28.66. Essa palavra está no plural; juntamente com sua forma singular, *chaiyah*, ela ocorre por cerca de 142 vezes no Antigo Testamento, embora também possa significar "fera", "período de vida", "apetite", "tropa" etc. (Para exemplificar, ver Gn 2.7,9; 3.14; Êx 1.14; Lv 18.18; Dt 4.9, 6.2, 32.47; Js 1.5; Jz 16.30; 1Sm 1.11 25.29; 2Sm 1.23; 1Rs 4.21; 15.5,6; 2Rs 4.16,17; Ed 6.10; Jó 3.20; 7.7; 36.11; Sl 7.5; 16.11; 27.1; 133.3; 143.3; Pv 2.19; 3.2,18,22, 22.4; 31.12; Ec 2.2,17; 9.9; Is 38.11,16,20; Jr 8.3; Lm 3.53,58; Ez 7.13; 33.15; Dn 7.12; 12.2; Jn 2.6). Entre os hebreus, a verdadeira vida era aquela que usufruía da aprovação e da bênção de Deus, o que era evidenciado pelo bem-estar e pelo progresso materiais. Ver Deuteronômio 30.15-20. Moisés disse acerca do cumprimento dos mandamentos de Deus: ... *cumprindo, os quais o homem viverá por eles...* (Lv 18.5).

Uma outra palavra hebraica é *nephesh*. Lemos em Gênesis 2.7: ... *formou o Senhor Deus ao homem do pó da terra, e lhe soprou nas narinas o fôlego de vida, e o homem passou a ser alma vivente.* Esse versículo tem sido cristianizado, para indicar que Deus acrescentou *a alma* ao corpo físico do homem, passando o homem a ser uma dualidade. Os teólogos judeus, entretanto, frisam que o conceito sobre a porção espiritual do homem não fazia parte das ideias dos antigos hebreus, e também que o Pentateuco não contém esse conceito em qualquer sentido. De fato, nos cinco livros de Moisés não há qualquer doutrina de recompensa pelo bem praticado, e nem ameaça eterna pela maldade praticada, no após-túmulo. De fato, é muito difícil supormos que se o conceito da imortalidade da alma existisse, naquele remoto período, que o mesmo tivesse sido deixado inteiramente de lado, na ventilação de questões éticas. Naturalmente, os comentadores rabínicos posteriores, tal como seus colegas cristãos, injetaram em textos, como o de Gênesis 2.7, o conceito de "alma".

O *Dictionary of Theology*, de Baker, diz sobre esse ponto: "*Nephesh*. A mais frequente tradução da palavra, na *Authorized Version*, em inglês, é 'alma'. Porém, isso não deve ser considerado como uma entidade espiritual separada, dentro do homem e, sim, a vida individual que pertence a cada homem ou animal". Alguns eruditos pensam que essa palavra aponta para uma espécie de ideia primitiva sobre a vitalidade que anima a parte animal, uma espécie de "alma que respira", e que se libera por ocasião da morte física; em outras palavras, uma espécie de entidade fantasmagórica, que fica pairando no *hades*, uma forma de fantasma destituído de mente. Parece que essa doutrina fazia parte do pensamento hebraico e grego primitivos. Além disso, observe-se que *nephesh* aparece como algo que está intimamente associado ao sangue como a sede da vida biológica (ver Lv 17.11-14). Porém, isso nem ao menos se aproxima de qualquer doutrina da "alma". O que é certo é que, entre os antigos hebreus e outros povos, toda vida era concebida como dependente de Deus quanto ao seu início e à sua manutenção, segundo se vê em Gênesis 2.7 e Salmo 104.27-30. Pelo tempo em que foram escritos os salmos e os livros dos profetas, os hebreus tinham a ideia de que a *vida psíquica* do indivíduo continua após a morte. Em outras palavras, a ideia da *alma* veio a fazer parte do pensamento hebreu em algum tempo antes de 1000 a.C. Pouco tempo depois da época de Samuel, temos a história da invocação de sua alma (1Sm 28.11 *ss.*), por parte da médium de En-Dor. Esse é um texto de prova válido quanto à crença dos hebreus na existência de uma alma imaterial. A palavra hebraica *nephesh* ocorre no Antigo Testamento por mais de seiscentas vezes, desde Gênesis 9.4 até Jonas 4.3.

Outras palavras hebraicas envolvidas são: *Yom* "dias" (ver 1Rs 3.11; 2Cr 1.11; Sl 61.6; 91.16) e *etsem*, "osso" (ver Jó 7.15).

4. Palavras Gregas. Devemos considerar quatro termos gregos, nessa conexão: *a*. *Bíos*, "vida biológica", "período de vida". Esse termo ocorre por dez vezes no Novo Testamento (Mc 12.44; Lc 8.14,43; 15.12, 30; 21.4; 1Tm 2.2; 2Tm 2.4; 1Jo 2.16 e 3.17). *b*. *Zoé*, "vida", "movimento", "atividade". Essa palavra grega aparece por 134 vezes no Novo Testamento. (*Exemplos:* Mt 7.14; 18.8,9; 9.43,45; Lc 10.25; 18.18, 30; Jo 1.4; 3.15,16,36; 6.27,33; 10.10,28; 11.25; 4.6; At 2.28 (citando Sl 16.11); 3.15; 5.20; 8.33 (citando Is 53.8); Rm 2.7; 5.10,17,18,21; 1Co 3.22; 15.19; 2Co 2.16; Gl 6.8; Ef 4.18; Fp 1.20; 2.16; 4.3; Cl 3.3,4; 1Tm 1.16; 4.8; 6.12,19; 2Tm 1.1,10; Tt 1.2,3,7; Hb 7.3,16; Tg 1.12; 4.14; 1Pe 3.7,10 (citando Sl 34.13); 2Pe 1.3; 1Jo 1.12; 2.25; 3.14,15; 5.11-13; Jd 21; Ap 2.7,10; 11.11; 13.8; 17.8; 22.1,2,14,17,19). Essa é a palavra que melhor indica a "psique", a vida não material do ser humano. Os escritores pagãos que escreviam em grego usavam *zoé* para indicar a vida física, em contraste com a morte, quando essa vida física cessa. Porém, no Novo Testamento, a palavra é usada para indicar certa "qualidade de vida", a vida derivada de Deus, que se torna posse daqueles que receberam a "vida eterna", a salvação em Cristo. Portanto, essa vida é derivada de Cristo (Jo 1.4), proporcionada ao crente mediante a fé (Rm 6.4; 1Jo 5.12). Ela sobrevive à morte física, e entra na eternidade (2Co 5.4; 2Tm 1.10). Em contraste com a palavra grega anterior, *bíos*, esta última, usualmente, refere-se à vida terrena (ver Lc 8.14; 1Tm 2.12; 2Tm 2.4). *c*. *Psuché*, "vida animal", "respiração", "alma". Esse termo grego foi usado por 101 vezes no Novo Testamento. (Para exemplificar: Mt 2.20; 6.25; 12.18 (citando Is 42.2); 26.38; Mc 3.4; 8.35-37; Lc 1.46; 2.35; 6.9; 14.26; 17.33; 21.19; Jo 10.11,15,17,24; 12.25,27; 15.13, At 2.27 (citando Sl 16.10), 2.41,43; 8.23 (citando Dt 18.19); 4.32; 7.14; Rm 2.9; 11.3 (citando 1Rs 19.10); 13.1; 1Co 15.45 (citando Gn 2.7); 2Co 1.23; Ef 6.6; Fp 1.27; Cl 3.23; 1Ts 2.8; Hb 4.12 (citando Hc 2.4), 10.39; Tg 1.21; 5.20; 1Pe 1.9,22; 2.11,25; 3.20; 4.19; 2Pe 2.8,14; 1Jo 3.16; 3Jo 2; Ap 6.9; 18.13,14; 20.4). Essa palavra é frequentemente traduzida por "alma" ou "espírito"; era a palavra platônica comum para indicar a porção imaterial do homem. Todavia, em sentido geral, pode indicar a "vida espiritual" (Mt 10.45), a qualidade da presente vida espiritual (Mt 6.25). Essa forma de vida abandona o corpo físico, por ocasião da morte (Lc 12.20). Trata-se de uma palavra de amplo sentido, podendo indicar a "vida terrena" (ver Josefo, *Anti*. 18.358). E a "alma" imaterial também pode ser indicada por essa palavra, segundo se vê em Platão, *Faedo* 28. par. 80A. A alma deve ser entregue aos cuidados de Deus (1Pe 4.19). As almas dos mártires trucidados foram vistas no céu pelo vidente João (Ap 6.9). O corpo físico pode ser destruído, mas não a alma *imaterial*, embora ela possa ser prejudicada no tocante ao seu propósito original (Mt 10.28). Uma única alma vale mais do que o mundo físico inteiro (Mc 8.36,37). *d*. *Pneuma*, "espírito", "vento". Embora essa palavra seja usada por muitas vezes com esses sentidos, há uma ocorrência, em Apocalipse 13.15, onde algumas traduções a traduzem por "vida". Nossa versão portuguesa diz ali: ... *e lhe foi dado comunicar fôlego à imagem da besta...*

II. ALGUMAS IDEIAS FILOSÓFICAS

1. Platão. Ele concebia *toda* vida como psíquica, e que os corpos materiais, sem importar sua espécie, servem apenas de veículo da vida. Isso significa que o princípio da vida, propriamente dito, é não material, e que todas as coisas vivas participam desse princípio imaterial. Outrossim, esse princípio vivo é eterno, embora a individualização seja um acontecimento cronológico. Os *arquétipos* (vide), isto é, "formas" ou "ideias", estariam por detrás de todas as formas de vida, e cada forma é uma espécie de cópia ou imitação do seu arquétipo. Os *arquétipos* seriam eternos, fazendo parte do mundo eterno, o que, para Platão, equivalia ao céu hebreu-cristão. Esse ensino poderia ser usado para falar-se sobre todas as formas de vida como dotadas de alma, embora não saibamos dizer o que Platão manifestaria a esse respeito. Em outras palavras, haveria uma espécie de energia psíquica comunal (a essência da vida), da qual as formas corporais participam. Em minha opinião, é perfeitamente possível que pelo menos formas de vida superiores, embora não humanas, tenham almas individuais. Essa questão está circundada de mistérios, apesar de haver alguma evidência de que não estamos falando apenas de uma teoria.

2. Sócrates. Em seu *conceptualismo* (vide), todas as formas de vida teriam sua origem na *ideia divina* sobre cada espécie. A ideia é eterna, embora a sua manifestação específica e particular ocorra dentro do tempo.

3. O Panteísmo. Ver o artigo separado sobre esse assunto. Essa palavra vem do grego, *pan*, "tudo", e *theós*, "Deus", isto é, "tudo é Deus". Esse conceito assevera que todas as coisas, na verdade, estão vivas, visto que tudo emana de Deus. Deus é a cabeça do mundo, e o mundo é o corpo de Deus. Essas emanações de Deus não seriam idênticas umas às outras, quanto ao seu brilho e poder, pelo que tendem por ser menos esplendorosas e mais sonolentas, à medida que estão afastadas do fogo central. Todavia, não haveria tal coisa como *matéria morta*. O universo inteiro seria uma *presença viva*.

4. Panenteísmo. Também vem do grego, *pan* "tudo", e *theós*, "Deus". A palavra indica que a *vida divina* está *em todas as coisas*, mas sua natureza é *distinta*. Deus inclui o universo da mesma maneira que um organismo vivo inclui todas as suas células individuais, mas (quebrando a analogia), as células individuais não têm a mesma essência ou natureza que Deus tem. Há uma *dualidade* de princípios. Ver o artigo separado sobre este assunto.

5. Pampsiquismo. Outra palavra derivada do grego, *pan*, "tudo", *psuché*, "alma". Todas as coisas possuem alma, ou seja, o princípio vital, mesmo que se trate do que o vulgo chama de "matéria morta" embora, nada, realmente, seja destituído de vida. Esse princípio empresta poder à teoria da evolução, no tocante à chamada "matéria morta", visto que tudo teria, em si mesmo, o princípio da vida; sob certas circunstâncias, poderia adquirir vida, conforme a vida é definida pela ciência moderna. É possível que os filósofos hilozoístas (ver sobre o *Hilozoísmo*), como Tales de Mileto, tenham concebido essa ideia, quando diziam que todas as coisas estão *cheias de almas*. O fato de que os cientistas, em seus laboratórios, têm sido capazes de produzir formas de vida que podem reproduzir-se, partindo de reações químicas, sugere que se oculta alguma verdade na ideia do *pampsiquismo*. Nesse caso, posso supor que leis naturais controlam essa questão, e que a vida pode vir à existência sem qualquer intervenção direta de Deus. Naturalmente, Deus foi quem estabeleceu essas leis naturais, e, nesse caso, em última análise (mesmo que não imediatamente), a vida derivou-se e continua se derivando de Deus. Ver o artigo separado intitulado *Pampsiquismo*.

6. Deus Seria a Origem, mas as *leis naturais* seriam capazes de produzir a vida. Estou abordando a questão em separado, embora já tenha sido sugerida no quinto ponto. Deus é o princípio originador da vida, a fonte de toda e qualquer forma de vida. Porém, o seu *modus operandi*, mediante o qual ele traz a vida à luz, pode transcender à criação original. A vida está continuamente vindo à existência, através da agência das *leis naturais*, que operariam separadamente da direta intervenção de Deus. As leis naturais, embora muito impressionantes, não são perfeitas, porquanto podem errar e realmente, erram. Poderíamos acusar Deus pela existência de animais prejudiciais, bactérias, vírus e insetos como o pernilongo? Não seria melhor asseverarmos que esses tipos te vida vieram à existência através das leis naturais, e que o potencial de uma grande variedade de vida, através dessa agência, é muito grande? Isso posto, novas espécies de vida poderiam vir à existência, não meramente através do desenvolvimento de espécies mais antigas, mas até da chamada "matéria morta". Nesse caso então, talvez os homens, algum dia, sejam capazes de engendrar a vida, e até mesmo espécies complexas de vida. Os homens já têm conseguido obter formas simples de vida, mediante reações químicas. Quando isso suceder, então poder-se-á dizer que o homem terá descoberto os *tijolos* que formam a vida biológica, conforme eles existem dentro das leis naturais. Em outras palavras, os homens terão encontrado o código de como a vida física pode vir à existência. Porém não nos esqueçamos que foi Deus quem criou esse código. Além disso, devemos observar que esse tipo de vida não é espiritual, mas apenas biológico, *porquanto* o homem desconhece tudo sobre a criação da vida imaterial. Talvez, algum dia, até seja capaz de sondar essa questão, mas, como é claro, isso não ocorrerá imediatamente.

7. No hinduísmo, o curso da vida, e como a mesma se desenvolve, está dividido em uma sucessão de quatro estágios, intitulados *ashramas;* cada um desses estágios envolve deveres e aspirações especiais. Ademais, haveria quatro tipos básicos de pessoas, como os psíquicos, os trabalhadores, aqueles que seguem a vereda do amor, os eruditos, cada qual seguindo uma maneira melhor de cumprir o seu próprio dever na vida. Cada uma dessas tendências ajudaria o indivíduo a livrar-se do "ego" e tornar-se parte integrante de Deus, mediante o desenvolvimento espiritual. Ver o artigo sobre o *Ninduísmo*.

8. Nos escritos de *kierkegaard* (*vide*), encontramos a ideia da vida em ascendência, mediante qualidades e conceitos estéticos, éticos e religiosos.

9. Heidegger aludia ao conceito de *existir-para-morrer*, com o que ele dava a entender que a vida deveria ser vivida de tal modo que sempre tivéssemos diante dos olhos a realidade da morte. Isso equivale a morrer diariamente, sabendo-se que todas as coisas são meramente temporais. Esse tipo de atitude, ao que se pode presumir, fornece uma autenticidade extra à vida. No sentido cristão, estamos falando sobre como toda a vida depende de Deus, e como deveríamos deixar as nossas vidas aos cuidados do Senhor.

10. Marias fazia a distinção entre "exitir" e "viver". Existir é a coisa menor, uma espécie de *antecipação* da verdadeira vida. A vida é a realidade maior, tanto agora quanto na eternidade. A vida é eterna, e todas as coisas que dela participam são eternas.

11. A filosofia cristã parte do pressuposto de que Deus é a origem, o meio e o alvo de toda a vida, e isso mediado através do Filho de Deus (ver 1Co 8.6). O alvo mesmo da existência humana é a participação na natureza divina (ver 2Pe 1.4), mediante a transformação segundo a imagem e a natureza do Filho de Deus (Rm 8.29). Trata-se de uma evolução espiritual, produzida pelo poder do Espírito Santo, conforme se aprende em 2Coríntios 3.18.

III. IDEIAS BÍBLICAS

1. A vida começou com um decreto de Deus (Gn 1 e 2).

2. Esta vida, de acordo com a visão hebreia mais antiga, não envolveria nenhum dualismo, visto que aquela visão ainda não envolvia a ideia da imortalidade da alma. Quanto a detalhes sobre isso, ver a primeira seção, terceiro ponto.

"A vida é dada ao homem como uma unidade psicossomática, onde não existem as distinções que fazemos entre vida física, vida intelectual e vida espiritual" (ND, citando Allmen). O ponto de vista veterotestamentário do homem pode ser descrito como um "corpo animado" (Robinson). Isso posto, a *alma* pode ser concebida em paralelo com a *carne* (Sl 63.1), com a *vida* (Jó 33.28) ou com o *espírito* (Sl 77.2 ss.). De acordo com esse ponto de vista antigo, o "eu" vive e o "eu" morre, e não haveria qualquer "eu" imaterial que continuasse existindo. No entanto, Jesus lia a ideia da sobrevivência da alma, diante da morte física, mesmo nos escritos do Pentateuco, conforme se vê em Mateus 22.32: *Eu sou o Deus de Abraão, o Deus de Isaque e o Deus de Jacó*! *Ele não é Deus de mortos, e, sim, de vivos*! Portanto, se essa ideia não era explícita no Antigo Testamento, devemos vê-la ali implicitamente.

3. Essa insuficiente visão da vida foi abandonada pelo judaísmo posterior, conforme se vê na história da médium de En-Dor, que invocou o espírito de Samuel (1Sm 28.11 ss.), como também pela triunfante declaração de Jó de que, em sua própria carne, após a ressurreição, ele veria Deus (Jó 19.26). Na verdade a palavra hebraica que, nesse texto de Jó, é traduzida como "em", na frase, "em minha carne", aparece dentro de um texto corrompido, deixando os estudiosos em certa dúvida. Há mesmo quem a traduza por "fora de". Mesmo assim, isso seria uma clara antecipação do fato de que a alma contempla a Deus, mesmo à parte do corpo físico. Por outro lado, a expressão "em minha carne" provavelmente refere-se à expectativa da ressurreição, embora esse texto não entre no mérito da natureza do corpo ressurreto, mas somente que haverá o corpo ressurreto. É possível que a alteração, no hebraico, de "em" para "fora de", nesse trecho de Jó, tenha sido feita por algum escriba antigo, que preferia a ideia da imortalidade da alma, em lugar da ressurreição do corpo. Não obstante, no judaísmo posterior, *ambos os* conceitos eram aceitos paralelamente; ambos esses conceitos passaram adiante, como a doutrina ensinada no Novo Testamento. Em Jó 14.14 é feita uma importantíssima indagação: *Morrendo o homem, porventura tornará a viver?* Alguns estudiosos pensam que essa pergunta foi formulada, tendo em pauta a reencarnação; mas outros pensam ou na ressurreição ou na imortalidade da alma. Seja como for, não pode haver dúvidas que a teologia judaica ultrapassou a antiga ideia do "eu" que vive e que morre. Assim, o verdadeiro "eu" do homem nunca morre. Ver vários artigos apresentados sob o título *Imortalidade*. Ver também sobre *Alma*.

4. **O Deus vivo é a fonte originária** de toda a vida, conforme a Bíblia assevera desde o seu primeiro capítulo. Deus é quem dá a vida e a respiração, e também as retira (Gn 3.19; Jó 10.9; Sl 144.4; Ec 12.7). As doutrinas mais antigas sobre o *sheol* (vide) faziam do mesmo um destruidor da vida (Ez 31 e 32; Is 14.4 ss.). Em contraste com isso, o judaísmo posterior reconheceu que o *Deus Vivo* garante a imortalidade *humana*. No Novo Testamento, somente Deus é dotado de verdadeira imortalidade (1Tm 6.16), mas ele compartilha esta forma de vida com os homens (2Pe 1.4; Rm 8.29; 2Co 3.18).

5. O propósito de Deus é livrar o homem do *sheol*. (Ver Is 25.8; 26.19; Jó 19.26; Sl 16.8-11; 49.14 *ss.*; Dn 12.2; 1Pe 3.18 — 4.6).

6. **A Vida Ressurrecta**. (Ver Jó 19.26; Is 26.19, 27; Dn 12.2). Esse tema teve prosseguimento durante toda a história do judaísmo, atravessando o período intertestamentário, embora quase sempre de mistura com expressões que davam a ideia de um crasso materialismo. Segundo os escritos judaicos extrabíblicos, os corpos seriam ressuscitados e restaurados, e enviados por meio de túneis até Jerusalém, o único local onde um homem de respeito, aos seus próprios olhos, haveria de querer ser ressuscitado. Mas Paulo, no décimo quinto capítulo de 1Coríntios, espiritualizou o conceito da ressurreição. Nessa passagem encontramos um corpo ressurreto que não é material (ver o vs. 40). O corpo ressurreto será um veículo espiritual da alma, e não um corpo constituído de átomos. Não fica claro, entretanto, se o corpo ressurreto dependerá ou não dos elementos do antigo corpo. Talvez tratar-se-á de um substituto para o antigo corpo, uma nova criação, embora chamado de corpo ressurreto, porquanto substituirá o corpo antigo. Até onde podemos ver as coisas, nada há de errado quanto a essa doutrina. Diversos dos pais da igreja assim acreditavam, afirmando que, à medida que avançar a evolução espiritual, vários corpos, ou veículos da alma, serão postos de lado, mais ou menos como uma cobra desfaz-se de sua pele, periodicamente, e assume uma nova pele. Se isso exprime uma verdade, então a *ressurreição*, até mesmo em seu estágio avançado de glorificação, será um processo contínuo, e não um acontecimento de uma vez por todas. Seja como for, a ressurreição será o aspecto inicial da eterna glorificação. Ver o artigo geral sobre a *Ressurreição*, onde são oferecidos muitos detalhes a respeito.

7. **A Imortalidade da Alma**. O Antigo Testamento foi-se aproximando mais e mais dessa ideia. O judaísmo helenista adotou esse ensino quase universalmente. O Novo Testamento ensina abertamente essa doutrina. A verdadeira imortalidade não consiste em simples existência eterna. Mas é idêntica à "vida eterna", ou seja, certa modalidade de vida, ou seja, a participação na própria forma de vida de Deus, visto que somente ele é verdadeiramente imortal (ver 1Tm 6.16). Os homens tornam-se imortais mediante a participação na vida necessária e independente de Deus (ver Jo 5.25,26), mediante o poder transformador do Espírito de Deus (2Co 3.18), através da participação na *pléroma* ou *plenitude* de Deus (Cl 2.9,10; Ef 3.19). E isso vai transformando os remidos segundo a imagem do Filho de Deus (Rm 8.29), tornando-os partícipes da essência divina ou do tipo de vida de Deus (2Pe 1.4). Platão exprimiu lindamente essa ideia, quando disse que os homens deixarão de ser eternos para se tornarem imortais. A verdadeira vida, pois, não consiste em mera existência, mas é antes uma forma de vida que produz um certo tipo de existência. A verdadeira vida nos é dada por intermédio do Filho de Deus, que é o *Logos*. Deus é a fonte originária, a agência e o alvo de toda vida (1Co 8.6).

8. **Escrituras Específicas que Ensinam a Imortalidade da Alma**. (Sl 86.13; Pv 15.24; Ez 26.20; 32.21; Is 14.9; Ec 12.7; Jo 32.8; Mt 10.28; 17.1-4; Mar 8.36,37; Lc 16.19-31; 23.43; At 7.59; Fp 1.21-13; 2Co 5.8; 12.4-4; Hb 12.23; 1Pe 3.18-20; 4.6; Ap 6.9,10; 20.4).

Entre o sono e o sonho
Entre mim e o que há em mim,
E o que eu me suponho,
Corre um rio sem fim.

Passou por outras margens,
Diversas mais além,
Naquelas várias viagens
Que todo o rio tem.

Chegou onde hoje habito,
A casa que hoje sou.
Passa, se eu me medito;
Se desperto, passou.

E quem me sinto e morre
No que me diga a mim,
Dorme onde o rio corre,
Esse rio sem fim.

                       Fernando Pessoa, Lisboa

Tu, cujo semblante exterior deixa entrever
A imensidade da alma;
Tu, melhor dos filósofos, que contudo reténs;
Tu, herança; tu, olho entre os cegos,

Que, mudo e silente, lês o Abismo Eterno.
Frequentado para sempre pela Mente Eterna.
Poderoso profeta! Vidente bendito!
Sobre quem repousam essas verdades,
E que lutamos a vida inteira por descobrir,
Em trevas perdidas, as trevas do sepulcro;
Tu, sobre quem a tua Imortalidade
Se aninha como o Dia, um senhor sobre um escravo,
Uma Presença que não pode ser evitada!
Ó alegria! que em nossos membros
É algo que vive,
Que a natureza ainda relembra,
Embora tão fugidia!

William Wordsworth

9. O Uso Apropriado da Vida. A Bíblia é um livro altamente teísta. Deve-se conhecer o contraste entre o *teísmo* e o *deísmo* (ver ambos os artigos com esses nomes). Deus, sendo o autor da vida, cuida da vida humana. A vida humana é melhor vivida quando Deus é o seu alvo contínuo. O Novo Testamento é uma espécie de manual de instruções sobre como o homem deveria viver. Temos esse pensamento desenvolvido no artigo intitulado *Vida, Avaliação e Uso*.

Toma a minha vida e que ela seja
Consagrada, Senhor, só a ti;
Toma minhas mãos e que elas se movam,
Ao impulso do teu amor.
Toma minha vontade e fá-la tua
E ela não será mais minha;
Toma meu coração, pertence só a ti;
E te servirá por trono real.

Frances R. Havergal

10. Palingenesia. Essa é a palavra grega que significa "nascimento" ou "regeneração". Desdobramos essa ideia nos pontos abaixo: **a**. A vida de Deus nos é dada no novo nascimento (Jo 3.3-5). Isso pressupõe uma mudança vital e radical. O princípio da *palingenesia* aplica-se ao indivíduo, mas também aos homens, coletivamente falando. O homem nunca é visto apenas como um indivíduo isolado. Antes, ele faz parte da comunidade dos homens, e a humanidade é o arquétipo. Ver o artigo detalhado intitulado *Regeneração*. **b. A Regeneração**. Jesus ensinou que o mundo haverá de renascer (ver Mt 19.28). E isso faz parte do mistério da vontade de Deus (ver Ef 1.9,10). A criação inteira haverá de ser renovada, recebendo uma nova forma de vida, por meio da ressurreição, na era vindoura, o que incluirá a restauração geral. O trecho de Romanos 8.19 *ss* descreve o anelo da criação inteira por esse evento, ou antes, por essa série de eventos encadeados.

11. A Restauração. O que Deus tenciona fazer, finalmente? *Restaurar* é o verbo-chave da resposta. (Ver Ef 1.9,10). Meu ponto de vista sobre a restauração geral é que os eleitos ou remidos receberão a forma de vida que Deus tem, e assim haverão de ocupar o nível mais elevado na escala da criação. Todavia, todas as coisas participarão no ato restaurador de Deus.

Também faço contraste entre os finalmente remidos e os finalmente restaurados, embora os remidos devam ocupar uma posição supinamente superior à dos restaurados. O leitor poderá rever os detalhes dessa questão no artigo chamado *Restauração*. A verdade acaba triunfando. Em muitas igrejas, especialmente do cristianismo ocidental (católicos romanos, protestantes e evangélicos), é mantido um ponto de vista pessimista da vida futura, com a teimosa insistência sobre uma fase mais antiga da teologia, onde a grande maioria dos homens termina em sofrimentos eternos. Em contraste com isso, a igreja Ortodoxa Oriental, acompanhando as diretrizes dos pais gregos da igreja, tem visto uma mensagem mais otimista em algumas passagens do Novo Testamento. Essa é a mensagem que procuro salientar no artigo sobre a *Restauração*. Vejo a vontade de Deus como algo que, finalmente, produzirá um grande tapete. Aquele que trabalha sobre esse tapete (toda a vida e os seres viventes que finalmente surgirão em cena) é o Grande Artista. Ele não perde uma pincelada sequer; ele nunca incorre em erros. Ele sabe misturar as cores brilhantes e as apagadas; ele mistura o dourado com o negro, ele faz o contraste entre a luz e as trevas. Mas, no fim, o tapete, em todo o sou intrincado desenho, é uma obra-prima que é digna do Grande Artista. Os remidos são ali representados pelo dourado; mas os restaurados são as cores contrastantes, que dão equilíbrio e beleza ao todo. O julgamento ajudará a produzir esse efeito. O julgamento divino não será algo contrário ao programa de Deus. De fato, Deus pode fazer melhor algumas coisas através do julgamento do que por outro meio qualquer. O julgamento divino é apenas um dedo da amorosa mão de Deus. O amor de Deus, finalmente, livrará todos os homens da tempestade, não deixando de lado nenhum deles. Mui provavelmente, isso precisará de longo, longo tempo. O primeiro capítulo da epístola aos Efésios fala sobre *eras* que estarão envolvidas nisso tudo. O julgamento operará durante essas eras, mas seu propósito não será destruir, finalmente. Bem pelo contrário, será um aspecto da obra restauradora de Deus. O julgamento tem um aspecto remediador, segundo se aprende em 1Pedro 4.6.

12. A Descida de Cristo ao Hades (vide), ampliou a missão do Logos ao *hades*, o lugar onde se acham as almas perdidas. Isso posto, a missão de Cristo teve um aspecto terreno, um aspecto infernal e um aspecto celestial — uma *tríplice* missão. Isso é o que era necessário para que Deus desse as devidas dimensões à obra de Cristo, sendo exatamente o que poderíamos esperar da parte do amor de Deus. A missão de Cristo no *hades* mostra que a oportunidade de salvação vai além do sepulcro, o que é especificamente afirmado em 1Pedro 4.6. Esse versículo ultrapassa em alcance o trecho de Hebreus 9.27, que faz parte da teologia mais antiga e inferior. Isso posto, a provisão de Deus ofereceu vida aos homens, e vida em abundância.

13. A Vida Eterna. Quanto a esse assunto, ver o artigo separado com esse título.

14. O reino de Deus (vide). O artigo separado com esse nome mostra-nos como o plano de Deus operará entre as nações e nos lugares celestiais. Ver também o artigo sobro o *Milênio*.

IV. O Caráter Sagrado da Vida

1. Visto que toda a vida emana de Deus, a vida merece nosso respeito. Sinto-me inclinado a excluir daí aquelas formas destrutivas de vida, como bactérias, vírus, insetos e animais daninhos, que atribuo às leis naturais, e não à direta agência de Deus. Não me pareço com o hindu que oferece tigelas de leite para alimentar os ratos de sua casa! As pessoas gostam de fazer piadas sobre os hindus. Por que eles não matam as vacas? E respondem: "Porque talvez uma delas seja a mãe ou a avó de um deles, que se reencarnou naquela forma de vida!" Mas, embora talvez alguns hindus acreditem nisso, o argumento deles contra a destruição da vida, sob qualquer forma, exibe profundo *respeito pela* vida, não estando envolvida a questão da reencarnação, pelo menos na maioria dos casos. Os antropólogos têm mostrado que é nas sociedades primitivas que se tem prazer na tortura dos animais. Quanto mais avançada for uma civilização, maior respeito haverá pela vida dos animais, e não meramente pela vida humana. Seja como for, temos subestimado grandemente a qualidade da vida animal.

2. Problemas Especiais

a. Aborto. Temos um artigo separado sobre esse assunto. Pessoalmente, não creio que um feto seja humano. Um ser humano vem à existência no nível da alma, que penso ser preexistente. Uma *personalidade humana* (parte material + parte imaterial) vem à existência quando a alma (a porção imaterial) apossa-se do corpo físico que se estava formando. E isso pode ocorrer pouco antes do nascimento, por ocasião do nascimento, ou mesmo depois do nascimento. E isso significa que matar um feto não é cometer um assassinato, embora seja cortar uma vida humana em potencial. Todavia, tal ato causa sofrimento, e isso é errado. Portanto, o aborto não é uma questão moralmente indiferente. Além disso, um feto é uma forma de vida que requer todo o nosso respeito.

b. Cuidados com os Idosos. Conforme disse minha mãe, cerca de dois anos antes de seu falecimento: "As pessoas idosas simplesmente atravancam o caminho". A verdade é que muitas pessoas idosas precisam de ajuda de membros mais jovens de suas famílias (ou da sociedade), a fim de que possam avançar os últimos passos que tiverem de dar na vida humana. Em algumas sociedades abastadas, as pessoas de idade são postas em lares especiais, enquanto o resto da família fica gozando a vida. Minha mãe, em sua idade avançada e enfermidade, não quis viver com alguma outra pessoa, e somente nas semanas finais de vida consentiu em receber cuidados diretos. Porém, suponho que a maioria das pessoas idosas não tem a mesma atitude que ela. Assim, pessoas que tenham perdido suas energias físicas ou mentais devem ser objeto de cuidados especiais de suas famílias ou da sociedade. Isso faz parte do respeito que se deve ter pela vida, porque a vida é sagrada.

c. Eutanásia. No grego, "boa morte". Mas, no vocabulário moderno significa tirar misericordiosamente a vida de alguém. Isso pode ser feito de modo *passivo*, ou seja, as medidas heroicas para prolongamento da vida não são empregadas, a fim de que a pessoa não fique a sofrer desnecessariamente. E também pode ser feito de modo *ativo*. Alguma medida é aplicada e *causa* a morte, quando se pensa que isso é um ato de misericórdia. Sabemos que tanto a eutanásia passiva quanto a eutanásia ativa estão sendo praticadas em muitos hospitais, hoje em dia. Nada vejo de errado na forma passiva de eutanásia. De fato, muitos pacientes parecem ansiar que seus sofrimentos desnecessários terminem. O prolongamento desnecessário da vida, por parte de muitas autoridades médicas e outras, parece alicerçar-se sobre a filosofia que diz, antes de tudo, que a vida física é a única vida que existe; e, em segundo lugar, que qualquer vida é melhor do que vida nenhuma. Ambas as ideias, porém, são absurdas. Apesar de devermos respeitar a forma de vida biológica, uma vez que esse corpo seja quase esmigalhado, traspassado por dores excruciantes, torna-se uma questão real, quanto respeito deve-se ter por *essa* forma de vida. Pessoalmente, não creio que já possuímos conhecimento suficiente, sobre as questões morais, para nos manifestarmos, com toda segurança, acerca da *eutanásia ativa*; mas tenho confiança que, de algum modo, o nosso conhecimento ético crescerá até o ponto em que a *eutanásia passiva* tornar-se-á aceitável. Para tanto, será mister a humanidade adquirir maiores conhecimentos sobre os estados realmente terminais de saúde. A eutanásia *ativa* poderá ser, algum dia, aceitável *moralmente*. Se isso for o caso, haverá provisões legais a esse respeito, de tal maneira que somente eutanásias autênticas terão lugar, e não mais assassinatos representados como matanças por misericórdia. Ver o artigo geral sobre a *Eutanásia*.

V. Vida, Jesus Como a. Ver na *Enciclopédia de Bíblia, Teologia e Filosofia* o artigo separado com esse título.

VI. Valores da Vida. Ver *Enciclopédia de Bíblia, Teologia e Filosofia* o artigo separado com esse título.

VII. Vida, sua Avaliação e Uso. Ver *Enciclopédia de Bíblia, Teologia e Filosofia* o artigo separado sobre esse título.

VIII. Vida, Cristo Como a Nossa. Ver *Enciclopédia de Bíblia, Teologia e Filosofia* o artigo separado sobre esse título.

IX. Jesus Como Pão da Vida. Ver *Enciclopédia de Bíblia, Teologia e Filosofia* o artigo separado com esse título.

X. Vida Eterna. Ver *Enciclopédia de Bíblia, Teologia e Filosofia* o artigo separado com esse título.

XI. A Vida e suas Finalidades. A vida é dinâmica. Talvez Orígenes estivesse com a razão, ao especular que nos encontramos agora em um grande ciclo, e que o tempo não pode ser considerado de maneira linear. Em outras palavras, não podemos marcar quando começou o tempo, e nem quando o tempo terminará em estagnação. Apesar de estarmos aguardando uma obra divina final, que se assemelha a um tapete, com aspectos de redenção e de restauração, envolvendo o futuro da humanidade e da criação inteira, é filosoficamente difícil imaginar que uma vez que isso seja atingido, através da cooperação dos séculos e das eras, ou de grandes ciclos de tempo, cada qual contribuindo com sua parcela, que a criação terminará, afinal, em uma imensa estagnação. O mais provável, bem ao contrário disso, é que o futuro nos reserva muitas e gratas surpresas, e que novos ciclos emanarão da imensidade de Deus. Dessa maneira imensamente prolongada, talvez seja melhor supormos que não haverá um destino fixo. Talvez seja melhor supormos que a vida é tão imensa, procedente da vastidão infinita de Deus, que nada existe que não possa ser revertido, não há esperança que não possa, finalmente, concretizar-se, e nem há porta que ficará final e absolutamente fechada. (B C E EP F NTI)

VIDE BRAVA

No hebraico, *gephen nokri*, **"vinha forasteira"**. A expressão ocorre, exclusivamente, em Jeremias 2.21, onde nossa versão portuguesa diz ... *uma planta degenerada, como de vide brava?*

Os estudiosos acreditam que a planta em pauta é a *Vitis orientalis*, um nome sinônimo da *Ampelopsis orientalis*, uma trepadeira arbustiva que se assemelha à videira, mas que produz frutos vermelhos, muito parecidos com os da groselheira. Essa trepadeira é bem conhecida por toda a Ásia Menor e a Síria. É possível que essas pequenas, ácidas e inúteis bagas sejam a mesma coisa que as *uvas bravas* de Isaías 5.2 e 4.

Há estudiosos que afirmam que a vide brava seria uma muda inútil da videira ordinária, a qual, como é claro, se parecia muito com uma videira cultivada mas que produzia frutos imprestáveis. Trata-se do mesmo "pau da videira" de que fala Ezequiel, no décimo quinto capítulo de seu livro, e que, no dizer do profeta, servia apenas para ser "lançado no fogo, para ser consumido".

VIDENTE. Ver *Profecia, Profetas*.

VIGIA, TORRE DE

No hebraico, *mitspeh*, que ocorre somente por duas vezes: Isaías 21.8 e 2Crônicas 20.24. Lemos na primeira dessas passagens: *Então gritou como um leão: Senhor, sobre a torre de vigia estou em pé continuamente durante o dia, e de guarda me ponho noites inteiras*. Uma outra palavra hebraica, *tsaphith*, "torre de tijolos", também é empregada com o sentido de "posto de vigia", conforme se vê em Isaías 21.5. Entretanto, nessa passagem, nossa versão portuguesa diz "estendem-se tapetes", em vez de "vigia na torre de vigia". Algumas versões estrangeiras dizem ali "acende as lâmpadas". A explicação disso é que a passagem está vazada em um hebraico muito obscuro, dando margem a diversas interpretações por parte dos tradutores.

Todos os aldeamentos antigos, como no período neolítico, que têm sido explorados pelos arqueólogos, no Oriente Próximo, exibem restos de posições elevadas fortificadas, torres de vigias ou outras construções feitas de pedra. Assim, nas mais antigas aldeias do Iraque, ou nos níveis mais baixos do cômoro de Jericó, têm sido encontradas essas formas de construção arquitetônica. Em uma época de grandes dificuldades de locomoção e comunicação e de contínuos ataques armados, as torres de vigia eram uma necessidade imperiosa para a segurança das comunidades, fossem elas grandes ou pequenas. Logo, tornou-se fácil transferir a ideia de uma torre vigia literal, material, para uma postura mental de vigilância, segundo já vimos na citação que fizemos, no início deste artigo, de Isaías 21.8. No tocante ao crente, essa ideia quase sempre aparece vinculada à noção da oração, conforme se percebe, por exemplo, em Colossenses 4.2: *Perseverai na oração, vigiando com ações de graça*.

VIGIA, VIGILANTE

1. Terminologia. No hebraico, *tsaphah*, "vigiar", "espiar": 1Sm 14.16; 2Sm 18.24-27; 2Rs 9.7, 18, 20; Is 52.8; Ez 3.17; *shamar*, "observar", "cuidar", "vigiar": Ct 3.3; 5.7; Is 21.11; Jr 51.12; *natsari* (cognato do acadiano *massaru* (*massartu*), "vigia noturno". No grego, *phulaks, phulake* e a forma verbal *phulasso*, "guardar", "vigiar" (Mt 5.25; 14.10; Hb 11.36; Ap 2.10). No latim, "vigília" (uma guarda) e "vigilante" (acordado), o estado de estar em guarda, o que pode ser aplicado a funções religiosas como devoções noturnas, orações, exercícios espirituais. (Cf. Mc 14.38), *Vigiai e orai*, onde a palavra grega usada é *gregoreu*. A mesma palavra é empregada em 1Coríntios 16.13; Colossenses 4.2 e 1Tessalonicenses 5.6 para vigília espiritual. Então temos *nepho* com usos semelhantes (2Tm 4.5 e 1Pe 4.7). **2. Locais e funções**. Cidades antigas tinham muros, mas em número eram suficientes. Era preciso ter guaritas com homens estacionados à procura de inimigos que poderiam atacar repentinamente. Guaritas também eram colocadas nos morros, nas torres construídas em postos militares avançados (2Sm 18.24; 2Rs 9.17-20). Havia torres construídas em parreirais e plantações para proteção de predadores, humanos ou animais (2Rs 17.9; 2Cr 20.14; Jó 27.18). **3. Profetas e ministros** são vigias que cuidam do bem-estar das nações e dos indivíduos (Is 21.6; 52.8; 62.6; Jr 6.17; Ez 3.17). Por outro lado também havia vigias falsos que faziam mal ao povo (os *atalaias cegos*, Is 56.10). *Obedecei aos vossos guias e sede submissos para com eles; pois velam por vossa alma, como quem deve prestar contas...* (Hb 13.17). **4. Torres**: *oran* (a torre da ocupação: Is 23.13); *migdol* (uma torre de qualquer tipo, em qualquer local, do significado de raiz "ser forte"); *pinnoth* (os cantos dos muros construídos de forma alta para servir como guarita: Sf 1.16; 3.6; 2Cr 26.14); *ophel* (uma torre em um morro: 2Rs 5.24); *masor* (uma fortificação que tinha torres: Hat. 2.1); no grego, *purgos*, uma torre em um local fortificado (Lc 13.4) ou torres de parreirais (Is 5.2; Mt 21.33; Mc 12.1).

VIGIAR

1. Palavras Bíblicas. Quanto a esse verbo, temos a considerar quatro palavras hebraicas e cinco palavras gregas, a saber: ***a**. Tsapah*, "vigiar", "espiar", "espião" etc. Como verbo, a palavra ocorre por cerca de 21 vezes (conforme se vê, por exemplo, em Gn 31.49; 1Sm 4.13; 2Sm 13.14; Sl 37.32; Is 21.5; Lm 4.17; Na 2.1 e Hc 2.1). ***b**. Shamar*, "observar", "cuidar", "vigiar". Essa outra palavra hebraica aparece por mais de 440 vezes, somente como verbo (conforme se vê, por exemplo, em Jz 7.19; 1Sm 19.11; Jó. 14.16; Sl 59, no título; 130.6; Jr 8.7; 20.10; Gn 37.11; Êx 12.17,24; Dt 5.32; 6.3,25; 8.1; Is 42.20; Ez 20.18; 37.24; Jn 2.8). ***c**. Shaqad*, "despertar", "vigiar". Esse termo hebraico é usado por dez vezes com esse sentido, pois também significa "apressar-se", "permanecer", e, no plural, "moldar como amêndoas". (Por exemplo: Ed 8.29; Sl 102.7; Pv 8.34; Is 29.20; Jr 5.6; 31.28; Dn 9.14). ***d**. Quts*, "despertar", "vigiar", "levantar-se". Esse verbo aparece por 21 vezes conforme se vê, por exemplo, em Ez 7.6; 1Sm 26.12; Jó 14.12; Sl 3.5; 17.15; Pv 23.35; Is 26.19, 29.8; Jr 31.26; Dn 12.2; Jl 1.5 e Hc 2.19). ***e**. Agrupnéo*, "vigiar", "montar guarda", "estar desperto". Esse verbo grego foi utilizado por quatro vezes nas páginas do Novo Testamento (Mc 13.33; Lc 21.36; Ef 6.18 e Hb 13.17). O substantivo, *agrupnía*, "vigilância", aparece por duas vezes (2Co 6.5 e 11.27) (em nossa versão portuguesa, "vigília", uma perfeita tradução, igualmente). ***f**. Gregoréo*, "estar vigilante", "estar desperto", "vigiar". Esse verbo grego foi usado por 23 vezes (Mt 24.42,43; 25.13; 26.38,40,41; Mc 13.34,35,37; 14.34,36,38; Lc 12.37,39; At 20.31; 1Co 16.13; Cl 1.2; 1Ts 5.6,10; 1Pe 5.8; Ap 3.2,3; 16.15). ***g**. Népho*, "vigiar", "estar sóbrio". Verbo grego empregado por seis vezes (1Ts 5.6,8; 2Tm 4.5; 1Pe 1.13; 4.7; 5.8). ***h**. Paratereo*, "vigiar juntamente com". Esse verbo reforçado aparece por seis vezes (Mc 3.2; Lc 6.7; 14.1; 20.20; At 9.24 e Gl 4.10). ***i**. Teréo*, "vigiar", "guardar", "preservar". Verbo grego usado por 77 vezes (Mt 19.17; 23.3; 27.36,54; 28.4,20; Mc 7.9; Jo 2.10; 8.51,52,55; 9.16; 12.7; 14.15,21,23,24; 15.10,20; 17.6,11,12,15; At 12.5,6; 15.5; 16.23; 24.23; 25.4,21; 1Co 7.37; 2Co 11.9; Ef 4.3; 1Ts 5.23; 1Tm 5.22; 6.14; 2Tm 4.7; Tg 1.27; 2.10; 1Pe 1.4; 2Pe 2.4,9,17; 3.7; 1Jo 2.3-5; 3.22,24; 5.3,18; Jd 1.6,13,21; Ap 1.3; 2.26; 3.3,8,10; 12.17; 14.12; 16.15; 22.7,9).

2. No Antigo Testamento. Nos dias do Antigo Testamento, quando as comunicações eram precárias, era extremamente necessário "manter vigilância", para que as comunidades, maiores ou menores, pudessem sobreviver. Em muitos lugares, pois, havia os vigias, que tinham por função avisar o resto da cidade sobre a aproximação de qualquer pessoa, fosse ela amigável ou hostil. Assim, lemos em 1Samuel 14.16: *Olharam as sentinelas de Saul em Gibeá de Benjamim...* A menção ao ato de vigiar, aos vigias etc., é extremamente comum no Antigo Testamento. Isso em sentido literal. Foi fácil passar do literalismo para a linguagem simbólica, conforme se vê, para exemplificar, em Salmo 127.1: *Se o Senhor não edificar a casa, em vão trabalham os que a edificam; se o Senhor não guardar a cidade, em vão vigia a sentinela*.

3. No Novo Testamento. No Novo Testamento, são patentes as mesmas noções de "vigilância" que se encontram no Antigo Testamento, mormente no que concerne à dedicação da comunidade cristã à causa do Senhor e à vigilância no tocante à *parousia* (vide), ou segunda vinda de Cristo. Das cinco palavras gregas ventiladas acima, destacamos o termo *népho*, a fim de esclarecer que a melhor tradução seria "manter o autocontrole". Lemos em 1Pedro 1.13: *Por isso, cingindo o vosso entendimento, sede sóbrios e esperai inteiramente na graça que nos está sendo trazida na revelação de Jesus Cristo*. O termo grego corresponde a "sede sóbrios", dentro dessa passagem, uma tradução que dá a entender o autocontrole.

VIGÍLIAS

Quarta vigília, Mateus 14.25. Significava as horas entre as 3:00 e as 6:00 horas da manhã. Nos tempos do AT os judeus dividiam a noite em três vigílias de quatro horas cada uma. O trecho de Lamentações 2.19 menciona a primeira vigília; Juízes 2.19, a segunda; Êxodo 14.24, a terceira. No AT não há referência à "quarta vigília". Nesse tempo, as três vigílias dos judeus eram: 1ª: pôr do sol às 22:00; 2ª: 22:00 às 2:00 da madrugada; 3ª: às 2:00 da madrugada ao raiar do sol. Porém, os romanos dividiam a noite em quatro vigílias, de três horas cada uma, costume esse que, evidentemente, foi adotado pelos judeus desde os tempos de Pompeu, e que se reflete nas Escrituras do NT Essas vigílias começavam, respectivamente, às 18:00 horas, às 21:00 horas, às 24:00 horas e às 3:00 horas.

VILA

I. As Palavras Bíblicas. Há sete palavras hebraicas e uma palavra grega envolvidas neste verbete: **1**. *Chatser*, "átrio", "vila". Essa é a palavra hebraica mais constantemente usada para indicar uma vila ou aldeia. Ocorre por 46 vezes com o sentido de "vila" (por exemplo: Êx 8.13; Lv 25.31; Js 13.23,28; 18.24,28; 21.12; 1Cr 4.32,33; 6.56; 9.16,22,23; Ne 11.25,30; 12.28,29; Sl 10.8; Is 42.11). **2**. *Bath*, "filha", "aldeia". Com o segundo sentido, esse termo hebraico ocorre por doze vezes (embora seja muito mais frequente com o sentido de "filha"): (Nm 21.25,32; 32.42; 2Cr 28.18; Ne 11.25,27, 28,30,31). **3**. *Kephir, kaphar* e *kopher*, palavras hebraicas cognatas, aparecem em um total de quatro vezes

(Ne 6.2; 1Cr 27.25; Ct 7.11; 1Sm 6.18). Poderíamos traduzir todas essas três palavras por "localidade". **4**. *Paraz, perazon* e *perazoth*, cujo sentido parece duvidoso, mas que alguns estudiosos pensam significar "vila aberta", "aldeias sem muros" (conforme diz nossa versão portuguesa). Essas também são palavras cognatas que aparecem poucas vezes (Hc 3.14; Jz 5.7,11; Et 9.19 e Ez 38.11). Daí deriva-se, igualmente, uma outra palavra cognata, *perazi*, "habitante de vila", que figura Em Ester 9.19 e Deuteronômio 3.5. **5**. *Kóme*, "vila". Esse vocábulo grego aparece por 28 vezes no Novo Testamento (Mt 9.35; 10.11; 14.15; 21.2; Mc 6.6,36,56; 8.23,26,27; 11.2; Lc 5.17; 8.1; 9.5,12,52,56; 10.38; 13.22; 17.12; 19.30; 24.13,28; Jo 7.42; 11.1,30 e At 8.25).

II. Vilas e Cidades. Conforme já vimos, a palavra hebraica mais comum para "vila" é *chatser*. Esse vocábulo tem raiz no verbo correspondente a "cobrir", o que nos dá uma ideia de proteção (ver 1Cr 27.25), fazendo contraste com a palavra hebraica para "cidade", *ir*, que já dá a entender um "lugar fechado (com muralhas)". Os armazéns reais, os arsenais do exército e os tesouros do rei podiam estar localizados tanto nas cidades quanto nas vilas; visto que os impostos e as taxas, com frequência, eram pagos em espécie, e não em dinheiro, as vilas-armazéns também serviam de centros de coleta de impostos. (Ver Lv 25.29; Dt 3.5; 1Sm 6.18, onde é possível perceber claramente a distinção entre uma cidade e uma vila ou aldeia).

Essa distinção também é feita nitidamente no relatório prestado pelos espias que haviam sido enviados por Moisés, quando voltaram (Nm 13.28). Assim, fazendo contraste com uma cidade, uma vila não dispunha de muralhas, pelo que podia ser facilmente conquistada pelo inimigo. Por isso mesmo, quando eram ameaçados por forças armadas, os aldeões se concentravam em alguma cidade murada, aumentando desse modo o perigo da fome, se houvesse o cerco desta última (cf. 2Rs 6.24-29). Entretanto, com a passagem do tempo, muitas vezes uma vila acabava se tornando uma cidade, conforme se vê, por exemplo, em 1Samuel 23.7. Lemos ali: ... *pois entrou numa cidade de portas e ferrolhos*. Ora, visto que toda cidade antiga era murada e tinha portas e ferrolhos, encontramos nesse trecho uma redundância, demonstrando que algum tempo antes, Queila havia sido uma mera vila, sem muralhas, mas depois tornou-se uma cidade, dotada de muralha.

Ademais, em contraste com as cidades, as vilas ou aldeias não dispunham de instalações militares, como torres, portões fortificados e fossos defensivos. (Ver Ez 38.11). Nessa passagem, o termo hebraico empregado é *perazoth*, que indica pequenos povoados, dispersos pelo território. Nos tempos talmúdicos uma comunidade era considerada uma "vila", enquanto não dispusesse de uma sinagoga. Nos dias do Novo Testamento, as vilas, as cidades e os campos foram objeto do ministério de Cristo (Mc 6.56); mas, não fica claro, no Novo Testamento, se só as cidades de então contavam com sinagogas. Contudo, é digno de atenção que Tiago (ver At 15.21) atribuiu a existência de sinagogas em "cada cidade" (no grego, *polis*), mas não se refere às vilas e aldeias como possuidoras de suas respectivas sinagogas.

III. Aumento de Número. As vilas aumentavam em número à medida que se partia da região do Neguebe e se caminhava para o norte, porquanto o sul da Terra Prometida era estéril até tornar-se deserto franco. Só havia chuvas abundantes mais para o norte. Nos tempos calcolíticos, na Era do Bronze Médio e na Era do Ferro, entretanto, o território do Neguebe foi bem ocupado, e, mais intensamente ainda, no período nabateu bizantino, quando havia grande conservação da escassa água da chuva que ali se precipitava. Do Hebrom para cima havia o aumento gradual do número de vilas, como quem ia na direção de Jerusalém. Mas, o número de vilas e povoados aumentava ainda mais no território de Zebulom, da Baixa Galileia, onde as chuvas se faziam mais abundantes.

Nos tempos da dominação romana, esse território mais bem irrigado pela chuva foi transformado em um território pacífico, onde a população vivia sem temor e onde a agricultura e a indústria floresciam, em inúmeras vilas. A Alta Galileia era por demais interrompida e recoberta de matas para permitir a agricultura necessária à vida em aldeias. A Transjordânia, por sua vez, também era salpicada de aldeias e vilas, antes do século XIX a.C., e depois do século XIII a.C., quando as vilas são novamente mencionadas nos registros das conquistas militares. Os ataques historiados no décimo quarto capítulo de Gênesis, bem como a destruição de Sodoma e Gomorra, parecem estar relacionados a um período em branco nesses registros.

IV. Governos. O governo das aldeias locais era administrado pelos anciãos que também atuavam como juízes locais (Rt 1.2); mas as aldeias e vilas estavam sob a jurisdição das cidades maiores (cf. Js 15.20-62; 18.24,28 etc.). A cena dessas frequentes funções governamentais dava-se à entrada das cidades. Algumas vezes, ali já eram postos bancos de propósito, para as pessoas se assentarem.

As dimensões das vilas variavam, tudo dependendo da intensidade do cultivo agrícola da região. Nos centros agrícolas, os cereais eram debulhados nos limites das aldeias. A atividade aumentava muito por ocasião da colheita; mas, em outras ocasiões, o número de habitantes das vilas diminuía bastante, pois quase todos ficavam ocupados nos cuidados com o seu gado. Os judeus algumas vezes erraram, não dando valor aos habitantes das vilas e aldeias, porquanto grandes homens procediam, às vezes, desses pequenos lugares, como Davi e Cristo, que pasceram na minúscula Belém (Mq 5.2).

VINAGRE

Precisamos examinar uma palavra hebraica e uma palavra grega, quanto a este verbete, a saber: **1**. *Chomets*, **"vinagre"**. Essa palavra é de rara frequência, aparecendo apenas por seis vezes, em todo o Antigo Testamento (Nm 6.3; Rt 2.14; Sl 69.21; Pv 10.26 e 25.20). **2**. *Óksos*, "vinagre", "vinho azedo". Esse vocábulo grego figura no Novo Testamento por cinco vezes (Mt 27.48; Mc 15.36; Lc 23.36; Jo 19.29,30), ou seja, somente nos quatro Evangelhos.

O vinagre consiste em um líquido formado por ácido acético diluído, devido à fermentação do vinho ou de alguma outra bebida alcoólica. Métodos inferiores e indevidos de produção resultavam em uma grande tendência para o vinho azedar e transformar-se em vinagre. Por isso mesmo, tanto a palavra hebraica quanto a palavra grega dão a ideia de "embotado", "ácido". O vinagre equivalia àquilo que os romanos chamavam de *posca*, um vinho barato e azedo, que uma vez misturado com água, era a principal bebida das classes pobres e dos aldeões. (Ver Rt 2.14, onde há menção a esse tipo de bebida).

O voto do nazireado excluía totalmente a ingestão de qualquer tipo de bebida alcoólica, incluindo o vinho azedo, mas até mesmo o vinho de melhor qualidade, usado pelas pessoas de nível mais elevado. Isso porque esse voto podia ser feito por pessoas de todas as camadas sociais. (Ver Nm 6.3) O trecho de Provérbios 10.26 refere-se ao paladar muito ácido do vinagre. Por igual modo, diz Provérbios 25.20, aludindo à capacidade irritante do vinagre: ... *como vinagre sobre feridas, assim é o que entoa canções junto ao coração aflito*.

Todavia, o vinho usado como antisséptico, pelo bom samaritano, no homem que fora atacado e ferido pelos ladrões, era da variedade mais dispendiosa (ver Lc 10.34). A passagem de Salmo 69.21 alude ao vinagre como uma bebida, consumida pelos mais pobres. E o vinagre oferecido a Cristo era uma *posca* romana, que fazia parte da ração dos soldados romanos. Visto que a crucificação provocava intensa sede, devido à exposição do corpo despido às intempéries, não se deve pensar que o vinagre lhe tenha sido oferecido como zombaria e, sim, até como um ato de gentileza. O próprio Senhor Jesus dissera:

Tenho sede! E foi em face disso que lhe deram uma esponja embebida em vinagre, para que a chupasse. Isso cumpria uma certa predição (ver Sl 69.21: ... *Por alimento me deram fel, e na minha sede me deram a beber vinagre*). Era a última gota. *Quando pois, Jesus tomou o vinagre, disse: Está consumado! E, inclinando a cabeça, rendeu o espírito* (Jo 19.28-30). Não se deve confundir esse vinagre com o "vinho com fel", de Mt 27.34 e Mc 15.23, que o Senhor Jesus não quis beber, mas que apenas provou. Aquilo foi no começo da execução, antes de ele haver sido encravado à cruz, ao passo que o vinagre servido na esponja foi no último minuto de sua vida na terra, passadas as seis horas da crucificação do Senhor.

Uma curiosidade literária é a chamada "Bíblia do vinagre". Esse apelido deriva-se do fato de que, na parábola da vinha, houve um erro de impressão, e a vinha aparece como o "vinagre", em Lucas 22. Essa edição foi produzida por Baskett, em 1717, que ficou assim mal marcada para sempre. O vinagre azeda até as produções literárias!

VINDIMA

Ha duas palavras hebraicas e uma palavra grega que devemos estudar, neste verbete, a saber: **1**. *Batsir*, "vindima", "colheita da uva". Esse verbo hebraico aparece por oito vezes no Antigo Testamento (Lv 26.5; Jz 8.2; Is 24.13; 32.10; Jr 48.32; Mq 7.1; Zc 11.2). **2**. *Kerem*, "vinha", "vindima". Com esse último sentido, a palavra ocorre somente por uma vez, em Jó 24.6. **3**. *Trugáo*, "colher", "vindimar". Esse verbo grego ocorre somente por três vezes (Lc 6.44, Ap 14.18,19). Consoante o sentido mais especial da palavra, nossa versão portuguesa corretamente a traduz por "vindimar", embora também quisesse dar a entender qualquer tipo de colheita. De fato, em Lucas e no Apocalipse está em foco a colheita de uvas, ou vindima.

VINGADOR DO SANGUE

Esse termo é aplicado ao parente mais próximo de uma pessoa assassinada (ver 2Sm 14.7,11; Js 20.3,5,9; Sl 8.2), que tinha o direito de vingar o homicídio. As culturas antigas, antes mesmo de Moisés, incorporavam essa provisão. (Ver Gn 9.5). Todos os membros de uma tribo eram considerados como de um só sangue, pelo que um crime de sangue que afetasse a um dos membros envolvia todos os outros membros; o parente mais próximo tinha a responsabilidade, e não apenas o direito, de vingar o crime. A lei mosaica permitia que o vingador matasse o assassino, mas ninguém mais da família do assassino (ver Dt 24.16; 2Rs 14.6 e 2Cr 25.4). Provisões extraordinárias foram decretadas para o caso de homicídios acidentais, havendo cidades de refúgio e lugares seguros para os homicidas não-intencionais, onde estes eram protegidos do vingador do sangue. Essa provisão reconhecia gradações de culpa, o que está incluído em quase todas as legislações. A vingança pelo sangue derramado persistia durante o reinado de Davi (ver 2Sm 14.7,8; 2Cr 19.10). De fato, a prática sempre foi generalizada, sem importar se sancionada por lei ou não. Os ofensores, mesmo quando condenados, usualmente recebiam sentenças leves.

Prática no seio do cristianismo. Muitos cristãos estão certos de que as provisões do Antigo Testamento não somente permitem, mas também exigem a punição capital. Certas leis, em todos os países cristãos, têm sido influenciadas pelas provisões do Antigo Testamento. Porém, outros cristãos não veem qualquer solução na violência, preferindo apelar para a restauração e a aplicação da lei do amor, mesmo no caso dos mais empedernidos criminosos. Ainda outros cristãos tomam uma posição intermediária, dizendo que cada caso precisa ser julgado por seus próprios méritos. Assim, alguns casos são melhor resolvidos por meio da punição capital, mas não outros. Nenhum crente verdadeiro, entretanto, quererá reverter à posição da antiga lei, tomando vingança pessoalmente e ignorando as leis que regulamentam esses crimes. Aqueles que se opõem à punição capital tomam uma posição intermediária, apontando para o caso de Paulo. Sem dúvida ele foi culpado de muitos assassinatos, embora nunca tivesse pessoalmente matado alguém. Mas enviava as pessoas para a morte certa. No entanto, foi perdoado, e sabemos qual foi o resultado disso. Assim também, atualmente. Talvez a melhor solução seja a posição intermediária, que evita ambas as posições extremas. O meio-termo usualmente é o melhor. (ND UN Z)

VINGANÇA

I. As Palavras Bíblicas. No hebraico temos a considerar duas palavras; e no grego, igualmente, duas, a saber: **1**. *Naqam*, "vingança". Essa palavra hebraica aparece por 47 vezes com esse sentido (conforme se vê, por exemplo, em Gn 4.15; Dt 32.35,41,43; Sl 58.10; Pv 6.34; Is 34.8; 35.4; Ez 24.8; 25.12,15; Mq 5.15). **2**. *Neqamah*, "vingança". Esse termo hebraico ocorre 22 vezes, conforme se vê, para exemplificar, em (Jz 11.36; Sl 94.1; Jr 11.20; 20.12; 51.6,11,36; Lm 3.60; Ez 25.14,17). **3**. *Díke*, "justiça", "vingança". Esse vocábulo grego foi usado por três vezes no Novo Testamento (At 28.4; 2Ts 1.9 e Jd 7). **4**. *Ekdíkesis*, "vingança completa". Esse termo grego, reforçado, foi usado por nove vezes (a saber: Lc 18.7,8; 21.22; At 7.24; Rm 12.19 (citando Dt 32.35); 2Co 7.11; 2Ts 1.8; Hb 10.30; 1Pe 2.14).

II. Tipos de Vingança. A vingança é um castigo infligido por causa de alguma injúria ou ofensa, no interesse de satisfizer à justiça ferida. Diferentes aspectos da questão podem ser percebidos, mediante o exame de contextos de passagens, e mediante paralelismos: **1**. A ira, como força motivadora da ação, nos casos de vingança, aparece como um fator proeminente, em muitos casos (Pv 6.34; Is 59.17; 63.4; Na 1.2; Eclesiástico 5.7; 12.6; Rm 3.5). Todavia, a ira humana também pode ser maliciosa, exagerando todos os seus efeitos (Lv 19.18; 1Sm 25.26; Lm 3.60; Ez 25.12,15). **2**. A ideia de punição por causa do pecado ou de alguma ofensa aparece com bastante frequência (Lv 26.25; Sl 99.8; Lc 21.22). Gradualmente isso foi cedendo lugar aos conceitos da retaliação e retribuição (Gn 4.15; Is 34.8; Jr 50.15; Eclesiástico 35.18). **3**. A justiça de Deus, ou então, a fidelidade demonstrada por seus servos, é vindicada mediante o castigo imposto a adversários da retidão (Jz 11.36; Sl 94.1; 2Ts 1.8). Algumas vezes, vemos como algum indivíduo clamou ao Senhor, pedindo vingança (Sl 58.10; Jr 11.20; 15.15; 20.12). Um dos casos mais impressionantes, previsto para o futuro, será o das almas dos mártires do anticristo, que dirão: *Até quando, ó Soberano Senhor, santo e verdadeiro, não julgas nem vingas o nosso sangue dos que habitam sobre a terra?* (Ap 6.10). Nesse caso, os injustos algozes terão sido toda a humanidade incrédula, e as vítimas terão sido aqueles que não aceitaram as imposturas e a ditadura do anticristo, ou, vale dizer, os crentes verdadeiros.

Na maioria dos casos, o próprio Deus é quem aplica a vingança. E isso ele assim faz ou diretamente (ver Dt 32.35; Sl 94.1,2; Is 59.17,18; Jr 56.10; Jz 8.27; 16.17; Rm 12.19; Hb 10.30), ou através de ordens baixadas a seu povo (Nm 31.3; Js 22.23; Jr 50.15; Jz 9.2), ou ainda, através de outros meios quaisquer (Sabedoria de Salomão 11.15; Eclesiástico 34.28).

Dentre as doze passagens bíblicas em que a vingança tem impulso no próprio homem, uma delas (Pv 6.34) é apenas uma observação acerca de uma tendência natural do homem; outra (1Sm 25.26) é o caso onde Davi foi impedido de tomar vingança; outra (Lv 19.18) é uma ordem para que não tomemos vingança (cf. Eclesiástico 28.1); três (Lm 3.60; Ez 25.12,15) são vinganças tomadas contra o povo de Judá, por parte de seus inimigos (cf. Jz 6.5; 1Macabeus 6.9). Isso posto, e amplamente apoiado, por todas as Sagradas Escrituras, o ensinamento contido em Romanos 12.19: ... *não vos vingueis a vós mesmos, amados, mas dai lugar à ira; porque está escrito:*

VINGANÇA

A mim me pertence a vingança; eu retribuirei, diz o Senhor. (Ver também Dt 32.35 e Hb 10.30).

Talvez haja alguns incidentes onde o autor de algum ato de vingança não fica bem claro (ver Gn 4.15; Sabedoria de Salomão 1.8; Eclesiástico 7.17). Judas Macabeu se vingou daqueles dentre sua própria nação, que tinham desertado de sua causa ou que se tinham rebelado contra ele (1Macabeus 7.24).

III. Lex Talionis. *Lex talionis* (vide), significa, em latim, *lei do tal*. De *talionis* temos o português, *tal*, ou seja, qualquer infração deve ser paga em *termos iguais*, como, por exemplo, vida pela vida, olho por olho, dente por dente etc. (Ver Êx 21.23 e ss.; Lv 24.19,20; Dt 19.21). Esta lei não permitia que qualquer indivíduo tomasse a justiça em suas próprias mãos. Contrariamente, as ofensas eram punidas segundo a *lei*, e isso com a sanção divina. Portanto, os linchamentos estão fora de lugar, de acordo com os preceitos divinos. E embora muitos se tenham feito culpados, para então passarem sem castigo por parte dos homens, eles são considerados culpados diante de Deus, e haverão de prestar contas disso no juízo.

IV. Na Sociedade. Nos trechos de Atos 28.4; 2Tessalonisences 1.9 e Judas 7 encontramos o termo grego *díke*. Cremer comentou que essa palavra está "alicerçada sobre a ideia de que a justiça, na sociedade humana, impõe-se, essencialmente, sob a forma de *julgamento ou vingança*". Quanto à primeira dessas passagens, comentou Robertson: "Os nativos referiam-se a Díke como se fosse uma deusa; mas nada sabemos sobre alguma deusa com esse nome na ilha de Malta, embora os gregos adorassem meras abstrações, como o faziam em Atenas". Ver também o artigo chamado *Vingador do Sangue*.

A vingança oficial, coletiva, da parte da sociedade inteira, é autorizada nas Escrituras, conforme fica claro em passagens como o décimo terceiro capítulo de Romanos. De fato, esse tipo de vingança é direcionado por Deus, investido nas autoridades humanas. Mas a vingança *privada* é proibida, antes de tudo, de acordo com as palavras de Jesus (ver Mt 5) e, em segundo lugar, pelas instruções dadas por Paulo: *... não vos vingueis a vós mesmos, amados, mas dai lugar à ira; porque está escrito: A mim me pertence a vingança; eu retribuirei, diz o Senhor. Pelo contrário, se o teu inimigo tiver fome, dá-lhe de comer, se tiver sede, dá-lhe de beber; porque, fazendo isto, amontoarás brasas vivas sobre a sua cabeça. Não te deixes vencer do mal, mas vence o mal com o bem* (Rm 12.19-21).

Essa passagem incorpora nossa exposição mais espiritual acerca da vingança pessoal. Em lugar da vingança, pessoalmente deveríamos exercer amor para com os nossos inimigos e ofensores. Porém, o Estado tem o direito e até a necessidade de castigar aos ofensores.

A punição *capital*, algumas vezes, é uma correta vingança da sociedade.

Vingança: *uma medida capaz de pagar dívidas e um meio de promover reformas*. Espera-se da punição devidamente aplicada que ela reforme uma pessoa, como quando um criminoso está sendo punido pela sociedade. As prisões deveriam ser reformatórios. Por outro lado, o crime requer a devida retribuição, inteiramente à parte da ideia de qualquer reforma. Eis a razão pela qual, pessoalmente, sou favorável à *punição capital* (vide). A posição deste coautor e tradutor é idêntica, embora com um reparo. Há vezes em que os erros da justiça cometem cruéis injustiças contra inocentes. A punição capital só deve tornar-se lei quando a maquinaria judicial estiver habilitada, para que não haja vítimas inocentes da sociedade, em nome da justiça e do combate ao crime. Mas reconheço que a própria Bíblia dá respaldo à punição capital, em casos de grave ofensa.

É bom, para as almas de alguns criminosos especialmente maliciosos, pagarem por seus graves crimes com suas próprias vidas. Se a oportunidade de salvação estende-se até além da morte biológica, tendo alguém sofrido *execução*, por causa de algum crime hediondo, isso deve exercer um forte poder reformador sobre a alma da pessoa, de tal maneira que a entrada nos mundos espirituais pode ser positivamente ajudada desse modo.

Uma Vívida Ilustração. Há alguns anos, no estado de Utah, um homem entregou-se ao furto e ao homicídio. Ele matava suas vítimas para facilitar os furtos, mas também gostava de ver suas vítimas morrerem. De certa feita, ele entrou em um pequeno hotel e exigiu que lhe fosse dado todo o dinheiro que o gerente do hotel tivesse consigo. O gerente entregou-lhe o dinheiro, sem protestar. Ainda assim, o ladrão não estava feliz, pelo que resolveu assassinar o homem. E deu-lhe um tiro na cabeça, dizendo: "Este foi por mim!" Então deu outro tiro na cabeça do homem, dizendo: "Este foi por minha namorada!" E foi-se embora. A esposa do gerente, ouvindo os tiros, correu para onde ele estava. Ali, encontrou-o em uma poça de sangue. O sangue ainda esguichava dos ferimentos na cabeça. Ela tinha ouvido dizer que aplicar pressão a um ferimento pode fazer parar o fluxo de sangue. E assim, aflitiva mas inutilmente, ela aplicou pressão aos ferimentos, com os dedos, mas, naturalmente, isso de nada adiantou.

O criminoso acabou sendo apanhado, e confessou esse e vários outros crimes semelhantes. Foi encarcerado, julgado e condenado a ser executado. Pessoas que se opõem à punição capital tentaram impedir a execução do cruel criminoso. Mas o próprio bandido, sabendo que enfrentava morte certa, voltou-se para a fé religiosa. Sua inquirição acabou mudando sua maneira de pensar. Começou a crer fervorosamente na imortalidade da alma. Sua espiritualidade fortaleceu-se. E ele entendeu que era apenas *justo* ele pagar a sua dívida, com a morte, e enfrentou a punição com coragem. Entrementes, muita gente pressionava o governador do estado de Utah para que abrandasse a sentença do criminoso, não permitindo a sua execução. Em face das pressões, o governador ofereceu ao homem essa opção. Mas ele a repeliu, asseverando: "O governador do estado de Utah é um homem sem fibra moral!"

Talvez os meus leitores pensem que o que passo a dizer é ofensivo, porém, emito aqui minha opinião sincera. No Brasil, as pessoas rilham os dentes só de pensarem em punição capital. O argumento eternamente usado é que a punição capital não reduz a criminalidade. Talvez isso seja verdade; mas, por outra parte, há crimes que *devem* ser punidos com a execução capital, sem importar se isso reduz ou não a taxa de criminalidade. Existem crimes que, por amor à justiça, precisam ser pagos com a vida do criminoso. A *justiça* é um princípio muito maior do que a mera redução da taxa de criminalidade. No entanto, nas prisões brasileiras um indivíduo pode ficar preso apenas por seis anos, por haver cometido um homicídio! Há criminosos tão empedernidos e irreformáveis que só não estão cometendo alguma grave infração da lei quando estão presos em segurança. Se vierem a obter liberdade condicional ou vierem a fugir, na esmagadora maioria dos casos voltarão à senda do crime, assim que conseguirem sua liberdade. Sim, há casos sem recuperação. De cada vez em que uma pessoa assim fica à solta, qualquer um pode ser sua vítima, e a sociedade inteira corre perigo. Ultimamente, apareceu a AIDS, que está executando eficazmente muitos criminosos detentos, que as leis brasileiras não tiveram a coragem de executar. Parece que falta aos legisladores a fibra necessária, ou, então, andam cegos devido a falsos sentimentos humanitários, que acabam favorecendo o criminoso, em vez de protegerem suas vítimas.

V. A Natureza Remediadora e Restauradora da Vingança Divina. O julgamento da cruz foi um julgamento verdadeiro, embora também tenha visado à redenção dos pecadores. O julgamento terreno do crente (castigos aplicados por Deus, como meios disciplinadores) pode ser severo, mas tem um aspecto remediador, conforme deixa claro o trecho de Hebreus 12.7. De fato, o Pai celeste pode castigar um de seus filhos, tendo em vista o bem dele. O julgamento dos perdidos, no hades, também é um julgamento remediador, a fim de que eles *vivam no espírito segundo Deus* (1Pe 4.6). Por conseguinte, apesar de nossa conta corrente com Deus vir a ser devidamente corrigida, mediante o julgamento, de acordo com a lei da colheita segundo a semeadura (ver Gl 6.7 ss.), o julgamento divino (vingança) sempre será algo positivo, procurando ajudar o ser humano na sua reforma espiritual, no seu progresso, na sua redenção ou na sua restauração. E isso, meu amigo, é uma manifestação do notável amor de Deus que atinge o mais profundo inferno. Ver *Restauração e Julgamento*.

VINHA DE SODOMA

No hebraico, *gephen sodom*. Essa expressão ocorre no trecho de Deuteronômio 32.32, onde lemos: *Porque a sua vinha é da vinha de Sodoma e dos campos de Gomorra; as suas uvas são uvas de veneno, seus cachos, amargos...*

Provavelmente está em pauta uma planta cuja designação científica moderna é *Citrullus colocynthus*, uma espécie de videira selvagem que se espraia e sobe por sobre muros e outros obstáculos. O fruto é arredondado, parecido com uma laranja, algumas vezes salpicado de verde. A polpa desse fruto é amarga e venenosa. Essa planta podia ser encontrada medrando selvagem em redor do mar Morto. O simbolismo ali contido é que a qualidade espiritual do povo de Israel, acerca de quem foi feita a comparação, era extremamente negativa, mas também que o seu fim seria como o da destruição de Sodoma e Gomorra. É evidente que a comparação termina aí. Pois se Sodoma e Gomorra foram deixadas como exemplo perpétuo de castigo divino, a Israel foram feitas doces promessas de futura restauração, tanto no sentido material (reorganização como nação independente), quanto no sentido espiritual e religioso (quando Israel aceitar Jesus Cristo como o Messias, Salvador e Senhor). Ver o artigo intitulado *Restauração de Israel*.

VINHAS, BOSQUE DAS

Esse nome locativo não aparece em nossa versão portuguesa, como em várias outras. Mas essa é a tradução literal do nome Abel-Queramim, que figura em Juízes 11.33. Essa era uma localização geográfica a leste do rio Jordão, até onde Jefté perseguiu os amonitas em fuga, em sua campanha militar contra eles.

VINHAS DE EN-GEDI

Um local que figura em Cantares 1.14. Ficava na costa ocidental do mar Morto; cerca de 56 quilômetros de Jerusalém. (Z)

VINHO, BEBEDORES DE

Precisamos examinar uma palavra hebraica e uma palavra grega, quanto a este verbete: **1**. *Sobe yayin*, "bebedor de vinho". Expressão hebraica que ocorre somente por uma vez, em Provérbios 23.20,21, onde lemos: *Não estejas entre os bebedores de vinho, nem entre os comilões de carne. Porque o beberrão e o comilão caem em pobreza...* **2**. *Oinopóteis*, "bebedor de vinho". Esse termo grego ocorre por duas vezes, em Mateus 11.19 e Lucas 7.34. Ambas as passagens repetem uma acusação injustificada que os adversários de Jesus faziam contra ele: *Veio o Filho do homem, que come e bebe, e dizem: Eis ali um glutão e bebedor de vinho, amigo de publicanos e pecadores! Mas a sabedoria é justificada por suas obras*, diz a primeira dessas referências.

VINHO, VINHA

I. TERMINOLOGIA E REFERÊNCIAS BÍBLICAS

Hebraico. 1. *gephen* (literalmente, pareado), encontrado muitas vezes na expressão *gephen hayyayin* (a trepadeira do vinho), 52 ocorrências no Antigo Testamento. (Exemplos: Gn 40.9, 10; Nm 20.5; 2Rs 4.39; Ez 15.2, 6). **2**. *sorek* (um vinho de escolha: Jr 2.21; Is 5.2; Gn 49.11). **3**. *nazir* (não podado) ou "despido", Levítico 25.5, 11. Os parreirais, como plantações, tinham de ser deixados parados (sem cultivo e uso) a cada 7° e 50° ano, para evitar a exaustão do solo. **4**. *kerem* (vinha cercada), cerca de 90 vezes no Antigo Testamento. (Exemplos: Gn 9.20; Êx 22.5; Lv 19.10; Dt 6.11; Ct 1.6, 14). **Grego. 1**. *ampelos* (videira), 9 vezes no Antigo Testamento. (Exemplos: Mt 26.29; Mc 14.25; Lc 22.18; Jo 15.1, 4, 5; Tg 3.12; Ap 14.18, 19). **2**. *ampelon*, 23 vezes no Novo Testamento. (Exemplos: Mt 20.4, 7, 8, 12; 21.28, 33, 39-41). **3**. *botruas tes ampelou* (cachos de uva), Apocalipse 14.18.

II. VINICULTURA EM ÉPOCAS BÍBLICAS

A uva e seus produtos têm valor alimentício, isto é, "valor nutricional", como vitamina C e ferro, e capacidade de reduzir o colesterol, mas os hebreus eram um povo do vinho, mulheres e canção, e *seu vinho aumentava a diversão*. Assim, se um homem tivesse "figos" e "parreiras" em sua própria propriedade, um tipo de ambição mínima para a boa vida havia sido alcançado (Zc 3.10). Ver também 2Reis 4.25. O *figo* representa sustentação física e o *vinho*, a diversão de viver. Os hebreus não eram tão burros assim, sendo que até a ciência moderna mostra que o prazer é quase tão importante para a vida saudável quanto a nutrição que os alimentos trazem.

A *Canção do Parreiral* (Is 5.1-7) descreve os passos essenciais exigidos para plantar e colher uvas: **1**. O solo tinha de ser limpo e as pedras, retiradas. **2**. De modo geral, os estoques de parreiras eram plantados ou, na primeira vez, sementes tinham de ser usadas. **3**. As pedras que haviam sido retiradas podiam então ser usadas para construir um muro protetor a fim de manter os predadores fora, como porcos silvestres (Sl 80.3) e raposas (Ct 2.15). **4**. Uma guarita para ver os inimigos chegando de longe era importante, especialmente em tempos de colheita, quando os maiores predadores eram humanos (Is 5.2). **5**. Podas eram um processo necessário para manter a produtividade e a qualidade (Lv 25.3; Is 18.5; Jo 15.2). **6**. Uma prensa de vinho era uma estrutura necessária para o processo final, sendo que as uvas eram plantadas primariamente não para serem chupadas, mas sim transformadas em vinho.

Talvez, de alguma forma, as parreiras tenham sido nativas, originalmente, das praias do mar Cáspio. A cultura das uvas existe hoje essencialmente entre os graus 21 e 15 de latitude norte, indo de Portugal no oeste até os confins da Índia no leste. Os vinhos mais finos, contudo, são produzidos na parte média desse cinturão de produção um tanto extenso. A Palestina foi favorecida com a terra e o clima certo para esse tipo de empreendimento (Dt 6.11; 28.30; Nm 13.23). Na Palestina, permite-se que as vinhas sejam espalhadas pelo chão, pois acredita-se que as uvas amadurecem mais lentamente sob a sobra das folhas, com menos exposição ao sol. Às vezes as vinhas eram situadas de tal forma que crescessem entre as folhas das árvores (Ez 19.11). Mas, em alguns lugares, treliças eram empregadas, se pudessem ser colocadas em locais frescos, fora da luz direta do sol (1Rs 4.25). As uvas começam a amadurecer em julho e podem continuar a frutificar até outubro, mas setembro é a época tradicional de colheita. O vinho das frutas colhidas cedo demais é amargo, então temos o ditado ... *Os pais comeram uvas verdes, e os dentes dos filhos é que se embotaram* (Jr 31.29, 30; Ez 18.2), querendo dizer que as disposições e condições dos pais controlam o destino de seus filhos, para o bem ou para o mal. Ver a exposição sobre esses versos no *Antigo Testamento Interpretado*.

Subprodutos. Algumas uvas eram desidratadas para que pudessem ser armazenadas e ingeridas mais tarde. O armazenamento de modo geral era feito em jarras de cerâmica. Daí havia aquilo que era chamado de "mel de uva", o *debash* dos hebreus. A fervura reduzia as uvas a esse líquido até o ponto em que elas se transformavam em geleia. Algumas referências na Bíblia a *mel* são feitas no tangente a esse produto, em vez de ao mel de abelhas. Ver também a seção VI, último parágrafo.

Um homem que quer ter uma boa colheita de uvas deve ser dedicado, pois esse tipo de plantação requer cuidados constantes (Sf 1.13). Há nesse fato uma lição: a vida espiritual requer cuidado constante para ter produtividade.

III. A Vinha. A palavra hebraica é *kerem*, e a palavra grega *ampelon*. Dá muito trabalho e custa muito dinheiro produzir uma boa vinha. Os métodos não mudaram muito em todos os séculos que se passaram desde a época bíblica, em contraste com a maioria dos empreendimentos agrícolas. A área onde a vinha era plantada devia ser limpa e depois cercada com muros de rocha ou arbustos mantidos com estruturas permanentes. Em contraste, terras de pastoreio e de outros tipos de produtos eram mantidas sem cercas. Muitas vezes, na antiga Palestina, um tipo de campo contendo vigas amplas era preparado para que as vinhas passassem por cima, pois esse tipo de pedra grande retinha umidade, protegendo o chão da luz direta do sol. Prensas de vinho tinham de ser feitas de materiais não perecíveis, pois precisavam resistir a muito abuso. Receptáculos tinham de ser construídos para transportar e receber o suco. Os parreirais que não eram colocados ao longo das vilas requeriam casas para os trabalhadores, e isso representava ainda outra despesa. As torres eram adicionadas para aumentar a vigilância contra os predadores, animais e homens.

IV. Regulamentações Mosaicas
1. As frutas não poderiam ser consumidas durante os primeiros três anos de crescimento do parreiral. **2**. A produção do quarto ano pertencia a *Yahweh* e seu conjunto de servos (sacerdotes e levitas). **3**. Apenas no quinto ano é que um homem podia colher sua produção para uso pessoal (Lv 19.23-25). Durante os anos, contudo, tais regras rígidas eram relaxadas por causa de outras colheitas serem mais rentáveis e por causa de as plantações para a produção de vinho serem um empreendimento tão caro. Mas até isso acontecer, as produções dos quatro primeiros anos eram guardadas para que aqueles que passassem e fossem tentados a apanhar algumas uvas não pudessem fazê-lo. **4**. A produção de uvas era proibida no 7º e no 50º ano após a plantação original, de forma que o parreiral pudesse descansar e conservar sua produtividade (Êx 21.11; Lv 25.11). **5**. Era preciso deixar ofertas para os pobres, para aqueles que estavam passando pela terra e para os que não tinham trabalho (Jr 49.9; Dt 24.21) **6**. Os parreirais eram apenas para o cultivo de uvas. A mesma área não podia ser usada para outros produtos agrícolas (Dt 22.9). Apesar disso, às vezes eram plantadas figueiras junto às vinhas (Lc 13.6; cf. com 1Rs 4.25).

V. Safra. O hebraico *basir*, que significa "cortado", é a palavra para safra. O processo começava em setembro, um mês de grande festividade. Muitas vilas, especializadas nesse tipo de agricultura, se transferiam para os parreirais na época da colheita e havia um tipo de relaxamento da moral, uma "moralidade da colheita da uva" durante essa época, quando as mulheres que não queriam envolver-se em excessivas atividade sexuais tinham de se resguardar com todo o cuidado. O livro de Rute dá dicas sobre essa "moralidade da colheita da uva", mesmo no caso da própria Rute, que teve tanta coragem quanto a de entrar na tenda de Boaz à noite para tentá-lo, que é a maneira razoável de entender o texto. Temos de lembrar que o vinho estava fluindo e que a canção e a dança excitavam as paixões, praticamente como a época do carnaval, no Brasil. Ver Jeremias 25.30 para detalhes sobre a felicidade da ocasião.

As usas eram usadas primariamente para o fabrico de vinho, mas havia a produção de uvas passas e mel de uva, que menciono na seção II, sob o título *Subprodutos*. O mel era usado essencialmente como condimento a ser colocado em alimentos, o ancestral da geleia de uva. Então, os cortes das vinhas e das folhas eram misturados com a carne e o arroz. As folhas também eram usadas como ração para os animais e a madeira servia como combustível (Ez 15.3, 4; cf. Jo 15.6).

VI. Usos figurativos
1. O empreendimento da vinha, tão *laborioso* e *caro*, ilustra a busca e a missão espiritual de uma pessoa. As coisas de valor são realizadas por trabalho zeloso, de modo geral com consideráveis gastos financeiros. **2**. O negócio do vinho de uva não podia ser manejado por um único indivíduo. Esse era um esforço de uma família, ou mesmo de uma comunidade, e o mesmo é verdade para a maioria dos trabalhos espirituais. **3**. A nação de Israel foi comparada a uma vinha trazida do Egito (Sl 80.8; Is 5.2 ss.). A vinha devia ser plantada em outro lugar, para que pudesse permanecer fiel. **4**. *Uvas silvestres*, ou uma "vinha vazia", um vinho *estranho* e *degenerado*, falam de um povo rebelde, perverso e espiritualmente improdutivo, especificamente Israel (Is 5.2, 4; Jr 2.21; Os 10.1). **5**. Uma *vinha improdutiva* era uma contradição em termos, sendo que uma vinha desse tipo havia perdido a razão de existir, (Jr 8.13). Ela seria boa apenas para ser cortada e queimada (Ez 19.12). A Israel apóstata era uma vinha desse tipo. **6**. Uma vinha saudável e que cresce simboliza a condição desejada de Israel ou de qualquer povo ou pessoa espiritual (Os 14.7). **7**. A madeira da vinha era praticamente inútil para combustível, e isso simboliza a falta de produtividade de pecadores e apóstatas (Ez 15.2, 3, 6). **8**. Uma vinha que não produz desaponta as expectativas divinas, o que é algo muito sério (Os 10.1) **9**. Uma vinha atacada, assaltada ou destruída simboliza o julgamento de Deus (Is 5.7; 27.2; Jr 12.10; Mt 21.33). **10**. Ser dono de sua própria propriedade e ter em seu jardim uma figueira e algumas parreiras é símbolo de felicidade e bem-estar doméstico (1Rs 4.25; Sl 128.3; Mq 4.4; Zc 3.10). **11**. A parábola de Jesus sobre os trabalhadores das vinhas, em que todos receberem salários iguais, embora tivessem começado a trabalhar em épocas diferentes, simboliza a generosidade e a justiça divina que muitas vezes não são bem compreendidas pelo homem (Mt 20.1-16). **12**. O mau trabalhador da vinha (Mt 21.33-41) simboliza a falha de Israel (ou de qualquer nação ou pessoa) em respeitar os privilégios, abusando das vantagens divinamente concedidas. Tais homens tornam-se assassinos quando mataram os profetas e, finalmente, o Messias, o Filho. **13**. A falha da vinha em produzir simboliza a *calamidade*, causada divinamente (Is 32.10). **14**. Jesus é a *verdadeira vinha* em João 15.1, e seus discípulos são seus ramos espirituais. Para produzir, seus seguidores devem ter união vital com ele. A igreja substituiu Israel como a vinha sagrada, a entidade que tem união espiritual com o divino. O Pai é o trabalhador de vinha que planeja e executa seu propósito entre os homens.

VIOLETA, AZUL

No hebraico, *tekeleth*. Essa cor era uma variedade do azul. Na antiguidade, era a cor de um corante extraído do molusco *Helix ianthina*, existente nas costas do mar Mediterrâneo. Esse corante era usado para atingir vestes sacerdotais (Êx 28.31), vestes reais (Et 8.15), vestes populares e simples peças de tecido (Nm 15.38), além de cortinas (Êx 25.4). Visto que o controle de qualidade era algo impossível na antiguidade, esse corante aparecia em vários tons. Ver também o artigo intitulado *Cores*.

VIRGEM (VIRGINDADE)

Ver o artigo separado sobre *Nascimento Virginal de Jesus*. Alguém, do sexo masculino ou feminino, que ainda não experimentou contato sexual. Usualmente a palavra é feminina (embora também haja homens virgens, como é lógico), indicando donzelas em idade de casamento.

I. Terminologia. Vários termos hebraicos são utilizados no Antigo Testamento para dar a ideia de virgem e de virgindade. A palavra "virgem" usualmente é feminina, usada para indicar jovens mulheres que chegaram à idade do casamento; mas também podia ser usada para homens, conforme se vê em Apocalipse 14.3,4: *E ninguém pôde aprender o cântico, senão os cento e quarenta e quatro mil que foram comprados da terra. São estes os que não se macularam com mulheres, porque são castos* (no grego, *párthenoi*, "virgens"). *São eles os seguidores do Cordeiro por onde quer que vá...* Sem dúvida está aí em foco uma virgindade moral, o estado de não contaminação com pecados sexuais, e não que o ato sexual entre marido e mulher seja impuro. Devemos pensar em três palavras hebraicas e duas palavras gregas, quanto a este verbete, a saber: **1**. *Bethulah*, "virgem". Essa é a palavra hebraica específica e mais frequentemente usada para indicar uma virgem. É empregada por cinquenta vezes (conforme se vê, por exemplo, em Gn 24.16; Êx 22.17; Lv 21.3,14; Dt 22.19,23,28; Jz 21.12; 2Sm 13.2,18; 1Rs 1.2; 2Rs 19.21; Et 2.3,17,19; Sl 45.14; Is 23.4,12; Jr 14.17; 18.13; Lm 1.4,15,18; Jl 1.8; Am 5.2; 8.13). **2**. *Almah*, "donzela", "mulher jovem", "velada". Essa palavra apontava principalmente para o véu que as donzelas solteiras usavam em Israel. Não indicava, necessariamente, o estado de virgindade das donzelas, embora subentendesse isso, mas indicava principalmente sua pouca idade. É usada essa palavra hebraica por sete vezes (Sl 68.25; Êx 2.8; Pv 30.19; Gn 24.23; Ct 1.3; 6.8; Is 7.14). Esta última referência, em Isaías, é aquela que Mateus citou, em 1.23 de seu evangelho, ao referir-se à virgindade de Maria, o que Lucas também fez, em 1.27 de seu livro, embora apenas de forma subentendida. **3**. *Bethulim*, "sinais de virgindade", "virgindade". Essa palavra hebraica ocorre por oito vezes (Lv 21.13; Dt 22.15; 22.17,20; Jz 11.37,38; Ez 23.3,8). **4**. *Párthenos*, "virgem". Esse termo grego significa, especificamente, "virgem". É empregado por quinze vezes no Novo Testamento (Mt 1.23 (citando Is 7.14); Mt 25.1,7,11; Lc 1.27; At 21;9; 1Co 7.25,28,34,36-38; 2Co 11.2; Ap 14.4). É significativo que Mateus se tenha utilizado dessa palavra grega para traduzir O trecho de Isaías 7.14. Ele tinha à sua disposição outra palavra grega, *meánis*, que significa *jovem*, se quisesse dizer somente que Maria ainda era jovem (mas não necessariamente virgem), quando ficou grávida de Jesus, pela atuação miraculosa do Espírito Santo. O mínimo que se pode dizer aqui é que o Antigo Testamento revelou a pouca idade da mãe de Jesus, e que o Novo Testamento revelou também que, além de jovem, ela era "virgem". **5**. *Parthenía*, "virgindade". Essa palavra grega é usada apenas por uma vez no Novo Testamento, em Lucas 2.36, referindo-se à profetisa Ana: *Havia também uma profetisa, Ana, filha de Fanuel, da tribo de Aser. Era já avançada em idade, tendo vivido com o marido sete anos desde a sua virgindade*. Nossa tradução não inclui a ideia de virgindade, que no original aparece em lugar de "se casara". Uma tradução mais literal diria: *... que vivera com seu marido sete anos, desde a sua virgindade...*

II. Virgem no Antigo Testamento. O termo hebraico *bethulah*, "virgem", é cognato do ugarítico *btlt*, um termo, com frequência, usado como um dos títulos da deusa Anate. Em outras línguas também havia cognatos, como o acádico *batultu* e o neoassírio *batussu*. Esse era o termo específico para a ideia de "virgem intacta", da mulher que não tivesse tido seu hímen violado em um primeiro contato sexual.

A virgindade é uma virtude na ordem da criação dos seres vivos, especialmente no caso da mulher, por três razões básicas: **a**. a relação matrimonial precisava ser mantida inviolável, dentro do sistema de casamentos monógamos (um homem e uma mulher) (ver Êx 22). **b**. O casamento de um homem com uma mulher virgem garantia a pureza da herança, que era fundamentalmente importante ao ofício sacerdotal de grupos específicos dentro da nação de Israel (ver Lv.21.14). **c**. A virgindade, por si mesma, era reputada como uma condição desejável (ver Et 2.2). Esse ponto de vista é refletido até no Novo Testamento, nos escritos paulinos, onde ele diz: *E assim quem casa a sua filha virgem faz bem; quem não a casa faz melhor* (1Co 7.38).

De acordo com essa atitude judaica, a perda da virgindade deveria ocorrer dentro das relações matrimoniais. Qualquer perda de virgindade, por ato de violência, era duplamente lamentada (ver, por exemplo, 2Sm 13.13,14). Em Gênesis 24.16, encontramos um detalhe interessante. Lemos ali: *A moça era mui formosa de aparência, virgem a quem nenhum homem havia possuído...* O detalhe é que além de Rebeca ser declarada virgem, foram acrescentadas as palavras "a quem nenhum homem havia possuído", como segurança para se entender que não havia qualquer dúvida quanto à virgindade dela, embora ela fosse classificada como virgem (no hebraico, *bethulah*).

No Antigo Testamento, por várias vezes a palavra "virgens" é usada para indicar a comunidade das "virgens", como representante de um estado ou nação. Geralmente, as virgens formavam o grupo humano mais protegido e recluso da nação. E, por isso mesmo, a felicidade delas (ver Ct 6.8), o escárnio com que fossem tratadas (ver 2Rs 19.21, Is 37.22) ou a miséria delas (ver Is 46.11) indicavam a higidez e a segurança do povo a que pertenciam. Assim é que a posição de virgindade, por muitas vezes, é comparada com a pureza da adoração a *Yahweh*, por parte do povo de Israel. Esse conceito tem o seu devido reflexo no Novo Testamento, na ideia de que a igreja é a pura Noiva de Cristo (ver o ponto quarto deste artigo, A igreja como Noiva Virgem). Por outro lado, a idolatria do povo de Israel, sempre que se manifestou, é retratada no Antigo Testamento como as raias da depravação sexual. Ver, especialmente, quanto a isso, o livro de Oseias.

No Antigo Testamento, todos os pecados sexuais, como a bestialidade, o incesto, a sedução e a promiscuidade são categorizados como ofensas capitais, cujos culpados eram passíveis de execução. Assim, o preço da santidade do corpo físico era nada menos que uma outra vida: *... se não achou na moça a virgindade, então a levarão à porta da casa de seu pai, e os homens de sua cidade a apedrejarão, até que morra; pois fez loucura em Israel, prostituindo-se na casa de seu pai; assim eliminarás o mal do meio de ti* (Dt 22.20,21).

Tudo isso encarece muito o valor da santidade do corpo no Novo Testamento. Disse Paulo: *Fugi da impureza! Qualquer outro pecado que uma pessoa cometer, é fora do corpo; mas aquele que pratica a imoralidade peca contra o próprio corpo. Acaso não sabeis que o vosso corpo é santuário do Espírito Santo que está em vós, o qual tendes da parte de Deus, e que não sois de vós mesmos? Porque fostes comprados por preço. Agora, pois, glorificai a Deus no vosso corpo* (1Co 6.18-20). No entanto, a humanidade atravessa uma época de tremendas imoralidades, em que a conservação da virgindade é até considerada uma inferioridade qualquer! Quão diferentes devem ser os crentes, dos incrédulos, nesse particular da santidade do sexo!

III. Virgem no Novo Testamento. Conforme já demos a entender, todos os ensinamentos acerca da virgindade e da moralidade, que há no Antigo Testamento, passam intactos e até são elaborados no Novo Testamento. Em nenhuma das quinze ocorrências do termo grego *párthenos*, "virgem", há qualquer menção a outra coisa senão a virgens. A única passagem ambivalente é a de 1Coríntios 7.36, embora esse trecho possa ser facilmente explicado pelo contexto. A única passagem neotestamentária onde "virgens" são homens é Apocalipse 14.4, que fala sobre os cento e quarenta e quatro mil homens virgens que acompanharão o Cordeiro por onde quer que ele vá. Mas ali a contaminação que foi evitada por eles é de natureza moral e religiosa. No Novo Testamento, a discussão primária sobre a questão da virgindade é aquela que cerca o caso de Maria, mãe de Jesus. É evidente que a sua virgindade é exposta em termos tipicamente semitas. Lemos em Lucas 1.34: *Como será isto, pois não tenho relação com homem algum?*, que reflete, com leve variação, o que se lê em Gênesis 24.16: *... a quem nenhum homem havia possuído...*

O Novo Testamento ensina em termos inequívocos a virgindade de Maria, embora mencione o assunto somente por duas vezes, em Mateus 1.18-25 e Lucas 1.26-38.
Ver o artigo separado sobre *Nascimento Virginal de Jesus*.

A Atitude de Paulo. Os intérpretes debatem-se diante de 1Coríntios 7.7 ss., por causa daquilo que Paulo diz ali em favor da virgindade, como um estado melhor que o do casamento, o que não concorda com seus padrões e preferências doutrinárias. Alguns afirmam que Paulo manifestou-se assim face à crise de perseguição que imperava em seus dias; mas não há razão alguma em pensarmos que ele fez tal limitação, em sua maneira geral de pensar sobre a questão. O trecho de 1Coríntios 7.26 menciona a "angustiosa situação presente", e isso sem dúvida é um fator que deve ser levado em consideração; mas a parte inicial do capítulo mui definidamente mostra quais as atitudes gerais de Paulo acerca da virgindade, em contraste com o matrimônio. Alguns pensam que essa atitude paulina não combinava com a do judaísmo, o que é uma verdade, se pensarmos na corrente principal do judaísmo. Porém, não podemos esquecer que os essênios favoreciam o celibato e a virgindade. Também sabemos que aquele movimento separatista (que fazia objeção a muitas coisas que faziam parte do judaísmo central) exerceu poderosa influência sobre o movimento cristão primitivo. Diante desses fatos, é melhor admitirmos que Paulo dava preferência ao estado de solteiro, para ele mesmo e para outros cristãos. Contudo, ele não fazia disso uma regra geral (conforme o vs. 7 o demonstra); certamente ele não estava falando acerca do clero, em contraste com os leigos. Não obstante, uma *preferência* apostólica tem peso, e aquela passagem de 1Coríntios tornou-se uma espécie de texto de prova que, posteriormente, foi usado em apoio ao celibato obrigatório, especialmente por parte do clero.

IV. A IGREJA COMO NOIVA VIRGEM. *A igreja de Cristo*, retratada como uma *noiva virgem*, é um tema que, no volume do Novo Testamento, segundo os seus livros componentes acham-se arrumados em nossas Bíblias de edição protestante, aparece pela primeira vez em 2Coríntios 11.2, onde lemos: *Porque zelo por vós com zelo de Deus; visto que vos tenho preparado para vos apresentar como virgem pura a um só esposo, que é Cristo*. Todavia, nas parábolas de Jesus, esse tema é aludido. Ver, por exemplo, Mateus 25.1: *Então o reino dos céus será semelhante a dez virgens que, tomando as suas lâmpadas, saíram a encontrar-se com o noivo...* (Ver 2Co 11.2).

Tudo isso fala sobre a pureza moral e espiritual da igreja, lavada no sangue de Cristo, que a deixa imaculada. E Paulo se referia à necessidade de nós, os crentes, não permitirmos que essa alvura seja manchada em qualquer sentido. O pano de fundo da ideia é o mundo greco-romano que serviu de berço do cristianismo. Esse mundo era herdeiro direto da Babilônia, com todas as suas impurezas e abominações. Em uma época em que predominava o hedonismo, a ideia de que a vida humana foi feita para desfrutar todos os prazeres, de que contanto que, nesse processo, se evitasse toda dor, a luta dos cristãos primitivos em prol da moralidade e da pureza nas relações sexuais deve ter parecido muito radical. Porém, somente assim os crentes em Jesus não poderiam ser confundidos com os homens do mundo, cuja grande característica é o rebaixamento de todos os seus valores sexuais, com muitos vícios de natureza sexual, de mistura com ideias religiosas pagãs. Até os deuses dos povos pagãos eram promíscuos e imorais. Basta que lembremos Diana dos Efésios, com suas dezenas de seios; ou Vênus, a deusa romana do amor erótico. Por isso mesmo, a pureza da igreja de Cristo não deve ser vista somente como uma questão de relacionamentos sexuais corretos, mas também como uma questão de pureza religiosa!

Essa ideia mais completa, em todo o seu impacto, transparece mais claramente no livro de Apocalipse, onde a igreja aparece como a pura Noiva de Cristo. Citamos dois trechos dali, um deles sobre a grande meretriz, a igreja falsa, a Babilônia, e o outro sobre a autêntica Noiva de Cristo. Lemos em Apocalipse 18.23: *Também jamais em ti brilhará luz de candeia; nem voz de noivo ou de noiva, jamais em ti se ouvirá, pois os teus mercadores foram os grandes da terra, porque todas as nações foram seduzidas pela tua feitiçaria*. A palavra "feitiçaria" reflete os piores aspectos da religiosidade humana, inspirada pelos demônios. *Vi também a cidade santa, a nova Jerusalém, que descia do céu, da parte de Deus ataviada como noiva adornada para o seu esposo* (Ap 21.2; ver também Ap 21.9 e 27).

Esse simbolismo da meretriz, que contrasta com o simbolismo da pura Noiva de Cristo, é retratado com maiores detalhes no décimo sétimo capítulo do Apocalipse. A Noiva será apresentada intacta a Cristo; mas a meretriz, ... *com ela se prostituíram os reis da terra; e com o vinho de sua devassidão foi que se embebedaram os que habitam na terra*. Além disso, ela também é descrita como *Babilônia, a Grande, a mãe das Meretrizes e das Abominações da Terra* (Ap 17.2 e 5). Tanto a Noiva virgem de Cristo quanto a grande meretriz são resultantes da cristandade. Correspondem, respectivamente, ao trigo e ao joio de certa parábola de Jesus (ver Mt 13.24-30).

A cena pareceu tão dantesca para o vidente João que, ao receber a visão da grande meretriz, ele disse: ... *quando a vi, admirei-me com grande espanto* (Ap 17.6). Mas, quando João contemplou a noiva, a esposa do Cordeiro, ele observou que ela ... *tem a glória de Deus* (Ap 21.11)!

V. NA IGREJA CATÓLICA ROMANA. Vários fatores achavam-se por detrás do dogma que se desenvolveu na igreja Católica Romana acerca da virgindade e do celibato. A *atitude paulina* (ver o último parágrafo da terceira seção) sem dúvida foi um fator. Se Paulo não exigiu a virgindade para os ministros do evangelho, e nem para qualquer crente, o próprio fato de que ele *preferia* esse estado para si mesmo (e para outros) serviu de poderosa influência sobre os homens de mente espiritual. Também precisamos considerar o caso da Virgem Maria, outro fator bíblico em favor dos estados de celibato e virgindade. Ventilamos ambas as questões nos artigos chamados *Mariologia; Nascimento Virginal de Cristo* e *Celibato*.

Quando recebia meu treinamento teológico, conheci vários jovens evangélicos que se declararam em favor do celibato para si mesmos, como ministros futuros do evangelho, e alguns deles iniciaram campanhas para arrastar outros para essa "causa". Isso era feito com base em uma suposta "superior espiritualidade", e não por causa de qualquer decreto eclesiástico que favorecesse o celibato. Naturalmente, um a um aqueles jovens defensores do celibato foram cedendo diante de suas inclinações naturais, pois as jovens serviam de poderosa força de atração. Todavia, conheci um deles que resistiu ao casamento por certo número de anos, porém, uma vez no campo missionário, acabou contraindo matrimônio. É fácil compreendermos que esses sentimentos manifestavam-se fortemente na igreja primitiva. Mas na igreja Católica Romana tais sentimentos finalmente foram reduzidos a dogmas, tendo recebido o apoio papal como confirmação.

Também há um certo *fator psicológico*, do qual muitos compartilham, sem importar se o admitem ou não, os quais pensam que há algo de "sujo" com o sexo, mesmo dentro dos limites do casamento. Os pronunciamentos em favor do celibato (conforme mostra o artigo sobre esse assunto), sem dúvida, evidenciam isso. Os gnósticos, que eram ascetas, sem dúvida encaravam o sexo como uma corrupção; mas, como também eram libertinos, abusavam das funções sexuais com o intuito mesmo de debilitar o corpo físico, no aguardo de sua destruição final, o que, de acordo com a doutrina deles, libertaria a alma. Essa atitude está alicerçada sobre a suposição de que o próprio sexo é mau, é o princípio do pecado, e que qualquer expressão sexual (mesmo dentro dos laços matrimoniais) envolve uma maldade, uma imoralidade. Assim sendo, se por uma parte o cristianismo combateu o gnosticismo, por outra parte deixou-se influenciar por algumas de suas atitudes, infectando a corrente principal e organizada da cristandade.

Acima de tudo, temos a considerar o exemplo dado por Jesus. Somente os mórmons insistem que Jesus, finalmente, casou-se, e com duas mulheres (Maria e Marta). Mas todos os grupos que se chamam cristãos veem em Jesus um exemplo de suprema dedicação, que o levou a sacrificar o casamento por amor à sua missão. Isso posto, era natural que os "seguidores de Jesus" exaltassem a virgindade.

A *expectativa celestial* serviu de outro fator em prol da virgindade e do celibato. O trecho de Mateus 22.30 encerra uma declaração de Jesus que indica que a vida da alma, no estado eterno, não envolve o sexo. É verdade que isso não tem sido um conceito aceito por muitos; mas, no caso daqueles que se inclinam para a virgindade e o celibato, isso serve de outra influência encorajadora, como se fosse uma espécie de texto de prova bíblico em prol da superioridade do estado de celibato.

Aí pelo século IV d.C., a perpétua virgindade de Maria já se tornara um dogma da ortodoxia. Então o celibato estava sendo salientado (embora não ainda oficialmente requerido) no caso do clero. Agostinho fez certas declarações que demonstram que ele considerava o sexo algo degradante e pecaminoso, mesmo quando permitido e santificado no matrimônio cristão. Ele queixava-se de sonhos eróticos que o deixavam envergonhado, mesmo depois de haver cessado suas atividades sexuais há muito tempo.

O movimento em favor do celibato tornou-se incontrolável durante a Idade Média, conforme fica provado no artigo intitulado *Celibato*. Finalmente, prevaleceu na cristandade organizada esse ponto de vista, tendo sido criado um dogma, reforçado por pronunciamentos do papado. Esse é um dogma que os papas têm a autoridade de reverter. Muitos tinham fortes esperanças de que o papa Paulo VI faria exatamente isso. Mas tais expectativas foram amargamente desapontadas quando ele reafirmou — em termos enfáticos — a superioridade do celibato para o clero, em contraposição ao estado de casado. O número de dissidentes na igreja Católica Romana, no tocante a essa posição, tem aumentado de forma dramática em nossos dias, havendo grandes probabilidades de que, finalmente, o clero católico romano terá permissão de casar-se.

VIRTUDE (BÍLICA)

Neste verbete, cumpre-nos estudar uma palavra hebraica e duas palavras gregas, a saber: **1**. *Chayil*, "força", "exército", "valor". Com o sentido de virtude, encontramo-la somente por quatro vezes em todo o Antigo Testamento: Rute 3.11; Provérbios 12.4; 31.10; 31.29. O exame dessas passagens mostra que está sempre em foco alguma virtude tipicamente feminina. O capítulo 31 do livro de Provérbios é a passagem veterotestamentária que mais exalta as virtudes femininas. Entre as virtudes femininas ali salientadas, temos a operosidade, o cuidado com as necessidades domésticas, a ajuda prestada aos aflitos, a tranquilidade de espírito diante do futuro, a sabedoria de linguagem etc. Diante dessas qualidades, o marido comenta: "Muitas mulheres procedem virtuosamente, mas tu a todas sobrepujas". Essas virtudes são contrastadas com a mera beleza física: *Enganosa é a graça e vã a formosura, mas a mulher que teme ao Senhor, essa será louvada* (Pv 31.29,30). **2**. *Aretḗ*, "força mental", "excelência", "virtude". Esse vocábulo grego figura por quatro vezes no Novo Testamento (Fp 4.8, 1Pe 2.9, 2Pe 1.3,5). Devemos pensar, sobretudo, em "virtude ou excelência moral", quando encontramos essa palavra grega. Contudo, no caso de Filipenses 4.8, Robertson, o maior gramático do grego *koiné*, pensa que a ideia é sinônima de "louvor". Em nossa versão portuguesa lemos nesse versículo de Filipenses: ... *irmãos, tudo o que é verdadeiro, tudo o que é respeitável, tudo o que é justo, tudo o que é puro tudo o que e amável, tudo o que é de boa fama, se alguma* virtude *há e se algum* louvor *existe, seja isso o que ocupa o vosso pensamento*. Ali as palavras *virtude* e *louvor*, pois, poderiam ser consideradas aspectos da excelência moral dos crentes. No trecho de 1Pedro 2.9 destaca-se a "virtude" de Deus, aquele cujas excelências cabe-nos anunciar ao mundo. Poderíamos pensar aqui na graça, na misericórdia, no amor, na santidade, na longanimidade etc., de Deus, sobretudo quando essas virtudes se manifestaram na pessoa de Jesus Cristo. Sem dúvida, 2Pedro 1.3-11 é trecho fundamental para quem quiser estudar acerca do desenvolvimento do cristão, e que o prepare para o reino eterno de Cristo. Poderíamos imaginar esse desenvolvimento como uma escadaria. O primeiro degrau na subida cristã é a "fé". Mas o segundo degrau é a "virtude", ou seja, a excelência moral (que envolve tanto evitar toda manifestação de erro e pecado, como também o cultivo das qualidades morais). Somente então o crente pode galgar degraus maiores, como o conhecimento (por experiência própria com Deus), o domínio próprio, a perseverança, a piedade (o temor a Deus, que leva a uma obediência respeitosa, como de filho para pai), a fraternidade (o amor por simpatia), e, finalmente, o amor (aquele que percebe o valor do objeto amado). Oh, minha alma, engrandece ao Senhor e roga que te seja dado subir todos esses maravilhosos degraus! A fé nos é dada gratuitamente pelo Senhor. Daí por diante, começando pela "virtude", requer-se a cooperação com o Espírito de Deus. A importância dessa ascensão espiritual pode ser vista nas palavras de Pedro: ... *estas cousas existindo em vós e em vós aumentando, fazem com que não sejais nem inativos, nem infrutuosos no pleno conhecimento de nosso Senhor Jesus Cristo... procedendo assim, não tropeçareis em tempo algum. Pois, desta maneira é que vos será amplamente suprida a entrada no reino eterno de nosso Senhor e Salvador Jesus Cristo* (2Pe 1.8 ss.). **3**. *Dúnamis*, "poder". Poderíamos dizer que assim como as *aretai* refletem o aspecto moral, os *dúnameis* refletem a ascensão metafísica do crente, a espiritualização do remido, com a manifestação dos poderes de Cristo em sua vida. Essa palavra grega é bastante comum nas páginas do Novo Testamento. Aparece por 118 vezes (exemplos: Mt 6.13; 7.22; 26.64; Mar 5.30; 14.62; Lc 1.17,35; 4.14,36; At 1.8; 2.22; 3.12; 4.7,33; 1.4,16,20; 1.38; 9.17 (citando Êx 9.16); 1Co 1.18,24; 2.4,5; 2Co 1.7; 4.7; 6.7; Gl 3.5; Ef 1.19,21; 3.7,16,20; Fp 3.10; Cl 1.11,29; 1Ts 1.5; 2Ts 1.7,11; 2.9; 2Tm 1.7,8; 3.5; Hb 1.3; 2.4; 6.5; 7.16; 11.11,34; 1Pe 1.5; 3.22; 2Pe 1.3,16; 2.11; Ap 1.16; 3.8; 4.11; 5.11; 7.12; 11.17).

Nos três Evangelhos sinópticos, está em foco a capacidade do Senhor Jesus de realizar milagres. No capítulo doze de 1Coríntios, há menção aos *poderes* como um dos dons do Espírito: ... *operações de milagres...*, diz a nossa versão portuguesa.

Interessante é que nos livros apócrifos certos objetos aparecem como se tivessem miraculosas virtudes, que seriam as propriedades naturais. Ver, por exemplo, Eclesiastes 38.5; Sabedoria de Salomão 7.20; 13.2 e 19.20. Mas, naturalmente, esse uso já foge da maneira bíblica de empregar tal palavra.

Voltando ao uso bíblico, vale a pena destacar o trecho de 1Coríntios 1.24,25, onde lemos: ... *para os que foram chamados, tanto judeus como gregos, pregamos a Cristo, poder de Deus e sabedoria de Deus. Porque a loucura de Deus é mais sábia do que os homens, e a fraqueza de Deus é mais forte do que os homens*. Paulo se referia ao evangelho e seu ato central, a morte de Cristo por crucificação. Para quem tem olhos para ver, em nenhum outro momento Deus manifestou tanto poder. Porquanto, em Cristo, ele estava reconciliando consigo mesmo todas as coisas, segundo também explica Paulo: ... *havendo feito a paz pelo sangue da sua cruz, por meio dele reconciliasse consigo mesmo todas as cousas, quer sobre a terra, quer nos céus* (Cl 1.20). Mediante o pecado dos anjos que pecaram e da humanidade inteira, estabeleceu-se uma brecha entre Deus e sua criação. E as forças do mal como que se riam da situação. Mas Deus, em Jesus Cristo, triunfou sobre tais poderes com um poder ainda

VISÃO (VISÕES)

maior: o poder da reconciliação, através do sangue de Cristo. *... despojando os principados e as potestades, publicamente os expôs ao desprezo, triunfando deles na cruz* (Cl 2.15). Cabe aqui o ditado popular: "Ri melhor quem ri por último". Somos partícipes dessa vitória de Cristo sobre todo o poder da maldade. Ele é o poder e a sabedoria de Deus!

VISÃO (VISÕES)

I. PALAVRAS BÍBLICAS ENVOLVIDAS. Temos a considerar dez vocábulos hebraicos e três palavras gregas, a saber: **1**. *Chezev*, "visão", "aspecto". Esse termo aramaico é usado por doze vezes (Dn 2.19,28; 4.5,9,10,13). **2**. *Chazon*, "visão". Esse termo hebraico é empregado por 35 vezes (1Sm 3.1; 1Cr 17.15; 2Cr 32.32; Sl 89.19; Pv 29.18; Is 1.1; 29.7; Jr 14.14; 23.16; Lm 2.9; Ez 7.13,26; 12.22-24,27; 13.16; Dn 1.17; 8.1,2,13,15,17,26; 9.21,24; 10.14; 11.14; Os 12.10; Ob 1; Mq 3.6¹; Na 1.1; Hc 2.2,3). **3**. *Chazuth*, "visão". Essa palavra hebraica é utilizada por apenas duas vezes, com esse sentido, isto é, em Isaías 21.2 e 29.11. **4**. *Chizzayon*, "visão". Palavra hebraica empregada por nove vezes (2Sm 7.17; Jó 4.13; 7.14; 20.8; 33.15; Is 22.1,5; Jl 2.28 e Zc 13.4). **5**. *Machazeh*, "visão". Termo hebraico que figura por apenas três vezes, em todo o Antigo Testamento (Gn 15.1; Nm 24 e Ez 13.7). **6**. *Chazot*, "visão". Palavra hebraica que só ocorre por uma vez, em todo o Antigo Testamento, em 2Crônicas 9.29. **7**. *Marah*, "aparição", "visão". Vocábulo hebraico que foi usado por uma vez com o sentido de "espelho", em Êxodo 38.8; e por onze vezes, com o sentido de "visão" (Gn 46.2; Nm 12.6; 1Sm 3.15; Ez 1.1; 8.3; 40.2; 43.3; Dn 10.7,8,16). **8**. *Mareh*, "aparição", "visão". Palavra hebraica que ocorre por 48 vezes (conforme se vê, por exemplo, em Ez 8.4; 11.24; 43.3; Dn 8.16,26,27; 9.23 e 10.1; Nm 9.15,16 e Jl 2.4). **9**. *Roeh*, "visão". Palavra hebraica que aparece por apenas uma vez em todo o Antigo Testamento, em Isaías 28.7. **10**. *Raah*, "ver". Verbo hebraico traduzido como "visão", em 2Crônicas 26.5. **11**. *Órama*, "coisa vista", "espetáculo". Palavra grega usada por doze vezes no Novo Testamento (Mt 17.9; At 7.31; 9.10,12; 10.3,17,19; 11.5; 12.9; 16.9,10). **12**. *Órasis*, "aspecto", "visão". Vocábulo grego usado por quatro vezes no Novo Testamento (At 2.17 citando Joel 3.1), Ap 4.3 e 9.17). **13**. *Optasía*, "aparição", "visão", "visualidade". Palavra grega que figura por quatro vezes no Novo Testamento (Lc 1.22; 24.23; At 26.19 e 2Co 12.1).

II. VARIEDADE DE CONCEITOS. Apesar de a palavra portuguesa, "visão", poder indicar a percepção ocular, geralmente aponta para as dimensões extrafísicas de certas experiências místicas — algo visto, que não pela capacidade ocular normal dos seres humanos, mas antes, contemplado como que em sonho ou êxtase, algo revelado visualmente a um profeta. Está em foco alguma imagem visual sem conteúdo físico, material. Alguns pensam que se trata de um forte poder da imaginação, mas é melhor pensarmos em um discernimento incomum, em forma visual, dado pelo Espírito de Deus, ou, então, por algum espírito maligno, ou mesmo pelas capacidades psíquicas naturais dos seres humanos. Naturalmente, quando se trata de servos de Deus, como os profetas, os apóstolos e outros, devemos pensar em alguma experiência mística inspirada pelo Espírito Santo.

III. FENÔMENO COMUM. O número de palavras hebraicas envolvidas (dez) mostra que o fenômeno era bastante comum nos dias do Antigo Testamento. Cerca de uma décima parte das ocorrências dessas palavras aparece no livro de Daniel. O conteúdo do livro talvez nos dê a entender melhor a natureza peculiar e sugestiva das visões.

O uso da ideia, no Antigo Testamento, parece perfeitamente coerente com a natureza revelada de Deus, pois, por todas as páginas da Bíblia, Deus aparece como alguém *que se revela* e manifesta aos homens, tornando os seus caminhos conhecidos por parte de indivíduos escolhidos. Assim, por várias vezes os patriarcas mostram que a revelação por meio de visões era um dos métodos escolhidos pelo Senhor para tornar-lhes conhecida a sua vontade. Para exemplificar: *Depois destes acontecimentos, veio a palavra do Senhor a Abraão, numa visão, e disse: Não temas, Abraão, eu sou o teu escudo e teu galardão será sobremodo grande* (Gn 15.1). E também: *Ouvi agora as minhas palavras: se entre vós há profeta, eu, o Senhor, em visão a ele me faço conhecer, ou falo com ele em sonhos* (Nm 12.6).

A palavra hebraica de uso mais frequente para indicar "visão" é *mareh*. Damos dois exemplos de seu uso: *Eis que a glória do Deus de Israel estava ali, como a glória que eu vira no vale* (Ez 8.4). *E ouvi uma voz de homem de entre as margens do Ulai, a qual gritou e disse: Gabriel, dá a entender a este a visão* (Dn 8.16).

Outra palavra muito usada no Antigo Testamento é *chazon*, que também exemplificamos com duas citações: *Naqueles dias a palavra do Senhor era mui rara; as visões não eram frequentes* (1Sm 3.1). *... buscarão visões de profetas, mas do sacerdote perecerá a lei, e dos anciãos, o conselho* (Ez 7.26).

Tentando explicar as visões, muitos estudiosos têm emitido sua opinião a respeito. Malebranche (1638-1715) pensava que as percepções normais de nossos sentidos físicos não seriam orgânicos, mas tornar-se-iam possíveis devido à conexão entre a alma humana e Deus; então, poderia haver mais do que visões orgânicas, através do olho humano, visto que haveria visões da alma. De certa feita, este tradutor e coautor teve um sonho de revelação, dentro do qual duas figuras de branco fulgurante diziam, uma a outra: "Deus criou o olho humano, que vê o que lhe está diante. Mas, quando Deus quer dar o dom de visões, volta os olhos da alma para dentro, e então mostra o que ele quer!" Para mim, isso constitui uma grande revelação, mostrando um pouco a extensão da alma humana, e como o Espírito de Deus controla e santifica os poderes da mesma. Ver também os artigos sobre *Sonhos, Transe* e *Misticismo*.

IV. EXPLICAÇÕES E DISTINÇÕES. Há pessoas que pensam que as visões só ocorrem quando se está dormindo, porquanto confundem as visões com os sonhos, posto que há visões sob a forma de sonhos, estando a pessoa no sono. Mas que há visões dadas nos momentos despertos, pode-se ver, por exemplo, em passagens como Daniel 10.7 e Atos 9.7, quer de dia (Cornélio, At 10.3; Pedro, At 10.9 *ss*., conf. Nm 24.4-16), quer de noite (Jacó, Gn 46.2). E que há visões quando a pessoa está dormindo, prova-se através de Números 12.6; Jó 4.13; Daniel 4.9.

Um ponto que não deve ser esquecido é que as visões, por mais estranhas que possam ser, vez por outra, as suas cenas, usualmente, têm pontos de contato com as experiências da vida real. Um dos casos mais nítidos do que dizemos foi a visão do "homem da Macedônia", que o Senhor deu a Paulo (ver At 16.9), que pôde ser reconhecido, sem dúvida, por causa de seus trajes, e talvez de sua aparência pessoal. E a "escada de Jacó" (ver Gn 28.12) também não é difícil de ser interpretada, pois todos sabemos para que serve uma escada. Todavia as visões podem ser extremamente simbólicas, não podendo ser interpretadas literalmente. Assim, uma árvore frondosa pode indicar um homem no viço da saúde ou com boa espiritualidade, ao passo que uma árvore doente reflete a saúde periclitante, ou, então, má situação espiritual. No quarto capítulo do livro de Daniel, lemos que declarou o rei Nabucodonosor: *Tive um sonho, que me espantou, e, quando estava no meu leito, os pensamentos e as visões da minha cabeça me turbaram* (Dn 4.5). Vemos aí tanto visões durante um sonho, como também a árvore do sonho representando a vida de Nabucodonosor, conforme também explicou o profeta: *A árvore que viste... és tu, ó rei...* (Dn 4.20,22).

O caráter das revelações conferidas por meio de visões também pode revestir-se de um duplo aspecto, dentro da narrativa bíblica. Em certo sentido, uma revelação dessas pode propor uma orientação imediata. Isso pode ser visto nos casos de Abraão (Gn 15.2), Ló (Gn 19.15), Balaão (Nm 22.22), e no Novo Testamento, Pedro (At 12.7). Em outro sentido, uma revelação mediante visões pode esclarecer algum aspecto ou desenvolvimento do reino de Deus, condicionado às ideias morais e ao avanço espiritual do povo de Deus. Isso pode ser visto em muitas das visões de homens espirituais como Isaías, Ezequiel, Oseias, Miqueias, Zacarias etc., e, nas páginas do Novo Testamento, Paulo, e, acima de tudo, João, com suas tremendas visões do Apocalipse. O primeiro tipo, isto é, revelações para dar orientação imediata, tem muitos pontos de contato com a vida dos piedosos de todos os séculos. Por outro lado, as visões proféticas, que chegam a perscrutar o avanço espiritual da nação de Israel ou da igreja de Cristo, mostram a imperiosa necessidade do crescimento espiritual dos crentes, segundo a imagem ou modelo de Cristo, sem o que qualquer indivíduo, instituição humana ou nação estão condenados à derrota espiritual, porquanto a vida requer crescimento, e morte corresponde à fixidez.

A natureza das visões dadas pelo Espírito Santo como instrumentos da comunicação divina está intimamente vinculada aos reavivamentos religiosos (ver Ez 12.21-25; Jl 2.28; cf. At 2.17). Por outra parte, a ausência de visões está diretamente ligada ao declínio espiritual, conforme se vê em Isaías 29.11,12; Lamentações 2.9; Ezequiel 7.26; Miqueias 3.6 etc. Precisamos do *toque místico* na nossa fé. Por outro lado, existe um *misticismo falso* (vide). Crentes imaturos não sabem distinguir a diferença.

V. O MISTICISMO. Muitas pessoas evangélicas têm receio das experiências místicas, temendo até mesmo a palavra "misticismo", como se isso se aproximasse de espiritismo ou de experiências com demônios. Porém se entendermos *misticismo* como termo que indica o contato de um ser humano com algum poder espiritual superior, como um anjo do Senhor, e, sobretudo, com o Espírito de Deus, então compreenderemos que um homem pode ser um visionário, sem que isso importe em qualquer mau sentido. Sem dúvida, ninguém haveria de querer considerar homens santos e espirituais como Abraão, Moisés, Jacó, Isaías, Ezequiel, Daniel, Paulo e João, que foram homens visionários extraordinários, como indivíduos esquisitos, ou que deveríamos evitar somente porque eles eram diferentes da maioria dos homens, que nunca recebem uma visão sequer na vida. Qualquer estudo sério que se faça de suas vidas e realizações demonstrará que as experiências místicas que eles tiveram, longe de servir-lhes de estorvo, muito os ajudaram em seu desenvolvimento espiritual, o que também explica a grande utilidade que tiveram no reino de Deus.

O homem dotado de visões é o homem que se mantém em contato santo e íntimo com as realidades espirituais. Não nos olvidemos que um dos mais fortes impulsos de Deus é o de entrar em contato com o homem e comunicar-se com ele; conforme já vimos, no começo deste artigo, Deus manifesta-se aos profetas, segundo ele mesmo declarou, por meio de visões e sonhos (ver Nm 12.6).

Ver os três artigos separados intitulados: *Misticismo; Desenvolvimento Espiritual, Meios do; Maturidade*.

VI. CRÍTICA E AVALIAÇÕES. Conforme foi amplamente demonstrado nas seções anteriores deste verbete, é claro que as visões são o principal poder por detrás da formação de Livros Sagrados, incluindo a Bíblia. Uma visão é uma expressão do *misticismo* (vide), com base no pressuposto de que Deus pode revelar-se e realmente revela-se através da experiência visionária dos profetas. A iluminação, a revelação e as visões fazem parte do campo geral do misticismo.

Também é patente que existem visões falsas como na atividade demoníaca e nas condições psicológicas patológicas. Assim, instrumentos humanos de Satanás também têm visões, e, igualmente, os mentalmente desequilibrados.

Quando as Visões são Triviais. A ciência tem comprovado, de forma insofismável, que as visões podem ser triviais. A privação da percepção dos sentidos pode fazer uma pessoa ter "visões", que são alucinações da primeira ordem. Certa experiência científica consiste em imergir as pessoas em um ambiente fechado, em tanques de água. Tais pessoas ficavam assim privadas de qualquer possibilidade de ver, não ouviam qualquer som, e só contavam com um limitado sentido de tato. E algumas das pessoas submetidas ao teste, dentro do breve espaço de 24 horas, começaram a ter visões de tão notável qualidade, que disseram que, a menos que mantivessem em mente estarem sendo submetidas a um teste, não teriam podido distinguir essas visões da realidade. Algumas dessas visões são engraçadas, outras são aterrorizantes, outras são iluminadoras, outras, comunicativas, e algumas, apenas entretém. Certas drogas também causam visões. Talvez, algumas vezes, essas visões sejam genuínas no sentido de que a perturbação do delicado equilíbrio entre o corpo e o espírito pode levar o espírito a manifestar-se um pouco mais do que na vida diária comum. Por outra parte, existem alucinações visuais patentes que algumas pessoas confundem com visões espirituais válidas. A primeira coisa que um místico *sério* faz é questionar a validade de suas visões, mas um *misticismo barato* (que se manifesta entre pessoas de pouca instrução, que confiam cegamente e não têm qualquer atitude de crítica mental) pode produzir toda espécie de visões triviais, que são consideradas importantes, embora não o sejam.

Além disso, devemos levar em conta a questão da receptividade. Aquele que busca ter essas manifestações, mas não possui o desenvolvimento moral e espiritual necessário, pode tornar-se vítima de forças estranhas, sem importar sua natureza exata. E então uma forma de patologia espiritual é exaltada como se fosse uma espiritualidade superior.

Sem importar os abusos e os precipícios, a fé religiosa vê-se reduzida a pouco mais do que exercícios da razão (conforme se vê na religião natural), a menos que visões de profetas possam comunicar mensagens espirituais genuínas. Isso é ensinado na própria Bíblia. Por isso mesmo, não devemos rejeitar visões e profecias como meio de iluminação e crescimento espirituais. Carecemos do toque místico em nossas vidas, embora também necessitemos de conhecimento, erudição e atitudes críticas. O homem verdadeiramente espiritual será capaz de conseguir esse bom *equilíbrio* em sua atuação. Mas há muitas pessoas envolvidas em um misticismo barato, que estão brincando com algo que não sabem controlar, e terminam por ser prejudicadas.

VISITAÇÃO

Temos a considerar uma palavra hebraica e outra grega, a saber: **1**. *Pequddah*, "busca", "inspeção", "supervisão". Essa palavra hebraica aparece por 31 vezes (conforme se vê, por exemplo, em Nm 16.29; Jó 10.12; Is 10.3; Jr 8.12; 10.15; 11.23; 50.27; 51.18; Os 9.7; Mq 7.4). **2**. *Episkopé*, "inspeção", "supervisão". Esse vocábulo grego foi usado por quatro vezes no Novo Testamento (Lc 19.44; At 1.20 (citando Sl 109.8); 1Tm 3.1; 1Pe 2.12).

Quase sempre está em vista a ideia de uma inspeção divina sobre os atos humanos, tendo em vista castigar os homens, se errados; todavia, também pode haver uma visitação com a finalidade de abençoar (Gn 50.24, Rute 1.6, Jr 29.10). A tradução inglesa *Revised Standard Version*, quase sempre, traduz a palavra hebraica *pequddah* por "punição".

Das quatro ocorrências de *episkopé*, duas delas têm em mira uma visitação no sentido de abençoar, tanto em Lucas 19.44, quanto em 1Pedro 2.12. Dizem esses dois trechos, respectivamente: ... *não reconheceste a oportunidade da tua visitação* (ou seja, a primeira vinda de Cristo). E também: ... *mantendo exemplar o vosso procedimento no meio dos gentios, para que, naquilo que falam contra vós outros, como de malfeitores, observando-vos em vossas boas obras, glorifiquem a Deus no dia da visitação* (onde a ideia parece ser que quando a luz raiasse no coração deles, haveriam de glorificar a Deus, embora por enquanto, falassem mal dos servos do Senhor).

A palavra "visitação" (no grego, *episkopé*), que poderia ser traduzida por "inspeção", "supervisão" etc., que aparece em Lucas 19.44, indica a promoção da operação da salvação entre os homens. E o ministério geral de Jesus poderia ser explicado da mesma maneira, segundo se vê em Lucas 1.67,68; 7.16; Atos 15.14.

Teísmo. A ideia de visitação, tanto por seu aspecto negativo (a fim de julgar), quanto por sou aspecto positivo (a fim de abençoar e trazer a salvação), serve de prova da tese defendida pelo teísmo (vide). Deus nunca abandonou a sua criação, conforme ensina o *deísmo* (vide). Antes, Deus fez-se presente no mundo a fim de abençoar e julgar; ele fez intervenção na história humana e nas vidas individuais.

VISÕES. Ver sobre *Visão* (*Visões*).

VITRIFICAR

É possível que, em Provérbios 26.23, esteja em foco alguma espécie de processo de vitrificação, aplicado a vasos de cerâmica: *Como vaso de barro coberto de escórias de prata...* Mas, nossa tradução portuguesa não dá impressão nenhuma de que se trata desse processo. Por isso mesmo, há estudiosos da Bíblia que pensam que não há, nessa passagem de Provérbios, qualquer menção ao vidro ou à vitrificação, conforme entendemos hoje essas coisas. Ver o artigo geral sobre o *Vidro*.

VIÚVA

I. Terminologia

Hebraico. **1.** *almanah* (viúva, silenciosa), com 53 ocorrências no Antigo Testamento. (Exemplos: Gn 38.11; Êx 22.22, 24; Lv 21.14; Nm 30.9; 2Sm 14.5; 1Rs 7.14). **2.** *almanuth* (viuvez, silêncio: Gn 38.14, 19; 2Sm 20.3; Is 54.4). **3.** *almon* (viuvez, silêncio: Is 47.9). **Grego**: *chera* (viúva, destituída), com 26 ocorrências no Novo Testamento. (Exemplos: Mt 23.13; Mc 12.40, 42, 43; Lc 2.37; At 6.1; 9.39; Tg 1.27; Ap 18.7.

II. Legislação Mosaica

Nenhuma legislação garantia manutenção para essa classe de mulheres destituídas; não havia fundos de pensão. Como elas haviam sido dependentes de seus maridos, tornavam-se dependentes de seus pais ou famílias, ou das famílias de seus maridos. Contudo, algumas legislações humanitárias aliviavam um pouco a situação: **1.** O filho mais velho assumia a família, se tivesse idade. Ele tinha a parte do leão da herança e, na situação média, era o mais capaz de sustentar sua mãe. **2.** Havia um triênio, terceira doação que ajudava essa categoria (Dt 14.29; 26.12). **3.** Essas mulheres tinham ritos de colheita laboriosa e lenta (Dt 14.29). **4.** Elas podiam participar livremente de banquetes (Dt 16.11, 14). **5.** A lei as protegia contra a opressão e contra a fraude (Sl 94.6; Ez 22.7; Ml 3.5), mas tais leis, tão frequentemente, ficavam apenas no papel e não eram colocadas na prática. As viúvas eram facilmente defraudadas (juntamente com os estrangeiros). **6. Lei do levirato** (ver o artigo). Essa lei exigia que um irmão (ou possivelmente outro membro da família, do lado do marido) assumisse a viúva como sua mulher e, se ele já fosse casado isso não faria nenhuma diferença, já que a sociedade judaica era polígama (Dt 25.5, 6; Mt 22.23-30). Essa lei, contudo, não era absoluta. Havia maneiras pelas quais o homem poderia escapar, e muitos (se não a maioria) o faziam. De fato, todas as leis preparadas para favorecer as viúvas não eram muito respeitadas e isso ocasionou uma "classe destituída". Jó 24.21 fala sobre aqueles que não faziam nada de bom para a viúva como uma classe especial de pecadores. Então havia aqueles que cometiam violências contra elas em roubos ou mesmo assassinatos para conseguir o que tinham de dinheiro e suas propriedades (Sl 94.6; cf. Is 1.23). Tal abuso continuou no Novo Testamento, o que é demonstrado pela denúncia de Jesus daqueles que "devoravam" as casas das viúvas (Mt 23.14).

III. Um Grupo Social Distinto: Antigo e Novo Testamento

Para esse grupo, era necessária uma legislação especial, pois ele era objeto de perseguição e exploração. A viúva poderia facilmente ser identificada porque de modo geral usava uma vestimenta típica (Gn 38.14). Pecadores especialmente maus tentavam até conseguir suas roupas como segurança caso ela devesse dinheiro por qualquer motivo, e isso devia ser denunciado por uma lei especial (Dt 24.17). Simplesmente pronunciar a palavra "viúva" já fazia com que uma pessoa dos tempos bíblicos pensasse em uma classe distinta, sendo que poucas delas eram absorvidas de volta ao seio da sociedade através de novo casamento. Pela lei do levirato, uma mulher participaria da herança da família de seu marido, e esse era um dos motivos pelos quais tantos irmãos de homens mortos não estavam dispostos a assumir a responsabilidade. As histórias bíblicas de Tamar (a nora de Judá) e do livro de Rute ilustram esse ponto.

Na época do Novo Testamento, viúvas judias continuavam a viver precariamente, mas as viúvas da comunidade cristã tinham um *status* melhor (ver At 6.1; 9.39 ss.). Sistemáticas contribuições caridosas faziam parte da política da igreja primitiva, pelo menos em Jerusalém. Naquela época as viúvas reuniam-se como um grupo distinto para realizar trabalhos de caridade. Algumas dessas viúvas tornaram-se diaconisas, ofício que parece ter sido ativo na igreja primitiva em contraste com a igreja de hoje. Ver o artigo detalhado sobre *Diaconisa*, que não era um ofício exclusivo de viúvas.

No início parece ter havido um tipo de ordem reconhecida de viúvas (1Tm 5.9-15). Citações dos pais primitivos da igreja (Inácio, Policarpo e Tertuliano) mostram que esse grupo distinto continuou existindo no segundo século. Depois disso não há registros dele.

IV. Usos figurativos

1. Usos figurativos modernos da palavra "viúva" de modo geral têm algo que ver com *privação*. Ser uma "viúva de livro" significa que seu companheiro ou potencial amigo está tão ocupado com livros (escrevendo, lendo etc.) que tem pouco tempo para você. Ser uma "viúva da igreja" significa que seu companheiro está tão envolvido com a igreja que ele (ela) tem pouco tempo para você. **2.** Uma pessoa ou país desolados pelo julgamento divino, como foi o caso da "filha da Babilônia", são chamados de *viúva*, tendo perdido suas posses e seu orgulho, e boa parte de sua população (Is 47.1, 7). **3.** Jerusalém, oprimida pelo cativeiro babilônico, tornou-se como uma viúva (Lm 1.1), desolada e abandonada. **4.** A Babilônia do Apocalipse no Novo Testamento, que em breve cairia, tinha orgulho de ser uma rainha e uma estranha à lamentação, não sabendo que logo seria reduzida à viuvez (Ap 18.7).

VIVOS, OS

Três palavras hebraicas e uma palavra grega devem ser consideradas neste verbete: **1.** *Chai*, "ser vivente". (Ver Gn 6.19; 8.1,21; Jó 12.10 e Sl 145.6). **2.** *Chaiyah*, "ser vivente". (Ver Gn 1.28; 8.17; Ez 1.5,13-15,19,20,22; 3.13; 10.15,17,20). **3**. *Yequm*, "substância viva". (Ver Gn 7.4,23). **4.** *Zōon* (particípio presente do verbo grego *záo*, "viver". (Ver Hb 13.11; 2Pe 2.12; Jd 10; Ap 4.6-9; 5.6,8,11,14; 6.1,3,5-7; 7.11; 14.3; 15.7 e 19.4). Também deve ser considerada a palavra *zoopoiéo*, "vivificar", "dar vida" (Jo 5.21; 6.63; Rm 4.17; 8.11; 1Co 15.22,36,45; 2Co 3.6; Gl 3.21 e 1Pe 3.18).

Tanto *chai* quanto *zōon* são usadas para indicar grande número de seres ou coisas vivas, começando por Deus, a origem de toda espécie de vida, física ou espiritual. Não sabemos dizer até que ponto podemos aplicar nossos vocábulos a fim de descrever a vida de Deus; mas é boa teologia asseverar que todas as coisas vivem em Deus, dependendo dele. Somente Deus é possuidor da verdadeira imortalidade, isto é, vida que não pode deixar de existir, porquanto nele estão as fontes de toda forma de vida. ... *o único que possui imortalidade, que habita em luz inacessível, a quem homem algum jamais viu, nem é capaz de ver* (1Tm 6.16). Essa é a mais profunda mensagem do evangelho cristão: os remidos haverão de compartilhar dessa imortalidade, recebendo a vida necessária e independente. (Ver Jo 5.25,26; 2Pe 1.4). Isso ocorrerá mediante a transformação segundo a natureza e a forma de vida do Filho de Deus (Rm 8.29), mediante a agência do Espírito Santo (2Co 3.18), o que irá levando os remidos de um estágio de glória para o outro. (Quanto a Deus como o grande ser vivo, ver Dt 5.26; Js 3.10; 1Sm 17.26,36; Mt 16.16; 26.63; At 14.15).

1. *Chai* é palavra que também fala sobre a vida humana, primeiramente, conforme foi criada por Deus, tornando-se então um ser animado (dotado de alma), segundo se vê em Gênesis 2.7. (Ver também Lm 3.39). Os animais também são descritos como tais (Lv 16.20). **2**. Metaforicamente falando, a água é ocasionalmente adjetivada de "viva", porquanto transmite a vida física, tal como o Espírito de Deus transmite a vida espiritual. (Ver Jr 2.13; 17.13; Zc 14.8). Cristo trouxe até nós a "água viva., em seu evangelho. E ele mesmo é a "água viva" (ver Jo 4.11,13,14). O Espírito Santo é simbolizado pela "água viva" (Jo 19.34). **3**. A vida física, em contraste com a morte, é referida como *zõon* (em Mt 22.32; At 10.42; Rm 14.9; 2Tm 4.1; 1Pe 4.5). **4**. Cristo é vivo (Mt 16.16; 1Pe 2.4) tal como o Espírito Santo (Jo 7.38). Em razão disso, a vida procede deles. **5**. A vida espiritual, dada por meio da regeneração, é referida pelo termo grego *zoé* (Ef 2.1; Cl 3.1). Podemos chegar à presença do Senhor através do "novo e vivo caminho", ou seja, a carne de Cristo, conforme se vê em Hebreus 10.20. **6**. Os santos estão aguardando pela "cidade de Deus vivo" (Hb 12.22), porquanto tornaram-se filhos do Deus vivo (Rm 9.26). Os crentes tornam-se fontes de água viva, porquanto o poder do Espírito flui através deles (Jo 4.10). Os remidos banqueteiam-se espiritualmente com o pão vivo, que é Cristo em sua função de doador da vida espiritual (Jo 6.51). **7**. Os crentes possuem uma "viva esperança", visto que a expectação deles resulta na vida eterna (1Pe 1.3). **8**. A vida cristã deveria ser vivida em total dedicação ao Senhor, nos termos expressos em Romanos 12.1, quando os crentes tornam-se um "sacrifício vivo", o que contrasta com os sacrifícios mortos oferecidos de acordo com a legislação mosaica.

VIVOS, VIVIFICAR

"Vivos" reflete um adjetivo hebraico (usado em Nm 16.30; Sl 55.15 e 124.3). No NT temos um verbo grego traduzido em portu-guês por "vivificar", que significa "dar vida". Assim como Deus é juiz "de vivos e de mortos" (At 10.42; 1Pe 4.5), assim também Cristo vivifica a quem ele quer (Jo 5.21; Rm 4.17 e 8.11). O Espírito Santo vivifica o crente por ocasião da regeneração (Jo 6.63; Ef 2.5; Cl 2.13). Ver *Regeneração*.

VIZINHANÇAS DE GEBA

No hebraico, *maareh-geba*, "prados de Geba" ou "prados de Gibeá". A palavra básica, *maareh*, significa "aberto". Visto que a Septuaginta diz *dusmon*, e que a Vulgata Latina diz *occidentali urbis parte*, alguns eruditos pensam que o original hebraico dizia *maarab*, "oeste". Foi dessa localidade que os homens de Israel atacaram os homens de Benjamim, devido à atrocidade por estes últimos cometida, segundo se vê em Juízes 20.33.

VOFSI

No hebraico, **"rico"**. Esse era o nome do pai de Nabi, representante da tribo de Naftali, como um dos espias enviados à terra de Canaã, antes da mesma ser invadida por Israel (Nm 13.14). Ele deve ter vivido por volta de 1515 a.C.

VOLTAIRE (FRANÇOIS-MARIE AROUET) (1694-1778)

O século XVIII na Europa testemunhou o lançamento, em portentosa escala, de um ataque ao cristianismo tradicional e a seus representantes clericais. Dentre os detratores, nenhum talvez foi mais eloquente do que Voltaire. Escritor brilhante, capaz de se apresentar com habilidade devastadora muita coisa do hostil descontentamento de sua época com o que estava estabelecido, Voltaire como que conduziu uma apaixonada cruzada literária pela causa da justiça e da humanidade contra as danosas superstições e más práticas da fé como fora recebida. Seus escritos eram prolíficos e diversificados em estilo e assunto, sendo sua obra total a mais variada; mas é a questão religiosa que se destaca proeminentemente em sua produção. Cedo recebeu significativa influência dos deístas ingleses, e isso, juntamente com outras fontes, levou-o ao desenvolvimento de seu deísmo próprio. Voltaire não foi um filósofo ou teólogo sistemático, ou mesmo profundo; mas foi eficaz o suficiente para desfrutar de muitos aplausos como escritor, tanto na França, sua terra natal, como na Europa, em geral, no final de sua turbulenta vida.

Nos escritos de Voltaire, encontramos a crítica-padrão feita em sua época contra as alegações do cristianismo de ser uma religião revelada. A Bíblia era vista como contendo absurdos, contradições, erros e imoralidades, sendo considerada uma pobre candidata à posição de revelação divina que vindicava ser. Sua descrição de Deus, especialmente no AT, seria, quando muito, singularmente indigna do verdadeiro ser supremo. Todavia, Voltaire não era ateísta, nem meramente negativo. Seu Deus era, por assim dizer, real, mas liberado do que achava ser o capricho tirano de sua descrição bíblica usual. O materialismo ateísta de d'Holbach (1723-1789) chegou a arrancar de Voltaire, no final de sua vida, uma defesa do teísmo. Para ele, o substituto apropriado para a religião revelada seria a religião natural, mediante a qual as virtudes naturais da benevolência e do amor fraternal poderiam resolver inúmeros males sociais, gerados, sobretudo, por crenças religiosas errôneas.

Voltaire também não era, no entanto, um mero otimista superficial. Ao irromper o terremoto em Lisboa, assim como no decorrer da Guerra dos Sete Anos (1756-1763), ele se voltou grandemente para o problema do sofrimento humano e das injustiças sociais. *Candide* (1759), sua obra mais amplamente conhecida, ataca (entre outras coisas) o otimismo filosófico exagerado, que considera este mundo o melhor de todos os mundos possíveis. Menos vigoroso e menos idealista talvez do que seu contemporâneo Jean-Jacques Rousseau (1712-1778), Voltaire não se deixou cegar pelas promessas humanas de reparo às suas perplexidades. No final das contas, somente uma luta vigorosa para mudar o mundo, não um ensaio em metafísica especulativa, alcançaria os desejados fins. Voltaire morreu, como ele mesmo afirmou, "adorando a Deus, não odiando meus inimigos, amando meus amigos, detestando a superstição". Seu empenho, na verdade, foi empreendido, resolutamente, fora da estrutura tradicional. Enquanto o debate a respeito dessa estrutura ainda continua, a contribuição de Voltaire, todavia, prossegue esquecida por muitos, sendo poucos, certamente, os que concordam com ele em que "jamais vinte volumes [de uma obra] produzirão uma revolução; mas os livrinhos de bolso de "dez tostões", esses, sim, devem ser temidos".

(**S. N. Williams**, M.A., Ph.D., professor de Teologia Sistemática do *Union Theological College*, Belfast, Irlanda do Norte.)

BIBLIOGRAFIA. T. Besterman, *Voltaire* (Oxford, 1976); H. Mason, *Voltaire* (London, 1975); R. Pomeau, *La Religion de Voltaire* (Paris, 1969); N. L. Torrey, *Voltaire and the English Deists* (New Haven, CT, 1930).

VONTADE DIVINA

Ver sobre *Voluntarismo*, posição filosófico-teológica que exagera o papel da vontade divina, em contraste com a vontade e a liberdade humanas. Ver sobre *Livre-Arbítrio; Determinismo* e *Predestinação*. Ver também sobre *Polaridade*.

1. Definições e Descrições. A vontade de Deus é a força suprema na criação, na preservação e na salvação, e várias passagens bíblicas apresentam isso de maneira não-qualificada, conforme se vê, por exemplo, no nono capítulo de Romanos. Por outra parte, outras passagens bíblicas dão o devido valor à vontade humana, como um fator necessário e básico do homem, ser que compartilha da imagem divina. Sem essa vontade, e sem a liberdade que dela depende, o homem deixaria de ser homem, pois não mais compartilharia da imagem de Deus. Seria reduzido a outra coisa qualquer, e a criação seria anulada.

No Antigo Testamento. O termo hebraico *hapes* designa a ideia de "conselho divino", com base em seu beneplácito, conforme dizem algumas traduções. (Ver Is 44.28; 46.10; 53.10). A palavra hebraica *rason* alude à "boa vontade", ao "favor" de Deus, ou seja, a vontade divina empregada no interesse do bem-estar dos homens. (Ver Ed 10.11; Sl 40.9; 103.21; 143.10). Não encontraremos qualquer dificuldade na ideia da vontade suprema de Deus, se a pusermos por detrás de uma atitude divina beneficente, e não destrutiva. É exatamente aí que o *Mistério da Vontade de Deus* (vide) a põe. O vocábulo hebraico *esa*, "conselho", refere-se àquilo que foi deliberadamente planejado pela vontade divina (ver Sl 33.11; 73.24; Pv 19.21; Is 5.19; 46.10).

No Novo Testamento. Temos aí o termo grego *boulé*, aquela determinação divina que está por detrás de seus propósitos e deliberações (ver Lc 7.30; At 2.23; 4.28; 20.27; Ef 1.11). O termo grego *thélema* refere-se à vontade e às inclinações divinas (ver At 22.14; Rm 12.2; Ef 1.9; 5.17; Cl 1.9). A palavra grega *eudokía* indica o "beneplácito" de Deus, mediante o qual a sua vontade faz aquilo que agrada a Deus e é benéfico para o homem (ver Lc 2.14; Ef 1.5,9; Fp 2.13).

2. A Vontade Condicionada de Deus. A vontade de Deus é condicionada pela sua própria bondade, razão e amor. Se não quisermos reconhecer esses condicionamentos, teremos de cair no crasso *voluntarismo* (vide). A salvação foi planejada em favor do homem, não porque ele a merece, mas porque Deus amou o mundo e agradou-se de formular as coisas, através de sua vontade, visando ao bem-estar do ser humano. Sem dúvida, esse é o princípio normativo de todos os atos da vontade de Deus. Até mesmo a vontade de julgar é uma vontade que concorda com o amor, visto que o próprio juízo é um dedo da amorosa mão de Deus. Ver 1Pedro 4.6, quanto a seus resultados altamente benéficos, que inclui até mesmo viver no espírito como Deus vive.

3. Os Decretos de Deus (como a eleição, a redenção e a restauração; ver os artigos sobre cada um desses assuntos) jamais são arbitrários ou cruéis. Esses decretos determinam tudo quanto tem que acontecer (ver Sl 115.31; Dn 4.17,25,32,35; At 2.23; Ef 1.5,9,11). A vontade moral de Deus mostra-nos como os homens devem viver (ver Mt 7.21; Jo 4.34; 7.17; Rm 12.2). Apesar de Deus não ser a causa do pecado, de algum modo isso concorda com o seu propósito eterno, ativa e passivamente considerado. Deus controla e pune, mas também usa o pecado para ensinar aos homens certas lições. (Ver Êx 4.21; Js 11.20; 1Sm 2.25; At 2.23; 4.28; 2Ts 2.11).

4. A Vontade de Deus e a Salvação. Por detrás da salvação do homem manifesta-se a vontade divina. Esse é o ABC do próprio ensino do evangelho. A vontade eletiva de Deus seleciona quem deve ser salvo (ver Ef 1.1 *ss.*); mas também devemos pensar na vontade restauradora de Deus (ver Ef 1.9,10), que envolve a todos os não-eleitos.

5. *Os homens pervertem* a vontade de Deus, ensinando uma Reprovação (vide) não-qualificada.

6. *Um dos grandes ensinos* do Novo Testamento consiste no Mistério da Vontade de Deus (vide). Ver Efésios 1.9,10; onde se aprende o que a vontade divina resolveu fazer, finalmente, no tocante a todos os homens. Ver também o artigo intitulado *Restauração*.

7. A Vontade de Deus é Inescrutável. Ninguém pode entender plenamente a vontade divina, da mesma maneira que ninguém pode compreender o próprio Deus. (Ver Jó 9.10; Rm 11.33). Desse modo, submetemo-nos obedientemente à vontade divina, sabedores de que ele sempre agirá de forma justa e correta (ver Is 45.12,13, Rm 9.16-23). Por outra parte, em sua ansiedade por compreender tudo, alguns fazem de Deus o grande destruidor, e não o grande restaurador, e assim criam um inaceitável conceito de Deus. Quando renegamos a esse conceito que comete uma injustiça contra Deus, não estamos blasfemando contra Deus. De fato, quando alguém salienta um lado negativo da vontade divina, esquecendo-se do amor de Deus e da posição central do amor nas Escrituras, acaba blasfemando contra Deus.

8. Vontade de Deus — *Como Descobri-la?* Ver o artigo intitulado *Vontade de Deus, Como Descobri-la*.

VOTO

Compete-nos considerar, neste verbete, duas palavras hebraicas e uma palavra grega, a saber:

I. AS PALAVRAS UTILIZADAS

1. *Nadar*, "voto". Palavra hebraica usada por 32 vezes (conforme se pode ver, por exemplo, em Gn 28.20; 31.13; Lv 27.8; Nm 6.2,21;30.2,3,10; Dt 12.11,17; Jz 11.30,39; 1Sm 1.11; 2Sm 15.7,8; Sl 76.11; Ec 5.4,5; Is 19.21; Jr 44.25; Jn 2.9; Ml 1.14). **2**. *Neder*, "voto". Essa palavra hebraica aparece por sessenta vezes (segundo se vê em Gn 28.20; 31.13; Lv 7.16; 22.18,21; Nm 6.2,5; 15.3,8; 21.2; 29.39; 30.2-9; 11-14; Dt 12.6,11,17,26; 23.18,21; Jz 11.30,39; 1Sm 1.21; 2Sm 15.7,8; Jó 22.27; Sl 22.25; 50.14; 56.12; Pv 7.14; Ec 5.4; Is 19.21;Jr 44.25; Jn 1.16; Na 1.15). **3**. *Euché*, "oração", "voto". Com o sentido de oração, esse vocábulo grego aparece somente em Tiago 5.15; com o sentido de voto, aparece por duas vezes, isto é, em Atos 18.18; 21.23.

Dentro do contexto bíblico são mais importantes os votos religiosos. Mas a Bíblia dá-nos conta, igualmente, de votos ou compromissos atinentes a negócios e outras questões. Ver o voto que está envolvido na história de Judá e Tamar (Gn 38.17,18,20). E o trecho de Deuteronômio 24.10,11,13 alude a questões financeiras, ao falar sobre voto. Um acordo verbal podia ser considerado um voto; mas objetos de valor também podiam servir de penhor ou garantia de intenções. Os trechos de Jó 22.6 e Provérbios 27.13 falam sobre votos dentro de contextos econômicos, como também a passagem de Ezequiel 18.7. Nessas situações fazia-se questão da honestidade, de mescla com a misericórdia, a generosidade e a compaixão.

Pelo lado espiritual da questão, há uma palavra grega, *arrabón*, "penhor", "garantia", que indica que o Espírito Santo nos foi dado como garantia de nossa herança em Cristo. Ver Efésios 1.14. O próprio Espírito Santo é a garantia da nossa imortalidade em Cristo. O restante deste artigo aborda os votos e os compromissos espirituais.

II. VOTO RELIGIOSO. Um voto é um juramento ou um compromisso de caráter religioso, e também uma transação qualquer entre o homem e Deus, de acordo com a qual o indivíduo dedica a si mesmo ou o seu serviço ou alguma coisa valiosa a Deus. Essa era uma característica comum nas religiões antigas, e um frequente exercício religioso entre os israelitas. Deve ter sido esse costume a base daquilo a que, em nossa terra, dá-se o nome de "promessas", geralmente feitas a algum santo da devoção escolhido de indivíduo. Mas, na antiguidade, embora houvesse promessas feitas com a expectativa do recebimento de algum favor divino intensamente desejado, também havia votos voluntariamente impostos, por motivo de autodisciplina, tendo em mira a obtenção de um caráter melhor formado, ou, então, por motivo de autodedicação, com vistas a certos alvos morais ou espirituais.

III. Voto como Promessa. Os votos do primeiro tipo, com frequência, denominados "barganhas" (pois eram feitos com a condição de Deus abençoar, em recompensa), são como aqueles feitos por Jacó, que, em Betel, votou que faria de Betel um santuário e que daria os dízimos do que ganhasse, a Deus, se Deus suprisse as suas necessidades e o protegesse (Gn 28.20-22); por Jefté, que votou a Deus sacrificar em holocausto a primeira pessoa que viesse ao seu encontro, quando ele retornasse à sua casa, se Deus lhe concedesse a vitória sobre os amonitas (Jz 11.30,31); por Ana, que votou que se Deus lhe desse um filho, ela o consagraria ao serviço de Deus (1Sm 1.11,27,28). Sem dúvida, a essa natureza pertence a maioria dos votos, tão frequentemente mencionados nos Salmos, como os de ação de graças e de sacrifício, feitos a Deus por orações respondidas e livramentos proporcionados (Sl 22.25; 50.14; 56.12; 65.1,2,8; 116.14,18). Um tanto relacionado a essa categoria de votos, é aquele feito por Absalão, de que serviria ao Senhor, se Deus o fizesse regressar a Jerusalém. Todavia, sabemos que ele perverteu esse voto, conspirando contra seu próprio pai, Davi (2Sm 15.7 ss.). Os votos feitos pelos marinheiros, depois que Jonas foi lançado do navio ao mar, talvez pertencessem mais à natureza de uma tentativa pagã de propiciar a alguma divindade a qual eles ... *temeram... Em extremo...* (Jn 1.15,16).

IV. Votos de Disciplina e Missão. Existem votos de disciplina da vida, ou tendo em mira algum propósito, em dedicação a Deus, ou com a finalidade de ser atingido algum alvo. Dentro dessa classe de votos, o mais importante era o *nazireado*, que envolvia a consagração e separação para Deus juntamente com a prescrição de certas medidas de autoridade e de abstinência (ver Nm 6.1-8). A pessoa que assim se comprometesse era livre de seus votos, terminado o período dos mesmos, ou cumpridas as condições impostas (ver Nm 6.13-21). Sansão, Samuel e João Batista, ao que tudo indica, eram nazireus por toda a vida. Mas havia votos dessa classe de mais breve duração, como aqueles de Davi, que declarou que não teria descanso enquanto não encontrasse uma casa para o Senhor (Sl 132.2-5); os "votos de escolha", associados ao chamamento do povo de Israel à obediência (Dt 12.11); os votos associados às ofertas voluntárias (Nm 29.39) e a solene outorga da própria alma a Deus (Nm 30.2). *Paulo* e seus companheiros fizeram votos a fim de exibirem conformidade com a legislação judaica, procurando aplacar seus perseguidores religiosos, sem ferirem a própria consciência (At 18.18; 21.23,24). De caráter de valor um tanto inferior, foi, por exemplo, o juramento de Saul de que ninguém deveria comer qualquer coisa enquanto não se obtivesse a vitória militar sobre o inimigo (ver 1Sm 14.24), bem como o voto dos adversários de Paulo, de que se absteriam de todo alimento, enquanto não lhe tirassem a vida (ver At 23.21).

Cabem aqui certas observações que parecem óbvias, mas que devem ser levadas em conta. O que já fosse obrigatório em Israel, por qualquer motivo, não podia ser objeto de um voto. Se havia votos de caráter condicional, isto é, aqueles em que o indivíduo consagrava algo ou alguém a *Yahweh* ou ao templo (Gn 28.20; Nm 21.2; Jz 11.30,31; 1Sm 1.11; 2Sm 15.7,8), também havia aqueles votos de caráter incondicional, de acordo com os quais o indivíduo abstinha-se de alguma coisa, a fim de obter do Senhor um favor desejado (1Sm 14.24; Nm 30). Acresça-se que os votos, geralmente, eram confirmados mediante algum juramento ou maldição (1Sm 14.24), o que dificulta aos estudiosos distinguirem entre um voto e um juramento (vide). Cumpridos os votos, a pessoa salmodiava em sincera gratidão, pela ajuda recebida de Deus. Foi dessa forma que foram compostos certos salmos, como os de número 65, 66, 116 e o trecho de Jonas 2.39. E também há salmos (como o 61), em que na sua própria letra é formulado o voto.

V. Seriedade dos Votos. No Antigo Testamento não havia determinação para as pessoas fazerem votos, embora fossem cuidadosamente regulamentados. Não era considerado pecado deixar de se fazer um voto (ver Dt 23.22); porém, uma vez feito, tornava-se solenemente mandatório (Dt 23.21,23; Ec 5.4). Por essa precisa razão, havia advertências acerca dos votos precipitados (Ec 5.5,6 e Pv 20.25). Um pai podia desfazer, com sua palavra, um voto precipitado ou inconveniente, feito por uma sua filha; outro tanto podia ser feito pelo marido de uma mulher, que se precipitasse quanto a algum voto (Nm 30.5, onde se vê que, no primeiro caso, só se a filha fosse menor. Ver também Nm 30.8). Como tudo quanto é instituição humana, os votos também foram sujeitos a certos abusos. Aliás, os preceitos mosaicos já continham estipulações quanto a esses abusos, e os profetas também se manifestaram a respeito (ver Dt 22.21-23; Nm 30.2,3; Na 2.1; Ec 5.1-6). E até mesmo nos livros apócrifos há menção e combate a esses abusos (ver Eclesiástico 18.22,23). Não se podia fazer ofertas de coisas sem valor (Lc 22.21-23; Ml 1.4) ou impuras (Dt 22.19). Ao que parece, as mulheres antigas de Israel propendiam por fazer votos com extrema facilidade, tendo sido necessário refrear e delimitar a feitura de votos, em vez de promovê-los. Como é natural, isso acabou por debilitar o senso de obrigatoriedade, que se via nos tempos mais antigos. Chegou-se mesmo a facilitar tanto a questão, que bastava ser feito o pagamento segundo a avaliação feita por algum sacerdote (ver Lv 27). E, destarte, foi-se amainando o senso religioso dos votos, embora eles nunca tivessem sido descontinuados pelos judeus, até mesmo no caso dos apóstolos, conforme já ilustramos com Paulo. O ponto extremado a que chegaram os abusos acerca dos votos pode ser demonstrado pelo fato de que, no dia da expiação, os judeus costumavam oferecer uma prece, *kol nidre*, invalidando os votos que eles viriam a fazer no decurso do ano seguinte.

Deixando de lado o aspecto abusivo dos votos, nos dias do Antigo Testamento a obrigatoriedade dos votos era fortemente salientada, como uma significativa indicação da piedade humana e da fidelidade do povo de Deus (Sl 25.25; 50.14; 56.12; 76.11; Is 19.21; Jr 44.25; Jn 2.9; Na 1.15). Ninguém podia votar a Deus o que não lhe pertencesse. Os primogênitos, de homens e animais, bem como os dízimos do produto da terra e do trabalho eram considerados como já pertencentes a Deus, e não podiam ser prometidos ao Senhor (Lv 27.26-30). Um detalhe interessante é que a paga de uma prostituta ou os salários ganhos por algum prostituto cultual não podiam ser oferecidos como votos a Deus, pois eram considerados abomináveis (Dt 23.18). Essa era uma medida moralizadora extremamente necessária, tendo em vista o que sempre aconteceu no paganismo, onde a prostituição religiosa, em prol de alguma divindade, era uma constante.

VI. Votos Perversos. Jesus Cristo combateu a hipocrisia de alguns homens que, a fim de escaparem de suas obrigações para com seus pais idosos e necessitados, votavam a Deus aquilo que poderiam (mas que deixavam de dar) a eles (Mt 15.3-9; Mc 7.9-13). A grande diferença entre os votos veterotestamentários e a dedicação cristã é que os primeiros eram uma obrigação passageira, que nunca envolvia a outorga do próprio coração e da alma aos cuidados do Senhor, ao passo que a dedicação cristã sempre envolve uma relação vital com Cristo e sua cruz (Mt 16.24; Rm 12.1,2; 1Co 6.20; 1Pe 1.15-19). Cumpridos os votos feitos, a pessoa se sentia livre de qualquer compromisso; em contraste, o crente nunca se sente desobrigado de dedicar toda a sua vida, em todos os seus aspectos, ao Salvador. A dedicação cristã, pois, está muito mais próxima, do que os votos do Antigo Testamento, do espírito do mais importante dos mandamentos: *Amarás o Senhor teu Deus de todo o teu coração, de toda a tua alma, e de todo o teu entendimento. Este é o grande e primeiro mandamento* (Mt 22.37,38). Ver também o artigo intitulado *Adoração*.

VOZ

Esse vocábulo é usado de muitas maneiras na Bíblia, como o som dos instrumentos musicais (2Sm 15.10; Mt 24.31), o som feito pela água (Ez 1.24; Ap 1.5), o ruído feito pelas multidões (Is 13.4; Ap 19.1), o ribombar do trovão (Sl 68.34; Ap, 19.6), o rufar de asas (Ez 1.24), o barulho feito pelos cavalos e pelas carruagens (Ap 9.9), o moer das pedras de moinho (Ap 18.22), o cântico dos pássaros (Ec 12.4), o estalido dos espinhos que queimam (Ec 7.6), o clamor dos animais (Jó. 4.10), o rumor da fama (Gn 45.16).

A Voz de Deus. Essa voz pode indicar o som audível em uma teofania (1Rs 3.4-21); a misteriosa voz que sai das chamas (Dt 4.12). Também pode estar em pauta qualquer revelação, incluindo um ciclo não articulado (1Rs 19.12).

Na teologia judaica posterior, encontramos menções ao *bath qol*, literalmente, "filha da voz", ou seja, a voz mística que vem de parte nenhuma e revela algo acerca da vontade de Deus. Os trechos bíblicos de Daniel 4.31, Mateus 3.16 e Atos 9.4 são considerados incidentes escriturísticos desse fenômeno. Ver sobre *Bath Kol (Qol)*, onde a questão é descrita detalhadamente.

VULGATA

Ver *Bíblia, versões da,* segunda seção, ponto sexto; *Vulgata Latina* (Antigo Testamento e Novo Testamento, segunda seção, oitavo ponto, *Vulgata Latina*).

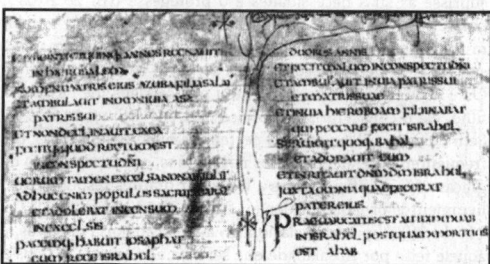

WADI

Um vale ou ravina que fica seco exceto durante a estação chuvosa; também o riacho que por ali corre. A palavra é árabe, mas tornou-se um termo técnico entre os estudiosos, para indicar essa conformação geográfica.

WARREN, CANAL (ESCAVAÇÃO) DE

Uma das mais interessantes descobertas arqueológicas, relacionadas à cidade de Jerusalém, foi o engenhoso sistema subterrâneo que supria água à cidade. De fato, essa fonte de água potável foi a única que Jerusalém teve, até o século XIX.

Ao estabelecer a sua capital, Davi escolheu Jerusalém, contígua ao vale do Cedrom, porquanto ficava perto da fonte de Geom, que prometia ser um manancial permanente de água, importantíssimo em uma terra árida. E, a fim de proteger esse suprimento de água, dos ataques de inimigos, ele planejou um impressionante sistema subterrâneo, e uma maneira de armazenar a água canalizada desde a fonte de Geom. Em períodos de assédio, por parte de exércitos inimigos, visto que a água era trazida para o interior da cidade por meios subterrâneos, não lhe faltaria o precioso líquido, sem importar quais dificuldades os seus habitantes tivessem de experimentar.

Davi mandou escavar um túnel horizontal, em plena rocha, com 33,5 m sob a cidade. Esse túnel levava a uma perfuração vertical, com 12,80 m de alto a baixo. A água proveniente da fonte de Geom corria primeiramente por um canal, em seguida descia pela perfuração vertical e, finalmente, escoava pelo túnel horizontal. Mediante esse elaborado sistema, a água era levada até a cidade, no interior de suas muralhas. No fundo da perfuração vertical também havia um depósito de água, até onde era possível as pessoas se aproximarem, por meio do túnel. Os geólogos determinaram que a perfuração vertical não fora feita pelo homem. Antes, era uma falha geológica natural, que ali já existia, quem sabe desde quando? Davi, pois, incorporou essa perfuração natural em seu sistema subterrâneo. Ele conquistou Jerusalém, até então pertencente aos jebuseus, penetrando pelo túnel horizontal que levava diretamente da fonte ao interior da cidade. Porém, uma vez tendo incorporado a fenda natural ao sistema fornecedor de água, nenhum inimigo era capaz de repetir o ato. A fenda precisou ser desimpedida, o que os engenheiros fizeram com grande técnica. Essa perfuração foi descoberta pelo arqueólogo Charles Warren, em 1857, o que explica o nome da escavação.

Atualmente, os visitantes da cidade podem percorrer o túnel com três mil anos de antiguidade, que leva até a fenda natural. Pode-se ouvir as águas provenientes da fonte de Geon fluindo pelas paredes da fenda, até o fundo. Salomão, por sua vez, ampliou ainda mais o sistema, formando o poço de Siloé. Ezequias (aí por volta dos fins do século VIII a.C.), ampliou o sistema com o chamado túnel de Ezequias, que tem quase 460 m de extensão. Esse túnel continua intacto até hoje. A parte construída por Davi forma, atualmente, um local muito interessante da cidade de Davi (vide), que ainda recentemente foi franqueada aos pesquisadores e arqueólogos.

Quanto a uma possível referência bíblica à Fenda de Warren, ver o trecho de 2Samuel 5.8. Diz ali a nossa versão portuguesa: *Davi naquele dia mandou dizer: Todo o que está disposto a ferir os jebuseus suba pelo canal subterrâneo e fira os cegos e os coxos...* Esse canal fica na colina sudeste, cujo sopé começa nas proximidades da fonte de Geom e data de tempos pré-israelitas.

Quanto coube a Davi construir no *canal horizontal*, e quanto ele já achou feito, é algo que minhas fontes informativas não esclarecem.

WESLEY, JOÃO (1703-1791)

João Wesley nasceu na residência paroquial de Epworth, Lincolnshire, Inglaterra, sendo o décimo quinto filho do pastor Samuel e de Susana Wesley. Junto com seu irmão mais velho, Carlos (um profícuo autor de hinos), ele liderou o reavivamento evangélico do século XVIII, particularmente com seu movimento metodista.

Wesley foi criado numa família com profundas convicções religiosas. Seus pais tinham se distinguido como puritanos não conformistas. Seu pai, quando jovem, fora educado em academias de dissidentes religiosos antes de haver decidido retornar para a igreja estabelecida e frequentar o *Exeter College*, em Oxford. Susana Wesley, por sua vez, teria sido, como o foi, a esposa e mãe cristã exemplar em qualquer lugar e época.

Em 1714, quando não havia ainda completado 11 anos, João deixou o lar, indo para uma escola do tipo internato em Charterhouse, em Londres, (1714). Em 1720, iria para a escola da *Christ Church*, em Oxford, em 1720, formando-se no curso médio em 1724, e no superior em 1727. Não decidiu "tornar a religião o negócio de sua vida" senão em 1725. Essa foi sua conversão religiosa e moral, não menos real ou importante que sua conversão evangélica, treze anos mais tarde. Nesse mesmo ano de 1725, era ordenado diácono e, no ano seguinte, eleito conselheiro do *Lincoln College*. Pela influência de um "amigo religioso", Wesley foi levado a ler os escritos de Thomas à Kempis (ver *Imitação de Cristo*), Jeremy Taylor (1613-67) e mais tarde William Law. No verão de 1727, deixava Oxford para servir como cura junto a seu pai, ministro, em Wroot, onde foi ordenado presbítero, em 1728.

Em 1729, Wesley retorna a Oxford a pedido do *Lincoln College* e logo se torna o líder espiritual de um pequeno grupo de estudantes, que seu irmão Carlos havia reunido. Esse grupo, cognominado de "Clube Santo" por outros estudantes, viria a ser conhecido mais tarde como "os metodistas", por serem rigorosamente metódicos em seus estudos, reuniões de culto, atividades, etc. Estudavam o grego do NT, numerosas obras teológicas condensadas e obras devocionais; jejuavam duas vezes por semana, participavam do sacramento da comunhão todas as semanas, e regularmente visitavam os doentes ou presos.

Após a morte de seu pai, em 1735, João e Carlos, deixando Oxford, partiram em viagem para a Geórgia, colônia inglesa na América. Os dois principais benefícios resultantes de sua breve missão ali foram o contato com um grupo de crentes morávios alemães e uma nova prática de dar instrução religiosa especial a pequenos grupos, a maioria constituída de paroquianos compromissados, homens e mulheres. Logo depois, tendo João retornado à Inglaterra em 1738, veio a conhecer Peter Böhler, ministro morávio que enfatizava a importância da justificação somente pela fé, acompanhada da certeza da salvação e vitória sobre todo pecado conhecido. Convencido pelos argumentos das Escrituras ensinados por Böhler, do cristianismo histórico e da experiência de diversas testemunhas, Wesley começou a buscar e a pregar também a justificação pela fé somente.

Na noite de 24 de maio de 1738, durante uma pequena reunião de adoração dos morávios, na rua Aldersgate, em Londres, Wesley sentiu seu "coração estranhamente aquecido", enquanto ouvia a leitura, pelo pregador, do prefácio de Lutero a Romanos. Eruditos modernos não concordam quanto à natureza exata dessa experiência evangélica, mas a história atesta o fato de que nada em Wesley foi deixado intocado por ela. O calor de sua experiência evangélica foi unida à de seu irmão Carlos e de outro membro do Clube Santo, George Whitefield, produzindo neles a chama do reavivamento evangélico e vindo a chamar a atenção de Londres, Bristol e da imprensa britânica.

A ênfase evangélica sobre a experiência pessoal de salvação somente pela fé foi considerada uma "nova doutrina", desnecessária, pela maioria dos líderes da igreja da Inglaterra (pois eles sustentavam estar uma pessoa suficientemente salva em virtude do batismo, inclusive infantil). Igrejas estabelecidas foram fechadas para os pregadores metodistas, forçando-os a falar ao ar livre. Em abril de 1739, George Whitefield convidou João para ir a Bristol, a fim de organizar uma verdadeira multidão de novos convertidos, entre os mineiros de carvão de Kinswood, em pequenos grupos, para sua edificação e discipulado — um dos grande talentos de Wesley.

O centro da teologia metodista era o amor: o amor de Deus por todas as pessoas e a graça de Deus, disponível para todos, mediante somente a fé em Jesus Cristo para a salvação.

Essa visão da graça (preveniente) sustentava que Deus alcança toda pessoa, oferecendo um relacionamento pessoal e assegurando a cada qual a oportunidade válida de responder ao chamado. A justificação pela fé salvadora era também resultado da graça. A conversão era entendida como uma experiência em duas partes inseparáveis: justificação, em que a justiça de Cristo era atribuída (imputada) ao crente; e o novo nascimento ou regeneração, em que o Espírito Santo começava a produzir (ou comunicar) a justiça de Cristo. A graça santificadora produzia a obra do Espírito Santo na vida do crente, entre sua conversão e a morte. Wesley entendia essa atividade como tanto instantânea quanto progressiva. Por se tratar de uma obra da graça recebida somente pela fé, a santificação podia ser até instantânea. Todavia, a "santificação total" era basicamente entendida como amor por Deus e pelos outros. Assim, a santificação era o amor de Deus, dinâmico e infinito, em operação no crente, finito. Nesse sentido, a santificação nunca poderia ser uma condição estática de "perfeição absoluta" (a qual Wesley sempre negou); mas, sim, deveria ser, em qualquer sentido, sempre progressiva (ver Perfeição, Perfeccionismo).

O metodismo de João Wesley era mais do que apenas teologia. Era um novo entendimento da vida cristã, que enfatizava um relacionamento pessoal e jubiloso com nosso amoroso Pai. Esse relacionamento encontrava expressão na adoração a Deus e ação amorosa para com os outros. O amor por aqueles que estavam perdidos significava "oferecê-los a Cristo", pela evangelização. O amor pelos pobres significava preocupação social — lares para viúvas e órfãos, ambulatórios de tratamento de saúde gratuitos, ajuda em comida e vestuário, escolas, escola bíblica dominical, etc. O amor pelos recém-convertidos e demais crentes significava provisão para o discipulado — pequenos grupos de edificação; oportunidade de receber o sacramento da comunhão (até para os crentes excluídos ou desviados da igreja); Bíblias, hinários, livros de oração para crianças, de poemas sagrados e de lições e notas de estudos bíblicos; folhetos; literatura cristã para adultos (tanto teológica como devocional), inclusive uma revista mensal — ao todo, cerca de 400 publicações cristãs diferentes, durante toda a sua vida. O amor pelos outros na comunidade cristã manifestava-se em significativas e sinceras tentativas de todos de se pôr de lado os preconceitos sociais e se voltar mais para a conquista dos perdidos (Carta a um católico-romano), juntamente com um sentido ecumênico de dar e receber contribuições espirituais genuínas de todas as tradições.

O amor por todos os povos e as nações fez Wesley dizer, uma vez, que "o mundo é a minha paróquia". Suas próprias viagens evangelísticas e de cunho missionário o levaram à América, depois à Alemanha, ao País de Gales, à Irlanda e à Escócia, sem falar em seus percursos ininterruptos, a cavalo, por todo o território da Inglaterra, para pregar em todos os cantos, sob chuva ou sol, dia e noite. Durante mais de meio século, ele percorreu, como pregador itinerante, cerca de 4.000 milhas [aproximadamente 6.500 km] anualmente, pregando, ao todo, mais de 40.000 sermões. De 1769 em diante, Wesley passou a enviar novamente pregadores metodistas para a América e, após a Guerra da Independência, ordenou que prosseguissem em sua obra, formando comunidades evangelísticas de caráter local.

Os esforços pessoais de Wesley foram, sem dúvida, formidáveis. Todavia, a genialidade real de sua obra esteve em sua capacidade de saber organizar e desenvolver os talentos espirituais de outros, tanto de mulheres como de homens. Por meio de uma crescente estrutura de pequenos grupos, líderes locais e pregadores itinerantes, Wesley foi capaz de manter tanto a paixão pela evangelização como por seu fruto. Nunca perdeu de vista a necessidade de nutrir, edificar e discipular os recém-convertidos. O metodismo de João Wesley foi um verdadeiro reavivamento em adoração e cuidados pastorais e, singularmente, no entanto, significativo e incomparável produto de um forte ministério de leigos (tanto de homens quanto de mulheres), como resposta a uma teologia e pregação genuinamente evangélicas. Por João Wesley e o metodismo, espiritualidade e amor cristãos foram disponibilizados, do alto, às massas sofridas de explorados trabalhadores, esfomeados de pão, amor, humanidade e compreensão, na agitada, mas triste, revoltada e instável Inglaterra da revolução industrial que então mal começava, contribuindo, além de evidentes benefícios de ordem espiritual, para a paz, a estabilidade e a justiça social no seio do povo britânico.

(**T. R. Albin**, B.A., M.A., lente do *University of Dubuque Theological Seminary*, Dubuque, Iowa, EUA.)

BIBLIOGRAFIA. **Obras**: *Journal*, ed. N. Curnock, 8 vols. (London, 1938); *Letters*, ed. J. Telford, 8 vols. (London, 1931); *Sermons*, ed. E. H. Sugden, 2 vols. (London, 1921); *Sermons*, ed. A. C. Outler (Nashville, TN, 1984); *Works*, ed. T. Jackson, 14 vols. (Grand Rapids, MI, 1975); *Works*, ed. F. Baker et al. (Oxford, 1975-). **Estudos**: V. H. H. Green, *The Young Mr. Wesley* (London, 1961); R. P. Heitzenrater, *The Elusive Mr. Wesley*, 2 vols. (Nashville, TN, 1984); H. Lindström, *John Wesley and Sanctification* (London, 1946); A. C. Outler (ed.), *John Wesley* (New York, 1964); M. Schmidt, *John Wesley: A Theological Biography*, 2 vols. in 3 (London/Nashville, TN, 1962-1973); R. G. Tuttle, *John Wesley, His Life and Theology* (Grand Rapids, MI, 1978); L. Tyerman, *Life and Times of John Wesley*, 3 vols. (London, 1873); C. W. Williams, *John Wesley's Theology Today* (London, 1960).

WYCLIF (OU WYCLIFFE), JOHN (C. 1329-1384)

Em seus numerosos livros, Wyclif discutiu filosofia, política e teologia. Sua participação na vida política foi guiada pela doutrina do "senhorio", que expôs em *De dominio divino* [Senhorio divino] (1375) e *De civili dominio* [Senhorio civil] (1376). Deus é o supremo Senhor, mas capacitou a humanidade, na criação, com um senhorio derivativo e condicional sobre o mundo. A humanidade recebeu a mordomia [administração] da parte de Deus, mas a mordomia, dada inteiramente por graça divina, se perde se o homem cai em pecado moral, ainda que possa continuar a manter posses e exercer autoridade. Todavia, aquele que está na graça tem o direito de senhorio, ou mordomia, ainda que privado de recursos. Desse modo, à medida que a igreja se torne culpada de inumeráveis pecados, deveria perder seu senhorio, podendo o Estado tirar-lhe os bens e riquezas.

O interesse na teologia de Wyclif, como se pode observar, está, sobretudo, em sua notável similaridade com o pensamento dos posteriores reformadores protestantes. A mais admirável dessas similitudes se encontra em sua atitude para com as Escrituras. Conforme afirma em sua obra *De veritate Sacrae Scripturae* [A verdade sobre as Escrituras Sagradas], elas procedem "da boca de Deus". São a verdade eterna sob forma escrita, proporcionando, em essência, tudo o que é preciso conhecer a respeito de lei, ética e filosofia. São superiores em autoridade ao próprio papa, à igreja e ao ensino dos pais da igreja. Constituem "a lei de Deus", e seu foco total está sobre Cristo. A consideração e reverência de Wyclif à Bíblia como a suprema autoridade abaixo de Deus e Jesus Cristo no pensamento e na vida cristã são amplamente mostradas em suas inumeráveis referências a ela, mas também em sua determinação de tê-la traduzida para o idioma pátrio, o inglês, e disponível para a leitura de todos.

Tendo a Bíblia como seu escudo e padrão, Wyclif lançou crescente e forte ataque contra a riqueza, o poder e decadência da igreja. Em *De ecclesia* [A igreja, 1378], expõe que os membros da igreja são eleitos de Deus porque é a predestinação o fundamento da igreja; mas isso não significa que pessoa alguma, nem mesmo o papa, possa estar certa de sua eleição, pois a igreja visível inclui os "conhecidos de antemão", que são os reprovados também. Todos cristãos sinceros e verdadeiros têm acesso direto e pessoal a Deus e desfrutam de um sacerdócio comum.

Wyclif coloca forte ênfase no caráter moral como marca do verdadeiro cristão. A imoralidade, o desejo ardente de poder temporal e a absurda riqueza do clero o levaram a reivindicar a abolição das ordens monásticas e do papado. Elevou a dignidade do verdadeiro cristão leigo a ponto de alegar não haver necessidade de um sacerdote ordenado ministrar a santa comunhão.

Quanto à santa comunhão, rejeitou a doutrina medieval da transubstanciação (ver Eucaristia), argumentando, em *De Eucharistia* [A Eucaristia] (c. 1380), que o corpo de Cristo está apenas "oculto sacramentalmente" nos elementos. Do mesmo modo, muito antes de Lutero, condenou as indulgências (ver Mérito) e o culto dos santos, embora aceitasse que se deveria reverenciar a Virgem Maria.

Muito embora o pensamento de Wyclif fosse expresso de um modo particular de expressão medieval tipicamente escolástico, seu ensino sobre as Escrituras e a primazia da pregação, assim como sua condenação da transubstanciação e sua elevação da espiritualidade leiga, justificam chamá-lo, como alguns historiadores da igreja o fazem, de "a estrela matutina da Reforma", com a devida concessão, naturalmente, à posterior clareza e determinação maior da teologia dos reformadores.

(**R. T. Jones**, D.Phil., D.D., D.Litt., ex-reitor do *Coleg Bala-Bangor*, Bangor, Irlanda do Norte.)

BIBLIOGRAFIA. As obras de Wyclif foram publicadas pela *Wycliffe Society* of Londres, 1843ss; seleções em TI: *LCC* 14, ed. M. Spinka, *Advocates of Reform* (London, 1953).

E. A. Block, *John Wyclif: Radical Dissenter* (San Diego, CA, 1962); K. B. McFarlane, *John Wycliffe and the Beginnings of English Nonconformity* (London, 1952); J. Stacey, *Wyclif and Reform* (London, 1964); H. B. Workman, *John Wyclif*, 2 vols. (Oxford, 1926).

XERXES

No persa antigo, *xsayarsan*; no elamita, *ikseirissa*; no acádico, *hisi'arsa*. Seguindo essa pronúncia, o Antigo Testamento hebraico diz 'kshwrsh (sem as vogais, como era costumeiro), provavelmente pronunciado como *'ahshawarash*. No entanto, posteriormente, foi vocalizado com a forma de *'ahashwerosh*, o que explica a forma portuguesa Assuero (ver Et 1.1,2,9,10,15-17,19; 2.1,12,16,21; 6.2; 7,5; 8.1,7,10,12; 9.2,20,30; 10.1,3).

Os escritores gregos, dentre os quais se destaca Heródoto, grafavam o seu nome como *Ksérkes*. E é precisamente daí que se deriva o nome Xerxes, que ocorre em português, na literatura profana.

Xerxes ou Assuero sucedeu ao trono da dinastia acamenida, da Pérsia (vide), por ocasião do falecimento de seu pai, Dario, o Grande (522-486 a.C.). Sua mãe chamava-se Atossa, filha de Ciro, o Grande, o fundador do império persa. Ele foi escolhido por seu próprio pai, Dario, para ser o próximo monarca persa. O governo de Dario terminou ao mesmo tempo em que focos de rebelião explodiam por todo o seu vasto império. Entretanto, parece que a escolha não foi das mais sábias. Assuero era homem de poucas habilidades no governo, inclinado a depender, mui lamentavelmente, dos conselhos e opiniões de cortesãos e eunucos do harém. Após ter conseguido suprimir uma revolta que explodira no Egito, tendo usado de grande violência e tendo provocado muitas destruições, ele recrutou marinheiros do Egito e de seus aliados gregos, formou uma marinha de guerra, e começou a traçar planos para invadir a Ática, na Grécia atual. E os seus súditos fenícios transportaram em barcaças o seu exército, atravessando o Helesponto, mediante uma dupla fileira de barcaças. E foi dali que o imenso exército persa, formado por contingentes armados provenientes de quase cinquenta nações, marchou na direção sul e capturou a cidade de Atenas.

Entretanto, a maré da guerra mudou rapidamente de direção, quando a grande frota de navios de guerra de Xerxes foi aniquilada por ocasião da batalha subsequente de Salamina em 480 a.C. Foi nessa oportunidade que Xerxes, uma vez mais, demonstrou sua fraqueza de caráter, ao mandar executar o seu almirante fenício e provocar a deserção de suas forças navais. O comandante das forças persas que estavam estacionadas na Grécia, Mardônio, tentou negociar com os atenienses, mas sem quaisquer resultados favoráveis. A guerra prosseguiu, e as forças persas foram finalmente derrotadas, por ocasião da batalha de Plateia (479 — 478 a.C.). E os atenienses, engrossadas as suas forças com um grande número de desertores do exército persa, completaram o seu sucesso invadindo a área do rio Eurimedom, pondo fim às esperanças persas de conquistar a Europa.

Xerxes retirou-se para os seus palácios de Persépolis (vide) e de Susã (vide), que ele expandiu e decorou de acordo com um estilo colossal e superornamentado.

Para nós, evangélicos, reveste-se de grande interesse o seu entusiasmo religioso. De forma diferente de seus antecessores, ele não aceitava a validade dos arcaicos cultos religiosos do Egito e da Babilônia. Pelo contrário, extinguiu ambas essas manifestações religiosas. Inscrições de Xerxes, existentes em Persépolis, proclamam como ele destruiu os templos das falsas divindades, em todos os seus domínios, e como ele prestava fidelidade ao deus Auramazda. É bem possível que a inflexibilidade religiosa de seus súditos judeus, como também de sua própria esposa judia, Ester (vide), tenha confirmado sua aderência teimosa ao masdeísmo.

Interessante é observar que, fora dos livros bíblicos, nenhuma menção é feita a Ester ou ao povo judeu. Todavia, todos os peritos na história antiga reconhecem que os antigos anais e registros históricos tinham um caráter exclusivista e propagandístico, pelo que o que seria de surpreender é as questões internas do harém real tivessem ficado registradas nos documentos oficiais do período.

A personalidade essencial de Xerxes, conforme a mesma nos é descrita por Heródoto (suspeito para falar, devido ao fato de ter sido grego, e estar-se manifestando sobre o principal adversário dos gregos), além do testemunho deixado pelas suas próprias inscrições, apesar de tudo, é bem semelhante àquilo que podemos deduzir com base no livro de Ester, nas Escrituras Sagradas. A história mostra-nos que a carreira política de Xerxes foi o começo do colapso da dinastia acamenida, da Pérsia, o que sucedeu por ocasião das conquistas militares encetadas por Alexandre, o Grande, da Macedônia. Ver o artigo sobre *Alexandre, o Grande*. Ver também o artigo intitulado *Pérsia*. E aquele outro, chamado *Assuero*.

Y

YAHWEH

Essa é a forma vocalizada de um dos três grandes nomes hebraicos de Deus, originalmente expresso pelo *tetragrama*, YHWH. Para os israelitas posteriores, esse nome era por demais sagrado para ser proferido ou escrito: o nome inefável de Deus, o Eterno, o Eternamente Existente, de Quem todas as coisas criadas procederam. Esse nome não era pronunciado senão com as vogais dos outros dois nomes, *Adonai* ou *Elohim*. Ver o artigo geral intitulado *Deus, Nomes Bíblicos de*. Ver o artigo sobre *Jeová* que apresenta mais detalhes do que existem aqui.

Temos aí a transliteração, em letras latinas, para o português, desse que era o nome mais destacado de Deus, nas páginas do Antigo Testamento. A Septuaginta traduziu tanto esse nome de Deus, quanto um outro, *Adonai* (vide), pelo termo grego *Kúrios*, "Senhor". Portanto, no Novo Testamento quando encontramos o termo português "Senhor" sabemos que, por detrás do mesmo encontramos a palavra grega *Kúrios*; por detrás desta, dois dos nomes de Deus, no Antigo Testamento, *Yahweh* e *Adonai*. Conclusão: as Escrituras mostram-nos que Jesus Cristo, o "Senhor", é o próprio *Yahweh* e *Adonai*. Ver também sobre o verbo *Elohim*, que é o outro grande nome de Deus, no Antigo Testamento, que chegou ao Antigo Testamento português como Deus. A palavra *Yahweh* é uma vocalização de suas quatro letras consonantais, de acordo com a maneira como muitos eruditos pensavam que esse nome divino era pronunciado nos tempos do Antigo Testamento. A forma *Jeová*, por sua vez, é um erro cometido por certos cristãos do passado, resultante da combinação das consoantes de *Yahweh* com as vogais de *Adonai*. Essa forma espúria apareceu pela primeira vez, nos manuscritos de Martini, *Pugio Fidei*, no ano de 1278, publicados no século XIV. Os eruditos modernos têm divergido muito quanto à correta forma de grafar, em letras latinas, esse nome de Deus que procede do hebraico. Após muitos estudos, finalmente, chegou-se à conclusão de que a grafia mais próxima do original hebraico é *Yahweh*. E essa é a forma do nome que temos adotado neste *dicionário*.

Esse nome está vinculado à raiz hebraica do verbo *ser*. Lê-se em Êxodo 3.13,14: *Disse Moisés a Deus: Eis que quando eu vier aos filhos de Israel e lhes disser: O Deus de vossos pais me enviou a vós outros; e eles me perguntarem: Qual é o seu nome? Que lhes doei? Disse Deus a Moisés: Eu Sou o que Sou. Disse mais: Assim dirás aos filhos de Israel: Eu Sou me enviou a vós outros*. Por conseguinte, temos aí um nome revelado de Deus. E também não é esclarecido quando esse nome foi revelado. Lemos em Êxodo 6.2,3: *Falou mais Deus a Moisés e lhe disse: Eu sou o Senhor* (no hebraico, *Yahweh*). *Apareci a Abraão, a Isaque e a Jacó como o Deus Todo-poderoso; mas pelo nome, O Senhor* (no hebraico *Yahweh*), *não lhes fui conhecido*. Portanto, o nome *Yahweh* foi o terceiro dos nomes de Deus a ser revelado. O primeiro foi *Elohim*, que aparece logo no primeiro versículo de Gênesis. *No princípio criou Deus* (no hebraico, *Elohim*) *os céus e a terra*. O segundo foi *Adonai*: *Depois destes acontecimentos veio a palavra do Senhor a Abraão, numa visão, e disse: Não temas, Abraão, eu sou o teu escudo, e teu galardão será sobremodo grande. Respondeu Abraão: Senhor* (no hebraico, *Adonai*) *Deus, que me haverás de dar, se continuo sem filhos, e o herdeiro da minha casa é o damasceno Eliezer?* (Gn 15.2). Como vemos, esse segundo nome de Deus, *Adonai*, aflorou dos lábios do grande patriarca, Abraão. E o terceiro, *Yahweh*, foi revelado a Moisés, diante da sarça ardente, como acabamos de ver. Se desdobrarmos um pouco mais esse nome, então verificaremos que se a segunda porção do nome *hweh*, está vinculada ao verbo "ser"; a primeira parte do mesmo, *ya*, tem um significado exclamativo. De fato, nas línguas semíticas, esse *ya é* uma exclamação comum. Portanto, a *opinião* deste *tradutor* e coautor é que esse nome sagrado tem um significado parecido com algo que poderíamos agora explicar como: "Ah! Ele existe"

Alguns estudiosos têm contendido que *Yahweh* era, originalmente, uma deidade não-hebreia. Porém todas as conjecturas nesse sentido têm terminado não provando coisa alguma, estando alicerçadas sobre meras aparências fonêmicas. Em outras palavras, nunca houve alguma divindade pagã chamada *Yahweh*, da qual os hebreus tivessem concebido o seu Deus. Ocasionalmente porém, aparece a forma contraída desse nome, isto é, *Yah*, segundo se vê em Êxodo 15.2; 17.16, por 38 vezes no livro de Salmos e em Isaías 12.2; 26.4 e 38.11.

Patética é a tentativa de alguns de encontrarem a palavra *Yahweh* no Novo Testamento. Em que pesem tais esforços, nunca se encontrou qualquer manuscrito grego do Novo Testamento que contivesse essa palavra hebraica. Em todas as citações neotestamentárias do Antigo Testamento, onde aparecem os nomes dados a Deus no antigo pacto, sempre aparece alguma tradução grega dos mesmos, isto é: *Elohim* = *Theós* = Deus. *Adonai* = *Kúrios* = Senhor. *Yahweh* = *Kúrios* = Senhor. Vale dizer, no Novo Testamento só encontramos, como designativos de Deus, as palavras gregas *theós* e *Kúrios*. E foi este último nome que os escritores sagrados do Novo Testamento aplicaram a Jesus Cristo, mostrando assim que ele é *Yahweh* e *Adonai*, todas as vezes em que lemos a expressão "Senhor", aplicada a Jesus. Citamos apenas uma dentre centenas de passagens possíveis: *... é que hoje vos nasceu na cidade de Davi o Salvador, que é Cristo, o Senhor* (Lc 2.11).

YAHWEH-JIRÉ

No hebraico, "*Yahweh* **verá**". Ver o artigo geral sobre *Jeová*, quanto ao significado e origem desse nome. *Yahweh* pode ser encontrado em várias combinações. Quando estava prestes a sacrificar Isaque, Abraão usou o nome *Yahweh-Jiré*, ou seja: *O Senhor verá e proverá um substituto para ser sacrificado em teu lugar, ó Isaque*. Isso ocorreu no monte Moriá. Isso posto, alguns estudiosos têm insistido que essa expressão "*Yahweh-Jiré*" pode dar a entender ambas as ideias, a de *ver* e a de *prover*. Assim, *Yahweh* veria e interviria, o que serve de grande encorajamento para todos quantos nele confiam.

YAHWEH-NISSI

No hebraico, esse nome composto de Deus significa "*Yahweh*, minha bandeira". Moisés usou esse nome para comemorar a derrota dos amalequitas no deserto de Refidim. Josué foi o condutor israelita para a vitória. (Ver Êx 17.15). O nome de Deus é exibido por aqueles que trabalham para ele, e, na força desse nome, eles vencem. Moisés erigiu um altar para preservar a memória da intervenção divina em favor de Israel. Mas, não se sabe dizer se esse altar visava a receber holocaustos, ou se era meramente memorial.

YAHWEH-SHALOM

No hebraico, "*Yahweh* **é paz**". Gideão, em Ofra, usou esse nome quando Deus lhe deu a missão de libertar o povo de Israel dos midianitas, tendo recebido a promessa confirmatória da vitória, mediante milagres apropriados, e a certeza de que dali resultaria a *paz*. Ver Juízes 6.24. O Anjo do Senhor assegurou a Gideão de que ele não morreria enquanto não visse a vitória que Deus proveria, com a resultante paz e liberdade de que Israel desfrutaria. O Anjo do Senhor lhe disse: *Paz seja contigo!* (Jz 6.23). E essa saudação foi uma virtual promessa de paz para o povo de Israel.

YAHWEH-SHAMMAH

No hebraico, esse nome composto de Deus significa *"Yahweh está ali"*. Esse foi um título dado à restaurada e adornada Jerusalém do reino messiânico que Ezequiel contemplou em uma visão. (Ver Ez 48.35). O que isso indica é que, durante o reino milenar, *Yahweh* novamente fará chover o seu favor sobre Jerusalém, conferindo-lhe uma porção especial de sua augusta presença. Então, Jerusalém tornar-se á a capital religiosa e política do mundo restaurado após os desastres da Grande Tribulação. Os desígnios de Deus incluem Jerusalém, de modo todo especial no futuro. Aqueles que rejeitam as indicações literalmente proféticas dessa passagem de Ezequiel, aceitam esse nome de Deus de modo figurado, com base na presença espiritual de Deus, onde quer que ele se manifeste, sempre trazendo bênçãos, poder, prosperidade e graça especiais.

YAHWEH-TSIDKENU

Esse nome composto de Deus, no hebraico significa *"Yahweh, nossa justiça"*. (Ver Jr 23.6; 33.16). Esse nome composto de Deus só aparece nesses dois trechos do livro de Jeremias, em toda a Bíblia. Essa é uma designação do futuro Rei davídico que haverá de governar sobre a restaurada nação de Israel. O Messias é um Rei Justo, sobretudo quando se trata de prover salvação para o seu povo. Alguns intérpretes veem aqui uma indicação do fato de que ele imputa aos homens a retidão, um tema paulino, conforme se vê, por exemplo, em 2Coríntios 5.21. Em Jeremias 33.16, a alusão é à cidade-capital do futuro Rei. Sua pessoa é justa e o local de sua residência é santo.

YHWH. Ver os artigos intitulados *Yahweh* e *Jeová*.

YOM KIPPUR

Esse é o nome hebraico para **"Dia da Expiação"**. Essa festa religiosa é celebrada no décimo dia do mês de *Tishri* (setembro-outubro). Caracteriza-se por 24 horas dedicadas à oração, ao jejum e a ritos do pôr do sol ao pôr do sol. Ver o artigo geral *Festas (Festividades) Judaicas*. Ver também o artigo separado sobre o *Dia da Expiação*.

Z

ZAÃ
No hebraico, **"gordura"**. Ele foi um dos filhos do rei de Judá, Reoboão (2Cr 11.19). Viveu por volta de 960 a.C.

ZAANÃ
No hebraico, **"rica em rebanhos"**. Uma cidade que havia no território ocidental da tribo de Judá, mencionada exclusivamente em Miqueias 1.11. Ainda não foi identificada, embora, geralmente, seja considerada idêntica à Zenã referida em Js 15.37 (vide).

ZAANIM
1. Terminologia. A palavra hebraica significa "planície", "carvalho de Zaanim", que se refere, provavelmente, à árvore sagrada que marcava o local onde Jael, mulher de Heber, matou Sísera, ao enfiar uma estaca de barraca através de sua têmpora (Jz 4.11). A Septuaginta, entendendo que o hebraico significava "cortar", "decepar", translitera o nome como *Besamiein* ou *Besananim*. As versões não entendiam o hebraico com certeza alguma, nem o compreendemos nós, havendo assim adivinhações sobre o verdadeiro significado e aquilo a que ela se refere.
2. Local. Possivelmente o local que se pretendia retratar ficava na fronteira sul de Naftali (Js 19.33), próximo ao incidente da morte de *Sísera* (ver o artigo) mencionado acima. Mas, se seguirmos a Septuaginta, podemos identificar Khirbet Bessum como sendo o local que se situava cerca de 5 km a nordeste do monte Tabor. Há outras sugestões: Lejjun, entre Megido e *Tell Abu Qedes* (= Quedes?). Ou poderia ser Khan et-Tujjar, que ficava na estrada que levava de Bete-Seã e Damasco, cerca de 6 km a sudeste de Adami.

ZAAVÃ
No hebraico, **"causador de temor"**. Esse nome próprio aparece somente em dois trechos bíblicos, em Gênesis 36.27 e 1Crônicas 1.42. Algumas versões grafam o nome de forma diferente nessa última referência, isto é, *Zavã*. Nossa versão portuguesa adotou, em ambos os trechos, somente uma grafia. Ele era filho de Eser, um chefe de clã entre os horeus.

ZABADE
No hebraico, **"presente"** ou **"Deus deu"**, entendendo que Yahweh, o Deus de Israel, é aquele que dá os filhos aos pais. Este é o nome de sete pessoas no Antigo Testamento, pessoas que listo em ordem cronológica. **1**. Filho de Sutela, líder da tribo de Efraim (1Cr 7.21), de data incerta. **2**. Um filho de Natã, pai de Eflal. Ele era neto de Jara, escravo egípcio que casou com a filha de seu mestre, Sesa, um acontecimento incomum, mas não desconhecido. (Ver 1Cr 2.35, 37). Sua data é incerta. **3**. Um dos trinta grandes guerreiros de Davi, filho de Alai (1Cr 11.41), nenhum dos quais mencionado explicitamente no relato bíblico. Ele viveu em cerca de 1000 a.C. **4**. Um filho de Simeate, amonita que, com Jeozabade, filho de Sinrite, moabita, assassinou o rei Joás. (Ver 2Cr 24.23-27) para a história detalhada. A época foi em torno de 800 a.C. Esses dois matadores acabaram sendo executados pelo que fizeram, mas seus filhos foram poupados num ato de misericórdia, em obediência à lei de Moisés. (Ver 2Cr 25.3, 4 e Dt 24.16). O nome desse homem é dado como Jozacar em 2Reis 12.21. **5, 6, 7**. Esse nome também designa três homens que foram forçados a se divorciar de suas mulheres pagãs quando retornaram do exílio babilônico e passaram a habitar em Jerusalém. Havia um tipo de movimento "de volta à Bíblia" que trouxe a legislação mosaica à tona no remanescente da Jerusalém reconstruída. Ver esses homens mencionados em Esdras 10.27; 10.33 e 10.43. Sua época foi em algum momento após 450 a.C.

ZABAI
No hebraico, **"puro"** ou **"perambulador"**. Na Septuaginta, *Zabád* ou *Zaboû*. Outros estudiosos preferem pensar em uma derivação de "conceder", como um nome hipocorístico, ou uma abreviação de *zabadya*, palavra hebraica que significa "*Yahweh* concedeu". Há dois homens com esse nome, nos escritos bíblicos, a saber: **1**. Um descendente de Bebai, que se tinha casado com uma mulher estrangeira, na época de Neemias, e foi forçado a divorciar-se dela (Ed 10.28, 1Esdras 9.29); na Septuaginta o seu nome aparece com a forma grega de *Iozábdos*. **2**. O pai de Baruque. Esse Baruque trabalhou com grande empenho na reconstrução das muralhas de Jerusalém (Ne 3.20). A *Qeré* (vide) diz Zakkai, juntamente com vários manuscritos hebraicos, com a Vulgata e com a versão siríaca. Esse nome próprio também ocorre em Esdras 2.9 e Neemias 7.14, servindo de base para o apelativo Zaqueu, que aparece no Novo Testamento. Ver sobre *Zaqueu*.

ZABDI
No hebraico, **"Yahweh deu"**, ou então, na opinião de outros estudiosos, "presente de *Yahweh*". Ou então, se o nome não é hipocorístico, "meu dom" ou "meu presente". Cf. sobre o nome *Zebedeu*. Há quatro homens com esse nome, nas páginas do Antigo Testamento: **1**. Um descendente de Judá, da família de Zera, avô de Acã (Js 7.1,17,18). Alguns manuscritos da Septuaginta, e também o trecho de 1Crônicas 2.6, referem-se a ele como "Zinri", mediante a confusão dos fonemas consonantais hebraicos correspondentes ao *b* e ao *m*, além das letras correspondentes a *d* e *r*, que, no hebraico, são muito parecidas entre si. Viveu por volta de 1500 a.C. **2**. Um benjamita que, ao que tudo indica, descendia de Eúde (1Cr 8.6,19). Viveu por volta de 1300 a.C. **3**. Um dos oficiais civis de Davi, que estava encarregado *sobre o que das vides entrava para as adegas* (1Cr 27.27). Ali ele é descrito como um sifmita (vide). Viveu por volta de 1015 a.C. **4**. Um levita que era descendente de Asafe (Ne 11.17). Um descendente dele, de nome Matanias, dirigiu a oração de ação de graças, quando Jerusalém foi repovoada, já nos dias de Neemias. Em 1Crônicas 8.19, o seu nome também aparece, em uma longa lista de descendentes de Benjamim. Viveu por volta de 1300 a.C.

ZABDIEL
No hebraico, **"Deus é quem deu"**. Na Septuaginta, esse nome tem a forma de *Zabdiél*. Esse nome também pode ser interpretado como "meu presente é El (Deus)". No acádico, uma língua semítica, esse nome figura como *Zab-di-ilu*. Há três personagens do sexo masculino, nas páginas do Antigo Testamento, com esse nome: **1**. O pai de Jasobeão, um dos importantes oficiais militares de Davi, encarregado de um segmento do exército de Israel. Ele estava encarregado de operar durante o primeiro mês de cada ano, conforme se aprende em 1Cr 27.2. Ele descendia de Perez, da tribo de Judá, e, por isso mesmo, era parente distante de Davi. Viveu por volta de 1070 a.C. **2**. Um proeminente oficial (no hebraico, *paqd*, "inspetor")

dos dias de Neemias (Ne 11.14), superintendente de um grupo de sacerdotes que habitavam em Jerusalém. Ele é identificado como filho de Gedolim. Viveu por volta de 445 a.C. **3**. Um árabe que decapitou Alexandre Balas, quando este fugira para a Arábia. Zabdiel enviou a cabeça dele a Ptolomeu Filopator (1Macabeus 11.17; Josefo, *Anti.* 13.4,8).

ZABUDE

Uma forma escrita de *Zacur* (vide). No hebraico, **"dotado"**. Era filho de Natã. Era amigo e um dos principais ministros de Salomão (1Rs 4.5). Talvez fosse o mesmo homem chamado Zabade, em 1Crônicas 2.36. Viveu por volta de 1000 a.C.

ZACAI

No hebraico, **"puro"**. Entretanto, de acordo com certos estudiosos, provavelmente essa é uma forma contraída de Zacarias (vide), em cujo caso teria o mesmo significado que este, ou seja, "*Yahweh* é renomado" ou "*Yahweh* é famoso". Há dois homens com esse nome, no Antigo Testamento: **1**. O nome de uma família de exilados que retornou à Palestina, terminado o exílio babilônico (Ed 2.9; Ne 7.14). O texto paralelo no livro apócrifo de 1Esdras 5.12 dá seu nome como Corbe. Esse nome deu origem ao apelativo masculino Zaqueu (vide), e que aparece tanto no livro apócrifo de 2Macabeus (10.19) quanto no Novo Testamento. Viveu por volta de 536 a.C. **2**. O pai de *Baruque* (Ne 3.20), de conformidade com a *Qeré* (vide). Entretanto, o texto massorético, acompanhado pela nossa versão portuguesa, diz Zabai (vide, número 2). Viveu por volta de 445 a.C.

ZACARIAS

No hebraico, "*Yahweh* **lembra**", ou, como dizem alguns, "*Yahweh* **é famoso**". Esse é o nome mais popular na Bíblia, o que presumivelmente significa que era o nome mais popular entre os hebreus, ou pelo menos um dos mais populares. *Trinta* pessoas do Antigo Testamento são assim chamadas, enquanto há duas no Novo Testamento. Listo os nomes em ordem cronológica, até o ponto onde foi possível determinar.

No Antigo Testamento

1. Um membro da família de Jeiel da tribo de Benjamim, que viveu em Gibeom (1Cr 9.35, 37). Ele é chamado de *Zequer* em 1Crônicas 8.31, o que provavelmente é uma abreviação de Zacarias. Viveu por volta de 1180 a.C. **2**. Um membro da tribo de Manassés, que residia em Gileade. Foi o pai de Ido e viveu durante o reinado de Davi, por volta de 1040 a.C. (Ver 1Cr 26.10, 11). **3**. Um levita do ramo dos coatitas. Era da casa de Izar, descendente de Ebiasafe. Foi o filho primogênito de Meselemias, que trabalhou como porteiro no tabernáculo durante a época de Davi (1Cr 9.21, 22; 26.2), por volta de 1015 a.C. De interesse especial é a informação dada em 1Crônicas 26.14 de que ele era um habilidoso conselheiro. **4**. Um levita com este nome era um conhecido músico que tocava o saltério e provavelmente outros instrumentos. A música era parte importante dos cultos religiosos dos hebreus. Quando a arca da aliança foi trazida ao tabernáculo temporário de Davi, esse homem tocou seu instrumento acompanhando o passar da procissão. (Ver 1Cr 15.18, 20; 16.5). Ele viveu por volta de 1015 a.C. **5**. Este homem, do mesmo nome que o anterior, também estava presente quando a arca da aliança foi trazida ao tabernáculo temporário de Davi. Uma procissão especial acompanhava a arca da casa de Obede-Edom a Jerusalém, e esse homem tocou sua trombeta pelo caminho, celebrando a ocasião. (Ver 1Cr 15.24). Sua época foi em torno de 1015 a.C. **6**. Um levita da família descendente de Coate era assim chamado. Ele pertencia especificamente à família de Uziel, sendo filho de Isaías. Serviu no tabernáculo na época de Davi, em torno de 1015 a.C. (Ver 1Cr 24.25). **7**. Outro levita com este nome era da família mararita de sacerdotes. Filho de Hosa, trabalhava como porteiro do tabernáculo na época de Davi, por volta de 1015 a.C. É mencionado em 1Crônicas 26.10, 11. **8**. O príncipe de um povo era chamado assim. Ele tinha importante posição na tribo de Judá, sendo um mestre especial do povo na época de Josafá. Esse rei o encorajou a realizar seu ministério de ensino por causa da ignorância e dos muitos lapsos do povo (2Cr 17.7). Sua época foi em torno de 910 a.C. **9**. Um descendente de Asafe, da família de Gérson, um sacerdote (2Cr 20.14), viveu durante a época em que Josafá era rei de Judá, por volta de 896 a.C. O filho deste homem encorajou o povo a combater os moabitas que periodicamente assediavam esse povo. **10**. O quarto filho do rei Josafá (o quarto rei de Judá depois de sua separação das dez tribos, Israel) tinha esse nome (2Cr 21.2). Sua época foi em torno de 880 a.C. **11**. Filho do sumo sacerdote Joiada, era chamado assim. Esse sumo sacerdote ocupava o ofício de sacerdote na época de Joás, rei de Judá (2Cr 24.20). É provável que, depois da morte de Joiada, Zacarias assumiu seu lugar como sumo sacerdote. Ele se opunha à idolatria radical da época (cerca de 840 a.C.) e, aparentemente, vítima de uma conspiração, foi apedrejado à morte no pátio do templo, entre o próprio prédio e o altar. Pelo menos alguns supõem que ele é o que é mencionado em Mateus 23.35. O nome de seu pai, *Barquias*, pode ter iniciado à margem e finalmente ter chegado ao texto, substituindo *Joiada*, e o escriba teria confundido esse homem com Zacarias, o profeta, cujo livro de profecia faz parte dos Pequenos Profetas. (Ver Zc 1.1). Alguns estudiosos, contudo, supõem que Zacarias, o profeta, esteja em vista na referência de Jesus, embora não tenhamos observações sobre sua morte nas Escrituras canônicas. (Ver Mt 23.35 no *Novo Testamento Interpretado* para outros comentários sobre o problema de identificação). **12**. Um homem de visões e introspecção espiritual tinha esse nome (2Cr 26.5). Era um conselheiro do rei de Judá, Uzias. Sua época foi em torno de 810 a.C. **13**. Uma testemunha à validade de algumas das profecias de Isaías, filho de Jeberequias (Is 8.2). Ele foi identificado por alguns com aquele do item 17, abaixo. Sua época foi em torno de 760 a.C. **14**. O filho de Jeroboão II (ver a respeito), que se tornou rei de Israel, sendo o último membro da dinastia de Jeú. Foi assassinado por Salum em Ibleão. O assassino tornou-se rei em seu lugar (2Rs 14.29; 15.11). Zacarias reinou apenas por seis meses e morreu sob a praga que declarava que a dinastia de Jeú chegaria apenas à quarta geração (2Rs 10.30). Sua época foi em torno de 770 a.C. **15**. Um líder da tribo de Rúben que viveu por volta de 740 a.C. (Ver 1Cr 5.7). **16**. O avô de Ezequias por parte de mãe, que viveu por volta de 750 a.C. (Ver 2Rs 18.1, 2). **17**. Um levita descendente de Asafe, que viveu por volta de 730 a.C. (2Cr 29.13). Ele ajudou na purificação do templo na época de Ezequias. Alguns o identificam com o do item 13, acima, mas ninguém sabe com certeza se isto está ou não correto. **18**. Um levita da família de Coate, supervisor dos reparos no templo na época do rei Josias II (2Cr 34.12). Ele viveu por volta de 620 a.C. **19**. Um sacerdote que era personagem principal no templo na época do rei Josias (2Cr 35.8). Viveu por volta de 620 a.C. **20**. Um membro da tribo de Judá da família de Sela (Ne 11.5), que viveu por volta de 460 a.C. **21**. Um membro da tribo de Judá da família de Perez (Ne 11.4), que viveu por volta de 460 a.C. **22**. Um filho de Pasur, da tribo de Malaquias (Ne 11.12), sacerdote cujos descendentes voltaram para ajudar a reconstruir Jerusalém após o cativeiro babilônico. Sua época é desconhecida. **23-27**. Cinco pessoas da época de Esdras eram chamadas por esse nome, eu as agrupo pois sabemos muito pouco sobre elas. Todas viveram por volta de 460 a.C. Ver as referências a seguir, que fornecem os nomes de seus pais e, em alguns casos, um pouco de informações sobre algo que fizeram (Ed 8.3; 8.11; 8.16; 10.26; Ne 8.4). **28**. Um filho de Jônatas, levita, líder da casta de músicos que participou com seus talentos musicais na ocasião da dedicação do segundo templo (Ne 12.35, 36). Sua época foi em torno de 450 a.C. **29**. Um sacerdote que tocou a trombeta quando os muros de

Jerusalém foram dedicados após os exilados retornarem do cativeiro babilônico, por volta de 450 a.C. (Ver Ne 12.41). **30**. O profeta Zacarias, que escreveu o livro dos Profetas Menores chamado com seu nome. Ver os detalhes no artigo *Zacarias, Livro de*, seção II. *Autor e Unidade*.

No Novo Testamento
1. Mateus 23.35 e Lucas 11.51 referem-se a um homem (profeta) com esse nome que foi assassinado no pátio do templo, mas não é certo quem seria essa pessoa. Ver o item 11 da lista de pessoas chamadas Zacarias no Antigo Testamento. Os comentários sobre a questão de Mateus 35 no *Novo Testamento Interpretado* dão detalhes e discutem diversas opiniões sobre a identidade dos homens envolvidos. **2**. O pai de João Batista (Lc 1.5, 12, 13, 18, 21, 40, 67; 3.2). Ele era um sacerdote que pertenceu à divisão de sacerdotes de Abias (1Cr 24.10, 17-19). O Novo Testamento dá louvor à sua piedade e lealdade aos cultos a *Yahweh*. Enquanto realizava seu trabalho como sacerdote, quando foi a vez de sua companhia fazê-lo, ele recebeu uma visita angelical (Lc 1.11 ss.), que anunciou o breve nascimento de seu ilustre filho. O anjo foi Gabriel (Lc 1.19) não foi desencorajado pelo fato de que Zacarias e sua mulher estavam bem além da idade de produzir filhos. Ele ficou mudo por causa de sua descrença, e tendo sido liberado disso apenas quando nasceu seu filho João, o Batista. Quando a criança nasceu, ele escreveu as palavras "seu nome é João", que era o contrário dos planos dos outros envolvidos no caso, e repentinamente recuperou a capacidade de fala. O anjo havia dito que seu nome tinha de ser João (vs. 13). Ver este incidente descrito em Lucas (1.20 ss., especialmente os vss. 60 ss). Depois disso ele pronunciou um notável hino de louvor, inspirado pelo Espírito Santo (vss. 67 ss.) Parte desse hino contém as bem conhecidas palavras *... para aqueles que jazem nas trevas e na sombra da morte, e dirigir os nossos pés pelo caminho da paz* (vs. 79), que têm importância messiânica, claramente.

ZACARIAS, LIVRO DE

I. Caracterização Geral. Zacarias era um contemporâneo mais jovem de Ageu e os dois trabalharam na mesma época e no mesmo local (Jerusalém, por volta de 520 a.C.). Assim, é correto chamar as profecias dos dois de "livros companheiros", já que eles se uniram nos esforços de corrigir os mesmos problemas espirituais dos exilados que retornaram a Jerusalém após o *cativeiro babilônico* (ver o artigo no *Dicionário*).

O livro (profecia) de *Zacarias* é uma composição de duas seções, formato comum em livros antigos. Quando se seguia esse plano, às vezes ambas as seções eram escritas pelo mesmo autor, às vezes não. Tais livros eram construídos de forma que a parte I podia circular separadamente da parte II. Zacarias é dividido em duas partes: Parte I, capítulos 1 — 8 e Parte II, capítulos 9 — 14. Liberais acreditam que a Parte II é um tipo de compilação de artigos (a maioria deles escatológica) por um ou mais autores ou editores, enquanto a Parte I é aceita por quase todos os estudiosos como produção genuína de Zacarias, o profeta, escrita na época que ela reflete, não por um autor posterior que tinha algum conhecimento da história e a escreveu como se fosse profecia. Sob a seção II, Autor e Unidade, entro mais a fundo nos problemas de relacionamento entre as duas partes e de autoria.

Os dois profetas entregaram seus oráculos na mesma época, mas parece que Ageu morreu ou se mudou de Jerusalém. Assim, de certa forma, Zacarias deu continuidade aos trabalhos de Ageu, que os dois haviam compartilhado enquanto este ainda estava em Jerusalém. Zacarias era um entusiasta que antecipou a revolução mundial na qual a nação hebraica viria à liderança e se tornaria líder das nações. Naquela época, presumivelmente, todas as nações abraçariam a fé hebraica e judaica, isto é, o yahwismo do Antigo Testamento. Zacarias foi um sacerdote-profeta que via o mundo através desses dois olhos e combinava a ênfase ética dos profetas anteriores ao exílio com a visão maior de futuro comum aos profetas posteriores.

Zacarias foi um dos chamados *Profetas Menores*, sendo o 11º dessa fraternidade. Os outros foram Amós, Oseias, Miqueias, Sofonias, Naum, Habacuque, Ageu, Obadias, Malaquias, Joel e Jonas, totalizando então 12 pessoas. Os *Profetas Maiores* foram Isaías, Jeremias, Ezequiel e Daniel. Eles eram considerados *maiores* porque escreveram mais (suas profecias eram mais volumosas). Os profetas *menores* escreveram volumes menores. Não há nesses títulos nada de valor de comparação ou importância. Volume literário é a única referência dos dois termos.

Zacarias foi o mais messiânico e escatológico dos profetas menores e é rival até mesmo de Isaías, entre os grandes profetas. Há profecias mais messiânicas nesse livro do que em todos os outros profetas menores combinados. Nos capítulos 1.7 – 6.8, oito visões noturnas fazem uma descrição marcante sobre o futuro Messias. A segunda parte trata principalmente de questões escatológicas. Ver o esboço do conteúdo na seção V, que demonstra isso. Essa segunda parte também está recheada de referências messiânicas.

Teísmo. As visões e os oráculos garantem às pessoas que o Criador não as abandonou; que ele está presente para recompensar ou punir, conforme os homens tratam sua palavra e instruções. Contraste isso com o *deísmo*, que assume que a força criativa (pessoal e impessoal) abandonou a criação ao governo da lei natural. Ver esses dois termos no *Dicionário*.

Dentro de, ao redor de e sob os oráculos e profecias há advertências drásticas aos espiritualmente preguiçosos e indiferentes que negligenciaram seu trabalho na reconstrução do templo e de Jerusalém. Ageu contribuiu com esses trabalhos e inspirou o povo a colocar as fundações do segundo templo. O trabalho então relaxou e foi propósito especial de Zacarias fazer com que ele andasse novamente, e então até sua conclusão. Zacarias viu mais do plano divino de "longo prazo" na teocracia dos judeus que Ageu, mas eles eram membros da mesma equipe.

II. Autor e Unidade. *Zacarias* é a palavra hebraica para "*Yahweh* lembra", ou, como dizem alguns, "*Yahweh* é famoso". Este é o nome mais popular no Antigo Testamento, designando trinta pessoas. Zacarias, o profeta, era o neto de Ido, líder de uma família de sacerdotes, e filho de Berequias (Zc 1.1) Assim, era tanto sacerdote como profeta e via o mundo através desses dois olhos. Ele retornou a Jerusalém (provavelmente como criança ou jovem adulto) com os exilados do cativeiro babilônico e foi instrumental em fazer com que os exilados preguiçosos e relapsos renovassem o trabalho da construção do segundo templo, concluindo-o finalmente. Seu companheiro de tarefa foi Ageu, contemporâneo mais velho que essencialmente estava engajado no mesmo trabalho espiritual. Zacarias também foi contemporâneo de Zorobabel, governador da Jerusalém renovada, e de Josué, sumo sacerdote (Ed 5.1, 2; Zc 3.1; 4.6; 6.11). Zacarias nasceu na Babilônia, pertencia à tribo de Levi (que se tornou uma casta de sacerdotes) e assim cumpriu os ofícios de sacerdote e profeta (Ne 12.1, 4, 7, 10, 12, 16). Esdras o chama de "filho de Ido", mas ele era, mais estritamente, seu neto.

O livro foi composto ou compilado em duas partes. A Parte I (caps. 1 — 8) é universalmente reconhecida como trabalho genuíno de Zacarias, uma pessoa real que viveu por volta de 520 a.C. e entregou as profecias e instruções que são atribuídas a ele na Parte I. Alguns estudiosos chamam as profecias dessa seção de "datadas", pois sabemos a época aproximada em que foram escritas e entregues. O restante do livro, a Parte II (caps. 9 — 14), fica "sem data", pois não há evidência convincente de que foram escritas por Zacarias. Assim, temos um problema de *Unidade*. Zacarias, ou por profetas posteriores ou autores/editores. Se havia um autor envolvido, então é impossível determinar quem foi, e quando exatamente ele escreveu. O mesmo é válido se existiram mais autores. Muitas tentativas produziram "conclusões" tão diferentes que devemos questionar sua validade. Talvez sejam meramente *exposições* de temas proféticos anteriores, e não profecias novas.

Como a Parte II difere da Parte I, sugerindo diferentes autores: **1**. Embora o propósito específico para a redação do livro tenha sido encorajar os exilados retornados a terminar o segundo templo, a segunda parte do livro sequer menciona essa tarefa. Isso indica, possivelmente, que, quando foram escritos os capítulos 9 — 14, a tarefa já havia sido terminada e não era mais necessário pedir. **2**. Zacarias 9.13 menciona *Yawan* (isto é, *Iônia*), que as traduções corretamente fornecem como *Grécia*, e isto mostra que o Poder Persa havia passado e o Poder Grego (Império Grego) estava no controle quando foi escrita a segunda parte. Dificilmente poderíamos esperar que Zacarias tivesse vivido tanto. **3**. As visões e os ensinamentos éticos da Primeira Parte estão essencialmente ausentes, enquanto muitas profecias escatológicas, ou comentários sobre profecias anteriores, assumiram seus lugares. Isto sugere que o livro tenha sido concluído por outro autor ou editores/autores, usando materiais de fontes diferentes. **4**. A Parte I está em prosa, enquanto a Parte II aparece em forma poética.

Como a Parte II se assemelha à Parte I. **1**. Expressões semelhantes são encontradas, como "assim diz *Yahweh*" e "de passar através e retornar", a primeira sendo comum aos profetas, mas a segunda um tanto rara. Para a segunda, cf. Zacarias 7.14 e cf. 9.8. Em português, é ... *para que ninguém passe, nem volte.* **2**. Senhor dos Exércitos, como um dos nomes divinos, encontra-se em ambas as partes. Por outro lado, esse é um nome divino comum em todo o Antigo Testamento. **3**. A Parte II é definitivamente posterior, mas talvez Zacarias pudesse tê-la escrito, sendo que uma das principais preocupações da Parte I não mais existia. Mas ele podia ter vivido no período grego (Zc 9.13)? **4**. Sião é central, e Israel virá a dominar o cenário mundial. Este é um momento para preparar a salvação de Deus. Há um universalismo marcante: todas as nações participarão das bênçãos e da renovação da época final. Há uma necessidade de liderança decisiva. Essas épocas são encontradas em ambas as partes, mas também são comuns aos escritos proféticos posteriores do Antigo Testamento no geral.

Unidade. Se as Partes I e II tivessem sido escritas pelo mesmo autor, mesmo que demonstrassem uma progressão de tempo, então diríamos que o livro é uma unidade, não duas unidades agregadas como se devessem formar uma unidade, mas escritas por autores diferentes de épocas diferentes. A evidência parece dar apoio à ideia de que o livro consiste em duas unidades distintas, relacionadas, mas não do mesmo autor nem da mesma data. Se esse for o caso, não temos como identificar o (s) autor (es) posterior (es).

III. Data; Origem; Destino

Data. Com base na discussão da seção II, podemos concluir que a Parte I, genuinamente escrita por Zacarias, data de 520 a.C. e dos poucos anos posteriores. A data da segunda parte é posterior, pelo menos no período de dominância grega, após 350 a.C. Pelo menos parte do livro foi escrita tão tarde quanto isso, como determinado pela presença da referência à Grécia em Zacarias 9.13.

Origem. O livro foi escrito em Jerusalém, onde Ageu e Zacarias atuavam como profetas entre os exilados que retornaram do cativeiro babilônico. Pelo menos a Parte I foi escrita ali, enquanto a Parte II pode ter sido escrita em algum outro lugar, o que é impossível de determinar.

Destino. O livro foi escrito como uma exortação ao remanescente que retornou do cativeiro babilônico e deveria terminar a tarefa de construção do templo. Essas exortações obviamente se aplicariam a todo Judá, não apenas àqueles que haviam voltado a Jerusalém.

IV. Propósito. Os exilados voltaram a Jerusalém com entusiasmo, mas logo isso acabou. Trabalho duro os havia deixado cansados e eles estavam dispostos a permitir que o templo permanecesse parcialmente terminado. Além disso, eles haviam perdido zelo pela renovação do yahwismo na nova Jerusalém. O livro foi escrito para agitar o povo apático; para refutá-los por sua grande variedade de pecados e para mobilizá-los a acabar o segundo templo e estabelecer seu culto como a religião nacional. Uma atitude relaxada precisou ser substituída por fortes prioridades espirituais. O povo precisou voltar a manter um relacionamento viável de pacto com *Yahweh*, renovando os antigos *Pactos* (ver a respeito). Uma teocracia devia ser restabelecida, e o povo tinha de ter fé na restauração de todas as coisas e nações sob a liderança de Israel. O povo precisava ser entusiástico sobre a Esperança Messiânica.

V. Conteúdo

Generalização. Este é um livro de duas partes que segue um antigo formato literário.

A Parte I contém as profecias autênticas de Zacarias que podem ser datadas de cerca de 520 a.C. e poucos anos depois disso. A Parte I consiste nos capítulos 1 — 8, que contém as oito visões com alguns oráculos. Nessa parte foi inserida uma seção histórica (6.1-8), que narra a consagração de Josué como o Ramo simbólico (Messias). 7.1 - 8.23 é outra seção histórica que contém um oráculo do profeta que examina a questão de se deve haver ou não jejum para comemorar a queda de Jerusalém em 597. A Parte I está em prosa.

A Parte II é um grande discurso escatológico em poesia, que parece ser um tipo de sumário e comentário sobre temas proféticos que podem ser encontrados tanto nos Profetas Maiores como também nos Menores. Esta parte é bastante messiânica e as interpretações afirmam que ele fala tanto da rejeição como da aceitação final do Messias pelos judeus, com a subsequente renovação daquela nação e a restauração universal de todas as coisas ao redor de Israel, como a líder das nações.

Conteúdo detalhado:
Parte I
Introdução. 1.1-6: Rechaço da apatia e do pecado
I. *Oito Visões Noturnas* (1.7 - 6.8)
  1. Os cavalos (1.7-17)
  2. Os quatro chifres e os quatro ferreiros (1.18-21)
  3. Jerusalém é medida (2.1-5)
  4. O sumo sacerdote acusado por Satanás é justificado por Deus (3.1-10)
  5. O castiçal de ouro e as sete lâmpadas (4.1-14)
  6. O rolo voador (5.1-4)
  7. A mulher e a efa (5.5-11)
  8. Os quatro carros (6.1-8)
Duas Seções históricas
  1. A consagração de Josué, um tipo de Messias (6.1-8)
  2. Um oráculo sobre se a queda de Jerusalém deve ser lembrada com jejum (7.1 — 8.23)
Parte II
II. *Dois Obstáculos* (mensagens pesadas) (9.1 — 14.21)
  1. O primeiro advento do Messias: sua rejeição (9.1 — 11.17)
  2. O segundo advento do Messias: seu triunfo (12.1 — 14.21)
Através do ofício do Messias, haverá restauração generalizada de todas as nações sob a liderança de Israel. O yahwismo, afinal, triunfará. Os propósitos universais de Deus serão alcançados.

ZACUR

No hebraico, **"preocupado"**, **"lembrado"** (como por *Yahweh*, que deu a ele sua vida). Este é o nome de dez pessoas do Antigo Testamento, que listo em ordem cronológica. **1**. Pai de Samuá, um representante (líder) da tribo de Rúben, escolhido como um dos espiões para espreitar a Terra Prometida e ver se Israel seria capaz de dominar a Palestina (Nm 13.4). Sua época foi em torno de 1500 a.C. **2**. Filho de Misma, da tribo de Simeão. Em Gênesis 25.14 e em 1Crônicas 1.30, *Misma* é um nome ismaelita, portanto a família pode ter tido origem hebraica-árabe. Os hebreus e os árabes descendiam de Abraão e, embora houvesse hostilidade desde o início, casamentos mistos não eram incomuns. **3**. Um dos quatro filhos de Merari por Jaazias, mas alguns masculinizam esse nome e fazem dele o pai do homem, e dele um descendente de Merari (1Cr 24.27). Sua época foi em torno de 1015 a.C. **4**. Um levita descendente de Asafe que serviu na época de Davi como cantor. Davi, ele mesmo músico, promoveu com entusiasmo o ministério de música nos cultos a *Yahweh*. Sua época foi em torno de 1015 a.C. (Ver 1Cr 25.2, 10). **5**. Um homem com esse nome estava entre os exilados que retornaram do cativeiro babilônico com Esdras (Ed 8.14), que é chamado de Zabude em uma anotação marginal naquele local. Ele foi descendente de Bigvai, que viveu por volta de 580 a.C. **6**. Um cantor do segundo templo que havia retornado do cativeiro babilônico com Esdras. Casado com uma mulher estrangeira na Babilônia, foi forçado a divorciar-se dela, pois Esdras estava tentando purificar os cultos de *Yahweh* de acordo com a legislação mosaica. Ver 1Esdras, que menciona esse homem na lista paralela a Esdras 10.24, onde ele não é mencionado. Sua época foi em torno de 586 a.C. **7**. Um homem que retornou do cativeiro babilônico, descendente distante de Asafe, um levita. Ele foi um cantor do segundo templo, dando continuidade à profissão sagrada de sua família (ver Ne 12.35). Sua época foi em torno de 450 a.C. **8**. Um filho de Inri, membro do remanescente que retornou do cativeiro babilônico com Neemias. Ele ajudou na reconstrução dos muros de Jerusalém (Ne 3.2). Sua época foi por volta de 445 a.C. **9**. Hanã, tesoureiro do segundo templo, na época de Neemias (c. 445 a.C.), foi descendente de um homem chamado de Zacur (Ne 13.13). **10**. Outro Zacur foi um homem que assinou o pacto de Neemias, que regeu a conduta e as intenções do povo para a promoção da reconstrução de Jerusalém e para o culto do yahwismo. (Ver Ne 10.12). Sua época foi em torno de 445 a.C.

ZADOQUE

No hebraico, *Justo*, o nome de sete pessoas no Antigo Testamento, que listo em ordem cronológica. **1**. Zadoque, filho de Aitube, da família de sacerdotes de Eleazar, filho e sucessor de Arão. Os sacerdotes tinham de vir da linhagem de Arão, enquanto os levitas poderiam ser de vários ramos do clã de Levi. A família de Arão era, portanto, tanto levítica como sacerdotal. Quando Davi triunfou e assumiu o poder, o fiel Zadoque tornou-se um dos sumos sacerdotes juntamente com Abiatar. Ele continuou como sumo sacerdote sob Salomão (1Rs 4.4; 1Cr 29.22). Zadoque apoiava Davi há muito tempo, unindo-se a ele durante o exílio quando Absalão se revoltou contra seu pai. Ele se uniu a Davi em Hebrom (1Cr 24.3). Ele levou consigo muitos outros que apoiavam Davi, o que ajudou o rei contra seu filho Absalão, quando este tentou derrubar o pai do trono. Davi, por muito tempo, teve de fugir, mas a lealdade de Zadoque para com ele nunca falhou. Depois de Absalão ter sido morto pelo temeroso general matador Joabe, Davi pediu a Zadoque e a Abiatar que tentassem unir Israel sob sua liderança como rei. Eles obtiveram êxito nesse esforço e foram recompensados sendo transformados em sumo sacerdotes. (Ver 2Sm 15.35; 36; 19.11). Zadoque apoiou Salomão como sucessor de Davi, enquanto Abiatar favoreceu outra escolha. Assim, depois de Salomão ter assumido, indicou Azarias, um dos filhos do primeiro, como sumo sacerdote. Daquele momento até os macabeus, oito séculos, os descendentes de Zadoque foram os únicos candidatos legítimos para o ofício de sumos sacerdotes. Para uma demonstração disso, ver as referências a seguir (2Sm 8.17; 15.24-36; 17.15; 18.19, 22; 19.11; 1Rs 1.26; 1Cr 6.8; 15.11; 2Cr 31.10; Ed 7.2; Ez 40.46; 43.19; 45.14; 48.11). **2**.

Na genealogia dos sumos sacerdotes em 1Crônicas 6.12, houve um segundo Zadoque, também filho de Aitube (como foi o caso do Zadoque original, número 1). Essa pode ser uma referência real, sendo que esses nomes eram repetidos, ou pode ter sido um erro do escriba ou mesmo um erro primitivo (isto é, do original). Talvez Josefo estivesse correto quando chamou esse homem de *Odeas* (*Ant.* x.8.6). Esse "Zadoque" viveu em por volta de 940 a.C. **3**. O pai de Jerusa, que foi mulher do rei Uzias. (Ver 2Rs 15.33; 2Cr 27.1). Esse homem foi avô do sucessor de Uzias, Jotã. Viveu por volta de 770 a.C. **4-7**. O nome *Zadoque* aparece quatro vezes no livro de Neemias. Talvez estejam em vista quatro pessoas, mas pode haver apenas duas. Um deles é o filho de Baaná (Ne 3.4) e a outra, o filho de Imer (3.29). Os outros dois poderiam ser repetições desses primeiros. De qualquer forma, o filho de Baaná estava envolvido com o reparo do muro de Jerusalém após o término do cativeiro babilônico (3.29). O filho de Imer foi um sacerdote que também ajudou a reparar o muro. Temos então um Zadoque que selou o pacto com Neemias, que pode ter sido uma pessoa separada, ou um dos outros já mencionados. Então havia um tesoureiro do segundo templo chamado dessa forma (Zc 13.13), que pode ter sido uma pessoa separada ou uma dessas já mencionadas. Essas pessoas viveram por volta de 450 a.C.

ZADOQUITAS, FRAGMENTOS

Ao final do século XIX, um estudioso judeu-americano descobriu algumas páginas sobreviventes de duas cópias medievais de um tratado sectário judeu. O material estava no muro da Sinagoga de Ibn Esdras. Essas páginas faziam parte de uma descoberta maior que preenchia trinta pilhas. Os fragmentos zadoquitas provavelmente remontam ao primeiro século a.C. Talvez os autores do material pertencessem a uma seita de saduceus formada pelos denominados dositeus. Os escritos são chamados de "sectários", pois foram produzidos por esta seita, que não fazia parte do judaísmo principal. Eles jogaram um pouco de luz no período entre o Antigo e o Novo Testamento. Há muitas corrupções linguísticas, provavelmente devido ao fato de esta representação do documento original ter sido copiada no Egito. O material contém exortações à retidão, amplamente baseadas nos textos do Antigo Testamento. Um dos fragmentos inicia com uma paráfrase de Isaías 5.17. Além disso, há liturgia, incluindo hinos que eram usados em louvor público. Grande parte do material encontra-se em forma poética. A apostasia é recusada pelo fato de a apostasia do santuário (templo de Jerusalém) ter sido abandonado por Deus. Ainda assim, os filhos de Zadoque são elogiados por serem fiéis ao pacto, revelando-se os verdadeiros eleitos de *Yahweh*. A história é chamada de "cíclica", com as forças do bem e do mal alternando-se como poderes dominantes. Um item interessante é o Professor dos Retos, que também é chamado de o "Professor" ou "Equipe". Como essa pessoa é mencionada estando associada aos "últimos dias", ela incorporou uma característica messiânica. Mas não há motivo para supor que os cristãos tenham tomado por empréstimo a ideia de elaborar o ofício messiânico de Jesus. Além disso, parece que mais do que uma pessoa estava envolvida no conceito de "Professor". Então, esse Professor (no singular ou no plural) tinha a tarefa de deixar a *Torá* (ver a respeito) mais clara para as pessoas. Há uma semelhança marcante entre esse material e os fragmentos dos Manuscritos do mar Morto, particularmente o chamado *Rolo de Guerra*. As citações e usos bíblicos aproximam-se mais dos textos hebreus dos Manuscritos do mar Morto e certamente têm datas anteriores aos textos massoréticos hebreus padronizados. Ver o artigo *Massora* (*Massorah*); *Texto Massorético* na *Enciclopédia de Bíblia Teologia e Filosofia*. Esse fato é de valor para crítica textual do Antigo Testamento, mostrando que o texto massorético é um tipo de padronização da Bíblia hebraica, não um que seja quase original.

Não é para menos que esse material se pareça com os Manuscritos do mar Morto. Alguns pequenos fragmentos de zadoquitas foram encontrados entre os manuscritos achados em Qumran. Essa circunstância mostra-nos que a data para os fragmentos dos zadoquitas deve ser posicionada em algum outro ponto no primeiro século a.C. Além disso, talvez a seita (dos dositeus), se não fizesse parte da seita dos essênios, no mínimo teve alguma forma de relação com eles. Pelo menos podemos afirmar que o documento zadoquita estava na biblioteca essênia, independentemente de ter sido produzido por tal seita. O trabalho é anterior aos Talmudes, apresentando muitas leis rígidas relacionadas à Torá, mas sem as longas adições características da tradição talmúdica. A seita que produziu esses materiais era bastante legalista e rígida, e cultivava grande respeito pelos cultos judeus centralizados no templo, quando o local não era apóstata, em sua avaliação. A seita recusou o templo, mas preservou seus rituais de forma simbólica em seus próprios cultos.

ZAFENATE-PANEIA

Esse nome, que vem diretamente do egípcio, de acordo com os especialistas, quer dizer "fornecedor do nutrimento da vida", o que concorda perfeitamente com o fato de que José evitou que os egípcios e muitos outros em derredor morressem de inanição, durante os sete anos de fome que houve no mundo antigo, naquelas regiões; ver Gênesis 41.45.

Alguns estudiosos pensam que o Faraó que deu essa alcunha a José foi o monarca hicso Afofis, que só aparece nas páginas da história secular, por esse nome. Ver também o artigo intitulado José. Na Septuaginta, esse nome aparece com a forma de *Psonthomphanēks*. O nome, em português, passou através da forma hebraizada.

Outros estudiosos, reconhecendo tudo quanto dissemos acima, opinam que ninguém sabe o sentido exato dessa palavra, no egípcio. Josefo (*Anti*. 2.6,1), que foi um grande historiador e militar judeu, que viveu na época dos apóstolos de Cristo, interpretava essa palavra como "revelador de segredos". Mas, a explicação mais geralmente aceita entre os peritos é a de G. Steindorff, (ZAS 27 (1899), p. 41,42; idem, 30 (1892), p. 50-52), que interpretava a palavra com o sentido de "o deus fala e ele vive"; ou então: "o deus disse: ele viverá". Uma outra opinião também respeitada é a de E. Naville (JEA 12 (1926), p. 16-18), que asseverava que Zafenate-Paneia não é um nome próprio, mas um título, com o sentido de "chefe do colégio sagrado dos mágicos". Várias outras interpretações têm sido aventadas, todas elas rejeitadas pelos estudiosos, por lhes faltarem alicerces linguísticos autênticos.

Uma das interpretações mais interessantes que reservamos propositalmente para o fim, é a de Kitchen, em sua obra *The Joseph Narrative and its Egyptian Background*. De acordo com ele, Zafenate seria a maneira hicsa, passando pelo hebraico, de se dizer "José; *pNaeia*" corresponderia a um bem conhecido nome próprio do período de dominação hicsa no Egito, *Ipanque*. Ao passar pelo hebraico, e daí para o português, acabou com a forma de "Paneia". Se Kitchen está com a razão, então a interpretação do nome seria: "José, apelidado Paneia". E teríamos um fenômeno que reaparece por várias outras vezes na Bíblia, como os casos bem conhecidos de Simão, a quem Jesus apôs a alcunha de "Pedro", ou os de Tiago e João, a quem o Senhor apodou de "Boanerges". (Ver o trecho de Marcos 3.16,17). Se fosse indagada a opinião deste co-autor e tradutor, eu diria que minha favorita é a interpretação de Kitchen. Mas ninguém me pergunte o que significa "Ipanque" — ninguém sabe!

ZAFOM

Alguns eruditos dão a esse nome o sentido de "oculta". Outros preferem pensar na significação "norte". Na Septuaginta aparecem as formas gregas transliteradas *Saphán* e *Saphón*. Zafom era uma cidade que ficava a leste do rio Jordão, no território da tribo de Gade (Js 13.27). Mui provavelmente, ela também é aludida em Juízes 12.1, onde nossa versão portuguesa também diz "Zafom", embora outras versões e traduções digam "para o norte", onde se lê *Então foram convocados os homens de Efraim, e passaram por Zafom, e disseram a Jefie*: ... Houve, então, uma batalha, na qual os efraimitas foram derrotados (ver Js 12.4). Alguns estudiosos pensam que essa versão portuguesa diz "Atrote Sofã", mas onde outras versões separam "Atrote" de "Sofã".

Zafom também aparece nos registros históricos egípcios da XIX dinastia, sob a forma de *dapuna*; também em uma das cartas de Tell el-Amarna, aparece com a forma de Sapuna. Ver sobre as *Cartas de Tell el-Amarna*. Nessa carta, uma princesa, que se intitulava "a dama dos leões", buscou ajuda do Faraó, a fim de repelir invasores. E alguns estudiosos têm conjecturado que o nome Zafom talvez indique que houve tempo em que ali havia um santuário dedicado a Baal-Zefom (vide). No entanto, visto que Baal-Zefom parece significar "senhor do Tifão", outros eruditos não percebem qualquer conexão possível entre Zafom e Baal-Zefom.

Várias identificações têm sido propostas como localizações modernas, como com o Tell es Sa'idíyeh (ver sobre *Zeredá*) ou o Tell el Qos, este último no lado norte do *wadi* Rajeb. Ambos esses locais dominam a vista do vale do rio Jordão, e ambos ficam a certa distância dos vaus do Jordão. (Ver Jz 12.5).

ZAIR

No hebraico, **"pequena"**. Outros estudiosos preferem "lugar estreito" como o significado desse vocábulo, visto que se trata de uma palavra derivada do termo mencionado somente no trecho de 2Reis 8.21, como a cena da batalha entre a tribo de Judá e um estado dependente insubmisso, Edom. Jorão liderou as suas tropas contra o rei dos idumeus e obteve a vitória, mas permitiu que tantos idumeus escapassem, que nunca mais Edom foi subjugado pelos israelitas.

A identificação desse vale nunca foi comprovada, mas o fato de que a Septuaginta traduziu esse nome pelo termo grego *Seior* tem levado alguns estudiosos a pensarem em uma antiga forma do nome moderno si'ir. O termo hebraico é muito impreciso, referindo-se tão somente à largura ou circunferência do lugar, de tal maneira que se torna impossível qualquer localização mais exata do local.

ZALAFE

No hebraico, ou **"purificação"**, conforme alguns estudiosos, ou **"alcaparreira"**, segundo outros eruditos. Esse era o nome do pai de Hanum, que ajudou Neemias a reparar as muralhas de Jerusalém (Ne 3.30). Ele viveu por volta de 445 a.C.

ZALMOM

No hebraico, **"terraço"** ou **"subida"**. É nome de uma pessoa e dois montes, nas páginas do Antigo Testamento: **1.** Um aoíta, um dos heróis de Davi, que figurava entre os "trinta" (2Sm 23.28). Ele é chamado Ilai, em 1Crônicas 11.29. **2.** Um monte perto de Siquém, onde Abimeleque e seus homens cortaram madeira para incendiar o forte de Baal-Berite (Jz 9.48). Não tem sido identificado embora alguns estudiosos pensem que há razões para pensar em um pico do monte Gerizim (vide). **3.** Um monte ou uma região, mencionado somente em Salmo 68.14, onde o Senhor, aparentemente, dispersou inimigos de Israel, por meio de uma nevasca. Todavia, a passagem é obscura, não se sabendo com certeza o que o salmista tinha em mente.

ZALMONA

No hebraico, **"escura"**, **"melancólica"**, embora outros estudiosos prefiram pensar em sentidos como "terraço" ou "subida". Esse era o nome do primeiro acampamento dos israelitas, depois de terem partido do monte Hor (Nm 33.41,42). Provavelmente, essa localidade ficava a leste de Jebel Harun, em Bir Madhkur, nomes topográficos modernos da região.

ZALMUNA. Ver o artigo *Zeba e Zalmuna*.

ZAMOTE

Forma que aparece, em algumas versões estrangeiras, do nome próprio *Zatu* (*vide*).

ZANOA

No hebraico, **"distrito truncado"**, conforme pensam alguns eruditos. Outros preferem dizer que não sabem o que a palavra significa. Esse era o nome de duas cidades e de uma pessoa, nas páginas do Antigo Testamento, a saber: **1**. Uma cidade da região montanhosa de Judá (Js 15.55-57, cf. também 1Cr 4.18), talvez a moderna Khirbet Zanuta, a quase dezoito quilômetros a sudoeste de Hebrom; e mais provavelmente ainda, a moderna Khirbet Beit *Amra*, no *wadi* Abu Zenah, cerca de um quilômetro e meio a noroeste de Yatta (Js 15.55, *Jutá*). Peças de cerâmica encontradas à superfície do solo sugerem uma ocupação tardia, embora também possa ter havido alguma ocupação humana mais antiga. **2**. Uma cidade antiga da Sefelá (*vide*), região alocada por Josué à tribo de Judá (Js 15.34). De acordo com certos estudiosos, ficaria perto de Adulão e Dã, e atualmente se chamaria *Zanua*, no *wady* Ismail. Entretanto, nem todos os estudiosos concordam com isso. Terminado o exílio babilônico, Zanoa tornou-se um dos centros onde se estabeleceram os exilados que retornavam (Ne 11.30). Quando Neemias lançou-se ao projeto de reconstrução das muralhas de Jerusalém, os homens de Zanoa, sob a liderança de um certo Hanum, tornaram-se os responsáveis pelos reparos da porta do Vale (Ne 3.13). As cidades de Laquis (vide) e de Azeca (vide) ficavam nas proximidades, de acordo com outros estudiosos. Assim sendo, o local deveria ser identificado com um dentre os muitos cômoros existentes na mesma área geral, como, por exemplo, a Khirbet Zanu', cerca de cinco quilômetros a sul-sudeste de Bete-Semes. A Khirbet Zanu' fica em uma colina que é cortada por vales nas direções leste, oeste e norte. Restos de cerâmica apontam para uma ocupação que vem desde os tempos dos reis de Israel até os tempos árabes. Somente "escavações arqueológicas, que ali não foram feitas ainda, poderiam mostrar se houve ou não ocupações humanas ainda mais antigas. **3**. Um dos membros da família de Calebe, filho de Jefuné (1Cr 4.18). Não obstante, outros eruditos preferem pensar que se trata de alguma localidade geográfica, e não de uma pessoa. Nesse caso, o fim desse versículo, que diz: ... *Jecutiel, pai de Zanoa*, seria "pai", não no sentido de ter sido o genitor de uma pessoa, e, sim, o "fundador" de uma localidade com esse nome.

ZANZUMINS

No hebraico, **"poderosos"**, **"vigorosos"**. Na verdade, esse nome deriva-se do amonita. Os amonitas assim se referiam ao povo chamado "refains", pelos israelitas, dentro da narrativa da conquista militar da terra de Canaã. Ver o artigo intitulado *Refains*. Esse vocábulo, zanzumins, ocorre somente no trecho de Deuteronômio 2.20. Na Septuaginta a palavra é grafada como *Zouzommin*. No versículo seguinte, do mesmo livro de Deuteronômio, aparecem as seguintes palavras descritivas: ... *Povo grande, numeroso e alto como os enaquins: o Senhor os destruiu diante dos amonitas; e estes, tendo-os desapossado, habitavam no lugar deles...*

Nossa versão portuguesa, acompanhando outras traduções, traduz erroneamente o termo hebraico *raphah* como "gigante", quando, na realidade, significa "temível". (Ver 2Sm 21.16,18,20,22). Isso segue uma tradição "rabínica", pelo que "gigante" é uma interpretação, e não uma tradução. E isso significa que os zanzumins também não eram os verdadeiros "gigantes", mas tão-somente um povo formado por pessoas vigorosas e altas. Ver o artigo intitulado *Gigantes;* ver também sobre *Zuzins*, que já pertencia a outra raça.

No tocante aos amonitas, não se sabe muita coisa sobre eles (ver o artigo intitulado *Amonitas*), exceto que, mui provavelmente, eles eram semitas, de uma cultura bastante parecida com a dos moabitas incluindo o idioma. Afinal, eles também eram aparentados dos israelitas, porquanto o mais ancestral deles era Ló, sobrinho de Abraão (ver Gn 19.38). Os amonitas viviam na área da Palestina central, a leste do rio Jordão e a nordeste do mar Morto, em redor da cidade que atualmente se chama Aman, capital da Jordânia. As terras pertencentes aos amonitas haviam pertencido aos refains, que também são mencionados em textos econômicos ugaríticos de Ras Shamra.

Somente uma etimologia especulativa pode ser dada ao vocábulo *zanzumins*, embora seja possível que essa palavra represente a tentativa de imitar a fala estrangeira deles, mais ou menos da mesma forma que funciona o termo grego *bárbaroi*, aplicado a todos os povos que não falavam o grego, e com base nos sons que os gregos pareciam ouvir. Nesse caso, isso confirmaria a noção de que os povos aborígenes da Síria-Palestina falavam um idioma não-indo-europeu e não semítico e, sim, uma língua do tipo aglutinativo, talvez semelhante ao hurriano. E também confirma a ideia de que esses povos tribais agrícolas e frouxamente organizados foram expulsos e aniquilados por sucessivas ondas invasoras semitas e indo-europeias, vindas do norte e do oriente. Se essa opinião é plausível, então a pontuação vocálica, do texto massorético, é mera conveniência, em qualquer base nos fatos, o que significa que a palavra poderia ser pronunciada com quaisquer outros fonemas vogais que não aqueles a-u-i.

ZAQUER

Uma variante do nome *Zacarias* (vide), de conformidade com certas versões estrangeiras.

ZARAÍAS

Na Septuaginta, *Zaraías*. A forma Zaraías nunca aparece nos livros canônicos do Antigo Testamento, mas somente em livros apócrifos. Mas a forma Zeraías ocorre em Esdras 7.4; 8.4 (ver a seguir, na relação dos nomes). Nos livros apócrifos do Antigo Testamento figuram quatro homens com esse nome, a saber: **1**. Um antepassado de Esdras (1Ed 8.2). Em 2Esdras 1.2, esse mesmo homem é chamado de *Arna* mas, no livro canônico de Esdras 7.4, seu nome aparece com a forma do Zeraías. **2**. O pai de Elioenai, um líder dos tempos de Esdras (1Ed 8.31). No livro canônico de Esdras 8.34 ele é chamado de Zeraías. **3**. Um israelita liderante, que retornou do cativeiro babilônico em companhia de Zorobabel (1Ed 5.8). Nos livros canônicos do Esdras 2.2 e de Neemias 7.7, ele também aparece: no primeiro deles, sob a forma de Seraías, e no segundo, sob a forma de Azarias. **4**. Um filho de Sefatias (1Ed 8.34), mas que no livro canônico de Esdras 8.8 aparece com o nome de Zebadias. No hebraico, o nome Zaraías (ou sua forma variante, Zeraías; vide), significa "*Yahweh* mostrou".

ZAREFATE

Esse nome nunca aparece no Antigo Testamento, segundo a nossa versão portuguesa, onde tal nome teve sua forma mudada para Sarepta, a fim de ajustar-se à forma como aparece no Novo Testamento, depois de passar pelo grego (ver Lc 4.26). No entanto, no Antigo Testamento hebraico, onde significa "lugar de refino", encontramos essa palavra por três vezes — 1Reis 17.9,10 e Obadias 20. O nome atual da localidade é *Surajend*. Todavia, isso representa apenas uma das opiniões dos eruditos. A outra opinião prefere vincular Zarefate à vila árabe de *Sarafand*, no promontório à beira-mar, a poucos

ZARETÃ

quilômetros ao sul da cidade de Sidom. E, perto dessa vila jazem romanescentes da cidade antiga de Zarefate. O ponto sobre o qual todos os estudiosos concordam é que a Zarefate do Antigo Testamento é a mesma Sarepta (vide) do Novo Testamento. Também há uma interpretação diferente do significado desse nome, pois alguns fazem dele um derivado do verbo acádico *sarapu*, "tingir". E, convenhamos, esse é um sentido muito lógico para uma cidade de uma região onde a indústria de panos tingidos era muito conhecida.

Zarefate é mencionada em um papiro egípcio do século XIV a.C. como *Dr pt*. A cidade foi capturada em 701 a.C. por Senequeribe (vide), rei da Assíria, que a chamou de *Sariptu*. Em certo período da história pertencia a Sidom (ver 1Rs 17.9); mas, em 722 a.C., foi transferida para Tiro, depois que Salmanezer IV e seus navios sidônios não conseguiram conquistar Tiro. Na antiguidade, essa cidade era famosa por seus objetos de mesa feitos de vidro, e seu nome, se realmente vem de uma raiz acádica (ver acima), sugere que ali havia uma indústria de tecidos tingidos, tal como sucedia a tantas outras cidades fenícias. Deus enviou Elias para essa cidade, durante certo período de severa carência de alimentos, onde uma viúva cuidou dele, pois não faltou a ela nem a farinha de trigo no pote e nem o azeite de oliveira na jarra (ver 1Rs 17.8-24 e Lc 4.26). No vigésimo versículo do livro de Obadias essa cidade é mencionada como parte integrante da Fenícia; mas, em Lucas 4.26, vemos que a cidade, novamente, era considerada parte do distrito de Sidom, e não mais de Tiro, porquanto esta havia sido destruída. Ver o artigo sobre *Tiro*.

ZARETÃ

No hebraico, **"frescor"**. O nome dessa cidade figura por três vezes nas páginas do Antigo Testamento: Josué 3.16, 1Reis 4.12 e 7.46. Embora algumas versões grafem o nome dessa cidade com mais de uma forma, nossa versão portuguesa o fez somente com a forma acima.

Zaretã era uma cidade no lado oriental do vale do Jordão, nas proximidades de Adão (vide), nas vizinhanças do lugar onde o rio Jordão foi miraculosamente represado, nos dias de Josué, segundo se lê logo no primeiro trecho a mencionar essa cidade: ... *pararam-se as águas, que vinham de cima, levantaram-se num montão mui longe da cidade Adão, que fica ao lado de Zaretã*... Ao que tudo indica, as águas foram miraculosamente represadas desde Adão (moderna-mente, Tel ed Damiyeh), e daí para o norte, até Zaretã (provavelmente a moderna Tell es Sa'idiyeh). Nos dias de Salomão, essa cidade fazia parte do quarto distrito administrativo do reino salomônico perto de Bete-Seã (vide), *abaixo de Jezreel* (1Rs 4.12). Foi nessa área geral que Hirão, o artífice fenício, fundiu objetos de bronze para serem usados no templo de Jerusalém. Lê-se em 1Reis 7.46: *Na planície do Jordão, o rei os fez fundir em terra barrenta, entre Sucote e Zaretã*. Entretanto, em 2Crônicas 4.17, aparece um nome alternativo para essa cidade, "Zeredá". Aliás, essa é a única passagem que se altera, em relação a 1Reis 7.46, pois em tudo o mais as duas passagens são idênticas. Por isso mesmo, alguns estudiosos pensam que se trata de um erro escribal, porquanto realmente existe uma cidade chamada Zeredá (vide), nas páginas do Antigo Testamento. Escavações arqueológicas, efetuadas no local de Tell es Sa'idiyeh, têm encontrado numerosos objetos de cobre, pertencentes aos séculos XIII e XII a.C., o que sugere que nessa cidade havia uma fundição de cobre. O local em redor é proeminente, dominando o *wadi* Kufrinjeh. Também é o centro de uma extensa área agrícola, que envolve uma longa história que remonta aos tempos calcolíticos.

ZÁRIO

No grego da Septuaginta, *Zários*. Ver 1Esdras 1.38. Essa passagem, desse livro apócrifo, diz que quando o Faraó do Egito levantou Jeoaquim como rei da Judeia, este último aprisionou seu irmão, Zário, e o tirou do Egito. No entanto, esse versículo de 1Esdras parece contrastar com a passagem canônica correspondente de 2Crônicas 36.4, onde se lê: *O rei do Egito constituiu a Eliaquim, irmão de Jeoacaz, rei sobre Judá e Jerusalém, e lhe mudou o nome em Jeoaquim; mas ao irmão, Jeoacaz, tomou Neco, e o levou para o Egito*.

ZATÓIS, ZATUÍ

No hebraico, **"agradável"**, **"amável"**. Há duas personagens com esse nome, no Antigo Testamento, a saber: **1**. Um homem cujos descendentes retornaram do cativeiro babilônico em companhia de Zorobabel. Ele é mencionado em três passagens: Esdras 2.8; 10.27 e Neemias 7.13. Viveu por volta de 536 a.C. Alguns dos membros dessa família desfizeram-se de suas esposas estrangeiras, com quem se tinham casado durante o exílio, conforme se lê em Esdras 10.27 e 1Esdras 9.28. **2**. Um homem chamado Zatu, mas pertencente à mesma família acima referida, é chamado um dos "chefes do povo". Ele assinou o pacto encabeçado por Neemias (Ne 10.14). Todavia, há quem pense que o nome mesmo do signatário não aparece, porquanto ele seria um membro da família de Zatu. Ao que parece, os textos bíblicos envolvidos não são muito claros quanto à questão, dando margem a mais de uma interpretação possível.

ZAZA

No hebraico, **"projeção"**. Ele pertencia à família de Judá, descendente de Jerameel, que fora neto de Judá (1Cr 2.33). Zaza viveu por volta de 1340 a.C.

ZEBA E ZALMUNA

No hebraico, *Zeba* significa **"sacrifício"** e *Zalmuna* quer dizer **"proteção retida"**. Esses eram os nomes de dois reis midianitas que foram derrotados por Gideão. Os nomes são sempre encontrados juntos. A história das batalhas com eles pode ser encontrada em Juízes 8.4-21, com uma referência à questão em Salmo 83.11. Parece que eles comandaram uma invasão à Palestina, que aparentemente tinha como propósito principal tomar as boas terras de pastoreio (vs. 12). Dois generais desse povo, subordinados a Zeba e Zalmuna, haviam sido mortos junto com um grande número do bando invasor pela tribo de Efraim. Seus nomes eram Orebe e Zeebe (vss. 23-25). Vendo o que aconteceu, os dois pequenos reis fugiram, com Gideão em seu encalço. Os reis passaram pelo wadi Yabis e foram a Carcor, onde pararam para descansar. A localização exata daquele local não é conhecida. Os pequenos reis ainda tinham 15 mil homens sob seu comando, e parecia que a batalha estava longe de terminar. Até aquela época, apenas ouvir o nome *Gideão* trazia terror ao coração até dos mais corajosos, portanto os israelitas tinham a vantagem psicológica. O ataque foi decisivo e o que poderia ter sido outra batalha prolongada não se concretizou. Os 15 mil homens foram espalhados, a maioria morta, e os dois reis fugiram novamente. Logo, contudo, Gideão os pegou. Ele ordenou que seu filho primogênito, Jeter, os matasse, mas este não teve a coragem para derramar o sangue. Assim, Gideão os matou com as próprias mãos (Jz 8.21). Era uma época em que as pessoas matavam ou eram mortas, e o líder do exército de Israel não teve problemas para optar entre as duas coisas. Vale observar que esses dois xeques encararam suas mortes com coragem, pedindo apenas que o captor fizesse o serviço, não algum subordinado, o que teria reduzido seu orgulho.

ZEBADIAS

No hebraico, **"*Yahweh* concedeu"**, provavelmente uma referência ao favor divino ao dar uma criança à sua mãe, como se o nascimento fosse um evento sob o controle do poder divino. Nove pessoas são chamadas assim no Antigo Testamento, cujos nomes listo em ordem cronológica, até onde isso é possível. **1**. O filho mais velho de Elpaal (ver a respeito), líder da tribo de Benjamim que viveu em Jerusalém (1Cr 8.17). Sua época foi em torno de 1300 a.C. **2**. Filho de Berias, neto de Elpaal, da tribo de Benjamim (1Cr 8.15). Foi um líder dessa tribo que viveu por volta de 1300 a.C. **3**. Um filho de Jeroão de Gedor, da tribo de Benjamim. Quando Davi estava fugindo de Saul, certo homem corajoso foi contra esse rei e uniu-se a Davi, no exílio em Ziclague (ver a respeito). (Ver 1Cr 12.7). A época foi por volta de 1050 a.C. **4**. Um filho de Asael e irmão de Joabe (o temeroso general matador de homens de Davi). Zebadias foi um dos generais de Davi, subordinado a Joabe (ver 1Cr 27.7). Sua época foi em torno de 1050 a.C. **5**. Um levita da família de Coré que trabalhou como porteiro no tabernáculo de Davi (1Cr 26.2). Os levitas tinham famílias especializadas em certos serviços e o trabalho passava de geração a geração, sendo o ofício hereditário. Sua época foi em torno de 1015 a.C. **6**. Um filho de Ismael, governador da casa de Judá, que tinha grandes responsabilidades na região do rei Josafá. (Ver 2Cr 19.11). Sua época foi por volta de 912 a.C. **7**. Um levita que foi enviado com outros oito pelo rei Josafá de Judá para ensinar a lei nas cidades de Judá (2Cr 17.8). O programa de ensino, a longo prazo, incluiu 16 professores, 5 príncipes, 2 sacerdotes, além de 9 levitas, incluindo Zebadias (2Cr 17.7-9). Sua época foi em torno de 910 a.C. **8**. Um homem com esse nome retornou do cativeiro babilônico para ajudar a reconstruir Jerusalém. Foi acompanhado por Esdras (Ed 8.8). Possivelmente esse é o Zarias de 1Esdras 8.34. Sua época foi em torno de 456 a.C. **9**. Quando cativos na Babilônia, muitos homens judeus casaram com mulheres pagãs e estavam criando famílias com elas. Quando o cativeiro acabou e eles retornaram a Jerusalém, foram obrigados a divorciar-se de suas mulheres estrangeiras em obediência à legislação mosaica. As reformas de Esdras foram completas e incansáveis. Zebadias era o nome de um dos judeus que teve de divorciar-se de sua mulher estrangeira. Ele também é mencionado em 1Esdras 9.21. Sua época foi em torno de 456 a.C.

ZEBAIM

No hebraico **"gazelas"**. O nome desse lugar, de localização desconhecida, ocorre somente por duas vezes em todo o Antigo Testamento: Esdras 2.57 e Neemias 7.59. Em ambas essas passagens, de acordo com a nossa versão portuguesa, esse nome locativo está oculto, dentro da palavra composta Poquerete-Hazebaim (vide). Alguns estudiosos, contudo, tentam identificar Zebaim com Zeboim (vide). Talvez aquelas duas passagens pudessem ser traduzidas como "Poquerete, de Zebaim", onde Poquerete seria o residente, Zebaim seria a cidade. Nesse caso, seus descendentes retornaram do exílio babilônico, no grupo que voltou com Zorobabel, em 536 a.C.

ZEBEDEU

1. O Nome. No grego, *Zebedâios;* na Septuaginta, *Zabdí*. Alguns estudiosos conjecturam que esse nome vem de um nome hebraico que significa *"Yahweh é um Dom"*, ou então, "presente de Yawheh". Zebedeu era um pescador galileu, marido de Salomé e pai de dois apóstolos de Jesus, Tiago e João (Mt 10.2; 20.20; 26.37; 27.56; Mc 1.19,20; 3.17; 10.35; Lc 5.10; Jo 21.2, totalizando doze menções. Ele residia ou em Betsaida ou em Cafarnaum, ambas localidades constantemente referidas nos Evangelhos.

2. Pai de Apóstolos de Jesus. Zebedeu figura em todos os quatro Evangelhos como o pai de dois dos mais proeminentes apóstolos do Senhor Jesus, Tiago e João, que, juntamente com Pedro, formavam o grupo de discípulos do círculo mais íntimo do Senhor Jesus. Esses três tiveram o privilégio de ser testemunhas da transfiguração do Cristo (ver Mt 17.1-8), da ressurreição da filha de Jairo (*Tendo chegado à casa, a ninguém permitiu que entrasse com ele, senão Pedro, João, Tiago e bem assim o pai e a mãe da menina* — Lc 8.51), e sua insistente oração no jardim do Getsêmani (Mt 26.37). Por conseguinte, Zebedeu tornou-se muito conhecido entre os cristãos, não por causa de seus feitos (pelo menos, nada que ele fez de especial foi registrado na Bíblia), mas por ter sido o pai de dois filhos famosos, um dos quais estava destinado a ser a fonte de materiais que foram incorporados no Novo Testamento.

3. Trabalho. Zebedeu e seus dois filhos dirigiam uma progressista indústria de pesca, no lago ou mar da Galileia, juntamente com outro par de irmãos destinados a se tornarem não menos famosos, André e Simão Pedro (ver Lc 5.7-10). Essa indústria pesqueira não era nenhum empreendimento comercial desprezível, porquanto contava até com "empregados" (Mc 1.20). Portanto, Zebedeu era homem de posses materiais e de larga influência, de tal maneira que alguns pensam que João *era conhecido do sumo sacerdote* (Jo 18.16), somente por causa de seu pai. Sabe-se que os pescadores da Galileia chegavam a exportar peixe até para a capital do império romano. No Brasil, quando se fala em pescador, tem-se a impressão de algum nordestino jangadeiro, que quase não consegue sobreviver com o produto de seu labor. Seríamos mais realistas, no tocante aos pescadores da Galileia, se pensássemos em pescadores japoneses ou norueguêses, que fazem da pesca uma indústria extremamente lucrativa. Esse é o quadro mental que devemos ter em relação a Zebedeu e seus dois filhos.

4. Discípulos de Jesus. Zebedeu, ao que tudo indica, também confiava no Senhor Jesus. Pois, quando seus dois filhos, que deveriam ser seus maiores auxiliares na indústria pesqueira, passaram a seguir a Jesus, deixando seu lucrativo trabalho para trás, Zebedeu não proferiu nenhuma palavra de protesto — pelo menos nada ficou registrado nesse sentido. Todavia, há razão para crermos que Zebedeu continuou a pescar, visto que, após a ressurreição de Jesus, Pedro convidou outros apóstolos, dizendo: *Vou pescar*. Ao que os outros disseram: *Também nós vamos contigo* (Jo 21.3). Também é possível que Jesus e seu grupo de discípulos tivessem sido financeiramente ajudados por Zebedeu. Afinal, Tiago e João estavam seguindo a um Mestre que nem tinha onde *reclinar a cabeça* (Mt 8.20). E Zebedeu, próspero como era, e não sendo contrário à chamada de seus dois filhos por Jesus, sem dúvida, não teria ficado indiferente.

5. Sua Esposa. A esposa de Zebedeu e mãe de Tiago e João era Salomé (Mt 27.56; Mc 15.40; 16.1), que também concordava com a chamada de seus dois filhos para serem discípulos de Jesus de Nazaré, porquanto ela é sempre designada, no Novo Testamento, como *... e a mãe dos filhos de Zebedeu* (Mt 27.56), um trecho que a nossa versão portuguesa trunca quase imperdoavelmente, para *... e a mulher de Zebedeu*. O original grego confirma a frase *... a mãe dos filhos de Zebedeu*.

6. Generosidade. A família inteira de Zebedeu deve ter apoiado generosamente ao Senhor Jesus, porquanto lemos que Salomé acompanhou ao Senhor, durante o seu ministério pela Galileia. *... e Salomé; as quais, quando Jesus estava na Galileia, o acompanhavam e serviam...* (Mc 15.40,41). Além disso, por ocasião da crucificação de Jesus, Salomé fez-se presente (ver Mt 27.55), e também encontrava-se entre as mulheres que foram até o túmulo, ungir o corpo morto do Senhor Jesus (Mc 16.1). Que Salomé tinha ambições espirituais, embora talvez sem um entendimento esclarecido, torna-se evidente pelo pedido que ela fez ao Senhor Jesus: *Manda que, no teu reino, estes meus dois filhos se assentem um à tua direita, e o outro à tua esquerda* (Mt 20.20). A recusa do Senhor Jesus, diante desse pedido, e as instruções que ele então deu, devem ter surtido grande efeito, porquanto a família inteira de Zebedeu permaneceu leal ao Senhor Jesus até o fim. Bem-aventurada a família cujos membros são todos convocados a servir ao Senhor

Jesus, embora cada indivíduo que pertence a essa família receba do Senhor uma tarefa diferente a realizar, conforme foi o caso de Zebedeu, sua esposa e seus dois filhos!

ZEBIDA

No hebraico, **"dotada"**. Essa mulher, assim chamada, era filha de Pedaías, de Ruma. Ela foi esposa de Josias, rei de Judá, e mãe de Eliaquim, a quem o Faraó Neco mudou o nome para Jeoaquim (2Rs 23.36). Ela viveu por volta de 640 a.C. Nada mais se sabe a respeito dela, além daquilo que se pode ler nessa referência.

ZEBINA

No hebraico, **"comprado"** ou **"compra"**. Esse era o nome de um dos vários filhos de Nebo. Zebina casara-se com uma mulher estrangeira, estando no cativeiro babilônico, na época de Esdras (Ed 10.43). Juntamente com todos os judeus que tinham retornado à Palestina e se tinham comprometido dessa maneira, Zebina, "com um aperto de mão", comprometeu-se a despedir sua mulher e seus filhos, e, "por serem culpados", ele e os demais ofereceram um carneiro "por sua culpa" (Ed 10.19). O nome de Zebina não se acha no trecho paralelo de 1Esdras 9.35. Ele viveu em torno de 445 a.C.

ZEBOIM

No hebraico, **"lugar selvagem"**, na Septuaginta, *Saboeím*. Há três localidades com esse nome, nas páginas do Antigo Testamento. Contudo, estamos falando do ponto de vista da nossa tradução portuguesa, porquanto, no original hebraico, uma dessas localidades é grafada de uma maneira, enquanto que as duas outras localidades têm seu nome grafado de outra forma, conforme se vê abaixo:

1. No hebraico, *tsebhoyim*. Esse era o nome de uma das antiquíssimas cidades do vale de Sidim, que acabou sendo destruída com Sodoma e Gomorra. Seu nome ocorre por cinco vezes no Antigo Testamento (Gn 10.19; 14.2,8; Dt 29.23 e Os 11.8). Ela é sempre mencionada depois de Admá, outra dessas cinco cidades. Zeboim aparece quando se menciona a fronteira sul dos cananeus, que, da beira-mar para o interior do continente, seguia na direção de Sodoma, Gomorra, Admá, Zeboim e Lasa. Quedorlaomer, rei do Elão, e seus três aliados, atacaram essas cidades durante a campanha que fizeram ao longo do Caminho do Rei (vide). Semeber, rei de Zeboim, juntamente com seus quatro aliados saíram ao encontro dos invasores no vale de Sidim (vide), mas acabaram sendo derrotados (ver Gn 14.2,8,10). Ao que se presume, Zeboim foi destruída juntamente com Sodoma e Gomorra, cuja história aparece em Gênesis 19.24,29. Posteriormente, Moisés referiu-se à destruição de Zeboim e suas cidades vizinhas (Dt 29.23). E Oseias utilizou-se de Zeboim como um exemplo do julgamento que sobrevém, a mandado de Deus, a cidades malignas (Os 11.8).

Não se sabe qual a localização exata dessa cidade; mas, ao que tudo indica, "ela está sepultada na extremidade sul do mar Morto, que antes era terra seca, mas agora está recoberta por águas mais rasas do que no restante do mar Morto. Ver o artigo sobre o mar Morto.

2. No hebraico, *tsebhoim, lugar selvagem* (Ne 11.34). Outros estudiosos, talvez com mais razão, proferem pensar no sentido "hienas". Essa era uma cidade do território de Benjamim, ocupada após o retorno dos judeus do cativeiro babilônico. Não se conhece sua localização exata, embora muitos opinem que pode ser Khirbet Sabieh, ao norte de Lida. Esse nome aparece na carta nº 174 de Tell el-Amarna como *Sabuma*.

3. Um vale existente no território da tribo do Benjamim, a sudeste do Micmás. Atacantes filisteus, vindos de Micmás, passaram pela estrada nas colinas que dão vista para o vale de Zeboim ou "vale das hienas", ficando o vale do rio Jordão ainda mais adiante. Há *wadis*, nessa região, que, até hoje, preservam o antigo nome, como o *wadi* Abu Daba,' isto é, "vale do pai das hienas", que deságua no *wadi* Kelt. Muitos pensam que é no primeiro desses wadis que devemos pensar.

ZEBUDA

Forma variante, nas traduções e versões, do nome que, em nossa versão portuguesa, aparece como *Zebida* (vide).

ZEBUL

No hebraico **"habitação"**, **"elevação"**, às vezes com o significado de "habitação de um deus", como na combinação *Baal-Zebul*. **1**. Esse homem era o governador de Siquém, um subordinado de Abimeleque (ver a respeito), um filho de Gideão. Leal a seu chefe, quando tomou ciência de que os habitantes de Siquém estavam fazendo planos contra ele, informou-o da circunstância e sugeriu que ele trouxesse seu exército para atacar o local e eliminar a rebelião antes que ela ganhasse força. Certo Gaal liderava a rebelião. Quando o exército de Abimeleque chegou, Gaal e seus homens saíram contra eles, mas foram facilmente derrotados, e assim acabou a "revolução". Ver a história relatada em Juízes 9.26-41. A época foi em torno de 1100 a.C. **2. Baal-Zebul**. A raiz *Zebul* é o *zbl* ugarítico, que significa *exaltado*. As linguagens semíticas não têm vogais escritas, portanto as palavras são identificadas com consoantes apenas. Ver o artigo sobre *Ugarite* para as pessoas envolvidas. *Baal* significa "senhor", portanto a combinação Baal-Zebul significa "senhor exaltado". Esse era um dos muitos nomes de *Baal* (ver a respeito).

ZEBULOM

1. O Patriarca. Zebulom (do século XVI a.C.) foi o décimo filho de Jacó, o sexto com sua mulher Lia (Leia). Ele se envolveu em um incidente triste e ridículo quando os irmãos de José o venderam ao Egito por causa de seu ciúme patológico. Essa "venda" significou que José se tornou escravo no Egito, fornecendo mão de obra barata a seus mestres. (Ver Gn 37). Na lista genealógica de Gênesis 46 (vs. 14), ele é mencionado como tendo (na época da migração ao Egito) três filhos, os quais se tornaram os fundadores ou líderes de clãs da tribo de Zebulom, que veio a existir em termos praticamente exatos, às margens do mar (Mediterrâneo). A tribo não tocava de fato no mar, mas era próxima a ele. (Ver Gn 49.13). Referências bíblicas a esse patriarca (Gn 30.20; 35.23; 46.14; 49.13; Êx 1.3). O restante corresponde a simples menções de seu nome ou de sua tribo. As referências à tribo chamada com seu nome envolvem sua herança e local, uma vez que Israel havia conquistado a terra. Em hebraico, o nome *Zebulom* significa "dar", "viver com" ou "honrar".

2. A Tribo Chamada com seu Nome. A nação de Israel desenvolveu-se a partir de setenta pessoas que desceram ao Egito na época de Jacó. Eles foram tratados com gentileza, e *Gósen* foi dado a eles, tornando-se um tipo de "província hebraica" no meio do Egito. Ver sobre *Gósen* na *Enciclopédia de Bíblia, Teologia e Filosofia*. As tribos de Israel mantiveram sua distinção enquanto ainda em Gósen, de forma que, quando chegou o êxodo, eles partiram em grupos tribais e, a longo prazo, receberam seus lotes de terra como tribos. A tribo de Zebulom foi dividida em três clãs descendentes dos três filhos do patriarca: Serede, Helom e Jaleel. Durante os quarenta anos de vagueação, essa tribo acampou sob a bandeira de Judá a leste do tabernáculo (Nm 2.7). Quando a Terra Prometida foi espionada por representantes das diversas tribos, o enviado de Zebulom foi um homem chamado Eliabe, filho de Helom (Nm 1.9). Infelizmente, esse homem estava entre os dez que retornaram com um relatório negativo (Israel não seria capaz de dominar Canaã), o que desanimou o povo, que então voltou ao deserto e vagueou por longos quarenta anos antes de fazer outra tentativa. Zebulom era uma tribo grande. O primeiro censo (Nm 1.31) revelou que ela tinha 57.400

membros. O segundo (Nm 26.27) mostrou que havia crescido um pouco e tinha 60.500 membros. Mas devemos lembrar que esses eram censos militares, que determinavam quantos homens jovens estavam aptos para a guerra. Assim, o total real, incluindo mulheres, crianças e idosos, deve ter sido pelo menos três vezes maior do que os números fornecidos. Israel era um tipo de "exército em marcha constante", que, a longo prazo, atacaria as sete pequenas nações de Canaã. Quando a terra foi conquistada, Zebulom recebeu o vale do oeste de Jezreel (Gn 30.20; 35.23; 46.14; 9.13; Êx 1.3; Js 19.10-16; 1Cr 2.1). Esse território estava entre o mar da Galileia e o Mediterrâneo. Nazaré e Cana da Galileia estavam nessa região, uma área onde foi realizada grande parte do ministério de Jesus, séculos depois. Isso cumpriu a profecia de Isaías (Is 9.1, 2; cf. Mt 4.12-16).

Fronteiras. Aser ficava a noroeste; Naftali a nordeste; Issacar a sudeste; e Manasses a sudoeste. O território era favorecido por condições climáticas, recebendo muita chuva em comparação com a maioria dos outros lugares de Israel. Isso permitia boa agricultura e produção abundante de azeitonas, uvas e trigo. A tribo passou por uma série de guerras e rumores de guerras, como foi o caso de todo o Israel. A tribo parece ter desaparecido, antes ou durante os ataques de Tiglate-Pileser em Israel (2Rs 15.29), mas restos dela espalharam-se entre outras tribos. Ela manteve seu lugar na profecia. Consultar as visões escatológicas de Ezequiel (48.26, 27, 33). A tribo é vista preservada em Apocalipse 7.8. Cf. Mateus 4.13-16, que cumpriu a profecia em 9.1.

3. Uma Cidade Chamada Zebulom. Essa cidade localiza-se na fronteira leste da tribo de Aser, que estava situada entre Bete-Dagom e Iftael (Js 19.27). Ela é mencionada como parte da herança de Aser. Cf. a herança de Zebulom em Josué 19.10-16.

ZEDADE

No hebraico, **"ladeira"**, **"inclinação"**. Uma localidade que havia na fronteira norte da Palestina (Nm 34.8 e Ez 47.15). Provavelmente idêntica à moderna Sadade, a sudeste de Homs, no caminho que vai de Ribla a Palmira.

ZEDEQUIAS

No hebraico *"Yahweh* **é justo"**, que pode ser interpretado como "Yahu (*Yahweh*) é minha justiça", sendo ele tanto justo como também aquele que efetua a justiça entre os homens. Cinco pessoas no Antigo Testamento eram chamadas assim. Eles são apresentados em ordem cronológica.

1. Um filo de Quenaana era chamado assim. Ele foi um dos 400 profetas do rei Acabe. Votou por um empreendimento militar conjunto de seu rei, Acabe de Israel, com Josafá, contra o rei da Síria, em uma tentativa de recapturar Ramote-Gileade. Para maiores detalhes sobre a história, (ver 1Rs 22.1-38 e 2Cr 18.1-19.3). O verdadeiro profeta, Micaías, corretamente previu que o empreendimento terminaria em desastre. Vemos como havia profetas em oposição que competiam pela atenção e pelos benefícios dos reis. Embora 1Crônicas ignore a história do reino do norte, o livro não inclui esta história, pois Judá estava envolvido e porque o rei Josafá se comprometeu com o mal do norte apóstata. Acabe utilizou os profetas para propaganda, não por alguma motivação espiritual. (Os vss. 21 ss). mostram que parte das profecias mentirosas era atividade de espíritos mentirosos e que tais espíritos podem cumprir um bom propósito ao convencer os maus a fazer coisas que seriam danosas a eles. Observe também que Acabe, por causa de seus próprios desejos, estava ansioso por acreditar em falsas profecias a qualquer preço, mesmo ao preço de seu próprio ferimento. De fato, ele tinha o "desejo de acreditar" nas coisas erradas. Então, Josafá de Judá, que deveria ter sido mais consciente, caiu tão facilmente em uma aliança falsa e injuriosa, contra as evidentes declarações de um profeta verdadeiro.

2. Um filho de Hananias, um dos príncipes de Judá, que ordenou que Baruque, secretário de Jeremias, lesse as previsões de desastre do profeta para Judá ante o rei Jeoaquim (Jr 36.12). Ele viveu por volta de 640 a.C.

3. O 20º e último rei de Judá, que reinou de 598 a 587 a.C. como um rei "fantoche" sob o controle da Babilônia. Esse Zedequias foi filho de Josias (1Cr 3.15). Seu nome original era *Matanias* (dom de *Yahweh*), mas foi substituído por Nabucodonosor quando este colocou o homem no lugar de seu sobrinho, Jeoaquim, que foi levado para a Babilônia em 597 a.C., junto com os líderes mais importantes (2Rs 24.8-17; Jr 29.2). Por onze anos, houve revolta contínua e Zedequias finalmente rebelou-se contra seus mestres estrangeiros. A Babilônia cansou da brincadeira e destruiu Jerusalém em dezembro de 587 a.C.

Sumário: *a.* Reinado (595-586 a.C.) *b.* Um reinado iníquo (1Rs 24.19; 2Cr 36.2). *c.* Rebelião contra Nabucodonosor (2Rs 24.20; 2Cr 36.13). *d.* Aliança contra a Babilônia, agindo com o Egito (Ez 17.15) *e.* Zombados dos mensageiros de Deus, inclusive Jeremias (2Cr 36.16) *f.* Seus filhos foram mortos e ele foi cegado por oficiais babilônicos em Ribla (ver 2Rs 25.7). (Ver também Jr 52.24-27). *g.* Jerusalém foi devastada após um domínio de dois anos. O povo foi confinado na cidade e a maioria passava fome. Alguns escaparam quando os muros foram derrubados, mas a grande maioria foi morta, e os deixados para trás foram levados à Babilônia. (Ver o artigo *Cativeiro Babilônico* para maiores detalhes e ver também 2Cr 36.17 ss). *h.* O cativeiro durou cerca de 70 anos, depois do que um restante retornou a Jerusalém para iniciar tudo outra vez. (Ver Jr 25.11, 12 e os comentários sobre esses versículos no *Antigo Testamento Interpretado*).

As Cartas de Laquis em Óstraca. Essas cartas dão informações adicionais sobre a invasão de Judá pela Babilônia. Para maiores informações, ver *Laquis*, IV. *Arqueologia e Laquis*, 4. *Cartas de Laquis em Óstraca*.

4. Um filho de Maaseias tinha esse nome. Era um profeta falso que se opunha a Jeremias, mas o último profetizou corretamente sobre sua morte por execução com Acabe, filho de Colaías, pela Babilônia. Os falsos profetas haviam levantado falsas esperanças entre os exilados, prevendo um breve retorno, o que não aconteceu. Eles também eram pessoas muito imorais que corromperam o povo. (Ver Jr 29.21-23). Sua época foi em torno de 630 a.C.

5. Um líder na época de Neemias, que viveu por volta de 450 a.C. Ele estava entre os que assinaram o pacto com Neemias para a renovação de Judá depois de os exilados terem retornado do cativeiro babilônico. (Ver Ne 10.1). Essa renovação envolvia a revivificação do yahwismo entre o povo, de acordo com a legislação mosaica.

ZEEBE. Ver sobre *Orebe e Zeebe*.

ZEFATÁ

No hebraico, **"vigia da montanha"**. Na Septuaginta, porém, temos a tradução do nome como "vale do norte". De acordo com o texto massorético, Zefatá era um vale que ficava nas proximidades de Maressa (vide), na beira das terras baixas existentes a nordeste de Laquis. Todavia, a região inteira é dotada de uma topografia tão complexa entre as colinas arredonda ao redor de Maressa, que os estudiosos não conseguem identificar com certeza aquele vale, em nossos dias.

Foi no vale de Zefatá que o rei Asa, de Judá, derrotou Zerá, o cuxita, um assaltante etíope bem armado (ou, talvez, árabe), conforme se lê em 2Crônicas 14.10. Ver o artigo sobre *Zerá*, nº7.

ZEFATE

No hebraico, **"vigia da montanha"**. Segundo todas as aparências, Zefate era o nome mais antigo de Hormá, "fortaleza" (ver, por exemplo, Nm 14.45). Ficava localizada a poucos quilômetros a leste de Berseba. Com frequência, essa localidade tem sido identificada com a moderna aldeia de Segaita, embora haja estudiosos que objetem a essa identificação. Zefate foi uma cidade cananeia que os homens de Judá e de Simeão destruíram completamente (Jz 1.17). De acordo com alguns estudiosos, a raiz de onde vem a palavra Hormá significa "banir", "exterminar", sendo bem possível que esse nome tenha sido dado em face do aniquilamento da mesma, por parte daquelas tribos sulistas de Israel. Ver também sobre *Hormá*.

ZEFI

No hebraico, **"vigia"**. Ele era filho do Elifaz, um dos chefes de Edom (1Cr 1.36). Em Gênesis 36.11,15, o nome dele aparece com a forma de Zefô. Ele viveu em torno de 1650 a.C.

ZEFÔ

Nome de um dos filhos de Elifaz, do Edom, que aparece com a forma de Zefi, em 1Crônicas 1.36. Ver, sobre *Zefi*.

ZEFOM

No hebraico, varias interpretações para o nome têm sido apresentadas, como "serpente", "escuridão", e até "olhando para fora". Ele era filho de Gade, um dos filhos de Jacó. É mencionado em Gênesis 46.16 e Números 26.16, embora na primeira dessas passagens o seu nome apareça como Zifiom. Seus descendentes eram chamados zefonitas. Viveu em torno de 1680 a.C.

ZELA

No hebraico, **"lado"**, **"costela humana"**. Esse nome também é dado a uma colina, em 2Samuel 16.13. Como substantivo comum, ocorre no trecho de Gênesis 2.21,22, onde se lê que Eva foi feita a partir de uma costela tirada de Adão.

Em Josué 18.28, Zela aparece como uma dentre um grupo de catorze cidades que, grosso modo, ficavam a poucos quilômetros ao norte de Jerusalém. Não se sabe qual a localização exata de Zela, embora alguns estudiosos tenham sugerido Khirbet Salah, entre Jerusalém e Gibeom. É possível que o nome hebraico, em Josué 18.28, tenha sido algo como Zela ha-eleph, "costela de boi", segundo é sugerido na Septuaginta. Aonde se lê a transliteração para o grego, *Selaleph*. No entanto, o texto hebraico de 2Samuel 21.14 diz Zela, onde a Septuaginta traduz pelo termo grego *Pleurá* "lado". Nessa última referência lê-se como Davi sepultou os ossos de Saul e de Jônatas, no túmulo ancestral de Quis, o que identificou aquele lugar como localidade importante para aquela família.

ZELEQUE

No hebraico, **"rasgadura"**, **"brecha"**. Um amonita que foi um dos grandes heróis militares de Davi (2Sm 23.37; 1Cr 11.39). Ele viveu em torno de 1020 a.C.

ZELO, ZELOSO

No Antigo Testamento encontramos a palavra hebraica *qissa*, "ardor", "ciúme", que aparece por 43 vezes no Antigo Testamento. (Para exemplificar ver 2Rs 10.16; 19.31; Sl 69.9; 119.139; Is 9.7; 37.32; 59.17; 63.15; Ez 5.13). O termo grego equivalente é *zelos*, "zelo", que ocorre por 16 vezes (Jo 2.17 (citando Sl 69.10) At 5.17; 13.45; Rm 10.2, 13.13, 1Co 3.3; 2Co 7.7,11; 9.2; 11.2; 12.20; Gl 5.20; Fp 3.6; Hb 10.27; Tg 3.14,16). Ainda no hebraico, temos a forma *qana*, "ser zeloso", "ciumento", que ocorre por 34 vezes no Antigo Testamento (conforme se vê, por exemplo, em Nm 25.11,13; 2Sm 21.2; 1Rs 19.10,14; Jl 2.18; Zc 1.14; 8.2). O termo grego *zeloo*, "ter zelo" aparece por onze vezes (At 7.9; 17.5; 1Co 12.31; 13.4; 14.1,39; 2Co 11.2; Gl 4.17,18; Tg 4.2). De Rm 69.9 e 2Co 7.7, quanto ao zelo em sentido positivo. Mas também há um zelo negativo, indicando uma atitude egoísta, segundo se vê, por exemplo, em Números 5.14 e Atos 5.17. Além disso, o zelo pode ser bom, embora opere de acordo com maus motivos (ver Rm 10.2; Fp 3.6). Paulo tinha um bom zelo em favor das igrejas que havia fundado, para que prosperassem no sentido espiritual (2Co 11.2). Deus é um Deus zeloso (ver Êx 20.5; 34.14; Dt 4.24; 5.9).

A palavra grega *zeein*, "borbulhar", "ferver", acha-se à raiz da ideia de "zelo". A palavra portuguesa vem daí, passando pelo termo latino, *zelus*. Uma ideia cognata é entusiasmo, o estado de quem está "cheio de Deus", divinamente impulsionado. O zelo puro pode realizar mais do que o conhecimento; mas sem esse fator, geralmente mostra-se mais orientado ou exagerado, para nada dizermos que pode ser até abertamente prejudicial. O zelo por alguma causa errada é perigoso e arruinador. E até o zelo mal orientado por uma boa causa pode criar um espírito acalorado e prejudicial, se não for equilibrado pela razão e pelo conhecimento.

O zelo tem inspirado e levado a bom termo grandes projetos espirituais que indivíduos destituídos de zelo ou tímidos jamais teriam realizado. Por outra parte, o zelo mais orientado tem provocado muitas perseguições, banimentos, encarceramentos e até mesmo crimes de sangue. Ver o artigo intitulado *Tolerância*. Talvez tenham razão aqueles que dizem que Deus é o inspirador do zelo deles. Por outro lado, podemos apenas supor que o ódio é inspirado por poderes malignos, se é verdade que homens maus precisam de ajuda externa. Assim, há um zelo piedoso e há também um zelo satânico.

O Antigo Testamento vincula a piedade ao zelo (Êx 34.14, Dt 4.24 5.9; 6.15; Js 24.19; Na 1.12), fazendo assim o Ser divino entrar no quadro, presumivelmente uma qualidade a ser imitada pelos homens. Embora o Novo Testamento não perpetue o conceito de um Deus "zeloso", promove o conceito de um zelo piedoso. No Novo Testamento, o Filho do Deus (ver Jo 2.17) e os filhos de Deus (ver 2Co 7.11; 11.2) é que se mostram zelosos na piedade.

É o Espírito Santo quem inspira o zelo na vida espiritual do crente, porquanto o zelo faz parte integrante da espiritualidade. A inspiração e a iluminação espirituais produzem o seu próprio zelo. Ver os artigos *Espiritualidade* e *Iluminação*.

ZELOFEADE

No hebraico, **"proteção do medo"**, de *sel* (sobra) e *pahad* (temor). Zelofeade descendia de Manassés e morreu no deserto, não deixando nenhum herdeiro homem, mas filhas. Os filhos sempre tiveram monopólio no quesito herança, mas como esse homem não tinha herdeiros homens, suas cinco filhas perceberiam que poderia ser uma grande injustiça se fossem desprovidas de tudo, o que teria significado, provavelmente, a distribuição de suas terras etc. a outros da tribo. Elas fizeram um apelo direto a Moisés para colocar em vigência nova legislação que incluísse mulheres como herdeiras nos casos em que não houvesse herdeiros homens. Moisés considerou lógico o pedido, mas consultou o oráculo de *Yahweh* para não cometer um erro. O oráculo foi positivo a isso, de forma que as filhas receberam a herança, e o caso delas tornou-se um precedente para todos por vir no judaísmo hebraico. (Ver Nm 26.33; 27.1, 7; 36.2-11; Js 17.3; 1Cr 7.15). A época foi em torno de 1490.

ZELZA

No hebraico, "proteção solar", o nome de um local na fronteira de Benjamim mencionado por Samuel quando ele deixou Saul em Rama (1Sm 10.2). Um sinal validaria a bênção de Samuel do rei Saul. Saul deveria encontrar com dois homens em Rama, próximo ao local da tumba de Raquel, os quais lhe informariam que os asnos que ele buscava haviam sido encontrados e que o pai de Saul estava preocupado, temendo que algo mal teria acontecido com ele. O local exato é desconhecido hoje, mas a vila moderna chamada de Beit Jala, entre *Betel* e *Bete-Arabá*, pode marcar o antigo local.

ZEMARIM

No hebraico, "cobertura dupla" ou, como dizem alguns, "dupla floresta da montanha", o nome de uma cidade antiga e de uma montanha. **1**. Uma cidade com esse nome foi designada à tribo de Benjamim quando a Terra Prometida foi dividida entre as tribos que haviam conquistado a terra. (Ver Js 18.22). Ficava na porção leste do território e próxima a Bete-Araba e Betel. Tem sido tentativamente identificada com as ruínas de Khirbet es-As-es-Samra, que fica na estrada que leva de Jerusalém a Jericó. Alguns identificam o local moderno como el-Bireh, próximo a Jerusalém, ao norte, ou com a Ramalah moderna. **2**. Uma montanha da qual Abias, rei de Judá, falou com Jeroboão e com o exército de Israel (2Cr 13.4). Ela é chamada de a "alta montanha de Efraim", pois ficava no distrito de terras altas daquela tribo. Benjamim tinha uma fronteira com Efraim naquela área. Abias estava associado ao local quando atacou Israel. Ele capturou algumas cidades na área, como Betel, que estava situada na fronteira entre as duas tribos.

ZEMAREUS

Esse era um povo cananeu, nomeado entre os arvadeus e os hamateus, em Gênesis 10.18 e 1Crônicas 1.16. Provavelmente eles viviam na parte norte da Fenícia, entre Arvade e Trípolis, em uma cidade atualmente chamada Sumra, quase inteiramente reduzida a ruínas. Essa porção da Fenícia fica nos sopés do Líbano.

ZEMER

Essa palavra não se encontra em nossa versão portuguesa. Outras versões, como a *Revised Standard Version*, seguindo uma versão emendada do texto de Ezequiel 27.8, dizem: ...habilidosos homens de Zemer havia em ti, esses foram os teus pilotos, em vez do que diz nosso texto português: ...os teus sábios, ó Tiro, que se achavam em ti, esses foram os teus pilotos. Zemer ficava localizada ao norte do Líbano, sobrevivendo até hoje na cidade de Sumra, entre Arvade e Trípolis. Assim sendo, os zemareus (vide), eram os habitantes de Zemer.

ZEMIRA

No hebraico, **"canção"**. Esse era o nome de um dos filhos de Bequer (vide) (1Cr 7.8). Bequer era o segundo filho de Benjamim, filho de Jacó. Ele viveu em cerca de 1630 a.C.

ZENÃ

No hebraico, **"rica em rebanhos"**. Esse era o nome de uma cidade das terras baixas de Judá (Js 15.37). Conforme dizem os estudiosos, provavelmente é a mesma cidadede Zaanã (ver Mq 1.11), devendo, por conseguinte, ser identificada com a moderna 'Arak el-Kharba.

ZEQUER

No hebraico, **"fama"**. Foi o nome de um filho de Jeiel, pai de Gibeom, um homem da tribo de Benjamim (1Cr 8.31). Esse mesmo homem é chamado de Zacarias em 1Crônicas 9.37, porquanto Zequer é uma abreviação de Zacarias. Ele viveu por volta de 1180 a.C. Era irmão do Ner (vide) e tio de Saul (vide).

ZERAÍAS

Forma variante do nome *Zaraías* (vide). Essa forma variante aparece em Esdras 7.4 e 8.34. E a forma *Zaraías* só aparece em livros apócrifos do Antigo Testamento, e nunca nos seus livros canônicos.

ZERAÍTAS

Duas famílias antigas de Israel foram chamadas por esse coletivo, a saber: **1**. Uma família da tribo de Simeão (Nm 26.13). **2**. Uma família da tribo de Judá (Nm 26.20). Acã (Js 7.17) e dois dos poderosos guerreiros de Davi pertenciam a essa família judaíta (1Cr 27.11 e 13). Ver sobre Zerá, Números 3 e 4.

ZEREDÁ

Esse nome locativo, grafado no hebraico de três maneiras levemente diferentes, significa **"fortaleza"**. Há considerável confusão sobre esse nome e os lugares para os quais o mesmo aponta, a saber: O nome, com alguma variação, aparece em 1Reis 11.26, em 2Crônicas 4.17 (com outra forma), e em Josué 3.16 (ainda com outra forma). Por isso mesmo, as versões grafaram o nome com nada menos de seis maneiras diferentes, nas línguas vernáculas: Zeredá, Zeredate, Zeredata, Zererá, Zererate e Zaretã (vide). Procuraremos sumariar tudo isso sob dois pontos: **1**. O lugar onde residia Jeroboão, quando se rebelou contra Salomão (1Rs 11.26). Ficava no distrito de Efrá, provavelmente, na área geral do território de Efraim, conforme se vê em Juízes 12.5 onde a palavra hebraica *'eprati* significa "homem de Efraim" (em nossa versão portuguesa, "efraimita"). Elcana, pai do profeta Samuel, também é descrito como um efraimita (1Sm 1.1), que ficava nos sopés montanhosos da região oeste do território de Efraim. Possíveis localizações são as proximidades de 'Ain Seridah, na parte ocidental de Samaria, ou *Deir Ghassaneh*, a sudoeste de Siquém. **2**. Uma cidade existente no vale do Jordão, onde era fundido metal para ser usado no fabrico de objetos a serem usados no templo de Jerusalém (2Cr 4.17). O trecho paralelo de 1Reis 7.46 diz *Zaretã* (vide). Em 1Reis 7.22, onde a nossa versão portuguesa diz "Zererá", os eruditos recomendam que se leia "Zeredá", acompanhando cerca de vinte artigos manuscritos hebraicos, porquanto as letras hebraicas que representam "r" e "d" podiam ser facilmente confundidas pelos copistas. Os trechos de Josué 3.16; 1Reis 4.12 e 7.46 contêm o nome "Zaretã". No entanto, no caso de 1Reis 7.46, os estudiosos pensam que houve ali um erro escribal, porquanto em seu trecho paralelo, 2Crônicas 4.17, temos o nome "Zeredá". Ver o artigo *Zaretã*. Visto que no atual *Tell es Sa'idiyeh* os arqueólogos têm encontrado numerosos objetos de cobre, pertencentes aos séculos XIII e XII a.C., por isso mesmo eles pensam que ali havia uma fundição de cobre. Portanto, parece que isso identifica o local exato da antiga cidade de Zeredá, no vale do Jordão, uma localidade que vem sendo ocupada por seres humanos desde os tempos calcolíticos.

ZEREDE

No hebraico, provavelmente, **"torrente dos salgueiros"** ou **"bosque dos salgueiros"**. Esse é o nome de dois acidentes geográficos mencionados no Antigo Testamento, um ribeiro e um vale. O ribeiro é mencionado em Deuteronômio 2.13,14; o vale, em Números 21.12. Todavia outros estudiosos, talvez com mais razão, identificam esse lugar como um *wadi*, isto é, um ribeiro intermitente, pelo que, quando havia chuva, era um ribeiro, quando não chovia, era um vale seco.

O ribeiro ou vale de Zerede era uma linha fronteiriça entre Moabe e Edom. Em outros trechos recebe outros nomes. Assim, em Isaías 15.7 aparece com o nome de *torrentes dos salgueiros*; em Amós 6.14, com o nome de "ribeiro da Arabá", ou seja, "ribeiro do deserto". Talvez seja o moderno *wadi* el-Ahsy.

Nos tempos de Eliseu, foi em Zerede que, segundo uma predição sua, houve uma inundação. Por algum motivo, essas águas pareciam aos olhos dos moabitas "vermelhas como sangue" (ver 2Rs 3.20 e 22). Os moabitas foram derrotados diante das tropas de Israel, de Judá e de Edom, que se tinham aliado contra aqueles. O relato inteiro aparece em 2Reis 3.4-27, com muitos lances sangrentos e horripilantes.

Todavia, visto que Israel penetrou no deserto a leste de Moabe, antes de atravessar o ribeiro de Zerede, alguns estudiosos identificam Zerede com o *wadi* Kerak, ou, então, com algum tributário do Kerak ou o Arnon (vide) — talvez o Ferranj ou o Seil Sa'ideh. Mas aqueles que pensam que a penetração de Israel seguiu na direção oeste, pensam no *wadi* el-Ahsy, conforme dissemos acima. Tal como o Kerak ou o Arnon, o el-Ahsy flui de forma intermitemte em um vale muito plano,

ZERERÁ

que atravessa o platô. Quando chegam as chuvas, suas águas chegam até um oásis, atravessando uma garganta que divide ao meio uma escarpa montanhosa. De cada lado dessa garganta há terraços estreitos, de terras cultiváveis.

ZERERÁ. Ver sobre *Zeredá*.

ZERES

No persa, **"ouro"**. Foi transliterado para o hebraico como *zeresh*, e daí chegou ao português com a forma de "Zeres". Ela era a esposa de Hamã, o primeiro ministro do rei Assuero (Et 5.10-14 e 6.13). A Septuaginta grafa seu nome como *Sosára*. Ela viveu em torno de 510 a.C.

ZERETE

No hebraico, **"esplendor"**, **"brilho"**. Ele pertencia à tribo de Judá, filho de Assur e sua esposa, Helá (1Cr 4.7). Descendia de Calebe. Viveu por volta de 1470 a.C.

ZERETE-SAAR

No hebraico, **"esplendor da aurora"**. Essa era uma cidade do território dado à tribo de Rúben. É mencionada exclusivamente em Josué 13.19. A identificação dessa cidade é problemática, mas parece haver razão na localização dessa cidade, cerca de trinta e dois quilômetros a sudoeste de Medeba, e poucos quilômetros abaixo do ponto onde o rio Nahaliel deságua no mar Morto, vindo do Oriente. Essa cidade de Zerete-Saar é mencionada juntamente com Quiriataim, do território de Rúben. Sabe-se que Quiriataim havia antes pertencido a Seom, rei dos amorreus, e que essa cidade ficava localizada cerca de dezesseis quilômetros a sudeste de Zereb-Saar.

ZERI

No hebraico, **"bálsamo"**. Um filho de Jedutum. Zeri foi chefe de uma família de cantores levíticos pós-exílicos (1Cr 25.3). Em 1Crônicas 25.11, o seu nome aparece com a forma de "Izri". Os peritos dizem que talvez houvesse, originalmente, uma letra hebraica inicial, "iode" (vide), que deve ter sido perdida nas transcrições. Nesse caso, Izri representa melhor o nome dele do que Zeri. Ver o artigo sobre *Izri*. Viveu por volta de 1015 a.C.

ZEROR

No hebraico, **"feixe"**, **"pacote"**. Ele pertencia à tribo de Benjamim. Foi um dos antepassados do rei Saul (1Sm 9.1). Viveu em cerca de 1160 a.C.

ZERUA

No hebraico, **"seiuda"**. Ela era a mãe do rei Jeroboão (1Rs 11.26). Aprendemos nesse versículo que ela era viúva. Zerua viveu por volta de 1000 a.C.

ZERUIA

No hebraico, **"bálsamo"**, nome de uma irmã (de acordo com alguns uma enteada) do rei Davi e mãe dos ilustres guerreiros matadores Joabe, Abisai e Asael. Esses guerreiros eram, portanto, sobrinhos de Davi. Embora seu nome seja mencionado cerca de 25 vezes no Antigo Testamento, o de seu marido não é. Possivelmente ele morreu cedo. Ele era um estrangeiro, insignificante demais para ser mantido ao lado dessa notável mulher; ou, menos provável, talvez ela tenha sido uma mãe solteira. (Alguns exemplos de referências a ela são: 1Sm 26.6; 2Sm 2.13, 17; 3.39; 8.16; 1Rs 1.7; 2.5, 44; 1Cr 2.16). Ela viveu por volta de 1070 a.C.

ZETÃ

No hebraico, resplendente. Há dois indivíduos com esse nome nas páginas do Antigo Testamento.

No hebraico, seus nomes são escritos de forma levemente diferente, embora ambos com o mesmo significado. **1**. Um dos três filhos de Ladã, um gersonita (1Cr 23.8 e 26.22), ele viveu por volta de 1020 a.C. **2**. O quinto filho de Bilá, neto de Benjamim (1Cr 7.10). Ele viveu em torno de 1600 a.C.

ZETAR

No hebraico, **"sacrifício"**. Esse homem era um dos sete eunucos que serviam na presença de Assuero (Et 1.10). Viveu por volta de 520 a.C.

ZIA

No hebraico, **"aterrorizado"**. Ele era da tribo de Gade e chefe de uma das famílias de Israel (1Cr 5.13). Viveu em torno de 1070 a.C.

ZIBA

No hebraico, **"plantação"**. Ele foi um servo de Saul que também serviu ao filho daquele monarca de Israel, Mefibosete. Seu nome aparece por dezesseis vezes no segundo livro de Samuel (9.2,4,9-12; 16.1-4; 19.17,29). Nessa última referência lemos que ele obteve, por doação de Davi, metade das terras que pertenciam a Mefibosete. Ziba viveu em torno de 1025 a.C.

ZIBEÃO

No hebraico, **"ladrão selvagem"**. Nas páginas do Antigo Testamento há dois homens com esse nome, a saber: **1**. Um heveu, que foi avô de Ada, uma das esposas de Esaú (Gn 36.2; 36.14). Ele viveu em cerca de 1800 a.C. **2**. Um filho de seir, o horeu. Ele é mencionado por seis vezes na Bíblia (Gn 36.20,24,29; 1Cr 1.38,40). Ele viveu por volta de 1800 a.C.

ZIBIA

No hebraico, esse nome é grafado de duas maneiras. Uma das formas tem o sentido de "gazela", e a outra forma, segundo tudo indica, quer dizer "gazelas de Yah". A primeira forma é o nome de um homem, e a segunda, de uma mulher, conforme se vê abaixo: **1**. Um benjamita, filho de Saaraim (1Cr 8.8,9). Ele viveu em cerca de 1320 a.C. **2**. A esposa de Acazias, mãe de Joás, que também foi rei de Judá. Ela era natural da cidade de Berseba (2Rs 12.1 e 2Cr 24.1). Ela viveu em torno de 890 a.C.

ZICLAGUE

No hebraico **"serpente"** ou **"ondulada"**, o nome de uma cidade no Neguebe, isto é, o "território do sul" de Judá (Js 15.31). Na divisão da Terra Prometida, após a conquista, a região foi dada primeiro a Simeão (Js 19.5; 1Cr 4.30), mas acabou como parte de Judá (Js 15.31). Na época de Saul, a região ficou sob o controle dos filisteus (1Sm 27.6). Ao fugir das intenções assassinas de Saul, Davi tornou esse lugar seu quartel-general, com a cooperação de Aquis, rei de Gate. Foi em Ziclague que Davi recebeu a notícia da morte de Saul (2Sm 1.1; 4.10), que acabou com seu exílio e lhe possibilitou, não muito tempo depois, assumir o poder em Israel, tornando-se assim seu segundo rei. A cidade foi destruída pelos amalequitas, mas Davi, a longo prazo, conseguiu retirá-los do local (1Sm 30.1, 2). Depois do exílio de Judá na Babilônia, o local foi usado mais uma vez como habitação de judeus (Ne 11.28). É provável identificar o antigo local com a moderna Tell el-Kuwilfeh, que se situa cerca de 8 km ao sudoeste de Tell Beit Mirsim (Debir). Tell el-Kuwilfeh fica entre Debir e Berseba.

ZICRI

No hebraico, **"renomado"**. Um nome bastante comum nas páginas do Antigo Testamento. Podem ser mencionados doze indivíduos com esse nome, a saber: **1**. Um filho de Izar, neto de Levi (Êx 6.21). Ele viveu por volta de 1490 a.C. **2**. Um benjamita da família de Simei (1Cr 8.19). Ele viveu em torno de 1300 a.C. **3**. Outro benjamita, filho de Sisaque (1Cr 8.23). Ele viveu em cerca de 1300 a.C. **4**. Outro benjamita, filho de Jeroão (1Cr 8.27). Ele viveu por volta de 1300 a.C. **5**. Um levita, filho de Asafe (1Cr 9.15). Ele viveu em cerca de 500 a.C. **6**. Um descendente de Eliezer, filho de Moisés, que viveu nos dias de Davi, em torno de 1040 a.C. (1Cr 26.25). **7**. O pai de Eliezer, um chefe rubenita, nos dias de Davi, ou seja, em torno de 1040 a.C. (1Cr 27.16). **8**. O pai de Amazias, um dos capitães militares no exército de Josafá (2Cr 17.16). Ele viveu em cerca de 950 a.C. **9**. O pai de Elisafate, um capitão de cem, que ajudou o sacerdote Joiada a fazer Joás rei de Judá (2Cr 23.1). Ele viveu por volta de 900 a.C. **10**. Um efraimita, um poderoso homem de valor que matou o filho de Acaz, rei de Judá (2Cr 28.7). Viveu em torno de 740 a.C. **11**. O pai de Joel, superintendente dos benjamitas em Jerusalém, terminado o cativeiro babilônico (Ne 11.9). Ele viveu em cerca de 450 a.C. **12**. Um sacerdote dos filhos de Abias, nos dias de Neemias (Ne 12.17). Ele viveu em cerca de 445 a.C.

ZIDIM

No hebraico, **"faldas montanhosas"**. Uma cidade fortificada do território de Naftali (Js 19.35). No Talmude, esse lugar é chamado de Cafar Hitaiá. É a moderna aldeia de Hatin, cerca de oito quilômetros a noroeste de Tiberíades e a menos de um quilômetro e meio ao norte dos *Chifres de Hatin* (vide). Todavia, alguns estudiosos não sabem determinar com precisão a sua localização.

ZIFA

No hebraico, **"emprestado"**. Ele era outro dos quatro filhos de Jealelel (1Cr 4.16). Jealelel (vide) era descendente de Calebe, filho de Jefuné. Zifa viveu por volta de 1380 a.C. Ver sobre *Zife. Tiria e Asareel, seus irmãos.*

ZIFE, ZIFITAS

No hebraico, **"lugar de refino"**. Nas páginas do Antigo Testamento, esse é o nome de dois homens e de duas cidades, a saber: **1**. Um neto de Calebe. filho de Herzrom (1Cr 2.42). Ele viveu por volta de 1500 a.C. **2**. Um filho de Jealelel (1Cr 4.16). Ele viveu em torno de 1380 a.C. **3**. Uma cidade da área do Neguebe (vide), pertencente a Judá (Js 15.24; 1Cr 2.42; 4.16), onde Zife aparecia como um clã ou uma família vinculada a Calebe. Provavelmente trata-se da moderna Khirbert ez-Zeifeh, a sudoeste de Kurnub, já perto da fronteira com Edom. **4**. Uma cidade da região montanhosa de Judá (Js 15.55). Davi escondeu-se de Saul em campo aberto, perto de Zife (1Sm 23.14,15 e o subtítulo de Sl 54). Nessa mesma região, posteriormente, Davi apossou-se da lança de Saul e de sua botija de água, embora lhe tivesse poupado a vida (1Sm 26.1,2,7,12).

Essa mesma cidade de Zife foi fortificada por Reoboão, filho de Salomão, depois que a nação de Israel dividiu-se em reino do norte (Israel) e reino do sul (Judá) (2Cr 11.5,8). Provavelmente, o local é ocupado pelo atual Tell Zif, a 6,5 km a sudeste de Hebrom, em uma colina cerca de 880 m acima do nível do mar, que domina todas as terras abertas em redor, mais ou menos no mesmo nível de En-Gedi (vide), no mar Morto.

ZIFROM

No hebraico, **"topo bonito"**. Essa era uma localidade existente na fronteira norte entre a Palestina e a Síria (Nm 34.9). Todavia, não se sabe qual a sua localização exata.

ZIGURATE

Essa palavra deriva-se do assírio, *ziqquratu*, **"topo de montanha"**. Entre os assírios e babilônios, um zigurate era um templo formado por terraços superpostos, cada qual menor que o anterior, em forma piramidal. Isso deixava tanto um terraço estreito, circundando a construção, em cada andar, como também um terraço superior, geralmente em forma quadrada, onde os sacrifícios eram efetuados juntamente com outras cerimônias.

Essa forma arquitetônica se desenvolveu durante o terceiro milênio a.C., a partir de uma plataforma baixa, sobre a qual se construía algum santuário (conforme se vê na antiquíssima Ereque ou em Uqair, cidades da Babilônia antiga). Os zigurates foram sendo construídos em proporções cada vez maiores, até chegarem a maciças torres de tijolos de argila, como a de Etemenanki, cujo nome significa "edifício plataforma do céu e da terra", associada ao templo de Marduque, na Babilônia. Essa imensa torre, segundo as proporções da antiguidade, chamava-se Esagila, nome esse que significa "cujo topo está no céu". A torre de Esagila media 90 m de base, e tinha, aproximadamente, a mesma altura. Isso corresponde a um edifício com mais de trinta andares, segundo as modernas construções de arranha-céus. Um verdadeiro feito da engenharia antiga, quando ainda não se conheciam nem o cimento e nem as armações de aço, usados nos arranha-céus da atualidade.

O acesso a cada nível (e o primeiro, geralmente, era o terraço que mais se elevava em relação à base — digamos, chegava a uns 33 m de altura, enquanto que o segundo chegava aos 51 m de altura e o terceiro chegava aos 58 m etc.) era feito mediante uma rampa ou uma escadaria que partia de várias direções, ao redor do zigurate.

Alguns estudiosos, que não aceitam as manifestações místicas na palavra de Deus, pensam que Jacó deve ter adormecido diante de algum zigurate; e, na sua sonolência, pensou estar vendo uma escada que ia do chão ao céu, em seu famoso sonho de revelação (ver Gn 28.12). Naturalmente, nem precisamos comentar sobre isso. Basta dizer que os arqueólogos nunca encontraram zigurates ou pirâmides entre a terra de Canaã e Arã, para onde ele se dirigia.

Era no topo dessa "montanha artificial", no santuário que era erguido no alto, ou no terraço descoberto, que, segundo se acreditava, a divindade adorada descia para receber a veneração dos homens, mediante ritos especiais.

Vários zigurates têm sido escavados pelos arqueólogos, como os de Ur, Assur e Choga Zambil, os três mais bem conhecidos e melhor preservados. A "torre de Babel" (ver Gn 16.1-5) pode ter sido o primeiro de todos os zigurates, porquanto construções desse tipo podem ser encontradas em todas as principais cidades antigas da Babilônia.

O quanto esse tipo de torre se tornou comum? Basta dizer que até mesmo nas Américas foram encontradas essas construções piramidais. Há muito sabia-se que certos indígenas do México e de outros países latino-americanos, da América Central, também haviam construído pirâmides lisas e zigurates. Mas, há menos de uma década, foi descoberto um zigurate perdido nas selvas da Amazônia brasileira no estado do Amazonas, a certa distância das margens do rio Negro. Quem teria erguido essa construção, sabendo-se que os brasilíndios não sabiam fazer tijolos de barro, quando por aqui aportou Cabral?

ZILÁ

No hebraico, **"proteção"** ou **"tela"**. Ela era uma das esposas de Lameque, o primeiro bígamo do mundo. Foi mãe de Tubalcaim, "artífice de todo instrumento cortante, de bronze e de ferro" (Gn 4.19-23). Esse versículo mostra-nos que a metalurgia é mais antiga do que muitos pensam. É muito difícil determinar em que época viveu Zilá. Uma data suposta tem sido cerca de 4000 a.C.

ZILETAI

No hebraico, **"sombra"**, **"proteção"**. Há dois homens com esse nome, nas páginas do Antigo Testamento, a saber: **1**. O cabeça de uma família benjamita (1Cr 6.20). Ele deve ter vivido em torno de 1300 a.C. Era um dos filhos de Simei (vide). **2**. O oficial do exército, pertencente à tribo de Manassés, que veio unir-se a Davi, em Ziclague (1Cr 12.20). Viveu por volta de 1050 a.C.

ZILPA

No hebraico, **"gota de mirra"**. Ela era uma jovem escrava que foi dada por Labão a Lia, por ocasião do casamento desta com Jacó. Posteriormente, a pedido da própria Lia, tornou-se esposa secundária, ou concubina, de Jacó. Zilpa foi mãe de dois filhos, Gade e Aser (Gn 29.24; 30.9-13; 35.26; 37.2; 46.18). Viveu em torno de 1730 a.C. Desconhece-se a origem racial de Zilpa. O mais provável é que ela era de sangue sírio, isto é, semita.

ZIM

No hebraico, **"terra baixa"**. O deserto de Zim, conforme seu próprio nome indica no original hebraico, era alguma depressão. Ficava no território que mais tarde foi entregue à tribo de Judá, em sua porção sul, e também a oeste da extremidade sul do mar Morto ou mar Salgado. É mencionado por nove vezes nas páginas do Antigo Testamento (Nm 13.21; 20.1; 27.14; 33.36; 34.3,4; Dt 32.51; Js 15.1,3). Esse deserto de Zim não deve ser confundido com o deserto de *Sim* (vide).

O deserto de Zim foi o palco de alguns dos eventos mais críticos da história bíblica do Antigo Testamento. A começar pelo incidente de En- Mispate, ou Cades, que foi invadida por reis mesopotâmicos (ver Gn 14.7); Cades-Barneia, onde os israelitas acamparam (ver Nm 33.36), e de onde partiram espias para examinar a Terra Prometida; o deserto de Zim (ver Nm 13.21), onde também uma geração incrédula e desafeiçoada a Deus foi sentenciada a morrer antes de entrar na Terra Prometida (Nm 14.17; 27.14); onde Miriã faleceu; onde Moisés bateu rebeldemente na rocha, em vez de falar com a pedra, a fim de fazer jorrar as águas de Meribá (ver Nm 20.1-13; 27.14; Dt 32.51); todos esses são incidentes que se tornaram grandes marcos na história bíblica.

A localização do deserto de Zim, entretanto, sempre foi questão disputada entre os eruditos. Embora, virtualmente, todos reconheçam que o deserto de Zim não é o deserto chamado Sim, o fulcro do debate gira em torno de Cades-Barneia. Assim, enquanto alguns estudiosos têm favorecido Petra, na Idumeia, outros preferem pensar em 'Ain el-Weibeh na Arabá (vide), e, ainda outros, em 'Ain Qedeis (Cades), no lado egípcio da fronteira da península do Sinai. Ainda outros pensam que esse deserto ocupava uma parte da Arabá e uma parte do Sinai, visto que é perfeitamente possível que existissem duas localidades com o nome de Cades. Em dias mais recentes, o consenso das opiniões favorece decididamente a localidade de 'Ain Qedeis, ou, então, a circunvizinhança em geral, onde há duas fontes de água abundante, 'Ain Qoseimeh e 'Ain el-Qudeirat. Essa identificação da crucial Cades-Barneia, juntamente com a descrição das fronteiras da tribo de Judá, que se estenderiam ... *até ao deserto de Zim, até a extremidade da banda do sul* (Js 15.1, cf. Nm 34.3,4), indica que o deserto de Zim ampliava-se desde algum ponto próximo de Cades — talvez desde o rio do Egito, também chamado *wadi* el-A-rish — para o oriente, na direção da subida de Acrabim (vide), acompanhando o *wadi* Zim, chegando até às fronteiras com Edom. É muito difícil determinar limites mais precisos do que isso para o deserto de Zim, porque até mesmo nos tempos bíblicos, o deserto de Parã (vide) justapunha-se, ou mesmo incluía, o deserto de Zim, segundo se aprende em Números 13.26: ... *e vieram a Moisés e a Arão, e a toda a congregação dos filhos de Israel no deserto de Parã, a Cades...*

Mas, sem importar como possamos definir o que constituía o deserto de Zim, o fato é que o mesmo estava incluso em *todo aquele grande e terrível deserto que vistes* (Dt 1.19, cf. 8.15). O deserto de Zim era quase inteiramente estéril, porquanto somente em sua extremidade norte haveria um regime pluvial ligeiramente maior do que no sul. Seu solo era coalhado de rochas, pederneiras e areia sem húmus. Sua superfície era muito corrugada e íngreme, com muitas escarpas e muitas "crateras" alongadas, provocadas pela erosão do solo. Nas proximidades havia dois montes, chamados, atualmente, de Khurashe e Kurnub.

Apesar de toda essa aridez, as investigações feitas no local, pelos especialistas, têm mostrado que sempre houve ali alguma ocupação humana, embora rarefeita, desde a época dos patriarcas, passando pelo período israelita, pelo período nabateano e pelo período bizantino. Essa ocupação valia-se de uma meticulosa utilização do solo e da água. Tal ocupação, além disso, servia de barreira de defesa, pois um complexo sistema de fortalezas, aparentemente seguindo as linhas fronteiriças referidas nos relatos bíblicos, assinalava os limites do território de Judá, no deserto de Zim.

ZIMA

No hebraico, **"conselho"**, **"consideração"**. Ele era levita gersonita, filho de Simei e neto de Jaate (1Cr 6.20,42; 2Cr 29.12). Viveu em cerca de 1370 a.C.

ZIMBRO

No hebraico, *rothem*. Palavra que figura por quatro vezes (1Rs 19.4,5; Jó 30.4 e Sl 120.4). Trata-se de um arbusto do deserto que tem sido identificado com o *ratham* dos árabes. Encontra-se em abundância no sul da Palestina e na península do Sinai. Algumas vezes tem sido chamado de "junipeiro", embora tal identificação não seja exata. O zimbro tem ramos longos e finos, folhas pequenas, flores amarelas, e dá uma boa sombra. Elias descansou sob um zimbro (1Rs 19.5). Os animais evitam comer o zimbro, exceto em momentos de grande necessidade, mas seu tronco e suas raízes servem de bom combustível, podendo ser transformados em carvão. (Jó 30.4; ver também Sl 120.4, quanto a essa conexão).

ZIMIR, ZINRI

Dependendo da raiz da palavra sugerida por trás desse nome, são dadas definições amplamente diferentes. Ela pode significar "pertencente a um antílope", ou "minha proteção", derivando da raiz árabe *dmr*, que quer dizer "proteger". Outros sugerem "minha canção", ou "cantor", se a palavra relacionada for *zimrati*. Se *zmrn* for a raiz, então a palavra pode significar "ovelha montanhesa". De toda forma, este é o nome de quatro personagens do Antigo Testamento e de um distrito. Os nomes são listados em ordem cronológica. **1**. Um ancestral distante de uma das clãs de Judá (1Cr 2.6). Talvez ele tenha tido outro nome, Carmi (ou Zabdi), como sugere o contexto. Ver Js 7.1, 17, 18). Viveu em torno de 1600 a.C. **2**. Um filho de Salu, ancião simeonita que foi morto por Fineias quando este o pegou em adultério com uma moabita (Nm 25.14). Fineias era sumo sacerdote e tal conduta aberta, descarada, contrária à legislação mosaica, o deixou furioso, portanto o assassinato (chamado de execução) foi adicionado ao adultério. A história é recontada em 1Macabeus 2.26. Ele viveu por volta de 1450 a.C. **3**. Um descendente de Saul através da linhagem de seu filho Jônatas (1Cr 8.36; 9.42). Viveu em torno de 940 a.C. **4**. Zinri foi assessor de Ela, o quarto rei de Israel. O rei caiu em meio a uma rebelião de bêbados. Zinri proclamou-se rei e imediatamente matou a maioria de seus rivais. Mas Omri, um general militar, trouxe seu exército a Tirza, a capital de Israel naquela época. Quando as tropas entraram na cidade, o novo rei refugiou-se em seu palácio e suicidou-se ateando fogo ao palácio e permanecendo dentro dele. Ele reinou por apenas sete dias, mas parece que teve algum tipo de autorização para seu reinado, pelo menos por parte de diversos oficiais. 1Reis

16.9-12 conta a história e o versículo 19 mostra que ele apoiava a idolatria, tão prevalente naquela época em Israel. **Sumário**: **a**. Zinri reinou por sete dias em 886 a.C. (1Rs 16.21 ss.). **b**. Seu período foi curto, então ele agiu com pressa, levando a cabo um grande massacre de seus rivais potenciais, já tendo matado o rei Elá para conseguir seu curto poder. Ele executou praticamente todos os membros da casa de Ela, portanto havia grande loucura e ódio em seu coração. **c**. É justo que um homem tão violento tenha tido um fim violento e, em seu caso, foi o suicídio, que era uma ocorrência um tanto rara em Israel. **5**. Zinri era o nome de uma tribo ou território árabe. (Ver Jr 25.25).

ZINA. Forma alternativa de Ziza (vide).

ZINRÁ

Alguns estudiosos pensam que o sentido dessa palavra é desconhecido, mas outros opinam que significa "célebre", com base na sua possível derivação de *zimra*, "cântico", "fama". Todavia também pode haver uma derivação de *zemer*, "cabra montês". Zinrá era filho de Abraão e de sua segunda esposa legítima, Quetura. Abraão casou com Quetura após o falecimento de Sara. Neste último versículo, entretanto, Quetura é chamada de "concubina" de Abraão, embora Gênesis 25.1 diga: *Desposou Abraão outra mulher; chamava-se Quetura*.

Quanto a Zinrá, muitos eruditos pensam que ele deixou sinais de sua passagem neste mundo. A localidade de Zabram, a oeste de Meca, na Arábia, que foi mencionada pelo geógrafo antigo Ptolomeu, tem um nome relacionado ao nome de Zinrá, embora isso não seja evidente em português, e talvez derive-se do nome daquele filho de Abraão.

ZIOR

No hebraico, **pequenez**. Uma cidade que já havia na Terra Prometida quando os israelitas ali chegaram, e que foi dada à tribo de Judá (Js 15.54). O local geralmente identificado como a antiga Zior e a moderna si'ir, também conhecida como si'air ou Sa'ir, que fica localizada cerca de oito quilômetros a nordeste de Hebrom. O nome dessa cidade está ligado a um adjetivo hebraico que quer dizer "insignificante". Zior ficava localizada na região montanhosa da Judeia, cercada por terras plantadas e por uma boa fonte. Muitos estudiosos pensam que Zior e Zair (2Rs 8.21, vide) são apenas dois nomes diferentes da mesma cidade. E os textos de certos manuscritos hebraicos e da Septuaginta dão apoio a isso. A antiguidade do local é confirmada pela presença de túmulos escavados na rocha, o que reflete costumes bem antigos.

ZIPOR

No hebraico, embora com duas grafias diferentes, essa palavra significa somente uma coisa, "ave". Esse era o nome do pai de Balaque, rei de Moabe (Nm 22.2,4,10,16; 23.18; Js 24.9; Jz 11.25). Ele viveu por volta de 1490 a.C. Há quem pense que esse nome também pode ser entendido como "pardal", sem importar a forma como seja escrito.

ZÍPORA

No hebraico "**pardal**" ou "**pássaro**", a filha do sacerdote de Midiã chamado de Jetro ou Reuel, ou os dois. (Ver Êx 2.21, 22). Essa senhora era uma das sete filhas destinadas a casar com Moisés e ter dois filhos de importância com ele, ou seja, Gérson e Eliézer (Êx 2.22; 18.3, 4). A única outra informação que temos sobre ela é a que diz respeito à circuncisão de Gerson, forçada por Moisés (Êx 4.24-26). Depois ele e seus dois filhos retornaram a Jetro (Êx 18.2-4), assim concluímos que eles tiveram uma vida dura com o futuro legislador. A família nem podia imaginar que ele estava destinado a ser a estrela mais brilhante no céu dos hebreus, até Jesus, o Cristo, claramente. Zípora viveu em torno de 1450 a.C.

ZITRI. Forma de *Sitri* (vide), conforme algumas versões.

ZIVE

No hebraico, provavelmente significa "**esplendor**". Esse era o mês da colheita do trigo, depois do primeiro mês, *abibe* (vide). O templo de Salomão, em Jerusalém, começou no mês de zive (1Rs 6.1,37), É no primeiro desses versículos que esse mês é interpretado como "o segundo mês". Ver também o artigo intitulado *Calendário*.

ZIZ, LADEIRA DE

No hebraico, *ma'aleh ha-sis*, "subida de Ziz". No grego da Septuaginta, *Katà tèn anábasin Asas*, "pela subida de Assás". Uma ladeira muito íngreme que havia em um passo, perto de En-Gedi. Em 2Crônicas 20.16, o Senhor instruiu aos homens da tribo de Judá, nos dias do rei Josafá, como deveriam enfrentar o adversário coligado: Amom, Moabe e Seir, pois esses inimigos haveriam de atacar por via da *ladeira de Ziz* (2Cr 20.20-23). Essa *ladeira de Ziz*, mui provavelmente, é o mesmo *wadi* Hasasa, a norte de En-Gedi e a sudeste de Tecoa (vide). É evidente que as tropas inimigas atravessaram o mar Morto, vindas de Moabe, passando por um vau raso, em Lisã (cf. 2Cr 20.1,2), e, então, iniciaram a cansativa subida de Ziz. Os israelitas não tiveram de lutar, tão somente ficaram postados, entoando louvores ao Senhor. E os três atacantes, até então aliados, atiraram-se uns contra os outros, em encarniçada batalha, ao ponto de se desbaratarem totalmente. *Tendo Judá chegado ao alto que olha para o deserto, procurou ver a multidão, e eis que eram corpos mortos, que jaziam em terra, sem nenhum sobrevivente* (vs. 24). Sem dúvida, um dos maiores livramentos por que passou Judá, mediante a miraculosa intervenção divina!

ZIZA

No hebraico, com duas formas de grafia, mas com um só sentido, "**brilho**". Há três homens com esse nome, nas páginas do Antigo Testamento, a saber: **1**. Um simeonita, filho de Zifi (1Cr 4.37). Viveu em cerca de 800 a.C. **2**. Um descendente de Gérson, filho de Simei (1Cr 23.10,11). Ele viveu em torno de 1015 a.C., pelo que era contemporâneo de Davi. **3**. Um filho de Reobeão, e, por conseguinte, neto de Salomão (2Cr 11.20). Viveu por volta de 960 a.C. A primeira dessas grafias, que aparece no nome do homem simeonita e do filho de Reobeão (Nm 1. e 3., acima), de acordo com alguns estudiosos parece ser uma abreviação infantil, mais ou menos como José = Zezinho.

ZOÃ

Essa palavra vem de um original egípcio, *d'nt*. Alguns estudiosos, com base no paralelo árabe, *tsan*, acham que devemos pensar no significado "migração", para essa palavra. Esse é o nome bíblico da cidade egípcia que, nos escritos clássicos, aparece com o nome de Tanis, atualmente representada pelas ruínas de San-el-Hagar, na porção nordeste do delta do Nilo, imediatamente ao sul do lago Menzalé.

1. Informações dadas no Antigo Testamento. Essa cidade é mencionada por sete vezes no Antigo Testamento (Nm 13.22; Sl 78.12,43; Is 19.11,13; 30.4 e Ez 30.14). Na primeira dessas referências, lemos que Hebrom "foi edificada sete anos antes de Zoã, no Egito". Ora, visto que Hebrom já existia nos dias de Abraão, Zoã também era cidade antiquíssima. Monumentos da VI Dinastia egípcia foram encontrados ali. Alguns estudiosos têm pensado que Zoar (vide), uma localidade existente nas fronteiras egípcias, é um erro de cópia, em lugar de Zoã. Porém, a tradução dada na Septuaginta, Zógora, não favorece essa conjectura. Fora do Pentateuco, Zoã é mencionada em Salmo e nos livros proféticos. Em Salmo 78.12,43 lemos acerca dos prodígios feitos por Deus "no campo de Zoã", o que significa que devemos equiparar Zoã com a *terra de Gósen* (ver Gn 45.10 etc.). No livro de Isaías, o profeta, após mostrar que os conselheiros do Faraó eram uns insensatos (19.11,13), em seguida mostra que os líderes de Judá não eram menos insensatos, porquanto tinham ido consultar-se com os líderes de Zoã (30.4). O trecho de Ezequiel 30.14 fala sobre o castigo divino que sobreviria a várias cidades do Egito, dentro de uma predição da conquista do Egito pelas forças babilônicas, dentre as quais aparece também Zoã.

2. História Antiga. Zoã tornou-se a capital dos governantes hicsos do Egito, os "reis pastores", das páginas da história. Foi no tempo desses governantes que Jacó e sua família chegou ao Egito, o que favorece a conclusão de que o "campo de Zoã", conforme se lê em algumas referências, ficava na *terra de Ramésses* (Gn 47.11; Êx 12.37). Ver sobre *Ramésses*. Ali, na época de José, os hebreus obtiveram possessões. Parece que, desde os tempos mais remotos, povos pastoris de Edom e da Palestina eram admitidos naquela região, o que talvez explique um dos possíveis sentidos do nome Zoã, ou seja, "migração". No século XIV a.C., Zoã foi reedificada por Ramsés II, quando então ela se tornou conhecida pelo nome de Pa-Ramesu. Os dominadores hicsos ocuparam a cidade e a região em redor, pelo espaço de quinhentos anos, de acordo com Maneto. E os egípcios só conseguiram expulsá-los em cerca de 1700 a.C. Alguns estudiosos têm emitido a opinião de que Afofis foi o Faraó que acolheu José. Todavia, isso ainda não constitui uma identificação temporal muito segura, pois vários governantes tiveram esse nome, entre os hicsos. Maneto também ajuntava que alguns pensavam que os hicsos eram árabes. Outros acham que eles eram uma mistura de heteus (nas páginas da história secular, hititas) e de mongóis. Porém, os primeiros voltam a argumentar dizendo que somente uma raça semita teria recebido tão bem aos patriarcas hebreus no Egito. Não obstante, uma das divindades dos hicsos, Suteque, também era adorada por mongóis sírios ou hititas.

3. Monumentos dos Hicsos. Além do nome de Afofis da VI Dinastia egípcia, e de muitos textos da XII Dinastia, foi encontrada uma cártula de Afofis (um dos monarcas hicsos), no braço de uma estátua, aparentemente, de origem mais antiga, como também uma esfinge com o nome Khian gravado, o que os estudiosos supõem ter sido o nome de um governante hicso. O tipo físico dos hicsos, com maças do rosto salientes e um nariz proeminente, muito diferente do tipo físico dos egípcios, tem sido tomado pelos peritos como do tipo tiraniano ou uralo-altaico. Portanto, os hicsos poderiam ser de origem idêntica a povos como os turcos, os afegãs, os chineses etc.

4. Descrição da Localização de Zoã. Na atualidade, o local onde ficava a antiga Zoã consiste apenas em um pequeno povoado formado por cabanas de barro, em meio a um ermo arenoso, a oeste dos gigantescos cômoros de seu antigo templo. Porém, além da esfinge de granito negro e de outras estátuas pertencentes à era dos hicsos, há também uma figura vermelha de arenito, representando Ramsés II. Obeliscos de granito também foram encontrados pelos arqueólogos, um dos quais com a representação de um rei a adorar divindades. Também foi encontrado um pequeno templo, escavado em arenito vermelho, pertencente ao período de grande prosperidade de Zoã. Durante a XXV Dinastia do Egito, de monarcas núbios (cerca de 715-665 a.C.), Tanis-Zoã continuava sendo usada como residência real ocasional, e também como uma base militar, postada no norte do Egito. Esse pano de fundo empresta credibilidade às referências de Isaías aos "príncipes de Zoã", como conselheiros do Faraó. E na dinastia egípcia seguinte (664-525 a.C.), Zoã continuava sendo uma cidade importante, o que se reflete na denúncia de Ezequiel (30.14) a Zoã e a outros centros populacionais egípcios.

ZOAR

No hebraico, **"pequena"**. Essa antiquíssima cidade é mencionada por nome, nas páginas do Antigo Testamento, por dez vezes (Gn 13.10; 4.2; 14.8; 19.22,23,30; Dt 34.3; Is 15.5; Jr 48.34). Essa antiga cidade, que antes era chamada de *Bela* (ver Gn 14.2,8; vide), ficava na extremidade sudeste do mar Salgado ou mar Morto. Posteriormente foi tomada pelos moabitas. Foi para Zoar que Ló e suas duas filhas correram, por ocasião da destruição das cidades da campina, como Sodoma e Gomorra. Só depois de algum tempo foi que Ló e suas filhas deixaram Zoar para habitarem em um monte, ou, mais precisamente, em uma caverna de um monte. Na Septuaginta o nome dessa cidade aparece com três formas diferentes: *Zegór*, na maioria das vezes, mas *Zógora* em Gênesis 13.10 e *Zogóra* em Jeremias 48.34. Josefo grafava seu nome como *Zoara* ou como *Zoar*.

Tudo quanto se sabe sobre Zoar aparece nas páginas na Bíblia. Mas, todas as dez referências bíblicas em nada nos ajudam quanto à sua exata localização geográfica, além do fato de que ficava na mesma região geral das outras quatro cidades da campina, Sodoma, Gomorra, Admá e Zeboim (vide).

Dessas cinco cidades, Sodoma foi a que se tornou mais famosa (ver Sabedoria de Salomão 10.6). Mas, todos os escritores judeus, cristãos e idamitas que escreveram sobre Sodoma deixaram claro que conheciam a conexão geográfica entre Zoar e essa cidade. E quase sempre esses escritos dão a entender que essas cidades ficavam ao sul da extremidade sul do mar Morto. A grande quantidade de depósitos de sal mineral nas proximidades fazem-nos lembrar do incidente que envolveu a mulher de Ló (ver Gn 19.26), que foi transformada em uma estatua de sal, quando ela, Ló e as suas duas filhas fugiam para Zoar. Além disso, há uma teoria, muito generalizada, que diz que toda aquela região passou por alguma catástrofe natural, que, sem dúvida, corresponde àquilo que o trecho de Gênesis 19.22-30 descreve. Uma observação feita por Finegan (FLAP, p. 147) representa bem essa opinião: "Também deve ter sido na idade do bronze média que teve lugar... a destruição catastrófica de Sodoma e Gomorra. Uma cuidadosa pesquisa das evidências literárias, geológicas e arqueológicas aponta na direção das infames *cidades da campina* (Gn 19.29), que ficavam na área atualmente submersa nas águas que se vão elevando mui lentamente, na extremidade sul do mar Morto, e também que essas cidades foram arruinadas por meio de um poderoso abalo sísmico, acompanhado por explosões, relâmpagos, a ignição de gases naturais em uma conflagração generalizada".

No entanto, alguns estudiosos têm apresentado objeções sérias a essa localização de Zoar, porquanto a Bíblia localiza a cidade especificamente em um alguma parte da ... *campina do vale de Jericó, a cidade das palmeiras até Zoar* (Dt 34.3). Isso aparece dentro das dimensões da Terra Prometida, conforme o Senhor as mostrou para Moisés, pouco antes de este falecer. Como se entende, mui naturalmente, pois, parece que Zoar ficava na beirada oriental do vale do Jordão, perto do extremo norte do mar Morto, que é a extremidade oposta do local "tradicional", especialmente se considerarmos como sua beirada ocidental, o monte Nebo (ou Pisga) (vide), como o lugar de onde Moisés espiou a Terra Prometida, na direção de uma planície que seria a planície de Jericó. Ademais, é difícil compreender o propósito da expedição para invadir cidades tão remotas e inacessíveis, que estivessem na extremidade sul do mar Morto, por parte de exércitos mesopotâmicos (ver Gn 14). Além disso, como Moisés poderia ter espiado toda a extensão da Terra Prometida, com um único lance de olhos, desde o norte até o sul, se ele estivesse bem no sul, e não em um ponto intermediário entre o norte e o sul? Tudo isso aponta para uma localização de Zoar bem mais para o norte do que tradicionalmente se tem pensado. Acrescente-se a isso que as indicações geográficas em conexão com a escolha feita por Ló de uma cidade que ficava na "campina do Jordão" (Gn 13.10-12; cf. Gn 13.3,4) parecem indicar o vale do Jordão defronte de Jericó e de Ai, a oitenta ou quase cem quilômetros ao norte da extremidade sul do mar Morto. Talvez somente posteriores descobertas arqueológicas mais exatas, se possíveis, poderão solucionar esse impasse que R.D. Culver (*The Zondervan Pictorial Encyclopedia of the Bible*, V, p. 1069) fez aparecer, com essa sua posição, que, de resto, parece extremamente lógica. Como é evidente, isso não afeta somente a cidade de Zoar, mas também as outras famosas cidades da planície, Sodoma, Gomorra, Admá e Zeboim.

ZOAR (PESSOAS)

Com grafia diferente da de Zoar (cidade) (vide), esse nome, que significa "nobreza", "distinção", aparece no Antigo Testamento como o apelativo de três personagens, a saber: **1**. O pai de Efrom, o heteu (Gn 23.8; 25.9). Foi dele que Abraão comprou o campo com a caverna de Macpela. Ele viveu por volta de 1880 a.C. **2**. O cabeça de uma família simeonita (Gn 46.10; Êx 6.15). Ele é denominado *Zerá* (vide) em Números 26.13; 1Crônicas 4.24. Viveu por volta de 1690 a.C. **3**. De acordo com o kere (vide) de 1Crônicas 4.7, uma família da tribo de Judá. Nossa versão portuguesa, entretanto, diz ali Izar (vide), seguindo revisões norte-americanas, como a *Revised Standard Version*.

ZOBÁ

No hebraico, o nome desse distrito e reino, na Síria, aparece com três grafias diferentes, que os estudiosos supõem significar "amarelo brilhante". E alguns vinculam esse nome ou ao "metal amarelo" que era ali fundido, ou aos campos de trigo dourado, que eram plantados nos sopés do monte Líbano, famoso em sua brancura de neves eternas. Na Septuaginta temos a forma grega *Soubá*.

Zobá era um reino arameu, mencionado nas páginas do Antigo Testamento por catorze vezes (1Sm 14.47; 2Sm 8.3,5,12; 10.6,8; 23.36; 1Rs 11.23; 1Cr 18.3,5,9; 2Cr 8.3; Sl 60) (no título). Sua localização era a nordeste da cidade de Damasco (vide), e ao sul de Hamate (vide), ou seja, na faixa de terras entre os rios Orontes e Eufrates.

Em 2Samuel 8.8 há referência ao fato de que Davi obteve uma quantidade apreciável de bronze (cobre? isso corresponderia ao *amarelo brilhante* que parece ser o sentido do nome) de Betá (vide) e de Berotai (vide) "cidades de Hadadezer" (vide), famoso rei arameu de Arã-Zobá, mencionado por várias vezes em 2Samuel 8 e em 1Reis 11.23. Berotai talvez seja Bereitan, cidade de épocas posteriores, na região de Biqa', entre as cadeias do Líbano, que o trecho de Ezequiel 47.1 chama de Berota, na fronteira norte ideal de Israel, entre Damasco e Hamate.

Saul combateu Zobá (1Sm 14.47). Davi também entrou em conflito armado contra Hadedezer, de Zobá, e o derrotou, na tentativa bem-sucedida de fixar os limites nortistas do reino de Israel (2Sm 8.3,5,12; 1Cr 18.3,5,9; Sl 60, título). Posteriormente, quando Davi teve de defender-se de Amom, entre as forças aliadas aos amonitas havia homens de Bete-Reobe, de Zobá, de Tove e de Maaca. Joabe, o general do exército de Davi, conseguiu sobrepujar esses inimigos coligados (2Sm 10; 1Cr 19). Nos dias de Salomão, Rezom, fugitivo do rei de Zobi, estabeleceu-se em Damasco, e começou a fustigar ao rei de Judá (1Rs 11.23), durante todos os seus dias de governo.

ZOBÁ

Em 1Crônicas 11.47 temos, em nossa versão portuguesa, a interpretação do adjetivo patronímico *mesobaith*, no hebraico original. Esse adjetivo indica um povo ou uma localidade atualmente desconhecida. Se nossa versão portuguesa está correta em sua interpretação, então, Jaasiel, a quem o adjetivo é aplicado, era natural de Zobá, um distrito *sírio*, a nordeste de Damasco e ao sul de Hamate, ou seja, a faixa de terras entre os rios Orontes e Eufrates. Ver o artigo sobre *Zobá*.

Jaasiel era um dos trinta heroicos guerreiros de Davi, e que o acompanhou quando precisou exilar-se a fim de escapar da ira de Saul.

ZOBEBA

No hebraico, **"afável"**. Ela era filha de Coz, descendente de Judá por meio de Calebe, filho de Hur (1Cr 4.8). Ela viveu em torno de 1430.

ZOELETE, PEDRA DE

No hebraico, *aben ha-zoheleth*. No grego, *petras tou Zóeleth*. No hebraico, o sentido provável é "pedra do réptil" ou "pedra de escorregar". Essa pedra é mencionada exclusivamente em 1Reis 1.9. Essa era uma pedra ou rocha que havia perto de En-Rogel, uma fonte das proximidades de Jerusalém no vale do Cedrom, perto da qual Adonias, filho de Davi, ofereceu sacrifícios, em sua tentativa abortada de tornar-se rei (ver 1Rs 1.9). No hebraico, *ha-zoheleth*, derivado do verbo hebraico que significa "escorregar" ou *arrastar-se* (cf. Dt 32.24 e Mq 7.17). Talvez indique que se podia escorregar pedra abaixo, até dentro da fonte, ou, então, que aquela pedra estivera associada, em algum tempo, ao emblema cúltico da serpente.

ZOETE

No hebraico, **"corpulento"**, **"forte"**, embora outros estudiosos prefiram dizer que o significado desse nome é desconhecido. Zoete pertencia à tribo de Judá e era filho de Isi (1Cr 4.20). Viveu por volta de 1400 a.C. Ver também sobre *Ben-Zoete*.

ZOFA

No hebraico, embora alguns pensem que o significado da palavra é desconhecido, outros pensam que se trata de "vigia". Era um homem descendente de Aser. Era filho de Helém e teve seis filhos homens (1Cr 7.35,36). Viveu em torno de 1570 a.C.

ZOFAI

No hebraico, **"vigilante"**. Esse homem era filho de Elcana e irmão do profeta Samuel (vide). Com a forma de Zofai o seu nome ocorre em 1Crônicas 6.26. Com a forma de *Zufe* (vide), aparece em 1Crônicas 6.35. Ele viveu em torno de 1120 a.C.

ZOFAR

No hebraico, **"peludo"**, **"áspero"**. Um dos três amigos molestos de Jó. Ele é chamado de "naamatita", o que pode significar que ele era natural de Edom. Outros estudiosos pensam que o seu nome deriva-se de uma raiz que significa "saltar", "pular". Na Septuaginta, *Sophár*. Seu nome ocorre por quatro vezes no livro de Jó: 2.11; 11.1; 20.1, e 42.9.

Zofar foi um dos três homens que vieram tentar consolar Jó, no período de humilhação e provação deste. Na verdade, porém, acabaram-no acusando injustamente, com base na antiga teoria de que os ímpios padecem nesta vida terrena como justa retribuição pelas maldades praticadas Se Jó estava padecendo, para eles isso era prova da injustiça dele. Zofar era da tribo de Naamá. O nome "Naamá", na Bíblia, ocorre em Josué 15.41, como uma das cidades que couberam por herança à tribo de Judá. Mas, visto que muitos creem que Jó viveu antes mesmo de Abraão, não podemos pensar que Zofar fosse de Judá. Além disso, observando os outros amigos de Jó vieram de lugares de fora da Palestina, muitos estudiosos não aceitam que Zofar fosse dessa cidade de Naamá, que acabou fazendo parte da herança da tribo de Judá, após a conquista da Terra Prometida, mas antes, postulam alguma outra Naamá qualquer, embora desconhecida. E há também aqueles que pensam que havia uma Naamá em Edom, e que Zofar era natural dessa cidade. Zofar falou apenas por duas vezes, nas argumentações entre aqueles homens, em cujo grupo também precisamos acrescentar Eliú (vide), que só falou depois que todos já haviam esgotado os seus argumentos. Essas duas vezes em que Zofar se manifestou aparecem em Jó 11.1-20 e 20.1-29. E, com o silêncio de Zofar, na terceira vez de argumentos, o autor sagrado parece ter dado a entender que os argumentos dos molestos amigos do Jó estavam exauridos, e eles nada mais tinham para dizer. Zofar foi o mais impetuoso e dogmático dos três amigos de Jó. Ele acusou Jó de dizer palavras vazias, sem nexo: *Porventura não se dará resposta a esse palavrório? Acaso tem razão o tagarela? Será o caso de as tuas parolas fazerem calar os homens? E zombarás tu sem que ninguém o envergonhe?* (Jó 11.2,3). E, em sua segunda carga, Zofar acusou Jó apenas de estar sofrendo o que suas más ações, embora talvez secretas, mereciam: *Porventura não sabes tu que desde todos os tempos, desde que o homem foi posto sobre a terra, o júbilo dos perversos é breve, e a alegria dos ímpios, momentânea?... Tal é, da parte de Deus, a sorte do homem perverso, tal a herança decretada por Deus* (Jó 20.4,5,29). Zofar atirou-se dessa forma contra Jó, porque o julgava um presunçoso, ao manter a sua integridade, quando, segundo todas as aparências, estava sofrendo o justo castigo divino. As palavras de Zofar, pois, refletem o exagero nas palavras, um exagero próprio de quem está indignado. Mas, apesar desse ataque tão severo, à semelhança dos outros dois amigos de Jó, ele prometeu paz e restauração a Jó, sob a condição deste penitenciar-se e desfazer-se de suas iniquidades: *Se dispuseres o teu coração, e estenderes as tuas mãos para Deus; se lançares para longe a iniquidade de tua mão, e não permitires habitar na tua tenda a injustiça; então levantarás o teu rosto sem mácula, estarás seguro, e não temerás. Pois te esquecerás dos teus sofrimentos...* (Jó. 11.13-16).

Por causa dessa sua atitude, na opinião de alguns teólogos, Zofar desempenhou o papel do *teólogo iracundo*, que só vê erros e injustiças em seu redor. Para Zofar, os sofrimentos de Jó ainda eram poucos em face de sua teimosia em negar sua maldade! No entanto, o juízo divino era inteiramente outro. E a apreciação feita pelos três amigos de Jó (Eliú excluído) foi condenada pelo Senhor: *Tendo o Senhor falado estas palavras a Jó, disse também a Elifaz, o temanita: A minha ira se acendeu contra ti, e contra os teus dois amigos; porque não dissestes de mim o que era reto, como o meu servo Jó* (Jó 42.7). E foi somente mediante a oração intercessória de Jó, em favor de Elifaz, Bildade e Zofar, que a ira do Senhor desviou-se deles.

ZOFIM, CAMPO DE

No hebraico, *sadeh zophim*, **"campo dos vigilantes"**. Uma localidade no alto do monte Pisga (vide), até onde Balaque conduziu Balaão, para que este amaldiçoasse o povo de Israel. Isso aconteceu por volta de 1450 a.C. A única Passagem onde esse lugar é mencionado é em Números 23.14. Ver também sobre *Ramataim-Zofim*, também chamada *Ramá*, lugar do nascimento do profeta Samuel (1Sm 1.1). Modernamente, Zofim tem sido identificada como Tela 'at es-Safa. Alguns estudiosos, entretanto pensam que não se deveria traduzir aquela expressão hebraica como um nome próprio, "Campo de Zofim", e, sim, apenas "campo dos vigilantes".

ZOMBAR (ZOMBARIA)

Neste verbete alinhamos certo número de palavras hebraicas que têm o sentido variado de **"rir-se de"**, **"zombar"**, **"insultar"**, **"agir violentamente"** etc. E as palavras gregas envolvidas têm os sentidos básicos de "brincar", "virar o nariz" e "zombar".

I. Tipos de Zombaria

No hebraico: 1. *Hathal*, "enganar", "brincar com". Essa palavra é usada por dez vezes (segundo se vê, para exemplificar, em Jz 16.10,13,15; 1Rs 18.27 e Jó 13.9). **2.** *Qalas*, "mofar", "escarnecer". Essa palavra é usada por quatro vezes (2Rs 2.23; Ez 22.5; 16.31; Hc 1.10). **3.** *Luts*, "zombar", "derrisão", "zombaria". Palavra empregada por 22 vezes (conforme se vê, por exemplo, em Pv 14.9; 21.1; 14.6; 22.10; 24.9; Is 29.20). Interessante é que, por uma vez, no particípio essa palavra hebraica é usada com o sentido de "embaixador", em 2Crônicas 32.31. Corresponde ao verbo grego *mukterizo*. **4.** *Tsachag*, "zombar", "brincar com", "rir-se de". Palavra utilizada por catorze vezes (conforme se vê, para exemplificar, em Gn 17.17; 18.12,13,15; 19.14; 21.6,9; 39.14,17). Corresponde em parte ao verbo grego *geláo*, "rir-se" (ver Lc 6.21,25). Daí deriva-se o nome próprio *Isaque*. **5.** *Laaq*, "zombar". Palavra que ocorre por 24 vezes, segundo se vê, por exemplo (em Jó 11.3; Pv 1.26; 17.5; 30.17; Jr 20.7; Ez 36.4; Os 7.16). **6.** *Alal*, "abusar", "insultar". Com esse sentido, esse vocábulo aparece por cinco vezes (Nm 22.29; Jr 38.19; Jz 19.25; 1Sm 31.4; 1Cr 10.4). **7.** *Sachaq*, "rir-se de", "zombar", "brincar". Palavra que ocorre por 35 vezes (conforme se vê, por exemplo, em Jó 39.22; Lm 1.7; Jó 12.4; Jr 15.17; 2Cr 30.10; Ec 3.4; Pv 1.26).

No grego: 1. *Empaízo*, "brincar com", "ridicularizar", "enganar". Termo grego que figura por treze vezes no Novo Testamento (Mt 2.16; 20.19; 27.29,31,41; Mc 10.34; 15.20,31; Lc 14.29; 18.32; 22.63; 23.11,36). No sentido positivo, essa palavra pode indicar apenas "brincar de". **2.** *Empaigmoné, empaigmós*, "zombadores", "zombar". Essa palavra, nas duas formas, aparece somente por uma vez cada, em 2Pedro 3.3 e Hebreus 11.36. Nos últimos dias, apareceram "zombadores", pondo em dúvida os valores espirituais e morais, incluindo o ensino sobre a segunda vinda de Cristo. Na referência em Hb a ideia é que os mártires são alvos de zombarias e castigos injustos. **3.** *Empaíktes*, "zombadores". Palavra que só aparece por duas vezes (2Pe 3.3; Jd 18). **4.** *Mukterízomai*, "torcer o nariz", "zombar". Palavra que ocorre somente por uma vez em todo o Novo Testamento (Gl 6.7). A alusão é que Deus não deixa ninguém zombar dele, escapando do merecido castigo. **5.** *Xleuázo*, "escarnecer". Palavra que ocorre apenas por uma vez (At 17.32). Literalmente, essa palavra significa "apontar com o beiço". **6.** *Geláo*, "rir-se". Vocábulo que aparece por duas vezes somente (Lc 6.21,25). O substantivo *gélos*, "riso", aparece somente em Tiago 4.9.

II. Importantes Incidentes Bíblicos de Zombaria

1. Sansão envolveu-se com uma mulher que lhe foi muito prejudicial. O relacionamento entre eles chegou a envolver a zombaria (ver Jz 16.10,13). **2.** Os inimigos do povo de Israel zombavam deles quando tentaram reconstruir Jerusalém e suas muralhas, após o exílio babilônico (Ne 4.1). **3.** Um filho ocasionalmente zombava de seu pai ou sua mãe, algo considerado um pecado seríssimo em Israel (Pv 30.17). **4.** Os inocentes com razão podem zombar de seus adversários acusadores (Jó 22.19). **5.** Elias moqueou dos falsos profetas (1Rs 18.27). **6.** Jeremias foi alvo de zombarias, por parte de seus inimigos (Jr 20.7). **7.** O povo de Israel zombou de Deus, e o resultado foi o cativeiro babilônico (2Cr 36.16). **8.** Deus escarnece dos arrogantes em atitudes e atos (Êx 10.2; 1Sm 8.6; Sl 2.4; 59.8; Pv 3.34; Gl 6.7). **9.** O homem que não calcula o preço do discipulado cristão e falha na tentativa de ser discípulo de Cristo é sujeito a zombarias, tal como o homem que começa a construir uma torre mas não tem recursos para terminá-la (Lc 14.29). **10.** Os *magos* zombaram de Herodes, enganando-o (Mt 2.16); e assim foi preservada a vida do menino **11.** Os incrédulos zombaram dos que participavam dos fenômenos do dia de Pentecostes (At 2.13). **12.** No Areópago, em Atenas, Paulo e sua mensagem foram escarnecidos (At 17.32). **13.** Os homens espirituais sempre sofrerão zombarias da parte dos incrédulos (Jd 18). **14.** Os incrédulos zombam da mensagem espiritual (2Pe 3.3). **15.** A zombaria está ligada à perseguição e a atos de tortura (Hb 11.36). **16.** Os ímpios pensam poder zombar de Deus, mas sua lei da colheita segundo a semeadura sempre funciona (Gl 6.7). **17.** Jesus previu que seria alvo de zombaria por parte dos soldados romanos, por ocasião da sua crucificação (Mt 20.19), o que se cumpriu, de fato (Mt 27.29). Os judeus incrédulos também zombaram dele, quando de seu injusto julgamento (Lc 22.63), tal como fizeram os homens de Herodes (Lc 23.11), e os soldados, ao pé da cruz (Lc 23.36).

III. Usos Metafóricos

1. Deus zomba dos homens, quando temem que seus juízos lhes sobrevenham (Pv 1.26). Não devemos supor, diante dessa expressão antropomórfica, que Deus assemelha-se aos homens, ao fazer tais coisas. Mas a linguagem ilustra o ridículo da situação dos homens, quando são sujeitados ao julgamento divino. **2.** Quando é dito que *de Deus ninguém zomba* (Gl 6.7), isso significa que ninguém pode fazer de Deus um tolo, ignorando as suas leis. **3.** O vinho é zombador, devido aos males que causa, levando os homens a praticarem muitas tolices, caindo na desgraça, na degradação física e moral e na violência (Pv 20.1). Os homens sofrem tudo isso e o vinho então zomba deles, devido à insensatez por eles praticada, por causa de um gole! **4.** As palavras e o comportamento errados dos homens zombam de Deus, especialmente quando se mostram inclinados à parcialidade (Jó 13.9).

ZORÁ

1. Nome e Referências Bíblicas. O nome significa "golpe", "chicotada", "vespa"; uma cidade na tribo de Dã, embora, posteriormente, tenha ficado dentro dos limites de Judá. A cidade ficava nas regiões baixas (shephela) de Judá. Josué 19.41; Juízes 13.2; 18.2 a designam a Dã, mas Josué 15.33 identifica a localização dela como sendo em Judá.

2. Acontecimentos Bíblicos e Zorá. Esta era a cidade natal de Manoá, pai de Sansão (Jz 13.2). O juiz, Sansão, no início começou a ser liderado pelo espírito entre Estaol e Zorá, de acordo com Juízes 13.25. Ele foi enterrado ali quando sua carreira violenta, mas eficaz, acabou (Jz 16.31). Dã, sempre sob ataque dos filisteus, decidiu mudar para o norte, a Laís, cerca de 40 km ao norte do mar da Galileia. Este local ficava próximo a Arã. Os espiões que recomendaram a mudança eram de Zorá e de Estaol (Jz 18.8-11). Reoboão fortificou Zorá (2Cr 11.10) para melhorar as condições de seu império do sul (Judá-Benjamim). Após o retorno do restante de Judá do cativeiro babilônico, Zorá estava entre os lugares que foram novamente habitados. A Sarah moderna, no norte do wadi es-Sarar, marca o antigo local. Ficava cerca de 30 km a oeste de Jerusalém.

ZORATITAS, ZOREUS

Esses são os adjetivos locativos ou pátrios pelos quais, em nossa versão portuguesa da Bíblia, são designados os habitantes de Zorá (vide).

ZOROBABEL

I. Nome e Família. No acádico, *seru Babili*, que significa "progênie da Babilônia", embora este significado seja disputado. Ele é chamado de o filho de *Sealtiel* (em Ed 3.3, 8; 5.2; Ne 12.1; Ag 1.1, 12, 14; 2.2; Mt 1.12; Lc 3.27). Mas em 1Crônicas 3.19, ele é chamado de filho de *Pedaías* e irmão de Sealtiel. Portanto, há uma confusão que os estudiosos não foram capazes de esclarecer. De qualquer forma, ele era neto de Jeoaquim (Ed 3.2; Ag 1.1; Mt 1.12; Lc 3.27), da posteridade de Davi e da tribo de Judá (como afirma Josefo, *Ant.* xi, 3.10).

II. Caracterização Geral. Zorobabel descendia de Davi e participou no *cativeiro babilônico* (ver a respeito). A linhagem real de Judá havia sido abolida por esse evento histórico. O Dia Babilônico logo terminou e a Pérsia foi o próximo poder mundial que assumiu Judá (e Jerusalém). Zorobabel tornou-se o governador da província persa chamada de Yehud (Judá) sob Dario I (522-486 a.C.). Ele foi o neto de Jeoaquim, o penúltimo rei de Judá (que governou por apenas três meses em 597 a.C.). Esse homem foi preso na Babilônia (2Rs 24.13; 2Cr 36.10). Naquela deportação, quase todos os oficiais e poderes de Judá foram levados ao exílio, juntamente com a maioria dos tesouros do templo. Apenas os pobres foram deixados na terra (2Rs 24.14-16). Então veio o rei Zedequias, o último da linhagem real davídica e, de fato, o último dos reis de Judá, embora tenha sido apenas um fantoche dos babilônicos. Ele "reinou" por onze anos (597-586 a.C.). Ao rebelar-se contra Nabucodonosor (2Rs 24.20; 2Cr 36.13), provocou outro ataque da Babilônia, com outra deportação. *Zedequias* (ver o artigo para maiores detalhes) e a família real foram levados a Ribla, onde os filhos do rei foram executados ante seus olhos, e ele foi cegado, e então levado à Babilônia e colocado na prisão. Jerusalém e Judá e o templo de Salomão foram nivelados. (Ver 2Rs 25.7 e 2Cr 36).

Zorobabel e o sumo sacerdote, Josué, eram os líderes dos exilados que retornaram da Babilônia e foram responsáveis pela construção do segundo templo. Como Zorobabel descendia da família real de Davi, tinha certa autoridade para fazer o que fez. Ageu 2.23 o chama de "servo de *Yahweh*". Talvez o "ramo" de Zacarias (3.8; 6.12) faça alusão a ele como um tipo de "prévia" de Messias.

O templo havia sido iniciado em 520 a.C., mas não foi acabado até 515 a.C. Zorobabel não foi mencionado como estando presente em sua dedicação (Ed 6.16-18). Ele pode ter sido removido do poder por causa da ameaça eterna de rebelião em Judá, ou ele pode ter tido uma morte precoce.

Quarenta anos depois da queda de Jerusalém (596 a.C.), a Babilônia foi capturada por Ciro, rei da Pérsia, e Judá tornou-se uma província persa (537 a.C.). No ano seguinte, Ciro emitiu um edital que permitia que Judá voltasse a Jerusalém, *se desejasse*. Muitos ficaram na Babilônia, mas um remanescente que sonhava reconstruir Jerusalém retornou. Os que ficaram tiveram de auxiliar os repatriados com dinheiro e bens e fazer doações voluntárias para a reconstrução do templo. Um total de 42.360 retornou, entre eles estava Zorobabel. A viagem de volta era de cerca de 900 km.

Para outros detalhes históricos, ver a seção III, a seguir.

III. Observações Históricas. Para a história essencial envolvida, ver a seção II, *Caracterização Geral*.

Descrição. 1. No primeiro ano de Ciro, Zorobabel viveu na Babilônia e foi o chefe, a autoridade reconhecida dos exilados enquanto eles ainda estavam lá. Ele provavelmente foi um instrumento da Babilônia para ajudar a manter as coisas sob controle e recebeu o nome aramaico *Sesbazar* (Ed 1.8; 5.14, 15). A identificação dos dois é questionada por alguns estudiosos. Para maiores detalhes, ver o artigo sobre ele. **2.** Quando a Pérsia assumiu o poder sob Ciro, foi natural que Zorobabel (Sesbazar?) tivesse sido indicado como governador dos exilados que retornaram a Jerusalém. **3.** Zorobabel liderou a primeira colônia de exilados de volta a Jerusalém, e foi acompanhado pelo sumo sacerdote Josué (Jesuá). Quando eles chegaram a Jerusalém, primeiro construíram um altar no local antigo do templo e restauraram os sacrifícios diários (Ed cap. 2; 3.1-3). **4.** O grande trabalho de Zorobabel foi a reconstrução do templo, para o que aqueles que ficaram na Babilônia contribuíram, como o fez Ciro. A fundação do prédio foi colocada no segundo mês do segundo ano após o retorno deles, realização comemorada com muita pompa e circunstância (Ed 3.8-13). **5.** Os samaritanos, que haviam retornado em pequeno número com os outros exilados, queriam fazer parte do trabalho, mas Zorobabel e as outras autoridades lhes negaram esse privilégio. Eles, incomodados com essa decisão, começaram a atrapalhar o trabalho, até mesmo fazendo apelos às autoridades persas. Como resultado, o trabalho do templo foi interrompido pelo restante do reino de Ciro, e por oito anos na época de Cambises e Smerdis (Ed 4.1-24). Isto significa que o trabalho foi suspenso por dezesseis longos anos, durante os quais Zorobabel e outros oficiais de Judá se ocuparam na construção de caras casas para eles mesmos! (Ag 1.2-4). **6.** Motivado pelas ameaças, exortações e profecias de Ageu e de Zacarias, Zorobabel retomou seu trabalho. Seu ajudante constante era o sumo sacerdote, Josué (Jesuá). O novo início ocorreu no segundo ano do rei Dario Histaspes (520 a.C.). As autoridades persas locais receberam ordens para ajudar. **7**. O trabalho do templo agora andava rapidamente, de forma que no terceiro dia do mês adar, no sexto ano de Dario, o templo foi terminado e dedicado com alegria e pompa (Ed 5.1-6, 22). Zorobabel não é mencionado como estando presente, por um dos seguintes motivos: ***a***. um descuido de um escriba; ***b***. Ele havia retornado à Babilônia; ***c***. Ele havia morrido uma morte precoce, a qual não foi registrada. **8**. O segundo templo foi terminado em 515 a.C. e durou 585 anos. Foi elaborado de uma forma "remodelada", virtualmente substituída por Herodes, o Grande (37-4 a.C.). Seu magnífico templo foi destruído pelos romanos (sob Tito) em 70 d.C. **9**. Quanto às partes de Esdras e de Neemias em toda essa história, ver os artigos separados sobre eles.

IV. Realizações

1. Zorobabel não foi um rei, mas apenas o governador de Judá indicado por um poder estrangeiro. Embora não tivesse autoridade de rei, pois Judá não era um estado independente, ele se conduziu de maneira real. **2**. Enquanto ainda no exílio, ele era um poder unificador e inspirador entre os judeus em sua maior provação. **3**. Por causa de seu bom trabalho no exílio, ele foi indicado governador, sob o império persa, para cuidar das coisas em Judá, que se tornou uma província persa sob Ciro e Dario. **4**. Seu companheiro e líder religioso era o sumo sacerdote Josué (Jesuá), sendo assim as questões espirituais não foram negligenciadas. Além de construir o templo, eles também restauraram os diversos cursos de serviço levítico e fizeram uma provisão para sua manutenção no ministério, de acordo com as exigências davídicas (Ed 6.18; Ne 12.47). Os antigos festivais foram renovados. **5**. O registro do remanescente que retornou a Jerusalém, de acordo com sua genealogia (algo sempre muito importante para os judeus), foi realizado (Ne 7.5). **6**. Embora o homem tenha enfraquecido durante a construção do templo, e tenha havido um longo atraso, ele foi sensível às exortações de Ageu e Zacarias, e finalmente renovou seu propósito e venceu. **7**. A tradição judaica muito o honrou, falando dele como um homem *reconhecido* (Eclesiástico 49.11). 1Esdras 3.1-5.6, que Josefo menciona, fala da sabedoria do homem e até o compara com o profeta Daniel, que tem grande louvor.

ZUAR

No hebraico, **"pequeno"**. Ele foi o pai do Natanael, chefe da tribo de Issacar durante as vagueações pelo deserto, em que o povo de Israel se viu envolvido durante cerca de quarenta anos (Nm 1.8, 2.5; 7.18,23; 10.15). Ele viveu por volta de 1520 a.C. Foi um dos escolhidos para assessorar Moisés no recenseamento que se fez das tribos de Israel.

ZUFE

No hebraico, **"favo de mel"**. Ele era um dos antepassados de Elcana e do profeta Samuel (1Sm 1.1). Alguns estudiosos têm conjecturado, com base em certos textos gregos, que dizem *Zouphei ou Zouphi*, em 1Crônicas 6.26, que Ramataim-Zofim (vide), que aparece em 1Samuel 1.1, talvez esteja alicerçado sobre um nome gentílico, e que faria com que o texto final desse versículo se tornasse: ... *filho de Toú, um zufita. um efraimita* em vez do que lemos ali: ... *filho de Toú, filho de Zufe, um efraimita*. Em 1Crônicas 6.26, o nome de Zufe é grafado como "Zofai" (vide). Ele viveu por volta. de 1280 a.C.

ZUFE, TERRA DE

Esse era um distrito do território do Benjamim, onde Saul foi procurar pelos jumentos de seu pai (1Sm 9.5). Ao que parece Elcana, pai do profeta Samuel, de Ramataim-Zofim, da região montanhosa de Efraim, é oriundo desse distrito. É possível que o nome de família Zufe tenha provido o nome daquele distrito, cuja localização exata, entretanto, é desconhecida.

ZUÍNGLIO, ULRICO (1484-1531)

Reformador suíço. Nascido em Wildhaus em 1 de janeiro de 1484, Zuínglio, pioneiro da Reforma suíça, teve sua formação educacional em Basileia, Berna e Viena. Foi tomado do entusiasmo renascentista, especialmente por Erasmo, e ganhou conhecimento da doutrina da graça por meio de Thomas Wyttenbach. Ordenado em 1506, tornou-se reitor em Glarus, onde fora pastor diligente, pregador eficiente, colega afetuoso e estudante dedicado. O serviço de capelania que foi prestar no exército papal lhe trouxe compensação financeira, mas o mergulhou em conflito, por oposição ao sistema mercenário do Vaticano. Isto causou tensão para ele em Glarus, levando-o a sair dali e assumir, em 1516, novas responsabilidades em Einsiedeln.

Em Einsiedeln, Zuínglio ministrou a muitos peregrinos, no famoso santuário devotado a Maria. Desfrutou dos recursos da biblioteca da abadia e tinha prazer em mergulhar no texto do Novo Testamento grego, de Erasmo. O estudo do texto grego original lhe deu nova compreensão do evangelho, que afetaria toda a sua vida, seu pensamento e sua obra.

Uma vaga em Zurique, em 1519, abriu a porta para sua atividade reformadora. Designado como sacerdote popular, a despeito de sua oposição, usou do púlpito de grande catedral para uma exposição sistemática do NT e mais tarde do AT. Essa pregação alertou o povo e o próprio pregador para o amplo abismo entre as Escrituras e as crenças e práticas da igreja da época. Uma praga, em 1520, que ceifou a vida de seu irmão e quase lhe custou a própria vida, deu profundidade ao seu ministério. Obtendo adeptos rapidamente, iniciou um programa radical de reforma que mudaria a vida eclesiástica da cidade, do cantão e de cidades vizinhas como Schaffhausen, Basileia e Berna. As mudanças maiores incluíam o fim da prática da missa, rejeição do papado e da hierarquia, supressão dos mosteiros, tradução da Bíblia e da liturgia, rigorosa moralização dos usos e costumes de acordo com as Escrituras, melhoria no preparo teológico ministerial, estabelecimento de um ministério sinodal, destaque ao papel do laicato e introdução de um sistema disciplinar interno mais firme.

Após 1525, Zuínglio infelizmente viu-se não somente em disputa com adversários católicos, mas também com anabatistas e luteranos. As controvérsias causaram redução de recursos e enfraquecimento de sua reforma. O isolamento cada vez maior de Zurique, implacável hostilidade dos Cantões da Floresta suíços e a possibilidade de intervenção austríaca em seu país tornaram o fracasso do Colóquio de Marburgo (1529; ver Eucaristia) um sério retrocesso. Os Cantões da Floresta enfrentaram uma Zurique despreparada em Kappel, em outubro de 1531, e Zuínglio caiu em derrota, que paralisou, embora não haja revertido, a Reforma na Suíça alemã.

Zuínglio vivia uma vida agitada durante os dias de reforma e reorganização, mas mesmo assim ainda encontrou tempo para publicar diversas obras importantes: *A clareza e a certeza da palavra de Deus*, que saiu em 1522, e em 1523, suas *Sessenta e sete teses*, para as quais escreveu também um comentário e que constituíram a primeira confissão de toda a Reforma. A esse mesmo período pertencem o sermão *Sobre a justiça divina e a humana* e o ensaio *Sobre o cânon da missa*. Talvez o seu tratado teológico mais significativo seja o *Comentário sobre a verdadeira e a falsa religião* (1525). Suas obras *Sobre o batismo* e *Sobre a ceia do Senhor* marcam o começo dos debates sacramentais entre os reformadores, cada um deles seguido por posteriores tratados polêmicos. Em 1530, Zuínglio publica seu discurso em Marburgo, *A divina providência*, e prepara a declaração *Fidei Ratio* [Razão para a fé], para apresentar à Dieta (Parlamento) de Augsburgo. Em 1531, escreveu sua obra final, muito similar, *Exposição da fé*, em um esforço debalde por conquistar o rei da França para a causa da Reforma. Zuínglio morreu prematuramente, mas não antes de haver lançado a

Reforma na Suíça e dar a ela uma marca distintiva. Compartilhava certamente de muitas das abordagens de Lutero, como a justificação pela fé, a tradução da Bíblia para o vernáculo, correção de abusos, erudição bíblica, primazia das Escrituras. Foi além de Lutero, contudo, na aplicação radical da regra bíblica. Numa sociedade menos autocrática, deu ao conselho municipal uma voz maior, como representante do laicato da igreja. Planejou uma liturgia mais simples. Agiu efetivamente para assegurar um ministério mais preparado, com o estabelecimento de um colégio teológico e as chamadas "Casas de Profetas", em que pastores estudariam as Escrituras nas línguas originais. Tomou medidas mais apuradas para a disciplina, com um conjunto especial incluindo delegados leigos. Moveu-se em direção ao sistema presbiteriano, ao assumir a supervisão do distante bispado de Constança.

Teologicamente, Zuínglio dirigiu as igrejas suíças para cursos que distinguiriam a família reformada. Assim, deu ênfase especial à primazia das Escrituras como regra de fé e conduta. As Teses de Berna (1528) expressam seu ponto de vista de que, como a igreja é nascida da palavra de Deus, pode governar somente sobre essa base. Compartilhando com Lutero uma firme crença na eficácia da palavra, asseverou que, embora a palavra tenha clareza intrínseca, somente a iluminação pelo Espírito Santo nos capacita a penetrar o trançado da interpretação errônea e conhecer e aceitar sua verdade salvadora. A oração é, assim, um pré-requisito hermenêutico.

Em debate com os anabatistas e luteranos, Zuínglio desenvolveu duas doutrinas importantes. Com respeito ao batismo, voltou-se para a teologia do pacto do AT que, por sua vez, alimentou suas fortes ideias sobre eleição (ver Predestinação) e dominou seu entendimento de igreja e sociedade. Concordou com Lutero em rejeitar o sacrifício eucarístico, mas não via na ceia nenhuma equação necessária de sinal e coisa significada em virtude da presença da humanidade de Cristo, que, para ele, estava agora, de fato, à destra do Pai. A fé somente, pensava ele, percebe sua presença e recebe seus benefícios.

Zuínglio é frequentemente descrito como um reformador humanista, com pouca perspicácia teológica ou profundidade espiritual. Reavaliações, contudo, têm observado suas crises espirituais em Einsiedeln e depois em Zurique como resultantes de seus problemas com o celibato obrigatório dos padres, seu estudo do NT, e sua quase doença fatal, que combinaram para lhe dar uma consciência aguda da graça e do governo divinos. Apreciava estilos de argumentação racional, mas uma análise mais chegada de suas obras revela um foco trinitarista e cristológico mais profundo. Seu ensino eucarístico inicialmente sugere um memorialismo um tanto fraco, mas que foi claramente ganhando conteúdo quando Zuínglio veio a apreciar a presença divina de Cristo, o conceito de palavra visível e o papel do sacramento na confirmação da fé. Mesmo o que pudesse parecer ter algum compromisso com a religião civil toma um novo aspecto quando visto no contexto bíblico do pacto e da eleição. Se o próprio Zuínglio não desenvolvesse toda a ênfase que caracteriza as igrejas reformadas, teria projetado muitos dos seus esboços tanto prática como teologicamente. Por isso mesmo, seu ministério breve e mais localizado tem uma importância ampla e duradoura.

(**G. W. Bromiley**, M.A., Ph.D., D.Litt., D.D., professor titular emérito de História da igreja e Teologia Histórica do *Fuller Theological Seminary*, Pasadena, Califórnia, EUA.)

BIBLIOGRAFIA. Obras: TIs em G. W. Bromiley, *Zwingli and Bullinger* (London, 1953); G. R. Potter, *Huldrych Zwingli* (London, 1978) documentos; S. M. Jackson, *Selected Works...* (New York, 1901); idem, *The Latin Works and the Correspondence...*, 3 vols. (New York/Philadelphia, 1912, 1922, 1929). **Estudos**: G. W. Bromiley, *Historical Theology* (Grand Rapids, MI, 1978); G. W. Locher, *Zwingl'´s Thought: New Perspectives* (Leiden, 1981); G. R. Potter, *Zwingli* (Cambridge, 1976); J. Rilliet, *Zwingli* (London, 1964); W. P. Stephens, *The Theology of Huldrych Zwingli* (Oxford, 1986).

ZUR

No hebraico, **"rocha"**. Há dois homens com esse nome, nas páginas do Antigo Testamento, a saber: **1**. Um líder midianita, pai de Cosbi, uma mulher que era uma princesa midianita. Quando ela mantinha contato sexual com um israelita da tribo de Simeão, Cosbi foi morta, juntamente com o israelita, com um único golpe de lança dado por Fineias, quando o Senhor, Deus já havia dado início a uma praga, no acampamento de Israel. Zur viveu em torno de 1500 a.C. **2**. Um benjamita, que residia em Gibeom (1Cr 8.30 e 9.36). Ele era filho de Jeiel e irmão de Quis, o pai de Saul (1Cr 9.35,36,39). Ele viveu por volta de 1250 a.C.

ZURIEL

No hebraico, **"Deus é rocha"** ou **"rocha de Deus"**. Ele foi um levita, filho de Abiail. Ele foi chefe dos meraritas, no deserto do Sinai (Nm 3.35). Ele viveu por volta de 1490 a.C.

ZURISADAI

No hebraico, **"o Todo-Poderoso é rocha"**. Esse homem era pai de Selumiel, o príncipe da tribo de Simeão, no deserto do Sinai (Nm 1.6; 2.12; 7.36,41; 10.19). Ele viveu por volta de 1510 a.C.

ZUZINS

Uma tribo pré-israelita que residia na região da Síria-Palestina. Eles são mencionados exclusivamente no trecho de Gênesis 14.5, onde figuram como uma das nações que foram derrotadas pelo rei elamita Quedorlaomer.

Embora muitas autoridades equiparem os zuzins com os zanzumins (vide), que são mencionados no livro de Deuteronômio (2.20), outros estudiosos encontram sérias objeções a essa suposição, conforme se vê nos pontos a seguir: **1**. Em Gênesis 14.5, os zuzins são mencionados juntamente com os refains (vide), ao passo que em Deuteronômio 2.20, os zanzumins é que são os refains. **2**. O período de tempo passado entre as duas passagens acima é bastante amplo. Quedorlaomer foi um contemporâneo de Abraão (cerca de 1850 a.C.), ao passo que a referência aos zanzumins, de acordo com o mesmo esquema cronológico, já deve ser datada em cerca de 1350 a.C., ou seja, uma diferença de meio milênio. Na turbulência do período, é extremamente duvidoso que qualquer pequena tribo tivesse permanecido unida e em existência durante tanto tempo, em um único local geral. **3**. Os zuzins são localizados em Hã (Gn 14.5), um lugar que não aparece em nenhuma outra passagem da Bíblia. Sabe-se, todavia, que esse lugar ficava localizado cerca de trinta quilômetros a sudoeste de Irbide (Bete-Arbel), mais ou menos à mesma distância a oeste de Ramote-Gileade, no distrito de Aglum.

Embora os zuzins não sejam mencionados por nome em qualquer outro trecho bíblico, além daquele do livro de Gênesis, a etimologia popular faz derivar o nome deles de uma palavra hebraica que significa "fortes" ou "gigantes fortes". Com base nessa evidência, a Septuaginta diz *éthne ischurà*, "nações fortes", ao passo que os pais latinos da igreja preferem a tradução "gentes fortes". Todavia, há estudiosos que não concordam com essa interpretação.

Ao que parece, eles eram uma das raças de gigantes da antiguidade, talvez da mesma origem da raça a que pertenciam Golias e outros gigantes mencionados na época de Davi. Ver o título sobre Golias. Ver também sobre os Refains. Entretanto, muitos estudiosos insistem que não devemos confundir os zuzins com os *zanzumins* (vide). Ver também sobre os *Emins*.

Sua opinião é importante para nós. Por gentileza envie seus comentários pelo *e-mail* editorial@hagnos.com.br

Visite nosso *site*: www.hagnos.com.br

Esta obra foi composta na fonte Chaparral Pro 7,5/8,5 e impressa na Imprensa da Fé. São Paulo, Brasil. verão de 2018.